GLOSSARIUM
MEDIÆ ET INFIMÆ LATINITATIS

CONDITUM A CAROLO DUFRESNE

DOMINO DU CANGE

AUCTUM

A MONACHIS ORDINIS S. BENEDICTI

CUM SUPPLEMENTIS INTEGRIS

D. P. CARPENTERII

ET ADDITAMENTIS ADELUNGII ET ALIORUM

DIGESSIT

G. A. L. HENSCHEL.

Tomus Primus.

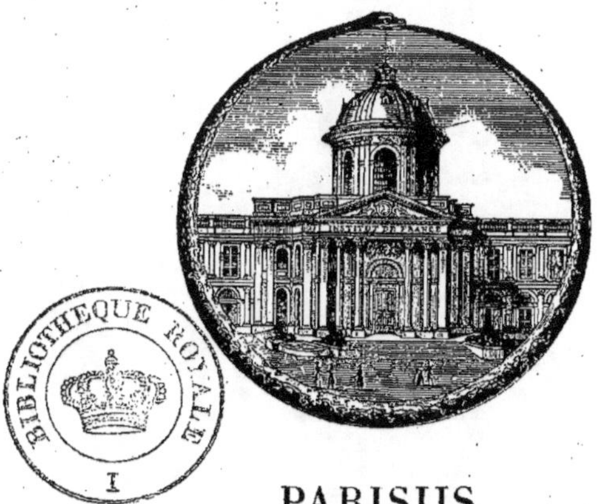

PARISIIS,

EXCUDEBANT FIRMIN DIDOT FRATRES,

INSTITUTI REGII FRANCIÆ TYPOGRAPHI

1840.

SIGLÆ BENEDICTINORUM :

¶ Præponitur vocabulis de novo additis.

☞ Præponitur explicationibus quibus aut apertius Cangii sententia explanatur, aut emendatur opinio.

[ ] Includuntur quæ in ipsum textum Cangii inserta sunt.

SIGLÆ NOSTRÆ :

* Additamenta CARPENTERII separatim posita.

[*] Additamenta CARPENTERII Cangiano textui inserta.

** Voces novæ quæ in hac editione accesserunt.

[**] Additamenta Editoris suis locis inserta.

Iis quæ sunt Adelungii subjectum ADEL.

GLOSSARIUM

MEDIÆ ET INFIMÆ LATINITATIS.

TOMUS I.

PRÆFATIO

DOCTISSIMI VIRI CAROLI DU FRESNE

DOMINI DU CANGE,

AD

GLOSSARIUM.

DE CAUSIS CORRUPTÆ LATINITATIS.

Ut rerum omnium, sic linguarum instabilis conditio.

I. Præclare olim dixit Heraclitus apud [a] Platonem, [1] τὰ ὄντα ἰέναι τὰ πάντα, καὶ μένειν οὐδὲν. Nec recte minus apud eundem Socrates, [2] μεταπίπτειν πάντα χρήματα, καὶ μηδὲν μένειν. Ea quippe est rerum, quæ sub cœlo sunt, natura et conditio, ut quemadmodum ortum habent suum, ita et interitum consequantur. Nihil in iis firmum constansque est, et quod semel in lucem prodiit, abdat se se in decursu temporis, ac tandem extinguatur necesse est : unde belle Seneca [b] dixit, Certis ire cuncta temporibus, nasci debere, crescere et extingui, nullique rei non senectutem suam esse : ita ut quod protulit ac dedit sua sponte natura, quasi tamen beneficii pœniteat, retractare ac resumere videatur, [3] ἡ πάντα δοῦσα καὶ κομίζεται φύσις. Quin et homo ipse, qui [4] εἰκὼν τοῦ νοητοῦ Θεοῦ [c] Hierocli, [5] τίμιον καὶ ἱερὸν ζῶον [d] Psello dicitur, perpetuæ istius instabilitatis et vicissitudinis insigne præbet exemplum. Ex infantia sensim ad adolescentiam, hinc per statæ virilisque ætatis robur in senium tandemque in mortem delabitur. Quid mirum, si linguæ perinde ipsæ, quibus cogitationes suas exprimit explicatque, nedum sibi constent; et ut sua initia, sua incrementa, ita et sua pariter decrementa obtineant. Scite igitur, meo quidem judicio, quidam ex eruditis dixere, vivum quoddam et spirans in earum mutationibus humanæ vitæ exprimi simulacrum, ut quæ velut infantes in suo balbutiant ortu, cultu deinde artisque disciplina sensim adolescant, ac rursum ex ejusdem artis desuetudine ad pristinam redigantur infantiam, vel etiam interdum omnino evanescant. Quod sane compluribus accidisse evidens per se se manifestumque est, cum modo non sit invenire, quænam fuerint Pœnorum, Phœnicum, Gallorum, Germanorum, Britannorum, Hispanorum, aliarumque gentium linguæ, quarum nulla, vel certe paucissima supersunt vestigia : et quæ nondum prorsus exolevere, tantum a primæva sui absunt origine, et ab ea, in quam evasere, præstantia, ut fatendum sit in miserabile prolapsas senium, ad suam quodammodo rediisse balbutiem, sic ut non eædem, quæ prius, sed diversæ prorsus esse videantur. Proinde verissimum quod ait Varro, [a] Consuetudinem loquendi esse in motu, itaque solere fieri ex meliore deteriorem; *Vetustas enim*, subdit idem Scriptor, *non pauca depravat, multa tollit. Quem puerum vidisti formosum, nunc vides deformem in senecta. Tertium sæculum non videt eum hominem, quem vidit primum.* « Multa sunt, inquit [b] Scriptor Anglus, quæ nullam stabilem ac firmam naturæ suæ sedem, et « quasi ideam habeant : in quibus moris et consuetudinis præcipuum jus et tanquam imperium « est, ut ex ejus decreto cuncta fiant et administrentur : cujusmodi linguas et habitus et mores « dicimus hominum viventium, quæ nulla sta-

[a] Plato in Cratylo.
[b] Senecæ epistola 71.
[c] L. de Provid. p. 26.
[d] De Operat. dæmon. p. 18.

[a] Lib. 8. Ling. Lat.
[b] Thom. Smith. lib. 1. de Linguæ Græcæ pronuntiat.

[1] Quæ sunt abire omnia et manere nihil.
[2] Res quotquot sunt occidere, et nihil permanere.
[3] Natura est quæ dat et aufert omnia.
[4] Imago intelligibilis Dei.
[5] Honorandum animal et sacrum.

« bili in sede, sed in perpetuo motu ac mutatione « consistunt. Neque enim testamentum solum, « et suprema voluntas hominis incerta, varia- « bilis, et, ut Jureconsultus ait, ambulatoria « censetur usque ad mortem; sed et ipsa hominis « facies, et oris lineamenta, et tota quasi figura « corporis, et vestis forma, et gestus ratio, quan- « diu quis in vivis degit, identidem immutantur. « At ubi semel ex iis excesserit, stabilitatem « quandam suam consequuta sunt : ut neque ex « ejus voluntate, quæ jam nulla esse potest, nec « ex arbitrio posterorum, quod tantum jus in « fato functum non habet, variari atque aliter « effingi queant, vel alterationem ullam acci- « pere. Id porro ipsum in Linguis accidisse quis « inficiari audeat? Nonne enim tres illas præ- « stantissimas, Latinam, Græcam et Hebraicam, « injuria temporis, tanquam Saturni edacitate « voratas adeo atque consumptas videmus; ut « ubi maxime illæ frequentarentur olim a vulgo, « ibi hodie nec intelligantur quidem? Sed quem- « admodum civium illorum qui maxime vel in « Atheniensium Republica florebant, ut Themi- « stoclis, Aristidis, Cimonis, Miltiadis; aut in « Romana, ut Appii, Pauli, Fabii, Papyrii, « Camilli memoriam et cognitionem non a plebe, « quæ nunc Romana est, vel Atheniensium ef- « flagitare possumus, quippe quæ nihil horum « sciat, vel inaudierit; ita neque illi hodie de « eorum Lingua quicquam respondere possunt. « Solum illud de utraque re certum et explora- « tum habemus, quod e monumentis librorum « sedulitate ac diligentia possit erui. Ergo nec « hujus ætatis doctis hominibus, cum quid de « Linguæ illius antiquæ, et in libris tantum ac « monumentis veterum viventis sono commini- « scuntur, quod ex iisdem libris non possunt com- « probare, fides est adhibenda. Non hercle magis « quam si historiam aliquam de priscis illis viris « ac antiquorum factis concinnarint, quæ nus- « quam a quoquam veterum fuerit relata. Quis « enim Italos, Gallos, et Hispanos Latine un- « quam locutos sibi persuaserit ex hodiernis eorum « linguis, quæ Latinam ut matrem agnoscunt, et « a qua genus ducunt [a]. Ita paulatim Linguarum « omnium fato, (verba sunt viri doctissimi) in- « quilinorum ac mancipiorum ex omni natione « ac turba externa, vulgique cuncta depravantis « licentia, Latialis sermo corruptus ac vitiatus « est, ut mater filias pingue quiddam et agreste « sonantes, veluti alieni sanguinis abdicaverit; « natæ parentis sermonem non intelligant, et ut « intelligant ærumnabili labore nutricis an no- « vercæ linguam diu perdiscere inter pueritiæ « pœnas ac supplicia numerent. Nec ipsæ sorores « se se inter se noscitant, et sicut animis, ita « sermone dissidentes ad linguæ commercium se- « questro uti coguntur, ac portenti loco inter « eadem alvo editas, surda verba, muta loqua- « citas mentisque interpres oratio egens inter- « prete; *Tantum ævi longinqua valet mutare « vetustas.* Quamquam id minime mirum videri « debet, *cum*, ut diximus, [a] *deficiat omne quod « nascitur.* »

[a] Oct. Ferrarius.

[a] Quintil. lib. 8. c. 10.

Linguæ Latinæ ortus, incrementa, casus.

II. Jam vero si ejusdem Linguæ Latinæ, cujus gratia hanc Dissertationem instituimus, originem et incrementa investigemus ac perscrutemur, quis non animadvertit crebras illas quo utitur sermonis mutationes, quibus ut Linguæ cæteræ, juxta temporum vicissitudines, obnoxiam se vidit? Latinus sermo, ait [b] Sosipater Charisius, « cum ipso homine civitatis suæ natus, « significandis intelligendisque, quæ diceret, « præstitit. Postmodum plane supervenientibus « sæculis accepit artifices, et horum solertiæ ob- « servationibus captus est, paucis admodum par- « tibus orationis, normæ suæ dissentientibus, « regendum se regulæ tradidit, et illam loquendi « licentiam servituti rationis addixit : quæ ratio « adeo cum ipsa loquela generata est, ut hodie « nihil de suo analogiæ inferat. Ea enim quæ ad « explicandam elocutionem jam apud sensus no- « stros educata sunt, a confusione veritatis disse- « minavit et disparibus paria copulavit, ad affe- « ctionis regulam argumento similium. [c] Verum quam artis disciplina, elegantissimorumque auctorum imitatio rudem perpoliverat, brevique ad summam perfectionis dignitatem perduxerat, quæque florente republica viguerat ac steterat quandiu Romana res stetit, exinde cum Imperio ipso sensim deflexit, et quod in cæteris rebus accidere solet, per eosdem gradus et incrementa quibus adoleverat, revocata, pristinam rursus ad infantiam balbutiemque redacta est. Ita Latinæ Linguæ sua quodam modo fuit infantia vel pueritia, adolescentia et senectus : vel potius ætates quatuor, si quasi virilis seu constans ætas adolescentiæ et senectuti interseratur. [d] Latinas « enim linguas « quatuor quidam esse dixerunt, Priscam, Lati- « nam, Romanam, Mixtam : priscam, qua ve- « tustissimi Italiæ Populi sub Jano et Saturno « sunt usi, incondita ut se habent carmina Salio- « rum, scilicet

Quum neque Musarum scopulos quisquam superarat,
Nec dicti studiosus erat.

« Latinam deinde, quam sub Latino et Regibus « Tusciæ cæteri in Latio sunt locuti, ex qua fue- « runt XII. Tabulæ scriptæ : Romanam, quæ post « Reges exactos in populo Romano viguit, quam « Nævius, Plautus, Ennius, Virgilius Poetæ, ex « Oratoribus Gracchus, Cicero cæterique effu- « derunt : mixtam denique quæ post Imperium « latius promotum simul cum moribus et homini- « bus in Romanam civitatem irrepsit, integrita- « temque verbi per solœcismos et barbarismos « corrupit. » Priscam igitur cum infantia, Latinam

[b] Lib. 1. p. 28.

[c] Sirmond. ad Inscript. Scipion. Barbati.

[d] Isid. 9. cap. 1. sect. 6.

cum juventute, Romanam cum virili quasi ætate, mixtam denique cum senectute licebit comparare. De postrema, scilicet mixta, (ut sileamus de [a] iis qui Latinæ Linguæ quatuor assignant ætates, auream, argenteam, æneam et ferream,) sermonem instituere decrevimus, ac investigare potissimum, quid Latini sermonis elegantiam nitoremque adeo deturparit et vitiaverit, ut in quoddam quasi senium prolapsa sequioribus sæculis, ad interitum propemodum venisse videatur. [b] Atque huic quidem quarto etjam senescentis Linguæ tempori Eloquentiæ Magistri solent adscribere Gellium, Macrobium, Lampridium, Spartianum, Trebellium Pollionem, utrumque Victorem, jurisconsultorum centones, qui in Pandectis in unum quasi corpus conflati, Tacitum, et alios ejusmodi argumenti et styli, qui ad ætatem Imperatoris Gordiani pervenere. Ab eo quippe tempore penitus extinctæ sunt Latinæ puritatis reliquiæ, et barbaries undequaque, non modo Italiam, sed et Romam ipsam invasit, atque cæteras exinde provincias Romani Imperii, in quibus utcunque Latinæ Linguæ puritas hactenus servata fuerat, florente adhuc Republica ac Imperio. Tunc enim barbaris has pervadentibus, non incolæ duntaxat, verum etiam Lingua ipsa, quasi sub jugum missa, servitutem passa est, ita ut vix tantillum se se in aliquot Scriptoribus non prorsus incultis extulerit; conservaritque incolumem, cum in vulgo fœditate barbarica vitiata passim jaceret.

[a] Schoppius.

[b] Robert. Constant.

Quid sit Latinitas et quibus constet.

III. Atque ut institutæ Disputationis initium faciam, statuendum mihi videtur in primis, quid sit Latinitas, quidve hac voce intelligatur, ut in quibus corrupta vitiataque fuerit, inde percipiamus. *Latinitas*, inquit [c] Auctor ad Herennium, *est quæ sermonem purum conservat ab omni vitio remotum* : vel, ut [d] Sosipater Charisius, [e] Diomedes, et [f] Maximus Victorinus, *est incorrupta loquendi observatio secundum Romanam Linguam :* ut denique [g] S. Prosper : *Ea est, ni fallor, judicata Latinitas, quæ breviter et aperte, observata dumtaxat verborum proprietate, res intelligendas enuntiat, non quæ vernantis eloquii venustate luxuriat.* Constat autem, ut asserit [h] Varro, his quatuor, natura, analogia, consuetudine et auctoritate. « Natura, inquit, « verborum nominumque immutabilis est, nec « quicquam aut minus aut plus tradidit nobis « quam accepit. Analogia, sermonis a natura pro« diti est ordinatio, quæ barbaram Linguam ab « erudita dissociat. Consuetudo, seu ratio curiosæ « observationis uti ab aliis appellatur, non ra« tione analogiæ, sed viribus par est, ideo solum « recepta, quod multorum consensione conva« luit : ita tamen ut illi artis ratio non accedat, « sed indulgeat. Auctoritas denique in regula lo« quendi novissima est : nam ubi omnia defece« rint, sic ad illam, quemadmodum ad sacram « anchoram decurritur : non enim quicquam aut « rationis aut naturæ, aut consuetudinis habet, « cum tantum opinione secundum veterum le« ctionem recepta sit, nec ipsorum tamen, si in« terrogentur, cur id secuti sint, scientium. » Quæ quidem omnia brevi epilogo conplectitur [a] Victorinus, scribens « Latinitatem constare tribus « modis, ratione, auctoritate, consuetudine. « Ratione secundum Technicos, id est, artium « traditores : auctoritate, veterum scilicet le« ctione : consuetudine, quæ doctorum modo lo« quendi usu placita assumptaque sunt.

[c] Auctor. ad Herenn.

[d] Sosipater.

[e] Diomedes.

[f] Victorinus.

[g] Lib. 3. de Vita contempl. c. ult.

[h] Varro de Ling. Latin.

[a] Victorinus de Arte Gramm.

Qua ratione vitietur. Quid sit Solœcismus.

IV. Cum igitur in Lingua Latina, de qua nobis est sermo, contra naturam, analogiam, consuetudinem et auctoritatem peccatur, tum Latinitas corrumpitur ac vitiatur, neque hac appellatione donari debet, quæ suis non insistit legibus. Porro contra naturam peccatur, si vox Latina non sit; contra analogiam, si prava sit verborum constructio; contra consuetudinem denique ac auctoritatem, si verba non multorum consensione recepta, vel proborum Scriptorum judicio firmata sint. « Atque ut de consuetudine et « auctoritate quædam præmittamus [b] ; verborum « alia vetera sunt, nova alia : nam si Plautina sunt, « aut Enniana, quantumcunque longo tempore « non audita proferuntur in lucem, vetera sunt : « sin a Quintiliano vel Gellio, vel aliquo eorum « qui tum, vel etiam aliquot post sæculis vixe« runt, ut Apuleio aliisque ejusdem ætatis Scripto« ribus efficta ac usurpata, qui non reperiebantur « Ciceronis atque Octavii temporibus, sub quibus « constans Latinæ Linguæ ætas vulgo censetur, « nova sunt, etsi ante mille quadringentos annos « constituta compactaque fuerant. Prisca illa et « obsoleta, quæ ante Ennium, et ista nova et ri« dicula, quæ post Aulum Gellium invaserant « in Latinam Linguam, castior loquendi ratio « respuit, et qui sibi Aristarchi vices in illo la« bore desumpserunt, pepulere foro. » Cum, ut ait [c] Theon Sophista, curare debeant, præsertim qui dilucide et aperte scribere contendunt, ut voces non modo poeticas, figuratas seu metaphoricas, sed et confictas et peregrinas vitent : [1] κατὰ δὲ τὴν λέξιν, φυλακτέον τῷ σαφηνίζοντι, τὰ ποιητικὰ ὀνόματα λέγειν, καὶ πεποιημένα, καὶ τροπικὰ, καὶ ἀρχαῖα, καὶ ξένα, καὶ ὁμώνυμα. Cætera porro in Latinitate vitia ad duo potissimum reducuntur a Grammaticis, solœcismum et barbarismum. [d] Solœcismus ab iisdem definitur corruptio, non dictionis, sed constructionis : vel non conveniens orationi sermonis verborumque junctura, vel de-

[b] Smith. lib. 1. de Ling. Gr. pronunt. p. 9.

[c] Theon in Progymn. p. 34.

[d] Sosipater Charisius. lib. 2.

[1] Ad dictionem quod attinet, cavere debet is qui dilucide scribere vult, ne poetica, conficta, metaphorica, obsoleta, peregrina et æquivoca usurpet vocabula.

a Diomed. lib. 2.

nique,[a] est contra rationem, sermonis disturbans orationem, et vitium in contextu partium orationis contra regulam artis Grammatices factum. Proinde quidquid peccatur contra analogiam, solœcismus est.

Quid Barbarismus, et in quo differat a Solœcismo.

V. Barbarismus cætera contra Latinitatis receptas regulas peccata spectat : est enim pars una orationis corrupta, vel contra Romani sermonis legem aut scripta aut pronunciata vitiose dictio, corrupta, ac per hoc non Latina. Neque

b Lib. 2. de Doct. Christ. c. 13.

aliter [b] S. Augustinus barbarismum definit, cum ait : *nihil aliud esse nisi verbum non eis literis, vel sono enuntiatum, quo ab eis, qui Latine ante nos locuti sunt, enuntiari solet.* Quæ quidem barbarismi definitio vitia contra naturam complectitur, cum scilicet verbum, quod Latinitas non agnovit, usurpateur : contra consuetudinem et auctoritatem, si non vulgo, aut omnium consensione receptum sit, aut graviorum Scriptorum auctoritate roboratum. In hoc enim differunt solœcismus et barbarismus, quod solœcismus in sensu et in plurium conjunctione sit, barbarismus in voce. Utrumque autem com-

c p. 406.

plexus videtur [c] Hermogenes, scribens duo genera esse ἁμαρτημάτων contra λέξιν, scilicet τὴν ἀκυρίαν, et παραφθορὰν, altero solœcismum, altero barbarismum innuens. Est igitur barbarismus proprie in Lingua Latina, cum vox aliter quam

d Lib. 6. ep. 17.

debet effertur. [d] Martialis :

> Cinnam, Cinname, te jubes vocari,
> Non est hic, rogo, Cinna, barbarismus?
> Tu si Furius ante dictus esses,
> Fur ista ratione diceceris.

Nempe aliud est *Cinna,* aliud *Cinnamus;* aliud *Furius,* aliud *Fur,* tametsi utrumque vocabulum

e Lib. 1. epist. 66.

Latinum sit [e]. Et alibi :

> Cum dixi ficus, rides quasi barbara verba,
> Et dici ficos, Cæciliane, jubes.
> Dicemus ficus, quas scimus in arbore nasci,
> Dicemus ficos, Cæciliane, tuos.

f Laur. Valla lib. 1. Eleg. c. 4.

[f] Ubi barbarum verbum, *ficus,* non dixit, quasi peregrinum esset, sed quod in ejus declinatione

g Diomed. Fronto. Sarisb. lib. 1. Met. c. 18.

barbarismum fieri contenderet Cæcilianus : [g] Aliud enim est barbarismus, aliud βαρβαρόλεξις, seu

h Isid. lib. 1. c. 31

dictio barbara, quam βαρβαρολογίαν vocat [h] Isidorus, cum barbarismus sit in Latina, dum corrumpitur, βαρβαρόλεξις vero in peregrina, dum latinis eloquiis inseruntur voces peregrinæ et

i In Apolog. c. 3.

barbaræ; cujusmodi sunt de quibus [i] Tertullianus : *Quæ accusatio vocabulorum, nisi aut barbarum sonat aliqua vox nominis, aut infaustum, aut maledicum, aut impudicum?* Quippe barbaram Linguam appellabant, quæ non esset Romanæ legibus adstricta : neque enim

j L. de Ordine c. 17.

aliter [j] S. Augustinus : *Barbarismorum autem genus nostris temporibus tale compertum est, ut et ipsa ejus oratio barbara videatur, qua Roma servata est.* Et [a] auctor Queroli, ut alios omittam : *Qui Græcorum disciplinas ore narrat barbaro.*

a Querolus.

Librariorum incuria mendorum in libris fons et origo.

b Lib. 1. c. 9.

« VI. Enimvero barbarisimi, ait [b] Fabius, alii « scribendo fiunt, alii loquendo, quia quod « male scribitur, male etiam dici necesse est : « qui vitiose dixerit, non utique et scripto pec- « cat. » Proindeque monet pueros, qui in Grammaticis elementis versantur, ut in recte scribendo summam curam adhibeant. Ut et [c] S. Basilius in Epist. ad Notarium : [1] Σὺ μὲν, ὦ παῖ, τὰ χαράγματα τέλεια ποίει, καὶ τοῖς τύποις ἀκολούθως κατάστιζε· ἐν γὰρ μικρᾷ πλάνῃ πολὺς ἡμάρτηται λόγος, τῇ δὲ ἐπιμελείᾳ τοῦ γράφοντος κατορθοῦται τὸ λεγόμενον. Et sane scriptorum seu Antiquariorum incuria ac imperitia, multa in libros irrepsisse menda constat, quæ fucum faciunt Lectoribus, difficultatesque non modicas ingerunt, [d] dum paragrammata reperiunt, vel minus aliqua descripta, quæ sensum legentis impediunt, quæ si absque nævo essent, facile intelligerent. Addendo quippe literas, vel demendo, vocabulorum sententia longe diversa efficitur, ut interdum vocabulum diversa significet. Socrates apud [e] Platonem : [2] Προστιθέντες γράμματα καὶ ἐξαιροῦντες, σφόδρα ἀλλοιοῦσι τὰς τῶν ὀνομάτων διανοίας, ὥστε σμικρὰ πάνυ παραστρέφοντες ἐνίοτε, τἀναντία ποιεῖν σημαίνειν. Ejusmodi pravos descriptores, *negligentes veritatis Librarios* scite vocat [f] Symmachus. De quibus ita Sulpitius Severus [g] : *Sed non dubito, librariorum potius negligentia, præsertim tot sæculis intercedentibus, veritatem fuisse corruptam, quam ut Propheta erraverit : sicut in hoc ipso nostro opusculo futurum credimus, ut describentium incuria, quæ non incuriose a nobis sunt digesta, vitientur.* Accidit præterea ut qui notarum compendiis libros describebant Antiquarii, cum multa occurrerent quæ iis exarari ægre possent, menda complura in libros inveherent, sensumque autoris sæpe inverterent, quod in iis maxime qui de rebus mysticis agunt, evenisse observat [h] Hieronymus his verbis : *Difficile grandes libri de rebus mysticis disputantes, notarum possunt servare compendia, præsertim qui furtim celeriterque dictantur : ita in illis confusa sunt omnia, ut et ordine in plerisque et sensu careant.* Vetus est studiosorum ista querela, cum testetur [i] Tullius sua ætate libros Latinos adeo mendose scriptos, ut nesciret quo se verteret. Cujus quidem Librariorum negligen-

c Epist. 178.

d S. Hieron. epist. 28. ad Lucin.

e Plato in Cratylo.

f Lib. 1. ep. 18.

g Lib. 1. Hist.

h Epist. 89. ad Avitum. c. 1.

i Ad Attic.

[1] Curæ tibi sit, puer, notas recte formare, literasque punctis convenientibus distinguere. Levi enim errore multi vitiati sunt sermones, scriptoris autem diligentia sermoni gratiam affert.

[2] Qui demunt vel addunt literas, ii vocum valde diversam sententiam efficiunt; ita ut ex levissima depravatione voces contrarium omnino significent.

tiæ causam eorum festinationi adscribit [a] Palladius, cum [b] scribant non quod inveniunt, sed quod intelligunt: et dum alienos errores emendare nituntur, ostendunt suos; ita ut persæpe difficile sit deprehendere [c], utrum scriptoris negligentia, an dictatoris contigerint imperitia: quo fit [d] ut vitium Librarii dormitantis ad culpam interdum referatur interpretis. [Leontius Mechanicus de Sphæra Arati : [1] Ὅμηρον μὲν ἓν εἶδος γραφέων βλάπτει, τῶν βιβλιογράφων· Ἄρατον δὲ δύο, βιβλιογράφων τε καὶ ζωγράφων· ὧν τὰ ἁμαρτήματα τῶν Ἀράτου θεωρημάτων ἐγκλήματα ποιοῦνται οἱ κουφότεροι, διὰ τὴν ἄγνοιαν τοῦ παντὸς λόγου καὶ τῆς ἀληθείας περὶ σφαίρας.] Accidit deinde ut qui a vitiosis codicibus exscribuntur libri, vel cum iis conferuntur, novis deinceps erroribus infarciantur. Unde aiebat Porphyrius, [2] τῶν παλαιῶν βιβλίων ἐπὶ τὸ χεῖρον κινεῖσθαι τὴν γραφήν. Et [e] S. Hieronymus: *Sciat*, inquit, *Lector, omnia prope verba Hebraïca, et nomina, quæ in Græca et Latina translatione sunt posita, nimia vetustate corrupta, scriptorumque vitio depravata, et dum de inemendatis scribuntur inemendatiora, de verbis Hebraïcis facta esse Sarmatica, imo nullius gentis, dum et Hebræa esse desierint, et aliena esse non cæperint.* « Quot sunt, inquit « Guillelmus Canterus, in bonis auctoribus optimæ « notæ vocabula, quæ tamen nullis in Lexicis, « quantumlibet specioso decoratis ac prostitutis « titulo, unquam sunt inventa? quomodo enim « possit aliter fieri, quando Lexica de Lexicis, et « ineptis quorundam versionibus, non de bonis « auctoribus colliguntur. Atque id non de Græcis « modo dictum volo; sed etiam de Latinis. Nam « et in his aliquando talia reperiri multa, quæ « insulsum aut dormitantem collectorem indi- « cent, vel una vox *ferabites* testabitur. Cum « enim apud Nonium legissent quidam e Sisenna « hæc relata verba : *Partim ferabite, partim* « *lauro ac pinu abundant*, nec animadvertis- « sent, quod erat tamen factu facillimum, pro « *ferabite* legendum *fera vite*, uti nos amicus « quidam [f] (Jos. Scaliger) admonuit, mox vocabu- « lum *Ferabites*, aut monstrum potius; tanquam « ἕρμαιον quoddam in Commentarium retulerunt, « et *Agrestem* exposuerunt. » Quo loco Nicolaum Perottum in Cornucopia carpit. Quod sane, quantum ad codices spectat, qui in Bibliothecis hodie habentur, ortum inde verosimile est [g] quod in Monasteriis ex Monachis pueri, vel qui in disciplinis nondum plene versati erant, ad id operis adhiberentur. Quod cum in libris Ecclesiasticis describendis etiam accideret, necesse erat, ut ex Quintiliano notavimus, quod male scriptum erat, male etiam diceretur. Cum contra, ut ait [a] Cassiodorus, *gloriosum profecto sit studium et humanis ac divinis Literis, ut videtur, accommodum, quod loqui debeas, competenter scribere : et quæ scripta sunt, sine aliquâ erroris ambiguitate proferre.* Cui quidem incommodo ut obviam iretur, cautum est in [b] Capitulari Aquisgranensi ann. DCCXXCIX : *Ut si opus esset Evangelium, vel Psalterium, vel Missale scribere, perfectæ ætatis homines scriberent cum diligentia.* Maxime enim, ut ibidem habetur, interest, *libros Catholicos bene emendatos habere : quia sæpe dum bene aliquid Deum rogare cupiunt, per inemendatos libros male legunt.* In quam sententiam [c] Alcuinus, ubi de Scriptoribus seu Antiquariis :

Per cola distinguant proprios et commata versus,
Et punctos ponant ordine quosque suo.
Ne vel falsa legat, taceat vel forte repente,
Ante pios fratres Lector in Ecclesia.

[d] Hanc quidem Antiquariorum incuriam ut caverent Scriptores Christiani, Operibus suis adjurationem præmittebant, per Christi nomen, diemque tremendi judicii, ut postquam ea descripsissent, conferrent, et diligenter emendarent ad exemplar, uti S. Irenæus et S. Hieronymus : quod etiam observatum a [e] Joanne Gersono, qui ejusmodi stupidorum Scriptorum indiligentiam, inertiam ac stupiditatem hisce verbis carpit : *Videat autem scriptor, ne suum sal infatuet, vel sibi, si ei non sapuerit, vel aliis, si corruptum per ineptias scribendi reddiderit : quales vere protulit ætas nostra plurimos, quorum mendosa fuerunt adeo volumina, ut consultius fuisset nulla, quam talia ministrari, cum literis inconditis sine lege, sine sensu, vel ordine : adeo quidem ut auctori proprio, seu dictatori non intelligibilia viderentur, quantumlibet introspecta. Hanc existimant aliqui non minimam jacturam tribuisse studiis ac Universitatibus nostræ tempestatis, dum quilibet admittebatur ad scribendum, non probatus, non cognitus, exemplaria quoque dabantur incorrecta. Quidni multiplicior corruptio sequeretur, juncta transcribentium vel inertia vel ignorantia? Si dantur visitatores in artibus mechanicis, ne fraus committatur in operationibus, ut in pannis, in pane, vel cultellis, et cæteris, quis digne tulerit opus pretiosissimum expers esse visitationis, ne corruptio sua serpat jugiter in deterius? Sic olim apud sanctos Patres habebatur electio super scriptoribus, nec passim admittebatur indoctus, sed usque ad punctorum formationem, qui lucem dant magnam legentibus, examen habebatur. Prisci Doctores, nominatim Irenæus, si non fallit memoria, subjungebant in opusculorum suorum fine terribilem divini nominis obtestationem, ut scripta sua correcta transcriberentur, et per posteros ita*

[a] In Præf. ad lib. de Insit.
[b] S. Hier. ep. ad Lucin.
[c] Rather. Veron. in Præf. ad Vit. S. Ursmari.
[d] S. Hier. ep. 138.
[e] In cap. 40. Ezech.
[f] Lib. 3. Nov. Lect. c. 3.
[g] Gloss. v. Scriptor.

[1] Ex iis quidem qui penicillo, calamove utuntur, unum genus, Librariorum scilicet, Homerum depravat : at Aratum corrumpunt duo, Librariorum nempe et pictorum; quorum errores assumunt imperiti ad accusanda Arati Theoremata, propter suam de Spheræ ratione ac veritate ignorantiam.
[2] Veterum Librorum in pejus mutari scriptionem.

[a] Lib. de Orthogr. c. 10.
[b] Cap. 70.
[c] Poëm. 126.
[d] Irenæus. Hieronym. in Chr. Euseb. et in Version. Origen. ep. 28. 65.
[e] Gerson. de Laude Script. consid. 6.

fieri persuaderent; alioquin, juxta Hieronymum quis vel scripsisse, vel emendasse, fructus esset?

Barbariem inducit Orthographia vitiata.

VII. In orthographiam igitur peccata barbariem in Latinam Linguam invexere. « Ortographiam « porro definiunt [a] Grammatici, rectitudinem « scribendi, nullo errore vitiatam quæ manum « componit et linguam. [b] Scribendi autem rationem « quatuor modis vitiari, aiunt, per adjectionem, « detractionem, immutationem, adnexionem : « per adjectionem, cum additur litera : per de- « tractionem, cum ea detrahitur : per immuta- « tionem, cum litera pro alia ponitur, ut *set*, « pro *sed*, quæ sæpe occurrit in libris apud Anglos « scriptis : denique per adnexionem, cum litera « syllabæ priori adnectitur, quæ posterioris est. Recorrigitur vero tribus regulis, historia, originatione seu etymologia, et proportione, quæ a Græcis analogia vocatur. *Verborum novorum et veterum discordia omnis*, ait [c] Varro, *est in consuetudine communi : quot modis literarum commutatio sit facta, qui animadverterit, scrutari facilius origines patietur verborum. Reperiet enim esse commutata, aut literarum demptione, aut additione, aut propter earum artationem, aut commutationem, item syllabarum productionem.* [d] Orthographia apud Romanos consuetudini serviit, ideoque sæpe mutata est; olim enim quomodo scribebant, sic et loquebantur : hic enim usus est litterarum, ut custodiant voces, et velut depositum reddant legentibus. Itaque exprimere debent, quod dicturi sumus. Orthographiam, *id est formulam rationemque scribendi* a Grammaticis institutam, non adeo observasse Octavium Augustum scribit [e] Suetonius, eorumque videri secutum potius opinionem, qui perinde scribendum ac loquamur existiment : quomodo sane et Scriptores aliquot inferioris ævi, qui *Anachorita*, *Cimiterium*, *Iconomus*, et similia extulerunt, quod ita efferrentur apud Græcos. Fit etiam barbarismus *per transmutationem syllabæ, ut desplicina, pro disciplina; imperiti hoc faciunt aliquando per imperitiam.* Verba sunt [f] Clementis in Collectaneis ad Donatum. Ita observat Goldastus in Heitonis Episcopi Basileensis Visione Vettini, [g] *spalmus*, et *spalmodia*, pro *psalmus*, et *psalmodia* perpetuo scriptum in veteri codice. Quæ quidem pleraque in ortographiam peccata etiam arrident, ita ut ea corrigere piaculum ferme fuerit : [h] *Tanta est vetustatis consuetudo, ut etiam confessa plerisque vitia placeant.*

[a] Senator de Grammat.
[b] Quintil. lib. 1. c. 9. Terentius Scaurus de Orthograph.
[c] Varro l. 1. p. 6.
[d] Quintil. lib. 1. c. 13.
[e] Cap. 86.
[f] Apud Goldast. ad. S. Valerian.
[g] Vide Gloss. in *Supprestes* in *Salmus*.
[h] S. Hieron. 2. Præfat. in Iob.

Poëtica verba inducunt obscuritatem.

VIII. Tametsi poetica verba in oratione soluta non tam barbariem quam obscuritatem inducant, vitanda tamen Scriptori censent Rhetores : cum scriptionis emendatæ legibus plerumque adversentur, nec ea admittant, qui elocutionis student venustati. Neque enim ab omnibus probatum, quod Herodotus [a] τῇ λέξει ποιητικῇ semper uteretur, ποιητικώτατα imitaretur, unde Ὁμηρικώτατος indigitatur a Longino. Poetica autem vocabula potissimum vocabant [b] [1] ὅσα τινὸς ἐξηγήσεως δεῖται, quæ non ita plana essent, ut absque explicatione intelligerentur. Sed huic scribendi rationi longe potius tribuenda indulgentia, quam ei, qua nescio quos recentioris ævi Scriptores usos videmus, qui non poetica a priscis probisque Poetis petita, sed nova et a se conficta vocabula suis inseruere scriptis; quasi idem sibi liceret quod Poetis [c], quibus, quia plerumque metro servire coguntur, adeo ignoscitur, ut vitia ipsa aliis in carmine appellationibus nominentur, proindeque hæc [d] *apud scriptores carminum, aut venia digna, aut laude ducantur :* data scilicet ipsa virtutis laude necessitati [e]. Nam soloecismos et barbarismos schemata et metaplasmos mutatis nominibus vocarunt : [f] quibus interea detractis suavissima condimenta desiderarentur, ut ait S. Augustinus. At dum concessa Poetis licentia, non Prosaici dumtaxat scriptores, sed etiam mali interdum Poetæ male utuntur, susque deque omnia invertunt; et cum purioris Latinitatis expertes sint, ut tamen videantur scioli, falsamque sibi eruditionis persuasionem induant, voces pessime compactas ac confictas, aut a Græcis longe petitas, vel etiam male formatas interserunt, ut de iis dicere liceat, quod de Joviniano hæretico [g] Hieronymus, in eorum scriptis tantam « esse barbariem, « et tantis vitiis spurcissimum sermonem confu- « sum, ut nec quid loquantur, aut quod narrare « volunt, possit intelligi; cum toti tumeant, toti « jaceant : attollant se per singula, et quasi de- « bilitati colubri in ipso conatu frangantur, non « contenti nostro, id est humano more loqui, af- « fectata cæteroquin ubique nescio qua obscuritate, « quæ lectoribus intolerandum tædium ingerit, « tamen hos non pœnitere tarditatis liceat, cum « id in legendo patiantur, quod ii passi sunt in « scribendo. » Quod sane Anglis olim scriptoribus familiare potissimum fuit; qui vocibus inepte confictis sic involvunt omnia [h], et quibusdam inextricabilibus nodis universa perturbant, ut illud [i] Plautinarum litterarum iis possit aptari : *Hæc quidem præter Sibyllam leget nemo, nam divinandum est.* [k] Quippe « ut Græci involute, Ro- « mani splendide, ita pompatice dictare solebant, « ait Willelmus Malmesburiensis; idque, subdit « ille, in omnibus antiquis chartis est animad- « vertere, quantum quibusdam verbis abstru- « sis et ex Græco petitis delectentur : » maxime scilicet in Anglo-Saxonum diplomatibus, quæ describuntur passim in Monastico Anglicano,

[a] Hermog. περὶ ἰδέων lib. 2. p. 399.400.
[b] Longin. περὶ ὕψους p. 28.
[c] Theon. in progymn. p. 54.
[d] Quintil. lib. 1. c. 14.
[e] Id. lib. 1. c. 9.
[f] S. Aug. lib. 2. de Ordine cap. 4. Sosipater Charisius, etc.
[g] Lib. 1. in Jovin. cap. 1.
[h] Id. in Jovin. lib. 1. c. 1.
[i] Plaut.
[k] Will. Malmesb. in vita S. Athelmi, cap. 8.

[1] Quæcumque indigent expositione.

et apud Anglicos scriptores. Ejusmodi est etiam vita S. Wilfridi Episcopi Eboracensis carmine exarata, in qua tot voces Græcæ pessime compactæ, insulsæ, frigidæ et abstrusæ intermiscentur, ut scriptor ejus Fridegodus instar Heracliti illius, quem σκοτεινὸν appellabant, quod eum sudantes Philosophi vix intelligerent, jure haberi possit. Neque hisce modo vitiis laborant recentiorum Poëtarum nostrorum carmina, licet interdum haud omnino inelegantia, sed ut plurimum nullis metrorum legibus adstricta sunt, in quibus longæ pro brevibus, breves pro longis sæpe usurpantur : quod neque ipse diffitetur [a] Walafridus Strabus in præfatione ad visionem Vettini monachi Augiensis, metro a se redditam. *Et si*, inquit, *in pedum mensuris et synalœpharum positione fefelli, contra nullum luctamen inibo; quia ad rumusculos spargendos non egi, sed potius ad propositi mei conservationem, quippe cui nec ætas ad talia competit, nec scientia suppetit.* Hujusmodi sunt infinita recentioris ævi edita Poetarum carmina, qualia etiam fuere Chilperici regis, qui, ut ait [b] Gregorius Turonensis, *confecit duos libros quasi Sedulium meditatus, quorum versiculi debiles nullis pedibus subsistere possunt : in quibus dum non intelligebat, pro longis syllabas breves posuit, et pro brevibus longas statuebat; et alia opuscula vel hymnos, sive Missas, quæ nulla ratione suscipi possunt.*

[a] Apud Canis. Tom. 6. Antiq. Lect.

[b] Lib. 6. cap. 46.

Barbarismum conficiunt variarum gentium idiomata.

IX. Barbarismum præterea conficiunt βαρβαρολέξεις, de quibus supra egimus, seu gentium ac populorum propria idiomata, quæ si Latinis misceantur pro barbaris jure censentur. Quippe, ut est apud [c] Varronem, *verba sunt aut nostra, aut aliena, aut oblivia,* id est obsoleta. [1] Ξενὰ, inquit [d] Theon sophista, sunt τὰ ἑτέροις μὲν ἐπιχώρια, τοῖς δὲ ἄλλοις οὐ συνήθη. Hinc ξενοφωνία apud [e] Pollucem, *vox peregrina*, et ξενοφωνεῖν apud [f] Mauricium pro *uti sermone peregrino*. Barbarismum, ait [g] Quintilianus, *pluribus modis accipimus, unum gente; quale sit, si quis Afrum vel Hispanum Latinæ orationi nomen inferat : ut ferrum quo rotæ vinciuntur, dici solet Canthus quanquam eo tamquam recepto utitur Persius, sicut Catullus Ploxenum circa Padum invenit. Et in oratione Labieni, sive illa Cornelii Galli est, in Pollionem, Casnar assectator e Gallia ductum est. Nam Mastrucam, quod Sardum est, illudens Cicero ex industria dixit.* Quæ quidem aliis postea inculcat scriptor eruditus [h]. *Verba aut Latina aut peregrina sunt. Peregrina porro ex omnibus prope dixerim gentibus, ut homines, ut instituta etiam multa, venerunt. Taceo de Tuscis et Sabinis et Prænestinis quoque : nam ut eorum sermone utentem Vectium Lucilius insectatur, quemadmodum Pollio deprehendit in Livio Patavinitatem, licet omnia Italica pro Romanis habeam. Plurima Gallica valuerunt, ut Rheda ac Petoritum, quorum altero Cicero tamen, altero Horatius utitur. Et Mappam, usitatum quoque Circo nomen, Pœni sibi vindicant; et Gurdos, quos pro stolidis accipit vulgus ex Hispania duxisse originem audivi.* Hæc nimirum suis inseruere Latinis barbara vocabula, cum *potentiorem facere Linguam Latinam studerent,* et ubi Latina deessent, ab exteris sicut illi a Latinis nonnumquam mutuati sunt, præsertim a Græcis, unde *maxima ex parte Romanus sermo conversus est.* Atque id præ cæteris firmat Tullius [a] : *Principio enim terra sita in media parte mundi, circumfusa undique est hac animabili spirabilique natura, cui nomen est aër, Græcum illud quidem, sed receptum jam tamen usu a nostris; tritum est enim pro Latino. Hunc rursus complectitur immensus æther qui constat ex altissimis ignibus. Mutuemur quoque hoc verbum, dicaturque tam æther Latine quam dicitur aer; et si interpretatur Pacuvius : Hoc quod memoro, nostri cœlum, Graii perhibent æthera, quasi vero non Graius hoc dicat. At Latine loquitur : siquidem nos non quasi Græce loquentem audiamus, etc.*

[c] Lib. 4. de L. L.

[d] In Progym. p. 38.

[e] Pollux lib. 2. pag. 4.

[f] Mauric. l. 1. cap. 1.

[g] Quintil. lib. 1. cap. 9.

[h] Eodem cap.

[1] Peregrina vocabula sunt ea, quæ apud alios quidem sunt in usu, apud alios autem minime.

[a] Lib. 2. de Natura Deorum.

Qui barbaræ voces Latinis insertæ.

X. Verum tum maxime inductum fuisse videtur, ut Latinis barbaræ voces insererentur, cum ab aliis quam ipsis Romanis, conscripti libri in provinciis, ubi sermo Latinus utcumque obtinebat, in lucem prodiere, qui ab eo scriptionis charactere longe distarent, quem agnoscit castior puriorque Latinitas, et ut de Livii Patavinitate aiebat ille apud Quintilianum, receptam usitatamque apud suos locutionis rationem redolerent, inspersis fere ubique indigenis, vel proprio arbitratu confictis vocabulis, adeo ut ex iis, si non a Latino sermo alius, diversus certe omnino scribendi stylus deprehendatur; cujusmodi forte fuit Gallicus, quem Squamam Latini sermonis appellabat Sidonius, et is quo scriptores Afros usos palam est : qui quidem a Latina oratione ita alienus est existimatus, ut qui hos illustrare commentariis aggressi sunt, vocum locutionumque Latinis insolentium glossaria colligere, præmittereque necessarium duxerint.

Victores linguam suam inferunt in provincias debellatas.

XI. [b] Sed id potissimum accidit, cum victores populi arma in provincias exteras intulerunt, iisque debellatis, non Linguam modo suam ipsi servarunt, verum etiam ut ab iis, quos subegerant, usurparetur, summam curam adhibuerunt.

[b] Bernard. Aldret, l. 1. c. 22.

Ita Galli nostri veteres, expugnatis Græciæ Provinciis nomen suum indiderunt, ac propriam Linguam retinuerunt, quam eandem pene fuisse, qua utebantur sua ætate Treviri, scribit [a] S. Hieronymus, excepto sermone Græco, quo omnis Oriens loquebatur. « Nec referre, subdit ille, si « aliqua exinde corruperint, cum et Afri Phœni« cum Linguam nonnulla ex parte mutaverint, « et ipsa Latinitas et regionibus quotidie mutetur « et tempore. » Sic Romani, quocumque pergebant, Latinam inferebant Linguam, ut de aliis sileamus, cum de hac maxime sermo nobis sit : neque enim de Græcis, qui in Massiliensem tractum Græcam Linguam cum Imperio intulere, quidquam dicemus; idque similibus firmabimus exemplis. [b] « Imperiosa nimirum civitas non solum « jugum, verum etiam Linguam suam domitis « gentibus imponere voluit, » [c] non vulgarem modo, de qua minus sollicita erat, sed et puriorem Latinam tradi provincialibus curavit : unde studia illa Galliarum florentissima, et Gallicanus cothurnus, tantopere ab [d] Hieronymo commendatus, et municipales illæ Scholæ apud Visontionem et Lugdunum, illa non apud Clivium in Germania secunda, sed Augustodunum in Heduis, cui præfuit Eumenius Rhetor. Hoc enim pacto feritas animorum paulatim abstersa : quo quidem in consilio res adeo feliciter successerat, ut ubicunque Romanorum diffunderetur Imperium, [e] hic et Latinæ vocis honor vigeret, et quadam desuetudine nativa aboleretur. Quod adeo verum est, ut quæratur hodie, qua tot provinciarum, quæ iis olim paruerant, incolæ Lingua usi fuerint cum et Romani appelari exoptarent, eaque nomenclatura ad cæterarum barbaricarum gentium, a quibus subactæ sunt deinceps, discrimen ab ipsis barbaris vulgo donarentur, eorumque Lingua, quantumvis fœdata postmodum, et vitiata, Romana diceretur. Quod de Tudertanis, et iis præsertim, qui ad Bætim in Hispania incolunt, scribit Strabo, *adeo in Romanum immutatum morem, ut ne sui quidem sermonis meminerint*, τελέως εἰς τὸν Ῥωμαίων μετεβέβλητο τρόπον, οὐδὲ τῆς διαλέκτου τῆς σφετέρας ἔτι μεμνημένοι. [f] « Rem « profecto conabantur pulcherrimam, et toti hu« mano generi nobilissimam, quocunque in fine « facerent, ut esset una aliqua lingua qua se gentes « omnes mutuo intelligerent : vel certe [g] quo per « Linguæ præsidium obsequentiores et faven« tiores haberent nationes, cum inter dissimilis « Linguæ homines amicitia vix coalescere queat. » Atque id quidem argumenti jam alii prosecuti sunt, atque in iis [h] Bernardus Aldretus scriptor Hispanus cultissimus.

[a] In Proœm. ad lib. 2. in Ep. ad Galat.

[b] S. Aug. l. 19. de Civit. Dei, c. 7.

[c] Rhenan. l. 2. Rer. Ger. p. 115.

[d] S. Hieron. ep. 4. 13.

[e] Valer. Max. lib. 2. c. 2. n. 2.

Lib. 3.

[f] Lud. Vives ad S. Aug. locum laudatum.

[g] Rhenan. lib. 2. Rer. Germ. p. 115.

[h] Lib. 1. del Orig. de la Lingua Castellana, c. 11, 12. etc.

Constantinus M. Byzantii et in Græcia Latinum servat.

XII. Quin etiam translata ab urbe Roma Byzantium, ab Italia in Thraciam, et a Latio in Græciam, Imperii sede, Latinam etiam Linguam in ea servari voluit Constantinus Magnus. Quod satis arguunt inditæ novæ urbis regionibus ac locis præcipuis Latinæ appellationes; Inscriptiones etiam statuis, ædificiis ac monetis eadem Lingua affixæ : Constitutiones præterea ejusdem Augusti et successorum diu eodem conscriptæ idiomate. [a] Sed in Academiis Urbis publicis, de quibus copiose alibi disceptamus, Romanæ Eloquentiæ oratores tres, decem vero Grammatici, ab Imperatoribus constituti : cum in Eloquentia Græca quinque essent Sophistæ, uti appellabantur, decemque perinde Grammatici, ita ut utraque Lingua uno eodemque tempore exculta fuerit : quarum dum promiscuus habetur usus, utraque sensim vitiata ac corrupta, nec suis constitit regulis, nec suum nitorem splendoremque in sermone ac scriptis servare deinceps potuit. Tametsi fatendum sit, non defuisse identidem viros doctissimos, qui utriusque Linguæ cognitione præstarent, et eleganter ornateque scriberent. Sed id eorum potissimum fuit, qui disciplinis ac eruditioni studia sua omnia conferebant, quorum opera etiam in conficiendis vel Epistolis, vel Edictis, aut Constitutionibus, utebantur Augusti; cum cæteri, dum vulgarem, hoc est, Græcanicum et Latinum una colunt sermonem, neutro recte loquerentur. Quod quidem Theodosii Magni temporibus accidisse præsertim observare est, ex præfationibus et versibus aliquot, Itinerario, quod Antonini nomen præfert, præfixis in codice Regio, satis colligitur; in quibus, et quod pedestri, et quod ligato describitur sermone insulsum plane est et semibarbarum. [b] Id porro, quidquid est, damus in nostra Constantinopoli Christiana, ubi etiam ejusdem esse venæ Pentastichon Latinum, adscriptum Obelisco ejusdem civitatis adnotamus, de quo sic ait [c] Franciscus Philelphus : *Legi, inquit, ad Hippodromum Constantinopolis in marmoreis quibusdam lapidibus sub pulcherrimo illo Obelisco, versus quosdam ad partem anteriorem Obelisci Latinos, ad posteriorem autem Græcos, et utrosque Heroicos, et item utrosque admodum ineptos, qui quantum ex iis potest intelligi, impressi, atque insculpti in lapidibus illis fuerant Theodosio seniore Imperante, cui Arcadius atque Honorius filii in regnum successere. Quod si in secundissimis rebus illius Orientalis Imperii literæ et bonæ artes negligebantur, quid nunc existimandum sit in tanta Græcorum calamitate, et servitute !*

[a] Lib. 3. c. de Stud. etc.

[b] V. Constantinopolim nostram Christ.

[c] Lib. 6. ep. Fr. Barbar. inscr.

Quæ fuerit Romana Lingua, et in quo a Latina discrepaverit.

XIII. Non adeo tamen stabilita firmataque in provinciis a Romanis subactis Latina Lingua, ut fere semper, nescio quibus nativæ locutionis aspersa non fuerit formulis, aliquotque retinuerit ex pristinis barbaras voces : quod in plebe maxime obtinuit, quæ eruditionis ac literarum expers, nitidæ elocutionis disciplinam non tam facile amplectitur. [a] S. Hieronymus in epist. ad Lætam, de institutione filiæ : *Sequatur statim et Latina eruditio, quæ si non ab initio os tenerum composuerit, in peregrinum sonum Lingua corrumpitur, et externis vitiis sermo patrius sordidatur.* Atque inde sensim invaluit vulgaris illa Romana Lingua, quæ, etsi aliquid Latinitatis redoleret, Latina tamen non esset, ut quæ et barbara non agnosceret vocabula, et longe aliis Grammaticæ legibus regeretur. Eapropter jam non Latina Lingua cœpit appellari, sed Romana, quod Romani, qui in Galliis et Hispaniis post Septentrionalium nationum irruptiones remanserant, ea uterentur. In hanc rem [b] Luithprandus: *Romani etiam, qui in Galliis habitabant,* (sub Chlodovæo) *ita ut nec reliquiæ ibi inveniantur, exterminati sunt. Videtur mihi inde Francos, qui in Galliis morantur, a Romanis Linguam eorum, qua usque hodie utuntur, accommodassse. Nam alii qui circa Rhenum ac in Germania remanserunt, Teutonica Lingua utuntur. Quæ autem Lingua eis ante naturalis fuerit, ignoratur.* Cum enim Romani Galliam diu obtinuerint, quæ Imperii fere pars melior fuit, in eaque Imperatores aliquot suas fixerint sedes, non magnopere mirandum, si Lingua nativa in desuetudinem abiit, hodieque, qualis fuerit, quæratur. Sed tum maxime pro Romanis haberi cœpere veteres Galliæ incolæ, cum a barbaris id nominis iis inditum, quo a novis discernerentur, [c] qui se se etiam haud invidioso sibi vocabulo Barbaros dici et appellari non dedignabantur. Eorum deinde Lingua Romana dicta, non Latina, tum quod sic appellaretur, quia Lingua esset Romanorum, seu veterum Galliæ incolarum, qui Romanis paruerant, tum quod revera a Latina longe esset diversa, quantumvis ab ea profluxisse idiomatis character satis doceret : quod quidem discrimen recte observat [d] S. Gerardus abbas Silvæ majoris in Vita S. Adalardi : *Qui, si vulgari, id est, Romana Lingua loqueretur, omnium aliarum putaretur inscius, si vero Theutonica, enitebat perfectius, si Latina, in nulla omnino absolutius.* Atque ita Romanam Linguam appellant [e] Nithardus, [f] Capitularia Caroli C. cæterique, quos suo loco laudamus, Scriptores, quam *rusticam Romanam*, vocat [g] Concilium Turonense III. ann. DCCCXIII. et [h] Concilium Moguntinum I. ann. DCCCXLVII. *Rusticam* nude, Anonymus in Historia Translationis S. Germani Parisiensis : *Unde factum est, ut tam auditu, quam locutione, in brevi non solum rusticam Linguam perfecte loqueretur; sed etiam literas, in ipsa Eclesia Clericus effectus, discere cœpit.* Ita nempe *rusticam* appellabant, quia a Latinitatis legibus absona esset

[a] S. Hieronymus, epist. 7.
[b] Lib. 4. c. 22.
[c] Vide Gloss. in verbis *Barbarus* et *Romanus*.
[d] Cap. 8.
[e] Nithard. lib. 3.
[f] Capit. Carol. C. tit. 20. extremo.
[g] Cap. 17.
[h] Cap. 2.
[i] Cap. 12.

prorsus, et barbaris potissimum aspersa vocabulis. Si quid enim verbo expressum vellent, quod apud vulgus obtineret, Latinitasque non agnosceret, id se rustico exprimere dicebant : quia *nostri sic rure loquuntur,* aiebat [a] ille. [b] Charta Ludovici Pii Imperatoris : *Constituit Monachos in Cella S. Pauli, quæ rustico nomine Cormeriacus dicitur.* Alia Caroli Calvi : *In loco, qui rustico vocabulo Villalupe vocatur* [c]. Baldricus Noviomensis : *Ad singulare certamen, quod rustice dicimus Campum provocaverunt* [d]. Helgaudus denique : *Exuens se vestimento purpureo, quod Lingua rustica dicitur Rocus.* Et alio loco : *Ornamentum quod erat in sex unciis auri, dependens a genibus, et quod nos Lingua rustica Lablellos vocamus.* Ubi promiscue vocabula peregrina et barbara, et Latina novatæ significationis Rustica appellantur. Neque aliter *rustica nomina* dixit [e] Martialis :

> Nos Celtis genitos, et ex Iberis,
> Nostræ nomina duriora terræ
> Grato non pudeat referre versu.

Et mox :

> Non tam rustica, delicate Lector,
> Rides nomina? rideas licebit,
> Hæc tam rustica malo, quam Britannos.

[a] Autor Antibucol.
[b] Apud Sammarth. in Abb. Cormer. et Villalup.
[c] Lib. 1. c. 10
[d] In Roberto Rege.
[e] Lib. 4. ep. 158.

Qui Romana lingua usi sunt, multa ex aliis Linguis arcesserunt vocabula.

« XIV. [f] Ea porro exteros plerosque consuetudo « semper tenuit, Gallos sane et Germanos, Ro« manum cultum sonumque propere imitandi, « quod in Francis multimodo ostendi potest, (ut « nihil dicam, Romanos id maxime enixos, ut « non minus Imperium, quam Leges Linguam« que suam quam longissime propagarent,) qui « cum Galliam totam, ex Germania profecti in ea« que nati et educati, occupassent, ita Germanica « vocabula Latina norma regulaque inflexerunt, « ut qui hodie Leges Salicas Ripuariasque legat, « centesimam non intelligat. » Si quando enim ad res, de quibus agebatur, Latine reddendas propria deessent vocabula, aut si essent in Latio, ea ignorarent; tum vero ex receptis ac vulgatis in Latinum sonum efformandi facultatem sibi concessam Scriptores arbitrabantur. Quemadmodum olim Latini ipsi veteres Græca a Græcis, et Græci vicissim Latina in Linguam perinde suam transtulere, quantumvis barbara ea existimarent. Nulla enim est tam fœcunda felixque Lingua, quæ non careat aliquando, quibus res haud sibi vulgares exprimantur, propriis vocabulis. Sola fere Græca [g] *prolixior fusiorque quam Latina,* id peculiare habet, ut verborum circumlocutionibus, vel compositionibus, proprius ad id accedat. Paupertatem cæteræ quandam præ se ferunt, adeo ut ab externis, quod sibi deest, mutuari sæpe cogantur. Atque ut id unico exemplo firmetur, scribit [h] Quintilianus, non habuisse Romanos vocem, qua Rhetoricam dicerent, licet, inquit,

[f] Guilliman. l. 1. de Rebus Helvet. p. 60.
[g] A. Gell. lib. 2. c. 26.
[h] Lib. 2. c. 15.

non defuerint, qui copiam Romani sermonis augere tentaverint, tum Oratoriam, tum Oratricem eam nominando: *sed non omnia nos ducentes ex Græco sequuntur, sicut ne illos quidem, quoties suis utique verbis signare nostra voluerunt: et hæc interpretatio non minus dura est, quam illa Flavii Entia, atque Essentia.* Cum igitur id occurrit, necesse est, ut ab aliis Linguis mutuemur, quibus familiaria sunt ea vocabula, quibus caremus, vel si etiam desunt, *ut dicamus, quomodo possumus*, ait idem [a] Quintilianus. Quod vero de Rhetorica ille scribit, idem de liberalibus ac mechanicis artibus dici debet. Quippe a Philosophis et Theologis efferuntur hodie nescio quæ verborum portenta, quæ purior nusquam agnovit Latinitas, quorum *inaudita verba tonitrua sunt*, inquit [b] Joannes Sarisberiensis. « Musicam et Astrologiam, quæ sunt infra Arithmeticam consequentia membra Philosophiæ, « nullatenus posse sine nominibus Græcis indicari, ait [c] Sidonius Apollinaris, quæ si quispiam ut Græca sicut sunt, et peregrina verba « contempserit, noverit sibi aut super ejusmodi « artis mentione supersedendum, aut nihil omnino « se, aut certe non ad assem, Latiari Lingua hinc « posse disserere. » Sed et quæ religionem spectant, sacraque illius mysteria, innumera sunt ab ipsis institutoribus et primariis illius cultoribus sensim inducta, quæque ab iis deinceps, qui Latini sermonis cultui ac elegantiæ studebant, usurpanda etiam fuere, quod [d] *ea mutari vetaret religio, et consecratis necessario utendum esset*, quantumvis minus Latinis. Unde cum præfatione aliqua ea fere semper usurpabant, quomodo [e] Facundus Hermianensis de Theodoro: *Quis enim audiens condidisse libros de Incarnatione, aut ut proprie hoc exprimam, minus quidem Latino, sed necessario verbo, sicut a Græcis dicitur, de Inhumanatione* (ἐνανθρωπήσει) *Filii Dei, duos eum putet Filios Dei prædicasse?* Et [f] S. Augustinus: *Itaque ut nos jam novo nomine ab eo quod est esse, vocamus Essentiam, quam plerumque Substantiam etiam nominamus.* Atque hanc quidem in Latinorum lingua circa res sacras penuriam, notat etiam [g] Gregorius Nazianzenus: Ἀλλ' οὐ δυναμένοις διὰ στενότητα τῆς παρ' αὐτοῖς γλώττης καὶ ὀνομάτων πενίαν, διελεῖν ἀπὸ τῆς οὐσίας τὴν ὑπόστασιν, καὶ διὰ τοῦτο ἀντεισαγούσης τὰ πρόσωπα, ἵνα μὴ τρεῖς οὐσίαι παραδεχθῶσι. In Medicis Latina pauca habentur propria, omnia fere a Græcis, complura etiam ab Arabibus extremis sæculis petita. Ejusmodi perinde sunt recentiorum Jurisconsultorum, seu uti vocant, Practicorum, infinita vocabula, foro Romano prorsus incognita: tum quod aliæ se leges a Romanis in provincias effuderint, tum quod mores alii et a

a Lib. 1. c. 14.
b Lib. 3. Metal. c. 4.
c Carm. 15.
d Quintil. lib. 1. c. 11.
e Lib. 9. c. 3.
f Lib. 2. de Mor. Manich. c. 2.
g Orat. 21. p. 395.

[1] Cæterum ob linguæ illius (*Romanæ*) angustiam et verborum inopiam hypostasim ab essentia distinguere non possent, eoque factum esset, ut pro ea, ne tres substantias admittere viderentur, Personarum vocabulum inducerent.

veterum moribus alieni diversique sensim obtinuerint, qui et res novas et nova induxere nomina a barbaris accepta, et ab ipsis hodiernis Jurisconsultis, (quod de Saliorum carminibus a sacerdotibus suis aiebat [a] Quintilianus,) vix intellecta, adeo ut jus *Faunorum et Aboriginum*, quod de XII. Tabulis dixit ille apud [b] A. Gellium, esse hodie existiment. Quot præterea sunt in mechanicis artibus, quæ Latine reddi non possunt, cum et forte non noverit Latium ipsum, vel si novit, ad nos vocabula ista non pervenerint: aut certe si alicubi extant, horum vim non omnino percipiamus, quod in unica Vitruviana Architectura licet observare; in cujus vocabulorum notionibus investigandis insudarunt tot viri eruditi, adeo ut vix inter se conveniant, et de unica *Scamellus* voce integri extent Commentarii. Cum igitur in hisce occasionibus nobis verba desunt, quibus res designemus, ab aliis linguis ea petenda. Scribit [c] Quintilianus νόθον qui non sit legitimus Græcos vocare, Latinos vero rei nomen cum non haberent, ideo usos peregrino, cum, ut [d] alibi ait, sint quædam quæ proprio carent nomine. Ita [e] Fridericus II. Imperator de aucupio per falcones, quod veteribus incognitum fuit, scripturus, hæc præfatur: *Nam cum ars habeat sua vocabula propria, quemadmodum et cæteræ artium, et nos non inveniremus in Grammatica Latinorum verba congruentia in omnibus, apposuimus illa, quæ magis videbantur esse propinqua, per quæ intelligi possit intentio nostra*, a vernaculis nempe mutuo accepta. Quam quidem ὀνοματοποιΐαν non modo minime improbat, sed approbat [f] Galenus, scribens eum qui aliquid literis commendare aggreditur, primum debere res ostendere, quæ suapte natura inter se similes sunt, atque ob hoc neglectæ, deinde imponere eis nomina, maxime quoad ejus fieri potest usitata, et a patrio sermone non aliena, ([g] *usitatis enim tutius utimur, nova non sine periculo fingimus*:) quod si hæc ignorat, fingere sibi propria, idque summopere curare, ut singulis rebus singula adhibeat nomina. Sed et ea pro arbitrio mutandi facultatem indulget, modo observetur, ut res ipsæ permaneant. Sic hic [h] et locis aliis Medicos perstringit, qui vitam omnem de nominibus altercando conterunt, adeo ut nunquam possint ad artis finem pervenire. *Omnis oratio*, inquit [i] Varro, *cum debeat dirigi ad utilitatem, ad quam tum denique pervenit, si est aperta et brevis, quæ petimus, quod obscurus et longus orator est odio, et cum efficiat aperta ut intelligatur; brevis, ut cito intelligatur, et apertam consuetudo, brevem temperantia loquentis, et utrumque fieri possit sine analogia, nihil ea opus est. Præterea quum utilitatis causa quæque res sit inventa, si ex ea quis id consecutus, amplius eam scrutari non debet, cum sit nimium otiosi; et cum utilitatis causa verba ideo*

a Lib. 1. cap. 11.
b Lib. 16. cap. 10.
c Lib. 3 cap. 7.
d Cap. 12.
e Lib. 1. in Prol.
f Lib. de Sympt. differ.
g Quintil. lib. 1. c. 10.
h Lib. 2. Nat. facult. lib. 1. de locis affect. lib. 9. Therap.
i Lib. 7. de Ling. Lat.

sint imposita rebus, ut ea significent, si id consequimur una consuetudine, nihil prodest analogia. In hanc sententiam [a] Rabanus Maurus: *Quamvis in bonis doctoribus tanta docendi cura sit, vel esse debeat, ut verbum quod minus obscurum sit, vel ambiguum Latinum esse non possit; vulgi autem more sic dicatur, ut ambiguitas obscuritasque vitetur, non sic dicatur ut a doctis, sed potius ut ab indoctis dici solet. Quid enim prodest locutionis integritas, quam non sequitur intellectus audientis, cum non intelligunt, propter quos, ut intelligant, loquimur. Qui ergo docet, vitabit verba omnia, quæ non docent: et si pro eis aliqua quæ intelligantur, integra potest dicere, id magis eliget: sin autem non potest, sive quia non sunt, sive quia in præsentia non occurrunt utetur etiam verbis minus integris, dum tamen res ipsa doceatur atque discatur integre.*

[a] Lib. 3. de Instit. Cleric. cap. 30.

Difficultatem ingerit Latina inflexio barbaris nominibus tributa.

XV. Nonnullam etiam aliquando apud Scriptores difficultatem ingerunt barbara ista nomina, quibus Latinam inflexionem ita tribuunt, ut genuinam veramque assequi appellationem haud omnino proclive sit. Quærit [b] Fabius, an eadem ratione per casus duci externa, qua Latina conveniat: « ac si reperias, inquit, Grammaticum « veterum amatorem, neget quicquam ex Latina « ratione mutandum. Subdit deinde, et si recen« tiores instituerint, Græcis nominibus Græcas « declinationes potius dare, quod tamen ipsum « non semper fieri potest, sibi tamen placere « Latinam rationem sequi quousque patitur de« cor, præsertim si auctoritatem consuetudo non « superat: tum enim qui Græcam, seu alterius « Linguæ figuram sequi malit, non Latine qui« dem, sed extra reprehensionem locuturum. » Quæ quidem eo potissimum ex Quintiliano descripsimus, ut quod videmus in controversiam hodie adduci, an familiarum nominibus, vel prædiorum aut dignitatum titulis, in Latinis libris exarandis, vernacula an vero Latina ratione utendum sit, leviter attingamus. Et certe Latinos Græcosve scriptores barbarica seu extranea hominum, aut regionum, vel oppidorum nomina immutasse, Latinamque iis inflexionem dedisse, probant, quæ supersunt, eorum monumenta: tametsi dum quæ vernacule enuntiata non sunt, ipsa inflexione Latina subobscura facerent, atque adeo incerta. Quis enim, ut id unico aut altero firmem exemplo, hodie agnoscit priscam et Gallicam Icii, vel Itii portus appellationem, quam Latina ratione extulit Cæsar? Quis Lutavici Galli ducis apud eumdem scriptorem? Si quippe portus Itius Gallis dictus fuit *Wits*, quemadmodum verosimilius est, cum etiamnum hac nomenclatura donetur *Witsan*, ubi olim stetit [a], quod alibi pluribus probavimus argumentis; Lutavicus vero Gallis *Luttawic*, vel *Ludwic* appellatus, quod aliqui volunt, quæ similitudo vel affinitas cum Latinis a Cæsare confictis vocabulis? nam in his, ut et in tractuum et oppidorum nominibus, quorum meminit, divinationi indulgendum omnino, cum nihil quippiam certi de Gallica priscaque vel etiam genuina enuntiatione constet. Atque id in magni Thuan præclara illa Historia expostulant nonnulli, maxime rerum nostrarum minus scientes, quod propria virorum illustrium locorumque nomina juxta Fabii consilium, veterumque scriptorum exemplo Latina ratione expresserit, quæ alias nativis suis appellationibus reddi ægre possunt, nisi ab iis qui in rerum familiarumque Gallicalum, vel etiam geographiæ cognitione versati sunt. Atque cum ii pauci admodum sint, indicem conficiendum existimavere viri eruditi, Thuanique familiares, quo tot nomina propria Latina ratione descripta vernaculis ac suis appellationibus donarentur. Verum licet quod de priscis illis e Græcia vel Latio Scriptoribus attigimus, rarius occurrere in confesso sit, ut Græcam aut Latinam inflexionem barbaricis vocabulis non semper tribuant; constat saltem, Sanctos Patres, qui eloquentia præclaraque dicendi arte præstiterunt, cæterosque, propriis, quotquot habentur in veteri Testamento, seu hominum, seu locorum nominibus, nullam Linguæ suæ declinationem dare: ita ut dicere liceat, veterum Artium magistrorum auctoritatem, ab inolita quadam apud eos consuetudine superatam. Sed et quosdam videmus queri, quod qui hodie libris a se editis cognomina sua, vel suorum prædiorum titulos inscribunt, id edant vernacule, cum Latine secundum Fabii consilium debuissent. Quam sane non semel agitatam a viris doctis, serioque discussam controversiam meminimus, qui eo visi sunt concedere, ut quibus haud ægre dari possunt Latinæ terminationes, seu, ut Fabii verbo utar, quousque patitur decor, nomina edantur Latine, id est, cum quæ sint vernacula, aut fuerint, satis perspicitur: contra vero non ita immutanda, vel Latinis aut Græcis ejusdem notionis edenda vocabulis, quæ Scriptorum nomina, vel titulos, aut dignitates in incerto prorsus relinquant. Quis enim Gerardum de Gerardis in Desiderio Erasmo agnoscat, Joannem Palæonhydorum in Joanne de *Oude-Water*, Janum Vittorium *da Rossi* in Jano Nicio Erythræo, Casaubonum in Hortobono, ut cæteros prætercam? Adde, quod nisi vernaculis adjuncti articuli serventur, nomina in incerto manent. Atque id causæ fuit, ut vir doctissimus, et cui plurimum debet Rerum familiarumque Francicarum cognitio ac historia, Andreas *du Chesne*, qui primo se Quercetanum nominaverat, postea *Duchesnium* appellaverit. Quam tamen scribendi rationem non probarunt

[b] Lib. 1. cap. 9.

[a] Dissert. ad Joinvill. 28.

alii, qui *Chesneum*, vel *Chesnium* laudarunt: cum in *Duchesnius*, duplex litera majuscula debeat præponi, altera articulo, altera ipsi nomini, quod Latinæ scribendi rationi omnino repugnat. Quod quidem in memoriam revocat Ludovicum *de la Cerda* Societatis Jesu, virum admodum eruditum, qui in[a] Adversariis sacris cum Nicolao Abramo ejusdem Societatis paulo acrius expostulat, quod se *Lacerdam* laudasset *Nicolaus, inquam, Abramus* (ait ille) *cujus ego nomen melius teneo quam ille meum, qui me citans Lacerdam nominat. Ego enim Joannes Ludovicus de la Cerda nominor. Itaque Cerdam debuisset dicere, non Lacerdam. Sed ignosco homini, ignoranti nostrum idioma: apud Hispanos enim La vicem habet articuli, ut la plaça, la terra, la yglesia. Rursum dicitur de la plaça, de la terra, de la yglesia.* Ita ille non probasset Duchesnium dici, quem tamen hac nomenclatura laudari par est; cum ita se ipse appellari voluerit. Quæ quidem tot hac super re sententiæ effecere, ut plerique satius duxerint, sua, prout vernacule obtinent, nomina, libris suis præponere, ut, quæ fuerint, percipiat sciatque Lector, Scriptoribus cæterum a quibus nominandi erunt, prout quisque censuerit, ea describendi facultate ultro concessa. Atque hæc obiter observasse suffecerit.

[a] P. 497.

Collabente Romano imperio peregrina verba ex omnibus fere gentibus in Latium venere.

XVI. Enimvero, ut redeat, unde divertit oratio, quis adeo imperitus, qui non modo complura ex omnium fere gentium idiomatibus in Latinam Linguam immissa fuisse non sciat peregrina vocabula, et ab ipsa sui origine, et quando maxime efflorescebat, atque adeo inclinato et collabente Romano Imperio; sed et subinde in cæteras Linguas omnes? Scribit[b] Fabius, peregrina verba ex omnibus propemodum gentibus, ut homines, ut instituta etiam multa, in Latium venisse. Notum illud ex[c] Suetonio, cum quidam verbum peregrinum pro Latino usurparet, et ad reprehensorem Augusti auctoritatem opponeret, audivisse statim, Cæsarem Gallos Romana civitate donare posse, Gallorum verba non posse. Sed et tradit S.[d] Hieronymus, omnium pene Linguarum verbis usos Hebræos: et[e] Jornandes: *Nemo est,* inquit, *qui nesciat animadverti usu pleraque nomina gentes amplecti, ut Romani Macedonum, Græci Romanorum, Sarmatæ Germanorum, Gothi plerumque mutuentur Hunnorum.* Recte igitur dixit[f] Rhenanus, existimare se, hodie Linguas omnes non nihil esse mixtas, puram nullam. Quot enim ab Arabibus, vel Mauris, quibus diu paruere, accepta vocabula servant Hispanicæ provinciæ, quorum Catalogum contexuere Tamaridus, cum Nebrissensis Lexico excusum, et[g] Bernardus Aldretus in Originibus Linguæ Castellanæ? Quot ab Anglosaxonibus major Britannia? quot a veteribus Francis Francia nostra? Cum, ut ait idem[a] Rhenanus, satis constet, provincialem Gallorum sermonem ex peculiari illa veterique Lingua multas adhuc habere voces immixtas; ex Germanica quam Franci intulere quam minimum, sed tamen aliquid. Quot denique Catalania ac Aragonensis tractus, ipsaque Italia a Provincialibus nostris voces accepit? Tametsi non desunt, in quibus est[b] vir plurimum eruditus, qui Bembum carpant, quod voces, quarum origo, aiunt illi, acumen ejus effugerat, Gallis Provincialibus adscripserit, cum tamen nemo ignoret, eam Galliæ partem, id est Narbonensem, ideo Provinciam appellatam, quod prima ex Gallicis Imperio Romano subjecta, et in provinciam redacta fuerit. Quod sane etsi verum sit, non ideo tamen sequitur Provincialia idiomata non accepisse Catalanos et Italos, cum quæ hodie servant, non pro Hispanicis vel Italicis a probatis Scriptoribus habeantur, tametsi Hispanica et Italica Lingua, periode ac Provincialis, Latinæ origines suas debeat, cum ut ait[c] S. Hieronymus, *unaquæque provincia et regio habeat proprietates suas.* Iis porro non immoror, qui plerasque ex vulgaribus Linguis Græcæ ortus suos debere contendunt, quod de Francica hodierna Joachimus Perionius et Henricus Stephanus, de Italica Monosinius,[d] de Hispanica Matutius et Aldretus, de Anglica Stephanus Skynnerus, qui verborum Catalogos subinde contexuere, quæ a Græcia profluxisse volunt. Neque potiori jure audiendi illi, qui omnes fere vulgares Linguas ab Hebraica accersunt, in quibus est[e] Stephanus Guichardus. Sed et autor est[f] Josias Simlerus, Conradum Gesnerum meditari cœpisse origines Germanicorum vocabulorum ex Hebræa, Græca, et Latina Lingua.

[b] Quintil. lib. 1. c. 5.
[c] Sueton.
[d] In cap. 7. Isaiæ.
[e] Lib. de Reb. Get. c. 9.
[f] Lib. 2. Rer. Germ. p. 116.
[g] Aldretus lib. 3. c. 15.

[a] Lib. 2. Rer. Germ. p. 117.
[b] Octav. Ferrarius.
[c] In Matth. c. 26.
[d] Matute in Prosapia Christi, ætat. mundi, 2. c. 4. § 5. Bern. Aldret. l. 3. de Orig. Ling. Castell. c. 1.
[e] In Harm. etymol. Ling.
[f] In Vita Conr. Gesn.

Lingua Francica in plerasque Orientis et Occidentis regiones invecta, Græca tantum aut Latina inflexione donata.

XVII. Verum ut Franci nostri armorum gloria ac bellica fortitudine, rarius affinitatum jure, quod Austriacis Principibus accidit, Imperium suum in regiones exteras longe lateque propagarunt, ita Linguam eo suam transtulere. Hanc enim si non transmissam omnino, ab ea saltem vocabula complura mutuatos earum incolas, et in suam sensim intulisse constat. Ex quo factum postea, ut in acta et diplomata, quæ, ut fieri tum solebat, Latino exarata idiomate a Notariis vel amanuensibus conscribebantur, eadem in Latinam terminationem deflexa persæpe insererent. Ejusmodi quippe multa in iis occurrunt, et apud Historiarum Scriptores, quæ cum indigenæ hodie haud agnoscant, in eorum genuina retegenda notione sæpe laborant; præsertim vero quæ Leges spectant, cum Europa fere universa suas a Francia nostra mutuo acceperit, ipsasque admiserit. Quæ enim regio ab eorum armis intacta, vel cui non aliquando imperaverit? An utrumque Imperium Francorum non fuit? Occidentali initium et incrementum dedit Carolus Magnus, tenuit id ejus stirps diu, eoque nomine non Germaniæ modo, sed et toti Italiæ jus dixit. Paruit Orientale, et Constantinopolis ipsa Flandrensibus, et Curtenæis e stemmate Francico proceribus. Græcia fere universa eadem tempestate nostros agnovit dominos, iisque in regionibus stabilitæ Leges Franciæ, quomodo servatam Linguam Francicam docent eorum diplomata, ex qua in Commentarios suos retulere interdum vocabula Græci recentiores Historici. Calabriam, Apuliam et Siciliam Normannos nostros obtinuisse quis ignorat? quibus vario jure successere deinceps Principes e Sanguine regio, qui et Hungariæ, Poloniæ, Majoricæ, Corsicæ, Sardiniæ possedere subinde regna? In iis porro servatam Linguam Francicam, maxime in Regum Palatiis, satis docet [a] Hugo Falcandus. Narrat enim, cum plerique ex aulicis, qui in Regium Cancellarium conspiraverant, Comitem Henricum, Reginæ fratrem ab ejus amicitia divulsum, ad Regni negotia capessenda impellerent, illum respondisse, *Francorum se Linguam ignorare, quæ maxime necessaria esset in Curia.* Hyerosolymitanum et Cyprium Regnum sua perinde debent initia et progressus Francis nostris, qui et Linguam et Leges suas eo intulerunt, semperque servarunt, quandiu iis paruit. Regum Hierosolymitanorum et Cypriorum servantur etiamnum Leges, assisiarum nomine, nostro conscriptæ idiomate. In Græcia ipsa, seu Orientali Imperio, dum Francorum fuit, Lingua pariter Francica obtinuit, non Constantinopoli duntaxat; sed et in cæteris, quæ a primaria ista urbe pendebant, provinciis, diu etiam postquam a Græcis recepta est; adeo ut tradat [b] Raimundus Montanerius, Scriptor Catalanus, sua ætate, hoc est, circa annum MCCC. in Moreæ Principatu, et in Ducatu Atheniensi, Linguam Gallicam æque ac Parisiis in usu fuisse vulgari: *E parlavem axi bell Frances, com dins en Paris.* Neque intacta ab eorum armis ac dominatione Hispania. Ut enim Caroli M. expeditiones Hispanicas sileam, Lusitaniæ Regno initium dedit Princeps Francicus: Catalania diu etiam Reges nostros, et usque ad S. Ludovici tempora dominos agnovit, indeque Lusitanos et Catalanos complura a Francis accepisse vocabula agnoscit [c] Bernard. Aldredus Cordubensis Canonicus. Sed et Navarra interior iis paruit, citerior eorum est.

[a] Falcandus de Calamit. Siciliæ.

[b] In Histor. Aragon. c. 261.

[c] Lib. 2. del Origen. de la Ling. Castellana, c. 5.

Normanni in Angliam Gallicam Linguam transtulere, nullaque diplomata, nisi Gallico aut Latino idiomate scribi patiebantur.

XVIII. Quid quod majori Britannia a Normannis nostris expugnata, Lingua Francica ita propagata est in ejus provinciis, ut Anglica et Saxonica, quæ tum vigebant, extinctæ ferme fuerint, adeo ut inter tot Regum et privatorum diplomata, nulla Anglico, sed omnia, aut Latino aut Gallico idiomate conscripta habeantur usque ad sæculum decimum quartum. Willelmo quippe Normannorum Duci, statim atque firmavit Imperium, primum curæ fuit, ut Francicam induceret, Anglicam ut barbaram quadam desuetudine aboleret. *Tum enim* [a], inquit Ingulfus, *cœpit terra sub Rege et sub aliis Normannis Anglicos ritus dimittere et Francorum mores in multis imitari. Gallicum idioma omnes magnates in suis Curiis, tanquam magnum gentilitium loqui, chartas et chirographa sua more Francorum conficere, et propriam consuetudinem in his et in aliis multis erubescere.* [b] Alibi vero de Normannis: *Ipsum etiam idioma tantum abhorrebant quod leges terræ, statutaque Anglicorum Regum Lingua Gallica tractarentur, et pueris etiam in scholis principia literarum Grammatica, Gallice, ac non Anglice tractarentur: modus etiam scribendi Anglicus omitteretur, et modus Gallicus in chartis et in libris omnibus admitteretur.* Id ipsum tradit [c] alio loco, additque post Normannorum adventum in has provincias, chartas veterum Regum Anglorum pro Monasteriis partim duplicatas tam Gallicam manu, quam Saxonica descriptas; *Manus enim Saxonica*, ait ille, *ab omnibus Saxonibus et Merciis usque ad tempora Regis Alfredi, qui per Gallicanos doctores omnibus literis apprime instructus erat, in omnibus chirographis usitata, a tempore domini dicti Regis* (Guillelmi) *desuetudine viluerat, et manus Gallicana, quia magis legibilis, et aspectui perdelectabilis, præcellebat, frequentius in dies apud omnes Anglos complacebat. Et licet omnibus Anglicis et Normannis manus Saxonica extiterat inusitata penitus et invisa, ac tunc maxime cum gente sua contemptui habita, et nimium inaccepta.* In eandem sententiam [d] Robert. Holkotus Dominicanus, qui vixit circa anno MCCCL: *Narrant historiæ, quod cum Willelmus Dux Normannorum Regnum Angliæ conquisivisset, deliberavit, quomodo Linguam Saxonicam posset destruere, et Angliam et Normanniam in idiomate concordare: et ideo ordinavit, quod nullus in Curia Regis placitaret, nisi in Gallico, et iterum quod puer quilibet ponendus ad litteras, addisceret Gallicam, et per Gallicam Latinam, quæ duo usque hodie observantur.* Hisce denique adjungendus [e] Gervasius Tilesberiensis: *Anglos*, inquit, *usus tenebat, filios suos apud Gallias nutrire ob usum armorum, et ad Linguæ nativæ barbariam tollendam.*

[a] Pag. 895.

[b] Pag. 901.

[c] Pag. 912.

[d] Lect. 2. sup. Sapientiam.

[e] Lib. MS. de Otiis Imp.

Anglicana Lingua fere extincta.

XIX. Adeo denique Gallicanæ Linguæ in Anglia usus invaluerat, ac præsertim in Regum Aula, ut S. Ulstano Episcopo Wigorniensi, ab inimicis, qui a Regiis illum consiliis amovere satagebant, nihil fere aliud objectum fuerit, præter simplicitatem et illiteraturam, *quam quod quasi homo idiota esset, qui Linguam Gallicanam non noverat, ac proinde Regiis Consiliis interesse non poterat.* Unde ipso Rege consentiente, et hoc dictante, depositus est, uti narrat[a] Matthæus Parisius : quemadmodum olim Claudius splendidissimum virum, Græciæque provinciæ Principem, verum Latini sermonis ignarum, non modo albo judicum erasit, sed etiam in peregrinitatem redegit, ut est apud[b] Suetonium. Ita sensim prorsus extincta fere Lingua Anglicana in Anglia : qua de re extat querela[c] Henrici Huntindonensis : *Cui autem non comparet amorem cœlestium, et horrorem terrestrium, si cogitet non solum Reges eorum,* (Anglorum) *et Principes, et populum deperiisse; verum etiam stirpem omnem, et Linguam, et mentionem simul defecisse? et si de aliis mirum non esset, de Lingua tamen, quam unam inter cæteras Deus ab exordio Linguarum instituit, mirandum videtur.*

[a] Ann. 1095.
[b] Suelon.
[c] Lib. 1. Hist. p. 300.

Restituitur in foris publicis, sed non omnino, Gallicana nimium usitata.

XX. Id sane ita ægre tulit populus Anglicanus, ut non semel suos exoraverit Principes, ut nativæ suæ Linguæ usus tamdiu, in foris præsertim publicis, desitus reduceretur, abrogareturque penitus Gallicum idioma, cui plebs ægre adsuescere poterat : quod tandem sancivit Edwardus III. in eo Parlamento, quod Londini celebratum est XVII. Kal. Novemb. anno MCCCLXVII. et productum usque in festum S. Bricii, quo die Rex natus fuerat, annis ætatis suæ quinquaginta exactis. *In suo jubilæo,* inquit[d] Thomas Walsinghamus, *populo suo se exhibuit gratiosum, reis majestatis suæ regiæ offensas indulgendo, vinctos libere abire permittendo, et exules revocando : ad petitionem etiam Communitatis placita in Lingua materna, et non Gallica versari jussit.* Verum radices jam altius fixerat Gallica Lingua in judiciariis tribunalibus præsertim, in quibus et formulæ fori Gallicani, et feudalia vocabula nimis invaluerant, quam ut tam facile convelli posset et extingui, uti observat Joannes Fortescutus, Angliæ olim Cancellarius, et Summus Justitiarius, adeo ut post Edwardum, extremis etiam sæculis, rerum forensium libros Gallico idiomate ediderint aliquot ex Anglicis Jurisconsultis, atque in iis Guillielmus Stanfordius, Joannes Perkinsius, Rastallus et alii. Adde quod et eorum[e] feciales verbis Gallicis armorum insignia etiamnum describunt. Sed præstat de Gallicæ Linguæ apud Anglos usu audire disserentem eumdem[f] Fortescutum Anglum. « In Universitatibus « Angliæ, inquit, non docentur scientiæ, nisi in « Lingua Latina, et Leges terræ illius in triplici « Lingua addiscuntur, videlicet Anglica, Gallica « et Latina. Anglica quia inter Anglos Lex illa maxime inolevit; Gallica, quia postquam Galli duce « Willielmo Angliæ Conquestore terram illam « obtinuerunt, non permiserunt ipsi eorum Advocatos placitare causas suas, nisi in Lingua, « quam ipsi noverant, qualiter faciunt et omnes « Advocati in Francia, etiam in Curia Parlamenti « ibidem. Consimiliter Gallici post eorum adventum in Angliam ratiocinia de eorum proventibus « non receperunt, nisi in proprio idiomate, ne « ipsi inde deciperentur. Venari etiam et jocos « alios exercere, ut talorum et pilarum ludos, nonnisi in propria Lingua delectantur. Quo et Anglici ex frequenti eorum in talibus comitiva, habitum talem contraxerunt, quod hucusque in « ludis hujusmodi et compotis Lingua loquuntur « Gallicana, et placitare in eadem Lingua soliti « fuerunt, quousque mos ille vigore cujusdam « statuti quamplurimum restrictus est. Tamen in « toto hucusque aboleri non potuit tum propter « terminos quosdam, quos plus proprie placitantes « in Gallico quam in Anglico exprimunt : tum quia « declarationes super brevia originalia tam convenienter ad naturam brevium illorum pronuntiare nequeant, ut in Gallica, sub quali sermone « declarationis hujus formulæ addiscuntur. Reportantur etiam ea, quæ in Curiis Regiis placitantur, disputantur et judicantur, ac in libros ad « futurorum eruditionem reducuntur in sermone « sæpe Gallico. Quamplurima etiam statuta Regni illius in Gallico conscribuntur : unde accidit, quod Lingua jam in Francia vulgaris, non « concordat aut consimilis est Gallico inter Legis « peritos Angliæ usitato, sed vulgariter quadam « ruditate corrupta, quod fieri non accidit in sermone Gallico intra Angliam usitato, cum sit « sermo ille ibidem sæpius scriptus quam locutus.

[d] Pag. 179.
[e] Ralph. Brook York, etc.
[f] Lib. de laudib. Angl. c. 48.

Gallicæ Linguæ usus in Scotia.

XXI. Neque in Angliæ modo, sed et in Scotiæ Regno Linguæ Gallicæ usus invaluit : quod ex variis Regum tabulis hoc idiomate, præsertim sub exitum sæculi XII. descriptis colligere licet, apud[a] Matthæum Westmonasteriensem,[b] Thomam Walsinghamum,[c] Guillielmum Prynneum, et alios[d], cum ii forsitan se ad Anglicorum, vel etiam nostrorum Principum, quibuscum varia subinde pepigere fœdera, Linguam et mores componerent.

[a] Matth. Wesim. an. 1292.
[b] Walsingh. anno 1287. addit. ad Matth. Paris.
[c] Guill. Prynneus in Libert. Eccles. Angl. pag. 400, 399, 634, 649, 653, 668, 1053.
[d] Knygthon. p. 282.

Exoticas voces solus Gallicæ Linguæ peritus potest explanare.

XXII. Atque hic quidem tam late porrectus prolatusque Linguæ Francicæ nostrorumque institutorum apud exteras gentes usus, in eam me semper sententiam adduxit, quo existimarem difficile esse, ut, quod sum aggressus operis, ab alio pro rei satis dignitate conficiatur, quam a Gallo, et eo quidem, qui non modo qua hodie utimur, sed et exoletam illam, qua patres nostri loquebantur, cujusque in Gallo-Belgicis provinciis apud vulgus nonnulla supersunt vestigia probe noverit. Non quod revera ad id aggrediendum id satis esse putem, cum et consuetudinum nostrarum municipalium abstrusas voces, et Jurisprudentiæ Gallicæ formulas nosse præterea debeat. Qua quidem in cognitione licet non ita me versatum haud diffitear, dicam tamen ingenue quod res est, plerosque editos ac ineditos, qui præteritis longé sæculis idiomate nostro Francico jam obsoleto aliquid scripto mandarunt, atque adeo veteres nostros Poetas sat accurate evolvisse : quibus absque res nostrates illustrare haud omnino promptum sit. Atque id causæ fuit, ut verba Latino-barbara Francico-barbaris persæpe explicare, et ritus, qui in desuetudinem abiere pridem, rursum in lucem revocare, vel illustrare fuerim conatus. Quæ quidem scribendi ratio in iis, quæ criticam exquirunt manum, haud respuenda hactenus visa est; sed in hoc, quod aggredimur, argumento, eo tolerabilior videri debet, quod Gallicas voces, Latio utcunque donatas, non aliis fere quam Gallicis enucleari posse pro certo sit.

Optandum, ut in singulis nationibus prodeant, qui linguæ suæ conscribant etymologica lexica.

XXIII. Enimvero quod ego de Gallica Gallus, Germanus de Germanica, Anglus, si non de Anglica, saltem de Anglo-Saxonica idem judicium feret, cum in Latino-barbaram Linguam multa irrepserint ab utraque deducta vocabula, ut non defuerint [b] qui satius esse existimarent, edi Glossaria ab unoquoque gentis suæ Scriptore, » Quia « is facilius certiusque, quid e suæ nationis genio « proficiscatur, perspiciet : et cum varii sic varie « operam partientur, solum superfuturum, ut « aliquis postea exsurgat, qui pulcre adeo priorum adjutus laboribus, hunc judicio bono superaddat, ut ex iis condat opus plenum justumque, vel ejusmodi saltem quod a perfectione « proxime abesse videatur, cum nemo vere sit, « qui unum se perficere hoc omne posse speret. Et sane non dissimulem, optandum esse, ut in singulis nationibus prodeant viri docti, qui Linguæ suæ idiomata, vim eorum, notionem, origines, sed et desuetas et pridem obsoletas voces ad amussim investigent explicentque : cum in enodandis illustrandisque ætatis mediæ Scriptoribus non mediocris inde lux affulsura sit. Et quamquam id utcumque præstitere, qui singularum Linguarum edidere vocabularia, non ea tamen, qua par erat digentia, in id incubuere argumenti, ut ex iis suppetat, unde, quæ tot subinde enascuntur ejusmodi Auctores legentibus, difficultates facile solvantur. Trita enim persequuntur fere semper et quæ in usu sunt, quæ extra usum omittunt, nudos vocum significatus, non origines proferunt, forte quia iis ignotæ. Nam ut in eas inquiratur, eruditione, littératura et lectione plurima opus est, quibus plerumque carent qui huic operæ studia sua curasque conferunt.

[b] Vossius in Præf. ad lib. de Vitiis sermon.

Plerique insudarunt in explanandis Linguis suis; nulli felicius quam Angli, in Anglo-Saxonica.

XXIV. Sed hæc generatim dicta sint : neque enim defuere viri admodum eruditi, qui Linguas suas subinde illustrarunt, Galli, Itali, Germani, Angli, etsi ex iis pauci Linguis obsoletis explanandis operam suam contulerint; quæ tamen fere unica est in hocce studii genere necessaria cognitio, cum [a] *ætatis suæ verbis loquantur,* iisque potissimum utantur Scriptores, quæ tum cum scribebant, obtinebant : quæ cum jam a vulgari usu longius recesserint, nobis prorsus sint incognita, ita ut in horum evolvendis libris necesse sit hærere Lectoribus, nisi aliunde quidpiam adhibeatur subsidii. Ex iis vero qui Linguas suas obsoletas illustrare conati sunt, præcipuam imprimis laudem merentur Angli, qui in Saxonica, quæ in tota fere majori Britannia diu obtinuit, enucleanda, ita insudarunt, ut absque eorum vigiliis, Anglo-Saxonum Regum Leges, etiam quæ Latio subinde donatæ sunt a veteribus Scriptoribus, haud perciperemus, cum ejusce Linguæ vocabulis, ut formalibus, ubique aspersæ sint, quemadmodum etiam aliquot Regum Normannicorum : in qua quidem palæstra maxima cum laude versati sunt viri eruditissimi Henricus Spelmannus, Emericus Casaubonus Magni Isaaci filius, Joannes Sommerus, aliique, ex quorum Commentariis hausisse nos multa, ingenue agnoscimus, tum ad Anglicos Scriptores illustrandos, tum etiam ad vocabulorum nostrorum origines retegendas, cum et Saxonicæ suas interdum debeat nostra, ut longe plura Germanica Lingua, cujus quodammodo matrix habetur.

[a] A. Gell. lib. 1. c. 10.

Barbarismus a Christianis scriptoribus plurimum auctus.

XXV. Enimvero ut in viam redeat, a que longius fortean divertit oratio, et ut de Barbarismo, quo universa Latinitas fœdata vitiataque est, quæ supersunt dicenda paucis absolvamus; is in privis vocibus, uti jam observatum, totus versatur, quarum aliæ nec usu nec ortu sunt Latinæ, quemadmodum βαρβαρολέξεις, seu vocabula peregrina, de quibus egimus : aliæ vero ortu quidem sunt, non tamen usu, cum apud probatos Scriptores neutiquam occurrant, quæ cum utcumque Latinæ sint, aliquid tamen vulgarium locutionum redolent. Innumeras ejusmodi complectuntur Glossaria vetera, de quibus mox acturi sumus, nostrumque complures continet. Aliæ denique Latinæ sunt, vel Græcæ originis, sed alterius prorsus significationis ab ea, qua usos veteres constat : quæ invectæ tum maxime, cum Religio Christiana in Romanum ac Latinum orbem se se effudit. Nam cum novis ceremoniis ac ritibus et a paganicis ommino diversis constaret, utereturve, SS. Patres, qui florente adhuc Romanorum, ut Imperio, ita et Lingua vixere, in explicandis describendisque Religionis suæ mysteriis, ac institutis, vocibus usi sunt potissimum, quas Latinitas agnosceret, vel certe minime abdicaret, a genuina quantumvis et recepta notione ac significatione recederent. Factum deinde ut eas interdum inflecterent et immutarent, novas etiam et priscis Scriptoribus ignotas adinvenirent, cum, quæ a Fidelibus percibus percipi vellent ac intelligi, vocabulis purioris Latinitatis reddi vix posse arbitrarentur, quod supra monuimus. Unde Athanasius apud[a] Vigilium Tapsensem, objicienti Arrio novum *Homoousii* nomen in Symbolum inductum, respondit Ecclesiasticæ semper moris fuisse disciplinæ, si quando Hæreticorum nova doctrina exurgeret, contra insolentes quæstionum novitates, rebus immutabiliter permanentibus, « nominum vocabula immutare, et significantius « rerum naturas exprimere, quæ tamen existen- « tium causarum virtutibus congruerent, et quæ « magis easdem antiquitus fuisse demonstrarent, « non ortus novitatem insinuarent. » Atque id exemplis deinde firmat, aitque, contra primos Hæreticos inductam *Christianorum* appellatiomen : contra Sabellianos, Patri novum *Innascibilitatis, et Impassibilitatis,* nomen Ecclesiam imposuisse : contra Photinum, *Filium Deum ex Deo, Lumen de Lumine : Similem Patri,* contra Eunomium : ita *Homoousion*, id est, unius substantiæ, contra Arrium tum primum dixisse. « [b] Multa etiam sunt vocabula ab Hebræis petita, « quæ sine ulla interpretatione servavit Eccle- « sia, ut est illud, *Alleluya, Amen, Maranatha,* « *Ephod, Osanna,* et cætera, quæ in sacris se « ripturis aspersa passim habentur, quæ quoniam « ex Judæis fuerat congregata, nihil ad Creden- « tium scandalum innovandum censuit; sed ita, « ut a parvo imbiberant, tradidit. Postea vero « quam in universas gentes Evangelii dilatatus « est sermo, non potuere semel suscepta mutari. « Addit deinde Origenes, propter vernaculum « Linguæ unius cujusque idioma, non posse ita « apud alios sonare, ut apud suos dicta sunt, et « multo melius esse, non interpretata ponere, « quam vim eorum interpretatione tenuare. » [c] Mitto conficta ab Hæreticis magis portenta quam nomina, quæ ad imperitorum et mulicrcularum animos concitandos quasi de Hebraicis fontibus hausere, barbaro simplices quosque terrentes sono, ut sunt Basilidianorum *Amagil, Barbelon, Abraxas,* et ridiculum *Leusiboron*, præterea Latina *Thesaurus, Balsamum,* et aliquot alia Manichæorum. Ita scribit Theodoritus, Borborianos hæreticos [1] Ἑβραϊκὰ ὀνόματα adinvenisse, καταπλήττειν τοὺς ἁπλουστέρους πειρωμένους. Similia porro de verbis Hebraicis, quæ retinuit Ecclesia, commentatur Chrysostomus, [a] dum ait, sacrorum librorum Interpretes [2] φοβερὰ τὰ ῥήματα καὶ φρίκης γέμοντα, Adonai, Eloi, et Sabaoth, in Græcum sermonem noluisse convertere, quod vix potuissent μετὰ τῆς οἰκείας ἀρετῆς, seu propria horum vocabulorum retenta virtute. Verum omissis quæ admisit Ecclesia, quot sunt verba insolentia, audacius translata, ab obsoleta vetustate petita, aut poetica licentia usurpata, quæ in Orationum procemiis vitanda præsertim ait[b] Fabius, quibus usos videmus paulo recentioris Latinitatis ex Christianis Scriptores : qui universam sermonis sui seriem ita iis intricant, ut in istis senticetis inoffenso pede Lectori progredi non liceat. Atque, ut alios sileam, quot ejusmodi occurruut salebræ apud Sidonium, Ennodium, et ejusce ævi cultissimos alias Scriptores? Quot voces Ciceronianæ Latinitati incognitæ, a vetere repetitæ, audacius confectæ et translatæ, ex quibus nonnullas interdum selegimus, prætermissis aliis, quæ ab eruditisismis commentatoribus enucleantur, ne in immensum opus nostrum excresceret?

a Vigil. Taps. lib. 1. contra Arrium c. 11. 12. lib. 1. contra Arr. Sabell. et Potin. c. 20.

b S. Hieronym. epist. 137. 143.

c Id. ep. 29. in Vigilantium, et in 64. Isa.

a Chrysost. serm. 1. de Anna.

b Quintil. lib. 4. c. 1.

Latina lingua ab interpretibus multum deturpata.

XXVI. Latinam præterea Linguam deturparunt Interpretes, seu qui Latio donarunt, vel Græcorum, vel aliarum gentium Scriptorum monumenta. Nam cum haud plane ea intelligerent; vel vocabula ex Latinis, quibus, quæ intelligebant, redderent, non essent ad manum aut ea minime agnosceret Latinitas, tum vel Græcas, vel barbaras Scriptorum voces, Latina inflexione male semper formatas, Latinis quas meliores rebantur, interdum et novas, arbitratuque suo confictas, inseruere. Deinde cum in Linguis pene omnibus diversa sit scribendi ratio, diversusque styli character, fieri aliter vix potest, quin si quis Scriptoris, quem Latinis verbis vertendum suscepit, mentem exprimere velit omnino, a proba Latinitate non recedat aliquando, vel certe nescio quid obscuri ac implexi Lectoribus obtrudat. [3] Οὐδὲ γὰρ πάντως, inquit Jamblichus Chalcidensis, τὴν αὐτὴν διασώζει διάνοιαν μεθερμηνευόμενα τὰ ὀνόματα, ἀλλ' ἔστι τινὰ καθ' ἕκαστον ἔθνος ἰδιώματα ἀδύνατα εἰς ἄλλο ἔθνος διὰ φωνῆς

[1] Hebraica vocabula adinvenisse ea mente, ut simpliciores perterrefacerent.

[2] Terribilia et plena formidinis verba.

[3] Neque enim prorsus eandem sententiam servant translata vocabula. Sed sunt quædam in singulis gentibus idiomata, quæ non possunt alterius gentis Lingua exprimi ; deinde etiamsi illa possis interpretari, eandem tamen vim non conservant : habent barbaræ voces multam emphasin, paucisque multa significant, in iis minus est ambiguitatis, varietatis copiæque verborum.

σημαίνεσθαι· ἔπειτα κἂν εἰ οἷόν τε τὰ αὐτὰ μεθερμηνεύειν, ἀλλὰ τήν τε δύναμιν οὐκ ἔτι φυλάττει τὴν αὐτήν. Ἔχει δὲ καὶ τὰ βάρβαρα ὀνόματα πολλὴν μὲν ἔμφασιν, πολλὴν δὲ συντομίαν, ἀμφιβολίαις δὲ ἐλάττονος μετέσχηκε καὶ ποικιλίας καὶ τοῦ πλήθους τῶν λέξεων. Quo quidem Barbarorum nomine, Hebræos, sacrasque litteras intellexisse, censent plerique. Hæc certe Jamblichi legerat Hieronymus, cum dixit[a] : *Difficile esse alienas lineas insequentem non alicubi excidere : et arduum, ut quæ in alia Lingua bene dicta sunt, eundem decorem in translatione conservent. Significatum est*, ait ille, *aliquid unius verbi proprietate, non habeo meum, quo id efferam, et dum quæro implere sententiam, longo ambitu vix brevis viæ spatia consumo. Accedunt Hyperbatorum anfractus, dissimilitudines casuum, varietates figurarum, ipsum postremo suum, et, ut ita dicam, vernaculum Linguæ genus.* His consona sunt, quæ[b] alibi ait : « Non debere putida nos verborum interpretatione torquere, cum damnum non sit in sensibus, quia unaquæque Lingua suis proprietatibus loquitur ; » et hæc[c] S. Augustini, scribentis : « Habere omnem Linguam sua quædam propria genera locutionum, quæ cum in aliam Linguam transferuntur videntur absurda. »[d] Vigilius Tapsensis : *Difficilius*, inquit, *integritas sensuum in aliam Linguam pari potest sermonis venustate servari*, quæ quidem hausit ex Chrysostomo[e] : Ὅταν[1] γλῶττα ἑρμηνευσθῇ εἰς ἑτέραν γλῶτταν, πολλὴν ἔχει τὴν δυσκολίαν, καὶ ἴσασιν ἀκριβῶς ὅσοι πολλῶν γλωσσῶν εἰσιν ἔμπειροι, πῶς οὐ δυνατὸν πᾶσαν τὴν σαφήνειαν τῆς φωνῆς τῆς ἐν τῇ οἰκείᾳ φύσει κειμένης μετενεγκεῖν εἰς τὴν ἑτέραν μεταβάλλοντας γλῶσσαν. «[f] Quanta enim apud Græcos bene dicuntur, quæ si ad verbum transferamus, in Latino non resonant : et e regione quæ apud nos placent, si vertantur juxta ordinem, apud illos displicebunt. Proinde censebat[g] Tullius non exprimi verbum e verbo necesse esse, ut Interpretes indiserti solent, cum sit verbum quod idem declaret, magis minusve usitatum : sed quod uno Græci, si aliter non potest, idem pluribus verbis exponendum. » Neque aliter sensit[h] S. Hilarius, dum ait « ex Græco in Latinum ad verbum expressam translationem afferre plerumque obscuritatem, dum custodita verborum translatio eandem absolutionem non potest ad intelligentiæ simplicitatem conservare.[i] Quippe dum interpretationis κακοζηλίαν sequimur, omnem decorem translationis amittimus : et hæc esse debet regula boni interpretis, ut idioma alterius Linguæ, suæ Linguæ exprimat proprietate. Quod quidem et Tullium in Protagora Platonis, et in Œcumenico Xenophontis, et in Demosthenis contra Æschinem oratione fecisse convincimus : et Plautum, Terentium Cæciliumque, eruditissimos viros, in Græcis Comœdiis transferendis. Neque ex eo quis Linguam Latinam angustissimam putet, quod non possit verbum de verbo transferre, cum etiam Græci pleraque nostra per circuitus transferant, et verba Hebraica non interpretationis fide, sed Linguæ suæ proprietatibus nitantur exprimere. »[a] Largus Designatianus : *Cavi*, inquit, *fateor, ne ad verbum verba transferrem, quominus pleraque Linguarum diversitate congruerent, si parum ponderis in significationibus fieret.* Atque inde fit, ut ejusmodi translationes, quæ verbum verbo reddunt, obscuræ plerumque sint, et pro barbaris ac insulsis a peritioribus habeantur.[b] Ejusmodi est sane S. Irenæi Interpres Latinus (nam Græce scripsisse Irenæum in confesso est apud eruditos) apud quem plurima sunt ita de Græcis imitata, ut, quid ea significent, vix satis quispiam assequi possit, nisi mediocrem Græcæ linguæ peritiam sibi compararit. Extat[c] Nicolai PP. I. Epistola ad Michaëlem Imperatorem Constantinopolitanum, qui Romanam seu Latinam Linguam, Scyticam et Barbaram vocaverat, quod quæ Roma, vel ex Italia Constantinopolim perferebantur Epistolæ, in Græcam translatæ Linguam, barbarum nescio quid subolerent, non ex ipso Linguæ Latinæ defectu aliquo, sed quod ab imperitis interpretibus Græca utcumque Lingua donarentur, ubi sic Pontifex reponit : *Si jam sæpe nominatam Linguam ideo barbaram nuncupatis, quoniam a translatoribus in Græcam dictionem mutata barbarismos generat, non Linguæ Latinæ, sed culpa est, ut opinor, Interpretum, qui quando necesse est, non sensum e sensu, sed violenter verbum edere conantur e verbo.* « Quippe sæpe accidit, aiebat[d] Hieronymus, ut dum verbum de verbo exprimimus, et dum syllabas sequimur, perdamus intelligentiam. » Quod vero in iis, quæ e Latina in Græcam vertuntur Linguam, expostulant Græci Byzantini, id nos potiori jure in iis, quæ e Græca ejusce ætatis in Latinam translata sunt a nostris, hodie querimur : cum nec Græca, nec Latina dici queant, quæ utriusque Linguæ perperam formatis, imo barbaris omnino vocibus scateant, cum tot aspergantur salebris, ut quantumvis in Græca priorum sæculorum Lingua non modo, sed et recentioris ævi, vel etiam in Latina admodum quis versatus fuerit, hærere semper necesse habeat. Atque id quidem in unico Anastasio in Gestis Summorum Pontificum licet observare ; apud quem tot voces Græcanicæ male compactæ ac descriptæ interseruntur, ut non a Latinis ; sed ab horum temporum Græcis Scriptoribus sua hausisse, quibusdam omnino persuasum sit : vel certe nimia quadam affectatione a Græca Lingua, in cujus cognitione sat mediocriter versatus erat,

[a] In præfat. in Chron. Euseb.
[b] Epist. 139.
[c] Lib. de Vera Relig. cap. 50.
[d] Lib. 1. contra Eutych. cap. 15.
[e] De Prophet. obscurior.
[f] S. Hieron. epist. 101. cap. 4.
[g] Lib. 3. de Finib.
[h] Lib. de Synod.
[i] S. Hieron. epist. 138. adde epist. 108. c. 3.

[a] Largus Desig.
[b] Jacob. Billius, lib. 1. obs. sacr. c. 32. lib. 1. cap. 8. lib. 3. cap. 10.
[c] Apud Baron.
[d] Epist. 135.

[1] Magnæ difficultatis est linguam aliquam transferre in aliam, et optime norunt, quotquot plurimarum Linguarum sunt periti, quantum difficile sit reddere alia lingua vim et genuinum sensum vocis cujuspiam.

in speciem eruditionis pleraque mutuatum vocabula. Vel denique, quod longe potius censuerim, quod sua adhuc ætate vulgaria illa ac semigræca, vel barbarogræca vocabula Romæ et in Italia obtinerent, quo a Byzantinis illata sensim fuerant, dum iis illa parebat. In enodandis vero ac dissolvendis, quæ in hoc Scriptore crebrius occurrunt, iis difficultatibus, Œdipo fere semper opus est : quod inde tamen accidisse existimaverim, non quod ab eo perperam efficta verba, vel reddita; verum quod ab Antiquariis, Græcæ Linguæ ignaris, male descripta sint. Sed et ejusmodi Latinorum Interpretum incuriam et ignorantiam attigit [a] Gregorius Magnus : *Indicamus præterea*, inquit, *quia gravem hic difficultatem Interpretum patimur. Dum enim non sunt, qui sensum de sensu exprimunt, sed transferre proprietatem semper volunt, omnem sensum dictorum confundunt. Unde agitur, ut ea, quæ translata fuerint, nisi cum gravi labore intelligere nullo modo valeamus*. Quæ quidem Magni Pontificis querela, in eundem etiam Anastasium jure potest retorqueri, cum in Theophanis Historiæ et aliorum Græcorum ejusce ævi Scriptorum versione ita se gesserit, ut, dum totus est in proprietate Græci sermonis transferenda, nova finxerit vocabula, Latinitati prorsus ignota, quorum significatus, nisi Græca ipsa vocabula inspiciantur ac conferantur, ægre percipi possunt ac divinari.

[a] Lib. 8. ep. 42.

Notariorum seu tabellionum imperitia non parum fœdata Latinitas.

XXVII. Neque minus adscribenda Notariorum, seu Tabellionum publicorum imperitiæ Latini sermonis barbaries. Nam ut res altius repetatur, et ab ipsis Principibus barbaris, qui Galliæ nostræ primi imperarunt, quis non animadvertit Latinitatis interitum in eorum Legibus, Latine utcumque exaratis, in quibus et desunt Grammaticæ regulæ, et permiscentur barbara, ignotaque hodie vocabula, vel quod, quibus ea efferrent, forte ignorarent, vel si indulgentius agendum, quod formalia et ex iis essent, quæ mutari vetaret, non religio, sed barbarica Jurisprudentia. Si vetera Regum prioris Stemmatis diplomata, cujusmodi sunt, quæ a Doubleto, veteraque placita, quæ nuper a viro summæ eruditionis Joanne Mabillonio edita sunt, inspiciantur, nemo est, qui profligatam, ac pene extinctam, ejusce ævi Latinitatem non agnoscat : tametsi fatendum, inter has barbaricas nænias prodiisse identidem cultiora longe scripta, præsertim sub ipsa Principatus Francici initia, cum scilicet superessent adhuc nitidæ elocutionis scintillæ quædam : quod ex Sidonii, Aureliani, et similium opusculis colligimus, et ex aliquot Chlodovæi epistolis. Sed abiit sensim postea in deterius, adeo ut in laudatis placitis et plerisque veterum formulis, nihil fere Latinitatis, barbariei plurimum occurrat. Ac si aliquantulum revixit Caroli M. cura et industria, rursumque instaurata est, haud diu id sane stetit, bellis civilibus inter Ludovici Pii filios flagrantibus, universamque deinde Franciam Normannis invadentibus et depopulantibus. Ita enim siluit inter arma Latina Lingua, siluere, vel potius extinctæ penitus fuere disciplinæ omnes, et si quid ex iis superfuit, Clericos ac Monachos fere tantum spectavit, quos ad ea servanda studia adstrinxit Ecclesiastici ordinis professio. Cum igitur is mos invaluisset, ut quæ in publicum emitterentur diplomata, vel quæ conscriberentur epistolæ, Latino idiomate exararentur, deessentque apud Laicos, qui Latinas literas scirent, e Clericorum, [a] quos ideo *Literatos* nude interdum vocabant, ordine, sibi adsciscebant Proceres et Magnates, qui amanuensium et secretariorum vices agerent, [b] quos inde *Clericos* suos appellabant, vel *Capellanos*, quod et capellis suis domesticis præessent, in iisque sacra munia obirent quod pluribus alibi docemus. Atque hi quidem non adeo erant Latinis imbuti literis, ut nitide et ad amussim scriberent; sed cum has leviter, summisque, ut aiunt, labris attigissent, ea utcumque conscribebant, ita ut ubi Latina, quibus quæ vellent exprimere, non occurrerent, e vernacula Lingua, Latina iis data inflexione, vocabula depromerent, non observatis cæteroquin religiosius in ipsa sermonis serie, in quibus minus versati errant, Grammaticorum regulis. Quod quidem accidit deinde Actuariis ac Notariis publicis, qui, ut plurimum mercede conducti, non ea essent, qua par erat, eruditione, cui studia minime sua impenderant, ut dictionis flores nitoremque elocutionis magnopere curarent.

[a] Gloss. in *Literati*.

[b] In Gloss. vv. *Brevis, Capellanus, Clericus*.

Provinciarum Romanarum vastationem barbaries consecuta est.

XXVIII. Jam vero mirum videri minime debet, si difficillimis temporibus, post vastationem Romanarum provinciarum, communemque depopulationem, barbaries ipsa consecuta est; si, tot inter bellorum tumultus, inter tot gentes exteras, et ab ipso profectas Aquilone, quæ has torrentis instar pervaserant, disciplinæ omnes quodammodo interierint. « Quod si, inquit [c] Hieronymus de Vandalorum et Gothorum in orbem « Romanum irruptionibus agens, juxta inclytum « Oratorem : Silent inter arma Leges, quanto magis studia Scripturarum, quæ et librorum multitudine, et silentio, ac Librariorum sedulitate; « quodque proprium est, securitate, et otio di- « ctantium indigent? » Adde quod neque publicæ haberentur Scholæ, quas barbari ipsi aspernabantur : nec veteribus incolis otium facultasque suppeteret, hisce applicandi rebus animum, quibus alias obstabat rei familiaris angustia et egestas, quam *disciplinarum novercam* scite vocat

[c] Epist. 82.

[a] Autor libri de Disciplina Scholarium, Boetio perperam vulgo adscripti. « [b] Tum enim quemdam sibi Latinum sermonem horum sæculorum « homines eruditi confinxere, qui quidem cum « veros ac genuinos fontes non attigissent; sed, « nescio quos turbidos rivos essent sectati, non « omnino, sed utcumque Latine loquebantur. « Illud etiam appone, ait Sidonius, [c] quod tan- « tum increbuit ea tempestate multitudo desidio- « sorum, ut nisi vel paucissimi quique meram « Latiaris Linguæ proprietatem de trivialium bar- « barismorum rubigine vindicassent, eam brevi « abolitam deflessent interitamque, sic omnes « nobilium sermonum purpuræ per incuriam vulgi « decolorabantur. » Enimvero quis nescit, hanc esse fere semper eorum mentem, qui provincias exteras armis quærunt, obtinentque, ut subactorum Linguam abhorreant, et, si id facile fieri posset, suam in eas immitterent? Præsertim vero barbaros istos Septentrionales, qui in totum ferme Romanorum Imperium sese effuderant, literarum studia aversatos, satis testantur verba ista ejusdem Sidonii Apollinaris : [d] *Negotiatores militant, milites negotiantur, student pilæ senes, aleæ juvenes, armis Eunuchi, literis Fœderati :* qua postrema voce Gothos intelligit. Et alio loco : *Ructat inter cives pugnas, inter barbaros literas.* Sed et tradit Procopius [e] Amalasunthæ, Theoderici Regis Italiæ [1] uxori, graviter quondam succensuisse Proceres Gothos, quod Athalaricum filium præceptoribus literis imbuendum tradidisset : cum existimarent, literas a fortitudine longe esse disjunctas, traditamque a senibus institutionem in timiditatem et animi humilitatem plerumque deflectere : itaque oportere, ut in re bellica futurus animosus gloriaque insignis, amoto doctorum metu, armis exerceretur. Viluere igitur, seu potius desiere hisce de causis in provinciis, quas ii pervaserant, literarum studia omnia, inductaque sensim cum in moribus, tum in Lingua barbaries, apud Nobiliores præsertim, qui Principibus suis placere, et in eorum versari palatiis ambiebant. Mansit interea in plebe vulgaris ille sermo Romanus, quo illa utebatur antea, quem [f] S. Augustinus *Sermonen vulgarem et male Latinum* vocat, cum aliquot ex honoratioribus, utpote a præceptoribus edocti, quod testatur [g] Sidonius, Latina ac tersa aliquatenus oratione uterentur : non illa quidem, quæ posterioribus paulo sæculis obtinuit, sed quæ magis ad Latinitatem accederet, atque adeo quam *Quotidianum* [h] Suetonius, *Pedestrem Sermonem* vocant [i] Vegetius, [k] Trebellius Pollio, et [l] Vopiscus, πεζὸν [m] Constantinus Porphyrogenitus; *Vulgarem,* [n] Serenus Sammonicus; *Simplicem,* [o] Honoratus Massiliensis, et [p] Eligius Noviomensis; *Ruralem,* [q] Dinamius Patricius; *Usualem,* [r] Sidonius; *Publicum,* auctor Vitæ S. Theodardi;

[1] Amalasuntha non erat Theoderici Regis uxor, sed filia.

[a] Cap. 6.
[b] Thom. Smith. lib. 1. pag. 10.
[c] Lib. 5. Epist. 10.
[d] Lib. 1. ep. 8. lib. 2. ep. 1.
[e] Lib. 1. de Bello Goth. c. 2.
[f] Lib. de Vita beata.
[g] Lib. 5. ep. 5.
[h] In Aug. c. 86.
[i] In præfat. lib. 3. Artis veter.
[k] Trebell.
[l] Vopisc.
[m] De Adm. Imp.
[n] C. 10.
[o] In vita S. Hilar. Pictav.
[p] Homil. 1.
[q] In Præfat. ad Vit. S. Maximi.
[r] Lib. 4. ep. 10.

Plebeium, [a] Tullius, [b] S. Isidorus, et auctor vitæ S. Hermelandi Abbatis; *Rusticum* denique alii. Nam cum simplici sermone, nec affectatis Rhetorum ornamentis chartæ mandare se quidpiam profiterentur Scriptores, id se rustico (quod supra attigimus,) scribere dicebant, ut qui ad rusticorum seu popularium sermonem proxime accederet : [c] *aliam enim videtur habere naturam sermo vulgaris, aliam viri eloquentis oratio.* Quomodo nempe scribit [d] Hieronymus, Fortunatianum, natione Afrum, Aquileiensem Episcopum, in Evangelia brevi et rustico sermone scripsisse Commentarios. [e] Joannes II. PP. in Epistola ad Cæsarium, Arelatensem Episcopum : *Qui chartulam istam cum supradictis titulis Canonum non fuerit aspernatus, nec pro rusticitate despexerit, etc.* [f] Idacius in Præfatione libri contra Varimadum : *Cujusdam Varimadi Africani propositionibus rustico quidem sermone respondens, etc.* [g] Ruricius Episcopus Lemovicensis : *Exigit solliciti cordis affectus, ut imperitioris promatur affatu: nec erubescit rusticitatis opprobrium, dummodo impleat caritatis imperium.* [h] Et alio loco : *Cogitis enim nos auribus peritiæ vestræ verbis rusticis injuriam inferre frequenter, dum apices nostros sæpius vultis accipere.* [i] Cathwulfus in Epistola ad Carolum M. : *Placuit mihi rustico verbo, quamvis sicut sum ignarus, tamen vobis scribere, in vestram pietatem confidens, ut meæ stultitiæ venia detur, et vestra merces apud Deum copiosior fiat.* Et revera rusticitatem magnam advertere est in hac Epistola, quæ vix Latina est. Prologus MS. in Historiam Relationis S. Sebastiani, ex Codice Vindocinensi : *Neque in eo verborum phaleras, neque eloquii venustatem attendatis, non enim qualiter, quantumve volui, sed fere qualiter quantumque potui, et licet rustice, verba tamen edidi : ut enim egregius doctor Hieronymus ait: Tolerabilius est verba rustice, quam falsa diserte proferre.* [k] Helpericus in Prologo ad librum de Computo : *Presertim cum sim ingenio rudis, sermone impeditus, et ne rusticano quidem eloquio balbutire sufficiens, etc.* Denique [l] auctor Vitæ S. Silvini Episcopi Tolosani in Prologo : *Præfata Abbatissa eam* (Vitam olim scriptam) *investigans in corruptis membranulis, jamque nimia vetustate ex parte deletis, quam sæpius relegens animadvertit, partim rustice, partim vitiose compositam, fere juxta normam literalis artis.* [m] Rusticum sermonem appellabant, qui artis Grammaticæ regulis, aut Rhetorum figuris apprime non esset subactus, sed nudus ac simplex, quemadmodum etiam appellatur a Lactantio, sed et ab Honorato Massiliensi in Vita S. Hilarii Pictaviensis : *Siperitorum turba defuisset, simplici sermone rusticorum corda nutriebat.* Et a [n] Ratherio Veronensi : *Simplex autem, et ut ita dicam pene rusticus, cum totus sermonis*

[a] Cicero. lib. 9. Ep. famil. 21.
[b] In Præfat. ad Regul.
[c] Quintil. lib. 12. c. 12.
[d] De Script. Eccles.
[e] Joannes II. PP.
[f] Idacius.
[g] Lib. 2. ep. 16.
[h] Id. ep. 40.
[i] Tom. 2. Hist. Franc.
[k] Helperic. ap. Mabillonium in Analect.
[l] Apud Catell. p. 842.
[m] Gellius lib. 13. c. 16.
[n] In Præf. ad Vitam S. Ursmari.

textus altus possit videri sapientibus, a nobis ideo minime visus est commutandus. Quare non invenuste dici videtur, aiebat Quintilianus, aliud esse Latine, aliud Grammatice loqui, id est, secundum exactiores Grammaticæ Leges quemadmodum loquuntur ii, quos *Scholasticos* vocabant. [a] Severus Sulpitius, *Sedebat autem*, inquit, *S. Martinus in sellula rusticana, ut est in usibus servulorum, quas nos rustici Galli Tripetias, vos vero Scholastici, aut certe tu, qui de Græcia venis, Tripodas nuncupatis.* Rusticum igitur sermonem non humiliorem paulo duntaxat, et qui sublimi opponitur, appellabant; sed eum etiam, qui magis reperet, barbarismis solœcismisque scateret, quem apposite [b] Sidonius *squamam sermonis Celtici*, alibi, *rubiginem trivialium barbarismorum* vocat, *rusticum* scilicet *et impolitum sermonem*, ut est in Epistola Eadburgæ apud [c] Baronium, et sicuti describitur ab [d] Anonymo in Miraculis S. Agili : *Sed et si quis movetur rusticitate sermonis, solœcismorumque inconcinnitatibus, quia minime vitare studui, audiat, quia regnum Dei non est in sermone, sed in virtute, neque apud homines bonos interesse, utrum vina vase aureo an ligneo propinentur.* Rusticum igiter fere semper appellabant, qui nullis vel Grammaticæ, vel Orthographiæ legibus astringitur; ut rusticos Scriptores, [e] *Qui rusticitatis enormitate incultique sermonis ordine sauciant, imo deformant examussim normatam orationis integritatem, politumque ejus lumen infuscant ex arte prolatum.* [f] Gellius : *Quod nunc autem barbare quem loqui dicimus, id vitium sermonis, non barbarum esse, sed rusticum; et cum eo vitio loquentes, rustice loqui dictitabant.* [g] Publius Nigidius : *Rusticus fit sermo, si aspires perperam. Itaque id vocabulum, quod dicitur vulgo Barbarismus, qui ante Divi Augusti ætatem pure atque integre locuti sunt, an dixerint, nondum equidem inveni.* In ejusmodi rustici insulsique sermonis specimen affere placet Epitaphia aliquot, quæ in urbe Lugdunensi leguntur, ut alia ejusmodi prætermittam, ex quibus colligere liceat, qualis fuerit Latinæ Linguæ apud vulgares usus, vel certe, quantum a primæva sui puritate, et *ab ubertate Gallici nitoreque sermonis*, quem mire prædicat [h] Hieronymus, in deterius sensim prolapsa sit, quinto potissimum sæculo. Primum a I. Sponio [i] sic describitur : †EPITAPHIUM HUNC QUINTVIS (*quod intuis* pro *intueris*) LECTOR BONE RECORDATIONIS AGATI NEGUTIATORIS MEMBRA QUIESCUNT, NAM FUIT ISTE STACIO MISERIS ET PORTUS EGINIS OMNEBS ARTS FUIT PRECIPUE LOCA SANCTORUM ADSEDUE ET ELEEMOSINAM ET ORATIONEM STUDUIT. VIXIT IN PACE ANNIS LXXXV. OB. VIII. KAL. APRILIS LXI. PC. JUSTINI INDICT. QUARTA. Alterum ita concipitur : † HOC TUMULO JACET BONOM MEMORIOM RAPSO CUI VIXIT ANN. XXXV. Tertium denique : HOC TUMULO QUIESCIT BONE MEMORIE CESARIUS VIXIT ANNUS XIV. REOVIBIT IN PACE SUB DIE X. KAL. DECEMBRIS ANASTASIO ET RUFO VV. CC. (ann. 482.)

[a] Dial. 2. de Vita S. Martini.
[b] Lib. 5. ep. 5. lib. 4. ep. 10.
[c] Ann. 725. num. 25.
[d] Lib. 1.
[e] Diomedes lib. 1. de Orat.
[f] Lib. 13. c. 6.
[g] In Commentariis Grammat.
[h] S. Hieron. ep. 4.
[i] In Antiq. Lugdun. p. 48. 49.

Quantum Carolinis sæculis Latina Lingua fuerit deturpata, et unde.

XXIX. Non mirum igitur si Carolinis sæculis, vel paulo ante, in Gallia, Italia et Hispania, sic deturpata deinceps fuerit Latina Lingua, quæ barbarorum illuvie toties fœdata fuit, quod, qui cognoscere volet, legat ex Hispanicis Scriptoribus unicum Elipantum, Archiepiscopum Toletanum, cujus extant fragmenta quædam inter [a] Alcuini opera : legat ex Gallicis, ut de Italicis sileam ac Longobardicis, plebeios illos Annales, quos edidit [b] Andreas Duchesnius de quibus ita [c] Regino Prumiensis in Chronico : *Hæc, quæ supra expressa sunt in quodam libello reperi, plebeio et rusticano sermone composita, quæ ex parte ad Latinam regulam correxi.* Neque aliæ sunt Marculfi, et quæ a viris doctissimis subinde editæ sunt Formulæ, quas cum nævis suis, ex ipsis scriptis codicibus rursum publica luce donavit [d] Stephanus Baluzius, quibus ille novas adjunxit longe magis barbaras, et quæ ubique fere Œdipo indigeant, ut quæ nulla verborum connexione cohæreant, barbarisque passim inspergantur vocabulis : quod certe non ipsis modo Scriptoribus interdum adscribendum facile mihi persuaserim.

Illius tamen usus non omnino deletus.

XXX. Neque tamen ejusmodi Latinæ Linguæ inducta sensim et longius propagata depravatio effecit, ut illius deleretur usus omnino, cum a vulgo etiam intelligeretur : quod satis arguunt tot, quas manibus terimus, Latino idiomate conscriptæ et ad populum habitæ in ædibus sacris homiliæ a Præsulibus Africanis, Gallis, Hispanis, aliisque, quas quidem publice non recitassent, si ab omnibus intelligi se debere non essent arbitrati. Sic nempe hodie in provinciis nostris Gallicis, in quibus tot pene Linguæ Gallicæ usurpantur idiomata, quot eæ numero sunt, Lingua purior Gallica ab omnibus intelligitur in publicis concionibus. Fatendum tamen ante Carolum M. literarum disciplinarumque in Galliis ita evanuisse studia, ac Linguæ præsertim Latinæ, ut stante Regum nostrorum priorum Stemmate, vix se se tantillum extulerit : quod probant, quæ de veteribus formulis supra observavimus, et de Chilperici Regis Latinis seu barbaro-Latinis Scriptis tradit Gregorius Turonensis. Id etiam testatur [e] Anonymus Scriptor de Miraculis S. Florentii : *Liberales siquidem artes*, inquit ille,

[a] P. 998.
[b] Tom. 2. Hist. Franc.
[c] Regino.
[d] In nova Edit. Capitul.
[e] Ex cod. MS.

usque temporibus Domni Caroli Imperatoris, prædecessoribus nostris ita extiterunt extraneæ, ut in Galliæ regionibus etiam inter summos Pontifices vix aliquis, negligentia præpediente, reperiretur, qui urbanitate eloquii Synodales saltem valeret venustate exolvere definitiones. Sed quoniam, favente Deo, instantiaque Domni supradicti Imperatoris, quæ vetustiores neglexerant, moderniores adsecuti sunt. Et [a] Scriptor Vitæ S. Urbani Lingonensis Episcopi : *Exterarum quippe persecutio gentium, et intestina etiam bella Regum, sic postponi fecerant liberalium studia literarum, ut usque ad tempora Caroli M. vix possent in Galliis inveniri, qui in scientia Grammaticæ artis essent efficienter instructi.* Id ipsum profitetur [b] Carolus ipse in ea Constitutione, quam edidit de Scholis, per singula Episcopia et Monasteria instituendis : *Nam cum nobis in his annis a nonnullis Monasteriis sæpius scripta dirigerentur, in quibus quod pro nobis fratres ibidem commorantes in sacris et piis orationibus decertarent, significaretur, cognovimus in plerisque præfatis conscriptionibus eorundem et sensus rectos, et sermones incultos : quia quod pia devotio interius fideliter dictabat, hoc exterius propter negligentiam discendi Lingua inerudita exprimere sine reprehensione non valebat, etc.*

[a] Ex Cod. MS.

[b] Apud Sirmond.

Linguæ Latinæ barbaries in Hispania post Saracenorum irruptionem.

XXXI. Quod vero supra laudatus Scriptor Anonymus de Galliæ nostræ in Lingua Latina barbarie ante Caroli M. tempora, idem de Hispania post Saracenorum irruptionem testatur [c] Alvarus : ubi neglectis et posthabitis Scripturis Sanctis, earumque sacris Interpretibus, quotquot supererant Christiani, Arabum Chaldæorumque libris evolvendis incumbebant, *gentilitia eruditione præclari, Arabico eloquio sublimati, Ecclesiasticam pulcritudinem ignorantes, et Ecclesiæ flumina de Paradiso manantia, quasi vilissima contemnentes, legem suam nesciebant, et Linguam propriam non advertebant Latini, ita ut ex omni Christi Collegio vix inveniretur unus in milleno hominum genere, qui salutatorias fratri posset rationabiliter dirigere literas, cum reperirentur absque numero multiplices turbæ, qui erudite Chaldaicas verborum explicarent pompas.* Quod quidem abunde firmat, quæ de Elipanto Toletano supra diximus. Sed et inde satis arguimus unde tot voces Arabicæ in Hispanam, subinde sese intulerint.

[c] In Indiculo luminoso.

Et in Britannia post Danorum quoque irruptionem.

XXXII. Neque ea in re felicior fuit Britannia post Saxonum ac Danorum maxime irruptiones, ut ex [a] Ælfrico docemur, cujus verba hic apponam : *Sedulo cavendum est igitur Dei servis et viris Ecclesiasticis, ne in diebus nostris sacra deferveat aut deficiat eruditio, quemadmodum per paucos jampridem annos in Anglia contigit, ita ut Anglicorum Sacerdotum nullus, donec Dunstanus Archiepiscopus et Æthelwaldus Episcopus in vita monastica doctrinam resuscitassent, epistolam Latine scribere aut interpretari posset.* Dunstanum vero Archiepiscopum Cantuariensem, ut *artium liberalium in tota insula post Regem Alfredum excitatorem mirificum* : quemadmodum Athelwaldum, quem alii Adilwaldum et Ethelwodum vocant, Wintoniensem Episcopum, *ob sanctitatis studium et doctrinarum exercitium* commendat [b] Willelmus Malmesburiensis. Vixit uterque obiitque Alfredo regnante, [c] qui quidem extinctas fere in Anglia literas primus excitavit, scholas publicas Oxonii instituit, et optimates suos ad litteraturam addiscendam in tantum provocavit, ut ipsi filios suos, vel, si filios non haberent, servos saltem suos literis commendarent. Obiit ille anno DCCCXCIX. successoremque habuit Edwardum cognomento Seniorem.

[a] Ælfric. in præfat. ad Grammat. Saxon.

[b] P. 56. 244.

[c] Brompton. p. 814.

Litteræ jacentes a Carolo M. eriguntur.

XXXIII. Sic porro in disciplinis sorduit Gallia nostra, usque ad tempora Caroli M. *qui*, ut ait [d] Monachus Egolismensis, *a Roma artis Grammaticæ et computatoriæ magistros secum adduxit in Franciam, et ubique studium literarum expandere jussit. Ante ipsum enim Domnum Regem Carolum in Gallia nullum studium fuerat liberalium artium.* Quod quidem maximi Principis in liberales artes studium ita etiam prædicat [e] Alcuinus in Epistola ad eundem Carolum M. : *Nec fastidiosa segnities legentium benevolentiæ magistri juste deputari debet, si plurimis inclitum vestræ devotionis studium sequentibus forsan Athena nova perficeretur in Francia : imo multo excellentior, quia hæc Christi nobilitata magisterio omnem Academicæ exercitationis superat sapientiam.* Et [f] Lupus Abbas Ferrariensis scribens ad Eginhardum : *Amor literarum ab ipso fere initio pueritiæ mihi est innatus, nec earum, ut nunc a plerisque vocantur, superstitiosa otia fastidio sunt. Et nisi intercessisset inopia præceptorum ; et longo situ collapsa priorum studia pene interiissent, largiente Domino meæ aviditati satisfacere potuissem. Siquidem vestra memoria per famosissimum Imperatorem Karolum, cui literæ usque eo deferre debent, ut æternam ei parent memoriam, cœpta revocari, aliquantum quidem extulere caput, satisque constitit, veritate subnixum præclarum dictum : Honos alit artes, et accenduntur omnes ad studia gloria.* Quod vero subdit

[d] Mon. Egolism. in Vita Caroli M. ann. 787.

[e] Epist. 10.

[f] Epist. 1.

de honore, literatis hominibus a summo Principe impenso, observatum etiam ab ipso [a] Eginhardo : *Artes liberales studiosissime coluit, earumque doctores plurimum veneratus, magnis sublimabat honoribus.* Neque minori postea studio Romanas ac Græcas disciplinas coluit Carolus Calvus, Magni ex filio Ludovico nepos ; quod testatur in primis [b] Hericus Monachus S. Germani Autisiodorensis in Epistola illi inscripta, ad Vitam ejusdem Sancti, carmine a se editam : *Multa sunt vestræ monumenta clementiæ, multa symbola pietatis. Illud vel maxime vobis æternam parat memoriam, quod famatissimi avi vestri Caroli studium erga immortales disciplinas, non modo ex æquo repræsentatis, verum etiam incomparabili fervore transcenditis : dum, quod ille sopitis eduxit cineribus, vos fomento multiplici tum beneficiorum, tum auctoritatis usquequaque provehitis, imo, ut sublimibus sublimia conferam, ad sidera perurgetis. Ita vestra tempestate, ingenia hominum duplici nituntur adminiculo, dum ad sapientiæ abdita persequenda omnes quidem exemplo allicitis, quosdam vero etiam præmiis invitatis.* Ac tandem concludit : *Quidquid igitur literæ possunt, quidquid assequuntur ingenia, vobis debent* [c]. His proinde Principibus, ne quid amplius dicam, sua debent initia Scholæ publicæ ac Monasticæ, et omnium disciplinarum in Francia instauratio, dum interim duplex apud vulgus vigeret idioma, Francicum scilicet et Romanum. Francici enim usus erat in Regum nostrorum Palatiis stante potissimum [d] primo Regum Stemmate, atque adeo sub Carolo M. et Ludovico Pio, cum ii Lingua sua Sicambrica loquerentur, quod ab aliis observatum ; apud reliquum vero vulgus, et quod a Romanis Gallis ortum duxerat, Lingua, uti vocabant, Romana seu rustica ac semibarbara, semper obtinuit, quæ, ex quo Imperii Provinciæ inter Ludovici Pii filios partitæ sunt, qui Germanicis imperavere, Theotiscam, quam et [e] *Barbaram* vocabant : qui Francicis, Romanam servarunt, quod potissimum ex [f] Fœdere, quod inter illos pactum est, licet colligere, in quo Ludovicus II. Romana, quæ Caroli erat, Carolus Theotisca, quæ Ludovici, sacramentum præstiterunt, cum uterque plebem circumstantem, Ludovicus Theotisca, Carolus Romana antea essent allocuti.

[a] In Vita Caroli M.

[b] Heric. Monach.

[c] V. Gloss. in v. *Schola.*

[d] Freherus.

[e] V. Gloss. in *Barbarus.*

[f] Nithard. l. 3.

Vulgare idioma ad tres linguas redactum, Vasconicam, Castellanam et Limosinam.

XXXIV. At quam Romanam nostri, *Limosinam* appellavere non modo [g] Itali, sed et Hispani præsertim, apud quos diu in usu fuit. Ex quo enim exacti ex Hispania Mauri, redactum est potissimum vulgare idioma ad tres Linguas, Vasconicam, seu Biscaïnam, quad in Biscaïa, Navarra, Guipuscoa et Alva obtinuit ; Castellanam alteram, quæ rarioris fuit usus, utpote barbaris aspersa vocabulis, a quibus tum demum est purgata, cum ad unicum Principem tota Hispaniarum potestas rediit. Hac autem Lingua usi præsertim Castellani, Toletani, Leonenses, Asturienses, Extremadurenses et Granatenses. Sed et viguit in Gallicia, Andalusia, Lusitania ac Aragonia, exteris subinde vocabulis, Arabicis, Francicis aliisque intermixta. Tertia denique fuit Limosina, cujus usus fuit in Catalania, in Comitatibus Ruscinonensi et Ceritanensi, in Aquitania, Occitania, atque adeo, ut Scriptores Hispani volunt, in ipsa Regum nostrorum Aula. A Catalania in Valentiæ, Majoricæ et Minoricæ Regna postea transiit, quod ea ad Barcinonenses Principes perinde spectarint.

[g] Dant. in Purg. cant. 26.

Unde nomen et origo Linguæ Limosinæ. Eadem fere est quæ Catalana.

XXXV. De Limosinæ Linguæ origine ac nomenclatura varia varii scripserunt. [a] Calça, [b] Escolanus et [c] Andreas Boschus a Lemovicum, urbe Galliæ notissima, denominatam volunt, indeque in Catalaniam transiisse, cum Francorum nostrorum exercitus Pyrenæos montes transgressi has insedere Provincias, ex variis tum gentibus conflati, maximeque ex ea Occitaniæ parte, in qua sita est urbs *Catalens*, cujus incolæ toti Catalaniæ nomen dedere, uti Catellus et Hispani Scriptores volunt. Ut ut sit, constat idem esse fere Catalanorum idioma, quod Provincialium nostrorum, quod in Catalaniam inductum a Comitibus Barcinonensibus vero proximum est, ex quo Provinciæ Comitatum suis adjunxere dominiis. Ea quippe Lingua nitida adeo, florida, culta ac polita habita est, ut nulla fere extiterit regio, in quam non immissa fuerit, cum maxime in Principum aulis magno in pretio haberentur Poetæ Provinciales, eorumque poemata, ut genio quasi dotata singulari, ubique fere legerentur. Escolanus et Boschus de hac Lingua scribentes, aiunt quod fuit *tant gratiosa, cortesana, sententiosa y dolça, que no y ha llenga que ab mes breus paroles, diga mes alts y meillors conceptes, tenint en tot una viva semblança ab sa mare Latina. Ella fonc la que la dona principi als versos y rimes que usaron en Roma, cantant ab elles ab so de consonancies, las dissonancies de las passions ab aguts y dolços pensamens, etc.* Subdunt deinde hujus idiomatis vocabulis crebrius poemata sua aspersisse Petrarcham, quod observarunt etiam ejus Interpretes. Raimundus Montanerius, qui vixit circa annum MCCC. Historiam suam hac Lingua exaravit : et Carbonellus in Chronico, ejusdem idiomatis tabulas variaque acta descripsit.

[a] Calça in Catalania c. 16.

[b] Escolanus in Hist. Valentiæ to. 1. c. 14.

[c] Andr. Bosch. de titul. honor. Catalan. l. 1. c. 2. § 4. 5. l. 2. c. 17.

Lingua Provincialis in palatiis regum nostrorum usitata.

XXXVI. Certe Linguam hanc, Provincialem scilicet, in Regum nostrorum Palatiis primitus usitatam, evincunt, quæ ex ea delibavit [a] Nithardus, a quo Romana appellatur, quæ haud omnino diversa ab ea, qua utuntur Provinciales nostri : quod facile erit assequi utramque comparanti. Unde recte, opinor, dixit [b] Vadianus, Salicam Legem Romanos, hoc est, Provinciales vocare qui Romana, id est, Provinciali Lingua utebantur; cum Provincialium nomine omnes de Alvernia, et Vasconia et Gothos Provinciales appelatos autor sit [c] Raimundus *de Agiles*. Ut vero res plana fiat, placet Sacramentum Ludovici Regis, cujus meminimus, Romana Lingua descriptum a [d] Nithardo hic proponere : *Cumque Karolus*, inquit, *hæc eadem verba Romana Lingua perorasset, Lodhwicus, quoniam major natu erat, prior hæc deinde se servaturum testatus est : Pro Deo* [e] *amor, et pro Christian poblo, et nostro comun* [f] *solvamento dist di en avant, in quant Deus* [g] *savir* [h] *et* [i] *podir me dunat, si* [k] *salvarejo cist meon fradre Karlo, et in adjudha, et in cadhuna cosa, si cum om* [l] *per dreit son* [m] *fradre salvar dist,* (l. *dust.*) *in o quid il mi altre* [n] *si fazet, et ab Ludher nul plaid nunquam prindrai, qui meon vol cist meon fradre Karle in damno sit.* Quæ sic Latinis istius seculi verbis sonant : *Pro Dei amore, et pro Christiano populo, et nostro communi salvamento inantea* (seu deinceps) *in quantum Deus sapere et posse mihi dederit, salvabo,* (seu salvum et incolumem præstabo) *hunc meum fratrem Karolum, et in auxilio, et in unaquaque causa* (i. re, Gall. *chose*) *ut homo per drictum* (seu jus) *suum fratrem salvare debet, in eo quod ille mihi alter faceret, et cum Lothario nullum placitum unquam capiam, quod mea voluntate huic meo fratri Karolo in damno sit.* Sacramentum vero populi Romana pariter Lingua sic describit idem [o] Nithardus : *Si Lodhwigs sagrament, que son fradre Karlo jurat, conservat, et Karlus* [p] *meos sendra* (f. Senior) *de suo* [q] *part non los* [r] *tanit, si jo returnar non* [s] *lint pois, ne jo ne veuls* (al. neuls) *cui eo returnar* [t] *int pois in nulla adjudha contra Lodhwig nun si juer.* Id est, Lingua ejusce ævi Latina, quantum licet assequi : *Si Ludovicus sacramentum, quod suo fratri Karolo jurat, conservat, et Karolus meus senior ex sua parte non illud tenet, si ego retornare non possim, vel nolim ad eum retornare, in nullo ei auxilio ero contra Ludovicum.* Ubi observare licet in Romana veteri ista Lingua, servatas ac usurpatas aliquot latinas voces, ut *amor, nunquam, jurat, conservat, contra, in damno sit* : præterea alias Francis nostris haud ita pridem in usu, ut *salvarejo*, ubi nostri *sauverai-je*, *adjudha*, pro *ayude*, quomodo Picardi dicunt; *meon vol*, ubi nostri, *mon voill*, *etc.* Quædam etiam alia occurrunt vocabula male descripta, ut *salvar dist* : legendum enim *dust*, i. e. *debet* : nam Theotiscum hoc loco præfert, *scal*, quod idem sonat apud Keronem : et in sacramento populi, pro *meo sendre*, Bodinus habet *sender*, sed legendum videtur *senior*, quæ vox vulgaris usus etiam erat. Pro *tanit*, Bodinus habet *taint*, *i. tenet*, quemadmodum Normanni etiam efferunt. Quæ sequuntur paulo intricatiora sunt : *si jo returnar non lint pois*, hisce reddidi : *si ego retornare nequeo*, sic enim Theotisca sonant; *nemag* quippe idem valet quod *nequeo, non possum* : *mag* exponitur *possum* apud Keronem. Reliqua, quæ non magis sunt expedita, nescio, an bene reddiderim, *ne jo, ne neuls*, (al. *veuls*) *cui eo returnar int pois*, ubi *pois*, Theutonice redditur *mag. i. possum*. Neque etiam voces postremæ planæ sunt, *nun li juer*, ubi legendum puto *fuer*, *i. fuero*, nam Theotiscum hoc loco præfert *ne wirdhit*, quæ vox, vel certe *wirthit*, quæ eadem est, *fuerit*, exponitur in Capitulari Theotisco Ludovici Pii apud [a] Browerum, ut *theru*, non semel pro *ipse, ille*, ponitur, quæ vox occurrit in eodem sacramento : ubi enim *ne neuls*, Theotiscum præfert *noh thero*. Atque hæc quidem Romana Nithardi, licet mendis utcumque carere non dubitem, velim Lector conferat cum veteri charta vernacula in Ruthenensi Comitatu, ubi Lingua Lemovicina perinde usurpata, sub Ludovico VI. hoc est, circa annum MC. exarata, quam descripsimus ex Tabulario Abbatiæ [b] Conchensis, ut idioma ejusce ævi cum idiomate ævi Carolini comparet : *Ego in Dei nomine, ego Hector, et Pontius de Cambolas, et ego Falcas, daquesta hora ad enant ella villa de Pradis, home ni femena de las crodes enins non y prendren, ni ly feren, ni ly queeyren, ni son aver, no ly tolren, ni fac nou lo faren, ni deforas los crous home ny femena que sien en la villa sia esta dehors, se per forfactura que faran acquez no no fazian, et a quo no faran tro el Abat, et al Priour, quella villa tenria clamat o acsem una vice vel duas. Et se els reddezer nos o fazio que non pressen subre nostre dreich, et senescian, et o efrangrian fers XIII. dias al somoniment del Abbat, o de so messatgue, o del mongue que la vila tenria, o de so messatgue o emenderan aissi o tenren, et o atendren per fe, et senes engan per es saints Evangelis. Authores Ademarus, Ruthenensis Episcopus, et Odolricus Archidiaconus, et Guillelmus et Azemarus Dauriat, Bac de Petra bruna, Folquenis de Segur, Bernardus, qui vocatur Græcus, Bernarz Guiralz della Salas, Bernarz de Cannet, Deusdet de Cannat, et Peire de la Vallada, Rainalz lo Monges, et altre molt que ouiro, et que audiro. Regnante Ludovico Rege.*

[a] Lib. 3.
[b] Lib. de Monast. Germ.
[c] In Hist. Hierosol.
[d] Bodin. lib. 3. c. 6. pag. 633.
[e] amur.
[f] salv. ament.
[g] ds.
[h] sanir.
[i] pordi.
[k] salverio.
[l] por.
[m] fradra.
[n] qui id un altre si faret.
[o] Bodin.
[p] meo sender.
[q] par.
[r] taint.
[s] luit.
[t] me, vel nit.

[a] In propa-rasc. Annal. Trevir. n. 14.
[b] Ch. 366.

Latina Lingua non omnino extincta, sed admodum vitiata.

XXXVII. Inter hæc tamen non extincta omnino Latina Lingua, licet in senium quodammodo abierit, totque etiam barbararum gentium colluvies hanc vel deturparit, vel absumpserit, cum neque posthac amplius usu hominum frequentaretur : hanc enim qui in literis utcumque versati fuere, vel sacris ordinibus initiati, ut rerum Ecclesiasticarum studiis necessariam excoluerunt. Quin etiam servata ab ipsis (quod mirari licet) barbaris Romanorum provincias pervadentibus : cum hac, tum in legibus suis, publicisque decretis, tum etiam in actis, qua publicis, qua privatis, tanquam quæ ab omnibus intelligeretur, usos passim legamus, quia forte Linguam suam nativam, ut barbaram insulsamque ejus pronuntiationem, aures mollioribus assuetas naturaliter refugere persuasum haberent : quod non in Galliis modo, sed et in cæteris, quæ Romanis olim paruerant, provinciis accidisse comperimus. Vel certe quod iis potissimum Romanis scriberentur, quos subjugarant, qui longe potiori majorique erant numero quam barbari ipsi, quibus ii parebant, cum denique Romanis Gallis ignota prorsus esset Lingua barbarica. Id porro non minime ad Latinæ Linguæ commendationem conducit, quod inter tot barbararum gentium ubique fere terrarum quasi exundationes se se utcumque servarit incolumem; ita ut Romana Ecclesia propriam sibi effecerit, et cæteræ nationes, etiam remotissimæ, et quas Romani nunquam attigerant, non in Scholis modo publicis, verum etiam in actis fere omnibus ea usi legantur. Unde ortum deinde ut Ecclesia Romana, *Latinæ Linguæ* nomenclatura intelligatur in quodam[a] Stephani PP. IX. diplomate : *In quorum sorte non inferius Cluniacense Cœnobium, quod ab ipso suæ fundationis primordio hactenus evibrat longe lateque sanctæ conversationis jubar sanctissimum : adeo ut faciendo et docendo extiterit, et existat Gallicanis, Germanicis, Italicis et plane cunctis Latinæ Linguæ Monasteriis forma atque speculum.* Atque id quidem in Gallia nostra sic obtinuit, ut et acta publica ac privata pleraque et suprema Curiarum judicia, Latino fere idiomate semper describerentur, quod serius desitum Francisco I. regnante.

[a] In Bullario Cluniac. p. 13.

Qui fuerit servata Latinitas. De Glossis : Quid sint.

XXXVIII. [b] « Accidit deinde, quod fieri solet, « ut gnavi homines et industrii, tanquam frugi « patres familias, quæ in sua cujusque ætate fuerunt vocabula, tanquam variorum cujusdam « longi anni temporum baccas et fruges et vindemiam, in Libros, quasi in quasdam cellas et « horrea et specus condiderint ante longo tem« pore, et invexerint. Itaque quædam in dulcibus « ac suavibus Commentationibus, tanquam in « melle et passo, et defruto servata, quædam in « contentionibus acribus et vehementibus, quasi « in quodam salso atque aspero succo et dura mu« ria cooperta, quædam in parvis et exilibus « opusculis, quasi in seriis, et cupis, et doliolis, « quædam in magnis et ingentibus voluminibus, « tanquam in vasto specu atque horreo conclusa, « usque ad nos integra, illæsa, intacta, pura pu« taque venerunt. In hoc penu est, quidquid illius « veræ ac veteris Linguæ fœtus ac fructus fuit, « quicquid extra est, spurium est, adulterinum « est, nec germanum ac verum, sed adscititium « ac succedaneum. Et quamquam plurima quidem « amisimus per temporis injuriam, quæ vel ex« tincta prorsus interierunt, vel abdita, neque « dum reperta ignorantur, magnum tamen the« saurum, et infinitam copiam Græcarum ac La« tinarum vocum reperimus, ac in usu habemus. « Nam præterquam quod in veterum Scriptorum « monumentis patet omnibus, emersere subinde « rei literariæ studiosi, quibus curæ fuit selecta « utriusque Linguæ, ac reconditiora etiam voca« bula colligere, et posteritati servare, Glossarum « nomine in publicum hactenus emissa. » In iis porro Glossis non modo probæ nitidæque Latinitatis vocabula, sed etiam antiquata, obsoleta, interdum etiam recens inducta, denique et barbarica vitiataque inserta sunt ab earum descriptoribus, qui tritico suo infelicia insperserunt lolia, seu, ut ait,[a] Hephestion,[1] ἀψινθίῳ κατέπασαν Ἀτθικὸν μέλι. Quo factum deinceps, ut, dum nullo delectu, ejusmodi vocabulis utuntur imperiti [b] *qui rusticum putant omne, quod noscitur, quibusque adulterium Linguæ etiam placet*, non jam Latine loquuntur, sed barbare : cum iis, a quibus exaratæ sunt glossæ (de primis earum auctoribus loquor) non ea mens fuerit, ut horum vocabulorum promiscuus esset usus ; sed ut cum apud Scriptores occurrerent, significatus a Lectoribus perciperetur. Unde recte dicebat[c] Varro, *inductis non tam irascendum, quam hujusce pravitatis patronis*. « Propterea Glossas appel« larunt Græci Linguam [d] secretiorem, ut γλωσ« σήματα, voces minus usitatas ; » quæ scilicet a veteribus Scriptoribus inductæ, a communi usu recesserant, quemadmodum γλῶσσαν definit[e] Galenus :[2] Ὅσα τῶν ὀνομάτων ἐν μὲν τοῖς πάλαι χρόνοις ἦν συνήθη, νυνὶ δὲ οὐκέτι ἐστὶ, τὰ μὲν τοιαῦτα, inquit, γλώττας καλοῦσι. Et infra : Ἡ γλῶσσα παλαιόν ἐστιν ὄνομα τῆς συνηθείας ἐκπεπτωκός. Neque aliter [f] Theon Sophista :[3] Τὰ ἀρχαῖα, τὰ πάλαι συνήθη, νῦν δὲ ἐκλελοιπότα. Atque his addit Galenus

[b] Thomas Smithus. l. 1. de pronunt. Linguæ Gr. p. 9.

[a] Hephestion Rigaltii.

[b] S. Hieron ep. 22. c. 13.

[c] Lib. 8. de Ling. Lat.

[d] Quintil. l. 1. c. 2. 14.

[e] Galen. in Gloss. Hippocrat.

[f] Theon. p. 34.

[1] Absinthio mel atticum inspergunt.

[2] Quotquot sunt vocabula quæ vetustis temporibus fuerunt in usu, nunc autem esse desierunt. Ejusmodi vocabula Glossas vocant. *Et infra :* Glossa est vocabulum quod in desuetudinem abiit.

[3] Vetusta et consueta olim, nunc autem obsoleta.

ea vocabula, quæ a quibusdam e veteribus inventa, ab aliis tamen deinceps nec admissa, nec usurpata sunt : unde conficit duo esse genera Glossarum, scilicet, [1] ἢ τοῦ κοινοῦ πᾶσιν ὀνόματος ἐκπεσόντος, τῆς ἐπικρατούσης συνηθείας, ἢ τοῦ γενομένου πρός τινος τῶν παλαιῶν, μὴ παραδεχθέντος ὅλως εἰς τὴν συνήθειαν, quomodo subdit ille, Hippocrates τὰ μὲν ἐκ τῶν ὄντων οὐ συνήθων ὀνομάτων παραλαμβάνει, τὰ δὲ αὐτὸς ποιεῖ, τὰ δὲ καὶ τοῖς σημαινομένοις ὑπαλλάττει. Quibus quidem postremis verbis tertium Glossarum genus inducit, eorum scilicet vocabulorum quorum genuina significatio in aliam detorquetur, quod Dioscoridem, et Artemidorum Capitonem non semel fecisse [a] observat :. cujusmodi etiam complura occurrunt apud Latinos ævi medii Scriptores, præsertim Ecclesiasticos, quæ in nostro Glossario explicantur. Ita igitur librum scripsit Galenus, [2] τῶν Ἱπποκράτους γλωσσῶν ἐξήγησιν, in quo enucleat, οὐ μόνον ὅσα τοῖς ἄλλοις παλαιοῖς ὑπάρχοντα συνήθη τῶν ὀνομάτων, οὐκέτι ἐστὶν ἐν ἔθει νῦν, ἀλλὰ καὶ ὅσα κατά τινα τρόπον ἴδιον αὐτὸς ἐποιήσατο ὁ Ἱπποκράτης, ἢ μετενεγκὼν ἀπὸ τοῦ συνήθους, ἢ σχῆμα περιθεὶς ἕτερον, ἢ τὸ σημαῖνον ὑπαλλάξας. Sed et γλώσσας Græci proprie vocabant ξενικὰ, seu peregrina vocabula uti docent [b] Aristoteles et [c] Clemens Alexandrinus : [3] ξένα nempe τὰ ὀνόματα, ἑτέροις τὰ μὲν ἐπιχώρια, τοῖς δὲ ἄλλοις οὐ συνήθη, ut ait [d] Theon Sophista. Ejusmodi fuere Diodori Ἰταλικαὶ, Hermonis Κρητικαὶ, et Philemonis Ἀττικαὶ γλῶσσαι, quæ laudantur ab Athenæo, et aliis, quibus adjungi possunt Phrynichi et Thomæ Magistri editæ Ἀττικῶν ὀνομάτων συλλογαί. Laudantur præterea nonnulli alii Glossographi ab eodem Athenæo, scilicet Pamphilus, Philetas, Timarchidas et Nicander Colophonius, qui γλώσσας heroico versu scripsit, unde ἐποποιὸς appellatur : ut et Dioscorides Junior ab Galeno, Apollodorus Cyrenæus a [e] Suida, Zenodotus, Silenus, Himerius, Philetas a Scholiaste Apollonii Rhodii, Simmias ab Eudocia Macrembolitissa, Philoxenus Alexandrinus Grammaticus apud eandem Eudociam et Suidam. Hanc denique vocem ad Poeticorum vocabularum explicationem sua ætate traductam, ait [f] Plutarchus : [4] Ὧν (ὀνομάτων) τὴν ποιητικὴν ἀνακαλουμένην διαβάλλουσιν ὡς βαρβαρίζουσαν οἱ γλώττας τὰς τοιαύτας προσαγορεύοντες. Ita etiam [a] Julius Pollux. Et certe *Glossulas Poeticas* memorat alicubi [b] Diomedes. Enimvero cum in ejusmodi Glossis, una cum obsoletis, confictis et peregrinis, vulgo etiam receptæ, et quæ in communi usu versantur, insertæ fuerint, factum deinceps ut *Glossas* promiscue dicerent quasvis dictiones quæ aliis explicarentur : vel *Glossulas*, uti appellantur in [c] Glossis ab Henrico Stephano editis, ubi λέξεις exponuntur. Neque aliter [d] Alcuinus, scribens, *Glossam esse unius verbi vel nominis interpretationem*. Eadem ferme ratione Glossas acceperunt recentiores Grammatici, ut ex Ugutione et Joanne de Janua colligimus, quorum hæc sunt : *Glossa est expositio sententiæ et ipsius literæ : quia non solum sententiam, sed et verba attendit. Vel Glossa est expositio sententiæ, literam continens et exponens : unde et dicitur Glosa, quasi Glossa, id est, Lingua, quia tanquam Lingua doctoris adesset, exponeret, sic literæ exponendæ insistit, et vim enucleat.* Hic porro non moror ineptas recentiorum Grammaticulorum nugas. Eadem deinde ratione *Glossemata* dicta vocabula minus usitata, uti observatum ex Quintiliano : quæ vox, licet ex nullo Græco Scriptore afferatur, occurrit præterea apud [e] Varronem, a quo laudantur, *qui Glossemata interpretati sunt*, et apud [f] Sosipatrum. Hinc quinque genera locutionum statuit [g] Diomedes, Rationale, Artificiale, Historicum, Glossematicum et Commune : ubi Glossematicum videtur illud, quod ex Glossis, seu vocibus antiquatis ac peregrinis, vel etiam ex earum collectione conflatum est, qualis est illa Glossarum sylloge, quæ Isidorum autorem præfert, seu ille Hispalensis fuerit, sive quisquis alius, in qua obsoletæ complures, et quæ rarius alibi occurrunt, habentur, ab antiquariis perperam sæpe descriptæ. Hæc porro fusiori sermone disseruimus, ut Lector tandem perciperet, cur nostro operi titulum indiderimus Glossarii potius quam Dictionarii, cum vetera aliquot, et obsoleta a priscis Latinis olim usurpata, a recentioribus rursum nescio quo fato reducta, præterea barbara seu peragrina, Latina etiam, sed novatæ significationis, hoc est, quæ a recta, et eorum proprio significatu deflectunt, vocabula contineat : atque ut verbo dicam, quæ Latinitas, seu [h] *incorrupta loquendi observatio secundum Romanam Linguam*, non agnoscit.

[a] In verbo ἀπεβράττετο.
[b] Aristot. de Poet. et de Rhet.
[c] Clemens Alex. l. 1.
[d] Theon. p. 30.
[e] Lib. 1. sect. 80. lib. 2. sect. 47. 61.
[f] Plut. de Iside et Osiride.

[a] Pollux.
[b] Lib. 2. pag. 420.
[c] Pag. 527. 827.
[d] In Grammat.
[e] Lib. 6. de Ling. Lat.
[f] Sosib. lib. 1. Inst. Gram.
[g] Diomed. l. 2.
[h] Maxim. Victorin. de Re Gramm.

Antiquiora Glossarum vocabula prava affectatione a nonnullis usurpata.

XXXIX. In his igitur, quarum meminimus, Glossis, seu Glossariis, Latina interdum vocabula miscentur, ab ultimis jam obliteratis temporibus repetita, quæ studio peculiari, nulloque sæpe delectu usurpata sunt ab inferioris ævi Scriptoribus in speciem quandam reconditioris doctrinæ, [i] quod verba a vetustate repetita non

[i] Quintil. lib. 1. c. 11.

[1] Aut communis omnibus vocabuli quod prævalens consuetudo sustulit, aut vocabuli a veterum quodam inventi, quod omnino non admisit consuetudo, *quomodo, subdit ille, Hippocrates* aliis quidem vocibus utitur minime usitatis, alias ipse fingit; aliarum etiam significationem immutat.

[2] Glossarum Hippocratis explicationem, *in quo enucleat* non solum quotquot erant actis retro temporibus consueta vocabula, nunc autem obsoleta, sed etiam quæcumque more quodam suo ipse finxit Hippocrates, aut a consuetudine illa transferens, aut aliam illis figuram induens, aut illorum significationem immutans.

[3] Peregrina vocabula sunt ea, quæ apud alios quidem sunt in usu, apud alios autem minime.

[4] Quæ vocabula a Poetis in usum revocata, ut barbara arguunt ii, qui illa Glossas appellant.

solum magnos assertores habere, sed etiam afferre orationi majestatem existimarent, cum et auctoritatem antiquitatis habeant, et, quia intermissa sunt, gratiam novitati similem parent: Et, ut ait [a] Sidonius, *nova verba* videantur, *quia vetusta.* [b] Tametsi opus sit modo, ut neque crebra sint hæc, neque manifesta, quia nihil odiosius est affectatione. Deinde pene ridiculum est malle sermonem, quo locuti sunt homines (quem *veternosum dicendi genus* appellat [c] Sidonius,) quam quo loquantur, quod exprobratum olim [d] Tuberoni IC. legimus, qui sermone antiquo affectavit scribere, ex quo parum grati ejus libri habiti sunt. Sed et [e] Octav. Augustus monebat, vitandos esse reconditorum verborum fœtores, præcipuamque curam habendam sensum animi quam apertissime exprimere: irridebatque Tiberium, exoletas interdum et reconditas voces aucupantem, et M. Antonium ut insanum increpabat, quasi ea scribentem, quæ mirentur potius homines quam intelligant. Aiebat denique dandam operam, ne moleste scribamus, aut loquamur: [f]

Jam Saliare Numæ carmen qui laudat, et illud
Quod mecum ignorat, solus vult scire videri:
Ingeniis non ille favet, plauditque sepultis,
Nostra sed impugnat, nos, nostraque lividus odit.

[a] Lib. 4. epist. 3.
[b] Quintil.
[c] Lib. 1. ep. 1.
[d] Lib. 2. D. de Orig. Tur.
[e] Sueton. in Aug. c. 86.
[f] Horat. l. 2. ep. 1.

Quod vitium Hincmarus Remensis exprobrat Hincmaro Laudunensi.

XL. Idipsum longe postea objecit [g] Hincmarus Remensis Archiepiscopus Hincmaro Laudunensi Episcopo, qui in Scriptis suis plurima ex ejusmodi Glossulis collecta abstrusa vocabula nullo judicio interseruerat: *Verba quoque,* inquit, *abstrusa, et undecumque per Glossulas collecta et sine ratione posita, quæ in hoc scripto tuo posuisti, sicut et in aliis Domino Regi et mihi olim directis congessisti, redarguunt te typo jactantiæ, cum dicat* [h] *Apostolus: Vocum novitates devita, et: Malo quinque verba loqui in Ecclesia ad ædificationem, quam decem millia verborum in Lingua. Qui enim Linguam, in qua natus es, non solum non loqui, verum nec intelligere nisi per interpretem potes, cum suppeterent sufficienter verba Latina, quæ in his locis ponere poteras, ubi Græca et abstrusa, et interdum Scotica, et alia barbara, ut tibi visum fuit, nothata atque corrupta posuisti.* Et infra: *Nos etiam moderni Glossarios Græcos, quos suatim Lexicos vocari audivimus, sed et sapientum scripta de nominibus abstrusis habemus, et adeo sensatuli sumus, ut dictatiunculas eo usque circumducere et producere possimus, quatenus verba Græca vel abstrusa de Glossariis adsumta in admirationem vel stuporem nescientibus seu scalpentibus aures habentibus proferre possimus.* Denique in [i] Concilio Dusiacensi I. eundem Laudunensem sic carpit: *Quapropter nunc tibi iterum, Frater, scribo, non pueriliter sermonibus per Glossulas exquisitis, ut studes, quo sine ullo intelligentiæ ac instructionis fructu a fatuis inanes admirationis rumusculos capias, nec quasi aerem verberans, vel mundanæ sapientiæ verbis, aut sæculari militia tecum pugno, sed virtute dispositionis divinæ, etc.* Ubi sane Glossaria, quæ ab Henrico Stephano, deinde a Bonaventura Vulcanio edita sunt, videntur intelligi, cum eo, quo uterque vixit Hincmarus ævo, in Francia nostra passim haberentur, vel etiam Linguæ Græcæ cognitio Carolo Calvo regnante utcumque floruerit, quod testatur [a] Hericus Monachus S. Germani Autisiodorensis in ejusdem S. Vita carmine a se edita, quem sic alloquitur in Epistola illi inscripta: *Luget Græcia, quam sui quondam incolæ jamdudum aspernantur, vestra potius magnanimitate delectati, studiis allecti, liberalitate confisi: Luget, inquam, se olim singulariter mirabilem, ac mirabiliter singularem a suis destitui. Dolet certe sua illa privilegia, quod nunquam hactenus verita est, ad climata nostra transferri.*

[g] In Opusc. 55 Capit. c. 45.
[h] 1. Timoth.
[i] Part. 2. c. 20.
[a] Hericus Mon. in Vit. S. Germani.

Quænam Glossaria primas teneant, sintque aliis præferenda.

XLI. Inter tot autem, quæ labentibus sæculis prodiere, Glossaria, seu λεξικὰ, primas procul dubio tenere illa debent ac præferri cæteris, cum propter venerandam, qua præstant potissimum, antiquitatem, tum ob extincta fere, ac oblivione sepulta, quæ in lucem rursum revocant, reconditioris Latinitatis vocabula. Atque ea jure merito ut incomparabilia passim venditantur a [b] viris eruditis, quorum auctorem Justiniani ævo superiorem fuisse existinant: a Professoribus forte ac Grammaticis Constantinopolitanis, qui in utraque Lingua florebant circa ea tempora, quod ex Prisciano et aliis colligere licet, condita: in quibus tamen reperiuntur voces aliquot, vel obsoletæ, vel a veteribus tantum usurpatæ, vel denique quas cultior Latinitas omnino non admiserit. Id præ cæteris observatum a Salmasio in libro de Hellenistica: « Multa, inquit, idiotica vocabula in hisce Glossis occurrunt, quæ cum apud idoneos auctores non extent, et cum Gallica plerumque nostratia ex his derivata sint, liquet inde, plebeii ea tantum usus fuisse, non doctorum indaginis. Talia sunt *Matta,* pro tegete, nunc *Nattam* dicimus: item *Storea*, pro eodem: *Sculna*, pro sequestro: et infinita. *Scordalus*, pro feroce, quo usi Seneca et Petronius: at illi trivialis sermo et plebeius objectus est a Criticis: *Cocio* et *Arillator*, pro negotiatore: *Vissire*, pro flatum a parte postica emittere: cujus verbi mentio apud Lucilium; item *Manuari*, pro furari: *Manuæ* pro manipulis: *Elutriare*, pro lavare, quo tamen usus

[b] Lud. Carrio. l. 3. Antiq. lect. c. 4. Salmas. lib. de Modo usur. p. 705.

« est Plinius. Non pauca ejusmodi sordentia vocabula Laberium usurpasse Gellius notavit, « quæ apud eum videri possunt. *Cimussa*, pro « σειρά; *Gerdius*, pro textore. Inexhausta seges « est harum vocum idioticarum, quas hic colligere et explicare non decrevi : hæc ad exemplum sufficiant. » Hactenus Salmasius. Servatur etiamnum in Bibliotheca Monasterii S. Germani Parisiensis, unde ea olim deprompserat Henricus Stephanus, vetus Codex alter sub Carolo Calvo Rege uncialibus literis a quodam Martino sat male descriptus, in quo horum alterum, Græco Latinum scilicet, continetur : qui quidem codex mendis licet ubique scateat, non modicum tamen conferre potest ad emendandum illud, quod editum est. Fuit Ecclesiæ olim Laudunensis, ut ex hac Epigraphe colligitur : *Hunc librum dederat Bernardus et Adalelmus Deo et S. Mariæ Laudunensis ecclesiæ : si quis abstulerit, offensionem Dei et S. Mariæ incurrat.* Sed quod observandum, Glossario præfigitur epistola, nescio an collectoris vel auctoris, quam hic describere visum est, ut cuivis liceat de ea judicium ferre : *Dilectissimo Abbati S. M. fidissimus amicus veram in Christo salutem : Lectis epistolæ vestræ literis, Amantissime Abba, per quas me super quibusdam quæstiunculis consulere voluistis, animadverti diligentiam efficacis ingenii vestri nequaquam rerum temporalium tumultibus succumbentem, sed Scripturarum meditationibus laudabiliter inhærere. Atque idcirco dignum est ut pie pulsanti aperiam, imo ipse per me pandere dignetur, in quo sunt omnes thesauri sapientiæ et scientiæ absconditi, qui aperit, et nemo claudit, claudit et nemo aperit, splendor est lucis æternæ, et speculum sine macula. Accipite igitur* ἐρωτήσεων *vestrarum solutiones, quas de Græcorum fontibus haurire studuimus, et vobis legendas sine præjudicio altioris forte interpretationis transcripsimus.* Quæ quidem Epist. fortasse scripta fuerit Smaragdo S. Michaelis ad Mosam Abbati, qui vixit anno DCCCXX. cujus nomen vel dignitas hisce literis SM. designetur.

Ceteris præstat Dictionarium Salomonis Constantiensis Episcopi.

XLII. Laudatur deinde Dictionarium SALOMONIS Abbatis S. Galli, postea Episcopi Constantiensis, qui præceptorem habuisse Isonem S. Galli Monachum, cujus sunt Glossemata in Prudentium, obiisseque dicitur anno DCCCCIX. Dictionarii Salomonis meminit [a] Chronicon Episcopatus Constantiensis, ut et [b] auctor Chronici Augustani, ubi de Henrico Abbate SS. Udalrici et Afræ : *Salomonis Constantiensis episcopi Dictionarium Magnum, quem Papiam appellant, scribi fecit.* Unde videtur confici, Papiæ nomine donatum, qui sæculo post integro vixit, quod is forte a Salomone pleraque hauserit in eo, quod postmodum composuit, Glossario. Salomonianum vero esse non ausim asserere, nullo præsertim auctore, quod characteribus Longobardicis descriptum habetur in duobus grandioribus voluminibus, altero in Bibliotheca D. Jolii Cantoris Parisiensis a litera A. usque ad literam I. altero a litera I. usque ad ultimam, in Bibliotheca S. Germani Parisiensis; [1] quod integrum in Bibliotheca Vaticana extare etiam didicimus. Longe enim ante Papiam scriptum apparet, cum multa contineat vocabula, quæ ille non habet, Papiæque non meminerit, sed Scriptores classicos præsertim recenseat citetque, Ciceronem, Virgilium, Placidum, Eutropium, Orosium, Isidorum, Eucherium, Ambrosium, Hippocratem, Galenum, Origenem, seu eorum Interpretes, prætereaque Glossas, quas sæpius nomine *Antiquarum Glossarum* donamus in nostro Glossario. Glossas Salomonis non semel laudat [a] Goldastus, quas extare ait Constantiæ, et in Cœnobio S. Galli, ut et librum de Septem artibus liberalibus. Sed et [b] alibi videtur innuere Glossarium istud, quod ex omnibus veterum Glossariis collectum ait, ab Isone Magistro Monacho S. Galli, qui obiit anno DCCCLXXI. ut auctor est Hepidannus, nomine discipuli sui Salomonis Constantiensis Episcopi fuisse editum. Atque illud quidem Glossarium, quod interdum Longobardicum, interdum Ecclesiæ Parisiensis appellamus, cæteris quæ subsecuta sunt, jure præferri debet, cum ex pravis illis ac semibarbaris vocabulis, quæ ea induxere, vix habeat, præter ea quæ ex Glossis interdum aliquot laudat; sed synonyma complura, eaque a probis Scriptoribus repetita contineat. Verum qui illius auctorem excepere deinceps ejusmodi Glossarum collectores, non eo, quo par erat, delectu vocabula suis lucubrationibus intrusere; sed posthabitis iis, quæ cultior agnoscit Latinitas, nova vel a se conficta, vel a semibarbaris deprompta Scriptoribus malo, ut aiunt, fato induxere. Inde enim accidit, ut artium ac disciplinarum Magistri has novitiorum curas et infaustas racemationes veterum eruditissimis perfectissimisque Commentariis, qui nativum sermonem Latinum una cum lacte materno imbiberunt, anteponerent, et in Scholis suis, pueris vel addiscendas, vel consulendas curarent. Adeo ut nesciam an ulla unquam deterior pestis juventuti corrumpendæ, et a regia veterum via deducendæ grassata fuerit, quam cum profligatis et in exilium missis veteribus, dispendiosi novorum istorum hominum Commentarii in illorum locum subrogati sunt.

[a] Chron. Episcopat. Constant. p. 638.
[b] Part. 2. c. 2.

[a] In Not. ad S. Valerian. p. 102. et ad Versus Columbani, et l. 1. Aleman. p. 382. Simler. in Bibl.
[b] Idem Goldast. in Alamannicis p. 230.

Ælfrici Glossarium Latino-Saxonicum.

XLIII. [c] Eodem, quo Salomon Constantiensis

[c] Joan. Pitseus de Scriptor. Angl.

[1] Utrumque volumen hodie asservatur in Biblioth. S. Germani.

Episcopus sæculo, vixit ÆLFRICUS Anglus, Abbas Abindonensis, deinde Archiepiscopus Cantuariensis, qui non modo Grammaticam Saxonico-Latinam, sed et Glossarium Latino-Saxonicum non literarum quidem ordine, sed secundum certa rerum ac argumentorum capita conscripsit, in quo complura vocabula, aut nove dicta, aut rarioris usus reperiuntur. Illud Oxonii editum cura Guillelmi Somneri cum ejusdem Dictionario Saxonico-Latino-Anglico ann. MDCLIX. Obiit ille anno MXVI.

Papiæ rudimentum Elementarium

XLIV. Floruit porro PAPIAS, cujus paulo ante meminimus, ann. MLXIII. ut est in Chronico Alberici MS. non vero anno MCC. ut [a] Trithemius tradidit. Alberici verba sunt : *Anno* MLIII. *anno decimo tertio Imperatoris Henrici filii Conradi, Papias librum suum, videlicet Elementarium doctrinæ rudimentum edidit, quod probatur per numerum annorum, ubi agit de ætatibus sæculi, in prima litera et enumerando pertingit usque ad hunc annum.* Prostat vero ejus Glossarium typis editum cura Bonini Mombritii, (cujus sunt Vitarum Sanctorum duo volumina) Venetiis ann. MCCCCXCVI. mens. April. XIX. Sane non tam de novo condidisse, quam antea utcumque digestum ac elaboratum Glossarium auxisse videtur ipse innuere, in Præfatione, verbis hisce : *Jam vero de hujus artis nomine non prætermittendum videtur, quod quidem et si olim quia verbi, et simpliciter unius alterius dictionis retinebat interpretationem, Glossarium vocaretur; jam vero definitionibus, et secundum regulas notationibus, sententiis quoque, et multis id genus superadditis, altius atque aptius Elementarium doctrine erudimentum nominari poterit.* In eo porro condendo decennium insumpsisse testantur versus adscripti Papiæ exemplari Aquicinctinensi, et a viro doctissimo Joanne Mabillonio exscripti, quos hic apponam, ubi nescio quis Rainaldus nominatur, a quo hic codex descriptus fuit :

[a] De Script. Eccl.

Si durante die nunquam tenebresceret orbis,
Visibus humanis nulla lucerna foret.
Sic in Scriptura qui prospicit omnia clare,
Non eget istius commoditate libri.
Sed quoniam quivis, qui noverit omnia, non est,
Est amplectendus omnibus iste liber.
Instar apis mella collecta labore decenni
Cunctis Papias ista legenda dedit.
At cibus ut noster de divite ditior esset,
Apposuit nobis has Rainaldus opes.
Ne tali nostra dulcedine mensa careret,
Extitit ejus in hoc officiosa manus.
Istud habe gratum munus, Salvator, et illi
Perpetuam requiem comparet iste labor.
Hunc amet, hunc relegat, hoc delectetur, et omni
Hunc studio servet, Grex Aquicincte, tuus.
Scripti tempus habet qui Ihesu copulat annis
Undecies centum septuaginta tribus.
Noveris ista legens, quod pro mercede laboris,
Non aurum scriptor postulat, imo precem.
Ergo precem redde, quoniam pretiosius auro
Est prece devota propitiare Deum.

Scripsisse præterea Papiam Epistolarum librum ad diversos, auctor est Trithemius. Edidit etiam Elias Putschius inter Grammaticos veteres Notarum veterum explicationes ex Papiæ Glossario, quas in MSS. Codicibus, quos videre contigit, non animadverti.

Expositio Synonymorum Joannis de Garlandia.

XLV. [a] Eadem ferme tempestate, qua Papias, vixit JOANNES DE GARLANDIA Anglus, anno scilicet MXL. Haraldo in Anglia regnante, qui multa scripsit, atque in iis Synonymorum in arte Alchymistica expositionem secundum ordinem literarum, editam Basileæ cum ejus Alchymiæ Compendio anno MDLX. cujus etiam circumferuntur Synonyma et Æquivoca, versibus descripta, quæ cum Commentario typis edita sunt Coloniæ anno MCCCCXCV. et in scholis vulgo legebantur ; quemadmodum [b] Ebrardi Betuniensis Græcismus, seu Liber carmine conscriptus de Figuris, deque octo orationis partibus, editus Lugduni anno MCCCCXC. cum Expositionibus Vincentii Metulini, ejusdemque elementa Grammatica Lovanii edita : qui an ille ipse sit, cujus Antihæresim contra Valdenses hæreticos vulgavit Jacobus Gretzerus, dubium facit Distichon ab [c] Antonio Sandero et [d] Valerio Andrea allatum :

[a] Balæus, Pitscus.

[b] Henricus a Gandavo de Script. Eccl.

[c] Sander in Bibl. MSS. p. 222.

[d] In Bibl. Belg.

Anno milleno centeno bis duodeno
Condidit Ebrardus Græcismum Bethuniensis.

Secundum enim hos versus Græcismum suum conscripserit ille anno MCXII. Verum cum vox *bis*, referri etiam possit ad *centeno*, quod sane magis arridet, proindeque scripserit anno MCCXII. idem censeri potest cum eo, qui contra varias Valdensium sectas, quæ sub exitum seculi undecimi, et initium duodecimi tum primum innotuere, scripsit. [e] Laudantur præterea ejusdem Ebrardi Epistolæ secundum artem dictatæ, ex Bibliotheca Monasterii Dunensis in Flandria.

[e] Sander. in Bibl. MSS. p. 203.

Ugutionis vocabularium.

XLVI. Papiam excipit UGUTIO Pisanus, qui longe fusius ac multa vocabulorum et ἐτύμων accessione auctius edidit, sive Glossarium, sive Dictionarium, quod MS. in Bibliothecis passim reperitur : nam typis excusum non puto, quod cum ars typographica inventa est, in scholis haberetur illud, quod a Joanne de Janua ex Papia et Ugutione confectum est. In Præfatione vero consilium operis et nomen suum ita aperit : « Opus « igitur divina favente gratia componere statuimus, in quo, præ aliis, vocabulorum significationes, significationum distinctiones, derivationum origines, etymologiarum assignationes et

« interpretationum reperientur expositiones : quo« rum ignorantia Latinitas naturaliter indiga qua« dam doctorum pigritia non modicum coarctatur. « Nec hoc tantum ut vitream cenodoxiæ fragilita« tem lucrifaciamus, adimplere conabimur, quan« tum ut omnium scientiæ literarum invigilan« tium communis inde utilitas efflorescat. Nec mi« nus descendat in mentem, nos in hoc opere per« fectionem insinuatim adhibere, cum in humanis « nihil ad unguem inveniatur expolitum, licet « aliis de hac eadem re tractantibus quadam sin« gulari perfectione haud injuria videri possu« mus excellere. Nam hic parvulus delectabitur « suavius; hic adultus uberius cibabitur; hic « perfectus affluentius delectabitur; hic Gigno« sophistæ triviales, hic Didascali quadriviales, « hic Legum professores, hic Theologiæ perscru« tatores, hic Ecclesiarum proficient gubernato« res : hic supplebitur, quicquid hactenus scien« tiæ defectu prætermissum est; hic elimabitur, « quicquid a longo tempore male usurpatum est. « Si quis quærat operis hujus quis actor fuerit, « dicendum est Deus. Si quærit, quod operis hu« jus fuerit instrumentum, respondendum est, « quod patria Pisanus, nomine Hugutio, quasi « Eugetio, id est, bona terra, non tantum præ« sentibus, sed etiam futuris : vel Hugutio, quasi « Vigitio, id est, virens terra, non solum sibi, « sed etiam aliis. » Ex his tamen quis ille Ugutio fuerit, et quo vixerit sæculo, non percipimus : sed id docemur ex Chronico Nonantulano MS. cujus verba hic describemus : « Per hæc tempora « (circa annum MCXCII.) Agno Ugutio, natione « Pisanus, Episcopus Ferrariensis, qui datus a « Sede Apostolica Coadjutor Abbati Monasterii « Nonantulani prodigo homini, ex libro Papiæ, « qui illic est, librum derivationum composuit. » Ejus obitum circa ann. MCCXII. conjicit Ughellus, cui hæc de Ugutione haud nota fuerunt. Laudatur porro is sub nomine Pisani a nescio quo Poeta infimi ævi MS. :

Est commune Gigas, Pisanus ut asserit : unum
Approbo Galterum, qui protulit, Una gigantum.

Catholicon Joannis de Janua.

XLVII. Papiam et Ugutionem exscripsit, auxitque tandem JOANNES DE JANUA, operique suo titulum dedit : *Summa, seu Catholicon*, unde postmodum, quæ prodiere Dictionaria, hoc nomine fere donata sunt, cui præmisit multa ad Grammaticæ regulas spectantia. Quando vero illud absolverit hisce verbis indicat in ipso libri fine : *Immensas omnipotenti Deo Patri et Filio et Spiritui Sancto gratiarum referimus actiones, qui nostrum Catholicon ex multis diversis Doctorum texturis elaboratum atque contextum, licet per multa annorum curricula in millesimo ducentesimo octuagesimo sexto anno Domini, Nonis Martii ad finem usque perduxit.* Quis vero fuerit, ipsemet in voce *Janua*, edocet : *Item a Janua porta dicta est Janua, quædam civitas potens, nobilis, pulcra, et dives, juxta mare sita, et est quasi introitus et porta Lombardiæ, Tusciæ, Provinciæ. Hujus civitatis oriundus fuit compilator præsentis libelli, qui dicitur Prosodia, vel Catholicon. Compilator siquidem hujus operis dictus Frater Joannes Januensis de Balbis, de Ordine Fratrum Prædicatorum modicus, qui etiam compilavit alium libellum in Theologia, qui dicitur Dialogus de quæstionibus animæ ad spiritum : qui etiam composuit quodam opus Paschale, ubi scilicet de facili reperitur Pascha, scilicet hoc opus Paschale composuit, antequam Ordinem intraret.* Prostat autem Joannis de Janua Catholicon non semel typis editum, ac primum Moguntiæ in ipsis Typographiæ initiis anno MCCCCLX. cujusmodi videre licuit in Bibliotheca PP. Fulliacensium Parisiis; deinde Venetiis, scilicet anno MCCCCLXXXVII. quo sum usus codice potissimum, et a Magistro Ægidio auctum et recognitum, et denuo ab Ascensio Badio auctum, Lugduni per Joannem de Platea anno MDXIV. Cæterum monet [a] Philippus Bosquierus Minorita in Catalogo MSS. librorum Bibliothecæ Monasterii S. Ghisleni Joannem de Luna appellari. Sed vereor, ne male legerit; de quo hæc subdit : *Addo, quod et si* [b] *Erasmus Roterodamus Catholicon Januensis infamet et velut de gradu dejiciat, qua Latinitas spectatur, ego tamen in rebus Theologicis sentio non contemnendum.*

[a] In Not. ad Gerson. de Laude Scriptor.

[b] Erasm. de Ratione studii et in Colleg.

Mathæi Silvatici Pandectæ Medicinæ.

XLVIII. Prodiit eadem tempestate MATTHÆI SILVATICI Mantuani Dictionarium Medicum : vivebat enim ille anno MCCXCVII. ut ipsemet testatur, proinde ante ann. MCCCXX. uti scribit [c] Trithemius : quod quidem opus *Pandectas Medicinæ* appellavit, unde *Pandectarius* vulgo indigitatur, in quo voces Latinæ, Græcæ, Arabicæ, et Exoticæ, quæ rem medicam utcumque spectant, ita aliis vocibus redduntur, ut sani aliquid expiscari haud promptum sit, propter depravata, si non auctoris, saltem exscriptorum vitio vocabula : adeo ut de hisce Pandectis judicium istud suum interposuerit Otto Brunsfeldius, et ipse Medicus : *Certe*, inquit, *in re medica veteris Pandectarii errata tam manifestaria sunt, ut prorsus perspecta nemini non sint, nisi qui sanæ eruditionis ac veterum Scriptorum nihil attigit : in quo tertia fere semper dictio corrupta vitiataque, aut certe barbara, obsoleta, vel exotica est : nec paulo diversa omnia ab magorum et necromanticorum præstigiosis nomenclaturis, ut nescias, rerumne an malorum potius dæmoniorum sint nomina.* Sed de his videant peritiores Medici, Linguæque Arabicæ potissimum periti, qui unici

[c] In V. Brucus.

duntaxat judicium ferre mea quidem sententia possunt.

De variis Glossis in Scipturas sacras, et maxime de Guill. Britonis opusculo.

XLIX. Habentur præterea Glossæ variæ cum ineditæ, tum editæ in sacra utriusque Testamenti scripta, quæ cum secundum libros digesta sint, non omnino Lexicorum nomine censeri debent: tametsi vocabula, quæ in iis explicantur, Dictionariorum vicem videantur supplere. Harum aliæ incertis auctoribus latent in Bibliothecis, quæ non tanti visæ sunt, ut editionis sumptus promererentur. Aliæ suos laudant auctores, quas inter maxime eminent hocce titulo inscriptæ in codicibus Corbeiensis monasterii, S. Germani Paris. et Collegii Navarrici Parisiensis : GUILLELMI BRITONIS *Ordinis Fratrum Minorum opusculum difficilium vocabulorum Bibliæ, ex Glossis Sanctorum, in quo præmittit suum præambulum metro confectum : post prosaice procedit.* Ita autem hi versus male digesti leguntur :

Difficiles studeo partes, quas Biblia gestat,
Pandere; sed nequeo latebras nisi qui manifestat
Auxiliante Deo, qui, cum vult, singula præstat.
Propria ponuntur hæc nomina pauca; sed oro,
Qui legis indulge mihi, qui brevis esse laboro,
Si quem profectum retines, hoc opus est Deitatis,
Quicquid non rectum patet hic, quicquid ruditatis
Supplens defectum, Lector, studio pietatis
Corrige, correctum sit in usum posteritatis.
Scematis ignarus stylus est, non abnuo limam,
Nam pollere facit operam correctio primam.
Desuper irradia scribenti gratia Dia,
Sis Dux, sis socia mera lux, et vera Sophia.

Ad calcem vero libri isti alii leguntur versus :

Hic ego doctorum compegi scripta sacrorum,
Floribus auctorum loca certa notando librorum
In serie quorum textus patet hic positorum.
Prævia cunctorum, confirmatorque bonorum
Lux occultorum, via veri, lux dubiorum,
Sit tibi cælorum Rex, gloria, culmen honorum,
Quod completorum datur hic mihi meta malorum,
Egis egenorum, miser ô, quia dego Minorum,
Te precor ipsorum comitem me fac meritorum
Sorte beatorum; quod sim velut unus eorum.

Fuit autem Guillelmus iste Brito [a] ex antiquorum Britonum stirpe in Cambria natus, ut auctores sunt ex Willoto Pitseus, et Waddingus in Annalibus Minorum [b] ad ann. MCCCLVI. quo ille obiit, ubi et viri elogium perstringit. Ejus etiam fortasse sunt Synonyma, quæ Britonis nomen præferunt, edita Parisiis, per Dionysium Rosseum ann. MDVIII. Hanc eandem lucubrationem perperam [c] alii adscribunt nescio cui Joanni Ægidio Ordinis Eremitarum S. Augustini.

[a] Pitseus.

[b] N. 31.

[c] Ph. Labb. in Bibl. MSS. p. 205.

Mammotrectus Marchesini, in quo voces Bibliorum enucleantur.

L. Similis argumenti extat liber inscriptus MAMMOTRECTUS, in quo voces Bibliorum perinde enucleantur. Nominis rationem et etymon sic in Prologo prodit auctor : *Et quia morem gerit talis decursus pædagogi, qui gressus dirigit parvulorum, Mammotrectus poterit appelari.* Imo *Mammothreptus*, ex Gr. μαμμόθρεπτος, qua de voce præ cæteris [a] Augustinus. Hunc e Regio Lepidi ortum, quæ civitas prope abest Mutina, appelatumque MARCHESINUM, ex Ordine Minorum, ac floruisse in Provincia Bononiæ et Custodia Ferariæ circa ann. MCCC. autor est [b] Waddingus ; [c] Sixtus vero Senensis vixisse ann. MCCCCL, scribit. Is liber primum excusus Moguntiæ in ipsis artis typographicæ initiis, ann. scilicet MCCCCLXX.; servatur enim in Bibliotheca Collegii Navarrici Parisiis, ad cujus calcem hæc leguntur : *Explicit Mammetractus arte imprimendi seu caracterizandi absque calami exaratione sic effigiatus, et ad eusebiam Dei industrie per Petrum Schoiffer de Gernsehem in civitate Moguntina feliciter consummatus anno Dominicæ Incarnationis* MCCCCLXX. *in Vigilia Martini.* Cujus quidem codicis a primis typographiæ repertoribus excusi non meminit Naudæus in accuratissima, quam de ejus ortu instituit, dissertatione. Rursum deinde Metis impressus est anno MDIX. ac demum Venetiis anno MDXCVI.

[a] Serm. 2. in Psal. 30.

[b] Wadding. de Scriptor. Minor.

[c] Sixt. Sen.

Varia sæculo XV. *et* XVI. *Dictionaria et Opera Grammatica.*

LI. Accessere denique sub exitum sæculi decimi quinti, aut sequentis initium, Dictionaria, librique alii Grammatices, quorum usus etiam in scholis maxime invaluit, ut *Vocabularius compendiosus ex Summa Januensis, Huiguicione, et Papia excerptus*, editus Venetiis anno MCCCCXC [d] cujus auctorem nescio quem Nicolaum præferunt quidam codices scripti, in Bibliotheca Monasterii S. Martini Tornacensis : et *Vocabularius Breviloquus*, typis editus Argentinæ anno MCCCCXCI. uterque Joannis de Janua Catholici Compendium, additis tamen et insertis subinde vocabulis aliquot, non tamen melioris notæ, quæ in Januensi non habentur. Nec scio, an alii sint diversique prorsus ab eo, quem *Papiam abbreviatum* vocant codices MSS. Bibliothecæ Puteanæ, qui libri seu compendii istius auctorem laudant [e] Martinum de Arenis sub anno MCCCVII. Prostat præterea Vocabularius alter, *Catholici parvi* titulo donatus, seu Dictionarium Latino-Gallicum, in quo complura vocabula a puriori Latinitate jure proscripta continentur, typis incertis, sed antiquis, (Rotomagi editum laudat [f] Sanderus) ex quo selectas quasdam voces, quod ineditum putaret, ex MS. bibliothecæ Thuanæ erutas, libello de Lingua Francica inseruit Philippus Labbeus. [g] Laudatur præterea *Catholicon parvum* Roberti Veisi Angli. Ejusmodi etiam est *Catholicon Armorico-Franco-Latinum a Joanne Lagadec Diœcesis Trecorensis, compositum ad*

[d] Sander. in Bibl. MSS. Belg. p. 137.

[e] Bibl. MSS. Labb. p. 43.

[f] In Bibl. MSS. Belg. p. 132.

[g] Pitseus pag. 904.

utilitatem Clericorum novellorum Britanniæ : [1] Ita enim libri titulus concipitur, editi Lantriguieri a Joanne *Casnez*, v. Novemb. anno MCCCCXCIX. Prodiere præterea eadem tempestate Dictionaria varia, scilicet *Vocabularius optimus, Gemma vocabulorum dictus*, editus Daventriæ anno MDII, [aliud *Gemma Gemmarum* inscriptum, Coloniæ editum anno MDII.] et Dictionarium *Dionysii Nestoris* Minoritæ Novariensis, eodem anno Argentinæ publicatum, qui quidem Catholici et Ugutionis, uti vocat, somnia singulis fere paginis redarguit.[a] Legebantur denique in scholis sub initium decimi sexti sæculi, et antea, Grammatices libri modo ignoti, ut *Maximiani Grammatica, Doctrinale Alexandri de Villa Dei, Partionale, et Combinale Grammaticæ : Guidonis de Fontenaio Biturici Magna Sinonyma, Grammaticæ regulæ, Epitheta, Differentiæ vocabulorum :* quibus successere demum Joannis Despauterii Ninivitæ, qui obiit circa annum MDXIV. et aliorum subinde ejusce generis Grammaticalia opuscula, quibus utuntur hodie scholæ nostrates. Ex iis porro veteribus Dictionariis vel Glossariis, de quibus hactenus egimus, vocabulorum etymologias interdum describimus, ridiculas et putidas, quibus, quod non subinde refellantur, nolimus a Lectoribus existimari assensum nos præbere. Neque enim ejusmodi næniis confutandis tanti visum est immorari, cum quales sint ex se se satis ostendant : *Horum quippe sententias prodidisse, refutasse est,* quod de hæreticorum perfidia aiebat[b] Hieronymus.

[a] Vide Hist. Academiæ Paris. to. 1. p. 816.

[b] Epist. 84. et Epist. 91. cap. 3.

Dictionaria minus Latina in scholis diu servata locum tandem cedunt aliis puræ Latinitatis.

LII. Ejusmodi igitur Latina Dictionaria ad amussim minime exacta; neque a Latinitatis sordibus purgata, in scholis publicis passim habebantur : « [c] quorum compactores malæ interdum « fidei damnare licet, quod, quantumvis isthuc « esse corruptum et adulterinum scirent, non « putarent tamen aut otii sui esse, quo delecta« bantur, aut negotii, quod gravius esse existi« mabant, quicquam in rebus istis innovare, « ita quidem ut de Latinis sentirent ut Latini, « loquerentur et docerent ut barbari, et vocum « mutationem ullam in Lexicis suis faciendam « putarent : magna adeo vis est, magnum pon« dus, auctoritas plurima consuetudinis et usus, « ut vitiosa retinere, bona negligere, recta con« temnere, prava colere, æqua repudiare, quam « rectis insistere, bonosque auctores prælegere, « ac in Latinitate duces sibi assumere maluerint « ætatis istius Scriptores, ipsique artis Gramma« ticæ doctores. » Sed cum veritas haud facile convellatur, nec per usucapionem aboleatur, revixit tandem studiosorum opera, quæ quasi intermortua tot sæculis jacuerat Latinitas : ita ut ratione temporum mutata, discussa barbariei caligine, veternosaque ablegata dicendi ratione, omnibus summo studio ad perfectissimam Linguarum cognitionem incumbentibus, literarum gloria in illam magnitudinem excreverit, ut non defuerint absolutæ eruditionis viri, qui non tantum præstantissimis Latii luminibus opponi mererentur; verum etiam cum priscis de ingeniorum felicitate contenderent. Extitere enim circa ea tempora, post Franciscum Petrarcham, qui literas a multo ævo sepultas e Gothicis tumulis primus fere excitaverat, LAURENTIUS VALLA, civis Romanus, et NICOLAUS PEROTTUS, Saxoferratensis, Sipontinus Episcopus, ut omittam HADRIANUM Cardinalem, et aliquot alios, qui defæcandæ Latinitati insudarunt, quorum alter scriptis sub annum MCCCCL. Elegantiarum Latinæ Linguæ libris sex : alter sub annum MCCCCLXX. publicato grandiori Commentariorum ejusdem Linguæ volumine, cui Cornucopiæ nomen indidit, cum duobus singularum dictionum indicibus, Græco altero, altero Latino, qui justi Dictionarii vicem præstant, non quatriduanam, sed quadringentis amplius annis extinctam et sepultam Latinitatem excitarunt, et rursum in lucem eduxerunt. Horum denique insistens vestigiis, primus ab barbarica illa fæce Dictionaria, hactenus in scholis recepta, purgavit AMBROSIUS DE CALEPIO in agro Bergomensi, ([a] quidam filium Comitis Calepiensis fuisse volunt, quorum quidem comitum meminit[b] Cælestinus in Historia Bergomensi) unde et CALEPINUS appellitatur, edito Dictionario ex veteribus Scriptoribus profanis et Catholicis, in quo multa se contra Priscianum, atque adeo ipsum Laurentium Vallam, præstantiorum Scriptorum auctoritate nixum dixisse et observasse profitetur in epistola operi præfixa; quam quia in vulgatis Calepinis non est edita, hic describere operæ pretium duximus. Prodiit autem primum, ni fallor circa annum MD.

[c] Thom. Smith.

[a] Borrichius de Lexicis Latin. p. 3.

[b] Cælest. in Hist. Bergom. part. 1. lib. 7. c. 6.

Ambrosius Calepinus Eremitanus, Senatui populoque Bergomensi Salutem plurimam dicit.

Plures anni sunt, magnifici consummatissimique viri, ex quo vel a prophanis, tum veteribus tum recentibus, vel a Catholicis, et iis sane doctissimis, sanctissimisque viris, complurimas Dictionum interpretationes, quam mihi ad pernoscendas auctorum sententias idoneæ viderentur, excerpere, atque in unum cœpi cogere. Quod plane opus sic a me susceptum esse velim existimetis, ut aliis, et mihi in primis, usui quandoque futurum esse confiderem. Non enim

[1] *Extat MS. in Bibliotheca Cl. V. D.* Lancelot, *qui illud nobiscum pro solita humanitate communicavit in cujus præfatione hæc leguntur :* Quia quamplures Britones multum indigent Gallico, idcirco ego Johannes Lagadeuc parrochie de Plægonnen Diocesis Trecorensis in artibus et decretis Bachalarius, quamvis indignus ad utilitatem pauperum Clericulorum Britanie, vel rudium in pericia Latinitatis, hoc opusculum composui, etc. Datum die 16. mensis Augusti, anno 1464. *Ejusdem videtur ætatis ms. ille codex.*

tam instruendorum aliorum, quam mei exercendi ingenii gratia id efficere aggressus sum. Nam cum a teneris, ut aiunt, unguiculis inter Sacratorum numerum, faventibus superis relatus fuissem, et neque declamationibus, refragante natura, me dedendum putarem, neque percipiendæ Philosophiæ ulla mihi a Patribus facultas daretur, quippe qui in id temporis incidissem, quo de salvandis animis tantummodo cogitandum foret, cum nec tempus omnino frustra terendum ducerem, haud iniqua res visa est, ea me amplecti studia quæ certam præ se ferrent humanitatem. Neque vero eo vel temeritatis, vel dementiæ redactus sum, ut bonarum artium studiosis satis me facere posse existimem, quando nemo, licet sapientissimus, id unquam præstare potuerit, certoque sciam, me nec tanto ingenio, tantave literatura præcellere, ut quæ a Nonio, Marcello, Festo Pompeio, Pediano, Servio, Donato, Varrone, cæterisque Latinæ Linguæ luminibus elucubrata fuerint, ego ipse magis religioni dedicatus, quam cuipiam disciplinæ, clarius, aut enucleatius scribere posse confiderem. Verum quia in præstantissimis illis literarum antistibus plurima desiderabantur, ego, ut communi studiosorum utilitati consulerem, ac meis pro viribus suscepti muneris officio cumulatissime satisfacerem, ea carptim ex omnium pene disciplinarum monumentis exprimere conatus sum, multa contra Laurentium Vallam, contra Priscianum aliosque auctores, præstantiorum auctoritate nixus. Plus enim apud me Ambrosii, Hieronymi, vel Augustini gravitas et doctrina valet et Græcorum, quam Laurentii Vallæ studiosa reprehensio. Id autem bene maleve fuerim assecutus, judicent alii. Hoc unum affirmare ausim, nostrum hoc opus et vacabulorum multitudine, et propositionum interpretamento, et auctorum citatione ordineque, Dictionaria cuncta superare. Quod cum in volumen amplum excrevisset, ac illud multorum rogatu emittere statuissem, Patriam delegi cui id dedicarem. Nam cui potissimum consecrari opus de re litteraria debuit, nisi patriæ, et illi quidem patriæ, in qua magno et excellenti ingenio viri sunt, qui de gravitate, de jurisprudentia, deque omni scientiarum genere præclare meriti essent, quos ego tanquam obices oblatrantibus constitui opponere. Fere enim plerique omnes, qui in literis præsertim aliquid edidere, id Principi, vel Senatui cuipiam inscripsere, quærentes, ut ab eorum potentatu ac magnitudine laboribus suis apud omnes auctoritatem, et ab invidis tutelam munimenque pararent. Prudenter id quidem, quando ita veteri consuetudine fieri videmus, ut omni in re, quæ Principes probant, ea cæteri laudent, cupiant, tueantur. Scio namque futuros esse, qui labori nostro detrahant. Ita enim fit, ut quæcunque mortales agant, sive privatim, sive publice, calumniæ subjacere certum sit, nec divinis operibus maledica Lingua parcit: tantum sibi humanus arrogat intellectus. Ego non nisi volentibus hæc legenda trado. Multa sane fateor a me tradita sunt, quæ alii probent, ab aliis vitio dentur, quod plerisque etiam doctissimis usu venisse compertum est. Velle suum cuique est, inquit Poëta, nec voto vivitur uno Domus, quæ apud forum extructa est, quæ editior sit vel depressior quam æquum videatur, sæpe contenditur. Difficile reor omnibus placere posse. Sed ego non solum cuipiam me non præpono, sed nec æquiparo quidem, eligens cum Propheta abjectus esse in domo Dei. Quare si meum opus a vobis acceptum fuerit, illudque probasse videamini, abesse non poterit, quin a tam gravibus, tam doctis, tamque eloquentibus viris laudatum, laudandum quoque reliqui existiment. Multa vero, immo pene innumerabilia desunt in hoc opere. Quis enim universa multis etiam queat comprehendere voluminibus? Verum ne longius epistolam evagari patiar, finem dicendi faciam, si modo hoc unum vos monitos effecero, quod ad rem plurimum conducere videtur: quippe quodunam quamque Dictionem inventu facilem reddit. Nam omnes orationis partes, aut simplices sunt, aut compositæ. Quæ simplices sunt, suo quæque loco pro duarum triumve litterarum præcedentium ordine collocantur. Compositarum alias cum simplicibus, alias per se, secundum variam multiplicemque earum significantiam, coaptavi, ab A. littera initium sumens.

Primæ Calepiani Dictionarii editiones.

LIII. Calepinianum exhinc Dictionarium, nescio an tum primum in Gallia, Parisiis editum est anno MDX. quo idem Calepinus obiisse dicitur, cum hoc titulo : F. AMBROSII CALEPINI *Bergomatis, professionis Eremitanæ, Dictionarium, ex optimis quibusque auctoribus, Nonio Marcello, Festo Pompeio, M. Varrone, Pædiano, Servio, Donato, Cornucopiæ Perottino, Laurentio Valla, Tortellioque : præterea ex Suida Græco, aliisque compluribus, nullo fere vocabulo Cornucopiæ prætermisso studiose collectum, et ab Ascensio diligenter recognitum atque impressum.* Prodiit altera deinde editio Parisiensis anno MDXXV. Idib. Augusti, sumptibus Joannis Parvi et Ponceti *le Preux*, cum hoc titulo : F. AMBROSII CALEPINI *Bergomatis Eremitanæ professionis, viri undecunque doctissimi Lexicon ex optimis quibusque auctoribus collectum, novis additamentis, quæ nondum ad nos pervenerant, ipsiusmet auctoris autographis illustratum, quæ hoc signo.... indicantur. Adducuntur et Joannis Badii frugiferæ annotationes stella notatæ. In summa hoc in opere recondita latet eruditio, ita ut nullum vocabulum Cornucopiæ, immo nullius Dictionarii quæratur prætermissum, etc.* Huic porro ejusdem Calepini epistola præponitur, quam ille iteratæ ac postremæ suæ editioni præmiserat, quam Venetiis anno MDIX. factam quidam scribunt, in qua tum se decrepita fuisse ætate, visu etiam præ senectute privatum testatur. Hanc perinde hoc loco describendam duximus, cum alibi vix occurrat.

Ad clarissimum et sapientissimum Theologum Dominum Magistrum Egidium Viterbiensem totius Augustiniani gregis Eremitarum Pastorem dignissimum, Ambrosius Calepinus Bergomas, ejusdem religionis de Observantia nuncupatæ minimus S. P. D.

Quum hominem, senem præsertim, bullam, quæ dicitur, esse non ignorarem meque ingravescens ætas colligendas jam esse sarcinas admoneret, dictionum interpretamenta olim quidem a me edita, proximis vero annis incudi reddita, et aliquanto diligentius amussitata collegi, effecique, ut castigatiora et uberiora in manus hominum exire possent. Hoc vero quicquid est operis, quamvis et ipse nomini tuo dicare exoptarem, idque ipsum religiosi, quotquot Bergomi degunt Collegæ nostri pro sua quisque in te pietate a me certatim contenderent, hærebam tamen, neque ingenii tui judicium præsertim, ut Secundus ait, lacessitum subire audebam. Neque enim sic toto, ut dici solet, cœlo errabam, ut non viderem eum esse te, quem quasi Lucillianum illum Persium omnium doctissimum metuere etiam eruditi debeant. Quis enim, quæso, vel unicam oden tuam, Ægidii Romani laudes continentem, legere potuit, ut te summum in Poetica non agnosceret? Quis librum de Ecclesiæ incremento a te conscriptum divina Pontificis Maximi voce laudatum non admiratur? Quis Eloquentiæ tuæ fulmina æquaverit? Quis ad populos te concionantem audivit, qui voces tuas Pauli esse tonitrua non existimaverit? Quis tuæ illius dialecticæ subtilitatis ceratinas et soritas effugerit? Quem porro lateat, quantum in iis, quæ Physica, quæque item Metaphysica nominantur, quantum denique in sacrarum literarum studiis semper excellueris? Quid plura, te unum intelligebam, cui nihil non lectum, nihil non intellectum esset. Sed bene, quem summa doctrina formidabilem effinxerat, eundem vitæ sanctitas amabilem reddidit. Neque enim mihi, quamvis a te longissime constituto, nescire permittitur, quam bonus commissi tibi gregis Pastor existas, ut languentes foveas, ut demissos erigas, ut salubribus medelis aut venienti morbo occurras, aut eundem, si forte irroboraverit, amoveas. Noster Ordo, quod diu exoptavimus, te auctore est integratus, te Magistro sibi restitutus, te intercedente summis privilegiis honestatus, quæ cum animo volverem, facile percipiebam, te, qui universos ita dirigeres, singulos non contemnere. Hoc denique quasi addita obrepsit audacia, meque illuc impulit, ut ad te quasi ad numen aliquod confugerem, et qualescumque vigilias meas tibi dicarem. Quod factum meum boni consulas obsecro, memineri sque, me quasi non postremæ notæ villicum hac ipsa dicatione rationem otii mei exhibere tibi voluisse, quem tu velut diligens pater familias inspicere non gravaberis, vel certe ut bonus pastor ne pusillæ quidem ovis fœtum tibi contemnendum putabis, sed umbra potius tui nominis proteges. Quod si, ut spero, feceris, ad summam votorum meorum pervenisse mihi videbor, ac tuo quasi colophonio suffragio, ut in veteri verbo est, adjutus, in singulis etiam tribus puncta omnia tulisse me existimabo, nec ætatis tantum nostræ oblatratores, sed et celebratum illum veteribus modum contemnam. Vale Pater R. et Congregationem nostram, ac præsertim Bergomensem Conventum habe commendatissimum. Nam et te, ut debent, omnes mirifice amant ac reverentur, et me decrepitum jam senem atque oculis captum mira pietate complectuntur. Bergomi Kalendis Octobris MDIX.

Calepini Dictionarium novis augetur vocabulis.

LV. Sic auctum deinceps, novisque vocabulis adornatum Calepinianum Dictionarium, in magnam voluminis molem excrevit, dum quisque pro libitu observationes eo suas immittit, librumque suffarcit nominibus etiam propriis ac Geographicis, licet nihil ad Latinam Linguam spectantibus : quod quidem nescio an ab ipso Calepino in primis editionibus præstitum fuerit; cum eas non viderim, tametsi in prima Parisiensi aliquot, et in iis, quæ Venetiis alibique confectæ sunt, multo plura occurrant. [a] Quæ quidem vir multi judicii ac singularis literaturæ Conradus Gesnerus Tigurinus, in Calepiniano Dictionario a se recensito, et supra quator millibus vocabulorum ex probatissimis auctoribus aucto, cum prosodiæ, id est, quantitatis syllabarum notis in Onomasticum peculiare rejecerat, in editionibus Basileensibus ann. MDXLIV. et MDLX, postrema ex Pauli Manutii observationibus plurimum adaucta. Et sane mirandum ab ejusmodi vocabulis, quæ rursum malo fato in alias editiones irrepsere, Calepinianum Dictionarium non purgasse virum in hisce litterarum studiis versatissimum Joannem Passeratium, a quo postremo adornatum est, cum aliunde infinitis aliis Latinis vocabulis, maxime Scriptorum, qui vel prioribus Romanæ reipublicæ sæculis, vel etiam inclinante paululum Latinitate floruerunt, adaugeri potuisse, quæ tamen omissa sunt, pro certo habeatur, adeo ut

[a] Josias Simler. in Vita Conradi Gesneri.

ex iis duo fere alia confecerit volumina Matthias Martinius. Sed et iis præsertim adornari debuit, quæ a probæ Latinitatis auctoribus peti possunt, ac Tullianis maxime, quæ tanto studio Marius Nizolius, Robertus Stephanus, et alii ordine literarum collegerunt. Qua de re merito queritur vir doctus Olaus Borrichius in ea Dissertatione, quam de Lexicis Latinis et Græcis edidit, Hafniæ excusa anno MDCLX. Tot igitur subsidiis, doctorumque virorum conatibus revixit intermortua Latinitas, et abdicatis insulsis istis Lexicis, a quibus barbaries ipsa fovebatur, successere longe tersiora, et ab omni illo, quo prius scatebant, squalore purgata, quorum in scholis Academiisque publicis, feliciori eruditionis ac literaturæ fato, hactenus usus invaluit.

Auspicibus venere Deis cæloque secundo
  Non nota elapsis commoda temporibus.
Quæ prius obscuris fuerant infusa tenebris,
  Sensa Poëtarum jam per aperta volant.
Ante salebroso Latialis Lingua veterno
  Obruta, vix poterat triste levare caput.
Et pro Romano Geticus pollebat ubique
  Sermo : vel hoc si quis durior alter erat.
Nemo Maronæi volvebat dona laboris :
  Nemo Catullæos Bilbilicosve sales,
Delituit Cicero spurca contemptus in alga :
  Tu quoque cum Marco Quintiliane tuo.
Livius, et Naso, dulcisque Propertius, et qui
  Cantavit Nemesin dexteriore lyra.
Lucanus, Senecæque duo, Juvenalis Aquinas,
  Tranquillus, Tacitus, Persius atque Pedo.
Stella, Macer, Flaccus, tersique Papinius oris,
  Deliciæ Latii Plautus et eloquii.
Plinius, Italicus, Celsusque, Apuleius, Aratus,
  Et quicumque bonus Scriptor, opertus erat.
Infelix plebes Papiam Ebrardumque legebat :
  Scriptaque barbaricis vix bene nota Getis.
In pretio fuerant Uguitio, Catholiconque;
  Atque Mamotrecti semilatina lues.
At nunc auspicibus Superis cæloque secundo
  Induit antiquum Romula Lingua jubar.
Sic post millenos ales reparabilis annos
  Abjecto renovat omne decus senio.
Contulit huic operi Gazes Theodorus et acer
  Vallensis multum : tuque Philelphe simul.
Hinc Itali crevere viri : crevere juventus
  Gallica Pieriis deliciata sacris.
Nec te Pice sagax : nec te Beroalde silebo :
  Nec te cum Musis, Politiane tuis.
Adde Marullum illis et blandidicum Pontanum :
  Et Carmelitam, Mantua dia, tuum.
Qui simul Hermoleos, non vero Barbarus ore
  Dicitur; hi Linguæ restituere decus.
Illorum impressit pubes Germana labores,
  Et gens in prælis Gallica fecit idem.
Sic pedepressim aucta est Italæ cultura loquelæ :
  In varia nec non castra tetendit humo.
Quis nunc tricosus, quis fusculus auctor habetur :
  Ad quem scriptorum non via lata patet?
Cuncta innotescunt lima scrutata severa :
  Quæque prius fuerant turbida, clara micant.

Istis haud incomptis carminibus lusit olim Petrus Bouherius Sabulensis in Elucidarium Conradi de Mure Canonici Thuricensis, a se repurgatum et adornatum anno MDXIII. [a] Vixit autem Conradus anno MCCLXXIII, ut auctor est Conradus Gesnerus, isque est, qui novum Græcismum condidit, ut ipsemet in præfatione istius operis testatur. Atque hæc quidem de veteribus ac etiam paulo recentioribus Glossographis adnotasse sufficiat.

[a] Bibl. Gesneri.

An abstinendum lectione Scriptorum inferioris ævi.

LVI. Jam vero haud nescius sum, fore complures, qui inferioris ævi Scriptorum, quibus nulla est elegantia Latinitatis vel munditia, abstinendum lectione eo arbitrentur potissimum, quod scriptionis stylum, locutionisque characterem vitiet ac corrumpat : ut suam omnem sermonis elegantiam, et Latini eloquii venustatem stridore lectionis Hebraicæ sordidatam fuisse agnoscit [a] Hieronymus : *Nos, ut scis, inquit, Hebræorum lectione detenti, in Latina Lingua rubiginem obduximus : in tantum, ut loquentibus quoque nobis stridor quidam non Latinus interstrepat.* Neque dissimili sententia S. Basilius [b] (vel quivis alius sub ejus nomine) ad Libanium Sophistam scribens de sermonis sui inelegantia sese excusat : [1] ἀλλ' ἡμεῖς μὲν, ὦ θαυμάσιε, Μωυσῆ καὶ Ἡλίᾳ καὶ τοῖς οὕτω μακαρίοις ἀνδράσι σύνεσμεν, ἐκ τῆς βαρβάρου φωνῆς διαλεγομένοις ἡμῖν τὰ ἑαυτῶν, καὶ τὰ παρ' ἐκείνων φθεγγόμεθα, νοῦν μὲν ἀληθῆ, λέξιν δὲ ἀμαθῆ, ὡς αὐτὰ ταῦτα δηλοῖ. Et epist. 356 [2] τί γὰρ ἂν εἴποιμεν πρὸς οὕτως ἀττικίζουσαν γλῶτταν; πλὴν ὅτι ἁλιέων εἰμὶ μαθητὴς, ὁμολογῶ καὶ φιλῶ. Sed et [c] Julius Severianus, etsi oratori juris studium non omittendum existimaret, non tamen penitus appetendum censebat : « Cum si se multum scientiæ « juris dederit, plurimum de cultu orationis atque « impetu amissurus sit, cum alia sit Jurisconsul- « torum, alia Oratorum dicendi scribendique ra- « tio. Adde quod, ut ait [d] Fabius, non assuescen- « dum est sermoni, qui dediscendus sit, quia « ipsa magis pertinaciter hærent, quæ deteriora « sunt. [e] Difficulter enim eraditur, quod rudes « animi perbiberunt, proclivisque est malorum « æmulatio : et quorum virtutes assequi nequeas, « cito imiteris vitia. [f] Quin etiam objectum Herodoto, quod de Barbaris, id est, exteris populis, Historiam suam conscribens, eorum sermonem imitatus dicatur, ut auctor est Theon Sophista : [3] Καὶ βαρβαρικῶς φαμὲν εἰπεῖν πολλάκις τὸν Ἡρόδοτον καίπερ Ἑλληνιστὶ γράφοντα, ὅτι τοὺς ἐκείνων λόγους μεμίμηται. Et de versibus suis, dum apud Getas exul degeret, exaratis aiebat [g] Ovidius :

[a] Epist. 130. et in Prolog. lib. 2. in Ep. ad Galat.

[b] S. Basil. epist. 339.

[c] In Syntom.

[d] Quintil. lib. 1. c. 1.

[e] S. Hieron. ad Lætam.

[f] Theon Sophist. in progym. p. 89.

[g] Lib. 4. de Ponto Eleg. 15.

[1] Sed nos quidem, vir spectatissime, versamur cum Moyse, Elia, et hujusmodi sanctis viris, qui sua nobis barbaro sermone edisserunt, et illa nos eodem modo usurpamus, sensu quidem vera, dictione autem indocta, ut ex ipsis videre est.

[2] Quid enim dixerim de tam Attico sermone? nisi quod piscatorum sim discipulus, illud fateor, et dici amo.

[3] Et dicimus Herodotum sæpius barbare locutum fuisse, quamvis Græce scripserit, quod barbararum dicendi rationem sit imitatus.

Nec te mirari, si sunt vitiosa, decebit,
Carmina quæ faciam pene Poëta Getes.
Ah pudet, et scripsi Getico sermone libellum :
Structaque sunt nostris barbara verba modis.

[a] Julian. Imp. Epist. 55.

[b] Quintil. lib. 8. c. 8.

[c] In Præf. de Vit. Serm.

[d] S. Hieron. Epist. 8. ad Demetriad.

[e] Id. Hieron.

[f] Id. Hieron. Ep. 13.

Julianus [a] Imperator Epist. 55. barbariem se contraxisse profitetur, dum apud barbaros versaretur : [1] τὰ δὲ ἐμὰ, εἰ καὶ φθέγγοιμεν ἑλληνιστὶ, θαυμάζειν ἄξιον, οὕτως ἐσμὲν ἐκβαρβαρωμένοι διὰ τὰ χωρία. « Querentur etiam quod propter hoc « ipsum, quod pravi sunt, laudentur, [b] et tan« quam sermo rectus et secundum naturam enun« tiatus nihil habere ex ingenio videatur, illa, « quæ utcumque deflexa sunt, tanquam exqui« sitiora miremur. Non aliter quam distortis et « quocumque modo prodigiosis corporibus, apud « quosdam majus est pretium, quam iis, quæ « nihil ex communis habitus bonis perdiderunt : « atque etiam qui specie capiuntur, vulsis læva« tisque, et inustas comas acu comentibus, et « non suo colore nitidis, plus esse formæ putant, « quam possit tribuere incorrupta natura, ut pul« chritudo corporis venire videatur ex malis mo« ribus. Digna, inquit [c] Vossius, hæc pueris « est oratio, quos ab ejusmodi Scriptoribus ipsi « etiam arcemus. Siquidem hos demum iis com« mendamus, qui jam subacti sunt in optimis « auctoribus, ac minimum Historiarum discipli« narumque rudimentis imbuti. Nec enim jam « ætate ac judicio firmatioribus metuendum inde « erit illud periculum, quod formidant : atque « ut fortasse aliquid amitteretur de castimonia « sermonis, pulcre id tum compensabitur utilitate « rerum præstantissimarum, quas ex Scriptori« bus iis addiscimus [d]. » Plerique enim, rudes literarum, dum de tractatibus hominum disertorum quippiam legunt, verbositatem solam discunt, absque ulla doctrinæ reconditioris, qua ii fere semper carent, notitia. Ea quippe sunt aliquando studia illorum, qui eruditorum nomen sibi arrogant, ut vocabulorum argutiis, periodorum concinnitatibus, trivialisque eloquentiæ flosculis toti insistant, humaniorum literarum solidiorisque doctrinæ cultum negligant, et veterum ac ævi medii auctorum lectionem aspernentur, qua subinde possent illustrari, quas sibi tractandas suscipiunt, rerum argumenta, [e] *prius imperitorum magistri, quam doctorum discipuli :* « Qui, ut ait Petronius Arbiter, levibus « atque inanibus sonis ludibria quædam excitando, « efficiunt, ut corpus orationis enervetur et ca« dat. » Ac de ejusmodi scriptoribus haud insulse, opinor, dixit, nescio quis nostræ ætatis Satyricus : Nihilum præclaris verbis ac elegantibus persæpe includere horum, quantumlibet laboriosas, lucubrationes. [f] *Jacet enim omnis oratio, in qua tantum verba laudantur :* cum id in primis cavere debeat, qui ad scribendum se se accingit, ut non jejuna sit, neque in sola verborum connexione vel compositione tota hæreat ac versetur; sed, ea perlecta, habeat Lector, unde instructior evadat ac doctior. Isidorus Pelusiota [a] scribens ad Proaeresium Scholasticum [1] λόγων ἔχεις συναγωγὴν, ὡς μανθάνω, ἀκοὴν μὲν τερπόντων· λόγου δὲ τοῦ ζῶντός σοι δεῖ, οὗ δ χηρεύων, κύμβαλον ἀλαλάζον ἐστίν. Et alio loco in eamdem sententiam : [2] τὸ καλῶς λέγειν, κυμβάλῳ παρέοικε, etc. Ita plerique suas ineptias vulgo obtrudunt, et se diridendos præbent somniis, versiculis, et declamationibus : de iis loquor quisquiliis, quæ simul ac prodeunt, [b] scombros, thus, [c] et piper, et quidquid chartis amicitur ineptis, tunicæ vestiunt; Chartæ emporeuticæ [d] Plinianæ. Hinc tot ἡμερόβιοι Libelli, qui, ut [e] Plautinis utar :

[a] Isidorus Pelus. lib. 1. Ep. 108. 103.

[b] Martial. lib. 4. Ep. 87.

[c] Hor. lib. 2. Ep. 1. Tibul. lib. 1.

[d] Plin. lib. 13.

[e] Plaut. Pseud. 1, 1, 36.

Quasi solstitialis herba paulisper sunt,
Repente exorti sunt, repentino occidunt.

« Nullus interim tam imperitus Scriptor est, « aiebat [f] Hieronymus, qui lectorem non inveniat « similem sui, multoque pars major est Milesias « fabellas revolventium, quam Platonis libros. « In altero enim ludus est et oblectatio, in altero « difficultas et sudor mistus labori. [g] Magna pars « studiorum amœnitates quærimus : quæ vero « tractata ab aliis dicuntur immensæ subtilitatis, « obscuris rerum tenebris premuntur. » Nemo porro inficiari audeat non classicos veteresque duntaxat, sed et recentiores paulo Scriptores amplissimam suppeditare sæpenumero scribendi, scriptaque illustrandi, materiam, quorum sermonem vel dicendi rationem, rerum interim solidiorum argumentis ab iis depromptis, despicari liceat : est quippe quævis ἀνάγνωσις, τροφὴ λέξεως, aiebat Apollonius Rhodius, apud [h] Theonem Sophistam. Quidquid enim ii causentur, [i] *non obstant hæ disciplinæ per illas euntibus, sed circa illas hærentibus,* ut Fabii verbo utar, et quando, cum his *non habitandi electione, sed itinerandi necessitate versamur,* quod de Grammaticis ac Poetis dixit [k] S. Augustinus. Quo sane aptari possunt ista Chrysostomi [l] in caput 1. Danielis : [3] ἔνθα δὲ οὐδὲν ἔβλαπτεν, οὐ παρῃτήσατο μαθεῖν γλῶτταν βαρβαρικὴν καὶ σοφίαν τοιαύτην· οὐ γὰρ τὸ μαθεῖν ἔγκλημα ἦν, ἀλλὰ τὸ χρήσασθαι. Adde [m] quod artis oratoriæ magistri inutile haud esse existimant, etiam corruptas aliquando et vitiosas orationes legi palam pueris, ostendique in his quam multa impropria, obscura, tumida, humilia, sordida, lasciva, effeminata sunt.

[f] In Præf. ad lib. 12. Comm. in Esaiam.

[g] Plin. in Præfat.

[h] Theon in Progymn. pag. 5.

[i] Quintil. lib 1. c. 13.

[k] Lib. 1. de Musica. c. 1.

[l] Chrysost. in cap. 1. Danielis.

[m] Quintil. lib. 2. c. 5.

Gentiles Christianis exprobrant Linguæ barbariem; vana est expostulatio.

LVII. Fuit etiam hæc Gentilium expostulatio,

[1] Nostra quidem (*scripta*) mirari dignum est, quamvis Græce loquamur; adeo facti sumus barbari, per diversa quæ peragravimus loca.

[1] Habes verborum copiam, ut audio, aures quidem oblectantium, at viventi sermone cares, quo qui indiget, cymbalum est tinniens.

[2] Splendida oratio, similis est cymbalo, etc.

[3] Ubi vero nullum detrimentum est, linguam barbaram et ejusmodi sapientiam discere non renuit. Non enim crimen erat hanc discere, verum ea uti.

[a] Theodoret. de Curat. Græc. affect. serm. 9. initio. Nilus lib. 3. epist. 8.

[b] Epist. c. 3. lib. 6. Inst.

[c] Epist. 22. c. 13.

[d] Baron. ann. 57. n. 173. ann. 331. n. 68. et seqq. Franc. Turrian. lib. 2. pro Ep. Pont. cap. 2. Filesac. lib. 1. Select. cap. 14.

[e] In Psal. 38.

[f] In Ezech. cap. 40.

[g] De vest. sacerdot.

[h] S. Basil. Ep. 188. ad Amphil.

a quorum studium omne in verborum et sermonis elegantia positum erat, qui sacros Christianorum libros, quod ineleganter essent scripti, meramque redolerent barbariem, aversabantur : seu, ut [b] ait Lactantius, « scriptis cælestibus, quia « videbantur, incompta, non facile credebant, « quia aut ipsi erant diserti, aut diserta legere vo« lebant, et quæ auribus blandiuntur assueti dul« cibus et politis, sive orationibus, sive carmi« nibus, divinarum litterarum simplicem commu« nemque sermonem pro sordido aspernabantur. « Quasi vero Deus, inquit ille, et mentis et vocis, « et linguæ artifex diserte loqui non potest : cum « summa prudentia carere fuco voluerit ea, quæ « divina sunt, ut omnes intelligerent, quæ ipse lo« quebatur. » Sed et [c] S. Hieronymus fatetur, primis adolescentiæ annis, Tullio, Platone cæterisque ejusmodi Gentilibus Scriptoribus perlectis, in semetipsum reversum Prophetas legere cœpisse : *Sed horum*, subdit ille, *sermo horrebat incultus, et quia lumen cæcis oculis non videbam, non oculorum putabam esse culpam, sed solis.* Quin etiam ævi nostri Sectarii vulgatam versionem eo vellicarunt, quod voces aut minime Latinas, et velut ignotas, aut plane obsoletas, vel denique minus congruentes contineat. In quos [d] viri pii ac eruditi insurrexere non semel, variisque a sacris Libris, et sanctorum Patrum auctoritatibus petitis argumentis, eas non mutari, imo servari, ponique debuisse probarunt : tum quod res, de quibus agitur, recte omnino exprimerent, tum quod paulo humilior oratio vulgarium hominum maxime captui accommodatior sit, et, ut ait [e] S. Augustinus, plerumque consuetudo loquendi vulgaris utilior est significandis rebus, quam integritas literata. *Mallem quippe*, ut ait, *cum barbarismo dici, Non est absconditum ossum meum, quam ut ideo esset magis apertum, quia magis Latinum est.* Quo spectant ista [f] Hieronymi : *Illud autem semel monuisse sufficiat, nosse me cubitum et cubita neutrali appellari genere; sed pro simplicitate et facilitate intelligentiæ, vulgique consuetudine ponere masculino : non enim nobis curæ est vitare sermonum vitia, sed scripturæ sanctæ quibuscunque verbis disserere.* Et [g] alio loco, *Camisiæ* vocabulum usurpaturus : *Volo*, inquit, *pro legentis facilitate abuti sermone vulgari.* Ex quibus interim animadvertere licet vulgarem sermonem Latinum non semper ad Grammaticæ leges exactum fuisse hacce tempestate. [1] Θαυμάζω δέ σου, inquit [h] S. Basilius Amphilochium Iconiensem alloquens, τὴν γραμματικὴν ἀκρίβειαν ἐπὶ τῆς γραφῆς ἀπαιτοῦντος καὶ λογιζομένου ὅτι ἠναγκασμένη ἐστὶν ἡ λέξις· τῆς ἑρμηνείας τὸ ἑαυτῆς εὔσημον ἐκδιδούσης, οὐ τὸ κυρίως ὑπὸ τῆς ἑβραϊκῆς φωνῆς σημαινόμενον μετατιθείσης. Sic igitur verborum argutias deridebant sancti Patres, cum rebus disquirendis, non sermonum lenociniis insisterent. Aiebat Origenes [a] : [1] Ὁ διαιρῶν παρ' ἑαυτῷ φωνὴν, καὶ σημαινόμενα, καὶ πράγματα, καθ' ὧν κεῖται τὰ σημαινόμενα, οὐ προσκόψει τῷ τῶν φωνῶν σολοικισμῷ, ἐπὰν ἐρευνῶν εὑρίσκῃ τὰ πράγματα, καθ' ὧν κεῖνται αἱ φωναὶ, ὑγιῆ· καὶ μάλιστα ἐπὰν ὁμολογῶσιν οἱ ἅγιοι ἄνδρες τὸν λόγον αὐτῶν καὶ τὸ κήρυγμα, οὐκ ἐν πειθοῖ σοφίας τῶν λόγων, ἀλλ' ἐν ἀποδείξει πνεύματος καὶ δυνάμεως. In eandem sententiam Scholiastes Gregorii [b] Nazianzeni, sed et [c] Augustinus contra Cresconium Grammaticum : *Demosthenes clarissimus Oratorum, quibus verborum tanta fuit cura, quanta rerum auctoritas nostris, cum tamen nonnullam ei locutionis insolentiam objecisset Æschines, negavit ille in eo positas esse fortunas Græciæ, illone an illo verbo usus fuerit*, (pro Ctesiphonte) *et an huc et illuc manum porrexerit : quanto minus nos laborare debemus de regulis derivandorum nominum, quando sive hoc, sive illud dicamus, intelligitur sine ambiguitate quod dicimus : quorum non in expolitione sermonis, sed in demonstratione veritatis est major intentio*, [d] S. Hieronymus : *Unde et leporem artis Rhetoricæ contemnentes, et pueriliis ac plausibilis eloquii venustatem, ad sanctarum Scripturarum gravitatem confugimus, ubi verba vulnerum medicina est, ubi dolorum certa remedia, etc.* Sic [e] vetus Scriptor, præcepta daturus Scholaribus : *Hæc autem*, inquit, *ad intelligentiæ cognitionem suscepimus peragenda, pristinum modum tractandi fere omittentes, nonnunquam leviori stylo perusi quoniam in majori parte pro rudibus informandis est executio, et tanto levior dilucidandi debet esse translatio.* Quin etiam ea mens fuit quorundam Philosophorum, ut verborum lenociniis operam non darent, nec eleganter scribere curarent; sed res ipsas potissimum spectandas censerent. De Plotino aiebat Porphyrius [f] : [2] Ἔγραφε δὲ οὔτε εἰς κάλλος ἀποτυπούμενος τὰ γράμματα οὔτε εὐσήμως τὰς συλλαβὰς διαιρῶν, οὔτε τῆς ὀρθογραφίας φροντίζων, ἀλλὰ μόνου τοῦ νοῦ ἐχόμενος. Ea etiam fuit veterum Christianorum scribendi vivendique ratio, ut eloquentiam non quærerent, non flagitarent Linguæ nitorem, sed animæ quærerent puritatem [g], cum apud eos solœcismus magnus et vitium, turpe quid narrare vel facere censeretur. S. Basilius :

[a] Philocal. cap. 4.

[b] Schollast. Greg. in steleut. p. 73.

[c] Lib. 2. contra Grescon. c. 1.

[d] Epist. 34. cap. 1.

[e] Liber de Disciplin. Scholar. in Procem.

[f] Porphyr.

[g] S. Hieron. Adv. Helvid. c. 8.

[1] Miror sane quod grammaticam in Scriptura diligentiam requiras, ac dictionem coactam esse putes illius interpretationis, quæ suum ipsius significatum commode exprimit, neque id transfert, quod proprie Hebraica voce significatur.

[1] Qui dividit apud se vocem, et significata et res pro quibus notiones ponuntur, non impinget ad solœcismum vocis, cum perscrutatus res quibus significandis voces adhibentur, sanas et integras invenerit : maxime vero cum profiteantur viri sancti sermonem suum et prædicationem non in persuasione sapientiæ verborum, sed in demonstratione Spiritus et potestatis esse.

[2] In scribendo neque elegantiæ litterarum consuluit, neque syllabas venuste divisit, neque de Ortographia sollicitus fuit, de sola sententia cogitavit.

[1] Καὶτὸ τῆς λέξεως ἁπλοῦν καὶ ἀκατάσκευον, πρέπον ἔδοξέ μοι προθέσει χριστιανοῦ, ἢ πρὸς ἐπίδειξιν μᾶλλον ἢ κοινὴν ὠφέλειαν γράφοντος.

Quis stylus Patrum.

LVIII. Sanctorum igitur Patrum in eo cura præsertim fuit, ut *stylo Ecclesiastico* scriberent; id [a] est, ut deposito sermonis cothurno libros suos divinæ Scripturæ flosculis adornarent, reperentque potius, quam verborum exquisitione tumerent : « non composita oratione, plausuque populari, qui solet imperitorum aures decipere, atque palpare, sed oratione simplici, et ecclesiastici eloquii veritate, ut ait [b] Hieronymus. Sed et id maxime curabant, ut a vulgo intelligerentur, ejusque captui se se accommodarent, cum [c] omnium operum virtutem sententias putarent, ab hisque sanctitatem et virilitatem petendam, quando nos in omnia deliciarum genera vitiaque dicendi quoque ratione deflexīmus, aiebat Quintilianus : quod simili de Christianis sententia dixit [d] Gregorius Nazianzenus : [2] Καὶ τοῦτο μετὰ τῶν ἄλλων ἱερουργοῦμεν τὸν λόγον, ὥσπερ τὰ σώματα. Quippe ut ejusdem [e] Hieronymi verbis utar, quod in disertissimis viris Græciæ legimus, Asianum tumorem Attico siccabant sale, et luxuriantes flagellis vineas falcibus reprimebant, ut eloquentiæ torcularia, non verborum pampinis, sed sensuum, quasi uvarum expressionibus redundarent. [f] Iis nempe minor fuit verborum custodia, cum intellecturi non timebantur. Hinc [g] S. Augustinus : Non timemus, inquit, ferulas Grammaticorum, dum tamen ad veritatem solidam et certiorem perveniamus. Et [h] S. Prosper : Tam simplex et apertus, etiam minus Latinus, disciplinatus tamen et gravis debet esse sermo Pontificis, ut ab intelligentia sui nullos, quamvis imperitos, excludat, sed in omnium audientium pectus cum quadam delectatione descendat. Alia enim est ratio declamatorum, et alia debet esse doctorum. Illi elucubratæ orationis pompam totis facundiæ suæ viribus concupiscunt, illi rebus inanibus pretiosa verborum indicant ornamenta, isti veracibus sententiis ornant et commendant verba simplicia. Illi affectant suorum sensuum deformitatem tanquam velamine quodam phalerati sermonis abscondere, isti eloquiorum sacrorum rusticitatem pretiosis sensibus venustare, etc. Et alio loco : Cæterum de accuratione dictionis elaboratæ non satago, nec mihi pudori est, si disputatio mea, quæ forte probatur in rebus, aliquos inanium verborum sectatores horrore incomptæ orationis offendat : quia quod ab homine doctore studendo non didici, id exhibere loquendo non potui. Et tamen cum sententiarum vivacitatem sermo ex industria cultus enervet, quis non judicet, me affectationem compositionis debuisse contemnere, etiamsi eam potuissem velut dicendi peritus implere, etc. » Ruffinus Aquileiensis : Non ergo [a] « spernas simplicitatem et impolitos sermones : nec enim mei operis est divinæ doctrinæ, scripturæque, sophistice et eloquenter signare sermones, sed suadere mentes hominum in fide et operibus veritatis. [b] » Neque aliter præfatur haud inelegantis venæ Poeta inferioris ævi, Leonius Presbyter S. Benedicti Parisiensis Canonicus in Historia sacra :

At tu, cui pravus semper nova carpere mos est
Ingenia, et priscas extollere laudibus artes,
Non rerum inspectis, Judex temerarie, causis,
His saltem incipias discasque ignoscere livor,
Nec tenuis tantique impar facundia rebus,
Inclita magnorum nec te moveant mediocri
Gesta Patrum digesta stylo; sic vera referri,
Sic divina volunt, sanctus sic denique Moses
Hæc sacra expromens oracula simpliciore
Tradidit eloquio. Picto sermone necesse est
Ficta loqui, magnoque attollere parva boatu.
His satis est splendor suus. Adde quod ista
Scribimus ingeniis rudibus puerisque legenda
Tradimus, ut puras primum sacra lectio mentes
Imbuat, et melior doctrina præoccupet aures,
Hic scelerum pœnas, virtutum præmia discant,
Divinoque rudes jam participare timore
Incipiant, tenerisque Deum cognoscere ab annis,
Et fidei prima hæc habeant elementa fideles.

Denique, ut cæteros, qui id argumenti sunt prosecuti, omittam, Salvianus carpens quosdam sui temporis Scriptores, [c] qui verborum sectabantur amœnitates, et ut sive utiles ac probas, sive inutiles atque improbas materias sibi delegissent, seriem tantum rerum nitore verborum illustrarent : « Nos autem, inquit, qui rerum magis, quam verborum amatores utilia potius, quam plausibilia sectamur, neque id quærimus, ut in nobis inania sæculorum ornamenta, sed ut salubria rerum emolumenta laudentur ; in scriptiunculis nostris non lenocinia esse volumus, sed remedia, quæ scilicet non tam otiosorum auribus placeant, quam ægrotorum mentibus prosint, magnum ex utraque re cælestibus donis fructum reportaturi. Atque inde illud [d] Hieronymi : Inter Christianos verborum vitia non solere reprehendi. »

Qua reverentia legendi sint libri sacri.

LIX. Proinde ita legendos sacros libros suadebat [e] Cassiodorus, ut « Scripturæ divinæ idiomata nulla præsumptione temerarentur, ne cum ad intellectum communem, quæ dicta sunt, trahere cupimus, cælestium verborum Puritas dissipetur. Idiomata enim legis divinæ dicuntur propriæ locutiones, quas communis usus non habere cognoscitur : quæ quidem cum occurrunt, ista nobis ab expositoribus aperienda de-

[1] Conveniens mihi proposito Christiani videtur, ut sermone utatur simplici et illaborato, utpote qui non ad ostentationem, sed ad communem utilitatem scribat.

[2] Una cum aliis rebus sermonem etiam immolamus, quemadmodum et corpora.

Marginal notes (left column): [a] Ep. 167. — [b] Epist. ad Lætam, et Epist. 159. — [c] Quintil. lib. 1. c. 14. — [d] Orat. 3. — [e] Epist. 4. — [f] Quintil. decl. 306. — [g] S. Aug. — [h] Lib. 1. de Vita contempl. c. 23. — Cap. 24.

Marginal notes (right column): [a] In Prolog. ad lib. 3. de Vitis Patrum. — [b] In Cod. MS. Loiselliano. — [c] In Præf. ad lib. 1. de Provid. — [d] Lib. 2. Ruffin. c. 2. — [e] senator l. de Div. lect. c. 15.

« sìderemus, non eorum aliquid sacrilega voluntate truncemus. Nec illa verba tangenda sunt, « quæ interdum contra artem quidem humanam « posita reperiuntur, sed auctoritate multorum « codicum vincantur : corrumpi siquidem nequeunt, quæ inspirante Domino dicta noscuntur. « Regulas igitur elocutionum Latinarum, id est, « Quadrigam Messii, omnimodis non sequaris, « ubi tamen auctoritate priscorum codicum convinceris. » Expedit enim interdum prætermittere humanarum formulas dictionum, et divini magis eloquii custodire mensuram. Et [a] Joannes Gersenius : *Veritas est in Scripturis sanctis quærenda, non eloquentia : omnis enim Scriptura sacra eo spiritu debet legi, quo facta est. Quærere potius debemus utilitatem in Scripturis, quam subtilitatem sermonis.*

[a] Lib. 1. de Imit. Chr. c. 5.

Vulgarem sermonem, qui ab omnibus intelligeretur, cultiori præferebant sancti Patres.

LX. Enimvero et si plerique sanctorum Patrum a puriori recedentes Latinitate, nedum receptis, verum etiam barbaris usi sint vocabulis, non ideo tamen elegantiæ omnis atque literaturæ expertes fuisse sunt censendi. Cum id affectatione quadam vulgarem sermonem præferrent cultiori, ut ad eorum captum, quos Christianæ religionis imbuere præceptis, aut a quibus volebant in concionibus intelligi, orationes suas componerent, quemadmodum Julianum, recens Imperatorem creatum, *verbis, ut intelligi posset, simplicibus*, milites in tribunali allocutum, refert Ammianus [b]. « Græcam facundiam, quod de S. Paulo dicebat [c] « Hieronymus, contemnebant, vel certe quod est « humilitatis, dissimulabant, ut prædicatio eorum non in persuasione verborum, sed in si« gnorum virtute consisteret : » spernentes alienas opes, qui in suis divites erant : cum præterea [d] *nollent ea cavere, quæ sano intellectui nihil detrahunt.* Nec sum de nominibus anxius, aiebat ipse [e] Quintilianus : vocet enim, ut voluerit, quisque, dum vis rerum manifesta sit, appareatque hoc temporis, illud esse naturæ. Atque hanc quidem veterum Patrum in dissimulanda recte dicendi ratione affectationem testatur [f] Hieronymus, cum ad Paulum Concordiensem Vitam Pauli Eremitæ mittere se ait, *in qua propter simpliciores quosque multum in dejiciendo sermone laboraverat.* Auctor est [g] Tullius sua etiam ætate visos, *qui impoliti et consulto rudium similes et imperitorum videri volebant :* « quod quidem de Scriptoribus Ecclesiasticis, « alia licet mente, prodit [h] Arnobius, scribens, « etiam quosdam sapientiæ deditos non tantum « abjecisse sermonis cultum, verum etiam cum « possent ornatius atque uberius eloqui, trivialem « studio humilitatem secutos, ne corrumperent « scilicet gravitatis vigorem, et sophistica se po« tius ostentatione jactarent. Existimabant quippe « cum Christianis ac fidelibus simplici utendum « esse oratione sermonisque abjiciendum cothurnum, [a] quod ea convenire videretur Christiani « stylo, non ad ostentationem, sed ad utilitatem « hominum conscribentis. » [b] S. Hieronymus : *Ecclesiastica interpretatio etiamsi habet eloquii venustatem, dissimulare eam debet et fugere, ut non otiosis Philosophorum scholis, paucisque discipulis, sed universo loquatur hominum generi.* [c] Hinc Gregorius M. sic stylum suum incultum et inelegantem excusat : *Unde et ipsam, inquit, artem loquendi, quam magisteria disciplinæ exterioris insinuant, servare despexi. Nam sicut quoque hujus Epistolæ tenor enunciat, non metacismi collisionem fugio, non barbarismi confusionem devito : situs motusque præpositionum casusque servare contemno. Quia indignum vehementer existimo, ut verba cœlestis oraculi restringam sub regulis Donati.* Quæ quidem Gregorii verba exscripserunt [d] Grimlaicus in Præfatione ad Regulam Solitariorum, et Felix Girwensis ad Vitam S. Guthlaci. Ita [e] Braulio Cæsaraugustanus Archiepiscopus in Præfatione ad Vitam S. Æmiliani : *Melius siquidem est, ut vera minus erudite, quam ut ficta narrentur eloquenter, quod in Evangeliis Salvatoris perfacile intelligitur, quæ populis sermone simplici prædicantur.* Et mox : *Quamobrem disciplinarum sæcularium studium etsi ex parte attigi, omnino hic servare contempsi, ne et intelligentiæ difficultatem minus eruditis facerem, et Jericuntina Lingua conturbarem Israelitica castra. Dicturus igitur ea, quæ institui dicere, volo lectorem auditoremque monere, ut non hic verborum avidum, sed religione plenum præbeat auditum : sin autem illuc spectat, jam hinc discedat, ne moras infructuosas expendat.* Similibus præfationibus lectorum et auditorum animos præparant plerique Scriptorum. [f] Ruffinus Aquileiensis in Præf. ad lib. 2. de Vitis Patrum : *Non tam ex stylo laudem requirens, quam ex narratione rerum ædificationem futuram legentibus sperans.* Et in Præfatione ad libros Recognitionum Clementis : *Nec mireris, si forte tibi in eo minus solito floridus eloquentiæ vultus appareat : nihil interest, dummodo sensus idem sapiat.* [g] Cyprianus in Præfatione ad Vitam S. Cæsarii Arelatensis : *Unum hoc in præsentis opusculi devotione a lectoribus petimus, ut si casu aliquo simplicitas eloquii nostri ad eruditorum aures et censuram adducatur, non arguant, quod stylus noster videtur pompas verborum et artis Grammaticæ leges negligere : nobis enim actus, verba et merita tanti viri bona fide narrantibus lux sufficit operum ejus et ornamenta virtutum.* [h] Paulus Emeritensis Diaconus in Præfatione ad Historiam Episcoporum ejusdem Sedis : *Omittens phaleratas verborum*

[b] Lib. 20.
[c] S. Hier. l. 1. in Ruffin. c. 4.
[d] S. Aug. de Doctr. Christ. c. 13.
[e] Quintil. l. 8. c. 10.
[f] Epist. 21.
[g] De Orat.
[h] Lib. 1.

[a] S. Basil. ep. ad Diodor. apud. Facund. Hermian. lib. 4. c. 2.
[b] Hieron. Ep. 82. ad Pammachium.
[c] S. Gregor. M. in Epist. ad Leandr. in Comm. lib. Job.
[d] Grimlaic. in Prolog.
[e] Apud Bivarium.
[f] Ruffin.
[g] Cyprianus.
[h] Paulus Emerit.

pompas, et prætermittens facundiæ spumas, nunc etiam ea, quæ omnimodis vera sunt, simpliciter veraciterque narramus. Nam si ea, quæ luce clariora esse noscuntur, obscuris sermonibus involvere voluerimus, audientium animos non instruimus, sed fatigamus : quia cum multorum imperitorum minus intelligit sensus, fatigatur auditus. [a] Auctor Vitæ S. Præjecti in Prologo : *Si quis captus amore Pontificis legere decreverit, non quærat in his Tullianam eloquentiam, nec Oratorum facundiam, non Philosophorum flosculos, et Historicorum diversas affectiones, sed puritatem sanctæ Ecclesiæ. Neque enim aquila extensis alis semper ad æthera volitat, sed crebrius remissioribus pennis divertit ad terras : et inter regias dapes, etiam vilia poma lactucæque agrestes optimæ quoque censentur.* Quæ quidem ex parte mutuatus est a [b] Juvenco. Denique, ut cæteros ejusmodi omittam, agmen claudat [c] Almannus Altivillarensis Monachus : *Ipsas Grammaticæ cautelas, quibus a barbarismo aut solœcismo censet ipsa cavendum, aut nihil aut parum curamus in hujus rei moderatione, cum quæratur veritas, et debeat facessere vanitas, et optemus fugere contrarium, cum insistamus gravitati pro viribus mentis.* Nimirum censebant sancti Patres, « [d] Pompam istam sermonis, et orationem « missam per regulas, concionibus, litibus, foro « judiciisque servandam, dandamque illis, imo « qui voluptatum delinimenta quærentes, omne « suum studium verborum in lumina conferebant. »

[a] Vita S. Præjecti.
[b] Juvencus in Præfat.
[c] Apud Mabillon. tom. 2. Analect. p. 32.
[d] Arnob. l. 1.

Rudiori stylo scripti libri non contemnendi, si quid utilitatis habeant aliunde.

LXI. Proinde non continuo abjiciendi de manibus incompti illi, et quoad sermonis characterem male feriati libri, atque adeo barbari, maxime si quid in se contineant, quod nos doceat, sive ad vitæ institutum, moresque formandos, sive ad eruendam præteritarum rerum cognitionem et memoriam : [e] cum eorum præsertim studium fuerit, ut utilitatem juvandi præferrent gratiæ placendi. Licet enim complures ex Scriptoribus ac Poetis, naturæ forte an vitio, orationis sublimitatem, quam Græci ὕψος vocant, non sint assecuti, non ideo contemnendi, cum etsi communibus ac vulgaribus, atque adeo uti loquitur [f] Arnobius, *popularibus et quotidianis* utantur verbis [g], [1] κοινοῖς καὶ δημώδεσι τοῖς ὀνόμασι, καὶ οὐδὲν ἐπαγομένοις, atque ex ipsa vocabulorum concinnatione ac compositione vix laudem mereantur, ipsi tamen repere haud dicendi sint, ut qui eloquii humilitatem rerum ac cogitationum magnitudine compensent. « Puerilis sane, inquit « idem [h] Arnobius, atque angusti pectoris reprehensio, quam si admitteremus, ut vera sit, abjiciamus ex usibus nostris quorundam fru« ctuum genera, quod cum spinis nascantur, et « purgamentis aliis, quæ nec alere nos possunt, « nec tamen impediunt perfrui nos eo quod « principaliter antecedit, et saluberrimum voluit « esse natura. Quid enim officit, o quæso, aut « quam præstat intellectui tarditatem, utrumne « quid grave an hirsuta cum asperitate proma« tur? inflectatur quod acui, aut acuatur quod « oportebat inflecti? aut qui minus id quod dici« tur verum est, si id numero peccetur aut casu, « præpositione, participio, conjunctione? Deinde « cum de rebus agitur ab ostentatione submotis, « quid dicatur, spectandum est, non quali cum « amœnitate dicatur : non quid aures commulceat, « sed quas afferat audientibus utilitates. » Neque alia fuit Zenonis Citiæi [a] Philosophi sententia, qui in nummo non elegantiam scripturæ spectandam esse aiebat, sed pondus et materiam, adeoque nihil referre existimabat, quam elegans sit oratio, sed quam utilis, ac proinde monebat discipulos ut non circa voces et vocabula memoriam, sed circa intelligentiam mentem exercerent. « Commodum igitur in quavis re spectandum, ac « præsertim in libris, [b] quos non est æquum « haberi malos, quibus bene uti licet. » *Nemo*, inquit [c] Scriptor ævi inferioris, *pro eo quod Scriptorem fortassis juste contemnit, si quid utilitatis ex hoc opere consequi voluerit, contemnendum pariter arbitretur, quia tritico in se contrito vilitas cophini nihil derogat : nec aqua contemnitur, quam usibus omnium plumbi fistula subministrat.* Ita nempe rem, sensumque attendendum, non verba existimabant. [d] Gregorius Nazianzenus apud Facundum Hermianensem, nihil pro vocabulorum diversitate dissidendum censebat, cum ad eundem sensum omnium diversitas provocet intellectum. Et [e] Aponius : *Si cui sordet*, inquit, *agrestis et hispidus sermo, si habet in se reconditum sal, non syllogismorum resonantia verba, sed sensum requirat.* Neque aliter Romani, qui Scriptorum suorum veterum non sunt aspernati lectionem, qui etsi, ut ait [f] Varro, *allium et cæpe eorum verba olerent, tamen optime animati erant*, id est optime sentiebant. Et [g] Virgilius ipse Poetarum Princeps, dum Ennium legeret, a quodam, quid faceret, inquisitus ; respondit, *aurum se in stercore quærere.* Legebat quippe [h] *auri fragmenta caduci inter arenarum scopulos.* [i] *Lucet* enim interdum *margaritum in sordibus, et fulgor gemmæ purissimæ etiam in luto radiat :* quæ [k] *a prudente debet curari, colligi, et reperta dignitati ingenuæ revocari.* An nobis non licet legere [l] de spinis rosam, de terra aurum, de concha margaritum : vel idem agere quod apes, quæ ex variis quidem floribus, quos pervolitant, ea duntaxat decerpunt, quæ sibi ad opus profutura

[e] Plin.
[f] Arnob. lib. 1.
[g] Longin. c. 40.
[h] Arnob. lib. 1.

[1] Communibus et popularibus verbis, minimeque exquisitis.

[a] Laert. lib. 7.
[b] Quintil. lib. 2. c. 17.
[c] Chron. Montis Sereni.
[d] Orat. 39. lib. 1. c. 3.
[e] In Prologo ad Cantica Cantic.
[f] Varro in Bimargo.
[g] Apud Senat. lib. de Divin. lect. cap. 1.
[h] Prudent. in Psychom. v. 487.
[i] S. Hieron. Ep. 26 c. 3.
[k] Primasius Utic. in Præfat. ad Apocalypsim.
[l] S. Hieron. Epist. 22.

putant, cætera prætermittunt? Sed ex venenatis ipsis interdum floribus quædam hauriunt, unde mella sua conficiant. Sed et in hanc sententiam præclare omnino Theodoretus, dum Gentiles arguit et Græcos, qui comtos et elegantes sermones sectabantur, et, si ejusmodi non invenirent, eos risu effuso contemnerent et maledictis incesserent : quasi, [a] inquit ille, [1] τὸν πολυτελῆ μαργαρίτην, καὶ τοῖς πλουτοῦσι τριπόθητον, εὐκαταφρόνητον ὄστρεον καὶ τίκτει καὶ τρέφει γε μέντοι καὶ κατακρύπτει· οἱ δὲ τοῦτον ὠνούμενοι, χρυσίον διδόντες ὅτι μάλιστα πλεῖστον χαίρειν ἐῶσι τὸ ὄστρεον· καὶ τοῖς διαυγέσι δὲ λιθιδίοις ἐκείνοις, ἃ τὴν βασιλικὴν διακοσμεῖ κεφαλὴν, ἑτέρα λίθου φύσις ἔξωθεν περίκειται παντάπασιν ἄχρηστος. Neque aliter Gregorius Nazianzenus, qui ita legendos prophanos Scriptores censebat, ut ex iis, quod utile esset, more apum colligeretur, quæ noxia viderentur, prætermitterentur.

[a] De curat. Græc. aff. serm.

Iamb. 3.

Τούτοις δ' ἅπασιν ἐμφρόνως ἐντύγχανε,
Σοφῶς ἁπάντων συλλέγων τὸ χρήσιμον,
Φεύγων δ' ἑκάστου τὴν βλαβὴν κεκριμένως,
Σοφῆς μελίττης ἔργον ἐκμιμούμενος,
Ἥτις ἐφ' ἅπασιν ἄνθεσιν καθιζάνει,
Τρυγᾷ δ' ἑκάστου πανσόφως τὸ χρήσιμον,
Αὐτὴν ἔχουσα τὴν φύσιν διδάσκαλον.

At ista quæso cuncta fac cautus legas,
Prudenter ex his colligens quod utile,
Fugiensque quicquid noxium est et pestilens.
Apis æmulari cura sit sapientiam,
Quæ flore in omni sessitans, ex singulis
Idonee carpit, esse quod videt usui,
Natura doceat quamvis hanc tantummodo.

[b] *Operis mei est et studii*, aiebat S. Hieronymus de Hæreticorum libris, *multos legere, ut ex plurimis diversos flores carpam, non tam probaturus omnia, quam quæ bona sunt electurus : assumo multos in manus meas, ut a multis multa cognoscam, secundum illud quod scriptum est : Omnia legentes, quæ bona sunt retinentes.* [c] Scitum illud Theophili, Episcopi Alexandrini, apud Socratem, qui interroganti, cur Origenis libros, quos damnabat, legeret et amplecteretur, hæc reposuit : [2] Τὰ Ὠριγένους ἔοικε βιβλία λειμῶνι πάντων ἀνθέων. εἴτι οὖν ἐν αὐτοῖς ἐφεύρω καλὸν, τοῦτο δρέπομαι· εἰ δέ μοι ἀκανθῶδες φανείη, τοῦτο ὡς κεντοῦν ὑπερβαίνω.[d] Sed et in mala segete bonum aliquot spicum sæpe reperitur, et in testaceis vasculis thesaurus interdum reconditur. Quocirca jure carpuntur, nescio qui magistelli, qui cum apud ævi inferioris Scriptores quidpiam barbari, vel minus sani deprehendunt in vocibus, aut in verborum sententiis, criticam illico immittunt manum, eas immutant, aliasque nullo fere judicio obtrudunt, cum recentiora sua et paulo cultiora Lectoribus fore longe gratiora, licet falso, sibi persuadeant. Nam cum in ejusmodi scriptis non elegantiam sermonis quæramus, quam a tot disertissimis Oratoribus et Historicis petere licet, quæ ipsi prodiderunt, eorum et verbis, etsi minus Latinis vel etiam incomptis, edoceri non minima est voluptas. [a] Si enim eloquentiam quæris, Demosthenes aut Tullius legendus est. Adde quod in iis, quæ illi inducunt, sæpe latent venerandæ antiquitatis vestigia, quæ modo cogimur ignorare. Hinc tot Sanctorum Vitas interpolatas legimus a quibusdam sociolis, dum eas ad cultiorem Latini sermonis nitorem reducere conantur, et qui dum nævum illius ætatis medicari student, deformant potius pulcritudinem faciei, quam ornant. [b] Auctor vitæ S. Pauli Episcopi Armorici : *Hujus sancti viri gesta scripta quidem reperi, sed Britannica garrulitate confusa, ut legentibus fierent onerosa. Negligebantur ergo virtutum clara ingenia Scriptoris ignavi culpa. Inconveniens enim verborum sententia sententiarumque compositio nulla attentionis docilitate aut benevolentiæ delectatione sibi Lectorem comparabat. Erat igitur tota neglecta in omnibus : pro qua re utilitate multorum commoniti, et corporali præsentia B. Pauli provocati, longitudinem sententiarum adbreviare curavimus, et verborum ordinem, prout potuimus, ad unguem direximus.* Ita ille et similes interpolatores, dum scribillandi, et ex aliorum laboribus sua consarcinandi laborant prurigine, fucum faciunt Lectoribus. Id sane, neque injuria, objectum et crimini datum viro cæteroquin summæ eruditionis, et cui plurimum debent literæ, Laurentio Surio Cartusiano, qui in magno illo quod aggressus est opere de vitis Sanctorum, plerasque longe aliter, quam in scriptis Codicibus descriptas invenerat, edidit, mutatis interdum sententiis, sæpius etiam interpolatis vocabulis insolentibus ac ignotæ, ut rebatur, vel difficilis significationis in quo quidem quotquot sunt eruditi, ejus fidem merito expostulant. Quod in re literaria damnum, laboriosa omnino cura ac diligentia singulari resarciunt hodie viri supra laudem omnem, qui Sanctorum gesta ab ipsis hausta fontibus, et prout ab ipsis etiam exarata sunt auctoribus, luce publica donant ac illustrant. Sed et hæc interpolatorum vesania effecit, ut genuinos Joannis Joinvillæ fœtus desideremus, quos ab editis longe abesse docet autographa ipsius Epistola, quam olim descripsimus. Proinde de ejusmodi Scriptoribus idem dicere liceat, quod de puerulis balbutientibus, [c] *qui linguæ offensione fiunt dulciores* [d]. [1] Θέλγει γὰρ ὄντως τὰ νηπίων ψελλίσματα ἐκ τῆς ἀτέχνου γλώσσης προϊέμενα.

[b] S. Hieron. Epist. 75.

[c] Socrat. l. 6. c. 67.

[d] S. Hieron. epist. 39.

[a] Idem Ep. 130. et in Præfat. ad lib. 8. Comment. in Esaiam.

[b] Ex MSS. Cod.

[c] S. Hieron. Epist. 9.

[d] Vita S. Nicolai Studitæ, pag. 943.

[1] Magni pretii margaritam et a divitibus adeo expetitam vilis concha parit, nutrit, et occultat. Qui autem illam auro persoluto comparant, ii concham plerumque projiciunt. Quin et splendidos illos lapillos, qui caput Imperatoris exornant, alterius naturæ ejusque prosus contemnendæ lapis, circumdat exterius.

[2] Similes sunt Origenis libri prato consito floribus. Si quid ergo in illis boni occurrit, illud decerpo. Si quid vero spinosum apparuerit, hoc ut quid pungens missum facio.

[1] Nam profecto placet inexpertis puerulorum linguæ balbuties.

Non omnia sunt apud Scriptores mediæ ætatis inutilia.

LXII. Fatendum tamen maxime, hanc esse complurium mediæ ætatis Scriptorum scribendi rationem, ut in eorum libris animus peregrinari non expetat, qui, si quædam bona contineant, scatent persæpe pravis ac supervacaneis : adeo ut patentia interdum non sine fastidio peragranda sint arva salebrosa, vel senticeta, priusquam occurrat, ubi pes certo figatur, vel unde aliquid sani hauriatur aut reconditi : « in quod certe si « quis inciderit, habebit fortasse quod scriptioni « suæ præclarum inserat emblema. Credamus « summis oratoribus, aiebat [a] Quintilianus, qui « veterum Poemata, vel ad fidem causarum, « vel ad ornamentum eloquentiæ assumunt. Nam « præcipue quidem apud Ciceronem, frequenter « tamen apud Asinium, et cæteros, qui sunt « proximi, vidimus Ennii, Accii, Pacuvii, Lu- « cilii, Terentii, Cæcilii et aliorum inseri versus, « summa non eruditionis modo gratia, sed etiam « jucunditatis, quum poeticis voluptatibus a fo- « rensi asperitate respirent. Quibus accedit non « mediocris utilitas, quum sententiis eorum, ve- « lut quibusdam testimoniis, quæ proposuere, « confirment. » Ita nempe veteres illi disertique omnino oratores a priscis illis Poetis ac Scriptoribus, licet forte ab ea, quæ tum vigebat, sermonis elegantia procul abessent, præclaras sententias mutuari, easque laudare non indignum putabant, [b] cum de nominibus anxii non essent dum vis rerum ipsa manifesta esset. « Adde « quod tædiosorum ejusmodi librorum molestia « his, qui optatam cursu contingere metam stu- « dent, devoranda est, cum [c] nullus tam malus « auctor sit, qui non aliqua sui parte prodesse « possit, nullusque tam gravis cibus, qui non « studiosi stomachi calore concoquatur. Studioso- « rum, hoc est, eorum, qui discendi cupiditate « tenentur, duplex genus est, aiebat [d] Antonius « Augustinus; alteri enim nocere existimant « linguarum peritiam, antiquitatis cognitionem, « disserendi aut dicendi artem, et cæteras di- « sciplinas, quibus tamen veteres Jurisconsultos « exornatos fuisse negare non possunt : alteri his « omnibus libenter operam dant, et cæterorum « ignaviam, quam etiam stupiditatem appellant, « vehementer irrident. Utrosque admonendos « esse potius quam irritandos semper censui : « peccare enim quosdam ex utroque genere ho- « minum video, dum præter modum aut hi sua- « vitate dictionis atque ornamentorum capti « minus in hanc ipsam disciplinam incumbunt, « aut illi nec verbis nec sententiis sibi ipsi con- « stant, in utrisque hærent, artis docendi rudes « atque imperiti. Sic statuo, inquit [e] Vossius, et « si multo augustius sit sapere, quam dicere, esse « tamen dignum sapiente intelligere omnes, etiam « barbaros, at interim convenienter loqui auri- « bus Romanis. » Ejusmodi enim sunt Scriptores recentioris paulo ætatis, ut hos legisse semel necesse fuerit, qui in istorum sæculorum, ac maxime Ecclesiasticis rebus peregrinus omnino esse noluerit : [a] quos quidem ita leget vir prudens, ut magis judicet quam sequatur. Recte ergo dixit, [b] Antonius Aprutinus Episcopus, exstare monumenta majorum, quæ etsi non accurate magnificeque scripta sint, continent tamen aliquid, quod legi possit, et sunt cognitione dignissima, iis præsertim, qui non tam Scriptorum elegantiam desiderant, quam notitia delectantur antiquarum rerum : [c] cum *præsertim*, ut ait Balduinus, *historiæ non sint verborum, sed rerum, neque unius alicujus linguæ expoliandæ tantum causa comparentur, sed mentis erudiendæ.* « Huc igitur non veniant Criticastri delicatulas « delibatum amœnitates, verbis utor [d] viri doctis- « simi, neque ad stribliginem dictionis semibar- « baræ creetur nausea. Sane non est optandum « Monachos nostros Latiniores fuisse, aut rebus « suis digniores. Servanda est singulis temporum « suorum meritorumque prærogativa, aiebat [e] Si- « donius. Quicquid tulerunt sæcula, ferendum « est nobis. Qui a rudiori ævo expectat elegantias, « optat ille [f] *voce ut loquatur psittaci coturnix.* « Alia tempora alios Scriptores habent : Historia « autem cum sit universæ antiquitatis conserva- « trix, omnium ætatum auctores desiderat; nec « minus a mediocri, quam a comptiori stylo sup- « petit nobis vera ac genuina rerum anteactarum « cognitio. Scripturis deinde celsioribus sepositis, « humilioribus licet interdum animum reficere. « Abscedant igitur, quibus [g] non sunt suaves « epulæ, quæ non placentam redolent, quas non « condit Apicius, in quibus nihil de magistrorum « hujus temporis jure suffumat. »

[a] Lib. 1. c. 8.
[b] Idem lib. 3. c. 10.
[c] Plin.
[d] In Præfat. ad Julian. Antecess.
[e] In Epist. ad Eric. Oxenstern. Præfixa lib. de Vit. serm.

[a] S. Hieron. Epist. ad Læ-tam. 7.
[b] Lib. de Reb. gest. Brachii.
[c] Balduinus de præcept. Histor.
[d] Marsham in Propylæo ad Monast. Anglic.
[e] Sidonius p. 2. Sirm.
[f] Martial. lib. 10. ep. 3.
[g] S. Hieron. Epist. 130.

Consilium et labor in adornando hocce Glossario.

LXIII. Atque his quidem hactenus, de causis corruptæ Latinitatis ad Glossarium in antecessum prælibatis, modo superest ut nostri in hoc aggrediendo opere consilii rationem aperiam Lectori, ut ad illud vel perlegendum, vel consulendum, prout libuerit, edoctus accedat. Emensis utcumque classicis ac veteribus, ad recentioris ætatis utriusque linguæ Scriptores accessi eo lubentius, quod cum nova prorsus ac mihi antea peregrina ex iis addiscerem in dies, non mediocri inde sensim animi voluptate afficerer. Nam etsi aliquantulum deterreret insulsus dictionis character, censebam non tam spectanda verba, quam res ejusmodi mente retinendas, quas a probatæ Latinitatis auctoribus edoceri minime liceret : cum præterea ex ipsis, quæ barbara appellamus, vocabulis occurreret persæpe, nescio quid, unde plurimum perciperetur eruditionis, tum ad instituta moresque majorum nostrorum, tum ad vulgarium vocum origines retegendas. Quæ quidem, cum memoria complecti omnia, quæ legimus, haud facile sit, in adversaria referebam, ne elaberentur, ita ut sensim, ac aliud fere agendo rerum inferioris ætatis immensa pene succreverit seges, quam ita digesseram, ut, cum liberet, facilius quæsita occurrerent. [a] Quippe

[a] Ovid. lib. 3. de Ponto. Eleg. 9.

Non liber ut fieret, sed uti sua cuique daretur
Littera, propositum curaque nostra fuit.
Post modo collectas utcumque sine ordine junxi,
Hoc opus electum ne mihi forte putes.
Da veniam scriptis, quorum non gloria nobis
Caussa, sed utilitas officiumque fuit.

[b] Seneca Epist. 84.

« [b] Quicquid enim lectione collectum est, stylus « redegit in corpus, et apes imitati quæ vagantur, « et flores ad mel faciendum idoneos carpunt, de« indé, quicquid attulere, disponunt, ac per favos « digerunt ut de se cecinit Lucretius : Omnia nos « itidem depasti utcumque sumus. » Neque enim ea accuratione, quæ istius erant argumenti, a me sunt observata, quin quamplurima elapsa sint : ut qui noveram, viros undecumque doctissimos, aut in hac palæstra magna cum laude jam desudasse, aut id sibi tractandum sumpsisse idque scriptis suis palam esse professos, adeo ut præcipua duntaxat, et quæ extra communem usum essent omnino mihi adnotanda censerem; ad memoriæ, si quando ea recordari oporteret, subsidium. Ita nempe Isaacum Vossium, scriptis quamplurimis clarissimum, ab hoc argumento, in quod multa jam legendo contulerat, ut erat immensæ lectionis, deterruit, non Spelmanniani tantum Glossarii pars prior edita, et quæ sperabatur altera, sed et quod Joannes Meursius in Glossario Græco-barbaro, Latino-barbari etiam publicandi spem fecerat, et quod nescio quis Guillelmus Noompsius, tum temporis adolescens, id se aggredi operis palam fecerat. At iis demortuis, pœnituit virum doctissimum intermissi laboris, omniaque ejusce argumenti in chartas suas non retulisse. Damnum tamen quodammodo istud ut sarciret, quæ jam olim in adversaria sua retulerat, recollegit, excussisque prius editis Glossariis, maxime quæ Scriptoribus inferioris ævi ab editoribus adjuncta sunt, qua ille erat literarum fere omnium amplitudine, in unum volumen compegit ac retulit quam plura vocabula, quibus et criticam manum interdum adhibuit. Dumque alia, majoraque in hanc rem molitur ac pollicetur, ejus consilia mors abrupit, literatis omnibus semper nimium immatura. Glossarii deinde Spelmanniani prodiit pars posterior, quæ et si multa observatu digna, licet indigesta contineat, priore tamen longe inferior : ut mirum sit, virum doctissimum operi, quod eruditi quique tot votis tantoque studio expeterent extremam manum non apposuisse, cum prioris partis editioni, quæ anno MDCXXVI. prodiit, annis XV. superfuerit : obiit enim anno MDCXLI. ætatis LXXVIII. Cujus quidem rei causam esse aliam non arbitror, quam quod Anglicanæ Ecclesiæ Conciliorum collectioni ac editioni, veteribusque eruendis monumentis totum dedisset se se, Glossarium vero, quantum exigebat dignitas argumenti, absolvere immensi nimiique esset laboris.

Operis difficultas.

LXIV. Atque id quidem quod viros tantos, et in rerum ferme omnium literarumque cognitione consummatos, toties ab incœpto revocavit, non semel etiam a proposito me deterruit. At cum viderem plerosque ex iis qui id hactenus sibi tractandum susceperant, nudis passim vocibus exponendis, Grammaticisque quisquiliis incubuisse potissimum, Spelmannum vero rebus Saxonicis Anglicisque, in quibus apprime versatus erat, institisse maxime, adverteremque in sacris ac Ecclesiasticis, aliis etiam prophanis inferiorum sæculorum ritibus, atque adeo vocabulis multa conferri posse, quæ ille aliique non attigerant, quamplura denique in Francicis nostris, imo et exteris elucidandis vel illustrandis desiderari : subiit animum rem intentatam vel certe non confectam aggredi, et quantumvis forsitan supra vires, ejuscemodi scribendi suscipere argumentum quod literarum studiosis profuturum arbitrarer. Cum igitur permulta ex ingenti Scriptorum, quos identidem lævandi tædii vitandique otii causa in manus sumpseram, numero adessent animadversa, tot doctorum virorum insistendo vestigiis, ea recensere, et utcumque digesta in lucem emittere publicam decrevi. Quod quidem feci, ut non dissimulem, animo sat reluctanti, cum et argumenti immensitas accurationem diligentiamque excluderet, atque tot difficultatibus, quæ apud Scriptores occurrunt enucleandis ea esset necessaria, quam mihi deesse agnoscebam, cognitio. Sed importunis tandem victus amicorum flagitationibus, qualiacumque ista sunt, non sine famæ forsitan periculo, vel etiam dispendio, eruditorum oculis placuit exponere. Atque id cum aggredior, ecce quod unico volumine conficiendum speraveram, in tria excrevisse animadverto : unde novum postea in corrigendis tam vastæ ac multiplicis literaturæ mendis negotium accessit, quod qualis sit fastidii, cum innumeri pene Scriptorum loci recensendi, simulque cum adversariis exacte conferendi sunt norunt qui studiorum suorum monumenta typis commendant. « [a] Verum « licet prope infinitum mihi laborem prospicerem, « et ipsa cogitatione suscepti muneris fatigarer, « durandum esse, quia cœperamus, et si viribus « deficiemur, animo tamen perseverandum, spem« que in eo qui vires dat ponendam existimavi« mus. »

[a] Quintil. l. 4. c. 1.

Forlasse non erit ingratum etiam politioris literaturæ amatoribus.

LXV. Nostrum porro hoc opus ita digessimus, ut minime ingratum fore etiam politioris literaturæ amatoribus non usquequaque diffidamus, qui scilicet in evolvendis præclaræ eruditionis, veteribus nempe, scriptoribus, studia sua ut plurimum conferunt; qui cum in ævi inferioris incidunt libros, hærere coguntur fere semper, quos ejusmodi salebræ plana et inoffensa percurrere lectione non sinunt, cum nulla pene sit inter utrumque literaturæ genus affinitas, nec qui in humanioribus literis, classicisque perlegendis auctoribus, operam suam collocant, quidpiam continuo in istis percipiant. [a] Hinc optandum dicere solebat Josephus Scaliger, ut infimi sæculi Glossaria quis conscriberet. Noverat quippe nonnulla interdum occurrere, quæ in perlegendis libris doctiores quosque remorantur, nec omnia iis esse semper explorata. Quin et reperient in hoc Glossario qui inferioris sunt in literis subsellii, unde molestias suas sublevent, dum Barbaro-Latina, aut peregrinæ notionis vocabula inter legendum se se offerent.

[a] Scaligeriana, pag. 144.

Apud Scriptores medii ævi ignota sunt infinita vocabula : horum tamen notio legentibus necessaria est.

LXVI. Occurrunt igitur apud medii et infini ævi Scriptores infinita propemodum vocabula, quæ aut ignotæ, aut novatæ significationis, aut denique barbara sunt, et cum eorum notio minime plana sit aut perspicua, Lectorem ad alia properantem non modo retardant, sed etiam quandoque sistunt, et ab eorum lectione propter obscuritatem prorsus avertunt. *Ignotum verbum,* inquit [b] Augustinus, *facit hærere Lectorem, aut ignota locutio, quæ si ex alienis Linguis veniunt, aut quærenda sunt ab earum Linguarum hominibus, aut Linguæ eædem, si et otium est et ingenium, ediscendæ, aut plurium interpretum consulenda collatio est.* « Equidem « memini, aiebat [c] Vossius, cum primitus aurum « duntaxat tractare adsuetus, abderem me in hos « seu ferreos seu lutulentos Scriptores, crebro eve« nisse, ut propemodum non magis eos intelli« gerem, quam si alium in orbem delatus fuis« sem. Ac interfui aliorum simili querimoniæ, « qui eos jamdiu de manibus abjecerant, quia de « eorum mente assequenda desperarent : quando, « ut dici solet, legere et non intelligere, verius « sit negligere. [d] Proinde sæpe accidit, ut qui in « probis Auctoribus scioli sibi videntur, incipiant « rursus esse discipuli in iis quæ mediæ ætatis « appellamus. » Ei igitur qui ad Scriptores legendos animum adjecerit, et nihil quod cognitione dignum existimet sibi elapsum voluerit, vocabulorum notiones erunt tenendæ, cum absque eo nihil fere scire possit : est enim, ut ait [a] Epictetus, *principium eruditionis verborum intelligentia,* ἀρχὴ παιδεύσεως ἡ τῶν ὀνομάτων ἐπίσκεψις. *Si nescieris virtutem vocis,* inquit [b] S. Paulus, *ero ei cui loquor barbarus et qui loquitur mihi barbarus.* Quæ ita expressit [c] Thadæus Notarius Vicentinus :

[b] Lib. 2. de Doct. Christ. c. 14.

[c] In Præf. p. 2.

[d] S. Hieron. Præfat. in Daniel.

[a] Lib. 2. c. 17

[b] S. Paul.

[c] In Versib. de Eccelino et Alberico Romano.

Vir qui non intelligit verbum quod loquatur,
Esse per Apostolum barbarus monstratur,
Qui fert, Si nescieris tu virtutem vocis,
Ero tibi barbarus, talibus in locis,
Et tu mihi barbarus, frater, per hoc eris,
Dum non intellexero dicere quod quæris.

Proinde si res velis percipere, voces ipsas primum scire debes. Recte enim [d] Plato dixit, ὃς ἂν τὰ ὀνόματα εἰδῇ, εἴσεται καὶ τὰ πράγματα, *qui gnarus est vocabulorum, gnarus erit et rerum.* Contra, [e] *dicere aliquid, nec ejus quod dicitur varias significationes discernere, nihil aliud est quam confundere.* Omnis namque quæ a ratione suscipitur de aliqua re institutio, debet a definitione proficisci, ut intelligatur quid sit id de quo disputetur, ut est apud [f] Tullium, quod ad vocabulorum significationem referri recte potest, absque cujus notione frustra te librorum lectioni committas. Unde ea est recentiorum scribendi ratio, ut cum res haud omnino tritas ac obvias enarrant, si quid abstrusi in vocibus occurrat, paululum subsistant, earumque vim Lectores suos doceant, tum quod sæpe contineant in se multam eruditionem, tum quod hac ignorata prorsus ipsis hærere necessum sit. Hinc [g] Baronius : *Voces obscuras interdum declarare ratio instituti, cui nos obligavimus, exigit : quod haud putamus ingratum esse Lectori. Quonam pacto, quæso, rerum gestarum narratio innotescet, nisi voces quædam exoticæ et exoletæ in ea positæ explicentur?* Sed quam necessaria sit in re literaria, atque adeo in Republica verborum accurata interpretatio, satis Jurisconsulti amplissimo de Verborum significatione titulo in Pandectis demonstrarunt : quam in sententiam legendus omnino [h] Petrus Faber Saniorianus in semestribus.

[d] In Cratylo.

[e] Maximus Martyr adversus Pyrrhum.

[f] Cic. lib. 1. Offic.

[g] An. 202. n. 60.

[h] Lib. 2. c. 2. initio.

Non omnia sunt in hac Glossario infimæ Latinitatis vocabula.

LXVII. Verum etsi ex iis complura, non omnia tamen quæ apud ejusmodi Scriptores habentur in hisce voluminibus complectimur, nec quæ iis exponimus qua par est forte eruditionis ac diligentiæ dignitate tractata magnis illis ingeniis videbuntur. « Nec dubitamus multa esse, quæ et « nos præterierint, ut dicam cum [i] Plinio, homi« nes enim sumus, et occupati officiis, succisi« visque temporibus ista curamus : proinde ego « plane istis adjici posse multa confiteor, nec his « solis, sed et omnibus, quæ edidi, ut obiter « caveam istos Homeromastigas. » [k] *Quis enim*

[i] In Proœmio.

[k] Facund. Herman. l. 10. c. 10.

scire omnia, aut reminisci potest? Quis libros omnes se legisse, inferioris ætatis dico, audeat profiteri?

a Thom. Naogeorgius.

[a] Legisse libros omnium qui scripserint,
Laboriosum est, longiusque sæculo.

b Adam. Brem. p. 73. — c Quintil. l. 1. c. 14. — d Joan. Sarisb. in Metalog. c. ult. — e S. Aug. l. 4. de Anima ad Vincent. c. 7. — f Varro de Ling. Lat. lib. 4.

Certe per *innumeros librorum cucurrimus agros*, aiebat [b] ille; sed non omnes evolvimus, et ex iis, quos legimus, elapsa multa, quod ex eorum genere esse arbitraremur, [c] *quæ nescire inter virtutes habentur;* scilicet [d] *quæ scita non conferunt, et ignorata non lædunt.* Deinde, cum id consilii paulo serius ceperimus, non omnia, quæ in illud argumentum conferri possent, a nobis observata ultro agnoscimus. [e] *Sæpe enim præsumimus aliquid memoria retenturos, et cum id putamus, non scribimus, nec nobis postea cum volumus, venit in mentem.* « Sed et [f] « non mediocres tenebræ in sylva, ubi hæc ca- « ptanda, neque eo quo pervenire voluimus, se- « mitæ semper tritæ, neque non in tramitibus « quædam objecta, quæ euntem retinere possent. Verum hac in re quidpiam nos consecutos saltem arbitrabimur, si ex iis, quæ a peritioribus observari potuissent, nonnulla deprehendimus, vel explanavimus. [g] In magna silva boni venatoris est « indagantem feras, quam plurimas capere, « nec cuiquam culpæ fuit non omnes cepisse. « Deinde [h] cur Scriptoris industriam reprehen- « das, qui Herois atavum tritavumque non po- « tuerit reperire, cum ipse tui tritavi matrem non « possis dicere : quibus, non omnia nos investigare vel scire posse innuebat Romanorum doctissimus. Proinde liceat dicere cum [i] Prisciano : *Ne pigeat a me ignorantia forte prætermissa, vel vitiose dicta; nihil enim ex omni parte perfectum in humanis inventionibus esse credo.* Deinde cum infinita sit in vetustis Auctoribus ejuscemodi vocabulorum copia, nec quisquam eo sit ingenii acumine, ut singula quæque annotet : nec hominis unius quantumvis perspicacis ætas et vires sufficiant, ad omnia perscrutanda, non potuimus non multa præterire, et posteris eruenda relinquere, in quibus et ipsi, si in hoc argumento versari velint, desudare habeant.

g Columell. lib. 6. c. 1. — h Varr. lib. 6. de Ling. Lat. — i In Epist. ad Julian. Consul.

Cur minima omnibus obvia non fuerint prætermissa.

LXVIII. Non deerunt forte etiam qui minus probent trita ac obvia, complura etiam interdum, quorum ex se notio pespicua est, vocabula; vel denique quod ex veteribus tabulis vocum quisquiliæ ac nullius pene momenti interserantur : ac proinde [k] Fabii illud objiciant : *Persequi quidem quid quis unquam vel contemptissimorum hominum dixerit, aut nimiæ miseriæ, aut inanis jactantiæ esse, et detinere atque obruere ingenia melius aliis vacatura. Nam qui omnes etiam indignas lectione schedas excutit, anilibus quoque fabulis accomodare operam potest.* Quibus quidem ut reponam, fateor, multa esse in hoc Glossario,

k Lib. 1. cap. 14.

a Terentian. Maur.

[a] Quæ pueris etiam promptum occurrere parvis.

Sed ea est scriptionis ejusmodi ratio, ut delectui locum dare haud facile sit, cum quæ omnibus nota putamus, peritioribus persæpe ignota sint, aut si sunt perspecta, ea auctoritatibus stabilita ac confirmata intueri non displiceat. Accedit, quod qui materiam scribendo aliquam sibi deligunt, nihil ex iis quibus illustrari utcumque potest, omittere debent, [b] *ardui* duntaxat, *laudem expetentes, non favorem ex obviis.* In his igitur interpretandis et explanandis, id inprimis curarum habuimus, ut nulla præterirentur vocabula, quantumvis levia, quæ aliquam lucem expeterent, adeo ut ad infima quæque demittere interdum calamum non piguerit, nullaque vox fere occurrerit, quæ a communi latinitatis usu recederet, quæ non a primæva sui origine deducta declarataque sit, vel saltem indicata et observata. In apertis enim verbis supervacanea interpretatio visa est, cum nulla ingenii laus sperari debeat e re tam humili, et ab omni ostentatione procul posita : et [c] *stultissimum sit docere, quod noverit ille, quem doceas.* At ubi latior se se campus aperuit, plus oneris, quam mihimet primo imposueram, sponte suscepi, et instituti ratione non satis sæpe perpensa, totum me dedidi in enodandis ac investigandis, abstrusioribus, cum vocibus, tum ritibus ac moribus, « [d] et multis iisdemque purpureis locorum com- « munium pannis semel inchoatas materias extendi, rem haud ingratam facturum me arbitratus, si, quæ in desuetudinem longe abierant, et quæ Lectoribus dificultatem movent, prolixiori interdum parergo plana facerem, Scriptorum invicem peracta comparatione : in quibus Pieridum sæpe peragro loca, nullius ante pressa solo, consulto tamen omissis quam pluribus, quibus ea potuissent adornari. « Quippe, ut ait [e] « Fabius, si quantum de quacunque re dici potest, « persequamur, finis operis non reperietur. [f] « Neque per singulas species exequi patitur na- « tura rerum, quod qui sunt facere conati, duo « pariter subierunt incommoda, ut et nimium « dicerent, nec tamen totum. [g] Sed et non omnia « mandanda sunt literis, ut aliis aliquid ad nar- « randum relinquatur. » De vocibus vero Latinis obsoletis et antiquis, quas interdum indicamus idem fere dicere licet, quod Socrates apud [h] Platonem, videri barbarum, quod ignoramus, [1] φάναι δ' ἐὰν μὴ γινώσκωμεν βαρβαρικόν τι τοῦτο εἶναι.

b Idem. — c S. Hieron. ep. 22. c. 12. — d Sidon. carm. 22. — e In Præf. lib. 1. — f Idem lib. 8. c. 10. — g Symm. lib. 1. ep. 40. — h In Cratylo

[1] Ut id quod minime cognoscimus, barbaricum esse statuatur. Fortasse enim quoddam illorum vocabulorum est hujusmodi : nonnulla etiam tanta antiquitate sunt obruta, ut inveniri jam non possint. Nam tanta fit vocabulorum commutatio, ut nihil mirum sit si prisca lingua cum hodierna collata nihil a barbarica differat.

Mox subdit : Εἴη μὲν οὖν ἴσως ἄν τι ἀληθείᾳ καὶ τοιοῦτο αὐτῶν· εἴη δὲ κἂν ὑπὸ παλαιότητος τὰ πρῶτα τῶν ὀνομάτων ἀνεύρετα εἶναι. διὰ γὰρ τὸ πανταχῇ στρέφεσθαι τὰ ὀνόματα, οὐδὲν θαυμαστὸν ἂν εἴη, εἰ ἡ παλαιὰ φωνὴ πρὸς τὴν νῦν βαρβαρικῆς μηδὲν διαφέρει.

Ne vitio vertantur excursiones plurimæ.

LXIX. Reperientur perinde alii, qui nobis vitio vertant, quod crebrius istis indulgeamus παρεκβάσεσι, seu egressionibus, uti a [a] Fabio, vel excessibus, ut ab utroque [b] Plinio appellantur, atque hinc inde exspatiemur : et quod libri titulum, quod monet Plinius alter, non sæpius legerimus, nosque identidem interrogaverimus, quid scribere incœperimus. Quibus quidem ut faciamus satis, velim intelligant, eam nobis fuisse mentem, ut hæc qualiscumque lucubratio nostra non jejuna omnino prodiret in publicum, veterum, atque recentiorum aliquot Glossariorum more, quæ verba cum sola explicatione complectuntur. Nam et si interdum vocabula, quæ paucis expediuntur, nostrum contineat, ea tamen, quæ eruditionis ac literaturæ admittere quidpiam poterant, pro virili illustrare id nobis curæ ac pensi inprimis fuit, ubi [c] *ne quid esset incognitum, vitanda fuit nimium constricta brevitas :* præsertim cum veteres nostrorum mores, ac ferme obliteratos et oblivione sepultos ad Scriptorum intelligentiam detegendos et rursum in lucem revocandos existimaremus. Qua quidem in re firmanda, non Latinos modo, sed etiam ævi supparis Scriptores vernaculos adhibuimus, erutos plerosque e manuscriptis codicibus, « [d] Cum reverentia debeatur verbis Auctorum, tum quia « quandam a magnis nominibus antiquitatis præ« ferunt majestatem, tum quia dispendiosius « ignorantur, cum ad urgendum, aut resistendum « potentissima sunt. Sed et licet moderno« rum et veterum sit sensus idem, venerabilior « est vetustas. Tametsi haud sum ignarus esse « quosdam, quibus non omnino placent verna« cula ista vetera, Latinis admixta ; quibus re« spondere liceat verbis [e] Hieronymi : peregrinas « istas merces tantum volentibus navigare : bal« samum, piper et poma palmarum rusticos posse « non emere. » Mihi interim ipsis Scriptorum locis, quæ in medium afferuntur, firmare satius visum est, tum [f] ut in perquisitione talium quæstionum numerositas librorum quærenti animæ laboriosa non esset, sed multiplicem Lectoris sitim hæc collecta brevitas satiaret : tum etiam, [g] ut si qua ex his displicuerint, erroribus meis paratior sit venia, quia non erunt referenda ad culpæ titulum, de quibus testificatio adhibetur Auctorum. Quod si in quibusdam aliquando plus quam instituti ratio videbatur exigere, sermo noster excurrat, et si curente rota, dum urceum facere cogitat, amphoram interdum finxit manus, noverit Lector, tunc [a] Laudandam dun« taxat brevitatem, cum moras rumpens intem« pestivas nihil subtrahit cognitioni justorum. « Cæterum quamvis patula sit hæc nostra lucu« bratio, [b] *tamen in singulis suam continet bre« vitatem.* Multa enim [c] ex multorum libris « decerpta concinna brevitate conclusimus, ut nec « jejuna parum instruat compensatio, nec verbo« rum prolixitas fastidium legentibus moveat. « [d] Ita nempe solemus, qui ingenio parum fidimus, « satietatis periculum fugere. [e] Hæc me ad de« fensionis exemplum posuisse sufficiat, ne hæc « ipsa longitudinis deprecatio longa videatur. »

[a] Lib. 4. c. 3.
[b] In Præfat. et Plin. Jun. lib. 9. ep. 26.
[c] Diomed. de Orat.
[d] Joan. Sarisb. l. 3. Metal. c. 4.
[e] In Trad. Hebr. in Prol.
[f] Julian. Tolet. in Prol.
[g] Isid. in Præfat. ad lib. de Off. Eccl.

[a] Ammian. l. 15. initio.
[b] Diomed.
[c] Phocas Gramm.
[d] Plin. lib. 8. epist. 21.
[e] Sidon. carm. 22.

Verba sine explicatione data, quod vera notio ignoraretur.

LXX. Sed et nuda interdum damus verba, et absque ulla explicatione, Scriptorum locis tantum descriptis,

[f] Hæc sunt viribus quoniam altiora nostris :

seu [g] quod, ut nihil amplius dicamus, excederent intelligentiam nostram. *Quod est enim criminis genus,* aiebat Arnobius, *aut rei esse alicujus ignarum, aut ipsum quod nescias, sine aliqua profiteri dissimulatione nescire? aut uter magis videtur irrisione esse dignissimus, qui sibi scientiam nullam tenebrosæ rei alicujus assumit, an ille qui retur se se apertissime scire id quod humanam transiliat notionem, et quod sit cæcis obscuritatibus involutum?* « Alia sunt exili li« tera expedita, et præterita obscura multa, quod « de C. Ælii Carminum Saliorum interpreta« tione dixit [h] Varro, et [i] in quibus, sicut a per« fecta scientia procul sumus, levioris culpæ « arbitrati sumus, quodcumque dicere, quam « omnino nihil dicere. Neque tamen ab his colli« gendis, quod eorum ignoraremus vim ac notio« nem, abstinere visum est, [k] Cum nulla sint « magis mandata memoriæ, quam illa verborum « locutionumque genera, quæ ignoramus, ut cum « peritior occurrerit, de quo quæri possunt, vel ta« lis lectio, quæ ex præcedentibus vel consequen« tibus, vel utrisque, ostendat quam vim habeat, « quidve significet quod ignoramus facile adju« vante memoria possimus animadvertere et dis« cere. [l] Hæc ergo tanquam quæ supra vires nos« tras essent, aliis reservare maluimus, quam « minus plena proferre ; et cum melius sit in occul« tis confiteri ignorantiam, quam periculosam « sumere audaciam. Si qua tamen Lectores propo« sita invenerint vocabula, nec soluta, non ideo « sibi nihil collatum putent ; nonnulla enim pars « inventionis est nosse quod quæras, ait sanctus « [m] Augustinus : adde, quod [n] pars scientiæ est « scire quod nescias. » *Fateor,* inquit [o] Walafridus Strabo, *me nec reperisse cuncta, quæ dilucidare cupivi, nec cuncta potuisse quæ reperi, cum et rerum magnitudo sciendi cupiditatem*

[f] Terentian. Maur.
[g] Ruffin. in Præfat. ad lib. Recognit.
[h] Lib. 6.
[i] S. Hier. in Ezech. 40.
[k] S. Aug. lib. 2. de Doctr. Chr. c. 14.
[l] Senator lib. de Anima, c. 4.
[m] S. Aug. lib. Quæst.
[n] S. Hieron. Præf. ad lib. 13. Ezech.
[o] Walafrid. Strabo.

succenderet, et diversitatum confusio fastidii nimietatem præberet. Habebit tamen in his Lectoris mei curiosa vestigatio, et si non copiam satietatis qua delectetur, qualemcumque tamen inquisitionis qua melius exerceatur.

Voces aliæ conjecturis utcunque illustratæ.

LXXI. Sunt denique voces aliæ, quæ conjecturis utcumque illustrantur, et cum res obscura videretur, nec occurreret ubi certo pedem figere liceret, leviter attinguntur : « [a] In re enim naturaliter obscura, qui exponendo plura quam necesse est superfundit, addit tenebras, non adimit densitatem. Proinde [b] ubi ingenio non fuit locus, curæ testimonium promeruisse contentus, paucis quæ dicenda videbantur absolvi, ita ut in iis quæ omnibus nota sunt vocabulis, seu ut [c] Fabii verbo utar, quæ apertiora sunt, quam ut docenda sint, vel quæ frequentius occurrunt, quam ut exemplis confirmandum sit, indicata eorum duntaxat notione, Scriptorum, si qui adessent, locos laudare satis duxerim, a quibus usurpata esse constaret : inutilibus cæteroquin resecatis, ne illorum more agere viderer, [d] qui ne parum multa scisse videantur, ea conquirunt quæ nihil ad rem pertinent : cum præterea [e] quoties exitus rei ostendit priora, debeamus hoc esse contenti, quo reliqua intelliguntur. [f] Nec enim complecti omnia vel in hac parte, vel in cæteris possumus, contenti rationem plura quæsituris ostendere. [g] Sermonis igitur latitudinem fugi, sensusque qui latum quærunt certaminis campum, in angustum constitui, ut fastidium lectionis auferrem. »

a Macrob. in Somn. Scrip. lib. 2. c. 4.
b Quintil. lib. 3. c. 1.
c Lib. 4. c. 1.
d Auctor. ad Heren.
e Quintil. lib. 4. c. 2.
f Id. l. 3. c. 4.
g Lib. de Prædestinatione.

Cautio ne lædantur Scriptores, quorum opiniones improbantur.

LXXII. Cum vero in rebus iis exquirendis, quarum cognitio quibusdam est obstructa difficultatibus, ut aut quod verum sit, aut ad id quam proxime accedat, eliciatur, recentiorum Scriptorum sententias cogor expendere, ita mihi versandum semper existimavi, ut nullius famam læderem, nullius in nomen luderem, nullius fidem imminuerem. Si quando enim ab his dissentio, suppresso fere semper nomine sententiam edico, maxime si in vivis sunt.

[h] Hunc servare modum nostri novere libelli,
Parcere personis, dicere de vitiis.

h Martial. lib. 10 Epig. 33.

« Quando enim sine nomine contra vitia scribitur, qui irascitur, accusator est sui, ait [i] Hieronymus. [k] Et sane auctores claros in literis nominari in ea parte, qua reprehenduntur, inhumanum est, licet qui talia libris complexi sunt, nomina inscripserint. [l] Utique par est sine derogatione personæ sententiam impugnari, nihilque turpius quam cum sententia displicet, rodere nomen Auctoris. Longe quidem probabilius, ut opinioni falsæ, quatenus tamen error tolerabilis est, parcatur interdum propter hominem, quam ut propter opinionem homo carpatur. Singula suis sunt examinanda judiciis, et paria meritis præmia conferenda : ita tamen ut rigorem mansuetudo clementiæ vincat. Præfractam illam et gladiatoriam quorundam violentiam non laudo, aiebat [a] vir magnus, qui non tanquam vindices veritatis, licet id profiteantur, sed tanquam ultores offensæ alicujus cum aliis scriptoribus agunt, nec quiquam scribere possunt sine contumelia, quasi major iis laus accedat ex aliorum condemnatione. » [b] Quod certe neque in ipsis de religione controversiis quisquam sani vir ingenii probet omnino : quod quidem dum agitur, procul aberrant ab eo quem sibi proposuere scopo, qui Lectorem persuadere conantur : cum argumentis pugnandum sit, non conviciis, si in tuas partes trahere adversarium velis, ne te aliqua factione implicatum, vel pravo affectum animo arbitretur. Tametsi aliter censuit [c] Hieronymus, qui nunquam hæreticis se pepercisse non semel profitetur, imo omni studio egisse, ut hostes Ecclesiæ sui quoque hostes fierent. Utinam, inquit [d] Vossius vir perinde doctissimus, fœdus ille scribendi modus, qui sic nostris temporibus in famam hominum grassatur, sublatus esset de terris, Scriptoribus salvis. Quo loco ille Jacobi Gretzeri in Franciscum Junium socerum et Joannem Meursium nimis virulentum calamum carpit : quem perinde non probat [e] Lucas Holstenius, ut nec aliorum qui Scriptorum ἀστοχίαν sive ἀχρισίαν insectantur, non superstitum duntaxat, sed et eorum qui pridem obierunt. [f] Scitum illud Planci, cum diceretur Asinius Pollio orationes in eum parare, quæ ab ipso aut liberis post mortem Planci ederentur, ne respondere posset, *Cum mortuis non nisi larvas luctari*. Adde quod [g] quisquis aliorum sententias impugnat, existimare debet, quod cum ab aliis dissentit, et dissensum scripto profitetur, se perinde objicit reprehensionibus plurimorum. Qui enim loquitur, judicatur ab uno, vel a paucis : qui scribit, omnium sententias excipit, et totius orbis, et totius ætatis se exponit judicio. Verum cum illud sit præsertim Scriptorum consilium, ut si qua proferant emittantque in publicum, non continuo velint indubitatam sibi fidem haberi, sed ea prout sentiunt chartæ mandant, ut rationum pondus Lector expendat, et has quidem si probet, præstet assensum, sin contra, quod velit et quod placeat eligat : hæc certe mihi semper mens fuit, cum sententiam meam in dubiis quandoque interposui, ut salvum sit unicuique in omnibus judicium, [h] ut qui nec me pariter cujusquam sectæ, velut quadam superstitione imbutus addixerim. « Cur enim nobis non liceat, salva honorificentia quæ eruditis de-

i Hieron. l. 1. in Ruffin. c. 3.
k Quintil. lib. 1. c. 10.
l Joan. Sarisb. lib. 1. Metal. c. 2.
a Jos. Scal. Ep. 145.
b Vide Boland. in Præfat. tom. 1. c. 2. § 6.
c In Præf. in lib. contra Pelag.
d Vossius lib. de Vitiis serm. p. 174.
e Ep. 19. ad Petr. Lambec.
f Plin. in Prol.
g Joan. Sarisb. lib. 2. Met. c. 13.
h Quintil. lib. 3. c. 1.
i S. Aug. epist. 111.

« betur hominibus, aliquid in eorum scriptis im- « probare atque respuere, si forte invenerimus « quod aliter senserint, quam veritas habet, divino « adjutorio, vel ab aliis intellecta, vel a nobis. Talis « ego sum in scriptis aliorum, tales volo esse in- « tellectores meorum. » Si igitur alii probabilius aliquid attulerint, non gravate ab opinione mea in sententiam eorum discessionem fecero, majoremque, ut ait Seneca [a], hanc partem esse videri, respondero. Interdum etiam ita Scriptorum sententias describo, ut Lectoris relinquam arbitrio quam de pluribus eligat. Et si quis non aliorum opiniones, sed nostram scire dicat desiderare, reponam cum [b] Hieronymo, noluisse me sic unum recipere, ut alios videar condemnare.

[a] Seneca de vita beata. cap. 2.
[b] In Proœm. lib. 11. in Esaiam.

Verborum etymologias inquirere molestum, utile tamen cum possunt inveniri.

LXXIII. Dum interim aliud agimus, vulgarium vocabulorum etymologias ac originationes interdum inquirimus, non ex professo quidem, [c] magnam quippe molestiam suscipit, Chrysippi instar, qui rationem omnium vocabulorum investigat, sed prout sese res ipsa offert. « Neque « enim ex iis sum, [d] qui si quid novum insonuit « auribus, non satis putant nosse quid signifi- « cando valeat, nisi etiam unde dicatur exqui- « rant : [e] Stoicorum scilicet more, qui unde verba « sint ducta studiose indagabant. [f] Sed cum ha- « beat originatio usum necessarium, quoties in- « terpretatione res de qua quæritur eget, conti- « neatque in se multam eruditionem sive illa ex « Græcis Latinisque, atque adeo ex obsoletis no- « stratium vocibus, sive denique ex Historiarum « veterum notitia orta tractetur, non omittenda « omnino visa est. » [g] Etymologia quippe, etsi in multis obscura est, superque eadem voce alia alii visa, tantum tamen abest, ut tollenda sit, ut tam maxime sit investiganda, quam maxime latet. [1] Τῶν ὀνομάτων, aiebat Socrates apud [h] Platonem, τὰ μὲν πρῶτα, τὰ δὲ ἐκ προτέρων συγκείμενα : seu, ut [i] Varro, *Duo verborum* sunt *principia, impositiliorum, et declinatorum : alterum ut fons, alterum ut rivus. Impositilia nomina esse voluerunt quam paucissima, quo citius ediscerentur : declinata quamplurima, quæ istoc opere facilius omnes, quibus opus essent, discerent.* [k] Primigeniorum istorum nominum alia quidem casu, alia certa quadam ratione imposita sunt. Eorum quæ casu, nullam habendam rationem : eorum vero quæ consulto ab ipsis repertoribus vel auctoribus imposita erant, etymologias diligenter notandas censebat idem Socrates [l] : [2] Οὐ γὰρ φύσει ἑκάστῳ πεφυκέναι ὄνομα οὐδὲν οὐδενὶ, ἀλλὰ νόμῳ καὶ ἔθει τῶν ἐθισάντων τε καὶ καλούντων. Quæ quidem nominis impositio non vulgarium hominum fuit :

[c] Varro.
[d] S. Aug. lib. 12. de Genesi ad lit. c. 18.
[e] Cicer. l. 1. de Offic.
[f] Jul. Scalig. de causis Lat. Ling. cap. 190.
[g] Jul. Scalig. l. 3. de causis Ling. L. cap. 66.
[h] Plato in Cratylo.
[i] Lib. 7. de L. L.
[k] Plato. in Cratylo.
[l] Plato.

¹ Vocabula alia prima, alia ex primis derivata sunt.
² Non enim ulli rei natura suum inditum esse nomen, sed hominum lege et instituto.

[1] Οὐ φαῦλον ἡ τοῦ ὀνόματος θέσις, οὔτε φαύλων ἀνδρῶν, οὔτε ἐπιτυχόντων. Quo respexit [a] Philo, cum scripsit, eos qui apud Græcos Philosophiæ operam dabant, dixisse : [2] εἶναι σόφους τοὺς πρώτους τοῖς πράγμασι τὰ ὀνόματα θέντας. Sed cum ejusmodi primariæ nominum impositionis rationes assequi non semper liceat, tametsi generatim loquendo, [b] [3] ὄνομ' ἐστὶν, ὡς ἔοικε, μίμημα φωνῆς ἐκείνου ὃ μιμεῖται, καὶ ὀνομαζόμενος, ὁ μιμούμενος τῇ φωνῇ ὃ ἂν μιμῆται, derivatis præsertim hactenus institit Etymologice. « Nam primigeniorum causas cognoscere easdem non est necesse, « sed casum aut arbitrium inventoris pro causa « habere satis est. Fatendum deinde plenum esse aleæ id genus studii quod hæret in divinationibus, quæ si non falsæ prorsus, persæpe incertæ sunt : « cum [c] ut somniorum interpretatio, ita ver- « borum origo pro cujusque ingenio prædicetur. « [d] Nam et si conjectura dicta sit a conjectu, id « est, directione quadam rationis ad veritatem, « non ea tamen est veritas illa, ut sistat se se statim « ac repræsentet inquirentibus. » Obstant quippe nubeculæ nescio quæ fere semper, quibus obumbratur, ita ut pleno se lumine non patiatur conspici. Licet enim similitudinis veri quidpiam appareat, non eo usque tamen ut certum quid statuere ac stabilire quispiam audeat. [e] [4] Εἴ τις ζητῶν τὰ πράγματα ἀκολουθεῖ τοῖς ὀνόμασι, σκοπῶν οἷον ἕκαστον βούλεται εἶναι, ἆρ' ἐννοεῖς ὅτι οὐ μικρὸς κίνδυνός ἐστιν ἐξαπατηθῆναι; aiebat Socrates, apud Platonem. Quippe, inquit [f] Theodoritus, [5] ἄλλο ἔστιν εἰδέναι, καὶ ἄλλο τὸ οἴεσθαι εἰδέναι μηδὲν ἐπιστάμενον· πολλῷ γὰρ διαφέρουσιν ἀλλήλοιν ἀλήθεια καὶ στοχασμὸς ἀληθείας· ὁ μὲν γὰρ στοχασμὸς καὶ διαμαρτίας ἔχει πολλάς· ἡ δὲ ἀλήθεια οὐδὲν ἐναντίον ἀνέχεται. Præterea nomina sunt infinita, ait « [g] Julius Scaliger, aut omnino aut propemodum, « atque idcirco ignota. Ad hæc quæ usu mutantur « assiduo partimque interiere, partim quotidie « subnascuntur, ea ignorari necesse est : cum « æternarum rerum tantum scientia sit. Est enim « scientia habitus animæ certus : at corruptibilia « incerta sunt. » Ita veteres de etymologia sentiebant. Atque id quidem, ut fatear ingenue, effecit, ut non tam facile ejusmodi conjecturis indulserim, imo ut in iis parcus, et provide nimium cautus fortasse fuerim, quin et ab iis sæpe abstinuerim [h] more Academicorum, qui vitantes « præcipitium falsitatis, in eo quidem modestiores

[a] Philo de nomin. mutat.
[b] Plato. Jul. Cæs. Scaliger de causis L. Lat. cap. 187.
[c] Aug. in Princip. Dialect. cap 6.
[d] Quintil. lib. 5. cap. 7.
[e] Plato in Crat.
[f] Theod. ser. 1. ad Græc.
[g] Jul. Scal. de causis Ling. Lat. cap. 186.
[h] Joan. Sarisb. in Policr. l. 7. c. 1.

¹ Nominis impositio nec res spernenda est, nec spernendorum vulgariumque hominum fuit.
² Sapientes fuisse primos illos homines qui nomina rebus imposuerint.
³ Nomen est, ut videtur, imitatio vocis illius rei quam imitamur. Et qui nominat, imitatur voce id quod imitatur.
⁴ Si quis res ipsas quærens vocabula persequatur, singulorum vim perspiciens, nonne animadvertis eum versari in magno errandi periculo?
⁵ Aliud est scire, aliud nihil scientem putare se scire. Multum enim differunt veritas et conjectura. Hæc enim plurimis erroribus obnoxia est; ista vero nihil sibi contrarium patitur.

« sunt, quod defectum suum minime diffitentur, « et in rerum ignorantia positi fere de singulis « dubitant. Quod tamen longe tutius est, quam « incerta temere definire : tametsi interdum, quod « aiebat Hieronymus quasi per cryptam ambu- « lanti rarum desuper lumen conspiceretur. » Satis enim norunt quotquot sunt eruditi, quam periculosæ sint in verborum etymis investigandis conjecturæ, et quam fallaciter plerumque suis « conjectoribus adblandiantur : sic ut, inquit [b] « Varro, de originibus verborum qui multa di- « xerit commode, prius boni consulendum, « quam qui aliquid nequiverit, reprehendendum : « præsertim cum dicat Etymologice non omnium « verborum posse dici causas.

[a] Præfat. in Daniel.
[b] Lib. 6. L. Lat.

Quidam longius arcessunt vocabulorum originationes.

LXXIV. Non desunt quippe ex hominibus apprime doctis, qui dum Linguarum suarum cunabula venantur, ne quicquam relinquant intactum, a Græcis veteribus, vel a puriori Latinitate originationes accersunt, verbaque sic inflectunt, ut si reducantur ad primariam vocem, obscuræ omnino, duriusculæ, et ægre detortæ videantur, ita ut utraque inter se commune nihil propemodum habeant : « qui denique, ut Aristophanes et « Apollodorus, apud [c] Varronem, verba ex ver- « bis ita declinari volunt, ut verba literas alias adsumant, alia amittant, alia commutent ; seu ut ait Socrates [d] apud Platonem [1] ἐμβάλλοντες πολλὰ ἐπὶ τὰ πρῶτα ὀνόματα, τελευτῶντες ποιοῦσι μηδ' ἂν ἕνα ἀνθρώπων συνιέναι ὅτι ποτὲ βούλεται τὸ ὄνομα. Neque enim vis inferenda vocabulis in eorum investigandis originibus, cum nihil simile vero succurrit : [e] [2] Οὐ δεῖ ταῦτα προσβιάζεσθαι, ἐπεὶ μὴ ἔχοι ἂν τις εἰπεῖν περὶ αὐτῶν. Spectandum vero maxime ut in ejusmodi disquisitionibus, φωνὴ, σχῆμα et χρῶμα consonent. In Linguarum deinde vernacularum, quæ Latinam ut matrem agnoscunt, etymis indagandis minime adhibendæ Græcæ voces, nec ab iis repetendæ etymologiæ, nisi prius in Latinitatem transierint, cum in vulgari sermone recepta nusquam fuerit Lingua Græcanica, sed Latina, eaque corrupta. Unde in ejusmodi etymis præclaram Latinitatem vix etiam adhiberi debere plerique opinantur. Si quis igitur id studii persequi uberiore omnium fructu in animo habuerit, non continuo ad Græcas vel Latinas, sed ad obsoletas illas vulgares voces, situ jam obrutas atque antiquatas recurrat, consulatque Scriptores unius cujusque Linguæ paulo superioris ætatis, a quibus hauriet indubie unde conjecturas suas firmare longe tutius poterit ; [f] quo modo apud Græcos et Latinos, qui in disciplina, quam ἐτυμολογικὴν vocant, desudarunt, ab ipsamet Græca vel Latina Lingua originationes suas fere semper formarunt : tametsi non inficias ierim eas interdum ab exteris repetendas. Aiebat quippe Socrates apud Platonem Græcos alias quidem ipsos universim, tum vero eos maxime qui barbarorum ditioni subjectas regiones incolebant, multa nomina a barbaris sumpsisse, ac proinde quemvis allucinaturum, qui illorum vocabulorum rationem ad Græcæ Linguæ regulam exigat, et non ad illam Linguam, ex qua originem duxerunt, [1] εἴ τις ζήτει ταῦτα κατὰ τὴν Ἑλληνικὴν φωνὴν, ὡς εἰκότως κεῖται, ἀλλὰ μὴ καὶ ἐκείνην ἐξ ἧς τὸ ὄνομα τυγχάνει ὄν. Verum, ut dicam quod res est, non semper vocabulorum omnium scrupulosius inquirendæ sunt origines, cum infinita sint quæ primigenia, complura etiam a vulgo formata et sensim inducta : alii denique ab exteris barbarisque accepta nationibus, sicque postmodum immutata, ut unde nostri ea acceperint haud facile sit expiscari. Deinde, ut scribit [a] Varro, *non omnis impositio verborum extat, quod vetustas quædam delevit, nec quæ extat sine mendo omnis imposita, nec quæ recte est imposita certa manet. Multa enim verba literis commutatis sunt interpolata. Omnis origo est nostræ Linguæ e vernaculis verbis, et multa verba aliud nunc ostendunt, aliud autem significabant.* His accedit, quod, ut alibi attigimus, in singulis Italiæ, Galliæ, ac Hispaniæ provinciis, tot fere sunt idiomata, quot eæ sunt numero, a quibus sæpe vicissim voces mutuantur, quarum incertæ origines, quod ex iis complures primigeniæ sint. De sola Gallia Narbonensi aiebat [b] Ausonius :

[c] Lib. 5. de L. Lat.
[d] In Cratylo.
[e] Ibid.
[f] Varro lib. 4.
[a] Lib. 4. de L. L.
[b] Auson. in Urbib. 11.

> Quis memoret portusque tuos, montesque, lacusque,
> Quis populos varios discrimine vestis et oris?

Scribit Julius Cæsar [c] Belgas, Aquitanos, et Celtas Lingua, institutis et legibus inter se discrepasse. Qui igitur Linguarum vulgarium etymologias inquirit, peculiaria provinciarum idiomata probe noscat necesse est, cum etymon quod a Græcis, aut Hebræis, vel a longinquis petit regionibus, a vicinis sæpe repetendum sit. Idque in nostra Francica licet potissimum advertere, cujus origines ægre assequetur, qui Belgico-Francicam apprime non noverit, hoc est, eam qua patres nostri loquebantur, antequam ab impura illa fæce purgatior evaderet. Quæ quidem non eo dico animo ut damnari velim laudandos tot eruditorum virorum in hocce genere studii conatus, (quod nec Socrates apud Platonem, nec Varro togatorum doctissimus, aliique non pauci e veteribus aversati sunt) qui præclaros de Linguis suis Commentarios ediderunt, quarum veras origines sæpe attigerunt, et si quando defle-

[c] Lib. 1.

[1] Addentes primis plura alia nomina, tandem efficiunt ut nullus hominum intelligat quid aliquod nomen significaverit.
[2] Non oportet (vocabulis,) vim inferre, cum non suppetit quid dicendum sit de illorum origine.

[1] Si quis illorum Etymologiam a Græca lingua accersat, et non ex illa ex qua profecta sunt.

ctant a scopo, multa proferunt alia quæ docent, a probis repetita Scriptoribus.

Erratorum confessio. Indulgentia dignus est arduus labor et immensus.

LXXV. Atque hæc quidem de Etymologica disciplina, in qua si quando ipsemet etiam a vero aberraverim, ut et in cæteris vocabulis quæ explicanda illustrandaque suscepi, veniam facile mihi a benigno lectore impetrandam persuadeo, cum scriptis ipse meis tantum abest ut indulgeam, quin me primum illorum, ac forte severiorem cæteris censorem exhibeam. De libris suis aiebat[a] Ovidius:

[a] De Ponto L. 3. El. 9.

> Ipse ego librorum video delicta meorum,
> Cum sua plus justo carmina quisque probet.

Et alibi:

> Cum relego, scripsisse pudet, quia plurima cerno,
> Me quoque qui feci judice digna lini.

Et de suis[b] S. Augustinus: *Ego autem difficillime bonus judex lego quod scripserim, sed aut timidior recto, aut cupidior. Video etiam interdum vitia mea : sed hoc malo audire a melioribus, ne cum me recte fortasse reprehendero, rursus mihi blandiar, et meticulosam potius mihi videar in me, quam justam tulisse sententiam.* [c] « Levium ingeniorum est, quia « nihil habent, nihil sibi detrahere. Magna vero « ingenia multaque nihilominus habitura conve« nit etiam simplex erroris confessio, præcipueque « in eo quod utilitatis causa posteris traditur, ne « qui decipiantur eadem ratione qua quis ante « deceptus est.[d] Ita Hippocrates clarus arte Me« dicinæ videtur honeste fecisse, qui quosdam « errores suos, ne posteri errarent, confessus est. « Et M. Tullius non dubitavit aliquos suos jam « editos libros, aliis postea scriptis ipse damnare, « sicut Catulum, atque Lucullum et alios. Ete« nim supervacuus foret in studiis longior labor, « si nihil liceret melius invenire præteritis. » In magno opere, et immenso scriptionis argumento, somnum aliquando obrepsisse, non mirabitur eruditus Lector, et veniam, ut spero, dabit. [e] Nolim igitur arbitrari sic legi meos libros velle, « tanquam Prophetarum vel Apostolorum, de « quorum scriptis quod omni errore careant, du« bitari nefarium est. [f] Errasse scribentem, aut « lapsum esse in sermone, novum non est, et, ut « opinor, venia dignum est : quia et Scriptura « dicit, *In multis enim offendimus omnes : qui « autem in verbo non offendit, hic perfectus « est vir.* Ea est lucubrationis istius moles, in « qua tam multa describuntur, ut accurata ubi« que adhiberi potuerit diligentia, [g] cujus laudem « simul et celeritatis nullus assequitur. [1] Τὸ « μέγα βιβλίον ἴσον εἶναι τῷ μεγάλῳ κακῷ, aiebat « Callimachus apud [h] Athenæum : [i] grandium

[b] Epist. 3.
[c] Cornel. Celsus, l. 8. c. 4.
[d] Quintil. lib. 3. c. 8.
[e] S. Aug. p. 197.
[f] Ruffin. l. 1. in S. Hieron.
[g] Apul. de Deo Socr.
[h] Athen. lib. 5. c. 1.
[i] Joan. Sarisb. epist. 172.

[1] Magnum librum similem esse magno malo.

« quippe librorum graves materiæ in eandem « scedulam nulla unquam diligentia compin« guntur : et magnus liber, ut vulgo dicitur, « magna sæpe seges est errorum, [a] cum ad ple« num nosse omnia, in nullo labi, unica dun« taxat Angelorum perfectio sit. Deinde[b]

> Sæpe aliquod verbum cupiens mutare, relinquo :
> Judicium vires destituuntque meum,
> Sæpe piget (quid enim dubitem tibi vera fateri?)
> Corrigere, et longi ferre laboris onus.

[c] Sed et interdum quamvis literæ syllabæque scribentium cogitationem non exigant, ut ait [d] Quintilianus, attamen sæpe non literas modo, sed syllabas inter scribendum aut permutare aut præterire, communis hominum error est, quo non caruisse Octavium Augustum [e] Suetonius refert. Quin etiam accidit scribentibus non semel, iis præsertim, quibus variarum rerum cogitatione animus distrahitur, atque sententia suspensus curis majoribus aberrat, verbo uno posito, si alterum scribendum sit, mendose ut illud aut membrum nonnunquam integrum repetant : et vice versa ut ex quadam anticipatione vocabulum, quod paulo post mente præceperis, id statim ac præpropere alieno semel, et suo postea loco inseras. Cujus erroris et me quotidie periculum fecisse crebrius animadverti. Proinde liceat dicere cum[f] S. Augustino : *Si aliquid vel incautius, vel indoctius a me positum est, quod non solum ab aliis, qui videre id possunt, merito reprehendatur, verum etiam a meipso, quia et ego saltem postea videre debeo, si proficio, nec mirandum est, nec dolendum, sed potius ignoscendum atque gratulandum, non quia erratum est, sed quia improbatum. Illius quippe scripta summa sunt auctoritate dignissima, qui nullum verbum quod revocare deberet, omisit. Hoc qui non est assecutus, secundas partes habeat modestiæ, quia primas non potuit habere sapientiæ : et quia non voluit omnia pœnitenda dixisse, pœniteat quæ cognoverit dicenda non fuisse.* [g] « Ab omnibus igitur corripi, « ab omnibus emendari paratus sum : [h] nec me « pigebit, dum vivo, et hæc quæcunque scri« psero, vel mea diligentia, vel amicorum monitu, « vel invidorum vituperatione, si justa fuerit, « emendare : [i] neque enim ut Pomponius ille Sa« binus Tragœdiarum scriptor, ad Populum pro« voco. [k] Arguat qui volet meum ratione vel aucto« ritate mendacium, et ego vel ad inimici vocem « non refugiam emendari, imo etamicum ducam, « qui meum castigabit errorem. [l] Nec pigebit me « sicubi hæsito quærere ; nec pudebit sicubi erro « discere. Proinde quisquis hæc legit, ubi pariter « certus est, pergat mecum : ubi pariter hæsitat, « quærat mecum : ubi errorem suum cognoscit, « redeat ad me ; ubi meum, revocet me. [m] Utinam « hoc qualecunque opus tam multos inventores « habere posset, quam multos contradictores

[a] Id. lib. 3. Metal. c. 3.
[b] Ovid. l. 3. de Ponto Eleg. 9.
[c] Petr. Fab. lib. 2. Serm. cap. 25.
[d] Quintil. lib. 1. c. 10.
[e] Sueton. c. 88.
[f] Epist. 7. ad Marcell.
[g] Gregor. M. lib. 2. Epist. 37.
[h] Priscian. in Præfat. lib. 6.
[i] Plin. lib. 7. Epist. 17.
[k] Joan. Sarisber. in Prolog. ad Policr.
[l] S. Aug. lib. 1. de Trinit. c. 2. 3.
[m] Id. lib. 3. de Trinit.

[a] Facund. Hermian. l. 10. c. 1. « habebit : [a] cujus quidem, si quid mihi creditur, « multum doleo sortem, de quo non tantum « expecto fructum, quantum suscepi laborem. [b] « Quippe cum vel sola Grammatica omni studiorum genere plus habeat operis, quam ostentationis, [c] inter tam multa scribendi genera et « argumenta, quæ ab illa statuuntur, videlicet « rationale, artificiale, et historicum, glossematicum, rerumque communes locos et status, « haud scio an ullum molestius extet, quam « λεξικῶν commentarios scribere. Nam tot vocum « silvas et turbas seriatim in suas classes digerere, earum notiones Scriptorum locis firmare, « omnium fere gentium ritus antiquitatesque « retegere et illustrare, quod in ea lucubratione « utcumque sum aggressus, præterquam quod « res est immensi tum laboris tum studii, etiam « magistrum requirit in bonorum Auctorum « lectione diligenter versatum exercitatumque : « maxime qui non unius peculiariter discipli narum artiumque, sed omnium fere vocabula a « communi captu prorsus aliena velit examussim « exquirere. Et hæc quidem apposite designateque efferre, ad polycleti, quod dicitur, regulam exprimere, hoc opus, hic labor est. » Cum enim vix protritissima quæque teneamus, tantum abest ut in abstrusis et ab usu communi prorsus remotis, vel antiquatis, absque offensione incedere quisquam se posse audeat profiteri.

[b] Quintil.

[c] Otho Brunsfeld.

[d] Fronte exile negotium,
Et dignum pueris putes :
Aggressis labor arduus,
Nec tractabile pondus est.

[d] Terent. Maur.

Quod quidem de hocce præsertim scriptionis genere dicere jure merito possumus, tum propter immensitatem materiæ varietatemque rerum, quæ si non pertractari omnino, attingi saltem leviter debuere : tum quod fieri aliter non potest, ut in accurata quantumvis præteritorum, antiquitatisque investigatione semper aliquid non desit, quod primus ipse animadvertit, qui inquirit. [e] « Rem esse arduam, aiebat Plinius, « vetustis novitatem dare, novis auctoritatem, « obsoletis nitorem, obscuris lucem, fastiditis « gratiam, dubiis fidem, omnibus vero naturam, « et naturæ suæ omnia. Quæ sane difficultates, et alia id genus argumenta, ut jam semel atque iterum monui, ab inchoato opere non semel deterruere, ac tædium ejusmodi ingessere animo tam longi quasi labore itineris defatigato, ut « desperatione subita illius conficiendi consilium, labore omni vetere contempto, non semel abjecerim, vel saltem hæredi, quod aiebat [f] idem Plinius, mandare statuerim, tum « etiam ne quid ambitioni dedisse vita judicaretur. At institere contra amici, monuereque subinde, id genus esse studii cui edendo pares « haud facile occurrerent, nisi operis ac editioni « ipsemet præessem ac incumberem, nec me « deterrere debere, quod ea lucubratio non esset « ad unguem expolita, suisque numeris absoluta, « cum in rebus arduis non assecutis voluisse, « abunde pulchrum atque magnificum sit. Deinde « esse certe quidem aliquid, (quod de eloquentia « aiebat [a] Fabius) consummatam disciplinarum « cognitionem, ad quam pervenire natura humani ingenii non prohiberet : quod si non contingat, altius tamen ire qui ad summa nituntur, quam qui præsumpta desperatione quo « velint evadendi, protinus circa ima subsistunt : « eoque magis impetrandam veniam, si ne minora quidem illa, verum operi quod instituimus necessaria, præterierim. Sed et illud [b] Sosipatri Charisii opponebant, Ipsam quidem « rerum naturam tam finitam, ut nobis novissimum sui assignet, nedum artes quarum consummationibus imbecillitas humana non sufficit, vel propter extremum difficultatis laborem, vel sola earum inventione satiata. Et « sane quid potest absolutum esse quod assidue « pro subtilitate cujusque ingenii astruitur? Non « ideo tamen nullæ sunt, quia illas subinde adjectionibus tutas non patimur. Quare contenti « simus eo, quod repertum est, cum in omni « rerum ratione partes quoque mensuram sui « habeant; et naturam nec aliter profectam esse « videatur; quod interim est. Hisce et similibus « argumentis [c] ita suffudere pudorem negantis, « ut plus considerarem quid illi cuperent, quam « quid me facere conveniret. »

[e] Plin. in Prol.

[f] In Prol.

[a] Quintil. in Præfat.

[b] Sosip. Charisius. l. 1. Instit.

[c] S. Hier. Epist. 9.

[d] Cur igitur, si me videam delinquere, peccem,
Et patiar scripto crimen inesse, rogas?
Non eadem ratio est sentire, et demere morbos :
Sensus inest cunctis, tollitur arte malum.

[d] Ovid. l. 5. de Ponto Eleg. 9.

Hi Commentarii ægre publicantur.

LXXVI. Non mirum igitur si ægre ac invitus fere Commentarios istos emitto in publicam lucem, quos a nemine videri vellem, si omnibus abscondere possem. « [e] Quem enim rudis et impolitus artifex fecerit annulum, ab aliis videri formidat, omnes inspectores non laudaturos, sed « judicaturos expectat. Et ostendit itaque et metuit, quia sibi et de opere suo minime credit, et « de alterius judicio non confidit : dum id soli « sibi ante examen perfecte non placet, in examine displicere plus timet. Sic ostendentis et paventis accipiat Lector munusculum nostrum : « [f] judicet quod placuerit, et rescribat quod judicaverit, ut si refrigerato inventionis amore, « diligentius repetitos, si Deus vitam dederit, « lector perpendam, et a mendis purgati editione « altera, si tanti habeantur, limatiores libri prodeant. Sæpe enim accidit, ut [g] semper addat aliquid stylus, et scribendi mora, crescatque ipsa « cogitatione oratio. [h] Interim qui volet proferat « meliores epulas, et me conviva utatur, aut qua-

[e] Robert. Abbas in Prolog. ad Cantica Cantic.

[f] Quintil.

[g] S. Hier.

[h] Id. ep. 80.

« licunque cœna nostra contentus sit. » Ego vero satis me præstitisse arbitrabor, si miseram utcumque sustinuerim antiquitatem, aliorumque ingenia ad eandem illustrandam excitaverim, et si inter mala multa, quædam mediocria, quædam etiam bona protulerim, cum aliter, ut ait [a] Martialis, non fiat liber.

[a] Martial. lib. 1. Ep. 17.

Quod objici posset, hic tradi jam ab aliis tradita, prævertitur.

LXXVII. Verendum deinde mihi satis adverti, ne quod viris longe doctioribus alias objectum legitur, et mihi opponeretur, ac proinde minorem sibi gratiam conciliaret hoc qualecunque opus « [b] quod pleraque non inventa per me sed ab aliis « tradita contineat, et cornicem Æsopi alienis co- « loribus adumbraverim : [c] ut factum impudenter « dicant, qui nostro nomini voluerimus ex aliorum « laboribus libare laudem ; et si volumen istud pre- « henderint antiqui, seu paulo recentioris ævi « Scriptores, et suum quisque de libris suis tule- « rit, nihil quod nostrum velimus relinquatur. « Sed fateri non pudet, multa non primi tradidi- « mus, [d] communia sunt quæ cum veteribus ac « recentioribus sentimus. » Omnes aut nostra aut aliena referimus, aiebat [e] vir doctissimus, neque tamen pari auctoritate censemur. Debetur more majorum antiquitati et senectuti honos, cui studuimus potissimum, dum in ipsos fontes digitum intendimus, res Scriptorum firmavimus auctoritate, qui si ab aliis jam laudati, norunt plus satis viri eruditi, eosdem libros nos legere, neque uni conscriptos : ut merito [f] Quintilianus pravum illud quorundam studium circa Scriptores Artium suggillet, « Nihil eisdem verbis, quæ prior aliquis « occupasset, finiendi : quæ ambitio, inquit, pro- « cul aberit a me. Quin et observat [g] Plinius con- « ferentem Auctores se deprehendisse a juratissi- « mis et proximis veteres transcriptos ad verbum « neque nominatos, non, inquit, Virgiliana vir- « tute ut certarent. [h] Aiunt enim Mantuanum va- « tem, cum ex eo quod versus quosdam transtu- « lisset Homeri, compilator veterum diceretur, « respondisse magnarum esse virium Herculi cla- « vam extorquere de manu. Sed et Tullius, qui in « arce Romanæ eloquentiæ stetit Rex oratorum, « et Latinæ Linguæ illustrator, repetundarum « accusatus est a Græcis. Et Terentius Comœdia- « rum prologos in defensionem sui scenis dabat, « quod urgetur a Luscio Lucinio, et quasi publici « ærarii fur, Poeta accusaretur. » Quæ quidem magnorum virorum exempla obtrectatoribus proponere visum est, ut vel inde discant, omnes fere quæ in publicum exeunt lucubrationes, ex propriis vix confici, earumque auctores oblatis quasi opibus uti posse interdum. Ego vero sic porro in hac lucubratione versatus sum, ut ceteros Glossographos fere non consuluerim, nisi post confectas ex propriis schedis vel adversariis observationes, ne vulgarem viam ingressus, alienis vestigiis totus demum viderer insistere : ex quibus quidem si quid aut a me prætermissum, aut ignoratum esset, quod chartæ mandari dignum videretur, excerpsisse non diffiteor, facta Auctorum perhonorifica mentione : [a] « Ita tamen ut ab aliis con- « fecta non damnem, sed post priorum stu- « dia quod potuerim laborare curaverim, [b] et in « iis quæ alii jam occupaverant, lectorem ad eos « amandare satius duxerim, ne viderer potius « aliena quam mea quæsisse. » Non defuerunt enim variis temporibus viri doctissimi, quorum vigiliis et lucubrationibus debemus, ut dubiis quibusdam lux allata sit, quique in ea qua nos palæstra desudarunt, et non sine summa eruditionis laude versati sunt. Alii quippe generalia aggressi sunt Glossaria, cujusmodi sunt Henrici Spelmanni Archæologus, et Joannis Gerardi Vossii libri duo de vitiis Sermonis Latini, ut aliquot alios e paulo recentioribus omittam. Alii Scriptoribus mediæ ætatis a se editis, aut illustratis, subjunxere vocum insolentium, et ab bonæ Latinitatis usu alienarum explanationes ordine literarum, quæ Commentarii vicem præberent. Non desunt præterea ex viris eruditis, qui multa ad hoc opus pertinentia, etsi non ex professo, obiter saltem scripta posteris reliquerunt. In his vero quæ ab aliis sunt occupata, præterquam quod ad cætera attentius perscrutanda quæ illorum diligentiam fefellerunt, quasi nobis iter aperiunt, fatendum post tantas messes, in uberrima studiorum disciplinarumque segete, non contemnendum restare spicilegium : quod voluminis nostri magnitudo, quod nedum omnia quæ explicationem aliquam postulant, complectitur, abunde convincere potest : [c] « Ita ut pro novitate rerum, vete- « rem materiam novam fieri, et ex vetere novum « ædificium nova cura instaurari posse nemo dif- « fiteatur. » Quantacunque enim sit nostra lucubratio, multis adhuc augeri posse ultro agnoscimus, cum fieri nequeat, ut in amplissima rerum gravissimarum varietate non supersint difficultates aliæ, et salebræ apud Scriptores, quæ aut oculos fugere, aut hominis quantumvis eruditi captum soleant superare. Verum si quis nostri laboris æquus arbiter, aliorum forte inspexerit in hoc genere lucubrationes, de hac nostra, qualiscunque tandem illa sit, non sinistram adeo sententiam feret, vel benignius pronuntiabit. [d] « Quæ « cum ita se habeant, nil aliud superest, nisi ut « Lectorem obsecrem ne laborem meum reprehen- « sionem existimet aliorum. In tabernaculo Dei « offert unusquisque quod potest. Alii aurum et « argentum, et lapides pretiosos : alii byssum et « purpuram et coccum offerunt, et hiacynthum. « Nobiscum bene agitur, si obtulerimus pelles et « caprarum pilos. »

[b] Quintil. lib. 3. c. 1.
[c] Auctor ad Heren.
[d] Octavian. Horatian. l. 4. p. 81.
[e] Ant. August. in Prolog. ad Glossar. Juliani Antecess.
[f] L. 2. c. 16.
[g] Plin. in Prol.
[h] S. Hier. in Tradit. Hebraic. in Prolog.

[a] S. Hier. lib. 2. in Ruffin. c. 7.
[b] Id. in Epitaph. Nepotian.
[c] S. Hier. Ep. 50. et in Præf. ad Hebr. nom.
[d] S. Hieron. lib. 2. in Ruffin. c. 7.

Sunt qui in carpendis aliorum scriptis gloriam quærant.

LXXVIII. Aliud est deinde genus hominum ex iis qui utcunque literis dant operam, qui magnam laudis gloriam inde sibi accedere putant, si quid in Scriptorum libris expiscentur, quod carpere possint : et securi aliena subsannant, dum sua simili periculo non exponunt : [a] « qui, « inquam, per singulas syllabas antequam sensum « desudantis contingant, subsannando verba con- « demnant.

[a] Apon. in Prol. ad Cantic. Cantic.

[b] Forsan multo præstantior alter
Pauca reperta putet, quam plura invenerit ipse :
Deses et impatiens minus hæc obscura putabit.
Pro captu lectoris habent sua fata libelli.

[b] Terent. Maur.

« Sunt qui aliquid discere affectant, ait [c] Lupus « Abbas Ferrariensis, et velut in edito sitos loco « studiosos quosque imperiti vulgo aspectantes, « si quid in eis culpæ deprehenderint, id non hu- « mano vitio, sed qualitati disciplinarum assi- « gnant. » Certe non defuere qui nos [d] usurpatores ardui operis suggillarent, et lucubrationem hanc nostram vellicarent, priusquam edita prodiret in publicum, atque adeo nec visam, nec lectam, cum institutum nostrum reprehenderent, operamque frustra hic positam vellent, quasi post tot hactenus in eo genere studii publicatas eruditissimorum ævi nostri hominum vigilias, ausu temerario, ac pene sacrilego conatu, libros hosce moliremur, novi nihil aut parum dicturi. Quasi vero Aristotelem in Philosophia a scribendo deterruerit Platonis amplitudo : vel Aristoteles ipse cæterorum æqualium, et qui longe post vixere, studia restinxerit, et post Ciceronem et Demosthenem Oratoriam artem nullus excoluerit : quasi denique excellentium virorum premere vestigia non liceat. Ita enim sentire solent scioli quidam, [e] « et qui maxime docti sibi videntur, qui di- « ctionem sanam et insanam ferme appetitu pari « revolvunt, non amplius concupiscentes erecta « quæ laudent, quam despecta quæ rideant. » Neque porro eram nescius, dum in tam illustre literatorum theatrum prodirem, fore ut in ejusmodi varia incurrerem hominum judicia. Neque me latebat quam sit res quorumlibet etiam censuris obnoxia verborum interpretatio, ac proinde et laboris et temporis, et meæ quoque existimationis me subire aleam mihi non erat obscurum. « Quip- « pe [f] qui scribit, multos sumit judices : alius in « alterius livet ac grassatur ingenium. Ille si unus « sermo defuerit, quasi claudam oratiunculam « diffugit. [g] Deinde in rebus humanis nihil sic « elimatum, ut aliqua parte detractioni non pa- « teat : cum mala de merito, bona autem de livore « carpantur. Unde detractorum aculeos æquani- « mius tolerare constitui qui scilicet malunt aliena « carpere, quam sua componere vel emendare. « [h] Felices, inquit Fabius, essent artes, si de illi « soli artifices judicarent. Poetam non potest « nosse, nisi qui versum potest struere. Philoso- « phos non intelligit, nisi qui scit dogmatum va- « rietates. Manufacta, et oculis patentia magis « probant artifices. Nostra quam dura sit neces- « sitas potest animadverti, quod vulgi standum « est judicio : et ille in turba metuendus, quem « cum videris solum, despicias. Hoc præteriens « tetigi, ut eruditis contentus auribus, non magno- « pere curemus quid imperitorum de ingenio « nostro rumusculi jactitent. » Dicam rursum cum Terentiano [a] :

[c] Epist. 1.
[d] Jul. Severian.
[e] Sidon. lib. 3. Epist. 14.
[f] Epist. ad Præsidium Diac. tom. 9. oper. S. Hieron.
[g] Joan. Sarisber. in Prolog. ad Metalog.
[h] S. Hier. Epist. 26. c. 4.

Sed me judicii non pœnitet : hæc bene vobis
Commisi, quibus amor est et prudentia juxta,
Et labor in studiis semper celebratus inhæret :
Vos sequar, in vestro satis est examine tutum.

[a] Terent. Maur.

In eam enim spem veni, ut judices præsertim experiar, qui in hac eadem arena aliquando decertarunt, aut hoc decurrere stadium, quo vires ipsi suas periclitarentur, aliquando tentarunt. « [b] Conticescant igitur, obsecro, qui nec sua edunt « nec aliena benigne suscipiunt, nec, si quid eis « displicet, pacifice corrigunt. Discant ea quæ « nesciunt, et si discere nequeunt, patiantur sal- « tem symmathetas suos edere quæ sentiunt. » Proinde

[b] Orderic. Vital. l. 6. p. 597.

[c] Vive liber, liberque vige : sed si qua nocebunt,
Disce libens livore nihil sublimius esse,
Cum tibi mordaces obliquent læva cachinnum
Murmura, cum cupient linguis lacerare prophanis.
Sit utinam invidia dignus, quæ summa lacessit,
Quam pascit præsens, extremaque terminat ætas.

[c] Jos. Iscan. de Excidio Trojano.

Neglectus est elocutionis splendor : hunc non patitur libri scopus.

LXXIX. « In iis porro, quæ a me pertractantur « in hisce voluminibus, non elocutionis splendo- « rem spectavi, sed [d] placuit ut hoc ipsum tumul- « tuario simplicique sermone dictarem, cum ad « Scriptorum sententias subtiliter examinandas « animum potius adverterem, nec ad verba expo- « lienda studium superesset, aut otium. Quæso « igitur Lectorem, ut [e] Vigilii Tapsensis verbis « utar, ut vilitatem nostri sermonis usquequaque « non despiciat, quia et fortassis potuit eloquen- « tius oratio comi. Cum nos ita stylum tempera- « verimus ut, rem potius quam verba legentibus « commendaremus. » Et maxime hoc opus cothurno tumentis eloquii inflari non debuit, cum in iis, quæ in rerum versantur investigatione, criticum omne, nihil de oratore sperari debeat, sed cura simplicis et diligentis solertiæ. Ejusmodi enim sunt lucubrationes istæ, ut de iis proferre liceat, quod de suis [f] Plinius, « nec ingenii esse ca- « paces, nec admittere excessus, aut orationes « sermonesve : vel quod [g] Pomponius Mela de « Geographia, impeditum esse opus, et facundiæ « minime capax : quæ denique ἀνθηρογραφεῖσθαι nullo modo possunt quod de iisdem rebus Geo-

[d] Joan. Sarisber. in Metal.
[e] Lib. I. cont. Eutych. c. 15.
[f] In Præf.
[g] Pomp. Mela in Proœm.

graphicis dixit Strabo. Nam et ipsum operis argumentum orationem non tam gravem, quam perspicuam et interpretationi aptam requirit. Cum enim totum sit in concinnandis et examinandis auctorum locis, ut vel vocabulorum genuina eruatur significatio : velut ritus veteres moresque obsoleti, acta eorundem Scriptorum inter se comparatione, elucescant, « [a] eloquentiæ non opus « est, sed laboris, ut verbo utar veteris Medici, « seu ut Vegetii [b], cum hic nec verborum concin- « nitas sit necessaria, nec acumen ingenii, sed labor « diligens ac fidelis, ut quæ apud diversos scri- « ptores dispersa et involuta celantur, pro utilitate « publica proferantur in medium. Commentarii « enim quid operis habent, ait [c] Hieronymus, al- « terius dicta edisserunt, quæ obscure dicta sunt, « plano sermone manifestant : multorum senten- « tias replicant et dicunt : Hunc locum quidam sic « edisserunt, alii sic interpretantur ; illi sensum « suum et intelligentiam his Testimoniis et hac « nituntur ratione firmare, ut prudens Lector cum « diversas explanationes legerit, et multorum vel « probanda vel improbanda didicerit, judicet quid « verius sit, et quasi bonus Trapezita adulterinæ « monetæ pecuniam reprobet. [d] Quid ad interpretem « sermo compositus, ait idem Scriptor, cujus pro- « fessio est, non quo ipse dissertus appareat, sed « quo eum qui lecturus est, sic faciat intelligere, « quomodo ipse intellexit qui scripsit. » Huc accedit quod nulla fere est ævi recentioris quæ hic tractantur rerum affinitas cum veterum moribus, quibus ignotæ fuere, ut veterum complures hodie ignorantur, quod in desuetudinem abierint. Si quis enim ex verborum similitudine res nostras hodiernas, aut paulo superiorum sæculorum, ad Romanorum mores ac ritus vellet componere, non tam eas illustraret, quam tenebras illis caliginemque offunderet. [e] Quemadmodum quidam ex recentioribus Jurisconsultis res nostras Forenses Romani fori expressere vocabulis, qui cum ea minime publici esse saporis satis perciperent, ut ipsi intelligerentur, Glossaria, quibus utcunque plana fierent, libris suis præmittere operæ pretium censuerunt. Quo sane referre hoc loco placet, quæ in hanc rem habet [f] Scriptor Anglus, dum ait, « qui « apud Scotistas, et in multis formulis Jureconsultorum barbare loquitur et male Latine, pro- « bari : qui pure, venuste, Latine, licet graviter « et copiose disserat, tamen omni irrisione ludi, « et arrogantiæ notari : id quod, inquit, in Se- « natu nostro accidisse superiore die animadver- « teram. Nam cum rogationem apud nos de amici « sui honore quidam ferret, et quia Latine per « statuta jubemur id facere, scripsisset ita, *Sup- « plex a vobis contendit Titius, ut, etc.* cum fere- « batur, a multis imperitis hominibus continuo « propter Latinitatem antiquata est. Quod cum ille « intellexisset, animadverso errore suo, scripsit « ita, *Supplicat vestris Reverentiis Titius, quod,* « *etc.* Statim rogatio, nemine usquam contradi- « cente, accepta est. Risimus, subdit ille, in illa « Academia, quæ formulis omnibus in judicio su- « persedere patitur, et ubi Latinæ Græcæque lin- « guæ fons et propagatio debeat esse, scribendi « magis formulam, quia Latina fuit, ad antiqua- « tionem, quam æquitatem rei petitæ, quia justa « videbatur, ad impetrationem valuisse. Didici- « mus tamen etiam inde, consuetudinis ususque « longævi non levem esse auctoritatem, nimirum « ad abolendam rogationem apud imperitos et « ineptos : non ad constituendam Latininatem « apud doctos et disertos. Quanquam enim repre- « hendebatur, etiam cum repulsæ mulcta, propter « Latinitatem petitio, tamen neque reprehensio, « neque repulsa poterat efficere, quo minus ma- « gis esset Latina quæ rejiciebatur, quam quæ « fuerat accepta. Hactenus ille. Unde colligi datur, haud proclive esse formulas semel receptas abolere et antiquare, deinde ejusmodi scriptionis genus, quod totum in interpretatione versatur, ita esse debere, ut [a] interpretatio ipsa alio interprete non egeat : quod plerisque nimium disertis accidere solet, quod supra attigimus, ut major sit intelligentiæ difficultas in eorum explanationibus, quam in iis quæ explanare conantur. « [b] Sterili « materia rerum natura, hoc est, vita narratur, « aiebat Plinius, et hæc sordidissima sui parte, ut « plurimarum rerum, aut rusticis vocabulis, aut « externis, imo barbaris, etiam cum honoris præ- « fatione ponendis. » Satius igitur duximus, aliorum Glossographorum exemplo, paulo squalidiori sermone res patrias, ipsasque nostrastes formulas, et ut eæ tum efferebantur, atque adeo cum ipsa barbarica et inculta minusque interdum latina loquendi ratione proponere. Verbi enim gratia, *feudum*, *terram*, aut *Ecclesiam deservire*, non semel dicimus, quod sint formalia verba, ac proinde ut familiaris loquendi modus exhibeatur. Neque enim nobis ignotum, has et ejusmodi locutionis formulas barbaras esse, quæ si Latinis purioribus efferrentur, non tam planæ essent, quod monendum fuit, ne quis in hisce continuo criticum agat. Tametsi phrasis illa, ut id obiter adnotem, apud Latinos haud omnino insolens ac ignota, cum eodem sensu *Inservire aliquem* dixerint Plautus, Festus Avienus, et aliquot alii, ut observatum est ab Eustatio Swartzio [c]. Deinde, « ut scite scribit [d] Henricus Valesius, non refugienda « sunt hæc verba, quæ tot seculorum usus conse- « cravit : alioquin *Ecclesiæ* et *Apostolorum* et « *Episcopi*, et *Catholici*, vitanda erunt voca- « bula : et longa verborum serie obscuranda erit « oratio, ne dictionis unius prorsus necessariæ as- « peritate lædatur. [e] Atque hac quidem scribendi « ratione etsi aliquantum Lectores fatigentur, re- « rum intentos virtutibus calculum saltem veri- « tati daturos, [f] nec jejunæ maciem orationis, ad « ea quæ sunt caligantibus impedita sententiis ex-

[a] Octav. Horatian.

[b] Vegetius in præfat.

[c] Lib. I. in Ruffin. c. 4.

[d] Ep. 153.

[e] Joan. Lucius, Ren. Chopin. Ann. Robert.

[f] Thom. Smith. lib. 1. de Pronun. Ling. Gr.

[a] S. Hier. Epist. 139.

[b] Plin. in Præfat.

[c] Swartz.

[d] H. Vales. ad l. 4. Euseb. cap. 11.

[e] Gregor. Bætic. lib. 1. de Fide.

[f] Boetius in Præf. ad lib. de Arith.

« pedienda, omnino rejiciendam existimaturos « confidimus.[a] Denique si quid minus a nobis, aut « secus quam oportuit dictum est, veniam postu- « lamus : aut enim verborum nos copia defecit, ut « aut quod sentiebamus exprimere nequiremus, « aut quæ sentienda fuerant, exilitate ingenii, et « mentis infirmitate sentire non valuimus. Sed si « opere displicemus, saltem studio placeamus. « Sit acceptum voluisse, si displicet non potuisse « nostrum. »

[a] Vigil. Taps. l. 5. contr. Eutych. cap. 26.

Quinam fuerint hujus operis adjutores.

LXXX. Hac igitur tanquam futuri operis crassa quadam et rudi informatione præmissa, expositaque instituti mei ratione, qua quicquid non tam præstiti, quam præstare sum conatus, Lectoribus proponere statueram, superest ut quorum ope adjutus extremam arduo et laborioso operi manum imposuerim, paucis aperiam, cum « [b] benignum et plenum ingenui pudoris sit fa- « teri per quos profeceris, et contra [c] ingratus « sit et perversi ingenii, qui profectus sui diffi- « tetur auctorem. » Ego certe, iis præsertim debere me plurimum ingenue fateor, qui Scriptores non veteres duntaxat, sed et quos ætas sequior tulit e tenebris erutos, hactenusque neglectos, etiam hac ipsa qua vivimus tempestate, ab interitu vendicant, qui quidem etsi nitida non omnino, imo insulsa interdum, ne dicam barbara persæpe oratione libros suos conscripserint, habent tamen, quod jam attigimus, unde magna eruditionis seges accedere possit. Ejusmodi sane sunt a viris, omni virtutis et eruditionis genere ornatissimis, e Societate Jesu, Joanne Bolando, Gotefrido Henschenio, et Daniele Papebrochio, immenso studio undique conquisiti, summoque reipublicæ Christianæ bono editi Scriptores qui Sanctorum vitas ac gesta literis mandarunt, quos ii eruditissimis commentariis, in quibus, quidquid est reconditioris literaturæ, occurrit, illustrarunt. Horum vestigiis insisunt ex ordine Benedictino, ut alios sileam, Lucas Acherius, et Joannes Mabillonius, pari vitæ integritate et literarum cognitione insignes, quorum alter Scriptorum hactenus ineditorum, non Spicilegium, sed messem integram demetendam literatis omnibus exposuit, confecto tandem nuper tomo decimo-tertio : alter Analectorum duobus jam editis, aliisque paratis voluminibus, Auctorum qui ejusdem Ordinis Sanctorum Vitas resque gestas scriptis exararunt, collectioni, cum collega Acherio magna cum laude incumbit, hancque eruditis observationibus adornat. Horum industria, qua sunt comitate ac humanitate, codices manuscriptos ex instructissima Sangermanensi Bibliotheca evolvere sæpe contigit, unde nostrum hoc opus indidem illustraretur. Neque ab iis divellendus vir simili erga nos benevolentia ac singulari prorsus eruditione Joannes Baptista Cotelerius, Regius Linguæ Græcæ Professor, qui editis duobus antiquorum Patrum, qui Apostolicis temporibus floruerunt, voluminibus, cum eruditis adnotationibus, idem modo fere in Græcis præstat, quod in Latinis Scriptoribus Acherius, Monumentis Ecclesiæ Græcæ, e veteribus codicibus erutis, primoque jam publicato volumine, aliis proxime subsecuturis. Neque perinde reticendus vir clarissimus Stephanus Baluzius, qui indefesso studio publicandis Scriptoribus operam collocat, nuperque Regum nostrorum capitula accurata prorsus diligentia conquisivit, collegit, contulit, digessit, notisque ac veteribus formulis et monumentis locupletavit, ex quibus Glossarium nostrum collustrandi oborta sæpe facultas et occasio. Ubi tamen monendus Lector, non ubique semper in laudandis septem Capitularium libris ejus me editionem secutum, cum res dudum esset confecta ex Pithœana, et quidquam in adversariis mutare haud levis fuisset laboris. Mihi denique duo supersunt viri clarissimi ac doctissimi hac in parte commemorandi, quorum alter est Petrus Carcavius Bibliothecæ Regiæ Curator dignissimus, cujus diligentiæ quantum illa debeat accessionis et incrementi, ut et numismatum veterum locupletissima ac vere Regia Gaza, norunt quotquot sunt in hac urbe Galliarum primaria eruditi. Is enim et manuscriptos ejusdem Bibliothecæ codices, et rariores ex editis, singulari nobis urbanitate suppeditavit. Alter est nobili beneficentia, et rerum nostrarum cognitione inter paucos illustris, Antonius Vionius Herouvallius, literatorum fere omnium nostræ ætatis commendatione notissimus : « qui citius « impetrantibus quam implorantibus, coacerva- « tas undique literarias opes liberali manu distri- « buens (verbis utor viri docti), unus sterilitatem « temporum, regionum inopiam vel sustulit, vel « sublevavit : qui Historiæ nostræ in lacinias di- « scerptæ verius quam descriptæ integritatem « dedit ac nitorem. » Is enim qua est animi magnitudine, et incredibili in literas omnes amore, quibus juvandis totus natus est, veteres codices, tabularia, ac diplomata quæ vel habuit, vel quæ in manus venere, mecum statim communicavit : ita ut quod ex manuscriptis monumentis toties excerpta in hocce Glossario laudantur, hujus præsertim liberalitati acceptum referre Lector debeat. In quibus quidem describendis ab eo nominando consulto abstinui, tot beneficiorum in me collatorum palam in ipso libri limine contestationem editurus.

[b] Plin. in Proœm.
[c] Joann. Sarisber lib. 1. Metalog. c 5.

Elogium Lamonii Principis Senatus Parisiensis.

LXXXI. Sed inter tot homines eruditos, an preterire silentio possim Virum undequaque ornatissimum, quem irreparabili literarum detrimento, atque adeo immenso bonorum omnium et totius Orbis Gallici dolore, mors præmatura nuper absumpsit, studiorum fautorem, et hujusce operis incentorem præcipuum?

[a] Auson. Epist. 3.

[a] Hunc dico, qui Lingua potens
Minorem Atridam præterit,
Orando pauca et musica;
Qui grandines Ulixei,
Mellifluentem Nestora,
Concinnatorem et Tullium.

Hunc, inquam,

Quem nemo fando dixerit,
Qui non prius laudaverit.

Is est illustrissimus GUILLELMUS LAMONIUS, Bavillæ Marchio, et Senatus Parisiensis Princeps, cujus immensa aliunde merita infinitarum pene rerum illustrabat cognitio, quam pervigili lectione ac studio pertinaci a primo ætatis flore sibi acquisierat : quamque demum sic postea excoluit et auxit, ut prodigii sit instar ipsum adhuc adolescentem præcipuis Senatus decursis dignitatibus, rebus publicis subinde gerendis, ac toti postea Curiæ præfectum a Rege moderatorem, tot potuisse ac tam diversi generis disciplinis animum informare. Quid enim ipsum fugit in multiplici Linguarum scientia, quid in literis certe humanioribus, de quibus graviter appositeque semper disserentem, etiam ex tempore, nemo qui audiit, non suspexit? Quis ad felicissimam et incredibilem illam qua valebat memoriam, ingenio adeo perspicaci, ac tam solido adjunctam judicio non obstupuit? Cujus mentem egregia illa ac singularis eloquentia, seu verborum spectes elegantiam, seu sententiarum dignitatem, seu etiam dicendi gratiam non perstrinxit, cum aut in amplissimo Senatu, aut in Regis Maximi conspectu peroraret? « [b] Sed licet tanta præstaret eruditione, ingeniique elegantia ac comitate, quas « compertum est viris præsertim primariis necessarias esse, quibus absque naturæ bona quasi « incompta, aut etiam horrida despectui sunt, « contraque ea æternam gloriam pariant : » [c] illud tamen in eodem studiorum omnium culmen antevenit, quod haberet huic eminenti scientiæ conscientiam superiorem. Quæ quidem animi facultates dotesque tantæ, ut nihil dicam de illustrium in primis splendore natalium, [d] « cui pater, socer, avus, proavus, urbanis, Palatinis, « militaribusque magisteriis insignes fuere, » ad supremum Themidis Thronum jure merito eum communi omnium applausu extulerunt. Quo in Magistratu singulari cum prudentia, vigilantia, moderatione et morum integritate ita est versatus, ut qua erat animi amplitudine, tot gravibus licet occupatissimus distineretur negotiis, qua officiis maximis, qua amicitia Principum impeditus, se se viris quibusque eruditis amicum adeo affabilemque exhibuerit, quasi nihil aliud ipsi incubuisset muneris ac pensi, quam literati illius otii in familiari eorum consuetudine degustare delicias. De ipso dixerim, quod de Titinnio Capitone [a] Plinius junior : « Studiosos amabat, « fovebat, provehebat, multorumque qui aliqua « componunt, portus, sinus, præmium, omnium « erat exemplum : ipsarum denique literarum « jam senescentium reductor ac reformator. « Domum suam recitantibus præbuit, auditoria, « non apud se tantum, ea benignitate frequen« tavit, [b] ut qui dignitate Principibus excellebat, « par infimis esse videretur; [c] dum raro genere « exempli altitudinem suam humilitate compen« saret; [d] in iis vero si quid intricatum vel obscu« rum proponeretur, quam ille omnibus statim « non dubitans, non fastidiens aperiebat? volu« ptuosissimum reputans, si forte oborta quarum« piam quæstionum insolubilitate labyrinthica, « scientiæ suæ thesauri eventilarentur. » Nec ipsi porro satis fuit eximias istas animi virtutes, aut a natura comparatas, vel arte ac studio acquisitas excultasque dotes possidere, nisi et eas ad illustres filios, locupletius veluti ac nobilius longe patrimonium, cura pervigili paternaque diligentia transfunderet. « Nam si, quod ait [e] Fa« bius, afferunt laudem liberi parentibus, sui si« miles genuit, [f] quasi contra naturæ legem, quæ « crebro tanquam ex industria malos e bonis, « agrestes e doctioribus, et cæteros ejusmodi seu « contra gignit : quo demum exemplo sapien« tium plures caruisse liberis utilius duxere. « [g] Vegetis iis quantumlibet et alacribus exem« plum, pigrioribus paulo ac desidibus incitamen« tum dedit : et si quod eum quocumque animo « deinceps emulantur, sibi forsitan quod conse« quantur debent, illi debebunt procul dubio « quod sequuntur. » Horum alterum post exacta haud vulgari cum laude in forensibus Cancellis prima veluti Juris Civilis studiorum crepundia, Senatorem in Curiam, tum in arcanum Regis Consilium Supplicum libellorum Magistrum allectum, Patroni deinde Regii in amplissimo, cui præerat, Senatu dignitate fungi voluit; non tam ut domesticæ gloriæ velificaretur, quam ut magnificum ei campum aperiret, in quo eruditionem suam, eloquentiam, vitæque integritatem pro dignitate demonstraret : quod perfecit toties in maximi momenti negotiis, spectante cum incredibili gaudio Patre, ad omnium usque admirationem. Sed et filium alterum paribus insistere vestigiis, ac per ipsosmet pene honorum gradus ascendere voluit, quo iisdem se se doctrinæ, facundiæ, ac virtutum luminibus, quibus hodie effulget, in regiis perinde Consiliis conspicuum exhiberet. Quin et hac domestica laude non contentus, extera et aliunde petita, quibus undequaque locupletaretur, ornamenta in familiam inducere studuit : dum in generum adscivit eadem certe morum integritate, sed et eruditione pariter, ac eloquentia singulari, avita etiam clarum gloria, Virum amplissimum,

[b] Victor Schotti in Maxent.

[c] Sidon. lib. 1. Epist. 9.

[d] Id. l. 1. Epist. 3.

[a] Lib. 8 Epist. 12.

[b] Cicero.

[c] Sidon. lib. 2. Epist. 3.

[d] Sidon. lib. 4. Epist. 11.

[e] Quintil. lib. 3. c. 8.

[f] Victor Schottii in Claudio.

[g] Sidon. l. 1. Ep. 4.

Achillem Harlæum, Comitem Bellomontanum, Regium in eodem Senatu Procuratorem. Unde contigit ut raro, et inaudito forsitan hactenus exemplo, idem Senatus ille supremus, si non prorsus regeretur, splendorem certe præcipuum ab unica ejus familia desumeret. Constans adeo in illa fuit, tantaque virtutis ac probitatis existimatio, ut Princeps invictissimus, cui pridem erat explorata, tot una fascibus ac dignitatibus hanc cumulare non dubitarit. Neque intra civiles duntaxat supremosque in Curia Magistratus, quorum ad gloriam præsertim pertinent studia literarum, illam continere voluit, cum et generum haberet alterum non modo antiqua præcipuaque nobilitate, sed et inter Regiarum copiarum Præfectos imprimis illustrem : ut cum ab vetere illa, ac Militari Lamoniorum gente post longam avorum seriem genus ipse duceret, ab ea qua diu fulsit armorum professione illam decedere omnino non pateretur. « [a] Falso ergo creditur judicii nesciam esse Fortu« nam, quæ tot in eum, familiamque congessit « honores, cum et præteritorum memor, et pru« dens futuri, ei rependerit quicquid cæteris præ« stitit. Neque enim erratica est, a qua scimus « alios donum cepisse, hunc præmium. » Quid mirum igitur, ut eo redeam unde tantillum deflexi, si tot ingenii, eloquentiæ, ac doctrinæ ornamenta, quæ ad totius reipublicæ commodum et gloriam tota vita excoluerat, suspexere quotquot sunt in Orbe Gallico eruditi; et si non statuis in Rostris positis, ut viros disertos Romani, vel templis, quomodo Platonem Græci; sed τῇ βιβλίων ἀναθέσει, quemadmodum τοὺς ἄνδρας τοὺς ἐλλογίμους honorandos censebat Orator [b] Aristides, cohonestandum existimaruut : librorum, inquam, dicatione ac nuncupatione, qua non tam honorum quibus præfulgebat, fastigia, quam consummatam disciplinarum cognitionem cum singulari humanitate conjunctam, cæteraque vitæ ejus decora posteritati commendarent. « [c] An « non etiam licuerit inter olores canoros anserem « obstrepere, et balbutientem idem aliquatenus « præstare, » quod universus pene ætatis nostræ Literatorum consessus, et in hac qualicunque lucubratione eximii literarum parentis ac fautoris præcipui nomen memoriamque celebrare; quod quidem paternarum virtutum imitatoribus liberis haud ingratum fore non dubitem; cum eas in patre, quibus et ipsi insigniter adornantur, citra omnem invidiam ac minimam assentationis suspicionem prædicari animadvertent : « [d] tametsi « vereri debuerim, ne vulnus nondum obductum « exasperem, et virtutis ejus recordatio fiat dolo« ris instauratio. »

[a] Symmac. lib. I.

[b] Sacror. Serm. 5. extremo.

[c] Symmach.

[d] S. Hier. Epist. 8.

Dissertatio de inferioris Imperii Numismatibus : quare toti operi subjuncta.

LXXXII. Jam vero priusquam huic Præfationi finem imponam, superest ut aliquid dicam de ea, quæ operi nostro subjungitur, Dissertatione *de Imperatorum Constantinopolitanorum, seu inferioris, uti vocant, Imperii Numismatibus.* Atque hanc quidem licet ad Glossarii argumentum minus spectare fatendum sit, non ita tamen ab eo discedit, ut non habeat aliquid cum ipso commune, cum non recentioris duntaxat Græcitatis, sed et Latinitatis in re monetaria voces complures hic exponantur fusiore interdum commentario, eoque non semel Lectorem in nostro Glossario remittamus. Huc accedit, quod mediæ etiam ætatis mores, ritusque persæpe enucleantur. Denique cum id argumenti ab ejusmodi antiquitatum indagatoribus hactenus neglectum sit, haud supervacaneum forte videbitur, si quas nulla observatione dignas censuere, quod barbariem totæ spirent, ejusce ævi monetæ quoquomodo, atque adeo ita illustrentur, ut non prætermittendam earum cognitionem, spurcasque illas quantumlibet quisquilias inter tot præclara, quibus Gazophylacia sua adornant, κειμήλια, locum habere posse tandem cogantur agnoscere. Hanc porro Dissertationem olim conscripseram, ut esset veluti introductio ad Imperatorum Constantinopolitanorum Numismata, quæ haud mediocri studio ex Regis Christianissimi, aliorumque eruditorum virorum Museis conquisita, collecta ac digesta in ordinem secundum ipsorum Augustorum Familiarum Genealogias, ex utriusque Linguæ Scriptoribus adornatas, in æs incidi Regiis impensis curaveram, ut essent Historiæ Byzantinæ, quæ hactenus elegantissimis typis Lupaeæis prodierat, quod ei deesse videbatur, insigne aliquod ornamentum. Sed cum vix spes sit fore, ut hoc qualecunque opus, nescio quo fato, in lucem aliquando prodeat, hocce de Nummis Augustorum inferioris ævi Syntagma ab eo avellendum putavi, et in postremam Glossarii nostri partem rejiciendum, quandoquidem id voluminis utcunque moles pateretur, ut vel saltem inde haberent, quod jam monui, Rei antiquariæ studiosi, quo hanc Monetariæ supellectilis partem deinceps minime respuant, cum multa doctiorum indagatione et cognitione haud indigna in eo contineri ex nostris observationibus animadvertent : interim dum ipsa Augustorum Byzantinorum cusa hactenus Numismata, nostra, si fors ita tulerit, vel alterius opera publici juris fiant. Sed et ne quid ad id argumenti deesset, binas alias Dissertatiunculas subjecimus, Marquardi Freheri alteram de Saphiro Constantii Imperatoris, alteram ejusdem et Josephi Scaligeri, de Constantini postremi Constantinopolitani Imperatoris numismate argenteo, quod hæc seorsim in folio ferme unico editæ vix hodie occurrant.

Præfationis epilogus.

LXXXIII. Cæterum,

Si qua videbuntur chartis tibi, Lector, in istis,
Sive obscura nimis, sive Latina parum :
Non meus est error, nocuit Librarius illis,
Dum properat versus annumerare tibi.

[a] Lib. 2. Epigr. 8.

[a] Quæ quidem ex Martiale duplici de causa præponenda duximus, tum ut si quid occurrat, quod aures accuratis Grammaticorum præceptionibus assuetas offendat, id tanquam a recte loquendi scribendique legibus abhorrens non illico damnet Lector, et criticorum more quidpiam emendandum existimat, [b] *ne dum Scriptoris vitium putat, et errorem emendare dum vult, faciat :* sed ætatis illius agnoscat conditionem, quæ nullis erudita magistris incultam barbariem redolebat : deinde ut quæ ex publicis documentis, vel ex alienis Commentariis laudantur, prout in ipsorum exemplaribus, vel editis, vel scriptis, quibus usi sumus, continebantur, ea nos summa cum fide descripsisse persuasum habeat. Proinde si non Auctorum incuriæ, certe Librariorum *properantium*, ut Poetæ verbo utar, seu ut cum Scriptoribus ipsis agatur humanius, celeritati, vel sæculi infelicitati errores sunt condonandi. Quæ vero operas spectant σφάλματα, fatendum aliquot, imo mirandum non irrepsisse plura, cum a nobis subinde collecta, non eo essent, quo par erat, digesta ordine in adversariis, imo tumultuaria satis opera, nec sat bene descripta. Ex iis tamen, quæ alicujus momenti esse videntur, et sub manum inter relegendum occurrerunt, ne cuipiam offendiculo sint, quædam emendavimus : cætera levia et quæ facile assequi Lector possit, pro sua ille humanitate boni consulet, et si aliquando viderit numerum pro numero positum, et ejusmodi quæ Hipparchus παρорάματα vocat, pro æquanimitate sua vel corriget vel condonabit, cum hæc communia sint iis, qui tam longos ἐπιλογίσμους tractant. Appendices porro singulis voluminibus adjunxi, tum ut si quid perperam a me scriptum sit retractem, tum ut quæ jam excusa novis Auctorum locis, qui me fugerant, et lucem aliquam dare poterant, firmarem.

[b] S. Hieronym. in Esa. 16.

DOMNORUM BENEDICTINORUM

PRÆFATIO

AD NOVAM EDITIONEM GLOSSARII DD. DU CANGE.

Tandem prodit in publicam lucem exspectata diu, omniumque Eruditorum votis expetita Cangiani Glossarii nova Editio; quæ utinam sustineat quam sui concitavit exspectationem. Probe intelligimus eo omnium maxime diuturnioris moræ incommodum posse corrigi, si meliore jam conditione prodeat. Sed verendum est ne durum alicui nihilominus videatur, quod necdum absoluta integraque publicetur, cum ecce amplius decennium est, ex quo, fide data, divulgari debuisset. Debitum agnoscimus, quantumvis temere contractum; at confidimus, idque procul a jactantia, nomina nostra nos expedituros gratissimo fenore : siquidem dum opus intermissum stetit, Bibliothecarum forulos revolvere, vetera Instrumenta perscrutari, Archiva per amicos, sodalesque nostros consulere, Libros editos excutere licuit, ex quibus opus cresceret, magisque perficeretur. Interea etiam doctissimi undequaque Viri animadversiones suas transmiserunt, unde amplissima succrevit seges, maximo sane operis commodo. Ut autem finis aliquando constitueretur, utque legitimis eorum querelis, qui symbolas dederant, fieret satis, atque Bibliopolæ nostro, cui onerosi jam erant effusi, iique haud levissimi, sumtus, opitularemur, statuimus, famæ nostræ periculo, forsitan et dispendio, delicatis Censoribus permittere opus, quod, posteriora volumina digerendo et elaborando, politius adhuc limari potuisset. Itaque ut nobis habeatur gratia, nedum ut ignoscatur, flagitare liberet; tamen æquitate Virorum eruditorum confisi movemur, ut admoneamus, non ut flagitemus.

Si quis denique importunus ingeminet querelam, quod tamdiu promissis superfuerimus, rationem expedire in promtu est : Sodales nimirum nostros, qui primi illo in stadio laudabiliter desudarunt, tanto operi haud impares, vel adversis Reipublicæ literariæ fatis ereptos, vel infirma valetudine impeditos, fidem liberare non potuisse. Quis adeo ferreus, cui excusatio nostra probanda non videatur? Atqui dum Congregationis nostræ præpositus Generalis alios perquirit, qui immensam hanc in se provinciam susciperent: dum delecti ad opus promovendum sese comparant et accingunt, res in diuturnum tempus extrahitur; atque ita certe editio retardata : verum nihil inde opus nostrum patitur detrimenti, imo magno istud fuit emolumento; cum enim sua cuique sit mens, suus sensus, sua sententia, quis inficietur in tanta rerum varietate, complurium criticam manum operi illustrando plurimum prodesse, nedum noceat?

Candide fatebor, præter cætera nos imprimis a proposito non semel revocavit, et ab inchoato opere deterruit celeberrimum Cangii nomen : non quod illi invideamus sane, quem virum excellentem omni genere laudis novimus; sed famæ nostræ consulentes exilitatem nostram cum ipsius mirabili ubertate conferri refugiebamus. Qui enim sequeremur ducem, quem copia et varietate imprimis commemorandum, virum summæ, reconditioris et omnigenæ eruditionis doctissimus quisque prædicat : quem in hoc natum celebrant, ut, quod paucorum est, Scriptores plurimos a barbarie qua erant infuscati sic vindicaret, ut si inconditis verbis offendunt, sententiis saltem etiam delicatioribus placerent : illum dico quem in Critice virum emunctæ naris, in Historia scriptorem accuratissimum, in Legibus fidissimum interpretem agnoscunt omnes : virum denique (verbis utor Illustrissimi Franciæ Cancellarii) qui moribus humanitatem, literas incredibili eruditione ornavit.

Car. de Aquino Præf. in Lex. mil. Mabillon. Præf. in Diplom. Bail. Jugem. des Scav. pag. 486. ult. edit.

Ibidem p. 889

In Ep. ad Cang. fil. 23. Jun. 1721.

Jam vero opus ipsum si spectemus quo præ cæteris tantam gloriam merito est consecutus; librum hunc dico amplissimum, omnibus apertum, de omnibus agentem, ut cum Mabillonio loquar : quis ad hanc immensitatem materiæ rerumque stupendam varietatem timidiores nos accessisse mirabitur? Quamquam enim nihil est simul inventum et perfectum, a perfectione tamen quam proxime abesse videbatur. Ecquid, oro, intactum reliquit, quid prætermissum voluit? Theologis multa suppeditat, quibus res abstrusas jejunasque illustrent et exornent. Historicis, quæ in chronologia vel geographia spinosiora sunt et implicatiora extricat et expo-

Præf. in Dipl.

nit : omnia quæ ad ritus, mores, dignitates et officia Ecclesiastici Laïcive ordinis pertinent, retegit : quidquid in Legibus obsoletum, in Consuetudinibus insolens, in Formulis hodierni etiam fori obscurum, ne quis a juris studio ob offusam vocabulis caliginem abducatur, ea accuratione excutit et elucidat, nihil ut præterea desiderandum existimem. Nec meo sane eget encomio : norunt enim hæc et mirantur omnes cordati viri.

Valeant igitur qui, quantumvis diligenter et studiose hæc pertractata Eruditis videantur, ex schedulis tamen utcumque digestis, ex animadversis per otium, sensim esse composita fingere amant : quidni cum Epicuro persuasum habeant ex fortuito quodam atomorum concursu mundum coaluisse. Hæc, fateor, fuere prima operis incunabula ; ne enim elaberentur omnia quæ legerat vir immensæ lectionis, in adversaria ipse referebat [Præf. § 63.] sibi opportune consulenda, ipso testante. At ubi collectis criticam manum adhibere, eaque in corpus redigere decrevit, ut digesta in publicam lucem emitteret : quantum elaboraverit apes imitatus, [Seneca Ep. 86.] « quæ vagantur, et flores, ad mel faciendum idoneos, carpunt, deinde, quidquid attulere disponunt, ac per favos digerunt, » sin ab ipso discere, saltem ex opere æstimare licet. Is siquidem fuit viri modestissimi pudor, ut, si cum ipso sentias, vix eum attigisse existimes quæ summa cum diligentia pertractavit. Ecquis vero, nisi in iis omnino peregrinus et hospes non laudet tanti viri modestiam et multiplicem literaturam non miretur, cum ex vocis barbaræ salebris tot exeunt præclaræ eruditionis monumenta ? Is quippe

[Hor. art. poet. 143. 144.]
Non fumum ex fulgore, sed ex fumo dare lucem
Cogitat, ut speciosa dehinc miracula promat.

Si pretium prædico, nemo vitio mihi vertat velim : Cangii enim totum est, tantumcumque est.

Neque vero, dum rebus vacat, extra propositi metas excurrisse Cangium putes. Id namque sibi oneris ac pensi inprimis sumserat ut, vocum insulsarum notiones retegendo, animos et doctrina excoleret, et rerum varietate delectaret. Et id quidem certe non præter institutum *Glossarii ad Scriptores mediæ et infimæ Latinitatis;* ut enim Scriptorum intelligentiam aperiret tituli non immemor, veteres nostrorum mores ferme obliteratos et oblivione sepultos, rursum in lucem revocare debuit, ne tota in Grammaticis [Præf. § 69.] quisquiliis hæc ejus lucubratio, aliquot Glossariorum more, jejuna et exilis prodiret in publicum. Sed hæc otiose omnino, causabitur fortasse aliquis [Hor. l. 2. Ep. 1. 87.] qui *solus vult scire videri,* cum eadem fusiori et comtiori stylo edocta habeantur a viris doctissimis. Varios clarissimorum virorum hoc in genere labores novimus et laudamus : at cum novus ordo rebus novam faciem novamque formam inducat, aliam esse prorsus ab illorum Auctorum proposito instituti Cangiani rationem quis ibit inficias? Quanta autem Cangio cum ipsis communia sunt? immensa sane sibi tractanda et elucidanda suscepit, quæ adhuc nemo attigerat, et hactenus fortassis manerent intentata. Inanis perinde est et malesarta viri celeberrimi criminatio qua in Cangium usus est, quod voces exteras in Glossario suo congesserit ; hæ quippe voces aut rebus nostris illustrandis inserviunt, aut ex Latinis Instrumentis describuntur, a Glossario proinde suo minime amandandæ. Itaque quod plurimas explicuerit, referenda gratia est ; quod aliquas inexplicatas reliquerit, hominem agnosce quicum humanius est agendum. Nec parvo sane Literarum dispendio has voces omisisset : quod ultro fatebitur quivis laboris nostri æquus arbiter, cum novam hanc editionem percurrendo occurrerit in abstrusiora aliquot vocabula, quorum interpretationem frustra tentassemus, nisi nostra cum præallatis a Cangio comparare licuisset. Hæc in brevem Cangii defensionem sufficiant, si tamen opus est, quippe qui, ad ipsam rem quæ satis esse existimaverat, ea occupavit in Præfatione sua num. 69. 70. et 78.

His igitur expositis, quale sit id, quod non tam præstitimus, quam præstare sumus conati, quidve nobis animo proposuerimus, paucis expediendum. Ea est hujusce operis natura et conditio ut, messis quantacumque sit, quæ nobis ex impigro Cangii labore accessit uberrima, spicilegium tamen reliquisse se non contemnendum iis, qui in eadem palæstra desudare vellent ipse agnoverit. [Præf. § 77.] Et quidem a prima hujus Glossarii editione ingens Anecdotorum numerus prodiit in publicum ; variæ urbium, provinciarum, nationum evulgatæ historiæ monumentis illustratæ, quibus quasi oblatis opibus usi sumus, non sine aliquo tamen delectu, ne opus eruditissimum coagmentationibus onerasse potius, quam exornasse videremur. Quocirca rerum parcissimi, quas vel jam abunde elucidaverat Cangius, vel quæ sua sponte ex instituto nostro minime nascerentur, ab iis temperavimus quæ extra modum dicta existimari possent ; nisi ab opere, cujus est Diplomatibus debitam auctoritatem vindicare, alienas credideris series quas texuimus chronologicas Cancellariorum, Notariorum, aliorumque aulæ regiæ Ministrorum, qui Literis regiis subscribere solebant. Alias quidem, eo tametsi non ita pertinentes, absolvimus, eas prorsus omissuri, nisi præivisset Cangius. Ex eodem numero sunt, haud minus necessaria, quæ, præfatis a Cangio, ubi de Monetis ac Palatiis Regum nostrorum disseruit, censuimus adjicienda. Monetarum disquisitionem pluribus locupletavimus, atque ad hæc usque tempora perduximus, cum in æqualium utilitatem, tum in posterorum gratiam, ab iis, ut spes est, benevolentiam reportaturi, quod ætatis nostræ monumenta ipsis inquirenda non reliquerimus. Palatiorum etiam nomina, quæ vetera Instrumenta tractando nobis occurrerunt, jam recensitis subjicientes, eorum aliorumque situs studuimus repræsentare, cum non qualemcumque Historiæ nostræ lucem accedere posse ex eorum cognitione certissime constet. Haud ita commode quis fortasse sentiet de nostra illa disceptatione, quæ in exquirenda Collegii Electoralis origine versatur. Verum is intelligat velim subdifficilem hanc quæstionem necdum satis explicatam, ad notitiam nihilominus rei inferioris ævi præcipuæ consequendam vel maxime conducere : quare mirum est a Cangio neglectam esse et penitus omissam.

At vero ne præfando longius exspatiemur, dum in operis decursu brevitati nos studuisse gloriamur; summatim dicam nihil nos, nisi quod necessarium nobis visum est de novo addidisse. In quo si quid a nobis peccatum est, in gratiam Lectoris peccavimus, quem in eo scriptionis genere docere scientem minus est incommodum, quam nescientem negligere. Et quidem hac in re delectui haud facilis est locus : sæpissime enim, quæ omnibus nota putamus, peritioribus etiam ignota sunt : aut si sunt perspecta, ea iterum auctoritatibus stabilita ac confirmata intueri non displicet. Inde est quod in plerisque locis, quæ pluribus jam momentis firmata sunt, nova interserere exempla non dubitaverimus : quippe aut antiquiora et clariora sunt quæ inteximus, aut eamdem vocem non unius fuisse loci vel provinciæ demonstrant; quod certe non erat omittendum. Hæc generatim dicta sufficiant; nam singula prosequi non est animus. De laterculis tantum quæ tabellis chronologicis a Cangio adornatis subjecimus, pauca commemorabo. Ut faciliori methodo Scriptorum mediæ ætatis compararetur intelligentia, atque etiam ut sincera Diplomata certius ab adulterinis secernerentur, has instuxerat tabellas Vir oculatissimus : negotium nihilominus facessunt interdum ex variis notis chronologicis exortæ difficultates, quibus salebris doctiores hærere coguntur. Iis igitur ne retardentur, atque ut plana et inoffensa hæc percurrant lectione, quinque latercula subjunximus, quibus quot Epacta quovis anno numerarentur ante Calendarii correctionem, quo die cujusvis mensis inciderent Novilunia, quot computarentur Concurrentes, quid sint Claves terminorum, cuive usui, continuo innotescit. Quartum sequitur quo primus dies cujusque mensis anni propositi, cum ante, tum post Gregorianam correctionem, facile deprehenditur. Quintum denique indicat quemlibet mensis diem unicuique hebdomadis diei correspondentem. Harum itaque tabellarum potior usus in eo maxime positus est, ut ex notis chronologicis vel Diplomatum veritas comprobetur, vel falsitas detegatur.

Alter est earumdem, sed rarior, usus, pergratæ interdum utilitatis. Quærit aliquis, quod fortean non parvi interest rescire, quæ sit certa facti alicujus epocha, cujus mentio est in Charta notis numericis, sed iis incertis, distincta. Novit ille factum istud intra octo vel decem annorum spatium concludi : ad quem vero ex iis potissimum referri debeat dubius inquirit. Rem exemplo illustremus. Exstant inter Instrumenta tomi 2. Gal. Christ. novæ edit. col. 229. Literæ Armandi Vicecomitis Podemniacensis cum hisce notis chronologicis, *Facta carta hæc feria sexta, in mense Octobris, luna prima, regnante Philippo Rege Francorum.* Mihi certum fixumque est (exemplum fingo) datas esse has literas post annum 1072. et ante annum 1084. nullumque in aliud tempus posse convenire. Restat jam ut cui ex decem propositis annis potius illigari debeant, exquiram. Facili et expedita methodo ex Cangianis tabellis edoctus Numerum Aureum anni 1073. fuisse 10. Literam vero Dominicalem F, oculos conjicio in tabellam nostram qua Epactæ et Novilunia indicantur, statimque ex columna Numero Aureo 10. supposita habeo Lunam eo anno natam esse sexta Octobris; ex penultima autem tabella in qua prima cujuslibet mensis dies literæ dominicali subjacet, eumdem mensem a feria tertia initium duxisse : sicque ad ultimam procedo, unde sextam mensis Octobris hoc anno 1073. in Dominicam incurrisse percipio, ac proindenon adscribendas ei literas de quibus ambigitur. Aliis itidem ad annum 1083. percursis, unus occurrit annus 1081. quicum prædictæ notæ componi possint; cujus rei si quis periculum, eodem quo nos supra ordine, fecerit, illico reperiet eo anno Numerum Aureum fuisse 18. et Literam Dominicalem C, primamque diem lunæ cum octava Octobris, atque octavam Octobris cum feria secta coincidisse : unde certo certius efficeret, si vera esset nostra hypothesis, ad annum 1081. necessario referendas esse literas quarum tempus inquirebatur.

Nolim tamen quis credat hæc ita a nobis esse proposita, ut si ex notis chronologicis inter se compositis vitium aliquod deprehendatur, continuo Chartam interpolatam pronunciet, aut falsam esse definiat. Maxima enim tametsi habenda est ejusmodi notarum ratio ad judicandam Diplomatum veritatem, nemo est certe qui in iis exscribendis non agnoscat quam facillime posse vel diligentissimo notario incaute notulam arithmeticam excidere, quam et superaddere perinde facile est. Quid si vero negligentiores fuerint vel audaciores ii, qui Instrumenta illa exscripserunt? Necesse est ab iis sive consulto, sive per incuriam nonnulla esse immutata et prætermissa. Idcircone supposititia censebis, etsi suspectam in hac ipsa re habere eorum fidem vel diligentiam liceat? In affirmando itaque tardus et circumspectus, in negando parcior et religiosior esse debet,

quisquis erroris vel temeritatis notam sibi inustam nolit. Dum enim erratum evincatur, tamdiu incertum manet vitiumne sit notarii, an ipsius propria computandi methodus. Porro non eamdem apud omnes usu receptam fuisse fidem faciunt, præter Diplomata in dissitis præsertim locis asservata, varia quæ in variis regionibus obtinuere annorum, indictionum, regnorum exordia, ut validis argumentis non ita pridem ostensum est, atque in nostro opere ad vocem
Fact. des Rel. de Comp. *Annus* observatum; unde nec in iisdem locis certam ratamque fuisse inter Notarios numerandi rationem perinde colligitur. Quænam vero illa fuerit temporis nota, quæve ejus origo, quis certo declaret? Nemo sibi adeo confidat, ut nihil hac in re esse existimet quod suam fugerit scientiam; eoque magis, quod scioli quidam Notarii, ut specimen diligentiæ darent, notas chronologicas congerebant pro suo captu, quæ, cum a communi usu, ut plurimum, discreparent, conciliantur difficilius. Miranda itaque est quorumdam imprudentia, qui, Artis diplomaticæ ignari et plane rudes, inspectis, fortasse nec satis attente, aliquot Instrumentis, ea spuria ambitiosius pronunciant, in quibus nævum aliquem se deprehendisse temere opinati sunt. Cave ab iis exigas ut, quibus id probent, afferant rationes : negasse ipsis vicisse est; commode prorsus ut, dum suam inscitiam tegunt, habeant nihilominus apud imperitos opinionem scientiæ. Nihil autem moror homines illos improvidos, ne quid pejus dicam, qui de Literis bene meritos se putant, si monumentis omnibus, quæ vetustatem aliquam præferant, falsi notam aut suspicionem asperserint. Quo animo ferendus ille sit, qui suam in alios improbitatem transferens, ea studiose ab inepto calumniatore corrogat et misere describit, quæ odium ipsis et invidiam importare posse arbitratur? Bene vero, quod par pari referre religio est, id genus objiceretur criminum, ad quæ diluenda, si potuisset, nihil non debuisset movere : tristem certe sustineret notam, qui mutato nomine de se fabulam narravit.

Nunc ejus quam in exponendis vocabulis servamus methodi ac distributionis ratio reddenda est. Quanquam is sit Glossarii nativus ordo, ut singula verba serie literarum disponantur, idque videatur exigere Lectoris commodum; tamen ab eo interdum recedere necessarium rati, etymologicum ordinem prætulimus. Sunt etenim voces quamplurimæ ita inter se aptæ, et connexæ, ut sibi invicem facem præferant, quæ, si disjungantur, plurimum luminis amittant necesse est. Aliæ sunt quæ suis locis distributæ, cum una tantum aut altera litera, quod a diversis notariis conscriptæ sint, differant, operis molem præter modum et utilitatem auxissent : singulis quippe sua subjungenda fuisset interpretatio, novisque momentis firmanda, quæ sine Lectoris dispendio omitti possunt, dum ad suam revocantur originem. Elementum vero si quis ignoret, huic etiam consultum voluimus, illud, ubi voces rursus suo ordine occurrunt, indicantes. Iis auctoritatibus inducti, et, quod multo magis est, præeunte CANGIO, secuti sumus quem ipse sibi præscripserat ordinem, a quo vel tantisper divertere nefas duximus. Et recte quidem, cum id fieri non posset, nisi quæ optime digesserat perverteremus; quod alienissimum erat a nobis qui, etiam nævos aliquos ubi deprehendimus (Auctoris dico non Typographi,) ipsis, ut ita loquar, tribuimus honorem. Ne cui enim injecta foret vel tenuissima suspicio temerariam manum in opus CANGII nos immisisse, quod emendandum existimavimus, non quidem delendo, sed subjecta adnotatiuncula corrigendum monuimus.

Eodem consilio, et quo magis nostra adversus CANGIUM pateat summa reverentia, quicquid nostrum est notis distinguimus : hanc ¶ præponimus vocabulis de novo additis; explicationes, quibus aut apertius CANGII sententia explanatur, aut emandatur opinio, manus ☞ indicat; uncinis [ ] denique includuntur quæ in ipso contextu inserenda judicavimus. Id præterea postulabat debita Lectoribus fides, quibus alioqui fucum facere voluisse videremur. Dum enim nostra ab iis quæ sunt CANGII secerni nequeunt, periculum est ne ipsi quod nostrum est peccatum falso affingatur, vel, quam ipse solus meretur laudem, eam nobiscum communem esse existimet. Hæc neglecta cautio est, neque certe necessaria, ubi reindicationes aliquas emendavimus : v. g. ad vocem *Dies palmarum*, *Ramis palmæ* indicabatur, a qua iterum Lectorem ad *Dominica palmarum* remittebat CANGIUS : ultimam vocem, secunda omissa, sine prævia monitione indicavimus. Aliæ sunt quas censuimus minime delendas, tametsi designatæ voces notatis locis non reperiuntur : exemplum habes in voce *Exscaritus*, quæ in *Scarire* rejecta non apparet. Id fortassis incuriæ quis ascribat; immerito sane, cum ex consulto factum sit. Hanc, et si quæ sunt aliæ, pro certo legerat CANGIUS, quæ rursus proinde Lectori possunt occurrere, cui haud ingratum fore existimavimus, si ea ratione expeditiorem viam non tolleremus ad vocis notionem retegendam. Supervacaneum itidem putavimus commonere Lectores de iis capitibus, quæ, in editione Francofurtensi perperam disposita, suis locis restituimus : id quippe factum vitio oscitantis Typographi, non CANGII qui, in Appendice ad calcem Glossarii mediæ et infimæ Græcitatis edita, quid cuique loco esset reponendum diligenter docuerat.

Lectoris commodo utilitatique servire cum nobis animo inprimis fuerit propositum, vocabula, quibus multiplex subest significatio, variis numerorum notis distincta voluimus, ut cernere est in vocibus *Absida, Commenda,* etc. ad quas sicubi amandatus fueris, habebis certe gratiam quod ita tibi consultum sit, ut uno conspectu vocem percipias quam rescire tua interest. Non minoris est commodi quod, cum vox varie effertur, nec in eodem volumine occurrit, tum ejus interpretationem subjunxerimus : ægre enim patitur Lector sibi properanti, nudamque vocis inquirenti notionem, uno frustra tentato volumine, evolvendum alterum proponi. Eadem de causa, ut statim nempe Lectoris oculos feriat vox, cujus sensus enodatur, maxime ubi prolixior erat laudata auctoritas, hanc grandioribus literis excudi jusseramus : at melius deinceps re consulta, cum satis esse animadverteremus, si a grandiori inciperet, post initia tomi primi destitimus incœpto. Gratum fore perinde confidimus quod unaquæque litera eodem quo cœpit volumine, desinat. Unum hic præmonere etiam volo, de industria nos ita volumina distribuisse, ut ab iis, quibus usui sunt potius, quam ornatui, facile tractari possint : experti enim didicimus quam grave sit Lectori librorum quotidiani usus magnitudine et pondere obrui. Plura non congeram, ne in venditando labore nostro, commendandaque nostra diligentia immodicus videar.

Si quis vero in iis criticum agat, in quibus Cangium ducem sequimur et defensorem habemus, nos cum tanto Viro errare patiatur, non pudebit certe. Ultro itaque agnoscimus aliqua esse verba, quæ, cum intelligentiæ nostræ vim ac notionem fugiant, non explanamus. Fatemur haud inviti nonnulla conjecturis tantum illustrari; multa quippe habemus, quæ sequi facile, affirmare vix possumus. Confitemur ingenue barbaras quasdam voces et a Latina lingua prorsus abhorrentes ex Scriptoribus sequioris ævi a nobis esse interdum descriptas; id autem Lectoris emolumento factum quis neget, si easdem Latine utcumque redditas uspiam reperiat? Ex editis præsertim libris alias exscripsimus voces pessime corruptas, ne moram qualemcumque ad majora festinanti injiciant, aut etiam ut quæ fuerit temporis vel loci dictio innotescat. Hæc fecisse si culpa est, fecimus auctoritate et exemplo Cangii, cujus vestigiis institisse gloriæ ducimus. Cætera quæ nostra qualiacumque sunt, ad severiorem trutinam revocari non gravabimur : quinetiam Eruditos omnes ex animo obsecramus, ut singula diligenter perpendant; et si quid falsum, aut minus apposite dictum, emendare paratos benigne admoneant : si quid omissum, multa autem esse non diffitemur, sua additamenta opportune nobiscum communicent, utriusque beneficii nos memores habebunt et præcones in supplemento, quod post edita posteriora duo volumina, jam magna ex parte disposita, paramus; in quo et nos ipsi nonnulla quæ in hactenus excusis correctione aut apertiori explicatione indigere visa sunt, corrigere et fusius explicare constituimus, inpræsentiarum ad calcem cujuslibet tomi erratorum typographicorum indicem attexere contenti, iis etiam prætermissis quæ facile expleat Lector.

Propriis locis tametsi adscripta sunt singulorum nomina quorum ope adjuti Editionem hanc locupletavimus : rursum nihilominus in grati animi testificationem principes hic appellandos decrevimus. Quantum iis præsertim debeamus, qui sequioris temporis Scriptores undequaque summa cum sedulitate conquisitos in lucem publicam doctissimis commentariis instructos emiserunt, si quis nesciat, unaquæque operis nostri pagina docebit. Quos inter imprimis commemorandi celeberrimi illi e Societate Jesu Hagiographi, qui opus immensum de Sanctorum omnium gestis eadem qua inchoatum diligentia et eruditione prosequuntur. Laudandus etiam præ cæteris Vir doctrina cum paucis conferendus Lud. Antonius Muratorius, cujus cum Sociis Palatinis spectanda sagacitas in eruendis ex vetustis scriniis Rerum Italicarum monumentis, et in iis illustrandis prædicanda eruditio. Ad nostrum institutum propius accedunt Regum nostrorum *Ordinationes* quas colligere, digerere notisque locupletare susceperat vir Juris Legumque scientia maxime conspicuus Eusebius de Lauriere; quem mors Literatis semper præmatura, dum earum volumen alterum sub prælo sudabat, eripuit. Successit in opere vir accuratissimus Dion. Franciscus Secousse qui, tertio jam evulgato volumine, editioni indefesso studio allaborat. Dicere nihil opus est quam uberem demetendam messem nobis suppeditarint Sodalium nostrorum Edmundi Martene et Ursini Durand Thesaurus Anecdotorum, Amplissima eorumdem Collectio, et edita a Rymero Acta publica regni Angliæ : id satis ostendit ipsa librorum inscriptio. At vero inter homines eruditos qui opera et consiliis adjumenta benigne et liberaliter nobis præbuerunt, familiam ducere debet vir eruditionis et humanitatis eximiæ, Magni Peirescii, ut verbo dicam, dignissimus hæres Illustrissimus Henricus Josephus Thomassin de Mazaugues in supremo Provinciæ Senatu Præses, qui in gravioribus negotiis etsi occupatior, plura tamen cum ex editis, tum ex ineditis propria manu descripta non submisit tantum, sed et assidue submittit. Non reticendus nobis est vir clarissimus Ludovicus Aubret, qui Dombarum Principatus historiam dum adornat, plurima studiose perlustravit tabularia, ex quibus quæ in rem nostram occurrebant diligenter exscripsit, et nobis perurbane communicavit. Nec postremo censendus est loco vir utilis et immensi laboris Domnus Thomas le Fournier S. Victoris Massiliensis Benedictinus, qui nullum ejusdem urbis, veteribus monumentis refertissimæ, prætermisit archivum, cujus forulos sedulus non evolveret, ad nos transmissurus quæ in operis nostri profectum cedere intellexerat. Temperare non possumus a commemorandis clarissimis viris CLAUDIO SALLIER, Bibliothecæ regiæ eruditissimo Custode, qui consulendorum librorum copiam facilime nobis pro sua humanitate fecit : JOANNE LE BEUF Ecclesiæ Autissiodorensis Canonico et Succentore, rerum minime tritarum indigatore sagacisimo : ADRIANO MAILLART et JOANNE LUDOVICO BRUNET consultissimis in Senatu Parisiensi Patronis : viro Academico DE LA CURNE DE SAINTE PALAYE non solum amicitia, sed etiam studendi genere nobiscum conjunctissimo, quippe qui illustrandis vocibus Galliarum obsoletis solerter deligenterque incumbit; quos omnes ad nostra studia juvanda omni tempore paratissimos experti sumus.

Tene vero, qui nos tot ac tantis beneficiis obligatos tenes, doctissime LANCELOTI, taceamus? Te prætermittamus illaudatum qui non monumentorum manu exaratorum dumtaxat, fed et ejus, qua tu polles, multigenæ eruditionis subsidio, opus nostrum non secus ac fetum proprium promovere studuisti? Nihil quippe tuum est, quod non sine invidia communices.

Præfationem nostram excipit Epistola Baluzii ad V. Cl. Renaudotum de vita et morte CANGII : quæ cum accuratissimæ historiæ loco sit, et a viro magni nominis Cangiique familiarissimo conscripta, ab instituenda alia supersedimus. Ejusdem CANGII Epitaphium, Librorumque ab eo editorum catalogum, atque illius effigiem nunc primum exhibemus, ne quicquam quod ad tanti Viri memoriam spectet, a nobis desideretur.

EPISTOLA

STEPHANI BALUZII TUTELENSIS

AD VIRUM CLARISSIMUM

EUSEBIUM RENAUDOTUM

DE VITA ET MORTE CAROLI DUFRESNII CANGII.

* Charles Dufresne seigneur du Cange.

EXTINCTUS his diebus amicus noster summus * CAROLUS DUFRESNIUS CANGIUS id a nobis exigit, EUSEBI CARISSIME, ut amicitiam nostram, quam si vera fuit, uti certe fuit, firmam et perpetuam præstare ei debuimus, integram erga defunctum conservemus, et pro nostra virili elaboremus ut posteritas scire possit quis fuerit vir ille cujus nunc exitum deflemus. Itaque cum inter nos de ea re colloqueremur, tuque, ut assoles, virum multis laudibus extulisses, ego vero dixissem decrevisse me aliquid scribere de vita ejus, qui illum non solum publice, ut verbis utar Plinii, sed etiam privatim, quantum admirabar, tantum diligebam, tu non solum laudasti consilium illud meum, sed etiam hortatus es ut id quamprimum efficerem. Pareo lubens hortationi tuæ. Hæc ergo sunt quæ scire posteros volo.

Ortus est CAROLUS, uti domesticis memoriis compertum habemus, ex antiqua et nobili gente Dufresniorum apud Samarobrivam Ambianorum clarissimam civitatem in provincia Belgica secunda; eaque gens clarioribus quibusque ejusdem urbis ac circumpositæ regionis familiis inserta est per connubia et affinitates. Non immorabor in recensendis CAROLI majoribus, cum neque genealogiam texere velim, nec satis otii mihi concessum sit ad excurrendum per memoriam eorum. Illis virtute sua, absit verbo invidia, præluxit CAROLUS; ad quem festinans, de patre pauca dicam. Fuit is Ludovicus Dufresnius Toparcha * Frigidæ-vallis et Præpositus * Belliquercus, quæ splendida est administratio in ea Belgicæ secundæ parte quam posterior ætas vocavit Picardiam, vir ut ex filio audivisse me memini, doctus, et bonarum literarum amantissimus, et qui Græcæ quoque eruditionis expers non esset. Duo ille matrimonia expertus est. Ex priore tres liberos habuit, Hadrianum, qui ei in magistratu Belliquercus successit, Joannem Advocatum in supremo senatu Parisiensi, et Ludovicum medicum, omnes doctrinæ et eruditionis fama claros. Ex iis ego Joannem novi, virum bonum, gravem, prudentem, juris civilis ac municipalis, ut etiam lucubrationes ejus editæ, quæ in omnium manibus versantur, ostendunt, peritissimum, isthic Lutetiæ defunctum ante aliquot annos. Ex posteriore, quod anno MDCVI. postrid. Kal. jul. contraxit cum Helena * Relya filia Ludovici Relyi Toparchæ * Framicurtis et Margaritæ Fosseæ ex nobilitate Normannica, tres quoque habuit, Michaelem et Franciscum instituti Societatis Jesu professores, omnibus honoribus in ea functos, et hunc CAROLUM. Optimas hæc matrona, ut hoc quoque detur memoriæ insignium virorum, orta erat ex vetere et illustri familia Relyorum apud Atrebates: quæ, præter ceteros, ævo Caroli VIII. Regis Francorum protulit virum magni per eas tempestates nominis Joannem Relyum Episcopum Andegavensem. Ipsa vero ex postremo puerperio mortua est anno MDCXIII. prid. Non. Mart. decimo die postquam peperit, annum agens ætatis suæ trigesimum secundum. CAROLUS igitur, ut ad id redeamus unde digressi sumus, in lucem editus est apud Samarobrivam anno MDCX. XV. Kal. Januar. circa horam septimam matutinam; eodemque die gratiam Christi consecutus est in Ecclesia parochiali sancti * Firmini quam vocant ad Petram. Prima studiorum rudimenta posuit in Collegio Ambianensi Patrum Societatis Jesu; apud quos certum est eum, licet admodum puerum, magnam diligentiæ doctrinæque laudem esse adeptum. Tum ad celebrem academiam Aurelianensem missus ut juri discendo daret operam, postea in Advocatorum ordinem cooptatus est Lutetiæ anno MDCXXXI. V. Idus Augusti; ac mox in patriam reversus, cum se totum dederet studiis bonarum literarum, brevi ad famam pervenit, lætante multum patre ac gaudente quod talis ei filius obvenisset. Excessit ille e vivis septuagenarius anno MDCXXXVIII. V. Idus Januar.

* Froideval.
* Beauquesne.
* De Rely.
* Framicourt.
Vide familias Picardiæ Adriani de la Morliere pag. 393.
* Saint Firmin à la Pierre.

assidente ei per omne tempus morbi, quod annuum fuit, Carolo amantissimo filio. Hac conjunctissima, jucundissima, et utilissima societate contentus Carolus hactenus de nuptiis non cogitaverat. Sed tum, cum ei amici suaderent ducendam esse uxorem, pluresque ei generosæ puellæ offerentur, prætulit Catharinam* Bosiam Drancurtiam splendidis natalibus apud Ambianos ortam, eamque duxit anno MDCXXXVIII. XIV. Kal. Augusti. Credunt plerique obesse literarum culturæ vinculum conjugale, eamque esse studiorum rationem ut ab iis tantum tractentur qui cælibem vitam ducunt, qui libero lectulo, ut Cicero aiebat, utuntur, id est, nullis impedimentis, nulla rei familiaris aut liberorum educandorum cura distinentur. Cangii tamen studiis nihil moræ aut tarditatis attulit uxor, quam ex animi sui sententia habuisse eum hinc liquet, quod per quinquaginta et quod excurrit annos una vixere concordia admirabili. Superest etiamnum singularis exempli femina* in liberorum subsidium simul et solatium. Anno dein MDCXLV. IV. Idus Jun. Quæsturæ* dignitate ornatus apud suos, eam retinuit donec Samarobrivam relinquere decrevit ob pestilentiam quæ illic grassabatur, ut Lutetiam in hanc sedem studiorum se cum uxore, liberis, et libris transferret. Anno itaque MDCLXVIII. captum ab eo est consilium quod nobis totique reipublicæ literariæ maximas commoditates attulit. Nam tum, quod in aliis urbibus contingere nemini potest, paratum habuit omne genus librorum seu manuscriptorum seu typis editorum, cum ei omnes bibliothecæ tum publicæ tum privatæ paterent, nemoque esset qui non cum illo lubenter communicaret quicquid ei poterat esse conducibile et utile ad perficiendas perpoliendasque lucubrationes suas. Etiam summi in republica viri ei impense faverunt, adeo ut affirmare liceat nulli alii homini privato majorem honorem habitum ab illis fuisse. Viginti annis isthic nobiscum vixit, semper studens, semper aliquid scribens. Hinc Cinnami historia, hinc annales Joannis Zonaræ, descriptio Constantinopoleos et familiarum Byzantinarum, Glossaria mediæ et infimæ Latinitatis et Græcitatis, et Chronicon Paschale sive Alexandrinum; cui edendo dum incumbit, incidit in hunc gravem ac diuturnum morbum qui nobis eum abstulit. Fuit hic morbus urinæ crebra cupiditas, sd magna difficultas, quam dysuriam vocant, qua is extinctum quoque patrem suum meminerat. Ea autem laborare primum cœpit IV. Idus Jun. hujus anni adeo graviter ut per decem dies continuos necessario indiguerit ope chirurgi ad exonerandam vesicam ejiciendamque urinam. Tum induciæ per aliquot menses, sed parum tutæ, parum firmæ. Nam mox bellum, et illud quidem sævum et atrox, XVI. Kal. Septembr. Inellexit vir prudens imminere sibi fatalem ac supremum diem. Itaque transactis inter manus medicorum aliquot diebus cum summis doloribus, quamqaum nondum desperatus, accersiri sacerdotem jussit; eique sua peccata erroresque suos placide sedateque confessus, sacra se Corporis Domini nostri Jesu Christi communione muniri postulavit. Quod ei datum III. Kal. Octobris. Gravescere interim valetudo ejus; et inordinati quidam horridique rigores indicio fuere abscessum alicubi latere, qui mox deprehensus est in regione renum. His accessit febris continua duplici tertianæ vehementissimæ conjuncta et sitis ardens. Inter hæc tamen tormina ac noctes insomnes gravesque et alvi profluvium dirissimum, nam hæc quoque mala aliis accessere, retinuit constantiam dignam viro forti. Miratus esses, si interfuisses, qua patientia hanc ipsam valetudinem toleraverit, ut dolori restiterit, ut incredibilem immotus opertusque transmiserit, ut uxorem liberosque afflictos consolatus sit, moriendum esse cunctis dictitans, et sibi actam longam ætatem, ad quam pauci admodum pervenirent. Amicos etiam, cum dolores remittebant, admittens, suaviter et comiter ut antea excipiebat, nulla ferme mentione malorum suorum, tamquam vereretur vir optimus ne illis molestiam exhiberet per commemorationem eorum. In illa animi tranquillitate ac securitate, sana semper mente, etiam usque ad exremum anhelitum, cum videret adesse sibi supremum diem, viatico se instruxit et extrema unctione XVI. Kal. Novembris. Post quæ uxori ac liberis valedicens, tamquam moriturus, eis benedictionem suam peramanter impertiit, eosque amplexatus, ad extremum hortatus est uti post mortem suam concordia inter ipsos esset perpetua quemadmodum se vivo fuerat. Inter has cogitationes et eas quæ Christiano homini in mentem venire solent cum proficisci parat ad Deum, cum dolores semper acres essent et vehementes, deficerentque vires, placida compostus pace quievit X. Kal. Novembr. circa horam sextam vespertinam, et VIII. Kal. sepultus est in Ecclesia sancti Gervasii, magno concursu eorum qui dediti sunt studiis literarum. Annum octavum et septuagesimum explevit in altissima tranquillitate, pari veneratione. Firma et incorrupta valitudine per quinquaginta et quinque postremos annos vitæ suæ usus est donec is morbus eum corripuit. Liberos ex uxore habuit omnino decem, sex masculos, feminas quatuor. Ex his hodie supersunt mares duo, feminæ totidem. Philippus natu major est Franciæ Quæstor apud Pictavos. Alter, cui Francisco nomen est, nondum elegit vitæ statum. * Catharina et Joanna juxta matrem et fratres sunt.* Quod si habitum quoque ejus posteri noscere velint, statura fuit paulo infra mediocrem, capite apto, oculis venustis et igneis, decorus aspectu, forma denique præstantissima, et specie liberali. Sanguis et bilis in eo prævalebant, mirabili temperatione ad morum facilitatem et co-

* Du Bos, scigneur de Drancourt.

* Obiit XIV. Kal. Aug. an. 1691.

* Trésorier général de France.

* Fratri successit in Quæstura Pictav. hodieque superstes.

* Ambæ mortuæ sunt sine progenie.

mitatem, et ad excellendum in iis studiis in quibus se exercuit. Robustum in tenui gracilique corpore fuisse hæc res probat quod in ambulationibus, quantumvis longis, ne in æstate quidem fatigabatur, neque quietem poscebat. Opibus nimiis non gaudebat, speciosæ contigerant; neque unquam majores concupivit, dictitans iis contentum esse debere hominem literatum quæ victum et vestitum darent liberaliter et sumptus ad emendos libros. Amicos, quos multos habebat, ex animo amabat, observantia et officiis retinebat. Inimicos, si quos habuit, contempsit. Toto vitæ tempore æquabilis, nulli molestus, nulli gravis totum se præbens iis qui ejus opem implorabant, facile communicans fructus studiorum suorum, et ad bene merendum quam reposcendum propensior.

Factum est, Eusebi Clarissime, quod imperasti. Habes imaginem senis optimi meo penicillo adumbratam. Habes heic expressa signa virtutum ejus. Et quamquam monitore non indigeas, quippe qui quotidie exempla bene vivendi præbes iis qui rectam semitam sequi volunt hortor tamen te ut semper intuearis in hanc imaginem, semper illius memineris qui te et diligebat et plurimi faciebat. Vale.

Lutetiæ Parisiorum Kal. Novembr. MDCLXXXVIII.

SISTE VIATOR
ET BENE PRECARE EXTINCTO HEU! IBIQUE SEPULTO
CLARISSIMO VIRO
CAROLO DU FRESNE DOMINO DU CANGE,
NOBILI APUD AMBIANOS STIRPE ORIUNDO,
FRANCIÆ QUÆSTORUM IN AMBIANENSI PRÆFECTURA
PRÆSIDI;
QUEM SI NOVERIS, VIRUM NOVERIS,
CANDIDIS MORIBUS, INGENIO SUAVI, JUDICIO SAGACI,
ET EXQUISITO,
CAPACI ANIMO, ET SUMMA ERUDITIONE REFERTO;
QUI EXIMIA
ET MINIME FUCATA ERGA DEUM RELIGIONE AC PIETATE,
BLANDA ERGA SUOS CHARITATE,
CONSTANTI ERGA AMICOS FIDE ET OBSEQUIO;
FACILI ET LIBERALI ERGA LITTERATOS DOCTRINÆ
COMMUNICATIONE,
SINGULARI ERGA OMNES COMITATE ET BENEVOLENTIA
OMNIUM SIBI AMOREM DEMERUIT,
ET MAGNAM SIBI PARAVIT TUM VIRTUTIS TUM SCIENTIÆ
EXISTIMATIONEM.
QUANTUM ILLI LITTERÆ DEBEANT ABUNDE TESTANTUR
LIBRI COMPLURES
IN PUBLICUM COMMODUM AB EO EDITI ET EVULGATI,
REI ANTIQUARIÆ SCIENTIA HAUD VULGARI RESPERSI.
NATUS XV. KAL. JAN. AN. M. DCX.
OBIIT X. KAL. NOV. AN. M. DCLXXXVIII.

Legitur in Æde S. Gervasii Paris.

DD. CARPENTERII PRÆFATIO IN GLOSSARIUM NOVUM.

In publicum ecce prodit Supplementum, quod certe prodiisset jam diu, si conflatum esset tantummodo e schedulis, post vulgatam Glossarii postremam editionem, diligenter a me collectis, ut legitur in Præfatione celebris illius libri, cui
Pag. xj. titulus : *L'art de vérifier les dates, etc.* Sed exile ac jejunum volumen hinc profecto emersisset : nihil enim aliud sunt schedulæ istæ, quam animadversiones nonnullæ in Glossarium Caugii, additamenta quædam paucula, eaque ut plurimum interpretationis indiga, e libris aliquot editis, aut vetustis eruta membranis; quæ, cum ad literas jam prelo mandatas sæpius pertinerent, loco suo inseri in nova editione nequaquam potuerant. Hæ autem, qualescumque sint, schedularum reliquiæ, cujusnam erant? Illius nimirum, qui editiomen absolverat solus, et Supplementi conficiendi curam in se receperat. Hoc itaque confeci : ipsa operis inspectio Auctorem aperte arguit. In eo quippe vix unum, ut ita dicam, articulum offendas, quem non aut suppeditarint aut illustrarint Regesta tum Chartophylacii regii, tum Parlamenti, et Cameræ Computorum, vel Bibliothecæ regiæ manuscripti codices. Porro, quis tot veterum monumentorum pulverem abstersit, ut inde, quicquid ad rem suam faciebat, extruderet; nisi is, cui subministrati sunt codices, qui illos exscripsit et sua manu descriptos penes se etiam nunc habet? Testes appello Viros probatissimæ fidei, qui, dum me inviserent, hos etiam ad Supplementum apparatus ob oculos non semel habuere. Illos advoco similiter, quos in communicandis mecum iis voluminibus faciles et humanissimos perpetuo expertus sum. Sed testibus nil opus est, ubi controversiam, si quis sit controversiæ locus, plane dirimit Rescriptum regium anni 1738. quarti scilicet post Socii mei Parisiis dicessum, quo DD. Procuratori Generali mandatur, ut Regesta Chartophylacii, cui asservando præest, apud me legenda mihi commoparet, his verbis:

De par le Roy.

Notre amé et féal le P. Carpentier religieux de la Congrégation de S. Maur, ayant besoin pour continuer le Glossaire de Du Cange, d'avoir communication des registres qui sont au Trésor de Chartres, Nous vous mandons et ordonnons de lui donner communication desdits registres et meme de lui en faire delivrer les extraits qui pourront lui étre necessaires pour son travail, pourvu qu'en iceux il ne se trouve rien de contraire à nos droits et à ceux de notre couronne, Si n'y faites faute, Car tel est notre plaisir. Donné à Versailles ce 10. *Juin* 1738.

Signatum, LOUIS.

Subsignatum, MAUREPAS.

Superscriptio : *A notre amé et féal Conseiller en notre Conseil d'Etat notre Procureur Général en notre Cour de Parlement à Paris.*

Quanta urbanitate isthæc Regesta usque ad Carolum VIII. ubi laboriosæ huic lectioni finem imponendum censui, mihi suffecerit Vir Literarum amantissimus, patronus Literatorum, ac præsertim horum omnium, quæ ad Historiam gentis nostræ spectant, peritissimus, numquam satis erit a me celebratum.

Cameram Computorum Insulensem prætermitto, cujus perscrutandæ non modo fautor, sed et adjutor beneficus fuit, illius Curator dignissimus D. GODEFROY; sileo Bibliothecam et Archiva S. Petri ejusdem urbis, quorum forulos mihi aperuit Vir simili erga me benevolentia ac singulari comitate D. Abbas DE VALORY, tunc (anno 1737) hujus ecclesiæ Decanus, dehinc Præpositus, cui et multa e vetustis membranis ab ipso descripta debere me lubens fateor et laudi duco. Taceo Tabularia domus publicæ Abbavillensis, ecclesiæ S. Vulfranni et prioratus S. Petri, quæ perlustrandi facultas mihi quamhumanissime concessa est ab iis, quibus commissa erant anno 1741. Memorandis supersedeo libris editis; et qui post editionem Glossarii prodiere in publicum, et qui ante prodierant, necdum fuerant evoluti : dubitabit, opinor, nemo, quin singulos perlegerim. Quid jam restat in ditissimo Supplementi fundo, quod possit Collegæ mei nomine repeti, quodque summo jure meum non sit?

Non minus vere dicam, quæ mea sit in præcedenti Glossarii editione legitima portio. Tertulliani operibus illustrandis jam a quinquennio, ni fallor, insudabam, cum a me diu reluctante impetratum est, ut novo labori, qui parum arridebat, totum me dederem. Statim tentavi quid possem in eo studii genere. Adornatis jam a D. TOUSTAIN tribus primis literis, iisque etiam auctis a D. D'ANTINE, inserui voces quæ supervenerant; mox disquisitionem conscripsi de *Electoribus*, quorum ne meminerat quidem Cangius. Hæc mihi fuere novæ militiæ rudimenta. Tum literas alphabeti, quas quisque nostrum exponendas sibi assumeret, partiti inter nos sumus : obtigerunt mihi ex pacto literæ F H K M P S V W, cum præfatione operi præponenda; quod susceptum pensum reapse peregi. Edito Glossarii quinto volumine anno 1734. Collega meus a Superioribus jussus est adire monasterium Pontisarense S. Martini, litera T voluminis sexti vix ab ipso tunc temporis inchoata. Onus igitur in me uno recubuit, qui jam potiorem illius partem, ut abunde patet ex partitione superius dicta, sustinueram. Unus ego absolvi quod reliquum erat operis. Fidem de his faciet, si quis dubitaverit, totius operis exemplar, quod apud Sangermanenses remansit, ostendit quippe ipsa scriptio quid ad quemque pertineat.

Quidni advocare fas est laboris mei testes assiduos DD. Bouquet, Vaissete, Brice, aliosque, quorum nonnulli supersunt, justi tenaces amantesque veri, qui sodalem suum non satis æquum erga me judicaverunt. Æquior profecto fuisset Collega ipse meus, cui, relicto quod placebat studio, socium me addixeram, ut sublevandis amici laboribus operam impenderem. Haud sane taceret quantum ille, dum conficeret librum de *Arte probandi notas chronologicas chartarum*, percepisset utilitatis, in instruenda Regum nostrorum chronologia, ex hac ipsa, quam egomet texueram ex infinitis propemodum diplomatibus, quamque non legendam modo, sed et, si vellet, exscribendam ultro illi præbueram.

Vereor equidem ne jactantiæ suspicionem incurram, apud hos præsertim homines, qui aut confecti a me operis laudem mihi eripere, aut opus aliud, *Alphabetum* scilicet *Tironianum*, de quo pluribus hic disserere abstineo [1] elevare scriptis malevolis conati sunt. Sed bona illorum pace dicam, hæc me fusius ideo persecutum esse, ut consulerem famæ, quam nemo sapiens neglexerit, bonamque inter honestos viros existimationem, cujus semper fui studiosus, consequi possem. Etenim mea plurimum interesse duxi, ut palam constaret egressum me ob infirmam valetudinem e Congregatione S. Mauri, tempus non indecore consumpsisse in otio, immo publicæ utilitati contulisse; utinam et Religionis emolumento, cujus venerandi ritus passim proponuntur et illustrantur, ut in Glossario, sic et in Supplemento.

De Supplemento isto nunc dicendum incumbit : rem paucis expediam. Namque cum nemo sit in orbe literato, qui Glossarii Cangiani utilitatem non agnoscat, ejusdem Supplementum ex utilitate commendare supervacaneum foret. Scire igitur sufficiat, pro norma mihi fuisse institutam a Cangio rationem in exponenda vocum significatione, rebusve elucidandis; et quæcumque in Glossario, sive emendatione sive explanatione indigebant, accurate esse emendata, aut rectius, quantum potui, explicata : quod vocabulo *Adde* significavi. Satis sit monere Lectorem in Supplemento nova quamplurima proferri, unde Glossarium Novum inscribere licuit, quæ ad mores imprimis nostros, ad jura regia privatave, ad feudorum originem et naturam, ad debita erga dominos vassallorum officia, ad jus, maxime Gallicum, in re civili vel criminali; uno verbo, ad quosvis usus nostratum, cum ecclesiasticos, tum sæculares atque etiam domesticos, demum ad quaslibet scientias artesve spectant.

Si quis autem calumniari voluerit, quod in aggerendis, ut aiunt, auctoritatibus, æquo profusior esse videar; attendat, quæso, novam e singulis lucem emergere, ex his præsertim quas suppetunt Scriptores Gallici : quippe illæ vocis aut etymon patefaciunt, aut diversam orthographiam monent; consuetudinem aliquam indicant, cujus nullum alibi exstat vestigium; produnt nomen, seu loci parum noti aut alia, quam nunc, appellatione designati, seu personæ, quam noscere familiarum nobilium interest. Absit igitur suspicio id me ea mente præstitisse, ut majorem in molem opus cresceret : absit ut probro mihi vertatur ambitiosa luxuries; præcipue cum in his Cangium habeam ducem et exemplar.

Duplex vero Supplementi dos erit; prima, quod voces Latino-barbaræ, natæ sæpius ex vetere lingua Gallica, voce vulgari paternaque explicentur ex instrumentis ætatis ejusdem; altera, quod consuetudines nostras fere usque ad hæc tempora exhibeat, ex authenticis Chartophylacii regii codicibus ad Carolum VIII. quotquot sunt, a nemine hactenus eo consilio lectis, nec usquam fortasse legendis. Argumento sit, inter cætera, diatribe, voci *Nobilitatio* subjuncta, de plebeiis hominibus in nobilium ordinem adscitis; in qua tempus assignatur, quo inducta est in mores nostros stupenda isthæc mutatio; inquiruntur ejusce constitutionis causæ; ac demum quo pacto nobilitas, seu avita seu acquisita, aut amitti aut restitui poterat diligenter investigatur.

Ex iisdem regalibus archivis duæ produntur legitimationis literæ, quarum utraque legibus repugnat et a consueto jure abhorret; indeque sunt notatu dignissimæ : in his, spurii cum prognatis ex legitimo matrimonio æquabili jure habentur; in illis, legitimationis rescripto indigere censentur nati ex justo conjugio, ea de causa quod eorum mater octavo ætatis suæ anno sacrum religionis velum accepisset, nullo licet dehinc obstricta voto. Omitto sexcenta cujuscumque generis argumenta, in Supplemento perquirenda.

Alterum Supplementi commodum orietur e Glos-

[1] Etsi plura sint quæ rescribere possim ad Epistolam D. T. Diario Eruditorum an. 1756. mens. Mart. insertam. Vid. tantum quæ de Alphabeto Tironiano dicta sunt, sive in Mercurio Franciæ an. 1747. mens. Sept. pag. 26. sive in jam laudato Diario an. 1755. mens. Oct. pag. 2028.

sariolo Gallico, quod ad calcem subjicitur, ex auctiori editione novisque meis additamentis assuto. Brevissimum quidem illud est, ac proinde consultu facilius, cum voci obsoletæ aut detorto sensu acceptæ, simplex tantum et aperta significatio subjungatur; quæ nihilominus probandane, an rejicienda sit, penes Lectoris judicium manet, si locum, ubi vox ipsa exstat, adire velit, aut in Supplemento, hac nota *Sup.* indicato, aut in Glossario, quoties notam non inveniet. Et hoc de Glossario Latino, dictum quoque velim, cum voces *infra et supra* accurrunt, quibus illa, quæ in Supplemento requirenda sunt, monstrantur.

His omnibus accedunt varii indices, de quibus agam post monitum a Cangio iis præmissum; et quid in ipsis seu mutare seu addere visum mihi sit, ibi declarabo.

Ne quid autem tanti Viri pereat, Cangium intellige, ejus Dissertationem de Imperatorum Constantinopolitanorum, seu inferioris imperii numismatibus, quam cum ultimi editionis novæ voluminis moles pati non potuisset, rarius in promptu habebant Eruditi, Supplemento nostro, cujus non modicum erit ornamentum, adjungi voluimus, cum additamentis huic ab ipsomet postmodum insertis. Prius inspeximus ejusdem editionem seorsim Romæ anno 1755. excusam, curante Joanne Bottario, uno ex Bibliothecæ Vaticanæ præfectis, in qua nihil novi, quod huic dissertationi illustrandæ inserviret, reperimus, præter notulas aliquot, quas hic censuimus etiam adscribendas.

Superest, ut aperte profitear, plurimum me debere illustri Viro et colendæ omnibus Literatis memoriæ, Præsidi DE MAZAUGUES, qui mihi favorem, operam et opem quamlibet, cum in adornanda Glossarii nova editione, tum in locupletando Supplemento abunde et peramanter ad mortem usque impendit.

Commemorandus mihi etiam imprimis illustrissimus D. AYMARDUS JOANNES NICOLAY, Curiæ rationum Princeps, qui ea qua eminet comitate, potestatem fecit D. DOMILLIERS, veteres hujus curiæ codices, in museo D. SECOUSSE legendos, mihi distribuendi; quorum lectionem vix absolveram, cum incendio consumpti sunt.

Neque debito elogio fraudandi sunt Clarissimi Viri DD. Præsides OGIER et DUREY DE MEINIERES, quorum beneficentia quicquid meo stutio affine aut utile deprehendi in copiosissimo Regestorum supremi Parisiensis Senatus apographo, educere mihi licuit. Aliorum nomina propriis locis adscribere haud omittam. Hos inter unum hic appellabo D. DE FONCEMAGNE, quem sæpe monitorem benevolum et consiliarium utilem expertus sum.

Sed tacere nefas quantum debeamus illustrissimo Viro DD. DE L'AVERDY, rei ærariæ Præfecto, regnique ex Ministris uni, qui bene se de Literis meriturum fore judicavit, si Regis munificentiam ad opus usque nostrum derivaret; quod utique, Mecænatis vicem apud Augustum functus, splendide præstitit.

Res ardua, inquit Plinius, *vetustis novitatem dare, novis auctoritatem, obsoletis nitorem, obscuris lucem, fastiditis gratiam, dubiis fidem.* Præf. Hist. nat. Non is sum, qui hæc me exsecutum fuisse putem; sed me toto conatu, ut exsequerer, allaborasse mihi conscius sum.

Errores typographicos, qui oculum quantumvis attentum effugerunt, emendatos habebit Lector, ad calcem tertii voluminis.

GLOSSARIUM

AD SCRIPTORES

MEDIÆ ET INFIMÆ LATINITATIS.

GLOSSARIUM

AD SCRIPTORES

MEDIÆ ET INFIMÆ LATINITATIS.

A LITERA numeralis, quæ 500 designat; ut ceteræ alphabeti literæ alios numeros, de quibus suis locis : *genus numeri*, inquit Baronius, *haud ab omnibus receptum, et si aliquando receptum, dissuetudine jam abolitum.* Habetur vero illud cum Valerio Probo, Paulo Diacono, et aliis qui de Numeris scripserunt, editum inter Grammaticos antiquos pag. 1683. Exarati etiam prostant versus, qui totius alphabeti characteribus eosdem numeros assignant, quos descripsit idem Baronius, et ante eum Joannes Noviomagus lib. 1. de Numeris cap. 10, paulo diversos ab iis qui habentur apud Ugutionem MS. cujus hæc sunt : *Nota quod quælibet figura literarum invenitur aliquem numerum repræsentans, quamvis non sit in frequenti usu, qui istis versiculis distinguitur.* Primus autem sic concipitur : *Possidet A numeros quingentos ordine recto.* Vide literam P. Porro eidem literæ A si recta linea superaddatur, quinque millia significat.

A, in superscriptione cantilenæ, *ut altius elevetur, admonet.* Ita Notkerus in Opusc. inscripto, *Quid singulæ literæ in superscriptione significent cantilenæ*, edito tom. 5. Antiq. lect. Canisii part. 2. pag. 739; de quo sic Eckehardus Junior lib. de Casibus S. Galli, cap. 4 : *In ipso quoque* (Antiphonario) *primus ille* (Petrus) *literas alphabeti significativas notulis, quibus visum est, aut susum aut jusum, aut ante aut retro, assignari excogitavit, quas postea cuidam amico quærenti Notker Balbulus dilucidavit.* Fuit autem Petrus ille Romanus, quem Adrianus PP. Carolo M. petente in Galliam misit, ut ibi cantum Romanum ecclesias doceret. Vide *Nota musica.*

¶ A, prima litera vocis Græcæ ἀπειλή, *Comminatio.* Glossarum, commentariorumque in scripturam sacram antiqui scriptores hac litera solebant lectorem præmonere prophetiam esse duntaxat comminatoriam; sic in pluribus Codicibus manuscriptis prioribusque eorum editionibus ad caput 38 Isaiæ, ante hæc verba, *Dispone domui tuæ, etc.* et Jonæ cap. 3, *Adhuc quadraginta dies, etc.* litera A præponitur. Lexic. Eccles. Didaci Ximenez : *los Catholicos antiguos expositores de la Biblia solian poner en el texto ciertas señales, en que algunas no eran letras, y otras lo eran.... Y entre ellas la A significava, que la prophetia à que se anteponia era solamente comminatoria, ut Isai. 38 : A. Dispone domui tuæ, etc.* Hierolexicon Dominici Macri. Bibliotheca Sancta Fr. Sixti Senensis lib. 3.

¶ A pro E. In veteribus instrumentis præsertim 12. sæc. ut in Tabulario Parthenonis Calensis ubique A ponitur pro E ante M finalem. *Talam, qualam, tandam, realam*, pro *talem, qualem, tandem, realem*, etc. Et illud maxime quia tunc temporis sic pronunciare consueverant.

¶ A et AB præpositiones ante adverbia passim occurrunt in medii et infimi ævi scriptoribus : e multis pauca selegimus.

¶ A Batis. Vide *Abatis.*

* A Casu, Fortuito, casu, Hisp. *A caso*, Gall. *Par cas fortuit.* Lit. remiss. ann. 1351. in Reg. 80. Chartoph. reg. ch. 417 : *De quodam godandardo, quem A casu in dicta taberna invenit, dictum Girardum perculsit.* Aliæ ann. 1396. in Reg. 151. ch. 33 : *Supplicans præfatus A casu reperit quandam aliam grossam virgam fusteam, quam a terra levavit, etc.* Occurrit rursum in Lit. ann. 1398. ex Reg. 153. ch. 314.

¶ A Diu, Dudum. Gall. *il y a longtems.* Rymer. tomo 7. pag. 254 : *Pro quibusdam secretis, et arduis negotiis inter nos et dictum Consanguineum nostrum, A Diu est, habitis et tractatis.*

¶ A foras, Extrinsecus, forinsecus. Gall. *Dehors* vel *par dehors.* Hygin. de Limitibus agror. 63 : *Notæ enim in propriis arboribus A foras ponuntur.*

¶ A foris, Eadem notione apud Hygin. de Limitibus, Constit. 103 : *Stantibus jam muris et cæteris mœnibus limites primos nisi A Foris accipere non possunt.* His similia sunt *A mane*, *A sero*, *Ab hodie*, *Ab intro*, *Ab intus*, et illud Genes. cap. 7 : *Et inclusit eum Dominus De foris.* [** *A foris* legitur etiam apud Plinium lib. 17. cap. 24. 37. n. 6. Vide Forcellini Lexicon in voce Foris *in fine*.]

* Ab Heri, Gall. *d'Hier*, Hesternus. Ordinar. Ms. Rotomag. : *Corpus Domini Ab heri servatum afferat super altare. Autrier*, pro *autr-ier* alterum heri, vulgo L'*autre jour;* in Poem. inscripto *Le dict de la Rose :*

L'autrier m'alloie esbanoiant
En un tres bel pré verdoiant.

Arsoir vero, pro Gallico *l'autre soir*, alterum vesperum, in Lit. remiss. ann. 1386. ex Reg. 130. Chartoph. reg. ch. 124 : *Icellui Estienne s'adreça contre le suppliant en disant : Tû me cuidas Arsoir faire batre, etc.* Aliæ ann. 1415. in Reg. 169. ch. 59 : *Se je vous eusse Arsoir trouvé en mon pays, je vous eusse chargé ou battu.* Hinc emendandæ videntur Lit. remiss. ann. 1467. ex Reg. 200, ch. 67. ubi *Asseoir*, pro *arsoir;* nisi sit ex frequenti mutatione *r* in *s*, et vicissim : *Le lendemain après la bateure ainsi faite par Pierre Denise à sa femme.... elle vint au suppliant et lui dit : O Bertran je fu Asseoir bien batue pour vous et sans cause.*

* A Prope, Prope, propter, Gall. *auprès, proche.* Stat. sinod. eccl. Trevir. ann. 1310. tom. 2. Hist. ejusd. eccl. Joann. Nic. ab *Hontheim* pag. 80. col. 2 : *Vina colligenda ipsis ecclesiis A prope situata vix possint recolligi.*

¶ A Responsis, Apocrisiarius, qui negotia alicujus curat, et de iis dat responsa. Joan. de Janua : *A Responsis*, *indeclinabile : qui dat responsa principis.* Vide in *Responsum.*

¶ A Retro, Reliquum debitæ pecuniæ, Gall. *arrérage, ce qui reste à payer*, unde *A retro esse*, reliquari, Gall. *être en arrière.* Rymer tom. 1. pag. 872. col. 2. ante finem : *Propter quod carissimus frater fidelis noster, Ricardus Rex Alemaniæ illustris, illa duo millia marcarum, quæ dicto filio nostro a retro sunt de sex millibus marcarum supra dictis.* Ab *A retro* factum *Areragium*, quasi *aretragium* abjecta litera T, quod aliquando fieri solet. [** Germanis *Rückstand.* Adel.]

¶ Ab se. *sponte.* Janssonii Auctarium ad gloss. Isid. p. 2.

¶ A pro *Ad.* Testamentum in cortice scriptum anni circiter 690. apud Felibian. in Hist. Monast. S. Dionysii pag. XI : *Hoc quod A sæpe dictas basilecas delegavi per hunc testamentum meum.* [** In diplomate monasterii S. Petri de Cete anni 985 apud Sª Rosa de Viterbo pag. 23. tomi 1 : *Facimus textum escridura firmidadis de villas prenominadas, A locum predictum Sancto Salvatoris Domini Nostri Jesu Christi. . . . que est fundada eorum vaseliga vogabulo sancto Petro;* ibidem tom. 2. pag. 106. ex privilegio regis Portug. Alfonsi I, ann. 1162 : *Si mulier leixaverit suo marito de benedictiones pectet ccc sol., medius ad suo marito et medius A palacio;* ibidem eodem modo *A palatio* in charta anni 1213; et in privilegio Sanctii II anni 1225 : *medios A palatio et medios A suo marito.*]

** A pro *in* sæpius legi in chartis Portugalicis seculi X et XI affirmat Sª Rosa de Viterbo tom. 1. pag. 24, exemplumque adducit e charta anni 989 : *Si quis autem aliquis homo venerit ad inrumpendum contra anc Cartula contramudationis, quod nos A judicio divindigare non potuerimus.*

¶ **AAGIATUS**, egressus annos alienæ tutelæ, Gall. *Majeur, en âge.* Franciæ Reges regno maturi sunt anno ætatis 14. ex Edicto anni 1375. Ceteri ex jure civili *Majores* declarantur anno ætatis 25°. Normanni anno 20°. Chronicon MS. Regum Francorum ex Musæo D. de Cangey, ad Carolum V : *Dominus dux Andegavensis frater suus antiquior incepit regnum regere, quod rexit usque ad secundam Octobris post quam Carolus filius dicti Regis fuit Aagiatus* ; id est Major renunciatus, Gall. *declaré majeur.* [** De anno 14°, communi tutelæ fine, videsis Loiselii instit. Consuet. Lib. 1. cap. 1. præcept. 33, et consuet. Par. art. 32 et 268, ibique Laurierum.]

* Nostris *Aagié*, eodem sensu. Lit. ann. 1389. in Reg. 138. Chartoph. reg. ch. 56 : *Nobles personnes messire Jean de Hodenc chevalier, dame Marie de Surcamp sa femme et Martin de Hodenc escuyer leur fils aisné et Aagié, etc.* Hinc *Desagié* et *Descagé*, Annis minor, cujus conditio *Desaaige* appellabatur. Lit. ann. 1291. tom. 3. Ordinat. reg. Franc. pag. 294. art. 2 : *Derekief se aucun heretages eskaoit à enfant Desagié, il doit avoir bail.* Charta ann. 1355, tom. 2. Hist. Leod. pag. 420 : *Se ly enfans, auxquels ces heritaiges deveroient parvenir, ou seroient escheus, estoient Desagiez, que ces heritaiges soient vendus par justice.* Lit. remiss. ann. 1377. in Reg. 110. ch. 259. *Hennequin qui estoit et est Deseagez, orphenes, pupilles et menre d'ans*, etc. Charta ann. 1353. in Reg. 84. ch. 306 : *Accordons que toutefoiz qu'il plaira audit Daurri lui venu en aaige, ou à son tuteur et cureur, ou à personne establie pour lui ou temps comme dessus de son Desaaige, etc.* A verbo *Aager*, unde et *Enaager*, Aliquem sui juris facere. Lit. Phil. VI. ann. 1331. ex Reg. B Cam. Comput. Paris. fol. 104. r° : *Nostre cher filz Jehan de France... par nous emancipé et Aagé, et sur son aage dispensé quant à ce.* Charta ann. 1310. in Reg. 45. Chartoph. reg. ch. 150 : *Ce que lidiz Loeys fera en ce cas,.... soit ferme et estable à touzjours, aussi bien comme se il avoit vint et un ans accompliz et passez, ou se il estoit du tout Enaagiez d'aage parfait.* Alia ann. 1319. in Reg. 60. ch. 224 : *Comme de par nostre amé et féal Aymar de Poytiers chevalier, pere de nostre bienamée Polie de Poitiers damoiselle... nous ait esté soupplié... que ladite Polie... vousissens Enaager et soupplir ce qui li deffaut de sondit aage nous... ladite damoiselle, laquelle... a passé onze ans, Enaagons et volons... que elle puisse... faire toutes choses, tout aussi comme se elle fust en l'aage de quatorze ans.* Denique alia ann. 1322. in Reg. 61. ch. 457 : *Comme de par la mere... de Marrote et Guillaume enfans et hoirs feu Nicholaus Gentien.... nous eust esté requis et supplié que nous les vousissiens Enaager; .... a esté trouvé que il seroit grant profit auzdis meneurs, se nous leur voulons donner aage, par quoyque il fussent hors de tutirie.* [** In antiquiss. Burgund. Consuetud. art. 5 : *Li hoirs Moindres d'aaige ne respont pas de heritaige jusques il soit aagies.* Frequens usus est vocis *soubzagié*, ut in antiquissima Campanorum art. 20, et in consuet. Castelet. Paris. art. 2. In antiqua Normannorum consuet. cap. 33 : *qui sunt de petit aage;* ibidem : *ceux qui sont en non aage;* ibidem : *ceux sont dedens aage qui n'ont pas accompli vingt ans* (Simili modo in specul. Sax. lib. 1. cap. 42. et lib. 2. cap. 65 dicitur *binnen sinen iaren* aut *dagen*). In assisia Burgensium Hierosol. cap. 14 : *puis que li fis-famylias est d'aage; c'est puis que il a xv ans.*]

* **AAISIENTIA**, Facultas utendi ex concessione rebus non suis, idem quod *Aasantia* et *Aisantia.* Charta ann. 1269. in Chartul. S. Joan. Laudun. : *Concedens eidem ecclesiæ.... omnimodas Aaisientias, quales antiquitus in omni territorio et advocatia mea antiqui hospites dictæ ecclesiæ in eadem villa morantes habere solebant.* Nostris olim *Aaissier*, idem quod Juvare, auxiliari, Gall. *Aider, donner du secours.* Chron. S. Dion. tom. 3. Collect. Histor. Franc. pag. 244 : *Il tournerent à la maison d'un vilain pour demander à boire, et il leur dist que il n'avoit de quoi eulz Aaissier. Aaisier* præterea dixerunt pro Ad tempus vel sub certis conditionibus aliquid commodare, concedere. Charta ann. 1271. in Chartul. Pontiniac. pag. 75 : *Je Guiz chevaliers Sires de Chanlost fais asavoir.... que li Abbés et li couvenz de Pontigny... m'ont presté et Aaisié leur maison de Sevyes, tant comme il plaira à eux.* Vide infra *Aisamenta.*

* **AAISITUS.** Vide infra *Aisatus.*

¶ **AALAGIA**, Agri villarum viciniores, illi scilicet qui primi occurrunt ex urbe, pago, etc. exeunti. *Ailages* apud Normanos præsertim in Marchionatu Novoburgensi, alias *Bordieres*, Piccardis *Tour de ville :* apud quos *Aalagia* ultra semiarpennem se non promittunt, decimasque pendunt parochiæ Rectori, ut Novales, et *Clausuræ*, Gall. *Closages.* Etymon ab *Aala* pro *ala*, quæ ut Gal. *Aage* pro *Age.* Litteræ Officialis Rothomagensis anno 1341. in Bullario Fontanell. fol. 60 ; *Super eo quod idem Rector dicebat et asserebat sibi ratione suæ prædictæ Ecclesiæ de jure communi jus competere percipiendi, coligendi, levandi et habendi omnes et singulos grossos fructus decimales excrescentes in omnibus et singulis novalibus, essartis et clausis, Aalagiis sitis et existentibus infra metas parrochiæ prædictæ.* Vide *Eslagium.*

AAMUND. Vide *Amund.*

* **AARATH**, Aggressio, assultus. Codicil. leg. Danic. apud Ludewig. tom. 12. Reliq. Mss. pag. 181 : *Item pro omnibus delictis, pro quibus debent quadraginta marcæ emendari ultra jus commune, si læsus dixerit aliquem se læsisse, et in lædendo sibi fecisse insultum, quod dicitur Aarath, etc.* [** De hac voce Danica vide Andream Sunonis lib. 5. cap. 6; codicem Christiani V, Daniæ regis lib. 7. cap. 12. art. 2; et Joh Meieri glossarium vocum juris Cimbrici ap. Westphalen monumenta tom. 4. col. 1761. Locus Tordonis supra descriptus ex Ludewigii Reliq. Germanice legitur ap. Westphalen tom. 4. col. 1882. art. 43, ubi *aarath* vertitur *mit beradenen mode*, id est *malo animo, inito consilio.*]

* **AASAMENTUM**, ut *Aisamentum*, idem quod supra *Aaisientia*; nostris alias *aisement*, pro quovis commodo. Charta ann. 1205. ex Cod. reg. 9612 : *Raymundus de Grancé miles vendidit fratribus Alberippæ pro decem libris Stephanensibus partem pasturarum suarum de Pralax, ... tali pacto quod fratres Alberippæ et pastores eorum omne Aasamentum in eis capient ad usum, tam suum quam animalium.*

¶ **AASANTIA**, Aasentia, idem quod *Aisantia*, Gall. *Aisance*. Charta Guilenci Episc. Lingon. de fundatione Albæ-Ripæ ann. 1135, inter Instrum. tom. 4 novæ Gall. Christ. col. 165. C : *Insuper addo omnes Aasentias in omnibus terris nostris absque omni redditu et coustumacia.* Ibidem col. 166. D : *Præterea dederunt nobis omnes Aasentias in finagio arcus subterioris.*

AASUOREN-EED, Andræas Sunonis Archiep. Lundensis, lib. 7. legum Scaniæ cap. 6 : *Si reus tandem quarta vice comparuerit, vel citatus, vel ad suam innocentiam comprobandam, licet nullum præcedere debeat actoris juramentum, quod Aasuoren-eed dicitur, tamen ad candentis ferri judicium admittetur, quod Skiersjern lingua patria dicitur.* Quale autem fuerit istiusmodi juramentum, alibi [** cap. 8] sic declarat : *Hæc est forma juramenti, quod candentis ferri judicium antecedit : ut affirmet actor sub jurisjurandi religione, quod non odii causa, non lucri gratia, reo imposuerit furti crimen, sed quia scit eum veraciter rem [** ad minus valentem dimidiam marcam nummorum] sibi furti vitio subtraxisse.* Adde lib. 5. cap. 15. lib. 7. cap. 3. 15. lib. 9. cap. 9. 12. Est autem *eed* Theutonibus juramentum.

☞ Apud Germanos etiamnum, *Eingeschworner eid* significat datum jusjurandum, et est plane illud idem quod *Aasuoren eed* scriptum, ut in multis Germaniæ partibus vulgus illud pronuntiat. Est autem prius A articulus Germanicus *ein*, et pertinet ad substantivum *eed*. *Ein* in multis locis adhuc a vulgo profertur ut *A*. Posterius vero *A* Germanis hodie est ipsa syllaba *ge*, quæ etiam in nonnullis Germaniæ regionibus ut *A* pronuntiatur : illa vero syllaba *ge* verborum præteritis, Græcorum more, tanquam augmentum syllabicum præponitur. Veteres dicebant *ga* pro *ge*. Littera *g* ob levissimam aspirationem quam apud multos habet, hic plane omissa est. *Suoren* hodie scribitur *Schworen*, quod est participium verbi *Schwæren*, Jurare. Itaque scribendum esset *A suoren eed*, quod proprie sonat Juratum juramentum. Hæc ex observationibus Joh. Leon. Frischii. [** Vox est Danica, *sworen ed* est juramentum juratum, syllaba *a* sive *aa* (apud Danos sonus literæ *a*, quando propius accedit ad sonum literæ *o*, duobus *aa* scribebatur) hodie *paa*, significat *ad* sive *in*; apud Andræam vero est *juramentum ab uno juratum*, oppositum *juramento per consacramentales*; monendum itaque quod ap. Ihre Gloss. Sueo. Goth. col. 4. legitur, in pluribus Sueogothiæ partibus *a* unitatis notam esse. Idem juramentum *actoris* apellatur apud Andræam lib. 7. cap. 8. 13. sive *accusatoris*, lib. 5. cap. 15. et lib. 7. cap. 3. 6. quippe cui id jurandum erat antequam accusatus *ad ordalia abiret*, quod in antiquis Danorum legibus dicitur *accusato crimen in manus jurare* (vide Ancherii opera tom. 2. pag. 805. § 23). Anglosaxones forâ𐌃 dicunt, Legg. Æthelst. II, app. § 2 et 4, et latine loquentes *antejuramentum* sive *præjuramentum*, legg. Henr. I, 64. Ubi crimen tantum non manifestum erat sive accusatus ipse malæ famæ, non opus erat præjuramento, ibid. cap. 94. Guilielmus I, Angliæ rex, edixit actoris etiam juramentum septima manu jurandum esse, legg. Guilel. II cap. 15 : *E li apeller jurra, sur lui jur set homes nomez, qui pur haur nel fist, ne pur altre chose, si pur son dreit non pourchacer.* Vide Phillipsii histor. jur. Anglic. § 49. Accusato etiam antequam ordalia subiret, juramentum erat jurandum; hoc vero forâ𐌃 esse dictum nusquam invenio. Vide Dreyerum de usu genuino juris anglosaxonici, et in universum de re omni : Kolderup Rosenwinge de usu juramenti pag. 50, sqq.; ejusdem historiam juris Danici § 74; Stiernhook de jure antiquo Sueonum pag. 84; Wilkinsii indicem et infra Cangium in voce *antejuramentum*.]

* **AATIA.** Vide *Atia.*

¶ **AATILUS**, *illæsus, nil damni passus.* Joseph. Laurent. in Amalthea. Utique scribendum *Aatylus*. Nam apud Hesychium ἀάτυλος innocuus, quod ab ἀτάω lædo, noceo.

¶ 1. **ABA**, prædium coloni, seu habitatio rustica, cum sufficienti prædio ad alendam familiam rusticam. Unde et *Aba* idem est ac *colonia* in Traditionibus Fuldensib. Lib. 2. Trad. 21 : *Novem trado colonias, hoc sunt Hobunnæ, integras cum omnibus adjacentiis.* Sunt autem *Aba*, *Hobunna*, *Hoba*, *Hova*, *Oba*, *Huba*, voces ejusdem significationis et originis scilicet a Germanico *Haab*, possessio, bona, hæreditas, vel a Saxonico *Habban*, habere, possidere. Charta Ricardis Augustæ pro Stivagiensi Monasterio inter Probationes historiæ Tullensis pag. 7 : *Ecclesiam de Filgossen cum alodis in quo sita est Ecclesia, et quinquaginta duas Abas, cum vineis, terris, pratis ad hoc idem monasterium quod dicitur Stivagium pertinentes.* Diploma Ludovici Pii à Mabil. relatum tom. 4. Analect. pag. 470 : *Venerabilis abbas Tatto... dedit Ratulfo presbytero capellano nostro... in beneficium diebus vitæ suæ in loco qui dicitur Huroldis hova sex Abas vestitas sub integritate earum.* Plura vide in *Huba* [** ubi de etymo dicturi sumus; locus tradit. Fuld. supra citatus legitur apud Schannatum pag. 39. trad. lxxviij, quid vero ad rem faciat non video. De his vocibus in universum agitur ibi pag. 323. n° 5.]

¶ 2. **ABA**, Latinis est, quod Græcis ἠθεῖε, compellatio scilicet, qua apud veteres, honoris causa, junior seniorem fratrem affari consueverat. Hinc sanctus Benedictus in Regula sua cap. 63 : *Nulli liceat alium puro nomine appellare : sed priores, juniores suos fratres nominent; juniores autem, priores suos Nonnos vocent, quod intelligitur paterna reverentia, etc.* Sic junior seniorem aut parentem voce ἄττα, vel ut apud Callimachum ἄππα; soror sororem voce ἄπφα, compellabat. Sunt et aliæ hujusmodi voces ut τέττα, πέττα, πίττα, de quibus videsis Scaliger. lib. 1. cap. 29. Lexicon Martinii, Etymol. Vossii. Est autem *Aba* vox Hebraicæ originis ab אב Pater, unde Syriacum אבא dilexit et אבא Pater. Putat Martinius ideo fratrem majorem voce *Aba* compellari solitum fuisse quod in eum *Abi* seu patris transferretur dignitas.

¶ Abare, a voce *aba*, fratrem affari. Ausonius in Epist. 1. patrem alloquens ait:

> Nam supparis ævi
> Sum tibi ego, et possem fratris Abare vice.

Hunc versum ita restituere Scaliger et Vinetus ex pervetusto et optimæ notæ Ausonii codice; in vulgatis enim est, *fratris habere vice*. Scaliger animadversionem firmat suam hac ratione : ut a *lallo lallare*, va *pappa pappare*, sic ab *aba abare*. [** Vide Forc. Lex. in voce *Abare*.]

¶ **ABABTISTUM** et Abaptistum, Terebella, Gall. *Trepan*, Paulo Eginetæ τρύπανον, eidem paulo superius scilicet lib. 6. cap. 91. ἀβαπτισμός. Chirurgicum est instrumentum ad perforandam læsi capitis calvariam; sic dictum ab ἀ privat. et βαπτίζω, mergo; quasi mergi non possit altius quam par est, ut cerebri membrana non lædatur. Lexicon Martinii, Jos. Laur. in Amalthea. [** Vide Forc. Lex. in voce *Abaptistus*.]

** **ABACIA**, vox mendosa in fragmento Petroniano, pro qua recentiores editiones rectius *ab acia* legunt. Vid. *Acia*. Adel.

ABACINARE, Abbacinare, Oculis privare, excæcare, præsertim per ferrum candens, aut pelvim ferream, vel æream (quam Itali et nostri *Bacinum* vocant, unde vocis etymon) oculis excæcandis objectam. Itali *Abbacinare* etiamnum dicunt. Sed quidam, atque in iis V. Cl. Ægidius Menagius in Originib. Ital. non a *bacino*, ut Commentatores Boccacii, et Jacobus Pergaminus; sed a *bacio*, quæ vox Florentinis locum *opacum* sonat, deducunt : ita ut *abacinati* sint ii, qui quasi per tenebras vident, non omnino cæcati. Sed potior videtur aliorum sententia, cum is excæcandi modus antiquus sit, eoque usi legantur veteres, ut constat ex Platone in Gorgia. Liberius apud Gellium lib. 10. cap. 17 :

> Democritus Abderites, Physicus Philosophus,
> Clypeum constituit contra exortum Hyperionis,
> Oculos effodere ut posset splendore æreo,
> In radiis solis aciem effodit luminis,
> Malis bene esse ne videret civibus.

At Plutarchus περὶ πολυπραγ. p. 521. 28, Democritum ait objectu ac repercussione igniti speculi sibi visum ademisse, ἀπερεισάμενον εἰς ἔσοπτρα πυρωθέντα, καὶ τὴν ἀπ' αὐτῶν ἀνάκλασιν δεξάμενον. Atque inde, ni fallor, μυδρίασιν Græci appellarunt eum oculorum morbum, quo *pupilla effunditur et dilatatur aciesque ejus hebescit*, uti describitur a Celso lib. 6. cap. 6. et Hesychio. Nam eorum qui per μύδρον seu ferrum candens excæcabantur, ita desiccabatur oculorum humor omnis, ut illorum hebesceret acies, et visus dilataretur, proindeque, si non esset omnis videndi facultas ademta, diffuso eo spiritu per quem videtur, omnia minora quam sint, viderent. Sæpe enim eveniebat ut per μύδρον cæcati, lumine non omnino privarentur, sed quasi per tenebras viderent : quod de Henrico Dandulo Venetorum Duce olim a nobis observatum in Notis ad Villhard. num. 34. et aliquot aliis ex Histor. Byzantina de-

sumtis exemplis probari potest. Hanc porro a *bacino* etymologiam fulcit locus insignis apud Nangium in Chronico ann. 1102 : *Henricus Rex Anglorum Robertum Ducem Normanniæ fratrem suum, a Hierosolymis reversum, regnum suum inquietantem, bello victum cepit, et ei lumen, Pelvi candente et valde ignescente apposita, extinxit, etc.* Item alius apud Henr. Knygthon. de Eventibus Angliæ, lib. 2. cap. 8 : *Institit erga Barones suos, et impetravit ab eis, quod prædictus Robertus deberet exoculari et excæcari cum Bacili ardenti.* Ubi perperam *batili* præfert codex editus : nec enim recte *batillo* emendat Somnerus. *Bacile* autem et *bacinum* idem sonare, docemus infra. Sed et Hondius in Hist. Monasterii Polingensis scribit, Tassilonem *per duarum pelvium ignitarum inspectionem*, Caroli M. jussu, *fuisse excæcatum*. Jam vero de voce *Abacinare* Chronicon MS. Andreæ Danduli ann. 1193 : *Postea mortuo Tancredo, Henricus veniens recuperavit uxorem et regnum : et filios Tancredi Abacinavit, filias autem liberas dimisit.* Sanutus lib. 3. parte 11. cap. 1. de eodem Henrico Dandulo Duce Venetorum : *Qui a Græcis forte Abacinatus, quasi visum amisit.* De eodem Joan. Bapt. Egnatius lib. 9. de Exemplis Virorum illustrium Venetæ civitatis cap. 12 : *Qui Legatus ad Manuelem Imp. missus, cujus jussu luminibus plane privatus est, candente lamina ærea ejus oculis objecta, quam ille intueri continuo cogeretur.* De hac excæcandi ratione agunt præterea Ann. Comnena lib. 15. Alexiad. pag. 480 ; Pachymeres lib. 3. cap. 10. etc. ; Phranzes lib. 1. cap. 5. in notis. Vide etiam Joann. Villaneum lib. 2. cap. 13. et lib 8. cap. 36.

Erant et variæ aliæ excæcandi rationes. Apud S. Augustinum lib. 3. contra Cresconium cap. 42. Circumcelliones Donatistæ, *novo et inaudito sceleris genere, oculis calcem aceto permixto infundentes et infercientes*, eorum lumen extinguebant. Neque absimilis reos excæcandi modus fuit, quo usi olim Persæ, infuso oculis aceto [oleo] fervido, apud Procopium libro 1. Persic. capit. 6 : Ἔλαιον ἑψῶντες, καὶ αὐτὸ ὡς μάλιστα ζέον ἐς τοὺς ὀφθαλμοὺς οὔτι μύοντας ἐπιχέοντες, ἢ περόνην τινὰ σιδηρᾶν κατακεντοῦντες, καὶ ταύτῃ τῶν ὀφθαλμῶν τὰ ἐντὸς χρίοντες, seu ut Regia Editio habet, ἢ περόνην τινὰ σιδηρᾶν πυρακτοῦντες, etc. Qua etiam excæcandi ratione Græcos Byzantinos usos testatur Laonicus lib. 1. pag. 23. Edit. Reg. Interdum chorda ad frontem circumducta eruebantur oculi. Anonymus Valesianus de Constantino M. : *Qui accepta chorda in fronte diutissime tortus, ita ut oculi ejus creparent.* Hinc *faire crever les yeux*, nostris familiaris loquendi formula. Procopius in Hist. arc. cap. 16. extremo : Νευρὰν βοείαν ἐς τοῦ ἀνθρώπου τὴν κεφαλὴν ἀμφὶ τὰ ὦτα περιελίξαντας, τὴν νευρὰν στρέφειν τε καὶ σφίγγειν ἐκέλευε· καὶ τοὺς μὲν οἱ ὀφθαλμοὺς Θεοδώρῳ ἐκπεπηδηκέναι τὴν οἰκείαν λιπόντας χώραν ὑπώπτευεν. Adde Chronicon CP. laudatum ab Alemano ad hunc locum, et Meursium in Κόρδα. Denique Pachymeres lib. 5. cap. 30. ait erutos oculos τοῖς προστυχοῦσι πασσάλοις. In Chronico Sublacensi sub ann. 1003. scalpello percussos oculos legimus : *Jussu dominorum illorum phlebotomati sunt oculi ejus et cæcus factus est.* Jam vero excæcationem inter pœnas in reos decretas receptam apud veteres et recentiores testantur Ælianus lib. 3. Var. cap. 24. Historiæ Byzantinæ Scriptores, et Francorum Annales passim, Greg. Turon. lib. 6. cap. 46. Lucas Tudensis æra 880. Matth. Paris ann. 1085. Sugerius ep. 47. Miræus in Donat. Belg. lib. 2. cap. 29. præterea leges Wisigoth. lib. 2. tit. I. § 7. Bajuvar. tit. 6. § 1. Canuti Saxonicæ § 27. Willelmi Nothi Reg. Angl. apud Rogerum Hoved. et Lambardum, Henrici I Regis Angl. apud Rad. Coggeshalensem MS. ann. 1106. et eundem Hoved. pag. 784. Stabilimenta S. Lodovici, Lambert. Schafnaburg. ann. 1074. Decreta S. Ladislai Reg. Hungar. lib. 2. cap. 13. etc. libr. Promission. maleficii cap. 2. 3. 6. etc. Vide Petr. Fabrum lib. 3. Semestr. cap. 19. Tabular. Cluniasense ex Bibl. Thuanea ann. 1250 : *Et insuper omnimodam justitiam, quæ oculorum avulsionem, aut alterius membri meruit mutilationem.* [** Vide Grimmii antiquit. juris Germanici, pag. 707. n. 5.]

* **ABACINUS**, Italis, et maxime Florentinis, Subobscurus, opacus; de eo dicitur quod non clare apparet : Ital. *Abbacinato*, obscuratus. Specim. Hist. Sozom. Pistor. ad ann. 1362. apud Murator. tom. 16. Script. Ital. col. 1070 : *Dictas columnas porfidi miserunt Florentiam ob beneficia recepta a Florentinis; sed eas miserunt maculatas et Abacinas, et coopertas pannis rubris et scarlattis : unde ex deceptione facta prius ideo fuerunt ibi affixæ.* Vide *Abacinare*.

ABACISTA. Vide *Abacus*.

ABACIUM, ἀβάκιον, Abacus. Fragm. Petronii, *Abacia et cucumi omnia exposcit, etc.*

☞ Nihil ad hanc vocem facit Petronianum illud fragmentum : mendosum est, et legi debet ut in recentioribus editionibus, scilicet : *ab acia et acu mi omnia exposuit;* quod accedit ad illud Gallicum : *Il m'a tout conté de fil en aiguille.* Titinnius apud Nonium : *Phrygio fui primo, beneque opus illud scivi : reliqui acum aciamque hero, atque heræ nostræ.* Glossæ veteres : ῥάμμα, *Acia*. Est ergo *Acia* antiqua vox quæ filum sonat ad consuendas res ductum retortumque, Gall. *Du fil à coudre.* Hoc sensu à Cornelio Celso usurpatur lib. 5. cap. 26. Hinc illa amplissima Dissertatio Johannis Rhodii Medici Dani de *Acia*, de qua vide Turneb. 17. Advers. 21. et Salmasium de modo usurarum.

ABACOT. Pileus augustalis Regum Anglorum duabus coronis insignitus. Vide Chron. ann. 1463. Edw. IV. pag. 666. col. 2. lib. 27. Ita Spelman.

1. **ABACTOR.** Charta Roberti Regis Franciæ ann. 1015, apud Louvetum in Bellovaco [** tom. 2. pag. 179 et Collect. Histor. Franc. tom. 10. pag. 597] : *Si quis autem, quod absit, contra hoc nostræ regiæ Majestatis præceptum venire tentaverit, si præpotens sit, centum libris auri multetur : si mediocris fortunæ, decem : si Abactor, regiæ ultionis vindictam cum detrimento patiatur.* Ubi *Abactor* pro *Exactore* sumitur. Vide in hac voce.

2. **ABACTOR**, Isidoro lib. 10. Orig. est *Fur jumentorum et pecorum, quem vulgo abigeum vocant, ab abigendo scilicet.* Addit Joannes de Janua : *Unde latrones etiam Abactores vocamus.* Paulus lib. 5. Sentent. cap. 18 : *Abactores sunt, qui unum equum, duas equas, totidemque boves, capras decem, aut porcos quinque abegerint.* Senator lib. 4. Ep. 49 : *Fridiladum locis vestris præesse censuimus, qui Abactores animalium legitima severitate coerceat, homicidia resecet, etc.* et lib. 7. Ep. 1 : *Signa tua Abactores timeant, fures pavescant.* Proprie enim abiguntur pecora, cum furto surripiuntur, quæ *diripi*, in Lege 8. Cod. Theod. de jurisd. dicuntur. Paulinus Natali 6. de bobus :

Nocte miser quadam somno graviore sepultus,
Amisit taciti furto prædonis Abactos.

Senator lib. 8. Epist. 32 : *Insidiis rusticorum Abactos sibi asserit caballos.* Vide Leg. 1. 2. 3. Cod. Theod. *Quib. equor. usus* etc. et infra *Abigare*.

☞ Ex his quæ de hoc vocabulo superius adducta sunt exemplis, constat illud fuisse usurpatum ab iis qui de jure Romano pure magis et emendate olim scripserunt, ut a Paulo aliisque, addamus et Apuleium et alios plures de quibus in Dictionariis. Et certe *Abactor* et *Abigeus* apud Jurisperitos tam bene Latine dicuntur, ut, ni religioni fuisset, illa a Glossario procul amandassem, sicut et vocem *Abacus*, sumtam, vel pro mensa in qua vasa et pocula reponuntur, vel pro superiori parte capitelli, vel etiam pro tabula numeris figurisve geometricis delineandis; quibus significationibus non semel occurrit apud Ciceronem politioresque alios scriptores.

1. **ABACUS**, [Græce ἄβαξ] Mensa in qua vasa et pocula ad cœnam reponuntur. Glossæ vett. *Abacus, Delphica*, μηνιστέριον. [** Delphica est τρισκελὴς τράπεζα e quibus convivis *ministrabant.* Vide Vulcanii onomasticon pag. 1.] Glossæ vett. MSS. Corbeienses : *Abacus, vel Abax, pars capitelli, vel tabula lusoria, vel mensa marmorea, in qua antiqui mittebant calices.* Juvenalis sat. 3. v. 203 :

Lectus erat Codro Procula minor, urceoli tres,
Ornamentum Abaci : necnon et parvulus infra
Cantharus, et recubans sub eodem marmore Chiron.

2. **ABACUS**, quid sonet apud Vitruvium lib. 4. cap. 1. et lib. 7. cap. 3 et 4. docent præ cæteris Bernardinus Baldus de verbor. Vitruvianor. significat. et Salmasius ad Vopiscum p. 443.

3. **ABACUS**, Arithmetica : nam Arithmetici, in abaco, vel mensa pulvere conspersa numerorum notas delineabant : unde Martianus Capella ejusmodi abacum dixit esse *mensulam hyalini pulveris respersione coloratam.* Persius sat. 1. v. 132 :

Nec qui Abaco numeros, et secto in pulvere metas
Scit risisse vafer. . .

Vide Gruteri Inscr. pag. 224. Willelmus Malmesb. lib. 2. ait *Gerbertum Remensem* à Saracenis Hispanis didicisse *Astrologiam, Abacum, cæterasque artes.* Henricus Knyghton lib. 1. Chron. cap. 3 : *Omnium liberalium artium peritus, Abacum præcipue, lunarem compotum et cursum rimatus.* [Dicunt Itali *saper l' abbaco, imparar l' abbaco*, pro Arithmeticam tenere, Arithmeticam addiscere.]

* Hinc *Libros signatos per Abacum* intelligo Codices notis numericis per singulas paginas signatos, in Stat. Mantuæ lib. 1. cap. 34. ex Cod. reg. 4620 : *Massarius communis*

Mantuæ teneatur et debeat singulis semestribus dare singulis notariis, ad maleficia deputatis, libros... signatos per Abacum a principio usque ad finem cujuslibet libri.

Abacista, qui *Abaco* operam dat, ratiocinator, supputator, λογιστικός, Barbaris *Algorista*, Italis olim *Abbachiere*, nunc *Abbachista*. Guill. Malmesbur. lib. 2. Hist. Angl. cap. 10. de eodem Gerberto : *Abacum certe primus a Saracenis capiens, regulas dedit, quæ a sudantibus Abacistis vix intelliguntur.* Fridericus II. Imp. lib. 2. de Venat. cap. 42 : *Conjungendo pollicem extensum pollici, et replicet indicem ad extremitatem pollicis, et erit modus secundum quem Abacistæ tenent septuaginta cum manu : et alii digiti ejusdem manus replicentur in palmam sub illis duobus digitis, ut firmius sustenentur, ad similitudinem tenentis numerum ternarium : et sic ex replicatione indicis super pollicem, et trium digitorum in palma sub illis, teneat manum ad formam Abacistæ tenentis septuaginta tria.* Vide Signum.

¶ **ABADAGIUM.** Vox Catalonica quæ potationem seu comestionem significat. Concilium Terracon. MS. c. 10 : *Bevragia, comestiones, pastus, potationes seu Abadagia exigere quasi ex debito non formidant.* [**Legendum fortasse *Abonagia* ; vide Abonagium in *Abonare*, 2.]

* **ABADIA**, Prædium, possessio, eadem acceptione qua *Honor* : promiscue enim *Abadia* et *Honor* in Chartis usurpantur. Vox Hispanicæ originis, qua non Abbatiæ modo, sed et prædia etiam honoratiora significantur. Testam. Raym. I. comit. Ruthen. ann. 961. inter Probat. tom. 2. Hist. Occit. col. 108 : *Illa Abadia de Rubiaco una medietas remaneat S. M. de Anicio, altera medietas inter illa sede de Uzecio, et illa sede de Viverio remaneat.* Aliud Roger. I. comit. Carcass. ann. circ. 1002. ibid. col. 160 : *Cum ipsos alodes, sicut Arnaldus pater meus ibi tenebat per ipsum castellum, remaneat ad Raimundum, exceptas ipsas Abadias, quæ ego dono ad filium meum Petronem.* Charta Petri comit. Biter. ann. 1054. in Append. Marcæ Hisp. col. 1100 : *Donamus nos namque Domino Deo et in canonica S. Nazarii in comitatu Biterrense ipsam Abadiam, vocabulo S. Genesii, quæ est juxta mare, cum omni honore ad ipsam Abadiam prœscriptam pertinente,... cum quantumcumque ad ipsam honorem pertinet vel pertinere debet.* Vide *Honor*.

* **ABADILIS**, Abbatiali dignitati congruus, decens. Homag. vicecom. Carcass. ann. 1110. ex Cod. reg. 8407. 2. 2 : *Et ipsi* (abbati S. M. Crassensis) *et omnibus qui secum venerint, usque ad ducentas bestias, in burgo S. Michaelis de Carcassona facere albergam Abadilem, prima vice cum ingredietur Carcassonam, de optimis piscibus et carnibus et ovis et caseis honorifice ad suam voluntatem. Albergam abbadalem* ex ead. Charta in Reg. 30. Chartoph. reg. ch. 62. quo modo etiam editum inter Probat. tom. 2. Hist. Occit. col. 376. *Albergam albadilem* minus recte habet Reg. feud. senescal. Carcass. etc. fol. 131. v°.

ABADIR, *lapis*, in Gloss. Isidori. Papias : *Abaddir, Deus dicitur, quo nomine lapis vocatur, quem devoravit Saturnus pro Jove. Dicitur quoque Abaddier, vel Abdira, vel Abderites, quem Græci Badelion vocant.* Vide eundem in *Abdira*, et Salmasium ad Lamprid. pag. 181. [** Locus integer exstat apud Priscianum V. pag. 647. Vide Forc. Lex. in voce *Abadir* et H. Stephani thesaurum Didotianæ editionis, vol. 2. col. 50.]

* **ABAGHA.** Inventar. Ms. ann. 1366 : *Littera missa sacrosanctæ Romanæ ecclesiæ et summo Pontiefi, quæ incipit : Per virtutem Dei vivi et per potenciam Chaan verbum Abagha, etc.* [**הקבא est inter nomina Dei mystica apud Corn. Agrippam de occulta scientia pag. 228. lib. 3. cap. 11. Sive sunt tres litteræ ordine primæ apud Hebræos et Græcos.]

¶ **ABAIA.** Vide *Abasa.*

¶ **ABALIUD**, quod ab alio pendet, inferius. Tertullianus, lib. 1. ad Nat. c. 9 : *Quamquam et alias confitemini istud, si quando illos* (Deos) *supplicio nostro videmini ulcisci : Abaliud a majore defenditur; pudeat igitur Deos ab homine defendi.* Sic Græci ἔξαλλον dicunt eadem notione.

* **ABAMURUS**, f. Murus muro additus, Gall. *contremur.* Charta ann. 1270. in Hist. Lugdun. pag. 13. col. 2 : *Item transpositi sunt Abamuri cum archeriis, quæ non sunt redactæ ad pristinum statum ad mensuram unius tesæ.*

ABANDUM, Abandonum, Habandonum, Res arbitrio cujusque exposita, in *bannum* missa, proscripta; *chose abandonnée.* Charta Communiæ Incrensis ann. 1158 : *Si quis vero Abandum ab aliquo acceperit, si disrationare se jure accepisse non poterit, lege qua vivit, reddet illud. Si autem defensum ei fuerit, in injuria et violentia erit, veniensque ille cum duobus testantibus quod suum Abandonum est contradictum, ad majoris Communiæ clamorem suum jus disrationatum habebit.* Charta Communiæ S. Quintini ann. 1195. et Crispiaci ann. 1205 : *Ubicunque burgensis pro catallo suo Abandon acceperit, sine forisfacto accipiet. Quod si quis negaverit, Burgensis judicio Scabinorum per justitiam nostram assequi debet : et si quis Burgensis Abandon abstulerit Burgensi, reddet catallum.* Charta Communiæ Hamensis : *Si quis de Communia suum habandum capere voluerit, non illud capiat, nisi duobus testibus adhibitis : quod si defensum fuerit, et clamor inde ad Majorem et Juratos delatus fuerit, totam querelam super testimonio testium denominatam obtinebit. Si autem suum Habandon in pace dimiserit, et postea debitum et Habandum negaverit, ad Justitiam trahetur per rationabiles plegios, etc.* Rursum : *Qui autem defuerit, totam querelam amittet : verum qui Abandon cepit ante litis ingressum, de Abando suo in saisina erit.* Charta Communiæ Atrebatensis ann. 1211. art. 15 : *Si Miles Burgensi pecunias debens, se inde subdiderit Legi Scabinorum coram eis, eumque non juverit Justitia nostra ab eo requisita, Burgensis vadium Militis et Abandon capiet intra partem civitatis sine forisfacto.* [In tribus Chartis pro eadem Communia Attrebatensi, scilicet Philippi-Augusti anni 1194. Ludovici ejusdem Regis primogeniti ann. 1211. Roberti Comitis Attrebat. anni 1268. omnibus ad sua authentica collatis legitur.... *Burgensis vadium Militis Ad Abandum accipiet intra pacem civitatis sine forisfacto.*]

☞ Ex his omnibus chartis Communiarum conficitur *Abandum*, *Abandonum*, *etc.* intelligenda esse de bonis mobilibus, vel immobilibus in pignus seu cautionem assignatis pro pecunia debita, venditione aut permutatione cavenda, et firmanda. Gall. *Garantie.* Unde aliquatenus restringenda Doctissimi Cangii explicatio, ut res *in bannum missa* primo occupanti derelicta non cedat; sed tantum sub hasta vendi possit, creditoris venditorisve arbitrio permitti, ubi creditum non solvitur, et res venditæ aut permutatæ ab aliis repetuntur. Hinc illæ Leges de quibus supra : *Si quis de Communia suum Habandum capere voluerit, non illud capiat nisi duobus testibus adhibitis.* Ne scilicet dum suum repetit, furti reus habeatur. *Burgensis vadium Militis ad Abandum accipiet intra pacem civitatis sine forisfacto, etc.* Huic porro interpretationi favent cætera quæ sequuntur exempla, atque intelligitur *dare in Abandonum*, et *ponere in Abandonum*, idem esse ac oppignerare, obligare, Gall. *Hypothéquer, Donner pour assurance.*

¶ Abandonium, eadem significatione. Charta ann. 1245. ex Tabular. Monasterii S. Richarii Centulensis : *Bona fide garandire promitto per Abandonium omnium rerum mearum*, id est per sponsionem seu obligationem. Litteræ Simonis Matiffardi Officialis Remensis ann. 1274 : *Assignaverunt dictam Ecclesiam ad omnia bona sua..... et ea dederunt in Abandonium.*

Dare in Abandonum, Gallis, *Abandonner*, Italis *Abbandonare*, Deserere, dimittere, derelinquere. Charta ann. 1237. in Tab. Eccl. Ambian. : *Dedit in Abandonum præfato capitulo terram suam, quam tenet de vice-domino Ambian.*

Ponere in Abandonum. Charta ann. 1225. in. Tabul. Abb. sancti Joannis Ambian. fol. 288 : *Rogavi dominum meum Willelmum de Kaieu, ut pro me se et suos heredes obligaret dicto domino Reginaldo et successoribus super dicta venditione tenenda et observanda, ponens in Habandonum suum quidquid de ipso teneo in feodo de Kaieu, ut inde restitueret dicto Reginaldo vel successoribus ejus omne damnum quod incurrerent occasione dictæ emptionis.* Alia Beatricis Comitissæ Guinensis apud Duchesnium : *Ego et Balduinus filius meus posuimus in Abandonium D. Ludovico quidquid tenemus de ipso.* [Charta ann. 1252. ex Tabul. 2. S. Medardi Suession. : *Ponentes in Abandonium erga dictam ecclesiam pro garandia portanda totam terram ipsorum de Condeto.*]

* *Ponere in Abandonium*, Eadem significatione, in Charta Joannæ comit. Fland. ann. 1234. ex Chartul. S. Petri Insul. sign. *Decanus*, ch. 152.

¶ Abandons, mala quædam consuetudo spectans *abandum*, quæ olim Compendii vigebat, a S. Ludovico ann. 1260. antiquata. Dom. *de Lauriere* Ordin. Reg. tom. 1. pag. 293 : *Ordinatum fuit, et unanimiter concordatum per totum Consilium quod quædam captio quæ fiebat apud Compendium, et dicebatur Abandons, cesset amodo et amoveatur omnino.*

Vocis apud nos vulgaris etymon accersit Stephan. Paschasius libro 8. Disquisit. Francic. cap. 36 a *bannum*, putatque effictam ex tribus voculis, *a*, *ban*, *don*, quasi *datio in bannum* : quæ quidem viri docti conjectura licet quodammodo vera sit quoad originem vocabuli, falsum tamen ex tribus voculis conflatum esse, cum ex duabus tantum, *a* et *bandon*, efflictum sit; ita ut res *posita in Abandonum*, eadem sit quæ *in bannum*, vel *in bandum missa* est, id est, proscripta, ac proinde ut derelicta primo occupanti cedat : nam et *bandum* pro *bannum* usurpatum infra docemus. Sic poetæ nostrates vernaculi vocem hanc passim dividunt. Le Roman *de Garin* MS. :

Tos mes tresors vos est A Bandon mis.

Idem :

Prenez ma terre tot A vostre Bandon.

Alio loco :

La cité fut assise à environ,
Flaménc l'assistrent d'une part A Bandon.

Idem Poeta :

Li fet crier par tost l'ost A Bandon,
Que nus ni praigne vaillant un esperon.

Chronicon MS. Bertrandi Guesclini :

A Lucebonne fu le Roy et cils Baron,
Et Pietres vint à li à force et A Bandon.

Quibus in locis *Bandon* ut plurimum sumitur pro *arbitrium* : quod res derelictas et proscriptas cuilibet pro suo arbitrio occupare licitum sit. Ita hæc verba Will. Tyrii lib. 14. cap. 4. *pro arbitrio*, vertit Hugo *Plagon* ejusdem Gallicus interpres MS. *à son Bandon*. Qua etiam notione *Abandon* accipi constat in Consuetudinibus nostris municipalibus, cum de porcis, aut aliis animalibus agunt, quæ pro libito incustodita pascunt in agris : ut in Aurelianensi art. 156; Normann. cap. 8; Nivernensi cap. 15. art. 6. cap. 17. art. 2. 6. 7. et Meledunensi art. 179. Assisiæ Hierosol. MSS. cap. 111 : *Si aucun autre que chevalier doit dete, que li ait connu en court, ou que il ait esté prové, si com la Court l'a esgardé, ou connu, ou recordé, et li seignor li commande que la paie dedans sept jours, et il ne la paie, et il ait chose de quoi il le puisse paier, et le seignor le puisse trover, il le doit faire prendre et faire vendre guage A Bandon, tant que celui à qui il doit, soit payé*. Vide præterea cap. 189. [** Cap. 30. curiæ Burgensium : *Se l'acreour veut il seportera le guage en son hostel et le tenra toute la quinzane se il veut .... et se il ne le paie a chief de lai quinzaine, la razon coumande que il peut puis fair crier le guage et vendre le par la ville Abandon, et qui plus li doura si l'ait;* ubi in cod. monac. (cui caput hoc est 72.) legitur : *et vendre le gage par la vile gage Abandon et qui etc.*]

* 1. **ABANDONARE**, ABANDONNARE, obligare, in pignus seu cautionem assignare, Gall. *hypothéquer*, *donner pour caution*. Charta ann. 1210. in Reg. 76. Chartoph. reg. ch. 111 : *Ego Willelmus Attrebatensis advocatus, Bethuniæ et Terremondæ dominus concessi scabinis et burgensibus meis Bethuniæ.... quod nunquam illos Abandonabo pro meo debito, vel alieno*. Alia Hugon. de Castell. ann. 1241. in Chartul. Camp. Cam. Comput. Paris. fol. 192. r°. col. 2 : *Ego dictum dominum meum Theobaldum regem Navarræ.... promitto et teneor liberare, et de omnibus custis et dampnis observare; quæ propter dictam plegiationem posset incurrere ad probationem servientium suorum : et insuper obligo me et Abandonno, quod ipse posset assignare ad totum feodum meum, et tenere sine malefacere versus me*. Rursum alia ann. 1427. ex sched. Pr. de Mazaugues : *Item quod præfatus N. Agoutus de Agouto, nec successores ipsius nullo modo audeant pasturgagia, nec aliqua alia usagia dictorum territoriorum de Rocafolio... aliquibus personis, seu averibus ipsorum locare, Abandonare, vendere, donare, nec aliqualiter transportare*. Vide v. *Abandum* et Murator. tom. 2. Antiq. Ital. med. ævi col. 1121. v. *Abbandonare*.

* 2. **ABANDONNARE**, ABANDUNNARE, Publico banno edicere, permittere, aut vetare; unde *Abandonnamentum*, ipsa proclamatio seu licentia, Charta ann. 1379. ex sched. Pr. de Mazaugues : *Nullus potest nec audet venari... nisi per curiam Abandonnamentum et licentia data, ... quæ quidem licentia et Abandonnamentum debet fieri et concedi ad requisitionem hominum dicti loci, et quando Abandonnatur, quælibet domus, in qua est venator qui sciat venari, debet dare unum cuniculum dictæ curiæ*. Alia Erardi dom. Chacenaii ann. 1218. in Chartul. Arremar. ch. 201 : *Prædictum nemus in deffensum ponere vel Abandunnare mihi non licet*.

* Hinc *Abandonnéement*, pro *impérieusement, d'un air d'autorité*, imperiabiliter, cum potestate, apud Hug. *Plagon* in Hist. contin. Guill. Tyrii tom. 5. Ampl. Collect. Marten. col. 628 : *Quant le roi Gui fu près de Sur, len li dist que le Marchis avoit fait fermer les portes contre lui. Il ala jusqu'à la porte et dist que len li ouvrit. Le Marchis demanda qui il estoit, qui si Abandonnéement rouvoit ouvrir la porte. Habandonnéement* vero, *Abundanter* sonat, apud Joinvil. in S. Ludov. edit. reg. pag. 152. *Le roy.... fesoit servir si courtoisement à sa court, et largement et Habandonnéement etc.*

¶ **ABANEC** et ABANES. Gloss. Bitur. Ecclesiæ : *Abanec sigillum sacerdotale*. Forte legendum cingulum. Est enim *Abanes* apud Calepinum ex Hieronymo, cingulum sacerdotale. Ubi scribendum fuisset *Abanet*, seu *Abnet*, ab Hebræo אבנט balteus, cingulum. Byssino utebatur summus Sacerdos, lineo ceteri sacerdotes. Erat autem cingulum illud quatuor digitos latum, et tanta contextum raritate ut colubri exuvium, cum deponit senectutem, sic rotundum ut marsupium longius credidisses. Vide Hieron. in Epist. ad Fabiol.; Lex. Philol. Martinii ad vocem *Abanes*.

* Glossar. vet. ex Cod. reg. 7646 : *Abanech, cingulum sacerdotale rotundum, polimita arte, ex cocquo, purpura, iacinctoque contextum; ita ut flores atque gemmæ in eo esse viderentur distinctæ*. Nihil ad rem aptius mihi hactenus occurrit.

* **ABANGUA**. Vide infra *Abenga*.

¶ **ABANNATIO**, Jurisconsultis vertitur ἀπενιαυτισμός, Annuum exsilium propter voluntariam cædem admissam : ab *ab* et *annus*. Ita Martinii Lexicon.

* Consule Carolum de Aquino lib. 1. Miscell. cap. 13. pag. 99.

ABANTE. Vetus epitaph. Romæ : *Fundi hujus dominus infans hic jacet similis Deo. Hunc Abante oculis parentis rapuerunt nymphæo in gurgite, etc.* ἀπὸ ἐνώπιον, ἀπὸ προσώπου in libris sacris [ut Actorum cap. 3. versu 19. et cap. 5. versu 41. etc.]. Galli dicerent, *de devant les yeux de son père*. [Bern. ep. 441. edit. Mabil. n. 8 : *Dum eos* (Claravallenses) *itaque attendo, diurnis horis nocturnisque vigiliis Ab Ante medium noctis, usque ad primam diei, facto breviter intervallo, tam sancte tam infatigabiliter psallentes, etc.* Nec certe adeo insolens est præpositiones præpositionibus aut adverbiis antepositas reperire. Cicero l. 3. Epist. ad Atticum 17 : *Nuntii nobis tristes, nec varii venerant Ex ante diem Non. Jun. usque ad pridi Kal. Sept.*] [** Vide Forc. Lex. in h. v.; Placidi Glossæ in tom. 3. classic. auctor. Ang. Maii p. 431 : *Ante me fugit dicimus, non ab ante me : nam præpositio præpositioni adjungitur imprudenter : quia ante et ab sunt duæ præpositiones : sic et antevadit, quasi antecedit : et non possum dicere in antecedit in antevadit et ab ante me fugit.*]

1. **ABARCA**, Hispanis est quoddam calceamenti genus priscis illis sæculis, ac etiam præsentibus, repandorum calceolorum instar, ex caprina seu boaria pelle confectum, ad aspera et montosa loca peragranda habile et aptum, propterea que pastoribus ac rusticanis hominibus in montanis ipsis valde commune. Ab ejusmodi calceo cognomentum *Abarcæ* inditum tradunt Sanctio Navarræ Regi, qui regnum iniit anno 905. quod in illud primum venisset, *indutus et calceatus, ac si esset pastor*, ut est in Historia Pinnatensi. De Sanctio ita Lucas Tudensis : *Fecit sibi et suis militibus de coriis crudis et ligneis viminibus, rusticorum more, calceamenta, quæ vulgariter Avarcas et Baraliones vocant, et nocte Alpes Roscidæ-Vallis per nives transiit*. Vide Rodericum Tolet. lib. 5. de Reb. Hisp. cap. 22. Blancam. in Comm. Rer. Arag. et Sebast. de Cobarruvias in Thesauro linguæ Castellanæ, [et infra *Alpargates*.]

¶ 2. **ABARCA**, Alia notione, apud Jos. Moretum Antiq. Navarræ lib. 1. pag. 148. ex Archivo Olitensi : *Dono vobis talem forum qualem habent illos meos francos de Stella, ut vos et filii vestri et omnis generatio, vel posteritas vestra per sæcula cuncta, et illo villano de mea terra, vel infançone Abarca, qui venerit populare ad Olit, suas casas, et sua hereditate de retro habeat salvas*. Forte sic restituendum legendumque : *Et ille Villanus de mea terra, vel infanço Ab Carta qui venerit, etc.* Est autem *infanço ab Carta* seu *de Carta* Vitali Episcopo Oscensi, *Is cui immunitatem quam genus vel natura negavit, liberalitas ejus, cujus adstrictus erat servitio, concessit cum authentico instrumento*. Unde *infancio de Carta* seu *a Carta*. Vide *Infancio* post *Infans*.

ABARCENUM, *inhonestum*, in Glossario Isidori, Papias manuscript. et edit. habet *Abartenum*, [quod vide.]

ABARDILLA. Hominium Geraldi de Moissaco Raymundo Comiti Tolosano præstitum ann. 1244. in Regesto Tolos. pag. 14 : *Praxerium illam et marguillum, quam et quod habemus in flumine Tarni, cum rappis, Abardillis, piscariis, et omnibus aliis juribus et pertinentiis suis, etc.*

☞ Ad hanc vocem accedunt plurimum *Barda* et *Bardales* quæ Hispanis sunt, modo hirtæ sepes, modo alia quævis structilia sepimenta, ut e palis, etc. [** Portugallice est *Abarga* sive *Varga*, Italice *Varca*, quæ omnia a vocibus infimæ latinitatis *Virgatura*, *Varcatura*, *Valcatorio* venire censet Sª Rosa de Viterbo. vol. 1. pag. 25.]

¶ **ABARE**. Vide *Aba*. 2.

ABARNARE, Rem clam et occulte gestam probationibus judicialiter manifestare: ex Saxonico A b a r i a n, Denudare, prodere, ostendere, manifestare. Leges Kanuti Regis Angl. cap. 104. (in Sax. 74.) : *Si homo furtivum aliquid in domo sua occultaverit, et ita fuerit Abarnatus, rectum est ut inde habeat quod quæsivit*. Leges Henrici I. Reg. Angl. cap. 75 : *Si Francigena, qui parentes non habeat, in murdro perimatur, habeat pretium natalis ejus murdri*** non Abarnaverit Rex de Hundredo, ubi invenictur 40. marcas argenti, etc.* et cap. 91 : *Si quis Francigena occidatur, et interfector ignoretur, etc. si parentes secundum legem repetentes, vel probantes non habeant, sint illius qui murdrum Abarnaverit, etc.*

☞ Verbi hujus originem accersit Leon. Frischius a Germanico *Bar* nudus; a quo Belgicum *Baren*, Monstrare, manifestare. Cui addita præpositione *ar* quæ significat *ex*, cum terminatione Latina infinitivi, fit *Arbarenare*, contractius *Abarnare*. [** Apud Lambardum in Archaionomia vox semper scribitur *Abarnare*, apud Wilkinsium vero semel (fortasse errore typographi) *abornare*, quod in legibus Henrici ubique posuit Schmidtius. Eandem lectionem secutus est Phillipsius in historia juris Anglici vol. II. pag. 225, ubi rem exponit, de qua videndus etiam Wilkinsius in glossario sub hac voce. *Bar* etiam apud Saxones est *nudus*; quæ præcedit littera *a* est a intensivum. Vide Grimmii Grammat. vol. 2. pag. 705 et Bosworthii Lexicon Anglosaxonicum, num. 1. c.]

¶ **ABARRARE**, Pretio conducere, Gall. *Avoir à ses gages*. *Abarratus*, pretio conductus, Gall. *Pensionaire*, a voce *arrha*, quomodo in officio S. Agnetis 21 Januar. dixere : *Annulo suo subarrhavit me Dominus, etc.* Spicil. Acher. tom. 8. pag. 469 : *Multos etiam de baronibus Franciæ Abarratos habebat* (Henricus Rex Angliæ) *et sibi familiares fecerat obsequiis atque donis*.

¶ **ABARTENUM**, *Inhonestum*. Sic legitur in Gloss. Bitur. et in Gloss. Isidori notis Georgii Grævii illustratis. In excerptis Pithœi additur ἀπάρθενον, quasi virgine indignum. Hinc patet male scriptum fuisse *Abarcenum*, quod vide.

¶ **ABARTIA**, ἀπληστία, Insatiabilitas. Hinc Angl. *Abarstick*, inexplebilis. Ex Diction. Latino-barbaro Adami Littleton.

¶ **ABAS**, Quasi ἠβαῖος, Bardus, hebes. Item sacer morbus Tarentinis, Epilepsia. Ex Glossario Adami Littleton. J. Laur. in Amalthea. [** Potius a Saxon. *Abase*, supprimere; nam Germani inferiores etiamnum dicant *Abasig* pro hebes et Anglis est *Abashed*, stupefactus. ADEL.]

ABASA, In Glossis Isid. *Infirma domus, quasi sine Base*. Papias MS. *Abso, infirma domus*. Editus : *Abbason*. [Legebat Calepinus *Abaia*, *Abason*, *infirma donans*.] Breviloquus : *Abaso, domus infirma, vel infirmi, et dicitur ab a quod est sine, et basis, id est, fundamentum*. Quibus locis legendum censent quidam *infima* : ita ut domus fuerit depressa, nec multum edita. Verum repugnat Glossarium Ælfrici, in quo *Abaso*, *infirmatorium*, seocra manna hus esse dicitur, id est, ægrorum hominum domus, uti verba Saxonica sonant. [Haud immerito suspicatur Leon. Frischius in notis ad Gloss. Cangii, *Abasa domus* dici quasi *Absa domus*, id est domus ab aliis ædificiis separata, ut domus leprosorum. Vide *Absus*, quod idem est ac desertus, incultus.]

¶ **ABASCANTUS**, Infascinabilis, in quem nihil valent quævis fascina. *Abascantos* numerat Tertullianus inter eos apud quos quæstionem habendam, cum quis de hac vita egrederetur, somniabant Valentiniani. [** Etymon videas apud Forcellin. in h. v.]

* **ABASSARE**, ABBASSARE, Demittere, minuere, vox Italica, Gall. *Baisser*. Charta ann. 1192. apud Murator. tom. 5. Antiq. Ital. med. ævi col. 87 : *Molendina, quæ sunt infra fossam civitatis, Abassentur medietate unius brachii rationis. Et duxile, quod est super fossam civitatis, per duas partes unius brachii rationis Abassetur*. Ibidem : *Ad brachium rationis Abassentur*. Annal. Mutin. vett. ad ann. 1262. apud eumd. tom. 11. Script. Ital. col. 66 : *Eodem anno omnia molendina Mutinæ fuerunt Abbasata*.

* Nostrates *Abaisser la main* metaphorice dixerunt, eadem acceptione qua nunc *Baisser le ton* usurpamus, pro *moderatius* agere, loqui. Lit. remiss. ann. 1376. in Reg. 109. Chartoph. reg. ch. 6 : *En oultre lui dist que s'il n'Abaissait sa main, qui estoit à dire, s'il ne se faignoit d'ouvrer tellement qu'il n'ouvrast pas tant, ne si bien; il lui acoursirait la vie*. Iisdem vero *Abaisser honneur*, idem sonat quod Debitam alicui reverentiam minuere aut abnuere, in aliis Lit. ann. 1395. ex Reg. 148. ch. 122 : *Icelle femme desmenti pluseurs foiz le suppliant en Abaissant honneur de sa personne et de son office*.

ABASTARDARE. [Bastardum, seu nothum, aut illegitimum pronuntiare. Gall. *Declarer bâtard*. Fragmentum de Episcop. Petragoric. apud Labeum tom. 2. Bibl. pag. 739 : *Quem* (Heliam Rudellum Comitem) *mater sua Comitissa.... coram eodem Episcopo in conventum publice Abastardavit dicens, quod non erat filius Heliæ comitis*.] Vide *Bastardus*.

ABASTRA, *Folia vitis*, in Gloss. MS. apud Franciscum a Quercu Anglum, in Etymologico. [Ita etiam Adamus Littleton in Diction. Lat. Barbaro, ex veteri cod. MS.]

¶ **ABASTRATURA**. Glossæ MSS. Latino-Græcæ : *Abastratura*, ἀπὸ τῆς ἀναβολικῆς. Ubi altera manus addidit *Lege ab, astratura*. Martin. in Lexico Philolog. : *Abastratura in Gloss., Lege a Stratura, qui sternit equum*. [** Idem est atque *strator*, quod vide.]

ABATARE, ABBATARE, Prosternere, [Ligna succidere] ex Gall. *Abbatre*, Italis *Abbatere*. Libertates MSS. villæ S. Desiderii in Campania ann. 1228 : *Si aliquis aliquem invenerit in nemoribus suis Abatantem etc.* [Vide in *Attroncare*.]

* Nostris *Parabbatre*, pro *funditus evertere*. Froissart. in vol. 2. cap. 103 : *Les Gandois vindrent derechef à Marle l'hostel du Comte et le Parabbatirent*.

ABATARE SE, Bona decoquere, mensarias rationes mala fide creditoribus renuntiare. Vox ita confecta ab Hispanis, quibus *Abatirse*, est *se dejicere*; quia decoctores ita bona sua seu aliena decoquunt, ut quasi prostrati jaceant, nec erigere se ulterius valeant : quibus opponuntur ii *qui stant*, qui nempe eo sunt in statu, ut creditoribus facere satis possint. Sic apud Latinos *mergi ære alieno* dicuntur, qui vix emergere possunt. Libertates concessæ Barcinonensibus a Petro Rege Aragonum ann. 1285, MSS : *Quicumque tenens officium vel ministerium, qui emerit aliquam mercaturam ad opus officii vel ministerii sui, sive sit mercator, sive alius, qui se Abatat, capiatur in persona, sicut caperetur pro commanda, nisi ostendere potuerit, quod casu fortuito amiserit eam*. [** Legitur hoc capitulum apud Capmany *Memorias Histor*. tom. 4. pag. 221. ubi pro anno 1285. est 1283.] Secunda Curia Generalis celebrata Barcinone ann. 1299 a Jacobo II, Rege Aragon. MS. : *Item quod quilibet Campsor, qui se Abatat, vel qui jam steterit, vel sit Abatut, quod nunquam teneat tabulam cambii, nec aliquod officium nostrum; sed quod habeatur et præconizetur pro infami et pro Abatuto per civitatem, et per locum ubi usus fuerit officio : et quod detineatur captus, quousque satisfecerit, et quod non comedat nisi panem et aquam*. Curia Generalis Cataloniæ sub Alphonso Rege Arag. ann. 1333. MS. : *Ordinamus quod quicumque mercator vel draperius, et eorum negotiatores seu factores tenuerint commandas alterius, vel merces, aut alias res quas receperint è s'Abatran, aufugiendo, vel se absentando, puniantur, etc.* [** Vox Catalana est *abatrerse*, se dejicere, creditoribus decoquere, foro cedere, cujus tempus futur. tertia plur. persona est *s'abatran* quam sæpius in latinis regum Cataloniæ diplomatibus obviam habuimus, ita in privil. Jacobi II. pro regno Valentiæ ann. 1322, in Aureo opere privilegiorum etc. fol. 68. vº. legitur : *aliqui ex dictis curritoribus se absentaverint vel se Abatran nec poterint solvere et restituere quod eis commendatum fuerit*. Eodem sensu apud mercatores francogallicos in Asia minore dicebatur *Abatellement*, de qua voce vide Merlinum in Diction. jur.]

ABBATIDERIT. Pactus Legis Salicæ tit. 45. *Si quis hominem de barco Abbatiderit*, id est, amoverit, dejecerit.

MONETA ABATUDA, Pretio diminuta. [Gal. *Abaissée*.] Charta Simonis Comitis Leicestriæ et Montisfortis ann. 1209, in 30 Regesto Tabularii Regii ch. 44 : *Si tempore solutionis hæc moneta Melgoriensis fuerit Abatuda seu deteriorata, etc.* Chronicon vernaculum MS. in Tabulario S. Maglorii Parisiensis :

L'an mil deux cens soissante-trois
Furent abatus li Mansois,
Li Escuciau, li Angevin,
Ainsi furent li Poitevin.

[Edictum Philippi Audacis anno 1275, apud Dom. de Lauriere tom. 1. Ordinat. Regum nostrorum, pag. 814 : *Nec emant bilhonem illarum monetarum, dum stabunt in suo recto cursu, nec erunt abatute.... monete cadant et sint Abatute*. Charta parilis 12. sæculi ex Archivo Piperacensi : *Quod si moneta fuerit Abbatuda et deteriorata ad rationem marchæ argenti que nunc valet 75 solidos.*]

* Abatere, Pretio minuere, Gall. *Baisser, diminuer.* Charta ann. 1206. inter Probat. tom. 2. Hist. Occit. col. 196 : *Si solidi et Melgorienses interim Abatebantur vel deteriorabantur de penso vel de lege, etc.* Vide *Moneta abatuda* in *Abatare.*

* *Abatre* vero et *Abbatre* diximus, pro *Abolir, révoquer, décrier*, abolere, abrogare, interdicere. Lit. Ludov. VII, ann. 1168. Galice redditæ tom. 1. Ordinat. reg. Franc. col. 17 : *Ainsint est aemplis li nombre des coustumes que nous avons Abatues.* Ubi textus : *Reprobavimus.* Stat. ann. 1356. tom. 3. earumd. Ordinat. pag. 90 : *Toutes autres monnoyes...... soient Abbatues.* Alia prorsus notione, scilicet pro *Défoncer* vel *vuider*, de Dolio fundum vel vinum eximere, in Lit. remiss. an. 1385. ex Reg. 127. Chartoph. reg. ch. 167 : *Pour savoir la vérité, la main de Justice avoit esté mise aux dittes queues* (de vin) et *fait deffense qu'elles ne feussent meues; que depuis elles avoient esté Abbatues et embotées.*

* A Gallico *Abbatre* vocem *Abataige* hauserunt, pro *Suariæ linguæ inspectio*, quod porcum ad terram prosternendo fit, sic dicta; unde etiam præstationem quæ eam ob rem domino debebatur, eodem nomine vocabant. Redit. comitat. Hannon. ann. 1265. ex Cam. Comput. Insul : *Et si a li quens a l'Abataige des pourchiaus lxx solz par an; c'est à entendre de warder s'ils sont sain.*

ABATIS. Papias : *Abatis, subauditur præpositus, id est, qui batos, id est, mensuras regias, dispersit.* [Legendum *dispensat.*] Alibi: *Abatis, qui præest mensuris.* Gloss. Saxon. Ælfrici : *Abatis*, ſætfellere. [** i. e. qui vas implet] Guillelmus Brito in Vocab. MS. : *Abatis, media correpta, qui cum batis dividit avenam : Batus dicitur Provendre in Gallico.* Alibi : *Batus in Gallico, Provender, scil. prœbendarium vas, cum quo avena distribuitur equis. Præbenda avenæ*, passim in Computo Hospitii S. Ludovici a nobis descripto in Notis ad Joinvillam pag. 108. Breviloquus : *Abatis, qui vel cum bato dividit avenam, vel alia frumenta.* Unde Ebrardus Bethun :

Abatis ad cœnam dat equis Abbatis avenam.

Olla patella :

Lixa, Cliens, Abatis, Botulus, Cocus, Esca, Batellus.

Disticha Magistri Cornuti, seu Joannis de Garlandia :

Sunt Anaphos, Piscina, Batos, Abatis, Cocus, Orcham.

[Pro *cocus* f. leg. *corus*, quæ mensuræ annonariæ species est apud Anglos et Germanos.]

Ubi Glossa : *A bato dictum Abatis : est proprium nomen neutrius gen. et indeclinabile, et est mensura qua mensuratur prœbenda avenæ quæ datur equis in Abatta, vel aliis ad hujus officium deputatis.* Dicitur igitur *A batis*, ut *A secretis, A caliculis*, qui scilicet *bato præest.* [** Gemma Gemmarum : *abatis, ein futermeister, qui vel quæ bestiis nutrimenta ministrat.*]

Cujusmodi autem fuerit *Abatis* munus, belle describitur in Bulla aurea Caroli IV. Imp. cap. 27 : *Imperatore, vel Rege ipso in sede regia, sive solio imperiali sedente, Dux Saxoniæ officium suum agat hoc modo. Ponetur enim ante ædificium sessionis imperialis, vel regiæ, acervus avenæ, tantæ altitudinis, quod pertingat usque ad pectus vel antelam equi, super quo sedebit ipse Dux, et habebit in manu baculum argenteum, et mensuram argenteam, quæ faciant in pondere* xjj *marcas argenti; et sedens super equo, primo mensuram eandem de avena plenam accipiet, et famulo primitus venienti ministrabit eandem : quo facto figendo baculum in avenam, recedet, et Vice-marescallus ejus, puta de Pappenheim, accedens, vel eo absente Marescallus Curiæ, ulterius avenam ipsam distribuat.* Unde colligitur *Abatis* et Marescallorum munus idem fuisse. Jam vero palam et publice in magnatum ædibus avenam officialibus ac domesticis distribui solitam a Camerariis vel Senescallis, docet vetus Poëma MS. *de Parise la Duchesse* :

Quant il orent mangé, el palais sont entrez,
A une cheminée s'assirent lez à lez.
Li Chamberlencs commence l'avoine à escrier :
Qui or veut de l'avoine, s'an vingne demander.

Bertrandus Clericus in poemate MS. de Girardo Viennensi :

Girard appelle Renér,
Frere, dist-il, queuz est vostre pensez?
Sept jors toz plains avons ci sejornez,
Qu'à Karlon le Roi n'avons parlé,
N'à sa Cort ne mangé ne disné,
Ne pris Avaine ne denier monée.

Infra :

Et si ne l'ai veu ni esgardé,
N'à sa cort ne mangé ne disné,
Ne pris Avaine, un denier recouvré.

Rursum :

Li Seneschaux se prise à adrener,
Il ot vestu un frec ermine cher,
Et un bliaut qui ot fait entaller,
Donné li ot un nouvel Chevalier,
Si l'en fist plus orgoillos et fier,
En sa main tinst un baston de pomer,
A haute voix commença à hucher :
Or à l'Avaine, Sergent et Escuier,
Ou par la Croiz que requerent Paumer,
Se vos me faite un petit corrocer,
N'en aurois point pour Deu le droiturer,

[Vide *Abbas curiæ.*]

¶ **ABATRAN.** Vide in *Abatare se.*

* Abatran, De rei pretio detrahere, Gall. *Dépriser.* Stat. Massil. lib. 1. cap. 40 : *Quod avera civium* (corraterii) *non vilificabunt nec Abatran, ut præferant avera extraneorum.* Vide alia notione in *Abatare se.* [** Est tertia plur. fut. temp. verbi *Abatre.* Vide Raynouardi Lexicon Romanum tom. 1. pag. 198.]

¶ **ABATTA**, forte pro *Abatia.* Vide in *Abatis.*

¶ **ABATTUS**, in veteri Glossario MS. Sangerman. pro *Abactus, Chassé.*

¶ **ABATUDA**, ¶ **ABATUTA.** } Vide in *Abatare.*

* **ABATUA**, Monetæ minutioris species videtur, eadem forte quæ infra *Abenga.* Charta Petri archiep. Bitur. ex Chartul. S. Petri Puellar. Bitur. fol. 68. v° : *Cum controversia erat inter canonicos ecclesiæ beati Petri Puellaris et Gaufridum Ponz super decem denariis et una Abatua de censu, quem dicebant hiidem canonici sui juris esse.*

¶ **ABAUCTOR** et Abauctus in Glossario MS. Ecclesiæ Bituric. et aliis pluribus, pro *Abactor* et *Abactus*, quæ videsis.

ABAUDIRE, *Exaudire*, ἐπακούειν in Gloss. Gr. Lat. Interdum contemnere, non audire. Acta S. Nicephori Mart. num. 12 : *Respuo et blasphemo opera manuum hominum, imo Abaudio qui hujusmodi errorum pestibus seipsos tradere contendunt.* Vide *Obaudire.*

* Charta permutat. inter Ingon. episc. Mutin. et Bonifac. ducem Tusciæ ann. 1033. apud Murator. tom. 1. Antiq. Ital. med. ævi, col. 16 : *Quidem et ego domnus Ingo episcopus vos, qui supra, jugales Abaudivi, et recte petitiones vestras intellexi, etc.* Gall. diceremus : *j'ai écouté favorablement.*

* **ABAUNAMENTUM**, Conventum, pactum, pro *Abonamentum.* Vide infra in hac voce. Chartul. Floriac. fol. 130. v° : *Guillelmus des Gorillores et Alipis ejus uxor confessi fuerunt coram nobis recepisse quandam peciam vineæ pro decem solidis Paris. de Abaunamento dictis religiosis Floriacensis monasterii* (persolvendis.)

¶ **ABAUTORIZARE**, Ab auctoritate recedere, jurisdictionem declinare. De judice qui jus dicere neglexerit, aut eversionem alicujus rei permiserit dicitur in Legibus Rotharis apud Murat. tom. 1. part. 2. pag. 26: *Si quis molinum alterius scapellaverit* (cod. Estens. *capellaverit*) *aut clausuram ruperit sine auctoritate judicis componat solidos* 12. *illi, cujus molinum esse invenitur. Et si judicem interpellaverit, et judex dilataverit ipsam causam deliberare, aut licentiam dederit adversæ parti ipsum molinum evertendi, componat solidos* 20. *in palatio Regis districtus Abautorisat.* Ubi codex Estens. habet : *Districtum ab Astolisazo.* Et alius Cathedr. Mutin. *Abstolcaz.* Sed legendum videtur : *Districtum Abautorizato.* [** Vide *Stolizaz*, ubi plura; hic sufficiat monuisse legendum esse : *districtus ab stolizaz.* Vox *Abautorizare* est sine auctoritate.]

* **ABAZOLARE**, Glebas jactando fructus ex arboribus dejicere, ut videtur; ab Italico *Zolla*, gleba, Gall. *Motte* : nisi malis a *Bazolum*, quo rustici significant vectem, seu baculum, cui transverso canistrum imponunt, deducere, atque adeo Cista aut canistro fruges avehere interpretari. Stat. Avellæ ann. 1496. cap. 46. ex cod. reg. 4624: *Item quæ ceperit vel excusserit, Abazolaverit vel exportaverit in et de alienis possessionibus vel arboribus nuces, castanea, pira, poma, persica, ficcus, etc.*

ABBA, πίττα, in Gloss. Lat. Græco. [Hanc vocem addidit Editor Germanicus Francof. ad Mœn. ann. 1710. [** Est in addendis primæ edit.] Alias legitur *Abba* πίττα, Sed legendum censet Scaliger cap. 29. lib. 1. *Abba* τέττα. Vide supra *Aba* et Lexicon Martinii.]

¶ **ABBA**, Pater. Vide infra in *Abbas.*

¶ **ABBACINARE.** Vide *Abacinare.*

¶ **ABBACOMITES.** Vide in voce *Abbas.*

¶ **ABBACUS.** Vide *Abacus.*

¶ **ABBADILIS.** Vide supra *Abadilis.*

¶ 1. **ABBADIA**, Jus capiendi e defuncti parochiani bonis mobilibus id quod magis placuerit. Competit autem parœciarum Rectoribus apud Hispanos in res plebis sibi commissæ, ita tamen ut si Rector inter vestes eligat, si sint purpuratæ, eas hæres defuncti dare minime teneatur. Quod vero parochis competit jus in res suorum parochianorum defunctorum, idem in res ipsorum decedentium Rectorum habent archidiaconi et episcopi apud eosdem Hispanos, præsertim in Ecclesia Giennensi in Andalusia. Sed ne longius excurramus, in pluribus Galliæ nostræ Diœcesibus, uti in Parisiensi, eodem jure utuntur Archidiaconi. Hispanis jus illud interdum idem est quod apud Belgas jus *melioris catalli*, aut *hereoti* apud Anglos, competens domino feudali in homines suos *manus-mortuæ*; at perperam omnino ut monet Garsias hac de re audiendus, de Expensis et meliorat. cap. 9 de sumptibus qui consequuntur funus, hoc est, de *Luctuosa*, *et Abbadia*, n. 1 : *Onera enim hujusmodi aut Luctuosas aut Abbadias vocant; quæ duæ voces plurimum apud nos distant : longeque alia ratio juris in luctuosis, quam in his quas Abbadias vocamus, inventa est : unde diverso jure in hoc Senatu censentur.* Et n. 84 : *De Luctuosis autem quæ alio nomine Abbadiæ dicuntur vulgari verbo et proprio in regno* (Hispaniarum)*alia ratio est. Est enim Abbadia præstatio quæ datur e bonis demortui parochiani Rectori parochialis Ecclesiæ : lectulus videlicet, vestis, vel quid aliud; et differt a luctuosa usu forensi, quia hoc nomine proprie intelligimus in hoc regno præstationem illam quæ datur domino habenti jurisdictionem; at vero Abbadia datur rectori ecclesiæ.* Consulendi Jason Mainus ad l. 57. *Si res obligata* D. 41. 1. de Legatis 1. Toletus Quæst. 387. 388. Vide etiam *Catallum* et *Hereotum*. De hujus autem juris origine legesis Fra Paolo tract. de Benefic. versus finem, et Tract. singularem Paris. editum ann. 1683.

¶ 2. **ABBADIA**, pro *Abbatia*, in charta Pippini Regis ex Tabulario S. Maxentii Pictav. et in primo Testamento Widradi Abbatis Flaviniacensis edito a Mabillonio part. 1. Sæculi 3. Act. SS. Benedict. p. 684.

¶ **ABBANUM**, *Baculus Abbani*, Baculus ad coronationem Regum Italiæ adhiberi solitus. Bonicontrus cap. 6. lib. 2. in Muratorii dissertatione De coronatione Regum Italiæ Mediolani, pag. 299. tom. 2. Anecdotorum : *Et accipi jussit* (Henricus VII.) *Baculum Abbani, et libellum orationum ad ejus coronationem locum habentium, qui dudum in dicta ecclesia Beati Joannis fuerant.* Forsan Baculus pastoralis Archipresbyteri Modoetiensis qui *in modum tridentis* elaboratus exhibetur, in Charta ann. 1530. ibidem pag. 316. De alio item baculo in eodem instrumento mentio occurrit : *Adest etiam sculptus Baculus, in quo dependent quatuor Coronæ aureæ sculptæ ad representationem earum quatuor Coronarum thesauri prædicti relictarum per Reginam Theodelindam.* De aliis baculis ubi de eorumdem Regum coronatione nullum verbum, neque in prædicto instrumento, neque in aliis ibidem relatis. [** Vide *Baculus* 2.]

* **ABBARRARE**, vox Italica, proprie est Viam obsepire, intercludere, metaphorice vero idem quod Decipere, fallere, Gall. *Tromper, duper*; unde *Abbarraria*, fraus, fallacia, Gall. *Tromperie, fourberie.* Stat. crimin. Riper. cap. 168. fol. 23. v° : *Si vero fuerit barrus, qui aliquem barraverit in communitate Riperiæ, vendendo dolose æs pro auro, vel gemmas seu jocalia falsa, vel aliquam aliam rem falsam, vel contrafactam, vel alio quovis modo Abbarrando, condemnetur in libris centum parvorum, et ultra puniatur in havere arbitrio dom. capitanei, inspecta qualitate facti et personæ Abbarratæ, et ulterius teneatur restituere passo damnum, et quicquid habuerit occasione dictæ Abbarrariæ.* Hinc aperta est vocis origo, nempe a *Baro*, Italis, fraudator, deceptor, Gall. *Trompeur, pipeur.* Vide Murator. tom. 2. Antiq. Ital. med. ævi, col. 1150. v. *Baro.* et infra *Barrare* 3.

ABBAS, vox Syriaca, quæ *patrem* sonat. [* Glossar. Cassin. ann. circ. 700 : *Abba Syre, Græce Pater, Latine Genitor.*] S. Augustinus epist. 177 : *Paulus Romanis* (c. 8, v. 15.) *scribens, In quo clamamus, Abba Pater, in uno nomine duabus utitur linguis; dicit enim Abba Hebræo vocabulo Patrem; et Latine nominat identidem Patrem.* Adde eundem lib. 3. de Consens. Evangel. cap. 4. et Isid. lib. 7. cap. 13. Ebrard. Bethun. in Græcismo :

Abba Pater signat, hinc Absalon exit, et Abbas.

Fortunatus lib. 3. Poem. 10. ad Paternum Abbatem :

Nominis officium jure, Paterne, geris.

Concilium Parisiense VI. lib. 1. cap. 37 : *Decet, imo necesse est, ut Abbates Canonicorum attendant, ut quid Abbates vocentur : si patres spiritales sunt, et filios spiritales Domino gignunt.... merito Patres appellantur.* Atque inde Præfectos Monasteriorum *Abbates* vocarunt veteres, quod Monachorum veluti *Patres* sint; quomodo et non semel appellari, in hac voce, infra ostendimus.

Abba absque *s*, passim scriptum reperitur. *Abba Felix*, apud Facundum Hermianensem libro contra Mocianum. Idem tamen postea : *Lampridius Presbyter et Abbas Hierosolymitani Monasterii.* Abbo de Obsid. Parisiensi lib. 2 :

Tempestate sub hac Hugo princeps obit Abba.

Alibi :

Ebolus fortissimus Abba.

Odo in Vita S. Majoli : *Et ab omnibus dominus et Abba honoratur.* Bernardus Morlanensis de Contemtu mundi :

Qui bene disputat, et cito computat arte scholari,
Non petit actibus, at petit artibus Abba creari.

Ita apud Desiderium Episc. Cadurcensem, Epist. 2; Monachum Sangallensem, lib. 2. de Carolo M. cap. 15; et in veteribus tabulis apud Aimoinum lib. 5. de Gest. Francor. cap. 42; Doubletum in Hist. Sandionys.; Beslium in Hist. Comit. Pictavens. et alios.

Abbates, Dicti Latinis et Græcis Scriptoribus, universim Monachi omnes, præsertim senio ac vitæ sanctitate venerandi, qua notione nos *Patres* eosdem vulgo appellamus. *Nam illud honoris est, ut quotidie senibus dicamus : Pater*, ut ait S. Augustinus in Collat. Carthagin. cap. 242. Papias : *Pater dicitur multis modis, deitate, doctrina, senectute, generositate.* Lexicon Gr. MS. Reg. Cod. 2062 : Ἀββᾶς, ὁ γέρων, ὁ πατήρ. Ita Cassianus Collat. 1. cap. 1, Mosem et Germanum commonachos, *Abbates*, vocat. Regula S. Columbani cap. 7 : *Cum tanta pluralitas eorum sit, ita ut mille Abbates sub uno Archimandrita esse referantur.* [Rabanus Maurus in Opusculo contra eos qui repugnant institutis B. P. Benedicti tom. 2. Annal. Bened. pag. 734. col. 2 : *Istud..... antiquissimum monachorum* (Cœnobitarum instar Ecclesiæ Jerosolymitanæ institutorum) *genus solum usque ad Abbatis Pauli* (primi Eremitæ) *vel Antonii duravit ætatem.*] Epiphanius de Locis Sanctis : ἔχει δὲ ἡ αὐτὴ μονὴ Ἀββάδες χιλίους, καὶ χίλια κέλλια : *Monasterium Abbates* (id est, Monachos seu Patres) *mille continet, et cellulas mille.* In iis scilicet non numeratis, qui vulgo monasterio et Monachis inserviunt. Sic Theophanes pag. 378 : τοὺς μητροπολίτας ἐκ τῶν Ἀββάδων ἐν τοῖς πρωτίστοις θρόνοις προεβάλλετο. Adde pag. 306. 397. [et Conc. Suession. 1. ann. 744. vel 745.] Anna Comnena lib. 2. Alex. Joannem Ducam Cæsarem scribit a Byzantiis, quos ille cum Alexio Comneno obsidebat, per contumeliam τὸν Ἀββᾶν vocitatum; quia propter affectatam tyrannidem in Monasterium trusus fuerat a Michaële nepote, et Monachum egerat. Sic lib. 13. Basilium Monachum Bogomilicæ hæreseos auctorem, τὸν δαιμονιώδη Ἀββᾶν, et Cedrenus Monachum, qui Philippicum imperaturum vaticinatus fuerat, ψευδάββαν, vocant [** i. falsum monachum, vide Gloss. med. Græc. c. 3]. In Menologio, SS. XX. Patres Synaitæ, quorum festum colitur 20. Martii, ἅγιοι Ἀββάδες dicuntur. Ita passim Palladius in Lausiacis; Vita S. Joann. Eleemos. cap. 11. n. 65. cap. 13. n. 85; S. Ephrem de compunct. et hum. acquir. cap. 71; et Serm. ascet. Concil. œcum. VI. et VII. act. 2; Vitæ Patrum etc. Fuere tamen ex Monachis sanctitate et vitæ integritate illustribus, qui *Patris* nomen ut nimis ambitiosum, a se amoliti sunt, *Fratris* compellatione contenti, ut S. Bernardus Epist. 62; Guigo Prior Majoris Carthusiæ apud Petrum Venerab. lib. 1. Epist. 25; ipseque Petrus Epist. quæ inter Bernardinas 353. extat. Id etiam videtur haud probasse S. Hieronymus lib. 2. in Epist. ad Galatas : *Cum autem Abba Pater Hebræo Syroque sermone dicatur, et Dominus noster in Evangelio nullum Patrem vocandum nisi Deum : nescio qua licentia in Monasteriis vel vocemus hoc nomine alios, vel vocari nos aquiescamus etc.* Vide eundem lib. 4. in Matthæum.

Abbas, Præfectus Monasterii, qua notione vox notissima. [** *Abbas*, κοινοβιάρχης. Gloss. Lat. Græc. Labbæi] Observo tantum in Abbatum electionibus, perinde ac Episcoporum, requisitum olim Laicorum consensum, ex Regula scilicet S. Benedicti cap. 64 : *Quod si etiam omnis congregatio vitiis suis consentientem personam pari consilio elegerit, et vitia ipsa aliquatenus in notitiam episcopi, ad cujus diœcesim pertinet ille locus, vel Abbatibus aut vicinis Christianis claruerint, prohibeant pravorum prævalere consensum, et domui Dei dignum constituant dispensatorem etc.* Hugo Flaviniacensis in Chron. pag. 268 : *Quid multa, electio ad Laicos relata est, præceptum atque consilium præfati Patris illis relatum est, in quo omnis assentiret Congregatio.* Infra : *Electionem igitur quantum in se erat, laudat Episcopus, et inquirit utrum in hac consentiret Conventus et Populus.* Et pag. 241. de seipso in Abbatem electo : *Me.... requisivit ab eo* (Lugdunensi Archiepiscopo) *in Abbatem, quod vix obtinuisset, nisi Canonicorum et Laicorum suffragia ad id expetendum sibi adhibuisset.* Epist. 33. inter Sugerianas :

Notum fieri volumus.... quod nos omnes S. Richarii Monachi Dominum Petrum Bituricensem Monachum consilio et assensu religiosarum nostræ Provinciæ personarum, ac Militum, et Procerum nostrorum, Clericorum etiam ac Burgensium regulariter et canonice nobis in Pastorem elegimus. Adde Epist. 35. Moris istius rationem petere licet ex Cypriano lib. 1. Epist. 4 : *Coram omni synagoga jubet Deus constitui Sacerdotem, id est, instruit, et ostendit ordinationes sacerdotales non nisi sub populi assistentis conscientia fieri oportere, ut plebe præsente vel detegantur malorum crimina, vel bonorum merita prædicentur, ut sit ordinatio justa et legitima, quæ omnium suffragio fuerit examinata.* Et infra : *Episcopus deligatur plebe præsente, quæ singulorum vitam plenissime novit, et unius cujusque actum de conversatione perspexit.* Vide, quæ in hanc sententiam observamus in Gloss. med. Græc. in V. Πεῦσις. [** Vide *Interrogatio* 2.]

Abbas Abbatum. Pontius Cluniacensis Abbas in Synodo Romana ann. 1116. *Abbatem Abbatum* inaudita nomenclatura se appellavit, qui a Johanne Cajetano Papæ Cancellario rogatus Cluniacenses a Casinensibus, an hi ab illis Regulam accepissent, respondit, non Cluniacenses modo, verum omnes in Romano orbe Monachos Regulam S. Benedicti a Casinense accepisse Cœnobio. Ergo, inquit Cancellarius, jure hæc prærogativa Casinensi Abbati concedi debet. Hæc ferme Petrus Diac. lib. 4. Chron. Casin. cap. 62. quibus consonant verba S. Odilonis Abbatis Cluniacensis apud Leonem Ostiensem lib. 2. cap. 54, qui cum Casinum venisset, et ab Abbate Casinensi Theobaldo pastoralis baculus ei offerretur in processione, illum accipere renuit, *dicens nequaquam dignum esse illo præsente hujusmodi gestare virgam : indecens nimium et contra fas omne ducens, quempiam Abbatum manu pastoralem præferre virgam, ubi Benedicti vicarium, Abbatum scilicet omnium Abbatem, adesse contingeret.* Certe hanc prærogativam Casini Abbati concessere Summi Pontifices, ut ceteros ejusdem Ordinis Abbates in consessibus præcederet. Paschalis. II. in Bulla ann. 1113. in Bullario Casin. tom. 2. pag. 130 : *Ac tam te, quam omnes successores tuos in omni conventu Episcoporum seu Principum, Superiorem omnibus Abbatibus consedere, atque in judiciis priorem cæteris tui Ordinis viris sententiam proferre decernimus.* Charta Lotharii Imp. ann. 1137. ibid. pag. 157 : *Unde iterum atque iterum decernimus.... ut supradictus locus vigore ac honorificentia omnia præcellat Monasteria quæ constructa vel construenda sunt in toto orbe terrarum, et totius Christianitatis Abbates et Monachi honorem et reverentiam deferant.* Nicolaus I. PP. Desiderium Abbatem Casinensem *Vicarium suum* constituit *ad correctionem omnium Monasteriorum et Monachorum*, intra præfinitos limites, in Bulla, quam descripsit Angelus a Nucé ad lib. 3. Leon. Ost. cap. 13. Vide eundem Leonem lib. 2. cap. 53. Fuit etiam in Ecclesia CP. dignitas quædam, quæ ἄρχων τῶν μοναστηρίων dicebatur, cujus meminit Theosterictus in vita S. Nicetæ num. 43. et Joannes Cantacuzenus lib. 1. cap. 50. Apud Byzantios Hegumenus seu Abbas Monasterii Dalmati dicti, ceteris Monasteriis quoad supremam in disciplina monastica potestatem præerat, eoque nomine dicitur idem Dalmatus in Consilio Ephesino, πρεσβύτερος καὶ ἀρχιμανδρίτης, πατὴρ μοναστηρίων. Ita *Catholicus*, seu *Abbas et Hegumenus universalis* dictus S. Eutychius, antequam Patriarchatum CP. consequeretur, quod omnium in Urbe Regia Monasteriorum cura ei demandata esset, ut tradit Eustathius in illius vita num. 18. S. Benedictum Abbatem Anianæ al. Imperatore cunctis in Regno suo Cœnobiis præfectum, *ut sicut Aquitaniam Gothiamque norma salutis instruxerat, ita etiam Francos salutifero imbueret exemplo*, tradit Ardo illius discipulus cap. 8. n. 36. Vide Chronicon Farfense p. 671.

¶ Abbas Artificum. Vide *Abbas populi.*

* Abbas Bejanorum, Novellorum scholasticorum præses. Vide *Beanus.*

¶ Abbas Campanilis, Minister in Ecclesia Aniciensi, qui præest pulsationi campanarum. Vide *Abbas clocherii.*

Abbas Canonicorum, nempe Regularium, et Abbas Canonicus. Concil. Aquisgran. II. cap. 2 : *Ut Abbates Canonici gregibus sibi commissis instanter invigilent.* His opponuntur canone seq. *Abbates Monachorum.* Capitul. Caroli M. lib. 5. cap. 79 : *Unusquisque Episcopus sciat per singula Monasteria, quantos quisque Abbas Canonicos in Monasterio suo habeat, et hoc omnino ambo pariter provideant, ut si Monachi fieri voluerint, regulariter vivant; sui autem canonice vivant omnino.* Præceptum Ludovici Pii pro Monast. S. Columbæ Senon. : *Quia tunc temporis Abbatem Canonicum .... inibi præesse contigerat.* Concilium Parisiense cap. 37 : *Decet, immo necesse est, ut Abbates Canonicorum attendant, ad quid Abbates vocentur, etc.* Charta Capituli Canonicorum S. Laudi Andegavensis : *Et hoc præcepit et voluit ad signum quod Comites Andegavenses pro omnibus Ecclesiis sint Domini et Abbates Ecclesiæ S. Laudi.* Vide Epist. 276. tom. 4. Hist. Franc., et Ordericum Vital. lib. 6. pag. 622. Sunt, inquit Molanus lib. 2. de Canon. cap. 5. quædam Canonicorum Ecclesiæ, in quibus Abbas est sæcularis, Præposito dignior, cujusmodi in Diœcesi Leodiensi 12. recensentur in Chron. Leod. in Richario, cap. 43. qui quidem Abbates, nomine tenus ita nuncupantur, nullo ceteroquin Abbatum habitu, atque adeo nec mitra nec pedo donati, etsi primum in Canonicorum consessu locum obtineant. De ejusmodi Abbatibus ita Bertholdus Constantiensis ann. 1095 : *Lutolfus sanctissimi Leonis Papæ Filius, sanctæque Tullensis Ecclesiæ Decanus, Monasterium Clericorum, quod Canonicum Romani cognominant, in quo Clericos secundum Regulam S. Augustini, vivere professos congregavit, quibus et præpositum ejusdem professionis præfecit, quem Episcopus Loci in Abbatem eidem congregationi solenniter consecravit. Est enim consuetudo in illis partibus, ut præpositi congregationum ejusmodi, Abbates nominentur, et in Abbates consecrentur: hoc tantum excepto, quod baculos non portant.* Negat porro idem Molanus hanc Abbatum nomenclaturam supremæ Collegiorum Canonicalium dignitati inditam, quod in iis, ubi superest, Ecclesiis vel Collegiis primitus Monachi fuerint, cum pro certo haberi debeat in plerisque, ubi adhuc viget ea appellatio, neutiquam Monachos extitisse.

Abbas Capellæ Palatinæ. Vide *Capellanus*, [et *Abbas palatii.*]

1. Abbas Cardinalis, Cui indultum est privilegium et nomen *Cardinalis.* Hugo Monach. Cluniac. in Epist. ad Pontium Abbat. Cluniac. scribit, Calixtum PP. cum Cluniacum venisset, *communi suorum assensu assidentium largitum esse Cluniacensi Ecclesiæ speciali et propriæ suæ, ut Abbas Cluniacensis semper et ubique Romani fungatur officio Cardinalis;* idque Bulla ac privilegio edito statuisse.

2. Abbas Cardinalis, Alia notione in Bulla Urbani II. PP. ann. 1097. apud virum eruditum Joannem Mabillonium tom. 4. Vitar. SS. Ordinis S. Benedicti, p. 448 : *Placuit.... ut utrique loco, sicut antea fuerat, Abbas Cardinalis restitueretur, etc.* Id est, *Abbas in capite*, ut habet Charta Guillelmi Episcopi Trecorensis apud Augustin. *du Pas* in Stemmate Penteuriensi pag. 17. *Abbé en chef, en titre :* agitur enim de duabus Abbatiis simul unitis, et hac Bulla a se divulsis, quibus dati Abbates proprii ac *Cardinales.* Vide *Episcopus Cardinalis.*

¶ Abbas Castrensis, Abbas in Castris. Archicapellanus regius sic dictus, quod in castris Oratorio palatino Cappellanisque regiis præesset, ut Abbas Monachis, e quorum numero interdum asssumebantur Capellani : unde Mabillonius ad Vitam S. Sulpicii Pii Episc. Bituric. inter Acta SS. Benedict. sæc. 2. pag. 168 : *Sulpicius fuit Abbas castrensis, præfectus Monachis qui in castris regiis officia divina nocte dieque persolvebant.* Ubi notanda jubet verba Adonis in Martyrologio de eod. Sulpicio : *Post etiam coma deposita Monachorum Pater extitit.* Haud dubie in *castris*, quippe in ejus Vita n. 10. legitur : *Clotharius Rex Episcopum poscit... ut vir beatus in suis castris Abbatis officio potiretur.*

Abbates interdum dicti ii quos *Curatos primarios*, vernacule *Curez primitifs*, appellamus. Nam ex veteribus instrumentis constat parochiales omnes Ecclesias et civitatis et diœcesis habuisse ministrum unum majorem, alterum medium, tertium infimum. Minister major dicebatur *Abbas, Custos*, et tandem dictus est *Rector.* Ministri medii dicebantur *Presbyteri*, et tandem *Capellani.* Minister infimus appellabatur *Sacrista*, qui Abbati et Presbyteris inserviebat, et quæ in ecclesia minora sunt officia, peragebat. Presbyteri seu Capellani habebant curam animarum *in actu*, id est, habebant actuale exercitium Curæ, cum Missas celebrarent, et Sacramenta plebi administrarent. Abbas vero seu Rector habebat curam *in habitu*, eique licebat per seipsum ministrare Sacramenta : sed præsertim illius id erat muneris, ut super universam Parochiam invigilaret, videretque si Presbyter officio suo recte fungeretur. Hæc fere Michaël Monachus in Sanctuario Capuano, qui hujusce rei exempla aliquot profert, quibus adjungenda ea quæ habet Ughellus tom. 7. Italiæ Sacræ p. 506. et seqq. et 601.

Abbacomites, Abbicomites, Dicti Comites ac nobiles laici, quibus datæ erant a Regibus Abbatiæ et Ecclesiæ jure beneficii, seu, ut aiunt, *in Commendam.* Gerbertus Epist. 17: *Scire cupit, an Hugo, quem vestra lingua Abbacomitem dicitis, uxorem duxerit.* Vetus Genealogia Regum Franc. a Carolo Simplice, MS.: *Carolus Simplex genuit Ludovicum; Ludovicus genuit Lotharium; Lotharius genuit Ludovicum et Carolum, Patrem Hugonis Abbacomitis.* Hugo Flaviniacensis in Chron. part. 2. cap. 15: *Cui tamen plurimum restitit Hugo Autisiodorensis, qui Abbicomes dictus est, cujus cognatam Constantiam Robertus* (Rex) *habebat uxorem.* Baldricus lib. 1. Chron. Camerac. cap. 70: *Tunc Temporis Abbas-Comes Abbatiam B. Humberti, cui Episcopum Stephanum Rex Carolus præfecerat, possidebat.* Gesta Consulum Andegav. cap. 4. n. 1: *Nam recepta est Christiana devotione et fidelitate Potestas illa, quæ suo tempore cum reverentia pia et humilitate Abbacomitatus est dicta, a successoribus vero ejus in arrogantius vocabulum quod est Ducamen mutata.* Et infra num. 3: *Per Hugonem Abbacomitem Suessionis Episcopus factus.*

Monasteria porro et Abbatias Laicis in beneficium ob reipublicæ necessitates et tuitionem concessisse Reges Franciæ, observare est ex Capitulis Caroli M. lib. 5. cap. 181; Concilio Aquisgran. II. cap. 3. can. 19; Meldensi ann. 845. cap. 9; Synodo ad Theodonis-villam in Capit. Caroli C. tit. 2. cap. 3. et 5; Ivone Carnoten. Epist. 181. etc. Id vero primum fecisse Carolum Martellum consentiunt scriptores omnes, eoque nomine *æternaliter perditum* seu damnatum finxerunt quidam, ut est apud Baron. ann. 889. n. 31. Vide Hugonem Flaviniacensem in Chronico pag. 107. [et Adsonem in Translatione Sancti Basoli num. 12.] Extat apud Doubletum Diploma Lotharii Imp. in quo fit mentio Matfridi Comitis, qui abbatiam S. Dionysii *regio retinebat jure beneficiario.* Joannes VIII. PP. Epist. 143: *Ut de Abbatia S. Augentii quam divæ memoriæ Carolus Imperator fideli suo et filio Ecclesiæ nostræ jure beneficiario tribuit.* Baldricus lib. 1. Hist. Camerac. cap. 70. de Isaaco Comite Cameracensi: *Ipsamque regiam ac locupletem Abbatiam S. Gaugerici cum omnibus appendiciis sibi beneficiatam regio jure tenebat.* Capitul. ann. 823. cap. 8. et lib. 2. cap. 8: *Abbatibus quoque et Laicis specialiter jubemus, ut in Monasteriis quæ ex nostra largitate habent, Episcoporum consilio et documento ea, quæ ad religionem Canonicorum, Monachorum, Sanctimonialium pertinent, peragant, et eorum salubrem admonitionem in hoc libenter audiant, et obediant.* Charta Caroli Calvi ann. 864. in Cod. donat. piar. Miræi, lib. 1. cap. 18: *Adelinus Comes, qui et largitu nostro Rector Monasterii S. Petri et S. Bavonis, quod vocatur Gand, etc.* Willelmus Comes Arvernensis in Tabulario Brivatensi ch. 308: *Ubi ego dono regio Abatiale videor fungere officium,* in Ecclesia scilicet S. Juliani. Infinita porro prostant exempla Comitum Laicorum, qui Ecclesiarum ac Monasteriorum sese inscripsere Abbates: aliquot ex iis congessit Beslius in Hist. Comitum Pictav. cap. 1. Atque laici isti Abbates ipsimet regebant Monachos ipsos. Hinc querela S. Bonifacii in epistola ad Cuthbertum Archiepisc. Cantii, et in Concilio Cloveshovensi ann. 747. can. 5: *Illud hoc quod Laicus homo, vel Imperator, vel Rex, aut aliquis Præfectorum, vel Comitum in sæculari potestate fultus sibi per violentiam rapiat Monasterium de potestate Episcopi, vel Abbatis, aut Abbatissæ, et incipiat ipse vice Abbatis regere, et habere sub se Monachos, et pecuniam possidere, quæ fuit sanguine Christi comparata, etc.* Ut plurimum vero statuebant *Decanos, qui curam haberent Monachorum,* ut est apud Continuatorem Aimoini cap. 42. Tabularium Flaviniacensis Monasterii: *Flaviniacensis Cœnobii, ubi venerabilis vir Sarulfus Decanus vice Warini Comitis cum norma Monachorum honorifice militat.* Vetus Catalogus Abbatum ejusdem Abbatiæ: *Marianus successit ann. 845. Indict. 7. et Wulfado sedem reliquit. Quo migrante Warinus Comes dono Imperatoris Karoli præfuit vice Abbatis, et sub eo Sarulfus decanus, et post eum Gothserus Abba successit: quo defuncto, Hugo successit, 16. anno Caroli.* Interdum etiam Monachis ipsis præerat Monachus cum nomine et titulo *Abbatis*, quem *legitimum* vocat Capitulare Suessionense ann. 744. cap. 3. ad discrimen Abbatis Militaris. Descripsit Gallandus in Tract. de Franco alodio pag. 295, Chartam continentem controversiam inter Monachos S. Albini, et Canonicos S. Licinii Andegavensis, in qua dicitur utrosque *habuisse Abbates: Monachos, Monachum nomine Hincbertum; Canonicos, Laicum nomine Tetbaudum* et controversiæ judicem delegisse *Comitem Fulconem utrorumque Abbatum Archiabbatem*, utpote qui prædia harum Ecclesiarum possidebat, eoque nomine *Abbatem* sese inscribebat. *Abbates Monasticos* etiam appellatos observat Hemereus in Augusta Viromanduorum. pag. 114. ex sermone de Tumulatione S. Quintini. Exinde Reges ipsi, qui jure an injuria proceribus istis successerant, sese perinde Abbates inscripserunt: ita Reges Philippus I, Ludovicus VI, atque adeo Duces Aurelianenses *Abbates Monasterii S. Aniani Aurelian.* inscripti leguntur apud Hubertum in Hist. ejusdem Ecclesiæ. Chronicon Turonense: *Obiit Hugo præpotens Abbas Ecclesiæ beatissimi Martini et Dux Francorum. Inde Galliæ Reges sibi nomen assumunt Abbatis Protectoris sancti Martini: et in primo ingressu Regis in Ecclesia recipitur cruce erecta a Clero ejusdem Ecclesiæ, et præstat juramentum conservationis privilegiorum.* Tabular. S. Martini Turon.: *Nos igitur Robertus in Dei nomine gregis atque rerum inclyti Confessoris Christi B. Martini Abbas, nec non et filius noster Hugo, cui post nos cum Seniore nostro Rege Carolo omnes honores impetratos habemus, etc. Dat. Cal. Jul. in Civit. Turonis anno 17. regnante Carolo Rege* 908. Tabular. S. Victoris Paris. ch. 13: *Assensu canonicorum et vicariorum nostrorum, nec non et Dom. Regis* (Philippi Aug.) *qui Abbas est nostræ Ecclesiæ in perpetuum dedimus, etc.* Tabular. S. Mauri ad Ligerim: *Præsul reverendus Abbas, unaque Comes venerabilis Hagano.* In Charta Caroli IV. Reg. Franc.: *Rainaldus Consanguineus noster ex parte nostræ Genitricis, Abbas Cœnobii Fossatensis.*

Sed et Duces ac Comites Galliæ eosdem sibi arrogavere titulos ut hæreditarios, cum et monasteriorum bona non modica sibi retinuissent ac asseruissent, ex quo eorum decessores jure beneficiario ab Regibus easdem Ecclesias impetrarant; quas ut Ducatus ac Comitatus suos, quos eodem jure, hoc est, ad vitam, possidebant, ad posteros, inclinata et profligata Regum auctoritate, transtulere. Inde igitur passim legimus Duces Aquitaniæ *Abbates* sese *S. Hilarii Pictaviensis* inscripsisse, apud Beslium pag. 253. 269. 283. 284. 285. 449. 451; Comites Andegavenses, *Abbates S. Albini et S. Licinii*, apud Sammarthanos in Episcopis Andegavens. et Gallandum lib. de Franco alod.; Comites Pontivenses, *Abbates S. Wulfranni*, in Hist. Eccles. Abbavillensi lib. 1. cap. 60; Comites Viromanduenses, *Abbates S. Quintini*, apud Hemereum in Aug. Virom. in Reg. pag. 30. 31. 32. 33. 34. 35. Ejusmodi vero Abbatiarum et Monasteriorum invasiones ac usurpationes non semel prohibitas observare est, præsertim in Capitul. Caroli M. lib. 6. cap. 321. Extat apud Paschasium Radbertum in Epithaphio Walæ Abbatis Corbeiensis lib. 2. cap. 2. ejusdem Walæ ad Ludovicum Pium de Ecclesiis in Beneficium Laicis datis gravis expostulatio.

Verum licet Summi Pontifices ipsique Episcopi erga reges ac principes, ut a Monasteriis sæculares submoverent, Ecclesiasque Monachorum juri addicerent, subinde instarent; vix tamen id obtinuere, nisi sub initium tertiæ Regum stirpis: cum ii hac se excusatione tegerent, res Ecclesiasticas sublatas ex integro restituere non posse, *ne suæ reipublicæ militiam defraudare viderentur*, ut est in Epistola Nicolai I. PP. ad Odonem Episcopum Belvacensem, apud Loisellum, in quo hæc præterea habentur: *In sæcularium vero manus atque potestatem ipsa Monasteria nulla deinceps ratione vel occasione perveniant, quia non est leve ante oculos summi Judicis discrimen, religiosis locis et Monasteriis Deo dicatis sæcularem præficere potestatem, et ei contradere pastoralis curæ sollicitudinem, qui quid sit Pastor ignorat, nec quærit lucrum animarum, sed pecuniæ censum; nec in divinis cultibus servitium impendatur, sed ut suis usibus ad dominationis votum deserviatur.* Huc pertinet nota adjecta capiti 1. Capitularis Aquisgran. 1. ann. 803. quam in librum 1. retulit Tilius: *Tempore Adriani PP. et Caroli Magn. Imper. quando Paulinus Episcopus tenuit vices Apostolicæ sedis in Aquis, fuit factum istud capitulum propter hoc, quia laici homines volebant* (al. *solebant*) *dividere Episcopia et Monasteria ad illorum opus, et non remansisset ulli Episcopo nec Abbati, nec Abbatissæ, nisi tantum, ut velut Canonici et Monachi viverent.* Hic porro abusus non intra Occidentis fines sese continuit; sed et postmodum in Orientem transiit. Editum est pronuper a viro singularis eruditionis Joanne Baptista Cotelerio, Regio linguæ Græcæ professore, Joannis Antiocheni Patriarchæ, qui sub sæculi duodecimi initium vixit, opusculum, quo demonstrare conatur, ὅτι οἱ τὰ μοναστήρια διὰ δωρεῶν λαμβάνοντες, εἴτε ἀρχιερατικῶν, εἴτε βασιλικῶν, καὶ ἐκ τῶν μοναστηρίων κέρδη ἔχοντες, ἀσεβοῦσι. Ubi pauca superfuisse innuit Monasteria sua tempestate, quæ viris laicis ad vitam, vel ad duorum aut trium hæredum, quo modo apud nos precariæ dari solebant, non collata essent ab Principibus: graviterque invehitur in ejusmodi χαριστικαρίους, sic enim appellat quos nostri *beneficiarios*. Adeo ut mirum sit Theodorum Balsamonem ad can. 13. Synodi VII, Antiocheni istius Præsulis scripta improbare ausum fuisse, virum sacris initiatum. Ita nempe hac ætate principum suorum ausis nefariis applaudere soliti erant pontifices ipsi.

* Charta Caroli VI. ann. 1407. in Reg. 162. Chartoph. reg. ch. 184. bis : *Cum pro parte præcarissimi patrui nostri Johannis ducis Bituricensis et Alverniæ. ac Abbatis laici S. Hilarii Pictavensis, etc.* Alia Caroli VII, ann. 1431 : *Considerantes quanta devotione veneratur Deus, et Sanctorum omnium memoria percelebris sine intermissione recolitur in ecclesia nostra S. Hilarii majoris Pictaviensis, cujus Abbas et fundator existimus, et nuper canonicatum in eadem obtinuimus ratione vicecomitatus nostri Thoarcii, etc.* Chartul. S. Vinc. Laudun. ch. 14 : *Ego Albertus Abbas S. Quintini et Gerberga uxor mea.... Signum Alberti comitis. Signum Gerbergæ uxoris ejus.*

* Quam potissimum vero ob causam a principibus monasteria et abbatiæ laicis concederentur, docet Charta Philippi Rom. reg. ann. 1204. ex Cod. reg. 10197. 2. 2. fol. 63. v.: *Nos ut ipse* (Henricus Lothar. et Brabant. dux) *pro exaltatione nostra operosa voluntate desudet et ubique locorum imperiale commodum procuret, concedimus sibi et legitimis hæredibus suis in rectum feodum abbatiam Nivellensem, cum omni honore et eo jure quo etiam imperium et nostri antecessores Romani Imperatores et reges usque ad nostra tempora habuerunt. Insuper concedimus..... ecclesiam S. Servatii* (Tungrensis) *cum omni integritate, et eo jure, quo patri nostro Frederico et fratri nostro Henrico divis Romanis imperatoribus attinebat.* Ubi notandum jure feodali et hæreditario has ecclesias Henrico attribui. Et quidem Isabella uxor ejusdem Henrici inscribitur *Abbatissa secularis ecclesiæ Nivellensis*, in Chart. ann. 1267. ex eod. cod. fol. 35. r°. Nihil sane mirum videri debet, quod laici bona ecclesiarum sibi attribuere satagebant, quando episcopi ipsi parrochiales ecclesias in dotem consanguinearum suarum assignare non dubitarent. Hujusce abusus, præter alia, testi est Charta ann. 1249. in Chartul. Campan. fol. 410, col. 1 : *Episcopus Pampilionensis erat tunc et est publice excommunicatus pro eo quod.... quasdam neptes suas de bonis ecclesiarum parrochialium maritavit, dando marito cujusdam neptis suæ duas parrochiales ecclesias in dotem contra canonicas sanctiones.* Vide in *Ecclesia*. 1.

¶ Abbacomites, Etiam dicti sunt Abbates aliqui, qui simul erant Comites, ut Centulensis Monasterii Abbates, qui Comitis authoritate et nomine pollebant ut Pontivi ac Wimnacensis pagi limites contra hostes tutarentur, inquit Mabillonius pag. 77. tom. 3. Annal Bened. n. 53.

Abbas Chorepiscopus. Vide *Chorepiscopus.*

¶ Abbas Clericulorum. In Ecclesia Aniciensi seu Podiensi, etiamnum, et in veteribus ejusdem Rituum codicibus MSS. primus inter decem Chori pueros *Abbas* vocitatur, ceruleaque veste decorus incedit, secundus *Prior* dicitur. Catalogus MS. rerum omnium et ministrorum ejusdem Ecclesiæ ann. 1536 : *Nomina Clericulorum, Guillelmus d'Avignonus Abbas. Anthonius de l'Espinace Prior, Johannes Canemin, Johannes Dolezon* etc. In eadem Ecclesia duo e primariis Canonicis *Abbates* dicuntur propter duas Ecclesias urbis quarum titulo gaudent. In Ecclesia vero Claromont. secunda dignitas (ut aiunt) *Abbas* item appellatur, at nullo urbis aut alterius loci Ecclesiæ titulo donatus.

¶ Abbas Clocherii. Sic vocant in eadem Ecclesia Aniciensi eum qui pulsandis campanis præficitur, patrio sermone, *l'Abbat dey clouchié.* Tabularium Ecclesiæ Aniciensis : *Sequuntur illa quæ solvuntur in Tracta... quatuor porteriis* IV. *lib.* XIII. *sol. Abbati Clocherii* XI.. *sol.* IX. *den.* Ejusdem occurrit mentio in libris ritualibus aliisque illius Ecclesiæ instrumentis. Is autem licet Laicus, cælibem tamen vitam agit communique Clericorum veste uti solet; sed talari et cærulea dum officio in Ecclesia fungitur.

¶ Abbas Collegii. Vide *Abbas populi.*

¶ Abbas Commendatarius. Vox nota. Vide *Commenda.*

¶ Abbas Conardorum, seu Cornardorum. Apud Rothomagenses, Ebroicensesque hoc nomine vocari solebat Præfectus facetæ cujusdam societatis joculatorum hominum qui se *Conardos* appellari amabant. Hi primum ridendo castigare mores, atque in omne quod turpiter factum fuerat, ridiculum mittere aggressi, postmodum ipsi in tam illiberale amarumque jocandi genus proruere, ut horum Collegia dicteriaque regia et Ecclesiastica auctoritate tandem prohibita sint. Collegii hujusmodi Abbas renunciabatur cui major favebat sententiarum numerus; quem honorem ut consequeretur, certatim quisque cæterorum emendicabat suffragia. Hinc querelæ eorum quibus sors fuerat adversa. Mercur. Gall. anni 1725. mense Aprili pag. 726 :

Cornards sont les Busots, et non les Rabillis.
O fortuna potens quam variabilis!

Abbas Conardorum, solemni pompa et ridiculo apparatu, mitra decorus et pedo pontificio, quotannis, Rothomagi curru, Ebroicis asino circumquaque vehebatur, frequenti tripudiantium *Conardorum* turba stipatus. Interea dum incederetur, in quosvis obvios absentesve jocosa dicta jactabant, vixque ullum alicujus nominis elabi sinebant a suis mordacibus cantilenis, asperisque facetiis illæsum et immunem.

[* Consule præterea Mercur. Franc. mens. Jul. ejusd. ann. pag. 1593.]

Rothomagi anno 1587 libellus typis mandatus est cui titulus : *Les Triomphes de l'Abbaye des Conards sous le Reveur en decime Fagot Abbé des Conards contenant les criées et proclamations faites depuis son advenement jusqu'à l'an present. Plus, L'ingenieuse lessive qu'ils ont conardement montée aux jours gras en l'an* 1540. *Plus, le Testament d'Ouinet de nouveau augmenté par le commandement dudit Abbé, non encores vû. Plus, la Letanie, l'Antienne, et l'Oraison faite en ladite maison abbatiale en l'an* 1540. Eodem in Libello occurrunt Litteræ patentes Abbatis *Conardorum*, quibus ad Cardinalatum quemdam evehit nomine *De Montalinos*. Sic autem incipiunt :

Provisio Cardinalatus Rothomagensis Julianensis, etc.

Paticherptissime Pater, etc.

Abbas Conardorum et inconardorum ex quacunque Natione, vel genitatione sint aut fuerint : Dilecto nostro filio naturali et illegitimo Jacobo a Montalinasio salutem et sinistram benedictionem. Tua talis qualis vita et sancta reputatio cum bonis servitiis... et quod diffidimus quod postea facies secundum indolem adolescentiæ ac sapientiæ tuæ in Conardicis actibus, induxerunt nos etc. Quocirca mandamus ad amicos, inimicos et benefactores nostros qui ex hoc sæculo transierunt vel transituri sunt... quatenus habeant te ponere, statuere, instalare et investire tam in choro, chordis et organo, quam in cymbalis bene sonantibus, faciantque te jocundari et ludere de libertatibus franchisiis etc.... Væunudatum in tentorio nostro prope sanctum Julianum sub annulo peccatoris anno pontificatus nostri, 6. *Kalend. fabacearum, hora vero noctis* 17. *more Conardorum computando, etc.*

His consentit *Taillepied* in Libro cui titulus : *Antiquités et singularités de la Ville de Rouen*, pagina 61 : *Les Conards ont leur confrairie à Notre-Dame de Bonnes-nouvelles, où ils ont un bureau pour consulter de leurs affaires. Ils ont succédé aux Coqueluchers il y a environ* 50 *ans qui se presentoient les jours des Rogations en diversitez d'habits. Mais parce qu'on s'amusoit plûtôt à les regarder qu'à prier Dieu, cela fut réservé pour les jours gras à ceux qui joüent les faits vicieux, qu'on appelle vulgairement Conards ou Cornards, auxquels par choix et election preside un Abbé mitré, crossé, et enrichy de perles, quand solemnellement il est traîné en un chariot à* 4 *chevaux le Dimanche gras et autres jours de Bachanales.*

[* Leguntur insuper, ut me monuit D. *Falconet*, societatis *Conardorum* Cadomensis simul et Rotomagensis carmina, Maroti tempore condita, in illius poetæ ejusque adversariorum rixas. Extat etiam ad calcem Arest. Amor. edit. Rotomag. ann. 1587 : *Un arest rendu pardevant l'Abbé des Cornards en ses grands jours tenus à Rouen.*]

Quamvis ut intra legitimos fines urbanæ cavillationis se continerent hujusmodi ridiculi Censores, singulis annis a Senatu Pariensi ac postmodum a Rothomagensi licentiam postulare et impetrare tenerentur, e facetiis ad tam procacem scandalosamque calumniandi et maledicendi libidinem brevi deventum est, ut Episcopus Ebroicensis aliique quorum in diœcesibus simile quid fieri consueverat, *Conardorum* societatem damnare et prohibere coacti fuerint. Codex actorum public. Præsidialis Curiæ Ebroicensis : *Ensuivent les charges de la confrerie de Monseigneur S. Bernabé Apôtre de N. S. J. C. créée et instituée par R. P. en Dieu Paul de Capranic au nom de Dieu notre Créateur, et d'icelui Monsieur S. Bernabé, en delaissant une derision et honteuse assemblée nommée la feste aux Cornards que l'on festoit le jour d'icelui saint etc.* Ibidem, paulo post : *Ladite Confrerie de nouvel fondée et celebrée en l'Hôtel-Dieu de la Ville d'Evreux en forme de conversion pour adnuller et mettre à néant certaine derision, difformité, et infamie que les gens de justice lays et autres de ladite Ville commettoient le jour de Monsieur S. Bernabé, qu'ils nommoient l'Abbaye aux Cornards, où étoient commis plusieurs maux, crimes, excez et malfaçons et plusieurs autres cas inhumains au deshonneur et irreverence de Dieu notre créateur, de S. Bernabé et de Sainte Eglise.*

In hoc S. Bernabæ festo eligi solebat Abbas *Conardorum*, aliis in locis *Fatuorum*. Sed cur hac die præcipua *Conardorum* festivitas explicare tentat D. *le Beuf* Canonicus Altissiodor. in epistola quæ in Mercurio anni 1725. mense Julio occurit, censetque tubicines et cornicines, Gallis olim *Corneurs*, eosdem fuisse ac *Cornardos* patronumque agnovisse sanctum quemdam Arnulphum Tubicinem, cujus festivitas coincidit cum festo S. Barnabæ.

Quidquid sit de vocis origine, constat eosdem aliis in locis *Fatuos* vocatos fuisse. Hinc celebris *Mater fatua* Divionensium de qua in Mercurio Januarii 1724. etc. Utique et hæc ridicula spectacula a festis Hypodiaconorum, Diaconorum, Kalendarum, atque *Asinorum* quæ Stultorum Festum dicebantur, et quotannis in ipsis Ecclesiis celebrari consueverant, originem traxisse arbitror. Vide in vocibus *Festum*, *Kalendæ*, *Mater fatua*.

* Cæterum constat, teste D. *Falconet*, veteri Gallica lingua vocatum fuisse *cornart*, qui nunc vulgo dicitur *visionnaire*.

¶ Abbas Confratriæ *S. Yvonis*, Primus inter Præpositos fraternitatis seu societatis erectæ in Capella S. Yvonis Parisiis via Jacobea. Litteræ Abbatis S. Genovefæ ann. 1350. ex Archivis ejusdem Capellæ : *Cum nuper inter nos nostro dicti Monasterii nostri nomine ex parte una, et Abbatem, præpositos, provisores seu gubernatores et confratres ac sorores Confratriæ Capellæ Beati Yvonis... quæstio oriretur.* In Charta Johannis Franc. Regis pro eodem Sacello ad supplicationem *dilectorum nostrorum Abbatis et præpositorum Confratriæ..... nomine dicti S. Yvonis Parisiis ordinatæ.*

* Eodem nomine designatur princeps magnæ confratriæ Parisiis celeberrimæ, in Lit. ann. 1362 : *Cum Abbas, præpositus et confratres magnæ confratriæ Jesu Christi et Beatæ Mariæ Virginis, etc.*

¶ Abbas Curiæ, Archicapellanus Curiæ Dalphini Viennensis. Literæ Andreæ Dalphini ann. 1223. pro Monasterio Calesii, tomo 2. Hist. Dalphin. pag. 377 : *Postulaverunt siquidem quatenus amore Dei Abbatiam haberem in domum propriam et cameram specialem, quo benigne et cum actione multiplici gratiarum concesso, postulatis addidi, quod Abbas loci esset Comitis specialis et proprius Capellanus, et si quando veniret in Curia, sine pudore etiam non invitatus posset interesse conviviis et avenam exigere, si opus haberet, non ut hospes, sed ut Abbas de Curia specialis.* Vide *Abbas palatii*.

Abbates Episcopi dicti olim in Sicilia, Catanæ et Montis Regalis Abbates; quia cum a Regibus Siculis extructa essent iis in locis Monasteria, eorum Abbates postmodum a Summis Pontificibus Episcopi creati fuere, eorumque Ecclesiæ, Cathedrales factæ : hac tamen conditione, ut qui Abbas a Monachis eligeretur, esset et Episcopus. Bulla Urbani II. PP. pro erectione Episcopatus Catanensis apud Rochum Pirrum : *Præsenti decreto statuimus ut ... quicumque in prædicta Ecclesia a Monachis electus fuerit in Abbatem, idem populo quoque præesse debeat in Antistitem... Idemque Abbas et Episcopus, et Monasterium regulariter, et Clerum et populum universum canonice Rege domino opitulante procuret.* Ita Theobaldus primus Montis Regalis Monasterii a Guillelmo Rege Siciliæ ann. 1176 conditi Abbas, in variis Chartis *Abbas et Episcopus Regalis Monasterii S. Mariæ novæ*, seu *Abbas et Episcopus* nude inscribitur, apud eundem Pirrum. Fortunatus lib. 5. Poem. 1. de Cæsario Arelatensi Episcopo :

Qui fuit Antistes Arelas, de sorte Lirini,
Et mansit Monachus, Pontificale decus.

Vide Metropolim Salisburgensem tom. 3. pag. 290. et infra in *Episcopus Abbas*.

¶ Abbas Esclaffardorum, Dux et præfectus initæ societatis ad mutuam deffensionem, inter Clericos Ecclesiæ de Romanis in Delphinatu. Ne hujusmodi Abbates seu potius rerum suarum defensores Clerici Laicique sibi eligerent, prohibet Ordinatio facta per arbitros inter Archiep. Vienn. et Capitulum, Clericos Civesque Romanenses, an. 1274. tom. 1. Hist. Dalphin. p. 132 : *Item cum Clerici Ecclesiæ de Romanis qui vulgariter Esclaffardi dicuntur, soleant seu consueverint sibi Abbatem facere, seu creare, ex quo multa mala, et pericula et scandala hactenus evenerunt, prohibemus ne de cætero Abbatem hujusmodi faciant, seu aliquem loco ejus, quocumque nomine censeatur : quod si quis officium hujusmodi susceperit, ipso facto chorum amittat. Hoc idem de Laicis inhibemus ne simile quid faciant; quod si quis ex ipsis hujusmodi officium susceperit per dominum ejiciatur a villa.* Qui fuerint illi Abbates abunde explicat Statutum 37 Concilii Avenion. ann. 1326 a Gassendo editi ad calcem notitiæ Ecclesiæ Diniensis. Vide *Esclaffardi*.

Abbates Exemti a jurisdictione Episcopi seu Ordinarii, et nude a Romana Sede dependentes ex speciali privilegio, in quos acrius invehuntur S. Bernardus lib. 3 de Consider. cap. 3 et 4. et Petrus Blesensis Epist. 68 et 90. Scribit Matth. Paris ann. 1257 statutum fuisse Romæ a Summo Pontifice, *ut quilibet qui in Abbatem Exemtum ex tunc eligeretur, Romanam Curiam adiret confirmandus et benedicendus.* Vide V. Cl. Bosquetum ad Epistolas Innocent. III. PP. pag. 11. et infra in voce *Monasteria exempta*.

* Abbas Filius. Vide infra *Pater Abbas*.

* Abbates Irreligiosi, iidem qui *Laici* seu *Milites*, apud Baluz. inter Probat. Hist. Tutel. col. 439 et 486 : ex Bullis Urbani II. PP. ann. 1096 et Adriani IV, ann. 1154 : *Si quæ vero ecclesiæ vel prædia Tutelensi monasterio pertinentia per Irreligiosos Abbates vel monachos laicis data, vel per laicos in aliorum monasteriorum facultatem circa legitimam possessionem usurpata sunt, vestro penitus monasterio restituenda præcipimus.* Consule Baluz. ibid. pag. 47, 49 et 93.

* Abbas Juvenum, idem qui mox *Abbas Lætitiæ*, apud Provinciales. Vide infra *Charavaritum*.

* Abbas Lætitiæ, vulgo *l'Abbé de Liesse*. Princeps annuus apud Atrebates societatis jocosæ, idem qui Insulis *Rex stultorum*, Valentianis *Facetiarum princeps*, et alibi aliter nuncupabatur. Is ex populo, sæpe etiam inter mercatores, electus a judicibus, magistratu et burgensibus, donabatur, quasi regiminis insigne esset, *crocia* argenti deaurata, ponderis quatuor unciarum, quam pileo affixam gerebat. Eidem assignabantur officiales et ministri, inter quos recensentur *Magister hospitii* et *Heraldus* : vexillum ex panno serico rubri coloris, scutis earumdem societatis et urbis insignitum fimbriisque ornatum, illum præibat, maxime cum circumvicinas civitates, ipsis interdum oppidi consulibus, aut aliis ab eisdem deputatis comitatus, adibat, ut ludis in iisdem agendis honorificentius interesset; quod præcipuum erat hujusce abbatis officium, ut et præesse ludo, quem Atrebate Dominica Quinquagesimæ solemniter exhibere tenebatur, eoque convenientes ex proximis urbibus convivio excipere, amicitiæ earumdem colendæ gratia. Hæc ex Libris domus publicæ Atrebatensis ab anno 1431, quo primum mentio fit *abbatis lætitiæ*, ad annum 1540, quo ultimum de eodem agitur, descripta mecum perurbane communicavit D. Harduinus, Societatis literariæ Atrebatensis Secretarius perpetuus, quique de eo commentariolum legit in comitiis publicis ejusdem Societatis 30 die Martii ann. 1754.

¶ Abbas Laicus. Vide *Abbacomites*, *Abbas Irreligiosus*, *Abbas Miles* et *Abbas Sæcularis*.

Abbates Milites, In aliquot chartis Occitanicis, dicti Laici Milites, qui certa Abbatiarum et Monasteriorum bona possidebant, eoque nomine ad earundem Ecclesiarum protectionem et tuitionem tenebantur. Pactum inter Simonem Comitem Montisfortis et Abbatem Moissacensem, 14 Septembr. 1212 in Regesto 30, Tabularii Regii ch. 13 : *Item in prædicta Concordia posuerunt, et concesserunt inter se prædictus Comes et prædictus Abbas, et Conventus, de illis mansis et bordariis, in quibus dominus Comes habebat suum Captemium pro Abbate Milite : ut de illis, in quibus debebat habere unam pro Captemio, pro Abbate Milite, etc.* Et infra : *Sciendum est quod quidquid habemus apud Moissacum, et in honoribus S. Petri, totum tenemus de Abbate : et exinde homagium nos facere debemus; pro his autem omnibus debemus Captenere, et tutari dominum Abbatem et conventum et Ecclesiam S. Petri, etc.* Anno vero 1219 præstitum est hominium *al revera Abbat*, a Comite Monfortensi; cujusmodi etiam a Philippo Rege Franc. qui Comitibus Tolosanis successerat, factum ann. 1284 arguit Charta ejusdem Regis, cujus hæc sunt : *Cum nobis constet quod ea quæ habemus et tenemus in villa Moissaci et Provilla, et in honoribus S. Petri Moissaci, pro Abbate Milite, Comites Tolosani a Monasterio Moissaci in feudum cum homagio tenuerunt, nos etiam recognoscimus nos tenere in feudum prædicta ab iisdem Abbate et Conventu, etc.* Ex quibus perspicuum fit *Abbates Milites* eosdem esse qui *Abbatiarii* dicti posterioribus sæculis apud Beneharnenses, Bigorritanos, et in vicinis Provinciis, qui primitus *Abbates Laici*, *Abbats Laics* in Consuet. Beneharn. art. 1. § 30. seu nude *Abbates* nuncupantur in Tabulariis Ecclesiarum Luci, S. Savini, et S. Petri Generensis : *Laici* scilicet, qui decimas Ecclesiarum possident, et jure patronatus in iis gaudent. Horum ædes a quibus hæc jura pendent, ut plurimum Ecclesiis adnexæ sunt, censenturque nobiles, atque adeo a *talliis* et tributis sunt immunes, perinde ac agri iis atributi, ut qui quondam bonorum Ecclesiæ pars fuerunt. Ejusmodi Abbatum numerus propemodum infinitus est apud Beneharnenses et Bigorritanos, qui in Tabulis Monasteriorum Luci, S. Savini, et S. Petri Generensis, passim *Abbatum* appelatione donantur, quod Ecclesiarum Parochialium, quas *Abbatiolas* vocabant, et Fori Navarrenses *Abbadiados*, bona possiderent. Hinc etiam patet, *Milites*, Comitum et Ducum exemplo, bona Ecclesiastica invasisse, ea scilicet tempestate, qua bellis intestinis ac Normannorum irruptionibus tota conflagrabat Gallia, vel certe Ecclesias ipsas ac Monasteria bonorum suorum protectores illos delegisse, quibus, ut in sui tuitionem ac protectionem eos obstringerent, partem bonorum Ecclesiasticorum ipsasque decimas concessere. Epitaphium Gotofredi Episcopi Magalonensis apud Gariellum :

Militibus tulit Ecclesias, Comitesque coegit
Se versis vicibus subdere Præsulibus.

Vide Joan. Sarisber. Epist. 28; Cujacium lib 1. Feud. 1 cap; Catellum in Hist. Occitan. pag. 627. 628; et Marcam in Hist. Beneharn. lib. 11. cap. 28. Nec multum diversi ab iis

Abbates Laici, Apud Hibernos et Guallenses, de quibus ita Silvester Giraldus lib. 2. Itiner. Cambr. cap. 4 : *Hæc Ecclesia, sicut et aliæ per Hiberniam et Walliam plures, Abbatem Laicum habet. Usus enim inolevit et prava consuetudo, ut viri in Parochia potentes tanquam œconomi, seu potius Ecclesiarum Patroni et Defensores a Clero constituti, postea processu temporis aucta cupidine totum jus sibi usurparent, et terras omnes cum exteriore possessione sibi impudenter appropriarent, solum altaria cum decimis et obventionibus Clero relinquentes, et hæc ipsa filiis suis Clericis et cognatis assignantes. Tales itaque defensores, seu potius Ecclesiarum destructores, Abbates se vocari fecere, et tam nomen indebitum, quam rem quoque sibi assignari præsumpsere.*

Abbates Mitrati, Quibus Episcopalia ornamenta, id est, Mitram, Sandalia, Chirothecas, ac Annulum deferendi a Summis Pontificibus indidem jura indulta sunt : quod non Episcopi duntaxat, quorum privilegiis detrahebatur, gravius tulere, sed ipsi interdum Abbates non probavere : adeo ut ejusmodi Mitratos acerbius perstrixerint S. Bernardus Epist. 42; Petrus Blesensis Epist. 90; et Thomas Cantipratanus lib. 1. de Apib. cap. 6. Vetus est Episcoporum querela, *Monachos jura Episcoporum insatiabiliter ambire*, ut est in Chronico Casin. lib. 4. cap. 80. et tamen incredibile dictu quam late hoc privilegium indultum legatur. Unde cum offenderentur Episcopi, quod in Conciliis et Synodis Abbates, quibus jus Mitræ erat, ab Episcopis non distinguerentur, hoc discrimen instituit Clemens IV, ut in Synodis exemti Mitris aurifrigiatis, sed sine gemmis, laminisque aureis vel argenteis utantur, non exemti simplicibus albis et planis : in aliis vero locis utrisque iis uti Mitris liceat, quas Sedis Apostolicæ indulta permiserint, Viterbii 19 Kal. Septembr. anno 2. Descripta bulla legitur in Tabul. Episcop. Ambian. Fol. 50. v. et in alio Fol. 11. At in Ordine Præmonstratensi Abbates Mitra aut Chirothecis non utuntur, ex communi consilio Abbatum ejusdem Ordinis, *ne forsan ex ipsis supercilium elationis quis assumat, aut sibi videatur sublimis, cum his uti se viderit, quæ Pontificibus, et majoribus Ecclesiarum Prælatis a Sede Apostolica sunt concessa.* Verba sunt Innocentii III. PP. lib. 1. Epist. pag. 118, qui istud Decretum suo firmavit. Vide Statuta ejusdem Ord. dist. 2, c. 1. dist. 4. cap. 1. Interdum etiam Summi Pontifices potestatem Legatis suis indulsere jus Mitræ Abbatibus, quos ad id eligerent idoneos, concedendi, cujus rei exemplum prodit Historia Monasterii S. Nicolai Andegavens. pag. 107. Vide Goffridum Vindocin. lib. 2. Epist. 27; Chronicon. S. Sophiæ Benevent. pag. 689; et Decreta Calomani Regis Hungar. lib. 2. cap. 37.

¶ Abbas Notariorum, Vide *Abbas populi.*

Abbas Palatii, qui alias *Archicapellanus.* Vide in voce *Capellanus.* Apud Ughellum in Archiepiscopis Salernitanis, *Dauferius Archidiaconus et Abbas Capellæ Palatii* subscribit Diploma Amati Archiepisc. Salern. circa ann. 990. pag. 509. 511. Sed hoc loco *Abbas* idem valet ac *Curio*, Presbyter Ecclesiæ.

Abbas Populi, Genuensibus dictus Prætor, seu Rector Populi Genuensis. In conventionibus initis inter Carolum Regem Siciliæ et Commune Genuæ anno 1307. in Bibl. Regia, non semel mentio fit *Nicolai Frambe Abbatis Populi.* Joan. Villaneus lib. 9. cap. 93 : *Nel detto anno i Capitani di Genova e l'Abao del Popolo, et la podesta, etc.* [*Raymondinus de Casuli Abbas Populi Januensium*, in quadam Epistola ann. 1320, ex Archivo S. Victoris Massil. Altera ejusdem Archivi Epistola ann. 1329 : *Magnæ nobilitatis et discretionis viris amicis suis carissimis DD. Capitaneo, Vicario et Abbati populi civitatis Januæ.* Rymer. tom. 4. pag. 702 : *Rex viris providis et discretis, Potestati, Capitaneis, Abbati populi, et Anxianis civitatis et communitatis de Janua, salutem etc.*] Sed et observat Octavius Ferrarius in originibus Linguæ Italiæ, Brixiæ Decurionum primores, et Mediolani Collegiorum et sodalitiorum, imo mercatorum atque opificum præfectos, Abbates etiamnum appellari. *Abbate del Collegio*, apud Dandem in Purgat. cant. 26. Eadem nomenclatura præterea donatus is qui Petræensibus seu Galatinis ὁμοφύλοις imperitabat, eo a Rep. Genuensi legatus seu *Consul* missus. Pachymeres lib. 13. cap. 27 : Γενοῦται μὲν οὖν οἱ κατὰ πόλιν ἄρτι πρώτως παρὰ τοῦ σφῶν συνεδρίου Ἀϐϐᾶν δεξάμενοι· δηλοῖ δὲ ἡ φωνὴ τὸν ἡγούμενον. Ἔχει δ' οὗτος τὴν τοῦ δήμου προστασίαν, ὡς παρὰ Ῥωμαίοις ὁ Πραίτωρ τοῦ δήμου πάλαι. Ita forte Genuenses Rectores suos appellarunt, quia præcipuæ nobilitatis viros *Antianos*, seu γέροντας vocabant, quomodo apud Suidam δημογέροντες, οἱ τοῦ δήμου ἐντιμότατοι olim dicti. Hesychius, γέροντες, ἔντιμοι. In Mediolanensium etiam statutis crebra est mentio *Abbatum Collegii notariorum et artificum*, qui scilicet certo tempore electi præerant toti collegio, de quorum officio agitur in 1. parte cap. 344. 345. [Aquis sextiis etiamnum quotannis eligitus *Abbas populi,* qui cum pompa intersit processioni illi per totam Provinciam celebri, quæ fit die festo SS. Corporis Christi.]

* Plures quandoque, ut scribit Muratorius tom. 4 Antiq. Ital. med. ævi, col. 131, fuerunt *Abbates populi*, ad quos delata est interdum præcipua reipublicæ potestas; quod Genuæ potissimum et Placentiæ fuit in usu. Chron. Estense ad ann. 1307, apud eumd. tom. 15 Script. Ital. col. 356 : *Dom. Albertus Scotus cum suis sequacibus intraverunt burgum de Valdetaro, et similiter in rocham Bardæ; et ex hoc rumor magnus fuit in civitate Placentiæ; et incontinenti ad defensionem eorum fecerunt duos Abbates, qui regere deberent dictam civitatem et populum.* Hanc vero dignitatem plebeiis nonnunquam hominibus collatam fuisse discimus ex Alb. Mussato, lib. 5. cap. 1. Hist. Aug. ubi de Henrico VII proficiscente Genuam : *Abbas, scilicet plebeius vir, more patriæ populi præfectus, cum Potestate et primoribus civitatis plebeque tota, obviam processit.* Ubi tamen *plebeius vir* fortean appellatur, quod plebeiis hominibus seu populo præesset.

Abbas Præbendarum. Charta Fundationis duarum Præbendarum in Ecclesia Folliacensi ad Corbeiam ann. 1211, in Spicilegio Acheriano tom. 13. pag. 333, sic inscribitur : *Radulfus Dei gratia Archidiaconus Pontivensis, et dictus Abbas Præbendarum Sancti Matthæi apud Corbeiam etc.*

Abbas Regalis. Vide *Monasteria Regalia.*

¶ Abbas Scholaris, Litterarii gymnasii primarius Præfectus, Gymnasiarchus, Gall. *Chefs des Ecoles, Principal, Recteur.* Annal. Bened. tom. 4. pag. 48. ex epistola inter Gerbertinas CXLII : *Qua de re Adalbero Archiepiscopus et Gerbertus Scholaris Abbas... una congratulabantur.* [** Vide Willegisi relationem de homicidio scholaris, ann. 976 ap. Gudenum in Cod. Dipl. tom. 1. p. 356.]

¶ Abbas Secularis, Idem omnino qui *Abbas Laicus.* Tabular. Brivatense ann. 1276. fol. 174 : *Petrum de Monteacuto Abbatem Secularem in Ecclesia Brivatensi, etc.* Hujusmodi Abbatem habuere Sithenses Monachi Fridogisum Caroli Magni consanguineum, de quo Iperius in Chron. S. Bertini tom. 3. Anecd. Marten. col. 505 : *Fridogisus hujus loci Abbas undecimus..... Canonicus Secularis et Abbas S. Martini Turonensis... quia secularis erat cum Canonicis secularibus vivere prælegit in Monasterio S. Audomari.* In actis capitul. S. Martini Turon. Rex Galliarum ejusdem Ecclesiæ Abbas esse legitur : *Dominus noster Rex, qui caput et Abbas ejusdem Ecclesiæ exsistit.*

Abbas secundarius, Dictus præpositus Monasterii, seu, ut hodie eum vocant, *Prior*, quod vices ageret Abbatis primarii. Regula S. Benedicti cap. 65, de Præpositis :

Qui æstimantes se secundos esse Abbates, assumentes sibi tyrannidem, scandala nutriunt. Sidonius lib. 7. Epist. 17 : *Quæso ut Abbas sit Frater Auxanius supra Congregationem, tu vero et supra Abbatem.* Vide Savaronem.

Abbates denique dictos, licet impropriè, Decanos rurales, scribit Joan. de Deo in Pœnitentiario lib. 5. c. 11.

¶ Abbas superbus, Pica Brasiliæ, Ramphastus, Rhinoceros, avis volucris Indica ingentis rostri. Vide Hofmann V. *Pica Brasiliæ.*

¶ Abbatis Anniversarium. Vide *Anniversarium.*

¶ Abbasia, Abbatissa. Charta anni 303. ex Bullario Fontanellensi fol. 114 : *Alicia permissione divina Monasterii S. Salvatoris Ebroicensis humilis Abbasia totusque ejusdem loci conventus.*

¶ Abbatatus, Dignitas et officium Abbatis, ut Episcopatus Episcopi. Statuta Ord. Cisterc. inter Anecd. Marten. tom. 4. col. 1573. C : *Si autem gratum sit memorato Principi, quod idem frater Johannes Abbatatui ejusdem Villeriensis Monasterii cedat... præfatus serenissimus Princeps nominet quemcumque Monachum ad regimen vel Abbatatum sæpe dicti Monasterii.* Iterum occurrit ibidem col. 1585. B et 1592. D. necnon inter Acta SS. April. tom. 1. pag. 803. C. ubi pro Abbatia ipsa integroque illius dominio accipitur : *Præsentibus illustri Joanne Alzina dicti Monasterii et Abbatiatus vigilantissimo gubernatore.* Vide *Abbatia* 4.

1. Abbatia, Monasterium cui præest Abbas, vel Abbatissa. Vox nota.

2. Abbatia, ipsum Abbatis regimen ac gubernatio, Dignitas abbatialis. Concilium Meldense ann. 845, cap. 10 : *Talis Abbatia, quæ Paternitas Latino nomine dicitur, funditus removeatur.* [Historia Beccensis MS. pag. 53 : *Ipse D. Anselmus ante Abbatiam et in Abbatia positus, etc.* Acher. Spicil. tom. 7. pag. 492 : *Defuncto Luipone* (Pseudo-abbate) *per quem ante Abbatiam et in Abbatia navis Ecclesiæ nostræ onerosa peccatis nostris in gravissimas syrtes defluxerat.*]

¶ 3. Abbatia, Ecclesia Parochialis, maxime illa quæ *Curatum* habebat *primitivum*, qui non semel vocatur *Abbas* in veteribus instrumentis : hinc in antiquis Foris Navarræ lib. 1 et 2 Parœcias vocant *Abbadiados.* Pari ratione Ecclesiæ parochiales etiam dictæ sunt *Monasteria*; unde antiqua vox Gallica *Le Monstier*, quæ de qualibet Ecclesia intelligitur. Charta Richardi III. Norman. Ducis apud Acherium. tom. 7. Spicil. pag. 200 : *Concedo Abbatiam quæ appellatur Porthail, quæ sita est juxta aquam Jorfluctum cum portu, etc.* Tabularium Ecclesiæ Aptensis fol. 3 : *Offero Domino Deo omnipotenti et Ecclesiæ S. Mariæ sedis Aptensis, cujus beneficiis utor, hoc est Abbatiam S. Martini cum ædificiis ibi eminentibus, cum mansis Equitum et pagensium... Est namque ipsa Abbatia in Comitatu Aptensi fere millibus sex disparata a civitate.* Charta Lotharii Regis pro Monasterio S. Eligii Noviom. circa annum 980 : *Abbatia quoque S. Stephani juxta prædictum Cœnobium sita cum terris, etc.*

* *Abbatiæ* nuncupantur præterea *reditus ecclesiæ parrochialis ab Abbatia dependentes*; quod et de prædiis aliisque bonis, quæ nunc *Prioratus* appellantur, intelligendum est, ut in *Abbatia* 4. Charta Roric. episc. Laudun. ann. 15 Lothar. reg. ex Chartul. S. Vinc. Laudun. : *Concessimus igitur præfato Reinoni canonico et sancto loco Vincentii supradictam terram, hoc est, dimidiam Abbatiam S. Hilarii, et ecclesiam ejus cum altari ex integro, salvo ecclesiastico jure, synodorum scilicet et graduum sacerdotum.* Charta Ludovic. VI, reg. Franc. ann. 1112, ex Chartul. Maurigniac. : *Ecclesiam ergo B. Martini de Veteribus Stampis, in qua decem adhuc canonici morabantur,.... et omnem Abbatiam ejusdem ecclesiæ, quæ nostra propria fuit, monasterio Sanctæ Trinitatis.... donavimus.* Bulla Adr. IV, PP. in Chartul. Campan. fol. 14. v°. col. 2 : *Ecclesiam S. Clementis, quæ vocatur Abbatia, curam decaniæ, præbendam S. Petri, etc.* Charta Jac. reg. Aragon. ann. 1229, ex Bibl. reg. : *Nemo..... atemptet monasterium Crassense, vel aliquid de Abbatiis sive prioratibus ejusdem, de honoribus vel hominibus suis, sive possessionibus vel rebus eorum alicubi impedire, capere, etc.* Vide infra *Abbassia* et *Abbatia terra.*

¶ 4. Abbatia, Dominium et possessiones ad Abbatiam pertinentes. Chronicon S. Trudonis apud Acherium Spicil. tom. 7. pag. 358 : *Nec minus interea in ædificandis per Abbatiam Ecclesiis... fideliter operam dabat.... Ecclesiæ quas per Abbatiam novas ædificavit... sunt hæ... Prima major nostra Ecclesia; secunda S. Mariæ semper Virginis in oppido nostro; tertia S. Gengulfi Martyris in eodem; quarta etc.* Mabill. Annall. Bened. tom. 4. pag. 184 : *Nam dum Abbatiam, id est, Abbatiæ possessiones perlustrare vellet, etc.*

* 5. Abbatia, monachorum ex aliquo monasterio delectus ad institutionem alterius novæ abbatiæ. Epist. S. Bern. apud Marten. tom. 1. Ampl. Collect. col. 738 : *Si forte ad opus fratrum nostrorum naves adduxerint et requisierint Abbatiam, quam missuri eramus, nuntius vester habeat nos excusatos in hæc verba : Fratres quidem parati erant, et Abbatia ordinata : sed dominus Alcanus nuntius domini regis Siciliæ dixit, quia rex non requirebat nisi duos fratres, qui præcederent alios ad videndum locum : cum autem placuerit domino regi, significabit nobis voluntatem suam de tota Abbatia simul mittenda.*

* Abbassia, pro *Abbatia*, eadem notione qua supra num. 3. Charta ann. 1032. inter Instr. tom. 6. Gall. Christ. col. 176 : *Donamus aliquid de alode nostro,..... hoc est, Abbassiam S. Eusebii cum suis cellis, vel cum omnibus adjacentiis suis.*

Abbatia Apostolicalis, quæ sedi Apostolicæ sine medio subjecta est. Charta Henr. I, reg. Franc. ann. 1058, ex Tabul. Fossat. : *Usque in ævum Apostolicalis atque regalis Abbatia existat.* [** Vide supra *Abbates Exemti.*]

¶ Abbatia Canonialis. Sic dicta quod hujus Abbas esset Canonicus : Nova Gal. Christ. tom. 4. col. 177. D : *Ego Johannes Borbonius Vicarius et Administrator Lugdun. Ecclesiæ etc. Deinceps Deo dante non tollam de vestra communi possessione* (Canonicos Lugdunenses alloquitur) *me sciente, Abbatias Canoniales, quas nunc Canonici tenent etc.* Vide *Abbas Canonicorum.* [** Sª Rosa de Viterbo vol. 1. pag. 31. voce *Abbade Conego* exempla affert monasteriorum capitulis ecclesiasticis incorporatorum sub conditione ut inter canonicos quidam Abbatis nomen gereret titulo monasterii exstincti.]

¶ Abbatia sempiterna. Sumitur juxta Lobinellum in Glossario Historiæ suæ Britannicæ ut et *Monachia* pro *feudo* jure morticinii donato, Gall. *Fief amorti.* Pag. 219, tom. 2. ejusd. Hist : *Hoel Comes dedit S. Catuodo villam Dargoth in Abbatia Sempiterna*; pag. 250 : *Rudast, filius Orscandi Venetensis Episcopi dedit S. Catuodo in Abbatia Sempiterna villam in prospectu maris, etc.* Lud. le Pelletier Epitome fundationis S. Nicolai Andegav. pag. 23 : *Hoellus Nannetensis Comes dedit insulam in Ligeri fluvio Denaralis nomine, Deo et S. Nicolao, in præsentia Hamonis Abbatis in Abbatia Sempiterna pro salute animæ suæ.* Chartularium Monastelii Kemperlegiensis : *In Oceano Britanniæ.... bellam habebat insulam nomine Britannico Guedel appellatam; quam olim Normannorum rabies devastaverat, et ejus colonos inde exulaverat. Hanc itaque... in Perpetuam Monachis Abbatiam tribuit.*

* Abbatia Terra, Dominium et possessiones ad abbatiam pertinentes. Chron. Sublac. apud Murator. tom. 4 Antiq. Ital. med. ævi col. 1041 : *Pontificali itaque præcepto reconfirmavit* (Leo IX. PP.) *monasterio Sublacum et totam Abbatiam terram, etc.* Vide supra *Abbatia* 3.

¶ Abbatialis, Ad Abbatem pertinens, ut *Abbatissalis*, ad *Abbatissam* spectans. Rymer. tom. XIV. pag. 32 : *Nominibus ad dignitatibus Abbatialibus et Abbatissalibus seu aliorum dignitatum etc.*

¶ Abbatiani, Abbatibus subditi, addicti, ut *Episcopani* Episcopis, apud Guibertum lib. 3. de vita sua cap. 5.

¶ Abbatiare, et Abbatiari Abbatis vel Abbatissæ munus obire, Abbatiæ præesse. Spicileg. Acher. tom. 5. pag. 45 : *Fratres ejus Ecclesiæ elegerunt Stephanum, qui cœpit Abbatiari anno Dominicæ Incarn. 1023.* Guibertus lib. 1. de vita sua cap. 7. Item Chronicon. Episcoporum Elbigensium non semel. Vide *Abbatisare* quod idem sonat.

¶ Abbatiarii, Apud Benebarnenses et Bigorritanos. Iidem qui *Abbates milites*, seu *Abbates Laici*, quos vide.

* Abbaticius, ut *Abbatialis. Jure abbaticio*, id est Abbatis potestate et dignitate. Chron. Centul. tom. 6. Collect. Histor. Franc. pag. 229 : *Post ejus* (Angilberti) *sanctum transitum, filius ejus Nithardus .... Centulensibus jure Abbaticio prælatus est.*

1. Abbatiola, Capella, Sacellum, Ecclesiola, Ecclesia minor, seu *Minus*, ut vulgo loquimur, *Beneficium.* Capitula Caroli C. ann. 853. cap. 3 : *Missi inquirant de Capellis et Abbatiolis ex casis Dei in beneficium datis.* Charta ann. 903, apud Perardum in Burgundicis : *Fulberti videlicet Abbatis ipsius Abbatiolæ S. Joannis.* Chronicon Corbeiæ novæ : *Dominus Liudwicus Imp. tradidit Monasterio locum Huxeri, cum omnibus finibus suis, Evesburg et Meppiam Abbatiolas, et cætera prædia in Aquilone.* Charta Leonis IX. PP. apud Meurissium in Episcopis Metensib. pag. 356 : *Præterea vero Ecclesiam, immo Abbatiolam S. Felicis ipsi loco adjacentem, etc.* Vide Monachum Sangall. lib. 1. cap.

14; Fulcuinum de Gest. Abbat. Lobiens. cap. 28; Doubletum in Hist. Sandionys. pag. 465. 779; Annales Noviomenses Vassorii p. 693. etc. Observavimus supra in veteribus Foris Navarræ lib. 1. et 2, *Curas* appellari *Abbadiados*. [Eo nomine, ait Mabillonius pag. 315. tom. 3. Annal. Bened. olim insigniebantur Ecclesiæ in quibus unus aut alter Clericus erat. Vide *Abbatia* 3.]

¶ 2. Abbatiola, Parvula Abbatia, in qua scilicet pauci Monachi, et res modica, apud Acherium Spicil. tom. 2. pag. 236.

Abbatisare, Abbatem agere. Liber de Morimundensis Cœnobii in agro Mediolanensi desolatione : *In hac autem* (Abbatia) *eodem tempore Abbatizabat vir venerabilis dominus Florius.* Chronicon Casauriense lib. 4 : *Et exclusum judicio, iterum cogit Abbatisare.* Cæsarius lib. 6. Mirac. cap. 10 : *Quæ hodie Abbatisat in jam dicto Cœnobio.* Utitur et lib. 7. cap. 40; ut et Laurentius Leodiensis in Episcop. Vird. pag. 343; Chronicon aulæ Regiæ cap. 9; Matth. Paris. ann. 1257. [Chronicon Savigniacense; vetus Charta apud Brandaonem lib. 15. Monarch. Lusit.] etc.

* Abbatizare, abbatem agere, abbatiæ præesse, in vita S. Giraldi de Salis apud Marten. tom. 6. Ampl. Collect. col. 999 : *Cum enim Bernardus Abbatizaverit anno Domini millesimo centesimo decimo quarto, etc.*

Abbatissæ, Præfectæ Monasteriis Virginum, seu Sanctimonialium, *Matres Monasteriorum*, uti a quibusdam vocantur, *Matres Monacharum*, apud Joannem de Janua : *Abbatissæ, quæ Sanctimonialibus præesse videntur*, in concilio Parisiensi ann. 829. lib. 3. cap. 18. Earum illæ subiere locum, quas *Diaconissas* appellabant, quæ in sacris Liturgiis ac Synaxibus, sequiori sexui præibant, ut suis locis docemus. Prohibentur vero Abbatissæ *foras evagari, aut inter villas residere, suisque voluptatibus deservire*, in Epist. Ludovici Pii ad Sicharium Archiepisc. Burdegalensem. * Vide *Mater.* [** Vox *Abbatissa* legitur in inscriptione anni 569 apud Murat. 429. 3.]

¶ Abbatissa Commendataria. Editio nova Diplom. Belg. Miræi tom. 1. pag. 35.

¶ Abbatissalis. Vide *Abbatialis.*

¶ Abbatissas etiam dictas reperimus lenas et meretricum magistras in Computis ann. 1414 et 1426. Quam improprie vero, ut nomen quod illis tantum competit quæ virtutis, modestiæ et castitatis Magistræ sunt, iis tribuatur quæ omnis flagitii Auctores exsistunt.

* Antiquior est hæc ipsa acceptione nomenclatura, ut colligitur ex Comput. ann. 1400. inter Probat. tom. 3. Hist. Nem. pag. 153. col. 1 : *Abbatissæ levium mulierum pro vino, decem solidos Turon.* Lit. remiss. ann. 1408. in Reg. 162. Chartoph. reg. ch. 395 : *Rogaminibus eorum applaudendo ... ad lupanar accessit, et domum Abbatissæ ipsi tres subintraverunt, dictaque nova meretrice in eadem domo non reperta, etc.* Aliæ ann. 1451. ex Reg. 181. ch. 31 : *Le suppliant fut requis à aller querir une jeune femme au bourdeau de la ville de Thoulouse, que l'Abbesse ou maistresse lors dudit bourdeau avoit promis de bailler.* Sed et earum domus nomine *Abbatiæ* designabatur. Lit. remiss. ann. 1389. in Reg. 137. ch. 81 : *Oye la supplication qui faite nous a esté de la partie des filles de joye du bordel de nostre ville de Thoulouse, dit la grant Abbaye, etc.*

¶ Abbatissiatus, us, Munus et dignitas Abbatissæ. Apud Marten. tom. 2. Ampliss. Collect. Col. 1544. C : *In Abbatissiatu Coloniensi præsentationis tuæ.... rationem habuimus.*

¶ Abbaticium, Munus Abbatis. Chartular. Monasterii de Landevenec fol. 151 : *Et ideo propria jussit ordinare ad Abbaticium supradicti sancti etc.* Idem habetur apud Lobinel. tom. 2. Hist. Britann. pag. 79. Britonibus *Abbati*, vel *Abbati*, unde Abbatitium duci videtur, est domus Abbatis.

¶ Abbaticulus, Diminut. *Abbatis*, in Vita S. Bernardi tom. 2. col. 1195. A, Edit. 1690.

Abbatiuncula, in Charta Caroli Simplicis Reg. Franc. apud Baldricum Noviom. lib. 1. Chron. Camerac. cap. 67.

¶ Abbatus, Abbas. Charta Verberti et uxoris ejus Plectrudis pro Monast. S. Martialis Lemovic. : *Aut si fuerit ullus omo aut ulla persona potente qui ista condonatione inquietatem tradere voluisset, aut ad servientes Beatum Martialem tollere voluisset neque Monachus, neque Laicus, neque Abbatus venissent in memoriam apud Dominum sit ista condonatio etc.*

* Hæc prorsus delenda sunt; legendum quippe *Albatus* pro *Abbatus*, quo nomine Clericus significatur : sicque aperta est hujusce loci notio. Vide in *Alba* 3.

* Abbazium, Abbatis munus, vel ipsa Abbatia. Charta ann. 909. tom. 1. Hist. Trevir. Joan. Nic. ab *Hontheim* pag. 257. col. 2 : *Acta est autem hæc precaria traditio publice Treveris in monasterio S. Maximini, adstante Eberhardo ipsum Abbazium tenente.*

ABBASCIATUM. Vide *Ambasciare.*

¶ **ABBASO.** Gloss. MS. Ecclesiæ Bitur. *Abbaso, infirma domus:* Varie legitur in glossis quæ sub Isidori nomine collectæ circumferuntur : in Amalth. onomast. *Abason, infirma domus quasi sine base :* in fine Lexici Philol. Martinii *Abaja, infama domus.* Papias *Abso* et *Aboso.* Alfridi Glossæ, *Abaso* et *Abosò.* Ut ut fuerit legendum; est *Infirmatorium* seu domus in quam ægroti deportantur. Vide *Abasa.*

* **ABBASSARE.** Vide supra *Abassare.*

* **ABBATICIUS**, Abbatizare, Abbazium. Vide supra in *Abbas.*

ABBATARE. Vide *Abatare.*

¶ **ABBATIA**, Abbatialis, Abbatiare, Abbaticulus. Vide in *Abbas.*

¶ **ABBATIDERIT.** Vide in *Abbatare.*

¶ **ABBATIOLA**, Abbatisare, Abbatissa, Abbatissalis. Vide in *Abbas.*

¶ 1. **ABBATITURA.** Argentariæ dissolutio, inopiæ denuntiatio. Gal. *Banqueroute*, ab *Abbatare se.* Vide *Abatare.*

¶ 2. **ABBATITURA**, Dominium, jurisdictio, Gall *Domaine, Seigneurie.* Vox orta a voce *Abbas*, ut *Abbatiare* quod inderdum dominari, præesse significat. Charta Hugonis Abbatis S. Germani a Pratis pro Samesiolo, ex Tabular. ejusd. loci : *Petrus miles de Samesio qui cognominatur Baucens, jus fugationis seu venationis et haiam in nemoribus Samesioli et quod nullus ibidem sine suo assensu venare debebat et Abbatituram in terra S. Germani apud Samesiolum et in aqua Secanæ juxta eamdem terram, jure hereditario reclamans.* Legebat D. Jacobus *Bouillard* in Hist. ejusdem Monasterii pag. 46. inter instrum. *Abbaturam*, in alio forsan ejusdem instrumenti exemplo. Vide *Abatare se.*

¶ **ABBATIUNCULA.** Vide in *Abbas.*

¶ **ABBATORES**, pro *Albatores*, Coriarii, qui coria dealbant, vel inficiunt querneo pulvere, Gall. *Tanneurs.* Fleta lib. 2. cap. 52. §35: *De Abbatoribus coreorum... Et etiam de iis qui duobus utuntur officiis, videlicet sutoriæ et taneriæ.*

¶ **ABBATUDA MONETA.** Vide in *Abatare.*

¶ **ABBATULUS**, Parvus Abbas in Vita sancti Bernardi, Operum ejusdem tom. 2. col. 1220. C. editionis ann. 1690.

¶ **ABBATURA.** Vide *Abbatitura.*

¶ **ABBATUS.** Vide in *Abbas.*

¶ **ABBECARE**, Rostro seu *becco* impetere, Gall. *Bequeter.* Vide *Becco.*

* **ABBERAGIUM**, Aquarium, Gall. *Abbreuvoir;* unde *Abberare*, Adaquare, *Abbreuver.* Sent. arbitr. inter Aymar. de Pictavia comit. Valentin. et Jacob. abbat. de Lioncellis ann. 1303 : *Statuerunt dicti arbitratores quod animalia hominum castri Duplicis supradicti libere et quiete possint et debeant Abberare in Abberagio, vulgariter appellato la Vacharia; ubi tenere debeat prædicta domus de Lioncello quoddam bachas* (l. quosdam bachos) *ad Abberandum dicta animalia expensis propriis dictæ domus, nisi aliter ibidem Abberare possint; et hoc tamdiu quamdiu commode Abberare poterunt in eodem: et si dictum Abberagium non sufficeret ad Abberandum animalia supradicta, possint homines dicti castri dicta sua animalia Abberare in Abberagio, vocato de la Tullera.* Vide *Aberagium*, *Abeuvrare* et *Abeuvratorium.*

* **ABBERGAGIUM**, Datio ad censum, concessio sub certis conditionibus et stato pretio; unde *Abbergare*, Dare ad *Abbergagium* seu ad censum et statutam præstationem. Charta ann. 1377. in Reg. 112. Chartoph. reg. ch. 151 : *Accensat et Abbergat et in emphiteosim perpetuam tradit, cedit et concedit insulam supradictam.... cum suis juribus.* Lit. official. Matiscon. ann. 1455 : *Faciunt inter se pacta, Abbergagium, promissiones quæ sequuntur, videlicet dictus dominus Chintriaci de voluntate cujus supra Abbergat et assenisat dicto Daniel acceptanti quamdam suam ipsius domicelli domum cum curia, curtili, etc.* Vide *Albergamentum* et *Albergare* in *Alberga.*

¶ **ABBERGUATA**, Albergata, Jus hospitii in domo vassalli. Item præstatio quæ Domino hospitii loco exsolvitur. Rymer. tom. 4. pag. 532 : *Certos redditus, seu Abberguatas, nobis debitos per quosdam commorantes extra villam Herbefaveriæ.* Vide *Alberga.*

¶ **ABBETAMENTUM.** Vide post *Abbetator.*

ABBETATOR, Vox forensis apud Anglos, *Incitator, Instigator*, qui alium ad facinus aliquod perpetrandum exacuit, tutaturve facturum. Hæc Spelmannus, qui accersit a Saxonico. [A id est *ad*, usque, et b e t a n, excitare, remedium præstare. Censet tamen Leon. Frischius in notis ad Glossarium Cangianum *Abbetatorem* idem esse ac *Affe-*

vtatorem, mutatis *ff* in *vv* et *vv* in *bb*. Tumque *ct*, in *tt* Italorum more, qui e *Facto* faciunt *Fatto*.] Monasticum Anglic. tom. 1. p. 342 : *Procuratores, Notarios, Nuncios, manutentores, fidejussores, Abbetatores, attornatos, deputatos, actores, etc.* Sententia edita in Hugonem Dispensatorem ann. 1326, apud Knyghtonem : *Et pur ceo que vous Abbetastes et procurastes discorde entre nostre Seigneur le Roy, et la Royne, et les altres de Realme, si serez emboëllez, etc.* Vide Fletam lib. 1. cap. 34. § 47; lib. 2. cap. 1. § 13; c. 52. § 35; Eduardum Cokum ad Litleton. sect. 475; W. Stamfordium de Placitis Coronæ; et Rastallum in Expositione vocum Legum Anglic.

* Quoad vocis hujus originem, vide infra *Abettum*.

¶ **Abbetamentum**, Instigatio, incitamentum. Rymer. tom. 8. pag. 26 : *De assensu, consilio, favore, Abbetamento, covina, vi, retinentia seu adhæsione prædictorum Ducis et Comitum.*

¶ **ABBETUM**, Eadem notione apud eumdem Rymerum tom. 5. pag. 247 : *Dicto tamen anno decimo per procurationem et Abbetum quorumdam æmulorum suorum.* Vide *Abettum* suo loco.

¶ **ABBEYANTIA.** Vide *Abeyantia*.

¶ **ABBICOMITES.** Vide *Abbacomites* in *Abbas*.

* **ABBOCATIO**, Constitutio, definitio, Gall. *Décision, règlement*, alias *Abocage*, ut infra in *Autorium*; unde *Abbocatores*, qui de re aliqua inter se conveniunt, proxenetæ, ab Italico *Abboccamento*, congressus, colloquium. Stat. datiar. Riper. cap. 5, fol. 14. r° : *Et quod pro ipsis aventagiis solvendis et exbursandis possit... de ejus bonis saxiri et sequestrari usque ad integram solutionem dictorum aventagiorum sine libello, velo levato, per inspectionem incantuum et Abbocationum seu deliberationum dicti datii, omnibus diebus feriatis sola veritate inspecta et sine litigio; ne tales Abbocatores ipsorum datiorum in judiciorum strepitus deducantur.* Vide infra *Abocator* 2, et *Abrocator*.

* Nostratibus olim *Abuter*, idem quod Statuere, definire, Gall. *Régler, arrêter*. Lit. remiss. ann. 1450. in Reg. 182. Chartoph. reg. ch. 33 : *Lesquelz compaignons disnerent en une taverne, ... et ainsi qu'ilz Abutoient leur escot, etc.*

ABBOBUTA. Vetus Charta Lusitanica æræ 904, apud Rodericum *da Cunha* in Hist. Episcoporum Portensium part. 1. cap. 12 : *Ostium, de sinistro juxta oraculum Baptistæ et Martyris Joannis, quem simili modo fundavimus, et de puris lapidibus construximus, columnas sex cum vasibus* (basibus) *totidem posuimus, ubi Abbobuta tribunalis est constructa, etc.* Versio Lusitanica habet *Abobeda*. [Est autem *Abobada* Lusitanis Camera, fornix, concameratio, Gall. *Voute, arcade*. Consule Vocabularium Lusitanum Raph. *Bluteau*.]

¶ **ABBONARE**, Abbonamentum, Abbonatio. Vide *Abonare*.

¶ **ABBOTAMENTUM**, Idem quod *Abbotum*. Literæ Willelmi Episcopi Pictav. ann. 1224. apud Stephanotium tom. 4. Antiquit. Bened. Pictav. pag. 576 : *Quidquid habere dicebant... in maresiis, pratis, terris, aquis, botis* [id est, boscis] *canalibus, Abbotamentis, et universis rebus etc.*

¶ **ABBOTARE.** Vide in *Abbotum*, et in *Butum*.

¶ **ABBOTUM**, Abboutum, Fundus creditori designatus per suas vicinitates et confinia, ut in hunc creditor speciale jus postea acquirat, Gall. *About* et *Habout*. Hoc sensu in Consuetudine Pontiv. art. 133. At in Metensi tit. 4. art. 31. per *Abbotum speciale* non tantum ager aut prædium designatur creditori, sed etiam illi oppigneratur. Charta Curiæ Suession. ann. 1260. ex Tabulario 2. S. Medardi Suession. : *Pro se et eorum hæredibus Abbotarunt et assignarunt dictam Ecclesiam pro dictis custibus et expensis.* Ibidem in alia Charta ann. 1270 : *De dicta domo tanquam de Abbouto et assignamento se pariter devestierunt.* In alia ejusdem anni : *Nec poterunt nec debebunt dictas domos sic oneratas dictis Abboto et assignamento vendere nec alienare sine licentia et consensu.* In eodem Tabulario Charta ann. 1270 : *Assignaverunt et Abboutaverunt.* Literæ Curiæ Noviomensis ann. 1273 : *Et ad majorem securitatem Abboutarunt et assignarunt dictos Abbatem et Conventum dicti conjuges ad tres assinos terræ ipsorum.*

* **ABBOTUS**, *Mulierarius, homo, ome* in Glossar. Provinc. Lat. ex Cod. reg. 7657.

* **ABBREUVATORIUM**, Aquarium, Gall. *Abbreuvoir*. Sent. arbitr. ann. 1339. ex sched. Pr. de *Mazaugues* : *Cujus itineris, qua iri debet ad ipsum Abbreuvatorium, confines sunt hii, etc.* Vide *Abevratorium*.

¶ **ABBREVIATOR**, Officii nomen in Cancellaria Apostolica. *Abbreviatores* septuaginta duo numerantur, e quibus duodecim sunt *de parco majori*, et Prælatorum more vestibus utuntur violaceis. His Libellos supplices distribuit Cancellariæ Præfectus, tumque per se aut substitutos Bullarum exscribunt *minutas* seu primas perscriptiones, quæ ad Libelli supplicis calcem summatim collectæ habentur; et inde vocis etymon. Viginti duo *Abbreviatores* dicuntur de *parco minori*, quorum est, instrumenta, quibus contrahi permittitur in gradu prohibito, perscribere et in commentarios referre. Ceteri *Examinatores* apellantur, quod eorum officii sit Bullas ad exemplar conferre et recognoscere. Et hi Laici esse possunt et uxores ducere. Statuta Capitulorum Generalium S. Victoris Massiliensis : *Testes fuerunt præsentes..... Magister Ricardus de Cabaniis Abbreviator et grossator Domini Papæ.* Collect. Concil. Hispan. tom. 3. pag. 650 : *Ego Antonius de Campis Literarum Apostolicarum Abbreviator, scriptor et registrator publicus, Apostolica et imperiali auctoritate notarius etc.* Macri Hierolexicon. Vide in voce *Brevis*. Apud Hofman. unum sunt *Abbreviator* et *Protonotarius*.

¶ **ABBROCAMENTUM**, Emtio quarumvis mercium, antequam in foro venales proponantur, et earumdem singularum per partes venditio, Angl. *Abbrochement*, Gall. *Achat en gros, et venté en détail.* Hinc forte Gallica vox *Brocanteur*. Vide Th. *Blount* in Nomolexico Anglic. et cod. MS. de placitis coram Rege Eduardo III. et infra *Abrocamentum*.

ABBUTARE. Vide [*Abbotum*, et] *Butum*.

¶ **ABCÆCATIO**, Eluscatio, ἀποτύφλωσις. Gloss. Lat. Græc. MSS.

¶ **ABCARIARE**, Vehere e loco ad locum, a voce *Cariare* quæ a *Carrus*. Rymer. tom. 12. pag. 460 : *Ad qascumque partes exteras, in quacumque navi vel vase educere et Abcariare, educi aut Abcariari facere possit.*

* **ABCARIS.** Vide infra *Acaris*.

¶ **ABCDARIUM**, Alphabetum, Gall. A B C. Historia MS. Beccensis Monasterii pag. 38. num. 4 : *Abcdarium ipsi expediendum exposuit, etc.* Pontificale MS. Gemeticensis Monasterii annorum circiter 700 : *Scribens* (Episcopus) *per pavimentum cum cambuta Abcdarium.* Videsis *Abecedarium*.

* Nostris alias *Abeçoy*. Testam. Isabel. *Davaugour*, comit. Thoarcii ann. 1400. ex, Bibl. reg. : *Nous avons tenu à l'escolle le dit Henry dès ce qu'il fust mis à l'Abeçoy.*

* **ABCINDERE**, pro Abscindere, Gall. *Couper*. Libert. castri *de Malast*. ann. 1312. tom. 7. Ordinat. reg. Franc. pag. 505 : *Nec aliquis Abcindatur pro primo furto, etc.* Ubi de aurium abscissione, quæ furum pœna erat, sermo est. Vide in *Auris*.

* **ABCTUPIUM**, idem quod supra *Abcdarium*, apud Marten. de antiq. eccl. Rit. lib. 2. cap. 13. ex Cod. Ms. eccl. Rem. ubi Menardus legerat *Abcturium*, quod magis placet.

ABCTURIUM. Liber Sacramentorum Gregorii M. ubi de Ordine ad Ecclesiam dedicandam : *Deinde incipiat Pontifex de sinistro angulo ab Oriente, scribens per pavimentum cum cambuta sua Abcturium usque in dextrum angulum Occidentis, etc.* Ita enim præferre Codicem Remensem, monet Menardus, ubi alii habent, A, B, C. Unde conficitur *Abcturium*, esse *Abecedarium*, seu Alphabeti literas : quod alii *Abgatorium*, vel *Abgetorium* vocant, ut mox dicetur : proinde efferendam hanc vocem, quasi scriptum esset *Abcetorium*. *Abici* dicunt Itali. At Codex Ecclesiæ Senonensis scriptus sub Maynardo Archiep. habet *Abecenarium*. De eo vero more describendi literas Alphabeti in pavimento in dedicationibus Ecclesiarum, agunt præter Menardum, Scriptores qui de Ritibus Ecclesiasticis libros edidere.

* **ABDENTIO**, Denegatio, detractio, rei concessæ repetitio, forte pro *Abdictio*. Vide infra in hac voce. Testam. Guill. milit. de castro Barco ann. 1319, apud Lunig. tom. 3. Cod. Ital. diplom. col. 1946. : *Item dico et volo quod per suprascripta legata... nulla Abdentio seu detractio facta esse intelligatur alicui personæ vel loco, cui aliquid in hoc meo reliquissem testamento.*

¶ **ABDEROLOGUS**, Nugator, qui frivola atque inepta blaterat. Tatianus adversus Gentiles de Demetrio Abderita : *Quid dicemus nisi juxta communem, Abderologus est homo iste, Abderis natus.* Abdera Thraciæ urbs fuit quæ ob civium stuporem et fabulas quibus pasci amabant, abiit ipsa in fabulam. Hinc Arnob. lib. 5. adversus Gent. : *O Abdera, Abdera quam fias mortalibus irridenda, talis si apud te fabula ita conflata.* Et Martial. lib. 10. Epigr. 25 :

Abderitanæ pectora plebis habes.

¶ **ABDICAMENTUM**, Negatio. Vita S. Dunstani tom. 4 Maii. pag. 346. D : *Sin autem invidis æmulorum Abdicamentis refutata* *temnuntur, ignoratur utique quid satius inceptem, quam ut etc.*

¶ 1. **ABDICARE**, Abdicere, Gallicè *Debouter.* Vox fori Romani, quæ occurrit apud Ludewig. Reliq. MSS. tom. 5. pag. 544.

¶ 2. **ABDICARE**, Abdere, Abscondere. Gasp. Barthius in Glossario.

* 3. **ABDICARE**, *Absterrere vel propulsare.* Glossar. vet. ex Cod. reg. 7646.

¶ **ABDICATORIUM**, *Locus aptus ad abdicandum.* Johan. de Janua. Id est, ad abdendum et abscondendum. Glossar. Gall. Lat. ex Cod. reg. 7684 : *Abdicatorium, muce. Abdere, mucer.*

ABDICIUM, *Secretum, occultum, vel absconditum.* Breviloq.

¶ **ABDICTA**, Abdicatio, renunciatio. Acta Beatæ Julianæ Cornel. tom. 1 Aprilis pagina 440. E : *Promitto Deo et Beatæ Mariæ, et tibi N. hujus domus Patri Abdictam proprietatis et custodiam Castitatis perpetuam et obedientiam.*

* **ABDICTATUS**, Abdicatio, renunciatio. Mirac. S. Emmer. tom. 6. Sept. pag. 511. col. 1 : *Non solum qui falsitatis antea fuit notatus, convictus est reus esse ejusdem Abdictatus, etc.* Vide *Abdicta* et mox

* **ABDICTIO**, *Desdiement*, in Vocabul. compend. ex summa Januens. Ugut. et Papia.

* **ABDICTUS**, quartæ declinat. Oppositio, contradictio, ita ut incœptum *Abdicare*, necesse sit. Charta ann. 951. apud Murator. tom. 5. Antiq. Ital. med. ævi col. 965 : *Et ubicumque utilitas dictaverit in portu Cumacio, vel ipsius loci ripariis, ubicumque necessitas fuerit, figere absque Abdictu ac consistere quopiam tempore, etc.*

¶ **ABDICTUS**, Constitutus, declaratus. Acta SS. Julii, tom. 3. pag. 364. E : *Et Episcopus : Ego te absolvo, inquit, ab hoc reatu. Et ille : tu, inquit, non es meus Abbas Abdictus, sed tantum tuæ civitatis Episcopus.*

* **ABDISCERE**, *Oublier*, in Vocabul. compend. ex summa Januens. Ugut. et Papia.

ABDITORIUM, Arcæ species, in qua quid *abditur* vel reconditur. Inventarium Eclesiæ Eboracensis tom. 3 Monastici Angl. pag. 173 : *Item unum coffur, et una pixis de ebore ornata cum argento deaurato. Item tria Abditoria, et 3 pixides de ebore ornatæ cum cupro deaurato.*

ABDITUS, Vilis, minoris momenti. Ita *Abdita oppida*, usurpat lex 14. Cod. Theod. XV. 1. de Oper. publ. [** Vox sæpe obvia, Remoti, occulti significationem habet (Dig. lib. 43, tit. 24, fr. 15. § 5; Theod. Cod. lib. 7, tit. 16, cap. 2). Adjectivo neutrius generis pro substantivo utuntur, Theod. Cod. lib. 14, tit. 3, cap. 1; Plin. lib. 8. cap. 5, sect. 5. Gradus *abditior* et *abditissimus* legi apud Augustinum Confess. lib. 5. cap. 5 et Enchir. cap. 16 monet Forcellin. quem videas.]

ABDOMIRE, Ἀφυπνεῖν, in Glossis Græco-Latinis. [Martinius in Lexico Philolog. habet : *abdormio*, ἀφυπνῶ, Gloss. *Ego obdormio.* Hinc patet legendum fuisse *Abdormire*, quod pro *Obdormire.*]

** **ABDUCERE**, Deducere de possessione per sententiam juris, vel vi deturbare. Dipl. Henr. Rugravii ann. 1285 : *Quod nos ... dotavimus nostram legitimam, Dominam Alherdam... ita sane quod nos Abdurimus* (lege *Abduximus*) *quod dicitur* han abgewiset *fratres nostros etc.* in Gudeni Sylloge Dipl. vol. 1. pag. 610. In margine notatum legitur *Abdurare* et ita etiam in indice. Vide Haltaus. Gloss. voce *Abweisen.* Adel.

¶ **ABDUCTIUS**, pro *Abductus*, Gall. *Eloigné.* Auson. in Gratiarum actione : *Nemo Abductius jacula contorsit.*

** **ABDURARE.** Vide *Abducere.* Adel.

* **ABEAVRARE**, Adaquare, a Provincial. idiomate *Abeourar*, Gall. *Abbreuver.* Inquisit. ann. 1268. ex sched. Pr. *de Mazaugues* : *Requisitus quare pigneraverunt eum, dixit, quia veniebat ad aquam, causa Abeavrandi.* Infra : *Abeavrare in aquis dictæ vallis.*

¶ **ABEBRARE**, Idem quod *Abeuvrare*, inferius, id est, Adaquare, Gallicè *Abreuver.* Observantiæ ad Foros Aragon. apud Michaelem del Molino in Repertorio pag. 75 : *Declaramus quod.... possint Abebrare illas bestias, quibus excolunt in vasis dictorum hominum de la Fraxneda.* Vide *Abeuvrare.*

ABECEDARIUS, Qui prima literarum elementa docetur : *puer literis elementariis et calculo imbutus*, apud Capitolinum in Pertinace. Horatius Sat. lib. 1, sat. 1, v. 25 :

— Pueris dant crustula blandi
Doctores, Elementa velint ut discere prima.

Petrus Damianus lib. 6. Ep. 17 : *In literario ludo, ubi pueri prima articulatæ vocis elementa suscipiunt, alii quidem Abecedarii, alii Syllabarii, quidem vero Nominarii, nonnulli etiam Calculatores appellantur : et hæc nomina cum audimus, ex ipsis continuo, qui sit in pueris profectus, agnoscimus.* Vide Goclenium in Lexico Philosophico p. 284.

Abecedarius Psalmus. Vide *Psalmus.*

Abecedarium, Prima literarum elementa. Auctor Mamotrecti : *Alphabetum, Abecedarium.* Will. Malmesbur. lib. 2. de gest. Pontif. : *Tum Lanfrancus ex prima collocutione intelligens quam prope nihil sciret, Abecedarium ipsi expediendum exposuit : ferociam hominis Italica facetia illudens.* Vide *Abcturium.*

ABECENARIUM, Abecetorium. Vide *Abcturium.*

¶ **ABEGERIA**, Jus hospitandi in domibus vassallorum. Ant. Recogn. *probus* fol. XXIX v° : *Comes habet Abegeriam super homines omnium nobilium de Chevreres et forum quando ducit exercitum.* Vide *Alberga.*

* **ABEILLA**, Apis, Gall. *Abeille*, Hisp. *Abella.* Charta ann. 1286, ex sched. Præs. a S. Vinc. : *Medietatem omnium talarum, quæ fiunt hominibus in proprietatibus eorumdem, videlicet in vineis, bladis, arboribus, venationibus et in apibus et Abeillis.* Alvearia forte vel apum examina speciatim eo nomine indicantur ; Hisp. *Abellar*, alveare. Et quidem in Glossar. Lat. Gall. ann. 1352. ex Cod. reg. 4120. *Alveolus, Abeles.* Vide *Abellarium.*

* **ABEL**, Liber apocryphus annumeratus inter eos, qui monasterio Vallis-bonæ donantur, in Chart. ann. 1242. inter Instr. tom. 6. Gall. Christ. col. 488 : *Item Abel, item sermones per totum annum, etc.*

¶ **ABELIANI**, Abelonii, et Abeloitæ, ad Abel Adami filio sic dicti, quod illum se imitari jactitarent, inquit S. Augustinus in Epistola ad Quod-vult-Deum. Conjuges erant, nec tamen conjugali consuetudine utebantur, sed puerum et puellam adoptabant qui mortuis eadem conditione succederent. Ab Abele dictos negat Hofmannus in Lexico : putat autem sic appellatos fuisse ab Arabico verbo תאבל *Theabala*, quod est Ab uxore se continere. Tradunt quippe Judæi Doctores Adamum post Abelis necem ab uxore abstinuisse per 130 annos. Quare Giggeius תאבל אדם id est Adam ab Eva se abstinuit ob necem Abelis. A simili continentia *Abelianorum* nomen.

* **ABELIMENTUM**, Exornatio, ornamentum, Gall. *Embélissement*, ab Italico *Abbellire*, Exornare. Stat. Cadub. lib. 1. cap. 67 : *Prædictus vicarius surgere debeat et proponere simpliciter coram eis, sine colloratione vel Abelimento.* Nostratibus olim *Abelir* et *Abielir*, Placere, gratum esse, vulgo *Plaire, être agréable.* Le Roman *de Garin* :

Hues le voit, pas ne li Abeli,
Bien le connut, sitost com il le vist.

Ibidem :

. . . Mult li Enbeli.

Le Roman *de Cleomades* Ms. :

Moult durement li Abieli,
Que la chose trouva ensi.

Ibidem :

Quand li rois tel nouviele oy,
Sachiez pas ne li Abiely.

Sensu opposito *Desabelir*, apud Guill. Guiart. ad ann. 1259 :

Et si li en Desabeli,
Comment si tenancier e li
Orent ès fais ja achevez
Les rois d'Engleterre grevez.

Embeleter, ejusdem originis et sensus atque *Abelir*, apud *Wistace* in Lib. Briton. :

Tant ont li compteour compté,
Et li fableour tant fablé,
Pour les comptes Embeleter,
Que tout ont fait fable sembler.

ABELLARIUM, [Alvear. Gall. *Ruche à miel* : Item Alvearium, seu locus in quo sunt alvearia.] Edictum Jacobi Regis Aragoniæ ann. 1228. de Pace et treuga in Spicil. Acher. tom. 8. pag. 385 : *Omnia animalia aratoria tantum et instrumenta aratoria, columbaria, palleria, Abellaria, olivaria et molendina in prædicta pace constituimus.* Quo loco Edictum Nunonis Sancii D. Rossilionis de eadem Pace et treuga ann. 1217. habet *Alvearia, sive palumbaria, etc.* Vide *Abollagium.*

¶ **ABELLUS**, *Agnus recens natus.* Glossar. Aniciense MS. annorum circiter 700.

¶ **ABENCARE**, *Eradicare*, in eodem Aniciensi Glossario.

¶ **ABENDE**, Rabies, Gallice *Rage.* De morte Lantgraviæ de Thuringia apud Marten. to. 1. Ampliss. Collect. col. 1256 : *Sexta feria sequente, quidam qui decem septimanis fuerat rabidus, quod dicitur vulgo Abende, ad ejus invocationem est curatus.*

¶ **ABENEVISARE**, Adbenevisare, Quasi *Adbeneficiare*, id est, dare ad beneficium. Dicitur de fundo in emphyteusim locato. Est autem emphyteusis illa locatio quæ fit, ut aiunt, ad *Longos annos*, id est, a 10 annis usque ad 99. Neque enim idem est *Abenevisare*, ut æstimat D. *de Lauriere* in Gloss. juris Gallici, ac fixum reddere et *Abornare* seu *Abonnare*, nec apud Lugdunenses *decima Abenevisata*, *servitium Abenevisatum* sunt decimæ *Abonatæ*, aut servitium *Abon-*

natum; sed decimæ in censum datæ sub emphyteusi. Idem de servitio *Abenevisato*. Non ergo *Abenevisum* dicitur de qualibet concessione facta a Domino feudali sub certo censu, sed de sola emphyteusi. Hæc ex observationibus eruditissimi viri Domini *Aubret* Dombarum Historiographi, celeberrimique in curia Parisiensi quondam Advocati, quem in hac parte oppono Domino *Aubert* a Domino *de Lauriere* in testem vocato. Occurrunt autem hæ voces non tantum in Libertatibus Montis Brisonis, sed etiam in multis e veteribus instrumentis, præsertimque in Literis locationis agrorum, decimarum, aliarumque rerum Ecclesiæ. Vide *Benevisum*.

* **ABENEVISATIO**, Concessio in emphyteusim sub censu et servitio. Charta Bellijoc. ann. 1393 : *Fratres de Valpiliena abenevisant et titulo Abenevisationis tradunt terram sub censu et servitio unius livrorii siliginis.* Vide Bretonner. in Observat. ad Henr. tom. 1. lib. 1. cap. 3. qu. 36. et *Abenevisare*.

¶ **ABENEVISUM**, Gall. *Abenevis*, eadem notione in veteribus instrumentis non semel. Vide *Benevisum*.

* **ABENGA**, ABENGHA, vulgo *Abenge*, Minutioris monetæ species, *mallia* inferior. Jura justit. laic. Camerac. : *Et doit li justice livrer à son prisonier..... au viespre, deux pains de deux Cambresis, et au refait le vaillant d'une Abenghe et l'iaue à plenté.* Pactum inter reg. Phil. V. et episc. Tornac. ann. 1320 : *Item sept Abenghes à la Saint Remi seur quatorze cens de terre..... Item seur ung quartiers et un cent,..... deux deniers, maaille et Abenghe.* Chartul. Mont. S. Martini ann. 1344 : *Un quarterons de blé et cinq Abenghes sur deux sestiers de terre.* Charta ann. 1340. in Reg. 72. Chartoph. reg. ch. 217 : *Neuf deniers, trois Abenges à Honorée la Cresonniere pour un courtil;.... à Jéhan Bardon pour son manoir,.... neuf deniers et trois Abenges;.... neuf Abenges à demisselle Perrote Cardonne de Arras.*

* ABANGUA, Eadem notione, in Charta ann. 1330. ex Reg. 66. Chartoph. reg. ch. 414 : *Item deux soulz, sis deniers et une Abangue Parisis, et neuf deniers Tournois et le tiers de deus Tournois de cens à paier à la S. Remi.*

¶ **ABEONA**, Dea quæ præerat abeuntibus. Hujus mentio fit apud Tertulianum lib. 2. ad Nationes cap. 11.

¶ **ABEQUETORUM**, *Alphabetum*, in Codice MS. apud Wanleium de Antiq. Literat. Septentr. : *Item de Litteris notarum. 1°. 5 Vocales a, e, i, o, u, relinquuntur pro unaquaque Abequetori littera.* Ibi de variis occulte scribendi generibus. [** legendum *insequenti*, genus *cryptographiæ* inde a seculo nono usitatum, vide Hofmannum de re diplomatica pag. 40.]

¶ **ABERAGIUM**, Irrigatio, Adaquatio, usus aquæ ad irriganda prata, aut adaquanda pecora. Charta Calomontis in Dombensi principatu an. 1397 : *Pro champeagiis et Aberagiis quæ habet in stagno, etc.* Vide *Abebrare*.

¶ **ABERE** AD PROBRIO, pro *Habere in proprio*, Gall. *Avoir en propre*. Commemoratorium anni circiter 780, ex Archivis S. Victoris apud Marten. tom. 1. Ampliss. Collect. col. 41. D : *Ipsas villas partibus suis ad Probrio se dixit Abere.*

ABEREMURDRUM, [Homicidium manifestum, Gall. *Meurtre avéré*. Spelmanus in Legibus MSS. Canuti Regis legebat cap. 93 : *Aberemurdrum inemendabile est.*] Vide *Eberemurdrum*.

ABERGARE. Vide [*Alberga* et] Herebergum.

* **ABERGARE**, ABERGIARE, Dare ad censum statutamque præstationem, idem quod supra *Abbergare*. Charta ann. 1271. ex Chartul. S. Mart. Augustod. : *Ipse vero Guido dominus de Chaudenayo, seu ipsi prædecessores domini de Chaudenay, terras prædictas, vel aliquas ipsarum terrarum Abergaverat seu Abergaverunt in prata redigendo...... Denarios prædictos eis solvere teneatur, quousque prædicti a domino de Chaudenay prædicto fuerint Abergiati.* Vide supra *Abbergagium*.

¶ **ABERGATIUM**. Vide. *Atterratus*.

* **ABESARE**, Demittere, Gall. *Baisser*; fossam æquare, nostrates dicunt *Ravaler un fossé*. Charta ann. 1344. ex Reg. 75. Chartoph. reg. ch. 327 : *Per dictum passagium hactenus transiverunt, . . . cum dictum fossatum erat Abesatum et decicatum.* Pro dessiccatum. Vide supra *Abassare*.

* **ABESSE**, Adsentire. Glossar. vet. ex Cod. reg. 7646 : *Abessem, adsensissem.* [** Gloss. vet. in cod. reg. 4778 : *Abero, abscondam, abscedam, discedam, pergam*; ibid. pro *adsensissem* legitur *absens essem*.]

¶ **ABESSI**, *Est ultima ciborum materia.* Ita Rochus *le Bailif* in Diction. Spagyrico ad calcem sui Demosterii. Forte quasi *ab escis*, id scilicet quod ab escis exit.

¶ **ABESTIARIUS**, *Vestiarii præfectus*, ex Lexic. Græco Lat. in Amalth. Forte pro *a Vestiariis* vel etiam Bestiarii præfectus.

¶ **ABESTON**. Papias MS. Ecclesiæ Bituricensis : *Abeston, Lapis qui cum ignem non habeat proprium, alieno tamen igne sic ardet, ut non possit extingui.* Græca vox, ἄσβεστον, Inextinguibile.

* **ABESUS**, *De toutes parts mengé*, in Glossar. Gall. Lat. ex Cod. reg. 7684. Occurrit apud Prudent. Cath. v. 10.

ABETTUM, Auxilium, incitamentum. [Nostratibus olim *Abete*. Vox a præpositione *A*, id est, *ad*, Usque, et Saxonico betan, Resarcire, animare, excitare; qui enim alii studet, ipsum adversario suo præfert, inquit Skinnerus in Lexico. Hinc Anglicum *Abet* eadem notione. Præter Skinnerum consule Thomam *Blount* in Nomolexico Anglicano ad vocem *Abet*.] Fleta lib. 1. c. 18. § 4 : *Quod veritatem dicam, nec quantum in me est, celari permittam, nec per alicujus Abettum, vel procurationem vel aliqua amittam : quin veritatem dicam.* § 14 : *Per cujus procurationem et Abettum etc.* Charta Gallica apud Henricum *de Knyghton* lib. 5. pag. 2716 : *Item par ledit acrochment les avantdits Robert de Vere Duc d'Irlande, et Michel de la Pole Cont de Suffolc, per assent et conseille dudit Alexandre Erchevesk de Vervek, ont faits que nostre Seigniour le Roy sans assent du Royaume ou deserte d'eux, lour ad doné per lour Abete moult diverses Seignouries, etc.* Id est, eorum consilio ac incitamento. Adde Will. Stamfordium lib. 2. de Placitis Coronæ pag. 105. Vide *Abbetator* [et *Abbetamentum*.]

* Nostris *Abet*, pro Dolus, astutia, qua quis aliquem ad agendum movet et incitat. Mirac. Mss. B. M. V. lib. 1 :

Li deables set tant d'Abet.

Ibid. lib. 2 :

Quant li deables li keurt seure,
Se tost n'apele Nostre Dame,
De tout son cuer, de toute s'ame;
Tost li fera par son Abet
Un tel torpié, un tel jambet,
Dont perdera en un moment
Ce c'à gardé si longement.

Fabul. tom. 2. pag. 164 :

Ei puis si me dist par Abet,
Que seisse sur cel buffet.

Hinc *Abeveter*, Fallere, decipere, ibid. pag. 34 :

Puis va enmi la rue ester,
Por son mari Abeveter.

Quanquam a vero non longe forsan aberret etymon ex Saxonico propositum, non rejicienda tamen mihi videtur conjectura D. *Falconet*, qui hanc vocem ductam esse existimat ex veteri Gallico *Abbeter* in fabulis nostris Romanensibus usurpato, pro Ad bestiam incitare.

ABEUVRARE, Adaquare animalia, [Gall. *Abbreuver*,] in Foris Aragon. lib. 4, fol. 85. verso.

* **ABEVERARE**, Adaquare, Ital. *Abbeverare*, Gall. *Abbreuver*. Stat. Ast. cap. 51. collat. 1. pag. 11. r° : *Statutum est et ordinatum quod sedimen et locus, ubi Abeverantur equi desubter molendinum, quod est extra portam turris et sedimen et locus, ubi Abeverantur equi de subter portam S. Martini, etc. Abuvrer*, pro *Abbreuver*, aquam præbere, in Sent. arbitr. ann. 1313. ex Reg. 53. Chartoph. reg. ch. 53 : *Li fossez dessous, qui est fossez de la ville* (de S. Quentin) *est Abuvrez par une busete, qui y est et a este anchiennement.* Hinc

* **ABEVERATORIUM**, Aquarium, in iisd. Stat. pag. 10. r° : *Teneatur* (potestas) *manutenere Abeveratoria, quæ sunt ad portam turris, etc.* Vide *Abevratorium*.

¶ **ABEVRATORIUM**, Aquarium. Gall. *Abbreuvoir*. Transactio ann. 1219, inter Schedas D. *le Fournier*: *Habeant duas partes aquæ quæ labitur supra archus et eam ducere faciant in fontes et Abevratoria.* Charta ann. 1223 pro Communia Arelat. : *Notum sit omnibus quod Raimundus Auderius et Raureille et R. de Sanaria et G. de Viridi Folio pro magna utilitate et necessitate Communis Arelatis, scilicet quod equæ, vaccæ, boves, et aliæ bestiæ civium Arelatensium quæ pascebantur in Cravo et in Camargiis, non habebant Abevratoria vel vias per quas possent ire licite causa bibendi et refrescandi ad Rodanum.* Statuta Arelat. ann. 1386 : *Statuimus quod curia faciat apperire Abevratoria olim constituta de Mandato Curiæ Arelatis in Cravo et aliis territoriis, et faciat fieri unum Abeuvratorium ad stagnum de Pelnea et alibi ubi fuerit necesse.*

* 1. **ABEVRAGIUM**, Potus quivis, quidquid bibitione sumitur; ita etiam dicta Præstatio, quæ pro potu exsolvitur. Gall. *Boisson*, alias *Abeuvrage*. Stat. ann. 1361. tom. 3. Ordinat. reg. Franc. pag. 497 : *Dictæ impositiones duodecim denariorum pro libra, tertia decima pars vini et Abevragii, . . . non current, sed cessent penitus. Le vin et les autres beuvrages*, in alia Ordinat. ejusd. ann. de

eadem re, ibid. pag. 436. Charta ann. 1262. ex. magn. Chartul. nig. Corb. fol. 181. v° : *Les entrées et les issues de Forcheville et de tout le tereoir et forages et cambages, ... et Abeuvrages.* Hinc nostris *Abeuvron*, *Abeuvrouer* et *Abuvroir*, Poculum, vulgo *Verre*, *tasse*, *gobelet à boire*. Lit. remiss. ann. 1390, in Reg. 139. Chartoph. reg. ch. 224 : *Gillot tenant en sa main un Abuvroir, ou Abuvoir, ou ilz buvoient plein de vin offry à boire audit Colart; lequel .... getta le vin dudit Abuvroir à la paroy.* Aliæ ann. 1396. in Reg. 151. ch. 243 : *Icellui Jehan print un des Abeuvrons à quoy ilz beuvoient, et getta au visaige d'icellui Robinet du vin qui estoit dedenz.* Rursum aliæ ann. 1457. in Reg. 189. ch. 209 : *Disant le suppliant qu'il lui ruerait ung Abeuvrouer ou verre à la teste.... Ung verre ou godet de terre.* Vide *Abuvragium*.

* 2. **ABEVRAGIUM**, Irrigatio, usus aquæ ad prata irriganda, Gall. *Arrosement*. Charta capit. S. Salvator. Montispessul. ann. 1354. ex Reg. 89. Chartoph. reg. ch. 318 : *Item nolumus nec intendimus, quod.... non possitis nec valeatis impedire seu perturbare Abevragia pratorum, quæ sunt de subtus dictam paxeriam.* Vide *Aberagium*.

ABEYANTIA, [Hæreditas jacens, seu vacans, de qua adhuc sub judice lis est, Græcis Κλῆρος ἀδέσποτος, seu διαλείπων, ut Cowellus exponit.] Vox fori Anglici, cujus notio petenda a Littletone sect. 646 : *Le plus haut briefe que ils poient aver, est le briefe de* Juris utrum, *lequel est graund proofe que le droit de fée n'est en eux, ne en nul autre; mès le droit de fée simple est en Abeyance, ce est à dire, que il ést tant seulement en le remembrance, entendement et consideration de la ley. Car moi semble que tiel chose et tiel droit que est dit en divers livres estre en Abeyance, est à tant à dire en Latyne*, talis res vel tale rectum, quæ vel quod non est in homine ad tunc superstite, sed tantummodo est, et consistit in consideratione et intelligentia legis, et quod alii dixerunt, talem rem, aut tale rectum fore in nubibus. Ad quem locum recte Eduardus Cokus, *res in Abeyantia esse*, Leguleios dixisse conjectat, quæ nondum sunt definitæ, aut sententia comprobatæ, sed sunt adhuc *in expectatione*. Gallis enim, præsertim Belgis nostris, *Beer* est *Expectare*, *inhiare rei alicui*. Adde Rastallum in verbo *Abeiance*.

* **ABFESTUCARE**, Abdicare, per *festucam* dimittere. Charta Math. ducis Lothar. ann. circ. 1032. inter Probat tom. 1. Hist. Lothar. col. 406 : *Exactiones venationis, quas vel ego seu antecessores mei apud Mamonisvillam juste vel injuste habere videbamur,.... werpivi et Abfestucavi, et abbati et fratribus libere concessi in perpetuum.* Vide *Exfestucare* in *Festuca*.

* **ABFILIRE**, *Recaler*, Gallice, in Glossar. Lat. Gall. ex Cod. reg. 521. Vox est artificum lignariorum, quæ polire sonat.

ABGATORIA, Abgetorium, Abecedarium, elementum cujuscunque scientiæ. Ita S. Patricius Apost. Hibern. quosdam libellos a se conscriptos continentes doctrinæ christianæ elementa appellavit. Matthæus Westmonast. de eodem S. Patricio : *Abgetoria quoque 345 et eo amplius scripsit; totidem Episcopos ordinavit.* Tirechanus apud Waræum lib. 1, de Script. Hibern. : *Baptizavit quotidie homines, et illis literas legebat, et Abgatorias.* Iterum lib. 2 : *Scripsit illi Abgatorias, et benedixit eum benedictione Episcopi.* Quam quidem vocem *Elementa* significare alibi docet, et specialiter lib. 2, ubi de Mac-erca : *Et scripsit elementa, et benedixit eum benedictione Presbyteri. Abjectoria* perpeperam habet Balæus. Formata autem vox ex tribus prioribus literis Alphabeti A, B, C, quam postremam literam ut K pronuntiant Hiberni : hinc factum ut *Abketoria* primum ab iis, deinde ad molliorem sonum paulatim deflectente usu, *Abgatoria* et *Abjectoria* dicta sunt. Vide *Abcturium*. [** formata videtur vox ex tribus prioribus literis alphabeti Græci aut Hebraici]

¶ **ABGECERE**, pro *Abjacere* quod iterum pro *Adjacere* non semel occurrit. Stephanotius Antiq. Bened. Pictav. tom. 3. pag. 222. ex Tabulario Nobiliacensi : *Quarto vero fronte terra Ingleberto, tertius campus que dicitur ad illas novellas Abgecet de uno latus et uno fronte, etc.*

¶ **ABGETORIUM**. Vide *Abcturium*, et *Abgatoria*.

¶ **ABGISTINUM**, Grando minutissima, dicta Minoricensibus Insulanis, in Epist. Severi Episcopi Minoricensis, apud Baron. ann. 418. n. 60.

ABHÆRES, Spelmanno videtur dici de iterata renovataque hæredum successione sive gradu; eadem ratione qua avus, proavus, abavus dicuntur. Chartæ Alamann. apud Goldast. Num. 50 : *Si ego ipse, quod absit, aut aliqui de hæredibus meis, vel prohæredibus vel Abhæredibus meis, seu quælibet extranea vel omissa persona, qui contra* (hanc) *traditionem venire tentaverit.*

¶ **ABHORRICATIO**, Internus horror, in Regula Magistri, cap. 8.

¶ **ABJACERE**, Abjacentia, pro *Adjacere* et *Adjacentia*. Stephanotius Antiquit. Bened. Pictav. MSS. tom. 3. pag. 229 : *Ipse mansus cum casis ædificiis seu cum bosto et verdegario, Abjacet ipse mansus de uno latus terra S. Petri. Abjacentia* ibidem pag. 419, in Charta Godalgardis an. 26, regnante Carolo Rege, ex Archivo Nobiliacensi : *Cum terris, vineis, pratis, virdegaris . . . . . . pascuis, Abjacentiis, aquis, aquarumve decursibus, saltis atque subjunctis, etc.*

ABIATICUS. Vide in *Avius*.

¶ 1. **ABICERE**, pro *Objicere*. Chartul. S. Vandreg. tom. 1. pag. 1013 : *Renuncians omni actioni, exceptioni quæ possit dici vel Abici contra præsens instrumentum.*

¶ 2. **ABICERE**, pro *Abjicere*, Gall. *Rejeter, mépriser*. Bulla Johannis Papæ, apud Rymer. tom. 2. pag. 67 : *Tutioris semper putavimus esse consilii, secure in domo Domini Abici, quam periculose super aliorum curam et regimen elevari.*

** 3. **ABICERE**. Gloss. vet. ex cod. reg. 4778 : *Abicit, proicit; expellit; compellit; avertit, repellit et propulsat; propellit vel absterrat; submonet, abstinet, arcet; interdicit, prohibet, cohibet et inhibet vel vetat.*

ABJECTARE, *Increpare, exprobrare*. Papias. [* Glossar. vet. ex Cod. reg. 7646 : *Abjectare, increpare, invehere, vel maledicere, detrahere sive diffamare, male existimare, lites serere, compellere aut lacessire, proscindere.*]

¶ **ABIECTINUS**, Abiegnus, Gall. *de Sapin*. Vita B. Columbæ Reatinæ, tom. 5. Maii p. 289. n. 217. B. *Et in loculo novo de lignis Abiectinis recondidi.*

ABJECTIRE, Vadimonium deserere, deficere in lite, *se laisser juger par défaut* : jus suum abjicere, deserere, *placitum non custodire*. Formula vetus Lindebrogiana 158, quæ *Jectiva* inscribitur : *Ad quod placitum veniens memoratus ille;* (actor) *ibi in placito nostro cum per triduum, seu amplius, ut lex jubet, placitum suum custodisset, et memoratum illum* (reum) *Abjectisset vel solsatisset, ipsum nec venisse ad placitum, nec ulla sunia nuntiasse affirmat.* Ejusmodi sunt quæ habentur in Placito Chlodovæi Regis apud Joann. Mabillon. tom. 4. Actor. SS. Ord. S. Bened. p. 618 : *Sed venientes ad ipsum placitum ipsi Agentes jam ipsi Abbati Noviento in ipso Palatio nostro, per triduos, per plures dies : ut lex habuit, placitum.... custudissent, et ipso Ermenolado Abbati Abjectissent, vel sosadissent, ipsi nec venissit ad placitum, nec misso in vice sua dirixsisset, nec ulla sunnia nunciasset, et ict.* Alia pag. seq. *Et in ipso Amalchbercto Abjectissit vel subsadissit.*

☞ [Non unam esse vocis *Abjectire* significationem putat Spelmannus. Præter *Vadimonium deserere*, ipsi videtur idem esse, quod *Adversarium deficientem in lite deprehendere*, seu deserti vadimonii arguere, Gallice, *Demander défaut contre quelqu'un.* Eandem huic voci notionem illigat Pater *le Cointe* ad annum 751. num. 79. pag. 276. Sed haud scio an non aliud significet *Abjectire*, quam quod significat *Adjectire* apud Eccardum in notis ad Legem Salicam tit. 40. Huic eruditissimo Scriptori *Adjectire* est Ramo vel festuca adjecta adversarium sollemniter citare in judicium. Hunc sensum patiuntur exempla jam allata, sequentia confirmant : Marculfus Formul. Lib. 1. cap. 37 : *Comes palatii nostri testimoniavit, quod antedictus ille* (Actor) *placitum suum legibus custodivit* : *Et eum* (reum) *Adjectivit, solsativit, et ipse ille placitum custodire neglexit*, Lex Salic. tit. 54. n. 1 : *Si quis gravionem ad res alienas tollendum invitaverit et eum legitime Jachtivum aut admallatum non habuerit, qui eum rogat ut injuste aliquid tollat, antequam per leges habeat admallatum . . . culpabilis judicetur. Jachtivum* et *admallatum* idem sonant, nempe, In jus vocatum. Formulæ Marculphi secundum legem Rom. cap. 33 : *Sed memoratus ille per triduum custodivit et jam dictum illum secundum legem Abjectivit* (id est, festucam in sinum projecit) *vel solsatevit* (id est, diem constituit, ut probabitur suo loco) *qui nec ecsonia* (id est, impedimenta) *nuntiavit, nec suum placitum adimplevit.* An ad hunc intellectum trahi possint cætera loca in sequentibus a D. Cangio allata penes oculatum lectorem esto judicium : certe plurima videntur huc posse revocari. ** Vide Grimmii antiq. juris German. pag. 847. qui Spelmanni sequi sententiam; vide etiam *Adjactivus* et *Adjectire*.]

Abjectus, Qui vadimonium deseruit, qui defecit. Idem quod *jectivus*; a dejecti et dejiciendi vocabulo : *qui est en défaut, qui est forclos.* Marculfus lib. 1. form. 37 : *A quo placito veniens memoratus ille ibi in Palatio nostro, et per triduum seu amplius, ut lex habuit, placitum suum custodisset, et memoratus ille Abjectus sit, vel solsatissit.*

Jectivus idem quod *Abjectus.* Formulæ vett. [** append. Marculf.] cap. 1 : *Dum diceret eo quod ante hos dies ipse homo sacramentum intra ipsam casam Dei vel ipsius Abbatis habuisset adhramitum, ad suam ingenuitatem tensandum, in ipso mallo in Basilica Sancti illius ob hoc jurare debuisset, et ipse homo de ipso sacramento Jectivus remansit, et ipse homo nullatenus rationes potuit tradere, per quod ingenuus esse deberet, vel ipsum sacramentum jurare potuisset.* Ibid. form. 4 : *Et negligens et Jectivus exinde adesset.* Ibid. 22 et 38 : *Et placitum suum neglexit, et Jactivus exinde remansit.* Capit. Caroli C. tit. 31. § 32 : *Mittat quisque Comes Missum suum, qui ipsa sacramenta auscultet, ne ipsi homines jectivi inveniantur.*

Jectio. Capit. Caroli. C. tit. 31. §. 33 : *Sed expectet qui sacramentum ante Quadragesimam servatum accepit, si 40 dies et 40 noctes ante illud Quadragesima non habuit, sine ulla legali compositione, vel Jectione, usque ad diem Lunæ post octavas Paschæ : et tunc quod legaliter accepit, legaliter et perficiat.* Ubi *legalis jectio*, est legitimus defectus.

Jectiscere, Jectivum facere, vel potius de eo qui *jectivus* fit. Capitul. Caroli C. tit. 31. § 33 : *Multi inde contendunt, et se inter se Jectiscunt.* Infra : *Et in tantum contendunt, ut etiamsi intra Quadragesimam sacri jejunii quadragesimus dies advenerit, suum sacramentum se jurare debere contendant, et contra causatores suos, si ad hoc audiendum non venerint, Jectiscant.*

Geitivus, pro *Jectivus.* Vetus Notitia judicati ann. 868, apud Perardum in Chartis Burgundicis pag. 148 : *Notitia Geistcartæ, qualiter Heldebertus Geitivus apparuit pro ea causa, unde Alcaudus Advocatus S. Stephani et S. Benigni... in mallo publico... prædictus Alcaudus ipsum Hedelbertum mallavit, et dixit,* etc. Infra : *Sed quia Heldebernus ibi non venit, nec suam acloniam* (f. exoniam) *denuntiavit, in omnibus Geitivus apparuit : tum judicaverunt ipsi scabinei, ut Alcaudus hanc Notitiam Geistcartæ acciperet, quod et fecit, etc.*

Geistcarta, ea est quæ *Charta jectiva* dicitur in form. 158. apud Lindebrog. qua scilicet quis placito excidisse ob *defectum*, et quod juri non steterit, edicitur. Ubi alia Notitia ann. 870. ibid. : *prædictus Alcaudus judicium et Geistcartam in manu tenens, etc.*

* **ABJECTUS**, in Glossar. vet. ex cod. Reg. 7646 : *Genuflexus, retinens genua, hærens genibus, prostratus ad pedes, projectus, tacens,* [** cod. 4778 : *jacens*] *vulgaris vel barbarus, incultus aut stolidus, imperitus, tardus, incomptus; longe jactatus, contempto loco, dispectus.* Vide alia notione in *Abjectire.*

ABIETARIUS, *Carpentarius qui de abiete operatur.* Joan. de Janua.

ABIGARE, Abigere. Lucifer Calaritanus de non parcendo in Deum delinquentibus : *A qua ter per Arrianos Abigavit coluber ille.* i. e. abegit. Hinc :

ABIGATOR, *Abactor*, ἀπελάτης, in Gloss. Græc. Lat.

ABIGEATOR, in Collat. Legis Mosaïcæ tit. 11. et apud Paulum IC. Vide in *Abigevus.*

ABIGEATUS, *dicitur tale furtum, vel etiam terrefactio ipsarum pecudum.* Joann. de Janua. [*Crimen Abigeatus deprehenditur ex numero pecorum aut ex consuetudine abieti, etc.* Joan. Berberius in Viatorio utriusq. juris part. 1. Rubric. de *Abigeis.*]

¶ **ABIGELLUS**, *Qui tollit rem aut peculium alienum.* Glossarium Aniciense MS. Vide *Abactor.*

¶ **ABIGERUS**, Vide in *Abigevus.*

¶ **ABIGERE**, Rapere. S. Paulin. Poëmate 15. pag. 46. edit. 1685. De S. Felice :

Dives opum viguit, quamvis non unicus heres,
Hermia cum fratre sui cognomine patris
Terrenas divisit opes; cœlestia solus
Obtinuit Felix; geminos sententia discors
Divisit fratres : Hermiam mundus Abegit,
Felicem Christus sibi sustulit, etc.

* Glossar. Lat. Gall. ex Cod. reg. 7692 : *Abigere, embler, fortraire, vel chacer en sus* Aliud ex Cod. 7646 : *Abegit, ventilabit* (pro ventilavit.) *Abegit, commovit, sparsit.* Hinc

* **ABIGES**, Abigeus, *Larron*, in Glossar. jam laudato 7692. Aliud ex Cod. 521 : *Abiges, latro.* Hisp. *Abigeo*, eadem notione. Pariag. inter reg. et abbat. Villælongæ ann. 1337. ex Reg. Chartaph. reg. ch. 36 : *Abigei et receptatores reorum criminum capitalium et sepulcri violati, casualiter ad justitias majores spectant.* Vide in *Abigevus.*

ABIGEVUS, pro *Abigeus.* Gloss. Lat. Gr. *Abigeus*, Ἀπελάτης. Bracton. lib. 3, de Action. cap. 6 : *Quantitas discernit furum ab Abigevo, secundum quod furtum fuerit majus vel minus, ut si quis suem surripuerit, fur erit; et si quis gregem, Abigevus erit.* *Abigerum* scribit non semel Papias MS : *Abigerus latro, fur jumentorum et pecorum ab abigendo, vel qui seducit alienum servum, vel pecus : nam Abigere est expellere, minare, seducere, unde Abactor.* Idem : *Abactor, est fur jumentorum et pecorum, quem vulgo Abigerum vocant, ab Abigendo.* Editus habet *Abigeus.* Alibi : *Plagiarius, Abigerator, qui mancipium, aut pecus alienum seducendo distribuit.* Ita etiam Codex editus. *Abigeos* ejusmodi fures vocant passim IC. Auctor Græcismi :

Qui pecus aut pecudes habitant, hi sunt Abigei.

Sic in Ms. sed legendum *abigunt.* Glossæ nomicæ MSS. : Ἀπελάτης, κυρίως λέγεται ὅστις θρέμματα ἀπὸ βοσκῆς ἢ βουκολίων ὑποσύρει, ἢ ἀπὸ τῶν ἀγελῶν ἵππους· ὁ γὰρ βοῦν ἢ ἵππον πλανώμενον εὑρών, οὐκ ἐστὶν ἀπελάτης, ἀλλὰ κλέπτης. Vide Parerga Alciati.

Abiges, idem quod *Abigeus*, apud Jo. de Janua et alios. [** Gloss : in cod. Reg. 4778 : *abieius, latro; qui seducit servum aut pecus alienum.*]

¶ **ABJICERE SE.** Alicujus rei possessionem dimittere, cedere. Chronicon Andrense, Spicileg. Acher. tom. 9. pag. 371 : *Dodo et uxor ejus Adalis* [terram prædictam] *liberam omnino concesserunt, et coram iis supradictis testibussemet Abjecerunt.*

* **ABILHAMENTUM**, Indumentum, quidquid vestiendo ornandove corpori inservit, Gall. *Habillement.* Contract. matrim, ann. 1470. in Reg. 3. Armor. gener. part. 2. pag. 3 : *Item fuit pactum, ... quod dictus nobilis Johannes de Besola induet dictam Borguinam ejus sororem de lecto, vestibus et aliis Abilhamentis, secundum domum unde exiet, et domum in qua intrabit, et hoc ad honorem ambarum domorum.* Vox vero *Abillement*, latiori sensu a nostris usurpata legitur, pro eo scilicet omni, quod ad rem quam tractabant, erat necessarium aut utile. Charta ann. 1380. ex Reg. 117. Chartoph. reg. ch. 43 : *Une grange et pressouer..... avecques toutes les cuves et cuviers et autres Abillemens appartenans audit pressouer.* Lit. reformat. in Occit. ann. 1389. ex Reg. 146. ch. 223 : *Il en tolly et osta les moles et autres harnois et Abillemens appartenans audit molin. Les assistans osterent à icellui Caruel le baston et autres Abillemens qu'il portoit,* in Lit. remiss. ann. 1409. ex Reg. 164. ch. 109. Vide infra *Habilhamentum.*

¶ **ABILIS**, pro *Habilis. Madox* Formulare Angl. pag. 145 : *Unum taurum et 30 vaccas firmabiles et Abiles;* id est fæturæ habiles. [** Anglice : *able*; gloss. ex cod reg. 4778 : *abilem, aptum.*]

¶ **ABILITARE**, Habilem judicare, ad aliquid habilem reddere, Gall. *Habiliter.* Rymer. tom. 12. pag. 714 : *Nullus Peccator. . . . exercebit. . . antequam ad hoc admittatur et Abilitetur coram Majore et constabulariis stapulæ, etc.* Ibidem non semel.

* Nostris alias *Abillier*, eadem notione. Glossar. Gall. Lat. ex Cod. reg. 7684. *abillier, habilitare.*

* Abilitare se, Se se exercere, assuefacere, Gall. *S'exercer.* Comput. ann. 1489. inter Probat. tom. 4. Hist. Nem. p. 49. col. 1 : *Alia expensa... pro dono facto per villam archeriis et arbalestriis dictæ villæ, ut se Abilitarent in archa et balista.* Vide. *Habilitare* 2.

¶ **ABILITAS**, pro *Habilitas*, id est facultas utendi aliqua re, Gall. *Droit d'usage.* Sebast. Fantoni Hist. Avenion. tom. 1. pag. 175 : *Item cameram unam cum coquina, domo supra porticum, Abilitate latrinarum, et introitu et exitu domus Guillermi Porcelli pro habitatione prædictæ dominæ.*

ABINCEPS, pro *Deinceps*, non semel occurit in Vita S. Anselmi Lucensis Episc. n. 4. 27. 33; in Hist. Wambæ Regis pag. 822; apud Thwroczium in Maria c. 5. etc.

ABINDE, Inde, ab eo tempore. Passim.

¶ **ABINITIO**, *Discessio*, in Gloss. Bituric. forte pro *Abitio.* Sic enim in Amalth. Onom. *Abitio, abitus, discessio, mors.* Ex Scaligero. [** gloss. ex cod. reg, 4778 : *abintione, discessione.*]

* **ABINTESTATUS**, *Intestatus*, qui non condito testamento moritur, practicis nostris *Ab-intestat.* Stat. Montis-reg. pag. 136 : *Item statutum est, quod si aliqua mulier de civitate Montis-regalis vel ejus districtu, maritata decesserit sine liberis, vel Abintestatâ, maritus ejus ei succedat et succedere debeat in dimidia parte omnium bonorum.* Vide *Intestatio.*

ABINTIMUS, et Abintimas, *atis, interius habitans, et Secretarius, qui scit secreta nostra et intima cordis.* Ugutio. [Pro ab intimis, Gall. *Confident.*]

ABINTUS, Intus, *au dedans.* Commodianus instr. 64 :

Extinguis te ipsum, quando te incendis Ab Intus.

* **ABIONA**, *Cupidia, affectio, desiriar, Prov.* Glossar. Provinc. Lat. ex Cod. reg. 7657. Vide mox *Abita.*

* **ABIRE.** Glossar. vet. ex Cod. reg. 7646 : *Abiit, antecessit et priorem locum tenuit.*

* **ABIRO**, Remus, a Gallico *Aviron.* Reg. Cam. Comput. Paris. sign. JJ. rub. ad. ann.

1273. fol. 15. v° : *Ipsi debent habere et parare unum batellum ; .... et propter hoc dicti cives recipiunt blandum de Trageto in parochiis determinatis et naulum consuetum et Abironem.* Ubi præmium, quod remigibus exsolvitur, intelligendum est. Vide *Avirunatus.*

¶ 1. **ABIS**, pro *Habes*, in vet. Formulis Andegav. apud Mabill. tom. 4. Analect. pag. 236.

¶ 2. **ABIS**, in Vita S. Gwengalaœi versibus scripta fol. 87. v° :

Testis et ipse Liger fluvius est, cujus in Abis
Acta acriter fuerunt ripis tunc prælia tanta.

Forte pro *Albis*, L incaute sublato.

ABISHERSING, Leguleis Anglicis est *quietum esse de amerciamentis coram quibuscumque de transgressione probata.* Quidam Codd. habent *Mishersing.* Ita Rastallus in Exposit. vocum Leg. Anglic. Vide *Mishering.*

¶ **ABITA**, *Insatiata.* ita in Gloss. MS. Aniciensi.

* Glossar. vet. ex Cod. reg. 7646: *Abita, desiderata. Abita, cognita.* Vide sup. *Abitona.*

¶ **ABITIO.** Vide *Abinitio.*

1. **ABJUDICARE**, Rem de qua controversia est, per judicium auferre, Latinis scriptoribus. Gloss. Lat. Gr. *Abjudico,* ἀποκρίνω, [** ἀποδικάζω] Joan. de Garlandia in Synonymis :

Quod dat judicio Judex, adjudicat : et quod
Aufert judicio Judex, abjudicat illud.

Baldricus Noviom. lib. 3. cap. 75 : *Terram, quam de Episcopo tenebat, ei Abjudicavere.* Albertus Stadensis ann. 1180 : *Imperator Henrico Duci Abjudicavit omne Feodum, quod ab Imperio tenuit.* Charta Balduini Comitis Gisnensis apud Duchesnium in Hist. Gisnensi pag. 124 : *Statimque curtis illi a censualibus Abjudicata est.* Alia ejusdem Balduini anno 1202. pag. 131 : *Prædicto Guiffredo..... eamdem decimam Abjudicavimus.* Charta Herberti Abbatis S. Auberti Cameracensis anno 1197. in Tabul. Abb. Montis S. Martini : *Perinde Joannes de Serainviler feodum istud sibi Abjudicavit, cognoscens et ipse tertio sub testimonium hominum suorum..... quod nihil juris haberet in eo, idemque a Paribus suis judicatum est.* Ubi *sibi abjudicavit*, idem est quod, sese exuit, devestivit. Utuntur etiam Jus feodale Saxonicum cap. 24. § 24. 30. Fleta lib. 2. etc. Vide *Foris judicare.*

¶ 2. **ABJUDICARE**, pro *Abjugare*, Gall. *Decoupler, dejoindre, oter le joug.* Papias MS. Bituric. *Abjudicare, dividere, separare, deligare.*

* 3. **ABJUDICARE**, nude, pro Judicio damnare. Arest. ann. 1272. in Reg. *Olim* Parlem. Paris. fol. 190 : *Dicti malefactores Abjudicati fuerunt et banniti ; ex qua abjudicatione seu banno bonorum commissio subsequitur.*

* **ABJUDICATUM**, Quod judicio decretum est, *judicatum.* Scacar. S. Mich. apud Cadom. ann. 1227. ex Cod. reg. 4653. A : *Judicatum est quod secuti de combustione domus, qui miserunt se ad finem in amicos, faciant peregrinationes et alia Abjudicata.*

¶ **ABJUGASSERE**, pro eodem *Abjugare*, Jugo solvere. Gloss. Lat. Græc. *Abjugassere*, ἀποζεῦξαι.

¶ **ABJUGES HOSTIÆ**, Videntur dici, ut injuges, jugum non expertæ. Vulcan. ad Gloss. Ita Martinii Lexicon.

1. **ABJURARE**, Papiæ est *rem creditam perjurio negare.* Item *furari.* Est etiam proscribere, exilio damnare, vel terram et provinciam ejurare, relinquere et in exilium abire. Ebrardus in Græcismo :

Abjurat patriam nunquam rediturus in illam.

Arnoldus Lubecensis lib. 2. cap. 41 : *Dux vero per triennium terram Abjuravit, etc.* Lex Friderici I. Imperat. apud Conradum Urspergensem : *Fines imperii per annum et diem Abjuret.* Charta Philippi August. Reg. Franc. ann. 1188, in M. Pastorali Eccl. Paris. ch. 1 : *Cum. . . propter homicidia et incendia et alia forisfacta, quæ in terra nostra et Canonicorum fecerant. . . . a terra nostra et ipsorum Abjurati essent, etc.* Adde Joan. Sarisber. Epist. 128 ; Stephan. Tornac. Epist. 43 ; Albert. Stad. ann. 1181. etc.

¶ **ABJURARE**, etiam est alicui nuntium remittere cum sacramento. [** est fidem facere sacramento se re aliqua amplius non esse usurum, Gall. *renoncer à quelque chose*] Ch. Offic. Rothom. ann. 1237. in Arch. Beatæ Mariæ de Bono-nuncio : *Præsumitur etiam sub prædicti debito juramenti, quod prædictis Abbati et Conventui litteras prædicti Succentoris judicio prædictorum Laurentiæ et Radulphi, et litteras Officialis curiæ Belvacensis eorum ordinarii, sigillis eorum sigillatas, sub prædicta forma confici facient et tradi, et procurabunt, quod Petrus et Martina filii dictæ Laurentiæ coram prædictis Succentore et Officiali supra dicta omnia cum eisdem Abjurabunt.* Interpretationem nostram firmant Gesta Guillelmi Majoris Episcopi Andegavensis, Spicileg. Acher. tom. 10. pag. 286. *Item anno quo supra die sabbati post Cantate Abjuravit. . . Michaël dictus Fornil. . . Agatham, cui injunximus, etc. Et ipsum ab hujusmodi incestu absolvimus.* Ibidem pag. 287 : *Item die Martis dicta Johanna. . . Abjuravit coram nobis solemnitate qua decuit* (i. e. jurejurando ut mox patebit) *dictum Radulphum Capellanum. . . Item Abjuravit coram nobis Colinus Forestier Catarinam consanguineam defunctæ uxoris. . . cui injunximus sub pœna juramenti super hoc præstiti etc. . . Anno quo supra Abjuraverunt se ad invicem Matthæus Belloin et Johanna filia Herberti.* Charta Rainaldi Remorum Archiepiscopi ann. 1135. in Tabulario S. Nicasii Remensis : *Pro qua tamen donatione Hugo et Godramnus 50 solidos de manu Abbatis acceperunt et filii Hugonis Abjuraverunt,* procul dubio *solemnitate qua decuit,* ac proinde cum juramento, ut in prioribus exemplis visum est, et infra in *abjurationis ritibus* mox referendis videri potest. Exstat locus in voce *Aquaria* in quo *Abjurare* idem est quod Tradere, concedere, forte quia concessio de qua ibi juramento fuerat confirmata. Vide *Abjuratio* 2.

* 2. **ABJURARE**, Abdicare. Frodoard. lib. 4. Hist. Rem. cap. 35 : *Comites.... quærere cœperunt, ut....... sacerdotali me ministerio penitus Abjurarem.*

1. **ABJURATIO** vero quid proprie sit apud Anglos, docet Willelmus Stamfordius in Placitis Coronæ lib. 2. cap. 40 : *Abjuration, est un serement que home ou feme preignont, quant ils ont commise felony, et fuë à l'Eglise, ou Cimitoire, pour tuition de lour vies, eslisant plustost perpetual banissement hors del realme, que a estoiser à le ley, et d'estre trié del felonie.* Mox addit eam legem a S. Edwardo Confessore primitus institutam. Cum igitur aliquis capitali crimine perpetrato ad Ecclesiam, seu uti vocabant ad *Sanctuarium* confugiebat, asyli jure gaudebat ; tum vero *Coronator*, seu Judex Coronæ, ad reum accedebat, et ab eo excipiebat delicti confessionem : qua edita, ut intra 40 dies Regnum abjuraret, imperabat. Quo facto, reus a *Sanctuario*, seu Ecclesia asyli jure gaudente, excedebat, sola camisia et tunica indutus, et ut ait Britto. cap. 25 : *ove un croys de fust en sa main, deschaucé, desceint, a teste descouverte, en pur cote soule.* Id est, cum cruce ex ligno confecta in manibus, quæ quidem crux, signum erat servatæ vitæ per Religionem, ut ait Polydorus Virgilius. [Chartul. Monasterii B. M. de Bono-nuntio Rothomag. in Inquisitionibus factis auctoritate Regis Philippi : *Robertus le Barbier qui occidit hominem intravit monasterium de Bures, et Abjuravit terram monachorum, et conductus fuit extra per suam justitiam cum cruce et aqua benedicta.* Item ibidem : *Ricardus le Kotullier qui interfecerat Petrum de Fonca et fugit ad Ecclesiam S. Valerii in terra de Bures, et Abjuravit ibidem terram dictorum Religiosorum et conductus fuit extra cum cruce et aqua benedicta per justitiam dictorum Religiosorum.*] Gravamina Ecclesiæ Anglicanæ art. 22 : *Cum aliquis ad immunitatem Ecclesiæ fugitivus existat, . . . aliquando fugitivus eripitur violenter, aliquando postquam secundum Regni consuetudinem terram Abjuraverit, ut infra 40 dies exulet se, a publica strata, positis insidiis, extrahitur, suspenditur, et damnabiliter quandoque interficitur.*

Abjurationis autem sacramentum iis verbis concipitur apud Stamfordium : *Hoc audis, Domine Coronator, quod ego sum latro bidentium, vel alicujus alterius animalis, vel homicida unius, vel plurium, et felo Domini Regis Angliæ. Et quia multa mala et latrocinia, vel hujusmodi in terra feci, Abjuro terram Domini Regis Angliæ. Et quod debeo me festinare versus portum de tali loco quem mihi dedisti, et quod non debeo abire de altera via : et si faciam, volo quod sim captus sicut latro et felo Domini Regis et quod ad talem locum diligenter quæram transitum, et quod non expectabo illic, nisi fluxum et refluxum, si transitum habere potero ; et nisi tanto spatio transitum habere potero, ibo quolibet die in mare usque ad genu, tentans transire : et nisi hoc potero infra 40 dies continuos, mittam me iterum ad Ecclesiam sicut latro et felo Domini Regis : sic me Deus adjuvet, etc.*

Abjurationis ritus et conditiones docent Jura et Consuetudines Normann. c. 24. (nam interdum Latinam Gallicæ Editioni præferimus, quam licebit consulere cui id lubebit) : *Diffugiens autem ad Ecclesiam, vel ad loca sancta, per octo dies potest in Ecclesia morari ; nono autem die ab eo est inquirendum, utrum se exponere voluerit Justiciæ laïcali, vel se tenere Ecclesiæ. Quotiescumque enim voluerit, se Justitiario potest reddere laïcali, vel tenere Ecclesiæ. Si autem se tenere voluerit Ecclesiæ, patriam *forsjurabit in forma, præsentibus Militibus et viris aliis fide dignis, qui super hoc, si opus fuerit, valeant recordare. Hoc autem audiant omnes assistentes, quod tu de cætero in Normanniam non intrabis, nec alicui malum vel detrimentum propter hanc prisoniam per te vel per alium dictæ terræ facies, vel habitatoribus ejusdem facere procurabis : sic Deus et sacrosancta te adjuvent. Hæc verba jurans de se debet exprimere. Et hoc facto, ab eo audiatur per quas partes Normanniæ exire elegerit : et eidem secundum distantiæ quantitatem terminus competens assignetur exeundi : nec exiens ultra unius noctis spatium in ulla villa poterit immorari nisi gravi et evidenti infirmitate teneatur, nec ad loca reverti jam transacta, sed per viam ab eodem expressam debet metas exire Normanniæ. Postea vero de eo, ut de forbanizato devitando, vel capiendo in omnibus agendum est.* Adde cap. 82. Charta Joan. Regis. Angl. apud Dugdalum in Antiquitatibus Warwicensis provinciæ pag. 672 : *Rex Vicecomiti Oxon. Mandamus tibi, quod Anketiellum Manvers, qui captus fuit pro saisina sigilli Roberti de Veteriponte, Abjurare facias terram nostram, et ipsum postea sine dilatione mittas ad mare, per aliquos de tuis, qui vidant quod exeat a terra nostra, etc.* Easdem abjurationis conditiones multis prosequntur Bracton. libro 3. tract. 2. cap. 16. Idem Stamfordius et Rastallus in Expositione vocum obscurarum in Legibus Angl. quibus adde Leges Edwardi Confessoris capite 19; Concil. Lambetense anni 1261. cap. de his qui ad Ecclesiam consugiunt; Provinciale Ecclesiæ Cantuar. lib. 3. tit. 28. pag. 365; Articulos oblatos a Prælatis Angliæ Regi Edwardo II. anno 1316. cap. 10. 15. in Conciliis Britann. tom. 2; Joan. Sarisber. Epist. 128; Stephanum Tornacens. Epist. 43; Albertum Stadensem ann. 1181; Guillelm. Prynneum in Libertatibus Angl. tom. 3. pag. 358. etc. Vide *Pax Ecclesiæ.*

Abjuratio porro Clericos non spectabat : nam *Clericus pro felonia fugiens ad Ecclesiam pro immunitate habenda, asserens se esse Clericum, non compellebatur Regnum Abjurare, sed legi Regni se reddens, gaudebat ecclesiastica libertate, juxta consuetudinem Regni usitatam.* Ita Provinciale Ecclesiæ Cantuar. lib. 3. tit. 29.

[* Verum non ubique hæc clericorum immunitas usu fuit recepta, ut colligitur ex Scacario apud Rotomag. ann. 1205. in Reg. S. Justi Cam. Comput. Paris. fol. 26. r°. col. 1 : *Item si clericus capiatur quacumque ex causa, et ecclesia eum requirat, debet reddi ecclesiæ; et si convictus fuerit defuncto* (l. de furto) *vel de homicidio, degradabitur et Abjurabit terram; et postquam abjuraverit, si ibi inveniatur, rex sine aliquo dilicto poterit facere super ipsum justitiam suam, sicut de laico.*]

Ceterum non absimilem omnino apud Danos abjurationis observatum ritum, docemur ex Suenone in legibus Castrensibus cap. 14. ubi de reo læsæ majestatis : *Hac itaque forma conveniendum decreverunt, si quem Rex de proditione vel crimine majestatis..... donec ita velificus ventus impleverit, ut intuentium se aspectui subduxerit : aut si Favonio non favente, remis undas impulerit, donec remorum aspectu cunctorum oculis subtraxerit, in littore tenentur præstolari. Ubi vero paulo longius provectum in pelago delitescere existimaverint, classico clangore ternis vicibus vociferantes, antiquæ confœderationis jura ipsi resignare debent. Sin autem in solo natali extiterit, et prædicti sceleris crimen incurrerit, universum militare collegium ad nemoris densitatem eum comitari tenetur, inque nemoris fronte præstolari, donec se adeo recedendo semoveret, opaca quælibet tesqua legens, ut eorum clamorem aut vociferationem exaudire non valuerit. Deinde universa commilitonum legio totis una viribus trina vociferatione valide proclamabit, ne alia ad eos via redire possit. Quo facto hac lege tenentur astricti, ut si quisquam commilitonum, uno saltim comite aut telo superior illi postmodum occurrerit, eumque non invaserit, ejusdem ignominiæ et probrosæ nuncupationis jacturam subire teneatur.* Rem etiam eandem pluribus perstringit Saxo Grammaticus lib. 10.

¶ 2. **ABJURATIO**, Juris sui cessio, Gallice *Renonciation*, sic dicta, quod exigi solebat sacramentum de non repetenda re concessa vel vendita. Chartular. Fontanel. tom. 2. pag. 1589 : *Asseruit autem dicta Erembergis sub virtute prestiti juramenti, quod istas venditionem et Abjurationem facit spontanee nec coacta a marito.*

¶ 3. **ABJURATIO HÆRESEOS**, Gallis nude *Abjuration.* Solemnis ejuratio et damnatio erroris præteriti, cum quis ab hæresi ad fidem catholicam convertitur; fit autem publice in Ecclesia ritu et modo in Ritualibus descriptis. Hinc :

¶ **ABJURATUS**, apud Rymerum tom. 8. pag. 178. col. 1. pro eo qui isto solemni ritu hæresim ejuravit : *Willielmum Sautre aliquando Capellanum in hæresim damnatum, et per ipsum Willielmum per antea in forma juris Abjuratum et ipsum Willielmum in hæresim prædictam relapsum, etc.*

ABIUS. Vide *Avius.*

¶ **ABKETORIA.** Vide in *Abgatoria.*

¶ **ABLABYNION**, *Funis Ægyptius e corticibus; purgationis causa, ut hodie ad purgandas patinas*, Ital. *Scopetta.* Amalth.

ABLACTARE, Ἀπογαλακτίζειν, *a lacte extrahere, vel removere, segregare*, Joanni de Janua; Ebrardus Bethuniensis in Græcismo :

Adlactat puerum quem mater ad ubera portat,
Ut lac sugat; ab his ablactat eum removendo.

Occurrit non semel in Libris sacris, ex quibus præterea docemur celebrata convivia in die *Ablactationis*, Gen. 20.

* **ABLACTATIO** *triplex est. Prima est a lacte mamillæ, quæ fit in tertio anno. Secunda a lacte infantiæ, quæ fit in septimo. Tertia a lacte pueritiæ, quæ fit in duodecimo. Et sic amovetur puer a nutrice et pædagogo et tutore.* Glossæ Biblicæ anonymi ex Bibl. reg.

* **ABLADARE**, ut *Abladiare*, Agrum serere, Gall. *Ensemencer.* Charta ann. 1363. inter Probat. tom. 2. Hist. Nem. p. 279. col. 1 : *Nullus gardianus sive custos animalium.... sit ausus in alienis terris Abladatis sive seminatis..... inmissere.* Hinc *Ablais*, Fructus ex agris *Abladatis*, in Charta ann. 1391. ex Chartul. 21. Corb : *Et ne porra ledit Jehan ne ses hoirs riens oster des Ablais qui croisteront oudit camp, que l'eglise ne soit paié de se disme et terrage anchois.* Quæ vox etiam usurpari videtur pro quadam grani specie vel quavis farragine, in eod. Chartul. fol. 85. v° : *Le carette de blé ou d'avaine ou d'Ablais ou de tremois, doit neuf deniers* Unde et *Ablées* dicuntur Agri blado aut quolibet alio grano inseminati. Lit. ann. 1369. tom. 5. Ordinat. reg. Franc. pag. 197 : *Lesquelx bois et les Ablées et gaignables d'icelles terres, sont souvent gastées et dommagiez par les charrois qui y passent, etc.* Vide *Abladium.*

¶ **ABLADIARE**, *Agrum serere, Gall. olim *Ablaier* et *Emblaier*, et quasi *Adbladare*; sic non semel in veteribus instrumentis dictum occurrit *Imbladare*, et *bladare* eadem notione, et *debladare* pro *blada* metere; quæ quidem pluribus exemplis comprobantur in voce *bladum.* Ergo *abladium* et *abladus* idem sunt ac messis, sata. Charta ann. 1263. in Tabulario Fontanellensi tom. 1. pag. 264 : *De quolibet jornalio cum fuerit Abladiatum de ablado qui crescet in eodem unam garbam reddet.* Alia Charta ibidem pag. 258 : *De quolibet jornali dictorum trium jornalium quod Abladiatum fuerit de illo abladio unam garbam eisdem Abbati et Conventui reddere tenebitur.*

ABLADIUM. Bladum seu frumentum ex agro demessum, et *Ablatum*, *Ablais*, in Consuetudine Ambianensi art. 214; Pontivensi art. 107. 115. 158; et Peronensi art. 105. Arestum Parisiense ann. 1463 : *Ad ducendum eorum expensis præfata Abladia ad grangiam dictorum actorum.*

ABLATA, ABLATIO, Exactio, *tolta.* Charta Ludovici VII, ann. 1173. ex Tabulario Fossatensi fol. 152 : *Liberos deinceps esse constituimus ab omni tallia, Ablatione, et exactione, et questa.* Charta Theobaldi Comitis Campan. ann. 1228. ex Tabul. Campan. Thuan. : *Nullus nec alius hominibus Calvimontis talliam, nec Ablationem, nec rogam faciat.* Tab. Fossatense ann. 1173 : *Eis communem talliam et Ablatam, quæ vulgo Tolta dicitur, omnino perdonamus.* [Acta SS. Martii tom. 2. pag. 155 : *Si quid vero de pecuniis redituum quæ dicuntur Ablatæ recipere potueris.* Charta Philippi Regis Franc. de Consuetud. Lorriaci ann. 1187. ex archiv. Archiep. Senon. : *Nullus nec nos nec alius hominibus illius ville talliam nec Ablationem neque rogam faciat.*]

* **ABLATICUS**, pro *Abiaticus*, ex filio nepos. Chron. Petr. Azarii ad ann. 1357. apud Murator. tom. 16. Script. Ital. col. 343 : *Fuit etiam Ablaticus illustris Henrici Romanorum imperatoris.* Stat. Vercell. lib. 2. pag. 40. r° : *Item quod si aliquis debitor, masculus vel femina, principalis vel secundarius decesserit, et requisiti fuerint per servitorem communis Vercellarum filii, Ablatici; si filios et Ablaticos dimiserit, et de parentibus ipsius tres vel quatuor, si habuerit parentes, etc.* Vide *Avius* 1.

¶ **ABLATUS**, pro *Allatus.* Occurrit in libro de miraculis S. Audoëni de quo in Annal. Bened. tom. 4. pag. 484. 485 : *Huc SS. corpora et reliquias suas convehi universorum consilio decretum fuerat, inter quos venerandus pater noster Audoënus Ablatus fuerat... ibi de pace regni et statu Reip. varia per biduum consilia trahuntur..... redeunt singuli ad castra sua : reportantur et corpora Sanctorum intra tentoria sua.*

** **ABLATUM.** Vide *Abladium.*

* **ABLECTARE,** Vendere cum sacramento de non repetenda re vendita. Arest. ann. 1267. in Reg. *Olim* Parlam. Paris. fol. 155. v° : *Conquerebatur Guido de Tournebus miles, quod, cum venderet superficiem bosci sui de Monetot quodam modo vendendi, quod dicitur Ablectare, quod de jure facere poterat sine tertio et dangerio domini regis, ut dicebat. Habito consilio responsum fuit, quod taliter vendere seu Ablectare non poterat superficiem dicti bosci sine tertio et dangerio.* Vide *Abjurare, Abjuratio* 2. et *Abliutare*, ubi legendum *Ablectare.*

* **ABLEGATIO**, pro *Allegatio*, id quod pro suo jure tuendo quis profert. Decret. Paschal. II. PP. ann. 1116. inter Instr. tom. 6. Gall. Christ. col. 107 : *Tunc a fratribus vestris testium Ablegationem suscepimus jure jurando firmatam . . . . ac allegatione* (sic) *suscepta, Electenses fratres præcepimus de beati Policarpi ecclesia revestiri.* Vide in *Allegare* 1.

* **ABLEGMINA,** *Partes extorum, quæ prosegmina dicuntur.* Glossar. Isid. Vide Jos. Scaliger. ad Festum v. *Albegmina*, et Martinii Lexic. in *Ablegmina.*

¶ **ABLEGRIGO,** pro *Ablegurigo*, vel *Abliguritio*, Gall. *Friandise.* Papias MS. Eccl. Bituric. *Ablegrigo, Voracitas, devoratio.*

¶ **ABLEGURRIRE**, pro *Abligurire.* Papias MS. Eccl. Bituricensis.

¶ **ABLEIA**, Retis Species. Charta ann. 1222. in Tabulario S. Dionysii : *De aliis autem ingeniis ad piscandum, scilicet de saurario ad crocham, de saurario cum de retibus ad Ableias, de muccetis et escronellis.*

* Potius Alburnus, albula, pisciculus quidam, quem *Able* et *Ablette* nominamus. [** Germanice : *Alben, Albuten.* Adel.] Est autem *Ablere*, rete quadratum, sic dictum quod ad *Ableias* capiendas sit aptum. Stat. baillivi Senon. ann. 1317. tom. 2. Ordinat. reg. Franc. p. 12. art. 12 : *Nous deffendons les Ableres essener à terre.* Minus bene *Ablete* legitur in eodem statuto ex Reg. 94. Chartoph. reg. ch. 30. *Ableret*, eodem sensu, apud Cotgrav. et Raguell. *Abliere*, in Inventar. ann. 1511. ex Reg. Corb. 13 : *Ung sacq à pecquier poisson,.... ung Abliere et quattre fillez à reposer poisson.*

ABLINGERE, Lingua eluere, lambere, lingere, Gall. *Lecher.* Synodus Coloniensis ann. 1280. cap. 7 : *Si supra lignum vel lapidem, aut terram solidam sanguis* (Dominicus) *eeciderit; illa pars, si commode fieri potest, Ablingatur a Sacerdote, et postmodum radatur, etc.* Ubi non probo emendationem appositam, *abluatur.* Aliis verbis dixit Theodorus Archiepis. Cantuar. in Capit. cap. 51 : *Si super altare stillaverit calix, sorbeat Minister stillam, etc.* [** Vocem *ablingere* apud Marcellum Empiricum legi monetur in Lex. Forcell.]

ABLITIGATUS, Proscriptus. Decretum Alberti I. Imp. de absolutione Regis Bohemiæ a banno Imperiali ann. 1306 : *Sive sint banniti, sive proscripti, vel Ablitigati per nos, vel per alios, etc.*

* **ABLIVIO**, pro Alluvio, in Charta ann. 1377. ex Reg. 112. Chartoph. reg. chap. 151 : *Cum quædam insula pertineat domino nostro Francorum regi ratione acreissutæ et Ablivionis; .... quæ quidem acreissuta et Ablivio, etc.* Vide *Abluvo.*

¶ **ABLIUTARE**, Cedere, dimittere, male exscriptum, pro *absjurare* totidem enim constat litteris sibi plurimum similibus. Charta Gilberti de Warclive ann. 1230, in Tabulario Gemmeticensi cap. 94 : *Coram parrochianis penitus Abliutavimus et tactis sacrosanctis fideliter affirmavimus quod in illa de cætero nihil reclamaremus.* Vide *Abjurare.* [* Legendum procul dubio *Ablectare*, ut supra in hac voce observatum est.]

ABLUCINARE. Jo. de Janua : *Ablucinatio, id est lucis alienatio, et absentatio, et derivatur ab Ablucino, quod componitur ex ab, et lucino, as.*

* **ABLUERE**, quid apud chimicos hæc vox significat, docet Arnauldus de Villanova in Rosar. Ms. lib. 2. cap. 1 : *Abluere est inhumare, distillare et calcinare.*

ABLUNDA, *Palea*, Papiæ et Ugutioni.

¶ **ABLUTATORIUM**, Vas in quo sordidæ vestes eluuntur. Guidonis Discipl. Farf. in Veter. Discipl. Monast. pag. 117 : *De vestimentis mutatoriis fratrum, adveniente feria tertia, habeat duo marsupia, et veniat cum Ablutatorio famulorum ad deportanda illa, quibus omnes fratres exuuntur; ut cum signum pulsaverit, posita habeant in constitutum locum.*

ABLUTES, *plurali numero sunt loca cænosa et aquis plena, quæ et Ablutia dicuntur... quod minime sunt abluta.* Joan. de Janua, ex Gloss. Isid.

* **ABLUTIO**, Inundatio, f. pro *Abluvio.* Vide in hac voce. Charta ann. 1258. in Chartul. Pontiniac. ch. 18 : *Quam petiam terræ Abbati et conventui Pontiniacensibus subtraxerat per Ablutionem aqua de Hermancom impetu cursus sui.*

* **ABLUTIUM**, *ab Abluo*, in Glossar. vet. ex Cod. reg. 7679. *Davies* prol. *Fossa, Ablutium.* Vide *Ablutes* et *Abluvio.*

ABLUVIO, *Mundatio sordium*, Papiæ, rectius *inundatio.* [Sic legitur in Cod. MS. Ecclesiæ Bituricensis] *Abluvium* dicitur quibusdam universalis inundatio. κατακλυσμός. [** Vide Forcell. Lex. s. h. v.]

ABMATRIMONIUM, idem quod *Forismaritagium*, quod vide. Charta Henrici Imp. ann. 931. apud Miræum in Cod. donat. piar. lib. 1. cap. 30 : *Campestria et silvestria jura, et mortimanus, et Abmatrimonia tam libere in sempiternum possideat, sicut fundator ipsius possederat.* Vide *Licentia Matrimonii.*

ABMICON. Acta Murensis Monasterii pag. 37 : *Ubicumque vel quandocumque hic in terra nostra potestate aliquis Abmicon faciendus, ac constituendus, vel justificandus est, illuc debet dari aratrum cum ferramentis, etc.* Locus asterisco ut mendosus notatus.

* **ABNEGARE**, *Insidiari*, (f. pro Inficiari) *pernegare.* Glossar. vet. ex Cod. reg. 7641 : *Abnegat, insidiatur, plusquam negat.*

¶ **ABNEGATIO**, *Cessio alicujus juris vel prædii incurvatis digitis secundum morem Saxonicum... deinde cum manu et festuca more Francorum.* Ita vetus instrum. pag. 41, Vindem. litter Frederici Schannatti.

* **ABNODARE**, Nodum solvere. Glossar. Gall. Lat. ex Cod. reg. 7684 : *Abnodare, Desnoer.*

ABNORMIS, *Enormis, Inormis*, qui non est rectus, extra normam, ἀγνώμων. Huic opponitur *Normis*, seu *Normalis* : nam sic legendum in veteri Fragmento Agrimensorum contendit Salmasius, pro *enormis.* Gloss. Græc. Lat. Ἄρυθμος, *Abnormis, enormis.* Horat. sat. 2. libri 2, v. 3 : *Rusticus Abnormis sapiens.* Utitur etiam Apuleius. Baldricus in Chron. Camerac. lib. 3. cap. 1 : *Cum suas opes intactas reliquerit, Episcopales vero Abnormi effusione consumpserit.* Vide *Inormis.*

ABNORMITAS, *Enormitas.* Gloss. Gr. Lat. Ἀρυθμία, *Abnormitas, Enormitas.* Salvianus lib. 1. de Gubern. Dei : *Possum quidem divino munere per singulas post diluvium generationes probare quæ dico, sed et abnormitas vetat, et tamen certa quædam et majora sufficiunt.*

* Irregularitas. Epist. Fulb. Carnot. ann. 1021. tom. 10. Collect. Histor. Franc. pag. 469 : *Amor justitiæ, qui tuam, Pater, animam imbuit, Abnormitati fecit eam offensam, et ab excessibus cautam.* Vide *Abnormis.*

¶ **ABNUTIVUM**, Recusatio, dedignatio, Gall. *Refus*, a verbo *Abnutare*, Recusare, Caput cum dedignatione jactare, Gall. *Hocher la tête.* Quo sensu vetus Poeta comicus apud Ciceronem de Oratore : *Quidnam est obsecro quod te adiri Abnutat.* J. Laurent in Amalthea : *Abnutivum, dissensio, voluntas contraria, negatorium.* In Gloss. Lat. Græc. *Abnutivum*, Ἀπομωτικόν. id est *Abjurativum ab ἀπωμοσία*, Abjuratio. [** Vide Forcell. Lex in v. *Abnutivus* et Vulcanium in notis ad gloss. lat.-gr.]

¶ **ABOBEDA.** Vide in *Abbobuta.*

ABOBSITUS, Tenebris involutus. Gloss. Lat. Gr. *Abobsiti*, ἀποσκοτηθέντες, *Abobsum*, ἀποσκοτῶ.

* Huc spectare videtur vox Gallica *Aboli* ex Lit. remiss. ann. 1416. in Reg. 169. Chartoph. reg. ch. 256 : *Lesquelz enfans le supplïant n'eust peu voir du lieu ou il estoit Aboli.* Nisi sit pro vulgari *Abloti*, abditus.

1. **ABOCATOR**, pro *Advocator*, vel *Advocatus*, in veteri placito in Chronico Wlturnensi lib. 2. pag. 690.

* 2. **ABOCATOR**, Tutor, qui res pupilli administrat et defendit. Consuet. Neapolit. Mss. : *Qui* (tutor) *sic dictus, alias datus, secundum vulgarem usum loquendi Neapolis, dicitur Abocator ..... Quæ dicta sunt de Abocatore habent locum in pupillis civibus sive habitatoribus civitatis Neapolis. Pupillis vero rusticis sive in rure habitantibus in contractibus advocator* (sic) *datur per homines illius plateæ sive tecti civitatis Neapolis.* Vide in *Advocati* et supra *Abbocatio.*

ABOCATURA. Statuta Veronensia lib. 4. cap. 181 : *Pro qualibet scotatura vel Abocatura alicujus vegetis, etc.*

* Dolii apertura, ni fallor; ab Italico *Bocca*, os, ostium, quævis apertura.

ABOCELLUS, Cæcus, Gall. *Aveugle.* Charta. S. Audomari in Chron. MS. S. Bertini, et apud Folcardum de vita S. Bertini cap. 6 : *Hæc Abocellus feci, et alius manum meam tenens scripsit et subscripsit.* Utitur præterea Petrus Blesensis serm. 18. et 43. Hinc Itali *Avocolare* formarunt pro *excæcare*, quasi *Aboculare.* *Avoculus*, in Vita S. Zitæ virg. Lucensis cap. 1.

Abocellis semel ac iterum in lib. 2. MS.

de Miracul. S. Victoris. Vide Gloss. med. Græcit. in ἀπὸ ὀμμάτων.

* Auctor Spicil. Dæmonolat. ex Cod. reg. 6328. narrat de quodam cæco vaccarum custode, quod *colores et staturam vaccarum singularium specialiter discerneret : qua facultate, quam dæmonum ministerio habuerat*, suscepto Confirmationis Sacramento privatus est.

¶ **ABOCULIS**, *is*, Eadem notione. Vita sancti Veroli Presb. tom. 3. Junii pag. 385. A : *Febrium ignes restinguebantur, Abocules recepto visu illuminabantur.*

ABOCULO *Librum legere*, clausis oculis, in Petronii Fragmento.

* **ABOGADUS**, idem qui *Advocatus*, ab Hispanico *Abogado*, Ital. *Avvogado*. Judic. Agilb. vicedom. Narbon. ann. 821. inter Probat. tom. 1. Hist. Occit. col. 56 : *Jurare debeant testes prolati, quos profert Mancio presbyter, qui est Abogadus de Joanne abbate, ac in facie de homine, nomine Justo, qui est elemosenarius de Adalaldo.*

* *Advocassel* vero, vox contemtus et vituperii, in Lit. remiss. ann. 1478. ex Reg. 206. Chartoph. reg. ch. 185 : *Icellui Masson dist au suppliant qu'il n'estoit que ung truant et une jeune Advocassel.*

ABOLEFIERI, nove, pro *Aboleri*. Victorinus contra Manichæos pag. 165 : *De oppressis ergo Regnis se victor auxit omnipotens, et quod ingenitum percontaris, promittis Abolefieri, vel auferri.*

* **ABOLEIARE**, Retis specie, a sagena non dissimili, vulgo *Boulier*, in piscando uti. *Boulie*, in Charta ann. 1268. ex Chartul. Mont. S. Martini part. 7. fol. 122. v° : *Li abbés et li couvens ou vivier et en l'eaue de Roiaufai puet faire par leur droiture tele retenue k'il vaurront, pour leur poisson retenir, k'il ne puist monter amont soit de soif ou de Boulie, ou d'autre cose.* Inquisit. ann. 1268. ex sched. Pr. *de Mazaugues : Sed ipse a duodecim annis circa usus est in piscando, Aboleiando, ducendo apoltats et aves capiendo in stagnis seu paludibus usque ad ecclesiam B. Mariæ et ultra, quandiu poterant navigium ducere.* Vide infra *Broginus*. [** et supra *Ableia*.]

ABOLENTIA, Progenies, familia, gens, genus, quasi *Avolentia :* vox formata ab *avus*. Charta Hispanica æræ 1111. apud Antonium de Yepez, in Chron. Ord. S. Benedicti tom. 6. pag. 450 : *Ego vero non habeo filio quia nunquam habui virum, nec frater, nec soprino, nec ulla gens quæ veniat de ipsa Abolentia.*

* Hispanis *Avolengo*, Proavorum series et patria hæreditas.

* **ABOLERE**, *Incendere, oblivisci, neglegere.* Glossar. vet. ex Cod. reg. 7646. Instr. ann. 1384. inter Probat. tom. 3. Hist. Nem. pag. 68. col. 2 : *Plures alios ferro calido in facie, ubi crisma est, in vituperium divinæ magestatis et regis, Abolebant.* Hinc *Abolé*, pro *Enflammé*, amore succensus, in Mirac. *du Chevalier :*

> Por s'amour sui si Abolez,
> Qu'il ne me caut ke j'onkes face.

¶ **ABOLESCERE**, In significatione activa, pro *Abolere*. Apud Tertul. de Exhort. Castit. cap. 6 : *Utique continentiam indicens, et compescens concubitum seminarium generis Abolescit.*

¶ **AB OLIM**, Jam pridem, Gall. *Depuis longtemps.* Rymer. tom. 8. pag. 348 : *Ab olim inter recolendæ memoriæ Dominum Ricardum quondam Regem.* Ibibem non semel occurrit.

* **ABOLLA**, *Pallium philosophorum*, in Glossar. Cassin. ann. circ. 700. Nonio : *vestis militaris;* Papiæ : *vestis senatoria.* Vide Martin. Lexic. in hac voce. [** Gloss. lat. græc. Abolla, toga, ἱμάτιον. Vulcanius monet factum esse a græco ἀναβολή, ἀμβολή.]

ABOLLAGIUM, *Abeillage*, in Consuetudine Juliodunensi cap. 1. art. 13; cap. 3. art. 3. *Abeillon* in Burbonensi art. 337. *Aboillage* in Charta ann. 1319 Tabularii Castri-Meliandi in Biturigibus. Jus nempe quod habet dominus feudi, in apum examinibus, quas *Abeilles* vocamus, quæ reperiuntur in silvis et nemoribus vassallorum. Charta anni 1319, in Tabulario Castri-Meliandi : *Abollagium nemorum de Nichier, quod Abollagium eidem nobili pertinebat ratione suæ Castellaniæ de Castromeliandi. Inventio apum* dicitur in Tabulario S. Benigni, apud Perardum pag. 95 : *Inventionem etiam vasorum apum, ubicumque illis contigisset, dederunt, atque in silvis et planis suis.* Chronicon Besuense pag. 601 : *Et inventionem venationis sive apum, quæ nostræ partis est, et quam homines illorum invenerint, Monachis concedimus.* Tabular. Dalonensis Abbatiæ fol. 86 : *De fevo suo herbam et examina apum in Colonorensi silva prædictis Dei famulis concesserunt. Troëve de vaisseaux d'els*, in Consuetud. Hannoniensi cap. 106. art. 13; *Espave d'avettes, qui sont mouches à miel*, in Turonensi tit. 1. art. 17. *Espave d'abeilles*, art. 54. *Utilitas apium* in Charta Henrici Imperatoris ann. 1065. ex Tabulario S. Maximini Trevir. in Probat. Hist. Limburg. p. 29. Adde Consuetud. localem Prulliaci; Andegavensem art. 12; Cenomanensem art. 13; Arvernensem cap. 26. art. 7; Marchensem art. 325; et Stabilimenta S. Ludovici lib. 1. cap. 163. et ibi notas nostras. Vide infra *Apiarium* et *Vas*.

* 1. **ABOMAGIUM**, Jus defigendi metas in terris vassallorum, simul et Præstatio quæ dominis pro eo persolvitur, idem quod *Bonagium*, ut videre est in *Bonna* 2. Charta Milonis de Noeriis ann. 1278. in Chartul. Pontiniac. ch. 62 : *Terragiis, terciis, Abomagiis, furnis, feodis et retrofeodis, etc.* Emendandum esse *Abonagium* facile est credere, nisi vox Gallica *Abommage*, pro *Abonage* vel *Bornage*, eodem sensu, occurreret inter Privil. habitantium *de Tannay* ann. 1352. tom. 6. Ordinat. reg. Franc. p. 63. art 17 : *Se.... ledit chemin ou chemins ne feust bonniez, ... demandera Abommage; et lidit seigneur et dames ou leurs deputez, qui aient puissance de bommer, seront tenu de donner Abommage incontinent.*

* 2. **ABOMAGIUM**, Certa ac definita præstatio, quam subditus domino suo ex condicto solvit, servitii moderatio. Charta ann. 1290. ex Chartul. Pontiniac. pag. 260 : *Recognoverunt.... se esse homines conditionis manus mortuæ. . . . ad quinque solidos Abomagii persolvendos, etc. Abonagium* rectius quis putet in Ch. ann. 1285. ex eod. Chartul. pag. 272 : *Dicta Maria tenebatur dictis nobilibus in duobus solidis annui Abonagii, ratione servitutis corporis sui.* Vide in *Abonare* 2.

¶ **ABOMINAMENTUM**, Idolum. Tertull. adversus Judæos : *Secundum dictum Esaiæ abjecit homo Abominamenta sua aurea et argentea.* Vide *Abominatio* 2.

ABOMINARIUM, *Liber ubi abominationes scribebantur*. Ita Joan. de Janua. Vide *Abominatio* 3.

1. **ABOMINATIO**, Vox Medicorum; nausea, fastidium cibi, actio vomiturientis, Gall. *Envie de vomir.* Constantinus Afric. lib. 4. de Morbor. cognit. cap. 10 : *Cum homo antequam cibum accipiat, Abominationem patiatur, mali chymi in stomacho esse intelliguntur.* Adde cap. seq. Idem lib. 9. Pantechn. cap. 27 : *Abominatio et vomitus aut ex cibi sunt quantitate, aut de qualitate, aut de humorum putredine.*

* Medic. pract. in Gloss. ad calcem Joinvil. edit. reg. : *La mente . . . . . conforte l'estomac et donne apetit de mangier et oste Abomination.* Unde *Abominable*, Qui nauseam patitur, apud eumd. Joinvil. in Hist. pag. 352 : *Ces malades estoient si despis, que les privez serganz du benoiet roy en estoient Abominables.* Hinc etiam nostratibus *Abosmer*, nauseare. Le Reclus *de Moliens* in suo *Miserere :*

> Moult est en enfermeté grande,
> Homs qui Abosme sa viande.

Unde de iis usurparunt, qui animo deficiunt, quomodo ii, qui eo morbo laborant. Guill. Guiart. ad ann. 1187 :

> Se vont a Gisors entassant,
> Comme ceus que paour Abosme;
> Li rois Philippe prent Vendosme.

Le Roman *de Garin :*

> Et chevauche dolens et Abosmis.

Rursum :

> Dont en furent irrié et Abosmi.

Fabul. tom. 2. pag. 208 :

> Moult fu dolens et Abosmez,
> Quant il ne la puet convertir.

* *Abosmé* vero, pro *Abonné*, in Consuet. Nivern. cap. 8 art. 5. si fides *De Lauriere* in Glossar. Jur. Gall.

¶ 2. **ABOMINATIO**, Idolum, idolatria. Gentium idola a Scriptoribus Sacris fere semper *Abominationes* appellantur, quod illa Deus summe detestatur, atque, ut nauseam quam Medici *Abominationem* vocant, exhorrescat. Exodi cap. 8. v. 27 : *Non convenit ita facere, quia Abominationem Ægyptiorum sacrificaremus Domino Deo nostro;* scilicet boves, capras, oves etc. animalia, quippe etiam reptilia, colebant Ægyptii; Unde Spicileg. Acher. tom. 10. pag. 22 : *Redacto in pulverem tauri capite, quod factum in similitudinem Abominationis Ægyptiæ fuerat.* Deuteron. cap. 7. v. 12; 2. Reg. cap. 23; Esdr. cap. 9. etc.

¶ 3. **ABOMINATIO**, Anathema. Joan. de Janua : *Abominarium, Liber ubi Abominationes scribebantur;* id est, anathemata, a summis Pontificibus, Episcopis et Fundatoribus lata contra invasores et deprædatores bonorum Ecclesiæ. Bullas, et Chartas hujusmodi *Abominationibus* plenas in libro describebant, ut illas e pulpito, ubi expediret, in Ecclesia promulgarent. Hinc in disciplina Farfensi in vet. Discipl. Monast. pag. 111. *Ad expletionem Evangelii dicatur,* Credo in unum Deum. *Quo ex-*

pleto ascendat Armarius in pulpitum et nuntiet plebi malitiam persecutorum. Dein-procedat alius frater et legat Anathemata, vel maledicta tam novi, quam veteris Testamenti secundum utilitatem ac jussionem a Sede Apostolica acceptam, et a vicinis Episcopis probationem etc.

ABOMINOSUS, Βδελυκτός. *Vox Abominosa*, apud Diomedem lib. 3. Grammat.

¶ 1. **ABONAGIUM**, Jus figendi metas in terris vassallorum. Gall. *Bornage*. Vide *Bonagium* in voce *Bonna*.

¶ 2. **ABONAGIUM**, Alia notione. Vide in *Abonare* 2.

* **ABONAMENTUM**, Conventio, transactio, pactum, Gall. *Abonnement*. Charta Felic. abb. Cellæ Trecens. ann. 1267. ex Chartul. Campan. fol. 305 : *Quod si quidem Abonamentum seu transactionem in religione nostra promittimus, quatenus in nobis est tenere, adimplere, et in nullo contravenire in futurum. Debonnement*, eodem sensu, in Libert. villæ *de Perrusses* ann. 1347. tom. 7. Ordinat. reg. Franc. pag. 34 : *Lequel affranchissement, eschievement et Debonnement.... je promest en bonne foy pour moy et pour mes hoirs, bien et loyaument tenir et garder*. Unde *Debonner*, Pacisci, ibid. pag. 32. art. 1 : *Mesdiz hommes et femmes de Perrices.... eschieve et Debonne perpetuelment aux debites et redevances et services, qui s'ensuient*. Vide in *Abonare* 2.

¶ 1. **ABONARE**, Infamatum restituere bonæ famæ. Gall. *Retablir la réputation*. Repertorium Inquisitorum pag. 6. 7.

¶ [2. **ABONARE**, et Abonnare, Gall. *Abonner*, et *Abourner*, Clientelaria jura vendere, redimere, aut etiam commutare, et abalienare. Item *Abonare* seu *Abornare* est *servitium* moderari et de eo convenire. Hinc]

Abonnati, Dicuntur dominorum feudalium subditi, quorum præstationes ex condicto, pacto, vel privilegio [moderatæ aut] ad certam ac definitam pecuniæ, aut alterius rei solutionem sunt limitatæ, ita ut talliis, ac ceteris servitiis non sint obnoxii; quemadmodum sunt *homines de corpore*, vel servi, quibus pro libito *tallias* ac onera domini imponunt. Vox conficta ex *Bonna*, terminus, limes : nam ut agri certis limitibus definiuntur, ita ejusmodi *Abonnatorum* præstationes suis finibus, limitibus, ac conditionibus constant, quas domini servare tenentur. Hinc passim in Consuetudinibus nostris municipalibus *hommes et serfs Abonnez, musniers Abonnez, taille Abonnée, loyaux aides, devoirs, roncins de services Abonnez*, etc. Charta ann. 1298 : *Ipsum Hugonem et Benevenutam de Tiseio ejus uxorem Abonnamus, et liberos esse volumus ... ab omni tallia, corveia, questa, et ab omni alio genere et onere servitutis, ... pro 4 libris ceræ dicto Priori ... in festo S. Remigii annis singulis persolvendis*. Arestum anni 1310 : *In modum qui sequitur extitit ordinatum. Videlicet quod homines Aconnati de S. Desiderio et de aliis locis pertinentibus ad dictum dominum de S. Desiderio, commorantes apud Catalaunum, qui non sunt de tallia, nec de manu mortua*, etc. Charta Savarici Vicecomitis Thoarcensis ann. 1269 : *Cest establissement est entendu des rachats qui estoient à mercy : car cil qui sont Aconi, demeurent en leur estat*. [Charta Libertatis incolarum Crevenni ann. 1280. ex Archivo Capituli Autissiodorensis : *Item tailliam quam habebamus super homines dictæ villæ altæ et bassæ de termino in terminum temperamus, Abonamus et limitamus in modum inferius annotatum*. Addo integram *Abonamenti* Chartam ex Tabulario S. Benigni Divion. : *In nomine Domini Amen. Anno Incarnationis Ejusdem* MCCLXIII. *mense Februario. Ego Odenetus de Yserio notum facio omnibus præsentes Litteras inspecturis, quod cum vir venerabilis et dominus meus Richardus Abbas Ecclesiæ S. Benigni Dyvionensis Abonaverit me ad triginta solidos monetæ Viennensis nomine talliæ annuatim quamdiu ei placuerit, me in manu sua retinendo, ita quod nec Major, nec aliquis alius super me potestatem vel jurisdictionem aliquam habebat, salva tamen eidem domino Abbati justitia sua in me, promitto et teneor dictos triginta solidos dictæ monetæ reddere ei, vel ejus mandato annuatim ad festum S. Remigii nomine talliæ quamdiu ei placuerit Abonamentum tenere prædictum. In cujus rei testimonium præsentibus Litteris sigillum viri venerabilis et Religiosi Domini Amidei Abbatis S. Stephani Dyvionensis rogavi et feci apponi. Actum anno et mense prædictis*.]

Abonagium [et Abonnagium. Gall. *Abonnage*, et *Abournage*, Feudalium jurium venditio, redemtio, abalienatio, aut commutatio.] In Charta laudata ann. 1298 : *Non obstante libertate seu Abonnagio ante dictis*. Vide *Bonagium*.

¶ Abonamentum, Gall. *Abonnement*, et *Abournement*. Idem quod *Abonagium*. Necrolog. Ecclesiæ Lingon. ubi de anniversario Milonis Domini Noeriorum : *Dedit Ecclesiæ Lingonensi 60 solidos Autissiodorenses.... quos assignavit super ventam et Abonamenta dictæ villæ*. Charta Theobaldi Campaniæ Comitis pro Monast. Molismensi ann. 1233. ex Archivo ejusdem loci : *Medietas justitiæ et Abbonamentorum, talliarum, mea vel hæredum meorum erit*. Charta Richardi Abbatis S. Benigni Divion. mox laudata : *Teneor dictos 30 solidos dictæ monetæ reddere ei, vel ejus mandato annuatim ad festum S. Remigii nomine talliæ quamdiu ei placuerit Abonamentum tenere prædictum*.

¶ 3. **ABONARE**, Clientelam profiteri, Gall. *Rendre aveu, faire hommage*; utique pro *Advoare* perperam scriptum videtur. Hominium præstitum a Bernardo Comite Convenarum Abbati Bonifontis an. 1313. inter Instrumenta tom. 1. novæ Galliæ Christ. pag. 181 : *Ipse Dominus Comes fuit et esse consuevit feudatarius et vassallus Monasterii prælibati, sui etiam antecessores esse consueverunt recognoscendo, et Abonando dicto Domino Abbati nomine quo supra castrum prædictum cum suis terris et territoriis, et pertinentibus dominationibus se habere et tenere ad feudum militare*, etc. [*Vel Prædes professæ clientelæ ministrare, quo sensu *Abonar* dicunt Hispani; nihil ergo emendatione hic opus est.]

¶ **ABONATIO**, Ibidem eadem notione : *Solvens Dominus Comes ex causa recognitionis, et Abonationis prædictæ quinque solidos Tolosanos... recognoscens etiam dictus Comes se teneri de jure ad faciendam recognitionem et Abonationem prædictam*.

ABONATUS, [Ille pro quo prædes dati sunt, Gall. *Cautionné*, ex Hispanico *Abonar*, pro aliquo spondere, unde *Abonado*, *Cautionné*.] Fori Aragon. lib. 1. tit. de suprajunctariis : *Quod officia suprajunctariæ concedantur personis notabilibus, honorabilibus et Abonatis, aptis et sufficientibus ad regendum dicta officia*. [* Potest et de viro probatò bonæque famæ haud male intelligi; in Dictionario enim Hispanico *Abonado*, probatus. Vide *Abonare* 1.]

* **ABONEMENTUM**, ut supra *Abonamentum*, Præstatio ex conventu limitata. Charta Joan. de Mônte-reg. ann. 1224. inter Probat. tom. 2. Hist. novæ Burg. pag. 8. col. 2 : *Dedimus prædictis fratribus decem et octo cetros avenæ....' de Abonementis seu de censibus nostris, tam de Tart castelli, quam de Tart villæ. Si autem hæredes aut successores vellent recipere aut mutare dictos census et Abonementa*, etc.

* **ABONNARE**, Limites seu *bonnas* præfigere, Gall. *Borner*. Charta an. 1268. in Chartul. Guill. abb. S. Germ. Prat. fol. 177. r°. col. 2 : *Prout ipsa tertia pars ipsos dominum Theobaldum et ejus uxorem in nemore Galteri prædicto contingens limitata seu Abonnata est*. Vide in *Bonna*. 2.

* **ABOONAGIUM**, idem quod supra *Abomagium* 2. Charta ann. 1324. in Reg. 62. Chartoph. reg. ch. 250 : *Dictum Aboonagium seu deverium supra dictos burgenses suos, si ad hoc consenserint, loco dictæ juratæ.... statuere valeat* Ancellus dom. Joinvillæ. *Aboniage*, eodem sensu, in Lit. capit. S. Germ. Autiss. pro habitantibus *d'Ecan* ann. 1371. tom. 7. Ordinat. reg. Franc. p. 391. art. 4: *Combien que ilz* (les habitants d'Ecan) *aient esté de tous temps jusques aujourd'huy de condicion de main-morte, et paiassent certains Aboniages, etc*.

¶ **ABOONATUM**, Idem quod *Abonamentum*. Chartularium Monasterii de Crisenone : *Notum sit omnibus tam præsentibus quam futuris quod ego Stephanus de Argentoil dedi ob remedium animæ meæ Ecclesiæ de Crisenone 20 sol. annuatim in Aboonatis meis de Vermentum persolvendos post decessum meum*.

¶ **ABORBITARE**, Decedere, quasi ab orbita declinare. Concilium Tolet. XVI. tom. 2. Collect. Conc. Hispan. pag. 744 : *Qui deinceps a fidei suæ juramento Aborbitaverint, et adversus prædictum Principem nostrum aliquid nocibilitatis agere aut machinare studuerint*.

* **ABORDATIO**, Portus ostium, Gall. *L'entrée d'un port. Abordare*, dicitur de loco, ubi aperitur portus. Inquisit. ann. 1480 : *Interrogatus* (testis) *in cujus jurisdictione nunc est situatus portus et Abordatio ejusdem, tam citra quam ultra ripariam Indis.... In brotellis illorum de molone, ubi ipse portus Abordat a parte Bressiæ, apparuit cruces domini Castellionis paludis*.

* **ABORIGINES**, *Origines oblitæ*, in vet. Glossar. ex Cod. reg. 7641. An quia antiquissimæ? Vide Martin. Lexic. et Thes. Fabri in hac voce.

* **ABORIS**, una voce, in eod. Glossar. : *A finibus, a regionibus*.

* **ABORLARE**, Ab oris seu extremis

campi partibus collectos spicarum manipulos in acervum congerere. Stat. Avellæ ann. 1496. cap. 161. ex Cod. reg. 4624 : *Antequam blada sint ligata et Aborlata vel levata, etc.*]

* **ABORNAMENTUM**, pro *Abonnamentum*, ut opinor. Obituar. Ms. Cartus. B. M. de Parco : *xj. Nov. Anniversarium egregii viri Guidonis du Bouchet, domini de Laval Payen, parentumque ejus, qui ratificavit Abornamentum du Porcher, quod nobis concesserat domina Katherina mater ejus.*

* **ABORREUS**, *ab eo quod est orior*. Glossar. Cassin. ann. circ. 700. An idem quod Abortivus, per abortum editus ? Abortiri enim est intempestive oriri. [** Gloss. cod. reg. 4778 ex Isidoro : *Abortivus, ab eo quod non oriatur etc.*]

ABORRIS, *Scandalosus*, in Gloss. Isid. forte *abnormis*. [** In gloss. cod. reg. 4778 leg. *Abhorris*.]

* In pago Dumbensi et alibi, hominem aperte et palam nequissimum, vocant *Avury* vel *Avourry*.

¶ **ABORRITIO**, pro *Abortio* vel Abortivus fœtus. Guibertus lib. 1. de Vita sua cap. 3 : *Nec mora languidulum quiddam instar Aborritionis effunditur.*

¶ **ABORTARE**, Quasi *Aboriri*, Gall. *Commencer à*. Chartular. S. Vandreg. tom. 1. pag. 120. ad ann. 1264 : *De quadam pechia terræ sicut se præportat de longo in latum, et Abortat a terra hæredum Radulfi, etc.*

ABORTICIOSUS, Abortivus. Gloss. Lat. Græc. *Aborticiosus*, ἐκτρωματιαῖος.

* **ABORTIRE**, Abortum facere, Hisp. *Abortar*, Gall. *Avorter*. Charta ann. 1327. in Reg. 65. Chartoph. reg. ch. 55 : *Philippa erat prægnans, et propter capcionem et timorem personæ suæ Abortivit.* Utitur Plinius. *Abourté*, pro *Avorté*, abortivus in Lit. remiss. ann. 1384. ex Reg. 124. ch. 337 : *Icelle femme estoit tendre femme à son enfantement, car elle avoit eu plusieurs ses enfans mors-nez et Abourtez. Abbortif* vero, Abortio, vulgo *Avortement*. Charta ann. 1336. in Reg. 70. ch. 243 : *Laquelle Beatriz estoit grosse d'enffant, et fist Abbortif. Advoulter*, pro *Avorter* ; unde *Advoulton*, abortivus, in Lit. remiss. ann. 1387. ex Reg. 130. ch. 218 : *Elle la feroit Advoulter de l'Advoulton, dont elle estoit grosse.*

* **ABORTIVUS**. Pergamenum Abortivum, Quod vulgo virgineum vocant, ex pelle vitulina vel hædina leviori præparatum, Gall. *Velin*. Necrol. eccl. Paris. Ms. : *Item unum bonum breviarium et pulcrum, notatum ad usum Parisiensis ecclesiæ, scriptum in pergameno Abortivo de littera formæ.*

***ABOSATIO**, Destructio, eversio, a verbo *Abouser*, quod rustici Dumbenses usurpant pro *Abbatre*, *renverser*, Diruere, evertere. Sentent. judicis Bressiæ ann. 1418 : *Quod tangit disruptionem, Abosationem et destructionem stagni, de quo agitur, remittimus cognitionem domino Castellionis.* Lit. remiss. ann. 1441. in Reg. 176. Chartoph. reg. ch. 66 : *Lesquelz gens de guerre avoient Abousé ou rompu et comblé en partie, ung puis, qui estoit en la maison.* Vide infra *Aboso*.

***ABOSCATUS**, De agro dicitur *bosco* seu silva et dumetis obsito, Picardis *Aboquié*. Charta ann. 1413. ex Chartul. 21. Corb. fol. 104 : *Unum campum terræ Aboscatum seu adnemoratum, continentem quinque jornalia vel circiter.... In dicto campo terræ sic Aboscato seu adnemorato, etc.* Alia ann. 1457. ibid. fol. 105 : *Terres labourables et campestres de la seigneurie de Thanes appartenans ausdits relligieux ; lesquels terres... au moyen de nosdits bos se soient Aboquiés et peuplés en partie d'aucuns menus bos. Abocquiés*, in Ch. ejusd. ann. in Chartul. sign. *Cæsar* ejusd. monast. fol. 23. r°. Vide mox *Abosquitus*.

* **ABOSO**, *Infirma domus. Abosus, de medio sublatus et raptus. Abosus est, quod sit ab actore motus*. Glossar. vet. ex Cod. reg. 7646. Vide supra *Abosatio*. Vide *Abasa*.

* **ABOSQUITUS**, ut supra *Aboscatus*. Charta ann. circ. 1460. ex Tabul. S. Vict. Massil. : *Dederunt ad capitum... quemdam boscum, sive affare Abosquitum, situm in territorio de Alpibus, loco dicto la Brasqua.* Id est, Prædium cum *bosco*.

* **ABOTINARE**, Prædari ; Gall. *Butiner*, Ital. *Abbottinare*, a *Bottino*, præda. Testam. ann. 1509. ex Tabul. eccl. Massil. : *Dicta galea in quamdam navem Hispanorum, et in favorem alterius navis Januensium, quorum aliquæ ex gentibus suis habuerunt rixam, irruit et de facto illam Abotinavit, multis vulneratis.* Nostris alias *Abutiner*, Ad prædam associare, cum aliquo prædam partiri. Lit. remiss. ann. 1460. in Reg. 192. Chartoph. reg. ch. 81 : *Lesquelz Anglois ont prins et destroussé aucuns navires...... à quoi ilz ont Abutiné le suppliant.* Vide infra *Botinum*.

* **ABOTISSARE**, a Gallico *Aboutir*, Terminari. Charta ann. 1339. ex Tabul. colleg. Lombard : *Duæ domus... facientes cuneum dicti vici in buto superiori. Abotissando de retro uni parvæ viæ.*

** **ABOVILA**. Panni cujusdam nomen, Testament. Lamec. anni 1288 : *Item corariis pro meo trintenario meum tabardum, mantum, gardacos de Abovila clara et sagam et caligas.* Santa Rosa de Viterbo, qui plura affert hujus vocis exempla, dubitat an pannus nomen acceperit ab Abula, Hispaniarum aut ab Abavilla Galliæ oppido.

¶ **ABOTARE** } Terminare, Gallice *A-*
¶ **ABOUTARE** } *boutir*. Vox Agrimensorum. Dicitur de agrorum finibus qua parte angustiores sunt. Charta anni 1297. in Tabulario Fiscamnensi : *Remanet mihi unum masagium cum omnibus edificiis superpositis.... Aboutans ex uno capite ad vicum prædictum.* ** Vide *Abortare*.

¶ **ABOUTIZARE**, ut *Aboutare*. Charta ann. 1314. in Tabulario S. Martini Pontisar : *Domum Aboutizantem domum Radulphi Messent.*

ABPATRUUS, *Pater propatrui*. Papias. [In cod. MS. Ecclesiæ Aniciensis : *Abpatruus, frater atavi.* Qua notione usurpatur a Justin. in Institutis. ** Legitur ap. Paul. lib. 4 ; tit. 11, § 6 ; in Dig. lib. 38, fragm. 3. pr. et fragm. 10. § 17.]

1. **ABRA**, ἅβρα, Ancilla, famula honoratior, cujusmodi ditiores ad honestiora servitia, seu ministeria domi suæ alunt. Gloss. Græc. MS. Reg. cui titulus στέφανος λέξεων· Ἅβρα, ἡ οἰκότριψ, καὶ περὶ χεῖρα θεράπαινα. Joan. de Janua et Guillelmus Brito in Vocab. MS : Abra, *secundum Ugutionem, est ancilla liberata, et dicitur ab ara, quod ad aram servum vel liberum faciebat antiquitus, etc.* Auctor Græcismi :

Abra, pedissequæ nomen, propriumque puellæ.

Alius :

Abra, pedissequa, vel cameraria dicitur esse.

Nostris *Fille de chambre*. Gloss. Anglosax. Ælfrici : *Abra* i. *ancilla*, ðinen, pyln. Chron. Casauriense lib. 3 : *Dum puella cum lenone dulcibus alloquiis frueretur, Abra involvebat, circa calcaria longam camisiam, qua erat indutus.* Vita S. Gudulæ virg. cap. 2 : *Præeunte ejus Abra, cum laterna prævii luminis.* Domnizo lib. 1. de vita Mathild. cap. 2 :

Reginam claram sumptam simul ejus et Abram
Alta Canossa tenet.

Vide lib. Judith. cap. 10. 16. et in verbo *Dula*. [** Vide Henrici Stephani thes. Ling. Gr. voce Ἅβρα, edit. Didot. vol. 1, col. 77.]

2. **ABRA** etiam sumitur pro concubina ; quomodo *ancilla* apud Crisconium cap. 231. et in Concil. Vermeriensi cap. 7. etc. Hesychius : Ἅβρα, δούλη, παλλακή. Ἅβραι, νέαι δοῦλαι. Pœnitentiale MS. : *Qui uxores habent, contineant se Abris 40 dies ante Pascha, et Natale Domini, et omni Dominica.* [Si tamen non legendum *ab iis*.]

3. **ABRA**. Charta Hugonis Comitis Campaniæ in Tabulario Dervensi : *Consuetudinem quamdam quam Abram vocant, ex proprio vino dedit, etc.*

☞ Idem forte quod *Obra*, id est, servitium manuum, carrorum aut jumentorum a vassallis domino reddi solitum. Occurunt sæpe in veteribus instrumentis *Obra* et *Manobra*, ac præsertim in Tabulario Prioratus de Domina in Delphinatu fol. 115 : *Et corovatam sicut alii villani, et quarta pars vini, Obra et Manobra, etc.*

* *Abram* lego in eadem Charta ex Reg. 142. Chartoph. reg. ch. 134, unde si quid hic restituendum, maxime cum de præstatione ex vino persolvenda sermo sit, vox *Obra* minus apta mihi videtur.

ABRACADABRA, Inscriptio amuleti apud Serenum Sammonicum pro hemitritæo, [seu semi-tertiana febri, Gallice *Fièvre double-tierce*,] cap. 52. Editionis Parisiensis apud Colinæum 1533 : *Remede superstitieux.*

Inscribes chartæ quod dicitur Abracadabra
Sæpius et subter repetis, sed detrahe suma
Et magis atque magis desint elementa figuris
Singula, quæ semper rapies, et cætera figes,
Donec in angustum redigatur litera conum.
His lino nexis collum redimire memento.

ABRACADABRA
ABRACADABR
ABRACADAB
ABRACADA
ABRACAD
ABRACA
ABRAC
ABRA
ABR
AB
A

Et addit :

Talia languentis conducunt vincula collo ;
Lethales abigent, miranda potentia ! morbos.

Quæ quidem inscriptio Sammonicum Basilidis hæretici, qui sub Hadriano vixit sectatorem fuisse arguit, cui pro summo deo fuit nesciò quis ABRASAX, a quo dii reliqui dimanarent, quique Angelos septem cælorum septem præsides, ac præterea eorum trecentas sexaginta quinque Virtutes contineret, juxta anni dies; idque ob septem literas, numeralemque eorum valorem, quæ simul collectæ numerum 365 conficiunt. Complures vidimus gemmas hacce *Abracax* inscriptione, quæ Basilidianis hæreticis amuleti vice fuere contra morbos et malos dæmones : quas inter præclara est illa quæ habetur in Musæo RR. PP. Canonicorum Regularium Sanctæ Genovefæ Parisiensis, cum hac inscriptione : ΑΒΡΑΣΑΞ. ΑΔΩΝΑΙ. ΔΑΙΜΟΝΩΝ. ΔΕΞΙΑΙ. ΔΥΝΑΜΕΙΣ. ΦΥΛΑΞΑΤΕ. ΟΥΑΒΙΑΝ. ΠΑΥΛΕΙΝΑΝ. ΑΠΟ. ΠΑΝΤΟΣ. ΚΑΚΟΥ. ΔΑΙΜΟΝΟΣ. istius forte Paulinæ mentio est in Romana Inscrip. apud Gruter. 716. 7 : ULPIA PAULINA. MATER. INFELICISSIMA. CONTRA. VOTUM. PIETATIS. POSUIT. Vide Baronium anno 120. num. 10; Gassend. de vita Peirescii, ann. 1600. [Jac. Sponium in Miscell. antiq. sect. 1. art. 5.] Chiffletium, etc. [Abracax, seu ut legendum, *Abrasax*, Mithram, id est, solem significasse censent multi, inter quos primus Hieronymus. Vide S. August. de Civitate Dei; D. B. *de Montfaucon* in Antiq. Explic. ubi de *Abraxas*; ** H. Stephani thes. Ling. gr. vol. 1. col. 81. ibique Haseium.]

¶ **ABRADICARE**, Avellere, eradicare, Gall. *Arracher*. Acta. SS. Maii tom. 5. pag. 237 : *Insperato et subito prius Abradicantur ungues a palmis postea cubiti a costulis*. Locus asterisco notatus.

¶ **ABRANIS**, *Vestis muliebris crocci coloris* Amalth. Vox Græcæ originis, aliis *Abramis*, et *Abamis* [** Vide Hesychium in voce Ἀβρανίδας, ibique interpretes.]

* **ABRASSATA**, a Gallico *Brassart*, Armatura, qua brachia teguntur et defenduntur. Lit. Phil. VI. ann. 1335. in Reg. 69. Chartoph. Reg. ch. 264 : *Armati diversis armorum generibus, scilicet..... Abrassatis, spaleriis, gonjonibus, gorgeriis, etc.*

* **ABRATOR**, Ad artem texendi pertinet hic opifex; sed utrum inter tonsores, carminatoresve annumerandus, nescio. Stat. Taurini ann. 1360. cap. 324. ex Cod. reg. 4622. A : *Liceat..... quibuscumque Abratoribus tramæ et laborantibus ipsam tramam et tenere et ponere unum quarteronum seu quartam partem unius libræ pro contrapesio.* Vide infra in *Abrocare*.

¶ **ABRATURA**, Quasi pro *Abrasura* ab *Abrado*. Dicitur de clavis soleisque equorum usu subtritis, in Ordinatione Humberti II. Dalphini pag. 316. tom. 2. Hist. Delphin. : *Item pro ferratura et Abratura ferrorum et clavorum unius equi seu ronchini detur pro toto uno anno unus florenus auri.*

* **ABRECEPTARE**. Glossar. vet. ex Cod. reg. 7646 : *Abreceptabat, ire incipiebat.* Vide *Abreptare*. [** Gloss. vet. ex cod. reg. 4778 : *Abire captabat, ire incipiebat*, ut ex Virgilio.]

* **ABREISCEP**, vox Belgica, Illicitum, ut opinor, puellarum commercium, vulgo *Maquerellage*. Chartul. 2. Fland. ex Cam. Comp. Insul. : *Item rappel de Catherine dou Dain, bannie à six ans par le loy de Bruges, pour Abreyscep; et fu rappellée à la priere l'escoutete..... Item rappel de Yde de le Dilft, bannie par le loy de Bruges à six ans, pour cause de Abreiscep.*

ABRENUNTIARE, *A se renuntiando removere, renuere, postponere, despicere.* Joan. de Janua.

Abrenuntiare *diabolo et pompis ejus*, formula observata in Baptismo. Cum enim quis baptizandus ad Ecclesiam venit, priusquam immergatur, interrogatur a sacerdote, *Utrum abrenuntiet diabolo et pompis ejus*. Cui respondet, *Abrenuntio*. Ἀποτάσσομαί σοι, Σαθάνα, καὶ τῇ πομπῇ σου, καὶ τῇ λαθρείᾳ σου, apud Joan. Chrysost. ad Antioch. Homil. 21. Ejusdem formulæ meminere Cyprianus Epist. 7. Tertullian. de Corona Milit. [** Salvian. de gub. Dei 6. pag. 208. ed. Rittersh.] Et alii, præter Scriptores de Ritibus Eccles. Capitul. 1. ann. 811. cap. 5 : *Quid sit, quod unusquisque Christianus in Baptismo promittat, vel quibus Abrenunciet.* Adde Capitul. 2. ejusdem ann. cap. 9. et Epist. gen. ad Episc. Regni, ej. anni.

* Abrenuntiare, Judic. ann. 1153, ex Chartul. eccl. Lingon. in Cod. reg. 5188, fol. 13. r° : *Contra dux : .... Rectum mihi facere denegavit* (episcopus;) *unde et hominio ejus Abrenuntiavi.* [** Julian. epit. nov. cap. 34. § 121 : *Nisi forte actor probationibus abrenuntians, ab initio sacramentum reo detulerit.*]

* **ABRENUNTIATOR**, Nunciator, Nuncius, Gall. *Messager*. Charta ann. 1385. inter Probat. ult. Hist. Trenorch. pag. 253 : *Item quod Abrenuntiator seu nuncius nostræ Trenorchiensis ecclesiæ de anno in annum, anno quolibet ad Matisconensem ecclesiam personaliter accedat, et nomina canonicorum, presbyterorum et clericorum illo anno, in dicta Matisconensi ecclesia de novo defunctorum, in scriptis recipiat.*

¶ **ABREPTARE**, Arripere. Papiæ autem in Glossis MSS. Ecclesiæ Bituric. *Abreptare, Incipere ire.* Tantisper accedit ad illud, *Iter arripere*, cujus servata significatione, sublataque voce, *iter*, sequentem corrupere, unde exiit barbarum, *Abreptare*, id est, Viam inire, iter aggredi. ** Vide *Abreceptare*.

ABREPTITIUS. Vide *Arreptus*.

** **ABRETENDUS**, Stolidus. Gloss. Iæckii.

* **ABREVARE**, Adaquare, Gall. *Abbrever*. Stat. Taurini ann. 1360. cap. 124. ex Cod. reg. 4622. A : *Et hoc locum habeat in causa Abrevandi vel transeundi dictum bealem.* Vide supra *Abeverare*.

¶ **ABREVIARE**, Aliquid ad summam quamlibet redigere. Charta Henrici Regis Angliæ ann. 1155. apud D. *Brussel* Tract. de usu feud. tom. 2. pag. 4 : *Liceat Vicecomiti et Baillivo nostro achachiare et Abreviare catalla defuncti inventa in laico feodo ad valentiam illius debiti per visum legalium hominum.*

*Rectius intelliges, Notam sumere, per notam describere, in brevia redigere. Vide *Adbreviare*. Pro *Achachiare*, legendum est *Atachiare*, quod vide. *Abriever* nostratibus olim, eadem notione. Vita J. C. Ms. :

Zacharias ne pot parler,
Son nom commenche à Abriever,
S'escrit qu'il avoit nom Jehans.

Aliud vero sonat vox *Abriever*, vel *Abriver*, In aliquem nempe irruere, convenire, animos addere, incitare, fortassis a Provinciali *Abrivar*, eadem acceptione, in Vitis SS. Mss. ex Cod. 28. S. Vict. Paris. fol. 12. v°, col. 2 : *Adonc s'Abrieverent tuit contre lui* (S. Etienne) *et le getterent hors de la cité et le lapidoient.* Ubi Acta Apost. cap. 7. v. 56, habent : *Impetum fecerunt unanimiter in eum.* Ibid. fol. 312. r°. col. 2 : *Il s'Abriverent en lui* (Simon le magicien) *et le geterent de la cité à mauvais nom. S'Embriver*, pro *s'Empresser*, intendere, ibid. fol. 311. r°. Le Roman *d'Athis* Ms. :

A l'augarde desoubs le gué
Sont ils venus tuit Abrieve.

Guill. Guiart. ad ann. 1241 :

Es chans ou Saint Loÿs arrive,
Et l'ost qui apres lui s'Abrive.

Le Roman *de Garin :*

Que François viennent irié et Abrivé.

Le Roman *d'Alexandre* Ms. part. 1 :

Emenidus lest courre le cheval Abrivé.

Hinc *Se Rabriver*, Velociter recedere, apud Guiart. ad ann. 1241 :

Dont vers la vile se Rabrivent.

* **ABREVIATURA**, Nota, scriptura compendiosa, Ital. *Abreviatura*, Hisp. *Abreviadura*. Stat. Cadub. cap. 21 : *Item obtentum et reformatum fuit, quod nullus notarius extrahere debeat ex Abreviaturis alicujus notarii defuncti prœsami, vel præceptum, seu instrumentum debiti.* [** Vide *Breves, acta notariorum.*]

* **ABREYSCEP**. Vide supra *Abreiscep*.

* **ABRICA**, Abriga, Stragulum, lecti tegumentum, Gall. *Couverture*, Hisp. *Abrigo*, tegumentum. Charta ann. 1342. in Tabul. S. Vict. Massil. : *Unum lectum munitum de una culcitra virgata, uno pulvinari, ... et una Abriga. Unam Abricam plenam mulcæ*, in Inventar. ann. 1361. ex eod. Tabul. Hinc Gallicum *Abrier*, Operire, tegere, apud Guill. Guiart. ad ann. 1234 :

La tres précieuse couronne,
La tres digne, la tres honneste,
Que Jésus Christ ot en sa teste;
Si con Juis l'en Abrierent,
Le jour qu'il le crucefierent.

ABRIGEUM. Male, pro *Obryzum*, quod vide.

ABROCAMENTUM, Vox forensis, emtio mercium integrarum, priusquam vel ad nundinas, vel ad forum rerum venalium deferantur : earumdemque deinceps per portiones distractio. Spelmann. [** Vide *Abbrocamentum*.]

* **ABROCARE**, Perforare, Gall. *Mettre en perce*, fistulam dolio apponere, a Gallico *Broche*. Consuet. Mss. S. Crucis Burdegal. ante ann. 1305 : *Dictus cellerarius debet eis ostendere dolium vini, quod volunt Abrocare.* Vide infra *Addozillare*.

* *Abroquement* vero, vox est artis paratoriæ pannorum, qua texturæ species, quæ facile dignoscitur, significatur. Stat. draper. Rotomag. ann. 1424. in Reg. 173. Chartoph. reg. ch. 151 : *Se la traime fault, et l'en y mette traime de mendre valeur, l'en y sera tenu mettre Abroquement à travers.* Vide supra *Abrator*.

* **ABROCATOR**, Proxeneta, pararius, Gall. *Courtier*. Hinc forte vox nota *Brocanteur*. Reg. visitat. Odon. archiep. Rotomag. ex Cod. reg. 1245. fol. 193. r° : *Hæc sunt quæ jurabunt aut jurare debent Abrocatores Deppæ præcepta a domino archiepiscopo.... Quod non nocebunt alicui mercatori sine ipsis*

emere vel vendere volenti, aut vendenti vel ementi; nec hac de causa merces illius avillabunt. Vide supra *Abbocatio* et *Abrocamentum.*

1. **ABROGANS**, *Humilis*, in Glossis Isid. cui contrarium est *arrogans.* [Idem Isid. de Propr. Sermonis : *Inter arrogantem et Abrogantem hæc differentia. Arrogans superbus, Abrogans humilis. Arrogans assumit sibi fiduciam, Abrogans demit.* Ita et in Excerptis Pithœi. ** Cod. 4778. addit : *Item Abrogans qui aliena aufert vel qui legem tollit. Arrogans qui sibi aliquid plus justo assumit nec aliorum expectat iudicium, sed suo nititur. Abrogat, eredit; prohibet. Abrogatur, aufertur. Abrogentur, subdentur.*]

* 2. **ABROGANS**, *Detrahens, malilocus*, in vet. Glossar. ex Cod. reg. 7646. Aliud Lat. Gall. ann. 1352. ex Cod. 4120 : *Abrogare, demandeir.* Id est, *Contremander*, Primum præceptum abrogare, tollere.

ABROGARE, *Ablegare*, in Gloss. Isid.

¶ **ABROMA**, *Stolæ muliebris genus.* Ita Laur. in Amalthea. Idem forte quod *Abranis* supra.

ABROSTURA [Depastio animalium in *bruscis* seu dumetis, e Germanico *Broste, sprosse, brot, sprot*, germina, surculi, Gall. *Bourgeons* : quæ a Saxonico Spryngan, pullulare, germinare, vernare, inquit Somnerus in Lexico; hinc *Brustum*, et Gallicæ voces *Broust, Brouster, Broustilles*, hinc etiam *Abrostura* Normannis *Abrousture* : quod est jus ducendi animalia ad pastionem hujusmodi, certis tamen anni vicibus et conditionibus.] Vetus Charta Normannica, apud Columbum in Blancalanda pag. 550 : *In parco autem suorum tantum porcorum quietationem, et communem cum nostris, et similiter post nos cum porcis domini, libertatem et Abrosturam boum et coria cervorum et omnium bissarum, etc.* * Vide infra *Arbostura.*

** **ABRO.** Gloss. ex cod. Montisp. H. 306. 1 : *Abro, devorator vel luxoriosus;* a græco ἁβρός, Delicatus, luxui deditus.

* **ABROTANUM**, Plantæ medicinalis species; Horatio *Abrotonum*, Gall. *Aurone*, alias *Abrone.* Glossar. Gall. Lat. ex Cod. reg. 7684 : *Abrone, herba, Abrotanum.* [** Cod. 4778 : *Abrotanum, herba virtutem habens calidam.*]

* **ABROUTARE**, Vehiculo, *Broueta* dicto, transvehere, Gall. *Brouetter.* Comput. ann. 1450. ex Tabul. S. Vulfr. Abbavil. : *Item cuidam broutario, qui a magno scabinagio usque ad ecclesiam Abroutavit statera et ponderas, ad ponderandum antiquum plumbum terratiarum grangiæ.* Vide infra *Broutare.*

** **ABRUPTUS.** Placidus ap. Maium pag. 431 et in gloss. cod. reg. 4778 : *Abrupta sanctio aperta lex dicitur.*

** **ABRUTELLA**; **ARRUPTELLA**, Novale, ager nunc primum præcisus vel qui pluribus annis cessavit. Sanctii Portugalliæ regis instrum. ann. 966 : *... omnes Abrutellas quas arrupit Gundemiro Iben-Daudi, per ejus circuitu, ut fuerunt ipsos Karvaliares quas arrupit etc.* Liber testament. Lorvan. : *Sic ipsa Arruptella ab integro concedimus.* Hæc Sancta-Rosa de Viterbo.

¶ **ABRUTIO**, Eversio, destructio. Item, licentia destruendi domum : non enim vassallo licebat ædificium aliquod, quamvis suum, evertere absque domini feudalis permissu. Rymer. tom. 13. pag. 244. col. 2 : *Omnimodas prostrationes, Abrutiones, sive permissiones cudendi aliquarum domorum, ac etiam omnimodas inclausuras aliquarum terrarum arrabilium.*

¶ **ABRUTUS**, Quasi ab erutus, id est, avulsus, excussus, Gall. *Arraché, détaché, secoué.* Privilegium Agiradi Episc. Carnot. ann. 696. apud Felibianum in Hist. Monasterii S. Dionysii p. XVII : *Et nos de multiplicata segete præmia sempiterna populorum congeries fructificata gremiis, Abrutis palliarum sordebus triticum horrea recondi-tis metere atque adipisci mancipari valeamus.*

¶ **ABSA**, Vox Occitana. Mensuræ species, ulna. Instrum. ann. 1350. tom. 2. Ordinat. Reg. Franc. p. 479 : *Item. Quod dicti Consules habeant potestatem cognoscendi, et ordinandi de mensuris bladorum, vini et olei, et aliis ponderibus, et de Absis, seu cannis, cum quibus panni lanei, et caprini et aliæ merces mensurantur, cannantur, ac venduntur.*

* **ABSACITUS**, *Investito* opponitur. *Absacitum facere*, possessione exuere, possessionem abdicare. Charta apud Meichelbec. tom. 2. Hist. Frising. pag. 194 : *Dic vero eadem Legitum, missum episcopi, vestivit cum corda, unde signum tangitur, cum domibus, ædificiis, curtiferis, mancipiis, pecoribus, et seipsum in evum Absacitum fecit.* Vide *Absesitus* in *Absens.*

* Huc spectat vox Gallica *Abseulé*, Derelictus, orbatus, apud Monstrelet. vol. 2. ad ann. 1426. fol. 33. r° : *La duchesse Jaqueline demoura Abseulée de ses deux maris : car le duc de Glocestre avoit prins autre femme, et ledit duc de Brabant estoit trespassé.*

* 1. **ABSARE**, Indominicare, sibi capere jure dominii. Glossæ Cæsar. Heisterbac. in Reg. Prum. tom. 1. Hist. Trevir. Joan. Nic. ab *Hontheim* pag. 673. col. 1 : *Si ipsi* (mansionarii) *ista et alia jura nostra non fideliter peregerint, dictus abbas vel qui locum ejus tenet, feoda eorum usque ad condignam satisfactionem debet Absare, id est, Vronen.* Vide in *Absus.*

* 2. **ABSARE**, Cessare, vacare, Gall. *Vaquer.* Charta ann. 1308. in Reg. 40. Chartoph. reg. ch. 92 : *Est actum cum dictis religiosis* (de Monte Maurilii) *quod si dicta molendina accensata, diluvio aquæ, aut vetustate, aut alio quovis modo diruerent et Absarent, etc.* Eadem notione ex Tabul. S. Dion. de Capella occurrit in *Absus*; nisi sit pro *Abosare*, Diruere, evertere. Vide supra *Abosatio.*

* 3. **ABSARE**, Evellere, exstirpare, Gall. *Arracher*; vel idem quod Cedere, rem quampiam in alterum transferre. Vide *Abscedere.* Tabul. S. Petri de Cellafroini in pago Engolism. 12. circ. sæc. : *Audoinus Asinus laxabat vineas S. Petro; et prætera qui Absabant vineas, reddebant quartum de terra.*

ABSARE, ABSARIUS, *etc.* Vide in *Absus.*

¶ **ABSBRIGARE**, Prædium, castrum, etc. domino capitali reddere, et ab iis ita excedere ut nihil juris penes cedentem remaneat. Proprie vero est a lite liberare; est enim *Briga*, Jurgium, lis, rixa : unde *Brigare*, Litigare, *Disbrigare*, Ab omni lite immunem facere. Charta Alberti et Ottonis Austriæ Ducum apud Ludewig. tom. 5. Reliq. MSS. pag. 524 : *Castrum in Stein a spectabili Comite.... nunc in sua detinente potestate, Absbrigare tenebimur, sic ut ad prædicti Regis filii domini Johannis manum deveniat.* Vide *Feudum reddibile.* * Vide *Abstrigare.*

ABSCEDÆ, *Ædificii lateres, cuniculi*, apud Papiam editum. Sed legendum videtur *latentes cuniculi*, qui longius in terram *abscedunt.* [Codex MS. Ecclesiæ Bituric. habet : *Edificii luteres, cuniculi*, Quibus forsitan intelligendi subterranei recessus ædificii, fornices, Gall. *Voutes, mines, lieux souterrains.* Dici potuere *Luteres* et *cuniculi*, quod lutra circa fluviorum littora effodiat recessus subterraneos more cuniculorum.]

ABSCEDERE, Cedere, rem quampiam, aut jus suum in alterum transferre, *Ceder.* Wichbild Magdeburgense art. 20. § 1 : *Invenitur tandem judicialiter, quod cum heredum consensu si proprium illud sibi Abscessum, vel resignatum non sit.* Infra : *Cum vero.... proprium seu hereditatem Abscesserit, et ille eandem acceptaverit, ulterius per sententiam quærat, ex quo quidem Abscessionem fecit, an istud proficere ei possit in suo jure, etc.* Et § 2 : *Dicendo, quemadmodum tibi domus seu hereditas coram judicio Abscessa, resignata, donatave est.* Adde artic. 21.

¶ **ABSCERNERE**, *Repellere, rejicere*, Gloss. *Absternere* [** quod vide] etiam ex Glossario Isidori quod idem sonat, et est eadem vox varie lecta.

¶ **ABSCESSIO**, Cessio. Vide in *Abscedere.*

¶ **ABSCIDICULA**, Statuæ vel imaginis loculamentum in fornicis modum pro *Absidicula*, apud Joannem Diaconum in Vita Gregorii Magni lib. 4. cap. 84 : *In Abscidicula Gregorius in rota gypsea pictus ostenditur.* Vide *Absida.*

ABSCIDILIUM, *Cultellus, quo ungulæ equorum abscinduntur.* Breviloq.

¶ **ABSCIRE**, *De memoria exire.* MS. Cod. Bituric. et Amalthea, ubi additur : *Descire, de obedientia Ducis recedere, etc.* Goclenius in Lexico Philosophico : *Abscio* ἀγνοῶ?, *pro de memoria exeo.*

¶ **ABSCISA**, Scriptionis genus. Vide *Scriptura.*

¶ **ABSCISURA**, *Intervallum.* Gloss. Bitur. proprie idem quod *Abscissio*, Gall. *Coupure, séparation.*

* **ABSCODERE**, Excutere, siliquis exuere. Gall. *Ecosser.* Transact. ann. 1516. inter Jac. de Grassa dom. de Albarno et habit. ejusdem loci ex sched. D. *Chaix* advoc. Aquens. : *Liceat dictis hominibus flagellare seu Abscodere, aut flagellari et Abscodi facere per alios, blada eorum propria et legumina.*

* **ABSCONCIA**, ut *Absconsa*, Cœca laterna. Inventar. S. Capel. Paris. ann. 1376. ex Bibl. reg. : *Item, una Absconcia argenti deaurata operis hachiati.* Aliud Gallicum : *Item une Esconse d'argent dorée hachiée.* Lit. remiss. ann. 1451. in Reg. 182. Chartoph. reg. ch. 172 : *Lesquelz compaignons alumerent la chandeille et la mirent dedens une Esconse ou lanterne.* A veteri Gallico *Esconsser*, Abscondere : unde *Soleil levant ou soleil Esconssant*, in Charta ann. 1325. ex Chartul. 21.

Corb. Hinc *Esconcerie* dicitur, cum quis rem negat et instrumenta celat, quibus illa probaretur. Charta Jac. dom. *de Saus* ann. 1246. ex Reg. 93. ch. 291: *De gaige restoré, iij solz, se li debte est cogneue; et d'Esconcerie provée, lxv solz.* Inde etiam *Esconsail*, pro Perfugium, vulgo *Abri*, apud Guignevil. in Peregr. hum. gener. Ms. ubi homo sic Deum deprecatur :

Fai moi de Toi un Esconsail,
Un abril et un repostail,
Ou je me puisse aler bouter.

Escondre vero, eodem sensu minus apte intellexit Cangius, cum opposita notione accipiendum videatur ex loco laudato v. *Absconsa*. Vide infra in *Exconditum*.

ABSCONDERE, Purgare se. Capitula Ludovici II. Imp. tit. 2. cap. 4 : *Si quis autem negaverit factum, si comprobatus non fuerit, propria manu se Abscondat.* Quo loco, *Abscondere*, idem valet ac *excondicere, escondire, excondire* id est, purgare se sacramento interposito, aut adhibitis testibus ut infra docemus : unde nescio an non, legendum sit, *escondiat*, vel *excondicat*. Vide *Excondicere*. [** Capitula non sunt Ludovici 2 Imp. sed Karlomanni, Caroli Calvi filii, apud Vernis palatium facta. Codex Metensis (hodie regius 75 suppl. lat.) legit *abscondat*; Baluzius vero tom. 2. col. 287. et Pertzius vol. 1. Legum pag. 552. lectionem *excondicat* textui inseruerunt.]

ABSCONSA, Cæca laterna, qua Monachi ut plurimum utuntur in obeundis dormitoriis. Liber Ordinis S. Victoris Parisiensis MS. cap. 36 : *Absconsam præparet cum candela, etc.* Adde cap. 41. Lanfrancus in Decretis pro Ord. S. Bened. cap. 1. sect. 1 : *Debet Prior cum Absconsa accensa per chorum ire, ac videre quam regulariter sedeant.* Occurrit pluries apud eundem pag. 259. 278. 280. 281; apud Udalricum in Consuetud. Cluniacens. pag. 32. 95. 130. 174. 213; in lib. Usuum Ordinis Cisterciensis cap. 20. 53. 68. 89. 93. 94. 100; in Vita S. Gregorii Episc. Armeni. n. 10; apud Gillebertum Lunicensem Episcopum de Usu Ecclesiastico, etc. Galli Monachi *Esconses* appellabant. MS. Corbeiense de Mensa Abbatis, de Thesaurario : *Debet enim prioribus, pueris Monachis portantibus laternam et Esconsecandelam, etc.* Est enim *escondre*, abscondere apud Guill. *Guiart* MS. :

Pierres, qui ne sont pas legieres,
Grosses sont celes des perieres.
Qui se vont en la ville escondre,
Et font les couvertures fondre.

Consa et Sconsa, Eadem notione non semel. Consuetudines Floriacensis Cœnobii : *Unus vero de infantibus in Consa a Magistro suo præparata affert candelam accensam.* Vita S. Gosuini lib. 3 : *Sconsas.... numquam prior vel Abbas habuit, nisi illam quæ omnium communis fuit.* Vide Monasticum Anglic. tom. 3. pag. 171. 331.

* **ABSCONSE**, Latenter, abscondite, nostris *Absconséement. Convocaverunt inibi multitudinem armatorum clam et Absconse*, apud Menester. in Hist. Lugdun. p. 7. col. 1. Charta ann. 1457. in Chartul. 21. Corb. fol. 105 : *Se sont par plusieurs fois boutté Absconséement et celéement en nosdits bos de Morœul.*

¶ **ABSCULTARE**, pro *Auscultare*. Testam. Jacobi Aragon. Regis, Spicileg. Acher. tom. 9. pag. 199 : *Et hoc exemplum inde sumptum cum dicto instrumento originali inspici et concordari et Absculturi.*

* Glossar. vet. ex Cod. reg. 7641 : *Abscultat, advertit intente.* Unde *Abscoulter*, eadem notione, in Lit. remiss. ann. 1389. ex Reg. 136. Chartoph. reg. ch. 268 : *En le présence des hommes liges dudit chastel* (de Henchin) *et pluseurs autres Abscoultans à ce présens.* Vide *Audientia*.

ABSCULTATORES. Vide *Audientia*.

ABSE, *Spontaneus*, in Glossis Isid. Galli dicunt, *De soi*.

¶ **ABSECTOS**. Isid. lib. 16. Orig. cap. 11. de gemmis nigris : Absectos, *nigra et ponderosa distincta venis rubentibus : hæc excalefacta igni septem diebus calorem tenet.* An ab ἄψεκτος, Irreprehensus. Vide *Absictus*. [** Isidorus verbotenus Plinium expressit Hist. nat. lib. 37, cap. 10. Pro *Absectos* ibi legitur *Apsyctos*, græce ἄψυκτος, ab a privativo et ψυκτός, refrigeratus.]

** **ABSECTUS**, Discretus, separatus. Just. Cod. lib. 12. tit. 34, cap. 5. pr. et in f.

¶ **ABSEDIUM**, Obsidio. Memoriale Potestatum Regiensium ad ann. 1247. apud Murator. tom. 8. col. 1115 : *Postea venit Imperator cum D. Izolino cum magno exercitu, et cum prædicto Rege et Cremonensibus, et posuerunt se in Absedium prænominate civitatis Parmæ.* Non semel ibid. occurrit. Chron. Parmense ad ann. 1267. apud eumdem Murator. tom. 9. col. 782 : *Stando Parmenses in dicto Absedio burgi S. Domnini cum Mutinensibus..... auditum fuit, quod, etc.*

¶ **ABSEITAS**, vel Abscitas. Vide *Absus*.

1. **ABSENS**, Eadem notione qua *Abstentus* (de quo vocabulo infra) usurpatur in Capitulis Caroli M. lib. 7. cap. 215. ubi de Devota peccante et pœnitente : *Priusquam in Ecclesia admittatur ad orationem, ad nullius convivium Christianæ mulieris accedat. Quod si admissa fuerit, etiam hæc quæ eam receperit, habebitur Absens.* Id est abstinebit pariter ab ingressu Ecclesiæ, seu habebitur pro excommunicata.

2. **ABSENTEM** se facere, Devestire se de re aliqua, exuere possessione, et eam in alium transferre Charta vetus ann. 1075. pro Monast. Pinaroleusi, in Probat. Hist. Sabaud. : *Exinde ultimam facio traditionem et vestituram, et me exinde foris expuli, varpivi, et Absentem feci.* Habetur rursum pag. 23. Occurrit præterea hæc formula in Charta Mathildis Comitissæ quam descripsit Baronius ann. 1102. et in alia apud Ughellum tom. 3. pag. 415. tom. 4. pag. 1160. et in Bullario Casinensi tom. 2. pag. 102.

¶ Absesitum se facere, Eadem significatione; sed non eadem origine, *Absesitus* enim constat ex præpositione *ab et sesitus*, quod a verbo *sesire* seu *saisire*, Tenere, Gall. *Saisir*. Veteres Chartæ apud Ughellum tom. 3. pag. 61. et 415 : *Legitimam facio vestituram per cultellum, festucam nodatam...... me ea inde foris expuli, et verpivi et Absesitum feci.*

Absitum facere, Eadem notione. Tabularium Casauriense ann. 22. Ludov. Imp. Loth. F : *Et juxta legem meam per cultellum et festucam notatum* [*l.* *nodatam*] *seu gazonem terræ vobis exinde ad vestram partem corporalem facio investituram, ad vestram proprietatem habendum, et me inde foras expuli, et Absito feci, faciendum exinde a præsenti die, tam vos quam hæredes vestri aut cui vos dederitis, vel habere statueritis, proprietario nomine quidquid volueritis, etc.*

Absititium se facere, in veteri Charta apud Ughellum tom. 3. Ital. sacr. pag. 49. 51.

** 3. **ABSENS**. Instrumentum Inquisitionis a missis Imperatoris factæ post ann. 800. in Angel. Fumagalli cod. dipl. Sant-Ambrosiano pag. 173 et apud Guerardum in Appendice ad Polyptychum Irminonis pag. 343 : *Insuper est ibi terra Absens, quam ipsi servi laborant.* Vide *Absus*.

* **ABSENTANDUS**, Absens, fugitivus. Lit. remiss. ann. 1358. in Reg. 86. Chartoph. reg. ch. 321 : *Maciotus se reddidit propter hoc Absentandum. Absentation, Absentement*, absentia, fuga, in aliis Lit. ann. 1387. ex Reg. 131. ch. 122 : *Par laquelle Absentation, il a encouru le ban général de nostre royaume.* Aliæ ann. 1399. in Reg. 154. ch. 427 : *Le suppliant doubtant rigueur de justice, s'est absenté du païs, et pendant son Absentement, etc.*

1. **ABSENTARE**, Occultare, abscondere. Joan. de Janua : *Absentare, Amovere, absentem facere, vel esse.* Alanus de Insulis in Planctu naturæ : *Cætera vero, quæ thalamus secretior Absentabat, meliora Fides esse loquebatur*, id est, occultabat. Aimonius lib. 1. de Miracul. SS. Georgii et Aurelii num. 7 : *Sed quid exinde Christus pro suorum martyrum ostensione operatus sit ullatenus Absentari non debet.*

* 2. Absentare Aliquid, Ab eo recedere, illud relinquere. Lit. remiss. an. 1384. in Reg. 125. Chartoph. reg. ch. 115 : *Hoc facto, metu rigoris justitiæ, domum suam Absentavit.*

* 3. Absentare, Auferre, abscindere, separare. Translat. unius mart. SS. Thebæor. apud Marten. tom. 6. Ampl. Collect. col. 1018 : *Quamvis, ut superius dixi, de capite nihil præter mentum haberetur, sicut percussoris illud Absentaverat gladius.* Paulo ante : *Sic casu pertransierat inter caput et mentum persecutoris gladius.*

4. Absentare se, Concil. Cæsaraugust. c. 4 : *Nulli liceat se de Ecclesia Absentare.* Petrus Damian. lib. 1. Epist. 9 : *A Conciliis se synodalibus Absentavit.* S. Ambrosius in Actis S. Sebastiani cap. 17. n. 60 : *Non potes temetipsum nec a spectaculis tollere, neque judicandis negotiis Absentare.* Dinamius : *Qui de cordis non Absentatur arcano.* Utitur etiam Herimannus de Restaurat. S. Martini Tornacensis cap. 4; Wilel. Brito. lib. 6. Philipp. v. 494. lib. 7. v. 22. etc. Vide legem 4. Cod. Theod. de Decur. et quæ ibi notavit Jacobus Gotofredus, et Savaro ad Sidon. lib. 9. Epist. 13. [** In Theod. Cod. lib. 12. tit. 1. cap. 84 : *Quos crimen desertionis Absentat.* Vide Forcell. in voce *Absentare*. Gemma Gemmarum : *Absentare, Absentem se facere.*]

5. Absentare, Abesse. Valerianus Cemelensis Homil. 9 : *Ecce hic dicit : Clavis deest, custos Absentat; cum primum reversus fuerit, accipies.* Et Homil. 11 : *Assistente igitur Deo ac Servatore nostro, sine dubio dominatio diabolicæ potestatis Absentat.* Eucherius in

Homil. : *De templo Dei Absentare non expedit Sacerdotem.* Alanus lib. 4. Anticlaud. pag. 61 :

Simili non omnis gloria quarto
Absentatur equo.

[** Interpr. ad Paul. lib. 1. tit. 7. § 1 : *Si qui per necessitatem longinquæ peregrinationis Absentant.*]

¶ Absentere, Eadem significatione dicitur in Capitul. General. MSS. S. Victoris Massiliensis : *Quod si dicti monachi excedant discurrendo inutiliter, vel se sine suorum licentia Priorum a Prioratibus Absentendo, etc.*

Absentaneus, *qui se semper absentat.* Joan. de Janua.

Absentatus, Deperditus, amissus, Gallis *Egaré.* Lex Longobard. lib. 2. tit. 36. § 6 : *Et dixerit quod munimen suum Absentatum fuisset*, id est, Charta seu diploma non reperiretur. *Abenste*, in Consuetud. Leodiensi art. 24. 106. 107. dicitur de eo qui *Absentare se* cogitur, *qui est obligé de s'absenter.*

Absentatio, in Epist. 58. ex Francicis tom. 1. Hist. Franc; apud Gregor. VII. PP. lib. 1. Epist. 44. 45. etc. [S. Bernardus lib. de Præcepto et Dispensatione cap. 20 : *Illa vero circa corpus occupatio quid est, nisi a Deo quædam Absentatio, et Absentatio quid, nisi peregrinatio?*] Aliud sonat in Gloss. Lat. Græc. Absentatio, ἀποστήθησις. [** Cod. Sangerm. ἀποστήθισις. Vulcanius legendum censet ἀπὸ στήθεος. Vide Desid. Herald. lib. 1. Adv. cap. 1.] In aliis Gloss. MSS. additur ἀπὸ στόματος. Vide Gloss. med. Græcit. in στῆθος. [Vulcanius et ex eo Laurentius in Amalthea : *Absentatio, Recitatio facta absente libro.*]

¶ Absenter, In absentia, in Translatione S. Guthlaci, Aprilis tom. 2. pag. 60.

¶ Absentialis dies, Dicitur dies qua quis absens est, ut cum Canonicus a choro abest. Statuta Stephani Tornacensis Episcopi ann. 1196. pag. 1197. novæ Edit. Diplomatum Miræi : *Si etiam aliquis Canonicus propter manifestum capituli vel Episcopi negotium absens fuerit, vel cum Episcopo equitaverit, illorum dierum Absentialium angustia ad hoc ut foraneus judicetur non poterit coarctari.*

¶ Absentialiter præsens, id est, corpore quidem absens, sed præsens mente. Epist. Halinardi Archiep. ad Canonicos Lugdun. circiter ann. 1051. inter Instrum. tom. 4. novæ Gall. Christ. col. 8. B : *Quapropter Absentialiter præsens solo tenus supplico communiter miserando indulgeatis.*

Absentivus, in Fragmento Petronii cap. 33 : *Sed ne diutius Absentivus essem, voluptatem mihi negavi.* Alii aliter legunt.

* **ABSENTIELIS** Ætas, Majoritas, ut vulgo dicitur, cum quis suæ tutelæ est, quasi quod *abs se* sit, id est, sibi relictus. Scacar. apud Cadom. ann. 1234. in Reg. S. Justi Cam. Comput. Paris. fol. 37. r°. col. 1 : *Nullus auditur de venditione consanguinei revocata post annum præteritum Absentielis ætatis : mota quæstione super revocatione ab uno de consanguineis, venditor et emptor venditionem rescindere non possunt.*

* **ABSENTIMENTUM**, pro *Adsentimentum*, Consensus. Charta ann. 1231. apud Mannii in Observat. hist. ad Sigil. antiq. tom. 7. pag. 118 : *Promiserunt etiam et juraverunt non esse in consilio, vel facto seu Absentimento, quod castrum S. Miniatis perdat honorem.*

* **ABSENTIO**, *Adolacio*, in vet. Glossar. ex Cod. reg. 7646. [** Cod. 4778 : Adulatio.]

ABSENTUM pro *Absinthium*, legi in Codice MS. Apulei de Herbis, monet Salmasius ad Lampridium, indeque *Absentatum vinum*, apud eundem Lampridium in Codice Palatino, pro *absintiatum*, uti editus præfert.

* **ABSEPTICUS**, *Furiosus*, in Glossar. ex Cod. 7641.

* **ABSESCUTARE**, Devestire se de re aliqua, et juri, quod in eam quis habere potest, renuntiare atque in alium transferre. Charta ann. 1269. ex Cod. reg. 9861. fol. 37. r° : *Dictis bonis spontanea boluntate... ad opus dicti Henrici et Gertrudis ejus uxoris, ... pro nobis et nostris successoribus sive hæredibus Absescutavimus, et per præsentes Absescutamus et renunciamus.* Vide supra *Absacitus.*

¶ **ABSICTUS**, *Gemma nigra et ponderosa*, in Glossis Bituric. MSS. Vide *Absectos.*

1. **ABSIDA**, vel Apsida, Fornix, ex Gr. ἀψίς, arcus, fornix. Papias : *Absida est hemispherium.* Gloss. Lat. MS. Reg. : *Emisperium, Absida.* Honorius Augustod. lib. 1. de Imagine mundi cap. 77 : *Absides*, id est, *circuli.* Durandus in Ration. *Exedra est Absida, sive volta.* Ælfricus in Gloss. Saxon. *Absida*, s i n e p e a l t c l e o f a *vel* p o r t i c, id est, rotunda concameratio, vel porticus. Gloss. Gr. Lat. ἀψίς, *forfex, arcus, fornix.* Isidorus lib. 14. cap. 18 : *Utrum Absidam an Absidem dicere debeamus, hoc verbi genus ambiguum quidam Doctorum existimant.* S. Hieronymus lib. 2. in Epist. ad Ephes. : *In summo cæli fornice, et ut ipso verbo utar, Abside.* Senator. lib. 8. Epist. 33 : *Hic erumpit aquarum perspicua et dulcis ubertas, ubi in modum naturalis antri Absidis fabricata concavitas, sic perspicuos liquores emanat, ut vacuum putes lacum, quem non dubitas esse plenissimum.* Ordericus Vital. lib. 9. pag. 719 : *Multi autem abibunt, qui nunquam redibunt, donec ad proprias Absides astra redeant.* Perperam edit. *obsides.* [Epistola Gunzonis ad Augienses Fratres, ann. 969. apud Marten. tom. 1. Ampliss. Collect. col. 310. D : *Vile putat in liberalibus studiis immorari; planetarum Absidas, positionem, discursus per Zodiacum, circulorum inter se replicationem inquisitum ire nihili pendit.*] Vide Alcuinum Poem. 3.

2. **ABSIDA**, Pars ædis sacræ interior, in qua altare collocari solet, sic appellata, quod sit quodammodo separata a templo, et proprio fornice tecta et convoluta. Gregorius Turon. de vitis Patrum cap. 7 : *Ante altare, basilicæ fundamenta jecit, erectaque Absida miro opere construxit et transvolvit.* Cap. 16 : *Ventumque est ut sanctum Munus juxta morem Catholicum signo Crucis superposito benediceretur : at ille intuitus, vidit quasi ad fenestram Absidæ scalam positam, etc.* Zixilanes in Vita S. Ildefonsi Episc. Toletani : *Et elevatis oculis, aspexit in circuitu ejus, et vidit omnem Absidam Ecclesiæ repletam Virginum turmis de cantationibus David modulata suavitate aliquid decantantibus.* Petrus Damian. lib. 3. Epist. 8 : *Teneo scilicet claustrum post Absidam Ecclesiæ tuo dumtaxat habitaculo dedicatum, etc.* Id est, retro chorum, seu potius presbyterium, neque enim hic locus asterisco indiget. Hugo Flaviacensis in Chronico pag. 112 : *Reliquias Hierosolymitanas in principali Absida locis congruis venerabiliter collocavit.* Guibertus lib. 1. de Pignor. Sanctor. cap. 2. § 2 : *Is ante Absidis frontem, inter altare videlicet et Absidem.... pro officio acturus astiterat.* Anselmus Episcop. Havelberg. lib. 3. Dial. cap. 1 : *Et quoniam omnium vestrum excellentiæ placuit, ut in hac sancta Basilica S. Sophiæ iterum conveniremus, in cujus Absida nunc sedemus, etc.* Vita Aldrici Episcopi Cenomanensis n. 2 : *Fecit namque in prædicta Ecclesia altaria sex, quorum unum sursum positum in media Absida collocatum, etc.* Vide Analecta viri doctissimi Joan. Mabillonii tom. 1. pag. 108. Mitto reliqua quæ non ita pridem in hanc sententiam congessimus in Descriptione Ædis Sophianæ. n. 51. [** Cod. reg. 4778. exscribit quæ Isidorus habet Orig. lib. 15, cap. 8. n. 7. et addit : *Locus ante altare est.*]

☞ Absida, Proprie est cujusvis ædificii pars extrema et interior super planum semirotundum erecta et concamerata, quam Galli plerique appellant *Rond point.* Neque dumtaxat usurpanda *Absida* pro illa parte in qua altare collocari solet; convenit cuilibet structuræ in arcum desinenti et concameratæ : quare et dicitur de Ecclesiarum Sacellis semirotundis, deque aliis partibus Ecclesiæ, cum in circulum pariter terminantur. Sic Eccles. Cathed. Noviomensis, Eccles. S. Luciani Bellovacensis, atque Nannetensis, olim S. Pauli, plures habere *Absides* dicuntur, quod tria ædificii totius in crucis modum exstructi extrema in arcum desinant. Vita Sancti Hermelandi inter Acta SS. Benedict. tom. 1. sæc. 3. pag. 398 : *Sancta ejus membra in Basilica S. Apostoli Pauli juxta oratorium S. Vandregesili in Absida meridiana sepulturæ debito cum honore tradiderunt.* Vita B. Hermanni Josephi, April. tom. 1. pag. 694. B : *Cum in una Abside Monasterii orationibus esset ac meditationibus occupatus, etc.*

¶ 3. **ABSIDA**, Interdum pro Episcopali sede, quod in medio *Absidæ* collocari soleret, ut in Ecclesiis in quibus Chorus retro altare est. S. Augustinus ad Albium : *Dicebam ego quibus poteram qui nos in Apsidem honoratiores et graviores ascenderant.* Et Epist. 203. ad Max. : *In futuro Christi judicio nec Absidæ gradatæ nec cathedræ velatæ.*

4. **ABSIDA**, Feretrum in quo reliquiæ Sanctorum continentur, sic forte appellatum, quod in absidem seu cameram desuper convolvatur. Gesta Consulum Andegavensium cap. 3. n. 26. ubi de Relatione corporis S. Martini : *Absida siquidem quam deferebant, erat fusilis ex auro et argento, quod dicitur electrum, spissitudine duorum digitorum, actoremque operis B. Perpetuum insculptor designarat, suffragio litterarum, etc.* [Vide S. Paulini epistolam. 32. edit. 1685. pag. 206. et not. 149. pag. 64. ubi præter cetera docetur *Absidam* ut plurimum sumi pro concha altaris, vel ipsa sacra mensa seu altari; v. g. cum dicuntur in *Absidis* repositæ Sanctorum reliquiæ quas sub altaribus, et intra altaria recondi solitas no-

tum est. Videsis et D. Cangii lib. 3. Constantinop. Christ. p. 45. et 46. ** Vide Salmasium ad Solinum cap. 55 pag. 852.]

5. **ABSIDA**, in Glossis MSS. est *latior pars ædis*.

¶ 6. **ABSIDA**, ABSIDIA, ABSIS, Sacra umbella quæ aut supra SS. Sacramentum aut supra SS. Corpora erigitur, Gall. *Baldachin*. In omnibus fere sacellis S. Dionysii super Sanctorum reliquias *Absides* lapideas opere Gothico extructas videre etiamnum licet. Glossulæ excerptæ e Codice MS. Cluniacensi tom. 2. pag. 23. operum posthum. D. Mabillonii : *Absis est freda, operculum ligneum, quod retro altare sit supra corpora sanctorum.*

ABSIDIA, Eadem notione. Gesta Dagoberti I. Reg. Franc. cap. 17 : *Foris quoque desuper Absidiam illam, infra quam veneranda Martyrum corpora tumulaverat,... ex argento purissimo mirifice cooperuit.*

¶ 7. **ABSIDA**, Orbita, circulus rotæ. Quod autem sic dicatur, inquit Spelmannus, fieri videtur non ab ἀψίς, ἀψίδος, fornix, sed ab ἅψις, ἅψεως, tactus, ab ἅπτω tango, quia pars illa rotæ quæ orbitam describit, terram tangit. Adde quod hac eadem notione apud Geometras *Tangens Linea* appelletur, quæ circulum in puncto tangit, nec secat illum. [Vide omnino Forcellini Lex. in voce *Absis*.]

ABSIDATUS, Concameratus, in absidis seu arcus formam tectus. Gloss. Lat. Gr. *Arcutus*, τοξωτὸς, ἐπικαμπὴς, ἀψιδωτός. *Porticus absidata*, apud P. Victorem in Descr. Romæ, reg. 4. Senator lib. 4. Epist. 51 : *Caveas illas saxis pendentibus Absidatas, ita juncturis absconditis in formas pulcherrimas convenisse, ut cryptas magis excelsi montis crederes, quam aliquid fabricatum esse judicares.*

ABSIDICULA, apud Joannem Diac. lib. 4. Vitæ S. Gregorii M. PP. cap. 84.

¶ **ABSIDITAS**. Vide *Absus*.

ABSIGNARE, ἀποσφραγίζειν, in Gloss. Lat. Gr. Resignare, desigillare, *Décacheter*.

* 1. **ABSILIRE**, *Dividere, Départir*, in Glossar. Provinc. Lat. ex Cod. reg. 7657.

* 2. **ABSILIRE**, Descendere. Glossar. vet. ex Cod. reg. 7646 : *Absiliunt, descendunt*. [** Cod. 4778 : *Absiliunt, discedunt. Stacius, Absiliunt nubes et fulgure claro astra patent*. Locus est in Thebaide, lib. 10. vers. 374.]

¶ **ABSINTHIUM**. Vide *Absynthicum*.

* **ABSISTERE**. Vide infra *Abstitere*.

ABSITANUM [vel ABSIDANUM] εἶδος χρυσοῦ, in Gloss. Gr. Lat. [Forte legendum *Aurichalcum*. ** Legendum potius *Obridium*. Vide infra Obryzum et Salmasium de Homonymis Hyles Iatricæ pag. 218, E, 6.]

¶ **ABSITAS**. Vide *Absus*.

¶ **ABSITITIUM**, ABSITUM se facere. Vide in *Absens*.

¶ **ABSJURARE**, ABSJURATIO. Vide in *Abjurare*.

¶ **ABSLATATA**, *Navis pyratica*, in Onomastico. Vide *Abstlata*.

ABSO. Vide *Abaso*.

ABSOLERE, *ab usu recedere*. Papias.

1. **ABSOLVERE**, Liberum dimittere. Lex Wisigoth. lib. 9. tit. 1. § 2 : *Si quis alienum servum in fuga lapsum, ferro vinctum, aut in quocumque ligamine constitutum Absolverit*. Eugippius in S. Severino : *Captivos gratanter Absolveret*. Vide Ughellum tom. 7. pag. 977. [** Cod. 4778 : *Absolvit, liberat; non moratur; missum facit.*]

2. **ABSOLVERE**, Interdum mittere, remittere in patriam, domum. Anastas. in Hist. Eccl. : *Hunc nos baptizantes, ad propriam Absolvimus regionem*. Ubi Theophanes in Cod. Vatic. habet ἀπεστείλαμεν, in Regio ἀπελύσαμεν. Agobardus de Bapt. Judæor. : *Post paululum fecistis ut ingrederer, sed nihil audivi, nisi Absolutionem discedendi*. Id est, licentiam, facultatem discedendi. [** Hac significatione vox frequens apud Plautum. Ammianus lib. 17. cap. 8 : *Legatos muneratos absolvit.*]

3. **ABSOLVERE**, Donare, dimittere, contradere, in possessionem mittere. Tabularium Conchense in Ruthenis: cap. 91 : *Eustorgius de Macennago dimisit et Absolvit Sancto salvatori de Conchas .... Ecclesiam de S. Mameto, etc.* Tabularium Abb. Belliloci in Lemovicib. : *Facta gurpitio ista vel Absolutio in mense Junii, etc.* Et ante : *Si... aliqua persona contra gurpitionem vel Absolutionem illam calumniam generare præsumpserit.* Ibid. : *Quamobrem omnia Absolvimus Deo sanctoque Petro Bellilocensi in manu Domini Abbatis*. Vide Miracula S. Ludgeri Episc. Miming. n. 39.

4. **ABSOLVERE** DEFUNCTOS, est Dicere Collectam mortuorum, *Absolve, Domine, animas fidelium defunctorum*. Odo Episcopus Parisiensis in Præceptis synodalibus § 7 : *Sacerdotes audito Parochianorum suorum obitu, statim Absolvant eos cum Psalmis pro defunctis, et Collecta*. Statuta Ordinis de Sempringham p. 781 : *Patres et matres, fratres et sorores et consanguinei defuncti Fratrum nostri Ordinis in annuo Capitulo in Conventu nominativo debent Absolvi, etc.* Vita S. Gilberti Institutoris ejusdem Ord. : *Recitatis Sanctorum passionibus, et Absolutis defunctis*. Adde lib. Usuum Ord. Cisterc. cap. 30. 99.

¶ 5. **ABSOLVERE** AD CAUTELAM. V. infra *Absolutio ad cautelam*.

* 6. **ABSOLVERE**, Permittere, dimittere, Gall. *Abandonner*. Acta Mss. Inquisit. Carcasson. ann. 1308. fol. 41. r° : *Ermengardis concesserat, quod Guillelmus Yssaura, vir suus, hæreticaretur, et ipsum Guillelmum Absolvit ipsis hæreticis.*

¶ **ABSOLVIMENTUM**, Licentia, facultas aliquid faciendi. Synodus Cæsaraugustana anno 1058. tom. 3. Collect. Concil. Hispan. pag. 220 : *Nec per ullum nuncium non dirigat ei sine consilio et Absolvimento de supra dicto Comite Raymundo.*

¶ 1. **ABSOLUTE**, Absque prævia salutatione, cantu, benedictione aut invitatione. Vox officii Ecclesiastici. MS. Codex Rituum Ecclesiæ Beatæ Mariæ Deauratæ, et in aliis Ritualibus Libris frequenter : *Dicuntur Absolute et sine oratione nec ante nec post... post tractum dicitur oratio scilicet, Deus a quo... et Judas etc... que dicitur Absolute et sine salutatione et cum flectamus.*

¶ 2. **ABSOLUTE** ORDINARI. Dicitur de Clericis qui ad sacros Ordines promoventur absque *Titulo* seu Ecclesia cui mancipentur, et de cujus redditibus vivant. Concilium Londinense ann. 1125 : *Nullus in Presbiterum, nullus in Diaconum, nisi ad certum titulum ordinetur. Qui vero Absolute fuerit ordinatus, sumta careat dignitate*. Vide *Titulus*.

1. **ABSOLUTIO**, Indulgentia, a peccatis remissio. Ordericus Vitalis lib. 5 : *Et generali Edicto festivam stationem ad sancti Pontificis corpus... fieri decrevit, ad quam Parochianos pæne omnes monitis et Absolutionibus atque benedictionibus invitavit.*

* Nostris, eadem notione, *Absolution*, pro *Indulgence*, ut legitur apud Monstrel. vol. 3. ad ann. 1449. fol. 25. v° : *Et adonc (la belle Agnes) requist son confesseur qu'il la voulsist absoudre de peine et de coulpe, par vertu d'une Absolution, laquelle estoit à Loches, comme elle disoit; ce que le confesseur à sa relation feit.*

* Antiquiorem Orderico Vitali hujusmodi *Absolutionis* seu indulgentiæ formulam, ut pote dignam notatu, hic describo ex Archivis S. Victor. Massil. : *Absolutio quam dom. Deodatus episcopus* (Tolonensis, qui circa medium XI. sæculi floruit) *cum universis clericis suis fecit in hoc loco* (Petrafoci) *tam viris quam mulieribus, de omnibus peccatis suis, tam de majoribus quam de minoribus, unde pœnitentiam egerunt vel agere cupiunt; de minoribus unam medietatem, de majoribus dimittimus, qui in tres dies est unum*; (sic) *et qui in duobus dimittimus unum extraordinarium et ad eventum, ad eos qui ibidem fideliter venerint vel vigilaverint, aut de possessione sua valentem unum denarium, per unumquemque annum, in adjutorio dederint.* Huc etiam revocanda est, (nequaquam enim ad absolutionem sacramentalem, cujus formulam non licet immutare pro libitu, pertinere potest,) indulgentia, quam Eugenius IV. PP. iis concedebat, qui ad redimendum ex Sarracenis Joannem regem Jerosolymitanum facultates suas insumebant. Hæc vero talis est : *Ego te absolvo ab omnibus pœnis in purgatorio tibi debitis, . . . et restituo te illi puritati seu innocentiæ in qua eras, quando fuisti baptisatus*. Vide infra in *Fraternitas* 5. et *Indulgentia*

* Sed et mortui ab excommunicatione absolvebantur; quod, schedula absolutionis eorum pectori superposita, fiebat, uti docet Andreas Floriac. Ms. lib. 3. Mirac. S. Bened. : *Post aliquot dies reperitur a diabolo suffocatus. Exinde monasterii S. Petri Apostolorum principis, quod dicitur Inder, sepulturæ mandatur; atque pervasorem ecclesiasticarum rerum terra non ferens a se exponit, a se ejicit..... Mane itaque facto ita repertus, iterum quantocius sepulturæ traditur; sed denuo bis terque miraculum geminatur.... Unde ad id ventum est, quo Benedicti res injuste pervasæ, condignæ satisfactione relaxentur, Floriacum mittatur : a fratribus indulgentia absolutionis misero impertiatur; quo facto atque eadem relaxatione in scedula admota pectori mortui superposita, non eum tellus pepulit ultra.* Vide in *Imblocatus*.

¶ 2. **ABSOLUTIO**, Dispensatio, dimissio, libertas, permissio. S. Bernard. Epist. 313. n. 3. Edit. ann. 1690 : *Et credo, ni fallor, quod Absolutio quæ facta est, potest interim impediri etc.* Loquitur de facultate discedendi ex uno Monasterio duobus Monachis concessa.

¶ 3. **ABSOLUTIO**, Apocha, acceptilatio,

Gall. *Quittance, décharge.* Diploma Casimiri Poloniæ Regis ann. 1356: *Litteras quittantias pabimus, et Absolutiones sub forma debita.*

¶ 4. **ABSOLUTIO**, in Ecclesiastici Officii Rubricis est deprecatio brevis quæ dicitur finitis psalmis cujuslibet Nocturni, qua solebat olim terminari Officium nocturnum uniuscujusque *Vigiliæ; Absolutio enim terminum et finem denotat*, inquit Macer in Hierolexico. Vide Hofmannum.

¶ 5. **ABSOLUTIO**, Collecta, seu oratio pro mortuis, illa præsertim quæ incipit, *Absolve Domine, etc.* Item quævis aliæ orationes pro defunctis, ac etiam preces, thurificationes, aspersiones, quæ circa corpora defunctorum fiunt. MS. Consuetudinum S. Augustini Lemovic. fol. 18: *Quando pro aliquo Abbate vel Abbatissa defertur rotulus, si Conventus est in claustro... Cantor debet scribere in eo Absolutionem vel orationem consuetam, etc.* Habetur hujusmodi Rotulus in Monast. Solemniacensi prope Lemovicum pro Hugone Abbate defuncto anno 1240. in quo *Absolutio* a Cantore scripta his verbis legitur: *Titulus Conventus vel Eccl. N. Anima Domini Hugonis Solemniac. Abbatis et omnium fidelium defunctorum per misericordiam Dei requiescant in pace. Oravimus pro vestris, orate pro nostris, etc.* Vide supra *Absolvere defunctos.* Vide etiam *Rotulus.* Forma porro et ritus *Absolutionis* habetur in Cæremoniarum Codice MS. Monasterii B. M. Deauratæ Tholos.: *Fit circuitus per cimiterium a Priore vel ab Domaderio, abstergendo ab aqua benedicta, et post finito responsorio cum versibus Absolvuntur mortui ab illo qui fecit officium.* Idem occurrit in Instrum. ann. 1397. apud. Marten. tom. 1. Anecd. col. 1630.

¶ 6. **ABSOLUTIO** Capituli, Brevis Lectio ex Scriptura Sacra, quæ quotidie post Primam dici solet, et quæ primum in Monasteriis finito *Capitulo* antequam Fratres exirent ad opera et benedictionem a Superiore acciperent, decantabatur.

¶ 7. **ABSOLUTIO** ad Cautelam, Gall. *Absolution à Cautele.* Dicitur de absolutione quæ majoris securitatis causa alicui judicis sententia excommunicato et appellanti conceditur; dummodo ferendo demum judicio se pariturum promittat præstito sacramento. Absolutionis ad Cautelam nulla mentio ante Celestinum Papam qui anno 1195. ad Episcopum Lincoln. scribens, quosdam absolvi permittit *ad majorem Cautelam.* Conc. Tarracon. ann. 1591. tom. 4. Collect. Conc. Hispan. pag. 589: *Absolutio ad cautelam prohibetur concedi invasoribus excommunicatis, et de facto concessa non valere declaratur.* Charta absolutionis ab Officiali Rhotomag. concessæ asservata in Monasterio B. M. de Bono nuntio: *Contra quos dictus Rev. Pater aut ejus Officialis ad suspensionem vel excommunicationem processerat, a sententia hujusmodi pendente dicto processu et sine ejus ac procurationum præjudicio per dictum Archiepiscopum vel ejus Officialem habentem super his potestatem Absolverentur ad cautelam etc.*

ABSOLUTIONIS DIES, apud Baldricum Noviom. lib. 3. cap. 74. in Vita Lietberti Episc. Camerac. cap. 54; apud Silvestrum Giraldum in Itinerar. Camb. lib. 2. cap. 11. vulgo *le Jeudy Absolu*, feria nempe quinat ante Pascha, qua Pœnitentes absolvi solebant. Joannes Episcop. Abrincensis de Offic. Eccles. pag. 41: *Ipso die hora sexta populus ad Ecclesiam conveniat: si Episcopus fuerit, convocatio pœnitentium et Absolutio, chrismatis et olei consecratio, juxta Episcopalem ritum ordinetur; ubi vero defuerit, imprimis tam Clerus, quam populus prostrati in terra cum lacrymis et gemitu Absolutionem criminum a majori Sacerdote accipiant.* Gillebertus Episcopus Lunicensis de Usu Ecclesiast.: *Absolvit Præsul populum de venialibus in Capite jejunii; de criminalibus in Cœna Domini.* Vide observata a Menardo ad librum Sacramentorum Gregorii pag. 231. et seqq. ubi de absolutionis formulis. Adde V. Cl. Steph. Baluzium ad Reginonem pag. 654. et quæ observamus infra in voce *Reconciliare.*

* Absolutus dies Jovis, vulgo *le Jeudi absolu*, feria nempe quinta hebdomadis sanctæ. Bened. abbas Petroburg. de vita et gestis Henrici II. edit. Hearn. tom. 1. pag. 200. ad ann. 1177: *Quod cum regi nuntiatum esset, in crastino summo mane diei Jovis Absoluti venit Cantuariam.*

ABSOLUTIONEM facere, Jubere, jussionem dare, vel potius facultatem ac licentiam dare aliquid faciendi. Charta Dagoberti Archiepiscopi Bituricensis ann. 990: *In ipsius* (Episcopi defuncti) *loco jubeo et Absolutionem facio ad Coepiscopos nostros eligere et benedicere Gausbertum Sacerdotem, etc.* Infra: *Nos* (Episcopi) *una cum auctoritate et Absolutione Domini Archiepiscopi nostri.... recepimus in nostro Episcopali numero atque Collegio proclamatum Gausbertum, etc.*

¶ **ABSOLUTIONES** Relaxatoriæ. Sic vocantur concessæ excommunicatis Absolutones ad tempus. Statuta Synodalia Ecclesiæ Æduensis apud Martenium tom. 4. Anecd. col. 511. B: *Item quia nonnulli Curati dum recipiunt Absolutiones relaxatorias seu relaxamenta usque ad tempus, tenent, ut dicitur, partes excommunicatas per Absolutionem, et... præcipitur ut de cætero dum tales receperint Litteras, in registris suis registrent per hunc modum, videlicet, Relaxatus est talis, et Absolutus hinc usque ad tale tempus et non ultra, etc.*

IN ABSOLUTO, Voces Agrimensoribus propriæ, apud quos agri *in absoluto* remanere ac teneri dicuntur, qui sine lege et finitione sunt, id est, finibus ac limitibus non terminantur, apud Frontinum et Aggenum. [*Hæc autem sunt loca*, inquit iste, *quæ in soluto dicuntur quæ aut in saxosis et sterilibus locis sunt, aut in paludibus, ubi nulla potuit exerceri cultura.* Hinc forsan facta vox *Absus* quod abbreviate *Absus* scriberetur pro *Absolutus.* Vide *Absus.*]

1. **ABSOLUTORIÆ** literæ, Quæ re confecta, Missis ac Legatis dantur, cum domum remittuntur. Hugo Flaviniac. ni Chron. pag. 254: *Ut reversis Missis suis cum litteris Absolutoriis, ibi quoque a suffraganeis et diœcesi sua viaticum acciperet.*

2. **ABSOLUTORIÆ** litteræ, Quibus Pontifex excommunicatum, ab excommunicatione a se absolutum esse denuntiabat, in Concilio Burdegalensi ann. 1262. cap. 1.

¶ **ABSOLUTORIUM**, Acceptilatio, Apocha, Gall. *Quittance.* Synodales Constitut. ad calcem Lib. de Officiis Joan. Abrinc. pag. 4: *Obligatoria et quittatoria instrumenta.... passare faciant fraudulenter ut Absolutoria sua fallaciter extorquere possint et valeant.* [** Vide *Absolutio*, 3.]

¶ 1. **ABSOLUTUS**, Desperatus, Gall. *Désesperé.* Dicitur de ægro cujus morbus deploratur. Vita B. Columbæ Reatinæ tom. 5. Maii. pag. 392. * C: *De quadam scala proruerat; ac fracto capite ac discooperto cerebro, invadente febre, multiplicatisque variolis, Absolutus erat judicio medicorum.*

* 2. **ABSOLUTUS**, Persolutus, *Asoul*, nostris olim. Lit. ann. 1297. in Lib. rub. Cam. Comput. Paris. fol. 55. r°. col. 2: *Desquelz douze vinz et dis livres de Paresiz il se tiennent Asouls et apaié. Assossé* vero, pro Absolutus, liber, immunis, Gall. *Décharge, exempt*, in Ch. ann. 1273. in Suppl. ad Miræum p. 606. col. 1: *Et raportant celi disme en le main le seigneur de Commines, de cui je le tenoie en fief, ... il le converti en iritage et me le rendu Assossé et desherhié dē tout service de fief. Absoluta pecunia*, Præsens, Gall. *Argent comptant.* Charta ann. 1238. apud Joan. Nicol. ab *Hontheim* tom. 1. Hist. Trevir. pag. 724. col. 1: *Bona quædam, quæ mea Absoluta pecunia comparavi.*

** 3. **ABSOLUTUS.** Solutus et liber, liber Fidelis, Vasallus uni addictus. Dipl. ann. 1250 in Sande Comm. ad Gelriæ Conseut. Feud. Tract. 1. tit. 1, n. 25.: *De dicto castro sive domo ero homo suus absolutus quod vulgo Ledigh-man nuncupatur.* Schannat. Hist. Episc. Worm. tom. 1. pag. 244: *Hartradus de Merenberg partem castri in Merenberg.... beato Petro tradidit, ratione cujus vasallum se fecit Wormat. Ecclesiæ Absolutum, quod vulgo dicitur Ledigh-mann.* Vide *Solutus* et *Ligius.* Vide Haltaus. Gloss. Germ. v. *Ledigh-mann.* Adel.

ABSONIARE. Sacramentum fidelitatis Anglosaxonicum laudatum a Somnero: *In illo, Deo, pro quo sanctum hoc sanctificatum est, volo esse nunc domino meo N. fidelis et credibilis, et amare quod amat, et Absoniare quod Absoniet, per Dei rectum et seculi competentiam.* Saxonicum habet, eal ascunian ꝥ et he ascunbaþ, etc. est autem ascunian, devitare, fugere, detestari.

* **ABSONUS**, *sine sono, homo.* Glossar. vet. ex Cod. reg. 7641. [** Cod. 4778: *Absono, absurdo; præpropero; inutili sono.*]

* **ABSORBERE**, Prætermittere, nullam rei alicujus rationem habere, Gall. *N'avoir nul égard.* Lit. ann. 1408. tom. 9. Ordinat. reg. Franc. pag. 355: *Arrestum et privilegia supradicta, ac alia per dictum dominum genitorem nostrum in hac parte edita, de quibus nobis licuit, Absorbendo, etc. Asorbir*, ad nihilum redigere, in Lit. ann. 1401. tom. 8. earumd. Ordinat. pag. 490: *Qui* (le fait de la marchandise) *par les inconvéniens des susdiz, l'en y dit grandement estre adommagié et Asorby.* Unde *Assorbir les yeux*, pro Oculos extinguere, excæcare, apud Philip. *Mouskes:*

Pour çou que li sire li fist
Les deux ious Asorbir el cief.

* **ABSORSIT**, *Foras ejecit, exturbavit, exposuit, exegit vel ejecit.* Glossar. vetus ex Cod. reg. 7646. Vide supra *Aboso.*

* **ABSORTUS**, ibid. *Absorta est, restricta* [** Cod. 4778: *restincta*] *est, consenuit vel elanguit. Absorptus*, Numer. 11. 2. et 1.

Cor. 15. 54. [** Cod. 4778 : *Absorta, devorata, glutita, deleta, abolita.*]

ABSPES, Sine spe, ἀπελπίζων. Occurit in Vita S. Onuphrii cap. 10 : *Abspes etiam multoties vitæ.*

¶ **ABSPORTARE**, pro *Asportare* vel *abigere*; si de pecoribus agitur, Gall. *Emporter, Emmener.* Charta Philippi Aug. ann. 1194 : *Si quis a civitate fugerit, et catalla cujuspiam Burgensium Absportaverit, et Scabini hoc cognoscant, redire non poterit nisi per craantum creditorum.*

1. **ABSQUE**, Præterquam. Aurel. Victor Schotti in Augusto : *Felix adeo, Absque liberis, tamen simulque conjugio.* In Caligula : *Immaturo Absque Octaviani interitu.* In Hadriano : *Apud Bajas tabe interiit anno Imperii Absque mense vicesimo secundo.* Utitur etiam non semel Ammianus, ut et alter Victor in Vitell. Vespas. et Theod.

2. * **ABSQUE EO QUOD**, Quamvis non. Formulæ Massil. ex Cod. reg. 7657. fol. 27. v° : *Dictum talem pignorari fecit per talem nuntium dictæ curiæ, usque ad cantitatem unius floreni, pro corratagio suo prædicto, Absque eo quod dictum officium juraverit, aut alias fidejusserit in dicta curia, seu licentiam habuerit ab officialibus suis. Sit in pœna in dicta præconisatione contenta.* Supra : *Licet ipse delatus non sit corraterius.*

¶ **ABSRADICARE**, Avellere, eradicare, Gall. *Deraciner, arracher.* Charta Guidonis Comitis Flandr. ann. 1237. in Tabular. S. Barthol. Bethuniensis : *Item debet habere omnes emendas, redituum foriscelatorum, metarum Absradicatarum sive remutatarum absque mesleia.*

ABSTANTIA, [Intervallum, distantia, Gallice *Eloignement, distance.*] Hac voce utitur Vitruvius lib. 9. cap. 4 : *Quod aiunt solem, cum longius absit Abstantia quadam.* A verbo *absto*, quod usurpat Horatius de Arte Poëtica v. 361 :

Ut pictura poesis erit, quæ si proprius stes
Te capiet magis, et quædam, si longius Abstes.

¶ **ABSTEMIUS**, Non modo qui a vino, sed etiam qui a carnibus abstinet; quo sensu dixit Plinius [** Aul. Gellius lib. 13. cap. 30.] *prandium Abstemium.* Vita B. Geraldi Auriliac. lib. 2. de quo Annal. Bened. tom. 3. pag. 462 : *Geraldus quemdam Monachum, nomine Aribertum ducebat secum, magnæ asbtinentiæ virum. Factum est aliquando ut deesset pulmentarium quo Abstemius ille cum pane vesceretur..... Cum forte reperit pisciculum in littore expositum et palpitantem qui ipso vidente de aqua exsilierat, tum vero consedentibus ad mensam comedit ille Abstemius de pisce parato.*

¶ **ABSTENIS**, νηφάλιος, Sobrius. Supplem. Antiquarii. Vide *Abstenus.*

¶ **ABSTENTUS.** Vide in *Abstinere.*

¶ **ABSTENUS**, *Sobrius.* Janssonii Auctarium ad Glossar. Vide *Abstenis.* [** Gloss. Cod. reg. 4778 : *Abstemus, sobrius; Abstinens cibo.*]

* **ABSTERE**, Abjungere. Glossar. vet. ex Cod. reg. 7641 : *Abstemus, abjungimus.*

¶ 1. **ABSTERGERE**, pro *Aspergere*. Occurrit in codice MS. Cœremoniarum Monasterii B. M. Deauratæ Tholos. : *Fit circuitus per cimiterium a Priore vel ab Domaderio Abstergendo ab aqua benedicta; et post, finito responsorio cum versibus absolvuntur mortui ab illo qui fecit Officium. Hoc facto quilibet neguossiat ad libitum.*

2. * **ABSTERGERE**, Aribo episc. Frising. in vita S. Corbiniani tom. 3. Sept. pag. 282. col. 1 : *Tunc vir Dei crebris advenientium colloquiis occupabatur, ... quod magnis fletibus atque lamentis se Abstergere nitebatur.* Ubi delendum forte pronomen *Se*; adeo ut sensus sit, quod in his colloquiis peccasse autumabat, fletibus abstergere nitebatur : nisi cum Hagiographis pronomini *Se* præponas *a* et interpreteris, Repellere conabatur.

ABSTERIUM. Vide *Asceterium.*

ABSTERNERE, *Abjicere, repellere*, in Glossis Isid. [Papiæ Synonima sunt, *Absternere, Abdicare, propulsare, respuere.* ** Vide *Abscernere.* Cod. reg. 4778 : *Absterrat, abicit, repellit, propulsat etc.*]

ABSTERSORIUM, [Pannus lineus quo utitur sacerdos dum Missam celebrat ad extergendos sibi digitos post attrectatam sanctam hostiam, Gall. *Purificatoire.* In hoc differt *Abstersorium* a manutergio, quod isto dumtaxat utantur cum res divinas nondum attigere.] Visitatio Thesaurariæ S. Pauli Londinensis ann. 1295 : *Duo Abstersoria de panno lineo, cum extremitatibus cordatis de serico, ad extergendum digitos post Perfusionem in majori altari.* Alibi : *Item duæ tuallæ Abstersoriæ — item 1 Abstersorium tuallum — item 1 tualla Abstersoria.*

¶ **ABSTINATIO**, Forte pro *Obstinatio.* Descriptio redituum, censuum etc. dominii de Eska, ex Archivo Ecclesiæ S. Audomari : *Nec possunt aliqui... de territorio fructus removere, cariare, seu decimare.... in absentia decimarii, alioquin si eorum Abstinatia posset evidenter comprobari... deberent ex hoc puniri.*

* Melius, ut videtur, pro Legis, edicti, etc. violatio, Gall. *Contravention.* Vide Glossar. in hac voce.

ABSTINAX, Abstinens. Fragmentum Petronii, cap. 42 : *Et quid si Abstinax non fuisset? quinque dies aquam in os suum non conjecit, non micam panis; tamen abiit.* [** Symmach. Lib. 1. ep. 47.]

¶ 1. **ABSTINENTIA**, Ab armis cessatio, Gall. *Suspension d'armes.* Olim *Abstinence, souffrance.* Rymer. tom. 2. pag. 800 : *Prorogandi sufferentiam, seu Abstinentiam inter nos ex parte una etc.* Ibidem Gallice : *Avons accordé et accordons que la souffrance, ou l'Abstinence de guerre..... soit éloignée.*

* Lit. remiss. ann. 1357. in Reg. 89. Chartoph. reg. ch. 51 : *Deinde cum eædem partes Abstinentias sive treugas inter se et amicos suos.... habuissent et dedissent certo tempore, etc.* Aliæ ann. 1408. ex Reg. 162. ch. 362 : *Durant les treves ou Abstinences et souffrances de guerres, etc.*

* 2. **ABSTINENTIA**, Renunciatio, cessio. Gall. *Renonciation.* Stat. antiq. Florent. lib. 1. cap. 29. ex Cod. reg. 4621. fol. 57. v° : *Repudiatio vel Abstinentia hæreditatis vel successionis alicujus quomodolibet delata, a die repudiationis vel Abstinentiæ infra menses duos, si repudiatio vel Abstinentia facta fuerit in civitate, comitatu vel districtu Florentiæ, et infra quatuor menses, si alibi Abstinuerit vel repudiaverit, notificari debeat publice.* Vox nota Jurisconsultis. *Abstinere proprie dicuntur sui vel necessarii, hæredes; ut extranei repudiare,* inquit Brissonius lib. 1. de verb. significat.

1. **ABSTINERE**, Activa significatione usurpavit Marcellus Empiricus cap. 29 : *Gallinam per totum diem a cibo Abstineto.* Cælius Aurelianus Siccensis lib. 5. Chron. cap. 10 : *Erit a cibo Abstinendus ægrotus.* Ita etiam non semel Plautus. [** Vide Forcell. Lex. Mart. Lib. 9. ep. 86 :

Non se, convivas Abstinet ille suos.]

[Janssonius in Auctario ad Glossas Isid. *Abstinet, observat.*]

Abstinere *aliquem communicatione, communione*, idem est ac *Excommunicare.* Caldonius in Epistola, quæ est 39. inter Epistolas Cypriani : *Abstinuimus communicatione Felicissimum.* Mox : *Abstinuimus Sophroniam.* Avitus Vienn. Epist. 14 : *Proinde qua sit Abstinendus conditione, præcipite.* Usurpatur passim in Concilio Eliberitano, Toletano I. c. 4. 13. 15. Vasensi I. c. 7. apud S. Hilarium in Fragm. pag. 27. et Commodianum instruct. 61. etc.

Abstinentia, Eodem sensu apud Fulbertum Carnot. Epist. 83. de Presbytero lapso : *Ab Officio removendus est, et tandiu Abstinentia castigandus est, quousque relicto vitio, et per Dei gratiam superato, revocari videatur idoneus.*

Abstentus, Excommunicatus, apud eumdem Cyprianum Epist. 38. et 55. et lib. de Lapsis. In Concil. Tolet. I. can. 46. apud Guibertum lib. 3. de Vita sua cap. 5. etc.

☞ Abstentus, Macro in Hierolex. intelligendus videtur de suspenso ab Ecclesiasticis functionibus; quo sensu *Abstinere* usurpari contendunt non semel apud eumdem Cypr. atque etiam in Regulis Patrum cap. 5. § 2.

¶ Abstentus, etiam dicitur apud Jurisperitos, at Latine magis, Pupillus qui tutoris auctoritate ab adeunda hæreditate revocatus est, ex eo nempe quod nimis illa sit in ære alieno. [** Dig. lib. 4. tit. 4. fr. 7. § 10; lib. 26. tit. 8. fr. 21; lib. 2. tit. 11. fr. 15; lib. 36. tit. 4. fr. 1. § 4.]

Abstinentes, Iidem videntur qui *Continentes*, vel qui jejunia observant et ab escis abstinent. S. Cyprianus, seu auctor de Singularitate Clericor. : *Quid per hypocrisin, vult ab hominibus Abstinens dici et in secreto carnibus et ebrietate distendi?* Vita S. Tilonis Mon. n. 22 : *Quis tantorum Monachorum cuneos aspiciens, quis virile agmen concordiæ cernens non obstupescat, in quo nullus nocens, nulla detractionis susurratio, sed similitudo Abstinentium, et certamen officiorum?* Vita S. Præfecti Mart. posterior num. 7 : *Dum cum hospitibus Abstinentibus convivaretur, et pisces omnimodis anxius non haberet, etc.* mox de iisdem : *Cum pœnitentibus residens ad mensam remansit.*

Abstinentes, Hæretici in Hispania, Gallia, et Aquitania, *separantes persuasionibus conjugia hominum, et escarum Abstinentiam promittentes, etc.* Vide Philastrium de Hæresibus.

2. * **ABSTINERE**, Absterrere, detinere, Gall. *Retenir*, Lit. remiss. ann. 1363. ex Reg. 95. Chartoph. reg. ch. 1 : *Henricus, qui magnanimus esse dicitur, ob hoc, malo sine causa motus animo, confestim ipsam uxorem verberare nisus fuit, et se contra ipsam fecit*

Abstinere, *verba enormia contra ipsam proferendo.* Glossar. vet. ex Cod. reg. 7646: *Abstinet, coercet, compescit, refrænat, restringit vel subprimit, observat.*

ABSTIPULARE, Dimittere, *werpire.* Charta Conradi. II. Imp. ann. 1146. pro Monasterio S. Maximini Trevirensis: *Comes per omnia Archiepiscopo satisfaciens, rejuravit ei fidelitatem, et werpivit ei in præsentia nostra, et omnium qui affuerunt, Abbatiam, et omnem Abstipulavit de ea calumniam, et sic ab Archiepiscopo absolutionem et beneficium suum recepit.*

** **ABSTIRPARE**, Ausraden (Exstirpare). Voc. Germ. anni 1477. Adel.

* **ABSTITERE**, pro *Absistere*. Glossar. vel, ex cod. reg. 7646: *Abstiteres, abires: litere enim ambulare significat.* [** Hæc etiam Placidus ap. Maium pag. 433, et Gloss: Cod. reg. 4778; idem: *Abstetit, longe stetit*] *Abstitit, stetit, desinit, restitit.* Vide Thesaur. Fabri in *Sisto*.

¶ **ABSTLATA**, *Navis piratica.* J. Laurentius in Amalthea. Vox orta ab absoleto *Abstulo*, Aufero. Ablatis enim navibus piratæ uti consueverunt. Vide *Abslatata*.

¶ **ABSTOLCAZ**, Vide in *Abauthorizare*.

¶ **ABSTOLLERE**, Auferre. V. in *Toltus*.

* **ABSTRACTE**, *Ejecte vel abjecte*, in Glossar. vet. ex cod. reg. 7646. [** Cod. 4778: *vel Abducte*.]

* **ABSTRACTUS**, Hispan. *Abstracto*, A scriptoribus asceticis dicitur ille, qui, extra animi sensus raptus est. Bareleta serm. in festo S. Thom. Aquinat.: *Elevabatur sæpe a terra. Cum esset semel ad castrum sororis, in camera fuit Abstractus. Unde soror ejus ipsum credidit esse mortuum, quia se non movebat, aut aliquid dicebat.*

¶ **ABSTRAUDERE**, Auferre, furari, vel *Abstrahere*, vel pro *Abstrudere*; quod est Abscondere, operire, dissimulare. Conc. Arvernense ann. 1095. apud Marten. tom. 4. Anecd. col. 122: *Quicumque istos ceperit seu occiderit, aut domos eorum fregerit, aut aliquid inde Abstrauserit vel combusserit, pacem Domini violabit.*

¶ **ABSTRIGARE**, Ad omni mora et impedimento liberare. Est enim *Trigare*, seu potius *Tricare*, morari, differre, implicare, quæ a *Tricæ*, unde Gall. *Tricheur, intrigue, etc.* Diploma Alberti et Ottonis Austriæ Ducum ann. 1336. tom. 5. Reliq. manuscript. Ludewig. pag. 526: *Castrum Lucemberg a nobili viro Alberto disbrigare tenebimur... et nihilominus præfatus Albertus de Rauceinstein a præmisso captivitatis suæ vinculo absolvi non debebit, quousque præfatum Castrum in Lucemberg Abstrigatum et in præfati Regis potestatem sit traditum.* Vide *Trigare* et *Absbrigare*.

¶ **ABSTRUERE**, pro *Abstrudere*. Tertull. lib. 4. adv. Marc.: *Negat lucernam Abstruendam, sed confirmat super candelabrum proponendam, ut omnibus luceat.*

ABSTULA, pro *Astula*, quod vide. Breviloq. *Abstula, i. napta.* Unde:

Abstula, vel napta, sarmentum, malleolusque,
Quisquiliam stipulæ possunt ignem revocare.

ABSTULTUS, [Ablatus. Acta SS. Februarii tom. 1. pag. 209. C: *Excepto ducatu Denteleni qui ab Austrasiis iniquiter Abstultus fuerat.* Plura] Vide in *Toltus*.

* **ABSUMMA**. Sic lego pro *Absma*, cum nota abbreviationis, in Charta ann. 1341. ex Reg. 72. Chartoph. reg. ch. 369. quod si bene est, interpretor Summæ collectionem. Gall. *Total.* Vide infra *Assummare*: *Item et quod dictus Gillus commissarius præfatusque Johannes Roussel non invenerant aliquem, qui vellet dare amplius aliquid in prædictis vinea et nemore et torculari munito venalia expositis, cum essent quasi in Absumma redacta ultra sexaginta libras, quas idem magister Johannes Amelii obtulerat in eisdem.... Torcular munitum, nemus, vineam cum columberio superius confrontata, et quasi in Absumma redacta, pretio videlicet dictarum sexaginta librarum,... supplicavit dominis fundalibus dictorum locorum, ut de ipsis venditis ipsum emptorem investiant.* Nisi per *in Absumma redacta*, intelligas Inculta, ruinosa, et caduca. Vide in *Absus*.

¶ **ABSURATIO**, pro *Absjuratio*, Rei alicujus cessio cum prestatione sacramenti, Gall. *Renonciation, cession.* Literæ Officialis Ambian. ann. 1243. ex Tabulario Corbeiensis Monast.: *Noveritis quod nos dilectum Clericum nostrum Johannem de Viaco latorem præsentium ad audiendam recognitionem et Absurationem, quam vir nobilis Robertus Dominus de Bova miles et Domina Helvydis uxor ejus coram ipso facere voluerint, etc.*

* **ABSURDESCERE**, Exsurdare, aures prægravare, Gall. *Assourdir.* Lit. remiss. ann. 1381. ex Reg. 119. Chartoph. reg. ch. 37: *Dictus pastor cum quodam corneto, quod more ceterorum pastorum gerebat, incepit fortiter clangere, adeo quod dictus exponens, qui clangorem hujusmodi audiit, dubitans verisimiliter ne clangor hujusmodi dictam suam uxorem ægrotantem prægravaret et Absurdesceret, etc.*

ABSUS, et Apsus, Incultus ager, qui vulgo in Chartis opponitur *vestito*, hoc est, culto. Charta Caroli C. apud Perardum: *Terras Apsas* [vel *Absas*] *ubi possint seminari modii 150.* perperam *aptas* editum. Tabular. Eccl. Nivernensis: *De Curte Patriniaco in villa Cosma mansos vestitos 2. ... in Possione* [possessione] *mansos* 3 *vestitos, quartus vero Absus.* Charta Odonis Regis Franc. in eodem Tabul.: *In Pago Matiscensi in villa Fisciaco de potestate S. Cyrici mansos* 3 *vestitos cum terra Apsa ad ipsam potestatem in eadem villa aspiciente ... de potestate mansos tres Apsos.* Tabul. Bellilocense in Lemovic. n. 95: *De terris vero Absis, si homo aliquid fecerit, Judex recipiat quod exierit; et si censum solvere noluerit, in Vicariis recipiant, et si reddere noluerit censum, etc.* Charta Ottonis I. Imp. in Hist. Episcop. Metensium: *De qua terra sunt mansa* 11; 5 *vestita, alia vero sex manent Absa.* Annotatio Arnonis Episc. tom. 2. Antiq. lect. Canisii p. 485: *Tradidit mansos* 30. *inter vestitos et Apsos.* Charta Caroli Regis Burgundiæ filii Lotharii Imp. tom. 12. Spicileg. Acheriani: *Colonica una vestita, et altera Absa, cum vercaria. — In Luciaco vercaria una Absa, etc.* Charta Adalberonis Episcopi Metensis apud Meurissium pag. 308: *De qua terra sunt mansa undecim, quinque quidem vestita, alia vero sex manent Absa.* Charta Guidonis Flamenchi Militis Lemovic. ann. 1284: *Pratis, pascuis, aquis, riperiis, ribagiis, terris cultis et incultis, Absis et vestitis.* Charta Caroli III, imp. ex Tabulario Ecclesiæ Gratianopolitanæ: *Genoliacum quoque villam cum portu et mercato, habentem capellam et mansos inter Absos et vestitos triginta tres, cum omnibus ad ipsam pertinentibus.* [Charta permutationis inter Episcopos Aptensem et Sistaricensem: *Campos, vineas cultas et incultas, seu Absas.* Vide Miræi opera Diplom. Edit. 1723. tom. 2. pag. 935. A. B.]

[* Quæ interpretatio non placet D. *Bouquet* tom. 1. Jur. publ. Franc. pag. 53, ea potissimum de causa, quod ex agris incultis præstatio aliqua non possit exigi. Rem haud satis attente perpendit vir doctus; præterquam quod enim *Absus* ager aperte culto opponitur, in locis a Cangio laudatis, eo nomine quoque sæpius pascuum significatur, unde persolvebatur pensitatio; sed minor, quam ex agris cultis et seminatis. Laudat ipse etiam Cangius Chartam, qua in hanc opinionem inductus est D. *Bouquet*; nec idcirco sententiam mutavit, quod illa terrarum, de quibus sermo est, capacitas tantum indicatur, ut ex his verbis, *ubi possint seminari modii* 150, facile colligitur. Rem dirimunt Glossæ Cæsar. Heisterbac. in Reg. Prum. tom. 1. Hist. Trevir. Joan. Nic. ab Hontheim pag. 662. col. 2: *Mansi Absi sunt, qui non habent cultores.*]

Interdum *absus* ager dicitur non modo vacans, sed et prorsus incultus ac pasturæ idoneus. Charta Herivei Episcopi Eduensis in Tabulario ejusdem Ecclesiæ: *Mansos duos penitus Absos et omni cultura destitutos, pascuis solummodo animalium aptos.* Annotatio Arnonis Episcopi: *Tradidit in pago Druxgoe territorium quantumcunque possidere visus fuit, quod nunc jacet Apsum.* Occurrit porro hæc vox in veteribus Chartis, in Capitulari de villis cap. 67; in Chron. Besuensi pag. 548; Chron. S. Benigni. pag. 370. 421. 423. 454; apud Baldricum lib. 1. Chr. Camer. cap. 52; in Hist. Comitum Augustodun. pag. 48; apud Perardum in Burgundicis pag. 51. et alibi passim.

Absare, *Absum* facere, *mettre en friche.* Tabul. S. Dionysii de Capella in Diœcesi Bituric. charta 66. et 149: *Noverint quod Dalmas de Iricione quasdam calumnias in molendino de Espaleo tempore Radulfi Prioris antecessoris nostri posuerat, pro quibus destructum, et sicut dicitur, Absatum fuerat.* [Tabularium Vosiense fol. 68. v°: *Nullo modo Abbas aut suus præpositus vim faciat hominibus per quam terra Abset et fevales sua perdant.* ** Locum integrum vide in *Accordamentum*, 1. Cæsar. Prum. ap. Honth. hist. Trev. pag. 673, a: *Si autem ipsi ista et alia jura non fideliter peregerint, abbas feoda eorum debet Absare id est fronen*; Gallice *confisquer au profit du seigneur.* Vide *Absare* 1. 2. 3. suo loco.

Absarius, Qui *absos* et incultos agros scindit ac colit. Constit. Caroli Crassi de Feudis ann. 890: *Mansionarius* 5 *solidos, Absarius* 30 *denarios, Bunatarius* 15 *suppleant.*

Abseitas, Terra *absa.* Charta Caroli Regis Franc. pro Monasterio S. Andochii Augustod. apud Labeum lib. 1. Miscellan.: *In villa quæ vocatur Quintiacus, Abbatiolam S. Germani mansorum* 20, *cum omnibus Abseitatibus et vineis, cunctisque ad se pertinentibus.* Alia apud Sammarthanos anno 858, ubi de eadem Abbatia : *Nihil enim amplius in eodem prædio habebant, nisi unam vineam et terram Abseitatis.* [vel *Abscitatis*, ut legitur in nova Gall. Christ. tom. 4. Instrum. col. 52. D.]

ABSIDITAS, Eadem notione, in Tabulario S. Florentii Salmuriensis : *Alanus et Egio Britannorum Monarchi tempore Geraldi Abbatis S. Florentii confirmaverunt donum ejusdem potestatis in Absiditatem redactæ, vulgo Livriacum, in pago Redonensi situm, per genitorem eorum Gaufredum.* Charta Rodmundi Episcopi Augustod. in Tabul. ejusdem Ecclesiæ : *Quæ scilicet res sunt sitæ in Comitatu Belnensi — mansi scilicet* 3 *vestiti, et Absiditates* 5, *pertinentes ad Biliniacum fiscum.* Charta Aganonis Episc. Carnotensis, apud Sammarthanos : *Est quædam terra in Absiditate redacta S. Petri, etc.*

ABSITAS. Tabular. Brivatense cap. 366 : *Videtur autem ipsa Absitas sita esse juxta villam quæ dicitur, etc.* De vocabulorum istorum etymo ac notione non una est Scriptorum sententia. Cæsarius Prumiensis in Glossario ad vetera ejusdem Monasterii diplomata, *mansos absos* dictos ait, *quod non haberent cultores, sed dominus eos haberet in sua potestate*, eosque esse quos vulgo *Vroynde* vocant. Kilianus observat *Vrunte*, esse agrum compascuum et communem ad pascenda pecora, qui proinde non colitur ac scinditur. [** Coroinde est Dominicus, hodie fron.] Nicolaus *le Maistre* lib. 3. de Bonis Eccles. cap. I. *Mansum absum* seu *apsum* opinatur esse prædium nudum et investe, sine instrumento rustico; eoque nomine opponi *manso vestito*, seu *instructo fundo*, uti habet Ulpianus leg. *Instrumento D. de Instructo vel instrum. leg.* Ego vero a verbo *absum*, vel *abesse* formatam vocem existimo, ita ut *ager absus* sit is in quo cultura aut semen *abest*, cujusmodi sunt *squalidi agri*, apud Gromaticos, *qui a cultura exierunt* : et ψιλαὶ χῶραι, in Gloss. Græco-Lat. seu σχολάζουσαι et *vacantes*. Nec obstat quod *apsus* interdum cum P scribatur, cum constet veteres P pro B non semel in scribendo adhibuisse, atque adeo in ipsa voce *absens*, ut colligitur ex Grutero 61. 1. 436. 2. Hanc conjecturam juvat lex II. Cod. Theod. de Veteranis, in qua *loca absentium squalida, et situ dissimulationis horrentia*, non quidem vacantes terræ quæ dominos non habent, sed eæ quæ dominos habent, rerum negligentes, intelliguntur, uti viri docti censent. [Sunt qui has voces oriri putent e Latinis præpositionibus *abs, absque*, ita ut *terra absa* terra sit absque colono : Alii agrum *absum* existimant dici quod *abs se sit*, id est, sibi relictus.] Sed et nescio an huc referri possint, quæ habet Gloss. Gr. *Apsis*, πρόσφατον, νεαρόν, ita ut legendum sit *Apsum* : et νεαρόν hoc loco idem sit quod νέασις et νεάσιμον, *novale, et novalis ager.*

[** Neque recentiores de vocis significatione consentiunt. Guerardus in glossario ad Polyptychum Irminonis hæc habet : *Absa terra*, vacans, inculta. *Absus homo*, qui juris alieni est, glebæque adscriptus, nec tamen ullum mansum tenet. *Absus mansus*, qui non constituit prædium plenum cultumque, neque colitur jure colonico, quia homine vel quibusdam terris, sive aliis ad id necessariis est destitutus. Opponitur *manso vestito*. Grimmius Antiq. juris Germ. pag. 537. Cangio adsentit et Cæsarium Prumiensem obsoletæ vocis significationem ignorasse autumat. Eichhornio hist. jur. Germ. v. 1. p. 468. absi mansi sunt qui non coluntur per colonos vestitos et possessionis quodam jure gaudentes sed per colonos ad voluntatem domini revocabiles, locatores etc. Huic potissimum adsentiendum puto; mansus absus sæpissime opponitur *vestito*, est itaque mansus quem dominus in sua potestate habebat, quem nulli colono jure colonico concesserat. Huc pertinet quod legitur in Polyptycho Irminonis Abbatis brev. 9. cap. 304 : *Habet in Celsiaco villa mansum indominicatum Absum, ubi aspitiunt de terra arabili bunuaria septem.* Sæpissime vero hi mansi non vestiti erant, quia inculti, et e contrario inculti quia non vestiti; unde altera significatio cujus exempla plurima affert Cangius. Dipl. Pictav. ann. 1085. in append. ad Polyptych. Irminonis pag. 364 : *Et de ipsis terris ubi non est statio hominum, si aliquis consuetudinarius volens ipsas terras operari, operetur per preceptum prepositi sancti Juniani et reddat secundum consuetudinem mensurate secundum quod habuerit de terra ut non remaneat Absa.* Vide Polypt. Irminonis brev. 2. C; brev. 3. cap. 62; brev. 9. cap. 291; brev. 25. cap. 23. Ibidem brev. 9. cap. 304 : *Pertinent ad ipsam ecclesiam hospitia V, sed tamen Absa sunt præter unum, qui solvit ad ipsam ecclesiam denarios VI.* Ibidem brev. 11. cap. 10 : *mansi .... medietas est Absa.* Absorum hominum et Absarum feminarum mentio fit in Registro Prumiensi pag. 680. a : *Absi homines ex nostra familia qui infra potestatem nostram sine mansis sunt.* De vocis etymo vide Grimmium loco citato et supra *In Absoluto.*

¶ ABSYNTHIOSUS, Amarus, Acta SS. Aprilis tom. 2. pag. 312. C : *Similiter et Absynthiosæ passionis* (Christi) *diem ac noctem transigeret.*

ABSYNTHIUM, potio mellita, monachica. Consuetudines Floriacenses pag. 405 : *His tribus diebus post cymbali pulsationem, qui voluerit, bibet de Absynthio melle confecto, quod Refectorarius ante præparavit, et posuit in cyphis singulorum.*

☞ Usus iste etiamnum servatur in plerisque Germaniæ Monasteriis, nempe, in dolia musto, aut vino generoso plena, *absynthium* mittunt cum certis radicibus, melle, aut saccharo; addunt alii quædam aromata ut cariophyllum, zingiberi, casiam et alia id genus. Belgis multum placet cerevisia absynthio condita; hac utuntur mane sæpius, atque etiam interdum vespere stomachi fovendi causa. Vide *Pigmentum*, *Herbatum vinum.* Hæc tantisper accedunt ad nostrum *Hipocras*, vinum aromatis conditum. Absynthiatum vinum apud veteres haud fuit incognitum, nam Æl. Lamprid. in Heliogabalo cap. 21 : *Condito piscinas et solia temperavit et rosato atque Absinthiato.* Et Seneca in Suasoria pro Cicerone : *Hoc si tamen recta via consequi non potero, decipere vos cogar, veluti salutarem pueris daturus potionem Absynthiati poculi.*

ABTERMINATUS, Ἀφοριστείς, ἤτοι ἐξοστρακιστής, in Gloss. Lat. Græc. i. Exilio damnatus.

* ABTING. Advisamenta in Conc. provinc. Salisburg. porrecta ann. 1456. apud Hansiz. tom. 2. Germ. Sacr. pag. 499 : *Item provideatur specialiter in diœcesi Ratisponensi contra hoc, quod clerici coguntur ad damnationem pecuniæ, vulgariter Abting, ad Bohemiam; quod cottidianum est propter inimicos diffidantes et generaliter omnem clerum. Abtige* Sax. a f t o e g e, vulgo *abzoege*, est abstraxerit; a verbo *abziehen.* Hæc notat Eccardus ad Leg. Salic. tit. 15. § 1.

¶ ABTUS, pro *Aptus.* Ceremoniale MS. S. M. Deauratæ Tholos. : *Planctus B. V. Mariæ; id est Prosa : Stabat Mater, etc. dicitur a duobus puerulis post matinum, et debent esse Monachi, si possunt reperiri ad hoc Abti, etc.*

* ABVEDERIUM, Prima literarum elementa, Alphabetum. Charta Jocii archiep. Tyrens. ann. 1190. in Cod. diplomat. Ital. tom. 4. col. 1918 : *Quod ut magis ratum et firmum habeatur et ex utraque parte maneat inconcussum, chirographo per Abvederium destinato, conscriptum fuit.* Leg. f. *Abecedarium.*

* ABVELARE, *Detegere, Descubrir*, in Glossar. Provinc. Lat. ex Cod. reg. 7657.

* ABVICINARE, *Séparer, desjoindre.* Vocabul. compend. ex Sum. Jan. Ugut. et Papia.

* ABULA, f. pro Albula, Gall. *Able.* Comput. Ms. ann. 1239 : *Decano Turon. ille, qui capit Abulas, de dono ad unum batellum emendum, xl sol. Tur.* Vide supra *Ableia.*

¶ ABUNCOLUS, Patruus, pro Avunculus. Gall. *Oncle.* Charta Chlodovei III. Regis Francorum ann. 692. apud Felibian. in Hist. S. Dionysii p. XII : *Et parens noster Sigeberchtus seu et Abuncoli nostri Chlotharius et Childericus, etiam et genetur noster Theudericus condam Regis, per eorum præceptionis, hoc ibidem concesserunt.*

¶ 1. ABUNDA, *Panici et mellei folliculi.* Gloss. MSS. Ecclesiæ Aniciensis. Hinc collige *Abundum panem*, de quo in *Abundus*, aliud esse quam *multus.*

¶ 2. ABUNDA, Meta, terminus, Gall. *Borne*, olim *Bonne*, *Bunde* unde Angl. *Bound*, Meta, finis, terminus : quod a Saxon. b i n d a n, Ligare, unde bindela, vinculis constrictio. Hinc nostratium *Bundle*, (inquit Somnerus in Lexico Saxon.) pro fasciculo. Hinc etiam agrorum fines, termini, limites, metæ, Latino-barbaris *Bundæ*, nostratibus *Bounds*, dictæ: quod domino fundi sint in vinculum, ne eadem transgrediendo, proximo injuriam inferret. Kennetus Antiquit. Ambrosden. pag. 208, Chartam refert Walteri Yngeram pro Ecclesia B. Mariæ de Burncester in qua hæc leguntur : *Noverit universitas vestra... me dedisse... totam illam placiam quæ se extendit in longitudine... juxta ripam de Charwell usque ad metas et Abundas ibidem per me concessas et appositas.* Vide *Bunda.*

¶ 1. ABUNDANTIA, Erogatio, Largitio, Gallice *Largesse.* Lobinellus in Hist. Britan. tom. 2. pag. 1604, ubi de ingressu solemni Francisci III. Britanniæ Ducis Rhedonas in urbem ann. 1532 : *In offertorio fuerunt publicatæ Abundantiæ et porrectæ pecuniæ et aurum et argentum.*

* 2. ABUNDANTIA, Possessionis genus. Charta ann. 886. tom. 9. Collect. Histor. Franc. pag. 353 : *Campaniæ, plantæ, Abundantia, curticanus et clausellus de Parriniaco, cum aliis vineolis.*

¶ **EX ABUNDANTI**, Præterea; insuper, Gallice *De plus*; olim *d'Abondant*. Occurrit inter opera S. Bernardi tom. 2. pag. 1276.

ABUNDAT, Sufficit. Collatio Chartag. 1. cum Donatistis, cap. 162 : *Abundat nos absenti præjudicasse.* Cap. 163 : *Abundat nos Innocentium Urbis Romæ esse Episcopum dixisse.* Fori Oscæ anno 1247 : *Sed si fuerit partitio facta cum carta, tunc Abundat.*

* **ABUNDIA**, Quæ abundantiam impertitur, ut somniabant. Guillel. Alvern. Paris. Episc. part. 2. tract. de Universo cap. 12 : *Dominam Abundiam* (vocant) *pro abundantia, quam eam præstare dicunt domibus, quas frequentaverit.* [** Ibid. cap. 23 : *Dominas nocturnas et principem eorum vocant Dominam Abundiam etc.* Gall. *Dame Abonde* ou *Habonde*. Vide *Le Roman de la Rose* versu 18622. sqq. et Grimmii mythologiam pag. 177.] Vide infra *Diana*.

ABUNDUS, Eckehardus junior de Casibus S. Galli cap. 9 : *Cum pane Abundo et quinque mensuris de cervisia*, id est *multo*. [Vide *Abunda* 1.]

¶ **ABURGARI**, Intra fines burgi aut villæ aliquam terram includere, comprehendere. Chron. Parmense ad ann. 1268. apud Murat. tom. 9. col. 784. B : *Pro meliori statuerunt ipsam terram in totum destruere. Et sic per vicinias civitatis et villas Episcopatus divisione facta inter eos per presas et partes, finaliter destructa fuit. Et ordinatum fuit per Commune Parmæ, quod numquam refici deberet, sed Aburgari et extendi versus civitatem a fovea castri usque ad Parolam, et in magnis bannis et pœnis; quod sic adimpletum fuit.*

¶ 1. **ABUSIO**, Non usus, abstinentia. S. Paulinus Epist. 27. laudans Victricium ait : *Tua Sanctitas non solum de Abusione licitorum, et abstinentia commodorum visibilium christianæ paupertatis divitem gloriam tenet.* Vide *Abuti*.

¶ 2. **ABUSIO**, Deceptio, Error. Gasp. Barthii Glossar. ap. Ludewig. Reliq. MSS. tom. 3. pag. 94. ex Roberti Monachi Hist. Palæst. : *Hæc Corbanam locutus, in superbia et Abusione, quæ ei conversa sunt in ignominiam et confusionem.* Ibid. pag. 95. ex Guiberto Abbate : *At is digna sibi admodum animi offirmatione tantæ nefas Abusionis abjiciens, penitus vel audire perhorruit.* Priori in loco allusio est ad hæc Psalmi 30 : *Muta fiant labia dolosa : quæ loquuntur adversus justum iniquitatem in superbia et in Abusione.*

* *Abusion*, eodem sensu, in Lit. remiss. ann. 1391. ex Reg. 141. Chartoph. reg. ch. 67 : *Gilet d'Enfer veant et considerant l'Abusion, que vouloit faire et avoir icellui Loys dudit Adam, etc.*

* **ABUSITATUS**, in Glossar. vet. ex Cod. reg. 7646 : *Minus instructus scientia. Abusus, sublatus a consuetudine.*

¶ **ABUSOR**, Qui male utitur. Statuta Ordinis Cluniacensis anno 1301, ex codice MS. B. Mariæ Deauratæ Tholos. : *Excommunicamus omnes maliciosos et fraudulentos litterarum et privilegiorum nostri Ordinis Abusores : et in hoc casu Litterarum intelligimus Abusores, qui litteras hujus* (Ordinis) *extendere ad alias res et actiones, jura et personam quam ad illas vel ad illa de ordine..... presument.*

* *Abuseur*, qui officio non legitime utitur, quod *Abuser d'un office* dicebant. Stat. draper. ann. 1362. tom. 3. Ordinat. reg. Franc. p. 587. art. 29 : *Tel qui ainsi se ingere et Abuse dudit office* (de courraterie).... *Se ledit tel Abuseur avoit aucune chose prins ou gaingné soubz umbre de ladite abusion, etc.*

ABUSUS, Defectus. Alanus lib. 4. Anticlaud. cap. 3 :

Non erit a propriis exclusus dotibus ejus.
Cultus, et in nullo formæ patietur Abusum.

¶ **ABUTARE**. Vide *Abuttare*.

¶ **ABUTARIUS**, Forte pro *Alutarius*, Gall. *Megissier*. Charta anno 1267. ex Chartulario Fontanellensi tom. 1. pag. 777 : *Supra quodam masagio sito juxta plateam Abutariorum Rothomagensium.*

¶ **ABUTERO**, παραχρῶμαι, *Abutor*. Supplem Antiquarii.

1. **ABUTI**, Igne consumere. Auctor incertus de Limitibus : *Terminos sanctificales ponunt, ubi illos sacrificii opportunitas suadet poni, hoc est, loci commoditas, in quo sacrificium Abuti possint.*

2. **ABUTI**, Non uti. Papias : *Abuti, male uti quo bene debet uti, vel modice contemnere, et non uti, modo nimium uti.* [** Gloss. Cod. reg. 4778. ex Placido : *Abuti duas res significat, modo contempnere et non uti, modo valde et satis aliqua re uti.*] Commodianus instr. 63 : *Luxuria suadet, Abutere, bellum vicisti.* Paulinus Epist. 21 : *Justificatur superbia, quæ huic mundo superbit, et contemnit hoc sæculum, omnibusque magnis ejus et dulcibus speciosis Abutitur.* Epist. 36 : *Tamen et simplici sensu secundum literam, cum res postulat, non Abutendum est.* Epist. 27 : *Tua vero sanctitas non solum de Abusione licitorum, et abstinentia commodorum visibilium Christianæ paupertatis divitem gloriam tenet.* S. Augustinus. Epist. 59 : *Omnia hæc magis ad corruptionem valent, cum superstitiose ab eis abstinetur, ut eis homo Abutatur, id est, non utatur.* Regula S. Isidori cap. 13 : *Orarium, birros, planetas non est fas uti* (*Monachum*) *neque illa indumenta vel calceamenta, quæ generaliter cætera Monasteria Abutuntur.* i. quorum usus non est in ceteris Monasteriis.

Abuti cum accusativo. Commodianus instruct. 56 : *Abuteris domini mandata, et te filium inquis.* Adde Decretum Gundemari Regis in Concilio Toletano, et vide Juretum ad Symmachium lib. 3. Epist. 46. et Salmasium in Disquis. de Mutuo pag. 136.

Abuti, pro *uti* usurpat Baldricus Noviom. lib. 3. cap. 69 : *Sentiens Imperator se blanditiis impetrare non posse quod petebat, cœpit Abuti violentia.* Aldhelmus Abbas Malmesburiensis : *Quorum gemmato tua sagacitas dogmatum favo aliquantisper Abusa est.* Vetus Charta in Tabul. Ecclesiæ Viennensis fol. 72. : *Terras autem Ecclesiarum quas antecessores sui, et ipse Ecclesiis extorserant, quas etiam Amedeo viventi toleraverat Papa Abuti, promisit et pepigit in manu domini Papæ penitus in fine suo relicturum Ecclesiis pro anima sua, etc.* S. Hieronym. in 4. Esaiæ : *Abutendum est hoc testimonio, et adversum Ecclesiæ feminas, quæ ambulant collo extento, et nutibus loquuntur oculorum.*

¶ **ABUTTARE**, Terminare, Gall. *Aboutir*. Dicitur apud Agrimensores de Agrorum finibus qua parte sunt angustiores. Nam ea parte qua sunt longiores *Adjacere* dicuntur. Hinc in Nomo-Lexico Anglic. Thomæ *Blount* in voce *Abbutals* : *Latera autem nunquam aiunt abuttare, sed terram proximam adjacere.* Kennetus Antiquit. Ambrosden. pag. 399 : *Una acra inter terram Simonis Germeum et Agnetis le Blake et Abuttat super prædictam acram.* Rymer. tom. 14. pag. 410 : *Abuttans super viam regiam vocatam etc.* Charta Excambii inter Willelmum de Enefeld et Ricardum pincernam, Formul. Anglic. pag. 159 : *Dimidiam acram cum pertinentiis suis quæ Abuttat super Hodelane a latere occidentis, et dimidiatam dolæ quæ jacet juxta terram Willelmi Presbyteri et Abuttat super terram etc.* Vide *Butum*.

* **ABUVRAGIUM**, Jus, quod una cum *caponibus* exigitur et persolvitur : cur ita dictum, nescio ; nisi forte, quod præter jus *caponum*, corollarii vice in conventionibus concedatur. Vide *Biberagium*, Charta Calori IV, reg. Franc. ann. 1327. in Reg. 64. Chartoph. reg. ch. 530 : *Duos solidos Parisienses de Abuvragio renduales, quos dicunt se habere in loco de Auxiaco et pertinentiis ejusdem.* Ch. ann. 1357. ex Reg. 89. ch. 521 : *Uno capone et pro quolibet capone octo denarios Paris. de Abuvragio.* Alia ann. 1339. ex Reg. 72. ch. 525 : *Item douze chappons et pour chascun chappon trois deniers, que l'en appelle Abeuvraige; tout ce deu et receu chascun an, le jour de la Circoncision nostre Seigneur. Aboivrement* vero dicitur id quod bibitionis nomine ab eo solvitur, qui in societatem aliquam recipitur. Confir. Stat. laniorum Paris. ann. 1381. tom. 6. Ordinat. reg. Franc. p. 595. art. 27 : *Le Prevost de Paris, ou le receveur du roy, qui est en Chastellet, a au nom du roy et pour le roy de chascun bouchier, qui est fait nouvel bouchier, de l'Aboivrement que l'en a acoustumé à faire au commencement, quant il est receu, une maille d'or. Le past et l'Abuvrement*, idem sonat ibid. art. 24. Vide supra *Abevragium* 1.

* **ABWARPIRE**, idem quod *Carpire*, Possessionem rei alicujus dimittere, nostris *Déguerpir*. Charta ann. 935. apud Murator. tom. 2. Antiquit. Ital. med. ævi col. 941 : *Et taliter se prædictus Anschario marchio exinde Abwarbivit et abascito fecit.* Vide *Guerpire*.

¶ **ABYRTACE**, Abyrtacus et Abyrtaca, apud Athenæum lib. 3. cap. 35. Barbarum erat condimentum apud Persas et Medos ex allio, porro, cardamo, granis mali punici, sinapi, aliisque acerbis, aut etiam ex herbarum virentium succo confectum. Lex. Phil. Martinii.

¶ **ABYSSALIS**, à Græc. Βυθός vel Βυσσός et α privat. Fundum non habens, Gall. *sans fond*. Prologus Vitæ B. Coletæ, tom. 1. Maii. pag. 539 : *Unigenitus... prospectans hæc infima miserabiliter in præcipitium Abyssale turpiter jam dilapsa.* Vide Imit. Christi. lib. 3. cap. 14. n. 3.

¶ **ABYSSARE**, Mergere in profundum, Gallice *Abîmer*. Item immergere, Gall. *Plonger*. Acta SS. Maii tom. 5. pag. 108. A : *Totus in Deum Abyssatus erat.* Acta SS. Martii tom. 2. pag. 140 : *Istud desiderium est tantum quod anima in eo Abyssatur.*

¶ **ABYSUS**, secunda correpta pro *Abyssus* apud S. Paulin. Poemate 27. de S. Felice pag. 171. edit. 1685 :

Victor (Christus) et inferna et pariter cœlestia cepit :
Effractisque Abysis cœlos penetravit apertos.

* **ABYSSUS**, Infernus. *De Abysso usque ad cœlum*, Formula, qua in cessione nihil sibi reservatum esse significabant. Charta Petri reg. Majoric. ann. 1235. ex Bibl. reg. : *De cetero prædictas alquerias,..... cum omnibus ibi pertinentibus aut pertinere debentibus ad prædicta omnia, de Abysso usque ad cœlum habeatis*. Eadem occurrit in Charta ann. 1341. ex Reg. 73. Chartoph. reg. ch. 306 : *Prædictum hospitium, cum suis introhitibus et veyrialibus, fenestris, lucernis, tecto et fundamento, a cœlo usque in Abyssum.... dedit et concessit.*

* **ACA**, *Amœnitas*, in Glossar. vet. ex Cod. reg. 7646.

* **ACABELLATUS**, VINUM ACABELLATUM, Quod nomine *cabellæ* seu banni venditur. Pactum inter Arn. de Villanova et homines de Transio ann. 1303 : *Liceat ipsis hominibus dicti castri eorum vinum vendere en gros, quibuscumque personis voluerint, tenente et durante ipsa cabella et vendente vino Acabellato*. Ubi leg. forte, *venditione vini Acabellati*. Vide infra *Cabella* 1.

ACADIA. Pactum inter Thomam Comit. Sabaudiæ et Abbatem Pinarolensem anno 1246 : *Tam in monte quam in plano, et villis et hominibus, et Acadiis, et silvis, et pascuis.*

* **ACALICULUS**, *Pincerna*, *Botelhier*, in Gloss. Provinc. Lat. ex Cod. reg. 7657.

* **ACALICUS**, *Escalc*. Glossar. Lat. Gall. ex Cod. reg. 7692.

ACAMPANARE, In *campum* educere. *Mettre les bestes aux champs*. Fori Arag. lib. 4. pag. 85. v° : *Quod possint prædictis pendentibus litigiis ganata sua depascere, abeuvare, Acampanare, lignare, carbonare, arbores scindere, etc.*

* **ACAMPASSA**. Vide *Acamprassa*.

* **ACAMPATUS**. Vide infra *Acampatus*.

ACAMPRASSA, Ludentium et aleatorum conventiculum, Gall. *Brelan*. Charta dominorum Canneti in Provincia anno 1338 : *Nulla persona extranea vel privata in castro de Canneto seu ejus territorio faciat Acamprassam, sive conventiculum a jure prohibitum.*

* *Acampassa* legendum opinor, pro *Acamprassa* : verbo *Acampar*, quod Provincialibus sonat Colligere, congregare, *Amasser*; unde *Acampassa*, quævis congregatio, quodlibet conventiculum; non vero ludentium et aleatorum duntaxat.

* **ACANARE**, *Acanar* Provinciales dicunt, pro Virga decutere, Gall. *Gauler*. *Acanatio*, actio decutiendi. Transact. ann. 1501. ex schedis Pr. *de Mazaugues* : *Neque pastores aliqui, neque gardiani extranei pastorgantes, in eadem terra et territorio pastorgantes, ... non possint..... aliquas quercores, nec euves aglanderatas Acanare nec Acanari facere..... Manualiter colligere et sine Acanatione quacumque de dictis glandibus.*

ACANNIZARE. Fori Oscæ Jacobi I. Regis Arag. fol. 16 : *Quicunque Acannizaverit vaccam vel bovem, si bos vel vacca fecerit damnum casu fortuito, dum Acannizatur, cujus est, amittat ipsum bovem vel vaccam, nisi Acannicetur causa nuptiarum*. Picardi etiamnum dicunt *Acanner*, cum aliquem convitiis incessunt. Quasi canem in aliquem concitare.

☞ Et quidem *Accanare* Italis est canes immittere; at est etiam alia vox scilicet *Accannare*, quæ iisdem sonat stimulis agitare, acutis cannis excitare, quod maxime apud Hispanos fieri solet, cum adversus tauros dimicare homines juvat. De hujusmodi festivis præliis quæ in nuptiis etiam fieri consueverunt, hic agi facile crederem; ad quid enim illa exceptio, *nisi Acannicetur causa nuptiarum*. [** *Acarnissar* Cathalanis est Excitere libidinem crudelitatis exercendæ.]

¶ **ACANONICUM**, Non canonicum, extra canonem, et regulam, Græcis ἀκανόνιστον. Goclen. Lex. Phil. 285.

¶ **ACANONISTUS**, Qui contra Canones aliquid facit, vel qui Canones ignorat. Sirmondus in Glossario ad calcem Supplementi Consil. Gall.

* **ACANZI**, Genus militiæ Turcicæ. Jovius tom. 1. lib. 14 : *In lævo Sinam Bassam eunuchum cum Asiatico equitatu constituit, antecedentibus Acanzis, qui sunt voluntariæ militiæ equites, ex vario gentium genere, spe prædæ, ad bellum acciti*. Rursum : *Hos Acanzes, hoc est Antecursores vocant; et plerumque centum millium equitum numerum implent; quod eis ad spem prædæ Tartari e Taurica, et Getæ ex Valachia gregatim misceantur.*

* **ACAPERE**, Ad *Acapitagium* dare. Vide mox in hac voce. Charta ann. 1271. ex Chartul. 1. Martini Augustodun. : *Concordatum fuit, quod quicumque sit dominus de Chaudenay, prædictam villam de Bordis non potest alienare a manu sua, nec in feudum dare, vel Acapere, vel conferre alicui*. Vide *Accapitare* in *Accaptare*.

¶ **ACAPITA**, æ. Vide in *Accaptare*.

¶ 1. **ACAPITARE**, Incipere, Gall. *Commencer*, quasi *Adcapitare*. Vox Agrimensorum. Chartular. S. Vandregesili tom. 1. pag. 757 : *Et Acapitat* (ille campus) *ad nemus dictorum Religiosorum*. Quasi diceretur, et habet caput suum ille campus ad etc. Agrimensores quippe agrorum latera breviora vocant capita, longiora vero, latera et laterationes nuncupant.

¶ 2. **ACAPITARE**, alia notione, unde ACAPITIS, ACAPITUM, ACAPTAGIUM, ACAPTARE, etc. de quibus infra in *Accaptare*.

* **ACAPITAGIUM**, ACAPITATGIUM, *Relevium*, seu quod nomine *relevii* exsolvitur domino *capitali*. Lit. Philippi VI. reg. Franc. ann. 1335. in Reg. 69. Chartoph. reg. ch. 250 : *Cum vero monasterii* (de Caduino) *abbas et conventus, qui duas partes unius falconis, in mutatione cujuslibet domini seu vassalli, pro Acapitagio ratione feudi, seu affarii aut tenementi de Castilhonesio, ... solvere nobis tenentur, etc.* Instr. ann. 1474. ex Tabul. Flamar. : *Promisit solvere..... medietatem Acapitatgiorum, quando prædictus locus domino mutatur, secundum usus et consuetudines dicti loci Flamarenxis*. Vide in *Accaptare*.

* **ACAPITIDATIO**. Vide infra *Accapitidatio*.

* **ACAPITURA**, Eodem sensu atque *Acapitagium*. Homag. præstitum comiti Armaniaci ann. 1418 : *Item omnia alia et singula feuda et oblias, quas habet et percipit in loco et juridictione de Rupelaura, cum vendis, laudimiis...... Acapituris...... et aliis juribus ad dicta feuda pertinentibus.*

* **ACAPTA**, ut *Acapitura*. Statut. ann. 1277. tom. 4. Hist. Occit. inter Probat. col. 69 : *In vendis dicimus, quod illius bajuli erunt vendæ, cujus administrationis tempore fuerit venditio celebrata. Acaptæ vero erunt illius, qui ponet in possessione emptorem*. Vide *Acaptis*.

* **ACAPTAMENTUM**, Jus præcipuum ad rem quampiam. Charta XI. sec. ex. Cod. S. Martial. Lemov. : *De solario quem vendiderunt in vita illorum, et non retinuerunt Acaptamentum, nec filii sui aut filiæ.*

* **ACAPTARE**, nude, pro Emere nostris olim *Achapter*. Charta ann. 1000. tom. 2. Hist. Occit. inter Probat. col. 157 : *Et est ipse alodes in comitatu Lutevense.... quem Hildinus pater meus et ego Odo Acaptavimus de Ardemando*. Alia ann. 1103. ibid. col. 361 : *Raymundus et Bernardus Guillelmi guirpierunt et satisfecerunt Guillelmo Montispessulano illum molinum et illas terras, quæ et quas Acaptaverant, prostquam Guillelmus de Montepessulano ivit ad Jerusalem*. Ch. Raimundi com. Barcinon. an. 1150. apud Marten. tom. 1. Ampl. Collect. col. 809 : *Quidquid etiam ab his, qui in ipsa villa et territorio aliquid habere Videntur, Acaptare tu poteris, laudando concedimus*. Vide infra *Acaptum*. Occurrit alia notione in *Accaptare*.

* **ACAPTATOR**, Qui ad *Accapitum* seu ad censum accipit. Statuta Massil. lib. 3. cap. 31 : *Quod si aliquis dederit ad Acaptum aliquem fundum rusticum, ... et fundum illum illi Acaptatori.... mensuraverit,.... et postmodum dictus Acaptator dictum accaptum per annum tenuerit, et censum statutum proinde solverit, etc.*

¶ **ACAPTES**, Res emtæ, bona parta, Gallice, *Achats*, *Acquêts*. Testamentum Bernadi Atonis anno 1118. apud Baluzium tom. 2. Hist. Arvern. pag. 487 : *Et omnes Acaptes, quos ego feci in supradictis honoribus, sint similiter ejusdem Rotgerii.*

* 1. **ACAPTIS**, Concessio vel acquisitio ad *Accapitum* seu in *emphyteosim*. Charta. ann. 1064. in Append. ad Marcam Hispan. col. 1127 : *Et si ego prædictus Ermengaudus fecero Acapte de Alchagib vel de Almundafar de terras, de ista hora inantea, prædictus Raimundus comes habeat tertiam partem de ipsas prædictas terras..... Iterum conveni prædictus Ermengaudus comes prædictum Raimundum, ut de ipso Acapte prædicto, quem fecerit, etc.* Alia ann. 1118. inter Probat. tom. 2. Hist. Occit. col. 404 : *Similiter dimitto ei abbatiam de Juncelo; ..... relinquo ei et totos Acaptes, quos feci*. Eodem significatu accipienda vox supra *Acaptes*. Vide infra *Accapitidatio*.

* 2. **ACAPTIS**, ut supra *Acapitagium*. Charta ann. 1123. inter Probat. tom. 2. Hist. Occit. col. 424 : *Garpivit... hoc quod exigebat per forciam ab habitatoribus ecclesiæ de Salas et ab abbate, sicilicet albergas et acaptes, et dona, et omnes forcias*. Constit. Petri I. reg. Aragon. ann. 1200 : *Sancimus ut nullus in mansis nostris vel ecclesiarum.... albergas, Acaptes, sive exactiones aliquas exigere vel facere præsumat.*

* **ACAPTUM**, Emptio, Gall. *Achat*. Vide supra *Acaptare*. Necrolog. prioratus S. Roberti Cornillionis ex Cod. reg. 5247 : *Qui Omarus dedit nobis xx libras Viannenses,.... quæ fuerunt positæ in Acapto, quod fecit hæc domus a Guillelmo de Balma*. Alia notione, vide in *Accaptare*.

¶ **ACARALHA**, Vox Occitana incertæ notionis. Edictum Joannis I. Regis Franc. anno 1351. apud Dom. *de Lauriere* tom. 2. Ordinat. Reg. pag. 480 : *Item. Quod dicti consules cum suis consiliariis habeant potestatem cognoscendi de viis publicis et itineribus reparandis, de clertis, doblis, Acaralhis senioralibus, edificiis et tabulariis Bescalinis in dicto castro, et ejus pertinentiis, factis, constructis, faciendis seu construendis pontibus, et de malis passibus conservandis et reparandis.*

* Vel *Acaralhum*, Emissarium aquarium, vel quid simile, ut videtur; f. ab Hisp. *Acarrear*, importare, quia per illud aqua et sordes importantur. Pro *senioralibus* legendum opinor *femoralibus*. Regest. 81. Chartoph. reg. ch. 124. habet *femorairials*; quod huic conjecturæ favet.

* **ACARIS**, vel potius ACHARIS, *Mal gratieux*. Glossar. Gall. Lat. ex Cod. reg. 7684. *Abcaris*, eadem notione, in altero Lat. Gall. ex Cod. 7679 : *Acharistos, id est, sine gratia*, apud Marcell. Empir. cap. 20.

ACARNARE. Vide *Carnaticum*.

¶ **ACARNERARE**, Pecora aliena in agro damnum facientia capere atque etiam occidere et comedere. Vide in *Carnale*.

ACATAPANUS [Præfectus civitatis vel provinciæ. Idem qui *Capitaneus*]. Vide *Catapanus*.

¶ **ACATARE**, Emere, Gall. *Acheter*. Item relevium exsolvere. Necrol. Corbeiense MS : *IX. Kal. Aprilis Petrus Monachus ad succurrendum. Annivers. principale, pro cujus anniversario habemus vii modios frumenti ad molendinos quos Acatavit Johanni dicto Rœnel.* Vide in *Accaptare*.

* Rectius intelliges eodem sensu, quo *Accaptare*. Vide ibi.

* **ACATHALANTIS**, *Avis est; Gallice, Cardonnereule*, in vet. Glossar. Lat. Gall. ex Cod. reg. 521. *Acazalantis, Escardonnerele*, in alio Glossar. ex Cod. 7692. pro *Acalanthis*, a Gr. ἀκαλανθίς. Vide Lex. Martin. et Thesaur. Fabri. [** Gloss. in Cod. reg. 4778 : *Aculatus est cardellus albus carduellis.... Acalentis græce dicitur qui latine carduelis vocatur. Est autem avis quæ spinis et cardibus pascitur, unde et nominatur achaldemac ager sanguinis.*]

* **ACATHAPANUS**, ut *Acatapanus*, Præfectus provinciæ vel civitatis. Constitut. Friderici reg. Sicil. cap. 116 : *Item inquirant et videant, si pondera, et mensuræ dictæ civitatis secundum justum et debitum modum a rerum venditoribus teneantur; et puniant falsitatem commissam in rebus venalibus per quoscumque, secundum modum per Acathapanos observari hactenus in talibus consuetum.* Vide *Catapanus*.

* **ACATHIA**, Ornamentum muliebre. Charta donationis mutuæ inter Joan. ducem. Britan. et Joannam Navarræ ejus uxorem ann. 1386. ex Bibl. reg. : *Bona mobilia, tam in auro quam argento,... jocalibus, percoralibus seu Acathiis, zonis, etc.* Ubi legendum videtur *pectoralibus seu Atachiis*.

* **ACATURA**, in Charta Philippi I. ann. 1075. ex Reg. 66. Chartoph. reg. ch. 205. pro *Aquatura*. Vide in *Aquatia*.

¶ 1. **ACATUS**, Vox Græca, navis actuaria, idem quod *Acatium*. Tertul. adversus Marc. lib. 5 : *Quamobrem, Pontice nauclere, si nunquam furtivas merces vel illicitas in Acatus tuas recepisti, etc.* Vide Grævium ad Gloss. Isid. in *Accepta*. Et infra *Accato*, *Achateon*.

* 2. **ACATUS**, *Major est*, in Glossar. Provinc. Lat. ex Cod. reg. 7657. Idem quod *Aagiatus*. Vide in hac voce.

* **ACAU**, vox vulgaris, Caute, secreto, Gall. *En cachette*, Statuta sartorum Montispess. an. 1323. tom. 2. Ordinat. reg. Franc. pag. 470. art. 13 : *Ordinaverunt et convenerunt inter se, quod aliquis operarius non suidat aliquos pannos, qui portantur Acau per aliquos ad operatoria dictorum magistrorum, etc.*

* **ACAUNUM.** Vide *Agaunum*.

* **ACAZALANTIS.** Vide supra *Acathalantis*.

ACCABUSSARE, καταποντίζειν, Gallis, *Bailler la Cale*, Immergere, in mare demittere : pœna in meretrices et lenones vulgo decreta etiamnum apud Burdegalenses, qua scilicet in cavea ferrea inclusi in mare demittuntur, et subtus navim denuo submerguntur. Statuta MSS. Massiliensis urbis lib. 5. contra eos qui ludendo dejerant : *Et si illos 12 denarios dare et solvere non poterit, Accabussetur, penitus indutus cum vestibus quas tunc detulerit, in portu Massiliæ, vel in vallato quod est in Portali Callatæ, usque ad Portale S. Martini, tot vicibus quot juraverit.* Ubi *Accabussare* videtur idem esse quod *immergere*; est enim Occitanis, *Cabussa, faire la culbute*, prono capite prolabi. Vide Consuetud. Solensem tit. 16. art. 6. et quæ de hac pœnæ specie observat Cleiracus ad Leges maris Oleronenses art. 31.

* Vocis etymon ab *Acha* vel *Acca*, aqua, et *Busse*, pœna, pœnitentia, deducit Schilterus in Glossar. Teut. pag. 5. col. 2. Est ergo Pœna aquæ aliquem punire.

ACCALVASTER, Ab anteriori parte calvus, sicut recalvaster a posteriori. Ebrardus de Bethunia :

> Est Accalvaster vir calvus ab anteriori
> Parte, recalvaster retro calvus habetur.

* **ACCAMPATUS**, ACAMPATUS, Qui habet castra, Gall. *Campé*, ab Ital. *Accampare*, Hispan. *Acampar*, Castrametari. Jac. Delayto in Annal. Estens. ad ann. 1404. apud Murator. tom. 18. Script. Ital. col. 1023 : *Ugutio præmissis insidiis, uti fuit opportunum, cum dom. Philippo de Pisis et tota gente prodiit in hostes Accampatos, ut supra, in terra juxta Padum.* Tractat. Ms. de Re milit. et mach. bellicis cap. 6 : *Faciat lignaria incidere de quibus fiant in diversis locis foci in die suæ discessionis, ... sui hostes a longe videntes diversos ignes, putant quod dux sit Acampatus in eodem loco, quo prius erat.* Infra cap. 10. *Accampatus*.

ACCAMPIA. Charta ann. 1322. in Maceriis Monasterii S. Barbaræ Lugdun. p. 203 : [*Item quod idem Camerarius det et dare teneatur cuilibet Monacho... quasdam estaminas... et tria paria sotularium... et quod dicta æstivalia teneantur semel facere* (reficere) *de Accampiis et sotularibus, si et quando super hoc fuerit requisitus.*]

ACCANTARE, *Iterum vel juxta cantare*, Joanni de Janua.

ACCANTATOR. Vide *Incantum*.

* **ACCAPITAMENTUM**, ut *Accaptamentum* in *Accaptare*, *Relevium* seu agnitio in dominum, clientis professio. Charta Folqueti de la Forsa ann. 1407. ex Tabul. Flamar. : *Census, redditus, proventus et Accapitamenta ac homagia, etc.*

* **ACCAPITIDATIO**, ACAPITIDATIO, Charta, quæ conditiones *Accapiti* continet, vel ipsa ad *Accapitum* concessio. Transact. ann. 1501. ex schedis Pr. *de Mazaugues* : *Recognoscent..... eidem domino et suis sub servitiis in dictis Accapitidationibus contentis et declaratis. Acapitidatio*, pluries occurrit in Charta ann. 1532, inter easdem schedas ad significandam ipsam ad *Accapitum* dationem. Vide supra *Acaptis* 1.

* **ACCAPTAMENTUM**, Stips, eleemosyna quæ corrogando colligitur, eadem notione ac *Quæsta*, Gall. *Quête*. Vide infra *Accattor*. Statuta sabater. Carcass. an. 1402. tom. 8. Ordinat. reg. Franc. pag. 563. art. 15 : *Quod si...... contingerit aliquem vel aliquos dicti ministerii..., mori, ... qui esset vel essent ita pauperes, quod non haberent bona ex quibus possent sepeliri; .... eo casu suprapositi dicti ministerii.... teneantur tales sic deffunctos ecclesiasticæ sepulturæ tradi facere, ... sine questu seu Accaptamento pro tali mortuo faciendo quovismodo.* Vim vocis explicat art. seq. pag. 564 : *Sine questu et helemosina pettenda pro sepultura illius deffuncti.* Alia notione, vide in *Accaptare*.

ACCAPTARE, ACAPTARE, ACCAPITARE, ACCAPITUM, ACCAPTAGIUM, ACCAPTAMENTUM, REACCAPITUM, *etc.*

ACAPTARE ad aliquem, ut *caput* et dominum agnoscere, capere. Capit. Caroli C. tit. 16. cap. 7 : *Et propter hoc jam ultra ad illum non debeat* (f. habeat) *consilium Accaptare.* Et cap. 13 : *Et illi simulat ut ad alium seniorem melius quam ad illum Acaptare possit, veniat ad illum.* Mox : *Et quod Deus illi cupierit, et ad alium seniorem Acaptare potuerit, pacifice habeat.*

ACCAPTARE, Capere ad *accapitum*, hoc est, capere, vel possidere feuda aut quævis alia bona sub *accapitorum* conditione ac onere. Charta fundationis Montis-Albani ann. 1144 : *Et si feudatarii qui Accaptant honorem de domino Comite, volunt vendere, vel impignorare feudum, faciant hoc consilio Comitis, aut sui ministri; ita ut dominus Comes habeat de uno quoque solido venditionis unum denarium, et de uno quoque solido impignorationis unum obolum.* Tabular. Archiepiscopatus Arelatensis fol. 2. : *Et quod non tollat ei, nec ejus successoribus supradictos homines, neque quos consilio suo inantea Accatabit.* Charta Guillelmi V. Ducis Aquit. apud Beslium pag. 392. et Labeum in Miscel. tom. 1 : *Fac castrum per tale conventum, ut si ego valeo Accaptare cum Comite Fulcone de pretio meo et tuo, una pars sit tua, et alia mea.* Charta Raimundi Comitis Barcin. apud *Diago* lib. 2. cap. 86 : *Et ego Raimundus Comes Barchinonensis dono uxori meæ Almodi, et filiis, quos de ea habuero, omnia quæ Acaptavi in Balagario.* Charta Raimundi Comitis Tolosæ ann. 1088 : *Quod videlicet Acaptaverunt ab illis de Rocamaura.* Tabularium Ecclesiæ Uticensis ann. 1156. pag. 8 : *Castrum de Blandaco cum Acaptis quæ in eodem castro idem Episcopus fecerat.* Infra : *Si autem aliquid in eodem castro quolibet modo Acaptaverint, totum ab Episcopo et successoribus suis teneatur et possideatur.* Hinc nostri vocem, *Acheter*, seu ut Picardi efferunt, *acater*, vel ut est apud Froissartem 1. vol. cap. 190. *achapter*, pro *emere*, hauserunt; quod qui a domino prædium in *Accapitum*, vel cum onere præstationis, vel etiam in emphyteusin accipit, dato pretio illud sibi habeat ac comparet. Vide Jacob. *Bourgoing*. lib. de Orig. et usu vulgarium vocum pag. 22.

¶ Accaptare, Interdum etiam simpliciter pro emere absque ullo onere, ut in sequenti exemplo et aliis multis. Hinc vox *Acater* ad quamlibet emtionem translata. Donatio Ecclesiæ de Canonica S. Victori Massil. ann. 1060. inter Instrum. tom 1. novæ Gall. Christ. pag. 23. col. 2 : *Non aliter cognoscentes illam a captivitate supra dictæ hæresis posse eripi, pro remissione peccatorum nostrorum donamus eam omnipotenti Deo et cœnobio Sanctæ Mariæ ac Sancti Victoris Massiliensis, atque Abbati vel Abbatibus seu Congregationi in eo jure perpetuo habitantium, cum omni honore quem hodie habet vel in antea Accaptare potuerit, sicut mos est nostræ patriæ, ad totos honores.* Et in codice MS. ejusdem Cœnobii : *Cum omnibus rebus, quas Acaptabit vel recuperabit.*

Accapitare alicui, Relevium facere, vel exsolvere, vel aliquem pro domino, et velut pro *capitali* domino agnoscere. Bracton. lib. 2. cap. 35. § 1 : *Est etiam aliud genus tenementi quod datur in maritagium, et ubi non fit homagium ante tertium heredem inclusive positum, propter commodum donatoris per reversionem.* Mox ait : *Cum autem plures fuerint coheredes, omnes Accapitabunt filiæ primogenitæ, et maritus primogenitæ homagium faciet capitali domino de toto feodo, etc.* Fleta lib. 2. cap. 50. § 6 : *Sed omisso illo medio, capitali domino Accapitet, et ei respondeat de eisdem servitiis.... nec liceat hujusmodi capitali domino ulterius ipsum tenentem distringere, dum prædictus tenens se offerat Acapitare ei, et facere ei servitia debita et consueta de quantitate tenementi.* Vide lib. 3. cap. 16. § 7. 38. et quæ de *Paragiis* observavimus in Dissertat. 3. ad Joinvillam.

Accapitum, [Acapita, Accaptum,] quod vulgo *Relevium*, seu agnitio in dominum. Charta Michaelis Archiepisc. Arelatensis ann. 1214. qua concedit Comiti Monfortensi Bellocadrum et Argentiam in Regesto Tolosano fol. 17 : *Item confitemur nos recepisse a vobis pro Accapito 1400 marchas boni et legalis argenti.* Alia ann. 1231. ibid. fol. 25 : *Item concessit quod quando detentores possessionum quæ tenentur ab Ecclesia ad censum annuum, vel in feudum, in incurrimentum ceciderint, vendentur possessiones illæ personis competentibus bona fide, et Ecclesia habeat inde vendas et Acapitas.* Occurrit ibi pluries. Vide Histor. Episcop. Cadurcensium. n. 166. [Rymer. tom. 1. pag. 855. col. a : *Et una lancea de Accapto pro toto territorio de Brulhien.*]

☞ Accapiti notionem longe diversam tradit D. *Brussel* Tract. de usu feud. lib. 3. cap. 11. Existimat enim vir eruditus *Accapitum* idem esse ac feudum *sine capite*, hoc est, sine clientela et alta justitia : quæ feudi species, inquit, in Occitaniæ tantum provinciis in usu fuit. Verum si res ex judicio Scriptorum harum provinciarum dirimenda est, ad quos potissimum spectat de usaticis suis scribere, *Accapitum* nihil aliud erit quam *Relevium*, seu agnitio in dominum, ut mox definiebat D. Cangius. Vide Rocheflavinum infra in V. *Reaccapitum*. Nec aliud certe innuunt, si attentius perpendantur, quæ in suam sententiam profert D. *Brussel*. Errandi fortassis occasio fuit etymon ab *a* privat. et *caput* deductum, cum rectius a verbo *Accaptare* inferretur. Hinc etiam Gal. *Acapits* et *Arriere-acapits* dixit, quod vernacule vocant, *Acapte* et *Arriere-acapte*.

¶ Acapitis, Eadem notione. Testamentum Rogerii Vicecom. Bituric. ann. 1150. inter Anecd. Marten. tom. 1. col. 410 : *Deinde dono et laudo..... totum honorem meum, civitates videlicet, atque burgos, castra, villas, atque dominia, feudos, alodios, Accapites, pignoras et acquisitiones etc.*

Acaptatio, idem quod *Accapitum*, in Charta Isli Episcopi Tolosani : *Et pro hoc fevo dederunt illorum domino Præposito 5 solid. Acaptationis.*

Acaptagium, Vox ejusdem notionis. Regestum Constabulariæ Burdegalensis notatum A. fol. 35 : *Acaptagia, quæ alibi Relevia dicuntur; levata eodem anno in eadem Senescallia.*

Acaptamentum, idem quod *Acaptagium*. *Vendagia et Accaptamenta* in Consuet. municipal. Bergeraci ann. 1368. art. 69. Charta Petri Episcopi Inculism. ann. 1178. in Regesto Inculismensi : *Licet hominem recognoscerent, tam Achaptamentum mille solidorum debere constanter negabant.* Alia Episcopi Aginnens. ann. 1217. in Regesto Carcasson. : *Et dabit in mutatione Comitis seu Episcopi Accaptamentum in recognitione dominii unum hestearium, pro quo procurationem quam ab eodem requirebat, sibi remisit.* Vid. Hist. Episcoporum et Comitum Engolismensium cap. 33. Charta ann. 1240. in Tabul. Dalonensi fol. 85 : *Accaptamentum vero nobis debet persolvi nostrisque successoribus ad utriusque partis mutationes.* Tabularium Nantoliense in Pictonib. ann. 1306 : *Homagium ligium quod nobis volebat facere Joanna de Linea sine aliquo Achaptamento.* Ibid. ann. 1418 : *Ad Achaptamentum quarundam chirothecarum albarum de pretio 6 denariorum in mutatione feodatarii.* Rursum ann. 1419 : *Sub homagio ligio a me et meis, in mutationibus dominorum et vasallorum, et sub Achaptamento 5 solidorum bonæ monetæ currentis solvendo.* Occurrit passim in eo tabulario, et in Absiensi f. 40. [Et in Lib. Consuetud. S. Augustini Lemovic. fol. 23 : *Præsentibus et futuris notum sit quod Domnus Abbas V. Ecclesiæ S. August. Lemov. in villa de Brumec accepit in pace perpes hominium et Litgensa et juramentum fidelitatis a Falcone milite. Illique Dominus Abbas diem assignavit Lemovicas ut veniens in Capitulo S. August. Abbati et Capitulo hoc idem juraret et C. sol. et 1. d. de Achaptamento in pace redderet, etc.* Chron. Comodoliac. apud Stephanotium in Fragm. Hist. tom. 2 : *Raimundus Lobors, Iterius frater ejus et Audoinus de Petra Bufferia dederunt Ecclesiæ S. Juniani Acaptamentum, et quidquid juris habebant in manso de la Chieza.*] [** Vide supra *Accapitamentum*.]

Ad Accapitum dare, *seu in emphyteusin*. Charta ann. 1213. in Regesto 49. Philippi Pulcri Regis Franc. ex Tabulario Regionum. 160 : *Videlicet quod dictus Dom. Petrus de Sancta Cruce donet, dare et donare teneatur in Emphiteusin seu Accapitum .... dictam limeriam, etc.* Alia Ludovici Hutini Regis Franc. ann. 1315. pro Monspeliensibus : *Item concessimus de feodis et retrofeodis in Emphyteusin vel Accapitum datis et translatis in personas ignobiles, etc.* Alia Jacobi Regis Majoricar. ann. 1310 : *Damus in Accapitum seu Emphyteusin alcheriam nostram, etc.* Alia ann. 1229. *Ut tu et prædictam Condaminam.... in Emphyteosin seu in Accapite, si volueritis, dare valeatis.* Adde Chronologiam Episcopor. Lodovensium pag. 154. 240. et Gassendum in Notitia Ecclesiæ Diniensis pag. 20.

¶ Ad Acceptamentum tradere, *seu ad censum*, in Consuetud. Lemovic. art. 61 : *Item si aliquis concedit et tradit terram ad censum et Acceptamentum nihilominus pretio sibi dato, si census valeat plus quam ipsum pretium, hujusmodi contractus habetur pro accensamento, nec in isto casu ille cui traditur taliter, de dicta terra debet solvere vendas.*

Reaccapitum. Scribit Rocheflavinus in Provinciis Occitaniæ et Aquitaniæ *Accapita* dici jura quædam quæ debentur domino fundi et directo, pro mutatione Emphyteotæ, sive illa morte, sive matrimonio, venditione, permutatione, cessione, heredis institutione, legato, aut alio quovis modo eveniat : contra *Reaccapita*, mutationem domini spectare. Notitia ann. 1144. apud Catellum lib. 2. Rerum Occitanarum cap. 17 : *De uno quoque casali, qui habebat sex stadios in latitudine, et 12 in longitudine, habeat dominus 12 denarios de Acapte, et omni anno a Martio servitium 12 denariorum, et Reacapte, quando evenerit, 12 denarios.* Infra : *Carbonellus faber habeat de laboratoribus suis censum qui vocatur Lause : et faciat et reparet ferramenta molendinorum, retento ibi pretio et usu suo; et propter hoc præbeat domino Acapte 10 solidorum, et 5 solidorum Reacapte, quando evenerit.*

[* Vide *Retroaccapitum* suo loco et Glossar. Gall. *de Lauriere* voce *Reacapte* et *Plait de mortemain*.]

Retroaccapitum in Consuetudine Tolosæ part. 4. tit. de Feudis, art. 18. Charta Occitanica ann. 1244. in Regesto Tolosano fol. 73 : *Terras heremas et condrezelas, e albres domestques, et salvaidies, e bosc, e bartas, e prats, et aigas, e cavis, e esplechius, e atemprivas, e hommes, e sembres, et ceses, et Acapites, et Reireacapites, et senhorias, etc.*

Accaro, Instrumentum rusticum. Petrus Crescentius lib. 1. de Agricult. cap. 6 : *Et superducta iterum dicta terra cum vangis et Accaronibus, etc.*

¶ **Accarratio**, Testium cum reo compositio, Gall. *Confrontation*, *Acarement*. Bleynianus Instit. Theor. et Pract. Lib. IV. pag. 572 : *Confrontationes vero fiunt exhibitis ipsi reo testibus, et in ejus conspectu positis, unde et Accarrationes a Cara barbaro nomine quod faciem significat; nominantur.* Certe apud Occitanos et Vascones etiamnum *care* faciem sonat, unde vox *Accarer* cum reo testes conferre, inquit D. *de Lauriere* in Glossario Juris Gallici. Adde quod χάρα faciem pariter significet, apud Sophocl. in

Electr. Tragœd. pag. 137. Edit. H. Stephani. Ita in Originibus Gall. D. *de Caseneuve.*

* *Accaration*, in Reg. Parlamenti Tolosani ex Codice regio 9879. 6. ad. ann. 1458. 11. Sept : *Pour ce qu'il est venu à la notice de la Cour que M. Jean de Vernhe le jeune, licentié ès loix, avoit dit à M. Guibert Rouch, conseiller du roy en ladite cour, certaines parolles touchant l'arrest de Lezat, à la charge et foule d'icelle cour et d'aucun soupçon d'icelle, lad. cour a faict Accaration dudit M^e. Guibert et dudit de Vernhe.* Vulgatius, *Accarement.* Hispani *Acarar* dicunt, pro In mutuum conspectum et colloquium adducere; a *Cara*, iisdem, Facies, vultus. Vide *Cara* 1.

* **ACCASAMENTUM**, Casa, domus, ædificium. Charta ann. 1232. apud Cencium inter Census Eccl. Rom. : *Excepto eo, quod habeo et teneo ultra fossatum de Centum-guttis cum quodam Accasamento posito ultra prædictum fossatum ex parte castri mei de Olibano.* Interdum ea voce significantur ædificia domui præcipuæ adjuncta, ut in Charta ann. 1286. apud Cl. V. Garamp. in Disquis. de Sigil. Garfagn. pag. 53 : *Quandam turrim cum calsa, domibus, palatiis et Accasamentis simul et continue juxta eam positis.* Vide *Casamentum* 2. et mox :

* **ACCASARE**, vox Italica, Domibus instruere. Charta Henr. VI. imper. ann. 1187. apud Lam. in Delic. erudit. inter not. ad Hodœpor. Charit. part. 3. pag. 1182 : *Item postquam dictum castrum Accasatum fuerit intra muros, quantos homines curia casare poterit circa podium, etc.*

¶ **ACCATO**, Gr. Ἄκατος, Genus navigii actuarii. Bern. *de Breydenbach* Iter Jerosol. pag. 238 : *Verum die XXIX iterum contra Maleam ire temptavimus, licet ventum non nisi pro sex pannis Accationis habuerimus exiguum.* Vide *Acatus.*

* **ACCATTATOR**, Qui ex officio stipem corrogat aliis dispensandam, Gall. *Quêteur.* Italis, *Accattatore*, mutuans, qui mutuo accipit. Statuta antiq. Florent. ex Cod. reg 4621. cap. 82. fol. 43. v° : *Dicti Accattatores et questores horis consuetis, tam per civitatem quam per communitatem, ... aquirant elemosinas* (pro carceratis). *Et si dicti questores seu Accattatores fuerint negligentes, ... possint removeri... a dicto officio.* Vide supra *Accaptamentum.*

* **ACCATTUS**, idem quod *Accapitum*, Jus, quod nomine *relevii* exsolvitur. Vide in *Accaptare.* Charta ann. 1233. apud *Manni* de Sigill. antiq. tom. 1. pag. 98 : *Vendunt possessiones, et res, et omnia servitia, præstationes, dationes, pensiones, affictus, albergherias, Accattus, etc.*

* **ACCATUM**, Acquisitum, comparatum, *Acquest par achat.* Charta ann. 1202. tom. 2. Cod. diplom. Ital. col. 254 : *Dominus episcopus* (Lunensis) *debeat habere et tenere, cum suis successoribus de cetero in perpetuum, mediam comperam seu Accatum, quod ipsi marchiones fecerunt a marchionibus de Esti in curia et districtu Vezani, etc. Acat*, in Lit. ann. 1265. apud Marten. tom. 1. Anecd. col. 1121 : *Jou Gerars sires de Sclerbes, frere monsigneur Giles de Bierlaimmont, fac savoir à tous que tous les Acas, que mesires mes freres devant noumés a reportet à me main de le terre d'Estruem, etc. Acatour*, emptor, qui pretio acquirit, in Ch. ann. 1411. tom. 2. Probat. Hist. Brit. col. 867 : *Les Acatours des prises, aiant connoissance d'icelles, etc.*

* **ACCAYRA**, Pugnæ genus, qua scilicet funda lapides jactantur; *Accayrare*, sic pugnare; a *Cairau*, Occitan. calculus, *caillou.* Ita Menardus in Glossar. ad calcem tom. 2. Hist. Nem. Statut. ad regimen ejusd. civit. ann. 1353. ibid. inter Instr. pag. 153. col. 2 : *Item quod nulla persona audeat se Accayrare sive facere Accayras in toto territorio et districtu civitatis Nemausi, sub pena quinquaginta sol. Turon. dom. nostro regi aplicanda; et qui solvere non posset, fustigaretur per villam Nemausi.*

¶ **AD ACCEDENTES.** Responsorium quod in Ecclesia cantabatur, dum ad sacram Synaxim Fideles accedebant juxta Officium Muz-Arabicum. Ordo Officii Gothici, tom.3. Collect. Conc. Hispan. pag. 267 : *Subitoque canitur in choro responsum quod vocatur, Ad Accedentes, in eo vero monentur Fideles qui sunt communicaturi, ut accuratissime perpendant, quem cibum suscepturi sint.*

* **ACCEDERE**, Tenere. Glossar. vet. ex Cod. reg. 7646 : *Accesseris, tenueris.*

¶ **ACCEDIA**, pro *Acedia* in Cod. MS. S. Martialis Lemov. n. 4 : *A spiritu Accediæ, libera nos, Domine.* Vide *Acedia.*

* **ACCEIA.** Vide infra *Accia.*

ACCELERANTIA, Celeritas, apud Petrum Diac. Casinens. de Corpore S. Benedicti Casini.

* **ACCENDERE**, Lignatio, lignum accendendo foco necessarium, Gall. *Chauffage.* Charta Gaufridi abb. Cheziaci ann. 1210, ex Chartul. Campan. fol. 275. v°. col. 1 : *Blancha comitissa Campaniæ nobis concessit, quod in qualibet septimana duobus diebus, cum duabus bigis possimus ire in nemoribus supradictis, quamdiu ei placuerit, per* (pro) *nostro Accendere.* Alia ann. 1242. ibid. fol. 275. col. 2. habet : *Ad opus foci.* Vide infra *Ignis* 2.

¶ **ACCENDI**, de Luna dicitur, cum a sole in noviluniis incipit illuminari; Kalendarium MS. San-German. X. circiter sæculi laudatum in Mercurio Gallico Febr. 1728. pag. 280 : *Luna Januarii media nocte Accenditur. Luna Febr. inter mediam noctem et galli cantus Accenditur. Luna Martii media nocte Accenditur. Luna Aprilis hora galli cantus Accenditur. Luna Maii mane Accenditur. Luna Junii hora tertia Accenditur. Luna Julii meridie Accenditur. Luna Augusti inter mediam* (l. meridiem) *et horam nonam Accenditur. Luna Septembris circa horam nonam Accenditur. Luna Octobris inter nonam et Vesperam Accenditur. Luna Novembris in Vesperum Accenditur. Luna Decembris in Vesp. et mediam noctem Accenditur.* Vide *Incensio Lunæ.*

¶ **ACCENDONES**, Lanistæ seu Gladiatorum Magistri, sic dicti quod Gladiatores ad pugnam accenderent. Tertullian. de Pallio cap. ult. : *Verum et Accendones et omnis Gladiatorum ignominia togata producitur.* Ita correxit Salmasius pro *et cerdones*, ut antea legebatur. De his plura Hofmannus ad hanc vocem.

ACCENGIA. Vide *Andecinga.*

ACCENSA, Census, datio ad censum. Jo. Hocsemius in Hugone 72. Episc. Leod. cap. 23 : *Major in villa et Advocatus a Prumiensi Abbate domino villæ villam tenebat ad Accensam.* [Charta Ferrandi Comitis Flandriæ ann. 1229. apud Martenium tom. 1. Anecd. col. 954. C : *Nos autem LXXX libras dictæ domui assignavimus percipiendas..... Ad Accensas nostras de Binctio.*] *Accense* et *Adcense*, in Consuetudine Burbonensi cap. 34; Bituricensi titulo 9. art. 21; Vastanensi articulo 6. *Accensement* in Parisiensi antiqua art. 191. *Adcensement* in Vitriacensi articulo 23; Parisiensi art. 109. *Acensement* in Catalaunensi art. 194; Aurelian. artic. 412. *Accensissement* in Trecensi art. 58. 148. et Calvimotensi art. 56. 116.

¶ Accensamentum, Eodem sensu. Locum vide supra in *Acceptamentum* post *Accaptare.*

* Inventarium Chartarum reg. ann. 1482. fol. 191. v°. ad ann. 1352 : *Ballium et Accensamentum domus regiæ sitæ in villa Monsterolii in fulco Yonæ, dictæ la Maison d'Artis. Acensissement*, in Ch. ann. 1338. ex Chartul. S. Vincent. Laudun. : *Sera aucy la seureté de tout le vendaige ou Acensissement des dis molins, prise par main commune de nous.* [** Vide *Accessamentum.*]

Accessatio, Assessamentum, Accessamen, datio in censum, pro *Accensatio*, in Tabul. Dalonensi fol. 40. 42.

Accensiva, Eadem notione in Charta Hugonis D. Brecarum anno 1203. in Hist. Brecensi pag. 24.

¶ Accensivio, Eadem notione, Charta Communiæ Compendii ann. 1186. apud Baluzium tom. 7. Miscell. pag. 315 : *Quæ omnia homines dictæ Communiæ antiquitus ea Accensivione Patris nostri, qui eis hoc accensivit, tenuerant.*

¶ Adcensa. Juramentum Philippo Franc. Regi præstitum a Blancha Campaniæ Comitissa ann. 1200. apud Marten. tom. 1. Collect. Ampliss. col. 1030. A : *De Judæis sic erit, quod illos de quibus terra Domini Regis saisita, de corporibus eorum post mortem mariti mei Comitis Theobaldi tenebo Adcensam et pactiones, quas idem Comes Judæis statuerat, nec ab eis aliquid amplius extorquebo.* Quo in loco non *ad censam* divisis vocibus, sed *adcensam* legendum.

Accensare, Acensare, Dare ad censum, Gall. *Acenser, donner à cens*, in Consuetud. Bayonensi tit. 4. art. 118; in Chron. Flandr. cap. 110; Tabul. Castri-Meliandi : *Accensavit, et nomine Accensationis in perpetuum concessit et tradidit, etc.*

* Accensare, Censum exigere loco alterius præstationis, servitium cum censu commutare. Charta ann. 1299. ex Reg. 38. Chartoph. reg. ch. 4 : *Cum homines villarum de Juvigniaco et de Widua, sitarum in castellania de Spernaco, obligati fuissent ad solvendum et ad liberandum charragium domino regi, pro suis operationibus de castro et de villa Spernacensi;...... supplicavissent domino regi quod ipse vellet Accensare dicta charragia, et loco eorum recipere certos redditus annuatim, etc.* Nostris *Acenser* et *Acensir*, dare vel recipere ad censum seu ad *firmam.* Stat. ann. 1368. tom. 5. Ordinat. reg. Franc. p. 133. art. 20 : *Que toutes les revenus de ledicte ville seront baillées, Acensées à cris et à recrois.* Ch. Nicolai episc. Trec. ann. 1244. in Chartul. Campan. fol. 174. col. 2 : *On requeneu Girart de Nivele et Mengiers Dervi, chambellanc lo roi de Navarre, que il ont*

Acensi, por els et por lor oirs, do roi de Navarre à toujors les maison lo roi, qui sont à Bar sor Aube. Chartul. Hannon. ann. 1238. ch. 15 : *Et s'il avenoit que je Acensesisse mon winage, etc.* Vide in *Accensa. Achensser* vero, pro Convenire, pacisci, in Lit. remiss. ann. 1404. ex Reg. 159. Chartoph. reg. ch. 105 : *Robault dist au suppliant qu'il se Achenssast et composast par devers Jehan Fouquart, qui tenoit la maletoste d'icelle ville.*

Accensare se alicui, certis conditionibus ac stato pretio quidpiam conficere. Curia Generalis Barcinon. art. 1291 : *Item quod aliquis scriptor non audeat se Acensare vicario, bajulo, vel alicui officiali.* Libertates Salvæ-terræ in Ruthenis ann. 1284 : *Concessimus prædictis hominibus quod possint Accensare de Milite, et emere de omni venditore qui vendere voluerit, nisi sit feodum, vel res feodales.*

* Accensaterii. Charta Humberti II. dalph. ann. 1343. tom. 7. Ordinat. reg. Franc. pag. 731. art. 29 : *Satisfacto tamen Accensaterii de intragio ipsi domino dalphino præstito competenter.* Ubi cum erudito Editore restituendum *Accensatori* opinor.

* Accensatio, ut *Accensamentum*. Regist. episc. Nivern. : *Anno Domini 1287. redditus episcopatus Nivernensis, et Accensatio dictorum redditum.* Charta Philippi Pulcri ann. 1313. in Lib. rub. Cam. Comput. Paris. fol. 359. col. 2 : *xxi. libram, xiii. solidos et iv. denarios.... assignamus.... per manus illius seu illorum, qui dictas pissidem et coustumam pro tempore Accensationis, vel quovis alio titulo, sive causa tenebit aut tenebunt percipiendas. Acensie*, ipse censualis reditus, in Æstimat. redit. *de Soublainnes* et *de Beaufort* ex Reg. 80. Chartoph. reg. ch. 17 : *Item les Acensiées* (infra *Acensies*) *des bestes; c'est assavoir de chascun cheval traiant, ix. den. de chascun buef traiant, vi. den. de chascune vache portant, iv. den.*

Accensatores, Firmarii. Concilium Burdegalense ann. 1255. cap. 14 : *Accensatores autem decimarum a laicis, si laici fuerint, simili sententia se noverint irretiri.* Ubi perperam *assensatores* editum. *Accenseurs* vero et *Adcenseurs*, qui dant ad censum, dicuntur in Consuet. Bituricensi tit. 15. art. 8; Burbon. art. 141. 371. et Marchensi art. 168. [** vide *Accensaterii.*]

¶ Accensiare, Eadem significatione in Tabulario S. Bartholom. Bethun. non semel.

** Accensio. Gloss. in Cod. reg. 4778 : *Accensio, lucrum, compendium, emolumentum, utilitas, incrementum, fructus, merces, reditus, vectigal.*

* Accensivatio, Eadem notione qua *Accensatio*, in Charta ann. 1239. ex Chartul. B. M. de Josaphat : *Dicta Odelina uxor Nivardi Accensivationem et conventionem præscriptas laudavit.* Vide infra *Adcensivare.*

¶ Acenssa, Idem quod *Accensa* in Tabulario S. Crucis Burdigal. : *Pro Arrendatoribus seu recipientibus in Acenssam..... Dum tamen Acenssæ prædictæ fiant de anno in annum.*

¶ Acenssatores, In eodem Tabulario idem sonat quod *Accensatores* : *Vina quæ per ipsos vel eorum Acenssatores prædictos vendebatur, etc.*

¶ Accensuati, Homines domino propter terras ad censum acceptas ad certa onera et præstationes adstricti. Libert. Calmæ tom. I. Hist. Dalphin. pag. 19 : *Exceptis illis qui mihi ad serviendum bis in anno cum bobus suis sunt Accensuati.*

¶ 1. **ACCENSI**, Eadem notione. Testamentum Anseberti Episc. Eduensis anno 696. inter Instrum. tom. 4. novæ Gall. Christ. col. 43. C : *Si quis, servis, libertis ac Colonis, Accensisque omnibus, etc.*

¶ 2. **ACCENSI**, Superadditi, supernumerarii, iidem qui in veteri militia *Adscriptitii* dicebantur. Vegetius lib. 2. cap. 19 : *Ad obsequia tamen judicum vel tribunorum, necnon etiam principalium deputabantur milites, qui vocantur Accensi, hoc est, postea additi quam fuisset legio completa, quos nunc Supernumerarios vocant.*

ACCENSIUNCULA. Glossarium Latino-Græcum : ἐπιληψία ἡ νόσος, *Accensiuncula, morbus comitialis.* Ita etiam MSS. Et alibi : *Accensiones*, ἐπίληψις, ἐπισημασία. Ubi leg. *Accensio*, ἐπίληψις. *Acceptio*, ἐπισημασία.

1. **ACCENSOR**, Gloss. Lat. Græc. : *Accensor*, εἰσαγωγεύς, εἰσηγητής, βούλαρχος. In Gloss. vero Græc. Lat. : εἰσαγωγεὺς, est *lator, institutor.* Sed videtur legendum *delator* : nam apud Hesychium, εἰσαγωγεὺς, (sic enim emendant viri docti, pro εἰσαγωγή,) dicitur esse ἀρχὴ Ἀθήνησι τῶν τὰ ἐγκλήματα εἰσαγόντων. Ita porro emendandum etiam in voce εἰσηγητὴς in eodem Gloss. pro *lator.* Unde confici videtur *accensorem*, eumdem esse cum delatore. Sed hæc vetera spectant.

2. **ACCENSOR**, Acolythus, cui incumbit cura accendendi lumina in Ecclesia. Hesychius : δαδιοῦχος, λυχνάπτης, λαμπαδηφόρος. Græcis recentioribus, κανδηλάπτης. Honorius Augustod. lib 3. cap. 64 : *Acolythus, qui est Accensor luminum.* Isidor. lib. 7. Orig. de Acolythis : *Tunc enim accenduntur luminaria ab eis, et deportantur.* Isidorus junior : *Ad Acolythum pertinet præparatio luminarium in Sacrario.* Vide Paulum Silentiarium, in Descript. sanctæ Sophiæ part. 2. v. 69. et infra in *Acolythus.*

¶ **ACCENSUATI.** Vide in *Accensa.*

ACCENTHURARIA, Vas in quo thus accenditur. Francisc. de Sacra quercu in Etymolog. ** Vide *Accepturaria.*

* **ACCENTUARE**, Accentus observare. Regula Fontis Ebraldi cap. 38 : *Ignorantes discant plane legere, punctuare vel Accentuare, ut ædificent audientes.* Statuta Collegii Fuxens. Tolos. ann. 1457. ex Cod. reg. 4223, fol. 219. v° : *Alta voce et intelligibili legat Accentuando, bene pronuntiando.* Glossar. Lat. Gall. ex Cod. reg. 7679 : *Accentuare, Accentuer. Acenter*, eadem notione, in Hist. Joannis IV. inter Probat. Hist. Britan. novæ edit. tom. 2. col. 363 :

Lire sçeis tu, voire chanter;
L'en le sçait bien à l'Acenter.

¶ **ACCENTUATIO**, Species cantus, qui fit elevando, aut deprimendo syllabam, juxta accentuum positionem, ut cum in Ecclesia Lectiones aut Orationes cantantur; cui opponitur *Directus* qui fit absque vocis inflexione. A. Schramb. Chronic. Mellicense pag. 348. col. 1 : *Orationes vestimentorum*, (i. e. ad benedicenda vestimenta,) *dicuntur plane et indirecte sine Accentuatione, quam libet per se concludendo.*

* **ACCENTUS**, Sonus vocis, modus pronuntiandi, nostris etiam *Accent*, Hispan. *Accento.* Constitut. capitul. eccl. Barcinon. ann. 1423. ex Cod. reg. 4332. rubr. 11 : *Magister grammaticæ, non solum lectiones grammaticæ et logicæ, ac alias assuetas in scolis legat; sed etiam diebus dominicis et festivis, maxime præcipuis, lecturam et Accentum legentium in choro dictæ sedis corrigat et emendet.* Vide supra *Accentuare.* [** Gloss. in Cod. regio 4778 : *Accentus, impetus sonus inflammatio vel vociferatio, vocis concrepatio*, unde corrigendum Gloss. Iæckii.]

ACCEPTA, *Genus navis*, in Glossis Isidori. Forte *Acceptor, genus avis.* [In excerptis Pithœi legitur : *Accepta genus navis, Acatus.* Verum La Cerda legit *Genus avis.* ** Vide *Accato.* Acceptores in inscriptione anni 197. nominatos, homines fuisse qui merces navibus advectas accipiebant, contendit *Furnaletti* in Forc. Lex., unde conjicere licet Acceptas cymbas fuisse, quibus merces navibus allatæ in terram ferebantur, Gall. *embarcations; Acatus* vero, *Accato* et *Achatus* originem ducere videntur a Græco ἄκατος. Gloss. Cod. reg. 4778 : *Achatus, navicula vel archana.*]

ACCEPTÆ, Agri portiones viritim assignatæ, aut quæ sortito obtigerunt. Ita Agrimensores hanc vocem usurpant, Siculus Flaccus et Hygenus [** Vide Forc. Lex.]

Acceptiones, Eadem notione apud Siculum Flaccum pag. 21 : [** *Acceptiones in centuriis explicandæ sunt.* Alii aliter interpret.]

* **ACCEPTABILIS**, Acceptus, gratus. Occurrit passim in Bibliis, apud Tertull. adv. Jud. cap. 5. et Salvian. de Gubern. Dei pag. 127 : [** Lactant. ep. 58; Tertull. de orat. cap. 7.] *Quod hujusmodi contractus sit Acceptabilis et placeat*, in Transact. ann. 1532, ex sched. Pr. *de Mazaugues.* Galli diceremus *Acceptable, agréable.*

¶ **ACCEPTABILITAS.** Scholastici Theologi dicunt : *Obedientiæ et Passionis Christi Acceptabilitas*, pro merito et gratia. Goclenius Lex. Phil. pag. 285.

¶ 1. **ACCEPTABULUM.** Papias MS. Ecclesiæ Bituricensis : *Acceptabulum, quarta pars eminæ, dictum quod acetum ferat; duas uncias retinet et sex scrupulos. Acetabulum*, Plinio lib. 21. cap. 34. est etiam heminæ quarta pars [** et continet drachmas 15. Cod. reg. 4778 : *Acitabulum quarta pars eminæ est, duodecim dragmas appendens.*] Vide *Acetabulum.*

* 2. **ACCEPTABULUM**, ut *Acetabulum*, Scutella acetaria. Glossar. Lat. Gall. ann. 1348. ex Cod. reg. 4120 : *Acceptabulum, Gall. Saucier, vas in quo servatur acetum, et derivatur ab hoc nomine acetum, Gall. Aisiers. Aisiels* et *Aisil* olim nostris, Acetum, vulgo *Vinaigre.* Mirac. Mss. B. M. V. lib. 1 :

Mais au malfé n'est pas aisiels,
Ains li est aigres com Aisiels.

Bestiarius Ms. ubi de J. C. in cruce :

L'Aisil but et le fiel gousta.

Charta ann. 1285. in Chartul. 1. Fland. ch. 372. ex Cam. Comput. Insul. : *Del Aysil c'on i vendera* (à Lille) *à broke, dou lot, j. den.*

¶ **ACCEPTAMENTUM.** Interdum occurrit pro *Accaptamentum*; quod vide in *Accaptare*, et in voce *Placitum.*

* Charta Phil. Pulchri ann. 1310. ex Reg. ejusd. in Bibl. reg. Cod. 9607. 3. ch. 38 : *Item de quolibet solo de quinque cannis vel ulnatis... habebimus sex denarios Turon. obliarum,......... et totidem de Acceptamento in mutatione Domini.* Charta ann. 1287. ex Reg. 64. Chartoph. reg. ch. 283 : *Salvis domino nostro regi cavalcata, exercitu communi et Acceptamento seu sporla, et aliis deveriis, quæ eidem dom. nostro regi pro dicto castro de Clarencio et pertinentiis, nomine dominii utilis vel directi, debentur.*

1. **ACCEPTATOR**, [Qui sine causa personarum habet rationem, Gall. *Celui qui fait acception de personnes.* Vox et phrasis ortæ ab illo Actuum Apost. cap. 10. vers. 34 : *Quia non est Acceptor personarum Deus.* Ubi Græcus Textus ὅτι οὐκ ἔστι προσωπολήπτης ὁ Θεός. Id est juxta vim vocis propriam : Non accipit Deus faciem, seu, non movetur rebus externis.] Lucifer Calaritanus, lib. 1. pro S. Athanasio : *Hæc cum scripta memineris, existimas Acceptatores personæ nos tuæ futuros.* Infra : *Et vis, Constanti, quia sis in sublimitate degens Regali, Accipi tuam personam.* [** *Acceptor* frequentius hoc sensu. Vide Forcell. Lex.]

* *Excepteur de personnes*, in Præf. Colardi *Mansion* ad lib. cui titulus, *Pœnitentia Adami* Ms. fol. 2. r° : *Certes en ce se monstreroit Dieu, qui est vray juge, Excepteur de personnes.*

* 2. **ACCEPTATOR**, *Auctor, conscriptor*, in vet. Glossar. ex Cod. reg. 7641. Vide *Exceptor.* [** Vide Burm. ad Anth. lat. tom. 2. pag. 586.]

* **ACCEPTIO.** Vide infra *Accessio* 3.

1. **ACCEPTOR**, Accipiter, quem vulgo *Sparvarium* reddimus. Gloss. Latino-Græc. : *Acceptor*, ἱέραξ. Gloss. Isidor. : *Pipiunculus, accipiter, Acceptor.* Papias : *Accipiter, est avis armata ungulis, ab accipiendo dicta : eo quod sibi capiat, et ab aliis rapiat.* Vox Latio veteri cognita, teste Sosipatro lib. 10. [** Lucilius ap. Charisium tom. 1. pag. 76.] in usum revocata demum a Scriptoribus medii ævi, et in Legibus antiquis sat frequens, in Salica tit. 7. § 1. 2. 3; Burgund. add. 1. cap. 11; in Lege Longob. tit. 104. § 18. 19. 20; in Concil. Suession. can. 3. ut habet Codex Belvac.; in Capitulari 1. Caroli M. ann. 802. cap. 19. et in Pœnitentiali Halithgarii Episc. Camerac. cap. 10. ubi perperam Menardus corruptam vocem ait, pro *accipiter.*

Acceptor, *Qui aucam mordet*, in Lege Alaman. tit. 99. § 20; in Capit. ad eamdem Legem cap. 36. *Ganshapich* dictus in Lege Bajuvar. tit. 20. § 2. Vide *Ganta.*

Acceptor, *Qui gruem mordet.* Vide *Cranohari.*

Acceptor, Qui anates persequitur, *Anetapich*, dictus in Lege Bajuv. tit. 20. § 3. Monachus Sangallensis lib. 2. de Carolo M. cap. 21 : *Cum vero falconem suum de aneta vellet extrahere.* Matth. Westmon. ann. 870 : *Cum Accipitre solus brevem naviculam ingressus, ut in insulis maris et terræ vicinis anates et aviculas aucuparetur.* Willelmus Brito lib. 11. Philipp. :

— Imbellesque velut dispergit anates
Accipiter, quando atra fames jecur ulcerat ejus.

Vetus Chron. anno 1272 : *Circa falconem qui anatem inter salices corripuerat, etc.* Falcones vero, quibus anates communiter pro præda sunt, *Lanarios* nostri vocant, ut observat Albertus M. lib. 23. de Animal. cap. 8. Meminit præterea Porphyrius lib. 3. de Abstin. pag. 267, accipitrum qui perdices, et qui palumbos involant, quos φασσοφόνους vocat, a φάσσα, *Palumbus.* Hesychius : λαγοθήρας, ἀετοῦ εἶδος.

Acceptor domitus, in Lege Ripuaria tit. 36. § 11. i. ad venationem mansuefactus, aut edoctus. Accipitres vero ad venationem *institutos* memorat Sidon. lib. 3. Epist. 3. lib. 4. Epist. 9. Vide *Falco.*

Acceptor Mutatus, in ead. Lege tit. 36. § 11. qui jam annum egit, et plumas exuit, Gall. *Mué.* Vide *Muta.*

¶ Acceptoricius canis, Canis aviarius, seu qui cum Accipitre venatur aves, Gall. *Épagneul.* Lex Frisonum : *Qui canem Acceptoricium occiderit, etc.* Vide *Canis Acceptoricius et Bambracius.* [** Adelung. ita appellatum censet non quod cum accipitre venetur aves, sed quod feram *capiat.*]

☞ Antiqua est ars aucupandi cum accipitre, quamvis illius initia referat Blondus Decad. 2. lib. 7. ad tempora Frederici Imperatoris cognomento Barbarossæ, id est, circa annum Domini 1246. Verum illius sententiam confutavit luculentur Spelmannus in Glossario, maxime ex Legibus veterum Francorum, Germanorum, Burgundionum etc. apud quorum nobiles ars acceptoria haud fere minus commendabatur quam ipsa ars militaris, testibus illis eorum Legibus quibus cautum erat, ne quis pro compositione Wirgildi, seu pro redimendo capite, *Spatham Accipitremve* suum dare cogeretur, teste et Additamento 2. tit. 1. Legum Burgund : *Si quis Acceptorem alienum involare præsumpserit, aut sex uncias carnis Acceptor ipse super testones comedat, aut certe si noluerit, sex solidos illi cujus Acceptor est, cogatur exsolvere : mulctæ autem nomine solidos duos.*

☞ Præterea *Accipiter* erat primæ nobilitatis insigne præcipuum, ut patet ex pluribus antiquis tumulis, in quibus viri atque etiam interdum mulieres cum accipitre sculpti pictique visuntur; inter quos Haroldus Eduardi Confessoris Angliæ Regis consanguineus exhibetur cum accipitre pugno insidente in suo versus Guilelmum Normanniæ Ducem itinere. Hujus rei præclarum apud se exemplum asservat Eruditissimus D. *Lancelot* vir Academicus, in musæo celeberrimi Domini *Foucault* [aliquando repertum, ex pariete aliove monumento vetusto delineatum, altum 1. ped. longum fere 22. Qua de re in frequenti Academia doctissime disseruit anno 1724. Addo Gaufredum I. Britanniæ Ducem, qui dum iter Romam carperet, ideo a muliere lapide percussus occisusque est, quod ipsius *accipiter* mulieris gallinam invaserat. [** Vide *Accipitrarius* et *Accipitrum cultura* infra suo loco.] Taceo Regem Alredum qui juxta Flor. Wig. pag. 310. inter bella ipsa, etc. omnem venandi exercebat artem et *suos omnes falconarios, Accipitrarios, canicularios que docere........non desinebat.* Qui mos etiamnum apud Reges nostros dum iter agunt, obtinet. Sed maxime ad rem nostram facit antiquum jus Clariss. DD. *de Chastelus*, quo inter Canonicos Ecclesiæ Autissiodorensis, cum juvat, consident, gladio ad latus stricto, superpelliceo induti, cum pileo pennis decoro, almutia supra brachium et *Accipitre* supra pugnum sedente. Hoc jure potitur Illustriss. Familia ab anno 1423, uti paulo fusius dicetur in *Canonici Laici.*

* Sed et thesaurarii ecclesiæ Autissiodorensis hæc erat prærogativa, ut diebus solemnioribus divinis interesset officiis *deferendo supra pugnum suum accipitrem.* Charta ann. 1464. inter Probat. Histor. Autiss. p. 172. col. 1 : *Quia ab aliquibus dominis canonicis hujus ecclesiæ vertebatur in dubium, utrum thesaurarius ecclesiæ Autissiodorensis posset et sibi liceret ad causam suæ dignitatis in ecclesia Autiss. in diebus et festis solemnibus et annualibus, dum divina celebrantur officia, sine* (sic) *habitu ecclesiæ, venire et intrare ecclesiam et chorum dictæ ecclesiæ, deferendo supra pugnum suum accipitrem sive avem venalem, etc.* Quod jus prædicto thesaurario confirmatur, ob id maxime, quod eodem potiebatur thesaurarius ecclesiæ Nivernensis.

* Inter Sacra accipitrem sic deferre, religioni Christianæ parum sane consentaneum videri debet : quid vero censebitur de eo jure, quo dominus *de Sassay* potiri dicitur in feudali recognitione ann. 1642, ut nimirum accipitrem suum ponere possit super altare majus ecclesiæ Ebroicensis, dum sacra in eo peragit ocreatus, calcaribusque instructus presbyter parochus *d'Ezy*, pulsantibus tympanis, organorum loco. Merc. Franc. mense Febr. ann. 1735. pag. 293 : *Peut le sieur de Sassay faire dire la messe par le curé d'Ezy, ou autre, en l'église N. D. d'Evreux devant le grand autel, quand il lui plaira ; et peut ledit sieur ou curé, chasser sur tout le diocèse d'Évreux avec autour et tiercelet, six épagneuls et deux levriers, et peut ledit sieur faire porter et mettre son oiseau sur le coin du grand autel, au lieu le plus près et le plus commode, à son vouloir. Peut ledit sieur curé dire la messe botté et éperonné en ladite église N. D. d'Évreux, tambour battant, en lieu et place des orgues.*

2. **ACCEPTOR.** Placidus apud Maium vol. 3. Classicorum auctorum pag. 434 : *Acceptorem salutis qui salutatus est.* Idem in glossario Iæckii et Cod. reg. 4778.

1. **ACCEPTORIUM**, Salinum, *Saliere*, in vet. Gloss. Lat. Gall. MS. ex Bibl. Thuana, n. 525.

2. **ACCEPTORIUM.** Epistola 41. inter Epistolas S. Bonifacii Moguntinensis Archiepiscopi : *Libellum quemdam habes, qui non est major Acceptorio duarum septimanarum, quem ego legere cupio.* Ubi videtur intelligi tot foliis constitisse hunc librum, quem sibi dari cupiebat, quot Officium Ecclesiasticum duarum septimanarum continebat. At cur id *Acceptorium* appelletur, non plane assequor, nisi legendum sit *Exceptorio*, aut *Excerptorio.*

* 3. **ACCEPTORIUM.** Præcept. Philippi ducis Tusciæ ann. 1196. apud Murator. tom. 2. Antiq. Ital. med. ævi col. 91 : *Item dicit, quod Acceptorium juxta Paleam inter Guidonem Monaci et Cruaconnum, sunt Rodia de Curia.* An locus ubi *Acceptores* seu accipitres nutriuntur?

¶ **ACCEPTURARIA**, Cymbium quo in

Ecclesiis asservantur micæ thureæ, Gall. *Navette*. Sic forte dicta ab *Accepto thure*, seu etiam pro *Acerra thuraria*. Martinius in Lexico Philolog. At in Glossis Lat. Græc. *Accepturaria*, λιβανωτρίς; quod est thurea planta. ** Vide *Accenthuraria*.

¶ **ACCERES.** Vide *Acieres*.

* **ACCERSIRE**, *Convenire*, in vet. Glossar. ex Cod. reg. 7646.

1. **ACCESSA**, Accessio, Accessus, *Accessa maris*, *Recessa maris*. Servius in Fragm. : *Constat et in illo loco Accessam maris usque ad montem pervenire*. Itinerarium Burdegalense : *Facit mare Oceanum Accessa et Recessa per leugas plus minus centum*. Itinerarium Jerosolymitanum Antonini Monachi : *In loco vero ubi transierunt, exit mare de majore pelago, et extenditur in multis millibus, quia habet Accessa et Recessa. Accessus maris*, in Addit. ad legem Frision. tit. 12. [** Vide Salmas. Exerc. Plin. pag. 204. a, A, et 277. a, B.]

¶ 2. **ACCESSA**, Terrarum, accretiones factæ in fluminum Gall. *Accruës*, *Alluvions*. Sunt et aliæ accretiones nemorum, Gall. *Accrues de bois*. Charta ann. 1057. ex Archivo S. Victoris Massil. *Frejus* n°. 30 : *Cum pascuis, silvis... aquarumve decursibus Accessisque omnibus... garricis, montibus, uglatis*.

* **ACCESSAMENTUM**, idem quod supra *Accensamentum*. Charta ann. 1310. in Reg. 47. Chartoph. reg. ch. 102 : *Accessamentum est factum ad utilitatem domini Regis; literas prædictas et prædictum Accessamentum, et omnia contenta in literis antedictis.... rata et grata habemus. Accessadeur*, qui ad censum tenet, *firmarius*, in Lit. remiss. ann. 1416. ex Reg. 169. ch. 320 : *Michiel d'Albaspeyras chappellain fermier ou Accessadeur du prioré d'Albinhac*.

* **ACCESSIBILIS**, Accessu facilis. Gloss. Philox. εὐπρόσιτος, *Accessibilis*. Epist. synod. ad Boson. reg. ann. 879. tom. 9. Collect. Histor. Franc. pag. 305 : *Qui sitis Accessibiles omnibus recta suggerentibus*, etc. Translat. S. Filiberti tom. 6. ejusd. Collect. pag. 308 : *Ipsa insula.... non semper Accessibilis esse potest nostratibus, cum Nortmannis cunctis temporibus, quibus mare tranquillatur, inaccessibilis esse minime dinoscatur*. Occurrit præterea apud Tertull. adv. Praxeam cap. 15. [** Ibidem *Accessibilitas*.]

1. **ACCESSIO**, In Gloss. Gr. Lat. ἐπισημασία ἐν πυρετῷ, accessio febris. [** Apud Celsum vox frequens, cui opponitur Decessio.] Epist. scripta sub nomine I. C. sub Carolo M. : *Mittam in eis pustellas, Accessiones, et langores, et omne genus infirmitates*. [Apul. de Virtut. herbarum pag. 190 : *Ad quartanas herbæ plantaginis succum in aqua multa ante duas horas Accessionis potui dato*.] [* Hinc nostris, *accès de fièvre*.]

2. **ACCESSIO**, Acquisitio. Charta Ludovici Pii Imperat. in Chronico Farfensi pag. 654 : *Et undecumque ad eos tam per venditiones, Accessiones, commutationes possessionesque eidem Monasterio... venit*. [** Cic. de Off. lib. 1. cap. 39 : *Accessionem adjungere ædibus*.]

* 3. **ACCESSIO**, Canalis, rivus, quia ad opus molendini necessario *accedit*. Præcept. Ludov. Pii ann. 823. apud Ughel. tom. 2. Ital. Sacr. col. 96. edit. 1717 : *Similiter donationem, quam fecit.... dom. et genitor noster Carolus Imperator petenti Geminiano Mutinæ episcopo de molendino prope stratam, cum Accessione sive aquario*. Ubi perperam editum *Acceptione* apud Murator. tom. 1. Antiq. Ital. med. ævi col. 772. Charta ann. 998. apud eumd. Ughell. ibid. col. 108 : *Cum decem jugeribus de terra, inter paludes et sylvas; quinque supra ipsum molendinum, et quinque subtus, cum Accessione et aquario suo*. Rursum occurit ibidem col. 110.

* 4. **ACCESSIO**, Terrarum accretio, idem quod *Accessa* 2. Charta Friderici I. Imp. ann. 1177. apud Murator. tom. 5. Antiq. Ital. med. ævi col. 1048 : *Piscationibus, venationibus, salinis, et his, quæ Accessione et alluvionis jure capiuntur*. Nisi tamen idem sit quod *Accessio* 2. Acquisitio. [** *Accessio* et *Alluvio* sunt voces notissimæ fori Romani.]

* **ACCESSIVUS.** Annal. Victoriani Mss. ad ann. 1244 : *Hic etiam* (Fridericus Imperator) *ducem Bavariæ, virum catholicum, fidelem ecclesiæ et devotum, fecerat occidi per Accessivos*. Ubi leg. opinor *Assassinos*. [** Gloss. Græc. lat. : Προσθετός, *Accessivus*; in Gloss. Lat. Græc. male *Accessimus*.]

1. **ACCESSOR**, Pro *Assessor*, in Charta ann. 1337 apud Ughell. tom. 7. pag. 616. et in Sermone Roberti de Sorbone de Conscientia.

* *Accesseur* pro *Assesseur*, Assessor, qui judicem consiliis adjuvat, apud Bellomaner. Ms. cap. 1. Inter civitatis administratores recensetur in Lit. ann. 1391, tom. 7. Ordinat. reg. Franc. pag. 453 : *Capitouls, sindics, tresoriers, Accesseurs ou autres officiers de villes*, etc. Consules Nemausenses causam suam defendunt per *eorum Accessorem et advocatum*, ut legitur in Charta ann. 1454. inter Probat. tom. 3. Hist. Nem. p. 287, col. 1. Substitutus, Gall. *Substitut*, eo etiam nomine designatur, in Lit. remiss. ann. 1458. ex Reg. 187. Chartoph. reg. ch. 322 : *Le Substitut ou Accesseur de notre procureur audit lieu de Bourg sur Gironde n'y voulut aller*. Vide *Accessorius*.

* 2. **ACCESSOR**, ACCESSORIUS, Fidejussor, sponsor, Gall. *Répondant*, *caution*. Statuta Arelat. Mss. cap. *De Accessoribus et fidejussoribus, et qualiter conveniantur : Item statuimus, quod Accessoribus conveniri non valeat, antequam conventus debitor principalis. Si vero fuerit alienus debitor principalis, detur tempus unius mensis Accessorio ad repræsentandum debitorem principalem. Tunc demum Accessorius valeat conveniri*. Quod secundus a debitore *accedat*, ut creditori fiat satis, sic dictus. [** Hoc sensu *Accessio* frequens in Dig. Lib. 46. tit. 1. fr. 32. 34. 17. et cet.] Hinc etiam

* 3. **ACCESSOR**, Adjutor, ludi socius, Gall. *Croupier*. Stat. Avenion. Mss. ann. 1243. cap. 65. ex Cod. reg. 4659 : *Ordinamus quod si quis major xiv annis blasphemaverit Deum vel ejus genitricem gloriosam Virginem Mariam, sive sit lusor principalis, sive Accessor, vel alio modo particeps ludi..... solvat v. sol.*

* 4. **ACCESSOR**, ACCESSORIUS, Minister secundarius, qui prælatum comitatur, eique in sacris deservit, Gall. *Assistant*. Ordinar. Ms. S. Petri Aureæ-vallis : *Dompnus abbas, cum suis Accessoriis et ministris, non intrat chorum cum religiosis...... Accessores accipiant almuciam et crossam.... Abbas cum suis Accessoriis, et ille qui portat textum, non intrent chorum*. [** Romanis *Accensor* sive *Accessor* idem qui *Accensus*, magistratus alicuius minister.]

¶ **ACCESSORIE**, Per Accessionem, Gall. *Par Accessoire*. Constitutiones MSS. Ordinis Cluniac. : *Ordinantes et precipientes districtius et districte, ne ante vel post, directe vel indirecte, principaliter vel Accessorie subditis suis de se coram suis superioribus qualitercumque conquirentibus graves amodo se exhibeant*.

¶ **ACCESSORIUM**, Quidquid causæ adventitium et extraneum est, Gall. *Accessoire*. Statuta Ecclesiæ Ruthen. ann. 1341. apud Marten. tom. 4. Anecd. col. 781 : *Et non attendentes, quod priusquam principale quod deest nostræ Ecclesiæ nobis conceditur et permittitur. . . . ac quod Accessorium naturam sequitur principalem*. Vox Practicis nota.

ACCESSORIUS, Vox fori Anglici, inquit Spelmannus, in quo ita appellatur is qui sceleris conscius, facinoroso subvenit, sive ope, sive consilio. Duplex autem est : alius ante perpetratum scelus, aut feloniam, ut loquuntur, utpote qui vel suadet, vel imperat. Alius post effectum; et hoc fit, vel celando facinus, aut reum; alimentum ei, evadendive occasionem subministrando. Istæ autem considerationes, ultra feloniarum reos non extenduntur : nam in læsæ Majestatis criminibus, nulli habentur accessorii, vel secundi, sed primarii omnes, et, ut vocant, principales, parique ideo plectuntur judicio.

ACCESSUS, *Per Accessum* summus Pontifex eligi dicitur, cum Cardinales omnes unanimi consensu ad eum *accedunt*, et Papam salutant. Vide Ceremoniale Roman. lib. 1. sect. 1.

¶ **ACCETARE**, Acescere, Gall. *s'Aigrir*. Apul. de Virtut. Herb. pag. 194 : *Herbæ verbenacæ ramulos ex vino decoquito et conterito, deinde quod Accetaverit plagæ imponito, et adaperiet*. [** Recte *Forcellinus* : ACETASCO, is, avi, n. 3. idem quod *acesco*. Apul. Herb. 3 : *Herbæ verbenacæ ramulos ex viro decoctos et contritos, deinde quod acetaverit, plagæ impones, et adaperiet*.]

* **ACCETTA**, vox Italica, Bipennis, ascia, Provincialibus *Aisso*, nostris *Hache-d'armes*. Constit. Caroli II. reg. Sicil. pag. 327 : *Qui cum roncha ferrea, Accetta, mannaria, cultello quocumque, quemquam percusserit*, etc. Stat. Antiq. Florent. ex Cod. reg. 4621. cap. 127 : *Si quis.... aliquem vulneraverit, cum sanguinis effusione, cum mannaris, spedis, securibus, picconibus, arcubus, balistis vel Accettis, etc.* Tractat. Ms. de Re milit. et mach. bellicis cap. 151 : *Securis postea ponatur, alias Accetta acciæ, super catenam, et postea cum alia securi incidatur catena*. Vide *Acciatus* et infra *Azzeta*.

¶ **ACCIA**, ACCEIA, ACCELA, Avis a rostri magnitudine sic dicta, Gall. *Beccasse*, Italis *Acceggia*, perdix rustica apud Martialem. Gloss. Latino-Græc. MSS. *Accia*; et *Accela*, Ἀσκαλάφη. Observat autem Vulcanius in Gloss. apud *Pictones et Santones vernacula sua lingua Acceiæ appellationem retineri*.

* *Acée* et *Assée* in Chartis non semel. Lit. remiss. ann. 1454. in Reg. 191. Chartoph.

reg. ch. 35 : *Entre volée d'Acée et jour couchié, etc.* Aliæ ann. 1460. in Reg. 190. ch. 41 : *Et estoit heure de volée d'Assée devers le soir.* Rursum aliæ ann. 1478. in Reg. 205. ch. 145 : *Pour veoir s'il trouveroit point de repaire d'Assées ou becaces.*

¶ **ACCIACCUS**, Debilis, contusus, fractus membris, unde adhuc in lingua Hetrusca usurpatur *Acciaccare*, contundere, frangere. Miracula Sanctæ Zitæ Virg. Lucensis, tom. 3. Aprilis, pag. 515. B : *Dixit eodem die, quod ipse vidit hodie dictum Joannem sic Acciaccum, et infirmum invenit intrare ad corpus et lavellum Sanctæ Virginis, sic infirmum et cum crocciis.*

¶ **ACCIAIVOLI**, Mercatores Italici propter fœnerationem, ut et *Caorcini* seu *Corsini* olim celebres. De his et eorum societate passim apud Joann. Villaneum, præsertim lib. 11. cap. 137 : *Societates Amanatorum, Acciaivolorum, Bardorum, Corsinorum, etc.* Quæ videntur totidem familiarum maxime Florentinarum nomina. Novere omnes *Acciaiolorum* Florentinam stirpem, quæ Athenis, Corinthio, et Thebis Duces, Romæ Cardinales multos dedit. [** Vide *Achioli.*]

¶ 1°. **ACCIARIUM**, στόματα, in Gloss. Lat. Græc. Sed quid? an fauces, ves ostia? Vide *Aciarium.*

* 2. **ACCIARIUM**, ut *Aciarium*, Chalybs, Gall. *Acier*, Ital. *Acciaio.* Privileg. Pisanis a Conrado II. reg. Sicil. concessa ann. 1269. apud Lam. in Delic. erudit. inter not. ad Chron. imper. Leon. Urbevet. pag. 272 : *Si autem Pisani.... miserint ad aliquam partem seu terram nostram et regni nostri, salem, seu picem, Acciarium et ferrum non laboratum, etc.* Vide infra *Azzaium.*

** **ACCIATUM**, Accivum; *Potus vilis servorum, Luer vel Schenbier.* Vocabul. Lat. Germ. ann. 1477. impressum. Adel.

ACCIATUS, In Breviloquo, est : *Cultellus magnus et acutus, et dicitur quasi ac rescindens; et sunt plura nomina idem significantia.* Unde :

Acciatus pugio, conjungo novacula cultris,
Cultellosque, spatos, rasoria, jungimus illis.

Danti, *Azza*, est securis, *Accetta* Italis, nostris *Hache.*

ACCIDENCIA, σύμβασις, in Gloss. Græc. Lat.

* **ACCIDENTALITER**, Casu, fortuito. Gall. *par Accident.* Lit. ann. 1359. ex Reg. 90. Chartoph. reg. ch. 444 : *Necnon plures dictorum subditorum pluries et frequenter Accidentaliter vulneraverunt ac interfecerunt.*

1. **ACCIDENTIA**, Idem quod Escaeta, hæreditas *Eschoite.* Charta Roberti Comitis Drocarum ann. 1219 : *Quæ videlicet prædicta masura ad me descendit ex Accidentiis Aanoïdis uxoris meæ, etc.* [Tabular. Fontanell. tom. 1. pag. 181 : *Dedi et deliqui Guillelmo unam acram terræ, salvo jure capitalium dominorum.... et salvo etiam omni Accidentia contingente per meum decessum.*]

¶ 2. **ACCIDENTIA**, Morbus, infortunium, Gall. *Accident.* Vita S. Godrici Eremitæ tom. 5. Maii pag. 80 : *Mulier quædam gravis infortunii vitio se præpeditam deflebat... Alia quoque simili fatigabatur Accidentia, et zona illa præcincta ejusdem virtutis in se miraculum experta est. Accidentia* Plinio idem est in morbis, quod Græcis σύμπτωμα, Latinis casus, Medicis affectus præter naturam, Gallis etiam *Accident.* Sed hic infortunium vel morbus ipse intelligendus haud immerito videtur Bollandistis. [** Plin. lib. 32. cap. 2. sect. 9 : *Esse vero illam naturæ Accidentiam... etiam in locis quibusdam, apposito accurit exemplo;* alio plane sensu.]

¶ 3. **ACCIDENTIA**, *Ab Accidentibus*, ille dicitur apud Reges Persarum, qui res scribebat quotidie *Accidentes.* Esdras lib. 3. cap. 3. ℣. 17 : *Domine, pueri tui Rathimus ab Accidentibus et Sabellius Scriba, et reliqui Curiæ tuæ Judices in Cœlesyria et Phœnice.* Ibid. ℣. 25 : *Tunc scripsit Rex* (Persarum Artaxerxes) *Rathimo qui scribebat Accidentia, et Balthemo et Sabellio Scribæ, etc.*

ACCIDENTIVUS, Accidens. Vita S. Fructuosi Episc. n. 25 : *Nervorum diutina et Accidentiva conglutinatio.*

* **ACCIDENTUM**, ut *Accidentia* 1. Quod casu *accidit*, obvenit, *escaeta.* Charta commut. ann. 1281. inter Probat. Hist. Britan. novæ edit. tom. 1. col. 1061 : *Nullum jus sibi vel suis; nec altam justitiam nec bassam retinens; excepta eschaeta seu Accidento Hervei fratris sui,... si contigerit ipsum mori sine hærede.*

ACCIDIA, Accidiari. Vide. *Acedia.*

¶ **ACCIERIS**. Securis. Vide *Acieres.*

¶ **ACCINA**, Glans quernea aut ilignea a Saxonico A c, Quercus, vel ab A c c y n, Ilex, Gall. *Yeuse*, quæ item glandifera. Charta 60. inter Alamannicas Goldasti : *Hoc est de annona spelda modios decem, et de Accina viginti, et frisginga seigit valenti.*

Verum dubitare licet, an hic *Accina*, scriptum non sit pro *Avena* errore facili; vel etiam utrum *Accina* uvam non significet. *Acinus* enim vel *Acinum* teste Rovillio apud Martinium in Lexico : *Non pro uvæ vinaceo, sed pro uvæ fructu toto accipi* solet. [** Teste Forcellinio dicitur non de granis uvæ solum sed de aliis quoque arborum fructibus.]

* **ACCINCTA**, Ambitus, circuitus, septum, Gall. *Enceinte, enclos, clôture.* Composit. inter Philip. reg. et Guillel. episc. Paris. ann. 1222. inter Instr. tom. 7. Gall. Christ. col. 94 : *Et sciendum quod nos pro restauratione dampnorum, quæ episcopus et capitulum dicebant se incurrisse in Accincta castelli Luparæ et appendiciorum ejus, et in Accincta castelli parvi pontis et appendiciorum ejus, etc.* Nostris olim, eodem sinificatu *Açainte.* Chron. S. Dion. tom. 5. Collect. Histor. Franc. pag. 255 : *En celle maniere que celle closture devoit commencier........ et si devoit celle Açainte enclore tout le rivage, etc. Achainte*, in Charta ann. 1340. ex Reg. 71. Chartoph. reg. ch. 399 : *Cent soulz parisis de rente ou d'ostaiges sur les Achaintes de la ville de S. Quentin, seans au marché à S. Quentin, tenant à la hale aus draps.* Sic ét *Açaindre* dixerunt pro *Enceindre, entourer.* Cingere, circumdare, in Collect. Histor. Franc. tom. 3. pag. 311 : *De tous sens Açaindrent la ville, etc.* Vide *Accinctor*, infra *Accingere*, et *Ascinus.*

ACCINCTOR. Regestum Castri Lidi in Andibus fol. 47 : *Habet quoque in Longo-alneto versuram omnibus diebus cum uno Milite et suis Accinctoribus*, i. e. famulis, qui latus cingunt.

* **ACCINERE**, *Accorder*, in Glossar. Lat. Gall. ex Cod. reg. 7692.

* **ACCINGA**, Modus agri, idem atque *Andecinga.* Charta Pibonis episc. Tull. ann. 1079. ex schedis Mabill. : *Concessit.... pratum ad tres carratas feni, cum chrouda et Accingis sex, quas arant ipsi homines.*

* **ACCINGERE**, Ambire, circumdare, *Entourer, environner.* Charta ann. 1227. ex Tabul. Major. Monast. : *Ego Savaricus de Autenosia dedi.... monachis de Boeria haiam, quæ Accingit garennam.* Vide supra *Accincta.*

ACCINGIA. Vide *Andecinga.*

¶ **ACCIONARIUS**, Vide *Actionarius.*

¶ **ACCIPEDARIUS**, Accipes. Vide in *Acupedium.*

¶ 1. **ACCIPERE**, Emere. Gasp. Barthius in Glossario, ex Raimundi Agilæi Hist. Palæst. [** Gloss. Cod. reg. 4778 : *Accipiebat, pascebat* (f. patiebatur)]

* Nostris alias *Apercevoir*, pro *Percevoir*, Percipere. Charta Phil. comit. Ebroic. ann. 1320. in Chartul. episc. Paris. : *Il prendront et Apercevront chascun an sus les lieus qui s'ensuient, etc.*

* 2. **ACCIPERE**, Mulcta pecuniaria aliquem punire, eamque exigere. Charta Milonis dom. Noëriorum ann. 1218. in Carthul. Lingon. eccl. ex Cod. reg. 5188. fol. 235. v° : *Cum controversia verteretur inter me ex una parte et venerabilem patrem Willelmum Lingon. episcopum ex altera, super familia Petri de Maiseio, ita composuimus,.... quod nec ego nec dictus episcopus manum apponere possemus in corporibus dictæ familiæ, nisi de assensu partium, et nisi forte tale forifactum faceret, quod non posset esse quin Acciperetur; etiamsi taillia in dicta familia fieret, vel aliquid alio modo Acciperetur : de suo, quocumque modo Acciperetur, insimul esset.*

* Accipere se ad invicem, Gall. *Se prendre l'un à l'autre, çorps à corps*, Manibus se se apprehendere, ad invicem adhærere. Lit. remiss. ann. 1376. ex Reg. 109. Chartoph. reg. ch. 170 : *Pillardus exponentem cum gladio invasit, et occidere ipsum pro posse vires apposuit..... Præfati exponens et Johannes Pillardus se ad invicem Acceperant.*

* **ACCIPIENSER**, pro *Acipenser, Esturgeon*, ut putant. Glossar. vet. ex Cod. reg. 7646 : *Accipienser, genus est piscium raro inventum, id est nobile. Placidus.* [** Apud Maium pag. 429. legitur *Accipenser.*]

ACCIPITARES, *Id est, Aucellatores*, in Capitulari de villis cap. 45. *Oiseleurs*, accipitrarii, quomodo forte legendum.

** **ACCIPITER**, Gloss. Cod. reg. 4778 : *Accipitres, equos celeres.*

¶ **ACCIPITRARIUS**, Accipitrum curator et domitor. Charta Edwardi I. Regis Angliæ de Officio Constabularii apud Rymerum tom. 2. pag. 191 : *Omnis enim liberatio quorumcumque, sive Accipitrariorum, sive falconariorum.... ad ejus officium spectat.* Florentius Wigorn. ann. 871 : *Falconarios, Accipitrarios, canicularios quoque docere... non desinebat.*

ACCIPITRUM CAPTURA, Inter jura dominica recensetur in Charta Alani Comitis Penteuriæ, apud Augustinum *du Pas* pag. 20 : *Retenta mihi ferarum fuga, et Accipitrum Captura.* Cæterum observare licet in Capitul. ann. 819. cap. 8. et in lib. 4. Capit. cap. 21 *in compositionem Wirgildi ea dari, quæ* *in lege continentur, excepto Accipitre et spata : quia propter illa duo perjurium aliquotiens committitur, quando majoris pretii quam illa sunt, esse jurantur.*

* **ACCIPTUS**, f. pro *Acceptus*, acceptio, Gall. *Égard;* nisi idem sit quod supra *Accaptamentum.* Vide in hac voce. Stat. sabater. Carcass. ann. 1402. tom. 8. Ordinat. reg. Franc. pag. 564. art. 16 : *Quod dicti suppositi in casu prædicto, sine Acciptu quocumque, debeant et teneantur tamen mortuum facere sepeliri.*

¶ **ACCISIA.** Henschenius tom. 3. Aprilis, in Annot. ad miracula S. Eutropii pag. 738 : *Tallia, census, a Tailler, accidere; quia de capitali summa acciditur, domino præstanda, unde et Accisia quibusdam dicitur; et gabella, quasi munusculum, a Gabe, donum.* Longius petita originatio : *Accisia* dicitur pro *Assisia* seu *Assessio*, tributi impositi taxatio et peræquatio, Gall. *Assiete.* Miræi Diplom. Belg. Edit. nov. tom. 2. pag. 1050 : *Absque ulla solutione Accisiæ.* Vide *Assidere, et Assisia.* [** Alii in lingua Arabica vocis originem quærunt.]

** **ACCISIRE.** Gloss. Cod. reg. 4778 : *Accisire, convenire.*

** **ACCISTO**, voco, rufen. Vocab. Lat. Germ. ann. 1477. Adel. [Gemma Gemmarum : *Accisco.*]

¶ **ACCITACULUM**, *Quasi accitum ferro sonabulum.* Papias. Forte legendum, *Accinctum ferro, etc.* Legere aliqui *Acutum ferro.* Vide *Acitabulum.* [** Legendum *Acitabulum, quasi acetum fero; sonabulum.*]

* **ACCITARE**, pro Actitare, in vet. Glossar. ex Cod. reg. 7646 : *Accitat, sæpe agit.*

** **ACCIVUM.** Vide *Acciatum.* Adel.

1. **ACCLAMARE**, Idem quod *Clamare*, Vendicare, asserere, *Réclamer quelque chose.* Simeon Dunelmensis : *Et cum ipsa Elfleda esset Comitissa... Acclamavit ipsa jure hereditario has supradictas terras.* [Lud. *le Pelletier*, in Epitome fundationis S. Nicolai Andegav. pag. 12 : *Dimisit D. Nicolaus Abbas S. Nicolai et Monachi sui, D. Willelmo Abbati S. Florentii et Monachis ejus, quicquid ipsi Acclamabant in Ecclesia Cantosceiaci.* Ibidem eadem notione occurrit non semel.]

2. **ACCLAMARE**, Vocare, accire. Baldricus lib. 3. Chron. Camerac. cap. 25 : *Azelinus Landunensis quemdam Ebulonem laïcum nomine, antea suum Secretarium et suæ calliditatis conscium Acclamavit, et ut Rex concederet, suis adulationibus impetravit, etc.* Vide *Clamare.*

¶ 3. **ACCLAMARE**, In jus vocare, accusare. Charta Comitis Flandr. et Johannæ ejus conjugis de consuetudinibus Furnensibus, ex Archivo Ecclesiæ S. Audomari : *Si quis ante justitiam de latrocinio Acclamatus fuerit 1° poterit se purgare cum 4 bonis viris de genere suo, aut per 5 Coratores... Si 2° Acclamatus fuerit, solummodo purgabit se per 5 Coratores.* Item ibid. : *Si quis de hoc maleficio* [rapinæ] *occasione Flandrensium Acclamatus fuerit et convictus fuerit, emendabit Comiti 60 lib. et dupliciter rapta restaurabit. Et si occasione cujuscumque alterius extra Flandriam fuerit Acclamatus, Comes justificare poterit per curiam suam.*

* **ACCLAMATIO**, Actio, quam quis intentat ad recuperandam proprietatem vel possessionem rei suæ, quam alius ei abstulit. Fundat. Blancæ-landæ ann. 1154. inter Instr. tom. 11. Gall. Christ. col. 243 : *Prænominati sacerdotes Gaudifredus et Gaufridus omnem juris hereditarii Acclamationem, quam in illis faciebant in manu domini episcopi resignaverunt et super altare præfati monasterii propriis manibus ponentes omnino dimiserunt.* Vide *Acclamare* 1. et *Clameum.*

* **ACCLAPARE**, Tegere, operire, a voce Provinciali *Aclapa, Couvrir, enterrer.* Inquisit. ann. 1268. ex schedis Pr. *de Mazaugues : Item dixit quod quondam fuit tanta nix in Cravo,.... quod occupavit et Acclapavit fere duo millia ovium. Acouveter*, eodem sensu, apud Guill. Guiart. :

Les champs de sanc Acouveter,
Gens guenchir, destriers regeter, etc.

¶ **ACCLAVENSIS**, f. Adjacens, incurrens in aliud, Gall. *Enclavé.* Instrum. 1. tom. 4. novæ Gall. Christ. col. 1 : *In alio loco Acclavense curtiliis et terra, etc.*

* **ACCLAUSUM**, Clausum, septum, ambitus, Gall. *Clos, clôture.* Charta Philippi Pulcri ann. 1308. in Reg. 44. Chartoph. reg. ch. 175 : *Concedimus quod in dicto manerio suo ejusque porpriso et Acclauso, idem clericus prædictam abbatiam possit construere et fundare.* Nostris olim *Acclosagier*, muris aut sepibus claudere. Charta ann. 1342. in Reg. 74. ch. 525 : *Une piece de terre Acclosagée, o tous les arbres dessocroissans assis en la paroisse de Branvillé, appellé le cloz Motet.* Vide infra *Acludere.*

ACCLIBANUS, *Obliquus*, in Glossis Isidori : ubi forte legendum *Acclivus.* [aut potius *Acclivatus.* Habet enim Papias, teste Georgio Grævio in notis ad Gloss. Isidori : *Acclivum, Obliquum, Acclivus, Inclinatus, Acclivatum, Obliquatum.* Ubi facile *n* scribi potuit pro *t*.]

ACCLINATORIUM, *Locus in quo acclinari vel requiescere possumus.* Ugutio. [Scimpodium. Gall. *Canapé, Lit de repos.* Laur. in Amalth. habet *Acclinarium, locus in quo acclinamus.*]

* Glossar. Gall. Lat. ex Cod. reg. 7684 : *Aclinouer, Acclinatorium.*

¶ **ACCLINIS**, Dependens, Obnoxius, Gall. *Dépendant.* Charta Childerici Regis apud Doubletum Antiq. S. Dionysii pag. 686 : *Hæ quidem duæ* (Ecclesiæ) *nostri tantum juris erant, alias autem duas principales, alteram S. Petri, alteram S. Martini altaribus præditas cum aliis quinque his Acclinibus... concedit in perpetuum.*

* **ACCLINITAS**, *Encclinité. Acclinis, enclin*, in Glossar. Cod. reg. 7684.

** **ACCLINUS.** Gloss. Cod. reg. 4778 : *Acclinus, resupinus, incumbens, humilis.*

¶ **ACCLIVATUS.** Vide *Acclibanus.*

* **ACCLUSARE**, *Clusam* facere, seu aggerem construere, quo concluduntur aquæ. Stat. civit. Mutin. pag. 73. rubr. 367 : *Et si pons factus non fuerit, licitum sit cuilibet volenti Acclusare fossatum, vel canalem, vel viam.*

¶ **ACCOBOR**, *Mus.* Papias MS. Ecclesiæ Bituric. Et *Acobor*, in Amalthæa Onomast. ex eodem Papia.

ACCOGNITARE. Vide *Adcognitare.*

ACCOLÆ, Coloni, seu ascriptitii, qui simul cum prædiis venibant. Isidor. lib. 10 : *Accola, eo quod adveniens terram colat.* Papias : *Accolæ, vicini, propinqui, adventitii, eo quod advenientes terram colant, dicti ab accolere, i. habitare.* Spicilegium Acherian. tom. 13. pag. 261. Vide *Acla.* W. Brito : *Accola, cultor loci in quo non est natus. Unde quidam :*

Accola non propriam, propriam colit incola terram.

[Hoc sensu ab Ambrosio usurpatur lib. 2. de Abraham n. 41. pag. 330 : *Ergo non habitatores, sed Accolæ sumus terræ hujus. Accola enim temporalis diversorii spem gerit : habitator autem spem omnem atque usum suæ illic substantiæ locare videtur, ubi habitandum putaverit.*] Gloss. MS. Regium cod. 1013 : *Accola, qui alienam terram colit. Accola, qui in eodem loco manet. Accolæ, vicini, Advenæ cultores, vel habitatores.* [** Gloss. Cod. reg. 4778. *Accola, alienus cives; cultor loci in quo natus est; alienus cultor vel novicius cives; incola, cives.*] Gloss. Lat. Græc. : *Accola*, μέτοικος, πάροικος, ἔνοικος, γεωργός. Charta Caroli M. in Chron. Laurish. ann. 776 : *Nec ad homines suos tam ingenuos, quam et servientes, seu Accolas ipsius Monasterii distringendum.* Antiquitates Fuld. lib. 1. trad. 39 : *Una cum domibus, ædificiis, Accolabus, mancipiis.* Ita apud Marculfum lib. 1. form. 13. Hinc restituendum constat pariter *Accolabus*, in Trad. 27. pro *accolabiis*, unde Spelmannus *Accolabium* perperam confinxit, pro domo rustica quam Accolæ habitant : quippe his locis *Accolabus*, idem valet ac *Accolavis*, seu *Accolis.* [** Fragm. Polypt. S. Remigii Remensis art. 5. ap. Guerardum in calce Polypt. Irm. Abb. pag. 290 : *Ingenui. — Accolæ præfatæ villæ, commanentes in ipsa villa, debentes omnes dies 9. aut den. 4. — Forenses homines debentes unusquisque denarios 4. Servi vel ancillæ intra villam.*]

Accolæ, Mansi, qui accolarum erant, et ab iis colebantur. Annales Francorum Bertiniani, et Chronicon Normannorum ann. 866 : *De uno quoque manso ingenuili exiguntur 6 denarii, et de servili 3, et de Accola unus, et de 2 Hospitibus 1.* Tabularium S. Remigii Remensis : *Theutbertus et Hrodoernus ingenui tenent Accolam 1 : arant mensuras, et corrogant, ut ingenuiles mansi.... est ibi aspiciens Accola 1, et est in Concia villare.... habet et ipsa Accola campos 2, habentes map. 6.* Alibi : *Sunt ibi Accolæ 2; una solvit sol. 2, pullos 2, altera den. 12.* Ibidem : *Sunt mansi ingenuiles 45, serviles 32, Accolæ 2; donant annis singulis speltæ modios 545, ordei mod. 1045. etc.*

Accolavus, In plurali *Accolavi*, Accolæ. Marculfus lib. 2. form. 41 : *Quidquid reliqui Accolavi vestri faciunt, nos reddere spondimus.* [** Ubi edit. recent. *Accolani.*] Formulæ veteres Pithœi cap. 23 : *Et quod vobis ex hoc legitime redditur, terræ debetur, sicut reliqui Accolavi nostri reddunt.*

Accolana. Formula 62. inter Lindenbrogianas [47. in append. Marculf.] : *Tam in terris, mansis,... accolabus, merito Accolanarum, vineis.* Ubi *meritum Accolanarum*, est reditus domus rusticæ, nisi legendum sit *accolavorum.*

¶ Accolanus. Charta Caroli M. apud Mabill. Diplom. pag. 510 : *Ipsa vero loca una cum colonis, Accolanis, servis, libertis in ipsa loca commanentes, et cum omnes adjacentias ad se pertinentes, etc.*

¶ Accoloni, Iidem qui Accolæ. Testam. Rogerii Comitis pro fundatione Monasterii Carrofensis tom. 2. Annal. Bened. pag. 711. col. 2. in Appendice: *Una cum omni facto Accolonorum et servorum, quidquid in jam dicto agro nos videmur possidere, et ad nos ex qualicumque attracto pervenerit, totum cum omni integritate ad jam dictam Ecclesiam S. Salvatoris, et Monachis præsentibus et futuris, per succedentium vices volo.*

* **ACCOLA**, colonus, qui terram colit, *Laboureur*; non ejusdem conditionis atque *Accolæ*, de quibus supra. Lit. nobilit. ann. 1450. ex Reg. 185. Chartoph. reg. ch. 46: *Viso etiam quod liberæ conditionis thorique legitimi ac ex honestis parentibus, licet Accolis, procreati existunt.* Nescio unde *Accola, arbitre*, in Gloss. Lat. Gall. ex Cod. reg. 7692. nisi sit ab *Accolligere* dissidentes. Vide infra in hac voce.

* **ACCOLABERTA**, *Accolæ* habitatio cum prædio, quod ab eo colitur. Chartul. S. Sulpitii Bitur. fol. 30. r°: *Confirmamus illi nostra deliberatione atque decreto omnia, quæ prædecessores nostri loco eidem statuerunt, tam de mercatis et portubus, quam et de urbium areis, et in villis servanda, tam in coloniis quam in Accolabertis; ut scilicet, sicut priores ac decessores nostri decreverunt, ita permaneant inconvulsa.* Vide *Accolæ.*

¶ **ACCOLABIUM**, vel Acolabium. Vox ficta ex mendosa lectione, ut dictum est in *Accolæ.*

¶ **ACCOLARED.** f. Pendens, Alteri subjectum. Chartarium Ecclesiæ Auxitanæ. art. 21: *Bernardus de Zaborda habebat unam Ecclesiam Accolared de sancto Joanne, et mutavit eam ad Orgassam per consilio Archiepiscopi.*

** **ACCOLEI.** Gloss. Cod. reg. 4778: *Accolei, introitus.* Vide *Acolei.*

** **ACCOLITARE**, accoliten weyhen. (consecrare acolythos) Vocab. Lat. Germ. ann. 1477. Adel.

¶ **ACCOLLECTIO.** Vide *Accolligere.*

¶ **ACCOLIBILIS**, Colendus, amabilis. Catalogus operum B. Raymundi Lulli tom. 5. Junii pag. 697: *Lectura super artem demonstrativam, sive liber Chaos; sic autem incipit: Quoniam Deus multum est Accolibilis, etc.*

¶ **ACCOLLIGERE**, Associare, in partem dominii quempiam adsciscere. Charta Ludovici Junioris apud Thomasserium Consuetud. Bituric. pag. 396: *Dominus etiam Rex terram unius carrucæ habere poterit. Rex autem Accollegit Abbatem et Ecclesiam Bonevallensem, in omnibus quæ in villa et potestate Petrelli habebat, et in omnibus Accollectionibus quæ sibi in potestate Lorrivel Petrelli factæ erunt, omniumque acquisitionum participes erunt, quas simul facere poterunt.* Charta Philippi Augusti Franc. Regis ann. 1179. pro Pariagio Bonæ-Vallis: *Henricus Abbas Bonæ-Vallis Senonis nos adiit, ibique nos socium et participem fecit, et, ut vulgo dicitur, Accollegit in Villa quæ dicitur Lorri super Lunam, in aqua et molendinis, etc.* Vide *Colligere.*

* Nostris *Acueillir* et *Aqueullir*, eadem notione. Charta ann. 1292. in Chartul. S. Petri Carnot.: *Je confirme que l'abbé et le couvent de Saint Pere de Chartres.... tiennent... en main morte, pour Acueillir moi et mes anceseurs en leurs prieres, et pour ce que mes anceseurs le leur avoient doné et otroié, tout ce que il ont enmon fié en quenque leu que ce soit.* Testam. Petri comit. Alencon. ann. 1282: *Esquelcs* (messes et oraisons) *nous Aqueullons nostre aiole la raine Blanche.* Vide infra in *Associare* 2. Unde *Acueillir* etiam usurparunt, pro Servos, operarios mercede sibi alligare. Lit. remiss. ann. 1387. in Reg. 132. Chartoph. reg. ch. 184: *Jehan Arreau de Chasteau-Raoulz coutelier se alloua ou Acueilli à un maistre dudit mestier.* Aliæ ann. 1414. in Reg. 168. ch. 3: *Comme le suppliant se feust alloué et Acueilli avec un nommé Hermen Vandouborne, maistre de la nef Marie Quenech, du lieu de Campes, pour le servir en fait de mariage* [** f. marinage] *par la mer et par voyages, etc.* Aliæ ann. 1453. in Reg. 185. ch. 300: *Icelle femme Acueilli au suppliant une sienne fille..... pour servir en son hostel, et estre sa chambriere.* Hinc *Acueillage*, Ipsa conductio, in Lit. remiss. ann. 1482. ex Reg. 208. ch. 163: *Ung nommé Grant-Jehan acueillit et alloua à la suppliante une sienne niepce,..... au moyen dudit Acueillage de ladite niepce, etc.* Sed et *Acueillir* dixerunt, pro Accipere, assentiri. Assis. Jerosol. cap. 230: *Celui ou ceaus que le seignor semont,..... et il aquiaut la semonce, et vait au service dou seignor, le seignor li doit doner ses estouviers suffisament, tant com il sera en cel sien service;.... et il n'aquiaut la semonce, ou il ne dit raison pourquoi il ne la doit Acueillir, etc.* Non multum dissimili notione *Acuillir*, pro In se recipere, Gall. *Se charger*, in iisd. Assis. cap. 41: *Et se le requerant se garde de la preuve Acuillir à soi, si que le deffendoir ne la puisse faire Acuillir, etc.*

* **ACCOMANDISIA**, Accomanditia, Concessio facta lege fiduciariæ possessionis, et non definitivæ seu absolutæ; quæ plurimum fit, ut alicujus gratiam quis sibi conciliet. Italis *Accomandigia*, Tutela, protectio; unde vocis origo: *Recipere aliquem in ligam aut Accomandigiam.* Petrarch. epist. 35. Stat. antiq. Florent. lib. 1. cap. 33. ex Cod. reg. 4621. fol. 23. v°: *Nullus de civitate.... Florentiæ.... possit.... concedere,..... etiam in ultima voluntate, Potestati, Capitaneo populi seu Capitaneo guerræ.... rem quamcumque, vel etiam libros, in Accomandisiam.* Et lib. 3. cap. 90: *Nullus præsumat accipere ad feudum vel homagium seu jura, angaria realia et personalia, seu quælibet alia servitia perpetua vel ad longum tempus seu Accomanditiam aliquam seu jus Accomanditiæ aliqualiter obligare aliquam universitatem.* Vide *Commendisia.*

* **ACCOMENDA**, Accomendatarius, Accomendator. Harum vocum significationem declarant Statuta civit. Genuens. lib. 4. cap. 13: *Declaramus Accomendam intelligi de pecuniis mittendis pro emptione mercium, et de mercibus mittendis, ad hoc ut vendantur, et processus implicetur in aliis mercibus, vel non implicetur.... Accomendatarius est is, qui de Accomendis seu implicitis exequendis curam habet: Accomendator vero, qui ordinat, et quicumque, qui particeps est in Accomendis seu implicitis.* Vide *Commenda* 2.

** **ACCOMMENTRITOR**, ein Buchdychter (librorum auctor). Vocab. Lat. Germ. ann. 1477. Adel. [f. *A commentariis*, quod vide.]

1. **ACCOMMODARE**, pro *Commodare* apud Greg. Mag. lib. 7. Epist. 44. 60. [Item in Charta Roberti Waudi asservata in Monast. B. M. de Bono Nuntio Rothomag.: *Et faciet mihi Accommodationem de 20. sol. nec Accommodabit amplius* (dum) *eos illi debebo.*]

* Quod et de servis, qui in alienum servitium *commodabantur* dictum reperimus. Charta ann. 1207. in Chartul. Campan. ex Bibl. reg. Cod. 5993. fol. 25. r°: *Blancha illustris Campaniæ comitissa domui Dei beati Stephani Herbertum de Horridomonte Accommodavit, quamdiu ipsa voluerit, liberum et quietum ab omni tallia et exactione.* Charta Guiardi archidiac. Trec. ann. 1215. ibid. fol. 27. r°: *Blancha illustris comitissa Trecensis ad multas preces, quas ei fecimus, nobis Accommodavit Stephanum cutellarium et Mariam uxorem ejus, homines suos, ad serviendum nobis, quamdiu vixerimus ad expensas eorum, tali modo, quod.... post decessum nostrum, ad dominam comitissam et ad heredes suos, tanquam homines eorum de corpore, sine contradictione aliqua revertentur.*

* Acomodare, Eadem notione. Statuta Arelat. Mss. art. 70: *Consules Arelatis... non possint Acomodare cohopertas, nec balistas, nec alia arma communis, nisi tempore guerræ.*

* Acomodator, Qui commodat, in Consuet. Mss. villæ *de Buzet* ann. 1273. art. 24: *Locator vel Acomodator etc.*

* 2. **ACCOMMODARE.** Glossar. vetus ex Cod reg. 7646: *Accommodat, addit, suspendit, ab te* (l. apte) *collocat.*

¶ **ACCOMMODIFICARE SE**, pro *Accommodare se.* Remig. Autissiod. Homil. in Feriam VI. post Dominicam Quadragesimæ: *Christus ita se nostræ contemperavit Accommodificavitque infirmitati.*

¶ **ACCOMMUNICARE**, Sanctum Dominici Corporis Sacramentum alicui dare, Gall. *Communier.* Codex MS. Ecclesiæ Noviomensis in quo ejusdem vasa et ornamenta recensentur: *Quædam parva campanula de mestallo ad portandum, quando Accommunicantur infirmi.*

* *Accommicher*, eadem notione, apud Froissart. vol. 1. cap. 19: *Fit le roy dire grande planté de messes, pour Accommicher ceux, qui devotion en avoient.* Occurrit et in Fabula rom. Galieni Restaurati, uti monet *Duchat*; cujus etymon a *mica* non placet. *Accommuschier*, eodem sensu, inter Ritus inaugurationis Militum de balneis, loco citato infra in voce *Miles*: *On querra le prestre pour le confesser de tous ses pechiés, et orra ses matines et messe, et puis sera Accommuschié, s'il veult. Acommichier*, in Lit. remiss. ann. 1397. ex Reg. 152. Chartoph. reg. chap. 320: *Duquel coup mort s'en ensuy assez tost apres ce qu'il ot esté confessé et Acommichié. Escomincher, Escommicher*, et *Escommingier*, eadem acceptione. Aliæ Lit. ann. 1396. in Reg. 150. chap. 351: *Il fut confessé et Escommingié, et apres ala de vie à trespassement. Icelle femme fut confessée et Escommichée*, in aliis ann. 1411. ex Reg. 165. chap. 279. Denique aliæ ann. 1421. in Reg. 171. chap. 359: *Icellui Jehan*

se fist confesser et Escomincher, et dix jours apres.... ala de vie à trespassement.

* *Acommuner* vero nostris, et Italis *Accomunare*, idemsonat quod Societatem quarumvis rerum cum aliquo inire. Inquisit. ann. 1378. ex Tabul. Cartus. N. D. de Parco : *Loys de Beaumont..... eslut par son testament sa sépulture à estre mis et enterré en l'eglise des Chartroux ou Maine. Item, et que pour y estre mis et enterré, et pour avoir sa partie et estre Acommuné ès bienfais de tout le couvent, et pour prier pour lui, ledit feu Vicomte lessa.... cent livres de rente sur toute sa terre.* Vide supra *Accolligere.*

* **ACCONCIAMENTUM**, Reparatio, refectio, ab Ital. *Acconciamento*, Gall. *Réparation.* Statuta civil. Astæ cap. 16 : *Item quod de Acconciamentis et renovationibus venditionum et investiturarum, nihil solvi debeat dicto emptori dictæ revæ, dationis in solutum.*

* **ACCONCIATOR**, idem qui *Paciarius*, qui pacem inter cives tuetur, ab Ital. *Acconciare*, pacificare, reconciliare. Statuta Montis-reg. pag. 33 : *Item duo prudentes homines pro quolibet tercerio Acconciatores discordiarum.*

* **ACCONCIUM** Dotis, Supellex, quæ in augmentum dotis novæ nuptæ a parentibus datur, Gall. *Trousseau*, ab Ital. *Acconcio*, Aptus, concinnatus. Occurrit inter Decis. Rotæ ad calcem Fontanel. de Pact nupt. Decis. 43. et 44. pag. 91. et seq.

Aliud sonat *Accon*, Computum nempe vel terminum solvendæ pecuniæ, vulgo *Echéance*, in Sent. ann. 1298. tom. 1. Probat. Hist. Brit. col. 1127 : *Dous mil livre de monaie corant ez termes qui ensuivent, 1. ez Accons de la Toussainct, . . . e ez prochains Accons de Pasques, ... e ensi par chescun an par les Accons ensuyvans.*

¶ **ACCORDABILIS**, Quidquid reddi et solvi debet ex aliqua pactione seu *Accordamento.* Charta ann. 1279. apud Thomasserium Consuetud. Bituric. pag. 112 : *Videlicet quod pro quolibet casali sito in censibus nostris et rebus pertinentibus ad casale, quod casale cum pertinentiis tenebant homines quondam talliabiles, reddentur nobis viginti bosselli avenæ, et viginti denarii Turonenses censuales, Accordabiles, vel tantum seu pro rata quam tenebunt de casali.*

* **ACCORDALIS**, Ex *accordo*, ex conventu et pactione. Vide *Census Accordalis.*

¶ 1. **ACCORDAMENTUM**, Pactio, conventum, transactio, litis compositio, Gall. *Accord.* Tabularium Vosiense fol. 68. v° : *De contentione quam habebat cum eis, Accordamenti fuit hæc ratio, ut nullo modo Abbas, aut suus præpositus vim faciat hominibus, per quam terra abset, et fevales sua perdant; ubi terra vestita fuerit, medietatem census abeant; ubi absa fuerit, medietatem de agrer.*

¶ 2. **ACCORDAMENTUM**, Gallis olim *Accordement*, Laudimia, præstatio quæ in mutationibus domino censuali debetur, sic dicta quod inter dominum et emtorem de ea solet conveniri. Charta ann. 1279. apud Thomasserium Consuet. Bituric. pag. 112 : *Percipiamus Accordamentum de omnibus immobilibus dictorum hominum sitis in censivis seu censibus nostris, secundum quod Burgenses Bituricenses consueverunt solvere Burgensibus et levari, scilicet viginti denarios Turon. de libra.* Consuetud. Præpositurae Troycen. apud eumdem ibid. pag. 222 : *Item, par ladite Coutume les Accordemens se payent en cas de vente et alienation ou de mutation de Seigneurie, aultre que en ligne directe, à la raison de vingt deniers Tournois pour livre de ce que les heritages ont été vendus, prisés et estimés.* Vide *Adeordabiles denarii.*

* 3. **ACCORDAMENTUM**, Consensus, Gall. *Accord.* Libert. Verment. ann. 1235. tom. 9. Ordinat. reg. Franc. pag. 578. art. 25 : *Præpositus noster. . . . ., bedellos suos, per Accordamentum prædictorum hominum, in dictam tenetibur ponere libertatem.*

¶ **ACCORDARE**, Pacisci, concordare, contentionem inter aliquos componere, Gall. *Accorder.* Confœderatio inter Henricum Castellæ et Carolum V. Franc. Reg. apud Marten. tom. 1. Anecd. col. 1501. D : *Cum parte adversa pactum, tractatum, accordum, treugam, seu pacem facere, tractare, Accordare, absque consensu, etc.* Consuetud. Furnenses, ex Archiv. Ecclesiæ S. Audomari : *Si bannitus reconciliari voluerit, et alter non Cora debet eos Accordare.*

* *Acorder*, eodem sensu, apud Joinvil. edit. reg. pag. 76 : *Il Acorderent aus Amiraux en tel maniere, que sitost, etc.* Vide mox *Accordia.*

¶ **ACCORDATIO**, Pactio, conventum, Gall. *Accord.* Cancellariæ Imperii Regestum sub Ferdinando II. ann. 1626 : *Ratione templi Dominicanorum Ratisbonæ Accordatio facta est.*

* **ACCORDELLATUS**, Dicitur de panno raso, cujus textura facile apparet. Stat. Orviet. ann. 1494 : *Guarnellorum gregiorum sive alborum, rasorum vel Accordellatorum, pilosorum, etc.*

* **ACCORDERE**, f. pro Accidere, contingere. Jura Vicecom. Biter. in civit. Albiæ ann. 1252. inter Probat. tom. 3. Hist. Occit. col. 494 : *Recognovit dicto vicecomiti tertiam partem omnium fidantiarum villæ Albiæ, de quacumque re ibi essent, cum tertia parte justitiarum, quæ debent ibi Accordere.* In Ms. legitur, *Acordere.*

* **ACCORDIA**, Pactio, conventum, idem quod *Accordatio.* Charta. ann. 1276. in Chartul. eccl. Lingnon. ex Col. reg. 5188. fol. 255. r° : *Inter ipsas partes facta est pax et Accordia in hunc modum, etc. Accordance* et *Acordence*, eadem acceptione, in Ch. ann. 1289. Chartul. S. Petri Carnot. : *Les desusdis religieus et le desusdit Adam, seigneur de Gueri, suin frere, tretierent et firent une Acordence de pés des altercations et des autres chousses desusdites.* Alia ann. 1372. tom. 5. Ordinat. reg. Franc. pag. 565 : *Avons fait les convenances et Accordances qui s'ensuivent, etc.*

¶ **ACCORDIUM**, Eadem notione. Bartholomæi Scribæ Annales Genuenses lib. 6. ad ann. 1241. apud Murator. tom. 6. col. 489. C : *Et inimici qui hostiliter intraverant terram nostram, exultantes castra et loca nostra plus solito invaserunt; et castrum Gavilioni non per pugnam, sed ex Accordio eorum, qui intus erant, ceperunt, et ipsum continuo destruxerunt.* Arrest. Consilii Delphinalis ann. 1452. apud Salvaing. de usu feud. pag. 50 : *Quo vero ad castra, loca et mandamenta virtute Accordii inter Regem tunc Delphinum et D. Ludovicum de Pictavia..... non intendentes per hæc juribus.... virtute Accordii prædicti competentibus in aliquo derogare.* Occurrit præterea in libello supplici Episcopi Bellicensis ad Sabaudiæ Ducem ann. 1454. apud Guichenon. de Episcopis Bellic. pag. 75. *Nomine Accordii et Transactionis*, in Instrumento anni 1494. ex Archivo S. Victoris Massil.

¶ **ACCORDUM**, Eadem significatione. Edictum Philippi VI. ann. 1345 : *Nec audiuntur præfati possessores, seu detentores in contrarium, nisi per eos proponatur collusionem inter conquerentes et Mercatores factam fuisse, seu novationem et Accordum inter dictum conquerentem et possessorem.* Chartul. Æduense ad ann. 1390 : *Hujusmodi Accordum transactionem et pacem faciet.* Occurrit etiam in multis Parlamenti Arrestis ejusdem ætatis, et in Historia fundationis Cælestinorum Suession. apud Marten. tom. 6. Ampliss. Collect. 604.

ACCORPORARE, Incorporare. Ammianus lib. 16 : *Inflabant itidem has malorum civilium buccinas, potentes in Regia ea re ut damnatorum petita bona suis Accorporarent.* [** Solinus cap. 37. alio sensu usurpat.]

Adcorporare, Eadem notione in Cod. Th. [** lib. 16. tit. 5. cap. 8. 17. 21. 30. pr., 33. 36. § 1. de Hæret.]

* **ACCORTIRE**, Assentire, concedere, nostris alias *Escourder.* Privil. de Granceio an. 1348. in Reg. 161. Chartoph. reg. ch. 69 : *Se nostre hommes habitans. . . . ., appeloient li uns l'autre de gaige de champ de bataille, il pourroient Escourder li uns à l'autre, se il leur plaisoit. . . . Voulons et Escourdons, etc.* Charta admortis. ann. 1280. tom. 1. Probat. Hist. Brit. col. 1065 : *Meditariam et locum de Morfoas cum terris, pratis, . . . sitis in feudo nostro . . . . . legata seu data in perpetuam eleemosinam. . . . abbatissæ et conventui* (de Gaudio B. M.) *Accortimus et volumus, quod præmissa in pace teneant amortita in futurum.* Si tamen non est legendum, *Amortimus;* quod facile crediderim.

¶ **ACCOSTARE**, Jungere, applicare, Gall. *Mettre à côté l'un de l'autre.* Miracula S. Zitæ Virg. tom. 3. Aprilis pag. 523. D : *Fuit et stetit ita contractus de ambobus cruribus et genibus, quod. . . . . . crura vel genua non poterat plicare, sed tensa tenebat, et unum crus vel genu cum alio non poterat Accostare aliquo modo.* Vide *Acostare.*

* **ACCOTUMARE**, Mores corrigere, ad meliorem vitam et ad officium aliquem monitis aliove modo revocare. Italis, *Accostumato* est homo frugis, vir probus et officiosus. Charta ann. 1292. tom. 4. Cod. Ital. Diplom. col. 1925 : *Rector communis Januæ, qui pro tempore fuerit, potestatem et balliam habeat Accotumandi contrafacientes vel non observantes, ut supra.*

* **ACCRAANTARE**, idem quod *Creantare*, Fide et sacramento interpositis promittere, cavere, stipulari. Charta Alani episc. Autiss. ann. 1166. inter Probat. Hist. Autiss. pag. 23. col. 2 : *Accraantavi etiam in capitulo canonicis, et in verbo veritatis statui, quod a personis et canonicis exteris substituendis idem juramentum fieri facerent.*

* **ACCREANTATIO**, Cautio, de re quapiam facienda, ut *Creantum.* Charta Joce-

ranni dom. Branceduni ann. 1234. ex Chartul. Cluniac. : *Literas ipsius episcopi de hac Accreantatione et concessione, tam augmentationis feodi, quam etiam donationis decimæ supradictæ, ecclesiæ Cluniacensi concedi procurabit. Acreantement*, apud Bellomaner. Ms. cap. 12 : *Si chelui qui fet son testament, fet fiachier à ses hoirs qui sont sousaagié, ou qui sont en aage, mes il sont en sa mainburnie, que il tendront l'ordenanche de son testament; et apres chelui qui fit le testament muert : se les hoirs voient que il fit le testament encontre droit, li Acreantemens si ne leur doit pas nuire.* Vide in *Creantare.*

1. **ACCREDERE**, Mutuo dare, nostris *Accroire, donner à crédit, prêter.* Epist. 118. ex Sugerianis : *Ut de redditibus Pictaviæ pecunia, quam ei Accredideram, mihi sine diminutione solveretur.*

¶ 2. **ACCREDERE**, Mutuo sumere, Gall. *Prendre à crédit.* Jure *creditionis* seu *credentiæ*, utebantur Domini in res a subditis emtas, illas maxime quæ ad victum erant necessariæ. Has mutuo sumere, ad certum tamen diem solvendas, dominis licitum erat. De his fuse in voce *Credentia.* Litteræ Philippi Augusti tom. 1. novæ Hist. Paris. inter Instr. pag. 93 : *Præcepit etiam idem Galeranus.... omnibus Baronibus.... insuper et eisdem prohibuit super fidelitatem quam sibi debebant, ut nihil omnino contra voluntatem negotiatorum ab ipsis Accredant, neque proprium auferant.*

¶ ACCRIDERE, Eadem notione. Charta Petri domini Graciacensis pro Habitantibus villam Graciaci ann. 1246. apud Thomasserium Consuetud. Bituric. pag. 87 : *Si nos vel heredes nostri Graciaci domini in solutionem primæ paigæ....... defecerimus, illos in prædicta libertate manentes compellere non poterimus ad creditionem nobis faciendam, quousque de creditione illa sit eisdem satisfactum; imo tenemur prius reddere quidquid Accridederimus ab eisdem.*

* *Emprunter*, nostris olim *Accroire. Touz autres contraux faiz, ou denrées Accreues par tout le temps passé, etc.* in Ordinat. ann. 1355. tom. 3. Ordinat. reg. Fr. pag. 45. art. 13. Lit. remiss. ann. 1376. ex Reg. 109. Chartoph. reg. ch. 147 : *Jehan l'Advocat et deux compaignons.... despendirent deux solz et demi, lesquelx ledit feu Advocat vouloit Acroire et s'en aler senz paier : mais ledit Jaquet lui dist qu'il ne lui croiroit pas, et qu'il vouloit estre paiez.* Occurrit rursum in Lit. ann. 1396. et 1401. ex Reg. 150. ch. 362. et Reg. 156. ch. 427.

ACCREDITUS, Fidus, vel qui auctoritatem apud aliquem sibi creavit, nostris *Accredité.* Dudo lib. 2. de Actis Normannor. pag. 81 : *Frisonum quidam de gente natus, qui erat illis Accreditus.* Vide *Creditus.*

¶ **ACCREDULA**, Galerita, seu Alauda, Gall. *Alouëtte.* Adhelelmus Episc. Sagiensis in Mirac. S. Opportunæ. cap. 14 : *Vidit aviculam nomine Accredulam quam vulgus vocavit Alaudam.* Multum vicino nomine in Gloss. Bitur. *Aggredula* dicitur *Rana parva in agro.* [** Placidus ap. Maium pag. 435 : *Agredulæ, ranæ parvæ multum in sicco morantes.*] Hæc forsan eadem est ac illa *Acredula* de qua Cicero ex his Arati v. 948 : ἢ τρύζον (al. τρύζει) ὀρθρινὸν ἐρημαίη ὀλολυγών,

Et Matutinis Acredula vocibus instat,
Instat et assiduas vocum jacit ore querelas.

Est namque ὀλολυγών, Rana mas clamans, unde Plinius lib. 11. 37 : *Mares tum vocantur Ololygones.* Author Philomelæ Carminis, pro ipsa Philomela *Acredulam* usurpat :

Vere calente novos componit Acredula cantus,
Matutinali tempore tunc mitilans.

Alii pro Monedula, Gall. *Chouette*, Festus Avienus pro Ulula, Constantinus in Supplem. pro Ave quadam, quam Galli vocant *Prêtre de montagne*, nemo præter Adhelelmum pro Alauda. [** Gloss. Cod. reg. 4778: *Acredula, luscinia, avis modica de qua Cicero in Prognosticis :*

Et matutinos exercet acredula cantus.

Ipsa est et bascinia.]

* **ACCRESCENTIA**, Accretio, incrementum, Gall. *Accroissement.* Charta Odonis ducis Burgund. ann. 1212. in Chartul. Campan. Cam. Comput. Paris. : *Nos pronuntiaremus in dicto nostro, quod comitissa teneret illa acquirimenta de episcopo Lingonensi.... in Accrescentia feodi, quod jam tenet de ipso episcopo. Augmentum feodi*, in Charta Mathæi, ducis Lothar. ann. 1220; ibid. Charta Philippi V. ann. 1317. ex Reg. 53. Chartoph. reg. ch. 303 : *Accrescentiam, quam Johannes de Menevilla, dom. de Bulliaco, fecisse dicitur dilecto nostro Reginaldo de Brayo, videlicet de quadam pecia terræ ad ædificandum, ... nec non et Accrescentiam, quam Jordanus de Waliquernis villa, dom. de Meneriis, miles, fecisse dicitur præfato Reginaldo, ... confirmamus. Acreuse,* Auctio, Gall. *Enchere*, in Lit. remiss. ann. 1408. ex Reg. 163. ch. 137 : *Guillaume de Bullac dist que Lattat l'avoit accompaigné en laditte vente ou Acreuse.* Unde *Acroisseux, auctor*, in Glossar. Gall. Lat. ex Cod. reg. 7684.

* **ACCRESTIO**, f. pro Accretio, accessio, Gall. *Interest.* Charta ann. 1300. ex Chartul. S. Germ. Prat. : *Cedentes eidem magistro et perpetuo transferentes omnia jura et omnes Accrestiones reales et personales, quæ et quas iidem executores.... habere poterant adversus quoscumque debitores.* Nisi legendum putes, *Actiones.*

¶ **ACCRIPENNUS**, Jugerum, Gall. *Arpent.* Charta Willermi Regis Angl. ann. 1080. in Chartario SS. Trinit. Cadom. : *In villa... Mentrud... acros terræ... XX Accripennos.* Vide *Arapennis.*

¶ **ACCRUS** et ACRUS, pro *Acra*, Modus agri, centies occurrunt in Diplomatibus Willelmi Nothi Angliæ Regis pro Parthenone SS. Trinit. Cadom. atque in aliis ejusd. ævi instrumentis in Tabulario ejusd. loci contentis. Vide *Acra* 1. *et Acri.*

* **ACCUBARARE**, *est toto corpore accumbere cubito*, in Glossar. vet. ex Cod. reg. 7646. Nescio an pro *Accubare*, quod infra occurrit : *Accubare, est corpore toto accumbere. Accubatur, requiescit.* Unde nostris *Acoucher*, Lecto decumbere, et *Acoucher malade*, Infirmari, Gall. *Tomber, devenir malade.* Lit. remiss. ann. 1390. in Reg. 138. Chartoph. reg. ch. 270 : *Le Mercredi Bacheler laissa sa journée et vint malades des vignes et Acoucha au lit.* Aliæ ann. 1397. in Reg. 152. ch. 73 : *Alips Acoucha malade, tant qu'elle se confessa, etc.* Chron. S. Dion. lib. 2. cap. 5 : *Quant li rois Childebert ot sa serour receue, il retorna en France : mais en ce qu'elle retournoit, elle Acoucha d'une maladie, dont elle morut. Agister*, eadem significatione, in Lit. remiss. ann. 1386. ex Reg. 129. ch. 171 : *Quant ledit Nicolet fu retourné à son hostel, se Agista au lit et fu malade.* Aliæ ann. 1419. in Reg. 171. ch. 13 : *Sans soy aucunement doloir de ladite bateure, ne soy Agister, jusque à trois sepmaines après qu'icelle femme s'est Agistée et acouschée.* Hinc *Agistement*, in Lit. ann. 1431. ex Reg. 175. ch. 20 : *La femme d'icellui Guenin Agista malade au lit.... et au iiiie jour dudit Agistement ala de vie à trespas.*

ACCUBATUS, Morbus caducus. Constantinus Africanus lib 1. de Morbor. curat. cap. 22 : *Passionem qua subito homines cadunt, antiqui frequenter habuerunt, et pessimum morbum vocaverunt : vulgus dicit Accubatum, et iram Dei esse.*

ACCUBIA, Acus, acicula, Ital. *Aguglia*, Gall. *Aiguille*, vel *Epingle.* Joan. Diaconus lib. 4. Vitæ S. Gregorii PP. cap. 80 : *Pallium ejus bysso candente contextum nullis fuisse cernitur Accubiis perforatum.* Forte *Acculiis*, vel *Acubus.*

¶ **ACCUBITA.** Vide *Accubitus* 2. 4. 5.

¶ **ACCUBITARE.** Vide *Accubitus* 1.

¶ **ACCUBITATUS.** Vide *Accubitus* 3.

¶ **ACCUBITOR**, Præfectus sacri cubiculi, idem qui apud nos *Camerarius*, Gall. *Chambellan* et *Chambrier.* In aula Imperatorum Græcorum primus *Accubitor* seu Cubiculariorum princeps dicebatur παρακοιμώμενος τοῦ κοιτῶνος, de cujus aliorumque *Accubitorum* dignitate multa Codinus Lib. de Off. cap. 5. et post ipsum Gretzerus et Goarus. Observant Meursius in Glossario, atque etiam D. Cangius ad Villharduinum pag. 301. duos fuisse *Accubitores* præcipuos qui sub eodem nomine, ut apud Reges nostros *Camerarius* et *Cambellanus*, diversis muneribus fungebantur; præerat unus imperiali cubiculo et vocabatur παρακοιμώμενος τοῦ κοιτῶνος, seu ut in Legibus *Præfectus sacri cubiculi* : alter qui παρακοιμώμενος τῆς σφενδόνης, *Accubitor palæ*, secretum Imperatoris annulum custodiebat : quo in munere magno Franciæ *Cambellano* recte potest comparari, quippe secretum Regis sigillum servare solet et deferre. Ista porro officia quamvis ministerio distincta unus idemque fere semper exercebat, non secus ac apud Francorum Reges munera magni *Camerarii* et magni *Cambellani.* Yvoni Lib. 4. de Privileg. et dignitat. Ecclesiæ Romanæ, *Accubitores* dicuntur *Concubitores : Quemadmodum Imperialis potentia diversis officiis cubiculariorum, nec non Ostiariorum atque omnium Concubitorum ornatur.* Bollandus tom. 3. Actorum SS. Februarii pag. 682. et 683. de Sancto Stephano Mauricii Imperatoris *Accubitore* Syllogen texens historicam, sic dictum existimat, quod cum Imperatore ad mensam accumberet : vel quod esset e novemdecim *Accubitoribus*, ad cujus rei probationem adducit duo exempla ex Theophane ad annum 4. imperii Leonis Isaurici, ubi ait filium ejus Constantinum Copronymum anno præcedente natum, ἐν τῷ τριβουναλίῳ τῶν ιθ' Ἀκκουβίτων, *in Tribunali XIX. Accubitorum* ; atque eundem Leonem anno imperii 13 : *Silentium contra sanctas imagines celebravisse in novemdecim Accubitorum tri-*

bunalio. Verum errat vir eruditus ; *Accubitorum* enim vocabulo non Officia, sed mensæ designantur quas Græci vocabant : δεκαεννέα ἀκκούβιτα. *Accubitus* autem et *Accubita* Latinis sunt Cubilia convivalia, seu ut aiunt *reclinatoria, et Tribunal XIX. Accubitorum* juxta Luithprandum Lib. 6. Histor. cap. 3 : *Domus juxta hippodromum Aquilonem versus miræ altitudinis et pulchritudinis.... hoc autem ideo, quoniam quidem decem et novem mensæ in ea quæ secundum carnem est D. N. J. C. Nativitate apponuntur, in quibus Imperator et convivæ, non sedendo, ut ceteris diebus, sed recumbendo epulantur.* De his plura Cangius in sua CP. Christiana pag. 135. Vide *Parachimumenus.*

1. **ACCUBITUS**, Cubitus. Egesippus de Distant. locorum Terræ Sanctæ pag. 105 : *Super lacum in Accubitum Judææ, Segur... ostenditur,* id est, qua parte Judæa situ suo *cubitum* effingit.

Accubitare se, Cubito inniti, *s'Accouder.* Adrianus Præposit. Malbod. in Historia translat. S. Aldegundis n. 5 : *Unus ad pedem, alius ad pedem humiliter Accubitando se inclinaverunt.* Chron. Bertrandi Guesclini :

Dessus une fenêtre s'est allé Aqueuter.

Nos vulgo *Accouder* dicimus, cubito inniti. Vide Dudonem lib. 2. de Act. Norman. pag. 72. 77.

* *S'Accouter* dicunt Normanni. Lit. remiss. ann. 1379. in Reg 114. Chartoph. reg. ch. 320 : *Le suppliant se Accouta emprés icellui compaignon en disant, Dieu vous gart, seigneurs. S'Acouter,* in cubitos sese prosternere, in Mirac. S. Ludov. edit. reg. pag. 409 : *Lequel Thomas...... s'Acouta de lez cele tombe.*

Adaccubitare. Abbo lib. 2. de Bellis Parisiac. :

Cujus Adaccubitat puteus vestigia, etc.

2. **ACCUBITUS**, pro *Cubatu*, aut *cubitu*, Gall. *la Couchée.* Ita videtur usurpasse Guibertus lib. 5. Hist. Hierosol. cap. 24 : *Ciborum, Accubituum, excubiarum, frigorum, pluviarumque sustinuere miserias.*

Accubita seu Accubitus, Græcis ἀνακλιντήρια, i. *reclinatoria*, uti appellantur a Wilramo Abbate in Cantica Canticor. cap. 2. quæ in Lexico Græc. MS. Regio Cod. 2062. sic definiuntur : Ἀκούβιτα, στρωμναὶ μαλακαὶ εἰς ὕψος ἠρμέναι. Glossæ aliæ in Cod. 934 : στιβὰς χαμαικύτιον, ἀκούβιτον ἀπὸ δένδρων. Balsamoni in can. 74. Synodi Trull. et Joanni Episcopo Citri in Responsis ad Cabasilam : *Accubitum*, ἅπαν στρωμνῆς κατασκεύασμα εἰς ὕψος ἠρμένον καὶ μαλακὸν, esse dicitur. Θρόνον ἀνάκλιτον dixit Plutarchus in Romulo. Lampridius de Commodo : *Nec cubuit in Accubitis facile, nisi quæ pilum leporinum haberent, aut plumas perdicum subalares, sæpe culcitras mutans.* Est igitur *Accubitum* vel *Accubitus*, locus editior ad quem accumbimus, seu potius mensa ad quam accumbunt convivæ.

3. **ACCUBITUS**, Mensa vel sedes ad mensam, ad quam accumbitur. Charta Ottonis Frisingensis Episcopi ann. 1157. in Metropoli Salisburgensi tom. 2. pag. 107 : *Quod videlicet in celebrandis ordinibus in annotatione post sedem Cathedralem primum locum in Processione solenni Præpositus vester aliis Præpositis præferatur, in refectorio Accubitum qui principali oppositus est, habeat is, etc.* [Vide S. Paulin. ep. 13. pag. 73. et Poëm. 11. pag. 37. edit. 1685. et *Accubitor.*]

Accubitatus, De eo qui ad mensam *accumbit*, apud Sugerium in Ludov. VI : *Finita vero Missa, erectis in claustro palliis strato mensis, materialem agnum tanquam thoris Accubitati, cætera nobis mensæ fercula consueto more suscipiunt.* Braulio Cæsaraugust. in Vita S. Æmiliani cap. 24 : *Cum causa convivii fuisset Accubitatus.*

4. **ACCUBITUS**, et Accubita, Prandia ac convivia ipsa. Papias : *Accubitus, prandia, quasi accibitus epularum.* Respexit illud Isidori lib. 20. Orig. cap. 1 : *Accubitum a cibo vocatum, quasi ad cubitum epularum.* Acta S. Basilisci Martyr. n. 1 : *Magistrianus et qui cum eo erant, facto terræ motu, surrexerunt de Accubitu præ magno timore, relictoque prandio, trementes venerunt, etc.* Vide Rufin. in Regulam S. Basilii cap. 10.

Accubitus vastatorii, Jus prandii, pastus, *Droit de giste et de past.* Charta Conradi Imp. ann. 1145 : *Exactiones, tallias, quas quidam precarias vel petitiones nominant, vel Accubitus Vastatorios, etc.* Vide *Pastus, Prandium, Procuratio.*

5. **ACCUBITUS**, Triclinium in quo ad mensam adcumbitur. Itinerarium Hierosol. Antonini Monachi : *Deinde venimus miliario 3. in Canan, ubi Dominus fuit ad nuptias, et accubuimus in ipso Accubitu.* Infra de Gethsemani : *In quo sunt tria Accubita, in quibus ille* (Christus) *accubuit.* Ea notione vox hæc forte capienda in vet. inscriptione apud V. C. Jacob. Sponium in Libello de Diis ignotis pag. 18 : *Murum a fundamentis cum suo introitu, et porticum cum Accubito vetustate conlapsum impendio suo restituit. Accubitalia triclinia,* refectoria Monachorum vocat Ordericus Vitalis lib. 2. pag. 412. S. Athanasius de imagine Berytensi : Χριστιανός τις ἔλαβεν ἐν οἰκίῳ κελλίον παρά τινος, ἐν ᾧ κατοικῶν ἀντικρὺ τοῦ ἀκουβίτου αὐτοῦ ἔπηξεν εἰκόνα τοῦ Κυρίου ἡμῶν. Hinc *Accubitus* et *Accubita* appellata olim triclinia majoribus ædibus sacris adjuncta, in quibus Pontifices e Clero et Laïcis præcipuos convivio excipiebant post sacra peracta, de quibus multa observamus in nostra Constantinopoli Christiana, ubi de *Tribunali novemdecim accubituum* agimus. [Vide *Accubitor.*]

☞ [Hujusmodi Ædificium Leo IV. Romæ restauravisse ab Anastasio Biblioth. memoratur. Cujus quidem adhuc supersunt vestigia, inquit D. Macer in Hierolex. *a latere posteriori domus pænitentiariæ Lateranensis Basilicæ.* De iisdem *Accubitis* in ordine Romano ubi de Paschali festivitate : *Descendebant Primates Ecclesiæ ad Accubita, invitante Notario Vicedomini, et bibebant ter.*]

Nescio an ab *accubitis* orta sit vox *Acube* et *Aucube*, Poetis nostris sat frequens, pro tentorio, vel tabernaculo, quod in iis *accumbant* milites, atque adeo ut in tricliniis conquiescant. Le Roman de la Prise de Hierusalem MS. :

Enseignes et Aucubes et maints Indepenon.

Alibi :

Anviron la cité firent lor triefs drecier,
Pavillons et Aucubes, et grands paissons fichier.

Le Roman *de Girard de Vienne* MS. :

Vianne assaillent environ et es lés
Tendent Acubes et pavaillons et trés.

[* Le roman *de Garin* :

Li cuens Fromond fist destandre son tref,
Et les Aucubles sor les sommiers trouser.

Chron. Bertr. Guescl. MS. :

Loges, trefs, et Aucubes, et pavillons faites.]

Accubitus, vel Accubita, ipsæ *accubitoriæ vestes*, quæ *Accubitis* insterni solent, Græcis κατάκλιτα, ut quibusdam placet. Gloss. Lat. MS. Reg. Cod. 1013 : *Peristromata, gemina tegmina, vel Accubitus.* Alibi. : *Tegmina, Accubitus, peristromata.* Eædem *Accubitalia* dicuntur apud Pollionem in Claudio.

¶ **ACCUCULA**, Acuculia, Vide *Agagula.*

¶ **ACCUGURATIO**, Schola Medic. Salern. pag. 109. Edit. ann. 1622 : *Dulcia omnia quæ sumuntur immodice, corpibus ad patiendum paratis triplex noxæ genus important. Quorum primum quidem est fastidium : Dulcia enim caliditate atque humiditate sua os ventriculi leniunt, ac lævigant, illique affectionem inanitioni ac Accugurationi, famis causæ, contrariam inducunt.* Quid si legendum *Acculeationi* ?

ACCULEARE, vel Acculare, In angustias, vel in arctum redigere, ex Gallico *Acculer.* Chronicon Wil. Nangii ann. 1256 : *Per Pontem de Ceperano, ubi erat, ad terram Apuliæ et Laboris introitus, ingressus, usque ad S. Germanum Acculearunt.*

¶ **ACCUMULASCERE**, Accumulari, Accrescere, Gall. *s'Accumuler, s'Accroitre.* Vita S. Huberti, Maii tom. 7. pag. 278 : *Huc accedit multo grandius aliud miraculum, adeo præclaris actis facta splendidiora Accumulascunt.*

* **ACCUPEDUM**, *Velocitate pedum agmine. Placidus.* Glossar. vet. ex Cod. reg. 7646. Vide *Acupedium.* [** Placidus apud Maium vol. 3. pag. 435 : *Acu pedum, velocitate pedum.*]

* **ACCURRIMENTUM** Temporis, idem quod Practicis *Retractus*, Gall. *Retrait*; qua de re consule commentarium Andr. Tiraquelli. Stat. Montis-reg. pag. 132 : *Statuerunt, quia sæpe contingit forenses recipi in cives, qui solum cupiunt effici cives ad evitandum Accurrimenta temporis decem annorum, quæ fieri possunt contra eos, et non aliter, ut evidens experientia edocet, etc.* Nostris alias *Acourement*, nunc *Course, l'action d'Accourir.* Glossar. Gall. Lat. ex Cod. 7684 : *Acourement, accursus.*

ACCURSA, *Exilium*, Ugutioni.

ACCURSARE. Statuta Veronensia lib. 3. cap. 58 : *Monetam grossam vel minutam Accursatam, seu quæ Accursabitur in futurum in civitate Veronis, etc.* id est, cui dabitur *cursus*, quæ in usu communi erit.

* **ACCURSIANI.** Jul. Pacii J. C. Analis. Institut. Imper. in Epist. dedicat : *Accursius in libros juridicos glossemata conscripsit. Inde qui ejus methodum secuti textum glossematis onerarunt, Accursiani dicti sunt.*

¶ **ACCURTATIO**, Chymica vox de qua in Catalogo Operum B. Raymundi, Junii tom. 5. pag. 708. C. *VII : Epistola ad Regem Rupertum de libris suis chimicis et de Accurtatione.* Exstat Epistola hæc MS. in Bibl. Cæsarea.

* **ACCURTATUS**, Curtus, brevis, Gall. *Écourté.* Decret. de reformat. in Conc. Constant. tom. 1. col. 693 : *Sacra Synodus omnes et singulos prælatos et ecclesiasticos personas, qui ad modum militum in vestibus accurtatis,*

ac alias indecentibus per campos equitant, etc.

* **ACCUS**, Pellis vitulina præparata, charta Pergamena, *Parchemin*. Comput. ann. 1355. inter Instr. tom. 2. Hist. Nem. pag. 86. col. 1 : *Item pro xij. petiis Accorum et dimidiæ inde factis in curia dicti dom. Senescalli una.... in registro; .... xlj. solid. vj. denarios.*

ACCUSA, pro *Accusatio*. [Chronicon Parmense ad annum. 1304. apud Murato. tom. 9. col. 851 : *Unus illorum de la Porta accusatus fuit ab uno scripto in libro societatis ex forma statutorum loquentium circa Potentes, et jurata fuit Accusa.* Occurrit rursus] in Charta. ann. 1345. Passim in Legib. Civil. Veron.

¶ **ACCUSAGIUM**, Quoddam exercitium vicariæ jurisdictionis in *accusationibus* querelisve audiendis ac dirimendis forte situm. Hominium Guidonis Vicecom. Lemovic. Abbatis S. Martialis ann. 1245. apud Stephanotium inter fragm. Hist. : *Nos et præpositus et viguerii burgi de Monmalier, ingerendo nos et lavando ibidem et in aliis locis Accusagia et vigueriam et quædam alia, quæ ad Abbatem et Conventum jure dominii pertinebant, etc.*

ACCUSATIO. Simplex, Triplex. Vide *Lada, Ordalium.*

* **ACCUSIO**, Accusatio, reprehensio, calumnia, Gall. *Plainte*. Charta Commun. Bitur. ann. 1181. ex Reg. 34. bis Chartoph. reg. part. 1. fol. 8. v°. col. 2 : *Si qui vias Bituricæ voluerit emendare, liceat ei sine Accusione. Accuson*, nostris olim, eadem notione. Charta Libertat. urbis Aussonæ ann. 1229. apud Cl. *Jurain* in Hist. ejusd. urbis : *Et apres les 40. jours cil qui auront les gaiges, les pourront vendre sans toutes Accusons, se il ne sont payé.* Ubi *Acusons* edidit D. *Secousse* tom. 4. Ordinat. reg. Franc. pag. 395. art. 3. *Acconison*, eodem sensu, in Libert. villæ *de Braoux* ann. 1331. ibid. pag. 335. art. 5 : *Se hons ou femme de Braoux se veult marier, on aller demourer en la terre et chastellenie de Chasteau-villain, ou autrement; faire le pourra sans Acconison.* Quod tamen ab *Acheso* vel *Occasio*, deduci potest. Vide in his vocibus. *Accusement*, in Glossar. Gall. Lat. ex Cod. reg. 7684 : *Accusement, encusement, accusatio. Accuseur*, accusator, delator, in Lit. remiss. ann. 1387. ex Reg. 132. ch. 160 : *Un espie ou Accuseur de marchans de sel non gabellé. Racuser*, pro Deferre, in aliis ann. 1409. ex Reg. 163. ch. 279 : *Lesquelx se atargèrent pour y estre à la nuit, affin que on ne les Racusast pas.*

* **ACCUTUS**, pro Acutus, Gall. *Aiguisé*. Lit. remiss. ann. 1450. in Reg. 186. Chartoph. reg. ch. 39 : *Supplicans quemdam cultellum cepit, ... et ipso Accuto cum quodam lapide, etc.*

ACEDIA, Accidia, Acidiari, Acidiosus. *Acedia, Tædium*, in Gloss. MS. Ugutio : *Accidia, tristitia, molestia, anxietas, vel tædium.* Breviloq. : *Accidia dicitur indurata mentis tristitia, quæ, dum quis laborat, vertitur in tædium.* Suidas. : ἀκηδία, ἡ ῥαθυμία, ἀχθηδών, λυπή. *Acedia*, juxta Cassianum lib. 10. de Cœnob. Instit. cap. 1. et Collat. 5. cap. 2. 9 : *est tædium et anxietas cordis, quæ infestat Anachoretas et vagos in solitudine Monachos:* Melancholiæ species, quæ Monachorum propria est, atque ita appellatur a S. Hieronymo Epist. 4 : *Sunt qui humore cellarum, immoderatisque jejuniis, tædio solitudinis, ac nimia lectione, dum diebus ac noctibus auribus suis personant, vertuntur in melancholiam, et Hippocratis magis fomentis, quam nostris monitis indigent.* S. Althelmus Episc. de 8 principalibus vitiis, n. 6 :

Hinc aciem sextam torpens Accidia ducit,
Otia quæ fovet, et somnos captabit inertes,
Importuna simul verborum frivola sontum,
Instabilis mentis gestus, et corporis actus :
Inquietudo simul stipatur milite denso.

Cæsarius lib. 4. cap. 27 : *Acedia est ex confusione mentis nata tristitia, sive tædium et amaritudo animi immoderata, qua jucunditas spiritalis extinguitur, et quodam desperationis præcipitio mens in semetipsa subvertitur : dicitur autem Acedia, quasi Acida, eo quod opera spiritualia nobis acida reddat et insipida.* Adam Abbas Perseniæ Epist. 1. ex Baluzianis : *Noviter conversi de sæculo, quantalibet devotione polleant, Acediæ tamen vitio sæpe laborant, etc.* Conradus Fabar. de Casib. S. Galli cap. 5 : *Erat namque jocundus in facto, blandus verbo ... cui nulla unquam se intulit Acedia.* S. Bernard. Epist. 78 : *Tædium et Acediam procul pellit sanctarum varietas observationum.* Liber Faceti :

Accidiam linque, quæ dat mala tædia vitæ.

Liber vernaculus MS. cui titulus *le Miroir : Li quars pechié de Pereche, con apele en clerkois, Accide.* Belle etiam *Acediam* describit Guigo Prior Carthusiæ lib. de Quadripertito exercitio Cellæ cap. 24 : *Apprehendit te multotiens, cum solus in cella es, inertia quædam, languor spiritus, tædium cordis quoddam et quidem valde grave fastidium sentis in teipso : tu tibi oneri es; interna illa, qua tam feliciter uti solebas, suavitas jam defecit tibi; dulcedo quæ tibi inerat heri et nudius tertius, jam in magnam amaritudinem versa est. Ex toto aruit ille quo abundantissime perfundi solebas, lacrymarum humor; spiritualis in te emarcuit vigor, interiit decor; dilaniatam et dilaceratam, confusam et discissam, tristem et amaricatam portas animam tuam, et ubi eam ad quietem componas, non habes. Non jam sapit tibi lectio, oratio non dulcessit, etc.* De *Acedia* alia vide apud [Nilum Monachum de Vitiis cap. 4. 13; S. Maximum de Charitate n. 67.] S. Antiochum Homil. 57; Petrum Blesens. Epist. 97; Petr. Damian. lib. 4. Epist. 11; Theodulfum in Capit. cap. 31; Alcuinum lib. de virtutibus et vitiis cap. 32; Alanum de Insulis in Summa de arte prædicatoria cap. 7; S. Thomam 2. 2. q. 35. art. 8. etc.

[* Glossar. Lat. Gall. ex Cod. reg. 7692 : *Accidia, ennui, paresce. Accidiare, ennuer. Accidiosus, a, um, pareceus.* Le Roman *du Riche homme et du Ladre* MS. :

Pluseur grant mal viennent d'Accide,
Dont cascuns doit avoir grant hide.]

Acediari, Indignari Gloss. MS. Regium : *Accidiatur, stomachatur.* Papias : *Accidiari, stomachari; unde accidia, quæ est tædium animi, vel anxietas vel contra.* Balbus : *Accidiari, tristari, anxiari vel habere tædium, vel indignari.* Hincmarus Laudun. ad Hincmar. Rem. tom. 2. pag. 335 : *Nec inde debetis Acidiari, si de his loquor.* Vide Eccles. cap. 6. et 22. Henricus Rosla in Herlinsberga :

Accidior juste? potius premerent alienos.

Versus de S. Francisc. apud Waddingum ann. 1226. :

Sicubi turbatur Franciscus et Accidiatur.

¶ Accidiatus, Tædio affectus, tom. 2. Rerum Mogunt. pag. 895. edit. 1722. ex Charta Heinrici et Berthrami de Bleychenbach : *Si vero, quod absit, sæpe dictæ Ecclesiæ Decanus et Capitulum in posterum sollempnitate cultus Dei Accidiati, etc.*

Accidiosus, et Acediosus, apud Balbum et Ugutionem, *molestus, tristis, anxius.* Gloss. Saxon. Ælfrici : *Accidiosus, vel tædiosus :* afolcen. Regula S. Benedicti cap. 48 : *Ne forte inveniatur Frater Acidiosus, qui vacet otio et fabulis, et non sit intentus lectioni.* Occurrit etiam in Vita S. Sulpitii Pii Episc. Bituric. cap. 10. n. 42.

* **ACEDULA**. Glossar. Lat. Gall. ex Cod. reg. 521 : *Acedula, æ*, Gall. *Surele.* Ebulum esse, vulgo *Hieble*, Sambuci genus, putat Borellus; Oxalidem ego, Gall. *Oseille*, quæ in quibusdam provinciis etiamnum *Surelle* appellatur, esse opinor : *Acedula* nuncupatur, quia herba est acida; *Surelle*, a Gall. *Súr, acide, aigre.*

* **ACEGUNUS**, vel Aceguus, pro *Actiguus*. Vide infra in hac voce. Stat. Universit. Andegav. ann. 1395. ex Reg. 153. Chartoph. reg. ch. 311 : *Item quod in festis solempnibus cujuslibet nationis cum solempnitate celebrabuntur, ... absque potationibus, coreis, robis Acegunis, quas tollimus et removemus. inhibentes ne fiant per modum nationis.* Hoc est, vestimentis quæ ad cujusque nationis sese vestiendi morem accedat, quo se irrisam esse arbitrari possit.

¶ **ACEIR**. Vide in *Acer.* 1.

ACELEXIA, [Panni, aut ornamenti Ecclesiastici species. Charta Aldegastri. ann. 781. apud Sandovallium : *Ad ornamentis Ecclesiæ damus octo vestimentis, et tres mantos, et sex stolas.... quatuor sine serico, et tres Acelexias et duas stacatas et una capa serica.* Ubi pro *Acelexias* Sandovallius reddit *Aceleias.*] vide *Litifatus.*

ACELLA, pro *Axella*, in Gestis Regum Francor. cap. 24. Vide *Axella.*

¶ **ACEMETI**. Vide *Acæmeti.*

ACENCENARE, sive *Computare*, in Observitiis ad Foros Aragonenses, apud Michaelem *Del Molino* in Repertorio pag. 75. v. Infra : *Et pro quibus rebus ipsam getam facere debeant, et vident Acencenationes et compartimentum quod facient, ut intersint cum hominibus dicti loci, etc.*

¶ **ACENGIA**, Modus agri qui in Lege Bajuvar. tit. 1. cap. 14. est decem perticarum, scilicet 4 pedum in transverso, 40 in longo. Chartul. AB. Sangerman. fol. 3. verso : *Tenent et possident 10 arpenta, tam terrarum quam vinearum et prati, in quibus 10 arpentis est una Acengia prati et 3 quarteria vineæ.* Fol. 4. verso : *Guill. le Petit de quinque quarteriis terræ in noda mari 10 den. et 1 de magna bonna pro decimo de una Acengia terræ.* Ibidem : *1. denar. de decimo unius Acengiæ terræ ad magnam bonnam.* Vide Andecinga.

* **ACENIA**, f. pro *Acenja* vel *Acengia*, modus agri. Vide in hac voce. Charta Adelfonsi reg. Castel. ann. 1181. apud Balusium in Hist. Tutelensi col. 493 : *Cum rivis, mo-*

lendinis, *Aceniis et eorum locis*, *cum pratis et pascuis*, *etc.*

¶ **ACENSA**, Acensare, Acensator. Vide *Accensa*.

¶ **ACEOLUM.** Vita S. Udalrici Episc. in Actis SS. Ord. S. Benedicti sæculi 5. pag. 427 : *Missarum autem celebrationibus expletis et vesperis decantatis, ad hospitiolum pauperum pervenit, et xjj pauperum pedes lavit, et unicuique eorum de Aceolo pretium unius denarii donavit.* Ibid. pag. 429 : *Allatis vestibus novis, duodecim pauperes vestivit et acervulum Aceoli aliis dispensavit.* Dictum conjicit Mabillon. ibidem pro sacculo aut marsupio. Verum repugnat exemplum ultimum. Mendose scriptum fuisse crederem pro *Linteolo*, seu *linceolo* tela linea, unde nostrum *Linceuil*. Hinc facile intelligitur Udalricum 12 pauperes vestibus novis induisse, cæteris *Linceoli* seu telæ acervulum per partes distribuisse. Adde quod antiquus mos sit in Monasteriis et Ecclesiis plurimis, distribuendæ telæ pauperibus post Lotionem pedum.

* **ACEPHALARE**, Caputabscindere, Gall. *Décapiter*. Chron. Joan. Vitodurani in Thesaur. Hist. Helvet. pag. 5 : *Primus* (Coreradinus) *in ordine Acephalandorum mori elegit.*

ACEPHALI, Isidorus lib. 2. de Eccles. offic. cap. 3 : *Duo sunt genera Clericorum, unum Ecclesiasticorum sub regimine Episcopali degentium, alterum Acephalorum, id est, sine capite, quem sequantur ignorantium. Hos neque inter Laicos secularium officiorum studia, neque inter Clericos religio detentat divina, sed solutos atque oberrantes sola turpis vita complectitur et vaga.* De iis agunt Concilium Moguntiac. can. 22; Meldense ann. 845. cap 57; Parisiense cap. 10; Ticinense ann. 850. cap. 18; Melfitanum ann. 1079. can. 9; Capit. Caroli C. tit. 6. cap. 57; Burchard. lib. 2. cap. 226. etc. Apud Reginonem anno 865, Hucbertus frater Tietbergæ concubinæ Lotharii, *Acephala* dicitur, quod, ut est in Annalibus Francor. Metensibus ann. 864, fuerit *Clericus conjugatus*, ac proinde Clericatus regulis minime addictus. Goffridus Abbas Vindocin. lib. 2. Ep. 27 : *Acephali non sumus, quia Christum Salvatorem caput habemus, et post ipsum Romanum Pontificem.* Hæc porro suggerit, quia Monasterium suum ab Ordinarii jurisdictione exemptum erat. Adde Ordericum Vitalem lib. 3. pag. 464. et Vitam S. Theodardi apud Catellum pag. 764. Vide *Presbyter Domesticus*.

. Acephali, in Legibus Henrici I. Regis Anglor. cap. 21. dicuntur ii, qui nec Regem, nec Ecclesiam, nec Barones, aut dominos feudales agnoscunt, cum pauperes sint, et nullum tenementum possideant, ratione cujus eos ut *capita* sua recognoscant.

Acephali præterea dicuntur Monachi, quorum Abbas vel Prior defunctus est, apud Prynneum in Libertatib. Angl. tom. 3. cap. 636.

¶ Acephali, Hoc nomine vocati sunt 1°. ii qui in Synodo Ephesina nec Sancto Cyrillo, nec Joanni Antiocheno adhærere voluerunt. 2°. Hæretici qui quinto sæculo Petrum Mongum seu Moggum primum secuti ab ipso desciverunt, ubi Henoticon et Synodum Calchedonensem suscepisset. Hi cum Eutyche, duarum in Christo substantiarum proprietatem negabant, et unam in ejus persona prædicabant naturam. 3°. Denique sub Justino Imperatore *Acephali* dicti sunt Severi Antiocheni sectatores, atque ii omnes qui Calchedon. Concilium noluerunt recipere. Nicephor. lib. 18. 54; Evagr. lib. 3. cap. 31; Baron. ad annos 432. 482. 492. 513. 535. 538. 546. 553. [** Julian. Epit. Nov. cap. 102, § 364, cap. 107, § 373.]

Acephali, Hæretici quidam sic dicti, quod neminem suæ hæresis auctorem agnoscerent, ut est apud Isidorum lib. 8. cap. 15. et Adonem Viennensem in Chronico. De iis vide Notas Sirmondi ad Facundum Hermianensem. [Iidem videntur cum *Acephalis* de quibus supra.]

¶ Acephalus, sine capite. Baluz. Miscell. tom. 6. pag. 505 : *Trunci jacent Acephali, manante cruore lethaliter singultantes.*

Acephala, Regio nulli Episcopo subjecta. Concilium Avenionense ann. 1209, can. 5 : *Ad hæc vallem de Tretis, quæ ut Acephala in nullius diœcesi dicitur esse instituta, D. Episcopo Regiensi Apostolicæ Sedis Legato ad custodiam decernimus specialiter assignandam, qui spirituali, et etiam si oportuerit materiali gladio expellat ex ipsa hæreticam pravitatem, etc.*

¶ 1. **ACER**, Chalybs, Gall. *Acier*. Fleta lib. 2. cap. 12 : *Centena ferri ex quinquies viginti petiis : garba vero Aceris fit ex triginta peciis.*

¶ Aceir, Ead. significatione in Privilegio Leduini Abb. S. Vedasti Atrebat. de censu ann. 1036. e Chartul. S. Vedasti V. pag. 243 :

Garba ferri vel Aceir........ 1 ob.
Quinque solidatæ lanæ...... 1 den.

¶ 2. **ACER**, Agri modus. Vide *Acri*.

1. **ACERA.** Versus vett. in Hist. S. Martini de Campis. pag. 17 :

Per parvas partes perfectas itur ad artes,
Subveniunt magnis animalia parva. . . .
Hic capiendo feras, hic pisces, hic et Aceras.

☞ Per *Aceras* volucres intelligi suspicor; hic enim auctor agere videtur de artibus venandi, piscandi et aucupandi.

¶ 2. **ACERA**, Papiæ in Gloss. MS. Ecclesiæ Bituric. : *Acera*, *offula*, *furfuratio panis.*

* Glossar. et. ex Cod. reg. 7646 : *Acera, offula furfuraceo pane.* Rectius certe.

* 3. **ACERA**, Acer, Gall. *Erable*. Privil. castris de Mailliaco ann. 1229. tom. 5. Ordinat. reg. Fr. pag. 718. art. 34 : *Constituimus eciam et concessimus, ut homines prædicti usum suum habeant in dicto bosco ad tremulum et charmen et Aceram.*

* **ACERAMEN**, *Livitas, nigredo, negressa.* Glossar. Provinc. Lat. ex Cod. reg. 7657.

* **ACERARE**, Gall. *Empallier*, in Glossar. Lat. Gall. ex. Cod. reg. 521. Paleis miscere. *Lutum Aceratum*, paleis subactum, apud Festum et Nonium. Vide infra *Aceris* 2.

* **ACERATUM**, *Calatus de fusticis*, in eodem Glossar. reg. 521.

* **ACERBA**, Uva acerba, unde omphacium elicitur; Lugdunenses *Aigrat* etiamnum vocant. *Aigrest*, in Lit. ann. 1331. tom. 5. Ordinat. reg. Franc. pag. 676. art. 8.

¶ **ACERBA**, Informatio super jurisdictione S. Victoris Massil. ann. 1206. in parvo Chartulario fol. 74 : *Ceperat unam Acerbam sive aygras.* Forte idem quod *Acerbitas*, Gall. *Aigreur*, *haine*, *amertume de cœur*. * Idem quod supra.

* **ACERBOSUS**, *Idem qui Acerbus*, in Vocabul. compend. ex Sum. Jan. Ugut. et Papia.

* **ACERBUM**, *Mors inchoata.* Glossar. vet. ex Cod. reg. 7641.

* **ACERE**, *Tourner*, *enegrir*, ibid. et in Glossar. Lat. Gall. ex Cod. reg. 7692. Aliud Provinc. Lat. ex. Cod. 7657 : *Enaygrir*, *Prov. Acere*, *acescere*. Vide *Acetare*.

¶ **ACERIES**, *Genus securis.* Janssonii Collectanea in Isidori Glossarium. Vide *Acieres*.

¶ **ACERIS**, pro *Acerra*. Cymbium quo in Ecclesiis asservantur micæ thureæ, Gall. *Navette*. Charta Ferdinandi Imperatoris æra 1191. apud Antonium de Yepez tom. 7. Chronici Ord. S. Benedicti : *Tres concos et tres Aceres, et duos orceolos et duas coginas.... omnia hæc de laton.*

* 2. **ACERIS**, *Palea mileatia.* Glossar. vet. ex. Cod. reg. 7646. Vide supra *Acerare*.

¶ 1. **ACERIUM**, Chalybs, Gall. *Acier*. Præceptum Philippi Pulcri ann. 1304 : *Quocirca mandamus vobis et vestrum cuilibet districte precipimus, quatenus.... ferrum, calibem seu Acerium.... de prædicto regno trahi, portari, seu deferri nullatenus permittatis.*

¶ 2. **ACERIUM**, Cos, Gall. *Pierre à aiguiser*, a voce *Acier*, chalybs. Statuta Ordinis Grandimont. apud Marten tom. 4. Anecdot. col. 1234. C : *Cultellus et vaginula cultelli et Acerium, hoc est, instrumentum, quo cultellus acuitur... sint parvi pretii.* Verum hic *Acerium* sumi videtur pro instrumento ferreo longo et rotundo, quali utuntur macellarii vice cotis ad gladios exacuendos, Gall. *Fusil*.

ACERNA, pro *Acerra*, inter ministeria sacra. Necrologium Ecclesiæ Parisiensis prid. Non. Maii : *Dedit ... 4. pallia et 2. dalmaticas, et tunicam unam, et duos urceolos argenteos, cum Acerna Argentea.* Papias : *Arca thuris vel thuribulum, vel thurarium.* Continuator Hist. Episcopor. Virdunensium pag. 271 : *Optimam Acerram eidem Episcopo cum gemma pretiosa dedit.*

ACERRA, pro *Acra*. Charta Henrici Reg. Angl. in Mon. Anglic. tom. 1. pag. 442 : *Præterea do eis et confirmo in eleemosynam 40. Acerras terræ de assartis, etc.* Vide *Acra*.

¶ **ACERRUM**, Chalybs, Gall. *Acier*. Historia Delphin. tom. 1. pag. 86 : *De quolibet vendente...... ferrum, Acerrum seu Chalybem, etc.*

* **ACERUM**, f. ut *Acieres*, genus securis. Stat. civit. Astæ ex *Intratis* portarum : *Acerum de sapis ponatur et solvat pro quolibet balono lib. 15. Acerum taglantem ponatur et solvat pro quolibet balono librarum 20.*

* **ACESSARE**, ut *Acensare*, Dare ad censum. Charta ann. 1198. apud Murator. tom. 1. Antiq. Ital. med. ævi col. 443 : *Et si de silva fuerit Acessata, vobis promitto dare medietatem.* Alia ann. 1471. in Reg. 4. Armor. gener. pag. xxxj : *De novo Acessaverunt, ... et ad novum feudum sive in emphiteosim..., tradiderunt.... unam petiam terræ et nemoris.* Vide. *Acessamentum*.

¶ **ACESSAMENTUM**, Traditio ad censum, Gall. *Acensement.* Antiq. Recogn. Revel. Vienn. *Probus* fol. 58 : *Petrus de Vienna.... tenet quandam bruieriam ultra Delun de Acessamento ei facto de novo per Castellanum.* Vide *Accensa.*

** **ACETA**, *est mero.* Gloss. Cod. reg. 4778.

ACETABULUM, Scutella acetaria, ὀξυβάφιον, in Gloss. Lat. Græc. *Vinaigrier.* Vox Latinis Scriptoribus nota. Isidorus lib. 2. cap. 4 : *Acetabulum, quasi Acetaforum, quod Acetum ferat.* Ugutio : *Acetarium et dicitur Acetabulum, et Acetaforium, quod ferat acetum, et appendat* 12 *dragmas.* Joannes de Janua habet *Acetoferum.* Testamentum S. Remigii apud Flodoardum lib. 1. cap. 18 : *Acetabulum argenteum pondo centum siclorum.* [Fredericus *Schannat* Vindem-Litter. pag. 9 : *Acetabulum unum argenteum cum duabus ansis.*]

* Glossar. Lat. Gall. ex Cod. reg. 7684 : *Acetabulum, Acetarium, Vaissel à mettre vinaigre.* Aliud ann. 1352. ex Cod. 4120 : *Acetabulum, Gall. Sauseron.*

Acetabulum, Mensuræ species, Græci ὀξύβαφον vocant. *Acitabulus* Isidoro lib. 14. cap. 25. *Acceptabulum* Vegetio lib 2. Artis veterin. cap. 53. *Acetabulum* lib. 3. cap. 15. Apitius lib. 6. cap. 6 : *Accipe olei Acetabulum majorem ... aceti Acetabulum minorem.* [Erat apud Veteres Sesquicyathus. Musæum Collegii Romani Societatis Jesu pag. 22. et 23.]

Acetabulum, Quid sit in sacris libris non omnino constat. Exod. 25. v. 29. cap. 37. v. 16. Num. 17. v. 13. Glossæ MSS : *Acitabulum, vas rotundum ubi vinum juxta altare servatur.* W. Brito in Vocab. : *Acetabulum, vel Acetarium vas est aceti. Unde in Exod. cap. 37. ubi fit mentio de Acetabulis, dicit Glossa, quibus acetum ferebatur, sed quod nunquam vel raro occurrit de oblatione aceti; sic dicit Magister in Hist. Quidam dicunt Acetabula, ubi scilicet fundebantur a Sacerdote quæ debebant offerri, ut viderent utrum accepta; i. idonea essent, an non.* Græcus interpres τρύβλιον vertit.

ACETAFORUM. Vide *Acetabulum.*

ACETALLUM, in Breviloquo dicitur : *Vas in quo aceta probantur; vel vas aceto plenum; vel vas ad acetum recipiendum; vel vas in quo liquida omnia probantur.*

¶ **ACETARE**, Acescere, Gall. *S'aigrir.* Gloss. Lat. Græc. *Acetat, acescit,* ὀξίζει.

¶ **ACETARIUM.** Vide in *Acetabulum.*

¶ **ACETOSITAS**, Acerbitas, acor, Gall. *Acreté, Acidité.* Hugonis Falcandi Hist. Sicula apud Murat. tom. 7. col. 258 : *Videbis mala punica vel Acetosa, vel dulcia granis interius occultatis.... Videas ibi et lumias Acetositate sua condiendis cibis idoneas.*

ACETRUM, ex Hispanico, *Acetre*, urna ænea, situla ænea. Occurrit apud Innocent. III. PP. lib. 13. Epist. 61.

¶ **ACETUM** Philosophorum, *Lac virginis, vel aqua virginalis qua metalla solvuntur,* Rochus *le Baillif* in Diction. Spagyrico.

1. **ACHA.** Glossar. Saxon. Ælfrici : *Acha, i. virtus* : strengð i. vis, vigor, virtus.

* 2. **ACHA**, Achia, Securis, Gall. *Hache.* Process. ann. 1488. ex Tabul. D. Veneiæ : *Armati cum Achiis, partesanis, etc. Petrus Serralherii quandam Acham aponchavit contra quemdam Mathæum associantem dicto dom. Riquerii.* Vide. *Hachia* 1.

* **ACHACHIA**, *Succus siliquæ*, in vet. Glossar. ex Cod. reg. 7646.

¶ **ACHACHIARE**, Observare, manus injicere, pacisci, a veteri Gall. *Aghaiter* vel *Aguester, observer, arrêter, convenir.* Charta Henrici Regis Anglic. ann. 1155. apud D. *Brussel* Tract. de usu feud. tom. 2. pag. 4 : *Si aliquis tenens de nobis feodum laicum moriatur et Vicecomes, vel alius Baillivus noster ondat literas nostras patentes de submonitione nostra de debito quod defunctus debuit nobis; liceat Vicecomiti et Baillivo nostro Achachiare et abreviare catalla defuncti inventa in laico feodo ad valentiam illius debiti per visum legalium hominum.* Et pag. 6 : *Omnes mercatores.... habeant salvum exire et securum de Anglia, et venire in Angliam... præterquam in tempore guerræ, et si sint de terra contra nos guerram habente. Et si tales inveniantur in terra nostra in principio guerræ, Achachientur sine dampno corporum vel rerum, donec sciatur a nobis vel capitali Justitiario nostro, quando mercatores terræ nostræ, qui tunc invenirentur in terra contra nos guerrante, salvi erunt; et si nostri salvi sint, et alii salvi sint in terra nostra.* [* Hæc dele omnino, ut pote male edita post *Brussel;* legendum quippe est *Atachiare*, quod videsis infra suo loco.]

¶ **ACHALUS.** Epitaphium Ricardi Angliæ Regis et Ducis Normanniæ, in Libro cui titulus *Antiquités de la Ville de Rouen* pag. 170 :

Achalus cecidit Rex Regni Cardo Richardus,
His ferus, his humilis, his agnus et his leopardus.
Casus erat lucis : Chalus per sæcula nomen.

Anno 1198. exeunte, Ricardus I. Angliæ Rex dictus *Cor Leonis*, dum Castrum Lucii, seu Castellucium vulgo *Chalus* vel *Calus* in Lemovicibus obsideret, sagitta percussus est, cujus vulnere obiit 6. Aprilis anni sequentis. Ergo dictus est *Achalus* quod Castellucio minime capto cecidisset, voce facta ex *a* privat. et *Chalus*, nisi forsan per *Achalus cecidit,* intelligi putes, Castellucii cecidit, Gal. *Il mourut à Chalus.* Tradunt scriptores hoc castellum fuisse Vinomari Vicecomitis Lemovicensis in cujus agro, cum repertæ fuissent imagines aureæ cujusdam Imperatoris, uxoris et filiorum ejus sedentium ad mensam pariter auream, thesaurum huncjure majoris dominii, fuisse a Ricardo repetitum, atque inde ortam hujus obsidionis occasionem. Consule Historiographos Anglos.

ACHANUM, Morbi species in bobus, de quo Vegetius lib. 3. Artis veterin. cap. 2.

¶ **ACHAPTAMENTUM**, Idem quod *Relevium.* Tabularium Vosiense fol. 76 : *Sub Achaptamento duodecim denariorum.* Vide *Accaptare.*

* **ACHAPTARE**, *Relevium* facere, vel exsolvere, idem quod *Accaptare. Achaptis, et Achaptum*, ipsum relevium. Charta ann. 1221. ex Reg. 71. Chartoph. reg. ch. 34 : *De Achaptis vero ita compositum fuit, quod quotienscumque terras vel possessiones aliquas cum dominio, vel ipsum solum dominium abbas et conventus acquisierint, possessor debet ab ipsis Achaptare semel tantum, pro se et heredibus suis, de eo quod possidebit.... Abbas Americus petebat ab eis Achaptes de terris, quas tenebant.*

¶ **ACHAPTATOR**, Emptor, Gall. *Acheteur.* Bulla Ludicra jam superius laudata in voce *Abbas Cornardorum : Nonobstante quod nos invenissemus Achaptatorem, qui eam indignitatem a nobis emisset plus de undecim ducatis, etc.*

* **ACHAPTUS**, Quidquid sub *Accapitorum* conditione et onere possidetur. Testam. ann. 1118. inter Probat. tom. 2. Hist. Occit. col. 404 : *Ego Bernardus Aton vicecomes dimitto Rotgerio omnes Achaptos, quos ego feci in supradictis honoribus.* Vide in *Accaptare.*

* **ACHARIS**, Vide supra *Acaris.*

** **ACHASIUM.** Capitula legi Salicæ addita ap. Pertzium vol. Leg. 2. pag. 3. cap. 7 : *Si quis mulier vidua post mortem mariti sui ad alterum marito se dare voluerit, prius qui eam accipere voluerit reibus secundum legem donet : et postea mulier, si de anteriore marito filios habet, parentes infantes suorum consiliare debet et si in dotis* 25 *solidos accepit,* 3 *solidos Achasium* (Cod. Lugdun. adesium) *parentibus qui proximiores sunt marito defuncto donet..... Et sic postea scamno cooperiat et lecto cum lectaria ornet et ante novem testes parentibus defuncti marito invitat et dicat : Omnis mihi testis sitis quia et Achasium* (Cod. Lugdun. quæ adhesium) *dedi ut pacem habeam parentum etc.*

¶ **ACHATEON**, *Velum maximum in medio navis.* Gloss. Isid. Melius legeretur *Acatium*, quod est genus navis actuariæ, simulque *Velum maximum in media navi constitutum*, ut habet Isid. Orig. 19. 3. Hesychius : ἀκάτια, τὰ μεγάλα ἄρμενα. Vide Schefferum de Militia navali lib. 11. cap. 5. qui et ipse hic *Acatia* legi malit, quamvis *Achateon* sit etiam in Glossis MSS. Forte posterioribus temporibus sic vitiose scripserunt et locuti sunt. Hæc fere Grævius in notis ad Glossas Isidori. Vide *Acatus.*

¶ **ACHATUM**, Relevium, apud Spelmannum, ex veteri Rotulo : *Rogerus filius Gaufordi debet decem marcas argenti, et habet rectum de Achatis patris sui.* Vide *Acapitum* in *Acaptare.*

* **ACHATUM**, Emptio, Gall. *Achat.* Charta Gaufridi *de Lezignam* ann. 1242. ex Reg. 31. Chartoph. reg. fol. 75, col. 2 : *Non poterunt nec debebunt aliquid capere in tota terra mea;... nisi per voluntatem meam vel rectum Achatum;... et homines de terra mea tenebuntur eis vendere ad rationabile pretium.* Vide infra *Achetum.*

** **ACHATUS**, Senft mūdekeit. Voc. Lat. Germ. ann. 1477. Adel.

ACHELANDIUM, [Navigii species.] Vide *Chelandium.*

* **ACHELETUS**, Adminiculum vineæ, pedamentum, Gall. *Echalas.* Lit. remiss. ann. 1358. ex. Reg. 86. Chartoph. reg. ch. 44 : *Guillelmus furtive ceperat ..... Acheletos seu baculos ad usum vinearum poni consuetos.* Neque aliud forte sonat vox *Achapit* apud Avernos, ex aliis Lit. ann. 1397. in Reg. 152. ch. 304 : *Jehan Sorel soy sentant ainsi frappé, ... haulsa un autre baston qu'il tenoit, appelé Achapit* (infra *Achappit*) *et lui en donna un seul cop sur la*

teste. *Hachepit*, in aliis ann. 1415. ex Reg. 169. cap. 209.

¶ **ACHEMENIA**, Ira, Excandescentia. Agnelli Liber Pontif. apud Murat. tom. 2. pag. 157. col. 1. C : *Denique in iram versus Patricius accepit epistolam de manu Presbyteri, legensque invenit exaratam secundum quod superius diximus, et retinens epistolam in Achemeniam versus irrupit, dicens : Dic falsitatis auctor, quando hæc exarata fuit epistola.* Græcis ἀχηνία interdum idem est quod ἀπωρία, inopia consilii. An inde *Achemenia?*

¶ **ACHEROPOETA**, Acheroposita. Vide *Achiropictos et Antheropsita.*

* **ACHERURE**, vox vulgaris, a Gall. *Acerer*, Durare ferri aciem chalybe, actio ipsa durandi. Comput. Ms. fabricæ S. Petri Insul. ann. 1366 : *Item pro iij. Acherures martellorum lathomorum, xv. sol.* Alius ann. 1367 : *Item pro martellis lathomorum reparandis, pro xiiij. Acherures, pro qualibet vj. sol. Haycerè*, chalybe instructus, in Lit. remiss. ann. 1468. ex Reg. 194. Chartoph. reg. ch. 301 : *Le suppliant avecques ung baston, appellé fauchet ou voulge Haycerez, coupa les liens desdites gerbes.* Hinc nostris *Acherin*, pro firmus, constans, immobilis, vocis origine ducta a chalybe, Gall. *Acier*, quod est omnium metallorum durius. Mirac. B. M. V. MSS. lib. 2 :

Mais Dex parest si Acherins,
Si tres vrais et si enterins,
Que caoir ne puet, ne glachier.

ACHESO, *Occasio*, exactio, tributum, pensitatio indebita, vexatio. Charta Matthæi de *Montmorency* ann. 1205. apud Duchesnium : *Facimus in perpetuum liberos et immunes ab omnibus malis consuetudinibus; et malis Achesonibus, et omnibus corveis, etc.* Le Roman *de Vacce* MS. :

Cil a moult tous se hommes laidement demenez,
De plais et d'achesons damagiez et grevez.

* Lis contra jus intentata. Vide infra *Occasio* 4. *et Occasionare* 1.

Achesonatus, in eadem Charta; Vexatus, vel mulctatus, *Condamné à l'amende : Quicumque autem non reddet mihi censum vel caponem ad terminos qui dicti sunt, reddet mihi 7 sol. pro amenda : si autem Achesonatus fuerit, quod censum suum vel caponem non bene reddiderit, si voluerit jurare quod censum suum reddidit, sicut debuit, per juramentum suum quittabitur de amenda.* Gaces bruslez :

Et fins amis à tort Achesonnez.

Joannes Erardus :

Dame tant m'ont felons Achesonnez,
De par vous ai fete ceste entreprise, etc.

* **ACHETA**, diminut. ab Ascia, securicula, Gall. *Hachette*, vel *Assette*. Lit. remiss. ann. 1357. ex. Reg. 86. Chart. reg. ch. 4 : *Giletus de quadam Acheta, quam defferebat, prænominatum Johannem Perier de subtus patulam solo ictu percussit.* Vide infra *Assiata*.

* **ACHETUM**, Emptio, Gall. *Achat*, olim *Achet*, ut in Ch. ann. 1271. ex magno Pastorali Paris. fol. 136 : *Sache tuit que comme je aye acheté en la censive du Dean et du Chapitre de Paris pour un Achet, qui monte 500 livres de tournois, etc. Achetement*, eodem significatu, in Glossar. Gall. Lat. ex Cod. reg. 7684 : *Achetement, emptio.* Inventar. Chart. monast. Athanat. ann. 1519. fol. 43. v° : *Instrumentum ann. 1369 : Acheti seu emptionis xij. librarum et quatuor solidorum Viennensium.* Vide *Achatum*.

* **ACHEVELATUS**. Arestum parlam. Paris. ann. 1330. 8. Febr. ex reg. *Olim : Homines in bracis et camisiis, et mulieres in tunicis Achevelatis, nudis pedibus et capitibus, etin introitu ecclesiæ dictæ abbatiæ inclinabunt se ad terram, et ibunt flexis genibus et cubitis usque ad altare, etc.* Tunica ex cannaba vel tela grossiore, ut videtur.

* 1. **ACHIA**, Pœna quævis aut mulcta. Vide *Hachia* in *Harmiscara*.

* 2. **ACHIA**, Securis. Vide supra *Acha*.

* **ACHILO**, pro Aquilo, in Charta Pontii archiep. Aquens. ann. 1019. ex major. Chartul. S. Vict. Massil. fol. 78 : *Sit autem terminus.... ab Achilone viam publicam.*

ACHIMITENSES. Vide *Acœmetæ*.

ACHINUS, *Dicitur Hortolanus in villis residens, non habens mansos.* Breviloq.

* **ACHIOLI**, Societatis mercatorum Italicorum nomen. Reg. bailliv. parlam. Paris. ann. 1342 : *Concordia inter socios societatis Achiolorum, et comitem et comitissam Flandriæ, et pedagiarium de Bapalmis.* [** Vide *Acciaivoli*.]

ACHIROPICTOS, Vox hibrida, pro ἀχειροποίητος. Ita appellabant quasdam Deiparæ imagines, quas divinitus, nec arte humana pictas putabant, de quibus Commentarium scripsit Jacobus Gretzerus. Charta Tancredi Regis Siciliæ apud Ughellum in Archiep. Rossanensib. : *Ingressi venerabilem Ecclesiam Archiepiscopatus Rossani, in qua reverenda imago sanctæ Dei genitricis Mariæ, quæ dicitur ... Achiropictos, colitur, etc.* [Vide *Antheropsita*.]

* **ACHOISONARE**, Occasionibus gravare, vexare, molestare, mulctare, nostris olim *Achoisonner et Acoisonner*. Chartar. Casalin. : *Nec propter hoc ipsos, nec heredes nostri, nec nos poterimus in aliquo Achoisonare, nec etiam in aliquo molestare.* Stabil. S. Ludovici lib. 1. cap. 59 : *Dame ne doit ost, ne chevauchie desormais,... et li Roy ne ne la puet Achoisonner.* Charta ann. 1249. ex Chartul. 21. Corb. fol. 99 : *Et se le sergant, qui warderoit ce tonlieu,.... Acoisonnoient les marchans, etc.* Vide supra *Acheso*, et infra *Occasionare* 1.

* **ACHONUS**, an Securicula, Gall. *petite hache?* Lit. remiss. ann. 1482. ex Reg. 207. Chartoph. reg. ch. 319 : *Supplicans reperit in porta seu janua dictæ domus quemdam Achonum ferreum,.... præfatum Achonum, quem in suis manibus tenebat, contra dictum Tantillionis projecit, etc. Achou* etiamnum securiculas vocant Arverni. Vide *Angones* et infra *Azza*.

ACHOR. Gloss. Saxonicum Ælfrici : *Achor. i. conturbatio :* d r e f i n g. Saxonibus, d r e f e n d, est turbidus. [Vox plane Hebraica ab עכר Turbavit.]

¶ **ACHRAMIRE**. } Vide in *Adramire*.
¶ **ACHRANMIRE**. }

¶ **ACHRATOFORUS**, *Vas vinarium*, apud Papiam in Gloss. MS. Ecclesiæ Bituricensis. Idem est quod *Acetaforium*, de quo supra in *Acetabulum*. [** Potius Ἀκρατοφόρος.]

* 1. **ACHTA**, Ahta, idem quod *Defensa* ager, pratum, etc. ubi quidpiam agere, quod iis noceat, non licet; terra, quæ sub *banno* est, a Teuton. *Aht* et Germ. *Acht*, bannum. Charta ann. 1231. tom. 1. Hist. Trevir. Joan. Nic. ab. *Hontheim* pag. 710. col. 2 : *Ecclesia similiter de Achtis suis et de dote ecclesiæ in Gransdorff non dabit monasterio decimam.* Gloss. Cæsarii Heisterbac. in Reg. Prum. ibid. pag. 664. col. 2 : *Sex perticas claudere circa messem; et tres circa broil, est quemlibet mansum ix. virgas, id est, novem mensuras circa Ahtas nostras ac prata septem facere.* Vide infra *Acta* 2.

** 2. **ACHTA**, Hostilis consectatio publicumque odium omnium, per sententiam decretum et sancitum; Germ. Acht. Gassarus in Annal. August. ap. Mencken tom. 1. pag. 1573 : *Proscriptiones eas, quas a persequendo Achtas vulgariter vocamus, etc.* Adel. [Ahtjan enim apud vet. Germ. est *Persequi*. Vide Grimmii Antiquit. Juris Germ. pag. 732. n° 4; Graffii thesaur. ling. vet. Germ. vol. 1. col. 108.]

¶ **ACHTWORT**, Teutonice : *Jus commune secandi ligna in sylva*, inquit Hermannus de Lerbecke in Chron. Schawenburg. pag. 32. Charta ann. 1224. laudata a Meibomio : *Dedit ipsis licentiam et communitatem silvæ, quæ dicitur Achtwort.*

1. **ACIA**, *Ala*, in Gloss. Isid. [In Excerptis vero Pithœi : *Aria, Ala, Axillo, Ala.* Forte *Axilla, Ala.*] [** Apud Lusitanos hodie etiamnum *Aza* Alam significare recte monet Dietzius in Gramm. ling. rom. tom. 1. pag. 24.]

2. **ACIA**, in Gloss. Lat. Græc. ῥάμμα exponitur, [quod idem est ac *Sutura* : et accedit ad *Aciam* Petronii in cujus fragmento : *Ab Acia et acu mi omnia exposuit;* id est Gall. : *Il m'a tout conté de fil en aiguille.* Vox antiquæ originis, quæ proprie filum ad consuendum ductum significat. Hoc sensu apud Nonium Marcellum Titinnius Poeta Comicus illa usus est : eadem et Celsus lib. 5. cap. 26. De hoc argumento plura apud Turneb. 17. Advers. 21.] Italis *Accia* est linum vel stuppa. Quæ vox occurrit in Statutis Mediolanens. 2. parte, cap. 308. Vide *Atia*.

¶ 3. **ACIA**, Malitia, invidia. Vide *Atia*.

¶ 4. **ACIA**, Dolabra. Vide *Aciculus*.

* **ACIALIS**, Angularis, in angulo positus. Charta Friderici episc. Lebus. pro fundatione altaris in arce *Furstenwald* ann. 1466 : *Item super domo Aciali, etc.*

ACIARE, *Ferrum durissimum*, Papiæ, Chalybs. Gall. *Acier*.

1. **ACIARIUM**, Acuum theca, βελονοθήκη, in Gloss. Gr. Lat. ῥαφιδοθήκη, in Lat. Græc.

2. **ACIARIUM**, Chalybs; ferri durissimi squama, seu indurata ferri acies, quam *Acier* vulgo vocamus, Italis, *Acciaio, ferro raffinato*, ut est apud Academicos Cruscanos. Gloss. Græc. *Aciarium* στόμωμα, perperam *Acciarium*. Græcis vero στομῶσαι est indurare, ut est in iisdem Glossis. *Indurare aciem* dixit Plinius lib. 34. cap. 14. [Vox facta a Latino *Acies*, quod gladiorum aliorumque instrumentorum hujusmodi *Acies* chalybe muniatur.]

ACICULUS. Ugutio : *Acia, dolabrum, quasi acute scindens, unde Aciola dicitur : et dicitur hæc acies, etis pro securi, qua cementarii utuntur : unde hic Aciculus dicitur : Unde Gregorius Nazarenus*, (sic in MS.) *Scio, inquit, antequam esset vel astare* (lege *altare*) *super quo Asciculus non descendit.*

[Joan. de Janua in Cathol. *Ascia, ab ascia, hæc ascis, hujus ascis. Pro securi, qua cæmentarii utuntur: unde hic Asciculus, li, diminut.*]

ACIDIA. Vide *Acedia.*

ACIDONICUS, Acidus. Alexander Jatrosophista lib. 2. Passion. : *Neque amaritudinem in ore sentiunt, sed magis Acidonicum sentiunt.* Lib. 3 : *Acidonicum ructare.*

* **ACIERERIUS,** Faber : qui *Aciarium* seu chalybem operatur. Stat. Avellæ ann. 1496. ex Cod. reg. 4624. cap. 156 : *Si aliquis faber, vel payrolerius, seu Aciererius.... haberet in fusina sua aliquod ferrum, arainum, vel cuprum ad coquendum, etc.*

¶ **ACIERES,** *Genus securis.* Ita in excerptis Pithœi, et in quibusdam Isidori Glossis. Festus *Accieris : securis ænea, qua in sacrificiis utebantur Sacerdotes.* Unde et in Glossis Philoxeni ἀξίνη ἱεροφάντου', *Acceres.* At Glossarium MS. Bituricensis Eccl. habet *Aceries*, sicut et Cath. in Amalthea.

1. **ACIES,** Lanx trutinæ. Anastasius Bibliothec. in versione Vitæ S. Joannis Eleemos. a Leontio Episcopo scriptæ cap. 7. n. 37 : *Vidit in somnis seipsum rationem ponentem, et omnes actus suos super staterum appendere. In una quidem Acie congregabantur Mauri quidam deformes : in alia vero Acie aliorum quorundam erat candidatorum, etc.* Ubi indubie in Græco Leontii, vox φάλαγξ usurpata, quæ Græcis *trutinam*, seu *lancem*, et *aciem* exercitus significat.

2. **ACIES TERMINORUM,** apud Agrimensores, qua invicem concurrunt. Caius : *Si terminus in tres Acies constitutus fuerit, tres lineas auctoris ostendit : si in quatuor Acies, quadrifinium facit.*

* 3. **ACIES,** *Otage, vel pointe de soc, vel cornet de l'uel* (œil), in Glossar. Lat. Gall. ex Cod. reg. 7692. Ubi legendum *Ostage.* Vide *Ostagium* 1. et mox *Acies* 4.

* 4. **ACIES,** *Exercitus, hostis,* ut legitur in aliis instrumentis, hoc est, Servitium militare, quod domino debent vassalli. Charta ann. 1322. ex Reg. 61. Chartoph. reg. ch. 141 : *Retentis domino regi Acie et cavalgata, ac incursibus heresum, falsæ monetæ, et aliis.*

* 5. **ACIES,** Angulus, cornu, Gall. *Coin.* Pontif. Mogunt. Ms. fol. 87 : *Benedictio lapidis itinerarii. Primo episcopus facit crucem cum pollice de aqua, dominicis diebus benedicta, in medio lapidis, et per quatuor ejus Acies.* Infra : *Per quatuor ejus cornua.*

¶ **ACILIUM,** Axis, Gall. *Aissieu* vel *Essieu.* Monast. Angl. tom. 1. ubi de Monasterio Fordensi pag. 788 : *Cum Acilio seu apparatu ad quinque equos caractarios.* Forte *Atilio*, Gall. *Atelage* : quod magis ad rem.

¶ **ACILLARE,** Movere. Papias : *Furcellæ dictæ quod his frumenta Acillentur, id est, moveantur.* In MS. Bitur. *Cillantur* melius, ut apud Isidor. lib. 20. cap. 14.

* Nisi sit vox ficticia, mallem *Acillere*, a verbo *Cillere, cillo*, apud Isidor. lib. 20. cap. 14. vel a *Cillere, cilleo*, apud Servium, pro Movere, a Cire vel Ciere. Hinc forte campanula *Achelette* appellatur a Math. de Couciaco in Hist. Caroli VII. pag. 734 : *Et apres les crieurs de Paris, qui estoient vingt-quatre sonnans chacun son Achelette en sa main.*

¶ **ACILUS.** Gloss. Bitur : *Acilus, Antiquitas, vigor significat, vel quod habet recurvum nasum, sicut Aquila.* Papias apud Laurentium in Amalth. : *Acilus, niger, vel habens nasum Aquilinum.*

* **ACINACIUM,** Chalybs. Glossar. Gall. Lat. ex Cod. reg. 7684 : *Acier, Acinacium.*

ACINARI, *Tricari*, in *parvo morari*, in Gloss. Isid. quod faciunt qui in acinis uvarum eruendis, tempus terunt, vel qui de *acinis* disputant. [Gall. *Vetiller, Chicanner.*] Casaubonus *apinari* restituit. Eum consule ad Pollion. in Gallienis, ut et Rosweidum in Glossar. ad Vitas Patrum. Vide *Acies.*

* **ACINARIUM,** *Marc ou vendenge*, in Glossar. Lat. Gall. ex Cod. reg. 7679.

¶ **ACINATICIUM,** ὀξωδές, *Acidum*, in Supplem. Antiquarii. [** Vide Forcellini Lexicon in hac voce.]

* **ACINATIUM.** Glossar. Lat. Gall. ex Cod. reg. 521 : *Acinus, pepinus uvæ. Inde, Acinatium, congregatio racemorum,* Gall. *Moissine.*

¶ **ACIRALIS.** Charta Budesindi Episc. Dumiensis æræ 930. apud Antonium *de Yepez* tom. 5. Chron. Ordinis S. Benedicti pag. 424 : *Concedimus etiam phialas argenteas franciscas duas . . . . Cencos imaginatos 7. casticales 2. vasa vitrea, concas Aciralis 2. arrodomas, sicacyralis 9. etc.* Ubi *Aciralis* forsan pro *Acicalis*, politus, Gall. *Poli*, ab Hispanico *Acicalar* Expolire, delevare. Qua ratione legendum esset *Concas acirales 2, arrodomas sic Acyrales 9. etc.*

¶ **ACISCOLUM,** *Malleus structorius*, in Onomastico, apud Turnebum 28. Vide *Acisculum.*

¶ **ACISCULARIUS,** λατόμος, in Glossis Latino-Græcis MSS. i. e. *Lapicida.*

ACISCULUM, σκαφίον, ἤτοι ὄρυξ κηπουρική, in Gloss. Græc. Lat. Gloss. Sax. Ælfrici : *Acisculum*, pic, i. *fossorium.* Vide *Fasculum*, et *Aciculus.*

* **ACISSINII.** Vide infra *Assissinii.*

¶ **ACISTERIUM.** Vide *Asceterium.*

ACITABULUM, Vetus Gloss. *Acitabulum*, ὀξυβάφιον. Ita autem proprie appellatur crepitaculum, quod fuit ex istius Musicæ specie, quam ὀξυβάφων μουσικὴν vocant Græci. Breviloq. : *Acitabula sunt Musica instrumenta ænea vel argentea, quæ percussa sonum faciunt grandiorem.* Papias : *Acitabulum, quasi acutum ferro dicitur, id est, sonabulum.* Ugutio : *Cimbala, Acintabala sunt, quæ percussa ad invicem, se sic tangunt, et sonum faciunt, sic dicta, quod cum ballematica similiter percutiuntur.* Senator lib. 5. Epist. 51 : *Quid Acitabulorum tinnitus? quid dulcissimi soni referam varia percussione modulamen?* Vide *Acetabulum.* [** Charta Donat. ann. 1145 apud S. Rosa de viterbo col. 1. pag. 48 : *Una cappa crezisca, et una stola de ipso pano et una Acitara.* Alia ibidem : *Uno manto de grecisco et alio de exami, tres cappas, una de ciclaton, et alia mudbage, et alia de una demi et una Acitara de mudbage et duos greciscos de super altare et duos facergenes.*]

ACITARA, Stragulum, vox Hispanica. Testamentum Ranimiri Regis Aragon. æræ 1099. in Hist. Pinnatensi lib. 2. cap. 38 : *Et meos vestitos, et Acitaras, et collectras, et almucellas, et servitium de mea mensa, etc.* Ubi Martinezius : *Y Acitaras, o cames, colectos, y almuças, con todo el servicio de mi mesa.* Alia Stephaniæ Reginæ uxoris Garsiæ Regis apud *Yepez* in Chronico Ord. S. Bened. tom. 6 : *De meos panos et Acitaras, quomo, delectos, sic est de vestimentis, exceptis quos dedi.* Nescio an legendum sit *acitaras*, pro *citaras*, in Charta alia Hispanica æræ 1016. apud eumdem *Yepez* tom. 5 : *Et 150. solidos pro servitio de mesa,* (mensa) *et 170. solidos per cruces et calices, et coronas pro in Ecclesia, et 4. Citaras, et alia ornamenta multa, etc.* Occurrit præterea in testamento Sisnandi Comitis Conimbricensis apud Brandaonem tom. 3. Monarchiæ Lusit. pag. 276. et tom. 4. pag. 260.

* **ACKERPLUGHE.** Glossæ Cæsarii Heisterbac. in Reg. Prum. tom. 1. Hist. Trevir. Joan. Nic. ab *Hontheim* pag. 664. col. 1 : *Curvadas facere, est ita nobis sicut sibi ipsis arare, quas curvadas vulgariter appellant Ackerplughe. Qui enim non habent animalia sive animal ad hoc utile, veniet, quando ei præcipitur a nostro ministro, cum suo fossorio, et cooperabitur aliis hominibus hoc, quod ei injunctum fuerit.*

ACLA, Modus agri. Charta Grodegandi Archiepiscopi Metensis, apud Meurissium : *Molendinum unum cum tribus jurnalibus, Aclam unam solventem denarios decem.* Infra : *Quicumque mansum, vel Aclam, de terra nostra possederit, moriens bovem unum ad curtem dabit.* In Charta Chilperici Regis apud eundem pag. 146 : *Una cum terris, domibus, ædificiis, mancipiis, Aclis, vineis, campis, pratis, etc.* In Charta quæ habetur in Appendice ad Flodoardum, *ada* legitur, ita ut in alterutra error sit, legendumque *acla*, aut *ada*, proclivi mendo : *In Verviaco 8 mansos et dimidium, et in villa Columnis Adas duas in Comitatu Remensi.* Ita etiam *alla* pro *acla* videtur perperam scriptum in Charta Caroli Simplicis pro Corbiniaco in Hist. S. Marculfi pag. 88. et apud Marlotum in Metropoli Remensi lib. 4. cap. 7 : *De terra vero indominicata ad summum Tilidum mappaticos quatuor super fluvium Suppiam, in villa Condato Aclas septem, et molendinum unum, etc.* Ubi, aut fallor, *acla*, contractum ex *accola*, pro *manso accolæ.* Vide in *Accola.* [Vide etiam *Acra*, idem quippe videtur quod *Acla.*]

* **ACLAMATIO,** idem quod *Advocatio*, Clientelaris professio, agnitio in dominum; *Clamare* enim se ab aliquo dixerunt, pro Patronum sibi adsciscere. Vide in *Clamare* 2. Charta ann. 1066. inter Probat. Hist. Nem. tom. 1. pag. 23. col. 1 : *Donamus in comitatu Nemausensi, in ipsa villa Marsanicus, mansum unum ad alodem; in tali vero conventu, ut ego Pontius et uxor mea Elisbe teneamus ipsum mansum in vita nostra per Aclamationem de S. Maria, sine servicio et usatico. Post mortem autem nostram teneat Martinus, filius noster, ipsum mansum in vita sua per Aclamationem similiter de S. Maria, cujus alodes est.* Vide infra *Addonare.*

¶ **ACLASSIS,** Fimbria, Limbus, quod imæ vesti assutum est. In Glossis Lat. Gr. *Aclassis*, λῶματα. Martinio in Lexico Philolog. *Aclassis* est Tunica ab humeris non consuta; Festo, *Calassis, Tunicæ genus, quam Græci χαλάσιριν appellant.* Vocem deducit Scaliger a χαλάω, Laxo, unde χάλασις, Laxamentum tunicæ nodo retentum : quod accedit ad λώματα, quod vittas, fimbrias, atque institas significat.

ACLEA, Campus, vel locus querceus, quercetum, Gall. *Chenaie*, a Saxonico A c, *quercus*, et L e a, *campus*, *locus*. Asserus Menevensis in Vita Ælfredi : *In loco qui dicitur Aclea, i. in campulo quercus, diutissime pugnaverunt.* Flor. Wigorn. anno. 851 : *In Aclea, i. in campo quercus.* Ethelwerdus lib. 4. Hist. Angl. cap. 3 : *A certamine quod gestum est juxta condensum, quod Aclea nuncupatur.*

* **ACLEPSAUDIA**. Consuet. villæ *de Buzet* ann. 1273. art. 24 : *Vinum quod vendatur Aclepsaudia inferius contentum in dolo* (dolio) *est nobis incursum.* Videtur legendum esse divisis vocibus *a clepsaudia*, id est, clam, furtive. Vide *Cleptes*.

¶ **ACLHESIA**. Instrum. ann. 1150. apud Marten. tom. 1. Anecd. col. 414 : *Ostendimus ei* (Sugerio Abbati S. Dionysii) *thecam quamdam magnam ligneam, quæ deinceps super ipsius Sancti* (Evurtii) *venerabile sepulcrum ab antiquo sita est, in cujus fundo longus quidam et subniger lapis, quem Aclhesiam vocant, qui ad nihil aliud quam ad clausuram sepulcri videtur præparatus.* Ubi legendum videtur *Ardesiam*, Gall. *Ardoise.*

* Bollandistæ *Adhesiam* ediderunt tom. 3. Sept. pag. 61. col. 2. nec conjecturam, quæ *Ardesiam* subrogat, improbant.

¶ **ACLIABNUS**. Vide *Acclibanus*.

ACLONIA. [Excusatio, quæ affertur cum aliquis ad condictum diem juri stare non potest. Gall. *Essoigne*.] Vetus Notitia judicati in Chartis Burgundicis Perardi pag. 148 : *Sed quia Heldebernus ibi non venit, nec suam Aclonium denuntiavit, in omnibus geitivus apparuit : tunc judicaverunt ipsi Scabinei, etc.* Videtur legendum *Exoniam*, seu *Ecsoniam*. Vide *Sunnis*.

* **ACLOSSERIUS** vel ARLOXEIUS, arboris species, f. quæ nostris *Alisier* dicitur et Burgundionibus *Alouche* aut *Alouchier*; Roberto Stephano in Diction. Gall. Lat. Lotus vel Celtis, ut et aliis Lexicographis bene multis. Charta Erardi dom. *de Chascenai* ann. 1206. in Chartul. Arremar. ch. 9 : *Homines et feminæ de Monsterello... habebunt in perpetuum in bosco, qui dicitur Dervet, integrum usuarium, ... excepto jarrone, et piro, et fago, et pomerio* (et) *Aclosserio... Cum vero de supradictis arboribus jarrone videlicet et fago, et piro, et pomerio, et Arloxeio forisfactum probatum fuerit, etc.*

* **ACLUDERE**, Occludere, *Fermer, clore.* Glossar. Lat. Gall. ex Cod. reg. 7692 : *Acludere, Aclorre.* Vide supra *Acclausum*.

¶ **ACLUS**, Junius, Gall. *Juin.* Papias MS. Ecclesiæ, Bituric. : *Aclus Tuscorum linguâ mensis Junius.*

¶ **ACNONITUS**, *Qui nulli communicat.* Glossar. MS. Ecclesiæ Aniciensis, ex Græco ἀκοινώνητος. Vide *Aconomintus*.

* Ad verum propius accedit Glossar. vet. ex Cod. reg. 7641 : *Acœnonitus, qui nulli communicat.* Leg. quippe est *Acoinonitus*, a Gr. ἀκοινώνητος.

ACOEMETI, ACHIMITENSES, Liberatus Diac. in Breviario cap. 18 : *Per quemdam Monachum Achimitensem, etc.* Meminit *Cyrilli Abbatis Acymetensis* Nicolaus I. PP. Epist. 10. ut Monasterii *Aquimiti*, Gelasius PP. lib. adversus Nestorium et Eutychem. Codex Concilii Calchedonensis Bohierianus Act. 3 : *Omnis numerus non ascriptus est, neque in meo, neque in Acumensium Græco*, apud Labbeum tom. 4. Conc. pag. 460. Rectius *Acumetensium*, ut est in fine Act. 8. 9. 10. etc. Victor Tunnensis in Chron : *Et ipsa damnatio Acacio Constantinopolim, Legatis missis per Monachos Monasteriorum Achimitensium atque Dii, ingeritur.* Rectius alio loco : *Primasius quoque Acœmetensi Monasterio relegatur.* Nam dicti Græcis Ἀκοίμητοι Monachi, quod in eorum Monasteriis divinum Officium noctu diuque, nullo interposito cessationis intervallo, celebraretur et cantaretur, divisa in hunc finem in tres cœtus Monachorum sodalitate, ita ut peracto a priori in Ecclesia Officio, secundus, et mox tertius succederet : sicque nulla hora Ecclesia a laudibus et canticis vacaret. Hujuscemodi instituti auctorem agnoscit Nicephorus Callist. lib. 15. cap. 23. S. Marcellum Apamiensem, cujus festum agunt Græci 29. Decembr. alii, ut Synaxaria, et auctor Vitæ Marcelli, Alexandrum Abbatem, cui ille successit in ea dignitate : καὶ τότε μὲν ὁ Θεῖος Ἀλέξανδρος πρὸς τῷ ἱερῷ οἴκῳ τοῦ μεγάλου ἐν Μάρτυσι Μηνᾶ τὴν ἄσκησιν ἐπιδείκνυτο. Ὕστερον δὲ καὶ πρὸς αὐτὸ τοῦ Πόντου στόματι σεμνὸν ἱδρύεται φροντιστήριον, οὗ δὲ καὶ νόμον εἰσάγει καινὸν μὲν, ἀλλὰ τὰ ἁπανταχοῦ κάλλιστον, μηδέποτε τῶν εἰς Θεὸν ὕμνων τὲ συνεχὲς διακόπτεσθαι, ἀλλὰ τῇ καταδιαχῇ τῶν λειτουργούντων ὑπαλλαγῇ τὴν ἀσίγητον καὶ ἄπαυστον τῷ Δεσπότῃ περιποιεῖσθαι δοξολογίαν. Florebat vero Alexander ann. Chr. 420. de quo etiam consulendus Anonymus in illius Vita cap. 5. apud Bollandum 15. Januar. Monasterii τῶν ἀκοιμήτων Constantinopoli meminerunt passim Scriptores, Theodor. Lector. lib. 1; Evagrius lib. 3. cap. 18. 21. etc. Theophanes pag. 104. 122. Cedrenus in Leone etc.

Porro a Græcisne Orientalibus ejusmodi continui et perpetui in Ecclesia cantus et Officii celebrandi morem, Monachi nostri Occidentales, an vero isti a nostris hauserint, vix ausim definire : cum a primæva Monasteriorum, in Ecclesia Romana, origine et institutione obtinuisse constet, maxime in Monasterio Agaunensi a Sigismundo Burgundiæ Rege erecto ac fundato. Ita enim in Charta dotationis, seu potius in Synodo Agaunensi, Victorius urbis Gratianopolitanæ Episcopus ait : *Recte mihi videtur ut secundum plenissimam devotionem Domini Regis, et psallendi institutionibus, fiant novem Normæ; id est, Granensis, Isiana, Jurensis, et Melvensis, et ceteræ, ut succedentes sibi in officiis Canonicis, id est, Nocturnis, Matutinis, Prima, Tertia, Sexta Nona, et Vespertina, in hanc die noctuque indesinenter domino famulentur.* Sed et ipse Dagobertus in Monasterio S. Dionysii a se constructo et fundato, *ordinem psallentium instar Monasterii Agaunensium, et S. Martini Turonensis, ut ibidem laus Dei perenniter haberetur, instituit*, ut scribit Andreas Silvius in Chron. Marcianensi. Chronicon Divionense MS. de Monasterio S. Benigni : *Contulit Rex Guntrannus Deo et S. Benigno ad victum Monachorum etc. Insuper etiam instituit ut ad similitudinem Monasterii sanctorum Agaunensium, diu noctuque divinum persolveretur Officium.* Idem de Luxoviensi Monasterio testatur S. Bernardus in Vita S. Malachiæ : *Ad has nostras Gallicanas partes S. Columbanus ascendens, Luxoviense construxit Monasterium, factus ibi in gentem magnam. Aiunt tam magnam fuisse, ut succedentibus sibi vicissim choris, continuarentur solennia divinorum, ita ut ne momentum quidem diei ac noctis vacaret a laudibus.* [Quam in rem consulendus ipse Columbanus in Regula cap. 7.] Primis enim iis sæculis tantus religionis et strictioris vitæ fervor floruit, ut Monachorum numerus et cœtus in immensum excresceret, adeo ut in quibusdam ex iis ad 300, 400 et etiam 500 censerentur; unde cum Ecclesia universos simul capere non posset, necesse erat ut inter se Officii celebrandi horas partirentur, et in *Choros*, ut vocabant, se se distribuerent, aut certe in varia Ecclesiæ Sacella, seu Altaria, vel Capellas secederent, ibique sua exequerentur officia, certo præscripto modo et ordine, quem ex Hngilberto Centulensi Abbate pluribus refert Hariulfus lib. 2. cap. 11. Acta S. Quirini Mart. n. 12 : *Disciplinæ monasticæ rudimenta posuere in hoc Cœnobio* (Iliminensi) *Monachi e S. Gallo acciti, ... quorum numerus ad 150. excreverat : et ut seniorum traditione accepimus, tantus Deo militantium Fratrum exercitus in tres quinquagenas fuit distributus, ut uno exeunte quinquagenario Chorum, laboris, refectionis seu quietis gratia, continuo aliùs ad stativas vigilias succederet, adeoque die ac nocte sine interpolatione suæ Deo laudes depromerentur.* S. Althelmus de laude Virg. cap. 26.

In queis nempe decem monachorum millia florent,
Cantibus assiduis, et Psalmis carmine crebro, etc.

Epitaphium Raimberti Episcopi Virdunensis :

Te veteres ponit structore, novosque resumit
Hæc ædes mores, in qua noctuque diuque
A monachis laudes divinæ vociferantur.

Charta Pipini Reg. pro Monast. S. Dionysii, apud Doubletum pag. 703 : *Ut sicut tempore antecessorum Regum ibidem in ipsa sancta Basilica psallentius per turmas fuit institutus, sicut Ordo sanctus edocet, die noctuque perenniter in ipso sancto loco celebraretur.* Eadem ferme habentur in Præcepto Clodovæi Regis pro eodem Monasterio.

Atque inde Græcis ejusmodi Monachi dicti ἀκοίμητοι quod diu noctuque psallerent in Ecclesia, nullaque hora vacarent a laudibus divinis, quas ex eo *laudis perennis* nomine agnoscunt Scriptores nostri. Ἄληκτος ὑμνολογία dicitur Ignatio Diac. in Vita S. Nicephori Patr. CP. ἄπαυστος λειτουργία, Joanni Euchaitæ pag. 32. 33. quam ille in Ecclesia Sophiana a Constantino Monomacho institutam ait; tametsi hæc verba alio sensu capienda constet ex descriptione nostra Constantinopoleos Christ. ut et ἄπαυστος ἱερὰ ὑμνολογία, apud Anonymum de Depositione vestis Deiparæ in Æde Blachernea pag. 770. *Indeficiens psalmodia*, in Vita S. Angilberti Abbatis Centulensis cap. 2. n. 16 : *Sic ad mensam, sic ad lectos, sic ad omnia omni tempore exibant*, (Monachi Centulenses) *ut indeficiens psalmodia in Ecclesia Salvatoris omni tempore permaneret.* Adde vitam S. Madelgisili n. 13. de eodem Monast. Centulensi : *Ubi divinæ laudis sonus non desistit.* Ita lucernas ἀκοιμήτους appellabant Græci, quæ in Ecclesia perpetuo ardent, ut est apud Ignatium Diac. in Vita S. Nicephori Patriarchæ Constantinop. n. 7. Pachymerem lib. 2. cap. 21. Anonymum de Locis Hierosolymit. et alios. Vide *Norma*. Proinde perperam vir doctus lib. 1. de Monachis primitivæ Eccles. cap. 9. censuit dictos *Acœmetas*, quod insomnes, et nunquam conniventes oculis, perpetuis se vigiliis exercerent.

AÇOFRARE. Charta Sanctii Regis Aragonum æræ 1132. apud Martinezium in Historia Pinnatensi lib. 3. cap. 26 : *Ita quod homines et feminæ, qui in dictis locis domos vel terras S. Joannis tenebunt, sint franqui et liberi ab omni servitute mea, et dominorum, qui pro tempore erunt de Torres et de Vicient, in perpetuum, sed peitent et Açofrent, ut sint vasalli proprii sancti Johannis.*

☞ Leon. Frisch. in Observationibus ad Glossarium existimat *Açofrare*, idem esse quod Latinum sufferre, Gall. *Souffrir*, Est enim, inquit, ç legendum ut *s*, et *a* præponitur ad euphoniam; nam ut Galli ante *sp, st, sc*, addere solent *e*, ut ex voce *spiritus* faciunt *esprit*, ita Hispani pro *Safran* dicunt *Açafran*, pro *Sucre Açucar*, pro *Souffrer Açufar*. Sed cum *Açofar* nomen Hispanis sit Æs fusile, et inde *Açofrar* verbum facile possit efformari, potius crediderim *Açofrar* esse quasi Æs seu pecuniam solvere : quod optime congruere videtur loco allato.

* **ACOHA**, f. Appendix, appensum domui tectum, Gall. *Appentis*. Inquesta super destructione bastidæ Sabran. ann. 1363. ex Cod. reg. 5956. A. fol. 78. v° : *Item domus dirrupta, ... videlicet in quarta parte versus solis ortum, et in una Acoha.*

¶ **ACOISA.** Vide *Assisia*.

¶ **ACOLA**, Acolabium. Vide *Accola*.

* **ACOLABUS**, *dum volare incipit*, in Glossar. Provinc. Lat. ex Cod. reg. 7657. Vocabul. compend. : *Acolabus, brucus, cum modicum volare incipit, Petit hanneton.*

ACOLEI, *Introitus*. Papias.

* **ACOLETUS**, Panni species. Lit. remiss. ann. 1351. in Reg. 80. Chartoph. reg. ch. 427 : *Quandam parvam vestem de Acoleto, forratam de esquevinessiis, ... cepit.* Vide infra *Alcus* 2.

ACOLHENZA, Benevolentiæ significatio, nostris *Accueil* vel *Accueillance*. Charta Alboacemi Regis Mauri Conimbricensis ann. Chr. 734. apud Sandovallium in Rege Favila : *Monasterium de Montanis, qui dicitur Laurbano, non peche nullo posante, quoniam bona intentione monstrant mihi loco de suis venatis, e faciunt Saracenis bona Acolhenze, et nunquam invenit falsum neque malum animum in illis, qui morant ibi, etc.* [Occurit præterea in Historia de exordio Monasterii S. Johannis de Tarouça tom. 3. Monarch. Lusitan. pag. 285.]

ACOLYTUS, Acoluthus, Proximus hypodiaconatui gradus, ut patet ex Synodo Romana Sylvestri can. 7. ubi Episcopo parere jubetur *Presbyter, Diaconus* Presbytero, Diacono *Hypodiaconus*, huic *Acolytus*, Acolyto *Exorcista*, cui *Lector*. Dicti autem *Acolyti*, quasi ἀκόλουθοι : sunt enim veluti famuli Ecclesiastici, ut pote qui vilioribus Ecclesiæ ministeriis deputantur, ut cereis deferendis, etc. Unde apud S. Cyprianum Epist. 28. 55. 78. 79. S. Augustinum Epist. 62. 100. S. Gregor. lib. 7. Indict. 1. Epist. 7. *Acoluti* nominantur. Gloss. Græc. Lat. ἀκόλουθος, *sequutor, pedisequus, consequens*. Hesychius : ἀκόλουθος, ὁ νεώτερος, παῖς.

De eorum officio et ordinatione, sic Ordo Romanus, et Liber Sacramentorum sancti Gregorii : *Acolyti, cum ordinantur, primum quidem ab Episcopo doceantur, qualiter in officio suo agere debeant; sed ab Archidiacono accipiant ceroferarium cum cereo, ut sciant se ad accendenda Ecclesiæ luminaria mancipari : accipiant et urceolum vacuum (ad effundendum vinum in Eucharistia Corporis Christi*, ita Codex MS. Senonensis Eccles.), *dicente sibi Episcopo : Accipite urceolum ad suggerendum vinum et aquam in Eucharistiam Sanguinis Christi.* Isidorus lib. 7. Orig. cap. 12 : *Acolyti Græce, Latine Ceroferarii dicuntur, a deportandis cereis, quando Evangelium legendum est, aut sacrificium offerendum : tunc enim accenduntur luminaria ab eis et deportantur.* Eadem propemodum habent Alcuinus lib. de div. Offic. cap. de Ecclesiastico Ord. et cap. de Tonsura; Amalarius lib. 2. cap. 10; Honorius Augustod. lib. 1. cap. 178; Stephanus Eduensis lib. de Sacrament. cap. 4; Gillebertus Lunicensis Episc. de Usu Ecclesiastico; Ivo Carnot. Serm. de Excellentia sacrorum Ordin. et ni Decret. Innocent. III. de Mysterio Missæ; Hugo Rotomagensis Archiepisc. lib. 2. contra Hæretic. sui temporis cap. 5; Lanfrancus de Celanda Confess. etc. Vide præterea Anastasium in Bonifacio V. pag. 45. et Capitul. Caroli M. lib. 7. cap. 27.

Acolyti, Mansio seu exedra *Acolytorum* juxta Ecclesiam aut Secretarium Ecclesiæ. Anastasius Bibl. in Gregorio IV. PP. pag. 166 : *Fecit etiam juxta Acolyti pro quiete Pontificis . . . hospitium parvum, etc.* [Est Papiæ *Acolei* idem quod *introitus*. Cur non ergo hospitium illud juxta introitum Ecclesiæ ædificatum fuisse censeatur?]

Acoluthi Sedis Apostolicæ *octo ordinarii, qui cum Pontifex apud lectum paramenti, et similiter in Ecclesia est celebraturus, et induitur sacris vestibus, circumstant genuflexi, et ornamenta subministrant Diaconis Cardinalibus, etc.* Ceremon lib. 3. pag. 320.

* Acolytha, pro *Acolythus*; nisi de moniali, quæ acolythi officio fungitur, intelligas. Ordinar. Ms. S. Crucis Pictav. : *In die Epiphaniæ, dum legitur novissima lectio, induitur diaconus dalmatica et Acolytha alba et amictu.*

¶ Acolitatus, Officium *Acolyti*. Passim occurrit apud Scriptores Liturgicos.

* **ACOMANDA**, Depositum, Italis *Accomanda*. Stat. Placent. lib. 3. fol. 33. v° : *Statutum est, quod si aliquis de cætero recepefit, vel confessus fuerit recepisse pecuniam vel rem deposito et Acomanda ab aliquo civitatis vel districtus, compellatur reddere et restituere creditori in pecunia numerata.* Vide supra *Accomenda*.

¶ **ACOMARE**, Equorum comas pectere, Equos comere. Hist. Delphin. tom. 2. pag. 394 : *Item ipsos equos fretari, estriliari, Acomari, letterias eis fieri, et bene estachari facere teneatur.*

** **ACOMMENTARIUS**, *Quia causas commendabat et disputabat, vel scriptor annalium.* Hæc Gloss. Cod. reg. 4778.

* **ACOMODARE**, Acomodator. Vide supra *Accomodare*.

ACONITARIUS, Veneficus, qui *aconitum* seu venenum propinat; Φαρμακοπώλης, in Gloss. Gr. Lat. [** Gloss. Cod. reg. 4778 : *Aconita, venenata.*]

ACONOMINTUS, *Qui nulli communicat.* Papias. Ita etiam in MS. sed legendum *Acoinonitus*, ex Græco ἀκοινώνητος. [Vide *Aconitus*.]

¶ **ACONTRACTIO**, Solutio a contractione. Miracula S. Gengulphi Martyris, tom. 2. Maii pag. 654. B : *Igitur hic talis pater furtim aufugiens, et filium raptim subducens, dum erectum et sanum deplorat, contractum subito et debilem respectat : sicque contigit ut ejus malitia eum iterato contraheret, pro cujus Acontractione Deo supplicare debuisset.*

ACOPHILUS, In Breviloquo, dicitur *Pincerna*. Forte *ascophylax*, ex Græca voce.

* **ACOPIAGIUM**, *Relevium*, et quod jure *relevii* exsolvitur, idem quod *Accapitum*. Vide in *Accaptare*. Forte quia rerum facta æstimatione exigitur, sic dictum, ab Hispan. *Acopiamiento*, quod idem sonat; nisi legendum sit *Acapitagium*, quod vide supra. Libertat. Villæ-franchæ Petragoric. ann. 1357. tom. 3. Ordin. reg. Fr. pag. 205. art. 10 : *Habebit dictus dominus noster sex denarios.... de Acopiagio in mutatione dominii; et si vendatur, habebit ab emptore vendas, scilicet duodecimam partem pretii quo vendetur.* Vide supra *Achaptare*.

AÇOR, Accipiter, vox Hispanica. Observantiæ Regni Aragon. lib. 7. tit. de venatorib. : *Quicumque furatus fuerit Açoren, accipitrem, aut falconem, etc.*

☞ *Açor* Hispanis est proprie Accipiter, Asterias; Gall. *Autour*. Huic voci haud absimilis est Gallica *Sor*, quæ dicitur de *Accipitre anniculo*, qui nondum pennas mutavit.

¶ **ACORA**, Idem quod Gallis *Dès à présent*, pro *hac hora*, sublata *h*, ut sæpe fieri solet. Charta Sancii Abbatis de Ortulo ex Archivo Pinnatensi, apud Jos. Moretum Antiquit. Navarræ pag. 406 : *Et Acora sic affirmo eam ad mea germana dona Tota, etc.* id est : Et ex hac hora sic affirmo eam (Abbatiam) ad meam germanam dominam Totam.

* 2. **ACORA**. Alex. Iatrosophista MS. lib. 1. Passion. cap. 18 : *Acora, passio est in ipsa cute capitis facta, parva foramina habens, ex quibus fluit humor, quod ycora Græci vocant; unde et ipsa passio Acora appellatur, quod nos tabem dicimus.*

* **ACORARIUS**, pro *Acurarius*, Faber ferrarius. Vide infra in hac voce. Testam. ann. 1409. tom. 2. Hist. monast. Cassin. pag. 591. col. 2 : *Item legavit..... quoddam casalenum magnum, situm intus dictam terram S. Germani (in) comestabilia Acorariorum.* Nostri vero ab Italico *Accorare*, vel *Accuorare*, Affligere, animum angere, divexare, ut docent Academici Cruscani, eodem sensu dixerunt *Achorer* et *Acorer*. Le Roman *de Cleomades* MS. :

S'enfu si de duel Achorée,
Qu'à la terre chey pasmée.

Mirac. B. M. V. MSS. lib. 1 :

S'ame et son cors tue et Acore,
Chil ki la mere Dieu courouche.

Le Roman *de Garin* :

Puis trest l'espée, si l'a tost Acoré.

Quo ultimo loco *Acorer*, cor transfigere sonat. Unde *Acouardi*, timidus, imbellis, qui animo deficit. Le Roman *de Robert le Diable* MS. :

Pour lui sont tout Acouardi :
Adonc ne l'osent aprochier.

Hinc etiam *s'Ancuerler*, in Lit. remiss. ann. 1374. ex Reg. 106. Chartoph. reg. ch. 263 : *Ce venu à sa cognoissance, il se courrouça et s'Ancuerla tellement en li mesmes, que il ala de vie à trepassement.*

* **ACORDAMENTUM.** Liber Acordamenti, Qui et militiæ statuta, et militantium conditiones, atque nomina continet. Constit. Mss. Petri III. reg. Aragon. ann. 1365 : *Statuimus quod aliquis prælatus, baro aut alius cujuscumque status fuerit, ... non audeat sustinere infra jurisdictionem suam aliquos fugitivos armatarum, factarum aut fiendarum per Deputatos generales Cathaloniæ; .... quod si fecerit, ... habeat..... infligere dicto fugitivo illam pœnam, quæ in libro Acordamenti scribitur, et quæ talibus fugitivis consuevit infligi.* Vide *Acordatus*, 2.

¶ 1. **ACORDATUS**, Qui bene cum alio convenit. Tabul. S. Vict. Massil. in Charta ann. 1326 : *Mandamentum est, etc. quod nullus patronus Galeæ conventus cum curia, seu Acordatus in felici armata Domini N. Regis, absque domini Senescalci mandato et conscientia speciali, etc.* Vide *Accordare.*

* 2. **ACORDATUS**, Qui stipulatione facta conscriptus, adscriptus est, Gall. *Enrollé.* Charta Petri III. reg. Aragon. ann. 1355 : *Dictus interfectus erat per nos guidatus et in armata Sardiniæ Acordatus.* Constit. Mss. ejusd. ann. 1359 : *Si aliquis prælatus, baro, aut aliquis cujuscumque conditionis fuerit, non audeat sustinere infra jurisdictionem suam aliquos fugitivos armatarum, per nos aut Deputatos fiendarum, postquam tamen fuerint Acordati.* Quo etiam sensu accipienda est Charta ex Tabular. S. Vict. Massil. supra laudata.

* **ACORDERE**, f. pro Accidere. Vide *Accordere.*

¶ **ACORDIA**, Pactio, conventum, transactio, Gall. *Accord.* Tabul. S. Victoris Massil. in *Requesta* originali data 22. Martii, ann. 1332 : *Causa ventilata inter Petrum de Brandisio de Chassilia curatorem et curatorio nomine Bortholomeæ neptis seu Fezelenæ suæ, Acordiæ nomine heredum nobilis Bertrandi de Chassilia, etc.*

¶ **ACORDUM**, Pactio, conventum, compositio, Gall. *Accord.* Rymer. tom. 2. pag. 853 : *Super quibusdam Acordis, ordinationibus et conventionibus dictæ pacis negotium tangentibus.* Vide. *Accordum.*

¶ **ACOSTARE**, Lateri adhærere, Gallic. *Acoster*, a voce *Costé* Latus. Dixere Agrimensores de campo aliis adjacente secundum sua latera longiora. Chartular S. Vandregesili tom. 1. pag. 220 : *Quarum una* (pechia terræ) *Acostat ex una parte ad terram Ricardi L'Anglois... alia pechia terræ Acostat... ad terram Richardi de Haya... et botizat ad keminum Domini Regis.* Tabul. Beccensis Cœnobii in Donatione ann. 1249 : *Notum sit omnibus, quod ego Adam de Brahio dictus Le tornoor et ego Emmelina ejus uxor dedimus et concessimus... Monachis Becci... unam peciam prati.... Acostantem ad pratum Reginaldi de Sorens.* Vide *Accostare.*

* *Acoster*, eadem notione, in Charta ann. 1450. ex Chartul. 23. Corb. : *Acostant d'un costé à la rivière, qui fleue et deschent du pont Perrin audit molin, etc.* Sed et pro Navigare ad littus, Gall. *Ranger la côte, la rive, le bord, Acoster* dixerunt nostri. Ordinat. ann. 1415. ex Reg. 170. Chartoph. reg. ch. 1 : *Et* (se) *en avalant ilz voient aler contremont aucuns montans, ... l'avalant criera au montant, ... lay gesir, lay; qui est à dire, va vers terre; et adonc le montant prendra sa hune, et la mettra au bouletan, et se Acostera à terre jusques à ce que l'avalant soit passé.* Rursum et pro Ad latus se collocare, Gall. *Se placer à costé;* imo etiam pro Disponere, ordinare, Gall. *Arranger.* Le Roman. *de Robert le Diable* MS. :

Sa damoisielle sa guimple oste,
Par d'ulés son pere s'Acoste.

Ibidem :

Apres mangier ostent les napes
Li sergant qui doivent oster,
Puis vont les tables Acoster.

Acouter, eodem sensu. Le Roman *de Cleomades* MS. :

Tous cuidoient estre asseurés,
Ki lés lui estoient Acoutés.

* **AÇOT**, Flagellum, virgæ, ab Hispan. *Azote.* Curia Montissoni sub Alfonso rege Aragon. ann. 1289 : *Statuimus quod aliquis homo non dicat malum de Deo, neque de nostra domina sancta Maria, neque de aliquo alio sancto vel sancta; et qui contrafecerit,...... solvat decem solidos; et si solvere eos non potest, accipiat decem Açots in platea.* Constit. Jacobi II. reg. Aragon. ann. 1301 : *Si aliquis Sarracenus hoc non servaverit, solvat.... quinque solidos; et si solvere eos non potuerit aut noluerit, decem Açots accipiat in platea.* Vide *Açotare* et *Assotare.*

AÇOTARE, Flagellare, vox Hispanica. [ab *Açote*, Flagellum, virgæ, unde *Açotar* flagellis cædere, Gall. *Foüeter.*] Fori Oscæ ann. 1247. Fol. 33 : *Et si forte persolvere non poterit, Açotetur.* Fori Aragon. lib. 9. tit. de Lenonib. : *Açotentur per civitates, villas, et loca, quibus prædicta evenient.*

* **ACOUPLARE**, a Gall. *Accoupler*, Copulare. Charta Caroli IV. ann. 1325. ex Reg. 62. Chartoph. reg. ch. 474 : *Unam copplam cordæ canapis pro duobus canibus Acouplandis...... solvere perpetuo tenebuntur.* Nostris olim *s'Acoupler avec quelqu'un*, Cum aliquo una ire, Gall. *Aller de compagnie.* Lit. remiss. ann. 1389. ex Reg. 138 : *Oddet Gerbaut leur demanda pourquoy ils avoient pris cet escrin, et qu'ils en vouloient faire. Ils lui dirent qu'il allast avec eux, et qu'il en auroit sa part. Quant il oy ce, se Acoupla avecques eux.* Sed et *Acoupler* dixerunt, pro Aliquem invadere, Gall. : *Se jeter sur quelqu'un. Lesquelz ainsi armez apperceurent le suppliant le Acouplerent d'un costé et d'autre, et de fait le assailirent*, in Lit. remiss. ann. 1416. ex Reg. 169. ch. 397. *Se coupler sur un autre*, eodem sensu, in aliis ann. 1377. ex Reg. 111. ch. 285 : *Ledit bouchier sailli jus de ladite charrette, et vint hurter, et soy Coupler sur ledit Pierre, tant qu'il le geta contre terre. Acoubler* Lemovicensibus, pro *Accoupler*, simul illigare. Lit. remiss. ann. 1478. in Reg. 205. ch. 42 : *Le suppliant Acoupla ou empestra sa jument, afin qu'elle ne fist ou portast dommage à aucun. Accoudre*, non dissimili notione, nimirum pro rem aliquam alteri alligare, in aliis Lit. ann. 1389. ex Reg. 138. ch. 71 : *Lesquelles lettres visitées à grant diligence, fu trouvé manifestement et appertement estre fausses et contrefaictes, tant par les seings des notaires, qui estoient contrefaiz, et par l'empreinte du seel, qui y avoit este mise et pendue, Accousue ou attachee,*

¶ **ACOXA**, Coxa claudus, ex *a* privat. et Coxa. Papias MS. *Catax, Acoxa, claudus.*

* **ACOYS**, vox vernacula, Anteris, fulcrum, Gall. *Appui, arcboutant, éperon.* Inquesta super destructione bastidæ Sabran. ann. 1363. ex Cod. reg. 5956. A. : *Parietes laterales dicebantur destructi taliter, quod ipsos firmare oportet cum Acoys.*

* **ACQUEREMENTUM**, Adeptio, comparatio, emptio, Gall. *Acquest, acquisition*, olim *Acquerement.* Aharta Odonis ducis Burgund. ann. 1212. ex Chartul. Campan. in Bibl. reg. cod. 5993. A. fol. 38. v° : *Quod comitissa teneret illa Acquerementa de episcopo Lingonensi, sive Acquerementa essent infra castrum Calvimontis.* Tabular. capit. Carnot. ann. 1378 : *Ce sont les Acqueremens faiz pour la fondation du Roy et de M. de la Riviere, pour sa chapelle fondee en l'eglise de Chartres.* Charta ann. 1413. in Tabular. S. Petri Carnot. : *Comme noble homme Pierre Beloteau....... nous ait baillé tous les Acqueremens quelconques par lui fais ou temps passé.* Vide *Acquiramentum*, et infra *Aquistare.*

¶ **ACQUESTA**, Acquisitum, Gall. *Acquest.* Obituarium MS. Eccl. Morinensis fol. 2 : *In plenis obitibus quos bursæ Celarii, minutorum brevium, cotidianæ, luqueti, fabricæ, ac novarum Acquestarum solvunt, Canonici et magni Capellani lucrantur quilibet 2. sol.*

¶ **ACQUESTUS**, Ead. notione. Tabular. Fontanell. folio 35 : *Deputatis super financiis Acquestis in Ballivia Rotomagensi.* In Glossario Historiæ Britanniæ minoris Lobinelli : *Cum universis Acquestibus inibi factis.* Concessio Vicecomitatus de Petrafonte pro Monasterio Regalis-loci, ann. 1310. apud Marten. tom. 1. Ampliss. Collect. col. 1427. C : *Nec in dicto Vicecomitatu seu ejus pertinentiis aliquid juris, actionis, dominii, proprietatis, jure hereditario vel Acquestus, seu alio aliquo modo titulo, vel alia ratione aliqua de cetero reclamabimus.* Charta Petri Abbatis Monast. de Talemondo in Diœcesi Lucionensi data ann. 1366. pro *Aquariatu* ejusd. Monast. : *Item tradimus et assignamus eidem officio omnes Acquestus quos fecit Frater Petrus Merlea quondam Aquarius dicti Monasterii nostri, etc.*

* **ACQUEVERSIUM**, Aquarum divergium, diverticulum. Charta ann. 1308. in Reg. 44. Chartoph. reg. ch. 143 : *Tradimus ipsum tenentiam hospitiorum,...... cum omnibus suis patiis et juribus, introitibus et exitibus, stillicidiis, et Acqueversiis, et aliis suis undique pertinentiis universis. Acquest* vero vasis vel situlæ species, in Lit. remiss. ann. 1391. ex Reg. 141. ch. 258 : *Survint Jehannette qui portoit deux Acquests, pour*

emporter de l'eaue d'icelle fontaine. Vide *Aquivergium.*

* **ACQUICTIARE**, Quietum reddere, Gall. *Acquitter.* Chronic. Nemaus. inter Probat. tom. 3. Hist. Nem. pag. 7. col. 2 : *Fuit ordinatum, quod a cetero consules Nemausi, præsentes et futuri, tenebuntur tallia eorum tempore imponenda exhigere et villam Acquictiare.* Vide infra *Acquitare* 1.

* **ACQUICTUM.** Vide infra *Acquitum.*

¶ **ACQUIETANTIA**, Apocha, Gall. *Quitance.* Vide in *Quietus.*

¶ 1. **ACQUIETARE**, Solvere, Gall. *Payer, Aquitter.* Rymer tom. 5. pag. 26. Vide in *Quietus.*

¶ 2. **ACQUIETARE**, Quietum seu securum reddere. Hist. Harcur. tom. 4. pagina 2205. Vide *Quietus.*

* **ACQUILLA**, an pro Aquila, in Charta ann. 1351. ex Reg. N. Chartoph. reg. ch. 26 : *Item unum nappum seu ciphum cum tribus pedibus, cum una Acquilla, ponderis marcarum xij. unciarum vj. et sterlingorum xv. de argento.* An pelvis vel polubrum?

* **ACQUINEIA**, Equus gradarius, Gall. *Haquenée*, Latino-barb. si fides Menagio, *Akinea* et *hakinea*, equus. Testam. Bertrandi Cassinelli canon. Autiss. ann. 1397. inter Probat. Hist. Autiss. pag. 127. col. 1 : *Item legavit..... duos equos suos, Acquineiam et boyardum.* Vide *Hakineius.*

¶ **ACQUIRAMENTUM**, Emtio, comparatio, Gall. *Acquest, Acquisition.* Charta ann. 1253. in Tabulario Monasterii B. M. de Bono nuntio Aurelian. : *Quas res dicebant se habere ex Acquiramento eorum facto constante matrimonio.*

* **ACQUIRERE**, Quietum reddere, f. pro *Acquitare.* Vide mox in hac voce. *Dicitur de episcopo, qui ecclesiam suam Acquisierat, quam prædecessor suus obligaverat.* Mens. Philosoph. capite 27. Theol. Anguilberti. Nostris vero *Acquerir*, idem fuit quod Incitare, provocare. Lit. remiss. ann. 1374. in Reg. 105. Chartoph. reg. ch. 302 : *Le suppliant qui ne vouloit pas Acquerir noize, ne troubler la compaignie, etc.* Aliæ ann. 1401. in Reg. 156. ch. 427 : *Perrin qui estoit homme cremeu, rigoureux et Acquerans debas et riotes, etc.* Aliæ ann. 1450. in Reg. 184. ch. 122 : *Icellui Robinet, qui estoit fort noiseurs et très Aquerant. Noiseux et Acquerant legierement debat*, ibid. in ch. 266. Dicimus vulgo *Chercher noise.*

¶ **ACQUIRIMENTUM**, Eadem significatione, qua *Acquiramentum.* Charta Libert. Montisbrit. Hist. Delphin. tom. 1. pag. 83 : *Secundo pro Acquirimentis terræ seu homagiorum.*

¶ **ACQUISIMENTUM**, Eodem sensu. Hist. Delphin. tom. 2. pag. 5 : *Exceptis Acquisimentis quæ ego et prædecessores mei fecimus in dicto castro.*

¶ **ACQUISTANTUM**, Idem, ut videtur, quod pertinentiæ et dependentiæ nomine significatur, ni mavis idem esse quod *Acquisimentum.* Charta Henrici Regis Angliæ tom. 3. Hist. Harcur. pag. 40 : *Item ex dono Roberti filii Rocheldis duas domos cum Acquistantis illarum domorum quas Olia Maloviel dedit.*

* **ACQUISTUM**, ab Ital. *Acquisto*, Adeptio, comparatio, emptio, Gall. *Aquest.* Joan. Demussis Chronic. Placent. apud Murator. tom. 16. Script. Ital. col. 460 : *Anno Christi 1228. Placentini acquisiverunt Godanum; pro quo Acquisto discordiam habuerunt cum Parmensibus.* Statuta Vercell. lib. 6. pag. 140. v° : *Ita tamen quod..... terras, quas tenebat, ... absolute dimittere teneatur, de quibus non ostenderent instrumentum Acquisti.*

* **ACQUITAGIUM**, Vectigal, tributum, præstatio, cujus solutio schedula asseritur, nostris *Acquit.* Arestum ann. 1341. 12. Sept. ex vol. 3. Arest. parlam. Paris. : *De qualibet sommata alecium, duo; ultra Acquitagia seu redibentias solvi consuetas coustumariis portarum dictæ villæ.* Vide *Acquitum.*

¶ **ACQUITAMENTUM**, Solutio, apocha. Gall. *Quitance, payement, acquit*, apud Baluzium Hist. Arverniæ tom. 2. pag. 164. ex Registro Parlamenti anni 1379.

* **ACQUITAMENTUM**, Eadem notione qua *Acquitagium*, in Aresto ann. 1414. 12. Maii ex vol. 11 : *Super Acquitamento vinorum ibi* (Rothomagi) *affluentium duo modi; .... modus quidam Acquitandi vina per argentum seu pecuniam, etc.*

* 1. **ACQUITARE**, Quietum reddere, immunem facere, dimittere, Gall. *Quitter, laisser.* Charta Emeniardis dominæ Montisclari ann. 1218. in Chartul. Campan. Cam. Comput. Paris. fol. 405. v° : *Ego Acquito dotalicium meum, videlicet medietatem totæ terræ domini mei Symonis, dom. Joinvillæ, senescalli Campaniæ, de qua dotata eram, et pro qua dominæ meæ Blanchæ comitissæ Campaniæ Trecensi Palatinæ homagium feceram, si post decessum mariti mei..... me contingerit maritare, et illud consilio amicorum meorum et amicorum domini mei Acquitavi.* Nostris *Acquiter*, eadem notione. Lit. Ferrici ducis Lothar. ann. 1256. tom. 7. Ordinat. reg. Franc. pag. 362 : *Gie Ferris dux de Lorregne et marchis. Faiz assavoir... que je franchis et Acquit tous mes hommes et toutes mes femmes dou Nuefchastel, de toutes toltes et de toutes tailles.* Vide supra *Acquictiare* et *Aquitare* 2.

* Hinc nostratibus *Accoiser* et *Acoiser*, pro Quietum facere, sedare, comprimere. Declarat. 24. feud. franc. comitat. Camerac. ex Tabul. ejusdem eccl. : *Mondit Seigneur* (eveque de Cambray) *doibt faire taire et Accoiser par sa puissance ordonnée de raison et de justice les noiceuz, et ceux qui contre raison se vouldroient maintenir en son pays.* Christ. Pisan. in Carolo V. part. 3. cap. 6 : *En celles temps comme le roy Charles se veist aucques audessus de ses besongnes, et non si occupé de grans guerres, aucques lors Accoisiées, etc.* Lit. remiss. ann. 1416. in Reg. 169. Chartoph. reg. ch. 225 : *Lequel argu par l'appointement d'aucuns, qui estoient présens, fut aucunement appaisié ou Acoisé.*

* 2. **ACQUITARE**, Debita solvere, Gall. *Acquitter ses dettes.* Sententia compromiss. ann. 1339. ex schedis Pr. *de Mazaugues : De arreragiis.... absolvere penitus debeant, et Acquitant omnino. Aquis* vero pro Ad angustias redactus, in Chron. Sandion. lib. 1. cap. 4 : *Apres ce concile retorna li rois à son ost et prist la cité, qui moult estoit lasse et Aquise pour le lonc siege.*

¶ **ACQUITATIO**, Solutio, deductio, Gall. *Payement, déduction.* Litteræ ann. 1232. apud Marten. tom. 1. Anecd. col. 970 : *Et si reditus dictæ terræ valerent plus quam viginti millia librarum Paris. dictus Archembaldus reciperet quod ultra valerent, et computarentur in Acquitatione pecuniæ supradictæ.*

¶ **ACQUITTUS**, Solutus, Liberatus, Gall. *Acquité.* Item, Liber, immunis, Gall. *Franc et quitte.* Charta Guillemi de Mara de fundatione Capellæ in diœcesi Constantiensi ann. 1244 : *Decem buccellos frumenti... modis omnibus Acquittos.* Vide *Quietus.*

* **ACQUITUM**, ut supra *Acquitagium.* Lit. Caroli V. ann. 1367. tom. 5. Ordinat. reg. Franc. pag. 74 : *De quibus* (nundinis) *Acquita et coustumæ ad nos pertinent,.... salvo jure nostro in medietate forefacturarum, quæ ibi evenirent, et Acquictorum et coustumarum prædictorum.* Charta ann. 1378. ex Reg. 113. Chartoph. reg. ch. 90 : *Ancellus de Villaribus miles viginti quatuor libras seu libratas terræ vel circiter.... habet et tenet, et specialiter super Acquitum seu traversum ripariæ apud Domos supra Secanam, in castellania Poissiaci : quod quidem Acquitum seu traversum valet communibus annis decem libras Parisienses annui redditus vel circiter.* Nostris *Acquit* et *Acuit*, eodem significatu. Stat. ann. 1370. tom. 5. Ordinat. pag. 356. art. 6 : *Tous les travers, peages et Acquis, qui sont entre Paris et la mer, etc.* Ocurrit rursum tom. 9. pag. 99. art. 9. Charta ann. 1391. ex Chartul. 23. Corb. : *x. solz paris. pour l'Aquit de une queue de vin poirau.* Charta Roberti comit. Drocens. ann. 1321. in Reg. 61. ch. 170 : *Item comme nous deissons a nous appartenir l'Acuit ou coustumes de tous poissons pesquiés par les pesqueeurs de Saint Walery, en quelconque lieu il les vendissent, et de touz autres poissons, dont li Acuis ou coustume est et doit estre paiés à Saint Walery; et li diz religieus proposoient au contraire et disoient que à aus appartenoit ledit Acuit ou coustumes.* Alia ejusd. ann. ibid. ch. 290 : *Le moitié de l'Acuit des nés venans udit haule, lesqueles s'acquitent à S. Walery.* Charta ann. 1325. ex Reg. nigro 2. S. Vulfran. Abbavil. fol. 114. v° : *Chil qui ont accaté leurs dimages* (des chanoines) *passe paisiulement sans paier Accuit, travers, ne tonlieu.... La cognissance de sans, de mellées, d'Accuis de bestes vendues, de chaus qui les ont accatées, etc.* Sed et locum, ubi ejusmodi vectigal exsolvitur, *Acquit* appellaverunt. Lit. remiss. ann. 1414. ex Reg. 168. ch. 15 : *Le suppliant bailla icellui cheval à Robin de Gaillon pour le mener à l'Acquit, ou l'en cuilloit l'imposition d'icelle foire.*

* At in pago Atrebatensi, et fortasse alibi, *Acquit* vocant mansionem, cujus possessor, eo tantum nomine, liber est et immunis a solvendo jus *Gavennæ*, quod sub titulo muneris gratuiti quotannis exsolvebatur; ea tamen conditione, ut ille municipalia officia obire non abnuat.

1. **ACRA**, in Legibus Henrici I. cap. 16. et alibi passim, est certa terræ portio mensurata, variæ tamen quantitatis, pro diversis regionum et provinciarum moribus. Vetus Regestum Cameræ Computor. Paris. : *Viginti quatuor soleæ pedis faciunt perticam terræ, 4. virgatæ faciunt Acram : pertica terræ facit 24. passus, seu soleas pedis : 40. perticæ terræ faciunt virgatam : duæ virgatæ faciunt arpentum.* Tabular. Blancalandanum

apud Columbum pag. 557 : *Acra capit vergeas 4, vergea perticas 40, pertica pedes quadratos 24.* Apud Anglos, *Acra*, ut est in Historia fundationis Abbatiæ de Bello : *Habuit in longitudine 40 perticas et 4 in latitudine, pertica vero 16 pedes. Quod si Acra habebat 20 perticas in longitudine, habebat octo in latitudine, et sic per reliqua.* Eadem habet Gervasius Tilesberiensis. At postea Statuto anni 31. Eduardi I. bis octogies perticam continuit. Jo. Cowellus ait apud Anglos *acram* esse quantitatem terræ sexdecim perticas in longitudine continentem, et totidem in latitudine. Apud Hybernos, Spelmanno auctore, ter Anglicam Acra continuit. Hodie *Acra* latiori significatione pro jugero acipitur, ut in Consuetud. Norman. art. 158. 159. [Idem Spelmannus ex Esc. duodecimo Edwardi II. num. 18. Eborac. : *Decem Acræ faciunt ferlingatam, quatuor ferlingatæ faciunt virgatam, et quatuor virgatæ faciunt hidam, quinque hidæ faciunt feodum Militis.*] Vide Rastallum. V. *Aere.*

De vocabuli etymo recte, opinor conjectat Spelmanus ab *Ager*, deduci, ut ager sit terræ portio suis mensuris et limitibus definita, ab Anglosaxonico Acer, aut Germanico Achar hodie *Acker*, quod *agrum* significat : eoque sensu, inquit idem Scriptor, villæ quædam in pago Norfolciensi nomina sibi asciverunt, *Castleacre*, quasi castellum in agro, vel ager ad castellum pertinens; *Southacre*, ager Australis; *Westacre*, ager Occidentalis. Vide *Ager.* Salmasius ad Solinum pag. 683. ab *Acna* deducit; quæ Columellæ certus est mensuræ agri modus. Heroni ἄκενα est mensura decem pedum.

* Charta Richardi reg. Angl. ann. 20. regni ejusd. in Chartul. abbat. Boniportus : *Dedimus circa locum illum xx carrucatas terræ, scilicet unicuique carrucatæ lx Acras terræ ad perticam nostram, videlicet xxv pedum.* Charta ann. 1308. ex Reg. 40. Chartoph. reg. ch. 136 : *Soissante six Acres,... desquelcs chascune Acre contient wit vinz perches, et chascune perche contient vint et deuz piez, seanz ou terrouer de la ville de Villers en Wekesin le Normant.* Charta ann. 1367. apud Schlegel. de Numm. antiq. Gothan. pag. 56 : *Pratum sex Agris constans.* Et pag. 57 : *Integer mansus triginta Agris constabat.* Quod idem esse atque *Acra*, nemini, ut opinor, dubium est : unde hanc vocem non in Anglia tantum et Normannia, sed et in Germania aliisque regionibus usitatam fuisse manifestum est. Vide *Acri.*

2. **ACRA**, Extrema, ex Græco ἄκρα. Vita Alcuini : *Non istum verberibus* (puerum Alcuinum) *quia rudis adhuc est, Acris pedum tantum, in quibus duritia inest calli, tonsione cultelli castigemus.*

Agra, pro *Acra*, in Monastico Anglic. tom. 3. pag. 17.

ACRAMENTUM et Acrementum, Augmentum, ex *accrescere* : Gal. *Accroissement.* Charta Roberti Comitis Notinghamiæ in Monastico Anglic. tom. 2. pag. 39 : *Præter hoc dedi et concessi prædictæ Ecclesiæ ... de Acremento unam virgatam terræ, etc. Acramentum*, in eodem Monastico. tom. 3. pag. 62.

ACREDO, *Acerbitas.* Vita S. Sacerdotis Episcop. Lemovic. n. 14 : *Gravi febrium afficiebatur Acredine.* [Charta Everardi Episc. Tornac. ann. 1177. de Abbate S. Richarii, inter Instrum. tom. 4. novæ Gall. Christ. col. 357. B : *Ne modici Acredo fermenti totam bonorum operum corrumpat dulcedinem.* Epistola Guiberti de veritate corporis Christi : *Cinis significat Acredinem pœnitentium, quibus convenit cinis et cilicium.* Vide Ludewig. Reliq. MSS. tom. 3. pag. 437.]

¶ **ACREDULA**, alias *Accredula*, [** quod vide] Alauda, Galerita, Gall. *Aloüete.* Acta sanctorum Ord. S. Benedicti sæc. 3. tom. 2. pag. 237.

* **ACREISSUTA**, Accretio, incrementum, Gall. J. C. *A. Accrue.* Charta ann. 1377. ex Reg. 112. Chartoph. reg. ch. 151 : *Cum quædam insula pertineat domino nostro Francorum regi ratione Acreissutæ,... quæ quidem Acreissuta.... pertineat dicto domino nostro Francorum regi, etc.*

¶ **ACRI** et Agri, sæpe occurrunt; forte a nominativis singularibus *Acer* et *Ager;* non *Acrus* aut *Agrus*, inquit Spelmannus. Equidem *Agrum* aliquando pro certa terræ portione sumptum fuisse testatur Isidorus Orig. lib. 15. cap. 15 : *Actum provinciæ Betici rustici Agrum vocant.* Et mox infra : *Ager habet passus 125, vel pedes 625; cujus mensura octies computata, milliare facit, quod constat quinque millibus pedum.* Antiquit. Fuldens. Lib. 2. Tradit. 209 : *In villa Surinvurt de terra culta atque arabili, Agros 54.* Ibidem Tradit. 214 : *In villa quæ dicitur Aschaha, 80 Agros propriæ hæreditatis.* Et in fine lib. 3. cap. ult. : *Ad Rohingeshuson area 1. Agri 60.* Lib. Ramesiens. MS. sect. 297 : *In Houctonensi campo unum Agrum juxta viam.* Ibidem paulo supra : *Ipse Abbas dedit 10. Acros de dominio ipsius villæ, plenius vero 26. Acros.* Et mox : *Aliman, uxor ipsius Sewini dedit 2. Acros.* Vide *Acra 1.*

¶ **ACRIBIA**, Diligentia. Ἀκρίβεια. Acta S. Cononis tom. 7. Maii. pag. 6 : *Domitianus dixit, volo cum Acribia vitam tuam cognoscere.*

* **ACRIFORMA**, Asperitas. Dicitur de re aspera et rudi, quæ non est adæquata : Gall. *Brute, qui n'est pas polie.* Arest. parlam. Paris. ann. 1321. 9. Maii ex Reg. *Olim : Item unum scutum elevatum Acriformæ de armis Burgundiæ.*

ACRIMONIÆ, Vexationes, exactiones, in Charta ann. 1056. apud Ughellum in Episcopis Vercellensibus. pag. 1077.

* **ACRIMONIA**, *est pœna quæ sacrilegis præcipue infligitur, sicut est incarceratio, vel exilii relegatio.* Vocabul. Martini Jur. canon. ex Cod. reg. 4151.

ACRIMONIUM. Gloss. Græc. Lat. Ἀπομία, [** leg. ἀποτομία] *acerbitas, Acrimonium.* [In aliis Glossis Lat. Græc. *Acrimonium*, πικρία.]

¶ **ACRIMONIOSUS**, *Fortis, Constans, Asper.* Catholicon Johannis de Janua. [** Gloss. Cod. reg. 4778 : *Acrimoniosi, sevitiosi.*]

* **ACRIMONTANA** Moneta. Curia 2. Generalis Terracon. sub Jacobo I. rege : *In Cathalonia vero, ubi currit moneta Acrimontana, vendantur frumentum et ordeum ad valorem cambii Jaccensis.*

* **ACRINUS**, f. idem quod supra *Acerum*, genus securis, vel Uva acerba. Consuet. S. Dion. Exoldun. ex Chartul. ejusd. eccl. : *Item sicut diximus superius de quadriga portante pannos, ita dicimus de quadriga portante...... Acrinos.*

¶ **ACRIPEDIUS**. Vide *Acupedium.*

¶ **ACRIPOMUM**, Malum aureum, Gall. *Orange.* Nicolaus Specialis de Siculis Rebus, lib. 7. cap. 17. apud Murat. tom. 10. col. 1069 : *Ipsam* (sic) *etiam Acripomorum arbores, quas vulgo Arangias vocant, quæ sub antiquis temporibus in regio solatio Cubbæ velut nemus Massiliensium consecratam Diis nitate* (sic) *concreverant.... immaniter succiderunt.*

¶ **ACRIS**, pro *Acra*, in Chartulario Gemeticensi tom. 1. pag. 264. 267 : *Huic ergo cessioni meæ ado* (pro addo) *et duas Acres prati.*

¶ **ACRISIA**. Vide *Acroisia.*

¶ **ACRISIMUS**. Vide *Acrozimus.*

* **ACRITUDO**, *Aigresse, amertume*, in Glossar. Gall. Lat. ex Cod. reg. 7684. *Aigroier* vero, pro Inflammare, acuere, in Poem. Alex. Ms. part. 1 :

Et la paour du perdre les semont et Aigroie,
De leur vies deffendre nul d'eulz ne s'afebloie.

Vide *Acrumen.*

ACRIVIOSE, Accurate, ex Græc. ἀκριβῶς, Isidorus Pacensis Episcopus in Chronico, æra 788 : *Quos quatuor* (annos) *si secundum quosdam Historiographos demere volueris, qui Acriviose expleto 56. Octaviani regno, annos seculi 5210 supputando affirmant, etc.*

¶ **ACRIZIMUS**. Vide *Acrozimus.*

* **ACROAMA**, Festiva et ludicra narratio. Eginhard. in vita Caroli M. art. 24 : *Inter cœnandum aut aliquod Acroama, aut lectorem audiebat.* Vide *Acroamata.*

¶ **ACROAMATA**, *Auditio lyrarum vel tibiarum.* Gloss. Isid. a Græco ἀκρόαμα, Quod auditur. Id autem etiam de mimis et histrionibus interdum intelligitur, ut apud Athen. lib. 4. 12 : Τὰ ἐξ Ἰταλίας ἀκροάματα.

¶ **ACROCHARE**, Unco apprehendere, inuncare Gall. *Accrocher*, a Gallico *Croc*, uncus. Litteræ de Vidimus Ludovici Regis ann. 1236. ex Archivis Parthenonis Montis-Martyrum Paris. : *Dicti vero homines sui de Maisnilio in dicto nemore nostro de Roberto habent mortuum ramum ad Acrochandum cum crocheto per mortuum nemus.*

¶ **ACROCHERIA**, *Ligatura articulorum.* Papias.

ACROISIA, Vita et Miracula S. Gilberti de Sempringham tom. 2. Monastici Angl. pag. 694 : *Inter medios hostes, qui ei insidias tetenderant, quasi Acroisia percussos, ad instar Elizei transierunt.* Legendum *aorasia* ex Græc ἀορασία, *cæcitas.* [Balbus in Catholic. ait : *Aorasia debet dici. Quidam tamen dicunt aorisia, quidam aurisia ec.*] Ita perperam scriptum [in Epist. 29. Petri Blesensis : *Duo discipuli euntes in Emmaus, Acrisia sublata, in fractione panis dominum cognoverunt.* Sic et] in Histor. Scholast. Petri Comestoris cap. 52 : *Acrisia quam latine Avidentiam dicere possumus.* Perperam scritum *audentiam.* [Sunt tamen qui *Acrisiam* a voce κρίσις et a privat. factam putent, ita ut sit *judicium erroneum*, inquit Macer in Hierolexico. Martinius.]

ACROMA, Caput, summitas, τὸ ἄκρον. Uffingus Monachus in Carmine de S. Ludgero Episc. Mimigardensi :

Nunc quoque signorum juvat efficientia, quorum
Pondere Gorgonei terebravit Acromata monstri.

** **ACROMATUS.**, *Dedolatus.* Gloss. Cod. reg. 4778 et Gloss. Jæckii. Vide *Acrotomus.*

¶ **ACROMPHALUM**, Umbilici medium. V. *Obligia.*

¶ **ACROPHAGIA.** Vide *Æcrophagiæ.*

¶ **ACROSTICHIA**, Initia versuum. In Constitut. Apostol. : *Alius quidem Psalmos David canat, populus vero initia versuum quæ dicuntur Acrostichia succinat.* Est Ἀκροστιχὶς prima littera, syllaba, aut verbum versuum. Hofman. in *Acrostochia.*

** **ACROSTICHIS.** Cangius in Gloss. ad Script. mediæ Græc. : ΑΚΡΟΣΤΙΧΙΣ, quid sit in libris Ecclesiasticis Græcorum, nos plene docet Leo Allatius in Diatriba de Georgiis pag. 118 : *Canones*, inquit, *in Odas dividuntur, Odæ in Troparia, ex quibus componuntur. Singulæ namque Troparia continent aut plura aut pauciora, cum eorum numerus determinatus non sit. Troparia quandoque libera aut vaga relinquuntur, quandoque primis litteris, quasi annulis in verbis veluti Catenula inseruntur, quam Acrostichida auctores vocant. Non omnibus tamen illa colligandi ratio servatur. Quidam Alphabeti ordinem servant, ita ut primum canonis troparium ab A incipiat et in Ω desinat. Alii in Acrostichide* Θεοτόκια (troparia sunt Odarum postrema in honorem Virginis concinnata) *includunt; alii extra eam suo modo agi ferrique sinunt.* Acrostichidum exempla idem profert Allatius pag. 337. 338. etc.

ACROSTICUM. Vide *Crustica.*

** **ACROTILIA**, *Articuli* in Gloss. Cod. Reg. 4778 et apud Jæckium.

¶ **ACROTOMUS.** Papias MS. Bituric. Ecclesiæ : *Acrotomus, lapis dedolatus.* Vox plane Græca de qua Laur. in Amalth. : *Acrotomus, cujus summæ partes sectæ sunt.*

* **ACROUPI**, vox vulgaris heraldicæ artis, quæ de animali in clunes residente usurpatur; unde monetæ cuidam Flandricæ nomen inditum. Lit. remiss. ann. 1398. in Reg. 153. Chartoph. reg. ch. 483 : *Le suppliant bailla audit Alixandre... la somme de xxxvj. solz d'Acroupis, monnoie de Flandres, pour douze deniers la piece.* Aliæ ann. 1402. ex Reg. 157. ch. 133 : *Ilz allouerent les xl. pieces d'icelle monnoye pour un petit Acroupi.*

* *Acroupie* vero, Corporis incurvatio, actio qua quis in terram procidens alium veneratur. Mirac. MSS. B. M. V. lib. I :

S'uns dolans fait une Acroupie
Et un enclin devant s'ymage.

Hinc *Acroupir* et *Racroupir* pro Deprimere, in Lit. remiss. ann. 1390. ex Reg. 140. ch. 65 : *Quel ribaudaille sont ceux là, qui nous veullent Acroupir?* Aliæ ann. 1409. in Reg. 163. ch. 435 : *Icellui Willemet se vantoit en disant qu'il avoit Racroupiz Jehan le Maire ou fait tenir tout quoy.*

¶ **ACROZIMUS**, *Panis leviter fermentatus, quasi Acroazimus,* Isid. Gloss. et Origin. lib. 20. cap. 2. In Gloss. MS. Bituric. : *Acrizimus panis leviter fermentatus, quasi Agroazimus, Agro* pro *Acro.* Ita et in Amalth. Onomast. Vincentius Metulinus in notis ad Græcismum : *Acrisimus panis sine fermento, videlicet focacia.* Est autem *focacia* subcinericius panis. Vide *Focacia.*

¶ 1. **ACRUM** *pro Acra.* Tabular. S. Florentii 1050 : *Ego Starchrius do S. Florentio et S. Brictio de Pragniaco octa Acra de mea terra in pago qui dicitur Cogleis.* Item Ibid. : *Ego Corbinus do S. Florentio et S. Brictio de Pragniaco unum Acrum de mea terra circumcinctum de fossato, vocaturque ipsa taliter circumcincta Mes.*

¶ 2. **ACRUM**, pro *Acre*, acerbum, Gall. *Aigre.* Vita S. Wilibaldi Episcopi tom. 2. Julii pag. 506. A : *Et ibi morabantur unam noctem inter duos fontes; et pastores dabant nobis Acrum lac bibere.*

ACRUMEN, Acredo, acrimonia. Gloss. Lat. Græc. *Acremonia*, δριμία. *Acrum*, δριμύ, δεινόν. Ubi legendum forte *acrumina.* Constantinus Africanus lib. de Victus ratione : *Nullum Acrumen detur, antequam febris absolvatur.* Academicis Cruscanis *Agrume* est nomen genericum omnium olerum acrium. Matthæus Sylvaticus in Pandect. : *Acrumina, Gr. acuta, ut cepe, alex, et similia.* Dantes in Parad. cant 17. v. 117 : *A molti fia savor di forte Agrume.* Ita *Egrunnus*, seu *Aigrun*, usurparunt nostri. Compotus Præpositurae Parisiensis ann. 1333 : *De Præpositura Montislerici, de hallagio, ... de trubla, de pondere, et costuma bestiarum, ... de Egruno, ... de arrivagio, ... de trubla, et de Costuma culcitrarum.* Regestum Peagiorum Parisiens. : *Tuit cil qui sont regratiers à Paris, et marchandent d'Aigrun, doivent 4. den. etc.* Infra est titulus *du tonlieu et du hallage d'aux, d'oingnons, et de semence de toute matiere d'Aigrun. ... nul Aigrun sans teste ne doit riens de tonlieu. ... nul semence des autres Aigruns ne doivent rien de coustume.* Alibi : *Nul ne peut estre regratiers à Paris, de fruit et d'Aigrun, c'est assavoir de aulx ou ongnons, d'eschallongnes, et de toute maniere de tel Egrun, etc.*

¶ 1. **ACRUS**, pro *Acra.* Charta Willermi Regis Angliæ pro Parthenone SS. Trinitatis Cadom. ann. 1080. e Chartular. ejusd. : *In villa. . . Mentrud. . . Acros terræ. . . 20. acripennos, etc.*

¶ **ACRUS**, seu Acer, gen. Acri, pro *Aceris*, Gall. *Erable.* Charta Petri Comitis Autissiodor. Marchionis Namurc. ann. 1213. in Tabular. Crisenonis : *Usuarium suum habent. . . ad tremulum et ad charmum et corilum et Acrum et genestam et ad omne nemus mortuum.*

AC SI, formula frequens in subscriptionibus : v. gr. in Actis Episcopor. Cenoman. pag. 204 : *Landobertus Ac si peccator Episcopus hoc privilegium subscripsi.* Ita alii Episcopi in ead. Charta, et aliis passim. Græci hodie τάχα eodem ferme sensu præponere solent. Vid. Gloss. med. Græcit. in hac voce. Mabillon. de re Diplom. pag. 468.

* *Ac si, tanquam, quasi*, in Glossar. vet. Cod. reg. 7646.

¶ **ACSIUM**, *Veru, id est, spitum*, Glossar. Cambron. Cangius legit *Assium* infra in *Spitum.*

ACTA, Ab Actis, Actuarii, exceptores, actorum scriptores, in Nov. Justin. 38.

Ab Actis fori, apud Gruter. 445. 9. 10. et in leg. *Per hanc.* Codic. de Advocat. divers. judic.

Ab Actis Senatus, apud Gruter. 389. 6. 446. 3. 457. 2. 458. 6. Vide Pancirolum ad Notit. Imperii.

* 2. **ACTA**, Idem quod supra *Achta, defensa*, ager. etc. quæ sub *banno* sunt. Charta ann. 765. tom. 1. Hist. Lothar. inter Probat. col. 282 : *Singuli autem mansi binas aucingas habent, molendinum unum cum tribus jurnalibus, Actam unam solventem denarios decem.*

* **ACTACHIARE**, pro *Attachiare*, Gall. *Attacher*, Clavo figere. Comput. ann. 1482, inter Probat. tom. 4. Hist. Nem. pag. 21. col. 2 : *Idem solverunt pro clavis emptis pro Actachiando dictos penuncellos in prædictis intorticiis, ij. sol. vj. den.* Vide infra *Attachare.*

* **ACTÆ**, Acta, chartæ, instrumenta. Comput. ann. 1357. ex Tabul. S. Vulfr. Abbavil. fol. 11. v° : *Gal. eunti apud S. Richarium, pro habendo plures Actas, et unam litteram facientem mentionem, quod etc.*

* **ACTARE**, Sententia lata statuere. Instr. an. 1284. apud Lam. in Delic. erudit. inter not. ad Hodœpor. Charit. part. 2. pag. 411 : *Et propterea supplicant vobis, quatenus prædictum totum arbitrium.... per vos et etiam per Lucanum consilium cassetis :... Et postea pro Lucano comuni determinare velitis et Actare, ut per consilium de viginti extitit judicatum.*

ACTARII, *Diversis actibus occupati.* Papias. Joan. de Janua habet *Actuarii.*

Actarius, pro *Actuarius*, Commentariensis. Vetus Inscriptio ACTARIUS LEG. VII. Vide Baron. ad. 27. Martii. [Diploma Philippi IV. apud D. *de Lauriere* tom. 1. Ordinat. Regum Franc. pag. 393 : *Concedimus ut Notarii, Actarii, substituti*, etc. Idem occurrit fol. 35. Codicis MS. Consuetud. Tholos. in Bibliotheca D. *de Crozat.* Vide *Actuarii.*]

* **ACTE.** Glossar. vet. ex Cod. reg. 7646 : *Acte, coacte, compulse. Acti, coacti, compulsi.*

* **ACTEMPTATA**, Actemptatum, a Gall. *Attentat*, Aggressio, usurpatio. Charta Caroli VI. reg. Franc. ann. 1405. in Hist. Lugdun. pag. 128. col. 2 : *Eidem decanus et capitulum ad eamdem nostram curiam plures appellationes, et in diversis causis, interjecerant seu emiserant, eumdemque Jossardi super Actemptatas adjornari fecerant*, etc. Ibid. col. 1 : *Et in casu Actemptatorum*, etc.

* **ACTENUS**, *pro Hactenus*, in Vocabul. compend.

ACTERGUM. Charta Ludovici Ultramarini Regis Franciæ, in Tabular. Cluniac. in Probat. Histor. Vergiacensis pag. 42 : *Sunt autem prædictæ res in pago Matiscense, in villa quæ dicitur Materias, et in Actergo, quæ dicitur Nerunda, super fluvium Gronna, etc.* [* f. Retro, Gall. *Par derriere, au revers.* Vide *Atergus.*]

¶ **ACTERMINARE**, pro *Atterminare*, Diem solvendæ pecuniæ statuere, Gall. *Attermer, Donner terme.* Instrumenta ad Probat. Hist. Harcurianæ tom. 4. pag. 1231 : *De summa 15. millium librarum Turon. ad quam ascendit emenda prædicta, de quibus Rex remisit. . . . 10000. lib. Turon. et super residuum 5000. (librarum) Acterminatum eidem Episcopo, ad solvendum in tribus festis Nativitatis Domini 1327. 1328. 1329.*

ACTIFICARE. Formula vetus Andegavensis 49 : *Sic juxta Actificantes sæpe dictis* *germanis visum est, ad ipsas personas decrevisse judicio, etc.* Vide *Aptificare.*

* **ACTIGUUS**, pro *Attiguus*, Adjacens. proximus. Vide in hac voce. Charta Carol, M. ann. 798. apud Ughell. tom. 1. Ital. sacri col. 50. edit. ann. 1717 : *Cum... puteis, fontibus, rivis aquæ plenis, et parietinis, Actiguis, et vineis, etc.*

ACTILE. Prima Statuta Roberti I. Regis Scotiæ cap. 27. quod est *de armaturis pro guerra : Quilibet paratus sit cum Actiliis et harnesiis prædictis circa octavas Paschæ ... et quicumque habens 10 libras in bonis, non habuerit omnia armorum Actilia prædicta, perdat omnia bona sua.* Pro *utensilibus* militaribus vox hæc videtur sumi. Galli quævis instrumenta *Outils* vocant.

* **ACTINENTIA**, pro *Attinentia*, consanguinitas, cognatio, affinitas, Gall. *Parenté, affinité.* Statuta synod. eccl. Castrens. ann. 1358. part. 1. cap. 28. ex Cod. reg. 1592. A : *Ex sponsalibus autem oritur quædam Actinentia, quæ vocatur publicæ honestatis justitia; quæ impedit matrimonium contrahendum, et dirimit jam contractum : puta si aliquis contrahat matrimonium cum aliqua de cognatione illius usque ad quartum gradum, quam olim habuit in sponsam.* Vide *Attinentia* 1.

¶ **ACTINOSUS**, Resplendens, radiosus, Gall. *Brillant.* Hoc sensu ab Ambrosio [** in psalm. 41] lib. de interpel. David, Ecclesia *Actinosa* appellatur, id est, fide operibusque splendida. Quidam legunt *Actuosa.* Rectius *Actinosa* ab ἀκτίν, radius solis.

1. **ACTIO**, Officium, ministerium, munus, Gallis *Comission.* Senator lib. 3. Epist. 25 : *Amamus publicis Actionibus personas inserere morum probitate conspicuas.* Victor. Utic. lib. 2 : *Censet primo tyrannus jussione terribili, ut nemo in ejus palatio militaret, neque publicas ageret Actiones, nisi se se Arianum fecisset.* Leo PP. Epist. 77 : *Ut... Andream ab Archidiaconi Actione submoveris.* Gregorius Turon. lib. 4. Hist. cap. 42 : *Pœninus vero hujus municipii Comitatum regebat, cumque ad renovandam Actionem munera Regi per filium transmisit, etc.* Fortunatus in Vita S. Medardi Episcopi cap. 2 : *Dicit ad Eleutherium quemdam comparem, quod publica in Actione comitivam adsumeret.* Charta Childeberti Reg. Fr. in Actis Episcop. Cenoman. pag. 222 : *Ut nullo unquam tempore Actionem Ducatus alter, nisi, ut dictum est, in ipso pago Cenomannico habere debeat.* Epistola Gogi 22. ex iis, quæ habentur. tom. 1. Hist. Franc. : *Saluto Flitomerem, qui sub præterito Sacerdote Actionem Ecclesiæ laudabiliter gubernavit. Actio Comitatus, Patriciatus, Ducatus,* apud Marculfum lib. 1. cap. 8; *Domesticorum Actiones* cap. 39; *Actiones domorum,* in Concilio Carthag. I. cap. 6. Vide præterea Senatorem, lib. 6. Epist. 18. 25, lib. 7. Epist. 14. 22, lib. 8. Epist. 16. 20. 31, lib. 9. Epist. 4. et alibi non semel; Gregorium M. lib. 8. Epist. 51; Gregor. Turon. lib. 5. cap. 48; Vitam. S. Bathildis num. 6; Vitam S. Sergii Mart. num. 1; Concil. Vernense ann. 755. cap. 16.; Codicem Carolinum Epistola 54. etc.

Actiones, Acta, instrumenta actionum. *Actiones fisci concremari* jubentur in leg. 3. Cod. Theod. de jure fisci. lib. 10. tit. 1.

¶ 2. **ACTIO**, Idem qui *Actionarius* infra, Gall. *Agent, Commissaire, Procureur.* Capitulare Sicardi Principis Beneventani ann. 836 : *Si autem aliquis præsumpserit Actionem occidere, utilitatem suam peragentem, ipsa persona omnibus modis tradatur.* ** Vide *Actionarius*, 1.

3. **ACTIO**, Canon Missæ, sic dictus, *quia in eo Sacramenta conficiuntur Dominica,* inquit Walafridus Strabo lib. de Reb. Eccles. cap. 22. Honorius August. lib. 1. cap. 8 : *Missa quoddam judicium imitatur; unde et Canon Actio vocatur. Actio autem est causa, quæ in publico conventu coram Judicibus agitatur.* Idem cap. 103 : *Canon dicitur Regula, quia per eum regulariter fit Sacramentorum confectio. Hic etiam Actio dicitur, quia causa populi in eo cum Deo agitur.* Vide Hugonem a S. Victore lib. 2. de offic. Eccles. cap. 29; Bernonem Augiensem cap. 1. et Micrologum cap. 12; Catalog. summor. Pontific. edit. ab Henschenio in Prolegom. tom. 9. in S. Xisto : *Hic constituit, ut infra Actionem Sacerdotis, incipiens populus Hymnum decantaret, Sanctus, Sanctus, etc.* Hugo Flaviniacensis in Chronico pag. 234. de Victore II. PP. : *Hic igitur consecratus ab Ostiensi Episcopo, cum Missas apud S. Petrum diceret, infra Actionem judicio Dei percussus est.* Auctor Historiæ Trevirensis tom. 12. Spicilegii Acheriani pag. 245 : *Jussus est Missam celebrare, et Canonem, qui Secreta vel Actio dicitur, sicut cetera, excelsa voce decantare, etc.* Apud Menardum in libro Sacramentorum ex Codice Remensi describitur *Benedictio nuptiarum*, cujus initium ita concipitur, *Incipit Actio nuptialis,* et in ipso contextu occurrunt verba, *infra Actionem*, (ut et in Ritu ordinandi Episcopi apud Mabillonium tom. 2. Analect. pag. 472; in libris Sacramentorum Ecclesiæ Rom. lib. 1. cap. 26, ubi promiscue et *infra Actionem*, et *infra Canonem* scribitur, et in vita Aldrici Episcopi Cenomanensis pag. 150) ubi vir doctus existimat *Actionem nuptialem, esse celebritatem nuptiarum, quæ fit inter Missarum solennia.* Sed non advertit *Actionem* hoc loco esse *Canonem* ipsum Missæ, quæ in hac benedictione peragitur, cum certis aliquot precibus ac orationibus, quæ *Canoni* ipsi interseruntur, quibus exactis *percomplecatur Canon plenarius,* ut ibi habetur. *Canon actionis* in lib. 3. Sacram. Rom. Eccles. pag. 196.

¶ Actiones, Scenæ spectacula, Gall. *Spectacles, représentations du théatre.* Collectio Concil. Hispan. tom. 4. ann. 1585. pag. 360 : *Decernit hæc Synodus et mandat, ut in Ecclesiis choreæ, saltationes, Actiones, et profani cantus prohibeantur.*

Actiones Synodorum. Aliud est *Synodi sessio*, aliud *actio*, cum in uno interdum consessu plures causæ vel actiones explicari soleant. In Synodo Calchedonensi sex primæ sessiones sex omnino actiones continent, singulæ singulas. At Sessio septima tres actiones amplectitur, septimam, octavam et nonam. Octava autem unicam actionem, nempe decimam. Denique Synodi universæ sessiones, sive, ut Liberatus cap. 13. vocat, *Secretarii*, fuere duodecim, actiones vero sexdecim. Sirmondus ad Facundum Hermian. lib. 5. ex eodem Liberato, qui id pluribus explicat cap. 13. 14.

¶ 4. **ACTIO** fidei. Ultimus et solemnis Inquisitionis actus adversus hæreticos variis pœnis aut suppliciis afficiendos. Ejus pompa et ritus fuse explicantur apud Hofmannum, ex Philippo a Limbroch in Historia Inquisitionis lib. 4. cap. 41. Actionem hanc dixere primum *Sermonem generalem de fide,* Hispani vocant *Auto de inquisicion* [** de fe]. Lusitani *Auto da fe.*

** 5. **ACTIO**, *Cognitio, observatio* in Cod. reg. 4778. et apud Jæckium.

* **ACTIONABILIS**, Efficax. Alex. Iatrosoph. Ms. lib. 2. Passion. cap. 140 : *Hoc medicamen. . . est Actionabile, et facile invenitur.* Ubi Gloss. *i. faciens.* Vide *Actionarius* 2.

¶ **ACTIONALIS** male, Qui inique agit Vita S. Dunstani tom. 4. Maii, pag. 372. C : *Clericos etiam Male Actionales de ecclesiis propelleret.*

ACTIONARE, in jus vocare. Galli etiamnum dicunt, *Actioner, intenter une action.* Occurrit apud Will. Thorn. in Chron.

1. **ACTIONARIA**, Idem quod *Actio*, munus publicum, in Diurno Romano cap. 6. tit. 20.

¶ 2. **ACTIONARIA**, Prædium villicum, seu possessio quævis quæ ad Ecclesiam aliquam pertinet. Chronicon Farfense, auctore Gregorio Monacho, apud Murat. tom. 2. part. 2. col. 450 : *In primis de Actionaria Guidonis, Opteramus conductor tulit nobis colonum unum nomine Guinicisum. . . . De Actionaria Saraceni, de gualdo Morano fuimus investiti per missum Domni Imperatoris et Domni Apostolici, et devestivit nos de ipso casale Guilipertus conductor.*

ACTIONARICUM, Idem quod *Actio*, munus publicum. Synodus Ravennensis sub Joanne VIII. PP. cap. 15. apud Holsten. cujus lemma est *Ut nemo patrimonia Ecclesiæ petat : ... Porticum sancti Petri, monetam Romanam, ordinaria et Actionarica publica, ripam, portus et Ostiam.*

1. **ACTIONARIUS**, Idem qui *Actor, agens*, vel cui *Actio* seu provincia aliqua demandata est. Glossæ veteres : *Actionarii, qui res nostras agunt.* Aliæ : *Actionarii, Comites, actiones et jura perquirentes.* Galli dicimus, *Agens, Commissionaires, ou Commissaires.* Capitulare Sicardi Principis Beneventani ann. 836 : *De Actionariis vero ambarum partium ita stetit, ut illæsi debeant ambulare per Actiones suas, utilitates suas peragendo, et nullus præsumat eis injuriam aut læsionem facere. ... Si autem aliquis præsumpserit Actionem occidere, utilitatem suam per agentem, ipsa persona omnibus modis tradatur.* [** Est cap. 12. apud Cancian. Leg. Barbar. vol. 1. pag. 268. B; ubi pro *Actionem* legitur *Actorem*, neque ulla variantis lectionis fit mentio.] Vide Chronicon. Farfense, tom. 3. Hist. Franc. pag. 653. 657. 664; Chron. S. Vincentii de Wlturno ibid. pag. 679. 686; Wil. Gemetic. lib. 3. cap. 7; Legem Longobard. lib. 1. tit. 9. § 28; Gregorium Magn. lib. 1. Epist. 43. 71, lib. 7. Ind. 2. Epist. 103, lib. 9. Epist. 35, lib. 12. Epist. 31.

Actionarii publici apud eundem Gregorium Magn. lib. 10. Epist. 3.

2. **ACTIONARIUS**, Efficax. Alexander

Jatrosophista lib. 1. Passionum : *Est enim satis Actionarium medicamen*, ubi Glossæ MS. *Efficax*.

ACTIONATOR. Gloss. Anglo-Saxon. Ælfrici : *Actionator*, folc-gerefa. i. actionarius, vel populo præfectus, præpositus, ex Saxon. folc populus, et gerefa, Comes, Præfectus, Præpositus. Charta Ludov. II. Imp. apud Puricellum in Ambrosiana Basilica pag. 224 : *Ut nullus Dux, Comes, Gastaldio, aut aliquis publicus Actionator, etc.*

¶ **ACTITATA**, Actiones, seu agendi formulæ, tota litis series, Gall. *Procedures*. Bulla Johannis XXII. PP. ann. 1333. in Bullario Fontanellensi fol. 47 : *Visis et diligenter inspectis omnibus actis Actitatis. Attento tenore seu veritate actorum et Actitatorum Londoniæ*, apud Rymerum tom. 8. p. 200. col. 2.

¶ **ACTIVITAS**, Philosophis Scholasticis vis agendi. Vide Goclenii Lexicon Philosoph. p. 285.

* **ACTIUS**, *Amplius vel verius*, in Glossar. vet ex Cod. reg. 7646.

* **ACTIVUM**, *Factivum, adtonsum*, in altero Glossar. ex Cod. 7641.

ACTO, Actoe, vel Achteo, Octo, in Pacto Legis salicæ tit. 80. § 9. Belgis, *acht*. [Hinc *Actogild*, octuplum in vocabulario Gothico Grotii, apud Murator. tom. 1. p. 370. [** Acto sive potius *Achtô* vox est veteris linguæ francicæ, ut sunt omnia numerorum nomina, quæ titulus ille 80. editionis Heroldianæ continet. De *Actogild* vero quod sæpius in legibus regum Longobardorum occurrit et *Octuplicem compositionem* significat vide infra Cangium in voce *Octogild* et Grimmii Antiq. jur. Germ. pag. 654.]

ACTON. Vide *Aketon*.

1. **ACTOR**, *Defensor, patronus, causidicus, advocatus, cursor*, Papiæ. Lex Ripuar. cap. 58. § 20 : *Servi Ecclesiarum non per Actores, sed ipsi pro semetipsis in judicio respondeant.* Fortunatus in Vita S. Medardi : *Jugum adhuc disciplinæ sub tutoribus ferentem et Actoribus.* [** Frequens hac significatione vox in Dig. lib. 3. tit. 5. fr. 31. § 6; lib. 2. tit. 4. fr. 10. § 13. etc., inprimis de syndico sive procuratore municipum usurpatur, lib. 2. tit. 4. fr. 10. § 4; lib. 44. tit. 2. fr. 11. § 7.]

2. **ACTOR**, Villicus, qui res Domini curat, qui prædiorum illius curam agit. Gloss. MS. Reg. cod. 1013 : *Actor, villicus, instructor, ortator.* Aliud Gloss. : *Villicus, actor, exactor villæ pensionis.* Gloss. Græc. Lat. : πράκτης et πρακτὴρ, *actor, coactor, exactor*, qui scilicet pensiones villarum exigit.

* 3. **ACTOR**, Curator, qui ad opus urget, uti explicat Flettvood. in Sylloge Antiq. Inscript. part. 2. pag. 439 :

Eage Actor sacri princeps Leutbrande laboris.

* Actores, *Doctores, vel ordinatores, procuratores, ab agendo et curando vocati.* Glossar. vet. ex Cod. reg. 7646. [** Gloss. Cod. reg. 4778 : *Actores, Doctores vel ordinatores. Auctores, idem et procuratores ab augendo et curando vocati.*]

Actores Dominici, qui res domini agunt, et eorum possessionibus ac utilitati bus invigilant, in leg. 11. Cod. Theod. de Jurisdict. leg. 4. de Conlat. fundor; apud Gregor. Turon. lib. 9. cap. 38; in Lege Longobard. lib. 2. tit. 52. § 17. in cap. Car. M. lib. 4. cap. 44. qui *Actores Domini* in iisdem cap. 7. Car. M. lib. 7. cap. 60, *Actores rerum domini*, in Lege Wisigoth. lib. 6. tit. 1. § 2. appellantur. [** Locus ex Lege Longab. supra allatus est inter Leg. Longob. Ludovici Pii cap. 38 : idemque est qui in Ansegisi libro 4. cap. 44. (apud Pertzium cap. 42) legitur exscriptus ex capitulis missorum anni 817 (al. 819), apud Pertzium vol. Legum 1. pag. 216. In Theod. Cod. Actores dominici Defensores rei privatæ principis, sunt Dirksenio. In lege prima tit. 1. lib. 2, insigne turbata lectio. Lege 11 ejusdem tituli hæc leguntur : *Minime provinciæ rector exspectet in reos criminosos Actorem dominicum*, ubi Interpretatio : *Si quis in domibus dominicis criminosus potuerit inveniri provinciæ iudex præsentiam non exspectet actoris etc.*

Actores Ecclesiæ, proprie appellati, qui bona, possessiones, et facultates Ecclesiarum administrabant, veluti earumdem œconomi, vel villici : seu, ut Pithœus censet in Comitibus Campaniæ, *Advocati*, et *Defensores Ecclesiarum*. Palladius Episcopus in Epistola ad Desiderium Episcopum Cadurcensem : *Quid frater suus Deotherius Presbyter Actorem Ecclesiæ Santonicæ egit?* Gregorius Turon. lib. 7. cap. 22 : *Denique anno superiore commotum quendam levem e civibus, Ecclesiæ Actores fecit interpellare. Tunc postposita justitia, res quas olim Ecclesia possidebat, sub specie emptionis abstraxit, etc.* [Chronicon Farfense apud Murat. tom. 2. part. 2. col. 449 : *Incipiunt relationes ex authenticis desumptæ de præjudicio, quod fecerunt nobis Actores sanctæ Romanæ Ecclesiæ in Sabinis.*] Atque ita *Actores Ecclesiæ* intelligi debent apud Alexandrum I. PP. Epist. 1. 2. 3; in Decret. Julii I. PP. cap. 7; in Ep. 1. Stephani II. PP [** hæc omnia sunt e Pseudo-Isidoro]; in Concilio Aurelianensi V. cap. 17; Turon. II. cap. 24; apud Justinianum in Nov. 3; Gregorium Magn. lib. 1. Epist. 9. 53, lib. 2. Ind. 11. Epist. 43; Marculfum lib. 2. form. 4; Flodoardum lib. 2. Hist. Rem. cap. 17. 18; in Addit. 3. Ludov. Pii cap. 12. etc. Denique in Testamento Hildevaræ Ravennæ condito ann. Christi 523. quod Bibliotheca Regia asservat, et ut eximium antiquitatis fragmentum hoc loco inserere operæ pretium duximus, ne posteritati pereat : : : *Possessionesque P : : : sine vi, metu, doloque vel : : : : : et circumventionis studio, sed deliberatione propria et voluntate prona scribendam dictavi, quam rogatorum a me nobilissimorum testium, vel propriæ manus mææ* (sic) *subscriptione firmavi, quam cum gestis vos Actoresque vestros quibuslibet duxeritis allegandam professionibus : : : : : non deerit tuis posterumque* (sic) *tuorum utilitatibus in futurum, de qua re et de quibus omnibus stipulanti tibi d : : : simo atque Apostolico viro Ecclesiæ suprascriptæ urbis Episcopo s : : : : ei et Actoribus vestris pariter in præsentia constitutis. Ego Hildevara quæ superius olim jam perfectæ ætatis in verbis solemnibus spopondi. Actum in Classe salida in Iduum Novembrium Maximo VI. Consule. Hildevara huic cessioni adque donationi a me factæ in beatissimo adque Apostolico viro Ecclesio Sacerdote Ravennatis Ecclesiæ ad omnia quæ superius tenentur adscripta relegi conse : : : et subscripsi, et testes ut subscriberent conrogavi, stipulantique SS. vir Beatissime, et Actoribus tuis in præsentia constitutis in verbis solemnibus spondi. Ego Johannes vestræ hujus donationis cessionisque instrumento rogatus ab Hildevara I. fœmina.*

Actores Fisci Regii, in Leg. Wisig. lib. 12. tit. 1. § 2; Capit. Caroli M. lib. 4. cap. 3 [** Capitul. Lud. Pii ad Theodonis villam habitum ann. 821. cap. 3.]

¶ Actor publicus. Idem ac *Actor Regis*. In Legib. Luitprandi Regis Longob. [** lib. 6. cap. 6.] apud Murat. tom. 1. part. 2. pag. 62. col. 2. E : *Si quis Gastaldius vel Actor publicus curtem regiam habens ad gubernandum.* Pro *Actor publicus*, Editio Goldasti habet *Actor Regis*. Ibid. pag. 60. in Notis [** ad lib. 5. cap. 13] : *Si judex aut Actor publicus in qualicumque civitate aut loco, inter homines qui aliquam discordiam habent, reugas tulerit.*

Actores Regis, qui res a Rege sibi demandatas agunt, in Lege Longobard. lib. 1. tit. 9. § 16, tit. 25. § 21, tit. 30. § 10, tit. 34. § 10, lib. 2. tit. 17. § 1; [** Sunt inter Leg. Rothar. 377. 277. 211. 378; quibus adde Liutprandi lib. 6. art. 6. Rothar. 201.] in Gestis Dagoberti cap. 18. apud Hincmar. de Ordine Palatii cap. 23. etc.

¶ Actor Curtis Regiæ, in Legib. Luitprandi Regis Longob. tit. 39. § 3.

¶ Actor originalis. Forte Notarius. Charta Ludovici Regis Franc. ann. 1484. apud Baluz. tom. 2. Hist. Arverniæ pag. 233 : *Quare petebant et requirebant dicti actores originales, in quantum actores erant, dictos contractus venditionis terrarum... rescindi, cassari et adnullari.*

[* Male de Notario interpretatur, nam de eo intelligi debet, qui primus litem infert seu actionem intendit adversus eum, qui sponsores et sponsorum sponsores habet : ejusmodi quippe actores a Practicis nostris *Demandeurs originaires* etiamnum vocantur.]

Actor Patrimonii Regii, in Lege Burgund. tit. 50. § 3.

Actores Provinciarum, *Exactores et receptores publici debiti* dicuntur in Gloss. MSS. ad Codicem Theodos. lib. 1. in Cod. Reg. sign. 1197. Horum mentio est in Leg. Wisigoth. lib. 12. tit. 1. § 2.

Actores Villarum, Villici, apud Julium Firmicum lib. 3. Math. cap. 11; in Capit. Caroli M. lib. 4. cap. 41; in Lege Longobard. lib. 1. tit. 25. § 78. etc. [** Constitutio est Ludovici Pii Aquis data ann. 817, inter Leges Longob. ejusdem cap. 35.] *Actor domus*, apud Sidon. lib. 5. Epist. 20. qui *Agens domus* dicitur apud Gregorium Turon. lib. 7. *Actor loci*, in Lege Wisig. lib. 6. tit. 1. § 1. *Actor possessionis*, in lege Burgund. tit. 50. § 1. Vide Senatorem lib. 4. Epist. 40.

ACTOREA Pars, Actor, actoris pars, cui opponitur reus in Speculo Saxonico lib. 3. art. 33. [Ludewig. Reliq. MSS. tom. 6. pag. 225. ex sententia Sigismundi III. Regis Poloniæ de felonia Curlandiæ Ducibus objecta : *Partis utriusque tum Actoreæ, quam citatæ allegationibus, probationibus et exceptationibus accurate perpensis.*]

* **ACTORIA**, Ipsa *actoris* constitutio, nominatio. Transact. inter Carolum II. comit. Provinc. et Capitul. S. Salvator. ann. 1292.

ex schedis Pr. *de Mazaugues : Et syndici, actores et procuratores dicti capituli, . . . ut de eorum syndicatu, procuratione et Actoria constat per publicum instrumentum, etc.* Charta ann. 1379, inter Probat. tom. 3. Hist. Nem. pag. 36. col. 2 : *Poncius Guiraudelli : actor et actorio nomine. . . consulum civitatis Nemausi, prout de hujusmodi Actoria constat instrumento publico.* Stat. Palavic. lib. 1. cap. 32 : *Et de quolibet instrumento Actoriæ, si confectum fuerit ad banchum, soldos quatuor, et extra banchum soldos quinque imperiales, etc.* Academicis Cruscanis *Attoria* est munus actoris.

ACTORNATUS. [Procurator, Syndicus communitatis, apud Lobinell. tom. 3. Hist. Paris. in Gloss. ad vocem *Attornatus : Volumus etiam, quod ipsi procuratorem, œconomum, syndicum seu Actornatum sub sigillo suo constituere valeant, qui coram quibuscumque Judicibus in eorum causis admittatur.*] Vide *Atturnatus.*

¶ **ACTRIX** Pars, quæ *parti reæ* adversatur. Rymer. tom. 8. pag. 211 : *In rem suam propriam in hac parte (ut asserit) constitutum, Partem Actricem ex parte una, et Johannem Shakel armigerum, partem ream ex altera.*

¶ 1. **ACTUALIS**, Re ipsa existens, Gall. *Actuel.* Item, ad actum spectans; unde Papias MS. Ecclesiæ Bituric. : *Actualia nomina ab actu dicta, ut Dux, Rex, cursor.*

¶ 2. **ACTUALIS.** Joan. de Janua : *Actualis est qui facit Acta, Actuarius diversis actibus occupatus.*

¶ Actualis conversatio, Vita piis actibus occupata, vita perfecta. S. Isidorus in Additis ad lib. S. Hieronymi de Viris Illustr. : *Edidit etiam unum librum, de virginibus instituendis, aliosque tres de futuræ vitæ contemplatione, vel de Actuali conversatione.* Vide *Actuare.*

* **ACTUALIS** Justitia, Quæ in actu est. Exposit. regulæ S. Bened. in Bibl. Heilsbr. pag. 64 : *Licet de lege ordinata meritum quantificatur secundum quantitatem Actualis justitiæ, etc.*

* Actualis Scientia *dicitur, quæ res propositas operationibus suis explicat; cujus partes sunt tres, moralis, dispensativa et civilis.* Glossar. vet. ex Cod. reg. 7646. Vide Isidor. lib. 2. Orig. cap. 24.

¶ Actualis Vita, Eadem notione. Testamentum S. Budesindi Episc. ann. 978. tom. 3. Collect. Concil. Hispan. pag. 184. col. 1 : *Post per annorum spatia monastica norma adeptus, et Actualem vitam cum pluribus servorum Christi pari glutino ascitus, prævidens dies vitæ meæ quotidie expletæ.*

¶ 1. **ACTUALITER**, Reipsa, nunc ipsum. Gall. *Actuellement. Madox* Formulare Anglic. pag. 69 : *Visitationem nostram ordinariam Actualiter exercentes comperimus, etc.*

* 2. **ACTUALITER**, Per se ipsum agendo. Gall. *Par soi-même.* Lit. remiss. ann. 1413, in Reg. 167. Chartoph. reg. ch. 138 : *Ipse reus præmissa omnia et singula fecerat et perpetraverat Actualiter et manualiter, seu ea fieri fecerat, procuraverat et mandaverat.*

¶ **ACTUARE**, Perficere, finire, terminare, exercere se, seu ut aiunt Philosophi, *Ad Actum redigere.* Hinc Goclenius in Lexico phil. pag. 285 : *Actuatum, ad perfectionem deductum, quod facultatem simul habet et exercet,* ὃν τῇ ἐνεργείᾳ *Aristoteli.* Vita S. Franciscæ tom. 2. Martii pag. 130. F : *Actuasti te juxta posse tuum ad habendam mentem puram.* Quam loquendi rationem detorsere aliqui etiam ad ædificia. Fundatio Collegii Tolos. Ord. Cisterc. ann. 1289. apud Marten. tom. 1. Anecd. col. 1212 : *Eis liceat Ecclesiam et oratorium construere et ædificare... ita tamen quod caput Ecclesiæ prædictæ et oratorii Actuetur juxta carreriam.* Id est, terminetur juxta viam.

* *Acabar*, eodem sensu, in Stat. barbit. Tolos. ann. 1457. ex Reg. 187. Chartoph. reg. ch. 49 : *Autro que ledit masip ou apprentiz aia be et degudement complit et Acabat son terme.* Lit. ann. 1422. tom. 2. Probat. Hist. Brit. col. 1118 : *Consideran que les triuves et sufrence de guerre de Bretainhe et nostres foren Acabades a la feste de sent Miqueu, etc. Actaber*, eadem notione, in Lit. remiss. ann. 1456. ex Reg. 189. ch. 114 : *Baille moi le poinhal, car je le Actaberai : voulant dire qu'il le acheveroit de murtrir.*

1. **ACTUARIUS**, in Gloss. Lat. MS. est *Acta qui facit.* Papias : *Scriptor publicus, qui facit acta.* Joan. de Janua : *Actualis est, qui acta facit; Actuarius, diversis actibus occupatus.*

¶ 2. **ACTUARIUS**, *Agilis, velox.* Item *Notarius acta cito scribens*, in Amalthæa. In Glossis Lat. Græc. : *Actuarius, efficax, agilis*, πρακτικός.

¶ 3. **ACTUARII**, *Abbreviatores, majoris et minoris Parci, quorum primi diplomata signant, alii pecuniam pro signandis accipiunt.* Scriban. Amalth. Vide *Abbreviator.*

¶ 4. **ACTUARIUS**, *Qui balneare exigit.* Gloss. Isid. in voce *Captura.* i. e. ut videtur Grævio, qui mercedem a lavantibus exigit. Cangius noster in voce *Captura* legit cum MS. Reg. *Captuarius, Qui balneaticum exigit.* Grævius antiquam lectionem censet retinendam. Hunc consule loco citato.

5. **ACTUARII** proprie dicti, qui annonam a susceptoribus accipiebant, dato pittacio, in quo continebatur quantum accepissent, eamque postmodum militibus erogabant, ut colligere est ex titulo Codicis Theodos. *de Erogatione militaris annonæ*, leg. 11. 13. 16. 24. 28. et tit. *de Numerariis et Actuariis* leg. 3. 5. 10. 14. 15. Erant autem tot *Actuarii* quot numeri militares, ut docet lex 16. de Erogat. milit. ann. [** Just. Cod. lib. 12; ibidem lex 5 et tit. 50. sæpius.] Horum meminere Ammianus lib. 20 cap. 5. et lib. 25. cap. 10. et 15. Eutropius, Aurelius Victor, et Trebellius Pollio in Victorino. Vide *Actus.*

6. **ACTUARII**, iidem qui *Actores.* Charte Ludovici III. Imp. in Tabulario Viennensis Ecclesiæ fol. 78 : *Innotuerunt quandam partem villæ quæ vocatur Fornis, in Comitatu Viennensi sitam, temporibus priscis a Religiosis Christianis Matris Ecclesiæ S. Mauricii Viennensium Urbi collatam, non longo tempore præterito, inter reliquarum subtractionem rerum injuste ob incuriam priorum Prælatorum ejusdem Ecclesiæ* (et) *Actuariorum fuisse sublata.*

¶ Actuarius Capituli. Compendiosa Beneficiorum expositio MS. folio 16. vers. : *Hanc* (resignationem) *publicare* (debet) *in Ecclesia, vel cimeterio, vel in Capitulo coram Notario Regio, aut Apostolico, aut Actuario Capituli, et duobus ad minus testibus.*

* Actuarius Causæ, Actor, qui causam prosequitur. Stat. criminal. Saonæ cap. 5. pag. 6 : *Et si ejus maleficii, cujus arguitur* (reus) *corpore plectendus foret, servetur in carcerem; si pecuniaria mulctandus aliave pœna, nihil ad corpus attingente, caveat idonee apud Actuarium causæ de stando juri, etc.*

* Actuarius Curiæ, Scriba, Gall. *Greffier*, in iisdem Statutis cap. 13. pag. 13 : *Si quis maleficii, vel delicti, aut criminis accusatus fuerit, . . . is qui accusavit, . . . satisdet apud Actuarium curiæ magistratus de impensis accusato vel delato reficiendis, etc.*

Actuarius limes, apud Agrimensores dictus ab actus latitudine, qui agrum per jugera discriminabat. Nam duo actus quadrati jugerum faciebant, cujus eadem erat latitudo cum unius actus longitudine. Vide Salmasium ad Solinum pag. 677. 678. [** et Forcellini Lex. in voce *Actuarius, adj.*]

Actuarii pali, Hygino, qui defigebantur inter centenos vicinos pedes, sic dicti ab actus longitudine, qui per 120 pedes porrigebatur.

* **ACTUATIO**, Efficacitas. *De Actuatione medicinar.* Gentil. Fulginus in Exposition. cum textu Avicen. *Actuauté*, actio, propositi executio, in Consil. Petri de Font. cap. 15. art. 57 : *Il ne convient pas ke peur soit prouvée tant seulement par vantances, ne par manaches, mais par l'Actuauté du fait.*

¶ **ACTUATUM.** Vide in *Actuare.*

ACTUBERNALIS, *Vicinus proximus.* Papias. Sed legendum *Adtubernalis*, ut apud Festum.

ACTULA, littus, ora, Gloss. Græc. Lat. ἀκτή, ἡ τῆς θαλάσσης, *Actula, ora.*

¶ **ACTUM** quod in fine diplomatum aliarumve Chartarum similium sæpissime legitur, non semper idem est ac *Datum. Datum* tempus confecti diplomatis, *Actum* rem transactam significat; vel *Actum* tempus confecti instrumenti denotat, *Datum* concessi, cum scil. instrumentum in manus impetrantis traditur. Hæc Mabil. Diplomat. pag. 193. B. cujus rei exemplum affert ex Diplomate Gabergæ Reginæ ap. Marlotum Metropol. Rem. tom. 1. pag. 607 : *Actum IV. Idus Februarii an. Incarn. Dom.* 698. *Datum pridie Idus Februarii manu dominæ reginæ, et.* ubi *Actum* biduo *Datum* præcedit.

* **ACTUMARE**, pro Autumare. Glossar. Lat. Gall. ex Cod. reg. 7692 : *Actumare, quider vel croistre* (croire).

¶ **ACTUPLEX**, corrupte in Pithœanis pro *artifex*, inquit Græv. ad Gloss. Isid. in voce *artifex*, quæ *duplicem* ac *dolosum* significat apud Isidorum.

1. **ACTUS**, idem quod *Actio*, officium, ministerium. S. Cyprianus Epist. 55 : *Cum ... singulis Pastoribus portio gregis sit adscripta quam regat unusquisque et gubernet, rationem sui Actus Domino redditurus. In Actu publico constituti*, in Appendice Sermonum de diversis S. Augustini, serm. 3. Hincmarus opusc. 29 : *Jussistis ut ... veniret ad causas vestras, id est, ad judicia sæcularia, et suum advocatum de suo capite, videlicet de suo quod ipse egit Actu, ... do-*

naret. Eadem notione usurpant lex 9. § 2. Cod. de Bonis proscript.; l. 1. Cod. Theod. de Asses., l. 6. de Honor., l. 3. de Numerar. etc. Jul. Firmicus lib. 3. cap. 13. et 14; Concilium Carthag. lib. cap 6; Senator. lib. 6. Epist. 12. lib. 7. Epist. 7. 14. 24. etc.

2. **ACTUS**, Pagus, *Actoris*, seu Comitis, aut Vicarii districtus, vicaria. Vetus Charta apud Perardum in Burgundicis pag. 21 : *Peciola de terra, quæ est sita in Actu Oscarense, in fine Elariacense.* Adde Chartam aliam Eremberti pag. 144.

3. **ACTUS**. Vox Gromaticorum et Agrimensorum, Græcis πλέθρον. Gloss. MSS. Reg. sign. 1013 : *Actus, agri spatium 120 ped.* Isidorus lib. 15. cap. 15 : *Actus est minimus latitudine pedum 4. longitudine* 160.

** 4. **ACTUS**, Gloss. Cod. reg. 4778 : *Actu, Testudine, scutis in serie coniunctis.*

** 5. **ACTUS**, *Baculus pastoralis, quo pecus agi solet.* Gloss. Jæckii.

Actus quadratus *undique finitur pedibus* 120 : *hunc Bætici aripennem dicunt, ab arando scilicet.* Isid. Papias : *Actus, mensura quæ habet centum viginti pedes in latitudine. Hæc arpenum dicitur.*

Actus duplicatus jugerum facit. Isid.

Actum intervicinale, *quatuor pedes latum, qua jumenta agi possunt.* Papias ex Festo. Jurisconsultis *Actus*, est jus agendi vel jumentum, vel vehiculum. Ebrardus Bethuniensis :

Est actus via quæ currus jumentaque ducit
Sed per iter sine jumentis et curribus ibis.

Vide Rigaltium ad Gromaticos.

* Legis Burgund. Additam. 1. [** tit. 1. c. 4.] tom. 4. Collect. Histor. Franc. pag. 278 : *Viam in Actum, hoc est, ubi carpenta vel carra ducuntur, similiter biennio amitti et adquiri posse.*

Actus Apostolorum, Liber Ecclesiasticus, qui vulgo *Acta Apostolorum*, apud Anastasium in sancto Silvestro PP. et in Chron. Besuensi pag. 514. etc. Ita apud Thuribium Astoricensem Episcopum in libris apocryphis recensentur : *Actus S. Thomæ, Actus S. Andreæ, Actus S. Joannis, quos sacrilego ore Leucius conscripsit.*

* **ACTUUM**. Ordinar. antiquum eccl. Bisunt. inter Probat. Hist. Sequan. tom. 1. pag. 31. ubi de feria. V. maj. hebd. : *Sedente Pontifice, sint præsentes in Actuo ecclesiæ, qui reconciliandi sunt pœnitentes.* Ubi legendum videtur *Atrio.*

* **ACUA**, f. Angulus, Gall. *Encognure*, vel Arcus, *Arcade.* Charta Bern. Atonis vicecom. Nemaus. ann. 1177. inter Instr. tom. 3. Hist. Occit. col. 141 : *Trado tibi B. præposito Nemausensis ecclesiæ et cæteris canonicis* 11. *solidos censuales, quos dabatis mihi pro tabula* (sic) *quæ sunt vel fieri possunt ex utraque parte viæ, ab Acua qua* (sic) *est super cloquarium S. Eulaliæ, usque ad viam qua discurrit ad pratum.* Quæ sic leguntur in Charta ann. 1197. ibid. col. 183 : *Ab acu, quæ est super clocharium S. Eulaliæ, etc.*

¶ **ACUANITÆ**, Hæretici, quorum primus Acuas quidam Manetis discipulus. De his Baronius ad ann. 277. num. 42.

ACUARII, Anastasio Bibl. in versione Synodi VIII. act. 9 : οἷον βελονάδες, σταυλυσιανοί, ἱππίατροι etc. *Acuarii, stabularii, veterinarii, seu medici equarii.*

¶ **ACUARIUM**, *Theca acuum*, in Onomastico ad calcem Actorum SS. Junii tom. 2.

* **ACUARIUS**, ut *Acuarium*, theca acuum. Reg. visitat. Odonis archiep. Rotomag. ab ann. 1248. ad ann. 1269. ex Cod. reg. 1245. fol. 431 : *Injunximus* (monialibus S. Amandi) *ne elemosinarias, Acuarios, fresellos et consimilia operarentur seu facerent.* Eadem occurrunt fol. 494.

ACUBICULA. Extat hocce vocabulum in Legibus Francor. Basileæ editis lib. 1. cap. 75 : *Fœminæ* (*in die Dominico*) *opera textilia non faciant, nec capulent vestitus, nec consuant, vel Acubicula fiant.* Sed ibi mendum subesse advertit Spelmannus ex Capitulis Caroli M. lib. 1. cap. 81. ubi eadem verba leguntur : ibi enim editur *Acupictile.* Unde frustra Meursius emendationem tentavit.

¶ **ACUBULA.** Vide *Acucula.*

¶ **ACUBUS.** Vide *Aculus.*

ACUCLA, Scaplum, κνίστριον in Gloss. Græc. Lat. pro *Acucula.* Vide *Agagula.* [Melius κνηστήριον, Cultellus, Gall. *Canif*, vel etiam pro *Radula*, Gall. *Gratoir, Racloir;* at longe aliena vox ab *Agagula.*]

1. **ACUCULA**, [Acuculla et Acula] diminut. ab *Acus*, quasi minor acus; sic autem *Discerniculum* dicitur. *Acum* Martialis, *Acum crinalem* Apuleius lib. 8. *Acum crinibus distinguendis* Tertullianus lib. de Pœnitentia, *Acum discriminalem* S. Hieronym. Apol. ad Rufin., *Acum comatoriam* Petronius vocant. ubi Woweren. et Erhard. consulendi, et alii Criticorum filii. Gallis *Aiguille de teste.* Excerpta ex veteri Lexico de æreis : *Acucula*, βελόνη, ex quibus emendandæ Glossæ Gr. Lat. βελόνη, *Acusa, Acus* seu ut habet Cod. MS. *Acubula, acus;* scribendum enim *Acucula*, quomodo habet Onomast. vetus. Lex 1. Cod. Theod. de Repud. : *Si præter hæc tria crimina repudium marito miserit, oportet eam usque ad Acuculam capitis in domo mariti deponere.* Acum vero inter ornamenta muliebria recenset lex 27. § 2. D. de auro et arg. Constit. synodales Episcopi anonymi ann. 1237. tom. 2. Concil. Angl. de Monialib. : *Nec in velo Acus argenteas audeant deportare.* Hieronymus in cap. 3. Esaiæ : *Habent Acus mulieres, quibus ornatorum crinium compago retinetur, ne laxius fluant, et in sparsos dissipentur capillos.* [Agnellus lib. pontif. apud Murat. tom. 2. pag. 108. col. 1. C : *Jussit ipse endothim byssinam pretiosissimam, cui similem nunquam videre potuimus, Aculis* (alias Acucullis) *factam, omnem Salvatoris nostri historiam continentem.*]

* Ita et nostratibus *Aiguillon*, dimin. ab *Aiguille*, eadem notione. Lit. remiss. ann. 1449. in Reg. 176. Chartoph. reg. ch. 741 : *Ung hargan, qui vault ung denier et maille, deux petits Aiguillons d'argent.*

¶ 2. **ACUCULA**, Acuculia, Acutus, solers. Vide *Agagula.*

ACUDA [Rota hauritoria]. Vide in *Acutum.*

¶ **ACUITAS**, Acumen, ut styli, ingenii, etc. Gocl. Lex. Phil. 285.

* Gloss. Gall. Lat. ex Cod. reg. 7684 : *Agueté, Acuitas.*

¶ **ACUIDAMENTUM**, ¶ **ACUIDARE**, } Vide *Acunydare.*

** **ACULA**, *Exilium.* Gloss. Cod. reg 4778.

¶ **ACULEA**, Cuspis campanaria, pyramis, obeliscus, Gall. *Aiguille, Flèche.* Vita B. Columbæ Reatinæ tom. 5. Maii, pag. 392. * E : *Fueramus igitur erecturi in summo illius* (turris campanariæ) *Aculeam quadratam, cacuminis de quinquaginta cubitis, in gloriam et titulum sanctæ crucis.*

* 1. **ACULEUS**, *Genus tormenti ad modum acus acuti.* Glossar. vetus ex Cod. reg. 521. Vide *Equuleus.*

** 2. **ACULEUS**, *Peccatum, vulnus, acumen, tædium.* Gloss. Jæckii et Cod. reg. 4778.

¶ **ACULERIUM**, Acuum theca, Gal. *Aiguillier.* Statuta Ord. Grandimont. apud Marten. tom. 4. Anecdotorum col. 1234. C : *Pectenarium etiam et Aculerium et cultellus, etc. omni careant ornatu.*

* **ACULIUM**, Pertica ferro præacuto munita, unde nomen Tractat. Ms. de re milit. et mach. bellicis cap. iij : *Beccusfredus, alias Aculium, marinus frangens naves.* Vide infra *Beccusfredus.*

ACULUS, *Ministerialis domus Regiæ*, in Gl. Isidori. [Excerpta Pithœi : *Acubus Ministerialis, etc.* Cerda in Adversariis emendat *Acoluthus.* Barthius : *Aulicus.* Salomonis. Constantiensis Glossæ : *Aulicus, Minister regalis, ab aula.* Sed optime J. F. Gronovius : *a caliculis*, quod probat ex Papia. Est autem *a caliculis*, pincerna, qui Suetonio dicitur *ad cyathum stare.* Hæc ex Georgii Grævii notis ad Glossas Isodiri. Vide *Agagula.*]

¶ **ACUMBA**, *Accubitum.* Acumbisma, *Fulcrum.* Lexic. G. B. in Amalthea.

* **ACUMENTUM**, Quod pro acuendo instrumento ferreo solvitur. Inquisit. ann. 1284 : *Solvuntur primo expensæ totius foveæ, videlicet mercedes operariorum, candelæ ad illuminandum, Acumenta picorum, sacci ad extrahendum.* Vide infra *Acutio et Agusare.*

ACUMI. Fragmentum Petronii : *Abacia et Acumi omnia exposcit, intestina mea noverat, etc.* [Explicatur et emendatur in voce *Abacium.*]

¶ **ACUMINARE**, Acuere, metaph. Excolere, perpolire. Guibertus lib. 2. de Vita sua cap. 5 : *Adeo namque solers ejus quotidie Acuminatur ingenium.* Hac voce sine tropo usus est Lactantius Opific. cap. 7 : *Acuminavit in caudam.*

¶ Acuminati calcei. Vide *Rostra* et *Poulainia.*

* **ACUNEI**, *Victimæ.* Glossar. vet. ex Cod. reg. 7641.

ACUNYDARE, Acundare, Aquindare. Vox Catalonica. Diffidare. [Gall. *Défier*, Hostem se declarare, Ad bellum provocare. Oriri videtur ex *Abcognitare*, quod interpretor *Méconnaître;* at Leonardo Frischio est symbolo se distinguere, cui contrarium est *Adcognitare*, alicui sese adjungere, Gall. vet. s'*Accointer de quelqu'un.* Quid si *Acunydare*, vox esset hibrida ex vocibus *ad* κύνα *dare*, Canem vocare, Gall. *Appeler chien* : quod constat ab eo qui alterum ad certamen provocabat olim factum fuisse.] Usatici Barcinocenses MSS. cap. 81 : *Si quis aliquid eis nocuerit, vel aliquod damnum, vel forisfactum eis fecerit, ipsa teneat die per Acunydatum a Potestate.* Cap. 110 : *Si quis* *dixerit seniorem suum habere diffidatum, vel Acunydatum, si hoc probare nequiverit, emendet omnia mala facta, quæ propter hoc hac occasione fecerit, etc.* Cap. seq. : *Omnes homines postquam Aquindaverint Potestates, teneant eis pacem et treugam* 30 *diebus, et Potestates ad Vicecom. vel Comitores* 15 *diebus, et ad Valvasores et ad alios Milites* 10 *diebus.* Cap. 115 : *Item statuerunt... quod si aliquis per semetipsum vel per suum nuntium voluerit Aquindare, vel diffidare suum seniorem, semel possit facere, etc.* Constitutiones Cataloniæ MSS. cap. 1 : *Quod si quis infregerit, non habebit meum amorem, sed sub Aquindamento erit meo.* Alio loco : *Cum exierit a Curia Regis, teneat se pro suo Acunydato.* Infra : *Et nullus Baronum terræ recipiat in honore suo, nec det ei consilium, vel juvamen, imo Aquindent eum statim et faciant ei guerram.* Charta Ildefonsi Regis Aragon. ann. 1187, pro libertatibus villæ Amiliani (*Milhau*) in Occitania, in Reg. Lud. Hutini Reg. Fr. f. 7 : *Vel non fuerit Aquindatus vel diffidatus, etc.* Tom 8. Spicil. Acheriani pag. 386 : [*Nullus homo capiat per se vel per alium, nec robet nec robari faciat aliquem hominem de genere Laicum vel Clericum, nisi Acundaverit ipsum ante per quindecim dies.*]

* Concil. Terrac. ann. 1282. cap. 4. cuustitulus est *Contra diffidantes clericos*, apud Marten. tom. 7. Ampl. Collect. col. 279 : *Quod si aliquis temeritate propria diffidaverit seu Acunydari fecerit aliquas personas religiosas, etc.* Aliud ann. 1291. ibid. col. 291 : *Statuimus ut clericus aut religiosus.... diffidaverit, Acunydaverit, seu Acunydari fecerit vel procuraverit prælatum, clericum, etc.* Vide mox *Acuyndare* [** et *Acuydare.*]

¶ Acudamentum, Belli declarat io diffidatio, Gall. *Deffy.* *Acuidare* eadem notione. Concilium Tarracon, ann. 1591. tom. 4. Collect. Concil. Hisp. p. 591. col. 2 : *Si post monitionem factam personaliter vel publice in Ecclesia, ubi domicilium habuerint diffidantes seu Acuidantes præfati.... infra decem dierum spatium præfata Acuidamenta seu diffidamenta non revocaverint cum effectu; ex tunc in Ecclesiis civitatum, villarum, vel locorum, quamdiu præfati diffidantes seu Acuidantes præsentes fuerint, cessetur penitus a divinis.* Ibidem pag. 583 : *Si quis deinceps... diffidaverit seu Acuidaverit, Archiepiscopum, vel Episcopum...... vel alium in sacris ordinibus constitutum.... ipso facto sententiam excommunicationis incurrat.*

¶ Acunydamentum, in Usaticis Barcinon. MSS. cap. 64 : *Omnes homines habentes seniores, nullo ingenio vel ratione, neque per difidamentum neque per Acunydamentum, neque per illorum fevum illis relictum guaytent personas..... nec vulnerent, nec capiant.*

ACUPEDIUM. Gl. Græc. Lat. Οξυποδία, *Acupedium, adensatio.* Οξυποδῶ, *adenso, denso. Acupedius, vel secundum aliquos Acupedinus, i. Cursor, quasi acutis pedibus currens. Acupedineus, velox, vel ad Acupedium pertinens. Acupediltus, velox.* Ugutio, Brevilox. Jo. de Janua, ex Festo. [Item *Æquipedius, Acripedius, Agipedius, Accipedarius, Accipes, Agipes,* eadem notione in Amalthea Onomast. *Acupes*, quasi *Ocypes* a Græco ὠκὺς, Celer dictus est, *Acripedius* ab ἄκρος, Extremus. Vox Græco-Latina, quæ hominem tanta velocitate currentem sonat, ut vix tangat summis pedibus.]

¶ **ACUPICTILE.** Vide *Acubicula*, et in voce *Acupictus.*

ACUPICTUS, Isidorus lib. 19. Orig. cap. 22 : *Acupicta vestis, acu textilis, aut acu ornata. Eadem et Phrygia. Hujus enim artis periti Phrygii omnes dicuntur.* Virgil. lib. 11. Æneid. : *Pictas acu tunicas.* Ubi Servius : *Nomine artis qualis esset tunica demonstravit, nam hujusmodi vestes Acupictæ dicuntur.* Testamentum Leodeboli Abb. apud Helgaudum : *Oralia ad mensam una cum cappis, et vela* 2. *Acupicta.* [** Recentiores separant *Acu picta vestis.*]

Acupictilis, Anastasius Bibl. in Leone IV. pag. 177 : *Velum Acupictile habens hominis effigiem sedentis super pavonem unum.* Ibidem pag. 187 : *Fecit vestes de fundato tres habentes unam tabulam Acupictilem interclusam.* Adde Capitula Caroli M. lib. 1. cap. 81. [** Vide Gloss. med. Græc. in voce Κεντητόν.]

Acupictura. Regula S. Cæsarii ad Monachos cap. 42 : *Plumaria et Acupictura, et omne polymitum ... nunquam in Monasterio fiant.* Acupicturæ vero artifex Hesychio dicitur, Βελονοποικίλτης, ὁ τῇ ῥαφίδι ὕφη ποιῶν καὶ ζωγραφῶν.

* **ACUPITA**, pro *Acupicta*, in Glossar. Cassin. ann. circ. 700 : *Acupita, vestis est acu texilis.* Ubi leg. *textilis.* Vide *Acupictus.*

¶ **ACUPODIUM**, ὀξυπόδια, in Glossis Cyrilli. Vide *Acupedium.*

* **ACURARIA**, Ars *acurarii.* Vide mox *Acurarius.*

* **ACURARIUS**, Faber ferrarius, Gall. *Forgeron.* Inquisit ann. 1288. inter Access. ad Hist. Cassin. part. 1. pag. 388. col. 1 : *Acurarii S. Germani debent servire de arte sua monasterio Cassinensi .... in faciendis quadrillis, ... et debent recipere terram et carbones .... Interrogatus a quo tempore Acurarius excusat domum suam a præstatione gallinæ, dixit quod ab eo tempore, quo per se incipit exercere artem Acurariæ, et laborare ad fortiam seu ad fucinam.*

* **ACURIUS.** Codex reg. 5600. ann. circ. 800. fol. 101 : *Calendas Januarias quod maledictus Janus docuit, hoc custodiunt, vel impurus quod mensus component, aut Acurios attendunt, aviculas cantantes, etc.* Ubi legendum videtur *Augurios*, pro Auguria.

* **ACURSUS**, Accretio, accessio, Gall. *Accrue.* Charta composit. inter eccl. Lugdun et comit. Forensem ann. 1167. ex Bibl. reg. Cod. 5190. fol. 13. v° : *Ripæ fluminum et Acursus, communes sunt.*

* *Acoursé* nostris olim dicebatur mercator, apud quem *accursus* seu frequentia ementium erat, vulgo *Marchand achalandé.* Lit. remiss. ann. 1383. in Reg. 124. Chartoph. reg. ch. 104 : *Ledit exposant estoit mieulx Acoursez, c'est assavoir mieulx achalandez. . . . Les gens plus volontiers aloient acheter ses potz, pour ce que icellui exposant en faisoit meilleur marchié. Accoursier, Accourserie,* pro *Chaland, chalandise, pratiques*, apud Rabelais. tom. 2. pag. 112. Vide Diction. etymol. Menag. etc.

¶ **ACURTARE**, Breviare, contrahere. Gall. *Acourcir, Abréger.* Prologus partis 2. Hist. Translationis B. Edmundi apud Marten. tom. 3. Anecdot. col. 1859 : *Cujus narrationis seriem ita Acurtare decrevimus, ut nihil de veritate historiæ translationis ipsius inveniatur omissum*

* *Acourter, abbreviare*, in Glossar. Gall. Lat. ex Cod. reg. 7684. *Acourchier*, eadem notione, apud Bellomaner. Ms. cap. 65. p. 162. r°. col. 1 : *Ne leur puet le conte Acourchier* (les respis), *mes alongier il puet il, se il veut.* Huc fortassis spectat vox Gallica *s'Acturer*, Contrahere se occultationis causa. Lit. remiss. ann. 1468. in Reg. 197. Chartoph. reg. ch. 59 : *Guillaume Bouyer, qui se tenoit mussé, ou Acturé, ou appuyé en aguet contre le torchis ou apparoy de son hostel, etc*

1. **ACUS**, Acicula, spinula; nostris, *Espingle*, qua *Pallium Archiepiscopale* constringitur, seu configitur. Ordo Roman. : *Pallio superinduitur, et configitur per Acus in planeta retro et ante.* Occurrit ibi non semel, ubi de Pallio Pontificis agit Bruno Signiensis de Vestimentis Episcopalibus : *Acus autem non ad pungendum, id est, non propter hujus vitæ compunctionem, ut quidam putant, sed ad planetam palliumque jungendum inventæ sunt. Quædam enim ansulæ antiquitus in planetis positæ erant, quibus Acus inserebantur et pallium simul cum planeta firmabant, ne a suo loco pallium moveretur.* Charta Joannis Archiep. Capuani ann. 1301. in Sanct. Cap. 263 : *Item tres Acus de argento cum lapidibus pro palleo.* Proprie vero *Acus* dicitur pars fibulæ, qua illa clauditur et astringitur. Trebellius Pollio : *Fibulam auream cum Acu Cypria unam.* Fortunatus lib. 8. poemate 4 :

Chrysolitha auratam fibula claudit Acum.

2. **ACUS**, *Calamistratorium*, in Gloss. Isid. Vide *Acucula.*

¶ **ACUSTUMARE.** Tributum ex *custuma* seu consuetudine exigere, Gall. *Lever la coutume.* Hinc nostrum *Accoutumer*, Assuefacere. Arrestum Parlamenti sub Philippo Franc. Rege in Tabulario Compendiensi : *Nituntur. . . . Acustumare paagium injuste et de novo mercaturarum villæ Compendiensis, etc.* Vide in *Consuetudo.*

* 2. **ACUSTUMARE**, A tributo, quod *coustuma* dicitur, liberare, vel liberum declarare. Charta ann. 1452. in Reg. 181. Chartoph. reg. ch. 109 : *Cum a prædecessoribus nostris ducibus Aquitaniæ concessum extiterit hospitelario hospitalis S. Andreæ, in civitate nostra Burdegalensi tunc existenti et suis successoribus, quod Acustumare potuissent xl. dolia vini de suis propriis vineis et redditibus et decimis exeuntia, absque alicujus custumæ ne issac in castro nostro Burdegalensi solucione.*

1. **ACUTA**, Febris violentior, [*Fièvre aiguë.*] Vita S. Margaretæ Hungaricæ num. 53 : *Rex Ladislaus cum pluribus diebus Acutam continue passus fuisset, etc. Acuta Febris*, in Vita Lietberti Episc. Camerac. cap. 9. *Acutæ passiones* apud Cælium Aurelian. lib. 3. Tardarum passionum cap. 5. et apud Ordericum Vital. pag. 873. *Acuti morbi*, apud Constantinum Afric. lib. 10 Pantechn. cap. 5. Celsus lib. 3. cap. 1 ait Græcos divisisse morbos omnes in duas species : *Alios namque ex his Acutos, alios longos esse dixerunt.* Vide Mich. Scotum Mensæ Philosoph. cap. 7.

In Acutis laborare. Cæsarius lib. 10. cap.

44 : *Cum tempore quodam Laborarem in Acutis, ac semel et secundo post crisim recidivassem.* Lib. 11. cap. 36 : *Monachus quidam bonæ vitæ laborabat in Acutis.* Lib. 12. cap. 36 : *Idem Steppo cum in Acutis laboret.* Ita lib. 1. cap. 25. et alibi non semel. Noti sunt Aretæi et aliorum Medicorum libri περὶ ὀξέων παθῶν, et Cælii Aureliani *de Acutis.* Vide Humelbergium ad Sereni Sammonici caput 2.

2. **ACUTA**, in Musica. Vide *Superacuta.*

ACUTARE, Acuere. [Gall. *Aiguiser.*] Passio sancti Bonifacii Mart. num. 8 : *Et cum iratus fuisset judex, jussit ut calami Acutarentur, et eos affigi sub ungulis manuum ejus.*

¶ **ACUTARII CANES**, in Lege Salica, iidem qui *Argutarii.*

ACUTELA, *Acumen*, Joanni de Janua.

ACUTIA, *Versutia : Acutus, Versutus*, Papiæ. Ekkehardus Junior de Casib. S. Galli. cap. 10 : *Quæ Acutia sua versipelli resumpserat.* cap. 11 : *Miror te numquam hominis pigere, qui astu suo semper tuas exuperavit Acutias.* cap. 16 : *Valeant odibiles illi, qui te Acutiis suis a bono avertere moliuntur. Sotularium Acutia*, i. cuspides, *Rostra*, in Vita Mariæ de Mailliaco n. 36.

¶ **ACUTIANGULUS**, Angulus acutus. Prolegom. in Euclydem 1. 8 : *Oxygonium vero, id est, Acutiangulum.*

ACUTIATOR, Qui acuit, samiarius. Gall. *Aiguiseur.* Gloss. Lat. Græc. ἀκονητὴς, *Samiarius, cociarius, Acutiator.* Idem *Acutor* dicitur Joanni de Janua.

¶ **ACUTIES**, Acumen, cuspis, Gall. *Pointe.* Vita sanctæ Catharinæ Senensis tom. 3. Aprilis pag. 901. D : *Quod cum fecissem manu, protulit clavum unum, cujus cuspidem, vel Acutiem in medio palmæ manus meæ opposuit, tamque fortiter manum clavo-strinxit, ut, etc.*

ACUTIM, *Acute*, Joanni de Janua.

* **ACUTIO**, Actio, qua quis aliquid acuit, vel Subtilitas. Glossar. Gall. Lat. ex Cod. reg. 7684 : *Aguisement, Acutus, tus, tui. Acutio, onis, idem, ou Soustiveté. Agument, acute vel subtiliter.*

* **ACUTULE**, dimin. ab *Acute.* Timoth. Maff. de Magnif. Cosmi Medic. apud Lam. in Delic. erudit. pag. 150 : *Non est diu passus homo ille me tua opera commendantem, et de magnificis rebus tuis magna cum tui laude loquentem. Ceterum cum stomacho, et Acutule quidem, ad multa respondit.*

AÇUTUM, Ædificii species Hispanis, quæ vox occurrit non semel in Foris Aragonensibus apud Michaëlem *del Molino* in Repertorio in hac voce, et in v. *Apprehensio*, ubi jungitur cum *Cequia*, i. Fossa rivi. Hispanis *Açuda*, est rota hauritoria. Idem Molinus pag. 265. describit Chartam Alphonsi I. Regis Aragon. æræ 1153. quæ facta dicitur *in illa Açuda civitatis Cæsaraugustæ.*

1. **ACUTUS**, Clavus aut gomphus. Ebrardus in Græcismo cap. 12 :

Clava, genus baculi : clavis, sera : clavus, Acutus.

Mamotrectus ad 41. Isaiæ : *Clavis, i. Acutis. Acutum cuprinum*, dixit Vegetius lib. 3. de Re veterin. cap. 2. Innocentius Agrimensor, *Acutum Cyprinum*, pro clavo æreo, quem *Cyprinum Clavum* vocat Palladius. Pelagius libello 15. n. 48 : *Impossibile est navim fabricare sine Acutis.* Bonifacius Episcopus Atinensis in Sermone de SS. Nicandro, Marciano et Marco : *Clavos acutissimos in vertice beati cæperunt infigere Marci, idololatræ impiissimi in vertice ejus Acutos figebant, etc.* Vita S. Potiti Mart. n. 20 : *Et allatum Acutum jussit eum in capite usque deorsum in eum figi.* Occurrit ibi pluries. Vita ejusdem S. ex MS. Neapolitano, habet hoc loco, *clavum ferreum, clavum Acutum.* Utuntur præterea Macrobius et Isidorus lib. 19. cap. 33. Auctor versionis Italicæ lib. Petri Crescentii de agricultura pag. 62 : *Ma sane mandorli si ficca un' Aguto, si o pertugia in molti luoghi*, et pag. 275 : *Se i chiovi, o vero Aguti saranno d' oro.*

2. **ACUTUS**, *Panis triangulus*, in Gloss. MS. in Reg. Cod. 113.

** **ACUYDAMENTUM**. Vide in *Acuydare.*

** **ACUYDARE**, Idem quod supra *Acunydare* et infra *Acuyndare* in Constitut. Catalon. vol. 2. pag. 140, Const. Petri III ann. 1339 : .... *Immo diffidamenta, desesimenta seu Acuydamenta eis* (prælatis etc. per nobiles) *facta, vel quæ contigerit fieri faciatis et iubeatis protinus revocari, quæ nisi revocata fuerint cum effectu, vos contra deffidantes et Acuydantes etc.* Ibidem pag. 141, Const. Ferdinandi I. ann. 1413 : *Quinimo eosdem* (prælatos etc.) *guerrificandi, diffidandi seu Acuydandi seu damnificandi ipsis sæcularibus generosis sit facultas salubriter interdicta.... Bona eorum diffidare, Acuydare et damnificare.* Ibidem vol. 1. pag. 445. Usaticorum cap. 111, locus quem latine scriptum supra in voce *Acunydare* videas, ita vernacule redditur : *Totes homens puys hauran Acuydat la Potestat, litengan pau e treua trenta dies etc.*

¶ **ACYNIDAMENTUM**. Vide in *Acunydare.*

* **ACUYNDARE**, ut supra *Acunydare*, Diffidare. Responsa Jacobi I. reg. Aragon. ann. 1266. in Append. ad Marcam Hispan. col. 1448 : *Quæritur si quidam miles nobilis alium nobilem diffidavit,... tandem post treugam exitam, hic nobilis qui Acuyndavit, offert se ad justitiam..... Respondemus quod si miles, qui primo Acuyndavit, potest recedere a malo et guerra et facere jus, et quod similiter fiat sibi jus ab eo quem Acuyndavit.*

ACYRALIS. Vide *Aciralis.*

¶ **ACYSTERIUM**. Vide *Asceterium.*

¶ **ACYTURA**, pro *Adjutura*, Gall. *Aide.* Tributi species. Charta ann. 1375. apud Baluzium tom. 2. Hist. Arvern. pag. 1711 : *Redditus, decimas, parcerias, prata, pascua, terras, nemora, riperias, portus, passagia...... et omnia alia commoda et emolumenta, jura, deveria, et Acyturas quascunque castrorum et castellaniarum prædictarum.* Vide *Auxilium.*

ACZADUS, ex Hispanico *Açada*, Capreolus, bidens. Innocentius III. PP. lib. 13. Ep. 161. de Burgensi Ecclesia : *Ferrum caldararium, acetrum, tres Aczados, totidem Aczadas, 4 cistas scutellis plenas, etc.*

¶ **ACZADUS**, Ligonis species, Gall. *Hoyau.* Hispanis *Açadon.* Instrumentum ferreum ad pastinandum aptum. Differt latitudine ab

¶ **ACZADA**, Hispanis, *Açada*, Gallis *Hoüe*, quæ ferreum item est Instrumentum, tenue, largum octo vel novem pollices, ac recurvum, quo maxime utuntur vinitores et pastinatores. De hujusmodi autem ligonibus, non de *Capreolis* in exemplo supra allato, quod sic restituendum existimo, *Ferreum Caldararium, acetrum, tres Aczados, etc.* vide *Açada* et *Açadon* in Dictionario Hispano Gallico Francisci Sobrini.

¶ **ACZARIUM**, Chalybs, Gall. *Acier.* Computum anni 1333. tom. 2. Hist. Dalphin. pag. 278 : *Item pro arnense uno de malla de Aczario.* Gallice diceretur : *Pour un harnois dont les mailles sont d' Acier.*

¶ **ACZIMA**, Aczimatura, Aczimiatura, Pannorum tonsura, Gall. *Tonture de draps.* Computum Joan. de Ponciaco sub Humberto Dalphino ann. 1333. tom. 2. Historiæ Delphinatus, pag. 279 : *Item pro Aczima ipsius robæ.... sol. iij.* Et pag. 283 : *Item pro tonditura seu Aczimatura panni robarum Dominæ Beatricis.... 7. sol. 4. den. Vienn.* Ibidem pag. 284 : *Pro roba Dom. Dalphin. et Dominæ de mandato Domini 41. Flor. et pro Acziniatura seu tonditura ipsius 31. sol. Vienn. Item pro Acziniatura seu tonditura ipsius apud Gronop. quia iterum ipsum tondi fecit, etc.*

¶ Aczimare, Tondere, ibidem pag. 282 : *Item pro tondendo seu Aczimando ipso panno, etc.*

AD, Præponitur sæpe locorum nominibus, ex familiari ac vulgari loquendi formula, qua nos *ire ac pergere* dicimus *ad quædam loca :* cujusmodi exempla passim proferunt Itineraria vetera Antonini et Hierosolymitanum, et Peutingeri Tabulæ. Ita apud Ammianum lib. 27. Mediolani locus occurrit, *Ad Innocentes* appellatus. Græcos etiam recentiores ita locutos docuimus in Descript. S. Sophiæ n. 18. Sed et Dafnense Palatium ad Antiochiam ἐπιδάφνην dictum, quasi ἐπὶ τὴν Δάφνην, par est credere. Regino ann. 962 : *In quodam monte qui dicitur ad sanctum Leonem. Pontes* in Pictonibus castrum *ad Pontes* vocari scribit Anonymus in Miraculis S. Eutropii Episcopi Santonensis n. 22. Vide Theosterictum in Vita S. Nicetæ Hegumeni n. 28.

☞ Frequentissime occurrit isthæc loquendi ratio, præsertim apud Scriptores nostros qui illam a Gallico mutuaverant, non modo ubi de locorum nominibus sermo est, sed etiam, et præcipue quidem, cum de officiis ministeriisve agitur. Sic in Computo generali reddituum Regis Franc. ann. 1202. apud D. *Brussel* Tract. de usu feud. tom. 2. pag. CLVI : *Pro lx servientibus Ad equos, et pro C. servientibus Ad pedem, et pro quatuor balistariis Ad equum.* Quod diceremus, *Sergent à cheval, Sergent à pied.* [** Monachus Sangallensis de vita Caroli M. lib. 2. cap. 3 : *Dixit illis, Ad cameram meam servire debetis.*]

¶ **AD** pro *In*, verbi gratia apud Spartianum in Pio : *Profectus est Ad Campaniam.* Sequioris sæculi idiotismus est. Vide Casaubonum ad eumdem in Hadriano.

ADA. Vide *Acla.*

* **ADÆQUANTIA**, Justa æstimatio, adæquatum cum re aliqua pretium, Gall. *Equivalent.* Stat. Vercell. lib. 7. pag. 160. v° : *Item quod aliquis ronzinus scriptus communi ad stipendium, vel in Adæquantia, vel aliter non possit extimari ultra florenos decem auri.*

Nostris *Adequer*, a Lat. Adæquare, *Ajuster*. Instruct. ann. 1382. tom. 7. Ordinat. reg. Franc. p. 751. art. 7 : *Semble qu'il seroit bon et profitable qu'en tous les lieux où il sera establi grenier pour le roy, que l'on y envoyast les mesures adjoutées et Adequées à la mesure de Paris.*

¶ **ADÆQUARI**, Æstimari, diligenter discuti, inspici. Honorius Imperator in lege ann. 413. tom. 5. Cod. Theodos. pag. 134 : *Loca, quæ præstationem suam implere non possunt, præcipimus Adæquari, ut quid præstare possint, mera fide, et integra veritate scribatur.* [** *Adæquari* in hac lege, Theod. Cod. Lib. 13. tit. 11. cap. 12. et in alia Theod. Cod. Lib. 4. tit. 19. cap. 1. § 2, Dirksenio est *Ad æquitatem redigere;* sed priore loco potius significare videtur *Æquitatis benignitate æstimare*, nisi legendum *Adærari.*]

ADÆQUATIO, Æqua bonorum partitio inter hæredes, in Lege Longob. lib. 2. tit. 29. § 3. [** Liutpr. 73.] cujusmodi *adæquationis*, s. *exæquationis* bonorum formulæ habentur apud Lindenbrog. form. 67. 68. 69. et 70. Vide *Æqualentia.*

ADÆQUE, pro *pariter, perinde*, in diurno Romano cap. 2. tit. 4. § 10.

1. **ADÆRARE**, Pretium addicere, ære estimare, ad æris pretium redigere, vulgo *Adpretiare.* Gloss. Lat. Gr. *Adærat*, ἐξαργυρίζεται, ἀποχαλκίζει, *Adæratio*, ἐξαργυρισμός. Gloss. Lat. Gr. ἀπαργυρισμός, *Adæratio*, ἐξαργυρίζω, *Adæro*, Lex Burgund. addit. 2. § 6 : *Solidi qui a tempore Alarici Regis Adærati sunt* [** Locus integer ita habet : *De monetis solidorum præcipimus custodire, ut omne aurum quodcunque pensaverit accipiatur, præter quatuor tantum monetas Valentiniani, Genavensis et Gothium, qui a tempore Alarici regis adærati sunt, et Ardaricanos;* unde paullo alia significatione vocem hic acceptam esse constat.]; et Lex Wisigoth. lib. 4. tit. 5. § 7 : *Post parentum obitum Adæratione adhibita, etc.* Joan. Diaconus in Vita S. Gregorii M. PP. lib. 2. cap. 24 : *Cunctorum patrimoniorum prædiorumque reditus ... Adæravit.* Breviloq. : *Adærata prædia dicuntur, ex quibus æs proveniebat. Adæratæ annonæ*, in leg. 31. Cod. de Erogat. milit. annonæ, cum sc. annonæ in ære persolvuntur. [Hinc Jac. Cujacio *Adhærare* idem est ac *Albergare*, quod scilicet *Alberga* quæ primum servitus erat fundo imposita v. g. hospitio excipiendi, nunc in ære solvatur.] Vide Casaubonum ad Theophrasti Characteres pag. 332. et ad Sueton. Salmasium ad Pollionem pag. 338. et Jacobum Gothofredum ad leg. 28. Cod. Theod. de Erogat. milit. annonæ. [** Vox *Aderado* simili sensu frequens apud Lusitanos, teste Sª Rosa de Viterbo. Charta ann. 1068 : *Acibio de ti pretio Aderato et definito quadraginta modios.* In aliis chantis ann. 1107 et 1108 *por preço aderado legitur.*]

* Nostris *Adenerer*, Merces seu rem quamlibet denariis commutare, rem venditam in denarios convertere. Ch. ann. 1332. in Chartul. S. Mart. Pontisar. fol. 28 : *Lesdiz vendeurs en ont sousmis et obligié... tous leurs biens, ... meubles et heritages presens et à venir à justicier, vendre, despendre et Adenerer à tel feur, etc.* Lit. ann. 1355 in vol. 4. Arest. parlam. Par. : *Jaquin de Paris sergent du chastelet et commissaire du roy pour vendre et Adenerer tous les biens meubles et immeubles, ... escheus et acquis au roy, etc.* Aliæ ann. 1366. in Reg. 97. chartoph. reg. ch. 545 : *Pour laquelle chose le bailly de Vitry a fait battre et Adenerer les blez dudit suppliant, crier et subaster ses heritages.* Charta denique ann. 1469. ex Chartul. Latiniac. fol. 184. v° : *En possession et saisine de iceulx grains et prouffitz atribuer à leur usage et pour leur provision, ou les vendre et Adenerer et distribuer à aultruy à leur prouffit.* Adde Ordinat. reg. Franc. tom. 6. pag. 594. art. 13. Vide *Denariata.*

2. **ADÆRARE.** [s. Ære munerare, stipendia decernere, Gall. *Gager.*] Bulla Adriani I. PP. ann. 772. in Bullario Casinensi tom. 2. pag. 13 : *Et ecce obnixe nos, Religiosissimi Dei cultor, dinosceris poposcisse, ut ex nostri persona studuissemus Adærari, qui sine nostra inquietudine easdem vestras causas subtiliter perscrutare, vobisque justicias facere deberet.* [Glossulæ in Cod. MS. Cluniac. tom. 2. Operum posthum. Mabill. pag. 23 : *Adæravit, id est, ære muneravit.*]

¶ **ADÆRATIO.** Vide in *Adærare.* 1.

* **ADAGAGIUM**, vulgari pronuntiatione, pro *Adaquagium*, irrigatio, usus aquæ ad prata irriganda, Gall. *Arrosement.* Charta ann. 1471. ex Cam. Comput. Aquens. in Reg. sign. *Columba* fol. 282 : *Adagagium ipsum funditus vetent.* Vide infra *Adaquagium.*

* **ADAGONIE**, *Proverbio*, in Glossar. vet. ex Cod. reg. 7646. Ubi forte sic leg. *Adagio, i. e. Proverbio.* [** Cod. 4778 ut ex Placido *Adagonie*, apnd Maium vero tom. 3. pag. 433. *Adagione* legitur.]

ADAGONISTA, *Incitator, certator*, Joanni de Janua, pro *Antagonista.* [* Glossar. Lat. Gall. ex Cod. reg. 7692 : *Adagonista, Enchercheur.*] [** Gloss. Cod. reg. 4778 : *Adagonista, Incitator certaminis vel certatoris, provocator.*]

¶ **ADALBERGA.** Testamentum Adalaïdis ann. 978. apud Marten. tom. 1. Anecd. col. 97 : *Alia medietas de fructu remanent Raymondo Archiberga et Adalberga.* Haud scio ann. *Archiberga* et *Adalberga* idem sint, qui dominus *Albergæ*, cui competat jus *gisti* seu jus quibusdam in prædiis hospitandi. Vide *Alberga.*

¶ **ADALGERE**, pro *Adaugere*, Addere. Charta Rogornis et Aldeburgis uxoris pro Monasterio Nobiliacensi, regnante Rotberto Rege : *Decumbente quoque meipso propter aliquam plagam in lectulo, statui apud me : Adalgere deberem ad eleemosynam genitoribus meis; quod et feci, etc.*

ADALIDES, Auditores, Mauris Hispanis; apud Rodericum Tolet. lib. 3. de Reb. Hispan. cap. 24. alias *Adalides* dicuntur *Itineris ductores.* Leges Alphonsinæ part. 2. tit. 22. lege 1 : *E por esto los llaman Adalides, que quiere tanto decir coma guiadores,* [** al. guardadores] *porque ellos deben haber en si todas estas cosas sobredichas, para saber bien guiar las huestes et las cabalgadas en tiempo de guerra.* De eorum munere sic Gregorius Lopez ex lege 4 : *Adalides potestatem habent judicandi circa ea quæ contingunt in hostium incursibus, seu cabalcatis, et super divisione prædæ cum perditorum restitutione : jussa imponunt Amogaberibus et peditibus, ponunt etiam de die speculas seu atalayas; et noctu auscultatores, vulgo dictos Escuchas; ordinant Estalgaras, et insidias seu celatas; creant etiam Almocadenos, qui sunt capitanei super pedites, etc.* [** Apud Lusitanos Adalidem, vulgo *Adail*, antiquitus nominatum fuisse *Zagam* monet Sª Rosa de Viterbo tom. 1 pag. 52. Charta ann. 1162 : *De preda de Fossado non detis nisi ad Zagam duas partes et vobis remaneant duæ;* ubi versio vulgaris sec. 13 : *E de roubo, e de foçado non dedes senão ao Adajl as duas partes, e a vos fiquem as duas partes.*]

ADALINGUS, Adelingus, Ethelingus, Edelingus, Edlingus, etc. voces unius et ejusdem originis, Saxonicæ nempe, quæ *Nobilem* et natalium splendore illustrem quempiam significant; ab æðel, vel edel, *Nobilis*, quam etiamnum usurpant Germani eo significatu. Gloss. Keronis, *Nobilibus, Adelem.* Lex Angliorum et Werinorum tit. 1 : *Si quis Adalingum occiderit, 600. sol. comp. qui liberum occiderit, etc. qui servum occiderit, etc.* Ita tit. 2. 3. 4. et 5. ubi trifariam hominum conditionem apud Saxones distributam observare est in *Adalingos* seu Nobiles, *Liberos* et *Servos.* Quod firmatur ex Nithardo lib. 4. c. 2. : *Saxonica gens omnis in tribus ordinibus divisa consistit Sunt enim inter illos qui Edhilingi, sunt qui Frilingi, sunt qui Lazzi illorum lingua dicuntur : Latina vero lingua hoc sunt Nobiles, ingenuiles, serviles.* [** Vide Gauppii edit. leg. Saxon. pag. 31.] Vocis vim attigit etiam Simeon Dunelm. et ex eo Rog. Hovedenus ann. 887 : *In loco qui dicitur Ethelingaege, id est Nobilium insula.* Math. Westmonasteriensis et Bromptonus habent, *Ethelinghey* et *Ethelingeie, quod interpretatur insula Nobilium.* Nec dubium quin ad hac voce formata sint Anglosaxonica illa vocabula appellativa, *Ethelredus, Athelunus, Ethelbaldus, Ethelulfus, Ethelstanus*, Regum Anglosaxonum familiaria nomina.

Edwardus Confessor in suis Legibus cap. 35. vocem *Adeling* effictam vult ex *Athel*, nobilis, et *Ling*, imago; *quæ conjunctæ*, inquit, *sonant nobilis imago.* Ab Edwardo hausit quæ habet in hanc sententiam Bromptonus pag. 907. Verum Spelmanus auctor est Saxonibus in more fuisse patrio nomini *Ling* subjungere, cum vel filium, vel juniorem denotare vellent, verbi gratia, *Eadmundling*, pro filio Eadmundi : indeque plerasque Arctoas nationes terminationem istam retinuisse in nominibus appellativis, quæ earum originem designabant. Unde *Salingi* dicti a *Sala* fluvio, a quo profecti; *Nordalingi*, quasi filii aquilonis; *Easterlingi*, quasi soboles Orientis. Vid. Cluverium in Germania antiqua lib. 1. cap. 15. et Besoldum in Dissert. de Ord. equest. pag. 4.

Ab hac igitur originatione dictos putant *Adelingos*, Regum præsertim filios et hæredes. Leges Edwardi loco citato : *Rex vero Edwardus Edgarum filium eorum secum retinuit, et pro suo nutrivit : et quia cogitabat hæredem eum facere, nominavit Adeling, quem nos dicimus Domicellum. Sed nos indiserte de pluribus dicimus; quia Baronum filios vocamus Domicellos, Angli vero nullum nisi natos Regum.* Leges Hoeli Boni : *Urchrichiad, i. Edling, qui post Regem ha-*

bet succedere, etc. Certum autem Regum filios *Adelingos* vocitatos. Ita apud Simeonem Dunelm. de Gestis Angl. ann. 866. *Elfredus, id est, Clito Adeling.* Apud Henricum Huntindon. lib. 5 : *Beorthsigt filius Brithnodi Adeling.* Et lib. 6 : *Quidam Anglorum Eadgar Adeling promovere volebant in Regem.* Charta Ælfredi Regis in Monastico Anglic. tom. 1. pag. 203 : *Ad insulam Clitonum quæ Anglice usitato nomine Aedlingaeg nuncupatur.* Unde colligitur *Clitones et Adalingos* eosdem esse. Adde Ordericum Vital. lib. 12. pag. 855. 869.

ADELINGA, Ordo Nobilium. Gotefridus Viterb. ann. 776. de Longobardis agens · *Omnes Reges illi fuerunt Adelingi, id est, de nobili prosapia, quæ apud illos dicitur Adelinga.* [** Vide Gauppii comment. ad Legem Anglorum et Werinorum pag. 312, Grimmii gramm. tom. 2. pag. 44. n° 483, ejusd. Antiq. juris Germ. pag. 265.]

* **ADALLEVANTIA**, Armorum, quibus offendi potest, genus. Stat. civit. Pistor. ann. 1107. apud Murat. tom. 4. Antiq. Ital. med. ævi col. 560. art. 130 : *Si aliquis Pistoriensis civis detulerit adsteritium, vel Adallevantiam, spedum, vel lanceam, vel barionem, vel malatayam... in civitate Pistoria, vel in ejus burgis, tollam ei.*

* **ADALMATICA**, pro *Dalmatica*, Vestis ecclesiastica. Charta ex Archiv. monast. Cassin. : *E 1. plubiale, e 1. Adalmatica, e 11. grucifixos de linna, etc.* Vide infra *Adamaschus.*

* **ADALTA**, *Atria, usque ad altam partem domus.* Glossar. vet. ex Cod. reg. 7646. [** Cod. 4778 : *Virg. Adalta atria, usque etc.* Æneis lib. 4. v. 665 :

It clamor ad alta
Atria; concussam bachatur fama per urbem.]

* **ADALUS**, Inter pisces, qui ad dominos jure dominii pertinent, annumerator, in Charta ann. 943. apud Murator. tom. 6. Antiq. Ital. med. ævi col. 456 : *Si.... storionem aut Adalum in longitudine plusquam quatuor pedum prenderimus, sine scientia aut vestra voluntate... nullo modo venundare debeamus.* Stat. Mantuæ lib. 1. cap. 102. ex Cod. reg. 4620 : *Pisces recentes..... vendi debeant in piscaria Communis ordinata, et alibi vendi non possint, exceptis sturionibus et Adalis et aliis piscibus Padi, etc.* Rursum occurrit cap. 103.

* **ADAM**. Ita apud Halberstadienses nuncupabatur quidam Pœnitens publicus, de quo hæc habet Æneas Silvius in Hist. de Europa cap. 31 : *Singulis annis unus ex populo deligitur, quem peccatis gravioribus inquinatum putant. Hunc veste lugubri induunt, et obvoluto capite, prima die jejunii ad templum ducunt, indeque peractis divinis officiis ejiciunt. Is quadraginta diebus nudis pedibus perambulat urbem et ædes sacras circuit, neque ingreditur neque quemquam alloquitur. Invitatus a canonicis per vices, quod apponitur, comedit. Somnus ei post medium noctis in plateis permittitur. Die Jovis sancto post consecrationem olei rursus ad templum introducitur, et oratione facta a peccatis absolvitur, pecuniasque ei populus offert, quæ tamen templo dimittuntur. Hunc Adam vocant et omni crimine liberum putant.* Vide *Pœnitentes.*

¶ **ADAMA**, Humanum genus, Adami progenies. Missale Gallicanum apud Mabillonium Liturg. Gallic. pag. 355 : *Succumbente Agno nostra pro salute, Agno figurato diu, demum eum vincente Letum, illo et Leone Juda veriore, antea tempus captivatæ reditus fideliter Adamæ, fratres carissimi, expectemus predæ : ut compilatis inferi spoliis, etc.*

¶ **ADAMANTES**, Species tignorum, ut videtur, ad apparatum navis accomodorum. Informationes Civitatis Massil. de passagio transmarino ex MS. San-Germ. ubi de navium apparatu : *Item vj. Adamantes ad longitudinem xviij. passorum.*

¶ **ADAMAS**, Magnes, Gall. *Aimant* : a verbo *Adamare.* Vita S. Walrici Abbatis num. 10. tom. 1. Aprilis pag. 19. E : *Hic ergo Sacerdos, juxta Prophetam in Templo Dei lapis est vivus in ædificio Dei appellatus, qui recte, ut audio Adamanti lapidi pretioso comparatur, cujus natura talis est, ut quidquid adspexerit, ipsum etiam ferrum ad se subtrahat.*

* Hæc sic emenda : Videtur esse Magnes, Gall. *Aimant.* Vox Græcæ originis. At vero nostris olim *Adamas* prius dicebatur *Aimant*, quam vocaretur *Diamant*; quæ utraque vox a verbo *Adamas* originem habet.

* **ADAMASCHUS**, Damasceni operis pannus bombycinus, Gall. *Damas*, Ital. *Damasco.* Inventar. jocalium ann. 1389. tom. 3. Codic. Ital. diplom. col. 363 : *Planeta una drappi auri in campo viridi, facta ad spicas cum frisiis largis Adamaschi, fodrata tafetali rubeo.* Occurrit etiam apud Murator. tom. 16. Script. Ital. col. 809. Vide supra *Adalmatica.*

ADAMATICA, Arbor Paradisi terrestris, cujus fructum manducavere Adam et Eva. Petr. Chrysolog. Serm. 54.

¶ **ADAMATORIUS**, ἐροτικός, In Gloss. Latino Græco.

¶ **ADAMATRIA**, Eadem notione apud Laur. in Amalthea.

ADAMIANI, et ADAMITÆ. Dicti quidam Hæretici qui Adæ imitantur nuditatem; unde et nudi orant, et nudantes se mares et fœminæ conveniunt, etc. S. Augustin. lib. de Hæres. et Isidor. lib. 8. cap. 5.

¶ **ADAMICARI**, Adamari. Hist. Miscellan. apud Murator. tom. 1. pag. 112 : *Quidam autem dicebant quod et in vita Justini Adamicata ei fuerit et ipsa persuasit Justino ut eum Cæsarem faceret.*

¶ **ADAMITÆ**, *Albi lapides durissimi*, Rocho *le Baillif* in Dictionario Spagyrico : quasi diceret *Indomitæ* ex α privat. et δομάω, domo. Iidem lapides sunt, qui Plinio *Adamantides.*

* **ADAMITTERE**. Libertat. Pontis Ursonis tom. 4. Ordinat. reg. Franc. pag. 640. art. 19 : *Si pretor aliquem mandaverit, et ipse cum inveniatur* (invenietur) *ire noluerit, duodecim nummos Adamiserat.* Ubi eruditus Editor emandat : *amittat*; quidni *Adamittat?* Vide infra *Admictere.*

¶ **ADAMITUS**, *Lapis in vesica*, Rocho *le Baillif* in Dict. Spagyr.

¶ **ADAMPLARE**, ut *Adampliare*, Gall. *Amplifier, Elargir.* Rolandinus Patavinus de factis in Marchia Tarvisina lib. 8. cap. 6. apud Murator tom. 8. col. 288 : *Unde versus inimicos fecit planari fossas, et Adamplari vias, et omnia paramenta disposuit, quibus credi posset, quod Eccelinus vellet confligere cum legato.*

* **ADAMPLATURA**, idem quod *Exartus*, Ager recens exaratus, proscissus, Gall. *Essart.* Charta Frider. II. Imper. ann. 1220. apud Murator. in Antiq. Estens. pag. 415 : *Concedimus insuper eidem marchioni Adamplaturas et communia, valles etiam, et paludes in terris nominatis superius existentes.* Occurrit prætcrea tom. 1. Cod. Ital. diplom. col. 1578.

¶ **ADAMPLIARE**, pro *Ampliare. Adampliare templum donis*, in veteri Inscriptione.

* **ADANIARE**, Ostendere, probare. Judicat. ann. 796. apud Murator. tom. 5. Antiq. Ital. med. ævi col. 312 : *Postea interrogabimus nos Petrus diaconus, Fiducia clericus, et Donno scabini jam dictos Sotprandulo, Aspartulu, clericus, et Perticausulu, ut si poterit Adaniare livertate sua, aut per chartulam, aut per testimonia vel possessionem juxta lege quidem : ipsi dixerunt, quod sua livertate adprovare poterit... Nec livertate nostra Adaniare non potemus.* An respexit ad notam manumissionis formulam per denarium, ita ut legendum sit *Adenariare?* Vide in *Manumissio.*

* **ADAPTARE**, Aptare, accommodare, Gall. *Ajuster, appliquer.* Stat. criminal. Saonæ cap. 35 : *Si vero per aliquem prædictorum quodcumque delictum realiter commissum fuerit cum effectu, possit magistratus contra delinquentem procedere, ipsumque punire secundum formam capitulorum, scilicet positorum sub rubrica de homicidio, de adulteriis, et stupris, et de furibus, et de pœnis eorum propositis, prout casus delicti se Adaptaverit alicui de capitulis supradictis.* Ibid. cap. 37 : *Magistratus possit et teneatur illam vel illas condemnare.... secundum dispositionem statutorum ipsius, et uniuscujusque illorum Adaptantis ad casum dicti commissi.*

* ADAPTARE SE, Indulgere, de jure cedere, Gall. *Se preter.* Lit. Officialis Noviom. ann. 1349. ex Reg. 78. Chartoph. reg. ch. 165 : *Dicit dictus reus quod jura se Adaptant, et per consequens animus judicis se debet Adaptare, adeoque tendunt ad finem humaniorem.*

¶ **ADAPTATIO**, Accommodatio, Applicatio, Gall. *Application.* Historia Translationis B. Edmundi Cantua. Archiep. inter Anecd. Marten. tom. 3. col. 1859. D : *Quod si similitudo ad habitum referatur.... vera est Adaptatio.*

* **ADAPTUS**, pro *Adaptatus*, Aptatus, fabricatus, Gall. *Fabriqué.* Statut. pro lanificio et pannificio ann. 1317. ex Reg. A. Cam. Comput. Paris. fol. 196. v° : *Imponatur aliud signum unicum tamen plumbeum commune pérariæ loci illius, in quo* (panni) *parati fuerint et totaliter Adapti.*

¶ **ADAQUAGIUM**, Aquarium, Gall. *Abbreuvoir.* Serrarius de rebus Moguntinis. tom. 1. pag. 38. novæ edit. : *Fecit insuper prædictus Aureolus Rex pro pecoribus adaquandis quoddam Adaquagium in civitate Moguntina.* Rursum occurit in Charta Thossiac. ann. 1404.

* 2. **ADAQUAGIUM**, Irrigatio, usus aquæ ad prata irriganda. Terrar. Bellijoc. fol. 50. v° : *Item plus tres denarios Viennenses... super Adaquagio seu prisia aquæ, pro rigando et adaquando quoddam pratum.*

* **ADAQUALE**, Rivus, canalis. Chartar. notarii *d'Aubagne* : *Confrontatam cum vallato sive Adaquali*, *etc*. Vide *Aquale*.

1. **ADAQUARE**, Gloss. Latino-Græcæ : *Adaquat*, ποτίζει. Gloss. Græco-Lat. ποτίζω κτῆνος, *Adaquo*. Lex Wisig. lib. 8. tit. 3. § 15 : *Pecora* ... *Adaquentur tantummodo, et teneantur inclusa*. Saxo Grammat. lib. 10. Hist. Dan. pag. 179 : *Qui vero Adaquandi tempore ita sodalis equo usus fuisset*, *etc*. Theodol. :

En Adaquare gregem simul et relevare calorem
Nostra venit Phronesis.

Utuntur Sueton. in Galba cap. 7. Gregor. M. lib. 11. Epist. 5. Interpres Bibliorum, etc. Italis *Adacquare*, est irrigare. Hinc

¶ 2. **ADAQUARE**, pro Irrigare apud illorum Scriptores occurit, cum latine scribunt; Gall. *Arroser*. Chronicon Parmense ad ann. 1303. apud Murator. tom. 9. col. 849 : *Tempore æstatis, ante postea, bene quasi per unum annum non pluit*..... *metitum non fuit*, *et nullus fuit qui segaret prata*, *nisi illa quæ poterant Adaquari*.

¶ 3. **ADAQUARE**, Miscere aqua, aqua diluere. Transactio inter Abbatem et Monachos Crassenses, ann. 1351. ex libro Viridi fol. 53 : *Vinum del relheu reffectorii Monachorum*..... *datur ibidem* (pauperibus) *amore Dei, cum alia quantitate vini quam quotidie debet dare dictus dominus Abbas propter hoc, et sunt decem cancelli vini, non tamen vini conventualis, sed de leviori, sicut dat decem panes frumenti, quæ quantitas seu mensura multoties visa fuit asportata in quadam semale de cellario ad reffectorium, quæ Adaquatur et datur similiter amore Dei*.

* 4. **ADAQUARE**, Aquam præbere, suppeditare, Gall. *Fournir d'eau*. Charta ann. circ. 1063. ex schedis Pr. *de Mazaugues* : *Dedimus etiam vallonem ipsam, per quam cucurrit fons de Guirarda, et de dicto fonte Adaquantur officinæ sancti Christophori*.

¶ **ADAQUARIUM**, Aqualis, Gall. *Aiguiere*. Testam. Richardi II. Regis Angl. apud Rymer. tom. 8. pag. 76 : *Et quod omnia, coronæ aureæ, ciphi, Adaquaria, et vasa aurea, et alia jocalia*, *etc*.

ADAQUATORIUM, Aquarium in Charta Philippi Reg. Fr. ann. 1270. ex Tabul. S. Germani Prat. : [*Viaria quæ est a prædicto Adaquatorio usque ad cuneum murorum sancti Andreæ*.]

* **ADAQUATUS**, Aqua aspersus, madidus, Gall. *Mouillé*. Lit. remiss. ann. 1355. in Reg. 84. Chartoph. reg. ch. 372 : *De quodam hauquetone, quem induerat, et una camisia Adaquata, quam circumcirca caput suum de subtus caputium posuerat, armatus erat*. Nisi sit pro *Adæquatus*, aptatus.

* **ADAQUERIUM**, Aquarium, Gall. *Égout*, *évier*. Charta ann. 1301. ex Tabular. Massil. : *Super querimonia facta consilio contra certas personas*, ... *propter putrefactiones Adaqueriorum et privadarum dampnose confluentium ad portum*, *etc*.

* **ADARABA**. Arestum ann. 1374. 10. Jun. ex vol. 6. Arest. parlam. Paris. : *Certa sententia seu excommunicatio, quam Judæi inter se vocant niduy*.... *Dictus Viventius Columbum prædictum in niduy posuerat; et præfatus Columbus eidem Viventio responderat, quod eidem dicebat Adaraba*. Vide *Aladma*.

¶ **ADARCA**, Clypeus, pelta, Gall. *Targue, Bouclier*, Hispan. *Adarga*, ab Arabico *Tarka* seu *Darca*, Clypeus, inquit Bochartus. Testamentum Ranimiri Regis Aragon. æræ 1099, in Historia Pinnatensi lib. 2. cap. 38 : *De meas autem armas, qui ad varones et cavalleros pertinent, sellas de argento, et frenos, et brunias, et spatas, et Adarcas, et gelmos*..... *dimitto ad Sanctium filium meum*.

¶ **ADARDIRE** CUM ALIQUO, i. e. pugnam cum eo experiri, inquit Muratorius. Hinc nata videtur Italica vox *Ardire*, Tentare, Audere. Vetus formula inter Luitprandi leges, apud Murat. tom. 1. part. 2. pag. 75 : *Petre, te appellat Martinus, quod habet suspectionem, quod tu conversasti turpiter cum Alda sua uxore. Cum eo Adardire volo. Vadiate pugnam*.

¶ **ADARESCHILD**, Agressio facta in aliquo vico. Vox Longobardica, de qua Macer in Hierolexico, orta ab *Adardire* de quo supra. [** Legendum *Arischild*. Gloss. Longob. manuscr. in Cod. Cavensi et Vaticano 5001 (membr. in-4°) : *Arischild, adunatio*.]

¶ **ADAS**, *Libra inter duodecim signa*, Papias.

¶ **ADASIA**, J. Laurentius in Amalthea : *Adasia, ovis recentis partus, sed vetus, inepta sacrificiis, sicuti nec agna, necdum bidens*. Festo est etiam, *ovis vetula recentis partus*. Sed quomodo *recentis partus*, si vetula? hæc verba, inquit Grævius, pertinent ad *Avilla* de qua inferius, *Avilla, Agna recentis partus*; juxta Scalig. *Adasiæ* opponuntur *bidentibus*. In Glossis Isid. *Adasia ovis major nata*; in excerptis vero Pithœanis, *Major natu*.

* **ADASIATUS**, Gall. *A l'aise*, Ludicrum cognomen, apud Lobinell. in Glossar. ad Hist. Britan.

* **ADASSAMENTUS**, Reditus, proventus; nisi sit pro *Adcensamentum*. Vide. *Adcensare*. Testam. Guillel. V. dom. Montispessul. ann. 1121. inter Probat. tom. 2. Hist. Occitan. col. 416 : *Jubeo ut Lambertus bajulus meus teneat quatuor annos omnes Adassamentos de Montepessulano et de Palude, et de molendinis de Latis, et de omnibus eorum pertinentibus, et de illis exitibus, qui infra hos quatuor annos inde exiti sunt*.

¶ **ADASTRIA**. Glossar. Bituric. : *Adastria interpretatur petrosa vel dura; nam Adia Græce, petra; vel ab Adranes, id est, infirmitas vel impotentia; significat autem sortem quæ est dura et inexorabilis*.

* **ADATICTUS**, pro *Adtactus*, Tactus morbo. Charta ann. 1459. inter Probat. tom. 3. Hist. Nem. p. 288. col. 2 : *Nec octo dies labuntur, migrati sunt minusque Adaticti aliqui in dicta civitate Nemausi*. Ubi de morbo epidemico sermo est. Hinc *Adeser* nostris, pro Tangere, contrectare. Chron. Sandion. tom. 7. Collect. Histor. Franc. pag. 148 : *Adeser ne le povient pour la grant clarté que il rendoit*. Rob. *Bourron* in Merlin. Ms. : *Ja ne say hom tant com je vive, qui vous ost ochirre ne Adeser*. Vita. J. MS. :

A mon pere m'estuet aler,
Ains que me puissiez Adeser.

Occurrit præterea in Poemat. reg. Navar. tom. 2. pag. 14. 118. et alibi.

¶ **ADAUCTAGERE**, Audaugere. Gloss. Lat Græcæ MSS. : *Adauctagit*, ηὔξηθη. Forte *Adauctascit* vel *Adauctegit*.

ADAUGMA, *Augmentum, additamentum*. Joan. de Jan.

* Glossar. Provinc. Lat. ex Cod. reg. 7657 : *Adaugma, aucmentum, crementum*, *Prov. Creysement*.

* **ADBASSARE**, Demittere. Vide supra *Abassare*.

** **ADBITERET**, *Adveniret*. Placid. ap. Maium vol. 3. pag. 432.

¶ **ADBOUTAMENTUM**, Fundus cum suis limitibus creditori assignatus, ut postea in illum speciale jus acquirat, Gall. *About special*. Hoc sensu accipitur in Consuetudine Pontiviensi art. 133. At in Metensi tit. 4. art. 31. fundus est assignatus et specialiter creditori oppigneratus. Ita D. *de Lauriere* in Gloss. Juris Gallici ad vocem *About*. Litteræ Officialis Attrebat. ann. 1290. in Tabulario Montis S. Eligii Attrebat : *Asseruit dicta Domicella* ... *se habere sufficiens excambium sive Adboutamentum de dote sua recuperanda*.... *videlicet ad totam feuodum sive supra feuodum, quem idem Hugo tenet de domino Comite Attrebatensi*.

* Charta ann. 1343. ex Chartul. abbat. Regalis-loci part. 2. ch. 9 : *Et especiaument il en ont obligié par maniere d'About et de contrecens une maison, si comme elle se comporte*. Alia ann. 1350. ibid. ch. 12 : *Par maniere de About ou contrabout li dessusdit preneurs ont obligié, aloyé et Abouté as dis religieus*... *une maison*. Charta. ann. 1348. in Chartul. 21. Corb. fol. 190 : *Et tous les Abous et assignations, que je et mes filles aviemmes sur ledite terre de Longpré et les appendances*, *etc*. Alia ann. 1440. ibid. fol. 248. v° : *Porra ledit acheteur*... *prendre et adherdre ausquels des dits heritages pour le tout que mieux lui plaira, nonobstant Aboult, asseune et ypotheque sur iceulx prins ou à prendre. Contr-about* vero et *Contrecens* vel *Contre-à-chens*, ut loquitur Bellomanerius MS. cap. 38. vocant Practici nostri id, quod in cautionem census vel reditus annui assignatur. Vide *Abbotum* et Butum.

ADBREVIARE, *Breviare*, Joanni de Janua, in brevia redigere, *Imbreviare*, *adimbreviare*, Italis *Abbreviare*. Matth. Westmonasteriensis ann. 1297 : *Mandante Rege*... *Adbreviare quot equitaturas quisque posset invenire ipsi Regi processuro ad bellum*.

¶ **ADBUTARE**, Terminare, Gall. *Aboutir*. Charta Roberti *Lescuier* ann. 1284. ex Archivo B. M. de Bono-nuntio Rotomag. : *Una piechia terræ sita est inter terram Ric. dicti de Gregni ex uno latere, et terram dicti de Merival ex alio latere et Adbutat ad terram Stephani dicti Veri ex uno butto. Altera vero piechia terræ est sita apud les Londes inter terram Dominorum de Burres ex una parte, et Adbutat ad terram Ric. dicti Trebon ex uno butto*. Vide *Abbutare*.

** **ADCAMARE**, Facere, reficere. Charta ann. 1136 ap. Sa Rosa de Viterbo tom. 1. pag. 53 :... *que agucent illos maleos, et adcament illos cadenatos, et quando Senior dederit ferrum que faciant ferraduras et clavos pro ad illum*.

¶ **ADCAPITUM**, ut *Accapitum* supra in *Accaptare*, Emphyteusis, Gall. *Emphiteose*. Statua Ecclesiæ Nemausensis inter Anecd. Marten. tom. 4. col. 1043 : *Prohibemus districte, ne quis*... *ad Ecclesias pertinentia* *præsumat vendere, dare, permutare, in emphiteosim seu in Adcapitum concedere.*

* **ADCATHENARE**, Catena ligare, constringere, Gall. *Enchainer.* Charta Raim. de Agouto ann. 1348 : *Possit* (Joannes de Masalgis) *compellere dictos homines ad confitendum veritatem per omnem cohertionis modum juridicum atque formam,... et habere costellum, ... Adcathenare,... et citra sanguinem fustigare.*

¶ **ADCAUSARE**, In jus vocare, Vet. Formulæ Andegav. apud Mabillonium tom. 4. Analect. pag. 262. : *Prosequere et admallare et Adcausare facias, quomodo ipso debite recipere facias.*

¶ **ADCENSA**. Vide *Accensa.*

¶ **ADCENSARE**, Ad censum dare, Gall. *Donner à cens :* interdum et Recipere ad censum, Gall. *Prendre à cens.* Litteræ Officialis. Bitur ex Cod. MS. Coaslin. : *Dominus Petrus Brunelli Presbiter... publice confessus fuit se Adcensasse et ad censam annuam et perpetuam tradidisse... pro pretio 40 solid. Turon. annuæ et perpetuæ pensionis, etc.* Ibidem passim. Charta Mathildis Comitissæ Nivern. pro Monast. B. M. de Consolatione, ann. 1244. inter Instrum. tom. 4. nov. Gall. Christ. col. 102. D : *Ita videlicet quod Abbatissa et Conventus dicti loci vel earum mandatum poterunt reditus dictarum nundinarum vel mercati pro sua voluntate vendere, ad annum vel ad annos tradere et Adcensare cuicumque voluerint.*

¶ 1. **ADCENSATARIUS**, Qui dat ad censum. Litteræ Officialis Bitur. ann. 1447. ex Cod. MS. Coaslin. : *Dictus* (Procurator) *Adcensatarius tradet... dicto Ponomino Adcensatori et suis in nemoribus prædictorum Dominorum* Archiepiscopi Bitur. et Domini S. Palladii, quorum nomine dabat ad censam Tegulariam de qua in Litteris Officialis. In his iisdem Litteris *Adcensator* et *Adcensatarius* modo usurpantur pro illo qui ad censum tradit, et modo pro eo qui recipit : *Promittit dictus* (Procurator) *Adcensatarius prænominato Adcensatario, etc.*

¶ 2. **ADCENSATARIUS**, Qui ad censum recipit. Litteræ Officialis Bituricensis ex cod. MS. Coaslin. : *Adcensat et tradit et credit in perpetum Hieronymo Girault præsenti.... pro pretio 40 solid. Turon. solvend. et reddend. per dictum Hieron. Girault Adcensatarium vel suos annis singulis, etc.* Ibidem pluries.

¶ **ADCENSATOR**. Vide *Adcensatarius*. 1.

* **ADCENSATIO**. Vide infra *Adcensire.*

* **ADCENSIMENTUM**, Datio ad censum, Gall. *Adcensement.* Vide *Accensa.* Charta Ludov. VII. reg. Franc. ann. 1179. ex Chartul. S. Cornel. Compend. fol. 67. r°. col. 2 : *Retinuimus etiam alia omnia quæ tenebamus, quæ ad prædicta Adcensimenta non pertinent.*

* **ADCENSIRE**, Dare ad censum, Gall. *Donner à cens.* Charta ann. 1163. ex Chartul. Regniac. : *Herbertus de Marriaco Adcensivit ecclesiæ Regniacensi totam aquam suam, quam habebat communem cum monachis Viziliacensibus... Hanc Adcensationem laudaverunt mater ipsius domina Autissiodorensis et uxor ejus Regina.* In alia ibid. de ead. re, legitur *Adcensuatio.* Vide mox in hac voce.

* **ADCENSIVARE**, Eadem notione. Charta ann. 1207. in Chartul. Thenol. ex Cod. reg. 5649. fol. 34. v° : *Do eis licentiam vendendi vel Adcensivandi terragium, quod tenent de me.... Ecclesia ipsa primum locum habebit in emendo vel in Adcensivando.* Vide supra *Accensivatio.*

¶ **ADCENSSATIO**, Locatio ad censum annum, Gall. *Bail à rente, à cens;* in Provincia Normanniæ, *Contract de fief.* Litteræ Officialis Bituric. ex Cod. MS. Coaslin. : *In contractu hujusmodi Adcenssationis fuit dictum et concordatum... promittentes dictæ partes hinc inde per fidem suam... quod contra Adcenssationem hujusmodi non venient.* Vide *Accensa.*

* **ADCENSUATIO**, Ascensuatio, ut supra *Adcensimentum.* Charta ann. 1242. ex Chartul. Maurigniac. : *Hanc autem venditionem et Adcensuationem Petrus Destouches miles.... laudavit, voluit et concessit. Adcensuatio,* in alia ann. 1243. ibidem.

* **ADCESCARE**. Ordinat. Alfonsi comit. Tolos. ann. circ. 1254. inter probat. tom. 3. Hist. Occitan. col. 512 : *Hæc erit forma tradendi ballivias et præposituras D. comitis, et terram ipsius Adcescandi.* Ubi legendum opinor *Adcensandi.* Vide supra *Adcensire.*

* **ADCLAMARE**, Vendicare, repetere, practicis nostris, *Clamer.* Chartul. prior. Neronis-villæ : *Cætera quæ sibi in proprietate erant; ita dico in proprietate, quod in hoc dono ejus, vel in alia terra et pertitenti, non rex vel aliqua persona posset aliquid Adclamare.* Vide *Clamare* 2.

¶ **ADCHRAMIRE**. Vide *Adramire.*

* **ADCLEPIATUS**, Infirmus, debilis, ut videtur, nostris vulgo *Eclopé.* Charta ann. 905. apud Murator. tom. 1. Antiq. Ital. med. ævi col. 777 : *Præpositus ejus* (abbatis S. Ambr. Mediol.) *Podelbertus injuste..... olivas contra consuetudinem colligere et preinere, sive calcariam facere præcipit, Adclepiatis quoque, volentes nolentesque, ire, et vites illic amputare contra consuetudinem jubet.*

* **ADCLINE**. Mirac. S. Germ. episc. Autiss. tom. 7. Jul. pag. 274. col. 1 : *Erat locus naturali quodam situ commodissimus; atque a parte Orientali clivo montis paulatim lentescente, competenter Adcline pendulus.* Id est, leniter acclinis. Vide mox

* **ADCLINUS**, pro *Acclinus*, acclinis. Glab. Rodulph. Hist. lib. 3. cap. 5. tom. 10. Collect. Histor. Franc. pag. 32 : *Quod* (Cluniacum) *ex situ ejusdem loci Adclino atque humili, tale sortitum est nomen.*

ADCOGNITARE, Accognitare, Notum vel *cognitum* facere. Glossar. Lat. Græc. *Adcognoscit* ἐπιγινώσκει. Hincmarus Rem. opusc. 5. de Coercendis militum rapinis : *Quarum exemplar Dominationi vestræ transmitto, ut secrete eum teneatis, et ad aliquem diem jubeatis venire fideles vestros, dicentes quia eis Adcognitare vultis undecumque vobis placet dicere, etc.* Capit. Caroli Calv. tit. 16 [** Cap. missa de Carisiaco ann. 856. § 11.] : *Et habet ... omnes fideles suos convocatos, ut omnibus suam voluntatem et perdonationem et nostram, qui fideles illius sumus, devotionem Accognitet.* Tit. 28. in fine [** Edictum Carisiacense ann. 861] : *Hanc nostram constitutionem ... relegi, Adcognitari, et observari mandamus.* Inde *Adcognitatio et cognitatio*, tit. 30. [** Adnuntatio Hludovici ann. 862 ad calcem Conventus ad Sablonarias § 3.] *Cognitamentum* tit. 27. [** Cap. post reditum a Confluent. ann. 860. § 3. Vide Adnunt. Karoli ann. 857. § 1, et ejusdem edictum Pistense ann. 862, § 1.]

¶ **ADCOGNOSCERE**, Agnoscere. Gloss. MSS. Lat. Græc. *Adcognoscit.* ἐπιγινώσκει.

¶ **ADCONQUIRERE**, Adquirere, apud Rymer. tom. 2. pag. 659.

ADCONSILIARE, Consilium dare, consulere. Notitia vetus in Pancharta Nigra Turonensi : *Ille vero audiens dolorem fratrum condoluit ipsum, et Adconsiliavit eos, ut starent, in Curciato villa, quoadusque cum eis pariter ... exinde loqueretur.*

ADCOPIOSUS, Locuples, abundans. Glossæ Lat. Græcæ MSS. *Adcopiosus.* εὔπορος.

ADCORDABILES Denarii, Qui dantur domino vice laudimiorum, cum possessiones censuales distrahuntur, aut permutantur : quia eo casu dominus et vassallus, si in distractione aut venditione nulla pecuniæ solutio intervenerit, invicem conveniunt : *Ils s'en accordent ensemble;* unde ejusmodi laudimia, *Accordemens* dicuntur in Consuet. Bituricensi tit. 6. art. 1. 6. 7. 8. etc. Charta privileg. Castri Meliandi in Biturigib. ann. 1318 : *Et octo denarios censuales, Adcordabiles, reditüales vendiderunt, quitaverunt etc.* Vide Consuetud. localem Castellaniæ Bellijocensis, apud Thomasserium lib. 1. cap. 97. et pag. 208. etc. [Vide etiam *Accordamentum.*]

ADCORPORARE. Vide *Accorporare.*

¶ **ADCRATATOR**, Sarcinator, Gall. *Tailleur,* si bene conjicio; in enumeratione enim, qualem exhibet exemplum seq. sarcinatores seu sartores non soleut omitti. Sed forte mendose legitur *Adcratator.* Chron. Senon. tom. 3. Spicil. Acher. pag. 396 : *Litteras super hoc conscripserunt continentes, quod Ecclesia Senoniensis duos carpentarios haberet, unum coquum, Adcratatorem unum, lavandarium unum, sutorem unum, piscatores duos : cæteri vero omnes in valle Senoniensi ei pro voluntate sua servirent.*

* Quis sit *Adcratator* non facile est divinare. *Cratare* dixerunt, pro scalpere; an idcirco sculptor hic est intelligendus? An Assarius, Gall. *Rotisseur,* a Crates vel Craticula? Ex enumeratione enim ministeriorum quæ eo loci exhibentur, nihil certo concludi posse existimo.

ADCREDITATUS, Cui fides habetur, cui creditur, Gall. *Accredité.* Hugo Farsitus lib. de Miraculis S. Mariæ Suessionensis cap. 8 : *Cum vadem non haberet, quem pro se daret, dedit Dominam sanctam Mariam vadem... pactionis suæ perficiendæ : sic ergo valde Adcreditato, dimissus est.* Vide *Accredere.*

ADCREDULITARE, Fidem facere, purgare se, sacramento omnem criminis suspicionem amovere, ita ut alii juste adducantur ut credant ab illo haud commissum. Leges Inæ Westsax. Regis cap. 36. [** 34] apud Bromptonum : *Qui in Collegio fuerit, ubi aliquis occisus sit, Adcredulitet se quod eum non percussit.* [** Vox Anglosax. est getriovan, occurrit etiam in Leg. post. Alfredi cap. 17.]

ADCRESCENTES, dicti potissimum milites σχολάζοντες qui non militabant, sed militaribus numeris adscripti, in locum legitimorum militum amissorum subrogabantur, ita ut numerus, si quando esset imminutus, repararetur, in leg. 11. Cod. Theod. de Re militari, et leg. 6. et 7. de Tyronib. et leg. un. de Class. ad quarum legum illustrationem adhibendus omnino auctor vetus subditus Notitiæ Imperii cap. 5. *Supplementa* appellantur in leg. 9. Cod. Theod. de Tyron. leg. 3. de Tabul. et apud Ammian. lib. 21 : *Supplementa*, inquit, *Legionibus scripta sunt indictis per provincias Tyrociniis.* Ejusmodi sunt apud nos *les Recruës*, milites sc. qui in locum amissorum *adcrescunt*, Adde leg. 7. Cod. Theod. de Censu.

¶ **ADDA**, *Cuneus, vel turba*, in Glossario MS. Ecclesiæ Bituricensis.

ADDAMNARE, Damnum inferre, Gall. *Endommager.* Vetus Notitia apud Louvetum in Bellovaco pag. 530. 1. Ed. : *Quod Drogo Miles Monciaci res et possessiones Ecclesiæ B. Petri Belvacensis olim violenter invasit, deprædavit, incendit, devastavit, multisque modis Addamnavit; silvam quoque quæ est juxta Bonnicurtem ... fecit incidi et seminari, etc.*

ADDECIMARE, in 1. Reg. cap. 8. vers. 14. 17. est *Decimam accipere.* Mamotrectus. ἀποδεκατοῦν, in Gr. vers. [** *Greges quoque vestros addecimabit vosque eritis ei servi*, unde patet esse Decimæ subjicere.]

* **ADDECIMARI**, Decimæ subjici, obligari. Charta Gaufredi ducis Aquit. ex Tabul. S. Nicolai Pictav. : *Volo volensque jubeo quod panis meus vinumque totum per universa cellaria in pago Pictaviensi in festivitate S. Michælis per singulos annos Addecimentur.* Vita B. Meinwerci tom. 1. Jun. pag. 551. col. 2 : *Quadrupeda sive pennata, more solito absque ulla contradictione Addecimari constituit.*

¶ **ADDEMNARE**, Januam, fenestramve ita obserare et firmare ut aperiri non possit, Gall. *Condamner.* Guibertus lib. 3. de Vita sua cap. 11 : *Residui proceres profugarum usque ad gonfos, seras et pessulos omni substantia, atque utensilibus Addemnabant.*

***ADDEMPNARE**, Damnum inferre, Gall. *Endommager.* Charta ann. 1165. in Chartul. S. Joan. Laudun. ch. 50 : *Ipse Odo in multis Addempnavit eandem ecclesiam et inquietavit per aliquod tempus. Ademneur,* qui damnum infert, in Lit. ann. 1354. tom. 4. Ordinat. reg. Franc. pag. 158 : *En nostre royaume sont habitant et converšent plusieurs meurtriers, larrons,.... Ademneurs, trompeurs, etc. Adommaigié,* qui damnum passus est, in Ordonat. milit. Caroli ducis Burgund. ann. 1473 : *Bailler certiffication aux Adommaigiez du dommaige qu'il leur sera fait. Adamagier,* eadem notione, in Poemate *de Clemodes* MS. :

> Ne menerent autre déduit,
> Fors que toute jour caploier,
> Et li uns l'autre Adamagier.

Vide *Addamnare.*

¶ **ADDENSANTOR**, Ἀξυποδήτης, in Glossis Latino-Græcis, MSS. utique pro Addensator, Fullo, ὀξυποδήτης (ut in aliis Glossis.) In iisdem ὀξυποδία, *Acupedium, Addensatio.* Argutari pedibus dicuntur fullones, dum saltu suo fullonio, inquit Hofmannus, pannos condensant. Hinc Titinnius de quodam fullone : *Terra hæc est, non aqua, ubi tu solitus argutari pedibus cretam dum compescis vestimentaque lavas.*

ADDEXTRARE, [et Adextrare,] Tegere latus dextrum, ad dextram cujuspiam stare, incedere, considere. Baldricus in Chronico Cameracensi lib. 3. cap. 38 : *Eam* (Imperatricem) *in processionem Domnus Episcopus Addextravit.* Ceremoniale Cencii Camerarii : *Deinde duo de majoribus Cardinalibus Addextrant usque ad altare.* Vita Gregorii PP. X : *Et per loca insignia regni sui, per quæ ipsum contingebat transire, Addextratoris officium exhibens reverenter.* Infra : *Sicut ipsum Pontificem Addextrarat per urbem.* Clemens IV. PP. apud Odoricum Raynald. ann. 1311. n. 13 : *Cum ipse Pontifex equum ascenderit, teneat stapedium sellæ ejus, et arrepto fræno aliquantulum ipsum Adextret.* [Nicolaus de Curbio in Vita Innocentii IV. Papæ, apud Baluzium tom. 7. Miscell. p. 384 : *Rex Alamanniæ christianissimus Guillelmus, filius devotus Ecclesiæ, ut et ipse gauderet aspectu tanti patris, et, ut moris est Regum, tenuit staffam ejus, et ipsum pariter Adextravit*] *Sponsam Addextrare* ap. S. Bernardum serm. 77. in Cant. n. 1. Le Roman *d'Auberi* MS. :

> Elles en ont le Chevalier mené.
> Jusqu'à l'ostel l'ont toûjours Adextré.

Alibi :

> Et Gascelins va s'amie Adestrant.

Addestrare Florentini dicunt; pro *andar alla staffa de Principi*, seu Principi ad equum inservire. [Chronicon Parmense ad ann. 1291. apud Murator. tom. 9. col. 821 : *Dominus Gerardus de Parma Cardinalis... Parmam venit et valde honorifice receptus fuit... Et Majores milites civitatis Parmæ pedestres Adestrabant eum per frænum et super staffas honorifice.*]

¶ **ADDEXTRATORES.** Cencius Camerarius in suo Cæremoniali MS. sic appellat *Papalis Mitræ delatores; quia ipsi ad Papæ dexteram incedebant, quando equitabat ad visitandam aliquam Ecclesiam*, inquit Macer in Hierolexico ad vocem *Adextero.* Vide *Addextrare.*

¶ **ADDICIALIS MENSA**, Regale convivium. Libellus de causis renunciati sacramenti Daniæ Regi ad Ordinibus regni, apud Ludewig. tom. 5. Reliq. MSS. pag. 323 : *Tertia post assumtam coronam die Episcopos, Prælatos, Equestrem Ordinem, Consules atque Officiatos ad speciem aulæ regalis convivii sive Mensæ Addicialis ob obtentam a Deo victoriam, ad congratulandum ad se evocavit.*

* Pro *Adjicialis;* est autem Latinis *Adjicialis cœna*, quæ lauta est et affluens ut docet Martin. in Lexic. ad hanc vocem. [** Vide Forcell. Lex. in voce *Aditialis.*]

ADDICTARE, idem quod *Indictare*, (quod vide) deferre, postulare in judicio. Henr. Knigthon lib. 5 : *Quem Rex fecit Addictari, et exulare per leges Regni.* Alibi : *Et fuerunt Addictati 35. de Belgrade, et sic oportuit finem facere.* Latinis scriptoribus *Addicere*, est condemnare, *addictus*, condemnatus, uti pluribus probavit Savaro ad Ep. Sidonii Apoll. Aliud significat vox *Addicter* Gallica, in Consuet. Wissanti art. 3 : *Par icelle coutume est deu double relief de la rente que doit l'heritage, s'il n'est expressement Addicté par le bail à rente, etc.* Id est, nisi expresse stipulatum. Itali et Florentini *Additare* dicunt pro *accennar col dito*, digito monstrare, indicare.

* **ADDICIO**, Tirocinium, Gall. *Apprentissage*, a verbo Addiscere, *Apprendre*, Stat. sabater. Carcasson. ann. 1402. tom. 8. Ordinat. reg. Franc. pag. 568. art. 28 : *Nisi tamen eciam quod dictus talis famulus sive suus magister primitus, pro sua intrata Addicionis sui ministerii, solverit dictos decem solidos Turonenses.* Quasi pro *Addiscio*, ut et *Addicens* pluries ibi, pro *Addiscens.* Vide mox *Addiscere.* [** Potius pro *Aditio.*]

* Hinc forte *Adarlé*, Homo novus et simplex; ineptus, vulgo *Innocent, niais.* Litt remiss. ann. 1421. in Reg. 171. Chartoph. reg. ch. 540 : *Guillaume Monnin appella Pierre Louchin grant Adarlé de villain.* [** Vide *Arlotus.*]

* **ADDISCERE**, In tironem recipere, admittere. Charta ann. 1323. ex Reg. 62. Chartoph. reg. ch. 35 : *Dicti textores dicebant, quod ipsi non debebant ad eorum ministerium seu officium aliquem Addiscere; nisi idem addiscens per annos quatuor in dicto ministerio serviret...... Item et quod dicti draperii non poterant aliquem facere Addisci in domo sua, etc.*

ADDISRATUS. Vide in *Adirare.*

ADDITIO, Leguleis Anglicis dicitur quod præter nomen et agnomen homini datur, quo illius status, gradus, conditio, ars sive ministerium, et patria designantur, quæ quidem in qualibet actione, in qua utlagaria seu exilium decerni potest, addi et apponi debet nomini rei, ex Statuto Henrici V. ann. 1. cap. 5. Rastallus.

* **ADDITIONARE**, Amplificare, augere, Gall. *Augmenter.* Annales Victoriani MSS. ad. ann. 1337 : *Johannes Andreæ doctor eximius.... Clementinas glosavit et Speculum juris Additionavit.*

* **ADDOARE**, Servitium militare, prout feudatarii solent præstare, armis instruere. Charta Caroli reg. Sicil. ann. 1269. ex Reg. 50. Chartoph. reg. ch. 80 : *Quorum bonorum fructus, uncias auri triginta tres,... Johanni Trenchavaza... concedimus... in pheodum nobile sub servitio infrascripto, videlicet quod pro viginti unciis ex quantitate prædicta sub servitio unius militis; et pro aliis unciis auri tredecim Addoare vel addoari teneatur, sicut alii feodatarii regni, juxta consuetudinem regni nostri.* Vide *Adobare* 2. et *Adohamentum.*

* **ADDONARE SE**, Clientem se profiteri, alicui addicere se, Gall. *Se donner à quelqu'un. Addonatio*, Ipsa clientelaris professio. Charta Philippi Pulc. reg. Fr. ann. 1296. ex lib. rub. Cam. Comput. Paris. fol. 417. v°. col. 1 : *Concedimus insuper eisdem præposito, decano, thesaurario, et capitulo de gratia speciali, quod omnes homines et feminas nobiles aut liberos, de extra regnum vel de regno nostro, in castellania Petræfontis venientes ac venturos morari, qui se eisdem præposito, decano, thesaurario, et capitulo infra annum et diem Addonaverint seu se advoaverint ab eisdem, post talem Addonationem seu advocationem, ipsi præpositus, decanus, thesaurarius, et capitulum in suos recipiant et retineant..... Quod si infra annum et diem, ex quo morari in dicta castellania ceperint se se memoratis præposito, decano, thesaurario, et capitulo non Addonaverint aut advoaverint; tunc anno et die prædictis elapsis, ipsos homines et feminas in sua advoatione

vel Addonatione recipere non poterunt. Vide supra *Aclamatio* et in *Advocare* 3.

ADDORMIRE, Obdormire, somno sopiri, unde Galli *s'Endormir*, hauserunt. Itinerarium Burdegalense : *Est locus, ubi Jacob, cum iret in Mesopotamiam, Addormivit.*

* **ADDOZILLARE**, Perforare, *duciculum* dolio apponere, a vulgari *Douzil*. Vide *Duciculus*. Charta Raimundi com. Tolos. ann. 1219. inter Probat. tom. 1. Hist. Nem. pag. 68. col. 1 : *Item nullum vetum habemus, nec deinceps habebimus in vinis vestris, quæ Addozillata fuerint ad vendendum ante nostrum vetum.*

* ADOSILHARE, Eadem notione, in Stat. collegii S. Cathar. Tolos. ann. 1401. ex Cod. reg. 4223. fol. 185. v° : *Nec præsumat aliquis..... pipam sive dolium vini perforare vel Adosilhare, nisi de consensu prioris vel pincernæ.* Vide supra *Abrocare*.

ADDRETIARE, ADDRESSARE, juri stare, ex verbo *Drictum*, Gall. *Droit*. [* vel potius jus, seu quod juris est facere, damna reparare, Gall. *Redresser les torts*. Vide infra *Adresciare*.] Regiam Majestatem lib. 2. cap. 74. § 9 : *Si contra dominum suum, et non juxta assisam, (purpresturam fecerit) tunc distringetur occupator, ut veniat ad curiam domini sui, id Addressaturus.* Gervasius Dorobernensis ann. 1170 : *Quod erunt coram Domino Rege, die quem eis constituerit, ad rectum faciendum, et Addretiandum ei, et hominibus suis quod Addretiare debuerunt.* Charta Comitis Burgundiæ ann. 1227. in Tabul. Campaniæ Thuani fol. 153 : *Si nos non voluerimus eis Adreciare ad dictum esgardum, ... si, quod absit, ipsum decedere contingeret, usque dum fuerit Adreciatum ad dictum et esgardum jam dictorum.* Hinc vox Gallica *Addresser*.

* **ADDUCIMENTUM**, *Præstatio*, quæ pro exemptione eundi in exercitum a vassallis penditur. Constitut. Freder. reg. Sicil. cap. 29 : *Quod nullus comes, baro et feudatarius cogatur aut teneatur aliquid solvere pro Adducimento; sed personaliter ire in exercitu teneatur modo prædicto, nisi necessitatis articulo, etc.* Vide *Adhoa*.

¶ **ADDUCTIO**, Servitium in adducendis seu advehendis messibus, lignis, etc. Item in deducendis pecoribus, de loco in locum. Descriptio censuum et reddituum dominii de Eska in Archivio S. Audomari : *Item quidam... debent Adductionem quæ Gallice dicitur* Dreste... *videlicet adducere animal vel animalia cujuscumque generis fuerint, ubicumque censuarius voluerit in villam S. Audomari, et tunc debet ductor vel ductores habere pastum.*

* Charta ann. 1248. ex Chartul. Maurigniac. : *Quod homines de Buisseto, qui consueverant dictos bladum et avenam ducere de mandato dicti Robini ad certa loca consueta, similiter teneantur ducere ad eadem loca, prout est consuetum, ad mandatum abbatis et conventus de Maurigniaco. De hoc autem venditione tenenda et in perpetuum observanda fideliter fidem dedit in manu nostra idem Robinus, quod in dictis duobus modiis venditis et Adductione eorum jure aliquo nichil de cetero reclamabit, aut faciet reclamari.*

* **ADEBITATUS**, Oneribus publicis obnoxius. Stat. Montis-reg. pag. 236 : *Item statutum est, quod si aliquis inventus fuerit tenere aliquid commune, quod non sit Adebitatum, et aliquis sibi damnum daret cum bestiis, vel sine, quod non teneatur prædicta de causa aliquod bannum, etc.*

* **ADECERDITÆ**, Hæretici, qui dicebant, *Christo descendenti ad inferos, omnem animarum multitudinem occurrisse ei, et credidisse ei, et liberatam fuisse.* Ita Auctor Prædestinati lib. 1. hær. 79.

ADECIMARE, Decimam æstimare, statuere. Stat. Cadubrii lib. 2. cap. 85 : *Et ad solvendum dictam decimam, et quod licitum sit illi, qui exigere debet decimam, et Adecimare et decimam facere, dummodo ille, qui decimam solvere debet, vel aliquis ejus familiaris sit in præsenti.*

ADEGA. Testamentum Sancii II. Regis Portugalliæ æræ 1286. apud Brandaonum tom. 4 : *Et totam Adegam meam de Macuilla, SS. cum omnibus cupis suis, quam emi pecunia mea.*

* f. Suppellex, Gall. *Meubles*. Locus sic legitur tom. 1. Probat. hist. geneal. domus reg. Portugal. pag. 50. ubi Testam. illud refertur ad ann. 1248 : *Item mando sive lego Durando Frojaz cancellario meo.... totam Adegam de Marvilla, etc.*

¶ **ADELANTADUS**, Præfectus, Senescallus, olim idem Hispanis qui nostris Gubernator et magnus Ballivus, teste Cobarruvia. Hispan. *Adelantado*. Thuan. lib. 14. pag. 422. Edit. Genevensis : *Ad cujus obsidionem Andreas Auria hærebat novis Hispaniarum Adelantado Camoriensi, id præfecturæ nomen est... copiis nuper confirmatus.* Rymer. tom. 8. pag. 619 : *Et super hoc mandamus omnibus et singulis Adelantadis, Justiciariis, Officiariis, Capitaneis castrorum, etc.*

ADELINGUS. Vide *Adalingus*.

ADELPHI, Monachi, Fratres ἀδελφοί, in Vita MS. S. Magnobodi Episcopi Andegav. cap. 26. Vide Meursium in Ἀδέλφατον.

¶ **ADELPHORUS**, Frater, Collega. Chartarium Ecclesiæ Auxitanæ in Biblioth. Sangerman. cap. XLII : *Quia a sanctos canones prohibetur tali consanguinitas, ne jungatur a me et a meisque Adelphoris, tali absolutio invenitur.* Hic agitur de matrimonio inter consanguineos contracto, quod Archiepiscopus Garciæ dicit neque a se neque a suis *Adelphoris* approbari posse: Hinc patet *Adelphorum* nomine intelligendos esse Episcopos, quorum est in gradibus consanguinitatis dispensare : hos a suis collegis *fratres* appellari haud insolitum.

ADELSCALC, Minister Principis, servus Principis : vox composita ex German. *Edel*, nobilis, et *Scalc*, servus, minister. Decretum Tassilonis Ducis Bajuvar. part. 1. cap. 7 : *Servi Principis, qui dicuntur Adelscalc.*

ADEMPRUM, vel ADEMPRIVUM. Cæsar Nostradamus in Hist. Provinc. pag. 398. ait esse jus quoddam a Comitibus Provinciæ subditis suis impositum, ad expensas faciendas pro maritandis seu nuptui collocandis filiabus, pro expeditionibus Hierosolymitanis subeundis, et pro terris acquirendis : quo casu eadem esset vis vocabuli, ac *Auxilii*, de quo suo loco. Sed videtur hæc vox non solius Provinciæ terminis circumscripta, cum in Occitania, atque adeo in Hispania etiam *Adempra* nota fuerint, sumique ut plurimum pro quavis præstatione videantur. Charta Raymundi *de Termes*, in Tabulario Carcasson. fol. 69 : *Nullum jus vel dominium habeo, nec jurisdictionem aliquam, nec Ademprum, nec habere debui in toto castro.* Alia pro Castro Moissacensi, in Regesto Tolosano fol. 19. et 20 : *Retinuerunt insuper quod Consules pro tempore constituti non sint immunes a collatione, quin conferant in quæstis et Adempris factis communitati villæ per D. Comitem.* Alia Charta ann. 1231. ib. fol. 68 : *Venationes, feuda et alodia, expletiva, et Adempriva, oblias et donationes.* Alia Petri Regis Arag. ann. 1212 : *Cum servitiis, usaticis, et aliis omnibus Ademprivis, etc.* Curia Generalis Barcinon. sub Petro II. Rege Arag. ann. 1283. cap. 45 : *Adempriva lignorum, pascuorum, et aquarum, castrorum ... fiant prout est antiquitus fieri consuetum.* Vide Catellum in Comitibus Tolosanis pag. 225. Foros Aragon. lib. 4. fol. 85; ex Observantiis Regni Aragon. lib. 9. tit. Actus Curiar. § 8. Et Mich. *del Molino* in Repertorio pag. 26. Nescio an huc pertineat quod habent Usatici Aquarum mortuarum : *Sint immunes ab omnibus quæstis, talliis et toltis, et mutuo coacto, et omni Ademptu coacto.* Nam ejusmodi vocabuli ab *ademptis rebus*, originem recte, ut opinor, accersit Dion. Salvaingus in Tract. de Jurib. domin. cap. 40. Charta Willelmi Regis Rom. ann. 1252. in Probat. Hist. Sabaud. : *Necnon Adempta, quæstas, tallias, alias exactiones consuetas, etc.* Ita *Ademptio* in veteri Charta apud Columbum in Episcopis Sistaricensibus lib. 3. n. 13. idem sonat quod *tolta*. [Sebast. Fantoni Hist. Avenion. tom. 2. pag. 109. in Charta conventionis inter Anfonsum Comitem Tolosæ et Carolum Comitem Andegaviæ ann. 1251 : *Item omnes cives Avenionis...... liberi remanent in perpetuum et immunes a tallia, quista et touta et omni Adempto forsato, tam in mutuis dandis dominis.... quam in equis emendis vel aliis quibuscumque exactionibus.*]

ADEMPRAMENTUM, Eadem notione. Usatici Barcinonenses, cap. 18 : *Castrum cum Adempramento ejus, etc.* cap. 109 : *In bajulia vel guarda unde quis habuerit hominaticum vel censum, si hoc secundum bene posse suum defenderit, habere debet ... ibi moderatum stacamentum, et moderatum Adempramentum.*

ADEMPRARE. Charta ann. 1312. pro Pariagio Castri de Venescio in Occitania, in 48. Regesto Philippi Pulchri Regis Fr. n. 29 : *Item quod homines dictorum locorum se possint Ademprare in locis circumvicinis, sicut consueverunt.* Michaël *del Molino* in Repertorio pag. 224. col. 4 : *Milites et infanciones possunt montes regales juxta forum Ademprare et pascere, etc.*

¶ ADEMPREMENTUM, in Annalibus Tolos. tom. 1. Instrum. pag. 4. Item tom. 2. Instrum. pag. 14.

¶ ADEMPRIVIUM, Instrum. ann. 1229. apud Marten. tom. 1. Anecd. pag. 953. F : *Nullam questam, nullam exactionem, vel forciam, nullam demandam seu Ademprivium habeo, vel habere debeo aliquo jure, vel aliqua ratione.*

¶ ADEMRIVUM, Eadem notione, in Charta Petri Regis Aragon. ann. 1212. superius laudata apud Acherium tom. 10. pag. 179. sed legendum est *Ademprivum*.

* Non unius significationis esse voces *Ademprum*, *Ademprivum*, aliasque illarum consimiles ex allatis a Cangio, ut opinor manifestum est : et quidem pro quavis præstatione sæpius accipitur ; at non raro idem significare quod *Usagium*, seu jus utendi aliqua re, pascuis nempe et forestis aperte docent quæ sequuntur. Pariag. inter Reg. et condom. villæ de Cuquo ann. 1319 ex Reg. 61. Chartoph. reg. ch. 343 : *Item quod concedatur dictæ universitati, quod Adempriva seu pascua communia, quæ dicta universitas nunc tenet,.... imposterum similiter teneat.* Alia ann. 1341. ex Reg. 72. ch. 250 : *In quo* (loco) *dicta universitas* (de Angulis) *et homines ejusdem habent et habere consueverunt Ademprivum, sive usum depascendi sua animalia et ligna scindendi.* Rursum alia ejusd. ann. ex cod. Reg. ch. 368 : *Item etiam quod* (homines S. Amancii) *usum habeant,..... Ademprivum ligandi et fustes pro suis necessitatibus..... tailliandi.* Charta ann. 1391. ex Reg. 148. ch. 59 : *Item habent usum, Ademprivum, libertatem, franquesiam et consuetudinem piscandi cum quibuscumque tesuris, retibus et modis consuetis..... Item habent usum, Ademprivum capiendi, cum quibuscumque modis et thesuris, quæcumque animalia fera et silvestria.* Regist. A. Cam. Comput. Paris. fol. 3. v° : *Ordinatio super Ademprivis seu usibus, quos vel quæ aliqui possent in dictis forestis proclamare.* Sed et observandum est Joan. Nostradamum in Vit. Poet. Provinc. ubi de Raimundo, Berengerio pag. 104 vocem *Ademprum* interpretari *Emprunt : Jamais ne furent contraints payer aucuns impots, toltes, quistes ou Adempres, que nous disons levées des deniers, quistes ou Emprunts.* At quo vade nescio. Longe diversa notione

* ADEMPRIVUM, in Stat. sabater. Carcasson. ann. 1402. tom. 8. Ordinat. reg. Franc. pag. 562. art. 12 : *In casu vero quod ille seu illi, qui facerent Ademprivum sive invitationem gencium dicti ministerii, pro communione seu sepultura talis infirmi seu mortui, etc.* Ubi *Ademprivum*, idem est atque Invitatio, vocatio, monitum. Vide *Azempare*.

¶ **ADEMPTARE**, pro *Attemptare*, Tentare, ad malum inducere. Gezo Abbas de Corpore et Sanguine Domini, apud Murator. tom. 3. pag. 278 : *Ut discas quod indignis, et fucate Mysteriorum secreta celebrantibus a diabolo præparantur insidiæ, et magis magisque Ademptantur, qui non æquo animo communicare festinant.*

* **ADEMPTIARE**, Æstimare, ad æris pretium redigere, Gall. *Apprétier, évaluer.* Charta ann. 1231. inter Probat. tom. 3. Hist. Occitan. col. 357 : *Hæc omnia prænominata fuerunt Ademptiata coram nobis ad valorem xvij. libr. vij. solid. Melgor. per annum.* Vide supra *Adærare* 1.

¶ **ADEMPTIO**, ¶ **ADEMPTUM**, ¶ **ADEMRIVUM**. } Vide *Ademprum*.

* **ADENS**, a verbo *Adesse*, Præsens, assistens. Vide *Adentia*. Vita S. Amati tom. 6. Aug. pag. 723. col. 2 : *Laborantibus Adens, oppressis in judicio succurrens, viduis consulens et orfanis, etc. Adeser* vero, pro Addicere se alicui, in Vit. SS. ex Cod. 28. S. Vict. Paris. fol. 349. v°. col. 1 : *Après la ascension de notre Seigneur, il* (S. Marceau) *Adesa tousdiz à S. Pierre.*

ADENTIA, Præsentia, a verbo *adesse*. Charta Cresimyri Regis Dalmatiæ ann. 1059. apud Jo. Lucium lib. 2. Hist. Dalm. cap. 15 : *Illud in audientia et Adentia prælibatorum astantium autorizo.*

ADEPS. Joan. de Janua : *Adeps, pinguedo exponitur, ex ad, et epulum, quia epulis pinguedo solet addi ... Adeps proprie est pinguedo interior, et quæ intestinis annexa est.* Papias : *Adipata, edulia Adipe condita, cibi pingues.* Descriptio Bonorum Monasterii Sanctimonialium Deiparæ Suession. ann. 858 : *Adipis modii 100. ad diversa Monasterii luminaria, et ad condiendos cibos Sanctimonialium vel supervenientium hospitum.* Charta Caroli C. pro Monasterio Sangermanensi : *Et pro modiis viginti Adipis, etc.* Statuta Cluniacensia Petri Venerab. cap. 15 : *Statutum est ut omni die Adventus Domini, excepta prima Dominica, ab Adipe qui in 12 lectionum festis usu esse solebat, omnes abstineant.* Adde cap. 53. Petrus Diac. lib. 4. Chr. Casin. cap. 66 : *Non carnes, non Adipem, non vinum ab illo tempore sumpsit.* Adeps vero differt a sepo vel sevo : Sevum enim animalium pinguitudo est, plusque terrestris naturæ participans, et, cum refrixit, glaciatur, et fragile est, atque ægre liquefit, liquatum vero celerrime densatur : adeps autem contrario modo se habet, nam liquidior est minusque duratur. Adipem autem seu sevum sua ætate in lucernis adhibitum testatur etiam S. August. lib. 2. de Morib. Manich. : *Quid de Adipe respondebitis, qui prope omnes Italas Lucernas illuminat?*

ADEPSIT, pro *adeptus est*, occurrit apud S. Eulogium Cordub. in Apologetico.

ADEPTICUS, *Qui de facili acquiritur.* Jo. de Janua.

ADEPTUS, Exponitur δωρεὰν λαβὼν, in Gloss. Græc. Lat. [Qui gratis accipit.]

* *Adepti* dicuntur in arte chimica, Parac. et Helmont. *Mystæ*, imo ἐπόπται.

* **ADERARE**, pro *Adærare* 1. quod vide, in Charta ann. 957. inter Probat. tom. 2. Hist. Occit. col. 99.

* **ADEREPLARE**, *Epouseir*, in Glossar. Lat. Gall. ann. 1342. ex Cod. reg. 4120.

¶ **ADESCARE**, Buccella in os inserta pascere, in os, vel rostrum escam indere, Gall. *Abbequer.* Glossæ Lat. Græcæ MSS. *Adesco, focio*, ψωμίζω.

ADESCATIO, *Dieta, cibatio*, apud Matth. Silvaticum in Pandect.

¶ **ADESITARE**, Astringere, cogere. In Glossis Latino-Græcis. *Adesitat*, συνελαύνει, συνάγει.

* **ADESTARE**, Attestari. Placitum sub Childeberto III. ann. 711. tom. 8. Collect. Hist. Franc. pag. 676 : *Itemque inluster vir Ratbertho comite palate nostro Adestare videbatur, etc.*

¶ **ADESTRARE**. Vide *Addextrare*.

ADEVANTAGIA, idem quod Gallis *Avantage*, quod ultra partem recipitur, verbi gratia in Foris Aragon. lib. 5. est titul. : *De Adevantagiis, quas uxore præmortua, vel ipsa superstite, vir, aut ejus successores habere debent.* Alter : *De rebus, sive Adevantagiis, quas vir et ejus hæredes habere debent ante partem.*

¶ **ADEXTRARE**, ADEXTRARIUS. Vide *Addextrare, etc.*

¶ **ADEXTRATOR**. Vide *Addextratores*.

¶ **ADFABER**, Arte peritus, in Glossis Græco-Latinis MSS. *Adfaber*, ἐντεχνής, utique pro ἔντεχνος.

¶ **ADFATIMIRE**. Vide *Affatomia*.

¶ **ADFATIO**, ἐπίλογος, πρόφασις, προσομιλία, in Glossis Latino Græcis MSS. Allocutio, colloquium.

ADFATOMIA. Vide *Affatomia*.

* **ADFATOMARE**, Donare per *Adfatomiam*, i. e. Festucam in sinum ejus, cui donatio fit projiciendo. Vide *Affatomia*. Epist. Witechindi abb. Corb. novæ ad Gerardum abb. Corb. vet ann. 1196 : *Albertus frater noster ex Wittemone animæ suæ symbolum luminis perpetuum S. Vito Adfatomavit; ideo beneficium hoc ei fecimus, ut aliquando in cucullo jaceret.*

ADFECTATORES, *Petitores*; in Glossar. vet. ex Cod. reg. 7641.

¶ **ADFECTATUS**, Affectus, dispositus, Gall. *Intentioné, disposé.* Acta SS. Martii tom. 2. pag. 451. E : *Cum venerabilis et discretus vir...... ad dictum nostrum Monasterium pie Adfectatus desideraverit.... habere aliquas reliquias, etc.*

¶ **ADFERIAL**, quasi *Ad feralia* : Aqua quæ super mortuorum sepulchra litabatur. Gloss. Lat. Gr. *Adferial*, ὕδωρ τὸ ἐπὶ τοῖς νεκροῖς σπενδόμενον.

Arferia, apud J. Laurentium in Amalthea. [** Vide Forcell. hac voce.]

* **ADFEUDATUS**, Qui nomine *feudi* possidet. Charta ann. 1221. ex Reg. 71. Chartoph. reg. ch. 34 : *Item sciendum quod servientes ecclesiæ Adfeudati, non sunt nec possunt esse de usagio villæ sine consensu abbatis.*

ADFIDARE, ADFIDUCIARE, Vide *Affidare*.

* **ADFIDIARE**, Fide data promittere, obligare se. Fundat. Ardenæ ann. 1138. inter Instr. tom. 11. Gall. Christ. col. 77 : *Hoc autem futurum esse ratum et firmum Adfidiaverunt canonici et Matthæus presbyter S. Germani.* Vide *Affidare* 1.

¶ **ADFIGATIO**, Actio affigendi. In Glossis Latino-Græcis, *Adfigatio*, προσήλωσις.

ADFIGERE, Vox propria in Legibus, cum sc. Capitulum aliquod iis additur, *adfigitur.* Leges Luitprandi Regis Longob. tit. 63 [** Lib. 6, cap. 34] : *De servis fugacibus, quia jam antea* [** al. unde quidem antea] *Capitulum istum Adfiximus, etc.* Tit. 54 [** Lib. 6, cap. 23] : *Ideo autem hoc scripsimus, quia et si Adfictum* [** al. Affixum] *in Edicto non fuit, etc.* Adde tit. 69. § 5. tit. 75. § 1. tit. 91. § 2. tit. 104. § 4. tit. 110. § 1. Tabularium Casauriense : *Quia Dom. Luitprandus Rex in suo Capitulari Affixit, ut quicunque de re sua, etc.* Charta alia ex eodem Tabulario : *Ea iterum Dominus Ludovicus Imp. in sua capitula Affixit, ut ubi ex utraque parte Ecclesiasticum fuisset, rectores earundem Ecclesiarum, si se familiariter pacificare velint, licentiam habeant.* [** Est *Fixum reddere* quod de legibus sæpe usurpatur in Theod. Cod. e. g. leg. 18. lib. 6. tit. 4; leg. 139. lib. 12. tit. 1.]

ADFIGURARE, pro *Figurare.* Utitur Diomedes lib. 1. Art. Grammat. [** Gell. N. A. lib. 4. cap. 9.]

ADFILIARE, In filium adoptare. Ananus ad leg. 2. Cod. Theod. de Legit. hered. : *Adoptivum, id est, gestis ante curiam Adfiliatum.* Vita MS. S. Gaugerici Episc. Camerac. lib. 1. cap. 4 : *Illum vero deinceps ardentissimo dilectionis affectu Affilians, etc.* [Chron. Farfense apud Murat. tom. 2. part. 2. col. 434 : *Lupardus Scario cum uxore sua Vettula; Lupulus Affiliatus ejus cum uxore sua Rodiperga.*] *Affilié ou adopté*, in Consuetud. Sanctonensi art. 1. Honoratus *Bonnor* Salonensis *en l'arbre des Batailles*, 4. parte cap. 106 : *Je traite la question, sçavoir, si la Reine Jeanne de Naples a pu Affilier le Roy Louis, etc.* Vide Caium in Instit. Parerga Alciati, et Cujac. lib. 7. Observ. cap. 15. [** Gaii inst. epit. lib. 1. tit. 6, § 1 : *De adoptivis, hoc est Adfiliatis.*]

Adfiliatio, Affiliatio, Adoptio in filium. Gloss. Lat. MS. Regii Cod. 1013. et Gloss. Isid. : *Adfiliatio, adoptio, pæne naturæ imitatio.* Habentur etiam eadem verba in Breviloq.

Affiliatio, Acquisitionis species. Chronicon. Farfense pag. 657. et 663 : *Solenni donatione contulerunt, quæ ad eos ex concessione Regum, Reginarum, vel Ducum, vel per Affiliationem, vel comparationem, vel alium quemlibet attractum pervenerint.* Vide *Filiolatus.*

Desafiliare, Exhæredare. Fori Oscæ ann. 1247. fol. 24 : *His rationibus pater potest Desafiliare filium suum, si viderit patrem captum; ... si noluerit pater vel mater Afiliare illum, vel hæredem facere, etc.*

* **ADFLARE.** Glossar. vet. ex Cod. reg. 7641 : *Adflarat, addiderat.* [** Cod. 4778 : *Adflarat, adspiraverat, asperserat vel adsparserat.*] *Adflavit, adtegit.* [** Vide *Adfulare.*]

* **ADFORARE**, Æstimare, *forum* seu pretium imponere, constituere. *Afforatio*, Ipsa æstimatio. Vide *Afforare.* Charta. ann. 1270. ex Reg. 56. Chartoph. reg. ch. 151 : *Guillelmus de Karentonio miles.... Adforavit et ad forum posuit Amisium et Guillelmum Daberti..... ad lx. solid. Turon. eidem militi et ejus hæredibus seu mandato reddendis annis singulis..... Promittens idem miles per stipulationem solemnem, quod contra Afforationem, manumissionem et quittationem istas... non veniet.*

ADFRAMIRE. In Pacto Legis Salicæ titulus 49. concipitur *de Adframire*, ubi in Editione Pithœana est 48. *de Afatomie.* Vide Wendelinum, [et Cl. Eccardum : cui *de Adframire*, vel *de Adramire*, idem sonat quod de designatione hæredis per ramum vel festucam in sinum alicujus projectam facta.] [** Vide *Adramire*, neque enim aliud sonat.]

* **ADFRONTARE**, Terminari a parte, quæ agri *frons* dicitur. Charta ann. 898. inter Probat. tom. 2. Hist. Occit. col. 33 : *Dono vobis vineam..... et Adfrontat ipsa vinea de parte circii, etc.* Unde *Fines sive Adfrontationes*, in Epist. Joan. XV. PP. ann. 985. Vide *Affrontare* et *Affrontatio.*

ADFRUTABULUM, *Vasculum*, in Glossis Isidori. [In excerptis Pithœi, *Adsutabulum.* Forte *Acetabulum* : quod vide sis.]

* **ADFULARE**, Pro *Adfolare*, Glossar. vet. ex Cod. reg. 7646 : *Adfulavit, leviter tetigit.* Vide *Affolare.*

** **ADFURCILLARE.** *Adfurcillavi, sorbui, labefactavi, concussi.* Placidus apud Maium.

¶ **ADGAUDERE**, Gratulari, gaudia sociare cum aliquo, Gall. *Se conjouir.* Vita S. Syvonis Episc. Persæ, in Actis SS. Junii tom. 2. pag. 290. E : *Preces et hymni laudisoni aëra gratificant : cœlum ipsum Sanctis favere, sol totis radiis Adgaudere videbatur, adeo dulcis aura et dies serena illuxerat.*

¶ **ADGENICULARI**, Ad genua provolvi, Gall. *s'Agenouiller.* Tertull. de Pœnit. cap. 9 : *Presbyteris advolvi, charis Dei Adgeniculari.* Ibi de publice pœnitentibus agitur, qui ad Episcoporum, Presbyterorum atque Confessorum pedes sese prosternebant, ubi illos habebant obvios ac maxime ad fores Ecclesiæ. Vide *Pœnitentes.* [*Vide infra *Adgeniculare.*]

ADGISTARE. Vide *Agistare.*

* **ADGLIVATUS.** Glossar. cod. Reg. 7646 : *Adglivatum, oblicum, curvum.*

ADGNÆUM *Repræsentare*, apud Guillimannum in Explicatione vocabulorum ævi inferioris lib. 1. cap. 9, *Auff gnad und ungnad stellen*, exponitur.

ADGNASCI, JC. sæpe est pro *nasci* : inde *agnatio*, pro liberis, aut liberorum procreatione, apud Marculfum lib. 2. form. 29. ut et in leg. 1. Cod. Theod. de Collegiatis, in leg. 19. eod. Cod. de divers. Offic.

ADGRAVARI *aliquem*, in Jure Hungarico, punire victum, *Meghuntet, terhelni birsagolni.*

* **ADGRAVARE**, Molestiam vel damnum inferre, in Chron. S. Petri Vivi ad ann. 999.

¶ **ADGRETTUS**, et Adgretus, *Aggressus.* Amalthea J. Laurentii.

ADHABERE, pro *Habere*, tenere, possidere. Tabular. S. Victoris Massil. sub ann. 12. Caroli M. : *Et sicut alias res ipsas, quæ juste ad Domnum Regem Karolum obtingebant, in aloda Antener Adhaberet per ipsam misculationem, seu et ipsam Caladium villam visus fuit de ipsa casa Dei abstrahisse.* Charta Arnulfi Regis apud Baldric. lib. 1. Chron. Camer. cap. 62 : *Et quidquid exinde fiscus noster exigere poterat, in luminaribus ipsius Ecclesiæ concinnanda perpetualiter concessimus Adhabendum.* Adde cap. 77. Tabularium Brivatense cap. 252 : *Habeatis atque possideatis jure proprio Adhabendum, vendendum, donandum, etc.* [** f. ad habendum] Tabularium Ecclesiæ Viennensis fol. 24 : *Tantum et nos vobis ipsas res jam dictas et superius scriptas manibus tradimus atque transfundimus, perpetualiter Adhabendi, vendendi, donandi liceat, commutandi, vel quicquid exinde facere volueritis, etc.*

¶ **ADHABITARE**, Juxta seu prope habitare. Gloss. Lat. Græc. *Adhabito*, προσοικῶ.

ADHÆREDARE, Mittere in possessionem : *Adheriter* in Consuetudinib. Hannoniæ cap. 77. 80. Montium cap. 46. Camerac. tit. 1. art. 3. Insulæ tit. 1. art. 56. 156. Tornacensi tit. 20. art. 25. etc. : *Paternis hæreditatibus Adhæreditatus*, in Vita Lietberti Episc. Camerac. cap. 2. Compositio inter Will. de Hollandia et Ludovicum Comitem de Los ann. 1206. quæ extat in Regesto Honorii III. PP. lib. 1 : *Ad dictum et arbitrium D. Philippi debet dominus Willelmus Adhæredare Comitem de Los de omnibus supradictis.* Occurrit ibi non semel. Jo. de Condato. MS. in Dominican. :

Le siecle en as Adhireté

Chron. Flandriæ cap. 86 : *Et la se dessaisit de sa terre, et en Adherita sa fille.* Vide *Hæreditare* et *Adhereditare.*

¶ 1. **ADHÆRENTIA**, Societas, adhæsio, Gall. *Liaison, union* : olim *Adhérence.* Rymer. tom. 2. pag. 503 : *Personæ...... captæ vel propter Adhærentiam alterius partium punitæ, revocabuntur.* Litteræ Radulfi Comitis Stafford. ad Joh. *de Charnel*, Constabul. Burdigal. ann. 1352. apud Marten. tom. 1. Collect. Amplis. col. 1468 : *Sexcentum 55. libras.... quas ipse certis diversis locis ratione Adhærentiæ suæ eidem Domino nostro Regi factæ amittebat.* Diarium Belli Hussitici lib. 3. apud Ludewig. Reliq. MSS. tom. 6. pag. 190 : *Plurimi Taboritarum Presbyteri, magnam habentes populi confluentiam et Adhærentiam, dimissis SS. Doctorum.... Sententiis, suis propriis ingeniis elaboratis Glossis, antiquum et novum interpretati sunt testamentum.*

¶ 2. **ADHÆRENTIÆ**, Appendices, ea quæ adhærent, Gall. *Dépendances.* Vita S. Henrici Imp. tom. 3. Julii pag. 759. C : *Contulimus præterea ad supra dictam sedem Episcopalem prædia, Ecclesias, vicos, villas cum omnibus suis pertinentiis sive Adhærentiis, videlicet utriusque sexus mancipiis, areis, ædificiis, terris cultis, viis et inviis, exitibus, reditibus quæsitis et inquirendis, silvis, sagenis, venationibus.* Eadem notione legitur apud Ludewigum Reliq. MSS. tom. 5. pag. 555. [** Tacit. Hist. lib. 2. cap. 25 : *Vineis modica silva Adhærebat.*]

* Charta ann. 875. inter Probat. tom. 1. Hist. Occit. col. 127 : *Cum mansis, pratis, pascuis, silvis, farinariis cum omni integritate, et Adhærentias eorum.*

1. **ADHÆRERE**, pro *Adjungere.* Anastasius in Stephano III. PP : *Adhærens eidem Imperiali misso, quemdam propriæ gentis nefarium virum, etc.*

¶ 2. **ADHÆRERE** Saxos. Forte Convellere, vel auferre silices, Gall. *Arracher, óter.* Agnellus in lib. Pontif. apud Murat. tom. 2. pag. 178. col. 2 : *Alii tondebant salicum ramos qui operiebant glosochomum, alii lustrabant desuper virentes herbas, alii evellebant ebulos fagineos, Adhærebant Saxos, velocius ut discurrerent rotas.*

* 3. **ADHÆRERE**, Admovere, applicare, fulcire, Gall. *Appuyer.* Stat. crimin. Saonæ cap. 35. pag. 75 : *Nec liceat alicui appodiare vel Adhærere domui habitationis alicujus..... scalam aliquam, trabem, vel ingenium, etc.* A quo verbo nostri *Adherdre, Aherdre, Aerder, Aerdre*, aliaque ab eadem origine accersenda, variis notionibus dixerunt, facile ex ipsis locis intelligenda. Lit. ann. 1368. tom. 5. Ordinat. reg. Franc. pag. 395. et 396 : *Nous sommes enhers, Adheriz, Adherdons et Adherissons aux appellations faites..... se par raison de la Adherition et Adherment ès appellations dessus dictes.* Lit. remiss. ann. 1396. in Reg. 149. Chartoph, reg. ch. 330 : *Ledit Jehan se affellonnissait tousjours en menassant ledit Huguenin d'atrapper et Adherdre aus mains.* Ch. ann. 1440.

in Chartul. 21. Corb. fol. 248. v° : *Porra ledit acheteur..... prendre et Adherdre ausquels desdits heritages pour le tout que mieux lui plaira.* Lit. Ludov. X. ann. 1315. in Reg. A. Cam. Comput. Paris. fol. 79. v° : *Le peuple de Flandres par les mauvez rapors et par les mauveses paroles..... à ce que il s'Aherdirent à li et se mirent en rebellion contre nostre dit seigneur et pere.* Lit. remiss. ann. 1377. in Reg. 111. ch. 107 : *Ainsi comme ledit curé le tenoit soubz lui, ledit Symonnet le Aherdi par les cheveulx.* Aliæ. ann. 1382, ex Reg. 120. ch. 275 : *Biset procedant de pix en pix le prist et Ahert par tele manière, etc.* Assis. Hierosol. lib. 2 cap. 22 : *S'Aerder au dit de son aversaire.* Lit. remiss. ann. 1376. in Reg. 109. ch. 275 : *Ernoul issi hors de sa grange tout nu en sa chemise, et se trait par devers ledit Bertin pour lui Aerdre.* Unde *Aerdresse*, in iisd. Assis lib. 2. cap. 73. cujus titulus est : *De quelques choses l'on ne se peut deffendre par l'assise, ne par l'usage de Aerdresse de bataille.* Guill. Guiart. :

Car o les autres s'Aerdi
Aus Anglois etc.

Le Roman du Dit du Chevalier :

Car par ces cinc dois Aherdoit, etc.

Bestiarius Ms. :

Ne va pas sus et jus volant,
Ne as viandes Aherdant.

Ahierdre in Poem, Roberti Diaboli Ms. :

Lors se fist tenir et Ahierdre
Qu'il ne caie, etc.

* Unde *Adherdant*, vulgo *Adherent*, Qui alterius partes tuetur, in Sent. ann. 1331. ex Chartul. 2. Fland. ch. 584 : *Ceaux de la ville de Gand et leur Adherdans, etc.* *Ahers*, Alligatus, inhærens. Sermo S. Bernardi : *A quel gent ewerons nos ceos, cui nos veons estre si Ahers et si enracineiz ens terriens solas et ens corporiens, k'il departir ne s'en puyent.* Bestiarius MS. :

Quant bien le sent o soi Ahers,
O soi le plonge tout envers
Enmi infer ou plus parfont.

* Unde *Desaherdre*, pro Expedire, vulgo *Débarrasser, détacher*, ibid. :

Tes cornes t'estuet Desaherdre,
Ou la vie te convient perdre.

* Hinc etiam *Enhers*, appellarunt quosvis fructus terræ cultæ inhærentes. Lit. remiss. ann. 1468. in Reg. 194. ch. 301 : *Le suppliant bailla à labourer... plusieurs pieces de terre à moitié des blez et autre Enhers qui y croistroient.*

* *Ahiers*, Captus, circumdatus, Gall. *Pris, entouré.* Philip. *Mouskes* :

Et quant le roy se vit Ahiers
Par tout, de lonc, et de travers, etc.

* **ADHANSSARE**, Pensitationem pro mercibus exportandis statutam persolvere. Arest. parlam. Paris. ann. 1384. 30. Jan. ex Cod. reg. 9822. 2. fol. 142. v° : *Quod nullus extraneus, qui non est burgensis Paris, potest ducere mercaturas suas per sub pontem Paris, usque ad pontem de Mante, nisi habeat societatem unius mercatoris de Paris, et opportet quod ille mercator de Paris. vendat et emat omnia nomine suo et non nomine extranei, et quod res sint Adhanssatæ.* Vide *Hansa* 1.

* **ADHECARE**, Adæquare, partiri in æquas partes, Gall. *Diviser en parts égales.* Comput. ann. 1382. ex Tabular. S. Vulfranni Abbavil. : *Item pro ponderando lanas in granario capituli partitas dominis;... et pro illo qui Adhecavit partes,... iiij. sol vj. den.*

* **ADHENAYRIA.** Vide infra *Azenayria.*

* **ADHERBARE**, Agrum in pratum seu *herbam* redigere. Charta ann. 1459 : *Ipsa prata..... a paucis diebus citra apradata et Adherbata, etc.*

¶ **ADHEREDITARE**, Dotare, mittere in possessionem. Acta SS. Junii tom. 4. pag. 588. D : *Index est Florinorum nobile Cœnobium in honore Dei... sumptibus ejus constructum, paternisque hæreditatibus Adhereditatum.* Vide *Adhæredare.*

* Charta Margaretæ comit. Flandr. ann. 1274. ex Chartul. sign. *Decanus* S. Petri Insul. fol. 141. r° : *Nos de ipsis decanum et ecclesiam S. Petri Insulensis, coram dictis hominibus, investivimus et Adhereditavimus legitime et in possessionem posuimus corporalem. Ayreter*, eodem sensu, in Charta ann. 1287. ex Chartul. Namurc. Cam. Comput. Insul. fol. 7. r° : *Nousdis sires li cuens lidit Guyot son fil, de Bailleul et de toutes ses appartenances et de la justice et seignorie Ayreta bien et à loy selonc no jugement et receut à homme..... C'est Ayretance bien et souffisaument selonc le connissance, l'usage et le loy de le terre de Flandre et par no jugement faite, etc.*

¶ **ADHERMALES TERRÆ**, Vox vernacula quæ idem fere significat atque apud nos *Terres Ermes.* Prædia fere deserta et inculta quæ ad *Terras hermas* prope accedunt. Edictum Philippi IV. ann. 1314. apud D. *De Lauriere* tom. 2. Ordinat. Reg. pag. 22 : *Et quamvis res ipso tempore concessionum quondam desertæ, quondamque incultæ et aliæ Adhermales, seu medii valoris essent.*

* **ADHESIA.** Vide supra *Aclhesia.*

* **ADHIBERE.** Glossar. vet. ex Cod. reg. 7641 : *Adhibet, promisit vel præstitit. Adhibete, præsentem facite, invocate.* [** Cod. 4778 : *Adhibiti, admissi, assumpti, adjuncti, juxta positi, adfines, proximi, confines.*]

ADHOA, sumitur ut plurimum pro jure *Relevii*, aut *Racheti*, uti passim videre est apud Andream de Isernia et Matthæum de Afflictis in Consuet. Neapolit. Marinum de Freccias de Feudis Sicil. lib. 2. tit. de Relevio, in principio; Jacobum de Axello Neapolitanum, in tractatu de jure Adohæ, Relevii atque Subsidii, edito Lugduni ann. 1558. Joan. Franc. Capiblancum in tractatu de jure et offic. Baron. erga vasallos, pragm. 1. n. 56. etc. Exponitur *servitium militare*, in Charta Joannæ Reginæ Siciliæ ann. 1366, qua Margareta Borbonia Imperatrix Constantinopolitana Margotæ de Novavilla Magistræ suæ quoddam casale concedit, *movens in capite a Curia nostra sub certo militari servitio, seu Adhoa.* Vide *Adoha, Adobare* et *Anubda.* [**Apud D. Winspeare in Histor. jur. feod. Notar. pag. 154 memorantur : *Prestazione a titolo di Adoa. Prestazione detta Adoa del castello. Prestazione dette Adoa di Agosta.*]

ADHOAMENTUM, Eadem significatione occurrit in Statutis Honorii IV. PP. pro regno Neapol. apud Odoricum Raynaldum ann. 1285. n. 48. Diploma Caroli Neapolitani Regis filii ann. 1328. apud Ughellum in Episc. Aprutinis : *Sub feudali servitio seu Adhoamento.* Adde Chron. Ricardi de S. Germ. ann. 1235. et Bullarium Casinense tom. 2. pag. 175.

ADHOGAMENTUM, in Charta Friderici II. Imp. ann. 1221. In eodem Bullario Casinensi tom. 2. pag. 252 : *Eximentes castra, casalia, et homines ipsius Monasterii ab omni jugo servitutis vel Adhogamenti, sive de demanio, sive de feudis fuerint.*

* **ADHORTATUS**, in significatione passiva, Invitatus, Gall. *Exhorté.* Epist. 42. Nicolai I. PP. tom. 7. Collect. Histor. Franc. pag. 434 : *Theutgaudus atque Guntharius tunc episcopi..... nequaquam ad conjugem proprium reverti suasione fecerunt,..... juxta quod a Sede apostolica crebro fuerant Adhortati, etc.*

¶ **ADHOSPITARE**, In loco collocare. Dyct. Cretens. : *Martem et Concordiam multis immollationibus sibi Adhospitavere;* id est, ut in eodem quasi hospitio habitarent, effecere.

¶ **ADHRAMIRE.** Vide *Adramire.*

* **ADHUMATIO**, Humatio, sepultura, Gall. *Enterrement.* Testam. Heriberti Viromand. comit. ann. 1059. in Suppl. ad Aubert. Miræum. pag. 304. col. 1 : *Ecclesiis sub meo dominio fundatis, unicuique c. solidos post obitus mei Adhumationem enumerari volo.*

* **ADHURIUM**, Cæruleum, Gall. *Azur.* Acta Inquisit. Carcasson. Mss. ann. 1308. fol. 64. r° : *Ostenderunt mihi quemdam librum valde pulcrum et cum obtima littera Bononiensi, et peroptime illuminatum de Adhurio et minone, ubi erant Evangelia in Romancio et Epistolæ Beati Pauli.* Vide *Adurinus.*

¶ **ADHYCERE**, pro *Adjicere.* Rymer. tom. 2. pag. 469 : *Adhycientes, quod si aliquid contra vel ultra formam... fecerunt, etc.*

ADJACENTIÆ, Loca vicina eidem domino, aut dominio parentia, vel subjecta, *adjacentia*, appendices; *Dependances.* Placitum Clodovei III. tom. 4. Actor. SS. Ord. S. Bened. pag. 619 : *Cum omni integritate sua vel Adjacentias, etc.* Charta Alaman. n. 26. apud Goldast. : *Prædictum locum cum omnibus Adjacentiis.* n. 39 : *Cum omnibus Adjacentiis et adpendititis.* num. 50 : *Campis, pratis, silvis, Ajacentiis et appenditiis.* Charta Odonis Bajocensis Episc. : *Deinde terram reddo quæ dicitur ... cum Adjacentiis suis.* Utuntur præterea Flodoardus lib. 1. Hist. Rem. cap. 20; Historia Translat. S. Guthlaci num. 15. etc. Vide l. 2. Cod. de Bonis vacantibus. [** Ubi interpretum nonnulli *Adjacentia* de *mobilibus* accipiunt. Vide etiam Th. Cod. lib. 10. tit. 8. l. 1.] [Item tom. 3. Analect. Mabillon. pag. 68.]

¶ **ADJACENTIARI**, Æquiparari, componi, juxta poni, comparari. Charta permutationis inter Petrum de Ferreriis... et inter Bernardum et Galhardum de Sentis ann. 1304. ex Archivo D. Marquisii de Flammarens : *Confrontatis et Adjacentiatis inter terram dicti domini Petri ex parte una et vineam Guilhermi Sabaterii, etc.*

¶ **ADJACTIVUS**, pro *Abjectivus* qui vadimonium deseruit, Gall. : *Qui s'est laissé juger par defaut.* Vide *Abjectire.*

* *Adactivus* legit Mart. Lyd. Gloss. in Nic. de Clemangis.

* **ADJANCIAMENTUM**, In districtu parlementi Burdigalensis idem est, quod alibi *Augmentum dotis* nuncupatur; incrementum scilicet dotis quod mortuo marito uxori

superstiti redditur supra dotem propter nuptias; vulgo *Agencement*, dictum a Gall. *Agencer*, convenire, pacisci, quia ex anteactis pactionibus statuitur ac definitur. Nisi sit a voce *Adjecement*, quam dixerunt pro Incrementum, perfectio. Lit. ann. 1366. inter Probat. tom. 1. Hist. Nem. pag. 295. col. 1 : *Les consuls et habitans nous ont fait humblement supplier que pour l'Adjecement de la force et défense de laditte cité, etc.* Testam. Bertr. de Galhaco ann. 1293. in Reg. 4. Armor. gener. pag. 2 : *Item recognovit se habuisse in dotem...... ducentas libras Turononses, quas una cum Adjanciamento voluit dictæ mulieri reddi.* Vide Gregorium in Syntagm. juris univ. lib. 9. tit. 23. cap. 5. et *Boucher d'Argis* tract. *des gains nuptiaux et de survie*, cap. 2. num. 2. pag. 27. Vide infra *Agentiamentum.*

¶ **ADIAPHORISTÆ**, Inter Evangelicos dicti sunt qui paulo post incœptam, uti vocant, reformationem, indifferenter quosdam Ecclesiæ ritus retineri posse censebant. Hinc gravis inter illos dissidii causa, aliis edictum seu decretum *Interim* rejicientibus, aliis duce Melanchthone multos ritus tanquam *Adiaphoros* admitti posse defendentibus. Haud ita sentiebat Calvinus in Epistolis 15. 85. 115. in quibus Melanchthonis suggillans moderationem, ait, *Ceremonias Ecclesiæ Romanæ animarum laqueos esse : quamvis inter illas Adiaphora sint plurima, et tolerabiles ineptiæ.* Vide Hofmannum in hac voce.

* **ADIBILIS**, Accessu facilis. Memoriale H. Cam. Comput. Paris. ad ann. 1413. fol. 13. r° : *Præstitit juramentum solitum et cautionem de xij. lib. Turon. quia de patria non secure Adibili, videlicet de Britannia, etc.*

¶ **ADICERE**, pro *Adjicere*, apud Rymeri tom. 2. pag. 99. et alibi passim in MSS, nec raro apud Antiquos. Vide Antiquarium Jan. Laurenberg.

ADJECTAMENTUM, in l. 242. D. de Verb. sign. [** ubi Haloand. legit] *Additamentum* in l. 7. D. de Legat. 2. et alibi. [** *Additamenta, Adjectamenta* ex Placido apud Maium et in Gloss. Cod. reg. 4778.]

¶ **ADJECTIRE**, In jus vocare. Vide *Abjectire.*

* **ADJECTIVARE**, *Faire adjectif*, in Vocabul. compend.

¶ **ADJECTUS**, Additio, additamentum. Hist. Delph. tom. 2. pag. 152 : *Sub hujus conditionis Adjectu.*

¶ **ADJENCIÆ**, pro *Adjacentiæ*, Appendices. Tabularium Calense pag. 176 : *Dedit cum omnimoda justitia dictæ villæ intus et extus, et totius territorii aisanciarum, Adjenciarum et pertinentiarum ejusdem, etc.*

* **ADJENCIUM**, Quod *Adjacet*, quod vicinum est, appendix. Charta ann. 880. ex Chartul eccl. Vienn. fol. 36. r°. col. 1 : *Infra has fines et perticationes ipsam vineam cum casa et Adjencio suo prædictis kanonicis B. Mauritii... trado...* Vide *Adjacentiæ*, et *Adjenciæ*. Nostris *Adjacier*, a Lat. *Adjacere*, Prope esse, alicui adhærere, assentire. Ch. Hugonis comit. Burg. ann. 1251. inter Probat. tom. 2. Hist. Burg. pag. 30. col. 1 : *Nos nos suemes aliyé au noble baron Hugom duc de Borguoigne, nostre cosin, em tel maniere,.... que nos li aiderons à droit de tot nostre poair à sa vie contre tote jent, qui tort li feront, qui Adjacier ne li voudront.*

* **ADIGERE**, Cogitare. Glossar. vet. ex Cod. reg. 7646 : *Adigebant, cogitabant.* [** Eadem leguntur in Cod. 4778, deinde vero : *Adigat, detrudat, cogat, compellat.* Apud Jæckium : *Adigere, cogitare, detrudere, sub*[illegible]]

¶ **ADILLARE**, Per alluvionem accrescere. Notitia ann. 1145. ex Tabulario Ecclesiæ S. Laudi Andegav. fol. 90. verso : *Dedit præterea duabus Ecclesiis... hardacium parvum, quod sub exclusa prædictarum Ecclesiarum communi in sabulo impulsu undarum ibi adunato Adillando creverat, et cum ei nihil valeret, Ecclesiæ damnosum erat.* Ubi pro *Adillando* legendum videtur, *Alluviando.*

ADIMBREVIARE, Idem quod *Imbreviare*. Utitur Fleta lib. 2. cap. 27. § 1. Vide *Adbreviare, Imbreviare.*

** **ADIMPERARE**, Edicto excitare, evocare ad aliquid exequendum. Itin. vet. in Hier. Pezii script. rer. Austriac. tom. 2, pag. 454 : *Discurrit communitas, confunditur civitas, Adimperatur et turbatur totius civitatis populus.* Adel.

* **ADIMPLEBILIS**, Completus, Gall. *Accompli.* Glab. Rodulph. lib. 3. Hist. cap. 8 : *De se* (Christo) *etiam testimonium perhibentium Scripturarum Adimplebile documentum, etc.*

¶ **ADIMPLERE**, Concedere, permittere. Tabular. S. Vandreges. tom. 2. pag. 148 r° : *Volebant partem habere in omnibus his quæ prædictus Guillelmus augmentarat, quod isdem Guillelmus eisdem noluit Adimplere.*

** **AD INCITA**. *Ad incitam, ad extremam fortunam. Ad incitas, ad summam rerum perturbationem desperationemque.* Hæc ex Placido ap. Maium et in Cod. reg. 4778.

¶ **ADINEPISCI**, Adipisci, Gall. *Acquerir, obtenir.* Charta Pippini Franc. Regis ann. 768. apud Felibian. in Hist. Monast. S. Dionysii pag. xxxi : *Et pro ipsa bona consilia auctum cum consilium Pontefecum vel seniorum optimatum nostrorum emunitate pro nostro confirmandum regnum et mercide vel Adinepiscendam vitam æternam renovare deberimus.*

¶ **ADINQUIRERE**, pro *Acquirere*. Charta Odulberti Sacerdotis pro Rothardo Abbate Nobiliacensi data ann. 1°. regni Ludovici Regis, ex Archivo Nobiliacensi : *Villa quæ dicitur Anciacus maxnilis* (cum) *curtiferis, viridigariis, silvis, terris, cultum et incultum, quisitum vel Adinquirendum*, [** f. ad inquirendum] *vel quantumcumque me visum est abere.*

** **ADINVENIRE**, Invenire, sensu fori Germanici est, disquirendo, cogitandoque in causa, quid verum, iustum et æquum sit cognoscere, Germ. finden. [** Hæc minus recte, *Invenire* sive *finden* dicebatur de scabinis, qui judicem ita in jure adjuvabant, ut legem adplicandam indicarent sive *invenirent*.] In diplom. Bremensi ann. 1366 : *Sententionaliter fuit adinventum*, i. e. sententia fuit inventa atque inde pronuntiata. Vide *Invenire*. Adel. [Anglos. Tofindan, Adinvenire; apud Somner.]

¶ **ADINVENTIO**, vel Adventio, Acquisitio, Gall. *Acquets.* Statuta Monast. S. Claudii auctoritate Nicolai V. Papæ edita pag. 73 : *Item et in quibuscumque manibus mortuis.... nec non affranchisamentis et Adinventionibus fiendis per dominum Abbatem... eidem Cambellano debentur quinque solidi.... videlicet quinque solidi de manu-mortua, et totidem de quocumque affranchisamento seu dimissione.* Ibid. pag. 84 : *Item et in affranchisamentis personarum, necnon manibus mortuis et Adventionibus factis per præfatum ejusdem Monasterii Abbatem, recipere debet et solvit quintam partem et portionem.* [** Vide *Adjunctiones.*]

** **ADINVENTIONES**, Adinventionum auxilia seu Adminicula sæpe in antiquis monumentis nominantur, inventiones ad fallendam fidem, exceptiones pro infirmandis pactis et contractibus excogitatæ. Io. Melberus de Geroltzhofen in Variloquo : *Adinventiones* die Fünde vel neue Fünde. Dipl. ann. 1477. ap. Hergott Geneal. dom. Austr. tom. 3. pag. 447 : *Ad evidentiam præmissorum renunciamus juri, consuetudinis, facti, indulgentiæ, Papalis, Regalis et omnis Adinventionis auxilio et beneficio per quæ etc.* Bulla Martini V : *Noxiis litigatorum novis se frequenter adinvencionibus fallaciter implicantium repressis abusibus.* Vide Hornii Hist. Frid. Bellicosi pag. 851. Adel.

¶ **ADJOCARI**, Blandiri, Gall. *Carresser.* Acta SS. Maii tom. 7. pag. 647. A : *Puella in momento.... revixit et ut solita erat, ubera deposcens, matri Adjocabatur.*

¶ **ADJOCATIO**, Colludium, jocus cum alio. Vita B. Caroli Boni Comitis Flandriæ, tom. 1. Martii pag. 204. C : *Igitur Comes Willelmus... jucundo animo ludicra pueris morose concessit, et plausu et Adjocatione cum pueris, vexillum et signum puerorum arripiens jocundabatur.*

* **ADJORNALE**, Opus unius diei, *corvatæ* species, quam a subditis suis domini exigebant, idem quod *Jornale*. Vide in hac voce. Libertat. novæ bastidæ S. Luvodici ann. 1325. in Reg. 64. Chartoph. reg. ch. 127 : *Universi burgensiam tenentes undecumque venerint, ab omnibus talliis, pedagiis, passagiis, boagiis, Adjornalibus personarum et animalium.... perpetuo sint immunes.*

1. **ADJORNARE**, Adjurnare, Diem dicere alicui, citare, in jus vocare, vox forensis; Gallice *Adjourner.* Capitula Caroli M. lib. 5. cap. 151 [** Capit. ann. 800, apud Pertzium. tom. 1. leg. pag. 82, apud Bened. lib. 1. (5) cap. 303] : *De hominibus Ecclesiast. seu fiscalinis, qui non erant Adjurnati, quando in Cenomanico pago fuimus.* [Chartularium Eduense, in Decreto Curiæ Paris. ann. 1446 : *Dictus deffensor in dicta Curia nostra Adjornatus fuerat*]. [** Charta Eduardi 3. Angliæ Regis ann. 1344 apud Lappenbergium in Histor. Origin. Hansæ Teutonicæ, pag. 383. Documentorum : *Partes predicte coram predictis Iohanne et Iohanne Adjornate fuerunt.*]

¶ Adjournare, Eadem notione in Charta Caroli Regis Franc. ann. 1446. apud Thomasserium Consuetud. Bituric. pag. 107 : *Ac eosdem coram dictis Consiliariis nostris suas causas oppositionis dicturos ad certam diem Adjournaverat.* Occurrit præterea tom. 3. Hist. Harcur. pag. 755.

* Unde *Desadjourner*, Diem dictam revocare, a citatione desistere. Lit. remiss.

ann. 1389. in Reg. 138. Cartoph. reg. ch. 98 : *Dieu-le-fist adjourna un homme pour un coup de coustel à comparoir à trois briefs jours;..... et estant venu à sa connoissance que le battu n'estoit point navré, il alla à la femme du battant et Desadjourna son mari.*

¶ ADJORNAMENTUM, et ADJOURNAMENTUM, Vocatio in jus, citatio ad diem dictam, Gall. *Ajournement.* Charta ann. 1296. apud Lobinell. tom. 2. Hist. Britan. : *Philippus Rex Ducibus Britanniæ concedit, quod a subditis suis coram gentibus Regis, non valeant per Adjornamenta simplicia Adjornari.* Litteræ Philippi Regis contra villam de Kala ann. 1320. ex Tabul. Calensi pag. 337 : *Adjornantes partes easdem ad certam diem in curia nostra.... certificantes curiam de Adjornamentis eisdem.* In Edicto Philippi VI. anno 1330. apud D. *de Lauriere* tom. 2. Ordinat. Reg. pag. 51 : *Adjornamentum impetrare.* Charta Caroli modo laudata : *Dictamque receptionem ad oppositionem ac dictum Adjournamentum ipsis actoribus notificaverat.* Vide Hist. Harcur. tom. 3. pag. 240.

* *Adjornamento* satisfacere non censebatur, qui alio cultu et habitu, quam eo quo vestitus erat, cum sub cautione est dimissus, citationi aderat : quod quidem colligo ex Lit. remiss. ann. 1396. in Reg. 150. ch. 80 : *Auquel jour assigné ledit Andriet, varlet de porte de nostre hostel, se comparu souffisamment; mais pour ce qu'il n'estoit en habit rayé, on ne le voult recevoir à présentation, s'il ne se mettoit en habit rayé,.... doubtent lesdiz exposans que on vueille proceder et maintenir icelluy Andriet estre attaint des cas dessus diz, pour ce qu'il ne se mist pas en habit rayé au jour qu'il retourna à son eslargissement.* Rursum et ex aliis Lit. ann. 1397. in Reg. 151. ch. 320 : *Disoient oultre yceulx demandeurs que à la journée, que ledit Bossu comparut, ledit suppliant proposa qu'il estoit moins que souffisamment comparus; car au jour qu'il estoit eslargis, il estoit venu à cheval, et si devoit comparoir en tel estat au jour à lui assigné, ce que ne fist pas.*

2. ADJORNARE Angli pro comperendinare, vadari, in ulteriorem diem ponere, usurpant; Galli, *Remettre à un autre jour.* Statuta Davidis II. Regis Scotiæ cap. 21 : *Tenens erit iterato summonitus legitime, et assisa per Justitiarium Adjornata ad alium diem legitimum,* i. continuata ad certum diem.

3. * *Adjourner* vero usurparunt nostri, pro Illucescere, Gall. *Commencer à faire jour.* Froissart. vol. 1. cap. 277 : *Tantost apres ces deviz, la nuit Adjourna, et fut incontinent haute matinée.* Villhard. paragr. 95 : *Lors commenca à Ajorner, et l'ost se commenca à armer.* Lit. remiss. ann. 1426. in Reg. 173. Chartoph. reg. ch. 533 : *Le suppliant se parti la vigille S. Pierre la nuit, dont le jour d'icelle feste Adjorna.* Consolat. Boëtii MS. lib. 2 :

Landemain quant il ajourna
Icelui songe revela.

Miracula MSS. B. M. V. lib. 1 :

Il ne set mais, quel part il torne,
S'il anuite, ne s'il Ajorne.

Le Roman d'Alexandre part. 2. MS. :

Au matin se leva, quant jour fu Ajournans.

* Hinc *Adjournée* et *Adjournement*, pro Aurora, crepusculum, mane, Gall. *Le point du jour,* apud eumd. Froissart. cap. 273 : *En celle propre nuict avoit fait le guet messire Robert de Namur; si que sur l'Adjournement s'estoit retrait.* Et cap. 279 : *Ilz vindrent escheler sur une Adjournée la ville de Chastelleraut. Enjourner,* eodem significant, apud Villhard. paragr. 211 : *Tierris de Tenremonde..... chevaucha tote nuit.... Et quant vint à l'Enjourner, si vint à un casal, etc.*

* ADJOTUM, AJOUDUM. Charta ann. 1252. ex Chartul. Vallis B. M. diœces. Paris. : *Concesserunt abbati et conventui Vallis B. M. quod ipsi ædificent vel ædificari faciant totum Ajoudum, quod fuit Philippi Beguin.* Alia ann. 1253. in cæteris alteri persimilis ibid. habet, *Adjotum,* ut et in Charta ann. 1268. ex Chartul. Domus Dei Pontisar. : *Item a Petro Tiart duodecim denarios de Adjoto suo. Item ab Adam de Butri novem denarios de Adjoto suo.* Pluries ibi. *Ajous* in eod. Chartul. ubi de iisdem præstationibus. Liber censuum et redituum castellaniæ Arciacens. ad Albam. fol. 7. v° : *Autres terres, qui sont appellées Adjoubs etc.* Et fol. 10. v° : *Pour la moitié d'un Adjoub, seant vers le bois de Arcies etc.* Cotgravius in Diction. Gall. Angl. *Ajous* vertit *Furze,* Genistæ species, quæ spinosa est; *Adjotum* igitur Ager est genistis obsitus. Et quidem *Ajous* et *Ajoous,* nunc *Ajoncs,* pro ipsa genista, ulex, occurrit in Lit. remiss. ann. 1385. ex Reg. 128. Chartoph. reg. ch. 130 : *Pour ce que ledit Pierre Sarre, sanz congié ou consentement dudit Chevalier, en icelle terre et fief avait cueilli et emblé certains biens et choses dudit Chevalier, appelez Ajoous selon le langage du pays* (diocese de Luçon)...... *Ajous sont defendus de cueillir et prendre sanz licence de celui à qui il appartient; et yceulx Ajous avait mis sur une jument et sur une mule..... pour les porter ou mener en son hostel.* Aliæ ann. 1395. in Reg. 149. ch. 39 : *En laquelle terre avait Ajoous; desquels Ajoous etc.*

¶ ADJOUSTARE, AJOUSTARE, quasi *Adjuxtare,* Juxta ponere, Rem. ad alteram adaptare, Comparare, Gall. *Ajuster, justifier.* Cod. MS. censuum Episcopatus Autissiod. : *De mensuris S. Germani, et S. Juliani Ajoustare. Ille qui habet balliam S. Germani debet Adjoustare suum modium ad mensuram Comitis.*

¶ ADJUSTARE, Eadem notione. Charta Philippi Franc. Regis ann. 1280 ex Tabulario Corbeiensi : *Major vero et jurati custodient exemplar seu stalonem de prædictis ponderibus et mensuris, nec possunt denegare Major et Scabini exhibitionem et traditionem stalonis prædicti, cum Abbas vel gentes ipsius, vel Scabini volent Adjustare vel justificare mensuras, vel pondera supradicta.* Consuetud. Bituric. apud Thomasserium pag. 340 : *Item se les mesures sont trop petites, et elles soient signees aux armes du Roy et de l'Adjusteur, et qu'elles ne soient point fenduës, il n'y a en ce cas que cinq sols Parisis, et lesdites mesures rompues... Item, qui vend à Boisseau non Adjusté et marqué à la fleur de lis et de l'Ajusteur, l'en est amendable de 60. s. Parisis.* Vide *Adjustitiare.*

¶ ADIPALIS, pro *Adeps,* dixit S. Ambros. tom. 2. col. 1040 : *Pastus ad virtutis Adipalem agresti alimento processit fortior. Adipalis* adjectivo usus est Arnobius; imo et Tullius in Oratore juxta edit. Argent. ann. 1540. pag. 199 : *Adipale dictionis genus,* pro quo alii legunt, *Adipatæ dictionis genus.* [** Vide Forcell. Lexicon edit. Germ. in utraque voce.]

ADIPATA, *Edulia adipe condita, cibi pingues.* Papias.

* Glossar. Lat. Gall. ex Cod. reg. 7684 : *Adipatum, eau grasse, i. brouet.* Lit. remiss. ann. 1384. in Reg. 126. Chartoph. reg. ch. 35 : *En esperance de diner tous ensemble, de fait s'assirent à table, furent servis de souppes en eaue grasse.*

¶ ADIPICULUS, *Parvus adeps.* Joanni de Janua.

¶ ADIPSAL. S. Ambr. tom. 1. col. 666. de Interpellatione David : *Prodiit quasi ex adipe iniquitas eorum, transierunt in dispositionem cordis. Ab adipe Adipsal enim dicitur, id est, pingue.*

ADIRARE, ADIRATUS, ADISRATUS, dicitur de re, non tam deperdita, quamquæ non est ad manum. Galli *Esgaré* dicunt, Gallobelgæ *Adiré.* Consuet. Biturg. tit. 9. art. 28. *Egaré ou Adiré.* Consuetudo vetus Normanniæ cap. 87 : *Querelles des choses Adirées. Esdiré,* in Consuetudine municipali *de Labourt,* tit. 20. art. 1. [Codex Legum Norman. apud Ludewig. Reliq. MSS. tom. 7. pag. 190 : *Si quis bovem, vel asinum, vel aliquam rem suam Adiraverit, quæ ab aliquo vania fuerit inventa, etc.*] *Maître Vacces* au Roman *de Rou* MS. :

Puis a dit au Duc en l'oreille,
Que il a eu moult merveille
De la cuillé qu'il a trouvée,
Qu'il ont au mangier Adirée.

Bracton. lib. 3. tract. 2. cap. 32. § 2 : *Poterit enim rem suam petere ut Adiratam, per testimonium proborum hominum, et sic consequi rem suam quamvis furatam.* Fleta lib. 1. cap. 38. § 1 : *Poterit rem suam petere civiliter ut Addisratam, quamvis furatam.* Et lib. 2. cap. 1. § 5 : *Si* (res) *petatur tanquam Adirata.* Videtur vox orta a Latino *adærare,* adeo ut res *adirata,* sit ea quæ amissa et deperdita, et quæ *adæratur,* seu cujus pretium æstimatur, quod possessori reddendum sit. Vel a voce Italica *adirato,* iratus : nam qui sunt *irati,* seu quorum ira provocatur, (*qui sont fachez contre quelqu'un*) ab eorum consortio abstinent, quibus irascuntur, ita ut amplius non compareant, uti prius, cum iis; quæ vis est vocis *adiratus,* ~~in re~~ quæ amplius non comparet. [** Fortasse pro a-dextratus, a-distratus, (vide infra *Distrarius* pro Dextrarius) Quod non ad *dextram* i. e. ad manum habetur.]

* ADIRE, *Expedire, sustinere, instituere, informare, vel inchoare, provocare, subire, explicare, periculum facere, elidere, excutere, exuberare, insidiare, inducere, irretire, illicere, implicare, infestare, insectari vel persuadere.* Glossar. vet. ex Cod. Reg. 7646. In Cod. 7641 : *Adire, pati, perferre.*

ADIRECTARE, *Adtingere,* in Gloss. MS. Regio Cod. 1013. Infra : *Adtingere, Adirectare.*

¶ ADIS, Frumentum. Gloss. Lat. Græc. MS. *Adis,* σῖτος. Forte legendum *Adus,* vel *Ador.*

¶ ADITA, pro *Aditus,* in Vita S. Bertini in Actis SS. Bened. sæc. 3. part. 1. pag. 116.

¶ **ADITOR**, Qui adit, in Gestis Tancredi inter Anecd. Marten. tom. 3. col 176.

¶ **ADITUS INTRANDI ET EXEUNDI**, Tributum ab introeuntibus et exeuntibus exactum, Gall. *Droit d'entrée et de sortie*. Charta Hugonis Episcopi pro Abbatia Condomensi inter Instrum. tomi 2. novæ Gall. Christ. col. 440. E : *Hunc locum meus genitor Gumbaldus Deo et S. Petro devote obtulit, cum terris et vineis atque casalibus, aquis aquarumve decursibus, Intrandi et exeundi Aditibus et cunctis ad eum pertinentibus, absque ulla reservatione pro salute sua ex redemptione sui spiritus.*

* Rectius intelliges de nuda facultate libere intrandi et exeundi. [** de viis ipsis.]

ADIUDA, Hisp. *Ayuda*, Gall. *Aide*, Auxilium. Charta apud Marcam Hist. Beneharn. lib. 6. cap. 5. num. 6 : *Et ego Ildefonsus Rex jam dictus recipio vos Guillelmum de Montecatano et filios vestros in mea emparanga, atque Adiuda et ero vobis adjutor et valitor de Biarnensi Vicecomitatu.* Vide *Aiuda*.

* Sacrament. Ludovici Germ. : *Si salvarai eo cest meon fradra Karlo, et in Adjudha et in cadhuna cosa etc.* Id est, ero illi adjutor.

ADJUDICARE, idem quod *Judicare*, de qua voce suo loco, Cedere, donare per testamentum, *extremo judicio*. Charta Caroli Crassi Regis ann. 880. apud Puricellum in Ambrosiana Basilica pag. 236 : *Si quis aliquid Adjudicaverit, vel aliquo modo donaverit, vel Monasterium emerit, libere et absolute possideat.*

ADJUMENTIA. Vetus Charta Massiliensis anno 780. apud Sammarthanos in Episcopis Massiliensibus : *Quod villa Caladius una cum appendiciis suis, vel omnes Adjumentias suas, mancipia, etc.* Sed legendum puto *Adjacentias*.

* **ADJUNCTIO**, Conjugatio, copulatio, Gall. *Accouplement, Appriement.* Vide infra *Apariare*.

¶ **ADJUNCTIONES**, Adjuncta, Gall. *Appartenances et dépendances.* Donatio D. Muniæ Abbatissæ tom. 3. Collect. Concil. Hispan. pag. 91 : *Ut faceremus vobis textum Scripturæ donationis vel firmitatis sicut et facimus, de nostra Ecclesia vocabulo sancti Joannis in villa quæ vocatur Joanzu....... cum omnibus Adjunctionibus vel præstationibus suis.* Statuta Monast. S. Claudii auctoritate Nicolai V. Papæ edita pag. 46 : *Poterunt quoque præfati Religiosi.... manumittere, affranchisare, liberare, simul etiam per Adjunctiones secundum patriæ consuetudinem injungere et aggregare, et super hoc cum eisdem hominibus componere.* Adjuncta sunt manumissionis et libertatis concessæ, sicut et cujuslibet alterius rei; quare vox *Adjunctiones* eodem sensu sumi potest in hocce loco, quo sumta est in superiori. Verum cum intellectus iste planus non sit, addam voce *Adjunctiones* intelligi posse pactum quoddam vel conventum, quo de cæteris etiam rebus a manumissione distinctis dominos inter et vassallos statueretur, cujusque pacti faciendi ut et manumittendi Monachis hic potestas plena conceditur.

* *Adjonctions*, eadem notione, scilicet pro *Appartenances, dépendances*, appendices, in Charta composit. inter Carolum comit. Carnot. et capitul. Carnot. ann. 1306 : *Le chapitre aura vint et sis mesons canoniaus en la ville de Chartres ;..... et ou nombre de ces vint et sis mesons, seront contenues les mesons canoniaus, que les chanoines ont à present hors dou cloistre, avecques toutes les Adjonctions. Adjunctiones* vero ex statutis S. Claudii intellige ordinationes, Gall. *Injonctions.*

* **ADJUNCTUS**, Socius, collega, Gall. *Adjoint*. Ordinat. ann. 1363. tom. 3. Ordinat. reg. Franc. pag. 654. art. 14 : *Et si ambæ partes vel eorum altera, commissarium vel commissarios cum Adjuncto de partibus petierint, eisdem concedatur.* [** Const. Regni Siculi lib. 1. tit. 79 : *A quorum* (judicum) *sententiis appellationes non ad compares vel Adjunctos, ut dictum est* (supra *iuncti admezatores*) *sed ad celsitudinem nostram deferantur.*] *Filz d'Ajonsion*, filii ex adoptione, in Chron. S. Dion. lib. 3. cap. 10 : *Puisque il est einssi que Dieux m'a tolu touz les hoirs de mon cors par mon pechié, il me convient querre et pourchacier autres filz d'Ajonsion.* [** Vide eundem Carpent. infra in *Adjutor*.]

* **ADJUNGARE**, *Décevrer*, in Glossar. Lat. Gall. ex Cod. reg. 7692. Hinc *Enjouter*, pro Fallere, seducere, in Mirac. Mss. B. V. lib. 2 :

Le prestre avait si Enjouté,
Si a envers lui si bouté, etc.

* **ADJUNGERE**, Æquare. Glossar. aliud ex Cod. reg. 7646 : *Adjungit, æquat.*

* **ADJURANTES**, Exorcistæ. Pontific. vetust. ex Cod. reg. 943 : *Exorcitæ ex Græco in Latinum Adjurantes vocantur : invocant enim super Catecuminos, vel super eos qui habent spiritum immundum nomen Domini Jhesu, adjurantes per eum ut egrediatur ab eis.* Vide *Exorcizare*. [** Locus exscriptus ex Isidor. Orig. lib. 7. cap. 12. ubi sic : *Exorcistæ ex Græco in Latinum adiuratores sive increpantes vocantur etc.*]

ADJURARE, Ad sacramentum adigere. Flodoardus lib. 3. Hist. Rem. cap. 28 : *Post hæc Adjurent accusatores vel testes eorum in illorum Baptisma, vel aliis diversis adjurationibus, etc.* Regula Magistri cap. 61 : *Cum per aliqua divina aut sancta fueris Adjuratus.* Bromptonus ann. 1088 : *Concordiam cum fratre fecit ... Rex autem Adjuraverat eum, et omnia quæ pater suus habuerat conquirenda.* Andreas Suenonis lib. 4. Legum Scaniæ cap. 12 : *Eligendi sunt 12. prudentes bondones, de quibus præsumi possit, ut non velint, etiam in causa propria, pejerare, ut exortam super possessione quæstionem suo dirimant sacramento : illi defensione, cui possessionem Adjuraverint, concedenda.* Videtur legendum *Abjuraverint*. Vide *Abjurare* [** Nihil mutandum. Defensoris partes, utpote faciliores, sustinendæ erant ei cui duodecim *prudentes* possessionem *sub fide sacramenti adjudicaverant.*]

* Glossar. vet. ex Cod. reg. 7646 : *Adjuro, cogo.* Aliud Gall. Lat. ex Cod. 7684 : *Ajurer, obtestari.*

ADJURATUS, Juramento obstrictus *Adjuré*, in Consuetud. Hannoniensi cap. 77. 80. art. 4. Helmoldus lib. 1. cap. 3 : *Ea conditio a Rege proposita est, ut abjecto dæmonum cultu Christianæ fidei Sacramenta susciperent essentque tributarii et subjugales Domini Dei ... et Francis Adjurati, unus cum eis populus efficerentur.* Roger. Hovedenus in Ricard. 1 : *De facili credere non possum, quod Rex Franciæ hæc de me vobis mandaverit, cum ipse dominus meus sit, et socius Adjuratus in illa peregrinatione.*

* **ADJUSTAMENTUM**, Jus *adjustandi* seu adæquandi mensuras, et exigendi quod pro eo jure exsolvi debet, nostris olim *Adjustement* et *Adjustage*, eodem sensu. Arest. parlam. Paris. ann. 1277. in Reg. *Olim* 2. fol. 37. r° : *Recordata fuit curia, quod major et burgenses de Rupella in judicio proprietatis super emendamento et Adjustamento mensurarum in Rupella, contra dominum regem succubuerunt.* Charta ann. 1331. ex Chartul. Arremar. ch. 32 : *Item disaient avoir l'Adjustement et pintage des mesures la voille et le jour de la feste de Viviers.* Æstimatio terrarum *de Soublainnes et de Beaufort* ann. 1350. in Reg. 80. Chartoph. reg. ch. 17 : *Item l'Adjustage des mesures à vin et à blé; c'est assavoir pour pinte iiij. den. pour chopine ij. den. et pour boesseau iiij. den. puet valoir par an. iiij. solz ou environ.*

¶ **ADJURNARE**. Vide *Adjornare*.

¶ **ADIUS**, Testis qui rem ab aliquo affirmatam Sacramento jurabat se veram credere; dicitur apud veteres *Sacramentalis* et *Sacramentarius*. Leges Rotharis [** cap. 364] apud Murator. tom. 1. part. 2. p. 45 : *Si qualiscumque causa inter homines liberos evenerit, et Sacramentum dandum fuerit, si usque ad xx. solidos fuerit causa ipsa aut amplius, ad Evangelia sancta juret cum duodecim Adiis suis, id est, Sacramentalibus.* [** Scribendum *Aidos*.] Vide *Aidus* et *Sacramentalis* in *Juramentum*.

¶ **ADJUSTARE**. Vide *Adjoustare*.

ADJUSTITIARE, Adæquare, coæquare, mensuram suo archetypo adæquare, *Ajuster*. Charta ann. 1266. apud Loisellum in Bellovac. : *Recipient pondus et ballancias drapperiæ a telonearìis Belvac. et si sit discordia de suo pondere, Adjusticiabit ad pondus telonneariorum, etc.* [Vide *Adjoustare*.]

ADJUTORES dicuntur, qui Magistratibus, seu potius Officialibus quibusvis adjungebantur, ut in muniis obeundis essent qui eos *adjuvarent*; Græcis βοηθοί. Suidas : αἰούτωρ παρὰ Ῥωμαίους, βοηθός. Gloss. Lat. Græc. *Adjutor*, βοηθός. Vide Synaxaria 18. Januar. in S. Theodulo. *Boethi Logistarum*, in leg. 4. Cod. de Tabular. lib. 10. *Coadjutores*, in Foris Beneharn. Rubr. 1. art. 16. et Rubr. *de Notaris*, art. 7. Valerius Probus de Notis : ADI. *Adjutor*. Senator. lib. 6. Epist. 6 : *Adjutor etiam Magistri nostris præsentatur obtutibus, ut vicaria sorte beneficii eligamus ejus præsidium, qui nobis præstat fidele servitium. Adjutores et Primicerii diversorum officiorum*, in leg. 20. Cod. Theod. de Palat. sacr. largit. [** *Ut periculum se et Adiutor et subadjuvæ* (magistri officiorum) *subituros esse cognoscant.* Theod. Cod. Lib. 6. tit. 27. leg. 3. § 1.]

* Unde *Adjoints* a nostratibus nuncupati. Hinc emendandæ Lit. ann. 1354. tom. 4. Ordinat. reg. Franc. pag. 159. ubi *Adroit*, pro *Adjoint*, editum est, ut ex ipsismet Literis paulo supra facile colligitur : *Enjoignons estroitement à touz baillis, prevoz*,

sergens, justiciers et subjez de nostredit royaume, que à vous à vostre Adroit, aus deputez et commis de par vous, ... obeissent et entendent diligemment. [** Vide *Adjunctus.*]

¶ Adjutor *a Libellis*. Salmas. ad Lamprid. in Severo cap. 31. ex veteri inscriptione. Is erat qui ferebat opem Magistro Libellorum.

¶ Adjutor *a Rationibus*, Qui Proximo rationalium adjungebatur. Salmas. ad Lamprid. in Severo cap. 31.

¶ Adjutor *a Tabulis*. Vide *Adjutor Tabulariorum.*

* Adjutor Clericus. Lit. remiss. ann. 1398. in Reg 153. Chartoph. reg. ch. 404 : *Savoir faisons...... à nous avoir esté exposé de la partie de Jehan de Saint Joire, clerc Aide, aagié de xviij. ans ou environ, etc.* Qui curionem in sacro ministerio adjuvat.

Adjutor *illustris Comitivæ sedis*, in Collat. 1. Charthag. initio. Paulinus Epist. 39. sub finem : *Commuta in melius militiam, ut æterno Regi incipias militare. Et nunc, ut audio, qui Adjutor et tutor es civium, fias comes Christi, etc.* ubi alludit ad *Adjutores Comitum.*

Adjutor *Comitis rei privatæ*, in Actis sanctæ Susannæ. Vide legg. 16. 17. 20. Cod. Theod. de Palatin. et l. 4. de Executor.

Adjutor *Commentariorum officii V. Cl. et spectabilis Proconsulis*, in Collat. 2. Carthag.

Adjutor *Commentariensis*, in leg. 5. Cod. Theod. de Custodia reor. qui βοηθὸς κομέντων dicitur Prochoro de Rebus gestis S. Joannis Evangelistæ.

Adjutor *sacri Consistorii.* Concilium Calchedonense act. 14 : Κωνσταντῖνος ὁ καθωσιωμένος Βοηθὸς τοῦ θείου κωνσιστορίου.

Adjutor *Cornicularii*, in Notit. Imper. non semel, in vet. Inscript. apud Gruter. 561. 11. in leg. ult. de Jure immunit. leg. 10. Cod. Theod. de Cohortalib. etc. In Collat. 1. Carthag. fit mentio *Exitiosi Adjutoris Cornicularii.* Inscriptio nondum edita, in loco *Catoura* dicto, haut procul Aleppo : ΑΦΙΕΡΩΤΕ. ΙΜΙΛΔΙΩ. ΡΗΓΕΙΝΩ. ΤΩ. ΕΞ. ΟΥΛΠΙΑΣ ΡΗΓΙΛΛΗΣ. ΚΑΙ. ΑΙΜΙΛΛΙΟΥ. ΠΤΟΛΕΜΑΙΟΥ. ΣΤΡΑΤΕΥΣΑΜΕΝΩ. ΕΤΗ. Ε. ΒΟΗΘΩ. ΚΟΡΝΙΚΟΥΛΑΡΙΩΝ. ΥΠΑΤΙΚΟΥ. ΖΗΣΑΝΤΙ. ΕΤΗ. ΚΛ. ΜΗΝΕΣ Α ΜΕΧΡΙΤΑΝΗ. ΜΟΥΚΤΟΥΓΜΕΤΟΥΣ.

Adjutor *Eleemosinæ*, in Codicillo Philippi Pulcri Regis Franciæ, exarato apud Fontembliaudi die Jovis ante festum S. Andreæ Apostoli ann. 1314. quod habetur in ejusdem Regesto Tabularii Regii, mentio fit *Fratris Joannis de Grandiprato, tunc Eleemosynarii, et Magistri Guillelmi de Lineis Adjutoris Eleemosinæ et Clerici ejusdem Regis.*

Adjutores *Episcoporum*. Vide in *Chorepiscopus.*

¶ Adjutor *ab Epistolis*. Qui Magistratum, aut alium in scribendis Epistolis juvabat. Salmasius ad Lamprid. in Severo cap. 31.

Adjutor *Fourreriæ*, in Ordinat. Hospitii Ludov. IX. Regis Franc. anno 1261.

Adjutor *Magistri officiorum*, in leg. 3. Cod. Theod. de agentib. in rebus, leg. 1. Cod. Just. de Magistro offic. apud Liberatum Diac. cap. 13. Evagrium lib. 2. Senatorem lib. 6. Epist. 6. etc. Concil. Calchedon. act. 3 : Ἐλευσίνιος ὁ θαυμασιώτατος Βοηθὸς τοῦ μεγαλοπρεπεστάτου Μαγίστρου τῶν θείων ὀφφικίων.

Adjutor *Numerorum V. C. et spectabilis Vicarii*, in Collat. Carthag. 2. cap. 1. Collat. 3. cap. 169.

Adjutor *Palatinorum officiorum*, in leg. 4. Cod. Th. de Execut. l. 17. de Palatinis, idem qui *Adjutor Magistri officiorum.*

Adjutores *de Schola Numerariorum*, in Notit. Imperii.

* Adjutor in Panetaria, Secundus in officio panetariæ. Charta Philippi Pulc. ann. 1304. in lib. rub. Cam. Comput. Paris. fol. 474. r°. col. 2 : *Robinus de sancto Clodoaldo, Adjutor in panetaria.*

Adjutor *Præfecti Urbis*, seu *Urbani officii*, in l. ult. Cod. de Offic. Præf. urb. et apud Symmachum lib. 10. Epist. 36.

Adjutor *Præfecti Prætorio*, in leg. 8. Cod. Theod. de Numer.

Adjutor *Præfecti Annonæ*, in vet. Inscript. ap. Gruter.

Adjutor *Præsidis*, in Actis S. Nestoris Episcopi et Martyris num. 6.

Adjutor *datus Prætori peregrino*, in veteri Inscript. apud Gruter. 399. 6.

Adjutor *Proconsulis*, in veterib. Inscript. apud Gruter. 331. 3. 371. 8.

Adjutor *Provinciæ*. Val. Probus de Notis : ADI. P. *Adjutor Provinciæ, vel patriæ, vel populi.*

Adjutores *Quæstoris sacri Palatii*, in leg. 15. Cod. de Proxim. sacror. scrin.

Adjutores *Regii*, Ministri Regii, qui in Regiis mandatis conficiendis Principem ipsum adjuvant. Additio 2. Capitul. Caroli Magn. cap. 24 [** 28] : *Ut in eligendis Adjutoribus vestris et Reipublicæ Ministris, qui vice vestra populum Dei regere et gubernare, atque judicare debent, solertissimam providentiam habeatis.* Eadem habentur in Concilio parisiensi VI. lib. 3. cap. 23. et in Concil. Aquisgranensi II. cap. 3. can. 11. et 12. [** Constit. Wormat. anni 829. cap. 64, de persona regali cap. 4.]

Adjutores *electi de Scriniis*, *Adjutorse memoriales de Scriniis*, in Notit. Imperii; *Obsecundatores sacrorum Scriniorum*, in leg. 3. Cod. Th. de Proxim. *Adjutores Scrinii memoriæ* 12. in Novella Constitut. Justiniani *De adjutorib. Quæstoris*, edita a Fr. Pithœo.

Adjutor *Secretorum*. Concil. Calchedon. act. 1 : Κωνσταντῖνος ὁ καθωσιωμένος Μαγιστριανὸς, καὶ Βοηθὸς τῶν θείων σηκρήτων.

¶ Adjutor *Tabulariorum*, seu *a tabulis*, Salmas. ad Lamprid. in Severo cap. 31. Qui proximo Tabulariorum opitulabatur.

¶ Adjutor *Tutelæ*. Brisson. et Calv. in Lexic. Jurid. [** D. Lib. 26. tit. 1. fr. 13. § 1.]

¶ Adjutor *Urbani Officii*. Vide *Adjutor præfecti urbis.*

Adjutor, Officium in Coquina Regia in Ordinat. Hospitii sancti Ludovici Regis ann. 1261. *Aideurs*, in alia ann. 1285.

ADJUTORIUM, Præstatio, quæ a subditis Principi fit pro eo adjuvando in ejus necessitatibus, vel sane eo prætextu. Charta Alexandri Comitis Cupersanensis ann. 1102 : *Data vel angaria, aut auxilium, quod ex nostræ gentis consuetudine Collecta vocatur.* Tabularium Absiense fol. 32 : *Nullo nobis jure retento, præter quinque solidos vobis et Gauffredo Normant ad Adjutorium ipsius feodi relevandi, et præter talliam 15. denariorum de mariagio et de prisione, secundum morem patriæ.* Adde Ughellum tom. 7. pag. 1073. et Constitut. Sicul. lib. 3. tit. 19. Vide *Auxilium.*

¶ Adjutorium Generale, Adjutorium Coquinæ. Eadem notione passim occurrunt in Necrologio Abbatiæ S. Petri de Casis : *V. Febr. obiit D. Giraudus Chandos Miles, qui dedit 50 solidos ad Adjutorium Generale. Beatrix de Davinio dedit Conventui 15 libras ad Adjutorium Coquinæ.* [* Quo scilicet facilius *Generale* monachis exhibeatur, et ex coquina abundantius subministretur.] Vide *Generale.*

* **ADJUTORIUM** Natalis, Paschæ, Præstatio, quæ fit ad Nativitatem, ad Pascha. Liber censuum eccl. Rom. apud Murator. tom. 5. Antiq. Ital. med. ævi col. 800 : *Castrum Rosciani solvit pro fodro xv. libras Lucensium. Pro Adjutorio Natalis vj. libras. Pro Adjutorio Paschæ resurrectionis iij. libras. . . . Podium Rosciani solvit. . . . pro Adjutorio Nativitatis iv. lib. Pro Adjutorio. Paschæ resurrectionis xl. solidos.* Quæ pluries ibi repetuntur. Vide infra in *Auxilium.*

¶ **ADJUVAMENTUM**, Auxilium. In veteribus Glossis *Adjuvamentum*, βοήθημα. Ita et Joan. de Janua in Cathol. Addit Breviloquus *Adjuvamen.* Processus de Vita S. Thomæ Aquinatis, tom. 1. Martii, pag. 699. A : *Senserat bonum Adjuvamentum a dicto Fr. Thoma, quia sentiebat se liberatum de brachio.*

¶ 1. **ADJUVARE**, pro *Abjurare*, Ejurare patriam et in exilium abire, Gall. *Etre banni du pays.* Instrum. anni 1205. tom. 3. Hist. Harcur. pag. 102 : *Item diximus, quod si Clericus capiatur quacumque ex causa et Ecclesia eum requirat, reddi debet Ecclesiæ, et si quietus* (f. convictus) *de furto vel homicidio degradatur, et Adjuvabit terram, et pro delicto suo punitur, nec poterit postea intrare in terram sine licentia domini Regis.* Vide *Abjurare.*

¶ 2. **ADJUVARE**, Proficere, propagari. Vita S. Wilfridi Episc. inter Acta SS. Benedict. sæc. 4. parte 1. pag. 690 : *Et vitam æternam post mortem in resurrectione manifeste docuit, et doctrina ejus secundum Pagnos bene Adjuvavit.*

3. * **ADJUVARE**. Glossar. vet. ex Cod. reg. 7646 : *Adjuvat, propugnat vel præsidet.*

ADJUXTARE, Appropinquare. Vita MS. S. Gaugerici Episcopi Camerac. lib. 1. cap. 7 : *Pauperibus semper se ac parvulis Adjuxtabat.* [Id est, sese eis accommodabat a Gallico *Ajuster.* Vide *Adjoustare.*]

¶ **ADLANCINARE**. Vide *Attaminare.*

* **ADLAPSUS**, *Sensim veniens*, in vet. Glossar. ex Cod. reg. 7641. Codex alter 7646 : *Allapsa, caute veniens.*

ADLASSARE cervum, aprum, Persequendo lassare, fatigare, Gallis *Lasser un cerf à la chasse.* Pactus Legis Salicæ tit. 26. § 5 : *Si quis cervum lassum, quem alterius canes moverunt et Adlassaverunt, involaverit, aut celaverit, etc.* § seq. : *Si quis aprum, quem alieni canes moverunt et Alassaverunt, occiderit,* Ita Editio Heroldi : aliæ habent *lassaverunt.*

ADLATERARE, Allaterare, Latus te-

;ere, ad latus incedere. Ælredus Rievallen-is in S. Edwardo : *Sequebatur præeuntes, Adlaterantibus eum viris duobus, senex quidam.* Vide *Addextrare.*

Allateralis, Socius, qui est, vel ad latus ncedit. Radulphus de Diceto : *Joannem S. Thomæ Martyris quondam Allateralem exilii ocium. Sigillum sinistro lateri Chartæ Allaterare*, apud eundem. Gallis, *Mettre le sceau à côté du titre.* Vide *Lateralis.*

** Placidus in Gloss. Cod. reg. 4778 : *Adlaterati in palmulis, qui circa latera palmas gerunt.*

* **ADLAVI**, *Navigium duci.* Glossar. vetus ex Cod. reg. 7641.

¶ **ADLECTI** Senatores dicebantur qui a Senatoriis oneribus singulari privilegio immunes erant. Vide Gothofredum tom. 2. Cod. Theodos. pag. 6. et 7.

ADLEGARE. Vide *Allegare.*

ADLEGIARE, Lege, seu Sacramento interposito, se purgare, culpa se eximere, facinus diluere. Leges Alvredi Regis West-saxon. apud Jo. Brompton. cap. 4: *Si se velit Adlegiare, secundum Regis Weregildum hoc faciat.* Cap. 13 [** 11]: *Si accusetur, inde Adlegiet se per* 60. *hidas vel dimidium emendationis amittat.* Leges Willelmi I. Angl. Regis cap. 68 : *Et si Anglicus bellum nolit, Francigena compellatus Adlegiet se in jurejurando contra eum per suos testes, secundum legem Normannorum.* Et cap. 70 : *Et si Anglicus nolit se defendere per bellum, vel per testimonium Adlegiet se per Dei judicium.* Leges Henrici I. cap. 63 : *Et cogentibus circumstantiis in cæteris accusationibus Allegiandus est.* Ita vocem *Allegiare* usurpant eædem Leges Henrici cap. 41. 63. 66. 86. [** Anglosaxonice Treowian justificare in legg. pol. Alfr. cap. 4 et 32, et Ladian, purgare ibid. cap. 11.]

Aleger, in Statuto Ricardi II. ann. 13 : *Et si charter de mort d'homme soit Allegé devant quiconque Justice, etc.*

Aleier, in legibus Normannicis Willelmi I. cap. 41 : *Ki tort eslevera, u faus jugement fera pur curruz, ne per hange, seit en la forfaiture le Rei de* 40. *sols, s'il ne pot Aleier que plus dreit fair nel sot.* Id est, qui injuriam egerit, aut falsum judicium ira, aut odio ductus, vel bonorum habendorum gratia fecerit, sit in forefactura Regis de 40. solid. si non potest adlegiare se, quod rectius judicium facere non potuit. In Consuet. Aquensi, seu *d'Acs*, tit. 12. art. 3 : *Aleier, est déclarer par serment.* Adde art. 1. 2. 4. et Consuet. Severi tit. 10. art. 1. 2. 3. [** In stat. Ricard. et Leg. Willelmi *Aleger* sive *Aleier* est Allegare, hodie Gall. Alléguer.]

Aleauter. In Assisiis Hierosol. MSS. cap. 65. hoc est verum et fidelem se probare. *Leal* enim Gall. fidelis, verax; ex Lat. *Legalis : Et le quarent que l'on lieve, si com est dit ci-dessus, comme esparsur, doit respondre maintenant à celui, qui ensi le lieve : Tu mens, et je suis prest, que je m'en Aleaute contre toy, et defende mon cors contre le tien.* Et infra : *Et le quarent, qui est ensi levé et torné, com est avant dit, ne s'en Aleaute, si com est dessus devisé, il y a toujours perduë vois et respons en court, et sera tenu à faus et desloiau toute sa vie.* Et cap. 69 : *Alaiauter et défendre quelqu'un.* Vide Magnum Recordum Leodiense pag. 57. 70.

* Hinc etiam *Desloyauter*, a fide data discedere. Lit. remiss. ann. 1366. in Reg. 97. Chartoph. reg. ch. 643 : *Icellui Dorne receut ledit Baudet sur sa foy à revenir en sa prison à certain jour,.... toutevoies en fu il du tout deffaillant, en soi Desloyautant et en venant contre droit d'armes.* Aliæ ann. 1375. in Reg. 107. ch. 327 : *Icelle Jehanne de Bode, femme de Pierre de Courtenay, meue de mauvaise voulonté, en soi Desloyautant envers son mary. Laquelle femme s'est Desloyautée et forfaite en mariage,* in aliis Lit. ann. 1395. ex Reg. 148. ch. 197.

* **ADLEMANIAS**, pro *Allemania*, Germania. Mirac. S. Amalbergæ tom. 3. Jul. pag. 110. col. 2 : *Quidam dives homo in Adlemanias cæcus factus est per multos annos.*

ADLENTARE barbam, Mollem et flexibilem reddere, apud Cantipratanum. Gloss. Isid. *Lentandus, flectendus.* Ordericus Vitalis lib. 7. de filiabus Roberti Wiscardi : *Officium illarum erat mane, dum Imperator* (CP. Alexius Comnenus) *de stratu surrexisset, manusque suas ablueret, mappulam et pectinem eburneum afferre, et barbam Imperatoris pectere.* Gloss. Græc. Lat. : συνεχὴς ὑπέρθεσις, *Adloncinatio, continuatio.* Ubi Codex MS. S. Germani habet *delentinatio.* Unde videtur legendum *Adlentinatio*, ex verbo *Adlentinare*, lente aliquid agere, conficere. [In aliis tamen Glossis Lat. Græc. rursum legitur : *Adloncinatio, continuatio,* συνέχεια.] Vide Academicos Cruscanos in *Allentare.*

* Ital. *Allentare;* unde nostris *Alenter*, pro Remittere, relaxare, in Poem. Alex. Ms.:

Caulus point le cheval, qui d'aler ne s'Alente.

¶ **ADLENTINARE**, Adlentinatio. Vide *Adlentare.*

¶ **ADLEVIARE**, Alleviare, pro *Allevare*, Gall. *Alleger, soulager.* Glossæ Lat. Græcæ : *Adleviant*, Κουφίζουσι. Epist. D. Jacobi cap. 5. 15 : *Oratio fidei salvabit infirmum et Alleviabit eum Dominus.*

ADLICULA, *Genus vestis*, in Gloss. Isidori; [ad quas Grævius : Scribe, *Aliculo, genus vestis.* Hesych. ἄλλιξ, χιτὼν χειρίδωτος. Vide Cujacium observ. x. 18. et *Alicula.*]

¶ **ADLITICARE**, pro *Litigare*, Gall. *Plaider.* Veteres formulæ Andegavenses tom. 4. Analector. Mabillonii pag. 235 [** Formul. 2. *Incipit mandatus*] : *Rogo atque supplico dulcissima gratia vestra, ut ad vicem meam omnis causationis nostris, tam in pago quam et in palacio, seo in qualibet loca... contra cujuslibet hominum accidere vel admallare seu Adliticare faciatis, etc.* Pagina præced. legitur : *seu et liticare.*

ADLITTARE, Ad littus appellere. Arnoldus Lubec. lib. 5. cap. 2 : *Cancellarius cum Comite Adolfo, aliisque amicis apud Cyprum Adlittavit.* Vide *Adripare.*

ADLOBRIUS, *Gallus, civis de Gallia.* Ita Gloss. MS. Regii Cod. sign. 1013. sed legendum videtur *Allobrox.* Gloss. Isid. *Allobroga, Gallus rufus.* [Quod haustum est, ut recte advertit Grævius, ex Scholiis Juvenalis, qui satira 7 v. 114. dixerat :

Sed Ruffum atque alios cædit sua quæque juventus,
Ruffum, qui toties Ciceronem Allobroga dixit.

Hic antiquus Interpres : *Rufum; qui Gallus fuit et valde disertus. Allobroga; Allobrogem e Gallia.* Rufus, qui Gallus erat, Ciceronem dixit Allobrogem, quasi ejus dictio esset inflata, qualis erat Allobrogum, inquit laudatus Grævius; qui putat Isidorum scripsisse : *Allobroga, Gallus Rufus Ciceronem dixit.*]

¶ **ADLONCINATIO.** Vide *Adlentare.*

* **AD LONGIUS**, Ad summum, Gall. *Tout au plus.* Charta Nicolai abb. S. Joan. Laudun. ann. 1196. ex Tabul. ejusd. : *Cum autem molendinarius segetem alicujus ad molendinum tulerit, infra tres dies Ad longius ad domum illius, cujus est seges, sive in farina, sive in ipsa segete, reportabit.*

ADLOQUUTOR, *Consolator*, in Gl. Arabico-Lat.

* **ADLOSITUM**, *Adlisum*, in vet. Glossar. ex Cod. reg. 7641. [** Pro Adlositum in Cod. reg. 4778. et ap. Jæckium legitur *Adlo.*]

* **ADLUDARIUS**, Adludatura. Vide infra *Alludarius.*

* **ADLURICUM**, *Res ad usum apta.* Glossar. vet. ex Cod. reg. 7641.

ADLUVIÆ, *loca cænosa*, in Glossis Isidori.

ADMALLARE, [Ad *mallum* vocare, in jus citare.] Vide *Mallum.*

ADMANICULANDUM. Vide *Manicularе.*

* **ADMANSARE**, In *mansum* concedere, idem quod *Admasare.* Charta ann. 1188. ex Chartul. Cluniac. : *Prior de Mortua aqua habet taschiam et decimam in omni terra de Mortua aqua et de Essun, quæ Admansata non est.* Vide *Mansus.*

ADMANSIONES. Gloss. Medicæ MSS. ex Cod. Regio sign. 1486 : *Admansiones, i. In sero.* Alibi : *Admansionem, quia omnis reumatica passio in nocte exacerbatur.*

ADMANUENSES. Concilium Oscense æræ 636. cap. 2 : *Quod si quidquam malum de quoquam* (Clerico) *fama dictaverit, per veram et certissimam Clericorum probationem, vel virorum Admanuensium, ... omnia argutissime perquirantur.* Ubi *Admanuenses viri* videntur esse, qui *manu* jurant, seu manibus sancta Evangelia tangentes; nam *jurare super sacra*, i. Evangelia, vetantur Clerici, quorum assertio pro sacramento erat : unde *Fidedigni* dicuntur. Vide in hac voce.

ADMARTYRIZARE, Martyribus adsistere, ipsos ad constantiam hortari. Commodianus Instr. 58.

Si refrigerare cupis, Admartyriza.

Vetus Inscriptio Romæ : *Mandrosa martyrum obsequiis devota transegi falsi seculi vitam.*

¶ **ADMASARE**, Admasiare, jus et locum habitationis in villa concedere, in *mansum* dare, Gall. *Amaser.* Charta pacis inter Capitulum Eduense, et Dominum de Perreria ann. 1257. ex Tabulario ejusd. Capituli : *Nec potest aliquis dominorum secularium, nec quisquam alius aliquem hominem Admasiare in dictis villis in mansis pertinentibus ad Decanum et Capitulum... sed si Admasiari in dictis villis voluerit, ipse, vel ille qui debet esse dominus ipsius, debet adire mandatum decani et capituli, qui prius censu imposito, soluto sibi intragio vel applegiato, debet eidem assignare mansum secundum consuetudines in prædictis villis hactenus observatas, et alio modo non debet quisquam Admasiari.* Ex his collige *Admasiare, Admasare*, in consuetudinibus Gallicis *Ama-*

ser, non esse duntaxat *ædificare*, ut arbitratus est Cl. vir D. *De Lauriere* in Gloss. Juris Gallici; neque omnino Patris Rogerii explicationem fuisse rejiciendam cum dixit *Amaser* esse *in mansum dare*, est enim ut vides, *Admasiare* jus et locum habitationis alicui concedere et assignare sub censu annuo, soluto jure *intragii*, vel datis prædibus de solvendo. Ergo locus *Admasatus* ille est qui a Domino feudi fuit ad habitandum concessus, sub prædictis conditionibus. Et *Admasamenta*, loca sunt ædificata sub iisdem legibus et oneribus assignata. Unde in Consuetudinibus passim occurrunt horti, prata, aliaque prædia quæ dicuntur *Admasiata*, non quod sint ædificata, sed quod concessa sint sub hac forma et lege. Vide *Mansus*, et *Massa*.

ADMASURUS *pannus*. Leo Ost. lib. 1. Chron. Casin. cap. 58 : *Pannum altaris diarodynum byzant.* 16. *tapetia optima* 16. *pro bysant.* 67. *pannum Admasurum pro byzantiis* 8. *etc.*

* **ADMENARE**, ab Ital. *Amenare et Menare*, Agitare, commovere, minas intentare, pugnum, gladium, aliudve agitando, ad aliquem minaciter accedere, percutere. Stat. Mantuæ lib. 1. cap. 45. ex Cod. reg. 4620 : *Si.... timorem eidem fecerit contra ipsum Admenando, vel aliquid aliud faciendo, etc.* Stat. Palavic. lib. 2. cap. 15 : *Ordinatum est, quod si quis contra aliquem fecerit insultum cum armis, lapide vel bastono Admenando contra eum, et non tetigerit, puniatur;.... si vero sine armis cum pugno, vel pede Admenaverit, et non percusserit, puniatur, et condemnetur pro qualibet vice in solidos viginti.* Stat. criminalia Ripeiæ cap. 80 : *Si quis evaginaverit, seu Admenaverit arma contra aliquem, et non percusserit, puniatur in libris decem.*

* Nostris vero *Admenage* est ipsa advectio; unde *Amenage* dixerunt, servitium, quo vassallus vecturas domino præstare tenetur. Lit. remiss. ann. 1397. in Reg. 153. Chartoph. reg. ch. 43 : *Comme le suppliant eust admené à ses chevaulx, charrette et harnois... plusieurs voitures de foin; .... duquel Admenage ledit suppliant et Jehan Goiral... n'orent oncques satisfaction, etc.* Arest. Scacar. ann. 1296. ex Cod. reg. 4651 : *Raoul de Treizmonz, seigneur des chanz Goubert, demanda à deux vavassors, qui de lui tienent, l'Amenage du merrien et de la pierre, et de la matiere à sa mote herbegier de son fieu de hauberc.*

1. **ADMENSURARE.** Charta Philippi Aug. ann. 1285. pro villa Ferrariensi apud Morinum in Hist. Vastinensi pag. 707 : *Feodus vero qui adeo modicus fuerit, quod ad* 12. *denarios esse non debeat, Admensurabitur.* Hoc est, sua ei mensura dabitur. [Charta ejusd. Regis apud Marten. tom. 1. Ampliss. Collect. pag. 969. A : *Quod de singulis hominibus ad potestatem dictæ villæ pertinentibus, tam intra villam, quam extra villam, annuatim in festo B. Andreæ Apostoli habebimus quinque solidos, vel quatuor, vel tres, vel duos, et ad minus duodecim denarios, et hoc Admensurare, ne graventur homines super priorem illius villæ.* Hic, ut patet, *Admensurare*, idem est quod imponere tantum tributi, quantum cujusque facultates patiuntur.]

¶ ADMENSURATÆ, Ordinatæ, Gall. *Reglées*. Præceptum Caroli M. apud Marten. in mox laudata Collect. tom. 1. pag. 34. D : *Antoniacus cum appenditiis earum, sicut Admensuratæ sunt, fratribus deserviant.*

ADMENSURATIO, *Ad mensuram redactio*, inquit Bractonus lib. 4. de Assisa novæ dissaisinæ cap. 35. § 1. quæ locum habet, cum quis plura habet quam expediat. Vide eundem lib. 3. tract. 1. cap. 1. § 1; lib. 4. tract. 5. cap. 17. § 2. et Fletam lib. 4. cap. 23. § 2. *Admensuratio dotis*, apud Rad. de Hengham in Parva cap. 2. *Admesurement de douaire*, breve, quo mulieris dotalitium ad legitimum modum reducitur. *Admesurement de pasture*, breve aliud, quo pastiones inter participes, prout cuique competit, dividuntur. Rastallus. Adde Statutum 2. Westmonaster. cap. 7. et 8. ubi de utraque admensuratione.

2. * **ADMENSURARE**, Æstimare, statuere, præfinire, Gall. *Regler, fixer, Amesurer*, eadem notione, apud Bellomaner. Ms. cap. 41. Charta Gaufridi episc. Meld. ann. 1211. ex Chartul. Campan. fol. 175. col. 1 : *De stagno diximus, scilicet de piscatione stagni, quod abbas potest facere piscari ibi, quando venit Nogentum ad domum suam de Alno, ad opus suum et eorum, quos secum tunc habebit, et dominus Nogenti non potest Admensurare piscationem ejus.* Charta Auberti abb. Latiniac. ann. 1223. ex eod. Chartul. fol. 280. col. 1 : *Cum discordia verteretur inter nobilem virum Theobaldum illustrem comitem Campaniæ et Briæ palatini ex una parte et nos ex altera, super gisto, quod idem comes dicebat se habere pro voluntate sua in ecclesia nostra, quotienscumque ad ecclesiam veniebat : tandem pro remedio animæ suæ et antecessorum suorum Admensuravit idem gistum ad centum libras Pruvinensis monetæ. Amoderer*; non longe diverso significatu, usurparunt nostri, nempe pro Modum ponere, diminuere, rem rei exæquare, Gall. *Modérer, diminuer, proportionner*; unde *Amodération*, Moderatio, temperatio, proportio, quo sensu *Amesurement* dixit Petrus de Fontana in Cons. cap. 15. art. 27. Ordinat. ann. 1330. tom. 2. Ordinat. reg. Franc. pag. 59 : *Que lesdites denrées soient Amoderées et mises à juste prix, selon l'evaluement desdites monoies, et que icelle Amoderation et ordonnance soit gardée fermement. Amoderer*, Moderari, temperare, Gall. *Modérer, calmer*, in Lit. remiss. ann. 1375. ex Reg. 107. Chartoph. reg. ch. 215 : *Ledit exposant pour refrainde et Amoderer ledit Henry, lui dist amiablement, etc.* Aliæ ann. 1393. in Reg. 145. ch. 33 : *Cuidant empeschier la fole emprise et propos dudit Huguenin et lui Amoderer sa faveur* (leg. *fureur*.) Occurrit præterea pro Experiri, probare, Gall. *Essayer*. Lit. rem. ann. 1393. in eod. Reg. ch. 520 : *Ainsi que icellui exposant trait à ladite bute à son arc d'une fleiche ou saiete, en entention de essaier et Amoderer comment il trayeroit à ladite bute.*

* **ADMENSURATIO**, Statutum, definitio, Gall. *Fixation*. Privil. burgens. Autiss. ann. 1223. tom. 6. Ordinat. reg. Franc. pag. 423. art. 28 : *Cum duodecim electis vel majori parte eorum, tractabit de Admensuratione minorum de censiva et bachelariorum, et de Admensuratione deperditorum ad* (*a*) *me restituendorum eis, qui pro debito meo capti fuerint.*

¶ **ADMENTIRI**, Pecuniaria mulcta taxari, Gall. *Mettre à l'amende*, vel *Proportionner l'amende*. Charta Henrici Regis Angliæ ann. 1155. apud. D. *Brussel* Tract. de usu feud. tom. 2. pag. 4 : *Comites et Barones non Admentientur, nisi per pares suos et non nisi secundum modum delicti.... Nulla Ecclesiastica persona Admentietur secundum qualitatem beneficii sui Ecclesiastici, sed secundum laicum tenementum suum et secundum qualitatem delicti.*

* Verbum fictitium, aut culpa amanuensis, aut quod perperam lectum est; restituendum enim *Admercientur*, ex ipsamet Charta, quæ habetur in Cod. reg. 4651. Vide infra *Ocagium*.

¶ **ADMENTUM**, pro *Amentum*, Lorum quo jacula contorquebantur; metaphorice vero, validius argumentum. Tertullianus cap. 1. Scorpiac. : *Hæc, et si qua alia Admenta hæreticorum venenorum, etc. Admentatio* eodem sensu apud eumdem lib. 1. ad Nat. cap. 10. Hinc S. Ambrosius Epist. 7 : *Intorquenda est Admentata illa, non manipularis sententia.*

ADMERCIARE. Vide *Amerciare*.

¶ **ADMERGARI** se, Sese immiscere, implicare. Edictum Philippi VI. ann. 1338. tom. 2. Edict. Reg. pag. 124 : *Statuimus etiam prohibentes ne quis Procurator Regius partialiter se Admergetur in causa quacumque.*

* **ADMESTA**, æ, *Oblivio, Desmembranssa*, *Prov.* in Glossar. Provinc. Lat. ex Cod. reg. 7657. Vide *Admestia*.

¶ **ADMESTIA**, *Oblivio*. Gloss. Bitur. MS. Vox Græca pro ἀμνηστία.

ADMEZATORES, Dicti in Regno Neapolitano Arbitri ex privatorum consensu electi, ad decidendas supremo jure quæstiones et lites. *Cum nova nostri nominis sanctione* (lib. 1. tit. 70) *statutum sit ut judices de quæstionibus cognoscentes, per nostram celsitudinem debeant promoveri, junctos etiam Admezatores, qui per privatorum consensus ad decidendas quæstiones... eligebantur huc usque qui nullam aliam jurisdictionem habebant, nisi quæ ab eligentibus conferebatur eisdem, imposterum eligi prohibemus etc.* ut est in Constit. Friderici lib. 1. Constit. Sicul. tit. 79. Vox efficta ex Italico *Mezzo*, medius, Gall. *Mediateur*. Putat Meursius eandem fuisse Μεσαζόντων apud Byzantinos dignitatem, quos sic appellatos censet, quod qui jure agere inter se nollent, ad eum deferrent lites suas componendas : quomodo Aristoteles μέσους et μεσιδίους judices et arbitros vocat. Sed viro magno non assentior : erant enim μεσάζοντες, Curiæ Constantinopolitanæ Officiales, quorum Princeps opera utebatur in expediendis privatis negotiis : aut certe quibus intermediis ad Principem patebat accessus, quod fuit olim apud Francos nostros Referendariorum munus. Id colligitur ex Cantacuzeno lib. 3. cap. 15. et lib. 4. cap. 29. ubi vocem μεσάζειν ea notione usurpat, et ex Niceta in Man. lib. 1. cap. 3. præterea ex Ducæ Hist. Byz. cap. 21. et 22. ubi *Vezirios* Turcicos μεσαζόντων appellatione donat, quod videlicet per eos Turcici Sultani res omnes qua privatas, qua publicas conficiant.

* **ADMICTERE**, pro Amittere, Gall. *Perdre.* Stat. Arelat. MSS : *Statuimus ut nullus, qui locet operas suas, defferre audeat de nemoribus, vel vineis, vel cepibus socam vel lignum aliquod; et qui contrafecerit mercedem suam vel loquerium Admictat.* Vide infra *Admittere* 2.

ADMIGRARE, In ædem seu villam alicujus, etiam invito domino, possidendi animo ingredi, in Pacto Legis Salicæ tit. 48. § 2. ubi Lex Salica tit. 47. habet tantum *migrare.*

ADMILLUS, apud Bromptonum pag. 1248. sed perperam, pro *Admiralius* editum occurrit.

* **ADMINARE.** Charta Soldani pro Pisan. ann. 1174. apud Lam. in Delic. erudit. inter not. ad. Hist. Sicul. Laur. Bonincont. part. 1. pag. 200 : *Illi promiserunt conventionem facere, ut fideliter et diligenter totum nostrum regnum, et salvare per mare et per terram, et palam et secretum, et non debet Adminare nullus hominem contra nostrum regnum.* Ubi leg. suspicor *Adjuvare.*

¶ **ADMINICULATIO**, Auxilium. De B. Forannano Abbate Walciodori in Belgio, tom. 3. Aprilis pag. 807. D : *Quo vigeat in aliquo vestri, si displicet, arbitrii correptio; vestræque, si placet, roboretur Adminiculationis decreto.*

¶ **ADMINICULATIVE**, Per accessionem. Gall. *Par surcroit.* Acta SS. Martii tom. 3. pag. 868 : *Ipsorum qualitas sufficientem illis fidem conciliat, maxime cum eorum auctoritas, Adminiculative solum adhibeatur.*

ADMINICULATOR, Ab adjuvando dictus et adminiculando. Hic septimus erat ex Officialibus Romanæ Ecclesiæ, pro viduis, pupillis et egenis procurabat; quod munus hodie *pauperum Advocatus* facit. Ita Panuinius. Vide Luithprandum lib. 6. cap. 6. extremo.

¶ **ADMINICULUM**, Modus, ratio, argumentum, Practicis nostris *Moyen.* Ludewig. Reliq. MS. tom. 5. pag. 541 : *Renunciantes omni beneficio juris cujuslibet, necnon exceptioni, suffragio, Adminiculo, quibus contra præmissa, etc.* Ibidem pag. 539 : *Renunciantes.... omni dominio, actioni, impetitioni, liti, juri, literis et Adminiculis, quæ nobis etc.*

* Practicis nostris etiam *Adminicule*, Probatio inchoata et infirma, argumentum seu instrumentum rei probandæ quidem invalidum, sed quod cæteris adminiculo est.

¶ **ADMINICULUS**, Minister. Acta S. Austregesili Episc. Bitur. tom. 5. Maii, pag. 230. * E : *Dicit Adminiculo suo Marculfo, eo tempore Lectori, postea etiam Abbati.... Require pauxillum aquæ, ut hic celebremus Missas.*

¶ **ADMINISTRALIS**, f. Qui ministrat necessaria ad victum et vestitum, ut mox sumitur *Administratio.* Statuta Ecclesiæ Barchinon. ann. 1281. apud Marten. tom. 4. Anecdot. pag. 607 : *Constituimus... Quod quæcumque de cætero contingat vacare in Ecclesia nostra Officia, quæ pistor, et Administralis, et dormitorarius, et botellarius, et portarius habent, etc.*

ADMINISTRATIO, Donatio, sive necessariorum ad victum, vestitumque suppeditatio, Gall. *Fourniture, livrée, distributions.* Annal. Bened. tom. 5. pag. 678. col. 2 : *Præbendas aliasque Administrationes, prout ab antecessoribus nostris accepimus in hoc libro, qui dicitur Viventium, fecimus adnotari.*

ADMINISTRATOR, Leguleiis Anglis dicitur ille, cui defuncti bona administranda ab Ordinario committuntur, cum nulli extant executores testamentarii, quorum quidem bonorum usque ad eorum valorem tenetur, et non ultra, nisi ea dissipasse convictus fuerit. Si ille decesserit, administratio non transit in ejus hæredes; sed alius ab Ordinario decernitur ac eligitur Administrator. Vide Rastallum in Expositione vocum Legum Auglic.

* **ADMINISTRATORIUS**, *Administrour*, in Glossar. Gall. Lat. ex Cod. reg. 7684 : *Administratorii Spiritus*, in Epist. ad Hebr. cap. 1. v. 14. *Administreur* et *Administrarresse*, qui vel quæ administrat, regit. Lit. remiss. ann. 1398. in Reg. 154. Chartoph. reg. ch. 51 : *Comme ledit Robin se feust alouez à Robin Duchemin quintier ou Administreur de l'eglise de Mons. S. Pierre de Dreux, etc.* Aliæ ann. 1373. ex Reg. 105. ch. 210 : *Ladite Katherine estoit légitime tuterresse et Administrarresse de ladite Marion sa fille.*

* **ADMINUNDARE**, Putare, intercidere, Gall. *Emonder.* Charta ann. 1325. in Reg. 62. Chartoph. reg. ch. 521 : *Item pro quibusdam salicibus in fossatis regiis, per eumdem curatum plantatis et ædificatis, ac per ipsum Adminundatis et copatis, etc.* Ita *Allaguier* nostri dixerunt, pro *Elaguer.* Lit. remiss. ann. 1455. in Reg. 183. ch. 63 : *Comme icellui Colart eust fait coupper, abatre ou Allaguier, et mettre en fagotz ou bourrées certaine haie ou bois, etc.*

1. **ADMIRABILIS**, Admiralius. Vide *Amir.*

2. **ADMIRABILIS**, Titulus concessus Comitibus apud Leonem Magnum Ep. 8. Græcis θαυμασιώτατος. Vide *Silentiarius.*

3. * **ADMIRABILIS**, *Modestus, honestus, bene morigeratus, egregius, taciturnus, facetus, venustus, decens, rectus vel amabilis, comptus, gratus, nobilis, elegans.* Glossar. vet. ex Cod. reg. 7646.

¶ **ADMIRAGIUS**, Admirallitas, Admirantia, aliæque voces quæ huc spectare possunt ejusdem significationis. Vide in *Amir.*

* **ADMIRALDI**, *Scabini* seu burgi ædiles et judices, qui exigendis juribus regiis præerant, nuncupantur in Ordinat. pro regno Navarræ ann. 1322. ex Reg. Cameræ Comput. in Bibl. reg. asservato Cod. 8406. fol. 304. r° : *Item est ordinatum, quod Admiraldi burgi S. Saturnini et populationis S. Nicolai, qui pro tempore fuerint, qui noluerint computare de homicidiis, calumpniis, et emendis, et aliis juribus regiis, compellantur ad computandum. Amiraldi*, ex ead. Ordinat. in Reg. A. ejusd. Cam. fol. 161. r°. Vide *Amir.*

* **ADMIRALEA**, Navis prætoria, seu *Admiraldi*, nostris etiam *Amiral.* Chron. Andr. Danduli apud Murator. Script. Ital. tom. 12. col. 364 : *Gravi inter eos parato bello, Admiralea Januensium cum sua galea, et duabus aliis reliquis in portum Tyri redeuntibus, per Venetos captæ sunt. Admiraleus*, ibid. pro classium Præfectus. Vide in *Amir.*

¶ 1. **ADMIRATIO**, f. Inspectio, examen. Canones Hibern. apud Marten. tom. 4. Anecd. col. 6 : *Et pro ejus livoris vel vulneris Admiratione in Conventu, vel in qualibet multitudine usque ad tertium annum, aut eo amplius, si non indulgeat, pretium ancillæ is qui commisit, reddat.* Ubi tamen Amanuensis mendum esse suspicor, *Admiratione*, forte pro *Admissione.*

2. * **ADMIRATIO**, Consensus, laudamentum. Charta ann. 1027. inter Instr. tom. 6. Gall. Christ. col. 173 : *Ut cunctis diebus vitæ hujus seculi habitatio sit sanctimonialium atque devotarum feminarum sub regulari vita degentes, sine ulla blandicione atque Admiratione habeant.*

* **ADMIRATOR**, Classium præfectus, Gall. *Amiral*, in Charta Soldani jam laudata in *Adminare* ibid. : *Fecimus præcepta comitibus nostris et Admiratori galearum, ut ad naves eorum unquam arma servasset.* Vide supra *Admiralea.*

* **ADMIRAUDUS**, Eadem notione. *Renerius de Grimaudis Admiraudus noster*, in Charta Philippi Pulcri ann. 1304. ex Lib. rub. Cam. Comput. Paris. fol. 247. r°. col. 2.

ADMISERI. Bulla Adriani IV. PP. ann. 1154. inter Probat. tom. 2. Hist. Lothar. col. 347 : *Ipsa Iserella cursum suum dirigit versus Orientem in læva parte, usque ad viam publicam, ubi extrinsecus portæ de Voel, Admisertur rivulo Angruxiæ.* Ubi legendum est *Admiscetur.*

¶ **ADMISSALIA**, f. Merces pro *Missis* celebrandis. Charta Guillelmi Archiep. Rothomag. pro Monasterio S. Martini Pontisar. ann. 1320 : *Fit compositio ratione sponsalium, Admissalium, Gallice Messagemens, intestatorum, extremarum, unctionum, confessionum, etc.*

* Minus recte; idem quippe est quod infra *Admissatio.*

* **ADMISSARI.** Vide infra in *Admissatio.*

ADMISSARIUS equus. Ugutio : *Fortes et bonos Equos Admissarios vocamus, quia admittuntur inter armenta ad coitum, vel ad arandum, vel ad trahendum.* [** Gloss. in Cod. reg. 4778 : *Admissarius equus, concitatus.*] Eadem prope habent Jo. de Janua et W. Brito. Gloss. Lat. Græc. Βιβαστής, *Admissarius*, qui alio loco ἐπιβαίνων ἵππος dicitur. Gloss. Græc. Lat. ὀχευτής, *Admissarius. Equus ascensor equarum*, in Foris Bigorrensib. art. 12. Plautus in Milite Glorioso :

Ad equas fuisti scitus Admissarius.

S. Augustinus contra Epist. Manichæi cap. 31 : *Non attendit passerem parietinum, in cujus comparatione quivis Admissarius frigidissimus invenitur.* Vide eundem lib. 5. de Civit. Dei cap. 7. Vetus Interpres Juvenalis Sat. 8 : *Et pater armenti : Taurus, aut Admissarius.* Conventio Pacis inter Elsatiæ proceres et civitates ann. 1051 : *Equi autem Admissarii, quod vulgariter Stunt vocantur, et vineæ et segetes sub hac pacis conditione permaneant.* Qua vero cura educandus et alendus equus admissarius, præclare omnino Virgil. lib. 3. Georg. v. 73 :

Tu modo quos in spem statues summittere gentis,
Præcipuum jam inde a teneris impende laborem, etc.

Vide Marcellum Empir. cap. 32. Vegetium lib. 1. de Arte veter. cap. 24. etc. *Admis-*

sarius asinus, apud Palladium de Re rustica lib. 4. cap. 14.

* Cicero in Pisonem cap. 28. *Admissarium* vocat hominem pervagatæ libidinis; quo ipso, vel obscœniore etiam sensu, usus est Seneca Quæst. Nat. 1. 16. ut scribit Faber in Thes. suo; hinc pro homine falaci, in Glossar. Lindenbrogii.

Amissarius, in Lege Salica tit. 40. § 5. Alaman. tit. 69. Edit. Heroldi. Ripuar. tit. 5. 18. et apud Marculfum in formul. [Charta Aldrici Cenoman. Episc. in ejus vita pag. 85 : *Greges jumentorum cum eorum Amissariis.* Adde pag. 87. 88. etc.] Vide *Emissarius.*

Ammessarius, in Charta Romualdi Ducis Beneventani : *Ammessarium unum cum jumentis suis, caballos domitos, etc.* In alia : *Amassarios tres cum jumentis suis.* Vide Chronicon Benevent. S. Sophiæ pag. 607. 611.

Admissura, ὀχεία, in Gloss. Lat. Græc. Aliud Glos. ὀχεία, *Admissura, admissum. Admissura serotina*, Gen. cap. 30. ubi Will. Brito : *Admissura dicitur, quando bruta animalia, et proprie jumenta ad coitum admittuntur. Admissuræ venereæ*, apud Apuleium lib. 7. Statius lib. 5. Silv. 5. v. 23 :

.... Habet Admissura parentes.

Admissio, apud Varronem lib. 2. de Re rustica cap. 7.

Admissus, apud Vegetium lib. 1. de Arte veterin. cap. 24.

* **ADMISSATIO**, Cæremonia *admissionis* mulierum, cum primum post nuptias vel partum ad ecclesiam veniebant, benedictionem a sacerdote suscepturæ; et ipsa obventio quæ ab ipsis offerebatur; sic dicta, vel quod inter missarum solemnia fiebat, vel quod mulieres in ecclesiam *admittebantur* purificationis gratia. *Amessement*, in Lit. remiss. ann. 1475. ex Reg. 195. Chartoph. reg. ch. 1444 : *Le suppliant avoit entention de tuer ung pourceau et certains chevreaux, qu'il vouloit abiller pour faire le festaige de l'Amessement d'une sienne fille, qui estoit acouchée d'enfant, laquelle devoit aller le lendemain à la messe.* Vide *Messiare* et *Purificare*. Charta Odonis archiep. Rotomag. ann. 1255. in Reg. 110. ch. 12 : *In oblationibus et obventionibus, quæ fiunt et eveniunt in missis, quæ celebrantur in benedictionibus nubentium et purificationibus mulierum post partum, et Admissationibus post nuptias, et in missis peregrinantium, etc.* Eadem habentur in Charta S. Ludovici reg. Franc. ex Reg. 31. ejusd. Chartoph. ch. 1. Vide *Admissalia*. Hinc

* Admissari et Amissari, in Charta ann. 1249. ex Tabul. S. Florent. Salmur. : *Parochiani vero per vicarium perpetuum eorumdem monachorum Amissabantur et sacramenta percipiebant in navi dictæ ecclesiæ... Quod parochiani de cetero Admissabuntur et sacramenta recipient ad majus altare S. Cristofori.*

¶ **ADMISSIBILIS**, Admittendus, non rejiciendus. Autographum epist. Sixti IV. ad Cantorem Joh. *Heron* et Joh. *Sebire* Canonicos Ecclesiæ Rothomag. ex Archivo Monasterii B. M. de Bono Nuntio Rothom. : *Et quia Officialis* (Rothom.) *quasdam positiones et articulos Admissibiles et relevantes pro parte prioris et conventus prædictorum* (B. M. de Bono Nuntio) *exhibitos admittere recusavit, illosque per suam interlocutoriam rejecit, etc.* Ex eod. Archivo in Charta Rob. *Goupil* Cantoris, etc. ann. 1482 : *Licet facta hujusmodi forent et essent ad probandum Admissibilia et omnino perimentia actionem ejusdem appellati, etc.*

* **ADMISSIBILITER**, Probabiliter, ita ut admitti possit, Gall. *d'une façon probable.* Instr. ann. 1391. inter Probat. tom. 3. Hist. Nem. pag. 113. col. 2 : *Item in casu quo pertinenter seu Admissibiliter daretur et probaretur prædictos nominatos, seu parentes ipsorum, esse et fuisse nobiles, etc.* Infra pag. 115. col. 1. legitur, *Probabiliter*.

* **ADMISSIO**, Præstatio, quæ jure *admissionis* seu *intragii* exsolvitur. Stat. monast. S. Claudii, auctoritate Nicolai V. PP. edita, pag. 46 : *Habebunt et habere debebunt præfati religiosi.... taillias, censas, corvatas, manus-mortuas, Admissiones, jura et alia emolumenta.* Vide *Intragium* 1.

ADMISSIONALES, Qui introducendis ad Imperatorem hominibus præfecti sunt : seu, quibus *in palatio admittendi, vel salutandi officia creduntur*, ut ait Jul. Firmicus lib. 4. Matth. cap. 14. *Qui Admissionibus præsunt*, ut vetus Interpres Juvenalis Sat. 4; ὁ ἐπὶ τῶν εἰσαγωγῶν, apud Pachymerem lib. 6. Hist. cap. 26. Lampridius ait de Alexandro Imp. quod *salutaretur quasi unus de Senatoribus, patente velo, Admissionalibus remotis.* Quod vero ad vela et cancellos starent, *Admissionales cancellarii* appellantur in Notitia Imperii, ut quidam volunt, tametsi Edita *Admissiones cancellarii* præferat, ita ut diversa fuerint officia. Horum munus, *officium Admissionis* dicitur Suetonio in Vespas. cap. 14. aut *officium Admissionum* in leg. 11. Cod. de Privil. eor. qui in sacro Palat. milit. et in Notit. Imp. et *officium Admissionalium*, in. l. ult. cap. de Divers. offic. Nam plures erant, eorumque partita erant munia, ita ut alii aliis in causis ac negotiis ad Principem admitterent, ut ille *Homilus* dicitur *legationum Admissionalis*, apud Herennium Philonem in legat. ad Caium. Primus autem Admissionalium *Magister Admissionum*, Vopisco in Aureliano, et Ammiano lib. 15. huic qui proxima erat dignitate, *Proximus Admissionum*, eidem Ammiano lib. 22. dicuntur. Sed de Admissionibus et Admissionalibus, multa jam ante congessere Theodorus Marcilius, Pancirollus, Savaro, Henricus Valesius, Salmasius, Jacobus Gothofredus, et alii.

* **ADMISSUM**, Delictum, crimen. *In Admisso deprehensus*, l. 8 D. de præscript. verb. (19. 5) Galli dicimus : *Pris en flagrant délit.* Consule Chopin. ad Leg. Andium part. 1. pag. 627. col. 2. Vide *Admissus* et mox *Admittere* 1.

* *Ameture* nostri dixerunt, quidquid rei alicui conficiendæ seu componendæ inservit. Lit. remiss. ann. 1449. in Reg. 180. Chartoph. reg. ch. 34 : *Icellui Fouillet dist au suppliant qu'ils feraient de la monnoye pour lui en son tour, en leur querant les Ametures ou matieres.*

¶ **ADMISSURA**, Admissus. Vide *Admissarius.*

¶ **ADMISSUS**, Crimen, in Onomastico ad calcem SS. Benedict. sæc. 4. part. 2.

¶ **ADMITA**, pro *Amita*, Gall. *Tante*, apud Rymerum tom. 13. pag. 419.

* 1. **ADMITTERE.** Glossar. vet. ex Cod. reg. 7646 : *Admisit, permisit, fecit, peccavit. Admissum, peccatum vel intromissum Admittit, tollit.*

* 2. **ADMITTERE**, pro Amittere, Gall. *Perdre*. Lit. remiss. ann. 1402. in Reg. 157. Chartoph. reg. ch. 55 : *Dictus exponens taliter prædictum Donarel vulneravit, quod duos digitos unius manus Admisit.* Vide supra *Admictere*.

ADMOAGIUM, idem quod *Admodiatio*. Litteræ Guiscardi Episcopi Matiscon. ann. 1267. in 31. Regesto Chartophylacii Regii fol. 46 : *Super quadam consuetudine vini, quæ vocatur Admoagium.* Id est, quod ex pacto *admodiationis*, seu firmæ, vel emphyteusis domino feudali præstatur. Vide *Admodiare*. 2.

* Melius intelliges de Præstatione, quæ pro quolibet *modio* vini persolvitur, idem quod *Modiatio*. Vide in hac voce.

¶ **ADMODARE.** Laurent. in Amalthea : *Admodo. Accommodo, Allevo.*

1. **ADMODIARE**, Modum ponere, diminuere. Felix Episcop. Lemovic. in Epist. ad Desiderium Cadurcensem Episcopum : *Me tamen pœnitet incaute et minus inculto sensu, vel impolito sermone stylum exarasse, unde offensam sanctæ animæ vestræ potueram incurrere, nisi vestra bonitas Admodiasset*, i. leviorem offensam effecisset.

2. **ADMODIARE**, Fundum dare ad firmam, vel in emphyteusin, vel etiam alienare sub certa præstatione tot modiorum frugum, de quibus convenit. *Admodier*, in Consuetudine Hannoniensi cap. 81. *Admoisonné*, pro *baillé à ferme*, in Computo bladorum terræ Campaniæ ann. 1348. Charta ann. 1224. in Tabulario Lehunensi char. 80 : *Admodiaverunt nobis quidquid habebant in molendinis de Ponte, tam in blado, quam in farina, tam in nemore, quam in aqua.... per 4. modios bladi etc.* [Statuta Monasterii S. Claudii. pag. 86 : *Nonnulli priores, officiarii et administratores eidem Monasterio subditi, prioratus et administrationes cum eorumdem juribus, debitis et oneribus in spiritualibus et temporalibus, personis laïcis etiam contra juris dispositionem tradunt, diminuunt et Admodiant.* Et pag. 87 : *Nec prioratus officiarii hujusmodi quibuscumque laïcis personis Admodiare præsumant.*] Vide *Admoisonnare*.

¶ Admodiata Taillia, dicitur in Charta pro Villanova in Dumbis ann. 1399. illa quæ cum ad placitum, ut aiunt, exigi soleret, ad certam redigitur vel pecuniæ summam, vel frugum præstationem annuam. *Amoissonata* dicitur in terrario S. Nicetii deserti in Bressia. Vide *Amoissonata.*

Admodiatio, Datio ad firmam, etc. Charta ann. 1227. in tabulario Monast. Hederæ : *Simoni Presbytero de Portis concessimus ad Admodiationem pro 11. solid. Paris. singulis annis ab ipso Presbytero reddendis, duas partes minutæ decimæ, etc. Admodiationes et gazeras, nisi de decimis* prohibentur accipere Sacerdotes in statutis Synodalibus Odonis Parisiens. [Item in Meldensibus Anecd. Marten. tom. 4. col. 900. legitur : *Ne accipiant gagerias vel Admodiationes, nisi de decimis.* Charta Curiæ

Suession. ann. 1277 : *Recognovit tamquam in judicio se retinere sub titulo annuæ Admodiationis quoddam pratum.* Charta Willelmi Episc. Lingon. pro Monasterio de Valbeon ann. 1216. inter Instrum. tom. 4. novæ Gall. Christ. col. 202. B : *Omnes terras suas, prata et nemora ubicumque sint, et vineam de Lastricoyo ad firmam perpetuam receperunt hoc modo, quod singulis annis persolvent quinquagintas minas frumenti de Admodiatione et sex minas avenæ, septem minas Lingonensis monetæ, etc.*]

¶ Admodiatio Monetæ, Proportio, Æqualitas, Gall. *Proportion, rapport, égalité.* Charta Roberti III. Ducis Burgund. ann. 1282. pro cudenda moneta : *Antequam moneta incipiat cudi vel etiam fabricari... omnia supradicta tenemur facere observari, salva Admodiatione ad nostram* (monetam) *nobis facta de dicta moneta ratione.*

Admodiator, *Admodiateur*, in Consuet. Melodunensi art. 322. cui prædium admodiatum est, seu datum ad firmam. [Item, rei domesticæ curator et administrator, Gall. *Intendant, Regisseur.* Galliæ Christ. tom. 3. pag. 110. ubi de S. Dionysii Brocareiensis Monasterio : *Sigerus de pastura vicarius præcedentis* (Abbatis,) *Admodiator Abbatiæ bonorum.*]

* *Admodiour*, in Libert. villæ de Jonvilla tom. 4. Ordinat. reg. Franc pag. 596. art. 15 : *Lidit habitant ne moorront... à autres molins,... et se autrement le faisoient, ... paieraient cinq solz d'amende, se n'estait par le deffaut desdiz Admodiours ou officiers.*

ADMODUM, Omnino, equidem. Salvianus lib. 1. de Gubernat. Dei : *Omnes Admodum homines, qui pertinere ad humani officii culturam existimarunt, ut aliquod linguarum opus studio ingeniorum excuderent, etc.* Infra : *Aiunt igitur... ideo in hoc seculo deteriorem Admodum statum esse meliorum.* Lib. 2 : *Cum ... omnes Admodum suos cum paucissimis fugeret.* Lib. 3 : *Dimittamus... quæ in libris postea de Religione conscriptis omnes Admodum Christianos legimus pertulisse.* Neque forte aliter hæc vox sonat in Decretione Childeberti Regis cap. 4. in Ep. Ludovici Pii ad Sicharium, et in aliquot Formulis veteribus: nisi usurpetur pro *amodo*, quod volunt Viri docti. Vide Paulinum Aquileiensem in Epistola ad Carolum Magnum præfixa lib. 1. contra Felicem Urgelitanum.

* **ADMOISONNARE**, Conducere seu ad vitam accipere sub certa præstatione. Arestum ann. 1343. 1. Decembr. ex vol. 3. Arest. parlam. Paris. : *Dicti conjuges dicebant se locasse seu Admoisonnasse ad vitam ipsorum et eorumdem superviventis, a fratribus S. Trinitatis Trecensis unam domum.* Vide *Admodiare* 2. et infra *Amoisonnamentum.*

¶ **ADMOND**, Liber, Sui juris. Leges Luitprandi Regis apud Muratorium tom. 1. part. 2. pag. 70. col. 1 [** lib. 6. cap. 44] : *Et dominus ancillæ eam liberaverit et Admond fecerit a se.* Vide *Amund.* [** ita omnes codd.]

1. **ADMONITIO**, Debitoris admonitio, appellatio, interpellatio, Gall. *Sommation, Adjournement.* Lex Salica tit. 52. § 2 : *Per singulas Admonitiones;* tit. 54 : *Per tres Admonitiones.* Additio Ludov. Pii Imp. ad Legem Salicam § 4 : *Si post secundam Comitis Admonitionem aliquis ad mallum venire noluerit.* Item citatio in l. 4. § 2. Cod. De in jus vocando.

* 2. **ADMONITIO**, Castigatio seu correctio, quæ non præcipiendo, sed monendo fit. *Admonnesteresse, commonitrix. Admonestatif, hortatorius,* in Glossar. Gall. Lat. ex Cod. reg. 7684. Charta. 744. apud Murator. tom. 5. Antiq. Ital. med. ævi col. 530 : *Defensionem vero, vel Admonicionem sancti monasterii volumus abere ad monasterium sancte Marie,... seu Andrea venerabilis presbitero et abbati, ea condictione, ut si aliquid discordia inter sorores fuerit exorta, quam non possimus per nos evellere, tunc abba per semetipsum, aut Deo timentem personam ipsum mali debeat monendum et corrigendum amputare; nam nulla nobis aut sororibus contra regulam violentia imponere audeat; sed abbatissa, quæ pro tempore fuerit, semetipsam et monachas suas disponat.* Rursum infra. Consule ibi Muratorium.

ADMONITOR, conjungitur cum *Portitore præcepti*, in leg. 7. Codic. Theod. de Execut. (8. 8) : *Compulsor, Exactor, Admonitor, Portitorve præcepti, Agens in rebus, etc.* [In ordinationibus Conciliorum, inquit Hofmannus in Lexico, *Admonitor* non raro dicitur, qui recentioribus *magister ceremoniarum*, quod de omnibus quæ agenda essent admoneret.]

* *Amonnesteur* nostris olim, idem qui Apparitor, Gall. *Sergent.* Lit. remiss. ann. 1379. in Reg. 115. Chartoph. reg. ch. 179 : *Un sergent ou Amonnesteur de nostre tres cher frere le duc de Berry et d'Auvergne, etc. Pourteur d'auffeirtrure* nuncupatur, forte quod ex sententia judicis vel scripto debitoris, pignora ab illo aufferre possit. Lit. remiss. ann. 1395. in Reg. 147. ch. 201 : *Quatre varlez et autres gens Pourteurs d'auffeirtrure, Bretons et autres, etc.*

ADMONITORIA, Epistola, qua judex absentem in jus citat; quam ad absentem *Admonitor* defert. Formula 116. inter Lindenbrogianas : *Quoniam Imperialibus sanctionibus cautum est, ut absentes, contra quos actiones exercere cupiunt, in judicio copiam sui facere edictis citentur : idcirco ego judex has Admonitorias tibi delego, quatenus in judicio præsentiam tui facias, etc.*

* **ADMONITUM**, [** Cod. 4778 : *Admonitrum*] *olim dicebatur, cum harena alba mollissima pila moleque terebatur; dehinc miscebatur tribus partibus nitri, pondere vel mensura adliquata in duas fornaces transfundebatur : quæ massa vocabatur, ut diximus, Admonitum, atque hæc recocta fiebat vitrum purum et candidum.* Glossar. vet. ex Cod. reg. 7646. [** Legendum *Aphronitrum.* Vide Isidori orig. lib. 16. cap. 2.

ADMONTARE, *Acervare*, in Gloss. Arabico-Lat. Hispani *Ammotonar* dicunt.

* Nostri vero *Amonter* dixerunt, pro Pertinere, pendere, Gall. *Appartenir, dépendre.* Assisiæ Hierosol. cap. 222 : *Sans ce que la guerre n'Amonte de riens à lui.* Petrus de Fontana in Cons. cap. 18. art. 28 : *Car il* (l'arbitre) *a laissié à estre arbitre de tant come à celle querele Amonte.* Sed et pro Extollere, laudibus efferre; Gall. *Elever, exalter*, usurparunt. Le roman de *Robert le Diable*, MS. :

Car les nouvielles que chil content,
Le par hauchent si et Amontent
Et de riqueche et de parage, etc.

* **ADMORTARE**, a Gall. *Amortir*, Concedere in manum mortuam. Charta ann. 1269. ex Lib. nigro episcop. Carnot. : *Ego* (Adam de Amonvilla) *dictam censivam et dictum censum, et omnia et singula ad dictam censivam et censum pertinentia, tanquam verus dominus feodalis Admorto seu Admortifico.* Vide *Admortizatio.*

* Amortare, Eadem notione, in Charta ann. 1261. ex Chartul. S. Joan. in Valle : *Concedo quod dicti religiosi dictas decimas teneant in manu mortua, et dictis religiosis admortifico seu Amorto.*

¶ **ADMORTIFICARE**, idem quod mox *Amortizare* vel *Amortire* in voce *Admortizatio.* Gall. *Amortir.* Charta ann. 1276. ex Tabular. Monasterii Portus Regii : *Nos dictas donationes quitamus, laudamus, approbamus, et quantum in nobis est Admortificamus... promittentes, quod contra hujusmodi donationem et Admortificationem non veniemus in futurum.*

* **ADMORTIFICATIO**, Census annuus, qui a manu mortua exsolvebatur. Charta ann. 1275. ex Tabul. S. Germ. Prat. : *Habendos et percipiendos annis singulis imposterum a prædicto abbate et ejus successoribus, qui pro tempore fuerit, supra domo prædicta et ejus pertinentiis in festo B. Remigii pro Admortificatione sex solidos Paris.* Vide in *Admortizatio.*

* **ADMORTISAMENTUM**, Amortisamentum, a Gall. *Amortissement*, Concessio in manum mortuam. Inventar. Chartar. reg. ann. 1482. sol. 95 : *Littera acquisitionis xvj. lib. Paris. reditus, ... cum qua est ligata littera.... continens Admortisamentum dicti reditus.* Occurrit rursum. fol. v°. Charta ann. 1341. in Reg. 74. Chartoph. reg. ch. 689 : *Debebuntur ducentæ libræ Turonenses pro financia dicti Amortisamenti.*

* Admortizamentum, in Necrolog. eccl. Paris Ms. ad calcem : *Quam* (domum) *in certo Admortizamento per dom. nostrum regem in mense Septembri ann. Domini 1465. nobis dato et concesso comprehendi voluimus.* Eadem habentur ibid. in Charta ann. 1467. ubi *Admortizamentum* ab *Admortizatione* ita distinguitur, ut hæc significet ipsam prædiorum in manum mortuam translationem, illud vero chartam, qua id perficitur.

* **ADMORTITUS**, Amortitus, Liber et immunis a tributo; quod a manu mortua exigi poterat. Charta Margar. Sicil. reginæ ann. 1292. ex Tabul. Capit. Carnot. : *Volentes et concedentes, quod dicti decanus et capitulum ac ecclesia Carnotensis præmissa etiam omnia et singula sic vendita, et a nobis Amortita seu amortificata, teneant in perpetuum.* Alia ejusd. anni ibid. : *Ego Guillielmus Chenart miles venditor confiteor me prædicta omnia Admortita dictis decano et capitulo vendidisse.* Vide in *Admortizatio.*

* **ADMORTIZARE**, Extinguere, Gall. *Amortir, éteindre. Tu m'as amortie ma chandelle*, in Lit. remiss. ann. 1376. ex Reg. 109. Chartoph. reg. ch. 202. *Eschaucer*, eodem, ut videtur, sensu, in aliis ann. 1385. ex Reg. 126. ch. 189 : *Lesquelz compaignons... Eschaucirent les lampes.* Reparat. factæ in Senescal. Carcass. ann. 1435 : *Pro duobus diebus quibus vaccavit in Admorti-*

zando dictam calcem, ... x. solid. Vide alia notione in *Admortizatio.*

ADMORTIZATIO, Prædiorum translatio in manum mortuam, seu prædiorum acquisitio facta a Monasteriis et Collegiis religiosis, vel etiam Laicis; quæ semel acquisita, in commercio, mutationibus, aliisque prædiorum oneribus obnoxia esse desinunt, nec adventitia feudorum commoda producunt, verbi gratia, *laudimii, Wardæ, Maritagii, relevii, etc.* Translatio autem seu acquisitio ista fieri non potest, nisi Principis ac domini consensus intervenerit; cui de damno cavere tenetur Manus mortua, tertia totius pretii parte semel exsoluta. Nam ex lege communi sacræ Basilicæ prædiorum sunt incapaces. Vide in hanc rem quæ scripsere vetus Consuetudo Franciæ lib. 2. Renatus Chopinus lib. 1. de Doman. tit. 13. Baquetus, Loisellus, Altaserra de Ducib. et Comitib. Provinc. lib. 1. cap. ult. et alii.

Extant tamen complures Chartæ in Tabulario Ecclesiæ Carnotensis paulo ante ann. 1300. quibus superiores, seu uti hic vocantur, *primi et secundi domini feodales*, prædia huic Ecclesiæ concessa *Admortificant*, ita ut ea in posterum *in manu mortua teneant*, addita tamen clausula, *quantum in eos est*, vel *quantum ad ipsos pertinet.* Et certe consensus superiorum dominorum in ejusmodi prædiis Ecclesiis concessis necessarius fuit, cum inde feudorum servitia minuerentur. Sed hæc attigisse sufficiat.

☞ [Etquidem necessarius fuit iste consensus dominorum, ex quo sub finem secundæ stirpis Regum nostrorum adventitia feudorum jura in mutationibus introduci cœperunt. Nam ante eá tempora fundos libere acquirebant Ecclesiæ, acceptis tantum a Regibus litteris *Emunitatis*, soluto censu annuo, redditisque domino feudali debitis servitiis pro quibuscumque possessionibus suis obnoxiis, præter mansum integrum, qui ab omni redhibitione immunis erat ex Capitularium Lege. Vide D. Bignonium ad Marculfum col. 877. D. *de Lauriere*, Dissert. de origine *Admortisationum*, eumdem in Præfat. ad collectionem Ordinat. Reg. 3. stirpis. pag. IX.]

Observo tantum, quale jus fuerit Prælatorum Franciæ, qui *Pares* sunt, in ejusmodi admortizationibus ex Regesto Parlamenti sign. B. in Arestis Epiphaniæ ann. 1277. fol. 39 : *Quatenus Prælati Pares Admortizare possunt, Constitutio per Philippum III, in hunc modum : Ordinatum fuit per Consilium Domini Regis, Rege præsente, quod Archiepiscopus Remensis et Episcopi Pares Franciæ Admortizare non poterunt suum domanium, nec feoda, quæ ab ipsis tenentur immediate : sed sua retrofeoda poterunt Admortizare. Alii vero Episcopi, qui non sunt Pares, nec domanium suum, nec feoda sua, nec retrofeoda poterunt Admortizare.* Extat tamen aliud Arestum in eodem Regesto fol. 87. inter Aresta Pentecost. ann. 1290. quo dictum fuit : *Quod si Comes Nivernensis, aliqua Ecclesiis et piis locis caritative Admortivit, vel posuit in manibus burgensium, vel personarum ignobilium ob remunerationem servitiorum, vel ob aliquam aliam gratiam sine receptione alicujus pecuniæ, hoc sibi sustinebitur. Sed si aliquid Admortivit, vel in manibus burgensium, vel personarum ignobilium posuit pro pecunia, dominus Rex utendo jure suo potest et poterit ad eadem assignare.* Charta ann. 1270 : *Theobaldus de Bellomonte Amortizavit, tanquam quintus dominus, feodi venditionem, quam Petrus de Vemarcio Miles fecit in Ecclesia S. Genovefæ de domo sua de Vemarcio, cum proprisio, jure, et dominio quocumque.* Tabular. S. Genovefæ Paris. ann. 1277 : *Guido Buticularius armiger de Dravello venditionem et Amortizationem nemoris de Minlejo, cum fundo ipsius nemoris... Ecclesiæ S. Genovefæ factam a Philippo de Brunajo armigero, et Mabilia ejus uxore, tanquam primus dominus feodi, laudavit et concessit.*

¶ **ADMORTIZATUS.** Obituarium MSS. Ecclesiæ Morin. fol. 25 : *Recipiet fabrica singulis annis 5. lib. monetæ currentis super 30 libris perpetui redditus Admortizati, licet redimibiles.* Ibid. fol. 27. verso : *Sequuntur alii obitus, qui non sunt in Kalendario, quorum redditus non sunt Admortizati et sunt redimibiles.*

* **ADMOTORIUM.** Chartul. Latiniac. fol. 189 : *Diebus tamen quibus sepibus faciendis operam dabit, ipse et Admotorium suum nuptam habeat, etc.* Ubi legendum videtur *Adjutorium*, adjutor, socius.

* **ADMUGITARE**, Admugire, Gall. *Beugler*, valida et rudi voce appellare. Fulbert. monachus in mirac. S. Audoeni tom. 4. Aug. pag. 826. col. 1 : *Hic miserandus juvenis insolita vocis novitate turbatus, sed de salute cupidus, familiarem bajulum Admugitare cœpit, etc.*

* **ADMUNITIO**, Munitio, Gall. *Fortification.* Charta Joan. de Castellione comit. Bles. ann. 1265. ex Chartul. S. Joan. Carnot : *Si dicta nobilis domina comitissa* (Mathildis) *vel heredes sui seu successores vellent fossam civitatis, intra portam Drocensem et portam de Valleya sitam, omnem Admunititionem civitatis reparare, etc.*

* **ADNARE**, Adnavigare, Glossar. vet. ex Cod. reg. 7646 : *Adnavimus, adnavigavimus.*

¶ **ADNATIO**, Quod *super* aut *ad* aliquid nascitur, ut viscus super quercus aut malos, ut etiam foliola et surculi, quæ ad plurium plantarum caules juxta genicula oriuntur. Apul. de Virt. Herb. pag. 224 : *In quo folia hirta, angusta, et veluti longa cum Adnationibus secundum genicula.*

¶ **ADNEGATUS**, Submersus, Gall. *Noyé.* Vita S. Alexandri Episcopi tom. 1. Junii pag. 750. D : *Sed non esse valde antiquas cognovimus, cum notaremus ibi verba prorsus Italica, Malvaggius, Adnegatus, Pellegrinasium, ac fluvium Po, pro scelestus, submersus, peregrinatio, Padus.* Italis *Annegarsi* est Summergi.

* **ADNEMORATUS**, *Nemore*, silva et dumetis obsitus. Vide supra *Aboscatus.*

¶ **ADNICHILARE**, pro *Adnihilare*, Gall. *Aneantir*, passim apud medii et infimi ævi scriptores.

* **ADNICTARE**, *Invitare, arridere*, in Glossar. vet. ex Cod. reg. 7646. Proprie est Sæpe et leniter oculo annuere. Nævius apud Festum : *Alii adnutat, alii Adnictat, alium amat, alium tenet.*

ADNIGRATI, *Prostrati, subacti, vilificati.* Papias.

* Glossar. vet. ex Cod. reg. 7646 : *Adnigrati, prostrati vel addicti, subacti, capti aut compulsi, necati, occisi, admissi, adhibiti, assumpti.*

ADNIHILARE, Ad nihilum reducere; proprie respuere. Gloss. Gr. Lat. ἐξουθενῶ, *Adnihilo, Sperno, Respuo;* ἐξουθενισμός, *Adnihilatio;* ἐξουθενητής, *Spretus, Adnihilator.*

¶ **ADNILLARE**, Eadem notione. Charta Aymerici Archipresbyteri de Luzciaco pro Monasterio Nobiliacensi ann. 1278. ex ejusdem oci Archivo : *Per quæ prædicta in toto vel in parte possent infringi, seu et Adnillari, etc.*

* **ADNOTAMENTUM**, Adnotatio. Constitut. Oliverii Card. Caraffæ ann. 1494. pag. 297 : *Exactum fiat Adnotamentum. Annotamentum* dixit A. Gellius lib. 1. cap. 7.

* **ADNOVARE**, Renovare, Gall. *Renouveller.* Lit. Ludov. Hutini ann. 1315. tom. 4. Ordinat. reg. Fr. pag. 8 : *Super quibus eisdem majori et scabinis garandiam præsencium tenore portamus et Adnovamus eosdem.*

¶ **ADNUBA.** Charta Alfonsi VI. Regis, æræ 1129 : *Neque in ipsa villa de Cortar ullus procer vel exactor, neque pro stupro, neque pro Adnuba, neque pro fossadera, neque pro alia calumnia vel negotio... intret. Adnuba* non longe abest ab Antiquato *Anuduba*, seu *Anuduva*, quod Lusitanis est, a Vassallis debita opera et præstatio pro reficiendis castrorum Dominicorum fossis, muris, aliisque munitionibus.

* **ADNUE**, *Adjungi. Adnuit, favet vel promittit. Adnuite, præsentes facite.* Glossar. vet. ex Cod. reg. 7641. Nostris *Anuable*, qui libenter annuit. Bestiarius MS. :

> Salemons dist en sa sentence,
> Que Crist est de Dieu sapience,
> Uns esperis monteplcable, ...
> Plain de Pitié et Anuable.

* **ADNULLARE**, Ad nihilum reducere, Gall. *Anéantir.* Chartul. magn. S. Victor. Massil. fol. 22 : *Factum est ut monasterium S. Victoris, olim præcipuum et famosissimum, fuerat Adnullatum.* Occurrit præterea in Charta Rob. reg. ann. 1014. tom. 10. Collect. Histor. Fr. pag. 596. et in alia ann. 1219. apud Hearn. ad calcem Chron. Walteri Hermingford. tom. 2. pag. 601.

** **ADNUMERATOR.** In Auth. coll. 6. tit. 3. cap. 7; videas ibidem Accursium.

¶ **ADNUMISTA**, Adnumiasta, Græcis inferioris ævi Ἀδνουμιαστής. Is erat qui in exercitu Imperatorum Constantinopol. milites censebat. Vox facta ex *ad* et ὄνομα; quod, ut putant Salmasius in notis ad Capitolinum, et Schefferus ad Mauricium, *ad nomen responderent tirones in delectu.* Hinc in Glossis Basilic. Ἀδνούμιος, κατ' ὄνομα διέρχεσθαι.

¶ **ADNUMIUM**, Recensio militum. Græcis, Ἀδνούμιον, quod vide in Gloss. med. et infimæ Græcitatis. [** ubi hæc : Duplex autem erat ἀδνούμιον, nam aliud quotidianum, aliud universale. Prius singulis fiebat diebus a minoribus ducibus, per banda et cohortes, a merarchis nempe. In generalibus vero ἀδνουμίοις nomina militum censebant Μεγάλοι ἀδνουμιασταί coram Magno Domestico, cujus munus erat exercitum universum censere, et si qui e militibus equis carere reperirentur vel armis quibusdam, curabant ii ut quæ deessent supplerentur. Vide infra *Restaurum.*]

ADNUNCIATIO, ANNUNTIATIO, Promulgatio: *Annuntiare*, promulgare, publicare. Occurrit passim in Capit. Caroli Calvi. Adde Annales Francorum Bertinianos ann. 862. et Capitulare 1. Caroli M. ann. 801. cap. 34. [Adde *Adnunciationes* Capitulorum Conventus celebrati apud Marsnam anno 847. per Lotharium Imperatorem, Ludovicum Germaniæ, et Carolum Franciæ Reges, apud Miræum tom. 1. Diplom. Belg. pag. 23 et 24. Edit. 1723.]

¶ ADNUNCIATIO, Prophetia. Est enim futurorum quædam promulgatio. Chron. Idatii Episc. tom. 2. Collect. Conc. Hispan. pag. 172: *Et ita quatuor plagis, ferri, famis, pestilentiæ, bestiarum, ubique in toto orbe sævientibus, prædictæ a Domino per Prophetas suos Adnunciationes implentur.*

* **ADNUTU**, *Dificile*, in Glossar. vet. ex Cod. reg. 7646.

* **ADOBAMENTUM**, Conventio, transactio, pactum, idem quod *Abonamentum* supra, nisi etiam ita legendum sit, in Lit. Pontii vicecom. Polempniaci ann. 1233. ex schedis D. *Le Beuf*: *De senioria, quam nos habemus in castro de Perussa, non faciemus cum aliquo compositionem sive Adobamentum, sine consensu et voluntate vestra.*

1. **ADOBARE**, Exornare, Italis *Addobbare*. Charta Joannis Archiep. Capuæ ann. 1301. in Sanctuario Capuano: *Una corrigia de seta rubea Adobata de argento.* Perperam editum *adebata.*

☞ Doliaris tabula, seu asserculus dolii, quem Galli vocant *Douve*, Germanorum superiorum plerique *Daube*, verbo Gallico *Adouver* sive *Adouber*, dedit originem; quod quidem primario asserculos doliorum coarctare significat, deinde vero etiam alios asseres hiantes, potissimum navium, rursus sociare, quod Gallis est *Radouber*. Et quia hæc accuratissime fiunt, ne rimula supersit, qua liquor perfluere possit; hoc eodem usi sunt verbo pro *Concinnare*, v. g. mundum muliebrem, tapetes et aliam suppellectilem; item latrunculos in alea, etc. Ex hoc factum *Adobare* Latino-Barbarum pro *Exornare*, etc. Hinc etiam

* Nostris olim *Adouber*, pro Reficere, reparare, Gall. *Réparer, remettre en état;* quo sensu etiamnum dicimus *Radouber un vaisseau*, Navem reficere. Instr. ann. 1351. tom. 3. Ordinat. reg. Franc. pag. 576. art. 11: *Nous avons octroié et octroyons ausdiz marchans que le paiement* (pavement) *et les quais de ladite ville* (de Harfleur) *et les ysues soient Adoubées et mises en tel estat, etc.* Sic legendum ex Reg. 80. non vero *Adoublés*, ut in edito habetur.

¶ ADOBARE EQUOS, Diligentem illorum curam habere. Ordinatio qua varia officiorum genera disponuntur in domo Dalphinali, *super Officio Marescalliæ*, Hist. Delphin. tom. 2. pag. 394: *Marescallus diebus singulis de mane et sero Adobari, et estriari faciat equos, corserios, palafredos et roncinos nostros, et ad oculum videat, si existunt bene ferrati, quod suppleat, si defectus esset in aliquo.*

¶ ADOBARE CORDOANUM, Corium inficere pulvere querneo, Gall. *Taner.* Statuta Massil. ann. 1253. MSS: *Qui cordoanum aportavit sive Adobavit, juret quod mittat adminus tertiam partem de ros vel fauzil mixtum.*

¶ ADOBATURA, sive APTATURA PANNORUM in iisdem Statutis.

2. **ADOBARE**, Armis instruere, Militare cingulum alicui conferre: vox confecta ex *adoptare*, quod qui aliquem armis instruit ac Militem facit, eum quodammodo adoptet in filium. Senator lib. 4. Epist. 2: *Per arma posse fieri filium, grande inter gentes constat esse præconium: quia non est dignus Adoptari, nisi qui fortissimus meretur agnosci.* In veteribus Statutis Patavii, quæ extant in publico urbis Tabulario, præcipitur, ut qui electus fuerit Potestas Vincentiæ, *faciat se fieri Militem Adobatum.* Quo loco *Miles Adobatus* dicitur is, qui cum ceremoniis consuetis militiæ dignitatem et cingulum adipiscitur. Statuta Urbis Mediolanensis part. 2. cap. 5: *Jurisperiti collegii judicum Mediolani, et Milites Adobati sint.* Ordericus Vitalis lib. 3. pag. 467: *Deinde ab eodem Duce decenter est armis Adornatus.* Robertus *Bourron* in Hist. MS. Merlini et Arthuri: *Or aten jusques à le matin que je t'Adouberay, et te donray armes.* Le Roman *de Garin*:

Adouber vueil l'enfant Girert mon fil,
Si m'aidera ma guerre à maintenir.
C'est bien à fere, Sire, dit Auberi,
Envoyez-le l'Empereres Pepin,
Si fera bien Chevalier le meschin.

Idem:

Adoubés moi, biax oncles, dit Garin.
Et dit Fromond, Volontiers, biax amis.
Or vos alez bagnier et revestir, etc.

Le Roman *de Girard de Vienne* MS.:

Mes d'une chose me dites verité,
Se onques fûtes Chevalier Adobé.

Le Roman *d'Auberi* MS.:

Sire, dit-elle, pour Deu de Paradis,
Soit Adoubez mes freres Auberis,
En toutes cors en iert plus seignoris.
Volentiers, Dame, dist Raols li gentis.
Le jour meismes n'y a plus terme mis,
Fu Chevaliers ses freres Auberis.
Mais tant out il envers luy entrepris,
Que il de robe ne, l'ont mie porquis,
Ne d'escarlate, ne de vair, ne de gris,
Que de devant ne s'en ierent partis,
Moit se hasterent pour lor maus anemis.
Raoul l'Adoube qui estoit ses amis,
Premiers li chausse ses esperons massis,
Et puis li a le branc au costel mis,
En col le fiert, si con il ot apris,
Tien, Auberi, dit Raols li gentis.
Que Dame Dex, qui en la Crois fu mis,
Te doinst pooir contre tes anemis.
Dex vos en oie, Sire, dist Auberis,
Amengier voil pour Deu de Paradis, etc.

Le Roman *de Florimond* MS.:

Sire, je suis à vous venus,
Assés fu grans, fors et creus,
Or si voudroie estre Adoubez.

Le Roman *de Gaydon* MS.:

Là me fist-il Chevalier Adoubés.

Infra:

Si ne fussiés Chevaliers Adoubez.

Philippus *Mouskes* in Ludovico VIII.:

S'estoit Chevaliers devenus
De la main du Roi proprement,
Qui l'Adouba moult ricement.

Hinc *Adobati* nude, Milites dicti. Le Roman *de Garin*:

Ricard s'en vet à Laon la Cité,
En sa compagne trois cens des Adobez.

Occurrit passim apud Poetas nostrates.

☞ Non placet Menagio istius vocis originatio ex verbo *Adoptare*. At ipse in hujus indagatione longe fuit infelicior, dum sic divinando, vocum, unde oriri putat, seriem texit: *Duplex, duplus, dupus, dobo, dobbo, dobbare, Addobbare.* Verum Ethymon repetendum videtur ab at dubba, seu dubban, quæ Islandice, Scandice et Saxonice significant *Equitem percutere*, id est, *Equitem creare;* quia manu vel stricto gladio super collum aut humeros candidatus Eques a Principe feriebatur. Ita Hickesius linguarum Septentrionalium peritissimus. Adde etiamnum Gallice dici *Dauber* vel *Dober*, pro Percutere, ferire humeros. Vide *Dubbatio.*

* Male cum Menagio actum est in Glossario, quod et fecit Muratorius tom. 4. Antiq. Ital. medii ævi col. 684. quando, Hickesio vade, illi assignata est contorta et coacta illa vocis *Adobare* originatio a *duplex, duplus*, etc. ut pote qui eam a verbo *Adoppiare* minus ridicule deducat. Sed neque hæc, neque Cangii, neque Hickesii placet opinio: verisimilior, quia simplicior, mihi videtur origo a voce Provinciali *Adoubar*, ornare, instruere. Vide *Adobare.* 1.

* **AD OBVIAM**, Obviam, adversum, Gall. *Au-devant.* Lit. remiss. ann. 1386. in Reg. 134. Chartoph. reg. ch. 52: *Ipse Chabertus a vagina traxit quemdam magnum basalardum seu cutelhum, cum quo percussit dictum exponentem; ... et de facto eum interfecisset, nisi fuisset quædam mulier, quæ subito se posuit Ad obviam ictui prædicto.*

¶ **ADOHA**, Omne servitium pecuniarium quod præstatur per feudatorios: item jus *Relevii.* Videtur dici ab *adunatione*, unde etiam *Dohana* vel *Doana*, Gallice *Douane.* Charta Caroli Franc. et Siliciæ Regis pro Gratiano de Guerra ann. 1497: *Damus et concedimus dictum Comitatum* (de Altavilla)... *Feudali quoque servitio et Adoha, nostrisque in aliis et alienis juribus in omnibus semper salvis.* Vide Tract. de jure *Adohæ* Jacobi de Ayello, post Tract. Ægidii Thomasi de Collectis 8. Lugd. 1559. sed maxime Andream Capanum de jure *Adohæ* fol. Neap. 1636.

* Contract. matrimonii ann. 1358. apud Salern.: *Asseruit se justo titulo et rationabiliter habere, tenere et possidere* (castrum suum) *in feudum immediate et in capite a regia et reginali curia, sub certo servitio seu Adoha cum hominibus et vassallis, etc.* Occurit ibi non semel. [** Vide *Adhoa* et *Hostenditium* in *Hostis.* 2. Adoha proprie est Præstatio quæ solvitur a vasallo, propter diversa feuda diversos dominos habente, ei domino quem a pluribus simul vocatus non sequitur, sive a vassallo minoris ætatis, cum non miserit alium suo loco. Vide Eichhornii Histor. Juris Germanici § 294, not. M. et Pætzii manual. jur. feod. § 76.]

¶ **ADOHAMENTUM**, Servitium militare Instr. Societatis ad Regnum inter Johannam II. Siciliæ Reginam et Jacobum de Borbonio, ex Cod. MS. Bibl. Coaslin.: *Præfata Regina concessit eidem domino Jacobo Regi viro suo authoritatem... exactiones, Adohamenta seu servitia militaria, imponendi et recipiendi jura cabellarum* (seu gabellarum.) Vide *Adhoa.*

¶ **ADOLABILIS**, *Sine dolo.* J. Laurenbergus in Antiquario.

¶ **ADOLENS**, Adolescens. Vita S. Eusebiæ Abbatissæ, tom. 2. Martii pag. 455. C:

Quod non tuta fides, ubi sævior hostis adurget,
Cum sit in hoc ævo vitiorum fæx Adolenti.

* **ADOLERE**, *Illuminare. Adolet, exsurgit,* in Glossar. vet. ex Cod. reg. 7646.

* Nostri *Adoler* et *Adouler* dixerunt, pro Gravare, affligere, molestiam creare a Lat. Dolere, unde verbum *Douloir*, efformatum; Lit. remiss. ann. 1386. in Reg. 129. Chartoph. reg. ch. 213 : *Laquelle femme ne trouva pas sa monnoye, dont elle fut moult Adolée et courroucée.* Aliæ ann. 1452. in Reg. 181. ch. 232 : *Icelle Jacquete estant fort Adoulée et en grant destresse, et ayant paour d'estre ilec tuée.* Guill. Guiartus :

Pour le Seigneur plus Adoler,
Fout par terre espandre et voler, etc.

Vita J. C. MS. :

De Jherusalem la chité
Erent issu moult Adolé.

ADOLESCENTIARI, νεανίζειν, in Glossis MSS. apud Vossium, Adolescentum more agere. Utitur etiam Varro apud Nonium.

¶ Adolescentilis ætas, pro *Adolescentia.* Vita V. Hildeburgis in Actis SS. Bened. sæc. VI. part. 2. pag. 833 : *Quæ cum pueritiæ nfantiæque transisset annos, jam Adolescentili Ætate subeunte, etc.*

* **ADOLESCENTULUS.** Charta Roberti reg. Franc. ex Chartul. S. Maglorii Paris. ch. 3 : *Actum Parisius regnante Rotberto rege, Adolescentulo in anno 11. cum gloriosa matre sua Adelaide regina.* Ubi vox *Adolescentulus* Hugonem Roberti regis primogenitum spectat, cujus ætatem inter notas chartarum chronologicas inserere jubebat amor paternus, ut colligitur ex Charta ejusd. Roberti inter Instr. tom. 10. Gall. Christ. col. 361 : *Anno Inc. J. C. M. XIX. regnante Roberto rege ann. xxvij, ipso anno benedictionis Juvenculi Hugonis filii ejusdem regis Roberti, in die Pentecostes.* Et quidem ad Robertum ipsum referri non potest, cum anno circiter 25. ætatis suæ regnum sit adeptus; licet veteribus usitatum fuerit *Adolescentes* usque ad trigesimum annum appellare. Hinc Philippus I. annis saltem 22. natus *intra adolescentiæ annos* esse dicitur, in Charta ann. 1074. ex Chartul. S. Dion. de Nogento : *Acta est hæc Charta... in Francia rege Philippo regnante intra adolescentiæ annos.*

* **ADOLIAGIUM**, Vinum, quod ad explenda dolia reservatur, Gall. *Remplage.* Arest. ann. 1414. 12. Maii, ex vol. 11. Arestor. parlam. Paris. : *Quotiens in uno batello xix. peciæ erunt, ... de communi reimplagio sive Adoliagio repletæ existentes etc.*

¶ **ADOLUS**, *Sincerus, sine dolo.* J. Laurentius in Amalthea. Vox facta ex *a* privat. et *dolus.* Vide *Adolabilis.*

* **ADONEGARE**, Adæquare, dividere, partiri, Gall. *Partager. Adonegatio*, Ipsa partitio. Stat. Placent. lib. 3. fol. 32. r° : *Sit in arbitrio domini, si maluerit, Adonegare et partiri in campo fructus cum colono vel laboratore, ipso volente vel invito, nisi inter eos aliter sit conventum; et facta Adonegatione prædicta seu divisione, teneatur colonus vel laborator partem domini conducere ad aream, ubi dominus voluerit in villa, in cujus territorio nati fuerint dicti fructus.*

¶ **ADOPERARI**, Operari, uti, Gall. *Se servir, user.* Acta SS. Martii tom. 3. pag. 601. D : *Habebat pectus ita oppilatum et malis humoribus plenum, quod vix poterat anhelare et manibus Adoperari.* Vide *Adoprare.*

ADOPRARE, ex Ital. *Adoperare*, in Actis B. Thomassi Eremit. Camald. n. 40. Adhibere, uti, pro *Operari, efficere.* Charta ann. 1506. apud Ughellum tom. 1. part. 2 : *Habeat in omnibus licentiam... causare, agere, et ragunare, et Adoprare, etc.* Nec scio, an hæc vox restituenda sit in Charta Sanctii Regis Aragon. æræ 1090. apud Martinezium in Hist. Pinnatensi lib. 3. cap. 9 : *Adhuc unum do eis solarem, ut ipsi se Adopraverint, in quo possint facere bonas casas ad habitandum.* Ubi editum *adoptaverint.*

¶ **ADOPTARE**, Omni voto optare. Gasp. Barthii Glossar. ex Baldrici Hist Palæst. Sed hoc sensu Cicero filius usus est participio *Adoptatus. Quorum* (Tabellariorum), inquit Epist. Famil. 10. 21., *mihi fuit adventus Adoptatissimus.*

ADOPTARI per Baptismum, dicebatur is, qui ad Baptismum ab aliquo offerebatur, pro quo ille spondebat apud Sacerdotem baptizantem : unde non modo qui baptizabatur, *filii adoptivi*, vel saltem *filioli*, patrinus vero *patris spiritualis* et *adoptivi* appellationem exinde retinebant, sed idem patrinus, in signum veluti adoptionis legitimæ, munus aliquod eidem filiolo, tanquam successionis suæ portiunculam conferebat, quod *filiolatum* vocabant. Hesychius : υἱοθεσία, ὅταν τις θετὸν υἱὸν λαμβάνει, καὶ (alii emendant κατὰ) ἅγιον βάπτισμα. Monachus Sangallensis lib. 2. cap. 29. de baptizatis Normannis : *Qui a primoribus Palatii quasi in Adoptionem filiorum suscepti, etc.* S. Bonifacius Mogunt. Episc. Epist. 15 : *Homo quidam alterius filium de sacri baptismatis fonte elevans, Adoptavit sibi in filium, cujus postea viduatam duxit uxorem.* S. Rembertus in Vita S. Anscharii Archiep. Hamburg. n. 10. de Heroldo Danorum Rege : *Ipse* (Lud. Pius) *de sacro fonte suscepit, sibique in filium Adoptavit.* Simeon Dunelmensis de Gestis Anglor. ann. 994 : *Quem Rex honorifice suscepit, confirmari ab Episcopo fecit, sibi in filium Adoptavit, regiaque munera donavit.* Dudo de Actis Normann. lib. 3. pag. 101 :

Quin et Adoptivam prolem susceptus ab alma,
Extollensque salutiferi baptismatis unda.

Alios congessimus locos in Dissert. 22. ad Joinvillam pag. 274. Vide *Filiolus, Filiolatus, Patrinus, Pater spiritualis.*

Adoptare *in hæreditatem, vel in adfatimi, per scripturarum seriem, seu per traditionem, et testibus adhibitis, secundum Legem Ripuariam, tit.* 48.

Adoptare *sibi in maritum*, pro *nubere*, apud Hovedenum pag. 686.

Adoptare *in Militem*, i. Vassallum sibi facere, apud Albertum Stadensem ann. 1072. Vide *Miles.*

Adoptio Filiorum, jure Francorum, permissa iis, qui liberos non habebant, fiebatque traditione bonorum, eorum reservato usufructu, coram Rege, vel Comite, et Scabinis, vel Missis dominicis, qui ad justitias faciendas in provincias mittebantur, ut est in Capitul. Caroli M. lib. 6. cap. 212. [** Capit. add. leg. Rib. ann. 803. cap. 9. ad tit. 48.] Adoptionis vero formulæ habentur apud Marculf. lib. 2. form. 13. et apud Lind. form. 58. 59. Jure Aragonum, ex Foris Oscæ ann. 1247 : *Omnis homo, cujuscunque conditionis sit, licet habeat filios legitimos, potest inter eos constituere filium Adoptivum : qui post mortem patris tenebitur æqualiter cum legitimis* (ad) *ejus debita persolvenda, et cum eis tanquam legitimus sortietur.*

Adoptiva Foemina, Adscititia, συνείσακτος, in Concilio Braccarensi I. cap. 15. et in Collect. Canonum Martini Braccar. cap. 32.

¶ **ADOPTARIUS**, *Puer ex adoptato natus*, In Gloss. Isid. [In excerptis Pithœi, *ex adoptivo.* Festus habet : *Adoptatitius, ex adoptato filio natus.*]

¶ **ADOPTIANI**, Hæretici, qui, auctoribus Felice et Elipando in Hispania Episcopis asserebant, *Christum secundum humanam naturam, non nisi adoptione et gratia esse Dei filium.* Damnati sunt in Synodo Francofurtana sub Carolo M. anno Christi 794. Vide Baron. ad hunc annum.

* **ADOPTIO**, *Régénération*, in Glossar. Lat. Gall. ex Cod. reg. 7692.

ADORARE, in sacris litteris, et apud Scriptores Ecclesiasticos, sæpe pro *honora* et venerari sumitur. Paulinus Natali 9 :

Ecce Sacerdotis reditum satiatus Adoro,
Suspiciens humili metantem in pectore Christum.

Gregorius M. lib. 9. Epist. 9 : *Aliud est picturam Adorare, aliud per picturam quid sit Adorandum addiscere.*

De adoratione Imperatorum, seu salutatione, multa congessit Jacobus Gothofredus ad leg. un. Cod. Theod. de Præpositis sacri cubiculi, ut et Salmasius ad Hist. August.

* Glossar. vet. ex Cod. reg. 7646 : *Adorare, venerare, rogare. Adorat, triumphat, laudat.* Chartul. eccl. Vienn. fol. 16. v°. col. 2 : *Sacrosanctæ Dei ecclesiæ, quæ est constructa apud Viennam, et in honore S. Salvatoris dicata, ubi beatus Mauricius honorifice Adoratur, etc.* Nostris *Aourer*, eadem significatione. Lit. remiss. ann. 1390. in Reg. 138. Chartoph. reg. ch. 256 : *Lequel saint Lubin est Aouré et festé en l'eglise d'icelle ville de Lindebeuf, auquel jour a tres grand concours, assemblée et pelerinage de gens de plusieurs villes du pays de Caux et d'autres. Aorer*, apud Marten. tom. 5. Ampl. Collect. in Contin. Guill. Tyr. col. 621 : *Saladin.... ne se vout partir de Jerusalem, devant qu'il eust esté au temple et Aoré.*

* Adorare, vox usitatissima apud Albigenses, pro Salutare, præcipue hæreseos doctores et antesignanos. Lit. Clementis IV. PP. inter Instr. tom. 6. Gall. Christ. col. 457 : *Quamvis quidam testes, in dicto suo singulares, asseruerint, quod ipse pater aliquando hæreticos Adoravit.* Qua ratione vero peragebatur ejusmodi *adoratio* seu salutatio, diserte docent Acta MSS. Inquisit. Carcass. ann. 1308. fol. 2. r° : *Vidit tunc quod prædicti Adoraverunt prædictos hæreticos, inclinando se coram eis et ponendo manus super quemdam bancum seu coyssinum, ter dicendo, Benedicite, bonum precamini Deum*

pro me, et dicti hæretici respondebant, Deus sit rogatus. Fol. 6. v° : *Dicebant* (hæretici) *quod omnes amici sui et credentes, debebant eis facere reverentiam, dicendo ter, Benedicite, coram eis. Interrogatus si ipse fecerat tunc dictis hæreticis reverentiam illam, dixit quod sic, amoto capucio, inclinando se versus eos, dicendo ter, Benedicite; hæretici respondebant, Dominus vos benedicat.* Fol. 10. v° : *Adoravit eos* (hæreticos) *flexis genibus, ter dicendo, Benedicite; et dicti hæretici respondebant : Deus vos benedicat; et hoc dicebant in qualibet. Adoratione.* Fol. 15. r° : *Amoto capucio inclinabant se coram eis super utrumque humerum alternatim.* Et fol. 34. v° : *Veniebant ad eos salutando et dicendo, Domini, salvemini, vel, Bene veneritis; edoctus primo per eos inclinabat se versus eos, et osculabatur humeros eorumdem.*

ADORATIO BARBARA, in Legibus Canuti Regis, quæ paganorum more fit, qui idola adorant, vel Solem, Lunam, Ignem, et alia hujusmodi. Adde Canones editos sub Edgaro § 16.

¶ **ADORATIO** HORARUM, Certus genuflexionum numerus singulis horis pœnitentibus impositus in Canonibus Hibern. inter Anecd. Marten. tom. 4. col. 20. D : *Cum cantico Psalmorum et cum Adoratione horarum post confessionem Sacerdoti et post votum.*

ADORATORES. Alypius Antiochenus in Descript. orbis cap. 18 : *Ditimi enim* (Æditimi) *et Sacerdotes, et Ministri, et aruspices, et Adoratores, et divini optimi habundant.* Vide ibi Jacob. Gothofredum. [*Adorator numeri Theodosiac.* in veteri Inscriptione apud Franciscum Blanchinum in Præfatione ad Vitas Paparum ab Anastasio scriptarum.]

¶ **ADORATORIUM**, Locus subterraneus in quo diis suis defunctisve parentibus Indi sacrificant. Synodus Limensis III. inter Concil. Hisp. tom. 4. pag. 431 : *Si quis Indus deprehensus fuerit revertisse ad sacrificandum in suorum defunctorum sepulchris, vulgo Guacas vel Adoratorio, etc.*

* **ADORDINARE**, Ordinare, disponere, Gall. *Disposer, arranger.* Charta fundat. monast. S. Petri Salviens. ann. 1029. inter Instr. tom. 6. Gall. Christ. col. 174 : *Ut Gausfredus abbas et congregatio ipsius loci* (Gellonensis) *peragant et Adordinent illum locum* (Salveus) *in monasterium.*

¶ **ADOREA**, *Libamenta :* Gloss. Isid. Videtur legendum *Adorea liba*, id est, Placentæ ex *adore*, ut apud Virgilium Æneid. 7. Vide Lexicon Martinii.

* Glossar. vet. ex Cod. reg. 7646 : *Adorea, libamenta sacrificiorum. Adorea, gloria bellicæ virtutis. Adorea, liba, farrea libamina. Adoreas, triumphorum laudes.* Aliud ex Cod. 7641 : *Adorea, victoria, laus bellica, vel lupia, vel bona existimatio.* Vita S. Genulphi tom. 2. Jan. pag. 82. col. 2 : *Perpendens... sanctus præsul Sixtus tantam illius sanctitatem, pulchris patientiæ Adoreis albicantem etc.* S. Victricius episc. Rotomag. de Laude SS. apud D. *Le Beuf* tom. 2. var. Disquisit. pag. xlvj : *Omnis ætas in studium divisa, Adoreas et bellica facta cantaret.* Versus Pauli, apud eumd. tom. 2. Dissert. pag. 408 :

Tres aut quatuor in scholis,
Quas didici syllabas,
Ex his mihi est ferendus
Maniplus Adorea.

Epitaph. Petri *Chevalter* inter notas Godefr. ad Carolum VII. pag. 887 : *Tot Adoreis mactum noli lugere viator.*

* **ADORIA**, *Gloria vel bona fama*, in Glossar. vet. ex Cod. reg. 7646. Vide *Adorea.*

* **ADORIRI.** Glossar. idem : *Adoriuntur, impressiones faciunt, incumbunt, injiciunt,*

* **ADORNARE**, ibid. *Adornata, armata, clausa. Adornat, plusquam ornat. Adornement* etiam nostris, pro *Ornement.* Stat. Confratr. Servient. armor. ann. 1376. tom. 6. Ordinat. reg. Franc. pag. 187. art. 10 : *Et seront lesdiz religieux tenuz de livrer pour ladicte messe, tous les Adornemens, qui y sont necessaires et convenables.* Infra, *Aournemens* pluries.

¶ **ADORNATOR** AURI ET ARGENTI, forte Aurifex. Gall. *Orfévre.* Chartul. S. Vincentii Cenoman. fol. 27 : *Et decimam unius quadre de vinea Morini, argenti et auri Adornatoris.*

* **ADORTARE**, In *hortum* seu *curtile* redigere. Charta ann. 1197. ex Bibl. reg. cot. 17 : *Irrevocabiliter per acaptum et acquisitionem trado ad habendum et perhenniter possidendum.... unam peciam terræ.... Sub hoc facio pacto, quod ibi hanc terram Adortetis, et arbores illic plantetis.* Vide *Hortus.*

* **ADORTARI.** Glossar. vet. ex Cod. reg. 7646 : *Adortatur, vociferatur, clamat, quæritat, proclamat, testificatur, vel protestatur.* [**Pro *adhortari.*]

* **ADORTI**, *Subito nati, surrecti, adgressi,* ibidem. [** Legendum : *Aborti, subito nati. Adorti, adgressi etc.*; sed in omnibus fere Gloss. hæ voces confunduntur.]

* **ADOSILHARE**, Perforare. Vide supra *Addozillare.*

¶ **ADOSTRATA.** Vide *Affostrata.*

* **ADOTARE**, Dotare, dotem assignare. Instr. matrimonii ann. 1475. ex Tabul. Flamar. : *Cum veniet ad lucem et ætatem maritandi, esset Adotata et maritata de bonis et rebus dicti nobilis Oddonis.* Occurrit ibi non semel.

ADPECTORARE, *Applicare ad pectus*, in Gloss. Isid. Gloss. Lat. Gr. *Adpectora*, παραβαλλε, θωρῆξον.

¶ **ADPENDITIÆ**, pro *Appenditiæ*, Gall. *Dependances.* Passim occurrit.

ADPENNIS. Vide *Apennis.*

* **ADPENSA.** Vide infra *Appensa* 3.

* **ADPERTINENS**, pro *Pertinens*, Gall. *Appartenant.* Chron. Saxon. tom. 10. Collect. Histor. Franc. pag. 229 : *Loco eidem et bonis Adpertinentibus cunctis pepercit.* Vide *Adpertinet.*

ADPERTINET, pro *Pertinet.* Galli dicunt *Appartient.* Innocentius de Casis literar. : *Medius fons ad ipsam Adpertinet.* Idem : *Eidem fundo Adpertinet.*

ADPETULANTIA, *Procacitas*, in Glossis Isidori.

¶ **ADPLANARE**, Adæquare, Ital. *Pareggiare.* Gloss. Isid. *Adplanat, hostit, æquat.* In Pithœi excerptis, *Hostibus æquat;* sed male. Apud Plautum *Hostire*, est *par pari referre.*

ADPLENE, Cumulate, abundanter, Gallis *à plein*, Vita S. Leodegarii : *Ad plene in omnibus disciplinis politus.*

ADPLICARE. Vide *Applicare.*

* **ADPODIARE**, Inniti, Gall. *s'Appuyer.* Append. ad vit. S. Ludov. tom. 5. Aug. pag. 568. col. 1 : *Quædam mulier de Villatignosa... Adpodians se super unum baculum, etc.* Vide *Apodiare.*

* **ADPONERE**, Adhibere, occupare, detinere, Gall. *Employer;* vel etiam Cogere, astringere, Gall. *Obliger, contraindre.* Charta Petri comit. Nivern. ann. 1193. inter Probat. Hist. Autiss. pag. 34. col. 1 : *Cum certissimum sit, quod nec ipsi nec homines eorum Adponi debeant ad faciendam quamlibet munitionem ipsius civitatis.*

ADPORTIO. Vide *Aprisio.*

¶ **ADPRÆSENTARE**, Adesse, comparere. Placitum Caroli M. contra Tingulfum apud Mabil. Diplom. pag. 512. C : *Nobis innotuit, eo quod homo alicus, nomine Tingulfus, a fide jussoris datus habuisset, ut infra noctis XLII. ante nos sibi Adpræsentare debuisset pro aliquas causas inrationis.*

* Placitum ann. 1075. apud Murator. tom. 1. Antiq. Ital. med. ævi col. 970 : *Et si esset aliquis homo, qui de suprascriptis rebus contra eum, vel contra prædictam ecclesiam agere aut causare voluisset, paratus erat cum eo exinde ad ratione standum, et legitime finiendum. Et cum nemo se ibidem Adpræsentasset, etc.* Vide infra *Appræsentare.*

¶ **ADPRATAMENTUM.** ¶ **ADPRATARE.** } Vide *Appratare.*

ADPREHENDERE, Discere, memori complecti, Gall. *Apprendre.* Paulus PP. Epist. ad Pipinum Franc. Reg. in Codice Carolino : *Ad instruendum eos in psalmodiæ modularione, quam ab eo Adprehendere ... nequiveam.*

ADPRETIARE, APPRETIARE, Pretium rei cuipiam imponere. [Gall. *Appretier.*] Will. Brito in Vocab. : *Appretiare, pretium determinare.* Lex Alemann. tit. 75 : *Illam optimam vaccam 4. tremisses licet Adpretiare. Pretium Adpretiare*, in Lege Salica tit. 52. *Adpretiare pecus*, in Leg. Bajuvar. tit. 13, cap. 8. et Capit. Carol. M. lib. 5. cap. 14. Charta fundationis Monasterii Fontanensis in Norman. tom. 2. Monastici Angl. pag. 974 : *Quorumque autem ipse Abbas Appreciavit de hominibus ejusdem Radulphi, sive dono recepit, seu cujuslibet rei gratia conquisivit, idem Radulphus concessit.* Et mox : *Concessit quoque idem Rex huic Fontanensi Ecclesiæ, per gratiam Regis, pietatis suæ libertatem de omnibus propriis rebus suis, et potestatem vendendi, et Appretiandi libere et absolute, atque immunitatem et quietantiam de omnibus theloneis et consuetudinibus.* Vide Fletam. lib. 1. cap. 18. § 8. 9.

APPRETIARI, Laudare, commendare, *Priser.* Leges Edw. Confess. : *Quam* (legem) *cum Rex Willelmus audisset cum aliis regni sui legibus, maxime Appretiatus est eam, et præcepit, ut observaretur per totum regnum.*

ADPRIMITUS, pro *Primitus, primum*, in Vita S. Winebaldi Abb. Heidenhem. n. 8. 12.

* *Aprimes*, eodem sensu, in Hist. contin. Guill. Tyrii apud Marten. tom. 5. Ampl. Collect. col. 645 : *Lors Aprimes fust elle roine.*

¶ **ADPRISERINT**, Mendose scriptum videtur pro *Adquisierint.* Collect. Conc. Hi span. tom. 3. pag. 128. col. 2 : *Et prædictum Monasterium cum prædicta cellula, et appendiciis suis, et Monachos ibidem degentes, vel omnes res ad idem Monasterium pertinentes, vel quæ deinceps ex locis eremis atque incultis ad eorum usus Adpriserint, ad nostrum opus recepimus; ita videlicet ut sub nostra, immo eorum dominatione consistant.* [* Nequaquam mendose scriptum est; præterquam quod enim ita editum legitur in Appendice ad Marcam Hispan. col. 768. modus est verbi *Adprehendre*, id est, Acquirere, pro temporis hujus barbarie sic efformatus; vel a verbo sequenti.]

* **ADPRISIARE**, Possessionem apprehendere, Gall. *Prendre possession.* Charta ann. 1035, in append. ad Marcam Hispan. col. 1059 : *Ego Ermangaudus gratia Dei comes, cum conjuge mea Constantia nutu Dei comitissa, donatores sumus domino Deo et S. Mariæ sedis vico Urgellensis, vel ad ejus canonica... ipsam medietatem civitatis Gessonæ, quam Adprisiavit episcopus venerandus Ermengaudus, cum illorum oppida, vel cum villis et villarunculis suis, et cum terminis et infrontationibus illorum.*

* **ADPRISIO.** Vide in *Aprisiones.*

ADPROPIARE, Studere, curare. Vetus Interpres Epistolæ S. Barnabæ : *Adpropiavi vobis pauca mittere, ut fidem vestram consummatam habeatis.* Græca habent : ἐσπούδασα κατὰ μικρὸν ὑμῖν πέμψαι. Vide *Appropiare.*

* **ADPROPINQUARE**, pro Appropinquare, in Contin. Chron. Odoran. tom. 10. Collect. Histor. Franc. pag. 168.

ADPROPRIARE. Vide *Appropriare.*

¶ 1. **ADPUNCTARE**, Militem stipendio meliori donare; item alicui salarium constituere, Gall. *Appointer.* Hinc *Adpunctamenta*, Gall. *Appointemens*, Salaria, seu etiam ad victum cultumque data a Principe annûa præsidia; hæc quæ *sol. ia* appellant Imperat. in Codice. Justinianus *Puncta* dixit, Cod. de Advocatis divers. jud. Vide Hofman. in Lex.

¶ 2. **ADPUNCTARE**, Alia notione. Vide *Appunctare.*

ADQUE, pro *Absque*, in Capitulari 1. Caroli M. ann. 802. cap. 9. apud V. Cl. Steph. Baluzium.

¶ **ADQUE**, pro *Atque*, in Charta Childeberti III. ann. 697. apud Felibianum in Hist. Monast. S. Dionysii pag. XVIII. et alibi.

* **ADQUIESCERE**, Admittere, recipere, Gall. *Accepter.* Mirac. S. Audomari tom. 3. Sept. pag. 405. col. 1 : *Jura ergo mihi super corpus beati Audomari pontificis, quod negando affirmas, et ego juramenti tui negationisque causam Adquiesco.*

* **ADQUIETANCIALIS** Litera, Apocha, qua quis a debito *quietus*, seu absolutus declaratur, Gall. *Quittance.* Gualterus Hemingford. de Gestis Eduardi I. reg. Angl. ad ann. 1306. pag. 227 : *Nec pro eis tantum facere voluit, quod solventibus fierent literæ Adquietanciales.* Vide in *Quietus.*

¶ **ADQUIETARE**, Fungi, obire, persolvere, Gall. *Acquitter.* Formul. Anglic. pag. 1 : *De omni servicio quod ad manerium pertinebit, debent Adquietare versus me et meos hæredes.* Vide *Acquietare.*

¶ **ADQUIRAMENTUM**, Adquirimentum, Acquirimentum, passim occurrunt, pro *Acquisito*, Gall. *Acquet.* Chartul. B. Magdalenæ Castrodun. fol. 67 : *Concessit medietatem omnium Adquiramentorum suorum quæ adquisierat, etc.* Hist. Delphin. tom. 2. pag. 261 : *Occasione Adquirimentorum noviter per nos factorum, etc.*

* **ADRAGARE**, Adaquare, Gall. *Abbreuver.* Charta ann. 1321 : *Et si locus unus Adragandi in stagno ipso impleretur luto vel alia causa, ipsi homines ipsius civitatis Arelatis possint in alio loco dicti stagni Adragare seu abevrare.*

ADRAMIRE, [Adchramire, Achramire, Achranmire,] Adhramire, Arramire, Cavere, promittere, obligare se coram judice rem quampiam se facturum; verbi gratia juraturum, testes adducturum, aut duello jus suum probaturum.

Adhramire, in sacramentis ac testimoniis vox frequens : ubi *Adhramire sacramentum*, est cavere, se certa die et certo loco juraturum, aut testes adducturum ; *Promettre, ou s'obliger de faire serment.* Lex Salica tit. 39 : *Ille qui per vestigium sequitur res suas, debet per tertiam manum Adhramire.* Infra : *Quod si ille, qui per vestigium sequitur... per tertiam manum Adhramire noluerit, etc.* ubi hoc loco Editio Heroldi tit. 40. habet, *non offerre per tertiam manum voluerit.* Ex quo evidenter patet *adhramire*, esse *offerre* testes et sacramentum. Lex Longob. lib. 2. tit. 55. § 20. [** Car. M. L. Long. c. 28] et Capit. Caroli M. lib. 3. cap. 58 [** Capit. Aquisgr. ann. 809, cap. 14] : *Ut sacramenta, quæ ad Palatium fuerint Arramita, in Palatio finiantur : et si Sacramentales cum ipso venire noluerint, jussione dominica, aut sigillo, vel judicio, ad Palatium venire cogantur.* Et § 36 [** Lud. Pii. c. 22] : *Ibi sacramenta juranda sunt, ubi antiquitus fuit consuetudo sacramenta Arramire, vel jurare, ubi mallum habeatur.* Eadem ferunt Capit. Caroli M. lib. 4. cap. 28. [** Capit. leg. add. ann. 817 seu 819, cap. 14] *Habere sacramentum Adhramitum*, in Formulis veter. incerti Auctor. form. 1. *Sacramentum per fistucam Adhramire*, form. 2. Capitularia Caroli M. pro partibus Saxoniæ cap. 31 : *Si cuilibet homini sacramentum debet, Adrameat illum ad Ecclesiam sacramento ad diem statutum.* Ubi perperam editum *aframeat.* Stabilimenta S. Ludovici lib. 2. cap. 26 : *Et se il veut Aramir ou jurer qu'il ne fit la requesse.*

Testimonia, seu Testes adhramire, in Formulis incerti Auctoris cap. 3. Nam *testimonia*, idem valet quod *testis* : unde nostri *Temoins* dicunt. Ita usurpat etiam vetus Placitum sub Carolo Rege, editum a V. Cl. Steph. Baluzio in Append. Capitul. : *Arloinus mandatarius sua Agramivit testimonia, nuper veniens Arloinus ad suum placitum, quod Arrhamitum habuit, et ibidem sua testimonia protulit bonos homines et idoneos, etc.* Vetus Notitia sub Ludovico Pio apud Perardum in Burgundicis pag. 34 : *Proinde taliter Fridelono judicatum fuit, ut Tale testimonia Arremisset in proximo mallo, post 40. noctes, quem ipse Comes in Augustidunensi tenet, ut secundum legem suam Salicam adprobat, sicut superius postulavit, aut faciat, quod lex est.* Alia Notitia sub eodem Lud. pag. 36 : *Placitum suum legibus attendidit, unde ante hos dies per judicium testimonia Arremivit, ante viri illustris Theodorico Comiti, etc.* Alia ibid. pag. 147 : *Et dixit quod tales testes haberet, et per judicium Scabinorum Waldricus Arramivit post 40. noctes in proximo mallo, quod... ipsi Missi tenent, ipse Alcaudus cum sua testimonia adprobare faciat.* Charta Balduini Episcopi Noviomensis ann. 1064. apud Vassorium : *Post quorum judicium octo dierum petivit inducias, in quibus meditatus, aut suos, quod vera faterentur, Adramiret testes, vel meorum, unde probare vellent, testimonium reciperet.* Charta Communiæ Meldensis ann. 1170. in Chartular. Campaniæ Thuani fol. 299 : *Si quis vero alicui sacramentum facere debuerit, et ante Arramitionem sacramenti se in negotium suum iturum dixerit.* Eadem habentur in Charta Communiæ Suessionensis ann. 1181. et Crespiaci ann. 1223. [Index redituum Monast. S. Petri Corbeïensis e Codice MS. ejusdem Monast. : *Quicquid tamen per emendationem receperint ad bursam Abbatis, in domo præpositi facere debet, et nichil inde penitus recipiet, nisi vel banni fuerint, vel testes Arramiti.*]

Vadium Adchramire. Charta Chlodovei III. Regis apud eruditum Mabillonium : *Aut hoc conjurare deberet, quod ipso Waddio eodem anno memorato Chainone Abbati nunquam Adchramissit.* Alia ejusdem Regis : *Postea memoratus Chrotcharius, per triduum, aut etiam amplius placitum suum, ut lex habuit, custodissit, et ipso Amalchberctho abjectissit, vel subsadissit, ipsi Amalchberetus nec venissit ad placitum, nec suo Inlustri viro Ermetario quem per ipsas præceptiones habuit Achramitum, nullatenus præsentassit, nec ulla sunnia nunciasse affirmat.* Adde Capitulare 3. ann. 813. cap. 15.

Arramire bellum, seu duellum, est promittere in judicio rem, de qua agitur, duello se probaturum. Tabularium Vindocinense Thuani, cap. 9 : *Pro his rebus acquietandis Arramivimus bellum in Curia Vindocinensi, causæ nostræ fidentes, et ad hoc provocati.* Et cap. 159 : *Abnegavit se esse servum S. Martini, et de hoc Arramivit bellum contra nos. Aramir bataille*, in Consilio Petri *de Fontaines*, a nobis edito cap. 21. n. 11. id est, *duellum arrhamire.* Inde postea vox eadem usurpata in bellis, uti vocant, publicis. Curia generalis Catalaniæ in villa Cervariæ ann. 1359 : *Insuper ordinavimus, quod dehinc ab 1. mensis Madii, et ab inde ad duos annos proxime venturos, aliquis Baro, Miles, homò de Paratico, vel homo villæ honoratus, nequeat aliquem guarrejare, aut Arremire, vel juntas de relono facere.* Chronicon Petri IV. Reg. Aragon. cap. 31 : *E Don Pedro de Exerica trames los ab un porter nostres lettres de dementiments e de Arramimentes de batailles.* Ubi Cod. MS. *Arremiments* præfert. [Charta Theobaldi Comitis anno 1148. pro Ecclesia B. Mariæ Magdalenæ Castridun. ex Tabulario ejusdem fol. 1 : *Ne alicui liceret exhibere sancta ad Sacramenta juranda in villa Castriduni præter Ministris præfatæ Ecclesiæ omnibus duellis, vel Sacramentis, quæ in curia eorum seu in manu præpositorum ipsorum in præfata villa insumpta vel Arrami fuissent, quæ videlicet ipsi per se possent accipere vel dimittere...*

Ita teneri præcipio exceptis Sacramentis, quæ unus homo fecerit alteri, si fuerint Adrami ante me vel ante Præpositum meum in Parochiis illis in quibus insumpta fuerint. Altera manus addidit *Arramissa.* Charta Goslerni Episc. Carnot. de eadem re ibid. fol. 29: *Nemini, nisi memoratæ Ecclesiæ Ministris, liceat extrahere sancta juranda ad Sacramenta in duellis, quæ in curia Comitis, seu in manu sui Præpositi insumpta fuerint vel Arramissa.*] Willelmus *Guiart* ann. 1196 :

Pour biau néant s'est Arami
D'avoir mandé tante personne.

Chronicon Bertrandi Guesclini MS. :

Si son li Sarazin de combattre Aramis.

Aramir un tournois. Balduinus de Condato MS. :

Et il est entre deus rens mis,
Ains que tournois soit Aramis,
Et il void d'armes son content.

Hinc *Aramie*, pro bello indicto. Le Roman de *Garin* :

Ne la guerre, ne l'Aramie
De Gadifer n'aceva mie.

Philippus *Mouskes* MS. :

Mes Pepin ne l'aceva mie,
Ensi demora l'Aramie.

Et mox :

Ne la guerre, ne l'Aramie,
De Gadifer n'aceva mie.

Joannes de Condato MS. :

Bien quiday que par Aramie,
Se fussent illuec assemblé.

Le Roman *de Charité* MS. :

Martins, Nicolas, et Remis,
Sunt chils qui Diex a Arramis
Encontre chez hautes personnes.

* Aramire suas Scripturas, Profiteri probaturum se veras esse et legitimas. Placitum ann. 918. inter Probat. tom. 2. Hist. Occit. col. 57 : *Cum autem ipse episcopus supranominatus, et ipse judices audissent soniario mandatarium Arifonso abbate sic respondentem, decreverunt judicium, et ordinaverunt soniario mandatarium, ut Aramiret suas scripturas et literas dominicas; quod ille ibidem postulavit, sicut et fecit; et Aramivit eas ad placitum constitutum.*

Arramare, idem videtur quod *adhramire* : vox frequens apud Practicos Anglos, apud quos v. g. *Arramare juratam in assisa*, vel *assisam Arramare*, est profiteri, probaturum se jus suum in assisa. Ita Bracton. lib. 3. de Act. cap. 11. § 11. 12. 13. lib. 4. tract. 1. cap. 37. 38. tract. 5. cap. 7. § 1. et Fleta lib. 4. cap. 2. § 22. cap. 5. can. 9. § 1. cap. 20. § 5. cap. 22. § 1. lib. 5. cap. 2. § 2. 3.

Raymatus, idem quod *Arramatus*. Prima Statuta Roberti I. Regis Scotiæ cap. 22 : *Qui super hoc convictus fuerit, sit Raymatus ad voluntatem Regis.* Cap. 24. § 2 : *Sit adjudicatus ad personam domini Regis, et sit Raymatus ad voluntatem Regis.* Secunda Statuta ejusdem Rob. cap. 12 : *Et dissaisitor sit Raymatus et redemptus.*

Aremia, Arrama, in Foris Beneharn. cap. *de Boscages*, art. 3. *Errame* in Consuet. Claromontensi in Bellovacis art. 4. *Aramme* in Vadensi art. 7. *Arramitio*, vel *Reclamatoria*; id est, actio, qua quis rem repetit, suamque esse, sacramento facto, aut testibus adhibitis, probaturum se cavet : atque inde vox Practicis nostris familiaris, *Arrement, suivant les anciens Arremens*, id est, *secundum veteres Arramitiones.* Charta ann. 1293. in 2. Reg. Parlamenti sign. B. fol. 2 : *Regem Angliæ ut 20. die post instans festum Nativit. Domini, quam eidem peremptorie et secundum omnia Erramenta assignamus, etc.* Ibid. fol. 66 : *Pronunciatum fuit, quod dicti Milites de præmissis curiam non haberent; et retinuit Curia cognitionem de prædictis, remisit Arramenta apud Meledunum coram Ballivo.* Vide Regest. 1. fol. 96. etc. [Chartul. Divion, pag. 2 : *Si quis Sacramentum alicui facere debuerit et ante Adramitionem Sacramenti, se in negotium suum iturum dixerit, propter illud faciendum de itinere suo non remanebit, etc. sed postquam redierit, etc.* Vide *Erramenta* et Glossarium Juris Gallici domini *de Lauriere* ad vocem *Errame.*

☞ In foris Beneharnensibus *Arrama* non idem sonat quod *Aremia* aut *Arramitio*, sed Ramum significat, Gall. *Branche, Rameau.* Hæc autem sunt ipsissima prædicti exempli verba : *Qui copara quasso* (i. e. quercum) *a la caus, en loc ont ne ha servitut de talh, pagara 5. soos Morlaas, oltre la estimation de l'arbre : et par cascun Arrama entro au nombre de cinq, un soo Morlaa, etc.*]

Sæpe etiam sumitur hæc vox pro mulcta, quæ irrogatur pro *defectu*, seu *defalta*, cum videlicet actioni intentatæ quis non respondet, ut in laudatis Consuetudinibus. Charta ann. 1259. in M. Pastorali Eccl. Parisiensis, lib. 1. cap. 21 : *Et ad ejusmodi placita et etiam ad omnia alia Major cum Præposito, loco Capituli Parisiensis, debet, si voluerit, interesse emendæ et Aremiæ cum omni genere probationum, etc.* Vide Bellomanerium, cap. 61.

Aramita. Eadem notione non semel in veteri Notitia tom. 12. Spicilegii Acheriani.

Arramina. Tabularium S. Dionysii ann. 1244. de Majore de Grandiputeo : *Habet omnimodam justitiam in hominibus et hospitibus S. Dionysii, citationes, arraminas, districta, abonagia, denarios, etc.*

¶ Arraminatio. Charta Philippi Franc. Regis ann. 1209. ex Tabul. Compend. : *Si quis alicui Sacramentum facere debuerit, et ante Arraminationem Sacramenti se in negotium suum iturum dixerit, propter illud faciendum de itinere suo non remanebit, postquam redierit convenienter submonitus Sacramentum faciat.*

¶ Arramitio, in Charta ann. 1225. apud Baluzium tom. 7. Miscell. pag. 331. Occurrit etiam tom. 2. Spicil. Acher.

Ejusdem videtur notionis et originis vox *Desramme* in Usaticis MSS. Vicecomitatus Aquarum Rotomagi, tit. *de faire Loi, que on appellè Derramme : La Loi, que l'on appelle Desramme par la Coûtume de Normandie est faite en plusieurs manieres, et plusieurs conditions, aucune fois par 2. tesmoings, ou par 3. ou par 4. ou par 5. ou par 6. ou par 7. et ne surmonte point le nombre de 7. tesmoins par la Coûtume de Normandie, et ne pour quant en la Vicomté de l'Eauë de Rouen, se elle est gagie contre la Court, et cil qui l'a gagie, li fera la tresnue en cette forme : C'est assavoir, que la Justice dira à celui, qui a gagié la loy, se il est garny et appareillé, de sa loi faire. Se il dit ouïl, adont il fera escarie la loy en cette fourme, sa main estenduë sur le Livre, et dira après cil, qui tendra les Plés : Se Dieu m'ait et ses Sains, l'argent que vous me demandez, je ne le vous dois pas : ou dira, je ne le fis pas cen : et adont se doit lever sus du serement, et departir s'en. Et dont les autres aideours* (consacramentales) *sans appeller et sans detrier, et qui ne soit subçonnés ne par prieres, ne par prins, se doivent aproucher chascun pour soy au livre la main estenduë dessus, et puis dire l'escarissement en cette fourme : Du serment que N. a chi juré, sauf serment a juré, se Dieux m'ait et ses Sains, et tel manier, tous les autres doivent jurer : en quoi, se muent rien, ne delessent des parolles, que leur sont escaries de la Justice, si comme il est dessus dit, cil qui gaja la loy, ou la Desramme perdra : et se aucun gage la loy ou Desramme contre aucun autre que contre la Court, il la pourra faire soy siste main.*

Jam vero de vocis etymo non una est sententia. Beslius ab *Affirmare* formatam vult; Wendelinus a *Rama*, seu *Ramallum*, quod est, uti sentit, locus, in quo judicia exercentur, deducit; ita ut *adhramire* sit sistere se in judicio, quod in *Rama*, seu *Ramallo*, habetur, atque in illo præstare juramentum de dando aut faciendo, quod judicabitur. Bosquetus ad Epistolas Innocentii III. PP. *arrhamire* ad *arrha* deducit, quod qui adhramibant facturos se quidpiam, arrham dabant, seu mittebant, forte chirothecam aut festucam, ut est in formula 2. inter formulas incerti Auctoris : quam sententiam videtur amplecti Bignonius in Notis ad Legem Salicum, qui putat *adrhamire* eandem habere vim, quam habet *arrer*, apud nos, *ab arrha data.* [** Vide Grimmii Antiquit. juris Germ. p. 123. not. 1. et p. 844, qui vocem deducit a Germanico râmen quod *confirmare, affirmare* significat. Cf. etiam Reyscherum de symb. jur. Germ. p. 68.]

* Arramiare, *ut Adramire*, in Charta Petri comit. Autiss. ann. 1205. ex Chartul. Campan. Cam. Comput. Paris. fol. 202. r°. col. 1 : *Quitavi contentiones et querelas, quas adversus Herilulphum Grossum super Dei judicio, quod mihi Arramiaverat,... habebam.* *Arramier*, in Charta Henrici comit. Grandisprati ann. 1267. ibid. fol. 253. v°.

* Arramatio, in Charta Theobaldi comit. Campan. pro Communia villæ de Esculeleio ann. 1229. ex eod. Chartul.

* Arramiatio, in Charta Communiæ Silvanectensis ann. 1201. inter Instr. tom. 10. Gall. Christ. col. 451. Sententia scabinorum Metens. ann. 1299. in Reg. 3. feud. episcop. Metens. ex Bibl. reg. fol. 185. v° : *Faisons cognussant à tous.... que des Arramies des champs et des batailles, nous avons recogneut et recognissons c'on ne les doit faire aillors, maiques en la court de l'ostel nostre signour l'evesque de Metz. Adras*, in Consuet. Metens. tit. 4. art. 31. non alio sensu accipiendum videtur. Consule Glossar. *de Lauriere* in hac voce. Ordinat. Philippi V. reg. Franc. ann. 1319. in Reg. 59. Chartoph. reg. ch. 48 : *Li prévoz de Compiegne ne pourra lever que soixante solz de la plus grosse amende... Item sept solz sis deniers pour une Arramine.* Ubi pro leviori mulcta

usurpatur ; pro Accusatione vero in Mirac. B. M. V. MSS. lib. 1 :

Par cele foi que doi saint Gile,
Ne lairoie pour cinq cent mars,
Que ne fuissiés orendroit ars,
Se ne provés vostre Arramie.

Ibi enim sermo est de abbatissa, quæ votum castitatis violasse insimulabatur.

* **ADRARE**, idem quod *Adramire*, cum sacramento coram judice promittere. Statut. Jacobi I. reg. Aragon. ann. 1251 : *Duximus statuendum, quod quicumque habuerit cum alio treugas Adratas, sive fuerint ad longum tempus, sive breve, medio tempore non possit reddere dictas treugas, nec possit facere malum alteri, nec treugas aliquo modo infringere, nec ratione pignorationis, nec aliqua occasione ;.... et quicumque infra treugas vel tenencias Adratas malum fecerit alicui, cum quo treugas habuerit, vel pignorationes fecerit, vel dampnum aliquod intulerit, dampnum emendet in duplo.*

* **ADRATERIA**, Semita, Gall. *Sentier*, via transversa et devia, atque adeo compendiosa, Gall. *Chemin de traverse,* olim *Adrece, Adresce*, et *Adresse;* sic dicta, quod ex industria, Gall. *Adresse*, invenitur et usurpatur, vel quod ad finem brevius dirigit, Gall. *Conduit, adresse.* Charta ann. 1394. ex Reg. 146. Chartoph. reg. ch. 441 : *Et sunt* (prædictæ peciæ terræ) *in diversis locis et inter diversas et varias Adraterias confrontatæ.* Lit. ann. 1367. tom. 5. Ordinat. reg. Fr. pag. 71 : *Pour abregier tout chemin, comme il est necessité aux denrées, pour etre plutost et plus freschement apportées à vente, ils quierent leur chemin, et vont tant par voyes publiques, comme par Adreces.* Lit. remiss. ann. 1414. in Reg. 168. Chartoph. reg. ch. 21 : *Lequel charretier avoit mené du vin en un char, et en soy retournant prist les Adreces à travers des champs, sans aucun chemin tenir.* Ibid. ch. 148 : *Une Adresse ou chemin.* Aliæ ann. 1382. ex Reg. 122. ch. 143 : *Pour ce qu'ilz virent qu'ilz ne le pourroient attaindre, il li vinrent audevant par une Adresce en un bois, appelé le bois de la forest. Il savoit bien les Adresses et les refuges du pays, comme celui qui en estoit*, apud Froissart. vol. 1. cap. 76.

* **ADRECHURARE** MENSURAS, Ad *drictum* seu rectum eas revocare, emendare archetypo suo eas adæquando; quod *Adjustitiare* etiam dicebant. Vide in hac voce. Libertat. loci de Giniaco ann. 1340. ex Reg. 73. Chartoph. reg. ch. 164 : *Cum nullum certum pondus seu pondera in dicto castro teneatur seu teneantur, cum quibus ipsi habitatores pondera quæ tenent, legitimari, et Adrechurari consueverunt, etc.* Lit. ann. 1376. tom. 7. Ordinat. reg. Franc. pag. 69. art. 5 : *Fuit actum et expresse conventum inter dictas partes, ut supra, quod mensuræ et pondera quæcumque dicti loci de Paulhe, per reparatorem et cocquatorem* (l. coæquatorem) *mensurarum et ponderum de Competro, bene et fideliter Adrechurentur, cocquentur* (l. coæquentur.) Transact. ann. 1394. tom. 8. earumd. Ordinat. pag. 12 : *Dicebant et asserebant prædicti homines, nominibus quibus supra, se et dictam universitatem de Sumena, esse in possessione et saisina pacifica et quieta..... Adrehurandi pro omnimoda eorum voluntate..... quascumque mensuras bladi, vini, salis et olei, et omnia pondera.* Ubi legendum *Adrechurandi,* quod ibid. non semel occurrit. Vide infra *Alialare.*

¶ **ADRECIARE.** Vide *Addretiare.*

** **ADRECTA**, *Erecta.* Gloss. cod. reg. 4778.

* **ADRECURARE**, Ad rectam lineam reducere, Gall. *Redresser.* Charta ann. 1308. in Reg. 44. Chartoph. reg. ch. 129 : *Et quod parietem, qui est juxta viam,.... in dicto cortili restringere habeatis et Adrecurare, taliter quod dicta via de una via ad aliam sit de una linea.*

¶ **ADREDDERE**, Reddere. Charta Caroli Magni, ann. 775. apud Felibian. in Hist. Monast. S. Dionysii pag. xxxvj : *Et per ipsa traditione plus obtingit, ipsæ Monasthirius Placicius ad casa sancti Dionysii adhærere, quam ipsius Herchenrado Episcopo ad parte Sanctæ Mariæ et sancti Stephani et sancti Germani Adreddere.*

¶ **ADREGE**, *Maurorum casale*, Gloss. MSS. Ecclesiæ Bituricensis.

ADREGNIARE, Equum fréno tenere et adducere, *Amener un cheval par les resnes.* Veteres Scriptores frena *Regnes* vocant, quibus scilicet equus regitur. Leges Henrici I. cap. 83 : *Ipsum corpus solito defunctorum more componat, . . . super clypeum, si habeat, et lanceam suam figat, et arma circummittat, et equum adregniet, etc.*

* *Adrener,* nostris olim. Bertrandus Clericus in Poemate MS. de Girardo Viennensi :

Li Seneschaux se prise à Adrener,
Il ot vestu un froc ermine cher,
Et un bliaut, qui ot fait entaller, etc.

¶ **ADRENDATIO**, Annuus reditus, annua doni attributio, Gall. *Rente, Pension.* Concilium ann. circiter 1215. apud Marten. tom. 4. Anecd. col. 171 : *Ne quis Religiosus quicquam proprium retineat, nec præstimonia habeat, nec annuo censu vel quolibet Adrendationis genere ad tempus vel in perpetuum, Prioratus vel Ecclesias, domos, terramaut vineas, etc.* Vide *Arrendare.*

* **ADRESCIARE**, *Drictum* facere, quod juris est præstare, reparare, idem quod *Addretiare.* Vide supra. *Adrecer* et *Adrisier,* nostri ; eadem notione, usurparunt. Benedictus abbas Petroburg. de Gestis Henrici II. reg. Angl. edit. Hearn. tom. 1. pag. 3. ad ann. 1170 : *Unusquisque vicecomitum, et baillivi eorum, plegios invenerunt de se ipsis, quod ad rectum starent, et Adresciandum domino regi et hominibus regni, quod eis Adresciare deberent de prisis suis.* Libertat. Novi Castri ann. 1256. inter Ordinat. reg Franc. tom. 7. pag. 363. art. 4 : *Je retieng la justice et la garde de mes eglises et de lor choses, et de mes Chevaliers et de lor choses, et de mes fihex, et de mes Juis;..... c'est assavoir aux clers et à lor choses;..... dont la plainte venist à moy, je l'Adreceroie, et l'amende seroit moie.* Lit. Theobaldi comit. Campan. ann. 1231. tom. 5. earumd. Ordinat. pag. 550 : *Et se li dux par aventure encontre ses lettres lor forfaisoit riens, et il ne l'avoit Adrecié dedens les xl. jors qu'il en seroit semonus, etc.* Lit. Philippi Pulchri ann. 1334. in Hist. Lugdun. pag. 94. col. 1 : *Si vous mandons et commandons estroitement que avez fait encontre lesdits citoyens en cette partie, vous mettez autrement en Adrisiant deuement les griefs, que vous leur avez fait, et remenant au premier estat, etc.* Charta ann. 1321. ex Chartul. 23. Corb. : *Il plaist asdits religieux et voellent que il le dit à yaus ou à leurs gens, par quoy il le puissent* (le coupable) *Adrechier ou faire Adrechier.* Ubi pro Manum injicere in aliquem ut stet juri, adhibetur. Et quidem non una fuit apud nostros hujusce vocis significatio. *Adresser,* Conari, elaborare, Gall. *Tâcher, s'efforcer,* sonat, in Lit. remiss. ann. 1389. ex Reg. 138. Chartoph. reg. ch. 48 : *Perrette de Montenay.... s'adressant audit Jacopin et lui disant par la mort Dieu qu'elle le deconfiroit; elle s'Adressoit de tout son pouvoir de le prendre par dessous.* Pro Disponere, præparare, Gall. *Disposer, mettre en ordre;* quo sensu maxime usi sunt, cum de moribundo agitur. Lit. remiss. ann. 1378. ex Reg. 112. ch. 328 : *Jehan Ligier ne voult onques que autre le confessast, ne Adreçast, fors ledit prestre.* Aliæ ann. 1397. in Reg. 152. ch. 75 : *Ladite Alips accoucha malade tant qu'elle se confessa, ot, Adreça et prist son sacrement, comme bonne chrestienne fait.* Rursum aliæ ann. 1404. in Reg. 158. ch. 391 : *Lequel blessé envoia querre un chappelain pour soy Adrecier; et avant ce qu'il peust venir, il trespassa.* Vide infra *Ordinare* 4. Tandem et pro Abundare, Gall. *Abonder,* usurpatum reperitur, in Litt. remiss. ann. 1457. in Reg. 189. ch. 225 : *Le suppliant requist à icellui Poncelet lui aidier à cueillir les nesfles...... pour faire des despenses et beuvraiges, pour le boire et user de son mesnage, comme les mesnaigiers dudit pais* (de Laonnois) *ont accoustumé de faire chacun an, se les fruis Adrecent.* Sed nondum penitus hæc vox eo sensu obsoleta est apud Picardos aliosque.

¶ **AD RESPONSUM**, Apocrisiarius, qui negotia alterius curat et de iis dat responsa. Exempla videsis in *Responsum.*

¶ **ADRESTARE**, pro *Adextrare*, Ad dextram alicujus stare, vel incedere. De Coronatione Bonifacii VIII. inter Acta SS. Maii tom. 4. pag. 461. F : *Processio et ordo processionis caput viij. Qualiter Coronatus incedebat et de Regibus Siciliæ, et Ungariæ eum Adrestantibus, etc.* Vide *Addextrare.*

** **ADRIA**, *petra, adula,* ein Knode von dem Flachs. Vocab. Lat. Germ. ann. 1477. ADEL. [Vide *Adula.* Gloss. Jæckii : *Adriaticus, petrosus, lapidosus portus.*]

ADRIPARE, Ad ripam appellere, Italis *Arripare,* Gallis *Arriver.* Charta Zuentibaldi Regis apud Will. Hedam in Hist. Episc. Traject. : *Cum navibus Adripantibus, aut ibidem commanentibus.* Vide *Adlittare.*

ARRIPARE. Charta ann. 1243. in Regesto Tolosano fol. 89 : *Quod possint piscare, quandocumque voluerint, per Garonnam et per Arigiam, et navigare, et Arripare cum eorum corseriis libere, etc.*

ARRIPAGIUM, ARRIVAGIUM, Tributum, quod pro appulsu navis in portum exsolvitur. Tabularium Fossatense : *Et habet ibidem Arripagium in flumine Maternæ de qualibet navi, ibidem onerata vel exonerata.* Vetus Charta apud Paradinum in Histor. Lugdun. lib. 2. cap. 104 : *Quod dominus Abbas et successores sui perpetuo habeant duntaxat Arrivagia, inventiones, in quibuscumque rebus consistant, et piscationes, ac emolumenta piscationis a ponte Rhodani usque ad caput Insulæ Regularium sancti Irenæi.* Occurrit etiam in compoto Præposituræ Parisiens. ann. 1333. Locum damus in *Egrunum.* Charta Philippi Ebroicensis pro Mellenti incolis ann. 1320. in Tabulario Prioratus S. Nicasii fol. 72 : *Et seront frans et quites... de roüage, de panage, de terrage, de pelage, de passage, d'Arrivage, et de toutes autres coustumes, etc.*

* **ADRIZARE**, Erigere, Gall. *Dresser*, Ital. *Rizzare.* Guido de Vigevano in opusc. de Modo acquirendi et expugnandi T. S. ex Cod. reg. 9640. 3. cap. 2 : *Sed si fuerit difficile Adrizare perticam;...... et isto modo ubique poterit Adrizari de levi : drisantes baltriscam semper muniantur ex illis cultris et portis.* Vide infra *Drisare.*

* **ADROBUS**, *Gallus de Gallias*, in Glossar. vet. ex Cod. reg. 7646. pro *Adlobrius*, Vide in hac voce.

ADRODERE, Vox propria τῶν παραχαρακτῶν, quos *Rogneurs des monoyes* dicimus. Lex 1. Cod. Theod. de Ponderator. : *Emptio venditioque solidorum, quos excidunt, aut diminuunt, aut* (*ut proprio verbo utar cupiditatis*) *Adrodunt, tanquam leves eos vel debiles nonnullis repudiantibus impeditur.* Vide *Tonsor* [** al. *Adradunt*].

¶ **ADRUDUS**, *Æs infectum, ruduscolum apud Ædem Apollinis.* Laur. in Amalthea.

ADRUMARE. Gloss. MSS. Regiæ : *Adrumavit, Rumorem attulit.* Gloss. Isidori : *Rumare, Rumores adferre.* Gloss. Græc-Lat. : φημίζω, *vulgo, Adrumo, conrumo.* Ugutio : *Rumare, Rumores facere : Adrumare, Rumores afferre, corrumare, Rumores dicere.* Festus : *Adrumavit, rumores fecit.* Baldricus in Chronico Cameracens. lib. 3. cap. 19 : *Antequam Legiam pervenisset, Adrumatur ei, Ducem rediisse.* Id est, per rumorem significatur.

Adrumatio. Testamentum Herberti Comitis Viromand. ann. 1059. apud Joan. Carpentarium in Histor. Cameracensi pag. 7 : *Unicuique C. solidos post obitus mei Adrumationem enumerari volo.* Id est, statim atque obitus mei rumor et fama pervenerit.

ADRUNCARE, *Evertere.* Papias MS. [** Gloss. cod. 4778 : *Adruncat, evertit, alienat.*]

ADSALIRE, Assalire, Adoriri, invadere. Ugutio : *Assalire, Invadere, Arripere.* Galli *Assaillir* dicunt. Synodus Helenensis ann. 1027 : *Ut nemo in supradicto Comitatu, vel Episcopatu habitans Assaliret aliquem suum inimicum ab hora Sabbati nona, etc. In via Adsalire, villam Adsalire,* passim in Lege Salic. tit. 15. § 10; tit. 16. § 2; tit. 19. § 10; tit. 44. in Cap. Car. M. lib. 5. tit. 212. apud Marculfum lib. 1. form. 29. 39. in vett. Formul. cap. 30. apud Dudonem lib. 2. de Gest. Norman. pag. 74. Hugonem Flaviniac. in Chron. pag. 243. Rigordum ann. 1190. Nangium in Gestis Philippi III. pag. 534. etc.

Adsalitura, in Capit. Carol. C. tit. 12. 29. et 30.

Adsultus, Gregor. Turon. lib. 2. Mirac. cap. 5 : *Cum in Adsultu gladii eum non potuisset attingere, etc.*

Assultus. In Concilio Islebonensi cap. 16. apud Innoc. III. lib. 14. Epist. 126. etc. Papias : *Assultus, Impetus.* Vide Petr. Diac. lib. 4. Chr. Casin. cap. 105. Baldric. lib. 3. cap. 73. *Assaillies* apud Villharduinum n. 83. 86. 87. etc. *Assultus præmeditatus*, inter crimina, quorum cognitio ad Regem spectat, in Legibus Henrici I. cap. 10. 80. [** cap. 10 : *Præmeditatus Assaltus, roberia, stretbreche.* cap. 80 : *Si in via regia fiat assultus super aliquem forestal est .... § 4. Forestal est si quis ex transverso incurrat, vel in via expectet et assaliat inimicum suum.* Apud Glanvillam vero omnia hæc Roberiæ nomine contineri videntur, lib. 1. cap. 2; lib. 14. cap. 5.]

Assaltus, Gallis *Assaut*, in legibus Edwardi Confess. cap. 12. et Henrici I. cap. 80. et apud Rigordum ann. 1190. Charta Conradi I. Imp. apud Ughellum tom. 4. pag. 807 : *Et super seniorem suum, et Monachos, et Clericos suos de manibus tollendo Assaltum faciant, etc.* Charta Conradi II. Imp. ann. 1151. in Bullario Casinensi tom. 2. pag. 168 : *Fodrum quoque et albergariam, et districtum, collectas, bannum, placitum, Assaltum, et cetera quæ regii juris sunt, etc.* Adde pag. 259. *Suite d'Assault*, in veteri Consuetudine Normaniæ cap. 75 : *L'en fait suite d'Assaut et de paix brisée en diverses manières, selon la diversité des lieux : car l'en suit d'Assault de charuë, d'Assault de chemin, d'Assault de maison, d'Assault de champ, etc.*

ADSAPORARE, [Saporem infundere.] Vide *Saporare.*

* Nostris *Assavourer*, eadem notione. Vita S. Ludov. ad calcem Joinv. edit. reg. pag. 367 : *Il* (S. Louis) *menjoit mout de foiz potage mal Assavouré. Asavorer* vero, pro Degustare, frui, vulgo *Gouter*, ex Bibl. Guioti in Glossar. ibid. laudato :

> La se rendent li Chevalier,
> Qui ont le siecle Asavoré,
> Et ont tout veu et tout tastée.

Vide infra *Sapor.*

* **AD SATIS**, Satiate, abunde, Gall. *à souhait, suffisamment.* Vita S. Arnulfi tom. 3. Aug. pag. 233. col. 1 : *Aqua squalens erat potus, et neque quotidie apponebatur, neque apposita Ad satis sumebatur.* Rursum pag. 246. col. 2 : *Jussit omnibus, qui undique considebant, ex eodem pane distribui, vinum quoque illis Ad satis propinari.*

* **ADSCRIPTITIATUS**, Coloni *adscriptitii* conditio. Ita edidit D. *Vaissete* inter Probat. tom. 4. Hist. Occit. col. 111. pro *Ascriptitiatus*, ut habetur in *Casalagium* post *Casalaticum.*

ADSCRIPTICII, [Unde orti, exponitur in *Ascriptitii.* Supersunt etiamnum hujusmodi servorum reliquiæ apud Burgundos, testibus Chassaneo ad Consuetud. Burgundiæ, et Vuidone Conchilio ad Consuet. Nivern. Terræ et glebæ ita inhærent, ut neque testari, neque aliter de rebus disponere possint, nisi consentiente domino, et in favorem liberorum, aliorum nunquam.] Vide *Ascriptitii.* [** Vide Bouhierium ad cons. Burgund. cap. 67.]

¶ **ADSCRIPTIO**, Distributio extraordinariorum tributorum quæ post publicatam indictionem fiebat ab omnibus civibus consilio et auctoritate Rectoris Provinciæ. Consule lib. 3 et 4. Cod. Theodos. [** Theod. Cod. lib. 11. tit. 1. l. 26. 36; tit. 15. l. 2; tit. 16. l. 3. 14; tit. 22. l. 5; lib. 12. tit. 1. l. 117 etc.]

ADSECLÆ, *Domestici familiæ, agazones, pedissequi, lenones*, in Gloss. Isidor. Gloss. Latin. Græc. *Adsecla*, παράσιτος. [In aliis *Adsecula.*]

¶ **ADSECTATA** *Fæmina, vel in bonam partem dicitur velut honorata; vel in malam quasi ad extremum periculum adducta*, apud Festum.

¶ **ADSECTATIO.** Janus Laurenberg. in Supplem. Antiquarii: *Adsectacio*, ἐπανακολούθησις, *Sequela.*

ADSECTATOR, ἐρεθιστὴς μαθητῶν, in Gloss. Lat. Gr. ad verbum *Irritator discipulorum.*

¶ **ADSECULA.** Vide *Adsecla.*

ADSEDA, Alias *Adsella, sella quadrijugis*, in Glossis Isidori [et Excerptis Pithœi : ubi addit quosdam legere *Casada.* Ab *Adsella* derivatur sequens]

¶ **ADSELLARE**, [Alvum exonerare, Gall. *Aller à la selle.*] Vide in *Sella.*

¶ **ADSELLATIO**, Eadem notione ibidem.

¶ **ADSEDIUM**, Obsidio. Memoriale Potestatum Regiensium ad ann. 1218. apud Murat. tom. 8. col. 1091 : *Et illo die posuerunt districte Adsedium in circuitu Damiatæ, ita quod exire nec intrare poterant. Tunc remanserunt in Damiata LXXX millia hominum et mulierum.*

ADSENTATIO, Assensus, consensus, in l. 5. Cod. Theod. de Locat. fundor. juris emphit.

** **ADSENTIA.** Gloss. Cod. reg. 4778 : *Adsentiæ, Assentationes i. Consensiones, ut si quis tibi de aliqua re dicat et tu illi assentias; ipsæ res assentiæ nuncupantur.* Eadem Placid. ap. Maium pag. 429.

* **ADSERTOR**, Procurator, actor, nomine alterius. Charta ann. 879. in Append. ad Marcam Hispan. col. 804 : *Jurant testes prolati, quos profert Borrellus Adsertor de Barone abbate*, etc. Idem *Mandatarius de Barone abbate* nuncupatur infra. Vide *Mandatarius.*

ADSERVIARE, ex Gallico *Asservir*, Servitio obnoxium facere. *Res Adserviata*, in Libertatib. Villæ Bellijoci ann. 1274. i. servitio alicui obnoxia.

* **ADSESSIO**, Munus et officium *Adsessorum*, in lege. 14. Cod. Theod. lib. 1. tit. 12. De quibus mox. [** Cod. Just. lib. 1. tit. 51. l. 14.

ADSESSOR *dicitur qui assidet ad gesta publica transscribenda.* Ita Glossæ MSS. Regiæ ad Codicem Theodos.

* **ADSESSORES**, Assessores, Iidem qui supra *Adjutores*, qui nempe rectoribus provinciarum adsidebant, ut in rebus administrandis eos consiliis adjuvarent. Hinc *administrantium participes* nuncupantur in lege. unic. Cod. Theod. de *Provinc. rector.* [** lib. 8. tit. 15. l. 5. § 1.] *Consiliarii*, ἀρχόντων σύμπονοι in lege 13. Cod. lib. 1. tit. 51. de *Adsessoribus*, et *domesticis*, et *cancellariis judicum*, et in Cod. Theod. lib. 1. tit. 12. [** hodie 21.] Ibid. lex 2 : *Assessores, qui consiliis propriis administratores juvare consueverunt.* Spartian. in Alex. Severo : *Adsessoribus salaria instituit.* Tantæ vero auctoritatis erant ii *Adsessores*, ut ne ea abuti possint, in eadem provincia ultra

quatuor menses remanere eis minime esset licitum, ex l. 10. Cod. ibid. Nedum autem acta publica transcriberent, imo ea subscribere iis non permittebatur, ut docet lex 2. ibidem. *Adsessores* sibi seligebant Magistratus, ex institutione Augusti, ut discimus ex Dion. lib. 53. idque *Adsciscere* dicebatur. Cod. Theod. l. 1. ibid. : *Si quis judicum, vel civem provinciæ quam reget, vel certe peregrinum consiliarium sibi voluerit Adsciscere, etc.* Vide Jac. Gothofred. ad leg. 50. Cod. Theod. tit. 1. pag. 275. et ad leg. 5. ibid. *de iis quæ administrantib.* Calv. et Brisson. Lex. jurid. De iis vero, qui apud nos *Assessores* vocantur, dicere supervacaneum foret.

¶ **ADSESSORIA**, Libri in quibus res, de quibus actum fuerat dum *Adsessores* adsidebant, scribebant Jurisconsulti. Prateius et Brissonius apud Calvin. in Lex Jurid.

* Consule l. 12. D. de Pactis, (2, 14) ut et Puteolan. lib. 1. *Adsessoriorum*, et in l. 5. § hac lege D. de Injur. et famos Libell. (47. 10).

¶ **ADSESSURA**, Munus et officium Adsessorum. L. ult. D. de proxenet. (50, 14)

* **ADSIDERE**, *Adsessorum* officio fungi, in l. 10. Cod. Theod. lib. 1. tit. 12. et in l. 37. et 38. D. ex quib. caus. major. 25. ann. in integr. restituuntur (4. 6). [** Sæpius in tit. 22. lib. 1. D. et ap. Tac. in Annal. lib. 2. cap. 57.] Occurrit præterea semel et iterum in marmore Tauriniac. ann. 238. et in vet. Orbis Descript. ubi de Beryta : *Inde viri docti in omnem orbem terrarum Adsident judicibus, et scientes leges custodiunt provincias.*

* **ADSIDUS**, pro Adsiduus vel Assiduus. Glossar. vet. ex Cod. reg. 7646 : *Adsidos, capite censos, qui nichil præter prolem dare poterant,* [** Cod. 4778 : unde et prolendarii] *proletarii dicti sunt et Assidui milites, ab assiduitate officii.*

* **ADSIGNARE**, Chartam sigillo munire. Charta Car. Crassi imper. ann. 886. tom. 9. Collect. Histor. Franc. pag. 359 : *Hoc præceptum manu propria subscripsimus, et annulo nostro Adsignari rogavimus.*

¶ **ADSIGNATIO**, Subscriptio, signum. Litteræ Synodicæ Concilii Trecensis ann. 867. pro Ecclesia Nivern. apud Mabill. tom. 3. Annal. Bened. pag. 676 : *Notum esse volumus, religionis canonicæ quendam Sacerdotem, Adelardum nomine, adisse nostram, immo omnium sanctæ Synodi Trecas habitæ ceterorum Coepiscoporum paternitatem, quorum nomina in sequentibus cum propriis Adsignationibus inserta tenentur.*

ADSIMILARE, Assimilare, Effingere, similem facere. Papias : *Repræsentat, Assimulat, Effingit, Figurat,* Gloss. Lat. Græc. *Adsimilatio,* ἀφομοίωσις. Gesta Regum Francor. cap. 181 : *Deditque eis Chlodoveus.... baltheos et armellas Adsimilatas de auro; sed deintus æramen et cuprum erat deauratum sub dolo factum.* Gregorius Turon. lib. 2. Hist. cap. 42 : *Sed totum Adsimilatum auro : erat enim æreum deauratum sub dolo factum.* Arnobius Junior in Psalm. 147 : *Crystallum hoc grandinis memorat Dei lapidationem, quam panibus fractis et buccellis Adsimulat.* [** Cod. Theod. lib. 16. tit. 8. l. 18 : *Sanctæ crucis adsimilata species.*] Vide *Simulare.*

ADSIMULARE, Simulare, *Faire semblant.* Lex unic. Cod. Theod. de Hirenarchis (12. 14. 1) : *Hirenarcharum vocabula, quæ Adsimulata provincialium tutela, quietis ac pacis per singula territoria non sinunt stare concordiam.* Paulus lib. 5. Sentent. [** tit. 21. § 1.] : *Vaticinatores, qui se Deo plenos Adsimulant.* Utuntur Plautus, Cicero, et alii e classicis Latinis. Adde Gesta Regum Francor. cap. 32.

Adsimulatio, Dissimulatio, actio ipsa *Adsimulandi*, in l. 18. Cod. Theod. de Episc. (16, 2)

ADSITA, *Arbor, cui incolumi aliud quod sustineat adjungitur.* Papias.

¶ **ADSITUS**, Qui adest, propinquus. Vita S. Henrici Imp. tom. 3. Julii pag. 793 : *At simul hostilem turmam prope adventantem conspiciunt; moram perbrevem quidem, sed admodum opportunam prospiciendi rebus suis nacti, propere se tam in urbe, quam in Adsito fortalitio, ad vim hostilem propulsandam comparant.* [** Juxta positus. Auson. Mosella v. 335 :

Atria quid memorem viridantibus adsita pratis.

Vide Forc. Lex.]

ADSOLARE, Assolare, Ad solum et terram deprimere; *Assoula,* Occitanis. Joan. de Janua : *Assolatus, ad solum deductus. Naum cap.* 1. (v. 5) *Montes commoti sunt ab eo, et colles desolati sunt; vel secundum aliam literam, et colles Assolati sunt, i. ad solum deducti, ad solitudinem redacti, de solio depositi.* W. Brito in Vocab. MSS : *Assolatus i. vanus, et dicitur ad solum, i. ad terram redactus, de solio depositus, et ad solitudinem redactus.* Tertullianus Apologet. cap. 15 : *Si honorem inquietant divinitatis, si majestatis vestigia Adsolant.* [** Id. ad Nation. lib. 1. cap. 10.] Ita legit Rigaltius ex Cod. Fuldensi, ubi Editi præferunt *obsoletant.* Fori Oscæ Jacobi I. Reg. Arag. ann. 1277 : *Nec etiam debent deteriorare aliquid de commissis; quod si fecerit, debent totum reficere, quod per eos fuerit Assolatum,* id est, destructum. Aliud est

Assolare, in Bulla Benedicti VIII. PP. tom. 1. Ughelli part. 1. pag. 137 : *Simulque pratum in integrum cultum et Assolatum, situm in campo qui vocatur, etc.* Charta Benedicti de Pontio Episcop. Portuensis apud eundem Ughellum. tom. 1. pag. 143 : *Simulque pratum in integrum cultum et Assolatum situm in campo, etc.* Ubi *Assolatum pratum*, est ad culturam redactum secundum usum agriculturæ : dicimus enim *Assoler les terres*, cum primo anno arantur, altero in iis frumentum, tertio trimestre frumentum seritur.

* **ADSOLAYRARE**, Assolayrare, *Solarium* seu tabulatum constituere, contignare, tabulis tegere, Gall. *Faire un plancher, couvrir d'ais ou de lates,* interprete D. *Menard.* Statut. ann. 1357. inter Probat. tom. 2. Hist. Nem. p. 194. col. 2 : *Item est faciendum in turri dicta d'el Temple, quod claudatur janua inferior dictæ turris muro et Adsolayretur ipsa turris dessuper.* Et pag. 195. col. 2 : *Quædam domus discoperta,.... Assolayretur dessuper.* Vide infra *Assolarium.*

* **ADSOLENS.** Glossar. vetus ex Cod. reg. 7646 : *Adsolentes, Adsilientes.*

* **ADSOLETUS**, *Allisus.* Ibidem

¶ **ADSPERGILLUM**, Gall. *Aspersoir, Goupillon,* Instrumentum, quo aqua lustralis adspergebatur a Sacerdotibus, apud Æneam Vicum in Julio pag. 25. *Aspergillum* recentioribus notissimum.

¶ **ADSPICERE**, Pertinere, Gall. *Appartenir.* Charta Eberhardi Comitis pro dotatione Monasterii Morbacensis apud Mabill. tom. 2. Annal. Bened. pag. 701 : *Necnon et Perezprangus, Baltowiler, Wattoneuviller cum Basilicis ad ipsa loca Adspicientibus, vel quidquid ad ipsas Basilicas Adspicere videtur.*

¶ **ADSPICIALIS.** Gloss. Græc. Lat. ὁρατός, *Adspicialis, visibilis.*

ADSPICIENTIÆ, Adjuncta, *pertinentiæ*, appendices. Charta Ludovici Regis ann. 853. apud Guillimann. lib. 4. de Reb. Helvet. cap. 4 : *Curtim nostram...... cum omnibus adjacentiis, vel Adspicientiis ejus, etc.*

* **ADSTA**, *Interioris templorum loca,* in Glossar. ex Cod. reg. 7641.

¶ **ADSTANTIA**, Audientia, præsentia, Gall. *Audience.* Gloss. Lat. Græc. *Adstantia, Præsentia, Adventus,* παρουσία. Canones Hibern. inter Anecd. Marten. tom. 4. col. 15 : *Ad judicis Adstantiam debeant pervenire.*

** Adstantes, Qui in judicio præsentes erant, corona. Henrici reg. Germ. dipl. ann. 1230 : *Lata fuit sententia et ab omnibus Astantibus approbata.* Rudolfi Imp. dipl. ann. 1281 : *Sententiatum exstitit omnium Astantium applaudente caterva.* Vide Eichhornium hist. jur. Germ. § 258, Grimmii antiq. jur. p. 769 et Haltausii Gloss. Germ. voce *Umstand.*

ADSTATIM, pro *statim*, crebro occurrit in Chronico Windesemensi lib. 1. cap. 1. 13. 17. 42; lib. 2. cap. 31. 41. 42.

* **ADSTERITIUS**, Armorum, quibus offendi potest, genus. Vide supra *Adallevantia.*

* **ADSTINENS**, Vicinus, contiguus, Gall. *Attenant.* Charta ann. 911. tom. 9. Collect. Histor. Franc. pag. 685 : *Cum territorio, quod ibi Adstinens est, vel deinceps unquam tempore adjacens seu appendens esse debebit.*

* **ADSTIPULARE**, Astipulari, scripto vel charta rem dimissam profiteri et asserere. Charta ann. 1196. tom. 2. Hist. Lothar. inter Probat. col. 326 : *Comes per omnia satisfaciens archiepiscopo, rejuravit ei fidelitatem et werpivit in præsentia omnium qui affuerunt, abbatiam, et omnem Adstipulavit de ea calumniam.* Vide mox *Adstipulatus.*

* **ADSTIPULATOR**, Qui tutoris officio fungitur. Rituale vetustiss. apud Murator. tom. 5. Antiq. Ital. med. ævi col. 573 : *Tunc veniet illa, quæ consecranda est, ante altare coram ecclesia, palamque in conventu cum Adstipulatore suo, cujus licentia religionis habitum est susceptura.* Vide *Astipulator.*

* **ADSTIPULATUS**, Consensus scripto seu charta assertus, laudamentum, Gall. *Consentement.* Vita vener. Erluini abb. tom. 7. Maii p. 845. col. 2 : *Omnia quæ B. Wibertus legali testamento delegavit commissæ sibi ecclesiæ, imperialis et apostolicæ manus Adstipulatu fecit perpetualiter confirmari.* Vide supra *Adstipulare* et infra *Stipulatio.*

* **ADSTREPERE.** Glossar. vet. ex Cod. reg. 7646 : *Adstrepit, Omnibus murmurat.*

* Vide *Assumptio* 1.

¶ **ADSUBJICERE**, προσυποβάλλειν, in Gloss. Lat. Græc. MSS.

ADSUETUDO pro *Consuetudo*, tributum, pensitatio. Ordericus Vitalis lib. 3. pag. 461 : *Ut nec sibi nec aliis aliquam Adsuetudinem seu reditum præter beneficia orationum a Monachis...... liceret exigere.* [** Gloss. Cod. reg. 4778 : *Adsuetudine, consuetudine.*]

¶ **ADSULTUS.** Vide *Adsalire.*

¶ **ADSUMPTI** Agri seu Occupatorii, Qui collapso Imperio Romano concessi iis qui occupare et colendos suscipere vellent. Unde *Adprisio*, *Irriprisio* et *Purprisio*, in Capitul. Caroli M. et Caroli C.

¶ **ADSUMTIO**, Vox Ecclesiastica, qua obitus SS. designatur. Vita S. Virgilii Episc. Saltzburg. inter Acta SS. Bened. sæc. 3. part. 2. pag. 309. in Prologo : *Nostra congratuletur Ecclesia, quæ dum tantæ prolis felici feliciter Adsumtione donatur, multorum multò felicius per eam filiorum cotidie adquisitione multiplicatur.*

* **ADSURGENS**, *Seviens*, in Glossar. ex reg. Cod. 7641.

¶ **ADSUTABULUM.** Vide *Adsfrutabulum.*

ADTAMINARE. Vide *Attaminare.*

¶ **ADTEGER**, *Tactus, diminutus; contra Integer, Illibatus.* Laurent. in Amalthæa.

ADTEMPERIES, Temperamentum. Lex. 2. Cod. Theod. de Custod. reor. (9. 3) : *Ut judicibus immodice sævientibus fræni quædam Adtemperies adhibita videatur.*

* Nostris *Attrempé*, Temperatus, moderatus. Joinvil. in S. Ludov. edit. reg. pag. 5 : *En ses paroles fu il Attrempez etc.* Reg. A. Cam. Comput. Paris. fol. 73. r° : *Soiez si avisez, si arréez et si Attrempés, que vous le faciez sans escandle dou peuple.* Unde *Attrempance*, Moderatio, in Stat. ann. 1355. tom. 3. Ordinat. reg. Franc. pag. 30. art. 17. et *Attrempeement*, Moderate, in Lit. remiss. ann. 1388. ex Reg. 137. Chartoph. reg. ch. 6 : *Le suppliant lui dist Attrempeement, sans demonstrance de couroux, etc.*

¶ **ADTEMPORARE.** Johan. de Janua : *Adtemporare, Contemporare, simul temporare.*

ADTEMPTARE, Sollicitare, inlicere. *Adtemptatio*, sollicitatio, leg. 2. Cod. Theod. de Raptu vel matrim. sanct. (9. 24) leg. 5. de Locat. fundor. jur. emphyt. (10. 3) leg. 26. de Episcopis. (16. 2)

ADTENDARE, [*Tendam* seu *Tentorium figere*, Gall. *Dresser la Tente.*] Vide *Tenda.*

¶ **ADTENDERE**, Custodire. Liturg. Gallic. Mabillonii, pag. 462 : *Dono.... medietatem ovium, quas Vigilius Adtendit.*

ADTERMINARE, Terminum ponere, diem causæ dijudicandæ præfigere, Gallis *Aterminer.* Leges Edwardi Confess. Reg. Ang. cap. 3 : *Item diximus, quod dignum esset, qui rectum alicui difforciat.... vel in Bocland, vel in Folcland, ut ei Adterminetur in Folcland, quando velit ei rectum facere coram Præposito suo.* Leges Adelstani Regis cap. 7 Constit. de Hundred. : *Volumus ut rectum et jus publicum judicetur in omni causa, et Adterminetur, quando id impleatur.*

¶ **ADTHOLARE**, Tholo suspendere, dedicare, consecrare. Vox facta ex præp. *Ad* et θόλος, Camera, Gall. *Voute.* Vide Goclenii Lexicon Philos.

¶ 1. **ADTITULARE**, Ad titulum Ecclesiæ promovere. Tabular. Ecclesiæ Vienn. sub Sobbone fol. 44 : *Ecclesia S. Nazarii.... in qua ipse Uboldus more Ecclesiastico Adtitulatus fuit.* Vide *Titulus.*

2. * **ADTITULARE**, Indicare, ostendere. Charta Rob. reg. ann. circ. 999. tom. 10. Collect. Histor. Franc. pag. 575 : *Quod nobis pro commissi talenti lucro Adtitulatur, etc.*

* **ADTITULATUS**, Designatus, nominatus, Gall. *Nommé.* Vita B. Bertholdi abb. tom. 6. Jul. p. 484. col. 1 : *Ad quam* (lavationem pedum) *quamvis ipse pater ex consuetudine et authoritate ordinis, semper diebus Dominicis adnotaretur, tamen assidue, ob amorem ejusdem officii, Adtitulatum prævenlebat sacerdotem.* Vide *Adtitulare* 1.

ADTONDUS, Atondus. [Supellex, vasa quævis, bona mobilia, Gall. *Meubles, Ustensiles, Vaisselle*, ab obsoleta voce Hispanica *Atuendo*, quæ eadem notione sæpenumero a Judæis usurpatur in sua versione Hispanica veteris Testamenti.] Chart. Hispanica æræ 1111. apud *Yepez* in Chron. Ordin. S. Benedicti tom. 6 : *Equos et bacas* (vaccas) *quantas habuit in meo jure, damus, atque concedimus, de caballos atque boves, et de meo ganato, et de meos Adtundos, duas tertias integras ad ipsum locum plantare concedimus.* Alia æræ 1011. ibid. : *Et de illas hæreditates alias, et de illos cabalos et alias loricas, et illos Atondos damus illas per confessiones et ganatos, et sua repostæ, sicut cum illo meo germano verbum habuimus.*

ADTOXICATUS, Toxico, vel veneno infectus, *impotionatus.* Historia Mortis et Miraculorum S. Leonis IX. PP. n. 30 : *Qui Adtoxicatus maleficiis mulieris, etc.*

ADTRAHERE, Acquirere. Formulæ veteres cap. 27 : *Tam quod regio munere perceperat, et quam de diversis partibus per venditiones, donationes, cessiones, commutationes Adtraxerat.* Charta Caroli M. in Chronico Laurisham. ann. 776 : *Quidquid adhuc ex munere Regum, seu Reginarum, seu quod pro collata populi, vel de comparato, vel de quolibet Adtractu augmentare, vel immeliorare seu Adtrahere potuerint.* Alia ejusdem Caroli M. anno 1. regni, ex Tabulario Corbeiensi : *Ut quidquid.... ab ipsis Abbatibus inibi servientibus fuit Attractum, aut inantea ibidem, Deo auxiliante, a quibuslibet hominibus fuerit melioratum vel augmentatum, etc.* Vita S. Desiderii Episcopi Cadurcensis cap. 18 : *Multa terrarum compendia, multa villarum prædia adquisivit, non quidem ulli tollendo, sed benefaciendo, eodemque Adtrahente, multaque beneficia affluenter attribuente.* Primum Testamentum Widradi Abb. Flaviniac. : *Et si aliquid comparavero, vel Adtraxero, etc.*

Adtractus, vel Adtractum, Comparatum, acquisitum. Charta Chlodovei III. Regis ann. 2 : *Quidquid ipse Ingoberchtus vel memorata Angatrudis, tam de alote parentum, quam de comparato, vel de qualibet Adtractum ibidem tenuerint, vel possederint, etc.* Charta inter Alamannicas Goldasti 39 : *Quidquid genitor meus... de quolibet Adtracto in loca illa habuit.* Et cap. 50 : *Quantumcumque mihi in jam dicto pago advenit tam de paternico, quam de maternico, seu de comparato, vel qualicumque Adtractu noscitur ad me pervenisse.* Occurrit passim apud Marculfum lib. 2. form. 6. 7. 11. 23. etc. in Form. antiq. apud Doubletum pag. 718. 724. Ughellum tom. 5. pag. 602. etc.

Contractum, Eadem notione in formula 62. ex Lindenbrogianis. Sunt qui *comparatum* volunt esse id, quod dato pretio, *conlatum*, quod gratuitò quæritur. *Adtractum* denique, quod velut merces industriæ et lucrum laboris obvenit. [Sunt et alii qui *Adtractum* esse putant, quidquid ad feudum dominii jure, sive ex defectu hæredis, sive ex delectu *vassalli*, devenit seu Attrahitur. *Comparatum* vero quidquid per emtionem aut donationem acquiritur.]

* **ADTRECTARE**, *Male contingere*, in Glossar. ex Cod. reg. 7641. [** Cod. 4778 : *Adtrectare, tangere, contingere, attingere. Adtractat, manibus palpat, cum pollutione tangit.*]

ADTROPARE, τροπολογεῖν, Tropice, per tropologiam loqui, scribere. Arnobius Siccensis in Psalm. 37 : *Bene quidem voluit Adtropare in beati Job passionem, istum Psalmum exponendo : sed qui passionem Job legere et scire desiderat, melius facit, si ipsum ejus librum discutiat.* Guibertus lib. 1. de Vita sua cap. 16 : *Ita moralem executus sum in omnibus tropum, ut penitus immutato locutionum ordine initia continuarentur ac supremum.*

* **AD TUNC**, pro Statim, continuo, in Charta matrim. ann. 1405. inter Probat. tom. I. Hist. geneal. dom. reg. Portugal. pag. 392. Vide *Adstatim.*

¶ **ADTWIFORDA** Ad duplex vadum, a præpositione *Ad* et Anglo-Saxonico t w y, Duo et F o r d, Vadum. Beda Hist. lib. 4. cap. 28 : *Contigit ut congregata synodo non parva sub præsentia Egfridi juxta fluvium Alnæ in loco, qui dicitur Adtwiforda, quod significat ad duplex vadum, etc.*

* **ADVACANTIA.** Charta ann. 1145. apud Ughell. Ital. sacr. tom. 1. Col. 552. edit. 1717 : *Nec episcopus aliquis, nec aliqua persona ecclesiastica, vel secularis nunquam ullo tempore ibi aliquam prætendentiam, vel Advacantiam, nec licentiam aliquam exigendi ab ipso monasterio, vel in ipso aliquid faciendi contra voluntatem abbatis..... præsumat.* Ubi legendum existimo *Advocatiam*, qua voce significatur jus, quod propter tutelam seu protectionem exigi potest. Vide in *Advocare* 3.

¶ **ADVALEIA**, Captio piscium in piscariis nassisve, effluentem e vivariis et fluminibus aquam excipientibus, ad aggerum molendinorumque aquarias fores, Gall. *Avalée, Avaleson*, ab *Avalare*, Descendere, quod ista piscatio fiat ex piscibus fluentis aquæ cursu raptis et in majoribus aquarum adcretionibus, quæ vulgo dicuntur *Avalesons.* Charta anni 1217. ex Tabulario S. Martini Pontisar. : *Guillelmus de Gisortio Miles concedit Priori de Besuto et ejus successoribus, quod quolibet anno in vigilia Beati Remigii per totam vespertinam usque ad crastinum diem habeant nassam et Avaleiam piscium vivarii et mollendini absque fraude.* Diploma Walteri de Nissella ann. 1235. in Glossario Juris Gallici laudatum ad vocem *Avalesons :*

In illo feodo quod de dicto Vicecomite teneo super aquam meam apud Nissellam, in quibus de eorum proventibus, et in descensu anguillarum, sive quorumcumque piscium in nasses rayarum dictorum molendinorum descendentium, quod vulgaritur dicitur Avalesons.

* Vide infra *Avalagium* et *Avalare.*

¶ **ADVALUARE**, Rei pretium imponere, Gall. *Evaluer.* Regestum memorialium cameræ computorum Paris. signatum C: *Ordinatio cursus florenorum ad agnum, et Evaluationis ad scuta et marcam argenti: in contractibus communibus Advaluatio in auro fiet, faciendo de septuaginta quatuor scutis Joannis unam marcam auri, quod Advaluabitur ad pretium marchæ auri in agnis nunc currentibus, videlicet, etc.*

¶ **ADVALUATIO**, et Evaluatio, æstimatio, Gall. *Evaluation.* Vide supra *Advaluare.*

1. * **ADVANTAGIUM**, Jus, quod et *Prælationis* dicitur, quo scilicet domino feudali liberum est redimere prædium a feudatario seu vassallo distractum. Arestum ann. 1355. 20. Febr. in vol. 4. Arest. parlam. Paris.: *In vicecomitatu et baronia Omeladesii et in loco de Popiano, si quis teneat rem aliquam in feudum, vel emphiteosim ab aliquo domino, et contingat rem ipsam vendi vel alienari; dominus, a quo tenetur habet jure dominii, si velit, prælationem, Advantagium seu jus retentionis ipsius rei, pretium solvendo in ipsa venditione comprehensum.* Charta ann. 1499. inter Instr. tom. 6. Gall. Christ. col. 388: *Quæ quidem medietas* (loci de Porsano) *tenetur cum et sub consilio, dominio, laudimio, foriscapio, jureque prælationis, incursionis, commissi et Advantagii, ac præ cæteris retinendi, et feudo honorato, et juramento fidelitatis dicti domini Magalonensis episcopi.* Vide infra *Advenantare.*

2. * **ADVANTAGIUM**, Projectura, prominentia, ut videtur, Gall. *Avance, saillie.* Charta ann. 1386. ex Tabul. Massil.: *Item plus pro omnibus Advantagiis, videlicet duorum palmorum cannandi, et pro implendo dictam turrim et pro Avantagiis crotæ..... et omnibus aliis Avantagiis 54. florenos auri.* Vide infra *Avantagium* 8.

** **ADUBARE** pro Adobare in diplom. Portugall.: *Et quando venerint ad aliquem locum Adubare suum profectum, dimittant in suis locis alios;* ap. S^a Rosa de Viterbo vol. 1. p. 58.

¶ **ADUBUM**, Refectio, reparatio, a Gallico *Adouber,* Reficere, restaurare. Statuta Massil. ann. 1253: *Statuimus ut eligantur tres discreti viri boni in ministerio blancariæ, qui debeant curare et inquirere, ut Adubum blancariæ bene et fideliter peragatur.*

* Minus bene expositum videtur; intelligenda quippe est ipsa rerum præparatio, quibus ars *blancariæ* peragitur Lege cap. 38. lib. 1. prædictorum Massil. Statutorum.

* **ADUCERIA.** Charta Phil. Pulcri reg. Franc. ann. 1296. in Lib. rub. Cam. Comput. Paris. fol. 417. r°. col. 1: *Item triginta modios vini de Aduceria, quos nobis solvere consueverunt hospites prædictorum præpositi, decani et capituli* (Petræfontis) *in villa de Ambleniaco.* Sed legendum puto *Advoeria,* tutela, protectio. Vide in hac voce.

* **ADVEDIMENTUM**, Admonitio, monitum, Ital. *Avvedimento,* Gall. *Avertissement,* olim *Advisement.* Stat. civit. Pistor. ann. 1107. apud Murator. tom. 4. Antiq. Ital. med. ævi col. 534: *Hoc est sacramentum illorum, qui debent eligere consules: Ego non sum in aliqua compagnia, vel summissione pro aliquo consulatu civitatis Pistorii, dando vel recipiendo; neque aliquod intendimentum, neque Advedimentum esse mihi dictum, etc.*

* **ADVELARE**, Coronare. Glossar. vet. ex Cod. reg. 7646: *Advelat, coronat.*

* **ADVENA**, pro Avena. Charta ann. 1146. tom. 2. Hist. Lotar. inter Probat. col. 325: *Insuper tenebat de ecclesia Roserii decimas Advenæ injuste.* Occurrit etiam in Stat. Præmonstr. MSS. dist. 4. cap. 1. *Advenas,* palea avenæ, in Lit. remiss. ann. 1473. ex Reg. 197. Chartoph. reg. ch. 381: *Lesquels compagnons prindrent l'Advenas du suppliant, lequel il avoit achapté pour nourrir son bestail, et d'icelle vouldrent faire lictiere à leurs chevaulx.*

¶ **ADVENABLATUS**, Avenablatus, Aveneblatus, dici videtur de silvis excelsis, Gall. *Bois de haute futaye,* vel de silvis annorum 40. aut 60. quas dicimus *Bois de haut revenu.* Regestum 47. Chartarii regii fol. 89. tit. 127: *Recognoscimus nos vendidisse dicto Janciano et ejus sociis petiam nemoris existentis super terram... in grueria de Campania, plateis et viis Aveneblatis scindendis, et levandis ex nunc usque ad 15. annos... tali modo et forma, quod dictus Jancianus de dictis 100. arpentis nemoris primo capiet et habebit, in quacumque parte totius nemoris voluerit, quatuor arpenta nemoris Avenablatis. Item Jancianus aut ejus certum mandatum similiter capiet et habebit in dicta petia nemoris prædicti, in quacumque parte voluerit, residuum videlicet 96. arpenta dicti nemoris Advenablata, ad nemus vel ad argentum in valore et estimatione dictorum primorum quatuor arpentorum Advenablatorum.*

Charta Philippi Pulc. ann. 1314. in Reg. 50. Chartoph. reg. ch. 78: *Quibus capellanis dictus archiepiscopus* (Senonensis) *dicitur donavisse cccxj. arpenta et tria quarteria nemoris Advenablata.* Charta ann. 1357. ex Reg. 89. ch. 521: *Item quamdam peciam nemoris, sitam in foresta dictæ villæ de Nantiau, continentem viginti sex arpenta nemoris pleni; Gallice Avenable.* Ergo nemus *Advenablatum,* idem sonat quod plenum, id est, integrum, densum, Gall. *un bois bien fourni.*

ADVENÆ, Alienigenæ, extranei, qui vulgo *Albani,* nostris *Aubains,* qui dimisso proprio domicilio, alio migrant, et alibi sedes figunt; qui aliunde veniunt. Gloss. Lat. Græc. *Advena,* μέτοικος, ἐπηλυς. Lex Longob. lib. 1. tit. 25. § 50: *De servo fugace, et Advena homine, si in alia judiciaria inventus fuerit, etc.* § 5. *Ut mancipia Adventitia et fugitiva nullus præsumat recipere.* Adde Cap. Car. M. lib. 3. cap. 18. Cap. Car. C. tit. 12. § 9; tit. 13. § 6; tit. 23. § 6; tit. 31. § 31. et leg. 239. D. de verbor. signific. Consuet. municipales Belaci in Pictonibus in Reg. Inculism.: *Item homines ibidem Advenæ, qui dominum nondum fecerint in villa eadem, sub custodia et dominio Comitis sunt.* Vide *Albanus* [** et *Hospites*].

¶ **ADVENAMENTUM** Feodi, Advenatio, Adventizatio, Adveniens, Aveneantitium, in Consuetudinibus Turonensi, art. 124. Lodunensi cap. 12. art. 6. Andegavensi art. 211. Cenoman. art. 226. *Advenant de fief.* Feodi certa portio est et sufficiens, ut per illam sibi retentam vassallus de hominio cavere possit domino principali, atque emtorem securum facere; portio vero insufficiens, ut debita reddere possit servitia, dicitur *desavenant de fief.* Quapropter prohibetur ne ultra tertiam partem feodi sui *vassallus* vendere possit aut distrahere.

¶ Advenamentum. Charta ann. 1209. in Tabulario Fontanellensi, tom. 1. pag. 228: *Ego Symon Faber vendidi et concessi... viris Religiosis... unam pechiam terræ habendam et possidendam dictam pechiam terræ, sicut se præportat in longum et latum per Advenamentum Feodi dictis Religiosis, etc.*

¶ Advenatio, vel Adventizatio, Ibidem pag. 202. in Instrumento anni 1295: *Vendidi et concessi viris Religiosis.... unam pechiam terræ... possidendam libere pacifice et quiete per Adventizationem Feodi.* In recentiori Chartulario legitur *per Advenationem.*

¶ Adveniens, in eodem Tabulario pag. 300: *Ego Gaufridus dictus Coisnon vendidi Abbati, et Conventui S. Wandregesilli unam virgultam terræ meæ... tenendam, habendam et possidendam, bene, libere, pacifice et quiete per Adveniens Feodi, etc. datum anno gratiæ 1288.* Item pag. 181: *Dedi et deliqui Guillelmo... unam acram terræ... salvo jure capitalium dominorum per suum rectum Adveniens Feodi, et salvo etiam omni accidentia contingente per meum decessum.*

¶ Aveneantitium Feodi, Ibidem. pag. 205.

¶ **ADVENANCIA**, Avenancia, Quidquid de præstationibus et servitiis reddendum competit, ei qui feodi partem acquirit, Gall. *Sa part et portion, son Advenant.* Polypticum Fiscamnense scriptum anno 1235: *Philippus filius Ricardi tenet duas partes unius vilanagii et facit Avenanciam redditium et servitiorum.* Ibidem: *Idem tenet 4. acras terræ de feodo Alaudariorum per Avenanciam auxilii militis et facit servitia sicut Alaudarii.*

¶ **ADVENANDICATIO**, Eadem notione. Charta Symonis Fabri de Gliscuria ann. 1290. in Tabulario Fontanell. tom. 1. pag. 287: *Vendidi et concessi Andreæ Baillivo de Darigniaco unam pechiam terræ... meæ tenendam de viris Religiosis... reddendo inde annuatim præfatis Religiosis Advenandicationem Feodi.*

¶ **ADVENANS**, Advena. Gesta S. Innocentii Episcopi Cenoman. apud. Mabill. Analect. tom. 3. pag. 76: *Tria receptacula peregrinorum et Advenantium construxit.*

* **ADVENANTARE**, Avenantare, Assignare, addicere alicui bona, æstimatione eorumdem prius facta, debitique jurisve habita ratione competenti, unde vocis origo; Britonibus vulgo *Avenanter* et *Avenantir,* quibus æstimatio seu assignatio ipsa, *Advenantatio* dicitur, vulgo *Avenantement; Avenantours* vero ipsi æstimatores nuncupantur. Charta ann. 1272. tom. 1. Probat. Hist. Brit. col. 1026: *Nos de bonorum virorum consilio prudentium Avenantavimus dicto vicecomiti tresdecim libras et decem solidos annui redditus de redditibus antedictis, pro dicto debito et vendis dicto duci sive ejus mandato a dicto vicecomite*

persolutis. Eadem rursus occurrunt infra col. 1028. Alia ann. 1293. ibid. col. 1109 : *Joscelinus de Rohan ad dictum curiam nostram accessit, dixitque se esse propinquiorem prædictis Eudone et Alano ad præmissa sibi Advenantanda, retinenda et ratione proximitatis habenda solvendo tamen eisdem prius summas pecuniæ supradictas.* Alia ann. 1260. ibid. col. 982 : *Nemine contradicente nec propinquiore ad retinendum præmissa veniente, taracione* (leg. taxatione) *et Advenantatione curiæ supradictæ perhibita per probos et etiam fide dignos, adjudicavimus judicio curiæ memoratæ Gaufrido de Rohan et heredibus suis quidquid juris, dominii, proprietatis et sesinæ dicta Adelicia habebat.... in dictis teneamentis.* Arest. ann. 1281. in Reg. *Olim* parlam. Paris. fol. 58. r° : *Les manoirs de Chastiaunuef et de Senonches et l'estang de Senonches soient Avenanti par pris de bonne gens ; exceptez terres gaaignables et les friches qui soient prisées avenanment ; ou i demourront à Messire Hervieu : et si i a prez et autres menues choses, qui soient Avenanties ; ou i demourront audit Messire Hervieu.* Charta Guidonis de Britannia dom. *de Penthievre* ann. 1319. in Reg. 59. Chartoph. reg. ch. 484 : *Item pour un Avenantement sur le herbergement Olivier Glé, quatre soulz, dous deniers de rente... Item toutes les pieces que Alain Costentin fist autrefois Avenanter sus Olivier Henon. Item tout l'Avenantement qui fut autrefois fet audit Alain sus Olivier Cresmur.* Charta ann. 1274. tom. 1. Probat. Hist. Brit. col. 1033 : *Nos doncques en* (eu) *consideration et regardé combien ladite chose valoit à layal Avenantement, selon l'usage et la costume dou pays, gréasmes et laissasmes de nostre bonne volonté audit viscomte les choses davant dites pour quatre mil livres de la monoye corante et por les ventes.* Alia ann. 1319. ibid. col. 1287 : *Item un Avenance de des* (dis) *et oict soldées.... Item pour un Avenance sus le hebergement Olivier Glé, quatre souls, dous deniers de rente.* Ubi leg. videtur *Avenantement*, ut et infra pro *Avenaucement*, uti colligitur ex ead. Ch. in Reg. jam laudato. Charta ann. 1324. ibid. col. 1342 : *Et en recompensation des choses dessus dites, ledit Ollivier de Rohan a baillé audit Eon de sa terre de la paroisse de Sylviac à l'assiette desdits Avenantours, etc.* Vide infra *Avanantizare.*

¶ **ADVENANTUM**, ut *Advenancia.* Polypt. Fiscam. jam laudatum : *Ricardus Præpositus reddit dimidium boissessum bladi de molta et suum Advenantum de omnibus minutis servitiis.* Galli dicerent : *Et les autres menus services à l'Avenant*, id est, servata portione.

* Arestum ann. 1220. inter arest. scacar. Norman. ex Cod. reg. 4653. A : *Judicatum est, quod fratres de Huthon sorori..... facient competens maritagium de hæreditate patris et matris eorum per consuetudines Normanniæ ; ita quod unus quisque ponat in maritagium Advenantum suum, secundum portionem quam habet.* Id est, pro ratione portionis hæreditatis paternæ et maternæ, quæ cuique obvenit.

¶ **ADVENATIO** FEODI, ADVENIENS. Vide *Advenamentum.*

¶ 1. **ADVENIMENTUM**, Gallice *Biens adventifs*, in Consuetudine Arverniæ art. 1. tituli 14. Quidquid hereditate aut alio quovis modo mulieri venit post sua sponsalia. Sic autem dicuntur quod non augeant dotem. Charta ann. 1389. apud Baluzium tom. 2. Hist. Arvern. pag. 404 : *Pro omni et toto jure et omni actione, portione, parte, partagio, legitima, successioneque et Advenimentis quibuscumque dictam Johannam Delphinam.... contingentibus.*

* 2. **ADVENIMENTUM**, Conventum, pactio, Gall. *Traité, accord.* Charta ann. 1198. ex Bibl. reg. cot. 19 : *Hæc est charta Advenimenti, quod Poncius Furnerius cum Poncia uxore sua fecit..... Quod Advenimentum tale est ; quod Poncius Furnerius gratis et bona voluntate donat Ponciæ uxori suæ medietatem totius illius terræ et vineæ, ac totius tenenciæ, quam de saisio S. Johannis..... tenet.* Alia ann. 1209. cot. 17 : *Hæc est carta Advenimenti et excambiamenti, quam cum nostris spontaneis voluntatibus facimus inter nos.*

¶ **ADVENTAGIUM**, Quidquid præter partem quæ alicui juxta leges obtingere potest, conceditur, Gall. *Avantage.* Charta Hugonis Delphini ann. 1347. apud Baluzium tom. 2. Hist. Arvern. pag. 434 : *Dominus Hugo Delphini codicillando sibi heredem universalem instituit dominum Hugonem Delphini nepotem suum in omnibus et singulis bonis suis etc. cum Adventagio quod idem dominus Hugo Delphini præpositus Brivatensis dicto domino Hugoni Delphini nepoti suo de jure et consuetudine facere potest.* Charta Heliæ Abb. Floriac. ann. 1267 : *Presbyter habebit etiam in Adventagium domos presbiterales nunc extantes.*

¶ ADVENTAGIUM GUERRÆ ; Quod ex prædationibus et expilationibus belli tempore fieri solitis obvenit, apud Rymerum tom. 5. pag. 626 : *Concessimus insuper eidem Radulfo omnia Adventagia Guerræ quæ ibidem de bonis mobilibus per ipsum Radulphum et suos adquiri continget.*

* 2. **ADVENTAGIUM**, Præmium, quod ultra pretium conventum operario datur. Statut. Ludovici VIII. reg. Franc. ann. 1225. in Reg. Cam. Comput. Paris. sign. *Noster* fol. 199 : *Nec debent* (operarii) *exigere a magistris ullum Adventagium, nec præmium ultra debitum operagium.* Vide *Avantagium* 3.

¶ **ADVENTALIA**, Conveniens apparatus, Gall. *Garnitures.* Litteræ Edwardi III. Angl. Regis apud Rymerum tom. 5. pag. 384 : *Vi armata insultantes et eam ingredientes navem illam cum attileo ejusdem, cum triginta paribus platarum, basinetorum et pisanorum cum eorumdem Adventalibus pretii* 30. *librarum.*

¶ **ADVENTATUS**, Mendose, ut puto, pro *Adunatus.* Vita. S. Bonifacii Archiep. Junii tom. 1. pag. 468. E : *Ducentorum Episcoporum unitas sub juniore Theodosio apud Ephesinam urbem Adventata, Nestorium geminas in Christo personas profitentem a catholica justo anathemate segregavit Ecclesia.*

* Nequaquam mendose scriptum ; est enim participium verbi *Adventare* : et sensus est, cum episcopi Adventassent.

¶ 1. **ADVENTIO**, vel ADINVENTIO, Acquisitio, ut opinor, Gall. *Acquisition, Acquêts.* Statuta Monast. S. Claudii, auctoritate Nicolai V. Papæ edita pag. 84 : *Item et in affranchisamentis personarum nec non manibus mortuis et Adventionibus factis per præfatum ejusdem Monasterii Abbatem, recipere debet et solvit* (Cellerarius) *quintam partem et portionem.* Vide *Adinventio.*

2. **ADVENTIO**, Translatio reliquiarum, nempe Sancti alicujus. Ado Viennensis 4. Idus Januar. *Adventio sancti Hermetis.* Vide ibi Rosweidum.

ADVENTITIUS, Advena, Albanus. Breviloq. *Adventitius, Advena, qui aliunde venit.* Gloss. Græc. Lat. ἔπηλυς, *Advena : Adventitius,* ἐπείσακτος, *Inductitius, Advena, Adventitius.* Capitul. 3. ann. 806. cap. 4. Capit. 2. ad Legem Bajuvar. § 4. et lib. 4. addit. 2. cap. 2. *de Adventitiis : Ut cum Missi nostri ad placitum venerint, habeant scriptum, quasi sint in illorum missatico.* Similia habentur in Edicto Pistensi in Capitul. Caroli C. tit. 31. § 31. Lambertus Ardensis : *Sed dum contra eos rixarentur, et decertarent quandoque Ardenses, Adventitios illos et servilis conditionis opprobria notabiles esse verborum objectione turpium improperaverunt, etc.* Regestum Philippi Aug. *Major et Jurati Calniaci dixerunt, quod Adventitii Castellaniæ Calniacensis sunt domini Calniaci.* Vide Bractonum lib. 4. tract. 1. cap. 28. § 5. *Mancipia Adventitia et fugitiva*, in Leg. Longob. lib. 1. tit. 25. § 66. *Adventitiæ merces*, apud Ammian. lib. 14. *Adventitiæ species*, quæ ex aliis provinciis importantur, l. un. Cod. Theod. de Saccar. Urb.

ADVENTITIA. Gloss. Lat. Græc. *Adventitium*, ξένον, ἐπήλυδον. *Adventitia bona*, quæ ex successione, vel aliunde obveniunt : *Biens adventifs*, in Consuet. Burbonensi art. 174. et Arvernensi cap. 14. art. 1.

** **ADVENTITIUM**, *Das da nuw gefunden wird, zufellig ding* i. e. Quod fortuito obvenit, in Melberi vocabulario prædicantium.

¶ **ADVENTIZATIO.** Vide *Advenamentum.*

ADVENTOR, Advena, adventitius, vel hospes. Vetus Inscriptio. ap. Grut. 181. 1. C : *Auruncеius Cotta, colonis, incolis, hospitibus, Adventoribus, servisque eorum, lavationem ex sua pecunia gratuitam in perpetuum dedit.* Vita S. Afræ : *Videns honestos viros, existimans Adventores impudicos, paravit cœnam, etc.* Vide Juretum ad Symmachi lib. 1. Epist. 41. Utitur Plautus. In Gloss. Græc. Lat. ἐργοδότης, est *Adventor*, locator operis. [** Vide Forcell. Lex.]

ADVENTORIA, apud Martialem in Præfat. lib. 12. est Epistola, quæ adventanti amico mittitur obvia. *Litera adventus prævia*, apud Sidon. lib. 5. Epist. 16. πρόδρομος Plinio lib. 4. Epist. 9. *Præcursoria* eodem lib. Epist. 13. *Metatoria* eidem Sidonio lib. 8. Epist. 11.

¶ **ADVENTUALE**, apud Raimundum Duellium Miscellan. Lib. 2. fol. 8 : *Adventuale seu Conciones in singulos dies Adventus. Item Quadragesimale etc.*

* **ADVENTURA**, Ital. *Avventura*, Caducum, *escaeta*, quod quasi fortuito obvenit. Charta Phil. Pulc. ann. 1298. in Lib. rub. Cam. Comput. Paris. fol. 85. v°. col. 2 : *Habebamus..... trecentas viginti et octo libras et duodecim denarios Turon. parvulorum renduales, tam in blado, ... quam in Adventuris bassæ justitiæ, usque ad 60. solidos monetæ Caturcensis.* Alia ejusd. Reg. ann. 1314. in Reg. 50. Chartoph. reg. ch. 28 : *Et omnia expleta, commoda, Adventuras,*

emendas, obventiones, et emolumenta, etc. Charta Philippi V. ann. 1317. ex Reg. 53. ch. 261 : *Item quinque arpenta terræ in frichia, cum antiqua vinea...... Item Adventuræ, quæ ratione præmissorum possent evenire. Obventions, exploits, Adventures et toutes autres choses*, in Charta ann. 1288. inter Probat. Hist. Sabol. pag. 346. Recognit. feud. dom. de Veteri-ponte et de *Buri* ann. 1366 : *Vint et sept soulx, six deniers de cens,.. a toutes les dependences des Aventures des censif.* Nostris olim *Adventurer*, pro Naufragari, ad littus appellare, Gall. *Echouer.* inter Probat. tom. 1. Hist. Britan. col. 792 : *Toute neff ou vaisseau, quand ils Adventurent en la coste de Bretagne, tout est conquis ez dits Comptes.* Vide *Aventura* 3.

¶ **ADVENTURARE**, Audere, fortunam tentare, Gall. *S'avanturer, hazarder.* Rymer. tom. 11. pag. 720 : *Quod Mercatores provinciarum nobilium... in regnum nostrum cum navibus, rebus et mercandisis suis accedere et Adventurare formidant.*

¶ **ADVENTURARIA** Navis, Gall. *Vaisseau Advanturier, interlope.* Ea est quæ in aliarum gentium errat maribus prædandi aut etiam mercandi causa. Eadem fere quæ piratica. Vide Dictionarium Commercii etc.

¶ **ADVENTURARIA** Societas, Gall. *La Compagnie des Avanturiers*, Mercatorum Anglorum Societas Hamburgi Antuerpiæque potissimum erecta et adunata, de illa Larreyus in Hist. Anglic. tom. 1. pag. 723. Sic autem appellabantur non modo, quod Antuerpiæ, Hamburgique essent *Adventitii* et hospites; sed quod ipsos interdum contingeret in longinquis ignotisque marium plagis navigare et errare, sæpeque vitæ et mercium subire periculum. Rymer. tom. 16. pag. 323 : *Vestræ Majestatis subditos Negotiatores, quos Mercatores Adventurarios vocant, etc.* Et paulo post : *Nobis nihil potius vel optabilius accidere possit, quam, ut nobilissima Anglicana natio, imprimis vero Mercatores Adventurarii collegium suum.... apud nos constitueret, et inoffense negotiaretur.* Et pag. seq. col. 6 : *Quippe Adventurariæ Societatis Mercatoribus usui atque utilitati fore existimabunt.*

ADVENTURARII. Vide *Adventuraria Societas.*

* **ADVENTURERIUS**, Mercator extraneus, Gall. *Marchand forain.* Libert. Brianc. ann. 1343. inter Ordinat. reg. Franc. tom. 7. pag. 731. art. 27 : *Ordinavit dictus dom. Dalphinus, quod nullo unquam tempore de cetero officiales aliqui, vel nobiles alii quicumque Dalphinatus, aliquas bestias Adventureriorum, vel aliarum quarumlibet personarum Brianczonesii..... accipere possint. Adventuriers*, genus militiæ pedestris, de quibus multa *Duchat* in notis ad cap. 26. lib. 1. Rabel. *Adventureux*, judices torneamentorum appellatos fuisse, discimus ex Tract. Ms. de Torneam. quem laudat Cangius in Dissert. 6. ad Joinvil. : *Lances mesurées..... à la gauge qui y sera commise et ordonnée de messieurs les Adventureux.* Vide *Adventuraria societas*, et infra *Aventurerius.*

¶ 1. **ADVENTUS**, Casus adversus, infortunium, Gall. *Accident, Aventure.* Epistola Senescalli Provinciæ, ann. 1326. in Archivo S. Victoris Massil. : *Propter Adventum submersionis galeæ in numero 20. galearum felicis armatæ computatæ.*

2. **ADVENTUS**, Tempus, quod Natale Domini præcedit, constans 4. septimanis, quod a Petro institutum ait Durandus lib. 6 cap. 2. num. 1. quanquam non idem semper fuit Hebdomadum et Dominicarum numerus : nam in Missis Ambrosianis *de Adventu Domini*, sunt sex Dominicæ, et prima subsequitur festum S. Martini, quod testatur etiam Radulfus Tungrensis propos. 16. Vide Abbonem Monach. apud Baron. ann. 1001. n. 5. et Menardum ad Sacrament. Gregor. M. pag. 215.

Sed et illud pariter observandum, a Natali Domini, sive Adventus, primam Dominicam, sive Hebdomadem modo appellari, quæ remotior est, quartam vero quæ proxima : antiquitus vero inverso numerandi ordine, proximior prima, remotior quarta dicebatur, uti docemur ex Amalhario lib. 3. de Offic. Eccles. cap. 11. et libro Sacrament. Gregorii PP. Versus qui habentur in Martyrologio S. Victoris Parisiensis :

Adventum Domini non [mos] est celebrare Decembris
Post ternas Nonas, vel quintas ante Kalendas.

Vel sic :

Andreæ festo vicinior ordine quovis
Adventum Domini feria prima colit.

Vide Honorium Augustod. lib. 2. de Imag. mundi, cap. 107. De nomine, sic Rupertus lib. 3. de divin. Offic. cap. 1 : *Tempus quod Dominicæ Nativitatis memoriam antecedit, ideo Adventus nuncupatur, quia totus ejus Ecclesiasticus ordo juxta contemplationem Adventus Domini dispositus est. Advenire autem recte Dominus dicitur, qui ubique est invisibili præsentia majestatis, dum assumpto quod visibile est nostrum, usibus carnis visibilem se ostendit, etc.* Cur a Fidelibus institutus sit, docet Honorius Augustod. lib. 3. cap. 1. Will. Neubrigensis lib. 5. cap. 17 : *Erat autem hiems, et Dominici Natalis solennis exspectatio, quæ Adventus Domini dicitur, erat in Januis.*

* Ut Quadragesimæ, sic et Adventus tempore, inhibebantur sacramenta, quod discimus ex Conc. Burdegal. ann. 1255. cap. 7 : *Decrevit sancta Synodus ut a Septuagesima usque ad octavas Paschæ, ab Adventu Domini usque ad octavas Epiphaniæ,.... nullus super Dei Evangelia jurare præsumat.* His concinit Petrus de Font. in Cons. cap. 5. art. 6 : *Sairemens cesse dès le commencement de l'Avent, duskes à lendemain de la Teffaigne. Auvent* pro *Avent*, apud Joinvil. in S. Ludov. edit. reg. pag. 150 : *En Quaresme et és Auvens croissoit le nombre des poures.*

3. **ADVENTUS**, Tributi species. Tabular. Burguliense fol. 59 : *Gaufredus gener calumniatur, requirens ab eis relevamentum, ita ut nec ab ipso, nec aliquo hæredum suorum amplius requireretur. Postea cœpit quoque quærere aliam occasionem, quam Adventus vocant, pro quo petebat quotanno sibi reddi unum sextarium frumenti, et duos avenæ, et unum modium vini, etc.*

* 4. **ADVENTUS**, pro *Auventus*, Gall. *Auvent*, Umbraculum ligneum projectum, quod fenestræ vel officinæ appenditur. Charta Odonis de Clareio ann. 1198. in Chartul. Arremar. ch. 5 : *Concessi ecclesiæ Arremarensi..... quamdam domum, quam habebam apud Trecas,..... cum Advento liberam ab omni consuetudine, et teloneo, et vicecomitatu.* Occurrit rursus infra ch. 13. Vide infra *Auventus.*

* 5. **ADVENTUS**, *Navigium, cataplus*, in Glossar. ex Cod. reg. 7641. Vide *Cataplus.*

Adventus Franci plegii. Vide *Plegium francum.*

Jocundus Adventus, Tributum, quod Domino exsolvitur, cum primum ad aliquam dignitatem pervenit, verbi gratia, cum Reges ad regnum educuntur. Computus Thesaurariorum Franc. 1316 : *Pro dono facto Regi ratione Jocundi Adventus sui et exercitus Flandriæ 500. lib. Tur.* Vide Cognatum in Histor. Tornacensi lib. 4. cap. 15. extremo, et Chopinum lib. 1. de sacra Polit. tit. 8. § 13. Adde præterea Concil. Lateran. IV. cap. 57.

Ab Episcopis etiam exactas ejusmodi præstationes in eorum *Jucundo Adventu* legimus in Gestis Abbatum S. Germani Autissiodor. cap. 18. et apud Hubertum in Probat. Histor. Ecclesiæ S. Aniani pag. 62. Adde Constit. Sicul. lib. 3. tit. 18.

* Norunt omnes Regum nostrorum morem, cum primo urbem ingrediuntur, carceribus detentos liberandi ; cujus privilegii mirum non est potitos Principes ex domo regia, cum primum dominia sua invisebant, ut constat ex Lit. remiss. ann. 1479. in Reg. 205. Chartoph. reg. ch. 462 : *Nostre tres cher et tres amé nepveu Charles de Savoye, estant en la terre et seigneurie de la Lande les Blois, ou jamais n'avoit esté, ès prisons duquel lieu il trouva detenu prisonnier le suppliant,..... desquelles prisons nostredit nepveu en usant des droiz, prérogatives et préeminences, dont ont accoustumé joyr et user ses semblables et prédecesseurs du sang et lignaige de la maison de France, ait à sa premiere venue et entrée en ladite terre et seigneurie de la Lande, delivré et mis hors desdites prisons icellui suppliant et quitté, remis et pardonné le cas etc.* At non ita vulgatum est provinciarum præfectos interdum eamdem sibi vindicasse prærogativam : quod factum a domino de Couciaco et a Rege confirmatum docent Lit. remiss. ann. 1360. ex Reg. 89. Ch. 444 : *Accedens ad villam Laudunensem dominus de Couciaco, villæ et in partibus Laudunensibus locum-tenens noster, de novo tunc institutus, in jocundo Adventu suo omnes prisionarios, tam in carceribus nostris, quam in illis curiæ episcopalis dictæ villæ Laudunensis, tunc existentes ab eisdem deliberavit, et eis gratiam deliberationis fecit generalem.* [** Apud Sueo-Gothos etiam novo regi, solemne iter (quod *Eriksgata* dicebant) per regnum facienti et in provinciam advenienti tributum *Inlænding* dietum pendebatur, eidemque simul licebat tres homines exules in patriam restituere. Vide Cod. jur. Ostrogotici, *Drapa-Balkær* cap. 5 et Grimmii ant. jur. pag. 254. sqq.

1. **ADVERARE**, Rem veram esse probare, nostris *Averer* : vox fori Aragonensis, de qua Michael *del Molino* in Repertorio in v. *Adveratio.*

* 2. **ADVERARE**, Averare, Facta inquisitione et recognitione, æstimare, Gall. *Vérifier.* Instr. ann. 1391. inter Probat. tom. 2. Hist. Nem. pag. 114. col. 1 : *Item quod dicta bona fuerunt Adverata per deputatos per*

consules, et in libro communi dictæ universitatis, in quo distribuuntur omnia bona singularium dictæ universitatis, descripta et per cedulas illorum, quorum fuerunt prædicta bona, fuerunt tradita, pro Adverando seu taxando eadem, ad finem ut per (pro) ipsorum taxa talliarentur. Aliud ann. 1356. ibid. tom. 2. pag. 176. col. 1 : Quod vintenum Averetur, et Averato levetur de omnibus civibus, juxta Averationem prædictam.

- * AVEZARE, Eadem notione, in Charta ejusd. ann. ibid. pag. 184. col. 1 : *Attentis monicionibus de portando bona sua ad Avezandum ad domum consulatus, ut inde subvencio concessa posset compleri,..... quandam papiri cedulam scriptam pridem tradidisset, in qua erant omnia bona sua inserta, quæ fuerunt Avezata et avaluata per dictos destinatos.* Hinc

* **ADVERATIO**, AVERATIO, Æstimatio, probatio, Gall. *Vérification*. Instr. ann. 1384. ibid. tom. 3. pag. 60. col. 1 : *Et quæ bona sunt, erant affecta contributioni plebeyorum, ita in matricula et libris Adverationum communitatum.* Aliud ann. 1390. ibid. pag. 104. col. 2 : *In libro Averationis bonorum plebeyorum dictæ civitatis, etc.* Et pag. 111. col. 1 : *Quando consulibus placet, fit Adveracio seu extimatio bonorum immobilium quorumcumque singularium existentium infra territorium Nemausi contribuentium.* Vide *Averatio*.

* AVEZATIO, Eodem intellectu. Instr. ann. 1359. ibid. tom. 2. pag. 201. col. 2 : *Fuerunt in oppinione, quod leventur per viam Avezationum et capagii, cum pro supportandis pauperibus graventur Avezationes bonorum.* Non semel ibi.

¶ **ADVERBIALIA**, Rationes, sententiæ, articuli. Ratherius Veronensis de contemtu canonum part. 2. tom. 2. Spicileg. Acher. pag. 199. post *Conclusionem deliberativam* Leodici actam, et 40. articulis comprehensam sic loquitur : *Quadraginta igitur Adverbialibus his quondam, ni me supputatio fallit, cum pro Episcopo Leodicensi importunissimis suasoribus obstiterim Ratherius ego, etc.* Quas quidem rationes vel sententias ita appellat, quod eas in proverbiorum modum digesserit.

** **ADVERBIUM** *est pars orationis, quo recta forma clauditur operis, ut Deus non est remunerator nominum sed Adverbiorum.* Melberi Vocabularius prædicantium.

* **ADVERGERGIA**, Modus agri, apud Campanos nostrates *Auvergier* dictus f. idem quod *Vercheria*. Vide in hac voce. Charta admortizat. pro hæreditagiis sitis in territorio *de Juvigny* Catal. diœc. ann. 1374. ex Reg. 106. Chartoph. reg. ch. 170 : *Item duo jornalia... pratorum arabilium ferientia in Advergeriis domus Dei.* Vide *Avergaria*.

ADVERSARI, *Contraire* : sed Boetius dicit *Adversamini vitia*, i. *respuite*. Papias.

** **ADVERSARIA**, Animadversiones, Gall. *Remarques, observations.* Brencman. in Hist. Pandect. lib. 2. cap. 1. pag. 99 : *Antiqui dextram tantummodo conscribebant, sinistram sive aversam atque exteriorem observationibus correctionibusque reservantes. Ita accipimus illud Juvenal. Sat. 1* :

In tergo necdum finitus Orestes.

Ad rem aptius Faber in Thes. suo : *Dicta sunt Adversaria, quod cum veteres ex altera tantum libri scriberent parte; hæc etiam in adversa seu versa pagina scriptura implerentur.*

ADVERSATIONES, Tributa, exactiones, malætoltæ, in Charta ann. 1300. quam vide in verbo *Gandargium*.

¶ **ADVERSATUS**, Qui sui compos non est, insanus. Miracula B. Simonis Episc. August. tom. 2. April. pag. 825. D : *Erat a dæmone vexata, et lædebatur potius in pede et in manu sinistris; et faciebat opera quæ faciunt Adversatæ, et sua facta facere non poterat.* Et paulo inferius : *Die 7. Maii Bonafante quæ dicitur Fantina,... erat Adversata et a dæmone vexata : et hoc accidit sibi in uno campo placato.*

* *Avertin*, Morbus qui a sensu *avertit* Lit remiss. ann. 1382. in Reg. 121. Chartoph. reg. ch. 157 : *Symonnet Harpin..... besgue, fol, lunatique, malade, et cheant souvent du mal d'Avertin.* Aliæ ann. 1425. in Reg. 173. ch. 311 : *Icellui jeune enfant estoit entachié d'une maladie d'Avertin de teste, nommée goute, dont il cheoit voulentiers par intervalles. Esvertin*, eodem sensu, in Roman. *d'Aucassin* pag. 27 :

L'autre jour vis un pelerin
Natif de Limousin,
Couché dedans son lit
Du mal de l'Esvertin.

* Eo etiam pertinet vox *Aveuré*, qua significatur homo, qui præ ira sui compos non est, Gall. *Transporté de colère*. Lit. remiss. ann. 1389. ex Reg. 138. ch. 44 : *Guillaume Tourpin..... repondit que Henry estoit un mauvais garçon advoultre, et qu'il le tueroit ou il le trouveroit. Henry moult Aveuré et courroucié desdites injures s'en alla, etc.*

¶ **ADVERSIO**, Prævaricatio. Acta SS. Aprilis tom. 2. pag. 927. D : *Cæterum quia inter Barbaros barbarice et stolide promotus est, in tuæ fraternitatis arbitrio ponimus; sic tamen ut de cætero in ea regione, hujusmodi non præsumatur Adversio.*

ADVERSIPEDES, ἀντίποδες, in Gloss. Lat. Græc.; quos primum nominasse in Philosophia Platonem tradit Diogenes Laertius.

1. **ADVERSUS**, Juxta, vel potius, In conspectu, E regione. Lactantius de Mortibus persecutor. n. 23 : *Filii Adversus parentes suspendebantur : fidelissimi quique servi contra Dominos vexabantur : uxores Adversus maritos, etc.*

* 2. **ADVERSUS**, *Contra, vel similitudinis imitatio*, in vet. Glossar. ex Cod. reg. 7641.

¶ **ADVERSUS EST**, pro *Advertit*, observavit, quasi ab *Advertor* Depon. Gerardus Abbas lib. 1. Miraculorum S. Adalbardi in præfatione : *Latuit diutius sepultura... nemo transeuntium, nemo orantium est Adversus.*

¶ **ADVERTENTIA**, Observatio, nota, animadversio, Gall. *Remarque*. Vide Goclenii Lexicon Philos.

* **ADVERTERE**, In usum et proprietatem assignare, convertere ; Gall. *Assigner, approprier.* Charta ann. 1336. inter Probat. tom. 1. Hist. Britan. col. 1378 : *Item appropriamus, et applicamus, et Advertimus hospitali prædicto quendam ortum, situm in parochia de Ploediry.* Nostris, *Advertir*, ex Lat. Advertere, Gall. *Considérer, reconnoître.* Lit remiss. ann. 1374. in Reg. 106. Chartoph. reg. ch. 342 : *Les supplians emporterent neuf sextiers de blé, dont eulx puis Advertissans qu'ils avoient mesprins, firent satisfaction et restitution.* Pro Reminisci, Gall. *Se ressouvenir*, in aliis Lit. ann. 1395. ex Reg. 148. ch. 76 : *Comme notre procureur en le prévosté de Montdidier eust accusé le suppliant de avoir pieça juré le villain serment,.... laquelle choze il nya,..... et depuis, se soit ledit exposant Adverti avoir juré ledit villain serment, etc.*

* **ARVERTIBILIS**, *Apperchevable*. *Advertibiliter. Inadvertibiliter.* Vocabul. compend.

* **ADVERTISSAMENTUM**, a Gall. *Advertissement*, Monitum. Inventar. Chart. reg. ann. 1482. fol. 113 : *Quatuor copiæ simul ligatæ, non tamen approbatæ, signatæ vel sigillatæ de anno 1317. videntur esse parvo vel nullius valoris, nisi pro Advertissamento.* Galli diceremus : *Pour mémoire*. *Adverticence*, monitio, *Avertissement*, apud Christ. Pisan. in Carolo V. part. 1. cap. 8 : *Tribulations infinies, qui souventefois peuvent estre proufitables et salutaires aux usages humains, à cause de Adverticence de leur vie inique et recognoiscence de leur créateur.*

* **ADVERUNCARE**. Glossar. vet. ex Cod. reg. 7641 : *Adveruncat, multum verum facit.*

¶ **ADVESTIRE**, Possessionem conferre, Gall. *Investir*. Vide *Vestire*.

¶ **ADVESTITURA**, Missio in possessionem; item, Census annuus in signum acceptæ *vestituræ seu possessionis.* Vide *Vestire*.

* **ADVESTITUS**, In familiam admissus. qui enim vestes ab aliquo accipiebat, de ejus familia censebatur. Vide *Vestis*. Charta ann. 1143. in Chartul. S. Vincentii Laudun. ch. 126 : *Ego Berengarius prædictæ ecclesiæ de Molchem Advestitus, una cum reliquis ejusdem loci canonicis, etc. Signum Berengarii Advestiti. Advesti* dixerunt nostri, pro *Investitus*, qui rem aliquam possidet, aut in ejus possessionem mittitur. Charta ann. 1376 : *Le femme doudit Alemand, qui devant les espousailles en fu souffisamment doée* (de ladite maison) *et en nom de doaire Advestie*. *Advest* et *Advesture*, pro *Investitura*, missio in possessionem. Vide *Vestire* 1.

* Sed et *Advesti* usurparunt de agro fructibus suis vestito, ut *Advesture*, pro fructibus ipsis. Charta ann. 1358. in Reg. 90. Chartoph. reg. ch. 157 : *Dix sept bonniers ou environ Advestis de bled souffisans, ahanés et labourés en quatre royes.* Lit. remiss. ann. 1409. in Reg. 163. ch. 293 : *Icellui Requin leur vault deffendre qu'ilz ne gatassent sadite Advesture et warison.*

* **ADVEUTUM**, a Gall. *Adveu*, Clientelaris vassalli professio; qua scilicet feudalium prædiorum cum suis limitibus ac terminis, atque adeo juribus ac oneribus descriptionem domino capitali ex debito offert, idem quod *Denumeramentum*. Vide infra in hac voce. Tabul. episc. Carnot. : *Dominus episcopus concessit domino Guillelmo de Villanova armigero, quod colligat in manu sua illud, quod est arrestatum apud Ermenovillam magnam, propter Adveutum suum non*

redditum. Ibid. *Injunctum ut tradat Adveuta sua.* Lib. homag. ejusd. episc. ad. ann. 1380 : *Simon de Albaspina major capituli Carnot et civis Carnot. pro hoc quod tenet a D. episcopo, fecit præbato R. in C. P. D. Johanni episcopo Carnot. homagium ligium;.... et eidem injunxit D. episcopus, ut infra 40. dies tradat in scriptis et in forma debita, sub sigillo authentico, Adveuta sua seu denominationes feudorum suorum sub pœnis assuetis.*

* In Consuet. municipal. *Adveu* usurpatur, pro Actio in jure, qua quis rem quampiam sibi asserere conatur; *Advoueur*, qui actionem intendit, cui oponitur *Contreadveu* et *Contreadvoueur*, Lit. remiss. ann. 1468. in Reg. 194. Chartoph. reg. ch. 300 : *Pour ce que Aymar Tison print et emporta dudit pré certaine quantité de foing en herbe, Jehan Malasmas suppliant fist et forma sur ce pardevant le sergent de la justice ung Adveu à l'encontre dud. Tison; lequel se contreadvoua : au moyen de quoy s'est meu et pend procés en la court de lad. justice entre led. Jehan Malasmas Advoueur d'une part, et led. Tison contreadvoueur d'autre. Pour la nature desquelz Adveu et contreadveu, les fruitz dud. pré furent mis en la main de justice.* Vide *de Lauriere* in Gloss. jur. Gall. ad v. *Adveu* et infra *Advouare* 2.

¶ **ADVEXATICIUS**, a Dæmone vexatus, apud Amolonem Lugdunensem in Epistola ad Theobaldum. Vide *Dæmoniacus.*

* **ADVICIOSITAS**, Indulgentia vitio favorabilis, Gall. *Complaisance criminelle.* Bulla Pii II. PP. ann. 1459. qua reprobat matrimonium Joannis comit. Armaniaci, qui sub prætextu bullarum a Calixto III. PP. obtentarum, Catharinam germanam suam desponsaverat : *Detestandum crimen in divinæ majestatis offensam, ejusdem sanctæ et universalis ecclesiæ opprobrium et contemptum, quo per exemplum et scandalum plurimorum per eosdem Johannem et Catharinam fuisse, et de reproba Adviciositate prætensum ac ipsum contubernium, qui matrimonium falso prædicant.*

¶ **ADVICTORIUM**, ADVINCTORIUM, ADJUTORIUM, ADVINTORIUM, ADJUNTORIUM, AVITORIUM, quæ tam incerta scriptio oritur ex ambiguitate hujus notæ *m.* quæ utrum *ui* vel *iu* debeat explicari incertum est. Cionaccius singula loca adnumerat, et in dubio notat, videri legendum *Advinctorium* vel *Adjunctorium*, ut significetur oblatio quædam cerea plurimorum cereolorum in fascem colligatorum, vel fax ex pluribus funalibus composita. Ita Bollandi Continuatores. Prætulerim *Advinctorium*; est enim *Advincta*, Tæda, fax, Gall. *Torche, Flambeau.* Miracula S. Humilianæ tom. 4. Maii pag. 405. B : *Una die fecit votum B. Humilianæ, quod si eum ab hac infirmitate liberaret, portaret ad tumulum suum Advictorium candelæ, longum secundum quantitatem monumenti.*

¶ **ADVIDERE**, Commonere, Gall. *Avertir, Aviser.* Epistola Bertrandi Archiep. Vienn. tom. 2. Historiæ Dalphin. pag. 297 : *Attentius requirimus et rogamus, quatenus consilium dicti D. Dalphini, super prædictis velitis Advidere et informare, ut a prædicta usurpatione desistant.*

¶ **ADVIGILIUM**, Laudes quæ matutinum, seu Vigiliarum officium (per tria nocturna divisum claudunt. Ita Continuatores Bollandi in Notis ad vitam Ezonis Mathildæ et Richezæ tom. 5. Maii pag. 55.

¶ **ADVINARE**, ut infra *Advineare*; in majori Chartulario S. Victoris Massil. fol. 43. v°. ex Charta anni 817. ubi etiam *Adviniatus* dicitur de agro vineis consito.

* Nostris *Avignier* et *Avinguier*, eadem notione. Charta ann. 1330. in Chartul. S. Mart. Pontisar. fol. 40. v°. : *Lesdiz preneurs sont tenuz et doivent desorendroit toute ladite piece de terre Avignier et coutiver souffisanment.* Alia ann. 1397. ex Chartul. Corb. sign. *Ezechiel* fol. 35. r° : *Seront tenus ledit Jehan Bertin et ses hoirs et ayans cause de Avingnier ou faire Avingnier le dit camp de terre bien et souffissamment, et icellui planter de vingne.* Vide *Aveniatus.*

¶ **ADVINCTA**, Fax, tæda, Gall. *Torche.* Miracula S. Zitæ Virg. Lucensis April. tom. 3. pag. 523. A : *Venit Lucam ad ipsam Virginem et dedit statim Advinctam, et gratias egit magnas Deo et supradictæ Virgini.*

ADVINEARE, Vites in agro serere, plantare. In Tabul. S. Cyrici Nivern. n. 54. et alibi.

¶ **ADVINIATUS**, Eadem notione. Vide *Advinare.*

ADVISARE, AVISARE; ex Gall. *Advis, avis*, Consilium : Italis *Avisare*, Gallis *Adviser, aviser*, Consulere, deliberare. [Item monere, Gall. *Avertir.*] Nicolaus Clemangis in tract. de Annatis non solvendis pag. 82 : *Certi, qui cum deputatis Dom. Cardinalibus convenirent ad Advisandum.* Infra : *Adducendo in medium rationes et justificationes, quas prius longe Advisaverant.* [Hickesius Gram. Theot. pag. 92. vult accersendum a Latina præpositione *ad* et veteri Septentrionali *Wisan*, Cimbrice *Visa*, quod significat Monstrare, docere, instruere.]

AVISARE. Libell. de Fundat. Monaster. Bigaugiensis pag. 253 : *De eo Archiepiscopus doli nescius Avisatur a quodam, etc.* [Ex juramentis Advocatorum apud D. *de Lauriere* tom. 2. Ordinat. Reg. pag. 225 : *Quod in causis, quas fovebunt, si viderint tangi Regem, ipsi de hoc Curiam Avisabunt.* Charta ann. 1089 : *Singuli Abbates suos Avisavere judices.*] Ericus Upsalensis lib. 3. Hist. Suecicæ ann. 1304 : *Dicens, quomodo Avisatus esset, et certissime informatus.* Infra : *Desuper Avisarent, etc.* Ita lib. 5. pag. 104. lib. 6. pag. 205 : *Præavisatus.* Lib. 4. pag. 117. Thom. a Kempis in Chron. Montis Agnetis cap. 1 : *Ad Avisandum locum quietudini aptum.* Chron. Windesem. lib. 1 : *Hic ergo, frater, sis Avisatus, et caveas tibi.*

* Hac ultima notione nostrates *Accointer* et *Acointier* dixerunt. Chron. S. Dion. tom. 7. Collect. Histor. Franc. pag. 145 : *Mais autrement ala la besoigne que il ne cuida. Car ses niés en fu Acointié.* Ubi Annal. Bert. ibid. pag. 122 : *Nunciatum est Hludowico et suis.* Lit. remiss. ann. 1389. in Reg. 138. Chartoph. reg. ch. 119 : *Le Samedy de la Guibray derniere, Sainsot le Bas Accointé par plusieurs, que Jean de More, dit le Jean Nauder, de la paroisse de Tilleul, maintenoit sa femme, etc. Jean Fourquie en fut Acointié et advisé*, in aliis ejusd. ann. ibid. ch. 223. Hinc *Accointaire* appellari videtur Navis nuncia, in Instr. ann. 1453. apud Marten. tom. 1. Anecd. col. 1823 : *Une Accointaire chargée de femmes de Peyre fut prise des Turcs.*

¶ ADVISAMENTUM. MS. Biblioth. Colbert. 2576 : *Advisamenta styli curiæ Ecclesiasticæ Briocensis. Regulæ quædam sunt litium et litigantium Advisamentum.*

AVISAMENTUM, Consilium, sententia, *Avis.* Charta Henrici VI. Regis Angl. tom. 2. Monast. Angl. : *De Avisamento et consensu consilii nostri concessimus.* Henric. de Knighton lib. 4 : *Per Avisiamentum procerum certorum ad hoc Parliamentum assignatorum.* Adde Walsingham. pag. 509.

* ADVISATE, Cogitatę, consulto, nostris olim *Aviséement.* Stat. Andreæ abb. Cassin. ann. 1375. tom. 2. Hist. ejusd. monast. pag. 536. col. 2 : *Item quod nullus monachus ludendo seu alio quoque modo Advisate tangendo, porrigat manus in personam alterius.* Le Roman *de Cleomades* MS :

En la premiere (bataille) son fil mist,
Tout Aviséement le fist.

¶ AVISATIO, Eadem notione. Rymer. tom. 8. pag. 215 : *Ex certa nostra scientia, et assensu ac Avisatione nostri sanioris et digesti consilii.*

¶ ADVISATUS, Cautus, prudens, Gall. *Sage, Avisé.* Menotus Sermon. fol. 2 : *Discretus et homo Advisatus non transibit ultra.*

ADVISOR, Qui dat consilium, *Qui donne advis.* Testamentum S. Fulcranni Episcopi Lodovensis : *Tali tenore, ut Macfredus Episcopus sit provisor et Pater et ordinator et defensor ac tutor ipsius Monasterii, et omnes Canonici S. Genisii Sedis Lutevensis Advisores et consolatores propter Deum, quatenus illis æterna merces reddatur a Domino. Jesu Christo.*

* **ADVISUM.** Vide infra *Avisum.*

* **ADVITALITAS**, Concessio ad vitam, ad usumfructum, *jure Advitalitiali*, id est, usufructuario et precario jure. Charta Stanislai reg. Polon. ann. 1709. qua bona aliqua concedit Petro *de Neumaison* : *Promittimus..... salvum et integrum jus Advitalitiale conservaturos; quod et serenissimi successores nostri præstare tenebuntur; ratione cujus Advitalitatis memorati generosi conjuges solitam proventuum quartam de iisdem bonis provenientem Ravam quotannis ad thesaurum regni Ravam inferre tenebuntur.*

ADVIVERE, pro *Vivere*, superstitem esse, ἐπιζῆν, in lege Wisigoth. lib. 4. tit. 2. § 13. lib. 5. tit. 2. § 4. lib. 12. tit. 3. § 13. Occurrit etiam passim in formulis, *dum Advixerit, dum Advixero;* et in l. 1. C. Theod. de Legit. hæred. Monet Hermolaus Barbarus apud Plinium lib. 15. cap. 18. *Advivit*, legi in MS. ubi Editi præferunt *vivit.* Utuntur etiam Tertull. de Anima cap. 57. S. Hieronym. lib. 1. contra Jovinianum et Epist. 50. Lex 28. § 5. D. de Liber. leg. l. 20. D. de Adimend. legit. hæred. Capitolinus in Antonino Pio, Vetus inscriptio pag. 1115. 8. etc. Vide Cujac. lib. 8. Observ. cap. 36. et Rosweidum in Gloss. ad Vitas Patrum.

ADULA, *Caput lini*, in Breviloquo.

ADULARIUS, *Vulgariter dictus bestiarum custos*, apud Michaelem *del Molino* in Repertorio Fororum. V. *Bestia.* Vide Foros Oscæ ann. 1247. fol. 16. in Foris Aragon. fol. 58. v.

* **ADULATIO**, *Gloria forensis, vel popularitas, sive affabilitas.* Glossar. vet. ex Cod. reg. 7646.

** **ADULATORCULUS**, *Diminutivum, est parvus adulator.* Gemma gemmarum.

ADULCERARE, *Ulcerare*, ἑλκοποιεῖν, in Gloss. Græc. Lat.

¶ **ADULESCENTULARE**, Adolescentiari, Gall. *Faire le jeune homme.* Glossæ Lat. Græcæ. *Adulescentulo*, Νεανίσκω. [** Gloss. Jæckii : *Adulescenturire, nugas facere.*]

ADULTER Solidorum, παραχαράκτης, in l. 5. Cod. Theod. de Falsa moneta; *Adulterator monetæ*, in l. 1. Cod. Theod. de Conlatione æris, et l. 8. de Indulgent. crimin. Gloss. Græc. Lat. παραχάραγμα, *Adulteratio*, παραχαρακτής, *Adulter.* Hinc *Adulterini solidi, nummi, Adulterina moneta* passim.

* **ADULTERARE**, Adulterari, stuprare, nostris olim *Adulterer.* Lit. remiss. ann. 1384. in Reg. 125. Chartoph. reg. ch. 115 : *Humbertus du Vemey..... præfati Cristini uxorem Adulterabat.* Stat. Cadubrii lib. 3. cap. 55 : *Statuimus et ordinamus, quod quicumque rapuerit per vim, vel cognoverit, sive Adulteraverit uxorem alterius, virginem, viduam, sanctimonialem, heremitam, vel aliam mulierem bonæ opinionis et famæ, et honeste viventem, capite puniatur, ita quod penitus moriatur.* Lit. remiss. ann. 1405. ex Reg. 159. ch. 315 : *Pour ce que la femme du suppliant Adulteroit communement avec un religieux de l'abbaie de Talemont, etc.* Vide in *Adulterium.*

ADULTERIUM, Stuprum, et quævis fornicatio. Nam ut ait Gregorius Nissenus in Epist. ad Letoium : Ἤρεσε καὶ τὸ κατὰ πορνείαν πλημμέλημα, μοιχείαν εἶναι νομίζειν, διότι μία ἐστὶν ἡ νόμιμος συζυγία καὶ γύναικὸς πρὸς ἄνδρα, καὶ ἀνδρὸς πρὸς γυναῖκα. Glossæ antiquæ MSS. exponunt per *stuprum*, *Adulterium in virgine perpetrandum.* Gregorius Turon. lib. 9. cap. 37. de Droctigisilo Episcopo : *Et licet esset vorax cibi, ac potator vini extra modum, quam sacerdotalem cautelam decet, tamen nullum de eo Adulterium quispiam est locutus*, id est, a nullo est infamatus, non de Adulterio, opinor, sed de quovis alio crimine, aut defectu. Lex Wisigoth. lib. 3. tit. 4. § 5 : *Si filiam in Adulterio pater in domo sua occiderit, etc.* § 7 : *Si puella ingenua, sive vidua, ad domum alienam Adulterii causa venerit, et ipsam ille uxorem habere voluerit, etc.* Ita *Adulterium* pro *stupro*, et *Adulterare*, pro *stuprare*, usurpatur § 2. 8. 14. 15. 16. 17. 18. in Lege Burgund. 44. 61. et in Lege Longob. passim. In Concilio Autisiodor. can. 23. Turon. 11. can. 14. in Capit. Compendiensi ann. 757. cap. 17. Bonifacius Moguntin. Archiep. Epist. ad Athelbaldum Regem, apud Baron. ann. 745. n. 10 : *Si virgo paternam domum cum Adulterio maculaverit.* Extat Charta ann. 1082. continens compositionem inter Fulconem Comitem Juniorem (Andegavensem) et Goffridum Episcopum *super querela, quam diu contra Comites habuerant Episcopi, videlicet de Adulteris et usurariis, quos antiquitus ad solius Episcopi justitiam pertinuisse constabat; sed postea ministrorum Ecclesiæ negligentia et incuria seculares judices usurpaverant, non absque Episcoporum contradictione et justa querimonia. Super hac igitur querela talis concordia facta est utriusque consensu, ut Præpositus Comitis et Archidiaconi Episcopi communiter Adulteros et usurarios laicos distringant, et totam multam emendationis inter Comitem et Episcopum per medium partiantur.*

Atque inde forsitan *Avoutres* nothos appellarunt nostri, et quotquot non ex legitima copula nati erant, uti vox hæc videtur usurpari in Consuetudine Britanniæ art. 480. et 481. Præterea in Assisiis Hierosolymit. MSS. cap. 62. ubi *Traitours, bastars et Avoitres*, recensentur inter eos qui *Warandiam ferre* non possunt, *qui ne peuvent porter garantie en la haute Cour* : nisi *Avoutres* proprie dicti fuerint, qui ex adulterio nati erant : nam *Avoutere* est adulterium, in Recluso *de Moliens* in *Miserere* : *Par pechié plus lait qu' Avoutere.* Florentini *Avolterio* dicunt.

[* Varie hanc vocem reddiderunt nostri. *Auvoirie*, tom. 5. Ordinat. reg. Fr. pag. 712. *Avorture*, in Stat. eccl. Turon. ann. 1396. cap. 76. ex Cod. reg. 1237. *Avoutire*, in Chron. S. Dion. lib. 2. cap. 24. *Avoutrerie, adulterium*, in Glossar. Gall. Lat. ex Cod. reg. 7684. Ita et nothos vel adulterinos dixerunt *Advoultres, Avoutres, Avouldres* et *Avoestres.* Lit. remiss. ann. 1376. in Reg. 109. Chartoph. reg. ch. 321 : *Ledit de la Chambre lui dist que il mentoit par la gorge, comme mauvais Avoestre. Larron, Avouldre, arrançonneur de gens*, in aliis ann. 1455. ex Reg. 187. ch. 113. Aliæ ann. 1389. in Reg. 138. ch. 44 : *Guillaume Tourpin charpentier homme moult rioteux..... respondit que Henry estoit un mauvais garçon Advoultre. Voustre*, in Lit. ann. 1452. ex Reg. 181. ch. 268.]

Adulterium præterea dicitur pœna vel multa, quæ adulteris irrogatur, vel jus vindicandi adulterii. Domesdei : *De Adulterio per totam Chent* (Cantium) *habet Rex hominem, Archiepiscopus mulierem, etc.* Alibi : *Adulterium vel raptum faciens, 8. sol. 4. d. emendabat homo, et fœmina tantumdem : Rex habet hominem adulterum, Archiepiscopus fœminam.* Rursum : *Vidua si se non legitime commiscebat, 20. sol. emendabat : Puella vero 10. sol.* Vide Chronicon Besuense pag. 672.

Apud Anglos, Adulterium *Wera* emendari sanxit Henricus I. cap. 11. et 12. At Legibus Edmundi Regis cap. 4. apud Brompton. pag. 859. adulter sicut homicida punitur. Canutus vero hominem adulterum in exilium relegari, fœminæ nasum et aures præcidi jubet, in Legibus part. 2. cap. 6. et 50. [** Nihil mutatum; secundum Henrici legem, adulterium sicut homicidium *Wera* emendabatur; neque Edmundus et Henricus de pœna, sed de *compositione* agunt, quam qui non solvebat exulare debebat.] Vide Martialem lib. 3. Epigr. 84.

Apud Saxones, Adulterii pœna qualis fuerit, docet his verbis Bonifacius Moguntin. Archiep. in Epist. ad Athelbaldum Regem : *In antiqua Saxonia* (i. Germania) *si mulier maritata, fracto fœdere matrimonii, Adulterium perpetraverit, aliquando cogunt eam, propria manu per laqueum suspensam, vitam finire : et super bustum illius incensæ et concrematæ corruptorem ejus suspendunt. Aliquando congregato fœmineo exercitu, flagellatam eam mulieres per pagos circumquaque ducunt, virgis cædentes, et pungentes minutis vulneribus cruentatam et laceratam de villa ad villam mittunt, et occurrunt semper novæ flagellatrices, zelo pudicitiæ adductæ, usque quo eam aut mortuam, aut vix vivam derelinquant.* Vide Petrum Opmerum in Chronolog. pag. 345.

Apud Wisigothos adulter et adultera marito adducebantur : et si Adulter filios non habebat, ejus bona eidem cedebant, ut est in Lege Wisigoth. lib. 3. tit. 4. § 1. 3. 12.

Adulteri apud Hispanos castrabantur. Lucas Tudensis, de Bamba Rege : *Testantur hæc ab illis Adulteris abscissa membra virilia, quibus pro fornicatione hanc ultionis irrogabat jacturam.* Vide Luithprandum lib. 6. cap. ult. Leges Ælfredi Reg. cap. 25. Saxonem Grammaticum lib. 5. Hist. Danicæ pag. 77. præterea Valerium Maximum lib. 6. cap. 1. Martial. lib. 2. Ep. 60. etc.

Apud Aragonenses, *secundum Foros antiquos, si conjugatus aut conjugata erant deprehensi in Adulterio, amittebant vestes suas, et solvebant 60. sol. de calumnia. Et si conjugatus cum conjugata erant deprehensi in Adulterio, solvebant dictam calumniam duplicatam; et si non poterant solvere dictam calumniam, flagellabantur, ut patet in Foro antiquo tit. de Adulterio lib. 8. flol.* 33. Ita Michael *del Molino* in Repertorio Foror. Aragon.

* Inter Constitut. MSS. Petri III. reg. Aragon. in Cod. reg. 4671. exstat *Forma securitatis per dom. regem facta, quam facere maritus tenetur, quando ei traditur ejus uxor adultera, et quomodo eam tenere habeat. Dominus rex visa sententia lata contra Eulaliam uxorem Johannis d'Oscha, quæ eidem Johanni per eandem sententiam tradi debet juxta usaticum mariti, uxori præstita securitate ydonea per dictum Johannem d'Oscha, reservatis eidem dom. regi modo et forma super dicta securitate; explicat et dat idem dom. rex modum et formam super dicta securitate. Primo, quod ante traditionem dictæ Eulaliæ, dictus Johannes, si illam vult, habeat tenere in domo propria, et in ipsa domo propria habeat facere domunculam ipse Johannes habentem xij. palmos de longitudine et sex de latitudine et duas cannas de statura sive de altitudine, et quod habeat dare eidem Eulaliæ unum sachpay sufficiens in quo dormiat, et unum lodicem cum quo valeat se cohoperire, et facere in dicta domo unum clot sive foramen, in quo possit solvere tributa ventris naturalia, et per quod foramen exeant illa fetida, et...... unam fenestram in eadem domo, per quam dentur eidem Eulaliæ victualia, videlicet quod dictus Johannes dabit sibi xviij. uncias panis cocti competentis pro qualibet die et aquam quantam voluerit dicta Eulalia, et quod non dabit sibi aliquid, aut faciet dari quod illam præcipitet ad mortem, aut aliquid aliud faciet ut dicta Eulalia moriatur. Super quibus prædictis dictus Johannes det bonam cautionem et ydoneam securitatem.*

Apud Lusitanos adultera cum adultero cremabatur. Quod si maritus nollet uxorem cremari, adulter liber erat, ut est in Coronatione Regis Portugalliæ, apud Anton. Brandaonum lib. 10. cap. 13.

Adulterorum apud Polonos pœnam ejusmodi fuisse, dum adhuc pagani essent, tradit Ditmarus lib. ult. pag. 106 : *Si quis alienis abuti uxoribus, vel fornicari præsumit, hanc vindictæ subsequentis pœnam protinus sentit : in pontem mercati is ductus per follem testiculi clavo affigitur, et novacula prope posita, hic moriendi, sive de his absolvendi dura electio sibi datur.*

Adulterarum pœnam, apud Bohemos *decapitationem* fuisse docet Vita S. Adalberti Episcopi Pragensis n. 9.

* Pœnitentiæ publicæ in provincia Trevirensis archiepiscopatus subjiciuntur adulteri, quibus vita et habitus peregrinantium præscribitur. Statuta provinc. Concil. Trevir. ann. 1238. tom. 1. Hist. Trevir. Joan. Nic. ab *Hontheim* pag. 722. col. 2 : *Statuimus ut de cætero* (adulteri et adulteræ) *publicam agant pœnitentiam. Mulieres infra parachiam portantes cyphum in scapula, et baculum in manu, in habitu et cibo per omnia tales, quales esse consueverunt peragere* (peragentes) *carenas.*

Cujusmodi autem fuerit apud Francos adulterorum pœna, dicetur in verbo *Trotare.*

* Non una fuit apud Francos adulterorum pœna : nam præter eam, de qua dicitur in voce *Trotare*, notanda est omnino illa, quam referunt Annales Victoriani MSS. ad ann. 1314 : *Eodem anno mense Maio fuit quædam iniquitas, ex qua regno Francorum magnum dedecus provenit. Nam duo milites fratres, Philippus et Galterus de Alneto, alter reginam Navarræ, filiam ducis Burgundiæ; alter Blancham comitissæ Atrebatensis filiam, uxorem Karoli, filii minoris regis Francorum, in adulterium impræguavit. Quod peccatum, licet diu duraverit et latuerit, tamen fuit propalatum. Propter quod dicti milites apud Pontisaram excoriati fuerunt coram populo, et eorum virilia amputata; postea ad caudas equorum distracti, in patibulo sunt suspensi. Duæ autem miseræ mulieres dictæ pannis vilibus indutæ carceribus deputantur.* Quod quidem supplicii genus adversus quosvis adulteros statutum fuisse nequaquam putandum est : hic quippe crimini par fuit pœna.

In libertatibus, concessis villæ Blaziliæ in Arvernis a Bertrando D. Mercorii ann. 1316 : *Si aliquis capiatur in Adulterio, persolvat centum solidos Podienses, aut fustigetur; et sit in electione hominis capti, vel mulieris de fustigatione vel solutione prædictis.* Vide Leg. 4. Cod. Theod. Quorum appellat. non recip. De pœnis adulterii multa congessit Stephanus Stephanius in Notis ad Saxonem Grammat. pag. 122. Vide præterea Socratem lib. 5. cap. 18. Eclogas Leonis et Constantini tit. 28. cap. 9. etc.

¶ Mulcta pecuniaria, cum in rem Dominorum cederet, diligentem illi adhibebant curam ne laterent Adulteri, quibus certe convincendis non multum laborabant; sæpius enim satis erat ipsa suspicio, ut quis reus pronunciaretur. Docent Libertates Sancti Georgii Esperanchii. ann. 1291. quænam probatio sufficiebat, ut quis velut Adulterii reus plecteretur : *Si Adulterium rationabiliter probetur; videlicet conjugatus cum conjugata vel soluta, vel e converso, braccis tractis inventus fuerit, vel nudus cum nuda inveniatur, et hoc possit probari per duos familiares, vel per unum, una cum alio teste fide digno in arbitrio Domini sunt.* Præter hanc mulctam pecuniariam lectus Adulterorum ex Consuetudine Viennensi adjudicabatur illi qui Adulteros deprehenderat; quod subinde ann. videlicet 1361. in *emendam* 5. solidorum mutatum fuit. Regist. Inscript. fol. 238 : *Et illi, qui Adulterantes deprehenderint non habeant lectum, nec aliquid de bonis ipsorum, nisi tantum quinque solidos pro lecto.* [** Apud Lubecenses Advocato licitum non erat adulterum in jus vocare, nisi quem maritus adulteræ seu ejus propinqui deprehenderant, vide cod. ann. 1294 art. 10. ap. Hachium pag. 249; ibid. pag. 148. Statut. civit. Flensburg. ann. 1284, art. 83 : *Non Exactor, non Præpositus neque aliquis alius de turpitudine legitimæ alicujus se intromittat, nisi per maritum legitime fuerit accusata.* Apud Hamburgenses vero licebat urbis custodibus fenestras et portas frangere ut subitum sibi introitum pararent ad deprehendendos adulteros. Vide Statut. Hamburg. ann. 1292. M. cap. 29 et Berkmanni chronic. Stralsund. ad ann. 1549.]

* Libertat. S. Andreæ prope Avinionem ann. 1292. in Reg. 122. Chartoph. reg. ch. 336 : *Quod si aliquis habitator dicti loci, Adulterium ibidem commiserit... fustigabuntur semel nudi per villam, pudibundis tamen mulieris coopertis.* Minus pudenter adulteræ puniebantur in vicecomitatu Turennæ. Vide infra *Approbatus.* [** Vide Proberti Leges Cambriæ pag. 132 et 133; codicem Lubecensem ann. 1243 art. 43 apud Hachium pag. 198. Diplom. ann. 1270. pro Burgensib. Gustroviensibus ap. Westphalen Monum. tom. 4. col. 941.]

* Sed et interdum apud nostrates, non a judicibus, imo ab incolis loci etiam junioribus pœna ridicula per jocum adulteris irrogabatur. Lit. remiss. ann. 1392. in Reg. 142. Chartoph. reg. ch. 284 : *Icelle Heliete avoit oy dire que les compaignons de la bachelerie de la Leu, près de la Rochelle, ont acoustumé le dymenche de la Trinité chacun an à baignier en un fossé plain d'eaue, appellé Lorteniguet, hommes et femmes demourant audit lieu de la Leu, qui ont eu compaignie charnelle contre leur mariage avec autres.... Pour la vergongne du monde, crainte dudit baing et batizons, icelle Heliete vouloit aler et fouir hors du pays.* [** Vide Grimmii Antiq. jur. pag. 726.] Alteram ejusdem generis exhibent aliæ Lit. ann. 1479. ex Reg. 206. ch. 329 : *Le suppliant par joyeusete et esbatement commença à dire à Nicolas le Blanc, qu'il estoit marié en son pays, et que neanmoins il avoit esté trouvé avec une femme en la ville d'Eu, et avoit eu sa compaignie; parquoy il falloit qu'il fust emplumé, ainsi que estoient les autres, qui aloient avec autres femmes que les leurs.* [** Adulterum impune occidi, si eum pater sive maritus domi suæ deprehendat dicit Paull. rec. sent. lib. 2. tit. 26. § 1. et 7. Vide leg. Ripuar. tit. 77; leg. wisog. lib. 3. tit. 4. cap. 6; Baijuv. tit. 7, cap. 1. § 1; Andream Sunonis lib. 13. cap. 1; Jus Iuticum lib. 3. cap. 37; Ord. judic. jur. prov. lib. 2. cap. 19. ed. Senckenb; secundum vero Specul. Suabic. lib. 2. cap. 22. maritus ipse vindictam exercens potestati Imperatoris quoad corpus et bona se subdit.]

Adulteros, vocant Scriptores Ecclesiastici, qui civitatis Episcopo adhuc superstite, ejusdem Episcopatum invadunt, aut qui quempiam ad Episcopatum promoveri patiuntur, Episcopo adhuc vivente. Episcopus enim promotione sua spirituales nuptias cum Ecclesia sua contrahit. Liberatus Diacon. cap. 14 : *Cumque super hoc multa dubitatio processisset, volentibus civibus neminem penitus ordinare, ne Adulteri viderentur,* (*Dioscoro quippe vivente,*) *novissime in Proterium universa sententia declinavit.* Cap. 17 : *Porro hæretici, ut jam dictum est, Petrum latenter instituerant, quem jussit Zenon Imperator expelli, tanquam hæreticum et Adulterum, etc.* S. Hieronym. Epist. 83. cap. 2. explicans verba S. Pauli, dicentis, oportet Episcopum esse unius uxoris Virum : *Quidam coacte interpretantur uxores pro Ecclesiis, viros pro Episcopis debere accipi, et hoc in Nicæna quoque Synodo a Patribus esse decretum, ne de alia ad aliam Ecclesiam Episcopus transferatur, ne virginalis pauperculæ societate contempta, ditioris Adulteræ quærat amplexus.* Vide Palladium in Vita S. Joan. Chrysostomi pag. 146. Theophanem pag. 188. et Anonymum Combefisianum in Alexandro num. 1. [** E Gloss. med. Græc. voc. Μοῖχος addendum : Qui episcopatum invadit altero episcopo superstite Victori Tunnunensi *Incubator Ecclesiæ* (Græcis ἐπιβήτωρ) non semel dicitur. Marcellinus Comes in Justiniano : *Anthymum mox Ecclesia pellit, dicens eum juxta Ecclesiasticam regulam adulterum qui sua Ecclesia dimissa ambierat alienam.* Ita usurpant Synesius epist. 105; Concil. Constantinopol. sub Mena Act. 1. pag. 20; Euagrius lib. 2. Hist. cap. 8; lib. 3. cap. 16; Nicet. Paphl. in vita Ignatii Patr. CP.; Palladius in vita Chrysostomi pag. 146; Theophanes pag. 188. 341; Anonym. in Alexandro num. 1.]

¶ **ADULTIUM**, pro *Adulterium*, seu mulcta pro commisso Adulterio. Charta anni 1246. in Tabulario Tolosæ ex Camera Comput. Paris. fol. 114 : *Justitiis sanguinis et commissionibus, et lactamiis, Adultiis et in omnibus ad me vel ad dictam seniorìam pertinentibus.*

¶ **ADULTULUS**, Adolescentulus. S. Paulinus Ep. 44 n. 3 : *Ibi parvuli sive etiam Adultuli Babylonis filii eliduntur.*

ADULTURUM, Adultrium. Charta ann. 1217. apud Ughellum in Episcopis Veronensib. : *Cum iniisset contractum cum D. Thelardo, quondam Veronensi Episcopo, super jurisdictione, districtu, et honore, et Adulturo, quæ vulgo plebania nuncupatur, et erimaria* (leg. *eremania*) *et fodro porti, ejusque curtis, etc.* Ibi mox : *Adulturum.* Infra : *Omnem honorem, omnem plebaniam, sive Adultrium, omnem fodrum, etc.* Sic alibi rursum : *De plebania, sive de Adultrio.*

¶ **ADUMATICUM**. Constitutio Ansegisi. Abb. Fontanell. inter Acta SS. Benedict. sect. 4. part. 1. pag. 640 : *De Riparensi curte mod. CL. de Abriaco mod. L. de Burgundia mod. L. sunt modii DC. Adumaticum mod. XXXII. Sicera, humolone, quantum necessitas exposcit.*

ADUNARE, Colligere, in unum cogere. Gloss. Græc. Lat. ἀθροίζω, *Aduno, congrego, glomero*, Italis *Adunare*. Henricus Rosla in Herlingsberga : *Præsul Sifridus, Hildenshemensis Adunat fortia castra, satis et terribiles equitatus*. Charta Rogerii Reg. Siciliæ pro Messanensibus apud Bonfil. Constantium : *Volumus etiam, quod ubicumque mercatores et navigiorum domini civitatis fuerint Adunati a tribus ultra, possint Consulem eligere*. [Chronicon Farfense apud Murat. tom. 2. part. 2. col. 594 : *Quarum omnium rerum inter Adunata et exadunata sunt modiola CCCC. Et in monte de Caballara et in Seliora modios VII.*] Adde Legem Longob. lib. 1. tit. 9. § 1. Concilium Budense ann. 1279. cap. 3. etc. Usi etiam Justinus non uno loco, Gellius lib. 2. cap. 29. Lactantius lib. de Mortibus persecutor. n. 23. 45. Senator lib. 5. Epist. 3. et alii. Vide Salmasium ad Vopiscum pag. 460. et Olaum Borrichium lib. de Variis linguæ latinæ ætatibus pag. 4. *Adunari* denique proprio vocabulo dicebantur Ecclesiæ, cum a barbaris pervasæ erant, ut eas recuperandi spes nulla esset : tum enim, quod reliquum erat, alteri Ecclesiæ *Adunabatur*. Vide Diurnum Romanum cap. 3. tit. 12. et Gregorium M. lib. 2. Epist. 59. lib. 5. Epist. 19.

* *Aüner* nostris, eadem notione. Contin. Guillel. Tyrii apud Marten. tom. 5. Ampl. Collect. col. 601 : *Et li dist qu'il voloit qu'il Aünast tant de gens, qu'il peust assembler as Sarrasins por combattre*. Reg. forestæ de Broton. ex Cod. reg. 4653 : *Robert Hose ij. sol. ij. cap. ij. den. xx. œufs, faucage et Aüner les foins*. Lit. ann. 1375. tom. 6. Ordinat. reg. Franc. pag. 179 : *Aünons et retenons en nostre domaine royal, etc.* Guillel. Guiart. ad ann. 1270 :

Quant il li plaist que de là isse,
Sans penser essoine nesune,
Vient aus plains, et sa gent Aüne.

La Mapemonde cap. 20 :

Qui riqueches veut Aüner,
Si se doit de celles pener,
Qui estables et vraies sont.

Miracula B. M. V. MSS. lib. 1 :

Lors se reprent à jeuner,
Lors se reprent à Aüner
Poures gens et poures malades.

* *Adunir*, Adjungere, adjicere, Gall. *Réunir*. Lit. remiss. ann. 1411. in Reg. 166. Chartoph. reg. ch. 4 : *Comme nous ayons Aduni et adjoinct à nostre couronne le duchié de Valoys etc.*

ADUNANTIA, pro Collecta, Congregatione, in Statutis Veronens. lib. 1. cap. 46.

* ADUNATIM, *Assembléement*, in Vocabul. compend.

ADUNATIO, In unum collectio, collecta, *Assemblée de gens*. Lex Longobard. lib. 1. tit. 17, 9 [** Loth. 1. cap. 4.] : *Ut nullus per sacramentum, nec per aliam obligationem Adunationem faciat*. Adde tit. 18. § 2. [** Rachis cap. 6.] *Adunatio voluntatum*, apud Senator. lib. 4. Epist. 33. Adde Epist. 36.

* ADUNATOR, Qui in unum colligit. Charta Phil. Pulcri ann. 1312. in Lib. rub. Cam. Comput. Paris. fol. 380. r° : *Una cum corveriis debitis pro feno dictorum pratorum adunando et intassando, pro quibus corveriis Adunatoribus et intassatoribus dicti feni decem et octo denarii duntaxat annuatim debentur*.

ADUNATUS, μονόχωρος ἐν τάβλῃ, in Gloss. Græc. Lat. De locis in alveo, seu tabula lusoria, qui sua habebant nomina, quorum fuere *Antigonus, Divus*, et hic forte *Adunatus*, ex Agathiæ Epigram. lib. 1. Anthol. cap. 61. egit Salmasius ad Vopiscum pag. 468.

☞ *Adunatus in Tabula*, Is est, juxta Hofmannum in Lexico, qui sive in tesseris, sive in latrunculis, Lusor omnibus calculis spoliatus victus abit, utpote qui *Adunetur*, id est, ad unum redigatur. At juxta vim vocis μονόχωρος, id est, cujus Rex ad illas redigitur angustias, ut ipsi in alveo una tantum supersit mandra, sive sedes.

* ADUNITAS, in unum collectio, collecta. Gloss. Lat. Gr. Philox. Adunitas, ὑφὲν.

1. **ADUNCARE**, Unco illigare, suspendere. Vita S. Tillonis Mon. cap. 2 : *Hamo crucis, ut draco, Aduncatus a domino est, et capistro ligatus ut jumentum*.

¶ 2. **ADUNCARE**, Aduncis volis arripere. Gall. *Agripper*. Bernhardi *de Breydenbach* iter Jerosol. pag. 183 : *Deinde post tergum meum currentes* (Dæmones) *voluerunt me Aduncare et in ipsos puteos sulphureos precipitare*.

* 3. **ADUNCARE**, Curvare. Glossar. vet. ex Cod. reg. 7646 : *Aduncis naribus, curvis naribus. Adunco, curvo*.

** **ADUNCUS**, *Anchora*. Gloss. Jæckii.

ADUNDATORIUM, ἐξομβριστήριον, in Gloss. Lat. Græc. clepsydra hortulanorum, Gallis *Arrosoir*.

ADVOARE, ADVOAMENTUM, ADVOATIO. Vide *Advocare*.

* **ADVOATUS**, Urbis præfectus, qui hujus regimini præest, atque adeo jura illius tutatur, unde nominis origo. Libertat. urbis Autiss. ann. 1223. inter Ordinat. reg. Franc. tom. 5. pag. 422. art. 17 : *Quicunque aliquam possessionem per annum et diem pacifice tenuerit, nullus contra eum poterit reclamare, nisi Advoatus sit, vel forispatriatus*. Nisi hic pupillum, qui sub tutela est, intelligas. Cæterum nostris, *Advoué* priori significatione. Lit. procuratoriæ ann. 1321. in Reg. A. 2. Cam. Comput. Paris. fol. 23. r° : *A tous cheaus qui ces presentes lettres verront et orront, li Advoeis, eschevins, conseil, et toute la communité de la ville d'Ypre etc.* Lit. Caroli V. ann. 1367. tom. 5. Ordinat. reg. Franc. pag. 9 : *Oye la supplication de noz bien amez l'Advoué, eschevins et communauté de la ville d'Ippre etc.* Huc spectat, ni fallor, vox *Advoirie*, in Statutis ann. 1447. pro civit. S. Audomari art. 27 : *Item que chacun an au lendemain des trois Roys, apres le renouvellement de la loi d'icelle ville, les mayeurs et eschevins et jurez ordonneront et esliront deux desdits eschevins nouvellement créés, et pareillement deux desdits jurez pour durant ladite année avoir le gouvernement de l'Advoirie et du livre des orphelins; lesquelles quatre personnes ainsi esleus ne pourront bailler aucuns des deniers de ladite Advoirie, que ce ne soit au profit accoustumé*. Ubi videtur usurpari pro reditibus in pauperes erogandis, quibus invigilare tenebatur præcipue is, qui res publicas regebat.

¶ 1. **ADVOCARE**, Advocatum agere, causam alicujus defendere, Gall. *Plaider*, apud vulgum *Advocasser*. Concilium Terracon. inter Anecd. Marten. tom. 4. col. 321 : *Olericus beneficiatus non Advocet contra Ecclesiam pro laico*. Occurrit eadem Notione in Actis SS. Aprilis tom. 2. pag. 328. Maii tom. 5. pag. 390.

* Chron. Joan. Whetamsted. pag. 367 : *Advocemus igitur nos pro domino nostro, qui in casu stat dicto, adeuntesque curiam parliamenti, proponamus causam taliter pro ipso, ut etc.*

** Glossa, nescio cujus, ad leg. 14 Cod. Just. de Judic. (lib. 3. tit. 1.) apud Savinium Hist. Jur. rom. med. æt. cap. 38 not. 174 : *Et dixit quidam judex loco domini Imperatoris per hanc legem Bulgaro et Martino, cum vellent Advocare eorum Imperatore, quia debebant jurare*.

¶ 2. **ADVOCARE** CAUSAM, Causam in medio ponere, Gall. *Appeller une Cause et la faire plaider*. Index MS. beneficiorum Ecclesiæ Constantiensis fol. 41. e Musæo D. *Du Cangé : Et Johannes de Leseaux ... asserens hujusmodi patronatum ad ipsum pertinere ... supra quibus debatis et litibus obtinuit contra ipsos dictus de Hamas ... in quo statorio procurator Regis procuraverat hujusmodi Causam Advocari*.

3. **ADVOCARE**, Rem factam agnoscere, rem in se suscipere, Gallis *Advouer*. Hujus notionis originem prodit Lambardus his verbis : *Erat in more positum, ut, si quis rem furto surreptam mercatus, eandem alteri vendidisset, atque is porro rem illam cuiquam alienasset, idemque fecissent alii præterea plures; domino tamen per leges licebat rem suam, ubivis deprehensam, suo sibi jure vindicare. Tum vero ejus, quem penes erat res deprehensa, partes erant, venditorem proferre, causæque illum Advocare, ut is venditionem præstaret, atque in se reciperet. Is demum causæ Advocatus, alium citabat aliquem, atque ita alio alium Advocante, in ipsum tandem furti auctorem culpa transferebatur*. Id ipsum Franci veteres dicebant, *Voucher à garantie*, quod idem est ac *Appeller son garant*. Qua quidem notione, *Advocare* accipitur in Legibus Inæ Regis apud Bromptonum cap. 52. 59. in Legibus Ethelredi part. 2. cap. 9. part. 3. cap. 10. et in Legibus Edwardi Regis Saxonicis cap. 2. Ab ejusmodi rerum venditarum *Advocationibus*, translata postmodum vox ad id, quod quis ut suum, aut a se factum, agnoscit. Concilium Lugdun. ann. 1274. cap. 22 : *Recognoscendo, seu profitendo ab illis ea tanquam a superioribus se tenere, seu ab ipsis eadem Advocando, prout in quibusdam partibus Gallicanis vulgariter dicitur Advouer*. Chron. Nangii ann. 1296 : *Nihil ab eo se tenere in feodo, aut quoquo modo alio Advocabat*. Adde eundem sub ann. 1301. Fleta lib. 1. cap. 15. § 4 : *Si vir ipsum in domo sua suscep erit, nutrierit, et Advocaverit ut filium suum*. Statutum Ludovici Hutini Reg. Franc. ann. 1315. editum a Pithœo, cap. 54 : *Donec fuerit Advocatus ut burgensis noster*. Vide Consuetud. municipales apud Raguellum, verbo *Advouer*, et Littletonum sect. 457. Statutum 2. Westmonasteriense ann. 13. Edw. I. cap. 2. etc.

ADVOUARE, Eadem notione ex Gallico

Advouer, in Concilio Salmuriensi ann. 1315. cap. 1 : *A personis laicis tanquam a superioribus, ea quæ ab Ecclesia tenent, Advouantes se tenere. Advouationes*, ibidem.

¶ Advocare Patronum, Agnoscere jus patronatus alicui competere, *Reconnoitre qu'une personne a droit de presenter à un benefice*. Chartular. S. Vandreg. tom. 2. pag. 1905 : *Godefridum quoque de Garrevilla instituimus personam Ecclesiæ de Jarreville ad præsentationem eorumdem* (Religiosorum Monasterii S. Vandreg.) *qui eos de omni beneficio Advocavit Patronos et inde promisit se eis fidem tamquam patronis juramento corporaliter præstito servaturum*.

¶ Advoare, Eadem significatione. Archiv. Ecclesiæ Dolensis ann. 1346 : *Nihilominus idem Radulfus, ad ipsam Capituli turbationem aspirans, dicitur postmodum Advoasse de facto dilectum et fidelem nostrum Episcopum Dolensem in dominum feodalem ipsarum decimarum. Occasione cujus Advoationis idem Episcopus decimas vi armorum collegit*. Archiv. castri Nannet. arm. L. cass. G. num. 4. ann. 1253 : *Guido de Valle et dominus Vitreii, Deliberationem quam Karissimus dominus Joannes Dux Britanniæ, Comes Richemundiæ nobis fecit de duobus hominibus nostris de Albigneio, qui capti erant apud Nannetas occasione cujusdam homicidii, de quo accusati erant, non habemus pro alia saisina quam habebamus, antequam dicti homines capti essent, nec Advoamus, nisi si prius faciebamus*.

¶ Advoamentum, Advocati, Gall. *Advoüé*, Tutela, patrocinium. Ejusdem districtus, Gall. *Advoüerie*. Tabular. Gemmeticense : *Qui quidem Prioratus.... ab antiquo de Advoamento, ressorto et jurisdictione Castri et Castellaniæ de Anneto*. Baluz. Hist. Arverniæ tom. 2. pag. 165 : *Ipsius gentes et officiarios, pro quibus Advoamentum et defensionem causæ in se susceperat*.

* Advoamentum, Approbatio, recognitio, Gall. *Soumission*. Vox forensis. Charta ann. 1376. in Reg. 108. Chartoph. reg. ch. 327 : *Post plures petitiones seu demandas, ac plures conclusiones per eos* (decanum et capitulum Lugdun.) *factas, et ante Advoamentum per eorum procuratorem factum, nullam conclusionem in ypothecaria fecerant; licet post Advoyamentum per eorum procuratorem factum, non erant nec sunt admittendi*.

¶ Advovamentum, Argumentum, probatio forte ducta ex testium, vel etiam adversariorum confessione, Gall. *Aveu*. Instrumentum appellationis Guillermi *Bruiere* ann. 1481. ex archivo Monast. B. M. de Bono Nuntio Rotomag. : *Et ut de præmissis vobis constare posset iidem mei magistri Advovamenta coram vobis exhibuerunt et produxerunt, per quæ vobis sufficienter constare poterat, testes per dictum de Paris productos esse ignorantes de pecia terræ contentiosa*. Vide *Advocaria*.

¶ Advoare, Ratum habere, comprobare, sufficienti auctoritate munire, Gallice *Advouer*. Requesta Humberti Dalphini tom. 2. Hist. Dalphin. pag. 340 : *Et si et in quantum eos recollegerit et receptaverit, ratum habent et Advoant ipsum*. Recognitio Vedasti de *Raquestor* in Tabul. Sithiensi ann. 1374 : *Vedastus confidens in requisitione prædicta et dicti terragiatoris responsione, et perhoc credens esse bene Advoatus*.

¶ Advoare, Agnoscere. Litteræ Officialis Autissiodorensis de Crevenno villa, ex Archivo Ecclesiæ ejusdem : *Promisit idem Johannes per fidem suam quod in dicta terra et justitia dicti Militis alium dominum quam Capitulum non Advoabit*.

¶ Advohare, Advohatio, Ejusdem significationis. Charta ann. 1283. apud Baluzium tom. 2. Hist. Arvern. pag. 300 : *Recognoscimus.... nos ea tenere a vobis de feudali dominio vestro, et pro vobis tanquam pro domino et gardiatore nostro et nostri Monasterii Advohamus et tenemus et nos et temporalia nostra; et aliam Advohationem, si quam fecimus, revocamus*. Instrum. homagii redditi Guidoni de Calviniaco Vicecomiti de Brucia ann. 1366 : *A dicto domino meo tenere et Advohare me offero*, pro *Assero*. Boerius Antiq. Consuet. Bituric. tit. 4. de Feudis § 11. et 13 : *Nota quod si Vassallus Advohet Regem Franciæ in Dominum, licet non sit, non perdit feudum de consuetudine, secus si alium dominum negando suum verum dominum*.

* Advoare, cui opponitur *Deadvoare*, Profiteri vassalli clientelam vel eam denegare, quod fori Gallici proprium esse vocabulum, colligitur ex Bulla Bonifacii VIII. PP. ann. 1300. in Bibl. reg. : *Non solum ea* (feuda) *ab eodem rege, ut prædicitur, recognovit; sed, ut Gallicano utamur vocabulo, Advoavit, imo etiam ea a dicto archiepiscopo et ecclesia Narbonensi Deadvoavit expresse*. Alia Bened. PP. XI. ex ead. Bibl. cot. 2 : *Amalricus se a Philippo rege Francorum tenere in feudum non solum recognovit, verum etiam juxta Gallicanum vocabulum Advoavit, eaque a te* (archiepiscopo) *ac prædicta ecclesia Narbonensi se tenere Deadvoavit*. Lit. Joannis reg. Fr. ann. 1355. tom. 4. Ordinat. pag. 721 : *Plures homines et feminæ dicti consanguinei* (ducis Athenarum) *suorum feodorum, retrofeodorum et gardiarum, qui eos deadvoaverunt, et se Advoaverunt et Advoant homines et feminas nostros de dicta jurata*. Pluries ibi. Hinc

* Advoatio et Devoatio, Professio clientelaris et ejusdem negatio. Inventar. Chartar. reg. ann. 1482. fol. 186. v° : *Arrestum curiæ Parlamenti pro domino Rege, contra Egidium archiepiscopum et Americum vicecomitem Narbonensem,.... per quod mandatur eos adjornari super Advoatione vel Devoatione. De anno* 1295. Vide supra *Addonare* et infra *Deadvouare*.

¶ Advoatio, Protectio, Tutela. Charta ann. 1383. apud Marten. tom. 1. Anecd. col. 1590. C : *Associationes, retentiones, Advoationes, aggregationes, receptationes, etc.*

* Advocamentum, Tutela, protectio. Charta Milonis de Noeriis ann. 1278. in Chartul. Pontiniac. ch. 62 : *Nos compellant ad observandum et complendum præmissa,... absque Advocamento alicujus domini alterius*. Gall. diceremus, *Sans avoir recours à un autre seigneur*. *Sens Avoul et sans reclain d'autre seigneur*, in Libert. Jonvillæ tom. 4. Ordinat. reg. Franc. pag. 294. Quod eo sensu accipiendum esse aperte docet art. 12. earumd. Lit. : *Li dit habitant ne porront ne ne devront Avouher ne reclamer lour ne leurs biens, d'autre seigneur que de nous*.

Advocare, Advocatum postulare, vel sub Advocati patrocinio se ponere *s'Advouer de quelqu'un*. Charta Margaretæ Comitissæ Flandriæ pro Ecclesia Tornacensi ann. 1250 : *Ita tamen quod dictus Episcopus et successores sui nos et successores nostros Comites Flandriæ, qui pro tempore fuerint, si indiguerint auxilio, Advocabit, nec alium dominum secularem poterunt Advocare*. Ubi Charta Walteri Episcopi Tornacensis ejusdem anni habet : *Non possumus alium dominum sæcularem, quam illustrem dominum Comitem Flandriæ, qui pro tempore fuerit, Advocatum pro auxilio habendo postulare, vel etiam invocare*. Vide Acta Murensis Monasterii pag. 22.

Advocare, Gall. *Aveer*, in Assisiis Hierosol. cap. 189 : *Quant gent à qui l'on a la dethe coneüe en Court, ou qui l'on prove, si comme ils doivent, veullent estre payés, doit venir devant le Seignor en Court, et requerre au Seignor que il li fasse paier si come il doit par l'assise, si come dethe conuë en Court de tel dethe que tel li conneist; et le Seignor li doit respondre que il en fera volentiers ce que il devra par l'Aveément de sa Court, que elle Avoie ce que il en fera; et la Court doit ce me semble Avoier de ce ens le Seignor que il mande semondre par trois de ses homes come Court celui ou celle qui la dethe connust, etc.* Cap. 257 : *Et la doivent assembler les plus anciens de la contrée, et toutes manieres de gens par qui ils cuident estre Avées, etc.*

¶ Advocatia, Officium Advocati. Vide infra post vocem *Advocatus*.

Advocatio, Vassallorum professio, *Adveu*. Statutum Ludovici Hutini ann. 1315. edit. a Pithœo cap. 4 : *Nec recipiemus novas Advocationes vassallorum seu hominum Ecclesiasticorum*. [Chartular. Matiscon. fol. 120 : *Ego Valterius in Advocationem nepotis mei, qui in pueritia est dono ad Casam Dei mansum in villa Ciciaco*. Vide *Advocatio* post vocem *Advocatus*.]

* 4. **ADVOCARE**, nude pro Tenere. Charta ann. 1236. in Chartul. S. Aviti Aurel. : *Aliam vero medietatem, quæ contigua est et vicina nemori, quod præfatus Petrus Advocat a rege, etc.*

* 5. **ADVOCARE**, Evocare, causam transferre, Gall. *Evoquer*, olim *Advoquer*. Libertat. villæ de Podio Mirolii ann. 1369. tom. 5. Ordinat. reg. Fr. pag. 313. art. 11 : *Quod Senescallus Agennensis aut aliquis alius officiarius ipsas* (sententias) *non possit revocare nec ad se Advocare*. Lit. Caroli V. ann. 1371. ibid. pag. 426 : *Si donnons en mandement.... aus bailli de Senz et prévost de la Villeneuve,.... que audit siege de la Villeneuve ne les appellent ou facent appeller, traire ne Advoquer en cas de ressort*. Lit. remiss. ann. 1392. in Reg. 143. Chartoph. reg. ch. 243 : *Le bailli de Rouen ou son lieutenant Advoquerent le cas par devant eulx*.

* 6. **ADVOCARE**, In familiam admittere, inter familiares recipere, ut suum agnoscere. Eo jure potiebantur quædam ecclesiæ, quo sibi adoptabant homines, qui ea ratione nonnullis privilegiis gaudebant; ejusmodi sunt etiamnum, qui in ecclesia Remensi burgenses canonicorum nuncupantur. Charta

Philippi III. reg. Franc. super discordia inter comitem Blesens. et capitul. Carnot. ann. 1271. in Reg. 30. Chartoph. reg. ch. 572 : *De numero advocatorum dictorum decani et capituli Carnotensis, ordinamus et dicimus quod ecclesia Carnotensis, seu decanus et capitulum Carnot. communiter possunt habere et Advocare usque ad decem advocatos et non plures ; et quod nullus canonicus Carnot. habens vel non habens dignitatem, personatum aut officium in Carnotensi ecclesia qualecumque, valeat aliquem Advocare.*

* **ADVOCARI**, Pro *Advocato* haberi, pensitationibus, quæ *advocatis* exsolvuntur, donari. Charta Bartholomæi Laudun. episc. ann. 1148. inter Probat. Annal. Præmonst. tom. 1. col. 335 : *Allodium quod dedit Odo de Trebehum, in quo sibi nihil juris retinuit, nisi tertiam partem de commisso, quia ut advocatus Advocabitur.* Vide infra *Advotia.*

* **ADVOCARIA**, Argumentum, probatio ducta, ut videtur, ex testium confessione ; nisi sit *Diffidatio*, quæ scheda provocatoria fit. Chartul. prioratus de Guilcio fol. 11. r° : *Comes Goffredus.... affirmavit ex antiquo esse consuetudinem in Andecavensi regione, ut si comes Andecavensis fecerit castellum in medio quarumlibet parrochiarum terræ suæ, ecclesia ipsius castelli tantum de circumjacentibus parrochiis obtineat, quantum palliis, vel fossatum, aut alia firmitas illius castelli in circuitu occupaverit.... Post multos annos cum prædicta contentio reaccensa esset, et inter se graviter monachi S. Albini et S. Sergii pro hac re disceptarent ; tunc iste Isembardus placitum et judicium, quod temporibus Goffredi Martelli comitis et Eusebii episcopi viderat et audierat, sicut supra scriptum est, in publico judicio enarravit, et Advocariam suam monachis S. Albini dedit, ut, si deinceps necesse fuerit, probare faciant.... Hujus Isembardi testimonii testes sunt Motbertus et Frotmundus de Viviaco.... Hujus rei quasi testis est etiam ipsius Isembardi Advocaria, quæ apud nos servatur.* Vide *Advocamentum* in *Advocare* 3. et *Advocatia* in *Advocati*. Alia notione occurrit in *Advocati* pag. 112. col. 2.

* **ADVOCATA**, Quæ causam alicujus consilio aut quovis alio modo, defendit. [** Vocabularius variloquus : *Dicitur de Maria Virgine.*] Charta manumissionis Petri episc. Laudun. anni 1377. in Reg. 131. Chartoph. reg. ch. 12 : *Edelinam feminam nostram de corpore.... sub infrascriptis modis et conditionibus manumittimus per præsentes, videlicet quod de cetero tanquam Advocata vel procuratrix, seu alio modo quocumque contra nos, successores nostros episcopos, vel ecclesiam nostram Laudunensem alicui alteri publice vel occulte, consilium, auxilium, vel patrocinium, aut juvamen dare ac etiam impertiri non possit.* Vide alia notione in *Advocati* pag. 111. col. 1 et 3.

* **ADVOCATALIS**, Vide infra pag. 113. col. 3.

ADVOCATI *Ecclesiarum*, qui jura, bona, et facultates Ecclesiarum tuebantur, quibus id muneris conferebatur, ut essent qui in publicis judiciis earum causas defenderent, et actoris vel rei partes agerent. Hos tum primum post Consulatum Stiliconis institutos innuit Synodus Carthaginiensis [Muratorius monuit esse Milevitanum II.] can. 99. *pro causis Ecclesiæ* : quia ut est in Chronico Mosomensi, *Ecclesia semper justo Advocato contra malignantes opus habet.* Atque deinceps statutum a summis Pontificibus et Principibus, ut Episcopi, Abbates, et Ecclesiæ *Advocatos* sive *Defensores bonos haberent*, in Concilio Romano sub Eugenio II. PP. Moguntiac. cap. 50. Duziacensi I. pag. 225. Edit. Celloti, in Capitul. ex Lege Salica et Gombata cap. 14. [** Capit. Aquisgr. ann. 813.] in Lege Longobard. lib. 2. tit. 47. § 7. 5. 6. 9. etc. [** Ludov. Pii cap. 56, Lothar I. cap. 7, 10 et 96.] Atque hi quidem non una *Advocati* appellatione, sed ex variis sibi injunctis muneribus, diversis etiam subinde nominibus donati leguntur. Nam et

Defensores passim nuncupati, quod ad Ecclesiarum *defensionem* et tuitionem deligerentur. Carolus M. in Cap. ann. 769. editis a V. Cl. Steph. Baluzio cap. 1. sese *regni Francorum rectorem et devotum sanctæ Ecclesiæ Defensorem atque adjutorem indigitat*, ubi in variis diplomatibus *Advocatus* inscribitur. Gregorius IX. PP. in Epistola ad Fridericum II. Imper : *Cum Advocatus Ecclesiæ intelligi debeat, quod Defensor; si Defensoris omittis officium, nomen improprie retines Advocati.* [** Ejusdem Frid. II. Imper. Tractat. pacis cum Innocentio IV. PP. ex Matth. Par. ap. Pertzium Monum. leg. Germ. vol. 2. pag. 350 : *Jura nostra que habemus et habere debemus in Marchia et Ducatu, et alia terra quam ecclesia tenet, videlicet cabalcata et parlamento, mercato et procuratione, que nos tamquam Advocati, patroni et defensores ecclesie habere debemus.*] *Advocati sive Defensores*, in Concilio Moguntino, in Actis Murensis Monasterii pag. 4. in Vita S. Emerani apud Canisium, in Testamento Widradi Abbatis Flaviniacensis sub finem, in Testamento Hadoindi Episcopi Cenomanensis apud Brissonium lib. 7. Formul. in Lege Bajuvar. tit. 1. cap. 1. in Capitul. Caroli M. lib. 5. cap. 2. [** Karlomanni capit. ann. 742. cap. 5.] 31. [** sive potius 33, epitomatum ex Concilio africano cap. 42] 40. 234. [** lib. 7. cap. 392] in Capit. Caroli Calvi tit. 40. cap. 2. [** ann. 874, ubi canon supra laudatus Capitulum concilii Carthaginiensis dicitur] apud Monachum Sangall. lib. 2. cap. 15. Aimoinum lib. 4. Histor. Franc. cap. 34. Hariulfum lib. 4. cap. 12. Dudonem de Actis Normann. pag. 96. 104. Ademarum Cabanensem pag. 171. Udalricum in Præfat. ad lib. 1. Consuetud. Cluniac. in Chartis variis apud Beslium in Episcopis Pictaviens. pag. 17. 18. Miræum in Donat. Belgic. lib. 2. cap. 52. Justellum in Hist. Arvern. pag. 19. Hemereum in Augusta Viromand. pag. 96. etc.

Deinde quod Ecclesiarum causas agerent et curarent, *Causidici* interdum nominati, ut in Bulla Urbani II. PP. de qua mox, et in Charta Rodulphi Aquitanorum atque Burgundionum Regis apud Justellum in Hist. Turenensi pag. 16 : *Qualem communiter munburdum et Causidicum habeant.* Ubi *Munburdi* iidem sunt qui *Tutores*, quomodo appellantur in Charta Henrici Ratispon. Episc. in Metrop. Salisburg. tom. 3. pag. 250. *Tutores et Actores*, quod Ecclesiarum tutelam suscipiant. Atque ut *Pastores* res Ecclesiasticas curant, ita ii Ecclesiarum res seculares ; unde *Pastores laici* appellantur in Tabulario Tutelensis Ecclesiæ : *Cernentes Monachi privatos se esse Pastore Laico, qui honorem illorum defensaret, petierunt sibi Bernardum Vicecomitem Torennæ, ut defensaret, etc.* Quo sensu *Pastores Ecclesiastici* appellantur in Epistola Nicolai PP. ann. 868. apud Loisellum in Historia Bellovacensi pag. 240.

Ejusmodi Ecclesiarum Advocati ex ordine erant *Scholasticorum*, id est, *Advocatorum, qui in actu erant, vel in munere defensionis causarum*, ut est in Codice Canonum Africanor. cap. 97. Nam Ecclesiæ suos antea *Defensores* habebant, sed ex ordine Ecclesiastico, ut satis indicat idem Codex : qui etiam *Œconomi* appellabantur, cum rerum et facultatum Ecclesiasticarum iis cura incumberet. [Illustres fuere in primis Ecclesiæ Romanæ *Defensores*, quorum nomen et munus primus omnium Summorum Pontificum Innocentius I. refert in Epist. 41. Vide Constantii notas ibid. tom. 1. Epist. Pontif. Post Innocentium de iisdem *Defensoribus* meminit etiam Zosimus PP. Epist. 9. ad Hesychium.] Atque inde *Defensorum laicorum* origo manavit, cum alias Clerici laicorum fora terere, et litibus causisque vacare vetarentur. [Hinc in Charta Philippi Augusti ann. 1194. pro Communia Attrebatensi : *Nullus Clericus adversus laicum hæreditatem petere potest, nisi per Advocatum suum.*]

Postmodum vero id munii attributum, non viris *scholasticis*, sed militaribus ac potentioribus, ut essent qui non lingua duntaxat, sed et armis jura tuerentur Ecclesiarum, quarum protectionem in se recipiebant. Olim enim *non habebant castella et arces Ecclesiæ Cathedrales, nec incedebant Pontifices loricati. Sed nunc propter abundantiam temporalium rerum, flamma, ferro, cæde possessiones Ecclesiarum Prælati defendunt, quas deberent pauperibus erogare.* Verba sunt Guidonis Abbatis Clarevallensis, apud Baluzium lib. 2. Miscellan. Ita Ecclesia Romana Longobardorum tyrannide oppressa Reges Franciæ et Imperatores Occidentales sibi in *Advocatos* delegit. Vita Caroli M. de eodem : *Quem postea Romani elegerunt sibi Advocatum S. Petri contra Reges Longobardorum.* Pipinus in veteri membrana apud Baronium ann. 761. n. 18. *Rex Francorum et Defensor Romanus* nuncupatur. Sic apud Ditmarum lib. 6. Henricus II. a Benedicto PP. corona donatus : *Advocatus S. Petri meruit fieri.* Chunradus Imperator apud Browerum lib. 3. Antiq. Fuld. cap. 17. *Romanorum Rex et Advocatus Pacificus* dicitur, ut apud Radevicum, Fridericus I. *Sacrosanctæ Ecclesiæ Romanæ Defensor.*

Et si hæ Regiæ tutelæ Romanam Ecclesiam potissimum spectasse videantur, quæ viris potentissimis indigebat ad repellendos validissimos hostes ; cæteræ etiam, quæ sub ipsis Principibus suorum interdum hostium et usurpatorum patebant injuriis, Advocatis pariter opus habuere, qui et vim vi repellerent, et si jure agere necesse esset, pro iis responderent. Henricus Rex Fr. in Charta ann. 1058. ex Tabul. Fossatensi [** tom. 11. Hist. Franc. pag. 596] :

Quidem noster miles Guillelmus nomine Castri Corboili suggessit nobis ac deprecatus est nostram clementiam, ut ei concedere dignaremur ea, quæ quondam bonæ memoriæ Comes Burchardus nomine in cœnobio S. Mariæ sanctique Petri Apostoli Fossatensis Ecclesiæ, temporibus avi nostri Hugonis Francorum Regis habere videbatur. Nos vero, licet inviti agamus, hujus tamen nostri præcepti auctoritate manifestamus, quomodo vel qualiter ei concedimus: ut enim a nostris majoribus comperimus, jam dictus Comes Burchardus nihil aliud ab avo nostro jam dicto Hugone de ipso loco habuit, neque tenuit, nisi ut providentiam atque defensionem adversus hostes et inimicos sanctæ Dei Ecclesiæ, atque pervasores prædiorum ipsius loci haberet, et ut ipsum locum sublimare atque ditare terrarum suarum beneficiis atque possessionibus liceret. Eadem ergo ratione præscripto Guillelmo concedimus, etc.

Primitus autem eligebantur *Advocati* in præsentia Comitum ab ipsis Episcopis et Abbatibus, ut est in Lege Longobardorum lib. 2. tit. 47. § 1. 2. 4. 7. [** Caroli M. 22, 55, 64; Ludov. Pii 46; Lothar. I. 10.] cujus moris extat diploma apud Ughellum in Italia sacra tom. 7. pag. 1419. Quæ quidem sibi Advocatos deligendi facultas Ecclesiis indulta a Regibus et Principibus passim legitur in veteribus Tabulis, cum hac formula, quæ habetur in Charta Caroli Reg. pro Frotario Arch. Burdegalensi, et Ecclesia S. Juliani in *Comitatu Brivatensi*, in 1. vol. Memorial. Cameræ Computor. Parisiens. fol. 39: *Liceat eis qualemcumque sibi sua sponte elegerint Advocatum habere: ipsumque Advocatum nemo præsumat temerario ausu distringere, sed nostro coram Comite Palatii res jam prælibati Martyris, videl. S. Juliani, absque alicujus inquietudine, vel morarum dilatione, liceat inquirere, etc.* [Charta Henrici III. Imper. ann. 1056. apud Marten. tom. 1. Ampliss. Collect. col. 443: *Et ut Abbas suos Advocatos habeat licentiam statuendi, sine Regis præsentia, in cujuscumque Comitis mallum voluerit.*] [** Sententia Friderici I. Imp. ann. 1180 ap. Pertz. l. l. pag. 164: *Judicatum est quod Episcopus* (Basiliensis) *vacantem sibi cujuscumque loci Advocaciam vel in manu sua quantocunque vult tempore retinere potest vel alii cuicunque dare.*] Alias ejusmodi videre licet in Historia Episcop. Bremensium pag. 120. in Chronic. Abbatum Laubiensium pag. 605. in Actis Murensis Monasterii pag. 16. 17. 18. in Chron. Laurishamensi pag. 73. in Chron. Montis-Sereni pag. 147. in Privilegiis Ecclesiæ Hamburgensis pag. 151. 155. apud Miræum in Notitia Ecclesiar. Belgii cap. 87. 101. in Diplomat. Belg. lib. 2. cap. 35. in Codice Donat. piar. cap. 72. in Spicilegio Acheriano tom. 12. pag. 106. apud Ughellum tom. 2. pag. 108. Justellum in Hist. Turenensi pag. 16. Nicolaum Zyllesium in S. Maximino part. 2. pag. 27. 29. in Metropoli Salisb. tom. 1. pag. 245. tom. 2. pag. 247. 275. tom. 3. pag. 285. in Hist. Guinensi pag. 46. etc.

[* At vero cum penes abbates et monachos erat facultas eligendi advocatos, eadem auctoritate summorum Pontificum Principumve illis nonnumquam indultum legitur, ut eosdem ab officio removere possent. In exemplum sit Bulla Lucii II. PP. ann. 1143. inter Probat. Hist. monast. S. Emmer. Ratisbon. pag. 141: *Advocatus sane, qui utilior esse videtur, ab abbate et fratribus instituatur; qui si postmodum monasterio et fratribus inutilis fuerit, remoto eo, alter præficiatur.* Quod in Charta concessæ *advocationis* etiam inserebatur. Charta ann. 1282. ibid. pag. 236: *Si autem statuta supradicta nos et liberi nostri.... in aliqua parte fuerimus transgressi,.... licebit domino abbati.... alium eligere Advocatum, qui præfata prædia tueatur.*]

Interdum petebantur *Advocati* ab ipso Rege, seu Principe, a quo deligebantur, ut est in Capitulis Caroli M. lib. 5. cap. 31. [** 33] lib. 7. cap. 308. [** 392] vel ab ipso ultro dabantur, ut est apud Aimoinum in Vita S. Abbonis Floriac. cap. 16. in Chronico Gemblac. pag. 112. in Chronico Besuensi in Chlotario; in vett. Tabulis apud Doubletum pag. 723. in Hist. Guinensi pag. 263. in Hist. Beneharn. pag. 248. in Codice Donat. piar. cap. 76. [in Diplomate Lotharii II. apud Marten. tom. 2. Ampliss. Collect. col. 100.] etc. Vel denique ab ipsis Episcopis, ut in Chronico Senoniensi lib. 2. cap. 5. Interdum a summo Pontifice, ut in Diplomate Leonis IX. PP. apud Gretserum in libris de Cruce pag. 2621. Sæpe denique Ecclesiarum fundatores ipsi earum advocatiam sibi et posteris reservabant, ut in Chronico Montis-Sereni ann. 1127.

[* Charta Henrici imperat. ann. 1018: *Sed hæc vero erat traditionis adjectio, ut in eorum* (fundatorum monast. Florin.) *prosapia semper de proximo in proximum, post mortem cujusque, adveniret Advocatio; si autem hæredum extirpatio contingeret, neminem fieri advocatum, nisi quem ipse abbas eligeret.*] [** Charta Adelogi Episcop. Hildens. ann. 1174. ap. Lauenstein. in Hist. Dipl. Ep. Hild. part. 2. pag. 261: *De Advocatia vero monasterii idem decernimus, ut quo ad usque prenotati vixerint fundatores regimen tuitionis sive defensionis quisque pro donationis suæ jure obtineat.* Insignis in hanc rem est charta Ottonis I. Imp. ann. 952. ap. Seibertz. in Histor. Duc. Westphal. pag. 9: *Ea scilicet ratione illi* (Hoholdus comes et fratres) *prenotatum de sua proprietate.... construxerunt monasterium, quatenus predicta Wicpurahc* (soror fundatorum) *illud ecclesiastico possideret jure, usque ad vitæ illius obitum, et postea quandiu in eodem monasterio de ipsius ante dicti Hoholdi progenie, aliqua hujuscemodi honoris digna inveniatur, nequaquam alia eligatur. Ac si nulla.... de eadem geneloia in eodem monasterio ad prefatum honoris promoveatur gradum femina, tunc potestatem habeant de alia inter se nutrita stirpe eligendi abatissam.... Proinde sanccimus, monasterium quod jam in nostram suscepimus tutelam, ut nullus judex publicus nec aliquis ex judiciaria potestate illud ingredi aliquid judiciariæ potestatis exercendæ in villis aut aliquibus locis prefate collatis ecclesiæ habeat potestatem, vel in futuro conferendis, nisi ipse Hoholt quem Advocatum usque ad vitæ ejus discessum et post illius obitum, si habet filios, filium, si non habet, fratris ejus filium et sic dum seculum fiat de illius germine fore disposuimus Advocatum; et nec illo, nec aliquo homini potestativa constrictione adquisitum nullum inde conficiatur servitium.* In charta ann. 1014 (ibid. pag. 25) Heribertus Colon. Archiep., non immerito dicit Hoholdi progeniem hoc monasterium tenuisse *semper libero usi arbitrio sicut propria possidentes.* Hildigundis vero, ultima ex fundatorum gente abbatissa, congregationem *cum manumissione Advocati sui Sikkonis Comitis, accipiente eam nostro* (Archiep. Colon.) *Advocato Tiemone nostre metropoleos tradidit mundiburdio* etc.]

In primis autem observandum, quod in capitulis ex Lege Salica et Gumbata [** ann. 813.] cap. 14. cavetur, *ut Advocati habeant in illo Comitatu*, in quo sunt Ecclesiæ, *propriam hæreditatem.*

Ad hoc igitur Advocatos habere jussi sunt Episcopi, Abbates, et Sacerdotes, quia cum ii secularia placita adire vetentur, si quid quærere aut in jure respondere necesse haberent, id per Advocatos facere possent, ut est in Codice Canonum Afric. cap. 97. in Concil. Mogunt. cap. 12. in Lege Longob. lib. 3. tit. 1. § 11. [** Carol. M. cap. 99; Capit. add. ad leg. Longob. ann. 803. cap. 12 ap. Pertz. vol. 2. pag. 110] et alibi passim. [** Vide Eugenii II. PP. Concilium Romanum ann. 806, art. 19 et 20. ap. Pertzium. Monum. Germ. leg. vol. 2. append. pag. 16.] Ita apud Anonymum de Festo restitut. imagin. pag. 742: Προσῆλθον τῷ Θεοφίλῳ βασιλεῖ αἱ μονάζουσαι ἅμα τῷ αὐτῶν οἰκονόμῳ, questuræ de Drungarii vigiliæ rapinis.

Deinde cum legibus cautum sit, ut nemo Clericorum jurare præsumat, et in prima litis contestatione jusjurandum calumniæ omnes principales personæ subire teneantur, ut hoc officium *Advocatis* suis delegare possint, sanxit Lex Longobard. lib. 2. tit. 47. § 8. 11. [** Lothar. I, 18, Henrici II Imper. 1, Pipini 7, ubi cum codice Estensi legendum esse *Laicus autem, non clericus* pro *Laicus aut clericus* quod Baluzius habet, recte monet Murator. ad hunc locum et Antiquit. Ital. vol. 5. col. 276.] lib. 3. tit. 32. § 1. [** Pip. 7.] Sed et eadem Lex lib. 2. tit. 47. d. § 8. singulis Episcopis, Abbatibus et Abbatissis concedit, ut duos Advocatos habeant, *unum qui causam procuret, alterum qui sacramenta deducat.*

Intererant igitur Comitum placitis, et ut patroni, Ecclesiarum suarum jura tuebantur. Hincmarus Laudun. ad Remensem: *Et ideo legaliter et regulariter eas* (res) *cum cæteris mansis ad Pauliacum pertinentibus per sex menses possedi, donec idem Ansgarius regia potestate ipsas obtinuit, non Advocato meo ad mallum, ut publicæ se habent leges, pro rebus ipsis mannito.* Adde in eandem sententiam Adrevaldum lib. 1. de Mirac. S. Benedicti cap. 24. 25. 28. Chronic. S. Vicentii de Vulturno lib. 2. pag. 690. 691. et Chartas veteres apud Bignonium ad Marculfum, et Duchesnium in Hist. Vergiac. pag. 19. 31. 112. Justellum in Hist. Turenensi pag. 11. Perardum pag. 33. 34. 35. Ughellum tom. 5. pag. 278. 1489. tom. 7. pag. 1296. 1418. Beslium in Ducibus Aquitan. pag. 176. etc.

In distractionibus ac alienationibus rerum Ecclesiasticarum requirebatur eorum consensus, ut colligitur ex Joanne Sarisberiensi Epist. 6. et 10, etsi hoc loco *Advocati* videntur iidem, quos hodie *Patronos* vocamus; vel saltem eorum interventu has factas constat ex Chron. Laurisham. pag. 68.

☞ Abbates, atque interdum Episcopi sine *Advocati* consilio et assensu non eligebantur, ut videre est in Privilegio Rudolfi Episcopi Halberstad. anni 1147 : *In eligendo Abbate juxta religiosorum virorum consilium assensu et consilio Advocati liberam esse fratribus electionem decernimus.* Ibidem : *Eadem die primus Abbas ejusdem novæ Cellæ Burchardus a multis religiosis viris in præsentia Domini Episcopi Rudolfi venerabiliter institutus est, assensu et consilio et petitione Advocati Comitis Burchardi.* [** Patroni Ecclesiarum qui *præsentandi* jus exercebant, Advocatorum nomine designantur in Decret. Greg. IX, lib. 3. tit. 38. cap. 6 et 24. Vide infra Advocatus, Patronus, pag. 112. col. 1.]

Si donationes aut restitutiones fierent Ecclesiis, eas illi ratas habebant, ut est in Privilegiis Ecclesiæ Hamburg. pag. 168. et in Tabulario Persiacensi apud Perardum pag. 23. [** Antiquitus traditiones fiebant *in manus* Advocati. Vide codicem traditionum Juvaviensium. Charta Ruothildis Paláciolensis Monaster. Abbatissæ ann. 989, ap. Hœferum in Diario diplom. vol. 1, pag. 529 : *Tradidi itaque ea absque ullius controversia per manum Sigibodonis, Advocati mei, quæ etiam sunt recepta per manum Advocati ipsius loci Rorici, adstantibus etc.* Sæpius vero inter testes leguntur advocatorum nomina, ut in Dipl. Gandavensi sec. XI. ap. Warnkœnig Hist. Jur. Flandriæ, vol. 3. p. 133. Ibidem pag. 158. in dipl. Brugensi ann. 1271, *solemnitates venditionis, verpitionis et effestucationis fiunt in manus D. Pópponis, monachi dicti Ecclesiæ ad opus ipsius Ecclesiæ.*]

Advocatorum etiam munus erat Monasterii bona *ab omni rapina et in debitis exactionibus illæsa* conservare; ut est in Charta Ecberti Bambergensis Episcopi in Metropoli Salisburgensi tom. 2. pag. 29. [Præceptum Pipini Aquitan. Regis ex Tabulario S. Florentii : *Et sicut res fiscorum a nostris defenduntur atque inquiruntur Advocatis, ita et res ejusdem Monasterii ab Advocatis propriis defendantur seu adquirantur.*]

Eorum denique consiliis Abbates utebantur in majoris momenti negotiis, ut est in Chronico Laurisham. pag. 74.

Postmodum vero Advocati, qui ad hoc primo instituti erant, ut in Comitum placitis ac mallis jura Ecclesiarum, tanquam Patroni, tuerentur; ipsimet judicia exercuere, jusque dixere Ecclesiarum suarum vassallis. Ter autem in anno, quemadmodum Comites, *placita* sua seu *malla* tenebant, quæ *tria generalia placita*, dicuntur in Charta Adalberonis, Episcopi Metensis ann. 1065. apud Meurissium. Charta Henrici IV. Imp. ann. 1114. in Actis Murensib. pag. 12 : *Et ter in anno, si necesse fuerit, aut in ipso loco, aut ubicumque vel quandocumque Abbati visum fuerit, invitatus ab illo veniat, et ibi placitum justum pro causis et necessitatibus Monasterii rite peragat.* Alia Henrici Palatini Rheni ann. 1093. apud Miræum in Diplom. Belg. lib. 2. cap. 35 : *Nunquam ad publicum placitum considebit, nisi a fratribus, si res ita poposcerit, invitatus fuerit. Cum invitatus fuerit, serviatur ei quod honori ejus sit congruum, etc.* Charta Henrici II. Imp. ann. 1023. apud Nicol. Zyllesium : *Nullumque placitum præter tria jure debita in Abbatia tenere præsumant.* Charta Conradi Imperat. ann. 1145. pro Monasterio Marsnensi : *In talibus placitis generalibus quotannis servitium determinatum, tertiam partem pecuniæ in tribus placitis generalibus acquisitæ, recipiet Advocatus.... de reditibus S. Remigii per villicum et scabinum placitabit Præpositus sine Advocato. Si effusio sanguinis seu banni infractio, seu latrocinium infra alodium emerserint, placitare non poterit Præpositus sine Advocato, et exinde tertiam partem recipiet Advocatus.* Fulcardus Abbas Lobiensis in Epist. ad Henricum Imp. queritur, quod in villis sui Monasterii, *in aliquibus quatuor, in aliquibus tres, in aliquibus etiam septem sint Advocati, qui præter tres generales placitos, quandocunque volunt, ibi sigillatim placitant.* Charta alia Adalberonis Archiepiscopi Hamburgensis : *Tribus etiam annuatim diebus ad placita sui Advocati ex condicto veniant, et bannum pro quolibet suo commisso tantum quatuor solidis redimant.* [Quo vero anni tempore tria hæc tenerentur placita docet Constitutio Leduini Abbatis S. Vedasti Attrebat. ann. circiter 1020. apud D. Brussel tom. 2. Tract. de Usu Feud. pag. 789 : *Homo de generali placito tria placita debet in anno; unum, sexta feria post Epiphaniam; aliud, sexta feria post octavas Paschæ, tertium, sexta feria post festum S. Johannis Bapt.* Quod pro locorum diversitate variare potuit.] [** Bis in anno in dipl. Heusdorf. ann. 1255. in Thur. sacra pag. 344 : *Quod Advocatus habeat duo iudicia, quæ Voitisding a vulgo nominantur, unum in octava beatæ Walpurgis, reliquum in octava Martini, et quod indicare debeat sine capcione, que vare volgariter nominatur, et hæc indicabit : effusionem sangwinis, homicidium, furtum, rapinam, incendium nocturnum.*]

☞ Non tamen in Advocatis erat ut ad libitum suum placita tenerent; modo enim in Charta Henrici Palatini Rheni ann. 1093. legebamus iis prohibitum fuisse ne id agere tentarent, nisi invitati ab Ecclesia cujus erant Advocati. Idem confirmat Diploma Lotharii II. ann. 1137. pro Stabulensi Monasterio apud Marten. tom. 2. Ampliss. Collect. col. 100 : *Ubi vero Abbas cum suis ad justitiam faciendam non sufficerit, si Advocatus petitione Abbatis, quia aliter numquam debet, venerit, tertiam portionem de his, quæ ex illa duntaxat justitia accrescent, habebit.* Eadem verba repetit Conradus II. in Diplom. ann. 1138. ibid. col. 104.

Ne porro gratis placita ista tenere viderentur *Advocati*, concessa iis est, ex recepto usu, tertia pars *bannorum*, seu mulctarum, quæ in reos et injuste litigantes decernebantur : ita tamen ut nihil præterea exinde possent exigere, cum partes duæ aliæ in usus Ecclesiæ cederent; quæ quidem tertia bannorum pars judicum semper fuit in mulctis judiciariis, ut constat ex Lege Bajuvar. tit. 2. cap. 16. Eberhardus Archiepiscopus Saltzburgensis in Chronico Reicherspergensi, ubi de Advocato Saltzburgensi : *Qui videlicet de beneficio principalis Advocatiæ sibi collatæ, prædictum Cœnobium* (Reicherspergense) *sine omni gravamine defendat, contentus nimirum justitia trium bannorum, quorum duo in usum Præpositi et Fratrum, tertium in usus ipsius Advocati cedat.* Charta Caroli M. pro Monasterio Augiensi apud Nauclerum generat. 27 : *Insuper statuimus atque jubemus, quicquid placitando ibidem acquirat* (*Advocatus*) *tertia parte... sibi retenta, duas Abbati reddat, etc.* Alia Friderici II. Imper. ann. 1193. pro Monasterio S. Quirini Tegernesehensi : *Et tertia pars bannorum sit Advocatorum, duæ partes sint Abbatis et Fratrum, Wergelda Abbatis et Fratrum sit, et mancipium pro mancipio.* Charta Henrici III. Imp. ann. 1056. apud Nicol. Zyllesium : *De bonis autem, quæ* (in) *Advocatorum placitis publicata fuerint, duæ partes Abbatis, tertia vero pars in eodem tantum anno rerum et frugum Advocatorum erit; postea vero nihil ad eos pertinet, quid Abbas inde disponere velit.* Vide Ægidium Gelenium in Colonia pag. 68. 69. 85. 86. 87. [et Diplom. Lotharii II. et Conradi II. paulo ante laudata.]

Hinc passim *Tertii banni* Advocatorum mentionem fieri observare est in veteribus Tabulis, in Chronico Reichersp. pag. 200. 214. in Actis Murensis Monasterii pag. 22. in Chronico Hirsaugiensi ann. 1075. in Metropoli Salisburgensi tom. 3. pag. 239. 244. 308. 312. 399. et alibi non semel : quæ quidem tertia *bannorum* pars, *Tertius denarius* dicitur in Gestis Abbatum Laubiensium pag. 603. in Charta Ludovici Comitis Lonensium ann. 1155. apud Chiffletium in Vindiciis Hispanicis pag. 39. in Charta Adalberonis Episcopi Metensis apud Meurissium, et Miræum in Cod. Donat. Piar. cap. 54. et in Chronico Mosomensi pag. 660. *Tertia pars pecuniæ in generalibus placitis acquisitæ*, in Charta Henrici Imp. ann. 1145. in Cod. Donat. Piar. cap. 95. *Tertia pars compositionum*, in Charta Henrici Ratisponensis Episcopi ann. 1138. in Metropoli Salisburgensi; *Tertia pars legum*, in Diplomate Caroli M. apud Doubletum pag. 723. si tamen genuinum est; denique *Tertia pars emendarum*, in Chronico Senoniensi lib. 2. cap. 5.

☞ Præter tertiam partem emendarum, seu, ut aiebant, *eorum quæ placitando acquiruntur*, Advocatus de singulis mansis annuam præstationem solebat exigere, quæ varia erat pro locorum diversitate. Charta Rudolfi Episcopi Halberstad. anno 1147. legitima Advocati recenset jura, his verbis : *Quid autem juris in bonis Ecclesiæ Advocatus habere debeat, præsenti scripto commendare dignum duximus, ne vel Advocato, quod sui juris est, postmodum subtrahatur, nec quicquam præter statutum ab hominibus extorqueatur. De singulis mansis duo maltra frumenti et unum anserem Advocatus singulis annis recipiat hac conditione, ut in legitimis placitis suis homines sub observatione quadam, vulgo dicta Vâra, astare et respondere non cogat. Ab hoc autem statuto omnes mansi, quos fratres in Dominicalibus suis in Elwersdrop et in Ludeslêve excolunt, et bona Ministerialium excipiuntur. In majoribus vero excessibus homines deprehensi sub observatione respondeant. Ex omnibus que placitando acquiruntur, due partes Abbati, tria vero cedant Advocato.* Ubi *tria* pro *tertia.* [** Cæsarius in Registr. bonorum Ecclesiæ

Prumiensis cap. 29 : *Comes de Viana* (ecclesiæ Prum. Advocatus) *nihil ibidem præter servitium, quod ei a prædecessoribus nostris indultum est, quod Vogtdinest appellatur et tertiam partem placitorum sive satisfactionum debito modo... deberet percipere.*]

☞ Adde quod aliquot e terris quas incultas inveniebat colere et fructus percipere poterat. Charta Hugonis Archiep. Senon. de advocatione de Balneolis ex Tabul. S. Germani a pratis : *Advocatus quoque si supra viam Trecensem terram invenerit vacuam, sine fimo scilicet aut cooperatione,* [** leg. carroperatione] *ibi corvadas quas in villa habet mittet, non alibi, nec alias ibi mittet carrugas nisi corvadas; quando vero terram sicut dixi corvadis coluerit, decimam totam et medietatem terratici Monachis dabit.*

☞ Nihil tamen in prædiis, quæ Fratribus alendis erant addicta, capiebat Advocatus teste Adalberto III. Episcopo Metensi in Charta ann. 1065. apud Miræum tom. 1. pag. 62. edit. 1723. Ibi enim explicans jura ad Advocatum et Subadvocatum Monasterii S. Trudonis pertinentia, ait : *Qui Sacramento adstricti nominatim protulerunt, quasdam curtes esse in ipsa Abbatia, id est, Burlon, Lare, Mere, Wilre, Kircheim, Staden, Halmale, in quibus nunquam a meis prioribus aliquid juris concessum est Advocato; quia eædem stipendiis adscriptæ Fratrum, nulli alteri obaudire debent, quam Præposito et ejusdem Monasterii Cellerario.* Vide infra *Advocatia* et *Jus advocatitium.*

Tenebantur præterea Ecclesiarum Præsules, dum hæcce obirentur placita, *Advocatis* et eorum famulis certa ac definita præbere cibaria. Charta Henrici III. Imp. ann. 1056. pro Monasterio S. Maximini Trevirensis, apud Nicol. Zyllesium : *Et quicquid ibi placitando acquisierint, duæ partes Abbatis, tertia ipsorum* (Advocatorum) *erit, eadem vero die Abbas ipsi Advocato, quicumque est, servitium dabit, duos scilicet modios panis, frinskingos 4. ovinos, et amam unam vini : si amplius habere voluerit, de placito habebit.* Jura Bambergensis Ecclesiæ pro Advocatia, in Metropoli Salisburgensi tom. 3. pag. 50 : *Insuper piæ memoriæ Eberhardus Episcopus, præter justitiam, causa majoris benevolentiæ constituit ei servitium ad Placitum suum; scilicet duos modios tritici, vel ducentos panes, 2. porcos, quorum unus valeat 20. nummos, alter 25; 10. gallinas, 20. caseos, 10. ova, 2. urnas vini, 4. urnas cerevisiæ, 6. modios pabuli : hoc servitium datur ei in Oesterhoven diebus placiti sui.*

[** Hæreditates vacuæ alienigenarum interdum spectabant ad Advocatos. Charta Adelheidis Abbat. Gandersheim. ann. 1188 in Harenbergii hist. Gandersh. pag. 131 : *Exuvias defunctorum, eorum videlicet, qui veri adventitii vel veri exules fuisse probantur, legitimis heredibus, si tamen ipsi eas ante evolutum annum et legalem diem petiverint, Advocatus exhibebit. Heredibus autem infra annum non comparentibus illas ad jus Advocati pertinere consuetudo permittit.* Statuta Susatensia anni 1120 in Seibertzii Histor. ducat. Westphaliæ pag. 50. Docum. art. 13 : *Preterea juris Advocati est hereditatem accipere Frisonum et Gallorum.*]

☞ Sed nullibi magis singillatim Advocatorum officia et jura declarantur, quam apud Ludewig. Reliq. MSS. tom. 4. pag. 202. in Charta ann. 1156. Quocirca chartam integram hic exscribendam duximus : *In nomine Sanctæ et individuæ Trinitatis, ego Ottaker Marchio de Styre etc. Unde et ego præsentibus ministerialibus meis antiquiores eorum de jure Advocati studiose requisivi; et ipsis seriatim disserentibus, sicut avus meus Marchio Ottaker ab ipsa loci fundatione constituit, et proavus meus Marchio Luipoldus postmodum diligenter firmavit, ita demum instante necessitate, imo compellente divino timore, et ipse perpetua necessitate roboravi. Hæc sunt autem, quæ ad jus Advocati seniorum nostrorum judicio inventa sunt pertinere. Ter in anno, id est, bis tempore graminis, semel tempore feni, placitum suum debet habere, et hoc de clamatione vel notificatione illius præconis, quem sibi Abbas vel potens ejus.... nuncius debet ad latus ipsius Advocati sedere, et de omni manuum compositione, sive pugnæ, sive furti duæ partes ad Ecclesiam respiciunt, tertia ad ipsum etc. Illuc si ibi prandere vult, comportent rustici circumpositi, quo convenienter serviatur ei, si tamen ita advenit, hoc est, cum paucitate simul venientium, quo id possit fieri sine gravamine pauperum; sin alias, jejunus abscedat. Si servus Ecclesiæ occiderit conservum suum, stemma ex integro Ecclesiæ restituatur, etc. De subsequenti vero emendatione duæ partes ad Ecclesiam, tertia ad Advocatum pertinebit. Si de cæteris quispiam servum Ecclesiæ occiderit, restituto itidem stemmate, subsequentis compositionis duæ partes sunt Advocati, tertia Ecclesiæ, etc. De Prebendariis curiæ omnino se non intromittat, quidquid excesserint. Ea solummodo judicat et corrigit, quæ sine ejus auxilio ipsi vel noluerint, vel nequiverint. Cellam Monasterii Advocatus, nisi orationis causa intrare non habet. Si servus Ecclesiæ non conservam vel illicitam duxerit in conjugium, nihil pertinet ad eum. De Adjutoribus vel Vicariis, quos Subvocatos* (*l. Subadvocatos*) *dicunt, in æternum non cogitet. Curiam unam ad Bircha et duos mansus ad Hulewaren et decimam ubi fluvius Rubiniche in flumen Anesum cadit, pro jure Advocati de Ecclesia tenet. Unde potest etc. Hæc quæ dicta sunt de alio quolibet jure suo causari omnino non habet.*

[** Præceptum generale de juribus Advocatorum anno 1104 in Conventu Ratisponensi, præsente Henrico Imp. III. datum, apud Pertzium Monum. Germ. legal. vol. 2. pag. 62 : *Statutum est ut ad placitum cujuslibet Advocati pertinentes semel in anno, quando præceptum fuerit, omnes certis in locis conveniant, ibique in servitium suum plus non exigant nisi duos modios tritici et duos porcos, tres cados vini et medonis, decem cados cervisiæ et quinque modios avenæ. Ut autem ea quæ ad usus fratrum pertinent minus distrahantur, hæc subscripta in usus Advocatorum sunt deputata, videlicet tertia pars bannorum et satisfactio temeritatum, ita tamen, ut si qua dispendia res fratrum patiuntur, primo eis sua restituantur. Werigelda fratrum sunt et mancipium pro mancipio. Præterea si prælati ecclesiæ aliqua necessitate cogente damnum sibi vel rebus suis illatum salvo ordine suo recuperare non valuerint, ipsos Advocatos in competentem locum advocent, ubi causas querimoniæ diligenter discutiant, nichilque ibi ab eis vel ab eorum colonis quasi sub justicia exigant, sed cum caritate hoc quod eis impensum fuerit accipiant.* Monendum, hic non agi de tribus placitis certis diebus habendis, sed de quarto, *quando præceptum fuerit* (geboten Gericht) congregato.]

Sed *Advocati* levioribus ejusmodi commodis ac emolumentis non contenti, alia insuper jura in Ecclesiarum prædiis non sibi duntaxat asseruere, sed et ipsa interdum usurpavere prædia. Tantaque eorum fuit pravitas, rapacitas ac tyrannis, ut sæpe a Principibus amoverentur, iisque substituerentur alii : quod præcipitur in Lege Longobard. lib. 2. tit. 47. § 1. atque inde Advocatorum exactiones, usurpationes, et tyrannides carpere passim legimus Scriptores, Adrevaldum lib. 4. de Miracul. S. Bened. cap. 6. 17. Anonymum de Miracul. S. Rictrudis, Gualbertum in Polyptico Marcianensi, Abbonem Floriacensem Abbat. in Canonib. cap. 2. Aimoinum in Vita ejusdem S. Abbonis cap. 17. Bertoldum Constantiensem ann. 1098. Anonymum in Histor. Trevirensi, p. 250. Sugerium lib. de Administrat. sua cap. 4. Auctorem Actorum Murensium pag. 4. Auctor. Histor. Archiepiscop. Bremensium ann. 1344. Auctor. Chronici Laubiensis, pag. 602. 603. Concilium Lateranense IV. can. 45; Ecclesiarum denique prælatos in variis Chartis apud Odoricum Rainaldum ann. 1203. Ughellum tom. 1. Ital. sacræ pag. 934. Zyllesium in S. Maximino pag. 47. Viguleium Hondium in Metropoli Salisburgensi tom. 2 pag. 3. 30. 277. tom. 3. pag. 250. 251. 398. [Ægidium Gelenium in Engilberto pag. 85. 86. 87. etc.] Ejusmodi porro Advocati *damnosi et cupidi* appellantur in Capitulari 1. Caroli M. ann. 802.

Ut igitur coercerentur ejusmodi Advocatorum exactiones et usurpationes, Summi Pontifices et Principes curam identidem adhibuere; et ut intra suos limites munus sibi impositum exercerent, juraque sibi debita, et Legibus definita perciperent, non semel statuere. Hinc in Concilio Remensi ann. 1148. can. 6. et in Lateranensi sub Innocentio III. cap. 45 : *Præter jus et beneficium antiquitus constitutum sibi aliquid accipere, vel usurpare* vetantur. [** Sententia Friderici I. Imp. ann. 1170 ap. Pertz. vol. 2. pag. 141 : *Nullum prorsus Advocatum aliquod jus habere in dotem alicujus ecclesiæ, nec in rebus clerici in ea manentis, nec in vita nec in morte.* Confirmata hæc sententia ann. 1259 ab Adolpho R. R. ap. Pertz. pag. 464. Philippi Rom. Reg. Promissa Papæ ann. 1205. ap. Pertzium Monum. Germ. legal. vol. 2. pag. 208, art. 6 : *Advocatos sive patronos ecclesiarum, ab exactionibus, angariis, et perangariis, in quantum potero cessare compellam.* Friderici II. Imp. Confœderatio cum Principibus Ecclesiasticis, ann. 1220, art. 4 : *Item statuimus ne quis ecclesiam aliquam in bonis suis dampnificet occasione Advocatie eorumdem bonorum, set si dampnificaverit, dampnum in duplo restituat,* et centum *marcas argenti camere nostre solvat.* Vide Heinrici regis treugam art. 18. ibid. pag. 268. et Friderici II. Imp. Constit. art. 2. ibid. pag. 314.]

Inde etiam provisum a Principibus, ut ratæ haberentur Advocatorum præstationes, quæ *legitima Advocatorum jura* dicuntur Ditmaro lib. 2. pag. 22. et ut in Diplomatibus, in quibus de eorum institutione agitur, ea describerentur, quæque habentur in Gestis Abbatum Laubiensium pag. 603. in Codice Donat. piar. cap. 95. in Histor. Guinensi pag. 191. apud Hemereum in Augusta Viromand. pag. 96. etc. Quibus adjungenda videtur in eandem sententiam Bulla Nicolai PP. ad Theodericum Virdunensem Episcopum, ex Tabulario S. Vitoni : *Et quia nobis significasti, ipsos Fratres super vexatione Advocatorum suorum te sæpius convenisse in Deo, sicut rogasti, pro pace et quiete eorum, secundum quod a Duce Gozelone in præsentia prædecessoris tui Richardi Episcopi determinatum insinuasti, Nos hic conscribere et confirmare dignum duximus constitutum, et confirmamus Apostolica auctoritate, ut Advocatus ad tria annualia placita cum uno socio veniat, et cum Ministerialibus ea legitime teneat, et justitias ibi factas judicio Scabinorum pro posse pauperum determinet, et de communi adquestu ipsa die vivat, et de residuo suum Tertium habeat de leude, et de sanguine facto. Si Abbas per se rectum acquirere potuerit, nihil inde Advocatus habebit. Si vero eum advocare necesse fuerit, et justitia facta, suum Tertium habebit. Si aliqua causa necessitate Ecclesiæ urgente Abbas eum invitaverit, vel parte defensionis transitum habuerit, victum competentem de parte per Ministerialem accipiet. Si vero pro suo tantum negotio venerit, de suo vivet : præter hæc nihil sui juris esse noverit.* Extat porro Charta Gozelonis, seu Gothofridi Ducis et Marchionis, cujus hic mentio fit in eodem Tabulario. [Charta Ottonis Episcopi pag. 45. Vindemiarum Litterar. Frederici Schannati : *Advocatus semel in anno placitum ponat cum colonis et tunc ad servitium exigat duos porcos quos vulgo inductiles vocant, et unum lateralem et unum porcellum et 4. gallinas et 4. modios tritici ad panem et 10. modios avenæ ad pabulum, et dimidiam carratam cerevisia cum una urna Medonis; injustas autem exactiones omnino non faciat.*]

Interdum Advocatorum stipendia pro libitu Abbatum erant, quorum erat ea definire. Chron. Montis-Sereni ann. 1127 : *Me vero, dum vixero, et post me seniorem de filiis meis, vel quemlibet hæredem meum seniorem Advocatum habeant, cui nihil, nisi ad proprium velle, secularis servitii debeant.* Adde ann. 1156.

[* Tandem cum Advocatorum usurpationibus modum imponere episcopi abbatesve frustra tentassent, *advocatias* seu earum jura non modicis pecuniis redimebant; quod inter majora beneficia, ab episcopis vel abbatibus ecclesiis suis præstita, recensent earumdem annales. Charta ann. 1197. tom. 1. Hist. Lothar. inter Probat. col. 245 : *Quia vero longum est narrare per singula in quibus ecclesiam melioravit, prioratus emendavit, loca nostra remota et proxima ad bonum statum revocavit, multis omissis, Advocatiam montis Sancti Vitoni a viro nobili Goberto de Aspero monte quingentis libris emit.*]

[** Charta Alberti Archiep. Magd. ann. 1221. in Dreyhaupt Pag. Nelet. tom. 2. p. 461 : *Notum itaque facimus universis Christi fidelibus, quod nobilis vir, fidelis noster, Burchardus Magdeb. Burggravius rediens a partibus transmarinis, ubi steterat in obsequio terræ sanctæ, propter quod aliquantis fuerat debitis obligatus, quum ipsum urgeret instantia debitorum, obtulit dilecto filio nostro Bertramo, abbati monasterii S. Joh. in Monte Magdeb. Advocatiam bonorum ipsius monasterii de ipsius manibus redimendam. Et Burggravio quidem et abbate et conventu ejus concordantibus super eo, ut Advocatia præfata quadringentis sexaginta marcis redimeretur ab ipso, Nos, ne contractus idem dubius haberetur, per verba ipsorum contrahentium exprimi voluimus, quid sub Advocatiæ nomine concludatur. Ex eorum itaque protestatione coram nobis facta, nomine Advocatiæ omne illud jus intelligitur, quod Joannes qui dicitur Advocatus Montis de manu Burggravii tenere dinoscitur, ac totum illud jus quod ad Burggravium pertinet in raptu et effusione sanguinis et in insidiis et in irruptione... ac præterea jus banni et trium judiciorum annuorum, quibus ante palatium nostrum consueverunt Burggravii præsidere.*]

Denique postquam rerum publicarum status eo devenit, ut cuilibet sua jura armis et bello prosequi ac tueri liceret, Episcopi, Abbates, et cæteri Ecclesiarum Præsules, quibus arma ferre in Conciliis toties interdictum est, non jam *advocatis*, qui res suas in placitis ac mallis defenderent et tutarentur, opus habuere, sed Militibus ac proceribus, qui suos in prælium vassallos possent educere. Atque ut *Advocatos* suos, vel proceres, quos ad sui tutelam adsciscebant, magis sibi devincirent, ac obstringerent, bonorum Ecclesiarum suarum partem aliquam iis indulsere, quæ clientelari jure ab ipsis Ecclesiis in feudum possiderent : et hac ratione saltem tanquam Ecclesiarum vassalli earum bellis interesse tenerentur.

[* Quæ vassalli conditio ut firmaretur, cum solemni investitura fiebat ejusmodi bonorum traditio, quam fidelitatis sacramentum subsequebatur. Charta ann. 1188. tom. 1. Cod. Ital. diplomat. col. 1549 : *Domnus Ugicio S. Romani prior, cum consensu fratrum, investivit marchionem Opizonem cum libro et stola ante altare S. Romani de Advocatia S. Romani et de omnibus benefactis S. Romani. Et prædictus marchio recepit eam pro remedio animæ suæ, et promisit supra altare et osculo pacis esse fidelis abbatis S. Benigni Fructuariensis;.... et prioribus S. Romani, qui fuerint ordinati ejus voluntate et consensu.*]

Morem istum res Ecclesiæ *Advocatis et Defensoribus* inbeneficiandi perantiquum esse, docet Testamentum Hadoindi Episcopi Cenomanensis sub ann. 652. apud Brissonium. Helgaldus in Vita Roberti Regis pag. 68 : *Totam terram sanctæ Crucis* (Ecclesiæ Aurelianensis) *quam Fulco Episcopus pro adjutorio sui Hugoni potentissimo Belvacensi dederat, etc.* Mitto, quæ in hanc rem habent Ingulfus pag. 891. Arnoldus Lubecensis lib. 3. cap. 18. Ratbertus de Casibus S. Galli cap. 2. et Chartæ veteres apud Buzelinum lib. 3. Gallo-Fland. cap. 20. Nicolaum Zyllesium in S. Maximino pag. 40. Loisellum in Histor. Bellovacensi pag. 248. Louvetum in Hist. ejusdem urbis lib. 1. cap. 22. pag. 647. 648. Justellum in Hist. Turenensi pag. 19. etc.

Atque prædia quidem ejusmodi, uti diximus, ab Ecclesiis concessa *Advocatis*, jure clientelari iis obnoxia erant, earumque Præsulibus fidei sacramentum seu hominium *Advocati* præstabant. Unde tam crebro legimus, *Advocatos* Ecclesiarum, quarum erant *Advocati*, Ecclesiis ipsis jure feudali fuisse obnoxios. Charta Adalberonis Episcopi Metensis ann. 1065. apud Meurissium et Miræum in Cod. Donat. piar. cap. 54 : *Præsente Udone... eandem Advocatiam in beneficio a nobis habente, et Ottone Subadvocato.* Neque tamen semper id obtinuit; nam interdum Advocati ratione Advocatiæ Regi, vel Principi obnoxii erant, si nempe ab eo Ecclesiis dati essent Advocati. Nam cum Princeps jure Monarchiæ Ecclesiarum omnium Regni sui *Defensor* sit et *Advocatus*, si quem iis tutandis committit *Advocatum*, Regius is est vassallus. Potiori vero jure, si Rex ipse *Advocatus* institutus fuerit et electus ab Ecclesia, vel si Ecclesiam construens ac dotans, Advocationem sibi reservavit, et alii commiserit : tunc enim *Advocatus* delegatus Regem, ut *Majorem Advocatum*, dominum agnoscit. Atque ita capienda Charta *Drogonis de Mello* ann. 1233. in Tabulario Andegavensi Cameræ Comput. Paris. fol. 32. 48. qua agnoscit, tenere se *Custodiam et Advocatiam* Regalis Monasterii Cormeriacensis, *de domino Rege in feodum et homagium ligium de dono reverendæ memoriæ domini quondam Regis Francorum.*

☞ Cum vero debita ob ejusmodi beneficium servitia militaria ab Advocato præstabantur, tunc ab iisdem eximebatur Ecclesia, cujus nomine illa exhibere censebatur Advocatus. Nec forte a vero aberraverit qui aliquas Ecclesiarum possessiones infeudatas existimaverit ea potissimum ratione ut Ecclesiæ ab armorum tumultu liberæ forent et immunes. Diploma Lotharii II. ann. 1137. pro Monasterio Stabulensi apud Marten. tom. 2. Ampliss. Collect. col. 100 : *Advocatum a nostra manu accipiat, qui nobis exercitum et expeditionem, et quæ ad ipsam pertinent pro summa et debito sui beneficii faciat, Abbate et suis omnibus super hoc quiescente, et nullam pro hoc nobis aut ipsi Advocato redemtionem, aut supplementum præstante.* Idem habet Conradus II. in Diplom. ann. 1138. ibid. col. 104. et in alio ann. 1140. ibid. col. 111 : *Advocatus expeditionem et arma pro summa et debito sui beneficii nobis successoribusque nostris procuret, Abbate et Ministerialibus et tota familia, atque omnibus ejusdem Ecclesiæ possessionibus super hoc liberis, et nullum nobis vel Advocato supplementum præstantibus.*

Ejusmodi igitur Advocatorum munus fuit, ut si ad hoc necessitas compelleret, res et facultates Ecclesiarum bello tutarentur, earumque milites, ac vassallos in aciem et campum educerent. Polyptychum Marcianense : *Qui nunc Advocatus immerito nuncupatur, olim Defensor Ecclesiæ laudabiliter vocabatur : quoniam sapientia, ratione, armis etiam, si res exegisset, omnia, quæ erant Ecclesiæ, viriliter defendebat, et vigilanter protegebat.* Chronicon Monasterii Figiacensis : *Eo tantum tenore...ut cum necessitas posceret, solo jussu, absque lucro alio temporali, bella Abbatis et suorum præ-*

liaretur. Complura hujusce rei prostant exempla apud Scriptores, quos Lectori indicasse suffecerit, Lambertum Schaffnaburgensem ann. 1071. ejus Continuatorem ann. 1304. Diedericum Monachum de Illatione S. Benedicti cap. 6. in Fragm. Historiæ tom. 3. Hist. Francor. pag. 337. 345. in Historia Landgravior. Thuringiæ cap. 80. 82. in Charta Ottonis I. Imp. pro Ecclesia Gemblacensi, et in alia apud Beslium in Episcopis Pictavensibus.

Præterea si in Regalem expeditionem submonerentur Episcopi et Abbates, eorum vassallos in aciem conducebant; definitumque erat, quid in iis occasionibus ab Ecclesiis præstandum iis esset ad apparatum expeditionis, ut est apud Malbrancum lib. 8. de Morinis cap. 46. in Charta Balduini Comitis Flandriæ ann. 1056. pro Monasterio S. Bertini : *Ut quicunque Advocatus fuerit in Regalem expeditionem iturus, unum baconem, et unam pensam caseorum, et unum equum ad summariam, vel pro his unam marcam argenti ab Abbate accipiat.*

Sed et eorum erat Ecclesiarum vexilla, cum in propriis Ecclesiarum bellis, tum etiam in Regalibus expeditionibus deferre. Triumphus S. Lamberti cap. 3 : *Contra vero suum Episcopus vocavit exercitum, et Rasoni Militi portandam mandavit banneriam : quia Hasbaniæ Advocatus factus de medio, cujus hoc ferre est, hæredem nullum præter duas puellas parvulas dereliquerat. Proxima ergo tertia feria ante Ascensionem Domini, dictus Raso in medio majoris Ecclesiæ, ut moris est, armatus est, et vexillum accipiens, cum civitatis populo urbem egreditur, etc.* Quod vero hic traditur de Hasbaniæ Advocatis, Leodiensis Ecclesiæ signiferis, id ipsum scribunt Ægidius Monachus Aureævallis cap. 101. et Joannes Hocsemius in Arnolfo a Marka cap. 17. quorum extincta gente, Episcopi præcipuis in re militari ac strenuis viris, vel fidentioribus, vexillum suum committere solent, ut tradit Radulfus de Rivo cap. 5. et 7. Charta Philippi II. Imp. pro Leodicensibus, quæ descripta legitur in magno Recordo Leodiensi pag. 8 : *Li Evesque de Liege doit envoyer à Liege, assavoir le Voeit de Hasban avec 40. Chevaliers, liquel prendront l'Estendart S. Lambert, et jurerat le dit Voeit en saint, que celi portera il feablement, ne ne lairat, si mort ou prison soit l'encombre, et en tele maniere il doit conduire l'ost de Liege, etc.*

Id etiam de Advocato Tornacensis Ecclesiæ testatur Distichum allatum a Buzelino lib. 3. Gallo-Flandr. cap. 9 :

Signifer Ecclesiæ vexilli munere grato,
Et Castellanus feudum capit a Cathedrato.

Quibus verbis, inquit Buzelinus, innuitur, Advocatum fuisse Signiferum Ecclesiæ, et Castellanum Tornacensem suas investituras ab Episcopo Tornacensi accepisse. Statuta Ecclesiæ S. Martini Turonensis : *Dominus de Prulliaco est propugnator* (Advocatus) *et Canonicus de Consuetudine, et habet præbendam in blado, vino, et nummis : et debet portare vexillum B. Martini cum Comite Andegavensi, et facere per se, vel per alium bella Capituli B. Martini.* Ita Comes Vilcassini, ut *Advocatus* Monasterii S. Dionysii, ejusdem Monasterii *Signifer* erat, ut habet Sugerius lib. de Administrat. sua, cap. 4. quod pluribus etiam docuimus in ea Dissertatione ad Joinvillam, quam de Auriflamma instituimus. Scribit præterea ex veteribus Tabulis Guesnaius in Annalibus Massiliensib. ann. 855. Willelmum Vicecomitem Massiliensem *rexisse S. Victoris vexillum,* ut celeberrimi nempe in Provincia Monasterii *Advocatum.*

Interdum *Advocati* ipsi Advocationes suas aliis in beneficium; seu in feudum dabant, vel quod potioris longe dignitatis essent, ut Ecclesiarum et Monasteriorum expeditionibus possent interesse, ut sunt Reges ac Principes; vel quod bellis suis ac publicis negotiis ita distinerentur, ut alienis vacare fas iis non esset. Extat Charta Balduini Comitis Flandriæ ann. 1064. pro Monasterio Einhamensi apud Miræum lib. 1. Diplom. Belgic. cap. 33. qua, *cum propter occupationes ac curas Principatus sui istius Monasterii tuitioni omnino ut Advocatus invigilare non possit, vicem sui in parvis tantum negotiis, sibi majora reservans, Arnulpho Aldenardensi Castellano committit.* Vide Notitiam Eccles. Belgii cap. 90.

[* Sed et rebus annonariis ecclesiarum invigilasse advocatos, etiam qui primi ordinis erant, unde *Advocati granarii* appellabantur, discimus ex Charta Ottonis ducis Bavar. ann. 1295. inter Probat. Hist. monast. S. Emmer. Ratisbon. pag. 440 : *Cum viri nobiles nostri fideles,..... comites de Leonberg asseruerunt se debere esse Advocatos granarii ecclesiæ memoratæ, quod vulgo dicitur Casten-vogt, etc.*]

Verum causa præcipua, cur Ecclesiarum Advocationes in alios ab Advocatis transferrentur, ea fuit, quod plerumque ex Ecclesiæ prædiis, quædam essent in longinquis regionibus a fidelibus identidem indulta, quæ Advocati, viri licet proceres ac potentes, tueri non poterant, quod ab iis procul abessent, vel etiam, quod in Principum exterorum dominiis jacerent. Quod colligere licet ex Lamberto Ardensi pag. 149. et aliquot Chartis apud Loisellum in Hist. Bellovacensi pag. 248. Louvetum in Histor. ejusdem Urbis lib. 1. pag. 647. 648. et Hemereum in Augusta Viromand. in Regesto pag. 40.

Ex quo accidit, ut tot essent fere *Advocati,* quot majora Ecclesiarum prædia. Gesta Abbatum Lobiensium pag. 602 : *Castellanus Tudiniensis, quod nobis adjacet castri, totam præfecturam* (Advocatiam.) *Abbatiæ debet tenere in manu sua, nec aliquos debet sustinere Defensores vel Advocatos, nisi qui hæreditarii sunt hæreditate antecessoria. Modo habentur in villis S. Petri multi Advocati, imo raptores, qui præter tres generales placitos, quandocumque volunt, ibi sigillatim placitant, etc.* Charta Henrici Ducis Bavariæ in Chronico Reichersperg. : *Vocatus in Advocatiam prædii, quod dicitur Mustuer, mutuati ab Ecclesia Bambergensi, etc.*

Atque hi quidem minores *Advocati,* seu qui ab Ecclesiarum Advocatis prædiorum tutelas in se recipiebant, *Subadvocati* passim dicuntur, quemadmodum *Subdefensores* vocat Gregorius VII. PP. lib. 6. Epist. 8. qui *Defensorum Ecclesiæ* vices agebant. Hos *Secundos Advocatos* appellat liber de Fundatione Monasterii Gozecensis pag. 235; *Proadvocatos* Charta Henrici II. Imp. ann. 1023. apud Nicolaum Zyllesium in S. Maximino; *Postadvocatos* alia Conradi Imp. ann. 1026. apud eundem; *Viceadvocatos* alia ann. 1074. in Metropoli Salisburgensi tom. 2. pag. 534. *Subadvocatores* alia ibidem tom. 3. pag. 244. *Advocatos infeodatos* Speculum Saxonicum lib. 3. art. 64. § 13. *Advocatos Feudales* Wichbild Magdeburg. art. 16. § 2. quorum *Advocatiæ segregatæ* dicuntur in Chronico Reicherspergensi pag. 205. *Advocatiæ prædiorum* pag. 214. *Advocatiæ, quæ jure feudali in beneficio tenentur,* in Privilegiis Ecclesiæ Hamburg. pag. 200. Vide Diplomata Belgica Miræi lib. 2. cap. 43.

Sic igitur minores isti Advocati munia sua obibant, ut primoribus Advocatis ratione clientelæ obnoxii essent, iisque hominia præstarent : qui Advocati præcipui, *Majores* et *Principales* et *Summos* Ecclesiarum *Advocatos* sese inscribebant. In Chronico Trudonensi lib. 5. pag. 394. 405. 459. *Comes de Lembourg* dicitur *Major Advocatus* ejusdem Monasterii, cui suberat Gislebertus *Comes de Duras Advocatus.* Ita *Principalis Advocatus,* in Chronico Reichersperg. pag. 200. 202. 215. in Chartis Eberhardi Archiepiscopi Saltzburgensis et Henrici Ducis Bavariæ, apud Buzelinum lib. 2. Gallo-Frandr. cap. 22. Extat Charta Philippi Comitis Flandriæ ann. 1176. in qua Martianensis Abbatiæ *Summum* se *Advocatum* esse ait, eique subesse, ac de se tenere alios Advocatos possessionum ejusdem Ecclesiæ : *Quæ omnes cum appendiciis suis sub mea protectione et Advocatione sunt, qui ejusdem Ecclesiæ sum Advocatus, et Advocati earumdem possessionum de me tenent suas Advocationes.* Similia habet Diploma Margaretæ Comitissæ Flandriæ pro eodem Monasterio ann. 1246. apud eumdem Buzelinum. In Historia Landgraviorum Thuringiæ cap. 143, Rudolphus Saxoniæ Dux dicitur *Advocatus Generalis* Archiepiscopi Moguntini.

Verum cum ejusmodi Subadvocatorum multitudine gravarentur Ecclesiæ, propter consuetas eorum exactiones ac rapacitates, cum Ecclesiarum bona potius dilapidarent, quam tutarentur ac servarent; exortæ subinde graves in eos quærelæ, adeo ut sibimet caverent Ecclesiæ, vel earum Fundatores, dum Advocatos deligerent, hac apposita fere semper conditione, ut *Subadvocatos* iis instituere non liceret, nisi de ipsarum consensu. Charta Urbani II. PP. pro Monasterio Hirsaugiensi apud Trithemium : *Non solum super cellam majorem licet Abbati Subadvocatum constituere, sed per singula prædia et cellulas suas, ubi nihil etiam sibi juris a Prioribus illic constitutis, in beneficiis providendis, vel etiam Ecclesiis investiendis subtrahitur. Advocato autem sic constituto, non liceat contra voluntatem Abbatis Subadvocatum vel Causidicum per prædia Monasterii disponere, sed omnia illibata secundum privilegia custodire.* [Charta Ottonis Episcopi inter Vindemias Literarias Fred. Schannati pag. 45 : *Advocatiam per semetipsum absque subadvocato administret.* Idem legitur in Diplom. Lotharii II. et Conradi II. apud Marten. tom. 2. Ampliss. Collect. col. 100. et 104.] Id etiam colligere est ex variis aliis Tabulis in Actis Murensis Monasterii pag.

22. in Chronico Reicherspergensi pag. 200. 209. 214. in Metropoli Salisburgensi tom. 2. pag. 6. tom. 3. pag. 125. 239. 240. 243. 244. Abrogati tandem Subadvocati in Concilio Remensi ann. 1148. cap. 6 : *Auctoritate Apostolica prohibemus, ut nullus Advocatus præter beneficium antiquitus constitutum aliqua sibi accipere, vel usurpare præsumat : Subadvocatos vero vel exactores eorum modis omnibus ab Ecclesiarum infestationibus prohibemus.*

[** De Advocatis Ecclesiarum vide Muratorii dissertationem, Antiquit. Ital. vol. 5. pag. 273 ; Wurdtweinii Monasticon Palatinum vol. 3; Warnkœnigii hist. jur. Flandriæ vol. 3. Docum. pag. 225 sqq.; Eichhornii Histor. jur. German. § 188. 324; Gauppium de urb. Germ. pag. 287; S[a] Rosa de Viterbo voc. *Advogado da Igreja*; Haltansii Gloss. col. 1975. et quos laudat Mittermaierus in Princip. jur. Germ. § 47. not. 12. 13. 14. 15. et § 48. not. 9. De Advocatis annonæ, Germ. *Kastvogt*, Eichhornium l. l. et Haltausium col. 1067.]

Advocati Matriculares, Ecclesiæ matricis Cathedralis. Vetus Charta apud Wiguleium Hondium in Metropoli Salisburgensi tom. 2. pag. 254 : *Consensu Hainrici Frisingensis Ecclesiæ Episcopi, et conniventia Matricularium Advocatorum nostrorum Bernardi Gruba et Sigibitonis Comitis de Neunburgk... fundavit cellam ac Prælaturam, etc.*

Advocatus, Patronus, cui jus competit præsentandi Ordinario ad Beneficium vacans. Cum enim sæpe Monasteriorum Fundatores Advocatiam sibi et posteris reservarent, inde manavit postmodum jus Patronorum, quos *Advocatos* alii vocant, qui jus habent præsentandi Ordinario ad Beneficium vacans : cujusmodi reservationum prostant exempla in Appendice Reinecii ad Witikindum pag. 40. apud Monachum Pegaviensem de Wiperto Groicensi ann. 1106. in Privilegiis Ecclesiæ Hamburg. pag. 159. in Diplomat. Belg. Miræi lib. 1. cap. 33. lib. 2. cap. 35. in Codice Donat. piar. cap. 38. in Actis Murensis Monast. pag. 18. 20. etc. Apud Willelm. Thorn. in Chronico cap. 13. § 11. *Advocatio sive patronatus.* Vide Bracton. lib. 4. tr. 2. cap. 3. Fletam lib. 5. cap. 5. Bucelin. lib. 2. cap. 18. pag. 331. Spelmann. [et infra in voce *Ecclesia*.]

¶ Advocata, Feminas etiam usas fuisse hujusmodi *Advocationis* seu patronatus jure, constat ex ipso Jure canonico. Rames. sect. 140 : *Alfwara dedit Ecclesiam de Ellesworth, cujus erat Advocata.*

Advocati urbium ac Regionum memorantur nonnulli proceres : verbi gratia, *Bertholdus de Zeringen Dux et Rector Burgundiæ, Dei et Imperiali gratia Thuregici loci legitimus Advocatus, quod Kastvogt dicitur*, inscribitur in Charta ann. 1187. In alia ann. 1210 : *Dei et Imperatorum ac Regum dono judex constitutus et Advocatus, qui vulgo Kastvogt dicitur in omne Thuregium Imperialem jurisdictionem tenens.* Ubi *Kastvogt* idem apud Theutones valet, quod *Castri tutor*; est enim *Kast*, Castrum, et *Vogt*, tutor, protector. Ita Henricus Comes Lovaniensis in literis ann. 1086. *Comitem et Advocatum patriæ Brachbantensis* se inscribit, apud Miræum in Notitia Eccles. Belg. cap. 109. et Theobaldus Comes Ferretensis in Annalib. Colmariensibus ad ann. 1293. ab Adolpho Rege Romanorum *Terræ Alsatiæ Advocatus* institutus fuit, qui eam contra Gallorum insultus tueretur. Apud Henricum Rebdorffensem in Chron. ann. 1258 : *Dux Rudolphus.... constituitur Advocatus terræ in Suevia ab Imperatore socero suo.* Huc etiam pertinent, quæ habet Raymundus de Agiles, dum ait, captis Hyerosolimis, cum de Rege creando ageretur, Episcopos respondisse, *non debere ibi eligi Regem, ubi Deus passus et coronatus est,... sed esset aliquis Advocatus, qui et civitatem custodiret, et custodibus civitatis tributa regionis divideret et reditus.* Dodechino ann. 1100 : *Godefridus gratia Dei Ecclesiæ S. Sepulcri nunc Advocatus* dicitur. Albertus Aquensis lib. 5. cap. 2 : *His itaque divinis rebus prælatis et præordinatis Boemundum dominum et Advocatum urbis constituerunt, etc.* Adde Laurentium Leodiensem in Histor. Episcopor. Virdunensium pag. 293.

At non desunt, qui plerosque ex proceribus istis existimant hosce sibi arrogasse titulos, non quod revera has provincias ut earum Advocati regerent; sed quod Monasteriorum ac Ecclesiarum in iis sitarum defensores ac Advocati essent. Quemadmodum Albertus Austriæ Marchio, Leopoldi filius primogenitus *factus* dicitur *Advocatus omnium Monasteriorum terræ Austriæ*, in Historia Cœnobii Mellicensis, id est, Marchio : ita ut Dux Zeringianus Ecclesiæ Zurigensis, Comes Lovaniensis Ecclesiæ Nivellensis, in Brabantia sitæ, Advocati fuerint.

[** Advocati qui comitibus inferiores de minoribus causis judicarent inde a Caroli Magni temporibus memorantur. Capit. ann. 805. cap. 14 : *De Advocatis et judicibus comitum, et omnibus publicis auctoribus tales eligantur quales et sciant et velint juste causas terminare.* Capit. 3. ann. 803. cap. 3 : *Ut missi nostri Scabinios, Advocatos, Notarios per singula loca eligant.* Capit. 2. ann. 805. cap. 12 : *De Advocatis, vicedominis, vicariis et centenariis ut tollantur.* Vide Capit. ann. 809 cap. 22 etc. Capit. Missis dominic. data ann. 802 art. 20. et Friderici II. Imp. Sententiam in favorem Ecclesiarum, ann. 1234 ap. Pertzium Monum. leg. vol. 2. pag. 305. Advocati vero, qui in Germaniæ, præsertim septemtrionalis, oppidis jurisdictionem modo summam modo mediam exercuerunt, non ab his, sed ab Ecclesiarum advocatis originem ducere videntur; antiquissimarum enim urbium libertates ab ecclesiarum immunatibus fluxisse constat. In statuto oppidi Susatensis ann. 1120, antiquissimo in Germania, Advocatus post Præpositum nominatur, eum vero ab ecclesia auctoritatem tenere docet art. 7 : *Advocatus Sussatensis de jure tribus vicibus in anno iudicio suo præsidebit, atque hoc certis temporibus, videlicet secunda feria et iij post octavam Epyphaniæ, item ii feria et iij post quasi modo geniti, item ii et iij feria post nativitatem sanctæ Mariæ.* Art. 12 : *Præsidebit autem Advocatus sine peticione et omni cavillatione quia Archiepiscopus* (Coloniensis) *de curiis suis quatuor marcis qualibet vice Advocato administrabit.*

** Advocatus Principalis. Constitutio Adolphi R. R. ap. Pertzium pag. 459 : *Joannem Lotharingie, Branbantie et Limburgis Ducem .... constituimus Advocatum principalem, et rectorem et judicem generalem in aquis et in terris ad exercendum omnia quæ pacis observantiam respiciunt et Advocati principalis ad officium pertinere noscuntur, nostro et Imperii nomine exercenda, etc.*]

Advocati Cameræ et Imperii, qui publicæ pecuniæ functionem et procurationem Imperatoris in vicem gerebant, qui et *Advocati Fisci*, et tandem denique *Fiscales* dicti : erant hi sub *Cameræ nuntiis*, quorum cum Ducibus æquata habebatur potestas. Ita Goldastus tom. 1. Rerum Alaman. pag. 180.

Liber Advocatus, in Chronico Senoniensi lib. 2. cap. 17. [** Germ. *Freivogt* dicitur judex qui liberorum hominum judicio præsidet in Inquis. sup. jura villæ de Wickersheim ap. Senkenberg. Corp. jur. Germ. vol. 1. part. 2. pag. 61.]

Advocatus, Tutor, *Ballivus*, qui nomine tutorio res pupilli administrat et tutatur. Charta Willelmi Archiepisc. Remensis S. R. E. Cardinalis ann. 1199. in Tabulario Campaniæ Thuano fol. 193 : *Noverit universitas vestra, quod soror nostra A. Francorum Regina, id quod clamabat in Advocatia terræ nepotum suorum et nostrorum W. Comitis Sacricæsaris, et Stephani fratris ejus, totum quitavit et remisit.* Et infra : *Quandiu nepos noster Th. Comes Trecensis Palatinus terram prædictorum W. et St. tenebit per Advocatiam.* Charta Petri Decani Trecensis ann. 1207 : *Notum facimus, quod carissima domina nostra et Advocata nostra Blancha illustris Comitissa Campaniæ, etc.* Sic in aliis Tabulis Philippi Abbatis S. Lupi Trecens. ann. 1211. Charta Odonis Ducis Burgund. ann. 1209. In Tabul. Campan. Bibl. Thuanæ fol. 218 : *Notum facio.... quod ego laudo, approbo et concedo judicium illud, quod carissimus dominus meus Philippus illustris Franciæ Rex fecit de Theobaldo filio carissimi consanguinei mei et fidelis mei Comitis Theobaldi, et de Blancha matre ejus, quæ Comitatum Campaniæ tenebat per Advocatiam : videlicet quod nec ipse Th. nec Blancha mater sua respondere debent de terra, de qua dictus consanguineus meus Th. tenens erat, cum decederet, antequam dictus Th. filius ejus habeat XX. et unum annum.* Charta ann. 1040. apud Hemereum in Augusta Viromunduorum pag. 113 : *Ego Yvo Thesaurarius Monasterii S. Quintini, et ad tempus Advocatus honoris fratris mei Roberti, qui et futurus hæres honoris patris mei etc.* Charta Communiæ Noviomensis ann. 1181 : *Qui in via Sanctorum fuerint, viduæ etiam, quæ filios non habent adultos et arma ferentes, et puellæ sine Advocato, nullas debent consuetudines.* Gallis *Avouerie*, vel *Vourie*, ut est in Consuetudine Vitriacensi art. 70. 100. 141. 143. tutela, patria aut maritalis potestas. Vetus jus municipale Comitatus Campaniæ art. 20 : *Il est coustume en Champaigne, que se enfens noble demeurent de pere et de mere, soient noble ou de pere ou de mere, se il y a hoir ainsné, il doit avoir l'Avouerie de ceaulx, qui sont sousaagié : et tant comme ils seront en Avouerie, l'Avoué n'en perdront, ne gagneront.* [** Germanis *vogt*, tutor, curator minoris, feminæ, clerici. Vide Haltausii Gloss. col. 1975.]

Advocator, idem qui *Advocatus*, in

Chronico S. Vincentii de Vulturno pag. 690 : *Præcepit... ut statim pergerent ad ipsum Abbatem cum suis Monachis et Teudelasio Abocatore eorum reinvestirent.* Ita et pag. seq. : *Rodelgardus Castaldeus Advocator Episcopi Salernitani*, in Chartis apud Ughellum tom. 7. pag. 500. 506. 977. Adde tom. 8. pag. 47. 139.

ADVOCATOR, Patronus. Ordo Romanus, ubi de Processione Pontificis : *Advocatores autem Ecclesiæ stant quidem cum majoribus, non autem procedunt cum eis, sed ipsi tantummodo sequuntur sellarem Pontificis, cum Acolyto, qui aquam manus portat.*

ADVOCATOR, vel ADVOCATUS, Campio, qui pro alio monomachiam a judice decretam subit. Lex Longob. lib. 2. tit. 55. § 40 : *Lites suas... per consimiles Advocatores per pugnam dirimant*; § 39 *Campiones* appellantur, qui in isto *Advocatores.* Gallis scriptoribus *Advouez* passim dicuntur. [Leges Ottonis II. Imp. apud Murator. tom. 1. part. 2. pag. 173. n. XI : *Ut Ecclesiæ, seu Comites et viduæ lites suas de his, quæ in suprascriptis Capitulis continentur, per consimiles Advocatos* (cod. Estens. *Advocatores*) *per pugnam dirimant. Ceteri vero natura liberi, secundum legem pristinam, per semetipsos respondeant et determinent.*] [** Eadem lex est quæ supra ut ex lib. 2. tit. 55. § 40. laudatur, exstat ap. Pertzium vol. 2. Monum. leg. Germ. pag. 33, art. 10; § 39 inter leges Ottonis II est cap. 12; vox *consimiles* trahenda ad cap. 10, ubi *Pugnatores* appellantur. Videas etiam Murator. ad cap. 8.] Vide *Campiones.* Aliud sonat *Advoateur*, in Consuetudine Angeriacensi art. 12. et Santonensi art. 12. ubi is est, qui pecus, *in damno* captum, ut suum *advocat*, id est, agnoscit.

* ADVOCATI, eo sensu, quo nunc accipitur hæc vox, variis appellationibus pro temporum et locorum varietate designantur; quod hic indicasse sufficiat. *Clamatores* nuncupantur in Capitul. lib. 3. cap. 7. [** Capit. ann. 805 in Theodonis villa proclamatum part. 2. art. 8.] et 59. [** Capit. Aquisgr. ann. 810. cap. 1.] et in Capitul. de Villis cap. 29. [** *Clamatores* sunt qui ad palatium imperatoris reclamant.] *Legis doctores* et *Legum magistros* vocat Adrevaldus lib. 1. Mirac. S. Bened. cap. 25. *Domini legum* dicuntur, apud Ottonem de S. Blasio cap. 14. Sed et *Milites legum* seu *legales* appellati, quod inter eos, qui legum studiis operam impendebant, plurimi gente nobiles essent. Recentiori ætate dictos reperimus *Parliers, Amparliers, Avantparliers, Emparliers, Conteurs, Plaideurs*; quas denominationes ex temporis usu, non ex vitio advocatorum repetendas esse monere superfluum est. Plura videsis in Dialogo Advocat. parlam. Paris. inter Opera Loisellii ann. 1652. [** ap. Camus. Ep. de offic. Advoc. vol. 1.] apud *Bouchel* in Bibl. Jur. Gall. v. *Advocat*, *De Lauriere* in Gloss. v. *Emparliers* et in notis ad tom. 1. Ordinat. reg. Franc. p. 261. etc. Vid. *Prælocutor.* [** Heinrici Reg. Rom. coronatio ann. 1222, ap. Pertzium lib. l. pag. 249 : *In jure feodali nullus potest esse Advocatus, nisi sit ipsius ducis feodatarius; Advocatum appellamus patronum causæ.*]

* ADVOCATI LEGIS, ADVOCATI DE USU, Statuta civit. Pistor. ann. 1107. apud Murator. tom. 4. Antiq. Ital. med. ævi col. 563 : *Quicumque nostræ civitatis juraverint deinceps se non esse advocatum nostræ curiæ pro civitate,.... in meo dominio non permittam placitari.... Et si non potero habere Advocatos legis, eligam et mittam duos Advocatos ex usu vel de usu.* Ubi Muratorius per *Advocatos legis*, intelligit Legis peritos; per *Advocatos* vero *de usu*, eos, qui res civitatis vulgo administrant. [** In libr. Feud. et in Stat. mscr. Pisanæ urbis inter *leges* et *usus* distinguitur. Vide *Usus.*]

** ADVOCATIA, Munus advocati. *Advocatia fit in præsentia veri actoris, procurator agit in absentia actoris*; in Vocabulario Prædicantium.

* *Avocassie*, eadem notione, in Lit. remiss. ann. 1410. ex Reg. 164. Chartoph. reg. ch. 357 : *Icellui suppliant non congnoissant science d'Avocassie, etc. Advocation*, in Lit. nobilit. ann. 1358. ex Reg. 87. ch. 53 : *Pour considérations des bons et leaulx services, que Jehan de la Moriciere, bourgeoiz de Faleize, a fait........ en office d'Advocation, comme autrement, nous icellui annoblissons.*

ADVOCATISSA, Mulier, seu nobilis femina, cui jure feudi Advocatia alicujus Monasterii competebat : in libro de Fundatione, Monasterii Gozecensis pag. 237.

ADVOCARIA, ex Gallico *Advoüerie*, Pensitatio, quæ præstatur domino, pro ea, quam impendit civibus, protectione; aliis *Salvamentum* dicitur. Tabularium Eccles. Ambian. : *Sciendum etiam, quod unaquæque domus villæ, in qua manet aliquis, si duas furcas habuerit, 2. sextar. avenæ debet pro Advocaria; si unam furcam, unum sextarium.*

¶ ADVOCARIA, Protectio, tutela. Charta Galcherii de Castellione ann. 1216. in Archivo S. Martini Pontisar. : *Galcherius de Castellione Comes S. Pauli.... villam de Moressart cepit sub Advocaria sua a Bartholomæo Abbate S. Martini Pontisarensis, etc.*

ADVOCATIA, Protectio, tuitio. Baldricus in Chron. Cameracensi lib. 1. cap. 10 : *Abbatis Advocatiam imploravit.* Infra : *Advocatiam Dei et S. Vedasti sibi profuturam assumpsit.* Guibertus lib. 3. de Vita sua cap. 5 : *Erat autem Barisiacus cum appendentibus villis sub Advocatia ejus.* Charta Theodorici Comitis Flandriæ ann. 1166 : *Quæ a præfato Theodorico, seu patre ejus Yvano collata sunt, in nostram et successorum nostrorum Advocatiam et defensionem suscepimus.* [** Vide Eichhornii histor. jur. Germ. § 195.]

☞ *Advocatia* et *custodia* distinguntur in privilegio Pibonis pro Monasterio S. Leonis in Hist. Tull. pag. LXXXVI : *In manu ipsius Ducis custodiam prædictæ villæ et non Advocatiam.... Abbas reposuit, et pro Custodia singulis annis, etc.*

ADVOCATIA, *Officium Advocatiæ villæ Paterniacensis*, in Charta ann. 1314. in Probat. Hist. Sabaud. pag. 146. Advocati munus, jus, officium. In lib. 1 Feud. tit. 1. §. 1 : *Advocatia, quæ vulgo Viaria dicitur.* Charta ann. 1148. in Hist. Monast. S. Mariæ Suession. pag. 437 : *Advocatiam super villas Caviniorum scilicet, Esiacum, etc.*

ADVOCATIÆ IMPERII, in Chron. Casin. cap. 35. Charta Henrici Imperat. apud Dodechinum ann. 1110 : *Regalia sunt civitates, Ducatus, Marchiæ, Comitatus, monetæ, teloneum, Advocatiæ, omnia jura Centurionum, id est villicorum, etc.* Vide Gregorium VII. PP. lib. 2. Epist. 14. [** Vide Eichhornii histor. jur. Germ. § 234. B.]

ADVOCATIA, Præstatio, quæ fit Advocatis. Charta Everhardi Archiepiscopi Salisburgensis ann. 1231. in Metropoli Salisburg. tom. 3. pag. 65 : *Remittens eis Advocatiam, id est, procurationes.*

ADVOCATIA, Advocati infeudati districtus. Speculum Saxon. lib. 1. art. 35. § 2 : *Argentum sub terra absconditum nemini excidere licet, sine proprietarii illius loci voluntate. Si vero voluntas ipsius advenerit, in operis loco Advocatiam obtinebit.* Art. 59. §. 4 : *In una Advocatia non nisi unus potest esse bannus.* Lib. 3. art. 64. § 5. 8 : *Si Comes partem Comitiæ alteri conferat, aut Judex, seu Advocatus, partem judicii, seu Advocatiæ; hoc agit perperam, et est contra jus attentatum.* Vide Albertum Stadensem. ann. 1089. [Litteræ ann. 1248. apud Marten. tom. 1. Anecd. col. 1038 : *Cum nobilis vir Johannes dominus d'Audenarde miles Ecclesiæ nostræ fidelis, confiteatur se in feodo a nobis tenere Advocatias septem villarum.*] [** Vide Haltausii Glossarium, col. 1984]

ADVOCATIA, Datio Campionis, qui *Advocatus*, Gall. *Avoüé*, dicitur. Charta Blanchæ Comitissæ Campaniæ de divisione terrarum inter filias Baronum, ann. 1212. in Tabular. Campaniæ Thuani fol. 8 [** apud Marten. Thesaur. Anecdot. tom. 1. pag. 826] : *Si aliquis firmato duello ad hoc devenerit, quod coram justitia dederit Advocatiam* [** *suam alicui qui facere debeat duellum pro ipso. Si ille qui receperit Advocatiam*] *illam infra dies, qui ei jure possent assignari, decesserit, non ideo perdat querelam suam ille, qui duellum firmavit qui ei dederat Advocatiam suam, sed liceat ei alium substituere loco illius, qui decessit.*

ADVOCATIO, Districtus Advocati, in Charta Willelmi Castellani S. Audomari an. 1205 : *Quicumque servus, vel de Advocatione mea existens infra villas S. Bertini, et extra nunc manent, etc.*

ADVOCATIO, Tutela, protectio. Gerbertus Epist. 22 : *Reges Francorum filio suo favere dicite, nihilque eos aliud conari, nisi tyrannidem Henrici, Regem se facere volentis sub nomine Advocationis, velle destruere.* [*Advocatio accolarum*, apud Miræum tom. 2. pag. 1125. Edit. 1723.]

☞ ADVOCATIA, Gall. *Avouërie*, duplicis generis, ut monet D. *Brussel* Tract. de usu feud. tom. 2. pag. 769. distingui potest : una quam honorariam appellare licet, cui nulli reditus, nulla pensitatio assignabatur; altera cui, ut tutelam Ecclesiis præstarent Advocati, non modica bonorum Ecclesiasticarum pars attributa; quod quidem vel clientelari jure fiebat, adeo ut ab ipsis Ecclesiis in feudum isthæc possiderent; vel nuda traditione et sine ullis servitiis feudalibus : hinc *Advocatiæ* aliæ feudales aliæ non feudales. Feudales iterum in Ecclesiasticas et laicas dividit D. *Brussel* : hæ in custodia alicujus civitatis, vel etiam provinciæ positæ; illæ vero in tenementis vel annuis pensitationibus quæ Advocatis assignabantur de dominio Ecclesiæ vel Masonterii, cujus jura et possessiones tueri tenebantur.

** Advocatia, Dominium superius cum juribus annexis. Charta ann. 1281 apud Hontheim. Hist. Trev. vol. 1. pag. 635 : *Advocatia in Lehmen, census, servitia, jurisdictio, reditus et proventus et omnia jura ad dictam Advocatiam spectantia.* Ibid. pag. 634. Charta ann. 1279 : *Advocatia de Wittlich cum villis quibuscunque, redditibus... hominibus.... jurisdictionibus ac quibuscunque aliis juribus.* Eodem sensu *Advocatitium jus* dicitur in charta Henrici R. R. ann. 1311 infra laudata et in alia ann. 1299 in Wibelii Cod. Dipl. Hohenl. pag. 131 : *Nobilium virorum Dominorum Kraftonis de Hohynloch, senioris et junioris, Dominorum Ruperti et Ruperti de Durne, qui in eodem oppido jure Advocatitio dominantur*, etc.

Advocatio, idem quod *Viaria*, seu *Vicaria*, Jurisdictio media, *moyenne Justice*, in Chartis non semel, quas laudamus in voce *Vicaria*. Vide *Viare.*

[** Registr. Eccl. Lubec. cap. 37. apud Westphalen tom. 2. col. 2448 : *De villa Clawestorpe, quam emit capitulum ab abbate et conventu in Reynefelde, cum jure et judicio Advocatiæ, omniumque culparum correctorii, ac cum omni temporali utilitate.* Ibid. col. 2450 : *Habet capitulum potestatem Advocatum ibi ponendi* (in Hangenbecke) *qui omnes causas judicabit et puniet, quorum pœna LX solid. non transcendit.* Charta comit. Holsatiæ ann. 1256 ibid. col. 43 : *Didicimus dom. Præpositum Novimonasterii et fratres suos, judicium sive Advocatiam villæ suæ, quæ claustro adjacet, ab antiquo habuisse, et integre in omnibus causis, præterquam in causa sanguinis, libere possedisse.* Quandoque etiam Advocatia jurisdictionem superiorem comprehendit, ut in diplomate Magdaburgensi supra laudato pag. 109. col. 1, et in charta ann. 1309 in Schœttgen. Diplom. tom. 2 pag. 226 : *Curiam et oppidum in Belgern, cum judiciis seu Advocatiis, videlicet superiori et inferiori, tam infra oppidi septa quam in campis etc.* De qua re videas Responsum Fac. jur. Argor. ann. 1688 in Lunigii corp. jur. Feud. tom. 3. pag. 713.]

Advocatio. Pensitatio, seu præstatio pro jure Advocationis, vel pro tutamento : tributum, quod Advocato exsolvitur. *Reditus Advocationis*, in Charta Balduini Comitis Flandr. ann. 1038. apud Buzelinum. *Advocatio et Advocatoria exactio*, in Charta Conradi Ratisponensis Episcopi ann. 1209, in Metropoli Salisburg. tom. 3. pag. 248. Alia Adalberti Comitis Viromanduorum sub Leudulfo Noviom. Episcopo : *In his ergo S. Quintino datis rebus nullus hæredum vel propinquorum meorum non Comes, nec Vicecomes, nec ejus liberæ ingenuitatis homo aliquid amodo accipiat causa consuetudinis seu Advocationis, etc.* Alia Gerardi Comitis Matisconensis ann. 1180. in Bibl. Cluniac. pag. 1443 : *Orta est querela inter nobilem virum Gerardum Comitem Matisconensem et Monachos Cluniacenses super indebitis consuetudinibus, ... siquidem in villis Monachorum, Advocationem et custodiam quærebat, ubi Monachi illum habere non asserebant. In aliis vero locis ubi constabat illum Advocationem habere indebitas exactiones et insolitas consuetudines usurpabat, etc.* Charta ann. 1205. in Tabulario S. Bertini : *Ab omni servitute, Advocatione et consuetudine et exactione ... liberi erunt.* Concilium Coloniense ann. 1310. cap. 3 : *Monemus omnes terrarum dominos ... ne de cætero occasione Advocatiarum, quas quidam ex eis super bona Ecclesiastica habent, vel quocumque alio nomine vel colore ad hoc quæsito, tallias, collectas, exactiones, petitiones, assisias, contributiones, servitia indebita, et ultra quam jus Advocatiæ juxta Scabinorum sententiam, ubi Advocati sunt, permittit, ... exigere aut recipere præsumant.* Computum Domanii Comitatus Bononiensis ann. 1474 : *Des Avouëries d'Estaples et Rombly, que doivent les habitans d'icelles villes à la Toussains, qui se croissent et amoindrissent selon le nombre des mesnages estans en la ville et bourgaige d'Estaples, dont chascun chief doit demy polkin d'aveine, les veuves un quart de polkin.* Computum Comitatus Pontivi ann. 1474. fol. 1 : *Cens, rentes, recognoissances, et Advouëries deuës au Roy à cause de sa Comté de Pontieu.* Vide *Viaria.* [** Diplom. Conradi II R. R. ann. 1146. ap. Butkens Troph. Brab. in Cod. Prob. pag. 39 : *Advocatos instituimus mandantes ut nomine imperii contra omnem inquietacionem ecclesiasticas personas et earum bona tueantur et defendant, ita quod ab ipsis nil per potestatem recipiant aut exigant præter Jus Advocatiæ, quia advocati non debent esse deprædatores sed defensores ecclesiarum.* Diplom. Ottonis Episcop. Herbipolit. ann. 1220 in Gudeni Cod. dipl. vol. 1 pag. 474 : *Ecclesia... servicia... percipiet temporibus vitæ marscalci; et ipse marscalcus, qui est eorundem hominum advocatus, erit simplici jure Advocacie sue contentus; et si placuerit Ecclesiæ pariter advocato ipsis hominibus exactionem imponere medietas exactonis illius proveniet Ecclesiæ alia advocato;* et infra : *ex tunc marscalcus de bonis illis debitum jus Advocacie recipiet*].

¶ Advocatitium Jus. Eadem notione. Charta Henrici Rom. Regis ann. 1311. apud Ludovicum *Laguille* inter Instrum. Hist. Alsatiæ pag. 60. col. 1 : *Ad venerabilem igitur Egidium Abb. Weissemburgensem, dilectum Principem nostrum, Conventum et Monasterium ejus, oculos convertimus, gratiæ specialis devot.. et instantivas preces ipsius favorabiliter admittentes, Advocatiam, seu Jus Advocaticium villarum infra scriptarum... Abbati et Monasterio Weissemburgensi prædictis restituimus.* [** Charta Eberhardi comit. Wurtemb. ann. 1291. ap. Crusium in Annal. Suev. P. 3. L. 3. pag. 170 : *Quod cum dilecti in Christo abbas et conventus in Lorch... nos unanimiter et concorditer elegerint, pro adjutore seu tutore bonorum ipsorum, personas et res, seu bona ipsius monasterii in nostram recipimus defensionem, sub tali conditione quod de bonis predictis non recipiemus, nisi tantummodo Jus Advocatitium etc.* Advocatorium jus eadem notione in charta ann. 1247 ap. Falkium in cod. Tradit. Corbeiens. pag. 861 : *Quicunque colonus extiterit marcam puri argenti jure Advocatorio annuatim perpetuo persolvere tenebitur.* Denarii advocatitii dicuntur præstationes quæ advocatis ære exsolvebantur in charta Archiep. Mogunt. ann. 1226 ap. Johannis rerum Moguntin. tom. 2. pag. 530 : *In prefata curia... omnimoda in perpetuum libertate gaudebit, ita ut et a Denariis Advocatitiis et manipulis, tam siliginis quam avenæ, qui per villam advocato de bonis hereditariis dari solent, a vino bannito..... penitus sit immunis.* Iidem Denarii censuales et areales in charta Sigfridi Episc. Hildesiensis ann. 1289, apud Lauenstein. Histor. Diplom. Ep. Hild. Part. 1. pag. 149 : *Casas hortorum, in quibus nos obtinebimus advocatiam et nostros Denarios censuales, sicut in aliis areis etc.* Et infra : *Casas hortorum ponent et nihil aliud, quæ si positæ fuerint, in eis advocatiam et Denarios areales habebimus.*]

* Advocatalis, Advocatitius, Ad *Advocatum*, seu protectorem et defensorem pertinens. Charta ann. 1285. tom. 6. Anecd. Pezii part. 2. pag. 148. col. 2 : *Cum pro omni jure Advocatali hominum et prædiorum ecclesiæ Altahensis, consueverimus recipere annis singulis centum libras denariorum Ratisbon.... traditionem dicti juris Advocatitii recognoscimus nos fecisse, etc.* Vide infra *Advoeria.*

Advocatio, Anglis *Adwouson*, Jus præsentandi Ordinario aliquem ad Beneficium vacans, in Littletone sect. 10. 180. Fleta lib. 5. cap. 9. § 21 : *Divisionem non recipiunt Advocationes Ecclesiarum, ... quamvis ecclesia quæ est quasi subjectum ratione diversarum Baroniarum ab antiquitate dividi possit.* Baldricus lib. 3. Chron. Camerac. cap. : 57 *Qui Ecclesiam S. Gaugerici in Advocationem tenebat.* Adde Regiam Majestat. lib. 1. cap. 2. § 2. 3. lib. 2. cap. 16. 42. 45. 61. 67. lib. 3. cap. 33. Joan. Sarisberiensem lib. 7. Policrat. cap. 17. et Epist. 125. Sugerium de Administrat. sua cap. 12. etc. Vide *Patronus.*

Advocatoria, Ipsum Advocati munus, in Notitia veteri apud Loisellum in Hist. Bellovac. pag. 248.

Advocatura, idem quod *Advocatio* : Jurisdictio media, *Moyenne Justice*, vel quod præstatur sub specie Advocaturæ, seu tutamenti, vel *salvamenti.* [Constitutio Leduini Abbatis S. Vedasti Attrebat. ann. circiter 1020. apud D. *Brussel* tom. 2. Tract. de usu feud. pag. 789 : *Homo de generali placito, non dat censum de capite suo, nullam dat neque debet Advocaturam, quia liber est ab hac exactione sine inquietudine.*] Hariulfus in Chronico Centulensi lib. 4. cap. 21 : *Sub excommunicatione interdixit, ne aliquis amplius in illa villa, neque per vim, neque per deprecaturam, neque per Advocaturam, de omissis consuetudinibus amplius aliquid expeteret.* Charta Odonis Episcopi Bellovacensis ann. 1140. apud Loisellum pag. 269 : *Concesserunt in eleemosynam quidquid habent in villa et in terra Theoleti, videlicet Advocaturam et Vicecomitatum, et quidquid habebant ibi aliud.* Tabularium. S. Vitoni Virdunensis : *Quietum et ab omni prorsus Advocatura liberum.*

Advocaticii, qui Advocatorum juridictioni obnoxii sunt. Chronicon Colmariense 1. part. ann. 1271 : *Comes Radulfus de Habspurc posuit exactionem super homines suos Advocatitios, et accepit ab eis 20. mille quartalia frumenti.*

* Advocatitius, Sub *Advocati* patrocinio et tutela positus, *Advena.* Charta Henrici VII. reg. Rom. ann. 1231. tom. 1. Hist. Trevir. Joan. Nic. ab *Hontheim* pag. 709. lib. 2 : *Item omnes Advocatitii in nostris*

civitatibus residentes, antiqua et debita jura persolvant, neque indebitis exactionibus molestentur. Item homines proprii, Advocatitii, feudales, qui ad dominos suos transire voluerint, ad manendum in nostris officiatis non arctentur. Vide *Affidati*. [** Vide Pertzii Monum. leg. Germ. vol. 2. pag. 283 et 292. Albertus R. in Diplom. Civit. Buchorn. ap. Lunig. Arch. vol. 13. pag. 308 : *Si aliquis homo Advocatitius in ipsorum civitate est residens, Advocato de sua persona aliquod servitium facere non tenetur.* Compositio inter Comitem Palat. Rheni et Archiepiscopum Moguntinum ann. 1264 in Gudeni codice Diplomat. vol. 2. pag. 148 : *Item, diffinitum est quod Dns Palatinus homines proprios ecclesiæ Laurissensis, qui non sunt Advocaticii sui non debet recipere intra novum oppidum suum Winheim, sine voluntate Archiepiscopi, nec cogere ad manendum cum ipso; sed si aliquis Advocaticius sponte se receperit in eodem, ille nichilominus Archiepiscopo tenetur præstare debita iura etc.* Sententia Rudolphi R. R. ann. 1282. ap. Pertz. l. l. pag. 439 : *Per sententiam coram nobis extitit requisitum, si rustici vel rustice qui liberi dicuntur, cum hominibus Advocatitiis, vel aliarum superiorum aut inferiorum conditionum contraxerint, quam conditionem sequi debeat partus ex hujusmodi commixcione susceptus. Et est sententialiter definitum, applaudentibus universis qui fuere præsentes, quod partus condicionem semper sequi debeat viliorem.*]

* ADVOCATRIX, Quæ jura, bona, et facultates ecclesiæ tuetur et protegit. Bulla Urbani III. ann. 1187. inter Instr. tom. 11. Gall. Christ. col. 251 : *Omnes præterea libertates et rationabiles consuetudines et immunitates, quas illustris rex Anglorum Henricus et bonæ memoriæ Mathildis imperatrix mater ejus, Advocatrix et fundatrix præfatæ ecclesiæ.... vobis... donarunt, etc.*

* ADVOCERIA, Jurisdictio media, idem quod *Viaria*. Charta permut. inter Philip. V. reg. Franc. et episc. Tornac. ann. 1320. ex Cam. Comput. Insul. : *Item homagium et feodum Advoceriæ Tornaci et Tornacesii.* Vide *Advocatio* et *Advocatura* pag. 113. col. 1. et 3.

* ADVOERIA, Protectio, tutela, propter quam tributum exsolvitur. Charta Blanchæ comit. Trec. ann. 1206. in Chartul. Campan. Cam Comput. Paris. : *Omnes homines de Nigravalle miserunt se in Advoeria mea et salvamento meo per voluntatem et creantum Iteri de Chaleranges.*

¶ ADVOHARE. Vide in *Advocare* 3.

ADVOLI, in Aresto 20. Aug. ann. 1411. ex Gallico, *Avolez, Advenæ*, uti etiam in eodem Aresto dicuntur, in Hist. Betuniensi pag. 116. qui aliunde venerunt, *advolarunt*. Froissart. 1. vol. cap. 39 : *Et ceux qui estoient ainsi bannis, dont il y avoit foison, se tenoient à S. Omer, le plus, et les appelloit-on Avolez.*

* *Gens Advolez, qui n'avoient mesnaige, feu ne lieu*, in Lit. remiss. ann. 1400. ex Reg. 155. Chartoph. reg. ch. 429.

¶ ADVORES, Contrarii. Glossæ Latino-Græc. MSS. *Advores*, ἐναντίοι. Lego *Advorses*, quod ab *Advorsus*, pro *Adversus*.

* ADVOTIA, *Advocati* officium, præstatio quæ *advocato* exsolvitur, pro *Advocatia*. Vide in *Advocati* pag. 112. col. 3. Charta Bosonis Catalaun. episc. ex Cod. reg. 9612. U : *Advotiam utriusque terræ, id est tam S. Urbani quam S. Maximi, prædictus Willelmus sibi retinuit. Avoweson*, eadem notione, in Lit. ann. 1343. apud Robert. Avesbur. in Hist. Eduardi III. reg. Angl. pag. 111. Vide supra *Advocari*.

ADVOTUM, *Retentio feudi per Advotum*, in Charta Rotroci Comitis Perticensis, ann. 1136. apud Souchetum : *Retenuē du fief par Aveu.*

* ADVOUARE, ex Gall. *Advouer*, Fateri, confiteri, agnoscere. Lit. procurat. ann. 1348. ex Chartul. 21. Corb. fol. 193. v° : *Dantes dictis procuratoribus nostris..... potestatem..... Advouandi, desavouandi causam nostram de hominibus nostris et ecclesiæ nostræ prædictam.* Pro Dominum agnoscere, seu profiteri vassalli clientelam, vide infra in *Deadvouare*.

* ADVOYAMENTUM. Vide supra *Advoamentum*.

¶ ADVOYARE, Fateri, Gall. *Advoüer*. Hist. Dalphin. tom. 2. pag. 98 : *Respondit dictus dominus Dalphinus, quod de morte dicti Aymonis est innocens, nec Advoyabit, neque Advoyaverat, neque Advoyat factum prædictum, nec ratum habebat, imo displicuit et displicet.*

ADURACLA, Species vitis, de qua Petrus de Crescentiis lib. 4. cap. 3. cujus vetus Interpres Gallicus *Duraclan*, vertit.

¶ ADURARE IN TERRAM, Terram legere, ad terram appellere, forte etiam in terram impingere, Gall. *Cotoyer la terre, Aborder, Échoüer.* Ogerius Panis lib. 4. Annal. Genuens. ad ann. 1211. apud Murator. tom. 6. col. 491 : *Et homines Niciæ assultum in eos fecerunt, et ex improviso unam de galeis, quæ in terram Adurata fuerat, retinuerunt.* Bartholomæus Scriba lib. 6. Annal. Genuens. ad ann. 1247. apud Murat. tom. 6. col. 512 : *Et quum jactasset Andreolus de Mari prælium dare nostris, fecit licias in portu Savonæ et reduxit galeas in portum Savonæ Aduratas in terram.* Jacobus Aurias lib. 10. Annal. Genuens. ad ann. 1291. ibid. col. 603 : *Quare Pisani Aduraverunt navem et cum rebus et personis descenderunt in terram.*

* ADURATIO. Charta pariagii inter Phil. Pulcr. et episc. Mimatens. ann. 1306. inter Probat. tom. 1. Hist. Nem. pag. 156. col. 2 : *Nec novas Adurationes recipere, vel nova guidagia concedere; retro vero recepta revocari debent, etc.* Ubi legendum est *Advoationes*. Vide supra *Advoatio* in *Advocare* 4.

ADURERE. Glossar. vet. ex Cod. reg. 7646 : *Adurit, maculat, notat.* [** Vide Propertium lib. 3. eleg. 9. vers. 40, ibique Broukhusium. Cic. ad Att. lib. 5, ep. 20.] Nostris vero *Aduré*, idem sonat quod Induratus, laboris patiens, constans. Mirac. MSS. B. M. V. lib. 1 :

> Mais le cuer ot si Aduré
> Et aüsé en fol usage,
> Onques pour chou son fol corage
> N'amenda, ne ne vaut bien faire.

Chron. Bert. Guesclini MS. :

> Au bon duc de Berry les ot lors amenez
> Guion de la Trimouille chevalier Adurez.

Le Roman de *Garin* :

> Dex, que fist donc Bernart li Adurez ?

¶ ADURINUS COLOR, pro *Azurinus*, Cærulæus, nisi mavis colorem *Adurinum* ab *Aduro* dictum, idem esse quod Livio, *Color Adustior*, Fuscus, subniger, Gall. *Bazané, halé, brulé.*

* ADURPATIO. Libertat. Figiaci ann. 1318. tom. 7. Ordinat. reg. Franc. pag. 667. art. 41 : *Super crimen adulteri* (l. adulterii) *in quo plerisque* (plerumque) *cum per Adurpacionem aut maliciam nostrarum gentium excessum fuerit, etc.* Emendandum forte est *Adurrationem*, id est, duritiam, acerbitatem : facile est enim aut malevolis, aut nimium austeris, in puniendis adulteris modum excedere.

* ADWARPIRE, Possessionem rei alicujus dimittere, idem quod *Guerpire*. Charta Henrici I. Imper. ann. 1014. apud Murator. in Antiq. Estens. pag. 112 : *Se exinde ipsi germani se parte ipsius monasterii Adwarpierunt, et obligaverunt se etc.*

* ADYANTUM, Herba perpetuo virescens, sic dicta, ut scribit Martin. in Lexic. quod folium ejus aqua perfusum non madescat, sed sicco semper simile sit : ab ἀ et διαίνω, humecto, dicitur etiam *Capillus Veneris*. Alex. Iatrosoph. MS. lib. 1. Passion. cap. 6 : *Melius autem est si politricum amnisceas, quod aliqui Adyantum vocant.* Rectius scribes *Adiantum*.

ADYTUM, ἄδυτον Græcis; recentioribus βῆμα, Secretior ædis aut Ecclesiæ pars, solis Sacerdotibus pervia. Leo Ostiens. lib. 3. Chron. Cas. cap. 31. (alias 33) : *Fecit et cancellos ex ære 4. ante altare, inter chorum et Adytum hinc inde statuendos.* [** Vide Glossarium med. Græc. in voce Βῆμα.]

* ADZACARE, Adaquare, irrigare, Gall. *Arroser*. Charta Dumbensis ann. 1379 : *Aimonelus debet duos denarios pro dimidia exclosa facta in eriolis domini, necessaria ad Adzacandum dictum pratum; et debet capere aquam in dictis eriolis pro Adzaquando prata.* Vide supra *Adragare*.

¶ Æ pro E nonnunquam legitur in veteribus monumentis, ut E sæpissime pro Æ. Testamentum Anonymi in cortice scriptum ann. circiter 690. apud Felibianum in Hist. Monasterii S. Dionysii pag. x : *Et villa Ghinnachario quod jam vobis per Æpistolam donationis dedi.* Ibidem : *Et domenare dibeant post meum discessum, ut sæpÆ dixi.*

¶ 1. ÆCENTIA, pro *Aiacentia*, id est, *Adjacentia*, ut notat Goldastus e regione hujus vocis in Charta Alamann. 39 : *Et in Reutinchova terras et silvas, suetqua, vel alias Æcentias, quidquid ibi habere videor. Et in villa quæ dicitur Huzinaa, homines 8. et terras, et silvas, vel alias Æcentias.* Quid si *Æcentias* pro *Æsantias* de quo infra.

** 2. ÆCENTIA, *Senticetum*, apud Junium in Glossario Gothico pag. 45. ADEL.

¶ ÆCHERIUS, vel ÆCHERIUM, Ager, campus, item Seges a Sax. Æcer, quod idem sonat, teste Somnero in hanc vocem. Charta Stephani Mutonis tenentis sigillum Ducis Bituric. apud Baluz. tom. 2. Hist. Arvern. pag. 436. ad annum 1362 : *Cum pratis, pascuis, nemoribus, sauzetis, viveriis, Æcheriis, aquis, garenis, etc.* Cave ne dicatur etiam pro *Æquariis* quæ sunt Equarum armenta. Vide *Æquarium*.

* Mendum esse videtur pro *Aquariis*. Vide *Aquarium*.

¶ ÆCROPHAGIÆ. Fragm. Petronii cap.

26. Edit. Petri Burmani ann. 1709 : *Adlata est serisapia, et contumelia, Æcrophagiæ sœdate sunt, et census malo, porri et persica flagellum, etc.* Ubi legendum videtur *Acrophagiæ adlatæ sunt.* Est autem *Acrophagia* edulium ex summitatibus olerum, gemmis tumentibus arborum etc. maximo in usu apud Italos. Hinc S. Benedictus in Regula sua cap. 40 : *Si fuerint inde poma aut nascentia leguminum, addatur et tertium* (ferculum).

ÆDES, Templa paganorum nude appellant leges 8. et 18. Cod. Theod. de Paganis, quæ *Ædes templorum*, in leg. 3. eod. tit. dicuntur. In Excerptis ab Henrico Stephano ex veterib. Lexicis pag. 259. titulus concipitur: *De ædibus*, περὶ ναῶν. Gloss. Lat. Gr. Ædes, αὐλαὶ, ναοί. Gloss. Bas. ἀέδες, οἱ ναοί.

¶ **ÆDESIOLA**, Sacellum, parva Ecclesia, Gall. *Chapelle*, apud Marten. tom. 1. part. 2. Collect. veterum Scriptorum pag. 7 : *Unde prior est Ædesiola in suburbio Parisiaco haud procul a mœnibus in honore S. Maglorii dicta.*

¶ **ÆDIFEX**, Architectus, Ædificator. Tertull. de Idolo. cap. 12 : *Ex similitudine prudentissimi Ædificis illius, qui prius sumptus operis cum viribus suis supputat.* Ubi *Ædifex* recte sumi potest pro eo qui ædificandum aliquid suscipit, aut curat.

¶ **ÆDIFICABILIS**, Qui ad virtutem excitat, Gall. *Edifiant.* Imit. Christ. Lib. 1. cap. 10. n. 2 : *Si loqui licet et expedit, quæ Ædificabilia sunt loquere.*

¶ **ÆDIFICAMENTUM**, Passim occurrit in veteribus Chartis pro jure capiendi in silvis ligna ad ædificationem necessaria. Chronicon Prioratus S. Launomari de Magenciaco apud Arvernos inter Acta SS. Bened. sæc. 4. part. 2. pag. 257. B : *Theotardus Prior loci Magenciaci... adiit domnum Guillelmum Tyernensem, Principem clarissimum, deprecatusque est, ut pro salute patris sui Guidonis donaret sibi et S. Launomaro in silva sua amplissima, quæ vocatur Borno, unde semper habeatur calefactum, Ædificamentum et restauramentum domorum suarum, quam deprecationemn libenter accipiens magnificus Princeps Willelmus... concessit, etc.*

1. **ÆDIFICARE**, Exemplum præbere : quo sensu vocem *Edifier*, usurpamus; vel docere, instruere. S. Hieronymus lib. 3. in Ruffinum cap. 5 : *Duas Epistolas... per hoc fere biennium interpretatus sum, et in Ædificationem Ecclesiæ legendas nostræ linguæ hominibus dedi.* Annianus Pelagianus in Epist. præfixa versioni Homiliarum S. Joan. Chrysostomi : *Adhuc Antiochiæ Presbyter hæc, quibus Ecclesiam illam Ædificabat, scripta composuit.* Gregorius M. lib. 9. Epist. 9 : *Picturas imaginum, quæ ad Ædificationem imperiti populi fuerunt factæ, etc.* Concil. Narbonense sub Recaredo Rege, de Presbytero ignaro : *Mittatur in Monasterium, quia non potest Ædificare populum.* Jacobus de Vitriaco in Hist. Occid. cap. 7 : *Pauci autem addiscebant ut Ædificarentur, vel Ædificarent. Liber Ædificatorius* apud Ingulfum pag. 870. Adde S. Fulgentium Epist. 2. Ordericum lib. 5. pag. 590. etc. Vide Glossarium med. Græci. in Οἰκοδομή. [et Wahlii clav. philol. novi Testam. vol. 1. pag. 624. In novo Testam. non legitur nisi apud S. Paulum.]

¶ 2. **ÆDIFICARE** SE, Domicilium ponere, defigere, Gall. *S'établir en un lieu, y venir demeurer.* Charta Ludovici Junioris ann. 1145. apud Thomasserium Consuetud. Bituric. pag. 63 : *Extraneis vero qui Bituris venerint, et ibi se se Ædificaverint, et regni fuerint, bona sua parentibus suis dimittere licebit.*

* 3. **ÆDIFICARE**, Proficere, servire, Gall. *Etre utile.* Chartul. S. Joan. Angeriac. fol. 56. v° : *Gofredus de Bucceto volens Ædificare animam suam, S. Joanni donavit in eleemosinam totam terram arabilem, quam circa Varesiam tenere videbatur.*

* 4. **ÆDIFICARE** TERRAM, Agrum colere, serere, Gall. *Cultiver. Ædificatio*, Cultura ipsa. Chartul. Aptense fol. 25. v° : *Donat ipsam terram per talem convenientiam, ut ille Allaldus illam terram ad terminum legis, id est, per septem annos bene plantare vitis et propagare, atque Ædificare studeat; et cum ad ipsum terminum bene advineata fuerit, prœnominatus episcopus* (Teudrichus) *unam medietatem de ipsa vinea recipiat, aliam autem medietatem ipse Allaldus et uxor ejus pro sua Ædificatione habeant.* Vide infra *Ædificatio* 2.

* **ÆDIFICARIUS**, Ad virtutem et pietatem excitatorius, Gall. *Edifiant.* Joan. Blakman. de Virtut. Henrici VI. reg. Angl. pag. 299 : *Verbis Ædificariis vel ceteris utilibus omnino usus fuerat.* Vide infra *Ædificativus.* et *Ædificatorius.*

¶ 1. **ÆDIFICATIO**, Exemplum bonum, Gall. *Edification.* Occurrit passim apud Auctores qui de pietate et bonis moribus scripserunt, ut apud S. Bernardum, Scriptorem librorum de Imitat. Christi, etc.

* 2. **ÆDIFICATIO**, Cultura, actio terram in pratum redigendi. Tabul. S. Sergii Andegav. : *Dederunt insuper ibidem congruentem terram ad Ædificationem pratorum, quantum inibi ædificare poterunt.* Vide supra *Ædificare* 4.

* **ÆDIFICATIVUS**, ut supra *Ædificarius.* Regula Fontis-Ebraldi cap. 22. : *Vobis ergo de bonis, sanctis et Ædificativis eloquiis, propter taciturnitatis gravitatem, rara loquendi conceditur licentia.*

¶ **ÆDIFICATOR**, Qui ceteris verbo prodest et exemplo, Gall. *Edifiant.* In circuitu cœnotaphii lapidei ad ostium Capituli Abbatiæ Silvæ-majoris Bernardus Abbas ejus loci dicitur fuisse.... *providus atque dator alacris, bonus Ædificator, hortator sapiens... moderator, etc.*

* *Edifieur en meurs*, apud Christ. Pisan. in prol. ad Hist. Caroli V. reg. Franc. Vide supra *Ædificarius.*

¶ **ÆDIFICATORES**, Dicti milites qui e machinis bellicis ligneis, quas Ædificia generatim vocabant, tela, sagittas, etc. in hostes vibrabant; vel qui has machinas muris hostium admovebant. Breviarum Hist. Pisanæ ad ann. 1159. apud Murat. tom. 6. col. 173 : *Eodem anno 1159 Pisani miserunt Pelagium Consulem cum Gerardo Comite, et Curte Vecchia cum nobilibus Pisanis militibus, et cum sagittariis et Ædificatoribus, xv. Cal. Septembris in auxilium Imperatoris Frederici ad obsidionem Mediolani.* Ibidem ad ann. 1173. col. 186 : *Eodem anno mense Julii Pisani miserunt in auxilium Comitis Ildebrandini CXL. milites cum balistrariis et Ædificatoribus; et tunc obsedit et cepit castrum dictum de Cirisano.* Occurrit iterum ibid. col. 191. Vide *Ædificium.*

¶ **ÆDIFICATORIUS**, Utilis ad pietatem, Gall. *Edifiant.* Statuta Equitum Theuton. cap. 1. apud Raim. Duellium Miscell. lib. 2. pag. 30 : *Exemplis operum et verbis Ædificatoriis quod verus Deus in eis est, demonstrent.*

¶ **ÆDIFICATURA**, Ædificatio, exstructio, Gall. *la Construction.* Testamentum Andreæ de Luxemburgo, Camerac. Episc. ann. 1396. apud Acherium Spicil. tom. 9. pag. 295 : *Requisivit residuum bonorum suorum..., si quod fuerit, erogari et tradi in auxilium pariter et augmentum operis et Ædificaturæ ejusdem* (Ecclesiæ).

ÆDIFICIUM. [Nomen commune quo significatur machina bellica lignea, in modum excelsioris turris exstructa, unde in hostes tela, lapides, trabes, dolia *incensa* et *alia* id genus emittebant. Rolandinus Patavinus de factis in Marchia Tarvisina lib. 6. cap. 6. apud Murat. tom. 8. col. 259 : *Impugnavit intrinsecos Ædificiis multis, scilicet bilfredis, prederiis et trabucchis, muros, turres, et palatium Marchionis abrupit.*] Vide *Artificium* 4. [et *Belfredus.*]

¶ **ÆDILETITII**, Castellaniæ primores seu præfecti. Excerptum Chartæ MS. Philippi August. Franc. Regis apud D. *de Lauriere* in Præfatione tom. 1. Ordinat. Reg. n. 93 : *Major et jurati Calniaci dixerunt per Sacramentum quod fecerunt Regi, quod Ædiletitii Castellaniæ Calniacensis sunt Domini Calniaci, exceptis duabus villis de Plesseio, scilicet Plesseium et Ungmes.* Notum est Ædilis officium apud Romanos.

* *Ædiletitii* iidem qui *Advenæ*, extranei, qui dimisso proprio domicilio, Calniaci sedes fixerant; quæ interpretatio aperta est, modo textus ipse attente inspiciatur; testantur enim major et jurati in inquisitione facta de Alienigenis Calniaci, *Ædiletitios* totius castellaniæ ad dominum Calniaci pertinere, iis tantum exceptis, qui apud Plesseium et Ungmes manent, quos *Alienigenas*, ut ibidem subjicitur, *manentes in istis duabus villis, tenet Joannes de Plesseio de domino rege.* Repudianda ergo est Cangii [** P. Benedictinorum] expositio.

¶. 1. **ÆDILIS**, Ostiarius. Acta SS. Benedict. sæc. 4. part. 1. pag. 608. ubi de V. Marcwardo Abb. Prum. : *Gerungum Clarissimum virum palatii Ædilem Monachum admisit.* Ita Wandalbertus. Ædilis nomine intelligendum esse Ostarium evincit Epistola 2. Frotharii Tullensis Episcopi; cujus est hæc inscriptio : *Illustrissimo viro et toto affectu colendo ac desiderando Gerungo, summo sacri palatii Ostiario.* Hujus Ostiarii dignitatem eandem existimatam fuisse atque Ædilis apud Romanos infra dicetur in voce *Scario.*

* 2. **ÆDILIS**, Custos ecclesiæ, æditruus. Mirac. S. Jacobi tom. 6. Jul. pag. 56. col. 2 : *Qui cum ecclesiam ingressi fuissent, et oratorium, in quo corpus Apostoli jacet, ingredi pro suo libitu non potuissent, rogaverunt Ædilem, ut eisdem oratorium aperiret.*

ÆDILITAS, Custodis Ecclesiæ munus ac dignitas in Collegiis Canonicorum. Charta Folcuini Episcopi Tervanensis anno Ludov. Reg. 26. apud Folcardum in lib. 1. Miracul. S. Bertini cap. 7 : *Ædilitatem seu custodiam* *ipsius Basilicæ, etc.* Alia Lietberti Episcopi Cameracensis ann. 1066. in Hist. Camerac. Joan. Carpentarii : *Ædilitatem vero et Præposituram, quæ mei juris erant, ... huic Ecclesiæc ontuli.*

* **ÆDITITIUS,** Custos ecclesiæ. Mirac. S. Mauril. tom. 4. Sept. pag. 76. col. 2 : *Decretum est ab eo* (episcopo) *et ab Æditiis ejusdem sanctæ jam prædictæ martyris ecclesiæ Andegavensis, ut pignora jam prælibati S. Maurilii episcopi.... visere decernerent.* Vide *Æditnus.*

ÆDITUUS, Ostiarius, gradus Ecclesiasticus; cui ædis sacræ custodia incumbit, *Custos.* Paulinus Epist. 6 : *Ipsius ordinatione in presbyteratu ordinatus sum, fateor, invitus, non fastidio loci, nam testor ipsum, quia et ab Æditui nomine et officio optavi sacram incipere servitutem, etc.* Frodoardus in Adriano PP. :

Amplicat Ædisti locupletans dotibus ædem.

Ubi leg. *Æditui.* Vide *Ostiarius.*

ÆDITUARE, Æditum agere. Vetus inscriptio pag. 312. 5 : *Ædituavit. ann.* x. Occurrit præterea in alia pag. 1088. 5.

¶ 1. **ÆDUS,** *Orientalis lux, sol matutinus.* Gloss. Bituricensis Ecclesiæ. MSS. a voce Græca ἕως, Aurora.

* 2. **ÆDUS,** pro Hædus, Gall. *Chevreau.* Stat. Cadubrii cap. 4 : *Item in dicto consilio deliberatum fuit, quod aliquis terrigena non possit nec debeat vendere, nec alio modo dare alicui forensi carnes lacticinas, videlicet agnos, Ædos, vitulos, etc.*

* **AEGIATIO,** *Majoritas,* cum quis suæ tutelæ est; *Aegiatus,* Egressus annos alienæ tutelæ. Lit. Joan. reg. Franc. ann. 1451. in Memor. C. Cam. Comput. Paris. fol. 113. v° : *Concedimus tenore præsentium et quictamus, ipsumque* (Regem Navarræ) *quamquam minoris ætatis ad præsens existat, Aëgiatum et in ætate legitima reputamus.* Titulus literarum est : *Litera Aëgiationis regis Navarræ et redditionis terræ suæ.* Vide supra *Aagiatus* et infra *Eagium.*

¶ **ÆGIATOR,** *Hortator,* in Glossis Bituric. MSS. Legendum cum Papia *Egetor,* ἡγήτωρ *Græce, Hortator.* Hinc corrigendæ eædem Glossæ ubi perperam, *Ægeatur, Ornatur.*

** **ÆGIDIA,** *Pluvia.* Gloss. in Cod. reg. 4778. Capella pluvialis ap. Plinium lib. 18. cap. 46. § 1. et Ovidium Fast. lib. 5. vers. 111. stella nominatur in sinistro Aurigæ humero. Vide H. Stephani Thes. voce Αἴξ, edit. Didot vol. 1. col. 1008.

¶ **ÆGIDIANÆ.** Sic vocant Constitutiones Marcæ Anconitanæ, in statu Ecclesiastico, in quo, inquit Albericus Gentilis lib. Juris Can. cap. 3. jus generale faciunt, ultra vero illius fines minime valent.

* **ÆGILOPA.** Alex. Iatrosoph. Ms. lib. 1. Passion. cap. 103 : *Ægilopis mox sine mordicatione ab initio medicamenta sunt adhibenda, quæ simul desiccare possint.... Hoc enim* (remedio) *solo utendo non solum egilopas* (Gloss. *recentes*) *sed etiam angilopas* (Gloss. *duras*) *diuturnas scio fuisse curatas.* Ubi Glossæ : *Egilopas vocat superfluas carnes in angulis natas oculorum. Egilopium, la sporcheza, e carne che nasce nelli ochi,* in Glossar. Lat. Ital. MS. [** Vide Forcell. in voce Ægilops; Plinium lib. 21. cap. 19. bique var. lect.]

¶ **ÆGONES,** *Sacerdotes rustici.* Papias. Vide Grævium ad Glossas Isidori in voce *Egones.*

¶ **ÆGRET,** *Acidiatur.* Gloss. Isidori, ad quod addit Grævius : *Pro quo Siracidis antiquus interpres Acediare dixit* 26. 16 : *Non Acediaberis stultitia stulti* σῦ μὴ ἀκηδιάσεις *i. e. non dolore te afficiat stultitia stulti.*

ÆGRIMONIA. Ugutio : *Ægrimonia, Ægritudo.* Occurrit in Concilio Toletano XVI. can. 1. et 4. et apud S. Eulogium lib. 3. Memor. SS. cap. 10.

ÆGRIMONIUM, Eadem notione Gloss. Græc. Lat. ἀῤῥωστία, *Ægrimonium, Morbus, Languitudo, Languitas, infirmitas.*

¶ **ÆGRIPARTUS,** *Qui ægre partus est.* Papias. [** Gloss. in cod. reg. 4778 : *Qui pedibus edictione capite pariuntur.* Vide *Agrippa.*]

ÆGRIPOMIUM, *Autumnus,* Φθεινόπωρον, in Gloss. Græc. Lat. MS. In edito hæc habentur : Φθεινόπωρον, *Autumnum, Agriponnum, pluralia non habent.* Φθεινοπωρινή, *Autumnalis,* Φθείνω, *Tabeo, tabesco.* Ex quibus patet primum Φθείνω, scribi, pro Φθίνω, deinde autumnum Φθινόπωρον appellari, quod ea anni tempestate poma et arborum fructus maturescant, deficiant, atque velut ægri tabescant.

¶ **ÆGRITUDO,** Servitus, debita domino servitia : sic dicta, quod quamvis minuta sint, ægre semper reddantur. Madox Formulare Angl. pag. 197 : *Concessi tertiam partem unius Mesuagii cum Curtilagio... tenendum de me... tam in Ægritudine quam in ligia potestate, in feodo et hæreditate libere, quiete, etc.*

* Nativo et proprio sensu hic accipienda est vox *Ægritudo;* cujus significatio est, feudum a vassallo nusquam repetendum fore, sive servitia debita sanus exhibeat, sive morbo et ægritudine impeditus illa nequeat præstare. Ea quippe interdum fuit feudorum conditio, ut a domino feudali illa repeterentur, servitiis quacumque ex causa non redditis. Vide Probat. Hist. Bressiæ titulo feudorum ad ann. 1272.

¶ **ÆGROTATIVUS,** Proxime infirmus, valetudinarius, Gall. *Valetudinaire.* S. Bernardus tom. 1. pag. 1308 : *Unus idemque cibus et ægrotis est medicina, et Ægrotativis dieta.*

¶ **ÆGROTATUS,** Ægrotus, morbo correptus. Vita S. Martialis Episc. tom. 5. Junii pag. 565 : *In S. Caorfo Ægrotatus obiit* III. *idus Novembris.*

¶ **ÆGUPTIUM,** Fuscum, subnigrum. Glossæ Lat. Gr. MSS : *Æguptium,* φαιόν.

¶ **ÆGYPTIACI,** Gall. *egyptiens, Bohemiens,* Vagi homines, harioli ac fatidici, qui hac et illac errantes ex manus inspectione futura præsagire se fingunt ut de marsupiis incautorum nummos corrogent. De horum origine aliquid attingit Pasquerius Disquisitionum lib. 4. cap. 19. cum ait, decima septima Aprilis anni 1427. Parisios venisse 12. *Penanciarios,* seu pœnitentes, Ducem unum, Comitem unum cum decem equitibus, et 120. tum virorum, cum mulierum et infantium comitatu. Hi se Christianos narrabant ex inferiori Ægypto a Saracenis pulsos ad Papam venisse confitendi causa, a quo in delictorum pœnam jussi essent errare annis 7. neque unquam per id tempus in cubili quiescere. Hæc quamvis inepte satis et ridicule, excepti sunt tamen, atque ad eos confluebant multi, quousque Episcopus illos larem mutare coegerit ob furta, divinationes, et alia plurima id genus. [* Hæc omnia descripsit Pasquerius ex Ephemeridibus Parisiensibus temporum Caroli VI. et VII. quæ nuper integræ prodierunt; antea a Dion. Godefredo tantum partim editæ ad calcem Historiæ Caroli VI. ubi pro *Aprilis* legitur *Augusti.*] Anno 1560 Comitiorum totius Regni apud Aureliam Decreto e Gallia ejecti sunt Ægyptiaci, atque in Hispania non multo post Conciliorum Provincialium auctoritate repressi. Tarraconense anni 1591. tom. 4. Collectionis Conc. Hispan. pag. 544 : *Curandum etiam est ut publici Magistratus eos coerceant qui se Ægyptiacos vel Bohemianos vocant, quos vix constat esse Christianos, nisi ex eorum relatione; cum tamen sint mendaces, fures et deceptores et aliis sceleribus multi eorum assueti.*

* Cæterum illi errones Italis *Zingari,* Hispanis *Gitani,* Gallis *Ægyptii* et *Bohemi* appellantur, ut observat Fritschius, quem consule Tract. de Mendicantibus validis cap. 12. *Ægyptii, Bohemi* et *Sarraceni* promiscue nuncupantur ejusmodi nebulones a nostris. Lit. remiss. ann. 1453. in Reg. 184. Chartoph. reg. ch. 376 : *Plusieurs Egyptiens, vulgaument nommez Sarrazins:... arriverent à l'entrée de la ville de Cheppe en entention de y estre logiez ; entre lesquelz en y avoient aucuns qui portoient javelines, dars et autres habillemens de guerre...... en tout jusques au nombre de* 60. *à* 80. *personnes.* Aliæ ann. 1467. ex Reg. 200. ch. 28 : *Pour ce qu'il y avoit des Sarrazins ou Boesmiens ou pays, etc.* Vide *Dies Ægyptiaci* in *Dies* 5.

[** Horum primos ann. 1418. in Helvetiam venisse narrat Stumpf. fol. 687. Adel.]

ÆGYPTILIA, *Gemma, ab Ægypto, ubi invenitur,* Ugutio. [Glossar. Bituric. addit : *Gemma nigra, etc.* Isidorus : *Gemma nigra radice, cerulea facie.* Sic et Laur. in Amalthea.] [** Isid. Orig. lib. 16. cap. 11.]

¶ **ÆLAMOTH,** *Vestibulum.* Gloss. Bituric. MSS. Hebr. יולם. [** Gloss. cod. reg. 4778 : *Ælami, porticus, sed melius interpretatur ante fores sive vestibulum. Ergo eleam hebreum est. Item in Hiezechielis extrema parte in visione civitatis in veteri translatione habet pastoforia, in nova gazophilatia i. cellulæ parvæ.* Vide Ezech. cap. 42. vers. 1. 4. 5. 7. etc.]

* **AELECTIO,** Electio, congregatio selecta Charta Ludovici II. reg. Ital. ann. 900. apud Murator. tom. 1. Antiq. Ital. med. ævi col. 87 : *Venientibus nobis Papiam in sacro palatio, ibique Aelectione, omnipotentis Dei dispensatione, in nobis ab omnibus episcopis, marchionibus, comitibus...... facta, prout opportuni temporis ratio significabatur, etc.*

¶ **ÆLMESFEOH,** Pecunia eleemosinaria, scil. denaria S. Petri primo Augusti annuatim debita, et per Regem Inam et Ethelwolphum primo concessa. Vocabatur etiam *Romefeoh, Romescot,* et *Heorthpening.* Hist. de Decimis per V. Cl. J. Seld. pag. 217. Ita Spelmannus in Glossario.

¶ **ÆMATHITES.** Gloss. Bitur. : *Lapis lividus et ferrugineus.* Isidorus [** lib. 16. cap.

4.] : *Lapis qui cote resolutus in colorem veniat sanguinis.* Hinc Galli dicimus *Sanguine.*

ÆMIDUS, *Tumidus*, *Inflatus*, in Glossis Isidori. [Glossæ Gr. Lat. *Æmidus*, πεφυσημένος. Festus : *Æmidum*, *Tumidum.* Quidam dictum putant ab αἷμα, *Sanguis*, alii ab οἴδημα, *Tumor*, unde οἰδηματώδης, *Tumidus.*]

* **AEMPRA**, Eadem notione, qua *Adamprum*, explicat Cæsar Nostradamus. Vide in hac voce. Mihi vero idem prorsus est quod *Auxilium.* Consule ibi. Charta Guigonis Dalphini ann. 1253. pro communia Upasiensi : *Item de voluntate et consensu prædictorum hominum dicti castri, retinuimus nobis cavalcatas, banna pro commissis, et justitias omni tempore, et Aempras seu complainctas in his casibus, scilicet pro nostra militia, et pro dotanda filia vel filiabus nostris, et pro filio nostro vel filiis nostris, seu successorum nostrorum militibus faciendis, et pro accessu ad imperatorem cum armis, vel pro fidelitate facienda, et pro peregrinationibus faciendis ultra mare vel citra longe, et pro emptionibus castri vel castrorum, vel aliis magnis adquisitionibus faciendis; pro quibus omnibus licet nobis et successoribus nostris complainctas facere et Aempras, sicut in aliis locis et hominibus terræ nostræ habentibus libertatem.*

¶ **ÆMULAMEN**, Æmulatio, Exemplum, Gall. *Emulation, Exemple.* Vita S. Carilefi tom. 1. Julii pag. 97. E : *Agminibusque monasticis undequaque ad se confluentibus, Aemulamina suarum virtutum invictissima relinqueret, etc.*

¶ **ÆMULARE**, Ad Zelotipiam excitare, Gall. *Donner de la jalousie*, seu potius uxori æmulam dare, alteram scilicet ducendo illa vivente. Pactum Matrimon. tom. 9. Spicil. Acher. pag. 283 : *Convenio tibi Willelmæ, ut in omnibus diebus vitæ meæ a te per aliam feminam, nec per aliam uxorem non discedam, nec te non derelinquam, nec te non Æmulem per aliam uxorem.*

ÆNEA. Gregorius M. lib. 9. Epist. 40 : *Pervenit ad me, quia in ea Ecclesia, quæ Aenea dicitur, sæpe in Hierosolymorum urbe, vestræ Ecclesiæ jurgia nascuntur.* Ubi Altaserra ædem hanc sic appellatam opinatur, *quod foribus æneis distingueretur.* Ego vero legendum puto, *è Nea*, vel ἡ νέα, i. nova Ecclesia. Vide Luithprandum lib. 1. cap. 2. lib. 3. cap. 8. et nostram Constantinopolim Christianam, ubi de æde S. Michaelis.

ÆNEIA, *Ænescia.* Vide *Ainescia.*

** **ÆNESIS**, Laudatio, assensio ex Græco Αἴνεσις. Ruodlieb poema sec. X. Gottingiæ a Schmellero editum ann. 1838. fragm. 14. vers. 86 :

Inquit : ea lege modo jungamur sine fraude.
Hujus amen dixit procus et sibi basia fixit.
His ita conjunctis Ænesis fit maxima plebis,
Laudantes Dominum cantizabant hymenæum.

ÆNEUM, Caldaria salinaria, in qua sal coquitur et conficitur. Charta ann. 1034. in Antiquitatib. Vosagensib. lib. 5. cap. 7 : *Apud Vicum aheneum unum cum duobus sessibus, etc.* Vide *Aqua fervens*, *Caldaria*, et *Ænulum.*

ÆNEUM FRUMENTUM. Hujus meminit lex unica Codic. Theod. de frumento Charthaginensi, in qua traditur illius pensitationi obnoxia fuisse certa *corpora*, seu prædia vel agros, atque adeo Magistratus, seu Duumviros, Chartagine. Sed quale illud fuerit, omnino non constat, cum apud alios scriptores vox hæc non reperiatur. Vide quæ in hanc rem habet Jacobus Gotofredus, et infra in v. *Ærariæ annonæ.* [** *Usibus perpetuis dicatum*, interpretatur Dirksenius.]

¶ **ÆNEUS**, Primogenitus, Galle. *Aine.* Apud Spelmanum in Glossario ad vocem *Æsnecia.*

ÆNIGMA, *Moneta*, in vet. Gloss. ut auctor est Jacobus Gotofred. At in Gloss. Isidori, est *figura*, *sive typus*, *sive species*, nempe monetæ. Certe ita usurpat etiam Prudentius in hymno S. Laurentii.

* **ÆNIGMATICE**, Per similitudinem, ut exponunt docti Editores ad Vit. B. Villanæ tom. 5. Aug. pag. 865. col. 2 : *Ex more arrecto speculo, Ænigmatice prospexit, quantum apud Deum interioris animæ plenitudo jam fuisset deformata.*

¶ **ÆNIGMATISTA**, Qui ænigmata proponit, aut solvit, αἰνιγματιστής. Sidon. Apollin. lib. 8. Ep. 16 : *Unde illa verba saliaria, vel sybillina, vel Sabinis ab usque furibus accita, quæ magistris plerumque reticentibus promptius fecialis aliquis, aut flamen, aut veternolegalium quæstionum Ænigmatista patefecerit.*

¶ **ÆNIOLUS**, Lebes æneus, Gall. *Chaudron d'airain.* Vita S. Aldegundis inter Acta SS. Ord. S. Benedicti sæc. 2. pag. 814 : *Cum sorores ignem exstruerent ad aquas calefaciendas... in prunas subito eam projecit, Ænioli ferventibus aquis desuper pendebant, etc.* Vide *Ænulum*, et *Emola*, ubi ex his egendum videtur *Eniola.*

¶ **ÆNITORES**, *Tubicines*, in pervetusto Glossario Ecclesiæ Aniciensis MS. *Æneatores* dixit Suetonius.

ÆNIVIUM. Epitaphium Gebehardi Archiepisc. Saltzburg. apud Canisium tom. 6. pag. 1237; edit. sec. tom. 3. part. 2. pag. 439 :

Esuriens victum, petat ultro nudus amictum,
Et vagus hospitium, vallis es Ænivium.

ÆNULUM. Ugutio : *Cacabus, Lebes, Æneum, Ænulum, idem sunt.* Jo. de Janua : *Ænulum, ab æs dicitur, id est, parvum œnum, seu caldarium.* Vide *Æniolus.*

¶ **AENUM**, Ubi de judicio aquæ ferventis. Vide in *Aqua.*

* **ÆON**, a Gr. Αἰών, *Ævum*, sæculum. Charta ann. 972. in Append. ad Marcam Hispan. col. 896 : *Hoc vero ab exordio hujus Æonis initit, et ad finem usque pertingit, etc.*

ÆPHI, Vetus Agrimensor tit. *de mensuris liquidorum : Urnæ 2. amphoram complent, quæ sunt modia 3. quod in aridis dicitur Æphi.* *Ephi*, in vet. Testam.

¶ **ÆPHONOTROPHIUM**, *pro* Εὐφωνοτρόφιον, Locus in quo aluntur Cantores. Petrus Mallius Hist. sacr. in Greg. Magno : *Fecit ad S. Stephanum Æphonotrophium, ubi Primicerius et Cantores manerent.*

* **ÆQUALARE**, Æquare, peræquare, Ital. *Ugualare*, Gall. *Egaler.* Annal. Estens. Jac. de Layto apud Murator. tom. 18. Script. Ital. col. 991. ad ann. 1404 : *Exhibitis in medium armis offensilibus utriusque, jussu arbitrorum constitutorum ad id per dominum marchionem;.... fuerunt lancearum longitudines Æqualatæ, et ferrorum lancearum atque aliorum armorum facta credentia.*

ÆQUALENTIA, Divisio hæreditatis, vel bonorum, per æquales partes : *æqua lance*, dixit Marculf. lib. 2. form. 14. [** *Æqualentia* legit Baluzius.] Formul. vett. Bign. cap. 39 : *Placuit atque convenit inter illum et germanum suum illum de alode, qui fuit genitoris sui, ut inter se Æqualentia dividere, vel exæquare deberent.* Testamentum Bertichramni Episc. Cenoman. [apud Mabill. tom. 3. analect. pag. 133 : *Totum et ad integrum inter dulcissimos pronepotis meis... Æqualentia inter se dividendum volo esse donatum.* Et pag. 136 :] *Sic quoque ut post tuum obedum filii tui inter se Æqualentia cum ipsis habere volo.* [Ibid. pag. 120. bis habetur, *Æqua lance dividere.*] Formula vetus Andegav. 36 : *Tu cum ipsis Æqualis lanciæ dividere facias.* [Vide *Æquilancium.*]

EPISTOLA ÆQUALENTIÆ. Formulæ vett. Pithœi cap. 46 [** Lindenbr. 66. Marc. II, 12] : *Dulcissima filia mea, illa, diuturna, sed inter nos impia consuetudo tenetur, ut de terra paterna sorores cum fratribus portionem non habeant. Ideoque per hanc Epistolam Æqualentiæ te, Dulcissima filia mea, etc.... qui contra hanc epistolam æqualitatis ordine venire tentaverit, etc.*

* **ÆQUANTIA**, Divisio per æquales partes, idem quod *Æqualentia.* Terrearium Bellijoc. fol. 38. r° : *Item etiam de novo assernizamento, per eosdem dominos dicto Stephaneto Michon facto, debita Æquantia prius facta cum Hugonino Humbert, Claudio Burestier, etc.* Hinc

* **ÆQUANTIARE**, Dividere per æquales partes, Gall. *Partager également.* Idem Terrear. fol. 506. r° : *Duos copponos silliginis de annuo et perpetuo servitio, cum quibus supra Æquanciato.* Vide supra *Æqualare.*

* **ÆQUARICIA**, Equorum grex, idem quod *Equaritia*, Gall. *Haras.* Vide in hac voce. Charta Henrici I. imper. ann. 929. inter Probat. tom. 2. Annal. Præmonstr. col. 382 : *Prædicta loca ei concedenda tradidimus, ut secura potestate cum omni quæstu eisdem locis invento, temporibus suis feliciter perfruatur;...... cum omni suppellectili, cum Aquariciis ibidem inventis, potestati illius possidenda perpetualiter prædestimus.* Vide *Æquarium.*

¶ **ÆQUARIUM**, Equarum armentum, Gallice *Haras.* Charta Rogerii et filiorum ejus Roberti et Henrici ann. 1080. in Bullario Fontanellensi fol. 17 : *Decimam totius Brotoniæ tam in venacione quam in apibus et omnibus redditibus et forfacturis, quæ de sylva exemit et de vaccariis vel Aequariis sive porcariis et omnibus exartis similiter decimam concedimus.* Vide *Equaritia.*

* **ÆQUARIUS**, pro *Aquarius*, minister sive servus, qui portat aquam, in Lib. nig. Scac. pag. 353. Vide *Aquarius* 1.

ÆQUATIO. Concilium Toletan. I. cap. 10 : *Clericos, si qui obligati sunt, vel pro Æquatione, vel pro genere alicujus domus, non ordinandos, nisi probatæ vitæ fuerint, et Patroni consensus accesserit.* Ubi *Æquatio* videtur esse tributum, quod Domino præstatur. Vide *Peræquatio.*

¶ **ÆQUATOR**, Qui describebat census in Libris Censualibus. Cod. de Agricolis et

Censitis lib. 11. cap. 67. Item qui tributa civibus ex æquo imponebat. In Cod. Theodos. et in Novellis dicitur *Peræquator*.

ÆQUIDICI versus, Ἰσόλεκτοι, qui singulis propositionibus ἀντιθέτους apparant versus dictiones, apud Diomedem lib. 2. Art. Grammat.

ÆQUIDIUM, Solstitium. *Æquidium autumnale*, apud Miræum in Dipl. Belg. lib. 1. cap. 31. *Æquidialis*, ἰσήμερος, in Gloss. Lat. Gr. et apud Festum.

¶ **ÆQUIGENI**, *Gemini*. Gloss. Isidori.

ÆQUILANCIUM, *Æquatio*, in Gloss. Isid. ἰσοῤῥοπία, ubi male *Æquilatium* habetur. *Æqua lance*, apud Symmachum lib. 1. Epist. 88. lib. 2. Ep. 56. lib. 10. Epist. 53. *Æqua lance et libramentis paribus*, in leg. 1. cod. Th. de Ponderator. Fredegarius in Chron. cap. 85 : *Thesaurus Dagoberti... Æquilancia dividitur.* Id est, æqua lance. [Grævius post Pithœum putat legendum *Æquilavium*, quod apud Festum, *significat ex toto dimidium, dictum a lavatione lanæ, quæ dicitur Æquilavio redire, cum dimidium decidit sordibus.* Melius, ni fallor, *Æquilancium.* Vide *Æqualentia.*]

¶ **ÆQUILATIUM**. Vide *Æquilancium.*

¶ **ÆQUILATUS**, Æquilateralis, in Onomastico ad calcem tomi 7. SS. Maii. Dixit Ausonius Edyl. 11 v. 50 :

Æquilatus, vel crure pare, vel in omnibus impar.

¶ **ÆQUILAVIUM**. Vide *Æquilancium.*

ÆQUILIBRATOR Regis, quo nomine ac munere insignitus donationem factam majori Monasterio a Roberto de Sabulio, (*Sablé*) et uxore ann. 1067. [** In Acherii Spicil. vol. 3. pag. 406.] subscribit quidam Baldricus, statim post Episcopos; quem subsequuntur, Ingenulfus Magister Pincerna, Radulphus Dapifer, Walerannus Camerarius, etc. ubi *Equilibrator*, aut *Æquilibrator Regis*, is est, opinor, qui alias *Magister Regis* seu Pædagogus dicitur. Tum enim Philippus Rex vix ætatis annum attigerat 13. aut 14. Sic autem appellatur, quod herilem puerum in *æquilibritate, ac* ἰσονομίᾳ, ut loquitur Tullius, seu vitæ æquabilitate contineret. Hujusmodi munus est illius, quem hodie *Gouverneur du Roy* dicimus. Vide *Bajulus.*

¶ **ÆQUILINA**, Equile, Gal. *Ecurie.* Codex MS. Irminonis Abbatis seu Polyptychus Monasterii S. Germani a Pratis fol. 59 [** Breve 9, cap. 304] : *Pro carropera ad Trecas den. viiij..... curuad. iiij. si bovos habuerint, carroperam in Æquilinam ad tertium annum. Trahunt de fimo ad tertium annum quantum trahere possunt per duos dies.*

* Legendum suspicor *Aquilina;* atque adeo de silva *Aquilina*, Gall. *Iveline*, locum in Glossario laudatum interpretor. Vide Vales. in Not. Gall. pag. 488. [** et Guerardum in Polypt. Irminonis pag. 245, not. f.]

¶ **ÆQUILIRE**, Æquare, parem facere, Gall. *Egaler.* Dicitur de *participio* et societate dominii in Charta pariagii ann. 1160. apud Chopin. lib. 3. de sacra Polit. tit. 3. § 8 : *Abbas de Bonavalle et totus ejusdem Monasterii Conventus nos Æquiliverunt et participes constituerunt in villam suam, etc.*

¶ **ÆQUILOCUS**, Æquali in loco positus. Philothei Monachi Carmen, tom. 2. operum S. Bernardi col. 1293. E :

His Deus Æquilocas sublimi in vertice sedes
Contulit, et lateri jussit adesse meo.

¶ **ÆQUIMANUS**, Ambidexter. Glossæ Lat. Græc. MSS. : *Æquimanus*, περιδέξιος. [** Isidor. Orig. lib. 10. n. 21.] Ausonius Edyl. 12 :

Quis Mirmilloni contenderet? Æquimanus Thrax.

ÆQUINOMIUS, Idem quod *Æquivocus*, ejusdem nominis. Thomas Archid. in Hist. Salonitana cap. 3. de S. Domnione : *Quia Æquinomius erat B. Domnio Pontifici.*

¶ **ÆQUIPAR**, Æquus, Gallice *Egal.* Auson. Edyl. 11 :

Æquipares dirimens partes ex impare terno.

ÆQUIPARABILIS, Comparandus. Præfatio Caroli M. ad Capitulare Aquisgranense ann. 789 : *Non, ut me ejus Sancti Æquiparabilem faciam etc.* [** Pertzius legit : *Sanctitate Æquiperabilem faciam;* per e scripsit etiam Plautus; vide Forcell. in voce *Æquiparabilis.*]

¶ **ÆQUIPARANTIA**, Æquiparatio, Gall. *Egalité.* Tertul. adversus Valentin. : *Pervenire mox posset in æmulas Æquiparantias corpulentiarum.* Gesta Trevir. Archiep. apud Marten. tom. 4. Ampliss. Collect. col. 389 : *Isto tempore fuit frigus permaximum, cujus Æquiparantia a nullo tunc vivente potuit recordari.*

* **ÆQUIPARARE**, a Gall. *Equipper*, Navem rebus omnibus necessariis instruere, munire, vel navigare. Charta Philippi Aug. pro Libert. Rotomag. ann. 1223. in vol. 10. Arest. parlam. Paris. : *Nulla navis de tota Normannia præterquam de Rothomago poterit Æquiparare ad Imberniam, excepta una sola, cui semel in anno de Cæsaris Burgo licitum erit Æquiparare.*

** **ÆQUIPEDARE.** Ruodlieb fragm. II. vers. 240 :

Det vel equum fortem, celerem nimis, Æquipedantem,
Auratum frenum, pulchram faleramque gerentem etc.

¶ **ÆQUIPEDUS**, Æquos habens pedes, seu æqua latera. Apul. De Dogmate Plat. pag. 37 : *Æquipedum vero trigonumef ficere ex se quadratum* (dicebat Plato.)

¶ **ÆQUIPERARE**, Sanare, Gall. *Guerir.* Glossæ Latino-Græcæ MSS. *Æquipero*, ἐξισοῦμαι, utique pro ἐξιῶμαι.

* **ÆQUIPOLENS**, Tantumdem valens quantum aliquid aliud, Gall. *Equipollent.* Stat. castri Redaldi lib. 2. pag. 32. r° : *Si in condemnatione, vel aliqua alia scriptura, vel producta in causa criminali petatur, sive dicatur aliquos debere condemnari, vel aliquid aliud debere fieri secundum formam juris per aliqua Æquipolentia verba, prædicta verba declarentur.*

¶ **ÆQUIPONDERARE**, Æquiparare, juste æstimare, aliquid cum aliqua re conferre. Additamenta ad Chron. Casauriense apud Murat. tom. 2. part. 2. col. 975 : *Qui justis eorum precibus acquiescens, Æquiponderatam terram in Fullonice et Pacuniano, ad recognitionem Monasterii ei tradidit, et illam terram quam Fratres desiderabant habere, recuperavit.*

¶ **ÆQUITALITAS**, Dierum æqualitas. Glossæ Græco-Latinæ, *Æquitalitas*, ἰσημερία. Forte pro *Æquidialitas*, in iisdem enim Glossis legitur, *Æquidialis*, ἰσήμερος.

* 1. **ÆQUITARE.** Charta Margaretæ Flandr. comit. ann. 1248. in Suppl. ad opera diplom. Miræi pag. 395. col. 2 : *Joanna claræ memoriæ.... contulit in eleemosynam ecclesiæ,...... quæ vulgariter dicitur Marketta, quingenta bonaria wastinæ suæ,.. quæ intus Æquitata sunt dicto monasterio,.. secundum quod wastinæ in Flandria Æquitari solent et debent.* Alia ann. 1232. ibid. pag. 396. col. 2 : *Ego omnem solemnitatem, quæ necessaria fuit, tam in Æquitando, quam in omnibus aliis ad hoc quod dicta ecclesia dictum morum bene et legitime in perpetuum possideret, fideliter adimplevi.* Ex his manifestum est *Æquitare*, idem esse quod *Percalcare*, atque adeo legendum esse *Equitare*. Solemnis autem erat modus investituræ, seu aliquem mittendi in possessionem rei alicujus. Vide *Pedificare* et *Percalcare.*

* 2. **ÆQUITARE**, mendose editum pro *Acquitare*, in Testam. Guillel. *le Borgne* ann. 1215. inter Probat. Hist. Brittan. tom. 1. col. 828 : *Quod residuum esset, haberet Æquitando.* Infra non semel *Acquitando.*

ÆQUITERNUS, Æque æternus. Sidonius lib. 8. Epist. 13 : *Prævidens se se per æterna secula Æquiterna supplicia passurum*, pro *æque æterna.* Vide *Æviternus.*

¶ 1. **ÆQUIVALENTIA**, Gall. *Equivalent.* Charta ann. 1266. e Chartulario S. Vandregesili tom. 1. pag. 214 : *Tenemur garantisare in nostra propria hæreditate per Æquivalentiam.*

* 2. **ÆQUIVALENTIA**, Gall. *Equivalent* vel *Equipollent*, Tributum seu vectigal, quod tempore Caroli VI. ad sumptus bellicos inductum est, quodque ex rebus mobilibus percipiebatur, loco duodecim denariorum pro libra aliis in locis exactorum; unde appellationis origo. Charta Ludovici XI. reg. Franc. ann. 1475. in Reg. 204. Chartoph. reg. ch. 145 : *Cum prædecessores nostri reges Franciæ olim ecclesiam... B. Martini privilegiis, donis et exemptionibus dotaverint, sic ut pedagia, passagia, gabellas, taillias, Æquivalentias, corveas... solvere non teneantur, etc.*

* **ÆQUIVALENTUM**, Eadem significatione. Libert. Avenioneti ann. 1463. ex Reg. 199. Chartoph. reg. ch. 347 : *Item quod omnes venientes ad dictas nundinas... sint liberi a leuda, compagio, aida, vectigalibus et Æquivalentis, aut alio quocumque onere.*

¶ **ÆQUIVOCARI.** Vide *Æquivocus* 1.

¶ **ÆQUIVOCE**, Una, vel æqua voce. Narratio fundationis Monasterii S. Gervasii de Lingoria, apud Stephanotium in Fragm. Hist. tom. 5 : *Et majoribus Romanæ Ecclesiæ advocatis, narravit eis Pontifex mirabilia, quæ Dominus in somnis nobis monstraverat. Illi tunc Æquivoce et magno clamore benedixerunt Deum.*

1. **ÆQUIVOCUS**, ὁμώνυμος, *Homonymus*, in Vita Ludovici Pii ann. 837. Qui eodem nomine appellatur. Flodoard. lib. 2. Hist. Rem. cap. 20 : *Ludovicus ab Æquivoco suo restitutus est in regnum.* Charta Hermengardæ *Reginæ Burgundiæ* ann. 1037. in Tabulario Ecclesiæ Gratianop. sub Hugone Episcopo fol. 33 : *Quia istam domum duo homines Æquivoci, id est, qui uno nomine vocantur, id est, Ebo, possident.* Guntherus lib. 1. Ligurini :

Alter at Æquivocum sibi consimilemque Rogerum
Progenuit.

Henric. Rosla in Herlingsberga, de 4. Henricis Impp :

Quatuor Æquivocum sibimet qui nomen habebant.

Occurrit passim. Hinc

ÆQUIVOCARI, eodem nomine vocari. Petrus Bles. serm. 23. de Maria Magdalena : *Quia sicut Æquivocatur B. Virgini vocabulo, etc.* Matthæus Vindocinensis in Tobia :

Solvitur in puerum partus patris, Æquivocatur Nomine Progenies sedulitate patris.

2. **ÆQUIVOCUS.** Atto Episc. in Capitulari cap. 48. ubi Clerici vetantur auguria exquirere : *Si quis post hanc cognitionem, Ecclesiasticam contemnens doctrinam, ad... Prophetas, aut Angelos, vel aliquos Sanctorum defunctorum, quos Æquivocos falso vocant, abierit, eorumque pravis doctrinis inhæserit, anathema sit.*

* **ÆQUIVOLUS** Justitiæ, Judex in omnes æquus, Gall. *Impartial.* Vita S. Waltheni abb. tom. 1. Aug. pag. 261. col. 2 : *Extans enim Æquivolus justitiæ, judicium æquilibre inter virum et virum tenuit.*

** **ÆQUIUS** melius. Secundum quod æquum et bonum est. Ex Besoldi document. Wurt. pag. 418 apud Haltausium in Gloss. col. 726. *Quanti bonum æquum judici videbitur,* dixit Ulpianus. Dig. lib. 21. tit. 1. fr. 42.

ÆQUORABILITER, Navigio, navigando. Isidorus Pacensis Episcopus æra 690 : *Adversus quem Constans Augustus mille et amplius lembos adgregans, infeliciter decertavit, et vix cum paucis Equorabiliter aufugiens evasit.* Legendum *Æquorabiliter.*

ÆQUORARE, *Navigare*, in Gloss. Arabico-Lat. [** Gloss. cod. 4778 : *Æquorarandum i. navigandum*, ex Virg. Æneid. lib. 2, v. 780.]

1. **ÆRA**, Era, Hera, Supputatio, numerus, computus, scriptoribus mediæ ætatis; nam veteres *Æra* vocabant in rationibus, quæ vulgus hodiernum *Item* vocat, quod primum est, in notatione *æræ*. Rufus Festus in Breviario Rerum gestar. Pop. Rom. : *Morem secutus calculonum, qui ingentes summas Æris brevioribus exprimunt, res gestas signabo, non eloquar.* Faustus Reiensis lib. 1. de Spiritu Sancto : *Sacer numerus dicimus, quia trecenti in Æra sive supputatione signum Crucis, etc.* Bernaldus Presbyter de Reconciliatione lapsorum pag. 272 : *Notandum quoque quia Æra nonnunquam abusive pro Capitulo ponitur, ut in illo scripto Toletani Concilii ubi de ordine tenendæ Synodi tractatur.* Isidorus Orig. lib. 6. cap. 15. § 4 : *Per singulos Evangelistas numerus quidem Capitulis affixus adjacet : quibus numeris subdita est Æra quædam minio notata quæ indicat, in quoto Canone positus sit numerus, cui subjecta est Æra : verbi gratia, si est Æra prima, in primo Canone, etc.* Lex Wisigoth. lib. 2. tit. 3. § 3 : *Sciat se idem mandator censura illius legis noxium retineri, quæ continetur lib. 5. tit. 1. Æra secunda.* Ita. lib. 6. tit. 2. § 5 : *Ad legis illius teneatur satisfactionem, obnoxius, quæ in hoc libro 6. sub titulo 2. Æra prima, etc.* Hincmarus Remensis in Ferculo Salomonis :

Hæc ut vobis nulla desit, Karle, gratia,
Versuum mensura pandit, atque Ærarum quantitas.

Habetur in Bibl. Thouana vetus Canon. Codex, qui in sectiones vel capita dividitur, quæ *Heræ* appellantur, ubi interdum HR. per contractionem scribitur. Ita etiam in veteri forma celebrandi Concilii provincialis, apud Mabillonium, Conciliorum Canones per *heras* laudantur, pag. 458. 459. et in veteri Collectione, edita a V. Cl. Jacobo Petito. Faustus Reiensis vel Regiensis Epist. 6 : *Per Crucis enim signum et per sacrum Jesu nomen apud Græcos, Hera utrius supputationis imprimitur.* Capitula ad Legem Alamannor. cap. 27. Edit. V. Cl. St. Baluzii : *Si litus fuerit in Ecclesia et in Heris generationis dimissus fuerit, 13. sol. et tremisso componat.* Ubi *Hera generationis* videtur appellari series ipsa Generationis, ut tam ipse quam filii et nepotes libertatem consecuti fuerint; *in Ecclesia* vero *manumissus* litus intelligitur. *Æræ dierum*, pro *numeri dierum*, apud Hildericum. Perperam porro *Ira* pro *Era* scribitur in Formula 16. ex Baluzianis : *Ut lex mundana Theodosiano corpore arbitratus discernit, me impleturum esse Polliceor, data Edictione de Inscriptionibus accusatoribus recrescant Theodosiano nono in Ira prima, etc.* Est enim titulus 1. lib. 9. Codicis Theod. de Accusationibus et inscript.

¶ 2. **ÆRA**, Epocha, Gall. *Ere, Epoque.* Vox Chronologica, quæ certum et insigne designat temporis punctum a quo anni numerantur. Hac uti solent Chronologi maxime ubi de his sex annorum radicibus :

¶ Æra Nabonassaris Regis Babylon. qua usi sunt Ptolomæus, Censorinus et alii. Initium sumsit anno 747. ante Christum natum, nempe 26. Februarii anni 3961. periodi Julianæ.

¶ Æra Seleucidarum, seu annus Græcus, quo usi sunt Macedones, de quo etiam in lib. Machab. Incipit anno ante Christi Nativitatem 312. periodi Julianæ 4402.

¶ Æra Christiana Communis, seu annus gratiæ, mense Januario incepit, anno periodi Jul. 4714. anno 4. Olympiadis 194. Hujus Epochæ primus auctor Dionysius Parvus regnante Justiniano Imperatore. Verum, ut arbitrantur Eruditi non pauci, in hujusmodi computandi rationem duorum vel quatuor annorum errorem induxit; tot enim, inquiunt, annos Christus natus est ante initium *Æræ* a Dionysio constitutæ.

¶ Æra Diocletiani, seu *Æra Martyrum*, exordium sumsit anno Christi 284. seu ut aliis placet ann. 302. Illa ante Dionysium Parvum usi sunt auctores plurimi maxime ex Alexandrinis.

¶ Æra Arabum, vel, ut loqui amant, *Hegira*, seu fuga Mahumedis, incipit anno Christi 622. 16. Julii.

Æra, vel Era, annos numerandi ratio, Hispanis olim familiaris, quæ 38. annis annos Christi excedebat. Julianus Toletanus Episc. lib. 3. contra Judæos : *Jam vero residuus annorum numerus, a tempore nativitatis Christi, usque in præsens, in promptu est unicuique et scire, si volet, et supputare, si placet, assumptis scilicet annis, secundum Eram, ab ipsa Domini incarnatione. Era enim inventa est ante 38. annos, quam Christus nasceretur, nunc autem acclamatur Era esse 624; detractis igitur 38. annis, ex quo Era inventa est, usque ad nativitatem Christi, residuum sunt 586. anni.* Manuscriptus Codex ex Bibl. Thuana : *Ut cognoscas, quota sit Era quolibet anno, annis Domini Jesu Christi adde 28. et numerus, qui collectus fuerit, erit Era. Verbi gratia modo currit annus J. C. 1274, adde illis 28. et resultabit iste numerus 1302. talis erit præsentis anni, scilicet anno 1274. mutatur autem in Kalendis Januarii.* Porro annos numerandi per *Æras* in Hispania sensim ratio desiit. In Archiepiscopatu Tarraconensi ann. 1180. Chronicon præfixum Usaticis MSS. Barcinonensibus : *Deinde regnavit Ludovicus filius ejus annis 29. quo sublato de medio, cœpit regnare Ludovicus filius ejus minor, qui etiam regnavit annis 44. et de Festo sancti Joannis Bapt. usque in diem S. Luch (f. Lucæ,) quo die celebratum fuit Concilium apud Tarraconam a Domino Berengario Tarraconæ Archiepiscopo cum Episcopis et Clericis sui Archiepiscopatus, quorum consilio et præcepto annus Domini institutus scribi in omnibus Chartis per totum Archiepiscopatum. Tunc vero currebat annus 1180.* In Castilia vero a Joanne I. Rege, in Curia, quam Segoviæ habuit anno Christi 1383. decretum, ut abrogata Æra, anni Christi publicis instrumentis apponerentur. Quod in Aragonensi Regno anno 1349. ut est in Foris Arragon. lib. 4. tit. de Tabellion. in Lusitanico denique ann. 1415. perinde obtinuit. Vide Leges Partidas seu Alfonsinas parte 3. tit. 3. Lege 7. At cur ab eo anno Æræ initium sumpserint, multa viri docti congessere, tametsi vix inter se conveniant, quum veram rationem assequi haud promptum sit, atque in iis [** Isidor Orig. lib. 5. cap. 36.] Papias in v. *Æra*, Alderisius in Geographia Nubiensi pag. 224. Joannes Ceccanensis in Chron. Fossæ-Novæ statim initio. Covarruvias lib. 1. Variar. resolut. cap. 12. lib. 4. cap. 18. n. 7. Surita in Indice rer. Aragon. ann. Ch. 710. Vaseus in Chron. Hisp. cap. 22. Amb. Morales, Rexendius, Josephus Scaliger de Emendat. tempor. lib. 5. Baronius in Notis ad Martyrol. 22. Octob. Loaysa in Notis ad Concilium Iliberitanum. Petavius lib. 10. de Doctr. temp. cap. 68. lib. 11. cap. 47. tom. 3. Dissert. var. ad Uranolog. cap. 3. et in Breviario temp. Bivarius ad Pseudochron. Maximi. Sebast. Covarruvias in Thesauro linguæ Castellanæ v. *Era*, etc.

¶ Æra Januaria, apud quosdam Scriptores sic appellatur prima dies Januarii, a qua initium sumpsit annus 1564. ex Regis Caroli IX. summique Pontificis decreto, cum antea quilibet annus ab ipso Paschatis die inciperet. Vide *Annus.*

☞ De vocis originatione dudum disputant Docti, alii *Æram* dici sentiunt, quod apud veteres anni clavis æreis notarentur; alii factam putant ex initialibus litteris A. ER. A. id est, Annus ERat Augusti, ex quo scilicet, devicto collega, rerum potitus est. At sunt qui malint scriptum fuisse A. E. R. A. id est, annus erat regni Augusti. Alias omitto opiniones, istas nec rejicio nec admitto.

3. **ÆRA**, Quivis annus. Luithprandus in Legat. : *Armiger hujus* (Imperatoris CP.) *sagitta calamo immissa, Æram in Ecclesia ponit, quæ prosequitur, quo nimirum tempore imperare cœperit, et sic Æram, qui id non viderunt, intelligunt.* Ubi alii *Aram* legunt, ita ut *Ara*, mensa seu tabula fuerit, in qua descripta fuerit inscriptio; sed *Æra* hic omnino pro anno ponitur. Sic apud Dudo-

nem lib. 3. de Actis Norman. pag. 11 : *Transacta denique duarum Herarum intercapedine, etc.* Extat in Tabulario Ecclesiæ Gratianopolitanæ sub Hugone Episcopo fol. 91. charta ejusdem Episcopi, quæ sic clauditur : *Facta carta ista 4. Kal. Augusti anno ab Incarnatione Domini millesimo centesimo, Luna 18. Indictione 8. Era millesima centesima octava.* Sed videtur amanuensis omisisse vocem *trigesima*. Ex qua saltem Charta colligitur per *Æras* interdum annos numerasse Francos nostros.

* 4. **ÆRA**, pro *Area*, Nidus, Gall. *Aire*. Statuta Cadubrii lib. 3. cap. 82 : *De accipientibus Æras falconum, etc. Quicumque invenerit et acceperit Hæram falconi, etc.* Vide *Aerea*.

* **AERA**, pro Area, Gallis *Aire*. Charta ann. 1320. in Reg. C. Chartoph. reg. ch. 25 : *Quodlibet sextarium* (de) *meliori frumento, quod vendi contigerit quolibet anno in Aeris Pontis prædicti.* Charta Gallica de eadem re ejusd. anni ibid. ch. 24 : *Chacun sextier dou mellieur, qui ès Aires doudit Pont sera vendu.*

* **AERA** Animalia, pro Aerea, *Aves cœli in aere volantes*, in Glossar. ex Cod. reg. 7641.

ÆRAMENTUM, Plinio et Paulo lib. 3. Sentent. cap. 6. § 44 et 56. Opus ex ære confectum, ferramentum. Papias : *Æramentum, Æs æquum vulgus vocat, quod in modum sit coloris æris.* At apud Gregor. M. lib. 12. Epist. 30. videtur hæc vox sumi pro quovis utensili agricolarum : *Pastores vero ipsos per possessiones ordina, ut ex cultura terræ ferre aliquid utilitatis possint; Æramenta vero omnia, quæ vel in Syracusis, vel in Panhormo, juris Ecclesiastici esse possunt, distrahenda sunt, priusquam ipsa vetustate funditus pereant.* Ita.

Æramen videtur usurpari in Notitia veteri Bignonii cap. 39. et in Testamento Fulradi Abbatis S. Dionysii : *Aurum, Argentum, codices, Æramen, ornamenta Ecclesiarum, etc.* Alias pro ære habent Gesta Regum Francorum cap. 18 : *Deditque eis Chlodovæus.... baltheos et armellas adsimilatas de auro, sed deintus Æramen erat et cuprum etc.* Ubi Gregor. Turon. lib. 2. cap. 42 : *Sed totum Adsimilatum auro : erat enim Æreum deauratum sub dolo factum.* Adde Formulam 7. ex Baluzianis, [Et Liturgiam Gallicanam Mabill. pag. 462 : *Simili modo de Latiniaco et Balbiniaco, tam vestis quam Æramen vel utinsilia et de bovebus ex omnia medietatem tibi dulcissime fili habere præcipio.*]

* **AERALE**, Area, seu locus ædificio aptus, idem quod *Ayrale*. Vide in *Aera* 1. Privil. Novæ bastidæ in Occit. ann. 1298. ex Reg. 38. Chartoph. reg. ch. 16 : *In domo qualibet seu Aerali dictæ villæ, longo de sexaginta rasis et amplo de viginti rasis, debent habere dominus noster rex et ejus parierii annuatim in festo omnium Sanctorum tres denarios Tholosanos censuales.* Vide infra *Aeriale*.

ÆRARIÆ Annonæ, quæ *Aderatæ* in pretiis exhibentur, pretio taxantur, leg. 34. 35. 36. Cod. Theod. de Erogat. milit. annon. Vide *Adærare*.

¶ **ÆRATOR**, *Debitor, reus, obligatus.* Papias. Hac notione Tullius dixit *Æratus homo :* quem e contrario Plautus habuit pro divite.

¶ **ÆRATUS** Orbis, Scutum, Gall. *Bouclier.* Ennodius in Vita B. Epiphanii Ticinensis Episcopi : *Rex locutus, Licet pectus meum lorica vix deserat, et assidue manum Orbis Æratus includat, nec non latus muniat ferri præsidium.*

AEREA, Aria, Aeria, ex Gall. *Aire*, Nidus accipitris. Charta Forestæ cap. 13. apud Matth. Paris. ann. 1215. et Joan. de Burgo in Pupilla oculi cap. 22 : *Unusquisque liber homo habeat in boscis suis Aerias Accipitrum, spervariorum, falconum, aquilarum, et heronum.* Adde Fletam lib. 2. cap. 41. § 7. 46.

* **AERECA**, *Votuba*, in Glossar. ex Cod. reg. 7641. [** Gloss. in cod. reg. 4778 : *Ære cavo i. tuba.* Est Virgilianum illud Æn. lib. 3. vers. 240 :

.... Dat signum specula Misenus ab alta,
Ære cavo....

** **AEREMANCIA**, *Divinatio in aere.* Vocabul. lat. Germ. ann. 1477. Vide *Æromantia*. Adel.

ÆRENERVUS, Nervus æreus instrumenti musici, cui vice nervorum insunt æreæ chordulæ. Jul. Firmicus lib. 6. cap. 31 : *Musicos faciunt, qui lyræ vel harenarios, vel Ærenervos dulci modulatione percutiant.*

* **AEREUS**, Altus. Glossar. ex cod. reg. 7641 : *Aereæ quercus, altæ.*

¶ **AEREUS** Color, Cæruleus, Gall. *Bleu celeste.* Testamentum Hugonis Aycelini Ord. Prædicatorum Cardinalis et Episc. Ostiensis ann. 1297 : *Item legamus casulam, dalmaticam et tunicam, quæ sunt de zendato duplici, et sunt ex una parte alba et ex alia sunt Aerei Coloris.*

* **AERGHEDE**, vox Belgica, Insidiæ in via regia, latrocinium publicum, ut videtur. Charta ann. 1328. in Chartul. 2. Fland. ch. 539. ex Cam. Comput. Insul. : *Estre attaint et convencu de trayson, de rebellion, de la pais enfrainte, de mourdre, de Aerghede, de arsin, et de tous les vilains fais.* [** Ita *Argwarter,* Hostis qui in damna vigilat. Vide Haltausii Gloss. col. 51.]

* 1. **AERIA**, ut *Area* 1. ager, aut locus, qui nec aratur nec colitur; *curticulo* oppositus. Charta officialis Belvac. ann. 1341. in Reg. 77. Chartoph. reg. ch. 159 : *Ad lectum, in quo jacebat et dormiebat dicta Clementia, accessit dictus reus, ipsamque... eduxit extra domum prædictam usque ad curticulos seu Aerias situatas extra et prope civitatem Belvacensem.*

* 2. **AERIA**, Stabulum porcorum. Stat. synod. eccl. Trecor. tom. 1. Probat. Hist. Britan. col. 1299. art. 9 : *Ecclesiæ non dimittantur incultæ, ne Aeriis porcorum similentur.*

* **AERIALE**, ut supra *Aerale.* Libert. Villæ-franchæ ann. 1256. in Reg. 62. Chartoph. reg. ch. 46 : *Præterea in domo qualibet sive Aeriali.... debemus annuatim percipere...... sex denarios censuales.*

* **AERIANI**, *Heretici ab Aërio quodam dicti. Hii vetant pro defunctis offerre sacrificium.* Glossar. pervetustum ex Cod. reg. 7613. Addit aliud ex Cod. 7646 : *Nichil quoque habent proprium.* [** Ex Isidor. lib. 8. cap. 5. § 37 et 38. Vide *Aetiani*.]

¶ **AERINUS** Color, Eadem notione qua aereus, Græcis ἀερίζον χρῶμα. Ovid. lib. 3. de Arte amandi v. 173 :

Aeris ecce color, tum cum sine nubibus aer,
Nec tepidus pluvias concitat Auster aquas.

Tertullianus de cultu femin. cap. 7 : *Non placet Deo, quod ipse non produxit, nisi si non potuit purpureas et Aerinas oves nasci jubere.*

* **AEROMANTIA**, *Divinatio ex aere,* in laudato Glossar. ex Cod. 7613. [** ex Isid. Orig. lib. 8. cap. 9. De hac Cornelius Agrippa lib. 2. De occulta philosophia cap. 52 : *Æromantia prognostica præbet, per impressiones aereas, per ventorum flatus, per irides, per halones, per nebulas et nubes, perque imaginationes in nubibus et visiones in aere.* Hinc

** Æromanticus, *Est qui divinando æra inspicit, Warsager usz dem wetter,* in Gemma Gemmarum.]

¶ **ÆRUGINASCERE**, Æruginem contrahere. Act. SS. Julii tom. 4. pag. 93. D : *Neque veteris fermenti aliquo spargine novam conspersionem Æruginascere, etc.*

¶ **AERUM**, ὄροβος, *Ervum.* Supplem. Antiquarii. Species est leguminis, quod explicat Martinius in Lexico. Hunc si tanti est, consule.

* **ÆRUSCANS**, *Æs minutum,* in Gloss. ex Cod. 7646.

* **ÆS**, *Eramentum, nummus. Æs, fortitudo vel firmitas,* in eod. Cod. 7646.

* **AES**, vox Gallica, Asser, axis, *Ais, planche.* Chron. Angl. Th. *Otterbourne* pag. 227 : *Villani vero glomerati et ipsi sagittare cœperunt intra hospitia per fenestras, per Aes, per ostia, ita quod nullus locus tutus dabatur nec ad exitum, nec ad prospectum.* Lit. remiss. ann. 1412. in Reg. 166. Chartoph. reg. ch. 437 : *Comme les supplians eussent marqué ou signé de la marque contrefaite deux charges de Aes ou assennes;... lesquelz Aes ou assenes aient esté congneuz et arrestez, etc.* Aliæ ann. 1482. ex Reg. 207. ch. 159 : *Jehan le Tourneux, qui avoit sur son espaulle ung Aes, comme ung cheverseul de chaslit, etc.* Vide infra *Aessella* et *Axa*.

¶ **ÆSANCIA**, Æsantia, Æssancia, Assancia, a Gallico *Aisance*, Facultas utendi rebus non suis in alienis nemoribus, pascuis, etc. vel ex concessione vel ex jure municipali. Charta fundationis Abbatiæ Beatæ Mariæ de Bello-Visu, anni 1242. inter Instrum. tom. 2. Gall. Christ. col. 71. C : *Item quod per monstreiam servientium domini Magdunensis et pasnagium, quitum ad quadraginta porcos suos proprios et pascuagia et Æsancia animalibus suis juxta Carum fluvium et curam ubicumque tempore hujusmodi donationis nostræ communia habebantur.* Charta Gaufridi Episc. Silvanect. in Chartulario Monasterii San-German. fol. 17 : *Omnes Æsantiæ tam in pascuis, quam in aliis communes erunt. Æssanciæ* fol. 19. in Charta Johannis Abbatis S. Genovefæ ann. 1202. *Assanciæ* ibidem fol. 22. Vide *Aisantia* et *Aasantia*.

¶ **ÆSCAETA** pro *Escaeta*, Successio, hæreditas. Ludewig. Reliq. MSS. tom. 7. pag. 241. ex Cod. Legum Norman. : *Notandum tamen est, quod vel pater, vel alius antecessor alieni expectantium ex Æscaeta, ipsius portionem non de aliquo feodi sui donum* *facere possit.... De quibus nulla eminet porcio de ipsius Æscaeta.* Vide *Escaeta.*

¶ **ÆSCAURUS**, *Piscis dictus quod solus Escas ruminare perhibetur.* Gloss. Bituric. Hinc scribendum fuisset *Escarius*, ut apud Isidorum, *Escarius piscis solus ruminans.* [** Vide quæ de eo tradit Isid. Orig. lib. 12. cap. 6.]

** **ÆSCEDUM**, Æsculetum, fraxinetum. In Gestis Alfredi ann. 871. Vide *Æsculus.* Adel.

ÆSCULATOR. Gloss. Gr. Lat. χαλκολόγος, *Nummularius, Æsculator.* [In aliis Glossis Latino-Græcis et MSS. legitur, *Æsculator, nummularius*, χαλκολόγος.] Vide *Nummularius.* [** Cujac. legit *Æruscator*; sed in iisdem glossis habetur : *Æsculor*, χαλκολογῶ.]

* **ÆSCULUS**, *Genus arboris.* Vocabul. Cassin. ann. 700. Glossar. Lat. Gr. *Æsculus*, εἶδος δένδρου, φηγὸς βαλανοφόρος. *Æsculus*, βάλανος. *Esculus, arbor glandifera*, in vet. Glossar. ex Cod. reg. 7646. [** Gloss. cod. reg. 4778 ex Placido : *Æsculus, arbor maxima glandis. Æsculus arboris nomen est glandariæ, ab esca dicta, quia ante usum frumenti hæc arbor mortalibus victum præbebat.* Eadem apud Maium pag. 428. ubi pro *glandariæ* legitur *glandiariæ.* Vide Isidori Orig. lib. 17. cap. 7, ubi eadem arbor esse dicitur quæ Fagus, et Forcellin. Lexicon. Gloss. Lat. Græc. : *Æsculetum*, φηγών.]

¶ **ÆSDUMA**, quasi pro *æstima*, æstimatio, Gall. *Evaluation, Estimation.* Charta Andreæ Abbatis Loci-Dei in Jardo tom. 2. novæ Galliæ Christ. inter Instrum. pag. 424. D : *Unusquisque Mansionarius qui jure hereditario dictam villam incolit habeat in eadem foresta duos boves et duas vaccas. Qui autem boves simul et vaccas non habuerit, 4. boves et 4. vaccas in eadem foresta sine Æsduma ad pasturagium habere poterit.*

* Legendum prorsus *Cosduma* vel *Costuma*, Pensitatio pro jure pascendi animalia, a qua eximuntur *Mansionarii*, de quibus ibi sermo est.

* **ÆSENTIA**, ut mox *Æsia.* Charta ann. 1213. in Chartul. Miciacensi : *Hospites etiam monachorum, qui in masuris illis manserint, omnem Æsentiam habebunt in strata publica.*

* **ÆSIA**, a Gall. *Aise*, Commoditas, commodum, usus. Charta ann. 1266. ex parvo Reg. S. Germ. Prat. : *In ipsa via dicti abbas et conventus et eorum hospites ac homines poterunt coadunare fimos suos, et lapides suos ponere, et suas Æsias facere sine viæ impedimento.*

* **ÆSIUM**, Eadem significatione. Charta ann. 1069. in Append. ad Marcam Hispan. col. 1152 : *Ego quamvis indignus episcopus Oto hoc etiam firmo, salvo jure beatæ Mariæ sedis Urgellensis et ejus Æsio.* Vide *Aisantia.*

¶ **ÆSNECIA**, Primogeniti dignitas, ætatis prærogativa inter fratres, prima et præcipua pars paternæ hæreditatis, Gall. *Ainesse.* Vox à Gallicis *Ains né*, id est, ante natus, ut *Puis né*, post natus; Gallis enim *ains* idem erat quod ante, hinc in Roman. Fontis Amatorum scientiæ :

Ains qu'eu puisses à chef venir.

Glanvill. Lib. 7. cap. 3 : *Salvo capitali mesuagio primogenito filio pro dignitate Æsneciæ suæ.* Vide *Ainescia.*

* **AESSELLA**, Asser, tabula sectilis, Gall. *Ais, planche*, idem quod supra *Aes*; unde diminut. *Aessella*, sæpius scandula, tabula tegendis tectis apta, nostris *Eschandole*, olim *Aissaule.* Comput. redituum et expensarum eccl. Paris. ann. circ. 1381. ex Bibl. S. Germ. Prat. : *Item quærendi Aessellas cum merreno, pro facione portæ granchiæ, quæ fiet ad duos mantellos, ... Tribus Aessellis pro ameto, qualibet duarum tesiarum longitudinis, etc.* Comput. pitentiarii. ejusd. S. Germ. ann. 1374. ex ead. Bibl. : *Pour la couverture du four de Valenton pour Aissaule et painne, xij. solz.* Vide *Aissella* infra et *Assula.*

¶ **ÆSTÆUS**, Æstivus, Gall. *D'Esté.* Vita S. Columbæ Abbatis, tom. 2. Junii pag. 220. A : *Quadam die ejusdem Æstæi temporis quo ad dominum transiit, ad visitandos Fratres Sanctus plaustro vectus pergit.*

¶ **ÆSTIMARIA**, Juridica æstimatio, Carolo Macro in Hierolex. ex Bullario Casinensi tomo 2. Constit. 36. num. 6.

ÆSTIMATIO, Opinio, sententia, Gall. *Estime.* Ordericus Vitalis lib. 11 : *Hæc nimirum consilio Baronum mariti sui relicto, Æstimationem suam præferebat.*

Æstimatio capitis. Vide *Wera.*

ÆSTIMIUM, Æstimatio. Hygenus. *Possessiones pro Æstimio ubertatis angustiores sunt assignatæ.* Occurrit non semel apud Agrimensores. Festus : *Æstimiæ, Æstimationes.* Galli *Estime* dicunt. [Synopsis Criticorum in Caput 5. Cantici Cant. ℣. 2. ex Ainsworto : *Hi tituli Sponsæ dati in infirmitate sua summum Christi amorem erga Ecclesiam indicant, et Æstimium de ea.* Vide *Estimium.*]

¶ 1. **ÆSTIMUM**, Eadem notione. Chronicon Parmense ad ann. 1302. apud Murat. tom. 9. col. 844 : *Factum fuit per Commune Parmæ generale Æstimum per homines civitatis Parmæ per certas mutas sapientum civitatis Parmæ.* Occurrit ibid. ad ann. 1303. col. 846. Synodus Provincialis Pergami ann. 1311. apud eund. Murat. tom. 9. col. 578 : *Ita quod secundum Æstimum sive Æstimationem prædictam collectarum et talearum fieri valeat distributio inter ipsos Rectores, Prælatos, Ecclesias, Monasteria.*

* 2. **ÆSTIMUM**, Census, impositio, collecta, Ital. *Estimo*; quia ex æstimatione bonorum fieri debet, sic dicta. Correct. Statut. Cadubrii cap. 65 : *Allienatores talium bonorum teneantur..... adire cancellarium Communis...... et manifestare allienationes prædictorum bonorum ad finem et effectum, ut præfatus cancellarius possit et debeat detrahere de Æstimo et collecta illius centenarii, de quo erunt allienatores prædictorum bonorum pro rata eorum, et addere Æstimo vel collectæ illius centenarii, de quo erunt acquisitores ipsorum bonorum pro eorum rata, habito respectu ad Æstimum seu collectam, sive secundum Æstimum aut collectam centenarii illius, in quo sita erunt bona allienata.* Stat. Montis-regal. pag. 34 : *Item statutum est, quod in libro faciendo pro scribendis debitis communis civitatis Montis-regalis, scribantur omnes ambasciatæ et Æstima, quæ solvi debent pro communi, et mutua quæ fierent pro communi, etc.* Stat. reipubl. Genuens. lib. 4. cap. 2 : *De Æstimis et dationibus in solutum.... Qui menses incipiant a die Æstimi consecuti, vel traditionis possessionis, si viva voce fuisset elevata canella.*

ÆSTIVA, Estiva, Æstivare. *Æstiva*, apud Servium ad 4. Georgic. *sunt loca umbrosa, in quibus per æstatem pecora vitant solis calorem.* Et Lactantius ad istud Statii ex lib. 1. Thebaïd. vers. 363 :

... Umbrosi patuere Æstiva Lycæi.

Æstiva dicuntur pecorum stabula, tempore æstatis umbrosa. Charta Sanctii Regis Aragon. æræ 1063. apud Martinezium in Hist. Pinnatensi lib. 2. cap. 27 : *Hæc est carta, quam facio de illa Æstiva, quæ dicitur Leserim, etc.* Mox : *Rogaverunt me illi infantes, qui erant in illa schola, ut darem eis unam Æstivam : et dedi illis illam Æstivam, quæ dicitur Leserim, quæ est in termino de Aruxe, de illo rivo de Gabardito, etc.* Tabularium S. Petri Generensis apud Marcam in Hist. Beneh. lib. 9. cap. 3 : *Garsias Arnaldi Comes Bigorrensis dedit B. Petro totam tertiam partem mercati Lurdensis... et dedit duas Estivas, scilicet Garenderam et Marentam.* Tabularium S. Savini Levitanensis apud eundem cap. 9 : *Prædictam Vallem Abbas et Monachi S. Savini liberam et quietam possideant,... neque nos, neque successores nostri ibi potestatem atque padoentiam habeant, neque bestias suas, qualescunque sint, nisi per consilium et voluntatem Abbatis S. Savini, ad Estivas illius vallis introducant.* Et infra : *Insuper ad luminaria S. Savini butirum, quod per totas illas Estivas censualiter accipiebamus, præfato Monasterio concedendo dimittimus.*

Æstivare dicuntur pecora, quæ in *Æstivis* seu pascuis æstate pascunt. Varro lib. 1. de Re rustica cap. 1 : *Itaque greges ovium longe abiguntur ex Apulia in Samnium Æstivatum, etc.* Charta ann. 1127. apud eundem Marcam lib. 5. cap. 29 : *Ut armenta eorum in Alpibus libere possint Æstivare.* [Charta Guigonis Andreæ ann. 1222. tom. 2. Hist. Dalphin. pag. 505 : *Confirmo prædictæ domui alpem illam quæ dicitur Chalmencus ad Æstivandas oves suas.*] *Estiver le bestailles ès montagnes*, in Consuetudinib. Arvernensi sub finem, et Marchensi art. 361. Contra, *Hiverner le bétail de foin et de pailles*, pecora domi pascere fœno ac palea. Apud Occitanos *Estibadou* et *Estivandié*, appellantur coloni partiarii et *medietarii, ab æstivis*, in quas pecora sua abigunt.

* **ÆSTIVALES**, ut *Æstivalia*, Ocreæ, calceorum species. Constit. antiquæ monast. S. Petri-Mont. diœc. Metens. tom. 2. Monument. sacr. antiq. pag. 427 : *Canonici cum equitabunt, superpellicia cum strictis manicis portare poterunt; Æstivales et hergales equitantes* (equitantes) *portare poterunt, alias non.*

ÆSTIVALIA, Ocreæ, calceorum species, quibus æstate utebantur. Gloss. Lat. Gall. *Ocrea, heuse, ou Estivaux.* Vide *Osa.* Statuta Hospital. S. Juliani in Anglia in Addit. ad Matth. Paris. pag. 162 : *Æstivalibus largis seu botis pro calceamentis utantur.* Pag. 168 : *Calceamenta pedum sint caligæ et Æstivalia : sint sotulares erecti, etc.* Charta ann. 1332. in Maceriis S. Barbaræ Lugdun. pag. 203 : *Et tria paria sotularium regularium temporibus quibus magis indigent, hiemali vel æstivali, et hoc sacerdotibus et juvenculis : et quod dicta Æstivalia teneantur* *semel facere de accampiis et sotularibus.* [Clementina Ne in agro, de statu Monachorum lib. 3. tit. 10. cap. 1. ff. 1. *Statuimus : In vestibus sendatum profoderaturis non portent, Æstivalibus largis aut botis altis pro calceis utantur.*] Adde Chartam Manassis Episcopi Aurelian. ann. 1210. in Probat. Hist. Blesensis pag. 10. Computum Stephani *de la Fontaine* Argentarii Regii ann. 1351. tit. *Chaucemente pour le Roy*, seu de Calceatura : *Guillaume Loisel Cordoüannier du Roy pour 5. paires d'Estivaux, et 52. paires de soliers.* Occurrit ibi pluries. Fori Aragon. lib. 4. tit. de Cerdonibus : *Possint facere sotulàres magnos et parvos, Stivales, hosas et aliud opus quodcunque de pellibus hircorum, arietum, etc.*

Stivale, pro *Æstivale* dixit eadem notione Cæsarius lib. 10. Miracul. cap. 29. Gesta Legationis Ambassiatorum Ludovici Ducis Andegav. ad Judicem Sardiniæ 1378 : *Ocrea sive Stivalia de corio albo more Sardico... obtulerunt.* Declarationes Congregat. S. Justinæ ad Regulæ S. Benedicti cap. 55 : *Vitetur curiositas et pretiositas in gladiis, tabulis, calcaribus, Stivalibus, etc.*

* **ÆSTIVARE,** Glossar. vet. ex Cod. reg. 7646 : *Æstivat, decurrit, calorem patitur, sudat.* Vide alia notione in *Æstiva.* [** Gloss. in Cod. reg. 4778 : *Æstuat.* Hæ voces sæpius permutantur. Vide Forcellin. in voce *Æstivo.*]

¶ **ÆSTIVATUS** Panis, Panis mucidus, Gall. *Pain moisy.* Vide in voce *Panis.*

** **ÆSTIVOLA**, *æstiva tempora.* In Gloss. Cod. reg. 4778 et in Gloss. Jæckii.

* **ÆSTOR,** *Procella*, in Glossar. vet. ex Cod. reg. 7646. [** in cod. 4778 *Æstus.*]

¶ **ÆSTUARIUM**, Hypocaustum, Gall. *Poële, Etuve.* Ludewig. Reliq. MSS. tom. 6. pag. 481 : *Datum et actum in Æstuario plebani in Richenow, anno Domini* 1318. [** Germanice *Laube.*]

* **ÆSUM**, *Erbum.* Glossar. ex Cod. reg. 7641. Legendum *Ærum, ervum*, ex Gloss. Gr. Lat. ὄροβος, *hervum, hervus, ervum, ærum.* Plantæ genus est. Consule Martin. Lexic. v. *Ervum.*

ÆTAS, nude, quæ vulgo *majoritatis*, quum quis suæ tutelæ est. Unde qui nondum hanc ætatem attigit, *infra ætatem esse* dicitur in Lege Longob. lib. 2. tit. 29. § 2. 3. 4. etc. *Infra ætatem constituti*, in lege 3. Cod. Theod. de Sponsalib. [** Vide *Aagiatus;* Grimmii Antiquit. juris pag. 411. sqq. et Micheleti origin. jur. Gall. pag. 8.]

* Nostris interdum *Aage*, pro Vitæ spatium, *la durée de la vie.* Lit. remiss. ann. 138 in Reg. 130. Chartoph. reg. ch. 119 : *Pour ce sont lesdiz supplians en aventure d'estre deserts et de demourer leurs Aages par pays estranges.* Sed et *Aé*, pro *Aage* usurparunt nostri. Le Roman *de Garin :*

Eins ne l'amai nul jor de mon Aé.

Ibidem :

Que bien ne sache son nom et son Aé.

Chron. Bertrandi Guesclin. MS. :

Il a dit coiement, et en a mult juré,
Qu'il n'en demourroit ja en jour de son Aé.

Li Lusidaires :

De Jésus-Christ nostre avoué,
Qui vint el derrain Aé.

Ætas perfecta, 25. annorum, in leg. ult. Cod. de his qui ven. ætat. et alibi passim, contra *imperfecta*, pupillaris, in leg. 3. C. Th. de Sponsal. et § ult. Instit. de Attiliano tutore, etc.

Ætas plena, majoritas, ætas 21. annorum. Quoniam Attach. cap. 91. § 2 : *De hærede vero cum sit 14. annorum, vel ultra, usque ad Plenam Ætatem, si se maritaverit sine licentia domini sui, etc.* Littleton. sect. 103 : *Al age del heire de 21. ans, lequel est apelé plein age.* Charta Joannis Regis Hierosol. [* Ludovici, Philippi regis primogeniti] ann. 1214. in Tabulario Campan. : *Scire vos volumus, quod consuetudo antiqua et per jus approbata talis est in Regno Franciæ, quod nullus ante viginti et unum annos potest vel debet trahi in causam de re, quam pater ejus teneret sine placito, cum decessit.* Vide Jus Feudale Saxonum tit. 18. § 2.

* Hanc consuetudinem rursum testatur et laudat Albericus Remensis archiepiscopus in eod. Chartul. fol. 4. v°. in Charta ann. 1210. salvo tamen jure ecclesiæ, quod ecclesiasticis licitum erat jus suum persequi, etiam adversus eos, qui annum 21. nondum fuerant assecuti ; *si tamen*, inquit, *aliqua ecclesia vel ecclesiastica persona conquereretur de eis* (Blancha scilicet comitissa et Theobaldo comite ejus filio) *non obstante hac consuetudine, plenam eis justitiam faceremus*, Neque vero tacendum est hanc exceptionem omittere episcopos Lingonensem et Catalaunensem in Chartis, quibus ibidem fol. 5. r°. eamdem consuetudinem approbant. Eadem de re exstant Literæ Philippi Aug. ann. 1213. in eod. Chartul. fol. 103. Vide *Aagiatus.*

Ætas plena in Milite, quem vulgo *Chevalier* dicimus, est 21. annorum completorum, ita ut 22. attigerit. Ita Regiam Majest. lib. 2. cap. 41. Bracton. lib. 2. cap. 37. § 2. lib. 5. tract. 5. cap. 21. § 1. Fleta lib. 1. cap. 9. § 3. Quoniam Attachiam. cap. 91. § 2. Littleton sect. 103. Stabilim. S. Ludov. lib. 1. cap. 71. etc.

Ætas plena in feminis, quoad Feodum Militare, est 14. annorum completorum, in Regiam Majest. lib. 2. cap. 41. § 3. seu 15. annorum, ut vult Bracton lib. 2. cap. 37. § 3. Quoad matrimonium, 12. annor. expletorum in Legibus Luithprandi Regis tit. 86.

Ætas plena in Sockmannis est 15. annorum completorum. Regiam Majest. lib. 2. cap. 41. § 4. Bracton. lib. 2. 37. § 2. Fleta lib. 1. cap. 9. § 5. cap. 11. § 6. Stabilim. S. Ludov. lib. 1. cap. 140.

Ætas plena feminarum in Socagio est, *cum possunt et sciunt domui suæ disponere, et ea facere quæ pertinent ad dispositionem et ordinationem domus.* Bracton. lib. 2. cap. 37. § 2 :... *quod quidem esse non poterit ante 14. vel 15. annum, quia hujusmodi ætas requirit discretionem et sensum.*

Ætas plena in Burgensibus est, *cum hæres denarios discrete sciverit numerare, et pannos ulnare, et alia negocia paterna exercere. Sic non definitur tempus, sed per sensum et maturitatem suam.* Bracton. ibidem, et Fleta lib. 1. cap. 11. § 7. Adde Regiam Majest. lib. 2. cap. 41. § 5. Vide Rastallum in verbo *Age prier.*

Ætas Baroniæ, qua quis a tutela liber, Baroniam seu terram suam tenere potest, ætas scilicet 21. annorum. Charta Matthæi D. de Montemorenciaco ann. 1274 : *Promisimus quoque facere et procurare ad sumptus nostros, quod fratres et sorores nostri Mathæi prædicti nunc minores, quam cito ad Ætatem Baroniæ pervenerint ; et majores etiam prædicta omnia et singula volent, laudabunt, et penitus approbabunt.* In veteri Consuetud. Franciæ lib. 2 : *Par la Coustume de France en cas de fief noble, masle n'est aagé pour fief tenir, s'il n'a passé* 15. *ans, et la fille* 14. *ans.*

* Hac lege seu consuetudine interdum eximebantur a Rege ii, quibus per ætatem res suas administrare nequaquam licitum erat ; id norunt omnes. Sed notanda omnino mihi videtur Philippi VI. concessio, qua Galcherio, filio Milonis de Noeriis, suæ tutelæ esse permittit, qui, quantumvis annis maturior fuerit, annum decimum tertium nondum compleverat. Exstant ejusmodi Literæ in Reg. 65. Chartoph. reg. ch. 118.

Ætas tenendi terram. Ætas loquendi. Tabularium S. Victoris Paris. ann. 1193 : *Fidejussores facti sunt cum rebus suis, quod Filios et filias eorum, cum ad Ætatem tenendi terram venerint, venditionem prædictam laudare facient, et firmiter observare.* Tabular. Vindocinense cap. 274. ann. 1078 : *Post Natale Domini comparaverunt unum arpendum vinæ de Gaufredo, favente Radulfo Presbytero filio suo ; de pueris autem, qui necdum valebant loqui, promisit, quod eos auctorisare faceret, cum venirent ad Ætatem loquendi.* Vide *Concessio, Denarius.*

Ætas legitima, apud Longobardos est annorum 19. in Lege Longob. lib. 2. tit. 29. § 1. Adde Leges Luithprandi Regis tit. 74. § 1. Vide Brissonium lib. 3. Selector. cap. 2.

* Ætas Intelligibilis. Charta ann. 1196. tom. 1. Probat. Hist. Britan. col. 726 : *Gaufridus Farsi...... dedit abbatiæ Veteris-villæ duas acras terræ, ... concedente filio suo Daniele clericulo, ... tali conditione quod monachi ei de propriis sumptibus necessaria providebunt, victum videlicet et vestitum, et tradent eum doctoribus ad erudiendum, donec ad intelligibilem Ætatem perveniat, scilicet xviij. annorum, qua fieri possit monachus, si velit.*

Ætas secularis triginta annorum, apud Symmachum lib. 5. Epist. 54. Ex eorum opinione, qui, ut auctor est Servius ad Æneid. seculum hoc spatio definiebant.

Ætas penultima. Vita S. Theofredi n. 3 : *Venerabilem virum præelegit, Eudonem nomine, sublimem statura, Penultima decoratum Ætate*, id est, plena adolescentia.

* Ætas Seculi, pro Senectus annosa. Charta ann. 1496 : *Sunt ipsi conjuges in Ætate seculi, videlicet dictus dominus Antonius* (de Levy) *ætatis septuaginta annorum vel circa, ipsa autem domina Joanna* (de Chamborand) *sexaginta annorum, etc.* Infra : *Ut melius Deo deservire possint in eorum senectute, etc.* Vide *Ætas secularis* in Glossar.

Ætas Lunæ, nostris *le jour de la Lune.* Vita S. Joannis Eboracensis Episc. cap. 3 : *Phlebotomata est in quartanæ Lunæ Ætate.*

* **ÆTATULA**, Ætatis seu temporis subdivisio, in Chron. S. Mariani Autiss. fol. 88. v°. *Ætatuncula* editum apud Murator. Vide in hac voce.

¶ **ÆTATUNCULA.** Vita Urbani Papæ III. apud Murator. tom. 3. pag. 476. col. 1 : *Sic liber Apocalypsis ætatis sextæ a Christo inchoante decursum exponit, ipsamque ætatem sextam in sex Ætatunculas dis-*

pertitam, easque singulas singulis hujus libri periodis satis congrue designatas.

ÆTERNABILIS, Æternus. *Æternabilis domus*, Palatium Principis, in l. 5. Cod. Theod. de Locat. fundor. *Æternabilis urbs*, Roma, in l. 3. eod. Cod. de Collat. donat. [** et lib. 7. tit. 13 l. 14 vide eundem Cod. lib. 5 tit. 14. l. 8. Peyronii repertum, ubi vocem *domus* ad lacunam explendam inseruerunt editores. Accius apud Nonium cap. 7 § 64 : *Æternabilem divitiam partissent.*] [Ambr. tom. 2. pag. 274. edit. 1690. n. 114 : *Per illam Æternabilem Crucem, per illam venerabilem gloriam Trinitatis.*]

¶ **ÆTERNALITER**, In æternum. Vita S. Juliani Cenomanensis Episc. tom. 3. Analect. Mabill. pag. 59 : *Precibus quoque præscripti sancti Juliani petimus, ut ab omnibus liberemur malis, bonisque omnibus Æternaliter perfruamur.* Occurrit iterum pag. 70. et alibi passim.

¶ **ÆTERNALITER**, Ab æterno. Epistola Alcuini ad Monachos Gotthiæ de Felice Urgell. tom. 3. Collect. Concil. Hispan. pag. 118 : *Ita ut qui Deus Æternaliter ex Patre natus est, temporaliter nasceretur ex Virgine.*

¶ **ÆTERNARE**, Posteritati commendare. Ludewig. Reliq. MSS. tom. 6. pag. 453. et tom. 2. Hist. Delphin. pag. 377 : *Scriptura ac meo sigillo pariter feci præsentem cedulam Æternari.* Apud Bernardum tom. 1. col. 397. edit. 1690. *Æternare* idem est quod Æternum vivere : *Et te et totam Noviomensem Ecclesiam, dominam scilicet et matrem meam, per misericordiam Dei feliciter Æternare videam cum Christo et regnare.*

¶ **ÆTERNATIM**, In æternum, in Annalibus Bened. tom. 3. pag. 677.

ÆTHER, Neutro genere, usurpatum a Mario Victore Massiliensi lib. 1. Ennodio lib. 2. Epist. 13. lib. 6. Epist. 38. Fortunato lib. 9. carm. 1. Aldelmo, et aliis.

¶ **ÆTHERITANGUS**, Inferioris ævi Poetis idem quod Æthera tangens, vel ut apud Tibullum :

> Ætherio contingens vertice nubes.

Gesta Tancredi ap. Marten. tom. 3. Anec. col. 161. A :

> Execuere trabes de Sylvis Ætheritangis.

Ibidem col. 133. E :

> Ergo Cylix Tharsum, nemora Ætheritanga Coatræ.

* **ÆTHERIUS**, Cœlestis : *In Ætherio regno cum Christo fine carente gaudere possint*, in Charta Dagoberti reg. ann. 632. tom. 1. Hist. Lothar. inter Probat. col. 250.

¶ **ÆTHESIS**, Hectica, Gall. *Fievre Etique.* Acta SS. Julii tom. 3. pag. 685. F : *Interim Æthesis, exitialis morbus eam invasit.*

¶ **ÆTHICUS**, Febri Hectica laborans, Gall. *Etique.* Chron. Saltzburg. apud R. Duellium Miscell. lib. 2. pag. 163 : *Obiit in eodem Castro Ictericus Æthicus et hydropicus.*

* **ÆTHIOLOGIA**, *Causæ redditio, promissæ rei pulcræ.* Glossar. vet. ex Cod. reg. 7613. pro *Ætiologia.* Vide *Æthologia.*

¶ **ÆTHOLOGIA**; pro *Ætiologia*, Causæ redditio, αἰτίου λόγος, in Glossario MS. Ecclesiæ Bituric. Est etiam Medices pars, quæ de causis agit.

¶ **AETIANI**, Hæretici, Sectatores Aetii Antiocheni Cœlesyriæ aurifabri primum, tum Sophistæ, mox Medici. Dicti etiam *Anomiani*, et *Eunomiani* ab Eunomio Cappadoce Aetii successore. Filium a Patre creatum asserebant, Spiritum Sanctum a Filio, Filium ex non existentibus. Ac proinde tres esse in Trinitate substantias diversas, ut auri, argenti, et æris. Rebaptizabant Catholicos pariter et Arianos, idque duntaxat in mortem Christi, unica capitis ad pectus in aquam immersione. [** Isid. lib. 8. cap. 5. § 38 et 39 : *Dicunt etiam nullum imputari peccatum in fide manentium.*] Vixit Aetius Imperante Constantino Magno. Sozom. lib. 5. Epiph. lib. 3. tom. 1. hæresi 76. Theodoret. lib. 2. cap. 27. Augustinus hæres. 74. etc.** Vide *Aeriani* et Isodorum l. l. ubi consulas var. lectiones.

* **AEU**, *Veluti, sicuti, quemadmodum*, in Glossar. ex Cod. reg. 7646.

¶ **ÆVA**, Tempora. *Post pauca æva*, Gall. *Peu de temps après.* Vita S. Richardi Episcopi, tom. 2. Junii pag. 248. C : *Unde post pauca Æva factum est, quod omnia sua in morte, fabricæ templi B. Mariæ, veteris nuncupatæ, reliquit.*

ÆVITANEUS, *Qui in ævo durat*, in Glossis Isidori.

¶ **ÆVITAS**, *Est ætas perpetua, cujus initium vel finis ignoratur, quod Græci dicunt Aeveos.* Gloss. Bituric. *Aeveos* forsan pro ἀΐδιος, *Sempiternus.* Apul. de Dogm. Pl. pag. 42 : *Sed natura ejus* (Dei) *mortales Deos, qui præstarent sapientia cæteris terrenis animantibus, ad Ævitatem temporis edidit.* [** Vide Forcell. Lexicon. Placidus apud Maium et in Gloss. Cod. reg. 4778 : *Ævitas quidem potest dici, sed rarum est; in usu magis perpetuitas aut æternitas dicitur.*]

* **ÆVITERNUM**, Ævum æternum, ætas æterna. Charta Joannis ducis Silesiæ ann. 1302. apud Pezium tom. 6. Anecd. part. 2. pag. 199. col. 2 : *Ad notitiam præsentis scripturæ testimonio universorum tam præsentium, quam in Æviternum futurorum, volumus pervenire, etc.*

¶ **ÆVOSUS**, Senilis, Gall. *Vieil, âgé.* Acta SS. Maii tom. 4. pag. 36. ubi de S. Montano recluso : *Quomodo fieri potest ut anus lactem filium; cum mihi a temporibus multis exactis muliebria defecerint, ac vir meus Æmilius vetulus sit, ac in Ævoso ejus corpore frigidus extet circum præcordia sanguis, et voluptatis opera in eo penitus emarcuerint?*

1. **ÆVUM**, Mundus. Commodianus instruct. 2 :

> De resurrectione quoque docetur in ipsa
> Et spe, fortunatum docetur in Ævo vivendi,
> Idola si vana relinquantur, neque colantur.

Et Instr. 34 :

> ... Nihil nisi vanitas Ævi.

2. **ÆVUM**, Ætas. Gregorius Turon. de Vitis Patrum cap. 8 : *Cum... essem quasi octavi anni Ævo.* Utitur non semel uterque Victor; sed et Veteres. Virgilius Æneid. lib. 3. vers. 491 :

> Et nunc æquali tecum pubesceret Ævo.

ÆVUS, Longævus, æternus. Gloss. Theotiscum Lipsii : *Ewethon, Æternum*, [** Gloss. cod. 4778 : *Ævum, longinquum, antiquum.*] Epist. Pauli PP. ad Pipinum : *Implorantes crebro divinam misericordiam, ut Ævis vos ac prosperis in solio Regni conservans tueatur temporibus.* Occurrit non semel in Epistolis Summorum Pontificum tom. 3. Histor. Franc. pag. 734. 746. 748. 749. 758. 759. 760. 764. et in Diplomatibus Regiis apud Doubletum in Histor. San-Dionys. pag. 693. 695. 697.

¶ **ŒXONES**, *Proverbia mordacia. Item. Convitiatores, ab Æxonibus maledicis.* Laur. in Amalthea.

* **AEYDA**, Subsidaria præstatio, Gall. *Aide.* Instr. ann. 1391. inter Probat. tom. 3. Hist. Nem. pag. 112. col. 2 : *Petiit pro resta dictæ Aeydæ a dictis consulibus et eorum consiliariis quotam IX^m. francorum. etc.* Vide *Aidæ.*

¶ **ÆYRALIS**, Æneus, Gall. *d'Airain*, Donatio S. Rudesindi tom. 3. Concil. Hispan. pag. 181. col. 1 : *Vasa vitrea choncas Æyrales II. arrodomas sic Æyrales IX. et orabecela.*

AFA, ex Græco ἀφή, Pulvis. Gloss. Græc. Latin. MS. παλαιστῶν ἀφή, *argula*, sive *argilla*, perperam *regula* in Edito. Passio SS. Perpetuæ et Felicitatis : *Ægyptium video in Afa volutantem.* Martialis lib. 7. Epigram. 66 : *Et flavescit Haphe.*

¶ **AFACTATOR.** Vide *Affactator.*

¶ **AFAMARE**, Famem inferre, Gall. *Affamer.* Notitia vetus in Archivo S. Victoris Massil. : *Per istum modum inimici possent Afamari.*

AFANTICA. *Fundus velut Afanticorum mole depressus*, in leg. 4. Cod. Theod. de Censitorib. [lib. 13. tit. 11. cap. 3.] exponitur in eadem lege : *Squalidior, jejunus, defectus*, cui opponitur *cultus et opimus.* Ibidem lib. 5. tit. 15. cap. 9 : *Per Italiam Aphanticiæ jugerationis onere consistentibus patrimoniis superfuso, unumquemque tributarium adjectionem alieni debiti bajulare, non dubium est, etc.* Vox, ut quidam putant, formata a Græco ἄφαντος, [** ἀφαντικός] *Evanidus* ; quo sensu *Evanidas arbores* dixit Columella lib. de Arborib. cap. 17. quæ *parum fructus ferunt.*

¶ **AFARE.** Vide *Affare.*

¶ **AFEITARE**, ab Hispanico *Affeytar*, Adornare, apparare, quasi a Latino *Affectare.* In legibus palatinis Jacobi II. Regis Majoric. de Falconerio Majori : *Et nihilominus præcaveat diligenter, quod prædictæ aves, quælibet pro suo tempore sic inveniantur præparatæ, quod fervidæ existant ad volandum et complete faciendum ea ad quæ fuerunt Afeitatæ, cum contigerit nos cum prædictis velle meditari.*

* **AFENUS**, Apertura, ab *Oeffnen*, aperire. Ita Eccardus in notis ad Leg. Sal. tom. 4. Collec. Hist. Franc. pag. 136.

¶ **AFERESO**, *ab Aferesis*, Gr. ἀφαίρεσις, *Ademtio, detractio ; inde Aferesatus et Afereso, Aferesas, Divido.* Glossar. MS. Monasterii Montis S. Eligii Attreb. scriptum sæculo 14.

* **AFESTUCARE**, *Festucam* abjicere, rem abdicare, idem quod *Exfestucare* Vide in *Festuca.* Charta ann. 1036. tom. 1. Hist. Trevir. Joan. Nic. ab *Hontheim* pag. 369. col. 1 : *Item jura et exactiones venationum..... werpivi et Afestucavi.* Vide supra *Abfestucare.*

AFFA, *Talpa*; in Breviloquo.

* **AFFABER**, Auctor, inventor, industrius. Charta Bartholomæi episc. Laudun. ann. 1134. ex Chartul. S. Vincentii Laudun

ch. 37 : *Quoniam, sicut ab antiquis traditum nobis est, ideo Affabra rerum natura litteras reperit, ut vice sermonum litteræ fungerentur, etc.*

* **AFFABILIS**, *Delectabilis.* Glossar. vet. ex Cod. reg. 7646. *Bien emparlé*, in altero Gall. Lat. ex Cod. 7684.

* **AFFABRARE**, *Decorare*, *Ennoblesir*, *Prov.* Glossar. Provinc. Lat. ex Cod. reg. 7657. Vide *Affaber.*

* **AFFACHARIA**, Concessio rei alicujus ad medietatem fructuum. Charta ann. 1356. inter Probat. tom. 2. Hist. Nem. pag. 178. col. 2 : *Item de terris, quæ dantur Affachariæ, levabitur vintenum modis supradictis, antequam bladum dividatur, juxta partem tangentem illum, cujus erit terra et Affacharia.* Lit. Joannis reg. ann. Franc. 1363 : *Ipse ad firmam cepisset seu arrendasset tractam 1100. modiorum salis, una cum Affacharia salinarum nostrarum dicti territorii.* Vide *Facheria* et *Medietarius*. Nec alio sensu accipienda vox *Affacheria.*

* **AFFACHATOR**, Qui coria subigit et præparat, Gall. *Corroieur, tanneur*; vel Macellarius, Gall. *Boucher.* Privil. civit. Caturc. ann. 1344. in Reg. 68. Chartoph. reg. ch. 312 : *Item creant dicti consules curatores seu gardiatores.... molendinariorum, sutorum et Affachatorum.* Pactum inter regem, episcopum et consules Caturc. ann. 1351. ex Reg. 80. ch. 487 : *Item poterunt creare curatores et gardiatores.... Affachatorum, et candelas et alia luminaria operantium et vendentium.* Vide *Affactator*, mox *Affaitare* 1. et *Affectator.*

¶ **AFFACHERIA**, Census, vel pensio, quæ quolibet anno percipitur, Gall. *Rente.* Hæc vox legitur in Conventione inter Abbatem Psalmodii Guillelmum et Petrum Ricardum ann. 1215. ex Archivo Arelat. et in Charta anni 1317. ex Archivo S. Victor. Massil. Vide *Facherius.* * et *Affacharia.*

AFFACINATUS, Impudens, Italis *Affacciato.* Epistola Honorii III. PP. ann. 1231. apud Ughellum in Archiepiscopis Pisanis : *Nec allegare potes profecto, quod ignores, civitatem eamdem interdicto conclusam, eo quod non receperis litteras illas, per quas id tibi fuerat demandatum; cum talis ignorantia non solum sit crassa, sed etiam Affacinata.*

¶ **AFFACTATOR**, Idem qui *Affactor* et *Affectator*, de quibus infra. At vix suadeor utroque sutores veteramentarios designari : ipsum repugnat exemplum in voce *Affectatores* allatum, sc. *qui coria Affectata bovum, vel vaccarum..... attulerint, etc.* quod certe coriarios, seu coriorum infectores, Gall. *Taneurs*, innuere videtur. In veteri Catalogo MS. Sodalium Societatis de Nativ. B. Mariæ Virginis in Ecclesia B. Mariæ Deauratæ erectæ legitur, *N. Afactator, P. Affactator* : quibus Mactatores, seu Lanios, Gall. *Tueurs*, *Bouchers*, designari quidam arbitrantur, hoc argumento ducti, quod Tholosatibus etiamnum *Affachomen* idem sit quod Laniarium, Gall. *Boucherie.* Ut ut est, pro Coriariis stamus. Vide *Affait et Affaitia.*

AFFACTORES, Sutores veteramentarii, *Savetiers.* Charta ann. 1144. apud Catellum lib. 2. Rerum Occitan. pag. 324 : *Omnes sutores, sive Affactores extranei vel privati, qui ad mercatum præfati loci venerint, et merces sui officii attulerint, etc.* Vide infra *Affectatores.*

¶ **AFFACTURATOR**, AFFACTURATRIX, f. pro *Fascinator*, *Fascinatrix.* Constitutiones Synodales MSS. Ecclesiæ Reatinæ cap. 42 : *Item excommunicamus et anathematizamus omnes et singulos veneficos et veneficas, sive Affacturatores et Affacturatrices, sive Divinatores et Divinatrices.* In altera Synodo cap. 1. ad Episcopum remittuntur *Affacturatores.*

** **AFFADILLUM**, Das weysz von ey. Vocab. Lat. Germ. ann. 1477. ADEL.

[** Vide *Affodillum.* Error inde natus, quod Asphodelus planta latine Albumen dicebatur, sive Albutium.]

¶ **AFFAIT**, Vulgaris idiomatis vocabulum in antiquis Chartis usurpatum, quo significatur locus ubi pelles præparantur. Terrarium Thossiacense ann. 1404 : *Juxta pelanum seu Affait Hugonini Giroud. Grangia cum les Affaits subtus sita in villa Thossiaci.* Hinc

¶ AFFAITIA PELLETERI pro *pellibus præparatis. Peaux ou Cuirs Affaitiés*, sumitur in Charta Pedagiorum Bellevillæ. Hinc quoque confirmatur, quod mox diximus in voce *Affactator* quo nomine Coriarium significari insinuavimus. Nemo non videt quanta sit affinitas inter has voces *Affait, Affaitia, Affactator.* Prima Coriariam officinam, *Tanerie;* secunda Coria præparata seu querneo cornu infecta; tertia tandem Coriarium significat. Alias tamen Gallis *Affaitier* idem erat quod *Raccommoder*, reficere, instaurare, teste Borello in suo thesauro antiquit. Gall. ubi Merlinum laudat ita loquentem : *Et lui demandez de ce cuir qu'il emporte, et vous dira qu'il en veut ses soliers Affaitier, quand il seroit depeciez* : quod non parum favet D. Cangii vocis *Affectatores* explicationi.

1. **AFFAITAMENTUM**, Tributum, pensitatio. Charta Thomæ Comitis Sabaudiæ, ann. 1246 : *Sine Tertio et Affaytamento, et ficto proinde Monasterio dando, vel aliqua exactione.* Occurrit ibi pluries. Italis *Affaticamento*, est fatigatio, vexatio, cujus modi nominibus tributa interdum donari constat.

* 2. **AFFAITAMENTUM**, Pulvis quercinus et id omne quod ad subigenda coria aptum est, simul et sordes, quæ inde effluunt. Stat. Taurin. ann. 1360. cap. 94. ex Cod. reg. 4622. A : *Eamdem pœnam sustineat quilibet affaitator, tinctor, vel peliparator, qui poneret ruschas Affaitamentorum, vel tincturas in viis publicis. Affaytamentum*, in Stat. Avellæ cap. 148.

* AFFAITUM, Eadem notione. Stat. civit. Saluciar. collat. 3. cap. 92 : *Idem bannum solvant calligarii, seu alii ponentes ruscatium Affaiti in viis publicis dictæ civitatis Saluciarum.* Stat. Avellæ ann. 1496. cap. 69. ex Cod. reg. 4624 : *Nulla persona possit, vel debeat ponere vel poni facere in viis vel plateis publicis infra burgos aliquam ruscam Affaiti, vel aliquas pellaturas coriorum aliquorum. Affaytum*, ibid. cap. 148. Vide mox *Affaitare*, et *Affeitare.*

* 1. **AFFAITARE**, Coria subigere, Gall. *Tanner. Affaitaria*, Officina coriaria. *Affaitator*, Coriarius. Stat. civit. Saluciar. collat. 5. cap. 142 : *Statutum est quod quilibet Affaitator seu caligarius, qui coria Affaitaverit, seu Affaitare fecerit, teneatur dimittere et tenere ipsa coria in Affaito, secundum quod Affaitari debent per unum annum, a die qua incipiunt ipsa ponere in Affaito.* Ibid. cap. 144 : *Statutum est quod quælibet persona, quæ Affaitare voluerit in civitate Saluciarum, et tam caligarii quam drapparii, teneantur tenere Affaitariam taliter curatam et clausam, quod aliquod nocumentum, seu aliquis fætor ex ordura coriorum et pellium non detur vicinis.* Occurrit præterea in Statutis Montisregal. pag. 315. Vercell. lib. 3. pag. 88. et Convent. civ. Saonæ ann. 1526.

* 2. **AFFAITARE**, vox Italica, Ornare, excolere. Bareleta Serm. in fer. 5. hebd. Passion. : *Mulier ergo sibi quærit honorem.... in pulcritudine, Affaitando se excessivis ornamentis.* Hisp. *Afeitar*, eadem acceptione. Vide infra *Affaytamenta.* Nostris vero *Affaiter*, *Affaitier* et *Afiertrer*, est Aptare, comere, condire, quæ uno verbo *Accommoder*, nunc reddimus. Glossar. Gall. Lat. ex Cod. reg. 7684 : *Affaitier, aptare. Affaitié, aptatus. Un chariot couvert Afiertré et lembroissié de boys, etc.* in Lit. remiss. ann. 1412. ex Reg. 166. Chartoph. reg. ch. 296. Liber. rub. fol. magno urbis Abbavill. ubi de statutis tabernar. art. 5 : *Que nulz soit si hardis qui Affaiteche le vin, seur le vin perdre.* Lit. ann. 1331. tom. 5. Ordinat. reg. Franc. pag. 676. art. 8 : *En espendant vins Affectiés, etc. Affetier*, Reparare, Gall. *Raccommoder*, in Stabilim. S. Ludov. cap. 108. tom. 1. earumd. Ordinat. pag. 199 : *Cil puet bien fere Affetier le moulin, etc. Affetter* et *Affettier*, Pannos præpare, in Lit. ann. 1388. tom. 7. Ordinat. pag. 216 : *Nuls draps de muezon.... ne devoient estre Affettées à molins foullours... mais devoient estre Affettiez au pié. Affuitier*, Construere, apud Villehard. paragr. 85 : *Li baron firent tote jor l'ost laborer et tote la nuit por le pont Affuitier. Ensi fu li ponz Afuitiez.* Ubi leg. forte *Affaitier.*

* *Affaitié*, pro Affabilis, *Affable.* Le Roman *de Robert le Diable.* MS. :

L'emperere à sa fille vient,
Le seneseal par la main tient;
Fille, dist-il, soiés haitié,
Et courtoise, et bien Affaitié.

* Sed et *Affaiter* in re accipitraria usurpatur pro Cicurare, mansuescere, erudire, Gall. *Apprivoiser.* Vide *Affait*, et infra *Affaytatus.*

¶ **AFFAITIA.** Vide *Affait.*

* **AFFALTHECHA**, Matrimonium impediverit. *Affalthen* est impedire. *Echa* idem ac nostrum *Ehe*, matrimonium. Ita Eccardus in notis ad Leg. Sal. tom. 4. Collect. Histor. Franc. pag. 166.

AFFAMATÆ PENNÆ, Debilitatæ, non densæ, ex Gallico *Affamé*, quomodo sunt fame confecti, quos *Affamez* dicimus. Fridericus II. Imp. lib. de Arte venandi cap. 30 : *Et si non læduntur in membris, vix esse poterit, quod ita producant totas pennas amplas et claras, et viridis coloris sicut Ramagii, et raro producunt eas, quod non sint aliquæ ex ipsis corrosæ vel Affamatæ.*

* **AFFAMARE**, Gall. *Affamer*, Famem inferre. Comput. ann. 1482. inter Probat. tom. 4. Hist. Nem. pag. 18. col. 2 : *Ne multitudo gentium, quæ propter caristiam*

bladi et famem veniebant ab aliis patriis, Affamarent dictum villam, etc.

AFFAMEN, Affatus. Charta Lotharii Regis Provinciæ, tom. 12. Spicilegii Acheriani pag. 131 : *Hujusmodi igitur fidelium nostrorum audientes Affamina, illorumque precibus libenter faventes, etc.* [Anastasius in Vitis Paparum apud Murat. tom. 3. pag. 216. col. 1 : *Talia locutionis Affamina protulisse.*] [** Waltharius vers. 1174 :

Tum mœstam læto solans Affamine sponsam etc.]

* Glossar. Gall. Lat. ex Cod. reg. 7684. *Araisonnement, Affamen. Araisonné, affatus.* Vide infra *Affari.*

** **AFFAMENTUM**, Tumentum (dumetum). Dornpechse. Vocab. Lat. Germ. ann. 1477. Adel.

¶ **AFFANAGIUM**, Merces operariis debita. Statuta Brageraci num. 38 : *Item si qui venerint ad vindemias, et pro Affanagio seu mercede solvendis oporteat fieri executionem contra dominum seu dominos, qui eos conduxerunt seu conduci fecerunt, statim fiet executio in primis vinis vindemiatis et apportatis per eosdem, et isti solventur ante omnes creditores, et omnem obligationem præcedent.*

* Pariag. inter regem et condominos villæ de Cuquo ann. 1319. in Reg. 61. Chartoph. reg. ch. 343 : *Dicti consules cognoscant de minutis Affanagiis jornalium.* Libertat. Petræ assisiæ ann. 1341. ex Reg. 74. ch. 647 : *Item quod consules dictæ villæ... possint compellere habitatores dictæ bastitæ... ad solvendum salaria debita omnibus logaderiis pro Affanagio. Affanagium seu valor mercedis unius diei,* in Libert. villæ de Alavardo ann. 1337.

¶ **AFFANARE**, Manibus operari. Vide *Affanator.*

¶ **AFFANATOR**, Operarius, Gall. *Manœuvre*, ab Hispanica voce *Affanador*, qui multo labore operatur. Libert. Montis Britonis Hist. Dalphin. tom. 1. pag. 82. col. 2 : *Item a quolibet Affanatore, non habente boves seu animalia, 4. Corvatas de sua persona, quas Corvatas prædicti agricolæ Affanatores, et animalia tenentes ad bastum, dicto Domino facere teneantur anno quolibet etc.* Ibid. pag. 83. col. 2 : *Item et supra quolibet foco cujuslibet Affanatoris dicti mandamenti unam heminam avenæ*, ibidem, iterum atque iterum occurrit eadem significatione. Charta Thossiacensis in Dumbis Lugdun. Diœcesis 1404 : *Juxta curtile Joannis Roleti Affanatoris.* In territorio Dumbensi *Affanator* sumitur pro eo mercenariorum genere, quorum merces solvitur frumento, siligine, avena vel aliis rebus, quæ usu consumuntur; unde rustici illius provinciæ etiamnum dicunt : *J'ai Affané dix bichots de bled*, id est, decem frumenti mensuras opera mea lucratus sum.

* *Affaineur*, et *Affanour*, eadem notione, in Lit. remiss. ann. 1389. ex Reg. 137. Chartoph. reg. ch. 14 : *Comme pour les provisions de la feste et noces de Alips de Beaujeu... il* (Pierre de Daucie) *eust été commis à faire lesdites provisions et faire amener icelles par la riviere de Sosne à Villefranche; et eust requis Lorens de Conteres Affanour que il, pour competent salaire, voulist mener desdites provisions, etc.* Aliæ ann. 1460. in Reg. 190. ch. 172 : *Guischart Traffoy gaignent et Affaineur de bras.... s'en ala en ung champ, etc.* Academicis Cruscanis, *Affanno*, est Anxietas, angor; unde *Affanare*, Molestiam inferre, et *Affannato*, Mentis anxius, angore affectus; sed et nostri *Fané* dicunt, de eo, qui ex animi anxietate tabescit; ducta similitudine a feno exsiccato, quod *Fané* dicimus. Ex his forte vox *Affanator;* cujus etymi ratio satis est aperta. [** Vide Raynouardi Lexicon Roman. vol. 1. pag. 31. col. 1. voce Afan.]

¶ **AFFANNERE**, Eadem notione ac *Affanare*. Dicunt etiamnum Massilienses *Affanner* pro *Travailler*. Ex schedis D. *le Fournier: Cum bobus quibus laboraret vel se Affanneret.*

1. **AFFARE**, Prædium rusticum, Occitanis et Provincialibus, bona vel facultates quævis. Charta anni 1212. in Tabulario S. Victoris Massil. fol. 110 : *Tres Domini et Vicecomites Massiliæ diviserunt concorditer totum Affare, quod ipsi habebant, vel habere debebant in castro Albaniæ... distinguentes et denotantes singillatim tres partes, quas de dicto Affari fecerunt.* [*Afare* in minori Chartulario ejusdem S. Victoris fol. 110. et fol. 102. in Transactione anni 1223 : *Nos petebamus totum Afare, scilicet Dominium et Jurisdictionem et Seignoriam omnimodam dicti Roncelini..... Promittimus tibi dicto Syndico et Universitati prædictæ, quod nos expediemus totum prædictum Afare et disbrigabimus dictæ Universitati.*] Homagium Bertrandi *des Baux, D. de Berre et d'Istre* ann. 1262. in lib. albo Archiep. Arelat. fol. 304 : *Recognosco, me habere et tenere in feudum a B. Trophimo et a vobis totum Affare meum, quod habeo apud Pontem S. Genesii.* Extat Bulla Joan. XII. PP. apud Wadding. ann. 1317. in Regesto pag. 58. qua Vicecomes Beneharni concedit *Affaria de Froxo, d'Estigarde, etc.* Occurrit passim in aliis Chartis apud Columbum in Episcopis Sistaricensibus lib. 2. n. 46. lib. 3. n. 50. et Sammarthanos in Archiepisc. Arelat. n. 52. et in Episcop. Tricastinensibus n. 32. [Hist. Dalphin. tom. 2. pag. 62. et 74. etc.] Apud Italos *Affare*, est Conditio, fortuna. Joannes Villaneus lib. 9. cap. 79 : *Giovanni XXII. nato di Caorsa di basso Affare, sedette Papa anni 18. etc.* Boccacius : *Fermamente avaritia non mi dee havere assalito per huomo di picciolo Affare*, id est, *di poco valore. Huomo di basso Affare*, idem Villaneus lib. 9. cap. 74. Alibi : *Huomo di poco Affare.* Ita nostri etiam usurparunt. Joannes Abbas Laudun. in Speculo Historico MS. lib. 11. cap. 35 : *Entre lesquels il i eust un Escuier de noble Affaire, qui se voua à S. Denys.* Vide tom. 13. Spicilegii Acheriani pag. 380.

* 2. **AFFARE**, Negotium, Gall. *Affaire.* Charta ann. 1235. ex schedis Pr. *de Mazaugues : Ut deinde possint agere, vel experiri, deffendere, replicare et excipere, et exceptiones facere, et de calumnia jurare pro supradicto Affari.* Vide *Affarium.* 2.

* **AFFARI**, Sentire, cognoscere. Glossar. vet. ex Cod. reg. 7646 : *Affatus est, sensit aut cognovit.* Vide supra *Affamen.*

1. **AFFARIUM**, idem quod *Affare*. Charta ann. 1274 : *Confiteor vobis D. Henrico Comiti Ruthensi... quod ego emi Affarium vocatum le Casle, mansum vocatum la Correira, sitos in parochia etc.* [Charta ann. 1348. ex Archivo Piperacensis Abbatiæ : *Item quandam parraneam sitam in Affario del Bosco.* Et in alia Charta ejusd. Archivi : *Pro herbis Affarii de la Vaissyeira.*]

Ferium, pro *Affario*, seu prædio. Charta Willelmi Vicecomitis Massiliensis apud Guesnaium in Annalib. Massil. pag. 303 : *Hoc est, Ecclesiam S. Petri de Galignano cum Ferio quæ Rostagnus tenet.*

* Homag. Aquitan. ann. 1273. ex Reg. sign. JJ. rub. in Cam. Comput Paris. : *Reymundus Bernardi de Castro novo juratus recognovit se tenere.... Affarium seu villagium de Portilagas.* Composit. inter reg. et capit. eccl. Ruthen. ann. 1309. in Reg. 45. Chartoph. reg. ch. 88 : *Item quod villa seu Affarium de Luperia, cum suis pertinentiis,.... remaneant in solidum et totaliter dicto capitulo.* Nostri *Affar*, eadem notione, dixerunt. Charta Joan. ducis Bituric. ann. 1402. ex Cam. Comput. Paris. : *Deux sextiers froment sur le Affar ou tenement, appellé des Laurens, en la paroisse de Causac; et sept solz tournois, et un sextier froment sur certain Affar ou tenement de Jehan Souverain.* Lit. remiss. ann. 1459. in Reg. 188. Chartoph. reg. ch. 82 : *Jehan Armand arracha ung pal de la clousture d'un Affar, appellé d'Albars.* Hinc mihi suscipio est diversæ originationis esse *Affare*, prædium rusticum, et *Affarium*, negotium; hoc nempe, ut et vocem Gallicam *Affaire*, oriri ab eo quod faciendum est, Gall. *tout ce qui est à faire :* illud vero a Lat. Far, farris, Gall. *Froment*, quod præcipuum est in prædio rustico, non absurde prorsus asciscі. Vide nov. edit. Menag. Diction v. *Afaire* et *Afaire.*

2. **AFFARIUM**, Negotium, Gall. *Affaire.* Charta ann. 1222. apud Perardum pag. 327 : *Ita tamen quod si Dux vel Ducissa illud me requisierit pro Affario suo, etc.* [Vincentius Cigalt. de bello Italico : *Pro Affariis seu negotiis Ecclesiæ tenetur ire ad Curiam principis.* Vide *Afferi.* Epist. Philippi Augusti apud Marten. tom. 1. Ampliss. Collect. col. 1157 : *Misistis ad nos litteras vestras de credentia per Lambertum Bochutum, qui nobis dixit, quod legatus Albigensis locutus fuerat cum Comitissa matre vestra, ut vos intromitteretis de negotio terræ Albigensium et caperetis super vos Affarium Albigensium.*] Vide *Afferi.*

¶ **AFFARI**, Forte pro *Affatim*. Gallia Christiana Sammarthanorum tom. 4. pag. 724. col. 1 : *Quandiu vitalis flatus ei comes fuit, pio amore oves sibi commissas duplici victu Affari pavit.*

¶ **AFFATILIS** Lacus, corrupte pro *Asphaltis* vel *Asphaltites*, apud Jacobum de Vitriaco Historiæ Orientalis lib. 3. inter Anecdota Marteniana tom. 3. pag. 279 : *Lacus Affatilis est in terra Jerosolymitana in confinio Arabiæ et Palæstinæ, ubi fuerunt olim quinque civitates, quæ propter peccata suorum civium demersæ sunt. Asphaltis* autem seu *Asphaltites* dicitur, quod nihil præter bitumen gignat; ab ἄσφαλτος, bitumen. Mare mortuum etiam appellatur.

AFFATIMIA, in veteri formula ap. Pithœum ut,

AFFATOMIA, Adfatomia, Adfatimus, Affatimia, Adfatimire.

Affatomiæ, in vett. Gloss. apud Pithœum, dicuntur *donationes, quæ fiunt, festuca in sinum ejus, cui donabatur, projecta*, qua ille in possessionem rei donatæ mittebatur. Lex Salica tit. 48. qui inscribitur *De Affatomie : In cujus laisum festucam jactaverit, et hæredem appellaverit.* Occurrit ibi non semel. Dubitatum sub Ludovico Pio Imp. quid esset *Affatomie*, ut colligitur ex ejus Capitulari 3. ann. 819. cap. 10. ubi definitur *traditio. De Affatomia, dixerunt quod esset traditio.*

Affatimire, vel Adfatimire, seu, ut habet Editio Heroldi, *Adfatinnire*, in Lege Rip. cap. 49. est donare *per Affatomiam*, seu *per Adfatimum*, ut est cap. 48. et 49 : *Quod si Adfatimus fuerit inter virum et mulierem*, i. donatio per *Adfatimum*.

Epistolæ Adfatimæ, in Formula ex Lindenbrog. 50. Chartæ donationis. Vocis origo deduci posset a verbo *Affari, Affatus, etc.* fiebat enim illa cessio *per festucam* non scripto, sed voce sola, festucam in sinum ejus, cui cedebatur, projiciendo.

* Ab Auctoribus novi Tract. rei diplom. tom. 1. pag. 260. honorificentius, quam par est, habentur Editores Glossarii Cangiani, cum ipsis tribuunt quod de *Epistolis adfatimis* proposuit Cangius ipse; atque ob id fortassis, quod ad Sodales suos hæc pertinere putarent, adeo oscitanter legerunt, ut quod *voce sola* factum fuisse docet Cangius, ipsi non loquendo id actum scribant. Hæc sunt eorum verba : *Il* (le nouveau Du Cange) *tire l'étymologie de ce nom d'*Affari : *parce que les donations dont il s'agit se faisoient* Sans parler, etc. Cangii vero : *Fiebat illa cessio per festucam, non scripto, sed* voce sola, *etc.* Ad etymon autem ab iis propositum quod spectat, judicent alii; mihi contorta atque coacta plus quam satis videtur originatio, quam ipsi assignant : quod ipsimet dehinc observarunt, tom. scilicet 4. ejusd. Tract. pag. 575. [** Vide Eichhornii Hist. jur. Germ. § 59. not. g.]

¶ **AFFATOR**, *Arator.* Papias. Utique pro *Orator.* [** Gloss. cod. reg. 4778 : *Affator, optime loquens.*]

* **AFFATURARIUS**, Veneficus, Academicis Crusc. *Affatturatore*, ab *Affatturare*, veneficiis afficere. Stat. civ. Astæ cap. 108 : *Ad exterminandam de civitate Astensi, posse et districtu diabolicam Affaturariorum et Affaturariarum operationem et doctrinam, quæ in his partibus instigatione diabolica... provenerunt hactenus, ... statutum est quod potestas sive judex maleficiorum... eos vel eas, quos invenerit culpabiles de prædictis, debeat comburere.* Vide *Affacturator.*

* **AFFAYTAMENTA**, Ornatus, mundus muliebris, Gall. *Parure.* Bareleta in Serm. sabbat. 5. Quadrag. : *Videbimus sex Affaytamenta quibus mulier solet polliri. Afaitement*, in Poemat. reg. Navar. Cant. 1. tom. 2. pag. 2 :

> Je n'aim nule rien tant
> Come li soulement,
> Et son Afaitement,
> Qui mon cuer renovele.

Vide supra *Affaitare* 2.

* **AFFAYTAMENTUM**, Affaytum. Vide supra *Affaitamentum* 2.

* **AFFAYTATUS**, Aptatus, instructus, munitus, Gall. *Armé, garni.* Stat. senescalli Bellicadri ann. 1320. inter Probat. tom. 4. Hist. Occit. col. 162 : *Item quicumque portaverit lanceas, ... secures, baculos ferratos, vernatos, aut alias Affaytatos, et hujusmodi arma mortifera, etc.* Lit. remiss. ann. 1404. in Reg. 159. Chartoph. reg. ch. 249 : *En ce disant le fery, non pas d'un cousteau, ne de baston Affectié, etc.* Vide supra *Affaitare* 2.

* **AFFAZIO**, idem quod supra *Affarium* 1. Prædium rusticum, *mansus*, ager. Charta ann. 1492 : *Dedit donatione pura .... quandam Affazionem, appellatam la Font de Leypalomp. .... Quæ Affazio superius confrontata movet de fundalitate nobilis Johannis Chati.* Vide infra *Faisio.*

¶ **AFFECTARE**, Peroptare, sitienter expetere, Gall. *Desirer ardemment.* Rymer. tom. 1. pag. 741 : *Vestram prosperitatem et convalescentiam tanquam propriam Affectantes.* Spicil. Acher. tom. 11. pag. 225. in Statutis Synodal. Nicolai Episc. Andegav. : *Cum Affectantes Sacerdotum et subditorum instructionem, alias constituerimus, etc.* Eadem notione apud Ludewig. Reliq. MSS. tom. 5. pag. 527. et tom. 6. pag. 129. Apul. de Virtut. Herbarum pag. 202 : *Si quis ad mulierem non poterit Affectari, obligatus, etc.* Ibi de frigido, aut fascinato sponso.

* Glossar. Lat. Gall. ex Cod. reg. 7692. *Affectare, Entalenter.* Ita legendum quoque est in Glossar. Lat. Gall. ann. 1352. ex Cod. 4120. ubi : *Afflectare, Antalentir.* Charta Philippi Pulcri ex Bibl. reg. : *Ut armata galearum per vos et alios vestros propinquos et amicos fit apud Januam, ... cito acceleretur et veniat ad has partes, quod plurimum Affectamus.* Alia notione, in altero Glossar. reg. Cod. 7641 : *Affectare, invadere.*

¶ **AFFECTARE aliquem**, Eum sibi beneficiis devincire. Gasp. Barthii Glossar. ex Batorici Hist. Palæst.

¶ **AFFECTATORES**, iidem, qui *Affactores*, de quibus supra. Charta ann. 1144. pro Montalbanensibus in Regesto Comitatus Tolosæ Cameræ Comput. Paris. fol. 27 : *Omnes sutores sive Affectatores extranei vel privati, qui ad mercatum ipsius loci venerint, et merces sui officii attulerint, etc.* Alia ann. 1190. fol. 87 : *Qui coria Affectata bovum vel vaccarum, vel equorum vel equarum attulerint, etc.* Vide Hist. Occitanicam Catelli pag. 324.

* Affectator, Coriarius, qui coria subigit, Gall. *Tanneur.* Placit. ann. 1158. inter Probat. tom. 2. Hist. Occit. col. 568 : *Quod usaticum prædicti Affectatores pro se.... dixerunt se habere,... quod usaticum.... tale est scilicet ut ab omnibus hominibus, ... qui coria affectata boum, vel vaccarum, vel equorum, aut equarum attulerint ab ullis partibus extra villam Tolosam ad vendendum,.... de singulis coriis talibus habeant ij. den. Tolosanos ... Tunc supradicti Affectatores, pro se et pro exteris Affectatoribus urbis Tolosæ et suburbii, recognoverunt domino comiti .... dare iiij. solidos Tolos. pro unoquoque corio bovis; .... et recognoverunt quod debent dare totos corios, qui fuerint opus comiti, etc.* Hæc fusius describo, ut vocis, *Affectator*, interpretatio firmetur, atque inde pateat vocum *Affactator, Affactores* et *Affectatores* nativus sensus, qui idem omnino est atque hujus *Affectator.* Vide supra *Affaitare* 1. et infra *Affeitare.*

* 1. **AFFECTATUS**, Destinatus, consecratus, Gall. *Affecté.* Edictum Caroli C. ann. 861. tom. 7. Collect. Histor. Franc. pag. 648 : *Et qui post hunc præsentem bannum inventus fuerit pro tali correptione non castigatus, habeat Missus reipublicæ in civitatibus et in mercatis denarium sic Affectatum, ut deprehensum in fronte denario calefacto, salvis venis, taliter coquat, ut ipse homo, et ceteri castigentur.*

* 2. **AFFECTATUS**, Devinctus, devotus, Gall. *Affectioné, attaché.* Lit. Caroli VI. reg. Franc. ann. 1398. ex Bibl. reg. : *Quilibet eliget personas sibi fidas, conjunctas, propitias, adhærentes, Affectatas, etc.*

* 1. **AFFECTIO**, pro *Affictio*, Metarum positio, Gall. *Bornage.* Charta ann. 1342. in Reg. 84. Chartoph. reg. ch. 134 : *Dicebat Johannes de Carboneriis se habere debere, ratione dicti bajulatus, emolumenta dictarum baillivarum, videlicet clamorem bannorum, deffectuum et Affectionum sive plantamentorum metarum.... Item et medietatem emolumentorum provenientium in dictis bailliviis, pro Affectione seu plantamento metarum.* Sed legendum prorsus *Affictio* seu *Afflixio.* Vide *Bonna* 2. et infra *Affixio.*

* 2. **AFFECTIO**, Animi decretum, voluntas, desiderium, cupiditas. *Affectio, vel Affectus, Talent*, in Glossar. Lat. Gall. ex Cod. regio 7692. Vide *Talentum* 2. [** Gloss. cod. reg. 4778 : *Affectio, voluntas vel dilectio; maceratio.*]

AFFECTIVA Imaginum adoratio, in Historia Miscella, et apud Anastasium, ubi Theophanes ann. 10. Leonis Isauri habet, σχετικὴ τῶν σεπτῶν εἰκόνων προσκύνησις, quæ scilicet *affectu et charitate animæ nostræ ad vultum faciei imaginis aptatur*, ut loquitur Synodus Romana sub Stephano IV. PP. Act. 4. Sententiæ Patrum de Adorat. Imag.: Ἔστι δὲ καὶ σχετικὴ καὶ ἀσπαστικὴ προσκύνησις ἐκ φιλικῆς διαθέσεως καὶ εὐγνώμονος, οἰκείωσιν καὶ εὔνοιαν τοῖς ἠγαπημένοις ἐπαγγελλομένη. Synaxaria in S. Theophilo Confessore 10. Octob. : Ἤρξατο διαλέγεσθαι περὶ τιμῆς καὶ σχέσεως τῶν ἁγίων εἰκόνων. Huc referendi versus altari S. Clementis Venetiis inscripti :

> Nam Deus est quod imago docet, sed non Deus ipsa :
> Hanc videas, sed mente colas, quod noscis in ipsa.

Et isti :

> Effigiem Christi, qui transis, pronus honora :
> Non tamen effigiem, sed quid designat adora.
> Esse Deum ratione caret, cui contulit esse
> Materiale lapis, effigiale manus.
> Nec Deus est, nec homo præsens quam cernis imago,
> Sed Deus est et homo, quem sacra signat imago.

Vide, quæ a nobis observantur ad Alexiadem Annæam, pag. 293. et in Descriptione Ædis Sophianæ n. 61.

* **AFFECTUOSE**, *Talentivement*, in Glossar. Cod. Reg. 7692. Ardenter, cupide. Vide *Affectio*, 2.

¶ **AFFECTUOSITAS**, Affectus, Gall. *Affection.* Guibertus lib. 2. de Vita sua cap. 5 : *Traditus monachatui, tanta Affectuositate erga Christianum morem se habuit, etc.*

* **AFFECTUOSUS**, *Talentis*, in Glossar. Lat. Gall. ex Cod. Reg. 7692. Qui aliquid agere cupit, vult, decrevit. Pro Benevolus, amoris plenus, Gall. *Affectueux;* in Epist. 35. Nicolai I. PP. tom. 7. Collect. Histor. Franc. pag. 426 : *Igitur consilium nostrum accipe, et monita nostra tanquam*

Affectuosi patris amplectere. Occurrit rursum in epist. 4. inter Epist. Caroli C. ibid. pag. 556. Utuntur præterea Macrob. Saturn. lib. 2. cap. 11. Tertull. adv. Marc. lib. 5. cap. 14. et alii. *Affectiosus*, eadem notione, apud eumd. Tertull. de Anima, cap. 19.

* **AFFECTURA**, f. pro *Affictura*, Fibula, Gall. *Boucle*, olim *Affice*, *Affiche* et *Affique*. Comput. MS. ann. 1239 : *Pro harnesio suo, videlicet baccis et cuirenits, et suis Affecturis, ix. lib. v. sol.* Rursum infra. Math. de Couciaco in Carolo VII. pag. 594 : *Un grand dextrier couvert de velours couleur d'azur, à grandes Affices d'argent doré, etc.* Lit. remiss. ann. 1374. in Reg. 106. Chartoph. reg. ch. 189 : *Courroies d'argent, anneaulx, Affiches et autres joyaulx etc.* Aliæ ann. 1392. ex Reg. 142. ch. 252 : *Comme le lundy lendemain de Pasques, le suppliant fust allez au lieu ou l'en a accoustumé de vendre en la ville de St. Quentin, par les festes de Pasques, Afiches et autre joueles de plont, ... regardant acheter lesdiz Affiches et joeles, print trois ou quatre aguilletes en sa main.* Aliæ ann. 1395. in Reg. 148. ch. 315 : *Un mordant d'argent à livre, le bout d'une sainture d'argent, une petite Affique d'or, etc. Afique*, in aliis ann. 1384. ex Reg. 125. ch. 162 : *Neuf Afiquez d'or, vint et cinq verges d'or, etc.*

1. **AFFECTUS**, Filii, consanguinei, uxor, nepotes, etc. Vide P. Pithœum ad Collation. Legis Mosaicæ tit. 6. Savaronem ad Sidon. lib. 6. Epist. 4. Rosweidum in Gloss. ad Vitas Patrum. Petr. Fabrum. lib. 5. Semestr. cap. 9. Eadem notione *Caritates* dixit Ammianus lib. 18. et 20. pag. 130. 156. 170.

* An inde *Aier* vel *Ayer*, pro filius vel hæres, aut ut dicimus, *Ayant cause*, in Lit. ann. 1260. tom. 1. Probat. Hist. Brit. col. 979 : *Sachent tous que nos* (Hervé de Leon) *avons greié et octrié à nostre chier seignor Jehan duc de Bretaigne, que nos a icelui duc nostre seignor, e à son Ayer, qui sera duc de Bretaigne, servirons, ... e promettons que nos ne movrons ne ne ferons guerre à icelui duc ne à son Aier.*

*. 2. **AFFECTUS**, adject. ut supra *Affectatus* 1. Instr. ann. 1384. inter Probat. tom. 3. Hist. Nem. pag. 60. col. 1 : *Quæ bona sunt, erant Affecta contributioni plebeyorum, ita in matricula et libris adverationum comunitatum, et Affecta in reparationibus focorum.* [** Gloss. cod. reg. 4778 : *Affecta, addicta vel attenuata.*]

* **AFFEICTARIA**, Officina coriaria, Gall. *Tannerie*, in Stat. Montis-reg. pag. 203. Vide supra *Affaitaria* in *Affaitare* 1.

* **AFFEITARE**, ut supra *Affaitare*, Coria subigere. *Affeitator*, Coriarius. Stat. Montis-reg. pag. 270 : *Item, statutum est, quod quilibet caligarius seu Affeitator coriorum, tenere debeat coria diligenter in Affeito bono de galla per spacium novem mensium ad minus, et pelles etiam tenere debeat in bono Affeito, scilicet de mortareisio per spacium, quod sint diligenter Affeitatæ. Nec possint seu debeant ipsi caligarii seu Affeitatores pro Affeitando dicta coria seu pelles prædictas ponere in Affeito ipsorum ruscàm aliquarum arborum.* Vide supra *Affaitamentum* 2. *Affaitare* 1. et *Affector.*

¶ **AFFENARE**, Versare fenum furcillis, Gall. *Faner le foin.* Tabular. Parthenonis Calensis pag. 166 : *Omnes hospites ad terras prædictas pertinentes tenentur pratum Saheri Affenare, ad domum adducere, et intaxare.*

* **AFFENDERE**, Defendere, protegere, tueri. Arestum parlam. Paris. ann. 1286. tom. 1. Corpor. diplom. p. 263. col. 2 : *Ab injuriis, violentiis, novis dessaisinis Affendentur gardiati per dominum regem Franciæ gardientem contra subditos regis Angliæ, etc.*

¶ **AFFENERARE**, Eadem notione qua *Affenare* in Charta Monasterii Nobiliac. apud Stephanotium tom. 3. Antiquit. Pictav. pag. 484 : *De pratis vero quæ senior de Luciaco habet ad mediatem de villanis per quittanciam ita sit, quod ipse faciat secure conductum, preciumque reddat, et villani Affenerent et partiantur, et postmodum senior accipiat in quacumque parte voluerit. Armiger enim* (f. etiam) *senioris accipiat unum onus de feno, etc.*

¶ **AFFERARE**, Mulctam taxare, temperare, Rymer. tom. 11. pag. 644. col. 6 : *Adjudicata, Assessa, sive Afferata, etc.* Hinc

AFFERATORES, Anglis Practicis, *Cessors of mulcts in Courts leets*, dicuntur, inquit Spelmannus, qui in Curia, nuncupata Leta (interdum alibi) mulctas recognoscunt et moderantur, ad hoc electi et jurati. Anglis *Affeerors*, de qua voce multa Cowellus, et Rastallus.

* **AFFERATUS**, vel forte *Affaratus*, qui *affare* seu prædium rusticum possidet; si tamen legendum non est *Assetatus*, ille nimirum, cui rata pecuniæ impositæ exsolvenda taxata est, Gall. *Assis à la taille*, licet hæc correctio audentior videatur D. *Secousse.* Lit. ann. 1389. inter Ordinat. reg. Franc. tom. 7. pag. 373 : *Super bonis et possessionibus eorum, qui actu moram trahere in dicto mandamento dicuntur, et ad solucionem dicti vinteni tenentur, seu Afferati existunt.* [** f. aderatus.]

* **AFFERENTIA**, Proportio, ratio, Gall. *Proportion.* Charta Henr. reg. Angl. ann. 1457. in Chron. Joan. Whethamsted. pag. 422 : *Et quod dicti dux Eboraci, comes Warwyci et comes Sarum solvant.... summam 45. librarum, vel ratam earundem, secundum Afferentiam temporis, quo dicto monasterio remanebunt amortizatæ.* Id est, habita ratione temporis, quo etc. *Afferure* et *Afferue*, nostris olim, eadem notione. Reg. B. Cam. Comput. Paris. fol. 152. v° : *L'an de grace 1302 . . . . . fu ordenée une suvention en la ville de Paris et ès subrubes. . . . de toutes gens, qui avoient 500. liv. tour. de meuble, 25. liv. tour. et dou plus, plus, selon l'Afferure.* Pactum inter Carolum comit. et capit. Carnot. ann. 1306 : *Se lesdis justiciers dou conte avoient sesi ou emporté par l'occasion doudit meffet, autres biens que lesdis maufeteurs tenissent ou pousséissent* (possédassent) *en la terre ou en la justice le conte, lesdis justiciers les recroiront audiz homes, ... et endementres l'en leur livrera souffisamment de leur biens pour leur vivre et pour deffendre leur cause, selonc l'Afferue de leur biens.* Hoc est, pro rata bonorum suorum, Gall. *à proportion de leurs biens.*

* **AFFERENTIA**, Convenientia, Gall. *Convenance.* Glossar. Gall. Lat. ex Cod. reg. 7684 : *Avenance, Afferentia. Auferrant*, eodem sensu, in Poemate Tristani :

> Lonc et traitiz de taille bien seant,
> Avoit le nez au viaire Auferrant;
> Car il n'estoit ne trop petit, ne trop grant.

Vide infra *Affirere.*

AFFERI, Scriptoribus Anglis, Jumenta, vel caballi colonici. Ita Fleta lib. 2. cap. 73. § 6. cap. 76. § 8. 9. Will. Thorn. in Edw. II : *Homines prædictos per averia sua, videlicet equos, et boves, et Afferos graviter distrinxit.* Monasticum Anglic. tom. 1. pag. 841 : *Dedi etiam quoddam pratum...et pasturam ad. 20. vaccas et 1. taurum, ad 200. oves, ad 11. sues... et ad 10. boves, et unum Afferum ad carrucam suam.*

AFFRUS, Eadem notione. Statutum Westmon. 2. cap. 18 : *Vicecomes liberat ei omnia catalla debitoris, exceptis bobus, et Affris carrucæ.* Charta Willelmi de Percy D. de *Kidale*, in eodem Monastico Angl. tom. 2. pag. 291 : *Ad 10. boves et duos Affros in prædictis pasturis.* [Rymer. tom. 3. pag. 120 : *Cum bobus et Affris, et toto attilio carucarum earumdem.*]

Sunt igitur *afferi* et *affri*, equi agriculturæ idonei : unde forte quævis bona *affaria* dicta sunt; quæ vox traducta ad negotia, Gallis *Affaires*, quod qui bona sua tutanda habeat, negotia habere, ac iis implicitus dicatur. Jam vero nescio an vocis, *afferus*, etymon arcessi debeat ab *aver*, seu habere, nostris, *Avoir*, quâ utimur etiamnum pro boni, quæ *habemus* et possidemus. Nam et nostri olim et Angli *aver* dixerunt, unde *affer* vox formari potuit. Certe id videtur innuere Spelmannus, qui ait etiamnum Northumbrenses *a faulse aver*, seu *afer*, dicere, pro equo nequam et segni. Vide *Averium.*

* **AFFERIUM**, ut *Affarium* 2. Negotium, Gall. *Affaire.* Memor. H. Cam. Comput. Paris. ad ann. 1424. fol. 179. v° : *Dominus Johannes de Courcelles et de S. Leobaldo miles, retentus et ordinatus consiliarius regis et ejus magni consilii, pro insistendo in suis consiliis et Afferiis.*

¶ **AFFERSAMENTUM**, pro *Affevamentum*, vel *Affeudamentum.* Nova Gall. Christ. tom. 2. col. 947 : *Monachi approbant Affersamentum a Jordane Abbate factum.*

¶ **AFFERTOR**, Qui affert, lator. Rymer. tom. 12. pag. 471 : *Hernesiarum et aliarum Mercandisarum prædictarum in hoc Regnum nostrum Affertorem, etc.*

¶ **AFFEVATUS**, Vassallus, idem quod *Fevatus* et *Feudatus*, quæ a *Feudum* et *Fevum.* Rymer. tom. 6. pag. 526 : *Cum omnibus suis redditibus, exitibus, censibus agreriis, proventibus, hominibus quæstialibus et Affevatis, et omnibus aliis deveriis, etc.* Et tom. 10. pag. 544 : *A quibuscumque nostris ligeis, feudatoriis, Affevatis, emphiteotis, censuariis, et tenentiariis, etc.... ac feudatorios, Affevatos, etc.* Perperam editum *Affenatis* et *Affenatos.*

¶ **AFFEUDAMENTUM**, Traditio ad *Emphytheusin*, locatio ad censum, Gall. *Bail emphytéotique*, in veteribus Consuetudinibus, præsertim apud Normannos *Fieffe*, alii *Arrentement.* Hinc

¶ **AFFEUDARE**, Beneficiario jure tradere, ad censum perpetuum seu emphyteusim concedere, Gall. *Donner à emphyteose, Fieffer.* Charta Annæ Dabsaco dominæ de

Monte-Astruco pro Guillermo Bertrand, anni 1488 : *Anna Dabsaco uxor relicta condam nobilis Johannis de Grossolis domini et baronis dicti loci de Monte Austruco arrendavit et Affeudavit, et per modum novi Affeudamenti et arrendamenti sive in emphiteosim perpetuam.... Bertrando et Guillermo Bertrand fratribus.... quindecim sextariatas et tres punieyratas terre et nemorum, sitorum et positorum im predicta juridictione de Monte-Astruco.*

* **AFFEUDATARIUS**, Qui per precariam, seu jure *emphyteusis* possidet, *emphyteota*, practicis nostris *Emphyteote*. *Affeudator*, qui ea conditione tradit. Charta ann. 1474. ex Tabul. Flamar. : *Promisit dictus Stephanus Aviot acceptor et Affeudatarius, quod non retroffeudaret dictas pecias terræ, prati et nemoris, ... et ut prædictus nobilis Johannes de Gorsolis venditor et Affeudator, vel ejus ordinium posset de jure suo diminui.* Inventar. ann. 1476. ex eod. Tabul. : *Item plus unum librum papiri pargameni copertum; in quo quidem libro papiri erant nominati et expressati omnes pagesii et Affeudatarii sive emphiteotæ dicti nobilis Joannis de Gorsolis.* Vide *Affeudare.*

* **AFFEYTAMENTUM**, ut supra *Affaitamentum* 2. seu potius Officina coriaria, Gall. *Tannerie*. Testam. ann. 1517 : *Pensio imposita super quodam Affeytamento.* Vide supra *Affaitare.*

¶ **AFFIBLA**, Fibula, Gall. *Boucle, Agrafe*. Constitutiones Catalan. MSS. : *Nec portent aurum vel argentum, nec Affiblas cum auro vel argento.* Habent Codices quidam *Affiblays*, alii *Affiblais*.

* **AFFIBLARE**, ut mox *Affibulare*, Fibula connectere, Ital. *Affibbiare*. Guido de Vigev. Ms. de Modo acquirendi T. S. : *Et dictæ cordæ habeant in capite fiblas, ita quod pondus unius equi simul conjungi et Affiblari subito, et incontinenti in aquam poni.*

AFFIBULARE, Fibula constringere. Hugo de Cleeriis de Majoratu Franciæ : *Pallium, quo in Curia Affibulatus erit, Dispensatori dabitur, etc.* Ibidem : *Desibulare, pallio se exuere.* Charta Octaviani Cardinalis sub Alexandro IV. apud Ughellum tom. 3. pag. 634 : *Cotta vel superanea Affibulatis.* Hinc Gallis *Affubler*, pro Induere, operire; de eo, qui pallium humeris, aut velum capiti fibula annectit. Le Roman *de Rou* MS :

La fist d'un mantel Affuber,
Du plus riche qui pout trouver.

Infra :

Son mantel jus à terre mist,
Tout Déffubé dessus s'asist.

Le Roman *de Garin* :

Vestent bliaus et peliçons hermins,
Et Afublerent les manteaux sebelins.

Idem poëta :

Desafublée, chauciée en eschapins.

Ita *Diffibulare*, est Fibulam dissolvere : apud Alanum de Insulis in planctu naturæ initio, et in Anticlaudiano lib. 1. cap. 7. qua voce usus Martialis in re obscœna. Vide *Fibulatorium*.

* Hinc vox *Affuleure*, vel *Affulure* et *Affulooir*, pro Capitis velum seu tegumentum. Mirac. B. V. M. MSS. lib. 1 :

La mere akeurt qui brait et crie,
S'Afuleure a terre rue, etc.

Paraphr. Ps. *Miserere* :

Cil qui le Deable dechoivent,
Ki deffont lor Affuleures,
Et lor vilaines vesteures.

Lit. remiss. ann. 1455. in Reg. 183. Chartoph. reg. ch. 57 : *Le suppliant vesti sa chemise et sa robe, et tout piez nus sans chapperon, ne autre Affulure, etc.* *Affulooir*, in Lib. rub. Domus publ. Abbavill. fol. 40. v°. Vide infra *Afubals*.

AFFICAVAGIUM. Charta anni 1245. in Tabulario Comitum Tolosæ pag. 66 : *Et medietatem obliarum et Afficaugiorum* (sic) *infrascriptorum, et donationum pertinentium, scilicet 3. sol. Morlan. quas Aicairreria debet nobis reddere Afficavage quolibet anno, et illorum 3. sol. de Afficavadge Joan. Vacce et 2. sol. boni hominis, etc.* Videtur esse præstatio illa, quam vassallus domino feudi præstat ex infeodationis conditione. *Affeager des terres non cultivées et en prendre rente avec retention d'obéissance*, in Consuetud. Britan. art. 358. 359. vel certe vox deducta ab *affictus*, de qua mox, ut sit *Afficavagium*, datio ad *affictum*, seu censum.

* Quod si ab *Affictus* arcessenda est vox *Afficavagium*, quod mihi haud improbabile videtur, dubius hæreo an legendum sit *Afficavagium* aut *Afficanagium* vel *Affitanagium*, ut habet Charta Philippi Pulcri ann. 1299. in Lib. rub. Cam. comput. Paris. fol. 170. v°. col. 2 : *Item sex libras, undecim solid. duos denarios Turon. quas quædam personæ dicti loci solvunt et tenentur solvere quolibet anno, in festo Omnium Sanctorum, pro quadam servitute, vocata Affitanagium.* Facile quippe est in MSS. codicibus promiscue habere Literas *c*, *u* et *t*, *n*; sed ut, quod res est fatear, in Charta a Cangio laudata ex Chartul. Raymundi VII. com. Tolos. Cod. reg. 6220. quem Baluzius ex authentico descripsit, lego *Afficanagiorum* et *Afficanage*.

* **AFFICERE**. Glossar. vet. ex Cod. reg. 7646 : *Affecta, addicta, vel adtenuata. Affectus, maceratus, cæsus.*

* **AFFICTABILIS**, Qui ad *Affictum* seu censum tenet, *firmarius*, conductor. Stat. castri Redaldi lib. I. pag. 21. v° : *Ordinamus pro communi et publico castri Redaldi, et hominum ipsius, quodamodo nullus ..... Affictabilis vel molinarius possit terram, molendinum, seu aliam rem conductam .... ad affictum, dimittere vel relinquere, etiam elapso termino, etc.* Vide infra *Affictarius*.

* **AFFICTALITIUS**, Ad *Affictum* pertinens, censualis. Stat. Mantuæ ex Cod. reg. 4620. cap. 23 : *Possit autem creditor bona debitoris, quæcumque sint, sive propria, sive feudalia, seu Affictalitia, seu emphiteotica, ... facere pro ejus credito distrahi.*

¶ **AFFICTARE**, Affictatio, Affictarius etc. Vide in *Affictus*.

AFFICTUS, Census, reditus. Breviloq. : *Affictus dicitur census, qui datur ratione prædiorum.* Academici Cruscani : *Afitto, avverbial. posto con i verbi, Dare, et torre, s'intende dare e pigliare beni d'altri a tempo per pagargliene il prezzo convenuto. Pigliar a fitto*, conducere, *dare a fitto*, locare. Acta Innocentii III. PP : *In aliis autem regionibus proprium percipiebat Affictum.* In cap. ult. ext. de Restit. spol. quod est Gregorii IX : *Possessionem pensionum et Affictuum.* Ubi Glossa interlinearis MS. *id est, censuum.* [Synodus provincialis Pergami ann. 1311. apud Murator. tom. 9. col. 552 : *Vel possessione juris percipiendi aliquas pensiones seu census annuos, decimas vel Affictus, sive possessiones.*] Pontanus in Consuetud. Blesens. tit. 6. art. 78 : *Quædam sunt pensiones, seu ut vulgus Doctorum Italicorum appellat, Affictus, qui pro locatione fundi ad modicum tempus, puta annum, triennium, aut quinquennium, certis diebus seu terminis solvuntur, etc.* [Vocabularium utriusque juris : *Affictus penes vulgare Lumbardorum et Thuscanorum.... dicitur census qui datur ratione prædiorum, etc.* Vide Ughellum tom. 5. pag. 676. et infra *Fictus* 3.] [** Vide *Affitus*.]

* Affictum, ut *Affictus*, Census, reditus. *Ad Affictum perpetuale*, in Stat. Cadubrii lib. 2. cap. 92. Unde emendandus Pontanus a Cangio laudatus supra, qui *Affictum* definit ex Italicis, *locationem fundi ad modicum tempus.* Stat. Pistor. ann. 1107 apud Murator tom. 4. Antiquit. Ital. col. 551 : *Domini, quibus Affictu redduntur, etc.*

* Affictamentum, Conductio, locatio, traditio ad *affictum*, Gall. *Affictement*, apud *Des Ponts* in Collect. transact. Humberti Dalph. part. 1. pag. 59.

Affictare. Cujacius : *Affictus, reditus, vulgare verbum Italorum, qui Affictare dicunt, pro locare prædia sub pensione certa.*

* Affictare, Conducere, locare, dare vel capere ad *Affictum*, Ital. *Affittare*. Stat. Cadubrii lib. 2. cap. 68 : *Non liceat alicui communi, vel hominibus alicujus villæ districtus Cadubrii aliquas possessiones..... vendere, vel obligare, seu Affictare, vel aliter allienare, etc.* Stat. crimin. Riperiæ, cap. 194 : *Tantum quantum illa sedimina, terræ molendina, vel aquæ, potuissent Affictari arbitrio bonorum virorum.* Vide *Affictus*.

* Affittare, in Stat. Taurin. ann. 1360. cap. 200. ex Cod. reg. 4622. A : *Nullus civis, vel habitator Taurini possit alienare alicui extraneo, vel Affittare alienas possessiones sitas in territorio Taurini.*

* Afitare, Eadem notione. Lit. Humberti Dalph. pro burgens. de Brianc. ann. 1343. inter Ordinat. reg. Franc. tom. 8. pag. 211 : *Pariter res funccionales tributorum Afitare possint liberas vel pensionales, cum sic sit acthenus usitatum.*

* Affictarius, Affictuarius, Conductor, locator, qui ad *Affictum* tenet. Stat. civit. Pistor. ann. 1107. apud Murator. tom. 4. Antiq. Ital. med. ævi col. 551 : *Statuimus, ut si Affictuarii distulerint dare affictum in aliquo anno usque ad Kalendas Martii,... consules, aut potestas, vel judices, aut castaldi Affictariis dare præcipiant, si Affictarios omnes habere potuerint. Quod si Affictarii, etc.* Pluries ibi. Charta ann. 1378. apud *Manni* Observat. Hist. in sigill. ant. tom. 1. pag. 87 : *Constituerunt... procuratorem.... ad exigendum.... ab omnibus et singulis pensionariis, Affictuariis, censuariis, inquilinis et fidelibus.* Chartul. Ravennat. pag. 94 : *Approbatio prorogationis affictus pro D. Antonio Berruccio Affictuario archiepiscopatus Ravennæ et abbatiæ S. Bartholomæi.* Vide supra *Affictabilis*.

* Affictator, Eadem notione, in Statutis Cadubrii lib. 2. cap. 89.

Affictatio. Constitutiones Joannis Archiepisc. Nicosiensis ann. 1322. cap. 8 ;

Emptionem, seu venditionem, Affictationem, seu alium quemcumque contractum, etc.

[** De afflictu vide Frid. Jani tractat de afflictu contractu ad coptimam. Dresd. 1678 et Carol. de Buri de Feod. Germ. part. 4. p. 15. Adel.]

** **AFFICUM**, *Ferrum candens.* Gloss. Jæckii.

* **AFFIDA**, Securitas, Gall. *Assurance, seurеté.* Hist. Belli Forojul. apud Murator. tom. 3. Antiq. Ital. med. ævi col. 1201 : *Quidam trombetta tubam sonavit, petens Affidam. Cui data fuit per nos de Maniaco.... Affidam petentes. . . . venerunt usque ad rastellum sub porta castri.* Vide *Affidare* 1.

* **AFFIDAGIUM**, ut *Affida, assecuramentum.* Vide *Assecurare* 1. Nostris olim *Affiage* et *Affialle*. Lit. salvægard. Philippi VI. reg. Franc. pro monast. Exoldun. ann. 1333. in Reg. 69. Chartoph. reg. ch. 74 : *Et nobis ac ipsis religiosis faciant emendari condigne, Affidagiumque et securitatem de personis, de quibus dubitaverint, ... dari et præstari.* Aliæ ann. 1358. pro Lemovic. inter Ordinat. reg. Franc. tom. 3. pag. 305 : *Affidagium et assecuramentum a personis, de quibus habere voluerint, juxta patriæ consuetudinem eis dari faciant.* Lit. remiss. ann. 1392. in Reg. 144. ch. 116 : *Jehan Lomberfay fist adjourner le suppliant pardevant le gouverneur de la Rochelle pour lui donner seurete et Affialle.* Infra : *Seurté* et *Affiage*.

¶ 1. **AFFIDAMENTUM**, Locatio, conductio. [*Minus recte; est enim Actio, qua quis fidem suam coram judice alicui obstringit; quam qui fallebat, mulcta puniebatur. Vide *Affidare* 1.] Charta Philippi August. de Privilegiis S. Martini Turon. apud Marten. tom. 1. Ampliss. Collect. col. 1104 : *Viarii Comitis in nullo Affidamento habent justitiam; littus et aqua, et incrementa ripæ, et inventiones, et census aquæ sunt juris Regis Francorum.* Vide *Affidatio* 3.

¶ 2. **AFFIDAMENTUM**, Alia notione. Vide in *Affidare* 1.

* 3. **AFFIDAMENTUM**, Tributum, vectigal. Charta ann. 1337. in Stat. civit. Perus. pag. 7 : *Liberi et immunes ab omnibus pedagiis, leydis, curariis, gabellis, Affidamentis, malis tortis, seu exactis et exactionibus aliis quibuscumque.*

* 4. **AFFIDAMENTUM**, Pax, securitas. Charta Soldani apud Lam. in Delic. erudit. inter not. ad Hist. Sicul. Laur. Bonincont. part. 1. pag. 204 : *Saladinus fidelis Elmire Elmomim, sententiam, quam mando vobis consulibus et veteranis Pisæ, quod Deus manuteneat vos in via recta et Affidamento et allocamento, et de amore vestro retinendo et servando : scriptum quod est inter nos et vos de pace et allocamento, quod ordinavimus inter nos et vos, etc.* Vide supra *Affida*.

AFFIDANTIATA Causa, Practicis Hisp. dicitur *Lis contestata*. Vide Michaël. *del Molino* in Repertorio Foror. Aragon. v. *Clamum*, [et *Fidantia*.]

1. **AFFIDARE**, Fidem suam alicui obstringere, fidem dare, fide data polliceri, promittere, obligare se. Ugutio : *Fiduciare, fiduciam præstare, quod vulgariter dicitur Affidare.* Italis *Affidare* est *assicurare*, Tutum reddere. Charta Eadredi Regis in Monastico Angl. tom. 1. pag. 169 : *Præcipio quod omnes homines fugitivi, quos iidem Monachi per testimonium 4. vel 5. hominum fide dignorum... possunt Affidare suos nativos esse, reducantur.* [In hoc exemplo *Affidare* idem est ac *Probare*, ut infra sumitur : in sequentibus vero hic a nobis additis significat *tutum reddere*, ut apud Italos. Charta anni 1240. in minori Chartulario S. Victoris Massil. fol. 181 : *Nos R. Bereng. Comes Provinciæ omnes subditos, amicos ac valitores nostros Affidamus, et sub guidagio et protectione nostra recipimus, etc.* Ibid. : *Affidamus eodem modo molendinarios, candatores, mulatorios et omnes ibi necessarios, ac bestias in eundo et redeundo.* Charta ann. 1193. ex eodem Archivo : *Quod nullus alius in iis que ad mare pertinent sine consilio vestro Affidare vel guidare possit.* Charta Philippi Aug. ap. Marten. tom. 1. Ampliss. Collect. pag. 1053. C : *Et Mathæus Viarius et plures alii ad tenendum bona fide Affidaverunt, ex parte Roberti dicti comitis.*] Regiam Majestatem lib. 2. cap. 48. § 10. : *Maritus inde nullum homagium... facere debet; sed cum Affidatione fidelitatem tantum.* Tabularium Vindocinense fol. 210 : *Quidquid de rebus S. Clementis abstulerat reddere promisit, et ne aliquid pejus faceret, pariter Affidavit.* Occurit passim. Vide Chronic. Casin. lib. 4. cap. 25. Constitut. Sicul. lib. 2. tit. 37. § 2. Ingulfum pag. 875. Rogerum Hovedenum pag. 675. Monasticum Angl. tom. 1. pag. 428. 677. Fletam lib. 2. cap. 1. § 25. Radulfum de Hengham in Magna, cap. 6. Probat. Hist. Castilion. pag. 32. Odoricum Rainaldum ann. 1229. n° 3. etc. Ita *Affier*, Franci nostri olim dixere. Le Roman *de Vaces*, ou *de Rou* MS. :

> Et li Duc l'afia qu'elle lui seroit donnée.

Gaces bruslez, Cant. 33 :

> Et si mes cuers si Affie,
> Du deuil morray, etc.

Alibi :

> Mais esperance m'Affie,
> Que cil doit mort ce trover.

Chronicon MS. Bertandi Guesclini :

> Par tel convenant vous li Affierez
> Que le lendemain du jour, qui ci vous est mandez,
> Renderez le Chastel, etc.

Le Roman *du Renard*, De pace jurata :

> Par sa terre l'a fait jurer,
> Et à ses homes Affier,

Affidatus, cui fides ac securitas data est, in Historia Cortusiorum lib. 9. cap. 15. [Vide *Affidati*.]

2. Affidamentum, idem quod *Affidatio*. Vetus Charta MS. : *Notum... quod facta est concordia inter Willelmum Tolosanum Comitem, et Raymundum Comitem Barchinonensem et Carcassonensem, et Raimundum filium ejus, de discordia, quam habuerunt de ipso Castello de Laurago, in quo jam dictus Tolosanus Comes quærebat Adfidamentum per sacramentum, et non potuit habere ullum hominem... qui vidisset aut audisset facere Adfidamentum per sacramentum de prædicto Castro, etc.*

Desaffidare, A fiducia, vel *Affidia* discedere, fiduciæ datæ nuntium mittere, Gall. *Deffier*. Vitalis Episcopus Oscensis apud Hieron. Blancam in Comment. Rer. Arag. : *Juxta Cartam pacis nullus sine Diffidamento debet alteri damnum dare.* Et mox : *Infantiones autem inter se semper tenentur se Desaffidare, nisi pro morte patris, vel exhæredatione.* Alibi : *Nam si sine Diffidamento talia fierent, esset proditionis pœna. Sic idem debet esse hic, cum Desafidamentum, vel expedire, in his non possit habere locum.*

¶ 2. **AFFIDARE**, Probare, certum facere, Gall. *Certifier, Prouver.* Charta Henrici Regis Angl. pro Monachis Pontiniac. apud Marten. tom. 3. Anecd. col. 1227. E : *Præcipio quod totum conredium, et omnes res Abbatis de Pontineo et Monachorum suorum, quas homines sui Affidare poterint se emisse ad victum et vestitum, vel necessaria Abbatis et Monachorum, sint in pace et quiete de theloneo et passagio.*

* Charta Ricardi I. reg. Angl. tom. 5. Ordinat. reg. Franc. pag. 317 : *De omnibus rebus, quas ipsi, vel homines sui Affidare poterunt suas esse proprias.*

3. **AFFIDARE**, Desponsare, virginem sibi despondere Gall. *Fiancer.* Lambertus Ardensis : *Relicta et postposita Eustachia Comitis S. Pauli, quam prius Affidaverat, filia... aliam legitimo matrimonio sibi adjunxit.* Alexander III. PP. in Appendice Concilii Lateranensis III. part. 12. cap. 6 : *Pro eo, quod postquam eam Affidavit, carnaliter propinquam ejus cognovit, etc.* Litleton. sect. 39 : *Quand il vient à l'huis del Monastery ou d'Esglise d'estre espousé, et là après Affiance entre eux fait, il endowe la femme de sa entiere terre, etc.* [Chron. Brioc. et Chron. MS. Ecclesiæ Nannet. *Anno 1396 : Johannes dux ad requestam Regis ivit Parisius, secumque duxit Petrum de Britannia filium primogenitum, Comitem Montis-Fortis, ipsumque cum domina Johanna filia Regis Francorum II. Dec. in manerio Sancti Pauli Parisius Affidavit per Archiepiscopum Rotomagi; prædictaque die idem Petrus accepto sacramento Confirmationis per R. P. Barbati Episcopum Venetensem, idem domicellus Comes, qui antea Petrus vocabatur, Johannes est nominatus ad requestam Ducis supradicti.*] Adde Statuta Joan. Episcopi Leodiensis cap. de Sponsalibus.

* Nostris olim *Affier*, eadem notione, aut saltem, fidem suam de matrimonio obstringere. Lit. remiss. ann. 1362. in Reg. 93. Chartoph. reg. ch. 32 : *Comme Guillaume Reaune eust Affiée par nom de mariage Aalips de Lourme,.... en esperance que dedens un mois après il la deust espouser.* Aliæ ann. 1380. in Reg. 117. ch. 46 : *Jehan le Queux tuteur de la dite Katherine l'Affia ou fist Affier par mariage à Jehannin Simon.* Hinc sponsalia, *Fiançailles* nunc, *Affialles* et *Affiances* olim dixerunt. Lit. remiss. ann. 1391. in Reg. 142. ch. 181 : *Le traittié du mariage du cousin prochain de Jehannin le Begue et d'une femme de la ville de Hangest estant fait, ledit Jehannin fu prié qu'il lui pleust admener ladite femme à l'église pour la plevir et franchir, ainsi qu'il est accoustumé à faire au lieu.... Après les plevines, ou Affiances faites, etc.* Infra : *Affialles*. Aliæ ann. 1405. ex Reg. 160. ch. 165 : *Icellui Theroulde fu à une Affiailles où assemblée de gens, ou il fist bonne chiere.* Unde desponsatorum cognati, vel qui ad sponsalia invitabantur, *Affiés* nuncupati. Lit. remiss. ann. 1407. in Reg. 161. ch. 342 : *Les Affiés d'icelles noces, ou leurs amis prierent audit Jehan.... qu'il alast corner, pour querir lesdiz trouceaux des fiancés.*

¶ 2. Affidatio, Sponsalia, Gall. *Fiançailles.* Statuta Leodiensia tom. 4. Anecd. Marten. col. 848 : *Excommunicatos denuntiamus, qui post Affidationem clandestinam, vel etiam in manu Presbyteri factam.... carnaliter se cognoscunt.* Vide *Affidare.* 2.

3. Affidatio, Locatio. Vita S. Gilberti Episcopi Cathenensis in Scotia : *Piscator mercenarius salmonum piscationem a domino terræ illius Cathenensis certa pecuniæ summa in Affidatione possidebat, etc.* [Vide *Affidamentum* 1. et *Affidatio* alia notione in *Affidare* 1. et 3.]

In Constitutionibus Siculis titulus 38. lib. 3. est *De Animalibus in pascuis Affidandis;* id est, de conventione facienda, vel pacto, de licentia pascendi animalia in pascuis, certis conditionibus : quæ quidem conventio dicitur ibidem

Affidatura, quæ et Affidatio vocatur, ut et in Charta Caroli Regis Siciliæ ann. 1277. apud Ughellum tom. 7. Ital. sacr. pag. 807. et 1072. Vide et in *Affidare* 1.

AFFIDATI, Adventitii, qui se domini alicujus patrocinio ac tutelæ, fide data, ac sacramento interposito, addicebant et commendabant : unde et *Commendati* et *Recommendati* dicuntur in Constitut. Siculis lib. 3. tit. 7. et 8. ubi homines demanii affidatos vel recommendatos habere nulli licet, nisi a Principe licentiam impetraverit, vel certe eo jure gauderet : nam Barones in Regno Siciliæ id juris habebant. Charta Willelmi Regis Siciliæ ann. 1179. apud Ughell. tom. 7. pag. 984 : *Potestatem indulsimus ad opus ipsius Ecclesiæ 25. homines Affidandi juxta usum et consuetudinem Ecclesiarum et Baronum illarum partium, qui potestatem habent homines Affidandi.* Innocentius III. PP. lib. 2. Epist. ad Acheruntinum Archiepisc. : *Auctoritate præsentium indulgemus, ut homines, qui se tibi vel Ecclesiæ tuæ recommendare voluerint, quod secundum terræ consuetudinem Affidatio nuncupatur,... tibi recipere liceat, et absque contradictione cujuslibet retinere.* Charta Guillelmi Comitis Marcisi ann. 1179. apud eundem Ughellum tom. 7. pag. 704 : *Concedimus etiam eidem Ecclesiæ et Prioribus ejusdem liberam potestatem Affidandi 65. homines, cum eorum familiis ex aliis partibus Adventitios in loco Raye;... videlicet per demanium et supra demanium nostrum : quos volumus semper habere liberam potestatem emendi hæreditagia ab hominibus nostris Marsici, etc.* Effectum et vim Affidationis declarat Charta anni 1105. apud eundem pag. 1071 : *Et habeat liberam potestatem Affidandi et recipiendi in dominio suo et in jurisdictione sua omnes homines, qui voluerint recipere dominium ipsius Ecclesiæ, etc.* Vide eundem Ughellum pag. 978. 979. 983. 984. et tom. 9. pag. 97. 98. *Affiez* dicuntur in Statutis MSS. Caroli 1. Reg. Sicil. capite 127.

AFFIDIA, Fides data, promissio per fidem, *Affidatio.* Occurrit apud Thwroczium in Ladislao cap. 63.

AFFIDIARE, idem quod *Affidare, Affidiam dare.* Willelmus Malmesbur. lib. 2. Hist. Novellæ pag. 188 : *Juravit et Affidiavit Imperatrix Episcopo, quod, etc.* Infra : *Idem juraverunt et Affidiaverunt pro ea, etc.*

¶ **AFFIDOXE**, *Sententia cujus pars honesta est, pars inhonesta.* Gloss. Bituric. Ecclesiæ MS. Ab ἀμφίδοξος, anceps, de quo duplex sententia. [** leg. *Amphidoxæ* ex Isid. Orig. lib. 2. cap. 21.]

AFFIDUCIARE, idem quod *Affidare.* Tabularium Vindocinense fol. 202 : *Nomina hominum, qui fidem suam Affiduciaverunt propter carrucas manutenendas, etc.* Tabularium Majoris Monasterii Charta 11 : *Et de his Adfiduciavit nos per fidem, osculans inde ob signum fidei Priorem nostrum.* Tabularium Eccles. S. Laudi Andegavens. fol. 79 : *Pactiones istas recognovit, et Adfiduciavit cum propria manu in manum prædicti Joannis.* [Charta Alani Episc. Autissiod. ann. 1163 : *Notum facio quod Herbertus de Mairry adcensivit Ecclesiæ Regniacensi totam aquam suam, quam habebat communem cum Monachis Virziliacensibus... pro aquæ autem adcensatione Ecclesia Regn. prædicto Herberto octuaginta libras Autis. monetæ... prædictus vero Herbertus et uxor ejus Affiduciaverunt, Herbertus quidem in manu Gaufridi de Monte Regali, uxor vero ejus in manu Gimonis Boquerel.* Occurrit eadem significatione in Tabulario Majoris Monasterii et alibi non semel.]

Adfiducia. Tertullianus de Carne Christi : *Quam tu Adfiduciam reputas, ut non natus, adversus conscientiam suam natum se existimari sustineret?* Vide *Fiducia.*

AFFILATORIA, Cos, qua rasoria acuuntur. Usus antiqui Ordinis Cisterciensis cap. 85. de Rasuris : *Forcipes, rasoria et Affilatorias custos eorum acuat et præparet.*

* **AFFILATURIA**, Fimbria, lacinia, ut videtur. Inventar. MS. thes. Sedis apostol. sub Bonif. VIII. ann. 1295 : *Item quatuor foderas pro capuciis de Affilaturiis.*

¶ **AFFILIARE**, Affiliatio. Vide *Adfiliare, etc.*

* **AFFILIATIO**. Quid eo nomine significetur, aperte docet Charta ann. 1271. inter Access. ad Hist. Cassin. part. 1. pag. 326. col. 1 : *Quia velamento cujusdam damnosi contractus, qui Affiliatio vulgariter appellatur,.... per quam dum homo francus, vel de servitio equi existens rustico seu angarario, cum certa parte bonorum suorum, filiam suam Affiliationis nomine daret uxorem; vel mulier franca angarario Affiliationis nomine matrimonialiter jungebatur, idem angararius velamento Affiliationis prædictæ quodam abusu pravissimo a rusticanis servitiis, terraticis et aliis redditibus dicto monasterio nostro debitis se hactenus eximebant.* Vide in *Adfiliare.*

** **AFFIMENTUM** ex charta æræ 1176 est apud S. Rosa de Viterbo, qui Terminum, limitem interpretatur.

¶ **AFFINAMENTA** Computorum, Computa finita, Rationes confectæ, Gall. *Comptes arrêtez.* Leges Palatinæ Jacobi II. Regis Majoric. inter Acta SS. Junii tom. 3. pag. 50 : *Teneat etiam secundum librum, qui vocetur liber de Affinamentis computorum, in quo notet et scribat omnia recepta et data seu soluta per illos qui reddent computa sua, et etiam scribat finantias omnium compotorum.* Vide *Affinare* 2.

¶ 1. **AFFINARE**, Metalla purgare, excoquere, Gall. *Affiner.* Litteræ Archiepisc. Ebredun. ann. 1290. tom. 2. Hist. Dalphin. pag. 54 : *Ut menam quam exinde extraxerint, possint et debeant. . . operari et Affinare ipsam menam et fundere et probare, etc.* Fleta lib. 1. cap. 20. § 132 : *De fundatoribus, qui retonsuram, vel platas ejusdem Affinaverint.* Ibidem § 130 : *De iis, qui emerint platas tonsura non Affinatas.* Edictum Philippi Pulchri ann. 1313. apud D. *de Lauriere* tom. 1. Ordinat. Reg. pag. 529 : *Item quod nullus aurifaber, campsor vel alius rechatet, Affinet, rechatari faciat vel Affinari aliquas monetas aureas vel argenteas, albas vel nigras, nec aliquod argentum in platea quodcumque sit.* Legendum in *Plata.* Vide *Plata.* Edictum Philippi III. ann. 1275. ibid. pag. 814 : *In omnibus villis Argentarii. . . operentur de argento Affinato.*]

* 2. **AFFINARE** Compotum, Rationes decidere, se se rationibus expedire, Gall. *Appurer*, olim *Affiner un compte.* Arest. ann. 1355. 8. Jul. in vol. 4. arestor. parlam. Paris. : *Nostræ curiæ referre duxistis compotos prædictos vos non valere perficere seu Affinare.* Memor. D. Cam. Comput. Paris. fol. 8. v° : *Die vij. Octobris 1360. Adam de Dompmartin promisit et juravit computare et se Affinare infra Nativitatem Domini proximam, de omnibus ad quæ tenetur.* Ibid. fol. 81. v° : *Le lundi après les brandons 1365. est assigné.... Nicolas Bonart. . . . , pour venir et Affiner ses comptes.* Stat. Caroli V. ann. 1378. tom. 6. Ordinat. reg. Franc. pag. 381., art. 12 : *Que se aucuns desdiz receveurs estoient bons et suffisans, et fussent bien habitez et mariez ou pays de leur recepte, que ils demeurent en leurs offices; ou cas premierement ou ils seroient bien Affinez de leurs comptes. Afiner*, ibid. tom. 5. pag. 540.

Alia verò notione *Afiner*, nimirum pro ad finem deducere, interficere, in Vita J. C. MS. :

> Issi le convint Afiner,
> Herodes ensi devia.

Guillelmus Guiartus :

> Que le roi Richart d'Angleterre
> Faisoit enfans endoctriner,
> Pour lui ocire et Afiner.

* 3. **AFFINARE** Se, Cum aliquo affinitate se devincire, Gall. *Contracter alliance.* Chron. anonymi Leobiens. apud Pez. tom. 1. Scrip. Rer. Austr. ad ann. 1333. col. 936 : *Affinavit se tamen alibi cum ducibus, quia unus filiorum suorum ex hac ultima conjuge ducissæ Lotharingiæ, sororis eorum, filiam duxit.* Nostris olim *Affin*, cognatus, *Allié.* Lit. remiss. ann. 1389. in Reg. 137. Chartoph. reg. ch. 109 : *Eue consideration aux bons et agréables services, que nous ont fait en plusieurs manieres aucuns des amis et Affins dudit escuier, qui nous en ont supplié, etc.*

1. **AFFINIS**, Finis, terminus, limes, in Charta Benedicti de Pontio Episcopi Portuensis, apud Ughellum in Ital. sacra, tom. 1. pag. 137. 139. Alia apud Baronium ann. 1019. n. 8 : *Quanta nunc usque detinui... concludunt Affines.* Infra : *Vel quibus aliis nuncupantur vocabulis inter Affines : a primo latere incipiente, etc.* [Chron. Farfense apud Murat. tom. 2. part. 2. col. 577 : *Item Albertus filius Gebbonis obtulit huic Monasterio et Domno Berardo Abbati de castello Frasso totam sortem suam et de pertinentia ejus inter Affines.*]

Affinis, Confinis, non semel apud Ordericum Vitalem lib. 8. et 9. pag. 708. 722. 729. etc.

* 2. **AFFINIS**, Vicinus, proximus, qui prope adest. Translat. S. Jan. tom. 6. Sept. pag. 890. col. 1 : *Ad quorum voces etiam Affines cucurrerunt.*

* **AFFINUS**, Affinis, similis, Gall. *Semblable, approchant.* Stat. Taurin. ann. 1360. ex Cod. reg. 4622. A. cap. 36 : *Debeant accusare ipsis judicibus omnes alias personas, quas juraverint* (invenerint) *facere pannos fraudulentos, maxime in quibus reperietur pelagia bona caprarum et Affinorum cotonum vel stupa.* Id est, et his similium, vel affinium, ut videtur.

* **AFFIORATUS**, Maceratus. *Calcina Affiorata*, macerata, Gall. *Chaux fusée.* Stat. Montis-reg. pag. 278 : *Debeant prædicti fornasserii dare sestarium calcinæ, de rubis quinque, pro solidis quatuor de calcina grava, et de Affiorata pro solidis duobus cum dimidio.*

* **AFFIRERE**, Attinere, pertinere, Gall. *Appartenir, concerner*, a veteri Gall. *Afferir*, quod eadem significatione usurparunt nostri. Charta ann. 1270. in Reg. Cam. Comput. Paris. signat. JJ. rub. fol. 53. r° : *Concesserunt medietatem castri de Blancheford,..... cum universis et singulis rebus aliis prædictæ medietati et dominio castri in ipsa medietate Affirentibus et pertinentibus.* Charta ann. 1286. in Reg. Chart. comit. Montisf. et Droc. ejusd. Cam. Comput. fol. 11 : *Tout le doeire qu'il lui Afferoit ou pouvoit Afferir, ... c'est assavoir le menoir de la Folie, ... et tous les aisements du menoir.* Alia ann. 1370. ex Memor. D. ejusd. Cam. fol. 115. r° : *A lui entierement et paisiblement appartenoit et Afferoit la ville et conté d'Aucerre.* Pactum ann. 1306. inter comit. et capit. Carnot. : *Entre deus feront la recreance, se recreance y Affiert. La painne qu'il* (qui) *Afiert à conspiracion*, in Annal. regni S. Ludov. edit. reg. pag. 165. Chartul. Latiniac. ann. 1506. fol. 245 : *Aubaines, forfaictures, espaves, confisquations, et autres droitz Afferans à hault justicier.* Le Roman de *Cleomades* MS. :

Moult furent les nopces tres grans,
Car arrées telement
Furent, qu'il Affiert à tel gent.

Aferisant, ibid. de eo quod condecet :

Sachiés volentiers le baisast
Ses peres, se faire l'osast,
Pour chou que de cuer l'aimoit tant :
Mais n'est pas chose Aferisant.

Vide supra *Afferentia.*

¶ 1. **AFFIRMAMENTUM**, Datio vel receptio ad *firmam* seu ad censum annuum : *Super accessamentis et Affirmamentis molendinorum, furnorum, etc.* in Hist. Delphin. tom. 2. pag. 372.

* 2. **AFFIRMAMENTUM**, Affirmatio, judicium. Notitia ann. circ. 1075. inter Probat. Hist. Sabol. pag. 338 : *Ego Silvester, humilis servorum Dei servus, hujusce designamenta designationis designo : hujus videlicet Affirmamenta affirmatione affirmo : et ad hoc testificandum testimonium meum testificor.* Vide infra *Affirmare* 4.

¶ 1. **AFFIRMARE**, Dare ad *firmam*, locare ad tempus, Gallis *Donner à ferme, Affermer.* Charta ann. 1299. Antiquit. Benedict. Pictav. apud Stephanotium tom. 3. pag. 902 : *Helyas permissione divina humilis Abbas de Nobiliaco ejusdemque loci Conventus. . . amodiavimus, ascensavimus et Affirmavimus et ad amodiationem, censam seu firmam et ad emphiteosim perpetuam tradidimus pro nobis et successoribus nostris Petro Sutoris de Clossayo quoddam censale seu censam, etc.*

* Charta ann. 1143. inter Probat. tom. 2. Hist. Occit. col. 500 : *Et si homines de Vauro habent aliquid datum vel Affirmatum Jordano de Illa, ipse comes* (Ildefonsus) *faciat reddere et solvere.*

* Affirmare, Accipere ad *firmam*, Gall. *Prendre à ferme. Joannes Arragon de Cabilone Affirmavit emolumentum bustæ Italicorum*, in Memor. D. Cam. Comput. Paris. ann. 1378. fol. 130. r°.

¶ 2. **AFFIRMARE**, pro *Firmare*, Claudere, apud Matth. Paris ad annum 1251. Vide in *Firmare* 6.

¶ 3. **AFFIRMARE** Cantum, Psalmos, etc. Id quod canendum est in Ecclesia prævidere et prius in eo sese exercere. S. Wilhel. Constit. Hirsaug. cap. 89 : *Et hoc subnotandum est, quia nemo cantat in claustro in festis duodecim lectionum, quæ Apostolis feriantur, nisi fratres illi, qui notati ad Graduale, vel Alleluia. Isti quidem ante Primam prædictum cantum ad invicem Affirmare possunt, suppressa tamen voce. Quod si Prima in tantum acceleratur, ut brevitas spatii illud non patiatur, tunc quidem in vestiario, quando se albis induunt, eundem cantum audiente Armario, prævidebunt.* Vide *Firmare cantum.*

* 4. **AFFIRMARE**, Asserere, confirmare. Liber censualis S. Ausonii Puellar. Engolism. : *Hoc donum super altare cum clavibus ecclesiæ Affirmaverunt.* Hinc *Afferméement*, pro *Affirmativement*, affirmate, in Lit. remiss. ann. 1413. ex Reg. 167. Chartoph. reg. ch. 345 : *Lequel Perrot respondit Afferméement à Michault son frere qu'il n'en feroit riens.* Vide supra *Affirmamentum* 2.

¶ **AFFIRMATIVI**, In foro inquisitionis Romanæ dicuntur ii qui errorem circa fidem pertinaciter defendunt, et faterietiam coram Inquisitore non dubitant. Eymericus Director. Inquis. parte 2. quæst. 34. His opponuntur *Negativi* de quibus suo loco.

* **AFFITANAGIUM**. Vide supra *Afficavagium.*

* **AFFITTAIUOLUS**, Conductor, locator, qui ad *affictum* tenet, idem qui supra *Affictarius.* Vide in hac voce. Stat. antiq. Florent. cap. 52. lib. 2. ex Cod. reg. 4621. fol. 62. r° : *Si quis inquilinus, qui conduxerit aliquam domum vel rem ad pensionem, aut aliquis laborator, qui alicujus terram ad laborandum, vel ad affictum, vel aliter conduxerit, cessaret in solutione pensionis, affictus, vel fructuum, liceat locatori capere et detinere bona et res talis inquilini, laboratoris vel Affittaiuoli, propria autoritate.*

* **AFFITTARE**. Vide supra *Affictare.*

* **AFFITUS**, Census, reditus, idem quod *Affictus.* Vide in hac voce. Charta Joannis reg. Bohem. ann. 1336. inter Probat. tom. 1. Annal. Præmonstr. col. 525 : *Cum censibus, Affitibus, utilitatibus, obventionibus, etc.* Vide supra *Affictare.*

¶ **AFFIXARE**, Infigere, Gall. *Enfoncer, Ficher.* Conc. Vallis-Oletan. ann. 1137. tom. 3. Collect. Conc. Hispan. pag. 346 : *Quod ponat ibi inter montem et viam unum lapidem magnum bene Affixatum pro termino.* Idem occurrit in Charta Alfonsi Imperat. Æræ Hispan. anno 1175. apud Antonium de Yepez tom. 7.

¶ 1. **AFFIXIO**, Modus publicandæ sententiæ in aliquem latæ, eam ad valvas Ecclesiarum affigendo. Sententia Officialis Rothomag. ann. 1472. ex Archivo Monasterii de BonoNuntio : *Dominum Guillermum de Paris, quem in his scriptis pro suspenso habemus... per Affixionem præsentium in Valvis Ecclesiarum, aut saltem per copiam ipso die etiam in pleno prono Ecclesiarum vestrarum, dum divina in eisdem celebrantur officia, palam et publice denuncietis.*

* 2. **AFFIXIO**, Alligatio, id quo aliquid firmatum fixumque tenetur, Gall. *Attache.* Pactum inter Henric. episc. Clarom. et habit. de Laudozo ann. 1392. inter Ordinat. reg. Franc. tom. 8. pag. 194. art. 22 : *Fuerunt et sunt in possessione prædicta, diebus fori et nundinarum, tabulas sine Affixione in plateis publicis, pro vendendo suas denariatas, tenendi.* Ita habet Reg. 144. unde hæc descripta sunt; atque ita etiam legendum est ibid. pag. 205. art. 35. Vide *Afixio.*

* **AFFIXIRE**, Figere, infigere, Gall. *Ficher.* Comput. ann. 1363. inter Probat. tom. 2. Hist. Nem. pag. 261. col. 1 : *Solvit Francisco Dohati peyrerio, qui fecit quoddam perforamen in primo archo portalis Prædicatorum, pro Affixiendo ibidem quoddam croqum ferreum.* Nostris olim *Affixer*, pro Alligare, Gall. *Attacher, amarrer.* Chartul. Latiniac. fol. 242 : *Quiconques mayne flette, basteau, navyre ou nasselle par la riviere de Marne, et il atache ou Affixe ledit basteau ou nasselle sur la terre St. Pere, etc. Aficher* vero dixerunt, pro Publicare, docere. Bestiarius MS. :

L'Evangile meisme Afiche,
Plus griés cose est d'un homme riche
En la gloire Dieu faire entrer,
Que de faire un camel passer
Parmi la cace d'une aguille.

Afichiément, pro Gall. *Affirmativement, sans réserve*, in Poemate Catonis :

Tu ne dois ja houme vivant
Loer trop Afichiément :
Car souvent en un jour voit-on,
Qui vrais amis est, et qui non.

* *Afficheement*, Ital. *Affissamente*, Fixo, attento oculo, vulgo *Fixement.* Lit. remiss. ann. 1400. in Reg. 156. Chartoph. reg. ch. 3 : *Illec s'arresterent regardant moult Affichéement icellui Huet.*

* **AFFLAGITARE**, pro Flagitare, exorare. Charta Hug. Capeti ann. 989. tom. 10. Collect. Histor. Franc. pag. 554 : *Odo venerabilis abbas humiliter supplicando Afflagitans, etc.*

* **AFFLARE**, Illuminare. Glossar. vet. ex Cod. reg. 7641 : *Afflata, inspirata, inluminata.* [** Gloss. in cod. Reg. 4778 : *Afflata, adusta aut inspirata. Afflatus, adspiratus, inspiratus, veneno impletus.* Similia apud Jæckium.]

* **AFFLECTARE**. Vide supra *Affectare.*

* **AFFLICTIO**, Psalmi pœnitentialis recitatio, quæ ab humi prostratis fiebat, maxime per Quadragesimam et Adventum. Breviar. antiq. eccl. Nivern. : *Preces sequentes dicuntur in tempore Afflictionis Quadra-*

gesimæ : Oremus pro omni gradu Ecclesiæ.... Pro pœnitentibus.... Pro discordantibus. Ordinar. MS. ejusd. eccl. de tempore Adventus : *Afflictiones cessant ad Vesperas et ad Completorium sanctæ Luciæ.* Usus monast. Plenipend. diœc. Bitur. : *Finito Completorio dici et beatæ Mariæ, quando fit de feria, statim Afflictionem et orationem faciant fratres postrati.* Vide in *Psalmus.* Sed et de recitatione *Confiteor,* quæ fit pectus percutiendo, potest intelligi.

* AFFLICTIO, Mulctæ monasticæ species, quæ flagellatione infligitur. Regula hospit. S. Jac. de Alto passu ann. circ. 1240. ex Tabular. archiep. Paris. cap. 55 : *Frater qui judicatus fuerit de septena ad accipiendam disciplinam etc. Tunc erigens se frater de Afflictione coopertus eat vestitus. etc.*

* **AFFLICTIVUS,** *Qui tourmente. Afflictive, Tourmenteement.* Vocabul. compend.

¶ **AFFLICTUS,** pro *Affictus,* Census, redditus, Gall. *Rente.* Statuta Collegii Ardacensis art. 16. apud Raymundum Duellium Miscell. lib. 1. pag. 116 : *Item diffinimus, quod Celerarius hujus Ecclesiæ habet plenam potestatem et jus impignorandi et capiendi colonos et censuales ad prœbendas Canonicorum spectantes pro servitiis, censibus, Afflictibus, et aliis obventionibus, tempore decreto non solutis vel subtractis.* Occurrit sub eadem significatione tom. 5. pag. 565. Reliq. MSS. Ludewig. : *Cum usufructibus et Afflictibus suis.* Vide *Affictus.*

* **AFFLIGERE,** *Periculum facere, elidere, everberare.* Glossar. vet. ex Cod. reg. 7646. Eo pertinet vox *Afflire* ex Poemate MS. Alex. parte 2 :

C'est le Baudrain qui fist nostre roy si Afflire,
Que par force li fist desus son arçon gire.

Aflit ibidem, pro Macer, deformis :

Par grant aage avoit face plate et Aflite,
Barbe blanche et chanue, et n'estoit pas petite.

** **AFFLUENS,** *Habundans, humanus, largus,* in Gloss. cod. reg. 4778. *Affluens, humanus,* in Gloss. Jæckii. Fortasse legendum *immanis,* quod in eod. gloss. 4778 explicatur *Grandis, ingens.*

* **AFFLUITAS,** AFFLUUS, *Abundans,* in Vocabul. compend.

* **AFFOAGIUM,** Jus lignum exscindendi ad focum, annona lignaria, idem quod *Affuiagium,* Gall. *Chauffage.* Pactum inter Robert. II. ducem Burgund. et capit. eccl. Cabilon. ann. 1290. in Probat. tom. 2. Hist. Burgund. pag. 78. col. 2 : *Concedimus quod mulieres viduæ dictæ ecclesiæ.... non teneantur de cetero ad solutionem octo denariorum cuilibet foco impositorum, pro Affoagio nemoris de Braigne.* Charta Phil. de Vienna dom. Pagniaci ann. 1297. in Cod. reg. 9484. 2 : *Pro ipsis presbyteris calefaciendis, capiet seu capi faciet dictus capellanus, vel ejus mandatum, sine contradictione Affoagium in nostris nemoribus.* Charta Philippi V. reg. Franc. ann. 1321. in Reg. 60. Chartoph. reg. ch. 131 : *Guillelmo de Grannato et heredi suo, qui domum dicti Guillelmi, sitam in castro nostro de Jussiaco, inhabitabit, Affoagium in nemoribus nostris de Jussiaco ad opus dictæ domus....* Vide *Foagium* 2. et *Focale* 1.

* AFFOUAGIUM, Eadem notione. Charta Joan. de Cabilone episc. Lingon. ann. 1331. in Chartul. ejusd. eccl. ex Cod. reg. 5188. fol. 272. v° : *Item pro furno villæ sive Affouagio iiij. aminæ bladi per medium frumenti et avenæ.* Charta ann. 1312. ex Chartul. Capellæ ad Planchas in Cod. reg. 9612. T : *Donnons encores ausdiz religieux l'Affouage pour le four, et pour leur Affouage de ladite maison à prendre dou mort boys.* Vide infra *Confoagium.*

* **AFFOARE,** Focum facere, Gall. *Faire du feu ;* vel ligna ad focum necessaria scindere. Vide supra *Affoagium.* Charta ann. 1276. in Chartul. eccl. Lingon. ex Cod. reg. 5188. fol. 255. v° : *Sciendum est quod dicta domus de Pusaco, et omnes illi, qui in eadem domo morabuntur, ... habent usagium in nemoribus dicti Johannis.... pro ardendo et Affoando in omni genere nemoris.* Vide *Affocare.*

AFFOCARE, Focum facere, Gall. *Faire du feu,* Italis *Affocare,* est *accendere ò metter fuoco.* Charta Gualteri D. Wangionis rivi ann. 1261. apud Perardum in Burgundicis pag. 499 : *Merannum, et omne genus lignorum in... nemoribus... ad ædificandum, Affocandum, clausuras et alia sibi necessaria faciendum, etc.* In alia vernacula ann. 1277. apud eundem pag. 541 : *L'usage por tout mes bois, por Affoër, por marronner, por edifier, etc.* Vide infra, *Affuiagium,* et *Nemus mortuum.*

AFFOCATUS, Qui jure *foci,* seu domus, vel *resseandisiæ,* domino est obnoxius. Libertates concessæ Barcinonensibus a Petro Rege Aragon. ann. 1283 : *Si causa est inter dominum et vassallum, sive inter dominum et rusticum, qui vassallus sive rusticus, sit solidus et Affocatus ipsius, etc.* [** *Affogaçoens* Lusitanis sunt, quæ emphyteutæ et coloni solvunt pro *jure habitandi* sive *foco,* teste S. Rosa de Viterbo. Charta æræ 1395 ap. eundem : *Por todos direitos, e direituras, e affogaçoens, e pençâo do dito casal, oito libras de moeda antiga.*

****AFFODILLUM,** *Albumen in ovo.* Gemma gemmarum. Vide *Affudillum.*

* **AFFODILLUS,** *Qui et Albutium dicitur, vulgariter a quibusdam porrago dicitur ob similitudinem foliorum. Quidam centum capita vocaverunt; sed alia planta est.* Glossar. MS. medic. Sim. Januens. ex Cod. reg. 6959. [** Ortus Sanitat. edit. Mogunt. ann. 1491 in Tractat. de herbis cap. 7 : *Isidorus in libro Ethymologiarum XVII inquit Affodillus herba est quam latini etc.* ubi cap. 9 in editionibus legitur *Asphodelus.* Gloss. Lat. Gr. : *Affodelus,* ἀσφόδελος βοτάνη.]

* **AFFOGARE,** AFFOGIARE, Lignum ad focum necessarium, aut alios usus in foresta assignare, idem quod infra *Afforestare* 2. Pariag. inter regem et abbat. monast. Campor. bonorum ann. 1323. in Reg. 62. Chartoph. reg. ch. 139 : *Ad illum finem quod cultura non deseratur, et sua domicilia non Affogata dimittantur, etc.* Charta Archemb. de Soliaco ann. 1221. ex Tabul. Loci-reg. : *Quod si contigerit glandem esse in nemoribus dicti R. venalem, non accedant animalia dictorum fratrum, nisi de voluntate prædicti militis, nec a custodibus, vel ab alio aliquo Affogiabunt.* Vide *Forestare* in *Foresta.*

* **AFFOLAMENTUM,** Culpa, delictum, quia animam *affolat* seu lædit. Acta MSS. Inquisit. Carcass. ann. 1308. fol. 66. v° : *Tunc feci ibi primo prædictum Affolamentum flectendo genua coram ipsis* (hæreticis) *et dicendo ter, Benedicite. Affolement,* Vulnus, *Blessure,* in Lit. ann. 1406. tom. 9. Ordinat. reg. Franc. pag. 146 : *Excepté ès cas de mort, d'efforcement de femmes, d'Affolemens d'ommes, etc.* Vide infra *Affollatus.*

AFFOLARE, Papiæ, qui *Affulare* habet, *Leviter tangere, assentari, obedire.* [** Duæ sunt glossulæ, una *Affulare, leviter tangere,* altera *Assentari, obedire.* Vide *Adfulare.*] Nostris *Affoler,* est leviter lædere, vulnerare; quod facere solent, qui invicem nugantur, dum se se propellunt. Charta Theobaldi Comitis Campaniæ de Libertatibus hominum de Vico novo ann. 1228. in Tabulario Campan. Thuani fol. 155 : *Percussio hominis sine armo non moluto cum sanguinis effusione, 15. sol. emendabitur. Percussio hominis cum armo moluto, dum tamen mors non sequatur, neque Affolamentum, 60. sol. emendabitur.* Charta Beatricis Abbatissæ B. Mariæ Suession. ann. 1231 : *Quod in rescussione percutiatur aliquis, vel sanguis, vel plaga inferatur alicui, vel aliquis Affoletur, aut etiam occidatur, etc.* [Charta Balduini Comitis Hannoniensis apud Marten. tom. 1. Ampliss. Collect. pag. 963. B : *Salvis omnibus quæ in priori scripto continentur de homine occiso vel Affolato, ea quæ subjecta sunt, adjecimus, etc.*] Alia ann. 1247. in Tabulario Camp. Bibl. Reg. fol. 343 : *Li Afolez aura lo tiers de l'avoir à celui qui l'Afolera.* Le Roman *d'Aubery* MS. :

De Sarazins i ot molt Affolez.

Le Roman *de Vacces* MS. :

A-il feu ou mellée, a-il home Affolé?

Adde Consuet. Bayonensem tit. 7. art. 17. et Labourtensem tit. 4. art. 1. 3. tit. 7. art. 11.

EFFOLATURA. Charta ann. 1243. de Lege *de Landousies,* in Diœcesi Laudun. : *Pro plaga cum cultello, punctam habente, persolventur 15. libræ. de Effolatura et morte fiet, quod jus dictabit. Affolure* in Consuetud. Tornacensi, tit. de Criminib. art. 12. 15. 22. et Hannoniensi cap. 40. Charta Odardi Dom. Hamensis ann. 1328 : *Sauf à icelui Seigneur le cas d'Affolure.*

☞ Non est *Affolare,* leviter percutere, etc. sed ita lædere ut alicujus membra, brachium, pes, manusve debilitentur, inertia sint aut mutila; quod Galli hac una voce *Estropier* solemus exprimere. Neque enim eædem essent leges et mulctæ pro *Affolatura,* quæ pro homicidio, ut patet in exemplis superius allatis. His aliquot addo : primum ex pace inita cum Comitissa Flandriæ et Attrebat. ann. 1379. art. 1 : *Quiconque enfraindra les trieves par fait dont mort, Affolure ou playe ouverte, que l'on dit playe à banlieuë, s'ensuit, puni sera de peine capitale.* Ordinatio ann. 1340. in Hist. Dalphin. tom. 2. pag. 395 : *Item advertant dicti Marescallus et valleti, ne in dorso vel pedibus dicti equi, palafredi et roncini propter malam custodiam vel casualiter Affolentur.* Ibidem tom. 1. pag. 42. in Instrumento ann. 1323 : *Item quod dictus Castellanus habebat quemdam roncinum parvum pili* (*bay obscur*) *valentem a 10. usque ad 15. lib. quem asseruit Domino fuisse Affolatum in ejus cavalcatis, quod erat mendacium, pro quo runcino... computavit Domino 50. libras bonæ monetæ.* Testificatio Marescallorum ann. 1339. pag. 6. ejusdem. tomi : *Ibi vidimus suum equum penitus Affolatum, taliter quod oportuit ipse equus remanere, et per præsentes testificamur, quod taliter erat dictus equus Affolatus, quod nullo modo poterat inde recedere, nec erat aliqua spes liberandi.* Hinc quantum fuerit vulnus *Affolatura* satis liquet.

¶ Affolator, Qui *Affolat*, lædit, vulnerat. Charta Balduini Comitis Hannoniensis apud Marten. tom. 1. Ampliss. Collect col. 964. B : *Affolator autem si retentus fuerit, et membrum pro membro perdiderit, nihil de mobili vel hæreditate perdet.*

* 1. **AFFOLLARE**, Pretio minuere. Charta ann. 1164. ex Bibl. reg. cot. 17 : *Si vero prædicta moneta pejorata vel Affollata fuerit de illo pretio in quo hodie est, reddemus vobis vel vestris totum prænominatum debitum in argento fino et optimo.* Vide supra *Abatere.*

* 2. **AFFOLLARE**, ut *Affolare*, lædere, vulnerare, plagis contundere, in Chron. Domin. de Gravina, apud Murator. tom. 12. Script. Ital. col. 575. *Gourfoler* et *Gourfouler*, nostratibus, eadem notione. Lit. remiss. ann. 1453. in Reg. 182. Chartoph. reg. ch. 136 : *Laquelle chamberiere bailla sur la teste au suppliant trois ou quatre coups le plus fort qu'elle peut. Et quant le varlet vit qu'elle le Gourfouloit ainsi fort etc.* Aliæ ann. 1462. in Reg. 198. ch. 556 : *Icellui suppliant voyant ledit Estienne enormement batu et Gourfolé etc.*

* Hinc *Affouler d'enfant* dixerunt eo sensu, quo nunc *se blesser* usurpamus, scilicet pro ante tempus parturire. Lit. remiss. ann. 1447. in Reg. 178. ch. 247 : *Frobert conseilloit à icelle femme qu'elle beust de la rue, ou de l'eau ardente, et que c'étoit la chose au monde, qui plustot la feroit Affouler d'enfant, ... après lesquelles dampnables seductions, ... il lui apporta ung rainnel de rue, lui disant qu'elle en mengast, ... que se ainsi le faisoit et se povoit Affouler de sadite groisse, etc.*

* **AFFOLLATUS**, Vitiosus, Gall. *Defectueux*. Stat. Massil. lib. 3. cap. 12 : *Ille qui habebit aliquas becunas vel coria Affollatas vel Affollata, et eas vel ea vendere voluerit, quod.... becunas vel coria Affollatas vel Affollata possit vendere ut Affollatas vel Affollata.* Vide supra *Affolamentum.*

* **AFFONDARE**, Affondari, vox Italica, in profundum demergi, Gall. *Couler à fond*, olim *Affonder* et *Affondrer*. Chron. Bergom. ad ann. 1406. apud Murator. tom. 16. Script. Ital. col. 970 : *Filius dom. Guardini Coleonum, qui una cum certis aliis Guelphis veniebat per flumen Abdicæ ad castrum de Tritio in una nave, Affondavit et negavit cum personis quinque.* Guido de Vigev. MS. de Modo acquirendi T. S. cap. 8 : *Et ad hoc ut navis ista numquam possit Afundari, applicentur a latere navis botæ quatuor de ligno,.... et erit securis quod numquam possit Affondari.* Lit. remiss. ann. 1377. in Reg. 111. Chartoph. reg. ch. 64 : *Une desdittes jumens estoit Afondrée ou emmarée par cas d'aventure, tellement que d'illecques ne se povoit ravoir ne delivrer.* Ubi pro luto obrui, vulgò *Enfoncer*. Lit. remiss. ann. 1389. in Reg. 135. ch. 250 : *Y ot tant de gens oudit batel, qu'ilz furent en doubte d'Afonder en laditte riviere et de noyer.* Mirac. MSS. B. V. M. lib. 1 :

Theophylus perille en mer,
Theophylus Afonde et noie.

Et lib. 2 :

En mer chai, et mort l'englout,
Tout autresi com un seglout,
Tost Affonda, nul nel vit puis.

Vide *Affundare.*

***AFFORAGIATOR**, Qui vino venali pretium constituit, et illud vendendi licentiam dat. Arest. ann. 1403. 1. Jun. in vol. 9. arestor. parlam. Paris. : *Quod canonici* (eccl. Belvac.) *erant immunes a solutione foragii episcopo et suo Afforagiatori, de vinis quæ vendebant, quæ creverant in eorum hæreditagiis.... Dictus Afforagiator.... insignium de dictis vinis levandis* (levandum) *tradere ac permittere debebat.* Vide *Afforator.*

¶ **AFFORAGIUM**, Jus pretium imponendi rebus venalibus præsertim vino, quod singulatim venditur. Item tributum quod Domino solvitur pro hac æstimatione, Gall. *Afforage*, *Forage*, et *Affeuraige*. Engelb. *Maghe* Chron. Bonæ-Spei pag. 151 : *Participabit autem Dominus Dux cum Ecclesia Bonæ-Spei in... buriosia et teloneo, et stallagio et Afforagio vini, et cerevisiæ et medonis.* Charta anni 1253. in Tabulario S. Richarii Centul. : *Radulfus cessit jure quod habere poterat in Vicecomitatu et Afforagio villarum de Feuquieres et de Feuquerolles.* Tabular. Gemmetic. tom. 1. pag. 3 : *Visitations des caves et celliers, mettre prix aux vins et de chacun poinsson exposé en vente en détail un pot pour l'Affeurage.* Vide *Afforare*, *Afforamentum*, 2. *Brocka*, et *Foragium* 1.

* Charta ann. 1471. in Chartul. Latiniac. fol. 97 : *Les religieux ont certain droit seigneurial en ladite ville de Laigny, appellé droit d'Afforaige ou tavernerie; et à cause dudit droit d'Afforaige ou tavernerie, avoient iceulx demandeurs droit de prendre et parcevoir par chacun an sur les taverniers vendans vins à destail, taverne ou feuilliée en icelle ville de Laigny, cinq solz tournois.* Reg. Corb. 13. sign. *Habacuc* ad ann. 1511. fol. 77. v° : *Et si paieront.... les demeurans audit lieu droix de tonnelieu et foraige, Afforaige, etc.*

¶ 1. **AFFORAMENTUM**, Judicium juxta receptas Leges et Consuetudines. Vide *Aforare*, et *Forus.*

* 2. **AFFORAMENTUM**, Pretium vino venali positum, idem quod *Afforagium*. Lit. remiss. ann. 1354. in Reg. 83. Chartoph. reg. ch. 28 : *Cum Johannes le Charron de Belloquereu, ...: tanquam scabinus ejusdem villæ,.... ad domum Mathæi Pasque servientis nostri.... pro vino, ut moris est, afforando, et ad pretium debitum in eadem villa ponendo accessisset, quod Afforamentum seu pretium dictus serviens.... acceptare noluit.* *Afforement*, Æstimatio, pretium rei venalis, Gall. *Estimation, prisée.* Ordinat. ann. 1355. tom. 3. Ordinat. reg. Franc. pag. 44. art. 8 : *Lequel paiement se fera au pris du marc d'argent du temps de la prise, eu égard à l'Afforement dudit bois.*

* **AFFORANEUS**, Foraneus, extraneus, Gall. *Forain*. Privileg. Philipp. II. Rom. reg. ann. 1208. apud Fullon. tom. 2. Hist. Leod. pag. 389 : *Nullus Afforaneus, vel nullus pugil potest de jure civem Leodiensem ad duellum appellare. Afforain*, passim in Ch. Gallicis ibid. *Bourgois ou Afforain* in Ch. ann. 1355. pag. 423. Composit. inter comit. Hannon. et Blesens. ann. 1324. ex Cod. reg. 10196. 2. 2. fol. 49. v° : *Le conte de Blois n'ara en se terre d'Avesnes nul bourgois Afforain de nos frankes villes, s'il ne sont couchant et levant ens ès villes dont il seront bourgois.* Vide *Aforis.*

AFFORARE, Æstimare, pretium rei venali, aut alteri, imponere, vel constituere. Charta Petri II. Regis Aragon. ann. 1350 : *Et faceremus posse nostrum totaliter, quod dicta moneta Jaccensis sit Afforata et taxata cum moneta Barcinonens, et Regalium Valentiæ ad rationem 18. denar. Barcinonens.* Charta anni 1316. apud Willelmum Thorn. in Chron. : *Et quod amerciamenta prædictorum tenentium Afforentur et taxentur per sacramentum. Parium suorum.* [Instrum. Occitanum ann. 1350. tom. 2. Ordinat. Reg. pag. 480 : *Item. Quod dicti Consules habeant potestatem Afforandi textores, satores, sartores, et alios menestralios, et providendi, taxandi, statuendi et ordinandi, quod blada, vina... non immoderate vendantur.*] *Affeurer* et *Afforer* nostri dicunt; *Affeurer* Consuetudo Normanniæ cap. 20. *Afforer* cæteræ passim, in quibus *Afforer le vin*, est vino pretium ponere; *droit d'Afforage*, tributum, quod domino loci præstatur pro æstimatione vini quod particulatim a tenentibus venditur. Est igitur *Afforare*, *Mettre à feur et à prix* : *Feur* vero pro pretio, interdum pro proportione apud nos sumitur. Unde *Feur vini*, pro *Foragium*, in Charta Philippi Flandriæ Comitis ann. 1176. Vox forte ex *Fodrum* ducta, metaphora sumpta ab iis, qui dominis *Fodrum*, seu certam quantitatem fodri quotannis, vel in certis occasionibus pensitare tenebantur; quod quidem si non reipsa præstatur, saltem illis exsolvebatur pretium, *Fodro* taxato et *Affodrato* : nam inde *Feur* et *Feurre* pro palea usurpamus, quod idem est quod *Fodrum*. Vide *Forum* et *Foragium.*

¶ **AFFORATOR**, Qui vino venali pretium imponit. Arrestum Curiæ Parlamenti sub Philippo Franc. Rege in Tabulario Compend. : *Item in eo quod prædicti Major et Jurati de novo posuerint appreciatores in terra dictorum Religiosorum nec patiuntur aliquem vendere vinum sine dictorum appreciatorum licentia, quamquam etc... prædictis Majore et Juratis asserentibus ad se pertinere jus ponendi prædictos Afforatores in terra prædicta... non habere jus ponendi Afforatores seu appretiatores vini, et signandi dolia appretiata.*

* Tabular. Massil. : *Quod floreni auri boni Florentiæ... cursum habeant in præsenti civitate* (Massil.) *pro illo valore, quo fuerunt Afforati, videlicet ad xxxiiij. solidos pro quolibet.* Ordinat. ann. 1350. tom. 2. Ordinat. reg. Franc. pag. 356. art. 66. : *Sera le vin Affeuré par la justice, appellez à ce quatre des plus preud'hommes du lieu, lesquels, sans faveur et sans haine, mettront le vin à feur convenable. Aforer*, taxare, in Lit. remiss. ann. 1406. in Reg. 160. Chartoph. reg. ch. 395 : *Icellui fermier de l'imposition vouloit Aforer un povre homme bouvier... à la somme de viij. solz Par. et ne le vouloit quitter à moins.* [** Lusitani olim *Aforar* dixerunt hoc sensu, teste S. Rosa de Viterbo]

* **AFFORATIO**, Æstimatio, pretium. Vide supra *Adforare*, et *Afforamentum* 2.

** **AFFORATUS**, Tributum, quod domino

solvitur pro *foro* seu æstimatione rerum venalium. Charta ann. 1213. in Chartul. archiepisc. Bitur. fol. 114 : *Assigno ecclesiæ de Sorboe tres minas in Afforatu meo de Campania reddendas apud Luriacum, et ecclesiæ de Luriaco unum sextarium frumenti in eodem Afforatu.* Vide supra *Afforagium.*

AFFORCIAMENTUM. Vide *Efforciare.*

AFFORCIARE, Fortiorem reddere, augere, Gall. *Renforcer.* Bracton. lib. 4. Tract. 1. cap. 19. § 4 : *Cum juratores in veritate dicenda sunt sibi contrarii, ... de consilio Curiæ Afforciatur assisa, ita quod apponantur alii juxta numerum majoris partis, quæ dissenserit, etc.* id est, augeatur numerus testium.

[* Charta ann. 1322. ex Tabul. S. Petri Carnot. : *Sens ce que lesdis religieux puissent abatre les foussez et les forteresces, fors que en les amendent et en les Afforcent.*]

Item vim inferre, *Forcer.* Charta Lusitanica eræ 1361. tom. 4. Monarch. Lusit. pag. 272. V : *In manibus prædictorum juratorum et deportum nec Afforciabit per se, nec per alium, nec Afforciari permittet.* Supra : *Juravit idem Rex... quod de Ganatis Afforciatis et pecunia ipsis spoliatis emendam faciet competentem.* Fori Alcaçonæ : *Qu mulieremi Afforciaret, et illa clamando dixerit, quod ab illo est Afforciada, etc.*

¶ **AFFORCIATA** Libra, Cujus materia purior erat minusque adulterata. Vita Adriani III. PP. apud Murat. tom. 3. pag. 445 : *Computavit enim castrum Corilani a Buccaleone pro centum quadraginta Libris Afforciatis.* In uno MS. pro *Afforciatis* legitur *Afforum :* quod per abbreviationem scriptum legi puto loco *Affortiatorum*, vel *Affortium.* Vide *Moneta fortis* vel *Fortium.* [** et mox *Affores solidi.*]

¶ **AFFORCIATE**, Cum adjecto copiarum subsidio, Gall. *Avec renfort.* Rymer tom. 1. pag. 145 : *Dominus autem Rex, secundum quod ego honorifice et Afforciate venero ad servitium retornabit de custu suo.*

* **AFFORCIATI.** Vide *Moneta fortis* in *Moneta.* [** et Savinii hist. jur. rom. med. æv. vol. 3. § 161 not. f.]

* **AFFORES** Solidi, Iidem qui *Afforciati*, puriores et minus adulterati. Liber censuum Eccl. Rom. : *Monasterium S. Laurentii* (solvit) 50. *spatulas*, 75. *solidos Affores.* Vide in *Moneta.*

1. **AFFORESTARE**, [* Silvam in *forestem* convertere, *forestæ* adscribere.] Vide in *Foresta.*

* 2. **AFFORESTARE**, Lignum in *foresta* exscindendum et vendendum assignare. Charta ann. 1311. in Reg. 48. Chartoph. reg. ch. 133 : *Poterit dominus rex Afforestare ante carbonatores dictæ molinæ, operarios ad faciendum fustam et merrenum.* Rursum occurrit ibid. ch. 160. Pariag. inter regem et abbat. monast. Campor. bonorum ann. 1323. in Reg. 62. ch. 139 : *Quod dictum monasterium possit habere forestarium proprium unum vel plures, qui possint Afforestare homines volentes emere ligna.* Vide supra *Affogare.*

¶ **AFFORISMUS.** *Sermo brevis integrum sensum propositæ rei scribens.* Gloss. Bitur. Item Hippocratis brevis Sententia. Vide *Aforismus* et *Aphorismus.*

* **AFFORTUM**, Assultus, aggressio, Gall. *Assault ;* vel Injuria, Gall. *Affront.* Tabular. Massil. ann. 1391 : *Satisfaciat de Afforto illato, etc.* Sed leg. forte *Assoltum.* Vide infra *Afulhia.*

¶ **AFFORUS**, *Pisciculus paucissimus.* Papias. Juxta Isidor. lib. 2. 6. adeo exiguus est ut capi non possit. Auctor. Catholici habet : *Quia hamo ferri non potest.* Vide Martinii Lexicon.

¶ 1. **AFFOSSADARE**, Affossare Castrum, urbem, etc. fossis claudere, ambire. Chron. Parmense ad ann. 1308. apud Murat. tom. 9. col. 872 : *Jacobus de la Senaza habita licentia a Communi fortificavit Henzolam et ipsum castrum Affossadavit, et spalancavit, etc.* Ibidem ad ann. 1247. col. 770 : *Et castra metatus est juxta civitatem per duas balestratas, Affossando se circumquoque a latere de capite pontis.*

* 2. **AFFOSSADARE**, Affossare, Fossam excavare, Ital. *Affossare*, Gall. *Faire un fossé.* Stat. Placent. lib. 4. fol. 38. v° : *Cogat omnes habentes terras juxta stratas prædictas Affossadare terras, quas habent.* Stat. Vercell. lib. 3. pag. 82. v° : *Liceat tamen communibus burgorum, villarum... Affossare in communibus prædictis pro plantandis ipsis arboribus.*

AFFOSTRATA, *Reditus*, in Glossis Isidori, ubi reponit Vulcanius *Apostropha.* An *Afforata?* nam *Afforagia* et *res afforatæ*, reditus ac tributi loco sunt. Sed vox non est Isidoriani sæculi. [In Glossis Bitur. MSS. legitur *Affrostata.* In Pithœanis *Adostrata*, ubi legendum conjicit *Apostropha*, sed quid hæc ad *reditum?*] [** Gloss. in cod. reg. 4778 : *Apostrophan, transitum facit regressu, reversione*, ubi agi videtur de figura notæ qua grammatici ultimam vocalem deesse ostendunt. Vide Isid. Orig. lib. 1. cap. 18. Sed propius accedit alia glossa, quæ Isidori nomine insignitur in eod. Gloss. : *Apostate dicuntur qui post baptismum... ad Idolorum cultum... revertuntur. Apostatare, retro ire, prevaricare.* Vide Is. Or. lib. 8 cap. 10.]

* **AFFOUAGIUM.** Vide supra *Affoagium.*

¶ **AFFRACARE**, pro *Affrancare*, Redimere, repignerare, Gallice *Racheter, Degager, Affranchir.* Georgius Christianus, rerum Moguntiacarum tom. 2. pag. 273. ex Charta Gerbodonis Præpositi majoris Moguntini : *Volumus esse notum, quod Ecclesie Majoris, que nobis providit liberaliter et abunde incrementa, non immerito Affracantes bona in Heymbach, que longis temporibus a prepositura nostra distracta, pecunia nostra revocavimus a Theoderico milite ejusdem ville.* Vide *Affranquire.*

* **AFFRACTIO.** Vide infra *Affrancatio.*

¶ **AFFRAIAMENTUM.** Vide *Affroiamentum.*

* **AFFRAIRIGARE**, Societatem facere. Stat. Massil. lib. 4. cap. 27 : *Eodem etiam sacramento concludent* (cargatores navium) *quod non se Affrairigent aliquo pacto ad emenda victualia a certis personis, imo per civitatem ea communiter emeht.* Vide *Affrayramentum.*

* **AFFRANCAMENTUM**, Libertas, immunitas. Charta Raym. Roger. comit. Fuxi ann. 1188. inter Probat. tom. 3, Hist. Occit. col. 162 : *Dono... beatæ Mariæ Bolbonæ... libertatem et Affrancamentum illius domus, quam habent Appamiæ.* Vide infra *Affrancisamentum.*

* Ab ejusmodi vocabulo accersenda videtur vox Gallica *Affranchy*, qua significatur Instrumentum, quo carrorum ductores ex viis difficilioribus se se expediunt, quo sensu dicimus *Franchir un mauvais pas.* Lit. remiss. ann. 1420. in Reg. 171. Chartoph. reg. ch. 180 : *Icellui Perrin print un baston ou Affranchy d'une charrette, etc.*

¶ 1. **AFFRANCARE**, Idem quod *Affranquire.* Charta anni 1309. in Regesto 9. Philippi Pulchri Regis cap. 44. ex Tabulario Regio : *Poterit omnes homines de corpore vel de mansata ejusdem terræ Affrancare et liberos facere.* Vide *Affranquire.*

* 2. **AFFRANCARE**, Redimere, repignerare, Gall. *Racheter.* Menochius de Præsumptionib. lib. 3. Præsumpt. 85. num. 22 : *Non locum habet hæc præsumptio in ea qualitate et conductione pacti de redimendo, seu, ut vulgus appellat, de Affrancando.* Pluries ibi. Vide *Affracare.*

* **AFFRANCATIO**, Manumissio, libertas, immunitas, Gall. *Affranchissement.* Statuta synod. eccl. Reatinæ MSS. cap. 23 : *Idcirco concessiones, distractiones, vaxallorum Affrancationes, et alienationes hujusmodi... revocamus, et annullamus.* Hinc emendanda edita apud Marten. tom. 8. Ampl. Collect. col. 1504. ubi legitur, *Affractiones*, et paulo supra *Anfractionibus.* Vide *Affrancare* 1.

¶ **AFFRANCHIMENTUM** et Affranquimentum Libertas, immunitas. Gall. *Affranchissement.* Hist. Dalphin. tom. 2. pag. 435 : *Libertatem et Affrachimentum perpetuo inviolabiter custodire.* Marten. Anecd. tom. 1. col. 1529 : *Instrumentum Affranquimenti, sive liberationis.* Vide *Affranquire.*

¶ **AFFRANCHIRE**, Idem quod paulo post *Affranquire*, Gall. *Affranchir.* Hist. Dalphin. tom. 2. pag. 50 : *In civitatibus et villis Affranchitis.* Gall. *Villes franches.*

¶ **AFFRANCHISAMENTUM**, Manumissio, Gall. *Affranchissement.* Statuta Monast. S. Claudii, auctoritate Nicolai V. PP. edita pag. 73 : *Item et in quibuscumque manibus mortuis seu successionibus hominum manuum-mortuarum, necnon Affranchisamentis et adinventionibus fiendis per dominum Abbatem.... eidem Cambellano debentur quinque solidi... videlicet 5. solidi de manu-mortua et totidem de quocumque Affranchisamento seu dimissione.* Et pag. 84 : *Item in Affranchisamentis personarum, necnon manibus-mortuis et adventionibus factis per præfatum ejusdem Monasterii Abbatem, recipere debet et solvit quintam partem et portionem.*

¶ **AFFRANCHISARE**, Idem quod mox *Affranquire.* Statuta S. Claudii jamjam laudata pag. 46 : *Poterunt quoque præfati Religiosi... manumittere, Affranchisare, liberare, etc.* Eadem vox repetitur pag. 47. lin. ult.

* **AFFRANCISAMENTUM**, Libertas, immunitas, Charta Philippi V. reg. Franc. ann. 1317. in Reg. 53. Chartoph. reg. ch. 303 : *Affrancisamentum et accrescentiam, quod et quam Johannes de Menevilla, dominus de Bulliaco, fecisse dicitur dilecto nostro Reginaldo de Brayo, videlicet de quadam pecia terræ ad ædificandum,... nec non Affrancisamentum et accrescentiam, quod et*

quam Jordanus de Waliquernis villa, dominus de Meneriis, miles, fecisse dicitur præfato Reginaldo,.... confirmamus. Vide supra *Affrancamentum.*

¶ **AFFRANCTUS**, pro *Anfractus.* Litteræ Officialis Rothomag. ann. 1400. fol. 102. Bullarii Fontanellensis : *Tandem ad evitandum litis Affranctus dictæ partes concordarunt.*

* **AFFRANGIAMENTUM**, Manumissio, libertas. Charta Phil. Pulcri ann. 1298. inter Probat. tom. 4. Hist. Occit. col. 112 : *Nisi Affrangiamentum vel manumissionem ostendant a dominis, quibus erant jugo servitutis adstricti.*

¶ **AFFRANQUIMENTUM.** *Instrumentum Affranquimenti* sive *liberationis* apud Marten. tom. 1. Anecdot. col. 1526. C : *Affranquimentum talliarum et omnium onerum,* in Charta Massiliensi ann. 1442.

AFFRANQUIRE, *Francos,* id est, liberos et immunes reddere ; *Affrancare* Italis, Gall. *Affranchir.* Charta Eschivati Comitis Bigorræ ann. 1266 : *Affranquivimus omnes homines quicumque venerint, populaverint, et casaverint se in castro de Bidalos ab omni censu et questa.* Alia Raimundi Comit. Tolosani ann. 1238. pro quitatione castri de *Stretefons,* in Regesto Comitum Tolosæ fol. 44 : *Salvis tamen Affranquimentis, si ipse Aimericus de Castro novo fecerit de aliquibus infantibus prædictorum hominum et mulierum, de quibus Affranquimentis essent authentica instrumenta.* Vide Catellum in Comitibus Tolosanis pag. 220. et infra in verbo *Manumissio.*

* Chartul. maj. S. Vict. Massil. : *Joannes Martini de Massilia præmissorum considerationibus motus, volens et admodum cupiens Joannem Chacaudum, de natione Maurorum, servum suum, catholicum et baptisatum, graciose Affranquimenti beneficio munerare, ob illius reverentiam et amorem, qui humanum genus suo sanguine a servitute redemit, bona fide, omnique dolo et fraude remotis, per se et suos ipsum Joannem servum suum hic præsentem et audientem flexis genibus Affranquivit, manumisit, quitavit, liberavit, penitus et absolvit, ipsumque recipiendo per manus a dicta servitute, in qua prius erat, ejusque manibus totaliter relaxavit, et francum, quitum, liberum et penitus absolutum deinceps esse voluit, clamavit et sponte concessit, ita et taliter quod ab inde in antea vendi, dari, permutari, alienari, inquietari seu molestari non possit per ipsum nobilem et suos.* Quia hæc mihi visa sunt notatu digna, fusius exscripsi. Hinc *Afrancquir,* in Charta ann. 1340. ex Chartul. 23. Corb. : *Lesquelles personnes se disoient francques et se voloient Afrancquir, pour causes des robes desdits abbé et convent.*

* **AFFRANQUISCHERE**, ut *Affranquire,* Liberum facere. Testam. Guillelmi monetarii ann. 1213. ex Cod. reg. 5255 : *Denique Affranquischo et penitus liberum ab omni servitute facio, ad quinque annos post finem meum, videlicet Petrum de Molino baptizatum meum, ita quod completis prædictis quinque annis a die mortis meæ, ex tunc semper in perpetuum sit omnino liber ab omni servitute et ominischo infantum meorum.* Haud communis est hujuscemodi formula.

* **AFFRANTICIUS**, f. pro *Affrancisius.* Vide infra in *Affrontitius.*

¶ **AFFRATUM**, *Caro*, in Gloss. Bitur. at in Amalth. ex Isidoro, *Afratum, Spumeum.* Ab ἀφρός, *Spuma.*

* Ideo *Afrotum* ad marginem Isidori adscriptum. Lucanici genus putatur a Salmasio Fœnor. Trapezit. pag. 452. Idem procul dubio quod ab Isidoro Orig. lib. 20. cap. 2. reponitur inter farcimen minutal et martisia.

¶ **AFFRAYRAMENTUM**, Societas. Guillelm. Benedict. in Capitulo, Raynutius, verbis et uxorem nomine Adelasiam num. 789 : *Et talis Societas omnium bonorum quoties fit inter eos vocatur in hac patria Affrayramentum, cujus virtute bona omnia ante contractum matrimonium acquisita essent inter eos communia, ut expresse Societas seu Affrayramentum aliquid ultra consuetudines operet.*

¶ **AFFRECTAMENTUM**, Naulum, Gall. *Le fret.* Rymer. tom. XI. pag. 442. col. B : *Recipiendo pro ratu Nauli sive Affrectamenti hujusmodi mercium inimicorum.*

* A Gall. *Affretement,* eadem notione; quod a Mediterraneis nautis *Nolissement* dicitur.

¶ **AFFREIGHTAMENTUM**, Eadem notione. Rymer. tom. XI. pag. 157. col. A : *De quadam navi sua... quæ ad valorem ducentarum quadraginta et sex librarum, citra naulum sive Affreightamentum, quod ad summam, etc.*

AFFRESINUS. Hist. Episcop. Comitum Engolism. cap. 35 : *Quatuor stolas, 8. manipulos, 5. Albas et unam de Affresina.* Expressit Gall. *Orfrais,* aurifrigium.

** **AFFRICONA**, ein Bothstab. Vocab. Lat. Germ. ann. 1477 impressum. Adel.

AFFROIAMENTUM. Liber Anglicus, inscriptus *Justice of peace pag.* 37 : *Aggregatis sibi quam plurimis malefactoribus ignotis, et pacis Domini Regis perturbatoribus armatis, et modo guerrino arraiatis ad magnum numerum, injuriam sibi factam, ut dicitur, per suam propriam potestatem, quasi regalem potestatem vindicando et corrigendo magnum Affroiamentum ad tunc et ibidem quampluribus de populo Domini Regis fecit, sicque causa illius congregationis tota patria ibidem magnum terrorem tunc ibidem sustinuit, etc.* Rectius *Affraiamentum* scribitur pag. 78. V. *Magnum Affraiamentum* ibid. faciendo in contemptum Regis, etc. Gallis *Effroi.*

* *Affray* et *Affraiement,* in Jure communi Angliæ; *Affres,* eodem sensu, diximus; *Affres de la mort,* funesti terrores.

¶ **AFFRONITUM**, *Spuma nitri.* Gloss. Bitur. MSS. Græca vox corrupta, pro ἀφρόνιτρον. Spuma nitri. [** Ex Isidoro lib. 16. cap. 2.]

¶ **AFFRONTARE**, Terminari, Gall. *Aboutir.* Venditio Alcherii Aurucii facta Abbati S. Aniani ann. XV. regnante Aianricho Rege, apud Stephanotium tom. 1. Antiq. Occitan. MSS. pag. 368 : *Est ipsa terra in loco quem vocant Famiciaco, et Affrontat de Aquilone in terra S. Aniani et de vos emptores; de Altano Affrontat in terra de Odone Stephano, de Meridie Affrontat, etc.* Passim occurrit in veteribus Tabulis. Vide *Affrontatio.*

* Nostris olim *Affronter,* eadem significatione. Charta ann. 1476. in Chartul. Latiniac. fol. 246 : *Tous les rivaiges ou dodasnes... à prendre au long de la riviere de Marne, entre ladite riviere et les prez et terres estans Affrontans ausdits dodasnes.* Pro Oppugnare, aggredi, in Mirac. MSS. B. M. V. lib. 1 :

Li Cardonnal sont les cuignies,
Dont Affrontée est sainte Eglise;
Tant parsont plain de convoitise,
Et de tout prendre si très aigre,
Que le cras voelent et le maigre,
Et les croustes et la miete.

* Sed et *Affronter* dixerunt, pro Obversis frontibus adesse, vulgo *Confronter.* Epist. ann. 1563. inter Comment. Cond. tom. 2. ult. edit. pag. 157 : *Ilz demanderent d'estre Affrontez avecq ceulx, qui estoient venuz pour la partie contraire.*

* 2 **AFFRONTARE**, Appellere, Gall. *Aborder*, Inquisit. ann. 1480 : *Descendit et Affrontat navis in jurisdictione domini Castellionis Paludis.*

AFFRONTATIO, Terminus, limes qui in fronte prædii vel agri est. Charta Sanctii Regis Aragonum ann. 1093. apud Catellum in Comitib. Tolosanis pag. 93: *Insuper dono illud Castrum... cum suo termino et allodibus omnibus, cunctisque Affrontationibus, et universis suis pertinentiis.* Charta Hispanica, in Vita B. Oldegarii Episc. Barcinonensis n. 3 : *Quantum istæ Affrontationes includunt atque terminant,* Adde *Diago* in Comitibus Barcinon. lib. 2. cap. 28. [Marten. Collect. Ampliss. tom. 1. pag. 353. B.] Vide *Condamina.*

* **AFFRONTITIUS.** Lit. Joannis VII. PP. ann. 879. inter Instr. tom. 6. Gall. Christ. col. 481 : *Confirmantes illi omnes res, quæ ure et rationabiliter sibi a principio pertijent..... in villis, casis, casalibus, terris, incillis, liberis et Affrontitiis, etc.* Ita quoque editum tom. 9. Collect. Histor. Franc. p. 178. Rectius *Affranticiis,* id est, libertate donatis, in Lit. Joan. XIII. PP. ibid. pag. 237. Vide supra *Affrancisamentum.*

* **AFFROSTATA.** Vide *Affostrata.*

AFFRUS. Vide *Afferus.*

¶ **AFFRUTABULUM**, *Vasculum,* in Glossis MSS. Bituric. Vide *Adfrutabulum* et *Afsurabulum.*

¶ **AFFUAGIUM.** Vide *Affuiagium.*

AFFUGARE, pro *Fugare.* Joan. Brompton. : *Offa eodem anno eum Affugavit.*

* **AFFUGERE**, Effugere, Gall. *S'enfuir.* Charta ann. 1424. inter Probat. tom. 3. Hist. Nem. p. 216. col. 1 : *Quia carcer idem securus non erat pro custodia mancipatorum in eo, quinymo plures capti Affugerant.* *Affouir, Affuir* et *Afouir,* nostris olim, sensu opposito, nimirum pro Accurrere, confugere. Lit. remiss. ann. 1374. in Reg. 105. Chartoph. reg. ch. 470 : *Icellui Guillaume.... cria harou, à l'aide; auquel cry et haro survindrent et Afouirent pluseurs gens.* Aliæ ann. 1385. in Reg. 127. ch. 160 : *Cabert qui avoit laissé son droit chemin, et Affuioit à eulx le plus fort qu'il povoit.* Rursum aliæ ann. 1405. in Reg. 160. ch. 29 : *La femme du suppliant, qui estoit en son hostel assez près d'illec, Affouy en criant hahay, on tue mon mary; et lors avecques elle Affouirent Poncelet et Jehan Moureau freres, pour cuidier deffaire la meslée.* Froissart vol. 1. cap. 76 : *Si savoient, qu'en la*

cité avoit grand avoir assemblé : car tout le pays d'entour y estoit Affuy.

AFFUIAGIUM, idem quod *Affocagium*, Jus excidendi ligni in nemore ad focum suum, seu ad ignem domi accendendum. Vox formata ex *Affoer*, de qua in verbo *Affocare*. Tabularium Cisterciense in Probat. Hist. Vergiac. pag. 113 : *Dedit eis nummos et panes, quos reddere solent homines de Wallurhe et de Quincy pro Affuiagio silvæ de Engincourt, et dedit eis fuiagium de Segroith et 6. sextarios annonæ*. Alia ann. 1253. in Regesto Feodorum Burgundiæ fol. 72 : *Super hoc quod nos asserebamus nos habere plenum Affuagium et plenum usagium in nemoribus dicti Ducis, etc.* [Litteræ Roberti *de Sarrebruche* Comitis *de Brayne* et *de Roucy*, Domini Commerciaci ann. 1500. in Registro ejusdem loci : *Esquelz boys par nous baillez ne pourront user nulz usaigiers exceptez les fermiers de nos fours bannaux dudit Commercy pour l'Affouaige d'iceulx fours... Aussi aura la maison de Hurtebize appartenant à notre dit comparconnier son Affouaige en iceulx bois*. [* Vide *Affoagium*.]

* Rectius definiretur Jus colligendi *fualium*, seu minutiora ligna et vepreta siccata ad furnum calefaciendum, vel ad ignem conficiendum. Vide infra *Fuagium*.

* Hinc forte vox Gallica *Afaul*, qua signum vini venalis ex ramusculis confectum significatur, in Terrear. MS. Castell. ad Sequanam : *Se aucun fait vendre vin en la ville de Chastillon à Afaul, pour pris d'argent, etc.*

* **AFFULARE**. Vide *Affolare*.

* **AFFUMARE**, vox Italica, Fumo implere, fumo exsiccare, Gall. *Enfumer*. Chron. Bergom. ad. ann. 1403. apud Murator. tom. 16. Script. Ital. col. 944 : *Et ecce homines partis Guelphæ de Lemen... posuerunt maximum ignem in dicta ecclesia, et Affumaverunt taliter, quod per fumum ibi non potuerunt stare*. Vita S. Cicci. tom. 1. Aug. p. 661. col. 2 : *Nobilis quidam.... duas anguillas salitas et Affumatas per internuntium transmisit eidem beato in monte S. Bartholi commoranti*.

¶ **AFFUNDARE**, Deprimere, demergere navem, Gall. *Couler un vaisseau à fond* ; et in fundum maris aut fluminis lapides, ligna mittere. Bartholomæi Scribæ Annal. Genuen. lib. 6. ad ann. 1244. apud Murator. tom. 6. col. 509 : *Die vero Sabbati 16. mensis Decembris circa mediam noctem validissima fortuna maris et temporis fuit in portu Januæ, ita quod multæ naves iverunt in terram, aliquæ Affundatæ, galeæ multæ, et alia multa ligna destructa*. Jacobi Auriæ Annal. Genuen. lib. 10. ad ann. 1282. apud eund. Murat. tom. 6. col. 584 : *Et audientes quod galeæ nostræ erant apud portum Pisanum, retrocedentes se inter palos portus Farexiæ reduxerunt, optime se necessariis ad eorum defensionem munientes, ligna in ostio portus plena lapidibus Affundantes*. [* Vide *Affondare*.]

AFFURABULUM, *Vasculum*, Ugutioni. [Vide *Affratabulum*.]

AFFURCILLARE, *Labefactare*, Papiæ, at Joanni de Janua est, *Valde, vel juxta, aliquid suspendere, vel concutere*. [ut et MS. cod. Montis S. Eligii Attreb.]

** **AFFUSI**, *Humiles, dejecti vel supplices*. Gloss. ex cod. reg. 4778.

¶ **AFFUSUS** EQUUS, Ugutioni, Qui vulgo *suffusus est*. Alibi : *Suffossor vel suffusus* equus; id est, sub equite interfectus.

* **AFFUTIRE**, Lenire, mitigare, Gall. *Adoucir, calmer*, ut videtur. Bulla Clement. V. PP. in Continuat. Bullar. Rom. pag. 143. col. 1 : *Affutit clementer eorum animos misericordiarum Dominus, qui post tempestatem tranquillum facit mundum perpetua ratione gubernans, et utriusque partis* (cleri et nobilium) *animos, post diversas nostras et fratrum nostrorum prædictorum orationes et monita, ad pacem et concordiam revocavit*. Vide supra in *Affaitare*.

* **AFIGERE**, *Enformer, vel punir, vel couveter*. Glossar. Lat. Gall. ex Cod. reg. 7692.

¶ **AFINATA** PIGMENTI, Potio ex melle et vino confecta Monachis statis diebus dari solita, quam Pigmentum vocabant. Statuta Monasterii S. Claudii auctoritate Nicolai V. Papæ edita pag. 77 : *Item tenetur* (Camerarius) *ministrare Conventui atque præbendariis assuetis die Circumcisionis Domini unum receptum, in quo debet unam Affinatam Pigmenti et caseos, super quibus debet recipere oblationes in Ecclesia S. Claudii a Vesperis vigiliæ dicti festi Circumcisionis Domini usque ad Missam quæ cantari consuevit in aurora dictæ diei*. Vide *Pigmentum*.

* **AFITARE**, ut supra *Afficiare*. Vide in hac voce.

* **AFIXIO**, Metarum positio, Gall. *Bornage*. Pactum inter dominos de Lisigniaco et de Pedenacio ann. 1331. in Reg. 69. Chartoph. reg. ch. 180 : *Processit ad bodulationem et ad Afixionem bodularum dicta termina dividentium*. Vide supra *Affectio* 1.

** **AFLARE**, Invenire. Hisp. *Hallar*. Portug. *Achar*. Charta Alfonsi Lusit reg. æræ 1166 ap. S. Rosa de Viterbo : *Qui in villa pignos Aflando, et fiador, et ad montem fuerit pendrar, duplet la pendra et pectet 60 solidos*.

* **AFLIGIBILITAS**, Gravitas. Joan. de Cardalhaco Serm. in Nativit. Dom. : *Tertio attende, homo, ad pœnæ Afligibilitatem sive miserabilitatem, cum dicit, quod repletur multis miseriis*.

AFOCIS. Anastasius Bibl. in Benedicto III. pag. 204 : *In Monasterio B. Martini fecit canistra ex Afoci duo ex argento purissimo pensantes libr. 4*. Sed legendum *exafoti*, intelligit enim canistra ἑξάφωτα, quæ sex lucernis constabant.

AFORARE, Juxta *foros*, seu Leges ac Consuetudines receptas, facere, judicare; contra, *Desaforare, foris*, id est, Legibus contraria *facere*. Vetera Acta Aragonensia apud Molinum in Repertorio : *Item quod dictus Justitia ad querelam partis dicentis se esse Desaforatam, in omni casu civili et criminali posset (præsertim firmando de directo coram eo contra Desaforantem et partem contrariam) inhibere,.... ne procederent in processu vel executione aliqua reali, vel personali contra querelantem, dicentem se Desaforatum, et taliter processum impedire, quod si opus esset, Alguazirium caperet, vel quoslibet executores, donec Justitia Aragonum declarasset, posse procedi, vel debere supersederi, et sic fore processum Afforamentum, vel Desaforamentum*. Idem. Molinus : *Ad Justitiam Aragonum pertinet declarare, an literæ domini Regis, vel Primogeniti, directæ suis officialibus sint Desaforatæ, vel contra libertates Regni, vel non*. Vide *Forus*.

AFORELLA. Charta Alamannica numero 33 : *Vendiderunt de illa pomifera in alio nostro cortino qui non Aforella*.

* **AFORESTERANITUM**, Venditio, cæsura cæduæ silvæ, Gall. *Vente, exploitation*, vel silvæ cædendæ assignatio. Charta ann. 1391. in Reg. 148. Chartoph. reg. ch. 59. *Item quod in dictis nemoribus... sunt arbores modicæ et batæ, et nullomodo abiles pro hedifficiis construendis vel reparandis, ... et dumi diversorum generum, et modici valoris, in et de quibus Aforesteranita vel venditiones cessaverunt fieri ad opus et utilitatem domini nostri regis*. Vide supra *Afforestare* 2.

* **AFORESTUM**, Præstatio quævis, quomodo *Forestagium* sæpius usurpatur. Vide in *Foresta*. Charta Bernardi Jordani dom. de Insula ann. 1324. in Reg. 70. Chartoph. reg. ch. 279 : *Concedimus... jura ac pertinentias quascumque locorum nostrorum, quæ habemus in Vasconia, videlicet de Montdomula, cum toto Aforesto et emolumento de Bacona, cum laboratoribus et omnibus bestiariis grossis et minutis*.

AFORIS, Gallis, *De dehors*. Joannes de Janua : *Aforis, Adverbium loci, penult. correpta, significat de loco, et in loco*. Utuntur Possidius in Vita S. August. cap. 26. Cæsarius Arelat. Homil. 2. Octavianus Horatian. lib. 4. Rer. medicar. pag. 87. Alexander Jatrosoph. lib. 2. Passion. Nizo in S. Basini Arch. Trevir. Constantinus Affric. lib. 3. de Morbor. curat. cap. 13. lib. 4. cap. 8. et alii passim.

¶ **AFORISMUS**, Johanni de Janua : *Sermo brevis integrum sensum rei propositi scribens, sic dictus a poris, qui sunt apertiones parvæ et subtilia foramina corporis unde sudor emanat. Et etiam Aforismi foramina sunt in navi, unde remi emittuntur Item, liber quidam in Physica sic dicitur e scribitur per unum f*. Errat in etymo, quo est Græcum ἀφορισμός. Vide *Afforismus* et *Aphorismus*.

AFRA, Avis species. Alexander Jatrosoph. lib. 1. Passionum : *Pisces, aut Afras, aut pipiones, accipiant*. Ubi Glossæ MSS. *Afras, aves esse aiunt*.

* *Afra*, est Gallina Africana, unde nomen; quam lib. 3. Epigr. 58. *Numidicam guttatam* vocat Martialis; nostris *Pintade*. Vide Epist. P. *Margat* S. J. tom. 20. Epist. curios. et ædific. Si plura cupis, consule eruditissimam illustr. Fontanini Dissert. de Achate marchionis Capponi.

¶ **AFRANCARE**, ut *Affrancare*. *A dicto usatico in perpetuum Afrancantes*, apud Justellum Hist. Turen. pag. 155. Vide *Affranquire*.

¶ **AFRANCHIRE**, Annuæ pensionis obligatione se se exsolvere, Gall. *Affranchir, Amortir, Exempter*. Obituarium S. Geraldi, Lemovicensis fol. 8. recto : *Et volo et ordino quod hæredes mei valeant exhonerare et Afranchire, deschargiare dictos solidos censuales*.

* **AFRANCIARE.** Libertat. Figiaci ann. 1318. tom. 7. Ordinat. reg. Franc. pag. 663. art. 14 : *Pro hujusmodi discordiis seu dissencionibus jam ortis, seu ve* (ne) *oriantur suspectis, dicti consules mandare possunt et poterunt discordentes et discordia suspectos, et providere in talibus, ne fiant, et Afranciare eosdem.* Ubi legendum esse opinor *Affiduciare*, hoc est, Discordantes fide data constringere ad pacem servandam. Vide in hac voce.

¶ **AFRANQUIRE.** Vide *Affranquire.*

* **AFRATUM.** Vide *Affratum.*

* **AFRICA**, pro Africus, in Chron. Angl. Th. *Otterbourne* pag. 6 : *Quarta* (via) *dicitur Rikenildstreat, tendens ab Africa in Boream vulturnalem.*

¶ **AFRICANA**, Gallina Indica, Gall. *Poule d'Inde*, sic dicta, ut quidam volunt, quod ab Africa primum fuerit allata; vel propter nigrum colorem, ut iis placet, qui hujusmodi gallinas volunt ab India Occidentali ducere originem, hincque ad nos delatas fuisse et inde dictas *Indica;* sed *Indicas* vocamus, inquit Salmasius ad Solinum, non quod ex India primum advectæ, nam in Bæotia et Græcia passim nascuntur, sed quia quidquid ad nos transmarinum adfertur, Indicum vulgo appellamus. Computus anni 1277. apud Kennettum Antiquit. Ambrosden. pag. 287 : *Remanet in granario* v. *quarteria et dimidium frumenti*, IV. *boves*, VI. *mutilones et* VI. *Africanæ fœminæ*, II. *pullani fœmini*, VIII. *boves*, XI. *vaccæ*, I. *bovettus maximus*, IV. *boviculæ fœminæ* LX. *casei, etc.* Posset *Africanæ* nomine alia gallinæ species intelligi, quam Afri vocant *Ano*, Gallinam Persicam Jonstonus, Indicam vero Gesnerus et Aldovrandus. Hæc ad nos transiit ex Africa. Vide *Afra.*

1. **AFRICANUS**, *Negotiator*, Ugutioni. Vide *Syri.*

* 2. **AFRICANUS**, Moneta Saracenorum, eadem quæ *Saracenus*, sic dicta, quod ab Africanis partibus venerant *Saraceni.* Vide in hac voce. Charta ann. 1019. apud Murator. tom. 4. Antiq. Ital. med. ævi. col. 768 : *Emimus hic duo scaramange, una diarodana et una purpurea. In una dedimus Bizanteos triginta septem, in alia libras septem, et duo Africanos.*

¶ **AFRICARIUM**, forte mendum pro *Piscarium* [** sive *Apiarium.*] Charta x. seculi apud Mabill. tom. 4. Annal. pag. 686 : *Mansum.... Deo et S. Michaëli Fratribusque inibi servientibus attribuo.... in villa Argentiniaco quidquid habere videtur, hoc est, mansos duodecim vestita cum appenditiis suis inibi adjacentibus, cum silvis, pratis, pascuis, Africariis, aquis, aquarumve decursibus.* [** Eadem in hac charta, mense Julio ann. 980 inscripta, eodem modo leguntur in nova Gall. Christ. tom. 4. instr. col. 137.]

* **AFRICIA**, *Genus liborum, quo antiqui usi in sacrificiis.* Laur. Amalth. Utitur Arnob. lib. 7. adv. gentes. pag. 230. [** Est nonnullorum conjectura dictam videri ab *Affricando*, quod aut aræ aut victimæ *affricaretur.* Forcell.]

* **AFRODISIA**, *Species quædam satirionis, quæ et testiculus canis dicitur, apud Dioscor. Afrodisia, ætas pubes Avicennæ dicta.* Glossar. MS. medic. Simonis Januens. ex Cod. reg. 6959.

AFRONES, Stulti, ex Gr. ἄφρονες. [** Gloss. cod. reg. 4778 : *Afron græce, latine insipiens.*] Passio S. Victoris Massil. MS. :

Afrones et bruti mortem nec usque secuti.

¶ **AFROR**, Gravis odor, fœtor. Vita B. Columbæ tom. 5. Maii pag. 372. * A : *Ubi quandoque ventus lampadem extinguebat, fœtor et fumus afficiebant, affligebant eam Afror ceparum et agruminum.*

¶ **AFROSELINUM**, Talcus, lapis in laminas pellucidas sectivus, Gall. *Talc.* Matthæus Silvaticus cap. 479 : *Lapis specularis, lapis lunæ. Afroselinum secundum Albertum, est lapis ad modum vitri perspicuus.... scinditur in quaslibet partes tenues, et fiunt inde fenestræ, sicut de vitro, nisi quod loca plumbi oportet ponere lignum.*

* **AFROTUM.** Vide supra *Affratum.*

AFRUGUM. Palladius de Architectura : *Sed cuprum adustum fit cerussa, quam nostri Afrugum vocant.* Ubi Pithœus monet in MSS. legi *Afrugum*, et *Affrugum.*

* **AFUBALS**, Fibula, Gall. *Boucle, agrafe;* vel capitis operimentum. Vox Catalanica. Curia 2. general. Terracon. sub Jacobo I. reg. Aragon. : *Statuimus quod nos nec aliquis nobis subditus non portet in vestibus aurum vel argentum, ... nec Afubals cum auro vel argento.* Vide *Affibla* et supra *Affibulare.*

* **AFULHIA**, Injuria contumelia, Gall. *Affront, outrage;* unde *Afulhiare*, Injuriari. Libertat. Montisferrandi ann. 1291. in Reg. 181. Chartoph. reg. ch. 154 : *Item de convictio* (convicio) *seu Afulhia dictis a quocumque et extra assisiam cuicumque, dominus non levabit emendam, nisi clama cum fuerit facta. Sed conviciens seu Afulhians emendabit, ut jus vult, conviciato seu Afulhiato ad regardum dictorum bajuli et consulum.* Vide infra *Aggressura.*

AFUMENTUM, *Dumetum*, in Breviloquo. [** Vide *Affamentum.*]

* **AFUNDARI.** Vide supra *Affondare.*

¶ **AGA**, Aqua, Occitanis *Aigue.* Authenticum Anian. apud Mabill. tom. 5. Annal. Benedict. pag. 719. col. 1 : *Dono in jam dicta villa Armanciacus mansum seniore, ubi nos ipsi commanere videbamur, cum oglatis et Aga et regressa, terris, etc.* Quæ quidem in aliis aliarum gentium Instrumentis exprimi solent, *Aquis aquarumque regressibus.*

¶ **AGABO**, *Qui negotia præcedit*, apud Isidorum in Glossis et Papiam; apud Pithœum vero legitur, *Agaso, qui præcedit, minister, officialis.* Vide *Agaso.*

* **AGACENCIÆ**, pro *Ajacentiæ*, Appendices, Gall. *Dépendances.* Charta ann. 1034. inter Probat. tom. 2. Hist. Occit. col. 189 : *Et cum ipsos alodes comitales, et cum ipso honore de ipso comitatu,..: et cum appendiciis vel Agacenciis suis etc.* Vide *Adjacentiæ*, et *Agecenciæ.*

* **AGÆUS.** Vita S. Waltheni abbat. tom. 1. Aug. pag. 275. col. 1 : *Hæc isdem Henricus, qui in se expertus est, mihi retulit, cujus nivea barba, vel Agæum caput ab ejus ore mendacium exulare compellit.* Ubi docti Hagiographi suspicantur legendum esse *Cygneum*, id est, canum : nisi forte, addunt iidem, scribendum sit *Ægeum caput;* et sic auctor alludat ad senem Ægeum, de quo poetæ varia fabulantur.

AGAGA, ejusdem forte notionis, ac *Agagula.* Fragmentum Petronii de Cœna Trimalcionis cap. 69 : *Non omnia artificia servi nequam narras : Agaga est, ac curabo stigma habeat.* [** Varios doctorum conatus vide apud Burmannum.]

AGAGULA, *Aggagula, Agula.* Glossæ Isidori : *Aggagola, lenocinator, pantomimus.* Infra : *Agagula, lenocinator.* Alibi : *Acucula, acutus, solers.* [apud Grævium : *Accuculia* et *Acuculia.*] Item : *Acucula, Acutus, solers, Agagula.* Scribitur *Agagula* in Excerptis Pithœanis [*Agugula*, apud Grævium.] Jo. de Janua : *Agula, Leno, quasi agens gulam*, sed videtur legendum *Agagula, vel Aggagula.* Edictum Theoderici Regis cap. 54 : *Maritus his criminibus convictam dimittat uxorem, si adulteram, si maleficam, vel etiam, quam vulgus appellat Aggagulam, in judicio potuerit adprobare.* Quidam vocem Gothicam esse putant, alii a Latino accersunt. At cum in Glossis Isidori *Agagula* sit *pantomimus*, videtur idem esse in iisdem Glossis *Aculus*, ubi *ministerialis domus Regiæ* definitur. Nam pantomimos *ministeriales*, et *ministellos* dictos, infra docemus. Sed de hujus vocis origine consulendus Eustath. Suvartius lib. 1. Analect. cap. 7.

* Glossar. vet. ex Cod. reg. 7646. *Agagula, conciliator, id est, leno. Agagula, vanus, fornicator.* [** cod. 4778 : *Quamnos fornicatione*, leg. *quem nos fornicatorem*] Aliud ex Cod. 521 : *Agagula, lecator, qui agit gulam.* Rursum aliud Lat. Gall. ex Cod. 7692 : *Agagula, Lechierre.* [** Sa Rosa de Viterbo part. 1. pag. 64 inter voces Lusitan. obsoletas recenset Agugala, adulator, assentator, unde hodieque dici affirmat *Ajoujoume*, Obtundit aures, molestus est loquendo.]

* **AGAITUM**, Insidiæ, Gall. *Aguet.* Consuet. Normann. ex Cod. reg. 4651. part. 2. cap. 8 : *Ego queror de tali, qui ad carrucam meam cum Agaito præcogitato in pace Dei et ducis me nequiter assaltavit.* Ubi in Gallico : *o aguet pourpensé.* Male apud Ludewig. *Cum agneto præcogitato. D'aguet precogité*, in Lit. remiss. ann. 1413. ex Reg. 167. Chartoph. reg. ch. 92. Ordinat. ann. 1356. tom. 3. Ordinat. reg. Franc. pag. 129. art. 6 : *Nous ne ferons pardons ne remissions de murdres ou de mutillacions de membres faiz et perpetrés de mauvais Agait. Agaitant*, Difficilis, morosus, explorator, Gall. *Difficile, regardant, epiant*, in Bestiario MS. :

Si Agaitant et si plaideur.

Vide infra *Aguaitum.*

1. **AGALMA**, *Figura quasi agens imaginem alterius*, uti nugatur Franciscus de Sacraquercu, ex alio forte. In Gloss. MSS. *Agalma, dicitur Aposfragisma, vel imago sigilli*, ἄγαλμα, simulacrum. Martianus Capella lib. 6. de Pallade :

Quam docto assimilant habitu, qui Agalmata fingunt.

[** al. *firmant;* Forcell. conjecit : *formant.*] Charta Edgari Regis pro Westmonasteriensi Ecclesia ann. 968 : *Ego Dunstanus hanc libertatem Crucis Agalmate consignavi.* Infra : *Nitebat enim progenerum nobilitate, florebat bonitatum Agalmate.* Rursum pag. 136 : *Probitatum Agalmate florens.* Dudo Decanus S. Quintini in Præfat. ad Acta Normannorum :

Alloquio celebris, virtutum Agalmate pinguis.

[Bulla Johannis Papæ XV. pro Monasterio S. Eligii Noviomensis ann. 988 : *Et ut hujus auctoritatis status inviolabilem obtineat firmitatem per temporis futuri decursus Agalmatis nostri impressione subtersignamus.*] Utuntur Fridegodus in Vita metrica S. Wilfridi cap. 47, Herigerius in Vita S. Landelini, etc.

Sed aliud videtur sonare apud Raynerum Monach. Cellensem in Miraculis S. Gisleni : *Corpus sindone munda diligentissime involutum, et sub Agalmatis clave firmissime obseratum in eadem urna deponitur.* Ubi *agalmatis clavis* videtur esse sigillum clavi impressum, cujusmodi passim habent antiquariorum scrinia.

☞ Mabillonio in hunc locum sæc. 2. Actor. SS. Ord. S. Bened. pag. 797. ait, *Agalma* hic accipi debere pro scrinio. *Agalma*, inquit, *simulacrum, ad templorum ornamentum, hoc loco scrinium.* [** Malo cum Cangio *Agalma* interpretari *Sigillum*, vide supra Glossar. Hoc sensu *Imago* sæpius usurpatur. Charta Rudolfi Archiep. Remens. ann. 1123. ap. Warnkœnig. Hist. Flandr. vol. 3. pag. 230 : *Tenore præsentis paginæ confirmamus... additamento etiam imaginis nostræ.... corroboramus.* Clavis agalmatis porro est Sigillum quod claudit, quod aperiri non sinit.]

¶ 2. **AGALMA**, Grex, ovile, caula : Vita S. Gerardi Abbatis, in Actis SS. Ordinis Sancti Benedicti sæc. 5. pag. 267 : *Eia, inquiunt, pastor strenuissime, Agalma commissum matura invisere, summique pastoris fisus juvamine, lupinos rictus satage sagaciter abigere.* [** Ἀγέλη.]

* 3. **AGALMA**, Lætitia, gaudium, ab ἀγάλλομαι, Exulto, gaudeo. Hinc *Agalmata* vocat splendidos lætosque martyrum triumphos, ut observant docti Hagiographi, auctor actor. S. Margar. tom. 5. Jul. pag. 34. col. 1 : *Beatus denique Ambrosius.... beatæ virginis Agnetis Agalmata, tam luculento famine perornavit, ut etiam infidelium mentes ad fidem tantorum dictorum valeat provocare.*

** 4. **AGALMA**, Simulacrum, ein klar spiegel; *locus trinitatis*, der hymel; in Gemma Gemmarum.

* **AGAMUS**, *Absque conjuge*, in Glossar. vet. ex Cod. reg. 7646. Gloss. G. Lat. ἄγαμος, *innuptus, cælebs.*

* **AGANIA**, *Hostia.* Glossar. vetus ex reg. Cod. 7613.

¶ **AGANON.** Sic vocant Chartularium S. Petri Carnut. in Valle. Acherius fol. antepenultimo Præfationis ad secundum tomum Spicilegii : *Ad ultimum adtexta sunt Synodi Aurelianensis gesta.... e veteri Aganone, hoc est, Chartulario S. Petri Carnotensis in Valle.* Equidem hæc vox non omnino videtur juris nostri, cum nil aliud sit nisi proprium Aganonis Episc. Carnutensis nomen qui hoc cœnobium seculo decimo instauravit, verum cum in ea plurimi falli possent Acherii ad exemplum, qui hanc antiquatum esse *verbum* e regione laudati textus adnotavit, illam hic inserere operæ pretium duximus. De hoc codice ita Mabillonius tom. 3. Annal. Bened. pag. 503. ad ann. 950 : *Ragenfredi duo hac de re instrumenta ex Chartaceo libro, Haganonis dicto a nobis edita sunt.* Pari ratione *Folquinus* dicitur *Sithiensis* codex in quo continetur Historia diplomatica celeberrimi Monasterii Sithiensis seu sancti Bertini apud S. Audomarum.

* **AGAPALLUS**, *Vireli*, in Glossar. Lat. Gall. ex Cod. reg. 7692. Plantæ genus, Gall. *Parvenche*, quæ *Tournefort* dicitur, *Pervenca vulgaris angustifolia*, alia est *latifolia.*

1. **AGAPE**, Gr. ἀγάπη. Sic Christiani vocabant communes cœnas, seu epulas, quas ut mutuæ charitatis indices ac illices primis seculis in præcipuis solemnitatibus celebrabant, in ipsis etiam Ecclesiis, quod postremum improbatum postea, et Conciliorum canonibus vetitum. Nam et id a Paganis factitari solitum auctor est Libanius in 1. ἐκφράσει, ex Allatianis. Glossæ MSS. ad Concilium Laodic. can. 27 : *Agapen, convivia.* Acta SS. Numidarum Martyrum num. 12 : *Quocum ego et Marianus, quasi ad Agapen spiritu dilectionis et caritatis raperemur.* Sed cum de multiplici hac Christianorum Agape, jam olim, quæ sancti Patres ac Concilia in hanc rem dixere, a viris doctissimis annotata sint, ad eos Lectorem amandare satius videtur, ne actum agere, et aliorum scripta expilare videamur. Consulat igitur, qui hæc nosse volet, Baronium ann. 57. n. 132. ann. 391. n. 39. ann. 691. n. 27. et seqq. Eundem de Martyrologio Romano cap. 4. Auctorem Romæ subterraneæ lib. 6. cap. 27. Gazæum ad collat. 24. Cassiani cap. 12. Binium in Notis ad Concil. Laodicen. et Carthagin. sub Siricio PP. Justellum ad Canones Eccl. univ. Ferrandum in Disquisit. reliq. Salmasium de Jure Attico et Romano cap. 3. et 4. Meursium, Cerdam, Spelman. et alios.

2. **AGAPE**, Eleemosyna, refectio pauperum. Glossæ MSS. *Agapis, Caritas vel refectio pauperum.* Alibi : *Agape, Caritas vel caritativi hospites.* In Sacramentario Gregorii M. ex Bibl. Ecclesiæ Belvacensis, habetur *oratio ad Agapen pauperum*, quæ in lib. 3. Sacrament. Eccles. Roman. cap. 48. inscribitur : *Pro his, qui Agape faciunt.* Gloss. Ælfrici : *Agape, Ælmesse* Eleemosyna. Ugutio : *Agape, Eleemosyna erogata.* Ita autem Eleemosinas appellarunt Christiani, quod communibus istis conviviis pauperes adhiberent, eorumque causa quodammodo illa peragerentur. Unde S. Augustinus Fausto Manichæo respondens, qui Christianos sacrificia vertisse in *Agapes*, et idola in martyres etc. calumniabatur : *Agapes nostræ*, inquit, *pauperes pascunt, sive frugibus, sive carnibus*, lib. 20. contra eundem Faust. cap. 4. et 20. Vett. Glossæ ad can. 27. Concilii Laodic. : *Convivium pauperum Agape dicitur.* Concilium Tullense ann. 859. cap. 14 : *Qui enim Agapen Pauperum, et sustentationem peregrinorum, et eleemosynam defunctorum defraudant, apud SS. Patres eorum necatores vocantur.* Herigerus Lobiensis de Vita S. Ursmari :

Indicens Agapen simul et jejunia crebra.

Domnizo lib. 2. de Vita Mathildis cap. 12 :

Dans Agapen grandem, nutriens inopes, tribulantes.

Decreta S. Steph. Regis Hung. lib. 2. cap. 17 : *Si... Agape facere voluerit pro animæ redemptione sui mariti, qualitercumque velit.* Vita S. Vodali Benedicti n. 5 : *Ipseque... statim pauperi Agapen ad ostium petenti dedisset.* Vita S. Alberti Abbat. Cambronensis n. 13 : *Erat liberalissimus erga pauperes Christi, nam per singulos dies Agapen illis aciebat.* Acta Murensis Monasterii pag. 55 : *Ea conditione, ut singulis annis in anniversario ejus sufficiens ministerium catervæ Congregationis habeat, et Agapes pauperum ipsa die inde fiat.* Vita S. Simonis Comitis Crispeiensis cap. 10 : *Accidit autem ut quadam die viator esuriens illic Agapen postularet, etc.* Franciscus Canonicus Pragensis. *Idem surgens ad Agapen faciendam, ante ortum solis vocabat officialem, cui committerat curam pauperum, etc.* Christianus de Scala in Vita S. Ludomillæ pag. 46 : *Evangelicum implens illud, quo jubetur Agapam facere, ignorante sinistra nostra, quod faciat dextra.* Ita usurpant præterea Pelagius libello 10. n. 5. 46. libello 13. n. 15. libello 5. n. 31. Palladius cap. 18. Heraclides cap. 5. Regino lib. 2. de Eccles. discipl. cap. 443. etc. Vita S. Vodgali n. 7.

[** *Agapa, e, vel Agape, es, elemosyna petita; vel dilectio; vel labor alienus; vel orationum communio;* in Gemma Gemmarum. *Agapem, laborem alienum* est etiam in Gloss. reg. cod. 4778 et apud Jæckium.]

3. **AGAPE**, Caritas, quæ vis est vocis Græcæ, titulus honorarius. Marculfus lib. 1. form. 51 : *Uberem strenuitatis vestræ Agapen erga nos potissimo jure flagrantem literarum serie non omittimus excitare.* Vide Jonam in Præfat. ad Vitam S. Columbani. Ita etiam Græci ἀγάπην non semel usurpant, ut pluribus docet Meursius.

AGAPETA, vel **AGAPETES**, Papiæ *Lenocinator, et qui cum fœminis illicite conversatur procacius Clericus.* Porro Clericos istos ἀγαπητοὺς vocabant, quod cum mulieribus ac virginibus, quas domi sub *Agapetarum*, seu *dilectarum*, appellatione detinebant, prava commercia habere dicerentur. Julianus Antecessor Const. 3. ex Nov. 6 : *Nulla autem facultas Diaconissis tributa est, habere secum quosdam veluti fratres, sive cognotos, vel quos dicere solent ἀγαπητούς.* Hinc S. Hieronymus Epist. 22. ad Eustochium : *Unde in Ecclesias Agapetarum pestis introiit? unde sine nuptiis aliud nomen uxorum? imo unde novum concubinarum genus? etc.* Idem ad Oceanum de Vita Clericorum, de Clericis agit, *qui Agapetas amplius quærunt, quam Christum.* Erant igitur *Agapetæ* virgines ac viduæ, quæ specie cælibatus ac virginitatis nuptiis nuntium mittebant, et cum Clericis in eadem domo habitabant, ac, ne qua pravi consortii suspicio esset, sese invicem *dilectos* ac *dilectas* appellabant, vel etiam, *fratres* aut *sorores.* Ugutio : *Agapeta, Ancilla dicitur, quæ Christo nubere vovit.* Has Græci συνεισάκτους vulgo vocant. Vide S. Epiphan. hæres. 63. et 79. et Chrysost. serm. contra Concubinarios, [Palladium in Vita ejusd. Chrysostomi pag. 45.] et quæ notarunt Pithœus ad Julianum Antecessor. et Jacobus Gotofredus ad legem 44. Cod. Theod. de Episcop. [** Vide Muratorii dissertationem de Agapetis in ejusdem Græc. Anecd. p. 241 ed. Patav. ann. 1709 et eundem ad art. 5. cap. 1. alter. addit. ad leges Longob. Ludov. II Imper.] [* Glossar. Lat. Ital. MS.: *Agappeta; L'ancilla de Christo, e sposa.*]

* **AGAPITUM.** Charta Caroli IV. reg. Franc. ann. 1322. in Reg. 61. Chartoph. reg. ch. 309 : *Cum viginti solidis Turonensibus censualibus, et totidem de Agapito.* Rursum occurit infra. Sed legendum est *Acapitum.* Vide in *Accaptare.*

¶ **AGARENI,** Sarraceni, qui scilicet se existimant ortos ex Ismaele filio Agaris et Abrahami. Conc. Panna-fidelense ann. 1302. tom. 3. Collect. Concil. Hispan. pag. 540 : *Quia nonnulli tam Judæi quam Agareni, cæcitatem sui erroris attendentes, ad fidem converti desiderant orthodoxam, etc.*

* Charta ann. 977. in Append. ad Marcam Hispan. col. 917 : *Wifredus comes.... inter cetera ecclesiarum ædificia, expulsis Agarenis, qui tunc temporis colones extiterant, more per prisiones desertam incolens terram, cœnobium Ripollense B. V. M. honore construxit.* Glossar. vet. ex Cod. reg. 7646 : *Agareni, proseliti.* [** In Gloss. cod. reg. 4778 ut ex Hieronymo. In Gloss. Jæckii, *Agaræ, advenæ, proseliti.*]

* **AGARET,** Carri genus, ut videtur. Charta curiæ Arelat. ann. 1225 : *Sicut clauditur via publica de fosso, sint carrigæ vel Agaretz etc.*

¶ **AGARGATHUNG.** Vox Longobardica, id est, *secundum qualitatem personæ,* ut in legibus Longobard. Leges Rotharis apud Murat. tom. 1. part. 1. pag. 19. col. 1 : *Si quis homicidium perpetraverit absconse in Barone, libero, vel servo, vel ancilla, et unus fuerit aut duo tantum qui ipsum homicidium fecerit, componat DCCCC. solidos; si vero plures fuerint, si ingenuus fuerit, qualiter in Agargathung, ipsum homicidium componat.* Editio habet *Gargahangi* pro *Agargathung.* Vide *Garathingi.* [** Est Rothar. cap. 14. Cod. Estensis habet *in angar gathingi.* Gloss. Longob. Lat. cod. Vat. 5001 : *Gargthunchin,* cod. Cavensis : *gargathungin i. e. secundum qualitatem personæ.*]

** **AGARIRE.** Vide *Aggarire.*

AGARITUDO, *Suspirium, vel anxietas.* Breviloq. an *ægritudo?* [** Eadem leguntur in Gemma Gemmarum.]

* **AGARIUM,** *La vite biancha.* Glossar. Lat. Ital. MS. Gall. *Couleuvrée blanche,* Plantæ species. [** Gloss. cod. reg. 4778 : *Agaricum, radix vitis albæ,* ex Isid. Orig. lib. 17. cap. 9. § 84 ubi cod. nonnulli *eadem et mirobolanum.* Apud Plinium lib. 16 cap. 8 et alibi est fungi genus. Dioscorides de Mat. Med. lib. 3. cap. 1 : Λέγουσι δὲ οἱ μὲν, φυτοῦ ῥίζαν εἶναι, τινὲς δὲ, ἐν τοῖς στελεχέσι τῶν δένδρων κατὰ σῆψιν γίνεσθαι, ὥσπερ οἱ μύκητες etc. Ex Dioscoride fluxerunt quæ leguntur in Hort. Sanitat. Tract. de Plantis cap. 8, ubi *Agaricus, græce, latine Arabigaricus* dicitur, et apud Pseudo-Macrum de Virtut. Herbar. ad calcem. edit. Reuss. Hortuli Walafr. Strabi pag. 101. Vide H. Stephani Thes. Ling. Græcæ in voce Ἀγαρικόν, vol. I, edit. Didot. col. 217.]

** **AGARIUS,** *Colonus,* in Gloss. Jæckii. Vide *Agrarius.*

¶ **AGARNUS** pro *Agarenus.* Vide in *Amaratunta.*

** **AGARUS.** Vide *Agaso.*

* **AGASATUS,** Acer, Acidus. Gall. *Aigre.* *Vinum Agasatum,* Acetum, Gall. *Vinaigre,* in Inventar. ann. 1476. ex Tabul. Flamar. Vide *Vinum.*

AGASO, *Minister, officialis,* in Glossis Isid. Gloss. Lat. Gr. *Agaso,* δοῦλος, κτηνέασια, forte κτηνῶν. [** Ἐπικτηνίτης, ἱπποκόμος, ὀνολάτης.] Jo. de Janua : *Agaso, proprie dicitur qui curat jumenta, quasi agens somarium. Quandoque tamen Agaso dicitur Domesticus minister asinorum : ita dicit Ugutio, Unde Græcismus :*

> Est asinorum pastor Agaso, houmque bubulcus.

In leg. 2. Cod. Theod. de Cohortalib. *Agasones* dicuntur *servi et ministri* Stationariorum. [** Gloss. in cod. Reg. 4778 : *Agaso, domesticus. Agaso vel Agarus, minister, officialis.* In Gloss. Jæckii *Agasus, domesticus.*]

☞ Est igitur *Agaso* idem qui Curator equarius seu stabularius, Gall. *Palefrenier, Valet d'écurie :* qua notione ab ipso T. Livio usurpatur. Spicilegium MS. Fontanell. pag. 404 : *Ipse Panetarius habet sub se Agazonem, qui curam capit de equis Monasterio pertinentibus, et de equis hospitum, si qui fuerint.*

* *Michael magister Agasonum* recensetur inter dapiferorum et pincernarum magistros, in Charta Andreæ reg. Hungar. ann. 1233. apud Cencium Lib. censuum eccl. Rom. Alia ejusd. reg. ann. 1231. ibid : *Super domos servientum vel villas nec nos, nec Agasones, nec falconarii, ... descendant ipsis invitis. Agaso, asnier,* in Glossar. Lat. Gall. ex Cod. reg. 7692. Charta abbat. de Conchis in Ruth. ann. 1325. in Reg. 64. Chartoph. reg. ch. 471 : *Ipse molinerius, vel ejus Agaso, cum reportabit farinam de molendino, reportet eam ad pondus consulum.* Lit. remiss. ann. 1374. in Reg. 505. ch. 323 : *Quidam Agasones, numero septem vel circa, extranei, et sua animalia ducentes, dum transitum facerent per locum vocatum Pineis, juxta rivum de Yserone.... Præfati Agasones seu animalia ducentes, etc.* Ex his omnibus concludere promptum est *Agasonum* officium, ad curam equorum aliorumve animalium spectasse, atque eodem nomine infimos et superiores ejuscemodi ministros fuisse designatos. [** Agasonum munus etiam inter præcipua Ducum Regumque Bohemorum erat. Vincentius Bohemus ad ann. 1058 aliter Marscallos dictos indigitat. In ejusdem Vincentii Chron. ad ann. 1148 loco *agaso* mendose legitur *agato.* Adel.]

* **AGASTALUS.** Liber censuum eccl. Rom. : *Episcopus Castrensis* (solvit) *pro castro de Arsa concesso in feudum a dom. Innocentio PP. duos Agastalos.* Forte pro *Augustales.* Vide *Augustalis* 2.

** **AGATICIA** *est quædam herba,* goltwurzel; in Gemma Gemmarum.

** **AGATO.** Vide *Agaso.* Adel.

** **AGATUS,** ein fusz louffer (cursor pedestris); in Gemma Gemmarum.

AGAULIZARE. Vita S. Pirminii cap. 26 : *Ut perspicue intelligere daret, quam suavibus anima illa in cœlo frueretur melodiarum cantibus, cujus in terra defuncto corpori animatæ materiæ Agaulizaret sonus.*

☞ In veteribus Glossis MSS. *Agolizare, Applaudere.* Vox Græcæ originis forte ab ἀγλαΐζω, illustrem reddo, honesto. Vel etiam ab αὐλίζω pro αὐλέω, tibiis cano et præpositione Latina *Ad :* quod haud insolitum apud istius ævi Scriptores. Hic autem de symphonia mirabili quæ ad B. Pirminii corpus audiebatur.

AGAUNUM, Celeberrimum ad inferiorem Valesiæ limitem Monasterium, a situ appellatum volunt, quod inter saxa et rupes constructum sit : *Agaunum* enim *accolæ, interpretatione Gallici sermonis, saxum dicunt,* ut est in Historia S. Mauricii isthic cum Thebæa legione interfecti. His consentanea sunt, quæ habet auctor Vitæ S. Romani Abbatis Jurensis. n. 1 : *Quamvis ergo Agaunus vester Gallico priscoque sermone, tam primitus per naturam, quam nunc quoque per Ecclesiam, veridica præfiguratione, Petri petra esse dignoscitur, etc.*

* **AGAZIA,** Picæ species, Gall. *Agace,* Picardis *Agache.* Dialogus creatur. dial. 80 : *Pica est avis callidissima... Hæc apud quemdam venatorem et humane et latine loquebatur, propter quod venator ipsam plenarie fulciebat. Pica autem non immemor beneficii, volens remunerare eum, volavit ad Agazias, et cum eis familiariter sedebat et humane sermocinabatur. Agaziæ quoque in hoc plurimum lætabantur, cupientes et ipsæ garrire humaneque loqui.* Nostris olim *Agachier,* pro hujus Picæ clamor. Guignevil. in Peregr. hum. gener. MS. :

> Et tout aussi comme l'agache,
> Par son crier et Agachier,
> Nul oysel ne laisse anichier
> Près de li, ains les fait fuir, etc.

Vide *Aigatia.*

¶ **AGAZO.** Vide *Agaso.*

* **AGAZONOMUS,** *Princeps per actionem nominatus.* Glossar. vet. ex Cod. reg. 521 [** vide *Agonomus,* f. leg. *Agoranomus.*]

** **AGDA,** *Ensifer,* in Gloss. Jæckii.

¶ 1. **AGEA.** Gloss. Bituric. ex Isid. lib. 19. cap. 2 § 4 : *Agea, via vel loca in navi per quæ ad remiges hortator accedit.* In Amalth. ex Festo : *Ageia, Agea, Via in navi, quod in ea quæque res agi solet.* Gall. *Pont, Tillac.* Nicolaus Specialis de Rebus Siculis lib. 4. cap. 13. apud Murat. tom. 10. col. 1005 : *Omnis in hac vindicta crudelitatis modus exceditur, omnis quidem pietas relegatur, imago mortis ubique prætenditur, ubique calcantur cadavera pedibus bellatorum, Agea carinarum, spumanti cruore tingitur, rivus affluentis sanguinis per foros egreditur ; color maris ubique cæruleus hic Siculorum cæde mutatur.* Utitur Ennius apud Isidorum loco citato. Vide Scaligerum [** ad Festum, pag. 313 edit. Lindem.,] et infra *Agiama.*

* Gloss. Lat. Gr. *Agear,* παραμένων καὶ πάροδος πλοίου. Ubi Scaliger ad Fest. legendum censet, *Agea,* παρὰ Ἐννίῳ πάροδος πλοίου. Glossar. Provinc. Lat. ex Cod. reg. 7657 : *Agea, æ, Prov. Corsia.* Hinc forte nata vox *Agiz,* pro Varii domus aditus et exitus. Lit. remiss. ann. 1372. in Reg. 104. Chartoph. reg. ch. 60 : *Comme le suppliant avoit par pluseurs fois reparié audit hostel, et sceut les lieux et Agiz dudit hostel, etc.* Vide *Aggestus.*

¶ 2. **AGEA,** orum, *Victimæ quæ pro rebus agendis offerebantur.* [** *Quidam dicunt Agei, orum vel Agerei,* in Gemma Gemmarum.] Sic Calepinus; ἄγος, unde pluralis ἄγεια, sunt res sacræ, piacula.

¶ **AGEAR.** *Ageator, Hortator remigum.*

Isid. Gloss. Gallis *Comite*, Italis *Agurzino* : In Gloss. Lat. Græc. *Agear*, παραμένων καὶ πάροδος πλοίου.

* Ex jam dictis hæc emenda. Vide supra *Agea*.

¶ **AGECENCIÆ**, vel AGENCIENCIÆ, pro *Adjacentiæ*. Charta Vandemiris apud Mabill. Diplom. pag. 472 : *Simile modo donamus Badenaco ad Funtanellæ ad domno Petro, ubi domnus Vando in corpore requiescit cum Agecenciis vel adpendiciis, tutum et integrum sicut a nobis est possessum*. Historia Monasterii S. Germani a Pratis. Instrum. pag. 5. col. 1 : *Tutum et ad integrum cum Agecienciis vel adpendiciis suis, sicut a nobis præsente tempore est possessum*. Vide *Adjacentiæ*.

¶ **AGEFRIE**, pro *Agenfrida*, occurrit in Legibus Inæ MSS. Vide *Agenfrida*.

¶ **AGEG**. Charta donationis Rudesindi Episc. pro Monasterio S. Salvatoris de Cella-nova. tom. 3. Concil. Hispan. pag. 181 : *Alias casulas tredecim, quinque de Alchaz, sex feray cardena, septem barragan, octo cardena merayce, novem vermelia ex Ageg*. Forte locus in quo vermelia.

* **AGELATIO**, Gelatio, gelu, Gall. *Gelée*. Mirac. MSS. Urbani V. PP. : *Fuit tanta Agelatio frigoris sive glacies inextimabilis, etc.*

AGELLARIUS, *Rusticus, qui agrum colit*, Ugutioni. Vide *Agrarius*.

¶ 1. **AGELLUS**. Gloss. Bituric. Ecclesiæ MS. : *Agellus, nuntius, gaudium, vel ager parvus*. [** Gloss. cod. reg 4778 ex Hieronymo : *Aggeus intepretatur festus sive solempnis; nuntius. Isidor. Aggeus in lat. festus et lætus resonat etc.* Unde patet tria esse glossemata primum Agellus ex gr. voce Ἄγγελος, nuntius; secundum Aggæus, nomen prophetæ, quod Isidorus lib. 7 Orig. cap. 8. § 31 interpretatur Lætus, vide etiam Agalma, 3; tertium Agellus, ager parvus.]

* Glossar. Gr. Lat. γήδιον, *Agellus*; et Gloss. Lat. Gr. *Agellus*, ἀγρίδιον.

* 2. **AGELLUS**, Nepos, Gall. *Petit-fils*. Charta ann. 1043. in majori Chartul. S. Vict. Massil. fol. 120: *Ob hoc ergo nos Agelli Lautildis feminæ et filius meus Geraldus, etc.*

* **AGENCIAMENTUM**. Vide Mox *Agentiamentum*.

AGENDA, Officium, divinum, officium Missæ, sacra Liturgia. Ita autem dicitur, quod veteres *Agere Missas* dicerent, ut infra observamus, nam *Missa* generatim primitus quodvis officium cerat. Concil. Carthag. II. sub Cælest. PP. can. 9 : *In quibusdam locis sunt Presbyteri, qui... complurimis* [** cum pluribus] *in domiciliis agant Agenda, quod disciplinæ incongruum cognoscit esse Sanctitas vestra*. Infra : *Quisquis Presbyter inconsulto Episcopo Agenda in quolibet loco voluerit celebrare, etc.* Eadem habentur in Cap. Caroli M. lib. 5. cap. 38. lib. 6. cap. 234. in Addit. 4. Lud. Pii cap. 49. [** Bened. Levit. lib. 1. cap. 55. lib. 2. cap. 306. Addit. 4. cap. 70.] et apud Ferrandum Diacon. cap. 90. ex Concil. Carthag. cap. 7. Incertum tamen, an his locis *Agenda mortuorum* intelligatur, quæ nude *Agenda* dicebatur, uti mox observamus. S. Benedictus in Reg. cap. 13 : *Agenda matutina vel vespertina non transeat*. Idem infra : *Cæteris vero Agendis ultima pars ejus orationis* (Dominicæ) *dicatur, ut ab omnibus respondeatur : Sed libera nos a malo*. Innocentius I. PP. Epist. 1. ad Decentium : *Quem morem vel in consecrandis mysteriis, vel in cæteris Agendis arcanis teneat*. Sulpitius Severus de Vita S. Martini: *Admonet pro consuetudine expectare in Ecclesia populum, illum ad Agenda missarum solennia debere procedere*.

AGENDI DIES, in quibus *Agendæ*, seu Ecclesiastica officia peraguntur. Liber, cui titulus *Expositio Missæ : Hæ orationes duæ dicuntur, una super Diptychos, altera post lectionem nominum, et hoc quotidianis, vel in Agendis tantummodo diebus*.

AGENDA DIEI, Officium diei seu festi. Geraldus in Vita S. Stephani Grandimont. cap. 3. n. 17 : *Exceptis Ecclesiastici officii regularibus debitis, Agenda videlicet diei, et B. Mariæ, et fidelium defunctorum*.

AGENDA MISSARUM, apud Ægidium Monach. Aureæ-Vallis in Alberone II. Episc. Leod. cap. 34. [Acta SS. Maii tom. 3. pag. 220. D : *Inter Missarum porro Agenda.... sopor irrepsit*.]

AGENDA MORTUORUM, Officium vel Missa pro defunctis, in Synodo Carthaginens. II. can. 9. in lib. I. Sacram. Eccl. Rom. cap. 92. lib. 3. cap. 95. in Antiphonario S. Gregorii, et in veteri Kalendario Romano apud Allatium de Dominicis et hebdomadibus Græcorum pag. 1493. apud Joannem Abrinc. Episc. de Eccl. offic. etc. Inquisitiones de Presbyteris cap. 89. apud Reginomen Ecclesiast. disciplin. : *Similiter ordinem et preces in exequiis atque Agendis defunctorum*. Gervasius Tilleberiensis MS. part. 3. de Otiis Imperial. cap. 18. de quodam Episcopo : *Dum Agendam Mortuorum sedulus orator passim deambulando cantaret*.

AGENDA, nude, pro *Agenda Mortuorum* dicitur, ut auctor est Durandus lib. 7. cap. 35. n. 1. Anast. Bibl. in S. Leone II. PP. : *Hic fecit constitutum.... ne Mauri quondam Episcopi* (Ravennatis) *anniversitas, aut Agenda celebretur*. Beda in Vita S. Augustini : *Per omne sabbatum a Presbytero loci illius Agendæ eorum solenniter celebrantur*. Vide Berengosium Abb. lib. 3. de Invent. S. Crucis cap. 11. Guigonem in Statutis Cartusiens. cap. 11. § 1. cap. 14. § 1. 4 et Statuta antiqua ejusd. Ordin. I. part. cap. 5. § 35.

¶ AGENDA, nude positum pro Vespertinis precibus iisque canonicis sumi videtur in schedis Narbonensibus pag. 427. ubi sic legitur : *Et dixit per sacramenta, quod in die Martio sancta nuper præterita non inveniebat filiam suam prædictam, quam amiserat circa Agendam, sive circa horam qua homines exeunt ab operibus propter defectum diei in sero*.

AGENDA, *Liber Baptismatis vel Benedictionis*, Joanni de Janua : in quo scilicet officia Ecclesiastica continentur.

AGENDA CAPITULI, Totum id, quod in Capitulari loco, seu Capitulo, vel legitur, vel tractatur. Ita præfert titulus in Collectario Burfeldensi, ut auctor est Haeftenus.

¶ AGENDA PACIS, Pacis conditiones, Gall. *Articles d'un Traité de Paix*. Fœdus MS. Alvredi et Guthruni Regum, apud Spelmannum in voce *Agenda* : *Hæc sunt pacis Agenda quæ Alfridus Rex et Godrum Rex constituerunt*. [** In textu anglosaxonico legitur d o m a s et g e r æ d n y s s e quibus vocibus *consulta*, *decreta* significantur.]

AGENDA REGNI, Negotia, res. Charta Ricardi I. Reg. Angl. apud Radulfum de Diceto in Imaginib. Histor. pag. 659 : *Præcipimus ut secundum dispositionem vestram de omnibus Agendis Regni nostri, tam de Castellis quam de escaetis, absque omni occasione faciatis*.

* **AGENDARII**, Qui *Agendam* seu officium mortuorum celebrare seu cantare tenentur. Vide *Maan* in Hist. eccl. Turon. pag. 138.

¶ **AGENEROTES**, *Qui se sanctificat*. Gloss. Bitur. Corrupta vox videtur esse ab ἁγίζω, Sanctifico, consecro.

* **AGENEVORES**, *Qui se sanctificant*, in Glossar. vet. ex reg. Cod. 7613. non rectius quam supra *Agenerotes*, ubi legendum ἁγιάζω, [** Gloss. cod. reg. 4778 : *Agenevotes*. Vide *Agneiotes*.]

AGENFRIDA, Verus dominus, merus possessor: Anglo-Saxonibus a g e n - f r i t e a. Leges Inæ. cap. 50 : *Si* (porcus) *non fuerit ibi sæpius quam semel, det Agenfrida solidum unum*. Saxon. habet a g e n f r i t e, vel f r i t e a . Vide easdem Leges Inæ apud Bromptonum cap. 45. [** Cap. 49 ap. Wilkins. Pro f r i t e a ibi legitur f r i g a i. e. dominus; agen est *proprius* et cum energia pro *suus* dicitur, quod probant loci citati apud Bosworthum in hac voce. Vide etiam leg. Canut. II cap. 73.]

AGENHINE, Anglis, *Familiaris* seu *famulus domesticus*. Ita porro iis dicebatur, qui tertia nocte apud aliquem hospitatus erat : tunc enim tenebatur paterfamilias perinde de eo respondere, tanquam de sui ipsius famulo, et illatas ab eo injurias resarcire, si delinquentem Justitiæ non sisteret. Leges Edw. confess. cap. 27 [** 21]: *Si quis hospitaverit privatum vel alienum, qui Anglice* c u ð a n d u n c u ð *dicuntur*, [** *quod Anglice dicitur* c u t h o t h e r u n c u t h] *poterit eum noctibus habere duabus tanquam hospitem : qui si forisfecerit, non incurrat Dominus damnum pro hospite.... quem si tertia nocte hospitatus fuerit, et is alicui forisfecerit, habeat eum ad rectum, tanquam de propria familia, quod Anglice dicitur* t w a n i g h t g e s t ð r i d n i g h t a g e n h i n e, [** t v a i n n i t h e s g e s t, t h r i d n i t h h a w a n m a n] id est, duabus noctibus hospes, tertia habitus est domesticus: est enim a g e n, *proprius*, et h i n e *famulus*. Similia habet Bracton lib. 3. tract. 2. cap. 10 : *Item secundum antiquam consuetudinem dici poterit de familia alicujus, qui hospitatus fuerit cum alio per tres noctes, quia prima nocte dici poterit* Uncuth (i. incognitus) *secunda vero* Gust (i. hospes) *tertia nocte Hogenehyne*, i. familiaris, domesticus famulus; est enim Anglis *hoine* et *hogh*, domus : *hinc* famulus. Leges Henrici I. cap. 9 : *Nemo ignotum vel vaganteni ultra triduum absque securitate detineat*. [** Leg. Canut. sec. cap. 25. Guil. conquest. cap. 46. *Nuls ne receit home ultre iij nuis, si til ne li command, od qui il fust ainz*. In Egilli saga pag. 698. legimus morem fuisse non ultra triduum *in hospitio sedendi*.]

* **AGENI**, ORUM, *Victimæ pro rebus agen-*

dis factæ. Glossar. vetus ex Cod. reg. 521. Vide *Agæa* 2.

¶ **AGENNENSIS** Moneta. Vide *Moneta Baronum.*

¶ **AGENNETUS**, Gr. Ἀγέννητος, Ortus non habens, apud Tertull. cap. 35. adv. Valentin.

* **AGENS in Servitiis**, Qui res domini agit, ejusque possessionibus ac utilitatibus invigilat, nostris *Homme d'affaires.* Acta B. Amadei tom. 2. Aug. pag. 588. col. 2 : *Et cuidam Joanni Petro Seroldano Agenti in servitiis pro ipso domino Antonio et filiis, tunc dixit, quod deberet sepulchrum obturari acere, quia pro ista vice non indigebat sepulchro.* Formulare MS. Instr. fol. 30. v° : *Porro dum argumentosa grataque servicia, quæ nobis hucusque diutius impendisti, digna memoria redolemus, dum et studia tua nobis et ecclesiæ Romanæ serviciis Agentia, juxta nostræ voluntatis beneplacitum providemus, sponte ministerium nostrum in sorte tibi resolvimus graciosum.*

AGENTES dicuntur, qui rebus agendis præsunt, et a Proceribus iis præficiuntur. *Agentes Potentum* in Concilio Aurel. IV. cap. 26. qua notione usurpant Fortunatus in Vita S. Radegundis cap. 34. et Baudonivia in Vita ejusdem S. Radegund. cap. 6. *Agens domus*, apud Gregor. Turon. lib. 7. cap. 42. qui *actor* lib. 9. cap. 35. *Agentes et ministri Monasterii*, in Chronico S. Vincentii de Vulturno pag. 687. *Agens Regis*, in Charta Odardi Dom. Harnensis anno 1328 : *Et se en ce cas li dis Sires, ou si hoirs estoient desfaillans de faire de ce bonne Iustice, lidis Maires et Iurés se pourroient traire et doloir à l'Agent du Roy, et par l'Agent du Roy lidis Sires et si hoirs seront contraint à faire justice du meffait, etc.*

Agentes, Officiales ac Ministri Regii, quorum munus *Actio* inde appellatur. Gregor. Turon. lib. 6. cap. 19 : *Mittit nuncios Comitibus, Ducibusque et reliquis Agentibus, ut collecto exercitu in Regnum Germani sui irruerent.* Marculfus lib. 1. form. 11 : *Ille Rex, omnibus Agentibus, etc.*

Agentes in Rebus, Qui Principis jussis obsecundabant, eorum mandata in provincias perferebant, *Magisteriani* etiam appellati, quod sub Magistro officiorum militarent. [Hinc in Gloss. Latino-Græcis MSS. *Agens in rebus* Μαγιστριανὸς dicitur.] Hieronym. in Abdiam cap. 1 : *Eos enim, quos nunc Agentes in Rebus, vel Veredarios appellant, veteres Frumentarios nominabant.* Ejusmodi Agentium in rebus passim mentio apud Scriptores, quos laudat Jacobus Gotofredus ad tit. Cod. Theod. de Agentibus in rebus, ubi copiose de eorum munere, scholis, et privilegiis.

¶ **AGENTI**, pro *Agentes.* Præceptum Pippini Regis ap. Marten. tom. 1. Ampliss. Collect. pag. 26. col. 2 : *Domesticis, Vicariis, cintenariis vel omnibus Agentis nostris.*

¶ **AGENTIA**, Facultas agendi. Catalogus operum B. Raimundi in Actis SS. Junii tom. 5. pag. 703. E. : ccxxx. *Liber de existentia et agentia Dei contra Averroem.*

AGENTIAMENTUM, Instauramentum, ex Gallico *Agencement, Estorance* : in Consuetud. Tolosæ part. 3. tit. de Dotibus. Tabulæ nuptiales Geraldi Fabri Domicelli D. mansi Milhagueti, etc. ann. 1315. mens. Febr. : *Item fuit dictum, quod dictus nobilis Helias Fabri dabit pro osculo seu Agensamento dictæ Andreæ futuræ suæ sponsæ* 20. *libras in casu prædecessus, etc.* [Consuetud. Tolosæ rubrica de Dotibus art. 1 : *Consuetudo est Tolosæ seu usus, quod mulieres transductæ per maritos ipsis viris præmortuis lucrantur, et debent recuperare de bonis ipsorum maritorum dotes et donationes propter nuptias seu Agentiamentum, ubi constat de Agentiamento et de donatione propter nuptias.*]

* Hæc vox pariter et *Augmentum* promiscue usurpari videntur, in Consuetud. Tolos. hic et in voce *Augmentum* laudatis, quod in Charta mox proferenda diserte legitur; quanquam non ejusdem significationis esse putent viri legum peritissimi. Ut ut est *Agentiamentum* proprie est Donum propter nuptias, quod, præmortuis maritis, uxores repetere possunt ex anteactis pactionibus; unde *Agentiamentum*, *Agencement*, dicitur, a Gall. *Agencer*, Convenire, pacisci. Vide supra *Adjanciamentum.* Testam. Guillelmi Arnaldi de Bellovidere civis Tolos. ann. 1472 : *Item legavit et reliquit dictus testator honestæ mulieri Agneti Ameliæ uxori suæ* 1500. *francos auri;... et hoc in solutionem et satisfactionem dotis suæ, et Agenciamenti, et suorum serviciorum, et omnium aliorum in quibus ipse testator eidem uxori suæ teneri posset.* Instr. matrimonii ann. 1472. ex Tabul. Flamar. : *Etiam assignaret* (Petrus de Langlada) *in et super omnibus et singulis bonis et rebus suis.... dictæ Mundinæ de Baranhiis uxori suæ futuræ, in augmentacione et Agensiamento prædictæ dotis superius expressatæ, videlicet summam quatuor scutorum auri... Assignavit prædictæ Mundinæ de Baranhiis uxori suæ futuræ,...... in augmentacione et Agenciamento prædictæ dotis superius datæ et constitutæ, et pro subportando honera dicti eorum matrimonii, videlicet dictam summam dictorum quatuor scutorum auri.* Ubi *Agentiamentum*, idem prorsus est quod *Augmentum dotis.* Vide in hac voce.

AGER, Terræ, seu agri portio, certis limitibus et mensuris definita, quam alii *Acram* vocant. Math. Paris. ann. 1083 : *Rex Willelmus misit Iustitiarios per omnes Angliæ Comitatus, et inquirere fecit, quot Agri, vel jugera terræ, uni aratro sufficerent per annum in singulis villis.* Lib. Rames. sect. 245 : *Terra unius hidæ, et terra* 28. *Agrorum.* Sect. 297 : *In Houctonensi Campo unum Agrum juxta viam.* Tradit. Fuld. lib. 2. trad. 224 : *De terra culta atque arabili Agros* 54. Trad. 229 : *In villa, quæ dicitur Aschaa,* 80. *Agros propriæ hæreditatis.* Occurrit ibi iterum sub fin. lib. 3. pag. 588. et tom. 13. Spicilegii Acheriani pag. 289. Huc etiam spectare videntur verba Isidori lib. 15. Orig. cap. 15 : *Actum provinciæ Bæticæ rustici Agrum vocant. Agnam*, pro *Agrum*, habent hoc loco Gromatici; est autem actus, ut ibidem definitur, mensura agri *latitudine pedum* 4. *longitudine* 190. Vide *Acra, Campus.*

* Glossæ Cæsarii Heisterbac. in Registr. Prum. tom. 1. Hist. Trevir. Joan. Nic. ab *Hontheim* pag. 667. col. 1 : *In horto facit Agrum integrum.* Vide supra *Acra* 1.

☞ Varia occurrunt apud veteres Agrimensores, Agrorum secundum suas finitiones et figuras spectatorum nomina. Horum quædam ut pote obsoleta, aut etiam barbara hic subjicimus :

¶ Ager Alluvius, Ager est quem paulatim fluvius in agrum reddit. Var. Aut. de Limitib. 230. [** pag. 293 Gœsii. Vide Isid. Orig. lib. 15. cap. 13]

¶ Ager Citratus, Ultrato opponitur. Volater. de Front. 20. Var. Aut. de Limit. 236. [** pag. 298. 299 Gœsii.]

¶ Ager Compascuus, dictus qui a divisoribus agrorum relictus est ad pascendum communiter vicinis. Var. Aut. de Limit. 230. [**Vide Isid. Orig. lib. 15 cap. 13 et Festum in h. v. Cicero Top. c. 3 : *Si Compascuus est ager jus est compascere.* Pluries in fragm. leg. Thoriæ et in Dig. lib. 8. tit. 5. fr. 20. § 1.]

¶ Ager Dextratus. Var. Aut. de Limit. 236. [** p. 298 Gœsii.] Volater. de front. 20.

¶ Ager Habens Caput Bubulum. Var. Aut. de Limit. 174 : *Ager si Caput Bubulum fuerit, id est, duo trigona isopleura juncta etc.*

¶ Ager Lunatus. Var. Aut. de Limit. 175. [** Vide Forcell. lex. in voce *Lunatus.*]

¶ Ager Rudis. Hyg. de Limit. constit. 136 : *Agrum Rudem provincialem sic assignabimus quemadmodum supra dixi.* [** *Ager rudis* est in quo non est seges. Vide Lexica lat.]

¶ Ager Sinistratus. Volater. de front 20.

¶ Ager Trigonus Isopleurus. Var. Aut. de Limit. 174 : *Ager si fuerit trigonus isopleurus habens tria latera per quæ sexagenas perticas habeat, etc.*

¶ Ager Ultratus. Volaterr. de front. 20 : *Ager citratus, Ultratus, etc.*

** Ager significat etiam id quod *longitudo*, eique opponitur *frons* seu latitudo, teste Beiero in Forcell. Lex. edit. Germ.

¶ Ager, Agrorum mensura. Vide *Acri* in voce *Acra.*

* Ager, Dominium amplum, principale prædium, a quo alia feuda etiam nobilia dependent. Chartul. Matiscon. ann. circ. 950. fol. 112 : *Damus aliquid de rebus nostris in pago Lugdunensi, Agro Ladiniacense, in villa Mispiliaco etc.* Et fol. 115 : *In pago Lugdunensi, Agro Ladiniacense, in villa Montis Gudini etc.* Vide *Chorier* Hist. Dalphin. tom. 1. pag. 518. [** Est pars pagi. Vide *Marcha.*

* Agri Pratini, Prata, in Charta ann. 1396. ex Tabul. eccl. S. Thom. Argentin. lib. sal. fol. 33.

* Ager Naturæ, Vulva. Acta dissolut. matrimonii Ludovici XII. fol. 171. v°. ex Bibl. reg : *Audivit dici ab ipso rege moderno..., quod multum laborabat ad cognoscendum eam, et quod non spergebat in Agro naturæ; sed post magnam agitationem et laborem spergebat semen inter coxas.*

¶ **AGERA** Terræ, pro *Acra terræ*, in Chartulario S. Vincentii Cenoman. fol. 94.

** **AGERCULUS**, ager parvus; in Gemma Gemmarum.

AGERE. Capitula Herardi Archiep. Turon. cap. 58 : *Ut exequiæ mortuorum cum luctu secreto... fiant,... et ut* 30. *diebus amici et parentes pro eis Agant.* Id est, *Agendam Mortuorum* faciant. Rabanus Maurus lib. contra Judæos cap. 53. ubi de S. Ambrosii cum Theodosio concertatione de Judæorum Synagoga : *Atque ita obtinuit, ut illa, quæ statuta fuerant, revocarentur :*

nec prius ad altare accedere voluit, nisi fide sua Imperator illum Agere debere testaretur. Cui Episcopus : Ergo Ago fide tua. Respondit Imperator : Age fide mea. Qua sponsione iterata, securus peregit Sacerdos divina mysteria. Vide *Agenda*, et *Missa*.

* **AGERE IN** SCEPTRIS, Regnare. Charta ann. 1108. inter Instr. tom. 11. Gall. Christ. col. 153 : *Tempore quo Francorum rex Henricus Agebat in sceptris, etc.*

* **AGERIA.** Codex S. Martial. Lemov. 84. fol. 149 : *Notum sit omnibus præsentibus et futuris, quod ego R. prior vitæ æternæ volens levare Ageriam.* Pluries ibi; legendum nihilominus videtur *Agonia*.

AGERIENTIA, idem quod *Aisantia*, de qua voce infra agimus. Vetus Charta apud Mabillon. de re Diplomat. pag. 472 : *Villa cognominante in pago Camliacensi cum omni merito vel Agerientias et soledetates suas, etc.* Occurrit eadem vox non semel ibidem.

* **AGEVOLARE**, Academicis Cruscanis est Lenire, mulcere, facilem reddere, Gall. *Adoucir, faciliter.* Stat. antiqua Florent. lib. 1. cap. 73. ex Cod. reg. 4621. fol. 40. v° : *Ipsi superstites teneantur.... Agevolare et retinere intra muros dictorum carcerum, in mallevato vel granario, omnes et singulos carceratos;... dummodo hujusmodi Agevolati pro tali Agevolatione solvant nomine gabellæ... solidum unum... et si dicti superstites..... nomine Agevolaturæ relaxaverint, non facta solutione prædicta, teneantur...... de eorum propria pecunia solvere;... salvo quod nullus Agevolari possit, qui fuerit retentus... pro debito,.... absque licentia creditoris.* Vide supra *Affutire*.

¶ **AGGAGOLA**, } Vide in } *Acucula.*
¶ **AGGAGULA**, } Vide in } *Agagula.*

* **AGGARRIRE**, *Valde garrire*, in Vocabul. compend. Glossar. Lat. Gall. ex Cod. reg. 7684 : *Aggarrire, Jaingler.* Mart. Capella lib. 1. pag. 1 : *Nugulas ineptas Aggarrire.* [** *Agarire, deludere*, spotten, betriegen; in *Gemma Gemmarum.*]

AGGAUDERE, pro *Adgaudere*, apud Petrum Venerab. Epist. 16.

* **AGGENICULARE**, Ponere genua, genua flectere, Gall. *Agenouiller*, olim *Agelongner*, Phib. *de Greves* cancell. Paris. serm. 37. in Psalter. : *Vestes Aggeniculare, seu flectere in terram genua non permittunt.* *Adgeniculari* dixit Tertull. de Pœnit. cap. 9. *Caris Dei Adgeniculari*, pro ad genua procumbere. Lit. remiss. ann. 1363. in Reg. 91. Chartoph. reg. ch. 223 : *Jehan Perier dist à Jehan Fouchier, larron, il sera encores une heure de jour, que tu te Agelongneras devant moy et me prieras que je ne te nuise pas.* Aliæ ann. 1425. in Reg. 173. ch. 207 : *Les supppliant se Agelongnerent devant icellui Jaquin et lui crièrent mercy.* Mirac. B. M. V. MSS. lib. 1 :

> Trop papelars estre soloies,
> Quant tu à genoullons lavoies
> Les piés la poure ribaudalle.

AGGER, Iter publicum, Via Militaris. Gloss. *Agger, Strata, via publica.* Servius ad lib. 5. Æneid. vers. 273 : *Agger est mediæ stratæ eminentia coaggeratis lapidibus strata.* Ammiano lib. 18. et 19. *itinerarius Agger. Agger publicus*, in leg. 2. Cod. Th. Ne quis in palat. maneat; leg. 4. et 5. Cod. eod. de Itinere muniendo; eidem Ammiano, Bedæ in Martyrol. 4. id. Octi. in Actis Martyrii SS. Cantii et Cantiani etc. Vide Bergerium lib. de Viis Imperii. [** Forcell. Lexic. et Vocabularia juridica.]

AGGER TERRÆ *propter finem fundorum antiquitus ingestus*, in Lege Bajuvar. tit. 11. § 3.

¶ **AGGESSIONES** VIARUM, pro *Aggressiones viarum*, id est, vis illata viatoribus. Charta Jacobi Regis Aragoniæ tom. 8. Spicil. Acher. pag. 270 : *Exceptis homicidiis, raptibus virginum.... et latrocinis publiciis sive Aggessionibus viarum et itinerum publicorum et crimine furium, etc.*

¶ **AGGESTA**, *Machinæ genus apud Romanos*, Laur. in Amalthea ex Synodo Nicena. [** Vide *Aggestio*, *Aggestus*, *us* et *Aggestus*, *i*, ap. Forcell.]

AGGESTUS. Anonymus in Vita S. Basoli Confess. cap. 10 : *Usque hodie observatur, ut si fuerit in præfato saltu promota quælibet venatio, et intra Aggestum illius silvulæ hinc et inde prominentem ingressa fuerit, nec canis, nec venator quilibet postea illam prosequi audebit.* Eadem habet Adso Monac. in ejusdem Sancti Vita cap. 23. ubi *Aggestum*, vel *Aggestus*, videtur esse ambitus, seu incinctus silvæ, *aggere* quodam munitus, quomodo Tacitus *aggestus* usurpat. *Aggestum petrarum*, apud Jul. Frontinum de Coloniis. *Aggestus ex ramis arborum diversarum, et junco, et manipulis constructus*, apud Ammianum lib. 20. Id præterea testatur Procopius lib. 2. de Bello Persico cap. 26. qui ejusmodi *aggeres*, Romanis ἄγεστα dici auctor est, quem locum laudat Suidas in verbo ἄκεσσα, ubi Meursius ἄκεστα restituit. Certe ἄκεσσα etiam legitur in Gloss. Gr. MS. Regio cod. 2062. ubi eadem verba, quæ Suidas, habet. Vide Aurel. Victoris Epit. in Caligula, Scriverium ad Vegetium pag. 585. Meursium [** in Gloss. Græcobarb. et Cangii Gloss. med. Græc. voce Ἄγεστα.] Ab hac voce nata, ni fallor, apud nos, in quibusdam provinciis vulgaris loquendi formula : *Sçavoir les Agés d'une maison, ou d'une ville*, pro scire vias ac itinera. Nisi potius *ab Agea, via in navi dicta*, ut est apud Festum et Isidor. πάροδος πλοίου. in Gloss. Lat. Gr.

** **AGGEUS.** Vide Agellus.

¶ **AGGINARE**, Explicare. Glossæ Isidori : *Agginantes, explicantes.* [** Explicare fortasse hic positum ut voc. militare.] Festo *Aginatores sunt qui parvo lucro moventur;* ubi Scaliger ex Glossis : *Aginat*, στρατεύεται, *Aginare*, στρατεύειν. Sed Martinius in Lex. Philol. legendum censet, τραχτεύεται et τραχτεύειν, *tractares;* hoc enim, inquit, latinum verbum transiit in usum Græcorum recentiorum. Vide *Aginare* [** et Forcell. Lexic.]

AGGLATA, [Quivis agri modus.] Vide *Occlata*.

¶ **AGGLINATUM**, *Obliquum, curvum*, Gloss. Bitur. scil. pro *Acclinatum*.

¶ **AGGRANTIA.** Vita B. Rogerii Abb. Ellantii in diœcesi Remensi cap. 10 : *Mortuus denique erat sibi, ut omnibus viveret, omnibus subveniret : multam proinde Aggrantiam sparserat vir ille sanctus, quem sic affecerat sollicitudo fraternæ caritatis.* Ubi forte leg. *fragrantiam.* Gall. dicerent : *Il avoit laissé une bonne odeur de soy.*

* Malim, si quid mutandum est, legere *Aggreantia*. Vide mox *Aggreare*.

¶ **AGGRATIARE**, Parcere, condonare, Gall. *Accorder lettres de grace ou de pardon, Faire grace.* Hist. Comitum Lossenssium, Leodii 1717. part. 3. pag. 164 : *Habetque in locis et pagis prædictis jus Aggratiandi super delictis quibuscumque.* Hinc

¶ **AGGRATIATIO**, quo jus veniam aut abolitionem criminis concedendi significatur.

¶ **AGGRAVARI**, Esse in ultimis, extremum spiritum agere, Gall. *Etre à l'extremité.* Breviarium Hist. Pisanæ ad ann. 1156. apud Murat. tom. 6. col. 171 : *Guillelmus Rex Siciliæ in magnam infirmitatem cadens, per tres menses ita Aggravatus est ut mortuus ab omnibus crederetur et totum regnum perdidit.* Vide *Aggregiare*.

AGGRAVATIO, Repetita et iterata excommunicatio. Vide Statuta Synodalia Nicolai Episcopi Andegav. ann. 1272. cap. 4.

¶ **AGGRAVATUS**, Is in quem propter contumaciam gravior exsecratio seu excommunicatio lata est. Baluz. Hist. Geneal. Arverniæ, tom. 2. pag. 862. in Statutis Synodal. Bertrandi de Turre Episc. Tull. ann. 1359. art. 74 : *Parrochialium Ecclesiarum Rectores.... habeant registra, in quibus nomina nominatim excommunicatorum et nominatim interdictorum, Aggravatorum, Reaggravatorum.... scribant.* Statuta Synodal. Eccles. Eduensis apud Marten. tom. 4. Anecdot. col. 516 : *Excommunicatos, Aggravatos et Reaggravatos... publice denuntient.* Miræi Opera Diplomatica, edit. 2. tom. 1. pag. 228. ex Charta Canonicorum S. Martini Ultraject. pro Richardo domino de Merode : *Et bonorum et jurium Ecclesiarum nostrarum excommunicatus, Aggravatus et interdictus, invocato etiam contra eundem auxilio brachii sæcularis.*

** **AGGRAVATI.** Paul. Diac. lib. 3. cap. 16 : *Populi Aggravati per Longobardos hospites partiuntur.* De his vide H. Leo. Hist. Ital. vol. 1. pag. 81, qui eos homines glebæ adscriptos esse putat.

* **AGGREAMENTUM**, Consensus, approbatio, a Gall. *Agrément.* Charta Henrici VI. reg. Angl. ann. 1457. in Chron. Joh. Whethamstedii pag. 423 : *Et nulla exoneratio fiat illarum* (assignationum) *sine Aggreamento ipsorum, quibus erunt liberatæ.* Vide *Agreamentum*.

¶ **AGGREARE**, Gratum habere, ex Gall. *Agréer.* Rymer. tom. 11. pag. 519 : *Nos tamen, certis de causis et considerationibus nos specialiter moventibus, Aggreavimus, concensimus et permittere volumus, etc.*

* Charta ann. 1371. in Reg. J. Chartoph. reg. ch. 14 : *Quibus supra factis, et per dictum magistrum Nicolaum, nomine dicti dom. nostri regis, Aggreatis, etc.* Vide infra *Agreare*.

* **AGGREDI.** Glossar. vet. ex Cod. reg. 7646 : *Aggreditur, iracunde alloquitur, circumdat. Aggressa, insidiose allocuta.*

¶ **AGGREDULA.** Vide *Accredula*.

* **AGGREGANTER**, *Adunatim*, in Vocabul. compend.

AGGREGARIUS. Thwroczius in Uladislao Rege Hungar. cap. 24 : *Poloni et Sclavi, quos præda delectabat, Aggregario milite muniti, etc.* Videtur legendum, *ac gregario*.

* **AGGREGATIO**, Multitudo, Gall. *Grand nombre.* [**potius Societas, communio.] Stat. Cadubrii lib. 2. cap. 110 : *De masculorum successione, filiabus et neptibus exclusis. Ad decus expectare Cadubrii et gloriam oppinamur locupletes habere subjectos, et Aggregationibus mulierum facultates non minui masculorum, etc.*

* **AGGREGATOR.** Sic cognominatus est Jacobus de Dondis, medicus Patavin. ann. 1385. a libello inscripto : *Aggregator sententiarum doctorum omnium de Præservatione et curatione pestilentiæ*, Romæ edito ann. 1499. fol. per Petr. Pintor. Valentin. Hispan. Hæc ex Observat. erudit. viri D. *Falconet*.

* **AGGREGIARE**, Aggravare, vexare, molestare, vulnerare, nostris etiam *Agragier*, et *Agrégier*, vulgo *Grèver, blesser, attaquer*. Charta Ludovici comit. Andegav. ann. 1372. inter Probat. tom. 4. Hist. Occit. col. 311 : *Cuilibet sit licitum tinctürariam, et lanas, blada... a regno Franciæ extrahere; ne occasione prædicta subditi contra modum debitum valeant Aggregiari.* Lit. remiss. ann. 1389. in Reg. 137. Chartoph. reg. ch. 30 : *Lequel Bernard fery après ledit exposant d'un grand coustel en la face à grant effusion; et pour ce qu'il se senti de ce moult Agragié et esmeu de chaut sanc, refery ledit Bernard de son coustel, telement qu'environ trois heures après il en mourut.* Chron. S. Dion. lib. 2. cap. 11 : *Li rois Theoderic fu forment Agrégiez de maladie, etc.* [** Sueton in Cæsar. cap. 1 : *Morbo quartanæ aggravante.*]

¶ **AGGRESSATUS**, Inceptus, inchoatus. Epistola Ludovici Imperat. ad Arnonem Salzburgensem Archiep. in Maceriis Insulæ Barbaræ : *Sacram et memorabile concilium divino nutu nostroque studio in Aquisgrani palatio nuper Aggressatum, etc.* Eadem habentur apud Miræum tom. 1. pag. 7. edit. 1723.

* **AGGRESSURA**, Aggressio, assultus, Gall. *Attaque*. Tract. MS. de Re milit. et mach. bellicis cap. 3 : *Una pars suorum equitum faciat contra hostes insultum et Aggressuram cum tubis et timpanis.... Ipsi hostes non curaverint amplius de insultu et Aggressura, etc.* Lit. remiss. ann. 1341. in Reg. 74. Chartoph. reg. ch. 376 : *Johannes de Revella,.... cum armis vetitis et prohibitis, insultum et Aggressuram fecit in Jessonum.* [** Legitur apud Appuleium et Jurisconsultos. Vide. Forcellini Lexicon.]

* **AGGRESSUS.** Vide infra *Agressus*.

* **AGGRIPENNIUS**, Modus agri, idem qui *Arapennis*. Vide in hac voce. Charta ann. 1209. ex Tabul. S. Germ. Prat. : *Dederunt præterea dictæ ecclesiæ sacerdoti sex Aggripennios terræ liberos et quittos, salva decima ecclesiæ Columbensis.*

¶ **AGGRUNDA**, *Protectus.* ἐκθέτης, ὁ ἐξώστης, in Gloss. Lat. Græco MSS. At si vim vocum Græcarum spectes, est *expositor*, et *expulsor*. [** Gloss. Græc. Lat. : Ἐκθέτης, ὁ ἐξώστης, *Projectus, aggrunda*. Id. *Sugrunda, Mœnianum*. Est Projectura tecti, qua stillicidium arcetur. Vide Forcell. in voc. *Subgrunda* et *Grunda*.]

¶ 1. **AGIA**, pro *Hagia* vel *Haia*, Silva, vel pars silvæ, quam *hais* seu sepibus muniebant ad feras includendas. Hist. Beccensis Monasterii MS. pag. 16. et 167 : *Eidem quoque Monasterio tradidit idem Wido Comes Agiam de Monte-malo.* Vide *Haga*.

¶ AGIA, iterum pro *Haia*, Sepes, Gall. *Haie*. Instrum. ann. 1276. ex Chartul. minori S. Benigni Divion : *Item super medietatem totius prati de Demois quæ ad partem meam devenit prout se ingerit a metis ibi positis usque ad motam super illud totum scilicet quod ibi habebat dictus Odo pater meus usque ad Agiam mansi.* Et in alio venditionis Instrumento ejusdem anni 1276 : *Quare dictas decem eminas bladi percipiendas et habendas . . . . . assedi nomine meo et hæredum meorum super ea quæ inferius continentur. Primo super totam domum meam . , . . prout illa domus et ejus pertinenciæ se ingerunt ab Agia, quæ est retro.... prout mansis se importat usque ad Agiam horti domus et bordæ.* Charta Oliverii Abbatis S. Johannis Angeriacensis ann. 1307. ex Chartular. ejus Monast. pag. 227 : *Necnon* (asserebamus nos habere) *et pascua ad omnia animalia dicti Prioratus depascenda, venationemque ad omnes feras cum canibus vel alias cum retibus, cordis et instrumentis quibus expedire videbitur; et jus scindendi quascumque arbores dictæ forestæ pro Agiis ibidem ad venandum pro libito voluntatis ac Prioris nostri dicti Prioratus; nomine ejusdem Prioratus esse et fuisse in possessione pacifica omnium præmissorum.* Charta Joannis Morelli pro Monast. S. Joannis Angeriac. ann. 1309. ex eod. Chartulario pag. 238 : *Necnon habent et habebunt venationem et poterunt venari libere jure suo ad omnes feras cum canibus vel alias cum quibuscumque retibus, cordis et instrumentis quibus placuerit vel expedire videbitur ad venandum, ut quodlibet venationis genus exercendi, quotienscunque et quantumcunque voluerint pro libito voluntatis; et jus scindendi quascunque arbores in dicta foresta pro Agiis faciendis, quantumcunque voluerint pro libito voluntatis, quercu tamen excepta et excerpta guarena, de bocheto a via cava versus bochetum.* Vide *Haia* in *Haga*.

** 2. **AGIA**, *giæ*, kranckheyt des zorns, (iræ affectus) in Gemma Gemmarum.

** 3. **AGIA**, *recurrens unda*. Gloss. in cod. reg. 4778.

¶ **AGIA** ANASTASIS, voces Græcæ, sancta Resurrectio. Appendix ad Agnelli librum Pontif. apud Murator. tom. 2. pag. 213. col. 1. B : *Vacante sancta matre nostra Ravennate Ecclesia, quæ Agia nominatur Anastasis, ob privationem Pilei supra nominati.* Hic Pileus Archipræsul multum vexarat Ecclesiam Ravennatem.

AGIADES, Militia Turcica ad muniendo castra et itinera exæquanda, Ital. *Guastatori*. Laonic. Chalcocon. lib. 7 : *Sunt in castris et alii ex Asia oriundi pedites, qui Agiades nominantur, quorum opera rex utitur ad itinera purganda, et ad castra communienda, nec non ad alia, quibus in castris opus est.* Ex Lexic. milit. Caroli de Aquino. [** Vide Lex. med. Græc. voce Ἀγιάδες.]

AGIÆ, *Glandolæ*, in Glossis Isidori [sic et Pith. Excerpt. nisi quod in his legatur *Agia*.] [** An legendum *Agla*. Vide *Aglan* in *Aglanderata*.]

AGIAMA. Breviloq. *Agiama, dicuntur quædam loca in navibus, quæ per artationem remorum veniunt, vel dicuntur foramina, per quæ hortator remos accedit.* [Vide *Agea*.] [** Isid. Orig. lib. 19. cap. 2 : *Agiavia sunt loca in navi per quæ ad remiges hortator accedit. De qua Ennius : Multa foro ponet et Agia via longa repletur*, ubi edit. rec. habent *Agea*.]

* **AGIATUS**, Qui suæ tutelæ est, Gall. *Majeur*, olim *Agié* vel *Aagié*. Vide supra *Aagiatus*. Memor. D. Cam. Comput. Paris. fol. 207. v° : *Dominus Ludovicus regens prædictus, certis ductus causis et rationibus,.... ordinavit quod dictus dom. rex Karolus non Agiatus, pro Agiato teneretur, et quod tanquam rex Agiatus sacraretur.* Arest. Parlam. ann. 1408. ex Cod. reg. 9612. U : *Lite mota... inter dilectum nostrum Johannem comitem Brenæ de novo Agiatum, nec non dilectum et fidelem consiliarium nostrum episcopum Laudunensem, etc.*

¶ **AGIBILIA**, Negotia, Gall. *Affaires*. S. Petrus Cælestinus dicitur *Inexpertus in Agibilibus* tom. 4. SS. Maii pag. 458. *Vir moribus et scientia conspicuus, expertus in Agilibus*, apud Rymer. tom. 4. pag. 570. Occurrit eadem vox in Formulari Anglic. Thomæ *Madox* pag. 336. in Actis SS. April. tom. 2. pag. 588. etc.

¶ **AGIBILIS**, *Industrius, acer, strenuus, velox*, in Goclenii Lexico Philos. Catholicon Latino-Francicum : *Agibilis, Faisable. Agibilitas, Faisableté. Agibiliter, Faisablement.*

¶ **AGICIS.** Vide *Ajacis*.

AGILD, ex Saxonico ægild, alias orgild, *Insolutus, Inultus, sine compensatione*, talis et tam sceleratus, ut ob hujus interfectionem pretium, quod *Weregildum* vocant, non exigatur. Leges Alvredi cap. 6 : *Si Utlaga efficiat, ut occidatur, pro eo quod contra Dei rectum, et Regis Imperium stet,.... jaceat Agild.* In Legib. Kanuti Regis cap. 88 : *Si quis eum inter agendum perimat, Agilde jaceat.* In Legibus Henr. I. cap. 88. corrupte habetur *Egilde*, pro *Agilde*.

¶ **AGILITER**, Facile. Vita S. Catharinæ Senensis April. tom. 3. pag. 956 : *Ceterum quid passa sit a dæmonibus, non Agiliter potest referri.*

¶ **AGILLARIUS**, Bubulcus seu bubulcorum præfectus. à Græco ἀγέλη, Armentum, Anglis veteribus *Heyward* vel *Herdward*. Hic, domino fidem facere et jurare tenebatur : de cujus Sacramenti formula Kennettus loquitur in Glossario ad calcem Antiquit. Ambrosden. Idem ibidem pag. 534. ad ann. 1399 : *Quoddam pratum viride, quod vocatur Heywards-mere, eo quod pertineat ad officium Agillarii domini l'Estrange.* Ratione hujus officii ab aliis domino debitis servitiis immunis erat Bubulcus; hinc in Chartulario Glaston. MS. fol. 40 : *Sunt ibi sexdecim cotarii, quorum alii sunt Bubulci domini, alii sunt Pastores, qui si non essent, deberet quilibet unum opus singulis septimanis per annum.* Præerat Agillarius variis agrorum operibus et operariis. Laudatus Kennettus ad ann. 1425. pag. 576 : *Et in solutis diversis hominibus et fœminis primo die mensis Julii conductis ad sarculandum diversa blada, ut patet per talliam contra Agillarium hoc anno 14. sol. 10. den. etc.* Hujus vero stipendium anno tertio Henrici VI. erat 13. sol. 4. den. : *Et in stipendio Roberti Clerk Agillarii hoc anno 13. sol. 4. den.* apud eund. Kennettum pag.

576. [** Vide Meursii Gloss. Græcob. in voce Ἀγελλάριος.]

* **AGILLIME**, Promptissime, Gall. *Très-promtement, très-facilement.* Vita S. Cathar. Senens. tom. 3. Apr. pag. 893. col. 1 : *Tunc Dominus inquit : In potestate mea sunt omnia, sicut permisi hoc scandalum evenire, sic possum Agillime illud extinguere.*

* **AGILLIMUS**, superlat. Agilis, Gall. *Alerte, dispos.* Mirac. S. Adalberti tom. 5. Jun. pag. 105. col. 2 : *Garbrandus autem, cum esset Agillimus omnium de Castriken, ad omne opus bellicum strenuus, pede, manu ad agendum, ad discurrendum facilis, etc.*

AGILOLFINGI, dicti qui erant de genere Ducum Bavariæ, in Lege Bajuvar. tit. 2. cap. 20. ex quibus, Regum nostrorum indulto, esse debebant Duces omnes Bavarici, ab ipsismet Regibus electi, et constituti, § 3. Chronicon Fredegarii cap. 52 : *Quidam ex proceribus* (Austriæ) *de gente nobili Ayglolfinga, nomine Chrodoaldus.* Ditmarus lib. 5. pag. 55. ait *Bavarios ab initio Ducem eligendi liberam habuisse potestatem.* Ab Agilolfingis istis Welphones prodiisse existimat Rhenanus lib. 2. Rer. German. pag. 88.

1. **AGINA**. Tabularium S. Cyrici Nivern. ann. 8. Roberti Reg. Ch. 60 : *Ermendricus et uxor sua Oolgardis, et Aalgardus et dilectæ illius Aginæ, communiter vendimus, etc.* Infra : *S. Stephani et uxoris suæ Guthurgis, et Ermendrico et conjuge ejus Oolgarde, et Aalgardi et Amabile ejus Agine, qui hanc venditionis cartam fieri et firmari rogaverunt.*

☞ *Agina* non alia videtur quam uxor, a Græco γύνη, Mulier forte sic dicta.

* Nisi a Saxon. *Agen*, Proprius, deducas; quia nihil magis proprium quam uxor putatur. Vide *Agenhine.*

¶ 2. **AGINA**, Trutinæ scapus, quod ea mensura ponderis agatur. At Festo est foramen, in quo inseritur scapus trutinæ et in quo vertitur. Hinc *Aginare.*

* Glossar. vet. ex Cod. reg. 521 : *Agina, æ, ab ago, foramen libræ : vel Agina, idem quod festinancia; et inde Agino, nas, festinare; et inde Aginator, mercator de facili vendens.* Glossar. Lat. Gall. ex Cod. reg. 7692 : *Agina, le treu de la balence, vel hautesce. Aginare, hâter. Aginator, hoc est, qui vet trot.* Glossar. Provinc. Lat. ex Cod. reg. 7657 : *Cochar, Prov. Citare, festinare, Aginare.*

* **AGINANTES**, *Explicantes*, in Glossar. vet. ex Cod. reg. 7641. Vide *Agginare.*

¶ **AGINARE**, Negotiari scil. tractando *Aginam.* Item Isidoro, Explicare. Glossæ MSS. S. Andreæ Avenion. *Agnare, Festinare.* At in Glossis Lat. Græc. MSS. *Aginare* idem est ac Ducere, militare; exercitui præesse : *Aginat*, στρατεύει. Vide *Agginare.* [** Glossa Græc. Lat. integra habet : *Aginat*, διαπράσσεται, στρέφει, μηχανᾶται, στρατεύει, ubi Vulcanius monet στρέφειν hic significare Consuere fraudes.]

¶ **AGINATORES**, quos ab *Agina* dictos ait Festus, Laurentio in Amalthea sunt, *Aurigæ, qui ludis circensibus se exercebant* [** hi sunt *Agitatores*], *et qui parvo lucro moventur.* [** *Qui rem suam agiliter agit.* Gemm. Gemm.]

AGINNENSES, Hæretici, qui vulgo Waldenses, apud Robertum de Monte in Chr. ann. 1178. ab Aginno Occitaniæ urbe

AGIOPELAGUS, *Mare Cycladum*, Æthico, corrupte pro *Ægæopelagus*, ex quo *Archipelagus* postmodum formatum. Mappa mundi tom. 2. Gestorum Dei per Francos pag. 287 : *Et illud mare in aliqua sui parte vocatur Agios pelagos, quod apud nos sonat sanctum mare.* Sanuto Epist. 20. *Lazopelagus dicitur; Ygiopelagus*, apud Anonymum Barensem ann. 1055. Porro Domini Eubœenses, seu Nigriponti, *Duces* se se inscripsisse *Agiopelagi*, observatum olim a nobis in Hist. Gallo-Bisantina lib. 8. n° 31. Αἰγαιοπελάγη τῶν ἀρχῆς mentio est in Menæis 12. Martii in S. Theophane.

¶ **AGIOSYMANDRUM**, Græcis recentioribus aliisque Christianis sub Turcica tyrannide degentibus, dicitur instrumentum ligneum, quod campanæ loco in convocandis cœtibus adhibere coguntur; cum campanarum usus ne forte sono earum, ad rebellionem homines concitentur, a Turcis prohibitus sit. Ab ἅγιος, Sanctus et σημαίνω, Significo. Sic Hofmannus in Lexico.

¶ **AGIPES**, Agipedius. Vide *Acupedium.*

* **AGIRELARIUM**. Stat. Ord. Cartus. ann. 1291. in Append. ad tom. 6. Annal. Bened. pag. 691. col. 2 : *Agricultura non exerceatur in Agirelariis.* Forte pro *Agillarium*, Prædium, in quo armenta boum aliorumve animalium nutriuntur. Vide *Agillarius.*

¶ **AGIRRISIS**, Videtur esse vel pars messis vel census annuus ab eo solvendus qui ex agro non suo fructus percipit. Notitia de terra Flaiaco ex Chartul. Abbatiæ S. Joannis Angeriacensis pag. 28 : *Quod si partem suam Vindocinenses Monachi propriis laboribus et propriis bobus excolere nollent, Monachi S. Joannis eam excolerent et Agirrisim Vindocinensibus redderent.*

* Aut mendum esse in Chartulario, aut perperam lectum fuisse suspicor : hinc emendandum puto substituendumque *Agrarium*; adeo ut sensus sit, tantum ex ea parte ab ipsis exculta reddent, quantum pro *Agrario* persolvi solet.

AGISCUS. Charta Rudesindi Episcopi Dumiensis æræ 830. apud *Yepez* in Chron. Ord. S. Benedicti tom. 5. pag. 424. ubi de ministeriis sacris : *Calices argenteos, ... signos cum Agiscos duos, et tertium ministrandissimum campanas duas, cingulos auro gemmatos duos etc.* Ubi *Agiscus* videtur poni pro *ansa.*

AGISTARE, Adgistare, Agistator, Agistamentum, voces Scriptoribus Anglicis sat frequentes, a Gallico *Giste.* Est autem *Agistare*, animalia seu pecora in silvam immittere, quo ibi jaceant, et pascant, certa anni tempestate, in designatis ab Agistatoribus locis, Galli *Gister* dicunt. Ita

Agistare *boscum, silvam, campum*, est certum pecoris numerum, compascendi jus habentibus, assignare in bosco, silva, aut campo. Capitula Placitorum Coronæ Regis apud Hoved. in Ric. I. pag. 784 : *Item præcipit... quod 4. ponantur Milites ad Agistandos boscos suos, et ad recipiendum pannagium suum.* Mox : *Item præcipit, quod nullus Adgistet boscos suos infra metas forestæ suæ antequam bosci eorum Adgistentur.* Charta Forestæ Joannis Regis Angl. apud Parisium : *Unusquisque liber homo Agistet boscum suum in foresta pro voluntate sua et habeant pannagium suum.* Vide Fletam lib. 2. cap. 41. § 31.

Agistare *animalia*, in boscum aut forestam immittere, in Fleta lib. 2. cap. 41. § 15. Inquisitiones de forisfacturis forestæ in Additam. ad Matth. Paris. cap. 12 : *Inquiratur etiam de equis, equitiis, et aliis averiis Agistatis infra forestam Regis, per quæ patuia forestæ nimis oneratur.* Ibidem : *Inquiratur qui forestarii cœperint finem pro diversis animalibus Agistandis. Agistare porcos*, in Monastico Angl. tom. 2. pag. 230.

Agistare, Pensionem imponere, tributo onerare : metaphora ducta a boscis, aut forestis, quæ pascuis sunt obnoxiæ. In Actis Forens. Edw. I. Regis Angl. apud Seldenum in Mari clauso lib. 2. pag. 191. occurrit mentio *terrarum, ad custodiam maris Agistatarum*, i. ut interpretatur idem Seldenus, *pensione seu tributo onustarum.* Et apud Spelmannum in Ordinat. Marisci *de Runney*, dicuntur *terræ Agistatæ*, quarum possessores ripas seu aggeres vicinos contra impetus aquarum munire tenentur. Neque alio sensu Historia Fundationis Prioratus de Wigmore in Agro Hereford. Gallice scripta, tom. 2. Mon. Angl. pag. 215 : *Et pur plus tost haster cel ranzon, si pria il qu'il vousist granter pur mettre un Agistement d'argent sur sa gent.* i. ut promptius liberationem ejus procuraret, petiit licentiam sibi dari pecuniam a vassallis suis corrogandi.

Agistator, qui pascuis silvaticis præest, et ne ultra metas præscriptas animalia evagentur, aut ultra diem præstitutum pascant, invigilat. Charta Joannis Regis Angl. de Foresta, ann. 1215 : *Agistatores nostri debent accipere panagium suum.* Monasticum Angl. tom. 1. pag. 939 : *Extra omnem potestatem forestariorum, viridariorum, regardatorum, Agistatorum, et omnium aliorum baillivorum forestæ nostræ.* Vide Fletam lib. 2. cap. 41. § 3. et Manwodum in Legibus Forestarum cap. 11. fol. 80.

Agistamentum, jus pascendi animalia in boscis, aut forestis. Hoved. loco citato : *Est sciendum, quod incipit Adgistamentum dom. Regis 15. die ante Festum S. Michaëlis, et durat 15. diebus post festum S. Michaëlis.*

¶ Agistamentum, Alia notione videtur esse tributum propter jus pascendorum animalium in silvis exactum. *Madox* Formulare Anglic. Charta DCXCVII : *Salva in tota vita mea communia pasturæ ad decem jumenta cum eorum sequela trium annorum, pascencia in eadem foresta toto tempore anni sine Agistamento vel impedimento, exceptis pratis et clausis factis vel faciendis; et salva mihi communia pasturæ ad triginta averia mea propria de Melborbis et Perafton, pascencia in eadem foresta per totum annum sine Agistamento.* Hæc vox eodem sensu pluries repetitur ibidem.

** **AGITANTER**, *festinanter.* Gemm. Gemm.

AGITARIUM, Cunabulum, quod ad infantes ad somnum provocandos agitetur et moveatur. Vita S. Pardulfi cap. 18 : *In Agitario, quod vulgo Berciolum vocant, pannis constrictum imposuit.*

¶ **AGITATIO**, Ceremoniæ, nempe in sacrificiis quibusdam oblatio fiebat *Agitatione* versus Orientem, Occidentem, Meridiem et

Septentrionem ad ostendendum in quatuor mundi partibus debere sacrificia ad laudem Nominis Divini offerri. Hofmannus in Lexico universali.

AGITATORES, Aurigæ, *qui agitandi munus exercent* in leg. 3. Cod. de Scenicis, qui equos curules in Circo agunt et agitant. Gloss. Gr. Lat. ἐλάτης ἵππων, *Agitator*. Gloss. Lat. Gr. *Auriga*, *Agitator*, ἡνίοχος, ἐλάτης. Ita emendo, pro *agitur*. Lamprid. in Commodo : *Voluit etiam in Circo quadrigas Agitare.* In Cursibus publicis *animalia publica fuste Agitari* vetantur in leg. 1. C. de Cursu publico. Recensentur autem *agitatores*, ut et pantomimi et histriones, inter viles personas ac inhonestas, in leg. 4. C. de Spectaculis. [Atque apud Romanos ex eo erant numero servorum, e quibus dominus non voluptatem solum, sed et lucrum facere, operas illorum locando, consueverat.] Proinde ii sunt, de quibus hæc habet Concilium Arelatense I. sub Silvestro PP. can. 4 : *De Agitatoribus, qui fideles sunt, placuit eos, quandiu Agitant, a communione separari.* Eadem statuuntur in Concil. Arelat. II. ann. 452. can. 20. ubi *Agitatores, sive Theatrici, dicuntur.* Capit. 3. Caroli M. incerti ann. cap. 1. et lib. 7. cap. 105. novæ Edit. 142 : *Nec ad pugnam properarent, nec arma ferrent, nec homines... necarent, nec Agitatores sanguinum fierent, etc.* *Agitatores* autem ideo proscribuntur, quod plerique ex iis magicis artibus uti crederentur, ut adversariorum suorum equos in certamine frangerent et impedirent, sicque palmam consequerentur : quod ex leg. 9. Cod. de Malefic. colligitur, præterea ex S. Hieronymo in Vita S. Hilarionis, Ammiano lib. 26. et ex Senatore lib. 3. Epist. 51. [*Agitatorum* quoque meminit Paulus Jurisconsultus lib. 43. FF. de Action. emt.]

* **AGITUS**, A, UM, *Chiamato*, in Glossar. Lat. Ital. MS. Vocatus, nominatus. [** leg. *Accitus*.]

AGIUS, AYUS, ἅγιος, Sanctus. Charta Edmundi Reg. Angl. in Monast. Angl. pag. 15. 17 : *Ego ... triumphalem trophæum Agiæ Crucis impressi.* Et pag. 122 : *Agio et alto Domino Zabaoth regnante.* Adde Ingulphum pag. 882. S. Bonifacius Episcopus Moguntin. Epist. 1. *Agiis frustratis, etc.* *Agius Pontifex*, in Vita S. Audomari cap. 1. 3. Utitur etiam Fridegodus in S. Wilfrido cap. 6. Ex his emendanda formula 15. ex Baluzianis : *Agino Salomon pro sapientia bene scripsit hanc sententiam, etc.* Legendum enim *agio*, vel *agios*, aut *agius*. [Vide Miræi Opera Diplomat. edit. 2. pag. 1141.]

AYUS, pro *Agius*, Papias : *Aius*, *Sanctus*. Breviloq. *Aios* Latine, *i. Agios* Græce. Stephanus Episcopus Leod. in Vita S. Lamberti cap. 2 : *Eodem tempore Ayus Pontifex Theodardus, etc.* Ubi loci fallitur Chapeauvillus, qui nomen proprium esse putat. Et cap. seq. *sanctus* dicitur *Theodardus*. Vide Triumphum S. Remacli lib. 2, cap. 36. Glaber lib. 4. cap. 6 : *Exclamavit, ut Christianis mos est, ... Aios, Kyrie eleison.* [Expositio brevis antiquæ Liturgiæ Gallic. inter Anecd. Marten. tom. 5. col. 91 : *Aius vero ante Prophetia pro hoc cantatur in Græca lingua, quia prædicatio Novi Testam. in mundo per Græca lingua processit... Incipiente Præsule Ecclesiæ Aius psallet dicens Latino cum Græco, ut ostendat junctum Testamentum Vetus et Novum.* Et col. 93. *De Aius ante Evangelium* habetur : *Tunc in adventu S. Evangelii claro modulamine denuo psallet Aius in specie Angelorum ante faciem Christi ad portas inferi clamantium : Tollite portas principes vestras, etc.*]

¶ **AGLA**, Baculus vel Sceptrum officii et dignitatis Tribuni militaris apud Turcas, ut docet Leunclavius, teste Spelmano in voce *Drungus*, vel *Druncus*. Hinc

¶ AGLARI, vel AGLARII, pro Tribunis militum dicuntur apud eosdem.

* **AGLANDERATA** QUERCUS, Glandibus onusta. Transactio ann. 1501. ex schedis Pr. *de Mazaugues : Quod.... neque pastores aliqui, neque gardiani extranei pastores, in eadem terra et territorio pastorgantes, . . . possint.... aliquas quercores, nec euves Aglanderatas acanare.* *Aglan*, Glandium pastus, *Glandée*, in Charta ann. 1386. ex Reg. 131. Chartoph. reg. ch. 121 : *Ainsi usageoient ès pastures et à l'Aglan pour leur pourciaux, et pour leurs autres bestes grosses et menues.*

¶ **AGLATA**, pro *Oglata*; quod forte idem est atque *Olca*, Terræ portio arabilis et sepibus clausa. Charta anni XIV. Regni Caroli Regis Franc. et Longobard. Patricii Romani Indict. IX. in magno Chartulario S. Victoris Massil. fol. 24. v° : *Villas cum casis adstantibus vel disruptis, una cum stillicidiis et luminaribus earum, curtis, Aglatis, exiis, vineis, campis, pratis, etc.* Vide *Oglata*.

* **AGLODIARE**, Cumulare, acervare. Glossar. Lat. Gall. ann. 1352. ex Cod. reg. 4120 : *Aglodiare*, *Ammonceleir*.

¶ **AGLOMA**, Victima, hostia. Glossarium Latino-Græcum MS. *Agloma*, ἱερεῖον. Puto legendum *Agonia*, quod vide num. 2.

** **AGLOSSA**, est nomen herbæ, schaffzung oder wegbreyt. Gemm. Gemm.

* **AGLUTINARE**, *Angloutir*, in Glossar. Lat. Gall. ex cod. reg. 4120. Absorbere, deglutire. *Agleter* vero, pro Adhærere, Gall. *S'attacher, s'accrocher*, in Vit. SS. MSS. ex Cod. 28. S. Vict. Paris. fol. 45. v°. col. 2 : *Com uns vilains vausist arer le jour du Dimenche, tantots li manges dê la destral, à laquelle il voloit monder le suec, as doiz contraiz de la destre main s'Agleta.*

AGMANILE. Vide *Aquimanile*.

AGMEN. Charta Hispanica æræ IIII, apud Antonium de *Yepez* in Chronico Ordin. S. Benedicti tom. 3 : *Pro Ecclesia parrochitana, vocabulo S. Mametis, territorio Melagre, super Agmen vocitato Cea, quæ fuerat diruta ab Ismaelitico hoste, etc.* ubi scrib. *Amnem*, vel *flumen*.

¶ **AGMENTARE**, Augere, Gall. *Augmenter*. Occurrit sæpius in veteribus Instrumentis. Litteræ Sugerii ann. 1130. apud Felibian. Hist. San-Dionys. pag. XCVI : *Cotidianum sex solidorum generale IV. solidis, ut decem fiant, refectionem eorum Agmentamus.*

AGMINALES EQUI, in leg. 18. *D.* de Muneribus et onerib. : *Patrimoniorum munera duplicia sunt : nam quædam ex his muneribus, possessionibus, sive patrimoniis indicuntur, veluti Agminales Equi, vel mulæ, et angariæ atque veredi.* In Leg. 4. et 6. Cod. Theod. de Cursu publico, *Agminales seu paraveredi* dicuntur, ita ut *agminales* iidem sint qui *paraveredi*. *Agminales* autem vocatos probabile est, quod gregatim, ἀγεληδὸν, *agminatim*, prope civitates nutrirentur et haberentur ad cursus publicos. [** Hæc est Gothofredi sententia, alii Agminalis dictum esse putant, quasi Ad agmen pertinens, ad exercitum spectans.]

* **AGMINARI**, *Agminatim* decertare, pugnare, Gall. *Se battre en troupes.* Chron. Domin. de Gravina apud Murator. tom. 12. Script. Ital. col. 700 : *Plurimi eorum brigantium nequeuntes per portam intrare in auxilium clamantium sociorum, murum civitatis ibidem prope portam cum cultellis et securibus defabricari cœperunt, et Agminantibus sociis succurerunt largo modo.*

¶ **AGMYNDALA**, pro *Amygdala*, Gall. *Amande*, in Hist. Dalphin. tom. 1. pag. 98.

¶ **AGNA**, Mensuræ genus in agrorum dimensione. Colum. lib. 5. cap. 6 : *Actus quadratus, undique finitur pedibus CXX. hæc duplicatum facit jugerum et ab eo quod erat junctum jugeri nomen usurpavit. Sed hunc actum rustici Bæticæ provinciæ Agnam vocant.* [** Vide Forcell. in voce *Acnua vel Acna*.]

* **AGNACIA**, Minuta decima, quæ ex lanis agnorum, vervecumve percipitur. Charta ann. 1228. in Chartul. Buxer. parte 8 : *Ego Willelmus dominus Marrignei.... concessi in puram et perpetuam elemosinam Deo et beatæ Mariæ de Buxeria.... parvam decimam, quam solebam habere apud Chanobum, quæ nuncupatur Agnacia.* Jura eccl. parroch. de Thoisiaco Eduens. diœc. scripta ann. 1383. ex Cod. reg. 5529. B : *Agnaciam seu decimam lanarum omnium mutonum, castronum et aliorum animalium lanigerorum in tota parrochia yvernatorum percipit curatus.* Voce vero *Agnence*, in Ordinat. pro hospitio comit. Carol. inter Probat. tom. 3. Hist. Burg. p. 255. col. 2. certa lanæ quantitas significari videtur : *Item Jehannotte la Germinée aura une Agnence.* Vide infra *Aignelinus* et *Annacia*.

* **AGNACIO**, Eadem, ut videtur, notione. Charta ann. 1239. in Chartul. Latiniac. fol. 117 : *Cum ecclesia S. Petri Latigniacensis haberet medietatem locationum domorum ecclesiæ de Fontanis, sitarum in villa Latigniaci, et duos modios vini pro vino comitis, et viginti sex denarios, tam pro Agnacionibus quam pro furcis*, (quas scilicet illi in foresta capere poterant.)

AGNAFUS, Fullonem non expertus, ex Græco ἄγναφος, ἄγναπτος. Vetus Charta Cornutiana a Suaresio edita : *Necnon et in palliis pallium holosericum Agnafum auroclavum.*

1. **AGNATIO**, AGNITIO, Liberi. Lex Wisigoth. lib. 10. tit. 1. § 17. cujus titulus est : *De mancipiorum Agnitionibus dividendis : Hac rationabiliter naturæ lege compellimur. Agnitionem ancillæ, quæ servo alieno juncta peperit, inter utrosque dominos æqualiter dividendam.* At lib. 3. tit. 2. § 4. habetur *Agnatio*, id est, nati, liberi : *Agnatio autem servi domino computetur.* Ita etiam in Edicto Theoderici Regis § 65 : *Quoties se ancillæ ingenuus, aut originarius, aut servus forte miscuerit, necesse est ut omnis matrem sequatur Agnatio, id est, filii omnes ad dominum ancillæ pertineant.* Adde leg. un. Cod. Th. de Inquilinis et colonis, et cap. ult. Capitularis ann. 829. Testamentum. S. Aredii : *Nec non et mancipiola hæc et Agnitio eo-*

rum inferius comprehensa, etc. Ita ibi non semel, apud Mabillonium in Analectis tom. 2. [** *Appul.* de herbis cap. 59 de plantis dixit. Vide Forcell. h. v.]

Agnationis charta, qua dominus servi, cui se ingenua junxit, illis indulget, ut qui ex eis nascentur, liberi permaneant. Hujus formula habetur apud Marculfum. lib. 2. cap. 29. Vide Senatorem lib. 7. Epist, 40.

* 2. **AGNATIO.** Stat. civit. Astæ in Continuat. pag. 3. r° : *Crudelius etiam sæviunt* (hæretici) *in seipsos, dum post animarum dispendium, corpora denique severæ mortis illecebris, quam per Agnationem veram et veræ fidei possent evadere, etc.* Ubi *Agnitionem* legendum arbitror.

¶ **AGNEETEN**, Vox Belgica significans munera dare die festo S. Agnetis. De Translatione S. Pontiani Spoleto Ultrajectum tom. 1. Januarii pag. 935. F : *Viget etiamnum Ultrajecti, etsi publice abdicatis Ecclesiæ Catholicæ sacris, consuetudo hoc die xenia largiendi; quibus octavo post die, festo S. Agnetis, mutua repræstantur : hocque Poncen et Agneeten vocant, quasi dicas ad sancti Pontiani sanctæque Agnetis honorem munera impertiri.*

* **AGNEIOTES**, *Qui se castificant*, in Glossar. vet. ex Cod. reg. 7613. a Gr. ἁγνεία, *castitas, castimonium*, ut habent Glossæ Gr. Lat. Vide *Agnenotes*, *Agenerotes* et *Agenevores*.

¶ **AGNELLARE**, Agnum procreare, Gall. *Agneler.* Chartularium Parthenonis SS. Trin. Cadom. fol. 49 : *Si bidentes Agnellant easdem bidentes cum agnis suis observabit.*

AGNELLARII, Quibus agnorum nutriendorum cura incumbit. *Agnellaria*, locus, ubi agni educantur. Statuta antiqua Ord. Carthusiensis 2. part. cap. 19. §. 8 : *Et aufertur præcise omnis spes dispensandi super possessionibus vel reditibus extra terminos habendis : nisi tam urgens et inevitabilis necessitas, quod in majus detrimentum inde accideret. Quod si statutum tam solenniter firmatum rumperetur, et nisi forte in Agnellariis et cellariis, ubi magna necessitas appareret, etc.* Infra § 11 : *In terris Agnellariorum nemo præsumat facere aliquam culturam sine licentia Capituli Generalis, excepto quod hortus ibi poterit haberi.*

AGNELLINI Panni, Ex Gall. *Peaux d'agneaux.* Statuta Cluniac. Petri Venerab. cap. 16 : *Nullus fratrum nostrorum Pannis... qui appellantur Agnellini; exceptis Theutonicis, et iis adjacentibus Monachis... vestiatur.* Charta ann. 1288. apud Perardum in Burgundicis pag. 562 : *Pro quolibet sacco lanarum et Aignelinorum.*

¶ **AGNENOTES**, *Qui se castificant.* Gloss. Bitur. a Græco, ἁγνὸς, *Castus.* Vide *Agneiotes.*

* **AGNERE**, Tædio affici. *Agnet, accidiatur*, in Glossar. Cod. Reg. 7613; [** in cod. reg. 4778 : *Agnit, suffocat.*]

* **AGNETUM**, pro *Agaitum.* Vide supra in hac voce.

AGNILE, ut Ovile, agnorum stabulum. Gloss. Gr. Lat. MS. ἀγνῶν ὁ τόπος, *Agnile.*

¶ **AGNIMA**, Vas mensarium. Vide *Servitium mensæ.*

AGNINA, Caro agni, ἀρνειον κρέας, in Gloss. Græc. Lat. Anna Comnena lib. 8. Alexiad. pag. 230 : Ἀλλ' ἡλίου ἀνατέλλοντος λύκου ἢ ἀρνίου κρέας ἐδόμεθα. [Hac voce usi sunt melioris latinitatis Auctores. Horat. Epist. lib. 1. 15.

Patinas cœnabat omasi vilis et Agnina.

Apud Plautum, indigne fert parasitus *Agninam* vendi pro *Arietina.* A veteribus tanquam vilissimæ et insuaves carnes Agninæ reputabantur. Vide Martinium in Lex. Philol.]

AGNITIO. Vide *Agnatio.*

AGNITUDO, Agnitio. Vita S. Fidoli : *Cujus rei Agnitudine mæstus, etc.*

¶ **AGNOITÆ**, Hæretici ab ignorantia sic dicti, quod novissimam horam Christo, etiam quoad Deitatem, ignotam esse arbitrarentur. Baronium consule ad ann. C. 535. et 563. Alii fuere Theophronii Cappadocis qui se Eunomio junxerat sectatores. Dei omniscientiam in dubium vocarunt circa ann. 370.

AGNOMENTUM, pro *Agnomen*, dixit Apuleius in Apologia [pag. 497. edit 1688 : *Agnomenta et duo indita, Charon ut jam dixi ob oris et animi diritatem.*]

* **AGNOMINIA**, *Infamia, quæ portæ alicujus imponitur.* Glossar. Provinc. Lat. ex Cod. reg. 7657.

* **AGNULUS**, diminut. ab *Agnus*, Monetæ species. Necrolog. MS. Heder. 11. Non. Oct. : *Obiit Elisabeth Deo sacrata, quæ dedit ecclesiæ nostræ unum Agnulum aureum.* Vide *Multo.*

AGNUS, pro *Castus*, ex Græc. ἁγνός. Occurrit non semel in Actis Martyrii SS. Didymi et Theodoræ num. 6. 8.

Agnus, Monetæ aureæ species. Vide *Multo.*

Agnus Dei. Alcuinus : *Sergius PP. constituit ut tempore confractionis Dominici corporis, Agnus Dei a Clero et populo decantetur.* Eadem habent Amalarius lib. 3. cap. 33. Berno Augiensis Abbas, Micrologus cap. 18. Walafrid. Strabo lib. de Reb. Eccles. cap. 22. Chronic. Reichersp. ann. 684. Florent. Wigorn. pag. 568. etc. *Tertius Agnus Dei*, apud Petrum de Vineis lib. 1 Epist. 1. in quo additur : *Dona nobis pacem.*

Anus Dei. Mos erat, verbis utor Sirmondi ad Ennodium, ut ex cereo Paschali, qui Sabbato Sancto conceptis precibus sacratus fuerat, particulæ decerperentur, ac populo die Dominica post Albas post sacram Communionem distribuerentur, unde suffitum in ædibus suis facerent, vel agros vineasque munirent adversus dæmonum præstigias, aut contra fulgura, ac tonitrua. Qui quidem mos olim extra Urbem duntaxat. Romæ enim cerei Paschalis vice ceram oleo perfusam benedicebat Archidiaconus, inde particulas in Agnorum effigiem (ut in Synodo Trullana can. 82.) expressas asservabat, populo similiter, die qua dictum est, dividendas. Quæ res nimirum originem dedit cereis Agni cælestis imaginibus, quæ à Pontificibus ipsis augustiore postea ritu consecrari cœperunt. Id passim docent Ordo Romanus in Ordine de Sabbato Sancto, Alcuinus lib. de Offic. divin. cap. 19. Durandus lib. 6. Ration. cap. 79. Amalarius, etc. Adde præterea Ceremoniale Roman. lib. 1. sect. 7. lib. 2. sect. Baronium ann. 58. n. 76. et Joan. Molanum orat. 1. in qua de istiusmodi *Agnus Dei* fuse disserit. Laudatur etiam Alfonsi Cicarelli de Menavia *Tractatus de origine, benedictione, consecratione, et virtutibus Agnorum Dei*, in Biblioth. MSS. Labbei pag. 228. Chron. Dolense editum a Labbeo ann. 1306 : *Clemens PP. V... Agnus Dei magnam copiam consecravit.* Vitæ Abbatum S. Albani : *Sic non obstitit fulguri impressio Papalis cerea, in qua Agnus Dei figuratur, etc. Particulas ceræ pro benedictione sumere*, habet Gregorius Turon. de Vit. Patr. cap. 8. Neque porro hic omittendi versus, quos Urbanus V. Pap. misit ad Johannem Palæologum Imp. cum Agno Dei, per Mag. Mimera descriptos in Cod. MS. Bibl. Reg. Andr. Danduli Chronicon continente:

Balsamus ac munda cera, cum chrismatis unda,
Conficiunt Agnum, quem do tibi munere magno.
Fove velut natum, per mystica sanctificatum.
Fulgur desursum depellit et omne malignum,
Prægnans servatur, sine vi partus liberatur :
Portatur munde, servat de fluctibus undæ,
Peccatum frangit ut Christi sanguis et angit.
Dona profert dignis, virtutem destruit ignis,
Morte repentina salvat, Satanæque ruina,
Si quis adorat eum, retinebit ab hoste triumphum!
Agne Dei miserere mei!

☞ Hispanorum adversus *Agnus Dei* reverentiam probat Concilium Limanum ann. 1582. tom. 4. Collect. Concil. Hisp. pag. 253 : *Devotio tamen merito laudabilis adversus Agnos Dei a summo Pontifice benedictos secum gestandos omnibus modis probatur, dummodo puri ac non fucati coloris sint.*

¶ Agnus Dei. etc. In Imagine B. M. Virginis scriptum apparens, uti narrant Rigord. in Vita Philippi Aug. Guillelmus de Nangis, Robertus Abbas Montis S. Michaelis in suis ad Sigeberti Chronicon additionibus, Sodalitio Dei, *la Confrairie de Dieu*, occasionem dedit, et grassantibus in Francico regno, in Occitania præsertim et Aquitania, civilibus bellis atque intestinis prædationibus finem imposuit anno circiter 1182. Rem creditu difficilem, ad apparitionem quod attinet, sic narrat Robertus Abbas mox laudatus : *Anno superiori* (1182.) *apparuit Domina nostra, Mater misericordiæ, sancta Maria, cuidam fabro lignario, opus facienti in quadam sylva* (*huic erat nomen Durandus*) *et obtulit illi sigillum iconis suæ, et filii sui Salvatoris nostri, cujus sic conscriptio erat : Agnus Dei, qui tollis peccata mundi, dona nobis pacem. Et jussit ut ferret illud apud Episcopum Lodiensem, ut prædicaret in provincia sua, et aliis circumquaque, ut omnes qui vellent pacem sanctæ Ecclesiæ et Filiis suis, facerent hujusmodi sigilla, et portarent in signum pacis, et facerent parva alba caputia, ad ostentationem pacis et innocentiæ, et dato Sacramento pacem tenerent et inimicos pacis destruerent. Quod et factum est. Nam multi Episcopi et consules, et viri consulares, et mediocres, et pauperes, hanc sectam tenentes pacem tenent et inimicos pacis persequuntur.* Hæc ille, cujus opus ab Acherio editum habes ad calcem operum Guiberti Abbatis de Novigento.

Agnus Paschalis, qui *juxta Romanam auctoritatem, in Pascha benedicitur, non ad altare, sed ad communem mensam*, ut est in Micrologo cap. 54. Benedictionis formula extat in Ordine Romano.

☞ Photius CP. Pseudo-Patriarcha crimini vertebat Latinis, quod agnum simul cum Christi corpore et sanguine super altare ponerent, et more Judæorum offerrent. Hanc criminationem in suis responsionibus uti falsam rejiciunt Æneas Parisiensis Episcopus et Ratramnus Monachus Corbeiensis. Sed Walafridus Strabus, qui ante turbas a Photio excitatas decesserat, fatetur morem offerendi et consecrandi agni de Judaicarum superstitionum seminario natum, quorumdum simplicium errore ad sua usque tempora perseverasse, et in libro de Vita S. Udalrici Augustani Episc. cap. 4. auctore Anonymo, eundem usum sæculo X. apud Augustenses in Paschate obtinuisse legitur; qui mos hodie usque in nonnullis locis viget. Si hanc benedictionem improbabant Græci, rem quidem veram, sed gratis impugnabant : at si huc spectat eorum objectio, quod super altare Agnus offertur, mera calummia est. Non ergo Agnos Ecclesia Latina super altare collocabat, aut simul cum Christi corpore offerebat, sed seorsum : tametsi hunc etiam ritum Walafridus Strabus reprehendit, ratus fortasse non decere, ut simul cum vera Christi corporis et sanguinis hostia, agnus umbraticus benediceretur. Hæc fere ad verbum ex Mabillonii Præfat. ad 2. partem sæculi IV. SS. Bened. num. 162.

¶ AGNORUM PASCHALIUM, a subditis domino dari solitorum meminit Charta ann. 1331. in Hist. Dalph. tom. 2 pag. 191.

AGNUS FUNDENS AQUAM. Anastasius Bibl. in S. Silvestro : *In labium fontis Baptisterii Agnum ex auro purissimo Fundentem Aquam ... in læva Agni B. Joannem Batistam, etc.* Vulgo autem agnum sancto Prodromo appingi solitum palam est, ex his verbis : *Ecce Agnus Dei, etc.*

AGNUS AUREUS, inter ornamenta Ecclesiarum recensetur apud eundem Anastasium in Vitis PP. pag. 28. 32.

AGNORUM CONSUETUDO, Præstatio ex agnis. Charta Ludovici VII. ann. 1145. pro Bituricensib. : *Consuetudo Agnorum, quam Præpositus et Servientes nostri capere debent, capiatur a Ramis-Palmarum usque ad quindenam Paschæ, etc.*

* **AGO**, mendose pro Ligo, Gall. *Houe*, in Terreario MS. dom. *du Chafaut* ann. 1502 : *Quatuor homines vineæ ad hugonem vel Agonem.*

* **AGOGARE**, Nutrire, nisi leg. sit *Agregare*. Charta pro monast. S. Stephani de Fontaneto in Reg. 106. Chartoph. reg. ch. 371 : *Et si aliquo tempore vacalias, aut ovilia, seu porcarias ibidem Agogare faceret, donavit decimas omnium profectuum illarum.* Vide mox *Agolus*.

* **AGOLATUS**, Piscis genus. Stat. Placent. lib. 6. fol. 79. v° : *Item omnes cavedos, barbiolos et Agolatos de duabus libris, et ab inde supra, pro qualibet libra, vj. den. et med.* Vide mox *Agonus*.

¶ **AGOLIZARE**, Applaudere. Vide *Agaulizare*.

* **AGOLUS**, *Baculus pastoris*, in Glossar. vet. ex Cod. reg. 521. Aliud Lat. Gall. ex Cod. 7692 : *Agolus, croce à pastour. Agolum*, apud Festum. *Agulus*, in Glossar. Prov. Lat. ex Cod. 7657.

AGOMANUS. Glossæ Isidori : *Particus, Negotiator, qui per partes vendit, qui Institor et Agomanus dicitur quod in diversa manus agat.*

* **AGON**, Desiderium, quo quis molestatur. Charta ann. 842. in Append. ad Marcam Hispan. col. 777 : *Sed cum diu, ob absentiam præsentiæ vestræ, sub jussione senioris mei in prædicta cum Agone illius jam gaudens residerem urbe, etc.*

¶ **AGON** MORTIS, Corporis et animi extrema colluctatio, Gall. *Agonie*, a Græco ἀγών, Certamen. Occurrit in Reliquiis MSS. Ludewigi tom. 6. pag. 67. Vide *Agonizare* 3.

¶ **AGONES**, Victimæ. Gloss. Isid. Vide *Agonia* 2.

1. **AGONIA**, *Alacritas, vel vigor*, in Glossis Arabico-Lat. ex Græc. ἀγωνία. Joan. de Janua : *Agonia, Vigor, fiducia.* Alias ἀγωνία, est *sollicitudo*, in Gloss. Gr. Lat.

¶ 2. **AGONIA**, *Hostia*. Gloss. Isid. et Excerpta Pithœana. Festus habet : *Agonias, Hostias putabant ab agendo dictas.* Vide Thesaurum Fabri.

¶ **AGONISMUS**, Ultimæ morientis angustiæ, Gall. *Agonie*. Nisi mavis esse locum certaminis; utrumque enim sensum patitur exemplum seq. Vita posterior B. Lidwinæ Virg. part. 3. tom. 2. April. pag. 359. B : *Vix verbum formare vales, et sola in Agonismo decertare contendis?*

¶ 1. **AGONISTA**, Bellatrix. Vita S. Reineldis tom. 4. Julii pag. 177. C : *Fortissima Christi Agonista, nec minis mortis impelli, nec blandimentis amicorum a loco in quo finire disposuerat, avelli potuit.*

¶ AGONYTA, ἀγωνιστής, Certator, miles. Epistola Anonymi de victoriis Regis Davidis, in Oriente apud Baluz. tom. 2. Miscel. pag. 261 : *Cum Christi Agonytis admilitare vos non fastidiat.*

* 2. **AGONISTA**, Campio. Charta Hugonis archiep. Senon. ex Tabul. S. Germ. Prat. : *Porro die belli constituta, cum uterque redissent, quisque prolato suo Agonista, finem rei desiderabant.*

¶ **AGONISTARCHA**, Juxta Lexicon Hofmanni in veteribus gymnasiis is fuisse videtur, qui certaminum publicorum præfectus erat, quive in amphitheatris et gymnasiis, ubi Athletæ in publico ludos prodituri prius exercebantur, munus suum obibat [;** a Græco Ἀγωνιστάρχης] Ejus habetur mentio in hac vetusta Inscriptione apud Ligorium [** ap. Gruter. 38, 5] :

APOLLINE INVICTO
SACRUM
M. AURELIUS M. AUG.
LIB. APOLLONIUS
AGONISTARCHA COMMODIANUS.

¶ **AGONISTICI**, Ex eodem Lexico, Donatistarum sectæ in Africa ramus, qui pervagati ad castella oppidaque tempore nundinarum, fingendo se justitiæ ministros esse, varia scelera committebant. Horum meminit Optatus Milev. lib. 3.

¶ **AGONISTICUS**. *Agonistica corona*, apud Cyprian. Præfat. in lib. de Exhortatione Martyrii, id est, Corona vincentibus destinata. [** Tertull. corona milit. cap. 13.] *Agonisticum munus*, eodem sensu, apud Ludewig. Reliq. MSS. tom. 5. pag. 285.

¶ **AGONITHETA**, Athleta. Acta S. Hamonis Monachi Savigneii MSS. : *Quid faceret miles Christi? Quo novus Agonitheta se verteret? Sæculum quod deseruerat repetere, contra propositum suum erat, etc.* Vide *Agonotheta*.

1. **AGONIZARE**, Laborare, operam collocare, ponere, ad aliquid peragendum. Acta Martyrum Tarasii et socior. apud Baron. ann. 290. num. 24 : *Probus* (Martyr) *dixit*, (Præsidi) *Non quiescis pro dæmoniis Agonizare.* Vita S. Maglorii Episc. Dolensis cap. 9. et 11 : *Si id exequi Agonizaveris.*

2. **AGONIZARE**, Decertare. Odo Cluniacens. lib. 2. de Vita S. Geraldi cap. 1 : *Athleta cælestis militiæ dudum in palestra mundanæ conversationis Agonizans, cuneos vitiorum viriliter debellavit.* Vita S. Rictrudis cap. 12 : *Gymnasium Monasteriale, ubi stadium vitæ præsentis Agonizando percurreret. Martyrii Agonizatio*, apud Gregor. Turon. de Vitis Patrum cap. 7. Vide Eccles. 4. 33.

3. **AGONIZARE**. Extremum spiritum ducere, cum vita scilicet cum morte luctatur : Italis *Agonizare*, nostris *Agonizer*. Leporius Presbyter in libro Emendationis, de Christo : *In hoc maxime fides nostra consistit, ut credamus unicum Filium Dei .... pro nobis omnia secundum carnem fuisse perpessum, et non sibi Agonizasse, sed nobis, etc.* Liber 5. Insinuat. divin. S. Gertrudis cap. 2 : *Exacto mane quodam, ita male valuit, quod putabatur Agonizare.* Occurrit ibi non semel, et apud Cæsarium lib. 1. Mirac. cap. 35. lib. 5. cap. 8. lib. 6. cap. 36. et alios. Ditmarus lib. 6. pag. 77 : *Et jam stola induta in Agone laborantem vidi.* [Vide *Agon mortis*.]

4. **AGONIZARE**, Invadere, adoriri, impetere : *Attaquer une place.* Histor. Obsid. Jadrensis cap. 4 : *Viriliter ipsum* (montem) *cœpit Agonizare.* Galli dicerent *Travailler.*

AGONIZATORIUM, Certamen. Liber Dodanæ manualis cap. 41 : *Ne me damnent vel reprehendant, quod sim temera in tali subintrare Agonizatorio acumine laboris, ut tibi aliquid de Deo dirigere audeam sermonis.* [*Agonizatorium* hic adjectivum est, non substantivum, ut patet ex adjuncto *acumine* vocabulo, idemque est, quod Arduum, Ingens, Acre.]

¶ **AGONIZETA**, Agonista. Vita sancti Hermelandi inter Acta SS. Benedict. sæc. 3. parte 1. pag. 384. A : *Agonizeta virilis omnium virtutum consectans iter.* Pro *Agonizeta* modo leget Cangius noster *Agoniteta* in voce *Agonotheta* : Mabillonii lectionem præferimus. [** *Agonisetta, qui in agone est.* Gloss. Jæckii.]

* **AGONOMUS**, *Princeps, quasi per actionem dictus.* Laur. in Amalth. ex Cath.

¶ **AGONONETA**, Eadem notione qua *Agonizeta*. Historia Mediani Monasterii in Vita S. Hildulphi : *Imperterritus Agononeta Christi sociatus, monasticam normam professione explevit.*

* **AGONOSCEMA**, Compositio ex attritis lapidibus aliisve materiis facta; a Gr. ἀγών et σχῆμα. Charta ann. circ. 1040. in Append. ad Marcam Hispan. col. 1074 : *Supra quam* (planitiem) *magni Principis Michaelis, altare in quatuor pulcherrimis columnis ex Agonoscemate factis, honore condigno statuit.* Vide *Scema* 6.

AGONOTHETA, pro *Agonista*, bellator. Ugutio : *Agonitheta, qui vel quæ est in agone, i. pugil.* Vita S. Ermelandi Abb. MS. : *Omnibus mundi spretis pompis, cæterorum commilitonum vallatus præsidio, Agoniteta virilis, omnium virtutum consectans iter.* Vita S. Castrensis Episcop. n. 1 : *Hoc modo conati* *sunt gloriosos Agonothetas Christi a cultu divinæ legis evertere.* Occurrit præterea in libello de Miraculis S. Quintini in Insula cap. 2. apud Hemereum, apud Odericum Vitalem lib. 7. pag. 642. lib. 8. pag. 669. in Vita S. Vunebaldi cap. 5. apud Adenulphum Archiepisc. Capuanum in Vita S. Marci Galilei Atinensis Episcopi, etc. Alias in Gloss. Lat. Græc. ἀγωνοθέτης, dicitur *Munerarius*, de qua voce multa habet P. Faber lib. 1. Agonist. cap. 18. [** Dig. lib. 50. tit. 4, fr. 18. § 17. Theod. Cod. lib. 15. tit. 9. l. 2.] [Vide *Agonizeta*.]

* **AGONUS.** Tract. MS. de piscibus cap. 15. ex Cod. reg. 6838. C : *Chalcidem.... eandem esse putat* (Rondeletius) *quæ in Italia sardanella vocatur, a maxima cum sardinis similitudine, cujusmodi etiam fert Larius lacus, quæ a Mediolanensibus Agonus nominatur.* Vide supra *Agolatus*.

* **AGORIA**, *Polie*, in Glossar. Lat. Gall. ex Cod. reg. 7692. Trochlea. Gall. *Poulie*.

** **AGORIUS**, *Nundinarius vel forensis, et accipitur pro plebeio.* Gemm. Gemm.

* **AGORONEA**, *Dea agendi*, in Glossar. vet. ex Cod. reg. 521.

¶ **AGOTA**, Synagoga, forte pro *Agora*. Græcis ἀγορά, Locus est in quem populus congregatur. De constructione Castri Saphet apud Baluzium tom. 6. Miscell. pag. 362 : *Idem autem Episcopus Marsiliæ ibi venit cum quibus potuit peregrinis, et posuit tentoria sua in parte ubi fuerat Agota Judæorum et Mesquida Sarracenorum, ut per hoc innueret et aperte significaret, quod castrum Saphet ædificabatur ad debellandas infidelitates infidelium et ad roborandam et defendendam fidem Domini nostri Jesu Christi.*

* **AGOTALLUM**, Instrumentum quo hauritur aqua, et ex nave projicitur; *Aggottare* dicunt Itali, pro Aquam e nave cum hujusmodi instrumento emittere; forte a veteri Gall. *Agoust*, quo significatur canalis seu emissarium, aquarium. Vide mox *Agotum*. Statuta Avenion. MSS. ann. 1243. cap. 53 : *Quod omnes domini omnium molendinorum teneantur habere quoddam navigium, quod per totum annum stet circa molendina cum remis et Agotallo, cum quo navigio, si aliquod infortunium accideret, quod aliquis homo in Rodanum caderet, cum illo navigio possit ei succurri.* Vide mox *Agotum*.

* **AGOTARE**, Aquam emittere, stagnum exsiccare, exhaurire, Hisp. *Agotar*, Gall. *Dessécher*, olim *Agouster*. Charta ann. 1293. ex Tabul. Montispess. : *Dominus Raymundus de Polano, archidiaconus Fenolheti in ecclesia Narbonensi; habens potestatem plenariam.... Agotandi scilicet, ysitandi ac desiccandi stagnum castri novi in Narbonesio, etc.* Vide supra *Agotallum* et mox *Agotum*.

¶ **AGOTI**, Odiosum genus hominum de quibus infra in voce *Cagoti*.

* **AGOTUM**, Canalis, emissarium, aquale, Gall. *Egout, evier*, olim *Agoust*. Charta ann. 1358. in Reg. 86. Chartoph. reg. ch. 598 : *Una cum ipsius domus omnibus et singulis juribus, pertinentiis et appenditiis, visibus et Agotis, etc.* Charta ann. 1370. in lib. patent. S. Germ. Prat. fol. 95. r° : *Une maison.... avecques toutes ses veues, Agoustz, aisences et appartenances quelconques.* Chartul. Latiniac. fol. 194. r° : *Le Procureur demandeur disoit que les dits deffendeurs, ne autres personnes.... ne peuent ou doyvent lever les carreaulx, houer, desmolir, ne faire quelque ouverture en voirie publicque en la ville, terre, seigneurie et chastellenie de Lagny sur Marne, soyt pour faire eschauffaulx, apposer estayes, ou pour faire esvyers ou glassouers, ne autre ouvrage, ... sans le congé.... de messeigneurs les religieulx... dudit Lagny... Et neantmoins les dits Bizet et Vincelot... avoient rompu et desmoly ladite chaussée et en icelle commancé à faire et ediffier ung esvyer, glassouer ou russeau pour mener, Agouster et conduyre l'eaue ès Agoustz de l'ostel dudit Charles.* Occurrit rursum ibid. in Ch. ann. 1378. et 1385. fol. 224. et 225. v°. *Yaue d'Asgout*, Aqua pluvialis, seu quæ ex vicinis terris in locum depressiorem decurrit. Charta ann. 1350. ex Reg. 80. ch. 17 : *Item l'estant de la Hort, seant en la forest de Beauffort, contenant environ v^c. et xxv. arpens d'yaue d'Asgout. Veues, Aigoulx, glassoirs.* Lit. ann. 1404. tom. 9. Ordinat. reg. Franc. pag. 56. Vide supra *Agotallum*.

AGRA. Vide *Acra*.

* **AGRAANTARE**, Approbare, gratum habere, Gall. *Agreer*. Chartul. S. Sulpitii Bitur. fol. 56. v° : *Hanc autem donationem voluit, et coram multis testibus Agraantavit Herveus Virsionensis dominus.*

* **AGRACULUS**, *Verbosus, dicax, clamosus, buco, oritus, loquax, loquaculus, contensiosus, Parlier. Prov.* Glossar. Provinc. Lat. ex Cod. reg. 7657.

* **AGRAHERIUM**, ut *Agrarium*, Tributum, quod ex agris penditur. Inventar. ann. 1476. ex Tabul. Flamar. : *Feuda, servitia, oblias, Agraheria, et alias rendas etc.* Rursum ibid. : *Cum suis certis obliis, sive censibus, decimis, Agraheriis, rendis, revenutis, etc.* Ibidem : *Agreharium*. Vide infra *Agrarium*.

* **AGRAIRALIS**, Cultus, qui opponitur *heremo*. Charta ann. 1266. in Reg. S. Ludov. ex Chartoph. reg. fol. 58. r° : *Item cxvj. sextariatæ terrarum,.... quæ sunt... fere pro medio Agrairales, et quarum circa xxx. sunt heremæ et incultæ.* Alia ann. 1313. in Reg. 49. ch. 92 : *Item sunt ibi novem cartonatæ terræ Agrayrales, quæ reddunt nonam partem fructuum domino dictæ villæ.* Vide infra *Agrarabilis*.

¶ **AGRAMIRE.** Vide *Adramire*.

¶ **AGRAMMATUS**, Illiteratus, ἀγράμματος. Jornandus de reb. Geticis cap. 50 : *Ego autem quamvis Agrammatus Jornandus, ante conversionem meam Notarius fui.* [** Vitruv. lib. 1 cap. 1 : *Non debet, nec potest esse architectus grammaticus, uti fuit Aristarchus, sed non Agrammatos.*]

* **AGRANA**, Jus capiendi certam uvarum immaturarum portionem in vineis subditorum, ad conficiendum omphacium; a veteri Gallico *Agrenet*, vulgo *Verd*, quod de fructu immaturo dicitur æque ac de ligno viridi, ut colligitur ex Lit. remiss. ann. 1423. in Reg. 172. Chartoph. reg. ch. 431 : *Icellui Hannequin frappa le suppliant d'un baston Agrenet qu'il tenoit.... Un petit baston vert, nommé puine, etc.* Charta Caroli IV. reg. Franc. ann. 1326. in Reg. 64. ch. 400 : *Item Agranam unius sexteriatæ vineæ extimatam valere quinque solidos Turon. annui redditus*, Vide *Agressagium*.

* **AGRANARE**, In granum maturescere, Gall. *Grainer*. Libert. Avinioneti ann. 1463. in Reg. 199. Chartoph. reg. ch. 347 : *Pastellum in eorum territoriis et possessionibus.... excrescens et Agranatum.... possint personis extraneis vendere et alienare.* Hinc nostri *Agrainer* dixerunt, pro Proficere, conferre, *Produire, apporter*. Mirac. MSS. B. M. V. lib. 1 :

> Venez veoir comme lerme Agraine
> Grant bien à l'ame et grant profit.

* **AGRANCARE**, ab Ital. *Aggranchiare*, ut observant docti Hagiographi, quod de digitis dicitur, dum ex frigore aut nervorum convulsione contrahuntur. Mirac. S. Rosæ tom. 2. Sept. pag. 451. col. 1 : *Digiti omnes manuum debilitati sunt et attracti, et prout vulgariter dicitur, Agrancati in modum, quod neutra ejus manuum suum satis officium facere poterat. . . . . Quo glorioso corpore cum ejus attractis manibus acclusis digitis devotissime tacto, illico... miraculose liberata fuit.*

AGRANUS, *pro agro accipitur : unde Anianus in expositione supra Matthæum : Qui agrum aut Agranum suscipiat.* Ita Ugutio.

¶ **AGRAPHIUS**, Qui nomen expungit suum ex tabulis vel Instrumentis publicis, ne solvat debitum, a Græco Ἄγραφος, non scriptus.

* **AGRAPPA**, Fibula, hamulus, Gall. *Crochet, agraffe*. Comput. fabricæ eccl. S. Petri Insul. MS. ann. 1528 : *Joanni de Bacy fabro ecclesiæ, pro ferro grosso ac virgis ferreis et Agrappis ad opus vitriarum in navi ecclesiæ, etc.*

* **AGRARABILIS**, Arabilis, culturæ aptus, Gall. *Labourable*. Charta ann. 1350. in Reg. 84. Chartoph. reg. ch. 611 : *Item in et pro vendis sive foriscapiis quarundam terrarum Agrarabilium, quæ tenebantur ab ipsis in emphiteosim.* Vide supra *Agrairalis*.

AGRARE, Ambulare, ire. Victorinus Afer de Principio diei pag. 200 : *Et ideo quacunque sol respexerit, diem et horas fieri. Ita cum peragrans Agrando delato spatio horas mutet.*

AGRARES, Rustici, apud Victor. in Constantino cap. 41.

AGRARIÆ, Vigiliæ, excubiæ. Modestus de Vocabulis rei militaris : *Sive ad vigilias, vel Agrarias faciendas, sive ad opus aliquod, vel ad cursionem campi exeunt milites, etc.* Scriptor tacticus post Notit. Imperii cap. penult. : *Vigiliis et Agrariis exercendis.* Ita *Vigilias et Agrarias* jungit Vegetius lib. 2. cap. 22. lib. 3. cap. 8. *Stationes Agrariæ*, apud Ammian. lib. 14. 16. 25. 31. Vide, quæ ad hunc Scriptorem annotat V. Cl. Henr. Valesius de vocis etymo, ut et Salmasius ad Spartianum. [** Vide etiam Furnalettum in Forcell. Lex. h. v.]

AGRARIENSES, Navigii species, in l. un. Cod. Th. de Lusoriis Danubii; sic autem dictæ, quod *Agrarias*, id est, excubias et vigilias exercerent. Ἀγράρια perinde vocabant Byzantini naviculas, aut lembos, quibus Imperatores Fretum Constantinopolitanum emetiebantur, cum peregre ibant, (unde forte etiam ejusmodi navigio nomen) et in suburbana palatia secedebant. De iis non semel, Constantinus Porph. de Admin. Imperio cap. 5. et Anna Comnena lib. 6. et 7. pag. 181. et 205. Erant præterea *Agraria*, naves piscatoriæ : ἁλιευτικὰ ἀγράρια apud Theophanem, eadem quæ Nicetæ in Isaacio Angelo lib. 1. n. 6. τὰ πρὸς ἰχθύων ἄγραν dicuntur.

AGRARIUM, AGRERIUM, Tributum, seu vectigal, quod ex agris penditur, quod in quibusdam Galliæ provinciis *Agrier*, dicitur; in aliis, *Champart*, *terrage*. *Agraticum* in l. 11. Cod. Th. de Veteran. Lex Bajuvar. cap. 1. tit. 13: *De colonis vel servis Ecclesiæ qualiter serviant, vel qualia tributa reddant, hoc est, Agrarium.* Marculfus lib. 2. form. 36: *Ita ut ab hac die ipso jure proprietario, si ita convenit, aut reditus terræ in tuam revoces potestatem, et nullam functionem, aut reditus terræ, vel pascuarium, aut Agrarium... exinde solvere debeatis.* Item Marculfus : *Vel pascuarium, aut Agrarium, aut carropera.* Constit. Chlotarii ann. 560. post Conc. Parisiense II : *Agraria, pascuaria, vel decimas, porcorum Ecclesiæ pro fidei nostræ devotione concedimus.* Charta Willelmi II. Episcopi Pictavensis apud Beslium pag. 87 : *Et Ecclesia decimam et Agrarium habebit, et messores laboris sui debitum.* Usatica Regni Majorican. MSS. : *Salvo censu sive Agrario dominorum.* Alibi : *Si aliquis honor emphytheoticus, seu qui ad censum seu Agrarium teneatur.* Constitutiones Catalaniæ MSS. : *Salvis censibus et Agrariis constitutis.* Vetus Charta in Actis Episcopor. Cenoman. pag. 200 : *Omnes decimas de suprascriptis villulis, tam de annonis, quam de Agrario, etc.*

AGRERIUM, idem quod *Agrarium*, ex Gall. *Agrier*, ut est in Consuet. Marchensi art. 331. *Agriere*, in Santonensi art. 21. *Ager*, in Solensi tit. 31. art. 4. 5. *Agrere*, in Burdegalensi art. 86. 102. 103. Tabularium Abbatiæ S. Amantii : *Gaufredus dederat decimam partem decimæ, et de Agrerio similiter.* Et alibi : *Tempore messis Agrerium se legaliter reddituros fide pollicentes.* Occurrit ibi pluries, et in Concilio Marciacensi ann. 1326. can. 29. Vide Rocheflavinum de Rebus feodalibus cap. 5.

* Sentent. arbitr. ann. 1292. inter abbat. et consules de Gimonte : *Dent Agrarium, scilicet novenam partem garbarum, deducta undecima parte seu garba pro segaturis.* Lit. remiss. ann. 1460. in Reg. 190. Chartoph. reg. ch. 159 : *Ilz avoient prins sept quinteaulx de gerbes par droit d'Agrier ou terraige.* Vide supra *Agraherium*. [** *Agreira* Provincialibus. Charta ann. 1289 in Coll. Doat. tom. 242. fol. 446. ap. Raynouard. Lex. Rom. vol. 1. pag. 34 : *Gens, esporles, Agreiras.*]

AGRARIUS, *Rusticus, qui colit agrum. Unde Eccl.* 38. *Cum operario Agrario de omni opere tracta.* [** cap. 37. ℣. 14.] Joan. de Janua. Vide Casaubon. ad Spartianum pag. 35. Aurel. Victor. in Maximiano : *Ortus parentibus Agrariis.* Sigebertus ann. 1160 : *Nolens vexare Agrarios, milites, nec burgenses, nec rusticorum multitudinem.* [** Vide Forcellini Lexic. Gemma Gemmarum : *Agricola, Agricolator, Agricolanus, Agrarius idem sunt, scil. colens agrum.*]

* **AGRASCUM**, Omphacium, Gall. *Vinaigre.* Comput. ann. 1399. inter Probat. tom. 3. Hist. Nem. p. 152. col. 2 : *Pro duobus pitalphis de Agrasco x. denar. Turon.* Hispan. *Agracera* est vas omphacii. Vide supra *Agrana*. [** et *Agresta*.]

¶ **AGRATICUM**, pro *Agrarium*. Codex Theodosianus edit. Gothofredi tom. 2. pag. 433. de Veteranis [** lib. 7. tit. 20 l. 11.] : *Namque decernimus, ut his qui soli relicti terras sulcaverint, sine molestia præjudicioque dominorum, provectuum emolumenta quærantur; nihilque illis qui messium tempus adsolent aucupari, Agratici nomine deferatur.*

* **AGRAVALLUS**, Fossa in arena ad capiendas anates disposita, a *vallus*, fossa, et *graveria*, arena, sabulum, Gall. *Gravier*. Lit. remiss. ann. 1412. in Reg. 166. Chartoph. reg. ch. 421 : *Cum supplicans iret visitare quendam Agravallum, quem ipse et quidam vocatus Johannes Durandi.... fecerant in quadam insula sive graverio existente in medio fluminis Atacis, ... pro capiendo anates fluviales etc.*

* 1. **AGRAVARE**, Damnum inferre, Gall. *Préjudicier*. Charta jurium comit. Biter. in civit. Albiæ ann. 1252 : *Et ideo si possent, se deffenderent de præmissis, quoniam si hoc fieret, dominus rex et sui eos in pluribus Agravarent.* Hinc *Se Escrever*, dicitur de morbo ingravescente, in Lit. remiss. ann. 1381. ex Reg. 119. Chartoph. reg. ch. 359 : *Icellui pescheur se fist saingnier d'un bras, apres laquelle saingnié icellui pescheur s'en ala, la propre nuit du jour qu'il fu ainsi saingnié, pescher en la riviere, ... pour laquelle saingnié et mesaise que icellui pescheur ot sur ladite riviere, il se Escreva moult fort à saingner de sondit bras ; apres laquelle Escrevure, etc.*

* 2. **AGRAVARE**, Obstinare, pertinaci animo dicere, Gall. *S'opiniâtrer*. Stat. Cadubrii lib. 2. cap. 89 : *Ordinamus quod si quis tenetur dare agnos vel agnum de decima, vel aliquam aliam decimam decimatam alicui, et ille qui solvit, se Agravaverit minus dare; vel ille qui acceperit, se Agravaverit et dixerit separatum* (f. se parvum) *accipere; quod elligantur per eos, et elligi debeant amici communales, ... qui amici communes sic electi videant decimariam et imponant fictum convenientem.*

¶ **AGRAYRÂLES** PROVENTUS, Fructus et redditus ex agris percipiendi. Transactio inter Abbatem et Monachos Crassenses ann. 1351. ex libro viridi fol. 53 : *Habet, tenet, possidet* (Conventus) *botum, fortiam, redditus et proventus Agrayrales cum medietate decimæ et primiciæ, etc.*

* **AGRAYRALIS**, Cultus. Vide supra *Agrairalis*.

* **AGREABILIS**, a Gall. *Agréable*, Gratus, acceptus. Charta Henr. VI. reg. Angl. ann. 1457. in Chron. Joh. Whethamstedii pag. 420 : *Quod nobis valde Agreabile fuit, ad intelligendum ipsorum bonas dispositiones versus dileccionem, etc. Agréable*, alia notione, apud Bellomaner. MS. cap. 21. scilicet pro Conscius, qui factum aliquod gratum habet, Gall. *Complice*, *qui agrée une chose : Car se il les rechuevent puis* (les auteurs du crime) *il sambleroit que il eussent esté Agréable dou fet.*

AGREAMENTUM, Consensus, *Agrément*. Ridicule definitur apud Rastall. et Leguleios Angl. : *Aggregatio mentium, in re aliqua facta, vel facienda.* Vide *Gratum*. [*Madox* Formulare Anglic. pag. 353 : *Quandam indenturam..,... testificantem in se diversas convenciones, concessiones, condiciones et Agreamenta inter partes prædictas, etc.*]

* **AGREARE**, Consentire, gratum habere, Gall. *Agréer*. Charta Henr. VI. reg. Angl. ann. 1456. in Chron. Joh. Whethamstedii pag. 399 : *Nolentes tamen ipsos, pro quibus aliquæ excepciones sive provisiones, super actu prædicto factæ, Agreatæ, ... existunt, etc.* Nostris olim *Agréer*, pro Satisfacere, solvere, Gall. *Payer*, *donner contentement*. Lit. remis. ann. 1347. in Reg. 76. Chartoph. reg. ch. 99 : *Lesdiz supplians compterent leur escot et Agréerent le tavernier paisiblement.* Aliæ ann. 1376. in Reg. 108. ch. 321 : *Après ce que ledit suppliant et ceulx de sa compaignie eurent Agrée leur hoste, il se partirent d'icelle taverne.* Occurrit rursum in Reg. 112. et 119. ch. 45. et 421. *Aingréer*, in Charta ann. 1286. ex Chartul. S. Mart. Pontisar. fol. 58 : *Sire Raoul requeroit que les ventes et les sesines de une vigne, vendue de nouvel en ce lieu devant dit, li fussent Aingrées pour tant comme à lui appartenoit.* Vide supra *Aggreare*.

* **AGREARIUM**, idem quod *Agrarium*, Tributum, quod ex agris penditur. Charta ann. 1477. pro prioratu de Mauzanis in Lemov. pago infer. : *Recognoverunt se.... teneri solvere quinquaginta solidos, ... novem jornalia hominis, novem gallinas et Agrearium.*

* **AGREDIUM**, ut *Agrearium*. Charta ann. 1288. ex Tabul. Auxitan. archiep. : *Item quod habitatores dicti loci* (de Saissano) *dent domino abbati et canonicis de Fageto de omnibus terris undecimam partem pro Agredio, de illis terris de quibus Agredium debet dari.* Vide supra *Agrarium*.

* **AGREDULA**, *Parva rana in agro morans; Granolha, Prov.* Glossar. Provinc. Lat. ex Cod. Reg. 7657. Glossar. Lat. Ital. MS. *Agredula, la rana picola.* Hinc leg. *Agredulæ*, pro *Agrenulæ*, in nov. edit. Dict. Menag. v. *Grenouille*. Vide *Accredula*.

* **AGREGARE**, Possidere, frui. Charta ann. 903. apud Murator. tom. 3. Antiq. Ital. med. ævi col. 144 : *Ipsas suprascriptas res habere, Agregare, meliorare, restaurare, finisque defensare debeamus sine omni neglicto, etc.*

* **AGREHARIUM.** Vide supra *Agraherium*.

* **AGREIUM**, idem quod *Agrarium*. Chartul. S. Sulpit. Bitur. fol. 46. r° ; *Ego Emenus quintam partem dono inter S. Stephano et S. Sulpicio de omni alodo, pascherium, et Agreium, et censum, excepto bosco de Castaneto.* Vide supra *Agrearium*.

¶ **AGRENTIUM.** Charta Guillelmi Abb. Floriac. ann. 1296 : *Burgenses de Castellione remanebunt et erunt quitti et immunes:... de omnibus redebentiis.... de omni hospitagio, de ferculis nuptiarum vocatis Espaules, de Agrentio, de fusticulis.* Ubi si *Agrentium* non legitur pro *Agrerium*, saltem eodem sensu videtur accipi.

* Si bene scriptum aut lectum est, idem esse mihi videtur quod *Agressagium*. Vide in hac voce et supra *Agrana*.

¶ **AGRER**, Idem quod *Agrarium*. Tabul. Vosiense fol. 43 : *Duo sext. frumenti et me-*

dietatem de Agrer et expletum. fol. 43. verso : *Medietatem de Agrer.* Hæc vox passim legitur in eodem Tabulario, sicut et vox *Agrerium.*

¶ **AGRERIA**, Eadem notione. Litteræ Eduardi Ducis Aquitaniæ et Walliæ Principis pro Monasterio S. Crucis Burdigal. ann. 1357. in Tabulario ejusd. Monasterii : *Ipsi et sui prædecessores pro se et pro arrendatoribus seu recipientibus in acenssam eisdem vineas, decimas et Agrerias suas et alios reditus etc.* Ibidem : *Acenssatores prædictarum vinearum suarum, decimarum, Agreriarum et redituum suorum inquietabat, etc.* Vox *Agraria* septies occurrit in iis Litteris.

* **AGRERIUS**, ut *Agrerium*, Tributum, quod ex agris penditur. Charta ann. 1251 : *Damus omnipotenti Deo, et S. Mariæ matri ejus, et toti capitulo S. Nazarii Carcassonæ,... censum annualem tres solidos Hugonenses, quartos, quintos, Agrerios, tascas, etc.* Vide supra *Agrarium.*

¶ **AGRESSAGIUM**, pro *Agrestagium*, ab *Agresta.* Jus capiendi certam uvarum immaturarum portionem in vineis subditorum ad conficiendum omphacium. Charta Simonis de Balgensiaco, ann. 1242 : *Notum facio quod cum haberem vel me habere dicerem in omnibus vineis Ecclesiarum Clericorum, Militum et omnium feodatorum Balgenciaci, Agressagium meum, attendens quod hujusmodi Agressagium singulis annis pluribus damnum inferret non modicum, mihi autem et meis nullum vel parvum commodum reportaret, de concilio bonorum virorum dictum Agressagium in perpetuum quittavi et concessi, ita quod nec ego nec hæredes mei de cætero in quibuscumque vineis Agressagium vel fructum aliquem vel racemos capere possimus vel habere.* Vide infra *Agresta.*

* **AGRESSUS**, Accessus, aditus, Gall. *Accès, entrée.* Charta ann. 1260. in Chartul. Campan. fol. 134. v° : *Magistri nundinarum Campaniæ inhibuerunt jam ipsis vestrarum nundinarum pariter et terrarum Agressum, in prædictorum præjudicium et gravamen.* Infra : *Ut ita per eorum aut etiam aliorum mercatorum Aggressum et frequentationem terræ, etc.* Nostris olim *Acresser* et *Agresser*, pro *Attaquer*, Aggredi, incitare, irritare. Lit. remiss. ann. 1375. in Reg. 106. Chartoph. reg. ch. 408 : *Ledit Charpentier en Acressant et attainnant et esmouvant ledit Guillot.* Aliæ ann. 1405. in Reg. 160. ch. 102 : *Icellui Aymart Agressa de paroles contentieuses le suppliant.*

AGRESTA, Omphacium, *Verjus*, uti vertit vetus Gallicus Interpres Petri de Crescentiis lib. 4. cap. 24. ex Italico *Agresto*, quasi *Aigret*, acidulus. Albertus Argentin. in Chronico pag. 155 : *Eodem anno... medio Junii, vineis dudum efflorescentibus, grana communiter sufficiebant ad Agrestam : ita quod non est memoria blada et vina adeo floruerunt tempestive.* [Charta pro Communia de Balneolo ann. 1300 : *Aliqua persona non sit ausa accipere frots vitium vel Agrestam, nec amarinas, nec malhols colligere in possessionibus alienis.* Acta Capit. Gener. Ord. Prædicat. ann. 1242. apud Marten. tom. 4. Anecd. col. 1683 : *Item, volumus et mandamus, ut vinaria artificiosa a domibus nostris removeantur, et vineæ pariter ad comestionem et Agrestam faciendam extirpentur.*] [** Vide *Agrascum.* Provincial. *Agras, Eygras*, Gallis olim : *Aigrest*, Hispan. *Agraz*, Lusit. *Agraso.* Vide Raynouardi Lexic. Roman. vol. 1. pag. 34. n° 5.]

☞ *Agrestam* distinguunt medici Salernitani ab *omphacio* pag. 151. editionis anni 1622 : *Carni namque vervecinæ, similiter et vitulinæ atque hedinæ apponi solet in æstate quidem ex aceto et omphacio cum paucis speciebus cum petroselino, zingibere albo, omphacio et pane tosto in aceto vel Agresta macerato, sine allii admixtione.*

* **AGRESTES**, IS, *Lo rastello*, in Glossar. Lat. Ital. MS. Rastellum, Gall. *Rateau.*

* **AGREVISARE**, Aggravare, molestare. Charta ann. 1115. apud Lam. in Delic. erudit. inter not. ad Hist. Sicul. Laur. Bonincont. part. 2. pag. 334 : *Insuper obligavit pro se et pro successosibus hæredibus, contra prædictam ecclesiam, vel contra rectorem ipsius ecclesiæ, de prædicta terra ab hac ora in antea voluerit Agrevisare, tollere, contendere, etc.*

* **AGRIARE**, Jus, quod ratione officii *griarii* competit, exercere. Charta ann. 1263. in Chartul. Guillel. abbat. S. Germ. Prat. fol. 114. v°. col. 2 : *Jus ponendi custodem in ipsis nemoribus griariæ, qui vulgariter griarius appellatur; qui etiam potestatem habeat Agriandi nemora supradicta.* Vide *Gruarius* 1.

AGRICOLA. Diploma Joannæ Comitissæ Flandr. apud Buzelin. lib. 2. Gallo-Fland. cap. 30 : *Vendidit etiam... dimidium bonarium prati, et dimidium Agricolæ, 10. modios avenæ, etc.* Vide *Colonus, Rusticus.*

AGRICOLANUS, *Agricultor*, Joanni de Janua. [Et in Glossis Isid. in voce *Basinius.*]

AGRICOLARE, Colere agrum. *Agricolans*, Agricola, apud Walbertum lib. 1. de miracul. S. Rictrudis cap. 2. [S. Wilhelmi Constitut. Hirsaug. lib. 2. cap. 18 : *Quantum videtur dimittit ad commeatum ejusdem Decani et hospitum supervenientium, et ad opus Agricolandi, quod superest jubet ad Monasterium deferri.* Et alibi passim.]

¶ **AGRICOLATIO**, Jus messem in agro natam partiendi, Gall. *Champart, Terrage.* Chartul. Monasterii Aquicinctensis fol. 46 : *Emit jus Agricolationis terræ 9. uteilum.* Ibidem : *Gerardus Blancus vendidit nobis jus Agricolationis terræ unius uteil et dimidii 16. sol.*

* **AGRICOLATIONES**, Terræ arabiles : Gall. *Terres labourables.* Charta Ludov. VII. reg. Franc. ann. 1166. in Chartul. Cluniac. : *Cetera vero omnia nobis et Cluniacensi ecclesiæ communia erunt omnino, id est, justitia, census, decimæ, terragia, molendina, furni, Agricolationes, vineæ, prata, etc.*

* **AGRICOLATOR**, Agricola. Lit. remiss. ann. 1376. in Reg. 110. Chartoph. reg. ch. 159 : *Ipse Michael.... consuevit simpliciter vivere et pacifice tanquam Agricolator et carpentarius utilis in patria.* Vide infra *Agritor.*

AGRICOLERE, Agrum colere. Tabular. Prioratus Neronis Villæ fol. 28 : *In vinea, quam Agricolit Prior de Puisols, etc.*

* Charta ann. 1173. in Chartul. Maurigniac. ch. 88. *Terra, quæ deinceps ab eis disrumpenda et Agricolenda est.*

* **AGRICULATIO**, Agricultura, aratio, Gall. *Labourage.* Charta Henrici imper. ann. 1012 : *Ad castri firmationem, non alias, diem unum manualem in anno, et hunc non in temporibus fenandi, metendi, et totius Agriculationis, vel sationis, etc.*

¶ **AGRICULTURA**, Prædium rusticum, in quo aratur, plantatur, seritur. Charta Guidonis Archiep. Bituric. ann. 1279. apud Thomasserium Consuetud. Bituric. pag. 115 : *Operarii vinearum, Agriculturarum, ab opere suo non recedant ante horam quæ a nobis et probis hominibus statuatur.* Occurrit rursus in Reliq. MSS. Ludewigi tom. 6. pag. 67.

* **AGRICULTURARIUS**, Ad agriculturam pertinens. Instr. ann. 1384. inter Probat. tom. 3. Hist. Nem. pag. 68. col. 2 : *Et opera Agriculturaria est ad summam, pro anno, centum milium francorum, et ultra.*

AGRIDIUM. Liber Miracul. S. Fidis cap. 21 : *B. Virgo ita eum fando prosequitur : Scias me, inquam, hactenus minime fuisse interpellatam, pro hujusmodi re, ut ista est, pro qua nostra sollicitas suffragia, cum ex diversis morbis valida contulerim Agridia.* Quo loco vox *Agridia*, nisi mendum subsit, *auxilia*, aut *ægrorum sanationes* significat.

¶ **AGRIFUS**, Idem videtur D. Cangio quod *Anaglyphus*, cælatus, sculptus. Vide *Bazia.*

AGRIFARE, Ungues protendere : *Grifes* enim dicimus ungues avium. Fridericus II. Imp. lib. 1. de Arte venandi cap. 56 : *Bistardæ et anates campestres contra aves rapaces horripilant plumas, Agrifando se, et elevant alas, etc.*

¶ **AGRIMINIA**, *Vigilia, agronno enim, id est, vigilo.* Gloss. Bitur. Voces corruptæ ex Græco Ἀγρυπνία, Vigiliæ, et Ἀγρυπνέω vel Ἀγρυπνῶ, Vigilo.

¶ **AGRIOLEONTES**, ut legit Scaliger, apud Capitolinum in Gordiano III. cap. 3. sunt Leones feroces mansuetis oppositi : *Fuerunt sub Gordiano Romæ.... Leones mansueti 60. Agrioleontes 10.* Ut hæc lectio plana videatur, eam tamen improbat Salmasius, quod veteres codices præferant *Arcoleontes*, pro quo ipse scripsit *Argoleontes*, Albi leones, ab Ἀργός, Albus, et λέων, Leo.

* **AGRIOTA**, Cerasi species, Gall. *Griotte.* Comput. ann. 1362. inter Probat. tom. 2. Hist. Nem. pag. 243. col. 2 : *Item pro Agriotis et sereriis, iiij. grossos.*

¶ **AGRIPEDALIS.** Vide *Arapennis.*

¶ **AGRIPENNA**, ut *Arapennis* infra, Modus agri, Gall. *Arpent*, in Hist. Harcur. tom. 4. pag. 2263.

* **AGRIPENNARIUS**, Modus agri, idem qui *Arapennis.* Vide in hac voce. Charta Henrici I. reg. Franc. ann. 36. regni ejusd. in Tabul. S. Petri Carnot : *Dedit* (Albertus) *in bosco S. Remigii Agripennarium unum, cum pasnadio porcorum monachorum.*

¶ **AGRIPENNUS**, Eadem notione qua *Agripenna.* Vide *Arapennis.*

¶ Agripennorum Consuetudo, Præstatio domino feudali pro quolibet *arpento* terræ ex consuetudine persolvenda. Charta Ludovici Blesii, et Claromont. Comitis ann. 1192 : *Et consuetudinem Agripennorum cum Appendentiis suis.* Charta Philippi Augusti ann. 1193 : *Dedit et consuetudinem eis Arpentorum cum appenditiis suis.* Vide *Arapennis.*

¶ **AGRIPENTUM**, in Anecd. Marten. tom. 1. col. 387. idem atque *Arapennis*; quod vide.

¶ **AGRIPERIUS**, Uncinus, fibula, Gall. *Agraffe*. Cod. MS. Ecclesiæ Noviomensis, in quo ejusdem vasa et ornamenta recensentur : *Item 2. colerii novi de eodem panno serico nigro, quibus sunt duo Agriperii argentei. Item unus alius colerius absque Agriperio.*

¶ **AGRIPINNUS.** Tabul. S. Vandregesil. tom. 2. pag. 2089 : *Concessit quemdam hominem cum tribus Agripinnis terræ.* Vide *Arapennis*; quod idem est modus agri, Gall. *Arpent.*

¶ **AGRIPOMUM**, φθινόπωρον, *Autumnus*. Supplem. Antiquarii Gloss. Lat. Gr. MSS. habent :

¶ **AGRIPONNUM**, *Autumnum, pluralia non habent*, φθεινόπωρον. Vide *Ægripomium.*

¶ **AGRIPPA**, Qui *in pedes nascitur inversus*, quasi ægre partus. Glossar. Aniciense MS. annorum 700. Chronicon Cassin. pag. 334. col. 2 : *Agrippæ* dicuntur, *quod contra nascentium legem pedes prius ex utero protulerint.* Vide Hofmannum, supra *Ægripes* [** et Forcell. Lexic. in voce *Agrippa.*]

¶ **AGRISIO**, Cultura. Placitum inter Gondesalvium Abbatem et Odilonem de Silva Spinasaria apud Mabill. Diplom. lib. 6. pag. 531 : *Ibique in eorum præsentia veniens Ramnus qui est Mandatarius Gondesalvio Abbate de Monasterii Chaumense, et interpellavit Odilone pro silva, quam vocant Spinasaria, pro terras cultas hac incultas, ubi et dommos constructos abet, dicens : juvete me audire. Iste prædictus Odilo prendidit ipsas res de pote state Gondesalvio Abbate injuste, malum ordine, suam præsumsione, absque judicio, dum ipse Abba recte jure hoc abuisset. Ad tunc nos Commis, vassi dominici hac judices interrogavimus Odilone, quid ad hæc respondere vellet. Ille vero in suis responsis dixit : manifeste verum est quod ipsas res ego retineo, set non injuste, quia de eremo eas tracxi in Agrisione.* Quod Galli diceremus : *Je l'ai mis en valeur.*

* **AGRITOR**, Agricultor, agricola. Charta ann. 873. in Chartul. eccl. Vienn. fol. 33. v°. col. 1 : *Aliam denique vineam cum campo.... transfundo perpetualiter ad possidendum, ut faciant deinceps Agritores S. Mauricii quicquid melius elegerint.* Vide supra *Agricolator.*

¶ **AGRONNO**, Vigilo. Vide *Agriminia.*

** **AGRO**, Wirth, Hausherr (dominus ædificii, paterfamilias). Vocab. Lat. Germ. ann. 1477. ADEL.

¶ **AGRUMEN**, Olerum genus, acrimoniam aliquam habens, ut porri, allia etc. Vita B. Columbæ tom. 5. Maii pag. 372. * A : *Ubi quandoque ventus lampadem extinguebat, fœtor et fumus officiebant, affligebant eam afror ceparum et Agruminum.*

* Nostris olim *Aygrin*, pro Acrimonia, Gall. *Apreté*, *aigreur*. Lit. remiss. ann. 1394. in Reg. 147. Chartoph. reg. ch. 180 : *Lesquelles pommes et poureaux, qui pourtoit grant Aygrin, etc.* Vide *Acrumen* et infra *Egrunum.* [** Registres des mestiers de la ville de Paris cap. 9 : *Quiconcques a achaté le mestier de regraterie de pain à Paris, il puet vendre .... aus, oignons et toute autre manière d'Aigrun.* Italis *Agrume.*]

* **AGUACHONATUS.** Charta ann. 1473. ex schedis Pr. *de Mazaugues : Et omnes prædicti termini sunt Aguachonati de lapidibus. Agachons* vocant Provinciales, quod nostri *Perdriaux* vel *Témoins* dicunt, silices nempe ad metas apponi solitos, qui metam esse ostendant; quæ vox oritur ex *Agachar*, Provincialibus respicere, Gall. *Regarder*; meta quippe aliam sibi oppositam respicit atque ad eam dirigitur. [** Vide *Guaccha.*]

* **AGUAITUM**, AGUAYTUM, Insidiæ, Ital. *Aguato*, nostris *Aguet*; *Awet*, in Lit. remiss. ann. 1377. ex Reg. 111. Chartoph. reg. ch. 52. *Esguet*, eodem sensu, in aliis ann. 1459. ex Reg. 189. ch. 322 : *Et eulx six armez se misrent en Esguet en ung lieu, ou ilz savoient que le suppliant devoit retourner.* Chron. Bergom. ad ann. 1393. apud Murator. tom. 16. Script. Ital. col. 860 : *Homines de la Plaza del Ulmo, et de ultra Agugiam vallis Brembanæ numero, ut fertur, cl. venerunt in Aguaito in vallem Secham.* Et ad ann. 1402. ibid. col. 905 : *Certi Guelphi existentes in Aguayto prope castrum de Prezate, etc.* Vide supra *Agaitum* et infra *Aguayt.*

* **AGUALE**, idem quod *Aquale*, Canalis; *Agal*, in Charta capit. S. Salvat. Montispess. ann. 1354. ex Reg. 89. Chartoph. reg. ch. 318 : *Et possitis facere canalem seu Agal in capite inferioris partis dictæ paxeriæ versus terram, per quem canalem seu Agal dictam aquam.... possitis ducere ad prata vestra.* Statut. ann. 1270. inter. Probat. tom. 1. Hist. Nem. pag. 93. col. 2 : *Item de stari liberorum Radulphi Lautardi usque ad Aquale, quilibet possit habere in fronteria sua tabularium trium palmorum.*

* **AGUASSERIUM**, Turricula editior in urbium castrorumve muris, unde excubiæ seu *Aguaitum* fieri potest, Gall. *Guérite.* Charta comit. Armaniaci ann. 1353. in Reg. 84. Chartoph. reg. ch. 147 : *In claudendo, muniendo et fortificando eamdem bastitam fossatis, palatiis* (palitiis), *portallis, Aguasseriis et aliis fortalitiis.*

AGUAYT, Insidiæ. [Gall. *Aguet*, ut cum dicimus, *Etre aux Aguets.*] Usatici Barcinonenses MSS. editi a Raimundo Berengarii et Aldamondæ Comit. Barcinon. cap. 2 : *Si quis se miserit in Aguayt, et considerata mente requisierit Militem, et cum fuste cæderit eum, etc.* Ibidem cap. 3 : *Aguayt et Encalz de cavallario et assalt de castello, emendetur per hominaticum et per aliscaram, sicut visum fuerit judicanti, qui judicaverit illam causam.* Adde caput 73. Concilium Helenense ann. 1065 : *Si quis vero infra hanc trevam se miserit in Aguet, vel ipsum Aguet stabilitet pro morte vel apprehensione alicujus hominis, aut pro apprehensione alterius castelli, et tamen si hoc agere non potuerit, similiter emendet ad judicium Episcopi, etc.* Ex voce *Guayta*, *Gaita*, *Gueta*, Excubiæ, vigiliæ. Nam qui alicui insidias molitur ac struit, ut eum opprimat, idem facit, quod qui in excubiis jacet, ut advenientes exploret. Hinc *Aghais* in Consuet. Lillensi art. 63. idem valet quod *exploratio*, uti pluribus observat Gallandus lib. de Franco alodio pag. 80. Vide *Wacta*, et Cujacium lib. 11. Observ. cap. 11. extr.

AGUITARE, Insidias struere, Gall. *Guéter.* Concilium Narbonense ann. 1054. can. 5 : *Insidiando, aut Aguitando, etc.*

* **AGUCCHIAROLUS**, Acuum theca, Gall. *Aiguillier*, ab Ital. *Aguglia*, acus, *Agucchiarolo.* Inventar. jocalium ann. 1389. tom. 3. Cod. diplom. Ital. col. 362 : *Agucchiarolus unus furnitus de perlis circum circa, cum capitellis iv. et una catenella.* Vide infra *Agullium.*

* **AGUEGA**, Vas aquarium, Gall. *Aiguiere.* Inventar. ann. 1361. ex Tabul. Massil. : *Item duas Aguegas. Item unum payrolium.*

* **AGUERPIRE**, idem quod *Guerpire*, Possessionem rei alicujus dimittere. Charta ann. 1217. in Chartul. S. Petri Gand. ch. 19 : *Omnia præmissa.... bene et legitime vendidi, Aguerpivi* (f. ac guerpivi) *pro centum et quadraginta libris Paris.*

¶ **AGUGULA.** Vide *Agagula.*

* **AGUIA**, Piscis genus. Vide infra *Aguilla 2.*

** **AGUICUBORE**, Strangulare, worgen. Vocab. Lat. Germ. ann. 1477. ADEL.

¶ **AGUIJON**, Campanula acutioris soni, quasi nos Galli diceremus, *Aigu-son.* Regula consueta Toribii Archiep. Limæ tom. 4. Collect. Conc. Hispan. pag. 663. col. 1 : *Et ultimo quadrante pulsabitur campanula seu tintinnabulum, quod vulgo vocant Aguijon.* Et pag. 664. col. 2 : *Tam beneficiati quam reliqui ministri.... conveniant ad horas antequam terminetur primus sonitus tintinnabuli, quod vocant Aguijon.* [* Hisp. *Aguijon*, Aculeus, stimulus.]

* **AGUILETA**, Ligula, Gall. *Aiguillette*, olim *Aguillete* et *Esguillemete.* Lit. remiss. ann. 1452. ex Reg. 181. Chartoph. reg. ch. 83 : *Le suppliant vit ung buffet fermé, lequel il ouvrit d'un fer d'une Esguillemete. Aguiletaria*, Ars ipsa, et *Aguiletarius*, ipse artifex. Arest. parlam. ann. 1421. in Lib. 1. Ordinat. super artificiis, etc. Paris. ex Cam. Comput. fol. 89. r° : *Actores dicebant, quod secundum statuta et ordinationes dicti ministerii stigulariorum seu Aguileterariorum villæ nostræ Paris. etc. Nichilominus dicta Aelipdis..... stigulas seu Aguiletas super suo stallo publice vendebat,... ac dictum ministerium Aguiletariæ exercebat.... Quod dicta Aelipdis in dicto ministerio stigulariæ seu Aguiletariæ aprenticia fuerit.* Hinc leg. *Aguiletariis* pro *Aguiletariis* in v. *Stigula*, et contra *Aquilleta*, pro *Aguilleta*, in Inventar. S. Capellæ Paris. ann. 1363. Vide infra *Aquileta.* Charta ann. 1323. in Reg. Cam. Comput. Paris. sign. *Noster* fol. 169. r°. *Giez, chandeliers, Aguilletes, belutiaus, etc.*

* AGULHETA, Eadem notione. Comput. ann. 1412. inter Probat. tom. 3. Hist. Nem. pag. 205. col. 1 : *Solverunt Petro de Lernaco canabasserio pro octo ternalibus ciricis rubei coloris, et medio, pro faciendo Agulhetas positas in pavalhono, et unam pro vexillo, etc.*

* **AGUILINUS**, idem quod *Aquilinus*; *Aguglino* enim et *Aquilino* promiscue usurpant Itali : Moneta Aquileiensis. Comput. decimæ in Italia collectæ ann. 1278. pro subsidio T. S. ex Cod. reg. 5376. fol. 228. v° : *Libræ xxxv. sol. vj. et den vj. Aquilinorum grossorum de Tirolo; Aquilino quolibet mihi computato per collectores pro xx. bagatinis.*

* 1. **AGUILLA**, Pyramis, obeliscus, Ital. *Aguglia*, nostris *Aiguille*, olim *Aguille*, Apex turris ecclesiæ, nostris etiam *Fleche*. Martyrol. MS. eccl. S. Salvat. Aquens. ex schedis Pr. *de Mazaugues : Eodem die* (2. Id. Maii) *et anno Domini* 1411. *fuit reinceptum dictum pignaculum supra ecclesiam usque ad Aguillam*. Reg. Corb. 13. sign. *Habacuc* ad ann. 1511. fol. 92. v° : *Il est necessaire de mettre plusieurs estries et ancres de fer, parce que les Aguilles des baulx et ntrebendes sont separez des esteulx principaulx d'iceluy cloquier*. Vide *Agulha* 1. et *Agulia* 2.

* 2. **AGUILLA**. Tract. MS. de piscibus ex Cod. reg. 6838. C : *Acus vel aculeatus Plinio, nostris aiguille, Italis arguzella, Hispanis Aguilla vel aguia pescado, Venetis acicula, habet etymon a rostri longitudine, tenuitate et acie*.

* **AGUILLADA**, Aculeus, baculus acumine ferreo munitus, quo boves pungendo ducunt, Gall. *Aiguillon*, olim *Aguillée*, *Aguillon*, *Aguise*, *Aguillade*, *Agulhade*, *Agullade*, et *Esguilhade*. Lit. remiss. ann. 1380. in Reg. 117. Chartoph. reg. ch. 8 : *Prædictus Petrus de quadam longa pertica, vocata in illis partibus* (Lemovic.) *Aguillada, cum qua boves conducuntur, eumdem Gerardum percutere attemptavit*. Aliæ ann. 1381. in Reg. 120. ch. 123 : *Jehan de la Briere leva un grant baston, que il avoit en sa main, appellé Aguillon*. Aliæ ann. 1390. in Reg. 139. ch. 92 : *Une verge, nommée Aguillée, à toucher et chasser buefs*. Aliæ ann. 1462. in Reg. 198. ch. 499 : *Jehan Fortist print s'Aguise ou aguillon, à quoi il touchoit les beufz, etc.* Aliæ ann. 1400. in Reg. 155. ch. 105 : *Icelui Geraut donna de son baston, appellé Aguillade, un cop sur la teste de ladite fille*. Aliæ ann. 1445. in Reg. 176. ch. 377 : *Bastons, appellez Aguillades et borbossades, ferrés les aucuns à trois pointes de fer, comme une fourche*. Aliæ ann. 1443. in eod. Reg. ch. 282 : *Ung long baston ou gaule, appellée Agulhade*. Aliæ ann. 1400. in Reg. 155. ch. 115 : *D'une Agullade, qui est la verge ou baston dont l'en poing et fait aler les beufs, etc.* Aliæ demum ann. 1457. in Reg. 187. ch. 332 : *Donna ung grand coup sur l'espaule de l'Esguilhade qu'il tenoit*. *Esguillée*, in aliis ann. 1401. ex Reg. 156. ch. 173. Unde *Aguillade* vel *Eguillade* legendum, pro *Guillade*, in Lit. ann. 1474. ex Reg. 204. ch. 90. Hinc *Aguiler*, Aculeo pungere, ut videtur. Le Roman *de la Rose* MS. :

> Mais Atropos ront et descire
> Quant que ces deux pueent filer,
> Atropos vous bée Aguiler.

¶ **AGUILLERIUS**, vel *Aguillerium*, f. Aqualis, Gall. *Aiguiere*. Cod. MS. Ecclesiæ Noviomensis in quo ejusdem vasa et ornamenta recensentur : *Item unum aliud vas parvi valoris argentatus ad modum Aguillerii, in quo sunt certæ Reliquiæ*.

* Vasis genus est, ut opinor, in acumen desinens, quod pyramidis formam exhibet, sic dictum, ab *Aguilla*. Vide supra in hac voce num. 1. [** Vide *Agullium*.]

¶ **AGUINA**, forte idem quod *Aguinia*, de qua voce infra; ni legendum putes *Aguillarum*. Charta pro communia Balneoli ann. 1208. ex schedis D. *Lancelot : Centenarius Aguinarum* 1. *denar.*

* Legendum haud dubie, *Anguillarum*.

¶ **AGUINIA**, pro *Ingenia*, Gall. *Engins*, Machinæ bellicæ; item instrumenta, et apparatus earumdem. Chronicon Siciliæ, tom. 3. Anecdot. Marten. col. 80 : *Die vero Mercurii* 10. *ejusdem mensis, quædam tidam onerata tribus aliis machinis, terræ Trapani applicuit, post meridiem ad litus dicti castri, et ipso die exoneratæ de dicta tidam in terra Aguinibus et parvis dictarum machinarum*. Ubi legendum, *cum aguinibus parvis, etc.*

* Rectius legeretur, *cum Anginibus parvis*; quod nemo non videt.

¶ **AGUITARE**. Vide *Aguayt*.

AGULA, vel AGALA, *Moneta*, in Glossis Arabico-Lat. Legendum forte *Agalma*. Vide in hac voce, et in *Agagula*.

AGULANI, inter populos, qui Saracenis vel Turcis parebant, cum Franci nostri Syriam ingressi sunt, recensentur passim a Scriptoribus rerum Hierosolymitanarum; sed an hæc appellatio gentis sit, an vero sectæ, incertum plane, cum et ii Publicanis et Azimitis jungantur, quæ indubie nomina sectariorum sunt. De Agulanis id unice prodit Guibertus lib. 5. Gestor. Dei cap. 8 : *Eorum siquidem, quos Agulanos appellant, tria numero millia extitisse feruntur, qui neque gladios, neque lanceas, aut sagittas nulla penitus arma formidant, quia omni ex parte cum ipsi, tum equi eorum ferro adoperiuntur. Hi nihil armorum prorsus in bellis præter enses usui habent*. His consona habent Robertus Monachus lib. 6. Baldricus lib. 5. et alii.

¶ 1. **AGULHA**, Apex turris Ecclesiæ, Gall. *Aiguille, flèche d'un clocher*. Martyrolog. MS. Aquensis Ecclesiæ : *Anno* 1411. *XVII. Kal. Aug. fuit inceptum pignaculum super Ecclesiam usque ad Agulham; et primum lapidem posuit inclytus Princeps Ludovicus filius Regis Ludovici*.

* 2. **AGULHA**, vox lignariorum, Gall. *Aiguille*, lignum longum et ab una parte acutum. Reparat. factæ in senescal. Carcass. ann. 1435 : *Item pro septem peciis fustium de coral, vocatis Agulhas, qualibet longitudine xiij. cannarum, emptis pretio xj. lib. vj. sol.... Item pro aliis xij. peciis, vocatis Agulhas, de coral, etc.* Vide infra *Aiguillia*.

¶ **AGULHETARIUS**, Ligaminum artifex, aut ille qui ligamina stylo instruit, Gall. *Aiguilletier*. Obituarium S. Geraldi Lemovicensis fol. XI. recto : *Postea adveniente die* 26. *Junii anno Domini* 1496. *Petrus de Las Corrieras, dit Chabrier, Agulhetarius exhoneravit et deschargiavit dictam domum a dicto censu*.

* **AGULHO**, Aculeus, Gall. *Pointe*. Stat. ann. 1357. inter Probat. tom. 2. Hist. Nem. pag. 194. col. 1 : *Fiat una trappa per modum cledati, cum Agulhonibus ferri*. Et pag. 196. col. 1 : *Fiat una porta coladissa, clidata cum Agulhonibus ferri, cum turno et cordis*.

¶ 1. **AGULIA**, Vas vel instrumentum præparando sali utile. Testam. Adelaidis, apud Marten. tom. 1. Anecd. col. 102 : *Volo ut in Canonica SS. Justi et Pastoris, remaneat medietas de Salinas, qui fuerat Framaldi quondam in Scalas, cum illorum salarios, coctarios, Agulias, et omnibus suis officinis et areis*.

2. **AGULIA**, Obeliscus, ex Italico *Agu-glia*. Christophorus de Bondelmontibus in Descriptione Constantinopoleos a nobis edita : *Deinde Agulia ex uno lapide in quatuor æneis taxillis in altum erecta cernitur cubitorum viginti quatuor*. Octavianus *de S. Gelais* in Viridario honoris, de Obelisco Romano :

> Près cette Église a un grande Eguille,
> De fin porphyre, et dessus une pomme.

* Apud eumd. Christophorum eodem nomine designatur obeliscus S. Petri : *Palatium Neronis, ubi est Agulia S. Petri*. Infra : *Juxta quod est memoria Cæsaris, id est, Agulia, ubi splendide cinis ejus in suo sarcofago.... requiescit*. Vide supra *Aguilla* 1 et *Agulha*, 1.

* **AGULLA**, Schidia, assula, Gall. *Esquille*. Instr. ann. 1286. inter Instr. tom. 6. Gall. Christ. col. 489 : *Accepi devote et benigne, cum manibus meis propriis, duas Agullas de duobus brachiis beatæ Eulaliæ virginis, scilicet a quolibet brachio unam*.

* **AGULLIUM**, Acuum theca, Gall. *Aiguillier. Aguiller, acuarium*, in Glossar. Gall. Lat. ex Cod. reg. 7684. Acta MSS. Inquisit. Carcass. ann. 1308. fol. 22. r° : *Dicti hæretici dederunt sibi* (mulieri) *pectines et Agullium*. Lit. remiss. ann. 1398. in Reg. 153. Chartoph. reg. ch. 458. bis : *Une bourse et un Aguillier, un demi saint de letton sanz chainete*. Aliæ ann. 1391. in Reg. 141. ch. 228 : *Un Aguillier de drap de laine à couches de soye et à menuës pierres Indes*. Le Roman *de la Rose* MS. :

> Lors trait une aguille d'argent
> D'un Aguillier mingnot et gent.

* **AGULUS**. Vide supra *Agolus*.

* **AGUMENA**, Rudens, quo navis anchoram religatur, Gall. *Cable; Gumina* vel *Gomona*, Academicis Cruscanis, *il canapo attaccato all'ancora*. Stat. Genuens. lib. 4. cap. 1 : *Non possit tamen fieri interdictum, neque incatenatio vasis, postquam positum fuerit ad colam, causa recedendi et navigandi; et intelligatur positum ad colam, quando amoverit Agumenas a mole seu terra, et recesserit e loco in quo erat, quando habebat Agumenas ad molem seu terram*.

¶ **AGUNA**. Concil. 1. Salisburg. : *In pileis suffurraturas non habeant, nisi forte de nigro centato, vel panno, aut nigra pelle Aguna*. Ita legit Spelman. in hac voce, sed ad vocem *Guna* post Meursium legit *aut Guna* pro *Aguna; Guna* autem Spelmannus exponit *cuniculum* a Germanico *cunna*, qua voce significant Germani certum indumenti genus a cuniculo sic appellatum, ut λεοντῆ dicitur a Leone, *ægis*, ἀπὸ τῆς αἰγός. Hæc Spelman. Sed quid si pro *Aguna* legeretur *Agnina*? Planus et facilis esset intellectus. Si tamen *guna* vel *aguna* retinendum est, dicam hac voce non indumentum aut amictum integrum loco citato intelligendum esse, sed dumtaxat assutum pileis pannum vel pellem, ut satis patet ex ipso textu, præsertim ex voce *suffuraturas* : quod assumentum posset confici ex *Aguna* vel *guna* id est, pelle Saxonica, uti conjicio ex hoc Luithprandi loco, quem refert ipse Spelmannus : *Nec ipsa capiet eum in qua natus est pauper et gunata i. pellicea Saxonia*. [** De *Cunen*, pellibus marturinis, vide

Lappenberg. in notis ad Docum. Histor. Hanseat. pag. 26. 36. 41 et 99.]

¶ **AGURIRE**, Litigare, litem movere, Gall. *Plaider*, a Græco ἀγορά, Forum. Processus Ecclesiæ S. Vedasti Attreb. contra Scabinos Attreb. in Chartulario ejusdem Abbatiæ notato V. pag. 39 : *Quarto ex parte Scabinorum objectum est, quod Abbas et Conventus non possunt sine litteris Episcopi vel superioris (de rebus suis in judicio contendere) ad quod responsum fuit quod Agurit auctoritate domini Papæ qui solus est suus Episcopus.* [** leg. *Agunt*].

AGUSADURA. Pactum ann. 1231. inter Alfonsum Comitem Pictavensem et Albertum Abbatem S. Theordardi Montis-Albanensis : *Concessit Comes, quod Abbas haberet quartam partem salini supradicti : verumtamen concessit si idem Comes dimittat, vel derelinquat salinum universitati villæ, etc. Concessit eidem Abbati medietatem eorum, quæ percepit idem Comes in dictis villis occasione de las Agusaduras. Verumtamen si dominus Comes dimittat, vel derelinquat las Agusaduras, quod facere potest, Abbas habebit, etc.* Olim non licebat agricolis vomeres aliaque utensilia ferrea rustica aliis *exacuenda* tradere, quam iis qui a Comite Tolosano ad id præfecti erant, quibus certa pensitatio præstabatur, quæ in Provinciæ Comitatu *Agusadura*, in aliis locis *Agusadge* appellabatur. [In Camera Computorum Paris. habetur Charta Ludovici Ducis Andegavensis ann. 1370. qua Consulibus Lausertæ concedit : *Qu'ils puissent faire aiguiser leurs rasoirs et leurs piques où ils voudront, en payant le feure.*] Quidem putant idem esse, quod aliis *Reillage* dicitur, a voce *Reille*, quæ vomerem significat.

* **AGUSARE**, Acuere, Gall. *Aiguiser*, Ital. *Aguzzare*. Privileg. loci de Portello ann. 1405. in Reg. 184. Chartoph. reg. ch. 586 : *Dictus faber debet aptare sive Agusare vomeres sive relhas ad laborandum.* Vide *Agusadura*.

¶ **AGUSTALE**, Nummus aureus. Vide *Moneta*.

¶ **AGUSTATICUS.** } Monetæ genus. Vi-
¶ **AGUSTUS.** } de *Denarius*.

¶ **AGUSTUS** MINSIS, pro *Augustus* in Charta Chlodovæi III. ann. 691. apud Felibianum Hist. San-Dionys. pag. XI.

AGUTARITUS. Vide *Canis argutarius*.

* **AGUZADERA.** Sic lego in ead. Charta ex Cam. Comput. Tolos. pro *Agusadura*, ut edidit Cangius. Vide in hac voce.

AGUZO, Cuspis, Italis *Aguzzare*, In cuspidem acuere. Constitut. Neapol. lib. 2. tit. 37. § 1 : *Campiones habeant clavas æquales, non spinosas, nec cum Agusonibus.*

¶ **AGYALE**, Genus navigii, forte piscatoria navis. Est enim αἰγιαλεύς, Piscator, ab αἰγιαλός, Littus, ora maritima. Vita S. Raynerii tom. 3. Junii pag. 464 : *Guido lagio... cum sociis suis ibat in Thunisim cum quodam Agyali, exeuntibus ipsis de faucibus Arni, ascenderunt in mare altum per directum.*

¶ **AGYNNII**, Heretici circa ann. Christi 694. a carne et conjugio abstinebant, Deum utriusque auctorem inficiati. A γυνή, Mulier et α privat. sic dicebantur. Vide Hofmanni Lexicon universale.

AHALEPTE, [Dimidium] Vide *Chunna*.

¶ **AHANAGIUM.** Vide in *Ahanare*.

AHANARE, Agrum colere, laborare. Nam *Ahaner*, est anxie laborare, cum *anhelitus* difficultate captare aërem, quod faciunt, qui labori seu agriculturæ insistunt. Vox ficta ab *Anhelare*, seu potius ab ægra et coacta anhelatione, quam emittunt, qui labori succumbunt, *Ahan*. Vide Jacob. *Bourgoing* lib. de Orig. et usu vulgar. vocum pag. 7. Charta M. Abbatis S. Vedasti Atrebat ann. 1245 : *Si autem homo non manens super terra debente gabulum, velit terram debentem gabulam Ahanare, ipse potest, etc.* Ibidem : *Ita videlicet quod equus possit Ahanare eo modo, quo voluerit homo, cujus erit,.... et equus aquitabit totam terram, quam aliquis ad garbam per Ahanagium fidele Ahanabit : et postquam homo terram suam ad gascheriam et Martium Ahanaverit, ipse potest eam persequi, cum tot equis, quot sibi placuerit.* Rob. *de Bourron* in Merlino MS. : *Canques ils labourent et Ahenoient, aloit à mal. Terres Ahanables*, pro *labourables*, in Consuetud. Bononiensi art. 170. 174. *Ahans, Terres à labeur*, in Consuetud. Montensi cap. 50. Vide *Affanare*.

[☞ Menagius in suo Dictionario etymologiarum linguæ Gallicæ vocem *Ahan* ducit ex Italica *Affano*, Pœna, labor, observatque Hispanos et Occitanos etiamnum uti voce *Affan*, et a Lugdunensibus *Affaneurs* appellari mercenarios ruri laborantes. Rustici Belgæ quos Wallones vocant, usque hodie utuntur vocibus *Ahan*, et *Ahaner*, haud generatim pro *agrum colere*, sed tantum pro *serere, seminare, Ensemencer*. Hinc *les Ahans*, apud ipsos eadem sunt, quæ recenter sata, *Terres nouvellement ensemencées*.]

AHANAGIAUM. Charta Balduini D. *Walaincourt*, an. 1224. in Tabulario Abbatiæ Montis. S.Martini : *Nihil juris aut dominii retinens (in dictis terris), sed quidquid juris et dominii habebant in eis, cum Ahanagio ipsarum futuro Ecclesiæ sæpe dictæ concedens.* [Charta Agnetis Abbatissæ Strumensis in tabulario ejusdem Parthenonis ann. 1227 : *Cum inter nos ex una parte... super Ahanagio quarumdam terrarum quæstio verteretur, etc.*] Vide *Affanagium*, *Affanator*, et mox *Ahenagium*.

* **AHE**, *interjectio. Heæ, Istæ*. Glossar. vet. ex Cod. reg. 7646.

¶ **AHELEPTE**, Dimidium, Vide *Chunna*.

* **AHENAGIUM**, Quidquid ex agris cultis colligitur, idem quod *Ahanagium*; a veteri Gall. *Ahan*, pœna, labor, molestia : quia non sine magno labore agri coluntur, sic dictum. Lit. remiss. ann. 1375. in Reg. 108. Chartoph. reg. ch. 103 : *Après ce que ledit Jehan fu deschaucié entra oudit gué, et tant se y efforça pour mettre hors laditte charrette, que il entra en fievre en ycellui gué, pour le grant Ahan qui il y avoit eu, et pour la froidure qu'il y print.* Vita J. C. MS. :

> Si me samble par vérité
> Qu'i aie esté quatre mille ans,
> Tant ai soufert de grans Ahans....
> Allons ent en Jhérusalem,
> Iluekes soufferra l'Ahan.

Bestiarius MS. :

> Espira un nouvel Adan,
> Qui pour nous trait peine Ahan.

Inventar. Chart. Monast. fol. 29. v° : *Carta officialis Cathalaunensis de dimidio modii siliginis in furno de Sommerellis, aut super Ahenagio dom. de Sommerellis pro pitancia.* Nostris *Ahanage* et *Ahennage*, pro ipsa terræ cultura, et pro terra arabili. Chartul. Corb. sign. *Ezechiel* ad ann. 1421. fol. 109. v° : *Tellement que ce ne puist porter préjudice à l'Ahanage, et que on y puist Ahaner deuement.* Lit. remiss. ann. 1371. in Reg. 102. ch. 323 : *Jehannin menast une chartée d'amendement aux champs en l'Ahennage de son pere.* Hinc *Ahennier*, pro Agricola, *Laboureur*. Lit. remiss. ann. 1374. in Reg. 105. ch. 444 : *Lyenin de Bergues, dit Frerin poure laboureur et Ahennier etc. Charretier ou Hannier de la ville de Vrely*, in aliis ann. 1441. ex Reg. 176. ch. 98. Unde emendandæ Lit. ann. 1442. in eodem Reg. ch. 125. ubi legitur *Ahermier*. *Ahenner*, Agrum colere. Charta Commun. de Busenc. ann. 1357. tom. 4. Ordinat. reg. Franc. pag. 371 : *De toutes les terres arables et labourables que on Ahennera etc. Enhanner*, eodem sensu, unde *Enhannable*, Culturæ habilis. Charta ann. 1372. in Reg. 105. ch. 74 : *Terres Enhannables toutes assises environ ledit mannoir, bien Enhannées et labourées.* Lit. remiss. ann. 1477. in Reg 195. ch. 1636 : *Je te prometz Mahieu que avant qu'il soit huit jours, je te trouveray en la charrue ou tu Enhanes. Haner*, in aliis ann. 1389. ex Reg. 136. ch. 224. *Ahenniaus*, quæ ad arationem pertinent dicuntur, in Sentent. arbitr. ann. 1313. ex Reg. 53. ch. 53 : *Li manent de chiaus qui ont chevaus Ahenniaus etc.* Vide *Ahanare*.

¶ **AHENIA**, Idem forte quod Hispanis *Alhania*, Angustum cubiculum, Gall. *Petite chambre, logis étroit.* Primum Testam. Adefonsi Hispan. Regis apud Marten. tom. 1. Ampliss. Collect. col. 546 : *Et unam Aheniam in ripa illius fluminis supradicti.*

* Terram arabilem hic intelligo.

¶ **AHORUS**, Qui rapitur immatura morte, a Græco ἄωρος, qui non fit suo tempore. Tertull. de Anima cap. 57 : *Aut optimum est hic retineri secundum Ahoros, aut pessimum secundum biothanatos, ut ipsis etiam vocabulis utar, quibus auctrix opinionum istarum magia sonat.*

* Nostri sensu opposito *Aheurer* dixerunt, pro Opportune agere. Math. de Couciaco in Hist. Caroli VII. ubi de ejus exequiis : *Les torches et les cierges de l'escurie y furent bien et honorablement Aheurez.* Diverso prorsus sensu diversaque origine, nempe ab ora, pro Deserere, discedere, Gall. *S'absenter, abandonner*, in Lit. remiss. ann. 1448. ex Reg. 176. Chartoph. reg. ch. 634 : *Acause de laquelle haine.... convint au suppliant soy Aheurer du pays.*

* **AHTA.** Vide supra *Achta*.

AHTEID, Sacramenti genus apud Boios. Decretum Tassilonis in Lege Bajuv. cap. 6 : *Sacratum, quod Ahteid dicitur, juret in Ecclesia cum tribus, etc.* Ubi Lindenbrog. *Aht*, bannum Imperii, *Eid*, juramentum.

* Vide Schilter. in Glossar. Teuton. ad vocem *Ahton*. [** et Grimmii Antiq. jur. pag. 907.]

¶ 1. **AIA**, Sepes, Gall. *Haie*. Locus est in *Biennum*. Vide *Haga*.

* Charta. ann. 1165. inter Probat. Hist. Autiss. pag. 22. col. 1 : *De Aiis vero quas pater meus tempore guerræ in nemoribus S. Mariæ Monasterii Melederensis.... fecit, etc.* Ubi indicatur silvæ pars delecta, quam sepibus muniebant ad feras includendas, aut ad alios usus. Charta ann. 1358. apud Corbinell. inter Probat. domus *de Gondi* pag. 157 : *Item unum petium terræ laborativæ cum Aia, pergulis et arboribus.*

¶ 2. **AJA** apud Hebræos accipitris species est, quam veteres *Æsalonem*, Germani *Smirle*, Galli *Esmerillon* appellant. Nomen a clamore. Uti enim aquilarum clangere est, milvorum jugere vel lipire, accipitrum pipare, et crocitare corvorum ; ita *ja, ja* secundum Arabes hujus avis proprium est, unde ipsa Hebræis dicta videtur איה *Aja;* unde de ejus oculo legimus Job. 28. 7 : *Semitam non novit avis, neque eam vidit oculus Aja.* Hæc ex Hofmanni Lexico.

1. **AIACIS**, [Agicis, Aicis, Aizes, Aizum, Vicaria, districtus *Vicarii*, Gall. *Viguerie.*] In Tabulario Ecclesiæ S. Juliani Brivatensis passim occurrunt hæc verba : *In Aice Brivatense, Ambronense, Nonatense, Cantillanico, Montanico, Riomense, etc.* Ubi in aliquot Chartis aliis pro hac voce habetur : *In Vicaria Brivatense, Nonatense, etc.* In Charta 160. fol. 92 : *In ipso Aice, seu in ipsa Vicaria.* Ubi perperam *in arce* reposuit aut legit Justellus in probat. Hist. Arvern. pag. 10. Et Ch. 248 : *In ipso Aiace et in ipsa Vicaria.* Ch. 250 : *In ipsa Aiace Brivati, in ipsa villa, quæ dicitur Fontanas.. et in ipsa Aiace Comiense curtem nostram, etc.* Ch. 351 : *In Comitatu et Vicaria Brivatense, in ipso Aiace, cedo Deo, etc.* Adde Ch. 260. 282. 297. In Ch. 223. habetur *Agice.*

[☞ Harumce synonymarum vocum acceptio pro Vicaria evidenter probatur ex Instrumento Ecclesiæ Vabrensis tom. 1, novæ Gall. Christ. pag. 58. ubi *Ministerium* idem est quod *Vicaria*, et *Aicis* idem quod *Ministerium* : *Est ipse locus situs in pago Ruthenico in Vigaria Curiense.* Mox subditur : *Hoc sunt res proprietatis nostræ... in pago Ruthenico in Ministerio Curiense.* Deinde : *Vobis donamus similiter in ipso Aice vel in ipso Ministerio alios mansos nostros.* Mabillonius in Actis SS. Benedict. sæc. 3. part. 2. pag. 195. in hunc locum Chartæ commutationis Comitem Bernardum inter et Lanfredum Abb. Mausiacensem ann. 764 : *Qui* (locus Mauciacus) *est in patria Arvernica in Aice Riomense constructus in honore B. Petri Apostolorum principis, etc;* ait nomine *Aicis* pagum esse intelligendum, sed quominus in hocce loco, ut et in superioribus Vicarii districtus intelligatur, nihil impedit.

¶ Aizis, Eadem notione. Charta Octomari Presbyteri relata in libro cui titulus : *Pièces pour et contre la Maison de Bouillon, à Cologne* pag. 7 : *Et sunt sitæ ipsæ res in pago Arvernico, in villa quæ vocatur Maticara, in Aize Catiracensi.* Ibidem in alia Charta : *Sunt autem sitæ ipsæ res in pago Arvernico... in Aize Messiacensi, in loco cui vocabulum est ad Boscum, etc.*

¶ Aizum, Eadem significatione. Charta Cuneberti levitæ apud Baluz. tom. 2. Hist. Arver. pag. 16 : *Et in ipso Aizo mansos duos, qui vocantur Puco-navato cum omni sua integritate... et in ipso Aizo in villa quæ dicitur Ravacus, mansos duos cum appendariis tribus.*

¶ 2. **AIACIS**, Prædium, domus cum horto, terris, vineis, etc. Idem fere quod *Mansus*, Gall. *Cense, Ferme.*] Vetus Charta ex Tabulario Ecclesiæ Gratianopolitanæ fol. 25 : *Est autem ipsa Ecclesia sita in Episcopatu Gratianopolitanensi, in Aice castro, quæ nominant sancto Georgio.* Alia Stephani Episc. Claromont. in Tabul. Celsiniacensis monasterii : *Sunt autem duo Aizes, unus ad Burnonem, quem Galmannus excolit, cum curtis, horto et vineis, et alius Aizes, qui vocatur ad Petrum, etc.* Idem Tabular. : *Dat eis Petrus ipse Aizum quoddam, continens in semet curtem unam et furnum, mansiones quoque et viridarium.* [Baluz. Hist. Arverniæ tom. 2. pag. 41. in Charta Ugonis Sacerdotis : *Et illum Aice quem conquistavi de Vidiano et Davit cum campis et salcedis et pratis.*] Occurrit etiam passim hæc vox in Libro Mirabili, seu Tabulario Abbatiæ Conchensis in Ruthenis, et in Tabulario Monasterii S. Theofridi in Vallavis. Arverni hodie *Aize*, vocant agrum, vel terram incultam, ædi alicui adjacentem. [* Lit. remiss. ann. 1410. in Reg. 164. Chrtoph. reg. ch. 289 : *Comme le suppliant s'en feust alé querir en une estaillerie, nommé Ayse,.... une volture d'estaille, etc.* Ubi *Ayse* id significare videtur, quo quis uti potest.]

¶ **AJACENTIÆ**, pro *Adjacentiæ.* Legitur apud Baluz. in Hist. Arvern. tom. 2. pag. 8. ex Chartulario Brivatensi.

* **AIANRICUS.** *Regnante Rege Aianrico*, in Charta pro abbatia S. Egidii ex Tabul. ejusd. Unus est e variis modis scribendi nomen *Henrici;* quod monuisse satis est.

AICHATA. Charta Philippi Regis Franc. ann. 1310. pro Libertatibus Bastidæ in Petrogoricis, ex 47. Regesto Tabularii Regii n. 38 : *De sommata ferri, pannorum lanceorum 2. den. de sotularibus, de calderiis, anderiis, patellis, Aichatis, payroliis, cutellis, falcilliis, sarpiis, piscibus salsatis, et rebus consimilibus, dabit venditor extraneus in die fori pro leuda et pro intragio 2. den.* [* Vide infra in *Aissata.*]

* **AICIUM**, ut *Aiacis* 2. Prædium, domus cum horto. Chartul. Celsinian. ch. 173 : *Dono S. Petro, et supradictis sanctis, et monachis Aicio uno in villa Soliniaco, cum curte et horto.*

¶ **AIDÆ**, Subsidiaria tributa, Gall. *Aides.* Hæc ut etiamnum Reges nostri, ita et Domini feudales quondam a subditis solebant exigere. Litteræ Francisci. I. pro S. Capella Paris. : *Quos quidem tres Apparitores... ordinamus fore et esse immunes... ab omnibus impositionibus, Aidis et aliis tributis.* Charta Richardi de Lambervilla in Tabulario A. Monasterii Gemmeticensis cap. 361 : *Varantizandum ab omni Aida et rescantia et amouta.* Charta Officialis Paris. ann. 1264. ex Tabulario S. Germani a Pratis : *Quinque arpenta terræ... ad censum 6. denariorum quodlibet arpentum sine alio onere, redditu, costuma, tallia, relevamento, Aida, corveia, campiparte et alio quocumque nomine censeantur.*

☞ Ex *Aidæ* vocabulo natum est nomen, *la Cour des Aides*, Gallis omnibus notissimum, hoc est, Supremum rei tributariæ tribunal, in quo quidquid tributorum, vectigalium atque subsidiorum est, judicatur. Hujus summi tribunalis originem referunt ad Regem Joannem cognomento *Bonum*, qui cum 28. Decembris anni 1355. decreto statuisset, ut quidquid mercium venumdaretur, certum sibi tributum solveret, judices instituit, qui lites ex novi tributi solutione natas cognoscerent, et ita dirimerent, ut nulla esset ab iis judicibus ad alios provocatio. Ad hanc Joannis *Boni* institutionem Senatus Curiæ subsidiorum Parisiensis suam originem refert acceptam. Recentiores sunt, quæ aliis regni urbibus fuerunt institutæ *Curiæ* subsidiorum.

* **AIDARE**, a Gall. *Aider*, Adjuvare. Comput. MS. eccl. S. Egid. Abbavil. ann. 1386 : *Pro Willelmo Louireh, qui Aidavit in creusatione dictæ fossæ, j. den.* Nostris *Aider*, pro Subsidiarium tributum, nomine *Aide*, solvere. Ordinat. Deputat. trium Statuum ann. 1355. tom. 3. Ordinat. reg. Franc. pag. 24 : *Et se lesdits serviteurs gaignent cent solz, ou au dessous, il ne Aideront de riens, se il n'avoient aucuns biens equipolenz, ou quel cas il Aideront comme dessus. Aidance*, Auxilium, *Secours.* Le Roman *de Cleomades* MS. :

Cascuns ait seure espérance,
Car Dieux sera en nostre Aidance.

Aie, eadem notione, in Poem. reg. Navar. tom. 2. Cant. 4 :

Tres haute amors ki tant s'est abaissé,
Qu'en mon cuer se daigna hebergier,
A faire un chant m'a presté s'Aie.

* *Aihue*, apud Petr. de Fontan. cap. 11. art. 5. Id omne quod auxilio est.

* **AIDEN**, *Infirmum*, in Glossar. vet. ex Cod. reg. 7646. an quia alterius auxilio indiget? Vide supra *Aidare.* [** Leg. *Infernum.* Gloss. Græc. Lat. Αΐδης, inferus. Gloss. in cod. Reg. 4778 : *Apden, infernum*, inter vocabula per Ai incipientia.]

AIDUS, Adjutor, Gall. *Aide.* Edictum Rotharis Regis Longob. tit. 109. § 1 : *Ad Evangelia sancta juret cum 12. Aidis suis, id est, sacramentalibus.* Ubi lex Longob. lib. 2. tit. 55. § 5. habet. *aliis suis* : sed prior ectio tolerari potest. [** Leg. Rothar. cap. 364, ubi codex cathedr. Mutinensis habet : *Cum 12 Aidos suos, id est sacramentales.* Vox Gothica Aiþs, Sacramentum

¶ **AJECENTIÆ**, pro *Adjacentiæ*, Appendices, Gall. *Dependances.* Charta Chlodovæi III. Regis Franc. ann. 693. apud Felibianum in Hist. San-Dionys. pag. xiv : *Quidquid ibidem ipsi Chaldedramnus visus fuit tenuisse vel moriens dereliquisse cum omni integritate sua vel Ajecentias, sicut ab ipso Chaldedramno fuit possessum.*

¶ **AIGATIA**, *Piaca*, Papiæ. Puto legendum *Pica* : quam Picardi etiamnum vocant *Agache.*

AIGLOLFINGA. Vide *Agilolfingi.*

¶ **AIGNELINUS**, Agnorum, ut opinor, lana. Charta Philippi Regis Franc. ann. 1288. apud Perardum in Burgundicis pag. 562 : *Pro quolibet sacco lanarum et Aignelinorum, etc.*

* Lanam seu vellus hac voce significari certo probat Charta Theobaldi comit. Bles. ann. 1214 : *Quod si aliquis burgensium ali-*

qui de arconneriis lanam suam sive Aignelinos tradiderit, ipse arconnarius lanam sive Aignelinos reddere tenebitur ad justum pondus. Stat. ann. 1358. tom. 3. Ordinat. reg. Franc. pag. 255. art. 7 : *Grandes quantités de laines, Aiguelins* (l. Aignelins) *et recours.* Unde *Aingne*, eadem notione accipiendum videtur, in Lit. remiss. ann. 1391. ex Reg. 140. Chartoph. reg. ch. 238. ubi inter merces pelliceas recensentur : *Cinq milliers d'Aingne.* Et quidem *Aigne*, pro Ovis, vervex, in aliis Lit. ann. 1442. ex Reg. 176. ch. 164 : *Comme aux supplians appartenoit ung certain prat ..... ou quel prat ung lors nomme Jehan de Clavaire.... eust bouté.... pasturer les Aignes et bestiaulx du Seigneur de Puypardin son maistre etc.* Hinc *Aigneler*, pro *Agneler*, quod de ove parturiente dicitur. Lit. remiss. ann. 1375. in Reg. 108. ch. 24 : *Pierre le Bos dist à son berger ces paroles ou semblables : Tu ne fais pas bien de moy laisser en ceste saison, qui est la plus nécessaire de l'an pour les bestes qui Aignelent.*

* **AIGRO.** Inquisit. ann. 1268. ex schedis Pr. *de Mazaugues : Item dixit quod pignoravit ibi quemdam juvenem qui dicebat se de Arelate,.... quia cœperat Aigrones in palude.* Hinc Ardeolas, quas *Aigrettes* appellamus; et quæ *Esgrettes* dicuntur in Lit. remiss. ann. 1455. ex Reg. 191. Chartoph. reg. ch. 171. hic designari arbitror. Vide *Airo.*

* **AIGUCIA.** Charta Petri de Fenolloto ann. 1229. inter Probat. tom. 3. Hist. Occit. col. 337 : *Trado vobis D. Nunoni Sancio.... totum castrum meum de Fenolleto... justitias, firmancias, Aigucias, etc.* Ubi legendum esse *Cugucias*, cuique loca in voce *Exorquia* laudata consulenti, manifestum erit.

¶ **AIGUERIUM**, pro *Aquarium*, Aquæductus, in Statutis Massil. MSS. anni 1253.

* *Usque Aiguerium hortorum*, in Charta ann. 1463. Quo significatur canalis seu fossa, per quam aqua ducitur in horto, seu per quam elicitur. *Aiguet* et *Aiguier* olim, eadem notione, nostris. Charta ann. 1340. in Chartul. 23. Corb. : *Ils puissent clorre de wasons le penel, que on dist Barrette, pour l'eaue dudit Aiguet venir et tourner oudit fossé pour aroer.* Lit. remiss. ann. 1412. ex Reg. 166. Chartoph. reg. ch. 244 : *De laquelle galerie icellui Sicart chut embas à terre en un Aiguier pavé de carreaulx ou pierres, ouquel lieu descendent et cheent les eaues et agouz de l'hostel.* Ubi Aquarium designatur. Neque alio sensu accipi videtur *Escassadour* vel *Esgadour*, in Libert. villæ *d'Aigne-perse* ann. 1374. ex Reg. 198. ch. 360 : *Item comme nos devanciers aient donné et octroié aux habitans de ladite ville le fons, le abreuvoir et les Escassadours des chevaulx et des autres bestes, et les conduiz des eaues venant à ladite fons et abreuvoirs et Esgassadours, encores les donnons nous.* Et *Esgadour* vel *Essegadour*, in Lit. remiss. ann. 1455. ex Reg. 191. ch. 188 : *Pierre Gillebert dist qu'il romproit la chaussée dudit cros ou fossé, pour faire descendre l'eaue d'icellui cros et mettre en son Essegadour,... la mettroit* (l'eau) *en son Esgadour. Aiguer* præterea dixerunt nostri, pro Irrigare, *Arroser.* Lit. remiss. ann. 1447. in Reg. 178. ch. 174 : *Duquel ruisseau icellui Bernard a accoustumé Aiguer ou riguer ses prez.* Quæ voces a vulgari *Aigue*, Aqua, *Eau*, ortum habent. Assis. Jerosol. cap. 11 : *Il li doit donner à manger et à boire suffisamment, au moins pain et Aigue.* Vita J. C. MS. :

> Longis le costé Dieu ouvri,
> Et sang et Aigue s'en issi.

Vide *Aquagium.* [** et Raynouardi Gloss. Rom. in voce *Aigua* vol. 1. pag. 39.]

* **AIGUILLIA**, Idem quod supra *Agulha* 2. Vide in hac voce. Charta ann. 1297. ex Tabul. Autiss. : *Regnaudus mercerius recognovit se recepisse a venerabilibus viris decano et capitulo Autissiodorensi quandam domum,.... cum cellario, caveis, pressorio munito Aiguilliis, etc.*

¶ **AILA.** Gloss. Bituricensis Ecclesiæ MSS. : *Ailen, Frontem. Aila, Ventus fabe.* [** Gloss. cod. Reg. 4778 : *Ailea, fronte Ailia, veritas fabe.* Gloss. Jæckii : *Ailia, vermis fabæ.* Confer Servium ad Virg. Georg. lib. 1. vers. 75.]

AILATA, In Legibus Adelstani Regis Angl. cap. 6 [** Concilium Thunresfeldense.] : *Si verbum non direxerit, ut Ailata sit.* Ubi quidem *Aplata* restituunt. Vide in hac voce.

¶ **AILLIARIUS**, Qui vendit allia et legumina. MS. Cod. anno circiter 1290. exaratus de redditibus Episcopatus Autissiodorensis, ex Chartophyl. Episcopi ejusdem urbis. Inscriptio : *De Ailliariis. Quicumque adducit allia vel erucas ad vendendum in hac villa, debent die Sabbati de quadrigata unum denarium Episcopi et Comiti, et in septimana de qualibet glenna unum obolum, si valeat duodecim denarios aut plus; et si non valeat duodecim denarios, nihil debet. Et si fuerit de suo orto, et ortum sit de sauvamento, nihil debet. Et revenditores de hac villa nihil debent, exceptis sex diebus Sabbatis, in quibus quilibet debet denariatam, et revenditores de extra, qui afferunt ad collum vel ad bestiam, debent obolum de ortolagio suo in quolibet die sabbati, exceptis sex Sabbatis, quod* (forte quibus) *quilibet debet denariatam Episcopi et Comiti.*

* **AILLATA** Bullita, in schedis D. *le Fournier*, Provincialibus et Occitanis vulgo *Aigue boulide*, rusticorum condimentum ex allio, sale et oleo, quod bulliens pani affunditur. Vide *Alliata.* [** et Alhada ap. Raynouard. in voce Ailh, Gloss. Roman. vol. 1. pag. 54.]

* **AILLEMONTIUS**, Pagus diœcesis Suessionensis, in Lit. remiss. ann. 1391. ex Reg. 141. Chartoph. reg. ch. 44 : *La ville de Cuisy en Aillemont, ou diocese de Soissons, etc.*

AIN, Florentius Wigorn. pag. 590. de Ludovico Balbo Rege Franc. : *Pater sibi uxorem Adelheidam conjunxit, quæ post mortem viri genuit filium nomine Ain, id est, Corolum.* Huc forte pertinent ista Alcuini Poëm. 3. de quodam Anglo-Saxonum Rege :

> Tertius accepit sceptrum regnator opimum,
> Quem clamant Ain, incerto nomine gentes,
> Qui nunc imperium Saxonum jure gubernat.

[In Gloss. Bituricensi MS. *Ain*, *oculus* interpretatur.]

AINESCIA, Ænescia, Enecea, Eyneia, Pars hæreditatis, quæ ad primogenitum ætatis privilegio pertinet. *Aisnesse* in Consuet. Norman. art. 115. 175. *Aisneage* in Consuet. Rupellensi art. 54-55. et Britannica art. 669. Vide Interpretem veteris Consuetudinis Normanniæ cap. 34. sub finem. Glanvilla lib. 7. cap. 3 : *Salvo capitali mesuagio primogenito filio pro dignitate Ænesciæ suæ.* Occurrit apud Bractonum lib. 2. cap. 34. et alibi passim.

Eneya. Statuta secunda Roberti I. Scotiæ Regis cap. 3 : *Si aliqua hæreditas, de qua unica secta tantum debetur ad plures hæredes, participes illius hæreditatis, devolvatur, ille qui Eneyam, i. capitalem partem illius hæreditatis habet, unicam sectam faciat pro se et participibus suis.*

Eylnescia, Apud Matth. Paris. ann. 1240. seu potius *Eisnetia*, uti scribitur apud Bractonum lib. 2. cap. 77. et in Fleta lib. 5. cap. 9.

Enitia pars, Quæ primogenitum spectat, apud Litleton. sect. 245. *Einecia*, vel *Einescia filia*, id est, primogenita, in Monastico Angl. tom. 1. pag. 913. tom. 2. pag. 870. Porro vox *Aisné*, Gallica, confecta ex *ains*, ante, et *né*, natus.

* *Aisnage*, in Charta ann. 1248. tom. 1. Probat. Hist. Brit. col. 935 : *Sauf l'Aisnage à l'hoir monseignor Henry de Coetlogon, quand il le voudroit demander. Enynage* et *Eninaage* ex ead. Ch. infra col. 941. *Aeneage*, in Charta ann. 1301. ex Lib. rub. Cam. Comput. Paris. fol. 142. r° : *En ladite composition ait esté reservez à moi ladite Hyolent les Aeneages en l'eschoaiste dudit Gilbert, outre ma egal partie, pour raison de Aymeri de Rochefort mon frere, ainzné dudit Gilbert. Aisnété*, apud Butiller. in Summa rurali. Charta composit. inter dom. de Bellomanerio et Steph. *du Chasteler* ann. 1376. in Reg. 116. Chartoph. reg. ch. 72 : *O les autres noblesces et dignitez, avec la jurisdiction des terres contenues et subgites es Ainsneages du Chasteler,.... lesqueles Ainsnages il diset estre des dépendences de sadite vavassourie.... Toutes les terres comprises esdiz Ainsneages etc.* Haud scio an huc spectet vox *Aine*, in Charta ann. 1284. ex Chartul. S. Petri de monte : *Et doient li hoir.... descombreir, warantir et assoleir à toujors à l'abbé et à covant devantdiz lou boix et l'eritaige de sour nomeit.... Li abbé et li covans de S. Pierremont ont aquastei en franc alluef à tousjors, en Aine et entreffons teil partie de boix, etc.* Id est, cum primogeniti privilegio; quod tamen affirmare non ausim. An legendum est *Aise*, Usus, adeo ut sensus sit ad usum et proprietatem? Vide mox in *Aisamenta.*

¶ **AINU**, *Naves. Fœminin. generis.* Gloss. Bitur. MS. [* *Aini*, in Glossar. ex Cod. reg. 7613. [** Eodem modo in Gloss. cod. Reg. 4778, in Gloss. Jæckii : *Ainus, navis.* Legendum omnino *Ænus* Vide Virg. Geor. lib. 1. vers. 136, lib. 2. vers. 451; et Forcell. Lexic. in h. v.]

¶ **AIOIN**, *Interpretatur frater meus*: Gloss. Bitur.

AIOLA, Avia, ex Gall. *Aieule.* Occurrit in Tabul. Absiensi fol. 22.

¶ **AIONES**, f. Prima litterarum rudimenta. Act. SS. Bened. sæc. 4. part. 1. pag. 386. D. in Translatione S. Sebastiani : *Quod quidem nec ipse, si vulgo, ut aiunt, Homerus emergeret, explere posset; quanto minus ego tantillus, sermone imperitus, et grammaticæ disciplinæ omnimodis expers, qui nec quidem,* *ut ita dixerim, ipsos Aiones ad liquidum addiscere valui. Aioner* aliquibus in locis idem est ac *Balbutire.*

¶ **AJORNAMENTUM**, Vocatio in jus, vadimonii denunciatio, Gallice *Ajournement.* Cod. MS. Consuetud. Tholos. fol. 42 : *Quæcumque Ajornamenta executionesve aut processus fecerint.* Vide *Adjornare.*

AIOT, Vestis species. Gaufridus Vosiensis lib. 1. cap. 7 : *Chlamydes vel cappas perforaverunt, quas vocant Aiot.*

* **AJOUDUM.** Vide supra *Adjutum.*

AIRA, Airalis. Vide *Area.*

* **AIRAO**, pro *Arrao*, vel *Arao.* Vide infra in his vocibus Charta ann. 1257. in Reg. S. Ludov. ex Chartoph. reg. fol. 30. r° : *Item assignamus.... unam eminam Airaonis, quæ valet etc. Arraonis*, infra fol. 42.

* **AIRARIUM**, pro Ærarium. Lit. Caroli V. ann. 1377. tom. 6. Ordinat. reg. Franc. pag. 322 : *Retineatis et ad manum nostram reducatis, et domanio nostro seu Airario applicetis et incorporetis.*

* **AIRATIA**, Quivis fructus ex aratione provenientes. Stat. Montis-reg. pag. 238 : *Teneantur ipsi camparii emendare omnia damna, messes, fenum, canabum, linum, legumina, Airatia, hortalia, fructus, etc.*

AIRBANNUM. Vide *Heribannum.*

AIRO, Ardea, ardeola, avis, nostris *Heron.* Vide Fridericum lib. 1. de Venat. cap. 4. 20. 21.

* **AISAMENTA**, Ea omnia, quæ cuique, pro suo statu, usui sunt necessaria, aut congrua, Suppellex, Gall. *Aisemens, meubles, ustencilles.* Ea significatione accipienda est hæc vox ex Chartul. episc. Autiss. laudata v. *Aisamentum.* Libert. castelli de Mailliaco ann. 1229. inter Ordinat. reg. Franc. tom. 5. pag. 718. art. 35 : *Constitui eciam et concessi, ut dictis hominibus ad Aisamenta sua, videlicet dolia, cupas, cistas, et omnia alia superlectilia, de quocunque nemore sint, sive* (l. sine) *omni occasione vendere liceat.* Libert. Novi-castri ann. 1256. tom. 7. earund. Ordinat. pag. 362 : *Gie Ferris duc de Lorregne et marchis.... aquit tous mes hommes et toutes mes femmes dou Nuef-chastel de toutes toltes,.... fors que en Aisemens d'ostel,.... c'est assavoir, que vaissel où on met vin, et tout Aisemens d'or et d'argent.* Hinc nostris *Asier, Aiser, Aisier*, Necessaria Administrare, *Donner le nécessaire*, rebus necessariis instruere, *Garnir, servir.* Charta Milonis de Noeriis ann. 1263. in Chartul. Pontiniac. ch. 41 : *Et que l'an les puisse* (les bestes) *laver et abevrer et Asier en ma dite rivière, quand mestier leur serai.* Confirmat. confrat. B. M. Magdalenæ ann. 1341. in Reg. 74. Chartoph. reg. ch. 595 : *Comme les freres et suers.... aient volenté de acquerre un lieu à faire un hospital, pour herbergier et Aisier les povres, etc.* Lit. Caroli VI. ann. 1392. tom. 7. jam laudato pag. 510 : *Et que nostre bon et loyal peuple d'icelle* (ville de Paris) *se acroisse toujours, et soit Aisié de ce qui lui est nécessaire à la sustentacion de leurs vies, etc. Repaistre, rafreschir et Aissier*, in Lit. remiss. ann. 1373. ex Reg. 105. ch. 44. Charta ann. 1263. in Chartul. sign. *Decanus* S. Petri Insul. fol. 112. v° : *Et si doit li fourniers jurer et fiancer au commencement k'il Aisera et appareillera le four selon çou ke poins iert et que on li requerra; et Aisera le poure si comme le rice.* Pro Curare, Gall. *Pancer*, ubi de equis agitur. Lit. remiss. ann. 1380. in Reg. 116. ch. 182 : *Lesdiz exposans pour ce que les chevaux dudit Martel n'estoient pas Aisiez, ne ordenez pour la nuit, etc.* Rursum et pro Commodare ad utendum, Gall. *Prêter.* Lit. remiss. ann. 1417. in Reg. 170. ch. 15 : *Lequel Piquart demanda par esbatement à Henri de Tref, se il leur Aiseroit de leurs femmes.* Sed et pro Naturæ necessariis satisfacere, *Aiser* dixerunt, quomodo nunc *Se soulager* usurpant. Lit. remiss. ann. 1408. in Reg. 162. ch. 83 : *Un pot à quoy le suppliant se Aisoit aucuneffoiz de nuit.* Unde *Aisement*, pro Ventris exoneratio simul et latrina, secessus; vox non adbuc penitus obsoleta. Lit. remiss. ann. 1389. in Reg. 138. ch. 5 : *Le prisonnier demanda pour Dieu audit sergent qu'il le defferrast, pour aller faire son Aisement.* Aliæ ejusd. ann. ibid. : *Louis.... fist fuir ledit sergent tout nu hors de son lit, le poursuivit jusques à uns Aisemens, là où il s'estoit retraict, une dague en sa main, le retira de ces Aisemens et le fery plusieurs coups. Chambres aisiées*, eadem notione, in Charta ann. 1314. ex Chartul. S. Maglorii ch. 99 : *Les chambres privées ou Aisiées seront et pourront estre vuidiées etc.* Tandem occurit *Aisement*, pro Libitum, voluntas. Charta ann. 1246. in Chartul. monast. de Escureio : *Je Jehans sire de Joinville..... j'ay octroyé à l'abbé et couvent d'Escurey le pouvoir d'acquester une place à Joinville, là où il pourront edifier à lor Aisement une mareschaussée pour x. chevaux, et un pressoer pour leurs vins presser et faire.* Nisi *à lor aisement* interpretandum putes, Ad usum eorum, Gall. *A leur usage. Faire son aise*, Ad libitum agere, in Lit. remiss. ann. 1407. ex Reg. 162. ch. 153 : *Les suppliant prierent ledit Anthoine qu'il se parteist de leur escot et les laissast à leur privé et faire leur Aise.* Vide supra *Aaisientia* et *Aisamentum.*

* Aisiamenta, Aisimenta, Eadem notione. Libert. villæ S. Marcellini ann. 1343. tom. 9. Ordinat. reg. Franc. pag. 387 art. 17 : *Concessit eisdem, quod.... non possent nec debeant compelli.... de bobus aratoribus, nec de aliquibus Aisiamentis aratri, etc.* Art. 18 : *Concessit eisdem, quod piscare possint in omnibus piscaturis et Aisimentis, absque omni contradiccione, etc.* Occurrit rursum ibid. tom. 8. pag. 110. art. 21. Vide *Aysina.*

¶ **AISAMENTUM**, Idem quod mox *Aisantia.* Charta Guillelmi Episc. Autissiod. ann. 1219 : *Dedit insuper Aisamenta terræ et lapidum in terra sua ad opus exclusarum molendinorum dictarum Monialium apud Arsiacum sitorum, et levatam piscium ipsorum molendinorum.* Charta Mathildis Comitissæ Nivern. pro Monast. B. M. de Consolatione, ann. 1244. inter Instrum. tom. 4. novæ Gall. Christ. col. 104. C : *De Aisamentis supradictis ad proborum virorum æstimationem, hoc quod voluerimus permutare poterimus ad dictæ Abbatiæ et Monialium commodum et utilitatem in æquivalentibus redditibus nostris prope dictam Abbatiam.*

¶ Asiamentum, Idem, tom. 2. Hist. Arverniæ, pag. 137.

¶ Aisamentum, Notione paulo diversa, scil. pro *Jure municipali* sumi videtur, vel pro quadam immunitate debiti vectigalis, aut saltem pro jure solvendi minoris, quam solvunt alii. MS. anni circiter 1290. ex Chartophil. Episc. Autissiodor. ubi recensentur redditus Episcopatus : *Poulenagium illorum qui sunt deforis et de villa. Omnibus diebus quibus aliquis ducit ad ripam, polanus debet iiij denar. et ille de villa qui non habebit Aisamenta sua, nil debet. De quadrigis. Cadrigæ quæ vadunt extra villam oneratæ, debent quælibet decem denarios et obol. videlicet sex denarios de poulenagio, duos denarios de menagio, et duos denarios et obolum de roagio, excepto illo qui est de villa, qui nihil debet de polanagio, si habeat Aisamenta sua. De dolio ducere de una domo ad aliam. Quodlibet dolium ductum de una domo in aliam super quadrigam debet octo denarios, nisi habuerit Aisamentum. Et si habuerit Aisamentum, non debet præter quatuor denarios. Et si ductum fuerit per terram, debet quatuor denarios.*

* Delenda est particula negativa *non* ante *habebit Aisamenta;* de iis, enim quæ ad vecturam necessaria sunt sermo est. Vide *Aisamenta.*

AISANTIA, Vox forensis, facultas, quam quis habet uteudi in alieno prædio, rebus non suis, vel ex jure municipali, vel proprietariorum concessione, a Gallico, *Aisance*, Commoditas. Tabular. Abbat. Reigniacensis Ord. Cisterc. : *Per omnia sua nemora inter Choram et Cosam jacentia atque posita suorum pastionem porcorum, transitum, percussum, sine pretio et panagio, et omnes usus, quos Aisentias vocamus, perpetuo donavit, ann.* 1147. In alia Charta ann. 1153. ibid. : *Et usus, quos Aasancias vocamus. Usagia, sive Aisantiæ terræ nostræ*, in veteri Charta apud Buzelinum pag. 396. Charta Rogerii Episcopi Laudun. ann. 1180. in Tabular. Abb. *de Thenailles : Dedit omnes Aisancias et pasturas de Bouconvilla.* Vide Chartas alias apud Duchesn. in Hist. Codiciacensi pag. 349. Perardum in Burgundicis pag. 198. Hemereum in Augusta Virom. in Reg. pag. 42. etc.

¶ Aisentia, Idem. Charta Aleidis Dominæ *de Boular* in fundatione Monast. Belli-Prati ann. 1228. inter Instrum. tom. 4. novæ Gall. Christ. col. 299. E : *Concessi similiter ut Aisentias communes et pascua libere habeant.* Vide Miræum tom. 1. Oper. Diplomat. pag. 419. edit. 2.

Esentia. Charta S. Ludov. ann. 1266. in Regesto Normanniæ signato P : *In altera medietate landæ ad animalia sua Esentiam suam habeant.*

Aisiamentum, Gallis *Aisement*, Italis *Agiamento.* Regiam Majestatem lib. 1. cap. 13 : *Terram petitam amitiet cum fructibus, commoditatibus, Aisiamentis, et pertinentiis suis.* Lambertus Ardensis : *Communia populi sui Aisiamenta et planitiem camporum... concludens.* Will. Abbas Andrensis : *Comes quoque Balduinus super Aisiamento in palude de Hotinghen a nobis in perpetuum habendo, etc.* Vide Chronicon Andrense pag. 346. Monasticum Angl. tom. 2. pag. 916. [*Mudox*, Formul. Anglic. Chartis CXLIII. et CCCXXI.]

Aisimentum, In Testamento Guillelmi D. Montispessulani ann. 1146 : *Donec de Aisimento ipsius terræ habeat perceptum et recuperatum, quod valeat duo millia solidorum.* [Hic non sola facultas utendi, sed usus et possessio debet intelligi; Acherius Spicil. tom. 9. pag. 141. legit *Aissimentum.*] Occurrit ibi etiam semel. Regestum censuum et feodor. Carnotensium fol. 57 : *Les jarbes et les tourtiaus deus illec, et ès villes d'environ pour l'Aiesement que ils ont en la forest, et est chascun un tourtel de un denier, dont tous ceus qui ont Aisement ou dit bois, doivent un tourtel, etc.*

Eisiamentum, In eodem Monastico Angl. tom. 1. pag. 47. apud Will. Thorn. et Duchesn. in Hist. Guinensi pag. 258. et in Probat. Hist. Drocensis pag. 251.

Aisiæ, Pertinentiæ, ubi libere percipi possunt *Aisiamenta*. Charta Libertatum Solemniaci in Arvernis MS. : *Si aliquis intraverit de die ortum vel vineam alicujus hominis, situm, vel sitam in Aisiis vel pertinentiis dictæ villæ, etc.* [Tabul. B. Mariæ de Charitate ann. 1364 : *Margarita de Fontenaio donavit terram de Miniers cum suis juribus, Aisiis et pertinentiis, salva et reservata tonsura nemoris d'Artenne.*]

Hesia. Monasticum Anglic. tom. 2. pag. 916 : *Ascendendo per veterem sepem, et sic per vetus fossatum et haiicium, usque ad Hesiam extra boscum.* Sunt, qui vocem Gallicam *Aise*, ab *otium* deducunt; *Agio* Itali dicunt.

¶ Asencia, ut *Aisantia*. Charta Lietardi Episcopi Cameracensis inter Instrum. tom. 2. novæ Gall. Christ. ann. 1133. de Fundatione B. M. de Valcellis : *Per omnes etiam reliquas terras suas, nemora, prata et aquas, concesserunt omnes Asencias suas in nemoribus ad colligendos fructus, ad pastinationem porcorum, ad pasturagium exterorum animalium, sine pasnagio et omni alia exactione, ligna ad ædificandum et calefaciendum et ad cætera necessaria. In pratis pasturagium, in aquis ad piscandum, et si quid forte in his omnibus aliquid venationis, mellis vel alicujus alterius rei a Fratribus vel mercenariis eorum inventum fuerit, libere possidendum.*

¶ Asiamentum, Aysiamentum. Charta Ægidii Abb. S. Martini Tornac. ann. 1309. in Tabulario S. Richarii Centulensis : *Nos habebimus omnia alia Asiamenta in prædictis pasturagiis, sicut usuagiarii alii in prædictis locis tantummodo.* Charta Joannis Abb. B. Mariæ Ursi-Campi ann. 1303. ex eodem Tabul. : *Habebimus omnia alia Aysiamenta in prædictis pasturagiis seu pascuis, sicut alii usugraiii, hoc est intelligendum absque augmentatione numeri animalium, qui in prædictis litteris est expressus.*

¶ Aysientia. In Tabulario Monast. S. Quintini in Insula pag. 132.

¶ Aysimentum, In Hist. Dalphin. tom. 1. pag. 201.

¶ Aysina, Eadem notione. Locos vide in *Deversium* et *Repayrium*, et tom. 2. Hist. Dalphin. pag. 167.

¶ Aysium, vel Ayzium, Eadem significatione. Baluz. Hist. Arvern. tom. 2. pag. 135. in Charta Roberti Comitis ann. 1285 : *Cum cæteris universis Aysiis et usatgiis, servitutibus, emolumentis.* Ibidem pag. 314. in Charta ann. 1340 : *Servitutibus, censibus, redditibus, deveriis, Ayziis, juribus et actionibus nostris.*

* **AISATUS**, De eo dicitur, penes quem est potestas aut voluntas aliquid faciendi, nostris olim *Aisié*, eodem sensu. Charta ann. 1209. in Chartul. Campan. fol. 201. col. 1 : *Si quis vero contradixerit ne Musterolium firmetur et per vim operarios amoverit; si Symon ad vim illam repellendam indiguerit auxilio comitissæ, requiret auxilium illius, et si comitissa non fuerit Aisata de eo juvando, eumque non juvaverit infra xl. dies, postquam ab ipso fuit requisita, etc.* Ubi ex Chartul. Thuano fol. 224. r°. legitur *Aaisita*. Charta ann. 1286. in Tabul. S. Petri Insul. : *Li Sires de Cysoing, s'il en est Aisiés et il li plaist, warde cascun an le procession de Lille, qui est ès octaves de le Trinitet, en une cote vermelle de cendal et d'escarlate à cheval, une blance verge en sa main paisiulement à l'oneur de l'église.* Charta comit. de *Vaudemont* ann. 1361. in Tabul. capit. Carnot. : *Nous sommes obligiez en certaines grosses sommes de deniers envers plusieurs personnes, desquelles sommes payer à present nous ne sommes pas bien Aisiez, ne pourchas.*

* Aysatus, Accommodatus, congruus; Gall. *Convenable, proportionné*. Charta ann. 1377. inter Probat. tom. 2. Hist. Nem. pag. 335. col. 1 : *Item quod si infra biennium a festo S. Michaelis sequenti computandum, dicti consules dederint.... tantos redditus sic extimatos in sufficientibus et bene Aysatis feudis amortisatis etc. Aysitus*, eodem intellectu, legitur ibid. tom. 3. pag. 199. col. 1.

* **AISENTIÆ**, Pertinentiæ, ubi libere percipi possunt *Aisamenta*. Charta A. abbat. Fusniac. ann. 1261 ; *Nos dicebamus eos... sic occupasse Aisentias dictæ villæ communes. Aeisemens*, eadem notione, in Charta ann. 1339. in Tabul. S. Joannis Laudun. : *Pourront prenre et traire à amende ceulz que on trouvera meffaisans ou empirans les chemins et les Aeisemens communs.* Vide *Aisiæ* in *Aisantia*.

* **AISIENTIA**, Commoditas, utilitas, Gall. *Aisance*. Charta ann. 1215. in eod. Tabul. ch. 129 : *Sicut ipsum alnetam protenditur, possideat in perpetuum, salvo dominio meo, ita quod nec mihi nec ulli ex parte mea liceat subintrare idem alnetum, quandiu fuerit alnetum, pro aliqua Aisientia habenda.* Vide *Aisantia*.

* Unde vero nostrates dixerint *Monter un cheval à Ais*, pro Equo nudo, ut videtur, insidere, vulgo *Monter à poil*, haud scio. Lit remiss. ann. 1377. in Reg. 111. Chartoph. reg. ch. 9 : *Icellui Jehan fust monté sur un des chevaux de Jehan le Mor le jeune son pere demourans à Caen, à Ais et senz selle, etc.*

* **AISITUS**, Facilis, commodus, Gall. *Aisé*. Lit. ann. 1376. tom. 7. Ordinat. reg. Franc. pag. 69. art. 4 : *Quod portus dictæ navis teneatur perpetuo in loco convenienciori, et melius Aisito et oportuno. Aiable*, eodem sensu, in Stat. ann. 1361. tom. 3. earumd. Ordinat. pag. 526 : *Et oultre que toutes manieres de gens nobles et non nobles, privilegiez et non privilegiez, à ce que leur estat soit cogneu, et eulz soient plus Aiables à convenir, s'il est mestier. Ayable*, in Lit. ann. 1328. ex Reg. B. Chartoph. reg. ch. 32.

* **AISSA**, Vox, quæ Provincialibus et Occitanis idem sonat quod Ascia, Gall. *Hache*. Stat. Massil. lib. 2. cap. 34 : *Decernimus.... deinceps observandum, quod magistri seu carpentarii d'Aissa etc.* Nostris etiam *Maîtres de hache*, qui naves construunt.

* **AISSADA**, iisdem, Ligo, Gall. *Houe*. Charta leudarum minut. Carcass. MS. : *Item de duodena ligonum seu Aissadarum ij. den.* Lit. remiss. ann. 1416. in Reg. 169. Chartoph. reg. ch. 410 : *Le suppliant avec son feçoir ou hoë, appellée Aissade au pais* (Languedoc) *s'en alla etc.* Infra : *Assade, Essade*, in aliis ann. 1446. ex Reg. 195. ch. 31. Neque aliud fortassis sonat *Hes*, in Lit. remiss. ann. 1385. ex Reg. 126. ch. 176 : *Icellui Regnier frappa ledit Girart d'un Hes de fer par le costé, tellement que il chey à terre.*

* **AISSATA**, Eadem notione. Locus est in *Aichata*, uti legerat Cangius. *Aissette*, Ascia minor, lignariis et doliariis nota. Lit. remiss. ann. 1405. in Reg. 160. Chartoph. reg. ch. 213 : *Le suppliant print en la forge... une Aissete de chapuis.* Aliæ ann. 1426. in Reg. 173. ch. 508 : *Une doulouere et une Aissette à usaige de tonnelier. Aisette*, in aliis ann. 1396. ex Reg. 150. ch. 203. Alia notione, in Lit. remiss. ann. 1408. ex Reg. 163. ch. 47 : *Icelle femme print le plat d'estain, ouquel il y avoit encores des merises, et le porta sur une Aissette emprès l'uis de la chambre.* Ubi pro Assere, *Planche*, vel armario, *Armoire*, usurpari videtur.

* **AISSELLA**, Scandula, tabula tegendis tectis apta, nostris *Eschandole*. Charta ann. 1400. in Reg. 155. Chartoph. reg. ch. 18 : *Item quandam domum ex confectione seu constructione operis quatuor, Gallice trez, tegula seu latera, et cum Aissellis coopertam. Aissenne*, ead. notione, in Lit. remiss. ann. 1389. ex Reg. 135. ch. 208 : *Comme Jehan Auberi eust acheté certaine quantité d'Aissenne; sitost comme icelle Aissenne fu chargée en la charrette, etc.* Vide *Essana*, *Aisselle*: pro Tabula sectilis, Gall. *Ais*, in Charta ann. 1470. ex Chartul. 21. Corb. fol. 128, *Deux anchiens livres et cartulaires en parchemin, l'un couvert de couvertures de cuir blanc, et l'autre couvert d'Aisselles.* Infra : *Aisselles. Aisselle* etiam nuncuparunt asserem ad naves idoneum. Lit. remiss. ann. 1400. in Reg. 155. ch. 136 : *Le suppliant eust aussi une Aisselle, nommée dosse, en la valeur de seize deniers ou environ, qui fu portée en l'astelier dudit suppliant, qui est faiseur de nefs.* At me fugit qua significatione hæc vox usurpatur in aliis Lit. ann. 1389. ex Reg. 136. ch. 224 : *Sept sextiers de navette, trois mencaulx d'oliete, une pierre de laine, trois boisseaulx de senevé, et une douxaine d'Aisselles à haner.* Nisi legendum sit *Aissettes*, ut supra in *Aissata*. Vide supra *Aessella*, et *Ascella* 1.

* **AISSIMENTUM.** Vide *Aisimentum* in *Aisantia*.

* **AISSINUS**, Mensuræ frumentariæ species, simul et modus agri, vulgo *Aissin*. Charta ann. 1199. ex Tabul. S. Crispini in Cavea : *Dedit in elemosinam ecclesiæ S. Crispini in Cavea terragium trium Aissinorum terræ.* In alia ann. 1245. ibid. : *xxx. Aissini bladi Aschin.* In Lit. remiss. ann. 1398. ex Reg. 154. Chartoph. reg. ch. 2 : *Laquelle soignée vault trois Aschins d'avoine, etc.* Vide *Assinus*.

¶ **AISTAN**, Vox Longobardica. Leges Rotharis apud Murator. tom. 1. part. 2. pag. 39. col. 2. E : *Si quis in curte aliena Aistan, id est, per furorem ingressus fuerit, xx. solidos illi componat.* [** Ita habet cod. Cathedr. Mutinensis, in leg. Roth. cap. 282, at *Asto animo* est in leg. ejusdem regis, cap. 146. 149. 252. Vide in voce *Asto* et Grimmii Antiq. jur. pag. 4. Gloss. Longob. in cod. vatic. 5001 : *Asto, voluntarie, Aystan, irato animo;* aliud in cod. Cavensi : *Asto, id est voluntate, Aistau, id est irato animo.*]

* **AITA**, Cantabris. Pater. Vide infra *Atta.*

AIUDA, Auxilium in Charta Lusitanica, apud Brandaonum in Monarchia Lusitanica lib. 15. cap. 24. Etiam nunc Picardi nostri dicunt *Aiude*, eadem notione. [*Ayuda* Hispani, *Aide* Galli. Vide *Adiuda.*]

AIUS. Vide *Agius.*

¶ **AJUSTAMENTUM**, Modulus, exemplar, Gall. *Etalon.* Charta Hugonis de *Naillac* ann. 1283. apud Thomasserium Consuetud. Bituric. pag. 702 : *Faciet mensuras suas seu metretas equales in quantitate et Ajustamento mensuris seu metretis meis de Gargilesse, et ad quantitatem ipsarum mensurarum suas mensuras faciet Ajutari.*

¶ **AJUSTARE**, et AJUTARE, Metiri, probare ad modulum, Gall. *Etalonner.* Charta in *Ajustamentum* mox laudata : *Priori B. Mariæ Depin concedo et ejus successoribus in perpetuum plenum jus et dominium Ajustandi et consignandi omnes prædictas mensuras suas.* Vide *Adjoustare.*

* Lit. ann. 1342. tom. 5. Ordinat. reg. Franc. pag. 548. art. 8 : *Que nulz n'ait en son hostel, ne ne tiengne pois, qui ne soit sengnié et Ajusté au pois-le-Roy.* Aliud vero sonat *Adjuster,* in Lit. remiss. ann. 1398. ex Reg. 153. Chartoph. reg. ch. 364 : *Regnault a telement induit laditte Jehannette, qu'il a eu compaignie charnelle à elle, et tant qu'elle a esté grosse d'enfant; et est ladite Jehannette Adjustée, et encores gist d'enfant.* Ubi idem videtur esse quod Parturire, Gall. *Accoucher. S'Ajouster* autem est alicui, uti magistro, adhærere, ipsum sequi. Vitæ SS. MSS. e Cod. S. Vict. Paris. 28. fol. 246. r°. col. 1 : *Saint Mathe laissa les raisons de la paie des treusaiges non parfaite, et à Jhesu Crist se Ajousta parfaitement.*

* **AJUTUM**, Additamentum, adjectio, Gall. *Addition, augmentation.* Charta ann. 1221. apud Murator. tom. 1. Antiq. Ital. med. ævi col. 636 : *Et in Ajuta quæ fecerint vel facere possent... in commune restituendo expensas unus alii, et unus debeat alium appellare, cum venerit ad Ajuta faciendo. Et si in Ajuto stare voluerit, debeant concordes esse.* Italis *Ajuto* est Auxilium, nostris olim *Ajuwe.* Lit. ann. 1256. apud Marten. tom. 1. Anecd. col. 1084 : *En toutes ces coses renonçons nous à toutes Ajuwes de loy de Crestienté, etc.*

¶ **AIZE**, AIZUM. Vide *Aiacis.*

* **AIZINÆ**, Supellex, Gall. *Meubles, ustensilles.* Stat. Massil. lib. 1. cap. 1. § 6 : *Exceptis de prædictis mobilibus, scilicet uno vestimento tantum et viliori, et Aizinis domus sibi necessariis ad usum quotidianum, et lecto suo.* Vide supra *Aisamenta.*

* **AIZUM**, Prædium, idem quod *Mansus.* Chartul. Celsinian. ch. 547 : *Dat eis Petrus ipse Aizum quoddam continentem in semet curtem unam et furnum, mansiones quoque et hortum et viridarium et vineam valde bonam.* Vide *Aiacis* 1. et 2.

¶ **AKERE**. Vide *Ungebendro.*

AKETON, ACTON, Sagum militare, quod alias *Gambezonem* vocabant; ex Gallico *Hoqueton*, aut *Hauqueton;* seu potius ex Cambrico-Britannico. *Actvvm,* lorica dupla, duplodes, apud Boxhornium. *Hoqueton*, ex Græc. ὁ χιτών, dictum vult Perionius-Thomas Walsingh. in Ed. III : *Indutus autem fuit Episcopus quadam armatura, quam Aketon vulgariter appellamus.* Chronicon Bertr. Guesclini MS. :

> L'escu li desrompi, et le bon jazerant;
> Mais le Haucton fut fort, qui fut de bouquerant.

Le Roman *du Riche et du Ladre* MS. :

> Si tu vueil un Auqueton,
> Ne l'empli mie de coton,
> Mais d'œuvres de misericorde,
> Afin que Diables ne te morde.

Le Roman *de Gaydon* MS. :

> Sor l'Auqueton vest l'auberc jazerant.

Infra :

> Sor l'Auqueton, qui d'or fu pointurez,
> Vesti l'auberc, qui fu fort et serrez.

Charta Oudardi Dom. Hamensis ann. 1328 : *Se aucuns hustins est fais as armes en la dite ville, teles come Auqueton, espée, coutel, et boucler, etc.*

ACTON, Eadem notione in primis Statutis Roberti I. Regis Scotiæ cap. 27 : *Quilibet habeat... in defensione regni, unum sufficientem Actonem, unum basinetum, et chirothecas de guerra, etc.... Qui non habuerit Actonem et basinetum, habeat unum bonum habergellum, et unum capitium de ferro.*

¶ **AKETONUM**, Eadem significatione apud Rymer. tom. 4. pag. 203. col. 1 : *Aketonis borcinettis, et aliis hujusmodi armaturis, nocte dieque in villis, feriis, mercatis.... sæpissime armati incedunt.*

¶ 1. **ALA**, Telarum quædam pannorumque mensura, eadem forsan quæ *Alna* Lat. Ulna. Gall. *Aune.* Rymer. tom. 7. pag. 356. col. A : *Unam peciam panni, blueti coloris, continentem 5. Alas..... Aliam peciam de mixto continentem 7. Alas; et unam aliam peciam de panno mixto continentem 9. Alas; Et unam peciam de blanketo continentem 6. Alas.*

* Mensuræ quidem nomen est, sed non Ulnæ; quippe quod eadem atque *Brachiata* 1. Gall. *Brasse*, tanta quanta est brachiorum extensio : unde *Alæ* nomenclatura. Academicis Cruscanis : *Alla, nome d'una misura d'Inghilterra, ch'e due braccia alla Fiorentina.* Stat. crimin. Cuman. cap. 142. fol. 94. r° : *Nullus.... teneat retia duarum Alarum, neque retia, quæ copertoria vocantur.* Inventar. ann. 1389. tom. 3. Cod. Ital. diplom. col. 364 : *Alæ duæ tafetalis viridis, pro ponendo a partibus altaris. Aliæ Alæ duæ zandalis nigri.* [** Vide *Alæ*, 2.]

¶ 2. **ALA** pro *Hala*, Forum, macellum tectum, Gall. *Hale.* Censualis codex Calomontis : *Banchia mercerii continens duos colonellos in ingressu Alæ Calomontis.*

* Libert. loci S. Marcellini ann. 1343. in Reg. 163. Chartoph. reg. ch. 89 : *Item quod Ala fari dicti loci transmutabitur retro domum,... Pontzoni maxellarii* (macellarii) *et circumquaque dictam Alam, una magna platea quadrata relinquetur etc.*

¶ 3. **ALA**, Tabella in qua juxta Græcorum ritum erat forma ordinationum scripta, quæ incipit, *Divina gratia, etc. Patriarcha vero manu sinistra Alam accipiens legit, etc.* Hæc ab Hofmanno, qui statim subjicit :

¶ 4. **ALA**, Hujus vocis alia notio est in Teloneo Monasterii S. Bertini : *Omnis tonellus sive vini, sive cerevisiæ, sive Alæ dabit duos den.* Hic enim cerevisiam notat, Danis, ut auctor est Pontanus, *Oel*, et Anglis *Ael* vocatam. Eodem sensu accipi videtur in Privilegio Leduini Abbatis S. Vedasti Attrebat. de censu ann. 1036. e Chartul. ejusd. Monasterii pag. 243 : *De pensa Alarum 2. den.*

* Pedagium Peronæ ann. 1295. in Chartul. 21. fol. 334. v° : *Item ungz homs, qui porte Alles, le poise doit iiij. den. et y a iiij^{xx}. loyens en la poise.* Ibid. fol. 355. v° : *Ung tonnelet ou cocgnet d'Alles, iiij^{xx}. loyens pour le cocgnet, doit iiij. den.*

¶ 5. **ALA**, Inula, Gall. *Aunée.* Papias : *Inula quam rustici Alam vocant, herba est radice aromatica, odoris summi cum leni acrimonia.* [** Ex Isidor. Orig. lib. 17. cap. 11. § 9. Hispan. et Portug. *Ala*, Ital. *Ella*, Germ. *Alant.* Vide Diezii Gramm. vol. 1. pag. 24.]

¶ 6. **ALA**, Cujusvis ædificii latus, Gall. *Aile de bâtiment.* Chron. Veronense ad ann. 1183. apud Murat. tom. 8. col. 622 : *Millesimo supradicto intrante mense Januario, maxima pars Alæ arenæ Veronæ cecidit terræ motu magno per prius facto, videlicet Ala exterior.* Hac voce usus est Vitruvius.

* Unde *Esles* dicuntur circumjacentes ædiculæ, in Charta ann. 1394. ex Chartul. Latiniac fol. 227 : *Quatre pintes de vin sur un chacun tavernier vendant vin à destail en ladite foire et ès Esles et appartenances d'icelle.*

ALAANDAL, Caro nervosa, apud Constantinum Africanum lib. de Vita et spiritu. Vox Arabica.

* Hæc parum accurate scripta esse monuit me vir eruditus D. *Falconet.* Et quidem non *Alaandal*, sed *Haaladal, quæ est quædam caro conjuncta venis*, legitur in tractatu qui inscribitur : *De animæ et spiritus discrimine*, inter opera Constant. Africani edito et ex Arabica lingua in Latinum verso; si tamen genuinum est Africani opus.

* **ALAANTHERIA**, Urbis Parisiensis regio, quæ vulgo *la Hanterie* nuncupatur, prope S. Opportunam. Testam. ann. 1276. ex Tabul. S. Moglor. : *Lego conventui S. Maglorii Paris. xl. solidos, quos habeo apud Alaantheriam super domum Guillelmi de Noman.* [** Eadem via nominabatur la Harengerie, teste H. Gérand in libro Paris sous Philippe-le-Bel, pag. 204.] Vide infra *Hanteria.*

* **ALABACHAR**, vox Arabica. *Pulsus qui vocatur Alabachar*, in lib. de Animæ et spiritus discrimine, inter opera Constant. Africani.

¶ **ALABANDA**, ALABANDENA, ALABANDICA. Vide *Alamandinæ.*

¶ **ALABANDICUS**, *Genus marmoris.* Gloss. Bituric. MSS. Idem forte quod Alabastrum. Laurentio in Amalthea, *Alabandica* est *Rosa albicantibus foliis pallens.*

¶ **ALABANDINA**. Vide *Alamandinæ.*

¶ **ALABARCHES**, *Halabarches*, *Halobarches* et *Arabarches.* Voces Græcæ, quæ Rufino in Hist. Eccl. Euseb. sonant *Salis præfectum*, cui concinit Calepinus. Turneb. lib. 27. cap. 25. opinatur, fuisse Alexandriæ præfectum, qui Judæis præerat Alexandrinis. Cujacius lib. 8. obs. cap. 37. vult,

Vectigal Alabarchiæ esse id, quod pro transductione pecorum infertur. Ἀλάβα *est scriptura sive atramentum, quo scribimus, ut Phavorinus ait. Sic vectigaliorum ratio scriptura dicta est, et vectigalibus præpositus, Magister scripturæ sive Alabarches.* Hæc Cujacius : plura vide apud Martinium in voce *Halabarches.*

¶ **ALABARCHIA**, *Vectigal pro travectione pecorum.* Laur. in Amalthea. Officium est Alabarchis, quicumque ille fuerit. *Alabarchiæ magistratus* meminit Josephus Antiq. Judaic. lib. 20. cap. 3. et 5.

* **ALABARDA**, Hastæ genus Helvetiorum atque Germanorum. Jovius Hist. lib. 2 : *Arma eorum erant breves gladii, atque hastæ fraxineæ denum pedum, angusto præfixæ ferro. Quarta ferme eorum pars ingentibus securibus, quarum e summo quadrata cuspis prominebat, instructa. Has cæsim punctimque feriendo ambabus manibus regebant, Alabardæque eorum lingua vocabantur.* Cluverius Germ. Antiq. lib. 1. cap. 44 : *Quod vocabulum* (Hallebard) *nihil aliud significat, quam securim Palatinam, qua regum nunc principumque satellites et corporum custodes armantur* Halle *quippe est atrium palatii, veteri Germanorum sive Celtarum vocabulo, et* Bard, *securis.* Willel. Malmesbur, lib. 2. memorat id armorum genus a Danis antiquitus fuisse adhibitum, ex quo vocatas fuisse secures Danicas. Vide quæ de illis disputat Cangius ad Alexiadem. Hæc ex Lexic. milit. Caroli de Aquino. *Albardacha,* apud Erasmum in Colloquiis. Lit. remiss. ann. 1448. in Reg. 179. Chartoph. reg. ch. 211 : *Ung baston, appellé une Hallebardé ou guisarme.*

ALABASTARIUS, apud Simeonem Dunelm. in Henr. I. pag. 250. idem, qui *Arcubalistarius*, nostris *Arbalestrier : Eminebat machina, unde sagittarii et Alabastarii præliabantur.* Nam et vulgus *Albalétrier* dicebat.

* **ALABASTRUM**, an idem quod infra *Albara* 2. et *Albarettus* 2. Necrolog. Ms. eccl. B. M. de Medunta fol. 22. r° : *Habemus cxij. solid. et iiij. den. Paris. annui redditus capiendos... super Alabastrum et acquittamentum dictæ villæ de Medonta.*

* **ALABASTRUS**, adject. ex Alabastro. Inventar. ann. 1352. ex Tabul.. S. Vict. Massil. : *Invenerunt deficere, primo unum scutum esmatatum in custodia Alabastra M. Magdalenæ.*

¶ **ALABAUSTRUM,** pro *Alabastrum*, Genus marmoris albi, Gall. *Albâtre.* Occurrit apud Rymerum tom. 7. pag. 357. et tom. 8. pag. 510.

* **ALABAUSTUM,** pro Alabastrum. Inventar. ann. 1218. inter Probat. tom. 1. Hist. Nem. pag. 66. col. 1 : *Quoddam turibulum argenti; capsam argenti; calicem Alabausti. Alambástre,* pro *Albustre*, in Poem. *de la Guerre de Troyes* Ms. :

En celle chambre n'oit noienz
De chaux, d'areine, de cimenz,
Enduit, ni moillerons, ni emplaistre;
Tote entiere fu d'Alambastre.

Vide *Alabaustrum.*

* **ALABODIRE.** Charta Gerardi *de Vaudemont* ann. 1181. inter Probat. Annal. Præmonstr. tom. 1. col. 550 : *Dedit etiam campum ad vineam; pro quo quidem campo, si aliqua oriretur calumpnia, eam Alaboredi ecclesiam habere decrevit.* Forte pro *Allodii jure.*

* **ALABRARE**, Prælo uvas premere, *Pressurer. Alabrum*, Torcular, *Pressoir.* Glossar. Lat. Gal. ex Cod. reg. 7692 : *Alabrare, Traouller. Alabrum, Traoul.* Glossar. Lat. Gall. ex Cod. reg. 521 : *Alabrum, bri, Traoul. Gall. ab ala, læ.* Unde emendandum Glossar. Gall. Lat. ex Cod. 7684 : *Alabrum, Tanoil.* Leg. *Traoil.* Vide *Trullare.* [** Vide in *Alabrum.*]

¶ **ALABRUM** et Alibrum, Instrumentum circa quod volvuntur fila, et cujus ope in orbes glomerantur, Gallis *Devidoir.* [* Nunc, olim vero *Hasple*, Germ. *Haspel*, Hispanis *Aspa;* quod a voce *Alabrum* dictum videtur. Vide alia notione in *Alabrare.*] Isid. lib. 19. Orig. cap. 29 : *Alibrum quod in eo liberentur fila, id est, solvantur.* Gloss. Bitur. habet, *id est, volvantur fila.* Calepinus ad hanc vocem : *Filum a colo in fusum, de fuso in Alabrum, hinc in girgillum, deinde in glomicellum etc. Alabrum* dicitur quod radios quasi alas habeat, inquit Martinius in Lex. Phil. In veteribus Lexicis Monasticis legitur et verbum *Alalrare*, Filum evolvere. Vide *Devolutorium.*

** Alabrare, Haspelen, (fila glomerare) : Gemma Gemmarum.

ALACADIE. Tabular. Brivat. cap. 405 : *Habet censum porcum 1. multonem 1. de civada sestarios 2. per agnum den. 3. per Alacadie den. 6. gallinam 1. per sictorem den. 1.*

* **ALACREIRA.** Charta ann. 1294. inter Probat. tom. 1. Hist. Nem. pag. 120. col. 2 : *Quemdam ortum cum juribus suis; quod est ad Alacreira, et confrontatur a vento cum carreria publica, a circio cum carreria publica.* f. Nomen loci.

ALACRIMONIA, *Lætitia*, in Glossis Isidori, apud Papiam, et Joannem de Janua, Gallis *Alegresse.*

* Glossar. Provinc. Lat. ex Cod. reg. 7657 : *Guauch, Prov. Alacrimonia, gaudium.* Nostri a Lat. Alacris, *Haligre* eodem sensu, dixerunt. Chron. S. Dion. lib. 1. cap. 16. tom. 3. Collect. Histor. Franc. pag. 168 : *Aureliens... retourna à son seigneur, et le rendit lié et Haligre de la bonne response de la damoiselle.* Ejusdem notionis et fortean originis vox *Hait*, Gaudium, in versione Gallica cap. 4. lib. 1. Reg. v. 8. ex Glossar. ad calcem Joinvil. edit. reg. : *N'en ourent pas tel Hait en l'ost ne hier ne avant hier.* Ubi sacer Textus habet : *Non fuit tanta exultatio heri et nudiustertius.* Unde *Haitié*, pro sanus : qui enim bene valet, lætus et alacris est. Joinvil. in S. Ludov. pag. 124 : *Le roy me demanda se la royne et les enfans estoient Haitiés.* Lit. remiss. ann. 1374 in Reg. 106. Chartoph. reg. ch. 405 : *Icellui Mercier ala comme tout sain et Haistié, et senz se complaindre d'aucune doloison pour ladite bateure.* Aliæ ann. 1390. in Reg. 138. ch. 266 : *Colin continua à faire sa besongne, et ala sur terre, comme sain et Hatié.* Occurrit præterea tom. 8. Collect. jam laudatæ pag. 338. et alibi passim. Le Caton *en Roman :*

Qui fors est et sains et Haitiés.

* Hinc *Dehait* et *Desattiez*, pro Animi corporisve ægritudo. Contin. Guill. Tyrii : *Et li dist que il ne pooit passer à ce passage pour son Dehait.* Assis. Hierosol. apud Thaumasser. cap. 215 : *Se le festicien ou le serorgien ne connoist en lui aucune chose on aucun Dehait, pourquoi il doit demeurer d'aler à sa court, etc.* Le Roman *du Rou* MS. :

Et tel couroue et tel Dehait
En ot la duchesse sans fable, etc.

* Homil. in Adventu ex Cod. 28. S. Vict. Paris. fol. 1. v°. col. 1 : *Couvignable chose fu que.... li granz fisiciens vint.... quant par tout le monde estoit et gisoit la grant Desattiez.* Unde *Deshaitié*, Æger, morbo affectus, apud Villehard. § 19 : *Joffroi li mareschaus.... trova son seingnor le conte Thibaut malades et Deshaitiés.* Inde *Maldehait,* Exsecrationis species, apud jam laudatum Joinvil. pag. 120 : *Mal-dehait ait qui vous y aidera. Maudehait*, eodem sensu in Poem. *du Chevalier au Barisel* MS. :

Maudehait, qui pour chou ira,
Ne qui les piés i portera.

* Inde etiam *Se Rehaiter*, et *Rehetier* pro *Se réjouir, se refaire*, Gaudere, lætari, recreari. Annal. regni S. Ludov. edit. reg. pag. 271 : *Aucun qui avoient moult soufert de doulour et de tribulation, furent assez tot Rehetié.* Le Roman *de Robert le Diable* MS. :

L'emperere qui l'ost caielle,
Vit la chevalerie bielle,
Que Robiers a devant lui faite,
Moult en est liés, moult s'en Rehaite.

* **ALACRISUM**, pro *Olochrysum*, a Gr. ὁλόχρυσον. Chron. Isid. Hispal. ex Cod. reg. 4999. A. ad ann. 720 : *Tertius decimus Leo Turonis præfuit mensibus vj. primum abbas S. Martini, faber lignarius faciens turres tectas Alacriso, i. toto aurato, sepultus in basilica S. Martini.*

* **ALACRITER**, Fortiter. Glossar. Lat. Gall. ex Cod. reg. 4120 : *Alacriter, Forment.*

¶ **ALACRITUDO**, Eadem notitione. Acta SS. Maii tom. 7. pag. 832 : *Nunc me removeas ab ista tempestate, et me ducas ad portum Alacritudinis.*

ALADMA. Fori Jacobi Reg. Arag. ann. 1307. ubi de Judæis : *Præterea ut omnia et singula præmissa observentur et compleantur, statuimus, quod quolibet anno jactentur seu imponantur Aladma et nitdui, prout melius, et firmius et solennius possit fieri secundum legem et observantiam Judæorum, cum rotulo Thore, seu Legis, pridie mensis Octobris, in Synagoga majori cujuslibet loci, præsenti tota aliama, vel majore parte ipsius; et in locis ubi non habent Synagogam, jactentur dicti Aladma et nitdui in Schola, vel in alio loco, ubi faciunt orationem, ut omnes Judæi teneant et observent omnia supra dicta per totum illum annum.* [* Vide supra *Adaraba.*]

* **ALADUM.** Chartul. S. Sulpit. Bitur. fol. 82. r° : *Concessit Archinbaldus princeps salvamen ecclesiæ beati Leopardini, ut nullus homo intra villam, neque in mercato capiatur, neque pecunia ipsius ab aliquo, nisi a monachis ipsius loci, quibus est villa, jus et Aladum.* Ubi legendum est *Alaudum.* Vide *Alodis.*

ALÆ, Latera Ecclesiæ, quomodo *les Ailes de l'Eglise* dicimus. Gloss. Lat. Gr. *Ala*, ἐξέδρα, εἴλημα, etc. Gervasius Dorobernensis in Descript. Ecclesiæ Cantuariensis : *Ad bases pilariorum murus erat tabulis marmoreis compositus, qui Chorum cingens et Presbyterium, corpus Ecclesiæ a suis lateribus, quæ Alæ vocantur, dividebat.* Acta Episcoporum

Cenoman. in Hoello, cap. 34 : *Exteriores etiam parietes, quos Alas vocant, per circuitum consummavit.*

* 2. **ALÆ**, Aulæa, quæ a lateribus altaris hinc inde appendi solent. Stat. synod. eccl. Camerac. apud Marten. tom. 7. Ampl. Collect. col. 1298 : *Cortinæ convenientes, quæ Alæ dicuntur, a lateribus altaris utriusque* (l. utrinque) *appendantur. Elles* nuncupantur in Invent. ejusd. eccl. ann. 1371 : *Item une paire d'Elles pour les solennez doubles, cascun de deux draps coppez par barres de lonc, à oysiaux ouvrés de soye.*

* 3. **ALÆ**, *Equites, turma equitum : ob hoc dictum est, quia more alarum pedites tegunt.* Glossar. vet. ex Cod. reg. 7646. *Aile*, eodem sensu, dicimus, alias *Ale*. Le Roman *du comte de Ponthieu* in Glossar. ad calcem Joinvillæ edit. reg. : *Le Soudan.... devisa son ost en dous Ales.* Vide infra *Alaris*.

¶ **ALAFTHI**, Dimidium. Vide *Chunna*.

* **ALAGOUSTA**. Tractat. MS. de piscibus cap. 132. ex Cod. reg. 6838. C : *Locusta, a nostris Langouste, a Liguribus Alagousta nuncupatur.*

* **ALAIA**, Metallorum permistio, Gall. *Alliage*. Chartul. reg. Angl. Henr. V. et VI. ex Cod. reg. 8387. 4. fol. 79. r° : *Concessimus dilectis nobis inhabitantibus civitatem nostram Baionæ, quod.... moneta auri et argenti infra castrum nostrum ibidem talis fiat et de hujusmodi Alaia et pondere, qualis infra castrum nostrum Burdegalæ facta existat. Ailleure*, eadem notione, in Lit. remiss. ann. 1391. ex Reg. 141. Chartoph. reg. ch. 228 : *Deux fermaulz, un d'ouvrage d'argent et l'autre de fin Ailleure.* Vide *Alaium*.

¶ **ALAIUM**, Metallorum temperatio. Gall. *Alliage*. Rymer. tom. 6. pag. 308. col. 1 : *Homines de Francia magna fecerunt calumniam et debatum, tam in Alaio, quam in pondere dictæ monetæ nostræ, asserentes, quod in dicta moneta nostra plus habetur de Alaio, quam juxta conventiones.*

ALALAGMA, Jubilationis et lætitiæ clamor ex Gr. Ἀλάλαγμα. Vita S. Droctovæi Abbat. : *Cum una concrepet Alalagma tonanti.* Vita S. Eusebiæ Abbatissæ Hamaticensis : [Clamor lætitiæ et jubilationis.]

Quem non integritas vitæ docet hoc Alalagma.

Vita S. Majoli Abb. Cluniac. tom. 2. Maii pag. 684. D :

Spiritus arctatis ardens emergere vinclis
Emicat, et liquidas liber transfertur in auras,
Hymnizante polo lætumque Alalagma canente,
Sepserunt comites miro splendore superni.

¶ **ALALAGNIA**, pro *Alalagma*. De S. Kessogo Episc. in Scotia, tom. 2. Martii pag. 33. E : *Hujus anima felix juncta civibus æthereis cum una concrepet Alalagnia Tonanti superna dispositione, qui sanctos suos et in hac vita mirificat, merito jugiter turba Fratrum Monastici Ordinis ante ejus mausolæum concinit æterno Regi dulciflua carmina laudis.*

ALAMANDINÆ, Alavandinæ. Anastasius Bibl. in S. Silv. : *Fecit Angelos 4. ex argento... cum gemmis Alavandinis in oculos.* Idem in Greg. IV. pag. 164 : *Obtulit... albas majores numero. 29. Alamandinas majores numero 20. albas modicas, etc.* Visitatio Thesaurariæ ædis S. Pauli Londoniensis ann. 1295 : *Item crux de platis argenteis deauratis undique, cum duabus camahutis in brachiis, et duobus magnis lapidibus superius et inferius, et Alamandina in medio, et aliis multis lapidibus et perlis in circuitu, continens partem ligni Crucis.* Infra : *Casula de rubeo samito... cui inseruntur 4. berylli, et 3. circuli aymallati, et 4. lapides sculpti, et 4. Alemandini, et in medio agnus Paschalis.* Ita usus obtinuit, ut *Alamandinæ* dicerentur, quæ *Alabandinæ* vel *Alavandinæ* dicuntur; gemmæ scilicet ex Alabanda Cariæ urbe, de quibus Plinius lib. 37. cap. 2. 27. Breviloq : *Alabanda, lapis pretiosus.* Papias : *Alabandina gemma, ab Alabanda dicitur.* Ugutio : *Alabanda, regio Asiæ, unde Alabandina gemma.* [Gloss. Bituric. MSS. : *Alabandicia, gemma ab Alabanda Asiæ regione.*]

ALAMANESCA, Chlamidis species, qua Alamanni utebantur. Statuta Massiliensia MSS. ann. 1276 : *Chlamys Alamanesca cum penna et cum caputio vel almussa.*

¶ **ALAMARES**, Serici flosculi in vestibus. Conc. Limanum ann. 1582. tom. 4. Collect. Concil. Hisp. pag. 515 : *Cum primum Clerici Ecclesiam intraverint, superpelliceis mundis sive roquetis, ac minime laceratis vestibus inferioribus, talaribus nigris aut alio honesto colore infectis, sine sericis flosculis, seu Alamaribus, ut dicunt, cum cappis et almuciis induantur.* Ejusdem tomi pag. 246 : *Removeantur vero a Clericali usu nova quædam inventa indumentorum, aut ornatus, quæ milites, non Clericos decent, qualia sunt, quæ patrio more vocare solent, Lechuguilla, Polaynas, Puntas, Guarniciones de seda, fascas en los manteos, Alamares, etc.*

* **ALAMBICUS**, Angulus, locus secretus, Gall. *Coin, lieu caché.* Lit. remiss. ann. 1414. in Reg. 168. Chartoph. reg. ch. 183 : *Viderat dictus supplicans, quod quadam die dictus Tailhade accepit in quodam Alambico domus suæ unam peciam argenti, quæ suo videre de quodam calice amota fuerat.*

* **ALAMBINUM**, pro *Alembicum*, Gall. *Alembic; Alenby*, in Lit. remiss. ann. 1482. ex Reg. 208. Chartoph. reg. ch. 163 : *Ung instrument de verre, lequel il appelloit Alenby pour tirer de l'eau de vie.* Inventar. ann. 1379. MS. : *Item unum cremastulum. Item unum Alambinum de cupro.* Vide *Alembicum*.

ALAMINUS. Vitalis Episcopus Oscensis, de Magistratibus Saracenorum Hispanic. : *Est etiam inter Saracenos Officialis, qui Alamin, id est, fidelis, lingua Arabica appellatur, qui debet causas minimas, non excedentes duos solidos, terminare, et exercet in Curia Zavalachen apparitoris officium vel sagionis.... Ideo dictus Fidelis, quia fideliter debet jura Regis perquirere.*

** **ALANES**, *Equitum turmæ*, in Gloss. Cod. Reg. 4778 et in Gloss. Jæckii.

¶ **ALANI** Comites. Vide *Comites Alani* in *Comes*.

* **ALANETUM**, pro *Alnetum*, locus ubi crescunt alni, Gall. *Aunaie.* Charta apud Cencium inter Census eccl. Rom. : *Alanetum totum et salicetum totum de ponte leproso.* Vide *Alnidus*.

ALANUS, Canis species veteribus nota, Hispanis *Alano*, Nebrissensi *Molossus. Furtum Alani vel leporarii*, in Foris Aragon. tit. de Venatorib.

ALAPA, *Alapam dare, et aurem torquere in testimonium*, in Legibus Ripuar. tit. 60. § 1 : *Si quis villam... ab alio comparaverit, et testamentum accipere non potuerit, si mediocris res est, cum 6. testibus,... si magna cum 12. ad locum traditionis accedat, et sic eis præsentibus pretium tradat, et possessionem accipiat, et unicuique de parvulis Alapas donet, et torqueat auriculas, et postmodum testimonium perhibeant.* Credo id actum, aut agi solitum, ut testes postmodum, cum in rei gestæ testimonium advocarentur, in memoriam revocarent, se eo in loco alapis cæsos, aut auribus vellicatos. Vide *Testes per aurem attracti.* [** et Grimmii Antiq. jur. pag. 144 et 545.]

* Hujusce moris ejusdemque institutionis rationem edocet Charta ann. circ. 1034. inter Instr. tom. 11. Gall. Christ. col. 201 : *Huic rei interfuerunt.... Goscelinus Rufus de Formovilla, Hunfridus constructor ejusdem loci cum filiis suis Rogerio, Roberto, Willelmo, qui etiam a patre ob causam memoriæ colaphum suscepit. Suscepit etiam aliud colaphum Ricardus de Lillabona, qui hosam vini comitis Roberti ferebat : qui cum requireret, cur sibi Hunfridus permaximum colaphum dedisset, respondit, quia tu junior me es, et forte multo vives tempore, erisque testis hujus rationis, cum res poposcerit. Suscepit etiam tertium colaphum Hugo filius Waleranni comitis.* Ubi observare est junioribus, qui solemni testes aderant alicui traditioni, ut rei gestæ memores essent, alapas inflictas fuisse non modo a parentibus, sed et ab antiquioribus quibuscumque præsentibus. Quod tamen frequentioris usus fuisse vix credam, cum hoc unum ejusce moris supersit exemplum, teste Mabillonio tom. 4. Annal. Bened. pag. 393. Vide in *Auris*.

* Nec minus insolens videri potest id quod legitur in Charta Phil. Aug. ann. 1184. ex Reg. 34. bis, Chartoph. reg. fol. 12. v°. col. 2 : *Si qua vilis et inhonesta persona honestum virum vel mulierem turpibus conviciis inhonestaverit, liceat alicui probo viro de pace, si supervenerit, illum objurgare et illum uno aut duobus colafis sine forifacto ab importunitate sua compescere. Uno aut duobus vel tribus colafis*, in Charta commun. Bruer. ann. 1186. ibid. fol. 14. v°. col. 2. Vide infra in *Capilli*.

Alapa Militaris, dicitur Scriptoribus Latinis medii ævi, Ictus, qui tyronis ad Militarem dignitatem promovendi collo aut humeris, ense vel gladio, quo Miles fiebat, infligebatur. Mos, ni fallor, derivatus a manumissionibus : *quos enim manumittebant, eos Alapa circumagebant*, ait vetus Scholiastes Persii Sat. 5. Cujus ritus mentio est apud Claudianum in 4. Consulatum Honorii, Sidonium in Consulatum Anthemii, et aliquot alios. Militaris quippe ordo, quo quis donabatur, facultatem dabat utendi armis militaribus, suique juris Militem efficiebat. Magnum Chron. Belgicum ann. 1247 : *Plerique Milites moderni temporis, patrimoniis intendentes, omissis sumptuosis solennitatibus, saltem per infractum Colaphum Militarem consequuntur dignitatem.* Lambertus Ardensis : *Eidem Comiti in signum Militiæ gladium lateri, et calcaria sui militis aptavit, et Alapam collo ejus inflixit.* Alio loco : *Licet enim Militarem non-*

dum recepisset Alapam, in armis tamen strenuus erat. Et mox : *Et ei Militarem non repercutiendus dedit Alapam, et Militaribus eum in virum perfectum dedicavit sacramentis.* De ejusmodi Alapis Militaribus agunt passim Scriptores. Joann. de Beka in Ottone III. Episc. Traject. de Militari inauguratione Willelmi Comitis Hollandiæ in Regem Roman. electi, qui a Bohemiæ Rege in æde Coloniensis urbis præcipua Militari cingulo accinctus est anno 1247 : *Illis itaque dictis, Rex Bohemiæ grandem dedit Ictum in collo tyronis, ita dicens : Ad honorem Dei omnipotentis te Militem ordino, ac in nostro collegio te gratanter accipio.* Historia Cortusiorum lib. 11. cap. 2 : *Imperator... sedens in equo fecit* (Franciscum de Carraria) *Militem, et cum palma eum percutiens super collum, ait : Esto bonus Miles, et fidelis Imperii.* Ceremoniale Roman. lib. 1. sect. 7. de Milite a summo Pontifice facto : *Tum accipiens illius ensem nudum, ter Militem percutit plane super spatulas, dicens : Esto Miles pacificus, strenuus, fidelis et Deo devotus.*

Trinam illam percussionem observo præterea in Actis Parlamenti Parisiensis 16. Mart. ann. 1415. ubi enarrant, quemadmodum Sigismundus Rex Romanorum, qui Regis Caroli VI. permissu, causis dijudicandis in suprema Curia præsidebat, Guillelmum Signetum *Militem* fecerit, quod de Senescalli Bellicadrensis officio cum Guidone Pestello Milite litiganti, objiceretur, nondum Militare adeptum cingulum, cum Senescallus aut Ballivus, ex Regum edictis, nemo fieri posset, nisi esset Miles : *Oyant qu'on proposoit contre ledit Signet par le conseil de Pestel, que iceluy Signet n'estoit pas Chevalier, et Pestel l'estoit, presens tous, luy assis par dessus les Presidens, et au plus haut, appellé ledit Signet, en disant, que à luy appartenoit bien de faire Chevaliers, et print d'un de ses gens sou espée, et ledit Seignet mis à genoux prés du Greffier, frappa trois grans coups ledit Roi sur le dos dudit Seignet : puis fit deschausser l'un de ses esperons dorez, et luy fit chausser par l'un de ses gens, et l'y ceindre une ceinture où estoit pendu un cousteau long pour espée. Car ainsi avoit-il par avant recommandé l'avancement de la cause dudit Seignet.*

Galli nostri ejusmodi alapas Militares *Colées* appellant, quod collo infligerentur. Breviloq. : *Alapa est faciei percussio, sicut* colaphus *colli.* Unde Ebrard. Beth. :

Dic Alapam malæ, colli Colaphumque.

Harum auctorem Arturum Britannum quidam faciunt Mythologi. Robertus *de Bourron* in Hist. Merlini MS. : *Et sachent tout cil, qui ceste ystoire escoutent, que che fu li premier hom, qui donna Colée à Chevalier nouvel, que che fu li Rois Artus.* L'Ordene de Chevalerie *de Hue de Tabarie* MS. :

Et en après li demanda,
S'il falloit plus nulle cose :
Sire, oil, mais faire ne l'ose.
Que chou est dont ? chest li Colée.
Pourquoy ne me l'avés donnée ?
Et dit la Senefianche,
De celuy qui l'a adoubé,
A Chevalier et ordonné; etc.

Le Roman *de Garin* MS. pescribens eande Militarem ceremoniam :

Huë demande froberge au Pont d'orsin,
Regnaut la ceint qui volontiers le fist,
Hauce la paume, ens el col le feri,
Par un petit, que il ne l'abati.

Le Roman *de Jordain de Blaye* MS. :

Se mes chiers peres vous ceinsit or le brant,
Et la Colée vous donnast maintenant.

Vetus Ceremoniale MS. de Militari inauguratione : *Lors le Prince ou aucun Seigneur Chevalier, luy donne la Colée, et luy ceint l'espée dorée.* Chron. MS. Bertrandi *du Guesclin* :

Aussi-tost que l'Anglois, dequoy nous vous parlons,
Ot receü Coulée, et de l'honneur le don.

Vide præterea Monstrelletum 1. volum. cap. 155. et 3. vol. in Regis Ludovici XI. coronatione; Historiam congressus Ludov. XII. Regis Fr. et Ferdinandi Reg. Aragon. cap. 3. Hoserium in Militib. Ord. S. Spiritus et alios, ex quibus, et hic laudatis Scriptoribus satis colligitur, errasse Duchesn. in Notis ad Alanum Chart. et lib. 2. Hist. Guin. cap. 6. qui putavit, ejusmodi alapas Militares, manu, non gladio in collum tyronis impactas. Vide Joan. Cameniatam de Excidio Thessalonicæ cap. 28.

* Haud scio tamen an ita certum sit errasse Duchesnium, qui putavit ejusmodi alapas militares, manu, non gladio in collum tyronis, impactas; cum id saltem aliquando factum esse probet Charta Caroli Romanorum regis ex Cod. reg. 10197. 2. 2. fol. 1. v° : *Statuimus ut si quis ex ipsis* (Frisonibus)... *militare voluit, dictus Potestas sibi gladium suum circumcinget, et dato eidem, sicut consuetudinis est, manu sua colapho, sic militem faciat, et eidem firmiter injungendo præcipiat, ne deinceps more militum regni Franciæ armatus incedat, eo quod consideramus, si prædicti Frisones militaverint, secundum staturam corporum et formam præcipue a Deo et natura ipsis datam, cunctos in orbe terrarum milites sua fortitudine et audacia præcellerent.*

* Singularis est hominis conditio, qui ut pacem ab altero exoraret, alapis ab ipso multari proponebat. Lit. remiss. ann. 1396. in Reg. 150. Chartoph. reg. ch. 369 : *Icellui suppliant le fist requerir et prier qu'il peust avoir paix avecques lui, en lui offrant tendre la joe pour recevoir deux ou trois buffes, ou en amende, tele que leurs amis diroient.* Vide infra *Buffa.*

Per Alapum, seu *Colaphum* servum facere, in Speculo Saxonico lib. 3. art. 32. § 5. Vide *Transcornati.*

Alapare, *Alapas minari*, Papiæ. Gloss. Lat. Gr. *Alapatur* ἀλαπάζει.

* Gloss. Gr. Lat. ῥαπίζω, *Expalmo, Alapo. Alapare, buffer,* in Vocabul. compend. Reg. visitat. Odonis archiep. Rotomag. ex Cod. reg. 1245. fol. 511 : *Diffamatus de incontinentia... de quadam, quæ dicitur Aelidis, quam turpiter Alapavit.* Conc. Armenor. ann. 1342. apud Marten. tom. 7. Ampl. Collect. col. 341 : *Ideo* (Christus) *Alapatus a ministro, quasi in Verbo suo alapam recipiens dicebat, etc.* Vide mox *Alaphisare.*

¶ **ALAPÆ** Evangeliorum aureæ, Ornamenta (fibulas puto) ad instar palmæ fabricata. Agnellus lib. Pontif. apud Murat. tom. 2. pag. 182. col. 2. D : *Et suscepit eum Martinus Pontifex cum gaudio magno et alacritate multa, et pie dapibus repleti Ravenna scedulus vascula argentea, tota expleta mensa in modum platani, quam ex dimissione Valerii Archiepiscopi in suo palatio erat, quam in suis temporibus fecit, et Alapas Evangeliorum aureas, parum mechanicis factas operibus.* Ibidem pag. 186. col. 1. D : *Evangelia vero habentia Alapas aureas unus e Clericis in superiori sinu habens, etc.*

* Rubeo lubentius assentior, qui libri tabulas seu opercula hic indigitari autumat.

ALAPATOR, [Gloriator, in Antiquarii supplemento.] καυχητὴς exponitur in Excerptis veteris Gloss. pag. 275. quia petulantes ac jactabundi gaudent aliis colaphos incutere, ait Vossius.

¶ **ALAPHA**, et Alaphare, in Glossis Bituric. MSS. pro *Alapa*, et *Alapare.*

* **ALAPHISARE**, Iteratis alapis percutere. Mirac. S. Auctoris tom. 4. Aug. p. 53. col. 1 : *Alaphisando et collaphisando eum impetivit fortiter et percussit.* Vide supra *Alapare* in *Alapa.*

¶ **ALAPIS**, *est Nota in libris emendatis.* Gloss. MSS. S. Andreæ Avenionensis. Hæ notæ forte sic dictæ sunt, quod ad instar manus essent exaratæ.

ALAPISTA, *Alapistarum strepitus* apud Arnobium. Ita enim restituit Scaliger, pro *solapitarum strepitus*, aitque *Alapistas* dici mimos, ac ludiones, qui exactis ludis ac comœdiis, sibi invicem alapas infligebant, ut plebem ad risum concitarent. [** Vide Forcell. Lexic.]

ALAPIZARE, *Alapas dare.* Ugutioni.

ALAPUS, *Qui propter mercedem alapas patitur*, in Glossis Isid. cujusmodi sunt, quos *Alapistas* vocat Arnobius. [** *Qui victum comparat Alapas patiendo*, in Gloss. Jæckii.]

¶ 1. **ALARE**, Alis aërem agitare. Papias MS. Bitur. : *Alo, auram moveo, quasi ab Ala, unde Alitus pro Alatus, id est, spiritus, flatus.* Hic auctor *Alitus* pro *halitus* scripsit, ut illi voci facilius talem qualem daret originem.

** Hinc secundum Sa Rosa de Viterbo Elucidarii tom. 1. pag. 67 : *Alara*, Instrumentum quo acolythus pellit muscas de capite et facie missam celebrantis. Charta æræ 959. *Alara una de alvejei.*

* 2. **ALARE** pro *Halare*, Insufflare, aspirare. Missale Burdegal. MS. ex Cod. reg. 871. ubi de benedictione fontium : *Hic Alet* (sacerdos) *ter in aquam.* Supra : *Insufflando in fontem tribus vicibus.*

* 3. **ALARE**, Expandere. Glossar. Lat. Gall. ann. 1352. ex Cod. reg. 4120 : *Alare, Estandre.* [** Gemm. Gemm. : *Alare i. e. Alas extendere vel brachia.*]

* 1. **ALARGARE**, Ampliare, dilatare, Gall. *Étendre*, Ital. *Allargare*, eadem notione. Libert. S. Amancii ann. 1341. in Reg. 72. Chartoph. reg. ch. 368 : *Possint* (Consules) *devesias constituere, tenere, custodire et custodiri facere, restringere, Alargare, si et quotiens voluerint.* Stat. Vallis-Serianæ cap. 61. ex Cod. reg. 4619. fol. 116. v° : *Non sit aliquis conductor, ... qui audeat nec præsumat serare, Alargare ipsas seraturas, etc.*

* 2. **ALARGARE**, Remittere, relaxare, Gall. *Lacher;* quo etiam sensu *Allargare* usurpant Itali. Stat. Taurin. ann. 1360.

ex Cod. reg. 4622. A. cap. 67 : *De serrando et Alargando granum per judicem vel rectorem cum consilio credentiæ. Item quod judex seu rector, cum consilio credentiæ, possit serrare et Alargare granum, quando sibi et credentiæ placuerit.* Hinc

* Allargare, Purgare, Gall. *Vuider*, in Stat. Massil. lib. 2. cap. 41 : *Quando eas* (calquerias,) *vel ea* (torcularia) *curabunt* (blancarii) *vel facient curari seu Allargari, imo aquam pausatam, et claram, quanto plus poterunt, inde ejiciant.... Qui curaverit vel Allargaverit, etc.*

ALARICA, Papiæ, *Hasta vehemens, triangulum ferreum habens.* Vide *Phalarica.*

¶ **ALARINÆ.** Vide *Alyrumnæ.*

* **ALARIO.** Joan. Salisber. de Nugis curial. lib. 1. cap. 13 : *Aquila namque sicut rex avium est, si non Alarionem excipias, quæ forte aquilarum species potentissima est.* Num inde in arte heraldica *Alerion* vocant, sensu opposito, aquilam minorem rostro et unguibus mutilam? [** Huic loco vitii aliquid inesse, nemo non videt; fortasse pro *non Alarionem* legendum *valeriam*, cum apud Plinium lib. 10 cap. 3. § 3. *Aquila Valeria* sit *viribus præcipua.*]

* **ALARIS**, *Turba equitum, et Alarita, æ, hasta militis*, in vet. Glossar. ex Cod. reg. 521. Glossar. aliud ex Cod. 7641 : *Alaris, caballarius.* Rursum in Cod. 7646 : *Alares, equitum turmæ. Alaris, caballaris.* Vide supra *Alæ* 3 et *Alanes.*

¶ **ALAS**, *atis.* Qui habet alas. Expositio brevis antiq. Liturg. Gall. apud Marten. Anecd. tom. 5. col. 100 : *Sirico enim de ligno per verme fictur. Vermis post mortem procedit in Alate.* De Bombyce loquitur.

* **ALASA.** Chartul. Medii monast. fol. 170. r° : *Duas Alasas domus.... in franco alodio, sine censu, cum platea retro easdem Alasas.* Leg. forte *Alatas*, domus scilicet latera, *les Ailes;* nisi idem sit quod supra *Aisentiæ*, pertinentiæ nimirum, ubi libere percipi possunt *Aisamenta.*

¶ **ALASTOR**, Animus male conscius, superbus. Qui Ἀλαστα, id est, non oblivіscenda mala perpetrat. Usurpatur fere semper pro malo Dæmone. Lexic. Philolog. [** Apud Claudianum de R. P. lib. I in fine, est nomen proprium unius ex equis Plutonis. Martinius vocem venire dicit ab ἀ et λανθάνομαι, unde de *dæmone inoblita mala inferente* intelligit. Vide Stephani Thes. Ling. Gr. in voce Ἀλαστέω. Gemma Gemm. : *Alastor i. e. Nequam.*]

* **ALATA**, Via lustrandis vigiliis comparata, Gall. *Chemin des rondes, Corridor, Galerie.* Stat. ann. 1357. inter Probat. tom. 2. Hist. Nem. p. 194. col. 1 : *Item est faciendum Alatam supra murum barbaccanæ existentem ante dictum portale.* Pluries ibi. Vide infra *Alea* et *Aleya.*

¶ **ALATÆ** Cappæ. Tom. 4. Anecd. Marten. col. 162. B : *Prohibetur penitus universis Sacerdotibus, ne habeant Cappas Alatas et vestes inordinatas.*

ALATORES. Papias : *Venator, dictus quasi venabulator, a venatione scilicet, quod bestias perimat. Horum quatuor sunt officia, Vestigatores, Indicatores, Alatores, Pressores.* [** Hæc exscripta sunt ex Isid. Orig. lib. 10, § ult., ubi pro Indicatores legitur Indagatores. Vocis etymon profert Servius ad Virg. Æneid. lib. 4. vers. 121, ubi videndus Heynius.]

¶ **ALATORIA**, Alorium, Ambulacrum, Gall. *Allée.* Charta Calomontis ann. 1397 : *Cum ingressu et exgressu per Alorium situm subtus domum dicti Rigniaci.... Ita ut Alatoria dictorum murorum maneat libera.* Charta Tossiacensis in Dumbis ann. 1449 : *Licentia datur faciendi aponsam supra corseriis villæ, aponsatam muris tali modo quo desubtus possit transire una charrata feni, et quod Alatoria dictorum murorum maneat in statu in quo sunt de præsenti.* Normannorum antiquæ Consuetudines, apud Marten. tom. 1. Anecdot. pag. 227 : *Et ibi nulli liceat facere palicium nisi in una regula et id sine propugnaculis et Alatoriis.* In hoc posteriori exemplo *Alatoria* vel *Alatorium* ut *ambulacrum*, ita et *Alam* domus, *Aile de bâtiment*, significare potest.

* **ALATORIUM**, Eadem notione, ut videtur, atque *Alata.* Reg. Phil. Aug. signat. 34. bis, ex Chartoph. reg. fol. 95. r°. col. 1 : *Apud Compendium debet... murum elevare, ita quod habeat iiij. tesias in altum usque ad antepectus, et iiij. pedes de Alatorio.* Fol. v°. col. 1 : *Præterea pro muris proficiendis intra castellum per totum, et Alatoris* (l. Alatoriis) *reparandis, etc.* Vide *Alatoria*, quæ vox non aliud sonat, licet interdum porticum significet.

ALATUS. Vide *Manualia.*

¶ **ALAVANDINÆ**, Gemmæ ex Alabanda allatæ. Vide *Alamandinæ.*

¶ **ALAVANUS** Lapis, Eadem notione. Versus de Mediolano apud Murat. tom. 2. part. 2. col. 688. B : *Gloriose sacris micat ornata Ecclesiis, ex quibus alma est Laurenti, intus Alavanis lapidibus, auroque tecta, edita in turribus.*

ALAUDA, vox Gallica vetus, Latinis *Galerita*, sive Cassita avis, ut Plinius lib. 11. cap. 38. Suetonius in Jul. cap. 24. Marcellus Empiricus cap. 29. tradunt. Gregorius Turon. lib. 4. cap. 31 : *In Ecclesia Arverna dum matutinæ celebrarentur Vigiliæ, in quadam civitate avis Corydalus, quam Alaudam vocamus, ingressa est.* Ita Marcellus loco laudato : *Corydalus avis, id est, quæ alauda vocatur;* supra : *Avis galerita, quæ Gallice Alauda dicitur.* Adhelelmus Episcopus Sagiensis in Miraculis S. Opportunæ cap. 14 : *Vidit aviculam nomine Accredulam, quam vulgus vocavit Alaudam.* Hoc etiam vocabulo Gallos legionem appellasse auctor est Plinius : *Gallico vocabulo etiam legioni nomen dederunt Alaudæ.* Inde Gallos Legionarios Cicero *Alaudas* vocat Philipp. 1. 5. 13. et Suetonius in Julio cap. 24. Boxhornius ab Hebræo *Alafata*, quod millenarium sonat, deducit, quam vere, alii judicent. Adde Gorop. Bekanum. lib. 1. Gall. pag. 12. [** Diezii Grammat. vol. 1. pag. 80. et Raynouardi Gloss. Rom. vol. 1. pag. 47. in voce *Alauza*, et quos ibi laudat.]

* *Aloe* apud Guiart. ad ann. 1249 :

Au matin el poin que l'Aloe
La douce chançonete loe.

¶ **ALAUDARII**, Iidem qui *Alodiarii.* Polypticum Abbatiæ S. Trin. Fiscamnensis MS. : *Idem tenet 4. acras terræ de feodo Alaudariorum per avenanciam auxilii militis, et facit servitia sicut Alaudarii... omnes isti 9. Alaudarii debent ire cum serviente apud Ermenonvillam et apud Maisnillum ad Nammia capienda et ad vim repellendam.* Vide in voce *Alodis.*

¶ **ALAUDES**, pro *Alodes.* Præceptum Borelli Comitis apud Marten. tom. 1. Ampliss. Collect. col. 337. A : *Quidquid ad usum hominum pertinet seu Alaudes illarum, ut ab odierna die et tempore supra memorato, jure et quieto ordine teneant et possideant.* Vide *Alodis.*

¶ **ALAUDIUM.** Vide *Alodis.*

¶ **ALAUDIUS**, Idem qui *Alodiarius* in voce *Alodis.* Laurentio in Amalth. : *Alaudius, ex justa servitute dimissus.*

¶ **ALAUDUM.** Vide *Allodium.*

¶ **ALAUSA**, Piscis species, Gall. *Alose.* Vide *Dursus.* [** Auson. Mosella v. 127. Germanis dicitur *Else.*]

* **ALAUSAGIUM**, Alauzagium, Quidquid ex venationibus subditorum dominis competebat. Pariag. inter reg. et abbat. Mansiadæ super nova villa de Berco Vivar. diœc. ann. 1284. in Reg, 198. Chartoph. reg. ch. 381 : *Item Alauzagia seu usagia venationum aprorum, ursorum, cervorum.... erunt communia partibus supradictis.* Alterum inter reg. et abbat. monast. Campor. honor. ann. 1323. in Reg. 62. ch. 139 : *Item voluerunt et convenerunt partes præfatæ, quod.... Alausagia, venationes, fortunæ et quæcumque etiam res aveniæ evenerint, sint communes inter dictum dom. nostrum regem et monasterium supradictum.*

¶ **ALAUSAR**, Species retis, quo fortassis præsertim utebantur ad capiendas *Alausas.* Statuta Arelat. MSS. sub Raimundo Archiep. art. 186. e Musæo D. *Brunet : Nullus piscator audeat piscari in palustribus cum retibus Alausar, a Paschate usque ad exitum Augusti, sub pœna xx. sol.*

1. **ALBA**, Gemma, unio, margarita, ab albedine et candore. Suidas : λίθοι, οἱ μάργαροι. Quippe *margaritarum dos omnis*, ut ait Plinius, *est in candore, magnitudine, orbe, livore et pondere.* Tertullianus de Cultu mulier. : *Et margaritæ canderent, et ceraunia coruscarent.* Eidem : *Rubentis maris grana candentia dicuntur.* Lampridius in Heliogabalo : *Fabam cum electris, et orizam cum Albis exhibens. Albas præterea in vicem piperis piscibus et tuberibus conspersit.* Senator lib. 9. Ep. 6 : *Assurgit Indici maris de Albarum candore fama locupletior.* Fortunatus Pictaviensis lib. 6. Poëm. 2 :

Saphyrus, Alba, Adamas, Crystalla, Smaragdus, Iaspis.

Et lib. 10. Poëm. 13 :

Unde datæ tibi sunt Alba, Topazus, Onyx.

Anastasius in Silvestro PP. : *Altare auroclusum cum gemmis prasinis et hyacinthinis, et Albis 120.* Idem in Gregorio IV : *Albas modicas habens circum capitis coronam diverse filopares.* Et in S. Vitaliano : *Evangelia aurea cum gemmis Albis miræ magnitudinis in circuitu.* Leo Ostiensis lib. 2. cap. 61 : *Tres pannos de altari, unum cum Albis, alium cum cruce et frizo, etc.* [** Vide Forcellin. in hac voce.]

Albula, Eadem notione. Gregorius M. lib. 12. Epist. 7 : *Tres annulos transmisi, duos cum hyacinthis, et unum cum Albula.*

Alpha, pro *Alba.* Charta Ferdinandi M. Regis Hispan. æræ 1101. apud Anton. de Yepez tom. 6 : *Coronas tres aureas, una ex his cum sex Alphas in gyro, etc.*

2. **ALBA**, Vestis, seu tunicæ species, a candore sic nuncupata. Epistola Valeriani Imp. apud Pollionem : *Vestes diversas* 16, *Albam subsericam, Paragaudem triuncem unam.* Ibidem : *Albam subsericam unam cum purpura succubitana.* Sed et longe postea *Albas* fuisse promiscui usus, ex eo colligimus, quod laïcis, in Monasteriis degentibus, tribuat Lanfrancus Cantuar. Archiepisc. Epist. 13 : *Plerique autumant manipulum esse commune ornamentum omnium, sicut et Albam et amictum : nam et in Cœnobiis Monachorum etiam laïci cum Albis induuntur.* Quinetiam

ALBA, pro veste muliebri usurpari videtur apud Bertham Sanctimonialem in Vita S. Adeleidis Virg. n. 27.

3. **ALBA**, Papiæ, *Vestis sacerdotalis linea et stricta, quæ camisia dicitur, et poderis, et talaris, et subucula.* Ordo Romanus : *Lineam Dalmaticam, quam dicimus Albam.* Alcuinus lib. de Offic. divin. : *Poderis, quæ vulgo Alba dicitur.* Amalarius lib. 2. Eccl. offic. : *Postea camisiam induimus, quam Albam vocamus.* Adde Rupertum lib. 1. de Divin. offic. cap. 20. Innoc. III. PP. de Sacrificio Missæ lib. 1. cap. 10. 51. Durandum lib. 3. Ration. cap. 3. et alios, qui de Ritibus et Officiis Ecclesiasticis scripsere. Concilium Carthaginiense IV. can. 4 : *Diaconus tempore oblationis tantum, vel lectionis Alba utatur.* Albis tamen promiscue in Ecclesia et extra Ecclesiam usos Clericos docent Leo IV. de Cura pastorali, Riculfus Episcopus Suessionensis in Statutis ann. 889. cap. 7. et Regino de Vita et conversation. Presbyt. cap. 66. ubi Presbyteri vetantur *in Alba, qua in suo usu utuntur, Missas cantare.* Porro *Albas* ejusmodi sacerdotales opere Phrygio interdum exornatas colligimus ex Eckeardo de Casibus S. Galli cap. 10 : *Inter quæ præter casulas sericas, cappas, et stolas, Alba est illa Philologiæ nuptiis insignis* : quas scilicet descripsit Martianus Capella. Unde mirum videri debet, res etiam prophanas vestibus sacris intextas et adscriptas.

ALBA PASCHALIS. Cyprianus in vita S. Cæsarii Arelatens. : *Cum quodam tempore deesset sanctis manibus aurum et argentum, rogareturque stipem a paupere.... ingressus in cubiculum suum, casulam, qua in processionibus utebatur, et Albam Paschalem inde profert, daturus egeno, etc.* Ubi *Alba Paschalis*, ea est, qua Cæsarius in Paschalibus festis, seu solennibus utebatur. Idem Cæsarius in Testamento suo : *Indumenta Paschalia, quæ mihi data sunt, omnia illi serviant.* Nam *Paschatis* vocabulo dies Dominicos et præcipua anni festa appellari infra docemus.

ALBAS GERERE et ESSE IN ALBIS, et ALBATI, dicuntur Clerici, dum *Albis* induti procedunt, vel officia Ecclesiastica peragunt. Paulus Diacon. Emeritensis in Vita S. Fidelis Epis. Emerit. : *Dum in atrium cum multis filiis Ecclesiæ tenderet, ut mos est, Archidiaconus cum Clero in Albis ab Ecclesia venientes coramеo astiterunt.* Rupertus lib. de Divin. offic. cap. 22 : *Solenne enim in hujusmodi festis omnes in Albis stare, vel procedere.* Gregorius Turon. in Vita S. Aridii : *Diacones in Albis exeunt ad processum, plebs clamat pro nimborum incursu, etc.* Vitæ Abbatum. S. Albani : *Et quando in capis vel Albis fuimus, etc.* Charta ann. 1190. apud Perardum in Burgundicis pag. 264 : *Solennitatem B. Benigni in Albis et translationem ejusdem 12. Lectionum in Ecclesia nostra fieri compromiserunt.* Glossæ. MSS. in Cod. Regio 1013 : *Albas gerentes, candida veste vestiti.* Vide Udalricum in Consuet. Cluniacensis Monasterii lib. 3. cap. 6.

☞ Hinc apud nostros *Aubé* idem quod ordinatus sonabat, ut videre est in vetusto epitaphio Gallicis rythmis scripto quod refert Mabillonius sæculo 5. Act. SS. Ordinis S. Bened. pag. 329. ubi de Frodoardo Presbytero Remensi :

Si tu veu de Rein savoir li Eveque,
Lye le temporaire de Flodoon le Saige,
Y les mor do tam d'Odalry Eveque,
Et fut d'Epernay né par parentaige,
Vequit caste Clerc, bon Moine, meilleur Abbé,
Et d'Agapit li Romain fut Aubé.
Par sen histoire maintes novelles sauras,
Et en ille toutes antiquité auras.

* ALBA FRISATA, Fimbriis ornata, *Garnie de franges.* Reg. actor. capit. eccl. Lugdun. ex Cam. Comput. Paris. ad ann. 1340. fol. 64. r°. col. 1 : *Item vestimenta sacerdotalia nigra cum Alba frisata auri, stolis et manipulis.* Vide *Frisatus* et *Frisum.*

* ALBA OCULATA, In qua delineatæ seu acupictæ sunt figuræ instar oculorum. Ordo eccl. Ambr. Mediol. ann. circ. 1130. apud. Murator. tom. 4. Antiq. Ital. med. ævi col. 865 : *Duæ cruces feruntur post altare, ubi subdiaconus, qui septimanam tenet, revestitus Alba oculata etc.* Occurrit rursum infra col. 867. Vide *Oculatus.*

* ALBA PARATA, Phrygio opere intexta, Gall. *Brodée.* Necrol. eccl. Paris. MS. : *Contulit etiam.... Albam paratam, et aliam sine paratura.* Charta dotat. capellar. de Blainvilla ann. 1335. in Reg. 70. Chartoph. reg. ch. 175 : *Item une casuble de drap d'or blanche et les ij. tuniques domatiques suians de le casuble, et iij. paire d'aubes à parement suians le casuble et les tuniques.... Item une casuble de drap d'or à canter as hautes festes, et une aube à parement d'ycelle suiance.* Inventar. MS. reliquiar. etc. eccl. Camerac. ann. 1371 : *Une autre Albe parée de unes parures batue à or, à cascune vj. ymages de broudure.... Une Aube et amit parés de vj. ymages en champagne d'or.* Vide in *Parare* 1.

* ALBATI, Clerici, nostris olim *Aubés.* Vide in *Alba* 3. Testam. Guillelmi monetarii ann. 1213. ex Cod. reg. 5255 : *Mando quidem dari c. solidos Melgorienses ad pauperes induendos, et alios c. solidos ad Albatos procurandos.*

* ALBÆ INFANTES, Pueri symphoniaci, *Enfans de chœur,* quorum vestis propria, Alba est. Vide infra in *Infantes.*

* PUERI IN ALBIS, Eodem sensu, in Lit. Car. V. reg. Franc. ann. 1367. ex Tabul. Carnot. : *Quatuor Pueris in Albis servientibus majori altari dictæ ecclesiæ* (Carnotensis) *etc.* Bulla Mart. V. PP. ann. 1427. in eod. Tabul. : *Alii clerici chorales nec non sex Pueri in Albis vulgariter nuncupati etc.* Haud scio an *Aubelique*, vox contemptus, diminutivum sit ab *Aubé*, qua clericus vel puer symphoniacus significatur. Lit. remiss. ann. 1457. in Reg. 187. ch. 154 : *Icellui Proust dist au suppliant qu'il n'estoit que ung Aubelique, et que oncques pié de sa lignée ne fut bon.* An a veteri Gallico *Aubeliere*, nunc *Licou*, 4 *museliere?* Vide Rabelais. lib. 1. cap. 12. et ibi notam *Duchat.*

4. **ALBA**, Vestis candida, quam induebant recens baptizati, in puritatis et innocentiæ, quam profitebantur, symbolum : ἐσθὴς φωτιστική, in Martyrio Bacchi junioris pag. 84. Statim enim atque de fonte nudi egrediebantur, stola alba induebantur, præmissa hac oratione, quæ legitur in Missali Gothico : *Accipe vestem candidam, quam immaculatam perferas ante tribunal Domini nostri JESU CHRISTI.* Albis autem vestibus ideo post baptismum indutos Christianos, opinantur passim viri doctiores, quod, ut ait S. Paulus ad Ephesios cap. 5. *antea tenebræ erant, nunc autem lux in Domino.* Quæ est sententia Clementis Alexandrini lib. 1. Pædag. cap. 6. Unde *nova baptismatis lux* baptismus dicitur in Cod. Theod. Græcis φώτισμα. *Dealbatus fonte baptismatis,* in Charta Edbaldi Reg. Angl. apud Will. Thorn. in Chr. pag. 2125. Vide Theodulfum Aurelian. de Ordine baptismi cap. 14. S. Zeno Veron. Ep. invit. 2. ad Fontem : *In Fontem quidem nudi demergitis; sed ætherea veste vestiti, mox inde surgetis.* Lactantius carmin. de Resurr. :

Candidus egreditur nitidis exercitus undis.

Paulinus Epist. 12 :

Inde parens sacro ducit de Fonte Sacerdos
Infantes niveos corpore, corde, habitu.

Idem in Epist. ad Macharium, de quodam sene recens baptizato : *Ad unanimitatem tuam de rudi matris Ecclesiæ fœtu immaculatum Candente Lanicio pastor egregii gregis, sed magni pignoris munerator, et encænium spiritale transmisi.* Valentinianus in leg. ult. Cod. Theod. de Spectaculis : *Quamdiu cælestis lumen lavacri imitantia novam sancti baptismatis lucem Vestimenta testantur.* Faustus Regiensis Epist. ad Paulinum : *Niveus sanctæ regenerationis Candor.* Cæsarius Arelat. Serm. 15 : *Quando in nobis sacri baptismatis dona vacuavimus, quando in nobis Niveos holosericæ nuptialis Amictus concidimus, etc.* Ordo Romanus : *Et deportantur ipsi infantes* (baptizati) *ante eum,* (Episcopum) *et dat singulis Stolam Candidam et chrismale, et decem siliquas, dicens : Accipe Vestem Candidam et immaculatam, quam perferas ante tribunal D. N. Jesu Christi in vitam æternam.* Concilium Rotomagense ann. 1059. can. 19 : *Ut baptizati in eadem Ecclesia, in qua regenerationis gratiam acceperunt, et in qua Parochiani existunt, per octonos dies in Albis repræsententur cum cereis ardentibus.* Conradus Urspergensis, ann. 1124 : *Infantes suos in Sabbato sancto Paschæ et Pentecostes cum candelis et cappa, quæ dicitur Vestis Candida, et patrinis comitantibus ad baptismum deferant, eosque veste innocentiæ indutos per singulos dies usque in octavum diem ejusdem Sabbati ad Ecclesiam deferant, et celebrationi divini Officii interesse satagant.* Ubi *Cappam* appellat, quod alii *Chrismale.* Dabantur *Albæ* sumptu Ecclesiæ, ut innuit Greg. M. lib. 7. Ind. 1. Epist. 2. [** Vide Monachum Sangallens. De vita Car. M. lib. 2. cap. 14.] Ejusmodi porro vestis *Albæ* Baptizatorum mentio est passim apud Scriptores, Dionys. Areop. de

Hier. Eccles. cap. 1. 2. 5. S. Cyrillum Catech. 4. S. Athanasium orat. in S. Pascha extr. Leidranum de Baptismo cap. 8. Jobium apud Photium n. 223. Joan. Moschum cap. 107. Socratem lib. 7. cap. 17. S. Augustinum Epist. 168. serm. 137. de Tempore, S. Ambrosium lib. de his qui myster. init. Prudentium lib. 1. adversus Symmach. Gregorium M. lib. 7. Indict. 2. Epist. 5. Fortunatum lib. 5 poëm. 4. Gregor. Turon. lib. 5. cap. 11. de Vitis Patrum cap. 1. Lambertum in Vita S. Heriberti Archiep. Coloniensis. n. 21. Alcuinum. de Offic. divin. Rabanum Maurum de institut. Cleric. lib. 1. cap. 29. Amalar. lib. 1. de Eccl. offic. cap. 29. 33. Honorium Augustod. lib. 1. cap. 243. Durandum lib. Ration. cap. 82. in Concilio Insulano ann. 1288. cap. 17. etc. Vide Henric. Valesium ad Euseb. lib. 4. de Vita Constant. cap. 62. [** Wilrammus, Abbas Ebersperg. in cant. cant. c. 1. v. 2 :

Inde places teneris tu dulcis sponse puellis,
Scilicet una salus in te sanctis animabus,
Quas renovat lavacrum, vestit Stola Justitiarum.

Propter hoc adulescentulæ, fideles animæ te diligunt, quæ Dealbatæ sunt, purificatæque puri lavacro gurgitis, quæque veste innocentiæ ex tuo favore, sint circumamictæ.] Sed et Pontifex ipse in Baptismi ceremoniis Albatus erat. Petrus Comestor in Histor. Scholast. cap 22. Levit. : *In hunc modum et Pontifex Evangelicus in aspersione basilicæ, quam dedicat, quasi in expiatione, lineis et minoribus utitur indumentis. Etiam in Sabbato baptismali in consecratione fontium, et in mersione Catechumenorum, cum scilicet transferuntur peccata eorum, utitur similibus indumentis. Cum autem his peractis ad ministrationem accedit altaris, Pontificialibus et pretiosis vestibus infulatur.* At nescio, unde hausit, quod ait in Act. Apost. cap. 16, signum olim fuisse accepti Spiritus Sancti, in primitiva Ecclesia, quod omnes fere ascendentes de lavacro loquebantur omnibus linguis, ut Apostoli.

Quod vero de Baptizandorum et Baptizatorum nuditate tradunt Scriptores, quidam in dubium vocant de sequiori sexu. Verum id etiam de iis disertim refertur a Chrysostomo in Epist. ad Innocentium, Palladio in vita ejusdem Chrysostomi pag. 81. 85. Joanne Moscho cap. 3. Cypriano, seu auctore libri de Singularitate Clericorum, et in Concilio IV. sub Menna act. 5. pag. 751. Edit. Colon. 1618. Vide omnino Andream Monachum lib. 2. Vitæ S. Ottonis Episcopi Bamberg. cap. 13. et quæ in hanc rem adnotamus ad Alexiadem.

In Albis Positi autem et Albati dicebantur recens baptizati, donec *Albas* deposuissent. Acta martyrii S. Stephani PP. : *Eum erudiens baptizavit, et in Albis positum Presbytero consignavit.* Paulus Warnefridus lib. 6. de Gestis Langob. cap. 15. de Theodoaldo Rege Anglos. : *Cum Roman pervenisset, a Sergio PP. baptizatus, Petrusque est appellatus, et adhuc in Albis constitutus, ad regna cælestia migravit.* Ejusdem Regis Epitaph. :

Fonte renascentis quem Christi gratia purgans
Protinus Albatum vexit in arce poli.

Henric. Hutindon. lib. 3. Hist. pag. 328 : *Baptizati sunt et liberi ejus,.... quorum duo adhuc Albati mortui sunt.* Alcuinus Poem. 3 :

Dum mergi meruit baptismi gurgite felix,
Post Albas igitur morbo correptus egrescit,
Donec mortali clausit spiracula vitæ.

Vide Grogorium Turon. lib. 1. de Mirac. cap. 67. lib. de Glor. Confess. cap. 54. 92. lib. 2. Hist. cap. 30. Gesta Regum Francor. cap. 14. etc.

Albas vero vestes deponebant Sabbato ante Octavas Paschæ. Ordo Romanus : *Ab ipso die ad Sabbatum ante Octavas Paschæ, quo die Alba tolluntur vestimenta a nuper baptizatis.* Alio loco : *Sabbato infra Albas Albati, qui in Sabbato sancto baptizati fuerint, Albis vestibus exuuntur.* Mox sequitur *benedictio* aquæ *ad albas deponendas.* Ita Amalarius locis citatis, Rupertus Tuitiensis lib. 8. de Divin. offic. cap. 16. et alii. Proinde recte Jobius Monachus apud Photium, dixit ἑπτὰ ἡμέρας τοὺς βαπτιζομένους λαμπροφορεῖν, cum octavo albas deponerent. S. Athanasius oratione in Sabbat. τῆς ἀπολυσίμου. Σήμερον ἀποδύεσθε τὴν φορουμένην ἐσθῆτα, ἀλλὰ μὴ ἀπόθεσθε τὴν κεκρυμμένην σφραγῖδα, etc. *Dies depositionis Albarum*, apud Andream Monachum lib. 2. Vitæ Ottonis Episc. Bambergensis cap. 27.

Quod vero Latini, *Albas deponere*, nostri *Desauber* dicebant : quæ vox non ita pridem obtinebat in Picardia nostra, ubi octavo post infantium baptisma die, agebantur convivia, et singulis totius fere agnationis puerulis erogabantur placentulæ, idque *Desaubage* dicebant. Est autem *Desauber*, albas tollere. Le Roman *de Charité* MS. :

S'il puet ta casure perdras, casulam.
Et aprés seras Desaubés.

Albae, Hebdomada, quæ Pascha subsequitur, vel Pentecosten : nam et *Albas Pentecostes* dixit Theodorus Cantuar. Archep. in Pœnitentiali cap. 13. *Octo dies Neophytorum*, in Epist. Anonymi de celebratione Paschæ tom. 9. Oper. S. Hieronym. Nominis rationem exponit Rabanus lib. 2. de Instit. Cleric. cap. 10 : *Quos septem dies Albas vocitamus, propter eos, qui in sancta nocte baptizati, Albis per totam hebdomadam utuntur vestibus.* Ægidius Aureæ-Vallis Monachus in Hugone Episc. Leod. cap. 121 : *In Hebdomada, quæ post Albas sequitur. Albæ Paschales*, in Epist. 9. Gelasii I PP. et apud Joan. Diac. in Vita Greg. M. lib. 4. cap. 88. in Concilio Lond. ann. 1175. can. 15. etc. Liber 1. Sacrament. Eccl. Rom. cap. 47 : *Incipiunt totius Albæ orationes et preces.*

Albæ, præterea dicta interdum ipsa Dominica, quæ Albarum hebdomadam subsequitur. Vetus Pœnitent. MS. : *A Pascha usque in Albas, et in Ascensa Domini, etc.*

Albaria hebdomada. Miracula S. Walpurgis libro 4. cap. 11 : *Transeunte namque festiva solemnitate Paschali, dum Albaria sequens adveniret hebdomada, etc.*

¶ 5. **ALBA**, Aurora, Gall. *L'aube du jour.* Guidonis Disciplina Farfensis cap. 21 : *Homilia ex Evangelio : Venit Jesus in partes. In Albam, Petrus autem servabatur.* [** Vide Raynouardi Glossar. Rom. vol. 1 pag. 48.]

¶ 6. **ALBA**, Pharus, Gall. *Phare*, Turris ubi nocturno tempore fax vel ignis accenditur ad cursus navigantium peregrinantiumque gressus dirigendos, a lumine sic dictat. Statuta Arela. sub Raimundo Archiep. articulo. 123. Codicis MS. e Musæo D. *Brunet* : *Gachia stet continue cum cornu in aliquo loco Arelatis, in quo Consilium convenerit, quod bustinet, quando ascenderit turrim et Albam, et ad ignem, quando necesse fuerit.* [* Alba, hic eodem sensu accipienda quo *Alba* 5; porro leg. *Buscinet* vel *Buccinet.... ad Albam*, i. e. auroram, *et ad ignem.*]

¶ 7. **ALBA**, Vox Occitana, Populus, Gall. *Peuplier.* Ordinatio anni 1223. in MS. Musæi D. *Brunet* fol. 66 : *Item statuerunt, quod quoddam abevratorium sit de sex cannis in honore Montolini, qui fuit Riquelini, in quo est quædam Alba, quod abevratorium protendatur recta linea ab ipsa Alba usque ad quandam capam, que est ultra Rodanum ad consonam Nuera, et ab ipsa Alba usque in vacaressio.*

* Provincialibus *Aubo*, Populus alba seu tremula, Gall. *Tremble.* Vide *Albania*, et infra *Albarus.*

* 8. **ALBA**, Pars sellæ equestris, nostris olim *Aube*, si fides Cotgravio. Constitut. Friderici reg. Sicil. cap. 92 : *In arzonibus sambucarum ipsarum possit poni aurum;... et Albæ ipsarum possint cooperiri ære, et fieri smaltæ.*

* **ALBACIA**, Officina albaria, Gall. *Blancherie.* Judicat. ann. 1153. in Chartul. eccl. Lingon ex. Cod. reg. 5188. fol. 13. r° : *Quero etiam ut novos muros Divionense destruat, quia Albacias nostras nobis excludunt, et super terram nostram fiunt, et contra castella nostra.... Quero etiam... dampna Albaciis nostris etc.*

¶ **ALBADERUM.** Hoc nomine parvulorum exequiæ in Diœcesi S. Flori significantur, vernacule *un Aubadat*, forte quod fiunt cum paramentis albis.

* **ALBADILIS**, perperam pro *Abbadilis.* Vide suprà *Abadilis.*

ALBA FIRMA. Vide *Firma.*

¶ **ALBAGARIA**, *Procurationes quas certe ville debent dominis suis ad eas venientibus.* Vocabular. utriusque Juris. Vide *Alberga.* [** Vide *Albergaria* et quæ ex Breviloquo exscripta sunt in voce *Alberga.* Idem Vocab. utr. juris *Albergaria*, dicit, *sunt census seu pactiones, que debentur pro comestionibus.*]

ALBAGIA. Vita B. Andreæ de Galerannis n. 23 : *Cum redirent, navis in Albagia posita, ab octo galeis piraturum invaditur.* Huc forte spectant ista ex Chronico Petri IV. Reg. Aragon. lib. 3. cap. 13. extremo : *Et puix faen donar de rems, et a navegar, con mes poquet, e per Albalines, que y stinguen en mor tro lo diumenge seguent.* Ubi Cod. MS. *Albaxines* præfert. Academicis Cruscanis *Albagia*, vanitatem, et superbiam significat : at hoc loco ex præcedentibus videtur denotare securitatem, ita ut sit, cum *navis secura esse videretur.* Vide V. C. Ægidium Menagium in Origin. Italic.

ALBALA Vide *Albaranum.*

¶ **ALBALESTRIUS**, Apud Martenium tom. 1. Collect. Ampliss. col. 258. idem est qui *Albalista* : quod mox vide.

ALBALISTA, Idem quod *Alabastarius*, de quo supra, Gall. *Arbalestrier*, apud Henricum Knightonum ann. 1339. et 1340. nam et *Aubaleste* nostri dicebant pro *Arbaleste.* Libertates concessæ villæ *de Vitré* a Theobaldo Comite Campaniæ ann. 1230. MSS. : *Chascuns de la Commune de Vitré*, *qui aura vaillant* 20. *livres aura Aubeleste en son ostel, et quarriaux jusque* 50.

Le Roman *de Garin* MS. :

Une Aubelestre trois fois ne tireroit mie.

Vide *Arbalista*.

ALBANA, Vitis species, quæ tardissime pullulat, et est uva alba, modicum longum habens granum, et satis faciens magnos botros et spissos et longos, et mediocriter fructificat, etc. Petr. de Crescentiis lib. 4. cap. 4. 14.

¶ **ALBANÆ**, *Nuces pristinæ*. Gloss. Isid. J. Laur. in Amalthea legit *pistrinæ*. Pithœus in Excerptis *præstinæ*. Verum Cl. Grævius, cum Gebhardo legendum suadet *Avellanæ, Nuces Prænestinæ*. Vide Festum in *Nuculas Prænestinas*. Sed maxime Grævium in Notis ad Isid. Gloss.

¶ **ALBANAGIUM**, Jus Regis vel domini alicujus loci in peregrinorum decedentium bonis, Gall. *Droit d'Aubaine*. Benedictus in cap. Raynutius num. 1042 : *Rex omnia eorum bona occupat jure Albanagii : exclusa omni parentela, conjuge et quocumque alio successore*. Vide *Albani*. [** Vide Eichhornii Hist jur. Germ. § 373. not. f.]

* Charta Henr. comit. Trecens. ann. 1187. in Chartul. Campan. fol. 198. v° : *Quicquid juris in eis* (hominibus) *habebat, sive de Albanagio, sive de jure alio, ei quittum clamavit*. Charta ann. 1255. in Chartul. monast. de Baugeseio : *Cum contentio verteretur inter illustrem dom. Ludovicum D. G. regem Francorum ex una parte, et religiosos viros Robertum abbatem monasterii Villelupæ et ejusdem loci conventum ex altera, super quadam consuetudine, quæ vulgariter Albanagium nuncupatur, ... prædictus rex Ludovicus.... per judicium curiæ suæ reddidit ecclesiæ Villelupæ prædictum Albanagium in omni terra ipsius monasterii et etiam omnem questam ipsius Albanagii*. Vide infra *Albene*.

ALBANARE, ALBANATUS. Vide *Albani*.

ALBANELLUS, Avis auguralis species, de qua sic Joannes Sarisberiensis lib. 1. Policr. cap. 13 : *Si avis, quæ vulgo dicitur Albanellus, prætervolans viam a sinistris, feratur ad dextram, de hospitii hilaritate ne dubites*. [** Apud Occitanos *Albanel*. Gall. *Haubereau*. P. *de Corbiac* :

Los destres els senestres, los anans els venens,
D'Albanel, de gavanh, d'autres auzels ferens.

Vide Diezii Vitas Poet. Occit. pag. 22, eundem de poes. Occit. pag. 221, Grimmii Mythol. pag. 658 et Raynouardi Gloss. Rom. pag. 49.]

ALBANENSES, Hæretici iidem, qui *Albienses*, si S. Antoninum et Wesembecium audimus, ab *Albiensi* civitate ita nuncupati. Sed *Albanenses* ab *Albiensibus* diserte distinguit Raynerus contra Waldenses cap. 6. ubi de eorum hæresi agit, tametsi Albiensium seu Waldensium sectarios.

1. **ALBANI**, Qui alias *Advenæ, Alienigenæ, Adventitii*, qui videlicet ex dominorum suorum prædiis, vel dominiis, in aliorum dominorum prædia vel dominia veniunt, et in iis sedes suas figunt. Diploma Lotharii et Lud. Reg. Fr. ex 9. regesto Philip. Pulcri ch. 7. in Tab. Regio : *Nec de liberis hominibus, Albanisque ac colonis in supradicta terra commanentibus aliquem censum vel redibitiones accipere præsumat*. Eadem pæne verba habentur in Bulla Benedicti VII. apud Hemereum de Acad. Paris. cap. 4. Tabular. Molismense : *Omnibus autem extraneis hominibus, undecumque advenientibus, quos Albanos vocant, amore sancti illic manere cupientibus, dedit in totum usuarium, in aqua scilicet et in silva, et in communi pascua*. Charta ann. 1065 : *Vel homines potestatis ipsius Cœnobii, vel advenis, quos Albanos vocant, vel servis tam Sanctorum quam hominum, infra procinctum commanentibus*. Regestum Feodorum Campaniæ fol. 6 : *Dominus de Arzilleriis tenet de Rosnaco medietatem S. Stephani et Justitiam, et Brandoviler et Iuilli, et Albanos, et homines Sanctorum* [vel *Sanctuarii*, uti legitur in lib. 1. Feudorum Campaniæ et alibi; id monuit D. *Brussel* Tract. de Usu Feud. tom. 2. pag. 945.] Fol. 71 : *Hageno de Saron ligius de forti domo de Ablevai, etc. et de Justitia, et de teloneo, et de pedagio Meriaci, et de hominibus Albanis de Meriaco sub ispo inventis*. fol. 106 : *Feodum est apud Poceum in prato Comitis, et Albanos, qui veniunt in villa, et de eadem villa*. fol. 111. b : *Feodum est in hoc, quod habet in foro, et Justitia, et pedagio de Meriaco, et hominibus Albanis, et in forteritia, etc*. fol. 116. b : *Feodum est domus sua et li marois, qui sunt in capite villæ, et homines Albani de Taichi, et illi Albani de Charlemaison, et illi, qui possunt ire in potestatem Joyaci*. [Vide *Albanius*.]

☞ Albanorum præstationibus et obsequiis obnoxii erant, non ii modo qui regnum, sed etiam qui diœcesim mutaverant. Qui Advenæ nisi per annum et diem alicui domino fidem dedissent, emendam debebant Baroni in cujus territorio domicilium suum fixerant; imo eorum bona mobilia ad eumdem pertinebant, ni ante mortem suam IV. den. Baroni reliquissent. Stabilimenta S. Ludovici lib. 1. cap. 87 : *Se aucuns hons estrange vient ester en aucune Chastellerie de aucun Baron, et il ne fasse Seigneur dedans l'an et le jour, il en sera exploitable au Baron. Et se avanture estoit que il mourut, et n'eut commandé à rendre quatre deniers au Baron, tuit li muebles seroient au Baron*. Quæ quidem cum nimis duriora viderentur, exinde ab hac servitute immunes sub regali *advocatia* et protectione liberi manserunt : ità tamen ut temporum successu solum Regem dominum *advocare* possent. Eadem Stabilimenta lib. 1. cap. 31 : *Mes Aubains ne puet faire autre Seigneur que le Roy, en son obeissance, ne en autre Seigneurie, ne en son ressort qui vaille, ne qui soit estable, selon l'usage de Paris, d'Orleannois et de la Soloingne*. Hinc effluxit usus in ipso quidem jure firmatus, ut jura in *Albanos* ad solum Regem pertinere hodie censeantur, quo si qui adhuc gaudent, regiæ auctoritati acceptum debent referre. Vide D. *De Lauriere* Præfat. in tom. 1. Ordinat. Reg. pag. XV.

Aubenæ, quasi *Advenæ*, Iidem qui *Albani*. Statutum Philippi Pulcri Reg. Franc. ann. 1301. in Regesto 36. Chartophylacii Regii fol. 134 : *Collectores per nos deputati in negotiis manuum mortuorum, Aubenarum, et bastardorum*. Infra : *In bona saisina percipiendi et habendi bona talium bastardorum et Aubenarum decedentium*. Alias nostris *Aubene*, seu *Aubaine*, est jus, quod habet fiscus in Albanorum decedentium bonis, ut in Consuet. Senonensi art. 9. Altisiod. art. 13. etc. quod in aliis *Aubaineté, Aubanité*, et *Aubenage* appellatur.

Jura dominorum in Albanos varia fuere. Interdum enim præstabant ii quotannis certum censum domino. Charta Ludov. Reg. Franc. ann. 1225. in Regesto Andegav. pag. 31 : *In præsentia nostra et Baronum, Militum, et multorum aliorum, declaratum est per judicium apud Salmurium, quod nos habemus in tota terra Regalis Abbatiæ Cormeriacensis raptum, murtrum, et 4. denarios de singulis Albanis, et exercitum, et equitationem*. Sed præcipuum in eosdem Albanos dominorum jus illud fuit, quod, si nullis relictis liberis, decederent, eorum bona domino cederent. Stabilimenta S. Ludovici l. 2. cap. 30 : *Se aucuns Aubains ou bastard muert sans hoir, ou sans lignage, li Roy est hoirs, ou li Sires, sous qui il est, si il muert el cuer du Chastel*. Regestum de Nundinis Campaniæ : *Toutes manieres d'Aulbains d'outremontains, qui sont marchans des Foires, se ils muirent dedans le cours de la Foire, sans hoirs de leurs, l'avoir est acquis au Roy*. Habentur hæc passim in Consuetudinibus municipalibus : de quo jure plura scripsere Chopinus et Baquetus in libris de Dominio, et alii. [** Vide *Albanagium*. In Germania plerumque *Advenarum bona anno et die reservabantur eorum heredibus legitimis*. De hoc jure apud Danos et Suecos conf. Ancheri opera vol. 2. pag. 395 sqq., Ihrium voce *Danaarf*, Rosenvingium hist. jur. Dan. § 22 et 99; inter Gallos videndus præter Laurierum in Gloss. jur. vol. I pag. 89 sqq. et in Instit. jur. Consuet. vol. I. pag. 81, Marchio *de Pastoret* in Præfatione ad vol. 15 Ordinat. regum Galliæ pag. 23.]

Albanos præterea *vestigare et sequi* possunt domini, quorum primitus et ab origine incolæ sunt, hoc est, revocare in patriam. Vide Chartam Mathildis Dom. Teneremondæ ann. 1221. apud Miræum in Don. Belg. lib. 1. cap. 92. [** 94] ubi *Albini* dicuntur; et Consuetudines municipales Galliæ, quæ hujusce juris passim meminerunt. [** Vide Grimmii Antiq. jur. pag. 5, et infra in voce *Parata*.]

Albanare, in *Albanorum* ordinem cogere vel Albanorum loco habere : ita ut iisdem præstationibus et obsequiis obnoxii sint, quibus cæteri *Albani*. Charta Philippi Aug. Franc. Regis ann. 1222. ex Tabul. Episcop. Paris. in Bibl. Puteana : *De Albanatis forinsecis, concedimus, quod solvant Episcopo in una septimana consuetudines debitas, ac si nunquam fuissent Albanati, nec de cætero Albanentur, nisi sint estagiarii Parisienses. De Albanatis, qui sunt de corpore Parisiens. et de suburbiis ejusdem civitatis, non potest Episcopus, nec ejus successores, aliquam exigere consuetudinem*. Joan. Hocsemius in Adolfo a Marka cap. 5 : *Et communi consilio quasi novi Principes, Milites ac Burgenses suis præceptis parere nolentes, Albanos fecerunt, quodam genere proscribendi*. Hoc est, in advenarum ordinem eos redegerunt, adempto jure civitatis; quo tanquam cives, seu *burgenses* gaudebant, longe enim potior fuit Burgensium conditio quam *Albanorum*;

adeo ut in contumeliam posterior illa verteretur, ut quæ ad servilem accederet. Lambertus Ardensis : *Sed dum contra eos rixarentur, et decertarent, quandoque Ardenses Adventitios illos, et servilis conditionis opprobrio notabiles esse, verborum objectione turpium improperaverunt.* In pacto Tongrensi ann. 1403. quod descriptum legitur in Magno Recordo Leodiensi pag. 29. statuitur, nullum fieri posse Albanum, nisi Burgensis sit; *Nul ne soit fait Aulbains, s'il n'est Bourgeois.* Adde pag. 30. 51. 59. 85. 89.

Quidam porro censent *Albanos*, ita dictos primitus Scotos, *quibus consuetudo peregrinandi pœne in naturam versa erat*, ut ait Walafridus Strabo lib. 2. de Vita S. Galli cap. 47. indeque traductam vocem ad omnes extraneos, qui in locum aliquem incolatus ergo transmeabant; nam *Albanos* et *Albanicos* appellatos fuisse constat. Leges Edwardi Confess. cap. 35 : *Si fuerit Anglicus, vel Dacus, vel Waliscus, vel Albanicus, vel Insulicola. Scoti Albaniæ*, in Legibus Willelmi Nothi cap. 51. Vide Buchananum lib. 1. Hist. Scot. etc. Alii quasi *alibi natos* appellatos volunt. [** Vide Diezii Grammat. vol. 2. pag. 273. not. 2. Apud Otfridum p a n z o significare Incolam et e l i - p a n z o Alienigam putat Grimmius. Grammat. vol. II. pag. 214 infim.]

* Qui potissimum hac appellatione designabantur, docent Notæ ex vet. Reg. Commissar. ann. 1378. in Repert. Reg. Cam. Comput. Paris. ex Cod. reg. 5991. A : *Albains sont hommes et femmes, qui sont nez en villes dehors le royaume si prouchaines, que l'en peut congnoistre les noms et nativités de tels hommes et femmes : et quant ilz sont venuz demourer ou royaume, ilz sont proprement appellez Albains et non espaves.* Vide Ordinat. reg. Franc. tom. 4. pag. 519. *Oubin*, eadem significatione, in Charta manumiss. habit. *de Boussac* ann. 1427. ex Reg. 179. Chartoph. reg. ch. 42 : *Item et se aucun homme ou femme Oubin ou nouveau venu en ladite ville et franchise etc.* Vide *Albanius*, *Advena* et *Hospes*.

¶ Albanorum justitia et præpositura. Charta Galteri Archiep. Senon. ann. 1232. pro Monasterio Bonæ-Vallis, ex Archivis ejusdem : *Et vendidit et quitavit omnes domos et plateas, quas ipse habebat... in villa Bonevallis, et Præposituram et justitiam Albanorum et quicquid ad dictam præposituram et justiciam noscitur pertinere, salvo jure Præpositi Albanorum.* Eadem eisdem fere verbis habentur in Charta Gaufridi Vicecomitis Castriduni eod. anno data, et in alia Joannis Comitis Carnot. anno 1234. [** Vide Haltausii Glossarium in voce *Gastgericht*, col. 587. et quos laudat Mittermaierus Princip. jur. Germ. § 105. not. 10.]

* 2. **ALBANI**, Iidem hæretici, qui *Albanenses* vocabantur. Vide in hac voce. Constitut. Friderici contra Hæret. in Cod. reg. 10197. 2. 2. fol. 19. r° : *Incipiunt capitula constitutionis contra Paterenos, ... Albanos, Fursitos, etc.*

ALBANIA. Charta Occitana ann. 1298. in Regesto Philippi Pulcri Regis Franc. ann. 1299. n° 13. ex Tabular. Regio : *Item prata ad secaturam seu falcationem 6. hominum per diem unam ad valorem cum Albaniis, seu saltis, 70, soldi rendualium.*

ALBANICUS, Scotus. Vide *Albani*.

¶ **ALBANIUS.** Tabular. S. Vinc. Cenoman. : *Judicavit omnis curia, quod nullus alius Albanius esset dicendus, nisi is qui per terram ibat, et in ea nec parentem, nec amicum, nec hospitem ullo modo habebat, nec in illa terra nisi transeundo habitabat. De talibus ut in suo fevo habere Consuetudines debebat. Et si quis ejusmodi in ipsa terra moreretur, nisi parentem haberet, qui reclamaret, aut de aliquo sancto hæredem faceret, suas res dominus habere posset.* Privilegium Leduini Abbatis S. Vedasti Atrebat. de censu ann. 1036. e Chartul. ejusdem Monast. pag. 243 : *Homo si de ultra silva Arida Gamantia se tradere voluerit, si castellanus eum pius acceperit, Albanius erit, nec amplius se donare poterit.* Hic *Albanius* idem esse videtur, qui *servus*. Et hic quidem viguit usus apud nostros ut ii qui de alieno regno in Francicum transirent servi haberentur.

* Charta Bartholomæi episc. Laudun. ann. 1123 : *Omnes Albanios, qui in eadem villa manere voluissent ipsius apostoli* (Thomæ) *ad usum fratrum inibi Deo famulantium monasterio dedisset, etc.*

¶ **ALBANNUM.** Vide *Arbannum* in *Herebannum*.

¶ **ALBANUM**, f. Ebenus, Gall. *Ebene.* Bernhardi *de Breydembach* Iter Hierosol. pag. 221 : *In hoc etiam fluvio* (Nilo) *reperitur in India lignum illud preciosum et durissimum, quod Albanum dicitur; proveniens ex Paradiso per hujus fluvii inde decursum, sive descensum.*

* 1. **ALBARA**, Almus, Ital. *Albero.* Stat. datiar. Riper. cap. 12. fol. 5. v° : *De quolibet vase doarum, laresi, castaneæ, ruperis, Albaræ, et cujuslibet alterius lignaminis, etc.*

* 2. **ALBARA**, vox Hispana, Apocha, schedula, breviculus; idem quod *Albaranum.* Vide in hac voce. Pacta inter reg. Tunetanum et Pisanos ann. 1398. tom. 1. Cod. Ital. diplom. col. 1121 : *Item quod Pisani habeant .... in dohana Tunisii .... scribam, qui faciat ipsis Pisanis rationes, quandocumque voluerint, et possint dicti Pisani, facta ratione, et habita Albara expeditionis suæ, ire quo voluerint. Albare*, Occitanis. Charta ann. 1540 : *Ne doit rien lever du voiturier, qui aura payé audit Besiers en fesant foy de l'Albare et cartel signé du commis.* Vide infra *Albarellus* 2.

ALBARANGI Digitorum, Extremitates ossium, quæ junguntur cum digitis, et apparent, cum distringunt manus, in dorso manus. Matth. Silvaticus. Vox, ni fallor, Arabica, a Medicis recepta.

ALBARANUM, Apocha, scedula vel breviculus, Hispanis *Albala*, *Albara* et *Albaraio*, apud Raimundum Montanerium in Chron. Reg. Aragon. cap. 204. Charta ann. 1316. Guillelmi de Bastida Campsoris Barcinonensis : *Et si contigerit, vos posse invenire, vel habere apocham, seu Albaranum legitimum in forma publica... solutionis dictæ quantitatis, etc.* Occurrit ibi pluries. Hist. Translationis S. Honorati Arelat. apud Vincent. Baralem : *Aperientesque loculum, in quo beata ossa includebantur, Albaranum verbis sequentibus inveniunt, etc.* Curia Generalis Catalaniæ in villa Montis-Albi sub Alphonso Reg. Arag. ann. 1333 : *Non fiat computum, sive Albaranum quitationis suæ.* [Epistola Bajuli Regis Majoricæ Massiliensibus ann. 1327. ex Chartario S. Victoris Massil. : *Noveritis nobis constare per Albaranum Lesduriorum tabulæ Leudæ civitatis Majoricæ, etc.*] Vide tom. 9. Spicilegii Acheriani pag. 247. et Michaëlem *del Molino* in Repertorio Foror. Aragon. in voce *Albaranum.* [** בראה Arab. Epistola, Africanis peculiariter Diploma regium, in primis quo immunitas aut privilegium alicui conceditur, firmaturque. Vide Castell. Lex. Heptagl. et Raynouardi Gloss. pag. 50.]

Albala. Charta Hispanica æræ 688. apud *Yepez* in Chronico Ord. Benedicti tom. 5. pag. 435. b : *Demumque abiit in oppido Leça, et scripsimus nomen ejus in Albala inter nomina offerentium.* Vide *Albarranum*

¶ 1. **ALBARANUS**, Idem qui *Albanus*, Extraneus. Epitome Constitutionum Ecclesiæ Valentinæ, tom. 4. Collect. Conc. Hispna. : *Quod non perpetuentur officia... Item quod sic censeatur et fiat de administratoribus laudabilis eleemosinæ, singulis annis per turnum, quoad impleatur turnus eorum, qui non recepti sunt, ad instar officii impositionis Albaranorum.* Vide *Albarraneus*.

* 2. **ALBARANUS**, Eadem notione, qua *Albaranum.* Lit. ann. 1411. tom. 9. Ordinat. reg. Franc. pag. 628. art. 10 : *Falsos Albaranos seu em-prentas fabricando, etc.*

ALBARDA, Citella, stragulum, vox Hispanica. Fori Oscæ ann. 1247. fol. 34 : *Nullus qui furatus fuerit asinum, sine capistro aut Albarda, habet tornam, nec testes, qui pro eo testificantur.* [** ברדעה, Arab. id quod ex panno coactili aut sagmate dorso jumenti insternitur, ut mollius incumbant imponendæ clitellæ, unde hæ ipsæ Clitellæ.]

* Provincialibus *Bardo*, nostris olim, *Barde*, equi armatura. *Aubarde* vero dixerunt, pro Culcitra, vulgo *Coite de matelas.* Froissart. vol. 1. cap. 245 : *Une Aubarde, qu'on dit en François coeste de materats de soye.* [** Vide Raynouardum in voce *Bardel* Gloss. Roman. vol. 1. pag. 187.]

* **ALBARDACHA**, Gall. *Hallebarde.* Vide supra *Alabarda.*

* 1. **ALBARE**, Vallum, fossa, Gall. *Fossé.* Charta ann. 1162. in Hist. MS. monast. S. Andr. Avinion. fol. 35. v° : *Totum et integrum, sine ulla retentione, præfato monasterio et monachis miserunt in pignore, præter ferraginem cum Albaribus, quæ circumducta ad pedem Caremute est.* Vide *Albarum.*

* 2. **ALBARE**, Dealbare. Glossar. Provinc. Lat. ex Cod. reg. 7657 : *Enblanquir, Prov. Albare, albidare.* [** Gemm. Gemm.: *Albare, Album facere.* Vocabulum exstat apud Priscianum Perieg. vers. 431.]

¶ 1. **ALBARELLUS**, Calathus, Gall. *Pannier.* Vita B. Columbæ Reatinæ tom. 5. Maii pag. 351. D. : *Respondit : Pater, recepi in rei veritate ab ipso Patre sanctissimo Dominico.. Albarellum plenum refectione optima, quam communicem vobis pro mediate.* [** An ab *Alvear?*]

* 2. **ALBARELLUS**, Schedula, breviculus. Charta ann. 1404. ex Tabul. S. Vict. Massil. : *Reperierunt pretiosas reliquias et ossamenta corporum beatorum S. Victoris et sociorum suorum, et alia ossamenta et reliquias, cum eorum Albarellis sive cartellis, cum quodam rotulo in pargameno descripto.* Vide supra *Albara* 2.

ALBARETA, Alberreta, Albareda, Albares, Arboretum, locus arboribus, quas perinde Itali *Alberi* vocant, consitus.

Albareta, et Alberreta. Charta anni 1245. in Regesto Chartar. Comitatus Tolos. in Camera Comput. Paris. : *Vendiderunt eidem domino Comiti totum illud pratum, et Albaretam, et unum arpentum.* Alia anni 1236. ibid. fol. 5 : *Prata, pascua, barras, Alberetas, ramerios, devesios, etc.* Alia apud Guesnaium in Massilia pag. 256 : *Ab ipsa ripa fluminis ubi vocant Albareta.* Alia in Hist. Blesensi pag. 301 : *Nec non vineas et prata, et viridarios et Alboretas in manu cepit.* [Charta Berardi et Raimundi Consulum Tholosæ de Raimundo Ganterio ann. 1192. in lib. MS. Consuetudinum et Privileg. Tholosæ fol. 29. verso e Bibliot. D. Abbatis de Crozat : *Item judicaverunt quod omnes rippæ et gravaria, quæ sunt a ponte novo usque ad punctam... sunt publica, causa introeundi et exeundi... sed si Albareta ibi oriebatur, judicaverunt quod sit ab illis a quibus debet esse.*]

Albaretum, in Charta Aistulfi Regis Longobard. apud Ughellum in Italia sacra tom. 2. pag. 106. nescio, an eodem significatu.

Albareta, Albareda. Tabularium Conchense in Ruthenis cap. 103 : *Et illo prato de Roseto cum ipsas Albaretas, cum ipsas vernias similiter dimittimus S. Salvatori.* Tabular. Eccl. Cadurcensis : *Engars de Limairac dedit 4. sestairadas de terra, et unam Albaredam ad fontem Avannas.*

Albares, Eadem forte notione. Charta Rivipullensis æræ 888. apud *Yepez* in Chron. Ord. S. Benedicti tom. 4 : *Et descendit per ipso torrente, qui est inter Albares et alodes sanctæ Mariæ, etc. Desrober bois et Aubarede secou verd,* in Consuetud. Burdegal. art. 111. *Aubaredes, taillis, et jeunes pinhadars,* in Consuet. Aquensi tit. 11. art. 8. 10. Hispanis *Albarada*, et *Albarrada*, est maceria apud Nebrissensem : interdum etiam pro *repagulo*, seu *barreria* usurpatur.

* Recte quidem Cangius hanc vocem de arboreto seu loco arboribus consito interpretatus est : at primum de loco populis albis consito dictam fuisse, atque sæpius ita intelligendam esse arbitror. Utriusque notionis exempla habeas, præter ea quæ legesis supra. Charta amortizat. Caroli VII. in Reg. Joan. ducis Bitur. ex Cam. Comput. Paris. fol. 149. r° : *Item super una sextariata Albaretæ seu brolii ad rivale Andreæ, ij. den. Thol.* Inventar. ann. 1476. ex Tabul. Flammar. : *Item plus quandam nogaderiam et Albaretam, ac etiam rupem insimul contiguas, in pertinentiis dicti loci de Maurosio situatas. Aubraie,* in Charta ann. 1303. ex Bibl. reg : *Un chasal, qui fu Oudart Jouvenet, ... o toutes ses appartenances, soit en vergiers, hoches, chasaus, mesons, Aubraies, bois, buissons, etc.* Lit. amortizat. ann. 1458. in Reg. 188. Chartoph. reg. ch. 10 : *Item ung prateau avec une petite Aubraye audit cheseau appartenant.* Vide infra *Alberia*.

¶ **ALBARIA** Hebdomada. Vide in voce *Alba* 3.

* **ALBARIUM**, ut *Albareta*. Consuet. Auxit. ann. 1301. MSS. art. 56 : *Quicumque de nocte fregit Albaria, vel accepit, ... solvat etc.*

ALBARRANEUS, Idem est quod *Albanus*, Extraneus in Foris Aragon. ut testatur Michaël *del Molino* in Repertorio. ex Hispan. *Albarran, hombre no casado.* Fori Oscæ ann. 1247. fol. 32 : *Et si homicidia et homo mortuus fuerint Domini Regis, vel Abarraneus, licet fiat homicidium in villa, vel in castro,... debet reddi homicidia bajulo domini Regis.* Fori Aragon. lib. 9. tit. *De forma diffidamenti : Et aliqui vagabundi, extranei, Albarrani, ignoti, et alii, etc.*

ALBARRANUM, Albara et Albaran. Raimundo Montanerio in Chron. Reg. Aragon. cap. 204. Fori Oscæ ann. 1247. fol. 22 : *Per oblivionem longi temporis, vel amissionem apocarum, quæ Albarran vulgariter appellantur.*[Vide *Albaranum.*]

ALBARUM, et Alvarium, apud Innocentium Agrimensorem de Casis literarum, videtur esse alveus fluvii, vel fossa.

* **ALBARUS**, Populus alba, seu tremula. Provincialibus *Aubo*. Charta ann. 971. tom. 3. Cod. Ital. diplom. col. 1525 : *De lignamine autem promittimus ut portare non debeamus ,.... nisi tantum.... conditos, catinos et napos et asses de Albaro similiter, longos pedes quinque et semisse.* Vide supra *Alba* 7.

* **ALBASIUS**, Panni lanei species, Ital. *Albagio*. Statuta Placent. lib. 6. fol. 81. r° : *Item de aliquo guernimento de biseto vel de Albasio ab homine, cum suo reppo sartoris albo et endegho ultra ij. den.* Vide infra *Albaxetus*.

* 1. **ALBATA**, *Alba* vel *chrismale* baptisatorum vel *confirmatorum*, seu oblatio quæ pro benedictione *albarum* sive *chrismalium* fiebat. Bulla Alexandri III. PP. ann. 1179 : *In decimis et in helemosinis tertiam partem vicarius accipiat, et in oblationibus quæ ad manum suam venerint, dum missas celebraverit, quicquid de Albatis et peris et confessionibus ei provenerit, solus habebit.* Vide *Alba* 4. et infra *Dealbatus*.

* 2. **ALBATA**, *Salsa facta ex alliis*, in Glossar. Lat. Gall. ann. 1352. ex Cod. reg. 4120. Vide supra *Aillata bullita*.

ALBATI. Vide *Alba* 4.

ALBATORES Corborum, seu coriorum, qui coria dealbant, in Fleta lib. 2. cap. 23. § 35. iidem videntur qui *Pelliparii*.

ALBAVERÆ Gemmæ. Anastasius in Benedicto III. PP. : *Rete totum ex gemmis Albaveris et bullis aureis, conclusas etiam auri petias in se habens smaltitas, etc.* Idem in Gregorio IV : *Fecit vestem auro textilem, habentem Nativitatem, Baptismum... habentem in capite historiæ gemmas albas 380. hyacinthinas 50. prasinas 22. et in circuitu Alvaviras, legente de nomine D. Gregorii PP.* Et pag. 206 : *Factum miro opere totum ex gemmis Albaveris et bullis aureis.* Ubi quidam *albaveras* et *alvaveras gemmas*, candidissimas interpretantur : sed ni fallor, hoc loco *Albaveræ gemmæ* sunt subpurpureæ, seu purpureæ candicantes : nam *verum* dixere Latini, quod Græci ἀληθινόν. Vide in verbo *Alithinus*.

* **ALBAXETUS**, Panni lanei species, Ital. *Albagio*, idem qui supra *Albasius*. Charta ann. 1281. apud Murator. tom. 2. Antiq. Ital. med. ævi col. 900 : *Et in civitate Lucæ et ejus districtu et fortia solvi debeant infrascripta pedagia, ... de bixellis et Albaxetis, qui portarentur versus Pisas, denarii duo.*

* **ALBEGMINA**. Vide supra *Ablegmina*.

ALBELLUS. Lambertus Ardensis pag. 79. 80 : *Qui cum ad sepeliendum... ad Monasterium deferretur Andriæ, requievit in colle super Bramas in invio juxta quadrivium vel compiti locum, ob cujus rei memoriam delata est ibi crux lignea et elevata, et Albellus cum tilia juxta crucem, ad peregrinorum et quorumlibet viatorum ibi plantata est requiem et præsidium. Postea vero ab opposito veniens vis calida venti crucem a loco suo removit, et acclivis, ut adhuc od oculum patet, ne totaliter corruat, sustentatur.* [f. Alnus, Gall. *Aûne*.] [** Vide *Albiolus*.]

ALBEOLUS. Vide *Alveolus*.

* **ALBEN**, Vexillum regale; ab articulo Arabico *Al* et *Benda*, Fascia, limbus. Andreas Floriac. lib. 1. Mirac. S. Bened. ubi de irruptione Saracenorum : *Cæterosque diversa cæde lacerant, quod decem et septem millium exercitus conlapsione Alben, id est, regalis vexilli conitiens* (conjiciens), *animis formidinem induens, quaquaversum fugam arripiens, imminens satagebat evadere discrimen.* Neque alia notione accipienda videtur vox infra *Albenda*.

* **ALBENAGIUM**, idem quod supra *Albanagium*, jus dominicum in bona, quæ *Albenes* dicebantur. Vide mox in hac voce. Liber virid. ex Tabul. Carnot. : *Camerarius.... tenetur.... singulis annis in capitulo generali festi Purificationis B. M. reddere compotum, legitimum rationem et reliqua de omnibus et singulis vendis, Albenagiis, rachetis et forefacturis omnium et singularum terrarum et dominiorum ecclesiæ.*

¶ **ALBENDA**, Idem forte quod *Benda*, cui adjectus est Arabicus articulus *Al*. Est autem *Benda*, Hispanis *Fascia*, nostris *Bande*. Quid si *Albenda* idem sit quod *Balteus*, Gallice *Baudrier*, qui latior fascia est, ex qua dependet ensis ? Libet Regulæ Monasterii Legerensis apud J. Moretum in Antiquit. Navarræ pag. 276 : *Regnavit pro eo* (Fortunio Garsea) *frater ejus Sancius Garseanes, cum uxore sua Domina Tota Regina. Et venerunt ambo ad dictum Monasterium, ut a prædicto Fortunio acciperent gratiam et benedictionem. Quos cum benedixisset, dedit Sancio fratri suo quatuor Albendas, et unam cortinam, et tria cornua, et spatam cum vagina, loricam cum collare de auro, diadema de capite suo, scutum et lanceam cum camo, freno et sella duas tendas, et duas ciclabes.* [** Vide *Alben*. Albenda est vox Persica, Arabibus insitata בנד, Vexillum magnum, cum art. אל.]

* **ALBENES**, Bona *albanorum* seu advenarum. Arestum ann. 1306. in Reg. arest. parlam. Paris. ex Cod. reg. 9822. 2. fol. 5. v° : *Cum religiosi viri prior et conventus S. Martini de Campis Paris. dicerent se esse et fuisse in saisina, per se seu gentes suas, habendi et expletendi in terra sua.... Albenes et successiones bastardorum.... Pronuntiatum fuit.... penes dictos priorem et conventum dictam saisinam debere remanere.* Vide supra *Albanagium*.

¶ **ALBEPINUS**, Alba spina, Gall. *Aubepin* et *Aubepine*. Historia Dalphin. tom. 1. pag. 67 : *In omnibus locis burgi et castri cir-*

cum circa plantare faciat plantum Albepinorum ubi deficient.

¶ 1. **ALBERC**, Sagum, lorica hamis conserta, Gallis olim *Auber*, vel *Hauberg*. Charta ann. 1255. in 30. Regesto Archivi Regii cap. 115 : *Præterea inveni in dictis bonis quinque Alberjons et unum Alberc, et unam contrepointe.* Vide eand. vocem eod. sensu sumtam in *Alberjus* post vocem *Halsberga*.

¶ 2. **ALBERC**, pro Jure *gisti* et *procurationis* acceptum, vide post voces : *Hinc facere albergum, etc.* in *Alberga*.

¶ **ALBERETA**. Vide *Albareta* et *Devesium*.

ALBERGA, **ALBERGUM**, **ALBERGIA**, **ALBERGIUM**, **ALBERGATA**, unum idemque sonant, scilicet Jus *gisti* ac *procurationis*, seu divertendi in domum vassalli et in ea hospitandi : vel præstatio, quæ pro ejusmodi procurationibus domino exsolvitur. *Albergariæ*, in Breviloquo, *sunt procurationes, quas certæ villæ debent dominis suis ad eos venientibus.* Mox : *Albergariæ sunt census seu pactiones, quæ debentur pro comestionibus.* Qua notione vox hæc accipitur in cap. *Præterea*, Ext. *de Jure patron.* scilicet pro jure procurationis, seu *gisti*, vel hospitii, quo domini gaudebant in vassalorum suorum domibus et albergis, quod *usualis et consuetudinaria hospitatio* dicitur in Charta Ludovici Regis Fr. ann. 1111. apud Loisellum in Hist. Bellovacensi pag. 271. Charta Henrici Imp. ann. 1081. apud Ughellum tom. 3 pag. 419 : *Albercariam in proprietate alicujus absque voluntate illius, cujus proprietas est, non faciemus in ista civitate, etc.* Vide eundem tom. 4. pag. 816. et Puricellum in Monumentis Basilicæ Ambrosianæ pag. 232. 233. 235. 259. 931. 932. Petrum Mariam Campum in Regesto part 2. Hist. Eccl. Placentinæ Ch. 4. præterea V. Cl. Dion. Salvagnium Boissium de 7. Delphinatus miraculis pag. 131. Vide *Hereberga*. [** Omnia quæ ad hæc vocabula pertinent in prima Cangiani glossarii editione leguntur in voce *Hereberga*, quæ quanquam origini proprior, quippe apud Germanos antiquos sonans heri-pĕrgâ (Vide Grimmii Gramm. vol. II. pag. 486), editorum tamen Cangio posteriorum vestigia deserere nobis non licuit.]

☞ Vocem *Alberga*, ab Occitanis accepimus quod enim nostri *procurationem* aut *gistum* vocabant, ii *Albergam* dictitare soliti, apud quos idem sonat ac collecta annua. *Albergam* nobilium distinguunt iidem Occitani et *Albergam* ignobilium, ut liquet ex Charta ann. 1103 : *Vicarius nec alius pro eo, mandabit Albergas in toto Montepessulano, præter Albergos Militum.* Et ex alia ann. 1306 : *Item quinquaginta Albergas militum, quas faciunt homines dicti loci pro* CXL. *libris et* X. *solidis annui et perpetui redditus.* Verum alibi inusitatum prorsus ut nobiles *Albergæ* obnoxii essent. Vide D. *Brussel* Tract. de Usu Feud. tom. 1. pag. 566. [* Distinctio inter *Albergas* nobiles et ignobiles, minus recte colligitur ex Chartis eo loci laudatis; nam ibi de hospitiis a vicario militibus assignandis, aut de pecunia eadem de causa exigenda agitur.]

ALBERGA, Jus itidem *gisti* ac procurationis. Concilium Avenionense ann. 1209. c. 5 : *Prohibemus, ut Albergas, procurationes, exactiones seu tallias aliquas ab ipsis de cætero laici exigant.* Quædam Editiones habent *Arbergarias*. Pactum inter Abbatem Galliacensem et Raimundum Comitem Tolosan. ann. 1231 : *Et cum ipse haberet de jure in Monasterio de Galliaco Albergam cum 20. equis, in eleemosynam donat Abbati, etc.* Testamentum Berengarii Comitis Provinciæ ann. 1238. apud Ruffium pag. 108 : *Item relinquimus omnes Albergas vel earum redemptiones totius Comitatus Provinciæ, pro debitis nostris omnibus, quæ declarari possent, etc.*

¶ ALBERGA, Præstatio quæ pro ejusmodi procurationibus domino persolvitur. Consuetud. MS. urbis Tholos. ex Biblioth. D. Abbatis *de Crozat* fol. 29 : *Infra quos terminos supradictos . . . . nec solvunt Albergam, nec lignagium, nec fromatgium, nec ovagium.*

¶ ALBERGA, pro Hospitio accipitur in Instrum. ann. 1243. tom. 1. Gall. Christ. pag. 68 : *Nos Raimundus . . . . donamus et assignamus in perpetuum pro anniversario nostro . . . . trecentos solidos annuales regales coronatos, in Alberga nostræ villæ inferioris Aquensis.* [* Quod ea acceptione occurrere possit, non equidem dubito : verum in loco hic citato, jus procurationis, in præstationes pecuniarias conversum, intelligendum esse prorsus existimo.]

¶ ALBERGAGIUM, De militibus hospitio receptis dicitur. in Epist. Geraldi Archiep. ad Angl. Regem ann. 1235. tom. 2. Gall. Christ. inter Instr. pag. 290 : *Cappellani aliæque personæ Ecclesiasticæ tam gravibus tamque frequentibus Albergagiis adeo prægravantur.*

¶ ALBERGAMENTUM, Emphitensis, census, præstatio annua, eadem cum illa quæ pro *Alberga* seu jure hospitii solvitur. Charta ann. 1340. tom. 1. Hist. Dalphin. pag. 150 : *Albergamus et in Albergamentum perpetuum tradimus et concedimus . . . Banneriam nostram, etc.* Ibidem tom. 2. pag. 133 : *Portum*, (Clasii super Dracum) *cum usu, juribus et pertinentiis universis ipsius Albergamus, et in emphiteosim ac Albergamentum damus et concedimus.* Iterum occurrit pag. 134.

* Charta ann. 1336. in Reg. Caroli IV. ex Cam. Comput. Paris. fol. 151 : *Albergamus in Albergamentum et in emphiteosim perpetuam pro se et suis, nomine dom. nostri regis, concedimus ut ipse in dicto flumine* (Rhodani) *infra terminos villæ de Griguen, sitæ juxta dictum flumen, unum vel plura molendina habere et tenere possit et valeat.*

ALBERGARIA, pro hospitio sumitur non semel apud Ottonem Morenam in Hist. Rerum Laudensium pag. 9. 11. In Charta ann. 1289. pro Regno Lusitaniæ, apud Odoricum Raynaldum hoc ann. num. 22. sumitur pro xenodochio : *Hospitalia sive Albergarias pauperum usibus deputatas.* [** Hujus significationis exempla plurima exstant in Elucid. tom. 1. p. 68 sqq. Donatio D. Urraccæ æræ 1200 : *Ut vos et filii vestri et nepotes fideliter Deo serviatis pro animabus vestris et nostris in ipsa Albergaria, videlicet colligendo et recipiendo ibi pauperes et erogando illis helemosinas* etc. Alia æræ 1250 : *Ut Fratres semper provideant dictæ Albergariæ de fructibus ipsorum decem casalium, dumtaxat in igne et lectisterniis ad opus supervenientium pauperum competenter, etc.*] [Chron. Parmense ad ann. 1282. apud Murat. tom. 9. col. 800 : *Et ibi diu steterunt* (Brixienses milites) *et trumbaverunt, et nemo exivit ad eos; et sic redierunt ad Albergarias suas sani et salvi.* Antiquit. Navarræ Jos. Moret. p. 534 : *Quod est in illa Alfondega ad opus Albergariæ seu Confratriæ . . . quod solare circumdatur ab Oriente singulis domibus, videlicet Ennecio Rege. Albergaria* Hispanice dicitur a Moreto *Albergue de los peregrinos.*]

ALBERGATA, Jus *gisti* ac procurationis, *Dreit d'aubergada*, in Foris Beneharn. tit. 1. art. 17. 19. et in Consuetud. Aquensi tit. 9. art. 13. 18. Tabularium Abbat. Conchensis in Ruthenis Ch. 561 : *Nec aliam exactionem, neque procurationem, neque hospitalitatem, quæ vulgo dicitur Albergata, etc.* Libertates villæ Riomensis in Arvernis, concessæ ab Alfonso Comite Pictav. ann. 1270. in Regesto Constabulariæ Burdegal. fol. 92 : *Faciunt annuatim Domino Regi unam Albergatam, vel dant Præposito 70. sol. Burdegal.* Infra : *Tenentur facere Albergatam et dare comestionem Præposito.*

ALBERGIA, Jus *gisti*. Charta Mathildis Comitissæ, apud Ughellum tom. 7. Ital. sacr. p. 1592 : *Per Albergiam, foderum, placitum, etc.*

ALBERGIA, apud Milites Hospital. S. Joan. Hieros. vocantur domus, in quibus Fratres Ordinis per nationes una comedunt et congregantur. Statuta ejusd. Ordin. tit. 19. § 3.

ALBERGIUM, Jus etiam *gisti* ac procurationis. Charta ann. 1270. in Hist. Episcop. Cadurcensium pag. 126 : *Quæ quidem decem libræ, et quod Albergium debent annuatim solvi et præstari dicto Episcopo... ratione decimarum dictarum, etc.* Charta Raimundi Comitis Tolosani ann. 1224. ex Regesto 19. Archivi Regii : *Retento tamen jure nostro, quod in prædictis Castris et villis habemus, videlicet cavalcatis et illa summa pecuniæ, quæ consuevit dari pro Albergo.*

¶ ALBERGIUS, Fructus ex *Alberga* proveniens. Instrum. ann. 1167. tom. 1. Gall. Christ. pag. 67 : *Omnes Ecclesias præfatas, et omnes usaticos et Albergios confirmo.*

ALBERGUM, interdum est Familia, domus. Charta de Electione Consulum Montipessuli ann. 1210 : *Veruntamen in istis* 12. *Consulibus non ponetur nisi unus solus de uno Albergo.* [Charta ann. 1309. tom. 1. Hist. Dalphin. pag. 86 : *Item Albergum Joannis Odonis de S. Yllario, item tria Alberga de Filloneres..... debent domino corvatas quater in anno.* Parvum Chartul. S. Victoris Massil. fol. 27. verso : *Raymondus Bereng. Barchin. Comes dat Abbati S. Victoris in compensatione ville de Macerel... Albergum seu Boage, quod habebat in castello ejusdem Abbatis..... ann.* 1136. *Indict. iv.* Ibid. fol. 119. eodem ann. idem Comes *cedit Abbati S. Victoris permutationis vicissitudine Arbergum sive Boaje, quod habebat in castello ejusdem Abbatis.*]

ALBERGUM, Jus perinde *gisti* ac procurationis. Charta Raimundi Comitis Tolosani ann. 1229. in Regesto Tolosano fol. 121. pro hominio Episcopi Carpentoratensis : *Ita quod in civitate Carpentoratensi et locis proximis non habemus, nec habere debemus*

Albergum, nec aliquid pro Albergo. Ita in Hist. Episcopor. Lodevensium pag. 78. [Charta ann. 1133. ex parvo Chartul. S. Victoris Massil. fol. 135 : *Item quod dictus W.* (de Turriis) *et heredes teneantur facere Albergum D. Abbati et Priori majori S. Victoris, cum venerint in prædicta valle, semel in anno, non diffinito numero personarum et equitaturarum.* Ibid. fol. 130 : *Item habeat singulis annis duo Alberga, unum in hieme, aliud in æstate cum xx. bestiis ad plus.* Diploma ann. 1213 : *Habent prædicti Ademarus et successores ejus .... singulis annis in prædicta villa Albergum unum cum xl. equitaturis et sessoribus earum, et xl. peditibus, qui easdem custodiant.*]

Hinc facere *Albergum*, vel *Albergam* domino capitali venienti cum certo Militum numero dicuntur vassalli, in Chartis Occitanis maxime, quod *prandium* vocat Tabularium Eccles. Cadurcensis : *Galricus Vicecomes S. Cirici fecit pignoram Raimundo Raterii in villa, quæ dicitur Crem, videlicet unum prandium cum centum Militibus per* 300. *solidos Aquitanenses.* Charta hominii, facti ab Oliverio et Bernardo *de Penne* Raymundo Comiti Tolosano ann. 1218. in Regesto Tolosano pag. 36 : *Pro recognitione etiam ejusdem Castri vobis et successoribus vestris perpetuo faciemus Albergam singulis annis ad* 20. *Milites in capite castri.* Alia ann. 1231. ibid. fol. 39 : *Dictus Comes habebit Albergam cum decem equitaturis et equitantibus tantum.* Tabularium Eccl. Uticensis ann. 1244 : *Profitemur, nos debere facere singulis annis semel in anno tibi et dictæ Ecclesiæ... Albergam ad* 3. *Milites, et ad octavam partem unius Militis.* Charta Tedisii Agathensis Episcopi. ann. 1215. in 30. Regesto Tabularii Regii n. 39 : *Salva etiam Alberga* 30. *Militum in ipso Castro eidem Comiti annuatim.* Alia Rixovendis Dominæ de Terminis ann. 1208. ibid. 61 : *Nos tenebamus in feudum Albergam duorum Militum in unoquoque measo et casalatico.* Mox : *In quibus measis, masatis vetulis manent homines, Albergam duorum Militum, vel servitium, quod solent facere pro ipsis Albergis, etc.* [** Hæc charta a Cangio in prima Glossarii editione bis memoratur, secunda quidem vice ex Regesto Carcasson. fol. 19. ubi dicitur Rixovendis filiæ Raym. Dom. *de Termes.*] Quippe ejusmodi Albergæ conversæ sunt in præstationes pecuniarias. Charta ann. 1306. in 9. Regesto Philippi Pulcri Ch. 14. ex Tabulario Regio : *Item* 50. *Albergas Militum, quas faciunt homines dicti loci pro* 140. *libr. et* 10. *solid. anni et perpetui reditus.* [* Charta ann. 1342. in Reg. 74. Chartoph. reg. ch. 238 : *Pensiones denariorum, quæ Albergæ etiam nomine nuncupantur sive nominantur, etc.* Verum non in pecuniarias modo, sed et in annonarias præstationes conversæ sunt interdum *Albergæ.* Charta Philippi VI. ann. 1340. in Reg. 73. ch. 139 : *Concedimus... Albergam, quam habemus in villa de Portello prope Tholosam per duas leucas vel circa, quæ communiter anno quolibet valere potest quatuor viginti quartones bladi, medietatem frumenti et medietatem avenæ.*] Charta Austorgii de Petra Militis, diœcesis Mimatensis ann. 1242 : *Ita nomen, quod pro feudo debet dictus Chanillac dare Domino Astorgio quolibet anno Alberc ad* 5. *Chevaliers, cum Dom. A. vel alius pro ipso petierit.* Alia ann. 1171. apud Gariellum in Episcopis Magalonensibus pag. 142 : *Ut faciatis inde mihi et successoribus meis hominium, et singulis annis ad commonitionem meam vel meorum Albergam decem Militum.* Vide eundem pag. 222. 255. 262. 269. 307. In Charta Guillelmi D. Montispessulani ann. 1185. *albergum tribus,* 4. *etc. militibus*, sæpe occurrit. Alia Jacobi Regis Arag. ann. 1260 : *Et velitis facere nobis et nostris, et dare Albergam quolibet anno ad* 4. *Milites, quando a nobis... fueritis requisiti.* Charta Wil. de Montispess. ann. 1103 : *Vicarius nec alius pro eo mandabit Albergos in toto Montepess. præter Albergos Militum.* Charta Ademari Comitis Valentinensis ann. 1188. apud Jacob. Sponium in Itinerario tom. 3. pag. 15 : *Ut nullo deinceps tempore a me vel ab alio successorum meorum violentas sive injustas exactiones pensare cogantur, fidejussores sive obsides præter suam voluntatem non fiant, salvis legibus et justitiis meis, bannis, et expeditionibus, et Ospitio centum Militum, etc.* Denique hæc inedita perinde Charta : *Anno ab Incarnat. Dom.* 1202. *mense Aprili, ego Guillelma filia quondam Guillelmi de S. Michaele... et ego Raymundus de Insula maritus dictæ Guillelmæ per nos et nostros bona fide et sine dolo cum hac carta vendimus et in perpetuum tradimus et concedimus tibi Guillelmo domino Montispessulani, filio quondam Mathildis Comitissæ, et tuis,.... videlicet Albergum duobus Militibus et tertiæ partis alterius Militis, et dominium, et consilium, et laudimium, et totum hoc, quidquid sit vel esse potest, quod nos habebamus vel habere visi sumus in toto honore, quem Bertrandus de Monte Mirato a nobis tenebat in termino de Palude.* Vide Historiam Episcoporum Lodovensium pag. 201.

Arberg. Tabularium Conchense in Ruthenis Ch. 97 : *Et* 2. *sestaria de civada, et* 2. *gallinas, et Arberg.*

Arbergaria, idem quod *Albergaria*, Jus gisti. Charta Raimundi Burgundiæ Comitis apud Perardum pag. 198 : *Perdonavi omnibus in terra, quam Sancto dedi, manentibus, Arbergarias, corvatas, expeditiones, ostisias, etc.* Alia Guillelmi III. Comitis Arverniæ, qua Ecclesiæ Claromontensi concedit *quamdam partem occidentalem ipsius civitatis, Arbergarias scilicet, et omnem districtum, et omnes malas captiones.* Quo loco perperam Savaro in Orig. Clarom. pag. 317. 1. Edit. ita appellatam ejusdem urbis partem putavit. Vide Beslium in Comitib. Pictav. pag. 467. et 504. Biblioth. Cluniac. pag. 1444 Perardum in Chartis Burgundicis, pag. 198. etc.

* Alberghagium, Jus *gisti* seu *procurationis*, idem quod *Alberga.* Libert. Montisfer. ann. 1291. in Reg. 181. Chartoph. reg. ch. 154 : *Item dominus, domina, bajulus seu aliquis* (ex) *eis habebunt infra dictum mandamentum.... Alberghagium.*

* Albergada, Præstatio nomine *albergæ* soluta. Homag. duci Aquit. præstita ann. 1273. in Reg. Cam. Comput. Paris. sign. JJ. rub. fol. 24. r° : *Nec debet exercitum, nec cavalgatam, nec Albergadam.* Libert. villæ de Granata ann. 1291. tom. 4. Ordinat. reg. Franc. pag. 19. art. 1 : *Quod per dom. nostrum Francorum regem vel successores suos non fiat in dicta villa tallia, Albergada, questa, etc.*

* Alberguata, Eadem notione. Charta ann. 1299. in Lib. rub. Cam. Comput. Paris. fol. 110. r°. col. 1 : *Item in eadem parrochia loco de Faurges et de Boyard lxvj. sol. Morlan. et a quolibet habitante Alberguatam quolibet anno in prædicto festo beati Martini yemalis. Quæ Alberguatæ tempore pacis poterant valere, sicut per eos fuit extimatum, l. sol. et vj. den. Morlanenses.*

[** Vide *Tractoria*, 2. *Servitium de cibo, Prandium, Procuratio, Paratæ, Missatici, etc.*]

* 1. Albergator, Qui *procurationem* seu *gistum* exigit. Stat. comit. Tolos. de Hæret. capiendis ann. 1233 : *Domos religiosas nimia importunitate albergandi opprimere præsumunt.... Hujusmodi Albergatores reprimant importunos.*

¶ Albergus. Qui *Albergæ* obnoxius est. Charta ann. 1103 : *Vicarius nec alius pro eo mandabit Albergos in toto Montepessulano præter Albergos militum.* Vide supra lin. *Vocem Alberga, etc.* ubi *Albergus* idem significat quod *Alberga.*

Albergare, Hospitari, divertere, procurationem exigere. Statuta Raimundi Comitis Tolosæ contra hæreticos : *Statuimus, ne Barones, Milites et alii homines nostri Abbatias, grangias, et alias domos religiosas importunitate Albergandi opprimere præsumant.* Jacobus I. Rex Aragonum in Constitutionib. Cataloniæ MSS. ann. 1228 : *Statuimus, quod Vicarii non Albergent in mansis Ecclesiarum, vel locorum religiosorum.* Charta G. Comitis Nivernensis et Forensis ann. 1239 : *Quod omnes homines, quos dicta domus* (Boni loci) *Albergavit in terris suis, vel in posterum Albergabit, in posterum ab omni collecta et exactione et tallia immunes sint.* [Vetus formula inter Leges Guidonis Imper. apud Murat. tom. 1. part. 2. pag. 166 : *Petre, comes te appellat Martinus tuus Erimannus, quod tu Albergasti per virtutem* (id est, vi) *in casam suam, et tulisti per virtutem sibi unum porcum.*]

Abergare, in Charta ann. 1273. apud Perardum in Burgundicis pag. 428.

Albergare, Dare ad *Albergam*, seu ad censum, et præstationem, cujusmodi est illa, quæ pro *gisto* exsolvitur. Charta Amedei VII. Comitis Sabaudiæ pro Burgi incolis ann. 1397 : *Concedimus eisdem Burgensibus... licentiam et auctoritatem dictas turres villæ nostræ antedictæ locandi, Albergandi, appensionandi, etc.* Vide Guidonem Papæ consil. 123. [Charta pro fundatione Marciliaci ann. 1239. tom. 4. Gall. Christ. inter Instrum. col. 100 : *Concedunt... Abbatissæ et Conventui supradictis omne jus contractus allegandi, recipiendi et retinere quoscumque et undecumque venientes in mansis et locis suis; dantes et concedentes eisdem omne jus denominationis prædictis taliter Albergatis.* Schedæ D. *Aubret* : *Dominus de Franchelins in Dumbis Albergavit terram de Maladeria ea conditione, ut si pestis superveniat, emphiteuta aliam terram pro ægrotis dare et suppeditare teneretur.*]

* Albergare, Hospitio excipere, Gall. *Loger.* Stat. Vercell. lib. 4. pag. 116. v° : *Item si quis scienter Albergaverit bannitum communis Vercellarum de maleficio, etc.*

¶ Aribergare, Hospitio excipere, vel

morari in aliquo hospitio. Charta Conradi Imper. ann. 1023 in Bullario Casinensi tom. 2. pag. 76.

¶ 2. ALBERGATOR, Qui hospitio excipit. Chron. Parmense ad ann. 1295. apud Murat. tom. 9. col. 831 : *Postea equitavit* (Episcopus) *Rhegium, et hospitatus fuit in burgo de S. Catherina in domo Johannis Chinani Albergatoris, ubi stetit per tres dies vel circa.* Privilegium Philippi de Sabaudia ann. 1475. apud Guichenonum Hist. Bress. pag. 33 : *Quod amodo in antea nulli ex subditis nostris, sive sint hospites, tabernarii, Albergatores, paneterii vel alii quicumque et cujuscumque status, vendere audeant vel præsumant vina aliena seu extera.*

* ALBERGARIUS, Caupo, stabularius, Ital. *Albergatore*, nostris *Aubergiste*. Charta ann. 1252. apud Columb. in Genealog. domus *de Simiane* pag. 592 : *Habent jus hospitandi in hospitiis publicis Albergariorum.*

* ALBERGARIA, ALBERGUARIA, Diversorium, Gall. *Auberge*. Charta ann. 1356. inter Probat. tom. 2. Hist. Nem. pag. 179. col. 2 : *Propter Albergariam sive hostalariam dicto portali contiguam, in qua Alberguaria, si dictum portale apperiretur, inimici dom. nostri regis se possent secrete intendere, etc.*

* ALBERGATA, Eodem intellectu. Inquisit. ann. 1268. ex schedis Pr. *de Mazaugues* : *Et tunc Grillonus prædictus fecit præconisari in Albergata omnia prædictorum, quod nullus auderet etc.*

ALBERGELLUM, [Ut mox *Alberjo*.] Vide *Halsberga*.

* **ALBERGIO**, Lorica maculis contexta, Gall. *Haubergeon*. Lit. ann. 1275. tom. 3. Ordinat. reg. Franc. pag. 63. art. 14 : *Balistæ vero, et quarcelli* (quarelli), *torni, scuta, loricæ, Albergiones, perpuncta, etc.* Vide mox *Alberjo*. [** Vide Raynourdi Lexicon Rom. tom. 1. pag. 152, in voce *Ausberc*.]

¶ **ALBERGUERIUS**, Loricarum maculis contextarum, Gall. *Haubergeon*, faber. Catalogus MS. Sodalium Confraternitatis artificum in Ecclesia B. M. Deauratæ Tolos. : *N. Anhelorius, N. Albergueriús, N. Parmentarius.* [** Gallice *Haubergiers*. Vide Registres des metiers de Paris d'Et. Boileau tit. 26. ed. Depping. pag. 66.]

¶ **ALBERGUS**, Hospitium, domus vel ejus incola. Charta Guigonis Dalphini ann. 1253. pro Communia Upasiensi e Schedis D. *Lancelot* : *Prædicti vero homines propter hoc nobis debent facere, videlicet quilibet Albergus, seu hospitium, qui boves habuerit,* XIII. *den. et* II *sectaria avenæ, et Albergus, qui boves non tenuerit,* XII. *den. et* I. *sext. avenæ annuatim.* Vide *Alberga*.

* **ALBERIA**, ALBERIATA, Locus alnis seu populis albis consitus, nostris *Aunaie*, olim *Auberoie* et *Aubergire*. Charta ann. 1271. in Chartul. Med. monast. : *Super molendinis, pratis, terris, olchiis, ædificiis, aquis, piscaturis, Alberiis, et super aliis pertinentiis etc.* Charta ann. 1388. ex Reg. Joan. ducis Bitur. in Cam. Comput. Paris. fol. 136. r° : *Quoddam hospitium, vocatum hospitium de Oriaco, prope villam Bituricensem situatum, cum terris, pratis, nemoribus, redditibus in bladis, vinis, denariis, polaliis, vineis, Alberiis, censibus, etc.* Quæ in Charta Gallica ejusd. anni de ead. re fol. 141. r°. sic redduntur : *Ung hostel, appellé l'ostel d'Ory, ... avecques toutes ses appartenances, ... tant en terres, prez, bois, rentes de blez, de vins, de deniers, poulailles, vignes, Aulnoiz, etc. Auberoie*, in Ch. ann. 1390. ibid. fol. 142. v°. Charta Joan. ducis Bitur. ann. 1401. ibid. fol. 179. r° : *Molendina nostra,..... cum eorum saltibus, aquis, ripperiis, exclusis, Alberiis, Alberiatis, piscaturis, yvernalibus, aquæductis, etc.* Reg. Cam. Comput. sign. *Bel* fol. 84. v° : *Vergiers, hoches, chasaus, maisons, Auberoies, bois, boissons, eaues, pescheries, etc.* Lit. pro Gilberto *de Chabannes* ann. 1473. in Reg. 204. Chartoph. reg. ch. 102 : *Ensemble les Aubergires de Bourniquel et les dismes de Negrepelisse.* Sed et arbor ipsa *Auberoie* dicitur, in Lit. remiss. ann. 1478. in Reg. 205. ch. 120 : *Le suppliant et Jehan Caillaud eurent noise et débatz ensemble à l'occasion de certains fagotz d'Auberoyes, etc.* Vide supra *Albareta*.

¶ **ALBERJO**, Lorica hamis conserta, Gall. *Haubergeon*. Computus ann. 1336. Hist. Dalphin. tom. 2. pag. 326 : *Item tres Alberjones valoris... 6. sol. grossorum.* Vide *Halsberga* et *Gambiso* in *Gumbeso*.

* Inventar. ann. 1255. in Reg. 30. Chartoph. reg. ch. 115 : *Præterea inveni in dictis bonis quinque Alberjons et unum alberc, et tres balistas et unam contrepointe.* Vide supra *Albergio*.

* **ALBERJONATUS**, Maculis contextus, Gall. *Haubergeonné*. Libert. Brianzon. ann. 1343. tom. 7. Ordinat. reg. Franc. pag. 727. art. 12 : *Et omnes de dicto numero cum propunctis, gorgeriis, bacignetis Alberjonatis, cirotecis ferreis, platis seu alberjonis malliæ competentis etc.* Vide *Halsberga*.

* **ALBERIUS**, Populus alba seu tremula, vel Alnus. Chartul. S. Ursini Bitur. fol. 39. r° : *Ego Gunsnerius Rusus et Joannes filius meus vendimus S. Ursino et canonicis ejusdem ecclesiæ alodum nostrum, et habet has terminationes, ex una parte aqua Lostra, et tres ulmos et duos Alberios.* Vide supra *Albarus*.

* **ALBERON**, Frumenti species purior. Tabular. S. Petri Carnot. : *Erunt autem in uno modio quoque frumenti minæ ad justam mensuram xxv. Erit vero frumentum illud de meliori frumento post illud, quod dicitur Alberon.*

ALBERUS, Arbor, Ital. *Albero*. Charta Longobardica apud Ughellum tom. 8. pag. 78 : *Et fluvio Tamari usquedum commiscetur in fluvio Sabati, cum aquis et Alberis, et ripis suis, etc.*

ALBESCITAS CÆLI, apud S. Augustinum in Soliloquiis lib. 1. cap. 13. Quo sensu *albens* cælum dixerunt Sisenna lib. 4. Hist. Symmachus lib. 1. Epist. 7. *Cælum albescens*, Gregor. Turon. lib. 10. Hist. cap. 15. lib. 2. de Mirac. cap. 18. [Sidonio *Albescitas cæli*, Aurora.] [** Paulus J. C. in Dig. lib. 28 tit. 2. fr. 25. § 1 : *Albescente cœlo.* Gloss. in cod. Reg. 4778 : *Albescere, Mane fieri.* Vide Forcell. Lex. voc. *Albens* et *Albescens*.]

¶ **ALBESIA**, *Genus scuti quia album*, Ugutioni. Festus habet : *Albesia Scuta dicebantur, quibus Albenses, qui sunt Marsi generis, usi sunt. Hæc eadem Decumana vocabantur, quod essent amplissima ut decumani fluctus.*

¶ **ALBESURA**. Vide mox in *Albufferia*.

ALBEXI. Vide *Alguexis*.

¶ **ALBEYNES**, Iidem qui *Albani*, Extranei, apud Baluzium tom. 2. Hist. Arvern. col. 297.

* **ALBEYUS**, Albus, moneta argentea minutior. Lit. remiss. ann. 1353. in Reg. 82. Chartoph. reg. ch. 52 : *Insuper quœdam breva monetæ nigræ quindecim marcharum, quæ penes Perrotum de Claressac operarium tradita et debilis Albeyo uno denario pro marcha.* Ubi forte legendum *Alleyo*, Gall. *Alliage*.

* **ALBI**, Factionis cujusdam apud Italos nomen, cui opposita, *Nigri* appellabatur. De iis ita Bonincont. lib. 7. Hist. Sicul. part. 3. pag. 76. apud Lamium in Delic. Erud. : *Per ea tempora* (ann. 1300.) *omnis fere Italia novis factionibus agitabatur; nam Cancellaria gens Pistorii nobilissima in duas divisa partes, quarum una Albi, altera Nigri, vocabantur, etc. Ex quibus Nigri imperatori faventes, Gibellini postea dicti sunt, qui vero ecclesiæ, Guelfi.... adpellabantur*, ait idem Bonincont. ibid. part. 1. lib. 4. pag. 270. Vide *Gibelini*.

* Societatis cujusdam apud Gandavenses sub appellatione *des Blancs-chaperons* meminit Froissart. in vol. 2. cap. 37 : *Il faut qu'en la ville de Gand une ancienne coustume et usage.... soit recouvré et renouvelé. C'est que les Blancs-chaperons soient remis avant, et qu'ils aient un chef, auquel ils se puissent tous retraire et ralier.*

ALBIANUS, [Qui albo e nitido corpore est.] Gloss. Græc. Lat. λευκόχρους, *Albianus*.

¶ **ALBICASCERE**, *Illucere*, Barthii Gloss. ex Co. Matio [** Ap. A. Gellium lib. 15. cap. 25] : *Jam jam Albicascit Phœbus et recentatur.* Alii legunt, *Albicassit*.

¶ **ALBICATUS** OCULUS, id est, Albugine obsitus. Acta S. Francisci de Paula tom. 1. Aprilis pag. 138 : *Amisit visum quod nihil videbat, erantque oculi ejus Albicati.*

* **ALBIDARE**. Vide supra *Albare*.

* **ALBIDATURA**, Idem quod alibi et sæpius *Adludatura* dicitur. Vide infra *Alludarius*. Stat. Caroli IV. pro pannificio ann. 1322. in Reg. A. Cam. Comput. Paris. fol. 210. r° : *Ratione.... fulloniæ, purgaturæ, seu pincturaturæ pannorum, Albidaturæ, etc.*

ALBIDIA, Anglia, quæ olim Albion, dicta semel ac iterum Willelmo Britoni lib. 4. et 9. Philipp.

* **ALBIDITAS**, *Albedo*, *Blancar*, Prov. Glossar. Provinc. Lat. ex Cod. reg. 7657. Vide *Albitas*.

¶ **ALBIFERREUS**, Ex ferro cuistannum inductum factus, Gall. *de Fer blanc*. Translatio S. Medardi, tom. 2. Junii pag. 102 : *Qui pervenientes et illius chorum intrantes, prædictum Crochet ad gradus majoris altaris stantem stola opertum, et vas quoddam quasi uno cubito longum, ex lamina Albiferrea confectum præ manibus tenentem invenerunt; cui quidem vasi pendulus erat magnus sigillus ceræ viridis in pyxide etiam Albiferreâ inclusus.*

* **ALBIFICARE**, Tectoriis seu incrustationibus inducere. Reg. Phil. Aug. 34. bis in Chartoph. reg. part. 1. fol. 95. v°. col. 1 : *Pro.... turri reparanda, ubi petraria percussit et eadem Albificanda, lxx. lib.* Vide *Albini* 1.

ALBIGENSES, Hæretici ita dicti ab Albigensi civitate in Occitania, ubi multum invaluerunt Philippo Augusto et Ludovico VIII. regnantibus, quorum initia, progressus et hæreses multi passim recensent Scriptores. Matth. Paris ann. 1213 : *Dicuntur autem Albigenses ab Albia civitate, ubi error ille dicitur sumpsisse exordium.* Vide Rogerum Hoved. pag. 556. et alios ejusce temporis Scriptores. *Aubijois* et *Aubejos* Poetis nostratibus appellantur. L'ordene *de Chevalerie de Hue de Tabarie* MS. :

> Ja li bon durer ne porroient,
> Se che n'est fors de Sarazins.
> D'Aubejois et de Barbarins.

Guillelmus *Guiart* MS. :

> En cel temps fu d'Aubijois Sires
> Simon le Comte de Monfort.

Titulus Chronici Guillelmi de Podio Laurentii : *Incipit Chronica Magistri Guillelmi de Podio Laurentii super historia negotii a Francis, Albigensibus vulgariter appellatis, i.* Albejots, *etc.*

¶ **ALBINATUS**, Idem quod *Albanagium*, apud Spelmannum et alios. Vide *Albani.*

ALBINEUS, Equorum color, apud Palladium in Martio tit. 13.

1. **ALBINI**, et Albarii, Tectores, qui parietes tectoriis, seu incrustationibus, inducunt. Glossar. Græc. Lat. κονιατής, *Dealbator, Albinus, tector;* λευκαντής, *Dealbator.* Horum opera *Albaria* dicuntur apud Plin. lib. 36. cap. 23. Vitruv. lib. 7. cap. 2. Sponii tom. 3. Itiner. pag. 54. et in Gruteri Inscript. 172. 2. *Tectorium* autem et *Albarium* seu *Album opus* in eo differunt, quod qui parietes dealbant, opus etiam tectorium faciunt : nam et *Tectorium* est omne opus Albarium, non omne tamen tectorium Album est, sed illud dumtaxat, quod nuda calce constat. *Tectorium* fit arenata calce, vel marmorato, *Albarium* calce mera : inde *Albini* et *Albarii*, qui dealbant. Græci κονιατὰς vocant tam *Albarios*, quam *Tectores.* Ita Hesychius, et alii.

¶ 2. **ALBINI**, Extranei, advenæ, apud Spelman. et alios. Vide *Albani.*

* **ALBININUM**, Liber ecclesiasticus, in quo *albarum* benedictiones et orationes super *albatos* continentur. Necrolog. B. M. de Medunta MS. fol. 4. r° : *Gillebertus sacerdos, qui dedit huic ecclesiæ martilogium, collectarium et Albininum.* Vide *Alba* 3. et 4.

* **ALBINUM**, Jus in bona *Albanorum*, Gall. *Droit d'aubeine.* Fragm. Chron. apud Marten. tom. 5. Ampl. Collect. col. 1151 : *Cum nobilitiis, hostagiis, hominibus, censibus, terris et reditibus, pedagiis, præfecturis, vacantiis et Albinis, etc.* Vide supra *Albanagium.*

ALBIOLUS. Ugutio : *Alvus et albus, pro ventre, et hic albo indeclinabile, id est, liber, in quo nomina Sanctorum scribuntur; unde Albiolus dicitur.* Salmasius censet idem esse quod *Alveolus*, in veteri Instrumento publicæ securitatis, apud Brisson. lib. 6. Formul. : *Mortaria marmorea duo valente siliqua aurea una, Albiolo ligneo uno valente nummos aureos* 40; nostris *Auge.*

ALBITAS, Albiditas, *Albedo*, in Breviloquo.

ALBITIO Furfuris, apud Apuleium de Virtutib. herbar. cap. 20. § 2. Furfures ipsi, et squammulæ furfuraceæ albicantes.

¶ **ALBIUS**, Idem, opinor, quod Alveus, nostris *Auge.* Ut *Albiolus*, pro *Alveolus*, ita *Albius*, pro *Alveus* dictum existimo. Chartula plenariæ securitatis sub Justiniano apud Brisson. lib. 6. Formul. : *Albio valente nummos* 80, *rapo valente asprione, modio valente asprione.*

ALBO, Albus. Ugutio : *Albo indeclinab. est liber, in quo nomina Sanctorum scribuntur.* Chronicon Centulense Hariulfi lib. 4. cap. 17 :

> Abba Angelrannus loculo quæ paucula nostro
> Contulit, hic retinet scriptus qui cernitur Albus.

[Spicileg. Acherii tom. 8. pag. 155. ex quadam forma electionis Episcopi : *Quapropter vir inclytus Dagobertus primæ sanctæ Bituricensis Ecclesiæ sedis Archimandrita cognoscens obitum beatæ memoriæ Froterii Episcopi sanctæ sedis Caturcensis Ecclesiæ, cujus memoria æthereo describatur in Albo, uti sacra Canonum auctoritas jubet.*]

ALBOR, Albedo. Mamotrecti auctor : *Albor, Color albus.* Ita legit in Levitico cap. 13. ubi Editio recentior habet *in colorem album.* S. Cyprianus de Discip. et hab. Virg. : *Execraris canitiem, detestaris Alborem.* Cælius Aurelianus lib. 2. de Tard. passion. cap. 7. *ovi Alborem* dixit, ut et Apitius lib. 2. cap. 6. quem idem Apitius lib. 5. cap. 3. lib. 6. cap. 6. et alii *Albumen*, Plinius *Albuginem* vocant. *Dantes* in Purgatorio can. 6 :

> Vedi l'albor che per lo fumo raia.

Hispanis *Albor*, est aurora.

¶ **ALBORAS**, Rocho *le Baillif*, est *Maculosa defœdatio planæ cutis, neque in principio est ulla exulceratio, sed in processu temporis idem quod morphæa.* [** ברץ (baras) Arabibus *Lepra.*]

* **ALBORATUS**, Arboribus consitus, ab Ital. *Albore*, Arbor. Charta apud Corbinel. inter Probat. tom. 1. domus *de Gondi* pag. 87 : *Unam petiam terræ arativæ, et vineatæ et Alboratæ, positæ in comitatu Florentiæ, etc.*

¶ **ALBORII** Ecclesiæ, forte qui Albo seu Catalogo Ecclesiæ inscripti erant, Gall. *les Immatriculés*, vel *Alborii* pro *Albani.* Gall. *Aubains.* Commemoratorium de quibusdam villis S. Victori restitutis ann. circiter 780. apud Marten. tom. 1. Ampliss. Collect. col. 41 : *Taliter hoc inquisivimus, et sic veracius exinde invenimus, quomodo ipsas casas Ecclesiæ Dei Alborii ipsius Ecclesiæ ipsas villas possederunt.*

ALBORIUM, *Arcus de Alborio*, Gall. *Arc de aubour.* Charta pro Vicariis Bituricensib. ex Tabulario S. Sulpicii Bituric. : *Qui adportaverit ferros et clavos ad vendendum, habebit Vicarius unum denarium, ex hastis unam hastam, ex arcis de Alborio, unam arcam, ex terceriis unum tercerium.* Nostri *Aubour* et *Aubier*, vocant, quod Latini *Alburnum* : at cum hæc ligni pars rei omni inutilis sit, *roboraque dealburnari* soleant, ut ait Plinius, cum in opus mittuntur, aliud sonare hanc vocem dicendum est. Vide *Arcus* 2.

* **ALBROGANTIA**, pro *Albergantia*, ut videtur, *Procuratio*, convivium. Pactum inter abbat. de Fayeto et comit. Astarac. ann. 1266 : *Volumus quod unoquoque foco nostræ populationis de Saissano, pro Albrogantia unius militis et unius scutiferi semel in anno, habeatis xij. den. Morlanenses, unum sextarium avenæ in festo omnium Sanctorum.* Vide *Alberga.*

ALBUFFERIA. Testamentum Joannis Reg. Aragon. ann. 1272. in Spicilegio Acheriano tom. 9. pag. 249 : *Assignamus omnes reditus nostros civitatis Valentiæ, cum salinis et Albufferia ejusdem.* [Perperam *Albesura*, tom. 1. Anecdot. Marten. col. 1142.] Charta alia anno 1248. apud Diago in Hist. Regni Valentiæ lib. 7. cap. 44 : *Quod possitis retinere in Olla* 60. *Saracenos ad opus* 30. *barcharum Albuferæ, et* 40. *Saracenos, ad opus bruginarum, cum uxoribus et filiis et filiabus suis, et tota posteritate eorum in perpetuum.*

☞ Franciscus Sobrinus in Dictionario Hispano-Gallico Bruxellis anno 1705. edito : *Albufera, Reservoir d'eau, une sorte d'étang; un étang marin comme celui qui est auprès de Valence, où il y a force poisson.* Cum in Testamento et Charta laudatis agatur de *Albufera* Valentiæ, sequitur hac voce aliud nihil intelligendum esse, quam stagnum illud Valentiæ, de quo Sobrinus, aut forte stagnum salinarum, Gall. *Marais salant;* quod priori in loco *Albufferia* salinis adjungatur. [** Fusteri Vocabul. Valentiano-Castell. : *Albufera, agua de la mar como laguna.* Academicis Matrit. : *Alberca, stagnum; Albufera, Lago grande, que nace del mar, ó es formado de sus crecientes, como la Albufera de Valencia y la de Mallorca; Albuhera, Alberca ó estanque de agua dulce.* Lusitanis *Albufeira*, proprie stagnum marinum, de omni lacu dici, scribit S. Rosa de Viterbo. Arabibus בחירה est lacus.]

¶ **ALBUGINARIUM** Malum, Oculorum albugo. Vide *Perula.*

ALBULÆ, *Id est, Maculæ oculi quasi albæ.* Ita Matthæus Silvaticus.

¶ Albulum, Eadem notione. Vita S. Anselmi Lucensis Episcopi tom. 2. Martii pag. 658 : *Venit ad tumulum sanctissimi patris nostri quædam de Episcopatu Cremonensi.... cui Albulum unius oculi lumen penitus abstulerat; alteri vero vix in die videndi facultas erat.*

* **ALBUM**, nude, pro Ipso epistolæ contextu. Instr. ann. 1357. inter Probat. tom. 2. Hist. Nem. pag. 185. col. 2 : *Quod quidem Album lectum per dictos dominos consules in præsentia eorum consilii, parati se obtulerunt facere circa hæc, quæ tenentur et debent.* Et pag. 212. col. 1 : *Et appertis* (literis) *in præsentia consilii, fuit in Albo repertum, hæc verba : De par le regent etc.* Sic *Blanc* dixerunt nostri, pro Interiori parte libelli vel cujusvis schedulæ. Stat. ann. 1306. in Reg. Cam. Comput. Paris. sign. *Pater* fol. 166 r° : *Il raporteront* (les baillis) *en leur premier compte les nons des achateurs des ventes des bois, et les nons des pleges au Blanc ou au dous de leur compte.*

¶ **ALBUM** Prætoris, Locus dealbatus, ubi Prætoris Edicta affigi solebant. Clement. de Judiciis cap. 1 : *Ad instar Edicti in Albo Prætoris.* Vide Hierolexicon Macri et Hofmannum. [* Rectius in Lex. jurid. Brissonius : Tabula erat dealbata, seu albis literis notata, in qua Prætores edicta sua, quo omnibus innotescerent, actionesque et interdicta proponebant. Quod satis innuunt hæc verba : *Qui Album Prætoris corriperit, etc.*]

¶ **ALBUM** Signatum, Gallis *Blanc-si-*

gné. Scheda est in cujus ima parte chirographum solum scriptum est, ut in superiori parte possit exarari quidquid voluerit is, cui hæc scheda credita est. Charta Ludovici Regis Franc. ann. 1484. apud Baluz. Hist. Arven. tom. 2. pag. 233 : *Quin immo liquide dictam prætensam transactionem falsam, ac casu quo reperiretur, illam dicti Joannis Comitis signo manuali signatam super quodam Albo Signato longe per antea et fabricatam fuisse appareret.*

ALBUNA. Gloss. Isid. *Mater Matuta*, id est Aurora, Gall. *Aurore, Déesse du matin. Ino Cadmi filia*, Λευκοθέα *dicta a Græcis, Matuta a nostris, inquit Tullius, dicta est quod matutino tempori præsit.* De hac Dea videre potes Apollod. lib.3. Gloss. Lat. Gr. *Albanea*, Λευκοθέα. [** Vide Forcell. Lex.]

¶ **ALBURA**, λεύκωμα, *Albumen*, in Supplemento Antiquarii.

*Nostri ab *Albumen*, *Albun* et *Aubun* dixerunt quod nunc *Blanc d'œuf* nuncupamus. Lit. remiss. ann. 1394. in Reg. 147. Chartoph. reg. ch. 180 : *La femme dudit Jehan lui demanda qui lui avoit fait sanc, en lui disant, Fai mettre sur tes plaies des Albuns d'œufs et des estoupes, afin que autre mal ne t'en viegne.* Stat. pro obliariis ann. 1406. in Reg. 166. ch. 135 : *Item que aucun obloyer ne puist ne doye acheter Aubuns d'œufs de confrairie ou d'ailleurs.* Sic, pro *Aubins*, leg. tom. 8. Ordinat. reg. Franc. pag. 150. ubi consule notam docti Editoris. Eadem leguntur in Consuet. MSS. S. Genovefæ fol. 10. v°.

ALBURNUS, Subalbus. Gesta Consul. Andegav. cap. 12. n. 4. de Cometa : *Splendoris Alburni radium... producens.* Vox Latinis haud ignota.

1. **ALBUS.** Statuta Ordinis *de Sempringham* pag. 730 : *Exceptis infirmis, qui si voluerint, Album comedere poterunt in Adventu,... sed non carnes, etc.* Id est, *panem album*. Ita pag. 734.

2. **ALBUS**, Moneta argentea minutior. Gall. *Blanc*, Italis *Biancho*. Ægid. Aureæ-Vallis Monachus in Hugone Episcopo Leod. cap. 111 : *Reddidit 15. millia librarum Alborum, et centum libras Leodienses ad opus Ecclesiæ.* Chronicon Valciodorense : *Pro quo habemus ad guionagium suum 40. solidos Alborum.* [Bern. *de Breydenbach* Iter Hierosol. pag. 141 : *Sed quando octo Halenses pro uno Albo et viginti quatuor Albi pro uno floreno computantur, talis consurgit summa.* Chronographus quidam apud Spelman. : *Tunc temporis* (ann. 1087.) *currebat in Britannia* Armoricana) *moneta argentea, valente quolibet Albo argenteo sex denarios Turonenses : et parvi denarii nigri currebant tunc in Britannia : in qua quidem moneta Alba, erant inscriptæ duæ herminæ, in cujus quidem monetæ margine seu circumferentia erat scriptum sic : Moneta Alani Dei gratia Britonum Ducis. Albi Valencenenses*, apud Valesium in Notitia Gall. pag. 260. col. 2. ex Litteris Johannis Gusiæ Domini ann. 1189.] Vide *Asperi, Blancus*, et Bizarri Persica pag. 453.

¶ ALBUS CUM CORONA, ALBUS CUM F. CORONATO, ALBUS CUM K. CORONATO, ALBUS MAGNUS, etc. Vide *Moneta Argentea.*

¶ 3. **ALBUS**, vel ALBUM, Catalogus. Vide *Albo.*

* Glossar. vet. ex Cod. reg. 7613 : *Albus, dicitur tabula, in qua milites scribebantur. Inde Albiolus, diminutivum.* Eadem notione, *Blanc*, pro Albo scilicet, Gall. *Rolle*, in quo descripta erant nomina eorum, qui vectigal solvere debebant, occurrit in Lit. remiss. ann. 1382. ex Reg. 121. Chartoph. reg. ch. 11 : *Nous avons trouvé* (en la ville Vic sur Aisne) *detenu prisonnier ès prisons des religieux, abbé et couvent de S. Mard lez Soissons, Jehan Pouillet de Compiengne, pour ce que pour* (par) *les Blanz imposez pour nous et le fait de nostre guerre, il fu taxez et imposez à deux francs d'or, etc.* Hinc *Lever la blancque* pro Tributum exigere, quod in vectigalium programmate annotatum est, in Lit. remiss. ann. 1448. ex Reg. 179. ch. 195 : *Et aussi ont levé... la Blancque sur chacun quintal de sel.*

¶ ALBUS ORDO, Congregatio Monachorum Alborum. Historia Dalphin. tom. 2. pag. 377. ann. 1223 : *Andreas Dalphinus Comes Albonis et Palatinus Viennæ, veniens Calesium in Abbatia Albi sui Ordinis, quam Prædecessores nostri.... in fundo proprio fundaverunt, etc.* Vide *Ordo Albus.*

¶ **ALCABALA.** Vide *Alcavala.*

ALCACARIA, ALCACERIA, etc. Vide *Alcheria.*

* **ALCADUS**, Idem qui apud nos *Scabinus*, Judex civitatis. Charta Jacobi reg. Aragon. ann. 1232. in Chartul. Campan. fol. 549. col. 2 : *Mandamus itaque firmiter præcipientes majori domus, senioribus, bajulis, vicariis, judicibus, Alcadis, juratis et concilis, etc.* Libert. Navariariæ ann. 1324. in Reg. 62. Chartoph. reg. ch. 266 : *Concedentes ut habeant forum Jacre et in suis causis et judiciis utantur eodem, et habeant Alcadum et duodecim juratos, et notarium seu notarios publicos secundum quod necesse fuerit.* Vide *Alcaydus.* [** קאצי (kadi) Arab. *Judex*, קאיד (kaid) vero *Gubernator, præfectus.*]

¶ **ALCAIDARIA.** Vide *Alcaydaria.*

¶ **ALCAIDIA**, Dignitas Alcaydi. Concil. Tarracon. ann. 1591. inter Hispan. tom. 4. pag. 527 : *Cedit quidem in magnum Ecclesiæ detrimentum, quod scribaniæ, vicariæ, bajuliæ, sagioniæ, carcellariæ* (cancellariæ) *castellaniæ, Alcaidiæ, et earum fructus, emolumenta et officia... consueta etiam per laicos gubernari.* Vide *Alcaydus.*

ALCALA. Testamentum Sancii I. Regis Portugalliæ eræ 1217. tom. 4. Monarchiæ Lusitan. pag. 260 : *Reginæ Donnæ Sanciæ dedi... omnes Alcálas meas, acitaras et colchias.* [Supellectilis genus est, sed fortassis rectius legeretur *Alcara, Alcaria*, seu *Alcheria*, quod ultimum vide.] [** Cum *Acitaras* et *Colchias* res sint ad sternendos lectos aptæ, conjicere licet *Alcála* esse voc. Arabicum כלה (killa), Velamentum tentorii forma consutum ad prohibendos culices, conopeum. Hæc et alias ex Arab. lingua petitas vocum origines mecum communicavit vir doctissimus Lud. Dubeux, Bibliothecæ Regiæ Conservator.]

¶ **ALCALDIS**, ALCALDUS, Præses, Prætor, Præfectus, Hisp. *Alcade* et *Alcaide. Alcaldi, Consiliarii, Officiales et Magistri navium*, apud Rymerum tom. 3. pag. 770. Et tom. 7. pag. 521 : *Decem galeas bene armatas de uno patrono, tribus Alcaldibus, sex arvaizis, etc.* [** Privil. Ulissipon. æræ 1179 : *De navigio vero mando ut Alcaide, et duo spadalarii, et unus petintal habeant forum militum.*] Concil. anni 1137. inter Hispanica tom. 3 pag. 346 : *Habeant quolibet anno duos Alcaldos positos per ipsos Monachos.* Vide Acta SS. Maii tom. 3. pag. 552. supra *Alcadus* et infra *Alcaydus.*

¶ **ALCALI**, vel ALKALI, Sal elicitus. Vox Chimicorum ab Arabibus facta, ex planta quam *Kali* vocant, Gall. *Soude*, et articulo *Al.* Rochus *le Baillif* in Dictionario Spagyrico : *Alcali est Sal extractum ex cinere omnium corporum, idque sive sint liquidæ sive solidæ* (materiæ) *omnibus rebus inest proprium.* [** קלי Arab. Cineres qui ex salicornia, similibusque combustis herbis conficiuntur.]

¶ **ALCALIGATUS** AMNIS, eidem scriptoi *est Aqua per terræ calces ducta.*

¶ **ALCANTARA**, vel ALCANTERA, Pons lapideus, Hispanis *Alcantara*, Gall. *Pont de pierre.* Primum Testamentum Adefonsi Regis Hispaniæ apud Marten. tom. 1. Ampliss. Collect. col. 546 : *Offerimus illis.... unum aheniam in ripa illius fluminis supradicti, subtus illa Alcantera* (MS. S. Vict. Massil. *Alcantara*) *contra partem S. Servandi.* [** קנטרה Arab. Pons arcuatus.]

* **ALCANTARÆ** MILITES, Ordo equestris militiæ apud Hispanos, de quo Marianus lib. 12. cap. 3. Hunc consule.

ALÇARE, [Provocare, appellare, in jus vocare; item versus aliquem se recipere. Vox Hispanica ab *Alçar*, Erigere, attollere : hinc *Alçadas* vox fori Hispanici, quæ certas appellationes designat in causis Clericorum, sed maxime pauperum, qui præ inopia ad supremas curias non possunt appellare. Hujusmodi appellationum Judices Episcopi.] Jacobus I. Rex Arag. in Foris Oscæ, ann. 1247. fol. 5 : *Decet dare bonam et sufficientem fidantiam, quod teneat ipsum pignus de manifesto, et quod non se Alcet cum illo pignore.* Fol. 9 : *Clericus pro debito aliquo, quod debeat Laico, nullo modo potest se Alçare ad Episcopum : sed pro tota alia causa, quæ pertineat ad Ecclesiam, aut ad ordinem suum, bene potest se Alçare ad Episcopum.* Observantiæ Regni Aragon. lib. 2. tit. *Ne Vir.* § 22 : *Si Clericus dicat coram Judice sæculari, quod est in possessione alicujus rei, non potest se Alçare ad suum judicem, ad probandam suam professionem, etc.* [** *Alçar-se* Castil. Catal. et Lusitan. olim erat Ad alium judicem provocare, appellare, et de omni judiciorum genere dicebatur; inde Alça, Hisp. *Alzada*, Provocatio ad aliud judicem. Charta Sanctii II Reg. Port. apud S. Rosa de Viterbo tom. 1 pag. 72 : *Et pro directis suis declaratis non fiat Alça ad dominum Regem.*]

ALCAVALA, ALCABALA, Tributum, pensitatio : vox Hispanica, ab Arabibus hausta. Charta Alphonsi VIII. Regis Castellæ æræ 1213. apud Anton. de *Yepez* in Chronico Ordinis S. Benedicti tom. 7 : *Et de ulla re vestra portaticum, neque Alcavala unquam persolvatis, nec vos, neque vestri homines.* Alia Ximenæ *Diaz*, uxoris Roderici *Diaz*, cogn. *Cid*, æræ 1101. ibid. : *Sive de maximas et minimas Alcabalas, etc.* Alia tom. 3. Monarch. Lusitan. pag. 282 : *Non detis portaticum, vel Alcavalam, aut cibariam.*

* Tractatum super jure regio, *Alcavala*

nuncupato, Madriti ann. 1599. in fol. edidit Ignat. *Lassarte* J. C. Hispanus, quem inscripsit : *De decima venditionis et permutationis, quæ Alcavala nuncupatur, liber unus* Illud autem, quod in regnis Castellano et Legonensi potissimum exigitur, definit : *Decima pars pretii est omnium rerum quæ venduntur, aut permutantur publice vel privatim, sive res sint mobiles sive immobiles, ratione contractus, velut jure tributi, fisco solvendæ.* Hujus originem refert ad regem Alphonsum.XI. cui ad subsidium adversus Mauros, cum Algeziram obsideret ann. 1342. primum; dehinc, anno scilicet 1349. in perpetuum concessum fuit; quod tunc ad vigesimam, imo et trigesimam partem exactum, anno 1366. ad decimam usque perductum est. Vocis etymon a *Cabala*, quasi alia novaque receptio, accersit Joan. Parladorius lib. Rer. quotidian. cap. 3. num. 10. atvulgarem opinionem præfert Ignat. *Lassarte*, quæ tradit Alphonso exigendum vectigal proponenti, a Magnatibus responsum fuisse : *Tributo no le daremos, mas á darle hemos al, que vala tanto como lo que pide;* atque ex verbis *Al que vala* efformatum esse *Alcavala*. Exstant vero edicta de eo jure lib. 9. Recopil. tit. 17. Consule Diction. Hispan. Acad. reg. v. *Alcabala*. [** f. a radice Arabica קבל (kabala), Accepit.]

ALCAYDARIA, Tributum Alcaydis pensitari solitum. Charta Henrici Comitis Portugalliæ, tom. 3. Monarch. Lusitan. pag. 282 : *De azaria nobis quintam partem, absque ulla Alcaydaria.* Est autem etiam ipsum Alcaydi munus. Charta Alphonsi II. Regis Portugall. ibid. tom. 2. pag. 268. v° : *Et Prætor perdet ibi meam Alcaidariam, et accipiant justitiam de illo in suo corpore, etc.*

ALCAYDUS, ita Judices civitatum vocabant Saraceni Hispanici. Vitalis Episcopus Oscensis de Magistratib. Saracenorum Hispan. : *In quibusdam locis Judices, in quibusdam Alcaydi, dicti Justitiæ nuncupantur.* Charta Lorbanensis apud Sandovallium in Favila : *Christiani habeant suum Comitem de sua gente, qui manuteneat eos in bono juzgo, secundum solent homines Christiani; et illi component rixas inter illos, et non matabunt hominem sine jussu de Alacayde, seu Alvacide Saraceno, etc.* A Saracenis traducta postmodum hæc dignitas ab ipsis Hispanis Christianis ad civitatum suarum Judices. Vide Oyhenartum lib. 2. Notit. Vascon. cap. 6. [et supra *Alcaldis*.]

Alcalis, Eadem notione, in Charta Adelfonsi Regis Aragonum apud Blancam pag. 640 : *Et suos Alcales quod non ipsum judicet.* Concilium apud Pennam Fidelem ann. 1302. can. 13 : *Si Alcales, vel Majorini, vel alii Rectores civitatum, vel aliorum locorum deliquerint, etc.*

Alcaydus Meretricum, seu *Uxoratorum*, qui de meretricibus et adulteriis cognoscebat : ita olim dictus Officialis in Aragonia. Michael *del Molino* in v. *Adulterium*.

Alcaydus Honoris, idem qui *Meretricum*. Vide eundem in *Alcaydus*. Observantiæ Regni Aragon. lib. 9. tit. *Articuli inquisitionis, Alcaydi meretricum et uxoratorum*, fol. 41. Edit. 1624. [** Vide Alcadus.]

¶ **ALCAZAREL**. Idem esse videtur quod *Alcaçar*, vox Hispanica, vel Arabica, quæ domum fortem, regiam, vel castellionem significat. Epistola Innocentii III. PP. inter Concil. Hisp. tom. 3. pag. 424 : *In Portugal in civitate, quæ dicitur Estora, duos Alcazarel, vetus et novum, cum omni hæreditate regia et aliis pertinentiis suis. Castellum de Guluce cum pertinentiis suis.* Vide inferius *Alcaceria* in *Alcheria*. [** f. leg. *Alcazares*, plural. vocis Alcazar vel Alcaçar. Vide infra in *Alcheria*.]

* Academ. Hispan. in Diction. *Alcazaba*, vox Arabica, Arx inexpugnabilis. [** קצבה, Arx; vox hodie notissima Gallis.]

¶ **ALCAZARIA**, Ædificium, forum, vel *platea parva*, ut placet Michaeli *del Molino*. Vetus statutum pro regno Navarræ factum a Jo. *Paste* Decano Carnotensi, et Hugone *de Viri* Milite, reformatoribus dicti regni: *Item fiat ibidem carniceria pro Judæis. Item fiat Alcazaria, ubi Judæi vendent mercimonias suas.* [** Arabib. קיסאריה (Kaïsariyya). Vide *de Sacy*, Abdallatif. pag. 303 et infra *Alcheria*.]

ALCAZARIUM, Domus, arx, palatium. Chronicon S. Ferdinandi Regis Castil. in Actis SS. Maii tom. 7. pag. 370. D : *Firmatis deditionis faciendæ conditionibus, continuo Alcazarium traditum Regi est.* Hujus et superioris vocis origo est *Alcaçar* : quam expositam vide in *Alcaceria* post *Alcheriam*.

* **ALCEDO**, *Cormorage*. Glossar. Lat. Gall. ex Cod reg. 7692. pro Alcedonia, tranquillum tempus.

* **ALCHA**, Pars ædis, in qua sunt cupæ, penarium, Gall. *Cellier*. Charta ann. 1253. in Chartul. Thenol. fol. 48. v°. ex Cod. reg. 5649 : *Gardinum et Alcham ipsius domus, sitas retro dictam domum, ... contiguas Alchæ Erardi Hainée, etc.* Idem prorsus est quod *Anche* dicitur, in Charta ann. 1262. ibid. fol. 51. r° : *Li abbés et li couvens ont quitiet à Martin une Anche, qui siet derier sa maison.* Borellus vero *Anche* cupam interpretatur. Vide supra *Anceria* 1.

¶ **ALCHAHEST**, Vox Chymicorum Roch. *le Baillif* in Diction. Spagyrico *Alchahest est Mercurius præparatus in hepatis medicinam.*

ALCHAZ. Charta Rudesindi Episcopi Dumiensis æræ 930. apud Anton. de *Yepez* in Chronico Ordinis S. Benedicti tom. 5. pag. 424 : *Cingulos auro... gemmatos duos, alios argenteos exauratos, ex quibus unum gemmatum, alias lineas* 10. *casulas silineas* 10. *alias casulas* 13. *quinque de Alchaz, sex Seray cardena* [tom. 3. Collect. Concil. Hispan. pag. 181. col. 1. legitur : *Sex Feray cardena.*] *septima Barragan* 8. *cardena marayce* 9. *vermelia exageg* 11. *linea cardenea, et duas planetas urtiones, oracles* 11. *ex quibus unum auro et argenteo compositum, etc.* Voces omnino barbaræ, quarum notionem aliquis forte me felicior inveniet. [** חז (khazz), Sericum grossius, Pannus ex eo serico contextus.]

ALCHERIA, Alqueria, Alquaria, Villa [unius vel] paucarum domorum, quam nostri vulgo [*Ferme, Métairie*, vel cum plures sunt domus,] *Hameau*, vocant. [** Arab. קריה Urbs, pagus, villa, vicus, ager, castellum.] Sebastianus Cobarruvias : *Alqueria, es la casa sola en el campo donde el labrador del se recoge con su gente y hato de labrança, por estar lexos de poblado, y que el dia se le fuera en ir y venir, no habitando en la misma tierra que labra, y assi vale tanto como casa de labrança, y donde ay muchas destas casas, apartadas unas de otras, pero en una comarca. Dize el padre Guadix, que el nombre Alcarria, y Alqueria, son de una raiz, y que valen tanto, como aldeas, que es caria.* Charta Jacobi Regis Aragon. ann. 1230. apud Guesnaium in Annalib. Massil. pag. 360 : *Damus... infra civitatem Majoricarum, vel extra, trecentas domus cum una Meschida in ipsa civitate,...* 39. *operatoria, et* 7. *Alcherias in terminio civitatis Majoricarum, cum* 25. *jovatis terræ.* Alia Jacobi II. Regis Majoricar. ann. 1310. in Camera Comput. Paris. : *Damus ad accapitum, sive in emphytheosin,... Alcheriam nostram, quæ est in terminis de S. Aginno, vocata Alcheria Blanca, cum tota laboratione ejusdem, et cum omnibus terminis et pertinentiis suis.* Alia anni 1261 : *De Alcheriis, rafallis, campis, vineis, etc.* Ubi innuit Foros Oscæ ann. 1247. fol. 30 : *Nisi in Alcaçaria tendam locatam teneat, etc.*

Alquaria, Alqueria, Eadem notione. Charta MS. Lupi Examinis de Luzia, data apud Majoricas 6. Id. Aug. 1231 : *Dono, concedo, et laudo per alodium francum atque liberum Deo et Domui S. Georgii... quandam Alquariam, quam habeo in introitu vallis de Muzo, versus Occidentem, sicut affrontatur ab Oriente, etc.* Alia Jacobi Regis Aragon. anno 1250 : *Quod possitis plantare vineas in terminis dictorum locorum, et Alqueriarum tot, quot volueritis.*

Alcaceria, vel Alcharia, ex Hispan. *Alcaçar*, vox Arabica, inquit Sebastianus *de Cobarruvias*, quæ domum fortem, castellionem, domum regalem, sonat, quasi *domus Cæsarea*, domus Regis. Pactum initum inter Jacobum Regem Aragonum et Nobiles Aragonenses de conquirendis Balearibus insulis, datum Barcinone anno 1229. 5. Kl. Sep. : *Et nos similiter habeamus partem omnium prædictorum secundum numerum militum et hominum armatorum, qui nobiscum fuerint, retentis nobis Alcaceriis et staticis Regum in civitatibus ultra debitam portionem nobis competentem.* Ita MS. Charta : sed apud Joann. Dametum in Hist. Balearici Regni pag. 203. habetur *Alcahris*, pag. 208. *Alqueriis*.

Voces propriæ Majoricensibus, apud quos *Alqueria*, significat *lugar de pocas casas como de muchas, Beled.* Ita autem Arabes, seu Mahumetani, dum Baleares insulas possidebant, villas appellarunt, voce Arabica, deducta ab *Alquehir, que es lo mesmo, que casa de fuera*, inquit Joann. Dametus in *Historia general del Regno Balearico*, pag. 272. unde etiam origo nominis urbis celeberrimæ *Cayri*. Neque aliunde Vascones nostri haurerunt suum *Alcarerria*, quibus idem sonat, ut auctor est Oyhenartus.

At de vocis notione, paulo aliter Michael *del Molino* in Repertorio Foror. Aragon. v. *Feria : Et scias, quia Alcaçaria, de qua fit mentio in dicto foro antiquo, est quidam locus, seu quædam platea parva, in qua Judæi congregabantur ad emendum et vendendum vestes et suppellectilia domus, et alia mobilia.* [** Alcaçaria et Alcheria plane differunt inter se, hæc *casa* est, illa *ædes magnificæ, in quibus degunt mercatores.* Conf. *de Sacy*, description de l'Égypte par Abdallatif, pag. 303. not. 8. Vide *Alcazaria.*]

ALCHIMIA. Vide *Chimia.*

¶ **ALCHYMISTICI** Operis Curiositas, f. Machinosi ignes, Gallis *Feu d'artifice.* Schramb. Chronicon Mellicense pag. 519. col. 2. ex Chartulario Melliceusi : *Dum Rex Hungariæ Matthias Viennæ erat, per Alchymistici operis curiositatem, Viennæ incendium ortum est, in quo 100. domus .... conflagrarunt.*

* **ALCIARE**, Levare, erigere, Gall. *Élever.* Charta ann. 1358. inter Probat. tom. 2. Hist. Nem. pag. 232. col. 1 : *Primo quod guachile, existens supra frachiam muri antiqui prope portale Carmelitarum, Alcietur in altitudine turrium factendarum.* Et col. 2 : *Suffra inferior a parte villæ dictæ motæ Alcietur.* Vide *Altiare.*

ALCIBALANUS, *dicitur instrumentum lucernarum visibus aptum.* Ugutio.

¶ **ALCIOSUS**, δύσριγος, *Rigidus, perpetuo frigens*, in Supplemento Antiquarii. Vide *Algenia.*

¶ **ALCORANÆ**, et Alcorana, Turriculæ sunt fanorum apud Mahumedanos, e quibus a religionis suæ ministris statis horis ad orationem excitantur. *Wicquefort, Ambass. de Figner.*

¶ **ALCORANUM**, Alcoranus, et Coranus, Alcoran, Legis Mahumeticæ liber. Hunc cujusdam Sergii Monachi apostatæ ope scripsit impostor Mahumedes, non quidem uno tenore, sed paulatim modo, unum versum, modo alterum, variis in locis et intra 23. annorum spatium. Hinc factum est ut his versiculis absque ordine collectis confusum omnino et indigestum opus prodierit, quamvis Abubecer, et Othman ipsius successores, atque alii Mahumedani doctores in id toti fuerint, ut in pristinum legitimumque ordinem restituerent. Apud *Musulmanos* (ita enim se appellari amant Mahumedis sectatores) ab Angelo Gabriele Mahumedi Alcoranum fuisse per 23. annos revelatum, fides est : tametsi quandoque asserant una nocte fuisse a Deo per Gabrielem demissum; quæ ipsis *Nox demissionis*, et *Nox potentiæ* dicitur.

Liber ille ex variis Christianæ et Judaicæ Religionis segminibus consutus est; non quidem ex iis quæ in utraque bona sunt et fide digna, sed ex hæreticorum erroribus, et Thalmudicis Judæorum fabulis. *In Alcorano*, inquit Schindlerus in Lex. Pentagl. ad קרא *Legit : Trinitas, Christi Divinitas, atque Crucifixio negantur : Circumcisio, abstinentia a carne suilla, et vino, plures uxores pro facultatibus, et repudium, continui seu integri mensis jejunium, dies Veneris pro Sabbato, et crebræ lotiones præcipiuntur.*

Alcoran est Arabica vox, ab *al* articulo, et *cara*, legit, collegit, unde *Alcoran*, lectio seu collectio. *Lectio* quasi per excellentiam dicitur. *Collectio* quia simul præcepta Mahumeticæ legis colligit.

Mirum est quanta cum veneratione suscipiant : non sinunt a Judæo vel Christiano contrectari : illi insidere nefas est : et eum vita indignum putant, qui non reverenter tractaverit.

De Alcorano vide plura apud Herbelotum, in Lexico Philol.

* **ALCORNINUS.** Statuta civit. Astæ, ubi de *Intratis* portarum : *Alcornini laborati in pennis ponantur, et solvant pro qualibet penna lib. 10. Alcornini laborati in coopertoriis ponantur, et solvant pro coopertorio lib. 24. Alcornini crudi et non laborati solvant pro miliari lib. 100.* Italis *Alcornoch*, ex Hispanico *Alcornoque*, est Suber.

* 1. **ALCUS**, Alea, Gall. *Jeu de hazard.* Inquisit. ann. 1217. apud Spon. tom. 2. Hist. Genev. pag. 406 : *Quidam etiam clerici sunt qui ludunt cum scacis, Alcis et deciis, et præcipue in civitate.* Sed forte legendum *Aleis.*

* 2. **ALCUS**, Panni species. Chron. Bergom. ad ann. 1398. apud Murator. tom. 16. Script. Ital. col. 895 : *Et certi alii custodes et officiales datii generalis, qui faciebant scortam plaustris sex oneratis pannorum Alcorum, qui conducebantur versus Brixiam.* Vide supra *Acoletus.*

1. **ALDEA**, Hispanis, *Aldea*, Vicus paganus, pagus, nostris *Hameau.* Occurrit non semel apud Rodericum Archiep. Tolet. lib. 7. cap. 26. 27. lib. 8. cap. 14. 15. lib. 9. cap. 4. et 9. in Foris Aragon. lib. 4. tit. de Notariis; in Concilio apud Pennam Fidelem ann. 1302. can. 13. in Charta Adelphonsi Regis Hispaniæ æræ 1164. apud Anton. *de Yepez* tom. 4. pag. 458. etc. Vide Sebastianum Cobarruviam in Thesauro Linguæ Castellanæ, in hac voce.

¶ Aldea, Genus tributi esse videtur. in epist. Innocentii III. PP. tom. 3. Collect. Concil. Hispan. pag. 423 : *Castellum de Sorita cum portaticis, quintis, Aldeis et aliis pertinentiis suis.* Hic tamen, ut in locis a Cangio citatis pagus posset intelligi. [** Arab. צִיעָה (daïa) Ager, campus, prædium, castellum. Gothicæ originis esse vocem Aldea censet Grimmius Antiq. Jur. pag. 309.]

*2. **ALDEA**, Femina ejusdem conditionis, qua *Aldius*, Vide in hac voce. Epist. Joan. XV. PP. ann. 985. in Append. ad Marcam Hispan. col. 936 : *Cum servis et ancillis, aldionibus et Aldeabus et cum omnibus quæl dici et nominari possunt.*

ALDEOLA. Observantiæ Regni Aragon. lib. 8. tit. de Appellationib. § 4 : *Usque ad miserrimam Aldeolam finis, illius partis regni.*

[* Diminut. ab *Aldea*, Hispanis, *Aldeguela*, Vascis, *Aldeachoa*, apud Bullet. in Glossar. Celt. Exiguus pagus. Charta de eccl. S. Vincent. in Hispania ex Chartul. Cluniac : *Exceptis his habet supradicta ecclesia x. jugatas bene cultas, ... duos molendinos, quandam Aldeolam, quæ vocatur Fratres.*]

ALDERMANNUS, Vox Anglosaxon. ex alder, senior, Princeps, et man, homo, composita. *Aldermanni* autem dicuntur magnates, viri præcipui, comites, barones, seniores. Leges Edwardi Confess. cap. 35 : *Sicut modo vocantur Greve, qui super alios præfecturas habent : ita apud Anglos antiquitus vocabantur Ealdormen, quasi Seniores; non propter senectutem, sed propter sapientiam et dignitatem.* Leges Alvredi cap. 44. apud Bromptonum : *Aldermannus, quem Latine Comitem vel Seniorem dicunt.* Leges Forestarum Canuti Regis cap. 3 : *Pro liberalibus semper habeantur, quos Dani Ealdermen appellant.* Adde cap. 21. Leges Inæ cap. 26. apud Bromptonum pag. 759 : *De dugna in domo Regis, vel in Ecclesia, vel in pomo Aldermanni vel Baronis, etc.* [Vita sanctæ Etheldredæ, tom. 4. Junii pag. 527. A : *Surrexere viri potentes, videlicet Egelwinus qui cognominatus est Alderman, quod intelligitur Princeps sive Comes, et fratres sui, terramque illam calumniati sunt.*]

Alderemannus, in Legibus Ethelredi cap. 7. in Legibus Henrici I. cap. 8. et in Monastico Anglic. tom. 1. pag. 234. 235. Traducta postmodum hæc vox ad Comites et Præfectos Provinciarum, Civitatum, et Hundredorum, qui vice Regia jus dicebant, qua quidem notione id vocabuli usurpari passim deprehendas in Legibus Alvredi cap. 17. 40. 42. 44. 48. apud Bromptonum, in Legibus Canuti cap. 44. et Inæ cap. 6. 49. Matth. Paris. ann. 1196 : *Excellentiores civium*, (Londinensis urbis) *quos Majores et Aldermannos dicimus.*

☞ Aldermannus aliquando dictus est Archiepiscopus vel Episcopus, ut liquet ex legibus Alvredi cap. 15 : *Si quis coram Archiepiscopo pugnet, vel arma extrahat 150. sol. emendet. Si coram alio Episcopo, vel coram alio Aldermanno fiat, emendet 100. sol.* [**Legendum *vel coram Aldermanno*, textus enim Anglosaxonicus (cap. 15) habet : Gif beforan oðrum bisceope oððe ealdorman þis gelimpe.] Hæc ex Spelmanno : qui paulo fusius, quam Cangius noster *Aldermanni*, præsertim *Comitatus* et *novemdecimorum*, munera distinguit et explicat. Hunc si lubet consule. [** Vide Turneri Histor. Anglos. lib. 8. cap. 7; Phillipsii Histor. juris Anglos. § 24, et Lappenbergii Histor. Angl. vol. 1 pag. 567.]

Alderemannus Hundredi, Præpositus Hundredi seu Centuriæ : ut Decanus Decuriæ; forte idem qui *Centenarius*, qui etiam Hundredo imperitabat. Porro Aldermanni Hundredi dignitas videtur inducta, vel certe nomen inventum ab Henrico I. Ejusdem Regis Leges cap. 8 : *Præsit autem singulis hominum novenis Decimus, et toti simul Hundredo unus de melioribus, et vocetur Aldremannus, qui Dei leges et hominum jura vigilanti studeat observantia promovere.* Neque forte fuere alii ab iis, quos *Senescallos Hundredorum* Angli vocant. Vide Leges Edw. cap. 35.

Aldermannus Regis, seu Regius, Anglo-Sax. Cyninges Ealdormen, Missus Dominicus, ut videtur, seu Judex Regius civitatis, vel Hundredi, id est, qui in Comitatu vel Hundredo Regio nomine præsidebat, resque, ad Regium jus aut fiscum pertinentes, dijudicabat. Alius forte ab *Aldermanno Hundredi*, qui ex ipso Hundredo ac Centuria ad ejusdem præfecturam eligebatur, ut minor Judex et pedaneus. Leges Alvredi Regis cap. 41. apud Bromptonum : *Si quis coram Aldermanno Regis pugnet in publico,* (Spelman. *in placito*) *emendet Weram et Witam, sicut rectum sit, etc.* Eo igitur spectant Leges Edwardi Confess. cap. 35 : *Habent etiam Aldermanni in civitatibus Regni hujus in Bailliviis suis, et in burgis clausis, et muro vallatis, et in castellis eamdem dignitatem et potestatem et modum, qualem habent Præpositi Hundredorum et Wapentachiorum in Bailliviis suis sub Vicecomite Regis per universum regnum : debent enim et leges et libertates et jura et pacem Regis, et justas consuetudines Regni... pro posse suo servare, etc.* Adde Leges Willelmi Nothi cap. 56.

Aldermannus totius Angliæ, Æthelstanus Dux Orientalium Anglorum dictus fuit, ut et Æthelwodus et Ailwinus ejusdem filii. Hanc dignitatem prædicat in Ailwino illius Epitaphium, quod legebatur in Ecclesia Ramesiensi, quam ann. 969. magnifice fundavit, et habetur in Monast. Angl. tom. 1. pag. 240 : *Hic requiescit D. Ailwinus inclyti Regis Eadgari cognatus, totius Angliæ Aldermannus, et hujus sacri Cœnobii miraculose fundator.* [** Vide Lappenbergium in Hist. Angl. vol 1. pag. 414 not. 2, qui *Anglia* orientalem Angliam designari merito censet.] Idem Ailwinus simpliciter *Aldreman* nuncupatur in Charta Edgari Regis pro fundatione ejusdem Monasterii, ibidem pag. 234.235. At quæ fuerit *Aldermanni Angliæ* dignitas, haud bene constat; putat Spelmannus eandem fuisse, quæ posterioribus sæculis *Capitalis Angliæ Justitiarii*, idque elicit ex libro Ramesiensi sect. 49 : *Cuiforo Ailwinus Aldermannus, et Ædricus Regis Præpositus, Judices præsidebant.* Nam et *Aldermannos*, Judices appellatos fuisse diximus.

Aldermannus de Gilda *mercatorum Oxoniæ*, in Monastico Anglic. tom. 2. pag. 141. Judex *Gildæ* Oxoniensis, seu qui mercatorum lites dijudicabat.

Aldermannus Hospitalis, in Monastico Anglic. tom. 2. pag. 372 : *Hospitale unius Aldermanni et 14. Fratrum et Sororum.* Videtur esse is, qui Hospitali præfectus erat.

Aldermannia, Præpositura, Præfectura castri vel villæ : Galli *Prevoté* vocant ejusmodi villas ac prædia, quæ ad Monasteria, aut Canonicorum Collegia spectant, et Monachis aut Canonicis ad vitam, vel ad certum tempus cum redditibus conceduntur. Will. Thorn. in Chr. ann. 1278 : *Nicolaus Abbas cum consensu sui Conventus concessit et dimisit cuidam magistro Nicolao Doge Aldermanniam de Westgats, quæ tunc ad istud Monasterium pertinebat, tenendam et habendam cum omnibus appendiciis,... reddendo inde annuatim in thesauraria nostra 10. libr. sterlingorum pro omnibus servitiis, etc.* [** Vide Wachteri Gloss. voce Eltermann. Adel.]

¶ **ALDIA**, Aldio, etc. Vide in *Aldius.*

ALDIUS, Papiæ dicitur, *Qui adhuc servit patrono.* Glossæ vett. laudatæ a Lindebrogio : *Aldius, statu liber. Aldius est libertus cum impositione operarum factus.* Quæ posterior definitio, aut descriptio firmatur ex Lege Longobard. lib. 1. tit. 25. § 53 : *Si Aldius cujuscunque in casa alterius nesciente domino suo fugerit, cum inventus fuerit, sic debet dare homo ipse, qui eum habuerit, operas, quomodo de servo.* [** Leges Luithpr. cap. 68, sive lib. 6. cap. 15. sequente hac Formula : *Petre te appellat Martinus quod tu habuisti Donatum suum aldium super 9 noctes in casa sua se nesciente, et perdidit tantas operas, quæ valuerunt sol. 20.*] Atque inde ejusdem esse conditionis dicuntur *Aldii* in Italia, qua *Fiscalini*, et *Liti* in Francia. Eadem Lex Longobard. lib. 3. tit. 20 [** Caroli M. 83, est Capit. Ticinens. ann. 801. cap. 6 : *De Aldiones publicis ad jus publicum pertinentibus. Aldiones vel Aldianæ ad jus publicum pertinentes ea lege vivant in Italia in servitutem dominorum suorum etc.*] : *Aldiones vel Aldiæ ea lege vivant in Italia, qua Fiscalini vel Liti vivunt in Francia.* Patronos habebant perinde ac liberti, ut est in lib. 2. tit. 35. § 3. tit. 44. § 1. 4. [** Grimoaldi cap. 1; Luithpr. 67 (lib. 6. cap. 14) ubi notandum quod dicitur : *De aldionibus qui de personis suis Aldiones sunt.*; Lothar. I. c. 82, quam legem Muratorius etiam de aldionibus intelligit.]

Fuit igitur *Aldius* ex genere servorum, tametsi peculiaris et propria fuit servorum species, ab aliis nimirum servis diversa : unde inter servos Aldii passim recensentur in eadem Lege Longobard. lib. 1. tit. 6. § 4. tit. 7. § 17. tit. 8. § 1. 2. 3. etc. tit. 9. § 26. tit. 25. § 57. 58. tit. 31. § 3. lib. 2. tit. 16. tit. 25. § 53. tit. 31. tit. 55. § 16. [** Rothar. 386. 380. 76. 77. 78 etc. Rachis 3. Luitpr. 111. (6, 58). 143. (6, 90). 60. (6, 7). Qui sequuntur numeri ex libro secundo, perturbati sunt.] Manumittebantur autem Aldii, seu ab operis eximebantur, non in Ecclesia, ut servi; sed per chartam, lib. 2. tit. 34. § 5. [** Luithpr. 23 (4, 5). Edicitur ibi quod dominus servum, quem Aldium facturus est, non debet manumittere in ecclesia sed per chartam.] De vocis etymo nescio an quis probet, quæ habet Dominicus lib. de Prærogat. allodior. cap. 1. n. 8. [** Vide Grimmii Aut. Jur. pag. 309. 310.]

* Quod ad vocis etymon spectat, in eo ludunt, ut sæpe fit, viri eruditi, illudque ab eo idiomate, quod sibi magis familiare est, accersere contendunt. Eccardus in notis ad Catecbes. Theotisc. pag. 140. a Teuton. *Halten*, Servare, abjecta aspiratione, deducendum putat. Contra Carolo de Aquino in Lex. milit. vox est Latina, non Germanica, quasi *Altus* vel *Alitus*, a verbo Alo; quoniam victualia et annonam, inquit, cum stipendio non e publico, sed a suis privatim heris accipiebant. Quod de hujus hominum generis origine tantum et prima institutione intelligendum esse scribit.

☞ In multis tamen *Aldii* sive *Aldiones* tam masculi quam feminæ inq. Muratorius tom. 1. part. 2. pag. 71. distinguebantur a proprie appellatis servis. Ad quasdam operas, rurales præsertim præstandas se obligabant, at minime ab arbitrio pleno dominorum pendebant, quippe ab iis jam aliqua libertatis specie donati. Hinc *Domini* quidem sed sæpius *Patroni* dicebantur, qui eos in suo jure habebant. *Aldia servo nubens*, ait lex ccxviii. Rotharis, *libertatem suam amittit.* Ergo *Aldiones* libertate donati erant, sed non omnimoda; adhuc enim dominis suis obsequia aliquot debebant, et tributum quoddam præstabant. Fuerunt etiam Aldionibus ancillæ, quæ indicio sunt, eos a servorum conditione abfuisse; attamen quia nondum a jure sive patronatu antiqui domini soluti erant, si quis homo liber Aldiam sibi jungere cupiebat, ei prius libertatem aut dare aut impetrare cogebatur. Hæc scriptor clarissimus in illum ex legibus Luitprandi [** 106 (6, 53)] locum : *Si quis Aldiam alienam aut suam ad uxorem tollere voluerit, etc.*

* Rursus *Aldiorum* conditionem ad examen revocat Muratorius tom. 1. Antiq. Ital. med. ævi col. 864. ubi tandem in hanc sententiam descendit, ut *Aldii* fuerint medium quid inter servos atque libertos. Non servi, quia revera manumissi, utpote qui ex libertate excidere poterant; nam ex leg 218. Rotharis : *Si Aldia aut libera in casa aliena ad maritum intraverit, et servum ad maritum tulerit, libertatem suam amittat;* non tamen prorsus liberti, quia adhuc juri patronorum suorum erant obnoxii. Quanquam vero hæc probabilia, imo argumentis fulta videantur, nihilominus cum Cangio censendum existimo *Aldios* ex genere servorum fuisse atque inter servos esse annumerandos; vel ut rem apertius dicam, extitisse opinor *Aldios* servis adscriptos, simulque *Aldios* fuisse a servis omnino distinctos, qui *Aldii liberi* appellabantur. Duplicis hujusmodi *Aldiorum* classis mentio fit in Charta ann. 872. ex Cod. S. Germani Prat. [** Apographo sec. 17.] 1064. 2. fol. 96. r° : *Cum mansis, castriciis et mancipiis servis, pro servis Aldiis, pro Aldiis liberis, pro liberis omnia et in omnibus rebus exquisitis, totum atque integrum donamus atque concedimus, et secundum legem nostram saligam firmamus per festucam.* Ubi notandum est *Aldios* etiam *liberos* ab iis distingui, qui nude *liberi* dicuntur. [** Patet legendum esse : *servis proservis, aldiis proaldiis, liberis proliberis, etc.* Chartam integram rectius ad annum 867 relatam videas apud Murator. in Antiqu. Ital. vol. 5. pag. 513. Vide etiam *Proservi.*] Præterea *Aldios* a vassallis diversos esse disputat Illustr. Fontaninus in Libello cui titulus : *Ragionamento delle Masnade etc.* pag. 45.

Aldia, Femina ejusdem conditionis, qua *Aldius*, in Lege Longobard. lib. 1. tit. 15. § 2. lib. 2. tit. 12. § 2. 3. 7. 9. tit. 40. § 1. lib. 3. tit. 20. [** Rothar. 28. 218. 219. Liuthpr. 126. (6, 73). 139 (6, 86)..... Karol. M. 83.] *Aldia, id est, quæ de libera matre nata est*, lib. 1. tit. 30. § 5. [** Rothar. 206. Liberæ martris filia Aldia ex leg. Roth. 218. Huc spectant quæ leguntur in Gloss. Longob. : *Aldia, i. e. de matre libera nata.*]

Aldiana, Aldia, in Charta Henrici I Imp. apud Baron. ann. 1014. n. 9. : *Cum servis et ancillis Aldionibus et Aldianis utriusque sexus.*

Aldiaricii, in Charta Longobardica, in Bullario Casinensi tom. 2. pag. 4. *Tam Aldiaricios quam et servulos, etc.*

Aldiones, Iidem qui *Aldii.* Lex Longobard. lib. 3. tit. 20 : *Aldiones vel Aldiæ ea lege vivant in Italia, in servitute dominorum suorum, qua Fiscalini vel Liti vivunt in Francia.* Lib. 2. tit. 12. § 7 : *Si Aldius cujuscumque Aldiam alterius tulerit ad uxorem, et filios ex ea procreaverit, et mundium ex ea non fecerit, sint filii ejus Aldiones, cujus et mater fuit.* Tit. 44. § 1 : *De Aldionibus, quæ de personis suis Aldiones sunt, etc.* Adde lib. 1. tit. 25. § 82. 83. tit. 32. § 5. lib. 2. tit. 11. § 4. tit. 12. § 9. tit. 25. § 8. 14. tit. 29. tit. 32. tit. 44. [** Lothar. I. 33. 100; Liuthpr. 140 (6, 87). 120. (6, 67). 139. (6. 86)......] Capitulare Radelchisi Principis Beneventani cap. 14 : *De illorum substantiis cum servis et ancillis et Aldionibus.* Cap. 18 : *Si contentio fuerit de rebus aut servis, aut ancillis, seu Aldionibus eorum.*

Illaldiones, Eadem notione. Quædam Constitutio Caroli Magni ab Amerbachio edita cap. 15 : *Non est nostra voluntas, ut homines Placentini per eorum præceptum de curte Palatii nostri Illaldiones recipiant.* Ubi particulam *il*, quidam censent eandem esse, quæ apud Italos obtinet, pro *ille*, vel *hic*, seu nostro *le*.

☞ Muratorius tom. 1. part. 2. pag. 123. col. 1. hoc relato ex Legibus Pippini Regis loco : *Non est nostra voluntas ut... Aldiones* (non *Illaldiones*) *recipiant.* ex edit. Goldasti, hæc addit ad rem nostram : Baluzius pag. 539. *illos Aldiones.* Rectius in cod. Esten. *ullos Aldiones.* Du Cangius in Gloss. Lat. ad vocem *Aldio* adtexit hanc alteram *Illaldiones*, quam in rem affert quamdam, ut ille ait, Constitutionem Caroli M. ab Amerbachio editam, his verbis : *Non est nostra, etc.* Deceptus est vir Cl. ab Amerbachio. Nihil lex illa est, quam quæ jamdudum edita fuerat, et quam nos iterum evulgamus. Ibique scribendum *ullos Aldiones*, aut *illos Aldiones.* In Codice Cathedr. Mutin. tribuitur Carolo M. et *illius Aldiones*, pro *Illaldiones* legitur. Porro animadvertendum præcedere huic legi alteram, quæ inter Longobardicas non legitur, nempe : *De rebus quæ Hildegardæ Reginæ traditæ fuerunt, volumus ut fiant descriptæ breves, et ipsi breves ad nos fiant adducti.* Quum ergo subsequatur *illius Aldiones*, Hildegardis Reginæ Aldiones significari videntur. Hæc quidem fusius ex Muratorio, at nihil de Viri Cl. ratiociniis detractum voluimus.

Aldionarii, recensentur inter Officiales Regios, in Charta Caroli M. quæ extat in Chronico Farfensi pag. 653 : *Ducibus, Comitibus, Castaldiis, Vicariis, Centennariis, Aldionariis, vel reliquis fidelibus nostris.* Ubi videntur longe potioris fuisse conditionis, quam *Aldii* et *Aldiones*.

Aldiariciæ, *Aldiorum* et *Aldionum* habitacula, quæ cum ipsis possessionibus vænibant. Charta Ludovici et Lotharii Impp. in Chronico Farfensi pag. 658 : *Monasteriolum supradictum cum... cellulis, territoriis, ædificiis, familiis juste pertinentibus, casis, massaritiis* [apud Murat. tom. 2. part. 2. col. 383. ubi eadem Chartam refert, legitur : *Amassariciis*] *Aldiariciis, bovillicariis, vaccariciis, alpibus, etc.* Alia in Bullario Casinensi tom. 2. pag. 4 : *Omnia in integrum una cum casa Aldiaricia·.·. singula casalata ad ipsa curte pertinente.* Alia Desiderii Regis pag. 12 : *Curtes cum massaricias et bovolcaricias et Aldiaricias, casis cum montibus et alpibus, lacoras et piscationes, etc.* Ibidem pag. 17 : *Aldiariciæ et Aldiales casæ, etc.* [Additamenta ad Chron. Casaur. in Instr. ann. 951. apud Murat. tom. 2. part. 2. col. 953 : *Cum casis, terris, casalibus, colonitiis, Aldiariciis, salectis, pratis, etc.*] Adde Puricellum in Ambrosiana Basilica pag. 226.

¶ Alditiones, pro *Aldiones*, in Investitura de Monaetiano Precariæ, ex Chartular. Casauriensi pag. 123 : *Vel per singula loca vel vocabula de rebus Justonis inventa fuerint, mobilibus et immobilibus, cartulatis atque Alditionibus, servis et ancillis, omnia et in omnibus, ut diximus, quidquid ipso die a viro Justone a præsenti die in dote acceperat in die votorum.*

* Aldiaricia, *Aldiorum* conditio. Placit. ann. 901. apud Murator. tom. 1. Antiq. Ital. med. ævi col. 719 : *Interrogatus est ipse Adelgisus advocatus, si haberet amplius homines per inquisitionem, aut testem, aut ullam firmitatem, per quam ipsorum Ursoni, Boniperti, Hildefredi etc. de suorum libertate inobviare, aut eos in servicium et Aldiaricia curtis Palatiolo replicare possit.*

* Aldionaricus, ad *Aldium* spectans Charta ann. 1107. in Præf. Lamii ad Hodœpor. Charit. part. 1. pag. xxxj. in Delic. erudit. : *Vindo et trado.... meam portionem de jam dicta ecclesia S. Genesii, ... et rebus vero ipsis; tam domnicatis quam et massariciis seu Aldionaricis.*

* **ALDOIRA**, in Charta ipsa, unde *Aldorra* edidit Marten. Vide in hac voce. Aulæi species mihi videtur.

¶ **ALDORRA**, Vox Occitana, quæ vestem, vas, aut aliud quidlibet Ecclesiæ usibus inserviens significat, diversum tamen ab illa supellectili quæ una recensetur in Notitia fundationis S. Petri de Salve apud Marten. tom. 1. Anecd. col. 150 : *Videns autem Abbas, seu Monachi, paupertatem fori, ex ornamentis quæ secum illuc veherant, partem illuc reliquerunt, videlicet pallios duos, albas quinque, cappas palleas duas, libros 17. Aldorras tres, brodos tres, bannos 2. crucem 1. casulas 3. stolas, manipulos, cinctas 24. turibulum 1. ferentes secum exinde schillam ferream. Aldas*, Hispanis est Panni scissura, Panni portio, Gall. *Pan d'habit. Alda de Sombrero*, Piles margines. Hinc oriri potuit vox *Aldorra.*

ALDUS. Charta Lotarii Regis Franc. apud Beslium in Comitib. Pictav. pag. 260 : *Atque ad hoc detinendum curtes 2. cum suis appenditiis nostro daremus præcepto, et duos, quod Aldos nuncupant, ejusdem loci incolæ, etc.* Sed ex sequentibus videtur legendum, *quod alodos nuncupant.*

1. **ALEA.** Tabular. S. Cyrici Nivern. Ch. 71 : *Insuper etiam Aleas domni Odonis Paraphonistæ mihi dederunt.* [Vide *Aldia.*]

* 2. **ALEA**, Via lustrandis vigiliis comparata, porticus, Gall. *Chemin des rondes, galerie, corridor.* Statut. ann. 1357. inter Probat. tom. 2. Hist. Nem. pag. 194. col. 2 : *Fiat Alea fustea infra dictam turrim, procedens a janua superiori dictæ turris ad aliam, taliter quod quisque libere possit ire per dictam alatam de muro ad murum*, Nostris *Alée*, et *Aleié*, eadem notione. Aliud Stat. ann. 1355. ibid. pag. 169. col. 2 : *Et les Aleiez soient repparées de haut et de bas.* Lit. remiss. ann. 1476. in Reg. 195. Chartoph. reg. ch. 1585 : *Par lesquelz maistres jurez maçons fut trouvé que les Alées haultes de la muraille d'icelle eglise* (de Langres) *convenoit toutes refreschir.* Vide supra *Alata.*

* **ALEAMENTUM**, Legitima materiæ nummariæ constatura, metalli probitas, Gall. *Alloy.* Chartul. de Nobilit. eccl. Carnot. ad ann. circ. 1250 : *Ex parte episcopi reservatæ sunt et in thesauro ecclesiæ tanquam in sequestro positæ in quodam anulo perforatæ duodecim peciæ monetæ, ad quarum instar et Aleamentum comes tenetur facere monetam novam.* Vide infra *Aleium.*

* **ALEAS**, *Eruditus*, in Glossar. vet. ex Cod. reg. 7641. Vide *Alers* et *Aletas.*

* **ALEBAN**, vox Occitana. Reparat. factæ in senescal. Carcass. ann. 1435 : *Item pro uno Aleban, xij. sol. xj. den.*

¶ **ALEBASTRARII**, Gallice *Arbalestriers.* Epist. ann. 1218. apud Marten. tom. 1. Anecd. col. 869 : *Et tot arma Alebastrariorum et sagittariorum in illo castro invenimus.* Vide *Alabastarius.*

ALEBRA, in Glossis Isidori, *Bona, quibus alimur. Alibre, Alimentum.* Breviloq. *Alimen, i. Alimentum. Alibum, i. nutrimentum.* [Legendum ex Festo : *Alebria, Bene alentia.* Glossæ : *Alebrius*, εὔτροφος, θρεπτός, bene nutritus.]

ALECANA, *Meretrix gratia quæstus.* Ugutio. Vide *Alitana.*

* **ALECIARIUS**, Pisciculorum, qui *Alecia* nuncupantur, venditor. Arest. parlam. Paris. ann. 1361. 21. Aug. in vol. 10. arestor. : *In reipublicæ et stalariarium et Aleciariorum, stalariorum et Aleciariarum villæ Paris magnum præjudicium etc.* [Vide *Alecium*, et infra *Allecïarius.*

¶ **ALECIUM**, Halex : quæ vox tres pisciculorum, qui sale condiuntur, species complecti solet; nempe Harengos, Gall. *Harangs*, Sardinas, Gall. *Sardines*, et Lycostomos, Gall. *Anchois* : qua in re locorum habenda ratio est; sunt enim littora in quibus Harengi aut Sardinæ tantum capiuntur, ut Neustria ad cujus oras maritimas raro accedit Sardina, Lycostomus nunquam. Charta anni 1171. apud Marten. Ampliss. Collect. tom. 1. col. 881 : *Ego Matthæus Boloniæ Comes, dedi in eleemosynam Ecclesiæ B. Mariæ sanctique Evodii de Brana, decem millia Aleciorum singulis annis in perpetuo ad festum S. Andreæ perpetuo persolvenda.* Occurrit rursus tom. 2. ejusdem Collect. col. 1303. *Alectium octo millia*, apud Lobinellum in Glossario Historiæ Paris. tom. 3.

¶ **ALECTIUM**, Eadem significatione. Charta ann. 1249. ex Archivo Monast. B. N. de Bono Nuncio Rothom. : *Quando eram cum piecibus terræ* (hic loquitur apparitor) *debebam habere in pane et potu et Alectiis, prout ductores unius aratri, et ad Natale Domini unam pechiam carnis, etc.*

¶ **ALECTUM**, Eadem notione. Tabular. S. Vandreg. tom. 2. pag. 1491 : *Ego Droco de Roya Miles vendidi... unum miliare Alectorum annui redditus, quod millare Alectorum prædicti Religiosi mihi debebant.*

¶ **ALECUM**, Idem. Statuta Monast. S. Claudii auctoritate Nicolai V. Papæ edita pag. 82 : *Item et die carnisprenii usque ad festum Pascha tenetur idem pittantiarius ministrare cuilibet Religioso cum pittancia carparum ministrari solitarum, duo Aleca pro qualibet die, et quatuor nuces.*

* **ALEFANI**, Loca, ut videtur, montuosa et prærupta. Nangius ubi de Carolo, qui Mainfredi copias insequebatur a S. Germano in Italia ad Beneventum usque pag. 375 : *Longarum semper dietarum continuato itinere per Alefanos et diversa locorum discrimina eos celeriter insecutus etc.*

* **ALEGARIE.** Charta ann. 804. apud Marten. tom. 1. Ampl. Collect. col. 56 : *Præsente vero donatione nequaquam angrialium vilitati gestis municipalibus Alegarie curavi.* Quæ facile emendantur ex alia Charta ejusd. Harvichi ibid. col. 58 : *Quæ apud laudabilitate vestra gestis cupio municipalibus Allegare*; hoc est, in gesta municipalia referre. Vide *Allegare* 1.

ALEGIUM. Charta Capituli Silvanectensis ann. 1162. in Cartulario Campan. Bibl. Reg.

fol. 484 : *Cætera vero, id est mortuam manum, licentiam matrimoniorum, et Alegia inter nos æqualiter dividentur.* Idem forte cum *Allevio*, de quo in Charta Simonis Episcopi Meldensis, et Mariæ Comitissæ Trecensis ann. 1184. in Tabulariis S. Dionysii et S. Genovefæ : *Ut fierent ante stabilitionem communiæ capitagia, forismaritagia, et Allevia interfectorum, sanguinem et mortuam manum Abbati D. Dionysii et sanctæ Mariæ Genovefæ, sicut dominis suis ex intregro reddant.* Vide *Leigium* [et *Allevium.*]

Aliud est *Alegement*, in Regesto Peagiorum Parisiens. : *Nul ne doit rien de l'Alegement de sa nef, ne par grant eau, ne par petit.* Est enim quod *levamentum* quibusdam Scriptoribus dicitur, minus scilicet navigium, in quod *alleviandæ* navis gratia merces demittuntur. *Alleges*, vel *Souleges* nuncupamus ejusmodi navigia. Vide *Levamentum.*

Alégier, eadem significatione usurpatum legimus, in Lit. ann. 1364. tom. 4. Ordinat. reg. Franc. pag. 428. art. 8 : *Soient tenus de donner brainnes, vaisseaulx et bateaulx pour Alégier les nefs et navires dudit royaume de Castelle.*

¶ **ALEGMA**, pro *Malagma*, Gall. *Cataplasme, Emplatre*, *m* omisso amanuensis errore, ob præcedentem vocem desinentem in *m*. Vita MS. S. Wingaloei : *Etiamsi nullis holerum Alegmatibus curat adhibitis plagas.* Erit forte qui vocem *Alegma* deducat a Gallico *Allegement*, Levamentum, remedium : tum nullus esset error amanuensis. [* Nihil hic opus est : *Alegma* enim efformatum arbitror a verbo Græco ἀλεξέω, *opitulor*, ut habent Gloss. Gr. Lat. unde ἀλέξημα et ἀλεξητήριον; et sensus est, nulla herbarum opitulatione adhibita plagas curabat. Vide infra *Alexiteria.*]

¶ **ALEIA**, Ambulacrum, Gall. *Allée.* Charta Philippi Franc. Regis ann. 1298. in Tabul. S. Nicasii Remensis : *Et Aleias prædictorum murorum in finibus clausure per latitudinem claudere... Clausuram predictam aperire et Aleias prædictas liberare tenebuntur.* [* Idem quod supra *Alea* 2. Vide in hac voce.]

* **ALEIUM**, a Gall. *Alloy*, Legitima materiæ nummariæ conflatura, metalli probitas. Inventar. Chart. reg. ann. 1482. fol. 183. v° : *Littera Philippi regis Franciæ et Navarræ per quam pomittit reddere indemnes recipientes monetam, quam fabricari faciet, si sit minoris legis, ponderis, seu Aleii quam debeat esse.* Vide *Alleium.*

* **ALEIVOSUS**, pro *Alevosus*, Proditor, perfidus. Vide in hac voce. Testam. Sancii I. reg. ann. 1209. tom. 1. Probat. Hist. geneal. domus reg. Portugal. pag. 20 : *Et filius meus qui regnaverit, habeat illos* (qui testamentum non exsecuti fuerint) *pro traditoribus et pro Aleivosis.*

ALEMBICUM, Matth. Sylvatico : *Vas distillatorium, in quo fit aqua rosea.* Infra : *Alembich, Arabibus est superius coopertorium vasis, et aquam rosatam et alia hujusmodi ad distillandum.* Vox Arabica, ut quidam censent; nam alii a Græco ἄμβυξ, Vasis species, de qua præ cæteris Casaubonus in Athenæum, et Scaliger in Catalect. [*Alembicum* est etiam *foramem, per quod aquæ ex balneo effluunt : vel etiam fistula per quam aqua influit in balneum.* Ita Martinius in Lexico Phil.]

** **ALEMAN**, Parva navis. Charta Margarithæ Flandriæ Comitissæ ann. 1262 ap. Lappenberg. in Histor. Hanseat. Docum. pag. 81 : *Navis dicta Aleman* 1. den.

* **ALEMELLA**, Lamina, ferreum instrumentum cum acie, Gall. *Alumelle*, olim *Alemelle.* Lit. remiss. ann. 1354. in Reg. 82. Chartoph. Reg. ch. 351 : *Ipsum ensem.... apprehendit nuda manu per Alemellam sive lamam.* Aliæ ann. 1357. in Reg. 89. ch. 76 : *Cum ratione certorum cutellorum seu Alemellarum, Gallice Alemelles,... lis seu verba irascibilia moverentur, etc.* Rursum aliæ ann. 1399. in Reg. 154. ch. 532 : *Portant une grande hache à son col, laquelle avait bien trenté deux posses d'Alemelle.* Id est, *de trenchant.* Vide infra *Alimella*, et *Alumella.*

¶ **ALEMONIUM**, pro *Alimonium* : quod habet Varro. Supplem. Antiquarii : *Alimonium*, τροφή, *Alimentum.* Vide *Aletudo.*

¶ **ALENA**, Ulna, Gall. *Aulne*, Telarum pannorumque mensura. Hist. Dalphin. tom. 2. pag. 283 : *Pro duabus Alenis et tribus quartis de panno cambellino albo pro Domino, etc.*

ALENACERARES, Accipitrum species, quos vulgo *Lanarios*, seu *Laniers* appellant. Vide in *Putura.*

* **ALENACIA**, *Gallice Alennes.* Glossar. Lat. Gall. ann. 1348. ex Cod. reg. 1420. Subula, nostris *Alene;* olim *Alennier*, pro theca subulæ. Lit. remiss. ann. 1407. in Reg. 161. Chartoph. reg. ch. 285 : *Comme le suppliant eust par maniere furtive et en repost pris et emporté d'icelle maison.... un flaiot, un Alennier à mettre le Alenne, etc.* *Alenas*, Pugiunculus, Gall. *Petit poignard, poinçon*, apud Guillel. Guiart. ad ann 1305 :

> Et sacha par grant ataigne
> Un Alenas d'unne gayne.

Et ad ann. 1308 :

> Un Alenus en sa main
> Cherche des armeures l'estre,
> Pour lui ocire et afiner.

[** Vide Raynouardi Gloss. Roman. vol. 1. pag. 53. voce *Alena.*]

* **ALENHARE**, Ad usum suum ligna cædere, accipere. Charta ann. 1308. in Reg. 40. Chartoph. reg. ch. 137 : *Dicebant... se... habuisse usam et explectam se Alenhandi de lignis nemorum totius mandamenti et districtus prædicti castri de Brusea.*

Aliud est *Alener* in Lit. remiss. ann. 1415. ex Reg. 168. ch. 190 : *Ausquelz ladrez la suppliante dist qu'ils s'en alassent, et qu'ils ne l'Alenassent point de leurs alaines.* Est enim pro *Halener*, Anhelare, halitum emittere, seu anhelitu suo inficere. Contagiosus porro leprosorum anhelitus. *Allené* vero apud Monstrelet. vol. 3. fol. 57. v°. dicitur de eo cui spiritus deficit, Gall. *Qui est hors d'haleine* : *Pour ce que les François estoient de pied, et fort Allenez et travaillez, etc.*

¶ **ALENTIA**, Alimentum, *Nourriture.* Vita S. Sulpitii Episc. Bituric. in Actis SS. Bened. sæc. 2. pag. 175 : *Cum se ubique sollicitum circa Alentiam pauperum dudum susceptum opus expleret.*

¶ **ALEOFOL**, Genus liquoris, ut conjicimus ex voce *bota*, quæ est vas continens liquores. Sed quis iste liquor? Epistola Bajuli Regis Majoricæ Massiliensibus directa ann. 1328 : *Tertia mensis præteriti fecit carricari lxii. giaras alquitrani et tria pondera de mostayla, et duas sarrias de orchica, et lib. duodenas de laca, et duas botas de Aleofol.*

* Verum cum perinde fasciculum significet, atque *Aleofol* inter res minime liquidas hic recenseatur, nequaquam de liquore intelligendum opinor. [** Leg. *Alcofol*, quod Catalanis est Stibium, Stimmi; nisi pro *Alcohol* positum.]

* **ALEONA**, Subula, Gall. *Aléne.* Inventar. Chartar. reg. ann. 1482. fol. 127 : *Littera per quam Johannes de Barrá et ejus uxor quittant et cedunt domino regi quicquid juris, actionis et emendæ habebant in omnibus personis quæ pungunt, suunt et operantur acu et Aleona apud Bituris.* Sed forte legendum est *Alenna.* Vide supra *Alenacia.*

¶ **ALEORS**, Vox vernacula. Certa pars *Archeriarum* seu fenestricularum in urbium et castrorum muris per quas sagittarii sagittas suas in obsidentes emittebant. Litteræ ann. 1213. apud Marten. tom. 1. Anecd. col. 903 : *Concessi quod possint facere.... murum.... sine fossatis et tornellis, et de archeriis et arbalestenis sine Aleors.* [* Idem prorsus videtur esse quod supra *Alata* et *Alatorium*, Via lustrandis vigiliis comparata, Gall. *Corridor, chemin des rondes.* Vide in his vocibus.]

ALEPIMAN. Consuetudinarium laudatum a Spelmanno : *Omnis Alepiman de tota soca de Hecham debet singulis annis* 1. *denarium de chevagio, et operabitur per* 3. *dies in autumno, exceptis illis, qui ab hac servitute liberi sunt.* Ex quibus videntur *Alepimanni* fuisse mancipia rustica; *chevagii* enim solutio, servorum erat.

ALERS, vel *Allers, doctus quasi alienus ab arte; per contrarium.* Ugutio, Joann. de Janua.

* 1. **ALES**, ETIS, an a Gall. vet. *Alée* vel *Alers*, Itio, iter, abscessus, vulgo *Allée, voyage, départ.* Joinvil. in. S. Ludov. edit. reg. pag. 40 : *Pour delier nostre Alée.* Legitur rursum ibid. pag. 88. Erat autem servitii genus, quo subditi ire tenebantur, quo eos domini mittebant. Vide infra *Summagium* in *Sagma.* Libert. villæ *de Loiches* ann. 1412. tom. 10. Ordinat. reg. Franc. pag. 63 : *Avec ce estaient tenuz les dits hommes.... de porter lettres, quant il plaisoit à ladicte dame, parmi certain pris qu'ilz en devoient avoir pour chacune lieue.* Charta ann. 1313. in Lib. rub. Cam. Comput. Paris. fol. 391. r°. col. 2 : *Quicquid habemus... in parrochiis de Longolio.... in piscaturis,... avibus, anseribus, ovis, corveiis,... quadrigaturis, Aletibus, denariis, furnis, molendinis, straminibus, etc.*

Alés vero, piscis genus est, Sardina vel lycostomus, *Anchois*, in Lit. ann. 1315. tom. 1. Ordinat. reg. Franc. pag. 600 : *Harenc blanc le millier*, 13. *den. Harenc fort le millier*, 10 *deniers, feiches millier* 3. *f.* 4. *den. Alés le millie*, 10. *den.* Vide mox *Aletol.*

* 2. **ALES**, *Avis ambrosia*, in vet. Glossar. ex Bibl. reg. Cod. 7641. Eadem, ut videtur, quæ nostris *Oiseau de Dieu* vel *de Paradis* dicitur, Apus. Haud scio an idem sit *Allede*, in Comput. ann. 1382. Inter Probat. tom. 3. novæ Hist. Burg. pag. 63.

col. 2 : *Ung gobelet d'or;.... sur le gobelet faut une Allede, ung griffon, etc.*

ALESES. Concilium Narbonense ann. 1054. can. 22 : *Præcipimus etiam ut equos nemo rapiat, nisi homo desuper fuerit inventus armatus. Aleses vero nemo incendat,* Legendum puto, *messes.*

¶ **ALESTRARE.** Ita Pith. in Gloss. Isid. ubi legitur *Alistrare, Humectare;* pro quibus, Thomas Reines. Var. Lect. 3. scribendum censet *Balistrare* a βαλλίζειν et βαλλάξειν, ministerio balnearii, quod est aquam exantlare et immittere, unde βαλλάς aquariolus, et Isidorus ipse : *Ballastrum, balneum.*

¶ **ALETAS,** *Eruditus.* Ita Glossar. Bituric. MS.

ALETOL, Præstationis species, apud Normannos nostros. Charta Radulfi Abbatis Fiscanensis in Tabulario Fiscanensi fol. 33 : *Relaxavimus probis et fidelibus nostris de Ria et eorum hæredibus in perpetuum costumam illam, quæ vocatur Aletol, pro 120. marchis argenti, quas ipsi contulerunt Ecclesiæ Fiscanensi.* [* Servitii genus, quo dominis licitum erat subditos mittere quo volebant. Vide supra *Ales.* 1.]

ALETUDO, *Alimonium, alimentum, nutrimentum,* τροφή, in Gloss. Græc. Lat. [Item Corporis pinguedo apud Martinium et in Amalthea.]

ALETUS, vel Alletus, Halec, Gall. *Harang,* Charta Henrici V. Regis Angliæ pro Abbatia B. Mariæ de Voto tom. 4. Hist. Harcur. pag. 1343 : *Unum pondus salis apud Luram singulis annis... et sex millia Alletum, etc.* Alia Roberti Comitis pro Monasterio Grandi-Montis pag. 1347 : *Concessi eisdem fratribus de propriis redditibus meis quinque millia Aletuum in prima hebdomada Quadragesimæ apud Pontemodemer annis singulis percipienda.* Vide *Alecium.*

* **ALEVAMUM,** Arborum plantarium, seminarium, Gall. *Plant, pépiniere,* ab Ital. *Allevare,* Alere, nutrire, educare. Stat. Avellæ ann. 1496. cap. 47. ex Cod. reg. 4624 : *Persona quæ in aliena forte castagnareti vel Alevami castanearum aliquas plantas, seu arbores parvas alevatas, ibidem entatas, vel non entatas, nundum tamen fructiferas.... inciserit, erradicaverit, vel ceperit, etc.* Vide infra *Allevamentum.* Hinc

* Alevatus dicitur Arbor nondum fructifera, in Stat. Taurini ann. 1360. cap. 127. ex Cod. reg. 4622. A : *Item teneatur judex vel rector excutere pro bampno a quolibet incidente, devastante seu sterpante plantam Alevatam viridem primo anno ejusdem, solidos duos. Alevé* nostri non multum diversa notione dixerunt, nimirum de eo, quod noviter statutum aut factum est. Ordinat. ann. 1356. tom. 3. Ordinat. reg. Franc. pag. 136. art. 25 : *Nous avons accordé et octroyé.... que toutes garennes et accroissements de garennes, Alevées depuis quarante ans, soient du tout mises au neant. Alever* præterea usurparunt, pro Culpam vel crimen alicui objicere, calumniari. Lit. remiss. ann. 1367. in Reg. 97. Chartoph. reg. ch. 425 : *Lequel suppliant moult doulens et courciez du los que lui Alevait le dit Cuvelier, sans meffait et sans cause, etc.*

* **ALEUBA.** Reparat. factæ in senescal. Carcass. ann. 1435 : *In ponendo duas brassas mezi, duas Aleubas... in dicto molendino, etc.* Idem quod nostris *Alluchon,* alias *Alleuchon,* Cotgravio *Allochon,* Denticulata rotula seu ejusdem dens. Lit. remiss. ann. 1425. in Reg. 173. Chartoph. reg. chap. 310 : *Icellui Robin dist qu'il venait dudit moulin de faire des Alleuchons.*

* **ALEVIUM,** pro *Alecium,* Halex, Gall. *Harang.* Charta Philippi II. reg. Rom. ann. 1208. apud Fullon. tom. 2. Hist. Leod. pag. 389 : *In civitate Leodiensi non licet cauponibus, ut revendant carnes, emere Alevia, sive recentia, sive sint salsa,.... priusquam cives emerint.* Vide *Aletus.*

¶ **ALEUM,** pro Allium. Hic quippe de *reste Alei* agitur. Italis vero *Resta* est alliorum vel ceparum sertum. Chronicon Francisci Pipini, apud Murator. tom. 9. col. 615. A : *Kirsachus Imperator Andronicum captivum coram se jubet adduci, et cunctis exuto vestibus restem Alei spicis nudatam in coronæ modum capiti ejus imponi in figuram crucis abraso : demum vili asellæ impositus, caudamque pro freno tenens per totum civitatem Constantinopolis deductus est.*

* Ital. *Aglio.* Stat. Vercell. lib. 7. pag. 151 : *De pilizaria, lignamine, Aleo et cepe et quibusdam aliis. Item statutum est, quod lignamen grossum, et cepe, et Aleum venalia vendantur in mercato novo.*

ALEVOSUS, ex Hispanico *Aleivoso,* Proditor, traditor; *Aleve,* proditio. Rodericus Toletanus lib. 7. Hist. cap. 16 : *Comes Amalaricus sic dicitur respondisse : Si sum fidelis, aut proditor, aut Alevosus, nescio, etc.* Vide Leges Alfonsinas part. 7. tit. 3. leg. 6. Occurrit non semel in Chartis Hispanicis, apud Antonium Brandaonem in Monarchia Lusitana lib. 8. cap. 14. et tom. 4. pag. 261. [** Lusitanis *mulher aleivosa* erat adultera. Constitutio sæc. XII. ap. S^a Rosa de Viterbo vol. 1. pag. 83 : *Toda a mulher de Fresno, que acharem cum marido alieno, queymena por Aleivosa, e tomem todo suo aver etc.*]

ALEX, pro *Halex.* Charta MS. ann. 1366. ubi varia recensentur officia *Aquarii* Monasterii S. Crucis de Talmundo : *Et si contingeret dicta festa de quartis duplicibus diebus piscium evenire, tenebitur dictus Aquarius ministrare in ferculo pro duobus tres pecias de piscibus paratis, seu tria ova frixa, aut tria Alexia vel valorem.*

* **ALEXICACUS,** Salutaris, vel malorum depulsor, doctis Hagiographis, Gr. Ἀλεξίκακος, in malis adjutor. Mirac. S. Magni tom. 2. Sept. pag. 771. col. 2 : *Calicem porrexit Alexicacum : ex quo illa optimæ spei plena hausit, etc.* Vide supra *Alegma.*

¶ **ALEXI-CAVALERIUS,** Numeratur inter *Officiarios* Ecclesiæ Aniciensis in Charta ejusd. Eccl. sec. XIV. sed in quo situm fuit illius officium latet : *Pro libratione fieri solita...... ratione reddimi : succentori xi. s. vi. d. Sescallo totidem; cellerario cum suis servitoribus xl. s. xi. d. Alexi-Cavalerio xviij. s. regi Ecclesiæ v. d.* Eadem vox repetitur in libratione pro festo S. Benedicti.

¶ **ALEXITERIA,** Remedia, quæ levamentum quidem afferunt, sed non sanant. Vita S. Syncleticæ Virg. tom. 1. Januarii pag. 246. B : *Quid igitur, inquies, ad præsens hoc bellum est opus? laborioso scilicet exercitio vitæ spiritualis et pura oratione ad Deum, sed hæc quidem ingerere, sunt remedia Alexiteria contra quamcumque cogitationem perniciosam; sed opus est præterea singularibus præsidiis ut præsentaneam hanc pestem ex animo exstirpemus, et subeunte cogitatione aliqua turpi oportet contraria inducere.* Est a Græco ἀλέξειν, Auxiliari. [* Sic male in scholis medicorum vulgo redditur vox Græca ἀλεξητήριον. Vide supra *Alegma.*]

¶ 1. **ALEYA,** Ambulacrum, Gall. *Allée,* apud *Madox* Formulare Anglic. pag. 200 : *Quæ quidem tenementa prædicta cum suis pertinentiis situantur in latitudine inter quamdam Aleyam nuper Adæ Langelée, et vacuam placeam terræ.*

* 2. **ALEYA,** Via lustrandis vigiliis comparata, Gall. *Chemin des rondes;* vel Via terreo aggere tecta, *Chemin couvert.* Lit. Caroli VI. ann. 1384. in Reg. 125. Chartoph. reg. ch. 106 : *Jussit fieri per magistros prædictos lapicidas duos murtos* (infra *muretos*) *sive Aleyas, largitudinis sive spicitudinis trium palmorum, moventes a dicta janua,... scilicet unum a quolibet latere, qui recta linea ascendant versus montem.* Vide supra *Alata* et *Alea* 2.

* **ALEYNA,** Subula; Gall. *Aléne.* Lit. remiss. ann. 1405. in Reg. 160. Chartoph. reg. ch. 14 : *Solam calciamenti cum certa cordula et una Aleyna, more agricolæ, perforabat ipse exponens.* Vide supra *Alenacia.*

* **ALFA.** Corda Alfe, Funis species, vulgo *Corde d'aufe,* ex junco Hispan. *Alfa* nuncupato, contorta. Charta ann. 1391 : *Super arte cordarum Alfæ, quod corderii in Massilia, non faciunt completas, neque vendunt ad brassam, sicut fieri debet.*

* **ALFAJARA,** vox Hispanica, originis, ut videtur, Arabicæ. Charta fundat. abbat. Aquilar. ann. 832. inter Probat. tom. 1. Annal. Præmonstr. col. 104 : *Tuli inde.... coronam argenteam, et duas Alfajaras, et unum caliçem de argento.* Academ. Hispan. in Diction. *Alfaja,* Supellex vel utensilia magni pretii.

¶ **ALFALSES,** Medica, ab Hispan. *Alfalfa,* [** sive *Alfalfez,* Catal. *Alfals.*] Gall. *Sain-foin.* Concil. Tarracon. ann. 1591 : *Quæ in herba sive fœno ad equorum et aliorum animalium cibum meti et depasci sæpius in anno solent; etiam quæ vulgo forragia, Alfalses, daxas, et alia id genus, appellantur.*

ALFANEGUE, Alfanex. Charta Hispanica æræ 1016. apud Anton. de *Yepez* in Chronico Ord. S. Benedicti tom. 5 : *Lectos cum suos tapetes, .. cum suos plumatos pàleos, et Græciscos, et suas sabanas literatas, et fateles Alfanegues, inpanos gratiscos,* (Græciscos) et 16. *Ganapes paleas, etc.* Testamentum Arnaldi Archiepisc. Narbon. ann. 1149. apud Catellum : *Laxo coopertorium martrinum et pelles meas de Alfanex, etc.* Infra : *Præter fulcra serica et coopertorium unum de Alfanex.* Vox videtur origine Arabica. [* Academ. Hispan. in Diction. *Alfaneque,* Falco, accipiter pennis albicantibus, olim Tentorium, tabernaculum; quo ultimo sensu hic accipitur.][** *Una pella Alfaneke* in Charta æræ 1048. ap. S^a Rosa de Viterbo vol. 1. pag. 83, qui pelles esse scribit teneriores et læviores, quibus utebantur ad lectos sternendos.]

ALFAQUAQUUS, apud Gregorium *Lopes* ad Leges Alfonsinas, 2. part. tit. 31. lege 1 : *Alfaquaquus seu redemptor captivorum ferel vexillum semper erectum quocunque vadat,* *et per viam regalem et rectam pergat, non extra, in eaque maneat noctu, etc.* Ubi Lex : *Alfaqueques, tanto quiere dezir en Arábigo, como homes de buena verdat, que son puestos para sacar los captivos, etc.* [** Est tit. 30. lex 1. Arabice פכאך (faccac) Redemptor captivorum, a radice פך (facca), Manumisit, servum redemit.]

ALFARDA, Fori Aragon. lib. 4. tit. *de Alfardis : Vidimus contineri, quod propter defectum et nimiam elongationem Alfardarum exsolvendarum, cequiæ et bracales remanent repletæ et obstructæ terra, sordibus et immunditiis; etc.* Mox : *Alfarderi*, Collectores Alfardarum. Vox Hispanica, seu potius Arabica, quæ tributum Principi [Christiano a Mauris et Judæis] debitum sonat. Vide Michaelem *del Molino* in Reptorio in hac voce. [** Arab. פרץ (fard), quod ex lege vel debito penditur, stipendium vel simile quid. Turcis hodie tributum, quod Christiani et Judæi solvunt.]

ALFECHNA, Vox Arabica, in Fœdere inito inter Sanctium Pampilonensium Regem et Almugdadyrium ann. Chr. 1073. apud Blancam in Comment. Rer. Aragon. : *Et si noluerit se levare Sanctius Ranimiriz de terra de Almutadyr : statim cavalguet Sanctius Rex super Sanctio Ranimiriz ad faciendum damnum in sua terra, et inter ambos donent ei Alfechna, sicut in ligamentos primos scriptum est.* Apud Martinezium in Hist. Pinnatensi lib. 2. cap. 24. *Alfetna* legitur : *Non requiram contra tuam partem plus terram, nisi istam, quam pater meus mihi donat, et supra est scriptum : in qua non ponam tibi azaquia, aut alhodera, qua tibi terram tuam tollam, nec pro pacem, nec pro Alfetna, nec cum Mauros, nec Christianos.* [** Melius *Alfetna*; Arabice פתנה Pœna, ærumna, discordia, seditio; bellum intestinum.]

¶ **ALFENUS**, *Vagus*, in Glossis Bituric. MSS.

ALFERUS, Hispanis Vexillifer, vexillarius. *Alferazes seu signiferi*, in Charta Gregorii X. PP. ann. 1275. apud Petrum Mariam in Regesto part. 2. Hist. Eccl. Placentinæ; vox efficta ex Latino Aquilifer, uti censent Ambrosius *Morales* in Hist. Hispan. tom. 2. pag. 7. Oyenhartus in Notitia Vasconiæ lib. 2. cap. 4. et alii, quos laudat V. C. Ægid. Menagius in Originibus Ital. pag. 32. et 952. Sed potior videtur aliorum sententia, qui ab Arabico deducunt, *Alpheres*, Eques. [** פארס (faris).] Chartam Adelphonsi Imperatoris Hispaniæ æræ 1188. *Nunio sancti Petri*, et aliam æræ 1215. *Martinus Gunsalvi* subscribunt cum dignitate *Alferi Imperatoris* apud *Yepez* tom. 5. pag. 438. et in Bibl. Cluniac. Pag. 1436. de qua dignitate apud Navarros agit eodem capite Oyenhartus. [Chronicon S. Fernandi Regis Castellæ inter Acta SS. Maii. tom. 7. pag. 360 : *Didacus Lupi de Faro Alferes domini Regis Confess.*] [** Apud Lusitanos *Vexillifer regis* sive *Alferes mór do reino* summam obtinebat dignitatem in palatio regis; ejusdem porro munus inde ab initiis regni exstitisse probat Sa Rosa de Vit. vol. 1. pag. 85 ex donatione æræ 1112, quam subscripsit *Pelagius Suaris, Vexillifer Comitis*. Dicebatur etiam *signifer*. Codex Alphonsinus Part. 2. tit. 9. l. 16.]

ALFERENA, Vexillum Alferi. Vetus Charta apud eundem *Yepez* tom. 6. pag. 17 : *Et contrarius fuisti contra meos inimicos et infideles, et mecum tenuisti mea Alferena.*

* **ALFEREZIA**, *Alferi*, seu vexilliferi dignitas, officium. Exstat apud Rymer. tom. 1. pag. 531. Charta Alphonsi reg. Castel. ann. 1254 in cujus sigillo legitur : *Alferezia domini regis vacat.* Vide Leges Alphons. part. 3. tit. 16. l. 2. 3. et *Alferus*.

ALFETAR. Constantinus Africanus de Anima et spiritu : *Procedit quoque ex parte cerebri, et descendit per os colli in omne Alfetar, qui sunt nodi spinæ, etc.* Vox Arabica. [* Vide supra *Alaandal*, ubi genuinum hujusce tractatus titulum exhibuimus.]

ALFETNA. Vide *Alfechna*.

ALFETUM, Caldarium, calefactorium, hypocaustum, cujus usus erat in probationibus aquæ calidæ. Vox Saxonica *Alfæt*, composita ex ælan, alias onælan, accendere, et fæt, vas, quasi calefactionis vas. Leges Adelstani Regis apud Bromptonum cap. 19 : *Et si aquæ judicium sit, calefiat, donec excitetur ad bullitum, et sit Alfetum ferreum vel æneum vel plumbeum.*

¶ 1. **ALFITA**, Alphita, *Polenta, farina.* Ita in Glossario Ecclesiæ Bituric. MS. Ab ἄλφιτον farina.

* Glossar. medic. Simonis Januens. ex Cod. reg. 6959 : *Alfita, ex recentibus ordeis torrefactis commensurate optimum Alfiton fit. Alfiton Arabes savich vocant.*

2. **ALFITA**, species tributi apud Mauros Hispanos. Vide Brandaonem in Monarchia Lusitana lib. 11. cap. 32. [** leg. **ALFITRA**. Esse unum inter quatuor tributa, quæ regibus Portugalliæ solvebantur a Saracenis, eorum dominationi obnoxiis, scribit Sa Rosa pag. 86. Arabibus פטרה (fitra) est quod pro eleemosyna datur, quando jejunium Ramadani solvitur.]

¶ **ALFOCES**, ut mox *Alfozis*, videtur esse districtus, qualis est Ballivi vel Castellani, *Bailliage, Chatelenie.* Concil. Legion. ann. 1012. can. 18. Collect. : *Mandavimus iterum ut in Legione, seu omnibus cæteris civitatibus et per omnes Alfoces, habeantur judices electi, qui judicent causas totius populi.*

* **ALFONSARIUS**. Vide infra *Alphonsinus*.

* **ALFOR**, Territorium, districtus, idem quod *Alfoces* et *Alfozis*. Vide ibi. Charta Ildefonsi VII. reg. Hispan. ann. 1145. inter Probat. tom. 2. Annal. Præmonstr. col. 353 : *Et est ipsa villa nova et ipsum monasterium sancti Michaelis, et ipsa ecclesia sanctæ Mariæ in Alfor de Baltanas.* Academ. Hispan. in Diction. *Alfoz*, Circumvicini agri fines. [** Regionis tractus limitibus distinctus, in edit. noviss. Arabice חר (horr), Terra libera nec tributis obnoxia.]

* **ALFORATUS**, Armis omnibus instructus. Academ. Hispan. in diction. *Alforjar*, Providere alicui de viatico. [** *Alforja* iis est *Mantica, pera.*] Constitut. Petri reg. Sicil. cap. 5 : *Quod nullus eorum baronem, alium feudatarium,.... qui ex causa exceptionis ejusdem, sive alia quavis causa servitio equi armati seu Alforati, aut quocumque alio servitio, servire nostræ curiæ teneatur.*

ALFOZIS. Charta Ferdinandi Comitis Castellæ æræ 972. apud Anton. *de Yepez* in Chron. Ordinis S. Benedicti tom. 1. pag. 31. Appendic. : *Fromesta, Avia, Ferrera, istæ prædictæ cum omnibus villis suis ad suas Alfozes pertinentibus, carneros domus octo faciant se ad unum.* Infra : *Cum suis villis ad suam Alfozem pertinentibus, per omnes domus singulos arienzos.* Ibidem : *De unaquaque Alfoze, singulos boves.* Habetur hæc formula passim in hac Charta. *Vide Alfoces.*]

ALFUNDICUS, [Taberna Mercatoria, Gall. *Boutique de Marchand.*] Vide *Fundicus* in *Funda*.

* Ab Hispan. *Alfondega* vel *Alfondiga*, Publicum granarium, ut habetur apud Academ. Hispan. in Diction.

¶ **ALFUS**, *Moribus sacer.* Gloss. Bitur. MSS. legendum *morbus sacer*. Est enim ἀλφὸς vitiliginis seu lepræ species.

* *Alferecia*, in Diction. Acad. Hispan. Epilepticus morbus.

ALGALIA, et Argalia, Instrumentum, quo liquores in vesicam mittuntur. Matth. Silvaticus.

ALGAMMATA, Summitates. Ita Glossa ad hunc versum Magistri Cornuti, seu Joannis Garlandi :

Tardus ad Uranici scandes Algammata cœli.

[** Vide *Agalma*, 4 et *Algauma*.]

¶ **ALGARA**, Tumultus militaris, Hispan. *Algarada*, Nostris *Algarade*. Charta Dionysii Regis Portugalliæ æra 1267. apud Brandaonem tom. 5. Monarch. Lusit. pag. 308 : *Omnes milites qui fuerint in fossado, vel in guarina de cavallos, qui se perdiderint in Algara vel in lida.* Vide *Algaru*. [** Charta Sancii 1. Port. Reg. æræ 1186 : *Milites qui fuerint in fossado, vel in guardia, omnes caballos, qui se perdiderint in Algara vel in lite etc.* Arabice עארה (gara), incursus equorum in hostile solum, rapina, captivitate, populatione grassantium.]

* Diction. Acad. Hispan. *Algara*, Equestris turma, quæ fines hostiles populatur. Eodem sensu supra accipienda vox *Algara*.

¶ **ALGARAVIA**, Lingua Sarracenica apud Arabes. Epistola Arnaldi Archiep. Tarrac. ad Benedictum XII. PP. inter Concil. Hisp. tom. 3. pag. 608. col. 2 : *Plures nescientes orationem dominicam, et scientes loqui Algaraviam seu Sarracenice, etc.*

¶ **ALGARISMUS**, ut infra *Algorismus*, Arithmetica. Bernhardus *de Breydenbach* Itiner. Hierosol. pag. 190 : *Item numeros, cyfras et figuras Algarismi ipsa invenit.*

¶ **ALGARU** et Algarum. Sic vocabant Mauri sua fœdera et bellicas expeditiones adversus Christianos. Qua in re nostras expeditiones sacras quas Galli *Croisades* vocitamus, imitabantur. Vox est Arabica, Hispanicis *Algarada* et *Algazara*, nostræ quoque *Algarade* non parum affinis. Acta B. Ferdinandi Principis Lusit. tom. 1. Junii p. 578 : *Mox vero jussit Lazaraquius Algaru, id est expeditionem sacram (cruciatam nos diceremus) prædicari, et fora prodire exercitum, significans Christianis, etc.* Vide *Algara*.

¶ **ALGARUM** Maris, Ejectæ merces in littus ab æstu. Corrupte legitur in legibus Henrici. Regis Angl. cap. 10. pro *Laganum*, uti docet Cangius in hac voce.

¶ **ALGEMA**, apud Mauros Hispanos Oratorium, locus in quem conveniunt orationis causa. Acta B. Ferdinandi Principis

Lusitani tom. 1. Junii, pag. 578 : *Qui mox atque illuxit, et orationem matutinam finierat in sua Algema extra urbem veterem, etc.* Ibi de Lazaraquio Principe Mauro. [** גאמע (djami), templum majus et cathedrale in quo omnes conveniunt die sacro Veneris.]

ALGARDUM. Vide *Halgardum.*

* **ALGATZARIUS**, ALGATZERIUS, Officialis præfecti, vel illius judiciorum executor, idem qui *Alguazilus.* Vide in hac voce. Constitut. MSS. Petri III. reg. Aragon. ann. 1359 : *Statuimus quod Algatzarius noster, vel nostris generalis gubernatoris,.... nequeat recipere, ratione carcelagii vel morabatini, ab aliqua persona, quæ in posse suo per decem dies, vel plures capta exstiterit, nisi decem solidos Barchinonenses dumtaxat.... Et si forsan contigerit quod aliquis baro, miles, vel homo de paratico, civis, burgensis, vel homo villæ honoratus ad pœnam mortis naturalis, per nos vel nostrum generalem gubernatorem fuerit condempnatus, quod eo casu dictus Algatzarius,... pro jure sui officii, nequeat de bonis ipsius condempnati quicquam recipere vel habere, nisi.... arma propria sui corporis, ensem videlicet, corrigiam, bratxiam vel cutellum, qui de argento essent muniti, et quos secum teneret tempore suæ captionis, et lectum etiam et vaxellam argenti propriam, quæ sibi in captione servisset.* Alia ejusd. ann. : *Bajulus Cathalaniæ,.... sub pœna mille aureorum, teneatur tacsationem facere de quibuscumque scripturis officii vices gerentis gubernatoris in Cathalonia, et etiam Algatzerii curiæ ejusdem.*

* ALGUTZARIATUS, Officium *Algatzarii.* Charta ejusd. reg. ann. 1339 : *Petrus De G. rex. Aragonum, etc. Dilecto consiliario nostro Michaeli de Gurrea, et alii qui pro tempore dictum Algutzariatus nostris officium exercebit, etc.* Vide *Alguazilus.*

* **ALGAUMA**, *Altitudo*, in Vocabul. compendioso. [** Vide *Algamma.*]

1. **ALGEBRA**, Scientia numerorum, de cujus vocis etymo sic Joannes Schrivelius, in brevi Regularum Algebræ descriptione : *Porro harum Regularum inventionem adscribunt Diophanto Græco scriptori, qui ut auctor Regiomontanus, libris* 13. *eas descripsit, atque ut Latini Rei et Census, sic Arabes regulas illas vocabulo suo appellare solent Algebras.* [** Arab. גבר (djabr) reductio partium ad totum, seu fractionum ad integritatem.] Pseudo-Ovid. lib. 1. de Vetula :

Sed quia de ludis fiebat sermo, quid illo
Pulcrius esse potest exercitio numerorum ?
Quo divinantur numeri plerique per unum
Ignoti notum, sicut ludunt apud Indos,
Ludum dicentes Algebræ, Almuc grabalæque, etc.

Idem lib. 2 :

Algebræ memor, qui ludus Arithmeticorum.

* 2. **ALGEBRA**, *Dislocatio membrorum : interdum pro ipsorum restauratione accipitur.* Glossar. medic. Simonis Januens. ex Cod. reg. 6959. [** Arab. גבר (djabar), reparatio ossis fracti.]

ALGENIA, *Dolor algidus, ab Algeo dicitur, quia facit algere.* Joann. de Janua, *Algiosus*, δύσριγος, in Gloss. Lat. Gr. [** leg. *Algema*, Græcis Ἄλγημα. Gloss. in cod. reg. 4778 ut ex Galeno : *Algema, hoc est dolor.*]

ALGIA, Modus vineæ vel agri. Vetus Charta in Tabulario Ecclesiæ Viennensis fol. 31 : *Quod Boso Miles et uxor ejus Vandalmodis pro remedio animarum suarum concedunt Deo sanctoque Mauricio aliquantulum hæreditatis suæ, videlicet Algiam unam vineæ ex parte terræ Leutardi in villa, quæ nominatur Garzinus, in loco, qui dicitur Chavagneus, etc.*

* Charta in Hist. Lugdun. pag. 5. col. 2 : *Donamus Deo et S. Martino hanc Algiam, eo tenore ut monachi Athanacenses habeant ab hodie liberam potestatem inde faciendi quod voluerint.* Occurrit præterea non semel in Chartul. Saviniac. Vide mox

* **ALGICA**, ut *Algia*, Modus vineæ vel agri; sed quis, necdum certo expiscari potui : suspicor tamen idem esse quod *Pertica.* Charta ann. 41. regni Rodulfi reg. ex Chartul. eccl. Vienn. fol. 62. v°. col. 1 : *Dono.... ex ipsa vinea Algicas viiij. sancto Mauritio.... ad mensam canonicorum.*

* **ALGO**, vox Hispanica, Bona, facultates. Leg. Alph. III. reg. ann. 1251. tom. 1. Probat. Hist. geneal. domus reg. Portugal. pag. 53 : *Dominus rex Portugaliæ et comes Boloniæ fecit cum concilio suorum ricorum hominum et suorum filiorum de Algo tale encautum etc.* [** *Filii de Algo* sunt quos Hispani *Hijosdalgo* sive *Hidalgos* vocant. *Algo* vero, teste Sª Rosa de Viterbo Lusitanis olim erat Beneficium, merx, pretium.]

* **ALGORARE**, Algere, ab Ital. *Algore*, Gall. *Geler de froid.* Chron. Foroliv. ad ann. 1333. apud Murator. tom. 19. Script. Ital. col. 904 : *Et multi fuerunt Algorati propter ista immensa frigora.* Vide mox *Algorositas.*

ALGORISMUS, Arithmetica, numerandi ars, Hispanis, *Alguarismo.* Vox Arabica. Matthæus Paris. anno 1252 : *De quibus figuris hoc maxime admirandum, quod unica figura quilibet numerus repræsentatur, quod non est in Latino, vel in Algorismo.* [* *Algorismus seu libellus arithmeticus*, in Bibl. Heilsbr. pag. 78.] Vita B. Hermanni Josephi n° 41 : *Cifra Algorismi.* Vide Clavium lib. 1. Algebræ cap. 1. [Legebat Martinius apud Clavium *Algorithmus* : quod recte ab *Al* articulo Arabico et ἀριθμός, Numerus deduci potest. Hinc]

¶ **ALGORISTA**, Supputandi et calculandi peritus. Vide *Abacista.*

* **ALGOROSITAS**, Algor. Glossar. Gall. Lat. ex Cod. reg. 7684 : *Algorositas, froidure. Algorose, frillousement.*

¶ **ALGOTATÆ**, et ALLIGOTATÆ VESTES. f. Eædem quæ corrugatæ seu in rugas ordinatim coactæ, Gall. *Habits godronez, froncez.* In censura Henrici Episcopi Albani et Legati Apostolici apud Ludewig. tom. 2. pag. 441 : *Vestes notabiliter incise et Algotate sub eadem distinctione prohibentur.* Statuta antiqua apud Marten. tom. 4. Anecd. col. 1191 : *Clericis autem et Laicis communiter interdicimus, ne manicas sutas et vestes Alligotatas ulterius habere præsumant.*

* Vestes sunt Segmentis varii coloris distinctæ; *Haligote* quippe Segmentum est, unde *Haligote* dicitur qui vestem segmentis consutam induit. Fabul. tom. 1. pag. 81 :

Et vesti une poure cote,
Ou il ot maint Haligote.

Ibidem pag. 75 :

Lors demande que c'étoit,
Il ert ainsi Haligotez.

ALGOZIRIUS, vulgo Hispanis, *Algozyr.* Occurrit in Curia generali Catalaniæ Cervariæ celebrata sub Petro III. Rege Arag. anno 1359. Idem qui

ALGUAZILUS, vel ALGUAZIRUS, justitiarii dignitas apud Arabes. [** Arab. וציל (uasil) lictor, satelles.] Rodericus Toletan. in Hist. Arab. cap. 39 : *Tunc Rex Issem misit Zabor Justitiarium, qui apud eos dicitur Alguazilus.* Occurrit ibid. cap. 36. et 46. [Concil. Dertusanum ann. 1429. inter Concil. Hispan. tom. 3. pag. 657 : *Vicariis, Subvicariis, Baillivis, Alguazeriis, Subbaillivis, electoribus, etc.*] Vocem retinent etiamnum Hispani, *Alguazil*, estque apud illos Officialis Præfecti, vel illius judiciorum executor. Leges Alfonsinæ, seu Partidæ, part. 2. tit. 9. lege 20 : *Alguasil llaman en Arábigo, aquel que ha de prender, et de justiciar los omes en la Corte del Rey por su mandado, o de los juezes que judgan pleytos, mas los latinos llámanle justitia, etc.* Ubi plura de ejus functione. Vide Repertorium Michaëlis *del Molino* in hac voce, et Foros Aragon. lib. 1. tit. *de officio Alguazili.* Vide *Algatzarius.*

ALGUACELLUS, in Charta Silonis Regis Ovetensis ann. 777. apud Sandovallium.

ALGUEXIS, ALBEXIS. Charta Ferdinandi I. Regis Hispaniæ æræ 1101. apud *Yepez* in Chronico Ord. S. Bened. tom. 6 : *Mantos duos aurifusos, alio Alguexi auro texto, cum aliis Græcisco, inde misso Cardeno, casula auro fusa, cum dalmaticis duabus auro fusis, et alia Albexi auro texta.* [** ושאיה (uaschaya), Arab. coloratus pictusve pannus; acupicta vestis.]

ALGUS, *us*, pro *Algor*, ῥίγος. Vetus carmen edit. a Barthio lib. 34. Advers. cap. 1 :

Siti et fame, calore et Algu mortuis
Malagma præbetur potens.

[Accius Andromeda : *Misera abuella saxo, senio, pudore, Alguque et fame.* Et alii quos refert Nonius Marcellus cap. 2. art. 28. Vide Acta SS. Bened. Sæc. 3. part. 1. pag. 127] [** Vide Forcell. Lex.]

* **ALGUSSUS**, *Lo mare*, in Glossar. Lat. Ital. MS.

* **ALGUTZARIATUS**. Vide supra *Algatzarius.*

* **ALHANDAL**, vox Arabica, qua significatur compositio pharmaciæ, quæ *Trochisci Alhandal* appellatur; ab *Handal*, Arabibus, Colocynthis, et articulo *Al.*

¶ **ALHEUM.** Charta Roberti Frisii Comitis Flandriæ apud Miræum Diplom. Belgic. tom. 1. pag. 70 : *Impendat..... apud villam Hoctungehem septem millia Alheum.* Puto legendum *Alecum* pro *Halecum*, Gall. *Harangs.*

¶ **ALHIDADA**, Vide *Alidada.*

ALHOBZES, In Charta Alfonsi I. Regis Aragonum apud Blancam in Comment. Rerum Aragon. pag. 789. vox Arabica, qua arces et castella denotantur, ut idem Blanca existimat. Locum vide in *Rancurantes.* [** Vide *Alfozes.* Eandem vocem esse censet Sª Rosa de Viterbo.]

ALHODERA. Vide *Alfechna.*

¶ **ALIA**, *Tranata.* Gloss. Isid. et Pithœi Excerpta. Grævius suspicatur, legendum, *Alienigena, extra nata.*

* **ALIADA**, Idem quod in re monetaria

Lex dicitur, nostris *Alloy*, Metalli probitas. Charta ann. 1215. ex magno Talam. Montispessul. fol. 8 : *Nos Willelmus de Altiniaco D. G. Magalonensis episcopus.... damus et concedimus vobis... consulibus Montispessulani... duos denarios de illis* 12. *denariis, quos comes Melgorii accipere debet in moneta in singulis libris Melgoriensium monetæ præsentis, ad quatuor denarios Aliadæ ;... quod moneta in Melgorii comitatu et in Magalonensi episcopatu semper curret et curribilis erit ad pondus assuetum de* 24. *solidis denariorum in libris, et de* 25. *solidis obolorum in libris; et ad legem similiter assuetam, scilicet ut quatuor denarii argenti fini sint in solido denariorum, et tres denarii argenti fini sint in solido denariorum de obolis.* Vide supra *Aleium.*

** **ALIAEETUS**, Kretz, Brack. Vocab. rer. fol. 49. Avis, alias Germ. Wannenweibe. Adel. [Vide *Alietus.*]

¶ **ALIALA**, Hispanis, est præstatio quæ pro investitura et laudemiis fundi alicujus recens comparati datur, scilicet duo morobatini et septem denarii.

* **ALIALARE**, Ad legem revocare et emendare; dicitur de mensuris, quæ archetypo suo adæquantur. Pactum ann. 1394. tom. 8. Ordinat. reg. Franc. pag. 16. art. 7 : *Quod dicti scindici.... impune possint et valeant accipere et capere omnes mensuras parvas et magnas bladi, salis et castenearum, tantum dictæ villæ et parrochiæ de Sumena, et ipsas mensuras recognoscere, Alialare et adrehurare.* Vide supra *Adrechurare.*

* Alielare, Eadem notione. Charta ann. 1460. inter Probat. tom. 3. Hist. Nem. pag. 311. col. 2 : *Asserentes easdem mensuras non fore signatas et Alielatas signo domus comunis sive consulatus dictæ villæ Nemausi.* Et pag. 312. col. 1 : *Prædictas mensuras eodem contextu remictent,.... pro illas signando et Alielando.* Transact. ann. 1501. ex schedis Pr. *de Mazaugues* : *Quod non possint mensurare aliquod bladum,... nisi cum mensuris legalibus, Alielatis per officiales ipsius domini,... et quod nemo audeat Alielare sine licentia ejusdem curiæ.* Provinciales *Aliela* dicunt, pro *Etalonner.* Vide *Aliator* infra, et *Allegalare.*

ALIAMA, vel Alcama, Hispanis, est Synagoga Judæorum, Concilium, coitio, etc. Hinc *et conciliariter seu Aliamaliter obligari*, dixit Michaël *del Molino* in Repertorio Foror. Aragon. in v. *Censualia.* Vide in *Aladma*, et Observantias Regni Aragon. lib. 2. tit. de Foro competenti. § 3. [** גמאעה (djamaa) Arab. turba, multitudo, concilium, synagoga. Lusitanis *Aljama* erat locus in quo degebant Mahometani. Vide Sª Rosa de Viterbo pag. 94. vol. 1.]

* **ALIANCIA**, Fœdus, societas, nostris *Alliance*, olim *Alianche.* Pactum inter archiepisc. et cives Remenses ann. 1258. in Reg. 30. Chartoph. reg. ch. 547 : *Archiepiscopus dicebat contra dictos cives, quod ipsi inter se fecerant Alianciam, quam facere non poterant nec debebant; cives vero coram nobis dixerunt quod Alianciam non fecerant.* Petrus de Fontan. in Consil. cap. 27. art. 4 : *Li plaideour se reposent, et aient espace d'Alianche, li aversaire n'aient pas peour li uns des autres.*

* **ALIARIUS.** Sic lego in Chartul. Campan. ex Cam. Comput. Paris. ubi Cangius habet *Alierius.* Vide in hac voce.

* **ALIATOR**, f. pro *Alialator*, Qui mensuras et pondera ad archetypum adæquabat. Vide supra *Alialare.* Libert. civit. Mimat. ann. 1469. in Reg. 196. Chartoph. reg. ch. 178 : *Corraterios, Aliatores seu indictores ponderum et mensurarum eligendi concedimus potestatem. Alliatores*, ex ead. Charta in Reg. 195. ch. 1416. ut et in Libert. villæ de Marologio ann. 1366. tom. 4. Ordinat. reg. Franc. pag. 677. art. 7 : *Alliatores et inspectores mensurarum ; etc.*

* **ALIATUS**, a Gall. *Allié*, Hispan. *Aliado*, Confœderatus, quasi fœdere *ligatus.* Lit. Joan. reg. Castel. et Legion. ann. 42. regni ejusd. in Chartul. Henr. V. et VI. reg. Angl. ex Cod. reg. 8387. 4. fol. 110 : *Contra tenorem treugarum initarum.... inter serenissimum principem, carissimum fratrem, Aliatum et confederatum nostrum regem Franciæ, et consobrinum nostrum regem Angliæ, etc.*

* **ALIBORUM.** Processus Egidii *de Rays* ann. 1440. ex Bibl. reg. fol. 172. v° : *Dicique audivit ab eodem domino Eustachio, loquente de dicto magistro Francisco in communi et vulgari idiomate, talia verba* : Il fera venir maistre Aliborum, *intelligendo diabolum per illud vocabulum*, Aliborum. Vide Menag. Diction. Etymol. in hac voce. [** f. a Germanico *altboran*, antiquus, scilicet hostis. Vide Grimmii Mythol. pag. 553 et ejusdem Grammat. vol. 2. pag. 674.]

* **ALIBRAMENTUM**, Compensatio, justa et pensata æstimatio et partitio. Lit. pro civit. Vaurens. ann. 1357. tom. 3. Ordinat. reg. Franc. pag. 190. art. 7 : *Concedimus quod dicti habitatores, ad finem ut.... valeant facere justum et legitimum Alibramentum, quod Alibramentum per octodecim probos homines ab* (ad) *hoc juratos per dictos habitatores eligendos, volumus de tribus in tribus annis examinari et reparari.* Libert. villar. de Lautrico et Forciarum ann. 1410. in Reg. 165. Chartoph. reg. ch. 361 : *Ordinat quod Alibramentum sive extima bonorum habitantium de Forciis, etc.* Vide infra *Livramentum.*

* **ALIBRARE**, Allibrare, compensare, ex æquo inter homines *talliam* aut *collectam* partiri. *Alibrator*, qui ita partitur. Sentent. arbitr. ann. 1497 : *Alibrare in dicto loco de Caliano dicti homines possunt in dictis Mauris, et eligere Alibratores et collectores ad hoc.* Stat. pro castro Castil. ann. 1371. in Cod. reg. 5376. fol. 86. v° : *Pro prædictis portionibus non debeant, nec possint talliari, Allibrari, vel aliquod onus eis imponi.*

* Alivrare, mutato *b* in *v*, Eadem notione. Charta ann. 1416. in Reg. 169. Chartoph. reg. ch. 482 : *Prædicti coæquatores sive compensatores debeant compensare et Alivrare utilitates et commoda bonorum, hospitiorum, eorumque botigiarum et camerarum, dictasque utilitates et commoda Alivrare, cum Alivramento proprietatum eorumdem.*

* **ALIBRATUS.** Vide infra *Allibrati.*

¶ **ALIBRE**, *Alimentum*, Gloss. Isid. Vide *Alebra.*

¶ **ALIBRUM.** Vide *Alabrum.*

ALIBUM. Vide *Alebra.*

¶ **ALICES** Facere, *id est, extensiones omnium membrorum, more eorum qui a somno expergefiunt.* Martinius e Lexico Arab. Raphel. ad vocem ἀγορέω.

* **ALICHA**, pro Alica, frumenti genus, Gall. *Epeautre.* Alex. Iatrosoph. MS. lib. 2. Passion. cap. 75 : *De frumento igitur pultes dandæ sunt. Alicha autem plus nutrit omni frumento, et omni digestibilior est.* Vide alia notione in *Alicula.*

* **ALICTAS**, *Lo'smircileo ocello.* Glossar. Lat. Ital. MS.

ALICULA, Allicula. Papias : *Allicula, signum vestis, genus vestis.* Fragmentum Petronii : *Barbarus ingens fasciis cruralibus alligatus, et Alicula subornatus polymita, etc.* ☞ Hac voce usus est Martialis Epigrammatum, lib. 14 :

Brumæ diebus feriisque Saturni
Mittebat Umber Aliculam mihi pauper,
Nunc mittit Alicam, factus est enim dives.

Vide Pancirolli notam tom. 1. Rerum mirabilium pag. 296. et superius *Adlicula.*

* Glossar. vet. ex Cod. reg. 7646 : *Alicula, insignis vestis.* Unde emendandus Papias qui habet : *signum vestis.* [** Vide Forcell. Lex.]

¶ **ALICUS**, pro *Aliquis*, apud Attonem Episc. Vercel. tom 8. Spicil. Acher. pag. 65.

ALIDA. Charta ann. 1276. apud Perardum in Burgundicis pag. 534 : *Decimam bladi, vini, leguminum, cæparum, Alidarum, cannabium, etc.* Forte hic *Alida* est *allium*, nostris *Ail.*

* Vocem Gallicam *Alie*, quam de fructu Alisiariæ, Gall. *Alisier*, interpretatur Borellus, de Allio, Gall. *Ail*, intelligendam esse alii fortassis censebunt. Mirac. B. M. V. MSS. lib. 2 :

Jou ne pris mie deux Alies
Toi, ne ta foi, ne ta creanche.

Le Roman *d'Alexandre* MS. part. 1 :

Sor ne se puet venger, ne se prise une Alie.

¶ **ALIDADA** et Alhidada, Dioptra, regula quædam mobilis pinnullis instructa, quæ ad Astrolabii, graphometri aliorumque geometriæ instrumentorum centrum aptatur. Hanc ab Arabibus mutuati sunt vocem Astronomi recentiores qui de Astrolabii usu præsertim scripsere, *Stæflerus*, Clavius, Henrion, etc.

* **ALIELARE.** Vide supra *Alialare.*

ALIENATUS Morbus, in bobus, ita dictus, inquit Vegetius lib. 3. Artis veterin. cap. 23. *quod animalibus eripit sensus.*

ALIENIGENÆ, Extranei, qui aliunde veniunt locum aliquem incolere, *Aubains*, Albani. In veteri Charta Gallica, *Alienes*, [legitur etiam in Latina ann. 1279. apud Thomasserium Consuet. Bituric. pag. 112 : *Item quilibet Alienne de foris dictum dominium deferens et adducens vinum ad vendendum in dicta villa, solvet pro quolibet dolio dimidium sextarium vini.* Ubi *Alienne* dicitur is qui extra *Banleucam* habitat.] Gloss. Lat. Gr. *Alienigena*, ἀλλοεθνής. Alterius fundi incola. in leg. 2. Cod. Theod. de Desertorib. Isidorus lib. 10 : *Alienigena, qui alienæ regionis est, et non ejus, ubi est.* In Regesto Philippi Aug. Herouvalliano : *Comes Flandrensis et Comitissa Ada et Comitissa Alienor habuerunt Alienigenas per totam terram suam.* Alibi : *Vidit tempore Comitissæ Flandriæ, quod capiebat Alienigenas, ubicumque eos inveniebat, et nullus Miles poterat retinere* *hominem Alienigenam, nisi dominus Calniaci.* Adde Perardi Burgundica pag. 299. et Monastic. Angl. tom. 1. pag. 618. Vide *Albanus.*

Alienes dicuntur Leguleis Anglis vernaculis, ii, quorum patres, atque adeo ipsi alieni extra regni metas nati, in regnum veniunt commorandi gratia. Eorum liberi, dummodo alienigenæ ipsi non sint εκ hostibus Regis, non alienigenæ erunt, sed Angli : similiter si quis regnicola cum Regis licentia regno excedat, ejus liberi non erunt alienigenæ. Rastallus. Vide Prynneum in Libertatib. Angl. tom. 2. pag. 1003.

ALIENIGENARE, Distrahere, vendere, alienare. Vetus Inscript. Romæ [** ap. Fabrettum pag. 69 n. 34.] : *Qui hoc monimentum vendere aut Alienigenare voluerit, dabit ærario Populi Romani, etc.* Charta Alamanica 1. inter Goldastinas : *Si autem potestas Monasterii istam traditionem inrumpere, et eos Alienigenare conaverit.* Tabul. Eccl. Caturcens. : *Post suum discessum alii Clerici similiter teneant... non habeant licentiam donare, vel Alienigenare.* Occurrit ibi non semel.

ALIENILOQUIUM. Eucherius de Græcis nominibus : *Allegoria, Alieniloquium, vel potius inventio.*

1. **ALIENUS**, Exemptus; *Alienare*, Eximere. Lex 4. Cod. Theod. de Collatione donat. (lib. 11. tit. 20. l. 4 § 1) : *Hunc a conlatione jubemus esse Alienum.* Lex 84. eodem Cod. de Decurionibus (lib. 12. tit. 1. l. 124.) : *Quos aut objectus debilitatis Alienat, aut senectus pigra remoratur.* Willelmus Tyrius lib. 12. cap. 10 ; *Juniorem Boamundum... ab Antiochia, quæ paterna ei hæreditas erat,... fecerit Alienum.* [** Th. C. lib. 9. tit. 14. pr. : *A materna vel avita, omnium etiam proximorum hereditate ac successione habeantur Alieni.*]

* 2. **ALIENUS**, Extraneus, vel etiam Absens, alio profectus. Stat. Arelat. MSS. sub Raimundo archiep. Arelat. : *Item statuimus quod accessoribus conveniri non valeat, antequam conventus debitor principalis. Si vero fuerit Alienus debitor principalis, detur tempus unius mensis accessorio, ad repræsentandum debitorem principalem.*

ALIERIUS, Arboris species, Belgis nostris *Alier.* Charta Henrici Comitis Trecensis ann. 1165. in Tabul. Campan. : *Notum facio, quod in foresta mea de Joyaco quercum, fagum, pomum, pyrum, esculum, Alierium, et corberium propriæ defensionis meæ, et proprii juris mei ita habeo, quod nemo, nisi illi soli, quorum nemora fuerint, ad prædictas arbores manum apponat. Illi vero ad solum herbergagium suum eos poterit accipere.* Vide *Aliarius.*

¶ **ALIETAS**, Diversitas, differentia, illa præsertim quæ est inter alia et alia individua. Vita S. Columbæ Reatinæ tom. 5. Maii pag. 386. * D : *Profecto sicut in terra quam incolimus sive in aquis, germinantium diversitas, Alietasque animalium cum distinctione ordinata (cernitur :).... Sic ibi dispar est gloria singulorum, sed communis est lætitia omnium plena atque perfecta.*

** **ALIETUM**, forte pro Alnetum in gloss. Monseensi, pag. 412. Adel.

¶ **ALIETUS**, Accipiter. Papias MS. Bitur. : *Alietus, Avis similis Aquilæ, sed major. Alietus a Græco ἀλίετος. Avis qui Simrilius dicitur, vel Spaverius.* Gall. *Emerillon* vel *Epervier.* Cathol. *Alietus, Merilus filius Aquilæ.* Notitia donationis apud Marten. tom. 1. Anecd. col. 570 : *Dedit Villelupensibus Fratribus centum libras, et quittare fecit duos Alietos quos ipsi de Crepdone debebant.* In ipso Tabulario legitur *Halietos* et *Chepdone.* [** Vide *Aliacetus.* In Gemm. Gemm. : *Est avis quædam de genere aquilarum*, ein trapgansz, *vel ut dicit Papias* ein falck oder schmirle.]

ALIFANI, *Calices poculorum*, Papias. [Gloss. Bituric. habet *Allifarii.* Vide *Aliphanus.*]

* **ALIGALIS**, pro Aliqualis, ni fallor, in Stat. crimin. Saonæ cap. 35. pag. 75. : *Nec liceat alicui appodiare vel adhærere domui habitationis alicujus, intra vel extra civitatem Saonæ, scalam aliquam, trabem, vel ingenium, vel artificium Aligale seu lignamina, etc.*

* **ALIGENA**, pro Alienigena, extraneus. Instr. ann. 1384. inter Probat. tom. 3. Hist. Nem. pag. 69. col. 2 : *Propter omissionem vitio causarum agriculturæ et aliorum Aligenarum, qui portabant victualia et alia necessaria, valde fuit depopulata* (Nemausis.)

¶ **ALIGENÆ** Intercessiones, apud Ludewig. Reliq. MS. tom. 6. pag. 313. pro *Alienigenæ.*

ALIGERARE, Volare, apud Alvarum in Vita S. Eulogii Presb. et Mart. n° 21 : *Columba... secans aëra pennis, super corpus Martyris Aligerans sedit.*

* **ALIGERIS.** Vide infra *Alligeris.*

ALIGINNASIUM. Charta Edmundi Regis Angl. tom. 2. Monastici Anglic. pag. 842 : *Caveant hæc frangentes claustra infernalia, gaudeantque Jesu Aliginnasio hæc augentes eulogia.* Distinguenda forte verba, *ali ginnasio.*

¶ **ALIGNAMENTUM**, Lignatio, Gall. *Chauffage.* Charta anni 1124. inter Instrum. tom. 1. novæ Gall. Christ. pag. 14 : *Damus Deo ejusque gloriosissimæ Genitrici in nemore de Ardorello..... quidquid opus fuerit Monachis ibidem Deo servientibus, ad animalium suorum pascua, sine servitio et pascalio, et condecens illorum et illorum hominum, qui a suos sibos stabant, et Alignamenta ipsorum et illorum hominum, qui a suos sibos stabant, hoc totum damus libere, etc.*

* **ALIGNEAMENTUM**, a Gall. *Alignement*, Frontis ædium descriptio. Arest. parlam. Paris. ann. 1401. inter Consuet. Genovef. MSS. fol. 45. v° : *Erant in possessione et saisina concedendi licentiam pro faciendo aquæductus, Aligneamenta, palleuras, sedesque supra vicum et omnia ad viariam pertinentia.* Occurrit ibid. pluries. *Alingnance* vero, Districtus intra lineas circumscriptus. Redit. comitat. Hannon. ann. 1265. ex Cam. Comput. Insul. : *Si dient eskevin ke c'est en l'Alingnance de leur taille : mais li tierre gist en la justiche le conte.*

* Alineamentum, Eadem notione, in Memor. H. Cam. Comput. Paris. ad ann. 1423. fol. 157. r° : *Magister Dionysius Bonhomme lathomus.... comissus ad voeriam villæ Paris... proviso quod... aliquas compositiones nec Alineamenta, sallias, auvens, nec alia dictam voeriam tangentia faciet seu tradet, nisi sit de licentia et consensu dicti receptoris Paris.* Nostris olim *Aliner*, Ad lineam dirigere, disponere, Gall. *Ranger sur une même ligne.* Villehard. cap. 34 : *Lors commença en Aliner les nés, et les galies, et les vissiers as barons por movoir.* Borello *Aliner*, est Navem instruere. *Alignié* vero is dicitur, qui in agendo standove nimis exquisitus est, in Mirac. MSS. B. M. V. lib. 1. :

Plus achesmé et plus pignié,
Et plus poli et Alignié
Que robardel et damoiseles.

* **ALIGNUM**, f. Ligno, vulgo *Lignon*, fluvius Foresii. Charta ann. 1219. in Reg. 34. bis Chartoph. reg. fol. 124. v°. col. 1. part. 2 : *Nullus a Rodano usque ad Alignum, a Belest usque ad Montem-Brisonis, et a sancto Albino usque ad Podium, etc.*

* **ALIGUERIUM**, Alisiaria, ut videtur, Gall. *Alisier.* Charta ann. 1332. in Reg. 66. Chartoph. reg. ch. 1093 : *Exceptis.... arboris fructiferis, videlicet pomeriis, pereiis* (pereriis), *mespoleriiset Aligueriis, sorberiis, castaneriis, nogueriis, etc.* Vide *Alizariæ.*

¶ **ALIMA.** Vide *Alimia.*

* **ALIMANDA**, a vet. Gall. *Alemande*, Amygdala, nunc *Amande.* Chartul. S. Dionysii Exoldun. : *De quolibet equo portante.... omne quod vocatur Avoir de pois, exceptis Alimandis, risu, etc.* Hinc forte *Alemande* dictum quoddam condimentum, quia ex amygdalis confectum, in Lit. remiss. ann. 1469. ex Reg. 196. Chartoph. reg. ch. 167 : *Icellui Vassal dist à icelle suppliant qu'elle lui fist de l'Alemande et l'échaufa... Ladite suppliant print du riagaz et en mist dedans une escuelle ;... et depuis mist ladite Alemande tout chault par dessus, et le porta à sondit mary estant à table et lui fist manger, lequel Vassal dist qu'il estoit trop salé.*

* **ALIMELLA**, Lamina, Gall. *Alumelle.* Comput. MS. ann. 1239 : *Pro duobus soinis xxviij. sol. pro una Alimella xx. sol.* Vide supra *Alemella.*

¶ **ALIMENTARE**, Alere, Gall. *Alimenter.* Occurrit apud Rolandinum Patavinum de factis in Marchia Tarvisina lib. 7. cap. 12. Baluzium, tom. 2. Hist. Arvern. pag. 610. in Statutis S. Claudii auctoritate Nicolai V. PP. editis pag. 87. et alibi.

* Quæ vox, non ad ea tantum quæ victui; sed aliis omnibus, quæ usui necessaria sunt, applicatur. Testam. Guill. de Pratocomit. ann. 1360. in Reg. 3. Armor. gener. part. 2. pag. xiv. : *Volo quod.... idem Poncius Alimentetur in victu et vestitu per hæredes meos subscriptos, donec ætatis fuerit xviij. annorum.* Chron. Petri Azarii ad ann. 1362. apud Murator. tom. 16. Scrip. Ital. col. 361 : *Quod fratres in Christo eligerentur pro celebrandis divinis numero xxxij. et acquisitis possessionibus Alimentarentur pro victu et vestitu.* [** Vide Scævolam J. C. Dig. lib. 10. tit. 2. fr. 39, § 2, ubi *in Alimenta* data esse dicuntur, quæ *cibariorum et vestiarii nomine* data sunt. Javolenus Dig. lib. 34. tit. 1. fr. 6 : *Legatis Alimentis, cibaria et vestitus et habitatio debebitur, quia sine his ali corpus non potest.*]

¶ **ALIMENTATIO**, Alimentum ipsorumque alimentorum usus in Vita S. Gervini Centulensis tom. 1. Martii pag. 285. et apud Rymerum tom. 7. pag. 242.

ALIMIA, *Incorruptum quid ut unguen-*

tum. Ita Papias MS. Editus habet *Alivia.* [Verum legebat Capella *Alimma*, unde *Alimmata*, unctiones. Illi favet Glossarium Bituricense MS. quod habet *Altma*, *id est*, *incorruptum*, *etc.*]

¶ **ALIMONES**, Alumni, Gall. *Nourrissons*, forte, iidem qui apud Romanos *Alimentarii pueri.* Papias MS. Bitur. : *Alimonia; inde Alimones ab alimento quo nutriuntur dicti.*

* At in vet. Glossar. ex Cod. reg. 521. *Alimones* sunt *nutritores.*

ALIMONIA, Alimentum. Gregorius Turon. in vita S. Aridii pag. 215 : *Artemius ... opportune suggessit, ut Alimonia Fratribus parari deberet.* [** Vide Forcell. Lex. Forma vocis satis frequens in codice Theod.]

¶ **ALIMONIUM**, *Alendi cura.* Ita in Gloss. MSS. Sangerm. et apud Isid. Lib. 20. Orig. cap. 2.

¶ Ad Alimonia, Commeatui præfectus, seu annonæ viaticæ præfectus, Gall. *Commissaire des vivres.* Glossæ Latino-Græcæ MSS. *Ad Alimonia*, πρὸς τὰ ἐφόδεια.

ALIMOTUM. [Curia dominica, in qua judicantur lites vassallorum.] Vide *Halimotum.*

¶ **ALIMUTIA**, pro *Almutia*, Gall. *Aumusse.* Statuta Ecclesiæ Avenion. ann. 1341. apud Marten. tom. 4. Anecd. col. 566 : *Dum confessiones audiunt, semper maneant induti superlicio et Alimutia.* Vide *Almutium.*

* **ALINEAMENTUM.** Vide supra *Aligneamentum.*

* **ALINUS**, *Agger circa aquam.* Vocabul. compend.

¶ **ALIORUMÆ.** Vide *Alyrumnæ.*

* **ALJOUFAR**, Aljufar, Hisp. *Aljofar.* Minutiores margaritæ. Testam. Constant, Sancii ann. 1269. tom. 1. Probat. Hist. geneal. domus reg. Portugal. pag. 23 : *Mando donnæ Sanciæ filiæ suæ minori unam vittam et unum orale, cum sua ourela de Aljoufar.* Aliud reginæ Mafaldæ ann. 1256. ibid. pag. 33 : *Item sorori meæ donnæ Constantiæ mando.... tres cabos de-auro et Aljufar.* [** Arab. גוהר (djauhar), Gemma, margarita, lapis pretiosus.]

¶ **ALIPASMA**, Hadriano Junio in Nomencl. pag. 403. Edit. Francof. 1596. est *Pulvisculus qui oleo commistus inungitur ad cohibendos sudores.* Martinius in Lex. Phil. legendum censet *Lipasma;* λίπασμα enim *res est quæ pingue facit*, a λιπαίνω.

ALIPHANUS, *Scyphus parvus, habens parvum foramen ad modum vitri gutturati, et dicitur quasi alens infantes.* Breviloq. Vide *Alifani.*

ALIPHASIS. Charta Rudesindi Episc. Dumiensis æræ 930. apud *Yepez* in Chron. Ordin. S. Benedicti tom. 5 : *Plumatios digniores paleos* 10. *alios subminores* 8. *Aliphases vulturinos* 5. *almocallas morgomes* 6. *fatoles paleos* 2. Ubi *paleus*, est ex pallio, sericus : *almocala* pro *almucella.* Vide in *Almucia.* Sic passim voces depravantur in veteribus tabulis. [** Sª Rosa de Viterbo Elucidarii tomo 1. pag. 93 scribit *Alifafe, Aliphase* et *Alifase* esse Cervical, pulvinar quod capiti decumbentis supponitur. Donat. æræ 1092, Eccles. Conimbr. facta : *Et uno lenzo tiraz, et una almozala serica et Alifaf.*]

¶ **ALIPILARIUS**, δροπακιστής, *Qui unguentis corpus depilat.* Supplem. Antiquarii. Idem est qui Senecæ *Alipilus*, Servus scilicet in gymnasiis ad vellendos ab aliquibus corporis partibus pilos, ac præsertim alis adhibitus.

¶ **ALIPIMO**, πτερῶ, *Volo, alis utor.* Supplem. Antiquarii.

¶ **ALIPSON**, *est quando pro homine ingrato grata ponitur persona.* Ita Glossar. Bituric. MS.

* **ALIPTÆ**, Medicorum genus, qui et *Iatraliptæ* dicti, quorum ars in eo fuit posita, ut in hominum ac feminarum corpora colorem, vires, florem, venustatem, sanitatemque quibusdam unctionibus inducerent, servarentque. Vide Ant. Fr. *Gori* in Monum. sive Columbar. libertor. et servor. Liviæ pag. 128. Horum meminit Cicero epist. 9. lib. 1. Famil. : *Sed vellem non solum salutis meæ, quemadmodum medici, sed ut Aliptæ etiam virium et coloris rationem habere voluissent.* Vide *Aliptes.*

¶ **ALIPTES**, *Sculptor, vel plagarius, id est, plagas curans.* Ita Papias MS. Eccl. Bituricensis. Altera significatione a Latinis Scriptoribus usurpatum est : his enim *Alipta* vel *Aliptes* unctor erat athletarum in gymnasio. Græca vox ab ἀλείφω, ungo.

¶ **ALIPTICE**, Pars Medicinæ, quam unctores seu Aliptæ exercebant. Vide Hofmannum.

* **ALIPTICUM** Opus, Sculptum vel pictum. Andreas Floriac. in Vita MS. S. Gauzlini archiep. Bitur. lib. 2 : *Quæ* (ecclesia) *in melius constructa Aliptico scemate est eleganter deflorata.* Infra : *Fratrum refectorium Aliptico opere venustatum etc.* Vide *Aliptina.*

¶ **ALIPTINA**, *Sculpta, depicta.* Sic in MS. Bitur. mox laudato.

¶ **ALIQUALIS**, Quicumque, Gall. *Quelconque.* Item ullus, Gall. *Aucun.* Formulare Anglic. pag. 62 : *Ita vero, quod prædicti Prior et Conventus, nec successores sui versus præfatum Edmundum.... Aliqualem actionem... habere nequeant.* Item Quidam, Gall. *Quelque.* Compendium jurium et consuetud. Universitatis Paris. fol. 7. verso, per Robertum *Goulet : Nisi quod celebratis divinis officiis in collegiorum sacellis Aliqualis sed modica juvenibus... permissa est recreatio.*

ALIQUALITER, Ex parte, quodammodo, in Histor. Cortusiorum lib. 11. [Et in Concilio Vallis-Oletano ann. 1322. tom. 3. Collect. Conc. Hispan. pag. 564 : *Quosdam vero sic arcte custodiunt, ut eis victualia non possint Aliqualiter ministrari.*]

¶ **ALIQUANTALITER**, Eadem notione. Udalricus lib. 1. Consuetud. Cluniac. cap. 13 : *De vino quod tunc propinatur, nullus omnino præsumit abstinere, ut non Aliquantaliter gustet.*

¶ **ALIQUANTER**, Ead. significatione. Vita S. Guillelmi Politiensis tom. 2. Aprilis pag. 469. D : *Illi autem canditati parvuli Aliquanter ibi gloriati, ad superas auras evaserunt.*

¶ **ALIQUANTI**, pro *Aliquot*, Nonnulli, apud Ludewig. Reliq. MSS. tom. 6. pag. 58. et alibi.

ALIRUNNÆ. Vide *Alyrumnæ.*

ALISCARA, [Mulcta gravior.] Vide *Harmiscara.*

¶ **ALISIADO.** Fori Alcaçonenses æræ 1267 : *Qui crebantaverit brachium, aut oculum, aut dentem, pro utroque membro pectet* 100. *sol. Alisiado*, f. pro *Alisado*, quod apud Hispanos significat *politum, levigatum.* Nisi mavis mendum esse, et *Alisiado* legi pro *Alcaydo*, qui apud eosd. judex erat civitatis.

** **ALISORIUM**, *Cultellus sutoris.* Breviloq. [** Subula, procul dubio a Germ. Ahl-Jser i. e. Ahleisen, Ahle. Gallis *Alesne* ex eodem fonte itidem est subula. Adel.]

* **ALISTERIUM**, *Peteil*, in Glossar. Lat. Gall ex Cod. reg. 7692. Pistillum, nostris *Pilon.*

ALISTRARE, *Humectare*, in Glossis Isidori. [Vide *Alestrare.*]

* **ALITARIA**, *Fole fame*, in eod. Glossar. pro *Alicaria;* ut et in alio vet. Glossar. ex Cod. reg. 521 : *Alitaria, meretrix, quæ sequitur curias divitum.* Vide *Alitaris.*

ALITARIS, *Meretrix, quæ a scurris nutritur.* Breviloq.

ALITER, Male, perperam. *Aliter agere*, male, perverse, indecore. Phrasis familiaris Goffrido Vindocin. lib. 1. Epist. 7. lib. 2. Epist. 7. 8. lib. 3. Epist. 27. 41. lib. 4. Epist. 12. 47. etc.

ALITHINUS, Grec. ἀληθινός, Purpureus. Anastasius Biblioth. in S. Zacharia : *Simulque et vela serica Alithina quatuor.* Occurrit passim apud hunc Scriptorem in Vitis PP. pag. 122. 127. 131. 132. 139. 140. 142. 165. Edit. Reg. et in Hist. Eccl. pag. 95. Trebellius in Claudio, chlamydes purpureas *veri luminis* vocat. Alypius Antiochenus in Descript. Orb. cap. 17. § 12 : *Quomodo et Lydda purpuram Altinam.* Leg. *Alitinam.* Ita cap. 30 : *Purpuram bonam Alicem*, pro *Alitinam.* Epist. Michaëlis Balbi et Theophili Impp, ad Ludov. Pium apud Baron. ann. 824 : *Tyria duo, blattas veras duas, diarodina duo, etc.* Græca habuerunt ἀληθινάς. Myrepsus ait, rubiam τὰ ἀληθινὰ βάπτειν *vero colore inficere. Urina rubea Alythina*, apud Constantinum Afric. lib. 8. Pantechn. cap. 3. 5. Utuntur Græci recentiores crebro hac voce in hac significatione. Moschopulus MS. ad cap. 4. Agapeti : Βυσσός, τὸ κόκκινον βάμμα, ὅπερ λέγουσιν ἰδιωτικῶς τὸ ἀληθινόν. Hesychius : Κιννάβαρι, χρῶμα ἀληθινόν. Vide Salmasium ad Trebellium Pollionem.

¶ **ALITOR**, Decessor vel longe superior. Acta SS. Ordin. S. Benedicti sæc. 4. part. 1. pag. 588 : *Quamvis imperitia mea in posterum velut inscia literarum calumniabitur; tamen vis amoris domini antistitis Alitorisque mei Barnardi* (Vienn. Episcopi) *compellit me scribere virtutes nuper gestas.* In quem locum Mabillonius ait ; Ne quis putet hæc verba esse hominis, qui Barnardi fuerit æqualis; sciendum est hunc esse morem, ut sanctorum in aliqua dignitate successores, eos *Alitores* et *nutritores* suos vocent. Anastasius in Leone III. PP : *Fecit in Basilica B. Petri Apostoli nutritoris sui, etc.*

* Glossar. ex Cod. reg. 521 : *Alitor, idem quod medicus.* Vide supra *Aliptæ.*

¶ **ALITROPHAGI**, apud Amm. Marcellin. lib. 23. cap. 6. corrupte pro *Antropophagi.* Vide Salmas. ad Solin. pag. 989.

¶ **ALITTA**, *Venus ab Arabibus dicta*, in Amalthea, ex Glossario. [** Vide Herodotum lib. 3. cap. 8.]

* **ALITUDO**, *La graseza*, in Glossar. Lat. Ital. MS. Pinguedo, obesitas, abundantia, rerum copia.

* **ALITUTUS**, *Vermis volatilis*. Vocabul. compend.

¶ **ALIUBI**, pro *Alio*. Miracula S. Majoli Abb. Cluniac. tom. 2. Maii pag. 692. A: *Sic extinctam arripiens candelam et ad eam accendendam Aliubi portans, in medio itineris resumsit candela lumen claritatis.*

* **ALJUFAR**. Vide supra *Aljoufar*.

¶ **ALIUM**, pro *Allium*, Gall. *Ail*. apud Murator. tom. 8. col. 1133.

* **ALIVRAMENTUM**, Alivrare. Vide supra *Alibramentum* et *Alibrare*.

ALIVUS, vel Alinus, dicitur agger juxta aquam. Breviloq. [ab Armoricano *Liva*, Exundare, cui præponitur *A* privativum. Et certe agger aquam in alveo continet, cohibetque exundationes.]

ALIXONA, Charta Aldrici Episcopi Cenom. in ejus Vita num. 31: *Statuimus, ut accipiant supradicti Canonici et Fratres nostri de frumento optimo modios quatuor, et insuper de potione, quæ vulgo Alixona dicitur, modium unum, etc.*

¶ **ALIZARIÆ**, forte loca celtibus consita; celtis enim Gallis dicitur *Alisier*. Charta Willelmi Comitis Bitterrensis pro Monasterio S. Tiberii circa ann. 990. in Historia MS. ejusdem Monasterii pag. 24: *Guirpisco atque dimitto Domino Deo ipsam Ecclesiam S. Tiberii.... cum molinis et cum ipsos boschos, et cum ipsas Alizarias, cum ipsos pascarios de porcos et de oves.*

¶ **ALKALI**, species salis. Vide *Alcali*.

¶ **ALKEARE**, Testas viridi et glutinoso liquore linire. Locum vide in *Massacuma*.

¶ **ALKEMONIA**, pro *Alchimia*, Ars confeciendi argentum, apud Rymer. tom. 4. pag. 384. col. 1: *Cum datum sit nobis intelligi, quod Johannes le Rous et magister Willelmus de Dalby, per artem Alkemoniæ, sciunt metallum argenti conficere, et hujusmodi metallum ante hæc tempora fecerunt, et adhuc faciunt, et quod ipsi, per artem illam, nobis et regno nostro, per factionem hujusmodi metalli, multum prodesse poterunt, si id veraciter fieret, etc.*

¶ 1. **ALLA**, Cos, Gall. *Pierre à aiguiser*. Vide *Allo*.

2. **ALLA**, Modus agri. Vide *Acla*.

¶ **ALLABANDENÆ** Gemmæ. Chronicon Romualdi II. Archiep. Salern. apud Murat. tom. 7. col. 81. B: *Et angelos quatuor ex argento in pedibus quinque, ponderantes singuli libras CV. cum Gemmis Allabandenis in oculos, tenentes hastas fastigium ipsum, ponderantes libras duo millia* xxv. Vide *Alamandinæ*.

* **ALLABARDERIUS**, Miles *alabarda* armatus, hastatus, nostris *Halebardier*. Leg. reipubl. Genuens. ann. 1576. part. 2. cap. 7. tom. 2. Cod. Ital. diplom. col. 2194: *Habebit prætor sex Germanos milites, Allabarderios nuncupatos,.... qui et domi suæ pro foribus resideant, et eum egredientem continuo, publice et reverenter comitentur.* Vide supra *Alabarda*.

* **ALLA BARRA**, Voces seditiosæ, quibus ad arma provocatur. Enumerat. jurium comit. Biter. ann. 1252: *Sciderunt vestes quorumdam ipsorum, clamando alta voce, Alla Barra, Alla Barra, ad arma, ad arma, eamus ad hospitia proditorum, et tunc ibant per vias cultellis evaginatis.*

* **ALLABI**. Glossar. vet. ex Cod. reg. 7646: *Allabitur, ambulat, occurrit. Allapsa, caute veniens.*

¶ **ALLABO**. Vide *Scringæ*.

* **ALLACARIUS**, Rerum minutarum mercator, ut videtur; nisi legendum sit *Allocarius*, atque de iis intelligatur, qui *stalla* locabant. Regist. Cam. Comput. Paris. in Bibl. reg. Cod. 8406. fol. 180. v°: *Domania in præpositura Parisiensi.... De serperiis et Allacariis pro* VII^{xx}. *iiij. lib. per annum.*

* **ALLAGIA**, Sedes militibus attributæ ad hibernandum, Ital. *Alloggi, Alloggiamenti*. Pachimeres Hist. Mich. lib. 4. cap. 27: *Conflatur hic exercitus ex differentibus corporibus militum, quæ Allagia solent appellare, qui militarium vocabula ordinum lingua efferunt vulgari.* Ita Carol. de Aquino in Lex. milit. Consule Glossar. med. Græcit. v. ἀλλάγια, nisi idem sit quod supra *Alæ* 3. Vide *Allagium*, et infra *Allogiamenta*.

¶ **ALLAGIUM**, *Cursus publicus, Protallagator hujus magister*. Lex. Græco-Barb. In Amalthea ἀλλαγαί, loca mutandis equis publicis addicta; *Mutationes* in Cod. Theod. et Justinian. non semel. Vide *Mutationes* et Glossar. mediæ Græcitatis.

ALLAH, Vox Arabica, Deus. Charta Alboaçem Regis Mauri Conimbricensis ann. 734. apud Sandovallium in Rege Favila: *Si Christianus fuerit* (iverit) *ad mesquidam, vel dixerit male de Allah, vel Mahamet, fiant Maurus, vel matent eum.*

¶ **ALLAIA**, Legitima materiæ nummariæ conflatura, Gall. *Aloy*, Rymer. tom. 5. pag. 813: *Licet antiqua moneta Scotiæ ejusdem ponderis et Allaiæ, sicut fuit moneta nostra Sterlingi Angliæ, ante hæc tempora esse consueverit, propter quod in Regno nostro Angliæ habuit cursum suum; quia tamen quædam moneta dictæ antiquæ monetæ similis et conformis, quæ in pondere minor et Allaia debilior existit, in dicto Regno Scotiæ de novo est cussa, et in Regno nostro suum capit cursum, etc.*

ALLARE, a Gallico, *Aller*. Ire, iter facere, in Instrum. ann. 1452. apud. Marten. tom. 1. Anecdot. col. 1828.

¶ **ALLARGARE**, Ampliare, augere, Gall. *Elargir*. Statuta Massil. ann. 1253. MSS.: *Stratas publicas quæ sunt intra Massil. vel extra, si eas nimis strictas invenient, faciant eas Allargari secundum quod eis videbitur bona fide.*

ALLASSON, ex Græco ἀλλάσσων, Versicolor, qui subinde colorem mutat. Vopiscus in Saturnino: *Calices tibi Allassontes versicolores transmisi.* Vide ibi Salmasium.

* **ALLAT**, Divinitatis nomen apud Arabes et Judæos idololatras, ab Arabico *Allah*, Deus. Vide in hac voce. Tract. de Concord. vet. et nov. Test. apud Marten. tom. 9. Ampl. Collect. col. 180: *Scimus aliquid remansisse de idololatria illa, qua adorabant Jahot, et Jahoc, et Nuzara, et Allat, et Alozei, et Menna. Quidam enim ex eis erant Dii in similitudine virorum, quidam vero in similitudine feminarum.* [** Conf. Coran. Sur. 53. v. 19. edit. Fluegel. et Sale, *The Koran, preliminarg discourse*, pag. 23. edit. in 8ª forma.]

ALLATERARE. Vide *Adlaterare*.

* **ALLATINARE**, *Potare equum*, in Gloss. Fr. Barberini ann. 1296. ad *Docum. d'amore*.

* **ALLATO**, Orichalcum, nostris *Laiton*, olim *Laton*. Charta fundat. abbat. Aquilar. ann. 832. inter Probat. tom. 1. Annal. Præmonstr. col. 104: *Tuli inde..... unum calicem de argento, et unam crucem de Allatone, et duos ciriales de Allatone.* Vide *Lato*.

¶ 1. **ALLATURA**, Apportatio. Vita SS. Gervasii et Protasii tom. 3. Junii pag. 839. E: *Cives autem oppidi Brisach cum Salomone dicere possunt: Et venerunt nobis omnia bona pariter cum illa, videlicet venerabilium reliquiarum, Allatura: quia quamdiu apud eos fuerunt, multis periculis liberati sunt.*

¶ 2. **ALLATURA**, Mendum pro *Mallatura*, Publicus conventus in quo majores causæ disceptabantur. Charta Ottonis II. Imper. pr. Monasterio Farfensi apud Murat. tom. 2. part. 2. col. 479: *Concedimus ut nullus homo audeat respondere in Allaturam advocato ejus, et si aliquo tempore aliqua contentio contra idem Monasterium exorta fuerit, etc.* Vide *Mallus*.

* **ALLAUCCIBER**, Allauccumbere, voces Arabicæ. Tract. de Concord. vet. et nov. Test. apud Marten. tom. 9. Ampl. Collect. col. 180: *Majores* (Dii) *dicebantur Allauccumbere, unde et sermo iste derivatur in vobis Allauccíber, immolare eis pecora et camelos uno die pro unoquoque anno.* Ab Arabico *Allah*, Deus, et *Achar*, major. Vide Lex. Castel. et supra *Allat*.

* **ALLAVIUM**. Charta Ludov. VI. reg. Franc. ann. 1124. inter Instr. tom. 8. Gall. Christ. col. 324: *Omnem quoque decimam vini, et annonæ meæ et avenæ, quæ attinent ad Allavium vel granavium Pissiaci.* Hæc facile emendantur ex ead. Charta apud Marten. edita tom. 1. Ampl. Collect. col. 684. ubi legitur, *ad cellarium vel granarium Pissiaci.*

ALLEC, pro *Halec*, *pisciculus ad salsamenta idoneus, vel liquamen ex piscibus*, Papias. Gloss. Gr. Lat. ὀψάριον τεταριχευμένον, *Allec, Allex*. [*Madox* Formulare Angl. pag. 239: *Tria concessi... millearia siccorum Allectium.* Vide *Allecium*.]

* **ALLECIARIUS**, Pisciculorum, qui *Allecia* vocantur, venditor. Lit. ann. 1366. tom. 6. Ordinat. reg. Franc. pag. 408: *Per stallarios et stallarias, Allecíarios et Alleciarias, qui a dictis venditoribus dictos pisces emebant, et.... ad detaillium vendebant, etc.* Ita leg. ibid. pag. 407. *Alexiaria* pag. 405. Vide supra *Aleciarius*.

¶ **ALLECIUM**, Eadem notione qua Allec, in Tabulario SS. Trin. Cadom. fol 10. v°. et alibi.

ALLECTATIO, Illecebra. Acta Martyrum SS. Tharaci et Sociorum apud Baron. ann. 290: *Præses dixit: Verum quid loquor tecum in Allectatione? Tharacus dixit: Allectatio tua tecum sit.* Ubi *in Allectatione*, videtur sumi pro suaviter, dulciter, ab *allicere*, vel *allectare*, quod est *frequenter allicere*, apud Papiam.

* *Aachement*, eadem notione; unde *Aachier*, Illicere, in Bestiario MS. :

Car chil qui petite foy ont,
Et de fouble creanche sont,
Sont moult legier a acrochier
De celui qui seit Aachier.
Il leur fait un Aachement,
Qu'il primes eut moult doucement,
Comme d'aucun carnel delit....
Quant de chou les a Aachiés,
Tant qu'il les a moult enlachiés, etc.

Unde *Aēschier*, Inescare, Gall. *Amorcer*, in Poemat. reg. Navar. Cant. 61. tom. 2. pag. 150 :

Li Deable a getey por nos ravir
Quatre ameçons Aeschiés de torment..

ALLECTI, *Allectores*, λογογράφοι, veteri Glossatori apud Cujac. lib. 11. Observ. cap. 26. sic dicti, quod suscipiendis tributis fiscalibus *allegentur*, leg. 11. 12. et 13. Cod. Theod. de Suscept. præpos. et arcar. Eorum officium *Allegatio* in leg. 11. Cod. eod. *Allectura* in Lugdunensi Inscript. apud Gruterum pag. 375 : *L. Besio... Allectori Galliarum ob Allecturam fideliter administratam.* Occurrunt præterea apud eundem non semel *Allectores* pag. 245. et 471. Vide Sidon. lib. 5. Epist. 7. et ibi Savaron. et Jacob. Gothofredum ad leg. 13. Cod. Theod. de Susceptor. [** Vide Forcell. in voce *Allector*.]

¶ **ALLECTIUM**, Halec. Polyptych. Fiscamnense ann. 1235 : *Quamdiu harengarie duraverint, singulis diebus, quibus ostiarius coquine Allectia recepit, debet habere unum galonem vini.*

¶ **ALLECTIVUS**, Illecebrosus, Gall. *Attraiant*. Madox Formulare Angl. pag. 321 : *Mentes fidelium ad pietatis et caritatis opera per Allectiva indulgentiarum munera excitamus.*

* Charta Philip. Pulc. ann. 1308. in Lib. rub. Cam. Comput. Paris. fol. 552. r°. col. 1 : *Hortationibus sedulis et persuasionibus Allectivis inducere studeas, etc.*

* **ALLECTORIUM**, f. Theca calamaria, Gall. *Ecritoire*. Reg. Phil. Aug. in Chartoph. reg. sign. 34. bis, part. 1. fol. 3. r°. inter jocalia regis recensentur *ij. botoni auri, ij. zonæ argenti, ij. caniveti argenti, j. Allectorium*. Rursus fol. 3. v° : *ij. botoni aurei et ij. zonæ argenteæ, ij. caniveti argentei, j. Allectorium*. Vide *Allecti*.

* **ALLEGABILIS**, Qui in argumentum allegari potest, Gall. *Que l'on peut alléguer, citer*. Probus ad Pragmat. Sanct. tit. de caus. § nec ad quæcumque in verbo med. ad calcem : *Liber feudorum non est Allegabilis in Gallia, tanquam extera lex.*

* **ALLEGALARE**, Ad legem seu archetypum conferre, idem quod supra *Alialare*. Stat. civ. Astæ cap. 11. pag. 17 : *Ordinatum est quod omnes et singuli de civitate Astensi,.... qui aliquid vendunt aut de cetero vendiderint... ad balantias, vel stateram, ad marchum vel libram, vel aliquod aliud pondus, teneantur ipsas balantias, stateram, marchum et libram, quodlibet aliud pondus signari et Allegalari facere per officiales communis Astensis ad hoc deputatos.... Et possint capere pro signatura et Allegalatura prædictorum, secundum quod capi consuevit.*

¶ **ALLEGANTIA**, Confœderatio. De rebus Leodiens. auctore Adriano de Veteribusco apud Marten. tom. 4. Ampliss. Collect. col. 1274 : *Iste fuit missus ad faciendum Allegantias cum Leodiensibus.* Vide *Allegare* 2. et *Alligantia* 1.

¶ **ALLEGANTIÆ**, Idem quod infra *Allegationes*, sed ad pravum sensum, ut videtur, detortæ, apud Rymer. tom. 13. pag. 233. col. 2 : *Confœderationes, impetitiones, deceptiones, extortiones, imbraciarias, indebitas prolationes verborum, manutenentias, cambipartias, falsitates, Allegantias, captiones feodorum vel regardorum, etc.*

¶ **ALLEGANTIARUM** *civitatis et patriæ litteræ*, Eæ litteræ, ut videtur, quibus civitate aliquis donatur, Gall. *Lettre de Naturalité*. De rebus Leodiens. autore Adriano de Veteri-busco Monacho S. Laurentii apud Marten. tom. 4. Ampliss. Collect. col. 1270 : *Postulavit etiam* (Carolus de Baden) *Litteras Allegantiarum civitatis et patriæ, pro se et amicis suis, et fuerunt sibi concessæ.* Ibidem paulo post vocantur *Litteræ Allegationum.*

1. **ALLEGARE**, Latinis Scriptoribus, est Mittere, vel aliquem legare ad alium. Papias : *Allegare, Mittere, mandatis instruere.* S. Augustinus Epist. 159 : *Ad eum quoque litteras dedi, quas rogo ut ipse illi tradere, et Allegare, si opus est, non graveris.* Adde S. Ambros. Epist. 32. *Allegare testes*, producere in jure; *Allegare preces*, supplicare per scriptum, quod ad judicem seu Principem mittitur. Gloss. Gr. Lat. ἱκεσίαν προσφέρω, *Allego*. Gloss. Lat. Gr. *Adlegat*, παρατίθεται μάρτυρας; δεήσεις προσκρίνει, προσαγγέλλει. Apuleius in Apol. : *Tacitas preces Deo Allegasti.* Cæsarius Arelatens. Serm. 12 : *Si apud aliquam personam potentem velles aliquam causam Allegare necessariam, etc.* Optatus lib. 3 : *Cum easdem preces apud Africanos judices Allegarent.* Ubi observanda loquendi formula, *apud judices*; inde enim alia orta : *Donationum instrumenta apud acta Allegare*, in leg. 3. Cod. Theod. de Donat. (lib. 8. tit. 12.) pro *in acta referre*. Qui enim actis publicis rem, a se factam vel impetratam, inseri curat, *apud acta allegat*. Sed et *gestis Allegare* dixerunt. Testamentum S. Hadoindi Episc. Cenomanensis : *Et ibi testamentum meum cum apertum fuerit, vobis prosequentibus, apudque publica gestis municipalibus faciatis Allegare.* S. Augustinus Epist. 158 : *Si necesse fuerit, etiam gestis jubete Allegari Epistolas meas.* Papianus lib. Responsor tit. 2 : *Donatio... si gestio fuerit Allegata.* Et alibi passim. *Allegatis gestis inserta* in lege 3. Cod. Theod. de Hæretic. (lib. 16. tit. 5. c. 37.) *Allegationis gesta*, apud eundem Augustinum l. 2. contra Petilianum cap 97. Adde cap. 83. 92. l. 3. cap. 57. *Donationes solenni gestorum Allegatione firmare*, apud eumdem Papianum tit. 24. [** Vid. Marini Pap. Dipl. pag. 275. not. 15.]

Alligare, interdum pro *Allegare*. Charta ann. 1032. apud Columbum de San-Rufensibus Canonicis : *Tempus legis istius donationis causa non sine gestorum testificatione valebat, nunc vero post hanc legem nec quælibet donatio valere potest, si gestibus fuerit Alligata.* Charta Vindiciani Episcopi Atrebat. apud Baldricum lib. 1. cap. 25 : *Lex priscorum quoque exposcit auctoritatem, ut quicunque voluerit de rebus suis propriis vendere, cedere, condonare, suum strumentum secundum legem Salicam licentiam habeat Alligare.* Primum Testamentum Widradi Abbatis Flaviniac. : *Quam manu mea propria subterfirmavi, et bonorum hominum signis, vel Alligationibus roborandam decrevi.* [** Vide *Allegatio*.] Adde Gregor. M. lib. 2. Ind. 10. Epist. 9. lib. 7. Ind. 1. Epist. 6. Ind. 2. Epist. 72. 86. lib. 10. Epist. 12. lib. 12. Epist. 10. Chartam veterem apud Doubletum p. 739. et Marculfum lib. 2. form. 27. ubi habetur formula ejusmodi *allegationum*, et in acta publica donationes aut testamenta referendi.

Allegationes partium, in leg. 2. C. de Relationibus, (lib. 7. tit. 61) leg. 11. Cod. Theod. de Appellat. (lib. 11 tit. 30) rationes, quas reus et actor producunt. Gloss. Grec. Lat. : Διδασκαλία πράγματος, *Allegatio, instructio*. Δικαιολογία, *Allegatio*; hinc nata nostris vox familiaris, *Alleguer*, de eo qui instrumenta, vel testes, vel rationes pro suo jure tuendo profert. [** Vide Paul. lib. 1. tit. 12. § 6. Vatic. Fragm. § 273. Dig. lib. 48. tit. 18. fr. 1. § 26. lib. 4. tit. 4. § 17.]

Allegationes, pro legatis in acta publica relatis, apud Anastasium in S. Julio PP. : *Donationes, commutationes, vel traditiones aut testamenta, vel Allegationes, etc.* quo sensu *allegare* usurpat Flodoard. in Gestis PP. in Zachar. :

Allegata sacris locupletia prædia cedunt.

Idem in Stephano II :

Sicque Duci sese Allegans, fidoque patrono.

i. se ei committens, donans. Tradit. Fuld. lib. 3. cap. 1 : *Warmundus... quædam beneficia in Wiggeres... in manus Gerboldi Comitis de Hennaberg ea lege Allegavit, ut eadem beneficia et mancipia in altari S. Bonifacii in Fulda pro remedio animæ suæ fratribus ejusdem Ecclesiæ in recordationem anniversarii ipsius delegaret.*

Allegatores, in Charta ann. 1207. apud Catellum in Comitib. Tolos. p. 230. videntur dici sponsores, vades, etc.

¶ Allegare Contractus. Charta Milonis domini Noyeriorum pro fundatione Marciliaci ann. 1239. inter Instrum. novæ Gall. Christ. tom. 4. col. 100. C : *Concedunt dicti Buretus et Maria ejus uxor Abbatissæ et Conventui supradictis omne jus Contractus Allegandi recipiendi et retinendi quoscumque et unde cunque venientes in mansis et locis suis.* Vix intelligi potest hic locus de jure referendi contractus in acta publica; ne vix quidem de jure producendi eosdem contractus, ubi jus agitur; quare fere suspicarer *Allegare contractus* hic idem esse, quod iisdem acceptis uti tamquam suis. [** Vide *Allegare*, 2.]

2. **ALLEGARE**, Ligare, sacramento sibi devincire, in suam *Ligam* trahere : Italis, *Allegare, far lega*. Benno Cardinalis in Vita Gregor. VII. PP. : *Clericos et Laicos juramentis Allegavit, ne ulla ratione, ullo tempore condescenderent in causa Regis.* [Vide *Allegantia* et *Allegatus*.]

* **ALLEGATIO**, Subscriptio, nota quævis propria manu descripta. Formul. Lindenbr. 72. apud Baluz. tom. 2. Capitul. col. 531 : *Quam* (paginam) *manu mea propria subterfirmavi, et bonorum hominum signis vel Allegationbus roborandam decrevi.* Eadem formula rursum occurrit ibid. col. 573. [** Vid. *Alligare* in *Allegare*, 1.]

ALLEGATUS, Confœderatus, nostris *Allié*; quasi fœdere invicem *ligatus*, hinc etiam *Alliance*, vox Gallica pro *parentela*, seu cognatione, qua cognati et agnati invicem alligantur. Vide V. Cl. Ægid. Menagium in Orig. Ital. Lewoldus Northovius in Chronico Markano ann. 1347 : *Inter Episcopum et cives Leodienses et ipsorum Allegatos pax est facta*. Vide *Allegare*, 2.

¶ **ALLEGIANTIA**, Idem quod *Ligeitas*, *ligiantia*, fides quæ a vassallo domino feudi præstatur. Charta ann. 1551. apud Rymer. tom. 15. pag. 259 : *In consideratione Allegiantiæ et debitæ obedientiæ suæ, annuere et consentiri volentes, etc.*

ALLEGIARE. Vide *Adlegiare*.

* **ALLEGIUM**, Navigium, in quod *alleviandæ* navis gratia, merces transportantur, nostris *Allege*. Stat. Genuens. lib. 4. cap. 16. pag. 121 : *Navigia quæ jactum fecerint, appulsa ad locum destinatum exonerentur primo, et ante alia, etiamsi alia prius appulissent, sine præjudicio solitorum Allegiorum, si eo in loco aderit ordo exonerandi*. Vide supra *Alegium*.

* **ALLEGORIUM**, *Altum verbum legis*, *inquisitum*. Glossar. vet. ex Cod. reg. 7646. [** Gloss. ex cod. reg. 4778 : *Allegoricum*, ut ex Placido.]

¶ **ALLEGORIZARE**, Allegoriis uti. Iren. lib. 3. 12 : *Dicta Allegorizanda*. Vita S. Columbæ Reatinæ tom. 5. Maii pag. 334. D : *Oliva quidem, sicut Allegorizat Doctor sanctus, misericordiam significat*. [** V. Forc. Lex.]

* **ALLEGURRIRE**, Degustare. Glossar. in cod. reg. 7646 : *Allegurrit, degustat*.

* **ALLEIA**, ALLEYA, a Gall. *Allée*, Andron, porticus. Charta ann. 1385. in Chartul. Richardi abb. S. Germ. Prat. fol. 89. v° : *Concedimus.... Alleiam aut aditum in alto ex transversa dicti vici parvorum camporum, pro eundo de dictis domibus sic admortizatis ad domum seu domos dicti magistri Michaelis, quas habet et possidet ex altero latere dicti vici*. Charta ann. 1339. ex Tabul. colleg. Lombard : *Duæ domus.... facientes cuneum dicti vici in buto superiori, abotissando de retro uni parvæ viæ sive Alleyæ non transeuntis, Gallice vocatæ la Rue orbe*. Ubi pro Angiportu, Gall. *Cul-de-sac*, usurpatur.

* **ALLEIARE**, Alleviare, exonerare, Gall. *Alleger*. Lit. Phil. Pulc. ann. 1309. tom. 2. Ordinat. reg. Franc. pag. 159. art. 11 : *Mercaturas, quas dicti mercatores tradent et liberabunt per compotum batellariis, Alleiaendo naves pro veniendo de Lota apud Harefleu, etc.* Ubi *Alleviando* legerat Cangius. Vide supra *Allegium*.

¶ **ALLEIUM**, Lex, intrinseca bonitas auri vel argenti, Gall. *Alloy*. Edictum Philippi IV. Franc. Regis ann. 1295. tom. 1. Ordinat. Reg. pag. 325. et 326 : *Aliquantulum deerit de pondere, Alleio seu lege, quam prædecessores nostri... consueverunt in monetarum fabrica observare*. Edictum Johannis I. ann. 1353. ibid. tom. 2. pag. 551 : *C'est à sçavoir que vous faciez donner en chascun marc d'argent Allaié à trois deniers cinq grains cent dix sept sols Tournois, et en tout autre marc d'argent Allaié à deux deniers de loy argent le Roy, et au dessoubz, cent dix sols Tournois*.

ALLELUIA. Vox Hebraica, quæ, *Laudate Deum*, vel potius *Dominum*, significat, unde Amalario lib. 4. cap. 48. dicitur *ad gaudium et laudem pertinere*. Gloss. Græc. MS. Regium Cod. 1673 : Ἀλληλούϊα, αἶνος τῷ ὄντι θεῷ, ἢ αἰνεῖτε τὸν Χριστόν. S. Augustinus Serm. 1. de Divers. cap. 1 : *Nostis, quia Alleluia Latine dicitur, Laudate Deum*. Sic Serm. 5. cap. 9. Serm. 6. cap 9. Arnobius Junior in Psalm. 104 : *Alleluia in isto Psalmo principium sumpsit, quam qui interpretantur, Gloria Deo Creatori omnium, verum dicunt*. Sed de vocis significatione, et ejus usu in Ecclesiasticis officiis multa suggerunt Scriptores de Divinis Officiis; præterea Baron. ad Martyrol. 22 April. et in Annal. ann. 384. n. 22. Binius ad Concil. Tolet. IV. can. 11. Haeftenus lib. 7. Disq. Monast. tract. 8. Disq. 1. et alii. [Constantius tom. 1. Epistolarum Romanorum Pontificum pag. 613. et seqq. unde mutuabor illud, quod ab Hieronimo refertur in Epitaphio Fabiolæ, moribus nostris prorsus absonum : Cum ad celebrandas illius exequias Urbs tota cucurrisset *Sonabant*, inquit, *Psalmi, et aurata templorum reboans in sublime quatiebat Alleluia*.]

ALLELUIA CLAUSUM, quando in sacris liturgiis desinit cantari. Regula Magistri cap. 28 : *A Pascha usque ad Pentecosten non licet jejunare, quia Sabbatum Paschæ claudit tristitiæ jejunia, et aperit lætitiæ Alleluia : et Sabbatum Pentecostes claudit Alleluia et aperit jejunia : sed Ecclesiis clauditur Alleluia; nam Monasterio quasi in peculiari servitio Dei Alleluia usque ad Epiphaniam per modum Psalmorum constitutum aperta a servis Dei psallitur Domino*. Vetus Placitum sub Guillelmo I. Rege Angliæ apud Seldenum ad Eadmerum pag. 199 : *Ab illo die, quo clauditur Alleluia, usque ad Octavas Paschæ, etc.* Petrus *de Fontaines* in Consilio a nobis edito cap. 5. § 6 : *Sairemens cesse dés le commencement de l'Avant, duskes à lendemain de la Teffaigne, et deske l'Alleluie clost, jusques à la quinzaine de Pasques*. Charta Gallica ann. 1282. in Hist. Monast. S. Mariæ Suession. : *Et si volons... que toutes les Dames et les Renduës qui après l'Auleluie se saineront, aient leur sainiez ainsi come en autre tans*. In omnibus autem Ecclesiis Alleluia cantari a Paschate ad Pentecosten, auctor est S. Augustinus Epist. 86. 119. et Serm. 5. de Divers. cap. 9. sed extra Paschale tempus Damasum PP. in Ecclesia Romana instituisse, ut caneretur certis temporibus, auctor est Gregorius M. lib. 7. Epist. 63. uti illius verba capienda censet Baronius. Unde et in Dominicis, quæ sunt ab octava Epiphaniæ usque ad Septuagesimam, et in Dominicis, quæ sunt ab octava Pentecostes usque ad Adventum, cantatur, ut observat Durandus lib. 5. cap. 4. n. 5.

[☞ De singularibus pro *Alleluia claudendo* ceremoniis in quibusdam Ecclesiis olim solitis adhiberi, hæc non indigna scitu refert Epistola, quam nobis exhibet Mercurius Gallicus mensis Decembris ann. 1726. Inter Statuta Tullensis Ecclesiæ sæculo XV. in unum collecta, Statutum XV. inscribitur : *Sepelitur Alleluia*, atque de modo illius sepeliendi hæc addit : *Sabbato Septuagesimæ in Nona conveniant pueri chori feriati in magno vestiario, et ibi ordinent sepulturam Alleluia. Et expedito ultimo Benedicamus, procedant cum crucibus, tortiis, aqua benedicta et incenso, portantesque glebam ad modum funeris, transeant per chorum et vadant ad claustrum ululantes usque ad locum ubi sepelitur : ibique aspersa aqua et dato incenso ab eorum altero, redeunt eodem itinere*. Ludicra hæc pompa, inquit Auctor Epistolæ laudatæ, in memoriam revocat consuetudinem alteram multo magis jocularem. In quadam Ecclesia Cathedrali non longe Parisiis distante, choralis puer, si vera est narratio, turbinem, vocabulo *Alleluia* aureis characteribus exarato, circumvolutum per plana chori sola versabat verbere ad usque integram e choro expulsionem. Hæc ibi de exsilio vocis *Alleluia*.

☞ Honorificentius vale illi dictum est in Ecclesia Autissiodorensi, eique integrum consecratum fuit officium, quod locum habuit officii Dominicæ Septuagesimæ a primis Vesperis ad matutinas saltem Laudes ipsius Dominicæ. Illud officium ex libris Liturgicis ejusdem Ecclesiæ et diœcesis circa sæculum 13. manu exaratis eruit sagacissimus veterum monumentorum indigator Dominus *Le Beuf*, Ecclesiæ Autissiod. Canonicus et Succentor, et nobiscum amice communicavit. Integrum hic referre visum est, speramusque Lectori rerum singularium curioso non fore injucundum.

ALLELUIATICUM OFFICIUM

SABBATO IN SEPTUAGESIMA

AD VESPERAS.

ANTIPH. Alleluia, Alleluia, Alleluia.

CAPITULUM. Benedictus, etc.

HYMNUS.

Alleluia dulce carmen,
Vox perennis gaudii.
Alleluia laus suavis
Et Choris Cœlestibus,
Quam canunt Dei manentes
In domo per sæcula.
Alleluia læta Mater
Concivis Jerusalem,
Alleluia, vox tuorum
Civium gaudentium,
Exules nos flere cogunt
Babilonis flumina.
Alleluia non meremur
In perenne psallere,
Alleluia vox reatus
Cogit intermittere;
Tempus instat quo peracta
Lugeamus crimina,
Unde laudanda precamur,
Te beata Trinitas,
Ut tuum nobis videre
Pascha det in Æthere,
Quo tibi læti canamus
Alleluia perpetim. Amen.

℣. Vespertina Oratio, etc.

Ad MAGNIFICAT Antiph.

Mane apud nos hodie Alleluia, Alleluia, et crastina die proficisceris Allel. Allel. Allel. Et dum ortus fuerit dies ambulabis vias tuas Allel. Allel. Allel. Allel.

ORATIO.

Deus qui nos concedis Alleluiatici cantici deducendo solempnia celebrare, da nobis in æterna beatitudine cum sanctis tuis Alleluia cantantibus perpetuum feliciter Alleluia posse cantare. Per Dominum, etc.

AD MATUTINUM.

INVITATORIUM. Allel. Allel. Allel. Allel. Allel. Allel.

HYMNUS. Alleluia dulce carmen, etc.

In I. Nocturno, ANT. Allel.

℣. Memor fui nocte, etc.

LECTIO I. In principio creavit Deus, etc.

℟. Alleluia. Dum præsens est invitantur illam, et desiderant illam dum se eduxerit; * Et in perpetuum coronata triumphat ante Dominum, Alleluia.

℣. In amicitia illius delectatio bona, quoniam immortalis est in conspectu illius. * Et in perpetuum, etc.

℞. 2. Multiplicentur a Domino anni tui Alleluia; per viam sapientiæ incedas, * Et per semitam justitiæ revertaris ad nos, Alleluia, Allel.

℣. Sola namque tenes principatum in conspectu Domini, propterea revertere in thesauros tuos. * Et per semitam, etc.

℞. 3. Alleluia sola tenes principatum in conspectu Domini, propterea revertere in thesauros tuos, te benedicant Angeli, * Quia placuisti Domino, Allel. Allel.

℣. Angelus Domini bonus comitetur tecum, et bene disponat itinera tua. * Quia, etc.

In II. Nocturno. Ant. Allel. Alleluia.

Sequuntur Lectiones e Genesi.

℞. 5. Angelus Domini bonus comitetur tecum, Alleluia, et bene disponat itinera tua : * Ut iterum cum gaudio revertaris ad nos, Alleluia, Allel.

℣. Multiplicentur a Domino anni tui, per viam sasapientiæ incedas : * Ut iterum, etc.

℞. 5. Alleluia, Revertere in thesauros tuos : * Te benedicant Angeli, Alleluia.

℣. Sola namque tenes principatum in conspectu Domini, propterea revertere in thesauros tuos : * Te benedicant, etc.

℞. 6. Alleluia, Delectatio bona in operibus manuum illius, * Divitiæ multæ, Allel. Allel.

℣. Speciosa facta es, et suavis in deliciis multis. * Divitiæ multæ, etc.

In III. Noct. Ant. Alleluia.

Homilia in Evang. Simile est Regnum, etc.

℞. 7. Nomen bonum melius est quam divitiæ multæ, * Super aurum et topazion gratia bona est, Alleluia, Alleluia.

℣. Quam dulcia faucibus meis eloquia tua Domine, super mel et favum ori meo. * Super, etc.

℞. 8. Alleluia, Judica judicium meum et redime me, Alleluia, a calumniantibus me. * Alleluia.

℣. Vide humilitatem meam, et eripe me quia legem tuam non sum oblitus. * Alleluia.

℞. 9. Alleluia, Mane apud nos hodie et cras proficisceris, Alleluia; * Et dum ortus fuerit dies ambulabis vias tuas, Allel. Allel.

℣. Angelus Domini bonus comitetur tecum, et bene disponat itinera tua. * Et dum, etc.

IN LAUDIBUS.

Ant. Omnes sumus sitientes Alleluia, Alleluia. Psal. Dominus regnavit. Jubilate. Deus.

Ant. Benedicat terra Dominum et omnia nascentia in ea hymnum dicant, Allel. All. Cant. Benidicite.

Ant. Alleluia, Sola tenes principatum in conspectu Domini, propterea revertere in thesauros tuos, te benedicant Angeli, Allel. All. Psal. Laudate.

Capitulum, Hymnus, Antiph. ad Benedictus, ut supra in I. Vesperis.

Nihil pro secundis Vesperis et aliis Horis annotatur. Psalmus autem *Laudate* in Laudibus hoc cantabatur ritu :

Alleluia, Laudate Dominum de cœlis, laudate eum in excelsis, Alleluia.

Laudate eum omnes Angeli ejus, laudate eum omnes virtutes ejus, Alleluia, Alleluia.

Laudate eum sol et luna, laudate eum stellæ et lumen, Alleluia, Alleluia, Alleluia.

Ubi vides 1°. versui addi semel *Alleluia*, bis secundo, ter sequenti, et sic de cæteris. Qui ritus etiam in Monasterio S. Germani Autissiod. servabatur ætate Herici, id est, nono sæculo, ut testatur ipse c. 10. Libri primi de Miraculis S. Germani.

In ejusdem ævi Missali ad usum Ecclesiæ Autissiodor. notatur pro Oratione 1. Collecta *Deus qui nos Alleluiatici, etc.* et pro 2. *Preces populi, etc.*

Hic autem ritus et officium in Ecclesia Autissiodorensi postea translata sunt a die Dominica in Septuagesima, ad diem festum S. Stephani 26. Decemb. ut videre est in Antiphonalibus 14. et 15. sæculi.]

Alleluia Dominicalia, Quæ diebus dominicis cantantur, apud Honorium Augustod. lib. 4. cap. 98.

Alleluia duplex, quod repetitur, ac bis dicitur. Vide Durandum lib. 6. cap. 89.

Alleluia, in clamore bellico pronunciatum testantur Constantinus de Vita S. Germani lib. 1. cap. 19. apud Surium tom. 4. Ado Viennensis in Chronico, ubi de eodem S. Germano, et Ordericus Vitalis lib. 12. pag. 887.

* Alleluia *quod dicitur Baha*, id est, cum pneumate seu *jubilo*, ut aiunt, repetendo scilicet a, a, cum certa modulatione. Ordinar. vetus MS. eccl. Camerac. ad missam Dominicæ. 1. in Adventu : *Alleluia cantatur a duobus dominis in pulpito, epistola et evangelium similiter in pulpito. Post Alleluia, cantor incipit Alleluia, quod dicitur Baha, et cantatur a choro alternatim ad modum sequentiæ.... Alleluia, Veni, Done; sine Baha.*

* Alleluia, femin. gen. in Bulla Benedicti VIII. PP. ann. 1023. in Append. ad Marcam Hispan. col. 994 : *Ut si prædicta festivitas evenerit, postquam dimissa fuerit Alleluya, etc.* Sic et nostri *Alleluie* dixerunt. Mirac. MSS. B. M. V. lib. 3 :

Il n'est sequense, n'Alleluie,
Bele note, ne Kyriele,
Tant soit plaisans, ne tant soit bele,
Que trop n'anuit, s'ele trop dure.

* Alleluia, Pulpitum, ubi *Alleluia* cantari solet. Arest. ann. 1343. 6. Mart. in vol. 2. arestor. parlam. Paris. : *Cum lite et causa pendente in curia nostra inter episcopum Tornac. et decanum et capitulum Tornac. super facto et occasione cujusdam ostii, existentis in Alleluya et descensu contiguo capellæ episcopali etc.* [** f. Alleya.]

* 2. **ALLELUYA**, *Panis cuculi, est herba acetosi saporis, species trifolii videtur, in unguento viridi cyrugicorum reperitur.* Glossar. medic. Simonis Januens. ex Cod. reg. 6959. Vide Menag. Diction. etymol. ubi a voce *Juliola* hanc corrupte efformatam docet. [** Germ. Sauerklee. Lat. alias oxytriphyllon, planta *Alleluia* vocata, quia floret, quo tempore Alleluia frequentius in templis cani consuevit. Adel.]

¶ **ALLELUIARE**, Dicere vel cantare cum adjuncto *Alleluia*, in plerisque Breviariis 200. vel 300. annorum, ut in Autissiodorensi ejus ævi ubi habetur : *Responsoria ad horas Alleluiantur propter præsentiam corporum.*

¶ 1. **ALLELUIARIUM**, Versus Psalmorum quibus *Alleluia* præponitur. Eucholog. Græc. p. 102.

* 2. **ALLELUYARIUM**, Liber, in quo *Alleluia* continentur. Inventar. MS. libr. eccl. Camerac. ann. 1355 : *Item Alleluyarium per anni circulum notatum.* Chartul. eccl. Carnot. : *Unum missale, duo gradalia,.... duo Alleluyaria, etc.*

¶ **ALLELUIATICA**, Antiphona temporis Paschalis, quæ vel solo constat vocabulo *Alleluia*, vel quæ constat eadem voce, sed aliis verbis inserta vel addita, sive id fiat semel tantum, sive pluries. Cod. MS. Rituum Eccl. B. Mariæ Deauratæ Tolos. : *Incipiuntur Vesperæ regulares et dicitur super Psalmos antiphona Alleluiatica ; Psalmus, Dixit Dominus cum tribus seqq.* Et infra : *Non dicuntur Alleluiatice, sed solum Antiphona, et in ultima reyteratione dicuntur omnia tam antiphona quam Alleluiatica.* Rursum infra : *Dicuntur sine Alleluiaticis... ad Nocturnos, Laudes, et ad Horas diei dicuntur pro antiphonis Alleluiaticæ.* Et in Breviar. Sarisber. : *Antiphonæ Alleluiaticæ Paschales dicuntur super Psalmos.*

* Ordinar. eccl. Lugdun. MS. : *De Alleluyaticis. Dominica prima post octavas Paschæ ad missam dominicam, officium,* Misericordia Domini, *primum Alleluya,* Dominus regnavit; *secundum Alleluya,* Jubilate; *super septimanam, una die unum, altera die aliud : et sic sit per omnes alias septimanas.* Infra : *De Alleluyaticis, quæ dicuntur post octavas Pentecostes, in Laudibus. Post octavas Pentecostes dicuntur Alleluyaticæ seriatim; sed Dominica prima post festum S. Joannis Baptistæ, dicitur Alleluya,* Innuebant.

¶ **ALLELUATICÆ** Exsequiæ, Idem quod supra, *Alleluia clausum.*

¶ **ALLELUIATICA** Gaudia, Jubilus et lætitia collaudantium Deum. Paschasius in Vita S. Adalhardi Abbatis inter Acta SS. Benedict. sæc. 4. part. 1. pag. 344 :

Desine plura soror tu, mater ait Galathea.
Ista quidem inspecta, melius tum forte canemus,
Cum paradisus ovans nobis quoque sorte virebit.
Hactenus agrorum flores et lilia carpe,
Donec alleluiatica circum gaudia ridant. (Sic)
Sparge viam violis, virtutum floribus arva,
Pinge rosis callem, plateis lilia sterne.

ALLELUYATICE, Cum *Alleluya.* Ordinarius MS. Eccles. Rotomag. : *Responsoria de Horis Alleluyatice dicantur.*

¶ **ALLELUIATICI** Psalmi, Qui pro titulo habent *Alleluia.* Vide *Psalmi Alleluiatici.*

ALLELUIATICUM. Gregorius Turon. de Vitis Patrum cap. 6 : *Alleluiatico cum Capitello expleto.* Regula S. Aureliani : *Binos Psalmos cum suis Alleluiaticis dicant.* Zixilanes Episcopus Toletanus in Vita S. Ildephonsi Episcopi Toletani n. 3 : *Psallebat* (Clerus) *Alleluiaticum, quod ipse Domnus Ildefonsus nuper fecerat : Speciosa facta est, Alleluia.* Vide *Psalmi Alleluiatici.*

Alleluiaticum Melos. Victor Uticensis : *Lector unus, pulpito sedens, Alleluiaticum melos canebat.* Alcuinus de Officiis divinis : *Unde et in Officio Missæ earumdem vigiliarum festivum Alleluiaticum melos intermittimus.* Ἀλληλουϊαρίαι λιταὶ, in Synodo Trull. cap. 75. *Alleluiaticum Invitatorium, Alleluiaticæ Antiphonæ,* quæ per *Alleluia* clauduntur apud Joannem Episcop. Abrincensem de Offic. Ecclesiast.

¶ **ALLELUIATUS**, Cui additur *Alleluia*, in Micrologio cap. 59.

* Stat. synod. eccl. Carcass. ann. 1315. ex Cod. reg. 1613 : *Ab octabis Paschæ usque ad festum Pentecostes, amodo dicantur die qualibet in matutinis tres psalmi de matutinali, cum tribus antiphonis Alleluyatis.*

ALLEN, Vox, quam Ludovicus II. Dux Burbonensis pro symbolo usurpavit; quæ characteribus aureis transversarie exarata legitur in scuto argenteo, in Oratorio, quod superiori Castelli Molinensis Capellæ adjacet, et in Capella Burbonensi ad Luparam, Lutetiæ : quod quidem symbolum dimisit postea, viceque illius hocce verbum usurpavit : ESPÉRANCE. Vide Orronvillam in Vita ejusdem Ludovici cap. 3. et Favynum in Theatro Honoris pag. 767.

ALLENÆ, *Corrigiæ frænorum.* Papias.

* **ALLENALIS.** Cultellus Allenalis, Pugiunculus, sica ad instar subulæ, nostris olim *Alenas.* Vide supra *Alenacia.* Statut. ann. 1351. ex Tabul. Massil. : *Placuit consilio quod præconisetur per Massiliam, quod nullus de cetero cujuscumque conditionis existat, portet in dicta civitate aut ejus suburbiis cultellos Allenales, sub pœna etc.*

* **ALLERBA.** Reditus castri Montis-mirab. ann. 1320. in Reg. 61. Chartoph. reg. ch. 358 : *Item in Allerba, quam faciebant consules et universitas dicti loci, xj. lib. v. sol. Turon.* Legendum videtur *in Alberga.* Vide in hac voce.

¶ **ALLESCORON.** Charta Sancii Abbatis de Ortulo apud Jo. Moret. Antiq. Navarræ p. 406 : *Si quidem de nostros avolos, et de nostra radice Allescoron.* Id est, Majorum, Gall. *Ancêtres.*

* **ALLETA,** pro Athleta, pluries occurrit in sermone, feria 5. sanctæ hebdomadis habito a Joanne de Cardalhaco, et in aliis.

ALLETES. Consuetudines et Usatica Vicecomitatus Aquarum Rotomagi MSS. : *Entre les autres coustumes, il est une coustume, que l'on appelle les Alletes, à laquelle coustume il appartient, que de Pasques jusques à la Trinité, quiconque porte poisson d'eau douce à col, il paye 1. den. à cheval 4. den. en boutaille 1. den. mais qu'il ait mis le poisson de son col en la boutaille, et se il y a mis autrement, il paiera 4. den. pour la boutaille.*

¶ **ALLETUS**, Halex, Gall. *Harang.* Vide *Aletus.*

1. **ALLEVAMENTUM,** Impositio tributi, Gallis, *Levée.* Charta Guillelmi Comitis Forcalquerii ann. 1206. pro Manoscensibus : *Remitto...... omnia mala usatica, et omnia mala Allevamenta, omnesque malas et pravas consuetudines, etc.*

* Nostri dixerunt *Alever une assise*, pro Tributum exigere, Gall. *Lever un impôt.* Lit. ann. 1293. apud Marten. tom. 1. Anecd. col. 1257 : *Jehans cuens de Haynnau.... nous requist à Alever une assise dedens Maubuege etc.*

* 2. **ALLEVAMENTUM**, Arborum plantarium, seminarium, Gall. *Plant, pépiniere*; Ital. *Allevamento*, Educatio. Stat. civit. Perus. pag. 53 : *Si quis in nemore silvestri Allevamentum alterius vastaverit, solvat pro banno de die pro qualibet planta silvestri, grossitudinis unius bropæ, vel infra, denarios quatuor, et ab inde supra, usque ad magnitudinem unius canterii supra, solvat pro banno solidos duos pro qualibet planta, et de nocte duplicetur bannum.* Vide supra *Alevamum*, et mox *Allevare.*

¶ 1. **ALLEVARE,** Vox Italica, alere, colere, Gall. *Elever, nourrir.* Chronicon Parmense ad ann. 1294. apud Murat. tom. 9. col. 826 : *Una leona donata fuit Communi Parmæ parvula, quæ postea Allevata fuit et tenta pro Communi quousque vixit.*

* De arboribus sæpius dicunt Itali. Charta. ann. 1198. apud Cencium inter Cens. eccl. Rom. : *Concedo vobis prædictam silvam, secundum quod vicecomes Petronianus vobis pede signabit, ad custodiendum et Allevandum arbores usque ad xx. annos, tali inter nos existente pacto, quod usque ad xx. annos bene custodietis silvam, et arbores Allevabitis pro posse.... Promitto singulis annis guardianos silvæ facere jurare silvam Allevare et arbores custodire.* Stat. Montis-reg. pag. 229 : *Item statutum est, quod quælibet persona de civitate Montis-regalis et posse, possit plantare et Allevare super suam possessionem, tam intus villam quam extra, arborem pirus, nucis, pomorum, castanearum, etc.* Vide *Allevamentum*, 2.

* 2. **ALLEVARE,** Accipere, capere, Gall. *Enlever.* Scacar. S. Michaelis ann. 1215. ex Reg. S. Justi Cam. Comput. Paris. fol. 18. v°. col. 2 : *Præceptum est Miloni de Levée ballivo Constantini, quod inquirat utrum Reginaldus de Cornillon Allevavit et cepit primus graveriam in terra S. Stephani Cadomensis, etc.*

* **ALLEVATICIUS,** Expositítius, Gall. *Enfant trouvé*, quia colligitur et *allevatur*; nostris olim *Ailevin* et *Aillevan*, eadem notione; nisi sit pro Advena, extraneus, Gall. *D'ailleurs.* Ratherii Veron. episc. Præloq. lib. 2. apud Marten. tom. 9. Ampl. Collec. col. 839 : *Quid enim mendicans* (pater) *clamitat, nisi te novitium, te assumtum, te illud quod nuper ab his inventum est, qui se homines facere jactant, id est, faticium, te Allevaticium, te nothum, spuriumque demonstrat?* Lit. remiss. ann. 1396. in Reg. 151. Chartoph. reg. ch. 173 : *Ledit Herouart demanda à boire audit Lorin, et pour ce vouloir faire, ledit Lorin se leva et lui tendi un gobelet d'argent plain de vin; et à ce survint Jehan du Ponchel, qui lui destourna disant, Castis hardeaux, veulz tu bailler hors de mon hostel mes gobellés aus Aillevans et castis d'aval le païs.* Mirac. MSS. B. M. V. lib. 1 :

> Sire, Sire, fait li devins
> Bien courans, iert ses Ailevins
> Se part de court par ceste gile.

Sed et in contemtum usurpari potuit hæc vox; alludendo scilicet ad pisciculos, quos *Alevins* nuncupamus, quibus stagnum propagatur.

¶ **ALLEVATIO** Arenæ, f. mendum pro *Allevatio ancoræ*, ejus sublatio, ut Gallice dicimus *lever l'ancre*, Ancoras tollere. Charta anni 961. inter Instrum. tom. 2. novæ Gall. Christ : *Ipsum vero feudum componitur juribus quæ sequuntur : nempe mensuræ omnimode Sanctonum et insularum adjacentium, jure quoque navium stationis Allevationisque Arenæ in omnibus portubus pagi Sanctonum, a Rupella ad Blaviæ portum.* [** *Allevatio arenæ* est fortasse quod hodie dicunt *le jet du lest.*]

ALLEVIAMENTUM, Levamen, Gallis, *Allegement*, in Miracul. S. Ludgeri Episc. n. 24. Vide V. C. Ægidii Menagii Origines Italic. verbo *Aleggiare.*

ALLEVIARE, Levem facere, Gall. *Alleger.* Charta Guidonis Comit. Pontivi, apud Hariulfum lib. 4. cap. 22 : *Nostram præsentiam adiit, deprecans ut consuetudinem 20. porcorum, quam habebant in villa...... Alleviarem.* Alia Henrici Comit. Trecensis ann. 1165. in Tabul. Eccl. Meldensis fol. 2 : *Meldensem monetam nec possum mutare, aut Alleviare.* Charta Philippi Regis Franc. ann. 1309. in 2. Regesto ejusd. Reg. ex Tabulario Regio n. 192 : *Item mercaturas, quas dicti mercatores tradent et liberabunt per compotum batelarits, Alleviando naves pro veniendo de Lora apud Harefleu, etc. Alleuvier un étang*, in Consuetud. Trecensi art. 87. et Vitriac. art. 37. (sic enim in iis legendum arbitror) est aquam ex stagno effundere, ut facilius fiat piscatio. [Legendum non est *Alleuvier* in locis citatis, sed sicuti scriptum est *Alleviner* et *Alviner*, quod est pisces serere, seu stagnum piscibus ad propagationem frequentare, unde etiamnum pisciculos ad sobolem in stagnum immissos, appellamus *Alvins.*] Italis *Alleviarè*, est exonerare.

¶ Alleviatio, ut *Alleviamentum.* Rolandinus Patavinus de factis in Marchia Tarvisina lib. 8. cap. 5. apud Murat. tom. 8. col. 287 : *Desperati ergo procuratores, expectabant nihil aliud nisi mortem, pœnarum scilicet Alleviationem et consolamen.* Tullius dixit *Allevatio.*

ALLEVIUM. Vide *Alegium.*

¶ **ALLEVIUM** Interfectorum, Jus levandi hominis interfecti cadaver e loco in quo repertum est, Gall. *La levée du corps.* Charta Milonis de Montegniaco ann. 1206. ex Tabulario San-german. : *Notum facio tam præsentibus quam futuris, me recepisse jure æreditario in feodum ab Abbate S. Germani de Pratis medietatem caducorum, forismaritagiorum, sanguinis et Alleviorum interfectorum in omnibus hominibus S. Germani, etc.*

ALLEUM, pro *Allium*, et *Alleatus* pro *Alliatus*, allio conditus, occurrit apud Will. Thorn. [Bulla Lucii Papæ, in Tabulario Monasterii S. Quintini in Insula pag. 109 : *Excepto censu quem tenemini reddere Comiti Viromandensi..... decimam Alleorum et medæ in villa de Michem.* Cod. MS. rituum B. Mariæ Deauratæ Tolos. : *Prius administrator debet providere expensis Conventus de Alleis et lactucis et de petrocillo, etc.* Charta Odonis Abb. S. Dionysii e Cod. MS. B. M. de Argentolio : *Et quærat Prior condimenta necessaria, scilicet piper, Allea, sinapin, etc.*]

¶ **ALLEX**, Illicium, Gall. *Attrait, allechement, charme.* Vita S. Ayberti tom. 1. Aprilis pag. 680. D : *Quis enim mortalium sic fere sine Allice odorabilis mellis, fusus dulcedine alicubi repertus est?*

¶ **ALLEX** Sorus, Harengus ad fumum exsiccatus, Gall. *Harang sor*, apud Rymerum tom. 5. pag. 146.

¶ **ALLEXIUM**, Halex, Gall. *Harang.* Statuta Ordinis Cisterc. inter Anecd. Marten. tom. 4. col. 1324. B : *Statuitur auctoritate Capituli generalis, ut quadrigarii nostri Ordinis euntes ad Allexia vel redeuntes in domo de Clairmarais...... non pernoctent.* Vide *Alecium.*

* **ALLEXIARIA.** Vide supra *Allecriarius.*

* **ALLEYA.** Vide supra *Alleia.*

* **ALLEYARE**, Ad legem monetam conflare, legitima materia nummum afficere, Gall. *Alloyer.* Charta Alphonsi reg. Aragon. ann. 1444 : *Jubemus quod ex qualibet marcha argenti Alleyati ad legem xj. den. et oboli, et ad numerum lxxij. denariorum argenti, etc.* Vide supra *Aliada.*

* **ALLIAMENTUM,** f. pro *Allevamentum*, Impositio tributi, præstatio quævis, Gall. *Levée.* Charta Stephani comit. Bolon. ann. 1145. pro monast. S. Vulmari in Reg. *Olim* parlam. Paris. : *Si pro reverentia sui patron*

Alliamenta, in omnibus locis, in quibuscumque habere consueverant, libere habeant. Nisi legendum sit, quod mihi haud improbabile videtur, *alia merita*, id est, alios terræ proventus. Vide *Meritum.*

¶ **ALLIANCIA**, Fœdus, Gall. *Alliance.* Hist. Dalphin. tom. 2. pag. 351 : *Confederant et alligant confederationes et Alliancias faciunt.*

¶ **ALLIARIUS**, qui vendit Allia. Vide *Ailliarius.*

¶ **ALLIATA** Bullita, Pulmenti species Tholosatibus familiaris, cum alliis coctis, sale, pane, et oleo; patria lingua *Aillado.* Limborch. Inquis. Tholos. pag. 109 : *Quadam die Veneris paravit prædicto hæretico Alliatam bullitam...... et tradidit, etc.*

* **ALLIATOR.** Vide supra *Aliator.*

* **ALLIBRARE.** Vide supra *Alibrare.*

ALLIBRATI, *Dicuntur, qui descripti sunt in libro civium, vel Comitatus alicujus civitatis.* Breviloq. [** In Vocab. utriusque Jur. : *vel communitatis* etc.]

* Ab Ital. *Allibrare*, Ascribere, censere. Stat. antiq. Florentiæ lib. 3. cap. 190. ex Cod. reg. 4621 : *Episcopus Florentinus et episcopus Fesulanus.... non possint concedere alicui suo familiari, qui sit præstantiatus in civitate Florentiæ, vel Alibratus in comitatu,.... licentiam portandi arma,.... et quicumque præstantiatus aut Allibratus virtute dictæ licentiæ portaverit arma prædicta, incurrat in pœnam dupli.* Bulla Nicolai V. PP. ann. 1454 : *Concedimus quod.... omnes et singuli advenæ et forenses, qui in civitate et territorio bona stabilia.... possident.... Allibrati, eorumque bona hujusmodi immobilia, secundum antiquam consuetudinem dictæ civitatis, in ipso catasto descripti et annotati, etc.*

ALLICULA. Vide *Alicula.*

* **ALLIERIUS**, in Charta Henrici comit. Trecens. ex Chartul. Campan. in Cam. Comput. Paris. Vide *Alierius.*

¶ 1. **ALLIGANTIA**, Fœdus, Armorum consociatio, Gall. *Alliance, ligue, confederation.* Pluries occurrit apud Rymerum, ut tom. 5. pag. 3 : *Salvis semper Alligantiis, confœderationibus ac conventionibus quibuscumque;* tom. 8. pag. 147 : *Francigenis aut aliis quibuscumque de eorum Alligantia existentibus.* Legitur alibi non semel. Vide *Allegantia.*

¶ 2. **ALLIGANTIA**, Affinitas, Gall. *Alliance.* Litteræ Edwardi II. Regis Angl. ann. 1325. ad Regem Portugalliæ, apud Rymerum tom. 4. pag. 157 : *Accedens ad nos Petrus de Larc lator præsentium cum literis vestris de credentia, nobis exposuit, vestram Magnificentiam affectare inter vestram et nostram soboles, aliquos iniri contractus conjugales. Verum quia de tantis Alligantiis tractare non decet absque majori præsentia nunciorum, ipsum ad vos duximus remittendum.* Vide *Alligatio.*

ALLIGARE, Confœderare. [De rebus Leodiens. auctore Adriano de Veteri-busco apud Marten. tom. 4. Ampliss. Collect. col. 1274 : *Et petitum per ipsum et eos qui secum venerant, quod Leodienses vellent se Alligare Regi et confœderare se cum ipso.*] *Alligatus*, Fœderatus, apud Falcon. Beneventanum pag. 261. 281. 288. Vide *Allegare* et *Adlegiare.*

¶ 1. **ALLIGATI**, Excommunicati. Vide *Obligati.*

¶ 2. **ALLIGATI**, apud Isidorum lib. 4. Orig. cap. 23 : *Testes sunt, a quibus quæritur veritas in judicio, quos quisque ante judicium sibi placitis Alligat : nec cui postea sit liberum aut dissimulare, aut subtrahere se; unde et Alligati appellantur.*

¶ **ALLIGATIO**, Idem quod *Alligantia* 2. Affinitas, Gall. *Alliance.* Epistola Edwardi III. regis Angl. ann. 1331, *de Alligantia cum Rege Franciæ*, apud Rymerum tom. 4. pag. 502. col. 2 : *Ad tractandum cum præfato Rege tam super generali passagio, quam super Alligationibus inter ipsum et nos, per fœdus conjugale, videlicet inter filiam ipsius Regis et filium nostrum primogenitum.*

¶ **ALLIGATURÆ**, Species amuleti ad arcendos morbos. Vide *Ligaturæ.*

¶ **ALLIGAVIR.** Vide *Andigare.*

ALLIGER, *Gallus*, in Gloss. Isidor. quasi ad Ligerim habitans, inquit Vulcanius. [At inepte, ut merito observat post Reinesium Grævius; nam hic agitur de gallo avi domestica cristata, de qua Sedulius v. 80 :

. . . . Prius Alliger, inquit,
Quam gallus cantet, hac me ter nocte negabis.

Ad hunc locum alludit Glossarum Auctor.] [** Vulgaris sequioris ævi poetis geminatio consonantis præcedente vocali longa.]

* **ALLIGERIS**, Aligeris, Elaver, vulgo *Allier.* Hist. episc. Autiss. apud Labb. tom. 1. MSS. pag. 508 : *Petrus de Bellapertica, natione Gallus, de partibus Borbonensibus, de castro Bellæperticæ super fluvium Aligeris, episcopus Autissiodorensis. Augiaci castrum super Alligerim*, in Charta ann. 1300. ex Lib. rub. Cam. Comput. Paris. fol. 165. v°. col. 1. *Alarem* et *Alerem* vocant recentiores, uti monet Valesius in Notit. Gall.

¶ **ALLIGOTATÆ** Vestes. Vide *Algotatæ.*

ALLIMPOLE, Delirus, ut videtur, in Chronico Windesheimensi lib. 2. cap. 50 : *Eo quod plusquam octogenarius, inutilis, et grandævus, sensuque deficiens Allimpole videretur.*

* **ALLISIO**, Martyrium. Eulog. in Præfat. lib. 2 : *Contigua hujus secundi operis brevitas martyrum tantummodo beatorum gesta exponens, nomina, ætates, ortus, diesque Allisionum fideli proferet relatione.* [** Gloss. cod. Reg. 4778 : *Allidere, interficere, mactare.*]

ALLITOR, *Cementarius.* Breviloq.

¶ **ALLIVIS**, Pallii genus virgini, dum consecraretur, ab Episcopo impositum. Cod. MS. Gemeticencis Monasterii : *Tum imponas* (Episcope) *puellæ Allivem et dicas : Accipe puella Pallium, quod perferas sine macula ante tribunal Domini nostri J. C. qui cum Patre, etc.*

ALLO, in Breviloquo, dicitur *Instrumentum acuendi cutellos, et est lapis rotundus, cum quo, vel in quo faber purgat instrumenta, ut sint acuta. Dicitur etiam Alla.*

¶ **ALLOBROGA.** Vide *Adlobrius.*

¶ **ALLOCABILIS**, Vide in *Allocare.*

* **ALLOCAGIUM**, Locatio, datio ad censum, Gall. *Bail à cens.* Charta feudor. dom. Castil. Dumbar. ann. 1463 : *Quatuor denarios grossos et unam corvatam ad secanda prata, eisdem dominis de servitio annuali debitos per dictos fratres, ex Allocagio de dominio dicti domini d'Epay facto.* Nostris olim, ut jam monuit Cangius, *Allouer* et *Alouer*, pro Locare, conducere. Bestiarius MS. :

. . . . Un prendons
Issi un jour de sa maisons
Matin pour ouvriers Alouer.

* **ALLOCAMENTUM**, Usus, possessio. Locus est supra in *Affidamentum* 4. Vide mox *Allocatio.*

¶ **ALLOCANTIA**, Expensorum comprobatio, rei alicujus aut scripti approbatio et ratihabitio, Anglis leguleiis *Allouance*, ab *Allocare* : de quo mox. *Cum omnibus feodis, vadiis, commoditatibus et Allocantiis*, apud Rymerum tom. 15. pag. 760.

1. **ALLOCARE**, Admittere rem ut veram et probatam, vox forensis. Gall. *Allouer.* Bracton. lib. 3. tit. de Corona cap. 2 : *Poterit... petere sibi Allocari, quod appellans est latro cognoscens, etc.* Occurrit ibi pluries, et in Fleta lib. 1. cap. 20. § 114. lib. 5. cap. 4. § 18. [Edictum Johannis I. Regis Franc. tom. 2. Ordinat. Reg. pag. 449 : *Nihil in contrarium faciatis, aut fieri permittatis, vel solvatis, aut scribatis, vel in solutionum compotis Allocetis.*]

Præsertim vero *Allocari* dicebantur *libertates Ecclesiarum*, cum Justitiarii itinerantes, aut alii a Principe ad id selecti, instrumenta et chartas, in quibus eæ continebantur, evolvebant, vel de iis *inquestus* faciebant. Ejusmodi sunt *allocationes* in Itinere Camerarii Scotici cap. 39. § 42. ubi de *allocationibus factis per Præpositum burgi.* Harum formula exstat apud Willelmum Thorn. cap. 3 : *Anno supradicto sederunt domini Hervicus de Stontone, et socii sui Justitiarii itinerantes in Comitatu Cantiæ, coram quibus Allocata est suprascripta libertas,* (Ecclesiæ S. Augustini Cantuar.) *pro qua Abbas submonitus fuit ad respondendum eis, quo waranto clamat habere* Soke et Sake, Grithbretch, *in terra et in aqua in maneriis suis, etc.* Infra : *Et quod omnes illæ libertates alias in ultimo itinere Joannis Berewik, et sociorum suorum Justitiariorum itinerantium in Comitatu isto Allocatæ fuerunt, etc.* Adde pag. 1962. *Allouances.* Angli istius generis *Allocationes* vocant Charta Edw. III. Reg. apud eundem Thorn. pag. 2077 : *Si vous truessez par chose de record, come par Allouance, ou en autre manere, que les predecessours ledit Abbé ont esté payez desdits dis livres du manoir avant dit, etc.* Vide Stanfordium lib. 2. de Placitis Coronæ, cap. 45.

Allocabilis, Qui allocari p[illegible] Fleta lib. 1. cap. 20. § 138.

Essonium Allocabile, quod admitt[illegible] et recipi potest : excusatio, quæ recipi potest, in primis statutis Roberti I. Regis Scotiæ cap. 26.

Porro vocem *Allocare*, a Gallica *Allouer*, plerique deducunt, sed unde vox *Allouer* effecta sit, non plane constat; nam vix crediderim idem sonare, quod *locum dare*, uti quidam censent; quippe nostris locus, *Lieu*, dicitur, non *Lou.* An igitur a voce *Louer*, id est, *Locare*, aut *elocare?* ut qui *allocant* aliquid, idem agant, quod qui ædes locationi addicunt, cujus usum inquilino permittunt? an vero a *Laudare*, seu *Allaudare*, (nam et hoc vocabulo usus est Plautus,) quod idem est quod probare? Certe constat, nos etiamnum *Louer*, et *agreer*, usurpare, pro *admittere*. Sed et *allocare*, pro *locare* usurpat Thwroczius in Calomano Rege Hungar. cap. 62 : *Allocans pecunia maxima exercitum copiosum*. Ita MS. Codicem præferre monet Editor. Consuetud. Normann. art. 67 : *Le Seigneur peut saisir pour sa vente les bestes pasturantes sur son fonds, encore qu'elles n'appartiennent à son vassal, ains à ceux, qui tiennent l'héritage à louage, ou qui ont Alloué lesdites bestes.* Ubi *Allouer* est locare, conducere. Itali *Allogare*, pro *dar luogo* dicunt, vel pro *dare in affito*, locare, ut pluribus docent Albertus Acharizius, Jacobus Pergaminus, et Cruscani. Denique ab *allaudare*, deducta forte vox, *Aloser*, apud Poetas nostrates, pro laudare. Le Lusidaire :

Moult fu courtois et Aloses.

Le Roman *de Garin* :

Es vos Guillaume de Monclin l'Alosé.

Occurrit passim apud hunc Scriptorem. Guillelmus *Guiart* :

Mult le deust bien Aloser.

Le Doctrinal :

Vous ne devés mie par mesdire avanchier,
Ne pour vous Aloser autrui desavanchier.

¶ 2. **ALLOCARE**, Collocare, ponere in loco. Formula exorcismi apud Baluzium tom. 2.Capitul. Reg. col. 663 : *Te adjuro, ut non te altum levare, nec longe volare, sed quam plus cito potest, ad arborem ventre, ibi te Allocas cum omni tua genera vel cum socia tua.*

* 3. **ALLOCARE**, Uti, impendere, insumere, Gall. *Employer, dépenser*; quo etiam sensu *Allouer* dixerunt. Charta Joannis reg. Franc. ann. 1350. in Chartul. 23. Corb. : *Cum judex..... capi fecisset Robertum le Bel, ... pro suspicione Allocationis falsorum florenorum ad Aquilam... Eidem Roberto imponebat ipsum Allocasse plures falsos florenos contrafictos in cugnis nostris.* [** Vide *Allocatio*.] Lit. remiss. ann. 1379. in Reg. 116. Chartoph. reg. ch. 47 : *Comme Pierre Jacot menast à sa femme dure vie et mauvese en lui degastant et Allouant ses biens folement et oultrageusement.* Aliud est *Alouer*, in Charta ann. 1319. ex Reg. 59. ch. 414 : *Les tisserans avoient plache en la ville de Rouen, pour eus Alouer jouste une maison, que l'en appelle Damiete. Et en ladite plache, quant il y assemblaient pour eus Alouer, il firent compilations,.... pour lesquiex meiffaiz la plache leur fu ostée, ... et depuis che temps, eus ont eu certaine maniere de eus Alouer sans plache avoir.* Ubi *Alouer*, idem sonat quod De rebus suis disserere, Gall. *Traiter, parler de ses affaires.* [** Vide locum Bestiarii in *Allocagium*.]

* **ALLOCATIO**, Usus, Gall. *Emploi*. Charta ann. 1380. apud Menester. Hist Lugdun. pag. 129. col. 1 : *Pro captione et Allocatione, quas inibi* (Lugduni) *faciunt de nostris Dalphinalibus monetis, mercatores pro exercitio suarum mercaturarum dictam villam frequentant.* Occurrit rursum supra in *Allocare* 3.

1. **ALLOCATUS**, Alloquatus, Procurator, qui pro alio agit, spondet, qui ad id *locatus*, vel *allocatus* est, ut vicarii vicem agat. Concilium Andegavense ann. 1269. can. 1 : *Quidam domini temporales et eorum Allocati, inhibent seu inhiberi faciunt subditis suis, etc.* Libertates Salvæ Terræ in Diœcesi Rutenensi ann. 1284 : *Alienigenæ.... quæ dictum defensum ignoraverint pœnæ non subjaceant; sed alias ad nostri Allocati arbitrium puniantur.* Charta anni 1290. in Regesto Comitum Inculismensium in Camera Comput. Paris. : *Quem sic condemnatum per eosdem Abbatem et Conventum, seu Alloquatos eorum, dictus Comes, vel Alloquatus suus, debet recipere ad requisitionem eorum, etc.* Alia Isabellæ Dominæ Credonii ann. 1265. in eodem Regesto : *Et s'il avenait, que le Comte ou ses gens ne feissent tort ou force esdites choses, e ge l'eusse requis, ou fet requerre lui ou ses Aloez, et il me fu defaillans d'amender le forfet, etc.* Adde Concilium Salmuriense ann. 1253. can. 8. 24. Langiense ann. 1278. can. 2. Littletonem sect. 514. et Chartas aliquot apud Augustinum *du Pas* in Stemmatibus armoricis part. 1. pag. 251. et in Stemmate Acignianensi pag. 591.

* 2. **ALLOCATUS**, Servientis adjutor, Gall. *Recors*, in Charta ann. 1352. ex Tabul. Flamar. : *Per captionem bonorum, servientes et Allocatos ejusdem curiæ* (Petragoricensis) *voluit eum compelli.* Nisi *Comestores* intelligas. Vide in hac voce.

* 3. **ALLOCATUS**, Locatus, conductus tiro, Gall. *Apprenti*; unde *Alieu* appellabant id, quod ad tirone pro arte addiscenda magistro pensitabatur. Acta MSS. Inquisit. Carcass. ann. 1308. fol. 60. v° : *Ipse qui loquitur jam erat firmatus et Allocatus, ... pro addiscenda arte sutoria.* Stat. ann. 1382. tom. 7. Ordinat. reg. Franc. pag. 743. art. 5 : *Et s'il avient ou avenoit que aucun maistre alast de vie à trépassement, avant que son apprentiz eust parfait son service, ledit apprentiz le parfera chiez un autre maistre, ... et aura la femme ou les ayans cause dudit premier maistre, du louaige ou Alieu de son apprentiz, etc.* Vulgatius vero *Alloué* usurpamus de eo, qui artifici magistro operam suam locat, vulgo *Compagnon*. Lit. ann. 1402. tom. 8. earumd. Ordinat. pag. 508. art. 10 : *Que nul dudit mestier* (de tondeurs) *ne pourra avoir que un apprentiz et un Alloué tant seulement.*

¶ **ALLODARII**, ut mox *Allodiales*. Chartul. Gemetic. tom. 1. pag. 275 : *Præbet Willelmus meo permissu Apostolorum Principi... 6. acras terræ, atque 6. homines liberos, qui vocantur Allodarii.* Vide *Alodis*.

¶ **ALLODARUM**, Fundus, Prædium. Chartul. Gemetic. tom. 1. pag. 268 : *Do etiam salinas quatuor ad Hunoflet, et comparationem vini in Brochilla... et in vado Fulmerii unum Allodarum.* Vide *Alodis*.

¶ **ALLODIALES**, Nobiles scilicet ii qui Allodia tenebant, id est, prædia ab omni præstatione et servitio reali et personali libera. Ex Archivo Cameræ Comput. Dalphin. Regesto *Probus*, fol. 12 : *Anno Domini 1262. mense Febr. venerunt apud Vorapium Inquisitores ex parte Domini G. Dalphini, et fecerunt venire coram se universitatem... Interrogati si homines ipsius loci sunt taylliatiles, Responderunt, quod sic, exceptis Allodiabilus vel Nobilibus, seu aliis quibus data est inde libertas.* Vide *Alodis*.

¶ **ALLODIALIA** bona, id est, ab omni præstatione libera, apud Ludewig. Reliq. MSS. tom. 6. pag. 226. Vide *Alodis*.

* **ALLODIALIS**, opponitur *Censuali*, atque de eo intelligitur, quod per emptionem in alterius possessionem devenit; *Allodium* quippe, idem quod proprium. Vide in *Alodis*. Inventar. ann. 1484. inter Probat. tom. 3. Hist. Nem. pag. 308. col. 2 : *Quæ quidem domus fuit empta per dictam condam Radulphi; .... Et cum dicta domus ex tunc esset censualis, fuit per eumdem Radulphi Allodialis redacta, et census abolitus.*

¶ **ALLODIALITER**, Sine præstatione, *en franc aleu*. Vetus Charta ex Tabulario S. Stephani de Vallibus ann. 1235 : *Concessit ut quicumque de possessione sua Ecclesiæ dare voluerit, licenter faceret, et fratres Allodialiter possiderent.* Alium locum vide post vocem *Vicarius* in *Vicaria*, Exactio.

¶ **ALLODIARII**, Ab omni præstatione liberi. Charta Monasterii Cassaniæ in Bressia ann. 1246 : *Siquidem Insularum, quæ sunt juxta fluvium d'Ens* (Ains) *utantur homines dominorum de Castellione tam Allodiarii, quam alii sine aliqua contradictione, sicut retroactis temporibus fuit observatum.* Litteræ Officialis Atrebat. in Chartulario Montis S. Eligii pag. 146 : *Venditio præmissorum facta fuit bene, rite et per legem per Allodiarios S. Petri de Estrées, qui præmissa omnia habent et consueverunt judicare... qui Allodiarii dixerunt per judicium suum, etc.* Hoc in posteriori exemplo *Allodiarii* non tam videntur ab omni onere liberi, quam qui prædia tenent beneficiaria, Gallice, *Homme de fief*. Vide *Alodis*.

¶ **ALLODINUM** Sex Mansorum, Id est, fundus seu prædium continens sex familias, apud Ludewig. Reliq. MSS. tom. 5. pag. 428.

1. **ALLODIUM**, pro *Laudamento*, seu *Laudinio*, Gallis, *Lots et ventes*. Charta Friderici Imp. ann. 1157. in Bibl. Sebusiana cent. 5. cap. 81 : *Ut nulla persona magna aut parva... a præfatis fatribus, servis et colonis eorum pedagium, exactionem, leydam, aut aliquid simile, petere, vel levare, aut de acquisitis Allodium accipere præsumat : sed liberi et immunes vendant, acquirant, transeant, etc.* Metellus in Quirinalibus pag. 92 : *Mortuus occultatur, ut Allodium capiatur, quod singulis promiserat Principibus tribui.* Vide *Alodis*.

* 2. **ALLODIUM**, Præstatio quædam. Vide infra *Alo*.

* 3. **ALLODIUM**, ut *Alodis*. Vide infra in hac voce.

¶ **ALLODUS**, pro *Alodis*, infra in voce *Faliones*.

¶ **ALLOFILUS**. Vide *Allophylus*.

* **ALLOGAMENTUM**, Jus *gisti*, seu divertendi in domum alicujus, atque in ea hospitandi. Vide *Alberga*. Charta ann. 1120. apud Murator. tom. 3. Antiq. Ital. med. ævi col. 1133 : *Hec sunt feoralis, cetera scilicet placitum, guaittam, et albergariam, et Allogamentum, et pollastrum, et olera curti reddantur.* Pluries ibi, ut et *Alogamentum*. Nota jus *gisti*, a jure *procurationis* seu pastus hic distingui.

* **ALLOGARIUM**, ut *Allogamentum*. Charta Henrici IV. imperat. ann. 1116. apud Murator. tom. 1. Antiq. Ital. med. ævi col. 602 : *Et nullus comes eorum colonos seu*

inquilinos pro Allogariis, quod mansionaticum dicitur, molestare audeat.

* **ALLOGIÆ**, pro *Aulogiæ*, Munera. Vide infra in hac voce. Aliud est *Alloge* et *Allogeur*, in Lit. remiss. ann. 1408. ex Reg. 163. Chartoph. reg. ch. 34. ubi de monetarum adulteratore agitur, qui ferrum ad instar typi monetalis fabricari jubet ab eo, qui *Allogeur* nuncupatur. Unde *Alloge* et *Allogeur* ex vulgari pronuntiatione, nihil aliud mihi significant, quam horologium et horologiorum opificem : *Perrin Chouen Allogeur et faiseur d'Alloges, demourant à Partenay, auquel ledit Beraut eust fait forgier deux pieces de fer en la forme de deux coings.*

* **ALLOGIAMENTA**, Stativa, nostris *Camp, campement;* simul et sedes militibus attributæ ad hibernandum, Ital. *Alloggi* et *Alloggiamenti*, Gall. *Logemens, quartiers d'hyver.* Annal. Estens. ad ann. 1397. apud Murator. tom. 18. Script. Ital. col. 927 : *Dimittebant hostes ipsi tentoria et Allogiamenta cum apparatibus suis, fugam tantummodo cogitantes.* Annal. Placent. ad ann. 1454. apud eumd. Murator. tom. 20. col. 905 : *Princeps noster suum transmisit exercitum ad Allogiamenta terrarum suarum.* Vide supra *Allagia*, et infra *Alogiamentum* 1.

¶ **ALLOGIAMENTUM**, Hospitium, Gall. *Logement.* Apud Rymer. tom. 13. pag. 303 : *Et denique omnibus stipendiariis nostris liberum transitum et Allogiamentum cum victualibus honesto precio, quotiens ex parte nostra requisiti fuerint, etc.*

* 1. **ALLOGIARE**, Castra facere, locare, Ital. *Alloggiare*, nostris *Camper.* Lit. Ludovici ducis Andegav. ann. 1373. in Reg. 109. Chartoph. reg. ch. 54 : *Qui locum ipsum sæpius occuparunt, et inibi diversis vicibus atque temporibus Allogiarunt.* Annal. Estens. ad ann. 1398. apud Murator tom. 18. Script. Ital. col. 935 : *Hoc tempore Bartholomæus de Gonzaga, cum societate illa hostili, in Romandiolam profectus, in finibus Forilivii secus ab urbe per tria milliaria, in loco dicto Roncho, Allogiaverat, transiturus ad Marchiæ partes.*

* 2. **ALLOGIARE**, ALOGIARE, ALOTGEARE, Hospitari, divertere, Gall. *Loger.* Lit. remiss. pro civibus Albiens. ann. 1363 : *Alia agmina sive gentes armorum nostræ sequelæ Alotgeari faceremus in conventibus et barris dictæ civitati propinquis.* Aliæ ann. 1370. in Reg. 100. Chartoph. reg. ch. 570 : *Gentes magnæ societatis in barris sive suburbiis civitatis S. Flori Alogiassent, etc.* Aliæ ann. 1455. in Reg. 189. ch. 33 : *Et contigit uno semel, quod.... duo filii domini de Roeda, cum certis aliis nobilibus, essent Allogiati in certa domo etc.* Comput. ann. 1380. inter Probat. tom. 3. Hist. Nem. pag. 26. col. 2 : *Ad domum thesaurariæ regiæ, ubi dominus cardinalis d'Amiés... erat Alotgiatus.... Ad hostalariam Paoni, ubi dominus senescallus Carcassonæ erat Allogiatus.* Occurrit præterea tom. 4. Hist. Occit. inter Probat. col. 456. apud Murator. tom. 11. Script. Ital. col. 280. et tom. 20. col 877. et alibi. Vide infra, *Alogiamentum* 2.

ALLOGUS. Papias : *Allogus, nota, quæ in libris adhibetur ad mendas.* [Gloss. Sangerman. et Bituric. MSS. habent *Alogus*, et Grammatica Isid. *Alogum.*]

* **ALLOIARE SE**, Confœderare, fœderis vinculo se ligare, a vet. Gall. *Loier*, pro *Lier.* Hinc *Aloiance* dixerunt, pro *Alliance*, fœdus; et *Aloyer*, pro *Hypothequer*, In pignus dare. Lit. remiss. ann. 1371. in Reg. 111. Chartoph. reg. ch. 340 : *Cum eidem supplicanti imponatur, ... quod ipse.... cum nonnullis capitaneis societatum se Alloiaverit, etc.* Charta ann. 1252. ex Chartul. Hannon. ch. 20 : *C'est li lettre li signeur de lie de Klerke, qui otroia son castiel et fist Aloiance à monsigneur Jean d'Avesnes.* Pactum inter Philip. Pulcr. et Joannem comit. Hannon. ann. 1297. in Lib. rub. Cam. Comput. Paris. fol. 124. r°. col. 1 : *Et est à savoir que ces Aloiances et les coses devant dites, toutes et cascune par soy doivent tenir et durer perpetuelement.* Charta ann. 1350. in Chartul. abbat. Regalis loci part. 2. ch. 12 : *Par maniere de about et contrabout li dessus dit preneurs ont obligié, Aloyé et abouté asdiz religieus.... une maison, si comme elle se comporte.* Vide *Alligare.*

1. **ALLONGARE**, vox Italica, Augere, producere, Gall. *Allonger.* Memoriale Potestatum Regiensium ad ann. 1283. apud Murat. tom. 8. col. 1154 : *Murata et Allongata, et completa fuit Ecclesia sancti Blasii.*

* Stat. Montis-regal. pag. 90 : *Tempus et instantias dictorum capituli et addationis dilatare, prorogare, minuere vel Allongare, etc.* Nostris olim, eodem significatu, *Aloignier* et *Alongner.* Charta ann. 1313. ex Chartul. S. Maglor. Paris. ch. 168 : *Item et sur ce que ledit Monsieur l'évesque, ou son procureur pour lui, disoient que il povoient et devoient leur dit guort Aloignier autant de long par en haut, comme il en otoient et delaissoient par aval l'yaue etc.* Lit. remiss. ann. 1347. in Reg. 68. Chartoph. reg. ch. 258 : *Comme Jehan Vincent de Bares.... soit approuchiez en nostre cour du bailliage d'Amiens d'avoir fait raire et fausser par un clerc et Alongner une date de nos lettres de plaidoier, ... pour laquelle fausseté, rasure et Alongnement etc.* Ex qua ultima voce, ita etiam legendum arbitror in Stat. ann. 1386. tom. 6. Ordinat. reg. Franc. pag. 233. art 38 : *Ne porront lesdits maistres (des forêts) donner aucuns Allonguemens de vuidenges etc.* Quamvis enim hæc propius ad verbum *Allongare* accedere videatur, altera tamen vulgatioris usus fuisse existimo. Neque alia notione *Aloingne* et *Alongne* usurparunt, pro Mora scilicet, Gall. *Délai, retardement.* Genealogia B. M. V. MS. :

> Cil Cleophas, selonc l'estoire.
> Fu freres Joseph, c'est la voire,
> Si come l'Evangile tesmongne.
> Or dirai avant sans Alongne, etc.

Fabul. tom. 2. pag. 18 :

> Que vous seroie longue Aloingne.

At vero vocem *Alonge* adhibitam opinor ad significanda ædificii latera, Gall. *les Ailes*, quæ quasi additamenta domus esse videntur. Charta ann. 1340. in Reg. 72. Chartoph. reg. ch. 217 : *En la ville de l'Escluse a Willaume du Plouich pour son manoir douze deniers, pour les Alonges, qui furent Jehan de Gerome, douze deniers.*

* 2. **ALLONGARE**, Abscedere, recedere, ablegare, removere, Ital. *Allungare*, Gall. *Éloigner*, olim *Aloingner.* Chron. Domin. de Gravina apud Murator. tom. 12. Script. Ital. col. 617 : *Interrogati, si essent valde Allongati, dixerunt quod adhuc prope sunt.* Et col. 656 : *Rugiebant autem præfati Hungari et Andrisani valde, quia tota nocte ambulantes equi omnium fessi erant, et a fortitudine castri Montis nimium Allongati.* Lit. remiss. ann. 1378. in Reg. 113. Chartoph. reg. ch. 360 : *Ledit exposant qui toujours l'Aloingnoit* (l'assaillant) *pour ailleurs aler faire son office, etc.*

* **ALLONGIARE**, Eadem notione, qua *Allongare* 2. Charta ann. 1411. in Reg. 167. Chartoph. reg. ch. 340 : *Quando dicta animalia itinerant per regnum Franciæ fugiendo et Allongiando a dictis portibus et passagiis, etc.*

* **ALLOPATIA**, *Passio ab alio in alium transiens.* Glossar. vet. ex Cod. reg. 7613.

* **ALLOPHITIUS**, Qui *Allopitia* seu alopecia laborat. Vita S. Dominici tom. 1. Aug. pag. 561. col. 2 : *Allophitium et apostematicum similiter eum curasse, probatum est.* Glossar. vet. ex Cod. reg. 7613 : *Allopitia, capillorum fluor ex humoribus nascens.* Vide *Allopitium*, et *Alopeciosa.*

ALLOPHYLUS, Alienigena. Vox Græca ab ἄλλος, alius, et φῦλον, Gens. A Sulpitio Severo passim usurpatur pro Philistæis, pro quibus etiam septuaginta Interpretes vertere solent, ἀλλόφυλοι. Hinc S. Orientius in Commonitorio lib. 1. collect. novæ Edm. Marten. pag. 11 :

> Illum mirifico famosum robore Samson
> Forma decem sævis tradidit Allophylis.

Acta SS. Bened. sæc. 4. part. 1. pag. 404. in Translat. S. Sebastiani : *Verum longe aliter his quibus sincera in Deo fides et promtissimus erat, tametsi minus doctus, et ideo male illusus famulatus, quam Allophylis rite contigisse perpenditur. Allofilus*, Attoni de obsidione Lutetiæ a Normannis apud Duchesnium pag. 48. Scriptor. Hist. Norman. col. 2. [** II, 584, ubi glossa : *Paganos.*]

> En iterum misero gemitu loquor affore sævos
> Allofilos, terram vastant populosque trucidant.

Occurrit iterum ibid. pag. 44. col. 2. [** II, 150.]

ALLOPITIUM, pro *Alopecia* ex Græc. ἀλωπεκία, Defluvium capillorum. Liber Mirabilis, seu Tabularium Abbat. Conchensis in Ruthenis, ch. 59 : *Perculsa divinitus multa febre et Allopitio, etc.*

¶ **ALLOQUARE**, pro *Allocare* 1. Expensum comprobare, ratum habere, Gall. *Allouer, passer en compte.* Charta ann. 1347. Histor. Dalphin. tom. 1. pag. 66 : *Mandamus per Auditores computorum Dalphinalium in dictorum solventium computis sine difficultate qualibet Alloquari.* Ibidem. pag. 67 : *Quas faciemus in suo primo computo Alloquari.* Haud satis scio qua notione apud D. *Brussel* tom. 2. De Feudorum usu pag. cxcıv. in Computo ann. 1202 : *Pro pontibus, Alloq'ndis et pro equitibus Huelini* xxiiii. *s.* Forte legendum est pro *pontibus alloquandis* sublata virgula.

* **ALLOQUAX**, Loquax, eloquens. Fragm. Histor. Britan. Armor. tom. 7. Collect. Histor. Franc. pag. 49 : *Accedens* (Nomenoius) *ad Conoveum monasterii Redoni abbatem, virum simplicem et innocentem, et sub specie veritatis illum seducens, exposuit illi fabulose, ut erat Alloquax, de dignitate regni Britanniæ, etc.* Nostris olim *Alligueur*, pro Loquax, verbosus, quasi qui multa *allegat*, Gall. *Grand parleur, qui n'a que du verbiage.*

Lit. remiss. ann. 1417. in Reg. 170. Chartoph. reg. ch. 45 : *Le suppliant dist à icellui Perrinot qu'il le laissast en paix, et qu'il estoit un grant venteur et Alligueur. Alebiqueux* vero qui argutias et rixas consectatur, vulgo *Pointilleux, querelleur,* in Lit. remiss. ann. 1385. ex Reg. 127. ch. 5 : *Pour ce que ledit Guillaume estoit Alebiqueux ou rioteux, quant il avoit beu, etc.*

ALLOQUI, Impugnare, impetere, contradicere, in Wichbildo Magdeb. art. 4. § 1. art. 61. § 1. 2. art. 69. 82. etc.

ALLOQUUTIO, Contradictio, Ibid. art. 4. § 1. [** Vide Haltausii Gloss. vol. 1. col. 41 sqq.]

¶ **ALLORIUM**, *Ambulacrum*, Gall. *Allée.* Censualis Codex Calomontis : *Item tenet dictam archeriam sitam juxta dictam domum... una cum Allorio subtus dictam domum sub servitio 2. den. Viennensium.* Vide *Alatoria.*

* Nostris olim *Aloir*, pro Xystum, *Corridor.* Lit. remiss. ann. 1369. in Reg. 100. Chartoph. reg. ch. 89 : *Ledit Jehan fu pris en un Aloir de ladite maison, qui est bien oscur.* Atque ita legendum videtur, pro *Alons*, in aliis Lit. remiss. ann. 1384. ex Reg. 126. ch. 78 : *Pierreçon Fiordel avait fait pluseurs eschaffaux et Alons, pour faire et édifier sa maison plus haute, et tollir les veues de celle ou pere ludit exposant.* Tabulata quippe porticus species sunt, quibus ire et redire liberum est. *Alori* autem pro Loro vinctus, apud Philip. *Mouskes :*

Et fu mis en un pellori,
Si qu'el virent si Alori,
Et par les mains et par le col,
A guise de faus et de fol.

* **ALLOT**, Vox excitatoria Occitanis. Lit. remiss. ann. 1362. in Reg. 93. Chartoph. reg. ch. 204 : *Prædicta Ermessendis.... dictum vulneratum pluries cepit et pulsavit eidem dicendo et vocando Allot, larron.* Porro hic ex ictu attonitus erat. Huic proxima est vox *Ablo*, apud Convenas, ejusdem significationis. Lit. remiss. ann. 1457. in Reg. 187. ch. 282 : *Icellui Vidal banda son arbaleste.... en criant à haulte voix : Ablo, Ablo, ribaux, car ne sont pour nous. Aboc* Burgundiones, eodem sensu, usurparunt. Lit. remiss. ann. 1397. in Reg. 152. ch. 109 : *Lequel Perreau et sa femme commencerent à crier, ou l'un d'eulx, Aboc, Aboc, qui est a dire ainsi comme, A la mort. Ahors* idem sonat, in aliis Lit. ann. 1385. ex Reg. 127. ch. 16. *Hahay, hahay; ou Ahors, Ahors, les murdreurs qui ont tué Jehan de la Vigne.*

¶ 1. **ALLOTA**, Suber, arbor, a Gallis dicta *Liege.* Onomast. ad calcem. t. 2. SS. Junii.

** 2. **ALLOTA**, ein üppe oder kobe. Vocab. lat. germ. ann. 1477. Adel.

* **ALLOTHETA**, *Variatio generis per alienationem vel permutationem,* in vet. Glossar. ex Cod. Reg. 7913. a Gr. ἄλλη et θέσις.

¶ **ALLOTUS**, Impensus, a veteri Gallico, *Alloüé.* Inventar. Ecclesiæ Noviom. ann. 1419 : *Item tres albæ paratæ, quarum altera fuit Allota ad reparationem aliarum.*

ALLOVERIUM, Marsupium. Gallis olim nostris, *Aloiere.* Fleta lib. 2. cap. 82. § 2 : *Trituratores ac ventrices nequicquam bladi furentur in suis sotularibus, cirotecis, Alloveriis, bursis, seu pantoneriis, vel sacculis.* Le Roman *du Dit du Chevalier* MS. :

Riche cheinture, et Aloiere,
Que chascun appellent Gibeciere.

* Varie efferunt hanc vocem veteres nostri; nam præter *Aloiere* vel *Aloyere* dictum reperio *Alloiere, Allouyere* et *Alloyere.* Inventar. Guidonis *de Kaours* magistri monetar. ann. 1321. in Reg. A 2. Cam. Comput. Paris. fol. 12. v° : *Un coutel et une Aloyere de cuir d'abaye, etc.* Lit. remiss. ann. 1425. in Reg. 173. Chartoph. reg. ch. 265 : *Comme Casin Cordier eust prins furtivement en la gibeciere ou Allouyere de son oncle ung fleurin etc.* Aliæ ann. 1448. in Reg. 176. ch. 640 : *Lequel Simon tira de son Aloiere ou gipeciere ungextraict par lequel il lui demandoit 64. solz.* Aliæ ann. 1455. in reg. 183. ch. 49 : *Le suppliant tenant en sa main ung bourselot, ouquel y avoit plusieurs pieces, tant d'or que d'argent, ... et faisant signe de le mettre en son Alloiere.* Aliæ rursum ann. 1456. in Reg. 187. ch. 8 : *Le suppliant print la gibbeciere ou Alloyere de petit Jehan, en laquele n'avoit point d'argent.*

¶ **ALLOX**. Vide *Allux.*

* **ALLUBENTER**, Allubescenter. Vocabul. compend. Lubenter, libenti animo.

¶ **ALLUBERE**, Annuere, ratum habere. Testamentum Giraldi Matisconensis ann. 888. apud Marten. tom. 1. Anecd. col. 53 : *Indaguntes cum consultu tutorum quo Allubuimus, peregimus, cessimus, fecimus, et factum rata stabilitate firmavimus.*

¶ **ALLUBIO**, pro *Alluvio.* Gloss. Lat. Gr. *Allubio.* προσθήκη ποταμοῦ.

* **ALLUBESCERE**, Assentire, favere. Glossar. vet. ex Cod. reg. 7613 : *Allubesco, faveo, i. consentio. Allubescentia, Concentement, Prov.* in Glossar. Provinc. Lat. ex Cod. reg. 7657. Utitur Plautus non semel. *Si intrepidus, et more solito sumens, aquis Allubescerem,* apud Apul. Metamorph. lib. 9.

* **ALLUCERE**, *Jactare,* in Glossar. vet. ex Cod. reg. 7613. *Alacher*, eodem sensu, vel pro Intendere, ut videtur, in Lit. remiss. ann. 1473. ex Reg. 195. Chartoph. reg. ch. 978 : *Le suppliant dist à icellui Menguien que s'il frappoit Guillaume Lolyer, qu'il le lui rendroit, en Alachant contre par icellui suppliant ung espieu qu'il avoit.*

* **ALLUCIDARE**, Illustrare, explicare, dilucidare. Glossar. Gall. Lat. ex Cod. reg. 7684. *Allucidare, Esclardir. Allucidare, Eclaircir,* in Vocabul. compendioso.

¶ **ALLUCINARIA**, *Rana sompniaria.* Papias in MS. Bituricensi.

* Glossar. vet. ex Cod. reg. 7613 : *Allucinaria, vasa somniaria.* Hinc utrumque facile emendatur; legendum enim est, *visa somniaria.* [** sive *vana.*]

¶ **ALLUCITÆ**, *Sompniatores,* in eodem MS. Bituric. ab *Allucinari.*

* **ALLUDA**, Aluta libraria, nostris *Alude, basane.* Charta ann. 1327. in Reg. 65. Chartoph. reg. ch. 115 : *Dictus Daniel de pecunia fiscali regia, per ipsum recepta, sibi furtive retinuit et applicavit ducentas libras Turon.... Hoc probabitur per primum rotulum suorum compotorum;.... in quo non sunt ducentæ libræ prædictæ, si bene inspiciatur liber primi anni, qui est quadratus et coopertus de Alluda.* Vide infra *Aluda.*

* **ALLUDARIUS**, Adludarius, Unus ex opificibus, qui pannos parant; idem ut videtur, qui *Laineur* vel *Pareur,* dicitur; cujus officium nuncupatur *Adlutatura.* Statut. pro lanificio et pannificio ann. 1317. in Reg. A. Cam. Comput. Paris. fol. 204. r° : *Paratores, textores, fullones, tinctores, Adludarii, et aliæ cujuscumque sexus et conditionis personæ etc.* Ibid. fol. 202. v° : *Qua ratione texturæ, tincturæ, fulloniæ, purgaturæ seu pectinaturæ pannorum, Adludaturæ etiam, et alias ex quavis ratione.... quoquomodo agitari contigerit, etc.* Aliud ann. 1318. ibid. fol. 207. r° : *Dilectis suprapositis et paratoribus, textoribus, fullonibus, tractoribus, Alludariis, et omnibus.... in et sub arte pareriarum pannorum.... constitutis, etc.* Vide infra *Allutor.*

* **ALLUETA**, Aluta, Gall. *Basane.* Charta Theobaldi comit. Campan. ann. 1229. in Chartul. Campan. fol. 356. v° : *Cum donassem theloneum pomorum, et Alluetarum, et pelliparıæ de Pruvino etc.* Vide supra *Alluda* et *Alutarium.*

* **ALLUETUM**, Allodium, a vet. Gall. *Alluez*, pro *Aleu.* Charta Droconis dom. de Triangulo ann. 1251. in Chartul. Campan. Cam. Comput. Paris. fol. 345. v° : *Renaudus de Marpeniaco miles recognovit quod tenet.... totum Alluetum et feodum de Bochat.* Vide infra *Alodis.*

ALLUGO. Gloss. Saxon. Ælfrici : *Allugo*, fyne. *Alluginosus* fynig, id est, mucidus, ubi *Uligo*, et *Uliginosus*, restituit Somnerus.

¶ **ALLUS** apud Festum legitur, sed testatur Scaliger in antiquis libris esse *Allex*, ut mox legit Cangius noster in voce *Allux.* Gloss. apud Grævium ad Gloss. Isid. : *Hallux*, ποδὸς μέγας δάκτυλος, Pollex pedis.

* **ALLUTARIUS**, Qui pelles et coria parat. Glossar. Prov. Lat. ex Cod. reg. 7657 : *Conrrayre, Prov. Allutarius.* Lit. remiss. ann. 1362. in Reg. 93. Chartoph. reg. ch. 67 : *Johannes Allutarius in parrochia de Oyeta.... causa lucrandi panem suum, cudebat sotulares.* Vide infra *Aluta.*

¶ **ALLUTES**, Allutia, *Loca cœnosa* in Glossis Isid. et Excerptis Pith. Melius supra *Ablutes* : quod vide.

* **ALLUTOR**, Lotor, qui abluit, Gall. *Laveur, qui nettoye.* Formulæ MSS. ex Cod. reg. 7657. fol. 41. r° : *Pro locando et habendo unum Allutorem vasorum, sive unum hominem ad abluendum vasa sua pro suis vendemiis.*

* **ALLUVIO**, Ipsa ex alluvione accretio. Stat. Avenion. lib. 1. rubr. 5. art. 8 : *Adjicientes quod consules non possint dare in emphitheosim seu locationem perpetuam.... Alluviones, incrementa etc.* Glossar. vet. ex Cod. reg. 7646 : *Alluvio, consummatio. Alluvium, ruina riparum ex aqua, vel consumptio riparum ex aquis.*

¶ **ALLUVIOSUS**, Alluvionibus frequens. Albertinus Mussatus de Gestis Henrici VII. Cæsaris lib. 3. apud Murat. tom. 10. col. 379 : *Anni hujus hyems pluviosa crebris imbribus nivibusque affluens, ver Alluviosus, æstas arida, grandinosa.*

¶ **ALLUVIUS**, *Ager est, quem paulatim fluvius in agrum reddit.* Isid. Orig. lib. 15. cap. 13.

ALLUX. Gloss. Isid. *Allex, pollex in pede.* Festus : *Allex, pollex, scandens proximum digitum : quod velut insiliisse in alium videatur.* Ita quidem veteres : at posteriores *Allux* dixerunt. Ebrard. Bethuniensis in Græcismo :

Est manuum pollex, sed dicatur pedum Allux.

Onomasticum : *Hallux*, ἀντίχειρ. S. Althelmus lib. 1. de Virg. cap. 42 : *Dum linis olei liquore delibutis digitorum articulos et palmarum pollices obvolverent, simulque pedum Alloces truciter adnecterent.* Ascriptum in MS. *Alloces* esse digitos in pedibus crassiores. [Vox ducta videtur ab ἅλλεσθαι, Salio, ac proinde scribenda cum aspiratione.]

* **ALMA**, pro Agnes celeberrima martyr, alludendo ad vocem Græcam ἁγνή, quæ *Alma* redditur in Gloss. Gr. Lat. Inscript. quæ lapide inverso detecta est in ecclesia S. Agnetis Romæ extra muros via Nomentana ann. circ. 1728 :

O veneranda mihi, sanctum decus, Alma pudoris;
Ut Damasi precibus faveas precor inclyta martyr.

Quæ præferenda videntur editis, ubi legitur :

O Agnes, verum decus, Alma pudoris imago;
Ut Damasi precibus faveas precor inclyta virgo.

Hæc quippe inscium amanuensem redolent.

* **ALMACIA**, *Amaticle*, in Glossar. Lat. Gall. ann. 1352. ex Cod. reg. 4120.

ALMAFIL. Charta Rudesindi Episcopi Dumiensis æræ 930. apud Anton. de *Yepez* in Chronico Ordin. S. Benedicti tom. 5 : *Calices argenteos exaratos tres, ex quibus unum Franciscum, et eorum pateris, et quatuor auratos subminore, quintum de Almafil, cum sua patena.* [Apud Jos. de *Aguirre* tom. 3. Concil. Hispan. pag. 180. col. 2. pro *sub minore*, melius legitur *subminores.* Ad vocem *Almafil* quod attinet, an materia sit et quæ, an nomen urbis, ubi fabricatus sit calix de quo agitur, an fabricationis modus, dicat qui potest.]

¶ **ALMAGESTE**, Ars magna. Effecerunt vocem hanc Alchymistæ ex articulo Arabico *al*, et Græco μεγίστη, cui junctum subintelligebant πραγματεία. Librum scripsit Ptolomœus cui titulus *Almageste*. Scaliger ad Virgilii Culicem : *Arabes addito suo Al pleraque Græca ad morem suum interpolarunt, ut liber Ptolomæi est Almageste.* Pancirol. tit. VII. de recens inventis : *Almegistus Ptolomœus, idem quod hic Megistus, vel maximus Ptolomæus.*

* Cave ne librum Ptolomæi inter chymicos reputes, cum ad astronomiam pertineat. Vide Bibl. Græc. Fabricii tom. 4. pag. 415. Ad cujus instar. J. B. *Riccioli* S. J. et Leonard. *Plukanet* Anglus suum quisque opus inscripserunt, ille *Almagestum novum astronomicum*, hic *Almagestum botanicum.* Unde vulgatius *Almagestum* dici, quam *Almageste* colligitur.

* **ALMAMOR**, Vide *Almomor.*

ALMANACH, Ephemeris, seu Kalendarium. Id nominis ab Arabibus impositum censet Scaliger, ad Manilium et ad Propertium; conflatum autem ex *al*, articulo Arabico, et μήν, dictione Græca *mensem* denotante.

Alii ab Ægyptiis longe ante Arabas celeberrimis olim Astrologis profectum vocabulum censent, cum constet ex Porphyrio appellationem *Almenach*, et descriptionem *Almenachicam* (ἀλμενιχιακά) ipsius etiam ætate passim usitatam fuisse apud Ægyptios, ex ipsius verbis, quæ citantur ab Eusebio lib. 3. de Præp. Evangel. cap. 4. Ita ut sic appellarint prædictiones rerum maxime contingentium ex ordine serieque mensium dispositas atque descriptas Vide Olaum Wormium in Fastis Danicis lib. 1. cap. 2. [Et Salmasium Præfat. ad Plinium.] [** Coptice *al* est Calculus. et *men* Memoria, unde effici potuit compositio *almmeneg*, Calculus ad Memoriam. Debemus hanc explicationem Carolo Lenormand, Bibliothecæ Regiæ Administratori. Videas etiam Ideleri Chronologiam Histor. vol. 1. pag. 73, ubi etymon Arabicum profertur secundum Golium ad Alfergasi etc. pag. 22.]

¶ **ALMANDINA**, pro *Alamandina*, Gemmæ species. Testamentum Everardi Comitis apud Miræum tom. 1. pag. 21. edit. 1723 : *Volumus ut habeat... de paramento capellæ nostræ busteam crystallinam cum reliquiis, phylacterium de Almandinis et crystallo.* Vide *Alamandina.*

¶ **ALMANUS**, pro *Alemannus*, Germanus, in Compendio jurium et consuetud. Universit. Paris. per Rob. *Goulet* fol. 5. verso.

* **ALMARCHIA**, Armarium, Gall. *Armoire.* Comput. MS. fabricæ S. Petri Insul. ann. 1482 : *Yvoni Carlier scrinario, pro clausura Almarchiæ ad reponendum discum et potos capellæ de sanctis*, 20. *sol.* Infra : *Item Martino Monstruel etiam scrinario, pro tribus sedibus chori, cum una duplice Almarchia*, 60. *sol.* Hinc *Bois d'Alemarche*, lignum armariis conficiendis aptum, tabula sectilis. Lit. remiss. ann. 1421. in Reg. 171. Chartoph. reg. ch. 341 : *Jehan Hachois de ses deux mains moult fort appoyé sur la table, qui estoit de bois d'Alemarche, telement qu'il faisoit ployer, desjoindre et ouvrir ladite table etc.* Vide *Almaria.*

* **ALMARCIA.** Comput. ann. 1471. ex Tabul. S. Petri Insul. : *Item Johanni du Toit, pro uno stapello de Almarcia, posito super robinetum in purpitro, etc.* Panni species videtur.

* **ALMAREGA.** Charta Ottonis imper. ann. 949. inter Probat. Hist. Lothar. tom. 1. col. 355 : *Terminis vel marchis aut confiniis hic inferius subnotatis, id est Petulum villare cum Almaregas, usque ad summas Campanias.* Vide infra *Almenda*; si tamen non est nomen loci.

ALMARIA, Almarium, pro *Armarium*; Gall. olim *Aumaire. Armaire*, in Consuetud. Normanniæ. Chronicon Moguntinum : *Purpuram optimam de Almaria tollens, sibi fecit vestes.* Gervasius Dorobern. in Ricard. I : *Omnia etiam Ecclesiæ Almaria confregit, cartas et privilegia quædam igne cremavit.* Tabularium Fossatense fol. 123 : *De consilio Abbatis vel Thesaurarii, quem ex nunc ibi instituimus.. qui thesaurum et Almarium cum ejus pertinentiis, videlicet libris Ecclesiæ custodiat.* Vide *Armarium.* [Miracula S. Berthæ Abbatissæ Blangiacen. tom. 2. Julii pag. 60. D : *Audito vero quod in Almario vas vino vacuum esset, illuc properavit; vasque prius vacuum, vino plenum reperit.*]

* *Aulmare*, eadem notione, in Lit. remiss. ann. 1405. ex Reg. 160. Chartoph. reg. ch. 21 : *Les Aulmares, dedens lesquelles estoient lesdites tasses, estoient entrouvertes, et en icelles Aumaires print icelles quatre tasses d'argent. Aulmare* pluries ibi.

* **ALMARIUM**, metaphorice. *In Almario cordis*, hoc est, in intimo corde. Chron. Joan. Vitodurani in Thesaur. Hist. Helvet. pag. 8 : *Hoc beneficium rex factus in Almario cordis sui reponens etc.* Vide supra *Almaria.*

* *Alemoire*, Navigii species, inter Redit. comit. Hannon. ann. 1265. ex Cam. Comput. Insul. : *Li escarpoise ki mainne blet et autre grain, doit iiij. d. Li Alemoire de lx. muis et de mains, doit ij. s. Li Alemoire de iiij^{xx}. muis, doit iiij. s.* [** Vide supra *Aleman.*]

¶ **ALMATRACIUM**, Culcita lanea, Gall. *Matelas.* Testamentum Mascaronæ Comitis Ruthenensis ann. 1291. apud Baluzium tom. 2. Hist. Arvern. pag. 551 : *Donamus ut supra hospitalibus pauperum de passu et de Altobraco de Ruthena cuilibet semel duos lectos completos Almatraciis, pulvinaribus, et flecialis, et linteaminibus, in quibus pauperes dictorum hospitalium jaceant et requiescant.* Hæc vox uti et sequens derivari videtur ex *matta*, Gall. *Natte*, cui adjectum sit *al* Arabicum, ut non raro contingit.

¶ **ALMATRACUM**, Eadem notione, de B. Guillelmo Tolosano, tom. 4. Maii. pag. 199. B : *Lectum humilem tenebat, et sic nobiles vestes fugiebat, sicque mollem lectum respuebat. Nam pro culcitra Almatracum durum habebat, et pro linteaminibus lodices grossas.* Hoc in loco per *Almatracum* intelligenda est culcita durior ex stramine vel alia materia viliori confecta.

* **ALMATUS.** Vide infra *Decima almata.*

* **ALMELINUS.** Bestia Almelina, nostris *Aumeline*, Quæ ex iis est, quas *Aumailles* nuncupant. Vide infra *Animalia.* Charta Erardi dom. *de Chascenai* ann. 1206. in Chartul. Arremar. ch. 9 : *Si vero animalia vel pecora.... in dampno capta fuerint,... de equo reddentur pro percheia vj. denarii, de bestia Almelina iiij. denarii.* Alia ann. 1240. in Chartul. S. Joan. Laudun. : *Et les bestes Aumelines de la maison l'abbé et le couvent.... iront en pasture en ce bos.*

* **ALMENDA.** Charta ann. 1396. in qua enumerantur bona universit. civit. Rosheim. : *Districtu, banno, silvis, aquis, pascuis, Almendis, molendinis, etc.* f. Alnetum. Vide *Alnidus.* [** Minime. Est enim vox Germanica, in Germania superiori adhuc obvia, Almende, universitas publica, ager communis, pascua communis alicujus loci, *gemeine Trift.* Appendix Antiquit. Lauresham. pag. 119 : *In areis, pascuis, agris, pratis et communi quod, Almende vocant.* Procul dubia ab *all*, omnis et *mein* sive *gemein*, communis. Adel. Vide Grimmii Antiq. Juris pag. 497. n. 5.]

ALMETES. Vide *Almities.*

¶ **ALMIACUM**, pro *Almutia*, Gall. *Aumusse.* De B. Stanislao Polono Canonico tom. 1. Maii pag. 779. E : *Hi Canonici veste alba et rochetto et Almiaco coloris violacei in Ecclesia utuntur cum bireto clericali.*

¶ **ALMICANTARATH.** Vide *Almucantarath.*

¶ **ALMIFICIUS**, pro *Almificus*, de quo mox. Vita B. Giraldi de Salis circa finem XIII. sæc. exarata, apud Martenium tom. 6. Collect. Ampliss. col. 1002 : *Regulam*

Præceptoris Almificii B. Benedicti admonuit suscipere.

¶ **ALMIFICUS**, Gloriosus, sanctitate celebris. Urbani V. Decretum in grâtiam Monasterii Cassinensis ann. 1369. : *Juxta institutionem Almifici Patris* (Benedicti). Lobinel. tom. 3. Hist. Paris. in Glossario : *Almificus confessor B. Ludovicus.* Hoc honoris epitbetum non semel tribuitur illustrioribus viris, et maxime Præsulibus. Vide Murat. tom. 3. pag. 194. col. 1. et alibi. Item etiam Urbibus. *Almifica Massiliensis* in Charta ann. 1046. ex Archivo Monasterii S. Victoris ejusdem urbis.

¶ **ALMIGER**, Simili notione. Anastasius in Vitis Paparum apud Murator. tom. 3. pag. 270. col. 1 : *Ut aperto judicio Deus ostenderet tanti Almigeri viri meritis ac precibus se velle propitiari populis, etc.*

ALMILUCERNA, in Breviloquo dicitur *locus amœnus, qui frequenter illustratur.*

¶ **ALMIRAGIUS**, pro *Admirallus*, Gall. *Amiral.* Vide in *Amir.*

¶ **ALMIRALLUS**, Eadem notione, apud Marten. tom. 1. Anecd. col. 1660. in Instrum. anni circiter 1401. Vide in *Amir.*

¶ **ALMISSEMUS**, pro *Almissimus*, superlativum fictum ab *almus.* Inscriptio tabulæ altaris Monasterii Hamensis a Mabillonio relata tom. 1. Annal. Bened. pag. 697 : *Maria Almissema* (id est sanctissima) *cum ips. vivant et exultent in æterna sæcola.*

1. **ALMITAS**, Sanctitas. Vita S. Adhalardi : *Duces progenie, sed ditior Almitate.* Ermenricus in Vita S. Soli cap. 10 : *Hæc idcirco tibi sic exposui, ut certior sis de Almitate hujus emeriti viri.* Est etiam titulus compellatorius apud Marculfum lib. 1. form. 6. Desiderium Episcop. Cadurcensem in Epist. 1. 13. 15. etc. Joannem VIII. PP. Epist. 66. et alibi non semel. Sigefridum Moguntinum Episc. Epist. 5. Bedam in Vita S. Cuthberti Episc. n. 2. in Vita S. Cuthburgæ in Procem. in Gestis Innocentii III. PP. pag. 70. etc.

☞ Ita honoris causa Sigericum Archiepiscopum appellat Ælfricus in variis præfationibus operum quæ ad ipsum dirigit. Apud Hunfredum Wanleium de Antiq. Litteratura Septent. pag. 153 : *Precor modo obnixe Almitatem tuam, mitissime Pater Sigerice.* Pag. 156 : *Fateor Almitati tuæ, Domine venerabilis.* Utitur ibidem passim Ælfricus titulis *Sanctitatis, Dignitatis, Benignitatis*, etc. Hincque patet pro *Sanctitate*, *Almitatem* non fuisse semper usurpatam. Illud inde magis patet quod etiam Regibus datus sit hic honoris titulus. Vita S. Mathildis jussu Henrici Regis scripta in Prologo Act. SS. Maii tom. 2. pag. 158. E : *Gratias agimus vestræ Almitati vobis placuisse hoc opus.* Reges hac usi sunt voce cum Optimatibus regni tum ecclesiasticis tum sæcularibus, uti videre est in Præcepto Karoli Magni pro quodam Joanne, qui Sarracenos debellaverat, apud Baluz. tom. 2. Capitularium Regum Franc. col. 1400 : *Notum sit omnibus Episcopis, Abbatibus, Ducibus, Comitibus, etc. Igitur cognoscat Almitas vestra, qualiter Johanne ad nos veniente et ostendit nobis epistolam, etc.*

¶ 2. **ALMITAS**, Paterna bonitas, ut videtur, benignitas charitasve. Epistola ad S. Hildegardem Abbatissam de S. Roberto : *Omnes in commune petimus pietatis vestræ Almitatem.* Hericus in Prologo ad Vitam metricam S. Germani Autissiod. :

> Non hæc ob meriti beatitatem
> Germani peto ; sed per Almitatem.

* Eodem titulo donat abbatem S. Maximini Trevir. Agapitus PP. in Charta ann. 950. inter Probat. tom. 1. Hist. Lothar. col. 355 : *Nuntios vestræ Almitatis ad sacrorum Apostolorum limina, partimque nostram apostolicam dignitatem directos,.... cum magna benevolentia suscepimus.* Vide infra *Almus.*

ALMITIES, ὡραιότης, *Pulcritudo*, in Glossis Græc. Lat. Hinc emendandum Gloss. Lat. Gr. *Almetes*, κάλλος ἀνατροφῆς, legendum enim, *Almities*, κάλλος, ἀνατροφή. Vide Festum, et ibi Scaligerum.

☞ Perperam, ut arbitror, emendatur, *Almetes*, cum vocabulum hoc rarius non legatur in veteribus Glossis, quam *Almities.* Deinde ipsa vox *Almities* ab alendo ducta melius per κάλλος ἀνατροφῆς, id est, Pulchritudo alimenti, seu pulchritudo ex alimentis salubribus nata, quam per κάλλος, ἀνατροφή, hoc est, diviso sensu, *Pulchritudo, Educatio.* Sosipater Charisius vocem *Almities* vertit εὐπρέπεια, Eximius decor, Reuchlinus autem in Breviloquo ait, vocibus *Almitas, Almitudo, Almities*, ab *Almus* ductis significari *sanctitatem.* Addam legi *Almitus* in veteribus Glossis pro *Almitas.* Vulcanius quidem, Meursius et alii post ipsos habent *Almitas :* verum cum *Almitus* declinari potuerit ut *servitus ;* nullam video mutationis necessitatem.

¶ **ALMITUS.** Vide *Almities.*

ALMOÇABEL, Magistratus nescio quis Saracenicus apud Mauros Hispanos. Charta Alphonsi VIII. Regis Castellæ æræ 1119. apud Anton. de *Yepez* tom. 7 : *Et vestras tendas nullus Alvacil, neque Almuserifus, neque Almoçabel violenter intret, etc.*

ALMOCADENUS, Capitaneus peditum, Hispanis. Vide Leges Alfonsinas part. 2. tit 22. lege 5. [et supra *Adalides.*] [** Arab. מקדם (mokaddem), Anterior pars rei; præpositus, dux. Lusitanis *Almocadem.*]

* **ALMODIUM**, Mensuræ genus apud Navarros. Reg. sign. *Noster* in Cam. Comput. Paris. fol. 339. r° : *Quidam modius mensurarum in Navarra. In reaficio Pampilonæ sunt iiij. rova. In rovo, iiij. quartalia. In quartale, iiij. Almodia.* Occurrit ibid. non semel.

ALMOGAVARES. Vide *Almugavari.*

ALMOMOR, Mensa Synagogæ Judaicæ. Joann. Matth. Tiberinus in Actis S. Simonis a Judæis necati n. 9 : *Cadaver super Almomor extenderunt : est enim Almomor mensa quædam ante altare, ubi Psalmos, Antiphonas, Hymnosque decantant.*

* *Almamor* ibi edidit Murator. ex Annal. Placent. ad ann. 1474. tom. 20. Script. Ital. col. 948. [** Hebr. אלמימור, suggestus in synagog. Judicorum, Arab. אלמנבר.]

[**ALMONARIA**, Almonarium,] Almoneria. Vide *Eleemosynaria* [6. post *Eleemosyna* 3.]

¶ **ALMONARIUS**, Eleemosynarius : quod vide.

ALMONETA, Auctio, Hispanis *Almoneda*, nostris *Encant.* Occurrit non semel in Foris et Obser. Regni Arag. lib. 4. tit. de Emptione, etc. § 7. et alibi. [** Lusitanis *Almoeda*, Arab. מונאדה (monada) præconium.]

ALMOQUEIRE. Charta Henrici Comitis Portugalliæ, tom. 3. Monarch. Lusitan. pag. 282 : *Almoqueire faciant mihi servitium manno, et inter vos non sit ulla manana.*

* Academ. Hispan. in Diction. *Almocrebe*, Asinarius, mulio; a quo differre non videtur *Almoqueire.* [** Arab. מכארי (mocari), Mulio, conductor. Lusitanis *Almocreve.*]

ALMORAVIDES, Vide *Almoravisii.*

¶ **ALMORIA**, pro *Almaria*, de quo supra, Gall. *Armoire*, apud Rymerum tom. 6. pag. 173 : *Pro reparatione et emendatione cistarum ac factura novarum Almoriarum, pro rotulis.... inibi custodiendis.*

* **ALMOSTALAF**, Magistratus Saracenicus, apud Mauros Hispanos; cujus officium *Almostalafia* nuncupabatur. Academ. Hispan. in Diction. *Almotazen*, Publicarum mensurarum et ponderum curator, ædilis, cujus munus *Almotazenalgo* ibidem dicitur. [** מחתסב (mohtasab), Arab. Præfectus annonæ.] Judic. curiæ Barcinon. ann. 1165. in Append. ad marcam Hispan. col. 1342 : *Judicavit curia quia Almostalafia officium quoddam est, quod in civitate utile satis habetur, ut comes de ea parte, quæ ad civitatem vel ejus territorium pertinebat, partem et procul dubio daret; ut sicut de ea pecunia, quæ ab ipsis captivis recipitur partem suam accipit, ita similiter et de ea quam ipse Almostalaf pro Almostalafia donat, partem accipiat.* Vide *Almoçabel* et *Almudacafi.*

* **ALMOXARIFA**, ut *Almoxarifus*, Portorii exactor. Charta ann. 1294. tom. 1. Probat. Hist. geneal. domus reg. Portugal. pag. 108 : *Quæ quidam vinea fuit Petri Fernandi,.... regis Alphonsi Almoxarifæ in civitate Ulixbonensi.*

¶ **ALMOXARIFUS**, Almoxariphus, et Almuserifus, Portorii præfectus, exactor, portitor, Gall. *Douanier, peager*, Hispanis *Almoxarife.* Rodericus Santius Histor. Hispan. part. 3. cap. 17. pag. 212 : *Rursus quemdam ditissimum Judæum appellatum Samuelem Levi, sibi dilectum Almoxarifum et Thesaurarium gladio feriri jussit.* Charta Alfonsi VIII. Regis Castellæ apud Antonium *de Yepez* in Chron. Benedictino tom. 7 : *Et vestras tendas nullus Alvacil, neque Almuserifus, neque Almoçabel violenter intret.* [** Arab. מושרף (moscharraf), Nobilitatus, exaltatus, condecoratus.]

¶ **ALMUCABALA**, Algebra, Liber de rebus occultis. Lazarus Schonerus cap. 1. Algeb. : *Insignis quidam Mathematicus fuisse fertur qui suam Algebram Syriaca lingua perscriptam ad Alexandrum Magnum miserit, eamque nominaverit Almucabalam, hoc est Librum de rebus occultis, cujus doctrinam Algebram alii dicere maluerunt.* Pseudo-Ovid. lib. 1. de Vetula :

> Quo divinantur numeri plerique per unum
> Ignoti notum, sicut ludunt apud Indos
> Ludum dicentes Algebræ, Almugrabalæque.

Ubi legendum *Almucabalæque.*

Cæterum *Almucabala* oritur ab articulo Arabico *al*, et *mucabala*, quod a קבל Accepit, audivit : a quo etiam et *Cabala*, occultior quædam doctrina. [** Chaldaice קפלה] Vide *Cabala.*

¶ **ALMUCANTARATH**, et Almicantarath. Vox Astronomica, ubi de Sphæra

Circuli sunt horizonti paralleli, quos per omnes cujuscumque Meridiani gradus ire cogitamus. *Almucantarati* omnes circa eosdem vertuntur polos, Zenith, scilicet et Nadir. De his plura vide apud Joannem de Sacrobosco de sphæra, et alios scriptores Astronomicos. Vox est plane Arabica ab *Almocantarath*, [** מוקנטראת(mukantarat).] ut loquitur D. *Herbelot.*

ALMUCIUM, Almucia, Aumucia, Amiculum, seu amictus, quo Canonici caput humerosque tegebant. Jo. de Janua in v. *Flamen: Quicunque erat Sacerdos, in signum Sacerdotii deferebat Almucium.* Gloss. Latin. Gall.: *Apex, Aumuce.* In Statutis Massiliensibus MSS. *Capucium* et *Almutia*, idem sunt. Liber Ordinis S. Victoris Parisiensis MS. cap. 66: *Nec cucullas, id est, capparones, vel pileos, id est, Almutias habere debent.* Radevicus lib. 2. de Gestis Friderici Imp. cap. 67: *Cum pellibus nigro pallio coopertis, et nigro Almutio.* Wil. Thorn. in Chron. ann. 1330: *Quæsivit Episcopus in quali habitu esset: responsum est, quod in tunica de burneto, et Almucia sine cuculla.* Cuculla caput, reliqua almucia humeri tegebantur. Statuta Ecclesiæ Viennensis apud Joan. *Le Lievre* cap. 26. de Canonicis: *A festo S. Martini usque ad Pascha portabunt capas nigras supra pellicium, et a Pascha usque ad festum omnium SS. portabunt superpellicium sine capa, et in capite capellum de griso, quem vulgariter Almuciam vocant,* [Charta Ferrici de Cluniaco Tornacensis Episcopi pro Capitulo Canonicorum in Middelburgo apud Miræum Diplom. Belgic. tom. 2. pag. 1342. ed. 1723: *Item deferent hi sex Canonici Almucia grisea per Canonicos Ecclesiarum nostræ diocesis deferri solita, una cum Curato; Capellani vero rubea et Habituati Presbyteri nigra de nigris pellibus.* Vide *Grisum.*] Statuta Ecclesiæ Noviomensis apud Vassorium: *Intrantes Chorum dictæ Ecclesiæ Canonici.... si per majus ostium intraverint, deposita Almucia, cum reverentia caput inclinare debent versus altare.* Vide Chronicon Montis-Sereni pag. 153. Monastic. Angl. tom. 2. pag. 464. Concil. Senon. ann. 1346. can. 2. tom. 2. Spicil. pag. 132. 133. Chron. Windes. lib. 1. cap. 42. lib. 2. cap. 16. Molanum lib. 3. de Canon. cap. 5. et 8. Haeftenum lib. 5. tract. 3. disq. 4. Sansovinum et Stringam in Venetia lib. 1. cap. 155. etc.

Fuit etiam Almucia, Monachorum propria. Clemens V. PP. in Concilio Viennensi statuit, *ut Almutiis de panno nigro, vel pellibus, caputiorum loco, uterentur.* Vide Clementin. *Ne in agro domin.* et Regulam S. Benedicti cap. 55. [Historia Beccensis MS. pag. 7: *Hiberno tempore caputium, ut aiunt, consuetum pellicatum, Chaperon de coutume, capiti operiendo abhibebant. At sacerdotibus mos erat deferendi Almutium nigri coloris, latum quatuor circiter digitos; more stolæ e collo pendentis cingulo tenus: ut hoc levi indicio de grege Monachorum se esse profiterentur.* Quod quidem in celebri Abbatia S. Bertini Cithiensis et aliis Monasteriis Belgiæ etiamnum defertur, pari forma et longitudine: at in Vedastino sex pollicibus latum est, ex pellibus nigris, et e collo fere pendet ad pedes.]

Fuit et virorum laicorum. Statuta MSS. urbis Massiliensis ann. 1293: *Ordinamus, quod nullus sartor accipiat de vestimentis hominum masculorum ultra taxationes infrascriptas, videlicet de Huca cum caputio, vel Almussa cum pennis 2. sol. et sine penna 18. den. Item de Huca cum sendata et caputio vel Amussa 2. sol. et 6. den. etc.* Chron. Flandr. cap. 105: *Or issirent-ils de Paris, et encontra le Roy l'Empereur son oncle assez près de la Chapelle, entre S. Denys et Paris. A leur assemblée l'Empereur osta l'Aumusse et chaperon tout jus: et le Roy osta son chapel tant seulement.* Comput. Stephani *de la Fontaine* Argentarii Regii ann. 1351. cap. *des pennes: Pour 24. dos de gris à fourrer Aumuces pour le Roy 36. sols.* Cap. *de l'orfevrerie: 99. grosses perles rondes baillées à Guillaume de Vaudeschar pour mettre en l'Aumuce, qui soutint la Couronne du Roy à la feste de l'Estoille.* Ita coronam supra almuciam Rex deferebat. Ceremoniale Romanum lib. 1. sect. 5: *Ubi Imperator sedens, deposita Almucia, primo induit sandalia, etc.* Sed et ipsæ feminæ almucias gestarunt. In Computo ejusdem Stephani ann. 1350: *Pour fourrer une braceroles, et une Aumuce pour ladite Madame Ysabel.*

Almucella, Parvula almucia. Testamentum Ranimiri Regis Aragon, æræ 1099. apud Martinezium in Hist. Pinnatensi lib. 2. cap. 38: *Et meos vestitos, et acitaras et collectras, et Almucellas, et servitium de mea mensa, etc. Almoçala,* in Charta æræ 1016. apud *Yepez* tom. 5. pag. 444. *Almuçalla grezisca,* in alia æræ, 1011. tom. 6. pag. 451. Testamentum Arnaldi Archiepisc. Narbonensis ann. 1149. apud Catellum: *Insuper laxo illi omnem substantiam meam, quam ibi habeo, præter tapetia et Almucellas, quæ laxo Ecclesiæ S. Justi.* Vetus Rotul. ann. 1234: *Pro duabus Almucellis ad juvenem Reginam, etc.* Occurrit ibi pluries. Porro *Almuciarum* artifices *Aumuciers* dicebantur Parisiis, uti ex eorum Statutis, quæ servantur in Camera Computorum, discere est. Vide *Aliphasis.* [** Almucellas non esse Almucias parvas, sed Lodices, lectorum operimenta, contendit S[a] Rosa de Viterbo vol. 1 pag. 101, quippe quas sæpissime nosocomiis et xenodochiis donatas legamus. Donatio æræ 1112: *Do omnia mea rem movilem lectorum, cosodras et plumazos, tapedes et Almozalas, simul et alifafes, manteles et savanas linulas etc.* Testam. æræ 1246: *Dominico Alfonsi cappam, pellem et Almucellam et pulvinar quod tenet.* Aliud: *Mandat quod Gunsalvus Joanis det pro anima sua Almucellas et feltros quæ sunt in domibus suis.* Testam. æræ 1272: *Unam colchiam et unam Almuzellam et unum plumacium.* Vide infra in voce *Aumucella.*]

Armutia. Concilium Ravennense ann. 1314. can. 10: *Capita cooperiant pileo, vel bireto, vel Armutia oblonga ad aures.* Ita in Concilio alio Ravennensi ann. 1317. can. 4.

Amicia. Monasticum Anglic. tom. 3. part. 2. pag. 36: *Penulas autem hujus Amiciarum caprinas esse volumus, vel agninas, etc.* Adde pag. 99. Jam vero ex præallatis satis patet, almucias primitus capita operuisse, ita ut a capite pellis pars retro penderet, quæ collum tegeret, pars vero ea, quæ caput operiebat, formæ esset quadratæ, et quatuor veluti cornua effingeret: quod potissimum licet inspicere in antiquis picturis Canonicorum, in Regesto Cameræ Computor. Paris. de Feodis Comitatus Claromontensis in Bellovacis, et apud virum doctissimum C. Molinetum de Vestib. Canonicorum Regularium pag. 97. Atque hinc jam licet haurire, unde ejusmodi pileorum, quos vulgo *Bonnets quarrez* appellamus, usus fluxerit, qui non alii sunt, quam almuciarum pars, quæ caput tegebat, resecta cauda, quod quidem pauci, opinor, hactenus adverterunt: iique tum obtinuere, cum almuciæ vel in brachiis, vel supra humeros gestari cœpere. Atque ii *pilei turriti gebellinorum,* id est ex pellibus Sabellinis dicuntur Petro Damiano lib. 2. Epist. 1. Vide etiam Paschasium lib. 4. Disquisit. Francic. c. 15.

Quod ad vocis etymon spectat censet Bayfius lib. de Re vestiaria, ab amiciendo dicta almucia, quasi *amicula,* quæ, ut auctor est Festus, et ex eo Isidorus lib. 19. cap. 25. fuerunt mulierum vestimenta. Alii, ut Joan. Cognatus in Hist. Tornac. lib. 2. a Theotisco seu Flandrico deducunt, *Hoft Mutse,* hoc est capitis pileus, qua appellatione donantur almuciæ in testamento Radulfi *Corsbout,* Decani S. Petri Lovaniensis ann. 1380. quo confert *duo almutia* dicta *Bontemutsen,* hoc est, pileos ex pellibus confectos. Eidem consona habet J. *Banck* in Taxam Cancellariæ Romanæ. Almutias ita descripsit Petrus Damian. lib. 5. Epist. 16. de Clerico nitidulo, uti vocat: *Ita ut caput ejus nunquam nisi gibellinica pellis obtegeret.*

* Antiq. Stat. canonic. regul. S. Aug. apud Duell. tom. 1. Miscel. pag. 96: *Almucium capite claustrali nolo geratur.* Ubi Gloss. *i. e. Mitra magistrali.* [** Ihrius, quem laudat Adelungius, hæc fere habet in Glossario Sueo-Gothic. vol. 2. col. 217: « Myssa, Tegumentum capitis, Fenn. *myssy,* Germ. *mütze,* Bel. *mutz,* unde Lat. Barb. *almucia, almussia,* Gall. *aumusse* et Ital. *mozetta,* quæ tamen sensum ita immutarunt ut togam Sacerdotum breviorem hodie significent. Islandis *muza* usurpatur pro indumento agresti vel thorace. Orta ea omnia facile dabis, a radice Alemannica *muzen,* tegere, quam habet Schilterus, Gloss. pag. 621, cui convenit Gall. ant. *musser.* » Vide Raynouardi Gloss. Rom. vol. 1. pag. 57. Provincial. et Catalan. est *Almussa,* Lusit. *Murza.*]

ALMUDACAFI, Officiales civitatum in Hispania, quorum officium inter cætera est: *panes ponderare et vinum mensurare,* ut est in Observantiis Regni Aragon. lib. 7. tit. de Moderatione rerum venalium § 1. Adde lib. 9. tit. de Salva infantion. § 13. et Foros Aragon. lib. 9. tit. de Prohibita inquisit. [Est autem *Almutazafe* Hispanis ille qui dolii modum virga explorat, Gall. *Jaugeur.* Vide *Almutazaphus.*]

¶ **ALMUDADA**, et Almudata, Mensura agraria quæ tantum terræ quantum *Almud* sementis capit. Est etiamnum Hispanis *Almud* mensuræ species quæ dimidiam tenet *Hanegam,* capientem *minotum* Parisiensem, vel juxta quosdam sex *Celeminas* quæ faciunt sex modiolos seu *Picotinos.* Vide Diction. Hispano-Gall. Francisci Sobrini. In voce *Almud.* [** Academ. Matrit. : *Almudada,* *sexta pars jugeri. El espacio de tierra en que cabe un Almud de sembradura.*]

* Eadem est mensura, quam *Almude* vel *Almonde* dicimus, qua utuntur Lusitani ad oleum mensurandum; quarum 26. *pipam* faciunt. Academ. Hisp. in Diction.: *Almud*, Medimnus. Vide vox *Almude.*

ALMUNDAYNA. Usatica Regni Majoricar. ann. 1248. MSS. : *De omni clamo, sive neget, sive dubitet reus, sive confiteatur, primum a Curia consilio proborum hominum sententia feratur, quæ talis est : Per totam istam diem pausate cum vestro adversario, vel firmate directum, vel in sero ascendatis in Almudaynam : si non Almudaynam ascenderit, habetur pro firmato directo, et exibit inde directum.* In Editis apud Joan. Dametum in Histor. Regni Balearici pag. 268. *pro firmamento directi* habetur. Fit mentio *Almundaynæ in civitate Majoricensi*, et domorum, quæ in ea sunt, in aliis Chartis apud eundem Dametum pag. 315. et 333. et apud Petrum IV. regem Aragon. in Chron. lib. 3. cap. 21. et tom. 5. Monarch. Lusitan. pag. 303. Idem videtur, qui Hispanis et Aragonensibus *çalmedina.*

☞ Çalmedina vero, ut exponit ipse D. Cangius in v. *Zavalmedina* idem fere est, quod Prætor urbanus apud Latinos : malim ego per *Almudaynam* prætorium intelligere, quam ipsum Prætorem; et certe conjecturæ favet loci citati series.

ALMUDE, Modius, medimnum. Fori Leirenæ æræ 1195 : Mellitor *det per annum Almude de melle et unam libram de cera.* Vide tom. 3. Monarch. Lusitan. pag. 282. [** et Elucidarium vol. 1. pag. 102. Chart. æræ 1152 : *Unum Almude de pane et unum de vino.* Privil. æræ 1196 : *Singulos Almudes de pane couto centeno et 1 Almude de cevada.* Academicis Matrit. est *Almud*, *aridorum mensura minor*, et in quibusdam provinciis *terræ spatium quod uno jugo boum in die exarari potest;* iisdem *Almudi*, maxima aridorum mensura in Hispania Tarraconensi.]

ALMUGAVARI, Almogavares, Milites Hispani, ob animi generositatem celebres : quos quidam ab Avaribus seu Hunis, qui primitus Hispanias et Gallias insederunt; alii, quod ex Arabibus et Sarracenis Hispanis genus ducebant, sic appellatos volunt.

[☞ Ab Arabico *Mghabbar*, quod Pulverulentum significat, et articulo *al* dictos *Amogabaros* Villanio Florent. docet Carolus Macer in Hierolexico fratris sui Dominici, *o* inter *m* et *g* addito euphoniæ causa; sed fere crediderim ego sic Arabice dictos fuisse propter arctissimam animorum in omnibus periculis vinctionem et conjunctionem, incredibilemque omnium ad hostes superandos conspirationem : alter quippe modus scribendi hujus nominis, scilicet *Muhavir* idem esse potest apud Arabes, quod apud Hebræos *Muhavar*, id est, socius, comes, adjunctus. Quam vero cognatæ sint Hebraïca et Arabica linguæ nemo est qui nesciat : deinde littera *g* in ore Hispanorum eumdem sonum edit, quem in gutture Hebræorum fortis aspiratio. Conjecturam confirmat Scaliger cum ait : *Almogavaves, sunt Milites, quales Martolossi.* Haud quidem scio unde hauserit vocem *Martolossi;* sed eam ex Armorica *Martolots* factam esse nullus dubito : jam vero *Martolot* vel *Matelot* apud Armoricos, non in nauticis solum ministeriis, sed in bellis etiam gerendis, significat comitem, socium, adjutorem.] [** Cl. *Dubeux* nominis originem esse censet vocem Arabicam מעור, Pugnator, bellicosus, qui multum excurrit in hostem τῆς *Algara* ergo; idem monet de Almogavaris optime disseruisse in Ephemerid. Societ. Asiat. Paris. (tom. 9. pag. 65. tom. 10. pag. 33. 106. 172. primæ seriei) Georgium *Fitz-Clarence*, Munsteri Comitem.]

Αμογάβαροι appellantur apud Pachymerem lib. 11. cap. 13. et Nicephorum Gregoram lib. 7. pag. 153. *Almogavares* in Legibus Alfonsinis parte 2. tit. 22. lege 2. ubi ita dicuntur *Equites*, respectu peditum : denique *Armogaires* in veteri Charta Gallica in Camera Comput. Parisiensi. Josephus Scaliger lib. 1. Epist. pag. 245 : *Almogaraves, sunt milites, quales Martolossi.* Sebastianus Cobarruvias : *Amogavares, dizen averse llamado antiguamente con lenguage Arabigo, los soldados viejos y platicos, que no pudiendo seguir los campos, estan entretenidos en algun presidio. El Padre Guadix dize significar el que tra nuevas, que en Arabigo se llama Muhavir. Estos de ordinario stan hablando de las cosas que han visto, y porque han passado en la guerra. Tamarid, Adalides de Corsarios.* De Amogavaris agunt Lucas Tudensis æræ 1273. Rodericus Tolet. lib. 9. de Reb. Hispan. cap. 16. Raimundus Montanerius in Chron. Reg. Aragon. passim et Moncada in Hist. Catalan. cap. 7. Adde præterea quæ de iis diximus in nostra Hist. Gallo-Bizant. lib. 6. cap. 24. Hos perperam Meursius, cum *Ampsivariis*, de quibus Notitia Imperii, confundit. Almugavarorum vero cohortes *Almugaveriam* appellat idem Montanerius cap. 170. et alibi non semel. [Vide Glossar. mediæ Græcitatis.]

☞ Ut Cobarruvias supra, sic Mariana lib. 10. cap. 10. Almogavares *ait veteranos fuisse milites, præcipua dexteritate et multis bellis adversus Mauros exercitos.* De horum animi fortitudine et vivendi ratione, et si multa in Hispanis scriptorib. supra laudatis, pauca addemus, 1°. ex Chron. S. Ferdinandi Regis Castellæ tom. 7. Maii pag. 346. 2°. ex Historia Catalauniæ, etc. Sic in Chronico S. Ferdinandi : *Eodem tempore et obsidione durante, Almogavares, qui erant in castris Ferdinandi, pro sua quique virili parte fatigabant Mauros, nunc incursione aperta vastando agros, nunc ex insidiis rem agentes, ea quæ fieri solet in obsidionibus fortuna, etc.* Bernardus *Desclos* in Historia Catalauniæ, quam circa 13. sæculi finem de rebus suo tempore gestis scripsit, ac de iis præsertim quas egit Petrus Aragoniæ Rex ab ann. 1276. ad 1285. lib. 2. cap. 3. et sequentibus sic de *Almugavaribus : Almugavarum professio est semper in armis vivere, extra habitationem communem, in montibus et silvis, continuo pugnando cum Mauris, in quorum terras excurrendo ad duas tresve diætas, struunt illis insidias, indeque revertuntur ad terras Christianorum multa cum præda multisque captivis, unde illis tota victus ratio. Incredibile dictu est quam laboriosam et asperam vitam agant, sæpe biduum triduumve impasti, aut solis campestribus herbis sese sustentantes, citra fastidium aut molestiam. Totus eorum vestitus et apparatus, sagulum unicum est perquam breve, hieme non minus quam æstate, cum femoralibus coriaceis valde arctis; gladius acutissimus et minime latus, ex corrigia robusta pendens; hasta seu minor lancea; jacula duo cum ascopera in humeris in qua ferunt bidui tridui ve cibum, cum fomite et silice ad ignem; admodum expediti ad incurrendum recurrendumque sunt; et omnes fere ex montanis Aragoniæ, Cantabriæ vel Castellæ, ac plerique nobiles qui facultatibus ad vitam in urbibus tolerandam destituti, ad Maurorum confinia se recipiunt, rapto, ut dixi, victuri; quoniam alia iis nec res, nec spes est; tales nempe quales in Hungaricis bellis identidem nominatos audimus, Haydones vel Hussaros.*

¶ Amulgaveri, Eadem notione. Nicolaus Specialis de Rebus Siculis lib. 4. apud Murat. tom. 10. col. 990 : *Martinus de Ollecta cum aliquibus electis militibus in modum cunei vexilla præcedit; Amulgaveris et Marinariis qui relicta classe convenerant, ab ea parte qua torrens eminentiores ripas fecerat aciei, latera servanda commissa sunt.*

* Qui prædones sunt in Sclavonia proprie dicta, ut olim erant Isauri in Cilicia, Scoti in Anglia, nunc Uscocchi in Dalmatia. Sic Cimbri, Arabes, Cilices, pro prædonibus promiscue usurpantur. *Martolossi* vero Gall. dicuntur *Martolois.* Vide Notas Gallicas D. *Bespier* in Statum imper. Turcici a D. *Ricaut* pag. 700. Hæc ex adversariis D. *Falconet.*

¶ **ALMUCEA**, *Locus planetæ cum suas personas gerit, seu videt facie ad faciem.* Argolus in Amalthea Laurentii. Vox a Philosophis Arabibus accepta, qua conjunctionem planetæ cum sole designant.

ALMUNIA, Prædii rustici species apud Hispanos. Charta Sanctii Regis Aragonum æræ 1132. apud Martinezium in Hist. Pinnatensi lib. 3. cap. 9 : *Concedo prædicto Cœnobio,... illam meam Almuniam, vocatam Daymus, quæ afrontat ex una parte cum Torredellas, etc.* Alia Alfonsi VI. Regis æræ 1133. apud Anton. de *Yepez* in Chronico Ord. S. Benedicti tom. 6 : *In quo loco incipit alia via, per quam descendunt usque in viam publicam super Almuniam Regis, etc.* Observantiæ Regni Aragon. lib. 5. tit. de Jure dotium, § 4 : *Tamen si Miles vel Infantio habent unam Almuniam vel turrim, censetur una hæreditas cum toto hæreditamento adjuncto illi Almuniæ, vel turri.* Adde Colmenarezium in Hist. Segobiensi cap. 16. § 4.

☞ In his tribus exemplis, excepto forte postremo, per *Almunia* intelligi potest hortus, ut intelligendus est dubio procul in sequentibus; Testamentum I. Adephonsi Regis Hispaniæ apud Marten. tom. 1. Collect. Ampliss. col. 546. C : *Et ut hi qui in eadem Ecclesia suprascripta permanserint, supplementum aliquod victui habere possint, offero illis villam unam nomine Hukeka, et unam Almuniam, quam nos Latine vocamus Ortum, qui est prope illam Ecclesiam S. Servandi.* Et in Archivo S. Victoris Massiliensis armar. Hispan. n. 115 : *Almunia Regis, quam nos Latine vocamus Ortum.* [** Lusitanis *Almuinha.* Conf. S. Rosa de Viterbo Elucidarii tom. 1. pag. 102 et Appendic. pag. 7. A verbo latino *Alimonia* originem trahere hanc vocem scribit et exemplis multis e documentis Lusitan. adductis firmare conatur, ea non tantum *hortum*, sed quodvis prædium haud longe ab urbe situm, significari.]

** **ALMUNICIUM**, Kore hut oder Kappe. Vocab. Lat. Germ. ann. 1477. Vide *Almucium.* ADEL.

ALMUS, Sanctus. [Vita Joachini Servitæ tom. 2. Aprilis pag. 458. D : *Sin alicui id parum videretur, hic qui Almus erat, pro semel ægrotationem delicti purgandi causa flagitare, virginemque interdum vehementer orare, etc.*] Cognomentum Ludovici Imperat. Caroli Magni filii, qui vulgo *Pius* dicitur, in Chronico S. Vincentii de Vulturno pag. 694. Leo Ostiensis lib. 1. cap. 18 : *Ludovicus Imperator, qui cognominatus est Almus, vel Sanctus.* Vide Brissonium in Formulis, pag. 50.

* Glossar. vet. ex Cod. reg. 7646 : *Almus, clarus, vel splendidus, excelsus sive sanctus.* Vide *Almitas* 1.

ALMUSERIFUS. Charta Alfonsi VIII. Regis Castellæ æræ 1213. apud Anton. de Yepez in Chronico Ordinis S. Benedicti tom. 7 : *Et vestras tendas nullus Alvacil, neque Almuserifus, neque Almoçabel violenter intret, etc.* [Vide *Almoxarifus.*]

¶ **ALMUSOSAT**, Brodium, id est, jus carnium elixarum, nostris *Brouet.* Locum vide in *Brodium.*

¶ **ALMUSSA**, Idem quod *Almucia.* Locum vide in *Capa Robert.*

* **ALMUSSERIUS**, *Almuciarum* artifex, nostris olim *Aulmulcier.* Lit. admortisat. pro eccl. Tolos. ann. 1454. in Reg. 187. Chartoph. reg. ch. 111 : *Cum honore Johannis de vicaria sartoris sive Almusserii.* Vide *Almucium.*

¶ **ALMUSSIA**, Idem. quod *Almucia. sium.*

ALMUTAZAPHUS, Magistratus apud Aragonenses, cujus munus est intrare domos, in iis res furatas perquirere, ponderare panes, et mensurare vinum etc. Vide Repertorium Michaëlis *del Molino*, in hac voce. [et *Admudacafi.*]

¶ **ALMUTIA**, ALMUTIUM. Vide *Almucium.*

¶ **ALMYRARCHUS**, *Maris præfectus.* Laurent. in Amalthea ex Peridonio. Vide *Admirallus* in *Amir.*

¶ **ALNA**, Ulna, certæ longitudinis virga, qua telas pannosque metiuntur, Gall. *Aune.* Illius etymon accersit Hickesius a Saxonico *Eln*, vel *Elne* : at rectius deduxisset a Latino *Ulna.* Mensuræ hujus nomen et usus non ita recentia, ut norunt qui vetera evolvere Tabularia et Diplomata. Statuta Eduardi Regis Angl. pro Bastida Valentiæ apud Rymer. tom. 2. pag. 262 : *Item quicumque tenuerit falsum pondus vel falsam mensuram, vel falsam Alnam...... in 60. solidis puniatur. Alnæ* longitudo varia pro locorum diversitate; quare hic *Alnarum* canonem ad pedem Regium collatum inserere non erit forsan inutile. Pes Regius est 12. pollicum; pollex 12. linearum; linea 12. punctorum.

Alna Amstelodami juxta J. Savary in Diction.			
Commercii longa est.	2	0	11
Juxta alios.	2	1	2
Alna Anglica.	3	7	8
Alna Antuerp.	2	1	$5\frac{1}{2}$
Alna Basileensis.	1	9	0
Alna Bergensis in Norvegia paulo brevior Amstelodamensi, ita ut 10. alnæ Amstelod. faciant 11. Bergenses.			
Alna Britanniæ minoris	4	2	11
Alna Bernensis	1	9	0
Alna Breslaviensis	1	9	0
Alna Burdigalensis.	3	7	8
Alna Coloniensis.	1	9	0
Alna Copenhaguensis.	1	8	$5\frac{1}{3}$
Alna Dantiscana	1	10	$4\frac{1}{2}$
Alna Dronthem. par Bergensi.			
Alna Flandrensis.	2	1	$5\frac{1}{2}$
Alna Francofurt. ad Mœnum	1	9	0
Alna Genevensis 17. parte discrepat a Parisiensi.			
Alna Hamburgensis.	1	9	0
Alna Hallensis	1	9	0
Alna Konigsberg. paulo longior Dantiscana.			
Alna Lipsiensis	1	9	0
Alna Londonensis	3	7	8
Alna Lubecensis 16. parte brevior Hamburgensi.			
Alna Lugdun. paulo brevior Parisiensi.			
Alna Naumburg	1	9	0
Alna Nannetensis	3	7	8
Alna Nuremberg.	2	0	11
Alna Osnaburg.	3	7	8
Alno Parisiensis	3	7	8
Alna Revaliensis } paulo longiores Dantiscana.			
Alna Rigensis }			
Alna Rupellensis.	3	7	8
Alna S. Galli in Helvetiis duplex : Alna pro telis, quæ Amstelodamensi brevior decima fere parte. Alna pro pannis, quæ eadem brevior paulo plus decima parte.			
Alna S. Genesii in Bituricis, Gall. *S. Genoux*	3	8	4
Alna Stockolm. septima parte brevior alna Amstelod.			
Alna Trecensis.	2	5	1

Cæteræ Galliarum urbes utuntur alna Parisiensi, etiam Occitaniæ et Provinciæ, ex quo Regis edicto anni 1687. *Cannis* mensurare prohibitæ sunt.

Has præter pannorum, telarum, filorumque mensuras quas *Alnas* vocant, aliæ multæ sunt quæ sub variis nominibus eidem inserviunt usibus. Inter præcipuas numerantur, *Canna* Provinciæ, Tholosæ et Neapoleos, *Varra* Arragoniæ, *Virga* Angliæ et Hispanis, *Barra* Castellæ et Valenciæ, *Rasus* Pedemontium, *Brassa* Lucarum, Venetiarum, Bononiæ, Modenæ, Mantuæ, Bergam. Florentiæ et Mediolani; *Yardus* Angliæ, *Palmus* Januæ, *Picus* Constantinop. Smirnæ, et Cairi, *Gueza* Indorum et Persarum, etc. de quibus consule J. Savary in Diction. Commercii, Diction. Universale, Patrem Marsenium, Mathiam Dogen, et Casimirum Polonum.

¶ ALNA, Item dicitur de re mensurata ; Charta Abbatis Burgi-medii Blesensis anno 1354. ex Archivo ejusdem loci : *Recipiant 14. panes conventuales qualibet ebdomada, tres Alnas panni pro vestimento quolibet anno.* Inquisitio pro Canonisatione S. Yvonis MS : *D. Yvo induebatur epitogio et tunica longis sine botonibus in manicis, panni albi villissimi, vocati de Leonia, cujus Alna habebatur pro duobus solidis ad carius.* Ibidem repetitur et eadem notione.

* **ALNAGIUM**, Ad *alnam* mensio, nostris *Aunage.* Reg. A. 2. Cam. Comput. Paris. ad ann. 1321. fol. 45. r° : *A Jehan Bouriaut est confermé l'office Alnagii et ponderis nostri Abricensis.* Charta ann. 1328. in Reg. 65. 2. Chartoph. reg. ch. 286 : *Mandavimus baillivo nostro Caleti, quatenus,... inquireret.... utrum antequam præfatus dom. rex Karolus dictum Alnagium concessisset, dicti habitatores de Archis habuissent dictum Alnagium,.. servabuntur dicti habitatores in sua possessione Alnandi dictas telas.*

* **ALNARE**, Ad *Alnam* mensusare, Gall. *Auner.* Charta ann. 1318. in Reg. 66. Chartoph. reg. ch. 441 : *Nundinantes.... emant, vendant, ponderent, mensurent et Alnent ad pondera, mensuras et Alnaria dictæ villæ.*

* **ALNARIUM**, Idem quod *Alna*, ulna. Libert. villæ S. Romani ann. 1322. tom. 8. Ordinat. reg. Franc. pag. 476. art. 2 : *Præfati consules.... corrigant.... mensuras bladi, vini, olei et salis, pondera et Alnaria, et alias mensuras rerum venalium.* Vide supra *Alnare.*

* **ALNEIUM.** Alnetum, locus ubi crescunt alni, Gall. *Aulnaie.* Charta ann. 1310. in Reg. Philip. Pulcri ex Bibl. reg. Cod. 9607. 3. ch. 11 : *Cum quatuor arpentis, tam terræ arabilis, quam jardinorum et Alneiorum, ac uno arpento prati.* Vide *Alnidus.*

¶ **ALNETA.** Tabular. Calense pag. 162 : *Tenemus et possidemus res infra scriptas, viz. Ortos cum fossatis, Alnetas, etc.* id est, loca ubi crescunt Alni, Gallis *Aulnaie*, quibusdam *Aunette.* Vide *Alnidus.*

ALNIDUS, Alnetum, locus ubi crescunt alni. *Aulnaye*, in Consuet. Aurelian. art. 152. et Stampensi art. 187. Charta Caroli Reg. Franc. apud Hariulfum lib. 3. cap. 16 : *De silva bunnaria 20. de conciso bunnaria 5. et de marisco quadrellos 110. et de Alnido bunnarium 1.* Isidor. lib. 17. cap. 7 : *Alnus vocatur, quod alatur amne : proxime enim aqua nascitur, nec facile extra undas vivit. Hinc tenera et mollis, quia in humecto loco nutritur.* Will. Brito lib. 8. Philipp. :

Difficiles ubi densa vias Alneta tegebant.

Froissart. 2. vol. cap. 126 : *Et Bretons et François les chaçoient en fossez par Aunois et bruieres.*

ALNINI FUSTES, in Lege Salica tit. 63. § 1. Ex quo loco viri docti recte conjiciunt, veteres Francos nostros loca paludosa incoluisse.

ALNUM, *Lignum, i. vernum*, in Gloss. Isid. sed legendum videtur *verum*, aut *veru.* [Papias MS. Bituric. : *Alnus, Scapularis summitas, vel lignum quod est verna.* Gloss. MS. San-Germ. *Alnum, lignum, id est, verna.* Laurent in Amalthea : *Alnum, id est, vernum.* Forte legendum *quernum*, inquit Grævius in notis ad Gloss. Isidori. Sed neque *quernum*, neque *vervum* aut *veru* legendum est, sed *vernum* ut reipsa legitur. *Vern* enim Gallis priscis et Britannis est *Alnum* : et scribebatur *Wern.* In Borelli Lexico : *Vergne, un aulne, arbre dit ainsi* : quod vere cito folia edat. *Rabelais* lib. 1. ch. 39 : *L'enfermier de nôtre Abbaie n'a donques la tête bien cuite. Car il a les yeux rouges comme un jadeau de Vergne.*]

¶ **ALNUS** CAVA, Navis sic dicta, quod ex *Alni* ligno sæpe conficiatur. Vita S. Wilfridi Episc. auctore Fridegodo, in Actis Ord. S. Benedicti sæc. 3. part. 1. pag. 188 :

Nil metuens ergo pertransit gramina tuto,
Securasque cavas intrat velociter Alnos.

[** Vide *Ainus.*]

* **ALO.** Charta ann. 1352. in Reg. 82. Chartoph. reg. ch. 101 : *Item est de membris dicti pedagii* (Marologii) *allodium, quod*

dominus noster rex et dominus de Petra recipere consueverunt super quibusdam vineis in territorio Marologii situatis; et illud quod inde recipitur, est consuetum nominari Alo, et vocatur territorium, pro quo dictum Alo recipitur, Jaian. Neque alia notione, pro quidam nimirum præstatione, *Aloët* occurrit in Charta Margaretæ comit. Flandr. ann. 1274. ex Chartul. 1. Flandr. ch. 266. Cam. Comput. Insul. : *Nous avons donné à loyal cense.... no blaverie de Binch,..... et del Aloët ke nous avons au Noel en avaine, en capons et en deniers.*

¶ **ALOA**, *in India atque Arabia gignitur : Arbor odoris suavissimi ac summi. Denique lignum ipsius vice thymiamatum adoletur altaribus, unde et nomen traxisse videtur.* Sic Isid. Orig. lib. 17. cap. 8. Distinguenda est hæc arbor ab *Aloë* quæ juxta eumd. Isid. ibid. cap. 9. est *Herba amarissimi succi*, qua in purgationibus utuntur medici.

¶ **ALOARIUS.** Vide in *Alodis.*

¶ **ALOD**, pro *Alodum.* Vide in *Cucucia* post vocem *Cugus.*

¶ **ALODARIUS.** Vide in *Alodis.*

ALODARIUS CENSUS. Vide *Census Alodarius* in voce *Census.*

¶ **ALODATGE**, Annuus census, conductionis pretium, Gall. *Loüage.* Codex Censualis Piperaci scriptus ante ann. 1078. fol. 24. et 25 : *Dalmatius Piperaci Miles dat pro sepultura sua medium molendini et uxor sua l'Alodatge unius mansi.* Rotulus sæc. XII. de Prioratu S. Pauli de Tartas ex Archivo Monast. de Casa Dei : *Et hanc terram dono ego et infantes mei sine omni retentione, et dono ad Bonam Fontem 1... eminam de segle Podiensem de Alodatge.*

¶ **ALODATICUM**, pro *Alodis.* Locum vide in *Primogenita.*

¶ **ALODES**, Eodem sensu quo *Alodis* sumitur sæpissime : at sequenti in loco accipitur pro eo qui possidet Alodem. Testamentum Matfredi ann. 966. apud Marten. tom. 1. Anecd. col. 85 : *Cupiunt ut ipse Alodes de Montaningos remaneat ibidem sæpius.*

¶ **ALODIARIUS**, Idem quod supra *Allodiarius.*

¶ **ALODIATIO**, Locatio, Gall. *Louage.* Constitutiones Ferrarii Episc. Barcinonensis tom. 4. Anecd. Marten. col. 622. B : *Libertas concedendi.... ut infra annum fiant Alodationes rerum Ecclesiasticarum... cum infra annum ubi de dictorum Alodationum agitur tractatu, etc.*

ALODIS, ALODUS, ALODIUM, ALAUDUM, etc. voces unius ejusdem originis ac notionis, quæ varie in veteribus Tabulis et apud Scriptores exarantur; ac *Alodis* quidem fere semper in Legibus, Capitularibus et Formulis antiquis; *Alodus*, in Charta apud Beslium in Comitibus Pictav. pag. 239; *Alodum*, in Capitulari Carlomanni Regis apud Vernis Palatium cap. 6; *Alodium*, apud Goffridum Vindocinensem lib. 1. Epist. 2. 3. 15. 18; *Alaudum*, in Chartis Burgundicis Perardi pag. 25. 26. 27. 33. et in Tabulario S. Mariæ Santonensis; *Alaudis*, apud *Diago* in Comitibus Barcinonensibus lib. 2. cap. 13. 27. in Charta ann. 1030. apud Sammarthanos in Archiepisc. Aquensibus num. 19. et in aliis apud V. Cl. Stephan. Baluzium editis post Capitul. num. 120. 127. Vernacule vero *Aleu, Aleu franc*, vel *Franc Aleu*, in Consuetudinibus municipalibus, et alibi passim; *Franc-aloud*, in Consuetudinibus Ducatus Burgundiæ; *Franc-aloy*, in Meldensi; *Franc-aleuf*, in Trecensi et Vitriacensi.

Est autem *Alodis* vel *Alodium*, quivis fundus. Ugutio : *Fundus pro agro, et proprie pro Alodio.* Ebrardus Bethuniensis in Græcismo cap. 12 :

Alodium Fundum dicas, Fundum maris imum.

Dudo lib. 2. de Actis Norman. pag. 38 : *Ut teneat ipse* (Rollo) *et successores ejus ipsam terram ab Eptæ fluviolo ad mare; quasi fundum et Alodum in sempiternum.* Infra : *Dedit itaque filiam suam Gislam nomine uxorem illi Duci, terramque determinatam in Alodo et in fundo, a flumine Eptæ, etc.* Ubi *fundus, et Alodus*, idem sonant quod *proprium immobile*, quomodo dicimus, *Donner en fonds, en héritage, en propre.* Unde

ALODIUM, idem esse dicitur quod *Prædium*, id est, Possessio, Hæreditas. Ugutio, et ex eo Guillelmus Brito in Vocabular. MS. : *Prædium dicitur possessio, villa, ager, seu perpetuum Allodium : et dicitur Allodium, hæreditas, quam vendere et donare possum, ita* (al. *ut*) *est mea propria.* Addit Breviloquus : *Et proprie vocatur fundus, sive curia rusticalis, ad quem agri vel mansus pertinent.* Gloss. Lat Gall. : *Prædium, Possession ou héritage, Aleux.* Alio loco : *Allodium, Alloeire, comme Héritage, Fons, Trefons.* [** Vocab. utriusq. Juris : *Allodium, est curia vel predium urbanum.* Alibi. : *Alodium, i. libellarium ut cap. ij. v. iij. si de feud. contro. fue. in usi. feud.* (lib. 2. tit. 26) *et vide quod not. glo. in lib. pe. Cod. de inge. ma.* (lib. 7. tit. 14, cap. 14). Ambobus locis feudo opponitur Allodium. Inter *Allodium* et *Libellarium* (est enim in Feud. *Allodium sive libellarium*) ita distinguendum puto, ut Allodium sit prædium rusticum, libellarium vero prædium allibratum sive urbanum. Vide in hac voce.] Lex Longobard. lib. 2. tit. 8. § 9 : *Si prædium, id est, Alodium habuerit.* [** Carol. M. cap. 5. ex capit. ann. 779. ap. Pertzium in leg. vol. 1. pag. 36, ubi legitur : *Si Alodem habuerit ipso fisco regis recipiat.*] Charta Rorigonis Comitis ann. 830. in Tabulario. S. Mauri ad Ligerim : *Meæ prædium possessionis hæreditariæ, hoc est, Alodum nostrum, qui est in pago Andegavensi, etc.* Abbo Monachus serm. 5 : *Res Christi transferunt sibi in prædium et Alodium possessores sacrilegi.* Lambertus Ardensis : *Hæc autem fuerunt ea, quæ... de Allodiis sive prædiis in feodum commutavit Adela, etc.* Ditmarus lib. 7 : *Quicquid in Salbezivilla in beneficium habuit, in prædium ab his acquisivit.* Tabularium S. Andreæ Viennensis : *Hoc est, decimas totius possessionis quam habemus in potestate castri...... sive per Alodium, sive per feudum, etc.* Differt enim *Beneficium* vel *Feudum* a *Prædio*, seu *Alodo*, quod idem sonat, id est, ab immobili proprio; quomodo *Honor*, seu *Beneficium* ab *Alodo*, in Capitulis Caroli C. tit. 19 [** ann. 856 ap. Pertz. leg. vol. 1. pag. 449.] *Et concedit vobis, ut omnes in honoribus et Alodis vestris interim consistatis.* Quippe *beneficium* erat ad vitam : *Prædium*, seu *Alodus*, hæreditas, proprietas. Adde Capitula Caroli Mag. lib. 1. cap. 132. [** rec. 126, est cap. 8. Capit. Nium. 2. ann. 806] lib. 3. cap. 20. [** capit. 2. ad Niumagam. ann. 806. cap. 7.] 81. [** capit. Aquisgr. ann. 812. cap. 6.] Ita passim usurpant Lex Salica cap. 62. Lex Bajuvar. tit. 2. cap. 1. § 3. tit. 11. cap. 5. tit. 17. cap. 2. Lex Ripuariorum tit. 55. et Lex Angliorum tit. 6. in quibus *alodis* semper in contextu per vocem, *hæreditas*, redditur. *Alodis parentum*, apud Marculfum lib. 1. form. 12. lib. 2. form. 4. 6. 9. in Formulis Lindenbrog. cap. 16. 30. 48. 51. 62. 67. Vetus Charta apud Columbum lib. 2. de Episc. Vivariens. n. 54 : *Concedimus ad ipsum sanctum locum aliquid de rebus nostris, quia nobis de Alode parentum nostrorum legibus obvenit.* Tabular. Deiparæ Santonensis : *Alaudum meum sive hæreditatem, quam dedit mihi pater meus, et mater mea in die nuptiarum mearum.* Hariulfus lib. 1. Chron. Centul. cap. 15 : *Paternæ hæreditati, quam nostrates Alodium vel patrimonium vocant, sese contulit.* Charta Odonis Regis Franc. apud Beslium pag. 201 : *Concedimus etiam..... Alodos nostros propriæ originis, id est, Crespiacum*, qui a parentibus contigerant. *Patrimonium et Alodium proprium*, apud Goffridum Vindocin. lib. 1. Epist. 2. Pancharta Nigra Turonensis, apud Beslium pag. 209 : *Alodum meum proprium, quem hæreditavi, etc. Terra propria*, apud Gregor. Turonens. lib. 3. Hist. cap. 15. *Ex jure proprio*, in chron. Malleacensi; nam quæ hæreditario jure possidentur, sunt propria possessorum. In Capitulari Compendiensi Caroli Calvi ann. 868. cap. 2. *Alodis* et *proprietas* [** Pertzio Capit. Missorum ann. 853. cap. 2.] ut in Pancharta Nigra Turon. apud Beslium pag. 138. 202. 209. *Alodum* et *proprium* confunduntur. Joannes VIII. PP. Ep. 108. et 129 : *Proprietates, quas vos Alodum dicitis.* Tabularium Persiacense, apud Perardum pag. 29 : *Qualiter ego..... Alodum meæ proprietatis Floriacensi Monasterio tradiderim, etc.* Adde pag. 30. Charta Bertrandi Comitis Provinciæ ann. 1039 : *Dono, trado, cedo fideli meo Fulconi Vicecomiti Massiliæ, et uxori suæ Odilæ aliquid de Alode meo, quæ est in Comitatu Tolonensi, hoc est totum hoc quod tenent ad feus in Sexfurnos, dono eis ad propriam Alodem. Sic dare ad Alodem*, in Synodo Suession. II. cap. 3. in Capitular. Caroli C. pag. 87. 88. 116. 1. Edit. [** Capit. Missor. ann. 853. cap. 2. 5. Convent. Attin. ann. 854. cap. 10.] *In Alodem relinquere*, in Chartis Parensalib. cap. 21. Ita etiam bona dicuntur *transire in alodem*, quæ in proprietatem dantur, apud Eadmerum lib. 1. Hist. pag. 18. Hinc *Alodium* interdum opponitur *comparato*, in Formulis veteribus apud Bignonium 1. Edit. pag. 250. 379. et Lindenbrog. cap. 17. 18. 49. 66. licet alias sæpe etiam pro *comparato* promiscue usurpetur. Capitularia Caroli C. pag. 241 : *Et illorum Alodes de hæreditate, et de conquisitu, etc.* [** Adnuntiat. ann. 860. ap. Pertz. pag. 472, infim.] Adde pag. 108. 247. 318. 345. 389. 394. [** Cap. ann. 853. cap. 7. Adnunt. post. redit. a Confl. ann. 860. cap. 5. Edict. Pistens. ann. 864. cap. 22. Capit. Missis data in Burg. exeq. ann. 865. cap. 5. Cap. Caris. ann. 873. cap. 1 et 4.] Hincmarus Remensis Opusc. 53 : *Ut in mansis suis de Alode, vel naturali, vel comparato, feminas habeant, quæ illorum pannos lavant,* etc. Tabularium Lascariense apud Marcam in Hist. Beneharn. pag. 375 : *Cum Alodio etiam, id est, terra, quam præscriptus Vicecomes et ejus uxor acquisierant, etc.* Tabular. Brivatense cap. 277 : *De illorum Alode, quæ ex conquisto illis advenit, mansos 2. etc.* Tabular. S. Andreæ Viennensis : *Terram illam, quam adquisivi in Alodum de potestate et jure S. Mauricii et S. Petri foras portam dimitto nepoti meo Stephano : hæreditarium vero Alodum meum dono filio meo et Ecclesiæ S. Andreæ unde ipse est Monachus.* Vita Balduini Lutzenburg. Archiepisc. Trevir. lib. 1. cap. ult. : *Clericos suos variis beneficiis providendo; Laicos vero solemnissime uxorando, possessionibus, domibus, agris, vineis in perpetuum Allodium eis distributis, ditissimos faciebat.* Præallatis addo, quæ observat Joannes Stiernhookus lib. 2. de Jure Sueonum vetusto cap. 5. et 6. apud Suecos allodium vocari *avitum prædium*, non vero quomodo Feudistæ, quatenus Feudo opponitur : quod quidem *alda odal* vocant, unde vocis originem accersit, quam in Jure Uplandico in sua propria et nativa significatione reperiri ait. Adde Gaufridum Vindoc. lib. 1. Epist. 2. 3. etc.

Alodium, nude positum, sæpe pro prædio immuni et quod nulli præstationi, aut oneri obnoxium est, usurpatur. Tabularium Vindocin. cap. 55 : *Habebat vineæ agripennum unum Allodialiter immunem, hoc est, ab omni censu et vicariæ redhibitione liberum.* Charta ann. 1078. in eodem Tabulario n. 291 : *Est autem naturaliter Allodium, ab antiquo nullam omnino cuiquam reddens consuetudinem, eidemque a progenitoribus jure hæreditario contingens.* Alia ejusdem anni 1078. num. 315 : *Reddit ea terra 2. den. census, cum ante semper Alodium fuisset,* N. 237 : *Dum priscis coleretur temporibus 12. den. census solvebat : quia vero modo vasta est, nihil census reddit, sed est Alodium.* N. 333 : *Est tam parva, ut vix in ea seminari possit modius unus frumenti, sed tamen valde bona, et prorsus sicut Alodum libera.* Tabular. Majoris Monasterii cap. 17 : *Cujus etiam manufirmæ censum de meo jure in eorum transfero dominium, ut hæc non manufirma, sed Alodus deinceps existat Majoris Monasterii Monachorum.* [Vide Catellum in Hist. Occitan. pag. 788.]

Erat igitur *Alodium*, prædium non modo ab omni præstatione liberum, sed et a quolibet servitio reali et personali immune, licet illius possessor dominum agnosceret, a quo illud tenebat in *feudum honoratum.* Charta Bertrandi de Montelauro ann. 1274 : *Vendo et ex causa venditionis trado, cedo, pro libero et franco et absoluto et immuni Alodio, tamen cum consilio D. Petri Regis Aragonum ac domini Montispessuli, in qua infrascriptæ tenentur in feudo, et pro feudo honorato sine præstatione census, usatici, canonis, et alterius servitii, tam realis, quam personalis, et alterius cujuslibet generis, scilicet omnes res, quas habeo vel habere visus sum in decimaria de Terminis, etc.* Vide *Feudum honoratum.* Hinc *tenere in Alodium,* in Consuet. Pictav. art. 52. *tenir en aleu.* Charta Willelmi Ducis Normann. ann. 1042. in Monast. Anglic. tom. 2. pag. 959 : *Dedi... terram, quam Wichotus Barbatus tenebat in Alodio liberam et absolutam ab omnibus consuetudinibus mihi pertinentibus.* Domesdei : *Warochselle tenet Rex. Gueda Comitissa tenuit de Godwino Comite in Alodium. Tunc geldavit pro 5. hidis, modo pro 2. hidis et dimidia, terra est 10. carucarum.* Alibi : *Cetingley Almar tenuit de Rege Edwardo sicut Alodium,* id est, nulli servitio vel præstationi obnoxium. Vetus Charta inedita : *In nom. Dom. Ego Bernardus Guillelmus de Monbasen dono ad Alodium sine enganno cum hac carta tibi Guillelmo Montispessulani et infantibus tuis,... et quantum Alodii homo vel femina ibi habet per me, et quantum Alodii nunc habeo, et mihi eventurum est in toto terminio ipsius castelli, etc. 7. Id. Aug.* 1113. Alia : *Ego Guillelmus Montispess. dono ad fevum cum hac carta tibi Bernardo-Guillelmo de Monbasen castellum et villam de Monbasen; et totum hoc, quod mihi dedisti ad Alodum, totum dono tibi ad fevum, ut tu, Bernarde-Guillelme, et posteritas tua istum fevum mihi et posteritati meæ serviatis et hominium faciatis, etc.* 1113. Tabularium Ecclesiæ Gratianopolitanæ sub Hugone Episcopo fol. 69 : *Similiter et illud cortile habebamus ad feudum de prædicto Episcopo, et reddimus, sive vendimus, illud hortile Episcopo prænominato per Alodum et omnibus successoribus suis.* Occurrit ibi passim hæc formula, *per alodum dare*, id est, *pro alodo*, vel *in alodum*.

Quod vero hic nude *Alodium*, dicitur, interdum *Alodium liberum* appellatur, ut immunitas prædii denotetur. Charta anni 1125. apud Miræum in Donat. Belg. cap. 82 [** in Donat Piis cap. 79. Oper. vol. 1. p. 89.] : *Una cum curtilibus.... cum libero Alodio culturæ nostræ.* Chronicon Besuense pag. 560 : *Item dederunt mansum unum liberrimi Alodii permaximum, seu coloniam pergrandem in villa Besueta, etc. Alodium regale,* liberum. Charta Fulconis Comitis Andegav. ann. 1033 : *Hæc omnia sine censu et sine decima, libera et quieta, ut regale Alodium.*

☞ Quamquam *Alodium* pro prædio immuni et libero, nullique præstationi aut oneri obnoxio usurpari solitum est, certum nihilominus videtur aliquando acceptum fuisse pro feudo seu prædio quod a reali sive personali servitio minime liberum esset. Et hinc forte effluxit usus ut *Alodium liberum*, Gall. *Franc-aleu* diceretur, cum prædium immune ab eo quod alicui servitio vel oneri obnoxium esset, distinctum vellent. Frustra enim additum fuisset vox, *liberum*, si hac una, *Alodium*, idem significatum habuissent. Sed quid conjecturis opus est, ubi suppetunt argumenta; Charta Bernardi Comitis Bisuldunensis ann. 999. in Marca Hispan. col. 418. qua Comes concedit Monasterio Arulensi functionem vel censum sive pascuaticum sibi debitum ab hominibus in valle Rivi-Ferrarii manentibus, aut qui in ea habebant *Alodem Curialem, quem vulgo dicimus fevalem.* Tabularium SS. Trinit. Cadom. fol. 20. verso : *Sex homines ibi habemus quos Aloers vulgo vocant. Quisque eorum tenet ortum suum, faciuntque servitia ad propinqua maneria, et reddunt per annum 16. denar. et 4. minas avenæ.* [* Reg. homag. duci Aquit. præstitorum ann. 1273. in Cam. Comput. Paris. sign. JJ. rub. fol. 28. r° : *Omnes Allodiarii seu qui habebant Allodia in dicta diocesi* (Vasatensi) *debebant dicto domino regi Angliæ, si mandet, campum, seu bellum campestre.... inter portus et flumen Garonæ, etc.*

* *Alodia libera*, caduca seu *forefacta* per delictum, in fiscum referebantur, atque ad regem regni jure pertinebant, uti docet Charta Philippi VI. ann. 1341. ex Reg. 72. Chartoph. reg. ch. 342. ubi controversia est de quadam terra, quam ex *forefactura* gentes comitis Barri ad ipsum comitem pertinere contendebant, ut pote in castellania sua sitam; procurator vero regius hanc pro rege repetebat, ex eo videlicet quod in franco allodio teneretur : *Car forfaiture de franc Alleu,* ut habet ipsa Charta, *quelque part que ce soit en nostre royaume, doit nous appartenir.*

* Alaudium Liberale, Immune a quolibet servitio reali et personali. Chartul. S. Joan. Angariac. fol. 68. v° : *Also Robellus dedit Deo sanctoque Joanni octavam partem Alodii, quod vocatur Alaudium liberale; et est super tascas de pariniaco.*

* *Allœuf*, in Ch. ann. 1131. inter Probat. tom. 2. Hist. Lothar. col. 295 : *Ont aussi donné leurs pescheurs avec toute la pescherie de leurdit Allœuf, comme aussi l'Allœuf de Moranges.... Item l'Alœuf de Luringe. Alou,* in Ch. ann. 1245. ex Tabul. S. Apri Tull. : *Monsignor Gerart de Louvigney son serorge a donné et otroyé en aumogne à l'anglise monsignor S. Pierre de Castenay tou sen Alou quanque il avoit à Landeville. Aluef,* in Ch. ann. 1252. ex Chartul. Campan. fol. 394. col. 2. *Aluel,* in Ch. Simonis dom. de Castrovillano ann. 1257. Quanquam multa hic congesserit Cangius, hæc tamen addenda duximus. Charta Pipini reg. ann. 763. inter Probat. tom. 1. Hist. Lothar. col. 276 : *Similiter donamus in pago Ribouriensi illam portionem in Reimbach, quam... genitor meus Carolus mihi in Alodem dereliquit; et illam aliam portionem in ipsa villa, quam Heribertus uxori nostræ Bertradæ in Alodem dimisit.* Donatio ann. 1125. inter Probat. tom. 2. Hist. Occit. col. 429 : *Donamus tibi totum ipsum honorem, quem ipsi habuerunt et habere debuerunt in omnibus locis, sive per Alodium, sive per fevum, sive per tenentiam.*

* Alodium Magnæ Rei. Lit. pro habitator. Montis-reg. ann. 1315. in Reg. 165. Chartoph. reg. ch. 207 : *Item de Alodis liberis.... non dabitur financia; dum tamen non sit Alodium magnæ rei cum juridictione et districtu.* Privil. civit. Nem. ann. 1483. inter Probat. tom. 4. Hist. ejusd. pag. 32. col. 2 : *Item de allodiis liberis in emphiteosim vel accapitum datis vel alias translatis, non dabitur financia, dum tamen non sit Allodium magnæ rei cum juridictione et districtu, cujus alienationem de nobili in non nobilem fieri nolumus, nisi de licentia nostra et gratia speciali.*

¶ Alodis legalis et proprius. Charta ann. 1055. ex Archivo S. Victoris Mass. : *Donamus omnia altari S. Mariæ Massiliensis Cœnobii, ut supra dictum est ad legalem et propium Alodem.* Et in alia ann. 1069. ex eodem Archivo iterum recurrit.

¶ Alodium Purum. Vetus formula inter leges Ludovici Pii Augusti [** ad cap. 3.] apud Murat. tom. 1. part. 2. pag. 127 :

Hoc sapio quod Petrus et Johannes et Andreas liberi homines sunt; et suum widrigild habent vel in puro Allodio, vel Allodio et aliis rebus. Et testimonium bene possunt dare. [** *In puro Allodio* est *in Allodio tantum.*]

Duplex autem alodium statuunt Consuetudines municipales, alterum nobile, alterum villanum, *Aleu noble, Aleu roturier.* Alodium villanum, dicitur prædium quod nullam habet jurisdictionem, seu *Justitiam*, cujus possessor nullam debet præstationem nec laudimia. Ita Trecensis art. 54. et Vitriacensis art. 20. 59. Ejusmodi sunt prædia, quæ *alodia* unde appellari in Tabulario Vindocinensi diximus. *Alodium nobile*, illud est, quod jurisdictionem seu superiorem justitiam habet, et nulli hommagio, aut servitio feudali, nullisque laudimiis obnoxium est. Ita Consuetudines Parisiensis art. 302. Trecensis art. 53. Vitriacensis art. 19. 52. et Normannica art. 102. Ejusmodi autem alodia, nobilia scilicet et villana, etsi immunia et libera dicantur, a superioritate alterius non tamen eximuntur, ut est in lib. de Feud. tit de Alod. Unde alodium liberum aliquatenus feudum est, sed immune a servitiis feudalibus : tametsi diversum a feudo franco, quod licet liberum a servitiis, hominio tamen obnoxium est. Charta Raimundi *Xarmar de Invidio* Militis ex Comitatu Ruscinon. ann. 1318 : *Quæ omnia vendidi et tradidi pro franco et libero alodio, credens, illa esse Alodium, et in veritate sunt, et esse debent feudum, et de feudo nostro, et tenentur ac teneri consueverunt in feudum pro vobis et nostris.*

Fatendum tamen, sæpe *Alodia* nullos agnovisse dominos, quod licet colligere ex aliquot veteribus tabulis. In Regesto Comitatus Tolosæ fol. 42. extat Homagium Bernardi V. Comitis Convenarum, præstitum Raymundo Comiti Tolosano mense Novembri ann. 1244. in quo agnoscit, quod *feoda, quæ modo recepit a D. Comite Tolosæ, ipse, et antecessores ejus, non tenuerant in feodum ab aliqua sæculari vel Ecclesiastica persona : imo erat Alodium proprium, et ita ipse et antecessores ejus tenuerant pro Alodio a tempore, cujus memoria non existebat.* Charta alia B. Episc. Ruthenens. ann. 1239. ibid. fol. 6 : *Quod siquidem Podium est Allodium nostrum et Ecclesiæ Ruthenensis, de quo nunquam recognoscendo vel aliter respondimus, vel respondere debemus alicui domino temporali.* Tabularium Vindocinense ann. 1077 : *Quod videlicet Alodium pater ejus et prædecessores ipsius absque ullà dominatione vel servitio longo tempore jure hæreditario possederunt.* Charta Guichardi Episcopi Matiscon. in Regesto Feodor. Burgund. ann. 1169 : *Guillelmus de Saliaco Domicellus, asserens per juramentum suum, res, jura, dominia, et usagia inferius annotata ab aliquo non tenere, sed eadem in francum, purum, et liberum Alodium se habere, pro suo commodo evidenti accepit in feodum ligium a nobili viro Hugone Duce Burgundiæ cum homagio manuali quingentas panalatas terrarum sitarum apud Chigiacum, etc.* Charta Roberti Comitis Drocensis ann. 1206 in Tabul. Campaniæ : *Comitissa vero mihi concessit per istas conventiones, quod ego possum facere unam fortericiam in Alodio meo de Fara... ego vero posui in eorum feodo ligio totum Allodium meum, quod est in dominio Branæ et Faræ, quod videlicet Allodium a domino non tenebam. Et est sciendum, quod de hoc Allodio, quod posui in ligio feodo Comitissæ, et filii sui Theobaldi, et dominorum Campaniæ, totus ligius sum, etc.* Alia Matthæi Ducis Lotharing. ann. 1220. ibid. : *Notum.... quod Novum-Castrum in Lotharingia, quod de Allodio meo erat, . . . recepi in feodum et homagium de Blancha Comitissa Trecensi, etc.* Vide Hist. Episcopor. Lodovensium pag. 131. 135. Probat. Hist. Drocensis pag. 271. Joan. Dametum in Hist. Regni Balearici pag. 315. 319. etc. Fridericum Sandeum in Consuetudines feudales Gelriæ tit. 1. cap. 1. § 17. 18. 19. 20. et seq. [* Pariagium inter Philip. Pulcr. et episc. Vivar. ann. 1307. in Reg. 105. Chartoph. reg. ch. 351 : *Dictus episcopus et successores sui Vivarienses episcopi, qui pro tempore fuerint, jurare debebunt se esse fideles de personis et terris suis nobis et successoribus nostris regibus Franciæ; licet terram suam a nemine tenere, sed eam habere Allodialem noscantur.*]

Jam vero quare *Alodiarii* prædia sua interdum in feudum ultro erigi curarent, servitiisque feudalibus sese adstringerent, præclare aperit Lambertus Ardensis : *Audierat sæpius, et a patribus suis didicerat, quod antiqui nobiles multi, in Ghisnensi terra manentes, postquam reverendæ et digne memoriæ memorandæ Pontivi quondam et S. Pauli atque Ghisnarum Comes Walbertus sæculo vale dixit et terram Ghisnensium non infirmis et imbecillibus dereliquit hæredibus, a viris nobilibus, sive Episcopis, sive Abbatibus, sive Præpositis vel etiam quibuscumque Ecclesiarum Prælatis, aut personis, ut majoris militarent nominis auctoritate, et sub majorum protectione in secura pace viverent similis conditionis dono, et sua in feodem susceperint prædia. Hæc autem fuerunt ea, quæ per eundem et ad eundem Episcopum de Allodiis sive prædiis in feodum commutavit Adela, etc.*

¶ Alaudium, Pro ipsis Laudimiis usurpatur, apud Bodinum de Republica lib. 1. cap. 9. pag. 107. edit. 1586 : *Aldius autem ex justa servitute manumissus; inde Alaudium et laudimia dicuntur honoraria munera, quæ domino fidem accipienti a vasallo tribui solent.*

¶ Alodium Falsum cujus mentio occurrit in aliquot Chartis Monspeliensibus ann. 1534. et 1535 : *Et primo sub viatico in falso Alodio totum quoddam suum hospitium. in quo habitat.* Ubi *falsum Allodium* dicitur, quod non sit feodum, nec etiam vera proprietas, cum usufructuario jure possideatur.

* *Alodium Falsum* quid sit, aperte declarat Charta ann. 1391. in Reg. 143. Chartoph reg. ch. 288 : *Cum prato quod nuncupatur Del quart, quod est in Falso Allodio, et absque præstatione alicujus usatici ac servitutis annuæ; sed solum et duntaxat dando laudimium, dum contingit alienare.*

Alodium habere in re aliqua, Libertates concessæ villæ Montis brusonis M. Nov. ann. 1223. a Guigone Comite Forensi, MSS. : *Si aliquis habeat Alodium in re aliqua, et obligaverit alodium alicui, le benevisers* (beneficiarius) *non debet dare aliquid pro investitura illi, qui Alodium pignori accepit. Item si ille qui habet Alodium in re aliqua, vendiderit vel donaverit, vel alio modo alienaverit Alodium suum, le benevisers non tenetur dare aliquid pro investitura, nisi unum denarium de solido, vasto pretio re æstimata, si res fuit aliter quam vendendo alienata, etc.*

¶ Alodii Infractio, Violatio jurium et privilegiorum eorum, qui tenent alodia. Ex Chartul. Dunensi : *Tunc Monachus qui tunc Prior erat apud Chamarcium misit ad Gaufredum Vicecomitem* (Dunensem) *mandans ei, ut sibi rectitudinem de famulis suis faceret, qui archam illam in Alodio S. Martini fregerant, et de archa scilicet fracta, et de Alodii Infractione.* Et paulo post : *Theobaudus Comes Gaufredum Vicecomitem pro Infractione Alodii submonuit. Die igitur constituta placitandi Gaufridus Vicecom. apud Carnotum in curiam Comitis venit, et auditis utriusque causis, judices qui affuerunt, judicaverunt, quod Gaufridus Vicecomes archam ipsam annona plenam restitueret ac redderet, et pro Infractione Alodii lx. libras Comiti atque Monacho emendaret.*

¶ Alodium Infringere, Est servitia ab *Alodariis* exigere, quæ a solis *Feudalibus* debentur. In eod. Tabulario Dunensi Charta 94 : *Tunc accedentes Monachi ad Comitem, fecerunt clamorem de Fromundo Celerario, qui equos cujusdam quadrigarii de domo Ingelrici majoris vi extraxerat ad cleias portandas ad castellum Puteoli, et hoc modo Alodium Infregerat. . . . . ibique Fromundus emendavit Monachis hoc, quod de domo Ingelrici equos vi extraxerat et Alodium infregerat.*

Alodiarius, Alodarius, Aloarius, Qui *Alodum*, seu prædium, etiam domino obnoxium, possidet; *tenens.* Domesdei : *Quando moritur Alodiarius, Rex inde habet relevationem terræ, excepta terra S. Trinitatis.* Willelmus Gemeticensis lib. 3. cap. 8 : *Abbatique locum cum tota villa tradidit, quam ab Alodiariis auro redemit.* Thomas Walsinghamus pag. 419. eadem verba habet : sed perperam editum, *a lodariis*, divisa voce. Vetus Charta apud Guesnaium in Annalibus Massiliensibus pag. 255 : *Iidem homines* (villæ) *qui se dicebant Alodiarios, etc.* Goffridus Vindocinensis lib. 2. Epist. 7 : *Si pro consecratione professionem, pro professione ab Alodiario B. Petri subjectionem vobis vindicastis, etc.* De se loquitur Abbate Monasterii Vindocinensis, quod *Alodium S. Petri* esse dixit lib. 1. Epist. 2. 3. 15. 18. In inscriptione vero ejusdem Epistolæ 18. et 25 : *Alodiarium Apostolicæ sedis* se nominat. Neque alii sunt, quos *Aleutiers* vocat Consuetudo Hannoniæ cap. 61. 68. 69. 77. 78. 80. 81. 84. 95. Vide Historiam Monasterii S. Audoeni Rotomag. pag. 461. 462.

Aloarii, et Aloerii, Eadem notione. Domesdei : *Lansewite Godwinus tenet de Comite Ow,* (Augi) *et de eo septem Aloarii.* Consuetudines Catalaniæ inter Dominos et Vassallos MSS. cap. 55 : *Si duo vel tres Masoverii vel Aloerii, franchi erunt intra terminos alicujus castri, etc.* Vide in *Mansonarius.* Cap. 58 : *Si aliquis dominus Aloerius alicujus castri habens duos filios, dividat castrum in duas partes, etc.* Cap. seq. : *Si duo pares Aloerii sint in eodem castro; etc.* Qui vero *Aloerii* hic nominantur, *Aloërs* appellantur in Consuetudinibus Catalaniæ vernaculis MSS. : *Si alcuns Alohers, Cavaliers ho vilains, etc.* Cap seq. : *Si alcuns Aloher es en alcun castel, el senior del castel te contentio ab ell del alou, e diu que no hes alou, loditt Aloher no es tengut de monstrar en poder deldit senyor del castel, etc.* [** In impr. pag. 356.]

Hinc colligere licet quid sibi velit hæc vox, cujus notionem vir doctissimus ignorare se profitetur, in Formulis vett. cap. 19 : *Et tales colpus ei dedi, pro quibus ipse mortuus est, et quod feci, super me fecit, et ego hodie ipsum facio infra damnum et forbatudum infra noctes 42. sicut lex est et nostra consuetudo, apud tres Aloarius, et 12. conlaudantes juraverunt, et linguas eorum legibus direxerunt.* Formulæ eædem cap. 33 : *Insequenter vero post ipsum tres Aloariæ et 12. conlaudantes juraverunt, et de linguis eorum legibus dixerunt.* Ubi *Aloarii* sunt homines, qui alodos possidebant, quorum sacramenta exigebantur in actorum confirmationem. Nam *apud tres aloarius*, idem valet quod *cum tribus aloariis.* Vide *Apud.*

Alodialis, idem quod *Alodarius,* seu *tenens.* Charta Willelmi Ducis Normann. ann. 1042. in Monastico Anglic. tom. 2. pag. 959 : *Dedi etiam Ecclesiam Radulphi villæ, et unum Alodialem in ipsa villa.* Infra : *Dedi quoque unum Alodialem in Amundavilla, quietum ab omni consuetudine.*

* Alodii Recognitio, Quod in professionem *vassallatus* exsolvitur, *relevium.* Charta ann. 1128. inter Probat. tom 2. Hist. Occit. col. 445 : *Habebit abbas unum denarium ejusdem monetæ pro Recognitione Allodii S. Benedicti.*

* Alodiasis, ut *Alodis.* Charta ann. 1068. inter Instr. tom. 6. Gall. Christ. col. 483 : *Recognoscimus quia illam vocem aut ullum directum in jam dicto alode non habemus; sed est proprius Alodiasis monasterii jam dicti S. Genesii.* [** leg. *Alodialis.*]

* Allodiatus, immunis, jure *alodii* donatus. Testam. Guilelmi milit. de castro Barco ann. 1319. tom. 3. Cod. Ital. diplom. col. 1945 : *Ipsas possessiones eis relinquo liberas, et expeditas, et Allodiatas.*

* Alodiatus, Idem qui *Alodiarius,* cujus erat cum *paribus* suis de iis, quæ ad *alodia* spectabant, cognoscere et judicare. Charta Petri Atrebat. episc. ann. 1201. ex Tabul. abbat. Laud. in Cod. reg. 1245 : *Acta sunt hæc secundum traditionem Alodiatorum, qui de alodiis judicare habent, qui et actionem docuerunt sic faciendam, et factam judiciali sententia approbarunt... Alodium.... reddidimus fratribus de Los in liberam et perpetuam possessionem.* Vide *Pares* in *Par* et *Feudarii* in *Feudum.*

* Alloderius, Liber a censu, *Villano* opponitur, in Sentent. ann. 1183. apud Muratori. tom. 1. Antiq. Ital. med. ævi col. 827 : *Ipse* (Ferrectus) *e contrario se liberum et Alloderium, et nequaquam eorum villanum esse, nec patrem suum vel avum fuisse profitebatur et affirmabat, et inter Allioderios numerari conabatur. Aloderius,* in Ch. ann. 1228. Ibid. col. 335.

* Allodianus, Eadem notione. Reg. sign. Probus ad ann. 1262. fol. 12 : *Interrogati si omnes homines ipsius loci sunt taylliatiles. Respondit quod sic, exceptis Allodianis vel nobilibus, seu illis, quibus datum est inde libertas.*

* Alodiarii Campanarii, Milites, Rustici, in Consuet. Catal. MSS. cap. 16 : *Si aliqui Alodiarii, tam milites quam rustici, quam etiam alii, fuerint in termino alicujus castri, habentes ibi mansos, vel domos, sive fortitudinem.... Alodiarii etiam omnes tenentur ad omnia tempore guerræ, ad quæ tenentur omnes alii habitatores castri, scilicet ad faciendum guaytam, ad opus et ad fossatum aptandum, et alia quæ sunt facienda pro defensione castri tempore guerræ, exceptis Alodiariis campanariis, qui alibi sunt habitantes.* Hoc est, ni fallor, *foraneis*, qui extra castrum habitant. Hæc partim Cangius ex iisd. Consuet. vernaculis edidit.

* Alodialiter Habere, Jure *alodii* possidere. Charta Gaufridi comit. Andegav. ann. 1047 : *Habebat vineæ agripennum unum Alodialiter immunem, hoc est ab omni census et vinariæ reddhibitione liberum.* Chartul. priorat. Neronisvillæ fol. 2. v° : *Hoc donum fecit ipsa Belina, quod Alodialiter tenebat nullius juri subjectum regis vel potestatis.*

Jam vero de horum vocabulorum etymo variæ sunt auctorum sententiæ. Cujacius *alodium* dictum vult, quasi sine *Lode*, quod ejus possessor sit sine *lode*, et nemini sit *Leodes*, id est, vasallus. Budæus a laudatione auctoris effictum vocabulum fingit, *quo qui prædia eo jure habent, laudare, hoc est, nominare auctorem suum nemini tenentur.* Rhenanus et Vadianus a voce Germanica *anlodt* deducunt, quod ea bona familiis velut coagmentata et conjuncta essent, ex *aen* et *lodt*, *adsocium*, sors, quæ ad aliquem pervenit familiæ herciscundæ judicio. Alii ab *ald*, voce, quæ *vetus antiquumque* significat, apud Aventinum in Gloss. quæ notatio, inquit Bignonius, ad hæreditatis et paternam terram proxime accedit. Dominicus de prærog. allodior. alodem dictam opinatur quasi *ohn leiden*, id est, sine subjectione : a voce *leiden*, quæ Germanis, pati, subire significat, sicut et subjectionem et servitium. Non desunt præterea qui alodem a voce Theutonica *los* deducunt, quæ sortem sonat, quasi alodium sit prædium, quod sine sorte obvenit. Spelmannus a *Leod, populare,* Saxonico : ita ut *aleod*, sit idem, quod *prædium populare*, oppositum feudo, quod est *prædium dominicale.* Quidam hanc vocem ejusdem originis esse volunt, cujus *Alauda*, quæ vox est Gallica, ut mox innuimus : nam et *alaudum* pro *alodum*, elatum etiam constat. Vide Raguellum. Wendelinus ab *alder* etymon accersit, quod *alodis* sit legitima hæreditas, quæ ab *alders*, id est, majoribus nostris, defertur, vel ab *ael*, quod sonat ligitimum, ingenuum, et *lod*, onus, vel *laden*, tollere, auferre etc. Denique plerique e doctioribus existimant, vocem esse primigeniam Gallicam vel Francicam, quæ prædium, ac rem propietario jure possessam denotat : quos inter est Gallandus. Mitto hoc loco ridiculum etymon, quod habet auctor Breviloq.

☞ Hickesius ad calcem Gram. Theotiscæ pag. 91. *Alodium* oriri putat ab adjectivo Theotisco *All*, quod in compositione præfectionem plenitudinem et præstantiam denotat : et a *Scando-Gotico lod* vel *lood*, quod *fundi proventum*, et *fructum territorii annuum* cum usufructu significat. Atque post allatos Islandicos et Gothicos contextus colligit *lood* esse vocem forensem Gothicam, quæ fundi fructum vel usumfructum significat; et cum adjectivo *all* denotari prædium magis vel minus liberum, cujus possessor dominium directum cum utili habet, absque ulla servitute; et proprie dicitur *Allodium*, Gall. *Franc aleu :* vel non tenet perfecto et pleno dominio, solvitque superiori domino censum aliquem, et alii quod præstat servitium, quod est pars allodii, et proprie constituit feodum seu beneficium censui aut servitio obnoxium. Si tot conjecturis novam addere liceat, dicam, vocem *Alodis* Gallicam videri seu Britannicam, compositam scilicet ex *al* articulo et vocabulo, *laud*, vel *lod*, quod Armoricis nostris est idem ac pars, portio, hæreditas. [** De etymo conf. Ihrii Gloss. Sueo-Goth. col. 270. et Graffii Thesaur. Franc. vol. 1. col. 237. Grimmius. Ant. Jur. pag. 493. vocem compositam dicit ex *al*, Totus, integer et *ôd* Bonum, unde *alôd* ei significat *mere proprium.* Eichhorn. vero Hist. Jur. Germ. § 57. et Princip. Jur. Germ. § 157. vertere mavult *universa bona*, cui opinioni firmandæ inserviunt tam tituli legum supra laudati, quam Childeberti R. Capitula legi salicæ addita, quæ nuper edidit Pertzius vol. leg. 2. pag. 6. cap. 1 : *De rebus in Alode patris. Si quis super alterum de rebus in Alode patris inventas intertiaverit, debet ille super quam intertiatur, tres testimonia mittere, quod in Alode patris hoc invenisset etc.* Similia apud Eccardum cap. 68. Annales Laurissenses ad ann. 777 : *Multitudo Saxorum baptizati sunt et secundum morem illorum omnem ingenuitatem et Alodem manibus dulgtum fecerunt si amplius inmutassent etc.* ubi pro *Alodem* legitur *Hereditatem* apud scriptorem Annal. Mettensium. Phillips. Instit. Jur. Germ. vol. 1. pag. 230. et Gauppio in tit. 6. legis. Thuring. origo vocabuli est *a-hloth* sive *a-lod* i. e. Sors, sive pars terræ, cuique homini libero assignata post occupationem provinciarum Imp. Rom. Libros quibus de Allodio agitur vide apud Mittermaierum Inst. Jur. Germ. § 144. not. 10. 11 et 12. Conferendus etiam Murat. Antiq. Ital. vol. 1. pag. 560. sqq.]

¶ **ALOERII.** Vide in *Alodis.*

¶ **ALOGA**, *Equi.* Amalthea. Constant. ibid. *Alogum, Equus, quod ratione careat.* Scilicet a Græco ἄλογος, Rationis expers. Hinc S. Augustinus mox in *Alogia,* vocat *Aloga*, Animalia quævis ratione carentia.

* **ALOGAMENTUM.** Vide supra *Allogamentum.*

¶ **ALOGATOR**, *Præfectus generalis equitibus.* Laurentius in Amalthea.

¶ **ALOGI**, ut scribit Hofman. sive *Alogii* cum Isidoro Orig. lib. 8. cap. 5. Hæretici sunt, sic dicti, quod Verbi Divinitatem negarent, respuentes Johannis Evangelium et Apocalypsim. Ἄλογος, sine Verbo, ἄνευ λόγου.

¶ Alogiani, Eadem notione. Vide Hofmanni Lexicon.

1. **ALOGIA**, *Convivium sine sermone, quia*

antiqui silenter prandebant. Ita Breviloq. Gloss. Lat. MS. Regium cod. 1013 : *Alogia convivium, Græce.* Aliud Glos. Græc. MS. Reg. cod. 1673. ἀλογία, Παραγωγή. S. Augustin. Epist. 86 : *Quo possimus dominica Alogia refecti omnes æquali corde digne cantare : Saturasti, Domine, animam inanem, etc.* Et infra : *Quid est autem Alogia, quod verbum ex Græca lingua usurpatum est, nisi cum epulis indulgetur, ut a rationis tramitte devietur. Unde animalia ratione carentia dicuntur Aloga, quibus similes sunt ventri dediti, propter quod immoderatum convivium, quo mens, in qua ratio dominatur, ingurgitatione vescendi ac bibendi quodammodo obruitur, Alogia nuncupatur.* Vide Fragm. Petronii pag. 44. [** Abbo de Bellis Paris. lib. 3. v. 5 :

Non enteca nec Alogia, verum absida tecum
Commaneat . . . .

ubi Gloss. *Alogia, convivium.*

* 2. **ALOGIA**, Pars anterior domus, ut videtur, Gall. *Porche*, vestibulum. Lit. officialis Ambian. ann. 1376. in Reg. 111. Chartoph. reg. ch. 358 : *Item, an erant plures in vico, hora qua pulsatur ruyote? Dixit quod ignorabat, quia cenabat... Item, an ivit Alogiam anteriorem? Dixit quod non.* Leg. forte *ad logiam.*

* **ALOGIAMENTUM**, Castrum, Hispan. *Alöjamiento*, Gall. *Camp, logement.* Tract. MS. de re milit. et mach. bellicis cap. 8 : *Si ipsi hostes tunc discedant de loco victoriæ et cum præda et expoliis accipiunt Alogiamentum distans a duce et suis comitivis, etc.* Vide supra *Allogiamenta.*

* **ALOGIAMENTUM**, Hospitium, nostris *Logement*, olim etiam *Alogement.* Conc. Aquense ann. 1409. apud Marten. tom. 7. Ampl. Collect. col. 914 : *Item, est apunctuatum quod quælibet provinciæ mittant bona hora pro habendo Alogiamentum pro omnibus suis.* Charta ann. 1385. in Reg. 126. Chartoph. reg. ch. 142 : *En icellui prieuré de Coincy genz d'armes ont ou temps passé fait, et de jour en jour font leurs Alogemens.* Vide supra *Allogiare* 2.

* **ALOGIARE**, Hospitari. Vide supra *Allogiare* 2.

¶ **ALOGISTA**, ἀλογιστής, Qui non tenetur rationem reddere, in D. l. 5. § 5. de Admin. tutel. [** lib. 26. tit. 7. fr. 5 § 7. Optimi Edd. habent *Aneclogistus;* Glossator lectionem *Alogista* interpretari conatur, allegando l. 3. cod. lib. 1. tit. 54. ubi *logista* est, Qui reditibus publicis administrandis, præficitur.]

ALOGOS, Infans. Gloss. Sax. Ælfrici : *Infans, vel alogos*, unsprecende cild. Prima vox *mutus* [** vel *qui nondum fari cæpit*] sonat, altera *infans.*

¶ **ALOGUS**, ἄλογος, Rationis expers. Pluries occurrit apud Martianum Capellam. Vide *Aloga*, et *Allogus.* [** et Forc. Lex.]

ALOIGNA, Cepe Ascalonita, *Eschaloigne, Eschalote.* Fleta lib. 2. cap. 12. § 4 : *Centena ceræ, zucarii, piperis, cumini, amigdalarum, et Aloignæ, continet* 13. *petras et dimidiam.*

* **ALOMBRATES**, Illuminati, Hispanice *Alumbrados*, Sectarii recentiores, de quibus ita Wolfius in Memor. Lection. tom. 2. pag. 912. ad an. 1579 : *Hi novæ cujusdam factionis sectarii in Hispania hoc anno sunt damnati, eo quod dicerent sibi integrum esse et licere coire cum feminis maritatis : de quo singularis extat liber.* Vide Amœnit. liter. tom. 14. pag. 603.

ALONAZON. Ordericus Vitalis lib. 11. pag. 834 : *Guillelmus Ebroicensium Comes... decrevit Deo in proprio fundo domum ædificare, in qua electi Alonazontes cum vera religione Regi Regum congrue possent militare.* Hinc emendandus idem Scriptor pag. 833 : *Super Rogerium Cluniacenses Alonaxdi tale scripserunt epitaphium, etc.* Legendum enim, *alonazontes.* At unde hæc vox orta, non omnino planum. ἅλων Græcis est *area*, unde ἀλωνίζειν, *in areis versari.* Sed quid *area* cum Monachis commune habet? erunt forte qui μονάζοντες legendum censeant.

* **ALONGARE**, Producere, extendere, Gall. *Allonger.* Guido de Vigevano de Modo acquirendi T. S. MS. : *Prudens ingeniosus poterit illas perticas Alongare.* Vide supra *Allongare* 1.

¶ **ALONGUARE**, Differre in aliud tempus, procrastinare, Gall. *Remettre, retarder, differer.* Codex MS. rituum Monasterii B. M. Deauratæ : *Non propter hoc consuetum amittitur jus... sed solutio istarum rerum Alonguatur in uno dierum sequentium.* Vox Occitanæ originis.

* **ALONIA**, Potus species ex vino et absinthio, nostris alias *Aloine, Aloisye* et *Alvine*, confecta. *Si doit en prendre* (en Mai) *puison d'Aloisye et de semence de fenoil*, in Cod. Ms. ann. 1268. laudato a D. *Le Beuf* tom. 1. Dissert. pag. 209. Consule Cotgrav. in *Aloine* et *Alvine.* Codex 68. S. Martial. Lemov. ubi de Rogationibus : *In his tribus diebus habemus caritatem de Alonia in cyphis.* Vide infra *Alvignia.*

¶ **ALOÑUS.** Chron. Parmense ad ann. 1266. apud Murat. tom 9. col. 781 : *Et habebant dicti de parte Domini Uberti Pelavicini arma ad Alonos, qui dicta arma raspaverunt, qui non fuerant ad rumorem timore partis Ecclesiæ. Alon* Hispanis est ala; num arma quæ ad alas exercitus erant posita? [* Nomen loci esse videtur.]

¶ **ALOPECIOSA**, *Calva, ab Alopecia, morbo aream nudam capitis reddente.* Onomasticon vetus apud Turnebum 28. 5. *Alopecia*, vox nota Plinio in plurali numero, Profluvium est capillorum, quod ex morbo solet accidere, Medicis nostris *Alopecie*, Græcis ἀλωπεκία, ab ἀλώπηξ, vulpes, quod vulpes crebro id morbi patiatur, vel quod arescant herbæ ubi lotium vulpis fuerit effusum. Vocem *Alopeciosus* usurpavit Octav. Horatian. 1. 6. [** Gloss. cod. reg. 7644 : *Alopiciosa, calva.* Gloss. Jæck : *Allopiciosa.*]

ALOPEX, Vulpes, ex Gr. ἀλώπηξ. Versus inscripti cuidam ecclesiæ, apud Leonem Ost. lib. 1. cap. 12 :

Ore truces ululare lupi sub nocte silenti,
Alopicesque olidæ dudum gannire solebant.

¶ **ALOPUS**, *Qui propter mercedem alapas patitur.* Gloss. Isid. Rectius Pithœus, Johan. de Janua et supra Cangius habent *Alapus.* Vetus Lexic. Monast. : *Alapus, Qui alapas patiendo quærit victum.*

* Glossar. Lat. Ital. MS. : *Alopus, che pate guanzate.*

¶ 1. **ALOR**, κοττισμός, *Lusus aleæ*, In Supplemento Antiquarii.

¶ 2. **ALOR**, Idem quod *Alodis*, Gall. *Aleu*, Charta Chlodovei III. ann. 692. apud Felibianum in Hist. Monast. S. Dionysii pag. xiij : *Quidquid ipse Ingoberctus vel memorata Agentrudis tam de Alore parentum, quam de comparato vel de qualibet adtractum ibidem tenuerint vel possiderint.* Vide *Alodis.* [** Apud Brequign. Dipl. chart. etc, num. 247. legitur : *Angantrudis tam de Alote etc.*]

¶ **ALOSA**, Piscis marinus, f. ab ἅλς ἁλός, mare, sic dictus, Gall. *Alose.* Lat. *Clupea.* In fluminibus exspatiatur vere et æstate.

* Tract. MS. de Piscibus ex Cod. reg. 6838. C. cap. 14 : *Alosam, Gall. Alose, Burdegalenses vocant coulat, Massilienses halachia, Romani laccia, Hispani saboga.* [** Vide *Alausa* et Lappenb. not. 7. ad Docum. Hist. Hanseat. pag. 63.]

¶ **ALOSUS**, *Alatus*, Gall. *Ailé.* Missale Francor. apud Mabill. de Liturg. Gallicana pag. 316 : *Quemadmodum sanctificasti officia Tabernaculi testimonii olim cum Arca, Oraculo, Cyrubin Alosis, velis, columnis, candelabro etc. Ita nunc, etc.*

* **ALOTGEARE**, Alotgiare, Vide supra *Allogure* 2.

¶ **ALOTUM**, pro *Alodum*, Legitur in voce *Lunaticum* post vocem *Lunaris.*

¶ **ALOXINIUM**, Idem forte ac Pigmentum, quod quidem recentioribus, teste Joanne de Janua, usurpatur pro *potione ex melle et vino diversis spectebus confecta, suavi et odorifera.* Hujusmodi autem potionem quam aliqui *Nectar*, Galli *Hipocras* vocitarunt, in majoribus festis Monachis et Clericis datam aliquando, atque etiam a fundatoribus Ecclesiarum Chartis legatam fuisse, præter plurima Chartarum instrumenta, testantur Petrus Venerab. in Statutis Cluniac. cap. 11. Udalricus lib. 1. Consuet. Cluniac. cap. 52. Sugerius in Testamento, et alii multi de quibus in voce *Pigmentum.* Quibus omnino consentit Charta Balduini Decani Aniciensis, qui, ut refertur in nova Gallia Christ. tom. 2. col. 742. A : *Pro anniversario suo dimisit Clericis superpellicium portantibus in Ecclesia, potationem vini per sex dies Paschæ faciendam, et in prima die Aloxinium, etc.* Jam vero de vocis origine nihil ipsa hac significatione certius indagari potuimus. Alienum non videtur si ab ἅλς ἁλός, sal et ξυνός communis, promiscuus deduxeris. Sed propius accedit *vinum Alosanthium* quod Diosc. 5. 41. est vinum flore salis conditum, id est ambari odore suffitum. Alosanthus enim Matthiolo in eundem Dioscor. 5. 83. est flos salis qui et *Ambra* a nonnullis appellatur. Ergo ex voce *Alosanthium* facile fieri potuit *Aloxinium.*

* Aqua Mulsa ; a voce Hispanica *Aloxa*, eadem notione, quam ab Arabibus accepisse videntur. Vide Diction. Academ. Hispan. v. *Aloxa.*

* **ALOZEI**, Divinitatis nomen, apud Arabes. Vide supra *Allat.*

¶ **ALPA**, pro *Alpis.* Vide in *Alpes.*

* **ALPAGIARE**, Pecora pascendi causa in montes seu *Alpes* abigere. Charta Joannis dalph. Vienn. ann. 1315. in Reg. 101. Chartoph. reg. ch. 100 : *Concedimus in emphiteosim perpetuam.... pascua pategia, pasqueragia, herema, alpagia, et quod possint eisdem uti et frui, essartare et essarta tenere,*

pasqueyrare, *depasi* (depasci) *et Alpagiare.* Vide *Alpes* et mox *Alpare.*

¶ **ALPAGIUM.** Vide in *Alpes.*

¶ **ALPAL**, f. Palam. Visitatio Monasterii S. Amantii Rutenensis ann. 1347. ex Archivo S. Victoris Massil. : *Presbyter curatus diebus Dominicis et aliis consuetis Alpal excommunicatos pronunciet.*

* **ALPARE**, Alpeare, Eadem notione qua *Alpagiare.* Statuta Montis-regal. pag. 233 : *Et idem intelligatur de non Alpando, et nisi ipsas bestias ducerent ad vendendum in præsenti civitate*, etc. Stat. Vercell. lib. 4. pag. 71. r° : *Item quod nullus civitatis et districtus Vercellarum vadat sive Alpeet cum aliquibus bestiis in alpes illorum de Vallexia.*

ALPARGATES, Spartea, calcei ex funibus, Hispanis *Alparga*, in Constitut. Teresi anarum cap. 8. Vide *Abarca.* [Synodus Limensis ann. 1594. tom. 4. Collect. Conc. Hispan. pag. 707 : *Caligas faciant et cannabaceas soleas, vulgo Alpargates. Alpargata* vertit Sobrinus in Lex. Hisp. Gall. : *Une espece de souliers faits de chanvre : il s'en fait aussi de soye, et de jones la plupart.*]

¶ **ALPATICUM.** Vide in *Alpes.*

1. **ALPES**, vocati non modo montes, qui Italiam ab Gallia et Germania disterminant, sed etiam universim quivis montes altiores. Gloss. Lat. Gr. *Alpes*, ὄρη ὑψηλά. Isidor. lib. 4. cap. 8 : *Alpes proprie montes Galliarum sunt, de quibus Virgilius, Aerias Alpes et dicendo aërias Alpes, verbum expressit a verbo : nam Gallorum lingua Alpes alti montes vocantur.* Quæ quidem hausit a Servio ad illud Virgilii lib. 3. Georg. v. 474. *aërias Alpes* : ubi ait a Gallis *aërios montes Alpes* vocari. [** Vide eundem ad Æneid. lib. 4. v. 442. et Raynouard. Gloss. Rom. pag. 58.] Hac igitur notione, *Alpes* Pyrenæos montes appellavit Ausonius Epist. 24. ut et Fortunatus lib. 6. poëm. 2. et 7. lib. 10. poëm. 25. quo sensu *Alpinos Hispanos* dixit ex Catone Gellius. Ita Atho Monti, *Alpis* nomen non semel tribuit Sidonius carm. 2. et 9. *Alpes Arvernas* dixit Fortunatus Pictav. Episcopus; *Alpes Astoricenses*, Osmundus Episcopus Astoricensis Epist. ad Idam Comitissam Bononiæ; *Alpes Dofrinas* in Dania Saxo Grammaticus lib. 8. pag. 134. Dudo lib. 1. de Actis Normann. : *Quarum Dacia... præmagnis Alpibus emunita.* Adam. Bremensis. cap. 229 : *Normannia, quæ suis Alpibus circumdat Sueoniam.* Occurit iterum cap. 239 : *Alpes montis Zebraii, Alpes Roscidæ vallis*, apud Lucam Tudensem cap. 86. 90. *Alpi d'Apennine*, apud Joann. Villaneum lib. 1. cap. 33. *Alpes Romaniæ*, apud Albertum Aq. lib. 2. cap. 43. lib. 3. cap. 33. *Alpes Bastarnicæ*, in Tabula Itineraria : quæ *Mons Carpates* Ptolemæo, nude *Alpes*, Jornandi. *Alpes ultra caput Danubii* statuit etiam Eustathius ad Dionysium. Adde Ermenricum in Vita S. Soli cap. 4. [et Hist. Dalphin. tom. 2. pag. 72.]

2. Alpes, Pascua montana, quo æstate pecora aguntur et pascuntur, ea scilicet, quæ in montium convallibus sita sunt. Nam non desunt, qui genuina notione *Alpes*, montium seu collium angustias significare censent, atque in iis Procop. 1. de Bello Goth. pag. 186. Edit. 1607 : Ἄλπεις δὲ καλεῖν τὴν ἐν στενοχωρίᾳ δίοδον οἱ ταύτῃ νενομήκασιν ἄνθρωποι. Et Eustathius ad Dionysii περιήγ. pag. 42. qui ταύτην τὴν λέξιν ait ταυτὸν δύνασθαι τῇ κλεισούρᾳ. A Procopio hausit Lexicon Gr. MS. Reg. Cod. 2062. ἄλπεις, αἱ ἐν στενοχωρίᾳ δίοδοι. Charta Notherii Veronensis Episcopi ann. 921. apud Ughellum : *Portionem etiam meam de silva, quæ dicitur Forojuliana : ibidem addo et campum meum in Luxino ad Alpes faciendas.* Alia ann. 1168. apud Augustinum *de la Chiesa* in Hist. Pedem. cap. 26 : *A Carolo Episcopo Taurinensi quasdam Alpes, in valle Lancei sitas, acquisivit.* [Charta Guigonis Andreæ ann. 1222. tom. 2. Histor. Dalphin. pag. 505 : *Item confirmo et concedo prædictæ domui Alpem illam, quæ dicitur Chalmencus ad æstivandas oves suas, ita quod nullus alius in eisdem pascuis animalia ad pascendum possit inducere, quæ scilicet Alpis terminata est, etc.*] Acta Murensis Monasterii pag. 52 : *Provideat et ordinet qualiter ad Alpes pecora mittentur.* Adde pag. 53. 54. Annotatio Arnonis Episcopi, apud Canisium : *Una cum campis, silvis, Alpes, aquis, aquarum decursibus, etc.* Ibid. : *Tradidit supra dictus Dux in præscripto pago duos Alpes, qui vocantur Ganzo et Laduza, in quo sunt tantummodo pascua ovium.* Chartæ Alemanicæ Goldasti n. 27 : *Hobas in Uzzinvillare et Alpem pascuam ad Monasterium contradidit.* Donationes factæ Ecclesiæ Salisburgensi cap. 1. tom. 6. Antiq. lect. Canisii : *Dedit idem Dux ad eandem sedem colonias, et silvam magnam cum pratis et pascuis ibidem pertinentibus, et Alpes duas ad pascua pecudum.* Cap. 3 : *Ad cucullas colonos sex, et prata et silvam et Alpes quatuor.* Cap. 8 : *Saltum ad venationem atque ad pascua pecorum Alpes, etc.* Conradus de Fabaria de Casib. S. Galli cap. 20 : *Donavit Ecclesiæ curtem ad Cresarum... cum familia multa, cum planis, Alpibus, et pascuis.* Bertaldus Zuifaltensis Abbas de origine sui Monasterii : ... *In montanis prope positis amplas Alpes, vel Salicæ terræ agros.* Charta Ludovici Pii ann. 838. pro Monasterio Anianæ : *Et inter confinia de pago Ruthenico seu Nemascense Alpes ad pecora alenda, seu alios usus.* Occurit etiam eadem notione *Alpa* in Chartis Aleman. n. 86 : *A Meggelit Alpa, a Portaris Alpa.* Ita usurpatam hanc vocem observare est in variis Tabulis apud Ughellum tom. 1. pag. 898. 915. tom. 2. pag. 107. 130. tom. 5. pag. 1115. Columbum lib. 1. de Episcopis Valentin. n. 342. Guichenonum in Bibliotheca Sebusiana cent. 1. cap. 32. 81. Acherium [tom. 5. Spicil. pag. 409. ubi Alpes a pascuis et montibus distingui videntur : *Res quas obtulit Magelfredus... cum capellis, castris, casis... pascuis, rupibus, planitiebus, montibus, Alpibus, una cum servis, etc.* Item] tom. 10. pag. 637. et alios passim. Præterea a Rainardo Abbate Cisteriensi in Instit. cap. 57. etc. [*Alpes pascuales* apud Ludewig. Reliq. MSS. tom. 4. pag. 182.] Vide *Æstiva.* [** et Graffii Thes. Ling. Francic. vol. 1. col. 242.]

3. Alpes, Altitudo. Paschasius Radbertus in Epitaphio Walæ Abbatis Corbeiensis lib 1. cap. 16. [inter Acta SS. Bened. sæc. 4. part. 1. pag. 479 :] *Ubi jubeat mihi nostrum sternere lectum*, (in agri sulcis) *quorum latera hinc inde pulcris nos ambiendo fovebant fulcris, dum equi sella in medio posita, quæ unam mihi Alpem ad caput præbebat, alteram illi.* [** Testam. æræ 959. ap. S^a Rosa de Viterbo pag. 104 : *Tonicas* 10 *superlectiles, inter paleas et tramisirgas;* 12 *ganapes; lineas* 100; *plumazos similiter* 100; *alii Alpes* 5; *almucellas* 4, *etc.*]

Alpagium, Jus ipsum pascendi pecora in alpibus, vel pensitatio pro facultate ea abigendi in alpes [Computum Castellani Grasivod. in Dalphinatu ann. 1333. inter adversaria Domini *Lancelot. Castaneæ, cera, sal, casei Alpagii, fenum, ligna, denarii, etc.*] Tabular. Ecclesiæ Tarentasiensis : *B. Comitissa Sabaudiæ mater Domini Comitis, Chartæ hujus auditoribus Sal. in Do. Notum facio universis, quod medietas pascuorum et Alpis in monte supra Altam Curiam, ad Comitatum pertinens, quam medietatem in usus proprios converti injuriose, cum commune esse vicinis habitatoribus certum esset, et eam ex antiquis temporibus pacifice possedissent : ad monitionem autem venerab. Patris et Tarentasiensis Archiepiscopi, et ejusdem Ecclesiæ Capituli, recognoscens, quod injuste hoc fecerimus, ad pristinum statum revocamus, sicut inveneramus..... retenta medietate Alpagii, sicut..... quatenus habuerat Comitatus. Testes Aimo de Aima Canonicus Tarentas. Eccles. Rollandus Miles de Turnone, Willelmius Balb. et Aimo Milites de Aima. Petrus Gonterii Mistralis de Salino, Ebrendus Mistralis de Musterio, Blancus de Salino, Anselmus de Corf. Actum anno grat.* M. CC. XII. xiv. *Kal. August. apud Salinum in domo mea.* Chartam integram a nobilissimo viro Joanne Constantino Comneno nobis communicatam hic descripsimus, quod ex ea tandem eruatur, Beatricem Viennensem Humberto III. Sabaudiæ Comiti marito superstitem vixisse, etsi secus tradatur ab eruditissimo Scriptore Sam. Guichenone, qui etiam hujus Chartæ meminit. pag. 263.

Alpaticum, Eadem notione, in Tabulario Ecclesiæ Gratianopolitanæ sub Hugone Episcopo. fol. 42 : *Et medietas de Alpatico de montibus qui sunt super Vilarbonold.* Et fol. 18 : *Et Alpaticum de Chalveto usque ad Ripam brugientem.* Rursum fol. 50 : *Et habeo quartum partem de Alpatico de aqua, quæ vacatur Vort, usque ad altiora loca montium, etc.*

¶ 1. **ALPESTRIS**, Montium incola, Gall. *Montagnard.* Guido Aretinus de suo itinere Romano ad Joannem XIX. Papam in Annal. Bened. tom. 4. pag. 324 : *Quid plura? infirmitate cogente Romæ morari non poteram vel modicum, æstivo fervore in locis maritimis et nobis Alpestribus minante excidium. Et* videtur redundare.

* 2. Alpestris, Idem quod *Pascuus*, ut supra ita et in Charta ann. 928. apud Murator. tom. 1. Antiq. Ital. med. ævi col. 271 : *Sive solestres quamque publicis, Alpestribus seu pascualibus, etc.* Academicis Cruscanis, *Alpestre*, Asper, silvestris.

¶ 1. **ALPHA.** Gesta Tancredi in expeditione Ierosolymitana auctore Radulpho Cadomensi apud Marten. tom. 3. Anecd. col. 168 :

> Tunc oculis clausis Turcus, sed Francus apertis
> Dimicat, et subito versa vice prævalet ille,
> Qui prope victus erat; superatur qui superabat.
> Hic fugit, ille fugat, Baal ruit, obruit Alpha.

Per *Baal*, uti conjicio, Radulphus hic intelligit Mahumedem Turcarum Pseudoprophetam, et per *Alpha* Christum Dominum juxta illud Apocalypsis 1. 8 : *Ego sum α et ω, principium et finis.*

¶ 2. **ALPHA**, *Græcum*, inquit Isid. lib. 14. Orig. cap. 26 : *in dextero brachio superiori O littera conjuncta chœnix est*, id est mensura 6. Sextariorum.

¶ 3. **ALPHA**, pro *Alba*, Gemma, unio. Vide *Alba* 1.

1. **ALPHABETUM**, in modum crucis bis in pavimento describit Pontifex, cum consecrat Ecclesiam. Bruno Signiensis de consecrat. Ecclesiæ, et alii rituum Ecclesiasticorum Scriptores passim, ubi de consecratione Eccles. Vide *Abcturium, Chirographum.*

¶ 2. **ALPHABETUM.** *Chartæ per Alphabetum divisæ* eæ dicebantur, quarum duo exempla prorsus eadem et inter utrumque litteræ majusculæ describebantur ea parte, qua secari et dividi debebant hujusmodi instrumenta, ut unum uni, alterum alteri contrahentium traderetur. Per medium igitur litterarum sic exaratarum membrana secabatur ad vitandam fraudem. Exorta enim lite componebantur exemplaria. Si cohærebant litteræ majores decisæ, nulla falsitas timenda, sin autem, statim retegebatur. Charta Rainaudi Lugdunensis Archiepiscopi de villa S. Andeoli ann. 1215. tom. 2. Macer. insulæ Barbaræ pag. 528 : *Et ut hoc nostrum dictum.... ratum et firmum in posterum habeatur, præsentem Chartam per Alphabetum divisam in signum testimonii et continuæ pacis inde fieri et sigillo nostro cum sigillo Ecclesiæ Lugdunensis et sigilli Arthaudi de Roussillon jussimus roborari.* Chartarium MS. Ecclesiæ Auxitanæ cap. 155. de impignoratione Oddonis de Arbeissano : *In cujus rei testimonium præsens Carta per Alphabetum dividitur in duas partes.* Harumce Chartarum specimen vide, si cupis, apud Mabillon. lib. 5. de Re Diplomatica pag. 425. Vide etiam infra *Chartæ divisæ* in voce *Chirographum.*

* Charta ann. 1202. in Chartul. Buxer. part. 8. ch. 5 : *Hujus autem donationis et concessionis instrumentum, utriusque partis assensu, per Alphabetum debet esse incisum.* Charta Humberti Valentin. episc. ex Chartul. Cluniac. ch. 239 : *Præsentem* (Chartam) *suis sigillis roboratam ecclesiæ Valentinæ transmiserunt, alia eamdem sententiam continente et sigillo capituli nostri munita, cum testimonio Alphabeti incisi, ab ecclesia nostra recepta.*

* 3. **ALPHABETUM**, Schola seu Locus, in quo monachi vacabant studio psalmorum memoriter addiscendorum, interprete D. *De Vert.* Regula Magistri cap. 50 : *In Alphabeto majores, usque vel ad quinquagenariam ætatem, litteras meditari hortamur.*

¶ **ALPHACHINUS**, et *Alphaquinus*, sapiens, doctor, qui sacris præest, apud Turcas. Chron. Terræ Sanctæ Radulphi *Goggeshale* Abb. apud Marten. tom. 5. Ampiss. Collect. col. 570 : *Ego vero a sapientibus nostris Alphachinis frequenter audivi.* Et col. 572 : *Igitur Alphachini et Cassini, ministri scilicet nefandi erroris, Episcopi et Presbyteri.* Conc. Valentinum ann. 1565. tom. 4. Collect. Conc. Hispan. pag. 64 : *Quoniam Machometanorum institutores, quos Alphaquinos vocamus, pessimi sunt, et prava sua consuetudine alios facile inficere solent, prohibet illis Synodus, ne vel mulieres puerperas, vel ægrotos mortis periculo laborantes.... invisant.* Summus Mahumetanæ religionis pontifex etiamnum apud Mauros vocatur *Alfaqui*, unde inferiores hujusce superstitionis ministri dicti sunt *Alphaquini.* [** Arab. פקיה, Hispan. et Lusit. Alfaqui.]

* **ALPHANUS**, *Falsus mendicus.* Vocabul. compend.

¶ **ALPHARACES**, Equi Arabici. Vide in *Farius equus.*

* **ALPHETA**, *la polenta de l'orzo. Alphiterea, la farina de orzo*, in Glossar. Lat. Ital. MS. *Alphitum*, apud Priscian. medic. lib. 1. cap. 12 : *Si calidum senserint rheumatismum, et caulium foliis et Alphitis cum aqua cataplasmandi sunt.* Vide *Alfita* 1.

¶ **ALPHI**, Papulæ, quibus aliquando facies turgescit, Gall. *Bourgeons*, *Boutons.* Medic. Salern. Edit. ann. 1622. pag. 204 : *Serum... lichenibus, vitiliginibus, Alphis, psoris, leprisque admodum convenit.* Laurentio in Amalthea *Alpi* sunt vitiligines ab ἀλφός albus sic dicti; unde hujus vocis etymon ducunt a candore, quod hujusmodi vitiligines speciem referant minutarum unionum, quæ passim ab albedine *Albæ* dicuntur, interdum *Alphæ* et *Albulæ.* Vide *Alba* 1.

ALPHINUS, in ludo scacorum, persona, quam nostri *le Fol*, vocant, Itali *Alfino.* Alanus in Parabolis :

Sic inter schachos Alphinus inutilis extat,
Inter aves bubo, etc.

Pseudo-Ovidius lib. de Vetula, ubi de scacorum ludo :

Sex species saltus exercent, sex quoque Scaci :
Miles et Alpinus, Roccus, Rex, Virgo, Pedesque.

Infra :

Oblique salit Alphinus, etc.

* *Alphilis* dicitur in Gloss. MSS. Twingeri. Nostri vero *Aufin* vel *Auphin* nuncuparunt. Le Roman *d'Alexandre* MS. part. 2 :

Roy, fierce, chevalier, auffin, roc et cornu,
Furent fet de saphir, et si ot or molu.

Miracula B. M. V. MSS. lib. 2 :

Ne ja n'ara peon, n'Aufin,
Roi, chevalier, fierge, ne roc, etc.

Poema Vetulæ Gall. :

Roi, roc, chevalier et Auphin,
Fierge et peon, etc.

Cujus vocis originem Sponius in notis ad Hist. Genev. pag. 406. recte prorsus arcessit a nomine *Al-Phil*, id est, elephas, quo hanc personam appellabant Orientales; unde nostri tandem *fil* et *fol* dixerunt.

¶ **ALPHITA.** Vide *Alfita.*

* **ALPHITEREA**, Alphitum. Vide supra *Alpheta.*

* **ALPHIUM**, *La nota*, in Glossar. Lat. Ital. MS.

* **ALPHONSINUS**, Alfonsarius, Moneta regum Hispaniæ, apud quos Alphonsi nomen familiare fuit, nostris etiam *Alphoncin.* Charta ann. 1239. ex Tabul. eccl. Auxit. : *Quod eadem Agnes daret xxv. aureos Alphonsinos boni auri et recti ponderis. In lx. Alfonsariis, quolibet computato pro xxxiij. grossis*, apud Sanleger. Resol. civil. cap. 4. pag. 11. ex Charta vendit. ann. 1484. Lit. remiss. ann. 1478. in Reg. 205. Chartoph. reg. ch. 3 : *Ung coing pour forger escus au souleil, et ung autre coing pour forger Alphoncins.* Vide infra *Anfusini.*

* **ALPHUR**, *ri*, *La fava*, in Glossar. Lat. Ital. MS.

¶ **ALPI.** Vide in voce *Alphi.*

¶ **ALPINAGIUM**, Idem quod *Alpagium.* Camera Comput. Dalphin. Vienn. in Computo ann. 1324. 23. Augusti. Cellerarius de Briordo computat de censibus et redditibus dicti loci, *In nucleis, canabo, feno, cera*, 33. *lib. in gallinis, pollatis, vino et denariis, quorum aliqui sunt censuales de gardis, de taylliis generalibus, de laud. de Alpinagio, de gardis vinearum.*

* **ALPISERMUS.** Charta Reginperthi apud Meichelbec. tom. 1. Hist. Frising. pag. 31 : *Et in earum* (villarum) *termino quicquid nobis in portionem evenerat, tam liberis quam colonis et servibus, casas, curtes, jumentis, pecodibus, Alpisermis, aquis, etc.* Ubi legendum est, *apsis*, *ermis*, pro *hermis.* [** Vel potius *Alpis* (pro Alpibus), *ermis.* Adel.]

¶ **ALPOMEL**, Sedes Præpositi Ecclesiæ Cathedralis Aniciensis cum Episcopus in Pontificalibus non celebrabat. Notitia de dignitate Præpositi, in nova Gallia Christ. tom. 2. Instrum. col. 296. A : *Ipse* (Aniciensis Præpositus) *solebat habere locum ex adversa parte chori, quando Episcopus faciebat officium, aliis diebus sedebat ad locum qui dicitur Alpomel, sed illum locum habuit Decanus in pignore, pro decem marchis argenti.* Hujus vocis origo, si bene hariolor, est *al*, quod in quibusdam Galliæ regionibus dicitur pro *a*, *au*, vel *à la*, Latine *in, ad*, et *pomel*, qui mihi videtur sedes ornata globis, quos vocamus *pommes*, vel *boules; Alpomel* ergo, si vera est conjectura, non est peculiaris sedes Decano erecta, sed sedes est navi proximior, quam occupare solet prima chori dignitas, ut loquuntur, et quæ *pomel* dicta sit ex iis pilis vel globis, quibus erat decorata.

¶ **ALQUARIA**, Alqueria. Vide in *Acheria.*

ALQUITRANUM, Naphtha, bitumen Babylonicum, *Alquitran*, Hispanis, [Gallis vero, *Goudron.*] Secunda Curia Generalis Catalaniæ sub Jacobo Rege Arag. ann. 1299. MS. : *Nec etiam aliquis possit extrahere de terra nostras istas res prohibitas, scilicet peguntam, cepum, Alquitranum, fustam, canabum, filum, etc.* [Epistola Bajuli Regis Majoric. ann. 1327. ad Massilienses ex Archivo S. Victoris : *Fecit carricari* 62. *giaras Alquitrani, et tria pondera de mostayla, etc.*

* Provincialibus *Quitran*, nostris *Gouldran*, *Goultran*, *Goudron* et *Guitran.* Vide Diction. Commer. [** Arab. קטראן (kitran et katran), Provincial. olim *Alquitran.* Guillel. de Tudela :

Pres del foc Alquitran et la ola umpleg.

Ital. *Catrame.* Lusit. Alcatrâo. Vide Carpenter. in voce *Gema.*]

¶ **ALRAUNÆ**, Alrunæ, Alrunæ, Alirumnæ et Aliorumæ. Ita vocavere Gothi, veteresque Germani Magas suas, quæ apud eos eadem feruntur obiisse munia, quæ Druidæ apud Gallos, atque haud absimiles fuisse secutas leges. De his Janus *Frey* in lib. cui titulus Admiranda Galliarum 8°. Paris. 1628. pag. 32 : *Scimus ex Historiæ August. scriptoribus, aliisque, fuisse Druidas fœminas eandem, quam ipsi viri Druidæ professi sunt, professas locis in subterraneis* *sive hypogeis et concameratis, doctrinam et philosophiam. Simile quid Germani de suis Alraunis habent.* Apud Murator. tom. 1. pag. 370. vocantur *Alrunnæ.* Vide *Alyrumnæ.*

* De Alraunis ex professo egerunt Elias Schedius de Diis Germanor. et J. Georg. Keyslerus cum in notis ad Sched. tum in Antiquit. Septentr. Vide etiam Commentat. Historico-antiq. D. *Roth* de Imagunculis Germano-magicis, quas *Alrunas* vocant. Sed et *Alrunæ* nomen inditum fuisse mandragoræ radicibus, quod præstantis usus in arte magica superstitiosis esse viderentur, docet Joh. Loccenius in Antiquit. Sueo-Gothicar. cap. 14. pag. 71. [** Vide Grimmii Mythol. pag. 227. et 583.]

ALSACIA, Alsaccia. Lex Ripuar. tit. 58. § 19 : *Hoc etiam constituimus, ut hominem Regium Romanum, vel tabularium interpellatum in judicio non tanganet, et nec Alsacia requirat.* Edit. Heroldi *Alsaccia* præfert.

☞ Sichard. ex Cod. Corbionensi *Alsatia*, Cod. Guelferbyt. *Adsicia.* Derivatur ex Germano *Als* vel *Hals,* Collum et *Suche,* Saxon. *Sake,* Causa, lis controversia. Est igitur *Alsacia* idem quod Germanis JC. *Halssake* vel *Halssache*, nempe causa capitalis, ubi de collo sive capite accusati agitur. Hæc Eccardus in locum citatum.

ALSARE, Rebellare, Hispanice *Levantar,* Gallice *Sousleve*r. Charta Jacobi Regis Aragon. ann. 1276. apud *Diago* in Histor. Regni Valentiæ lib. 7. cap. 66 : *Posse Saracenorum crescit in regno Valentiæ, et Alsaverunt se jam tria castra in ipso regno, et expectant quotidie auxilium, de quo sumus certi, quod debet eis venire, etc.*

¶ **ALSATIA.** Vide *Alsacia.*

***ALSENSIS**, Pagus, vulgo *l'Azois,* inter Trecas et Tullum circa Barrum ad Albam, ut scribit D. *Le Beuf* ad Annal. Bertin. ann. 842 : *Inde Trecas adiens, per Alsensem pagum et Tullum civitatem, etc.* Vide Mercur. Franc. mense Maii ann. 1737. fol. 841.

ALSBERGUM. Vide *Alberga.*

ALSIERINA, Vasa unguentaria. Gloss. Saxon. Ælfrici : *Fictilia, vel samia, etc. Alsierinas:* s e a d d e, l æ m e n e f a t u. i. unguentarium fictile vas [**an sealfe?] Sed legendum videtur *Maserina.* Vide *Mazer.*

** **ALSINE.** Vide *Ætilia.*

ALSOS. Charta Adelfonsi VI. Imperatoris Hispaniæ ann. 1086. apud Anton. de *Yepez* in Chronico Ord. S. Benedicti tom. 6 : *Quoniam quidem oportet vos de vestris artibus vivere, et ire per diversas terras : mando et detesto, quod nullus aliquis pignoret vos pro Alsoz, neque pro hæreditate S. Facundi, nec illis pro vobis.* Legendum forte *Alodos.* [** sive *Alfoz.*]

¶ **ALSOSUS**, pro *Alsiosus.* Papias : *Alsosus, id est, frigorosus, ab Algeo.* Ita et Isidorus.

* **ALT**, Vetus, senex. Mirac. S. Helenæ tom. 3. Aug. p. 616. col. 1 : *Nec transierim quod vulgo Altumvillare vocatur sedulo, et quam bene. Alt namque Teudisco, vetulus, more dicitur nostro.*

¶ **ALT ET BAS**, Summo jure, *Souverainement.* Bulla Gregorii Papæ de Pœnitentia Guidonis de Monteforti apud Rymer. tom. 2. pag. 17 : *Memoratus Guido cum ejulatu non modico, profusis lacrimis instantisi supplicationis verbis effusis, se Alt et bas sine tenore, modo, vel conditione aliqua, nostris mandatis exponens, petebat humiliter, etc.* Eodem sensu *Alte et Basse* non semel occurrit in ejusdem ævi Instrumentis.

ALTA Maris, Gall. *Haute mer,* Altum, quod a terris longe distat. Charta ann. 1290. ex Chartul. Occitan. : *Jus locandi.... venationes et piscationes, quæ ibi sunt et fuerint in plagia maris et in Alta maris, et in aqua Rodani.*

¶ **ALTA MISSA**, Ecclesia Alta, Alta Commemoratio. Improprie usurpantur in MS. Codice Rituum Ecclesiæ B. Mariæ Deauratæ, et alibi non semel pro Missa aut oratione quæ cantando dicuntur, et pro Ecclesia superiori respectu inferioris et subterraneæ : *Et post sequitur Commemoratio de Beata Maria, et dicitur Alta ista Commemoratio, et propter hoc præcedit Commemorationem S. Spiritus : quia nos habemus talem regulam, quod omnes Commemorationes, quæ fiunt Alte, cujuscumque sint, præcedunt Basse etiam cujuscumque sint.* Ibid. : *Dicitur Evangelium in matutinis in Ecclesia bassa, et aliis diebus per totum annum in Ecclesia Alta.*

¶ **ALTA** Patria, Regio superior, Gall. *Le haut Païs.* Rymer. tom. 7. pag. 471. col. a: *Similiterque concedendi et permittendi, quod vina Altæ patriæ ducatus nostri, etc.*

¶ **ALTA** Proditio, Crimen læsæ Majestatis. Anglis proditio duplex, *Alta* et *Bassa.* Quidquid in Regem, Regnumque admittitur *Alta proditio* est; Parentum, uxoris, filiorum, dominive cædes *Bassa* censetur proditio. Rymer. tom. 8. pag. 163 : *Dedimus et concessimus...... omnia maneria, terras et tenementa, quæ fuerunt Owini de Glyndardy.... quæ ratione Altæ Proditionis contra Regiam Majestatem nostram, per præfatum Owinum facta et perpetrata nobis forisfacta existunt, etc.*

¶ **ALTAGIUM**, Quidquid obvenit *Altari,* seu Ecclesiæ, tam ex agris, vineis, pratis, censibus, etc. quam ex quotidianis oblationibus. Hist. Beccensis MS. pag. 506 : *Scilicet quod dictus Presbiter asseret se debere percipere omnes minutas decimas et Altagium S. Martini.* Ibidem. pag. 510 : *Quam Vicariam ei contulit, hoc est, tertiam garbam et totum Altagium libere possidendum.* Litteræ Abbatis S. Eligii Attrebat. ex Chartulario ejusdem : *Hoc salvo quod duæ partes Altagii et omnium minutarum deciniarum remaneant nobis.*

¶ **ALTALAGIUM**, Eadem omnino notione. Obituarium Ecclesiæ Morinensis MS. fol. 36 : *Magister Simon Piccart Canonicus Morin. ordinavit dictam antiphonam, Salve Regina... pro cujus intertenemento* (concessit) *decimas et Altalagia, quas et quæ habet, etc.* Hist. Comitatus Ebroicensis, Instrum. pag. 9 : *Totum Altalagium et cætera ad Altalagium spectantia.* Litteræ Hugonis Episcopi Constantiensis ann. 1221 : *Concesserunt hospitali Constantiensi ad sustentationem pauperum Altalagium ejusdem sine guerbis in perpetuam eleemosinam obtinendam, retentis eisdem Canonicis et eorum successoribus decimis cardui varentiæ et aliorum fructuum.* Non semel etiam occurrit in Chartulariis Monasterii Fontanellensis, inprimis pag. 1351. tom. 2 : *Totum Altalagium pro 15. sol. Andegavensibus annuæ pensionis.* Charta Guillelmi de Mara de fundatione Capellæ de Mara in Diœcesi Constantiensi ann. 1244 : *Ego Guillelmus ut matricis Ecclesiæ servem indemnitatem, dedi et concessi Altalagio B. Nicolai decem buccellos frumenti.... modis omnibus acquittos.* Index MS. Beneficiorum Eccl. et Diœc. Constantiens. fol. 4. verso e musæo D. *Du Cangey* : *Item Rector percipit tertiam partem decimæ garbarum, et Prior dicti loci duas partes et medietatem Altalagii.* Vetus Codex Ecclesiæ Carnotensis fol. 79 : *Hæ sunt Ecclesiæ, super quas Capitulum habet redditus, qui vocantur Altalagia, et primo in Decanatu, Estubleium reddit 15. sol. Gastelle 15. sol. etc.* Alibi : *Apud Dovas habet Capitulum 22. sol. perpetui reditus super Ecclesiam Presbyterum pro Altalagio ipsius Ecclesiæ, qui pertinet Matutinariis.* Ita sæpe *Curiones,* uti vocamus *primarii,* Gall. *Curez primitifs,* obventiones altaris aut earum partem sibi reservabant. Vide *Altaragium.*

* Nostris olim *Autelage* et *Autelaige.* Quid hac voce significatum voluerint, fuse explicat Charta Petri Bajoc. episc. in Chartul. abbat. Regalis-loci ch. 54 : *Dictus vicarius habeat et percipiat anno quolibet totum Altalagium, quod consistit in lanis, agnis, animalibus, anseribus, linis, canabis, et oblationibus, ac juribus funerum, et omnes minutas decimas, quocumque nomine censeantur.* Charta abbat. S. Amandi ann. 1318. in Reg. 62. Chartoph. reg. ch. 98 : *Vendons à Gilion, dit Bridoul, ... les terres ahanaules et les tieraiges de Brillon et les dismes de la paroiche de Brillon et l'Autelaige.* Charta Jacobi abbat. S. Andreæ de Castello diœc. Camerac. ann. 1360. in Reg. 88. ch. 91 : *En dismes grosses et menues, en terrages, en Autelages, en cens, en rentes de blez, etc.* Lit. remiss. ann. 1380. in Reg. 139. ch. 35 : *La tierce partie de l'autelage de l'eglise dudit Boolly.* Ruit ergo illa auctoris Hist. Constant. MS. opinio, qua *Altalagium,* ad minutam decimam, quæ ex volatilibus, vel *alitibus* seu *altilibus* percipitur, restringit; quasi *Altalagium* inde fuerit efformatum; cum ab *Altare, r* in *l* mutato, nativo sensu arcessendum sit. Vide mox *Altaragium* et *Decimæ minutæ.*

* **ALTALAYA.** Vide *Latalia.*

* **ALTAMOR**, pro *Atamor,* ut legendum putat Cangius ad Joinvillam pag. 61. apud Roderic. Tolet. cap. 37 : *Et continuo Atamoribus propulsatis, civium multitudinem convocavit.* Rectius in voce *Tabur* ipsemet emendat, *Al Tambor,* vocemque Arabicam esse docet. Vide ibi et infra *Athomora.*

¶ **ALTANA**, Altana Semis, Altana Semis Maior, Altana Semis Minor, Variæ antiquarum scripturarum species. Vide *Scriptura.*

* **ALTANATUS**, Recens plantatus. Testam. Guiliel. milit. de Castro Barco ann. 1319. tom. 3. Cod. Ital. diplom. col. 1941 : *Item relinque ecclesiæ S. Thomasii de Roveredo.... unum vineale, seu petiam terræ Altanatam, jacentem in regula Roveredi, ... cui cohæret de duabus partibus via.* Vide infra *Altenum.*

¶ **ALTANUM.** Jus Vicentium lib. 1 : *Lignum fructiferum, de cossa viride, vel Altanum, etc.*

1. **ALTANUS.** Gloss. Sax. Ælfrici : *Altanus,* w o d e n, quæ vox Saxonica *Wodanum,* seu Mercurium sonat. Vide *Wodan.*

2. **ALTANUS**, Auster, Gall. *Autan.* Papias : *Ethesia, aura ab aquilone flans, Altanus dicitur.* [Aura flans ab aquilone non *Auster*, ut hic ait Cangius ex Papia, sed *Boreas* appellatur. Verum Papias MS. Bituric. : *Altanus, Flatus qui in alto est, id est in pelago.* Isidorus in Gloss. San-German. : *Altanus, Flatus qui in pelago est, per dirivationem ab alto, id est mari, vocatus ; nam alter est flatus in ripis, quem dicimus auram. Nam aura terræ est.* Huic sententiæ minime favet Plinius lib. 2. cap. 43 : *Ventos et e fluminibus ac nivibus et e mari videmus, et quidem tranquillo, et alios quos vocant Altanos e terra consurgere : qui quidem, quum e mare redeunt Tropæi vocantur; si pergunt, Apogæi.* Altanus autem proprie Eurus est seu Subsolanus, ut liquet ex Charta MS. relata inter Antiquitates Occitaniæ Benedictinas a Stephanotio collectas part. 1. pag. 368. in qua sic legere est : *Ipsa terra... affrontat de Aquilone in terra S. Aniani... De Altano afFrontat in terra de Odone Stephano : De Meridie in terra de Bernono Landrico... de parte Circi* (id est, Septentrionis) *similiter.* Hinc etiamnum Occitani Euronotum vocant *Autan :* De quo ait *du Bartas* in sua secunda Septimana de Paradiso terrestri loquens :

Là le robuste Adam ne sentoit point son corps
Aggravé des Autans, ni roidi par les Nords.

¶ **ALTAR**, *Altare.* Isid. Gloss. et ante Isidorum Prudentius in Hymno, qui B. Vicentio dicatus est :

Altar quietem debitam
Præstat beatis ossibus.

Et Hymno de S. Eulalia :

Sic venerarier ossa libet,
Ossibus Altar et impositum.

Item Alcuinus Poemate 241. f. 1735 :

Bartolomæus habet præsens hoc Apostolus Altar.

ALTARAGIUM, ALTERAGIUM, ALTELAGIUM, Obventio altaris. Charta Oliveri Episcopi Lincolniensis tom. 2. Monastici Anglic. pag. 881. : *Vicaria in Ecclesia S. Martini de Stamforde... consistit in toto Altaragio dictæ Ecclesiæ.* Alia Ricardi Dunelmensis Epis. pag. 152. ibid. : *Et medietatem decimæ bladi cum toto Alteragio ejusdem.* Monasticum Anglic. tom. 3. pag. 139 : *Similiter Vicarius de Colingham habeat totum Alteragium, exceptis decimis fœni et nutrimentorum animalium provenientium de Dominico domini Regis.* Occurrit ibi pluries, et pag. 227. et part. 2. pag. 45. Will. Thorn. cap. 30. § 4 : *Ita quod prædictus Vicarius... prædictis oblationibus et obventionibus, non bladis aut garbis, nisi plantatis, aut pede fossis, ad Altaragia communiter spectantibus, contenti, etc. Obventiones Alteragiorum* in Vitis Abbatum S. Albani. Regestum Clementis V. PP. in Bibl. Regia : *Cum itaque Alteragium de Ostade Cameracensis diœcesis, quod... in dicta Ecclesia obtinuit, per liberam resignationem... in manibus nostris factam, et a nobis admissam, vacet ad præsens, nullusque de illo præter nos disponere possit, etc.*

* Charta G. episc. Ebroic. ex Cod. reg. 5456 : *Ad præsentationem A. Ebroicensis abbatissæ et conventus recepimus ad vicariam de Cauge, silicet ad Altaragium, cum minutis decimis et obventionibns.* Hinc, et ex aliis, quæ ad hanc vocem supra laudantur, *Altaragium* id potissimum dictum fuisse videtur, quod vicario altare deservienti assignabatur, quodcumque illud fuerit; cum præcipui reditus iis, quos *curiones primarios* vocamus, reservarentur. Unde et *Altararius* nuncupatur. Vide in hac voce.

ALTELAGIUM. Necrolog. Eccles. Ambian. : *Ob. Theobaldi Episc. qui dedit nobis Altelagia de Chessoy, etc. quorum Altelagiorum omnes proventus in anniversario suo debent in Ecclesia nostra tali modo distribui.*

* Acta MSS. capitul. S. Petri Insul. ann. 1437 : *Die Lunæ ix. Septembris, ad relationem dom. decani pro dom. Petro Melantois nuper misso apud Wervic super Altelagiis ecclesiæ, fuit conclusum, ut matricularii seu Kerkemans dictæ ecclesiæ de Wervic, habeant et levent Altelagia in eadem ecclesia dominis de capitulo spectantia pro anno 1436. præterito et 37. currente, pro 36. libris quolibet annorum eisdem dominis solvendis.*

ALTARARIUS, idem quod *Altarista*, Vicarius Ecclesiæ, qui altari deservit, cui assignari solent emolumenta, quæ Presbyteris et Curionibus proveniunt ratione altaris. Bulla Urbani V. ann. 1368 : *Te Altararium altaris Basilicæ Principis Apostolorum de Urbe usque nostrum placitum... constituimus et etiam deputamus, ibi recipiendi omnes et singulas oblationes, obventiones, ac fructus, redditus, et proventus ad dictum altare pervenientes, etc. et generaliter omnia, quæ ad dicti Altariatus spectant officium, etc.* Exstat integra apud Waddingum ann. 1368. n. 9. Epistola MS. Innocentii VI PP. : *Paulus de Scrofano Canonicus dictæ Basilicæ, qui fuerat in ea auctoritate nostra Altarius* (sic) *deputatus, videns, quod dictis Canonicis et Capitulo, de oblationibus hujusmodi disponentibus pro eorum libito et voluntate, ipse inaniter gereret Altarii nomen, hujusmodi Altariatus officium sponte et libere resignavit.*

1. **ALTARE**, Pars templi, in quo erectum altare conspicitur, apud Gregor. Turon. lib. 2. Hist. cap. 14.

2. ALTARE. Ecclesia succursalis. Capitula Caroli C. tit. 5. cap. 7 : *Si necessitas populi exegerit, ut plures fiant ecclesiæ, aut statuantur Altaria, cum ratione et auctoritate hoc faciant.* [** Synod. ap. Tolos. Civit. ann. 844.]

¶ 3. **ALTARE** inq. Isid. lib. 15. Orig. cap. 4. *ab altitudine constat esse nominatum quasi Alta ara.*

¶ ALTARE ANIMARUM, In quo sacra fieri solent pro animabus defunctorum. Synodus Valentina ann. 1584. tom. 4. Collect. Conc. Hispan. pag. 290 : *In Beatæ Mariæ Virginis et Animarum Altaribus, in quibus Missæ frequentius celebrantur, duo justæ magnitudinis cerei apponantur, qui donec Missa finiatur, sint accensi.* [** Academicis Matrit. est : *Altar de alma ó de ánima, el que tiene concedida indulgencia plenaria para las misas que se celebran en él.* Gall. *Autel privilégié.*]

¶ ALTARE AUTHENTICUM, Altare majus, Gall. *Le grand Autel.* Breviarium Sarisber. anni 1556 : *Si vigilia Nativitatis Domini venerit in Dominica, Missa Dominicæ dicitur in Capitulo post Primam ante Tertiam et processionem, et Missa de Vigilia dicitur post Sextam in Choro ad Autenticum Altare.*

¶ ALTARE CAPITANEUM, Eadem notione. Acta SS. Bened. sæc. 6. part. 2. pag. 100. in Miraculis S. Trudonis Confessoris : *Prosternitur igitur corpore summisso a latere Capitanei Altaris in Sanctuario, ubi postquam se prosedit, potestatem sui penitus amisit, et ita ibidem paullulum quid soporis divina ordinatione percepit.*

[* *Altare Capitaneum*, sic nuncupatur, quod in capite absidæ, seu fronte ecclesiæ primum est, sive illud majus sit sive minus : in pluribus namque ecclesiis pone majus altare aliud exstat in capitali parte, quod dicitur *Capitaneum.* Mirac. S. Bertini sæc. 3. Bened. part. 1. pag. 152 : *Corpus beatissimi patris Bertini, quod biennio nondum expleto sub Capitaneo S. martini Altari fuerat repertum, levatum est.* Vide *Capitium* et *Caput Ecclesiæ.*]

¶ ALTARE CARDINALE, Eadem significatione, in Actis SS. Bened. sæc. 3. part. 1. pag. 146.

¶ ALTARE CHORI, Pluteus, Lectorium, Gall. *Pupitre, Lutrin.* Cæremoniarum vetustus Codex MS. Monasterii B. M. Deauratæ Tholos. : *Dicitur duodecima lectio, et duodecimum responsorium super Altare Chori... Non dicitur responsum sed hymnus a duobus super Altari et respondetur a choro.. deinde dicitur responsum ab uno super Altari, etc.* Ubi semper de analogio seu pluteo, non vero de Altari proprie dicto.

* ALTARE CONVENTUALE, Quod est intra chori septa. Charta ann. 1268. in vet. Ordinar. eccl. Camerac. MS. : *Nec sibi aliquid vendicabunt* (vicarii perpetui) *in oblationibus quibuscumque provenientibus ad Altaria conventualia vel existentia in choro.*

¶ ALTARE DOMINICUM, Oblationes factæ ad altare majus, forte sic dictum quod in eo Corpus Dominicum asservaretur. Chartularium S. Vandreg. tom. 2. pag. 2033 : *Abbas ei concessit tantum in vita sua Ecclesiam S. Mariæ de Redanna, ita ut ex omni re ex qua decima datur, duæ partes S. Vandregesili sint, et 3. Ricardi. Toto anno Altare Dominicum sit Ricardo, excepto festo omnium SS. et Natale Domini et Paschæ, etc.*

* ALTARE DOMINICALE, Idem quod *Dominicum*, non quod in eo Corpus dominicum asservaretur, sed quia præcipuum, sic appellatum videtur. Occurrit non semel in Chron. S. Florent. Salmur.

¶ ALTARE GESTATORIUM. Vide *Altare Portatile* et *Altare Viaticum.*

* ALTARE ITINERARIUM, Idem quod *Viaticum* seu *Portatile.* Anonymus de Casib. infaust. monast. Farf. apud Murator. tom. 6. Antiq. Ital. med. ævi col. 285 : *In primis Altare Itinerarium, quod regina Agnes nobis obtulit valde optimum.* Chron. Sublac. MS. : *Fecit* (Joannes abbas) *alia minora Altaria Itineraria duo ex auro et argento, et gemmis tornata.*

* ALTARE LEVATICUM, Idem quod *Portatile.* Stat. abbat. Cassin. pro reformat. cleric. ann. 1441 : *Nullus... audeat celebrare... cum Altari Levatico.* [** Cf. Concil. Trident. Sess. 22. et *van Espen* J. E. U. lib. 2. tit. 5, cap. 8. § 11. sqq.]

ALTARE MAGISTRUM, Majus, præcipuum, nostris etiam *Maître-Autel*, apud Acher. tom. 4. Spicil. pag. 243. ad ann. 1104 : *Robertus primus loci istius abbas cum mona-*

chis suis honorifice excepit; post orationem vero ad Magistrum Altare accedens, etc.

* ALTARE MATUTINALE, In quo prima missa diei celebratur, occurrit in Chron. S. Florent. Salmur. in Hist. abbat. S. Germ. Autiss. et alibi passim.

¶ ALTARE PARATUM, Idem quod *Altare viaticum*, sic dictum quod auro aliisque rebus pretiosis pararetur seu ornaretur; quale etiamnum in Thesauro Ecclesiæ SS. Trin. Fiscamn. asservatur, marmoreum uno pede latum et longum, auro, argento, gemmisque distinctum. Hist. Beccensis MS. pag. 352 : *In Altari Parato habentur istæ* (Reliquiæ) *de sancto Joan. Bapt. de S. Andrea, etc.* Testamentum Everandi apud Miræum tom. 1. Diplom. Belgic. pag. 21 : *De paramento capellæ nostræ, Altare argento Paratum unum, calicem aureum, eburneum cum patena auro paratum unum.*

ALTARE PORTATILE *ligatum auro*, in Charta Philippi Bellovac. ann. 1217. in Probat. Hist. Drocensis pag. 244. *Altare gestatorium*, apud S. Anselmum lib. 3. Epist. 158. *Lapis portatilis*, in Synodo Bajocensi ann. 1300. cap. 20. Vide eruditum Joan. Mabillonium in Præfat. ad tom. 3. SS. Ord. S. Bened. n. 78. [Unde illud unum addam ex Hist. Bedæ lib. 5. cap. XI. ubi de duobus Ewaldis, qui *Cotidie sacrificium Deo victimæ salutaris offerebant, habentes secum vascula et tabulam Altaris vice dedicatam.* Duo autem Ewaldi martyrio coronati sunt 7. sæc. desinente, ante quod tempus nullam puto mentionem fieri altarium viaticorum. His etiam usi sunt Græci, apud quos ἀντιμήνσια, Mensarum vicaria dicebantur. Vide Balsamon. in Syn. VII. cap. 7. et lib. III. Jur. Oriental. qu. XI.] [** Vide *Capella*, 3.]

* Inventar. S. Capellæ Paris. ann. 1376. ex Bibl. reg. : *Altare marmoreum portatile. Un petit Autel portatif de marbre vert*, in Inventar. Gallico. Chron. S. Dion. cap. 14. tom. 7. Collect. Histor. Franc. pag. 150 : *Si dona un riche Autel Porteiz de marbre pourfire, tout quarré, etc.*

ALTARE VIATICUM, *quod per viam portetur, propter quod portabile vel viaticum appellatur*, apud Durandum lib. 1. Ration. cap. 6. n. 34. [Hist. Dalphinatus tom. 2. pag. 326 : *Item olim unum Altare Viaticum sacratum pro 14. denar. gross.* Collect. Concil. Hispan. tom. 3. pag. 558. ann. 1322 : *Altare Viatica secum portari faciant, in quibus singulis diebus coram se honeste et devote Missam faciant celebrari.*] *Tabula itineraria* dicitur in Ordine Romano; *Altare portatile, Altare gestatorium*, apud Hugonem Flaviniacens. in Chron. pag. 166.

* Inventar. S. Capellæ Paris. ann. 1363. ex Bibl. reg. : *Item unum Altare Viaticum portatile de jaspide viridi, in cujus circuitu sunt plures reliquiæ.*

* ALTARE BIARICIUM, pro *Viaricium*, idem quod *Viaticum*. Charta ann. 1065. tom. 1. Hist. Cassin. pag. 254. col. 1 : *Altare piczolum de ebore unum, et Biaricium alium unum.*

* ALTARE SACRAMENTORUM, Ubi Eucharistia asservatur, vel sumitur. Chron. Sublac. MS. : *Fecit* (Joannes abbas) *paraturas ecclesiasticas, ... pallium de Altare Sacramentorum, coopertum argento et auro.*

** ALTARE SACRATUM *et non sacratum*, in Bened. Capit. lib. 2. cap. 202. ex Bonif. Stat. cap. 3.

ALTARIA LAVARI solent, cum ab hæreticis, aut schismaticis polluta creduntur, si super ea celebraverint. Vide Paulum Diac. lib. 3. Chr. Casin. cap. 68. (al. 69.) et Innocent. III. in Concil. Lateran. can. 4.

Nudantur etiam et lavantur altaria in Cœna Domini. Vide Joannem Abrinc. Episc. de Off. Eccl. pag. 42. 44. et lib. Sacrament. Greg. pag. 88. [et Hierurgiam Bernardi Bissi Cassinensis Monachi ad vocem *Altare.*]

* Apud Cistercienses nudabantur quoque altaria per triduum, si mulier monasterium intravisset. Stat. antiqua Cisterc. ordin. ex MS. Clareval. cap. 120 : *De ingressu mulierum in domos ordinis nostri præcipitur, ut conventus et abbas, in quarum domos intraverint, eadem die sint in pane et aqua ; ... et omnino Altaria discooperiantur, per triduum sic mansura, nec divina ibi celebrentur illo triduo, præter missam de S. Maria, et missam pro deffunctis.*

* *Altaria* scopis et fustibus cædere solitos, cum aliquod damnum a quovis Sancto reparari exorabant, ut rem consuetam, refert Anonymus in Mirac. S. Audoeni tom. 4. Aug. pag. 838. col. 1 : *Redde mihi, obsecro, redde mihi filium meum.... His et hujusmodi questibus et femineo perstrepens ululatu, scopis et fustibus Altare cædebat, et totis nisibus beati pontificis clementiam exorabat.* Vide infra in *Reliquiæ* 1.

IN ALTARI OFFERRE, apud Marculfum lib 1. form. 1. de Donationibus, quæ fiebant Ecclesiis, earum instrumentis super altaria positis, quo solenniores essent, ac ipsi Deo factas constaret. Lex Alemannorum cap. 1. § 1. ubi de donationibus factis Ecclesiæ : *Et qui hoc facere voluerit, per chartam de rebus suis ad Ecclesiam, ubi dare voluerit, firmitatem faciat, et testes sex vel septem adhibeat, et nomina eorum ipsa charta contineat, et coram Sacerdote, qui ad eandem Ecclesiam deservit, super Altare ponat : et proprietas de ipsis rebus ad ipsam Ecclesiam in perpetuum permaneat.* Adde Leg. Bajuvar. cap. 1. § 1. Formula vero traditionis et offertionis super altare extat in Capit. Caroli M. lib. 6. cap. 285. [** rec. cap. 370. Benedicti commentum.] Tabular. Vindocinense Thuani ch. 8 : *Quod dum ex more super Altare posuissent, hi de nostris interfuerunt testes.* Ch. 15 : *Qua celebrata venditione, traditionem ipsorum alodiorum posuit idem Hugo super Altare S. Medardi, his, qui aderant, cernentibus cunctis, et reclamante nullo.* Charta Adelfredi Episcopi Bononiensis ann. 1045. apud Ughellum tom. 2. pag. 16 : *Concedo... et quidquid in sancta Episcopali Ecclesia offertur, seu in Altari ponitur, vel in pavimento locatur, etc.* Chronicon Mauriniacense lib 1 : *Donum, quod Rex pater suus nobis fecerat, concessit, et sumptas in manibus litteras super Altare posuit, et ita donum patris confirmavit.* Chronicon Andrense : *Et ita in nomine Domini imponendo manum super Altare, fecit donum, videntibus et audientibus, etc.* Ordericus Vitalis lib. 5 : *Donationem super Altare adhuc sacrosancta consecratione madidum deposuit.* Vide eundem pag. 575. 576. 584. 587. 590. 591. 594. 595. Chronicon. S. Vincentii de Vulturno pag. 675. etc. Extant alia hujus ritus exempla passim in veteribus Chartis, et apud Scriptores. [S. Benedictus Reg. cap. 58. vult, ut suscipiendus Monachus, *Petitionem manu sua scribat, aut certe si non scit litteras alter ab eo rogatus scribat : et ille novitius signum faciat, et manu sua eam super Altare ponat.*]

CAPUT ALTARI IMPONERE, in signum professæ subjectionis et servitutis. Arnolfus lib. 1. Miraculor. S. Emmeranni cap. 12 : *Qui Capita cum manibus religiose Altari S. Emmeranni imponentes, professi sunt se Martyri perpetuos censuales.* Vita S. Virgilii Episc. Juvanensis cap. 7 : *Ad Juvanense Monasterium specialiter Caput suum in servitium Dei declinavit, singulis annis, quoad vixit, in signum subjectionis suæ aliquod obsequium illud persolvendo.*

ALTARE CONTRA ALTARE ERIGERE dicuntur hæretici, qui, posthabita unione Ecclesiastica, ab ea secedunt, et novam quodammodo religionem inducunt, apud Optatum Milevit. Cyprian. Aug. lib. 2. contra Crescon. cap. 2. Epist. 162. 171. etc.

ALTARIA PRINCIPUM : nam et ea sibis vel certe nomen asserebant. Impp. Honorius et Theodos. : *Si quis rescriptum de nostris Altaribus meruerit*, in lib. ult. Cod. Justin. de Locat. fund. Iidem Impp. : *Nunquam ad unius litigatoris querimonium nostris Altaribus suggestio offeratur.*

JURARE AD ALTARE. Vide *Jurare*.

ALTARE COMPLECTI ad fidem faciendam. Chronicon Montis-Sereni ann. 1126 : *In Ecclesia B. Petri Altare complexus, quasi ad probandum quod Henricus pro fœmina commutatus fuisset, ita se obligavit, ut si idem filius esset Henrici Marchionis, ipse sui corporis perderet sanitatem.*

4. ALTARE, Ecclesia, vel obventiones ac reditus altaris, seu Ecclesiæ : maxime decima Ecclesiastica. Concilium Claromontanum ann. 1095. can. 3 : *Ecclesiæ, quæ vulgari vocabulo apud eos* (Gallos) *Altaria nuncupantur*, et apud Goffridum Vindoc. lib. 3. Epist. 12. Idem Concilium ann. 1095. can. 6 : *Ut nullus sibi præbendam emat ;.. hoc idem de Altari et omni Ecclesiastico beneficio fiat.* Adde can. 7. Gregorius VII. PP. lib. 4. Epist. 22 : *Illud vero commune malum pœne totius terræ, videlicet quod Altaria venduntur.* Concilium Illebonæ ann. 1080. cap. 4 : *Nullus laicus in redditibus Altaris vel in tertia parte decimæ aliquid habeat.* Charta Philippi Aug. ann. 1196. pro Abbate S. Mellonis Pontisarensis : *Exceptis altari et decimis, quæ remanent Ecclesiæ S. Mellonis.* Acta Murensis Monasterii pag. 35 : *Ergo quod istud Altare istius loci principale est Altare, quisquis isti Altari præponitur, sive Monachus, sive Clericus sit, ille etiam debet dotem et decimam, et omnia cætera jura Ecclesiæ in sua habere potestate, quod hoc nusquam audivimus, in uno loco esse duas principales Ecclesias et duo Altaria.* Fulbertus Carnot. Epist. 20 : *Ususfructum vero Altarium, quem tui antecessores Laicis tradiderunt, te alendis debilibus publica voce destinare suadeo.* Item Epist. 34 : *Decimas et oblationes Altarium, stipem videlicet pauperum, suo Episcopo inconsulto, sæculari militiæ tradit.* Traimundus Clarevallensi, Epist. 2. de Monachis : *Villas, molendina,*

Ecclesias, et altaria possident, fidelitates et hominia suscipiunt. Charta Gaufredi Episcopi Parisiensis in Tabulario S. Mariæ Longipontis : *Damus ei Altare, et quod ad Altare pertinet villæ, quæ dicitur Orceacus.* Alia Warini Episcopi Bellovac. ann. 1023 : *Ipsa Ecclesia, scilicet S. Vedasti, in Episcopio nostro villam Angicourt habere noscitur, nosque Altare ipsius Ecclesiæ possidemus. Ipsius ergo Altaris tertiam partem..... Ecclesiæ prædicti Sancti contribuimus, etc.* Hist. Afflegemensis Monasterii cap. 20 : *Robertus Comes Junior S. Andreæ locum nobis in eleemosynam tribuit : Altare vero ejusdem loci, licet sui foret juris, tamen quia spiritale donum est, ab Episcopo Noviomensi, in cujus diœcesi locus ipse situs est, nobis firma stabilitate donari fecit.* Herimannus de Restaurat. S. Martini Tornacensis cap. 38 : *Quinque Altaria, quæ alteri filio suo nomine Adam Canonico acquisierat, nobis dari impetravit, quæ nobis singulis annis plusquam 30. librarum pecuniam reddunt.* Cap. 45 : *Altaria villarum memoratarum, prata, nemora, terras arabiles, etc.* Cap. 67 : *Sed quia proposuerat nec Altaria, nec Ecclesias, vel decimas recipere, sed solummodo de labore manuum suarum..... vivere, nihil de Ecclesiasticis redditibus.... voluit habere.* Adde cap. 73. 95. Vide Chartam Philippi I. Reg. Franc. ann. 1066. apud Marlotum in Chron. S. Nicasii Remens. pag. 621.

5. ALTARIA, vel ALTARIA ET DECIMÆ, conjunctim, Decimæ Ecclesiarum, quæ ad ipsos Ecclesiarum Præsules pertinent; et quæ sæpe a Laicis usurpatæ ac possessæ sunt. Charta Philippi Reg. Franc. ann. 1076. in Chron. Monast. S. Joannis de Vineis pag. 50 : *Sed postmodum mors, quæ intravit in orbem terrarum, quamplurimos Laicos et pseudo-Christianos in tantum excæcavit, ut quidam Altaria vel decimas in beneficia extorquerent, quidam vero in abusum miseræ hæreditatis converterent.* Alia Theobaldi Suessionensis Episcopi, ibidem pag. 40 : *Ut Altaria, quæ de beneficio nostro (sed quemadmodum alii Principes sæculi hujus sacrilego more tenebat) recepissem, etc.* Concilium Pictavense ann. 1109. cap. 9 : *Ut neque Clerici, vel Monachi per pecuniam Altaria vel decimas a Laicis vel quibuslibet personis sibi acquirant, etc.* Cap. 16 : *De decimis et Altaribus, quæ Laici injuste et contra sacros Canones detinent, etc.* Charta Amaluini Abbatis Silvæ-Majoris ann. 1207. in Tabul. Campan. : *Quod nos insimul faciemus ibi villam novam, in qua nos et Ecclesia Bellevallis habebit Altare et decimam liberam et quietam.* Vide Lambertum Ardensem pag. 140. Urbanum II. PP. Epistola 12. in Appendice Epist. 20. etc.

☞ Quæ quidem omnia ut magis illustrentur nonnulla præstat observare. 1°. *Altare* aliquando usurpari pro Ecclesia seu titulo cui aliquis præficitur, ut in Actis Murensis Monasterii a D. Cangio supra laudatis, et in Chartis quæ sequuntur. Charta fundationis Monasterii S. Valentini ann. 1018 : *Ermengardis Veromanduorum Comitissa duarum Ecclesiarum Altaria quæ jure beneficii a Lamberto Episcopo Eduensi data tenebat Fratribus præscripti loci danda concedit, quorum unum in villa quæ Fonsania dicitur situm est in honore S. Desiderii, alterum in villa quæ vocatur Nicetum in honore S. Petri constructum esse videtur.* Charta Petri Vasionensis Episc. ann. 1059 : *Donamus et reddimus Altari quod est consecratum in honore S. Victoris Martyris et S. Mariæ semper Virginis in Monasterio Massiliensi Abbatiolam S. Victoris et S. Petri quorum Ecclesia sita est in Episcopatu Vasionensi.* Charta Ludovici VII. ann. 1137. inter Probat. Hist. Paris. tom. 3. pag. 53 : *Quatuor villas istas dedit atavus meus Rex Henricus; cum Altaribus Hienvillæ et Novæ villæ.* Tabularium Majoris Monasterii : *Herveus de Martiniaco, in beneficii societatem susceptus, dedit S. Martino sextam partem decimæ, sepulturæ, oblationis utrorumque Altarium.* Charta XII. seculi ex Tabul. S. Florentii : *Moyses filius Alfredi Presbyteri guerpivit Deo atque S. Florentio medietatem omnium rerum pertinentium ad Altare quod est in Ecclesia de Trembleio, annuente Herveo Burchardi filio, de cujus casamento erat ipsa Ecclesia.* 2°. *Altare* strictioris esse significationis quam Ecclesia in nonnullis Instrumentis. Charta ann. 1041. tom. 2. Gall. Christ. inter Instrum. pag. 341 : *Nobilis vir Gauterius terras S. Maxentii prædavit et vastavit. Sed pœnitentia ductus dedit Monasterio S. Maxentii Ecclesiam S. Arediæ, ita ut in eadem Ecclesia Altare B. Maxentii construatur, omnisque consuetudo Monachis ibi degentibus sit relaxata, scilicet vicaria, vel decimæ; donatio autem istius Ecclesiæ talis est, baptisterium, confessiones, proforentia, et tota sepultura, et omne quod in Ecclesia venerit.* 3°. *Altare* ad oblationes altaris designandas sæpius restrictum fuisse. Præter probationes modo a D. Cangio allatas, hæ addi possunt. Charta XII. seculi ex Tabul. S. Florentii : *Gislardus et frater ejus Morinus dederunt Deo et S. Florentio Ecclesiam S. Germani quæ sita est apud Albiniacum super fluvium Jolain, cum omnibus ipsius Ecclesiæ appendiciis quæ libere possidebant, totum scilicet quidquid ad Altare pertinet cum fevo Presbyteri, totam sepulturam, et decimam, et cymiterium.* Quod in eodem Tabul. sæpe occurrit. Charta XI. seculi ex Tabul. S. Michaëlis in periculo maris : *Ego Rotbertus Comes filius magni Richardi G. D. Dux et Princeps Normannorum reddo S. Michaëli Altare suum cum toto Monasterio quod prædecessores nostri sibi hactenus vindicaverant.* Charta XII. seculi ex Tabul. S. Sulpitii : *Alanus Comes et uxor illius Judith, S. Mariæ et filiæ suæ Hodiernæ Abbatissæ dederunt decimam de Chelen et sepulturam, et quidquid ad Altare pertinet.* Charta ejusdem ævi ex Tabul. S. Sergii : *Gauffridus de Monasteriis dedit Monachis S. Sergii quidquid habebat in Altare S. Sulpitii de Gena in offerendis et primitiis, et suum tertiam de censu de cymeterio.* Charta XI. seculi ex Tabul. Majoris Monasterii : *Divinæ vocis inspiratus instinctu, ego Rualdus seculari militie deditus, dedi B. Martino Monachisque Majoris Monasterii quidquid Ecclesie, quidquid Altaris, quidquid decimæ videbar habere in dominio. Earum quoque rerum quas ego quidem in dominio non habebam, sed eas de me tam Presbyteri quam Laici tenebant, similiter ut propriarum eidem Sancto donum effeci, ita scilicet ut quisquis hominum nunc usque de me, sive decime, sive Altaris, vel Ecclesie aliquid tenuisse dinoscitur idipsum, si penitus deserere noluerit, ab Abbate Monachisque Majoris Monasterii teneat.* 4°. *Altare* sumi pro decimis, oblationibus aliisque reditibus Ecclesiæ, ut satis patet ex locis a D. Cangio supra laudatis. Unum addam ex Charta ann. 1133. e Tabul. Majoris Monasterii : *Concessit Abbas ut tantum in vita sua haberet tertiam partem reditus Altaris Ecclesiæ illius, ita duntaxat quod Monachi capellanum suum quem voluerint eligent.* Plura adderemus, quibus varias hujusce vocis acceptiones illustrare liceret, nisi lectori tædium parere nobis esset religio : quamobrem satius duximus ab iis abstinendum; adeat tamen studiosus lector diversa loca quæ protulit D. Cangius, quæ si attentius perpendantur, omissa quæ a nobis consulto sunt, abunde resarcientur.

[* 6. ALTARE, Minutæ oblationes, in Charta apud Cencium inter Cens. eccl. Rom. : *In die Jovis sancti et die Veneris, si episcopus S. Rufinæ recipit jus quod consuevit habere, videlicet archam et Altare, ex quo pulsatur ad matutinum usque dum finitur officium, etc.* Arest. parlam. Paris. ann. 1416. 8. Aug. : *Dicti habitantes ad offertorium in festis annualibus ter vel quater in anno duntaxat veniebant, et si aliis diebus eos venire contingebat, ... nec panem, vinum, ceram, aut Altare, ut in aliis partibus consuetum erat, offerebant.* Nisi ibi legendum sit *ad altare.*]

ALTARIUM REDEMPTIONES, dicebantur certæ quædam præstationes, quæ dabantur Episcopis, quotiescumque Ecclesiarum, quæ Monachorum juris erant, *Personæ*, uti vocabantur, mutabantur. Nam cum Ecclesiæ omnes ad Episcopos pertineant, uti habent Concilia et Synodi, eas illi interdum Monasteriis aut Capitulis Canonicorum donabant, aut a fundatoribus donari permittebant, retenta ea præstatione, quæ *Redemptio altaris* dicta est, veluti in signum dominii, quod Ecclesia matrix sibi reservabat, atque adeo reservatis ipsis Ecclesiarum decimis. Vide *Persona.* Nam si *altaria* Congregationibus Canonicorum vel Monachorum *per personas* darentur, *mortuis personis*, in manus Episcoporum redibant, nisi essent per eorum scripta vel privilegia confirmata, ut est in Concilio Claromont. ann. 1095. can. 7.

Hæc igitur *altarium redemptio*, venditionis nomine donata est, quod a Monachis post mortem vel in mutatione *personæ* redimi dicerentur : quod prohibitum fuit, salvo Episcoporum censu annuo, in eodem Concilio Claromontano can. 3. et Nemausensi ann. 1096. Id etiam antea vetuerat Leo IX. PP. Wibertus in illius Vita pag. 86 : *Venditiones Altarium anathemate prohibuit; sed constituit, ut partes decimarum ad Episcopum pertinentes, aut quisque Præsul sibi teneret, aut cuique vellet tribueret, partem autem ad Altare pertinentem proprio Pastori Ecclesiæ gratis concederet.* Charta Rogerii III. Catalaunensis Episcopi : *Altaria hæc habenda personas... eo jure, ut quando persona obierit, persona alia a Monachis oblata restituatur sine muneris acceptione.* Vide Gregor. VII. lib 4. Epist. 7. Hugonem Flaviniac. pag. 198. Florentium Haræum in Castellanis Islensibus lib. 2. pag. 175. Buzelinum lib. 2. Gallo-Flandr. cap. 13. pag. 306. et Locrium in Chron. Belg. ann. 1111.

Eas redemptiones *Relevationes* etiam appellatas in Tabulario Vindocinensi observare est : in quo Theodoricus Carnotensis Episcopus dat eidem Monasterio tria altaria absque *relevatione :* cum ejusmodi Ecclesiarum redemptiones inventæ fuissent instar redemptionum feudorum, quæ *relevationes* dicuntur. Quo nomine donatur *Consuetudo* quædam *inaudita,* qua Vicecomes Thoarcensium Haimericus exigebat ab Abbate S. Albini, *qui noviter onus susceperat Abbatis, equum unum centum solidorum, aut solidos centum pro mutatione et Relevatione Abbatis. Dicebat enim... quod quicunque noviter crearetur Abbas in Monasterio S. Albini, prædictum pro sua ordinatione præjudicium solveret Vicecomiti*, ut est in veteri Notitia apud Charlonyum ad Historiam Inculismensem Corliæi. Acta Episcoporum Cenomanensium in Segenfrido cap. 29 : *Dominus vero Segenfridus apud eum diu commorans dedit ei LXIV. Altariorum revelationes, Synodos, et circuitiones, insuper casamenta Ecclesiæ, etc.* Vide quæ observarunt Sirmondus ad Goffridum Vindocinensem lib. 3. Epist. 12. et Marca ad canon. 7. Concilii Claromontani.

Altaria sub censu annuo, remota *redemptione*, et a Conciliis interdicta, postmodum contulere Episcopi : sed in hunc abusum gravius invehitur Goffridus Vindocinensis lib. 3. Epist. 12. cum per annos singulos censum exigere ab Ecclesiis, *annua,* seu *plurimorum annorum simonia* sit, inquit ille. Extant Chartæ istius abusus testes complures in Tabulario S. Dionysii, quas inter duas selegimus : *Cum Daimbertus Archiepiscopus in gremio S. Matris Ecclesiæ suorum celebraret Conventum, venit in præsentiam suam Abbas S. Dionysii Adam nomine, deprecans, ut Altare de Belna, quod esse solebat ad personam Vicarii, et in Censum mittere dignaretur. Cujus petitioni assensum Daimbertus concessit ei, salvis consuetudinibus suis, circadis et synodis. Dat. mense Septemb. in Ecclesia S. Stephani publice, regnante Ludovico Rege ann.* 5. Alia : *Adam Abbas S. Dionysii ad Daimbertum Archiepisc. Senonensem accessit, rogans et deprecans ut Ecclesiam quandam, quæ est in pago Vastinensi, in honore B. Lupi consecratam, ei sub Annuo Censu, remota omni persona Vicarii, mittere dignaretur. Cujus piæ petitioni Daimbertus annuens, et præfatam Ecclesiam sub Annuo Censu posuit, ita ut deinceps persona Vicarii remota in censum sol. 6. publicæ monetæ istius loci, in quo Ecclesia sita est, annuatim redderet, mense Maio ann.* 1120. *Ind.* 13. Chartas alias istius abusus testes proferunt Hariulfus lib. 4. Chron. Centul. cap. 22. Hemereus in Augusta Viromand. in Regesto pag. 41. 42. 43. Florentius Haræus in Castellanis Islensibus pag. 170. 171. et Gallandius lib. de Franco alodio pag. 75. 76. Præterea V. C. Jacobus Petitus post Pœnitentiale Theodori pag. 596. 601. 625. 630. 631. 632. 633. 635. Vide præterea Joannem Sarisberiensem Epist. 69.

☞ Hunc quoque annui census abusum Paschalis II. omnino proscribere volens graviter Ivonem Carnotensem et Ranulfum Santonensem Episcopos increpat, quod ab exactione hac non abstinerent, ut ex ejus Epistola, quæ a Soucheto refertur in suis observationibus ad duodecimam Ivonis Epistolam, planum est. Ibi enim prohibetur, ne *quidquam pro eisdem Altaribus* exigatur in omnibus Galliarum diœcesibus. Non propterea tamen ab hac exactione omnino cessatum est : qua de re Souchetum consule loco citato.

Altarium, pro *Altare*, usurpant non semel inferioris ætatis Scriptores. Gloss. Lat. Græc. Βωμισκάριον, *Altarium,* alibi, Θυσιαςήριον. *Altarium, sacrarium.* Gloss. Lat. Græc. *Altarium*, ἐπιδωμὶς. Sulpitius Sever. lib. 1. Hist. : *Altarium ex duodecim lapidibus sub monte constituit.* Idem Dial. 2. de S. Martino : *Cum jam Altarium, sicut est solenne, benediceret.* Ita passim Gregorius Turon. Ratbertus de Casib. S. Galli, et alii.

7. Altare, Basis Phylacteriorum, seu capsellarum, in quibus reconduntur reliquiæ. Vetus Scheda apud Brouverum lib. 8. Annal. Trevirensium num. 114 : *Capsam auream cum Altari supposito, innitentem 4. columnis argenteis, et aliam item capsulam modicam altari superpositam, etc.* Ademarus Cabanensis tom. 2. Bibl. Labbei pag. 272 : *Idem Josbertus iconem auream S. Martialis fecit, sedentem super Altare, et manu dextra populum benedicentem, etc.* Hist. Episcop. et Comitum Engolismensium cap. 35 : *Duas tabulas eburneas cum argento, duplex argenteum Psalterium, duo Altaria argentea, et in fine suo thuribulum argenteum.*

* 8. **ALTARE,** Mensa usurariorum. Stat. Mantuæ l. 2. c. 36. ex Cod. reg. 4620 : *Et intelligantur quoad hoc publici et manifesti usurarii, qui tenent publice Altare paratum.*

¶ 9. **ALTARE,** Verbum. Gloss. Cyrilli : ὑψῶ, *Alto, amplo, exalto.* Vide *Altiare.*

* Charta ann. 1365. in Reg. 115. Chartoph. reg. ch. 209 : *Injunctum fuit villam seu locum de Aulacio deberi muris, vallatis ac fossatis, et palentis fortificari, de novoque Altari et construi bene et condecenter.*

ALTAREBRUNUM. Vetus Charta apud Joan. Schefferum ad Chronicon Upsalense pag. 152 : *Item duas pallas bissinas cum Altarebruna aurea.* Infra : *Obtulit prœterea dicta Domina Ducissa Ecclesiæ Upsalensi duas bonas cappas de papavere, duas pallas, alteram cum Altarebruno, etc.*

* **ALTARIENSIS**, Sacellanus, ut *Altarista.* Bulla Innocentii VIII. PP. ann. 1484. in Continuat. magni bullar. pag. 290. col. 2 : *Et qui contrarium fecerit pro qualibet vice solvat, si canonicus duos solidos, si habituatus sex denarios, si Altariensis duodecim denarios, etc.*

* **ALTARIOLUM**, *Parvum altare.* Laur. in Amalth. ex Cath.

ALTARISTA, Sacellanus, in Miraculis S. Catharinæ Suecicæ. *Altariste,* in Statutis Metensib. tit. 1. art. 126. [Acta B. Guillelmi Herem. Xiclensis tom. 1. Aprilis pag. 392. E : *Universis et singulis dominis Archiepiscopis, Episcopis Abbatibus, Prioribus..... Vicariis perpetuis, Altaristis..... hoc præsens instrumentum inspecturis.* Vide tom. 2. Aprilis pag. 713. D. et pag. 731. Leibnitz. Hist. Brunsv. tom. 2. pag. 817. Serrarium de rebus Mogunt. tom. 1. nov. Edit. pag. 76. Miræi opera Diplomat. Edit. 1723. tom. 2. pag. 1061. Ludovicum *Laguille* Hist. Alsat. pag. 111. Instrum. col. 2.]

ALTARISTER, Eadem notione, qua *Altariensis.* Charta ann. 1398. in Probat Hist. Autiss. p. 131. col. 2 : *Quæ* (candelæ) *dictis diebus festorum erunt capellanorum et Altaristrorum dictorum capellarum et altarium.*

* **ALTARITAGIUM**, Obventio seu oblatio altaris. Vide *Altaragium.* Charta ann. 1232. in Chartul. S. Petri Carnot. : *Dedi in perpetuam elemosinam monasterio S. Petri Carnotensis tres gallos et unum pugillum sive unam havatam candelarum, quas percipere solebam annuatim in Altaritagio S. Christophori.*

* 1. **ALTARIUM**, Eadem significatione, in Chartul. Celsinian. ch. 689 : *Quicquid videor habere in ecclesia S. Florinæ in fevo presbiterali tam in decimis quam in sepulturis, et in Altario, vel in pœnitentiis etc.* Vide supra *Altalagium.*

* 2. **ALTARIUM**, *Altare*, capella. Charta Phil. Pulcr. ann. 1314. in Reg. 50. Chartoph. reg. ch. 78 : *Cum comes Jogniaci assignaverit ad perpetuitatem dictis decano et capitulo, et duobus capellanis perpetuis Altarium SS. Philippi et Jacobi et SS. Eligii et Mauri in ecclesia Senonensi, etc. Dautier,* Altaris ornamentum, in Charta ann. 1366. inter Probat. Hist. Sabol. pag. 384 : *Et à pourvoir une foiz à ladite chappellenie de calice, messel, touaille, Dautier, et vestemens pour ladite chappellenie deservir.* Vide in *Altare.*

¶ **ALTATUS**, Excelsus, Gall. *Elevé.* Vita MS. S. Wengaloei fol. 60. verso : *In Altato Crucis signaculi vexillo, etc.* Sidon. lib. 2. Epist. 2 : *Sol per lineas Altatus extremas, in axem Scythicum porrigitur.* [** Vide *Altare,* 9. Gloss. cod. Reg. 4778 : *Altum, i. e. sublime, Altatum, editum.*]

ALTE ET BASSE, Supremo jure, *Souverainement.* Charta Hugonis de *Lezignan* Comitis Marchiæ anno 1242. in Not. ad Joinvillam pag. 49 : *Nos et terram nostram Alte et Basse ipsius Domini Regis supposuimus voluntati.* Charta Gregorii X. PP. apud Petrum Mariam Campum in Regesto part. 2. Histor. Eccles. Placentinæ num. 156 : *Memoratus Guido cum ejulatu non modico.... se Alt et Bas, sine tenore, modo vel conditione aliqua nostris mandatis exponens, etc.* Libertates villæ de *Villereys* ann. 1253 : *Quæ quatuor forisfacta* (furtum, homicidium, raptus et adulterium) *Haut et Bas ad nostram remanent voluntatem.* Charta S. Ludovici Regis ann. 1259 : *In ipsos Alte et Basse compromiserunt.* [Charta Roberti Comitis Arverniæ, apud Baluzium tom. 2. Hist. Arvern. pag. 95 : *Tandem nos et dictus Guillelmus frater noster compromisimus ad invicem mera et spontanea voluntate ducti Alte et Basse in dominum Guidonem fratrem nostrum præpositum Insulensem, interposito juramento.* Et pag. 105. ex Registro Parlamenti ann. 1270 : *Fuit a partibus... compromissum ita quod idem dux rationibus partium auditis, Alte et Basse suam possit omnino facere voluntatem.*] Le Roman de *Girard de Vienne :*

La li ont fait homage et feauté
Cil dou pais volaintiers et de gré,
Et Haut et Bas devienent si juré.

Vide Probat. Hist. Monmorenciacæ pag. 96. 97.

¶ De Alto et Basso, Eadem notione. Charta Henrici Comitis Ruthenensis. ann. 1288. apud Baluz. tom. 2. Hist. Arvern. pag. 291 : *Possint ordinare, declarare, addere, detrahere.... temperare, ac litteras et firmitates inde faciendas dictare de Alto et Basso, et pro suæ omnimodo libito voluntatis.* Vide Rymerum tom. 1. pag. 776. col. 3.

* Charta Romani Cardin. ann. 1228. in Chartul. Campan. fol. 88 : *Potestatem habemus Haut et bas disponere et ordinare de præmissis ad voluntatem nostram.*

** *Alta justitia, alta jurisdictio, altum et bassum dominium,* seu ut sæpius legitur, *Alt et bas, Alte et basse, de alto et basso,* non, ut Cangius vult, supremum jus denotant, sed potius omnimodam jurisdictionem, omnimodam potestatem. Adel. [*Alte et basse etc.* est, Omnino, prorsus, libere, ad arbitrium; uti bene interpretatur Carpenterius. Plane aliud sonant Alta justitia et Alta jurisdictio.]

* Alte et Basse, Libere, absque ullo impedimento. Inquisit. ann. 1268. ex schedis. Pr. *de Mazaugues : Et custodiebant oves suas in dicto territorio Alte et basse, sine prohibitione alicujus, etc.*

* Alte et Basse, Omnino, prorsus, Gall. *Entierement, quoi que ce soit.* Vita S. Cathar. Senens. tom. 3. Apr. p. 957. col. 1 : *Promiserunt ei quod nuntios seu oratores suos post eam transmitterent, quibus expressum darent mandatum, quod Alte et basse nihil agerent, nisi prout et quantum ipsa dictaret et diceret eis.* Nostris *Haut et bas*, eadem notione, in Lit. ann. 1364. tom. 4. Ordinat. reg. Franc. pag. 473 : *Nostre hostel dessusdit, tout ainssi comme il se comporte, extent en lonc, en ley, en toutes ses parties, Haut et bas, avec touz les jardins, etc.* Vide infra *Alto et basso.*

¶ **ALTEA**, pro *Althæa*, Planta medicinalis, Gall. *Mauve, Guimauve.* Locum vide in *Bismalva.* [** Ita omnia fere Gloss. MS. scribunt pro *Althæa.*]

¶ **ALTECOMUS**, Procer, alte jubam gerens, dicitur de equo in Agnelli lib. Pontif. apud Murator. tom. 2. pag. 58. col. 2. D :

Hunc (Adamum) sator omnipotens rerum dulcissimus ipse
Multifluis opibus longum ditavit in ævum.
. . . .
Hujus oves niveæ nitida per gramina voce,
Hujus et Altecomus sonipes, fulvique leones,
Hujus erant passim ramosi in cornua cervi.

Vide *Alticomus.*

* **ALTELAGIUM.** Vide supra in *Altaragium.*

* **ALTENUM**, Plantarium, sive vitium sive arborum, Gall. *Plant;* sed et de agro dicitur, in quo seminatum est frumentum. Stat. Saluciar. collat. 7. cap. 195 : *Operarii non poterunt.... a vineis et Altenis, in quibus accesserint ad operandum, exportare bropas et propiglionos aridos et virides.* Stat. Taurin. ann. 1360. cap. 164. ex Cod. reg. 4622. A : *Nulla persona... apportet seu apportari faciat de vineis vel Altenis... aliquam uvam acerbi seu agresti.* Stat. Avellæ ann. 1496. cap. 46. ex Cod. reg. 4624 : *Quæ ceperit vel exportaverit alienas uvas, vel alienum agrestum in et de aliena vinea, Alteno vel plantato, vel topia seu arbore de die, solvat... solidos v.* Et cap. 120 : *Nemini de Avilliana... liceat in pratis, vineis et Altenis, ... causa venandi ingredi,... nisi fenis.... ex dictis pratis, et bladis et dictis Altenis, et uvis seu racemis ex dictis vineis prius... recollectis.* Vide supra *Allevamentum* 2.

* Altinus, Eadem notione. Stat. Vercell. lib. 4. pag. 72. r° : *Item quod quilibet habens vineam in curte Vercellarum vel Altinos, etc.*

* Altinetum, diminut. ab *Altinus*, in iisd. Stat. lib. 5. pag. 126. v° : *Item quod si camparius per se vel per alium furatus fuerit acerbas uvas vel maturas, vel alios fructus seu fruges... in vinea, Altineto seu plantato, etc.*

ALTER, pro *Altus*, apud Tertullian. de Cultu femin. cap. 2. et in leg. 2. Cod. Theod. de Pistoribus. (14, 3, 19.)

* **ALTER** Dimidius, Id est, Unus et dimidius, in Charta ann. 1398. ex Lib. Sal. eccl. S. Thom. Argentin. fol. 105 : *De quo Altero dimidio jugero non datur decima, quia decima de eodem Altero dimidio jugero cedenda etc.* [** Germ. *Anderthalb*, melius *Anderhalb.* Vide Grimmii Gramm. vol. 2. pag. 950.]

ALTERARE, Mutare. Will. Neubrigensis lib. 2. de Gest. Pontific. Angl. pag. 245 : *Adolescens Alteravit habitum apud Diberst, tunc exiguum Cœnobium.* Vita S. Neoli Abbat. n. 6 : *Nonnumquam vero peregrinorum Alteratus indumis in Ecclesia pernoctabat.* Auxilius de Formoso Pap. apud Mabillonium : *Si itaque astipularis, quemlibet jure sacramento non posse uti, alterum jure sacrare, fatearis indubitanter, sacramentum Alteratum existere. Unde requiro abs te, utrum jure in sacramento Alteratum sit dicere. Alteratum sacramentum, inquam, appello, quicquid divinitus per ministrorum celebratur manus, ut puta baptismum, impositio manuum et cœtera cœlestia.* Occurrit ibi plurics. [Diploma Ottonis Comitis Palatini Rheni ann. 1231. apud Tolnerum in Probat. Hist. Palatinæ pag. 148 : *Præterea volumus, ut tempore nostræ refectionis propter præsentiam aliquorum Prælatorum, cujuscumque professionis fuerint, locum quem assignamus in latere nostro, non Alterando transmutet.*]

* **ALTERATIO**, pro *Altercatio*, in Stat. Cadubrii lib. 1. cap. 12 : *Cæterum quia super salariis scripturarum plerumque oriuntur Alterationes inter ipsos notarios et partes litigantes, etc.*

* **ALTERATIVUS**, apud Chymicos, Vim habens immutandi, Gall. *Altératif. Medicina Alterativa*, in Ordinat. ann. 1352. tom. 2. Ordinat. reg. Franc. pag. 609 : *Quod nullus, cujuscumque sexus vel condicionis existat,... aliquam medicinam Alterativam, medicinamque laxativam, sirupum, electuarium... de cetero faciat.*

* **ALTERATUS**, Aliena specie seu veste indutus, ita ut alius esse videatur, Gall. *Déguisé.* Stat. Conc. Trevir. ann. 1310. cap. 10. apud Joan. Nic. ab. *Hontheim* tom. 2. Hist. Trevir. pag. 45. col. 1 : *Presbyteri, canonici et clerici rugatas et scacatas vestes gestantes, ... venerabile clericale signum.... deferre.... vilipendunt, ut sic Alterati in milites armatæ militiæ videantur.* Nostris vero olim *Alteré*, stupidus, hebes, Gall. *Imbecille, hébété.* Lit. remiss. ann. 1379. in Reg. 115. Chartoph. reg. ch. 75 : *Le suppliant entra en une maladie, telement que il devint tout Alteré, et tout ainsi comme tout hors du sens.* Aliæ ann. 1408. in Reg. 163. ch. 229 : *Icelle Ysabeau. . . . . comme Alterée et hors de son bon sens et discrétion naturelle, etc. Alteré d'entendement*, apud Juvenal. de Ursin. in Hist. Caroli VI. ad. ann. 1388 ; *Haultain* vero, qui morbo comitiali laborat, vulgo *Haut mal*, dicitur, in Lit. remiss. ann. 1460. ex Reg. 189. ch. 59 : *Incontinent que le mary d'icelle Perrine fut couchié, chut auprès d'elle de maladie caduque; dont icelle print telle paour, qu'elle fut en voye d'en devenir Haultaine.*

* **ALTERCARE**, *Conjicere, proscindere, lacerare.* Glossar. vet. ex Cod. reg. 7646.

1. **ALTERCARI**, Invicem confabulari, disserere, ratiocinari. Gloss. Lat. Græc. *Altercatur*, ἀνταποκρίνεται, διαλέγεται. S. Cæsarius Arel. in Ep. ad Oratoriam Abbatiss. : *Cum vero annunciandum verbum Dei te Fratribus affectaveris, seu pro utilitate animarum, tenoreque regulæ constituendo necessitas incubuerit Altercandi.* Anastasius Bibl. in S. Agapeto : *Et primum cœpit habere Altercationem cum piissimo Principe Justiniano de religione, etc.*

Altercatio, ἀμοιβαῖοι λόγοι, in Gloss. Lat. Gr. Dialogus, collatio; sed proprie invicem in sententia dissidentium. Laudatur a Gennadio de Scriptoribus Ecclesiast. *Liber Altercationis* Juliani Episcopi Capuani et S. Augustini, *amborum partes suas defendentium et Altercationes, quas* Eugenius, Carthaginensis Episcopus, *cum Arianorum Præsulibus per internuncios habuit, ab eo conscriptæ.* Isidorus Hispalensis in S. Fulgentio : *Est et liber Altercationis ejus, quo de fide cum Transamundo Rege idem Fulgentius disputavit.* Qui denique nuper editi sunt a viro doctissimo D. Luca Acherio tom. 10. Spicil. Consultationum Zachæi Christiani et Apollonii Philosophi libri tres, hocce titulo inscribuntur in Codice Lemovicensi : *Altercatio Apollonii Philosophi cum Zachæo Christiano.* [**P. Abælardi Dial. inter Philos. Jud. et Christian. fol. 1. v° : *Contuli diu cum utrisque, et nostræ collationis Altercatione nondum finem adepta etc.*]

2. **ALTERCARI**, Velitare, præliari, in Hist. Obsid. Jadrensis 1345. lib. 2. cap. 9.

* **ALTERGARE**, Altercari, contendere molestare. Charta Conradi Tusciæ march. ann. 1120. apud Lam. in Delic. erudit. inter not. ad Chron. imper. Leon. Urbevet. pag. 179 : *Rogamus etiam atque rogando præcipimus, ut nullus... eos audeat molestare vel Altergare etc.* Nostris *Alterquer*, eodem sensu, in Lit. remiss. ann. 1459. ex Reg. 188. Chartoph. reg. ch. 110 : *Ainsi comme lesdiz Arnaut et Raimond Bodas Alterquoient et débatoient ensemble, etc.*

* **ALTERIA**, pro Arteria; nude hic usurpatur pro Aspera arteria, Gall. *Trachée-artere.* Lit. remiss. ann. 1378. in Reg. 114. Chartoph. reg. ch. 88 : *Dictus exponens præfatum Hugonem subtus guttur seu per os Alteriæ percussit.* Aliæ ann. 1380. in Reg. 118. ch. 234 : *Baculus veniendo subtus dictum ensem præfatum Hugoninum subtus guttur seu per os Alteriæ percussit, et paulo post mors in personam prædicti Hugonini.... extitit.*

ALTERIBALANIS, *dicitur lucernarum usibus aptum.* Papias.

* Glossar. Ital. MS. : *Altimbalanus, ni, Lo legno che tiene la lucerna.*

1. **ALTERITAS**, *Vicissitudo*, Joanni de Janua. Ebrardus Bethun. cap. 12 :

Corporis Alteritas affectio dicitur esse,
Ac spectat mentis affectus ad interiora.

S. Augustin. de Musica lib. 6 : *Cum adhibentur ea, quæ nonnulla, ut ita dicam, Alteritate corpus afficiunt.* Guigo in Vita S. Hugonis Episcopi Gratianopolitani n. 13 : *Hujusmodi Alteritatum in eo ad finem usque non cessavere vicissitudines.* Petrus de Vineis lib. 3. Epist. 32 : *Quem ad te semper habuimus dilectionis affectum nunquam variare posset Alteritas.* Adde Alanum de Insulis in Planctu naturæ pag. 284. ult. Edit. [et Marten. Anecd. tom. 3. col. 1870. B.]

* 2. **ALTERITAS**, Actio, qua quis alterius infamiam in se suscipit. Vita S. Emmer. tom. 6. Sept. pag. 491. col. 1 : *Ipse* (Emmerammus) *alto dilectionis consilio Alteritatis onera suscepturus, mandavit secretius, ut maculam hanc in se transferrent.*

¶ **ALTERNAMENTUM**, Eadem notione qua Alteritas 1. apud Claud. Mamert. de Statu animæ : *Sine Alternamento reciproci aëris.*

1. **ALTERNARE**, Disceptare, rem in utramque partem versare. Gloss. Græc. Lat. Σκέπτομαι, *Alterno, cogito, consulto.* Claudianus Mamertus in Præfat. ad libros de Statu animæ : *Primus liber... de animæ statu varium cum adversario luctamen Alternat.* Vide Savaronem ad Sidon. lib. 4. Epist. 3. [Sed Virgilius ipse hoc verbo et eadem notione usus est. 4. Æneid. 287 :

Hæc Alternanti potior sententia visa est.

Hoc est, consulenti, seu alia atque alia apud animum tractanti.]

2. **ALTERNARE**, Mutare, variare, in Leg. Henrici I. Reg. Angl. cap. 68. Item commutare. Tabul. Monast. Longipontis in diœcesi Paris. : *Ego Ludovicus Rex Francorum quandam terram, quæ juxta portam Parisiensem est apud Monthleri, quæ etiam erat Monachorum S. Mariæ de Longoponte, ab eisdem Alternavi, eo scilicet tenore, quod tot jugera de mea propria cultura de Albaspina, quæ vicinior est eis, illi reddidi, etc.*

¶ **ALTERNATIO**, Alternæ vices, Gall. *Alternative.* Vox a Festo usurpata. Rymer. tom. 4. pag. 162. col. 6 : *Habet literas Regis de attornatu... sub Alternatione, duraturas ut supra.*

¶ **ALTERNATIVA**, Eadem notione, Alterna conditio, Gall. *Alternative.* Pluries occurrit apud Rymer. tom. 14. pag. 207. et apud Vincentium Mariam Fontanam Constit. FF. Prædicat. pag. 38. 39. et seq.

¶ 1. **ALTERNITAS**, Vicissitudo, alterna fortuna, alternæ vices. Histor. Dalphin. tom. 2. pag. 150 : *Teneantur prædictum præstare subsidium non expectata Alternitate armorum vel vicium, etc.*

2. **ALTERNITAS**. Vetus Glossarium MS. Ἐπαλληλότης, *consequentia, Alternitas.* Gerardus Abb. in Vita S. Adelardi Corbeiensis Abbatis cap. 6 : *Unica fervens in eum amoris caritate, gaudebat et dolebat, mutua animi Alternitate.*

ALTERPLEX. Vide *Altriplex.*

¶ **ALTERPLICITAS**, Duplicitas. Vide in *Biplex.*

ALTERUTRARE. Matthæus Vindocinensis in Thobia :

Dulcis amicorum redolet congressus amicos,
Expedit affectus Alterutrare suos.

Ubi Glossa exponit, *alternatim ostendere*, in MS. Thuano cod. 525. Et alibi :

Fœdus alit morum par gratia, par studiorum
Usus, in obsequiis Alterutrata fides.

Henricus Aquilonipolensis in Adolpheide cap. 5 :

....Sors se Alterutrare solet.

* **ALTETA**, *Una figura*, in Glossar. Lat. Ital. MS. [** Vide *Allotheta.* Vocab. Juris utriusque : *Aloteta figura est quando singularis numerus ponitur pro plurali.* Cf. Glossam ad Dig. lib. 2. tit 15. § 3. voc. *de qui.* ubi legitur *Alleotheta.*]

¶ **ALTHEA SATURNI.** Vide *Anima Saturni.*

¶ **ALTIARE**, Levare, extollere, in altum exigere, Gall. *Hausser.* Ital. *Alsare.* Histor. Dalphin. tom. 2. pag. 443 : *Promiserunt, et super sancta Dei Evangelia Altiando manus versus altare beatæ crucis..... juraverunt, etc.* Statuta Monasterii S. Claudii pag. 110 : *Et ferrabuntur ferro omnes fenestræ... et Altiabitur murus tendens a dicta capella ad dictam domum.* Actus notorietatis usuum stagnorum Villatici et Bressiæ apud Guichenonum in Probat. pag. 170. et in Usibus Bressiæ Revelli pag. 266. et 267 : *An licitum sit elongare, et Altiare calciatum sui stagni inferioris, et an possit propter Altiationem et elongationem calceatæ, etc.* Vide *Altare* 2.

ALTIBOARE, *Clamare*, in Gloss. Arabico-Lat. [Tr. de Rit. pag. 244. A : *Stent in choro vestiti Cantores Altiboando decantantes Letanias.*]

¶ **ALTICOMUS**, Alta ornatus coma. Tertul. de Judic. Dom. cap. 8 : *Alticoma umbra crispata cupressus.* Vide *Altecomus.*

* **ALTIGRADUS**, *Alte gradiens.* Laur. in. Amalth. ex Cath. *Altigradus, haut montant,* in Vocabul. compend.

ALTILE, dicitur, quod alendo saginatum et pinguefactum est. Unde *gallina altilis*, et *altiles aves*, quæ sagiuatæ sunt. Gloss. Lat. Græc. *Altiles*, σιτισταί. Glossæ MSS. : *Altile est quicquid manu nutritur.* Gloss. Isidori : *Altilis, pasta, ab alendo.* Papias : *Altilis ab alendo dicitur, i. pinguis gallina, eo quod alatur.* Idem : *Altilia dicuntur volatilia saginata studio.* Ebrardus Betun. in Græcismo :

Ornix silvarum solet Altilis esse domorum.

Σιτιστὰ τεθυμένα, 22. Matth. v. 14. *Volature*, in Consuetud. Aquensi tit. 12. art. 9. S. Severi tit. 10. art. 9. *Volture*, in Aurelianensi art. 162. Regula S. Aureliani cap. 35 : *Pulli vel cuncta Altilia in Congregatione non ministrentur, etc.* Utuntur Gellius, Macrobius, Apuleius, et alii.

* *Altilis, Chapon*, in Glossar. Lat. Gall. ex Cod. reg. 7692. Vide infra *Altilitas.*

** Alsine, Cicenamete, in Gloss. Æfr. i. e. Pullorum pastus.

¶ **ALTILIA** Apium, Alvearia, Examina. Testamentum S. Rudesindi Episc. ann. 978. tom. 3. Conc. Hispan. pag. 184 : *Jumenta quoque et armenta, pecora et Altilia Apium et gregibus suillorum.*

ALTILIARIUS, qui *altilia*, seu aves nutrit, pascit, saginat, ὀρνεοτρόφος, in veteri Glossario pag. 275.

* **ALTILICIUM**, Exquisitior textura. Gall. *Haute lice.* Necrolog. eccl. Paris. Ms. : *Anno Domini 1448... Theobaldus de Vitriaco concanonicus hujus ecclesiæ Paris. dedit nobis, ad decorem cathedrarum chori, quinque pecias tapetiorum ad opus Altilicii. In quibus continentur quindecim historiæ de B. V. M. Hauteliche*, in Lit. remiss. ann. 1387. ex Reg. 132. Chartoph. reg. ch. 166 : *Willemet le Blont ouvrier de Hauteliche demourant a Arras.*

* **ALTILIS.** Vide *Altile.*

* **ALTILITAS**, *Ab alendo, id est, ipsa res quæ alitur.* Glossar. vet. ex Cod. reg. 7646. Vide *Altile.*

¶ **ALTILOQUUS**, *Qui alta loquitur.* Johan de Janua. Vide Ampliss. Collect. Marten. tom. 2. col. 1435. C.

* **ALTIMBALANUS.** Vide supra *Alteribalanis.*

ALTIMETER, *Quo metiuntur altitudines : quoddam instrumentum est.* Papias. [Vox Græco. Latina, ex *altus* et μετρέω, *Metior.*]

* **ALTINETUM**, Altinus. Vide supra in *Altenum.*

* **ALTISSIMUS**, Titulus honorarius a duce Venetiarum usurpatus, in Lit. societ. initæ inter Venetos et Pisanos ann. 1257. apud Murator. tom. 4. Ital. med. ævi col. 403 : *Pateat omnibus evidenter, quod dominus Rainerius Zeno, Altissimus Dei gratia Venetiarum Dux, etc. Autime* et *Hautisme*, eodem significatu, in Vita J. C. MS. :

Dusqu'en infier, dusqu'en abime
Vint la clartés del roi Autime....
Desorendavant avendra,
Que li fieus Marie sera
A la destre son pere Hautisme,
Qui dou chiel vait jusqu'en abisme.

¶ **ALTISSIODERENSIS** Moneta. Vide *Moneta Baronum.*

* **ALTITRONUM**, Pulpitum, suggestum, unde concio habetur ad populum, Gall. *Chaire.* Glossar. Lat. Gall. ex Cod. reg. 7692 : *Altitronum, Pronel. Altithronum, sedes regia*, in Amalth. ex Cath.

¶ **ALTITHRONUS**, Cujus thronus est in altis seu in cœlo. Notkerus Balbulus lib. sequentiarum cap. 36. apud Bernardum Pez tom. 1. Anecdot. part. 1. col. 41 : *Et nos voce præcelsa nunc omnes jubilemus Altithrono Domino laudes in excelsis.* Charta Coenwulfi Regis Merciorum ann. 816. apud Hickesium Gram. Anglo-Saxon. pag. 173 : *Gubernante Altithrono Tonanti, cunctaque mundi monarchia moderanti.* Juvencus in Prooemio Opusculi :

Judex, Altithroni Genitoris gloria, Christus.

ALTITUDO, Titulus honorarius Regum, in veteribus Tabulis Regum Franc. apud Camusatum in Antiq. Trecensib. pag. 80. Beslium in Comit. Pict. pag. 171. 243. Acherium tom. 12. Spicileg. pag. 119. 125. etc. Ita Græci ὕψος, et κορυφὴν usurpant. Vide Eustath. ad Dionysii Perieg. pag. 2. col. 2. [Josephum de *Aguirre* in sua Conciliorum Hispan. Collect. tom. 3. pag. 383. Gallice dicimus *Altesse* : qui honoris titulus non Imperatoribus Regibusve jam tribuitur, sed solis Principibus.]

* Eodem honoris titulo donatum legimus Theobaldum regem Navarræ et Campaniæ comitem a Joanne comite Burgundiæ, in Literis quæ sic inscriptæ exstant in Chartul.

Campan. Cam. Comput. Paris. : *Au noble et au poissant baron, à son très chier signor, à Thiebaut par la grace de Dieu roi de Navarre, etc. Sire, sache la vostre Hautece que Rangecors est de notre fié.* Hunc præterea sibi assumit Gelia uxor Willelmi comitis, in Chartul. S. Joan. Angeriac. fol. 65. r° : *Ego in Dei nomine Gelia famula Christi. . . pro remedio animæ meæ, seu patris mei, sive matris meæ, nec non domini Willelmi comitis præcellentissimi per præceptum nostræ regalitatis conferre dignaremur : unde nostræ Altitudinis decretum fieri... præcipimus.*

* A voce Latina *Altitudo*, nostri *Haussage* [** Hodie Galli dicunt *Gausser* et *Gausserie.*] et *Hautaineté* effinxerunt, pro Superbia, arrogantia, vulgo *Hauteur, arrogance, fierté.* Lit. remiss. ann. 1368. in Reg. 99. Chartoph. reg. ch. 589 : *Jehan de Lilliers dist au suppliant et audit Gillet son compaignon, que il paieroient tout l'escot, aussi que par maniere de Haussage, adevinement et arrogance.* Aliæ ann. 1387. in Reg. 132. ch. 13 : *Icellui Coquart vint hurter à l'uys de la maison en disant par Haussage : Mahuiote euvre l'uys; laquelle Mahuiote lui respondi que non feroit, et qu'il n'y entreroit humaiz. Icellui Baudin dist par maniere de Haussaige et de felon couraige,* in aliis ann. 1457. ex Reg. 189. ch. 171. Lit. remiss. ann. 1395. in Reg. 148. ch. 243 : *Icellui Mathelin veant l'arrogance et Hautaineté dudit Rabaut, qui s'efforçoit de le injurier.* Aliæ ann. 1415. in Reg. 168. ch. 311 : *Jehannin Prevost perseverant tousjours en son mauvais propos et Haultaineté, etc.* Hinc *Haussaire,* Superbus, arrogans, vulgo *Hautain, arrogant.* Lit. remiss. ann. 1482. in Reg. 207. ch. 175 : *Lequel Farou estoit ung homme Haussaire, basteur de gens et brigans. Haulsaire,* apud Math. de Couciaco in Carolo VII. pag. 540.

¶ **ALTIVIDUS**, Prudens, Providus. Vita B. Luchesii Tertiani tom. 3. Aprilis pag. 599. F : *Providus hic negotiator et felix, miro quodam modo mercationem mundanam in Evangelicam permutavit, Altivido sensu prænoscens, quod tali permutatione lucratus foret pro paucis magna.*

* **ALTO**, pro *Aldio*, apud Meichelbec. tom. 2. Hist. Frising. pag. 55 : *Mancipia, colonias, famulos, Altones, prata, pascua, etc.* Vide *Aldius.*

¶ 1. **ALTO** ET BASSO, ut supra *Alte et Basse.* Charta Odonis Rotomag. Archiep. ann 1260 : *De bonorum virorum consilio in Alto et Basso compromiserunt.* [* Charta ann. 1279. ex Tabul. Carnot. : *Quæ.... arbitrandum, dicendum seu ordinandum duxerint, de Alto et basso inviolabiliter in perpetuum observabimus, et faciemus observari.*]

** 2. Formula *in alto et basso* eadem est ac, ut alibi habetur, *in humido et sicco, in arido et paludoso,* Germ. *in Geest und Marsch, auf Bergen und in Thälern.* Chart. Arch. Brem. ann. 1378. ap. Mush. Nobil. Brem. pag. 143 : *In Alto et Basso, quod dicitur in Geest und in Mersch.* Eundem hujus formulæ sensum esse, quum de venatione occurrat, probat Cl. Grupen. in Observ. rerum et antiq. Germ. et Roman. pag. 352 contra Pfeffingeri, Stisseri et aliorum assertiones. De silvis et arboribus usurpata hæc formula *alto et basso* denotat, id quod Germanis audit *Ober holz und Unterholz,* Silva procera et cædua, Gallis *Haut bois et bois taillis.* ADEL. [Vide Haltausii Gloss. Germ. col. 605.]

ALTREARE. Regestum de Censibus Bigorræ ex Camera Comput. Paris. fol. 5 : *Lo casal de Putance Altreavit se Comiti Petro, sicut alii Milites de Baregia.*

ALTRICARI, pro *Altercari,* apud Thwroczium in Stephano Rege Hungar. cap. 26.

** ALTRITARI, Schelden, claffen unnütze. Vocab. Lat. Germ. ann. 1477. ADEL.

¶ **ALTRICATIONES**, *sunt certamina verborum,* [** *secundum Johan. Andreæ in Proœm. Clementin.*] Ita in veteri Vocabulario Juris utriusque pro *Altercationes.*

¶ 1. **ALTRINSECUS**, Invicem, mutue. Litteræ Adalberti Archiep. ad Fulconem Abb. in Vita S. Anscharii apud Mabillonium Act. SS. Benedict. sæc. 4. part. 2. pag. 121 : *Vetus nos concordia indissolubili modo Altrinsecus ligat.*

¶ 2. **ALTRINSECUS**, Circumquaque, undique. Translatio S. Sindulphi, et S. Helenæ, apud eundem Mabill. ejusd. tomi pag. 156 : *Inter eundem agebat pompa tantæ Imperatricis ante et retro, et Altrinsecus milia populorum, qui digna oratione jubilos canerent in triumpho suæ exaltationis.* Vita S. Jacobi Heremitæ ibid. pag. 146 : *Classem quinque navium ex conducto præparant... Conscensis igitur Altrinsecus navibus cum suis comitibus et sarcinis, Romam prius expetunt, benedictionem a summo Pontifice suscepturi.*

¶ ALTRINSECUS *corporaliter longe positi,* in Gestis Berarii Cenom. Episc. apud Mabill. tom. 3. Analect. pag. 168. dicuntur, Qui a sese invicem longo separantur locorum intervallo.

ALTRIPLEX, *Aterplex,* duplex. Ugutio : *Altriplex, animo duplex.* Papias : *Duplex, dolosus.* Gloss. Isidori : *Altriplicem, duplicem, dolosum.* Ita enim legendum pro *artiplicem.* Vide Festum. Gerardus Abbas Silvæ-Majoris in S. Adalardo cap. 5 : *Illi autem minimum erat in talibus consulere, utpote qui Alterplicem imperii curam solebat disponere, nisi fratrum diligentia evictus esset aut caritate.*

* **ALTRUNCARE.** Glossar. vet. ex Cod. reg. 7641 : *Altruncat, avertit, alienat.*

ALTULUS. Vide *Pradisterium.*

* 1. **ALTUM**, Quod præcipuum est, fundus, Gall. *Fonds de terre.* Charta Harvichi ann. 804. apud Marten. tom. 1. Ampl. Collect. col. 55 : *Hæc omni rem superius comprehensa, tam de Altis, quam de præsidiis, quam et de manentes, etc.*

** 2. **ALTUM**, Bucken-leder, in Vocab. Lat. Germ. ann. 1477. Vide *Aluta* et *Alutum.* ADEL.

¶ **ALTUM**-BANNUM, Tributi species quod persolvebant ii qui se a debitis operibus redimere volebant. Recepta computi ann. 1265. apud D. *Brussel* de Usu Feud. tom. 1. pag. 423 : *De stallagiis hallarum et Altobanno pro ultimo tertio.* IIII^c. XXXIII. *lib.* VI. *sol.* VIII. *den.* Vide *Halbanum.*

¶ **ALTUM** ET BASSUM DOMINIUM, id est, Supremum, absolutum, integrum, in Charta Guillelmi de Hala ann. 1289. apud Baluzium tom. 2. Hist. Arvern. col. 292. Vide *Alte et Basse.*

¶ **ALTUM** FILUM, Profluens, Gall. *Le fil de l'eau.* apud Rymerum tom. 13. pag. 484. Vide *Filum.*

* **ALTUS**, Fulgens, emicans, Gall. *Vif, éclatant.* Charta ann. 1353. in Reg. 82. Chartoph. reg. ch. 306 : *Simplices vero tunicas habeant et deferant consimilis coloris; ita quod nulla præmissorum sint de panno Alti coloris, ut pote coloris persici vel celestis, viridis, rubei, crocei seu citrini.* Dicimus etiamnum *Couleur haute.*

ALVA, *Alvea*; Pars sellæ equestris. Silvester Giraldus lib. 1. Itiner. Cambriæ cap. 4 : *Eadem quoque sagitta per partem illam sellæ, quæ Alva vocatur, usque ad ipsum equum lethaliter transpenetrante. Alveam* habet Rigordus ann. 1215 : *Ibi percussus fuit in alia acie Michaël de Harmes a quodam Flandrensi lancea per scutum, loricam, et femur, et consutus fuit Alveæ sellæ, et equo, et ita tam ipse quam equus corruerunt in terram.* [** Vide Alba, 8.]

ALVABERÆ. Vide *Albaveræ.*

ALVACILUS, ALVAZILUS, Judex apud Saracenos Hispanos. Charta Alphonsi VIII. Regis Castellæ, æræ 1213. apud Anton. de *Yepez* tom. 7 : *Et vestras tendas nullus Alvacil, neque Almuserifus, neque Almoçabel violenter intret.* Apud eundem, Chartam Alphonsi VII. Imperat. Hispan. æræ 1156. subscribunt *Gomez Nuñiz, Alcaidus de Talavera, et Julianus Alvacil de Toledo.* Adde tom. IV. Monarchiæ Lusitan. pag. 268. et vide supra *Alcaidus.* [Pro *Alvazilus* locum vide in *Gancare* et in *Malfarium.*]

* Leg. Lusit. sub Alph. reg. tom. 1. Probat. Hist. geneal. domus reg. Portugal. pag. 11 : *Omnes de regno Portugaliæ obediant regi et Alvazilibus locorum, qui fuerint ibi per nomine regum; et isti judicabunt per istas leges justitiæ.*

** De hoc vocabulo S. Rosa de Viterbo vol. 1. pag. 106. hæc habet : Alvazil, Alvazir, Alvasir, Alvasil, Alvacir, Alvacil, 1° Provinciæ præses, præfectus urbi. Chart. Don. æræ 1070 : *In Colimbria Sesnandus Alvazir.* Alia æræ 1085 : *Dux in Colimbria Sesnandus Alvazir.* Alia æræ 1101 : (Ecclesia de *Mollelos* erepta Mauris) *In temporibus rex Alfonsi et Alvasir Domno Sesnandi, Imperatore nostro* (i. e. Conimbriæ). Idem Sesnandus in charta æræ 1085. dicitur *Consul Colimbriæ,* et in aliis ærarum 1074. et 1087. *Alvacir, e Senhor de Coimbra e de toda a terra de Santa Maria.* Alia æræ 1091 : (Actio instituta) *Ante Alvazir Domno Sisnando, qui Dominus erat de ipsa terra ipsis temporibus.... Jussit Alvazir per manu de suo vigario Cidi Fredariz, quod dedissent ipsos fratres juramentum, sicut lex Gotorum docet..... deinde venit de Colimbria et de Monte Majore de illo Senore Alvazir cum isto recapito, etc.* 2° Judex primus, a quo est provocatio, quem *primæ instantiæ* dicunt, sec. XII. XIII et XIV. Curia Lamec. æræ 1142 : *Quando aliquis gançaverit avere alienum, vadat querelosus ad Alvazil, et ponat querelam et Alvazil restituat illi suum avere.* Ibidem : *Mulier, si fecerit malfairo viro suo cum homine altero et vir ejus accusaverit eam apud Alvacil et ipsi sunt boni testes, cremeretur cum igne.* 3° Senator, decurio, Lus. *Vereador da Camera,* inde a regno Sanctii I. Chartam æræ 1195 subscripserunt. *Stephanus Alvazir, Rodricus Alvazir, Tellus*

Alvazir, testium nomine. Vide *Alguazilus*; vox ejusdem originis Arabici apud Hispanos et formam et significationem paullo diversam sortita est.

ALVARA. Charta Sanctii Regis qui ad Samorram obiit, apud Anton. de *Yepez* in Chronico Ord. S. Benedicti tom. 5. pag. 469 : *Et damus illam decimam de Annanam, et tam de sale, quam etiam de argento, et de totas illas Alvaras, et de fossaderas, sive de ligno, et de quantis calumniis inde acciderint, quæ ad me pertinent, etc.* Chronicon Cidi Campitoris cap. 39 : *Et saliendo el Alvara salieron tudos de la Ciudad passa a passa.* [Per *Alvaram* intelligo locum hujuscemodi arboribus consitum, quas vulgo vocamus *Bois Blanc*, lignum album. *Alvar* quippe apud Hispanos idem est quod apud nos *Bois Blanc*.]

¶ **ALUBY**, pro *Alibi*, in Formulari Anglic. Thomæ *Madox*. pag. 326.

* **ALUCARI**, *Plaidier*, in Glossar. Lat. Gall, ann. 1352. ex Cod. reg. 4120. Num ab *Alucus*, bubo? Servius ad Virg. eclog. 8 : *Ululæ aves* ἀπὸ τοῦ ὀλολύξειν *nominatæ, id est, a fletu, quos vulgo Alucos vocant.* An ab *Alucita*? Fulgentio in Expos. serm. antiq. *Alucitæ* sunt culices, Burmanno vero ad Petron. ii sunt qui officia lucis noctisque pervertunt. Vide Thes. Fabri. [** l. *Altercari*.]

* Aliud est *Aluchier*, apud Bellomaner. MS. cap. 56. et Christ. Pisan. part. 1. cap. 14 : *Les maladeries, qui sont establies as villes, pour rechevoir chaus et chellez, cui chieent en tele maladie, liquel sont de la nascion de le ville, ou qui sont mariez et Aluchiez sans esperanche de départir leur ent.* [In impresso est *aériés*.] *Le sage Roy* (Charles V.) *pourpensa comment et par quelle maniere pourroit actraire et Aluchier meurs virtueux par continuation de vie salutaire.* Ubi *Aluchier* est sedem ponere, stabilire, Gall. *Etablir, fixer*; nisi secundo loco legendum fit *Alachier*, id est, Allicere, Gall. *Attirer*. Verum aliud sonat *Alucher*, in Mirac. MSS. B. M. V. lib. 1. ubi de Cardinalibus, qui omnia pessundant, susquedeque agunt, adeo ut colenda eradicent, et eradicanda colant, sermo est :

Les rosiers copent et essartent,
Et les cardons vont Aluchant.

Hoc est, ligone, Gall. *Louchet*, colentes.

* **ALUCINATIO**, *Lucis alienatio*, in vet. Glossar. ex Cod. reg. 7646.

* **ALUCITÆ.** Vide supra in *Alucari*.

* **ALUCUS.** Chron. Tarvis ad ann. 1830. apud Murator. Script. Ital. tom. 19. col. 777 : *Caligas ferebat panni beretini vel bruni breves, cum longis Alucis, etc.* Vide supra in *Alucari*.

* **ALUDA**, Aluta, Occit. *Aludo*, Pellis mollior et tenuis ad chirothecas et alia id genus apta. Leudæ minut. Carcass. MSS. : *Item de duodena Aludarum, iij. obol.* Pedagia civit. Saonæ ann. 1526 : *Item pro Aludis, sive pellibus, et agninis non affaitatis, etc.* Vide supra *Allada*.

¶ **ALUDERII**, Sutores, *Cordonniers*. Concil. Biterr. ann. 1299. apud Marten. tom. 4. Anecd. pag. 225 : *Ad hoc eodem approbante Concilio per bonæ memoriæ dominum P. immediatum prædecessorem nostrum, in quodam suo provinciali concilio, de Clericis, qui carnifices, pelliparii, sutores, solutarium curaterii, seu Aluderii, sive fabri communiter publici ac manifesti existunt, vel alia mechanica viliora communiter et publice exercere noscuntur, auctoritate præsentis Concilii innovamus ac præcipimus firmiter observari. Aluderii* sicut et infra *Alutarii* dicuntur ab *Aluta* : quod apud Cæsarem lib. 3. de Bel. Gal. cap. 13. mollior pellis est ad calceos et alias res concinnata.

* Rectius intelligitur de eo, qui pelles, *Aludæ* dictas, parat. Charta ann. 1335. in Reg. 70. Chartoph. reg. ch. 239 : *Convocatis etiam suprapositis omnium ministeriorum Carcassonæ, scilicet.... lavasseriorum, aluderiorum, pellipariorum, sutorum, sartorum, etc.*

ALVEA. Vide *Alva*.

** **ALVEICI, ALVECI**, Sericum album et subtile, secundum S. Rosa de Viterbo vol. 1. pag. 108. Charta æræ 959 : *Vestes ecclesiasticas tres, dealbas duos, duos saibis, et unum morcum, alara una de Alvejci,.. tres avectos, unum de Alveci et alia tisaz.*

** **ALVENDE**, *alvara*, Charta, inprimis Regia, S. Rosa pag. 108. vol. 1. Dipl. æræ 870 : (Donamus hereditatem) *quam habuimus de pressuria, quam preserunt nostros priores cum cornu et cum Albende de Rege.* Fortasse idem quod *Albende*, ita ut sensus sit *secuti exercitum et vexillum regis.*

* **ALVENIUM**, *Lo terribile sompno*, in Glossar. Lat. Ital. MS. [** Conf. *Allucinaria*.]

* **ALVENNUS**, f. pro *Aventus*. Charta Petri comit. Autiss. ann. 1213. inter Probat. Hist. Autiss. pag. 40. col. 1 : *De omnibus querelis, de quibus eos traxi in causam, sicut de stallis, de Alvennis, de pertica qua mensurantur terræ,... remaneant quiti.* Idem, ut videtur, quod infra *Auventus*.

¶ **ALVEOLUM**, *Tabula aleatoria*, apud Festum. Vide *Alveolus* 2.

1. **ALVEOLUS**, Albeolus, [An Alumnus, Gall. *Eleve*, Ital. *Allievo*?] Ordericus Vitalis lib. 1. pag. 371 : *Edwardum vero et Edmundum filios Eadmundi, elegantes Alveolos, in Daciam relegavit.* Idem lib. 11. pag. 387. de quodam puero nobili : *Helias autem ... amabilem Albeolum festinanter quæsivit, inventumque diligenter in exilio inter cæteros enutrivit.* Et lib. 12. pag. 868. de filio Regis Henrici I. Angliæ submerso ann. 1119 : *Unde tener Albeolus post longam tolerantiam frigore vires amisit,... relapsusque in pontum obiit.* Vide *Albiolus*.

2. **ALVEOLUS**, Alveolum, Vas, in quod *lavatorii* aqua effunditur. Glossæ MSS. : *Capistrum, vas, quod dicitur Alveolum.* Gallis *Auge*. Liber Ordinis S. Victoris Parisiensis MS. cap. 12 : *Sabbato etiam, quando fieri debet Mandatum, post prandium, sive post Nonam, secundum tempus, afferet Alveolos, et aquam calidam in claustro in uno vase, etc.* Ibid. cap. 4 : *Aquam calidam et bacinos, et manutergia et Alveolum pedibus et manibus eorum abluendis providere, etc.* [Hæc vox eodem sensu legere est apud Livium.]

Albiolum, Eadem notione, dixit vetus Instrumentum plenariæ securitatis, quod in Bibliotheca Regia in cortice descriptum servatur : *Mortaria marmorea duo, valente siliqua aurea una; Albiolo ligneo uno valente nummos aureos quadraginta.* [** col. 2. lin. 10. Charta sæpius typis descripta exstat apud Marinum. Pap. Dipl. n. 80.] Auctor Chronici Flandriæ, cap. 41. extremo vocem *Auge*, pro feretro usurpavit : *Et là les mist-on en trois Auges de plomb.*

¶ 3. **ALVEOLUS**, Sella humilis hominis cruribus pedibusque capti, quacum reptando per terram graditur. Lud. *Le Pelletier* Epitome fundationis S. Nicolai Andegavensis pag. 4 : *Tum ille de terra consurgens, ad altare perrexit, deferens secum scabellos et Alveolos, cum quibus antea per terram reptans gradiebatur, eosque ad altare deposuit.* [** Gall. *Jatte*.]

¶ **ALVERNIA**, Charta Dominarum d'*Alix* ann. 1453. sign. *Morterii* : *Juxta vineam Francisci Tarditi ex traversia vel ex Alvernia.* Hoc est, ex Occidente. Sic in Provincia Lugdunensi, quæ Orientalis est respectu *Alverniæ*.

* **ALVERA.** Charta Ludov. VI. reg. Franc. ann. 1124. inter Instr. tom. 8. Gall. Christ. col. 324 : *Et decimam Alveræ et annonæ, etc.* Leg. *Alvers*, nomen loci, ex ead. Charta apud Marten. edita tom. 1. Ampl. Collect. col. 684.

* **ALUERE**, Splendere. Glossar. vet. ex Cod. reg. 7641 : *Aluet, splendet.* [** pro *Albet*.]

1. **ALVETUM.** Matthæus Westmonast. pag. 169. edit. 1601 : *Habet Alvetum insula permaximum, quod cervos et capras et illius generis bestias continet multas.* Forte legendum *Alnetum* : nam loquitur de insula paludibus obsita, in quibus *Alni* vulgo crescunt. Vide *Alnidus*.

¶ 2. **ALVETUM**, ῥέτρον, *Rivus*. Supplem. Antiquarii. Lubentius legerem *Alveum* vel *Alveus*.

¶ **ALVEUM**, Vas ita dictum ab Isidoro lib. 20. Orig. cap. 6. *quod in ablutionem fieri solitum sit.* Passio SS. Perpetuæ et Felicitatis tom. 1. Maii pag. 638. E : *Et ostendit illis lactis Alvea puro corde spumantia per lucidam eleemosynam, et dicit, etc.* Eadem vox legitur in Gloss. et apud Innoc. agrimens. et ut pro vase, ita et pro canali quandoque sumi potest.

* **ALVEUS**, *Vas ubi fit panis*, Gall. *Mais*. Glossar Lat. Gall. ann. 1352. ex Cod. reg. 4120.

¶ **ALUHUMETA**, *id est, Variolæ, quæ nostro idiomate vocantur Coculæ*, apud. Matth. Silvaticum in Pandect. Medic.

¶ **ALVIA.** Vide in *Filiare*.

¶ **ALVIALE** Templi, pro *Atrio Templi* legitur apud Grævium in notis ad Glossas Isid. in voce *Pastoforium*.

* **ALVIGNIA**, Idem quod supra *Alonia*. Vide in hac voce. Necrolog. eccl. Bitur. MS. : *In festo S. Laurentii martyris fit processio ad S. Laurentium, et debet omnis processio potare in refectorio, et quilibet canonicus debet habere decem denarios Turonenses pro Alvignia.* Rursum ibid. : *Processio ad S. Hippolitum valet xxx. sol. Paris. distribuendos inter canonicos, et habent potum et chenellos ibidem, et pro Alvignya cuilibet canonico præsenti vj. den. Paris.*

ALVINIANNUS. Vetus Charta in Vita Aldrici Episc. Cenomam. num. 56 : *De avena modii 444. axilios ad Alvinianum 450. et omni anno scindulas 1450.* Sed videtur legendum *ad alium annum.*

¶ **ALULA**, *Pars auris ad tempora inclinata. Auricula, pars inferior. Alvearium, pars interior. Astacus, auris sinus; hujus* *pars, hircus, Antitragus, pars opposita.* Ita Pollux in Amalthea Laurentii.

¶ **ALUM**, pro *Alodum*, Gall. Aleu. Hist. Harcur. tom. 4. pag. 2170. in Descriptione Feodorum Normanniæ : *Episcopus Sagiensis tenet de domino Rege unum feodum in Alo.*

* **ALUMARE**, Accendere, Gall. *Allumer*. Comput. ann. 1482. inter Probat. tom. 4. Hist. Nem. pag. 21. col. 1 : *Item solverunt pro duobus intorticiis, cum bastonibus necessariis pro Alumando prædicta intorticia, existencia in stagiis, etc.* Vide infra *Alumenare.*

* **ALUMBRADOS**. Vide supra *Alombrates.*

¶ **ALUMECHIUM**, pro *Almucia*, Gall. *Aumusse*, in Spicil. Fontanell. MS. pag. 235 : *Duo paria caligarum, unum blanchetum, vel una gunella pro tercio, Alumechia duo.* Vide *Almucia.*

* **ALUMELLA**, Lamina, Gall. *Allumelle.* Lit. remiss. ann. 1352. in Reg. 81. Chartoph. reg. ch. 293 : *Prohibitum extiterat ne quis portare præsumeret.... armaturas aliquas, vel cutellum, cujus Alumella sive gladius esset longior uno pede.* Arest parlam. Paris. ann. 1368. in Lib. 1. artific. Paris. ex Cam. Comput. fol. 306. r° : *Consueverunt dicti mercerii.... Alumellas a mercatoribus Lombardiæ.... emere.* Vide supra *Alemella.*

* **ALUMEN**, *Color est*, *Alun*, *Gallice.* Glossar. vet. Lat. Gall. ex Cod. reg. 521. [** Vide Isid. Orig. lib. 16. cap. 2. § 2.]

* **ALUMENARE**, Illuminare, accendere, Ital. *Allumare*, Gall. *Allumer.* Charta ann. 777. apud Murator. tom. 2. Antiq. Ital. med. ævi col. 1029 : *Et in festivitate ejusdem oracoli plenius omnibus quattuor candelis ejus Alumenentur pro dilectione ipsius almifici loci. Allumerie* et *Alumerie*, Illuminatio. Reg. urbis Duac. sign. R. ad ann. 1439. fol. 26. v° : *Item furent lesdites rues parées de ramsseaux, erbes et draps sans Allumerie.* Et fol. 110. r° : *Et y avoit Alumerie de quarante huit flambeaux alumez, que portoient les vetes de nuict et aultres. Alumer Dieu*, In honorem Dei candelas accendere, in Mirac. MSS. B. M. V. lib. 2.:

Mèesmement tout li plus rice,
D'Alumer Dieu sont li plus chiche.

* Sed et pro Lumen alicui præferre, Gall. *Eclairer*, usurpatur. Lit. remiss. ann. 1391. in Reg. 142. Chartoph. reg. ch. 25 : *Un varlet, qui avoit porté une torche par la ville pour Alumer lesdiz exposant et Thiebaut etc.* Aliæ ann. 1453. in Reg. 184. ch. 427 : *Le suppliant print une chandeille alumée, et Alumoit ausdiz Pierre Rose et Henry de Belval.* Vide supra *Alumare.*

¶ **ALUMNIA**, Idem ut videtur, quod *Alodium.* Charta Richardi Regis Angliæ ann. 1195. apud D. *Brussel* tract. de Usu Feud. tom. 2. pag. XIV : *Quitamus autem eidem Regi Philippo et heredibus suis in perpetuum, Alumniam, feodum, et dominium, et quod habemus ibi, et quod nos habituros expectabamus.*

[* Mendum est, quod duplici ratione emendari potest; aut legendo, *Almunia*, ut videre licet in hac voce; vel præponendo litteram *c* : ita ut sensus sit, *Quitamus calumniam*, id est, actionem, quam intenderamus.] [** Nomen loci videtur, hodie *Alonne.* Eadem charta de pace Exolduni est in Script. Histor. Normann. pag. 1053. ubi pro *Alumniam* legitur *Alverinam.*]

* **ALUMNUS**, Idem videtur qui *Scutifer* vel famulus honoratior, sic dictus, quod ex mensa domini aleretur. Testam. Esquivati comit. Bigor. et dom. *de Chabannes* ann. 1283 : *Mando quod prædicti eleemosinarii et executores testamenti mei satisfaciant et dent de bonis meis militibus meis, qui me servierunt et Alumnis meis et aliis servientibus, secundum quod meruerunt.*

** In Glossis Isonis ad II Prud. contra Symmachum, voces *alumni, nutritii, ministeriales, famuli*, tanquam synonymæ usurpantur. Vide etiam *Discipulus*. Adel.

¶ **ALUMUM**, Alumen, Gall. *Alun.* Charta pro Communia Balneoli ann. 1208 : *De cera 3. denar de. Alumo 3. denar.*

* **ALUNCALDI**, Milites Soldani custodes. Germanus episc. Cabilon. in Vita Philippi III. ducis Burg. apud Ludewig. tom. 11. Reliq. MSS. pag. 98 : *Paucusque iterum nostrorum exercitus ad Rodios applicans, Soldani Aluncaldos magno armorum constratu, cum jactura gravi hostium, depulit et devicit.* Et pag. 99 : *Turcum et Soldanum adeo exterruit, ut alter in Turquiam majorem, Soldanus ad Cayrum cum suis Aluncaldis, sese ad salutem suam confugere paravissent.*

¶ **ALUNS**, Eadem notione, qua Alumum. Charta. MS. de redditibus Episcopatus Autissiodor. ex Chartophylacio Episcopi ejusdem urbis circa ann. 1290 : *De paagio piperis... pelliparia merces, draperia, graingne, Aluns, cuminum, cuprum operatum debent paagium.*

¶ **ALVOROCH**, pro *Alboroque*; quod Hispanis est Proxeneticum, seu proxenetæ salarium, *Le salaire de l'entremetteur, du courtier.* Concil. Legion. ann. 1012. can. 25 : *Et si voluerit dominus solidare diffinitum pretium, det hoc et suum Alvoroch : et si noluerit, vendat dominus laboris laborum suum cui voluerit.*

* **ALUPTARIUS**, ut *Alutarius.* Vide infra in *Aluta.* Necrolog. MS. eccl. Meld. fol. 86. v° : *Petrus monetarius, qui dedit ecclesiæ beati Stephani unum stallum in foro juxta Aluptarios.*

¶ **ALUSAR**, *Manna.* Laur. in Amalthea.

* **ALUSTROSUS**, Ordeum Alustrosum, Purgatum, arista exemptum, ut videtur, Gall. *Ebarbé.* Charta ann. 1271. in Access. ad Hist. Cassin. part. 1. pag. 328. col. 2 : *Item quando coppa debet relevari, debet refici hoc modo; debet inveniri ordeum Alustrosum, et de ipso ordeo debet fieri jumella una, et pugillus unus.*

* **ALUTA**, *Cordoan*, *Gallice*, in Glossar. Lat. Gall. ex Cod. reg. 521. Aliud ex Cod. 7679 : *Alutarii dicuntur, qui operantur in aluta, Cordonnier : alio nomine dicuntur Cordularini.* Vide mox *Alutum.*

¶ **ALUTARIUM**, Idem fere quod *Aluta*, Pellis præparata. Cod. MS. de redditibus Episcopatus Autissiod. ex Chartophyl. Episcopi ejusdem urbis : *De venta Alutarii, Duodena Alutarii venditi debet 4. denarios. De alutis. Duodecim alutæ venditæ debent duos denarios. De aliis coriis, etc.* Hinc videre est *Alutarium* amplius quid esse, quam *aluta.* Illud pelles majores aut saltem majoris pretii, hæc minores minorisve pretii videtur designare.

* **ALUTES**, *Si logi in mondi.* Glossar. Lat. Ital. MS. [** Vide *Allutes.*]

* **ALUTUM**, *Cortex arboris quercina, cum qua cerdones præparant corium.* Vocabul. compend.

* **ALUVIUM**, Canalis, rivus. Homag. comit. Armaniaco præstitum ann. 1418 : *Item plus medietatem molendini in riparia Gertii ficti et constituti, cum suis paxeriis, ripariis, ... aquis, Aluviis, aquæductibus, et aliis juribus.*

¶ **ALVUS** Curiæ, *Policticum scriptum, commentaria, codicilli, tabulæ, monimenta, annalis historiæ libri.* Sic Papias in MSS. Bitur. [** cod. reg. 4778 : *Polipticum scriptum, comentaria, nuncupationes, codicilli, testamenta, codices, tabulæ, monumenta, annales, hystoriæ, libri.*] Hispanica seu Vasconica scribendi ratio *Alvus curiæ*, pro *albus curiæ.* Ibidem : *Alvus prætoris, nomina curialium, ubi sunt scripti qui sunt recitandi. Tabula est albis litteris scriptos judices et senatores, etc.* [** cod. 4778 : *Tabula est et albis litteris habet* etc.] Quamvis *Albus* prædicto sensu non sit admodum nostri instituti, ob barbarum tamen modum, quo scribitur, hic duximus esse inserendum.

** **ALUZ**. Testam. æræ 959 : *Frontales paleas quatuor; palas glisissas; duas alias palas de Aluz; quinque casula; piscinam unam; greciscas tres de Aluz.* Vide *Alveici.* S. Rosa de Viterbo vol. 1. pag. 109. scribit vocem originem ducere a latino Aluta, indeque Pelles minutissimas significare.

ALYPTINUS, Sculptus. Papias : *Alyptina sculpta, depicta. Alyptes, sculptor, vel, plagarius.*

ALYRUMNÆ, ita dictæ Magæ, apud Gothos. Vetus Gloss. : *Necromantia, Helliruna.* Jornandes de Rebus Geticis cap. 24 : *Reperit in populo suo quasdam magas mulieres, quas patrio sermone Alyrumnas is ipse cognominat.* Hinc emandandus Michael Scotus lib. 2. Mensæ Philosophicæ 21 : *Philometer Rex Gothorum, quasdam mulieres Yriagas, quas Gothi Alarinas vocant, suspectas habens, etc.* Legendum enim *magas* [** sive *strigas*] et *Alyrumnas.* Trithemius in Breviar. annal. ubi de Marcomiro : *Vaticinantem a sagacitate vocarunt Alyrunam.* Hodie etiam a Germanis *Alrunen*, Magas vocari constat. Olaus Wormius in Monumentis Danicis pag. 514. 523. in Literatura Runica cap. 3. et in Fastis Danicis lib. 1. cap. 1 et lib. 3. cap. 3. ait, *Runas* Danos literas suas, figurarum ductibus a cæteris aliis discrepantes, olim generatim vocasse; quarum quibusdam ad res gestas consignandas, et ad scribendum, aliis Magi in incantationibus et præstigiis sub uterentur. Additque, literas istas inde *Ram runer* appellatas, seu Runas amaras et acerbas, quod in perniciem aliorum plerumque earum cederet abusus : eos vero qui *Runis* erant instructi, quique Astronomiæ et Magiæ operam dabant, *Runer*, vel a muneris præstantia *Adelruner* dictos, quod in re literaria cæteros præcellerent : quod nomen ipsis etiam feminis attributum, unde vocem *Alruna*, *Alirumna*, *et alioruma* effinxerunt Scriptores, seu potius depravarunt.

Runarum sane nomen literis omnibus Danicis attributum constat, quas quidem in oblongioribus baculis scribere solebant, quod testatur, præter Fortunatum, Saxo Grammaticus lib. 4 : *Proficiscuntur cum eo bini Fengonis satellites, literas ligno insculptas (nam id celebre quondam genus chartarum erat) secum gestantes, quibus Britannorum Regi transmissi sibi juvenis occisio mandabatur.* Id etiam probant varia istiusmodi *ligna* inscripta, ab eodem Wormio allata lib. 2. Fastor. Danicor. *Antiqui autem,* ait Brynolphus in Notis in Saxonem MSS : *Suas Runas, hoc est, literas tabellis ligneis, quas* Spioldkefle *nominarunt, commiserunt, non atramento, pigmento aut colore illitas, verum cultellis incisas, etc.* Hinc forte *Runen* Germani dixerunt pro *insusurrare*, quod faciunt Magi : unde *susurri magici*, de quibus diximus ad Cinnamum. Hanc porro *Runa* vocabuli vim firmat imprimis Fortunatus lib. 7. Poem. 18 :

Barbara fraxineis pingatur Runota bellis,
Quodque papyrus agit, virgula plana valet.

Ubi *Runa*, pro litera, seu Germanorum characteribus sumitur : quo loco Codex MS. S. Germani Paris. habet *Rhuna*. Runicorum characterum tabellam exaravit idem Wormius in Literatura Runica pag. 60. censetque, conjectura haud omnino improbanda, literas aut characteres, quos Chilpericum, Francorum Regem, Francicis addendos statuisse narrant Gregorius Turon. lib. 5. cap. 45. et Aimoinus lib. 3. Hist. Franc. cap. 41. non Græcos, sed Runicos, id est, Gothicos fuisse. Hunc consulat velim, quisquis ejus argumenta volet expendere. Vide præterea Loccenium lib. 2. Antiq. Suecicar. cap. 14. et Stephanum Stephanium in notis ad Saxonem Grammat. pag. 45. et seqq. His adde Salmasium de Hellenistica pag. 382. [** De *Runis*, literis antiquorum Germanorum exstat liber Guil. Grimmii; de *Alirunis*, Magis, vide J. Grimmii Myth. Germ. pag. 227. 583.]

ALYTARCHÆ, in leg. 2. Cod. Theod. de Equis curulib. (15, 9, 2 et 10, 1, 12) Qui ludis præerant, sic dicti, quod ludis, qui fiebant in honorem Deorum, τοῖς ἀλυταῖς, id est, μαστιγοφόροις præessent, ut censent Varinus Phavorinus, Cujacius, et Jacob. Gothofredus. Nam *Rhabdoforos*, seu *mastigophoros* ab Elæis ἀλύτας vocatos scribit Auctor Etymologici : at Petrus Faber lib. 1. Semestr. cap. 18. ab ἀλύειν, quod est *lætari, exultari*, ac præ gaudio dissolvi, deducit, quod utique in ludis usuveniebat, ita ut Alytarchæ fuerint quasi publicæ voluptatis arbitri, seu *Tribuni voluptatum*, uti etiam appellabantur, qui ejusmodi ludorum curam habebant.

¶ **ALYTHINUS**, 'ἀληθινός, Verus, genuinus. Vide *Filopares*.

* 1. **ALZARE**, vox Italica, Tollere, elevare, Gall. *Elever, exhausser*. Stat. Taurin. ann. 1360. cap. 152. ex Cod. reg. 4622. A : *Si quis habuerit in dirrecto suæ possessionis aliquam pravam viam occasione aquæ labentis, prædictam suam possessionem teneatur et debeat dictam viam Alzare et Alzari facere.*

* 2. **ALZARE**, f. Chalybs, Gall. *Acier*. Pedagia Saonæ ann. 1526 : *Item pro lamis seu tabulis ferri ac Alzaris generis cujuscumque, exceptis clavaturis ferri, a civibus den. x. cum dimidio.*

¶ **ALZENA**, Subula, Gall. *Alene*. Limborch. lib. Sent. Inquis. Tholos. pag. 71 : *Quod emeret unam Alzenam sutoris ad interficiendum dictam Guillielmam.... quæ rogavit, quod omnino perforaret eam cum dicta Alzena in latere in parte in qua erat cor.*

1. **AMA**. Ugutio : *Strix, gis, nocturna avis, de sono vocis dicta, quando enim clamat, stridet. Hæc avis a vulgo dicitur Ama, ab amando parvulos : unde et lac præbere fertur lactentibus.* [Sic etiam Isidorus fere ad verbum in Glossario MS. San-Germanensi.] [** Ex Isid. Orig. lib. 12. cap. 7. sect. 42.]

* Glossar. Gall. Lat. ex Cod. reg. 7684 : *Ama, vespertilio, Chauvesouris.*

2. **AMA**, AMULA. Papias : *Amæ, vasa sunt, in quibus sacra oblatio continetur, ut vinum.* Ordo Romanus : *Tunc venit Subdiaconus, ferens in brachio dextro patenam, et in sinistro calicem, in quo recipiuntur Amulæ populorum, etc.* Infra : *Pontifice oblationes populorum suscipiente, Archidiaconus suscipit post eum Amulas, et refundit in calicem majorem, tenente eum Subdiacono, quem sequitur cum scypho super planetam Acolytus, in quem calix inpletus refunditur.* Ibidem : *Ornato vero altari, tunc Archidiaconus sumit amulam Pontificis de Subdiacono Oblationario regionario, et refundit super colum in calicem, etc.* Anastasius Bibl. in S. Silvestro PP. : *Donavit Amas argenteas duas, pesantes singulæ libras denas.* In Gregore IV : *Ipse Pontifex fecit Amas argenteas 6. quæ præcedunt per omnes stationes, pensantes lib. 13.*

AMULA, Minor *Ama*. Papias : *Amula, vas vinarium. Amulæ dicuntur, quibus offertur devotio, sive oblatio, simile orceolis.* Glossæ MSS. : *Amula, vas offertorium. Hamula oblatoria*, in veteri Charta Cornutianensi, edita a Suaresio. Ordo Romanus : *Amulæ argenteæ, ad vina fundenda paratæ.* Anastasius Biblioth. in Gregorio III. PP. : *Amulas superauratas paria duo.* In Hadriano : *Calicem unum, Hamulam offertoriam unam.* Ita cum aspiratione scribitur apud Ugutionem : *Hamula, fiala in similitudinem urceoli.* Chronicon Casinense lib. 1. cap. 28 : *Tulit in coronis, baziis, et Halmulis, gavalibus, et cochleariis argenti ibras* 500. Vide Gregorium M. lib. 1. Epist. 42.

* Glossæ vett. : *Amulæ, fialæ altiores.*

¶ AMAS, pro *Ama*. Agnellus lib. Pontif. apud Murator. tom. 2. pag. 162. col. 2. C : *Amas una, et ipsa bene sculpta, urceus ad aquam manu similis, et ipse aquimanile de supra ex argento investito talis.*

3. **AMA**, est etiam mensura vinaria. Charta Anselmi Abbatis Laurisham. apud Hubertum Leodiensem de Palatinorum Comitum orig. : *Persolvere autem debent Curtarii 4. Amas vini, et 20. malter siliginis.* Anselmus Leod. cap. 88. *Si pignoris loco vini poneret Amam.* Liber Eccl. Leod. apud Chapeavillum : *Commemoratio D. Notgeri Episc. nostri, pro quo habemus Amam vini de Frangeis, et 12. modios speltæ.* Vide Joan. Hocsemium in Henrico Episcopo Leod. cap. 3. in Adolfo cap. 15. Probat. Hist. Limburg. pag. 29. etc.

HAMA, Majus dolium vinarium, in Hist. Trevirensi pag. 221 : *Triginta Hamas præparat, in quibus singulis singulos milites electos.... collocat, etc.*

* Charta ann. 1227. in Chartul. 2. Flandr. ex Cam. Comput. Insul. : *Duodecim caratas vini apud villam nostram Arnhem persolvemus; quælibet etiam carrata sex Amas continebit.* Gall. *Ayme*. Pax inter clerum et cives Leod. inita ann. 1287. tom. 2. Hist. Leod. pag. 398 : *Ils pourront prendre huit deniers Liégeois à l'Ayme, et nient plus, dedans la cité de Liége. Amaige*, Jus, quod pro qualibet *Ama*, seu dolio perforato exigebatur. Reditus comitat. Namurc. ann. 1289. ex Reg. sign. : *Le papier aux ayssellcs*, in Cam. Comput. Insul. fol. 79. v° : *Encor a li cuens a Namur.... les Amaiges, c'est asavoir.... de chascune broke de cherveise, iij. deniers.*

Apud Latinos, *Ama* est vas aquarium restinguendis incendiis, de quo Juvenalis Sat. 14. vers. 305. et Plin. lib. 10. Epist. 42. Contra Holstenius in Notis ad Passionem SS. Perpetuæ et Felicitatis, ait, *amas* apud hos Scriptores fuisse falces grandiores, seu ferramenta recurva, longissimis contis suffixa, qualia incendii compescendi aut extinguendi causa passim apud nos conspiciuntur : unde lex 12. D. de Instruct. leg. (lib. 33. tit. 7. fr. 12 § 18 et 21) *amas et harpagones* conjungit. [** Lib. 1. tit. 15. fr. 3. § 3 : *Præfectum vigilum per totam noctem vigilare debere.... cum dolabris et Hamis*, ubi vulgo legitur *armis*. Forcellino in voce *Hama* est, uti Græcum Ἄμη, vas quo aquam hauriebant, Dirksenius vero, Manual. Font. jur. Holstenii sententiam sequitur.]

¶ **AMABILLIMUS**, pro *Amabilissimus* legitur in Actis SS. Maii tom. 2. pag. 651. B.

¶ **AMABREVITAS**, f. pro *Amabilitas*, vel *Amicabilitas*. Somneri Glossar. ad calcem Hist. Scriptor. Anglic.

¶ **AMACHYR**, Pretium virginitatis. Locum vide in *Marcheta*.

AMADERE. Charta 69. inter Alaman. Goldasti : *Petivit, ut per precariam ei præstare deberemus, quod... ita fecimus in ea ratione, ut per annis singulis censum exinde solvat 15. siclas de cervisia.... et in omni Zelga jornale unum arare, et 3. dies asecare, et 3. Amadere.* Id est, tres dies ad secandam, et 3. dies ad colligendam messem dare teneatur. Galli dicimus *Amasser*. [** Potius Demetere, falce desecare, a Germanico *Abmähen*, unde *Mad*, *Maht*, Quantum per diem fœniseca demetere potest. ADEL.]

¶ **AMAGABARI**, Iidem qui *Almugavari*. Chronicon Ferdinandi Regis Castellæ inter Acta SS. Maii tom. 1. pag. 347. D : *Discimus autem ex Nicephoro Gregora.... Ronzerium Regis Aragonum Petri genitorem habuisse in exercitu suo mille Amagabaros, quos Latini pedites appellant.*

¶ **AMAJORAMENTUM**, Augmentum, Gall. *Agrandissement*. Archivum S. Victoris Massil. *Frejus* n. 10 : *De Tribus ferraginis dant in Gonfanono cum Amajoramento, etc.*

* Charta Matfredi Biter. episc. ann. 1092. inter Instr. tom. 6. Gall. Christ. col. 132 : *Et ipsum mansum.... cum Amajoramento, quod factum est retro usque in ipso cemeterio.*

AMAJORARE, Augere. Charta Guillelmi D. Montispess. ann. 1103 : *Vicarius non Amajorabit, nec minorabit placita Montispessulani.*

* Charta ann. 1060. ex Tabul. S. Vict. Massil. : *Si quis autem de nostris amicis hominibus atque feminis, de qualicumque loco*

sit, qui hanc donationem Amajoraverit, etc. Charta ann. 1103 : *Vicarius non Amajorabit nec minorabit placita Montispessulani.*

* **AMAISAMENTUM**, Datio ad censum et servitium, seu reditum annuum et perpetuum, *emphiteosis*, nostris *Amasement.* Charta ann. 1283. in Chartul. eccl. Lingon. fol. 164. r° : *Guido Lingonensis episcopus contulit in emphiteosim seu in perpetuum Amaisamentum Petro, dicto de Camera, Jaquetæ uxori suæ et eorum heredibus.... triginta jornalia terræ arabilis.* Vide infra *Amoisonnamentum.*

* **AMAISIARE**, ut infra *Amasare* 2. Obituar. eccl. Lingon. ex Cod. reg. 5191. fol. 80. v° : *Bertrandus, dictus Clergenoz, de Bordone dedit ecclesiæ Lingonensi, pro anniversario suo annis singulis, quandam domum suam, sitam in resorto de Culleyo Cothone, cum cuppis et aliis vasis necessariis ad Amaisiandum vinum.*

AMALI, Gens ita dicta apud Gothos nobilissima. Jornandes de Rebus Geticis : *Ordinant super se Regem Alaricum, cui erat post Amalos secunda nobilitas.* Infra : *Quis namque de Amalo dubitaret, si vacasset eligere?* Sub finem : *Hæc usque Getarum origo, ac Amalorum nobilitas.* Hanc non uno prædicat loco idem Scriptor, ut et Senator. lib. 4. Epist. 39. lib. 5. Epist. 43. lib. 8. Epist. 9. lib. 9. Epist. 1. 25. lib. 10. Epist. 2. lib. 11. Epist. 1. 13. Ab gente ista nobilissima fluxere, opinor, *Amalasuintæ, Amalafredæ, Amalaburgæ, Amalarici,* et similia apud Jornandem nomina. [** Plura in Graffii Thes. ling. Franc. vol. 1. col. 252.]

¶ **AMALLUS**, Advocatus illius, qui ad *mallum* citatus est. Vide *Hamallus.*

AMALUPUS, *qui et canicula* recensetur ab Isidoro lib. 20. cap. 15. inter rustica instrumenta. [*Et est,* inquit, *ferreus harpax, quia si quid in puteum decidit, rapit et extrahit, unde et nomen accipit.*]

AMAMEN, inquit Auctor Breviloqui, *Amamentum, amasurus, omnia idem, id est, amatio.*

* **AMANARE**, *Extra manare.* Glossar. vet. ex Cod. reg. 7613. Vide *Amanere;* quomodo etiam hic legendum est. [** Ita habet cod. reg. 7644. Sed fortasse legendum : *Amandare, extra mandare.*]

¶ **AMANDA**, pro *Emenda,* Gall. *Amande,* Mulcta, apud Lobinellum in Glossario ad calcem Hist. Britan : *Nulla alia Amanda pro tali forisfacto ab illis hominibus exigetur.*

AMANDALARIUS, Amigdalus, Gall. *Amandier,* in Capitulari de Villis cap. 70.

¶ **AMANDARE**, Emendare, reficere, Gall. *Amander, Raccomoder.* Chartul. SS. Trin. Cadomensis fol. 47. verso : *Radulfus tenet 2. virgatas terræ et unam mesuagiam... Goduinus pro 1. virgata 16. denar. et ferramenta 4. caruchis, et clavos duobus auris annuatim, et 8. falciculas,* et 8. *sarclones, et Amandare penturas hostiarum, etc.*

¶ **AMANDICA.** Ex Instrumentis Ecclesiæ Brivatensis ann. 1365 : *Fuit deliberata quædam cocha de espatgio Amandica pretio* 8. *sol.*

* **AMANDOLA**, vox Italica, Amygdala, Gall. *Amande.* Stat. civit. Astæ ubi de Intrat. portar. : *Amandolæ fractæ solvant pro centenario lib. viij. Amandolæ cum grolia etc.*

* **AMANDRIARE**, Ital. *Ammandrare* est In unum colligere, coadunare. Statuta Mutin. rubr. 381. pag. 79. v° : *Ii, quorum terras Amandriant cum bestiis.* Id est, colunt, vel messes ex iis colligunt.

* **AMANDUS**, Bercarius in Hist. episc. Virdun. tom. 2. Spicil. novæ edit. pag. 235. col. 2 : *Childebertus.... dedit isti ecclesiæ duos Amandos super Mozellam et Modinum.* Ubi Acher. in margine, f. *Mansos.*

AMANEGIA, Statuta Mediolanensia 2. part. cap. 366 : *Si quis abstulerit scharlionum, sive Amanegias, sive palos, vel Cayrones de aliqua planta vitis.*

AMANERE, Gloss. Græco-Lat. *Amaneo,* ἀπομένω, quasi seorsim et sejunctim maneo. Gloss. Lat. MS. Regium : *Amanet, extra manet.* Gloss. Arabico-Lat. *Amaneo, extra maneo.* Gloss. Isid. *Amansit, exspectavit.* Vide Salmasium ad Capitolin. pag. 82.

¶ **AMANGANARE**, Lapides, ligna aut quidvis aliud in hostem vibrare e certis machinis bellicis, quas *Mangana* vocabant. Chron. Parmense ad. ann. 1309. apud Murat. tom. 9. col. 879 : *Bononienses vero venerunt in auxilium Ferrariæ, et castrametati sunt ab alio latere Padi, et Amanganabant Venetianos existentes cum suo exercitu in Pado cum navibus.*

¶ **AMANITES**, ἀμανίτης, Fungi species. Vita S. Sampsonis Xenodochi tom. 5. Junii pag. 276. B : *Deinde conjugem hilariter allocutus : Mihi videor, inquam, nihil mali sentire; sed tu sensim solve vincula plagæ imposita. Ea autem sic fecit, non sine magna qua afficiebatur molestia. Et hei mihi, dixit, Quis est hic Amanites, qui plagæ est impositus? Id vero erat caro putrefacta et separata, quæ una cum pannis evulsa fuerat. Sic ergo sanatus, etc.*

* 1. **AMANNUS**, Rudens, Funis ancoralis, nostris *Amare,* vel funis scansorius, vulgo *Haubans.* Stat. Massil. lib. 3. cap. 16 : *Statuimus quod corderii omnes de Massilia teneantur speciali sacramento se non facturos per se, vel per alios... Amannos.... nisi de canabo femello et filo subtili.* Vide infra *Amarrare.*

* 2. **AMANNUS**, pro *Ammanus;* sic apud Germanos et Belgas etiamnum dicitur Prætor causarum civilium vel Consul, vulgo *Amptman.* Vide *Amman.* Charta ann. 1298. in Suppl. ad Opera Miræi pag. 148 col. 1 : *Nos Johannes D. G. Lotharingiæ, Brabantiæ, Limbourgensiæ dux, vobis baillis, Amannis, villicis, scultetis et justitiariis, etc. Ammanz,* in Ch. Gall. ann. 1380. ibid. pag. 168. col. 1; *Ammestre,* in Stat. ann. 1482. apud. *Laguille* inter Probat. Hist. Alsat. pag. 74. col. 1 : *Il doit y avoir trente et une personnes au sénat; desquelles dix du corps des nobles, et un Ammestre de l'un des corps des mestiers.* Et pag. 80. col. 1 : *Six consuls ou Ammeisters.*

¶ **AMANS**, Adamus, Gall. *Diamant,* apud Rymerum tom. 1. pag. 879. col. 1 : *Firmaculum cum duobus Amantibus de eodem thesauro, etc.*

AMARA, *Cloaca, cubiculus,* ὑπονόμος, in Gloss. Gr. Lat. ubi videtur legendum *tubiculus.* Hinc nostrum *Mare,* pro palude. Vide *Mare.* [Loco *Tubiculus* mallem legere *Cuniculus.*]

¶ **AMARATUNTA**, Vox factitia quæ cum aliis pluribus occurrit in versibus sequentibus quos eruditissimus vir D. *le Beuf* Canonicus Autissiodor. ad calcem veteris MS. 12. sec. scriptos reperit cum hoc titulo, *Versus maligni Angeli,* atque morali eorumdem explicatione. Sic autem se habent :

> Oppositum montem conscendere cernis Orontem,
> Arma tua dextra capies et fer caput extra,
> Hinc gladio multos umbris mactabis inultos :
> Sed prius hoc unus puerorum fert tibi munus,
> Lanx quæ cum carne tibi dudum servit Agarne,
> Jam prælatura tibi constat munera plura,
> Hinc et gallina dat vocem, pandite lina,
> Panibus indutos piscesque videte minutos :
> Trax caput Orontis jacet hoc in corpore montis,
> Quem circumstabant acies, et vociferabant :
> Amaratunta tibi codoxia noxia Nili,
> Pensa tibi dippus eris hoc in lumine lippus
> Victus amore pio; sic cantat maxima Clio.

Ubi *Agarne* dictum puto pro *Agarene, Codoxiæ* pro *Cacodoxia, Dippus* pro *OEdippus,* unde arbitror ænigmaticos esse versus, quibus ad aliquam historiæ illius ævi partem alluditur. Certe hic versus

> Prælatura tibi jam constat munera plura

prælatum aliquem simoniaca labe infectum arguere videtur.

* **AMARE SE AD INVICEM**, Phrasis Gallica, *Se porter amitié l'un à l'autre, s'aimer réciproquement.* Charta ann. 1314. in Reg. 50. Chartoph. reg. ch. 77 : *Quod dictus Humbaudus, ante dictam joustam et tempore ipsius, erat cognatus et amicus bonus et legitimus dicti Guillelmi, et multum se inter se Amabant ad invicem.*

¶ 1. **AMARELLUS**, pro *Admirallus.* Præfectus maris apud Somnerum in Glossar. ad calcem Hist. Scriptor. Angl.

¶ 2. **AMARELLUS**, Avis aquatica, forma perinde ac anas, sed minor. Ab Aristotele lib. 8. cap. 3. de Histor. animalium βόσκας appellatur. Ita in Medic. Salern. edita ann. 1622. pag. 178.

* **AMARENUS**, Species cerasi acris saporis, Ital. *Amarino,* cujus fructus *Amarina* dicitur. Stat. Montis-reg. pag. 226 : *Et idem intelligatur de Amarenis et cerasis intus villam et extra.* Vide *Amarina.*

¶ **AMARESCERE**, Amarum fieri. Libellus Episcoporum Italiæ contra Elipandum tom 3. Collect. Conc. Hispan. pag. 96 : *Sed in eodem poculo, in quo gutta veneni infusa turgessit, mellis nihilominus Amarescit dulcedo.*

¶ **AMARICA**, πικραία, *Amaritudo.* Supplem. Antiquarii. Vide *Amaritia.*

AMARICARE, Exasperare, exacerbare, *Amarum facere, vel defatigare,* Joanni de Janua : Italis, *Amaricciare.* Lucifer Calaritanus de Regib. apostat : *Quia Amaricaverunt me ipsi.* Gregorius Magn. lib. 12. Epist. 50 : *Eumque a me tristem Amaricatumque repuli.* Adde lib. 5. Moral. cap. 2. et lib. 2. Miraculor. S. Bertini. cap. 5. Henric. de Knyghton lib. 1. cap. 14 : *Tostius.... Amaricatus indignanter recessit.* Nescio, an legendum *amaricare,* pro *amarizare,* apud Plinium Valerianum lib. 1. cap. 17.

¶ **AMARICARI**, Amarum fieri. Vita S. Patricii Apostoli Hiberniæ tom. 2. Martii pag. 555. B : *Flumen namque secus villam præterfluens, ex accessu rheumatis maris penitus Amaricabatur.* Vide Apocalypsin B. Joannis cap. 10. ℣℣. 9. et 10.

AMARICATIO, Dolor, nos dicimus *Amertume d'esprit.* Vetus Charta apud Ughellum tom. 7. Ital. sacr. pag. 262 : *Insuper firmamus vobis, ut si exinde alia qualiscumque charta inventa dederit suptus vobis, illam mittamus sine vestra damnietate vel Amaricatione.*

¶ **AMARICATUS**, Eadem notione. Miracula S. Bertini : *Luminum delectabilium visu privatus, ac bimatu, vel eo amplius in hujus cæcitatis permansit Amaricatu.*

* **AMARICIUM**, *Unguentum : unde optima unguenta Amaritana vocantur.* Glossar. vet. ex Cod. reg. 7613. Glossar. Lat. Ital. MS. : *Amaricum, Lo onguento amaro.* [** Gemma Gemmarum : *Amaricinum est quoddam unguentum pretiosum de amaraco factum.* Vide Forcell. in voce *Amaracinus* et Isid. Orig. lib. 4. cap. 12. sect. 8. In Glossar. cod. reg. 7644. *Amaracinum, Amaricium* et *Amaritanum* legitur.]

* **AMARIFICARE**, *Amarum reddere*, in Vocabul. compendioso.

¶ **AMARINA**, Cerasi species aciduli saporis, Gall. *Griote*, Italis *Amarina*, *Amarena* et *Amarella*. Charta pro Communia de Balneolo, ann. 1300 : *Aliqua persona non sit ausa accipere brote vitium nec agrestam nec Amarinas, nec malhols colligere in possessionibus altenis.* Vide *Amarenus.*

[* *Genus virgulti amari*, in vet. Glossar. ex Cod. reg. 7613. Pro vimine, Gall. *Osier*, aut quovis alio virgulto vinculis apto, usurpari videtur in Stat. Avenion. MSS. cap. *De banno arborum destructarum* : *Intelligimus ligna, trabes, planciones, latas redortas, Amarinas, et alia quæ nemoribus colliguntur.* Stat. Massil. lib. 5. cap. 19. § 16 : *Item quicumque de alieno honore seu possessione capiet Amarinas, vel cannas, solvat pro qualibet Amarina ij. den.* Neque alio sensu accipienda videtur Charta pro Communia de Balneolo laudata.]

* **AMARITANUM**. Vide supra *Amaricium.*

¶ **AMARITARE**, pro *Amaricare.* Litteræ Martini Papæ Regi Angliæ apud Rymer. tom. 2. pag. 235 : *Dictæ petitionis oblatio nostrum..... Amaritavit animum.*

¶ **AMARITAS**, Amaritudo. Miracula S. Eutropii tom. 3. Aprilis pag. 741. E : *Sed quia prædictus citharista non Deo, sed denario decantabat, quam plurimum attulit Amaritatis martyri Eutropio modulatio citharistæ.*

AMARITIA, Amarities, Amaror. Gloss. Græco Lat. : Πικρία, *Amaritia, Amaritudo, Acrimonium.* [Vide *Amarica.*]

¶ **AMARIUS**, pro *Armarius*, Custos librorum. Capitula general. MSS. S. Victoris Massiliensis : *Unus liber in pergameno magnus fiat, et in armario teneatur... hunc autem librum per Amarium ejus fieri voluimus.* Vide *Armarius.*

* **AMARRARE**, a Gall. *Amarrer*, Rudente ligare navim. Libert. Petræ assisiæ ann. 1341. in Reg. 74. Chartoph. reg. ch. 647 : *Teneatur prompta dicta navis parata et Amarrata, prout hactenus teneri consuevit. Amarer*, pro Portum intrare et ad ancoras stare, in Lit. ann. 1362. tom. 3. Ordinat. reg. Franc. pag. 579. art. 21 : *Pour ce que le hable de ladite ville* (de Harfleu) *pourrait empirer, dont il convendroit lesdiz marchanz et leurs gens Amarer en la ville de Leure, etc.*

* **AMARTHA**, *Miser*, in Glossar. vet. ex Cod. reg. 7613.

¶ **AMATHAT**, Gloss. MSS. San-German. : *Amarthat, Cappadocum lingua mensis Augustus dicitur.* Papias MS. Bitur. habet : *Amarthat Capp. lingua Agmen dicitur.*

¶ **AMARTIGENIA**, Græce, ἁμαρτιγένεια, Peccati ortus. Vincentius Bellovac. : *Composuit et libellos quos Græca appellatione prætitulavit Apotheosis, Psychomachia, Amartigenia.*

* Glossar. vet. ex Cod. reg. 7613 : *Amarthigenia, Græce, De peccatorum origine.*

AMARUS, *Locus amarus*, Aridus, ingratus, macer. Siculus Flaccus de Condit. agror. : *Si quid Amari et incerti soli est, id assignatione non datur.* Columella lib. 2. cap. 2 : *Solum limosæ paludis et uliginis Amaræ.* Plinius lib. 17. cap. 5 : *Terra Amara, sive macra.*

* **AMASAGIUM**, Reditus, qui ex vino obvenit. Vide mox *Amasare* 2. Charta ann. 1266. in Chartul. Buxer. part. 1. ch. 17 : *Quod pratum movebat de prioratu de Antul, ratione Amasagii. Amassages*, eadem notione, in Charta convent. inter monast. Trenorch. et Petrum de Cabilone archidiac. Eduens. ann. 1320. in Reg. 60. Chartoph. reg. ch. 96 : *De vino quod dicti religiosi debent eidem super dictam domum, ... de quodam reditu, ... qui dicitur li Amassages.*

¶ 1. **AMASARE** in Lugdunensi pago est, Dare ad censum et servitium seu reditum annuum et perpetuum. Charta D. *Aubel* civis Matiscon. ann. 1453. in pago Bellijocensi data : *Juxta quamdam terram quam nuper Amasavit dominus Humbertus de Challes sub servitio quatuor denariorum Viennensium.*

* 2. **AMASARE**, Amasiare, Vindemiam colligere, et ex ea vinum conficere. Charta ann. 1238. in Chartul. Buxer. part. 9. ch. 1 : *Præcipio illi, qui pro tempore vinum dicti clausi Amasabit, seu custodiet, ut dictis fratribus Buxeriæ . . . . dictos octo modios integraliter annuatim imperpetuum solvat.* Alia ann. 1250. ibid. part. 7. ch. 16 : *Cum ipsi* (monachi) *mihi concesserint, quod quandiu vixero possim Amasiare vina mea et ponere cupas meas et dolia, et alia utensilia in domo sua de Marre, etc.* Vide supra *Amatsiare.*

* 3. **AMASARE**, Ædificare, *mansiones* extruere; vel etiam Attribuere et assignare, seu in *mansionarios* recipere, nostris olim *Amaser.* Charta ann. 1239 in Chartul. eccl. Lingon. fol. 140. v° : *In dicta autem villa de Peigne, tam episcopus Lingonensis quam thesaurarius, jus habet recipiendi et amassandi* (l. Amasandi) *homines de foris venientes.* Charta ann. 1246. in Chartul. S. Juliani ch. 22 : *Quia dictæ terræ redactæ sunt ad curtilia, sive Amasatæ sunt; et ita decimæ provenientes in talibus terris, quamdiu sunt Amasatæ, de consuetudine decanatus loci dicuntur minutæ et censentur jure minutarum et non magnarum et dictam consuetudinem dicta ecclesia et dictus presbiter obtulerunt se probaturos.* Reg. Corb. 13. sign. *Habacuc* ad ann. 1512. fol. 127 : *A esté accordé, baillié et livré.... une masure, lieu et pourprins.... à la charge de le avoir fait Amaser bien et souffissamment de maison manable, couverte de tieulle, avec aultres edifices, endedans xij. ans.* Ibid. fol. 132. v° : *Mesmement de Amaser icelles masures bien et souffisamment de maison manable et aultres ediffices.* Vide *Admasare* et *Amasatus.*

AMASATUS Mansus, in quo exstructa sunt ædificia, *mansiones*, Gall. *Maisons.* Charta Willelmi D. de Montepessulano, ann. 1103 : *Dono tibi... et in uno quoque manso Amasato de terra unam saumatam de lignis in Nativitate D. per singulos annos. Amaser, heritages amasez, non amasez, amasemens*, passim in Consuetudinibus municipalibus, Atrebat. antiqua art. 62. 147. 160. Hesdin. art. 40. Tervanensi art. 1. Camerac. tit. 8. art. 12. etc. Contra, *Dismasatus. Castellarium Sparpaliæ dismasatum* in Charta anno 1255, apud Ughellum tom. 7. pag. 1140.

* **AMASCERE**, Congerere, cogere, colligere. Charta ann. 1120. apud Murator. tom. 3. Antiq. Ital. med. ævi col. 1134 : *De manso, quod Petrus Azali detinet cum omni sua obedientia, debetur curti scilicet obedientia operum, et terratici, et Amascere, cum vj. denariis.* Vide mox *Amassare* 2.

AMASCO, *Amare cupio*, in Gloss. Isidor. [Ad quod Grævius ait fortassis scribendum, *Amare incipio*, quamvis et ferri possit edita lectio. Diomed. lib. 1. Grammat. : *Ab amo veteres inchoativo modo dixerunt Amasco.* (** Aliquot editiones addunt Nævii locum : *Nunc Amasco primulum.*) Unde et]

¶ **AMASCUS**, Amator, apud Plautum in Truculento, *mundulos Amascos*, quod idem Grævius post Dousam dicit male a Putschio in Diomede et ab editoribus Plauti in *Amasios* mutatum fuisse. Hæc obiter post Grævium ad emendationem Plauti, licet parum ad nos pertineant.

* **AMASIA**, Puella amata, concubina, Gall. *Maîtresse.* Stat. Pallavic. lib. 2. cap. 41. pag. 107 : *Vir uxoratus qui Amasiam teneat, puniatur et condemnetur in libris xxv. Imper. et ipsa Amasia publice fustigetur.* Occurrit præterea in Stat. Versell. lib. 4. pag. 71. r°. *Ameresse, amatrix*, in Glossar. Gall. Lat. ex Cod. reg. 7684. *Amiete* diminut. a Gall. *Amie*, amica, apud Anonym. laudatum in Glossar. ad calcem Poemat. reg. Navar. v. *Chainse :*

Fouchier forment frestele
Pour s'Amiete Aeliz.

AMASIONES, pro *Amasii* dixit Prudentius lib. Peristeph. hym. 14. v. 182.

AMASIRE, In manso constituere. Charta ann. 1239. apud Rouverium in Reomao pag. 262 : *Pacificati sumus in hunc modum, quod borda jam dicta ita maneat, quod Abbas vel Prior de Asiaco non possunt aliquem Amasire.*

¶ 1. **AMASSARE**, Percutere *massa*, Gall. *Assommer.* Instrumentum anni 1320. ex Archivo Massil. : *Per inimicos percuti et Amassari.*

* 2. **AMASSARE**, ut *Amascere*, Ital. *Ammassare*, nostris *Amasser.* Arest. senat. Chamber. ann. 1492 : *Illi de communitate bochiaverunt, et nemus in ipsis brotellis existens scinderunt, ceperunt, Amassaverunt, et secum apud Molineta importaverunt.... Brochiantes et nemus brotellorum capientes et Amassantes reperti fuerunt.* Stat. civit. Astæ cap. 48. pag. 15. r° : *Item quod*

aliqua persona non audeat vel præsumat Amassare, habere seu tenere letamen, terram seu bruturam aliquam in tribus mercatis de sancto. Occurrit etiam in Stat. Montisregal. pag. 207. Alia notione, vide supra in *Amasare* 3.

AMASSARITIA, [Supellex, instrumentum *massæ* rusticum : vel etiam mansus ipse hac suppellectili instructus. Diploma Ludovici Pii et Lotharii ann. 829. apud Murat. tom. 2. part. 2. col. 383 : *Monasteriolum vero supradictum, cum omni integritate, cum Ecclesiis, cellulis, territoriis, ædificiis, familiis, juste pertinentibus, casis, Amassariciis, aldiariciis, bovillicariciis vaccariciis.*] Vide *Massaritia*. [** Virgula post *casis* videtur tollenda. Vide *Massaritiæ casæ* et Murat. Antiqu. med. ævi. vol. 1. col. 878, ubi *casæ massariciæ* laudantur ex charta anni 778.]

¶ **AMASSARIUS**. Vide *Admissarius*.

* **AMASSATOR**, Hispanis *Amassador*, Pistor, qui farinam subigit. Stat. Taurin. ann. 1360. cap. 69. ex Cod. reg. 4622. A : *De numero Amassatorum grani et fornariorum, qui debent et possunt esse in quolibet cassali. Item quod in quolibet casali possint esse duo Amassatores grani et unus furnariolus, et non plus.*

* Nostris *Amassouer* dicebatur instrumentum, quo aliquid colligi potest, a Gall. *Amasser*. Charta ann. 1411. ex Pancarta episc. Carnot. : *C'est ce que je Jehan Dalonville aveue à tenir de R. P. en Dieu Mgr. l'evesques de Chartres.... La terce de tous les monceaulx bannez desdits champars, et doit estre cuillie o l'Amassouer ladite terce, sans pellir et sans balloier, et sans retrainer ledit Amassouer, par où il aura passé.* Alia notione, *Amasserres*, qui multas scilicet collectas habet pecunias, in Mirac. MSS. B. M. V. lib. 1 :

Se vous fuissiés uns triboulerres,
Uns useriers, uns Amasserres,
Uns flatterres, uus serf à gré,
Encor fuissiez en haut degré.

* **AMASSUS**, Acervus, cumulus, Gall. *Amas*. Stat. Avellæ ann. 1496. cap. 43. ex Cod. reg. 4624 : *Camparii..... non possint.... nec eis liceat facere Amassum eorum campariæ bladæ, seu ipsum bladum campariæ congregare vel Amassare nisi in Avilliana.... Debeant ostendere.... dictum eorum Amassum bladi campariæ dictis sindicis et consulibus, antequam illud tritulent vel tritulari faciant.* Vide supra *Amassare* 2.

* **AMATIO**, Acervus ex glebis terreis. Gall. *Amas*. Charta ann. 1342. in Reg. 74. Chartoph. reg. ch. 697 : *In quibus quidem locis factæ fuerunt Amationes, ad reponendum dictos lapides pro limitando, et dividendo jurisdictiones prædictas.*

AMATIXUS, pro *Amathistus*, Lapis pretiosus, in Charta Heccardi Comitis Augustodunensis apud Perard. in Tabulis Burgundicis pag. 26. *Sigillus de Amatixo*, in Testamento Haimonis Dom. Burbonensis. [Mabillonius noster qui priorem locum ex Heccardi Charta ductum citat lib. 2. de re Diplom. cap. 18. n. 2. legit bis *sigillum de Amatixto*, non *Amatixo*, et pro *Amathistus*, habet *Amethystus :* et quidem recte, sic enim vox Græca ἀμέθυςος reddenda.]

* Nostris olim *Amatitre*. Stat. aurifabr. Paris. ann. 1355. tom. 3. Ordinat. reg. Franc. pag. 11. art. 4 : *Nul orfevre ne peut mettre sous Amatitre, ne sous garnat feuille vermeille, ne d'autre couleur, fors seulement d'argent.* Art. 5 : *Item. Nul orfevre ne peut mettre Amatitre avec balais etc.* Eadem repetuntur in aliis Stat. ann. 1378. ibid. tom. 6. pag. 389. art. 11. et 12.

AMATORIA, *Philtra*, apud Ammianum lib. 29. et Rufinum in vers. Eusebii lib. 4. cap. 7.

* *Amatoria potione* in insaniam versum Carolum VI. scribit Bonincontrius in Annal. apud Murator. tom. 21. Script. Ital. col. 62 : *Carolus VI. vir omnibus præferendus, roboris magnitudine præclarus, una in pugna triginta millia hostium fudit. Deinde potione Amatoria in tantam prorupit insaniam, ut amentissimus factus sit.* Hujusmodi philtris aliisve præstigiis, ut amorem inspirarent, sæpe usi sunt majores nostri, quos idcirco pœnis affectos non semel reperimus. Lit. remiss. ann. 1354. in Reg. 82. Chartoph. reg. ch. 303 : *Guillemeta, dicta la Tubée, confessa fuit quod ad suggestionem quarundam mulierum, quas consulta fuerat super hoc ut amor, quo ipsa et Reginaldus, dictus de Charronne, se ad invicem diligebant, cresceret et caleret inter eos, ipsa ad cimiterium SS. Innocentium Paris. accedens, unum os cujusdam cadaveris seu mortui hominis ceperat et secum detulerat, et delatum in ignem posuerat et conjuraverat ex parte patris, matris, fratrum et sororum suorum, obsecrans ut, sicut illud os ardore ignis calebat ibidem et comburebat, arderet et caleret cor dicti Reginaldi mariti sui, ut cito ad ipsam accederet et reverteretur; et quod hoc quadragies vel ultra fecerat, quod tamen ad suum propositum dixerat sibi minime profuisse; quodque tot vicibus vel ultra, sal ceperat et in palma posuerat et sputo seu salivæ suæ commiscuerat, et commista simul in ignem, ut prius, posuerat, verba prædicta vel similia et ad finem et intentionem prædictas, dicens et asserens quod sibi sentiit, prout tenet firmiter, profuisse. Item et quod a nundinis de Landico ultimo præteritis fuit annus elapsus circa, ipsa per suggestionem similem duos pedes talpæ dextri lateris secum tulit, ut inde fortunium melius et prosperos eventus haberet; propter quæ dicta Guillelmeta adhuc carceribus detinetur.* Aliæ ann. 1355. in Reg. 84. ch. 205 : *Johanna, dicta la Lorraine, concessit quod certam quantitatem pulveris ligati infra modicum telæ, ... ipsa supponeret novem evangeliis; et hoc facto deferret eisdem, ad finem..... quod dicti conjuges discordes, per hoc ad concordiam ducerentur.* Similia occurunt in Lit. ann. 1352. ex Reg. 81. ch. 397. ann. 1383. Reg. 123. ch. 4. et ann. 1395. Reg. 149. ch. 50.

* **AMATURIRE**, *Meditari, amare*, apud Laur. in Amalth. ex Cathol.

* *Amati* vero nostris olim pro *Abatu*, *accablé, chagrin*, anxius, animo fractus. Monstrel. vol. 1. cap. 47 : *Lesquels Liegeois generallement demoureront en leur pays tres dolens et Amatiz de la douleur, qui leur estoit advenue.* Robert. *Bourron* in Merl. MS. : *Si vous di que, pour son partement furent Amati et courroucié li plus vaillant de la court.* Le Lusidaires :

Mult i ot riche baronnie;
Mais ele estoit mult Amatie,
Quant Jacob vint li seneschaus,
Qui mult estoit Preu et vassaus.

* **AMATUS**, Eadem notione qua *Amatixus*. Excerpta vett. auctor. apud Leibnit. tom. 1. Script. Brunsvic. pag. 59 :

Flammivolum vincens rutilans in curribus aurum
Strato solo recubat, lacticolor Amati.

* **AMAYNAMENTUM**, Mansio, domus. Charta ann. 1340. in Reg. 73. Chartoph. reg. ch. 180 : *Attento quod inimici domini nostri Francorum regis plura domicilia et Amaynamenta eidem Petro destruxerunt,.... in remunerationem præmissorum eidem..... quoddam hospitium.... concedimus.* Vide *Mainamentum*.

* **AMBACTALIS**, Ab *Ambacto* statutus, vel qui in usu est per comitatum. Vide *Ambactus*. Præceptum Caroli IV. imperat. inter Probat. tom. 2. Annal. Præmonstr. col. 132 : *Novemdecim metatas et triginta quinque virgas seu decempedas Ambactales, in Dombirch ducentas quadraginta novem metatas, et centum ac septemdecim decempedas Ambactales.* Non semel rursum infra.

AMBACTUS, Cliens, servus conductitius; vox Gallica. Festus : *Ambactus, Ennio, Lingua Gallica servus dicitur.* Glossar. *Ambactus*, δοῦλος μισθωτὸς, ὡς Ἔννιος. Cæsar de Bello Gall. de Equitibus Galliæ agens : *Eorum*, inquit, *ut quisque est genere copiisque amplissimus, ita plurimos circum se ambactos, clientesque habet.* [** Oberlinus ad hunc locum (lib. 6. cap. 14) monuit nummum Gallicum apud *Pellerin, Recueil de Médailles*, t. 1. *pl.* 3. habere parte antica caput bovis, cum inscriptione **AMBACTUS**.]

Remanet etiamnum in Germania et Belgio vocabuli vestigium. Nam in civitatibus passim Flandricis, aliisque nonnullis *Ambachten* ejusmodi Corpora dicuntur, quæ unum sibi legunt, cujus auctoritatem perinde atque capitis sui venerantur. Unde et ii *Ambachten heeren* Belgico idiomate, *Ambactorum* quasi *Dynastæ* intelliguntur, aut certe viri tales, penes quos sit rerum summa, et in coloniis territoriisque dominatus. Regiones ipsæ in Ambactias distribuuntur : unde pro, *in comitatu Engelberti*, aliquando in diplomatibus legere est, *in Engelbrechtes Ambachte*, vel *Ambechte*, uti testatur Freherus lib. 1. Orig. Palat. Apud Keronem, *Officina*, *Ambahti : Officium*, *Ambahti : Officia*, *Ambaht*, exponuntur; Apud Kilianum, *Ambacht*, est *officium*, *præfectura*, *jurisdictio civitatis*. Lexicon Germanicum vetus apud Lipsium lib. 3. Epist. 44 : *Ambachtman*, *ministri*. Quam vocem Somnerus a Saxonico e m b e ð m a n, *minister*, et e m b e a h t i a n, *ministrare* deducit. Joan. Stiernhookus lib. 2. de Jure Sueonum vetusto cap. 4. pag. 207. scribit, servos in jure Gothico, Sudermanico et Westmannico, *Ambat*, nominari, idemque videri quod *Ambacht*, apud Cæsarem, nisi quod apud Suecos hodie tantum feminis tribuitur. At Salmasius lib. de usuris, nequaquam vocem esse Gallicam contendit, hæcque Festo addita esse ab illius Abbreviatore, et in Cod. MS. haberi post hæc Festi verba : *Aut* [Am] *præpositio loquelaris significat circum; unde supra servus Ambactus, id est, circumactus dicitur.* Vide eumdem ad Hist. August. Pithœum lib. 1. Advers. cap. 8. Pontanum in Gloss. Turnebum in Advers. Cluverium in Germ. antiq. lib. 1. cap. 8. 13. etc.

☞ Domnus Ludovicus *le Pelletier* existimat *Ambactus* vocem originem ducere ex Britannia minori, ubi *Am* Circum, et *Bac* Naviculam et Comitatum significat. Quam autem facile *Ambactus* ex *Am* et *Bac* ductum sit, nemo non videt. Si tamen non placet hæc originatio, aliam suggerit idem Auctor. *An*; inquit, articulus apud Armoricos in *Am* ante *B* mutari solet; *Bagad* autem vel *Bagat* Turbam significat, ex qua componitur procerum familia vel comitatus. Hinc quasi sua sponte nascitur *Ambagatas*, quæ vox in Latinam versa produxit *Ambactus* quam facillime. [** Vide de hac voce quæ habent Schilter. in Gloss. voce *Ambacht*, Wachter. in Gloss. voc. *Ambacht* et *Achten* et Frisch. in Lex. voce *Amt*. ADEL.] [** Vide Grimmii Antiq. Juris pag. 304, n° 6. et ejusdem Grammat. tom. 2. pag. 211. Apud Ulfilam est *Andbahts*, quo vocabulo Gothice reddit Græcum ὑπηρέτης in Evang. Joh. cap. 7. v. 32. 45 et 46. cap. 18. v. 3. 12. 18. 22. Matth. cap. 5. v. 26. Luc. cap. 1. v. 2; διάκονος in Epist. ad Rom. cap. 13. v. 4. cap. 15. v. 8. In libris Francice scriptis hac voce redduntur latina : *Villicus, conductor, minister, decurio, levita, procurator, satelles, major, exactor*. Locos vide apud Graffium in Thesauro Ling. Franc. vol. 3. col. 25. Anglosaxonibus est Ambeht. De etymo vide Graffium l. l. et Bosworthii Lex. Anglos. 6, 2. Suecis *Ambud* erat Supellex, instrumentum. Quæ hodie prævaluit significatio *Ministerii, officii etc.*, Francicis et Anglosaxonicis scriptoribus jam erat usurpata. In legib. municip. Hamburgensium et Lubecensium *Ambtlüde* sunt Opifices, fabri. Vulgari autem significatione *Amt*, proprie *Ambt*, olim *Ambacht* est Officium, magistratus, officium judicis, peculiariter ejus, qui rure auctoritatem exercet, *Advocatia*. Apud Haltausium in Gloss. Germ. col. 21 legitur ex Dipl. Theod. Comit. Hollandiæ ann. 1083 : *Judiciariam potestatem in Alcmere, que Ambacht vocatur teutonice*. Dipl. ann. 1291 : *Justitia temporalis sive advocatia, quod est Ambocht*. Diplom. ann. 1230 : *Fidelibus nostris dedi in feodum jurisdictionem, quæ Ambacht dicitur*. Vide *Ambudt* et *Ambaxia*; hæc enim vocabula ejusdem esse originis nullus dubito.]

* **AMBAGENA**, *La pecora cum doy fioli immolata*. Glossar. Lat. Ital. Ms. Vide infra *Ambigua*.

AMBAGES. Thwroczius in Maria Regina Hungar. cap. 4 : *Et Ambages, ut suasionibus regem femineum erga populum spretum redderent, cunctas regni ad partes mittit*. i. submissas personas, [seu ministros fideles, quibus callida plenaque *ambagibus* consilia committi possunt. Hanc vocem vulgo ducunt ex *am* et *ago* : sed mox laudatus D. Lud. *le Pelletier* ex eodem Britannico fonte existimat promanare, ex quo *Ambactus*.]

* Glossar. Lat. Gall. ex Cod. reg. 521 : *Ambages, Trufflez, Gallice*.

AMBAGIBALIS CHARTA. Charta vetus in Vita Aldrici Episcopi Cenoman. num. 69 : *Chartam Ambagibalem ibidem præsentabant, quam Bertha ad ipsos infantes suos fecerat, ubi habebat incertum, dum advivebat, et in partes duas Leogisilo quondam conjuge suo, quam et suam tertiam ad usum tenuerit*. Vox luxata, ni fallor, forte legendum *auditionalem*, de qua Marculfus lib. 1.

☞ *Ambaginalem* rectius cum Mabillonio lib. 1. de Re Diplomatica cap. 2. n. v. legendum vellem. Chartam, inquit, *Ambagibalem* lego apud V. Cl. Stephanum Baluzium, Miscel. tom. 3. pag. 168. pro quo *Ambaginalem* præfert Codex Ecclesiæ Cenomanensis. Quo nomine Chartam, quæ adversario ambages facessit, significari puto. Præterea non *Auditionalem* posse legi ideo videtur, quod Charta *audientialis*, seu *auditionalis* de qua Marculfus lib. 1. cap. 28. ea sit, qua quis ad audientiam principis evocatur; illa autem Charta *Ambagibalis* sit nomine ipsius Berthæ, nihilque in ea agatur de Principe.

* Nescio utrum felicius Auctores Tract. novi de re diplom. tom. 5. pag. 672. intelligant de donatione mutua inter virum et uxorem; ab *ambo* et *Agina*, qua voce uxor significatur; vel de Charta, qua inter hæredes dividuntur bona; aut tandem de bonorum inter duos liberos divisione a matre facta, quorum partem tertiam sibi ad usumfructum retinet.

AMBAGINES, pro *Ambages*, Difficultates, calamitates. Glossæ Gr. Lat. περίοδος, *Amfractus, circuitus, ambago* [Supplem. Antiquari : *Ambago*, περιοδεύστιμος τόπος, *Amfractus*.] Isidorus Pacensis Episcopus æra 772 : *Abdimelec ex nobili familia super Hispaniam Dux mittitur ad principalia jussa; qui dum eam post tot tantaque prœlia reperit omnibus bonis optimam, et ita floride post tantos labores reppletam, ut diceres augustalem esse malogranatam, tantam in ea pene per 4. annos irrogat petulantiam, ut paulatim labefactata a diversis Ambaginibus maneat executa*. [** Edit. ann. 1729. habet : *Abdelmelic... tantaque pericula... tantos dolores... angustale esse malogranatum... Ambagibus maneat exiccata*.]

AMBAGIOSUS, *Circulosus*. Glossæ MSS.

¶**AMBAGIUM**, Dubietas, dubium. Acta. SS. Aprilis tom. 2. pag. 701. F. ubi de S. Wernhero puero Martyre : *Unde jam recitata, vigore legitimæ præscriptionis etiam centenariæ cum fide bona, non minimam habere auctoritatem absque Ambagio sunt credenda*.

AMBAISSARIA. Vide *Ambascia*.

* **AMBANARE**, Ambire, cingere, claudere, Gall. *Entourer*. Libert. Avinioneti ann. 1356. inter Ordinat. reg. Franc. tom. 3. pag. 77. art. 12 : *Quod pro reparando et fortificando, Ambanando et comperiendo castro nostro regio dicti loci Avenioneti, ... ipsi consules. . . . , possint gratis.... de fustibus et lignis nostrarum dictæ patriæ forestarum capere moderate*. Vide mox

* **AMBANNUS**, Repagulum, transversarium lignum inter duo alia arrectaria et exstantia positum, Gall. *Barriere*, sic dictum quod ambit, circumdat. Libert. novæ bastidæ de Solemniaco ann. 1327. in Reg. 65. Chartoph. reg. ch. 20 : *Item quod totum emolumentum... de tabulis, ... pro merceriis et aliis mercimoniis existentibus in domo communi, seu subtus dictam domum communem, et circumcirca in platea majori communi dictæ bastidæ, intra Ambannos dictam plateam circumvenientes, tabulis ipsorum Ambannorum ad utilitatem illorum habentiu ipsos Ambannos et tabulas.... exclusis; si deinceps, et perpetuo remaneat consulibus et universitati prædictis*. Eadem habent Libert. novæ bastidæ Vallis-regal. ann. 1329. in Reg. 66. ch. 1028. Vide supra *Ambanare* et mox *Ambarium*.

AMBAR, AMBARE, MERA, vulgo *Ambre* : Stercus piscis. Lexicon ἰατρικὸν, Ἄμπαρ μυρεψικὸν, κόπρος ἰχθύος. Joan. de Janua : *Ambra, species valde cara, et dicitur ab ambrosia*. Historia Translat. S. Sebastiani cap. 15. n. 74 : *Revulsoque sarcophagi operculo, mirificæ virtutis Ambare suaviter redolentis viri faciem demonstrant*. Jacobus de Vitriaco lib. 3. Hist. Orient. pag. 1143 : *Magnam partem delitiarum Ægypti in auro et argento, perlis et pomis Ambræ, filis aureis, etc*. Vocem Mauris familiarem esse observat Philander ad Vitruvii lib. 8. cap. 3. Vide Serapionem lib. Aggregat. cap. 196.

* **AMBARIUM**, AMBARRATIUM, AMBARRIUM, AMBARRUM, Ambitus seu septum ad munimentum oppidi vel castri ex *barris* seu repagulis constructum atque a *liciis* distinctum. Stat. Avenenion. ann. 1243. ex Cod. reg. 4659. cap. 80 : *Nec etiam extra civitatem habeat vel faciat aliquis fimoratium in Ambarratis, liciis, vallatis, etc*. Ibidem cap. 81 : *Item. Statuimus quod de liciis vel prope licias per cannam, vel de Ambariis, vel de staribus, lapides vel terra non accipiantur, sine consensu curiæ*. Rursum cap. 100 : *Statuimus quod auvallata, liciæ et majora fossata usque ad Ambarrium, et de Ambarrio usque ad majus Ambarrium, mensuretur totum tenementum communis undique circa ambitum civitatis, et in extremitatibus auvallatorum ponantur termini apparentes*. Inventar. MS. ann. 1366 : *Vendit Bernardo de Borda hostiario dom. nostri Papæ quoddam hospitium suum, cum locas sibi contiguo, situm extra Ambarria civitat Avinionensis in via crosa etc*. Charta ann. 1340. in Reg. 73. Chartoph. reg. ch. 180 : *Quoddam hospitium..... situatum in Ambarris Condomii*. Quo ultimo loco idem videtur esse quod *Barrium*. Vide in hac voce, et infra *Anambarium*.

* **AMBARURALIS**. *Processio Ambaruralis*, Quæ circa bona ruralia fit, apud Eveillon. cap. 29. pag. 293. et in Stat. synod. eccl. Andegav. pag. 74.

* **AMBASIATIA**, Legatio, Gall. *Ambassade*. Acta S. Sebald tom. 3. Aug. pag. 770. col. 1 : *Post itaque prolixas inquisitiones, magnifica Ambasiata dirigitur.... regi Daciæ filia cujusdam comitis in regno Franciæ*. Vide *Ambascia*.

* **AMBASATOR**, Legatus, internuntius, Gall. *Ambassadeur*. Convent. inter Joan. *le Meingre* et Gabr. Mariam de Vicecomit. Pisarum ann. 1404. in Reg. 158. Chartoph. reg. ch. 460 : *Spectabilis et strenuus miles dom. Johannes dom. Castrimorandi sindicus, Ambasator et procurator illustris et magnifici D. D. Johannis le Meingre, dicti Bouciquaut, etc*.

AMBASCIA, Legatio, injunctum munus, negotii peragendi ac conficiendi alicui demandatum munus. Lex Burgund. Addit. 1. tit. 17 : *Quicumque asinum alienum extra domini voluntatem præsumpserit, aut per unum diem aut duos, in Ambascia sua*.

Pactus Legis Salicæ tit. 1. § 3 : *Si in dominica Ambascia fuerit occupatus.* Alia Editio habet *Ambaxia.* Pithœana : *Si in jussione Regis fuerit occupatus.* Ex quibus liquet, *Ambasciam*, idem sonare quod *Jussio*, munus scilicet alicui demandatum, nostris *Commission.* Nec scio, an aliter accipi debeat in Pœnitentiali S. Columbani : *Qui præsumit facere Ambasciam, non permittente eo, qui præest, libera et effrenata processione, absque necessitate, 50. plagis inhibeatur.* Id est, qui ex patria egredi, vel peregre proficisci præsumit. Nam ita *Ambascia* sumitur in Lege Burgund. nempe pro itinere in Legatione obeunda. Vocem hanc inde retinuere Itali, quam pro anxietate ac fastidio usurpant; fortequod qui *ambasciam* suscipiunt obeundam, morosi sint et anxii ut plurimum : cujusmodi sunt, qui negotiis alienis implicantur. Dantes :

> Et pero lievo su, vinci l' Ambascia,
> Con l' animo, che vince ogni bataglia.

Et alio loco :

> Non ti meravigliar, ch' io n' abbia Ambascia.

[** Vocabuli etymon varie varii accersunt; plurimi a Gallica voce *Ambactus*, Germ. super. *Ambacht*, ita ut *Ambascia* proprie sit officium et ministerium quodcunque, nobile et ignobile, et Ambasciare, Ambachten, ministrare. Adel. Vide supra *Ambactus*, Diezii Grammat. vol. 1. pag. 24. et Raynouardi Lex. Rom. pag. 69. vol. 1.]

AMBASCIARE, Legationem obire, seu potius nomine alterius quidpiam efferre, nuntiare, referre. Hincmarus Epistola 13. ad Ludov. III. Regem : *Remitto autem illum ad vos, ut coram fidelibus vestris, aut profiteatur se ita dixisse, aut veraciter deneget, talia vobis ex mea parte Ambasciasse. Unde puto, ut sicut in nomine interprisum est, ita sit et in Ambasciato. Nam ipse frater noster a vobis ad me rediens Ambasciavit mihi ex vestra parte, ut pedem meum basiaret.* Idem in Visione Bertholdi Presbyteri : *Et Ambasciavi ex illorum parte, quod mihi jussum fuerat.* Ubi *Ambasciatum*, est sermo ipse legati seu nuntii. Sicque ea videtur vox accipienda in inscriptione Epistolæ Pauli PP. quæ extat in Codice Carolino, et tom. 3. Hist. Fr. pag. 378 : *Exemplar... Epistolæ, in qua continetur Abbasciatum* (malim *Ambasciatum*) *Remedii Episcopi et Andecarii Comitis, qualiter justitias B. Petri... apud Desiderium quondam Regem ex parte receperit, et reliquas justitias faciendum pollicitus est.* Ubi *Ambasciatum* non est legatio ipsa, quod vult Gretzerus, sed legati rerum a se actarum narratio, vel relatio : tametsi id ipsum interdum sonet, ut in Capitulari de villis cap. 16 : *Si judex in exercitu, aut in wacta seu in Ambasciato, aut alicubi fuerit, etc.* [** ap. Pertzium : *in ambasiato vel aliubi.*]

Ambasciare præterea dicebantur Proceres, qui ab Episcopis aut Abbatibus interponebantur, ad donationem aliquam pro suis Ecclesiis ab Imperatoribus aut Regibus impetrandam. Has enim donationes *Ambasciasse*, id est, suo interventu obtinuisse dicebantur ii, eoque nomine Chartas ipsas subscribebant, in quibus semper mentio fiebat, has donationes ad illorum preces factas fuisse. Charta Caroli Calvi ann. 877. apud Miræum in Donat. Belg. [** Operum vol. 1. pag. 502.] : *Signum Caroli gloriosiss. Imp. Aug. Domina Richildis Imperatrix Ambasciavit.* Alia Carlomanni Regis Franc. [** Apud Baluz. in Appendice ad Capitul. col. 1510. num. 117.] : *Pridie Nonas Martii ann. 5. regni, Indict. 1. Actum apud Trupchiaeum villam... Theodericus et Anscharius Comites Ambasciaverunt.* Alia ejusdem Regis apud V. Cl. Steph. Baluzium in Notis ad Concilia Narbonensia pag. 71 : *Dat. prid. Non. Junii, ann. 3. Indict. 4. Norbertus Notarius ad vicem Archiepiscopi recognovi. Hugo venerabilis Abba hoc Ambasciavit.* Ubi observandum, Chartam hanc rogatu ejusdem Abbatis concessam esse. Charta alia Caroli C. pro Ecclesia Narbonensi apud eundem V. Cl. Steph. Baluzium in Appendice ad Capitularia n. 78. sic clauditur : *Hudolricus inclitus Marchio hoc Ambasciavit.* Ita apud Perardum in Burgund. pag. 155. aliud Diploma ejusdem Caroli C. sic pariter clauditur : *Audacher Notarius ad vicem Gauselini recognovit et subscripsit. Boso Comes Ambasciator. Data, etc.* Ubi Boso *Ambasciator* dicitur, quod ad illius preces Carolus donationem fecerit, quod quidem ex contextu Diplomatis patet : id est, *interventu*, uti habetur in aliquot aliis Chartis Lamberti et Berengarii Regum Italiæ, Ottonis I. Imperat. et aliis apud Ughellum tom. 2. pag. 124. 125. 129. 130. 194. 203. 208. 209. 518. Denique describitur Charta alia Caroli Simplicis pro Abbatia Auriliacensi a P. Dominico a Jesu Carmelita, in Vita S. Geraldi, [** ap. Mabill. in SS. Bened. sec. V. pag. 8.] quæ sic clauditur : *Willelmus Comes Ambatiavit.* Nec scio, an vim vocis alio verborum contextu expresserit Ælftfryth Regina, Eadgari Anglorum Regis uxor, in subscriptione, quæ extat apud Seldenum ad Eadmerum pag. 159. quæ sic se habet : *Ego Ælfthryth legitima præfati Regis conjux, mea legatione Monachos eodem loco, Rege annuente, constituens, crucem impressi.* Nam *legatio* idem est quod *ambascia.*

¶ Ambassiare, Eadem notione. Charta Carolomanni Regis pro S. Nazario ann. 880. tom. 4. Gall. Christ. inter Instr. col. 64 : *Actum apud Nerondam villam in Dei nomine feliciter, Amen. Theodoricus Comes Ambassiavit.*

Ambasiata, Gallis, *Ambassade*, Mamotrectus : *Nuncium, Ambasiata.* Breviloq. : *Ambasiata est legatio Conciliorum vel Principum in causis suis.* Carolus IV. de Vita sua pag. 105. Edit. Reineccii : *Ludovicus Bavarus solemnem suam Ambasiatam ad Regem Joannem misit.* [Epist. Juliani Cæsarini ad Eugenium IV : *Utinam ubi nota essent pericula, quæ hic sunt forte et sine forte, non venisset cum tali Ambasiata, cujus fama magnum generat scandalum.* Andreas Presbyter Ratisponensis in Chron. Bavariæ ad ann. 1472 : *Misit etiam illuc Rex jam dictus Ambasiatam suam, quibus denegatus fuit salvus conductus, et sic absque audientia abierunt.*] Adde Thwroczium in Ludovico Rege Hungar. cap. 4. et Joannem Carmessonum in Vita sancti Petri Thomasii cap. 5.

¶ Ambassata, Legatio. Rymer. tom. 5. pag. 188 : *Nicholinus de Flisco Romanam curiam.... in Ambassata nostra pridem adveniens.* Spicil. Acher. tom. 6. pag. 148 : *Requisierunt ut ad Ambassatam suam in consistorio publico explicandam audientiam præberet.*

¶ Ambassiata, Eadem notione. Nicolai Episc. Botrontinensis Relatio de Itinere Italico Henrici VII. Imper. ad Clementem V. PP. apud. Murat. tom. 9. col. 887 : *In Taurino venit Rex Romanorum mense Octobris. Tunc cum eo pauci erant. Illuc venerunt Romani ad eum, qui in Ambassiata veniebant ad vestram sanctitatem.*

Ambassiatio, Eadem notione, apud Mathæum Paris pag. 381.

Ambasciaria, Legatio, in Hist. Cortusiorum lib. 4. cap. 3. [Bartholomæus Scriba lib. 6. Annal. Genuens. ad ann. 1262. apud. Murat. tom. 6. col. 530 : *Et adduxerunt secum legatum unum Domini Papæ, scilicet Archiep. de Sassari, qui Januæ stetit per multos dies, et exposuit in consilio Ambasciariam suam ex parte Domini Papæ.*]

¶ Ambaxaria, Eadem notione. Acta Capit. Gener. Ord. Prædicat. ann. 1268. apud Marten. tom. 4. Anecd. col. 1750 : *Item, a recipiendis Ambaxariis et legationibus, fratres quantum poterunt se substrahant et excusent.*

* Ambaissaria, Negotii peragendi ac conficiendi alicui demandatum munus. Pactum inter Carolum I. Andeg. et Provinc. comit. et cives Arelat. ann. 1251 : *Item, si qui cives Arelatenses eligerentur per dom. comitem vel ejus curiam ad eundum in Ambaissariam, dictus dom. comes vel ejus curia provideat eis de expensis.* [** Provincialibus *Ambaicharia* et *Embayssaria.*]

¶ Ambaxiata, in Vita Jacobi *Gelu* Archiep. Turon. apud Marten. tom. 3. Anecd. col. 1949 : *Anno 1415. Penultima Maii fui missus ad Concilium generale Constantiense... Fui præsidens Ambaxiatæ, etc.*

¶ Ambasseata, Eodem significatu, apud Vincentium *Cigault* de Bello Italico.

¶ Ambasseria, Epistola. Acta SS. Maii tom. 7. pag. 832. ubi de S. Humilitate : *Nunc reminiscare doni continui et illarum pulchrarum rerum magnæ pulchritudinis, et Ambasseriarum magnæ dulcedinis, quas mihi transmisisti ad plus diligendum.*

¶ Ambassiata, Eadem notione. Chronicon Mellicense pag. 341. col. 1 : *Reus ob hoc carceri juxta Prælati arbitrium mancipetur, sicut is qui munuscula, eulogias, Ambassiatas seu literas, aut quascumque alias res dat vel accipit absque licentia sui Superioris.*

Ambasciator, Ambassiator, Ambaxiator, Legatus, internuntius, qui jussa Regis, aut domini sui defert. [Gall. *Ambassadeur*, alias, *Ambaxeur*, Ital. *Ambasciatore*, Hisp. *Ambaxador.*] Auctor Breviloq. : *Ambasiator est Legatus Principis in arduis negotiis.* Concil. Constantinop. sub Menna Act. 4. pag. 696. Edit. 1618 : *Heraclius Diaconus Ambasiator Euphræmii Patriarchæ Theopolitani. Stephanus Diaconus et Ambasiator Episcopi Cæsareensis.* Vide Thuvroczium in Attila cap. 13. in Ludovico cap. 4. etc. [Vitam S. Zenobii Episc. Florent. tom. 6. Maii pag. 54.]

¶ Ambasiator, pro *Ambassiator*, tom. 3. Concil. Hisp. pag. 650. [** *Ambasiator, ein Constabel*, in Vocab. Lat. Germ. ann. 1477. Adel. *Ein Fürstenbot*, in Gemm. Gemm.]

¶ Ambasiator, apud Ludewig. tom. 5. Reliq. MSS. pag. 457.

¶ Ambasciator, Mediator, arbiter, supra in *Ambasciare* secunda notione, Gall. *Arbitre, Mediateur, Entremettur.*

¶ Ambassiatrix, Mediatrix. Menoti Sermones fol. 170.: *Media Ambassiatrice pœnitentia.*

¶ Ambayssator, ut *Ambassiator*, in Charta anni 1284. ex Codice MS. Musæi D. *Brunet*, fol. 74.

Imbassiator, *Negotia Imbassiatoria*, tom. 1. Monast. Anglic. pag. 154.

Istorum vocabulorum etymon varie varii accersunt : quidam enim, ut Scaliger, Salmasius ad Hist. Aug., Vulcanius, Spelmannus et alii, a voce Gallica *Ambactus*, Cliens, deducunt, ut *ambascia* sit legatio, obita a cliente aut famulo; *ambasciator*, famulus ipse, cui legati onus imponitur, aut cui res quæpiam mandatur perferenda. Lindenbrogius a Germanico *ambacht*, opera, *ambachten*, operari, deducit, cui subscribunt Paulus Merula et Wendelinus : ita ut *ambasciator* is sit, qui operas suas locat ad obeundam legationem, quod certe quidam perhonorifica legatorum negotiatione indignum censent. Albertus Acharisius in Vocabulario Italico ab *ambulare* : alii denique ab Hebræo etymon accersunt. Vide Origines Francicas et Italicas V. Cl. Ægidii Menagii.

* **AMBASCIATA**, Ambassiata, Munus alicui demandatum, nostris *Commission*. Stat. Cadubrii lib. 1. cap. 51 : *Ambasciatas sibi impositas a vicario vel alio officiali fideliter et veraciter facere etc. Falsam Ambasciatam facere*, ibid. lib. 3. cap. 52. Stat. Pallavic. lib. 1. cap. 3 : *Currerius deputatus ad serviendum officio teneatur et debeat fideliter et legaliter citationes, Ambasciatus, præcepta, et sibi alia quæcunque commissa... facere.* Vide *Ambassiata*, alia notione, in *Ambasciare*. [** Vide Raynouardi Gloss. pag. 69. vol. 1. n° 4.]

* **AMBASIATOR**, Cui aliquod negotium demandatur, in Stat. Vercell. lib. 3. pag. 61. v°. Vide alia notione in *Ambasciare*.

* **AMBASSIA**, ut supra *Ambasciata*. Placit. ann. 845. apud Murator. tom. 2. Antiq. Ital. med. ævi col. 973 : *Portabamus pastas ad Veronam, et alias Ambassias, quas nobis mandabant da parte sanctæ Mariæ.* Pluries ibi.

* **AMBASSIATRIA**, Legatio, Gall. *Ambassade*. Elmham. in vita Henr. V. reg. Angl. edit. Hearn. cap. 14. pag. 28 : *Elegit.... dominos et magnates, quos solenni Ambassiatria ad adversarios suos Franciæ destinavit.*

* **AMBATUALIS**, *Unarhostia*. Glossar. Lat. Ital. MS.

** **AMBATUS**. Gloss. in cod. reg. 7644 : *Ambatum, ambitionem.*

* **AMBAXATA**, Legatio. Chron. Andr. Danduli apud Murator. tom. 12. Script. Ital. col. 305 : *Ambaxatam solemnem pro pace et concordia reformandis imperatori mittentes etc. Ambaxaria*, et *Ambaxiata*, Vide in *Ambasciare*.

¶ **AMBAXIOQUI**, *Circumeuntes catervatim*, apud Festum.

¶ **AMBER**. Vide *Ambra*.

¶ **AMBERGAMENTUM** Regum, f. Locus ita dictus, eo quod Rex aut Dux aliquis ibi fuerit hospitatus vel castra posuerit. Charta restaurationis Abbatiæ S. Michaëlis in Eremo ann. 961. in nova Gall. Christ. tom. 2. Instr. col. 409. E : *Item ex membris et dependentiis dicti feudi sunt quinque ædes ab omni tributo immunes in dicta urbe; tres in parochia S. Michaëlis, quæ ab uno capite tangunt Ambergamentum Regum, etc.*

* **AMBESUS**, *Circumcisus; ab edo componitur.* Glossar. vet. ex Cod. reg. 7613. [** Gloss. cod. reg. 7644 : *Circumesas.*]

** **AMBI**, Servi, in Gloss. cod. Reg. 7644. ex Placido. Apud Maium pag. 435 : *Amui.*

¶ **AMBIANENSIS** Moneta. Vide *Moneta Baronum.*

* **AMBIBALLUS**, *Hircus villosus*, in eod. Glossar. Cod. reg. 7613.

¶ 1. **AMBIDEXTER**, Aptus ad gerendas res, tam spiritales quam temporales. Statuta Collegii de Monte-acuto apud Lobinellum tom. 3. Hist. Paris. : *Quod si eis nullum contingeret vere Ambidextrum reperiri, monemus prædictos dominos, ut in spiritualibus magis idoneum præferant in temporalibus aptiori.*

2. **AMBIDEXTER**, Judex, qui ab utraque parte dona accipit. Galli dicerent : *Qui prend à droite et à gauche.* Bracton. lib. 3. tit. de Corona cap. 1 : *De Vicecomitibus et aliis Ballivis Ambidextris, qui capiunt de utraque parte.* Adde Rastallum in hoc verbo.

¶ **AMBIDEXTRIA**, Munera ab utraque parte accepta, apud Rymerum tom. 7. pag. 166. tom. 8. pag. 27. tom. 11. pag. 445.

¶ **AMBIDOLÆ**, forte pro *Amigdalæ*. Computus Joannis de Ponciaco tom. 2. Hist. Dalphin. pag. 284 : *Item pro 5. libris de pipere, 5. de zinzibero... 11. libris et uno quart. de zaccaro, et 25. libris de Ambidolis, et 10. lib. de risis, etc.*

¶ **AMBIENTER**, Sollicite, diligenter. Vita S. Nicetii Episc. Lugdun. tom. 1. Aprilis pag. 10. D : *Sic etiam indubitanter atque Ambienter consurgere jugiter ad Matutinos studuit, ut exordia ipsius officii semper ipse cœpisset.* De conventione inter Adalardum S. Victoris Abbatem et Willelmum Vicecomitem de Villa Cathedræ ann. 993. apud Marten. tom. 1. Ampliss. Collect. col. 349. E : *Abbas vero missis bobus cœpit terram, quæ est ante Ecclesiam S. Damiani Ambienter excolere, et huc illuc rumpere terram ad faciendas condaminas.*

AMBIENTISSIME, in Epist. 9. inter Francicas tom. 1. Hist. Franc.

AMBIFARIE, Ambifariam, Bifarie. Ugutio : *Ambifariam, discretim, id est, ex ambabus partibus.* Utitur Apuleius in Apologia, pag. 276, 3. *Ambifarie* dixit Claudianus Mamertus lib. 1. de Statu animæ cap. 2 : *Quicquid afficitur contrariis congruentibusque pariter obnoxium Ambifarie subditur passioni.* Vide *Amfariam*. [** Vide Forcell. Gloss. in cod. reg. 7644 : *Ambifariam, pro duabus partibus posuit, sive pro ambabus.*]

** **AMBIGARIUM**, *ex ambabus partibus*, in Gloss. cod. reg. 7644.

AMBIGENA, Androgynus, hermaphroditus : utriusque generis, seu sexus. Petrus Blesensis Epist. 9 : *Ambigena non generant, teste Hippocrate, etc.* [Hic locus non reperitur in Epist. laudata, saltem in Edit. operum P. Blesii ann. 1667. Laurentius in Amalth. nulla Hippocratis facta mentione habet : *Ambigena, hermaphrodita, androgyna, quæ non generant.* Plinius autem lib. 8. de Semiferis animalibus : *Ambigenæ, semiferæ, quæ ex fera et domestica bestia nascuntur.*]

* **AMBIGIATUS**, Furtum jumentorum, pro *Abigeatus*. Vide in hac voce et *Abigevus*. Lit. remiss. ann. 1347. in Reg. 76. Chartoph. reg. ch. 296 : *Interfecerunt dictos duos nuncios, quos invenerunt dormientes, scindendo gargatam, et deinde ceperunt dictos duos equos.... Item quod prædicta facinora negare non potest dictus denunciatus, ... mortem duorum nunciorum, et furtum, et rapinam et Ambigiatum.*

AMBIGINES, *Loca flexuosa, anfracta*, in Gloss. Lat. MS. Regio Cod. 1013. et apud Papiam. Vide *Ambago*.

AMBIGIOSUS, Papiæ, *Circulosus, ambagibus plenus* : forte *Ambagiosus*. [Gloss. Sangerman. *Ambigiosus, Circulosus, aut per Ambages circuiens.* Johan. de Janua : *Ambiguus ab ambages dicitur... Ambiguosus, dubitabilis vel ambagibus plenus.* Sic et in Glossis lubentius legerim *Ambiguosus*, quam *Ambigiosus* : quod tamen ferri potest.]

AMBIGONIUS, dicitur *ille triangulus, qui hebetem angulum habet*, Ugutioni; vox hibrida.

☞ Apud Ugutionem scribitur male. Legendum *Ambligonius* vel potius *Amblygonius*, ut in Papia MS. Bituric. Componitur ex ἀμβλὺς, obtusus, et γωνία, Angulus : adeoque est vox proprie Græca.

* **AMBIGUA** Ovis *dicebatur, quæ cum geminos pareret, cum ipsis altrinsecus positis sacrificabatur : unde derivatur, quasi ab utraque parte habens agnos.* Glossar. vet. ex Cod. reg. 7613. Vide Martinii Lex. v. *Ambegnus*, et supra *Ambagena*.

¶ **AMBIGUOSUS**. Vide *Ambigiosus*.

AMBIGUUM, Indefinitum. Frontinus de limitib. agror. : *In Ambiguo videtur hic ager, et velut indefinite remansisse.* Idem de Coloniis : *Pro æstimio libertatis legem sunt secuti, ubi termini Ambiguum nunquam receperant.*

AMBILOQUUS, *Bilinguis, qui nunc hoc, nunc illud affirmat, unde Ambiloquium, talis locutio.* Ugutio et Joan. de Janua.

* **AMBIO**, onis, *i. Leccator.* Glossar. Lat. Gall. ann. 1352. ex Cod. reg. 4120. leg. *Ambro*. Vide in hac voce.

* **AMBIOSUS**, *Quod ambiat honores, Destros, Prov.* Glossar. Prov. Lat. ex Cod. reg. 7657.

¶ **AMBITA**, f. Chors, Gall. *Basse cour*, ab *Ambire* sic appellata. Charta Guillelmi Comitis Claromont. apud Baluz. tom. 2. Hist. Arvern. pag. 62 : *Et in Sayaco ubi est grangia et Ambita, comprehendendo fontes, qui sunt prope et supra Ecclesiam de S. Vincentio.*

AMBITIES, *Ambitio*, Ugutioni.

AMBITIO. 2. Paralip. cap. 16 : *Posueruntque eum super lectum suum, plenum aromatibus et unguentis meretriciis, quæ erant pigmentariorum arte confecta, et combusserunt super eum Ambitione magna.* Ubi Mamotrectus : *id est, apparatu magno*, et Græc. Edit. : καὶ ἐποίησαν αὐτῷ ἐκφορὰν μεγάλην ἕως σφόδρα. [Spicil. Acher. tom. 7. pag. 537 : *Hoc itaque solenne tempus* (Translationis S. Eloquii) *consilio suo B. Forannanus in melius reformare desiderans, quatenus majoris Am-*

bitionis et venerationis dies et solemnitas recolenda ab omnibus magis amplecteretur. S. August. Epist. 23. ad Maximinum : *Transit Ambitio.* S. Paulinus apud eumdem Augustinum Epist. 94 : *Senatoriæ dignitatis Ambitio.*]

¶ **AMBITIRE**, pro *Ambire*, Blandiri, interpellare. Fulbertus Episc. Carnut. Epist. 21. ad Abbonem Floriac. Abb. apud Mabill. tom. 4, Annal. Benedict. pag. 167. ubi de Magenardo in Carnutense S. Petri Monasterium intruso : *Sedet nunc ille Primas in Abbatiæ suggestu, sæculari potentia fretus, de peracta victoria gloriosus, fautores ejus Abbates, Episcopos atque ipsum Papam Ambitiendo, ne quid gravius statuatur in illum, modis omnibus elaborat.*

¶ **AMBITOR**, pro *Ambitiosus*, in Ampliss. Collect. Marten. tom. 1. col. 22. Utuntur Lampridius et alii inferioris ævi.

AMBITUDO, pro *Ambitus*, dixit Apuleius in Asclepio.

¶ 1. **AMBITUS**, Peristylium, Claustrum, Gall. *Cloître.* Ambitus proprie idem ac circuitus, Gall. *Enceinte, circuit;* quare sumitur aliquando pro ipso claustro, quod in obliquo subintelligitur. Gall. Christ. tom. 3. col. 750. ubi de Abbatia S. Martini Majoris : *Jacere dicitur in sacello quod est in Ambitu*, (supple *claustri.*) Ibidem col. 751. D : *Sepultus est in cœmiterio communi fratrum in Ambitu, prope gradum lapideum superiorem quo ex Ecclesia in Ambitum descenditur.* Schramb. Chronicon Mellicense pag. 425. col. 1. in Memoriali Visitatorum ejusdem Monasterii ann. 1451 : *Pro debita clausura sint octo januæ clausæ... scilicet tres januæ Ambitus, et duæ de Basilica et dormitorio, etc.*

* 2. **AMBITUS**, *Inter vicinorum ædificia, locus duorum pedum et semis, ad circumeundi facultatem relictus.* Glossar. vet. ex Cod. reg. 7613. [** leg. *semipedis*, ex Isid. Orig. lib. 15. cap. 16. sect. 12.]

IN AMBITU, Circa, quomodo Galli dicunt, *aux environs.* Ethelwerdus lib. 4. cap. 3 : *In eodem anno post Pascha, in Ambitu letanias, cometa apparuit.*

AMBIVERTIBILIS, In utramque partem versatilis. Anonymus de Miracul. S. Servatii n. 56 : *Ambivertibilique vultu oculos convertit.*

¶ **AMBIVIUS**, Idem quod Bivius. *Ambivium iter*, apud Dudonem lib. 3. de Actis Normannorum.

AMBIX, Vas materiæ testeæ, vel vitreæ, Cælio Aureliano Siccensi lib. 4. Tardar. passion. cap. 7. Ἄμβιξ, Hesychio, Athenæo et aliis.

AMBLACIUM, Instrumentum rusticum. Adalardus in statutis antiquis S. Petri Corbeiens. lib. 2. cap. 1 : *Ipsi dent unusquisque ad hortum, cui deservit, in tertio anno aratrum 1. cum Amblacio et conjunclis, quando necesse fuerit.* [** In voce *Conjunclum* et apud. Guerardum post Polyptychum Irminonis legitur : *jugum cum Amblacio.* Unde doctissimus editor Irmin. in Glossário : *Amblacius, annulus virgis flexibilibus contortisque efformatus, cui paxillus jugi inseritur; isque annulus aratri temonem extremum aduncumque, in ipsum introductum, retinet atque attrahit.*]

* Idem prorsus quod *Amblai*, in Libert. Jonvillæ ann. 1354. tom. 4. Ordinat. reg. Franc. pag. 300. art. 38 : *Voulons et octroyons que lidit habitant aient hernoix de cherrues, puissent prenre et coillir hars, rortes et Amblaix, en touz noz bois de Jonville, pour maintenir les charuaiges.* Et *Ambley*, in Lit. remiss. ann. 1479. ex Reg. 200. Chartoph. reg. ch. 135 : *Le suppliant print une des verges pour teurtre* (tordre) *et faire des Ambleyz à charrete.* Ex quibus colligitur *Amblacium* proprie esse Cratis genus ex virgis flexibilibus et contortis efformatum, sic dictum, quod carrum ambit et cingit, ut in eo certæ merces vehi possint.

* **AMBLATOR**, f. *Amblaciorum* artifex. Occurrit in Instr. ann. 1364. inter Probat. tom. 2. Hist. Nem. pag. 303. col. 2.

¶ **AMBLYGONIUS.** Vide *Ambigonius.*

1. **AMBO**, Pulpitum, tribunal Ecclesiæ, ad quod gradibus ascenditur. [Gall. *Jubé.*] Papias : *Ambonem dicendo, gradum significamus.* Walafridus Strabo lib. de Reb. Eccl. cap. 6 : *Ambo ab ambiendo dicitur, quia intrantem ambit et cingit.* At constans est doctiorum sententia, a voce Græca ἀναβαίνειν, Latinam formatam. Hesychius ait, ἄμβωνας esse τὰς καταβάσεις τῶν ὀρῶν. Lexicon Græc. MS. Reg. Cod. 930. Ἄμβων, παρὰ τοῦ βῶ, τὸ βαίνων, καὶ ὁ ὑψηλὸς τόπος. Aliud Cod. 2062. Ἄμβων, ὁ ὑψηλὸς τόπος, παρὰ βῶ, βῶν καὶ ἀνάβων, καὶ κατὰ συγκοπὴν ἄμβων. Infra : ἄμβων, ὁ τῆς πέτρας ὀφρῦς. Paulus Warnefridus in Episcopis Metensib. in Chrodegango : *Construxit etiam Ambonem auro argentoque decoratum, et arcus per gyrum throni ante ipsum altare.* Historia Episcoporum Autisiodor. cap. 45 : *Ambonem ibi vilem aspiciens, cryptis honestissime compositis desuper, honorifice constructum locavit.* Anastasius in Sergio PP. : *Hic fecit Ambonem et incyburium in Ecclesia, etc. Pulpitum Ecclesiæ* semel ac iterum vocat Victor Tunonensis.

Ad conscendendum ambonem duplex patebat ascensus, ut ex Silentiario probavimus in Descriptione S. Sophiæ n. 75. quod firmatur præterea ex iis, quæ habet Durandus lib. 4. Ration. cap. 24. n. 17 : *Dicitur autem Ambo..... quia gradibus ambitur. Sunt enim in quibusdam Ecclesiis duo paria graduum, sive duo ascensus in illum per medium chori, unus a sinistris videlicet versus Orientem, quo fit ascensus : alter a dextris, videlicet versus Occidentem, quo fit descensus.* Ugutio : *Ambo, pulpitum ubi ex ambabus partibus sunt gradus.* Anastasius in S. Silvestro PP. pag. 17 : *Fecit Basilicam B. Laurentio Martyri... in qua fecit gradum ascensionis et descensionis, etc.*

In ambone legebantur *Lectiones, Epistolæ et Evangelia* in sacris Liturgiis. Ceremoniale Episcopor. lib. 1. cap. 12 : *Ambones, ubi Epistolæ et Evangelium decantari solent.* Chronicon Casinense lib. 3. cap. 19 : *Gradum etiam ligneum ejusdem operis extra chorum, Ambonis in morem pulcherrime statuit, in quo et nocte Lectiones, et Epistolæ ac Evangelia ad Missas præcipuarum festivitatum legerentur.* Ita Editio Angeli a Nuce : nam Broliana perperam *Umbonis* præfert. Benedictus III. PP. Epist. 12. ad Episcopos in Regno Caroli constitutos : *Qualiter olim sacrorum fuit conjunctus numero Clericorum, adeo ut in divinis celebrandis mysteriis more Subdiaconorum sacras Lectiones conscendens Ambonem populo nuntiaret.* Gregorius Nazianz. Orat. 1. in Julianum pag. 59. de eodem Juliano : Ἡ τῶν θείων ὑπαναγνώστης ποτὲ λογίων, καὶ τῆς τοῦ μεγάλου βήματος ἠξιωμένος τιμῆς. Nicephor. Callist. lib. 14. cap. 10 : Ὑπὸ τὸν ἄμβωνα, ὃ βῆμα τῶν ἀναγνωστῶν ἐστιν. Vetus Inscriptio Romana apud Mabillonium tom. 4. Analect. pag. 486. *In Ambone S. Petri :*

Scandite cantantes Domino, Dominumque legentes :
Ex alto populis verba superna sonant.

In ambonis parte superiore bini erant gradus, alter altior, in quo Evangelium legebatur, alter inferior, in quo Epistola. Ordo Romanus : *Subdiaconus vero, qui lecturus est, ascendit in Ambonem, ut legat, non tamen in superiorem gradum, quem solet ascendere, qui Evangelium lecturus est.*

Neque tantum Lectiones et Evangelia, sed etiam quæ ad populum recitanda vel exhibenda erant, in ambonibus recitabantur aut exhibebantur. S. Martinus I. PP. in Synodo Lateranensi : *Capitula numero novem in Ambone prædicans, etc.* Annales Francorum ann. 800 : *Ipse Pontifex coram omni populo, in B. Petri Basilica Evangelium portans, Ambonem conscendit, invocatoque Trinitatis nomine, de objectis se criminibus jurejurando purgavit.* Vide Anastasium in Pelagio PP. Capitula Caroli Mag. lib. 1. cap. 88 [** rec. 82. ex Capit. ad Ecclesiast. ann. 817. (Baluz. 816) cap. 6.] : *In Ambone ipsa auctoritas coram populo legatur.* [Translatio S. Judoci inter Acta SS. Benedict. sæc. 5. pag. 546 : *Hoc* (miraculum) *eodem rogante in festivitate S. Johan. Baptistæ Wido Abbas Ambonem ascendens populo narravit.*] In ambone Imperatores coronatos testatur Theophanes pag. 405. 418. 419. 426. et Auctor incertus post eumdem Theophanem pagina 431.

In ambonibus etiam orationes, seu *sermones*, habebantur ad populum. Epiphanius lib. 10. Histor. Tripart. cap. 4 : *Episcopus vero, Eutropio sub altare jacente, nimioque repercusso timore, residens super Ambonem, ubi solebat prius facere consuetum sermonem.* Iso Magister de Miraculis S. Othmari Abbat. cap. 4 : *Quendam Archipresbyterum Ambonem conscendere, ac vice sui sermonem ad populum facere jussit.* Prudentius Peristeph. Hym. 11. de S. Hippolyto :

Fronte sub adversa gradibus sublime tribunal
Tollitur, Antistes prædicat unde Deum.

S. Fulgentius Homil. 10 : *Dum sanctæ prædicationis, jubente nunc sancto Patre, altissimum conscendimus thronum, vestris immolaturi sensibus verbi Dominici sacrificium, Dei primitus expectamus eloquium, qui loquentem facit mutum, ut cum nos gradus conscendimus absidæ, ipse descendat de throno cœlorum, qui inclinavit cœlos, et descendit, etc.* Socrates lib. 6. cap. 5 : Καθεσθεὶς ἐπὶ τοῦ ἄμβωνος, ὅθεν εἰώθει καὶ πρόσθεν ὁμιλεῖν, χάριν τοῦ ἐξακούεσθαι. Cæterum erat adhuc Romæ veteris ambonis forma in Ecclesiis S. Clementis, S. Pancratii, et S. Laurentii extra muros. Vide quæ de ambone Ecclesiæ Sophianæ congessimus in ejusdem ædis Descriptione n. 74. 75.

* *Ambo figuram lapidis sancti monumenti designat, quem Angelus cum evolvisset ex ostio monumenti, proclamabat resurrectionem Domini.* Ita German. II. patr. CP. Theor. rer. eccl. ex interpr. G. Herveti.

* 2. **AMBO.** *Ad Ambos ad ambos*, Phrasis

Gallica, *Deux à deux.* Notitia ann. 851. ex Chartul. Lemovic. : *Tunc adstantes, qui illic aderant, caterva non modica bonorum hominum, interrogarunt leges eorum ad ambos ad ambos : at illi uterque nunciaverunt se esse Romanos.*

AMBOLAGIUM. Vide *Anabolagium.*

* **AMBOSCA**, Insidiæ, Gall. *Embuscade.* Lit. remiss. ann. 1461. in Reg. 192. Chartoph. reg. ch. 19 : *Congregavit 25. balesterios et duos homines eques* (equites) *armatos et illos posuit in Ambosca seu indicio* (insidio) *in quodam nemore.* Vide infra *Ambuschia.*

* **AMBOSTA**, AMBOTA, Quantum pugno vel manû ex acervo frumenti alteriusve rei capi et contineri potest, idem quod *Pugniata.* Stat. Taurin. ann. 1360. cap. 269. ex Cod. reg. 4622. A : *Venditores grani et leguminum de Taurino non teneantur dare Ambostas.* Charta eccl. Lugdun. ann. 1345 : *Debet quinque bichetos et quinque Ambotas frumenti.* Ibid. : *Untus Ambotæ et dimidiæ.* Vide *Ambostis.*

AMBOSTIS, *Pugillus, pugnus*, in Gloss. Arabico-Lat.

¶ 1. **AMBRA**, Ambarum, Gall. *Ambre.* Relatio pro canonizatione B. Aloysii tom. 4. Junii pag. 1142. B : *Coadjutores ex societate et sacristæ deponunt, magnum Poloniæ Marescalcum B. Aloysio argenteam lampadem dono dedisse, et alium sex candelabra ex Ambra.* Vide *Ambar*, et mox *Ambre.*

2. **AMBRA**, AMBRUM, AMBER, Anglo-Saxonibus, Vasis vinarii genus, vel mensura : ex Latino *amphora*, ut videtur, deducto vocabulo. Leges Inæ Regis West-sax. tit. 74. apud Brompton. : 12. *Ambræ cervisiæ Waliscæ... 10. plena Ambra butyri.* [** Ap. Wilk. tit 70 : twelf Ambra. Nominativus est Amber, Germanis hodie *Eimer.* De origine vocis vide Grimmii Gramm. vol. 3. pag. 456 et Graffii Thesaur. Franc. vol. 3. col. 148.] Leges Adelstani Regis apud eundem tit. 3 : *De duabus meis firmis dent eis singulis mensibus Ambra plena farinæ.* [** Concil. Greatanl. Præf. § 1.] Liber Evidentiarum Eccl. Christi Cantuariensis : *Et reddere debet* 120. *mensuras, quas Angli dicunt Ambres, de sale.* [Tabularium Parthenonis SS. Trinit. Cadom. fol. 23 : *In Eskenevilla...* III. *Villanos et dimidium, et reddunt......* II. *gallinas de pullagio....* et XIII. *bordarios, qui dant...* I. *modium salis et* II. *Ambros de salinis ejusdem villæ.*] Cujus vero quantitatis fuerit amphora, pluribus tradunt Lambardus et Spelmannus. Nescio, an *amphora* apud Will. Thorn. pag. 1804. lin. penult. sit idem, quod *Ambra.* Vide *Ambar.*

¶ **AMBRE**, Idem quod Ambar, vel succinum et electrum, Gall. *Ambre.* In hoc autem distinguuntur ambar et succinum, quod ambar bituminis genus sit in littus maris ejectum, quod aeri expositum durescit, odorem spirat suavem, et sit cinerei coloris : succinum vero succus sit arboris induratus, flavus et nullum diffundens odorem. Bernardus Thesaurarius de acquisitione Terræ Sanctæ apud Murat. tom. 7. col. 838 : *Receptæ autem sunt ad utilitatem Reipublicæ pro majori parte Ægypti deliciæ in auro et argento, et pomis, perlis, Ambre, filis aureis, et filacteriis variis.* Rymer. tom. 8. pag. 428. col. 1 : *Unum par Pater noster de Ambre.* Id est, sacrorum globulorum series quam Gallice vulgo dicimus *Chapelet.* Hujusmodi vero series sæpissime fiunt ex electro : quare per *Ambre* hic significari puto succinum vel electrum. Vide *Ambrum.*

* Hæc sic emendanda ex D. *Falconet :* In hoc autem distinguuntur ambar et succinum, quod ambar bituminis genus sit oceani Orientalis proprium, cinerei aut nigri coloris, in littus maris ejectum, quod aeri expositum durescit, et odorem spirat suavem : succinum vero sit aliud bitumen lapidescens, flavum aut album, ex tritu vel ab igne fragrans, quod in sinu Codano reperitur; refoditur etiam in quibusdam locis Mediterraneis.

AMBRO. Gloss. Isid.: *Ambro, devorator, consumptor, patrimoniorum decoctor, luxuriosus, profusus.* Joan. de Janua : *Ambro, leccator, lurco, manducus, ardelio, ganeo. Sed interest : Ambro dicitur ille, qui bene scit judicare de sapore ciborum, et libenter gustat bene saporata : lurco dicitur ille, qui gulose et immunde omnia devorat, etc.* Gildas de Excidio Britann. : *Illi primores inimici ac si Ambrones lupi profunda fame rabidi.* Galfridus Monemuthensis lib. 5. cap. 4 : *Prosternite viri obstantes Ambrones, prosternite.* Adde lib. 5. cap. 6. lib. 6. cap. 3. Althelmus de Octo principalib. vitiis cap. 1 :

Dum vetitum ligni malum decerperet Ambro.

Idem cap. 5. de Virg. : *Ambronibus et lurconibus vetitam degustans alimoniam.* Adde Epist. 1. Bonifac. Mogunt. Festum Pompeium, et Cluverium lib. 2. Germ. Antiq. cap. 4. etc. [** Vide Forcell. in voce *Ambrones*, ibique Festum, unde fluxerunt quæ habet Placidus apud Maium pag. 436.]

* **AMBROARE**, Lotio vel argilla, ut videtur, pannum purgare, detergere. Stat. pro pannificio Carcass. renovata ann. 1466. in Reg. 201. Chartoph. reg. ch. 121 : *Item quod casu, quo reperiatur aliquis pannus, cum capite de bombace seu cotono, in aliquo molendino seu in aliqua tincturia aut alibi in quacumque parte, qui esset vel sit escuratus, Ambroatus, seu alias quovis modo paratus in toto vel in parte, et talis pannus non fuerit visus, etc.*

AMBRONINUS, inquit Joan. de Janua, *ab ambro, quod est leccator, unde quidam, cum vellet alium redarguere, ait : Tu habes lurconinam buccam, et Ambronina labia: volens significare, quod multum et turpiter comedebat, et libenter de bene saporatis.* Vide *Ambro.*

** **AMBROO**, S. Rosa de Viterbo effictum putat e Latino *Amplius.* Privil. æræ 1233 apud eundem vol. 1. pag. 111 : *Et vadit Ambroo, per ipsa aqua, et inde per lombo aufesto.*

AMBROSIANUM. Vide *Hymni Ambrosiani.*

AMBROSINI, Nummi Dominorum et Ducum Mediolani, S. Ambrosii equo insidentis, et flagellum dextra tenentis imagine insignes, cujusmodi passim videre est. Ii autem cudi cœpere, ex quo Luchinus Vicecomes, Mediolanensium copiarum ductor ab Azone patruele suo constitutus, victoriam insignem de Leodrisio Vicecomite, Azonis patruo, reportavit ann. 1339. 21. Febr. quo in prælio ferunt S. Ambrosium ab omnibus conspectum, scutica hostes cædentem; ideoque Mediolanenses ei victoriam adscripsisse. Postmodum in rei memoriam sanctum Antistitem hac specie in nummis suis effingi curarunt Domini Mediolanenses. Historiam narrant Bosius, Corius, Jovius, et alii. Sed vexilli Mediolanensis, S. Ambrosii nomine insigniti, longe antea mentio occurrit, nempe sub ann. 1160. in Hist. Archiepisc. Bremensium pag. 104. [* Vide in *Moneta.*]

* **AMBROSIO**, ONIS, *Quia indicat, vel quia bene saporat, Glot, Prov.* Glossar. Prov. Lat. ex Cod. reg. 7657. Vide *Ambro.*

¶ 1. **AMBRUM**, Electrum; succinum. Gall. *Ambre.* Hist. Dalphin. tom. 2. pag. 275 : *Pro pectinibus sex et speculis. 6. et duobus filis de pater nostris de Ambro, et duobus filis de pater nostris de curallo etc.* Vocis originem accersendam vult Skinnerus in Lexico Etymol. ad vocem *Amber* non ab Arabico *Anbar* quod idem sonat. sed a Belgico *Aen-Bernen, Adurere*, quasi diceretur lapis ustilis; licet enim soliditate sua lapis videatur, igni tamen admotum accenditur, etc. Quo nomine bitumen istud nobile, inquit, teste Francisco Guicc. in Belg. hodie *Bern-steen* accolis maris Balthici appellatur. Hoc autem momento præcipue ducitur eruditus Vir, quod succina non in Arabicis, sed in Germanicis maribus inveniantur, unde et in Asiam aliasque Orientales plagas per commercium distrahuntur. Quidquid sit *Ambar, Ambra, etc.* non nisi post Latinitatem corruentem usurpari cœperunt. Adeas ipsum Skinnerum in Lexico supra laudato. Vide *Ambar*, et *Ambre.*

* Verosimilius tamen D. *Falconet* videtur succino, quod Arabibus vocatur *Karabé*, Ambrum nomen inditum fuisse ex similitudine bituminis illius cum altero, quod Arabes appellaverant *Anbar.*

¶ 2. **AMBRUM**, Species vasis. Vide *Ambra.* 2.

¶ **AMBUBIA**, Intybum, Gall. *Chicorée.* Gloss. Lat. Gr. : *Ambubia*, κιχώρια.

** **AMBUCIUS**, *Kurhut*, in Vocab. Lat. Germ. ann. 1477. ADEL. [Vide Amucium.]

AMBUDT. Andreas Suenonis lib. 13. Legum Scaniæ cap. 6. de oppressione ancillæ : *Ad sex orarum satisfactionem vel seni juramenti defensionem interdum illicitus attingit concubitus cum ancilla, puta, quæ servilibus exempta operibus, societatis et honoris, et obsequii dignioris intuitu, assidendi dominæ suæ officium est adepta, unde quoque Ambudt lingua patria nominatur.* [** *Ambatt*, in codice Juris Islandorum dicto Gragas, sectione de fœdere conjugali cap. 43. Schlegelius in glossario ad hanc legem : *Ambátt, ancilla; thema mihi non innotescit, nisi idem sit, ac annbátt, ita ut ab önn, labor assiduus, derivandum sit.* Vide Stiernhookum supra in voce *Ambactus* laudatum. *Andbahts* apud Ulfilam et Franciscos scriptores semper est servus honoratior, cui significationi bene congruit locus Sunonis.]

* **AMBUFILA**, *Lo ventre*, in Glossar. Lat. Ital. MS.

** **AMBULA**, *est instrumentum in quo equi discunt ambulare*, in Gemma Gemm.

AMBULACIUM, Caducum mali Punici. Cælius Aurelianus lib. 5. Chron. cap. 2. pag. 129. 1. edit. : *Aut mali Punici foliis viridibus, vel ejus caduco, quod Latini Ambulacium vocant.* At lib. 4. cap. 3. pag. 102. habet

Ampullagium : aut decoctione mali Punici, vel ejus caduci, quod Græci Cytino roas appellant, nos Ampullagium. Ita etiam editio posterior. Græc. κύτινος ῥοᾶς.

1. **AMBULARE**, Ire, proficisci, equo vehi, peregre ire. Glossæ MSS : *Bitit, Ambulat. Bitire, ire.* Infra : *It, ibit, Ambulavit. Ambula in jus*, apud Plautum. Anonymus Valesianus de Constantino M. : *Ambula Constantinopolim ad Justinum Imperatorem.* Messianus Presbyter in Vita S. Cæsarii Arelat. lib. 2 : *Effecit, ut vir Dei ad civitatem illam Ambularet*, Gregorius Turon. lib. 9. Hist. cap. 20 : *Non est optimum, ut neptis mea Ambulet, ubi soror sua est interfecta.* Ita lib. 6. cap. 11. de Vitis Patrum cap. 7. Regula 1. SS. Patrum cap. 8. Decretio Childeberti cap. 7. Præceptum Theodorici Reg. Fr. apud Mabillon. de Re Diplomat. pag. 471 [** Breq. 197. ann. 681.] *Ubi de ipso monastirio, vel de ejus villis, tam Ambolandum, quam revertendum perexirent.* Placitum Childeberti III. Reg. ibid pag. 477. [** Brequ. n. 232. 23 dec. 694.] : *Quando Genetor noster Theudericus quondam Rex, partibus auster hostileter visus fuit Ambolasse, homo nomine Ibbo quondam, aullatenus ibidem Ambolasset, etc.* Ubi in mentem venit nostrum, *aller* pro *ire*, ex *ambulare*, formatum, ut ex *ambler*, *aller* effictum fuerit. Conjecturam severioribus libenter exponimus. Hac notione utuntur Paulus in Vita S. Hilari Abbat. Galeat. n. 5. 7. Lex Alemann. tit. 23. § 4. Lex Longobard. lib. 1. tit. 14. § 6. 7. 8. [** Roth. 21, ibique formul. Liutpr. 82 (6, 29). Aistulph. 13 : *in exercitu ambulare.*] Capitula Caroli C. pag. 135. [** Capit. Caris. ann. 864. art. 14.] Marculfus lib. 1. form. 23. Hincmarus tom. 2. pag. 593. Concilium Wormatiense ann. 868. can. 18. Anastasius in Vitis PP. pag. 27. 32. 35. 37. 38. etc. Vetus Testamentum passim, etc. [* pro Exire, Gall. *Sortir*, in Chartul. Celsiniam. ch. 378 : *Iste ostages in preison veniat ad Celsinanias, et de illa preison non Ambulet, sine absolutione de priore.*]

Deambulator, Qui peregre proficiscitur. Eckehardus de Casibus S. Galli cap. ult. : *Deambulatoribus peregrinis, qui Romam ibant, jungitur.*

Ambulare super aliquem. Lex Longob. lib. 1. tit. 9. § 19 : *Qui super aliquem Ambulaverit, et sic eum pro quacumque causa occiderit, etc.* Gall. dicerent : *Courir sur quelqu'un.*

[** Liutpr. 20. (4, 2.) Walterus ex Lindenbrogii var. lect. scripsit *Adsalierit.* Male, ni fallor, nam vox *Adsalire* propria est Leg. Salic. et Capitul. Franc.; et in formula huic ipsi cap. Liutpr. 20. juncta, legitur : *Quod tu Ambulasti super etc.*]

¶ Ambulare dicitur de Episcopo qui lustrando peragrat diœcesim suam. Index veterum Canonum inter Concil. Hisp. tom. 3. pag. 28 : *Ut Episcopus per diœcesim suam Ambulans duos solidos tantum accipiat.*

* Ambulare ante Sanctum, Ad ædem ejus nomini sacram ire. Chartul. eccl. Vienn. : *Ego Artaldus et uxor mea nomine Petronilla cedimus ecclesiæ S. Andreæ.... vineam, quam acquisivimus in pago Viennensi,... quia mulier mea non habebat filium, sed tantum filias; et Ambulavit ante sanctum Maximum, et deprecata est Dominum, et exaudivit eam, et imposui ei nomen meum, et vocatus est Artaldus.*

¶ Ambulare ad Maritum, Nubere, in Legibus Luitprandi apud Murator. tom. 1. part. 2. pag. 51. col. 2. [** Liutpr. lib. 2. cap. 8. (14.), ubi *sorores qui ad maritum ambulaverint* opponuntur iis quæ *in casa patris remanserint.* Ibidem lib. 6. cap. 94 (114.), neque ibi *ad maritum ambulare* est nude *nubere*, sed *domum paternam deserere.*]

¶ Ambulare Mensura, dicitur in iisdem Legibus apud eundem Murator. pag. 64. col. 2 [** Liutpr. lib. 6. cap. 16. (69).] *Aliæ vero res quæ divisæ fuerint inter fratres seu nepotes, vel ubi Mensura tracta est, sortes stantes adæquentur. Nam ubi per xl. annos Mensura minime Ambulaverit, et causa probata fuerit, quod jure quieto possedisset... per sacramentum finiatur, etc. Mensuram trahi* et *Mensuram ambulare*, quæ idem sonant hocce in loco, aliud nihil significare videntur, quam hæreditatem dividere et in æquas partes distribuere : hac ergo lege statuitur, eum fore legitimum possessorem, qui rem quamcumque per quadraginta annos possederit, modo *Mensura non ambulaverit*, hoc est, modo rei illius per id tempus nulla fuerit facta partitio, istudque per sacramentum comprobetur.

* Ad hujusce legis sensum aptior mihi videtur interpretatio, qua *Ubi per quadraginta annos mensura minime Ambulaverit*, intelligitur, ubi per 40. annos nulla exorta est difficultas de portione, quæ alicui obvenit, quando res divisæ fuerunt inter fratres, per mensuram, hoc est, justam æstimationem; ad possessoris sacramentum quæstio debet referri, ut lis intentata finiatur; maxime cum causa possessionis probata fuerit.

Ambulare pecunia dicitur, quæ, ut vulgo loquimur, currit, cursum habet, in usu est, *a cours*, in Pragmatica Sanctione Justiniani cap. 19. *Vadere*, in Concilio Francofordiensi ann. 794. can. 5 : *Et in omni emporio Vadant isti novi denarii, et accipiantur ab omnibus.* Hinc

¶ Ambulatoria Moneta, Quæ in usu est, apud Ludewig tom. 5. Reliq. MSS. pag. 328. Vide *Moneta usualis.*

2. **AMBULARE**, Pertinere. Charta Dagoberti Regis, apud Henschenium de Tribus Dagob. pag. 28 : *Qualiter omnes res juris nostri in pago Laudemburgensi, et quidquid ad nostram urbem Ambulare visum est, et omne, quod ad fiscum nostrum hactenus pertinebat, etc.*

[** ann. 627. Breq. n. 65. Ibidem infra : *Et quidquid dici aut nominari potest, sicut prius ad nostrum usum Ambulare videbatur.* Charta dubiæ fidei.]

3. **AMBULARE**, Nostris *Aller l'amble* : [Alterno crurum explicatu mollem gressum glomerare.] Vegetius lib. 1. de Arte veterin. cap. 56 : *Minutim autem equus Ambulans, commodius vehit, et pulcrius videtur incedere.* Vita S. Willelmi Abbat. Roschildensis num. 45 : *Quodam die quum ad negotia domus exiret, equitavit quendam roncinum. Frater autem qui cum eo ibat, considerans pulcritudinem equi, et dispositionem membrorum ejus, ait, Proh dolor! quod talis equus non Ambulat. Cui Abbas : Credisne, quod poterit Ambulare? At ille : Minime credo, quia senex est, et naturalem minime immutabit cursum,... et hæc dicens cœpit eum urgere calcaribus. Ille vero soliti cursus oblitus, gressus faciebat planos, bene Ambulando, quamdiu vir Dei dorso ejus insedit.*

Ambulans, idem qui *Ambulator*, Italis *Ambiante.* Constitutio Caroli Crassi Imp. de Feudis cap. 5 : *Et duo equi, unus currens, alter Ambulans, addantur.* [** Apud Pertzium inter Capit. Spuria Caroli M. pag. 3. extr.]

* **AMBULATÆ**, *Mulieres tibicines, Syriace.* Glossar. vet. ex Cod. reg. 7613. [** pro *Ambubajæ.*]

¶ **AMBULATIO**, Ambo, Pulpitum vel suggestum in Ecclesiis ad quod gradibus ascenditur. Translatio S. Adalberti Episc. et Mart. tom. 3. Aprilis pag. 201 : *Mox hilarati intrantes Ecclesiam S. Mariæ, et ante sepulchrum S. Adalberti humi prostrati diu.... surgit Dux et stans in Ambulatione hac rupit voce, etc.* Plinio aliisque sequioris ævi Scriptoribus *Ambulatio*, locus est ad ambulandum, Gall. *Promenade.* Vide *Ambulatura.*

AMBULATOR, Equus, qui *Tolutarius* Senecæ, *Gradarius* Lucilio, *Asturco* Plinio dicitur, cui mollis alterno crurum explicatu glomeratio est : nostris *Haquenée*, *cheval d'amble*, [** Olim *Ambléour.* Provincial. *Amblador.* Vide Raynouardi Gloss. Rom. vol. 1. pag. 72.] Hispanis, *Cavallo amblador.* Papias MS. : *Astructor*, (Asturco) *equus Ambulator*, editus habet *Asterco.* Joan. de Garlandia in Synonymis, ubi de equis variis : *Istis curristam jungamus Ambulatorem.* Igitur ab *Ambulare*, ita dictus, non a Græc. ἀμβλύνειν, uti vult Perionius. Vita S. Henrici Imperat. cap. 23 : *Singulis annis album Ambulatorem cum Phaleris Romano Præsuli dari constituit.* Adelbertus Abbas Heideimhensis : *Dum reliquias Richardi Regis ad Ecclesiam filii sui defferret, Ambulatorem abstulerat.* Eckeardus junior de Casibus S. Galli, cap. 15 : *Ambulator, cui ipse insederat, alacritatem equorum post se sentiens, caput concutiens, exultare cœpit.* Vide eundem cap. 10. et 11. S. Bernardus Epist. : *Tu sedens super Ambulatorem tuum, indutus purpura et bysso, circuis plateas. Equus Ambulatorius*, apud Fulbertum Epist. 111. Occurrit præterea in Speculo Saxon. lib. 3. art. 51. § 2. [** In Germ. *Teldere*, Germ. Superior. *Zelter.*]

1. **AMBULATORIUM**, [vel *Ambulatorius.*] Equus, seu, ut efferebant nostri, *Equitatura.* Lambertus in Vita S. Heriberti Archiepisc. Coloniensis n. 22 : *Clam mandat se.... data ei argenti libra, Ambulatorio Episcopi eum imponat.* Quo loco Rupertus Abbas in Vita ejusdem Sancti n. 24. *equum* habet. Gaufredus Malaterra lib. 4. cap. 26 : *Comes autem sciens, urbem juri Apostolici Urbani et S. R. Ecclesiæ competere, susceptis mille quingentis aureis, et sex Ambulatoriis, urbi et messibus suis parcendum indicit.* [Charta ann. 1050. ex Archivo Montis S. Michaelis : *Ego Marinus Redonensis Episcopus concessi Monachis S. Michaelis duas Ecclesias per conventionem, quam a me Monachi redemerunt pretio xx. solidorum Cenomansium, atque unius equi badii bene Ambulatorii.*]

2. **AMBULATORIUM**, *Locus aptus ad*

ambulandum, Johanni de Janua. Est etiam pedatura murorum, seu mœnium περίπατος, apud Constantinum Porph. de Admin. Imp. cap. 29. Διάβατα Harmenopulo; nostris, *Rempart*, Gloss. Lat. Græc. : *Ambulacrum*, Διάςημα, περίπατος. Vita S. Aniani Episcopi Aurelian. apud V. C. Hubertum : *Pontifex fisus in Domino, per muri Ambulatorium Sanctorum gestans pignora, etc.* Vide *Pedatura.*

* **AMBULATORIUS**, Non stabilis, qui amoveri potest, Gall. *Amovible*. Arest. ann. 1411. 12. Mart. in vol. 11. arest. parlam. Paris. : *Ipsi capellani, qui intitulati in dicta capella non erant, ... imo Ambulatorii ac revocabiles erant.*

AMBULATRIX, Equa tolutaris. Eckeardus junior de Casib. S. Galli cap. 1 [** ap. Pertz. vol. 2. pag. 90. lin. 12.] : *Sternatur utique Ambulatrix mea,... ascendensque equitem illam velocissimam, etc.* [Vide *Ambulator.*]

AMBULATURA, Incessus tolutaris, Gall. *Amble*, Italis, *Ambiadura*. Vegetius lib. 4. Artis veterin. cap. 6 : *Statura et positione a cæteris equorum generibus non plurimum differunt : sed solius Ambulaturæ quadam gratia discernuntur a cæteris. Gradus est minutus et creber, et qui sedentem delectet, et erigat, nec arte doceatur, sed naturæ veluti jure præstetur.* Vide eundem lib. 2. cap. 5. Idem lib. 4. de Re militari cap. 6 : *Inter colatorios et eos, quos guttonarios vulgus appellat, Ambulatura eorum media est. Ambulatio volubilissima*, apud Monachum Sangal. de Rebus Caroli M. lib. 1. cap. 26. [**Pertzio cap. 24, Hahnio 22.] *Le Roman de Gaydon* MS. :

Charles chevauche à la barbe florie,
Et li Dus Gaydes l'Ambleure serie.

Vetus Poëma de Vulpe Rege Coronato MS. :

Un autre i envoiés le pas,
Ou les galos, ou l'Ambleure.

Joan. de Condato MS. :

M'en aloie grant aleure,
Si com palefroi l'Ambleure.

Bocacius : *Noi aviano perduto il trotto per l'Ambiadura.*

¶ **AMBULATUS**, Actio ambulandi. Arnob. lib. 1 : *Christus scitur Ambulatum dedisse contractis.*

** **AMBULO**, *onis, i. e. Ambulator.* Gemma Gemm.

AMBULUS, *Cursor qui causa festinationis legatur.* Joann. de Janua.

1. **AMBUS**, *Malcus*, in Glossis Isidori. [Legebat Laurentius Lucensis ibidem et apud Papiam, quem nominat, *Malleus*. Grævius in notis ad Gloss. Isid. ex Cerda sic emendat : *Ancus*, *Mancus*. Ita legit etiam Glossarium Philoxeni : *Ancus*, *Mancus*, κυλλὸς, λορδός.]

[2. **AMBUS**, Servus, pedissequus.] Ugutio : *Ambi, servi, ab ambiendo, id est circumeundo dicti.*

* **AMBUSCHIA**, Insidiæ, Gall. *Embuscade*. Processus Egidii *de Rays* ann. 1440. ex Bibl. reg. fol. 181. v° : *Dixit quod insidiæ seu Ambuschia 50. vel 60. hominum erant ibi.* Vide supra *Ambosca.*

AMBUSILLA, *Venter*, in Gloss. Isid. Ugutio : *Ambutilla* (sic in MS.) *Venter, qui ambabus partibus cilletur, id est, movetur per os et anum.* [Grævius conjicit legendum : *Alvus, Ilia, venter.*]

¶ **AMELIORARI**, Melius valere. Vita B. Hugonis de Lacerta apud Marten. tom. 6. Ampliss. Collect. col. 1169 : *Recepta autem remeandi licentia, Ameliorari cœpit in via ipsa.*

¶ **AMELLUM**, μελόφυλλον, *Melissophyllum*, apud Janum Laurenberg. in Supplemento Antiquarii.

* **AMELUM**, *Lo edificio publico.* Glossar. Lat. Ital. MS.

* **AMEMBRARE**, Jungere, conjungere. Charta ann. 924. apud Murator. tom. 2. Antiq. Ital. med. ævi col. 44 : *In qua* (curte) *fuit casa sive terra et puteo insimul Amembratas.... Casa ipsa, quod est solario cum fundamento et edificio suo, seu fundamento in quo fuit casa et curte seu puteo insimul Amembratas, qualiter cartulata est per designatas locas.* Alia ann. 1010. apud Lam. in Delic. erudit. inter not. ad Hist. Sicul. Laur. Bonincont. pag. 323 : *Quia de una parte est Amembrata ad terram Gariprando etc.*

AMEN. Breviloq. *Amen, i. Vere vel fideliter, sive æternaliter. Item idem est quod Fiat. Item idem est quod Veritas.* Græcismus :

Verum, vere, fiat, Amen tria denotat ista,
Si verum, nomen, adverbium sit tibi vere,
Amen, Amen, vere, duo sunt adverbia vere,
Amen pro fiat, tibi verbum deficiens est.

Lexic. Græc. MS. Reg. cod. 2062 : Ἀμήν, πεπιςωμένως, ἀληθῶς, ἤ ἀντὶ γένοιτο. Vide præter Scriptores de Officiis divinis, Baron. ann. 57. n. 163. N. Fullerum lib. 1. Miscell. sacr. cap. 2. et Card. Bona lib. 2. Rer. Liturgic. cap. 5. n. 6. Goarum ad Euchologium pag. 138. et Henric. Valesium ad Eusebii Hist. lib. 6. cap. 43. lib. 7. cap. 9.

¶ **AMENDA**, pro *Emenda*, Mulcta, Gall. *Amende.* Charta ann. 1187. ex Archivo Majoris-Monasterii : *Si homo de Gahart male fecerit homini de Maceriis, vel contra, per legitimam considerationem legitimorum hominum emendabitur in marcha, et si Amenda venerit, quisque habebit de hominibus suis.*

* **AMENDAMENTUM**, Correctio, emendatio, reformatio, Gall. *Révision, correction.* Lit. remiss. ann. 1354. in Reg. 83. Chartoph. reg. ch. 20 : *Cum Laurentius Bargne argenterius villæ Hisduni.... compotum suum dictæ receptæ argenteriæ per Amendamentum reddidisset, secundum quod est in villa fieri consuetum, etc. Amendement de deniers*, qui in reparatione domus insumuntur, in Ch. ann. 1323. ex Chartul. S. Mart. Pontisar. fol. 37. v° : *Et sont encore tenus lesdiz preneurs.... à mettre et emploier oudit hostel diz livres Parisis de Amendement de deniers.*

* *Amendement d'armes*, Armorum, quibus pugnandum est, examen aut reformatio. Bellom. MS. cap. 63 : *Et se presente par Amendement d'armes et de conseil d'estraindre et de lasquier, d'oindre et de roigner, de fil et d'aguille, et de remuement d'armes qu'il en puise oster, si trop en i a.* Lib. rub. fol. parvo domus publicæ Abbavil. fol. 29. r° : *Quant wage sont douné devant le visconte, ... il doivent venir dedens le fin des contremans devant le visconte, et se doivent pouroffrir armé de toutes armes, d'escu, de baston par Amendement d'ointure et de raougnure.*

* *Amendement*, Damni emendatio, reparatio, in Testam. ann. 1317. inter Probat. Hist. Sabol. pag. 379 : *Nous voulons et commandons que nos Amendemenz soient faiz par la main de nos exécutours.* Rursum pag. 389.

* *Amendement*, Stercoratio, nostris *Engrais.* Lit. remiss. ann. 1371. in Reg. 102. Chartoph. reg. ch. 323 : *Ledit Jehannin menast une chartée d'Amendement aux champs etc.* Reg. Corp. 13. sign. *Habacuc* ad ann. 1510. fol. 30 : *Sera tenu les* (ablais) *convertir en fiens et Amendemens, et les mener chascun an ordinairement sur les terres de ladite censé.*

* Hinc, ut vocem *Amendement*, sic et verbum *Amender* variis significationibus usurparunt. *Amender*, pro Reficere, *Réparer*, in Lit. ann. 1373. tom. 5. Ordinat. reg. Franc. pag. 682. art. 19 : *Que nul en droict soy Amende et tiennent en dert les passages, aux mieulx de son povoir.* Pro Mulctam solvere, in Stat. ann. 1372. ibid. pag. 578. art. 12 : *Il sera contrainct à l'Amender selon le meffait.* Pactum inter Carolum comit. et capit. Carnot. ann. 1306 : *Se li justiciers le conte prennent homes de cors de chapitre, ... et il ne veuillent respondre ou jurer; et il soient escomeniez pour ce, il ne seront pas assous, se il ne rendent quitement et delivrement, et ne Amendent.* Pro Saginare, *Engraisser*; unde *Amendeur*, qui saginat, in Lit. remiss. ann. 1385. in Reg. 127. ch. 146 : *Mahieu de Sorel et Jehan Platel, chatreulx et Amendeurs de pourceaulx et truyes.*

¶ **AMENDARE**, *Abscondere, extra commendare.* Papias MS. Bitur. in Gloss. MS. S. Germani : *Amendat, iffigiat, aut longe mittit, vel extra commendat.* Aliud nihil est nisi Latinum Amandare, expellere, dimittere.

¶ **AMENDISIA**, Idem quod *Amenda*, Mulcta, Gall. *Amende.* Charta Henrici Ducis Lotharing. ann. 1223. ex Tabul. Corbeiensi : *Sciendum est etiam quod dictus Advocatus et ejus hæredes debent habere tertium denarium de Amendisiis, de quibus Scabini de Molla sententiabunt..... et Ecclesia tantummodo unum denarium de supradictis Amendisiis.*

* Nostris etiam olim *Amandise* et *Amendise.* Lit. remiss. ann. 1391. in Reg. 140. Chartoph. reg. ch. 307 : *Les supplians veans qu'ilz ne povoient avoir Amendise, ne offre aucune pour ledit meffait, etc.* Lit. Joan. ducis Burgund. ann. 1410. in Reg. 165. ch. 270 : *Les deux principaulx et les complices, lesquelx et non autres feront l'Amandise du meffait.*

¶ **AMENDOLERIUS**, Amygdalum, Gall. *Amandier*, ab Italico *Amendola*, *Amande.* Donatio Landulfi de Vinea Juniarias in Tabulario Ecclesiæ Aptensis fol. 137. verso : *In Poio ubi sunt Amendolerii cum casaliciis et exavis et curtis et campis, etc.*

AMENDULA, Amygdala, *Amendola* Italis, nostris *Amende*, vel *Amande.* Anastasius in Benedicto III. pag. 206 : *Nec non Amendulas aureas numero 11. et gemmas chrysoclavas pendentes 10. præcepit fieri.* Id est, ornamenta in amygdalæ speciem confecta et formata.

* **AMENITAS.** Vide infra *Amœnitas.*

* **AMENLARIUS**, Amygdalum; unde diminut. *Amendolerius,* Provincialibus *Amendeiret.* Chartul. eccl. Aptensis fol. 72. v° : *Ferraginem juxta Amenlarios.* Ita leg. pro *Amentarios.* Vide *Amentarii.*

¶ **1. AMENSURARE** Amerciamenta, Mulctæ pecuniariæ modum decernere, mulctam æstimare, Gall. *Taxer une amande à merci.* Vox fori Anglici, idem significans quod *Amerciare.* Est etiam *Amensurare* idem quod Commensurare, ex æquo metiri seu partiri pro rata portione : quod de iis intelligitur, in quos eadem mulcta decernitur : *Quodlibet Amerciamentorum prædictorum Amensuretur ad viginti libras. Vobis mandamus quod Amerciamenta prædicta Amensurari faciatis in forma prædicta,* apud Rymerum tom. 4. pag. 683. col. 2.

* **2. AMENSURARE** Custodes, Iis quod justum est assignare. Charta W. de Dampetra ann. 1223. in Chartul. Campan. Cam. Comput. Paris. fol. 286. v°. col. 1 : *Posui in manu sua terram meam cum bulo de Dampetra, per custodes suos custodiendam in expensis meis, usque ad terminum vel terminos inferius assignatos; quos custodes Amensurabit fidelis meus Odardus marescallus Campaniæ, secundum quod viderit expedire.* Vide supra, *Admensurare* 2. *Amoisonner* nostris olim, Mensuram statutam rei alicui dare. Stat. ann. 1403. tom. 8. Ordinat. reg. Franc. pag. 173. art. 32 : *Pourveu que premierement lesdiz draps.... aient esté troubez bons, loyaulx et marchans, et bien Amoisonnez de longeur et de largeur, juxte l'ordonnance sur ce faicte.*

1. AMENTARE, in Gloss. Græc. Latin. est ἀπονοεῖν. Ugutio : *Salire est proprie, quod vulgo dicitur Amentare, et pertinet ad animalia irrationabilia. Amentare* et *ammentare* pro *in mentem* seu *memoriam revocare,* Itali dicunt.

* *Amentevoir,* eodem sensu, in Bestiar. MS. :

La beste qui a non panthere,
En droit Roumans louve cervere,
Doit bien chi estre Amenteue.

* Hinc *Amanteument*, Monitum, instigatio, in Testam. Adami de Insula ann. 1295. ex Chartul. de Valle N. D. : *Je weil e otroie de ma boene volenté et en mon boen sens, sans Amanteument d'autrui, que damoisele Aales de Lille ma niece ait à tos jors li et ses hoirs, en recompensacion de ce que j'ai eu du soen, le quint de tote ma terre, et tos mes conqués, ou que il soient, e tos mes saintures, e tos mes jouiaus.*

* **2. AMENTARE,** Societatem ludi habere, cum aliquo ludi lucrum et damnum participare. Stat. Vallis Serianæ rubr. 19. ex Cod. reg. 4619. fol. 82. v° : *Non sit aliqua persona, quæ audeat nec præsumat tenere in domo sua.... aliquod ludum taxillorum vel bisclanziæ, nec ad aliquod ludum præstare nec Amentare, sub pœna cuilibet tenenti ipsum ludum, præstanti vel Amentanti librarum decem.* Vide supra *Accessor* 3.

¶ **AMENTARII**, forsan pro *Amendarii*, Amygdalæ, Gall. *Amandiers.* Charta de honore Giraldi in Tabulario Aptensi fol. 72. v° : *Cellerium Geraldi, ferraginem Adauquini, ferraginem juxta Amentarios Petri Adaldi et cuneum Crucis.*

¶ **AMENTATUS** Calix, Vermiculatus, Gall. *Emaillé.* Vide *Caneta*, et *Esmantatus.*

¶ **AMENTIA**, Virium et animæ defectio. Bernhardi *de Breydenbach* Iter Hierosol. pag. 49. etc. : *Item ante Templum ad decem passus est lapis quidam positus in signum, quod Christus ibi crucem bajulans pro Amentia et debilitate cecidit in terram sub cruce.* [** Vide Forcell. Lex.]

¶ **AMERA**, *Hora*, Ita Papias MS. Bitur. At Laurentio in Amalthea *Amera* est *semen ulmi*, ex Columella. Gloss. MS. San-German. habet, *Amera, ora.* [** Gloss. cod. Reg. 7644 : *Virgilius. Amera ora, Amerina urbs, ubi multum vimen nascitur. Amerina retinacula, vimen ab urbe Amerina ubi plurimum nascitur.* Vide Virg. Georg. I, 265.]

¶ **AMERALDUS**, Gemma viridi colore, Latinis *Smaragdus*, Gall. *Emeraude.* Rymer. tom. 5. pag. 60 : *Unum scucheonem aureum... cum duobus Ameraldis... unum scucheonem auri cum Ameraldo magno, cum quatuor Ameraldis, etc.*

AMERCIARE, Amerciamentum, voces fori Anglici et Scotici. Est autem *Amerciare*, mulctam seu pœnam pecuniariam pro delicti modo et qualitate in reum decernere. Pœna ipsa *Mercia* et *Amerciamentum* appellatur, *Enmerciment* in Charta Gallica apud Knyghtonem pag. 2731. eadem, quæ Saxonibus Anglicis *Wita*, mulcta scilicet, quæ levioribus delictis imponitur : nam quæ majoribus, *Wita major* : quæ gravissimis, *Compositio* dicitur. Apud veteres autem, certo boum, ovium; aut aliorum animalium numero æstimabatur, ut auctor est A. Gellius lib. 1, cap. 2. quod in Scotia etiam obtinuisse docemus in v. *Vacca.* Deducta porro ejuscemodi vocabula a Gallico *Mercy*, id est Misericordia, quomodo etiam interdum mulcta ipsa nuncupatur; seu quod soleat irrogari crimen confitenti et *misericordiam* petenti; seu quod qui deliquit, sit in *misericordia* Regis vel Judicis, qui pro libito mulctam imponit, [vel impositam, si gravior sit, moderatur decreto, quod vocant, *Moderata misericordia.*] Quoniam Attachiamenta cap. 33 : *Quod si non fecerit, potest Amerciare.* Charta Libertatum Angliæ Joannis : *Liber homo non Amercietur pro parvo delicto, nisi secundum modum ipsius delicti.* In Concilio Lambethen. ann. 1261. habetur cap. *de Clericis Amerciatis per Judicem sæcularem.* Matth. Paris ann. 1242 : *Civitates et burgi, et fere omnes villæ graviter Amerciantur.* Vide eundem pag. 596. 597. 673. Synodum Exoniensem ann. 1287. can. 12. Leges Scoticas, et libros Anglorum forenses, Edw. Cokum ad Littletonem sect. 194. Rastallum, etc.

☞ Observat Kennettus in Glossario ad calcem Antiq. Ambrosden. *Amerciamenta* in provincialibus curiis sive *assisiis*, quibus præerant *vagi* judices, nonnunquam a Rege iis, quibus vellet gratificari, concessa fuisse tamquam proprium lucrum : quod ab Henrico III. factum fuisse refert idem auctor in Antiq. Ambrosden. pag. 219. in gratiam fratris sui Richardi Comitis Cornwalliæ; *Amerciamenta* vero in examinatione Franci Plegii debita fuisse dominis, et a Ballivis suis percepta. *Ballivi Comitis Gloucestriæ venient quolibet anno semel ad tenendum visum Franci Plegii in eodem manerio, et asportabunt omnia Amerciamenta inde provenientia*, ex Charta anni 1292. quam idem scriptor exhibet pag. 318. et 319. Præterea illud etiam constat ex Charta in iisd. Antiquitatibus pag. 319. et 320. repræsentata, plures hoc privilegio usos fuisse, ut *Amerciamento* non mulctarentur nisi a Paribus suis : *Quoties contigerit aliquem prædictorum hominum pro aliquo delicto quoquomodo Amerciari in eadem curia, per Pares suos et non per alios Amercientur, et hoc secundum modum delicti.*

¶ Amerciamentum Illevabile, Illud dicitur cujus percipiendi nulla spes est propter mulctatorum paupertatem vel fugam; ideoque illud deducitur, cum rationes suas reddit Ballivus aut Œconomus aut Collector redditnum et debitorum. Sic Prior et Canonici *de Burcester* receptori suorum redituum de *Curtlyngton*, Antiq. Ambrosden. pag. 573 : *In allocatis eidem* (Willelmo *Newman* Collectori redditus nostri) *pro Amerciamentis Illevabilibus hoc anno vij. denarios, etc.*

Amerciamentum Regale, est cum Vicecomes, Coronator, aut alius Regis Officialis, a Justitiariis supremis, qui in munere obeundo perperam egerunt, amerciantur. Vide *Mercia, Misericordia*

AMERMUMNES. Vide *Amir.*

* **AMES**, tis, *La merola*, in Glossar. Lat. Ital. MS.

* **AMESIA**, pro *Amasia*, concubina, Gall. *Maîtresse.* Lit. remiss. ann. 1417. in Reg. 170. Chartoph. reg. ch. 20 : *Katherina Noisette dicti rei Amesia et concubina.* Vide supra *Amasia.*

* **AMESSER**, an ab Ital. *Ammezzare*, Dimidiare, dividere, adeo ut idem sit quod *Medietaria*, prædium scilicet, quod colitur a colono partiario? Charta Joan. Aquilej. patriarchæ ann. 1015. inter Monum. ejusd. eccl. cap. 53. col. 494 : *Cum eorum* (hominum) *massariciis, vineis, ... herbaticis atque pabulaticis, nec non gematicis, sive eorum Amesser, etc.* Nisi idem sit quod supra *Amassus.* Vide ibi.

* **AMESSURA**, Amesura, Gall. olim *Admessure* et *Amessure.* Vim vocis explicat Arest. parlam. Paris. ann. 1311. in Reg. *Olim : Major et jurati* (Compendienses) *cognoscere, judicare, et emendas taxare possunt in casibus Amesurarum, scilicet quando unus facit injuriam alteri conviciando, percutiendo, et faciendo sanguinem.... Cognoscent quidem de dictis debitis et emendis in casibus supradictis Amessurarum.* Charta majoris et communiæ Compend. ejusd. ann. in Chartul. abbat. Regalis-loci part. 1. ch. 30 : *Mellées, injures, infraintures, Amessures, le larron, etc.* Lit. remiss. ann. 1400. in Reg. 155. Chartoph. reg. ch. 48 : *Auquel nous en figure de jugement imposames les faits, supechons, accusations et Admessures dessusdites, ... ou cas que iceulx fais et Admessures vouldroit cougnoistre, etc.* Sed cujus sit originis, non satis video; fortassis a Lat. *Admissum*, delictum, crimen, vel a Gall. *Mésuser,* male uti : quod innuere videntur Lit. remiss. ann. 1315. ex Reg. 66. ch. 354 : *Rivart de Prouve fust menez à Pa-*

ris en prison, pour la suspeçon et Amessure de fausse monnoie, et de avoir marchandé et mesusé en ladite fausse monnoie. Vide *Amissura* et infra *Eumessura.*

** **AMESTORATUS** *sum, valde mestus fio*, et *Amestus, valde tristis*, in Gemma Gemm.

¶ **AMETARE**, Recedere quasi a *meta.* Hist. Andaginensis Monast. scripta ineunte XII. seculo apud Marten. tom. 4. Ampliss. Collect. col. 939 : *Sensit abbas ducem frustra niti quod intendebat, cum intelligeret submurmurantium calumnias, præsertim cum ex ipsa filii ejus quadam adversione, notaret erga patrem jam læsæ pietatis imaginem, unde et Ametando longius absistens, respondit, etc.*

* **AMETUM.** Comput. redit. et expens. eccl. Paris. ann. 1381. ex Bibl. S. Germ. Prat. : *Item Girardo Rotier carpentatori, pro viij. petiis, dictis radicibus, pro dicto pressorio, qualibet duarum tesiarum cum dimidia, tribus aessellis pro Ameto, qualibet duarum tesiarum longitudinis, etc. Amette*, in Lit. remiss. ann. 1398. ex Reg. 153. Chartoph. reg. ch. 298 : *Un petit poussin qui avola d'avec autres, qui estoient soubz une cage ou Amette emmy l'ostel avec la geline, etc.* Ubi alvei species, Gall. *Auge*, significari videtur; unde *Ametum* de canali seu alveo pressorii, quo expressus liquor effluit, potest intelligi.

AMFARIAM. Gloss. Lat. MS. Regium cod. 1013 : *Amfariam, pro amborum partibus.* Isid. Glossæ habent, *per amborum partes.* Occurrit apud Erchembertum. Vide *Ambifarie.*

¶ **AMFIBULUM**, *Birrum villosum.* Isid. Gloss. Vide *Amphibalus.*

¶ **AMFISCII**, *Biumbres.* Gloss. Isidori. Græcis ἀμφίσκιοι, qui utrinque umbram habent. Laurent. in Amalthea legit : *Amphiscii. Qui habitant sub æquinoctiali in Zona torrida, utrinque umbras habent ad Meridiem et Septentrionem; nos vero Eterosçii unicam habemus ad Septentrionem.*

* **AMFITAPUM**; *Lo tapeto.* Glossar. Lat. Ital. MS. [** Gloss. cod. reg. 7644 : *Amphytaba, ex utraque parte villosa tappeta.* Vide Isid. Orig. lib. 19. cap. 26. sect. 5, ubi Gothofr. edit. per *b* scribit; Nonium cap. 14. sect. 24, et Forc. Lexic. voce *Amphitapa.*]

AMFRACTURA, ex Gall. *Enfrainte*, i. banni fractura, infractura. Charta Thomæ de Roya ann. 1318. apud Hemereum in Augusta Viromanduorum : *Districtum quoque, Latronem, Bannum, et Amfracturam in prædictis terris Abbatem et ministros ejus Ecclesiæ habere concessi.*

** **AMFRACTUS**, *Wasserbroch* in Vocab. Lat. Germ. ann. 1477. Adel. [*Ein unglycher Umgangk oder ein schlupfloch*, in Gemma Gemm.]

* **AMGUARE**, Adaquare, quomodo etiam forte legendum est, vel *Ayguare*, in Charta ann. 1341. ex Reg. 72. Chartoph. reg. ch. 368 : *Item et quod in singulis aquis et rivis, circum et circa dictas forestas et nemora defluentibus,.... valeant.... animalia sua grossa et minuta Amguari seu abevrari et arrigari facere.*

¶ **AMI**, dicuntur *Vigiliæ, custodiæ* in Papiæ Glossario MS. Bitur. ** Vide *Amus.*

* **AMIABILIS**, Amicabilis, Gall. *à l'Amiable.* Stat. Massil. lib. 2. cap. 15 : *Hoc præsens statutum locum habeat, nedum in futuris negotiis, sed etiam in præsentibus et præteritis, nondum tamen per sententiam, vel transactionem, vel compositionem Amiabilem.... terminatis.* Vide *Amicalis.*

AMIANTUS, vel Amianthus. Anastasius in S. Silvestro PP. : *Ubi candela est... nixum vero ex stippa amianti.* Legendum : *mixum vero ex stupa amianta*, id est pura, ex Græc. Ἀμίαντος, purus, immaculatus : στύππη vero, στυπίον, *stupa.* Scribit S. Hieronymus ad cap. 41. Ezechiel. : Ἀμίαντον *genus esse ligni, vel ligni habens similitudinem, quod quanto plus arserit, tanto mundius invenitur.*

AMICALIS, *Amicabilis.* Gloss. Gr. Lat. MS. Φιλικός, *Amicalis*, Editum, *Amicabilis* habet. Isonis Glossæ : *Amico, amicabili.* Joan. de Janua : *Amicalis, ab Amicus, etc.* Occurrit apud Petrum Cellensem lib. 1. Ep. 9. 15. lib. 8. Epist. 17. [Vide *Amicare.*]

* Justinian. in 2ª. Præfat. Digest. *Nec eas judicialis vel Amicalis forma compescuit.* Infra : *Amicali pacto sopita.* [** Exstat etiam apud Apulej. Sidon. et inter Not. Tir. Vide Forcellini Lexic.]

Amicaliter, Amice, apud Fortunatum in Epistola præfixa 1. libro Poëm.

Amicabilis, apud eundem Petrum Cellensem lib. 6. Ep. 10. lib. 7. Ep. 5. et in Vita S. Majoli cap. 6. Utitur etiam Plautus in Milite glor. Ulpianus, et Lex 3. c. de Episcop. et Cler.

Amicabiliter, pro *Amice*, in Genealogia Regum Daniæ a Steph. Stephanio vulgata [et apud Doubletum Hist. Sandionys. pag. 829. Videm Goclenium in Lexico Philosophico pag. 288.]

Amicabilis Compositor, qui alio nomine *Arbitrator* dicitur, in Regiam Majest. lib. 2. cap. 4. § 10.

* Sentent. arbitr. inter Joan. Bermundi et Petronam Bermundam : *Super omnibus et singulis supradictis compromisimus tanquam in arbitrum, arbitratorem seu Amicabilem compositorem.* [** In foro Gallico etiamnum dicitur *Amiable compositeur.*]

* Nostris olim *Ameiaulement* et *Amiaulement.* Lit. ann. 1293. apud Marten. tom. 1. Anecd. col. 1257 : *En monstrant Ameiaulement, comme sires, les raisons pourquoi et comment il le voloit faire, pooit et devoit.* Charta Joan. vicedom. Ambian. dom. Pinch. ann. 1300. in Chartul. 23. Corb. : *Nous a prié et requis Amiaulement que nous vausissons monstrer et faire scavoir tout ce que nous tenons de lui* (Abbé de Corbie.)

** Amicabilis dies, Conventus pro amicabili concordia tentanda. Chart. circ. ann. 1185. in Grupen. orig. Pyrmont. pag. 23 : *Amicabili die constituta in loco qui dicitur Stapelhuthe ad placitandum super questione bonorum etc.* Comprom. Archiep. Mogunt. et Duc. Brunsw. ann. 1287. in Cod. Dipl. Guden. vol. 1. pag. 823 : *Die Amicabili apud Mulehusen ad hoc collecta spontanea voluntate in strenuos viros... compromisimus etc.* Germ. *Freundlicher Tag* vel *Gutlicher Tag.* Plura videas apud Haltaus. in Gloss. Germ. col. 491. sqq.

¶ **1. AMICARE**, pro *Animare*, ut videtur. Amelgardi Excerpta ex Gestis Ludovici XI. apud Marten. tom. 4 Ampliss. Collect. col. 775 : *Ad quam rem etiam Colonienses eos plurimum Amicarant consilio, et juverant auxilio.*

2. AMICARE, Amicum reddere, quempiam sibi conciliare. Papias : *Amicari, ab Amico dicitur, et amicitia et amicabilis, vel amicalis, id est, amicitiæ aptus.* Wil. Brito. lib. 1. Philippid. :

Sic Regem nostrum sibi Rex cælestis Amicat.

Conradus Uspergensis in Henrico III : *Legimus.... quod fictis omnino beneficiis Alexius Imperator tantos sibimet heroas Amicaverit.* Utitur præter Statium et aliquot e veteribus, Baldricus in Chron. Camerac. lib. 3. cap. 7. *Amicare alicui*, apud Joan. de Janua, et in Historia Cortusiorum lib. 1. cap. 9. M. Justinus Lippiensis in Lipiflorio pag. 131 :

Hic canit, auditum dulcedine vocis Amicans.

Et pag. 136 :

Ægros, captivos, nudos, hostes, et egenos
Visitat, absolvit, vestit, Amicat, alit.

* Stat. antiq. Canon. regul. apud Duell. tom. 1. Miscell. pag. 91 :

Sed non jungaris, vel amices te furioso.

Ubi Glossæ : *Amico, as, activum verbum est, et tamen Amicor, amicaris, etiam verbum deponens est in usu frequentissimo.*

¶ Ammicere, Eadem, ut videtur, notione. Epistola Conradi ad P. de Calabria apud Marten. tom. 2. Collect. Amplis. col. 1213. E : *Sed si sumta de perspicacis hujus novæ tripudiis materia jocundandi plausus tuos, quos justo credimus exinde titulo possidere, vel quorum in te titulum redimit bona fides, caute scribis Ammicuisse juvenibus, placuisti.*

* **3. AMICARI**, Simul jungi, copulari; vox Chimica. Arnauldus in Rosario MS. lib. 1. cap. 3 : *Argento vivo magis adheret et eidem magis Amicatur.*

AMICARIUS, ἐρωμενοπάροχος, ἐρωμενοπώλης, ἐρωμεναγοράστης, apud Diomedem lib. 1. amasiorum *leno*, vel qui *amicas*, seu meretrices aliis porrigit.

AMICIA, Vide *almucia.*

¶ **AMICICULUM** Ferale, Indusium, ut videtur, cadaver proxime amiciens. Vide Onomasticon ad calcem tom. 2. Actorum SS. Julii.

AMICITER. Glossæ MSS. : *Amicabiliter, Amiciter.*

AMICITIA. *Tenere in amicitiam* prædium quodvis dicebatur, qui ultro, et ex mera benevolentia sibi concessum, et ad libitum tradentis utendum profitebatur. Tabularium Vindocinense Thuani char. 73 : *Illam,* (manufirmam) *tenebit de D. Abbate, aut in feuum, aut in Amicitiam, ita ut recognoscat, se nihil juris in ea habere, nisi quantum ei a nobis concessum est ad tempus, etc.* Occurrit etiam in Tabulario Majoris-Monasterii. Vetus Charta apud Hondium in Metropoli Salisburgensi part. 2. pag. 570 : *Prætaxatam itaque decimationem idem Ortolfus in manum D. Henrici Præpositi resignavit; quam ipse ad tempus vitæ suæ, non jure beneficii, sed jure Amicitiæ Præposito accepit.* Vide *Drudaria.*

* Charta ann. 1122. ex. Chartul. Miciac. : *Beatrix, annuente filio suo Alberico nec non et filia sua Agnete,.... ad opus Miciacensium fratrum per candelabrum deauratum in manu*

nostra (ecclesiam S. Sigismundi) *primo dereliquit; postea vero Constantia, cognomine Curtalupa, pro remedio animæ mariti sui Stephani filii Berardi, de quibus supradictus Herveus per conjugem suam, ad quam res ipsa pertinere videbatur, eamdem ecclesiam in Amicitia tenuerat, ad opus supradictorum fratrum per castellum.... in manu nostra, de cujus feodo erat, perpetuo habendam dereliquit.*

Amicitia, Amica, seu *amicabilis* compositio. Leges Ethelredi Regis apud Venetyngum § 17 : *Et ubi Thaynus habet duas optiones Amicitiæ vel lagæ*, (i. purgationis), *et Amicitiam elegerit, stet hoc ita firmum sicut et ipsum judicium*. [** In Anglos. cap. 30 : Lufe oððe lage. Formula Borealibus non incognita, *lof eller legho* in Lege Sudmann. lib. Construct. cap. 16. 17. 20. In codice antiqu. Islandorum *lög oc lof* sunt *leges et privilegia*. In legibus Henr. I. est *per justitiam Amicitiæ vel lagæ*.] Adde Leges Henrici I. Reg. Angl. cap. 54. [Collect. Concil. Hispan. tom. 3. pag. 397.] [** Vide Haltausii Gloss. Germ. in voc. *Freundschaft* et *Gutlichkeit*.]

Amicitia, Titulus compellatorius, in Epist. 71. ex Sugerianis.

Amicitia, seu *communia Jurata*, cujus vi oppidi incolæ amicitiam sibi invicem sacramento firmabant. Ita porro Communiam Ariensem in Atrebatibus appellabant, ut *Amicos*, quos alii *Juratos*. Ejus Chartam descripsit D. Lucas Acherius tom. 11. Spicilegii pag. 351. ubi hæc habentur art. 1 : *Omnes ad Amicitiam pertinentes villæ, per fidem et sacramentum firmarunt, quod unus subveniret alteri tanquam fratri suo in utili et honesto.* § 14 : *Præfectus Amicitiæ; Amicus contumeliatus, etc. Respector Amicitiæ Insulensis*, in Charta ann. 1238. in Probat. Hist. Guinensis pag. 515. qui *Rewart*, seu *Major* urbis.

* *Amisté*, eadem notione, in Charta. ann. 1243. ex Chartul. sign. *Decanus* S. Petri Insul. ch, 105 : *Nos B. rewars del Amiste de Lisle, eskevin et tous li communs etc.* Nam pro Gall. *Amitié*, *Amisté* dixerunt, ut et Itali *Amista*, pro Amicitia. Vita J. C. MS. ubi de Joan. Bapt. :

Quant ot xv. ans en son aage,
Si s'en entra en un boscage,
Ilucc soufri mainte doulour,
Pour l'amisté nostre Seignour.

¶ **AMICLUS**, *Fascia pectoralis*. Papias MS. Bituricensis.

* **AMICOSUS**, *Plenus amicitia*. Vocabul. compend.

AMICTATUS. Habentur apud Hieronymum Blancam in Comment. Rerum Aragon. binæ literæ Eximinii Petri de Salanova Justitiæ Aragonum inscriptæ : *Jacobo D. G. Regi Aragonum, Sardiniæ, et Comiti Barcinonæ, ac sanctæ Romanæ Ecclesiæ Vexilliario Amictato, et Capitaneo generali.* Sed utrobique legendum puto, *Ammirato*.

* Conjecturam Cangii probat Charta ann. 1299. ex Tabul. S. Vict. Massil. sigillata *sigillo majori illust. D. Jacobi regis Aragonum, Valentiæ et Murciæ ac comitis Barchinon. et S. Romanæ ecclesiæ vexillarii, Amirati, et capitanei generalis.*

AMICTORIUM, *Amictus, opertorium*, περιβόλαιον, in Glossis Græc. Lat. *Lineæ, vel Amictoria, linteamen Amictorium*, in Lege 48. Cod. Theod. de Cursu publico. S. Hieronym. in 3. Esaiæ : *Habent sindones, quæ vocantur Amictoria : et vittas, quibus crines ligantium, quas appellant* ταινίας. [** *Amictorium, ein Mieder* ap. Frischlin. in Nomencl. pag. 140. Adel. *Deckel oder Umschlach*, in Gemma Gemm. Vide Forcell. Lexic.]

* **AMICTUARE**, Amicire, operire. Glossar. Lat. Gall. ex Cod. reg. 7692. : *Amictuare, Couvrir*. [** *Dick umschlahen*, in Gemm. Gemm.]

** **AMICTULUM**, *ab amicire, ein kleidt*, in Gemm. Gemm.

AMICTUS, Primum ex sex indumentis Episcopo et Presbyteris communibus. Sunt autem illa, Amictus, Alba, Cingulum, Stola, Manipulus, et Planeta, ut est apud Innoc. III. PP. lib. 1. de Myster. Missæ cap. 10. Idem cap. 50 : *Lotis itaque manibus assumit Amictum, qui super humeros circumquaque diffunditur,..... duo vasculi, quibus Amictus ante pectus ligatur, signant etc.* Bruno Signiensis de Vestiment. Episcopi etc. : *Et Amictus quidem, quo et collum stringitur, et pectus tegitur, interioris hominis castitatem designat; tegit enim cor, ne vanitates cogitet; stringit etiam collum, ne inde ad linguam transeat mendacium.* Amalarius lib. 2. de Eccles. Offic. cap. 17 : *Amictus est primum vestimentum nostrum, quo collum undique cingimus.* Vide Rupertum lib. 1. de Divin. Offic. cap. 19. Joan. Episcop. Abrinc. de Offic. Ecclesiast. pag. 65. et Durandum lib. 3. Ration. cap. 2. Chron. Centulense Hariulfi lib. 2. cap. 10 : *Albas Romanas cum Amictis suis auro paratas sex.*

¶ **AMICULARIS** Birrus, pag. 501. Gall. Chr. tom. 2. Instrum.

¶ **AMICULUM**, Meretricum pallium. Vide *Aminiculum*.

* Contra Glossar. Lat. Ital. MS. : *Amiculum, la binda virginale.*

** Gemma Gemm. : *Amica, frundin oder buol. Inde Amiculum, diminutivum idem.* Et infra : *Amiculum, mitra virginalis.*

AMICUS. Amicos appellabant Imperatores, quos et *Comites*, qui scilicet in eorum comitatu, et in deliciis erant, quorum etiam opera in rebus gerendis utebantur. Unde *Comites* et *Amicos* fere semper jungi advertere est, ut in leg. Cod. Theod. de Accusation., apud Spartianum in Hadriano, Capitolinum in Antonino Pio, Lampridium in Alexandro, et in hac Inscript. SENTIO. SEVERO. QUADRATO. C. V. COS. AMICO ET COM. AUG. N. Constantinus M. in Leg. 6. Cod. Theod. de Annona et tribut. Rufinum Præfectum Prætorio *parentem Amicumque suum* vocat : atque inde fluxit, ut Reges nostri, quando ad Magnates et primi ordinis proceres scribunt, Amicos et fideles, *Amez et feaux* appellent. In Vita Ludovici Imp. ann. 817 : *Egiddeo* dicitur *Regalium primus Amicorum*, Eginhardo in Annal. [** ap. Pertz. pag. 204], *Inter omnes Amicos Regis primus.*

* Sic, more regum nostrorum, domini superiores *Amicos* appellabant feudales suos, seu ab iis prædia tenentes. Charta Archembaldi præpositi Vindoc. in Chartul. Major. monast. ch. 17 : *Bannum quoque de omnibus in toto Curtirast commanentibus, tam de Amicis quam et de universis hominibus meis; ut si forte Amicus ad molendinum alterum moluerit, quem inde non possim justiciare, remaneat inimicus.*

Amici propinquiores, in Foro Anglico, *Prochein Amy*, qui admittuntur ad prosecutionem jurium pupillorum et minorum, si ii absint. Statutum 2. Westmonasteriense cap. 17 : *In omni casu, quo minores infra ætatem implacitare possunt, concessum est, quod si ejusmodi minores elongati sint, quod minus personaliter sequi possint, Propinquiores Amici admittantur ad sequendum pro eis.* Adde 1. Statutum Westmon. cap. 48.

*Amici, nude, Propinqui, Gall. *Parens*. Ch. ann. 1219. in Chart. Campan. fol. 253. v° : *Ego Remigius cancellarius Campaniæ notum facio,.... quod karissima domina mea Amica Blancha, comitissa Trecensis palatina, et karissimus dominus et consanguineus meus Theobaldus comes Campaniæ et Briæ palatinus, etc.* Libert. villæ *de Bure* ann. 1371. tom. 5. Ordinat. reg. Franc. pag. 476. art. 5 : *Se ilz avaient aucuns biens en ladicte ville de Burrey, les Amis dudit homme ou femme y succederaient.* Sæpius tamen cum addito : *Amici carnales*. In Gestis Ludov. VII. reg. Franc. cap. 14. *Ami carnel*. Tom. 1. earumd. Ordinat. pag. 57. *Amis de char*. In Lit. ann. 1360. ibid. tom. 4. pag. 360. *Amis de ligne*. In Lit. remiss. ann. 1442. ex Reg. 176. Chartoph. reg. ch. 252 : *Savoir faison.... Nous avoir reçeu l'umble supplication des poures parens et Amis de ligne de Jehan de Compiegne etc.* [** Germ. *Freund* olim eodem sensu usurpatum.]

* Amici, Arbitri a litigantibus electi. Vide infra in *Mittere* 6.

¶ **AMIDONUM**, Amylum, Gall. *Amidon*. Hist. Dalphin. tom. 2. pag. 284 : *Item pro 5. libris de pipere..... 10. libris de risis et 5. libris de Amidono, etc.*

* **AMIDUM**, a Gall. *Amidon*, Ital. *Amido*, Amylum. Stat. synod. Corisopit. eccl. MSS. : *Sacerdos consecrans diligenter attendat, quod hostia consecranda sit integra, rotunda circulariter, triticea, non vestuta* (vetusta), *non de Amido, sed de farina frumenti, eo quod proprietates Amidi videntur omnino ipsum esse alterius speciei a farina frumenti.* Vide *Amidonum*.

* Hujusce vocis occasione liceat emendare Willel. Britonem. lib. 11. Philip. v. 171. edit. Chesnii tom. 5. pag. 230. ubi legitur *Amidum*, pro *Amissi dum*, ut habet Barthius edit. 1657. pag. 326 :

Immo, ait, Amissi dum me vectoris in hostem
Dedecorisque mei memorem calor excitat iræ.

AMIGÆ, Concubinæ, meretrices, *Amigi*, Lenones. Fori Aragon. lib. 9. de Lenonib. : *Statutum... quod aliqua persona cujuscumque status vel conditionis existat, non teneat, nec tenere audeat, aut possit publice vel occulte in lupanaribus, sive burdeles, nec alibi concubinas, vulgariter vocatas Amigas, ad quæstum sive lucrum illicitum.* Mox : *Lenones vel concubinarios vulgariter vocatos Amigos.* Vid. Martial. lib. 7. Epigr. 69. et alios.

AMIGDALA. Statuta Ecclesiæ Morinensis cap. 8. apud V. Cl. Jacob. Petitum : *Si ab Ecclesia Morinensi absque dispensatione Decani et Capituli absentaverint per majorem partem Quadragesimæ, valorem dictarum*

Amigdalarum Bursario, seu Receptori bursæ obituum restituere, seu reddere ad plenum tenentur.

☞ Est quidem *Amygdala* vox Græcæ originis; verum ab antiquis Scriptoribus Latinis, ut a Columella et Plinio sæpius usurpata. Non alia forte de causa hic inserta est a Cl. Cangio, nisi ut animadverteretur antiquus Ecclesiæ Morinensis usus in distribuendis Amygdalis cuilibet Canonicorum. Fiebat autem illa distributio ante Quadragesimam, ut patet ex ejusdem Ecclesiæ Obituario MS. ad mensem Februarium : *Item dies Cinerum pro duplici habetur et dantur* 30. *libræ Amigdalarum cuilibet Canonico; dum tamen sint residentes per majorem partem Quadragesimæ, et fecerint totum stagium ad plenum.*

* **AMIGDOLA**, pro Amygdala, in Convent. civit. Saonæ ann. 1526.

* **AMIGNUS**, *La scarpa*, in Glossar. Lat. Ital. MS. Calceus, calceamentum.

AMILIARIUS *lapis est vocatus, quia ubi positus est, Miliarium ostendit viantibus, ab a, et miliarium, quia miliario aptantur.* Ita Ugutio et Joan. de Janua.

AMILICATUS. Octavius Horatianus lib. 4. Rer. medicar. pag. 106 : *Octavo tamen mense non facile nutribiles sunt* (partus), *non est Amilicatus fœtus pro ratione ponderis.* [*Amilicatus* f. pro *adminiculatus*, uti conjicere est ex seq. vocabulo *ponderis.*]

* **AMILIGARE**, Lenire, mitigare, Gall. *Adoucir, appaiser.* Proces. ann. 1488. ex Tabul. D. Venciæ : *Dulcibus verum* (f. verbis) *eum Amiligando et etiam Amiligando dictum Johannello etc.*

¶ **AMILLI**, Ludi genus. Conc. Trevir. ann. 1310. apud Marten. tom. 4. Anecd. col. 249 : *Ludos chorearum, scacorum, Amillorum et globorum Monachis interdicimus omnino.*

* Pro *Taxilli*, ut videtur, Lusoriæ tesseræ. Vide in hac voce.

* **AMINA**, Mensura frumentaria, pro variis locis diversæ capacitatis, eadem quæ *Hemina*. Vide in hac voce. Charta ann. 1230. ex Chartul. Campan. fol. 207. v°. col. 1 : *Assignamus etiam.... duas Aminas bladi, medietatem frumenti et medietatem avenæ;.... quæ si carrucæ cum prædictis furnis adpreciatæ sunt ad sexaginta Aminas bladi, medietatem frumenti et medietatem avenæ.* Occurrit rursum infra. Charta ann. 1295. in Chartul. eccl. Lingon. fol. 47. v°: *Item cxiv. jornalia terræ arabilis,.... quæ valent seu valere possunt xxx. Aminas bladi per modium, si admodiarentur. Amené*, eadem notione, in Testam. Hugonis V. ducis Burg. ann. 1314. inter Probat. tom. 2. Hist. Burg. pag. 154. col. 1 : *Item donnons à L'escot, vallet de nostre chambre, trois Amenés de froment à sa vie, a panre en nostre grenier de Roure.* Hinc

* **AMINAGIUM**, Nostris olim *Aminage*, Præstatio ex quacumque *amina* frumenti, aut alterius grani, idem quod *Eminagium*. Vide in *Hemina*. Charta Stephani comit. Burgund. ann. 1237. inter Probat. tom. 1. Hist. Burg. pag. 88. col. 2 : *Habuerunt etiam prior et conventus S. Viventii apud Auxonam tertiam partem legum et justitiarum, et Aminagium, et census pratorum.* Charta Philippi de Vienna dom. Pagniaci ann. 1297. in Cod. reg. 9484. 2. fol. 130. r° : *Dictos octo bichetos frumenti assignamus similiter percipiendos annuatim in perpetuum in Aminagio nostro de Sorrogio, a nobis et successoribus nostris in dicto Aminagio persolvendos de blado Aminagii supradicti.* Libert. Jonvillæ ann. 1354. tom. 4. Ordinat. reg. Franc. pag. 296. art. 14 : *Retenons pour nous et pour noz hoirs, toutes noz rentes, censes, bans-vins, Aminaiges, etc.*

* **AMINEA** Laina, *Quia plus omnibus lanescit lanugine.* Glossar. vet. ex Cod. reg. 7646. Vide *Amineum.* [** Ex Isid. Orig. lib. 17. cap. 5. sect. 18. ubi hodie legitur *lanata.*]

* **AMINETA**, Eadem notione, qua *Amina* supra. Charta ann. 1314. in Chartul. eccl. Lingon. ex Cod. reg. 5188. fol. 194. r° : *Item plures personas de Cuseio teneri ipsis conjugibus quolibet anno, infra nativitatem beati Johannis Baptistæ, in xviij. Aminetis bladi, per medium frumenti et avenæ.... Dictus Petrus habet quartam partem xxxij Aminetarum bladi, per medium frumenti et avenæ.*

¶ **AMINEUM**, *Vinum quasi sine minio candidum.* Ita Laur. in Amalthea ex Isidoro. Sic et legitur in Glossis San-German. MSS. verum Martinio in Lexico Philol. *Ammineæi* Italiæ sunt populi; unde *Ammineæ seu Ammineæ vites.* Salmasio : *Aminnia, Aminia, Vitis tam albam, quam nigram uvam ferens.* Vide in Amalthea. Papias vero MS. Bitur. :

¶ Aminea *genus uvæ quasi sine minio, id est, rubore, album vinum fert.* At paulopost superioris etymologiæ immemor subdit, *Amineus, Rubeus.* [** Vide Isid. Orig. lib. 17. cap. 5. sect. 18. et lib. 20. cap. 3. sect. 5.]

¶ **AMINICULUM**, *est Meretricum pallium lineum : hunc apud veteres Matronæ in adulterium deprehensæ induebantur, ut in tali Aminiculo, potius quam in stola polluerent pudicitiam. Erat enim apud veteres hoc signum meretriciæ vestis. Nunc in Hispania honestatis.* Ita Gloss. nostrum San-Germ. MS. Apud Papiam in Gloss. scilicet MS. Bituricensis Ecclesiæ legitur : *Amiculum, meretricum pallium lineum, etc.* [** Ex Isid. Orig. lib. 19. cap. 25. sect. 5. ubi omnes cod. *Amiculum.*]

* **AMINUERE**, Diminuere, labefactare, Gall. *Amoindrir, dégrader*, olim *Ameuuiser, Amainrir, Amandrir et Amanrir.* Charta ann. 1330. in Chartul. S. Mart. Pontisar. fol. 35. v° : *Amenuisant les parties de le disme, que religieux hommes et honnestes, l'abbé et le couvent de S. Martin emprés Pontoise.... ont, avoient, ou devoient avoir.* Glossar. Gall. Lat. ex Cod. reg. 7684 : *Amandrir, exinanire.* Lit. ann. 1367. tom. 5. Ordinat. reg. Franc. pag. 17. art. 9 : *Avons deuëment Amendrir, et retranché du tout etc.* Aliæ ann. 1370. ibid. pag. 379. art 37 : *Aucunes d'icelles* (choses) *ne puissent être forfaictes, perdues, ne Amainries.* Rursum aliæ ann. 1394. tom. 7 earund. Ordinat. pag. 681 : *Nostre demain en pourrait forment décheoir et Amenrir.* Ita quoque legendum pro *Amurir*, in Stat. ann. 1371. tom. 5. jam laudato pag. 429. art. 6. Unde *Amenrissement de biens*, in Stat. ann. 1390. tom. 7. pag. 357. art. 13. Vide consuet. Hannon. cap. 40. et 77. art. 20. *Adimendrissement*, in Stat. ann. 1399. tom. 8. earumd. Ordinat. pag. 335. Charta Gaucelini abb. Anian. ann. 1202. inter Probat. tom. 3. Hist. Occit. col. 192 : *Ex maxima parte Aminuebatur nostrum monasterium, et multis incommoditatibus affligebatur.* Vide *Minorare.*

AMIR, Arabibus, Dominus. *Amir Gazis*, apud Ordericum lib. 10. extremo; ἀμήρ, Annæ Commenæ et aliis : a qua voce ortum ducunt *Amiræ* et *Amiralii* apud Saracenos et Turcos, Satrapæ nempe urbium vel Provinciarum Præfecti, atque adeo Sultani qui Caliphæ suberant. Martyrium S. Bacchi junioris pag. 106 : Ὁ στρατηγὸς ὁ παρ' αὐτοῖς, ὁ καὶ Ἀμηρᾶς ὀνομαζόμενος. Anastasius Biblioth. ad VIII. Synod. act. 1 : *Hamiram Græci vocant Principem Saracenorum : interpretatur autem, ut ferunt, lingua eorum, Præpositus.* Varie porro efferuntur apud Scriptores ejusmodi vocabula.

Admiralius. Apud Matth. Paris ann. 1272 : *Admiralius Joppensis natione Saracenus, quæ dignitas apud nos Consulatus vocatur.* Adde pag. 169. 170. et Ordericum Vitalem lib. 9. pag. 736.

* *Amiral*, eadem notione, in continuat. Hist. Guillel. Tyrii apud Marten. tom. 5. Ampl. Collect. col. 659 : *Le Soudan manda à l'Amiral qu'il les rendist* (ces hommes). *L'Amiral dist qu'il n'en rendroit nul.* Hinc *Visadmiral* appellatur is, cui castellani vices seu officium commissum est, in Lit. Phil. VI. ex Reg. B 2. Cam. Comput. Paris. fol. 130. v° : *Colin Helyes nostre amé sergent d'armes et Visadmiral en l'office de chastelain de chastiau Cornet.*

Admirallus. Fragm. de Statu Saracenor. tom. 5. Hist. Franc. : *Convenerunt* 60. *Admiralli, qui sunt quasi Comites et Capitanei exercituum.*

¶ Almiragius. Francisci Carpesani Comment. suorum temporum apud Marten. tom. 5. Ampliss. Collect. col. 1358 : *His compertis Bonivetus Almiragius* (*magister is erat regiæ classis, nunc terrestribus copiis imperabat*) *etc.*

Amiraldus. Epistola Stephani Comitis Carnotensis ann. 1098. tom. 4. Spicilegii Acheriani : *Cassianus Antiochiæ Admiraldus, id est princeps et dominus.* Robertus Monach. lib. 4. Hist. Hierosol. : *In eo conflictu occisus est Cassiani Magni Regis Antiochiæ filius, et duodecim Admiraldi Regis Babyloniæ, quos cum suis exercitibus miserat ad ferenda auxilia Regi Antiochiæ, Et quos Amiraldos vocant, Reges sunt, qui provinciis regionum præsunt.* Le Roman *d'Alexandre*, MS. :

Ains sembloit bien qu'il fut ou Amiraux ou Rois.

Le Roman *de Garin* MS. :

Dit l'Amiraût, fetes moi l'amener.

Alibi

Dex, quel eschec l'Amiraut i conquist
De murs, de mules, et de chevaus de pris.

Guill. *Guiart* MS. ann. 1248 :

Sont mors à cele desevrance,
Deus Amiraus de grant puissance.

Le Roman *d'Aubery* MS. :

Bien te porroie vanter en tou pais,
Que tel n'aroit Amiraux ne Marchis.

[** Gerard de Vienne :

Onkes plus bels n'ot queus ni Amiraut.

Giraud de Borneil :

E s' ieu fos reis ni ducx ni Amiratz

Lanfranc Cigala :

Dels Alamans, s'ieu fos lur Amiratz.
Tost possera la lor cavaillaria.

Vide Raynouardi Gloss. vol. 1. pag. 72.]

Meral, pro *Amiralis*. Chronicon Montis-Sereni ann. 1190 : *Soldanum cum multis nobilibus, qui Meral dicuntur, in Iconium compulit.*

¶ Amirarius. Memoriale Potestatum Regiensium ad ann. 1218. apud Murat. tom. 8. col. 1092 : *Et reduxerunt eos usque ad fossatum Damiatæ, et de xxx. lignis unum cum multis turgis, et uno Amirario ceperunt.*

Amiratus. Vita Caroli Mag. ann. 801 : *Legatus Amirati Abraham, qui in confinio Africæ in fossato præsidebat.* Adde Aimoinum lib. 4. Hist. cap. 9. et Annales Francor. Guillelmus Apuliensis lib. 3. Rerum Norman. pag. 28 :

Nominis ejusdem quodam remanente Panormi
Milite, qui Siculis datur Amiratus haberi.

Le Roman *d'Aubery* MS. :

Si s'en ira a si riche Amiré,
Que il ne l'ait en mult grande cherté.

Ammiratus, apud Raymundum de Agiles, pag. 164.

Amurati, apud Aitonum cap. 50.

Admiratus, apud Fulcherium Carnotensem lib. 1. cap. 5. 7. etc. [Chronicon Engelhusii, apud Leibnitz. tom. 2. Script. Brunsvic. pag. 1137 : *Nam Rex Tartarorum Tamerlanus terram Turcorum dissipavit, et bello commisso triumphavit, et regnum Turcorum subegit; ubi ceciderunt ultra D. millia hominum, et Bersetus Turcorum Admiratus, id est, Imperator, interfectus est.* In Vita. S. Petri Thomasii, Jerosolymæ Præfectus pro Soldano Egypti vocatur *Admiratus Jerusalem.* Occurrit præterea apud Marten. tom. 2. Ampliss. Collect. col. 1178.]

¶ Ammirandus. *Sire Raul* de gestis Friderici I. Imperat. aput Murat. tom. 6. col. 1195 : *Tunc quidam Amirandus nomine Tactus venit ad Imperatorem, et dixit ei, se ostendere bonam viam; et si hoc non esset, amputaret caput ei.*

Ammiredæ, in Epistola Ludovici II. Imp. ad Basilium Imp. Constantinop. apud Baron. : *Tres Ammiredas, qui totam Calabriam depopulabantur, et numerosam multitudinem Saracenorum prostraverunt.*

Amiræus. Sigebertus in Chron. : *In regno Saracenorum quatuor Prætores statuit, qui Amiræi vocabantur; ipse vero Amiras dicebatur vel Protosymbolus.*

Admirarius, apud Leonem Ostiensem lib. 3. cap. 43. (al. 45.) et Petrum Diacon. lib. 4. cap. 11.

Admiravisus, Amiravisus. Guibertus lib. 4. cap. 14 : *Occubuerunt siquidem istic duodecim ex eorum primoribus viri, quos verbo Chaldaico Satrapas, secundum eorum barbariem Admiravisos dicunt.* Et lib. 5. cap. 8 : *Hierosolymorum Præfectus (quos barbarica illi lingua Admiravisos vocant) etc.* Adde Matth. Paris pag. 35. Præsertim vero ita dictus Bagdatensis Sultanus. Robertus Monach. lib. 5. Hist. Hieros. : *Dominus noster Admiravissus Babyloniæ mandat vobis Francorum Principibus, etc.*

Admirabilis. Matth. Paris ann. 1236 : *Rex Africæ, qui dicitur vulgariter, Admirabilis mundi.* Ann. 1251 : *Regi Marok, quem Admirabilem mundi appellare consuevimus* Ita apud Ordericum pag. 735. 795. vox hæc supremis Sultanis tribuitur.

Ameradiæ, Amiraliorum præfecturæ, districtus, ἀμηραδῖαι, Constantino Porph. de Administrando Imperio cap. 25.

¶ Amiragius. Memoriale Potestatum Regiensium ad ann. 1218. apud Murat. tom. 8. col. 1085 : *In cujus turris defensione unus Amiragius pro ipsius turris munitione cum centum militibus..... existebant.*

Amiralius, Amirallus, Amiraldus, Admirallus, *etc.* Voces etiam usurpatæ apud Christianos, qui cum viderent, Saracenos ita suos classium præfectos appellare, id nominis postmodum suis itidem classium præfectis indiderunt. Nam frustra agunt, qui aliunde vocis *Amiral*, seu *Admiral*, apud nos originem deducunt, ut Edwardus Cokus ad Littlet. sect. 439. qui a Saxonico aenmereal, id est præfectus maris, seu classis, etymon accersit. Alfonsus IX. Castellæ Rex *in Partidis*, part. 2. tit. 24. lege 3 : *Almirante es dicho, el que es cabdillo de todos los que van en los navios para fazer guerra sobre mar, etc.* Primi autem ita summos classium suarum præfectos appellasse videntur Siculi. Romualdus in Chronic. MS. ann. 1149 : *Georgium, virum utique maturum, sapientem, providum et discretum, ab Antiochia adductum, magnum constituit Ammiratum.* Exinde Genuenses, ut colligitur ex Matthæo Paris ann. 1244 : *Eis* (galeis) *præfuerunt Potestas Januæ, quem Admiratum vocant, et majores civitatis, etc.* [Bartholomæus Scriba lib. 6. Annal. Genuens. ad ann. 1241. apud Murat. tom. 6. col. 485 : *Idem Ansaldus, omnibus prætermissis, quam secretius potuit ivit ad Imperatorem, et collatum admiragii officium suscepit.* Occurrit ibid. ad ann. 1263. col. 530. et lib. 10. Annal. Genuens. Jacobi Auriæ ad ann. 1283. ibid. col. 581. *Admirantus* apud Rymer. tom. 2. pag. 691 : *Johannes Ducis Britanniæ filius, etc. Universis et singulis Senescallis, Marescallis, Admirantis, etc. Admirantius* tom. 7. SS. Maii pag. 376. *Guiart* MS. ann. 1304 :

L'Amiraut en un Galiot
Fait entrer ô li sans attendre
Arbalestriers en tous quarante.]

¶ Admiralatus, Officium Admiralli, maris præfectura, Gall. *Amirauté.* Charta ann. 1357. apud Lobinell. tom. 2. Hist. Britan. : *Eduardus III. Rex concedit Matthæo de Gournai Admiralatum costeriæ Britanniæ.*

¶ Admirallitas, Eadem notione, apud Rymer. tom. 10. pag. 668 : *Et quod eo casu nullus mercator vel nauta de Hansa judicium Admirallitatis subire teneatur..... et quod fient prohibitiones regiæ Admirallo et ejus Officiariis.*

¶ Admiratia. Bulla Bonifacii VIII. PP. pro Jacobo II. Aragonum Rege tom. 3. Collect. Conc. Hispan. pag. 536 : *Quibus casibus ad exsequendum hujusmodi vexillariæ, capitaniæ et Admiratiæ officium modo prædicto dictus Rex Aragonum se astringet, et in hoc se et sua dictæ Ecclesiæ obligabit.*

¶ Admiralus, apud Rymer. tom. 5. pag. 720 : *Henrico Duci Lancastriæ Admirallo flotæ navium versus partes Occidentales. Vobis mandamus quod treugas prædictas in singulis portubus et locis infra Admiratum vestrum prædictum, ubi expedire videritis, publice proclamari et teneri faciatis, inhibentes omnibus et singulis infra Admiratum vestrum prædictum, etc.*

¶ Admiracia. Litteræ Patentes Regis Franc. ann. 1361 : *Lucianum de Grimaldis committimus Admiraciæ* (Provinciæ.)

* Amiraldia, Officium et jura *Amiraldi*, maris præfectura. Charta Philippi III. reg. Franc. ann. 1272. in Reg. 30 Chartoph. reg. ch. 441 : *Item licebit nobis.... in tempore passagii generalis.... instituere amiraldum, qui habeat jura Amiraldiæ.*

* Magnus Ammiratus Ammiratorum, in Charta Guillelmi reg. Siciliæ ann. 1156. apud Cencium inter Cens. eccl. Rom. : *Datum Beneventi per manum Maionis Magni Ammirati Ammiratorum.*

Ammiratus, *Ammiratorum* dignitas, qua donati leguntur apud Siculos sub Rogerio Rege, *Georgius*, de quo supra, ann. 1142. apud Rocchum Pirrum tom. 1. pag. 276. tom. 2. pag. 392. qui *Magnus Ammiratus* dicitur Romualdo ann. 1152. et *Maio* sub Willelmo Rege apud Baron. ann. 1156. Antonium Beatillum lib. 2. Hist. Barensis pag. 109. Ughellum tom. 7. pag. 120. et eumdem Pirrum tom. 1. pag. 316. quia nempe plures Ammirati erant in hoc regno, ut ex Charta laudata ann. 1142. quam ii subscribunt, colligitur. [Apud nos autem hac dignitate donati sunt viri clarissimi, quorum seriem hic contexere, Lectori haud ingratum fore confidimus. :

¶ FRANCIÆ ARCHITHALASSII.

Florentius de Varennes regiæ classi præerat ann. 1270.

Enguerannus de Cociaco, anno 1285. juxta Guil. *de Nangis.*

Matthæus de Montmorency, ann. 1295. obiit sub finem anni 1304.

Joannes de Harcuria cum *Matthæo de Montmorency*, ann. 1295, obiit 21. Dec. 302.

Otho de Tocy, a 25. Decembris anni 1296. ad diem Martis ante festum S. Lucæ anni 1297. qua decessit e vita.

* Otto de Touciaco *miles et Admiratus galeiarum domini regis*, in Charta Roberti comit. Atrebat. 17. Octobr. ann. 1296.

Benedictus Zacharias Januensis, anno 1297. Othoni successit.

* Benedictus Zacharias *generalis navigii regii Admiratus*, in Lit. Phil. Pulcr. mense Aug. ann. 1297. ex Lib. rub. Cam. Comput. Paris. fol. 9. v°. col. 2.

Raynerius de Grimaut, ab anno 1302. ad annum 1307. obiit anno 1314.

* Renerius de Grimaudis, in Charta Phil. Pulcr. ann. 1304.

Theobaldus de Chepoy præfecti maris officio functus est annis 1306. 1307. et 1308.

Berengarius Blanc, anno 1316. et sequentibus ad annum 1223.

* Charta Phil. V. ann. 1321. in Reg. 60. Chartoph. reg. ch. 133 : *Berengarius Blanch, serviens armorum noster et Amiraldus maris, etc.*

Gentianus Tristan, ann. 1323. et 1324.
Petrus Mierge, ann. 1326. 1327. 1328.
Joannes de Chepoy, ann. 1334.
Hugo Quieret, ann. 1336. obiit ann. 1340.
* Hugo Quieret *Admiratus* dicitur, in Charta ann. 1335. qui *Hugo Kaereti* appellatur, in Ch. ann. 1353. ex Reg. 81. Chartoph. reg. ch. 886. [** Vide *Jal*, *Archéologie navale*, tom. 2. pag. 218.]
Nicolaus Beuchet cum *Hugone Quieret*, ann. 1339. Captus ab Anglis suspendio periit ann. 1340.
Ludovicus de Hispania, a 13. Martii ad 28. Decemb. anni 1341.
Petrus Flotte, alias Flotton de Revel, a 28. Martii ann. 1345. ad 19. Octob. anni 1347.
Frater Johannes de Nanteuil, Prior Aquitaniæ ab anno 1347. ad 1357.
Enguerrandus Quieret, ann. 1357.
Enguerrandus de Mentenay ex commissione D. Regentis, *Admiralli* officio fungitur ann. 1359.
Joannes de la Heuse: dictus Le Baudran, a 3 Junii anni 1359. ad ann. 1368.
Franciscus de Perilleux, 3. Julii. ann. 1368.
* Dominus de Fransu, in Charta Caroli V reg. Franc. ann. 1369. ex Reg. 100. Chartoph. reg. ch. 712 : *Feu nostre amé et feal chevalier le seigneur de Fransu, jadis nostre Amiral de la mer.*
* Franciscus de Perilleux, in Charta jam jam laudata : *Feu François de Perilleux, Admiral derrenierement alé de vie à trépassement.*
Aymericus Vicecomes Narbon. 28. Decemb. 1369. ad ann. 1373.
Joannes de Vienne, a 27. Decemb. 1373. post multa præclare gesta in prælio ad Nicopolim adversus Turcas 26. Septemb. 1396. occisus est.
Renaldus de Trie, a 20. Octob. 1397. ad ann. 1405.
Petrus de Breban, dictus Clignet, a 1. Aprilis 1405. ad ann. 1428. quamvis Burgundionum Duce satagente fuisset dignitate spoliatus 23. April. 1408.
Jacobus de Chastillon in locum. *Petri de Breban*, 23 Aprilis 1408. Burgundiæ Ducis cui favebat autoritate suffectus est. Cecidit in pugna ad Azincurtem 25. Octob. 1415.
Robertus de Braquemont, dictus *Robinet*, 22. Aprilis 1417. a maris præfectura amotus factione Burgundica anno sequenti.
Joannetus de Poix, Franciæ *Admirallus*, officio tamen nunquam functus est. Peste obiit Parisiis ann. 1418.
Carolus de Recourt, dictus de Lens, prævalentibus Burgundis in locum *Roberti de Braquemont* 6. Junii ann. 1418.
* Carolus de Recourt dictus *de Lens*. Memor. H. Cam. Comput. Paris. fol. 97. r° : *Dom. Karolus de Lens miles, Admirallus Franciæ, loco dom. Roberti de Braquemont militis, certis causis ad hoc regem moventibus exonerati, per ejus litteras datas xx. Julii* 1418.
Georgius de Beauvoir, Regiis classibus præerat. ann. 1420.
Ludovicus de Culant, paulo ante ann. 1422. Decessit e vita ann. 1444.
Guillelmus de la Pole, Anglus, admiralli Franciæ titulum usurpasse traditur ann. 1424. cum Angli Carolum VII. regno spoliare niterentur.
Eduardus de Courtenay, Anglus, Franciæ admirallus ab Anglorum Rege creatus ann. 1439.
Andreas de Laval, admiralli officio amotus ann. 1439. Eodem iterum donatus est ann. 1465.
Pregentus de Coetivy, 26. Decemb. ann. 1439. Cecidit ann. 1450.
Joannes de Bleuil, de Montresor, Pregento successit.
Joannes de Montauban, ann. 1461. post quem rursus *Andreas de Laval* ann. 1465.
Ludovicus Bastardus de Bourbon, ann. 1466.
Ludovicus Malet, de Graville, ann. 1486. Abdicavit ann. 1508.
Carolus d'Amboise, a 31. Januarii 1508. ad ann. 1511. quo ejus socero Domino *de Graville Admiralli* munus restituitur.
Guillelmus Gouffier, de Bonivet, 31. Decemb. 1517. Occisus 24. Februarii 1524. in prælio ad Ticinum.
Philippus Chabot, Comes de Charny, 23. Martii 1525. obiit 1. Junii 1543.
Claudius d'Annebaut, 5. Febr. 1543.
Gaspardus de Coligny, 11. Nov. 1552. interfectus die S. Barthol. 1572.
Honoratus de Sabaudia, 24. Aprilis 1572. Cessit Carolo a Lotharingia Duci Meduanæ ann. 1578.
Carolus a Lotharingia Dux Meduanæ, a 28. Aprilis 1578. usque ad 1. Junii 1582.
Anna Dux Joyosæ, 1. Junii 1582.
Joannes Ludov. de Nogaret, Dux d'Espernon, 7. Novemb. 1587.
Antonius de Brichanteau, de Nangis, 25. Febr. 1589. Officio tamen nunquam fungitur, maris præfectura nondum dimissa a Duce Espernonis.
Bernardus de Nogaret, de la Valette, per cessionem Ducis Espernonis fratris ann. 1588.
Carolus de Gontault Dux Bironis, a 4. Octob. 1592. ad ann. 1594.
Andreas de Brancas, 23. Augusti 1594.
Carolus de Montmorency Dux Damvillæ, 21. Januarii 1596.
Henricus Dux Montmorencii, cessione *Caroli*, 17 Januar 1612. usque ad ann. 1626. quo id munus abdicavit.
Dehinc nullus Franciæ *Admirallus* usque ad ann. 1669.
Qui interea rei maritimæ præfuere, *Magni Magistri, Ducis*, et *Præfecti Generalis Navigationis, et Commercii* nominibus donati sunt, inter quos primus :
Armandus Joannes du Plessis de Richelieu, Cardinalis, etc. ab anno 1626.
Armandus de Maille, Dux Fronsaci, Magnus Magister creatur ineunte Januario 1643. occiditur 14. Junii 1646. Eodem anno Anna Austriaca Regina mater et Regens hoc sibi munus assumsit 4. Julii, dimisit anno 1650.
Cæsar Dux Vindocini, etc. 12. Maii 1650. cum filio Francisco tum designato paterni muneris successore. Obiit an. 1665. 22. Oct.
Franciscus Cæsaris Filius, ann. 1651. recipitur in Camera Computorum. Occumbit autem in Cretensi Insula fortiter pugnans adversus Turcas.
Ludovicus Borbonius Comes Viromand. ex Ludovico XIV. et Ludovica *de la Valliere* filius Admiralli officio donatus est 12. Novemb. 1669. obiit 18. Novemb. 1683.
Ludovicus Alexander Borbonius Tolosæ Comes, Archithalassius appellatur mense Novembri anno 1683. Diu vivat.
* Ludovicus Joannes Maria Borbonius Dux Penthevriæ, anno 1734. patri viventi successit.
[** Vide *Pardessus*, *Collection de lois maritimes* vol. 4. pag. 295. not. 2. De Jurisdictione Admiralli apud Anglos liber singularis Spelmanni exstat in ejus Operibus anglice scriptis part. 2. pag. 215.]

¶ Admirantia, Navis prætoria, Gall. *L'Amiral*. S. Ferdinandi Regis gloria posthuma tom. 7. Maii pag. 376 : *Cum autem Admirantia ad capitaneum Eugenium Delgadum pertinens, in quo pro Admirantio, erat generalis Ferdinandus de Losa intrare vellet per ostium S. Lucari principio noctis supervenit tempestas.*

Amirmumnes, sic appellati Bagdatenses, atque adeo supremi Sultani, qui sub Chalifa universæ rerum administrationi præerant; Ἀμερμουμνᾶ Cedreno, Zonaræ, et Constantino Porphyrogenito; Ἀμερμνᾶ Annæ Commenæ; *Amermumi* Fredegario Scolastico; *Amiralmumin*, in Epist. 3. Leonis III. PP.; *Amiramomemini* Roderico Toletano lib. 6. de Rebus Hispan. cap. 32. lib. 7. cap. 34. in Hist. Arabum cap. 31 ; *Amormomini* Bernardo Monacho in Itinerario Terræ-Sanctæ; *Miramomelini* Lucæ Tudensi æra 1129 ; *Miramummelini* apud Rigordum ann. 1211. *Hemirmomelini* ann. 1195. *Mirmumni*, in Vita S. Wilibaldi, a Sanctimoniali edita cap. 15. 21. *Almamuni* et *Amir-Almumanimi* in Chronico Orientali : quas quidem voces *Credentium Principem*, seu *Fidelium Dominum* significare apud Arabas pluribus docuimus ad Alexiadem pag. 371. 372. At aliter de vocis notione scribit Isidorus Pacensis in Chronico æra 750 : *Ulit Amir Almuminin, quod idioma regni in Lingua eorum resonat, Omnia prospere gerens.* Corrupte porro habet *Molanus* Historia Hierosolymitana, pag. 1152 : *Eo tempore gentilis quidam, Seuvarius nomine, sub Molano, quem patria lingua Dominum dicunt, universam procurabat Ægyptum.*

* **AMIRALDI.** Vide supra *Admiraldi.*

AMIS, et Amisitis, quibusdam dicitur *Furcula retis, vel hami* : Ugutioni vero est *Lignum bifurcatum, per quod venatores expandunt retia ad capiendas feras.* Aliis denique est *Furcula, quæ levat rete, quo capiuntur aves.* [** Gemma Gemm. : *Amites sunt stipites quibus aucupes utuntur.*]

* **AMISCERE**, Amisere, Ammiscere, Præstatio ex rebus escariis, vel etiam idem quod *Procuratio*, pastus. Charta ann. 957. apud Murator. tom. 3. Antiq. Ital. med. ævi col. 719 : *Aliud nichil* (facere debemus) *nisi tantum Amiscere de piscibus bonis, quatuor vices in anno.* Infra : *Debemus.... quatuor vices in anno, secundum vestrum honorem, ut melius potuerimus, de piscibus valde bonis in vestrum servitium adducere.* Charta ann. 1116. ibid. tom. 4. col. 59 : *Dent porcum, et multonem tercium et quartum, et spallam, et Amisere, et plaustrum lignorum pro unoquoque jugere, pro albergaria unum sextarium vini, etc.* Alia ann.

1186. col. 855 : *Cum omni honore et districtu, et conditionibus, comandasiri, Amisceribus, et ecclesiarum advocatiis, etc.* Charta Ottonis III. ann. 1210 : *De nostra benignitate concessimus alienationes sive invasiones factas ab aliquo suorum parentum, contra formam feudi, de.... teloneis, pedagiis, curadiis, præclartis, Amisceribus, etc.* Charta ann. 1221. tom. 1. Hist. Cassin. pag. 318. col. 1 : *Guillelmus de Venano debet.... unum Ammiscere de carne et sex panes ; Accolino Marino in nativitate unum Ammiscere de carne et sex panes.* Lib. censual. 13. aut 14. sæculi laudatus a Cl. V. Garamp. in not. ad Hist. B. Chiaræ pag. 213 : *Nota, quod ensenia dicuntur Ammisera, et unumquodque Ammisere debet esse de decem panibus et triginta ovis pro una casata.*

¶ **AMISSA**, pro *Admissa :* sic et *Amminister* pro *Administer,* suppresso *d* quod Scriptoribus medii ævi familiare est.

AMISSARIUS, Vide *Emissarius* et *Admissarius.*

* **AMISSARI**. Vide supra in *Admissatio.*

¶ **AMISSIONEM** Tenere, Idem videtur quod Causa cadere, seu jure actionis excludi, Gall. *Estre debouté.* Locum vide in *Campiones.*

* Quod Gallice vulgo dicebant, *Perdre la querelle.* Vide in *Campiones.* Huc spectat vox *Amission*, in Libert. Novi-castri ann. 1256. tom. 7. Ordinat. reg. Franc. pag. 364. art. 9 : *Et se vo-je que chevaux à chevauchier et armeures.... ne soient pris por debtes, ne por pleges, ne por autres Amissions.* Id est, quacumque ex causa, seu mulcta in judicio etiam dicta.

AMISSURA, Submonitio, admonitio, citatio. Charta ann. 1226. pro Abbatissa S. Mariæ Suession. : *Per hanc autem compositionem quitavit dictus Vicecomes omnes citationes et omnes Amissuras dictis hospitibus et hominibus in perpetuum.* Alia Radulfi Comitis Suession. ann. 1233. pro Communia Nantoliensi : *Ut tunc mihi, vel servienti meo, Amissuras emendabit.*

* Mihi vero, Mulcta est pro vadimonio deserto, Gall. *Défaut;* vel pro casibus *Amessurarum.* Vide supra *Amessura.*

¶ **AMISSUS**, Perditus, a Deo reprobatus. In Processu de Vita S. Yvonis tom. 4. Maii pag. 558. A : *Ille inclusus erit Amissus amore pecuniæ.* Id est, peribit æternum.

AMISTERIUM. Constitutiones Petri I. Regis Aragon. apud Podium Cerdanum MSS. ann. 1225 : *Exceptis Militibus et filiis eorum, a 15. annis supra, qui inter se guerram habuerint, cum toto suo Amisterio.* Id est, cum ministris, et familia.

AMISTID, *Vas parvissimum*, Papiæ.

¶ **AMITA**, pro *Amictus*, de quo supra. *Cum albis, Amita, stola et fanonis*, apud Rymerum tom. 9. pag. 273. col. 1.

* Arest. ann. 1321. 9. Maii in Reg. parlam. Paris. *Olim : Tres albas, tres Amitas, et tres cingulos.* Vide mox *Amitus.*

AMITANES, pro *Amitæ*, [Gall. *Tantes*,] in Legib. Luithprandi Regis Longob. tit. 114. § 2.

¶ **AMITERMINUS**, ὅμορος, *Finitimus, confinalis*, apud Janum Laurenberg. in Supplem. Antiquarii.

* **AMITERZIA**, Fimbria, Gall. *Frange*, ut videtur. Testament. Gard. Talayrandi de Petragor. ann. 1360. in Cod. reg. 4223. fol. 112. r° : *Item vestimenta alba, quæ fecimus fieri de pannis pretiosis ultramarinis, cum Amiterziis de Anglia.*

* **AMITINUS**, Ad *amitam* pertinens; *frater Amitinus*, *Cousin-germain*, filius ex sorore patris. Stat. ant. Florent. lib. 1. cap. 3. ex Cod. reg. 4621. fol. 13. r° : *Nec ducet aliquis officialis forensis, aut aliquo modo retinebit in palatio aut domo suæ habitationis....fratrem patruelem vel Amitinum.*

* **AMITTADARE**, In societatem dare seu recipere. Stat. Cadubrii cap. 2. pag. 54 : *De Amittadantibus seu tenentibus in soccidam animallia cum forensibus. Item... deliberatum fuit : quod nullus homo vel persona de Cadubrio possit nec valeat aliquo modo vel ingenio Amittadare, seu dare aut accipere, salvare seu tenere ad medietatem vel soccedam, cum aliquo forense, aliquas bestias aut animalia.* Vide supra *Accomandisia* et infra *Socida.*

* **AMITTENDA**. Charta ann. 1256 : *Pro prædicto feudo... confessi fuerunt se debere prædicto Rodulpho pro indiviso decem solidos Viennenses de placito et homagium ligium, salva certa Amittenda.* Vide supra *Amiscere.*

¶ **AMITUM**, pro *Exametum*, Pannus holosericus, apud Leibnit. tom. 1. Script. Brunsvic. pag. 750. ex Chronico Hildeshemensi : *Duas dalmaticas, unam ex Amito rubeo, alteram de candido, albam bonam ex Amito candido.* Vide *Exametum.* [** f. leg. *examito.*]

¶ Amitum, Species panni crassioris apud Siculos. Vide in *Dimitum.*

* **AMITUS**, pro *Amictus*, Ital. *Ammitto.* Testam. ann. 1165. apud Murator. in Antiq. Estens. pag. 325 : *Hospitali de Rupta unum camisum, et unum Amitum* (lego.) *Duo Amiti lini*, in Annal. Mediol. ad ann. 1389. apud eumd. Murator. tom. 16. Script. Ital. col. 809. Vide supra *Amita.*

¶ **AMIXIA**, *Commerciorum privatio, Impermiscentia.* Amalthea. Vox ficta ex Græco μίξις, mistio, et α privat. [** Vox Ἀμιξία bene Græca est.]

¶ **AMIXTUS**, pro *Admixtus*, in Vita S. Wingaloci MS. fol. 83. v° : *Nacum uti corticibus consuevit pro plumis : pro peregrinis autem tapetibus, arenis cum lapillis delectabatur Amixtis.*

¶ **AMLEIT**. Privilegium Caroli Regis Romanorum pro Civitate Kaysersbergensi ann. 1347. apud Ludovicum *Laguille* in Instrum. Hist. Alsaciæ pag. 50. col. 2 : *Si... aliquem vel aliquos ex urbis vel predictæ civitatis nostræ civibus ac incolis per Judices Comitum seu Landgraviorum... vel a quocumque alio Judice... proscriptionis vel rerum suarum occupationis quod vulgariter Amleit nuncupatur, dispendia, quod absit, incidere contingeret, hanc ipsam proscriptionem, vel rerum, ut peractum est, occupationem vi regia tollimus.* [** *Anleite* est petitoris, cui lis adjudicata est, in bona certa debitoris autoritate judiciali facta inductio. Vide Haltausii Gloss. Germ. col. 35. In Speculo Saxonico est *Inwisung*, lib. 3. cap. 82. § 2. Inde dicebatur *Anleiter, Inductor* in possessionem, a petitore electus, a judice datus. Vide eundem Haltaus. col. 36. Chart. Rudolphi R. G. ann. 1288 : *Qua sententia sic rationabiliter et legitime lata, et pro ipso episcopo obtenta, idem episcopus in possessionem prædictorum bonorum remitti et induci postulavit, et strenuum virum burggravium de Starckenberg sibi a nobis pro Inductore petiit deputari.... Ipsi igitur burggravio præsenti dicto damus firmiter in mandatis, quatenus præd. episcopum in dictorum bonorum possessionem auctoritate regia, vice et nomine nostro inducere nullatenus prætermittat. Anlait* dicebatur etiam Inductio in bona publice damnati vel *ab Imperio banniti.* Vide in Guden. cod. Dipl. tom. 2. pag. 1338. chartam Germanicam ann. 1466.

Alio sensu *Anleite* Haltausio col. 34. est Inductio juratorum in rem præsentem, præcipue in limitum controversiis, ut terminos visitent et certius distinguent. Charta Ottonis Com. Pal. ann. 1228 : *Cum... Abbas et conventus in Schonaugia ex parte una, et homines in Waltorf, ex altera super terminis suis... Disceptarent, tandem partes ipsæ talem inter se litem, per limitationem, quæ vulgariter Anleite dicitur, cupientes finire... electis itaque.... ingressi terminos demonstrarunt, prout ipsis conscientia sua dictabat etc.*; ubi fortasse legendum *Lantleite.* Vide *Circuitio.* Aliud sonat *Anleid.* Vide *Arra* 2.

1. **AMMA**, Mater spiritualis. Hesychius : Ἀμμὰ, μήτηρ, τρόφος. Pelagius libello 18. num. 19 : *Vos estis fatuæ, nam hæc et vestra et mea est Amma.* Ex Palladio in Hist. Lausiaca, cap. 42 : Ὑμεῖς ἐστε σαλαὶ, αὐτὴ γὰρ καὶ ὑμῶν καὶ ἐμοῦ ἀμείνων οὖσα, ἀμμᾶς ἐστίν. οὕτω γὰρ καλοῦσι τὰς πνευματικὰς μητέρας. Adde cap. 37. 38. 137. 138. [Et vide Gloss. mediæ Græcitatis.]

¶ 2. **AMMA**, pro *Ama*, Vas. Locum vide in *Eglitræ.*

3. **AMMA**, Isidoro lib. 12. cap. 7. Bubo, strix nocturna. *Hæc avis*, inquit ille, *vulgo Amma dicitur, ab amando parvulos, unde et lac præbere dicitur nascentibus.* [Anilem hanc fabulam non habet Papias MS. Ecclesiæ Bituric. Sic enim ille : *Amma avis nocturna ab amando dicta, hæc et strix dicitur a stridore.*]

AMMAN, apud Germanos et Belgas, etiamnum dicitur Prætor, Præfectus, Prætor causarum civilium. In Charta Balduini Comitis Flandr. ann. 1119. in Tabul. S. Bertini, subscribunt : *Rodulphus Amman de S. Folquini kerca, Alfgerus Amman de S. Georgio, Bernuldus Amman de Broburg, etc.* Vide Chartam. ann. 1125. apud Miræum in Don. Belg. cap. 82. [et Consuetudines Bruxellenses tit. 1. art. 1. et seqq. ubi quidquid *Ammanum* hujus urbis spectat, fusius exponitur. Plura etiam de *Ammanno* in Consuetud. Mechliniens. tit. 1. art. 41. et tit. 4. art. 2.] Neque hæc vox incognita in media ipsa Francia; quippe in Consuetudinibus Perusæ in Arvernis ann. 1275. a Thomasserio lib. 1. cap. 66. edit. hæc legimus : *Nequns hom, ne nequne femme de la Paerose ne doet lo sire, ne so Amant, gager sans arazoner, etc.* Apud Metenses, ut auctor est Meurisius in Præfat. ad Hist. Episc. Metens. pag. 19. *Amans*, dicuntur regionarii Notarii, qui acta publica conficiunt et conservant, nomenque desumunt a Parochiis, in quibus habitant. [Vocis origo Germanicum *Ampt*, Munus, et *Mann*, Vir.] [** Vide *Ambactus* et Laurierii Gloss. Jur. Gall. vol. 1. pag. 45.

Vocis Gallicæ *Amans*, origo est Lat. *Amanuensis.*]

¶ **AMMANIA**, Districtus, Jurisdictio, Gall. *Ressort.* Diploma Joannæ Ducissæ Brabantiæ ann. 1384. inter Instrum. tom. 5. novæ Gall. Christ. col. 426. D : *Et quod uniti manebunt Ammaniæ Antverpiæ sub ambachto de Herentals.*

* Fundatio Cartus. Bruxell. ann. 1456. in Suppl. ad opera Miræi pag. 198. col. 1 : *Item quod prædicti religiosi.... intra oppidum, libertatem aut Ammaniam Bruxellensem plures hæreditarios reditus emere non poterunt.* Vide supra *Amannus* 2.

AMMANTARE, Amantatio. Vide *Mantum.*

¶ **AMMASSARE**, Colligere, Gall. *Amasser.* Vetus Consuetudo Corbeïensis ex Tabul. ejusd. Monast. : *Nec debet fieri excluneamentum in Corbeia, quin portarii intersint; ipsi debent Amassare fœnum Abbatis, et capere culcitras, et submonere corveias.*

¶ **AMMASSATUS**, In unam massam redactus. Memoriale Potestatum Regiensium ad ann. 1216. apud Murat. tom. 8. col. 1083 : *Et vinum remanebat Ammassatum et gelatum, ita quod incidebant eum cum securibus.*

¶ **AMMATIA**, *Oculi.* Gloss. f. *Ommata*, Amalth.

AMMAYLARE, [Encausto pingere, Gall. *Emailler.*] Vide *Enamelatus.*

¶ **AMMENTARE**, ut *Amentare*, apud Lucanum, Jacula vibrare, ab *Amentum*, lorum quo hasta longius jacitur. Carmen Gilonis Paris. de Expedit. Hierosol. inter Anecd. Marten. tom. 2. col. 242 :

Cumque super murum turrim Dux fortis haberet,
Quæ munita parum castro vicinius hæret,
Incumbebat ei sævissima turba, resumtis
Viribus, Ammentant Arabes de culmine montis.

¶ **AMMESSARIUS.** Vide *Emissarius.*

* **AMMIATUS**, pro Amatus, ut videtur D. *Secousse.* Charta commun. villæ *de Poix*, ann. 1208. tom. 7. Ordinat. reg. Franc. pag. 693. art. 6 : *Communia vero in vita mea michi debet tria auxilia, videlicet, pro Ammiato filio meo milite faciendo, sexaginta libras; et pro Ammiata filia mea maritanda, sexaginta libros. Quid* si legeretur *Ainsniato* et *Ainsniata*, a Gall. *Aisné*, hoc est filio primogenito et filia primogenita, uti habetur in aliis Chartis hac eadem de re? Vide supra *Ainescia.*

¶ **AMMICERE.** Vide *Amicare.*

AMMINICULUM Vitis, quasi *Adminiculum*, paxillus, pedamentum, palus, cui vitis innititur. Lex Longob. lib. 1. tit. 25. § 34 : [** Roth. 297.] *Si quis vitem exspoliaverit, id est, Amminicula tulerit.* Rufinus in Præfat. in lib. Judæ : Ἕλικα *vitem dicunt Græci, non tam palmitem, quam illos runcinulos vel cincinnulos palmitis, quibus succrescens palmes ipse, innectere et suspendere solet, vel palis, vel quibuscumque innititur Amminiculis, quos capreolos, ut arbitror, appellant agricolæ, cujus nexibus tutus, et sine lapsus periculo, vel gravatur fructibus palmes, vel vaga proceritate distenditur.* [** Vide Forcell. Lexic. in voce *Adminiculum.*]

¶ **AMMIRANDUS.** Vide in *Amir.*

¶ **AMMIRARI**, Ammiratio, etc. pro *Admirari*, *Admiratio*, *etc.* non semel occurrunt in medii et infimi ævi scriptoribus.

¶ **AMMIRATUS.** Vide in *Amir.*

* **AMMIREODÆ**, apud D. *Bouquet* tom. 7. Collect. Hist. Franc. pag. 576. pro *Ammiredæ;* quod vide in *Amir.*

1. **AMMISCERE**, pro *Commiscere*, *Ammistio*, pro *Commistio*, occurrit non semel apud S. Fulgentium Epist. 1. de conjugali debito, et apud veterem Interpretem Alexandri Iatrosophistæ MS. in libris Passionum.

* 2. **AMMISCERE**, Alia notione. Vide supra *Amiscere.*

¶ 1. **AMMO**, pro *Ambo*, Suggestus, pulpitum, in Chron. Cassin. Charta ann. 1308. pag. 338. Item apud Murat. tom. 3. pag. 176. col. B. Vide *Ambo.*

* 2. **AMMO**, Mensura vinaria, Germ. *Ohm*, Alsatis usitata, quæ 50. circiter *pintas* Paris. continet, ut me monuit V. Cl. *Schœpflin.* Necrolog. MS. abbat. Altorf. : *Obiit Adelheid laica vij. Id. Febr. quæ dedit prædium apud Wilre, et persolvit quatuor Ammones vini.* Subinde etiam *Ama* dicitur. Vide in hac voce, et *Amo.*

* **AMMODO**, Dehinc, deinceps, Gall. *Désormais.* Charta Ortonis comit. Palat. ann. 1245. apud Tolner. inter Instr. Hist. Palat. pag. 150 : *Declaramus quod.... gratiam fecimus specialem, videlicet ut in mutis nostris vel theloneis Ammodo nulla thelonea solvant.* Vide *Amodo.*

* **AMMOLARE**, Procudere, exacuere, Gall. *Emoudre*, olim *Amollier.* Annal. Estens. ad ann. 1399. apud Murator tom. 18. Script. Ital. col. 936 : *Quidam Gaspar de Perusio habitator Ferrariæ, et quidam Angelinus de Carentano Teotonicus stipendiarius equester, habita inter se conventione de faciendo ad invicem tres punctas ad lanceas Ammolatas, etc.* Lit. remiss. ann. 1334. in Reg. 66. Chartoph. reg. ch. 1461 : *Comme Jehan Danay vigneron eust baillié un fessouer pour Amollier à l'esmouleur, etc.* Vide infra *Amolare.*

¶ **AMMONITIO**, pro *Admonitio*, Gall. *Avertissement*, apud Ludewig. tom. 1. pag. 46.

¶ **AMMOTIO**, pro *Amotio*, ab Amovendo, apud Rymerum tom. 4. pag. 507. col. 2. et tom. 8. pag. 101. col. 1.

¶ **AMMULA**, pro *Amula*, ab *Ama*, Vasis genus. Vide *Eglitræ.*

AMNENSIS, *Quælibet villa circa amnem sita.* Joan. de Janua. Veteres Glossæ : *Amnenses*, περιποτάμιοι.

¶ **AMNESCIA**, *Abolitio malorum, et Amnestia, Oblivio.* Papias MS. Bituric. [* Glossar. Lat. Ital. MS. *Amnesia, La oblivione de mali.*] Hinc Gallicum *Amnistie*; quæ lex est a Principe lata qua cavetur ne quis anteactarum rerum accusetur, neve mulctetur. Vox Græca est ab α priv. et μνῆσις, Memoria. Hinc et

¶ **AMNESTICACIA**, quæ J. Laurentio in Amalth. est etiam *Injuriarum oblivio.* Hinc etiam

¶ **AMNESTUM**, *Olivione deletum*, apud eumdem Laurentium.

¶ **AMNILIS** Thesaurus. An thesaurus in *amne* vectus aut repertus? Locum vide in *Suda.*

AMNISTRARE. Charta Heccardi Comitis Augustod. ex Tabulario Prioratus Persiaci in Burgund. apud Perardum pag. 26 : *Uno fanono viridi, cum brusdo uno de gliso, uno estuno, cum sirico Amnistrare, turribulum minore, etc.*

* **AMNISTRATRIX**, Administra. Testam. Petri Bermundi ann. 1352. ex Tabul. Flamar. : *Ordino ego præfatus testator, quod Geralda Bermunda dilecta et carissima filia mea sit domina, Amnistratrix, gubernatrix et usufructuaria omnium bonorum et rerum mearum et istius hospitii mei, quandiu vixerit.*

¶ **AMNITES**, *Gemma similis vitro sed durior.* Isid. Papias et Johan. de Janua.

¶ **AMO**, vel Amon. Notitia fundationis et restaurationis Parthenonis de Hascowia circa annum 1060. inter Instrum. tom. 5. novæ Gall. Chr. col. 474. D : *In Mittelenwilere vineam persolventem sexdecim Amones, in Stotesheim curtim unam et novem jugera in campo.... prædictæ contulerunt Ecclesiæ.*

* Idem quod supra *Ammo.* Vide in hac voce.

¶ **AMOBRAGIUM**, Mulctæ species pro delicto exsoluta. Charta Edwardi II. Regis Angl. de Consuetudinibus observandis ann. 1316. apud Rymer. tom. 3. pag. 548 : *Quod illa consuetudo, quæ vocatur Amobragium, de cætero non exigatur, nisi infra annum a tempore cognitionis delicti, pro quo dicta consuetudo solvi debeat.* Charta anni 1501. apud eumdem Rymer. tom. 12. pag. 781 : *Cum warennis, hundredis, commotis, raglortis et ringeldiis, senescalciis, Amobragiis, etc.*

¶ **AMOCRISIS**, *Genus gemmæ arenis et auro intermixtus.* Papias in MS. Bituric. Gloss. Sangerman. MSS. : *Amochrissus, Harenis auro intermixtus, nunc brattearum nunc pulveris habet quadrulas. Gignitur in Persida.* Græca vox ex ἄμμος, *Arena*, et χρυσός, *Aurum.* [** Isid. lib. 16. cap. 15, 5.]

¶ **AMODIARE**, Ablocare, Gall. *Amodier.* Statuta Ordin. Cluniac. ann. 1301. ex Cod. MS. monasterii B. Mariæ Deauratæ Tolos. : *Item præcipimus ne aliquis amodo decimas, oblationes... Curato dicti loci... Amodiet, aut tradat, seu investiat quoquo modo.* Charta ann. 1299. apud Stephanotium tom. 3. Antiquit. Pictav. pag. 902 : *Amodiavimus, ascensavimus et affirmavimus, et ad Amodiationem, censam seu firmam, et ad emphiteosim perpetuam tradidimus pro nobis et successoribus nostris Petro Sutoris de Clossayo quoddam censale seu censam, etc.* Vide *Admodiare* 2.

¶ **AMODIATIO**, Locatio, Gall. *Amodiation.* Charta Officialis Paris. ann. 1263. ex Tabulario San-German, 10 : *Sextarios et plenam minam bladi annuæ Amodiationis, sive annui redditus.* Vide *Amodiare.*

* **AMODIUM**, Compositio, Gall. *Accommodement.* Chartul. Celsinian. ch. 378 : *Ut malas consuetudines... illas non teneat, et alias non mittat; et si fecerit, ut infra xiiij. dies emendatum aut per capitanea, aut per Amodium; et si non fecerit, ut iste ostages in preison veniat ad Celsinanias.* Unde *Admuidier*, Pascisci, convenire, in Lit. remiss. ann. 1397. ex Reg. 153. Chartoph. reg. ch. 91 : *Comme le suppliant eust voulu faire marchié et soy Admuidier ou abourner du vin qu'il vendroit à détail pour certain temps en laditte ville* (de Crouy) *à Gilet Pietain, lors fermier du quatriesme de laditte ville.* Et *Amoyenner*, Componere, apud Froissart. vol. 3. cap. 8 : *Le Pape envoya le cardinal*

d'Amiens en légation pour venir en Bearn et pour Amoyenner ces besongnes.

AMODO, ἀπὸ τοῦ νῦν, Deinceps. Onomastic. *Amodo*, ἀπὸ τούτου. Gregorius Turon. lib. 3. Hist. cap. 5 : *Plange Amodo, qui per consilium nequam, factus es parricida sævissimus.* Passim.

* **AMŒBŒUS**, a Gr. ἀμοιβαῖος, Alternus. Glossar. vet. ex Cod. reg. 7613 : *Amœbœum carmen duos introducit : sed difficilior pars respondet, quia non pro suo arbitrio, sed aut majus aut contrarium respondet.*

AMŒNA, *Xenium*, in Glossis Arabico-Lat. forte *Xestium*, ξύσος, ξυσίον, est enim in Gloss. Lat. Gr. *Amœnus* : σύνσκιος τόπος, locus umbrosus. Alibi *Amœnia*, αἱ ἀκταί. Joan. de Janua : *Amœnium, locus pulcer et delectabilis*, vel *Amœnitas*. Vide Angelum a Nuce ad cap. 17. Leonis Ostiensis lib. 1. Chronici Casin. ubi de voce *Amœnus*.

¶ **AMŒNARE**, apud Cyprianum, Sidonium et alios idem est quod *Recreare, oblectare.* Hinc

¶ Amœnari, in Vita S. Ragneberti tom. 2. Junii pag. 695. C : *Sed nunc illis deliciarum voluptatibus Amœnatur, quæ nullo possunt humanæ æstimationis judicio definiri.*

* Vocabul. Compend. : *Amœnatur, delectatur.*

* **AMŒNITAS**, Præstatio quædam, f. ex hortis vel viridariis. Charta ann. 1354. pro hominibus castellaniæ de Paraleto Caturc. diœc. in Reg. 84. Chartoph. reg. ch. 822 : *Cum domibus, albergamentis, boriis, escuris, grangiis, ... venationibus, Amœnitatibus, decimis, pedagiis, ... et aliis juribus quibuscumque.* Charta ann. 1391. ex Cod. reg. 9861. 2. 2. fol. 25. r° : *Ego Henricus comes in Luczilstein notum facio, ... quod ego a.... dom. Rudolpho de Cucyaco D. G. episcopo Metensi... altam jurisdictionem, seu altum judicium totale villæ Gosselmyngen cum districtibus, bannis, judiciis altis et bassis, hominibus, bonis, silvis, aquis, Amenitatibus, pascuis, in feodum recepi.*

* **AMŒNIUM**, *Locus amœnus*, ex Cathol. apud Laur. in Amalth. A Lat. *Amœnus* accersenda videtur vox Gallica *Amaneniz* vel *Amanevis*. Chron. S. Dion. lib. 5. cap. 6 : *Li rois Dagouberz, qui estoit biaux jovenciaus, nobles et prouz et corageux, ... avenables et Amaneniz, etc.* Le Roman *de Garin* :

Pruez et courtois, et chevalier gentil,
Larges donneres, et bien Amanevis,
Humbles et doz à tos nos bons amis.

¶ **AMOGABARI**, **AMOGAVARI**, } Vide *Almugavari*.

¶ **AMOISSONATA** Tallia, Amoissonatum Servitium, dicuntur Conventiones de solvenda quotannis certa grani atque interdum pecuniæ quantitate ; ut patet ex Terragio S. Niceti Deserti in Bressia, ubi sic legere est : *Sub Tallia Amoissonata septem grossorum et duorum denariorum monetæ Sabaudiæ, una cum Talliis non Amoissonatis, corvatis, complaintis et aliis juribus, etc.* Hæc autem tallia percipiebatur sæpius in fundis ipsis, dum fiebat messis, et aliquando in area tantummodo, dum exterebatur. Segusiani necnon Dombenses rustici etiamnum utuntur verbo *Amoissoner*, seseque, ut aiunt, *Amoissonant* cum fabro ferrario, dum conventione facta promittunt ei certam frumenti vel siliginis quantitatem annuatim solvendam, ea conditione, ut quidquid ferramentorum opus fuerit, sibi ab eodem fabro ministretur ; similique modo sese *Amoissonant* cum medico suorum pecorum, fabro lignario, etc.

* **AMOISONNAMENTUM**, Datio ad firmam vel in emphyteusim, seu Reditus inde proveniens. Confirm. fundat. religiosar. de Lilio ann. 1317. in Reg. 71. Chartoph. reg. ch. 242 : *Redditus et Amoisonnamenta regia de villa, quæ dicitur Capella reginæ, ... præfatis religiosis liberent et persolvant.* Vide supra *Admoisonnare.*

AMOLA. Itinerarium Hierosolymit. Antonini Monachi : *Deinde venimus. . . in civitatem Cæsaream, in qua adoravimus pro veneratione Amolam, et canestellum sanctæ Mariæ.* Ita in MS. Codice, forte pro *amula*. Vide *Ama*.

* Ut ut est de *Amola* apud Antonin. monach. pro diminut. ab *Ama* occurrit in Stat. Montisregal. pag. 272 : *Syndicus communis teneatur fieri facere unam pintam de vitro, factam in forma unius Amolæ, ad quam mensurentur et stancientur* (l. scancientur) *omnes sestarii et minæ.*

* **AMOLARE**, Idem quod supra *Ammolare.* Stat. datiaria Riperiæ cap. 12. fol. 4. v° : *De qualibet libra æstimationis molæ pro Amolando, soldus unus.*

AMOLETUM, pro *Amulctum*, Remedium superstitiosum adversus maleficia. Gloss. Græc. Lat. φυλακτήριον, *Servatorium, Amolimentum, Amoletum, Brevia.*

¶ **AMOLIMENTUM**. Vide *Amoletum.*

* **AMOLINARE**, *Molinare*, molendinum. Tabl. S. Flori : *Stephanus Amricus dedit .... ecclesiam de Lasternes, et omnia quæ ad ipsam pertinent, hoc est decimas, primitias,... et unum Amolinare, et omnia quæ presbiter tenebat.* Vide infra *Amoulerium.*

¶ **AMOLOGARE**, pro *Omologare*, non semel in Charta anni 1345.

AMOLUM, *Flos farinæ tenuis, dictum quasi a mola egestum.* Papias. [Glossæ S. Germani MS. : *Amolum, Flos farinæ tenuissimum præ levitate, de mola gestum, unde et appellatum quasi a mola.* Papias MS. Bitur. habet, *de mola egestum.* [* *Ejectum*, Isidoro lib. 20. cap. 20.] Est autem farina levissima, quæ molarum motu acta et sursum elata circumquaque adhærescit molendini molis, rotis, parietibus, etc.] [** Græcis ἄμυλον, Farina sine mola facta et ex optimo tritico expressa. Adel.]

¶ **AMON**, Agraria mensura, Navarris olim non ignota, eadem forsan quæ Ugutioni *Amona, Calamus, mensura* ; nostris Virga. Charta Ortigurennæ anni 1175. regnante Garsia Navarræ Rege, pro Abbatia Artaxonensi, ex ejusdem Tabulario : *Ego Ortigurenna facio hanc cartam cum donativo de duas argusatas de vinea, et de duos Amones semenatura de terra illa casæ de Artaxona, etc.*

* Vide supra *Amina* et *Ammo.*

1. **AMONA**, *Calamus mensuræ.* Ugutioni, ubi legendum *Amona, Calamus, mensura.*

* 2. **AMONA**. Charta Ludov. VII. reg. Franc. ann. 1166. in Reg. 61. Chartoph. reg. ch. 100 : *Decimas donamus in elemosinam, de pane quidem Amonæ nostræ et de vino similiter cellariorum nostrorum.* Leg. *Annonæ.*

AMOND. Vide *Amund.*

AMONITIO, Cibaria, unde Galli, *Pain d'amonition.* Chronicon Novalicense lib. 1. cap. 31 : *Vir venerabilis Hugo, cum quadam die, secundum morem, Abbatiæ suæ cellas causa providentiæ et Amonitionis circuiret.* Ubi *providentia*, est *pourvoiance* : nam nostris *pourvoieurs* dicuntur, qui cibariis coëmendis in magnatum domibus addicti sunt.

1. **AMOR**. *Amores canere*, Amatorias cantiones (uti vocantur a S. Hieronymo Epist. 17.) cantare. Commodianus Instr. 34 :

Bellatur ibi, dein cantatur pro Psalmis Amor.

Et Instr. 60 :

Saltatis in domibus, pro Psalmis cantatis Amores.

2. **AMOR**, Consensus. Consuetudo Comitatus Bigorræ : *Nemo Militum terræ castellum sibi audeat facere sine Amore Comitis.* Id est, sine illius consensu et voluntate.

Dies Amoris, in Fleta lib. 6. cap. 14. § 18 : *Si autem post defaltam capiatur Dies Amoris prece partium, vel transferatur loquela ab uno judice ad alium, per hoc renunciatur defaltæ.* Ubi *Diem Amoris capere*, est quod Galli dicunt, *prendre jour pour l'accommodement d'une affaire, d'un procès.* [Vide in *Dies.*]

3. **AMOR**. Capitul. 3. ann. 813. cap. 25 : *Quicquid in Amore in alterum furatum habent, in duos geldos componere faciat.* Cap. 26 : *Quicquid in Amore Fresiones injuste tulerint, etc.*

¶ 4. Amor Divus, pro *Spiritu Sancto* sumitur in Vita S. Petri Cœlestini versibus scripta a Iacobo Cardinali S. Georgii tom. 4. Maii pag. 449. D :

... Carminibus Divum rogitemus Amorem.

* 5. **AMOR**, Officium, munus, obsequium, Gall. *Office, service, plaisir.* Charta Hugonis de Castell. ann. 1220. in Chartul. Campan. ex Cod. reg. 5993. fol. 52. r° : *Blancha comitissa Trecensis volens domino Guidoni fratri meo et michi facere gratiam et Amorem, concessit nobis ut in foresta sua de Maant.... capiamus singulis diebus de mortuo boscho duas bigatas ad comburendum in nostris domibus de Creci.* Contract. matrim. inter Gast. de Fuxo et Beatr. de Arman. ann. 1379 : *Ex causa dictæ pacis melius observandæ pluriumque aliorum diversorum beneficiorum, Amorum, plaseriorum.... Dictaque bona et beneficia, Amores, plaseria, etc.* Comput. ann. 1363. inter Probat. tom. 2. Hist. Nem. pag. 255. col. 2 : *Pro vj. brandonibus,... præsentatis cum duobus aliis dom. marescallo Franciæ, attento quod plura servitia et plures Amores hostendit et fecit dictis dominis consulibus, etc.* Nostris etiam *Amour*, eadem notione. Lit. remiss. ann. 1405. in Reg. 160. Chartoph. reg. ch. 122 : *Comme icellui Guiot et Poncete se feussent enamourez l'un de l'autre, ... et eussent faites plusseurs Amours et courtoisies l'un à l'autre en boire, en mengier, en esbatement, etc.*

¶ 1. **AMORATUS**, Amore captus, Gall. *Amouraché.* Rolandinus Patavinus de factis in Marchia Tarvisina apud Murat tom. 8. col. 173 : *Miles quidam nomine Bonius de Tarvisio dominam ipsam amavit, eamdemque a patris curia separavit occulte, et ipsa nimium Amorata in eum, cum ipso mundi partes plurimas circuivit.*

* Nostri *Amourer* et *Enamourer*, eadem acceptione, dixerunt. Lit. remiss. ann. 1478. in Reg. 201. Chartoph. reg. ch. 213 : *Jehan Nepveu et Guillemete fille de Perrin Thomas se acointerent ensemble et Amourerent.* Le Roman *d'Alexandre* MS. part. 2 :

Lors dreça (la pucelle) contre mont son dous viaire cler
Qu'ele ot bel et bien fet pour gent Enamourer.

Vide supra *Amor* 4. et infra *Inamorari.* Hinc *Amoureuse* nude, pro Amasia, meretrix, *Fille* ou *femme débauchée.* Lit. remiss. ann. 1400. in Reg. 155. ch. 334 : *Clémence la Dandenière, dite la Chigalle, femme Amoureuse... Jehannette de Paris, fille Amoureuse.* Apud Calniacenses quotannis die Iovis ante Cineres inter adolescentes seligebatur unus, qui Princeps amantium *le Prince des Amoureux*, nuncupabatur. Lit. remiss. ann. 1478. in Reg. 206. Chartoph. reg. ch. 402 : *Le Jeudi devant le jour des Cendres plusieurs jeunes compaignons de la ville de Chauny s'assenblerent, ainsi qu'ilz ont accoustumé chacun an d'eulx trouver et esbatre ensemble ledit jour, entre lesquelz estoit ung appellé le Prince des Amoureux, ... qui estoit esleu et fait par les autres compaignons Prince, et avoit une enseigne ou estendart, que l'en portoit devant lui, etc.* Nostris denique *Amoral*, idem quod Lepidus, venustus, elegans, Gall. *Beau, joli, mignon.* Le Roman *de Garin* :

Et l'ont vestu un Amoral porprins,
Par ses espaules li gisoient ses crins.

Armeret, Perurbanus, qui placere amat, apud Froissart, vol. 2. cap. 146 : *Le gentil et joly duc Wincelins de Boesme, duc de Luxembourg et de Brabant, qui en son temps noble, frisque, sage, amoureux et Armeret avoit esté, etc.*

* 2. **AMORATUS**, Amatus, in vet. Inscript. Romæ apud Spon. Itiner. tom. 3. pag. 39 : *Julius Balerianus. qui vixit annis B. xx. natali suo D. sodaliciarius bonus, Amoratus, filetius usque at fotsa.* Vide *Filetius.*

AMORAVII, apud Ordericum Vitalem, lib. 13. pag. 891. 893. dicuntur Saraceni Africani; forte quod in Africa degeret *Amirmumelinus*, seu Chalipha, vel magnus Sultanus, quem *Amiravisum* vocabant, uti supra innuimus. Nec, opinor, diversi sunt ab iis, quos *Almoravides* nuncupant Scriptores Hispani, Mauri scilicet Africani, qui in Hispaniam transierunt a Rege Sibiliæ Mauro evocati, Alfonso VI. regnante. Pelagius Episcopus Ovetensis in Aldefonso Rege, æra 1123 (Chr. 1085.) : *Post hæc cum tantis prosperitatibus ad tantam elationem pervenit, ut Almoravides extraneas gentes, quæ ex Africa in Hispaniam per Regem Abenhamet misit, cum quibus prælia multa fecit, et multa contumelia, dum vixit, accepit ab eis.* Alii sunt *Amoravisii*, apud Poëtas nostrates, Slavi scil. *Moraviam* in Germania incolentes. Le Roman *d'Aubery* MS. :

Anquetins oirre ô ses Amoravis.

Le Roman *de Garin* MS. :

Combatus et as Senes et as Litis,
Et as Danois, et as Amoravis.

Alibi :

Tui les ot de la gent Apolin,
Hongres, Venarres, Acopars, Beduins,
Des Esclavors, et des Amoravis.

* Le Roman *d'Alexandre.* MS. part. 1 :

Festion sist armé sus un Amoravi,
Onques n'en ot meilleur ne Turc ne Arabi.

Et quidem in pretio habentur equi Moravicenses. Ad Mauros vero Africanos spectat Vita Gallico idiomate scripta S. Juliani in Cod. 28. S. Victoris Paris. fol. 47. r°. col. 2 : *Grant multitude des Diables vint devant lui en semblance des Amoravies.*

* **AMORBARI**, Morbo affici, ægrotare, ab Ital. *Ammorbare.* Mirac. S. Rosæ tom. 2. Sept. pag. 456. col. 1 : *Johannes Grisostomus puer... Amorbatus eo morbo, qui anguinalia dicitur, etc. Amaladir*, Ital. etiam *Ammalare*, eadem notione, in Lit. remiss. ann. 1408. ex Reg. 162. Cartoph. reg. ch. 368 : *Une meschine Amaladi; pour laquelle maladie, etc. Angroter*, eodem sensu, a Lat. Ægrotare, in Serm. 30. ex Cod. MS. ejusd. S. Vict. 14. sæc. : *Nostre Seigneur par la proiere do bon provoire este lo peichié de lui par quoy il est Angrotez et tant* (tend) *à la mort perdurable.* Vide *Malatus.*

AMORENSES Catti, Martures, *Martres*, vel mures Pontici, qui apud *Amoravios* in Africa nascuntur, de quibus Alderisius in Geographia Nubiensi pag. 9. Petrus Cluniac. Abbas in Statutis Congr. Clun. cap. 17 : *Nil se habere non parva piorum, eisque adhærentium multitudo putabat, nisi ex pilosis illis et condensis.... Numantinorum, hoc est, juxta modernos, Amorensium Cattorum pellibus contecto multi pretii coopertorio lectus muniretur pariter et ornaretur.*

AMORETE, Amoxere. Charta Ferdinandi I. Regis Hisp. æræ 1101. apud Anton. de Yepez in Chron. Ord. S. Benedicti tom. 7 : *Calicem et patenam ex auro cum olovitreo, stolas aureas cum Amoxere argenteo, et opera ex auro, et aliud argenteum ad Amorete, habet opera olivitrea, et capsam eburneam operatam cum aureo, et alias duas eburneas, etc.*

¶ **AMORIFER**, Amorem concilians. Fortunatus Epithal. Sigiberti Regis 6. 2 :

Torsit Amoriferas arcu stridente sagittas
Forte Cupido volans.

¶ **AMORIFICUS**, Eadem notione apud Apuleium.

¶ **AMOROSISSIME**, Summo amore. Epist. 2. Johannis de Monsterolio ann. 1395. apud Marten. tom. 2. Ampliss. Collect. col. 1321 : *Estne quæso anticipatum bene? est evocatum pulchrius? est Amorosissime dictum?*

* **AMOROSITAS**, *Plante d'amour*, in Vocabul. compendioso.

1. **AMOROSUS**, *Plenus amore*, Joanni de Janua, Italis *Amoroso*, Gallis *Amoureux.* [Menoti Sermones Quadragesim. fol. 55. col. 1 : *Ad propositum Esaïas ostendit nobis hodie quomodo Deus est curiosus et Amorosus de salute nostra.*]

¶ 2. **AMOROSUS**, Amabilis, Gall. *Aimable.* Bartholomæus Scriba lib. 6. Annal. Genuens. ad ann. 1227. apud Murat. tom. 6. col. 444 : *Fuit in regimine civitatis Januæ vir nobilis et egregius dominus Lazarius Gerardini Glandonis de civitate Lucana, miles formosus, largus, sapiens, Amorosus, habens ætatem annorum triginta circiter.*

* **AMORTARE.** Vide supra *Admortare.*

¶ **AMORTICIARE**, Jure morticinii donare, item jus morticinii solvere, Gall. *Amortir*, Hisp. *Amortizar. Madox* Formul. Anglic. pag. 428 : *De residuo bonorum meorum advocatio unius Ecclesiæ valoris 40. lib. per annum ematur et approprietur domui hospitalis de Welle et Amorticietur sumptibus meis.*

¶ **AMORTIFICARE**, Amortificatio, Amortire, Amortisamentum, Amortisare, Amortisatio, Amortizare, etc. Eadem notione passim occurrunt in inferioris ævi Tabulis, qua *Admortizatio* : quod vide.

* **AMORTIGATIO**, idem quod *Admortizatio.* Vide in hac voce. Arest. parlam. Tolos. ann. 1287. inter Probat. tom. 4. Hist. Occit. col. 84 : *Quicumque quæstiones habentes cum D. rege, ... nec non qui de rebus acquisitis in feudis et retrofeudis D. regis.... Amortigationes et manumissiones.... voluerint obtinere.*

* **AMORTIMENTUM**, Eadem notione. Charta ann. 1302. ex Chartoph. reg. layet. Pictav. : *Promisit.... deffendere ab omnibus impedimentis, ... Amortimentis, etc.*

* **AMORTISSARE**, Concedere in manum mortuam. Charta Renati reg. Sicil. ann. 1476 : *Amortissando et amortisatum esse volentes.*

* **AMORTITUS.** Vide supra *Admortitus.*

¶ **AMORUSIA**, Jus carnium elixarum. Matth. Silvaticus : *Almusosat, id est, Brodium, quod Latine vocatur Amorusia.*

¶ **AMOSIO**, *Annuo*, apud Festum.

AMOTIBILIS, Qui amoveri potest, nec est perpetuus in aliqua dignitate, apud Bractonum lib. 2. cap. 5. § 5.

¶ **AMOVIBILIS**, Eadem notione, Gall. *Amovible*, in Hist. Mediani Monasterii pag. 378. et alibi.

¶ **AMOVIBILITER**, Ea conditione, ut quis amoveri possit a beneficio, loco, dignitate, in Collectione Privilegiorum Equitum S. Joan. Hierosol. pag. 156.

* **AMOULERIUM**, Molendinum, ut videtur. Charta Caroli IV. ann. 1327. in Reg. 64. Chartoph. reg. ch. 492 : *Item Petrus Massoti domicellus unum hospitium, unam costam seu terram Amoulerii, etc.* Id est, in qua est molendinum. Vide supra *Amolinare.*

¶ **AMOUTA**, Præstationis vel tributi species. Charta Richardi de *Lamberville* in Tabulario Gemeticensi cap. 361 : *Varantizandam ab omni aida et rescantia et Amouta.*

* Legendum videtur divisis vocibus, *a mouta;* aut certe, eadem notione qua *Mouta*, accipiendum. Vide *Molta.*

¶ **AMOXERE.** Vide *Amorete.*

AMPA, Amphora. Glossæ Biblicæ MSS. : *Scyphus, Ampa. Ampa dicitur quasi anopansa.* [Vide *Ambra* 2.]

* **AMPANA.** Lit. remiss. ann. 1461. in Reg. 192. Chartoph. reg. ch. 19 : *Nos duo vadamus ad locum qui prope erat,... pro faciendo ordam seu tractum Ampanarum, ut congregaret gentes.* Leg. *Campanarum.* Vide infra *Orda*, 3.

* **AMPARA.** Ager, moles opposita fluctibus, Gall. *Digue;* ab *Ampara*, tutamen, quia agros ab aquis defendit. Charta ann. 1327. in Reg. 64. Chartoph. reg. ch. 633 : *Nisi fuisset quædam Ampara, quam præfatus magister Jacobus.... fecerat fieri in flumine Atassis, jam dictum flumen dictum brolium*

in maxima parte devastasset. Hinc *Aparet* dixerunt id, quo pratum aliudve ab ingredientibus defenditur. Lit. remiss. ann. 1478. in Reg. 205. ch. 107 : *Tu m'as tumbée et défaicte l'Aparet de mon pré.* Vide *Amparare* 1.

* 1. **AMPARAMENTUM,** Eadem notione, qua *Ampara.* Sentent. arbitr. ann. 1500 : *Quod dicti parerii martineti de Reveniers habeant et teneantur facere unam deffencionem seu Amparamentum a parte archæ dicti Glaudii Lamberti, alias Guillion, bonam et sufficientem, et talem quod aqua, per ibi sic conducta, non inferat dampnum in archa martineti dicti Glaudii Lamberti.* At vero *Amparament,* munimentum, Gall. *Fortification* sonat, in Lit. ann. 1374. tom. 6. Ordinat. reg. Franc. pag. 514 : *Amparamens de nouveaux fors ou reparacions d'anciens.* Vide infra *Emparamentum* 2.

* 2. **AMPARAMENTUM,** Amparamentus, Usurpatio, quidquid injuste occupatur, etiam titulo protectionis. Charta ann. 1130. inter Probat. tom. 2. Hist. Occit. col. 457 : *Quod quidem pignus habeatis atque possideatis jure pignoris in vita Guillelmæ comitissæ uxoris meæ, tamdiu donec Amparamentum vel omnes Amparamentos, quotiescumque facti fuerint, semper in integrum visi sunt restituti et emendati.* Alia ann. 1146. ibid. col. 513 : *Donec totum Amparamentum vel omnia Amparamenta, quotiescumque facta fuerint, in integrum vobis sint restituta.* Vide in *Amparare* 1. et infra *Amparator.*

* **AMPARANTIA,** Tuitio, seu Præstatio pro tutela et protectione. Charta ann. 1361. in Reg. 103. Chartoph. reg. ch. 78 : *Petrus Gosini de Caramanno.... tenetur facere quoque anno, pro Amparantia, unum morulum parvum cum sonnulis argenteis et layssis de cirico, pro quibusdam bonis, sitis prope villam Montis Galhardi, sine aliqua alia servitute.* Vide *Amparare* 1.

1. **AMPARARE,** Tueri, protegere, Hispanis, *Amparar;* Occitanis, *Empara.* Guillelmus de Podio-Laurentii in Chr. cap. 27 : *Post Concilium autem generale Comes Raimundus secessit in Hispaniam, et filius ejus venit in Provinciam,... fuitque dictus filius Amparatus a civibus Avenionensibus et receptus, et conversa est terra ad eum : similiter Venaisini, etc.* Cap. 42 : *Adierunt Comitem Tolosanum, eumque suum fecerunt dominum, ut civitatem contra Comitem et Episcopum Ampararet.* [Hist. Dalphin. tom. 1. pag. 19 : *Ipsos contra omnem semper deffendat et Amparet.* Ibidem tom. 2. pag. 440 : *In suo ubicumque salvo guidagio et conductu Amparabit et deffendet.*]

Emparare. Veteres Consuetudines Jaccæ in Aragonia : *Si quis faciat comandas in Jacca, sit illa comanda salva et secura : si vero fuerit latro, vel raptor, qui non posset facere justitiam, vel stare directo et rationi, si aliquis de illo conqueritur, Emparet Merinus illam comandam.* Id est, illius protectionem suscipiat. Vide Michaëlem *del Molino* in Repertorio in v. *Emparamentum.*

Amparare, Invadere, auferre, occupare : quod faciunt, qui alicujus tutelam ac protectionem suscipiunt, dum eam suam faciunt. Gallis *s'Emparer de quelque chose.* Occurrit in Charta Ermengardis Vicecomitissæ Narbon. ann. 1155. apud V. Cl. Steph. Baluzium ad lib. 8. P. Marcæ de Concord. Sacerdotii et Imper. cap. 18. et in Notis ad Concilia Narbonens. pag. 134. [Testamentum Rogerii Comitis Biterri ann. 1150. inter Anecd. Marten. tom. 1. col. 410 : *Canonicis ejusdem loci relinquo atque definio ipsum honorem quem illis... Amparabam... et omnia alia quæ eis auferebam.* Ibid. col. 1141. in Testamento Jacobi Arrag. Regis ann. 1272 : *Et sic propter prædicta Amparavimus eis hereditates quas dederamus eisdem.*]

Imparare, Eadem notione in Charta Raimundi Comitis Barcinon. ann. 1137. apud eundem Baluzium.

Amparare, Amparantia, Amparamentum, Protectio, tutamen, tutela, Hispanis *Amparo.*

Empara, Libertates Barcinon. ann. 1283. MSS. : *Si emphyteota non tenet Emparam sibi factam a domino, præstet domino 5. sol. per Emparam fractam : et si emphyteota offert domino firmam juris cum effectu, tenetur dominus desemperare illud quod emperavit, etc.* Charta ann. 1308 : *Sic quod libello D. Regis* (Majoricarum) *respondere non tenetur, donec Empara facta per dictum D. Regem de rebus feudalibus et feudo prædicto facta, sit absoluta, etc.*

Amparantia, Tuitio, in Charta, quæ refertur in verbo *Captenium.* [Verum in Saisimento Comitatus Tolosæ ann. 1271. apud G. *la Faille* tom. 1. Annal. Tolos. *Amparantia* non tuitionem ipsam, sed censum quemdam, ob tuitionem clientelamve exsolvendum, videtur indicare. Sic ibi pag. 18 : *Communitas dicti loci debet dicto domino Regi duodecim solidos Tolosanos pro alberga annua in festo omnium Sanctorum, et tres solidos Tolosanos et unum quartonum avenæ annuatim, de Amparantia, et de quolibet foco habente par boum unam eminam frumenti.* Et pag. sequenti : *Dicta communitas dicti castri debet domino Regi prædicto centum solidos Tolosanos pro alberga annuatim, et de quolibet laboratore habente aratrum boum unam eminam frumenti et unam eminam avenæ pro herbagiis et Amparantia et servitiumexercitus.* Et pag. 26 : *Viginti tres solidos Tolos. pro Amparantia vel alberga.* Ibidem paulo post : *Pro Amparantia et alberga.* Et pag. 34 : *Centum solidos pro annua alberga in festo omnium Sanctorum, et bladadam pro Amparantia.*]

Emparantia. Charta Petri Regis Aragon. ann. 1209, apud Sammarthanos in Archiepiscopis Aquensibus n. 30. et apud Marcam in Hist. Beneharn. pag. 311. 471. et 483.

Emparamentum. Usatici Barcinonenses MSS. cap. 59 : *Qui pacem, treugam, Emparamentum, vel monetam fregerit, aut violaverit, sive falsaverit, etc.* Declaratio verbi, *Emparamentum,* per Petrum Regem Aragon. in Curia Generali Cataloniæ ann. 1351. MS. : *Declaramus verbum, Emparamentum, in usatico positum, idem quod verbum, Quidaticum, vel Protectio, significare.*

Imparantia, in Charta Ildefonsi Regis Aragon. apud Marcam in Hist. Beneharn. pag. 471.

Aparazmus, pro *Amparasmus,* in Charta Alboaceni Regis Mauri Conimbricensis ann. 734. apud Sandovallium in Rege Favila : *Emant et vendant sine pecho, tali pacto, quod non vadant foras sine nostro Aparazmo et bene velle.*

Imparare, idem, quod *Amparare.* Usatici Barcinonenses MSS. cap. 27 : *Imparare ipsum fevum poterit, quandocumque voluerit.* Epistola 42. inter Sugerianas : *Turris ipsa... omnino Imparata est, et de munitione et de victuali etiam.* Ibidem : *Noveritis... Gavarritanum Vicecomitem in præsentia omnium convenisse super Imparatione et infestatione terræ Domini Regis ab ipso et suis.* Charta Vulgrini Comit. Engolismensis ann. 1147 : *Quod nec ego nec aliquis ex hæredibus meis aliquid istorum Imparemus.*

Desemparare, Hispanis, *Desamparar, destituir y dexar de favorecer al que tenia necessitad de nuestra ayuda y amparo,* apud Sebastianum Cobarruviam. Usatici Barcinonenses MSS. cap. 96 : *Si rusticus Desemperaverit hoc, quod recte ei Emparatum erit, pro sola præsumptione det solid. 5. et si rem inde traxerit, restituat ei in duplo; salvo suo jure. Miles vero quod Desemparaverit, solvat, et quod abstulerit, restituat in simplum cum sacramento.*

Desemparare, Remittere, *Déguerpir, desemparer,* Charta Raimundi Berengarii Marchionis Provinciæ apud Guesnaium in Annalib. Massiliensibus ann. 1230 : *Remittimus et Desemparamus... vobis Hugoni D. G. Arelatensi Archiepiscopo... omnia pedagia et exactiones, etc.*

Desemparatio, Idem quod *Gurpitio.* Vetus Charta apud eumdem Guesnaium pagina 329 : *De Desemparatione, quam fecerunt Hugo Gaufridi et Bertrandus Gaufridi... de choris omnibus infra ambitum Massiliæ constructis, etc.*

Desemparati. Sebastianus Cobarruvias : *En Valentia ay una Confradia de los Desemparados : laqual entiera los que han sido muertos en el campo, y una ymagen devotissima, que llaman Nostra Sennora de los Desemparados, siempre que ay alguno, dizen, que le oyen dar tres golpes a las puertas del retablo a do la tienen con gran veneration cerrada, y a la parte donde hallan acostarse un ramo de açucenas, que tiene en la mano derecha, van a buscar el Desemparado.*

* 2. **AMPARARE,** Patronum seu protectorem agnoscere, Hispan. *Ampararse,* eadem notione. Charta ann. 1198. inter Probat. tom. 3. Hist. Occit. col. 186 : *Ego Rogerius de Ganag, et ego Sancius de Ganag, etc. Amparamus te comitem Fuxi Ra. Rogerii de guerra comitis Comingiæ, omni tempore nunc et semper in perpetuum, et nunquam tibi deficiemus.*

* 3. **AMPARARE,** Obvenire, ictum avertere, Gall. *Parer.* Lit. remiss. ann. 1365. in Reg. 98. Chartoph. reg. ch. 695 : *Nitendo de dicta barra eum interficere; quod et fecisset, nisi præfatus Guillelmus ictum dictæ barræ cum suo bloquerio Amparasset.* Vide infra *Empara.*

* 1. **AMPARATIO,** Tutela, protectio. Charta ann. 1266. inter Instr. tom. 6. Gall. Christ. col. 159 : *Nos vero idem Philippus de Boissiaco miles, senescallus,... dicta feuda pro ipso domino comite sub ejus protectione speciali, Amparatione, custodia et tutela suscipimus.* Vide supra *Amparantia.*

* 2. **AMPARATIO,** Possessio etiam legitima. Charta Rogerii comit. Fuxi ann. 1221

inter Probat. tom. 2. Hist. Occit. col. 419 : *Et convenio... domino abbati Lezatensis monasterii, et omnibus monachis ejusdem loci.... facere bonam et firmam guarentiam de omnibus Amparationibus.*

* **AMPARATOR**, Intercessor, Practicis nostris *Opposant, qui met empêchement*; ab Hisp. *Amparar*, Impedire, obstare. Placitum ann. 1158. inter Probat. tom. 2. Hist. Occit. col. 569 : *Et dominus comes debet garire supradictum usaticum affectatoribus prædictis de omnibus Amparatoribus juste.* Charta ann. 1210. ex Chartul. Lezat. : *Convenit facere bonam et firmam atque legitimam guirentiam de omnibus Amparatoribus ex parte dominationis prædicto Bernardo et omni ejus progeniei.* Vide infra *Emparator*.

* **AMPARENTIA**, Tutela, protectio, ut *Amparantia*. Charta Eduardi reg. Angl. in Reg. 52. Chartoph. reg. ch. 128 : *Promittimus firmam guerantiam et Amparentiam dicto Bertrando, hæredibus et successoribus suis.* Vide in *Amparare* 1.

¶ **AMPARLARII**. Vox ducta a Gallico *Amparliers*, vel *Empaliers*, quo nomine olim appellabantur Advocati, quod alios defenderent *dictis suis*, Gall. *Leurs paroles*. Hæcque prima est origo vocis *Amparlier*. Vide Cl. D. *de Lauriere* tom. 1. Ordinat. Regum nostrorum pag. 261. et Glossar. juris Gallici in voce *Emparliers*.

* Petrus de Fontana cap. 11. art. 1 : *Je ló à l'Amparlier, ki eust des plus brés paroles, et des plus cleres ki porra.* Sed et eorum officium *Amparlerie* appellatur, in Lib. rub. fol. parvo domus publ. Abbavill. ad ann. 1300. fol. 39. v° : *Il fu ordené... que Renax de le Vakerie, li chavetiers, ne doit estre doreen-avant rechus, ne oüs en Amparlerie par devant le maieur et les eskevins; pour che qu'il dist vilaines paroles du maieur et des eskevins.* Nisi forum Judiciale intelligas; quod haud improbabile est. *Emparlé*, in malam partem accipitur, nimirum pro Garrulus, loquax, vulgo *Causeur, babillard*, in Lit. remiss. ann. 1453. ex Reg. 182. Chartoph. reg. ch. 32 : *Icellui Mace, qui estoit homme fort noiseux, Emparlé et moqueux, etc.* Hinc *Emparleur* vocant Crepitaculum molendinarium, vulgo *Traquet*. Lit. remiss. ann. 1419. in Reg. 172. ch. 23 : *Huguenin de Genay, qui se tenoit sur les Emparleurs du moulin, etc.*

¶ **AMPASSEIA**, Passus simplex seu communis minor : scilicet tantum spatii quantum incedentis hominis distenta crura complectuntur, Gall. *Ampassée, enjambée, démarche*, quæ mensura est duorum pedum cum dimidio. Est passus communis major 3. pedum. Tabular. Monasterii Aquicinctensis vulgo *Anchin*, fol. 29 : *De eadem terræ portione Ampasseia una extra fossatum versus domum suam Ecclesiæ nostræ remaneat ita ut.... numquam liceat in eadem Ampasseia fossatum facere.*

¶ **AMPEDULA**, *Uvedula quæ comedit uvas, ut ficedula quæ comedit ficus.* Laurentius Lucensis in Amalthea. Vox composita ab ἄμπελος Vinea, et ἔδω, Edo.

1. **AMPHIBALUS**, Amphiballus, idem quod *Amphimallus* : neque enim ab ἀμφιϐάλλειν vox deducitur, ut quidam censent. Gloss. S. Benigni : *Amphibalus, byrrhus villosus.* Papias : *Amphiballus, birrus villatus, vel planeta.* Mox : *Amphiballu byrrus, lodix villosus.* Ugutio : *Amphibalus i. sclavina, quæ est vestis circumpilosa vel villosa.* Joann. de Janua : *Anfibolus, vestis quæ est villosa, sicut est sclavina, quæ circumcluditur.* Gloss. Ælfrici : *Amphibalum*, ruh-hregel. i. vestis hispida. Sulpitius Severus de Vita S. Martini Dial. 2 : *Amphibalum sibi tunicam latenter eduxit.* Infra : *Indutum Amphibalo veste.... videbat.* Fortunatus lib. 3. de Vita S. Mart. cap. 1 :

Qui tunicæ interius non inspiciebat amictum,
Amphibali exterius, dum membra obtecta laterent.

Amphibalum caput etiam texisse docet Vita S. Boniti Episcopi Claromontani cap. 2 : *Amphibali summitas ipsa.* Et cap. 7 : *Ut partem Amphibali mei, qua caput tegitur, retineat.* Vita S. Deicoli Abbatis Lutrensis n. 20 : *Antequam sessum pergeret, birrum suum, quem Græci Amphibalum vocant, deponere voluit, refrigerandi gratia.* Chronicon. Laurisham. in Henrico VI. pag. 86 : *Et sunt immensis induti calceamentis, Amphibalis longis utentes, et spatiosis.* Testamentum S. Remigii apud Hincmarum : *Amphibalum album Paschalem relinquo, stragula columbina duo.* Vide S. Audoënum in Vita S. Eligii lib. 2. cap. 6. Gregor. Turonens. de Gloria Confess. cap. 59. Vitam S. Fructuosi Archiep. Bracarensis n. 8. Commeneum Album in Vita S. Columbæ Abbatis Hyensis cap. 27. etc. præterea Salmasium ad Hist. Aug. pag. 391. [Acta SS. Bened. sæc. 1. part. 1. pag. 366. sæc. 2. pag. 510. sæc. 3. part. 1. pag. 99. sæc. 5. pag. 45. Act. SS. Maii. tom. 1. pag. 284. E. Miræi Diplom. edit. 1723. tom. 1. pag. 2. etc.]

* Pontificale MS. eccl. Elnensis, ubi de inauguratione regis : *Induit* (rex) *super vestes communes lineam sive amplam camisiam lineam ad similitudinem albæ, Amphibalum novum, mundum et candidum; et est Amphibalus villosa vestis.*

2. **AMPHIBALUS**, Casula, indumentum sacerdotale, Gall. *Chasuble.* Expositio brevis antiq. Liturgiæ Gallic. apud Marten. tom. 5. Anecd. col. 99 : *Casula quam Amphibalum vocant, quod Sacerdos induetur, tota unita per Moysen legiferum instituta primitus demonstratur.*

¶ **AMPHIBOLETICUS**, Ambiguus, Gall. *Amphibologique*. Vide locum in *Ecclogium*.

¶ **AMPHIBOLUS**, ἀμφίϐολος. Dubius, anceps. Hist. Liutprandi Presbyteri Ticinensis apud Murat. tom. 2. pag. 454 : *Verumtamen quæ abscondit, an qui eum inquirere jussit, fœdius egerit, mihi quidem videtur Amphibolum.*

¶ **AMPHICIRCUS**, ab ἀμφὶ, Circum, et κίρκος, Circus, Amphitheatrum. Helinandus lib. de Reparatione lapsi : *Dum non scena, non circus, non Amphitheatrum, non Amphicircus, non forum sine eo resonabat.*

¶ **AMPHIKYRTOS**, Vox Græca ab ἀμφὶ, Circum, κυρτὸς, Curvus. Gervasius Tilberiensis in suis Imperial. Otiis apud Leibnitz. Scriptor. Brunsvic. tom. 1. pag. 889 : *Luna secundum sui augmentum nomina variat. In neomenia, hoc est, novilunio, dicitur Neonides, in majori incremento Diaconios, in circuli perfectione Amphikyrtos, in plenilunio Pansilenos.*

AMPHIMALLUS, ex Græc. ἀμφίμαλλος, utrinque villosus. Proprie autem tunica hispida, villosa. Gloss. Lat. MS. Reg. Cod. 1013 : *Camasus, Amphimallus.* Gregorius Magn. lib. 10. Epist. 52 : *Pro eo quod hiemalem vestem non habeat, et quia aliquid sibi a nobis petiit debere transmitti, fraternitati tuæ ad hoc per latorem præsentium transmisimus Amphimalum, tunicam, vel pectoralem, etc.* Vide veterem Interpretem Juvenal. ad Satyr. 3. et S. Hieronymum Epist. 28. extrema, præter Grammaticos Græcos. [Plin. 8. 48. de hujusce vestitus origine ait : *Patris mei memoria cœpere Amphimalla nostra.* Vide Ferrar. de Re vest. 1. 18. et 2. 24.]

* **AMPHIPENDULATUS**, Quasi pendulus. Mirac. S. Emmer. tom. 6. Sept. pag. 500. col. 1 : *Adhuc lingua palpitans ex emissione verbi movebatur, et e pariete, cui Amphipendulato dorso tenus innisus adhæsit, colaphum tam valide complosum accepit, ut e sessu projectus in medium palatii præceps rueret.*

¶ **AMPHISCII**. Vide *Amfiscii*.

AMPHISEPIRE, pro *Circumsepire*, in Hymno quodam Ecclesiastico, laudato a Goldasto tom. 1. Rerum Aleman. pag. 216. vox hibrida.

¶ **AMPHITAPA**, vel Amphitapes, Gr. ἀμφιτάπης, Tapes utrinque villosus. *Amphitapa* et *Amphitapi* leguntur in Glossar. San-Germ. MS. *Amphiatapa, Amphitapha, Amphitaba*, apud Laurentium in Amalthea, *Amphitapes* apud Hofmannum, *Amphitapa* apud Martenium tom. 3. Anecdot. col. 341. Vocabula ubique synonyma, sed aliquibus in locis mendose scripta. [** Vide *Amfitapa*. Ulpianus in Dig. lib. 34. tit. 2. fr. 23. § 2 : *Vestimenta... virilia sunt... Amphitapa.*]

¶ **AMPHITEOSIS**, Idem quod *Emphyteusis* seu conductio tamdiu duratura, quamdiu solvetur pensio de qua conventum est. Chartul. S. Vandreg. tom. 2. pag. 1415 : *Quam* (vineam) *ipse cepit in Amphiteosim de domino Ogerio.*

AMPHITHEATER, pro *Amphitheatrum*. Occurrit. in Vita S. Potiti Martyr. ex MS. Velseri cap. 4 : *Et impletus est Amphitheater populo.*

* **AMPHITEATRUM**, *Chercle de tonnel*, in Glossar. Lat. Gall. ex Cod. reg. 7692. Aliud ann. 1352. ex Cod. 4120 : *Amphiteatrum, Cerciaus à vin.* Circulus, Gall. *Cercle*.

¶ **AMPHIUM**, Herbæ odoriferæ species. Rolandinus Patavinus de factis in Marchia Tarvisina lib. 1. cap. 13. apud Murat. tom. 8. col. 181 : *Similiter ampullis balsami, Amphii, et aquæ rosæ; ambra, camphora, cardamo, cymino.*

1. **AMPHORA**, [*Dicta quod hinc et inde levetur. Recipit enim liquoris pedem quadratum, frumenti modios Italicos tres.* Sic Papias MS. Bituric. In Glossar. nostro San-German. ex Isidoro legitur : *Amphora... recipit autem vini vel aquæ pedem quadratum, frumenti vero modios Italicos tres.* Budæus lib. 5. de asse ait : *Ego Amphoram unam ternos modios capere dico, et duodequinquaginta sextarios.* Et aliquanto post : *Tranquillus vini Amphoram, id est, octo congios duodequinquaginta sextarios, uno convivio ab homine uno haustos dixit.* Hæc ad amplitudinem amphoræ designandam dicta sint. Nomen enim ipsum quod spe-

ctat, a Latinis usurpatum fuisse nemo nescit : Græcum tamen esse volunt ex ἀμφὶ et φέρω derivatum, quod duabus ansis ornatum utrinque ferri posset.] Vide *Ambra* 2.

* Cadus, dolium, Gall. *Baril.* Glossar. Lat. Gall. ex Cod. reg. 7679 : *Amphora, Barilieulx.*

2. **AMPHORA**, apud Gromaticos quid sit, vide Gloss. Rigaltii ad eosdem Scriptores.

¶ **AMPHORARIUM** Vinum, quod e dolio in amphoras diffusum est, Leg. ult. § 1. D. De tritico, vino oleoque. (lib. 33. tit. 6. fr. 16. § 2.)

¶ **AMPHORELLA**, Bulla, Hispan. *Ampolla*, Gall. *Bouteille.* Vita B. Coletæ tom. 1. Martii pag. 567. E : *Sic affligebatur in eisdem* (oculis) *incurabiliter, permittente Deo, quod ubicumque respiceret, ex utroque latere sibi pendere videbantur duæ relucentes Amphorellæ vel duæ parvæ stellæ, quæ quocumque se verteret, et illæ similiter vertebantur, non tamen sine magna vexatione sui.*

¶ **AMPHORUS**, Aquarius, Gall. *le Verseau*, unum e 12. signis Zodiaci. Regestum Inquis. Tholosanæ MS. ex Biblioth. D. *de Chalvet* Senescalli Tholos. : *Item dixit, quod a duobus annis citra; vel etiam tempore Amphori, ut sibi videtur de tempore, vidit ipse dictos hæreticos,* (Albigenses) *in domo Yzarni Colli quodam sero.* Tempus Amphori Januarius est mensis, cujus signum Amphora vel Aquarius.

¶ **AMPHOTEROPLON**, Fœnus nauticum; cum fœnerator et commeatus et remeatus periculum suscepit. L. 1. ff. de Nautic. fœn. sicut *Heteroplon* [** Vox e Græco efficta, apud Latinos nusquam obvia. Vide Stypmann. de Jure Maritim. part. 4. cap. 2. sect. 33. Fasciculi Heineciani pag. 380. et Gothofr. ad l. 122. § 1. de verb. oblig. De græca voce ἀμφοτερόπλους vide Stephani Thes. Ling. Græc. in radice πλέω.]

¶ **AMPICTUS** pro *Amphipictus*, id est, circumpictus. Carmen de varia fortuna Ernesti Bavariæ Ducis lib. 5. apud Marten. tom. 3. Anecd. col. 344. E :

> Albis conspicui plumis, fluxisque decori
> Syndone, colobiis, tunicisque trilicibus auro
> Ampictis, etc.

¶ **AMPILES**, *Tuscorum lingua Madius mensis.* Ita Papias in MS. Bituric.

¶ **AMPLA** Pectoris, Medium pectus. Chron. Trivetti, Spicil. Acher. tom. 8. pag. 507 : *Cum jaculo Saraceni cujusdam qui in armis militis Christiani nuper occisi gloriabundus in eminentiori loco muri ad invidiam Christianorum se ostenderat, Pectoris Ampla transfixit.*

AMPLARE. Vide *Applare.*

* **AMPLASTRUM**, Locus vacuus indefinitæ magnitudinis domibus ædificandis vel reædificandis idoneus, Gall. *Emplacement, masure*, alias *Amplaistre, Amplastre, Emplaistre* et *Emplastre.* Homag. Galtheri Goroti in Chartul. eccl. Lingon. ex Cod. reg. 5188. fol. 69. r° : *Gorotus de Montigneyo.... recognoscens acquisivisse.... quoddam Amplastrum, situm infra domum fabri, et juxta domum Stephani Berat.* Ibid. fol. 112. v° : *Item et usagium suum pro domificando et manutenendo dictam domum suam de Riveria, et Amplastrum ejusdem.* Charta ann. 1259. ibid. fol. 169. r° : *Vienetus castellanus de Nogento. .. recognovit quod ipse omnia ea, quæ emit et acquisivit apud Nulleium,... videlicet.... novem Amplastra et dimidium sita apud Nulleium.* Æstimatio terrarum *de Soublainnes* et *de Beaufort* ann. 1350. in Reg. 80. Chartoph. reg. ch. 17 : *Item sur l'Emplastre qui fu Roulin, une grant mine d'avainne.... Item sur une Amplastre et pourpris, qui fu au chemin emprès le pressouer.* Charta ann. 1380. in Chartul. priorat. Belleval. : *Tenons... franchement la grange, maison ou Amplaistre.* Recognitio feodi ann. 1392. in Inventar. Chart. castri *de Jaucourt* fol. 30. r° : *Poinsot le Bonterrin pour son Emplastre, xij. den.* Occurrit rursum fol. 34. r°. Charta ann. 1408. inter Probat. domus de Castelleto pag. xxviij : *Tout icelui pourpris et Emplaistre d'aritaige de toutes quarrures, ainsi comme celle place se contient.* Vide *Emplastrum* et *Plastrum* 1.

* **AMPLATEATUM**, Idem quod *Amplastrum*; f. pro *Amplaceatum.* Obituar. eccl. Lingon. ex Cod. reg. 5191. fol. 229. r° : *Item super unum Amplateatum cum canabana retro, situm in superiori introitu dictæ villæ, juxta Amplateatum Petri Didier.... Item super unam domum,... sitam... juxta dictum Amplateatum.*

* **AMPLECTIBILIS**, Amore amplectendus, complectendus. Sermo de tumulat. SS. Quint. Victorici, etc. apud Fontanin. in Antiq. Hortæ pag. 370 : *Pro eorum Amplectibili memoria, etc.*

* **AMPLEGIA**, a Gall. *Emplage*, ut videtur, Complementum. Comput. MS. ann. 1239 : *Pro vectura et Amplegia vini S. Joannis Angeliacensis, dati xxv. sol. Turon.* Vide infra *Implagium* 2.

* **AMPLETATIO**, Amplificatio, additamentum. Lit. ann. 1361. tom. 5. Ordinat. reg. Franc. pag. 84 : *Pro eo etiam, quod præfatus dom. noster rex Dalphinus.... dignaretur nonnullas clarificationes et Ampletationes concedere.* Paulo post : *Certas declarationes et Ampliationes dictis subditis dedit et concessit.*

* **AMPLETHIA**, f. Plinthis, Gall. *Plinthe.* Charta ann. 1384. ex Tabul. Massil. : *Nos Syndici sex de guerra mandamus thesaurario solvatis magistro operis turrium portalis Laureti, pro voutis et Amplethiis dictæ turris etc.*

* **AMPLEXATUS**, Amplexus, Gall. *Embrassement.* Astronomus in Vita Ludov. Pii ad ann. 804 : *Cui* (Carolo imperatori) *cum filius occurrisset, multo eum Amplexatu deosculans, etc.*

AMPLIANTER, Magnifice. Anastasius Bibl. in Paschali I. Pap. : *Fecit oratorium B. Zenonis Christi Martyris, ubi est sanctissimum ejus corpus ponens musino Ampliantер ornavit.*

* **AMPLIARE**, a Gall. *Employer*, Impendere. Obituar. MS. S. Nicolai Corbol. xviij. Dec. : *Tradiderunt marticulario* (matriculario) *ecclesiæ beati Nicolai tredecim scuta auri, pro Ampliando in viginti solidos redditus.* Nostris olim *Ampléer*, pro Augere, amplificare, Gall. *Accroître, aggrandir.* Charta ann. 1391. in Reg. 141. Chartoph. reg. ch. 97. : *Et aussi estoient advisé de amender et Ampléer le marchié, qui est moult petit au regart de laditte ville* (d'Amiens.)

* **AMPLIATIO**, Amplificatio, augmentatio, Gall. *Aggrandissement.* Inquisit. ann. 1268. ex schedis Pr. *de Mazaugues* : *Interrogatus qui fuerunt illi, qui fuerunt condemnati propter Ampliationem prædictam.* Vide supra *Ampletatio.*

¶ **AMPLIATOR**, Qui auget, ampliat, apud Ludewig. Reliq. MSS. tom. 6. pag. 16.

¶ **AMPLICARE**, Ampliare. Acta S. Reparatæ Martyris : *Me autem Amplicavit caritas Christi.* Vita B. Giraldi de Salis apud Marten. tom. 6. Ampliss. Collect. col. 992 : *Amplicare... cœpit Dei cultum et religionis gentem et locum.*

* **AMPLICTUS**, Quidquid ad rem aliquam pertinet, appendices, Gall. *Dépendances.* Charta ann. 903. apud Murator. tom. 3. Antiq. Ital. med. ævi col. 143 : *Silva cum omni jure suo, et cum Amplicto suo, seu cum appenditiis suis, terris, vineis, campis, pratis etc.* Et col. 144 : *In Laveze sortes tres atque fundo, qui vocatur Soricini, similiter cum omni jure suo, et cum Amplicto suo in integrum.*

* **AMPLIOPIA**, *Caliginatio oculorum*, in vet. Glossar. ex Cod. reg. 7613. Gloss. Gr. Lat. ἀμβλυώττω, *Cæculeo, caligo.* [** Ibidem : ἀμβλυωπία, *Allucinatio.*]

AMPLIORARE, Ampliare, ampliorem facere. Baldricus Noviomensis lib. 1. cap. 65 : *Qui res ejusdem sedis Ecclesiæ Amplioravit.* Utitur præterea cap. 113.

* **AMPLIORATIO**, ut supra *Ampliatio.* Charta ann. 1368. in Reg. 3. Armor. gener. part. 2. pag. 9 : *Per constructionem capellæ beatæ Mariæ Magdalenæ et per Ampliorationem ipsius ecclesiæ, etc.*

* **AMPLIUS** Velle, Malle, Gall. *Aimer mieux.* Charta ann. 1219. ex Bibl. reg. cot. 19 : *De segete vero dabitis nobis quartum in ipso campo, vel in grano in area, quod Amplius voluerimus.*

* Amplius, Ultra. *Absque amplius*, Nihil ultra, Gall. *Sans plus.* Sentent. arbitr. ann. 1500 : *Absque amplius aliquid petendo.*

¶ 1. **AMPLUM**, Latitudo, *De amplo*, Gall. *De large.* Charta Petri *de Roteys* vicarii Tholosani ad bajulos de conditione materiæ ann. 1272. in Cod. MS. consuetud. et privileg. urbis Tholos. fol. 27. et Biblioth. D. Abb. *de Crozat* : *Habeant medium pedem de Amplo, et unum durnum de spisso.... Columpnæ quæ appellantur de paiella, habeant unum palmum de Amplo et tres digitos de spisso.*

* *Amplum ensis*, qua parte latus est, Gall. *Le plat de l'épée.* Lit. remiss. ann. 1366. in Reg. 97. Chartoph. reg. ch. 105 : *Ipse Raoletus de Amplo ensis sui dictum Petrum desuper humeros percussit.*

* 2. **AMPLUM**, Idem videtur quod *Novale*, Ager, qui de novo in cultum redigitur, sicque ab usu publico sequestratur. Correct. stat. Cadubrii cap. 80 : *Sancimus quod aliqua persona, cujuscumque conditionis existat, non audeat neque præsumat facere, nec fieri facere aliqua Ampla aut novallia, sine expressa licentia regulæ, in quam dicta Ampla aut novallia facienda posita essent. Et si aliqua novallia aut Ampla fuissent facta in damnum et præjudicium alicujus regulæ, et sine ejus expressa licentia, quod non intelligantur esse Ampla neque novallia, et*

quilibet de regula possit et valeat pasculare et pasculari facere in talibus locis licite et impune; quæ Ampla et novallia, ut supra, nullatenus fieri possint sub pœna librarum viginti quinque Pap. et Ampla ipsa et novallia sint in correctione officialium et maricorum. Vocis origo ab Ampliare, quia sic cultura ampliatur.

¶ **AMPLUSTRE**, Navis gubernaculum. Epist. 18. Petri de Gualfredinis ann. 1401. apud Marten. tom. 1. Anecd. col. 1647 : *Abs te virtuatissimo fautore Amplustreque fidei ejusdem potentissimo ad salutis quietisque duceretur emporium.* Schramb. Chronicon Mellicense pag. 79. col. 1. ubi agitur de particula S. Crucis : *Quando venerabilis Crux a præfato Ruperto Clerico furata a Vienna usque ad Nusdorff in navi sine nautis et Amplustribus supernatavit.* Festus : *Amplustria, Navium ornamenta, quæ quia erant amplius, quam essent necessaria usu, etiam Amplustria dicebantur.*

* Glossar. vet. ex Cod. reg. 7641 : *Amplustra, ornamenta vel armamenta navis. Amplustre, Gouvernal*, in Glossar. Lat. Gall. ex Cod. 7692. Vide Martin. Lex. v. *Aplustre.*

¶ **AMPNIS**, pro *Amnis* ut alias *Dampnum* pro *Damnum*. Vita MS. S. Wingaloei : *Magnum pelagus, cui fluvius ingens proprio nomine Ampnis jungitur.*

¶ **AMPOLA**, pro *Ampulla*. Vincentius Cigault in Tractatu de Bello Italico : *Franci armati nascuntur, bellicosi existunt, tenent gladium nudum et Ampolam cum crismate.* Vide *Ampulla Rhemensis.*

* Comput. ann. 1383. inter Probat. tom. 3. Hist. Nem. pag 53. col. 2 : *Pro una Ampola banestoni vini etc.*

¶ **AMPOLLATA**, Urceolus, Gall. *Burette.* Testamentum Beatricis de Alboreya ann. 1367. apud Marten. tom. 1. Anecd. col. 1523. A : *Legamus eidem capellæ... duas Ampollatas argenti ad tenendum vinum et aquam.*

* *Emploe*, eadem acceptione, in Lit. remiss. ann. 1387. ex Reg. 130. Chartoph. reg. ch. 212 : *Une Emploe d'alebastre ou de cristal, quatre hanaps de madre, etc.*

* **AMPRISIA**, a vet. Gall. *Emprise*, nunc *Entreprise*, Quodvis opus, quod aggredimur. Epist. Calixti III. PP. ann. 1456. ad Carolum VII. reg. Franc. ex Bibl. reg. : *Ab inde magis ac magis in ista sancta Amprisia die noctuque indefesse intendimus.* Vide infra *Empresia.*

1. **AMPULLÆ**, Vasis et Ministeriis Ecclesiasticis vulgo accensentur. Breviloq. : *Ampulla est vas amplum, sive olla ampla : vel dicitur proprie vas amplum quod datur ad altare, in quo servatur vinum vel aqua.* Gillebertus Lunicensis Episcopus, de Usu Ecclesiastico : *Ampulla cum vino, et altera cum aqua.* Anonymus Poëta de Episcopis Eboracensibus :

> Jussit ut orbyzo non parvi ponderis auro
> Ampulla major fieret, qua vinu Sacerdos
> Funderet in calicem, solennia sacra celebrans.

Codex Vaticanus de Lucio Papa apud Baronium ann. 1145 : *Dedit etiam Ampullas ad servitium altaris optimas et mirabiles.* Chronicon Moguntinum pag. 384 : *De indumentis quotidianis, crucibus, ampullis attinentibus,.... cuilibet calici erant speciales Ampullæ argenteæ, et pixis argentea ad hostias deputata. Præter hos calices erant tres aurei; in uno horum poterat celebrari, qui etiam suas habuit Ampullas.* Adde Anastasium in Joanne III. PP. Chartam Heccardi Comitis Augustodun. apud Perardum in Burgundicis pag. 26. Statuta Odonis Episcopi Parisiensis cap. 5. n. 4. Concilium Nimociense ann. 1298. et Synodum Bajocensem ann. 1300. can. 20.

Ampullarum præterea usus fuit ad *Oleum pro Catechumenis et infirmis*, et *Chrisma* conservandum. Capitula Caroli Magni lib. 1. cap. 162 : *Presbyter in Cœna Domini tres ampullas secum deferat, unam ad Chrisma, alteram ad Oleum ad Catechumenos inungendum, tertiam ad infirmos.* [** rec. 156. Pertzius capit. anni 809. esse censet, Mon. Legal. vol. 1. pag. 161.] Offerebantur autem ampullæ oleo repletæ a Fidelibus hac ipsa die ad Chrisma conficiendum, et Oleum benedicendum pro Catechumenis et Energumenis, ut docent Alcuinus lib. de Divin. Offic. Walafridus Strabo lib. de Rebus Ecclesiast. cap. 24 et Honorius Augustodun. lib. 3. cap. 23. Liber Sacramentorum Gregorii Magni ex Bibliotheca Bellovacensi : *In ipso die conficitur chrisma in ultimo ad Missam. Antequam dicatur, Per quem hæc omnia, Domine, semper bona creas, levantur de Ampullis, quas offerunt populi, et benedicit tam Dominus Papa, quam omnes Presbyteri.* Huc forte spectant ista Optati Milevitani lib. 2 : *Ampullam quoque Chrismatis per fenestram ut frangerent, jactaverunt.* Meminit denique Flodoardus lib. 1. Hist. Remensis cap. 12. *Ampullæ olei* ad infirmos. Vide *Chrismal, Chrismarium, etc.*

¶ Ampullæ Ignis Agrestis, f. Vasa quæ colorem papularum referrent, quas in morbo qui *ignis silvester*, seu ignis sacer, nostris *Feu sauvage* dicitur, ebullire videmus. Chron. Sicardi Episc. Cremon. apud Murat. tom. 7. col. 614 : *Quum igitur prope quinquaginta millia hominum præter mulieres et parvulos et aliorum multitudinem, quæ vix numerari poterat, et Ampullas Ignis Agrestis, et galeas cum salandris et galeonibus septuaginta, et ceteras divitias, quarum non est numerus, Reges in suis manibus habuissent, inter se omnia diviserunt.*

Ampulla Remensis, in qua sacrum Chrisma, quo unguntur Reges Francorum, asservatur. Hincmarus Remensis tom 1. pag. 744. et in Annalib. Francor. Bertinianis, ann. 868. de Chlodoveo : *Et cœlitus sumpto chrismate, unde adhuc habemus, perunctus in Regem sacratus.* Flodoardus lib. 1. Hist. Remens. cap. 13. de ejusdem Chlodovei baptismo : *Sanctificato denique fonte, nutu divino Chrisma defuit. Sanctus autem Pontifex oculis ad cœlum porrectis, tacite traditur orasse cum lacrymis; et ecce subito columba ceu nix advolat candida, rostro deferens Ampullam cœlestis doni chrismate repletam, etc.* Adde Aimoinum lib. 1. Hist. Franc. cap. 16. Nicolaus de Braia in Ludov. VIII. de S. Remigio :

> . . . . . . Cujus prece rorem
> Misit in Ampullam cœlestem Rector olympi,
> Corpus ut hoc lavacro Regis deberet inungi,
> Deficeretque liquor ibi corpore Regis inuncto.

Vide Wil. Armor. lib. 1. Philipp. pag. 99. 101. Hubertum Morum lib. de Sacris unctionibus, Teneurium de Ampulla Remensi, et alios nostrates Scriptores.

¶ 2. **AMPULLÆ**, Convitia, Gall. *Pouilles*, ut cum dicimus, *Chanter pouilles à quelqu'un*, Alicui conviciari. Vita S. Godrici Heremitæ tom. 5. Maii pag. 81. E : *Antiquus hostis formosæ mulieris decorem induit, et sedenti viro religioso collaterans, in faciem ejus procaciter intendens, prorupit demum in Ampullas : O Godrice, quem teipsum facis, nomen solitarii indigniter usurpans, et simplicium corda seducens!*

AMPULLAGIUM. Vide *Ambulacium.*

* **AMPULLARI**, *Pompare, efferre, superbire, Ergulhosir, Prov. Ampullitas, superbia, Erguel, Prov. Ampullosus, superbus, Ergulhos, Prov.* Glossar. Provinc. Lat. ex Cod. reg. 7657.

¶ **AMPULLATUS**, inflatus, turgidus, Gall. *Ampoullé. Ampullatus potestate*, apud Ratherium Veron. de Contemptu Canonum, Spicil. Acher. tom. 2. pag. 137.

¶ **AMPULLOSA** Verba, hoc est, turgentia et inflata, ex Gallico, *Ampoulé*, in Menoti Sermon. fol. 137. v°.

¶ **AMPULLOSE**, superbe, ferociter. Vita S. Coni Monachi tom. 1. Junii pag. 361. A : *Tum cohors circumspecta Diani, receptis offensoriis armis, illud concite perrexerunt, in Padulanam gentem Ampullosius irruentes.*

¶ **AMPUTARE**, pro *Comprimere*, in Ludewig. Reliq. MSS. tom. 6. pag. 132. i.

* **AMPUTATORIUM**, Falcula, Gall. *Serpe.* Lit. remiss. ann. 1379. in Reg. 115. Chartoph. reg. ch. 319 : *Johannes Caquier subintravit et effregit quoddam molendinum, vocatum de venta, ubi subripuit.... quandam cerpam seu Amputatorium.* Aliæ ann. 1380. in Reg. 118. ch. 429 : *Dictum militem de quodam Amputatorio seu baculo ferreo percussit et vulneravit.*

* **AMSIDULUS**, pro *Amphibalus*, Vestis longior, sagi militaris instar. Glossar. Provinc. Lat. ex Cod. reg. 7657 : *Sclavina, Prov. Amsidulus.* Vide *Sclavina.*

¶ **AMTRUSTIO.** Vide *Antrustio.*

¶ **AMUA**, pro *Ama* vel potius *Amula*. Vini mensura, apud Rymer. tom. 7. pag. 378. col. 1 : *Pro eo quod vasa nec Amuæ vini de Rino non continent mensuram de certo, etc.* Vide *Ama.*

¶ **AMVALLES**, *secreta loca, convalles, quasi circumvallare.* Papias MS. Bituric.

AMULA. Vide *Ama.*

* **AMULGARE**, In molem struere, acervare, congerere, Gall. *Mettre en meule.* Stat. Taurin. ann. 1360. cap. 181. ex Cod. reg. 4622. A. : *Item super partitis fenorum portandis,.... postquam ipsa fena fuerint Amulgata, etc.* Nostris *Amulonner*, eadem notione. Lit. remiss. ann. 1387. in Reg. 131. Chartoph. reg. ch. 103 : *Le suppliant cueilloit et Amulonnoit foin.*

* Hinc *Amoncheler*, pro *Élever, bâtir en hauteur*, Exstruere, in Charta Will. comit. Pontiv. ann. 1209. in Lib. albo domus publ. Abbavil. fol. 6. r° : *Comme li maires et li eskevin d'Abbevile de men conseil et de me volenté aient ordené remouvoir leur berfroi, qui estoit en costé le moustier S. Jore* (George) *en autre lieu d'en costé le maison del eskevinage à ramoncheler : je leur ai otriié que ne jou, ne autre de me juridiction el lieu, el quel*

li berfrois avoit esté Amonchelés, riens dore-en-avant ne edefiera.

AMUND, **Amond**, **Aamund**, Liber a tutela vel custodia; sui juris, a *mundio*, liber. Vide in *Mundius*. Lex Longobard. lib. 2. tit. 12. § 6 [** Liuthpr. 97. (6, 44.)]: *Si dominus ancillæ eam liberaverit, et Amond fecerit a se, aut si eam vendiderit.* Et tit. 32. § 3 [** Roth. 239.] : *Nulli liceat aldio cujuscumque, qui Amunt factus non est, sine voluntate patroni sui, terram aut mancipium vendere, neque liberum dimittere.* Tit. 35. § 1. de servo manumisso [** Roth. 225.] : *Si quis servum suum proprium aut ancillam suam liberos dimittere voluerit, sit illi licentia qualiter ei placuerit : nam qui fulfreal et a se extraneum, id est, Amund, facere voluerit, sic debet facere, etc.* [** Gloss. cod. Cavens. et cod. Vatic. 5001 : *Aamund, a se extraneum.* Vide Grimmii Antiq. Jur. pag. 335.] *Aamond*, scribitur in Edicto Rotharis Regis tit. 91. § 1. 2. 3. etc. in Legib. Luithprandi tit. 36. § 1. Astulphi tit. 8. § 1. etc. [** cap. 2.]

¶ **AMUNT**, Extraneus. Papias Bituric. MS. Vide *Amund*.

* **AMUR**, pro Amor, in sacramento Ludovici Germanici, tom. 17. Comment. Acad. Inscript. pag. 178 : *Pro Don Amur, et pro Christian poblo etc.* Vide *Amus*.

* **AMURACORII**, Militia Turcica in genere Janizerorum. Laonic. Chalcocon. lib. 5 : *Extra tendunt reliqui Januæ milites, Amuracorii et pocillatores, quos Saraptarios vocant.* Lexic. milit. Caroli de Aquino.

** **AMURATUS.** Vide *Amir*. ADEL.

* **AMURCOSUS**, Amurca plenus. Glossar. Gall. Lat. ex Cod. reg. 7684 : *Amurcosus, Habundant en lie.*

¶ **AMUS**, *id est amor.* Idem Papias MS. Bituric.

¶ **AMUSÆTERUS**, a Græco μοῦσα et α privat. Rudis poeseos, vel qui non legit Poetas. Ermenricus Monachus de Grammatica apud Mabill. tom. 4. Analect. pag. 336 : *Quapropter, licet supra nominatis Poetis sim abjectior, et ob ipsorum facetam urbanitatem satis spretus, quia nec poetam nec Amusæterum me esse profiteor.*

AMUSTIA, in Miraculis B. Coletæ n. 8. Tunicæ Monialibus propriæ species, quæ ad genua usque pertingebat : unde quidam putant, sic dictam, quod ad mediam corporis partem tantum excurreret : ex Gallico, *à moitié*. [** Vide *Amutia*.]

* **AMUSURARE**, Statuere, præfinire, Gall. *Regler, fixer.* Charta ann. 1258. tom. 1. Probat. Hist. Brit. col. 969 : *Item dictus Oliverius.... debet capere in omnibus dominiis vicecomitatus* (de Rohan) *unum crublum avenæ, Amusuratum ex voluntate nostra et etiam dicti Oliverii.* Vide supra *Admensurare*. 2.

¶ **AMUSUS**, *Tacitus, non mutiens.* Papias MS. Bituric.

* Nostris olim *Amuir*, pro Mutum reddere. Sermo 11. ex Cod. 28. S. Vict. Paris : *Nostre Sires gita un deable do cors à un home, et si dit li Evangiles que cil deaubles estoit muz; porce qu'il avoit l'ome Amui, an cui cors il estoit.* Vide infra *Emutire*.

* **AMUTIA**, ut *Almucia*, Gall. *Aumuce.* Acta capitul. eccl. Lugdun. ex Cam. Comput. Paris. ad ann. 1341. fol. 71. v°. col. 2 : *Concesserunt Martino de Balma de gratia speciali, ut extra chorum ecclesiæ possit portare Amutiam, si placuerit dom. archidiacono et sacristæ.* Vide *Almucium*.

¶ **AMYGDALA.** Vide *Amigdala*.

AN, pro *Vel, Aut*, usurpasse non semel Scriptores observarunt Juretus ad Symmachum lib. 9. Epist. 42. et Jacobus Gothefredus ad leg. 128. Cod. Theod. de Decur. Mamertynus in Panegyrico : *Duo An tria ferme e vetere memoria amicorum paria proferuntur.* Item pro *seu*, in libro Chirographo Absiæ pag. 58. locus habetur in *Oblati*.

ANA, apud Latinos Scriptores aliquot, ut apud Græcos ἀνά æqualem quamdam distributionem significat. Ebrardus Betuniensis in Græcismo cap. 8 :

> Quatuor Ana notat, Sursum, Æqualeque, Retro.
> Sicut Anadiplosis, Anathesis, Anathema.
> Et juxta Physicos, Ana duos scrupulos.

Philastrius in Catalogo hæreseon pag. 70 : *David..... cum videret homines dæmonius immolare, in Hierusalem civitate, quatuor choros posuit secundum mundi aditus Ana septuaginta duo : quatuor etiam hominibus positis et psallentibus, atque arcam Dei custodientibus, etc.* Ubi *Chori* 72. sunt Chori *singuli* 72. hominibus constantes. Leo Ostiensis lib. 3. cap. 31. (al. 43.) : *Sex etiam candelabra magna, tres cubitos altitudinis habentia, de productis ac sculptis argento laminis fecit Ana sex vel quinque librarum.* i. e. singula quæque ponderis 6. vel 5. librarum. Charta ann. 1091. apud Ughellum tom. 7. Italiæ sacræ pag. 262 : *Id est, aureos solidos quingentos quinquaginta de Tari novi, Ana Tari quatuor per solidum.* Id est, singulis quatuor Tarenis solidum conficientibus. Similia ferme habentur in alio Diplomate ibidem pag. 397. Extat aliud pag. 601. in quo hæc leguntur : *Petebat a prædicto Abbate prædictæ Ecclesiæ sibi dari per eum omni anno in festo Nativitatis Domini Jesu Christi, et in festo Paschæ Resurrectionis Dominicæ, Ana duodecim Par. de oblatis debitam sibi pro prædicto jure Patronatus, etc.* Id est, 12. *Tarenos* (nam hic *Tari* legendum constat) singulis istis festis; et tom. 8. pag. 211 : *Pro prandio festi passionis S. Bartholomæi, qualiter consueverat percipere Ana quatuor denariis de illis, qui tunc expendebantur per civitatem Beneventi.* Sic etiam, ut habet Ebrardus, hac voce uti solent *Physici*, seu Medici. Constantinus Africanus lib. de Morborum cognit. cap. 1 : *Sinapis quoque vel nasturtii semen Ana drach. 1. temperatum cum aceto licet intingere.* Passim apud hunc Scriptorem et cæteros Medicos. Ἀνά vero apud Græcos Scriptores hac notione usurpatum vocabulum constat præsertim apud Dioscoridem lib. 2. cap. 91. Anonymum in Lacapeno num. 27. 44. et in Græco textu novi Testamenti non semel, Matth. 20. Luc. 9. et Joan. 2. etc.

ANABALA. Gloss. Saxon. Ælfrici : *Anabala*; w i n p e l, quæ vox Saxonica nostrum *Wimple*, seu *Guinple*, videtur efferre. Somnerus ibi restituendum *Anaboladium* censet. [** Vocem Saxon. quæ vulgo *vexillum nauticum* sonat, etiam *vestem muliebrem* significasse probat Reubenii Glossarium, ubi *winpel*, dicitur *Ricinum* et *Anaboladium*. Vide Bosworth. h. v. et infra *Anabata*.]

¶ **ANABAPTISTÆ**, Hæretici, sic dicti quod infantibus baptismum negent, hosque cum jam adolevere rebaptizandos censeant. Anno Christi 1524. in Germania Thomas Muntzerus Anabaptistarum dux primus et magister, suis deliriis rusticorum mentes subvertit; verum iis adversus suos principes diu multumque suscitatis, ipse tandem captus capite plexus est. De Anabaptistarum variis sectis et erroribus vide Prateol. V. Anabapt. Meshor. et Sander. Hist. Anab. Genebrard. in Clementem VII. Spond. ad ann. 1522. 1523. etc. Spanhemium Disput. de origine et progressu Anabapt. Hornium Hist. Ecc. periodo III. art. 3. § 46.

ANABASII, Veloces nuntii, qui equis curribusque conscensis velociter aliquid perferunt : ἀνάβασις enim Græce *Ascensum* significat. S. Hieronymus adversus Ruffin. lib. 3. cap. 1 : *Idcircone Cereales et Anabasii tui per diversas provincias cucurrerunt, ut laudes meas legerent!*

¶ **ANABASTRICUM**, pro *Alabastricum*, Gall. *d'Albâtre.* Sallas Malaspinæ, lib. 6. Rerum Sicularum apud Baluzium tom. 6. Miscell. pag. 220 : *In Ecclesia tandem Panormitana, quam Regum Siciliæ porphyrea et Anabastrica monumenta materia et arte pretiosa decorant, in Regem Siciliæ per quosdam Præsules inungitur et per regni Barones assistentes Prælatis regali diademate coronatur.*

¶ **ANABATA**, Velum tegendis collo, pectore et humeris, Gall. *Echarpe.* [* ad usum feminarum; vel potius, Epomis, humérale, Gall. *Camail*; cui favent voces *rubei say*.] Hoc utuntur in divinis officiis interdum Sacerdotes, aliique ministri sacri. Compotus D. Ricardi *Parentyn* et Ricardi *Albon* anno 1425. apud Kennetum in Antiquit. Ambrosden. pag. 574 : *Et in Canbayce empt. London. per Ricardum Dymby ante festum S. Osithæ Virginis pro lintheaminibus faciendis* III. *sol. et in bolt rubei say apud Steresbrugge propter Anabatam faciendam* IV. *sol.* VIII. *den. etc. et summa* CIV. *sol. ob.* Vide *Anaboladium*. [**, et *Anabala*.]

ANABATRUM, Gradus, dignitas, ex Græco ἀνάβαθρον. Pseudo-Ovidius de Vetula lib. 1 :

> Ille putas, qui sic adipiscitur hoc Anabatrum,
> Cujus habet turpem promotio reproba caussam, etc.

[Papias MS. Ecclesiæ Bituricensis : *Anabrata, pulpita, gradus scenæ* pro *Anabathra*, ut est apud Juvenalem Sat. 7. v. 46 :

> Et quæ conducto pendent Anabathra tigillo.]

* Glossar. Prov. Lat. ex Cod. reg. 7657 : *Anabatrum, quod sursum graditur, Cortina, Prov.* Ita et Glossar. Lat. Ital. MS. : *Anabatrum, la cortina.*

ANABOLADIUM, Isidoro lib. 19. cap. 25. est *Amictorium lineum feminarum, quo humeri operiuntur, quod Græci et Latini Sindonem vocant.* Addit Ugutio : *circa renes alligatum stricte, latitudine diffusum, omne genus continens colorum.* Gloss. Sax. Ælfrici : *Anaboladium, vel sindo* : l i n e n h e a f o d e s w r i g e l s. i. lineum tegumentum, quod caput tegit. Ex Græco ἀναβάλλεσθαι, quod est *Indui, amiciri.* Apud Esaiam cap. 3. *Mutatoria et pallia.* Symmachus transtulit ἀναβόλαια, id est, *ornamenta vestium muliebrium, quibus humeri et pectora proteguntur, ut est apud Hieronymum.* [** Vide *Anabala* et *Anabata*.]

ANABOLAGIUM, idem *quod Anaboladium*, Vestis Pontificalis [ἀναβόλαιον S. Athanasio in Orat. in Descrip. B. Mariæ pag. 651.] Ordo Romanus : *Tunc cæteri Subdiaconi Regionarii secundum ordinem suum accipiunt ad induendum Pontificem illa vestimenta, alius lineam, alius cingulum, alius Anabolagium, id est, amictum.* Alio loco : *Ambolagium, id est amictum, quod dicitur Humerale.* Perperam alibi *Anagolagium* scribitur. Leo III. PP. in Bulla de Advocatia sanctæ Crucis in Werdea, apud Gretzerum in horto S. Crucis part. 3 : *Statuit idem Manegoldus pensionem ipsam esse Anabolagium, id est, fanonem, stolam cum auro, manipulum et cingulum.*

ANABOLARIUM, Eadem notione, in Lectionario MS. Monasterii S. Columbæ Senonensis in Vita ejusdem : *Anabolarium suum, quod sericum erat capitis velum, carnifici obtulit.*

¶ **ANABS**, *Dubium.* Papias in MS. Bituric. Puto legendum *Ancebs* pro *Anceps.*

¶ **ANACALYPTERIUM**, Græce ἀνακαλυπτήριον, Dies festus post nuptias, quo sponsa velo deposito et facie retecta prodibat. Munera sponsæ Philostrato dicuntur etiam *Anacalypteria.* Vide Cæl. Rhodig. lib. 21. cap. 26.

ANACARA. Vide *Nacara.*

¶ **ANACEMETIZARE.** Vide in *Anathema.*

ANACHORETÆ, Monachi, qui in solitudines se recipiunt, et ἀναχωροῦσι, *cujusmodi vitæ auctor fuit Paulus, illustrator Antonius, princeps Joannes Baptista*, ut ait S. Hieronymus Epist. 22. ad Eustoch., *Qui soli*, inquit, *habitant per deserta, et ab eo, quod procul ab hominibus recesserint, nuncupantur.* S. Benedictus in Regula cap. 1 : *Secundum genus* (Monachorum) *est Anachoretarum, id est, Eremitarum, etc.* Epiphanius in Compendio Fidei : Τινὲς δὲ τῶν μοναζόντων κατοικοῦσι τὰς πόλεις, τινὲς δὲ καὶ ἐν μοναστηρίοις καθέζονται, καὶ ἀπὸ μήκοθεν ἀναχωροῦσι. Isidoro Pelusiotæ Anachoretæ dicuntur οἱ ὄρεσι καὶ νάπαις ὁμιλοῦντες, οἱ τὰς ἀκρωρείας τῶν ὀρῶν κατοικοῦντες, οἱ πρὸς τὰς τῶν ὀρέων κορυφὰς ἀναδραμοῦντες, οἱ ἐν τοῖς ὄρεσι τὰς ἑαυτῶν πηξάμενοι καλυβὰς τοῦ μοναδικοῦ ἕνεκεν βίου. S. Gregorius Nazianzenus de Essæis : Οἱ κόσμου χαρίσαντες ἑαυτοὺς, καὶ τῷ θεῷ τὸν βίον κατιερώσαντες ἁγιορῖται. De eorum vita ac conversatione, præclare auctor Consultationis Zachæi lib. 3. cap. 3 : *Hi autem, quibus primus observantiæ gradus est, soli eremum ac squalentia deserti loca habitant, verisque vocabulis nuncupati singularem transigunt vitam, aut cavatis in habitaculum saxis subterraneis specubus a sole et imbribus temperantes, pane veteri et sine ciborum adjectione vescuntur, sitientes purum e fontibus potum. Vestitus talibus aut pellicius, aut cilicinus est, et totius vitæ usus in agone mentis et corporis, etc.* Primis porro Ecclesiæ sæculis, imo ante Paulum, nullos fuisse Eremitas conjicit Scaliger in Elencho, ex hoc Tertulliani loco : *Non sumus*, inquit, *silvicolæ et exules vitæ.* Vide Cassianum, Isidorum lib. 2. de Eccles. Offic. 16. etc.

Anachoresis, Secessio, eidem Cassiano lib. 2. Collat. cap. 2. lib. 5. cap. 4. et Fulberto Carnot. Epist. 61.

Anachorita, Cellula inclusorum. Inquisitiones Archidiacon. Lincolnensium ann. 1233. cap. 48 : *An aliqua Anachorita facta sit sine assensu Episcopi.*

¶ **Anachoritari**, Vitam in solitudine ducere. Vetus Missale Monast. apud Severum pag. 213 : *Per visionem Deus ad eum locutus est dicens : Cur non transmittis fratres tuos Anselmum et Gaufridum cœnobitas meos Anachoritari seu eremitari? surgant et vadant ad eremum.*

¶ **Anachorizare**, Eadem notione. Acta S. Helerii tom. 4. Julii pag. 151 : *Intrante vero mense quarto dedit B. Marculfus S. Helerio licentiam Anachorizandi.*

ANACLETA. Testamentum Leodebodi Abbatis apud Helgaudum in Vita Roberti Regis Francorum : *Pari modo vasa dono argentea Anacleta pensantia libras* 8. [f. leg. *Anaglypha*, Cælata, Sculpta.] Vide *Catacltus.*

¶ **ANACLEUS.** Vide in *Anax.*

ANACLITERIUM, apud Spartianum, ex Græc. ἀνακλιτήριον, pars lecti, ad quam pulvinum ponebant sustinendo capiti. Vide Salmasium.

* **ANACOCLEA**, Vox fictitia, ab *ana* et *cochlea*, sive limace, efficta. Chron. Joan. Whethamstedii pag. 358 : *Sicque unus ibi vasis suis aureis privatus et argenteis, cogebatur cum Anacoclea principe, in vasis luteis cibum sumere.* [** Nomen propr. videtur; quid si pro *Agathocle*?].

¶ **ANACOS**, Vox Hispanica, Panni vel telæ xilinæ species. Collect. Concil. Hispan. tom. 4. pag. 707. col. 1 : *In conficiendis pannis, sagis, et quos vulgo Anacos, et quos lliquillos vocant, dando illis gossypium... et jubendo ut lanam in fila ducant, etc.*

* Vide *Anascote* et *Savary* in Diction. Commerc. v. *Anacoste.*

ANACTEUS. Vide *Anax.*

¶ **ANÆ**, Conspirationes, in Legibus Rachis [** cap. 6.] apud Murator. tom. 1. part. 2. pag. 87. col. 1. e Codice Ambros. : *Per singulas civitates mali homines Anas, id est, adunationes contra suum judicem agentes faciunt.* Adnotatum eadem manu in laudato codice, *Anas, id est, rixas.* Cod. Estens. habet, *Zavvas et adunationes*; Mutin *Zavus et adunationes*; Edit. Boherian. : *Ronas seu banna*; Goldasti : *Tanas, id est, adunationes.* [** Gloss. in cod. Cavensi : *Zabas, id est adunatio*, et infra : *Zabas, id est fabulas.*]

* **ANAFORA**, *est repetitio ejusdem verbi per principia versuum plurimorum.* Glossar. vet. ex Cod. reg. 7646.

ANAFRAGARE. Fori Alcaçonenses : *Et homine, a qui se Anafragaret suo adextrado, quamvis habeat alium, sed eat excusatum usque ad capitulum anni, etc.* [** Apud Sª Rosa de Viterbo vol. 1. pag. 117 hæc ita scripta sunt : *Homo qui se Anafragaret suo adextrado, quamvis habeat alium, sedeat excusato ad caput anni.* In For. Lusitanico sec. XIV : *E se a alguum dos cavalejros morrer o cavalo, e non poder aver onde compre outro etc.* Unde constat *anafragare* dictum esse de equo bellico, Gall. olim *destrier*, mortuo, aut certe ad arma inutili.]

ANAFUS, [Patera, crater.] Vide *Hanapus.*

¶ **ANAGLYP**, pro *Anagryp*, Vide in *Anagriph.*

ANAGLYPHUS, Cælatus, sculptus, ex Græc. ἀνάγλυφος. Vetus Interpres Juvenalis Sat. 14. : *Hic læve argentum. Anaglyfa sigillis. Virgilius, et aspera signis.* Quod expressit Metellus in Quirinalibus :

Qui bibitur scypho vivis signis Anaglypho.

Eucherius Lugdun. in 3. Reg. cap. 17 : *Anaglypha dicuntur Latine cælaturæ, cælata. Sunt autem vasa aurea, vel argentea signis eminentioribus extra intusque expressa : hæc et alio nomine sculpta vocantur. Anaglypha vasa dicta, quod superius sint sculpta.* Eadem habent Isidorus lib. 20. cap. 4. et Papias. Idem Papias : *Anaglyphica, eminens sculptura.* Glossæ MSS. : *Anaglyfa, vasa supersculpta.* Ugutio et Will. Brito : *Anaglypha dicuntur supereminentes picturæ, sicut fieri solet in frontibus quarumdam Ecclesiarum.* Ebrardus Betuniensis in Græcismo :

Dic cælaturas, quas Græcus Anaglypha dicit.

Anastasius in S. Silvestro pag. 18 : *Calicem argenteum Anaglyphum.* In S. Damaso pag. 131 : *Donavit scyfum Anaglyphum pens. libr.* 10. In Leone III. pag. 131 : *Fecit supra Crucem Anaglyphum intersatilem.* Leo Ostiensis lib. 1. cap. 28 : *Vasa argentea Anaglypha inaurata.* Vita S. Odilonis Abbatis Cluniac. cap. 23 : *Vitreis quibusdam vasculis Anaglypha fusilitate cælatis.* Chronicon Gemblacense : *Anaglypho opere cælatus, decoratus.* Vita S. Urbani Episcopi Lingon. cap. 1 : *Capsa opere Anaglypho decorata.* Ita in Vita S. Joannis Eleemosyn. cap. 9. n. 52. apud Sugerium lib. de Administr. sua cap. 32. et alios non semel.

Anaglypha, fem. gen. Opus anaglyphum. Ratbertus de Casib. S. Galli cap. 1 : *Crucem etiam illam honorandam S. Mariæ, Tutilone nostro Anaglyphas parante ex eodem auro et gemmis mirificavit.* Idem : *Picturas et Anaglyphas carminibus et epigrammatis decorabat.* Et infra : *Rogatur ibi morari, usque dum thronum Dei in bractea altaris aurea cælaret, cui similem Anaglypham raro usque hodie videre est, alteram.*

Anaglyphatus, Eadem notione, qua *Anaglyphus.* Anastasius in S. Innocentio PP. : *Scyphum argenteum Anaglyphatum.*

Anaglypta *in asperitatemque excisa*, dixit Plinius lib. 33. cap. 11; *Anaglypticum metallum*, Sidonius lib. 9. Epist. 13. *Trulla argentea Anaglypta*, in veteri Inscriptione apud Gualterum in Tabulis Siculis n. 358.

Anaglyphicum Opus. Chronicon Fontanellense cap. 16 : *Calices argenteos deauratos Anaglyphico opere paratos.* [Act. SS. Bened. sæc. 4. part. 1. pag. 639 : *Alterum calicem argenteum Anaglyfico opere factum.*]

¶ **Anaglipharius**, Idem quod *Anaglyphus.* Translatio corporis S. Hunegondis inter Acta SS. Bened. sæc. 5. pag. 223 : *Sumpto siquidem vir ille negotio, componi fecit loculum opere Anaglifario, in longum mensura duorum semicubitorum.*

Anaglypharius, Cælator, sculptor. Papias : *Anaglypharius, Sculptor*, Gloss. Lat. Gall : *Anaglypharius, Peintre ou Entailleur.* Vet. Interpr. Juven. Sat. 9. v. 142 : *Opifices, servi argentarii, laboriosi, Anaglypharii.*

¶ **Anagliphte**, Sculpto opere, Agnellus lib. Pontif. apud Murat. tom. 2. pag. 183. col. 1. : *Mensam argenteam unam absque ligno, habentem infra se Anaglyphte totam Romam.*

Anaglisum, pro *Anaglyphum*, Cælatura.

Laudum, sive sententia ann. 1258. apud Maximilian. Henric. in Apologia Archiepiscopi Coloniensis pag. 33 : *Item dicimus, quod exceptis campsoribus D. Archiepiscopi nemo debeat emere argentum, nisi ad usus peregrinantium, vel ad Anaglisi speciem comparetur.* Sed legend. *Anaglyfi.*

¶ **Anagriphus**, pro *Anaglyphus*, Cælatus, sculptus. Agnellus lib. Pontif. apud Murat. tom. 2. pag. 108 : *Fecitque duo chrismataria vascula, quorum unus libras habuit quatuordecim mirifice Anagripha* (*Bacch. Anaglyphtica*) *operatione.*

ANAGNOSTICUM, ἀναγνωστικὸν, Græcis id omne est, quod legitur, aut recitatur : unde Ennodius lib. 1. Epist. 4. et lib. 8. Epist. 5. pro Epistola aut quovis scripto, vocem hanc usurpat, ut et Gregorius Magn. lib. 7. Indict. 2. Epist. 128 : *Item Anagnostico ante longum tempus, dulcissima mihi vestra Excellentia, Neapolitano quodam juvene veniente, mandare curaverat, ut piissimo Imperatori scriberem.* Ita etiam Sulpitius Archiepisc. Bituricens. in Ep. ad Desiderium Episcopum Cadurcensem, quæ est 64. inter Francicas tom. 1. Histor Franc.

* **ANAGOGUM.** Alex. Iatrosoph. Ms. lib. 1. Passion. cap. 141 : *Sic enim fiet magis Anagogum his, qui in thorace congregantur humoribus.* Ubi Glossæ : *id est, jactatio sursum.*

¶ **ANAGOLAGIUM.** Vide *Anabolagium.*

ANAGONES Equi, in veteri Inscrip. apud Mabillonium tom. 4. Analect. pag. 498 qui cursui Circensi, et agonibus Amphitheatri aut non idonei, aut non destinati sunt. Occurrit ibi semel ac iterum.

* **ANAGRAMMA** Nominis. Nomen compendio descriptum, cujus usus erat in subscriptionibus Chartarum decimo sæculo, haud ita tamen frequenter, ex Auctoribus novi Tract. de re diplom. tom. 5. pag. 17. Vide infra *Annotatio nominis* et *Monogramma.*

* **ANAGRESS**, dici videtur de accretione bonorum pupilli. Contractus matrim. ann. 1248. apud Corbinel. inter Probat. domus *de Gondi* pag. 71 : *Quam siquidem Monacam dictus Ghondus pater ejus ipsi Jacopo dismundiavit, et sub ejus mundio et potestate misit cum omni frea et Anagress, et omni jure mundii.* Vide infra *Frea* 1. [** F. male lectum pro *omnibus rebus.* Vide Liuthpr. Reg. Longob. Leg. lib. 6, cap. 46.]

ANAGRIPH, Anagrip. Lex Longob. lib. 1. tit. 31. § 1. de fornicatione [** Roth. 189.] : *Ut ille qui fornicatus fuerit, eam tollat uxorem, componat pro culpa, id est, Anagriph sol.* 15. Lib. 2. tit. 2. § 1 [** Roth. 188.] : *Tunc maritus qui eam acceperit uxorem, componat pro Anagrip sol. 20. et propter faidam alios* 20. Tit. 7. § 1 : *Et ideo faidam et Anagrip nomine* [*minime* apud Murator.] *componere debet.* [** Liuthpr. 127. (6,74).] Quibus in locis vocem hanc barbaram varie interpretantur Glossographi. Boherius, qui primus has leges edidit, interdum pro *culpa* simpliciter, mox pro *culpa*, seu *præsumptione* poni ait. Lindenbrogius ex veteri Glossario *Anagriph, culpam præsumptionis* vertit. Spelmannus a Saxonico, ut solet, etymon accersit, sententia, quantum ad vocis notionem spectat, minus probabili. Utut sit, Leges ipsæ vim vocabuli clare explicant. Ecce enim : *Componat pro culpa, id est, Anagriph, etc.* Est igitur significatus *Anagryph, pro culpa.* Quod præterea docemur ex Papia : *Anaglyp.* (l. *Anagryp*) *id est, propter culpam.* Ugutio MS. Collegii Navarræi : *Anagrippa, propter culpam, vel Anagripa, manu agripare carnem.* Certe Germanis *angreiff, vel Aengriip*, est congressus, assultus, aggressio, *aengriippen*, comprehendere, arripere : hinc etiamnum dicimus *Agripper*, voce obsoleta, pro *arripere unguibus* : et *Griffes*, ungues et falculas, quibus res prehenditur. Proinde *Anagrip*, erit culpa rei præsumptæ ac prehensæ. In Legibus Luithprandi tit. 98. *Anegrip* scribitur. [** Wachtero *Anagrip* est turbatio patriæ potestatis per veneris anticipationem, Germanis *Eingriff.* Adel. Gloss. MS. cod. Vatic. 5001 : *Anagrip, Faidam, vel manum aliquid apprehendere.* Cod. Cavens. : *Anagrip i. e. faida aut inimicitia*, et infra : *Anegrip i. e. secretum mulieris.*]

¶ **ANAGRIPHUS.** Vide in *Anaglyphus.*

* **ANAGYRIS**, *Faba lupina, frutex silvestris, herba gravissimi odoris, Anagyron, fruticis genus.* Laur. in Amalth.

¶ **ANALABUS**, Vestis monasticæ species, vulgo Scapulare. Vita S. Juliani Monachi, tom. 2. Junii pag. 176. A : *Dæmon conspecto crucis signo, quo puer amictus ac consignatus erat, non est ausus ei nocere; nam cum Analabo adduxerat eum vir ille, quem patrem hic appellare piget pudetque.* Ubi editor : *Analabus quamdam crucis formam habebat antiquitus, et etiamnum habet apud Minimos S. Francisci de Paula, humeros cum parte brachiorum tegens, atque ante pectus et ad dorsum defluens.* Et quidem ex antiquis Monachorum imaginibus constat scapulare tunicæ Subdiaconali non fuisse longe absimile, quæ quidem satis crucis præ se fert effigiem. Sed legenda Vita S. Philareti Monachi in iisdem Actis SS. April. tom. 1. pag. 614. C : *Quid enim dicebat pallium est, nisi fletus? Quid Analabus, nisi crucis effigies? Quid cucullium, nisi cadaveris in sepulcro conditi formam præfert?* Vide *Anaboladium.*

* Consule Cassianum de Habitu monachorum cap. 9.

¶ **ANALENSIA**, *Id est, Anathemiæ, hinc vicia epilepticorum creantur ex anathemia stomachi in cerebri superiores partes.* Ita Papias in MS. Bituric. Analensia Papiæ anathemia nihil aliud est, quam ἀναθυμίασις, sive sapor ortus e ventis in stomacho inclusis propter alimentorum indigeriem, qui si in cerebrum ascenderit, ea creat vitia quibus epileptici afficiuntur. [** In Gloss. Cod. Reg. 7644. hæc ut ex Galeno, additis sequentibus : *Analensia autem dicta ex eo quod ad sanas partes capitis sensum privet. Fit vel nascitur ex negligentia stomachi.*]

¶ **ANALIS**, Arbor quæ fert vermiculum. Vide locum in *Vermiculus.*

¶ **ANALOGIÆ**, Imagines, simulacra, Gall. *Figures, Images, Représentations.* Miracula S. Udalrici Episc. in Actis SS. Ord. S. Benedicti sæc. 5. pag. 462 : *Sustentacula eorum qui gratia Dei concedente per merita S. Udalrici a diversis infirmitatibus ibi sunt liberati, plurima pendent; et aliorum Analogiæ secundum membra diversa infirmantium figuratæ etiam plurimæ ibi videri possunt.*

¶ **ANALOGISTA**, Liber a reddenda ratione. Testamentum Guigonis Episc. Casinensis ann. 1345. apud Marten. tom. 1. Ampliss. Collect. col. 1464. B : *Item relevo dictos executores meos, et eorum quemlibet a redditione computi seu rationis, de eorum legalitate confisus, ipsos Analogistas faciendo.* Johannes Berberius in Viatorio utriusque juris part. 1. Rubrica de Adulter. : *Mulieres maxime juvenes, confidentes in dispositionibus maritellorum, qui ipsas Analogistas faciunt, ducunt in bonis dies suos, etiam cum inimicis capitalibus maritellorum defunctorum, etc.* Vide *Alogista.*

1. **ANALOGIUM.** Balbus in Catholico : *Analogium ab* ἄνω, *sursum, et Legium, pulpitum : unde Analogium, quia ibi supra legitur.* Idem : *Pulpetum a publico dicitur, Analogium, Lectrum, Legitorium, quia ibi publice legunt, ut possint conspici a populo.* Est igitur Balbo Analogium idem, quod Ambo. Consentit Papias : *Analogium dicitur, quod sermo inde prædicetur.* Et Ugutio : *Analogium, ab* λόγος, *quod est sermo : quia ibi supra sermocinamur.* Ita etiam usurpatur in veteri Expositione Missæ. Walafridus Strabo lib. de Reb. Eccles. cap. 6 : *Analogium* dicitur, *quod in eo verbum Dei legatur et annuntietur.* Alcuinus lib. de Divin. Offic. et Remigius Autissiod. lib. de Celebrat. Missæ : *Defertur Evangelium ad Analogium præcedentibus cereis.* Reinerus in Hist. Translationis SS. Euticetis et Acutii Martyrum apud Caracciolum : *Penes autem psallentium Deo agminum sedem, quibusdam lapideis cocleis Lector scandens, argenteo per gyrum Antistitis studio ambiri secernit Analogio.* Ratpertus de Casib. S. Galli cap. 9 : *Tumbam S. Galli cum reliquis altaribus, et Analogio atque Confessione ita innovari... fecit.* Eckehardus Jun. cap. 1 : *Infantulis per ordinem lectitantibus, et Analogio descendentibus.* Adde Vitam Caroli Abbat. Villariensis num. 4. Gilbertum in Miracul. S. Amandi num. 1. etc. Joan. de Janua habet *Anolegium*, et *Analogium.* Willelmus Thorn. in Chron. sub. ann. 1240 : *Anologium*, a Græc. ἄνω. [** Analogium, *ein predigstole.* Vocab. lat. germ. ann. 1477. Adel.]

2. Analogium, interdum etiam sumitur pro pluteo portatili, aut inferiore, cujusmodi in templis nostris utimur, ubi Evangelium et Epistolarum liber ponuntur et leguntur : unde *Pulpitum manuale* videtur appellari in veteribus Glossis : quod ad manum sit, et manu, quo opus est, feratur. Chronicon Francicum tom. 4. Hist. Franc. pag. 96 : *Analogium Hispanico metallo fieri fecit fusoria arte compactum, cui præeminet deaurata Aquila sparsis alis.* Monachus Pegaviensis ann. 1109 : *Velamen optimum, quod Analogio summis in festis superponitur, in quo Evangelium recitari solet.* Acta Murensis Monasterii pag. 29 : *Linteum Analogio subter Evangelium ponendum in festivis diebus.* Gregor. Turonens. lib. 1. de Mirac. cap. 94 : *Analogius, in quo, libro suprapositio, cantatur aut legitur.* Udalricus lib. 1. Consuetud. Cluniac. cap. 12 : *Intrat Diaconus alba et stola indutus, et textum Evangelii portans, quem præcedunt unus Ostiarius ecclesiæ cum Analogio, in quo legatur.* Lanfrancus in Decretis pro Ord. S. Benedicti cap. 1 : *Lector ante Analogium pariter*

orans, usquedum qui ordinem tenet, oratione facta se erigat. Et infra : *Secretarii discooperiant omnia altaria, et parent duo Analogia, unum quod in Capitulo est, alterum in Monasterio. Analogium nocturnale*, in quo nocturni leguntur apud Eckehardum Jun. de Casib. S. Galli cap. 1. *Analogium Evangelicum*, ibidem. Utuntur præterea hac notione Cæsarius lib. 8. cap. 37. Will. Thorn. ann. 1240. S. Benedict. in Reg. cap. 9. Stephan. Eduensis Episcop. lib. de Sacrament. altar. cap. 4. 12.

3. ANALOGIUM, pro Martyrologio, seu Necrologio, videtur etiam sumi apud laudatum Udalricum in Consuetud. Clun. lib. 3. cap. 10. quod est de Præcentore : *Ipse supervenientes breves Fratrum defunctorum accipit, et in Analogio notat.* Forte quod Martyrologium semper in analogio esse soleat, ex quo promuntur, quæ ad diei anniversaria seu obitus peragenda sunt.

* Twingeri vocabul. Germ. Lat. : *Berfrit, Analogium seu commonitorium.* Et Lat. Germ. ejusd. : *Commonitorium, Lettener.* Glossæ vett. : *Analogium, lectorium.*

¶ 4. ANALOGIUM, Ædificiolum supra Sanctorum corpora constructum, quod teste Mabillonio in Actis SS. Benedict. sæc. 6. part. 1. pag. 516. etiamnum visitur in antiquo cœmeterio seu horto retro majorem Ecclesiam S. Vitoni Virdunensis. Vita S. Richarii Abb. pag. 522. in Actis laudatis : *Post multum denique tempus Analogium supra eadem fabricavit sepulcra, ut deambulantium ab eis arcerentur vestigia.*

¶ **ANALPHABETUS**, ἀναλφάβητος, Illitteratus. Epitheton Justiniano Imperatori attributum a Suida, quasi litteras ignorasset : qua de re vide Baronium ad ann. 528. num. 2. et 3.

* **ANAMBARIUM**, Idem quod supra *Ambarium.* Pactum inter Guigonet. *de Jarente* dom. de Monteclaro et Universit. ejusd. loci ann. 1392. ex schedis D. *Chaix* Aquens. : *Item convenerunt quod dicti homines curari facient peasones dictæ turris et Anambarii, et dictus dom. de Monteclaro extrahi lapides ad opus turris quovis modo necessarios; et deinde idem dom. de Monteclaro habebit lapicidas sive muratores, qui turrim ipsam et Anambarrium murabunt et ædificabunt, sumptibus ipsius dom. de Monteclaro.*

¶ **ANAMELATUS**, Ornatus encausto, vermiculatus, Gall. *Emaillé*, Angl. *Enamelled.* Instrum. anni 1429. apud Rymerum tom. 10. pag. 433 : *Tria coleria aurea, quorum duo sunt Anamelata cum albo.* Apud Lyndwood. in Provinciali pag. 123. edit. 1679. memorantur *Cultelli Anemalati et deaurati ad modum gladiorum dependentes*, quorum usu Clerici prohibentur.

** **ANANCLÆ**, *Capilli a fronte pendentes.* Gloss. Jæckii.

¶ **ANAPELLUS**, Parvus crater. Vide *Hanapus.*

¶ **ANAPESTUM** ALICUI REDDERE, Argumentum adversarii in eum regerere, Gall. *Retorquer.* Hanc loquendi formulam usurpat Ratherius Veronensis de Contemptu Canonum, tom. 2. Spicil. Acher. pag. 171. eamque mutuatur a Græco ἀνάπαιστος, Pes carminis notus et dactylo contrarius.

¶ **ANAPHONIA**, Contrarietas, dissonantia. Græca vox. Notkerus Balbulus lib. de Interpret. Scripturæ cap. 8. apud Bern. Pez tom. 1. Anecd. part. 1. col. 10 : *Ordinatione Dei, ut credo, non humana voluntate factum est; quod libri S. Augustini de Symphonia, ut ipse illis nomen imposuit, vel Anaphonia Evangelistarum, ut adversarii garriunt, incommemoratos reliqui.*

ANAPHUS, ANAPUS. Vide *Hanapus.*

¶ ANAPHUS, Pixis. Miracula S. Vulfranni Episc. tom. 3. Martii pag. 161. E : *Hæc vero sunt quæ de S. Ansberti habemus reliquiis, tunicam ejus et partem ipsius casulæ, marsupium vero et Anaphum seu pyxidem atque cultellos.* Vide *Hanapus.*

* Potius Patera, crater, Gall. *Coupe.* Glossar. vet. ex Cod. reg. 7646 : *Anaphus, vas vinarium, quod rustici appellant Anappum : per 2. p. rectius quam per 1. p. et h. scribitur.* Testam. Ermengaudi archiep. Narbon. ann. circ. 1005. inter Probat. tom. 2. Hist. Occit. col. 163 : *Ipsos Anaphos, qui fuerunt Aymerici archiepiscopi,.... Fredeloni episcopo Anaphum unum Sclavonium, Matfredo episcopo Anaphos duos, etc.* Pluries ibi. Vide mox

* ANAPUS, ut supra *Anaphus.* Testam. Ermengaudi comit. Urgell. ann. 1010. in Append. ad Marcam Hispan. col. 973 : *Ad sancto Vincentio de Castres Anapos duos de argento, et ad sancto Gerallo cœnobio de Orliago Anapos quatuor de argento, etc.*

¶ **ANARCHIA**, *Ubi nullius est potestas.* Papias in MS. Bituric. Græca vox est ab ἀ privat et ἀρχή, principatus, imperium.

* **ANARETICUS**, Exquisitus, selectus, a Gr. ἀναιρέω, Seligo. Vita S. Rosæ tom. 5. Aug. pag. 913. col. 2 : *Quæstor Gundisalvus domi suæ bis terve hoc medicamine, non Anaretico, sed plane anachoretico, vidit Rosam convalescere.*

ANARGYRI, ἀνάργυροι dicti passim Scriptoribus Græcis et aliquot ex Latinis SS. Cosmas et Damianus, quod gratis medicinæ artem exercerent. Vide Althelmum de Laude Virg. cap. 24. et Nicol. Myrepsum sect. 10. cap. 183.

* Consule præterea Syntagma Histor. de Tribus SS. Anargyrorum paribus a Reinold. Dehrnio S. J. Viennæ in Austr. ann. 1660.

¶ **ANARIUTUS**, apud Joannem *Schannat* pag. 156. Tradit. Fuldens. : XIII *Jugera cum Anariutu.* [** Procul dubio a Germ. voce *reuten, rotten*, exstirpare, ita ut *Anariutus*, sive *Anreut*, idem sit ac *Neubruch, Neureut, novale.*]

* **ANASARCHA**, *Hydropisis carnosa*, in Glossar. medic. Simonis Januens. ex Cod. reg. 6959.

¶ **ANASCOTE**, Vox Hispanica, Gall. *Serge d'Ascot.* Concil. Mexicanum ann. 1585. tom. 4 Collect. Conc. Hispan. pag. 396 : *Cappæ vero per præhendatos, ut præferlur, gestandæ, ex laneo stamine subtili, quod vulgo Anascote seu burato dicitur.*

* Vide *Anacos* et Diction. Commerc. v. *Anacoste.*

¶ **ANASTOMATICA**, Medicamina osculantia. Vide *Osculatio.*

¶ **ANASTROPHON**, pro voce Græca ἀναστροφή, Inversio, subversio. Vita S. Deicoli Abbatis Lutren. tom. 2. Januarii pag. 202. D : *Quorum Gallus, in Anastrophon locorum caussa sequentium faciam, institutorem suum usque ad Apennina juga, quæ Italiam cingunt, cursu peragili sequitans, ob multorum salutem... subito febre invaditur, languore nimio arctatur, adeo ut nec passum quidem in ante perficere valuisset.*

ANATA. Vide *Aneta.*

ANATAS, ANATHE. Formula 136. ex Lindenbrogianis : *Megravis necessitas et Anatas pessime oppresserunt.* Papias : *Anathe, sollicitudine, cura.* Vox forte Longobardica : quamquam non desunt, qui a Græco ἀνία, dolor, mœstitia, deduci posse putant. Alii ab *Anitas*, senectus, γραότης, ut exponitur in Glossis Isidori et Græco-Latinis : quippe ut est apud Ausonium :

. . . . Ipsa senectus
Objicit innumeris corpus lacerabile morbis.

Festus ait : *Anatem, morbum anuum dici, id est, vetularum, sicut senium, morbum senum.* At Joanni de Janua, *Anates, tis, est morbus, qui solet ano, id est, culo evenire; sicut contigit Philistæis.* Denique in Catholico Armorico *Anes*, Gall. *Mesaise* redditur. [Lud. *Le Pelletier* linguæ Armoricæ peritissimus, asserit vocem *Anes* Armoricis ignotam esse, nullamque habere cum Armorica dialecto cognationem, atque pro *Mesaise* Armoricos uti voce *Diez*, non *Anes.*] [** Vox *Anatas* et *Anathe* ad Teuton. *Ande, Ante*, ira, zelus, mœror, immo quicumque animi affectus, pertinere videtur, unde etiamnum habemus verbum *ahnden, vindicare* et *ahndung, vindicta.* ADEL.]

* **ANATASIFICUS**, a Græco ἀνάστασις, Resurrectio; appellationis causam docet *Fleury* tom. 4. Hist. Ecclesiast. lib. 17. num. 50. Vita S. Emmer. tom. 6. Sept. pag. 486. col. 2 : *Gregorium Nazianzenum, doctor quam mirificus et Anastasificus, etc.*

* **ANATARE**, Repugnare. Glossar. vet. ex Cod. reg. 7646 : *Anatantem, repugnantem.* Vide *Anatas.*

ANATES *de Faraone*, Ægyptiæ, apud Fridericum II. lib. 1. de Venat. cap. 23 : *Quæ sunt variæ, ex albo, nigro, et rubeo, et habent inter nares et frontem quoddam tenue carneum rubeum elevatum ad modum cristæ, non tamen incisum, sicut est galli crista, etc.*

¶ 1. **ANATHEMA**, Donarium Deo vel Sanctis dicatum. Gloria posthuma Mariæ B. Magdalenæ de Pazzis, tom. 6. Maii pag. 309 : *Vovit sorori Mariæ Magdelenæ ad ejus sepulcrum ferre Anathema argenteum.* Eadem notione vocem ἀνάθημα usurpant Græci, non quidem pro omni dono Diis consecrato, sed pro iis tantum quæ suspendi aut in excelso ita collocari poterant, ut templis essent ornamento.

2. **ANATHEMA**, quid sit apud veteres, quave notione etiam posteriores vocem hanc usurparint, hic non omnino disquiram, cum rem hanc copiose tractarint Baronius ann. 57. num. 169. Albaspinæus lib. 2. Observat. cap. 4. Petavius in Miscellan. exercitat. ad Julianum cap. 13. 14. 15. 16. Salmasius ad Solinum, Joan. Filesacus ad Vincentium Lirinensem, Lindenbrogius, et alii. Id tantum lubet adnotare, *Anathema*, propria notione, apud Scriptores Ecclesiasticos significare inflictam ab Episcopo vel Concilio excommunicationem, non tamen quamvis ἀκοινωνησίαν, sed eam, quæ

cum execratione et maledicto decernitur. Nam non omnes qui a fidelium communione, et ab Ecclesiæ ingressu abstinere propter delictum jubentur, uti sunt, quos Pœnitentes vocant, anathemate damnari dicuntur : sed ii, qui omni præterea precum consortio ac publica mentione, convictu, colloquio, salutatione fidelium privantur. Unde in Capitulis Caroli C. tit. 6. § 56. [** In villa Sparnaco, ann. 846.] præcipitur, ut non temere *Anathema*, imponatur, *nisi unde canonica docet auctoritas quia Anathema æternæ mortis est damnatio, et non nisi pro mortali debet imponi crimine et illi qui aliter non potuerit corrigi.* Vide Hincmarum Opusc. 55.

¶ Anathematio, Proprie excommunicationis seu anathematis comminatio, Gall. *Excommunication comminatoire.* Epist. Belegrini Abb. Novaliciensis ad Joannem XIII. ann. 965. apud Murat. tom. 2. part. 2. col. 759 : *Deinde supplices exoramus munificentiam vestræ ditionis, quatenus ex parte vestri et per vestros legatos talem illi transmittatis Comiti Anathemationem, quod si amplius contra voluntatem Cœnobitarum tenuerit prædia ipsius loci, condemnatus et Anathematizatus permaneat.*

* Anathematisatio, Anathematis promulgatio. Processus ann. 1448. inter Probat. tom. 3. Hist. Nem. pag. 274. col. 2 : *Incurrere non verendo pœnas et censuras dicti nostri processus, et alias censuras et Anathematisationes, quas singulis annis die Jovis sancta, Papa cum tota sua curia protulit et fulminavit, contra omnes et quascumque personas, impedientes litteras et processus apostolicos.* Vide *Anathema.*

Anathematizare, Anathemate percutere. excommunicare, ἀναθεματίζειν. Nicolaus I, PP. Epist. 7 : *Rodaldus dudum Episcopus, nunc autem depositus et excommunicatus de cætero cum Anathematizato Photio, etc.* Utuntur Facundus Hermianensis, et alii Scriptores passim.

¶ Anacematizare, Eadem notione Epist. Orig. Prioris S. Saturnini in Sardinia ad Richardum Abb. S. Victoris et Card. : *Scitis vos, carissime pater, quod D. Papa Anacematizavit judicem Torquitorem* (i e. judicem Turris in Sardinia) *et cunctam regionem suam.* Et in fine Epist. : *Archiepiscopus Pisanus Sardiniæ Primas, omnes Archiepiscopi et episcopi in Synodo clamabant una voce : Anacematisa, Anacematiza.*

Anathematizare Capellam, in Charta ann. 894. quæ scilicet contra nutum Episcopi erecta fuerat. Locum habes in V. *Nolarium.*

Anathemare, Anathematus, Glossar. Lat. MS. Reg. : *Anathemo, Excommunico.* Aliud : *Abominatus, abjectus, dimissus, Anathematus.* Ugutio : *Anathema Maranatha, i. e. perditio in adventu Domini. Maranatha enim adventus dicitur.* Observat Salmasius ad Tertull. de Pallio in MSS. Commonitorii S. Augustini ad Faustum, *Anathemare* bis legi, pro *Anathematizare.* Utitur idem Faustus Regiensis pag. 18. 19. etc. edit. 1586. ut et Concilium Toletan. I. adversus Priscillian., Epist. sub nomine Jesu Christi, scripta sub Carolo. M. edita a V. Cl. Steph. Baluzio, etc.

Anathemabilis, Anathemate feriendus, vel dignus. Arnobius Sicciensis junior in Psalm. 110 : *Ut Anathemabilis Manichæus somniatus est. Anathemabilis Arrius,* apud Auctorem Prædestinati pag. 167. *Anathemabilis liber,* pag. 186.

Anathematicus, Eadem notione. Synodus Beneventana ann. 1059 : *Et quia erat Anathematicus, ab omni altaris ministerio depositus, etc.*

¶ Anathematus, Anathemate percussus, Gall. *Anathématisé, Excommunié.* Charta Traditionis Bertradæ pro Monasterio Prumiensi ann. 722. apud Marten. tom. 1. Ampliss. Collect. col. 23 : *Ad nihilum deveniant tanquam Anathematus in radium solis.*

¶ Anathimatus, Eadem notione. Testam. Ermentrudis, apud Mabill. Liturg. Gall. pag. 465 : *A limenebus Ecclesiarum efficeatur extraneus, et insuper ante tribunal Christi Anathimatus permaneat.*

¶ **ANATHESARE**, forte Anathematizare. Lemberti Hist. Comitum Ardens. apud Ludewig. tom. 8. pag. 570 : *Quod cum homo laicus esset et litteras ignoraret, ecclesiastica administrare beneficia.... contradicentibus et super hoc Anathesantibus autenticis scriptis et SS. Patrum decretis, ei nullatenus liceret.*

ANATICLA, Anaticula, Cardo, qui in foribus circumvertitur. Gloss. S. Benedicti cap. de Habitatione : *Anaticla,* ἐπιςρόφιγξ. Ab ἀνατέλλω, dictam vocem opinantur quidam, i. *orior, converto* : inde ἀνατολαὶ *Cardines cœli* appellantur. Formulæ solennes Lindenbr. n. 154 [** In Append. Marculf. 20.] : *Per ostium et Anaticula* (ipsius casæ) *sicut in ipsa cessione est insertum, ad partem illius Ecclesiæ visus fui tradidisse.* N. 156 : *Per cartulam venditionis ad filium suum affirmavit, per ostium et Anatalia* (l. *Anaticla*) *per herbam et vitem ei visus tradidisse et consignasse.* Apud Plautum in Asinar. *Anaticula* est *parvula anas.* Vide *Investitura per ostium.*

ANATINUS, penult. prod. *Pullus anatis,* Joan. de Janua.

* Glossar. Lat. Gall. ex Cod reg. 7692 : *Anatinus, Anetel.*

¶ **ANATOLE**, Oriens. Vox Græca apud *Leibnit.* Scriptor. Brunsvic. tom 1. pag. 308. Locum vide in *Disis.*

¶ **ANATRII**, *Postomaci, hoc est sensum evertentes, cum quis vomit quod accipit.* Papias MS. Bituric. Vide *Anatrope.*

[* Hæc sic emenda ex vet. Glossar. Cod. reg. 7613 : *Anatrupa stomachi, hoc est sensum evertens, cum quis vomit quod accipit.*]

¶ **ANATROPE**, Gall. *Faiblesse d'estomac.* Græca vox. Medicis affectio stomachi sumtum cibum non valentis retinere et ad vomitum proni. Vita S. Godrici Eremitæ tom. 5. Maii pag. 83. A : *Factoque mane stetit adhuc vulnerati pedis gutta recentior, quam quidam fratrum, dum sancta osculaetur vestigia, labiis contingens, de Anatrope morbo quo diutissime laboraverat, convaluit.*

¶ **ANATUS**, *Miser.* Gloss. Bituric. MSS. Vide *Anatas.*

ANAVUS, Vox Wallica. Leges Hoeli Boni Regis Walliæ cap. 23 : *Mendosus, id est, Anavus, etc.*

1. **ANAX**, Rex ex Græc. ἄναξ. Ethelwerdus lib. 4. Hist. Anglor. cap. 9 :

Fungitur interea regno post Anax in arce.

Infra :

Nobilis ex stirpe frondens Saxonum
Eadgarus Anax.

Adde lib. 4. cap. 3. extremo.

2. **ANAX**, Vasis species, apud Gregorium Turonensem lib. de Gloria Confess. cap. 8 : *Patenam et urceum, qui Anax dicitur, in patriam deferunt.* Sed hoc loco *Anax,* non tam vas quam materiam quamdam esse, ex qua vasa conficiebantur, colligere licet ex Historia Episcoporum Autissiodorensium, in qua *Anacteus,* ut adjectivum, vasis aliis adjungitur. Cap. 20 : *Missorium Anacteum pensantem, lib. 30.... Bacchonicam aliam Anecteam pensantem etc..... Scutellam Anacteum pensantem, etc.* Et sic ibi non semel. Ubi vasa ista *Anactea* ejusdem forte materiæ vel operis, atque adeo nominis fuere, ac ea, quæ *anacæa* dicuntur Plauto in Rudente :

Credo hercle Anacæo datum quod biberet.

Alii legunt *anancæo* : ubi sane idem esse *anacæum,* quod *anacteum,* prorsus existimo, ab *anace* scilicet *anaceum* efformatum, ut ab *anacte, anacteum.* Plautiniani vocabuli vestigium agnosco in Glossis Lat. Græc. : *Apnades,* θηρκλαιον, ἐςὶν εἶδος ἀργυρώματος. Legendum enim forte *Anaces,* Θηρίκλειον, etc. Sed et Altasserra apud Gregorium M. *anacem* pro *anatem* legendum censet lib. 4. Epist. 40 : *Unam vero Anatem cum duobus parvulis Atticis pro vestri amoris gratia transmittere præsumpsi.* Ubi *Attica,* vasa fictilia pariter interpretatur, sic nuncupata ab Attica regione : et ab *anace,* vocem *Anap* vel *Hanap* Gallicam, pro scypho grandiori inde deductam putat, non improbabili omnino conjectura; cum in Glossis laudatis littera P. licet forte transposita in voce eadem reperiatur. Utcumque sit, videtur *Anax* fuisse materia quædam argentea, vel vas quoddam argenteum, εἶδος ἀργυρώματος, cum in Historia Episcoporum Autissiodorensium, pondus observetur, perinde aureorum vel argenteorum vasculorum. Ἀκὴν χύτραν Hippocrati ἐχῖνον appellari annotat Phavorinus, et Ἀττικὸν, ἀγγεῖον esse eidem Hippocrati. Sed an id nomenclaturæ Gregorii ævo adhuc perstiterit, aliorum esto judicium.

☞ Imo colligendum non materiam, sed vasorum formam aut usum designari. Dicuntur enim *vasa anactea argentea* in Vita S. Palladii Episcopi Autissiod. tom. 1. Aprilis, pag. 865 : *Fecit enim duas cruces ex auro purissimo quas obtulit; sed et plurima vasa Anactea argentea quæ ad nostram usque ætatem in thesauris ejusdem Ecclesiæ servata permanserunt.* Hist. Episc. Autissiodorensium cap. 20 : *Dedit et alium missorium similiter Anacteum gravellatum.* Cum in exponenda voce obscura laboraremus, nos interim monuit V. eruditiss. D. *Le Beuf* Altissiodor. Canonicus in MS. constanter legi *Anacleus,* ac proinde in omnibus locis citatis atque deinceps citandis in vocibus *Bacchonica, Gabata, Hichinarius, Missorium, Scutella* mendum esse. Verum nova vox perinde nobis est ignota, nisi forte vasa *Anaclea,* sint quasi regia vasa, ab *Anax* Rex sic dicta. Galli dicunt, *à la Royale,* de iis quæ ad instar eorum quibus Rex usus est primus, fieri solent. Hæc divinando.

¶ **ANAXARE**, Nominare. Supplem. Antiquarii *Anaxant,* ὀνομάζουσι. *Anaxare,* ut recte Martinius monet, est quasi ad *axim*, id est, asserem, tabulam referre, ubi publice solet aliquid intimari.

* **ANAXIA.** Instr. quo Januenses Carolo VI. regi Franc. se dederunt ann. 1396. tom. 4. Cod. Ital. diplom. col. 1957 : *In cives vel districtuales ipsius* (civitatis) *non imponet nec imponi faciet* (rex) *per se, vel per alios aliquam collectam daticam seu Anaxiam realem, seu personalem, etc.* Locum restituere promptum est ex iis quæ infra laudantur in voce *Avaria*, quomodo legendum, pro *Anaxia*.

¶ **ANBASSIATOR**, pro *Ambassiator*, Legatus; apud Somnerum in Glossario ad calcem Hist. Scriptor. Anglic.

ANBLATUM, Nidus avis, Fr. de Sacraquercu in Etymol.

¶ **ANBRA**, Marmoris genus. Epistola Joanni Presbytero seu Regi Abissinorum falso adscripta ad calcem MS. Corbeiensis. : *Ante fores palatii nostri juxta locum ubi pugnant, in duello agonisant, est speculum prœcelsæ magnitudinis ad quod per cxxv. gradus ascenditur. Gradus vero sunt de porfiretico partim serpentino et alabastro a tercia parte inferius; hinc usque ad tercium partem superius sunt de cristallo, jaspide et sardonico; superior vero tercia pars de ametisto, Anbra et jaspide panthera. Speculum vero una sola columpna nititur.*

* Nihil est cur hæc de succino vel *Ambro* non intelligas. Vide *Ambre* in Glossar. et in Suppl.

1\. **ANCA**, Ancha, Ancus, Coxendix, ex Italico *Anca*, et Gallico *Anche*. *Anca*, in Processu de Vita et Miracul. S. Thomæ Aquin. n. 64. Jacobus Stephanescus Cardinal. libro 2. de Coronatione Bonifacii VIII. PP. cap. 11 :

> . . . . . Pars aurea pubes
> Infremit, alipedum nudari vestibus Ancas,
> Purpureasque dolet fronti decedere vittas.

Ancha. Mamotrectus ad 41. Job : *Torax, i. lorica et anterior pars trunci vel corporis a collo usque ad stomachum, quam nos dicimus Ancham.* Constantinus African. lib. 2. cap. 8 : *Ossa pedum medici in tria dividunt. Sunt etiam coxarum, sunt etiam Ancharum, sunt et crurum atque pedum. Ancharum ossa ante et retro superius cum ani ligantur ossibus, cujus unaquæque pars in tria dividitur ossa. Os medium atque superius proprie Ancha vocatur, quæ ligatur cum ani ossibus concavitatem suam intrantibus; hæc proprie Ancha vocatur, pixis vero ejus concavitas.* Adde lib. 4. cap. 17. lib. 5. cap. 14. 17. et lib. 2. Pantech. cap. 10. Occurrit præterea apud Fridericum II. Imp. lib. 1. de Venatione cap. 27. 33. 36. etc. Mundinum in Anatomia, in Actis B. Thomasi Camaldul. et apud Petrum de Crescentiis lib. 9. de Agricult. cap. 7. et alibi non semel.

Hanca, in Statutis antiquis Canonicorum S. Quintini in Viromanduis.

Ancus. Joannes Episc. Signensis in Vita S. Berardi Episc. Marsorum : *Affer quatuor panes, affer Ancum porci, vinum defæcatum affer, ect.* Ubi Legendum, *ancam*. [** Germanis vox *Anke* olim quemlibet articulum ossium denotabat. Sic Alsatis hodiernis *Anke* idem est ac cervix, et Germani inferiores talum vocant *Ænkel*. Vide Wachter. et Frisch. voc. *Anke*. Adel.]

¶ 2\. **ANCA**, Idem quod *Auca*, Anser femina. Ordinatio Vicariæ de Acleia ann. 1343. apud Kennettum Antiquit. Ambrosden. pag. 455 : *Item omnes decimas personales in dictis villis provenientes de quæstu eorum qui de mercatura sua vivunt : et prout supra dictum de Brehull cum decima Ancarum et ovorum. In Aclee et Adyngrave decimam lactis, porcellorum, Ancarum et ovorum.* Rymer tom. 10. pag. 27. col. 1: *Scias quod assignavimus te ad capones, Ancas, gallinas, pullos, etc.* Chronicon Wormat. apud Ludewig. Reliq. MSS. tom. 2. pag. 173 : *Judæus quidam cum sartorem advocasset Christianum; cum Judæus non observaret, et Ancam pinguem ibi stantem haberet, sartor clam Ancæ cum filo posteriora clausit et ad opus suum rediit. Elapso igitur tempore, cum Anca opus suum facere cuperet, nec posset, cepit tamquam insana mirabiliter aliis se percutere et gunnire graviter.* Vide *Auca*.

* **ANCABERIA**, Prædium, ut videtur, quod *Capitale* vocabant. Charta ann. 1170. inter Probat. tom. 2. Hist. Occit. col. 609 : *De illo honore, qui ex parte Poncii de Dorniano avi sui Petrum contingit, isti fratres, scilicet Isarnus, Petrus et Bego concedunt et donant nepoti eorum Petro fraternitatem suam, scilicet quartam partem omnis honoris, quem pater illorum Poncius Dorniani eis dimisit; et excepta illa Ancaberia, quam Poncius dedit filio suo Isarno ante suos fratres.* Vide *Capitale* 4.

¶ **ANCBOLADIUM**, Amictus sacer. Missale Mosarabicum : *Induunt semetipsos Diaconus vel Clerici albis cum Ancboladiis.* Vide *Anabolagium*.

¶ **ANCEA**, *Ferrum in Scuto, quod manus tenet.* Gloss. Bituric. MS. Vide *Ancia*.

¶ **ANCEINGA**. Vide *Andecinga*.

* **ANCELARIUS**, Officium monasticum; qui præerat cellario, quod *Alcham*, Gall. *Anche*, vocabant, vel ab *Anceria*, cupa, sic dictus. Testam. Cardinal. Ambian. ann. 1402. in Addit. ad Carolum VI. pag. 757 : *Prior et conventus* (Fiscannensis) *habeant xl. lib. septem vero monachi presbiteri, qui missas hujusmodi celebrabunt, quilibet x. lib. Prior vero claustralis c. solidos; sacrista, thesaurarius, Ancelarius xv. lib.* Vide supra *Alcha*.

¶ **ANCELLA**, pro *Ancilla*, in Charta Lotharii Imp. pro Monasterio S. Stephani Argentinæ, apud Lud. *Laguille* in Probat. Hist. Alsac. pag. 5.

* Nostris etiam *Anchele*, eadem notione. Vita MS. J. C. :

> Et par cele sainte Pucele,
> Dont nostre sire fist s'Anchele.....
> Anchele sui nostre Seignour.

¶ **ANCELLATUS** Pannus. An ita dictus Pannus, in quo figuræ *Ancas* repræsentantes erant depictæ? Testamentum Beatricis de Alboreya Vicecomitissæ Narbonæ apud Marten. tom. 1. Anecd. col. 1523. C : *Item legamus Ecclesiæ B. Mariæ de Crassa.... alium pannum Ancellatum album deauratum, nostris armis circumquaque signatum.*

* 1\. **ANCERIA**, Cupa minor, Gall. *Cuve*, olim *Anche*, si fides Borello. Charta ann. 1320. in Reg. 60. Chartoph. reg. ch. 22 : *Pro arbergamento et trolio, una cum cuppis, Anceriis, tonis et aliis utensilibus rebusque ad trolium pertinentibus.* Quæ sic Gallice redduntur infra ch. 30 : *Cubes, Anceres, tonnes, et autres partenances à garnison de troil.* Vide supra *Alcha*.

* Ancheria, Eadem notione. Charta ann. 1318. in Reg. 56. Chartoph. reg. ch. 261 : *Vendidit.... unum herbergamentum cum fundo terræ, trolium, tonnas, cuppas, Ancherias.... Dictum herbergamentum cum suis pertinentiis.... trolio, cuppis, tonnis, Ancheriis, etc.* [** Germanis *Anker*, dolium dimidii, unius vel plurium amphorarum. Adel.]

* 2\. **ANCERIA**, vel Aucería, idem quod *Garda*, Tributum annuum, quod a subditis pro tutela et protectione dominis exsolvitur. Reg. parlam. Paris. *Olim* ad ann. 2172. fol. 189. v° : *Præcepit dominus rex et voluit in pleno parlamento, quod novæ Anceriæ seu gardæ, quas baillivi et servientes dom. regis ceperunt de hominibus aliorum dominorum, revocentur et cassentur, et pro nullis habeantur, nec novæ de cætero recipiantur.* Vide *Guarda* 1.

¶ **ANCERULUS**, pro *Anserculus*, Gall. *Oison*. Charta ann. 1424 : *Debet tres Ancerulos, Gallice* Oyons, *pro gardia et nomine gardiarum.*

¶ **ANCESSOR**, pro *Antecessor*, Gallis olim *Ancessor*, et *Ancessour*, nunc *Ancêtre*, *Prédécesseur*. Vetus Charta apud Stephanotium Antiquit. Bened. Pictav. tom. 3. pag. 241 : *Cum cellula Nobiliaco communiter ex ipsa silva sui Ancessoris usque in hodiernum diem, etc. Gasse* Canonicus apud Borellum :

> Pour remembrer des Ancessors
> Les faits, les dits, et les morts.

* Ubi pro *Gasse* lege *Wace*; et *Ancesseur*, in Lit. ann. 1324. tom. 5. Ordinat. reg. Franc. pag. 379 : *Nous* (*Jehans contes de Joigny*) *considerans.... les courtoisies, bontés et aggréables services, que li dit habitant et leur Ancesseur ont fait ou temps passé, à nous et à nos predecesseur, etc.* Unde *Anchesserie*, pro Gentilitate antiqua et nobili, in Chron. MS. Bertrandi Guesclini :

> Et li hardi preudom de bonne Anchesserie,
> En leur droit deffendant avanturent leur vie.

Ibidem :

> Se Bertrant n'est estrait de haute Anchesserie, etc.

Sed et *Anchiserie*, pro Origo, successio, hæreditas, usurparunt. Charta Joan. comit. Pontiv. pro commun. Abbavil. ann. 1184. vernacule reddita in Lib. albo domus publ. ejusd. civit. fol. 3. v° : *Mais se à aucun des jurés frans fiés soit venus par droit de Anchiserie ou par mariage etc.* Ubi Charta origin. *Jure successionis vel per matrimonium.* Chron. jam laudat :

> Que nous sommes Juifs de droite Anchiserie.

* **ANCHALCHUM**, pro *Aurichalchum*, ut ipsi Muratorio videtur, ad Chartam ann. 1281. tom. 2. Antiq. Ital. med. ævi col. 900 : *Item de soma ferri non laborati, plumbi, stagni, rami, terræ Ymiæ, de qua fit Anchalchum, etc.*

¶ **ANCHEROPSITA**. Vide *Antheropsita*.

* **ANCHERIA**, a Gallico *Enchere*, Auctio, licitatio; unde *Ancheriare*, Licitari, et *Ancheriator*, Licitator. Ordinat. super reditibus Dalph. in Reg. Cam. Comput. Paris. sign. *Vienne* fol. 48. r° : *Candela longitudinis dimidii pedis et plus accendetur, et ipsa ardente quilibet offerens ad Ancheriam ad-*

mittetur, et erit Ancheria superposita de duobus solidis pro libra. Fol. 48. v° : *Tradetur firma prædicta Ancheriatori seu firmario præcedenti immediate.... Item quod aliqui nobiles et gentes ecclesiasticæ talis status existentes, quod eorum timore aliqui firmarii Ancheriare in et super firmis dubitarent, dictas firmas.... non capient.* Vide alia notione supra in *Anceria* 1.

* **ANCHILE**, Scutum breve et rotundum, pro *Ancile*. Vide in hac voce. Lit. remiss. ann. 1354. in Reg. 82. Chartoph. reg. ch. 282 : *Armis munitus illico ense suo evaginato cum Anchili irruens, ex arrupto voluit percutere de dicto ense.*

¶ **ANCHOISA**, ex Gallico *Anchois*. Pisciculus marinus est quem encrasicholum vel lycostomum appellant. Statuta S. Victoris per Cardinal. Trivul. Abb. 1531 : *Debet dare duas Anchoisas bonas et receptibiles pro uno Religioso, etc.*

ANCHIROMACUS, Navis species, sic dicta, *quod celeritate sui anchoris et instrumentis reliquis navium vehendis sit apta*, ut est apud Isidorum lib. 19. cap. 1. sect. 16. et Ugutionem. Glossæ. Isid. *Ancyromagus, genus navigii.* Gloss. Ælfrici Saxon. : *Anchiromachus*, swiftscip, i. celer navis. Ubi restituendum *Ancyromacus*. [** Arevallus : *Ancyromagus*. Vide infra h. v.]

Angromagus, eidem Ugutioni. Historia Obsidionis Jadrensis lib. 1. cap. 25 : *Quidam paro discurrens per mare, in qua erant fere viri Jadertini circa 30. quandam Angromagum Raguseorum alto pelago detexerunt, etc.*

Anguiromagus, in eadem Hist. Obsid. Jadrens. lib. 1. cap. 36.

Anquiromagus, Papiæ, et Joanni de Janua : *Anquiromagus, genus navigii celer dictus, quod anchoris et aliis instrumentis sit aptus.*

1. **ANCHORA**, Anchorago, Piscis species; *Salmo*, quibusdam. Chronicon Abbatiæ S. Trudonis lib. 13 : *Inter duo, leguminum videlicet et olerum fercula, piscem quotidie dabat; scilicet aut magnos lucios, aut Anchoram, sive salmonem, vel halec recentia.* Mox : *De Anchora tanta portio, quanta palmæ hominis latitudo pollice juxta eam complicato. Portiones vero lucii et salmonis minores erant, quia carior est piscis et spissior.* [In Spicil. Acher. tom. 7. pag. 507. loco, *De Anchora* legitur : *De Anchorao.* Hunc piscem a salmone ideo distinguendum esse puto, quod major de *Anchora* portio, minor vero de *salmone* data dicantur in posteriori contextu.]

Anchorago. Senator lib. 12. Ep. 4 : *Destinet carpam Danubius, a Rheno veniat Anchorago enormis, tonsicula quibuslibet laboribus offeratur.*

* Salmo femina, nostris *Beccard*, olim *Ancreul* et *Ancroeul*. Regist Corb. 13. sign. *Habacuc* ad ann. 1511. fol. 97. v° : *Avec chacun an quattre bons oiseaulx de riviere et la moittye des troittes, salmons et Ancroeux, que ledit Simon le Roulx prendra en ladite eaue.* Ibid. ad ann. 1512. fol. 130. v° : *Salmons, Ancreulx et troittes.*

2. **ANCHORA**, est nota quædam, quæ apponitur in libris. Est autem duplex, superior et inferior. Superior dicitur, cujus ferrum recurvum superne est, apponiturque *ubi aliqua res magna omnino est.* Anchora inferior, cujus recurva pars inferne est, *ubi aliquid vilissime aut inconvenientius denuntiatum est.* Isidor. lib. 1. Orig. cap. 20.

ANCHORAGIA, Anchoragium, Tributum, quod pro facultate figendi in portu anchoram conceditur : quomodo ἀγκυρόβολον, i. μισθὸν ἐκ λιμένων interpretatur Hesychius. *Droit d'ancrage* appellatur apud Guilleterium in Athenis hodiernis pag. 116. Charta Jacobi Regis Majoricarum ann. 1302 : *Pensum, mensuraticum, et Ancoragium.* Charta Guidonis Regis Hierosol. ann. 1190. apud Guesnaium in Annal. Massil. : *Per hæc omnia loca liceat vobis libere intrare et exire, commorari, et negotiari cum magnis navibus, et lignis parvis de riberia et sine ulla directura et tertiaria, vel Anchoragia, et absque omni exactione.* [Litteræ Patentes Joannæ Reginæ Siciliæ ann. 1326. ex Archivo S. Victoris Massil. : *Non patiamini a gabelliotis quibuscumque pro galeis regiis aliquid exigi pro Ancoragio.*] Recensentur præterea *Anchoragia* et *Ankeragia*, inter tributa alia, in Monastico Anglic. tom. 1. pag. 718. 976. Vide *Anchoraticum.*

Anchoragius Portus, Italis et Siculis *Ancoragio del porto*, sic dictus Officialis in Siciliæ aliquot oppidis maritimis, penes quem jus erat facultatem concedere appellentibus, in portu anchoras figendi. Vide Philadelphum *Mugnos* lib. 1. Theatri Geneal. Sicil. pag. 50. 51.

* Anchoragio, ut *Anchoragia*. Charta Conradi II. reg. Sicil. pro Pisanis ann. 1269. apud Lam. in Delic. Erudit. inter not. ad Chron. imper. Leon. Urbevet. pag. 273 : *Omnes naves et ligna Pisanorum,.... quæ applicuerint ad aliquam partem seu terram regni nostri, solvere debeant pro dirictu Anchoragionis, videlicet etc.* [** Vide *Bianchini, Storia delle Finanze di Napoli*, vol. 1. pag. 108.]

1. **ANCHORARE**, Anchoriare, *Anchoras figere, ligare, firmare*, Joanni de Janua ; Galli *ancrer* dicunt. Henric. de Knygthon : *Et Anchoriaverunt in mari alto plus quam uno miliare a terra.* Idem : *Et in crastino Anchoraverunt cum tota classe.* [Chron. Cornelii *Zantfliet*, ad ann. 1249. apud Marten. tom. 5. Ampliss. Collect. col. 89 : *Prosperis velis venerunt juxta portum Damiatæ, quæ olim dicta est Memphis, et naves suas Anchoraverunt.*] Vide *Anchorisare.*

2. **ANCHORARE**, Sistere. Scriptor vitæ MSS. S. Gaugerici Episcopi Camerac. in Epist. ad Gerardum Episc. : *Has itaque sirtes ambiguitatis ductum tuis nutibus consilium Anchorabo.*

ANCHORARII Lapides, apud Cæsarium lib. 8. cap. 63 : *Lapides Anchorarii valde ponderosi sunt, emant ergo tales lapides ad futuram fabricam SS. Apostolorum.... non multo post cum extenderetur Ecclesia... in fundamento positi sunt.* Ex quibus percipimus *Anchorarios* dictos ejusmodi lapides, quod, sicut anchoræ in profundum mare missæ navem continent, ita in imum fundamentorum dejecti universum sustentent ædificium. Nam anchora proprie navium fundamentum est. Virgilius :

. . . . Anchora fundabat naves.

Ita non semel *Anchora* pro fundamento, apud Plinium, Apuleium, et Solinum. Hesychius : ἄγκυραι μεταφορικῶς αἱ ἀσφάλειαι.

¶ **ANCHORATÆ** Catenæ, quorum extrema pars instar anchorarum terminata est, ut ædificii coutignationem fixam teneat et immobilem. Locum vide in *Paliosum.*

* **ANCHORATICUM**, Tributum, quod pro facultate figendi in portu anchoram exsolvitur. Charta Henrici VI. imper ann. 1195. in Access. ad Hist. Cassin. part. 1. pag. 280. col. 2 : *Ut non exigatur ab his, qui missi fuerint pro vestimentis et calceamentis monachorum, et aliis rebus necessariis monasterio passagium,.... Anchoraticum de mercibus, quas emerint vel vendiderint ad opus monasterii.* Vide *Anchoragia.*

* **ANCHORISARE**, ut *Anchorare*, Anchoram figere. Paschasius Ratbert. lib. 2. de Fide, spe et caritate cap. 1 : *Sic itaque spes nostra non in solo æquoris, sed in Christo, qui est petra firmissima, Anchorisatur. Ancrer*, apud Villehard. cap. 66 : *Cil des nés et des galies et des vissiers pristrent port, et Aancrerent lor vaissils.*

¶ **ANCHRÆ**, *Convalles, vel arborum intervalla.* Gloss. Bituric. MSS. Vide *Ancra* et *Angra.*

* **ANCHUSA**, *Planta quam Avicenna vocat lactucam asiï et abugilise.* Glossar. medic. Sim. Januens. ex Cod. reg. 6959. vulgo *Orcanette*, Buglossum radice rubra.

¶ **ANCIA**, f. ab *Ansa*, Gall. *Anse.* Sic dicuntur Annuli seu uncini ferrei, quibus pontem suum e naviculis factum illigant Arelatenses. Conventio inter Arelatenses et dominum Barralum ann. 1245. e MS. cod. Musæi D. *Brunet*, fol. 79 : *Retento quod in solo Trencatalhiarum et muris possint esse Ancas ad pontem ligandum et ad funes pontis ligandos.* Vide *Ancca* et *Antia.*

¶ 1. **ANCIANI**, ut infra *Antiani*, Primores quarumdam urbium, præsertim Italiæ Patricii, Nobiles. Occurrit hac notione in Actis SS. Martii tom. 3. pag. 361. April. tom. 2. pag. 230. et 231. Maii tom. 7. pag. 830. Junii tom. 5. pag. 488. apud Miræum tom. 1. Diplom. Belg. pag. 232. edit. 1723. Rymerum tom. 6. pag. 680. etc. [** Confer Haltausii Gloss. German. in voce *Hansen* col. 823.]

¶ 2. **ANCIANI**. Sic Seniores suos, suæque sectæ Magistros et, ut ita dicam, Presbyteros appellabant Albigenses hæretici. Limbroch. Hist. Inquisit. inter Acta et sentent. inquisit Tholos. pag. 37 : *Quam sectam asserüit se tenere, prout Petrus Auterii hereticus tenebat, quem coram nobis et multis aliis suum esse Ancianum in secta heresis recognovit.* Et pag. 68 : *Tunc fuit ordinatum quod.... iret in Lombardiam ad Bernardum Audoyni hereticum Ancianum, ut reconciliaret dictum Amelinum, qui peccaverat in secta.*

* **ANCIANUS**, Antiquus, vetus, Gall. *Ancien.* Charta ann. 1251. ex schedis Pr. *de Mazaugues* : *Et a Alpibus usque ad Ancianum Rhodanum.* Id est, ad veterem Rhodani alveum. At me fugit vox *Anciens*, quæ inter militum armaturas recensetur in Ordinat. super Torneamentis a Cangio edita in Dissert. 7. ad Joinvillam : *Item uns Anciens, et unes espaulieres.* An idem quod supra *Anchile* ?

* **ANCIDA**, Homicidium seu homicidii jurisdictio et cognitio, ab Ital. *Ancidere*, occidere, interficere. Lit. Caroli IV. imperat. ann. 1354. tom. 1. Cod. Ital. diplom.

col. 1595 : *Omnia alia jura, jurisdictiones omnes, titulos, fasces, dignitates, fodia, regalia, vectigalia, pedagia, thelonea, Ancidas, etc.*

¶ **ANCILA**, *Virga aurea*. Papias in MS. Bituric. [** Cod. Reg. 7644 : *Ancil.* Ita etiam in Gloss. Jæckii.]

¶ **ANCILE**, *Scutum quadrum*, in Glossario Aniciensi MS. annorum circiter 700. *Ancile* vel *Ansile*, *scuti bucula intus*, *quæ ab intus tenetur*, in Gloss. Isid. At lib. 18. Orig. cap. 12. *Ancile* vocat *scutum breve et rotundum*, illudque dictum ait ab *Ancisione*, quod sit ab omni parte veluti ancisum et rotundum; ac tandem illud refert ex Ovidio Fast, 3. 376 :

Idque Ancile vocat, quod ab omni parte recisum,
Quaque notes oculis, angulus omnis abest.

Vocem Latinis notam hinc amandassem, si Glossatorum nostrorum una fuisset interpretatio. Non memorabo fabulam de ancilibus e cœlo lapsis : hanc, si cupis, videre potes apud Dionysium Halicarn. Ovidium, etc.

* **ANCILIS**. Glossæ Cæsarii Heisterbac. in Regist. Prum. tom. 1. Hist. Trevir. Joan. Nic. ab *Hontheim* pag. 666. col. 1 : *Claudit perticas iv. duratuuas v.... ducit Anciles c.* Rectius infra : *Axiles*. Est autem *Axilis*, asser.

¶ 1. **ANCILLA**, *ab Ancillos, Græce, sustentaculum. Ancon enim Græce, Latine cubitus.* Papias MS. Bituric.

2. **ANCILLA**, Mulier serva, apud Plautum et alios non semel. Aimoinus lib. 3. de Miracul. S. Benedicti cap. 20 : *Siquidem eam sanaverit, habeat ipsam Ancillam in sempiternum.* Vetus Charta apud Joan. Roberti in Vita S. Huberti pag. 292 : *Me cum mea tota sobole tradidi per liberam manum beatæ Gertrudi in Ancillam... tradidi autem me sub hac lege indissolubili, ut tam ipsa, quam tota progenies mea et posteritas, 16. Kal. April. singulis annis pro capitali censu ad capitale Virginis altare unum denariam persolvamus, pro mortua manu tantumdem. Ancele*, in Charta vernacula ann. 1221. apud Duchesnium in Prob. Hist. Guinensis pag. 240. [In Cod. MS. Irminonis Abbatis San-German. fol. 61. col. 2 (** ap. Guerard. pag. 121) : *Iste sunt Ancille : Frotlina, Alda, Ansegundis, Framberta. Iste pascunt pastas et faciunt drappos, si lanificium eis datur.*]

Ancilla Regia aut Ecclesiastica, in Lege Ripuar. tit. 58. § 9. 14. quæ ad Regem, aut ad Ecclesiam pertinet. Adde Leg. Wisig. lib. 3. tit. 2. § 3. et Legem Salic. tit. 27.

Ancilla Palatii, in Legib. Luithprandi Regis Longob. tit. 19. § 1. tit. 21. § 3. et in Lege Longob. lib. 2. tit. 9. § 3. [** Liutbpr. 24. (4, 6), ubi respicit edictum Rothar. cap. 222, qui *in curtem regiam ducere et inter pensiles ancillas constituere* jussit.] eadem quæ

Ancilla Geneciaria, vel *de genecio*, id est, Ἐκ γυναικείου, et muliebri famulatu, in Lege Alam. tit. 80. Vide *Gynæceum*.

Ancilia Vestiaria, in Lege Alaman. tit. 80. § 1. ea forte quæ libera est, sed stipendio famulatum impendit, præestque rei vestiariæ, vel vestibus conficiendis.

Ancilla Gentilis, opponitur *Ancillæ Dei*, in Legibus Luithprandi Regis Longob. tit. 69. § 3, [** Liuthpr. 94. (6, 41)] in Lege vero Longobardorum lib. 1. tit. 31. § 2. [** Roth. 194.] *Ancillæ Romanæ.* Unde conficitur, *gentilem* ancillam eam esse, quæ origine barbara est. [** Huic opinioni favet editor Italus ad locum Rotharis supra laudatum; mihi videtur *ancilla gentilis*, cujus dominus est *gentilis* i. e. *e gente Longobardorum;* quod patet ex Liuthpr. cap. 94. : *Si aliquis eam* (quæ vestem religiosam induit) *adulteravit.... componat domino ejus sol. 40, quia anterius edictum* (Roth. 194) *de gentili ancilla adulterata 20. sol. continet, ut componatur. De dei quidem ancilla justum est ut compositio duplicetur.*]

Ancillæ Pensiles, quæ ad pensum et fusum famulantur. Lex Longobard. lib. 2. tit. 9. § 2 [** Rothar. 222. Vide *Ancilla palatii.*] : *Si servus liberam mulierem aut puellam ausus fuerit sibi conjugio sociare... tunc liceat Gastaldio Regis aut Actori, aut Sculdasio, ipsam in curtem Regis ducere, et intra Pensiles Ancillas constituere.* Vide *Gynæceum.*

Ancillæ Dei, Monachæ, Devotæ: uti Monachi, *Servi Dei* appellati. Concilium romanum ann. 721 : *Si quis Monacham, quam Dei Ancillam appellamus, in conjugium duxerit, anathema sit.* Zacharias PP. Epist. ad Pipinum cap. 5 : *De Monachis, id est, Ancillis Dei, etc.* Gregor. M. lib. 6. Epist. 23 : *Ancillas Dei, quas vos Græca lingua Monastrias dicitis.* Vide lib. 3. Epist. 9. Possidium in Vita M. Augustini cap 26. Concilium Liptinense can. 7. Suession. ann. 744. can. 3. Gennadium de Script. Eccl. in Eutropio, etc. Vetus Epitaphium in Monasterio S. Victoris. Massil descriptum a R. P. D. Joanne Mabillonio tom. 4. Vit. MS. Ordin. S. Benedicti pag. 539 : *Per hic requiesset in passe Eusebia religiosa magna Ancela Domini, etc.* [** Vide quæ Schmidtius notavit ad Petri Alphonsi Disciplinam Clericalem, pag. 137.]

Ancillæ Dei, *Monasteriales*, in Synodo a S. Bonifacio congregata can. 15.

* **ANCILLA** Ancillarum Dei, Titulus, quem, cæteris omissis, Aldegardis sibi asserit, in Chartul. Celsinian. ch. 82 : *Notum sit omnibus sanctæ Dei ecclesiæ curam administrantibus,.... necnon et terræ cunctis inclitis, quia ego Aldegardis Ancilla ancillarum Dei humillima, etc.*

¶ Ancillæ, Monetæ loco habitæ sunt et computatæ, apud Hibernenses præsertim : quibus in mulctis 4. *Ancillæ* v. g. idem est ac 4. ancillarum pretium. Fragmentum Canonum Synodorum Hibernensium apud Marten. tom. 4. Anecd. col. 6. B : *Sanguis Episcopi vel excelsi Principis vel scribæ, quæ ad terram effunditur, si collirio indiguerit, eum qui effuderit sapientes crucifigi judicant, vel vij. Ancillas reddat... Et pro ejus livoris vel vulneris admiratione in conventu, vel in qualibet multitudine usque ad tertium annum, aut eo amplius, si non indulgeat, pretium Ancillæ is qui commisit reddat. Si vero sanguis Episcopi ad terram non perveniat, nec collyrio indigeat, manus percutientis abscindatur, aut dimidium viij. Ancillarum reddat, si de industria : si autem non de industria, pretium Ancillæ tribuat. Qui vero Episcopum sine effusione sanguinis percusserit, vel commotaverit, dimidium vij. Ancillarum pretium reddat.... Sanguis Presbyteri qui ad terram effunditur donec collyrium suffert, manus interfectoris abscindatur, vel dimidium vij. Ancillarum reddat, si de industria; si autem non de industria, Ancillæ pretio sanetur. Si ad terram non perveniat, percussor Ancillam reddat; si in specie ejus, tertiam partem de argento retribuat. Percussio ejus Ancillæ pretio restituatur, motatio ejus, ut prædiximus, sanetur. Patricius dicit : Omnis qui ausus fuerit ea quæ sunt Regis, vel Episcopi, aut Scribæ furari, aut rapere, aut aliquid in eos committere, parvipendens despicere, vij. Ancillarum pretium reddat, aut vij. annis pæniteat cum Episcopo vel scriba.* Et col. 13. D : *Si quis in rixa manum vel oculum pedemque hominis maculaverit, Ancillam sive servum redditurum cognoscat.*

¶ **ANCILLARE**, Subjicere, vectigalem facere, Gall. *Soumettre, Rendre tributaire, réduire en servitude.* Chron. Andrense in Spicilegio Acher. tom. 6. pag. 606 : *Eodem anno* (1213.) *Rex Anglorum Joannes.... ipsum regnum cum regno Hiberniæ Domino Papæ tributarium fecit.... unde multorum nobilium offensam incurrit, maxime quod suo tempore Ancillavit regnum quod invenit liberum.* Occurrit eadem notione apud S. Bernardum Epist. 222. Edit. 1690. Baluzium. tom. 6. Miscell. pag. 324. Raimundum Duellium lib. 2. Miscell. pag. 5. Ludewig. Reliq. MSS. tom. 3. pag. 58. etc.

* **ANCILLARI**, Acquirere, comparare. Will. Malmesbur. lib. 2. tom. 10. Collect. Histor. Franc. pag. 244 : *Unus erat codex totius artis conscius, quem nullo modo elicere poterat. Ardebat contra Gerbertus librum quoquo modo Ancillari.* Mendose, pro *Anullari*, legitur in Charta Thomæ abb. S. Germ. Prat. ann. 1255. ex Tabul. ejusd. monast : *Quæ præfata assignatio dictarum decem librarum in primitiva dote monasterii fuerat ordinata; ne processu temporis malignorum astutia posset dicta assignatio conventui subtrahi aut penitus Ancillari.*

ANCILLATIO, Ancillarum servitus, in Charta laudata in v. *Bafeth.*

* **ANCILLATIUM**, Servitus; quod de injusta laicorum in ecclesias dominatione dicitur, in Charta Manassis episc. Aurel. ann. 1154. tom. 8. Gall. Christ. inter. Instr. col. 513 : *Ex præcepto autem generali dom. Papæ Eugenii, ut ecclesiæ, quæ diu in episcopatu meo in Ancillatio extiterant, a manu laicali retraherentur, Hugonem de Montebarren excommunicavi, qui ecclesiam S. Martialis de Montraco jure hereditario tenebat, et sacerdotes annuos ibi ponebat.*

ANCILLATRUM, pro *Ancillatione.* Arnobius lib. 7 : *Tunc deinde salutet adclinis, Ancillatrum servulipavibundis trepidationibus imitatus.* Sic locum restituunt viri docti ex Cod. Regio. [** Vide Forcell. Lexic. in *Ancillatus.*]

¶ **ANCILLATURA**, Servitium, apud Mabillonium in Onomastico ad calcem Actorum SS. Benedict. sæc. 4. part. 1.

ANCILLATUS, Ancillarum servitus. Charta Joannis Abbatis S. Bertini in Tabulario ejusdem Monasterii : *Manasses Comes Gisnensis calumniatus fuit de servili conditione et Ancillatu Riquaram, Hadwidem et Judittam, filias ejusdem Riquaræ, etc.*

ANCINGA, Ancinia. Vide *Andecinga.*

ANCINUS, pro *Uncinus*, seu *uncus*, occurritnon semel in Miracul. Simonis Tudertini n. 26.

* Stat. Mantuæ lib. 1. cap. 55. ex Cod. reg. 4620 : *Ad dictum incendium destruendum et extinguendum cum instrumentis aptis ad illud et armis, videlicet scuto,.... securi, Ancino ferreo.... vadant.*

ANCIPERE, dicitur, qui *Anceps* est, Gloss. Lat. Gr. *Ancipit*, ἀμφιβάλλει. *Ancipites*, ἀμφίβολοι. *Ancipiti*, ἀμφιβληθέντες.

¶ **ANCIPITER**, pro *Accipiter*, in Statutis Ordinis Cluniac. anni 1301. in Codice MS. B. Mariæ Deauratæ Tolos. : *Nullus Abbas, nullusque Prior aut Monachus Ancipitres, falcones aut alias aves, ad gibicendum habeat aut teneat, nec canes ad venandum.* Leges Ludovici Imper. apud Murator. tom. 1. part. 2. pag. 129 : *In compositione Guidrigild volumus, ut ea dentur quæ in lege continentur, excepto Ancipitre et spata.* Regimina Paduæ ad ann. 1311. apud. eumdem Murator. tom. 8. col. 428 : *Similes fuerunt columbis, cum acceperunt Ancipitrem pulsurum earum bella.*

* Glossar. Lat. Gall. ex Cod. reg. 521 : *Ancipiter, Gall. Ostour.* Charta ann. 1280. ex Tabul. Albiensi : *Item.... debetis donare annis singulis in vigilia Assumptionis B. M. unum pulchrum Ancipitrem censualem, prius et bene sanum, in pugno ad portandum congruentem, cum cirotheca nova.*

ANCIRIANA Læna. Epistola Bonifacii PP. ad Edwinum Regem Angl. apud Bedam lib. 2. Hist. Angl. cap. 10 : *Id est, camisiam cum ornatura in auro una, et Læna Anciriana una,* (direximus) *quod petimus, ut eo benignitatis animo gloria vestra suscipiat, quo a nobis noscitur destinatum.* Ita præfert eadem Epistola apud Bromptonum, pag. 781.

* Ubi forte legendum est, *Aminiana lana.* Vide supra *Aminea laina.*

¶ **ANCIROMACUS.** Vide *Anchiromacus.*

** **ANCIROTTUM**, *Anchora fortiter tenens.* Gloss. Jæckii.

* **ANCIS**, Ansa, Gall. *Anse.* Instr. ann. 1438. inter Probat. tom. 3. Hist. Nem. pag. 259. col. 1 : *Item xiij. scudellas cum Ancibus brunitas.*

¶ **ANCITA**, ἐνδότατα, *Intima*, in Supplemento Antiquarii.

ANCLABEO. Vide *Andecabeo.*

¶ **ANCLADA**, Ager esse videtur, seu agri portio. Chartularium Ecclesiæ Auxitanæ MS. cap. 86 : *Apud Idrag vero dedi Ancladam quamdam quæ attingit a cruce usque ad baisam. Dedi etiam quemdam campum, qui est juxta furnum et juxta baisam.* Vide *Andecinga.*

¶ **ANCLATOR**, ὑπηρέτης, Minister, in Gloss. veter.

* **ANCLARE**, *Clepere, rapere, manticulare, furari, subripere, Emblar, Prov.* Glossar. Provinc. Lat. ex Cod. reg. 7657. Unde Vocabul. compend. *Anclatio, Larrecin. Anclator, Anclatrix, Anclabiliter, Fur, latro, furtim.* Vide *Anclidia.*

ANCLENA, *Instrumentum ferreum forte*, in Glossis Isidori.

* Incus esse videtur, Gall. *Enclume.* Hisp. *Ancla*, anchora.

ANCLIDIA, *Rota hauritoria, vel sentina, et dicitur ab anclo, as*, inquit Joannes de Janua, cui *Anclare*, est *furari*, vel *haurire.* Ugutio MS. habet *Anclia.* [quod idem est cum *Antlia*, voce Græca simul et Latina. Ad verbum *Anclo* quod attinet, Festo *haurire* est, et a Græco ἀντλῶ descendit. Hunc locum citat ex Livio : *Florem Anclabant liberi ex carchesiis.*]

* Vide supra *Anclare.*

ANCLIONES, *Incantatores vel noncii*, Ugutioni MS. ubi forte legendum *Cocliones.* Vide *Cauculatores.*

* **ANCLUA**, Eperlanus, Gall. *Eperlan*, Ital. *Anclude.* Stat. Montis-regal. pag. 318 : *Item pro qualibet barile sardenarum vel Ancluarum solvat octo denarios.*

¶ **ANCOLA**, f. pro *Anchora.* Informationes Civitatis Massil. de passagio transmarino in MS. Sangerman. : *Item vult habere ipsa navis decem et octo Ancolas ferri, ponderis uniuscujusque septem quinque Massilien.*

* **ANCONA**, Imago, a Græco εἰκών, idem quod *Icona.* Vide in hac voce. Testam. Joan. Franc. de Gonzaga Mantuæ march. ann. 1444. tom. 3. Cod. Ital. diplom. col. 1780 : *Item volo et jubeo quod... de bonis meis fabricetur una capella.... quæ capella fulciatur apparamentis, missali, Ancona et aliis necessariis.* Infra : *Unum missale, una Ancona, et unus calix.* Haud dubie imago Crucifixi, quod necessarium est capellæ ornamentum. *Ancone*, eadem notione, apud Villebarduin. cap. 119 : *Une Ancone, que l'empereor Morchuflex faisoit porter devant lui,.... en cele Ancone ere nostre Dame formee. Anssite,* eodem sensu, in Testam. ann. 1401. tom. 2. Probat. Hist. Brit. col. 720 : *Laissons... nos patenotres noires, queulx sont bien usé avec notre glandure d'or, ouquel il y a une Anssite de Nôtre Dame.*

¶ **ANCONES**, Anconiscus. Vide *Incastratura.*

¶ **ANCORAGIUM.** Vide *Anchoragium.*

ANCRA, *Ancrea*, Vallis. Gloss. Lat. Græc. *Ancræ*, ἄγκεα, αὐλῶνες. Gloss. Gr. Lat. αὐλών, ἀενὸς ἐπιμήκης τόπος, *Ancrea.* Ita MS. Codex duobus locis, ubi editus perperam habet *Averca.*

ANCRIMA. Ugutio : *Ancrima est funis navis, qui ad malum antenna religatur. Unde Anianus :*

Atque Ancrima regat stabilem fortissima cursum.

* **ANCTUS**, Cruciatus, a verbo *Angere*, in Epist. Guid. Aret. tom. 10. Collect. Histor. Franc. pag. 502 : *Per anfractus multos dejectus et Anctus.*

ANCUBA, *Succuba*, in Glossis Isid. Joan. de Janua ex Papia : *Ancuba, succuba, subintroducta, ab am, quod est, circum, et cubo, as.*

ANCULUS, *Ministerialis domus Regiæ*, in Glossis Isidori. Salmasius in Hist. Aug. pag. 225. ex Gr. ἄγγελος deducit. [Haud immerito Gothofredus ad Cod. Theod. lib. 6. tit. 32. observat perperam ab Isidoro adjectas voces *domus regiæ*, *Anculus* enim, inquit, veteri vocabulo in genere minister est seu ὑπηρέτης. Unde et *Ancilla* et *Ancillari. Anculus* vero diminutivum *Ancus* esse videtur, quemadmodum *Ancula* ab *Anca*, quæ utraque vox ab Armorico *Anc*, angustus, minor, inferior, haud improbabiliter deducta est.] Vide *Cauculus* in *Caucus.* [** Germanis, præsertim inferioribus, vox *Enke* denotat servum juniorem et inferiorem, qui agit equos arantes, quæ vox pervetusta, et ut videtur Celtica; radix est diminutivorum *Enkel*, *Anculi* et *Ancilla.* Adel.]

¶ 1. **ANCUS**, Nota musicalis. Oratio cujusdam librarii apud Bernardum *Pez*, tom. 1. Anecd. in Præfat. pag. xv :

Scandicus et salicus, climacus, toirulus, Ancus,
Et pressus, minor et major; non pluribus utor
Neumarum signis : erras qui plura refingis.

Ancus dicitur hoc signum, forte quod in *unci* speciem fuerit efformatum.

¶ 2. **ANCUS**, apud Festum, *Qui aduncum brachium habet, ut exporrigi non possit.* Hujus vocis origo ἀγκών, Cubitus. Gloss. Philoxeni : *Ancus, Mancus*, κυλλός, λορδός. Sic et in Supplemento Antiquarii : *Ancus*, κυλλός, λορδός, *Mancus, mutilus.*

¶ **ANCYBA** Pyrasilum. Anonymus in Vita B. Petri Urseoli Ducis Venetiæ inter Acta SS. Benedict. sæc. 5. pag. 881 : *Postquam autem habitatio ibi facta est servorum Dei, vocatum est loci illius Anciba Pyrasilum quod interpretatur, Arma cœlestis ignis, quia Spiritus Sancti ardore incensi illic commorantes, vincunt spurcida ac illecebrosa vitiorum incentiva.* Ibidem pag. 883 : *Ibique per triduum dans membra fessa quieti, demum adgreditur optatum diutius prædicti Cœnobii Ancybæ Pyrasili locum honore Beati Michaelis archangeli dicatum.* Rursus pag. 888 : *Veniensque ad locum semper dilectum, ad Ancyba Pyrasilum, revelatum sibi est, aliisque fratribus etc.*

¶ **ANCYROMAGUS**, Genus navigii. Gloss. Isidori. Græviusscribit, *Ancyromacus:* quod a Græco μάχομαι, Pugno, Martinius ducit in Lexico Philolog. Vide *Anchiromacus.*

¶ **ANDAMENTUM.** Vide in *Andare.*

ANDAMIUS, Ambulacrum, Hispanis *Andamio.* Charta Beremundi II. Regis, æræ 1035. apud *Yepez* in Chron. Ord. S. Benedicti tom. 5. pag. 438 : *A meridie partibus, suo porto integro, et suas piscarias, et suos rennales, et suos Andamios, et saltus et olibeta, etc.*

¶ **ANDANICUM**, et Audanicum, Occurrit frequenter apud M. Paulum Venetum, semperque jungitur cum chalybe : *Effodiunt chalybem et Andanicum;* forte, ferrum. Papiæ : *Andena*, est *instrumentum ferreum foci.* Gall. *Landier.*

* M. Paulus laudatus lib. 1. cap. 21. et 47 : *Sunt mineræ chalybis et Andanici.*

¶ **ANDANLANGUS.** Vide *Andelangus.*

ANDARE, Vox Italica et Hispanica, Ire, proficisci, ambulare, pergere. Charta Adelfonsi Imp. æræ 1160. apud Oyenartum in Notit Vascon. : *Similiter dono vobis lignare, et taylliare, et pascuere in illos montes... in circuitu de Sangossa, quantum potueritis in uno die Andare et tornare.* Albertus Stadensis ann. 1179 : *Data sententia,* (a summo Pontifice) *volenti loqui deposito non est data audientia, sed hostiarii clamabant : Levate, Andate.* Ubi perperam Editum *audate.* Vide Gloss. Ital. V. Cl. Ægidii Menagii, qui multa de origine hujus vocis habet. [** *Andare* vox Francica est, ab obsoleto *Anden, ire. Undota, ibat.* Gloss. Pez. Hinc habemus frequentativa *Wandeln* et *Wandern.* Adel.]

Andamentum, Tributum pro transitu. Charta Raimundi Trencavelli filii B. Trencavelli Vicecomitis Biterrensis, ann. 1211. in Regesto 30. Chartophylacii Regis litt. 2 : *In castellis et villis, in forciis et bastidis,... in terris et vineis... in leudis et pedagiis, in* argentifodinis et ferrifodinis, in foriscapiis et fundamentis, in heremis locis et condrictis, etc.

* **ANDASIUM**, Fulmentum focarium, Gall. *Chenet*, idem quod *Andena* 1. Vide in hac voce. Arest. ann. 1345. 6. Aug. in vol. 2. arest. parlam. Paris. : *Fourrarii etiam tabulas, scamna, tretellos, Andasia et closturas, et pannos sergiæ* (habere consueverunt.) *Andanse*, vel *Andause*, falcula est, Gall. *Serpe*, in Lit. remiss. ann. 1457. ex Reg. 187. Chartoph. reg. ch. 297 : *Une Andanse, ditte ou pays de Pierregort taillebusson.* Vide infra *Anderius.*

ANDATA, Italis *Andata*, Hispanis *Andadura*, Iter. Charta ann. 1320 : *Et franciam eundi, veniendi, et standi seu mittendi in aliquibus exercitibus, itineribus, cavalcatis, succursibus, vel Andatis, qui et quæ fient, vel fieri contigerint, etc.*

[☞ Est alius ejusdem vocis sensus; cum scilicet accipitur pro incursione vel expeditione militari, ut in Chron. Parmensi ad ann. 1296. apud Murat. tom. 9. col. 836 : *Bononienses redeundo de quadam Andata, quam fecerant in districtu Mutinæ contra Marchionem, præliati fuerunt castrum Savignani districtus Mutinæ et ipsum per fortiam habuerunt.*]

Anditus vel Andita, Italis *Andito*, Via, aditus, platea. Charta Alphani Archiep. Salernitani apud Ughellum : *De plateis, et Anditis et viis suis.* Adde tom. 8. pag. 78. 659. Charta Roberti Siciliæ Regis ann. 1321. apud Waddingum tom. 3. in Regesto pag. 126 : *Domus seu apothecæ... sitæ in civitate Neapolis in platea portus, intus Anditus, seu transendam communem.* Infra : *Intus transendam et Anditum communem.* Perperam ibi scribitur *Auditus.* [Præceptum Panulphi IV. Principis Capuæ apud Muratorium tom. 2. pag. 309 : *Cum montibus et collibus, territoriis cultis et incultis, biis* (viis) *et Anditis et semitis, etc.*

* Stat. Montis-regal. pag. 6 : *Item statutum est quod dom. vicarius, in virtute per eum præstiti sacramenti, non possit vel debeat; etiamsi ad hoc esset electus, ire extra districtum civitatis Montis-regalis in aliqua Andata vel ambasciata etc.* Stat. Vercel. lib. 1. pag. 2. v° : *Quæ emenda fiat, facta prius legitima probatione, dicti equi mortui vel mangagnati in dicto exercitu vel Andata.*

ANDECABEO, Anclabeo. Gloss. Isidori : *Anclabeo, vel Auriclabeo, i. Lex Longobardorum.* Ugutio MS. *Andecabeo et Auricabeo, i. Lex deorum, hæc Longobard.* [** Gloss. Longob. cod. Vatic. 5001 : *Andecavert, lex Langobardorum.* Gloss. cod. Cavensis : *Andegavere et arigavert, i. e. cui donavit, vel aliquid stabile dedit, secundum legem Longobardorum.*] Quærunt viri docti, quid sibi velint hæ voces : Vulcanius et Lindenbrogius censent ita appellari propria nomenclatura Legem Longobardorum, ut *Bellagines*, apud Jornandem, dicuntur Leges Gothorum. At Laurentius Pignorius et Vossius longe aliter sentiunt : quippe hæc vocabula, *i. Lex Longobardorum* apposita ab Isidoro volunt, ut indicaret voces, *Andecabeo* et *Auricabeo*, reperiri in Lege Longobardorum, proindeque eas esse, quæ lib. 2. tit. 14. § 17. [** Roth. 228.] leguntur, *Andigaverit* et *Arigaverit.* Nam in Edit. Heroldi lib. 1. tit. 91. § 11. p. 186. pro his habentur ista : *Id est, Andegauvero, et Andegauverit* : proinde *Andecabeo*, pro *Andegauvero*, et *Auriclabeo*, pro *Arigavero*, perperam scribi apud Isidorum et Ugutionem. Sed apud eumdem Ugutionem, quid hæc vocabula sonent, *i. Lex deorum, hæc Longob.* non promptum est assequi. Nam per *Legem deorum* nescio an Legem *Deirorum*, seu Northambrorum, intellexit, ita ut *Andecabeo* hanc appellari putaverit, *Auriclabeo* vero Legem Longobardorum : vel certe priorem vocem in Lege Deirorum, alteram in Lege Longobardorum haberi, innuere voluerit, quod minus videtur probabile, cum utraque in Lege Longobardica occurrat. In Codice Ugutionis Navarræi Collegii tantum hæc habentur : *Audicabeo et Auricabeo, i. Lex Longobardorum.* De horum porro vocabulorum genuina significatione infra agemus. [Vide *Andigare.*]

* Consule ad hanc vocem Schilterum in Lexic. Teuton. v. *Andigave.*

ANDECINGA, Ancinga, Accingia, etc. Modus agri. Lex Bajuvar. tit. 1. cap. 14 : *Andecingas legitimas, hoc est, perticas decem pedum habentem, 4. in transverso, 40. in longo, arare, seminare, claudere, colligere, trahere et recondere* debent servi et coloni Ecclesiæ.

Ancinga, Eadem notione. Tabularium Eccles. Augustod. : *Mansum ingenuile* 1. *qui solvit mense Martio sol.* 2... *facit corvadam et Ancingiam, facit quinzinas in opere, etc.* Infra : *Seminat de frumento indominicato in Ancingia mod.* 1. *trahit fimum carr.* 5. *in Ancingia si est pull.* 3. *ipso termino.* [Necrolog. antiquum Autissiod. : *Obiit Gislandus Presbyter, qui cum fratre suo.... dederunt.... de vineis arpennes viij. de terris Ancingas sex.*] Charta Chrodegangi Episcopi Metensis ann. 765. apud Meuriss. in Hist. Episcop. Metensium pag. 168 : *Ad terram indominicatam pertinent quatuor mansi cum Ancingis suis.* Alia apud Perardum pag. 161 : *Invenimus ibi manso indominicato, aspiciunt ibi Ancingas* 100.... *est ibi pratus indominicatus, aspiciunt ibi Ancingas* 600.... *et solvent carra* 5. *de fenis, dominico, et facient Ancingas et corvadas, et sovincta, et airbanno solidos* 2. *et denarios* 8. *etc.* Hinc *Pertica Ancingalis*, in Chronico. S. Benigni. pag. 422 : *Dedit Episcopus juxta murum castelli aream, habentem in longo perticas Ancingales novem, et per latum perticas octo.* Idem Chronicon ann. 919 : *Emit pratum unum, habens in longum Perticas Ancingales* 65. *et in latum perticas* 32. quo postremo loco monet Editor, in aliis MSS. legi *Andecingales*, quod idem est.

¶ Ancinia. Precaria Bertfredi Abb. Melundensis apud Mabill. tom. 2. Annal. Benedict. pag. 722 : *Condonavimus ad Monasterium Melundense S. Petri Ancinias scilicet duas de vinea et quatuor arabiles.*

Anzinga. Charta Benedicti seu Bennonis Episcopi Metensis, apud Meurissium pag. 300 : *De terris arabilibus Anzingas septem et jornale unum de vineis, etc.* Infra : *De silva minuta Anzingam unam.* Charta Karlomanni Regis ann. 881. in Tabulario Benigniano apud Perardum pag. 158 : *Quod dederit prædictus Episcopus Baldrico paginam terræ ex rebus S. Aniani cum farinario, continentem in se Azingas duas, et quartam partem unius jornalis, etc. Et in alio loco, in Apsa villa, Anzingam unam et quartam partem alterius, etc.* Alia ann. 907. apud eumdem pag. 55 : *Concessimus... de terra adjacente in longo perticas legitimas Anzingales* 8. *et in transverso* 2.

Accingia. Charta Adami Vicecomitis Meldunensis, in Tabul. S. Victoris Paris. Ch. 10 : *Simon Miles de Grangis dedit... medietatem decimæ ejusdem villæ, et unam Accingiam prati, et unum arpentum terræ.*

Accengia, Encengia. Charta ann. 1263. in M. Pastorali Ecclesiæ Paris. lib. 2. Ch. 119 : *De septem quarteriis terræ, de quibus una Accengia sita est in censiva Petri Pavonis.* In Charta præcedenti ann. 1255 : *Nobis dedit et concessit... videlicet Encengiam unam in censiva Petri Pavonis ... et unum quarterium vineæ, etc.* Tabular. S. Victoris Paris. Ch. 10 : *Scilicet medietatem totius decimæ ejusdem villæ, et unam Accingiam prati, et unum arpentum terræ.*

Ascingia, Aucenga. Tabul. N. D. de Campis : *Duos arpennos pratorum, qui fuerant de feodo Hugonis de Badul, et ejusdem feodi duas terræ Ascingias etc.* Alibi : *Ita quod monachi pro notitia prædictæ terræ unam Aucengam prædictæ terræ laborarent.*

Anceingia. Necrologium Eccl. Parisiensis 3. Non. Decemb. : *Dedit...* 30. *sol. annui census... super unam Anceingiam tam terræ, quam vineæ, etc.* Vetus Scheda Luxoviensis edita in Operibus S. Columbani pag. 335 : *Similiter et decimas.... fiscaliæ, marescaciæ, brolii, Ancingiarum, et decimum... Omnium animalium.* Nicolaus *le Maistre* lib. 3. de Bonis Ecclesiarum cap. 6. ait, *Andecingas* nihil esse aliud, quam certum aratoriæ operæ pensum, quod villani, seu coloni dominis persolvunt, Gallis *Corvée*, nuncupatum. Sed ex allatis perspicue patet, *Andecingam* et *Ancingam* modum ac mensuram agri fuisse certo perticarum numero constantem : tametsi non diffitear, *facere andecingam* vel *acingiam*, in Lege Bajuvariorum, et in Tabulario Augustod. esse *corvatæ* speciem, cujus ratione tenebantur servi ac coloni ad certum agri modum colendum, arandum, ac metendum.

* Si allata in hac voce simul conferantur, facile erit expiscari *Andecingam*, modum quidem esse agri certo perticarum numero constantem, sed sepibus aliove sepimento clausum, Gall. *Enceinte*; unde vocis fortasse origo. Delenda quæ ibi in v. *Accengia* ex Tabul. S. Victoris afferuntur, ut pote superius jam laudata. [** lin. 10. et 21.]

ANDEDUS. Vide *Andena*. 1.

* **ANDEGAMULUS**, vel Andecamulus, Mars victor; ab *Ande*, veteribus Gallis, Victor, et *Camulus*, quo nomine Martem appellabant, uti videtur D. *Le Beuf* ad vet. Inscriptionem, quam profert tom. 2. Collect. var. Script. pag. 272. ubi sic legendum nobis auctor est : *Andegamulo sancto Utisieno S. Ieuru.*

¶ **ANDEGARE**. Vide *Andecabeo.*

¶ **ANDEGAVENSIS** Denarius, Mallia. Vide in *Moneta Baronum.*

¶ **ANDEINS**, Andela. Vide *Andena* 1.

¶ **ANDELANC**, Modus alicujus rei tradendæ idem quod mox *Andelangus*. Acta

SS. Bened. sæc. 4. part. 2. pag. 270. de S. Adone Episc. Viennensi. : *Rodstagnus autem res suas in ea villa exsistentes tradidit Adoni ejusque clero, accipiens ostium et cæspitem et Andelanc, et post aliquantum temporis pergameno dato scripturam exinde facere rogavit Adonem.* Idem

ANDELANGUS, Andelago, Andilago, Andalagus, Anlagus, etc. Voces, quæ crebro occurrunt in veteribus traditionum Chartis, hac ferme semper formula : *Per festucam atque per Andelangum tradere, donare*, præsertim in Formulis Lindenbrogianis 18. 55. 57. 58. 75. 82. 127. 152. 183. Charta ann. 868. apud Malbrancum lib. 6. de Morinis cap. 29 : *Dono igitur, donatumque in perpetuum esse volo leguliter per festucam et Andelaginem rem proprietatis meæ, etc.* Tabularium Persiense apud Perardum in Burgundicis pag. 25 : *Ut sicut per instrumenta Kartarum vobis tradidi, et per quadium et Andalagum, seu per istos breves commemoratum habeo.* Et pag. 27 : *Seu per guadium et Andelagum, vel per ipsos breves vobis tradidi.* Tabularium Casauriense ann. Ludov. II. Imp. 25 : *Constat me Salego, qui fuit Gastaldio de Farcone.... ex natione Francorum, propria mea bona voluntate vendidimus, tradidimus, et secundum meam Saligam legem, per festucam et Andelaginem, et per ramos arborum, tradidi tibi Ludovico Imp. Serenissimo Augusto curtem meam, etc.* [In eod. Tabulario. pag. 6. post *Festucam et Andelaginem* additur, *Et per guasonem et per Anlaggo* : quæ vox *Anlaggo* rursum habetur pag. 125.] Vetus Charta apud Chiffletium, in Luminibus Salicis cap. 6 : *Hanc scriptionem per fistucam, wasonem, et Andilaginem, et sponsionem supra scriptorum ramos de arboribus jure ipsius Monasterii tradedimus perpetualiter habendum et possidendum etc.* Alia Mathildis Comitissæ ann. 1079. apud Franciscum Mariam : *Tradidit per wasonem terræ, et fistucum nodatum, seu ramo arborum, atque per cultellum et wantonem, seu Andilaginem, etc.* Rursum apud eundem : *Tradidi per wasonem terræ, et fistucum nodatu, seu ramo arborum, adque coltellum, et guantone, simulque Andilagine, etc.* Adde Gallandum lib. de Franco alodio pag. 317. 318. [Mabill. tom. 3. Annal. Benedict. pag. 403. n°. 22. meminit Traditionis factæ *per festucam et Andelaginem, per guasonem et Andilagon, per terram et cultellum et ramos arborum et per ostium domorum.* Executio testamenti ann. 842. inter Probat. tom. 1. novæ Hist. Occitan. col. 76 : *Commendavit nobis eleemosinam suam per suum Andanlangum et per paginam testamenti sui.* Tabularium Patriciaci : *Nominatim relinquo, sicut jam per instrumentum chartarum, seu per guadium et Andelagum, vel per ipsos breves vobis tradidi ipsum videlicet Patriciacum locum, etc.*

¶ Vandilago : Eadem notione. Donatio facta S. Sepulcro Hierosol. ann. 993. apud Marten. tom. 1. Collect. Ampliss. col. 347 : *Pargamena manibus meis de terra levavit Petrus Notarius et judex Domini Imperatoris per wasonem testem et festucum nodatum, seu ramum arborum, atque per cultellum et wantonem seu Vandilagine.*]

Incertum hactenus manet quid proprie sit *Andelanga*, vel *Andelago*, in hisce formulis. Nam quod Malbrancus loco citato, *crematram* interpretatur, non video plane, unde id hauserit : *Soliti sunt*, inquit, *antiquitus in symbolum juris proprii tradere in manus possessori triticeam spicam, si quid arabile donaretur, vel Andeluginem, i. e. crematram, si domus vel habitaculum.* Quod vero *crematram* vocat, respexit forte ad *andelam*, seu sustentaculum focarium, quod vulgo *Landier*, dicimus : quod tamen aliud est a crematra. Utcumque sit, hæc annotatio Malbranci admodum incerta est. Spelmannus, ut solet, ad linguam Saxonicam recurrit, aitque a n d l a n g, longitudinem significare : quod et firmat Somnerus in Gloss. Saxonico. Esto, sed nihil hæc notio ad rem facit ; nisi a n d l a n g idem valeat quod *fustis*, seu *baculus* longior : nam *per fustem* investituras olim fieri solitas docemus. Quod si hæc sententia vera est, inde forteau hillis nostris, seu *Andouilles*, inditum nomen, quod longioris baculi speciem referant, existimare, fas erit. Wendelinus *Andelangum* idem sonare ait, quod *traditio in manus*, mancipatio, ex, *in handen langhen*, tradere in manus ; at in formulis hæc vox quidpiam corporale sonat.

* Nihil quoad genuinum hujusce vocis sensum originemve mihi addendum occurrit quamvis Auctorum novi Tractatus diplomatici supremum quasi ex tripode judicium non ignorem, qui ex suis observationibus pronunciant non videri jam posse ullum dubitandi locum superesse, quin *Andelangus*, Charta fuerit in manum illius, qui possessionem adibat, tradita ab ipso donatore. Verum quisquis minus præfidens sibi rem introspexerit, quique noverit vocem *Seu* apud Scriptores hujus ætatis crebro pro conjunctiva *et* usurpari, (alioquin *wanto* idem esset atque *Andilago*, ut videre est in hac voce et a Cangio observatum ad vocem *Aurifex*) perspiciet certe *Andelangum* a Charta prorsus distingui, etiam in locis, qui ipsis Auctoribus fucum fecisse videntur. Quod autem ex Historia Occitana, uti peremptorium argumentum, depromunt, facile evanescit, cum ad Testamentum ex eadem Historia in Glossario laudatum conferatur, ubi *Andanlangum* per Chartam interpretari ex ipso contextu nemo potest. Quid ergo tandem *Andelangus* ? Si quid proponere licet, mihi formula est verbis cum sacramento expressa, qua porrigendo festucam, aut quid simile, quod *Andelangum* quoque interdum vocabant, alienum quis se profitetur ab ea re quam tradit. *Ander* enim est alienus, et *Land*, terra ; quæ formula deinde, servato nomine, ad res alterius naturæ etiam translata est. Sed hæc divinando. [** Rem explicant, verba sunt Schilteri, chartæ antiquæ scabinales productæ a Sandæo de Effestuc. c. 2. 4. ibi *vendidit, obtulit ejusque coram nobis ore,* Manibus *ac festuca, prout moris est ad utilitatem Fabii integralem hæreditariam resignationem fecit.* Et in vernaculo : *Ende heeft N. t' selve goet voor opgedragen, ende nae daer op met handt halm ende mondt verthegen.* Itaque *Andelago* est ex *Hand* et *lagen, legen* vel *langen,* quod hodie vocamus *Handschlag.* Adel. Plura hujus vocis exempla, cujus originem et significationem ignorare profitetur vir summus, sunt in Grimmii Antiq. jur. Germ. pag. 196. et 558. Vide infra *Wandiluc*, et confer Reyscherum de Symbol jur. Germ. pag. 61. not. Graffii Thesaur. Franc. vol. 1. col. 369. Haltausii Gloss. Germ. col. 809.]

¶ **ANDELLUS**. Vide mox in *Andena* 2.

* Lit. admort. ann. 1481. in Reg. 207. Chartoph. reg. ch. 281 : *Item un Andain de pré joignant au pré du curé de S. Espain* (en Touraine.) *Endan*, Provincialibus, eadem notione. *Endaillado, falcata prati*, apud *Pellas* in Diction. Prov. a *Dai*, Falx, et *Daiar*, Falcare.

1. **ANDENA**. Magister Cornutus in Distichis MSS :

Stipes ut Andena sustentet deperit ardens.

Ubi Glossa : *Andena est ferrum, quo appodiantur ligna in foco, ut melius luceant, et melius comburantur, et est idem quod Repofocinium, et dicitur Andena, quasi ante vaporem, id est, calorem, etc.* Papias : *Andena, instrumentum ferreum foci.* Auctor Breviloqui : *Andela, vel Andena, est ferrum supra quod opponuntur ligna in igne, quod alio nomine dicitur hyperpyrgium.* Catholicon Armoricum : *Lander*, Gall. *Landier*, Lat. *Verutentum, item hæc Andena.* Gloss. Saxon Ælfrici : *Andena, vel tripes*, brandisen. Unde Teutonibus, *Brand-itser* ; Anglis, *a Brandiron* ; nostris *Landier*, [olim *Andien*, uti legitur in Instrum. ann. 1405. apud Rymer. tom. 8. pag. 384 : *Unam craticulam, unum fyrapanne, duo paria de Andens, unum fryngpanne ferreum.*] Capitulare de Villis cap. 42. in Supellectili Villarum, recenset *vasa ærea, plumbea, ferrea, lignea, Andedos, Andenas, cramaculos, etc.* Nescio an huc pertineat, quod habent vett. Glossæ : *Landica*, ἐσχαράδιν. Certe ἐσχάρα est *focus*, cui apponuntur *andenæ*.

Anderia, Idem videtur sonare, quod *Andena*, in Charta ann. 1308 : *De calderiis, Anderiis, patellis, aycharis, parrotis, cutellis, falciliis, sarpis, etc.* Ex Gall. *Landier.* Vide *Anderius.*

2. **ANDENA**, Gallis *Andain*, tantum spatii, quantum quis divaricatis cruribus dimetiatur, ab *Andare*, Italico, ire. Liber Prioratus Dunstapl. cap. 5 : *In qualibet pola habet 4. polas, sive 8. Andenas jacentes simul.* Vocem Gallicam expressit Necrologium Ecclesiæ Carnotensis : *Quidquid idem Major habebat in pratis Capituli, quæ sunt apud Mentenon,.... scilicet custodiam et margines, qui vulgo dicuntur Andeins.*

¶ Andellus, Endellus, Endens, Eadem notione, vel ut in schedis ad nos missis exponit D. *Aubret*, tantum spatii, quantum homo uno falcis ictu vel pulsu demetere valet et secare. Charta Thossiacensis in Dumbis recepta per *Bonet* notarium ann. 1448 : *Pratum continens plateam quindecim Endellorum vel Andellorum fœni.* Et in alia Charta ejusdem Archivi subsignata *Rolet* ann. 1404 : *Pratum continens duodecim Endens prati.* Rustici Dumbenses etiam nunc utuntur voce *Endent*, quasi herba dente falcis secaretur.

¶ **ANDER**, Alius, Alienus. Ut Eccardus docte exponit in Leg. Salic. Tit. X. etc.

* **ANDERIUS**, Fulmentum focarium, idem quod *Andena* 1. Gall. *Chenet*, olim *Andier*. Inventar. S. Capellæ Paris. ann.

1376. ex Bibl. reg : *Duo cheneti sive Anderii ferri. Deux chenez de fer*, in Invent. Gallico ibidem. Chartul. archiep. Bitur. fol. 165. v° : *Item duos Anderios de ferro.* Pedagium *de Cappi* in Chartul. 21. Corb. fol. 345. v° : *Une payelle, ung Andier, chcaune piece doit ung denier.*

* **ANDETUS**, Anditus, Via, aditus, platea, quadrivium. Charta ann. 1023. apud Murator. tom. 1. Antiq. Ital. med. ævi col. 187 : *Concedimus in prædictam sanctam sedem omnes plateas, Anditos, ut licentiam habeant pars vestri archiepiscopii in ipsis plateis et Andetis scalas ibidem ponere.* Haud scio unde *Andoilles*, Paries terreus appellatur, in Lit. remiss. ann. 1386. ex Reg. 129. Chartoph. reg. ch. 80 : *Lequel Richart rompy une partie d'une terrasse, appellée Andoilles, d'une chambre basse sur la rue.*

* **ANDICTUS**, Eadem notione, in Stat. Placent. lib. 4. fol. 37. v° : *Judex statutorum vel alius ad hoc deputatus teneatur in mense, eundo per civitatem, videre stratas civitatis et burgorum, et rivos, clavigas et Andictos, et facere aptari.*

ANDIGARE, Andigavum, Andigaver, Arigare, Arigavum, Voces ejusdem originis, Longobardicæ scilicet, sed diversæ notionis. Nam

Andigare dicitur is, qui adhuc sanus de rebus suis disponit, testatur; contra, *Arigare*, et *Arrigare*, qui infirmus et æger. Papias : *Andigaver et Arigaver, id est, in sanitate et infirmitate.* Eadem habet Glossarium vetus, apud Lindenbrogium, præterquam quod *Andivagum*, et *Arigavum* præfert. Idem Gloss. : *Arigare, in infirmitate res suas ordinare.* Ugutio in MS. Collegii Navaræi : *Avolenam mandigavir et Alligavir, i. in sanitate et infirmitate.* Lex Longob. lib. 2. tit. 14. § 17 [** Rothar. 228.] : *Si casu faciente mortuus fuerit, et ante judicaverit res suas proprias, se vivente, id est Andigaverit, et Arigaverit secundum Legem Longobardor. non habeat, cui donaverit.* Editio Basil. habet hoc loco, *id est, Andigavero et Andegauverit.* Et, *Arrigare secundum Legem.* [Leges Rotharis apud Murat. tom. 1. part. 2. pag. 34. habent : *Id est, Andingaverit et Arigaverit.* Et ibidem B : *Et antea judicaverit res suas proprias se vivente, id est Andicavere et Aurigawerch.*] Vide *Andecabeo.* [** Schiltero, *Andigare* compositum est ex particula *ande, ant*, hodie *ent*, et *gabe, donum*, quasi dicas *Antedonum*, cui opponitur *Arrigave, postdomum.* Est itaque *Andigaba* et *Andigabare*, vel *Andigauere*, Donare et donatio, quæ fit inter vivos, et *Arrigabe*, quæ mortis causa fit, utraque tamen a vivente. Adel.]

ANDITUS. Vide *Andata.*

ANDOCMITUS, Andoctemitus. Pacti Legis Salicæ titulus 54. inscribitur *de Andocmito*; ubi alii Codices habent *Andoctemito.* Editionis vero Pithœi, *de eo, qui grafionem ad res alienas tollendas injuste invitaverit.* Wendelinus vocem ex tribus compositam ait, *aende acht meter*, seu *vermeter*, id est, *apud actam clarigator* : ita ut *Andoctemitus* sit is, qui Comitem vel summum Magistratum adit, eique suggerit, se habere *actam*, i. e. meditari vindictam adversus aliquem, invitareque illum, ut hunc vel apprehendat, vel captis pignoribus coerceat. Est enim *acht*, collineatio seu mediatio vindictæ. Similis est titulus 51. Legis Ripuar. de eo, qui graphionem ad res alienas invitat. [In hunc titulum Legis Salicæ adnotat Eccardus in Codice Guelferbytano haberi *Andometo.* Cum autem, ut alibi exponit ipse, *Mitan* et *Smitan* sit jactare, jacere, et *Ando* sit Alius, credit legendum, *de Andosmito* atque exponendum, *De aliūs projectione*, sive declaratione, quod causa ceciderit et desertæ actionis pœnam incurrerit, terminis juridicis minime observatis.]

* Ut Wendelinus, ita et Schilterus in Glossar. Teuton. pag. 9. col. 1. hanc vocem ex tribus aliis accersendam docet, nempe ex *Ande*, in, ad; et *Ochte, Achte*, persecutio rei; et *Miete*, corruptio, conductio. Quis rectius, judicent alii.

* **ANDRA.** Vide in *Androna* 1.

¶ **ANDRENA**, Locus publicus et opertus, undequaque conclusus. Vide *Androna* 1. et *Volta* 2. Charta ann. 1308. in Reg. 40. Chartoph. reg. ch. 135 : *Concedimus domum prædictam, ... confrontatam de altano in tenentia heredum Bartholomæi Caboreti, ... de meridie in volta sive Andrena.* Hinc

* **ANDRENNA**, pro Auditorium, tribunal; quia in loco publico sedent judices. Charta ann. 1330. ex Tabul. Flamar. : *Et voluit et concessit expresse idem Helias, quod casu et eventu quo veniret, aut venire faceret contra præmissa, aut aliquid de præmissis, omnem Andrennam in omni foro et curia denegari, et omni judicio repelli, tanquam perjurum et infamem.* Nisi legendum putes *Audientiam.*

ANDROCHIA, Androchiarium. Fleta lib. 2. cap 87. de Caseatrice : *Androchia pudica esse debet,.... et laboriosa daeriæ,... non enim permittat, quod aliquis vel aliqua in Androchiarium sibi ingrediatur aliquid ablaturus. Ejus autem officium est, vasa, officio suo competentia, per scriptum a Præposito recipere,... lac per talliam recipere, caseum, facereque butyrum. etc.*

* Ex his haud improbabiliter apparet mulierem servam fuisse, quæ rei lactariæ caseisque conficiendis famulatum impendebat; *Androchiarium* vero locum, ubi casei fiebant et asservabantur.

¶ **ANDRODAN**, vel *Androdna*, *Gemma argentea*, Papias MS. Bituric.

* **ANDROMADES.** Chron. Tarvis. ad ann. 1380. apud Murator. tom. 19. Script. Ital. col. 778 : *Advenienti illi dux ridet et explorat de actis militum, ad quem ait comes : Si vestri quidem de cetero ad me diverterentur, pulvinar coopertum Andromade præparare faciam. Quo audito, dux et milites applaudunt magno cum boatu.* Ludit auctor in verbo ἀνδρεῦμαι, virile robur assumo.

* **ANDROMATICA**, Vestis genus, f. sic dicta quod ex panno villoso. Inventar. ann. 1389. tom. 3. Cod. Ital. diplom. col. 363 : *Tunica una et Andromatica dicti drappi.* Pluries ibi. Vide *Andromeda.*

ANDROMEDA, Vestis de pellibus ovium, arietum, et dicitur ab *andros* Græce, quod est *aries* Latine. Ita interpr. Joan. de Gallandia in Synonymis :

Vestes quæ fiunt de solis pellibus hæc sunt,
Pellicium, Rheno, quibus Andromeda sociatur.

1. **ANDRONA**, Festo et aliquot Scriptoribus Latinis *Andron*, Compitum, locus publicus, ubi viri invicem confabulantur, *Galeries.* Papias : *Andra, Androna, viarum concursus, angiportus.* Lexicon Gr. MS. Reg. Cod. 930 : Ἀνδρόνα, οἶκος ἔνθα οἱ ἄνδρες εἰώθασι ἀθροΐζεσθαι. Gloss. S. Benedicti cap. de Navigatione : *Androna*, ἀνθρών. Joannes de Janua et Breviloq. : *Androna, est spatium inter duas domos. Androneum est locus domicilii, ubi multi viri habitant, sicut Gynæcæum dicitur locus, ubi multæ mulieres conveniunt.* Joannes Diaconus in Vita S. Gregorii lib. 2. cap. 29 : *Dum quendam pauperem in angustiis Andronarum recessibus inveniri mortuum contigisset.* Concilium Cartag. II. can. 47. et Atto Episc. in Capitul. cap. 44 : *Clericus per plateas et Andronas . . . non ambulet.* Hincmarus Rem. in Opusc. 55. Capitulor. cap. 45 : *Pro motibus incompositi animi tui, undecunque et per Andronas de hora in horam appellas.* Petrus Damiani lib. 3. Epist. 4 : *Pecunia per regiones, Andronas, vel angiportus erogatur.* Utitur et lib. 8. Epist. 11. ut et Thomas Archid. in Historia Salonitana cap. 40. [Chron. Parmense ad ann. 1266. apud Murat. tom. 9. col. 781 : *Et fugerunt prædicti de parte Imperii per Andronas; et nullus eorum audebat apparere.*]

Græci, ut auctor est Vitruvius lib. 6. cap. 10. ἀνδρῶνας appellant *itinera, quæ inter duas aulas media sunt interposita*, μεσαύλια. Vetus Inscriptio apud Gaulterum in Tabulis Siculis. 407 : Ο ΔΑΜΟΣ ΑΝΔΡΩΝΑ ΩΡΑΣΙΟΥ Μ Β ΕΥΕΡΓΕΣΙΑΣ ΕΝΕΚΕΝ ΘΕΟΙΣ ΠΑΣΙ. Est etiam *Andron*, atrium, seu locus domicilii longitudine angustior, in quo viri plurime morabantur, auctore Sexto Pompeio. Vide Nicetam in Manuele lib. 3. n. 4. in Alexio Man. F. n. 6. [Hac notione non semel occurrit in antiquis Recognitionibus et aliis Instrumentis S. Spiritus inferioris Occitaniæ urbis. Etiamnum est in ore vulgi *l'Androune dou four*, id est, Angiportus seu arctior via qua ad furnum itur.]

Androna, videtur sumi pro muro apud Scriptores Italos. Rollandinus in Summa Notariæ scripta ann. 1265 : *Cujus tales dicuntur confines . . . ab aliis duobus lateribus sunt viæ publicæ cum medietate Andronæ sive muri, positæ vel positi inter ipsam domum venditam, et ipsam medietatem ejusdem Andronæ, sive muri.* Utuntur etiamnum Itali pro atrio. Academici Cruscani : *Androne, andito o terreno donde dalla porta di fuore si va al cortile, od alla scala della casa.*

Androna denique usurpatur pro ea parte currus operta, in qua, qui vehuntur, sedent, quod longiusculæ porticus speciem referat. Vita S. Hugonis Abbatis Eduensis n. 19 : *Nam resolutis poplitibus, cruribusque extensis recipit corpus suum ex medio totum, pulsansque ostiolum Andronæ, quæ super carrucam erat, rogabat sibi aperiri.*

* Pro angiportu, Gall. *Cul-de-sac*, Provinc. *Androuno*, occurrit in Stat. Mutin. rubr. 25. pag. 4. v° : *Omnia capita Andronarum civitatis claudi debeant et murari de bono muro calcinæ.* Ita et in Stat. ann. 1381. inter Probat. tom. 3. Hist. Nem. pag. 47. col. 2 : *Item ordinavit idem commissarius, quod quædam Androna, quæ est prope portale decaneriæ foras, muretur et impleatur lapidum.* Hinc ab *Antrum*, non absurde deduci potest hujusce vocis origo.

¶ 2. **ANDRONA**, *sive Ichis, fortitudo dicitur.* Papias in MS. Bitur. *Ichis* a Græco ἰσχὺς, Robur, vires; et *Androna* ab ἀνὴρ ἀνδρὸς, Vir.

¶ **ANDRONEUM.** Vide in *Androna* 1.

ANDROPOLIS. Durandus lib. 1. Ration. cap. 4. n. 3 : *Cœmeterium, Polyandrum, sive Andropolis, quod idem est.* N. 6 : *Similiter et Andropolis quod idem est, sepulcrum dicitur, quasi sine pulsu, etc.*

¶ **ANDRUM**, ῥοδοδάφνη, Radix, rosa, in Supplem. Antiquarii.

ANDURA, Albigensium hæreticorum abstinentia. Acta MSS. Inquisit. Carcass. ann. 1308. fol. 24. r° : *Vidit quendam hominem de Constanciano,.... qui fuerat tunc receptus per hæreticos,.... et fuerat ibi en l'Andura longo tempore,.... et quod illa nocte, qua viderat eum vivum, mortuus est.* Vide *Endura.*

¶ **ANEBOLADIUM**. Vide *Anaboladium.*

¶ **ANECIA PARS**, in foro Anglic. *L'eigne part.* Prima pars filii primogeniti in partitione paternæ hæreditatis. Dicitur etiam *Enecia*, vel *Eneia pars.* Marlebrig. cap. 10 : *Qui habet Aneciam Partem hæreditatis.* Vide *Æsnecia.*

¶ **ANECIUS**, Primogenitus, Gall. *Aîné.*

¶ **ANECLOGISTUS**, Gr. ἀνεκλόγιστος, Liber a reddenda ratione. *Tutores Aneclogisti*, leg. 5. § 7. ff. de Admin. Tutor. Vide *Alogista.*

¶ **ANEDIOSUS**, *Tediosus.* Papias in MS. Bitur. Mendum est, *Anediosus*, pro *Accediosus* ab *Acedia*, pigritia, tædium.

* **ANEDUS**, Lignum quoddam. Stat. Placent. lib. 4. fol. 47. r° : *Nullus dimittat, postquam fuerit denunciatum, trabes, vel caveriatas, seu Anedos, vel aliquod lignamen desuper pontem Arbarole.*

ANEGARE, Italis *Annegare*, Gallis *Noyer*, submergere, demergi. Lex Alamannica tit. 83. § 3 : *Si quis clausuram in aqua fecerit, et ipsa aqua inflaverit, et ibi alicujus pecus Anegaverit, vel famulus, vel infans, etc.* [Regimina Paduæ ad ann. 1320. apud Murat. tom. 8. col. 434 : *Centum de soldatis civitatis Paduæ iverunt ad castrum pontis Baxanelli, et ceperunt circa xx. homines qui erant extra castrum, et multos alios occiderunt, et multi se Anegaverunt in aqua fugiendo.*] Vide *Necare.*

ANEGRIP, Idem quod *Anagrip*, de quo superius dictum est.

¶ **ANEHLOT.** Vide *Anhlot.*

ANELACIUS, Cultellus brevior, sica. Matth. Paris pag. 274 : *Genus cultelli, quod vulgariter Anelacius dicitur.* Pag. 277 : *Lorica erat indutus, gestans Anelacium ad lumbare.* Pag. 551 : *Gestabant autem gladios, bipennes, gæsa, sicas, et Anelacios.* Pag. 582 : *Et subito extrahens sicam, quam bajulavit, scil. Anelacium, ipsum continuo evisceravit.* Et pag. 613 : *Et insuper a singulis, punctus cultellis, qui dicuntur Anelatii.* Vox Chaucero familiaris. Watsius ait esse sicam Hibernicam, quam *Skein* vocant, qui cum ista ædificant, pugnant, et cibos secant.

* Ab annulo seu anello, quo ea sica vel ejusdem capulus insertus gestabatur, sic dictum suspicatur Carolus de Aquino in Lexic. milit. [** Germanis *Laz* olim Latus significabat; hinc Anelacius Schiltero est Telum adlaterale, *Seitengewehr.* ADEL.]

¶ **ANELERE**, pro *Anhelare*, Gall. *Aspirer.* Rymer. tom. 4. pag. 506 : *Et ad destructionem status nostri, et aliorum magnatum de genere nostro proditionaliter Anelebat.*

ANELIA, *Pugna et dicitur ab anelus.* Joannes de Janua, Papias [MS. Ecclesiæ Bituricensis, *Anelia*, id est *Agonia.*]

¶ **ANEMALATUS.** Vide *Anamelatus.*

¶ **ANERE**, Senescere. Supplem. Antiquarii : *Anet*, γηρᾷ, *Senescit.*

* **ANERPENI**, Præstatio, cujus mentio inter alias fit, in Charta Henrici reg. Angl. ann. 1285. ex Reg. 92. Chartoph. reg. ch. 58. Vide *Harthpenny.*

ANETA. Breviloq. *Aneta, avis quædam aquatica : Anetarius, masculus istius avis* Aliud Gloss. : *Aneta, avis aquatica. Aneta. Ened.* Nostris *Anete*, Italis *Anitra*; Anas femina. Lex Salica tit. 7. § 6 : *Si quis anserem domesticum, aut Anetam furaverit.* Editio Heroldi habet *Anatam.* [Eccardi *Annatam.* Vetus formula apud Pithœum in Gloss. Leg. Salicæ : *Similiter et porcellos habent, et unam vaccam, et duas Anethas a cæteris separat, et dat illis quotidie abundanter.*] Lex Alaman. tit 99. § 19 : *Aneta, gariola, ciconia.* Monachus Sangall. lib. 2. de Reb. Caroli Magni cap. 21 : *Cum vero falconem suum de Aneta vellet extrahere. Eneta*, pro *Aneta*, in Capitulari de Villis cap. 40. Vide Specul. Saxo. lib. 3. art. 51. § 1. et Albertum Stadensem pag. 1808.

* Glossar. Gall. Lat. ex Cod. reg. 7684 : *Anette, anas, et quanart.* Lit. remiss. ann. 1377. in Reg. 111. Chartoph. reg. ch. 345 : *Par esbatement acheterent une Anette, et empris à jouer à ycelle pour la gaigner par cellui, qui d'un fauchet lui coperoit le col et l'abatroit d'un pel, là u il avoit pendue, au lieu et place commune de ladite ville d'Amiens la Hautoye, là u communement l'en fait jeux et esbatemens.* Hæc fusius, quia etiam nostræ ætatis sunt.

ANETAPICH, *Accipiter qui anates mordet*, in Lege Bajuvar. tit. 20. cap. 1. ubi Editio Heroldi cap. 28. *Anotapuch*, præfert. Vide *Acceptor.*

* **ANETER**, Anas, Ital. *Anitra.* Chron. Placent. ad ann. 1388. apud Murator. Script. Ital. tom. 16. col. 582 : *Post assatum pullorum, capredum, vitelli, vel paveri, vel Anetris, vel aliarum rerum, secundum quod tempora currunt.*

* **ANETUS**, Alnus, Gall. *Aulne.* Leudæ majores Carcass. MSS : *Item pro cargua de astis de Aneto.* Ubi versio Gall. ann. 1544. habet : *Pour charge d'aste d'Avet.* Sed leg. *Anet.*

¶ **ANEVELLE**, Saxonibus, Jus exspectativæ, seu paterno muneri succedendi, Gallice *Survivance.* Diploma Wilhelmi Imp. Principibus Brandeburgicis exspectativam succedendi in Saxoniæ Ducatum largientis, apud Ludewig. tom. 2. Reliq. MSS. pag. 247 : *Nos itaque memorati Ducis grato et benigno concurrente aspectu, omnia bona sua. . . cum omni jure quod Anevelle dicitur . . . . confirmamus.* Et pag. 248 : *Supplicante siquidem nostro culmini dilecto Principe nostro Alberto Duce Saxoniæ, ut in omnibus bonis suis pheodalibus, quæ idem Dux a nobis et Imperio tenet, illud jus quod vulgariter dicitur Anevelle, illustribus viris Johanni et Ottoni Marchionibus Brandenburgensibus concedere dignaremur, etc.* [** Vide Haltausii Glossar. Germanicum in vocibus *Anfall* et *Angefælle.*]

ANFELDTYHDE. Leges Adelstani Regis Angl. cap. 19. apud Brompt. de Purgatione per aquam calidam : *Et si Anfeldtyhde sit, immergatur manus post lapidem, vel examen usque ad Wrisle.* Ubi loci emendat juxta Saxonicum Somnerus, *Et si anfeal tihtle*, uti præfert Concilium Grateleanum ann. 928. can. 8. i. si simplex accusatio fuerit. Accusationum enim erant apud Saxones duo genera, simplex scilicet et triplex. Simplicem vocarunt cum reus adjunctis sibi duobus aliis interponeret juramentum, triplicem, quoties cum aliis quinque juraret una ; nisi Presbyter foret, qui simplicem una, triplicem autem bina (ut vocant) manu absolvebant. Hæc idem Somnerus.

¶ **ANFELL**, f. pro Germanico *Anfall*, Aggressio, impetus, invasio. Litteræ Rudolphi Imp. pro Ordinibus Styriæ ann. 1277. apud Ludewig. tom. 4. pag. 261 : *In beneficiis autem molestiam, quæ Anfell vulgo vocatur, tamquam bonis et honestis consuetudinibus adversantem penitus amovemus.* [** Vide *Anevelle.*]

ANFIBOLUS. Vide *Amphimallus.*

* **ANFORZINI.** Vide mox *Anfusini.*

¶ **ANFOURS.** Computus ann. 1265. apud D. *Brussel* Tract. de Usu Feud. tom. 1. pag. 552 : *Pro* VIII^{m}. VII^{c}. IIII. *Anfours missis Domino Gaufrido de Sergnus per Templum in passagio S. Johannis, ann.* LXII° III^{m}. IIII. *libras Turon. Et pro* V^{m}. *Anfours missis eidem Gaufrido in passagio S. Johannis, ann.* LXIII°.... II^{m}. *libras.*

* Genus monetæ esse suspicor; idem quod mox *Anfuri.*

¶ **ANFRACTA**, Effractura. Gall. *Fracture.* Miracula S. Eparchii, tom. 1. Julii pag. 117. B : *Claudius faber nocte per Anfractam vitream in basilicam introivit, argentum de ipso sepulcro furtim abstrahere voluit.*

* **ANFRACTIVUM**, Defectus in solvendo debitum. Charta ann. 1390. ex Tabul. Massil. : *In recolligendis debitis annuisque pensionibus varia sentiunt Anfractiva et dispendiorum incommoda.* Quod ex iis series computi interrumpitur, fortasse sic dictum. Vide mox *Anfractus* 2.

* 1. **ANFRACTUS**, Alveus, ramus, Gall. *Bras de rivière.* Charta ann. 1188. inter Probat. Hist. Lothar. tom. 2. col. 401 : *Specialiter autem eis damus Anfractum aquæ sub castro, qui brachium sancti Eucharii dicitur.*

* 2. **ANFRACTUS**, Expensum, Gall. *Frais, dépense.* Comput. ann. 1488. inter Probat. tom. 4. hist. Nem. pag. 47. col. 1 : *Alia expensa facta per dictos dominos consules,.... ut in Anfractibus anni lxxxix. apparet.* In alio ann. 1489. ibid. pag. 49. col. 1 : *Prout in Fractibus ponitur.* Aliud ann. 1498. ibid. pag. 70. col. 2 : *Compota Anfractuum ordinariorum et extraordinariorum, ac solucionum eorumdem, etc. Frais ordinaires et extraordinaires, etc.* in Comput. ann. 1534. ibid. pag. 130. col. 2. Vide infra *Fractus* 1.

* 3. **ANFRACTUS**, Implicatio, Gall. *Embarras.* Catalog. MS. episc. Carnot. ex Tabul. ejusd. eccl. : *Philippus* (filius Ludov. VI.)

equitans per villam Parisiensem Anfractibus cujusdam porci infra quatuor pedes sui equi tumultuantis ad terram prosternitur, et fracto collo lamentabiliter expiravit.

* **ANFURI**, Monetæ species, eadem quæ *Anfours*. Comput. ann. 1250. inter Probat. tom. 3. Hist. Occit. col. 483 : *Pro ij m. lxviij. Anfuris, qui faciunt xxxij. marchas xvij den. et unum tertium.... Item pro xx. marchis et uno tertio Anfuris, qualibet marcha xix. lib. iiij. sol. Paris.* Neque *Anfuri* alii sunt quam

* **ANFUSINI** seu ALFONSINI, Moneta regum Hispaniæ. Liber censuum eccl. Rom. apud Murator. tom. 5. Antiq. Ital. med. ævi col.889 : *Archiepiscopus Toletanus pro ecclesia sancti Cerni* (in MS. Cervini) *x. solidos Pipionum, vel duos Anfusinos.* Et col. 898 : *xv. solidos Pipionum, qui valent ij. Alfousinos.* Invent. ann. 1240. apud Cl. V. Garamp. in Dissert. 7. ad Hist. B. Chiaræ pag. 233 : *Item unum Anforzinum et solidos sex Provenienses. Anfusini aurei*, ibid. in not. ex Instr. ann. 1269. Vide supra *Alphonsinus*.

¶ **ANGÆ**. Vide *Angrœ*.

¶ **ANGAGIARE**, Pignerari, pro pignore tradere, Gall. *Engager*. Locum vide in *Mulneragium*.

* **ANGAJARECCIA** OPERA, Eadem notione qua *Angariæ*, Onera personis imposita. Charta ann. 1120. apud Murator. tom. 3. Antiq. Ital. med. ævi col. 1034 : *De manso de Sasso debet habere curia placitum, et guaitam, et albergariam, et allogamentum, opera Angajareccia, terraticum.*

¶ **ANGANA**, *Mulctralia*, in Glossario ad calcem Operum Nicolai de Clemangis edit. 1613 : *Angana, mulctralia, M. Gold.; forte a Græco ἀγγεῖον, vas conceptaculum. Dicitur ab angendo, id est, stringendo, quia cum portatur jugo.... stringit humeros. Sic Pithœo in excerptis Anger est spatarius, qui angit id est, stringit spatham.*

* **ANGARALIS**, Qui *Angariis seu corvatis* est obnoxius. Anonymus de Casib. infaust. monast. Farf. ad ann. 1119. apud Murator. Antiq. Ital. med. ævi tom. 6. col. 289 : *Villanos quoque et Angarales nostros totius abbatiæ constituimus in nostris manuariis operas, et huic conventui xenia temporibus statutis et opportunis exercere.* Infra col. 295 : *Angariales homines.*

* ANGARARIS, Eadem notione, apud eumd. Murator. ibid. tom. 5. col. 829. ex Lib. censuum eccl. Rom. : *Servis et ancillis, aldiis, aldionibus, Angararibus, etc.* Vide *Angariales* et *Angararius*.

ANGARATHUNGI, [ANGARGATHINGI, Longobardis, Juxta qualitatem personæ.] Vide *Garathingi*.

* **ANGAREA**, ut *Angaria*, Præstatio jumentorum vel plaustrorum. Pariag. inter regem et monast. Obasinæ ann. 1329. in Reg. 66. Chartoph. reg. ch. 484 : *Item dom. noster rex seu ejus successores non poterunt, sine dictorum religiosorum consensu, in dicta terra pariagii indicere aliquam questam seu talliam voluntariam, Angaream, parangaream, etc.* Vide *Angariæ* 2.

ANGARGNACO, Bajuvaris dicitur *equus deterior, qui in hoste utilis non est*, in Lege Bajuvar. tit. 13. cap. 10. § 3. cujusmodi sunt equi *angariis* destinati : unde forte vocis origo. [** Ab *Enger*, Germanis superioribus Carrus angariis destinatus, quasi dicas *Karrengaul*. Nack veteribus Teutonibus erat equus vilior. Vide *Naccus*. ADEL.]

¶ **ANGARI**, *Astandæ*, hodie *Chapars*, apud Persas, Cursores publici, unde Græcis ἄγγαροι. Etymon a Chaldaica vel Syriaca lingua deducit Hensius, Bochartus ab Arabica; alii vero, quod probabilius est a Persica. Persæ enim ejusmodi cursorum inventores sunt. Diodorus Sicul. lib. 19. Xenoph. Cyropæd., lib. 8. Herodot. lib. 8. cap. 98.

* Hinc ignes, qui in signum accenduntur, quia cursorum vices agunt, *Angari* nuncupantur, apud Barclæum tom. 1. Argen. pag. 16. edit. Lugd. Batav. : *Num tu vero in cujusque collis jugo arborem non vidisti in longitudinem mali defixam, cujus apex in caveæ modum, ferro undique per radios præcingente laxatur? Annuente Poliarcho : Hæ sunt, inquit, publicæ arbores ad idipsum constitutæ, ut ad regis imperium impositis in vertice facibus, negotii signum dent, quod illico oporteat per populum procurari. Et hos ignes Angaros vocant.* Hispan. *Angaro*, Fumo datum signum.

¶ 1. **ANGARIA**, ut habetur apud Paulum JC. vel *Angara* juxta Spelmannum, aliquando sumitur pro veredorum statione, in quam divertunt cursores publici, et ubi mutant equos, Græcis ἀγγαρεῖον.

* 2. **ANGARIA**, ut *Angariæ* 4. Onera agris aut personis imposita. Stat. ant. Florent. lib. 3. cap. 90. ex Cod. reg. 4621 : *Nullus præsumat accipere ad feudum vel homagium seu jura, Angaria, realia et personalia, seu quælibet alia servitia perpetua.* [** Germanis olim *Nothwerke*, hodie *Frohne*. In Jure Argentor. l. 3. c. 389. apud Schilterum in Glossario pag. 48. occurrit etiam vernacula vox *Engern*, pro Angariis. ADEL.]

3. **ANGARIÆ**, dicuntur. jumentorum vel plaustrorum præstationes, et quidem per viam directam, ut *parangariæ* alioversum : in Lege 7. Cod. de Fabricensib. lib. 11. et in Lege 4. Cod. Theod. de Cursu publ. etc. quod pluribus docet Jacobus Gothofred. ad d. leg. 4. *Animalia in Angariam præstita*, in lege Wisigoth. lib. 5. tit. 5. § 3. Lex Bajuvar. tit. 1. cap. 14. § 4 : *Angarias cum carro faciant. Carrarum Angariæ*, apud Marculfum lib. 1. form. 1. [Concilium Trevir. ann. 1310. apud Marten. tom. 4. Anecd. col. 248 : *Nobiles et domini terræ permittant homines suos dies festos observare, et non compellant eos evectiones seu alias Angarias præstare.*] Vide *Parangaria*.

4. **ANGARIÆ**, præterea onera dicuntur, agris aut personis imposita. Gloss. Lat. Græc. *Angaria*, περιεργασία, ἀκουσία, ἐργασία. Ugutio et Will. Brito in Vocab. MS : *Angaria dicitur compulsio, vel injusta coactio, ab ango, is.* [Tabularium S. Florentii : *Concessit eis aream ad furnum faciendum, in quo per Angariam coquet dimidia pars præsentis burgi.* Galli diceremus, *Un four banal*, in quo scilicet panem suum coquere tenentur burgi vel urbis incolæ.] Breviloq. : *Angariæ sunt personalia servitia, quæ quis in persona sua implere cogitur, sive cum quis propriis sumptibus servit. Vel Angariæ sunt opera possessionibus imposita, sive cum quis sumptibus servit alienis vel in re sua, vel in equo, vel in asino, vel hujusmodi. Indictiones, opera, vel Angariæ*, in Lege Wisigoth. lib. 12. tit. 1. § 2. Ita Capitula Caroli Magni lib. 1. cap. 81. [** 75, e Capit. ann. 789. c. 79.] lib. 7. cap. 367. [** 467], Capitul. Caroli Calvi tit. 23. cap. 14. [** Epist. Episc. ann. 858.] Chartæ Alemannicæ Goldasti cap. 42. etc. Occurrit hac notione passim apud Scriptores, et in veteribus Tabulis. [** Vide Capitul. Sicardi Princip. Benevent. ann. 836. ap. Cancian. vol. 1. pag. 269. cap. 14. ibique notata.] Hinc

5. **ANGARIA**, pro qualibet [coactione,] vexatione, injuria, animi anxietate. [S. Bernardus Epist. 258. edit. 1690. col. 259 : *Immolavi de sinu meo cari pignoris hostiam; et non in Angaria, fateor, sed in voluntate mea parui voluntati, quæ quos vult Angariat.*] Guntherus lib. 2. Ligurini :

Hujus ab antiquo Comitatum in finibus urbis,
Solus ab Angariis Italorum pæne solutus,
Præsidio Ligurum Guido Blandratensis habebat.

Goffridus Vindoc. lib. 3. Epist. 38 : *Melius vobis dicent Fratres nostri, qui Angarias portaverunt.* Matth. Paris : *Legentibus innotescit, quot Angariis et injuriis nos miseros Anglos exagitat Curia Romana.* [Miracula B. Stanislai Canon. Regul. Maii tom. 1. pag. 782. C : *Eadem Agnes cum in magna Angaria fuit a quodam creditore pro debito centum florenorum; fecit votum ad sepulcrum pii P. Stanislai.*] Vide Gregor. Mag. lib. 1. Epist. 59. 68. *Angaria mentis*, apud Burchardum de Casib. S. Galli cap. 13. [et Henricum Huntindonensem tom. 8. Spicil. Acher. pag. 183.] [** *Angaria, Bedruknisse, Ungelt*, in Vocab. Lat. Germ. ann. 1477. ADEL. *Angaria, fem. prim. i. e. tristitia, etiam angaria dicitur compulsio, injusta coactio*, in Gemma Gemm. De voce *Ungelt* vide Haltausii Gloss. Germ. col. 1933. Veteres rythmi memoriales :

Ungeld Angaria, post hec precaria Bede.]

ENGARIA, pro *Angaria*, occurrit apud Fulbertum Carnotensem Epist. 14. 110.

** ANGUEIRA, Idem. Privileg. Alfonsi I. Portug. Regis in Elucidar. vol. 1. pag. 116 : *Qui cavallo alieno cavalgar, pro uno die pectet 1. carneiro, et si magis, pectet las Angueiras, pro uno die VI. den. et pro una nocte 1. sol.*

¶ 6. **ANGARIÆ**, Quatuor tempora, seu triduana illa jejunia, quæ singulis annis quater celebrantur. Cur ita dicta sint præclare docet Mabillonius pag. 79. Itiner. Germanici : Iisdem quatuor temporibus, inquit, subditi quique in Germania persolvunt census suos, quos *Angarios* vocant. Hinc Quatuor tempora vulgari nomine *Angariæ* appellantur. Hanc eamdem ob causam stata quatuor tempora nundinarum vocarunt *Angarias*. De B. Andrea puero a Judæis trucidato in Actis SS. Julii tom. 3. pag. 465 : *Quamvis enim singulis Angariis, id est, statis temporibus nundinarum, quibus merces aut vecturæ ibant, aut redibant, frequens hac esset transitus; hæ tamen et non aliæ Andreæ fuerunt fatales.* Hinc hi duo versus in Anecdotis Martenianis tom. 4. col. 766. ad designanda Quatuor anni tempora :

Dat Crux, Lucia, Cineres, Carismata Dia,
Ut sit in Angaria quarta sequens feria.

* Charta ann. 1444. apud Bern. Pez. Anecd. part. 3. pag. 295. col. 1 : *Annuatim*

singulis quatuor temporibus, qualibet videlicet Angaria, quinque libras denariorum prædictis præposito, decano et canonicis tradere et assignare (judex) *teneatur.*

¶ 7. **ANGARIÆ**, Equestris sella vel canis, quæ graviorum criminum rei in ignominiæ et dedecoris notam, ex veteri consuetudine seu etiam lege apud Germanos et Francos recepta, gestare cogebantur de Comitatu in proximum Comitatum. Nobiles canem, plebei sellam, humeris alias ferebant : postmodum Magnates majoris confusionis causa sellam etiam portare compulsi sunt. Has infamiæ notas *Angarias* dixere, quod nonnisi magna vi et animi dolore deferrentur. Charta Frederici II. Imp. pro Ecclesia Tullensi inter probationes Hist. Tull. pag. XXXIII : *Quærimonia præfati Episcopi compatientes... præfatos malefactores ad præsentiam nostram commoveri fecimus, qui venientes juxta Varkiariam per miliare unum ab urbe Angarias ferentes, veniam postulantes, usque ad pedes Arnaldi Episcopi Tullensis qui nobiscum aderat, ipsas Angarias deposuerunt et x. libras argenti pro captalibus ablatis Arnaldo Episcopo restituerunt.* Vide *Sella* 2. *et Canis.*

[** De etymo vocis vide Wachter. in Glossar. in voce *Angariare.* Adel.]

* **ANGARIABILIS**, Anxifer, perniciosus. Charta ann. 1267. apud Bern. Pez. tom. 6. Anecd. part. 2. pag. 114. col. 2 : *A jugo temporalis vexationis et Angariabilis incommodi liberandam etc.*

¶ **ANGARIAGIA**, pro *Angaria* 2. apud Rymerum tom. 12. pag. 702. col. 2 : *Vectigalia, pedagia, Angariagias, custumas, etc.*

ANGARIALES, qui *Angariis*, seu *corvatis*, obnoxii sunt. Bulla Sergii PP. apud Ughellum tom. 1. pag. 707 : *Massaritiis, tributariis atque Angarialibus. Angariales terræ*, in Charta Arnulphi Imp. apud eumdem Ughell. tom. 3. pag. 706. censui obnoxiæ.

ANGARIALIS, Tractoria ad cursum publicum, *pro animalibus, quæ in Angariam præstabantur*, uti habet Lex Wisigoth. loco laudato. Acta Concilii Arelatensis : *Quoniam Lucianum, Capitonem,.... et Nasutium Episcopos... dignitas ejus* (Constantini Imp.) *ad lares proprios venire præcepit, Angarialem his cum annonaria competenti usque ad Arelatensem portum... dedimus. Angarialem copiam*, habere dicitur in leg. 4. Cod. Theod. de Cursu publ. cui facultas datur angariis seu cursu publico uti, quæ facultas per tractoriam conceditur.

1. **ANGARIARE**, ἀγγαρεύειν, *Compellere, vel injuste regere*, Ugutioni. Glossæ Isidori : *Angario, cogo.* Hac notione utitur Interpres Matth. cap. 5. S. Augustinus Epist. 158 : *Cum ab eorum hominum necessitatibus vaco, qui me sic Angariant, ut eos nullo modo liceat evitare, nec contemnere oporteat.* Auctor libri de Disciplina scholarium, qui falso Boëtio adscribitur, cap. 6 : *Expeditis his, quæ ad scholaris eruditionem digesta sunt, dilucidandi moderatione observata, nec Angariare lectorem sermonis brevitate curamus, nec dilectione confundere.* Petrus Chrysolog. serm. 38 : *Angariare hominem suis actibus occupatum.* Paulus Warnefrid. lib. 3. de Gestis Langob. cap. 6 : *Nemo aliquem injuste Angariabat, nemo vexabat.* Vita S. Fursei Confess. n. 16 : *Et ad eum inquirendum tres sibi sagaces viros Angariavit.* Ingulphus pag. 895 : *Clericos Pegelandenses Angariabant et perangariabant.* Forte scripsit *parangariabant*, spectavitque *Parangarios*, de quibus suo loco : utitur præterea Thwroczius in Petro Rege Hungar. cap. 35. et in Maria, in Præfat. [Retinendum *perangariabant* in citato Ingulphi loco, neque corrigendum *parangariabant*, ut suspicatus est D. Cangius ; vox enim *perangarii* non minus in usu fuit, quam vox *parangarii* : cujus ne unum quidem exemplum refertur *suo loco*, ad quem hic remittit Vir Cl. sed nos ibi, Deo dante, *perangariarum* exempla referremus.]

2. **ANGARIARE**, Deferre, carro vel equo vehere [ex debitæ præstationis servitio.] Charta Grodegangi Episcopi Metensis ann. 765. apud Meurisium pag. 168 : *Debent.... avenam de silva, quæ ad villam Isinburc pertinet, ad Paternivillam Angariare.* Infra : *Debent fœnum secare, et in horreum ducere, torcular verere et æquare, Angariam usque ad flumen Saræ, aut pro redemptione* 10. *denarios.*

ANGARIARIUS, Angariis et operis obnoxius. Lexicon Gr. Reg. Cod. 930 : Ἄγγαρος, ἐργάτης, ὑπηρέτης. Vetus Gloss : *Angariarius, qui agrum locat ut Angariam accipiat.* In MS. scriptum est *Angarianus.* Hinc emendandæ Glossæ Isidori, in quibus perperam editum *Angaria avianus*, pro *angarianus*, vel *angariarius.* Hac notione vocem hanc usurpant Constitutiones Siculæ lib. 2. tit. 32. lib. 3. tit. 20. 39. *Angararii et Extaliati*, in Charta Guillelmi Regis Siciliæ ann. 1179. apud Ughellum tom. 7. pag. 704. in alia ann. 1296. pag. 714. 715. *Angareni* et *Angararii* dicuntur, quos diversos fuisse ab *extaliatis*, docet. Ubi Statuta MSS. Caroli I. Reg. Sicil. cap. 63 : *Et tuit li home de la cité seront tos jors mais Engaraire, c'est assaver qu'il laboureront continuellement, etc.* Cap. 188 : *Qui soit de vile condition, vilain, ne Engaraire.*

* **ANGARIATIO**, Difficultas, Negotium. Gall. *Peine, Travail.* Acta ad Conc. Pisan. ann. 1409. apud Marten. tom. 5. Ampl. Collect. col. 618 : *Ipse* (archiep. Toletanus) *in minoribus constitutus, semper laboravit indefesse Angariationibus jugibus diversas peragrando provincias, ut haberetur unio in ecclesia sancta Dei.* Vide *Angaria* 4. [** Melberi Vocabularius : *Angariationes, Zwingniss, ut dum nobiles subditis varia servitia imponunt, Frondienst.* Charta Annæ Ducissæ Sles. ann. 1319. apud Gerck. Fragm. March. p. 3. pag. 42 : *Curiam cum tribus mansis.... absque precaria, equo pheodali et simpliciter absque omni servitii Angariatione seu infestatione perhenniter cum libertate perpetua obtinendo, etc.*]

ANGARIUM, definitur *Equicinium, et officina, ubi equi sufferrantur*, in Wichbild. Magdeburg. art. 125. Breviloq. : *Angarium est locus, ubi sufferrantur equi, ab angulo, vel angusto, vel ango, is, unde*

Faber in Angario annectit habata gumpha.

Belgis nostris *Angar*, est locus, seu ædificium quodpiam desuper tectum, cætera pervium, cujusmodi sunt equicinia, in vicis et plateis : sic autem appellatum videtur, quod in ejusmodi ædificiis asservarentur equi angariales, et ad cursus publicos destinati. Gall. *Hangar.*

ANGARIUS, Ugutioni, Joanni de Janua, et Willelmo Britoni, *Pedellus, compulsor injustus, exactor.* Vide *Inhibitor.*

* Ex eod. Willelmo in Cod. reg. 521. et aliis Anonymi Gloss. Bibl. leg. *Bedellus* pro *Pedellus.*

Angarii, in Constit. Neapolit. tit. 47. iidem qui *Angariarii.* Ranfridus JC. qui scribebat anno 1215. ut ipsemet testatur : *Angarii sunt qui servitium faciunt propriis expensis, puta tot operas in septimana : et sic vulgariter dicuntur in multis partibus Angarii. Et tales villani, qui de personis faciunt operas, vocantur vulgariter Angarii.*

ANGARIZARE, *Compellere, injuste exigere, vel Angariam facere.* Will. Brito in Vocabular. Eddius Stephan. in Vita S. Wilfridi cap. 7 : *Dona mihi maxima promittentes, si te subterfugientem Episcopum Angarizarem, et ad sedem Apostolicam teudentem retinerem.*

ANGARIZATOR, in Vita S. Castrensis Episc. cap. 2. Tortor.

¶ **ANGE**, *Nomen montium cum coronis.* Papias MS. Vide *Angræ.*

* **ANGEFEL.** Charta ann. 1285. apud Ludewig. tom. 12. Reliq. MSS. pag. 426 : *Nos Johannes Conradus et Johannes dicti de Plate, cum vera protestatione recognoscimus et fatemur, quod nos B. Mariæ V. et B. Nicolao in Jerichau ad usus dominorum ibidem Deo famulantium vendidimus quicquid jure hæreditario, sive modo successorio, quod dicitur in Teutonico Angefel,.... contingere poterit in futuro.* Vide *Anevelle.*

¶ **ANGELICA** Carruca. Vide *Carruca, Vehiculum.*

ANGELICA Vestis, Habitus Monachicus. Florentius Wigorniensis de Gregorio VII. PP. : *Quia finem vitæ suæ aspiciebat, et tacito induebat se Angelicam Vestem, etc.* Wilellmus Abbas Metensis Epist. 5 : *Multi etenim tales, sub Angelico Habitu delitescunt, quorum sic misera est conversatio, tantaque vitæ perversitas, etc.* Anonymus in Vita sancti Pauli Virdunensis num. 5 : *Votis itaque omnium, cum benedictione Patris Monasterii, Angelicum Schema induitur.* Ἀγγελικὸν σχῆμα, in Euchologio Græcorum pag. 499. et in Vita S. Nili junior. pag. 112 ; τὸ ἀγγελοπρεπὲς καὶ πανάγιον σχῆμα, in Martyrio Bacchi junioris pag. 86. 119. Passim Scriptores Græci. Hinc ἀγγελικὴ ἀκολουθία, in eadem Vita S. Nili junioris, Ordo ad habitum angelicum induendum. Monachorum autem habitus, *Angelicus* appellatur, quod et ii dicantur *Angeli* a SS. Patribus, eorumque vita *Angelica.* Et quod *vivant Angelice, et sint in carne sine carne*, ut loquitur S. Hieronymus Epist. 7. Carmen de Laude vitæ monasticæ :

Comparo gyranti solconiter omnia cælo :
Insuper Angelicis comparo Spiritibus,
Qui semper sanctus triplicata voce resultant :
In terris Monachi quod modulantur idem.

S. Eucherius de Laude eremi, sub finem, de Monachis Lerinensibus : *Incessu modesti, obedientia citi, occursu taciti, vultu sereni, prorsus ipsa protinus contemplatione Angelicæ quietis agmen ostendunt.* S. Eulogius in Epist. ad Willesindum Episcopum Pampilon. : *Quid referre de Sanctorum vir-*

tutibus lingua potest mortalis, qui in terris positi Angelice vivunt, et qui licet inter homines conversentur, propositum vero gerunt cæleste. Sanctimonialium *Angelicum ordinem* vocat Concilium Forojuliense ann. 791. can. 12. S. Antiochus in Epist. ad Eustachium : Τοῦτο δὲ μόνον λέγω, ὅτι ὡς ἀληθῶς ἦσαν ἄνθρωποι θεῖοι, εἴγε δεῖ ἀνθρώπους αὐτοὺς καλεῖν, καὶ μὴ ἀγγέλους. Idem Homilia 14 : Ἐξαιρέτως δὲ ἡμεῖς οἱ τῷ κόσμῳ δῆθεν ἀποταξάμενοι, καὶ τὸν ἀγγελικὸν βίον ἐπαναῤῥήμενοι. Hinc Monachorum *Cælestis vita* dicitur S. Hieronymo Epist. 41. et in Vita S. Pauli Eremitæ. Adde Homil. 105. Charta Frederici Ducis Bohemiæ ann. 1186. apud Bohuslaum in Hist. Bohemiæ pag. 217 : *Ego Fridericus cupiens assiduis in precaminibus in futuro connumerari ejusdem loci fratribus qui die nocteque a laude Dei nec momento cessantes sanctis æquales esse probantur Angelis, etc.* Vide Georg. Pachymerem lib. 11. cap. 22. et quæ ad Euchologium adnotavit vir doctissimus Goarus pag. 517; nos etiam ad Alexiadem de ea re egimus.

Angelicum vero *habitum* sumere dicebantur morituri Laïci, qui prius quam vita excederent, Monachicis indumentis indui postulabant, ut orationum Monachorum essent participes; eorumque ad id nomina in Calendario, seu Necrologio, scriberentur, ut annotat S. Anselmus lib. 2. Epist. 21. Cujus moris exempla proferunt præter Græcos Scriptores seu Byzantinos, Luitprandus lib. 3. cap. 5. Leo Ost. lib. 1. cap. 44. lib. 2. cap. 91. lib. 3. cap. 38. (al. 40.) Petr. Diac. lib. 4. cap. 72. Aimoin. de Mirac. S. Benedicti lib. 4. cap. 3. Ordericus Vitalis, pag. 594. 627. 716. 787. 788. Cæsarius lib. 2. Miracul. cap. 16. lib. 7. cap. 8. lib. 12. cap. 2. lib. 22. cap. 15. Fragmentum Hist. Andegav. cap. 5. tom. 10. Spicileg. Gesta Dominor. Ambasiensium cap. 4. n° 8. Historia Monasterii S. Nicolai Andegav. pag. 3. 32. Heremannus de Restaurat. S. Martini Tornacensis, etc. Vide *Monachus ad succurrendum.*

ANGELICI, Hæretici, qui Angelos ut Deos colebant: de his Epiphanius et Augustinus lib. de Hæresibus. [** Isid. Orig. lib. 8. cap. 5. sect. 18.]

* **ANGELIUM**, *Annuntiatio*, in vet. Glossar. ex Cod. reg. 7613. Occurrit præterea in Glossar. Lat. Ital. MS. Vocabul. compend. : *Angelium, Annonchement.*

¶ **ANGELOTTI**, Monetæ species. Hist. Monast. S. Laurentii Leodiensis apud Marten. tom. 4. Ampliss. Collect. col. 1160 : *Ipse siquidem Abbas obtulerat domino nostro centum Angelottos aureos.* Vide in *Moneta* sub Henrico VI. Angliæ Rege.

* **ANGELOTUS**, diminut. ab Angelus, nostris etiam *Angelot.* Inventar. S. Capellæ Paris. ann. 1363. ex Bibl. reg. : *Item, ymago unius Angeloti, portans quandam modicam particulam capitis S. Johannis Baptistæ.* Aliud ann. 1376. ex ead Bibl. : *Caput B. Clementis in quodam vase argenti deaurati repositum, cum quatuor parvis Angelotis.* Nostri *Angele* dixerunt pro *Ange.* Vita J. C. MS. :

Angeles, Arcangeles plus de cent.

* **ANGELULUS**, ut *Angelotus*, Puer in habitu angeli. Ordinat. MS. eccl. Camerac. ad diem Paschæ fol. 43 : *Qui* (episcopus) *interim paratus alba, stola, cappa, mitra, cyrothecis et cambuca, occurrit processio, præcedentibus Angelulis.*

1. **ANGELUS**, Legatus, Nuntius, etc. Græc. ἄγγελος. Gloss. MS. Regium : *Angelus, nuntius, gaudium.* Martianus Capella lib. 2. de Genio : *Et quoniam cogitationum arcana superæ annuntiat potestati, etiam Angelus poterit nuncupari.* Ekkehardus junior de Casib. S. Galli cap. ult. : *Angelus Imperii.*

2. **ANGELUS**, Vexillum præcipuum apud Impp. Occidentales, quod S. Michaëlis effigie insigniretur. Wittikindus lib. 1. de Gest. Saxon. : *Imperatorem in primis, mediis, et ultimis versantem videntes, corumque eo Angelum, (hoc enim vocabulo effigieque signum maximum erat insignitum) acceperunt fiduciam magnamque constantiam.* Lib. 3 : *In quinta* (acie) *quæ erat maxima, et dicebatur Regia, ipse Princeps vallatus lectis ex multis militum millibus, alacrique juventute, coramque eo Angelus, penes quem victoria, denso agmine circumseptus, etc.* Eadem habet Conradus Urspergensis pag. mihi 222. Apud Græcos Imperatores sequioris ævi, inter varia quibus in cæremoniis Palatinis et Ecclesiasticis utebantur, vexilla, primum etiam fuit, quod τοῦ Ἀρχιστρατήγου, seu S. Michaelis, appellabant, ut auctor est Codinus de Offic. cap. 6.

3. **ANGELUS**, Titulus, quo summi Pontifices, aliique Episcopi compellari solebant. Justinianus Comes, postea Imperator, in Epistola ad Hormisdam PP. : *Comperimus.... ad Angelum vestrum hinc discedentes iter arripuisse.* Infra : *Quamobrem etiam et a viris reverendissimis Episcopis... ab Apostolatu vestro ad nos Angelus vester destinare dignetur.* Relatio Archimandritarum Syriæ ad eumdem Hormisdam post. 22. Epistolam ejusdem Pontificis : *Quoniam Deus et doctorem, et medicum animarum constituit vos et vestrum Angelum, etc.* Ita in Synodo adversus Tragœdias Irenæi cap. 173. 302. Libellus Porphyrionis, Diaconi Alexandrini ad Leonem I. PP. in Concilio Calchedonensi Act. 3 : Δέομαι τῆς ἡμετέρας ἀγγελικῆς στρατηγίας κατελεῆσαί με. *Angelica sedes vestra,* in Epistola Episcoporum Dardaniæ ad Gelasium PP. Hinc *Coangelici* dicuntur summi Pontifices. Anastasius Biblioth. in Præfat. ad Synodum VII : *Domino Coangelico Joanni Pontifici summo et universali Papæ, etc.* Idem in Vitis PP. pag. 216. et alibi non semel hocce epitheto donat summos Pontifices. Concilium Romanum anno 853. dicitur actum *anno Pontificatus sanctissimi ac Coangelici et universalis quarti Papæ Leonis septimo* : ut Concilium aliud Romanum ann. 877. *a Domino et Coangelico Papa.* Adde Annales Francor. Bertinianos ann. 868.

Sed id etiam epitheti datur interdum ipsis Episcopis. Vetus Charta apud Rubeum lib. 5. Histor. Ravennat. : *Dum resideret ibidem Honestus Coangelicus Archiepiscopus S. Ravennatis Ecclesiæ, etc.* Adde pag. 257. Apud Lambecium lib. 5. de Cæsarea Bibliotheca pag. 124. ἰσαγγέλου epitheton tribuitur Joanni Tranensi in Apulia Episcopo : quomodo apud Palladium in Historia Lausiaca cap. 43. Theodosius M. ὁ ἐν ἀγγέλοις ἀριθμούμενος dicitur. Extat Anastasii Sinaitæ Patr. Antioch. ἀπόδειξις, ὅτι μέγα καὶ ἀγγελικὸν τὸ Ἀρχιερατικὸν ἀξίωμα. His porro titulis insigniuntur summi Pontifices et Episcopi, quia in Apocalypsi Sacerdotes *Angeli* appellantur, et per *Angelos* intelliguntur : et, ut ait S. Remigius Remensis Episcopus in Epistola ad Falconem Tungrensem, *sub vocabulo Angeli traditur actionis forma Pontificiæ.* Isidorus Hispalensis in Epist. ad Massenum Episc. : *In Angelo Ecclesiæ Præpositum utique, id est, Sacerdotem ostendit.... Joannes Evangel. etc.* Joannes VIII. PP. Epist. 292 : *Sacra Scriptura Sacerdotes Domini aliquando Deos, aliquando Angelos nominat.* In VIII. Synodo can. 11. Episcopi dicuntur ferre τύπον τῶν ἁγίων καὶ οὐρανίων ἱεραρχῶν. Denique Riculfus Suessionensis Episcopus in Constitut. ann. 889. ad Presbyteros : *Ad vos enim plebium pertinet cura et solicitudo, et ex vobis pendet earum salus, utilitas, atque animarum profectus. Scriptum namque est de vobis :* (Malach. 2.) *Labia Sacerdotis custodiunt scientiam, et legem ex ore ejus* [requirent], *quia Angelus Domini exercituum est. Angelus namque Latino eloquio nuntius dicitur : et vos quidem Angelorum ministerium expletis, quando vestras plebes instruitis atque docetis.*

* Et abbates ita nuncupati, ut discimus ex Charta ann. 956. apud Murator. tom. 1. Antiq. Ital. med. ævi col. 165 : *Leone Christi famulo, religioso presbitero et monacho, et pro divina clementia Coangelico abbate ejusdem monasterii* (de Sublaco).

¶ 4. Angelus. Sic vulgo appellatur Salutatio Angelica quæ matutina luce, meridiana et serotina ad campanæ pulsum recitatur. Hujus institutionem, quæ primum ad pulsationem *ignitegii* cœpit, S. Bonaventuræ acceptam referunt nonnulli, alii vero, quod verisimilius est, Joanni XXII. PP. Concilium Senonense ann. 1347. cap. 13 : *Præcipimus, quod observetur inviolabiliter ordinatio facta per S. M. Joannem PP. XXII. de dicendo ter Ave Maria tempore seu hora ignitegii.* Statuta D. Simonis Episc. Nannet. apud Marten. tom. 4. Anecd. col. 962 : *Præcipimus, ut ipsi faciant hora consueta pulsari campanas in Ecclesiis suis ad ignitegium, Gallice* Couvrefeu, *et præcipiant parochianis ad pulsationem hujusmodi dicere genibus flexis verbum salutationis ab Angelo gloriosæ Virgini Mariæ Ave Maria : et ex hoc lucrantur decem dies indulgentiæ.* Verum ubi crevit pia hujusmodi institutio, auctæ pariter et indulgentiæ. Synodus Biterr. ann. 1369. apud Marten. tom. 4. Anecd. col. 660 : *Item, simili modo ordinatur quod de cetero in aurora diei pulsetur tribus ictibus cum batallo majoris campanæ, et quilibet audiens, cujusque status fuerit, dicat ter Pater noster et Ave Maria, et cuilibet dicenti, de Omnipotentis Dei auctoritate et nobis attributa, damus et concedimus* xx. *dies indulgentiæ in remissionem suorum peccaminum.* His tandem ex auctoritate summi Pontificis ccc. indulgentiarum dies accesserunt, cum a Ludovico XI. ann. 1472. ut ter in die *Angelus* diceretur, præceptum fuisset, quod hactenus pie et religiose est observatum.

5. Angelus, Nummus aureus Francicus. Vetus Regestum : 7. *Febr.* 1340. *fiebant Angeli fini, ponderis* 33. *et* 2. *tert.* 23. *Aug.* 134. *Angeli ponderis* 38. *et* 1. *tert.* Vide infra v. *Moneta.*

6. *Angelorum* ignota nomina fingi vel no-

minari vetat Concil. Laodic. can. 35. Sola enim *Michaëlis*, *Gabrielis et Raphaëlis* agnoscit Ecclesia. Capitulum Aquisgran. ann. 789. can. 16. lib. 1. Capit. cap. 16. Synodus Romana sub Zacharia PP. Quibus interdum *Uriel* adjungitur. Vide Rhenanum lib. 3. Rer. German. pag. 149. Altaserram ad Ferrandum Diac. pag. 124. Stephan. Baluzium ad lib. 1. Capitul. cap. 16. etc.

* 7. **ANGELUS**, Piscis genus, nostris etiam *Ange*. Tract. MS. de Piscibus ex cod. reg. 6838. C. cap. 40 : *Squatinam nostri, Massilienses, Galli, Ligures Angelum vocant, a similitudine angeli picti, cum alis expansis.*

** **ANGENA**, *glandule*, Gloss. Jæckii et Gloss. cod. reg. 7644. Ibidem infra : *Anguinæ, glandulæ.*

* **ANGENINA**, Moneta Lotharingica, cujus 8000. faciunt marcam, Vide Bodin. de Republ. lib. 6. cap. 3. pag. 661. edit. Paris. ann. 1577.

¶ **ANGENS**, Anxius. Translatio S. Athanasii Episcopi Neapol. apud Muratorium tom. 2. part. 2. col. 1074 : *Intra paucos dies desideratum lumen restituit puero, et patri Angenti reddidit consolationem.*

* **ANGENTER**, *Astringenter*. Cath. Astricte, anguste.

ANGER, pro *Armiger*, Gloss. Isid. : *Anger, spatharius, qui angit, i. stringit spatham.* Joan. de Janua : *Anger, spatarius, ab ango, eo quod angenter, i. stricte spatam teneat. Vel hic Anger, i. cruciator. Vel Anger, genus serpentis, quod angulose et tortuose incedat ; unde versus :*

Anger angit gladios, serpens est, et cruciator.

* **ANGERIARI**, *Ominari, præsagire, Devinar, Prov.* in Glossar. Provinc. Lat. ex Cod. reg. 7657. Verum leg. *Augurari.*

* 1. **ANGERIUS**, Vectigalium exactor; quia angit, sic dictus. Charta ann. 1215. de pedagio salis et lesdæ civit. Avenion. ex Bibl. reg. : *Mandaverunt quod lingua illa, quæ precipiebatur ab Angeriis in denariis, ab hora nona diei Veneris usque ad horam nonam diei Sabbati sequentis, et civibus et extraneis sit in perpetuum remissa.* Vide *Angarius.*

* 2. **ANGERIUS**, f. Uncus, Gall. *Croc.* Correct. stat. Cadub. cap. 43 : *In omni regula Cadubrii fiant de bonis communis Cadubrii schallæ duæ et quattuor Angerii, et in plebe quattuor schallæ et Angerii quatuor, ut occurrente casu ignis melior possit fieri deffensio.* Vide *Angistrum.*

* **ANGETUM**, *Palitii* aut aggeris terrei species videtur, quo ager a transeuntibus defenditur; sic dictum, quod viam coarctet. Stat. Genuens. lib. 6. cap. 14 : *Si inter terras duorum aderit via publica, et ambo convenerint de faciendo, vel quod alter faciat Angetum super dictam viam, possint illud facere ; dum tamen sit altum a plano viæ ad minus per palmos decem octo.* Aliud sonat *Anghet*, in Lit. remiss. ann. 1443. in Reg. 176. Chartoph. reg. ch. 285 : *Le suppliant fut par eulz mis en ung Anghet, en tel point que il cuidait que iceulx compaignons le deussent tuer oudit hostel.* Ubi pro Angulo, loco secreto usurpari videtur. Vide infra *Anglare.*

¶ **ANGHIO**, Anthrax, bubo, Gall. *Charbon, Bubon.* Miracula S. Humilianæ tom. 4. Maii pag. 406 : *Juvenis quidam.... patiebatur infirmitatem in femore, quæ vulgo dicitur Anghio, physice dicitur Bubo, tam periculosam quod oculis humanis aspicientibus apparebat nimis horribilis, et erat inflatum femur.* Vide *Anguen.*

ANGIA, Isidoro in Gloss. *Ferrum buculæ scuti.* Papiæ : *Ferrum intra buculam scuti.* [Grævius pro *Angia*, censet scribendum *Ancile* : quod vide]

ANGILDUM, Simplex *gildum*, aut *Weregildum*, seu simplex valor hominis vel rei alicujus, compensatio pro simplice rei vel hominis æstimatione ; ex Saxonico a n, una, et g i l d, solutio, pretium, compensatio ; ut *twigildum*, compensatio duplex : *trigildum*, compensatio triplex, etc. Leges Inæ Regis cap. 24. apud Bromptonum [** in Saxon. 22.] : *Si tuus Genereat, id est, colonus, vel villanus furatus fuerit et amittas eum, si habeas plegium, admoneas eum de Angildo : si tu non habeas, redde tu Angildum, et non sit ei in aliquo remissius.* Adde leges Alvredi cap. 7. 11. [** in Saxon. 6. et 9. § 1.] Vide *Gildum.*

¶ **ANGILLA**, *Serpentina, ab angue.* Papias MS. Ecclesiæ Bituricensis.

* **ANGILOPA**. Alex. Iatrosoph. MS. lib. 1. Passion. cap. 103 : *Hoc enim* (remedio) *solo utendo non solum egilopas, sed etiam Angilopas, diuturnas scio fuisse curatas.* Ubi Glossæ : *i. e. duratas.* Vide *Ægilopa.*

ANGINA, *Taberna*, in Glossis Arabico-Latinis, an *Tabera ?* nam *Anginæ, tubera porcorum* vocantur. [** Ita legitur in Gloss. cod. reg. 7644.]

ANGISTRUM, Hamus, Ugutioni ; ex Græc. ἄγκιστρον. Est etiam instrumentum chirurgorum, apud Isidorum lib. 4. cap. 11. apud quem *ancistrum* restituit Vossius.

¶ **ANGITUDO**, *Anxietas, ab ango, vel angulis, quia in diversa se torquet.* Papias in MS. Bituric.

¶ **ANGLA**, ὄγες, ὡς Νέδιος, Mensa triangularis, in Supplemento Antiquarii. [** Vulcanius ad Gloss. Lat. Græc. legere jubet *Anglones.*]

¶ **ANGLARE**, *Aurire.* Gloss. Bituric. Forte *Antliare*, ab *Antlia, Haurire.*

* **ANGLARE**, ANGLARIUM, Angulus sive exterior, sive interior, Gall. *Angle, coin.* Stat. ann. 1357. inter Probat. tom. 3. Hist. Nem. pag. 195. col. 2 : *Murus iiij. palmarum, procedens de directo a muro portalis de Arenis versus murum canalis, taliter quod a dicta parte canalis faciat Anglarium ad modum turris.* Ibid. pag. 196. col. 1 : *Continuando usque ad edifficium magnum P. Garini... usque Anglare, et a dicto Anglari usque ad edifficium dicti magistri Petri perficiatur. Anglet*, eadem notione, nostris. Lit. remiss. ann. 1395. in Reg. 147. Chartoh. reg. ch. 298 : *Quant ilz furent comme pour passer un mur,... en un Anglet d'icellui mur, etc.* Froissart. 3. vol. cap. 17 : *Adonc l'escuyer me tira en un Anglet de la chape du chastel d'Ortais.* Hinc *s'Angler*, iisdem, pro In angulo recedere, se se abdere, Gall. *Se retirer, se cacher dans un coin.* Mirac. MSS. B. M. V. lib. 1 :

Un enfant ot en cor n'agaires,
Dedens sa chambre s'en Angla,
Se le mourdri et estrangla.

Unde et *Anglée*, pro Secessus, locus abditus, Gall. *Coin, lieu retiré*, in Vitis Patrum MSS. :

En une parfonde valée,
De l'une part en une Anglée
Estoit uns espinois crueus.

Vide supra *Angetum.*

ANGLESCHERIA, [Nativitas Anglica.] Vide *Englescheria.*

ANGLIATA, *Angulus.* Testamentum Sisnandi Comitis Conimbricensis apud Brandaon. tom. 5. Monarchiæ Lusitanæ pag. 276 : *Et in illa Angliata sub Castello S. Eulaliæ duas villas ad integrum.*

ANGLICUM OPUS. Liber anniversariorum Basilicæ Vaticanæ apud Joan. Rubeum in Vita Bonifacii VIII. PP. pag. 345 : *Quinque aurifrigia, quorum tria sunt de opere Cyprensi, et unum est de Opere Anglicano, et unum est ad Smaltos, etc.* Leo Ost. lib. 2. cap. 33. (al. 34.) : *Loculus ille mirificus... argento et auro gemmisque, Anglico Opere subtiliter ac pulcherrime decoratus.* Ubi quidam perperam restituunt *anaglifo.* De Anglorum porro in artibus solertia, sic Gesta Guillelmi Ducis Normann. et Regis Anglic. pag. 211 : *Anglicæ nationis feminæ multum acu et auri textura, egregie viri in omni valent artificio.*

¶ **ANGLICUS**, Anglicæ monetæ species in Vita S. Donatiani Episcopi : *Filum argentum duos Anglicos valentem, pro munere tibi apportabit.*

¶ **ANGLOBES**, ποπάνου εἶδος, *Placenta.* Supplem. Antiquarii.

¶ **ANGLUM**, *Anglus*, pro *Angulus*, Gall. *Angle, Coin. Angulus terræ*, apud nostrates *Coin de terre, Morceau de terre.* Chartularium SS. Trinit. Cadom. ex Bibliotheca D. Abbatis *de Rothelin*, fol. 43. v° : *Symon in tempore Henrici Regis senis tenuit viij. acras... et ibi unum Anglum de defenso præoccupatur et clausum extra defensum.*

¶ **ANGOISSOLI**, Publicorum usurariorum societas, damnata Edicto Johannis I. Regis Franc. ann. 1353. apud D. *de Lauriere* tom. 2. Ordinat. Reg. pag. 523.

ANGONES, dicuntur, lingua Francica, tela seu hastæ quibus Franci utebantur. Sic vero describuntur ab Agathia lib. 1 : *Brevia*, inquit, *tela quæ ipsi Angones vocant; cujus pars major ferro obducta est, ita ut ex ligno aliquid præter membrum vix extet : in superiori ferro tanquam hami utrimque sunt, et deorsum vergunt.* Similia ex Agathia habent Eustathius, auctor Etymologici et Suidas. Ex qua *Angonum* descriptione, Lipsii in Poliorceticis sententia quibusdam arridet, qui nostras securiculas describi censuit, quas vocabulis haud abludentibus, Belgæ *Hacken*, nos Galli *Haches* appellamus. *Aichou*, et *Achou* etiamnum securiculas vocant Arverni, vocibus ab *ango* vel *aggo*, deductis, existimat vir doctus. *Angonum* meminit etiam Pachymeres lib. 12. cap. 30 : Ἰταλικοῖς τόξοις καθωπλισμένοι, αὐτοὶ δὲ μετὰ πελτῶν, καὶ παλτῶν ἐπιχωρίων δοράτων, ἃ δὴ τὸ παλαιὸν ἄγγωνες ἐκαλοῦντο, τὸν πόλεμον ἀνεδάρρουν.

¶ **ANGOVINI**, pro *Andegavensis Moneta.* Charta Roberti de Osburvilla ex Archivo Monasterii B. M. de Bono Nuncio Rotomag. : *Concessi et donavi in perpetuam eleemosinam Deo et Ecclesiæ S. M. Becci et Monachis ibidem Deo famulantibus.... 17. libras Angovinorum, etc.*

¶ **ANGRÆ**, *Intervalla arborum, vel con-*

valles. Glossar. Isid. In Pithœanis, *Angæ*. Festus habet : *Antras, Convalles vel arborum intervalla*. Papias : *Anchræ*, *etc*. Vide *Ancra*. Haud scio an non idem significet *Angre* apud Murat. tom. 2. pag. 257. col. 1. A. in Capitulari Sicardi Principis Beneventi, ubi sic legitur : XXXVIII. *de Angre*. XXXIX. *de Stahi*. XL. *de ponte lapideo et de plagia*. LXI *de fluvio diu concello, etc*. [** Pratillus ad h. l. nomen proprium esse ait, hodie *Angri* prope Nuceriam.]

¶ **ANGRIP**, Legitur apud Spelmannum pro *Anagriph*, quod vide.

ANGROMAGUS. Vide *Anchiromacus*.

* **ANGUARA**, Idem quod supra *Angarea*. Charta Andreæ de *Chauvingni* dom. Castri Rodulfi ann. 1325. in Reg. 65. 2. Chartoph. reg. ch. 278 : *Avons franchi.... Ameline fame feu Grangier... et touz leurs hoirs masles et femeaux.... de taille, mortaille, leyde, bian, Anguara, paranguayra, et de toute exaction*. Hinc nostris olim *Anguengne*, pro Angor, molestia. Lit. remiss. ann. 1375. in Reg. 106. ch. 408 : *Lequel suppliant esmeu de l'Anguengne, que lui faisait ledit charpentier, et des paroles qu'il lui disait, feri icellui charpentier*. *Angoine* et *Angorisme*, eadem notione, in Mirac. B. M. V. MSS. lib. 1 :

Theophilus est en Angoine,
Et effrées trop durement....
Or ai tant fait par moi meisme,
Que chiffrés sui en Angorisme.

¶ **ANGUEN**, Anthrax, Pestilens *inguinis* bubo, Gall. *Charbon, Bubon*. Acta. SS. April. tom. 2. pag. 954 : *Dum de mense Octobris proxime præterito ex maxima febre et duobus Anguinibus in corpore ipsius, ex epidemia tunc concurrente in extremis laboraret, etc*.

* **ANGUERIUS**, Angulus, ut videtur, Gall. *Angle*. Charta ann. 1386. ex Tabul. Massil. : *Pro implendo dictam turrim, et pro avantagiis crotæ, et pro Angueriis, etc*. Vide supra *Anglare*.

* **ANGUIFER**, Anguem ferens. Chron. Tarvis. apud Murator. tom. 19. Script. Ital. col. 863 : *Verum maxima pugna terribilisque clamor circa Anguifera insignia erant*. Vide *Draco* 1.

ANGUILLA. Glossæ Isidori : *Anguilla, est qua coercentur in scholis pueri, quæ vulgo scutica dicitur*. Gloss. Ælfrici : *Anguilla, vel scutica*, svipa.

¶ **ANGUILLARUM** POSITIO, Jus ponendi in flumine quidquid ad capiendas *anguillas* necessarium est. Charta Eustachii Flandriæ Camerarii ann. 1224. apud Miræum tom. 1. Diplom. Belgic. pag. 681 : *Inde est quod ego in parochia de Westende Anguillarum Positionem in Isara extra Slusam jacentem, et ad aquæ ductum mei officii pertinentem, dictæ Ecclesiæ S. Petri de Oudenburg in eleemosynam contuli*. Ibidem in Charta alterius Eustachii ann. 1261 : *Noverit universitas vestra, quod cum controversia orta esset inter me ex una parte, et Ecclesiam S. Petri ejus loci ex altera, super positionibus Anguillarum sitis sive jacentibus in officio meo de Sclipis, quas dicta Ecclesia dicebat nobilem virum Eustachium quondam Camerarium Flandriæ patruum meum ipsi Ecclesiæ in eleemosynam contulisse... Quo inspecto ego recognovi coram dicto Comite et recognosco me nihil juris habere in præfatis Positionibus Anguillarum*.

ANGUILLARIS, ANGUILLARIUM, Locus fluminis, ubi capiuntur *anguillæ* : vel ut habet Ugutio, *locus ubi anguillæ habitant*. Charta Rohonis Episcopi Inculismensis in Tabul. Abbatiæ S. Amantii : *Silvis, pratis, aquis, farinariis, Anguillariis*. Alibi in eod. Tabul. : *Sed et ad Anguillarem faciendum, et ad molendinos construendos dederunt boscum, etc*. Observat porro Wendelinus in Lege Salica, et aliis ejusmodi, non aliorum piscium fieri mentionem, quam *Anguillarum*, et quidem fluviatilium, non item lacustrium : unde conjicit eas Leges non alibi latas quam circa prata Brabantiæ versus Hercam, ubi inexhausta fere est anguillarum piscatio.

¶ **ANGUILLARIUM**, Præstatio anguillarum domino debitarum. Tabularium S. Petri de Cella-Fruini Engolismensis : *Dederunt omne Anguillarium, scilicet quartam partem Anguillarum, etc*.

¶ **ANGUINA**, Funis, Gall. *Cable*. Hist. Norman. Scriptores apud Andr. Duchesnium pag. 40. col. 2. ex Abbone de Obsidione Lutetiæ a Normannis :

Anguinisque trahebantur ripas secus (cimbæ) ipsæ.

Ubi in margine : *Anguinis, funebus*.

* **ANGUINALIA**, Pestis inguinaria, bubo, ab Ital. *Anguinaia*, inguen, Gall. *Aine*, olim *Enguinaille*, *Angonne* et *Anguenne*. Mirac. S. Rosæ tom. 2. Sept. pag. 456. col. 1 : *Johannes Grisostomus puer,... amorbatus eo morbo, qui Anguinalia dicitur, jam in extremis erat constitutus*. Vitæ SS. MSS. ex Cod. S. Victoris Paris. sign. 28. fol. 119. r°. col. 1 : *Laquele pestilence il apelent enguinaire, ce est apostume sanz enfleure en la Enguinaille*. Lit. remiss. ann. 1471. in Reg. 195. Chartoph. reg. ch. 605 : *Le suppliant bailla d'icellui cousteau ung cop à Denis Dufour en la cuisse senestre, à l'endroit de la Angonne ou coilyon*. Aliæ ann. 1409. in Reg. 153. ch. 345 : *Icellui Jehan fu blecié de son coustel en l'Anguenne, ou en la cuisse*.

¶ **ANGUIROMAGUS**. Vide *Anchiromagus*.

¶ 1. **ANGUIS**, Draconis effigies in vexillis delineata. Vide *Draco* 1.

** 2. **ANGUIS**, *crudelis*. Gloss. in cod. reg. 7644.

1. **ANGULA**, *Anguilla*, in Glossis Arabico Lat.

2. * **ANGULA**, Territorium quoddam *ballivæ* seu districtus Senonensis, nostris etiam *Angle*. Charta Ludov. X. reg. Franc. ann. 1315. in Reg. 52. Chartoph. reg. ch. 92 : *Johanni de Claromonte militi concessimus de gratia speciali unum mercatum in villa sua de Sancto Justo in Angula*. Lit remiss. ann. 1396. in Reg. 151. ch. 148 : *Saint Just en l'Angle ou ressort du baillage de Sens*.

¶ **ANGULA** TERRÆ, pro *Angulus terræ*, Gall. *Coin, portion de terre*. *Madox* Formulare Anglicanum pag. 197 : *Hac præsenti carta mea confirmavi Randulfo de la Lane illam Angulam terræ meæ quæ jacet ex parte Occidentali aquæ de Waltecumbe, decurrentis in villam de Wella, illam Angulam scilicet quæ est juxta magnam viam, etc*.

* Suspicor esse Modum agri, quem et nostri *Anglée* appellaverunt. Charta ann. 1256. in Chartul. Thenol. fol. 56. r° : *Connaissons encore que à cele église nous avons vendut une Anglée de nostre preit,.... de laquelle Anglée de ce preit etc*.

ANGULARIS, Colatorium, quod vulgo *Chausse* vocamus, quia in angularem formam desinit. Apitius lib. 7. cap. 4 : *Suffundes liquamen, fricabis, in Angularem refundes simul cum offellis, etc*. Utitur etiam alio loco. Occurrit quoque semel ac iterum in Tabulario S. Eparchii Inculismensis fol. 63.

* **ANGULATA**, ut *Angula*, angulus, Gall. *Angle*, *coin*. Charta ann. 1263. in Chartul. S. Cornel. Compend. fol. 185. r°. col. 2 : *Cum mota fuisset discordia.... super quadam petia terræ, in qua nemus plantaveramus, sita videlicet in Angulatis nemorum de Lihiis, etc*. Vide *Angliata*.

1. **ANGULOSUS**, πολυγώνιος, in Gloss. Græc. Lat.

¶ 2. **ANGULOSUS**, Subdolus, tortuosi ingenii, vafer, Gall. *Fourbe, Trompeur*. Chron. Andrense tom. 9. Spicil. Acher. pag. 593 : *Quare Angulosus Rex Anglorum Johannes exire de regno suo jubet totum conventum Ecclesiæ Christi Cantuariæ*. Sunt qui ab *Angula*, id est, *Anguilla* factum putent *Angulosum*; quia versipellis in anguillæ modum ad omnia sese flectit, ut elabatur, unde hæc nostris loquendi formula : *Il s'échappe comme une anguille*. Sed et ab *Angulo* oriri potest. *Angulosus* Plinio idem est qui *Multangulus* : ubi autem anguli multi, quod quæritur, ut in versipelle, vix invenitur.

¶ **ANGULSAXNUS**, Anglo-Saxo. In duabus Chart. ann. 946. apud H. Wanleium de antiqua Litterat. Septentr. pag. 302 ; *Post obitum Eadmundi Regis qui regimine regnorum Angulsaxna et Northymbra paganorum Brettonumque.... gubernabat*. Item *An. D. Incarn*. 946 : *Et 1°. temporali cicli laterculo quo sceptra diadematum Angulsaxna cum Northymbris, et...*

* **ANGULUM**, pro Cingulum, Ambitus, Gall. *Enceinte*. Charta Philippi comit. Flandr. ann. 1211. ex Cam. Comput. Insul. : *Omnes qui ghildam habent et ad illam pertinent, et infra Angulum villæ suæ manent, liberos omnes facio*.

* **ANGULUS**. Libert. Pontis-Urson. tom. 4. Ordinat. reg. Franc. pag. 640. art. 32 : *De multura, si aliquis moliat sexdecim boessellos, sextum decimum regis est. Molendinus tenet in Angulis dimidium boessellum et pastum*.

¶ **ANGURIA**, Spelmanno idem est cum *Angaria*, quod vide.

¶ **ANGURIUS**, Sarracenice *Bathich*, Pepo, Gall. *Melon*. Parvum Vocabularium Latino-Sarracenicum ad calcem Itinerarii Hierosol. auctore Bernhardo *de Breydenbach*. pag. 250 :

Pomum,	Doffaba.
Pirum,	Engassa.
Ficus,	Hync.
Angurii,	Bathich.
Pulmentum,	Tabich.
Ovum,	Beyde.

* **ANGUSTI**, pro Augusti; sic appellantur *Nummi Bracteati*, in quibus effícta imperatorum effigies : alii vero aliis nominibus designantur. Consule Jac. *à Mellen* in Epist. de quibusdam nummis Germ. ad D. Gasp. Sagitar. et Joan. Christoph. Olea-

rium in Isagoge ad Numophylacium Bracteatorum. Vide in *Nummus*. [** Germanis olim *Angster*, quasi *Angesicht-Pfennig*, ab imagine non solum Imperatorum, sed etiam Episcoporum, præsertim Augustanorum, unde etiam *Antlitt-Pfennige*, *Antlitzer*, et ab Episcopis Augustanis *Angster* appellabantur. Vide Stumpf. Chron. pag. 358. Hotting. Spec. Helvet. pag. 24. ADEL.]

ANGUSTIARI, pro *Angi*; angore, mœstitia affici. Hildegardis in Vita S. Roberti Confessoris : *Mater præ timore Angustiata et gravata*. Occurrit non semel.

* *Angoissier*, eodem sensu, in Poem. MS. Rob. Diaboli :

Che fait, li plaie qui l'Angoisse,
Qui l'apetice et qui le coisse.

Hinc

* **ANGUSTIATIO**, ANGUSTIATOR. Vocabul. compend. : Angustia, qui angustat.

¶ **ANGUSTICUS**, Angustus. Translatio S. Benedicti in Galliam ante annos nongentos exarata, tom. 4. Analect. Mabill. pag. 452 : *Quando vero in via silvatica et Angustica itinera ambularet, nec arborum offendicula, nec difficultas viarum obstaculum eis vel impedimentum esset itineris, etc.*

ANGUSTIOSE, Difficulter, cum angore, apud Matth. Paris.

¶ **ANGUSTIOSUS**, Molestus. Vita Lidwinæ tom. 2. Aprilis pag. 353. D : *Concurrebant matronæ devotæ ut relevarent mæstitiam spiritus ejus; sed onerosus erat omnis consolator, Angustiosus erat omnis sermo creaturæ.*

ANGUSTIPORTUM. Gloss. Græc. Lat. ςενωπὸς, *Angustiportum*, *Angustus*, *Angiportus*, *Angulus*.

** **ANGUSTRINA**, στενόχορτα. Gloss. Græc. lat. An στενοχωρία;

** **ANGUSTRUM**, *ein top da man yn leset*. Glossar. Lat. Germ. ann. 1477. Germanis superior. *Angster*, et Ital. *Anguistara*, est Vitrum collo angusto. ADEL.

ANGUTIO, Aviculæ species, Petro de Crescentiis lib. 10. de Agricult. cap. 7.

ANHELA, Halitus, anhelitus, Gall. Haleine. Vita Aidani Episcopi Fernensis in Hibernia cap. 4. n. 26 : *Viditque unam* (bestiam) *magnam et fortiorem cæteris . . . aperto ore, quæ erat parata se devorare; cujus Anhela Regem ad se traxit, et pæne devoravit.*

* Vita S. Corbiniani tom. 3. Sept. pag. 284. col. 1 : *Nec tortarum obpressio Anhelam ejus suffocavit.*

¶ **ANHELABUNDUS**, Anhelans. *Cursuque rapidissimo properans, Anhelabundus illuc pervenit*, tom. 3. Concil. Hispan. pag. 646. col. 1.

¶ **ANHELERIUS**, Annulorum faber, Gall. *Faiseurs d'aneaux*. In MS. cod. Confraternitatis B. Mariæ Deauratæ Tholos. inter sodalium nomina recensentur *P. Anhelerius, J. Pelliparius. A. Brodiator, etc.*

* **ANHELIA**, *Pugna*, in Vocab. comp.

ANHELITUS. Gregorius Turon. lib. 3. Hist. cap. 28. et Gesta Regum Francorum cap. 25 : *Sed neque Anhelitus venti in illo loco senserunt*. Phrasis nostris familiaris : *Ils n'ont pas senti en ce lieu-là une haleine de vent.*

¶ **ANHELIZARE**, Anhelare, Spirare, Gall. *Respirer*. Processus de S. Petro de Luxemburgo, Julii tom. 1. pag. 569 : *Febribus et aliis multis infirmitatibus valde gravatus, hora quasi Completorii expiravit; et mortuus ab illa hora, nec Anhelizans nec aspirans neque pulsum habens, stetit usque ad horam subsequentium Matutinarum.*

* **ANHELLUS**, Agnellus, agnus, Occit. et Provinc. *Anhel*, pro *Agneau*; quod de animali perinde ac de moneta, *Agnus* dicta, usurpatur. Charta ann. 1366. in Reg. 137. Chartoph. reg. ch. 55 : *Item etiam probare intendit quod pelles Anhellorum dicuntur illæ, quæ excoriatæ fuerunt sive exeutæ ab anno* (agno) *nundum unius anni completi*. Tabul. Massil. ann. 1381 : *Quælibet capra, capretus, Anhellus solvat ij. pat.* Apocha ann. 1343 : *Raymundus de Prestilz.... et Johannes Ferrandetus recognoverunt... se habuisse et numerando recepisse summas pecuniæ auri infra scriptas a discreto viro M. Petro de Fenolheto, thesaurario magnificæ et egregiæ DD. Helienordis D. G. Fuxi comitissæ, vice comitissæ Bearnii et Martiani, tutricis... D. Gastonis D. G. comitis Fuxi ejus filii,.... iv. Anhellos auri etc. Anhet*, in Consuet. MSS. villæ de Buzeto ann. 1273. art. 41 : *Lesdiz senhors.... de crabe, crobot et Anhet no deben aber ny lhevar*. Hinc :

* **ANHINA**, Pelles Agninæ, Gall. *Peaux d'agneaux*. Charta ann. 1366. jamjam laudata : *Pro octo viginti et sex balis pellium agnorum, vulgariter vocatarum Anhinas.... Item etiam probare intendit, quod a dictis talibus pellibus non extitit lana; sed potius Anhinum dumtaxat*. Vide *Agnellini Panni*.

* **ANICELLUS**, Annulus, ut videtur, Gall. *Petit anneau*. Comput. MS. ann. 1239 : *Pro affecturis et Anicellis, vj. lib. xij. sol.*

ANHLETA. Fridegodus in Vita S. Wilfridi cap. 1. de Britannia :

Anglicus extruso colit hanc Anhleta Britanno.

Ubi Editor, an *Athleta*? Videtur vox Anglosaxonica, forte *anhlota*, tributarius, a voce de qua mox.

ANHLOT, ANLOT, ANLOTE. Leges Willelmi Nothi cap. 4 : *Omnis Francigena qui tempore Edwardi propinqui nostri, fuit in Anglia particeps consuetudinum Anglorum, quod ipsi dicunt Anhlote et Anscote, persolvat secundum legem Anglorum*. Lambardi Editio legit *Anehlot, et an Scote*, et in margine, vulgo *Scot et Lot*. Sensus est, ut unusquisque pro more patriæ sortem et partem suam persolvat. *Hlot* enim sors est, *Scot* pars, seu vectigal : *an* vero articuli vice præponitur, ut apud Gallos, *un*. [** Wilkins : *an hlote et an scote*, ita ut *an*, vulgo *on*, sit præpositio *in*.]

1. **ANI**, [Unus, veteribus Francis.] Vide *Chunna*.

¶ 2. **ANI**, *Circuli*. Papias MS. Ecclesiæ Bituric.

¶ **ANIADOI**, *est futurus paradisus, ver æternum*, Rocho *le Baillif* in Dictionariolo Spagyrico.

¶ **ANIADUS**, Eidem *est rerum efficacia, spiritualis homo, cœleste et glorificatum corpus ex Christo habens.*

* **ANICIUS**, *Invictus*. Cathol.

* **ANICULUS**, pro *Anniculus*, agnus aut ovis unius anni. Charta ann. 1355. in Reg. 84. Chartoph. reg. ch. 368 : *Cum certam lanorum, bidentum et Aniculorum quantitatem emisset, etc.* Vide *Anniculus*.

¶ **ANIE**, *Interpretatur quasi Ananonia, id est recognitio, vel quasi anna, id est, libertas*. Papias MS. Ibidem. : *Anima dicta quasi . . . . Anie id est, Ananonia quod Græce recognitio dicitur . . . . vel quasi Ania, id est vacua.*

¶ **ANILAF**, apud veteres Francos, Undecim. Locum vide in *Chunna* sub finem.

¶ **ANILASINA**, Aliena serva, ut exponit Eccardus ad Leg. Salic. tit. 29. n. 1. [** Lectionem mendosam esse indicat Cod. MS. Paris. (4627), qui habet *Eualesina*. At *eua* est Conjugium et *lesin* est Solvere; h. e. adulterium, quod legem conjugii solvit, *Ehebruch*. Hæc verba sunt Schilteri. ADEL.]

ANILIA, *Amentia, fatuitas*, in Glossis Isidori. Malim *Anitia*, vel *Anitas*, ut sit anuum delirium. Vide *Anitas*. [Nihil hic erat corrigendum. *Anilia, æ*, dicitur ab *Anilis* adjectivo : quo usi sunt Tullius 1. Tusc. 39. *Aniles ineptiæ*; Apostolus et Quintil. *Aniles fabulæ*. Deinde Papias eadem habet, quæ Isidorus : *Anile*, inquit, *vanum. Anilis ætas, senectus fœminæ, Anilia, amentia, fatuitas.*] Hinc

¶ **ANILITARE**, apud Apuleium de mundo, ubi terra dicitur nec occasibus fatigari, nec sæculis *Anilitari*, id est senescere, vel senectute desipere.

* **ANILLA**, *La materia*, in Glossar. Lat Ital. MS. Vide *Anilia*.

1. **ANIMA**, Homo, nostris etiam *Ame*. Hist. S. Clementis I. PP. : *Ita ut in die illa quingentæ Animæ et eo amplius baptizati in nomine Patris, et Filii, et Spiritus sancti, perfecti in fide Christi abscederent*. Passio S. Sebastiani : *Omnis familia quæ erat in domo Nicostrati Animæ 33. promiscui sexus et ætatis, etc.* S. Audoënus in Vita S. Eligii lib. 2. cap. 40 : *Tanta fuit copia decimæ, ut decima accolarum pars centum Animæ ad partem B. Eligii sorte devenirent*. Gregorius Turon. lib. 8. cap. 30 : *Animas in captivitatem subdentes*. Ordericus Vitalis lib. 2 : *In nave 276. Animæ fuerunt*. [** Act. Apost. c. 27. v. 37. Ep. 1. Petr. c. 3. v. 20.] Adde Translationem S. Sandaletii n. 9. Theophanes ann. 18. Mauricii : Ἐγὼ δὲ τοὺς αἰχμαλώτους ἀποδίδωμι αὐτῷ κατὰ Ψυχὴν νόμισμα ἓν κομιζόμενος παρ' αὐτοῦ, *i. in singula capita. Capitatio Animarum*, in leg. 6. Cod. Th. de Conlat. donat. est ea quæ pro servis, adscriptis, censitis prædiorum præstatur, quæ ψυχικὴ συντέλεια dicitur in Constit. Gr. Anastasii leg. ult. Cod. de Annona et trib. *Humana capitatio*, ead. leg. 6. Vide Genes. cap. 46. etc.

2. **ANIMA**, pro *Vita*. Regestum Petri Diac. Casin. n. 409 : *Contra Animam nostram cogitaverunt et consiliaverunt. In Animam alicujus insidiari*, in Edicto Rotharis Regis Longob. tit. 75. § 1; *Contra Animam aut sanguinem patris insidiari*, tit. 61. § 2. [** 163.] *Animæ periculum incurrere*, tit. 86. § 2. in Leg. Longob. lib. 1. tit. 17. § 2. [** Rothar. 284.] et alibi non semel. *In Animam alterius conjurare*, apud Willelmum Neubrig. lib. 5. cap. 20. Vide Petrum Fabrum lib. 3. Semestr. cap. 4. pag. 63.

Pro Anima judicare feudum, pro animæ redemptione aliquid Ecclesiis concedere in Constitut. Friderici I. Imp. apud Radevicum lib. 4. cap. 7.

In animam alterius Jurare. Vide *Jurare*.

** *Animarum domus.* Vide in *Domus.*

¶ **ANIMA** Saturni vel Althea, Rocbo *le Baillif* in Diction. Spagyrico, *est suavissima plumbi dulcedo, quæ per acetum extrahitur.*

¶ **ANIMÆ**, Dies commemorationis defunctorum, secunda Novembris, Gall. *Le jour des morts*, Picardis, *Le jour des ames.* Nicolaus Trivettus in Chronico ad ann. 1296: *Rex Angliæ profectus in Angliam apud S. Eadmundum parliamentum tenuit in crastino Animarum.* Rymer tom. 7. pag. 377: *Apud Westmonasterium in crastino Animarum. Animarum Commemoratio*, apud Lobinellum in Glos. ad calcem tom. 3. Hist. Paris.

ANIMÆQUUS. Gloss. Lat. MS. Regium sign. 1013: *Animæquus, longanimis, sive patiens.* In Gloss. Isidor.: *Patiens animo.* Gloss. Lat. Gr. *Animæcum*, ἰσόψυχον. Leg. *Animæquum.* Lucifer Calaritanus lib. 1. ad Constantium Imp. pag. 73: *Animæqui estote, etc.* Plautus in Rudente act. 2, sc. 3. v. 71:

Ergo Animus Æquus optimum est ærumnæ condimentum.

Animæquior, Eadem notione. Concilium Rom. sub Gregorio II: *Animæquiore mente.* Versus Salomonis Episc. ad Dadonem:

Illud cum recolens... Animæquior exsto.

Occurrit apud Bedam in Vita S. Cuthberti Episc. n. 22. in Vita S. Popponis Abbat. cap. 2. 3. in Vita S. Hadelini Confess. n. 10. apud Helmodum lib. 1. cap. 71. In veteri Testamento, et alibi non semel.

ANIMAL, Equus aut jumentum. Lex 9. Cod Theod. de Re milit.: *Cum propriis Animalibus eo usque veniendum est, ubi obsequium cursuale succedit.* Paulus Diaconus in Heraclio: *Romani Animalia sua nocte et adaquaverunt et acceperunt.* Aimoinus de Mirac. S. Benedicti lib. 3. cap. 6: *Tam est invalidus, ut impetrare nequeat, quatenus proprio Animali suus revehatur Monachus.* [Transactio inter Abbatem et Monachos Crassenses ann. 1351. ex lib. viridi fol. 53: *Quando mittentur aliqui claustrales Camone, ut ibi resideant pro sociis cum Priore, dominus Abbas dicti Monasterii habet* (l. dabit) *eis duo Animalia, videlicet unum pro persona sua, et aliud pro rauba lecti et aliis rebus dicti Monachi portandis ad dictum prioratum de Camone.*] Adde Gaufredum lib. 1. de Vita S. Bernardi cap. 2. n. 4.

Animalia, sæpe pro equis ad cursum publicum destinatis; quæ *Animalia publici cursus* dicuntur in leg. 8. Cod. Th. de Cursu publ. vel *Animalia publica*, in leg. 2. 10. 53. 60. Cod. eod. Symmachus lib. 2. Epist. 27: *Diligentiæ tuæ ratio digeratur, quæ possit ostendere, quo numero Animalia collocaris, et quo apparatu instruxeris mansiones.* Capitolinus in Maximino: *Tanto impetu mutatis Animalibus cucurrit, ut quarta die Romam veniret.* Animalium autem publici cursus nomine non modo *Equi intelliguntur*, quos *cursuales* vocant lex 64. Cod. Th. de Cursu publ. et Senator. lib. 4. Epist. 44. lib. 5. Epist. 5. sed et *Asini, Boves et Muli*: de asinis l. 38. et 41. de bobus l. 1. 11. 55. et de mulis l. 8. 53. eod. tit. Cod. Th. Camelos addit Theophanes pag. 39. ubi et boum meminit. Vide Socratem lib. 3. cap. 1. et quæ notavit Juretus ad Symmachum lib. 2. Epist. 27.

¶ **ANIMALIA**, nude, Pecora majora, Gall. *Aumailles*, ut exponit Eccardus in notis ad Legem Salicam tit. 3. Nude etiam posita *Animalia* legimus apud Mabillonium tom. 3. Annal. Benedict. pag. 219. at pro qua specie animalium, haud ita promtum est dicere. Locum ipsum Lectori propono: *Habebat autem jam tum Protasius sub se 50. Monachos et 20. famulos, 500. oves, 100. Animalia, 50. jumenta, porcos 40. caballos 2. asinos 5. boves 20.* Nulla vacarum, capraram atque mulorum mentio. Vaccas designari ex loco et numero verisimile est.

* Glossar. Gall. Lat. ex Cod. reg. 7684: *Aumailles, majora animalia, ut sunt boves, vaccæ, asini, equi; sed pecudes sunt minora animalia, ut oves, porci, sues, capræ et similia.* Boves et vaccas eo nomine potissimum significari rursum colligitur ex sequentibus. Reg. visitat. Odonis archiep. Rotomag. ex Cod. reg. 1245: *Visitavimus hospitale de Novo-castro... Habent oves iij^c., xl. Aumailes, l. porci, xxv. equi, tam parvi quam magni.* Charta ann. 1358. in Reg. 86. Chartoph. reg. ch. 94: *Onze chiefs d'Aumaille, que buefs que taureaux, furent trouvez ès boys et taillis.* Lit. remiss. ann. 1382. in Reg. 121. ch. 107: *Il trouva oudit pré Guillot Mallet, qui gardoit oudit pré xvj. chefs d'Aumaille et plus, qui pasturaient l'erbe d'icellui pré. Bestes omailles*, pro *Aumailles*, in Lit. ann. 1466. ex Reg. 202. ch. 51.

* Animal, De bove tantum dici videtur, in Registr. episcopat. Nivern. ann. 1287: *Consuetudo carnificum Nivernensium. Quando episcopus Nivernensis est præsens, ipse percipit de quolibet Animali unum turmellum pro tribus denariis.... Semper debet de quolibet Animali unum membrum. Item si aliquis carnifex vendat arietes in aliis diebus et aliud Animal, episcopus nichil percipit de arietibus, sed tantum de Animalibus.*

* Animalia Aratoria, Quæ agriculturæ inserviunt. Transact. ann. 1490. ex schedis Pr. *de Mazaugues*: *Quod liceat.... facere retentiones pro eorum Animalibus aratoriis et de basto, etc.* Charta ann. 1341. in Reg. 73. Chartoph. reg. ch. 339: *Semblablement porront pasturer toutes manieres de Bestes arables desdiz habitans.* Vide infra *Arabilis.*

* Animalia de Carroih, Quæ carrum trahunt, in Charta ann. 1319. ex Reg. 59. Chartoph. reg ch. 159. Alia ejusd. ann. in Reg. 103. ch. 181: *Allegabatur ipsos homines dicti loci de sancto Juliano, habentes seu tenentes saumerios, sive Animalia carroih, teneri et consuevisse certo modo portari seu coadunare ad portandum fustes ac lapides, et alia cementa necessaria ad construendum.*

* Animalia Equesina, Equæ, Provincialibus *Eques*, quæ ab *equinis* et *mulatinis* distinguntur, in Charta ann. 1379. ex Cam. Comput. Aquens.: *Animalia equesina brava consueverunt dare pro banno, pro quolibet animali de die, denarios quatuor et de nocte denarios octo coronatorum.... Animalia vero equina et mulatina de stabulo, de die denarios duos et de nocte quatuor.*

¶ Animal de Basto, Jumentum, *Bête de somme, Cheval de bât*, in Archivo S. Victoris Massil.: *Ceperunt duos homines et unum Animal de Basto.*

* Transact. ann. 1490: *Quod nullum animal.... audeat intrare,.... excepto animali de basto, quibus facultas depascendi etc.*

* Animal Basti, Eadem notione. Reparat. factæ in senescal. Carcass. ann. 1435: *Jacobo Cathala pro duobus diebus, quibus vaccavit cum suo Animali basti ad portandum ardilham et terram.*

* Animalia de Lavore, Eadem quæ *Aratoria.* Charta ann. 1379. ex schedis Pr. a S. Vincentio: *Animalia de lavore possunt pascere in ipsis deffensis tempore quo laborant.*

Animal de hoste, Mulus: *Bête d'armée.* Charta Remundi de Canavellis Domicelli in Comitatu Ruscinonensi ann. 1298: *Pro dicta medietate decimæ medietatem cujusdam Animalis mulini de hoste in adjutorium illius Animalis, quod vobis et successoribus vestris domus de Conaco teneor facere, quotiescunque vos vel successores vestri in dicto castro de Conaco ire contigerit ad partes Yspaniæ, pro bellando contra inimicos fidei, etc.* Alia Charta anni 1308. Berengeri de Canavelis filii Remundi: *Et pro dicta sexta parte fit et præstatur et præstari debet dicto Regi, tanquam domino de Conaco, quotiescumque ipsum vel ejus successores in dicto castro ire contigerit ad partes Yspaniæ, pro bellando contra inimicos fidei Catholicæ, unum mulum vel mulam, quod dicitur Animal de hoste.* Anastasius in Hist. Eccl. ann. 9. Copronymi: *Animal mulinum ascendit.... humana voce loquens.* Ubi Theophanes ζῶον μουλικὸν ἄσπιλον. Agobardus lib. contra Legem Gundobaldi cap. 11: *Pro uno asino molino*, qui idem est quod *animal mulinum*, id est, ex *mulorum* genere, nisi ita appellatum fuerit quod ad *molas* et *mulina* laborare soleat. Vetus Epigramma ex Pithœanis pag. 160:

Cum possis parvo sumptu conducere Asellum,
Qui soleat teretes volvere rite Molas.

Index Homeri Græcobarbari: ἡμίονον, τὸ μουλάρι. Mulos Hispanicos non semel commendat *le Roman de Garin*:

Toute la terre raemplissent d'avoir
D'or et d'argent et de murs Espanois.

Animal *ad clausum pedem*, quod *non dividit ungulam*, seu *quod non habet divisam ungulam*, Levit. cap. 11. et Deuteronom. cap. 24. Charta ann. 1300. in Regesto Philippi Pulcri Regis Franc. ann. 1299. n. 35. ex Tabul. Regio: *Cum chacia ad animal ad clausum pedem, et cum cæteris dictæ Sergentiæ juribus, etc.*

* Judic. an. 1263. in Reg. 1. *Olim* parlam. Paris. fol. 138: *Cum dilectus et fidelis noster episcopus Paris. diceret se et prædecessores suos episcopos Paris. esse et fuisse in possessione, per longum tempus et per tantum temporis, quod sufficit ad omnem saisinam acquirendam, venandi, quoties sibi placuerit, in bosco suo de sancto Clodoaldo, ad cuniculos, lepores, vulpes et tessones, et ad omnia alia Animalia ad pedem clausum, etc.* Ex quibus illa animalia videntur designari, quæ, retractis ungulis, pedem clausum habere dici possunt. Permut. inter reg. Phil. Pulcr. et Ingeran. de Marign. ann. 1312. ex Chartoph. reg. Layet. *Rouen* 1. num. 16: *De la garenne de Marigni, et d'aucuns fiefs en la chastellenie de Gournai, avec la chasse à la beste au pied clos, et au chevreuil.* Reg. Cam. Comput. Paris. sign. *Bel* fol. 33. r°: *Le roy Philippe l'an 1316. donna audit Guillebaut la chasse de toutes bestes à piez clos, à fuirons, fil, reis et levriers, ect.* Charta ann.

1346. in Reg. 82. ch. 54 : *Il puisse chacier et prendre par toute ladite forest de Biere toutes manieres de bestes à pié cloux.* Vide infra *Furcatas.*

ANIMALIA MINUTA, Pecudes, in Leg. Luitprandi Reg. Longob. tit. 83. § 3. [** 109. (6, 56).] *Averia, sive Animalia Minuta*, in Charta Ludovici Lavallii Gubern. Delphin. apud Dion. Salvaingum in Tract. de Jurib. dominicis pag. 309. 310. Verum quidam censent pro *Animalia Minuta*, legendum *Muta*, ut in Regiam Majestatem lib. 4. cap. 27 : *Propter averia, id est, Animalia Muta.* Ita apud Bractonum lib. 3. tract. 2. cap. 37. § 1. Gloss. vet. *Muta bestia*, ζῶον ἄλογον. Vetus Scholiastes Juvenal. sat. 15. v. 143 : *A grege Mutorum; Animalium, pecorum.* Senator lib. 2. Epist. 13. ubi de musica : *Hinc Orpheus Mutis Animalibus efficaciter imperavit, vagosque greges, contemptis pascuis, ad audiendi epulas potius invitavit.* Lex Longobard. lib. 1 tit. 21. § 3. [** Rothar. 331.] : *Si caballus cum pede, bos cum cornu damnum fecerit, vel si porcus cum dente hominem intricaverit, aut si canis momorderit, . . . componat damnum aut homicidium cujus Animal fuerit, cessante in hoc capitulo faida, quod est inimicitia, quod Muta res fecit, non studium.*

ANIMALIA, *seu Averia Otiosa*, quæ agriculturæ non inserviunt, ut sunt oves, sues, volatilia, etc. Fleta lib. 4. cap. 17. § 15 : *Si fiat districtio per oves vel bestias carucarum, cum sint alia Averia Otiosa.* Charta Henrici III. Regis Angl. tom. 2. Monast. Anglic. pag. 209 : *Decem boves, 10. vaccas, et 20. porcos, et 300. oves, et 2. tauros, et 20. Animalia Otiosa, 40. capras. Animalia Otiosa et pigra*, apud Vegetium lib. 3. Artis veterin. cap. 12.

ANIMAL ERRANS, *Aberrans.* Vide *Erraticum.*

* ANIMAL ROSSATINUM, Equus minor vel Mulus. Vide infra *Rossatinum animal.*

ANIMALIA SEJORNI, Quæ in equili morantur, eadem quæ *Otiosa*. Charta ann. 1341. in Reg. 73. Chartoph. reg. ch. 339 : *Chascun desdiz habitans avec deux bestes de sejour avec leur seguence de lait, et avec toute maniere d'autres bestes menues* (porront pasturer). Vide *Sejornum.*

* **ANIMALINA** BESTIA, Eadem notione, qua supra Animalia, Gall. *Aumailles*, Bos vel vacca. Chartul. Casalin. : *Petrus Niger concessit etiam quod nunquam amplius Animalinam bestiam in nemore propter pastionem caperet. Beste animaline* vel *aumaline*, sic enim legendum puto pro *Armaline*, in Libert. villæ de Auxona ann. 1229. tom. 4. Ordinat. reg. Franc. pag. 395. art. 5 : *Se beste est prise en dommage, ... la pergie qui monte quatre deniers, se ce est chevaulx : se ce est beste Armaline, deux deniers.* Vide supra *Almelinus* et *Manualia* 3. infra.

* **ANIMALIOLUM**, dimin. ab *Animal*, Equus aut jumentum. Vita antiquior S. Floriani mart. apud Pez. tom. 1. Script. rer. Austr. col. 37 : *Mulier autem hac visione commonita, statim junxit Animaliola et ad fluvium perrexit, ... et reficiens Animaliola perduxit ad locum et sepelivit.*

¶ 1. **ANIMALIS**, Spiritualis, sive animam spectans. Ratherius Veron. Spicil. tom. 2. pag. 165 : *Si ergo ad Episcopum nihil de rebus pertinet quibus Clerici vivere debent, aut ipse eis non debet, ut Animalem ita et corporalem dare in tempore tritici mensuram.*

* 2. **ANIMALIS**, sensu opposito, ut videtur. *Animalis archidiaconus*, quia ad ejus officium potissime pertinet ea, quæ corporis sunt, procurare; nisi mendum sit pro *Annualis.* Charta Joffridi episc. Catalaun. ann. 1132. in Chartul. S. Vitoni Virdun. : *Si qua autem temerario ausu magna parvaque persona, cujuscumque ordinis, aut potestatis vel dignitatis, sive episcopus futurus, sive Animalis archidiaconus, contra hanc nostram auctoritatem adire præsumpserit, etc.* Quæ rursum ibid. occurrunt in Charta Theoderici episc. Virdun.

¶ ANIMALES et LUTEI, Origenistis dicti sunt reliqui omnes, qui sacris eorum initiati non erant. Hieron. Epist. ad Pammach. et Ocean. de error. Origen. : *Nec mirum, putant enim me suum esse symmystam, et propter Animales et Luteos nolle palam dogmata profiteri.*

¶ **ANIMARE**, Incendere, hortari, concitare in aliquem, animos dare, Gall. *Animer.* Arnulfus Lexoviensis Episc. in Epist. ad Lucium Papam, tom. 2. Spicil. Acher. pag. 482 : *Audistis eos, et magis quam expediret mihi etiam exaudistis, quoniam absens et innocens, nulloque citatus edicto punitus sum, et ex magna officii Episcopalis mei parte suspensus, ipsosque ad dicenda et facienda quæ vellent remisistis amplius Animatos, ut et alii quilibet invitari possent et amplius Animari.* Bartholomæus Scriba lib. 6. Annal. Genuens. ad ann. 1227. apud Murat. tom. 6. col. 451 : *Dicebatur enim quod prædictus Dominus Lazarius Januam non debebat reverti; quare populus adeo dictum Guilelmum de Marivirum nobilem Animavit, etc.* Eadem notione occurrit tom. 6. Reliq. MSS. Ludewigi pag. 40. et 161. [** Macrob. Saturn. lib. 7. cap. 3 : *Ut hortatu vestro Eustathius, quæ de scommate paullo ante dixerit, animetur aperire.* Vide Forcell. Lex. Gloss. Lat. Græc. : *Animo*, καταθαρσύνω.]

¶ **ANIMASTICUM**, Animale, ad animam pertinens. Zabarel. Phys. lib. 8. super textum 32. pag. 183 : *Opponit Zabarella Animasticum Physico; ac strictim motum Animasticum vocat, qui ab anima proficiscitur : Physicum qui a natura.* Gocl. Lex. Phil.

* **ANIMASIOR**, Alacrior, promtior. Lit. ann. 1344. inter Probat. tom. 2. Hist. Nem. pag. 128. col. 1 : *Ut ad similia Animasiores existant, viginti septem libras Turonenses eis de moneta regia tradendas taxavimus.*

¶ 1. **ANIMATOR**, f. Colonus vel Servus. Charta Boleslai Ducis Bohemiæ pro Monasterio Preunoviensi ann. 993. apud Ludewig. Reliq. MSS. tom. 6. pag. 49 : *Et in civitate quoque Pragensi donamus decimum forum, et decimum denarium de judicio, decimum hominem captivum, et triginta Animatores eorumque posteritatem.* Ibidem : *Et in villa Coromirtwitz tres Animatores cum terra sufficienti.*

* Idem mihi videtur quod *Animal*, sive de equis aut jumentis, sive de bobus et vaccis intelligas.

* 2. **ANIMATOR**, *Optimus pictor*, in Glossis antiquis. Galli dicimus *Qui donne de l'ame.* [** Martian. Capell. 1. pag. 13 : *Cum vivos etiam vultus, æris aut marmoris signifex Animator inspirat.*]

ANIMATORIA OLLA, χύτρα τετρημένη, in Gloss. Græc. Lat. quæ in summo spiramentum habet, pertusa. [** In Gloss. Lat. Græc. etiam *Animatorium.*]

* **ANIMELLA**, vox Italica, Valvula, Gall. *Soupape.* Tract. MS. de re milit. et mach. bell. cap. 87 : *Attigere* (sic) *aquam per rotellam de cisterna, oportet quod canna sit ita lunga, quod ipsam aquam tangat et in extremitate cannæ sit Animella sugens aquam, et super eam sit alia Animella forro in canna adhibita, sugentes aquam cisternæ per cannam plumbeam.* Occurrit rursum cap. 83.

ANIMESCO, *Irascor*, θυμοῦμαι. In Gloss. Gr. Lat.

¶ **ANIMETTA**, Palla quæ calicem tegit, quod quasi anima in corporali plicato includatur et conservetur. Joseph. Vicecomes lib. 7. cap. 5. in Hofmanni Lexico.

EX ANIMO, Memoriter, Gall. *Par cœur.* Regula Magistri cap. 44 : *Lectionem vero, cui jussum fuerit, ut ex Animo recitet, non ex codice legat.* Grimlaïcus in Regula Solitar. cap. 64 : *Lege Evangelica, ut memoriter retineas; sed et alias ex Animo meditare scripturas.* Ἀποστηθίζειν, ex memoria recitare, dicunt Græci. Vide *Cor.*

* **ANIMOLA**, Anima. Charta apud Meichelbec. tom. 2. Hist. Frising. pag. 196 : *Deinde ordinationem atque offensionem facere visus sum de rebus, qualiter vel quomodo post meo decesso esse debeat, pro refrigerio Animolæ meæ. Animula*, apud Scriptores Latinos.

¶ **ANIMOSITAS**, Generosum animi propositum. Guillelmi Gemmetic. Hist. Norman. lib. 3. c. 8. : Willelmus Dux Norman. *Se inibi* (in Monast. Gemmetic.) *Monachum fieri voto obligavit, votis quoque satisfecisset, nisi isdem Abbas ejus Animositati obstitisset.* S. Bernard. de Conversione ad Clericos tom. 1. col. 495. A. edit. 1690 : *Non minus perniciosa Animositas talium, quam pusillanimitas mercenariorum.*

¶ ANIMOSITAS, Sensu nonnihil diverso pro animi vehementia, ira vel odio mista, Gall. *Animosité.* Apud eumdem Bernardum Ep. 253. edit. 1690. tom. 1. col. 252. D : *Novi siquidem, quod multis vestrorum ipsius Abbatis Animositas displiceat graviter, etc.* [** Utramque significationem videas in Forcell. Lexic.]

¶ **ANIRE**, Incumbere. Gloss. Bituric. MSS. : *Anit, Incumbit.* Ubi *Anit* videtur pro *Annititur*, nisi forte sit ab *Anus* : quæ baculo solet *anniti.* [** Gloss. cod. reg. 7644. : *Anit, intendit, incumbit.* Gloss. Jæckii : *Anire, incumbere, opitulari.*

* AD inde *Aniçote*, Subalaris scipio, vulgo *Bequille, potence?* Lit. remiss. ann. 1476. in Reg. 204. Chartoph. reg. ch. 178 : *Une Aniçote ou potence, que le suppliant portoit pour soy apuyer à l'occasion de la blesoure de sa jambe.*

* **ANIS.** Instruct. pastor. Ghaerbaldi episc. Leod. apud Marten. tom. 7. Ampl. Collect. col. 24 : *Si omnes secundum legem Domini, sive nobiles, sive innobiles, uxores legitime sortitas habent, non uxores ab aliis dimissas, non Deo sacratas, non Anes.* [** leg.

non Deo sacratas nonanes. Vide *Nonnanes* in *Nonnus.*]

ANITAS, *Senectus*, in Glossis Arabico-Latinis; γραότης in Glossis Græc. Lat. et apud Joan. de Janua. [Gloss. Bituric. MSS. *Anitas*, *Adulta* (ætas) *interdum senectus.* Catullus Epig. 62.

Usque tum tremulam movens
Canu tempus Anilitas.

Hinc vereor ne legendum sit *anilitas* pro *Anitas* in Glossis laudatis.]

ANITERGIUM, Vox ficta, ut *facitergium*, cujus notio satis patet. Petrus Damiani lib. 1. Epist. 9 : *Materias congerebat quibus ad requisita naturæ necessaria Fratribus Anitergia ministraret.* Vide *Cloacarius.*

¶ **ANIXUM**, pro *annexum*. Epistola Principis Auraicæ ad Massilienses ex Archivo S. Victoris Massil. : *Scriptum sub nostro Anixo* (supple *sigillo.*)

ANLAGO. Vide *Andelangus.*

¶ **ANLOT**. Vide *Anhlot.*

* **ANNA**. Vide infra *Anna* 2.

* **ANNAAL**, pro Animal. Libert. hominum *de Valmy* ann. 1202. tom. 5. Ordinat. reg. Franc. pag. 486 : *Quicumque terram colet proprio Annaali, duos solidos et unum sextarium avenæ annuatim michi reddet in festo S. Remigii. Qui vero propriis manibus, tantum duos solidos.*

* **ANNACIA**, Annatia, ut et *Annacium* infra, Decima agnorum, vel præstatio ex agnis, aut minuta decima. Charta Odonis ducis Burg. ann. 1207. in Chartul. eccl. Lingon. fol. 16. r° : *Lambertus vero tenebit ex episcopo Lingonensi.... decimam canabii et Annaciam et corveyas carrucarum de massis episcopi.* Ubi *Annuatiam* inscite edidit D. *Planchet*, inter Probat. tom. 1. Hist. Burg. pag. 95. col. 2. Alia ann. 1206. in Chartul. Buxer. part. 17. ch. 1 : *Nobilis vir Robertus de Balleolis.... dedit Deo et ecclesiæ S. Mariæ de Buxeria.... duas partes decimarum de Poillei et de tota parrochia ecclesiæ ipsius villæ, in omnibus proventibus, excepta Annatia.* Vide supra *Agnacia* et infra *Annelage.*

¶ **ANNACIUM** et Annicium, Certi reditus seu proventus, ut opinor, quotannis percipiendi. Descriptio censuum Monasterii de Crisenone ex Archivis ejusdem : *Ecclesia de Liseio in decimis et oblationibus et Annacits et medietatem decimæ Ersei, oblationis et Annicii; et medietatem decimæ Vermentonis et Annicii . . . . Apud Lucheium habemus Ecclesiam et medietatem decimæ et totum Annacium.*

¶ **ANNADUA**. Charta Alfonsi III. Regis Portugalliæ æra 1267. apud Brandaon. lib. 15. Monarch. Lusitan. cap. 24 : *Salvo hoc quod mihi et successoribus reservo in perpetuum, videlicet collectam, monetam, hoste, Annaduam, apellidum, fossatum, justitiam, servitium, ajudam. Annaduam* per *Allarde* redit idem Brandaon, quæ Hispanis lustrationem militum sonat. Vide *Anubda.*

¶ **ANNAGLIPHUS**, pro *Anaglyphus*, Cælatus, sculptus, habetur in Vitis PP. ab Anastasio, apud Murator. tom. 3. pag. 114. col. 1.

1\. **ANNALE**. Gloss. Lat. Gr. *Annale*, ἐνιαυσιαῖον. *Anniversarium*, alias *Annuale*. Ugutio : *Annale, idem quod Anniversarium, scilicet dies qui pro mortuis celebratur singulis annis.* Sumitur vero hæc vox ut plurimum pro Missis quæ celebrantur per anni spatium pro defunctis, uti interpretatur Lindwodus ad Provinciale Eccl. Cantuar. lib. 3. tit. 23. pag. 329. et 345. 2. Edit. Qua notione occurrit apud Willelmum Thorn. in Chron. pag. 1894. in Monastico Anglic. tom. 1. pag. 149. [et in Antiquit. Benedict. Pictav. apud Stephanotium tom. 3. pag. 753.] etc. Vide *Annuale.*

2\. **ANNALE**. Chronicon S. Benigni pag. 426 : *Rex restituit . . . mercatum die Sabbati, quod est in burgo omnibus septimanis, et medietatem Annalis, quod est in festivitate sancti Benigni.* [Id est, restituit jura quæ ex consuetudine percipiebantur ex *mercato die Sabbati* et medietatem jurium annui *mercati quod est, etc.*] Eadem habentior in Charta Rodulphi Regis Francor. apud Perardum in Burgundicis pag. 126.

3\. **ANNALE**. Charta Odonis Ducis Burgundiæ ann. 1206. apud eumdem Perardum pagina 299 : *Nec eidem* (alienigenæ) *liberum villæ forum conceditur, donec per annum et diem in illa fecerit mansionem : et si tunc forum velit requirere, et Annalia villæ rite executus fuerit, sibi villæ forum conceditur.* Id est, si per annum rite quæ civium sunt, executus fuerit.

¶ 4. **ANNALE**, Reditus unius anni, scilicet primi a vacatione alicujus Ecclesiæ Parochialis, Gall. *Annates*, *Deport*. Annalia percipiuntur a pluribus Episcopis et Archidiaconis, præsertim Normanniæ, quasi caduci jure, usu ducto a *feodis servientibus*, quæ ubi *serviens* deficiebat, Domino feodali anni reditum solvebat juxta Consuetudines Andegavensem et Cenonam. *Annalia* ut et *Annates* Concilium Basileense, cujus decretum Sanctioni Pragmaticæ insertum est, abrogaverat : verum pactione inita Leonem X. inter et Franciscum I. *Annatæ* et *Annalia* seu *deportus*, restituta sunt, et confirmata in solemnibus omnium ordinum Comitiis Blesis habitis. Hæc *annalium* jura ipsi Francorum antea percipiebant Reges, saltem ex Beneficiis quæ erant Regii Dominii, ut patet ex Edicto Philippi IV. pro Episcopis Normanniæ ann. 1299. tom. 1. Ordinat. Reg. pag. 335 : *Concedimus insuper quod beneficia, in quibus per eorum vacationem, Annalia debemus percipere, etc. Inhibemus etiam ne quis ad ipsa levanda Annalia deputatus, de beneficiis ex causa puræ permutationis et non fraudulentæ vacantibus vel vacaturis, Annale exigat sive levet. Annalia* quæ et *Annatas* etiam dixere ex Canonicorum decedentium præbendis exigere solebant Capitula; at illa in pios usus impendebantur. Qua de re habentur Litteræ Cælestini Papæ datæ Turonis ann. 1196. 5. Kal. Decemb. pag. 38. part. 2. Conciliorum Norman. D. Bessini : *Antiquam vestræ Ecclesiæ consuetudinem super Annalibus præbendarum decedentium Canonicorum . . . scilicet ut quolibet decedente Canonico fructus omnes præbendæ illius anni in quo obierit in usus pios . . . secundum Capituli arbitrium erogarentur.* Statuta Ecclesiæ S. Audomari ann. 1432. condita et in Archivis ejusdem asservata : *Qualitercumque præbenda ipsius Ecclesiæ vacaverit . . . dicta fabrica pro uno anno mediam partem fructuum percipiat . . . quod si bis in anno vacaverit præbenda, volumus fabricam una Annata contentari.*

¶ 5. **ANNALE**, Quod pro defuncto singulis annis, aut saltem per unum annum datur vel Conventui vel pauperibus. Charta Geraldi Abbatis S. Johannis Angeriacensis ann. 1385. ex Chartulario ejusdem Monasterii pag. 466 : *Item eleemosynarius, ubicumque voluerit determinare, potest dare Annale ejus mortui. Et dominus Abbas debet dare panem et vinum de conventu, et coquinarius generale.*

¶ Annale Feudum, Id est perpetuum, seu *Feudum gardiæ* : quod vide suo loco.

1\. **ANNALES**, Acta publica, quæ per annos digeruntur in leg. 65. Cod. Theod. de Appellat.

2\. **ANNALES**, Census annui species. Charta ann. 1236. in Regesto Tolosano Cameræ Comput. Paris. fol. 51 : *Et quæstas, et toltas, et albergas, et mandatos, et Annales census et usus, oblias cum pertinentibus dominationibus, quartos et quintos, et agrarios, et decimas, etc.*

Annales Baculi seu Calendarii, apud Olaum Magnum lib. 16. Hist. Sept. cap. 20. in quibus fastos suos inscribebant Dani, de quibus copiose Olaus Wormius lib. 1. de Fastis Danicis, cap. 2. et 3.

¶ **ANNALIA**, Idem quod *Annales*, seu acta publica per annos digesta, Gall. *Annales*. Miracula S. Joannis Gualberti tom. 3. Julii pag. 388. E : *Nam Abbates nostri decreverunt, nos veteres observare mores et statuta, et Annalia, quæ a patribus nostris in concionibus et capitulis sancita sunt.* Et pag. 436. F : *Illud idem indicant Annalia, indicant et picturæ, quæ memoria et religione patrum hactenus in dextro cornu altaris conspiciuntur.*

¶ Annalium Jura. An munera annuatim donari solita, ut sunt v. g. Strenæ? Hist. Dalphin. tom. 2. pag. 310 : *Dominus noster Dalphinus mandavit et ordinavit, quod officiales hospitii sui nulla jura recipiant pro officiis eorum, nisi tantum salaria, quæ ipse dominus duxit ordinanda, et quod recipere possint Jura Annalium, et rerum quæ essent domino forsitan præsentata seu donata.*

* **ANNALIS**, Missæ quæ celebrantur per anni spatium pro defunctis. Testam. Galeranni *de Brueill* ann. 1200. ex Chartul. B. M. de Josaphat : *Item lego vj. libras ad duos Annales faciendos. Anné*, nostris olim, eadem notione. Lit. remiss. ann. 1394. in Reg. 146. Chartoph. reg. ch. 175 : *Lequel escuyer traitta avec les amis des supplians.... qu'ilz feroient chanter un Anné pour l'ame dudit Colin,.... lequel Anné ilz ont fait célebrer bien et deuement.* Aliæ ann. 1402. in Reg. 157. ch. 304 : *Un chapellain, nommé Jehan, qui a chanté deux Annez pour le salut de l'ame de ladite femme.* Rursum aliæ ann. 1403. in Reg. 158. ch. 23 : *Le suppliant ordonna à chanter et célébrer trois demis Annez.* Vide *Annale* 1.

¶ **ANNALOGISTA**, pro *Analogista*, Tutor qui administrationis rationem reddere non tenetur. Græca vox, per se nota. Testamentum Joannis Dalphini Vienn. ann. 1318. tom. 2. Hist. Dalphin. pag. 172. col. 2 : *Tutorem dedit et constituit pro dictis liberis suis natis et nascituris, volens quod non teneatur inventarium facere, nec aliquam rationem* *administrationis reddere, et sit Annalogista.* J. Laurent. in Amalthea : *Analogistæ, Tutores qui non tenentur reddere rationem tutelæ.* Vide *Alogista.*

¶ **ANNARE**, *Natare.* Papias in MS. Bituric. [** Vide Virg. Æneid. lib. 6. v. 358.]

¶ **ANNARII** Canones, dicebantur ii quibus ab Episcopo permittebatur alicui ut ad dignitatem promoveretur, licet ætatem ad hanc obtinendam requisitam non haberet.

¶ **ANNAS**, *Contrarcha.* Papias MS. Bituric. An *Contrarcha* Papiæ idem esset quod Latinis *Anas?* Certe *Annas* pro *Anas*, Avis aquatica, Gallis, *un Canard, une Canne*, legitur in voce *Cercella.* [** Gloss. Lat Græc. : *Annas*, νῆσσα. At Papiæ locus fortasse corruptum ex hibet glossema, quod exIsidoro lib. II. cap. 12. sect. 1. derivatum, in omnibus fere Glossariis legitur : *Anasceue, contrarium catasceue.*]

1. **ANNATA**, Reditus unius anni ab eo qui recens in demortui Episcopi, aut Abbatis, locum succedit exsolvi summo Pontifici solitus, de cujus origine, ac usu, consulendi Renatus Chopinus lib. 2. Monast. tit. 1. § 14. lib. 1. de Eccles. Polit. tit. ult. art. 18. 19. lib. 3. tit. 3. art. 4. 5. 6. 7. Petrus Matthæus in Constit. PP. 131. 142. 157. 206. 258. et alii.

¶ Annata, Dicuntur etiam de reditu unius anni vel dimidii præbendæ Canonici defuncti, fabricæ Ecclesiæ assignari solito in quibusdam Ecclesiis, in quibusdam aliis usibus. Collect. Concil. Hispan. tom. 4. pag. 193 : *In habendis mediis Annatis fructuum beneficiorum simplicium ad anniversaria spectantium, talis modus servetur, videlicet quod contra novos obtentores beneficiorum infra medium annum a die obitus beneficiati computandum minime procedatur, sed elapso eo ni persolverint a distributionibus communibus . . . sint penitus privati.* Vide *Annale* 4.

¶ Annata, Sudsidium a Clemente VI. Papa recens creato bonis ecclesiasticis impositum et tribus annis exactum; hinc dictum *Annata* quod erat reditus unius anni. Hist. Dalphin. tom. 2. pag. 609. col. 2. in Bulla dicti Papæ ad Humbertum Dalphinum : *Nosti etiam nisi nosse dissimules, quod cum in subsidium ejusdem fidei, et favorem fidelium illarum partium certam Annatam tenendam per triennium fieri provida fuisset ordinatione statutum, eam tamen ad biennium tui præcipue consideratione duximus prorogandam, etc.*

* Eodem nomine nostri appellabant minuta quædam servitia, quæ, præter *Annatam* seu reditum unius anni, ab eodem succedente exsolvebantur. Bulla Sixti IV. PP. ann. 1472. in Continuat. mag. Bullar. Rom. pag. 282. col. 2 : *Quod gravatus in eadem taxa prælatus promovendus, solvat communia et minuta servitia, quæ plures ex Gallis Annatam vocant, etc.*

* Annata, subsidium pecuniarium, quod singulis annis a confœderato præstatur, apud Burcard. Arg. de Alex. VI. pag. 16.

¶ 2. **ANNATA**, Annus, Gall. *Année.* Charta Officialia Rotomag. ann. 1471. ex Archivo Monasterii de Bono-Nuncio ejusdem urbis : *De reddendo et solvendo ipsis Religiosis sommam septem librarum et solid. decem pro tribus Annatis dictæ pensionis.* Baluz. Hist. Arvern. tom. 2. pag. 453. ex Registro Parlamenti ann. 1452 : *Et eisdem* (bonis) *per ultimas Annatas et expleta ultima pacifice et quiete usi et gavisi fuerant.* Ibidem pag. 783. in charta Bernardi de Turre ann. 1308 : *Drapparii, ferrarii, et coyrarii, sutores sotularium, pelliparii* (solvant) *tres denarios quilibet pro Annata.* Hist. Harcur. tom. 4. pag. 1127 : *Quodque dicta Haricuria dictum annuum reditum ducentarum lib. Turon. per plures Annatas et usque ad ejus obitum vel circa solveret.*

* 3. **ANNATA**, Alicujus officii annua functio; dicitur etiam de tempore, quo quis in tirocinio est. Stat. sabbater. Carcass. ann. 1402. in Reg. 157. Chartoph. reg. ch. 320 : *Item quod suprapositi dictæ artis.... teneantur quilibet in fine suæ Annatæ, sive in fine sui temporis suprapositurœ tradere.... totam quotam pœnarum levatarum.* Arest. parlam. Paris. ann. 1421. in Lib. 1. stat. super artif. Paris. ex Cam. Comput. fol. 89. r° : *Nullique apprenticii seu apprenticiæ in dicto ministerio, et qui in eodem suas Annatas perfecerant, prædictum ministerium levare donec.... sufficientes et ydonei reperti etc.* Hinc nostris *Anné*, pro Annua frugum perceptio. Charta ann. 1397. in Chartul. Corb. sign. *Ezechiel* fol. 53. r° : *Et ne porront presser, ne faire presser leur Anné, que à no pressoirs de notre eglise chacun an.*

* 4. **ANNATA**, Vas vinarium statutæ capacitatis, f. pro *Amata.* Vide supra *Ama.* 3. Lit. remiss. ann. 1381. in Reg. 119. Chartoph. reg. ch. 290 : *Quinque Annatas vini, quæ erant in suo celario in terram projecerunt : deinde in eorum severitate permanentes, venerunt ad domicilium Johannis Parvi de Villaribus, et in eodem duo tonalia vini simili modo effuderunt.* Vide infra *Annua* 3.

ANNATHES, *Proximi*, Papiæ. [An hæc vox a Britannico *An-nez*, Proximus, et pro quo scribi potest *An-neth?*] Vide *Anathes.*

* **ANNATUTA.** Libert. Villæ-novæ *de Coynau* ann. 1312. tom. 8. Ordinat. reg. Franc. pag. 110. art. 21 : *Nec de suis Annatutis, nec eorum personnæ capi vel arrestari, etc.* Leg. *Armaturis*, quod monuit D. *Secousse.*

1. **ANNATUS**, Primogenitus, *ante natus*, ex Gallico *Ainsné*, vel *Aisné* in veteri Arresto ann. 1254. apud Pithœum in Consuet. Trecens. art. 14. Vide Jacob. *Bourgoing* de Origine et usu vulgarium vocum pag. 70. [Vita SS. Bovæ et Dodæ, tom. 3. Aprilis pag. 288. A : *Mediocribus vero non minora dispensans, persuadebat nequaquam sibi ceu prælatæ et matri solummodo honoris reverentiam exhibere; verum etiam suis Annatis in omnibus obtemperarent.*]

Annatæ Oves, i. unius anni, quæ annum unum ætatis habent. Fleta lib. 2. cap. 79. § 4. Vide *Superannatus.*

¶ 2. **ANNATUS**, δακτυλοφόρος, συμποδιασής, *Annulatus, compeditus*, apud Janum in Supplemento Antiquarii. [** Vide Forcell. Lexic. in voce *Anulatus.* Anatus effici potuit ex *anus*, quod antiquiores dicebant pro *anulus.* Plaut. Menæchm. act. 1. sc. 1. v. 9 :

Tum compenditi Anum lima proterunt.

Ubi nihil mutandum esse evincit Glossa Lat. Græc. : Anus, δακτύλιος, ὁ τῆς ἕδρας.]

* **ANNATIA.** Vide supra *Annacia.*

ANNELAGE. Charta Hugonis Abbatis S. Dionysii ann. 1189. ex Schedis Augusti Gallandii : *Debet quarta Advocato 3. denarios, quem recipit de frescengage, et recipit famulus ejus in die Jovis absoluti. Quarta debet Advocato unum denarium de Annelage, et recipit famulus ejus in crastino S. Mariæ.* [*Annelage* a voce *Agnus* ductum, mihi est tributum pro agnis solvi solitum, ut *multonagium* pro *multonibus*, *frescengage* seu *frescengagium* pro *friscingis.*]

¶ **ANNELATUS**, Anellis ornatus. *Cappa argentea Annelata*, apud Rymerum tom. 4. pag. 657 : *Baculus* (Marescalci) *aureus circa utrumque finem de nigro Annelatus*, apud eumdem Rymer. tom. 8. pag. 45. Lubens legerem *Amelatus*, ut supra, Encausto ornatus, Gall. *Émaillé*, Angl. *Enamelled.*

¶ **ANNERE**, *Fulgere.* Gloss. MSS. Ecclesiæ Bituric. *Annet, Fulget*, in Gloss. Isid. Pithœus legit, *Annitet*, pro quo Grævius censet legendum, *Ardet, Fulget.* Mallem, *Annidet, Fulget* ab *Annidere*, quod a *Nidere* facile potuit efformari; sed forte nullum mendum est in Glossis.

¶ 1. **ANNETUM**, Reditus seu Proventus unius anni. Codex Legum Norman. apud Ludewig. tom. 7. Reliq. MSS. pag. 364 : *Notandum etiam est, quod si per juratorum dictum fuerit declaratum, terminum firme uno anno vel pluribus jam fuisse elapsum, ipse tenens pretium Annetorum post elapsum detentorum, post reclamationem partis adverse tenebitur reddere requirenti.*

* Leg. *Anneta*, ut in MS. et apud Ludewig.

¶ 2. **ANNETUM**, pro *Alnetum.* Monasticon Anglic. tom. 1. pag. 3. col. 1 : *Insula... cum spesioso simul et spatioso Anneto.*

* Ita *Anoit*, pro *Aunaie*, in Chartul. abbat. Montis S. Martini part. 5. fol. 96. r° : *Jacob Wiel viij. capons sus j. Anoit, ki gist à Erweteghiem de j. journet et xxv. verges.*

* **ANNEXA**, Jus in tabulas publicas referendi, quo in Bullas aliaque Romanæ curiæ rescripta gaudet Parlamentum Provinciale, Gall. *Droit d'Annexe.* Vide Tract. quem hac de re edidit D. *de Moissac* ejusd. parlam senator. Sed et pro Literis, quibus executio judiciaria permittitur, non raro occurrit. Stat. ann. 1374. tom. 6. Ordinat. reg. Franc. pag. 22 : *Litteræ,.... nostræ quæ in eadem patria exequcione indigent; cuicunque vel consiliario, inferiori judici aut officiario nostro diriguntur, exequi non permittuntur, absque Annexa locumtenentis vel capitanei nostri, etc.*

¶ **ANNEXA** Ecclesia, Ea dicitur quæ alteri adjungitur in subsidium, Gall. *Annexe.* Constitutiones Pontii Conseranensis Episcopi ann. 1364. in MS. Sangerman. : *Item ordinamus, quod nullus Presbyter recipiat plures Ecclesias nomine alicujus Rectoris gubernandas, nisi illæ Ecclesiæ fuerint Annexæ, vel ab invicem dependentes.*

¶ **ANNEXARE**, Adnectere, Adjungere, Gall. *Annexer* : quod præsertim dicitur de Ecclesia alteri in subsidium data et annexa. Charta Audeberti Abb. Nobiliac. ann. 1310. apud Stephanotium tom. 3. Antiquit. Pictav. MSS. pag. 976 : *Unde advertentes utilitatem Monasterii nostri ac dictæ domus de Bossnio, de consilio et assensu Conventus nostri præ-*

dicti Prioratui nostro de Frontenaio... dictam domum de Bossaio cum suis juribus et pertinentiis duximus uniendam et perpetuo Annexandam. Charta ann. 1322. in Maceriis Insulæ Barbaræ tom. 1. pag. 201 : *Volebat ex certis causis et justis eum moventibus et injure expressis unire et Annexare Prioratum, etc.* Occurrit iterum in Hist. Mediani Monasterii pag. 408. in nova Gall. Christ. tom. 4. Instrum. col. 108. apud Lobinellum in Glossario ad calcem tom. 3. Hist. Paris. etc.

¶ **ANNEXATIO**, Eadem notione non semel.

* **ANNICHILARE**, Ad nihilum redigere, Gall. *Anéantir*, olim *Anichiller*. Lit. Edwardi III. reg. Angl. ann. 1839. apud Gualt. Hemingford. pag. 304 : *Quibus non solum assentire non curavit, verum etiam in aliis terris nostris nobis guerram commovit, totaliter nos Annichilare non solum nisus est, etc.* Lit. ann. 1370. tom. 5. Ordinat. reg. Franc. pag. 368 : *De fait en ont usé contre la teneur desdis previleges.... en les Anichillant ou tres grant prejudice desdis supplians. Adnichiler, exinanire*, in Glossar. Gall. Lat. ex Cod. reg. 7584. *Anoienter* et *Anoientir*, eodem sensu. Consil. Petri de Font. cap. 34. art. 17 : *Les riqueces ton pere sont Anoientées toutes par dons k'il ara fait. Anienter*, ibid. art. 13. ut et in Glossar. jamjam laudato : *Anienter, exinanire*. Chron. S. Dion. cap. 3. ad ann. 869 : *Ce que il feroit ne seroit pas tant seulement Anoienti par s'auctorité, etc. Adnullement*, Rei alicujus abolitio. Lit. remiss. ann. 1447. in Reg. 178. Chartoph. reg. ch. 163 : *Fut icelle obligation mise au néant, depuis lequel temps et Adnullement de laditte obligation, etc. Anéantement*, Destructio, in Ch. ann. 1300. ex Lib. rub. Cam. Comput. Paris. fol. 133. r°. col. 1 : *Les convenances faites entre aus et ledit Pierre Bouchart et sa fame de l'abattement et de l'Anéantement de la garanne.*

* ANNIHILARE, Eadem notione. Chron. Namnet. ad ann. 907. tom. 8. Collect. Histor. Franc. pag. 276 : *Reges enim Franciæ omninò annullati et Annihilati erant.*

** **ANNICIO** pro Agnitio, Lusitanis olim *Charta recognitionis*. Vide Sª Rosa in Elucidario, vol. 1. pag. 119.

* **ANNICITARE**, *Palpebris annuere*. Cathol.

¶ **ANNICIUM**. Vide *Annacium*.

ANNICULATUS, Ætas unius anni. Alexander Iatrosophista MS. lib. 2. Passion. cap. 83 : *Unus porcaster et hedus, et ipsi mediocres inter duros teneros, i. Anniculatum aut bimatum habentes.* Lex Salica tit. 2. § 14 : *Si quis tertussum porcellum furaverit, usque ad Anniculatum, etc.* § 15 : *Si quis vero porcum post Anniculatum furaverit.* Ex quibus patet *Anniculatus*, non idem esse quod *anniculus*, uti vult Wendelinus.

ANNICULUS, Agnus, aut ovis, unius anni, Exod. 12 : *Erit agnus sine macula, masculus, Anniculus.* Levit. 14 : *Ovis Anniculа.* Liber qui *Aurora* inscribitur :

Masculus Anniculus, qui foret absque nota.

Gl. Lat. Gr. *Anniculus*, ἐνιαυσιαῖος. Tabul. S. Remigii Remensis : *Donat annis singulis de sigilo mod. 1... Anniculum 1. pullos 3. ova 15.* Infra : *Donant de sigilo modios 7.... Anniculo. 17. sagnum pullos 22. ova 122.* Rursum : *Donat uno anno fœtus 2. cum agnis 2. altero anno Anniculos 2. facit ad pratum dies 3.* [Vox Plinio et aliis nota.]

* Hinc hœdus unius anni *Antenois* dicitur, in Cod. Redit. comitat. Hannoniæ ann. 1265. ex Cam. Comput. Insul. : *Et s'il n'i avoit mouton, le castre Antenois ; et s'il n'i avoit castre, le germe Antenoise, et s'il n'i avoit germe, le brebis, etc.*

* **ANNILIS**, Annalis, aunuus. Vita S. Guthlaci tom. 2. April. pag. 49. col. 2 : *Priusquam sol bis senis voluminibus Annilem circumvolverit orbem, etc.* [** Gloss. Gr. Lat : Πολυετής, *annilis ;* ubi pro *anilis* scriptum videtur.]

¶ **ANNIMISSARIUS**, Presbyter qui per annum integrum quotidie Missam celebrat pro defunctis. Statuta Ecclesiæ Argentinæ apud Marten. Tract. de Antiq. Eccl. Disciplina pag. 615 : *Similiter Annimissarii pro tumulis visitandis, etc.*

¶ **ANNIS**, pro *Amnis* non semel legitur in Chartulario S. Vandregisili.

* **ANNITAS**, *Vetusta senectus*, apud Laur. in Amalth. ex Cathol. Vide *Anitas.*

¶ **ANNIVERSALIS**. Vide *Anniversarium.*

¶ **ANNIVERSARIA**, fem. gen. Idem quod mox *Anniversarium* in Vita S. Egilis Abb. Fuld. inter Acta SS. Benedict. sæc. 4. part. 1. pag. 240 : *Anniversariam Stirmis primi Abbatis et fundatoris Monasterii Fuldæ... in Missarum celebratione, psalmodiis et oratione sancta celebrare sancivit.*

ANNIVERSARIUM, ANNIVERSITAS, Dies annuus, quo officium defunctorum pro aliquo defuncto peragitur, ipso obitus recurrente die. Liber Differentiarum : *Annus, totius anni spatio est, ut annua merces. Anniversarium est, quum repetentibus annis idem dies colitur, ut est cœna Anniversaria. Anniculum, cum annum habet, ut anniculus puer. Annotinus, prioris anni, ut annotinum vinum. Annale, est res aliqua, quæ totius anni ordinem continet, ut Annalis liber.* Alcuinus lib. de Divin. Offic : *Anniversaria dies ideo repetitur defunctis, quoniam nescimus qualiter eorum causa habeatur in alia vita.* [Consule Constit. Apost. lib. 8. cap. 42.] Interdum pro *annali*, seu officio Missarum quod omni die per annum pro defunctis peragitur, ut notat Lindwodus ad Provinciale Cantuar. Eccl. pag. 329. 2. Edit. quomodo videtur intelligi deberi in Capitulis Caroli M. addit. 1. cap. 73 : *Ut pro Abbate defuncto Anniversarium fiat officium.* [** Hæc explicat inscriptio : *De anniversaria Die pro Defuncto Abbate celebranda.* Est Capit. Aquisgran. ann. 817.]

* Charta Petri Ven. abb. Cluniac. ann. 1140. tom. 11. Spicil. pag. 333 : *Super hæc omnia, quod raro cuilibet conceditur, datum ei* (Rodulfo de Perrona) *et Anniversarium solemne, sicut uni post imperatores et reges de majoribus amicis et benefactoribus nostris. Andevaisaire*, in Ch. ann. 1418. ex Chartul. prior. Belleval. : *Pour prier pour lui et faire ceis Andevaisaire. Eniversaire* et *Enversaire*, in Testam. Helvid. uxoris Joan. dom. de Insula ann. 1274. ex Chartul. Vallis N. D.

* At vero quæ pie instituta primo fuerant, dehinc ebrietati sæpius occasionem præbuere ; cum scilicet clericis peracto defunctorum officio, apposita fuerunt cibaria ; quod discimus ex Statutis MSS. S. Flori fol. 55. v° : *Districtius inhibemus, ne clerici seu sacerdotes ad Anniversaria convenientes in Sabbato, carnes comedere præsumant, vinum quoque sibi temperent.... A principio prandii usque in finem lectio legatur.... In fine autem prandii sollempnis prædicatio non fiat, quia tunc, rubentibus buccis et fartis ventribus, non est hora prædicandi, sed dicant pro defuncto psalmum* De profundis, *cum collecta convenienti.*

* ANNIVERSARIUM, Quodlibet officium pro defunctis quocumque tempore peragatur. Stat. MSS. eccl. Brioc. cap. 27 : *Tenebuntur* (canonici) *post ejus* (concanonici) *mortem infra mensem unum, semel pro eo celebrare Anniversarium solenne.*

* ANNIVERSARIUM, Liber, in quo officium defunctorum continetur. Cæremon. MS. S. M. Crassensis : *Omnes cauant vij. psalmos, si hora permiserit, cum letania retro in Anniversario scripta.*

* ANNIVERSARIUM, Dies obitus anniversarius, quo festum alicujus sancti celebratur. Acta capit. eccl. Lugdun. ex Cam. Comput. Paris. ad ann. 1338. fol. 43. r° : *Item voluerunt quod Anniversarium sancti Bernardi ponatur in calendarium.*

ANNIVERSARIUM. Thuvroczius in Ludovico Rege Hungar. cap. 4. : *Et pervenit domum suam in Wisegrad in Anniversario sui recessus.* i. anno post recessum elapso.

¶ ANNIVERSARIUM, Annua præstatio, quotannis solvenda. Charta anni 1308. pro Monasterio Bituricensi : *Ab omni feodo, retrofeodo, rachato, marciagio, Anniversario, angaria, parangaria.... garantiet et defendet.*

¶ ANNIVERSARIUM, Distributio ex anniversarii fundatione Clericis facienda. Collect. Concil. Hispan. tom. 4. pag. 193 : *In habendis mediis annatis fructuum beneficiorum simplicium ad Anniversaria spectantium... ni persolverint, a distributionibus communibus del diner menut et a duplis et Anniversariis ac aliis quibuscumque Ecclesiæ percactis sint penitus privati.* Ibidem pag. 194 : *Procurator Anniversariorum et duplarum solvat percacia S. Petri, die illa qua fuerint acquisita.* Et paulo post : *Anniversaria et duplæ sedis punctentur cum cedula illa die qua celebrabuntur, et eadem die solvantur.*

* ANNIVERSARIUM, Mensa anniversariorum, Gall. *Bureau.* Martyrol. vet. eccl. S. Salvat. Aquens. : *Anno Domini 1368. obiit D. Raymundus Nauloni archidiaconus Aquensis, qui reliquit Anniversariis dictæ ecclesiæ 1500. florenos, pro redditibus emendis.*

¶ ANNIVERSARIUM Episcopi, Abbatis, Prælati, interdum sumitur pro die creationis et consecrationis singulis annis redeunte. Vide Constantium tom. 1. Epistolarum Romanorum Pontif. pag. 730. et 1255. ubi refertur quo pacto hunc diem celebrarent summi Pontifices, Hierolex. Macri in voce *Abbas*, et infra *Natalis dies.*

ANNIVERSITAS. Anastas. Bibl. in Leone II : *Hic fecit constitutum.... sed et ne Mauri quondam Episcopi Anniversitas aut agenda celebretur.*

ANNIVERSALIS. Joannes VIII. Epist. 91 : *Quia intimasti Pontificio nostro Anniversalem magnæ recordationis Domini Ludovici Im-*

peratoris fieri, et ut pro eo proprias orationes celebraremus, rogasti, etc.

De Anniversariorum pro defunctis antiquitate, vide Gazæum ad Cassian. collat. 19. cap. 1. et Haeftenum lib. 8. Disquisit. Monast. tract. 1. disq. 4.

* **ANNOALE**, Idem quod *Annuale*, officium ecclesiasticum, quod pro defuncto, die obitus recurrente, quotannis peragitur. Charta Baldæ ann. 1002. in Hist. MS. Montis-major. : *Omni anno in Annoali, etc.*

¶ **ANNOALIS**, pro *Novemdialis*, Gall. *Neuvaine*, sumi videtur in Testamento Beatricis de Alboreya ann. 1367. apud Marten. tom. 1. Anecdot. col. 1522. C : *Item quatuor Capellani... et ibidem morari et manere quousque facta fuerit Annoalis nostra, die nona post obitum nostrum, prout in talibus exequiis est fieri consuetum : qui celebrent cotidie pro anima nostra, et habeant victum super nos cotidie; et in fine dictæ novenæ factæ et completæ, dentur cuilibet quatuor floreni auri, etc.* Vide *Annuale*.

** **ANNOC**, Θεοχλωσία, ἡ μῆνις, in Gloss. Gr. Lat.

¶ **ANNODARE** Excommunicationis Vinculo, Excommunicationis sententiam in aliquem ferre, in Chronico Monachi Patavini apud Murator. tom. 8. col. 672.

* **ANNOGIUS**, Annojis, a Provinciali idiomate *Anouge*, Agnus unius anni expleti. Inquisit. ann. 1268. ex schedis Pr. *de Mazaugues : Requisitus quis solvit, dixit quod Bertrandus major vacquerius dicti Hugonis levavit unum Annojem, et unum agnum de singulis pariis ovium.* Infra : *Accepit de singulis societatibus ovium Annogium et unum agnum.* Rursum ibid. : *Accipiebant de singulis bailliis ovium, pascentibus in dicto territorio, unum Annoje de uno anno pro pascueiragio.*

¶ **ANNOLOGIA**, Quod ætate alicujus contigit, ipsius actus seu historia. Vox Latino-Græca. Agnellus in lib. Pontif. apud Muratorium tom. 2. pag. 68. col. 1. D : *Si vultis inquirere Annologiam Maximiani Archiepiscopi, Chronicam legite : ibi plura de ea et de multis Imperatoribus et Regibus invenietis.*

ANNONA, Triticum, frumentum, bladum. Kero Monach. S. Galli in Vocab. *Annonam, Lybleita.* i. ut opinor, *Bladum*, nostris *Blé*. [Eccardus ait, Cangium nostrum hic errasse. *Lybleita* enim, inquit, Germanicum est ex veteri *Lyb*, Vita, et *leiten*, Ducere compositam, atque ita proprie *vitam ducens*, sive *producens* : hoc est *victum*, *alimenta* denotans. Hæc ille in mox citandum legis Salicæ locum, ubi etiam *Annonam* paulo aliter explicat. Hanc vult esse quasi *alimoniam anni*, deinde sumi pro *tritico frumento*, *secali* et quibuscumque, quæ in molendino ad vitam hominum sustentandam præparantur.] Lex Salica tit. 25. § 1 : *Si quis ingenuus in alieno molino Annonam furaverit.* Tabular. Dalonensis Abbat. f. 95 : *Retentis tantum quatuor sextariis Annonæ, duobus videlicet frumenti, et duobus siliginis.* Passim apud Scriptores. Vide Statuta antiqua Corbeiensis Abbatiæ lib. 1. cap. 6. Gregor. Turon. lib. 3. de Mirac. S. Mart. cap. 3. de Gloria Confess. cap. 107. Capitula Car. M. lib. 1. cap. 118. 131. [** 112. et 125. Capitul. II. ann. 805. cap. 4. et Capitul. V. ann. 806. cap. 18.] lib. 4. tit. 73. [** Capitul. V. ann. 819. cap. 29 : *Annona ad caballos modii quatuor.*] Instrumentum VIII. Forojuliens. pag. 84. col. 2. D. tom. 1. novæ Gall. Christ : *Ut omni anno prædicti Monachi persolverent... duos modios Annonæ et unum de sigalis... unum modium Annonæ et alterum ordei.* Quo in loco *Annona* sumitur pro tritico : insequenti vero pro tritico simul et secali. Cod. MS. Irminonis Abb. Sangerm. fol. 85. verso col. 1 : *Habet ibi farinarios II. unde exeunt in censu de Annona mod. cxx. de frumento xl. de mistura lxxx.* [** ap. Guerard. pag. 178. Vide V. Cl. Indicem generalem.]

* Charta ann. 1246. ex Tabul. S. Crispini in Cavea : *Possidebunt pensionem prædictam xxiij. aissinorum; duobus annis pro tribus persolvent; anno quo erit Annona, totam annonam; anno quo erit avena, totam avenam : tertio anno, quo terræ erunt vacuæ, non tenebuntur ad aliquam pensionem.* A frumento distinguitur *Annona*, in Charta ann. 1339. ex Tabul. Flammar. : *Et salvis et retentis sibi et suis una eymina frumenti et sex molduris Annonæ rendualibus.*

Annona, Panis. Lex Longob. lib. 1. tit. 25. § 25 [** Roth. 281.] : *Si quis mancipium alienum sciens fugax esse, nesciente domino susceperit, aut Annnam dederit, aut ostenderit viam, etc.* Ita in Regula Magistri cap. 26. et in leg. 1. Cod. de Frumento urbis CP. Hinc *Annonæ binæ, ternæ*, apud Scriptores Historiæ Augustæ, i. panes duo, tres.

¶ Annona, Census annuus frumento, secali aliove grano solvendus. Hist. Mediani Monasterii pag. 332. in Charta ann. 1274 : *Præfatos agros prædictis colonis nomine conditionis* (l. conductionis) *ad duodecim annos pro eadem Annona et gulta, sicut antea unusquisque dare de suis agris consueverat, liberaliter de manu sua concessit.* [** Vide Haltausii Gloss. Germ. col. 2048. voce *Wegemiet.* Melberi Vocabul. : *Annona, ierlich zynsz, ierlich frucht, capitur etiam in pecudibus.*]

Annona, Præbenda. Notitia ann. 929. apud Joachimum Vadianum : *Post hæc eo in Conventum nostrum introducto, omnis Congregatio concessit ei Annonam unius Fratris, etc.*

¶ Annona, Frumentum hordeo admixtum [* quod minime colligitur ex loco allato, cujus sensus cæterum est apertus.] Sententia Odonis Abb. S. Columbæ in Tabulario Sangerman. : *Unum modium Annonæ, videlicet dimidium modium hibernagii et dimidium modium tremesii.* [** Gemma Gemmar. : *Annona*, est seges unius anni, *Winterkorn.*]

Annonæ Ærariæ. Vide Ærariæ.

** Annona canina et annona canum, Germ. *Hundsfrucht*, *Hundskorn*, Census frugum a rusticis hominibus præstandus ad alimoniam canum venaticorum domini, secundum Haltausium in Gloss. Germ. col. 977. Diploma Nicolai de Werle ann. 1360 : *Judicium vero majus, Annonam Caninam et precarias quascunque in eisdem mansis fratruo nostro... reservamus.* Plura vide ap. Haltausium.

¶ Annonæ Civicæ, quæ civibus Constantinopoli domos ædificantibus; *Militares*, quæ militibus; *Palatinæ* quæ officialibus palatii seu domus augustæ; *Templorum*, quæ Ecclesiæ ministris, non in frumento solum, sed et in oleo, vino, carne ceterisque rebus ad victum necessariis consistebant, uti videre est in Cod. Theod. præsertim Titulo : *De erogatione annonæ militaris.* Vide etiam Acta SS. xlv. Martyrum, tom. 3. Julii pag. 45.

** Annona marchialis, Collatio *fodri* seu pabuli, pertinet ad jus Albergariæ. Ita Haltaus. in Gloss. Germ. col. 1317, quem videas. Charta ann. 1243. apud Ludewig. Rel. MS. t. 4. p. 228 : *Absolverit a redditione Marchialis Annonæ, quæ dicitur Marchfurt.*

¶ Annona Grossa, Secale vel *Annona mixta*. Charta Agnetis Comitissæ Pictav. ann. circiter 1060. inter Anecd. Marten. tom. 1. col. 187. *Ita ut dimidium* (modium) *sit ex frumento, et aliud dimidium ex Grossa Annona.*

¶ Annona Missalis, Quæ quotannis messis tempore Rectoribus Ecclesiarum exsolvitur, Gall. *Dîme*, Decima. Privilegium Witigonis Misnensis Episc. apud Ludewig. tom. 1. Reliq. MSS. pag. 287 : *Cui videlicet Plebano de agris suæ parochiæ decimam seu Annonam Missalem solventibus, dimidius modius siliginis præter minorem decimam seu Annonam Missalem per totam parochiam annuatim a quolibet persolvetur.* [** Diplom. Convent. Molberg. ann. 1310. ap. Haltaus. col. 1341 : *Ordinavimus ut in villa Zekeritz... ecclesia de novo fabricetur tali modo, ut singulis annis de quolibet manso ejusdem villæ pro Missali Annona unus modius sibi detur.* Haltausius vertit *Messkorn.*]

Annona Mixta, Gall. *Blé mesteil*, frumentum *sigalæ* admixtum. Tabularium S. Remigii Remensis : *Hinc exeunt frumenti modii 16. Mixtæ Annonæ modii 60.*

¶ Annona Monachi, Cibaria, obsonium Monacho ministratum, Gall. *Portion, Pitance*, in Annal. Benedict. tom. 3. pag. 178.

Annona Porcorum, Esca, glans. Sugerius de Administratione sua cap. 11 : *Talliam, et Annonam porcorum, ovium, agnorum,... ab eadem terra more antecessorum suorum abripuerat.*

Annona Tultitia. Tabular. Prioratus de Domina in Delphinatu Ch. 211 : *In festivitate S. Joannis unum multonem optimum, per messiones tascham qualis contigerit, 12. sextarios de Annona Tultitia, 6. de taverna, etc.* Alibi : *Et 18. sextarios Annonæ inter Toltitiam et tavernam.* Rursum : *Inter Toltizam et tavernam.*

* Censualis, quæ in censum præstatur. Vide *Vinum Tolticium.*

¶ Annona Viridis, Seges, Gall. *Blé en herbe*, apud Martenium de antiqua Ecclesiæ Disciplina pag. 396. Sicque legendum est pro *Annova Viridis* ibid. pag. 341.

¶ Annona Viva, Quæ necdum molita est. [** Guerardo Quæ trita et ventilata est.] Codex MS. Irminonis Abb. Sangerman. fol. 45. col. 1 : *Habet inter Villamilt et Alnidum farinarios xxij. qui reddunt de multura inter totos mccccxc. de Viva Annona, de braciis mod. clxxvij.* [** Guerardo pag. 76. Ibidem Breve 13. sect. 99 : *Solvunt de conjecto de viva Annona modios 99. ad forstarium.* Vide etiam pag. 132.]

Annonagium, Tributum ex annona. Charta Willelmi Comitis Cabillon. ann.

1180. in Bibl. Cluniac. pag. 1441 : *In universa terra ejus non habeo talliam, vel porcellagium, seu Annonagium, vel corredum.* Habetur etiam apud Perardum pag. 244. Vide *Annonaticum, Mestiva, Frumentagium, Messio.*

ANNONARIUS, dicitur *erogator et dispensator annonæ*, in Legibus Wisigot. lib. 9. tit. 2. § 6. apud quos per singulas civitates atque castella erant ejusmodi officiales seu magistratus, qui militibus *annonam* sine fraude exhiberent. Interdum et Comes civitatis hujus rei curam gessit, ut ex lib. 9. tit. 2. § 7. colligitur. Gloss. Græc. ἀννῶνα, *salarium.* Hac notione *Annonarii* dicuntur in leg. 3. Cod. Theod. de Numerar. [** Gloss. Lat. Gr. Annonarius, a, um, Σιτηρέσιος.]

¶ ANNONARIA, Locus ubi venditur annona. Statuta Massil. MSS. ann. 1253 : *Quod bladum et farinam nemo audeat vendere, nisi in Annonaria.* Liber flavus Episcopatus Massil. pag. 25 : *Usque in viam publicam, per quam itur ad Annonariam superiorem.*

ANNONARIA AREA, in qua frumentum excutitur, in Lege Burgund. tit. 23. § 2.

ANNONARIÆ REGIONES, quæ olim dictæ fuerint, pluribus disputant Salmasius, Gothofredus, Sirmondus, et alii qui de Suburbicariis commentati sunt.

ANNONARIA PRÆPOSITURA, in Monasteriis: huic præfectus erat Monachus, cui vel annonæ colligendæ, et in Monachorum victum erogandæ cura demandata erat, vel certe panis Monachis distribuendi, apud Innoc. III. PP. lib. 13. Ep. 55.

ANNONARIUS *est aliquis habens multas annonas.* Breviloq.

ANNONARIUM, *Granarium vel locus, ubi reponuntur annonæ.* Breviloq.

ANNONARI, Annona cibari, ali, annonam percipere. Paulus Diaconus Neapolit. in Vita S. Mariæ Ægypt. cap. 6 : *Unusquisque autem se Annonabat, prout poterat, aut volebat. Nam unus portabat corpori ad mensuram sufficiens, etc.* S. Ambrosius, seu alius auctor in Actis S. Sebastiani cap. 12. num. 43 : *Si ergo non navigantibus, sed imperantibus, homines quod Annonantur, ascribunt etc.* Baldricus Camer. lib. 3. cap. 52 : *Reditibus agrorum Annonantur.*

¶ **ANNONATICUM**, Idem quod *Annonagium*, seu tributum ex venditione frumenti vel annonæ perceptum. Locum vide in *Fumaticum.*

* **ANNOPSII**, *Nigri colores*, in vet. Glossar. ex Cod. reg. 7641.

** **ANNOS**, Idem quod Anus, γραῦς, in veter. Gloss. Vide Forcell. Lex.

¶ **ANNOSIOR**, Diuturnior. Collect. Concil. Hisp. tom. 2. pag. 266 : *Tantoque Annosioris excommunicationis tempore a Christi corpore et fraternitatis consortio sequestretur, quanto fuerit propinquioris sanguinis contagione pollutus.*

ANNOSITAS, Multorum annorum series. Joannes de Janua : *Annositas, antiquitas.* Notitia ex Tabulario S. Victoris Massiliensis: *Per Annositatem seu per legem tricenariam possidere.* Petrus Gellensis lib. 9. Epist. 5 : *Calamus noster Annositate et desuetudine quassatus, etc. Annositate se tueri*, in leg. 113. Cod. Th. de Decurion. *Annositatis cursus*, in leg. ult. eod. Cod. de Prædiis navicul. *Priscorum Annositas*, apud Saxon. in Præfat. ad Hist. Danicam. [** Theod. Cod. lib. 1. tit. 15. c. 12 : *Nemo privilegii alicujus prætextu aut Annositatis se defendat obstaculo.* S. August. Epist. 251. (al. 269.) : *Hieme iter tam prolixum non suffero cum Annositate algida quam mecum fero.*]

* **ANNOSITA**, ut *Annositas*, Multorum annorum series. Charta ann. 972. in Append. ad Marcam. Hispan. col. 896 : *Post plerasque vero dierum Annositas, Salomon.... condidit domum nomini Domini, etc.*

* **ANNOTA**, Præstatio annua. Charta ann. 1336. inter Probat. domus de Chaban. pag. 66 : *Et ibidem dictus domicellus solvit et quittavit ad dictas quinque Annotas ipsos homines de dictis redditibus ad finem, ut par est, ad dictos quinque annos, etc.*

¶ **ANNOTAMENTUM**, Idem quod Nota vel Annotatio in Miraculis B. Aloysii Gonzagæ tom. 4. Junii pag. 1065. Sed hac quoque voce usus est Gellius lib. 1. cap. 7 : *Veterum locutionum copiam his Annotamentis inspersimus.* Adde lib. 17. cap. 2.

* **ANNOTARE**, vox Practicis nostris nota, *Annoter*, Designare addicta mancipata domino superiori bona; quo etiam sensu accipi debet mox *Annotatio bonorum.* Charta ann. 1344. in Reg. 75. Chartoph. reg. ch. 417 : *Prædictus dominus abbas* (Montisolivi) *et Petrus de Aragone utentes jurisdictione alta et bassa in dicto loco* (de Villadonello) *bona dicti Petri Rogerii ad manum suam Annotaverunt et confiscaverunt.* Libert. S. Bernardi de Romanis ann. 1348. tom. 3. Ordinat. reg. Franc. pag. 273. art. 2 : *Annotare bona prædictorum consueverunt.*

ANNOTATIO. Chr. Reicherbergense ann. 423 : *Septima Annotatio Carthaginensis Synodi habita est sub Honorio Augusto, etc.* Idem ann. 426 : *Sub Theodosio Minore fuit octava Annotatio Africanæ Synodi, etc.* [* Idem videtur quod *Sessio.* Vide *Actiones synodorum* in *Actio* 3.]

* ANNOTATIO NOMINIS, Modus subscribendi Chartas, cum subscribentis nomen compendio annotabatur, ex tomo 5. novi Tract. de re diplom. pag. 17. Vide supra *Anagramma nominis.*

¶ ANNOTATIO REGULÆ, Descriptio nominis defuncti, diei obitus, accepti etiam beneficii, in fine Regulæ, scilicet in Necrologio ei adjuncto. Hic mos in Monasteriis servabatur, ut post lecta in Capitulo Martyrologium et Regulam, nomina quoque benefactorum, propinquorum ea die defunctorum post Primam legerentur, et pro illis oraretur ab omnibus. Sic in pluribus MSS. Corbeiensibus habetur : *Promisimus anniversarium et Annotationem.* Necrolog. S. Quintini de Monte : *Persolvemus ei in conventu tricenarium et Verba Mea præter Annotationem.* Bernardi Monachi Ordo Cluniac. part. 1. cap. 74 : *Sic pro omnibus sit unum officium cum generali Missa et ceteris, quæ solent fieri pro nostris, excepta præbenda et brevium transmissione ac Regulæ Annotatione.*

¶ ANNOTATIONES BONORUM, f. Recensio bonorum alicui oneri vel mulctæ obnoxiorum. Johannis Armaniaci Diploma veniale tom. 1. Amplis. Collect. Marten. col. 1527. A. : *Processus, inquestas, banna, pœnas, mulctas, et bonorum confiscationes et Annotationes eorumdem, etc.* [* Quid sit, vide supra in *Annotare.*]

ANNOTATORES, qui inlatarum specierum breves seu rationes conficiebant, Tabularii, in leg. 3. Cod. Th. de Susceptoribus. [** Alio sensu ap. Plin. in Paneg. cap. 49.]

ANNOTICUS, pro *Anniculus.* Capitulare Saxonum ann. 797. cap. 11 : *Illud notandum est, quales debent solidi esse Saxonum, id est, bovem Annoticum, utriusque sexus autumnali tempore, sicut in stabulum mittitur, pro uno solido.* [** Vide tit. 19. Leg. Saxon. ibique Gauppium.]

¶ **ANNOTINUS**, Annuus, Anniversarius, Gall. *Annuel.* Annal. Bened. tom. 3. pag. 148 : *Et in Annotina Translatione SS. Reliquiarum... fratribus ejus loci* (Centulensis) *congrua cibi ac potus refectio subministretur.* Hac voce usus est Columella, sed notione nonnihil diversa : *Ungues*, inq. *custodum Annotinos resecato.* [** Vide Forcell. Lexic.]

¶ ANNOTINUM PASCHA. Vide *Pascha Annotinum.*

* Glossar. vet. ex Cod. reg. 7641 : *Annotinus, qui plures habet annos.*

* **ANNOXIARI**, Anxio animo esse, Gall. *Etre inquiet, embarrassé.* Comment. Benzonis episc. Albens. lib. 7. cap. 2. apud Ludewig. tom. 9. Reliq. MSS. : *Interea dum expectatur Prandellus, non immemor suæ artis, Annoxiatur, tergiversatur.* Vide infra *Anxiari.*

¶ 1. **ANNUA**, Idem quod mox Annuale. Codex obituum Ecclesiæ Aniciensis : *Annua D. Johannis de Borbonio iij. Februar. Annua D. Gaufredi de Pompadorio 8. Maii.*

* 2. **ANNUA**, *Expletio anni*, in vet. Glossar. ex Cod. reg. 7646.

* 3. **ANNUA**, Vas vinarium statutæ capacitatis, f. pro *Ama.* Vide supra in hac voce. Charta Ludovici Brandeburg. ann. 1335. inter Probat. tom. 1. Annal. Præmonstr. col. 661 : *Appropriavimus monasterio in Jericho.... donationem.... trium Annuarum vini ex vinea Villegarditz.* Vide supra *Annata* 4.

* **ANNUALARIUS**, vulgo *Annulier*, inter schedas Mabillonii; Officium monasticum etiamnunc apud Menatenses monachos, cujus munia ignorantur. Monachus forte, cui *annualium* peragendorum cura demandata erat, vel certe erogandorum in *annualibus* distribuendi facultas. Vide infra *Exequiarius.*

ANNUALE, *Annale*, Anniversarium, officium scilicet Ecclesiasticum, quod pro defuncto aliquo, die ejus obitus recurrente, in Ecclesia quotannis celebratur. [Tertullianus de Coron. cap. 3 : *Oblationes pro defunctis, pro natalitiis Annua die facimus.*] Brevil. *Annuale, anniversarium;* Galli *Annuel* dicunt; *Annovale*, apud Joan. Villaneum lib. 1. cap. 22. Charta ann. 1078. apud Fr. Mariam in Mathildi Comitissa lib. 3 : *Hanc conditionem Episcopo imposuimus, ut Annuale, vel anniversarium matris meæ Beatricis honorifice celebretur.* Crebro occurrit.

ANNUALIS. Charta Notkeri Episcopi Veronensis ann. 921 : *Ita ut in tribus diebus ante ejus Annualem,... omnes generaliter Sacerdotes... Missam cantent.*

* Charta ann. 1319. in Chartul. S. Maglorii Paris. ch. 58 : *Quando celebrabitur in dicta ecclesia pro defunctis ibidem sepultis missa, anniversarium, Annualia, trentenæ, totum emolumentum.... erit commune. Annieux*, eadem notione, in Charta ann. 1332.

ex Chartul. S. Martini Pontisar. : *Pour chanter et faire solempnelment lesdiz Annieux etc.*

¶ Annuale, Missæ pro defuncto quotidie per annum a Sacerdote celebrandæ. Item quidquid illi earumdem occasione offertur. Regula S. Stephani Grandimont. cap. 5 : *Tricenarium, septenarium, Annuale vel quodlibet pretium pro Missa nominatim vobis oblatum nullatenus accipiatis.*

¶ Annuale, Quodlibet solemne festum quotannis recurrens. Hac voce utuntur in ordinibus celebrandi divini officii, Parisiensi scilicet et S. Capellæ; item in Breviario novo Lexoviensi. Ibi non semel *Annuale majus, Annuale minus, semi-annuale.*

Annuale, Idem quod *Annata*, reditus annuus præbendæ Canonici defuncti. Necrologium S. Victoris Parisiens. Kl. Augusti, de Ludovico VII. Rege Franc. : *Annualia quoque regalium Abbatiarum, aliaque multa nobis donavit*, precibus scilicet D. Stephani de Garlanda Archid. Paris. ut est in eodem Necrolog. 2. Id. Januar. Charta Roberti Abbatis S. Victoris Parisiensis in M. Pastorali Eccles. Paris. lib. 20. cap. 85 : *Super eo quod dicti Religiosi dicebant se debere percipere Annuale in pane et vino, ubicunque decederent socii D. Episcopi Parisiensis, etc.* Charta Joan. D. Castrivillani ann. 1260 : *Volo quod Prior de Marnissa... habeat Annualia Canonicorum decedentium, etc.* Charta Henrici Abbatis, fratris Ludovici VII. Regis Franc. in Annalib. Monasterii S. Victoris 1. vol. : *Beneficium autem supradictorum Annualium Ecclesiæ B. Victoris hoc modo collatum est, ut per annum redditus præbendarum Canonicorum decedentium Ecclesia S. Victoris ex integro habeat, etc.*

☞ De hocce jure Canonicorum S. Victoris plura congessit Instrumenta Martenius noster tom. 6. Ampliss. Collect. col. 224. et seq. e quibus hic pauca subjiciemus. Diploma Bartholomæi Decani Eccles. Paris. sæculo XII : *Ex dono piæ memoriæ domni Stephani Episc. et nostro in hac nostra B. Mariæ Ecclesia præbenda una, in Ecclesia S. Marcelli præbenda una, in Ecclesia S. Clodoaldi præbenda una, in Ecclesia S. Martini de Campellis præbenda una. Ita scilicet quod Canonici S. Victoris in singulis supradictis Ecclesis ad servitium earumdem Ecclesiarum singulos vicarios ponant. Item ex dono prædicti Episcopi Annualia Canonicorum omnium prædictarum Ecclesiarum, ita scilicet, ut quocumque modo quilibet Canonicus earumdem Ecclesiarum præbendam suam relinquat, vel quocumque modo præbenda de una persona in aliam transeat, Ecclesia S. Victoris ejusdem præbendæ reditus per annum ex integro habeat, et nullum super hoc ex debito aut Ecclesiæ aut defuncto præter anniversarium exsolvat obsequium.* Diploma Odonis Prioris S. Martini a Campis : *Ecclesia vero S. Victoris, quæ in præfata B. Mariæ* (Paris.) *Ecclesia Annualia præbendarum habet, hujus ipsius præbendæ, quæ nobis data fuit Annuale suum ex integro habuit. Sed quia de eadem præbenda, quæ Ecclesiæ S. Martini in perpetuum data erat, jam de cetero Ecclesia S. Victoris Annuale habitura non erat, sic, ne hoc dono nostro Ecclesia S. Victoris læderetur... statuimus, ut Ecclesiæ S. Victoris pro recompensatione Annualis supradictæ præbendæ, per singulos annos in festo S. Paschæ decem solidos persolvamus.* Plura etiam his consona leguntur in Tabulario S. Clodoaldi, ex quibus patet, non solum Canonici defuncti præbendæ reditum annuum, sed etiam cujusvis præbendæ quoquo modo vacantis aut de una persona in aliam transeuntis, ad Ecclesiam S. Victoris pertinuisse. Quod si præbenda data esset Conventui integro, qui neque moritur, neque mutatur, tum Ecclesia S. Victoris erat annuo censu compensanda, ut liquet ex laudato Odonis Diplomate, et aliis duobus Instrumentis, quæ apud Martenium videre est col. 226. et 227.

¶ Annualis Reditus, idem qui *Annuus*, Gall. *Revenu Annuel*, apud Th. *Madox*. Formul. Anglic. pag. 108.

¶ **ANNUALITER**, Singulis annis. Vita S. Gregorii Papæ lib. 2. tom. 2. Martii pag. 152. A : *Tribus millibus ancillis Dei, quas Græci Monastrias vocant quindecim libras auri pro lectisterniis; eisque pro quotidianis stipendiis octoginta libras Annualiter conferebat.*

* Liber de Mirabil. Romæ apud D. *de Montfaucon* in Diar. Ital. pag. 297 : *Vicit omnes Persas et posuit eos Annualiter sub tributo Romani Senatus.*

* **ANNUARIUM**, Dies annuus, quo officium defunctorum pro aliquo defuncto peragitur, idem quod *Anniversarium*. Charta ann. 1483. ex Cod. reg. 4223. fol. 128. r° : *Ob quod prior et collegiati dicti collegii, memores dicti doni ac beneficii, ... decreverunt pro ipsa domina Francisca de Lebreto fundare in dicto collegio unum Annuarium sive anniversarium, annis singulis xviij. Decembris celebrandum.* Vide *Annuale*.

* **ANNUATA**, Annuus reditus, pensio annua, Gall. *Produit d'une année, redevance annuelle.* Stat. ann. 1370. tom. 5. Ordinat. reg. Franc. pag. 365. art. 17 : *Commune precium quod possunt valere, habito respectu ad unam communem Annuatam, de septem annis præcedentibus, deductis legitimis misiis et expensis, debet exigi.* Regest. episcopat. Nivern. : *Ad domum Nivernensem pertinet sallicium Ligeris, quod est admodiatum vij. libr. Nevernensibus; .... et incipit Annuata in Annunciatione Dominica. Obolus pontis valet xij. lib. et incipit Annuata in festo B. Joh. Bapt.* Pluries ibid. recurrit. Vide *Annata* 2. et *Annuitas*.

* **ANNUATE**. Acta S. Sebaldi tom. 3. Aug. pag. 772. col. 1 : *Annuate dixit S. Sebaldus : Erige manus conjunctas.* Id est, ut notant docti Hagiographi, affirmanter, vel quasi annuens.

¶ **ANNUATIA**, Census annuus. Locum vide in *Superprisa*. [* Vide supra *Annacia*. Sed hæc vox nusquam reperitur in *Superprisa* aut *Superprisia*, neque etiam in aliis vocibus, quæ ad hanc pertinent.]

* **ANNUBDA**, Vide *Anubda*.

¶ **ANNUCULA**, γραῦς, *Anus*, apud Janum Lauremberg. in Supplemento Antiquarii : Terentius dixit, *Anucula*, eadem notione.

[* Vetula. Homil. Anonymi in Cod. 120. S Martial. Lemov. : *Cervulum sive Annucula aut alia quælibet portenta ante domum vestram venire non permittatis.*]

ANNUITAS, Annuus reditus, pensio alicui, vel in perpetuum, vel ad tempus præstitutum, concessa, cujus solutione liberum tenementum non oneratur, inquit Joan. Cowellus Monasticum Anglic. tom. 2. pag. 375. 376 : ..... *Habenda et tenenda in feodo simplici de capitalibus dominis, per servitia consueta.... solvendo Annuitates prædictas.* Adde tom. 3. pag. 22. Charta Thomæ Archiep. Eboracensis : *Annuitatem sive pensionem annuam centum solidorum sterlingorum, etc.* Infra : *Ac de Annuitate, sive de annua pensione hujusmodi, etc. Annuity*, Angli dicunt. *Brief de Annuitie*, apud Littleton. sect. 219. *Breve Annuitatis*, quo creditor debitorem convenit, cum pensionem annuam constitutæ pecuniæ percipere non potest. Vide Rastallum.

¶ **ANNUITIO**, Concessio, Licentia, in Chartario S. Vincentii Cenoman. *De Annuitione Ecclesiæ, etc.*

[** Gemm. Gemm. : *Annuitare, mit ougen winken.*]

ANNULARE, Pro nihilo habere, vel rem ita rescindere, ut nulla deinceps habeatur, quo sensu vocem *Annuler* passim usurpamus. Optatus lib. 2 : *Sacerdotium in nobis Annulare visus.* [Apud Bernardum Tr. de diligendo Deo col. 600. D. edit. 1690 : *Timori permixta devotio, ipsum non Annullat, sed castificat.* Chron. S. Bertini continuatum a Johanne Iperio apud Marten. tom. 6. Ampliss. Collect. col. 619 : *In quibus omnibus noster Johannes eum devicit, et cessum huic Ecclesiæ litigii causa per ipsum impositum, appellatione interjecta, Annulavit.*] Occurrit Ecclesiast. cap. 25. et alibi non semel. [** Vide Forcell. Lexic. in voce *Annihilare*.]

¶ **ANNULARENSIS** Primicerius. Vide *Primicerius*.

ANNULARIUS, Annularium. Ugutio : *Annularius qui facit Annulos. Annularium, locus, ibi fiunt annuli.* [** *Anularis, est digitus in quo portatur anulus*, in Gemm. Gemm. et Melberi Vocabul. qui addit : *Dicitur etiam medicinalis vel medius digitus et est penultimus digitus in sinistra manu.* Ibidem : *Anulosum animal, geringelt thier als nattern und schlangen; una pars est tortuosa in sursum, alia deorsum.*]

ANNULUS *arrarum nomine datus*, seu sponsalitius vel pronubus, in lege Wisigoth. lib. 3. tit. 1. § 3. [** Conf. lib. 3. tit. 6 § 3.] *Annulo sponsam subarrare*, in Lege Longob. lib. 2. tit. 37. § 1. [** Liutpr. 30. (5, 1.)] Nicolaus PP. Epist. ad Bulgaros : *Postquam arrhis sponsam sibi sponsus per digitum fidei Annulo insignitum desponderit.* [** Formul. Veron. apud Canciani vol. 2. pag. 477. col. 1 : *Fabius eam subarrat annulo.*] De annulo pronubo, passim veteres Scriptores. Vide Baron. ann. 58. num. 51. et seq. Gassendum in Vita Peirescii lib. 4. et Joannem Bapt. Laurum de Annulo pronubo Deiparæ Virginis. [** Vide Grimmii Antiquit. Jur. German. pag. 177. 178. 940. et 432.]

¶ Annulus Aureus, quem tradere, et a servitute liberare idem erat. Qui enim annulis utebantur aureis, ii censebantur ingenui. Charta Maximiliani I. Romanorum Imperatoris pro Republica Lucensi, apud Ludewig. tom. 4. pag. 323 : *Item confirmare privilegia, creandi Tabelliones, legitimandi, faciendi Milites, restituendi minores ac majores ex justa causa, adoptandi, emancipandi, manumittendi servos, restituendi na-*

talibus, jusque Aureorum Annulorum concedendi. [** Annulo aureo non liberi sed nobiles insignes erant. De traditione per annulum aureum vide infra in voce *Investitura.*]

Annulus de Junco. Constitutiones Ricardi Episcopi Sarisberiensis ann. 1217. cap. 55 : *Nec quisquam Annulum de Junco vel quacumque vili materia, vel pretiosa, jocando manibus innectat muliercularum, ut liberius cum eis fornicetur : ne dum jocari se putat, honoribus matrimonialibus se astringat.* Huc spectat quod scribit Brolius lib. 1. Antiquit. Parisiensium pag. mihi 69. eos qui in foro Ecclesiastico, ob illicitam antea initam copulam, *Officialis* judicio matrimonium invicem contrahere coguntur, in ædem S. Marinæ sacram deduci, ibique Curione *Annulo Junceo*, seu ex *palea* confecto desponsari.

¶ Annulus Piscatoris. Sigillum quo Romanorum Pontificum Brevia obsignantur. Tribus uti solent Sigillis, *Annulo Piscatoris* quo Brevia Apostolica in cera rubra : *Bulla plumbea*, qua privilegia et Litteræ Cancellariæ; et *Signo* quo Bullæ consistoriales muniuntur. *Annulus Piscatoris* dicitur, quod illo S. Petrus qui piscator erat, primus usus fuisse a vulgo existimetur : at revera quod ejusdem divi piscatoris imaginem insculptam habeat. Vox ante 400. annos minime nota. Vide Hierolexicon Macri. Greg. Tolosani Syntagma juris lib. 15. cap. 3. Gerardum *von Mastric.* Hist. juris Eccles. § 402. Regestum Cancellariæ Imperii sub Ferdinando II.

¶ Annulus Palatii. Apud Leodienses sic vocatur Curia, seu Jurisdictio Episcopalis, adeo ut provocare ad *Annulum Palatii* idem sit atque appellare ad Episcopum. Chron. Cornelii *Zantfliet* ad ann. 1406. apud Marten. tom. 5. Ampliss. Collect. col. 369 : *Favebant sæpedictis iniquitatis alumnis alii in populo præeminentiores.... qui sociata sibi multitudine furenti, in crastino juis Episcopale, quod provocatio ad Annulum Palatii dici solet, infregerunt; et ne quisquam propter qualescumque enormes excessus ad illum appellari posset ex oppidis et villagiis totius patriæ vetuerunt.* Ibid. ad ann. 1422. col. 414 : *Quibus contra juris regulam paratis centum et quadraginta duo principaliores oppidi ad Annulum Palatii ab Episcopo legitime sunt citati.* [** Vide Haltausii Gloss. Germ. voce *Ring*, col. 1549. Grimmii Antiq. Jur. Germ. pag. 747.]

* **ANNULUS** Palatii, idem qui *Regius.* Præcept. Lothar. reg. in Chratul. S. Petri Gand. ch. 2 : *Hoc ei præceptum fieri jussimus et Annulo nostri palatii subtus firmantes jussimus insigniri.*

Annulus Pontificum, Prælatorum : Quem scilicet deferunt in symbolum Ecclesiæ ab iis desponsatæ, cum, ut ait Joannes Citrius, τῶν ἐκκλησιῶν προστάται νύμφιοι appellentur, carpens scilicet Michaëlem Cerularium Patr. Constantinopol. in Epist. ad Petrum Antiochenum, damnantem Latinos Episcopos, ὡς δῆθεν γυναῖκας τὰς ἐκκλησίας λαμβάνοντας τὸν ἀῤῥαβῶνα φέροντας. Vide præterea Demetrium Chomatenum Bulgariæ Archiepiscop. in Responsis pag. 318 et 321. Juris Græco-Romani. Chronicon Mauriniacense, lib. 3 : *Ipsos quoque Annulos, in quibus ad ipsos (Episcopos) pertinens Ecclesiæ desponsatio exprimitur, sine respectu misericordiæ abstulit.* Charta Joannis Archiepisc. Capuani ann. 1301 : *Item Annulum unum Pontificalem de auro magnum. Item quemdam alium Annulum de auro.* De annulo Episcopali vide Honorium Augustod. lib. 1. cap. 206. Innocentium III. lib. 1. Epistol. pag. 329. Durandum lib. 3. Ration. cap. 14. [* et Domin. Georg. Rhodiginum, qui lib. 1. de solemni missarum celebratione a Rom. Pontifice cap. 28. num. 2. edit. 1731. hæc paucis, sed dilucide petractat. Hoc unum cum viro erudito observo, Annulum in dextram episcopi manum immitti, ad discrimen inter annulum episcopalem et annulum pronubum, uti notatur in Pontif. MS. Lyrensis monasterii ann. 600. apud Marten. de Ant. eccl. rit. part. 2. lib. 1. cap. 9. pag. 618.]

* Annulus Plumbeus, Quo episcopi ad subsignandas Chartas interdum usi sunt, ut testatur Charta ann. 988. apud Murator. tom. 1. Antiq. Ital. med. ævi col. 1014 : *Et in qua ipse archiepiscopus manu propria scripserat, sicut ibidem esse videtur, quæ legitur,* Bene Valete, *et ab Annulo ejus plumbeo sigillata est.* Ubi *Annulus* nihil aliud forte est quam sigillum. Liceat huc revocare, ut oblivioni subripiatur, ex eod. Murator. ibid. tom. 5. col. 507. celebrem ritum, qui proximis tandem, ipso teste, temporibus exolevit : *Ubi novus*, inquit ille, *Pistorii episcopus civitatem primum ingrediebatur, universo clero ac populo stipatus, solenni pompa deducebatur ad templum sanctimonialium S. Petri Majoris. Spectabatur ibi paratis dapsilis lectus, quem sedis loco petebat antistes. Tum abbatissa, quæ effracto claustri muro in sacram ædem cum universis monialibus prodierat, ad sinistram episcopi et ipsa super lectum assidebat. Exinde a præsule ejusdem abbatissæ digito Annulus pretiosus inferebatur, desponsantis ad instar, et pastoralis etiam baculus dexteræ illius paulisper dimittebatur. Atque his peractis, procedebat ad cathedrale templum episcopus, abbatissa regrediente cum suis virginibus ad consueta penetralia cœnobii.*

* annulus Lignorum, Quo ligna scilicet mensurentur. Continuat. 2. Nangii pag. 121. col. 2 : *Annulus lignorum, qui antea pro duobus solidis dabatur, nunc pro unius floreni pretio venditur.*

* Annulo Ferreo brachium debitoris, dummodo miles non esset, astringere licebat creditori, [** potius Annulum ferreum brachio ejus immittere] ex Assis. Hierosol. cap. 119 : *Se aucun autre que chevalier doit dete, ... il doit estre livré à celui à qui il doit ladite dete, et il le peut tenir com son esclaf tant que il, ou autre pour lui, ait paié ou fait son gré de ladite dete, et il le doit tenir sans fer, mais que un Aneau de fer au bras pour reconoissance que il est à pooir d'autrui pour dete.* [** De annulis vilioris metalli qui a servis ferebantur vide Grimmii Antiq. Jur. pag. 340. Conf. etiam Tacit. de morib. Germ. cap. 31. et Isid. Orig. lib. 19. cap. 32. sect. 3.]

* *Agneau*, pro *Anneau*, annulus. Le Roman *de Wace* MS. :

En Normendie erent chiefs,
Mis en Agneaux et en guoles.

Annulus Regius, quo Reges utebantur ad subsignanda Diplomata. Agobardus lib. de Insolentia Judæorum : *Quos indiculos, licet ex sacro nomine vestro recitarentur et vestro Annulo essent signati, nullatenus tamen credidimus ex judicio vestro tales prodiisse.* Faustus in vita S. Mauri de Theodeberto Rege : *Vocans Ansebaldum qui scriptionibus regalium testamentorum præerat, præcepit ei, ut antequam de monasterio egrederetur testamentum de iisdem scriberet rebus, ac de Annulo Regis, regali firmaret more.* Theganus de Ludovico Pio cap. 19. de villis regiis : *Fidelibus suis tradidit eas in possessiones sempiternas, et præcepta construxit, et Annuli sui impressione cum subscriptione manu propria roboravit.* Hugo Flaviniac. in Chron. pag. 107 : *Aliaque quam plurima quæ chartis manu propria inseruit, quas Regis Annulus roboravit.* Hinc formula vulgaris omnibus ferme Regum et Imperatorum Diplomatibus adscripta : *Et ut inviolabilem obtineat firmitatem, manu propria subterfirmavimus, et Annuli nostri impressione signari jussimus.*

Erant autem annuli regii Regum imaginibus et nominibus insigniti. Gesta Francor. cap. 12 : *Requirentes invenerunt in thesauro Regis Annulum, Clodovei inscriptione vel imagine insculptum.* Ejusmodi est Childerici Regis annulus, qui in ejus sepulcro juxta Tornacum inventus, in Gazophylacio Regis asservatur, cujusque ectypum exhibuit. Joan. Jacobus Chiffletius in Anastasi, cujus ea est inscriptio : CHILDRICI REGIS. Præterea alter Ludovici Pii apud Petrum Fr. Chiffletium in Hist. Tornutiensi pag. 195. cujus hæc est epigraphe : XPE. PROTEGE. HLUDOWICUM IMPERATOREM.

Annuli Regii cura ac custodia penes Referendarium erat. Gregorius Turon. lib. 5. Hist. cap. 3 : *Siggo quoque Referendarius, qui Annulum Sigeberti tenuerat.* Vita S. Boniti Avernorum Episc. tom. 1. Histor. Franc. : *Cum a Sigeberto Rege enixe diligeretur, Annulo ex manu Regis accepto, Referendarii munus adeptus est.* Adde Fridebodum in Vita S. Audoëni, Aigradum in Vita S. Ansberti, Aimoinum lib. 4. Hist. cap. 41. et quæ notamus in voce *Referendarius.* Quod igitur annulo Regio signarentur Regum Diplomata, inter præcipua eorum ornamenta recensetur in Gestis Francor. cap. 11.

Annulum Transmittere, seu annulo misso aliquem accersere. Lex Bajuvar. tit. 2. § 14 : *Si quis jussionem Ducis sui contempserit, vel signum quale visus fuerit Dux Transmittere, aut Annulum, aut sigillum, si neglexerit venire, etc.* Vide Theophylactum Simocatt. lib. 8. cap. 11.

Annulus, qui vulgo *Collare*, seu *le Carcan*, quo reorum colla astringuntur, *Collistrigium.* In Consuetud. Juliodunensi cap. 2. art. 8. *Avoir ceps, fer et Anneaux,* dicitur esse ejus qui mediam Justitiam habet.

[** De Ecclesiast. Offic. investituris per annulum vide infra *Investituræ Ecclesiarum.*]

* **ANNUNCIATA**, Annuntiationis imago. Inventar. ann. 1389. tom. 3. Cod. Ital. diplom. col. 363 : *Officiolum unum beatæ Mariæ Virginis cum Annunciata et S. Ludovico super assidibus.* Paulo ante : *cum Annunciatione.* Vide mox *Annunciatorium.*

* **ANNUNCIATORIUM**, *Ambo*, pulpitum, tribunal ecclesiæ, sic dictum, quia inde populo, quæ annuntianda erant, promulgabantur; nisi fuerit imago, *Annuntiationis*

mysterium exhibens. Acta capit. eccl. Lugdun. ex Cam. Comput. Paris. ad ann. 1341. fol. 75. v°. col. 1 : *Concesserunt Johanni Raymondi civi Lugdunensi, quod quoddam altare possit fieri facere in ecclesia S. Crucis Lugdun. prope Annunciatorium, et ibidem valeat sepeliri.*

* Nostris olim *Annunceur*, Præco, Gall. *Crieur public*. Lit. remiss. ann. 1459. in Reg. 189. Chartoph. reg. ch. 406 : *Jehan Salebrant, Annunceur de vin, demourant en la ville d'Alos, ou pays de l'Empire.* Sed et pro Delator, Gall. *Denonciateur*, occurrit in Lit. remiss. ann. 1408. ex Reg. 163. ch. 207 : *Icellui Thomassin dist a l'exposant qu'il estoit mauvais garçon, ... bourdeur et Anonceur de gens sans cause aux prévotz et sergenz dudit Espernay.*

* **ANNUNTIATIO** Domini, Nativitatis scilicet ejusdem, quæ in lectione martyrologii fit ritu solemni. Stat. Præmonstr. MSS. dist. 3. cap. 2 : *Si quis in Annuntiatione Domini et Nativitate ejus in principio capituli non affuerit per negligentiam, etc.*

ANNUNTIUM, Nuntium, quod annunciatur, Gall. *Prophetie, Menace, Annonce.* Ambrosius super Egesyppum : *Irridebant Prophetarum Annuntia, fas omne calcabant.* Dantes in Purg. cant. 14.

Come a l'Annuntio de futuri danni.

ANNUS. Non quæ apud veteres, qui Christum præcesserunt, anni ratio, sed quam diversa etiam post Christum natum apud omnes fere gentes fuerit, hic disquirere videtur operæ pretium : cum absque hacce notione in perlegendis mediæ ætatis Scriptoribus plerisque tenebræ offundantur; dum suam quique annos numerandi, et eorum initia auspicandi rationem servant : quod quidem breviter prosequemur, indicatis auctorum locis qui hac de re ex professo commentarios ediderunt, ut ex iis lectoribus haurire liceat quæ pluribus pertractare Glossarii institutum non patitur.

Græcorum computos, ærasque præcipuas esse tres inter eruditos convenit. Nam aliam esse dicunt quæ ab initio rerum ad Christi in uterum adventum aut natalem annos computat 5943. aliam quæ annos numerat 5501. tertiam quæ 5509. constituit. Primam Antiochenam appellabant aliqui, secundam Æthiopicam, tertiam Alexandrinam; priorem vero Petavius Alexandrinam, tertiam Romanam. Secundam amplectitur Synodus VII. Act. 6. pag. 405. Edit. Labbei, ut et Cyrillus Scythopolitanus in Vita S. Euthymii num. 109. Georgius Syncellus, Theophanes, Auctor Miscellæ, et aliquot alii. Postrema vero utuntur Scriptores alii Byzantini. Vide Petavium in Auctario lib. 8. cap. 1.

Annos mundi, ut et indictiones, auspicantur Græci, seu Byzantini Scriptores a Kal. Septemb. uti passim observare est apud Cedrenum, Scylitzem, Pachymerem, Cantacuzenum, Phranzem, etc. unde ejusmodi Indictio Constantinopolitana dicitur apud Petavium, etc.

Anni Martyrum, seu Epochæ Diocletianeæ, ab Ægyptiis Christianis Ecclesiæ Alexandrinæ hactenus usurpatæ, initium desumitur a persecutione Diocletiani, quam in annum 302. vel 303. vulgo conjiciunt Chronologi : qua de re extant virorum doctissimorum conjecturæ ex Concilio Cirthensi potissimum desumptæ, Baronii, Scaligeri, Petavii, et novissime V. Cl. Joannis Broei, in ea Disquisitione, quam de initio persecutionis Diocletianeæ et Epocha Concilii Cirthensis inscripsit. Ab hac autem æra Martyrum, Alexandrini, Abyssini, et alii annos suos auspicantur. Vide Adonem Viennensem in Chron. initio Constantini, et ann. 527. Chronicon Orientale pag. 85. 109. 124. 125. 127. 146. 202. et doctissimum Henschenium in Exegesi præliminari ad t. 5. Martii c. 2. n° 11.

Anni Seleucidarum, quibus Judæi plurimum usi sunt, postquam sub dominatu Græcorum esse cœperunt, a Seleuci Regis exordio initium sumunt, quod ab illo anno procedere, qui ante Christianam æram putatur 312. et est periodi Julianæ 4402. quo 117. Olympias iniit. Duplex est horum annorum initium; nam alias a verno tempore, et a Nisan Judaïco, alias ab autumno et Tisri progrediuntur. Rursus interdum lunares anni, interdum Juliani usurpantur et fixi. Judæi in annis contractuum (ita annos Seleucidarum vocant) lunares adhibent. Syromacedones, sive Antiocheni post Julianam anni formam editam solares adsciverunt, atque ab Hyperbereteo, sive Octobri Juliano duxerunt exordium. Hæc fere Petavius, quem consule.

Annos præterea Antiocheni peculiari ratione putabant, a mense Octobri ducto eorum initio, et ab anno mundi 3935. et Periodi Julianæ 4665. qua quidem æra, quam χρηματισμὸν τῆς Ἀντιοχείας vocat, utitur præ cæteris Euagrius lib. 2. cap. 12. lib. 4. cap. 9. Vide eumdem Petavium lib. 10. de Doctr. temp. cap. 62. et lib. 3. Ration. cap. 14.

Anni Gratiæ [quibus multi sæculo xii. usi sunt] dicti quod a Natali Christi initium sumant, ut auctor est Josephus Scaliger in Canonibus isagog. pag. 275. ubi observat Æthiopes æram Martyrum dupliciter putare, aut ab annis expansis Diocletiani, aut a periodis Dionysianis : ab annis enim Diocletiani abjectis omnibus 532. reliquos esse annos gratiæ. Vide eumdem de Emendat. tempor. pag. 693.

Annos ab Christi Incarnatione numerandi primus auctor fuit Dionysius cognomento Exiguus, qui Justiniano imperante, et cum Cassiodoro familiarissime sæculo Christi sexto vixit. Scribit Petrus Gassendus in Kalendario Romano cap. 5. Dionysium, cum annorum series in Canone beati Cyrilli ab anno Diocletiani 153. incœpta, nihil aliud foret quam eorumdem annorum Diocletianorum consecutio, indignum existimasse circulis sacris innectere impii Tyranni, persecutorisque memoriam, satiusque duxisse seriem annorum ab ipsa Christi Domini Incarnatione adhibere. Sed cum is cyclum suum ad Christi Incarnationem accommodasset, et primum ejus annum nominasset eum, in quo Christus conceptus et natus erat, qui Dionysium secuti sunt, cum viderent hominum vitam non ab eorum conceptione, sed ab ortu vulgo putari, animadverterentque præterea Nativitatem Christi non longe abesse a fine anni Juliani, et Circumcisionem ipsis Kl. Januarii celebrari, communi fere consensu constituere, ut primus Christi annus ab ejus Nativitate duceret exordium. Unde factum est deinde, ut æra communis invaluerit uno anno inferior æra Dionysii, servato tamen toto cyclo Dionysiano in cæteris, id est, Luna, Litera Dominicali, et indictione, solo excepto capite, quod pridem observatum a Petavio lib. 12. de Doctrina tempor. cap. 2. 3. et in Appendice pag. 890. et lib. 4. part. 2 Ration. 2. cap. 1. et Jacobo Grandamico de die Natalis Christi pag. 84.

Scribit denique Ægidius Bucherius in Chronologia Regum Francorum sect. 1, supputationem annorum a Christo nato in antiquis historiis ante 750. circiter vix usurpatam : deinceps vero sub Pipino Rege ejusque filio Carolo M. paulatim invaluisse : quod ex Annalibus, quos edidit Duchesnius, plane colligere licet.

Anni Secundum Evangelium. Gervasius Dorobernensis : *Est alia inter Compotistas et Chronicorum scriptores error, et dissonantia. Nam inter supputationem Dionysii, et illam quæ secundum Evangelium esse dicitur anni reperiuntur 22... si quis autem annos Domini qui secundum Evangelium dicuntur esse conscripti, nosse desiderat, supputationi Dionysii, quem imitamur, 22. annos apponat : hæc est enim de annis Domini inter Evangelium, et præfatum Dionysium dissonantia, sicut in suis Chronicis testatur Marianus Scotus, spatium scilicet annorum viginti duorum.* Utraque supputatione utitur Florentius Wigorniensis.

Francos annum olim auspicatos a Kl. Martiis videtur innuere Decretum Tassilonis cap. 2. § 12. et Lex Alemann. tit. 18. § 5 : *Nec in mallo publico transactis tribus Kalendis Martiis post hæc ancilla permaneat in perpetuum.* Et Concil. Vernense ann. 755. cap. 4. *ut bis in anno Synodus fiat. Prima Synodus mense primo, quod est Kalend. Martiis, etc.* Vide Notas Sirmondi ad Concil. I. Aurelianense.

Observat Henschenius in Exegesi de Genealogia Regum Dagobertinorum cap. 1. n. 3. Gregorium Turonensem et Fredegarium annos a Natali Domini visos inchoasse, aut saltem Romano more Kalandis Januarii, necdum, inquit, recepta consuetudine, quæ deinde paulatim per omnes Francorum ditiones propagata est, a Paschate ad Pascha annos computandi. [Sed Mabillonius lib. 2. de Re Diplomatica cap. 23. n. 4. ex Gregorio ipso, aliisque conficit Gallos sæculis vi. et vii. a Martio annum incipere solitos fuisse. Deinde sibi objicit unum ejusdem Gregorii locum ubi mensis Maius *quintus* dicitur, ex quo consequens est Januarium anni fuisse initialem. Ad hanc difficultatem solvendam duplicem annum distinguit vir eruditus, solarem unum a Januario incipientem, lunarem alterum a Martio. Unde inquit, etsi Gallis in usu erat annum incipere a Martio; non tamen desinebant anni initium a Januario repetere, habita ratione cursus solaris. Sic apud Romanos, quibus annum a Jano ducere mos erat ex dicendis, Martius non raro dicebatur mensis *primus*, September *septimus*, December *decimus*, ut apud S. Leonem in Sermonibus, quos de jejunio primi, septimi ac decimi mensis scripsit; cujusmodi locutionis rationem vide apud eumd. Mabill. loco citato.]

Iidem tamen et alii e veteribus Scriptoribus annos a Passione Domini interdum numerasse videntur. Gregorius nempe Turonensis in Historia Francorum sub finem librorum 1. 3. et 10. Fredegarius in Historia Epitomata cap. 73. Victor Tunnensis in fine Chronici, et auctor Historiæ Francorum jussu Childebrandi Comitis scriptæ cap. 109. Leguntur Chartæ tres in Tabulario Conchensis Abbat. in Ruthenis, quarum prima, quæ est 19. sic clauditur : *Actum est hoc anno ab Incarnatione Domini* 1062. *a Passione* 1029. Altera, quæ est 20 : *Ista Ecclesia dedicata est, et donus iste firmatus est* 15. *Kalendas Decemb. die Jovis, Luna* 22. *anno ab Incarnat. Dom.* 1060. *a Passione* 1028. *etc.* Tertia est 64 : *Anno ab Incarnat. Dom.* 1093. *a Passione* 1059. *etc.* Legi nuper Chartam originalem *Tetbaldi Palatii Comitis*, ex Tabulario Ecclesiæ Carnotensis, quæ sic clauditur : *Data* 5. *Idus Januarii, Indictione* 6. *anno a Passione Domini millesimo* 83. *Regni autem Philippi* 23. *scripta manu Ingelranni Carnotensis Ecclesiæ Decani et Cancellarii.* At hic evidenter Passio sumitur pro Incarnatione : nam ann. 1083. fuit 23. Philippi Regis, et Indict. 6. Adde Theotfridum Epternacensem in Florib. lib. 1. cap. 6. Rabanum lib. de Computo cap. 63. etc.

* Charta Theoderici comit. Flandr. in Chartul. S. Bertini fol. 51 : *Hoc autem factum est Brugis in camera Haketti castellani anno a passione Domini* 1133..

☞ Pro anno Passionis nonnunquam habetur annus *trabeationis*, id est, annus quo Christus *trabi* affixus est, ut apud Baluz. tom. 2. Capitul. col. 630. et 633. et pro *Anno Nativitatis* seu Kal. Januarii *annus Circumcisionis*, ut in Italiæ sacræ tomo 5. col. 914. et 1619. [* Hæc emendantur in voce *Trabeatio*; ubi abunde probatur de Incarnatione seu Nativitate debere intelligi.]

Annos *a Transitu*, seu morte *sancti Martini* non semel putat Gregorius Turonensis, quem mortuum anno 401. vel 402. probat Petavius lib. 11. de Doctr. temp. cap. 4. et parte 2. Rationarii lib. 4. cap. 12; anno vero 400. Petr. Franciscus Chiffletius in erudita illa, quam nuper edidit Dissertatione, *de S. Martini Turonensis temporum ratione.*

Sub altera Regum Francicorum stirpe annos a Christi Nativitate ordiuntur Scriptores omnes qui secundo et tertio Historiæ Franciæ volumine habentur : verbi gratia, Carolum M. Romæ Imperatorem dictum aiunt die Christi Natalitio anno 801. qui more jam recepto adhuc erat 800. Poëta Saxonicus lib. 4 :

> Festa dies cælis, eadem celeberrima terris,
> Virginei partus Christique refulserat ortus,
> Post octingentos, ex quo processerat, annos.

Idem Carolus, in ejus Vita, obiisse dicitur 5. *Kal. Febr. anno Incarnationis Domini nostri Jesu Christi* 814. ubi annus Incarnationis intelligitur annus a Natali Domini incœptus, ut apud Nithardum anno 813. in Chronici Fontanellensis Fragmento, et alibi passim. Breve Adalardi epocham hanc præfert : *Anno Incarnationis* 822. *mense Januar. Indict.* 15. *Regni Ludovici* 8. Vetus Charta Zuentebaldi sic clauditur apud Doubletum pag. 809 : *Data* 11. *Kal. Febr. anno Incarnat. Domini* 896. *Indict.* 14. *anno vero Domini Zuentebulchi primo.* Concilium Valentinum III. in Præfatione, dicitur celebratum fuisse *anno* 855. *ab Incarnatione, Lothario imperante* 15. *Indict.* 3. *mense Januario* 6. *Idus ejusdem mensis, etc.* Ita Concilium Ticinense, *Anno Incarnationis Dominicæ* 855. *Indict.* 3. *mense Februario, die mensis* 4. Synodus Ticinensis, *Anno Incarnationis* 876. *Indict.* 9. *mense Februar.* In quibus præallatis locis conveniunt anni Christi a Nativitate incœpti cum indictionibus. Proinde evanescunt viri doctissimi conjecturæ in nupera Conciliorum Editione tom. 7. pag. 1848. et tom. 8. pag. 39. 160. et alibi, qui annos Incarnationis a 25. Martii vel a Paschate ea tempestate numeratos fuisse existimat : quo in errore versatur etiam Beslius in Regibus Aquitanicis pag. 40.

☞ Hic iterum existimat Mabillonius noster Diplom. cap. 23. n. 5. duplex etiam tunc temporis fuisse anni initium : unum vulgare, commune et ubique receptum, habita ratione anni solaris, quem observabant plerique Historici veteres : aliud Gallicanum, ratione cursus lunaris, quem pauci sequebantur. Hujus calculi argumentum habeo, inquit, ex Historia translationis S. Huberti Episcopi Tungrensis, in qua Carolus M. decessisse dicitur *Anno Incarnationis octingentesimo tertio decimo*, cum constet eum decessisse more nostro anno 814.

* Annus Natalicius, id est, Qui a Nativitate Computatur. Charta ann. 1162. ex Bibl. reg. cot. 19 : *Tali conditione, ut habeatis et possideatis præfatum pignus, donec duos fructus vindemiæ inde recollectos habeatis. Quibus recollectis deinde habeatis et possideatis de anno in annum, scilicet Anno natalico ad aliud, donec nos vel nostri universum prædictum debitum.... integre persolvamus.*

* Annus a Partu Virginis, Eadem notione, inter Probat. tom. 2. Hist. Occit. col. 524 : *Hoc autem factum est in ipso castro de Seixac, ... Anno a partu Virginis M. C. L.*

At sub tertia Regum stirpe Franci nostri annorum exordium ab Domini Incarnatione, hoc est, a 25. Martii, putarunt, licet quando is mos cœperit, non plane liquet. Extat Charta in Spicilegio Acheriano tom. 11. quæ sic clauditur : *Acta sunt autem hæc anno jam pæne finito decimo post millesimo, Indictione* 9. *Epacta* 14. *mense Februarii, feria* 2. *Luna* 20. *sub Imperio Roberti clarissimi Regis Francigeni sive Aquitaniani.* Ubi indictio incidit in annum 1011. anni exordio a Kl. Januarii desumpto.

Neque tamen obstitit, quin Kalendæ Januariæ primus anni dies semper habitæ sint. Extat enim Charta Drogonis Ambianensis Dom. *de Vinacourt*, in Tabulario Vicedomini Ambian. fol. 69. cum hoc temporis adscripto charactere : *Fait en l'an de l'Incarnation de Notre Seigneur Jesus-Christ* 1183. *el mois de Janvier lendemain du premier jour de l'an.* Petrus Comestor in Histor. Scholast. cap. 13. Numer. : *Tripliciter accipitur annus ab eis* (Hebræis) *præter naturalem. Annus usualis a Januario, quem habent communem nobiscum in contractibus suis, et negotiis communibus agendis, etc.* Unde conficitur eo, quo Comestor vixit ævo, hoc est circa ann. 1160. annum putatum a Kl. Januarii. [* Lit. remiss. ann. 1455. in Reg. 189. Chartoph. reg. ch. 65 : *Le premier jour de Janvier, que on appelle communément le Premier jour de l'an.*]

Sed ut verum fatear, addubitari potest, an ea tempestate Franci nostri a 25. Martii, an vero a Paschate annos numerare cœperint, quod postremum labentibus sæculis obtinuisse constat : adeo ut si Pascha post 25. Martii, vel in mensem Aprilem incideret, *ante* vel *post Pascha* apponerent, secundum diem in quem incidebat dies Paschatis dominicus, ita ut *ante Pascha* annum proxime elapsum; si *post Pascha*, apponeretur, annum subsequentem denotarent : verbi gratia, extat Charta data 4. *Aprilis anno* 1375. *ante Pascha*, quod extitit eo anno, secundum hodiernum annos putandi modum, 22. ejusdem mensis; ita perinde alia legitur data 20. *Aprilis anno* 1376. *post Pascha*, quod extitit 13. ejusdem mensis die, ipso anno, secundum hodiernum putandi annos morem. Vide Coquillium in Hist. Nivernensi pag. 262. [et Mabillonium Diplom. lib. 2. cap. 23. n. 6. et 7. ubi Cl. Cangii dicta novis confirmantur exemplis, observato tamen Aquitanos a 25. Martii annum constanter duxisse, nulla Paschatis habita ratione. Exstat in Hist. Dalphin. tom. 2. pag. 540. Epistola Henrici de Villariis Archiepiscopi Lugdunensis quæ sic concluditur : *Datum Romanis die vigesima nona Decembris* 1347. *a Nativitate*, a qua ducebatur anni initium in Dalphinatu hoc ævo, ut observat et ibidem probat hujus Historiæ Scriptor Cl. D. de *Valbonays.* In Statutis Synodal: Ecclesiarum Cadurcensis, Ruthenensis et Tutelens. apud Marten. tom. 4. Anecd. col. 764. D. habetur hæc observatio : *Nota quod numerus Lunaris et littera Dominicalis mutatur annuatim in festo Circumcisionis : anni vero Incarnationis Domini mutantur in terra ista in festo Annuntiationis Beatæ Mariæ, et in quibusdam regionibus in festo Nativitatis Domini.* Hæc autem Statuta, ut ibidem legitur col. 766. E. publicata sunt *anno Domini millesimo ducentesimo octuagesimo nono.*]

At cur Paschatis, primus anni dies fuerit apud nostros, vel certe initium anni, variæ sunt sententiæ. Josephus Scaliger. Epist. 226. ait, Gallos veteris Ecclesiæ secutos consuetudinem, qui Pascha et Paschalem hebdomadam, novum annum vocabant, quæ quidem probo vade indigent. Nec longe abest ab ea sententia Petrus Chiffletius in Dissert. de annis Dagoberti cap. 5. scribens, ævo Victorii obtinuisse, ut Paschalis primus fuerit anni dies : idque eruit ex ejusdem præfatione ad Canonem Paschalem, ubi sic loquitur : *Pascha quippe, sicut omnimoda traditione cognoscitur, anni principio, non fine celebratur*, quæ tamen verba ita videntur intelligenda, non quod a Paschate initium annus duxerit; sed quod in primis anni mensibus, duntaxat celebretur. Ego vero, missis quæ in hanc rem conferri possunt, existimaverim, id inde manasse, quod, ut ait Joannes Hocsemius, cujus verba mox dabimus, ab ipsis Ecclesiæ fere primordiis, ea obtinuisset consuetudo, ut tabella Cereo Paschali appenderetur, in qua annus currens describeretur, indeque ejus initium putarent Franci : iis enim fuit mos iste proprius. Unde in Tabulario Lingonensi legitur diploma cum hac temporis nota : 12. *mensis Februarii, Indict.* 12. *anno* 1328. *more Gallicano.* Aliud : *Anno Domini* 1384. *sumpto a Paschate more Gallicano, die*

6. *mensis Maii.* [* Imo in ipsomet cereo annum fuisse in scriptum innuere videtur Cæremoniale vetus Ms. eccl. Carnot. : *Ante Horas* (Sabbati S.) *clericus succentoris scribat in cereo, secundum tabulam Dionysii, annum incarnationis et cetera.*

* Hinc est quod a cerei benedictione, in quibusdam locis, novus annus computaretur, ut videre est in Charta scripta apud Villam-novam prope Avenionem *le Samedi saint de Pasques, apres la benediction du cierge, le premier d'Avril de l'an* 1363. in Monito ad tom. 4. Hist. Occit. pag. vij. Quæ computandi ratio obtinuit etiam in Atrebatibus, uti docet Apocha Ant. *de Wavrans* castel. Atrebat. apud Duchesn. inter Probat. Monmor. lib. 3. cap. 1. pag. 224 : *Le deux d'Avril nuit de Pasques communiaux, avant le Cierge beni l'an* 1490. Quod alibi a benedictione fontium fiebat, ut colligitur ex Charta data 5. Aprilis ann. 1539. *après fonts benis*, apud Louverval. in Nobil. Picardiæ.]

Sed tandem Caroli IX. Regis Edicto anni 1564. cautum est, ut in Galliis, in publicis privatisque tabulis ab Kl. Januarii annorum repeteretur exordium.

☞ Gallorum exemplum secuti sunt Belgæ ann. 1575. quo Olivarius de Wræo, uti observat Mabillonius loco paulo superius citato, tradidit novum calculum mandato Philippi II. Prius a Paschate, ut Galli, annum exordiebantur. Hanc ante reformationem Historici nonnulli utrumque calculum non raro exprimebant, ut in Historia Episcoporum Autissiodor. ubi Audoinus in cap. 76. translatus dicitur ad sedem Magalonensem *anno quinquagesimo tertio* (nempe post 1300.) *more curiæ Romanæ in Nativitate Domini, more autem Gallicano anno quinquagesimo secundo* : quem duplicem modum idem auctor distinguit etiam in seqq. cap. ad 80. atque inde evidens fit, annos Incartionis apud Gallos, etsi a Paschate incœptos, non prævertisse annos Nativitatis receptos a Romanis, sed trimestri spatio posteriores fuisse, quod maxime notandum est : tametsi Incarnatio Nativitatem novem mensibus præcesserit. Quippe Galli annos Incarnationis et Nativitatis, quin imo et Passionis promiscue adhibebant seu confundebant : quod exemplis probat idem Mabillonius cap. 23. n. 8. et 16.

☞ Inveniuntur nihilominus quædam Pontificum Diplom. inquit idem Auctor cap. 24. n. 9. quorum calculus recentiorem nostrum prævertit. Ejus generis duo Callisti II. nobis suppeditat eruditus Chiffletius in Hist. Trenorchiensi. Primum est *Datum Albæ per manum Grisogoni S. R. E. Diaconi Card. ac Bibliothecarii xv. Kal. Junii Ind. xiiij. Inc. Dominicæ ann.* MCXXII. *pontificatus domini Callixti Papæ anno iij.* Alterum habet easdem notas. Atqui Indictio XIV. convenit, non anno 1122. secundum calculum nostrum, sed anno præcedenti. Unde idem Chiffletius in lemmate prioris privilegii notat, datum esse privilegium ann. 1122. a die 25. Martii deducto, scilicet quatenus Incarnatio novem mensibus præcedit : sed anno Dionysiano 1121. ut ostendit Indictio XIV. Alia ejus generis Pontificia Diplomata videntur. Verum quædem reperiuntur, quorum calculus uno anno Dionysianum præcedit, non solum mensibus novem : quæ proinde non possunt ad calculum Pisanum, de quo mox, accommodari. Exstat hujusmodi autographum non dubium in Archivo Dionysiano datum *xij. Kal. April. Ind. x. Incarnationis Dominicæ anno* MCIII. *pontificatus autem domini Paschalis secundi Papæ iij.* Quæ Indictio, sicuti annus Paschalis tertius anno 1102. conveniunt in Martio; nec sequenti anno convenire possunt, etiamsi calculus Pisanus admittatur : nisi integro anno dicatur hoc diploma Dionysianum præcessisse. Occurrit et aliud apud Puricellum pag. 512. ejusdem Paschalis plane consimile, *Datum Laterani per manum Johannis S. R. E. Diaconi Cardinalis,* XVI. *Kal. Martii, Indict.* X. *Incarnationis Dominicæ anno* MCIII. *pontificatus autem domini Paschalis secundi Papæ iij.* Hic idem Cancellarius, eædem chronologicæ notæ : quæ eruditis discutiendæ proponuntur, aliæque similes haud raro occurrentes. Hæc fere ad verbum ex Mabillonio, fusius quidem, sed haud inutiliter ad ostendendum non facile rejiciendas esse chartas, in quibus chronologicæ difficultates occurrunt cum et in iis animadvertantur diplomatibus, quæ nullo modo possunt in dubium revocari.

* Ad solutionem propositi hic problematis circa notas chronologicas duarum Paschalis II. PP. bullarum, consule Auctores novi Tract. de re diplom. tom. 5. pag. 258.

* *Annos Reginarum* nonnunquam inter notas Chartarum chronologicas fuisse annotatos, discimus ex Charta Ludovici VI. in Reg. 34. bis Chartoph. reg. part. 1. fol. 88. r°. col. 1 : *Actum Parisius publice anno incarnati Verbi M. C. XXIIII. regni nostri XVIII, Adelaidis. X.*

De *Trevirensibus*, hæc habet Browerus lib. 18. Annal. Trevir. pag. 1052. 1. Edit. : *Carolum IX. Gallorum Regem more veteri sublato ad annum* 1567. *edixisse constat, ut Januariæ Kalendæ annum deinceps aperirent, quod etsi hic et alibi passim obtineat, nescio tamen quid Notariis et Scribis Trevericis antiquitatis adhæreat, ut de stylo suo et jure non concedant, sed iis in publica scriptura* 25. *Martii sacratissimæ Virginis Annunciationis sacer dies primus in anno Treverico maneat.* Gesta Balduini Lutzemburg. Archiep. Trevirensis lib. 1. cap. 14. *anno Domini* 1307. *sexto. Id. Martii More Treverico scribi consueto, etc.* Adde lib. 2. cap. 16. lib. 3. cap. ult. Vide Josephi Scaligeri Epistolam 226. pag. 484.

Beda de Ratione temporum cap. 13. auctor est *veteres Anglos* menses suos juxta Lunæ cursum computasse, annumque auspicatos ab 8. Kal. Januar. die, quo Natale Domini celebratur : quod testantur firmantque vetera Regum Anglosaxonum Diplomata apud Ingulfum, et in Monastico Anglicano, quæ annos *Incarnationis* præferunt, quos a Natali Christi orsos esse satis declarat Charta Edwardi Confessoris in eodem Monastico tom. 1. pag. 62. quæ sic clauditur : *Acta apud Westmonasterium v. Kalendas Januarii die sanctorum Innocentium, anno Dominicæ Incarnationis* MLXVI. *Indictione* III. Nam hic annus 1066. 28. Decembris, secundum nostram annos ineundi rationem, esset tantum 1065. qui quod annus a Natali initium apud Anglos duceret, fuit 1066.

Idem etiam annos Incarnationis computandi mos servatus est in Anglia a Normannis, saltem Guillelmo ipso Notho regnante, ut ex aliquot Chartis colligitur in eodem Monastico tom. 1. pag. 43. 55. etc. Nam deinceps vix ulla in Anglicis diplomatibus annorum nota reperitur, cum Regia regni annos, cætera nullos fere præferant.

Atque hinc fluxit, ut hos annorum characterismos Historiis et Chronicis suis Scriptores Anglici adscripserint. Gervasius Dorobernensis : *Inter ipsos etiam Chronicæ scriptores nonnulla dissensio est. Nam cum omnium unica et præcipua sit intentio annos Domini eorumque continentias supputatione veraci enarrare, ipsos Domini annos diversis modis et terminis numerant; sicque in Ecclesiam Dei multam mendaciorum confusionem inducunt. Quidam enim annos Domini incipiunt computare ab Annunciatione; alii a Nativitate, quidam a Circumcisione, quidam vero a Passione. Cui ergo istorum magis credendum est? Annus solaris secundum Romanorum traditionem, et Ecclesiæ Dei consuetudinem a Kal. Januarii sumit initium : in diebus Natalis Domini, hoc est, in fine Decembris sortitur finem. Quomodo ergo utriusque vera poterit esse computatio, cum alter in principio, alter in fine anni solaris annos incipiat Incarnationis? Uterque etiam annis Domini unum eumdemque titulum apponit, cum dicit anno ab Incarnatione tanto vel tanto facta sunt illa et illa. His aliisque similibus ex causis in Ecclesia Dei orta est non modica dissensio.* Idem Gervasius Dorobernensis : *Hac, ut æstimo, ratione inducti sunt omnes fere qui ante me hujusmodi Chronicas scripserunt, ut a Natali Domini subsequentis anni sumerent initium... Hac ergo intentione postposita, prædecessores meos sequi cupio, et annos subscriptos a Natali Domini incipio.*

Apud *Germanos* perinde Christi Nativitas annum aperuit. Wippo de Vita Chunradi Salici : *Eodem anno, ut supra, id est, a Nativitate Salvatoris* 1027. *Indict* 10. *etc.* Descripsit Doubletus pag. 830. Chartam Henrici Imp. quæ sic clauditur : *Data 7. Kal. Febr. anno Dominicæ Incarn.* 1056. *Indict.* 9. Ubi indictio convenit eidem anno. Bruno de Bello Saxonico : *Natalis Christi festivitatem, ubi* 1076. *annus ab Incarnatione Domini inchoatur, etc.* Infra : *Transacto vero Natali Domini proximo, qui* 1081 *ab Incarnatione Domini cœptus annus erat.* Venericus Vercellensis in Apologetico Henrici IV. Imp. : *Ubi tunc dimicatum est in ipsa Nativitatis Domini vigilia, quæ tunc obvenerat die Dominica, quando terminum accepit annus ab Incarnatione Domini* 1088. Joannes Hocsemius in Gestis Pontificum Leodiensium cap. 1 : *Et ne circa discretionem temporum, præcedentis videlicet et sequentis, error quicquam valeat perturbare, attendendum est, quod a tempore cujus memoria non existit, annorum Nativitatis Domini cumulatio, sive cujuslibet anni succrescentis initium in Cereo consecrato Paschali hactenus appensa depingi tabula consuevit, et ab illa hora annus Dominicus inchoabat. Sed quia Romana, et Coloniensis Ecclesiæ Leodiensis Metropolitica sedes, in die Natalis Domini annorum ponebant principia singulorum, cujusmodi diversitate plures occurrebant difficultates, et frequentes errores; ne diutius in hoc irrationabiliter membrum a capite discreparet : statutum est, ut a Nati-*

vitate Domini nuper præterita, quæ 1333. *usque ad Pascha sequens scribi juxta morem pristinum debuisset, anticipando tempus, anni deinceps initium capiatur.* Adde cap. 7. 11. [et Bedam de Tempor. Ratione cap. 40.]

Non tamen id semper obtinuit : exstat enim apud Chiffletium in Beatrice Cabilonensi pag. 113. Charta Henrici Imp. cum hac temporis nota : *Datum apud Bernum* 5. *Kal. Januarii, Indictione* 13. *anno Dominicæ Incarnationis* 1224. *anni regni nostri* 5. Quippe anno 1224. sumpto a Kal. Januarii initio, currebat Indictio 12. anno vero 1225. Indictio 13. [Recte quidem, si Germanorum Indictio a Kl. Januarii incœpisset, sed cum ab VIII. Kl. Octobris incœperit, nihil ex Indictione laudata potest effici.]

* Apud *Massilienses* medio circiter. 13. sæculo notariis præscriptum legimus, ut Chartas notis chronologicis distinguerent; quod vix antea factum fuisse constat ex iis quæ supersunt. Stat. ann. 1253. ex Tabul. Massil. : *Ordinamus ut omnes notarii Massiliæ..... debeant scribere in omnibus cartis publicis vel instrumentis quæ facient, amodo scribant diligenter millesimum seu numerum annorum Domini ab incarnatione, et indictionis, et calendarum, et nonarum, et yduum, et horam prout melius poterunt.*

¶ *Leodienses* ad annum 1333. Gallorum, morem, uti testatur Mabillonius Diplom. cap. 23. n. 10. secuti sunt, deinceps vero Germanorum.

* Exstant in Hist. Lossensi part. 2. pag. 36. Literæ datæ *Sub anno a Nativitate Domini* 1335. *Indictione* 3. *secundum usum et consuetudinem civitatis et diœcesis Leodiensis, quæ renovatur ibidem in Nativitate Christi; et juxta juris formam, Indictione* 4. *mensis Novembris die* 25. *Pontificatus sanctissimi in Christo patris et domini nostri D. Benedicti divina providentia Papæ XII. anno j.*

In *Italia* annos a Nativitate auspicabantur, ut observat Covarruvias tom. 2. Resol. Variar. lib. 1. cap. 12. § 1. Concilium Coloniense ann. 1310. can. 23 : *Statuimus etiam ut ex nunc de cætero annus Domini observetur, et in Nativitate Christi innovetur a quolibet anno, prout sacrosancta Romana Ecclesia id observat, quæ est omnium Ecclesiarum caput et magistra : ut errores et difficultates, qui propter diversitatem incœptionis anni Nativitatis ejusdem, multotiens evenerunt, de cætero evitentur.* Charta ann. 1377 : *Anno a Nativitate Domini* 1397. *Ind.* 1. *secundum cursum et consuetudinem civitatis Mediolani,* 2. *Decemb. etc.* Ita nempe Statuta ejusdem urbis parte 1. cap. 109 : *More Mediolanensi annus incipere consuevit, et de cætero incipiat in festo Nativitatis D. N. J. C. et hoc respectu instrumentorum publicorum, et actorum judicialium tantum, et indictio in Kalendis Septembr.* Joan. Hocsemius cap. 7 : *Anno Domini* 1272. *parum ante Nativitatem Domini, vel* 1273. *post Natale, prout data tunc mutatur in Curia Romana, etc.*

* Charta Godefridi dom. Asperimontis ex Chartul. ejusd. fol. 43. v° : *Donné l'an mil ccc. l. ledit an commensent à ceste Nativitei nostre Signour darrnerement passé à l'usage de Rome, xxv. jours ou moix de Janvier.*

Pisani, inquit Covarruvias part. 2. Variar. Resol. lib. 1. cap. 12. n. 2. initium anni Incarnationis adsumunt novem mensibus ante Nativitatem : qua ratione annus a Nativitate quinquagesimus, erit et ejusdem numeri ab Incarnatione usque 25. diem Martii; et ab eo die, qui est quinquagesimus annus a Nativitate, erit quinquagesimus primus ab Incarnatione : qui quidem usus potius placuit quibusdam, quam is quo Florentini utuntur, tribus mensibus post Nativitatem incipientes numerum annorum Incarnationis : unde juxta computationem hanc annus quinquagesimus a Nativitate usque ad 25. diem Martii erit quadragesimus nonus Incarnationis, et ab eo die erit quinquagesimus Incarnationis simul Nativitatis, qui tandem usus apud Romanam Curiam omnino servatur, etc. Quod de Florentinis scribit Covarruvias, firmatur duabus Chartis ex Camera Comput. Paris. in quarum priore Populus Florentinus et Franciscus Sfortia Dux Mediolanensis, anno Incarnationis Christi 1451. indictione 14. *secundum cursum et morem Florentinorum*, die vero 11. mensis Septembris, Angelum Acciolum ad Carolum Regem Franciæ legant, ad ineundam cum illo societatem, qua inita in Castro Montiliorum in Turonibus 21. die mensis Febr. ann 1451. eadem a Florentinis et Duce Mediolanensi comprobatur 22. mensis Martii anno 1451. Indict. 15. *secundum cursum et morem Florentinorum.* Unde patet Florentinos quemadmodum Gallos annum a 25. Martii putasse; nam in altera Charta, qui annus 1451. dicitur, fuit nostro more 1452. quo currebat indictio 15.

* Conventio inter Joan. *le Meingre*, dictum *Boucicaut*, et Gabr. Mar. de vicecom. Pisar. ann. 1404. in Reg. 158. Chartoph. reg. ch. 460 : *Actum Pisis.... anno Dominicæ Nativitatis* 1404. *anno vero ab Incarnatione Domini* 1405. *Indictione xj. secundum cursum Januæ et Indictione xij. secundum cursum Pisarum, die decima quinta Aprilis.*

Ex quibus interpretari licet Diploma Nicolai II. PP. quod profert Baronius ann. 1060. n. 4. ubi sic clauditur : *Datum Florentiæ,* 1. *Idus Januarii anno ab Incarnatione Domini N. J. C.* 1059. *anno* 1. *Pontificatus ejusdem Nicolai, Indict.* 13. Ex quo conficit annum Christi 1059. adhuc fuisse : sexagesimum enim annum Incarnationis a die Annunciationis numerandum fuisse, fuisseque adhuc et annum 1. Nicolai : secundum enim hoc anno, eodem mense Januario, numerari incœpisse, Indictionem vero 13. utrique convenire tempori notato, tam Pontificis, quam Domini Incarnationis. Proinde qui annus 1059. dicitur in hac Charta, erit annus 1060. anni initio ducto vel a Nativitate, vel a Kalendis Januarii. Quam quidem annos Christi putandi rationem obtinuisse in diœcesi Remensi, docet Charta Guidonis Abbatis Monasterii S. Basoli, quæ sic clauditur : *Datum et actum in Monasterio nostro S. Basoli prædicto, sub anno Domini secundum cursum Ecclesiæ Remensis* 1390. 13. *die mensis Junii, Indictione* 12. *Pontificatus sanctissimi in Christo Patris ac Domini nostri, Domini Clementis, divina providentia Papæ VII. anno* 12. Qui quidem annus secundum nostrum putandi morem erat adhuc 1389. quo 12. Indictio currebat, et Clementis VII. Antipapæ annus 12. Electus quippe fuerat a Concilio Basileensi 20. Septembr. ann. 1378.

* Hic tripliciter errat Cangius, si fides Auctoribus novi Tract. de re dipl. tom. 5. pag. 597. 1°. ad ann. 1378. assignat Concilium Bassileense, quod 23. Julii tantum ann. 1431. incœpit. 2°. Annus 12. Clementis VII. adhuc currebat ann. 1390. mense Junio. 3°. Supponendo putandi rationem, Florentinis vel Pisanis usitatam, obtinuisse in diœcesi Remensi.

* Neque vero prætermitti debent notæ chronologicæ, quas exhibet Charta Raimundi vicecom. de Avorta ann. 1122. ex Tabul. Cagnotensi inter schedas Mabillonii : *Secundo Idus Maii, vj. regulari, luna v. epacta vj. anno Dominicæ Incarnationis m. c. xxij indictione v. et Interstitio lunari xvij. termino paschali viij. Kal. Aprilis.* Hæc ad computorum amatores.

* ANNUS a festo S. Andreæ exordium ducens, in Stat. Taurin. ann. 1360. cap. 188. ex Cod. reg. 4622. A : *Item quod omnes camparii debeant et teneantur custodire, tam repas quam ravinellas et cætera bona et fructus, ad festum S. Andreæ, et ibi incipiat Annus.* Id est, annuum tempus, quo dominis terrarum fructus a colonis restitui debebantur.

Extat in MS. Codice Usaticorum Barcinonensium in Biblioth. Thuana fol. 234. 235. Charta Petri Regis Aragon. data Perpiniani 16. Decembr. ann 1350. qua statuit inposterum annorum initium computandum a die Nativitatis Christi, et ut omissis Nonis, Idibus, atque Kalendis, numerus dierum describatur.

Cypri Regni incolæ annum pariter a Nativitate putabant. Charta, cujus initium sic concipitur : *Anno a Nativitate* 1378. *Indict.* 1. *septimo Martii secundum cursum Regni Cypri.*

Islandi annum a festo Natalitiorum Domini ordiuntur veteri consuetudine, quam jus patrium retinere coegit, inquit Olaus Wormius lib. 1. Fastor. Danic. cap. 7. 12. at apud Suenonem in Legibus Castrensib. cap. 7. *Circumcisionis dies* dicitur *novum annum inchoare.*

De annis Mahumetanorum, vide in verbo *Hegira.*

De annis Hispanorum, vide *Æra.*

Atque hæc summatim de variis annos putandi rationibus ad mediæ ætatis Scriptores intelligendos scripta sufficiant : quæ quidem ut faciliori methodo percipiantur, placuit primo tabellam a Christo nato ad annum 660. hocce loco inserere, Epochas, Christi vulgarem Dionysianam, Periodi Julianæ, Græcorum, Seleucidarum, æræ Hispanicæ, Cyclos præterea solis et lunæ Julianos, Indictiones, Litteras Dominicales, et Paschatis dies, continentem : cui subjungimus aliam, continentem præterea Chataiorum, Arabum, Persarum, ac Chowarezmiorum Epochas, ex traditione Ulug Beigi, ad Periodum Julianam et Epocham Christi vulgarem Dionysianam in annis expansis, a Joanne Gravio redactas. Ex quibus quidem tabulis et laterculis, Lectori statim ac solo intuitu percipere licebit, ad quem Christi annum ejusmodi minime protritæ Epochæ referendæ sint.

Anni Epochæ Christianæ a Kalendis Januarii.	Anni Periodi Julianæ a Kalendis Januarii.	Anni Mundi juxta Græcos.	Anni Solares Seleucidarum a 1. die Octob.	Anni Æræ Hispanicæ.	Cyclus Solis Julianus cum Litteris Dominicalibus.	Cyclus Lunæ Julianus.	Indictio.	Paschatis dies. A. Aprilem, M. Martium denotat.
1	4714	5509	313	39	10 B	2	4	M 27
2	4715	5510	314	40	11 A	3	5	A 16
3	4716	5511	315	41	12 G	4	6	A 8
4	4717	5512	316	42	13 FE	5	7	M 23
5	4718	5513	317	43	14 D	6	8	A 12
6	4719	5514	318	44	15 C	7	9	A 4
7	4720	5515	319	45	16 B	8	10	A 24
8	4721	5516	320	46	17 AG	9	11	A 8
9	4722	5517	321	47	18 F	10	12	M 31
10	4723	5518	322	48	19 E	11	13	A 20
11	4724	5519	323	49	20 D	12	14	A 5
12	4725	5520	324	50	21 CB	13	15	M 27
13	4726	5521	325	51	22 A	14	1	A 16
14	4727	5522	326	52	23 G	15	2	A 8
15	4728	5523	327	53	24 F	16	3	M 24
16	4729	5524	328	54	25 ED	17	4	A 12
17	4730	5525	329	55	26 C	18	5	A 4
18	4731	5526	330	56	27 B	19	6	A 24
19	4732	5527	331	57	28 A	1	7	A 9
20	4733	5528	332	58	1 GF	2	8	M 31
21	4734	5529	333	59	2 E	3	9	A 20
22	4735	5530	334	60	3 D	4	10	A 5
23	4736	5531	335	61	4 C	5	11	M 28
24	4737	5532	336	62	5 BA	6	12	A 16
25	4738	5533	337	63	6 G	7	13	M 31 *
26	4739	5534	338	64	7 F	8	14	A 21
27	4740	5535	339	65	8 E	9	15	A 13
28	4741	5536	340	66	9 DC	10	1	M 28
29	4742	5537	341	67	10 B	11	2	A 17
30	4743	5538	342	68	11 A	12	3	A 9
31	4744	5539	343	69	12 G	13	4	M 25
32	4745	5540	344	70	13 FE	14	5	A 13
33	4746	5541	345	71	14 D	15	6	A 5
34	4747	5542	346	72	15 C	16	7	M 28
35	4748	5543	347	73	16 B	17	8	A 10
36	4749	5544	348	74	17 AG	18	9	A 1
37	4750	5545	349	75	18 F	19	10	A 21
38	4751	5546	350	76	19 E	1	11	A 6
39	4752	5547	351	77	20 D	2	12	M 29
40	4753	5548	352	78	21 CB	3	13	A 17
41	4754	5549	353	79	22 A	4	14	A 9
42	4755	5550	354	80	23 G	5	15	M 25
43	4756	5551	355	81	24 F	6	1	A 14
44	4757	5552	356	82	25 ED	7	2	A 5
45	4758	5553	357	83	26 C	8	3	A 25
46	4759	5554	358	84	27 B	9	4	A 10
47	4760	5555	359	85	28 A	10	5	A 2
48	4761	5556	360	86	1 GF	11	6	A 21
49	4762	5557	361	87	2 E	12	7	A 6
50	4763	5558	362	88	3 D	13	8	M 29
51	4764	5559	363	89	4 C	14	9	A 18
52	4765	5560	364	90	5 BA	15	10	A 2
53	4766	5561	365	91	6 G	16	11	M 25
54	4767	5562	366	92	7 F	17	12	A 14
55	4768	5563	367	93	8 E	18	13	M 30
56	4769	5564	368	94	9 DC	19	14	A 18
57	4770	5565	369	95	10 B	1	15	A 10
58	4771	5566	370	96	11 A	2	1	M 26
59	4772	5567	371	97	12 G	3	2	A 15
60	4773	5568	372	98	13 FE	4	3	A 6
61	4774	5569	373	99	14 D	5	4	M 29
62	4775	5570	374	100	15 C	6	5	A 11
63	4776	5571	375	101	16 B	7	6	A 3
64	4777	5572	376	102	17 AG	8	7	A 22
65	4778	5573	377	103	18 F	9	8	A 14
66	4779	5574	378	104	19 E	10	9	M 30
67	4780	5575	379	105	20 D	11	10	A 19
68	4781	5576	380	106	21 CB	12	11	A 10
69	4782	5577	381	107	22 A	13	12	M 26
70	4783	5578	382	108	23 G	14	13	A 15
71	4784	5579	383	109	24 F	15	14	A 7
72	4785	5580	384	110	25 ED	16	15	M 22
73	4786	5581	385	111	26 C	17	1	A 11
74	4787	5582	386	112	27 B	18	2	A 3
75	4788	5583	387	113	28 A	19	3	A 23
76	4789	5584	388	114	1 GF	1	4	A 7
77	4790	5585	389	115	2 E	2	5	M 30
78	4791	5586	390	116	3 D	3	6	A 19
79	4792	5587	391	117	4 C	4	7	A 4
80	4793	5588	392	118	5 BA	5	8	M 26

Anni Epochæ Christianæ a Kalendis Januarii.	Anni Periodi Julianæ a Kalendis Januarii.	Anni Mundi juxta Græcos.	Anni Solares Seleucidarum a 1. die Octob.	Anni Æræ Hispanicæ.	Cyclus Solis Julianus cum Litteris Dominicalibus.	Cyclus Lunæ Julianus.	Indictio.	Paschatis dies. A. Aprilem, M. Martium denotat.
81	4794	5589	393	119	6 G	6	9	A 15
82	4795	5590	394	120	7 F	7	10	M 31
83	4796	5591	395	121	8 E	8	11	A 20
84	4797	5592	396	122	9 DC	9	12	A 11
85	4798	5593	397	123	10 B	10	13	A 3
86	4799	5594	398	124	11 A	11	14	A 16
87	4800	5595	399	125	12 G	12	15	A 8
88	4801	5596	400	126	13 FE	13	1	M 30
89	4802	5597	401	127	14 D	14	2	A 19
90	4803	5598	402	128	15 C	15	3	A 4
91	4804	5599	403	129	16 B	16	4	M 27
92	4805	5600	404	130	17 AG	17	5	A 15
93	4806	5601	405	131	18 F	18	6	M 31
94	4807	5602	406	132	19 E	19	7	A 20
95	4808	5603	407	133	20 D	1	8	A 12
96	4809	5604	408	134	21 CB	2	9	M 27
97	4810	5605	409	135	22 A	3	10	A 16
98	4811	5606	410	136	23 G	4	11	A 8
99	4812	5607	411	137	24 F	5	12	M 24
100	4813	5608	412	138	25 ED	6	13	A 12
101	4814	5609	413	139	26 C	7	14	A 4
102	4815	5610	414	140	27 B	8	15	A 24
103	4816	5611	415	141	28 A	9	1	A 9
104	4817	5612	416	142	1 GF	10	2	M 31
105	4818	5613	417	143	2 E	11	3	A 20
106	4819	5614	418	144	3 D	12	4	A 5
107	4820	5615	419	145	4 C	13	5	M 28
108	4821	5616	420	146	5 BA	14	6	A 16
109	4822	5617	421	147	6 G	15	7	A 8
110	4823	5618	422	148	7 F	16	8	M 24
111	4824	5619	423	149	8 E	17	9	A 13
112	4825	5620	424	150	9 DC	18	10	A 4
113	4826	5621	425	151	10 B	19	11	A 24
114	4827	5622	426	152	11 A	1	12	A 9
115	4828	5623	427	153	12 G	2	13	A 1
116	4829	5624	428	154	13 FE	3	14	A 20
117	4830	5625	429	155	14 D	4	15	A 5
118	4831	5626	430	156	15 C	5	1	A 28
119	4832	5627	431	157	16 B	6	2	A 17
120	4833	5628	432	158	17 AG	7	3	A 1
121	4834	5629	433	159	18 F	8	4	A 21
122	4835	5630	434	160	19 E	9	5	A 13
123	4836	5631	435	161	20 D	10	6	M 19
124	4837	5632	436	162	21 CB	11	7	A 17
125	4838	5633	437	163	22 A	12	8	A 9
126	4839	5634	438	164	23 G	13	9	M 25
127	4840	5635	439	165	24 F	14	10	A 14
128	4841	5636	440	166	25 ED	15	11	A 5
129	4842	5637	441	167	26 C	16	12	M 28
130	4843	5638	442	168	27 B	17	13	A 10
131	4844	5639	443	169	28 A	18	14	A 2
132	4845	5640	444	170	1 GF	19	15	A 21
133	4846	5641	445	171	2 E	1	1	A 6
134	4847	5642	446	172	3 D	2	2	M 29
135	4848	5643	447	173	4 C	3	3	A 18
136	4849	5644	448	174	5 BA	4	4	A 9
137	4850	5645	449	175	6 G	5	5	A 25
138	4851	5646	450	176	7 F	6	6	A 14
139	4852	5647	451	177	8 E	7	7	A 6
140	4853	5648	452	178	9 DC	8	8	A 25
141	4854	5649	453	179	10 B	9	9	A 10
142	4855	5650	454	180	11 A	10	10	A 2
143	4856	5651	455	181	12 G	11	11	A 22
144	4857	5652	456	182	13 FE	12	12	A 6
145	4858	5653	457	183	14 D	13	13	M 29
146	4859	5654	458	184	15 C	14	14	A 18
147	4860	5655	459	185	16 B	15	15	A 3
148	4861	5656	460	186	17 AG	16	1	M 25
149	4862	5657	461	187	18 F	17	2	A 14
150	4863	5658	462	188	19 E	18	3	M 30
151	4864	5659	463	189	20 D	19	4	A 19
152	4865	5660	464	190	21 CB	1	5	A 10
153	4866	5661	465	191	22 A	2	6	M 26
154	4867	5662	466	192	23 G	3	7	A 15
155	4868	5663	467	193	24 F	4	8	A 7
156	4869	5664	468	194	25 ED	5	9	A 29 *
157	4870	5665	469	195	26 C	6	10	A 11
158	4871	5666	470	196	27 B	7	11	A 3
159	4872	5667	471	197	28 A	8	12	M 23 *
160	4873	5668	472	198	1 GF	9	13	A 14

Anni Epochæ Christianæ a Kalendis Januarii.	Anni Periodi Julianæ a Kalendis Januarii.	Anni Mundi juxta Græcos.	Anni Solares Seleucidarum a 1. die Octob.	Anni Æræ Hispanicæ.	Cyclus Solis Julianus cum Litteris Dominicalibus.	Cyclus Lunæ Julianus.	Indictio.	Paschatis dies. A. Aprilem, M. Martium denotat.
161	4874	5669	473	199	2 E	10	14	M 30
162	4875	5670	474	200	3 D	11	15	A 19
163	4876	5671	475	201	4 C	12	1	A 11
164	4877	5672	476	202	5 BA	13	2	M 26
165	4878	5673	477	203	6 G	14	3	A 15
166	4879	5674	478	204	7 F	15	4	A 7
167	4880	5675	479	205	8 E	16	5	M 23
168	4881	5676	480	206	9 DC	17	6	A 11
169	4882	5677	481	207	10 B	18	7	A 3
170	4883	5678	482	208	11 A	19	8	A 23
171	4884	5679	483	209	12 G	1	9	A 8
172	4885	5680	484	210	13 FE	2	10	M 30
173	4886	5681	485	211	14 D	3	11	A 19
174	4887	5682	486	212	15 C	4	12	A 4
175	4888	5683	487	213	16 B	5	13	M 27
176	4889	5684	488	214	17 AG	6	14	A 15
177	4890	5685	489	215	18 F	7	15	M 31
178	4891	5686	490	216	19 E	8	1	A 20
179	4892	5687	491	217	20 D	9	2	A 12
180	4893	5688	492	218	21 CB	10	3	A 3
181	4894	5689	493	219	22 A	11	4	A 16
182	4895	5690	494	220	23 G	12	5	A 8
183	4896	5691	495	221	24 F	13	6	M 31
184	4897	5692	496	222	25 ED	14	7	A 19
185	4898	5693	497	223	26 C	15	8	A 4
186	4899	5694	498	224	27 B	16	9	M 27
187	4900	5695	199	225	28 A	17	10	A 15 *
188	4901	5696	500	226	1 GF	18	11	M 31
189	4902	5697	501	227	2 E	19	12	A 20
190	4903	5698	502	228	3 D	1	13	A 12
191	4904	5699	503	229	4 C	2	14	M 28
192	4905	5700	504	230	5 BA	3	15	A 16
193	4906	5701	505	231	6 G	4	1	A 8
194	4907	5702	506	232	7 F	5	2	M 24
195	4908	5703	507	233	8 E	6	3	A 13
196	4909	5704	508	234	9 DC	7	4	A 4
197	4910	5705	509	235	10 B	8	5	A 24
198	4911	5706	510	236	11 A	9	6	A 9
199	4912	5707	511	237	12 G	10	7	A 1
200	4913	5708	512	238	13 FE	11	8	A 20
201	4914	5709	513	239	14 D	12	9	A 5
202	4915	5710	514	240	15 C	13	10	M 28
203	4916	5711	515	241	16 B	14	11	A 17
204	4917	5712	516	242	17 AG	15	12	A 8
205	2918	5713	517	243	18 F	16	13	M 24
206	4919	5714	518	244	19 E	17	14	A 13
207	4920	5715	519	245	20 D	18	15	A 5
208	4921	5716	520	246	31 CB	19	1	A 24
209	4922	5717	521	247	22 A	1	2	A 9
210	4923	5718	522	248	23 G	2	3	A 1
211	4924	5719	523	249	24 F	3	4	A 14
212	4925	5720	524	250	25 ED	4	5	A 5
213	4926	5721	525	251	26 C	5	6	M 28
214	4927	5722	526	252	27 B	6	7	A 17
215	4928	5723	527	253	28 A	7	8	A 2
216	4929	5724	528	254	1 GF	8	9	A 21
217	4930	5725	529	255	2 E	9	10	A 13
218	4931	5726	530	256	3 D	10	11	M 29
219	4932	5727	531	257	4 C	11	12	A 18
220	4933	5728	532	258	5 BA	12	13	A 9
221	4934	5729	533	259	6 G	13	14	M 25
222	4935	5730	534	260	7 F	14	15	A 14
223	4936	5731	535	261	8 E	15	1	A 6
224	4937	5732	536	262	9 DC	16	2	M 28
225	4938	5733	537	263	10 B	17	3	A 10
226	4939	5734	538	264	11 A	18	4	A 2
227	4940	5735	539	265	12 G	19	5	A 22
228	4941	5736	540	266	13 FE	1	6	A 6
229	4942	5737	541	267	14 D	2	7	M 29
230	4943	5738	542	268	15 C	3	8	A 18
231	4944	5739	543	269	16 B	4	9	A 3
232	4945	5740	544	270	17 AG	5	10	M 25
233	4946	5741	545	271	18 F	6	11	A 14
234	4947	5742	546	272	19 E	7	12	A 6
235	4948	5743	547	273	20 D	8	13	A 19
236	4949	5744	548	274	21 CB	9	14	A 10
237	4950	5745	549	275	22 A	10	15	A 2
238	4951	5746	550	276	23 G	11	1	A 22
239	4952	5747	551	277	24 F	12	2	A 7
240	4953	5748	552	278	25 ED	13	3	M 29

Anni Epochæ Christianæ a Kalendis Januarii.	Anni Periodi Julianæ a Kalendis Januarii.	Anni Mundi juxta Græcos.	Anni Solares Seleucidarum a 1. die Octob.	Anni Æræ Hispanicæ.	Cyclus Solis Julianus cum Litteris Dominicalibus.	Cyclus Lunæ Julianus.	Indictio.	Paschatis dies. A. Aprilem, M. Martium denotat.
241	4954	5749	553	279	26 C	14	4	A 18
242	4955	5750	554	280	27 B	15	5	A 3
243	4956	5751	555	281	28 A	16	6	M 26
244	4957	5752	556	282	1 GF	17	7	A 14
245	4958	5753	557	283	2 E	18	8	M 30
246	4959	5754	558	284	3 D	19	9	A 19
247	4960	5755	559	285	4 C	1	10	A 11
248	4961	5756	560	286	5 BA	2	11	M 6*
249	4962	5757	561	287	6 G	3	12	A 15
250	4963	5758	562	288	7 F	4	13	A 7
251	4964	5759	563	289	8 E	5	14	M 23
252	4965	5760	564	290	9 DC	6	15	A 11
253	4966	5761	565	291	10 B	7	1	A 3
254	4967	5762	566	292	11 A	8	2	A 23
255	4968	5763	567	293	12 G	9	3	A 8
256	4969	5764	568	294	13 FE	10	4	M 30
257	4970	5765	569	295	14 D	11	5	A 19
258	4971	5766	570	296	15 C	12	6	A 11
259	4972	5767	571	297	16 B	13	7	M 27
260	4973	5768	572	298	17 AG	14	8	A 15
261	4974	5769	573	299	18 F	15	9	A 7
262	4975	5770	574	300	19 E	16	10	M 23
263	4976	5771	575	301	20 D	17	11	A 12
264	4977	5772	576	302	21 CB	18	12	A 3
265	4978	5773	577	303	22 A	19	13	A 23
266	4979	5774	578	304	23 G	1	14	A 8
267	4980	5775	579	305	24 F	2	15	M 31
268	4981	5776	580	306	25 ED	3	1	A 19
269	4982	5777	581	307	26 C	4	2	A 4
270	4983	5778	582	308	27 B	5	3	M 27
271	4984	5779	583	309	28 A	6	4	A 16
272	4985	5780	584	310	1 GF	7	5	M 31
273	4986	5781	585	311	2 E	8	6	A 20
274	4987	5782	586	312	3 D	9	7	A 12
275	4988	5783	587	313	4 C	10	8	M 28
276	4989	5784	588	314	5 BA	11	9	A 16
277	4990	5785	589	315	6 G	12	10	A 8
278	4991	5786	590	316	7 F	13	11	M 31
279	4992	5787	591	317	8 E	14	12	A 13
280	4993	5788	592	318	9 DC	15	13	A 4
281	4994	5789	593	319	10 B	16	14	M 27
282	4995	5790	594	320	11 A	17	15	A 16
283	4996	5791	595	321	12 G	18	1	A 1
284	4997	5792	596	322	13 FE	19	2	A 20
285	4998	5793	597	323	14 D	1	3	A 12
286	4999	5794	598	324	15 C	2	4	M 28
287	5000	5795	599	325	16 B	3	5	A 17
288	5001	5796	600	326	17 AG	4	6	A 8
289	5002	5797	601	327	18 F	5	7	M 24
290	5003	5798	602	328	19 E	6	8	A 13
291	5004	5799	603	329	20 D	7	9	A 5
292	5005	5800	604	330	21 CB	8	10	A 24
293	5006	5801	605	331	22 A	9	11	A 9
294	5007	5802	606	332	23 G	10	12	A 1
295	5008	5803	607	333	24 F	11	13	A 21
296	5009	5804	608	334	25 ED	12	14	A 5
297	5010	5805	609	335	26 C	13	15	M 28
298	5011	5806	610	336	27 B	14	1	A 17
299	5012	5807	611	337	28 A	15	2	A 2
300	5013	5808	612	338	1 GF	16	3	M 24
301	5014	5809	613	339	2 E	17	4	A 13
302	5015	5810	614	340	3 D	18	5	A 5
303	5016	5811	615	341	4 C	19	6	A 18
304	5017	5812	616	342	5 BA	1	7	A 9
305	5018	5813	617	343	6 G	2	8	A 1
306	5019	5814	618	344	7 F	3	9	A 14
307	5020	5815	619	345	8 E	4	10	A 6
308	5021	5816	620	346	9 DC	5	11	M 28
309	5022	5817	621	347	10 B	6	12	A 17
310	5023	5818	622	348	11 A	7	13	A 2
311	5024	5819	623	349	12 G	8	14	A 22
312	5025	5820	624	350	13 FE	9	15	A 13
313	5026	5821	625	351	14 D	10	1	M 29
314	5027	5822	626	352	15 C	11	2	A 18
315	5028	5823	627	353	16 B	12	3	A 10
316	5029	5824	628	354	17 AG	13	4	M 25
317	5030	5825	629	355	18 F	14	5	A 14
318	5031	5826	630	356	19 E	15	6	A 6
319	5032	5827	631	357	20 D	16	7	M 22
320	5033	5828	632	358	21 CB	17	8	A 10

Anni Epochæ Christianæ a Kalendis Januarii.	Anni Periodi Julianæ a Kalendis Januarii.	Anni Mundi juxta Græcos.	Anni Solares Seleucidarum a 1. die Octob.	Anni Æræ Hispanicæ.	Cyclus Solis Julianus cum Litteris Dominicalibus.	Cyclus Lunæ Julianus.	Indictio.	Paschatis dies. A. Aprilem, M. Martium denotat.
321	5034	5829	633	359	22 A	18	9	A 2
322	5035	5830	634	360	23 G	19	10	A 22
323	5036	5831	635	361	24 F	1	11	A 7
324	5037	5832	636	362	25 ED	2	12	M 29
325	5038	5833	637	363	26 C	3	13	A 18
326	5039	5834	638	364	27 B	4	14	A 3
327	5040	5835	639	365	28 A	5	15	M 26
328	5041	5836	640	366	1 GF	6	1	A 14
329	5042	5837	641	367	2 E	7	2	A 6
330	5043	5838	642	368	3 D	8	3	A 19
331	5044	5839	643	369	4 C	9	4	A 11
332	5045	5840	644	370	5 BA	10	5	A 2
333	5046	5841	645	371	6 G	11	6	A 22
334	5047	5842	646	372	7 F	12	7	A 7
335	5048	5843	647	373	8 E	13	8	M 30
336	5049	5844	648	374	9 DC	14	9	A 18
337	5050	5845	649	375	10 B	15	10	A 3
338	5051	5846	650	376	11 A	16	11	M 26
339	5052	5847	651	377	12 G	17	12	A 15
340	5053	5848	652	378	13 FE	18	13	M 30
341	5054	5849	653	379	14 D	19	14	A 19
342	5055	5850	654	380	15 C	1	15	A 11
343	5056	5851	655	381	16 B	2	1	M 27
344	5057	5852	656	382	17 AG	3	2	A 15
345	5058	5853	657	383	18 F	4	3	A 7
346	5059	5854	658	384	19 E	5	4	M 23
347	5060	5855	659	385	20 D	6	5	A 12
348	5061	5856	660	386	21 CB	7	6	A 3
349	5062	5857	661	387	22 A	8	7	A 23
350	5063	5858	662	388	23 G	9	8	A 8
351	5064	5859	663	389	24 F	10	9	M 31
352	5065	5860	664	390	25 ED	11	10	A 19
353	5066	5861	665	391	26 C	12	11	A 11
354	5067	5862	666	392	27 B	13	12	M 27
355	5068	5863	667	393	28 A	14	13	A 16
356	5069	5864	668	394	1 GF	15	14	A 7
357	5070	5865	669	395	2 E	16	15	M 23
358	5071	5866	670	396	3 D	17	1	A 12
359	5072	5867	671	397	4 C	18	2	A 4
360	5073	5868	672	398	5 BA	19	3	A 23
361	5074	5869	673	399	6 G	1	4	A 8
362	5075	5870	674	400	7 F	2	5	M 31
363	5076	5871	675	401	8 E	3	6	A 20
364	5077	5872	676	402	9 DC	4	7	A 4
365	5078	5873	677	403	10 B	5	8	M 27
366	5079	5874	678	404	11 A	6	9	A 16
367	5080	5875	679	405	12 G	7	10	A 1
368	5081	5876	680	406	13 FE	8	11	A 20
369	5082	5877	681	407	14 D	9	12	A 12
370	5083	5878	682	408	15 C	10	13	M 28
371	5084	5879	683	409	16 B	11	14	A 17
372	5085	5880	684	410	17 AG	12	15	A 8
373	5086	5881	685	411	18 F	13	1	M 31
374	5087	5882	686	412	19 E	14	2	A 13
375	5088	5883	687	413	20 D	15	3	A 5
376	5089	5884	688	414	21 CB	16	4	M 27
377	5090	5885	689	415	22 A	17	5	A 16
378	5091	5886	690	416	23 G	18	6	A 1
379	5092	5887	691	417	24 F	19	7	A 21
380	5093	5888	692	418	25 ED	1	8	A 12
381	5094	5889	693	419	26 C	2	9	M 28
382	5095	5890	694	420	27 B	3	10	A 17
383	5096	5891	695	421	28 A	4	11	A 9
384	5097	5892	696	422	1 GF	5	12	M 24
385	5098	5893	697	423	2 E	6	13	A 13
386	5099	5894	698	424	3 D	7	14	A 5
387	5100	5895	699	425	4 C	8	15	A 25
388	5101	5896	700	426	5 BA	9	1	A 9
389	5102	5897	701	427	6 G	10	2	A 1
390	5103	5898	702	428	7 F	11	3	A 21
391	5104	5899	703	429	8 E	12	4	A 6
392	5105	5900	704	430	9 DC	13	5	M 28
393	5106	5901	705	431	10 B	14	6	A 17
394	5107	5902	706	432	11 A	15	7	A 2
395	5108	5903	707	433	12 G	16	8	M 25
396	5109	5904	708	434	13 FE	17	9	A 13
397	5110	5905	709	435	14 D	18	10	A 5
398	5111	5906	710	436	15 C	19	11	A 18
399	5112	5907	711	437	16 B	1	12	A 10
400	5113	5908	712	438	17 AG	2	13	A 1

Anni Epochæ Christianæ a Kalendis Januarii.	Anni Periodi Julianæ a Kalendis Januarii.	Anni Mundi juxta Græcos.	Anni Solares Seleucidarum a 1. die Octob.	Anni Æræ Hispanicæ.	Cyclus Solis Julianus cum Litteris Dominicalibus.	Cyclus Lunæ Julianus.	Indictio.	Paschatis dies. A. Aprilem, M. Martium denotat.
401	5114	5909	713	439	18 F	3	14	A 14
402	5115	5910	714	440	19 E	4	15	A 6
403	5116	5911	715	441	20 D	5	1	M 9*
404	5117	5912	716	442	21 CB	6	2	A 17
405	5118	5913	717	443	22 A	7	3	A 2
406	5119	5914	718	444	23 G	8	4	A 22
407	5120	5915	719	445	24 F	9	5	A 14
408	5121	5916	720	446	25 ED	10	6	M 29
409	5122	5917	721	447	26 C	11	7	A 18
410	5123	5918	722	448	27 B	12	8	A 10
411	5124	5919	723	449	28 A	13	9	M 26
412	5125	5920	724	450	1 GF	14	10	A 14
413	5126	5921	725	451	2 E	15	11	A 6
414	5127	5922	726	452	3 D	16	12	M 22
415	5128	5923	727	453	4 C	17	13	A 11
416	5129	5924	728	454	5 BA	18	14	A 2
417	5130	5925	729	455	6 G	19	15	A 22
418	5131	5926	730	456	7 F	1	1	A 7
419	5132	5927	731	457	8 E	2	2	M 30
420	5133	5928	732	458	9 DC	3	3	A 18
421	5134	5929	733	459	10 B	4	4	A 3
422	5135	5930	734	460	11 A	5	5	M 26
423	5136	5931	735	461	12 G	6	6	A 15
424	5137	5932	736	462	13 FE	7	7	A 6
425	5138	5933	737	463	14 D	8	8	A 19
426	5139	5934	738	464	15 C	9	9	A 11
427	5140	5935	739	465	16 B	10	10	A 3
428	5141	5936	740	466	17 AG	11	11	A 22
429	5142	5937	741	467	18 F	12	12	A 7
430	5143	5938	742	468	19 E	13	13	M 30
431	5144	5939	743	469	20 D	14	14	A 19
432	5145	5940	744	470	21 CB	15	15	A 3
433	5146	5941	745	471	22 A	16	1	M 26
434	5147	5942	746	472	23 G	17	2	A 15
435	5148	5943	747	473	24 F	18	3	M 31
436	5149	5944	748	474	25 ED	19	4	A 19
437	5150	5945	749	475	26 C	1	5	A 11
438	5151	5946	750	476	27 B	2	6	M 27
439	5152	5947	751	477	28 A	3	7	A 26*
440	5153	5948	752	478	1 GF	4	8	A 1*
441	5154	5949	753	479	2 E	5	9	M 23
442	5155	5950	754	480	3 D	6	10	A 12
443	5156	5951	755	481	4 C	7	11	A 4
444	5157	5952	756	482	5 BA	8	12	A 23
445	5158	5953	757	483	6 G	9	13	A 8
446	5159	5954	758	484	7 F	10	14	M 31
447	5160	5955	759	485	8 E	11	15	A 20
448	5161	5956	760	486	9 DC	12	1	A 11
449	5162	5957	761	487	10 B	13	2	M 27
450	5163	5958	762	488	11 A	14	3	A 16
451	5164	5959	763	489	12 G	15	4	A 8
452	5165	5960	764	490	13 FE	16	5	M 23
453	5166	5961	765	491	14 D	17	6	A 12
454	5167	5962	766	492	15 C	18	7	A 4
455	5168	5963	767	493	16 B	19	8	A 24
456	5169	5964	768	494	17 AG	1	9	A 8
457	5170	5965	769	495	18 F	2	10	M 31
458	5171	5966	770	496	19 E	3	11	A 20
459	5172	5967	771	497	20 D	4	12	A 5
460	5173	5968	772	498	21 CB	5	13	M 27
461	5174	5969	773	499	22 A	6	14	A 16
462	5175	5970	774	500	23 G	7	15	A 1
463	5176	5971	775	501	24 F	8	1	A 21
464	5177	5972	776	502	25 ED	9	2	A 12
465	5178	5973	777	503	26 C	10	3	M 28
466	5179	5974	778	504	27 B	11	4	A 17
467	5180	5975	779	505	28 A	12	5	A 9
468	5181	5976	780	506	1 GF	13	6	M 31
469	5182	5977	781	507	2 E	14	7	A 13
470	5183	5978	782	508	3 D	15	8	A 5
471	5184	5979	783	509	4 C	16	9	M 28
472	5185	5980	784	510	5 BA	17	10	A 16
473	5186	5981	785	511	6 G	18	11	A 1
474	5187	5982	786	512	7 F	19	12	A 21
475	5188	5983	787	513	8 E	1	13	A 6
476	5189	5984	788	514	9 DC	2	14	M 28
477	5190	5985	789	515	10 B	3	15	A 17
478	5191	5986	790	516	11 A	4	1	A 9
479	5192	5987	791	517	12 G	5	2	M 25
480	5193	5988	792	518	13 FE	6	3	A 18

Anni Epochæ Christianæ a Kalendis Januarii.	Anni Periodi Julianæ a Kalendis Januarii.	Anni Mundi juxta Græcos.	Anni Solares Seleucidarum a 1. die Octob.	Anni Æræ Hispanicæ.	Cyclus Solis Julianus cum Litteris Dominicalibus.	Cyclus Lunæ Julianus.	Indictio.	Paschatis dies. A. Aprilem, M. Martium denotat.
481	5194	5989	793	519	14 D	7	4	A 5
482	5195	5990	794	520	15 C	8	5	A 25
483	5196	5991	795	521	16 B	9	6	A 10
484	5197	5992	796	522	17 AG	10	7	A 1
485	5198	5993	797	523	18 F	11	8	A 21
486	5199	5994	798	524	19 E	12	9	A 6
487	5200	5995	799	525	20 D	13	10	M 29
488	5201	5996	800	526	21 CB	14	11	A 17
489	5202	5997	801	527	22 A	15	12	A 2
490	5203	5998	802	528	23 G	16	13	M 25
491	5204	5999	803	529	24 F	17	14	A 14
492	5205	6000	804	530	25 ED	18	15	A 5
493	5206	6001	805	531	26 C	19	1	A 18
494	5207	6002	806	532	27 B	1	2	A 10
495	5208	6003	807	533	28 A	2	3	M 26
496	5209	6004	808	534	1 GF	3	4	A 14
497	5210	6005	809	535	2 E	4	5	A 6
498	5211	6006	810	536	3 D	5	6	M 29
499	5212	6007	811	537	4 C	6	7	A 11
500	5213	6008	812	538	5 BA	7	8	A 2
501	5214	6009	813	539	6 G	8	9	A 22
502	5215	6010	814	540	7 F	9	10	A 14
503	5216	6011	815	541	8 E	10	11	M 30
504	5217	6012	816	542	9 DC	11	12	A 18
505	5218	6013	817	543	10 B	12	13	A 10
506	5219	6014	818	544	11 A	13	14	M 26
507	5220	6015	819	545	12 G	14	15	A 15
508	5221	6016	820	546	13 FE	15	1	A 6
509	5222	6017	821	547	14 D	16	2	M 22
510	5223	6018	822	548	15 C	17	3	A 11
511	5224	6019	823	549	16 B	18	4	A 3
512	5225	6020	824	550	17 AG	19	5	A 22
513	5226	6021	825	551	18 F	1	6	A 7
514	5227	6022	826	552	19 E	2	7	M 30
515	5228	6023	827	553	20 D	3	8	A 19
516	5229	6024	828	554	21 CB	4	9	A 3
517	5230	6025	829	555	22 A	5	10	M 26
518	5231	6026	830	556	23 G	6	11	A 15
519	5232	6027	831	557	24 F	7	12	M 31
520	5233	6028	832	558	25 ED	8	13	A 19
521	5234	6029	833	559	26 C	9	14	A 11
522	5235	6030	834	560	27 B	10	15	A 3
523	5236	6031	835	561	28 A	11	1	A 16
524	5237	6032	836	562	1 GF	12	2	A 7
525	5238	6033	837	563	2 E	13	3	M 30
526	5239	6034	838	564	3 D	14	4	A 19
527	5240	6035	839	565	4 C	15	5	A 4
528	5241	6036	840	566	5 BA	16	6	M 26
529	5242	6037	841	567	6 G	17	7	A 15
530	5243	6038	842	568	7 F	18	8	M 31
531	5244	6039	843	569	8 E	19	9	A 20
532	5245	6040	844	570	9 DC	1	10	A 11
533	5246	6041	845	571	10 B	2	11	M 27
534	5247	6042	846	572	11 A	3	12	A 16
535	5248	6043	847	573	12 G	4	13	A 8
536	5249	6044	848	574	13 FE	5	14	M 23
537	5250	6045	849	575	14 D	6	15	A 21 *
538	5251	6046	850	576	15 C	7	1	A 4
539	5252	6047	851	577	16 B	8	2	A 24
540	5253	6048	852	578	17 AG	9	3	A 8
541	5254	6049	853	579	18 F	10	4	M 31
542	5255	6050	854	580	19 E	11	5	A 20
543	5256	6051	855	581	20 D	12	6	A 5
544	5257	6052	856	582	21 CB	13	7	M 27
545	5258	6053	857	583	22 A	14	8	A 16
546	5259	6054	858	584	23 G	15	9	A 8
547	5260	6055	859	585	24 F	16	10	M 24
548	5261	6056	860	586	25 ED	17	11	A 12
549	5262	6057	861	587	26 C	18	12	A 4
550	5263	6058	862	588	27 B	19	13	M 24
551	5264	6059	863	589	28 A	1	14	A 9
552	5265	6060	864	590	1 GF	2	15	M 31
553	5266	6061	865	591	2 E	3	1	A 20
554	5267	6062	866	592	3 D	4	2	A 5
555	5268	6063	867	593	4 C	5	3	M 28
556	5269	6064	868	594	5 BA	6	4	A 16
557	5270	6065	869	595	6 G	7	5	A 1
558	5271	6066	870	596	7 F	8	6	A 21
559	5272	6067	871	597	8 E	9	7	A 13
560	5273	6068	872	598	9 DC	10	8	M 28
561	5274	6069	873	599	10 B	11	9	A 17
562	5275	6070	874	600	11 A	12	10	A 9
563	5276	6071	875	601	12 G	13	11	M 25
564	5277	6072	876	602	13 FE	14	12	A 13
565	5278	6073	877	603	14 D	15	13	A 5
566	5279	6074	878	604	15 C	16	14	M 28
567	5280	6075	879	605	16 B	17	15	A 10
568	5281	6076	880	606	17 AG	18	1	A 1
569	5282	6077	881	607	18 F	19	2	A 21
570	5283	6078	882	608	19 E	1	3	A 6
571	5284	6079	883	609	20 D	2	4	M 29
572	5285	6080	884	610	21 CB	3	5	A 17
573	5286	6081	885	611	22 A	4	6	A 9
574	5287	6082	886	612	23 G	5	7	M 25
575	5288	6083	887	613	24 F	6	8	A 14
576	5289	6084	888	614	25 ED	7	9	A 5
577	5290	6085	889	615	26 C	8	10	A 25
578	5291	6086	890	616	27 B	9	11	A 10
579	5292	6087	891	617	28 A	10	12	A 2
580	5293	6088	892	618	1 GF	11	13	A 21
581	5294	6089	893	619	2 E	12	14	A 6
582	5295	6090	894	620	3 D	13	15	M 29
583	5296	6091	895	621	4 C	14	1	A 18
584	5297	6092	896	622	5 BA	15	2	A 2
585	5298	6093	897	623	6 G	16	3	M 25
586	5299	6094	898	624	7 F	17	4	A 14
587	5300	6095	899	625	8 E	18	5	A 30 *
588	5301	6096	900	626	9 DC	19	6	A 18
589	5302	6097	901	627	10 B	1	7	A 10
590	5303	6098	902	628	11 A	2	8	M 26
591	5304	6099	903	629	12 G	3	9	A 15
592	5305	6100	904	630	13 FE	4	10	A 6
593	5306	6101	905	631	14 D	5	11	M 29
594	5307	6102	906	632	15 C	6	12	A 11
595	5308	6103	907	633	16 B	7	13	A 3
596	5309	6104	908	634	17 AG	8	14	A 22
597	5310	6105	909	635	18 F	9	15	A 14
598	5311	6106	910	636	19 E	10	1	M 30
599	5312	6107	911	637	20 D	11	2	A 19
600	5313	6108	912	638	21 CB	12	3	A 10
601	5314	6109	913	639	22 A	13	4	M 26
602	5315	6110	914	640	23 G	14	5	A 15
603	5316	6111	915	641	24 F	15	6	A 7
604	5317	6112	916	642	25 ED	16	7	M 22
605	5318	6113	917	643	26 C	17	8	A 11
606	5319	6114	918	644	27 B	18	9	A 3
607	5320	6115	919	645	28 A	19	10	A 23
608	5321	6116	920	646	1 GF	1	11	A 7
609	5322	6117	921	647	2 E	2	12	M 30
610	5323	6118	922	648	3 D	3	13	A 19
611	5324	6119	923	649	4 C	4	14	A 4
612	5325	6120	924	650	5 BA	5	15	M 26
613	5326	6121	925	651	6 G	6	1	A 15
614	5327	6122	926	652	7 F	7	2	A 31
615	5328	6123	927	653	8 E	8	3	A 20
616	5329	6124	928	654	9 DC	9	4	A 11
617	5330	6125	929	655	10 B	10	5	A 3
618	5331	6126	930	656	11 A	11	6	A 16
619	5332	6127	931	657	12 G	12	7	A 8
620	5333	6128	932	658	13 FE	13	8	M 30

SEQUITUR TABELLÆ CHRONOLOGICÆ PARS ALTERA,

Continens annos Christi, Periodi julianæ, Græcorum, Seleucidarum, Æræ Hispanicæ, Cyclos solis et lunæ Julianos, Indictiones, Litteras Dominicales et Paschatis dies; prælerea Epochas Chataiorum, Arabum, ac Chowarezmiorum, ex traditione Ulug Beigi, ad Periodum julianam et Epocham Christi vulgarem Dionysianam, in annis expansis a Joanne Gravio Anglo redactas.

Anni Epochæ Christianæ a Kalendis Januarii.	Anni Periodi Julianæ a Kalendis Januarii.	Anni Mundi juxta Græcos.	Anni Solares Epochæ Rumeæ h. e. Græcæ, seu Seleucidarum, a primo die Octobris cum feriis initialibus.		Æra Hispanica.	Cyclus Solis Julianus, cum Litteris Dominicalibus.		Cyclus Lunæ Julianus.	Indictio Romana.	Paschæ dies. A. Aprilem. M. Martium denotat.		Anni Epochæ Chataiæ solares sc. Anni Venni suos labentis, ab ingressu Solis in medium Aquarii deducti.	Anni Cycli sexageni simplicis.	Anni Cycli Chataiorum, comp. e tribus Cyclis sexag.	Anni Epochæ Arabicæ lunares, ab Hegira Mohammedis deducti, cum diebus et feriis initialibus, quibus Moharram, sive primus Arabum mensis, juxta medium motum Lunæ incipit.				Anni Epochæ Persicæ 365 dierum, ab ἐνθρονισμῷ Yezdejerd deducti, cum diebus et feriis initialibus, quibus Fervardin, sive primus Persarum mensis, incipit.			
An.	An.	An.	Ann.	F.		Ann.		An.	An.			Ann.	An.	An.	An.	Mens.	D.	F.	An.	Mens.	D.	F.
621	5334	6129	933	5	659	14	D	14	9	A	19	9038	18	78	...	...	...	...				
622	5335	6130	934	6	660	15	C	15	10	A	4	9039	19	79	1	Jul.	15	5				
623	6	1	935	7	1	16	B	16	11	M	27	9040	20	80	2	Jul.	4	2				
624	7	2	936	2	2	17	AG	17	12	A	15	9041	21	81	3	Jun.	23	7				
625	8	3	937	3	3	18	F	18	13	M	31	9042	22	82	4	Jun.	12	4				
626	9	4	938	4	4	19	E	19	14	A	20	9043	23	83	5	Jun.	1	1				
627	5340	6135	939	5	665	20	D	1	15	A	12	9044	24	84	6	Maii	22	6				
628	1	6	940	7	6	21	CB	2	1	M	27	9045	25	85	7	Maii	10	3				
629	2	7	941	1	7	22	A	3	2	A	16	9046	26	86	8	Apr.	30	1				
630	3	8	942	2	8	23	G	4	3	A	8	9047	27	87	9	Apr.	19	5				
631	4	9	943	3	9	24	F	5	4	M	24	9048	28	88	10	Apr.	8	2				
632	5345	6140	944	5	670	25	ED	6	5	A	12	9049	29	89	11	Mar.	28	7	1	Jun.	16	3
633	6	1	945	6	1	26	C	7	6	A	4	9050	30	90	12	Mar.	17	4	2			4
634	7	2	946	7	2	27	B	8	7	A	24	9051	31	91	13	Mar.	6	1	3			5
635	8	3	947	1	3	28	A	9	8	A	9	9052	32	92	14	Feb.	24	6	4			6
636	9	4	948	3	4	1	GF	10	9	M	31	9053	33	93	15	Feb.	13	3	5	Jun.	15	7
637	5350	6145	949	4	675	2	E	11	10	A	20	9054	34	94	16	Feb.	2	1	6			1
638	1	6	950	5	6	3	D	12	11	A	5	9055	35	95	17	Jan.	22	5	7			2
639	2	7	951	6	7	4	C	13	12	M	28	9056	36	96	18	Jan.	11	2	8			3
640	3	8	952	1	8	5	BA	14	13	A	16	9057	37	97	19	Jan.	1	9	9	Jun.	14	4
															20	Dec.	20	4				
641	4	9	953	2	9	6	G	15	14	A	8	9058	38	98	21	Dec.	9	1	10			5
642	5355	6150	954	3	680	7	F	16	15	M	24	9059	39	99	22	Nov.	29	6	11			6
643	6	1	955	4	1	8	E	17	1	A	13	9060	40	100	23	Nov.	18	3	12			7
644	7	2	956	5	2	9	DC	18	2	A	4	9061	41	101	24	Nov.	6	7	13	Jun.	13	1
645	8	3	957	7	3	10	B	19	3	A	24	9062	42	102	25	Oct.	27	5	14			2
646	9	4	958	1	4	11	A	1	4	A	9	9063	43	103	26	Oct.	16	2	15			3
647	5360	6155	959	2	685	12	G	2	5	A	1	9064	44	104	27	Oct.	6	7	16			4
648	1	6	960	4	6	13	FE	3	6	A	20	9065	45	105	28	Sept.	24	4	17	Jun.	12	5
649	2	7	961	5	7	14	D	4	7	A	5	9066	46	106	29	Sept.	13	1	18			6
650	3	8	962	6	8	15	C	5	8	M	28	9067	47	107	30	Sept.	3	6	19			7
651	4	9	963	7	9	16	B	6	9	A	17	9068	48	108	31	Aug.	23	3	20			1
652	5365	6160	964	2	690	17	AG	7	10	A	1	9069	49	109	32	Aug.	11	7	21	Jun.	11	2
653	6	1	965	3	1	18	F	8	11	A	21	9070	50	110	33	Aug.	1	5	22			3
654	7	2	966	4	2	19	E	9	12	A	13	9071	51	111	34	Jul.	21	2	23			4
655	8	3	967	5	3	20	D	10	13	M	29	9072	52	112	35	Jul.	10	6	24			5
656	9	4	968	7	4	21	CB	11	14	A	17	9073	53	113	36	Jun.	29	4	25	Jun.	10	6
657	5370	6165	969	1	695	22	A	12	15	A	9	9074	54	114	37	Jun.	18	1	26			7
658	1	6	970	2	6	23	G	13	1	M	25	9075	55	115	38	Jun.	8	6	27			1
659	2	7	971	3	7	24	F	14	2	A	14	9076	56	116	39	Maii	28	3	28			2
660	3	8	972	5	8	25	ED	15	3	A	5	9077	57	117	40	Maii	16	7	29	Jun.	9	3
661	4	9	973	6	9	26	C	16	4	M	28	9078	58	118	41	Maii	6	5	30			4
662	5375	6170	974	7	700	27	B	17	5	A	10	9079	59	119	42	Apr.	25	2	31			5
663	6	1	975	1	1	28	A	18	6	A	2	9080	60	120	43	Apr.	14	6	32			6
664	7	2	976	3	2	1	GF	19	7	A	21	9081	1	121	44	Apr.	3	4	33	Jun.	8	7
665	8	3	977	4	3	2	E	1	8	A	6	9082	3. Cycl. Sexag. Simpl. Chat. Ven. 2	122	45	Mar.	23	1	34			1
666	9	4	978	5	4	3	D	2	9	M	29	9083	3	123	46	Mar.	13	6	35			2
667	5380	6175	979	6	705	4	C	3	10	A	18	9084	4	124	47	Mar.	2	3	36			3
668	1	6	980	1	6	5	BA	4	11	A	9	9085	5	125	48	Febr.	19	7	37	Jun.	7	4
669	2	7	981	2	7	6	G	5	12	M	25	9086	6	126	49	Febr.	8	5	38			5
670	3	8	982	3	8	7	F	6	13	A	14	9087	7	127	50	Jan.	28	2	39			6
671	4	9	983	5	9	8	E	7	14	A	6	9088	8	128	51	Jan.	17	6	40			7
672	5385	6180	984	6	710	9	DC	8	15	M	25*	9089	9	129	52	Jan.	7	4	41	Jun.	6	1
673	6	1	985	7	1	10	B	9	1	A	10	9090	10	130	53	Dec.	26		42			2
674	7	2	986	1	2	11	A	10	2	A	2	9091	11	131	54	Dec.	15	5	43			3
675	8	3	987	2	3	12	G	11	3	A	22	9092	12	132	55	Dec.	5	3	44			4
															56	Nov.	24	7				
676	9	4	988	4	4	13	FE	12	4	A	6	9093	13	133	57	Nov.	13	5	45	Jun.	5	5
677	5390	6185	989	5	715	14	D	13	5	M	29	9094	14	134	58	Nov.	2	2	46			6
678	1	6	990	6	6	15	C	14	6	A	18	9095	15	135	59	Oct.	22	6	47			7
679	2	7	991	7	7	16	B	15	7	A	3	9096	16	136	60	Oct.	12	4	48			1
680	3	8	992	2	8	17	AG	16	8	M	25	9097	17	137	61	Sept.	30	1	49	Jun.	4	2
681	4	9	993	3	9	18	F	17	9	A	14	9098	18	138	62	Sept.	19	5	50			3
682	5395	6190	994	4	720	19	E	18	10	M	30	9099	19	139	63	Sept.	9	3	51			4
683	6	1	995	5	1	20	D	19	11	A	19	9100	20	140	64	Aug.	29	7	52			5
684	7	2	996	7	2	21	CB	1	12	A	10	9101	21	141	65	Aug.	29	4	53	Jun.	3	6
685	8	3	997	1	3	22	A	2	13	M	26	9102	22	142	66	Aug.	7	2	54			7
686	9	4	998	2	4	23	G	3	14	A	15	9103	23	143	67	Jul.	27	6	55			1
687	5400	6195	999	3	725	24	F	4	15	A	7	9104	24	144	68	Jul.	17	4	56			2
688	1	6	1000	5	6	25	ED	5	1	M	29	9105	25	145	69	Jul.	5	1	57	Jun.	2	3
689	2	7	1001	6	7	26	C	6	2	A	11	9106	26	146	70	Jun.	24	5	58			4
690	3	8	1002	7	8	27	B	7	3	A	3	9107	27	147	71	Jun.	14	3	59			5

Anni Epochæ Christianæ a Kalendis Januarii.	Anni Periodi Julianæ a Kalendis Januarii.	Anni Mundi juxta Græcos.	Anni Solares Epochæ Rumeæ h. e. Græcæ, seu Seleucidarum, a primo die Octobris cum feriis initialibus.		Æra Hispanica.	Cyclus Solis Julianus, cum Litteris Dominicalibus.		Cyclus Lunæ Julianus.	Indictio Romana.	Paschæ dies. A. Aprilem, M. Martium denotat.		Anni Epochæ Chataiæ, solares sc. Anni Venni 8864 labentis, ab ingressu Solis in medium Aquarii deducti.	Anni Cycli sexageni simplicis.	Anni Cycli Cathaiorum, comp. e tribus Cyclis sexag.	Anni Epochæ Arabicæ lunares, ab Hegira Mohammedis deducti, cum diebus et feriis initialibus, quibus Moharram, sive primus Arabum mensis, juxta medium motum Lunæ incipit.				Anni Epochæ Persicæ sex dierum, ab ἐνθρονισμῷ Yezdejerd deducti, cum diebus et feriis initialibus, quibus Fervardin, sive primus Persarum mensis, incipit.			
An.	An.	An.	Ann.	F.		Ann.		An.	An.			Ann.	An.	An.	An.	Mens.	D.	F.	An.	Mens.	D.	F.
691	4	9	1003	1	9	28	A	8	4	A	23	9108	28	148	72	Jun.	3	7	60			6
692	5405	6200	1004	3	730	1	GF	9	5	A	14	9109	29	149	73	Maii	22	4	61	Jun.	1	7
693	6	1	1005	4	1	2	E	10	6	M	30	9110	30	150	74	Maii	12	2	62			1
694	7	2	1006	5	2	3	D	11	7	A	19	9111	31	151	75	Maii	1	6	63			2
695	8	3	1007	6	3	4	C	12	8	A	11	9112	32	152	76	Apr.	21	4	64			3
696	9	4	1008	1	4	5	BA	13	9	M	26	9113	33	153	77	Apr.	9	3	65	Maii	31	4
697	5410	6205	1009	2	735	6	G	14	10	A	15	9114	34	154	78	Mar.	29	5	66			5
698	1	6	1010	3	6	7	F	15	11	A	7	9115	35	155	79	Mar.	19	3	67			6
699	2	7	1011	4	7	8	E	16	12	M	23	9116	36	156	80	Martii	8	7	68			7
700	3	8	1012	6	8	9	DC	17	13	A	11	9117	37	157	81	Febr.	25	4	69	Maii	30	1
701	4	9	1013	7	9	10	B	18	14	A	3	9118	38	158	82	Febr.	14	2	70			2
702	5415	6210	1014	1	740	11	A	19	15	A	23	9119	39	159	83	Febr.	3	6	71			3
703	6	1	1015	2	1	12	G	1	1	A	8	9120	40	160	84	Jan.	23	3	72			4
704	7	2	1016	4	2	13	FE	2	2	M	30	9121	41	161	85	Jan.	13	1	73	Maii	29	5
705	8	3	1017	5	3	14	D	3	3	A	19	9122	42	162	86	Jan.	1	5	74			6
															87	Dec.	22	3				
706	9	4	1018	6	4	15	C	4	4	A	4	9123	43	163	88	Dec.	11	7	75			7
707	5420	6215	1019	7	745	16	B	5	5	M	27	9124	44	164	89	Nov.	30	4	76			1
708	1	6	1020	2	6	17	AG	6	6	A	15	9125	45	165	90	Nov.	19	2	77	Maii	28	2
709	2	7	1021	3	7	18	F	7	7	M	31	9126	46	166	91	Nov.	8	6	78			3
710	3	8	1022	4	8	19	E	8	8	A	20	9127	47	167	92	Oct.	28	3	79			4
711	4	9	1023	5	9	20	D	9	9	A	12	9128	48	168	93	Oct.	18	1	80			5
712	5425	6220	1024	7	750	21	CB	10	10	A	3	9129	49	169	94	Oct.	6	5	81	Maii	27	6
713	6	1	1025	1	1	22	A	11	11	A	16	9130	50	170	95	Sept.	25	2	82			7
714	7	2	1026	2	2	23	G	12	12	A	8	9131	51	171	96	Sept.	15	7	83			1
715	8	3	1027	3	3	24	F	13	13	M	31	9132	52	172	97	Sept.	4	4	84			2
716	9	4	1028	5	4	25	ED	14	14	A	19	9133	53	173	98	Aug.	24	2	85	Maii	26	3
717	5430	6225	1029	6	755	26	C	15	15	A	4	9134	54	174	99	Aug.	13	6	86			4
718	1	6	1030	7	6	27	B	16	1	M	27	9135	55	175	100	Aug.	2	3	87			5
719	2	7	1031	1	7	28	A	17	2	A	16	9136	56	176	101	Jul.	23	1	88			6
720	3	8	1032	3	8	1	GF	18	3	M	31	9137	57	177	102	Jul.	11	5	89	Maii	25	7
721	4	9	1033	4	9	2	E	19	4	A	20	9138	58	178	103	Jun.	30	2	90			1
722	5435	6230	1034	5	760	3	D	1	5	A	12	9139	59	179	104	Jun.	20	7	91			2
723	6	1	1035	6	1	4	C	2	6	M	28	9140	60	180	105	Jun.	9	4	92			3
724	7	2	1036	1	2	5	BA	3	7	A	16	9141	1	1	106	Maii	29	2	93	Maii	24	4
725	8	3	1037	2	3	6	G	4	8	A	8	9142	2	2	107	Maii	18	6	94			5
726	9	4	1038	3	4	7	F	5	9	M	24	9143	Cycl. Shanec Ven. 3	3	108	Maii	7	3	95			6
727	5440	6235	1039	4	765	8	E	6	10	A	13	9144	4	4	109	Apr.	27	1	96			7
728	1	6	1040	6	6	9	DC	7	11	A	4	9145	5	5	110	Apr.	15	5	97	Maii	23	1
729	2	7	1041	7	7	10	B	8	12	A	24	9146	6	6	111	Apr.	4	2	98			2
730	3	8	1042	1	8	11	A	9	13	A	9	9147	7	7	112	Mar.	25	7	99			3
731	4	9	1043	2	9	12	G	10	14	A	1	9148	8	8	113	Mar.	14	4	100			4
732	5445	6240	1044	4	770	13	FE	11	15	A	20	9149	9	9	114	Mar.	2	1	101	Maii	22	5
733	6	1	1045	5	1	14	D	12	1	A	5	9150	10	10	115	Feb.	20	6	102			6
734	7	2	1046	6	2	15	C	13	2	M	28	9151	11	11	116	Feb.	9	3	103			7
735	8	3	1047	7	3	16	B	14	3	A	17	9152	12	12	117	Jan.	30	1	104			1
736	9	4	1048	2	4	17	AG	15	4	A	8	9153	13	13	118	Jan.	19	5	105	Maii	21	2
737	5450	6245	1049	3	775	18	F	16	5	M	24	9154	14	14	119	Jan.	7	2	106			3
738	1	6	1050	4	6	19	E	17	6	A	13	9155	15	15	120	Dec.	28	7	107			4
739	2	7	1051	5	7	20	D	18	7	A	5	9156	16	16	121	Dec.	17	4	108			5
740	3	8	1052	7	8	21	CB	19	8	A	24	9157	17	17	122	Dec.	6	1	109	Maii	20	6
															123	Nov.	25	6				
741	4	9	1053	1	9	22	A	1	9	A	9	9158	18	18	124	Nov.	14	4	110			7
742	5455	6250	1054	2	780	23	G	2	10	A	1	9159	19	19	125	Nov.	3	7	111			1
743	6	1	1055	3	1	24	F	3	11	A	14	9160	20	20	126	Oct.	24	5	112			2
744	7	2	1056	5	2	25	ED	4	12	A	5	9161	21	21	127	Oct.	12	2	113	Maii	19	3
745	8	3	1057	6	3	26	C	5	13	M	28	9162	22	22	128	Oct.	2	7	114			4
746	9	4	1058	7	4	27	B	6	14	A	17	9163	23	23	129	Sept.	21	4	115			5
747	5460	6255	1059	1	785	28	A	7	15	A	2	9164	24	24	130	Sept.	10	1	116			6
748	1	6	1060	3	6	1	GF	8	1	A	21	9165	25	25	131	Aug.	30	6	117	Maii	18	7
749	2	7	1061	4	7	2	E	9	2	A	13	9166	26	26	132	Aug.	19	3	118			1
750	3	8	1062	5	8	3	D	10	3	M	29	9167	27	27	133	Aug.	8	7	119			2
751	4	9	1063	6	9	4	C	11	4	A	18	9168	28	28	134	Jul.	29	5	120			3
752	5465	6260	1064	1	790	5	BA	12	5	A	9	9169	29	29	135	Jul.	17	2	121	Maii	17	4
753	6	1	1065	2	1	6	G	13	6	M	25	9170	30	30	136	Jul.	7	7	122			5
754	7	2	1066	3	2	7	F	14	7	A	14	9171	31	31	137	Jun.	26	4	123			6
755	8	3	1067	4	3	8	E	15	8	A	6	9172	32	32	138	Jun.	15	1	124			7
756	9	4	1068	6	4	9	DC	16	9	M	28	9173	33	33	139	Jun.	4	6	125	Maii	16	1
757	5470	6265	1069	7	795	10	B	17	10	A	10	9174	34	34	140	Maii	24	3	126			2
758	1	6	1070	1	6	11	A	18	11	A	2	9175	35	35	141	Maii	13	7	127			3
759	2	7	1071	2	7	12	G	19	12	A	22	9176	36	36	142	Maii	3	5	128			4
760	3	8	1072	4	8	13	FE	1	13	A	6	9177	37	37	143	Apr.	21	2	129	Maii	15	5
761	4	9	1073	5	9	14	D	2	14	M	29	9178	38	38	144	Apr.	10	6	130			6
762	5475	6270	1074	6	800	15	C	3	15	A	18	9179	39	39	145	Mar.	31	4	131			7
763	6	1	1075	7	1	16	B	4	1	A	3	9180	40	40	146	Mar.	20	1	132			1
764	7	2	1076	2	2	17	AG	5	2	M	25	9181	41	41	147	Mar.	9	6	133	Maii	14	2
765	8	3	1077	3	3	18	F	6	3	A	14	9182	42	42	148	Feb.	26	3	134			3

Anni Epochæ Christianæ a Kalendis Januarii.	Anni Periodi Julianæ a Kalendis Januarii.	Anni Mundi juxta Græcos.	Anni Solares Epochæ Rumeæ h. e. Græcæ, seu Seleucidarum, a primo die Octobris cum feriis initialibus.		Æra Hispanica.	Cyclus Solis Julianus, cum Litteris Dominicalibus.		Cyclus Lunæ Julianus.	Indictio Romana.	Paschæ dies. A. Aprilem. M. Martium denotat.		Anni Epochæ Chataiæ, solares sc. Anni Veneti secl labentis, ab ingressu Solis in medium Aquarii deducti.	Anni Cycli sexageni simplicis.	Anni Cycli Chataiorum, comp. e tribus Cyclis sexag.	Anni Epochæ Arabicæ lunares, ab Hegira Mohammedis deducti, cum diebus et feriis initialibus, quibus Moharram, sive primus Arabum mensis juxta medium motum Lunæ incipit.				Anni Epochæ Persicæ 365 dierum, ab εὐθρονισμῷ Yezdejerd deducti, cum diebus et feriis initialibus, quibus Fervardin, sive primus Persarum mensis, incipit.			
An.	An.	An.	Ann.	F.		Ann.		An.	An.			Ann.	An.	An.	An.	Mens.	D.	F.	An.	Mens.	D.	F.
766	9	4	1078	4	4	19	E	7	4	A	6	9183	43	43	149	Feb.	15	7	135			4
707	5480	6275	1079	5	805	20	D	8	5	A	19	9184	44	44	150	Feb.	5	5	136			5
768	1	6	1080	7	6	21	CB	9	6	A	10	9185	45	45	151	Jan.	25	2	137	Maii	13	6
769	2	7	1081	1	7	22	A	10	7	A	2	9186	46	46	152	Jan.	13	6	138			7
770	3	8	1082	2	8	23	G	11	8	A	22	9187	47	47	153	Jan.	3	4	139			1
															154	Dec.	23	1				
771	4	9	1083	3	9	24	F	12	9	A	7	9188	48	48	155	Dec.	12	5	140			2
772	5485	6280	1084	5	810	25	ED	13	10	M	29	9189	49	49	156	Dec.	1	3	141	Maii	12	3
773	6	1	1085	6	1	26	C	14	11	A	18	9190	50	50	157	Nov.	20	7	142			4
774	7	2	1086	7	2	27	B	15	12	A	3	9191	51	51	158	Nov.	10	5	143			5
775	8	3	1087	1	3	28	A	16	13	M	26	9192	52	52	159	Oct.	30	2	144			6
776	9	4	1088	3	4	1	GF	17	14	A	14	9193	53	53	160	Oct.	18	6	145	Maii	11	7
777	5490	6285	1089	4	815	2	E	18	15	M	30	9194	54	54	161	Oct.	8	4	146			1
778	1	6	1090	5	6	3	D	19	1	A	19	9195	55	55	162	Sept.	27	1	147			2
779	2	7	1091	6	7	4	C	1	2	A	11	9196	56	56	163	Sept.	16	5	148			3
780	3	8	1092	1	8	5	BA	2	3	M	26	9197	57	57	164	Sept.	5	3	149	Maii	10	4
781	4	9	1093	2	9	6	G	3	4	A	15	9198	58	58	165	Aug.	25	7	150			5
782	5495	6290	1094	3	820	7	F	4	5	A	7	9199	59	59	166	Aug.	15	5	151			6
783	6	1	1095	4	1	8	E	5	6	M	23	9200	60	60	167	Jul.	4	2	152			7
784	7	2	1096	6	2	9	DC	6	7	A	11	9201	2. Cycl. Junec. Ven. 1	61	168	Jul.	23	6	153	Maii	9	1
785	8	3	1097	7	3	10	B	7	8	A	3	9202	2	62	169	Jul.	13	4	154			2
786	9	4	1098	1	4	11	A	8	9	A	23	9203	3	63	170	Jul.	2	1	155			3
787	5500	6295	1099	2	825	12	G	9	10	A	8	9204	4	64	171	Jun.	21	5	156			4
788	1	6	1100	4	6	13	FE	10	11	M	30	9205	5	65	172	Jun.	10	3	157	Maii	8	5
789	2	7	1101	5	7	14	D	11	12	A	19	9206	6	66	173	Maii	30	7	158			6
790	3	8	1102	6	8	15	C	12	13	A	11	9207	7	67	174	Maii	19	4	159			7
791	4	9	1103	7	9	16	B	13	14	M	27	9208	8	68	175	Maii	9	2	160			1
792	5505	6300	1104	2	830	17	AG	14	15	A	15	9209	9	69	176	Apr.	27	6	161	Maii	7	2
793	6	1	1105	3	1	18	F	15	1	A	7	9210	10	70	177	Apr.	17	4	162			3
794	7	2	1106	4	2	19	E	16	2	M	23	9211	11	71	178	Apr.	6	1	163			4
795	8	3	1107	5	3	20	D	17	3	A	12	9212	12	72	179	Mar.	26	5	164			5
796	9	4	1108	7	4	21	CB	18	4	A	3	9213	13	73	180	Mar.	15	3	165	Maii	6	6
797	5510	6305	1109	1	835	22	A	19	5	A	23	9214	14	74	181	Mar.	4	7	166			7
798	1	6	1110	2	6	23	G	1	6	A	8	9215	15	75	182	Feb.	21	4	167			1
799	2	7	1111	3	7	24	F	2	7	M	31	9216	16	76	183	Febr.	21	1	168			2
800	3	8	1112	5	8	25	ED	3	8	A	19	9217	17	77	184	Jan.	31	6	169	Maii	5	3
801	4	9	1113	6	9	26	C	4	9	A	4	9218	18	78	185	Jan.	19	3	170			4
802	5515	6310	1114	7	840	27	B	5	10	M	27	9219	19	79	186	Jan.	9	1	171			5
803	6	1	1115	1	1	28	A	6	11	A	16	9220	20	80	187	Dec.	29	5	172			6
804	7	2	1116	3	2	1	GF	7	12	M	31	9221	21	81	188	Dec.	19	3	173	Maii	4	7
805	8	3	1117	4	3	2	E	8	13	A	20	9222	22	82	189	Dec.	7	7	174			1
															190	Nov.	26	4				
806	9	4	1118	5	4	3	D	9	14	A	12	9223	23	83	191	Nov.	16	2	175			2
807	5520	6315	1119	6	845	4	C	10	15	M	28	9224	24	84	192	Nov.	5	6	176			3
808	1	6	1120	1	6	5	BA	11	1	A	16	9225	25	85	193	Oct.	24	3	177	Maii	3	4
809	2	7	1121	2	7	6	G	12	2	A	8	9226	26	86	194	Oct.	14	1	178			5
810	3	8	1122	3	8	7	F	13	3	M	31	9227	27	87	195	Oct.	3	5	179			6
811	4	9	1123	4	9	8	E	14	4	A	13	9228	28	88	196	Sept.	23	3	180			7
812	5525	6320	1124	6	850	9	DC	15	5	A	4	9229	29	89	197	Sept.	11	7	181	Maii	2	1
813	6	1	1125	7	1	10	B	16	6	M	27	9230	30	90	198	Aug.	31	4	182			2
814	7	2	1126	1	2	11	A	17	7	A	16	9231	31	91	199	Aug.	21	2	183			3
815	8	3	1127	2	3	12	G	18	8	A	1	9232	32	92	200	Aug.	10	6	184			4
816	9	4	1128	4	4	13	FE	19	9	A	20	9233	33	93	201	Jul.	29	3	185	Maii	1	5
817	5530	6325	1129	5	855	14	D	1	10	A	12	9234	34	94	202	Jul.	19	1	186			6
818	1	6	1130	6	6	15	C	2	11	M	28	9235	35	95	203	Jul.	8	5	187			7
819	2	7	1131	7	7	16	B	3	12	A	17	9236	36	96	204	Jun.	27	2	188			1
820	3	8	1132	2	8	17	AG	4	13	A	8	9237	37	97	205	Jun.	16	7	189	Apr.	30	2
821	4	9	1133	3	9	18	F	5	14	M	24	9238	38	98	206	Jun.	5	4	190			3
822	5535	6330	1134	4	860	19	E	6	15	A	13	9239	39	99	207	Maii	26	2	191			4
823	6	1	1135	5	1	20	D	7	1	A	5	9240	40	100	208	Maii	15	6	192			5
824	7	2	1136	7	2	21	CB	8	2	A	24	9241	41	101	209	Maii	3	3	193	Apr.	29	6
825	8	3	1137	1	3	22	A	9	3	A	9	9242	42	102	210	Apr.	23	1	194			7
826	9	4	1138	2	4	23	G	10	4	A	1	9243	43	103	211	Apr.	12	5	195			1
827	5540	6335	1139	3	865	24	F	11	5	A	21	9244	44	104	212	Apr.	1	2	196			2
828	1	6	1140	5	6	25	ED	12	6	A	5	9245	45	105	213	Mar.	21	7	197	Apr.	28	3
829	2	7	1141	6	7	26	C	13	7	M	28	9246	46	106	214	Mar.	10	4	198			4
830	3	8	1142	7	8	27	B	14	8	A	17	9247	47	107	215	Feb.	27	1	199			5
831	4	9	1143	1	9	28	A	15	9	A	2	9248	48	108	216	Feb.	17	6	200			6
832	5545	6340	1144	3	870	1	GF	16	10	M	24	9249	49	109	217	Feb.	6	3	201	Apr.	27	7
833	6	1	1145	4	1	2	E	17	11	A	13	9250	50	110	218	Jan.	26	1	202			1
834	7	2	1146	5	2	3	D	18	12	A	5	9251	51	111	219	Jan.	15	5	203			2
835	8	3	1147	6	3	4	C	19	13	A	18	9252	52	112	220	Jan.	4	2	204			3
															221	Dec.	25	7				
836	9	4	1148	1	4	5	BA	1	14	A	9	9253	53	113	222	Dec.	13	4	205	Apr.	26	4
837	5550	6345	1149	2	875	6	G	2	15	A	1	9254	54	114	223	Dec.	2	1	206			5
838	1	6	1150	3	6	7	F	3	1	A	14	9255	55	115	224	Nov.	22	6	207			6
839	2	7	1151	4	7	8	E	4	2	A	6	9256	56	116	225	Nov.	11	3	208			7
840	3	8	1152	6	8	9	DC	5	3	M	28	9257	57	117	226	Oct.	31	3	209	Apr.	25	1

Anni Epochæ Christianæ a Kalendis Januarii.	Anni Periodi Julianæ a Kalendis Januarii.	Anni Mundi juxta Græcos.	Anni Solares Epochæ Rumææ h. e. Græcæ, seu Seleucidarum, a primo die Octobris cum feriis initialibus.		Æra Hispanica.	Cyclus Solis Julianus, cum Litteris Dominicalibus.		Cyclus Lunæ Julianus.	Indictio Romana.	Paschæ dies. A. Aprilem, M. Martium denotat.		Anni Epochæ Chataiæ, solares sc. Anni Venni 8864 labentis, ab ingressu Solis in medium Aquarii deducti.	Anni Cycli sexageni simplicis.	Anni Cycli Chataiorum, comp. e tribus Cyclis sexag.	Anni Epochæ Arabicæ lunares, ab Hegira Mohammedis deducti, cum diebus et feriis initialibus, quibus Moharram, sive primus Arabum mensis, juxta medium motum Lunæ incipit.				Anni Epochæ Persicæ 365 dierum, ab ἐνθρονισμῷ Yezdejerd deducti, cum diebus et feriis initialibus, quibus Fervardin, sive primus Persarum mensis, incipit.			
An.	An.	An.	Ann.	F.		Ann.		An.	An.			Ann.	An.	An.	An.	Mens.	D.	F.	An.	Mens.	D.	F.
841	4	9	1153	7	9	10	B	6	4	A	17	9258	58	118	227	Oct.	20	5	210			2
842	5555	6350	1154	1	880	11	A	7	5	A	2	9259	59	119	228	Oct.	9	2	211			3
843	6	1	1155	2	1	12	G	8	6	A	22	9260	60	120	229	Sept.	29	7	212			4
844	7	2	1156	4	2	13	FE	9	7	A	13	9261	1	121	230	Sept.	17	4	213	Apr.	24	5
845	8	3	1157	5	3	14	D	10	8	M	29	9262	2	122	231	Sept.	6	1	214			6
846	9	4	1158	6	4	15	C	11	9	A	18	9263	5. Cycl. Claven. 3	123	232	Aug.	27	6	215			7
847	5560	6355	1159	7	885	16	B	12	10	A	10	9264	4	124	233	Aug.	16	3	216			1
848	1	6	1160	2	6	17	AG	13	11	M	25	9265	5	125	234	Aug.	4	7	217	Apr.	23	2
849	2	7	1161	3	7	18	F	14	12	A	14	9266	6	126	235	Jul.	25	5	218			3
850	3	8	1162	4	8	19	E	15	13	A	6	9267	7	127	236	Jul.	14	2	219			4
851	4	9	1163	5	9	20	D	16	14	M	22	9268	8	128	237	Jun.	4	7	220			5
852	5565	6360	1164	7	890	21	CB	17	15	A	10	9269	9	129	238	Jun.	22	4	221	Apr.	22	6
853	6	1	1165	1	1	22	A	18	1	A	2	9270	10	130	239	Jun.	11	1	222			7
854	7	2	1166	2	2	23	G	19	2	A	22	9271	11	131	240	Jun.	1	6	223			1
855	8	3	1167	3	3	24	F	1	3	A	7	9272	12	132	241	Maii	21	3	224			2
856	9	4	1168	5	4	25	ED	2	4	M	29	9273	13	133	242	Maii	9	7	225	Apr.	21	3
857	5570	6365	1169	6	895	26	C	3	5	A	18	9274	14	134	243	Apr.	29	5	226			4
858	1	6	1170	7	6	27	B	4	6	A	3	9275	15	135	244	Apr.	18	2	227			5
859	2	7	1171	1	7	28	A	5	7	M	26	9276	16	136	245	Apr.	7	6	228			6
860	3	8	1172	3	8	1	GF	6	8	A	14	9277	17	137	246	Mar.	27	4	229	Apr.	20	7
861	4	9	1173	4	9	2	E	7	9	A	6	9278	18	138	247	Mar.	16	1	230			1
862	5575	6370	1174	5	900	3	D	8	10	A	19	9279	19	139	248	Mar.	6	6	231			2
863	6	1	1175	6	1	4	C	9	11	A	11	9280	20	140	249	Febr.	23	3	232			3
864	7	2	1176	1	2	5	BA	10	12	A	2	9281	21	141	250	Febr.	12	7	233	Apr.	19	4
865	8	3	1177	2	3	6	G	11	13	A	22	9282	22	142	251	Febr.	1	5	234			5
866	9	4	1178	3	4	7	F	12	14	A	7	9283	23	143	252	Jan.	2	1	235			6
867	5580	6375	1179	4	905	8	E	13	15	M	30	9284	24	144	253	Jan.	20	6	236			7
868	1	6	1180	6	6	9	DC	14	1	A	18	9285	25	145	254	Dec.	31	4	237	Apr.	18	1
869	2	7	1181	7	7	10	B	15	2	A	3	9286	26	146	255	Dec.	19	1	238			2
870	3	8	1182	1	8	11	A	16	3	M	26	9287	27	147	256	Dec.	9	6	239			3
															257	Nov.	28	3				
871	4	9	1183	2	9	12	G	17	4	A	15	9288	28	148	258	Nov.	17	7	240			4
872	5585	6380	1184	4	910	13	FE	18	5	M	30	9289	29	149	259	Nov.	6	5	241	Apr.	17	5
873	6	1	1185	5	1	14	D	19	6	A	19	9290	30	150	260	Oct.	26	2	242			6
874	7	2	1186	6	2	15	C	1	7	A	11	9291	31	151	261	Oct.	15	6	243			7
875	8	3	1187	7	3	16	B	2	8	M	27	9292	32	152	262	Oct.	5	4	244			1
876	9	4	1188	2	4	17	AG	3	9	A	15	9293	33	153	263	Sept.	23	1	245	Apr.	16	2
877	5590	6385	1189	3	915	18	F	4	10	A	7	9294	34	154	264	Sept.	12	5	246			3
878	1	6	1190	4	6	19	E	5	11	M	23	9295	35	155	265	Sept.	2	3	247			4
879	2	7	1191	5	7	20	D	6	12	A	12	9296	36	156	266	Aug.	22	7	248			5
880	3	8	1192	7	8	21	CB	7	13	A	3	9297	37	157	267	Aug.	11	5	249	Apr.	15	6
881	4	9	1193	1	9	22	A	8	14	A	23	9298	38	158	268	Jul.	31	2	250			7
882	5595	6390	1194	2	920	23	G	9	15	A	8	9299	39	159	269	Jul.	20	6	251			1
883	6	1	1195	3	1	24	F	10	1	M	31	9300	40	160	270	Jul.	10	4	252			2
884	7	2	1196	5	2	25	ED	11	2	A	19	9301	41	161	271	Jun.	28	1	253	Apr.	14	3
885	8	3	1197	6	3	26	C	12	3	A	11	9302	42	162	272	Jun.	17	5	254			4
886	9	4	1198	7	4	27	B	13	4	M	27	9303	43	163	273	Jun.	7	3	255			5
887	5600	6395	1199	1	925	28	A	14	5	A	16	9304	44	164	274	Maii	27	7	256			6
888	1	6	1200	3	6	1	GF	15	6	A	7	9305	45	165	275	Maii	15	4	257	Apr.	13	7
889	2	7	1201	4	7	2	E	16	7	M	23	9306	46	166	276	Maii	5	2	258			1
890	3	8	1202	5	8	3	D	17	8	A	12	9307	47	167	277	Apr.	24	6	259			2
891	4	9	1203	6	9	4	C	18	9	A	4	9308	48	168	278	Apr.	14	4	260			3
892	5605	6400	1204	1	930	5	BA	19	10	A	23	9309	49	169	279	Apr.	2	1	261	Apr.	12	4
893	6	1	1205	2	1	6	G	1	11	A	8	9310	50	170	280	Mar.	22	5	262			5
894	7	2	1206	3	2	7	F	2	12	M	31	9311	51	171	281	Mar.	12	3	263			6
895	8	3	1207	4	3	8	E	3	13	A	20	9312	52	172	282	Mar.	1	7	264			7
896	9	4	1208	6	4	9	DC	4	14	A	4	9313	53	173	283	Feb.	18	4	265	Apr.	11	1
897	5610	6405	1209	7	935	10	B	5	15	M	27	9314	54	174	284	Feb.	7	2	266			2
898	1	6	1210	1	6	11	A	6	1	A	16	9315	55	175	285	Jan.	27	6	267			3
899	2	7	1211	2	7	12	G	7	2	A	1	9316	56	176	286	Jan.	17	4	268			4
900	3	8	1212	4	8	13	FE	8	3	A	20	9317	57	177	287	Jan.	6	2	269	Apr.	10	5
															288	Dec.	25	5				
901	4	9	1213	5	9	14	D	9	4	A	12	9318	58	178	289	Dec.	15	3	270			6
902	5615	6410	1214	6	940	15	C	10	5	M	28	9319	59	179	290	Dec.	4	7	271			7
903	6	1	1215	7	1	16	B	11	6	A	17	9320	60	180	291	Nov.	23	4	272			1
904	7	2	1216	2	2	17	AG	12	7	A	8	9321	1	1	292	Nov.	12	2	273	Apr.	9	2
905	8	3	1217	3	3	18	F	13	8	M	31	9322	2	2	293	Nov.	1	6	274			3
906	9	4	1218	4	4	19	E	14	9	A	13	9323	I. Cycl. Shanec Ven. 3	3	294	Oct.	21	3	275			4
907	5620	6415	1219	5	945	20	D	15	10	A	5	9324	4	4	295	Oct.	11	1	276			5
908	1	6	1220	7	6	21	CB	16	11	M	27	9325	5	5	296	Sept.	29	5	277	Apr.	8	6
909	2	7	1221	1	7	22	A	17	12	A	16	9326	6	6	297	Sept.	19	3	278			7
910	3	8	1222	2	8	23	G	18	13	A	1	9327	7	7	298	Sept.	8	7	279			1
911	4	9	1223	3	9	24	F	19	14	A	21	9328	8	8	299	Aug.	28	4	280			2
912	5625	6420	1224	5	950	25	ED	1	15	A	12	9329	9	9	300	Aug.	17	2	281	Apr.	7	3
913	6	1	1225	6	1	26	C	2	1	M	28	9330	10	10	301	Aug.	6	6	282			4
914	7	2	1226	7	2	27	B	3	2	A	17	9331	11	11	302	Jul.	26	3	283			5
915	8	3	1227	1	3	28	A	4	3	A	9	9332	12	12	303	Jul.	16	1	284			6

Anni Epochæ Christianæ a Kalendis Januarii. An.	Anni Periodi Julianæ a Kalendis Januarii. An.	Anni Mundi juxta Græcos. An.	Anni Solares Epochæ Romææ h. e. Græcæ, seu Seleucidarum, a primo die Octobris cum feriis initialibus. Ann.	F.	Æra Hispanica.	Cyclus Solis Julianus, cum Litteris Dominicalibus. Ann.		Cyclus Lunæ Julianus. An.	Indictio Romana. An.	Paschæ dies. A. Aprilem. M. Martium denotat.		Anni Epochæ Chataiæ; solares sc. Anni Venni sacâ labentis, ab ingressu Solis in medium Aquarii deducti. Ann.	Anni Cycli sexageni simplicis. An.	Anni Cycli Chataiorum; comp. e tribus Cyclis sexag. An.	Anni Epochæ Arabicæ lunares, ab Hegira Mohammedis deducti, cum diebus et feriis initialibus, quibus Moharram, sive primus Arabum mensis, juxta medium motum Lunæ incipit. An.	Mens.	D.	F.	Anni Epochæ Persicæ seu dierum, ab ἐνθρονισμῷ Yezdejerd deducti, cum diebus et feriis initialibus, quibus Fervardin, sive primus Persarum mensis, incipit. An.	Mens.	D.	F.
916	9	4	1228	3	4	1	GF	5	4	M	24	9333	13	13	304	Jul.	4	5	285	Apr.	6	7
917	5630	6425	1229	4	955	2	E	6	5	A	13	9334	14	14	305	Jun.	23	2	286			1
918	1	6	1230	5	6	3	D	7	6	A	5	9335	15	15	306	Jun.	13	7	287			2
919	2	7	1231	6	7	4	C	8	7	A	25	9336	16	16	307	Jun.	2	4	288			3
920	3	8	1232	1	8	5	BA	9	8	A	9	9337	17	17	308	Maii	22	2	289	Apr.	5	4
921	4	9	1233	2	9	6	G	10	9	A	1	9338	18	18	309	Maii	11	6	290			5
922	5635	6430	1234	3	960	7	F	11	10	A	21	9339	19	19	310	Apr.	30	3	291			6
923	6	1	1235	4	1	8	E	12	11	A	6	9340	20	20	311	Apr.	20	1	292			7
924	7	2	1236	6	2	9	DC	13	12	M	28	9341	21	21	312	Apr.	8	5	293	Apr.	4	1
925	8	3	1237	7	3	10	B	14	13	A	17	9342	22	22	313	Mar.	28	2	294			2
926	9	4	1238	1	4	11	A	15	14	A	2	9343	23	23	314	Mar.	18	7	295			3
927	5640	6435	1239	2	965	12	G	16	15	M	25	9344	24	24	315	Mar.	7	4	296			4
928	1	6	1240	4	6	13	FE	17	1	A	13	9345	25	25	316	Feb.	25	2	297	Apr.	3	5
929	2	7	1241	5	7	14	D	18	2	A	5	9346	26	26	317	Feb.	13	6	298			6
930	3	8	1242	6	8	15	C	19	3	A	18	9347	27	27	318	Feb.	2	3	299			7
931	4	9	1243	7	9	16	B	1	4	A	10	9348	28	28	319	Jan.	23	1	300			1
932	5645	6440	1244	2	970	17	AG	2	5	A	1	9349	29	29	320	Jan.	12	5	301	Apr.	2	2
933	6	1	1245	3	1	18	F	3	6	A	14	9350	30	30	321	Dec.	31	1	302			3
934	7	2	1246	4	2	19	E	4	7	A	6	9351	31	31	322	Dec.	21	7	303			4
935	8	3	1247	5	3	20	D	5	8	M	29	9352	32	32	323	Dec.	10	4	304			5
															324	Nov.	29	1				
936	9	4	1248	7	4	21	CB	6	9	A	17	9353	33	33	325	Nov.	18	6	305	Apr.	1	6
937	5650	6445	1249	1	975	22	A	7	10	A	2	9354	34	34	326	Oct.	7	3	306			7
938	1	6	1250	2	6	23	G	8	11	A	22	9355	35	35	327	Oct.	28	1	307			1
939	2	7	1251	3	7	24	F	9	12	A	14	9356	36	36	328	Oct.	17	5	308			2
940	3	8	1252	5	8	25	ED	10	13	M	29	9357	37	37	329	Oct.	5	2	309	Mar.	31	3
941	4	9	1253	6	9	26	C	11	14	A	18	9358	38	38	330	Sept.	25	7	310			4
942	5655	6450	1254	7	980	27	B	12	15	A	10	9359	39	39	331	Sept.	14	4	311			5
943	6	1	1255	1	1	28	A	13	1	M	26	9360	40	40	332	Sept.	3	1	312			6
944	7	2	1256	3	2	1	GF	14	2	A	14	9361	41	41	333	Aug.	23	6	313	Mar.	30	7
945	8	3	1257	4	3	2	E	15	3	A	6	9362	42	42	334	Aug.	12	2	314			1
946	9	4	1258	5	4	3	D	16	4	M	22	9363	43	43	335	Aug.	1	7	315			2
947	5660	6455	1259	6	985	4	C	17	5	A	11	9364	44	44	336	Jul.	22	5	316			3
948	1	6	1260	1	6	5	BA	18	6	A	2	9365	45	45	337	Jul.	10	2	317	Mar.	29	4
949	2	7	1261	2	7	6	G	19	7	A	22	9366	46	46	338	Jun.	30	7	318			5
950	3	8	1262	3	8	7	F	1	8	A	7	9367	47	47	339	Jun.	19	4	319			6
951	4	9	1263	4	9	8	E	2	9	M	30	9368	48	48	340	Jun.	8	1	320			7
952	5665	6460	1264	6	990	9	DC	3	10	A	18	9369	49	49	341	Maii	22	6	321	Mar.	28	1
953	6	1	1265	7	1	10	B	4	11	A	3	9370	50	50	342	Maii	17	3	322			2
954	7	2	1266	1	2	11	A	5	12	M	26	9371	51	51	343	Maii	6	7	323			3
955	8	3	1267	2	3	12	G	6	13	A	15	9372	52	52	344	Apr.	26	5	324			4
956	9	4	1268	4	4	13	FE	7	14	A	6	9373	53	53	345	Apr.	14	2	325	Mar.	27	5
957	5670	6465	1269	5	995	14	D	8	15	A	19	9374	54	54	346	Apr.	4	2	326			6
958	1	6	1270	6	6	15	C	9	1	A	11	9375	55	55	347	Mar.	24	4	327			7
959	2	7	1271	7	7	16	B	10	2	A	3	9376	56	56	348	Mar.	13	1	328			1
960	3	8	1272	2	8	17	AG	11	3	A	22	9377	57	57	349	Mar.	2	6	329	Mar.	26	2
961	4	9	1273	3	9	18	F	12	4	A	7	9378	58	58	350	Febr.	19	3	330			3
962	5675	6470	1274	4	1000	19	E	13	5	M	30	9379	59	59	351	Febr.	8	7	331			4
963	6	1	1275	5	1	20	D	14	6	A	19	9380	60	60	352	Jan.	29	5	332			5
964	7	2	1276	7	2	21	CB	15	7	A	3	9381	1	61	353	Jan.	18	2	333	Mar.	25	6
965	8	3	1277	1	3	22	A	16	8	M	26	9382	2	62	354	Jan.	6	6	334			7
													I. Cycl. Junec. Ven.		355	Dec.	27	4				
966	9	4	1278	2	4	23	G	17	9	A	15	9383	3	63	356	Dec.	16	1	335			1
967	5680	6475	1279	3	1005	24	F	18	10	M	31	9384	4	64	357	Dec.	6	6	336			2
968	1	6	1280	5	6	25	ED	19	11	A	19	9385	5	65	358	Nov.	24	3	337	Mar.	24	3
969	2	7	1281	6	7	26	C	1	12	A	11	9386	6	66	359	Nov.	13	7	338			4
970	3	8	1282	7	8	27	B	2	13	M	27	9387	7	67	360	Nov.	3	5	339			5
971	4	9	1283	1	9	28	A	3	14	A	16	9388	8	68	361	Oct.	23	2	340			6
972	5685	6480	1284	3	1010	1	GF	4	15	A	7	9389	9	69	362	Oct.	11	6	341	Mar.	23	7
973	6	1	1285	4	1	2	E	5	1	M	23	9390	10	70	363	Oct.	1	4	342			1
974	7	2	1286	5	2	3	D	6	2	A	12	9391	11	71	364	Sept.	20	1	343			2
975	8	3	1287	6	3	4	C	7	3	A	4	9392	12	72	365	Sept.	9	5	344			3
976	9	4	1288	1	4	5	AB	8	4	A	23	9393	13	73	366	Aug.	29	3	345	Mar.	22	4
977	5690	6485	1289	2	1015	6	G	9	5	A	8	9394	14	74	367	Aug.	18	7	346			5
978	1	6	1290	3	6	7	F	10	6	M	31	9395	15	75	368	Aug.	8	5	347			6
979	2	7	1291	4	7	8	E	11	7	A	20	9396	16	76	369	Jul.	28	2	348			7
980	3	8	1292	6	8	9	DC	12	8	A	11	9397	17	77	370	Jul.	16	6	349	Mar.	21	1
981	4	9	1293	7	9	10	B	13	9	M	27	9398	18	78	371	Jul.	6	4	350			2
982	5695	6490	1294	1	1020	11	A	14	10	A	16	9399	19	79	372	Jun.	25	1	351			3
983	6	1	1295	2	1	12	G	15	11	A	8	9400	20	80	373	Jun.	14	5	352			4
984	7	2	1296	4	2	13	FE	16	12	M	23	9401	21	81	374	Jun.	3	3	353	Mar.	20	5
985	8	3	1297	5	3	14	D	17	13	A	12	9402	22	82	375	Maii	23	7	354			6
986	9	4	1298	6	4	15	C	18	14	A	4	9403	23	83	376	Maii	13	5	355			7
987	5700	6495	1299	7	1025	16	B	19	15	A	24	9404	24	84	377	Maii	2	2	356			1
988	1	6	1300	2	6	17	AG	1	1	A	8	9405	25	85	378	Apr.	20	6	357	Mar.	19	2
989	2	7	1301	3	7	18	F	2	2	M	31	9406	26	86	379	Apr.	10	4	358			3
990	3		1302	4	8	19	E	3	3	A	20	9407	27	87	380	Mar.	30	1	359			4

Anni Epochæ Christianæ a Kalendis Januarii.	Anni Periodi Julianæ a Kalendis Januarii.	Anni Mundi juxta Græcos.	Anni Solares Epochæ Rumææ h. e. Græcæ, seu Seleucidarum, a primo die Octobris cum feriis initialibus.		Æra Hispanica.	Cyclus Solis Julianus, cum Litteris Dominicalibus.		Cyclus Lunæ Julianus.	Indictio Romana.	Paschæ dies. A. Aprilem. M. Martium denotat.		Anni Epochæ Chataiæ; solares sc. Anni Venni 8864 labentis, ab ingressu Solis in medium Aquarii deducti.	Anni Cycli sexageni simplicis.	Anni Cycli Chataiorum, comp. e tribus Cyclis sexag.	Anni Epochæ Arabicæ lunares, ab Hegira Mohammedis deducti, cum diebus et feriis initialibus, quibus Moharram, sive primus Arabum mensis, juxta medium motum Lunæ incipit.				Anni Epochæ Persicæ sive dierum, ab ἐνθρονισμῷ Yezdejerd deducti, cum diebus et feriis initialibus, quibus Fervardin, sive primus Persarum mensis, incipit.			
An.	An.	An.	Ann.	F.		Ann.		An.	An.			Ann.	An.	An.	An.	Mens.	D.	F.	An.	Mens.	D.	F.
991	4	9	1303	5	9	20	D	4	4	A	5	9408	28	88	381	Mar.	19	5	360			5
992	5705	6500	1304	7	1030	21	CB	5	5	M	27	9409	29	89	382	Mar.	8	3	361	Mar.	18	6
993	6	1	1305	1	1	22	A	6	6	A	16	9410	30	90	383	Feb.	25	7	362			7
994	7	2	1306	2	2	23	G	7	7	A	1	9411	31	91	384	Feb.	14	4	363			1
995	8	3	1307	3	3	24	F	8	8	A	21	9412	32	92	385	Feb.	4	2	364			2
996	9	4	1308	5	4	25	ED	9	9	A	12	9413	33	93	386	Jan.	24	6	365	Mar.	17	3
997	5710	6505	1309	6	1035	26	C	10	10	M	28	9414	34	94	387	Jan.	13	4	366			4
998	1	6	1310	7	6	27	B	11	11	A	17	9415	35	95	388	Jan.	1	1	367			5
999	2	7	1311	1	7	28	A	12	12	A	9	9416	36	96	389	Dec.	22	5	368			6
1000	3	8	1312	3	8	1	GF	13	13	M	31	9417	37	97	390	Dec.	12	3	369	Mar.	16	7
															391	Nov.	30	7				
1001	4	9	1313	4	9	2	E	14	14	A	13	9418	38	98	392	Nov.	19	4	370			1
1002	5715	6510	1314	5	1040	3	D	15	15	A	5	9419	39	99	393	Nov.	9	2	371			2
1003	6	1	1315	6	1	4	C	16	1	M	28	9420	40	100	394	Oct.	29	6	372			3
1004	7	2	1316	1	2	5	BA	17	2	A	16	9421	41	101	395	Oct.	17	3	378	Mar.	15	4
1005	8	3	1317	2	3	6	G	18	3	A	1	9422	42	102	396	Oct.	7	1	374			5
1006	9	4	1318	3	4	7	F	19	4	M	21 *	9423	43	103	397	Sept.	26	5	375			6
1007	5720	6515	1319	4	1045	8	E	1	5	A	6	9424	44	104	398	Sept.	16	3	376			7
1008	1	6	1320	6	6	9	DC	2	6	M	28	9425	45	105	399	Sept.	4	7	377	Mar.	14	1
1009	2	7	1321	7	7	10	B	3	7	A	17	9426	46	106	400	Aug.	24	4	378			2
1010	3	8	1322	1	8	11	A	4	8	A	9	9427	47	107	401	Aug.	14	2	379			3
1011	4	9	1323	2	9	12	G	5	9	M	25	9428	48	108	402	Aug.	3	6	380			4
1012	5725	6520	1324	4	1050	13	FE	6	10	A	13	9429	49	109	403	Jul.	22	3	381	Mar.	13	5
1013	6	1	1325	5	1	14	D	7	11	A	5	9430	50	110	404	Jul.	12	1	382			6
1014	7	2	1326	6	2	15	C	8	12	A	25	9431	51	111	405	Jul.	1	5	383			7
1015	8	3	1327	7	3	16	B	9	13	A	10	9432	52	112	406	Jun.	21	3	384			1
1016	9	4	1328	2	4	17	AG	10	14	A	1	9433	53	113	407	Jun.	9	7	385	Mar.	12	2
1017	5730	6525	1329	3	1055	18	F	11	15	A	21	9434	54	114	408	Maii	29	4	386			3
1018	1	6	1330	4	6	19	E	12	1	A	6	9435	55	115	409	Maii	19	2	387			4
1019	2	7	1331	5	7	20	D	13	2	M	29	9436	56	116	410	Maii	8	6	388			5
1020	3	8	1332	7	8	21	CB	14	3	A	17	9437	57	117	411	Apr.	26	3	389	Mar.	11	6
1021	4	9	1333	1	9	22	A	15	4	A	2	9438	58	118	412	Apr.	16	1	390			7
1022	5735	6530	1334	2	1060	23	G	16	5	A	25 *	9439	59	119	413	Apr.	5	5	391			1
1023	6	1	1335	3	1	24	F	17	6	A	14	9440	60	120	414	Mar.	25	2	392			2
1024	7	2	1336	5	2	25	ED	18	7	A	5	9441	1	121	415	Mar.	14	7	393	Mar.	10	3
1025	8	3	1337	6	3	26	C	19	8	A	18	9442	3. Cycl. Chan. Ven. 2	122	416	Mar.	3	4	394			4
1026	9	4	1338	7	4	27	B	1	9	A	10	9443	3	123	417	Feb.	21	2	395			5
1027	5740	6535	1339	1	1065	28	A	2	10	M	26	9444	4	124	418	Feb.	10	6	396			6
1028	1	6	1340	3	6	1	GF	3	11	A	14	9445	5	125	419	Jan.	30	3	397	Mar.	9	7
1029	2	7	1341	4	7	2	E	4	12	A	6	9446	6	126	420	Jan.	19	1	398			1
1030	3	8	1342	5	8	3	D	5	13	M	29	9447	7	127	421	Jan.	8	5	399			2
															422	Dec.	28	2				
1031	4	9	1343	6	9	4	C	6	14	A	11	9448	8	128	423	Dec.	18	7	400			3
1032	5745	6540	1344	1	1070	5	BA	7	15	A	2	9449	9	129	424	Dec.	6	4	401	Mar.	8	4
1033	6	1	1345	2	1	6	G	8	1	A	22	9450	10	130	425	Nov.	25	1	402			5
1034	7	2	1346	3	2	7	F	9	2	A	14	9451	11	131	426	Nov.	15	6	403			6
1035	8	3	1347	4	3	8	E	10	3	M	30	9452	12	132	427	Nov.	4	3	404			7
1036	9	4	1348	6	4	9	DC	11	4	A	18	9453	13	133	428	Oct.	24	1	405	Mar.	7	1
1037	5750	6545	1349	7	1075	10	B	12	5	A	10	9454	14	134	429	Oct.	13	5	406			2
1038	1	6	1350	1	6	11	A	13	6	M	26	9455	15	135	430	Oct.	2	2	407			3
1039	2	7	1351	2	7	12	G	14	7	A	15	9456	16	136	431	Sept.	22	7	408			4
1040	3	8	1352	4	8	13	FE	15	8	A	6	9457	17	137	432	Sept.	10	4	409	Mar.	6	5
1041	4	9	1353	5	9	14	D	16	9	M	22	9458	18	138	433	Aug.	30	1	410			6
1042	5755	6550	1354	6	1080	15	C	17	10	A	11	9459	19	139	434	Aug.	20	6	411			7
1043	6	1	1355	7	1	16	B	18	11	A	3	9460	20	140	435	Aug.	9	3	412			1
1044	7	2	1356	2	2	17	AG	19	12	A	22	9461	21	141	436	Jul.	29	1	413	Mar.	5	2
1045	8	3	1357	3	3	18	F	1	13	A	7	9462	22	142	437	Jul.	18	5	414			3
1046	9	4	1358	4	4	19	E	2	14	M	30	9463	23	143	438	Jul.	7	2	415			4
1047	5760	6555	1359	5	1085	20	D	3	15	A	19	9464	24	144	439	Jun.	20	7	416			5
1048	1	6	1360	7	6	21	CB	4	1	A	3	9465	25	145	440	Jun.	15	4	417	Mar.	4	6
1049	2	7	1361	1	7	22	A	5	2	M	26	9466	26	146	441	Jun.	4	1	418			7
1050	3	8	1362	2	8	23	G	6	3	A	15	9467	27	147	442	Maii	25	6	419			1
1051	4	9	1363	3	9	24	F	7	4	M	31	9468	28	148	443	Maii	14	3	420			2
1052	5765	6560	1364	5	1090	25	ED	8	5	A	19	9469	29	149	444	Maii	2	7	421	Mar.	3	3
1053	6	1	1365	6	1	26	C	9	6	A	11	9470	30	150	445	Apr.	22	5	422			4
1054	7	2	1366	7	2	27	B	10	7	A	3	9471	31	151	446	Apr.	11	2	423			5
1055	8	3	1367	1	3	28	A	11	8	A	16	9472	32	152	447	Apr.	1	7	424			6
1056	9	4	1368	3	4	1	GF	12	9	A	7	9473	33	153	448	Mar.	20	4	425	Mar.	2	7
1057	5770	6565	1369	4	1095	2	E	13	10	M	30	9474	34	154	449	Mar.	9	1	426			1
1058	1	6	1370	5	6	3	D	14	11	A	19	9475	35	155	450	Feb.	27	6	427			2
1059	2	7	1371	6	7	4	C	15	12	A	4	9476	36	156	451	Feb.	16	3	428			3
1060	3	8	1372	1	8	5	BA	16	13	M	26	9477	37	157	452	Feb.	5	7	429	Mar.	1	4
1061	4	9	1373	2	9	6	G	17	14	A	15	9478	38	158	453	Jan.	25	5	430			5
1062	5775	6570	1374	3	1100	7	F	18	15	M	31	9479	39	159	454	Jan.	14	2	431			6
1063	6	1	1375	4	1	8	E	19	1	A	20	9480	40	160	455	Jan.	3	6	432			7
1064	7	2	1376	6	2	9	DC	1	2	A	11	9481	41	161	456	Dec.	24	4	433	Feb.	29	1
1065	8	3	1377	7	3	10	B	2	3	M	27	9482	42	162	457	Dec.	12	1	434	Feb.	28	2
															458	Dec.	2	6				

Anni Epochæ Christianæ a Kalendis Januarii.	Anni Periodi Julianæ a Kalendis Januarii.	Anni Mundi juxta Græcos.	Anni Solares Epochæ Rumææ h. e. Græcæ, seu Seleucidarum, a primo die Octobris cum feriis initialibus.		Æra Hispanica.	Cyclus Solis Julianus, cum Litteris Dominicalibus.		Cyclus Lunæ Julianus.	Indictio Romana.	Paschæ dies. A. Aprilem. M. Martium denotat.		Anni Epochæ Chataiæ, solares sc. Anni Venni 5884 labentis, ab ingressu Solis in medium Aquarii deducti.	Anni Cycli sexagenarii simplicis.	Anni Cycli Chataiorum, comp. e tribus Cyclis sexag.	Anni Epochæ Arabicæ lunares, ab Hegira Mohammedis deducti, cum diebus et feriis initialibus, quibus Moharram, sive primus Arabum mensis, juxta medium motum Lunæ incipit.				Anni Epochæ Persicæ sive dierum, ab ἐνθρονισμῷ Yezdejerd deducti, cum diebus et feriis initialibus, quibus Ferwardin, sive primus Persarum mensis, incipit.				Anni Epochæ Gelalæ solar. ab æquin. verno, sive a meridie prox. seq. ingressum Solis in Arietem in horizonte Chowarezmiorum.
An.	An.	An.	Ann.	F.		Ann.		An.	An.			Ann.	An.	An.	An.	Mens.	D.	F.	An.	Mens.	D.	F.	
1066	9	4	1378	1	4	11	A	3	4	A	16	9483	43	163	459	Nov.	21	5	435			3	
1067	5780	6575	1379	2	1105	12	G	4	5	A	8	9484	44	164	460	Nov.	10	7	436			4	
1068	1	6	1380	4	6	13	FE	5	6	M	23	9485	45	165	461	Oct	30	5	437			5	
1069	2	7	1381	5	7	14	D	6	7	A	12	9486	46	166	462	Oct.	19	2	438	Feb.	27	6	
1070	3	8	1382	6	8	15	C	7	8	A	4	9487	47	167	463	Oct.	8	6	439			7	
1071	4	9	1383	7	9	16	B	8	9	A	24	9488	48	168	464	Sept.	28	4	440			1	
1072	5785	6580	1384	2	1110	17	AG	9	10	A	8	9489	49	169	465	Sept.	16	1	441			2	
1073	6	1	1385	3	1	18	F	10	11	M	31	9490	50	170	466	Sept.	6	6	442	Feb.	26	3	
1074	7	2	1386	4	2	19	E	11	12	A	20	9491	51	171	467	Aug.	26	3	443			4	
1075	8	3	1387	5	3	20	D	12	13	A	5	9492	52	172	468	Aug.	15	7	444			5	
1076	9	4	1388	7	4	21	CB	13	14	M	27	9493	53	173	469	Aug.	4	5	445			6	
1077	5790	6585	1389	1	1115	22	A	14	15	A	16	9494	54	174	470	Jul.	24	2	446	Feb.	25	7	
1078	1	6	1390	2	6	23	G	15	1	A	8	9495	55	175	471	Jul.	13	6	447			1	Ann.
1079	2	7	1391	3	7	24	F	16	2	M	24	9496	56	176	472	Jul.	3	4	448			2	1
1080	3	8	1392	5	8	25	ED	17	3	A	12	9497	57	17.	473	Jun.	21	1	449			3	2
1081	4	9	1393	6	9	26	C	18	4	A	4	9498	58	178	474	Jun.	10	5	450	Feb.	24	4	3
1082	5795	6590	1394	7	1120	27	B	19	5	A	24	9499	59	179	475	Maii	31	3	451			5	4
1083	6	1	1395	1	1	28	A	1	6	A	9	9500	60	180	476	Maii	20	7	452			6	5
1084	7	2	1396	3	2	1	GF	2	7	M	31	9501	1 (I. Cycl. Shanee Ven.)	1	477	Maii	9	5	453			7	6
1085	8	3	1397	4	3	2	E	3	8	A	20	9502	2	2	478	Apr.	28	2	454	Feb.	23	1	7
1086	9	4	1398	5	4	3	D	4	9	A	5	9503	3	3	479	Apr.	17	6	455			2	8
1087	5800	6595	1399	6	1125	4	C	5	10	M	28	9504	4	4	480	Apr.	7	4	456			3	9
1088	1	6	1400	1	6	5	BA	6	11	A	16	9505	5	5	481	Mar.	26	1	457			4	10
1089	2	7	1401	2	7	6	G	7	12	A	1	9506	6	6	482	Mar.	15	5	458	Feb.	22	5	11
1090	3	8	1402	3	8	7	F	8	13	A	21	9507	7	7	483	Mar.	5	3	459			6	12
1091	4	9	1403	4	9	8	E	9	14	A	13	9508	8	8	484	Feb.	22	7	460			7	13
1092	5805	6600	1404	6	1130	9	DC	10	15	M	28	9509	9	9	485	Feb.	11	4	461			1	14
1093	6	1	1405	7	1	10	B	11	1	A	17	9510	10	10	486	Jan.	31	2	462	Feb.	21	2	15
1094	7	2	1406	1	2	11	A	12	2	A	9	9511	11	11	487	Jan.	20	6	463			3	16
1095	8	3	1407	2	3	12	G	13	3	M	25	9512	12	12	488	Jan.	10	4	464			4	17
															489	Dec.	30	1					
1096	9	4	1408	4	4	13	FE	14	4	A	13	9513	13	13	490	Dec.	18	5	465			5	18
1097	5810	6605	1409	5	1135	14	D	15	5	A	5	9514	14	14	491	Dec.	18	3	466	Feb.	20	6	19
1098	1	6	1410	6	6	15	C	16	6	M	28	9515	15	15	492	Nov.	27	7	467			7	20
1099	2	7	1411	7	7	16	B	17	7	A	10	9516	16	16	493	Nov.	16	4	468			1	21
1100	3	8	1412	2	8	17	AG	18	8	A	1	9517	17	17	494	Nov.	5	2	469			2	22
1101	4	9	1413	3	9	18	F	19	9	A	21	9518	18	18	495	Oct.	25	6	470	Feb.	19	3	23
1102	5815	6610	1414	4	1140	19	E	1	10	A	6	9519	19	19	496	Oct.	15	4	471			4	24
1103	6	1	1415	5	1	20	D	2	11	M	29	9520	20	20	497	Oct.	2	1	472			5	25
1104	7	2	1416	7	2	21	CB	3	12	A	17	9521	21	21	498	Sept.	22	5	473			6	26
1105	8	3	1417	1	3	22	A	4	13	A	9	9522	22	22	499	Sept.	12	3	474	Feb.	18	7	27
1106	9	4	1418	2	4	23	G	5	14	M	25	9523	23	23	500	Sept.	1	7	475			1	28
1107	5820	6615	1419	3	1145	24	F	6	15	A	14	9524	24	24	501	Aug.	21	4	476			2	29
1108	1	6	1420	5	6	25	ED	7	1	A	5	9525	25	25	502	Aug.	10	2	477			3	30
1109	2	7	1421	6	7	26	C	8	2	A	25	9526	26	26	503	Jul.	30	6	478	Feb.	17	4	31
1110	3	8	1422	7	8	27	B	9	3	A	10	9527	27	27	504	Jul.	19	3	479			5	32
1111	4	9	1423	1	9	28	A	10	4	A	2	9528	28	28	505	Jul.	9	1	480			6	33
1112	5825	6620	1424	3	1150	1	GF	11	5	A	21	9529	29	29	506	Jun.	27	5	481			7	34
1113	6	1	1425	4	1	2	E	12	6	A	6	9530	30	30	507	Jun.	17	3	482	Feb.	16	1	35
1114	7	2	1426	5	2	3	D	13	7	M	29	9531	31	31	508	Jun.	6	7	483			2	36
1115	8	3	1427	6	3	4	C	14	8	A	18	9532	32	32	509	Maii	26	4	484			3	37
1116	9	4	1428	1	4	5	BA	15	9	A	2	9533	33	33	510	Maii	15	2	485			4	38
1117	5830	6625	1429	2	1155	6	G	16	10	M	25	9534	24	34	511	Maii	4	6	486	Feb.	15	5	39
1118	1	6	1430	3	6	7	F	17	11	A	14	9535	35	35	512	Apr.	23	3	487			6	40
1119	2	7	1431	4	7	8	E	18	12	M	30	9536	36	36	513	Apr.	13	1	488			7	41
1120	3	8	1432	6	8	9	DC	19	13	A	18	9537	37	37	514	Apr.	1	5	489			1	42
1121	4	9	1433	7	9	10	B	1	14	A	10	9538	38	38	515	Mar.	21	2	490	Feb.	14	2	43
1122	5835	6630	1434	1	1160	11	A	2	15	M	26	9539	39	39	516	Mar.	11	7	491			3	44
1123	6	1	1435	2	1	12	G	3	1	A	15	9540	40	40	517	Feb.	28	4	492			4	45
1124	7	2	1436	4	2	13	FE	4	2	A	6	9541	41	41	518	Feb.	18	2	493			5	46
1125	8	3	1437	5	3	14	D	5	3	M	29	9542	42	42	519	Feb.	6	6	494	Feb.	13	6	47
1126	9	4	1438	6	4	15	C	6	4	A	11	9543	43	43	520	Jan.	26	3	495			7	48
1127	5840	6635	1439	7	1165	16	B	7	5	A	3	9544	44	44	521	Jan.	16	1	496			1	49
1128	1	6	1440	2	6	17	AG	8	6	A	22	9545	45	45	522	Jan.	5	1	497			2	50
1129	2	7	1441	3	7	18	F	9	7	A	14	9546	46	46	523	Dec.	24	2	498	Feb.	12	3	51
1130	3	8	1442	4	8	19	E	10	8	M	30	9547	47	47	524	Dec.	14	7	499			4	52
															525	Dec.	3	4					
1131	4	9	1443	5	9	20	D	11	9	A	19	9548	48	48	526	Nov.	23	2	500			5	53
1132	5845	6640	1444	7	1170	21	CB	12	10	A	10	9549	49	49	527	Nov.	11	6	501			6	54
1133	6	1	1445	1	1	22	A	13	11	M	26	9550	50	50	528	Oct.	31	3	502	Feb.	11	7	55
1134	7	2	1446	2	2	23	G	14	12	A	15	9551	51	51	529	Oct.	21	1	503			1	56
1135	8	3	1447	3	3	24	F	15	13	A	7	9552	52	52	530	Oct.	10	5	504			2	57
1136	9	4	1448	5	4	25	ED	16	14	M	22	9553	53	53	531	Sept.	28	2	505			3	58
1137	5850	6645	1449	6	1175	26	C	17	15	A	11	9554	54	54	532	Sept.	18	7	506	Feb.	10	4	59
1138	1	6	1450	7	6	27	B	18	1	A	3	9555	55	55	533	Sept.	7	7	507			5	60
1139	2	7	1451	1	7	28	A	19	2	A	23	9556	56	56	534	Aug.	27	1	508			6	61
1140	3	8	1452	3	8	1	GF	1	3	A	7	9557	57	57	535	Aug.	16	6	509			7	62

Anni Epochæ Christianæ a Kalendis Januarii.	Anni Periodi Julianæ a Kalendis Januarii.	Anni Mundi juxta Græcos.	Anni Solares Epochæ Rumææ h. e. Græcæ, seu Seleucidarum, a primo die Octobris cum feriis initialibus.		Æra Hispanica.	Cyclus Solis Julianus, cum Litteris Dominicalibus.		Cyclus Lunæ Julianus.	Indictio Romana.	Paschæ dies. A. Aprilem, M. Martium denotat.		Anni Epochæ Chataicæ solares sc. Anni Veneri ... labentis, ab ingressu Solis in medium Aquarii deducti.	Anni Cycli sexageni simplicis.	Anni Cycli Chataiorum, comp. e tribus Cyclis sexag.	Anni Epochæ Arabicæ lunares, ab Hegira Mohammedis deducti, cum diebus et feriis initialibus, quibus Moharram, sive primus Arabum mensis, juxta medium motum Lunæ incipit.				Anni Epochæ Persicæ ... dierum, ab ἐνθρονισμῷ Yezdejerd deducti, cum diebus et feriis initialibus, quibus Fervardin, sive primus Persarum mensis, incipit.				Anni Epochæ Gelalææ solar. ab æquin. verno.
An.	An.	An.	Ann.	F.		Ann.		An.	An.			Ann.	An.	An.	An.	Mens.	D.	F.	An.	Mens.	D.	F.	Ann.
1141	4	9	1453	4	9	2	E	2	4	M	30	9558	58	58	536	Aug.	15	3	510	Feb.	9	1	63
1142	5855	6650	1454	5	1180	3	D	3	5	A	19	9559	59	59	537	Jul.	26	1	511			2	64
1143	6	1	1455	6	1	4	C	4	6	A	4	9560	60	60	538	Jul.	15	5	512			3	65
1144	7	2	1456	1	2	5	BA	5	7	M	26	9561	2. Cycl. Junec. Ven. 1	61	539	Jul.	3	2	513			4	66
1145	8	3	1457	3	3	6	G	6	8	A	15	9562	2	62	540	Jun.	23	7	514	Feb.	8	5	67
1146	9	4	1458	3	4	7	F	7	9	M	31	9563	3	63	541	Jun.	12	4	515			6	68
1147	5860	6655	1459	4	1185	8	E	8	10	A	20	9564	4	64	542	Jun.	1	1	516			7	69
1148	1	6	1460	6	6	9	DC	9	11	A	11	9565	5	65	543	Maii	21	6	517			1	70
1149	2	7	1461	7	7	10	B	10	12	A	3	9566	6	66	544	Maii	10	3	518	Feb.		2	71
1150	3	8	1462	1	8	11	A	11	13	A	16	9567	7	67	545	Apr.	29	7	519			3	72
1151	4	9	1463	2	9	12	G	12	14	A	8	9568	8	68	546	Apr.	19	5	520			4	73
1152	5865	6660	1464	4	1190	13	FE	13	15	M	30	9569	9	69	547	Apr.	7	2	521			5	74
1153	6	1	1465	5	1	14	D	14	1	A	19	9570	10	70	548	Mar.	28	7	522	Feb.	6	6	75
1154	7	2	1466	6	2	15	C	15	2	A	4	9571	11	71	549	Mar.	17	4	523			7	76
1155	8	3	1467	7	3	16	B	16	3	M	27	9572	12	72	550	Mar.	6	1	524			1	77
1156	9	4	1468	2	4	17	AG	17	4	A	15	9573	13	73	551	Feb.	24	6	525			2	78
1157	5870	6665	1469	3	1195	18	F	18	5	M	31	9574	14	74	552	Feb.	12	3	526	Feb.	5	3	79
1158	1	6	1470	4	6	19	E	19	6	A	20	9575	15	75	553	Feb.	1	7	527			4	80
1159	2	7	1471	5	7	20	D	1	7	A	12	9576	16	76	554	Jan.	22	5	528			5	81
1160	3	8	1472	7	8	21	CB	2	8	M	27	9577	17	77	555	Jan.	11	2	529			6	82
															556	Dec.	31	7					
1161	4	9	1473	1	9	22	A	3	9	A	16	9578	18	78	557	Dec.	20	4	530	Feb.	4	7	83
1162	5875	6670	1474	2	1200	23	G	4	10	A	8	9579	19	79	558	Dec.	9	1	531			1	84
1163	6	1	1475	3	1	24	F	5	11	M	24	9580	20	80	559	Nov.	29	6	532			2	85
1164	7	2	1476	5	2	25	ED	6	12	A	12	9581	21	81	560	Nov.	17	3	533			3	86
1165	8	3	1477	6	3	26	C	7	13	A	4	9582	22	82	561	Nov.	6	7	534	Feb.	3	4	87
1166	9	4	1478	7	4	27	B	8	14	A	24	9583	23	83	562	Oct.	27	5	535			5	88
1167	5880	6675	1479	1	1205	28	A	9	15	A	9	9584	24	84	563	Oct.	16	2	536			6	89
1168	1	6	1480	3	6	1	GF	10	1	M	31	9585	25	85	564	Oct.	4	6	537			7	90
1169	2	7	1481	4	7	2	E	11	2	A	20	9586	26	86	565	Sept.	23	4	538	Feb.	2	1	91
1170	3	8	1482	5	8	3	D	12	3	A	5	9587	27	87	566	Sept.	13	1	539			2	92
1171	4	9	1483	6	9	4	C	13	4	M	28	9588	28	88	567	Sept.	3	6	540			3	93
1172	5885	6680	1484	1	1210	5	BA	14	5	A	16	9589	29	89	568	Aug.	22	3	541			4	94
1173	6	1	1485	2	1	6	G	15	6	A	8	9590	30	90	569	Aug.	11	7	542	Feb.	1	5	95
1174	7	2	1486	3	2	7	F	16	7	M	24	9591	31	91	570	Aug.	1	5	543			6	96
1175	8	3	1487	4	3	8	E	17	8	A	13	9592	32	92	571	Jul.	21	2	544			7	97
1176	9	4	1488	6	4	9	DC	18	9	A	4	9593	33	93	572	Jul.	9	6	545			1	98
1177	5890	6685	1489	7	1215	10	B	19	10	A	24	9594	34	94	573	Jun.	29	4	546	Jan.	31	2	99
1178	1	6	1490	1	6	11	A	1	11	A	9	9595	35	95	574	Jun.	18	1	547			3	100
1179	2	7	1491	2	7	12	G	2	12	A	1	9596	36	96	575	Jun.	7	5	548			4	101
1180	3	8	1492	4	8	13	FE	3	13	A	20	9597	37	97	576	Maii	27	3	549			5	102
1181	4	9	1493	5	9	14	D	4	14	A	5	9598	38	98	577	Maii	16	7	550	Jan.	30	6	103
1182	5895	6690	1494	6	1220	15	C	5	15	M	28	9599	39	99	578	Maii	6	5	551			7	104
1183	6	1	1495	7	1	16	B	6	1	A	17	9600	40	100	579	Apr.	25	2	552			1	105
1184	7	2	1496	2	2	17	AG	7	2	A	1	9601	41	101	580	Apr.	13	6	553			2	106
1185	8	3	1497	3	3	18	F	8	3	A	21	9602	42	102	581	Apr.	3	4	554	Jan.	29	3	107
1186	9	4	1498	4	4	19	E	9	4	A	13	9603	43	103	582	Mar.	23	1	555			4	108
1187	5900	6695	1499	5	1225	20	D	10	5	M	29	9604	44	104	583	Mar.	12	5	556			5	109
1188	1	6	1500	7	6	21	CB	11	6	A	17	9605	45	105	584	Mar.	1	3	557			6	110
1189	2	7	1501	1	7	22	A	12	7	A	9	9606	46	106	585	Feb.	18	7	558	Jan.	28	7	111
1190	3	8	1502	2	8	23	G	13	8	M	25	9607	47	107	586	Feb.	8	5	559			1	112
1191	4	9	1503	3	9	24	F	14	9	A	14	9608	48	108	587	Jan.	28	2	560			2	113
1192	5905	6700	1504	5	1230	25	ED	15	10	A	5	9609	49	109	588	Jan.	17	6	561			3	114
1193	6	1	1505	6	1	26	C	16	11	M	28	9610	50	110	589	Jan.	6	4	562	Jan.	27	4	115
1194	7	2	1506	7	2	27	B	17	12	A	10	9611	51	111	590	Dec.	26	1	563			5	116
1195	8	3	1507	1	3	28	A	18	13	A	2	9612	52	112	591	Dec.	15	5	564			6	117
															592	Dec.	5	3					
1196	9	4	1508	3	4	1	GF	19	14	A	21	9613	53	113	593	Nov.	23	7	565			7	118
1197	5910	6705	1509	4	1235	2	E	1	15	A	6	9614	54	114	594	Nov.	12	4	566	Jan.	26	1	119
1198	1	6	1510	5	6	3	D	2	1	M	29	9615	55	115	595	Nov.	2	2	567			2	120
1199	2	7	1511	6	7	4	C	3	2	A	18	9616	56	116	596	Oct.	22	6	568			3	121
1200	3	8	1512	1	8	5	BA	4	3	A	9	9617	57	117	597	Oct.	11	4	569			4	122
1201	4	9	1513	2	9	6	G	5	4	M	25	9618	58	118	598	Sept.	30	1	570	Jan.	25	5	123
1202	5915	6710	1514	3	1240	7	F	6	5	A	14	9619	59	119	599	Sept.	19	5	571			6	124
1203	6	1	1515	4	1	8	E	7	6	A	6	9620	60	120	600	Sept.	9	3	572			7	125
1204	7	2	1516	6	2	9	DC	8	7	A	25	9621	3. Cycl. Chaven. 1	121	601	Aug.	28	7	573			1	126
1205	8	3	1517	7	3	10	B	9	8	A	10	9622	2	122	602	Aug.	17	4	574	Jan.	24	2	127
1206	9	4	1518	1	4	11	A	10	9	A	2	9623	3	123	603	Aug.	7	2	575			3	128
1207	5920	6715	1519	2	1245	12	G	11	10	A	22	9624	4	124	604	Jul.	27	6	576			4	129
1208	1	6	1520	4	6	13	FE	12	11	A	6	9625	5	125	605	Jul.	15	3	577			5	130
1209	2	7	1521	5	7	14	D	13	12	M	29	9626	6	126	606	Jul.	5	1	578	Jan.	23	6	131
1210	3	8	1522	6	8	15	C	14	13	A	18	9627	7	127	607	Jun.	24	5	579			7	132
1211	4	9	1523	7	9	16	B	15	14	A	3	9628	8	128	608	Jun.	14	3	580			1	133
1212	5925	6720	1524	2	1250	17	AG	16	15	M	25	9629	9	129	609	Jun.	2	7	581			2	134
1213	6	1	1525	3	1	18	F	17	1	A	14	9630	10	130	610	Maii	22	4	582	Jan.	22	3	135
1214	7	2	1526	4	2	19	E	18	2	M	30	9631	11	131	611	Maii	12	2	583			4	136
1215	8	3	1527	5	3	20	D	19	3	A	19	9632	12	132	612	Maii	1	6	584			5	137

Anni Epochæ Christianæ a Kalendis Januarii.	Anni Periodi Julianæ a Kalendis Januarii.	Anni Mundi juxta Græcos.	Anni Solares Epochæ Rumeæ h. e. Græcæ, seu Seleucidarum, a primo die Octobris cum feriis initialibus.		Æra Hispanica.	Cyclus Solis Julianus, cum Litteris Dominicalibus.		Cyclus Lunæ Julianus.	Indictio Romana.	Paschæ dies. A. Aprilem. M. Martium denotat.		Anni Epochæ Chataiæ, solares sc. Anni Venni 8864 labentis, ab ingressu Solis in medium Aquarii deducti.	Anni Cycli sexageni simplicis.	Anni Cycli Chataiorum, comp. e tribus Cyclis sexag.	Anni Epochæ Arabicæ lunares, ab Hegira Mohammedis deducti, cum diebus et feriis initialibus, quibus Moharram, sive primus Arabum mensis, juxta medium motum Lunæ incipit.				Anni Epochæ Persicæ 365 dierum, ab ἐνθρονισμῷ Yezdejerd deducti, cum diebus et feriis initialibus, quibus Fervardin, sive primus Persarum mensis, incipit.				Anni Epochæ Gelalææ solar. ab æquin. verno.
An.	An.	An.	Ann.	F.		Ann.		An	An.			Ann.	An.	An.	An.	Mens.	D.	F.	An.	Mens.	D.	F.	An.
1216	9	4	1528	7	4	21	CB	1	4	A	10	9633	13	133	613	Apr.	19	3	585			6	138
1217	5930	6725	1529	1	1255	22	A	2	5	M	26	9634	14	134	614	Apr.	9	1	586	Jan.	* 21	7	139
1218	1	6	1530	2	6	23	G	3	6	A	15	9635	15	135	615	Mar.	29	5	587			1	140
1219	2	7	1531	3	7	24	F	4	7	A	7	9636	16	136	616	Mar.	19	3	588			2	141
1220	3	8	1532	5	8	25	ED	5	8	M	29	9637	17	137	617	Mar.	7	7	589			3	142
1221	4	9	1533	6	9	26	C	6	9	A	11	9638	18	138	618	Feb.	24	4	590	Jan.	20	4	143
1222	5935	6730	1534	7	1260	27	B	7	10	A	3	9639	19	139	619	Feb.	14	2	591			5	144
1223	6	1	1535	1	1	28	A	8	11	A	23	9640	20	140	620	Feb.	3	6	592			6	145
1224	7	2	1536	3	2	1	GF	9	12	A	14	9641	21	141	621	Jan.	23	3	593			7	146
1225	8	3	1537	4	3	2	E	10	13	M	30	9642	22	142	622	Jan.	12	1	594	Jan.	19	1	147
1226	9	4	1538	5	4	3	D	11	14	A	19	9643	23	143	623	Jan.	1	5	595			2	148
1227	5940	6735	1539	6	1265	4	C	12	15	A	11	9644	24	144	624	Dec.	21	2	596			3	149
1228	1	6	1540	1	6	5	BA	13	1	M	26	9645	25	145	625	Dec.	11	7	597			4	150
1229	2	7	1541	2	7	6	G	14	2	A	15	9646	26	146	626	Nov.	29	4	598	Jan.	18	5	151
1230	3	8	1542	3	8	7	F	15	3	A	7	9647	27	147	627	Nov.	19	2	599			6	152
															628	Nov.	8	6					
1231	4	9	1543	4	9	8	E	16	4	M	23	9648	28	148	629	Oct.	28	3	600			7	153
1232	5945	6740	1544	6	1270	9	DC	17	5	A	11	9649	29	149	630	Oct.	17	1	601			1	154
1233	6	1	1545	7	1	10	B	18	6	A	3	9650	30	150	631	Oct.	6	5	602	Jan.	17	2	155
1234	7	2	1546	1	2	11	A	19	7	A	23	9651	31	151	632	Sept.	25	2	603			3	156
1235	8	3	1547	2	3	12	G	1	8	A	8	9652	32	152	633	Sept.	15	7	604			4	157
1236	9	4	1548	4	4	13	FE	2	9	M	30	9653	33	153	634	Sept.	2	4	605			5	158
1237	5950	6745	1549	5	1275	14	D	3	10	A	19	9654	34	154	635	Aug.	23	1	606	Jan.	16	6	159
1238	1	6	1550	6	6	15	C	4	11	A	4	9655	35	155	636	Aug.	13	6	507			7	160
1239	2	7	1551	7	7	16	B	5	12	M	27	9656	36	156	637	Aug.	2	3	608			1	161
1240	3	8	1552	2	8	17	AG	6	13	A	15	9657	37	157	638	Jul.	22	1	609			2	162
1241	4	9	1553	3	9	18	F	7	14	M	31	9658	38	158	639	Jul.	11	5	610	Jan.	15	3	163
1242	5955	6750	1554	4	1280	19	E	8	15	A	20	9659	39	159	640	Jun.	30	2	611			4	164
1243	6	1	1555	5	1	20	D	9	1	A	12	9660	40	160	641	Jun.	20	7	612			5	165
1244	7	2	1556	7	2	21	CB	10	2	A	3	9661	41	161	642	Jun.	8	4	613			6	166
1245	8	3	1557	1	3	22	A	11	3	A	16	9662	42	162	643	Maii	28	1	614	Jan.	14	7	167
1246	9	4	1558	2	4	23	G	12	4	A	8	9663	43	163	644	Maii	18	6	615			1	168
1247	5960	6755	1559	3	1285	24	F	13	5	M	31	9664	44	164	645	Maii	7	3	616			2	169
1248	1	6	1560	5	6	25	ED	14	6	A	19	9665	45	165	646	Apr.	26	1	617			3	170
1249	2	7	1561	6	7	26	C	15	7	A	4	9666	46	166	647	Apr.	15	5	618	Jan.	13	4	171
1250	3	8	1562	7	8	27	B	16	8	M	27	9667	47	167	648	Apr.	4	2	619			5	172
1251	4	9	1563	1	9	28	A	17	9	A	16	9668	48	168	649	Mar.	25	7	620			6	173
1252	5965	6760	1564	3	1290	1	GF	18	10	M	31	9669	49	169	650	Mar.	13	4	621			7	174
1253	6	1	1565	4	1	2	E	19	11	A	20	9670	50	170	651	Mar.	2	1	622	Jan.	12	1	175
1254	7	2	1566	5	2	3	D	1	12	A	12	9671	51	171	652	Feb.	20	6	623			2	176
1255	8	3	1567	6	3	4	C	2	13	M	28	9672	52	172	653	Feb.	9	3	624			3	177
1256	9	4	1568	1	4	5	BA	3	14	A	16	9673	53	173	654	Jan.	29	7	625			4	178
1257	5970	6765	1569	2	1295	6	G	4	15	A	8	9674	54	174	655	Jan.	18	5	626	Jan.	11	5	179
1258	1	6	1570	3	6	7	F	5	1	M	24	9675	55	175	656	Jan.	7	1	627			6	180
1259	2	7	1571	4	7	8	E	6	2	A	13	9676	56	176	657	Dec.	28	7	628			7	181
1260	3	8	1572	6	8	9	DC	7	3	A	4	9677	57	177	658	Dec.	17	4	629			1	182
															659	Dec.	5	1					
1261	4	9	1573	7	9	10	B	8	4	A	24	9678	58	178	660	Nov.	25	6	630	Jan.	10	2	183
1262	5975	6770	1574	1	1300	11	A	9	5	A	9	9679	59	179	661	Nov.	14	3	631			3	184
1263	6	1	1575	2	1	12	G	10	6	A	1	9680	60	180	662	Nov.	3	7	632			4	185
1264	7	2	1576	4	2	13	FE	11	7	A	20	9681	1	1	663	Oct.	23	5	633			5	186
1265	8	3	1577	5	3	14	D	12	8	A	5	9682	3 Cycl. Shanec. Ven. 2	2	664	Oct.	12	2	634	Jan.	9	6	187
1266	9	4	1578	6	4	15	C	13	9	M	28	9683	3	3	665	Oct.	1	6	625			7	188
1267	5980	6775	1579	7	1305	16	B	14	10	A	17	9684	4	4	666	Sept.	21	4	636			1	189
1268	1	6	1580	2	6	17	AG	15	11	A	8	9685	5	5	667	Sept.	9	1	637			2	190
1269	2	7	1581	3	7	18	F	16	12	M	24	9686	6	6	668	Aug.	30	0	638	Jan.	8	3	191
1270	3	8	1582	4	8	19	E	17	13	A	13	9687	7	7	669	Aug.	19	3	639			4	192
1271	4	9	1583	5	9	20	D	18	14	A	5	9688	8	8	670	Aug.	8	7	640			5	193
1272	5985	6780	1584	7	1310	21	CB	19	15	A	24	9689	9	9	671	Jul.	28	5	641			6	194
1273	6	1	1585	1	1	22	A	1	1	A	9	9690	10	10	672	Jul.	17	2	642	Jan.	7	7	195
1274	7	2	1586	2	2	23	G	2	2	A	1	9691	11	11	673	Jul.	6	6	643			1	196
1275	8	3	1587	3	3	24	F	3	3	A	14	9692	12	12	674	Jun.	26	4	644			2	197
1276	9	4	1588	5	4	25	ED	4	4	A	5	9693	13	13	675	Jun.	14	1	645			3	198
1277	5990	6785	1589	6	1315	26	C	5	5	M	28	9694	14	14	676	Jun.	4	6	646	Jan.	6	4	199
1278	1	6	1590	7	6	27	B	6	6	A	17	9695	15	15	677	Maii	24	3	647			5	200
1279	2	7	1591	1	7	28	A	7	7	A	2	9696	16	16	678	Maii	13	7	648			6	201
1280	3	8	1592	3	8	1	GF	8	8	A	21	9697	17	17	679	Maii	2	5	649			7	202
1281	4	9	1593	4	9	2	E	9	9	A	13	9698	18	18	680	Apr.	21	2	650	Jan.	5	1	203
1282	5995	6790	1594	5	1320	3	D	10	10	M	29	9699	19	19	681	Apr.	10	6	651			2	204
1283	6	1	1595	6	1	4	C	11	11	A	18	9700	20	20	682	Mar.	31	4	652			3	205
1284	7	2	1596	1	2	5	BA	12	12	A	9	9701	21	21	683	Mar.	19	1	653			4	206
1285	8	3	1597	2	3	6	G	13	13	M	25	9702	22	22	684	Mar.	8	5	654	Jan.	4	5	207
1286	9	4	1598	3	4	7	F	14	14	A	14	9703	23	23	685	Feb.	26	3	655			6	208
1287	6000	6795	1599	4	1325	8	E	15	15	A	6	9704	24	24	686	Feb.	15	7	656			7	209
1288	1	6	1600	6	6	9	DC	16	1	M	28	9705	25	25	687	Feb.	5	5	657			1	210
1289	2	7	1601	7	7	10	B	17	2	A	10	9706	26	26	688	Jan.	24	2	658	Jan.	3	2	211
1290	3	8	1602	1	8	11	A	18	3	A	2	9707	27	27	689	Jan.	25	6	659			3	212

Anni Epochæ Christianæ a Kalendis Januarii. An.	Anni Periodi Julianæ a Kalendis Januarii. An.	Anni Mundi juxta Græcos. An.	Anni Solares Epochæ Rumææ h. e. Græcæ, seu Seleucidarum, a primo die Octobris cum feriis initialibus. Ann.	F.	Æra Hispanica.	Cyclus Solis Julianus, cum Litteris Dominicalibus. Ann.		Cyclus Lunæ Julianus. An.	Indictio Romana. An.	Paschæ dies. A. Aprilem. M. Martium denotat.	Anni Epochæ Chataiæ, solares sc. Anni Vernitaæ labentis, ab ingressu Solis in medium Aquarii deducti. Ann.	Anni Cycli sexageni simplicis. An.	Anni Cycli Chataiorum, comp. e tribus Cyclis sexag. An.	Anni Epochæ Arabicæ lunares, ab Hegira Mohammedis deducti, cum diebus et feriis initialibus, quibus Moharram, sive primus Arabum mensis, juxta medium motum Lunæ incipit. An.	Mens.	D.	F.	Anni Epochæ Persicæ seu dierum, ab ἐξηρονισμῷ Yezdejerd deducti, cum diebus et feriis initialibus, quibus Fervardin, sive primus Persarum mensis, incipit. An.	Mens.	D.	F.	Anni Epochæ Gelalææ solar. ab æquin. verno. Ann.
1291	4	9	1603	2	9	12	G	19	4	A 22	9708	28	28	690	Jan.	3	4	660			4	213
1292	6005	6800	1604	4	1330	13	FE	I	5	A 6	9709	29	29	691	Dec.	13	I	661			5	214
1293	6	I	1605	5	1	14	D	2	6	M 29	9710	30	30	692	Dec.	II	5	662	Jan.	2	6	215
1294	7	2	1606	6	2	15	C	3	7	A 18	9711	31	31	693	Dec.	I	3	663			7	216
1295	8	3	1607	7	3	16	B	4	8	A 3	9712	32	32	694	Nov.	20	7	664			I	217
														695	Nov.	9	4	665			2	
1296	9	4	1608	2	4	17	AG	5	9	M 26 *	9713	33	33	696	Oct.	29	2	666	Jan.	I	3	218
1297	6010	6805	1609	3	1335	18	F	6	10	A 14	9714	34	34	697	Oct.	18	6	667			4	219
1298	I	6	1610	4	6	19	E	7	II	A 6	9715	35	35	698	Oct.	8	4	668			5	220
1299	2	7	1611	5	7	20	D	8	12	A 19	9716	36	36	699	Sept.	27	I	669			6	221
1300	3	8	1612	7	8	21	CB	9	13	A 10	9717	37	37	700	Sept.	15	5	670	Dec.	31	7	222
1301	4	9	1613	I	9	22	A	10	14	A 2	9718	38	38	701	Sept.	5	3	671			I	223
1302	6015	6810	1614	2	1340	23	G	11	15	A 22	9719	39	39	702	Aug.	25	7	672			2	224
1303	6	I	1615	3	1	24	F	12	I	A 7	9720	40	40	703	Aug.	14	4	673			3	225
1304	7	2	1616	5	2	25	ED	13	2	M 29	9721	41	41	704	Aug.	3	2	674	Dec.	30	4	226
1305	8	3	1617	6	3	26	C	14	3	A 18	9722	42	42	705	Jul.	23	6	675			5	227
1306	9	4	1618	7	4	27	B	15	4	A 3	9723	43	43	706	Jul.	13	4	676			6	228
1307	6020	6815	1619	I	1345	28	A	16	5	M 26	9724	44	44	707	Jul.	2	I	677			7	229
1308	I	6	1620	3	6	I	GF	17	6	A 14	9725	45	45	708	Jun.	20	5	678	Dec.	29	I	230
1309	2	7	1621	4	7	2	E	18	7	A 30 *	9726	46	46	709	Jun.	10	3	679			2	231
1310	3	8	1622	5	8	3	D	19	8	A 19	9727	47	47	710	Maii	30	7	680			3	232
1311	4	9	1623	6	9	4	C	I	9	A 11	9728	48	48	711	Maii	19	4	681			4	233
1312	6025	6820	1624	I	1350	5	BA	2	10	M 26	9729	49	49	712	Maii	8	2	682	Dec.	28	5	234
1313	6	I	1625	2	I	6	G	3	II	A 15	9730	50	50	713	Apr.	27	6	683			6	235
1314	7	2	1626	3	2	7	F	4	12	A 7	9731	51	51	714	Apr.	16	3	684			7	236
1315	8	3	1627	4	3	8	E	5	13	M 23	9732	52	52	715	Apr.	6	I	685			I	237
1316	9	4	1628	6	4	9	DC	6	14	A 11	9733	53	53	716	Mar.	25	5	686	Dec.	27	2	238
1317	6030	6825	1629	7	1355	10	B	7	15	A 3	9734	54	54	717	Mar.	15	3	687			3	239
1318	I	6	1630	I	6	11	A	8	I	A 23	9735	55	55	718	Mar.	4	7	688			4	240
1319	2	7	1631	2	7	12	G	9	2	A 8	9736	56	56	719	Feb.	21	4	689			5	241
1320	3	8	1632	4	8	13	FE	10	3	M 30	9737	57	57	720	Feb.	II	2	690	Dec.	26	6	242
1321	4	9	1633	5	9	14	D	II	4	A 19	9738	58	58	721	Jan.	30	6	691			7	243
1322	6035	6830	1634	6	1360	15	C	12	5	A 11	9739	59	59	722	Jan.	19	3	692			I	244
1323	6	I	1635	7	1	16	B	13	6	M 27	9740	60	60	723	Jan.	9	I	693			2	245
1324	7	2	1636	2	2	17	AG	14	7	A 15	9741	I	61	724	Dec.	29	5	694	Dec.	25	3	246
1325	8	3	1637	3	3	18	F	15	8	A 7	9742	2	62	725	Dec.	17	2	695			4	247
												2. Cycl. Junec Ven.		726	Dec.	7	7					
1326	9	4	1638	4	4	19	E	16	9	M 23	9743	3	63	727	Nov.	26	4	696			5	248
1327	6040	6835	1639	5	1365	20	D	17	10	A 12	9744	4	64	728	Nov.	16	7	697			6	249
1328	I	6	1640	7	6	21	CB	18	II	A 3	9745	5	65	729	Nov.	4	6	698	Dec.	24	7	250
1329	2	7	1641	I	7	22	A	19	12	A 23	9746	6	66	730	Oct.	24	3	699			I	251
1330	3	8	1642	2	8	23	G	I	13	A 8	9747	7	67	731	Oct.	14	I	700			2	252
1331	4	9	1643	3	9	24	F	2	14	M 31	9748	8	68	732	Oct.	3	5	701			3	253
1332	6045	6840	1644	5	1370	25	ED	3	15	A 19	9749	9	69	733	Sept.	21	2	702	Dec.	23	4	254
1333	6	I	1645	6	1	26	C	4	I	A 4	9750	10	70	734	Sept.	II	7	703			5	255
1334	7	2	1646	7	2	27	B	5	2	M 27	9751	II	71	735	Aug.	31	4	704			6	256
1335	8	3	1647	I	3	28	A	6	3	A 16	9752	12	72	736	Aug.	21	2	705			7	257
1336	9	4	1648	3	4	I	GF	7	4	A 31 *	9753	13	73	737	Aug.	9	6	706	Dec.	22	I	258
1337	6050	6845	1649	4	1375	2	E	8	5	M 20 *	9754	14	74	738	Jul.	29	3	707			2	259
1338	I	6	1650	5	6	3	D	9	6	A 12	9755	15	75	739	Jul.	19	I	708			3	260
1339	2	7	1651	6	7	4	C	10	7	A 28 *	9756	16	76	740	Jul.	8	5	709			4	261
1340	3	8	1652	I	8	5	BA	11	8	M 16 *	9757	17	77	741	Jun.	26	2	710	Dec.	21	5	262
1341	4	9	1653	2	9	6	G	12	9	A 8	9758	18	78	742	Jun.	16	7	711			6	263
1342	6055	6850	1654	3	1380	7	F	13	10	A 31 *	9759	19	79	743	Jun.	5	4	712			7	264
1343	6	I	1655	4	I	8	E	14	II	A 13	9760	20	80	744	Maii	25	I	713			I	265
1344	7	2	1656	6	2	9	DC	15	12	A 4	9761	21	81	745	Maii	14	6	714	Dec.	20	2	266
1345	8	3	1657	7	3	10	B	16	13	M 27	9762	22	82	746	Maii	3	3	715			3	267
1346	9	4	1658	I	4	II	A	17	14	A 16	9763	23	83	747	Apr.	23	I	716			4	268
1347	6060	6855	1659	2	1385	12	G	18	15	A I	9764	24	84	748	Apr.	12	5	717			5	269
1348	I	6	1660	4	6	13	FE	19	I	M 20 *	9765	25	85	749	Mar.	31	2	718	Dec.	19	6	270
1349	2	7	1661	5	7	14	D	I	2	A II *	9766	26	86	750	Mar.	21	7	719			7	271
1350	3	8	1662	6	8	15	C	2	3	M 28	9767	27	87	751	Mar.	10	4	720			I	272
1351	4	9	1663	7	9	16	B	3	4	A 17	9768	28	88	752	Feb.	27	I	721			2	273
1352	6065	6860	1664	2	1390	17	AG	4	5	A 8	9769	29	89	753	Feb.	17	6	722	Dec.	18	3	274
1353	6	I	1665	3	I	18	F	5	6	A 24 *	9770	30	90	754	Feb.	5	3	723			4	275
1354	7	2	1666	4	2	19	E	6	7	A 13	9771	31	91	755	Jan.	25	7	724			5	276
1355	8	3	1667	5	3	20	D	7	8	A 5	9772	32	92	756	Jan.	15	5	725			6	277
1356	9	4	1668	7	4	21	CB	8	9	A 24	9773	33	93	757	Jan.	4	2	726	Dec.	17	7	278
1357	6070	6865	1669	I	1395	22	A	9	10	A 9	9774	34	94	758	Dec.	24	7	727			I	279
1358	1	6	1670	2	6	23	G	10	II	A I	9775	35	95	759	Dec.	13	4	728			2	280
1359	2	7	1671	3	7	24	F	II	12	A 21	9776	36	96	760	Dec.	2	I	729			3	281
1360	3	8	1672	5	8	25	ED	12	13	A 5	9777	37	97	761	Nov.	22	6	730	Dec.	16	4	282
														762	Nov.	10	3					
1361	4	9	1673	6	9	26	C	13	14	M 28	9778	38	98	763	Oct.	30	7	731			5	283
1362	6075	6870	1674	7	1400	27	B	14	15	A 17	9779	39	99	764	Oct.	20	5	732			6	284
1363	6	I	1675	I	I	28	A	15	I	A 2	9780	40	100	765	Oct.	9	2	733			7	285
1364	7	2	1676	3	2	I	GF	16	2	M 24	9781	41	101	766	Sept.	28	7	734	Dec.	15	I	286
1365		3	1677	4	3	2	E	17	3	A 13	9782	42	102	767	Sept.	17	4	735			2	287

Anni Epochæ Christianæ a Kalendis Januarii.	Anni Periodi Julianæ a Kalendis Januarii.	Anni Mundi juxta Græcos.	Anni Solares Epochæ Rumææ h. e. Græcæ, seu Seleucidarum, a primo die Octobris cum feriis initialibus.		Æra Hispanica.	Cyclus Solis Julianus, cum Litteris Dominicalibus.		Cyclus Lunæ Julianus.	Indictio Romana.	Paschæ dies. A. Aprilem. M. Martium denotat.		Anni Epochæ Chataiæ, solares sc. Anni Venni 8864 labentis, ab ingressu Solis in medium Aquarii deducti.	Anni Cycli sexageni simplicis.	Anni Cycli Chataiorum, comp. e tribus Cyclis sexag.	Anni Epochæ Arabicæ lunares, ab Hegira Mohammedis deducti, cum diebus et feriis initialibus, quibus Moharram, sive primus Arabum mensis, juxta medium motum Lunæ incipit.				Anni Epochæ Persicæ 365 dierum, ab ἐνθρονισμῷ Yezdejerd deducti, cum diebus et feriis initialibus, quibus Fervardin, sive primus Persarum mensis, incipit.				Anni Epochæ Gelalææ solar. ab æquin. verno.
An.	An.	An.	Ann.	F.		Ann.		An.	An.			Ann.	An.	An.	An.	Mens.	D.	F.	An.	Mens.	D.	F.	Ann.
1366	9	4	1678	5	4	3	D	18	4	A	5	9783	43	103	768	Sept.	6	I	736			3	288
1367	6080	6875	1679	6	1405	4	C	19	5	A	18	9784	44	104	769	Aug.	27	6	737			4	289
1368	I	6	1680	I	6	5	BA	I	6	A	9	9785	45	105	770	Aug,	15	3	738	Dec.	14	5	290
1369	2	7	1681	2	7	6	G	2	7	A	I	9786	46	106	771	Aug.	4	7	739			6	291
1370	3	8	1682	3	8	7	F	3	8	A	14	9787	47	107	772	Jul.	25	5	740			7	292
1371	4	9	1683	4	9	8	E	4	9	A	6	9788	48	108	773	Jul.	14	2	741			I	293
1372	6085	6880	1684	6	1410	9	DC	5	10	M	28	9789	49	109	774	Jul.	2	6	742	Dec.	13	2	294
1373	6	I	1685	7	I	10	B	6	II	A	17	9790	50	110	775	Jun.	22	4	743			3	295
1374	7	2	1686	I	2	II	A	7	12	A	2	9791	51	III	776	Jun.	II	I	744			4	296
1375	8	3	1687	2	3	12	G	8	13	A	22	9792	52	112	777	Jun.	I	6	745			5	297
1376	9	4	1688	4	4	13	FE	9	14	A	13	9793	53	113	778	Maii	20	3	746	Dec.	12	6	298
1377	6090	6885	1689	5	1415	14	D	10	15	M	29	9794	54	114	779	Maii	9	7	747			7	299
1378	I	6	1690	6	6	15	C	II	I	A	18	9795	55	115	780	Apr.	29	5	748			I	300
1379	2	7	1691	7	7	16	B	12	2	A	10	9796	56	116	781	Apr.	18	2	749			2	301
1380	3	8	1692	2	8	17	AG	13	3	M	25	9797	57	117	782	Apr.	6	6	750	Dec.	II	3	302
1381	4	9	1693	3	9	18	F	14	4	A	14	9798	58	118	783	Mar.	27	4	751			4	303
1382	6095	6890	1694	4	1420	19	E	15	5	A	6	9799	59	119	784	Mar.	16	I	752			5	304
1383	6	I	1695	5	I	20	D	16	6	M	22	9800	60	120	785	Mar.	5	5	753			6	305
1384	7	2	1696	7	2	21	CB	17	7	A	10	9801	I	121	786	Feb.	23	3	754	Dec.	10	7	306
1385	8	3	1697	I	3	22	A	18	8	A	2	9802	2	122	787	Feb.	II	7	755			I	307
1386	9	4	1698	2	4	23	G	19	9	A	22	9803	3. Cycl. Chaven. 3	123	788	Feb.	I	5	756			2	308
1387	6100	6895	1699	3	1425	24	F	I	10	A	7	9804	4	124	789	Jan.	21	2	757			3	309
1388	I	6	1700	5	6	25	ED	2	II	M	29	9805	5	125	790	Jan.	10	6	758	Dec.	9	4	310
1389	2	7	1701	6	7	26	C	3	12	A	18	9806	6	126	791	Dec.	30	4	759			5	311
1390	3	8	1702	7	8	27	B	4	13	A	3	9807	7	127	792	Dec.	19	1	760			6	312
															793	Dec.	8	5					
1391	4	9	1703	I	9	28	A	5	14	M	26	9808	8	128	794	Nov.	28	3	761			7	313
1392	6105	6900	1704	3	1430	I	GF	6	15	A	14	9809	9	129	795	Nov.	16	7	762	Dec.	8	I	314
1393	6	I	1705	4	I	2	E	7	I	A	6	9810	10	130	796	Nov.	6	5	763			2	315
1394	7	2	1706	5	2	3	D	8	2	A	19	9811	II	131	797	Oct.	26	2	764			3	316
1395	8	3	1707	6	3	4	C	9	3	A	II	9812	12	132	798	Oct.	15	6	765			4	317
1396	9	4	1708	I	4	5	BA	10	4	A	2	9813	13	133	799	Oct.	4	4	766	Dec.	7	5	318
1397	6110	6905	1709	2	1435	6	G	II	5	A	22	9814	14	134	800	Sept.	23	I	767			6	319
1398	I	6	1710	3	6	7	F	12	6	A	7	9815	15	135	801	Sept.	12	5	768			7	320
1399	2	7	1711	4	7	8	E	13	7	M	30	9816	16	136	802	Sept.	22	3	769			I	321
1400	3	8	1712	6	8	9	DC	14	8	A	18	9817	17	137	803	Aug.	21	7	770	Dec.	6	2	322
1401	4	9	1713	7	9	10	B	15	9	A	3	9818	18	138	804	Aug.	10	4	771			3	323
1402	6115	6910	1714	I	1440	II	A	16	10	M	26	9819	19	139	805	Jul.	31	2	772			4	324
1403	6	I	1715	2	I	12	G	17	II	A	15	9820	20	140	806	Jul.	20	6	773			5	325
1404	7	2	1716	4	2	13	FE	18	12	M	30	9821	21	141	807	Jul.	9	4	774	Dec.	5	6	326
1405	8	3	1717	5	3	14	D	19	13	A	19	9822	22	142	808	Jun.	28	I	775			7	327
1406	9	4	1718	6	4	15	C	I	14	A	II	9823	23	143	809	Jun.	17	5	776			I	328
1407	6120	6915	1719	7	1445	16	B	2	15	M	27	9824	24	144	810	Jun.	7	3	777			2	329
1408	I	6	1720	2	6	17	AG	3	I	A	15	9825	25	145	811	Maii	26	7	778	Dec.	4	3	330
1409	2	7	1721	3	7	18	F	4	2	A	7	9826	26	146	812	Maii	15	4	779			4	331
1410	3	8	1722	4	8	19	E	5	3	M	23	9827	27	147	813	Maii	5	2	780			5	332
1411	4	9	1723	5	9	20	D	6	4	A	12	9828	28	148	814	Apr.	24	6	781			6	333
1412	6125	6920	1724	7	1450	21	CB	7	5	A	3	9829	29	149	815	Apr.	12	3	782	Dec.	3	7	334
1413	6	I	1725	I	I	22	A	8	6	A	23	9830	30	150	816	Apr.	2	I	783			I	335
1414	7	2	1726	2	2	23	G	9	7	A	8	9831	31	151	817	Mar.	22	5	784			2	336
1415	8	3	1727	3	3	24	F	10	8	M	31	9832	32	152	818	Mar.	12	3	785			3	337
1416	9	4	1728	5	4	25	ED	II	9	A	19	9833	33	153	819	Feb.	29	7	786	Dec.	2	4	338
1417	6130	6925	1729	6	1455	26	C	12	10	A	II	9834	34	154	820	Feb.	17	4	787			5	339
1418	I	6	1730	7	6	27	B	13	II	M	27	9835	35	155	821	Feb.	7	2	788			6	340
1419	2	7	1731	I	7	28	A	14	12	A	16	9836	36	156	822	Jan.	27	6	789			7	341
1420	3	8	1732	3	8	I	GF	15	13	A	7	9837	37	157	823	Jan.	16	3	790	Dec.	I	I	342
1421	4	9	1733	4	9	2	E	16	14	M	23	9838	38	158	824	Jan.	5	I	791			2	343
1422	6135	6930	1734	5	1460	3	D	17	15	A	12	9839	39	159	825	Dec.	25	5	792			3	344
1423	6	I	1735	6	I	4	C	18	I	A	4	9840	40	160	826	Aug.	15	3	793			4	345
1424	7	2	1736	I	2	5	BA	19	2	A	23	9841	41	161	827	Dec.	4	7	794	Nov.	30	5	346
1425	8	3	1737	2	3	6	G	I	3	A	8	9842	42	162	828	Nov.	22	4	795			6	347
															829	Nov.	12	2					
1426	9	4	1738	3	4	7	F	2	4	M	31	9843	43	163	830	Nov.	I	6	796			7	348
1427	6140	6935	1739	4	1465	8	E	3	5	A	20	9844	44	164	831	Oct.	21	3	797			I	349
1428	I	6	1740	6	6	9	DC	4	6	A	4	9845	45	165	832	Oct.	10	I	798	Nov.	29	2	350
1429	2	7	1741	7	7	10	B	5	7	M	27	9846	46	166	833	Sept.	29	5	799			3	351
1430	3	8	1742	I	8	II	A	6	8	A	16	9847	47	167	834	Sept.	18	2	800			4	352
1431	4	9	1743	2	9	12	G	7	9	A	I	9848	48	168	835	Sept.	8	7	801			5	353
1432	6145	6940	1744	4	1470	13	FE	8	10	A	20	9849	49	169	836	Aug.	27	4	802	Nov.	28	6	354
1433	6	I	1745	5	I	14	D	9	II	A	12	9850	50	170	837	Aug.	17	2	803			7	355
1434	7	2	1746	6	2	15	C	10	12	M	28	9851	51	171	838	Aug.	6	6	804			I	356
1435	8	3	1747	7	3	16	B	II	13	A	17	9852	52	172	839	Jul.	26	3	805			2	357
1436	9	4	1748	2	4	17	AG	12	14	A	8	9853	53	173	840	Jul.	15	I	806	Nov.	27	3	358
1437	6150	6945	1749	3	1475	18	F	13	15	M	31	9854	54	174	841	Jul.	4	5	807			4	359
1438	I	6	1750	4	6	19	E	14	I	A	13	9855	55	175	842	Jun.	23	2	808			5	360
1439	2	7	1751	5	7	20	D	15	2	A	5	9856	56	176	843	Jun.	13	7	809			6	361
1440	3	8	1752	7	8	21	CB	16	3	M	27	9857	57	177	844	Jun.	I	4	810	Nov.	26	7	362

Anni Epochæ Christianæ a Kalendis Januarii.	Anni Periodi Julianæ a Kalendis Januarii.	Anni Mundi juxta Græcos.	Anni Solares Epochæ Ruméæ h. e. Græcæ, seu Seleucidarum, a primo die Octobris cum feriis initialibus.		Æra Hispanica.	Cyclus Solis Julianus, cum Litteris Dominicalibus.		Cyclus Lunæ Julianus.	Indictio Romana.	Paschæ dies. A. Aprilem. M. Martium denotat.		Anni Epochæ Chataiæ, solares sc. Anni Venni sncà labentis, ab ingressu Solis in medium Aquarii deducti.	Anni Cycli sexageni simplicis.	Anni Cycli Chataiorum, comp. e tribus Cyclis sexag.	Anni Epochæ Arabicæ lunares, ab Hegira Mohammedis deducti, cum diebus et feriis initialibus, quibus Moharram, sive primus Arabum mensis, juxta medium motum Lunæ incipit.				Anni Epochæ Persicæ sc. dierum, ab ἐνθρονισμῷ Yezdejerdi deducti, cum diebus et feriis initialibus, quibus Fervardin, sive primus Persarum mensis, incipit.				Anni Epochæ Gelalææ solar. ab æquin. verno.
An.	An.	An.	Ann.	F.		Ann.		An.	An.			Ann.	An.	An.	An.	Mens.	D.	F.	An.	Mens.	D.	F.	Ann.
1441	4	9	1753	1	9	22	A	17	4	A	16	9858	58	178	845	Maii	22	1	811			1	363
1442	6155	6950	1754	2	1480	23	G	18	5	A	1	9859	59	179	846	Maii	11	6	812			2	364
1443	6	1	1755	3	1	24	F	19	6	A	21	9860	60	180	847	Apr.	38	3	813			3	365
1444	7	2	1756	5	2	25	ED	1	7	A	12	9861	I. Cycl. Shanec. Ven. 1	1	848	Apr.	19	1	814	Nov.	25	4	366
1445	8	3	1757	6	3	26	C	2	8	M	28	9862	2	2	849	Apr.	8	5	815			5	367
1446	9	4	1758	7	4	27	B	3	9	A	17	9863	3	3	850	Mar.	28	2	816			6	368
1447	6160	6955	1759	1	1485	28	A	4	10	A	9	9864	4	4	851	Mar.	18	7	817			7	369
1448	1	6	1760	3	6	1	GF	5	11	M	24	9865	5	5	852	Mar.	6	4	818	Nov.	24	1	370
1449	2	7	1761	4	7	2	E	6	12	A	13	9866	6	6	853	Feb.	23	1	819			2	371
1450	3	8	1762	5	8	3	D	7	13	A	5	9867	7	7	854	Feb.	13	6	820			3	372
1451	4	9	1763	6	9	4	C	8	14	A	25	9868	8	8	855	Feb.	2	3	821			4	373
1452	6165	6960	1764	1	1490	5	BA	9	15	A	9	9869	9	9	856	Jan.	23	1	822	Nov.	23	5	374
1453	6	1	1765	2	1	6	G	10	1	A	1	9870	10	10	857	Jan.	11	5	823			6	375
1454	7	2	1766	3	2	7	F	11	2	A	21	9871	11	11	858	Dec.	31	2	824			7	376
1455	8	3	1767	4	3	8	E	12	3	A	6	9872	12	12	859	Dec.	21	7	825			1	377
															860	Dec.	10	5					
1456	9	4	1768	6	4	9	DC	13	4	M	28	9873	13	13	861	Nov.	28	1	826	Nov.	22	2	378
1457	6170	6965	1769	7	1495	10	B	14	5	A	17	9874	14	14	862	Nov.	18	6	827			3	379
1458	1	6	1770	1	6	11	A	15	6	A	2	9875	15	15	863	Nov.	7	3	828			4	380
1459	2	7	1771	2	7	12	G	16	7	M	25	9876	16	16	864	Oct.	27	7	829			5	381
1460	3	8	1772	4	8	13	FE	17	8	A	13	9877	17	17	865	Oct.	16	5	830	Nov.	21	6	382
1461	4	9	1773	5	9	14	D	18	9	A	5	9878	18	18	866	Oct.	5	2	831			7	383
1462	6175	6970	1774	6	1500	15	C	19	10	A	18	9879	19	19	867	Sept.	25	7	832			1	384
1463	6	1	1775	7	1	16	B	1	11	A	10	9880	20	20	868	Sept.	14	4	833			2	385
1464	7	2	1776	2	2	17	AG	2	12	A	1	9881	21	21	869	Sept.	2	1	834	Nov.	20	3	386
1465	8	3	1777	3	3	18	F	3	13	A	14	9882	22	22	870	Aug.	23	6	835			4	387
1466	9	4	1778	4	4	19	E	4	14	A	6	9883	23	23	871	Aug.	12	3	836			5	388
1467	6180	6975	1779	5	1505	20	D	5	15	M	29	9884	24	24	872	Aug.	1	7	837			6	389
1468	1	6	1780	7	6	21	CB	6	1	A	17	9885	25	25	873	Jul.	21	5	838	Nov.	19	7	390
1469	2	7	1781	1	7	22	A	7	2	A	12*	9886	26	26	874	Jul.	10	2	839			1	391
1470	3	8	1782	2	8	23	G	8	3	M	22*	9887	27	27	875	Jun.	29	6	840			2	392
1471	4	9	1783	3	9	24	F	9	4	A	14	9888	28	28	876	Jun.	19	4	841			3	393
1472	6185	6980	1784	5	1510	25	ED	10	5	M	29	9889	29	29	877	Jun.	7	1	842	Nov.	18	4	394
1473	6	1	1785	7*	1	26	C	11	6	A	17*	9890	30	30	878	Maii	28	6	843			5	395
1474	7	2	1786	6*	2	27	B	12	7	A	12*	9891	31	31	879	Maii	17	3	844			6	396
1475	8	3	1787	1	3	28	A	13	8	M	22*	9892	32	32	880	Maii	6	7	845			7	397
1476	9	4	1788	3	4	1	GF	14	9	A	14	9893	33	33	881	Apr	25	5	846	Nov.	17	1	398
1477	6190	6985	1789	4	1515	2	E	15	10	A	6	9894	34	34	882	Apr.	14	2	847			2	399
1478	1	6	1790	5	6	3	D	16	11	M	22	9895	35	35	883	Apr.	3	6	848			3	400
1479	2	7	1791	6	7	4	C	17	12	A	11	9896	36	36	884	Mar.	24	4	849			4	401
1480	3	8	1792	1	8	5	BA	18	13	A	2	9897	37	37	885	Mar.	12	1	850	Nov.	16	5	402
1481	4	9	1793	2	9	6	G	19	14	A	22	9898	38	38	886	Mar.	2	6	851			6	403
1482	6195	6990	1794	3	1520	7	F	1	15	A	7	9899	39	39	887	Feb.	19	3	852			7	404
1483	6	1	1795	4	1	8	E	2	1	M	30	9900	40	40	888	Feb.	8	7	853			1	405
1484	7	2	1796	6	2	9	DC	3	2	A	18	9901	41	41	889	Jan.	29	5	854	Nov.	15	2	406
1485	8	3	1797	7	3	10	B	4	3	A	3	9902	42	42	890	Jan.	17	2	855			3	407
1486	9	4	1798	1	4	11	A	5	4	M	26	9903	43	43	891	Jan.	6	6	856			4	408
1487	6200	6995	1799	2	1525	12	G	6	5	A	15	9904	44	44	892	Dec.	27	4	857			5	409
1488	1	6	1800	4	6	13	FE	7	6	A	6	9905	45	45	893	Dec.	16	1	858	Nov.	14	6	410
1489	2	7	1801	5	7	14	D	8	7	A	19	9906	46	46	894	Dec.	4	5	859			7	411
1490	3	8	1802	6	8	15	C	9	8	A	11	9907	47	47	895	Nov.	24	3	860			1	412
															896	Nov.	13	7					
1491	4	9	1803	7	9	16	B	10	9	A	3	9908	48	48	897	Nov.	3	5	861			2	413
1492	6205	7000	1804	2	1530	17	AG	11	10	A	22	9909	49	49	898	Oct.	22	2	862	Nov.	13	3	414
1493	6	1	1805	3	1	18	F	12	11	A	7	9910	50	50	899	Oct.	11	6	863			4	415
1494	7	2	1806	4	2	19	E	13	12	M	30	9911	51	51	900	Oct.	1	4	864			5	416
1495	8	3	1807	5	3	20	D	14	13	A	19	9912	52	52	901	Sept.	20	1	865			6	417
1496	9	4	1808	7	4	21	CB	15	14	A	3	9913	53	53	902	Sept.	8	5	866	Nov.	12	7	418
1497	6210	7005	1809	1	1535	22	A	16	15	M	26	9914	54	54	903	Aug.	29	3	867			1	419
1498	1	6	1810	2	6	23	G	17	1	A	15	9915	55	55	904	Aug.	18	7	868			2	420
1499	2	7	1811	3	7	24	F	18	2	M	31	9916	56	56	905	Aug.	7	4	869			3	421
1500	3	8	1812	5	8	25	ED	19	3	A	19	9917	57	57	906	Jul.	27	2	870	Nov.	11	4	422
1501	4	9	1813	6	9	26	C	1	4	A	11	9918	58	58	907	Jul.	16	6	871			5	423
1502	6215	7010	1814	7	1540	27	B	2	5	M	27	9919	59	59	908	Jul.	6	4	872			6	424
1503	6	1	1815	1	1	28	A	3	6	A	16	9920	60	60	909	Jun.	25	1	873			7	425
1504	7	2	1816	3	2	1	GF	4	7	A	7	9921	Cyc. Junec. Ven. 1	61	910	Jun.	13	5	874	Nov.	10	1	426
1505	8	3	1817	4	3	2	E	5	8	M	23	9922	2	62	911	Jun.	3	3	875			2	427
1506	9	4	1818	5	4	3	D	6	9	A	18*	9923	3	63	912	Maii	23	7	876			3	428
1507	6220	7015	1819	6	1545	4	C	7	10	A	4	9924	4	64	913	Maii	12	4	877			4	429
1508	1	6	1820	1	6	5	BA	8	11	A	23	9925	5	65	914	Maii	1	2	878	Nov.	9	5	430
1509	2	7	1821	2	7	6	G	9	12	A	8	9926	6	66	915	Apr.	20	6	879			6	431
1510	3	8	1822	3	8	7	F	10	13	M	31	9927	7	67	916	Apr.	10	4	880			7	432
1511	4	9	1823	4	9	8	E	11	14	A	20	9928	8	68	917	Mar.	30	1	881			1	433
1512	6225	7020	1824	6	1550	9	DC	12	15	A	11	9929	9	69	918	Mar.	18	5	882	Nov.	8	2	434
1513	6	1	1825	7	1	10	B	13	1	M	27	9930	10	70	919	Mar.	8	3	883			3	435
1514	7	2	1826	1	2	11	A	14	2	A	16	9931	11	71	920	Feb.	25	7	884			4	436
1515	8	3	1827	2	3	12	G	15	3	A	15*	9932	12	72	921	Feb.	14	4	885			5	437

Anni Epochæ Christianæ a Kalendis Januarii.	Anni Periodi Julianæ a Kalendis Januarii.	Anni Mundi juxta Græcos.	Anni Solares Epochæ Rumææ h. e. Græcæ, seu Seleucidarum, a primo die Octobris cum feriis initialibus.		Æra Hispanica.	Cyclus Solis Julianus, cum Litteris Dominicalibus.		Cyclus Lunæ Julianus.	Indictio Romana.	Paschæ dies. A. Aprilem. M. Martium denotat.		Paschatis dies juxta vetus Kalendarium.		Anni Epochæ Chataiæ, solares sc. Anni Venni 8864 habentis, ab ingressu Solis in medium Aquarii deducti.	Anni Cycli sexageni simplicis.	Anni Cycli Chataiorum, comp. e tribus Cyclis sexag.	Anni Epochæ Arabicæ lunares, ab Hegira Mohammedis deducti, cum diebus et feriis initialibus, quibus Moharram, sive primus Arabum mensis, juxta medium motum Lunæ incipit.				Anni Epochæ Persicæ 365 dierum, ab Ἐζδεγερδ Yezdejerd deducti, cum diebus et feriis initialibus, quibus Fervardin, sive primus Persarum mensis, incipit.				Anni Epochæ Gelalææ solar. ab æquin. verno.
An.	An.	An.	Ann.	F.		Ann.		An.	An.					Ann.	An.	An.	An.	Mens.	D.	F.	An.	Mens.	D.	F.	Ann.
1516	9	4	1828	4	4	13	FE	16	4	M	23			9933	13	73	922	Feb.	4	2	886	Nov.	7	6	438
1517	6230	7025	1829	5	1555	14	D	17	5	A	12			9934	14	74	923	Jan.	23	6	887			7	439
1518	1	6	1830	6	6	15	C	18	6	A	4			9935	15	75	924	Jan.	12	3	888			1	440
1519	2	7	1831	7	7	16	B	19	7	A	24			9936	16	76	925	Jan.	2	1	889			2	441
1520	3	8	1832	2	8	17	AG	1	8	A	8			9937	17	77	926	Dec.	22	5	890	Nov.	6	3	442
																	927	Dec.	11	3					
1521	4	9	1833	3	9	18	F	2	9	M	31			9938	18	78	928	Nov.	30	7	891			4	443
1522	6235	7030	1834	4	1560	19	E	3	10	A	20			9939	19	79	929	Nov.	19	4	892			5	444
1523	6	1	1835	5	1	20	D	4	11	A	5			9940	20	80	930	Nov.	9	2	893			6	445
1524	7	2	1836	7	2	21	CB	5	12	M	27			9941	21	81	931	Oct.	28	6	894	Nov.	5	7	446
1525	8	3	1837	1	3	22	A	6	13	A	16			9942	22	82	932	Oct.	17	3	895			1	447
1526	9	4	1838	2	4	23	G	7	14	A	1			9943	23	83	933	Oct.	7	1	896			2	448
1527	6240	7035	1839	3	1565	24	F	8	15	A	21			9944	24	84	934	Sept.	26	5	897			3	449
1528	1	6	1840	5	6	25	ED	9	1	A	12			9945	25	85	935	Sept.	14	2	898	Nov.	4	4	450
1529	2	7	1841	6	7	26	C	10	2	M	28			9946	26	86	936	Sept.	4	7	899			5	451
1530	3	8	1842	7	8	27	B	11	3	A	17			9947	27	87	937	Aug.	24	4	900			6	452
1531	4	9	1843	1	9	28	A	12	4	A	9			9948	28	88	938	Aug.	14	2	901			7	453
1532	6245	7040	1844	3	1570	1	GF	13	5	M	31			9949	29	89	939	Aug.	2	6	902	Nov.	3	1	454
1533	6	1	1845	4	1	2	E	14	6	A	13			9950	30	90	940	Jul.	22	3	903			2	455
1534	7	2	1846	5	2	3	D	15	7	A	5			9951	31	91	941	Jul.	12	1	904			3	456
1535	8	3	1847	6	3	4	C	16	8	M	28			9952	32	92	942	Jul.	1	5	905			4	457
1536	9	4	1848	1	4	5	BA	17	9	A	16			9953	33	93	943	Jun.	19	2	906	Nov.	2	5	458
1537	6250	7045	1849	2	1575	6	G	18	10	A	1			9954	34	94	944	Jun.	9	7	907			6	459
1538	1	6	1850	3	6	7	F	19	11	A	21			9955	35	95	945	Maii	29	4	908			7	460
1539	2	7	1851	4	7	8	E	1	12	A	6			9956	36	96	946	Maii	19	2	909			1	461
1540	3	8	1852	6	8	9	DC	2	13	M	28			9957	37	97	947	Maii	7	6	910	Nov.	1	2	462
1541	4	9	1853	7	9	10	B	3	14	A	17			9958	38	98	948	Apr.	26	3	911			3	463
1542	6255	7050	1854	1	1580	11	A	4	15	A	9			9959	39	99	949	Apr.	16	1	912			4	464
1543	6	1	1855	2	1	12	G	5	1	M	25			9960	40	100	950	Apr.	5	5	913			5	465
1544	7	2	1856	4	2	13	FE	6	2	A	13			9961	41	101	951	Mar.	24	2	914	Oct.	31	6	466
1545	8	3	1857	5	3	14	D	7	3	A	5			9962	42	102	952	Mar.	14	7	915			7	467
1546	9	4	1858	6	4	15	C	8	4	A	25			9963	43	103	953	Mar.	3	4	916			1	468
1547	6260	7055	1859	7	1585	16	B	9	5	A	10			9964	44	104	954	Feb.	20	1	917			2	469
1548	1	6	1860	2	6	17	AG	10	6	A	1			9965	45	105	955	Feb.	10	6	918	Oct.	30	3	470
1549	2	7	1861	3	7	18	F	11	7	A	21			9966	46	106	956	Jan.	29	3	919			4	471
1550	3	8	1862	4	8	19	E	12	8	A	6			9967	47	107	957	Jan.	19	1	920			5	472
1551	4	9	1863	5	9	20	D	13	9	M	29			9968	48	108	958	Jan.	8	5	921			6	473
1552	6205	7060	1864	7	1590	21	CB	14	10	A	18*			9969	49	109	959	Dec.	28	2	922	Oct.	29	7	474
1553	6	1	1865	1	1	22	A	15	11	A	2			9970	50	110	960	Dec.	17	7	923			1	475
1554	7	2	1866	2	2	23	G	16	12	M	25			9971	51	111	961	Dec.	6	4	924			2	476
1555	8	3	1867	3	3	24	F	17	13	A	14			9972	52	112	962	Nov.	25	1	925			3	477
																	963	Nov.	15	6					
1556	9	4	1868	5	4	25	ED	18	14	A	5			9973	53	113	964	Nov.	3	3	926	Oct.	28	4	478
1557	6270	7065	1860	6	1595	26	C	19	15	A	18			9974	54	114	965	Oct.	23	7	927			5	479
1558	1	6	1870	7	6	27	B	1	1	A	10			9975	55	115	966	Oct.	13	5	928			6	480
1559	2	7	1871	1	7	28	A	2	2	M	26			9976	56	116	967	Oct.	2	2	929			7	481
1560	3	8	1872	3	8	1	GF	3	3	A	14			9977	57	117	968	Sept.	21	7	930	Oct.	27	1	482
1561	4	9	1873	4	9	2	E	4	4	A	6			9978	58	118	969	Sept.	10	4	931			2	483
1562	6275	7070	1874	5	1600	3	D	5	5	M	29			9979	59	119	970	Aug.	30	1	932			3	484
1563	6	1	1875	6	1	4	C	6	6	A	11			9980	60	120	971	Aug.	20	6	933			4	485
1564	7	2	1876	1	2	5	BA	7	7	A	2			9981	3. Cyc. Cha. Ven. 1	121	972	Aug.	8	3	934	Oct.	26	5	486
1565	8	3	1877	2	3	6	G	8	8	A	22			9982	2	122	973	Jul.	28	7	935			6	487
1566	9	4	1878	3	4	7	F	9	9	A	14			9983	3	123	974	Jul.	18	5	936			7	488
1567	6280	7075	1879	4	1605	8	E	10	10	M	30			9984	4	124	975	Jul.	7	2	937			1	489
1568	1	6	1880	6	6	9	DC	11	11	A	8*			9985	5	125	976	Jun.	26	7	938	Oct.	25	2	490
1569	2	7	1881	7	7	10	B	12	12	A	10			9986	6	126	977	Jun.	15	4	939			3	491
1570	3	8	1882	1	8	11	A	13	13	M	26			9987	7	127	978	Jun.	4	1	940			4	492
1571	4	9	1883	2	9	12	G	14	14	A	15			9988	8	128	979	Maii	25	6	941			5	493
1572	6285	7080	1884	4	1610	13	FE	15	15	A	6			9989	9	129	980	Maii	13	3	942	Oct.	24	6	494
1573	6	1	1885	5	1	14	D	16	1	M	22			9990	10	130	981	Maii	2	7	943			7	495
1574	7	2	1886	6	2	15	C	17	2	A	11			9991	11	131	982	Apr.	22	5	944			1	496
1575	8	3	1887	7	3	16	B	18	3	A	3			9992	12	132	983	Apr.	11	2	945			2	497
1576	9	4	1888	2	4	17	AG	19	4	A	22			9993	13	133	984	Mar.	30	6	946	Oct.	23	3	498
1577	6290	7085	1889	3	1615	18	F	1	5	A	7			9994	14	134	985	Mar.	20	4	947			4	499
1578	1	6	1890	4	6	19	E	2	6	M	30			9995	15	135	986	Mar.	9	1	948			5	500
1579	2	7	1891	5	7	20	D	3	7	A	19			9996	16	136	987	Feb.	27	6	949			6	501
1580	3	8	1892	7	8	21	CB	4	8	A	3			9997	17	137	988	Feb.	16	3	950	Oct.	22	7	502
1581	4	9	1893	1	9	22	A	5	9	M	26			9998	18	138	989	Feb.	4	7	951			1	503
1582	6295	7000	1894	2	1620	23	GC	6	10	A	15			9999	19	139	990	Jan.	24	5	952			2	504
1583	6	1	1895	3	1	24	B	7	11	A	10	M	31	10000	20	140	991	Jan.	14	2	953			3	505
1584	7	2	1896	5	2	25	AG	8	12	A	1	A	19	Vennus 8863 inus, constans e 1600. ann. solar. incipit. 1	21	141	992	Jan.	3	6	954	Oct.	21	4	506
1585	8	3	1897	6	3	26	F	9	13	A	21	A	11	2	22	142	993	Jan.	23	4	955			5	507
																	994	Dec.	12	1					
1586	9	4	1898	7	4	27	E	10	14	A	6	A	3	3	23	143	995	Dec.	1	5	956			6	508
1587	6300	7095	1899	1	1625	28	D	11	15	M	29	A	16	4	24	144	996	Nov.	21	3	957			7	509
1588	1	6	1900	3	6	1	CE*	12	1	A	17	A	7	5	25	145	997	Nov.	9	7	958	Oct.	20	1	510
1589	2	7	1901	4	7	2	A	13	2	A	2	M	30	6	26	146	998	Oct.	30	5	959			2	511
1590	3	8	1902	5	8	3	G	14	3	A	22	A	19	7	27	147	999	Oct.	19	2	960			3	512

Anni Epochæ Christianæ a Kalendis Januarii.	Anni Periodi Julianæ a Kalendis Januarii.	Anni Mundi juxta Græcos.	Anni Solares Epochæ Rumæ h. e. Græcæ, seu Seleucidarum, a primo die Octobris cum feriis initialibus.		Æra Hispanica.	Cyclus Solis Julianus, cum Litteris Dominicalibus.	Cyclus Lunæ Julianus.	Indictio Romana.	Paschæ dies. A. Aprilem, M. Martium denotat.	Paschalis dies juxta vetus Kalendarium.	Anni Epochæ Chataicæ, solares sc. Anni Venni 8864 labentis, ab ingressu Solis in medium Aquarii deducti.	Anni Cycli sexageni simplicis.	Anni Cycli Chataiorum, comp. e tribus Cyclis sexag.	Anni Epochæ Arabicæ lunares, ab Hegira Mohammedis deducti, cum diebus et feriis initialibus, quibus Moharram, sive primus Arabum mensis, juxta medium motum Lunæ incipit.				Anni Epochæ Persicæ seu dierum, ab ἐνθρονισμῷ Yezdejerd deducti, cum diebus et feriis initialibus, quibus Ferrardin, sive primus Persarum mensis, incipit.				Anni Epochæ Gelaleæ solar. ab æquin. verno.
An.	An.	An.	Ann.	F.		Ann.	An.	An.			Ann.	An.	An.	An.	Mens.	D.	F.	An.	Mens.	D.	F.	Ann.
1591	4	9	1903	6	9	4 F	15	4	A 14	A 4	8	28	148	1000	Oct.	6	8	961			4	513
1592	6305	7100	1904	1	1630	5 ED	16	5	M 29	M 26	9	29	149	1001	Sept.	27	4	962	Oct.	19	5	514
1593	6	1	1905	2	1	6 C	17	6	A 18	A 15	10	30	150	1002	Sept.	16	1	963			6	515
1594	7	2	1906	3	2	7 B	18	7	A 10	M 31	11	31	151	1003	Sept.	5	5	964			7	516
1595	8	3	1907	4	3	8 A	19	8	M 26	A 20	12	32	152	1004	Aug.	26	3	965			1	517
1596	9	4	1908	6	4	9 GF	1	9	A 14	A 11	13	33	153	1005	Aug.	14	7	966	Oct.	18	2	518
1597	6310	7105	1909	7	1635	10 E	2	10	A 6	M 27	14	34	154	1006	Aug.	7	5	967			3	519
1598	1	6	1910	1	6	11 D	3	11	M 22	A 16	15	35	155	1007	Jul.	24	2	968			4	520
1599	2	7	1911	2	7	12 C	4	12	A 11	A 8	16	36	156	1008	Jul.	13	6	969			5	521
1600	3	8	1912	4	8	13 BA	5	13	A 2	M 2*	17	37	157	1009	Jul.	2	4	970	Oct.	17	6	522
1601	4	9	1913	5	9	14 G	6	14	A 22	A 12	18	38	158	1010	Jun.	21	1	971			7	523
1602	6315	7110	1914	6	1640	15 F	7	15	A 7	A 4	19	39	159	1011	Jun.	10	5	972			1	524
1603	6	1	1915	7	1	16 E	8	1	M 30	A 24	20	40	160	1012	Maii	31	3	973			2	525
1604	7	2	1916	2	2	17 DC	9	2	A 18	A 8	21	41	161	1013	Maii	19	7	974	Oct.	16	3	526
1605	8	3	1917	3	3	18 B	10	3	A 10	M 31	22	42	162	1014	Maii	8	4	975			4	527
1606	9	4	1918	4	4	19 A	11	4	M 26	A 20	23	43	163	1015	Apr.	28	2	976			5	528
1607	6320	7115	1919	5	1645	20 G	12	5	A 15	A 5	24	44	164	1016	Apr.	17	6	977			6	529
1608	1	6	1920	7	6	21 FE	13	6	A 6	M 27	25	45	165	1017	Apr.	6	4	978	Oct.	15	7	530
1609	2	7	1921	1	7	22 D	14	7	A 19	A 16	26	46	166	1018	Mar.	26	1	979			1	531
1610	3	8	1922	2	8	23 C	15	8	A 11	A 8	27	47	167	1019	Mar.	15	5	980			2	532
1611	4	9	1923	3	9	24 B	16	9	A 3	M 24	28	48	168	1020	Mar.	5	3	981			3	533
1612	6325	7120	1924	5	1650	25 AG	17	10	A 22	A 12	29	49	169	1021	Feb.	22	7	982	Oct.	14	4	534
1613	6	1	1925	6	1	26 F	18	11	A 7	A 4	30	50	170	1022	Feb.	10	4	983			5	535
1614	7	2	1926	7	2	27 E	19	12	M 30	A 24	31	51	171	1023	Jan.	31	2	984			6	536
1615	8	3	1927	1	3	28 D	1	13	A 19	A 9	32	52	172	1024	Jan.	20	6	985			7	537
1616	9	4	1928	3	4	1 CB	2	14	A 3	M 31	33	53	173	1025	Jan.	9	3	986	Oct.	13	1	538
1617	6330	7125	1929	4	1655	2 A	3	15	M 26	A 20	34	54	174	1026	Dec.	29	1	987			2	539
1618	1	6	1930	5	6	3 G	4	1	A 15	A 5	35	55	175	1027	Dec.	18	5	988			3	540
1619	2	7	1931	6	7	4 F	5	2	M 31	M 28	36	56	176	1028	Dec.	8	3	989			4	541
1620	3	8	1932	1	8	5 ED	6	3	A 19	A 16	37	57	177	1029	Nov.	27	7	990	Oct.	12	5	542
														1030	Nov.	15	4					
1621	4	9	1933	2	9	6 C	7	4	A 11	A 1	38	58	178	1031	Nov.	5	2	991			6	543
1622	6335	7130	1934	3	1660	7 B	8	5	M 27	A 21	39	59	179	1032	Oct.	25	6	992			7	544
1623	6	1	1935	4	1	8 A	9	6	A 16	A 13	40	60	180	1033	Oct.	14	3	993			1	545
1624	7	2	1936	6	2	9 GF	10	7	A 7	M 28	41	1	1	1034	Oct.	3	1	994	Oct.	11	2	546
1625	8	3	1937	7	3	10 E	11	8	M 30	A 17	42	2	2	1035	Sept.	22	5	995			3	547
1626	9	4	1938	1	4	11 D	12	9	A 12	A 9	43	3	3	1036	Sept.	12	3	996			4	548
1627	6340	7135	1939	2	1665	12 C	13	10	A 4	M 25	44	4	4	1037	Sept.	1	7	997			5	549
1628	1	6	1940	4	6	13 BA	14	11	A 23	A 13	45	5	5	1038	Aug.	20	4	998	Oct.	10	6	550
1629	2	7	1941	5	7	14 G	15	12	A 15	A 5	46	6	6	1039	Aug.	10	2	999			7	551
1630	3	8	1942	6	8	15 F	16	13	M 31	M 28	47	7	7	1040	Jul.	30	6	1000			1	552
1631	4	9	1943	7	9	16 E	17	14	A 20	A 10	48	8	8	1041	Jul.	19	3	1001			2	553
1632	6345	7140	1944	2	1670	17 DC	18	15	A 11	A 1	49	9	9	1042	Jul.	8	1	1002	Oct.	9	3	554
1633	6	1	1945	3	1	18 B	19	1	M 27	A 21	50	10	10	1043	Jun.	27	5	1003			4	555
1634	7	2	1946	4	2	19 A	1	2	A 16	A 6	51	11	11	1044	Jun.	16	2	1004			5	556
1635	8	3	1947	5	3	20 G	2	3	A 8	M 29	52	12	12	1045	Jun.	6	7	1005			6	557
1636	9	4	1948	7	4	21 FE	3	4	M 23	A 17	53	13	13	1046	Maii	25	4	1006	Oct.	8	7	558
1637	6350	7145	1949	1	1675	22 D	4	5	A 12	A 9	54	14	14	1047	Maii	15	2	1007			1	559
1638	1	6	1950	2	6	23 C	5	6	A 4	M 25	55	15	15	1048	Maii	4	6	1008			2	560
1639	2	7	1951	3	7	24 B	6	7	A 24	A 14	56	16	16	1049	Apr.	23	3	1009			3	561
1640	3	8	1952	5	8	25 AG	7	8	A 8	A 5	57	17	17	1050	Apr.	12	1	1010	Oct.	7	4	562
1641	4	9	1953	6	9	26 F	8	9	M 31	A 25	58	18	18	1051	Apr.	1	5	1011			5	563
1642	6355	7150	1954	7	1680	27 E	9	10	A 20	A 10	59	19	19	1052	Mar.	21	2	1012			6	564
1643	6	1	1955	1	1	28 D	10	11	A 5	A 2	60	20	20	1053	Mar.	11	7	1013			7	565
1644	7	2	1956	3	2	1 CB	11	12	M 27	A 21	61	21	21	1054	Feb.	28	4	1014	Oct.	6	1	566
1645	8	3	1957	4	3	2 A	12	13	A 16	A 6	62	22	22	1055	Feb.	16	1	1015			2	567
1646	9	4	1958	5	4	3 G	13	14	A 1	M 29	63	23	23	1056	Feb.	6	6	1016			3	568
1647	6360	7155	1959	6	1685	4 F	14	15	A 21	A 18	64	24	24	1057	Jan.	26	3	1017			4	569
1648	1	6	1960	1	6	5 ED	15	1	A 12	A 2	65	25	25	1058	Jan.	16	1	1018	Oct.	5	5	570
1649	2	7	1961	2	7	6 C	16	2	A 4	M 25	66	26	26	1059	Jan.	4	5	1019			6	571
1650	3	8	1962	3	8	7 B	17	3	A 17	A 14	67	27	27	1060	Dec.	24	2	1020			7	572
														1061	Dec.	14	7					
1651	4	9	1963	4	9	8 A	18	4	A 9	M 30	68	28	28	1062	Dec.	3	4	1021			1	573
1652	6365	7160	1964	6	1690	9 GF	19	5	M 31	A 18	69	29	29	1063	Nov.	21	1	1022	Oct.	4	2	574
1653	6	1	1965	7	1	10 E	1	6	A 13	A 10	70	30	30	1064	Nov.	11	6	1023			3	575
1654	7	2	1966	1	2	11 D	2	7	A 5	M 26	71	31	31	1065	Oct.	31	3	1024			4	576
1655	8	3	1967	2	3	12 C	3	8	M 28	A 15	72	32	32	1066	Oct.	21	1	1025			5	577
1656	9	4	1968	4	4	13 BA	4	9	A 16	A 6	73	33	33	1067	Oct.	9	5	1026	Oct.	3	6	578
1657	6370	7165	1969	5	1695	14 G	5	10	A 1	M 29	74	34	34	1068	Sept.	28	1	1027			7	579
1658	1	6	1970	6	6	15 F	6	11	A 21	A 11	75	35	35	1069	Sept.	18	7	1028			1	580
1659	2	7	1971	7	7	16 E	7	12	A 13	A 3	76	36	36	1070	Sept.	7	4	1029			2	581
1660	3	8	1972	2	8	17 DC	8	13	M 28	A 22	77	37	37	1071	Aug.	26	1	1030	Oct.	2	3	582
1661	4	9	1973	3	9	18 B	9	14	A 17	A 14	78	38	38	1072	Aug.	16	6	1031			4	583
1662	6375	7170	1974	4	1700	19 A	10	15	A 9	M 30	79	39	39	1073	Aug.	5	3	1032			5	584
1663	6	1	1975	5	1	20 G	11	1	M 25	A 19	80	40	40	1074	Jul.	25	7	1033			6	585
1664	7	2	1976	7	2	21 FE	12	2	A 13	A 10	81	41	41	1075	Jul.	14	5	1034	Oct.	1	7	586
1665	8	3	1977	1	3	22 D	13	3	A 5	M 16*	82	42	42	1076	Jul.	3	2	1035			1	587

I. Cycl. Shanec Ven.

Anni Epochæ Christianæ a Kalendis Januarii. An.	Anni Periodi Julianæ a Kalendis Januarii. An.	Anni Mundi juxta Græcos. An.	Anni Solares Epochæ Rumeæ h. e. Græcæ, seu Seleucidarum, a primo die Octobris cum feriis initialibus. Ann.	F.	Æra Hispanica.	Cyclus Solis Julianus cum Litteris Dominicalibus. An.		Cyclus Lunæ Julianus. An.	Indictio Romana. An.	Paschæ dies. A. Aprilem. M. Martium denotat.		Paschalis dies juxta vetus Kalendarium.		Anni Epochæ Chataiæ, solares sc. Anni Venni esea 'abentis, ab ingressu Solis in medium Aquarii deducti. An.	Anni Cycli sexageni simplicis. An.	Anni Cycli Cathaiorum, comp. e tribus Cyclis sexag. An.	Anni Epochæ Arabicæ lunares, ab Hegira Mohammedis deducti, cum diebus et feriis initialibus, quibus Moharram, sive primus Arabum mensis, juxta medium motum Lunæ incipit. An.	Mens.	D.	F.	Anni Epochæ Persicæ 365 dierum, ab ἐνθρονισμῷ Yezdejerd deducti, cum diebus et feriis initialibus, quibus Fervardin, sive primus Persarum mensis, incipit. An.	Mens.	D.	F.	Anni Epochæ Gelalææ solar. ab equin. verno. Ann.
1666	9	4	1978	2	4	23	C	14	4	A	25	A	15	83	43	43	1077	Jun.	23	7	1036			2	588
1667	6380	7175	1979	3	1705	24	B	15	5	A	10	A	7	84	44	44	1078	Jun.	12	4	1037			3	589
1668	1	6	1950	5	6	25	AG	16	6	A	1	M	2	85	45	45	1079	Maii	31	1	1038	Sept.	30	4	590
1669	2	7	1981	6	7	26	F	17	7	A	21	A	11	86	46	46	1080	Maii	21	6	1039			5	591
1670	3	8	1982	7	8	27	E	18	8	A	6	A	3	87	47	47	1081	Maii	10	3	1040			6	592
1671	4	9	1983	1	9	28	D	19	9	M	29	A	23	88	48	48	1082	Apr.	29	7	1041			7	593
1672	6385	7180	1984	3	1710	1	CB	1	10	A	17	A	17	89	49	49	1083	Apr.	18	5	1042	Sept.	29	1	594
1673	6	1	1985	4	1	2	A	2	11	A	2	M	30	90	50	50	1084	Apr.	7	2	1043			2	595
1674	7	2	1986	5	2	3	G	3	12	M	25	A	19	91	51	51	1085	Mar.	27	6	1044			3	596
1675	8	3	1987	6	3	4	F	4	13	A	14	A	4	92	52	52	1086	Mar.	14	4	1045			4	597
1676	9	4	1988	1	4	5	ED	5	14	A	5	M	26	93	53	53	1087	Mar.	5	1	1046	Sept.	28	5	598
1677	6390	7185	1989	2	1715	6	C	6	15	A	18	A	15	94	54	54	1088	Feb.	23	6	1047			6	599
1678	1	6	1990	3	6	7	B	7	1	A	10	M	31	95	55	55	1089	Feb.	12	3	1048			7	600
1679	2	7	1991	4	7	8	A	8	2	A	2	A	20	96	56	56	1090	Feb.	1	7	1049			1	601
1680	3	8	1992	6	8	9	GF	9	3	A	21	A	11	97	57	57	1091	Jan.	22	5	1050	Sept.	27	2	602
1681	4	9	1993	7	9	10	E	10	4	A	6	A	3	98	58	58	1092	Jan.	10	2	1051			3	603
1682	6395	7190	1994	1	1720	11	D	11	5	M	29	A	16	99	59	59	1093	Dec.	30	6	1052			4	604
1683	6	1	1995	2	1	12	C	12	6	A	18	A	8	100	60	60	1094	Dec.	24	4	1053			5	605
1684	7	2	1996	4	2	13	BA	13	7	A	2	M	30	101	1	61	1095	Dec.	9	1	1054	Sept.	26	6	606
1685	8	3	1997	5	3	14	G	14	8	A	22	A	19	102	2	62	1096	Nov.	28	6	1055			7	607
															2. Cycl. Junec. Ven.		1097	Nov.	17	3					
1686	9	4	1998	6	4	15	F	15	9	A	14	A	1 *	103	3	63	1098	Nov.	6	7	1056			1	608
1687	6400	7195	1999	7	1725	16	E	16	10	M	30	M	17 *	104	4	64	1099	Oct.	27	5	1057			2	609
1688	1	6	2000	2	6	17	DC	17	11	A	18	A	15	105	5	65	1100	Oct.	15	2	1058	Sept.	25	3	610
1689	2	7	2001	3	7	18	B	18	12	A	10	M	31	106	6	66	1101	Oct.	4	6	1059			4	611
1690	3	8	2002	4	8	19	A	19	13	M	26	A	20	107	7	67	1102	Sept.	24	6	1060			5	612
1691	4	9	2003	5	9	20	G	1	14	A	15	A	12	108	8	68	1103	Sept.	13	1	1061			6	613
1692	6405	7200	2004	7	1730	21	FE	2	15	A	6	M	27	109	9	69	1104	Sept.	1	5	1062	Sept.	24	7	614
1693	6	1	2005	1	1	22	D	3	1	M	22	A	16	110	10	70	1105	Aug.	22	3	1063			1	615
1694	7	2	2006	2	2	23	C	4	2	A	11	A	8	111	11	71	1106	Aug.	11	7	1064			2	616
1695	8	3	2007	3	3	24	B	5	3	A	3	M	24	112	12	72	1107	Jul.	1	5	1065			3	617
1696	9	4	2008	5	4	25	AG	6	4	A	22	A	12	113	13	73	1108	Jul.	20	2	1066	Sept.	23	4	618
1697	6410	7205	2009	6	1735	26	F	7	5	A	7	A	4	114	14	74	1109	Jul.	9	6	1067			5	619
1698	1	6	2010	7	6	27	E	8	6	M	30	A	24	115	15	75	1110	Jun.	29	4	1068			6	620
1699	2	7	2011	1	7	28	D	9	7	A	19	A	9	116	16	76	1111	Jun.	18	2	1069			7	621
1700	3	8	2012	3	8	1	C	10	8	A	11	M	31	117	17	77	1112	Jun.	6	5	1070	Sept.	22	1	622
1701	4	9	2013	4	9	2	B	11	9	M	27	A	20	118	18	78	1113	Maii	27	3	1071			2	623
1702	6415	7210	2014	5	1740	3	A	12	10	A	16	A	5	119	19	79	1114	Maii	16	7	1072			3	624
1703	6	1	2015	6	1	4	G	13	11	A	8	M	28	120	20	80	1115	Maii	5	4	1073			4	625
1704	7	2	2016	1	2	5	FE	14	12	M	23	A	16	121	21	81	1116	Apr.	24	2	1074	Sept.	21	5	626
1705	8	3	2017	2	3	6	D	15	13	A	12	A	8	122	22	82	1117	Apr.	13	6	1075			6	627
1706	9	4	2018	3	4	7	C	16	14	A	4	M	24	123	23	83	1118	Apr.	3	4	1076			7	628
1707	6420	7215	2019	4	1745	8	B	17	15	A	24	A	13	124	24	84	1119	Mar.	23	1	1077			1	629
1708	1	6	2020	6	6	9	AG	18	1	A	8	A	4	125	25	85	1120	Mar.	11	5	1078	Sept.	20	2	630
1709	2	7	2021	7	7	10	F	19	2	M	31	A	24	126	26	86	1121	Mar.	1	3	1079			3	631
1710	3	8	2022	1	8	11	E	1	3	A	20	A	9	127	27	87	1122	Feb.	18	7	1080			4	632
1711	4	9	2023	2	9	12	D	2	4	A	5	A	1	128	28	88	1123	Feb.	7	4	1081			5	633
1712	6425	7220	2024	4	1750	13	CB	3	5	M	27	A	20	129	29	89	1124	Jan.	28	2	1082	Sept.	19	6	634
1713	6	1	2025	5	1	14	A	4	6	A	16	A	5	130	30	90	1125	Jan.	16	6	1083			7	635
1714	7	2	2026	6	2	15	G	5	7	A	1	M	28	131	31	91	1126	Jan.	6	4	1084			1	636
1715	8	3	2027	7	3	16	F	6	8	A	21	A	17	132	32	92	1127	Dec.	26	1	1085			2	637
																	1128	Dec.	15	5					
1716	9	4	2028	2	4	17	ED	7	9	A	12	A	1	133	33	93	1129	Dec.	4	3	1086	Sept.	18	3	638
1717	6430	7225	2029	3	1755	18	C	8	10	M	28	A	21	134	34	94	1130	Nov.	23	7	1087			4	639
1718	1	6	2030	4	6	19	B	9	11	A	17	A	13	135	35	95	1131	Nov.	12	4	1088			5	640
1719	2	7	2031	5	7	20	A	10	12	A	9	M	29	136	36	96	1132	Nov.	2	2	1089			6	641
1720	3	8	2032	7	8	21	GF	11	13	M	31	A	17	137	37	97	1133	Oct.	21	6	1090	Sept.	17	7	642
1721	4	9	2033	1	9	22	E	12	14	A	13	A	9	138	38	98	1134	Oct.	10	3	1091			1	643
1722	6435	7230	2034	2	1760	23	D	13	15	A	5	M	25	139	39	99	1135	Sept.	30	1	1092			2	644
1723	6	1	2035	3	1	24	C	14	1	M	28	A	14	140	40	100	1136	Sept.	19	5	1093			3	645
1724	7	2	2036	5	2	25	BA	15	2	A	16	A	5	141	41	101	1137	Sept.	8	3	1094	Sept.	16	4	646
1725	8	3	2037	6	3	26	G	16	3	A	1	M	28	142	42	102	1138	Aug.	28	7	1095			5	647
1726	9	4	2038	7	4	27	F	17	4	A	21	A	10	143	43	103	1139	Aug.	17	4	1096			6	648
1727	6440	7235	2039	1	1765	28	E	18	5	A	13	A	2	144	44	104	1140	Aug.	7	2	1097			7	649
1728	1	6	2040	3	6	1	DC	19	6	M	28	A	21	145	45	105	1141	Jul.	26	6	1098	Sept.	15	1	650
1729	2	7	2041	4	7	2	B	1	7	A	17	A	6	146	46	106	1142	Jul.	15	3	1099			2	651
1730	3	8	2042	5	8	3	A	2	8	A	9	M	29	147	47	107	1143	Jul.	5	1	1100			3	652
1731	4	9	2043	6	9	4	G	3	9	M	25	A	18	148	48	108	1144	Jun.	24	5	1101			4	653
1732	6445	7240	2044	1	1770	5	FE	4	10	A	13	A	9	149	49	109	1145	Jun.	12	2	1102	Sept.	14	5	654
1733	6	1	2045	2	1	6	D	5	11	A	5	M	25	150	50	110	1146	Jun.	2	7	1103			6	655
1734	7	2	2046	3	2	7	C	6	12	A	25	A	14	151	51	111	1147	Maii	22	4	1104			7	656
1735	8	3	2047	4	3	8	B	7	13	A	10	A	6	152	52	112	1148	Maii	12	2	1105			1	657
1736	9	4	2048	6	4	9	AG	8	14	A	1	A	25	153	53	113	1149	Apr.	30	6	1106	Sept.	13	2	658
1737	6450	7245	2049	7	1775	10	F	9	15	A	21	A	10	154	54	114	1150	Apr.	19	3	1107			3	659
1738	1	6	2050	1	6	11	E	10	1	A	6	A	2	155	55	115	1151	Apr.	9	1	1108			4	660
1739	2	7	2051	2	7	12	D	11	2	M	29	A	22	156	56	116	1152	Mar.	29	5	1109			5	661
1740	3	8	2052	4	8	13	CB	12	3	A	17	A	6	157	57	117	1153	Mar.	17	2	1110	Sept.	12	6	662

Anni Epochæ Christianæ a Kalendis Januarii.	Anni Periodi Julianæ a Kalendis Januarii.	Anni Mundi juxta Græcos.	Anni Solares Epochæ Rumeæ h. e. Græcæ, seu Seleucidarum, a primo die Octobris cum feriis initialibus.		Æræ Hispanicæ.	Cyclus Solis Julianus, cum Litteris Dominicalibus.		Cyclus Lunæ Julianus.	Indictio Romana.	Paschæ dies. A. Aprilem. M. Martium denotat.	Paschatis dies juxta vetus Kalendarium.	Anni Epochæ Chataiæ, solares sc. Anni Venni 2364 labentis, ab ingressu Solis in medium Aquarii deducti.	Anni Cycli sexageni simplicis.	Anni Cycli Cathaiorum, comp. e tribus Cyclis sexag.	Anni Epochæ Arabicæ lunares, ab Hegira Mohammedis deducti, cum diebus et feriis initialibus, quibus Moharram, sive primus Arabum mensis, juxta medium motum Lunæ incipit.				Anni Epochæ Persicæ 365 dierum, ab ἐνθρονισμῷ Yezdejerd deducti, cum diebus et feriis initialibus, quibus Fervardin, sive primus Persarum mensis, incipit.				Anni Epochæ Gelalææ solar. ab equin. verno.
An.	An.	An.	Ann.	F.	An.	An.		An.	Ann.			An.	An.	An.	An.	Mens.	D.	F.	An.	Mens.	D.	F.	Ann.
1741	4	9	2053	5	9	14	A	13	4	A 2	M 29	158	58	118	1154	Mar.	7	7	1111			7	663
1742	6455	7250	2054	6	1780	15	G	14	5	M 25	A 18	159	59	119	1155	Feb.	24	4	1112			1	664
1743	6	1	2055	7	1	16	F	15	6	A 14	A 3	160	60	120	1156	Feb.	14	2	1113			2	665
1744	7	2	2056	2	2	17	ED	16	7	A 5	M 25	161	1	121	1157	Feb.	3	6	1114	Sept.	11	3	666
1745	8	3	2057	3	3	18	C	17	8	A 18	A 14	162	2	122	1158	Jan.	22	3	1115			4	667
													3. Cycl. Cha. Ven.										
1746	9	4	2058	4	4	19	B	18	9	A 10	M 30	163	3	123	1159	Jan.	12	1	1116			5	668
1747	6460	7255	2059	5	1785	20	A	19	10	A 2	A 19	164	4	124	1160	Jan.	1	5	1117			6	669
1748	1	6	2060	7	6	21	GF	1	11	A 14	A 10	165	5	125	1161	Dec.	21	2	1118	Sept.	10	7	670
1749	2	7	2061	1	7	22	E	2	12	A 6	M 26	166	6	126	1162	Dec.	10	7	1119			1	671
1750	3	8	2062	2	8	23	D	3	13	M 29	A 15	167	7	127	1163	Nov.	29	4	1120			2	672
															1164	Nov.	18	1					
1751	4	9	2063	3	9	24	C	4	14	A 21	A 7	168	8	128	1165	Nov.	8	6	1121			3	673
1752	6465	7260	2064	5	1790	25	BA	5	15	A 2	M 29	169	9	129	1166	Oct.	27	3	1122	Sept.	9	4	674
1753	6	1	2065	6	1	26	G	6	1	A 22	A 11	170	10	130	1167	Oct.	17	1	1123			5	675
1754	7	2	2066	7	2	27	F	7	2	A 14	A 3	171	11	131	1168	Oct.	6	5	1124			6	676
1755	8	3	2067	1	3	28	E	8	3	M 30	A 23	172	12	132	1169	Sept.	25	2	1125			7	677
1756	9	4	2068	3	4	1	DC	9	4	A 18	A 14	173	13	133	1170	Sept.	14	7	1126	Sept.	8	1	678
1757	6470	7265	2069	4	1795	2	B	10	5	A 10	M 30	174	14	134	1171	Sept.	3	4	1127			2	679
1758	1	6	2070	5	6	3	A	11	6	M 26	A 19	175	15	135	1172	Aug.	23	1	1128			3	680
1759	2	7	2071	6	7	4	G	12	7	A 15	A 11	176	16	136	1173	Aug.	13	6	1129			4	681
1760	3	8	2072	1	8	5	FE	13	8	A 6	M 26	177	17	137	1174	Aug.	1	3	1130	Sept.	7	5	682
1761	4	9	2073	2	9	6	D	14	9	M 22	A 15	178	18	138	1175	Jul.	21	7	1131			6	683
1762	6475	7270	2074	3	1800	7	C	15	10	A 11	A 7	179	19	139	1176	Jul.	11	5	1132			7	684
1763	6	1	2075	4	1	8	B	16	11	A 3	M 23	180	20	140	1177	Jun.	30	2	1133			1	685
1764	7	2	2076	6	2	9	AG	17	12	A 22	A 11	181	21	141	1178	Jun.	19	7	1134	Sept.	6	2	686
1765	8	3	2077	7	3	10	F	18	13	A 7	A 3	182	22	142	1179	Jun.	8	4	1135			3	687
1766	9	4	2078	1	4	11	E	19	14	M 30	A 23	183	23	143	1180	Maii	28	1	1136			4	688
1767	6480	7275	2079	2	1805	12	D	1	15	A 19	A 8	184	24	144	1181	Maii	18	6	1137			5	689
1768	1	6	2080	4	6	13	CB	2	1	A 3	M 30	185	25	145	1182	Maii	6	3	1138	Sept.	5	6	690
1769	2	7	2081	5	7	14	A	3	2	M 26	A 19	186	26	146	1183	Apr.	25	7	1139			7	691
1770	3	8	2082	6	8	15	G	4	3	A 15	A 4	187	27	147	1184	Apr.	15	5	1140			1	692
1771	4	9	2083	7	9	16	F	5	4	M 31	M 27	188	28	148	1185	Apr.	4	2	1141			2	693
1772	6485	7280	2084	2	1810	17	ED	6	5	A 10*	A 15	189	29	149	1186	Mar.	24	7	1142	Sept.	4	3	694
1773	6	1	2085	3	1	18	C	7	6	A 11	M 31	190	30	150	1187	Mar.	13	4	1143			4	695
1774	7	2	2086	4	2	19	B	8	7	A 3	A 20	191	31	151	1188	Mar.	2	1	1144			5	696
1775	8	3	2087	5	3	20	A	9	8	A 16	A 12	192	32	152	1189	Feb.	20	6	1145			6	697
1776	9	4	2088	7	4	21	GF	10	9	A 7	A 3	193	33	153	1190	Feb.	9	3	1146	Sept.	3	7	698
1777	6490	7285	2089	1	1815	22	E	11	10	M 30	A 16	194	34	154	1191	Jan.	28	7	1147			1	699
1778	1	6	2090	2	6	23	D	12	11	A 19	A 8	195	35	155	1192	Jan.	18	5	1148			2	700
1779	2	7	2091	3	7	24	C	13	12	A 4	M 31	196	36	156	1193	Jan.	7	2	1149			3	701
1780	3	8	2092	5	8	25	BA	14	13	M 26	A 19	197	37	157	1194	Dec.	27	6	1150	Sept.	2	4	702
															1195	Dec.	16	4					
1781	4	9	2093	6	9	26	G	15	14	A 15	A 4	198	38	158	1196	Dec.	5	1	1151			5	703
1782	6495	7290	2094	7	1820	27	F	16	15	M 31	M 27	199	39	159	1197	Nov.	25	6	1152			6	704
1783	6	1	2095	1	1	28	E	17	1	A 20	A 16	200	40	160	1198	Nov.	14	3	1153			7	705
1784	7	2	2096	3	2	1	DC	18	2	A 11	M 31	201	41	161	1199	Nov.	2	7	1154	Sept.	1	1	706
1785	8	3	2097	4	3	2	B	19	3	M 27	A 20	202	42	162	1200	Oct.	23	5	1155			2	707
1786	9	4	2098	5	4	3	A	1	4	A 16	A 12	203	43	163	1201	Oct.	12	2	1156			3	708
1787	6500	7295	2099	6	1825	4	G	2	5	A 8	M 28	204	44	164	1202	Oct.	1	6	1157			4	709
1788	1	6	2100	1	6	5	FE	3	6	M 23	A 16	205	45	165	1203	Sept.	20	4	1158	Aug.	31	5	710
1789	2	7	2101	2	7	6	D	4	7	A 12	A 8	206	46	166	1204	Sept.	9	1	1159			6	711
1790	3	8	2102	3	8	7	C	5	8	A 4	M 24	207	47	167	1205	Aug.	29	5	1160			7	712
1791	4	9	2103	4	9	8	B	6	9	A 24	A 13	208	48	168	1206	Aug.	19	3	1161			1	713
1792	6505	7300	2104	6	1830	9	AG	7	10	A 8	A 4	209	49	169	1207	Aug.	7	7	1162	Aug.	30	2	714
1793	6	1	2105	7	1	10	F	8	11	M 31	A 24	210	50	170	1208	Jul.	28	5	1163			3	715
1794	7	2	2106	1	2	11	E	9	12	A 20	A 9	211	51	171	1209	Jul.	17	2	1164			4	716
1795	8	3	2107	2	3	12	D	10	13	A 5	A 1	212	52	172	1210	Jul.	6	6	1165			5	717
1796	9	4	2108	4	4	13	CB	11	14	M 27	A 20	213	53	173	1211	Jun.	25	4	1166	Aug.	29	6	718
1797	6510	7305	2109	5	1835	14	A	12	15	A 16	A 5	214	54	174	1212	Jun.	14	1	1167			7	719
1798	1	6	2110	6	6	15	G	13	1	A 8	M 28	215	55	175	1213	Jun.	3	5	1168			1	720
1799	2	7	2111	7	7	16	F	14	2	M 24	A 17	216	56	176	1214	Maii	24	3	1169			2	721
1800	3	8	2112	2	8	17	E	15	3	A 13	A 8	217	57	177	1215	Maii	12	7	1170	Aug.	28	3	722

[** Cum nobis Cangiani quicquam mutare religioni sit, hic subjicimus, quæ aliter se habent in tabulis quæ insertæ sunt libro inscripto : *L'Art de vérifier les dates*, in nostris asterisco ea notare satis habentes : —

Dies Pasch. :

Ann. 25. A 1. Ann. 156. M 29. Ann. 159. A. 23. Ann. 256. M 26. Ann. 403. M 29. Ann. 439. A 16.
Ann. 440. A 7. Ann. 537. A 12. Ann. 587. M 30. Ann. 672. A 25. Ann. 1006. A 21. Ann. 1022. M 25.
Ann. 1296. M 25. Ann. 1309. M 30. Ann. 1336. M 31. Ann. 1337. A 20. Ann. 1339. M 28.
Ann. 1340. A 16. Ann. 1342. M 31. Ann. 1348. A 20. Ann. 1349. A 12. Ann. 1353. M 24. Ann. 1469. A 2.
Ann. 1470. A 22. Ann. 1473. A 18. Ann. 1474. A 10. Ann. 1475. M 26. Ann. 1506. A 12. Ann. 1515. A 8.
Ann. 1552. A 17. Ann. 1568. A 18. Ann. 1600. M 23. Ann. 1665. M 26. Ann. 1686. A 4. Ann. 1687. M 27.
Ann. 1772. A 19. —

Litter. Dominical. : Ann. 1588. 1 CB.]

☞ Cangianæ Tabellæ quatuor alias subjicimus, quas speramus lectori gratas fore. Prima indicabit Epactas et Novilunia cujusvis anni ante correctionem Calendarii factam a Gregorio XIII. PP. ann. 1582. Altera Concurrentes cyclo solari respondentes. Tertia diem hebdomadis, quo contingit initium cujusvis mensis, tam ante quam post Gregorianam emendationem. Quarta denique diem quemlibet cujusvis mensis certo hebdomadis diei respondentem. Quantum utilitatis ex iis quatuor tabellis ad examen notarum chronologicarum in veteribus chartis occurrentium percipi queat, usus declarabit.

Ac primo quidem Epactas quod spectat, an cohæreant necne, ex proxime subsequenti Tabella nullo negotio cognoscetur. Qui ex superiori Tabella noverit alicujus anni numerum aureum, in eumdem numerum aureum oculos conjiciat in sequenti Tabella prænotatum, unico intuitu Epactas videbit ipsi numero aureo respondentes, non eas quidem quas exhibet Tabella Clavii, quæ in Breviariis cernitur quasi indicans *Epactas aureis numeris respondentes ante Calendarii correctionem*, sed eas quas antiqui Computistæ numerabant. Non eadem enim antiquorum fuit, quæ hodie nostra est, Epactarum numerandarum ratio. Nos tot dicimus alicujus anni Epactas esse, quot sunt lunæ dies ultima Decembris anni præcedentis : v. g. juxta Calendarium Ecclesiæ ultima Decembris dies anni 1729. erat undecima lunaris; undecim igitur Epactas numeramus ann. 1730. Veteres vero Computistæ tot numerabant Epactas quovis anno, quot erant eodem anno lunæ dies XI. Cal. April. seu 22ª. Martii : *Omni anno*, inquit Beda, *quota luna in undecimo Calendarum Aprilis evenerit, tota eodem anno Epacta erit.* Hanc epactam in veteribus Instrumentis apponi solitam exhibet Tabella nostra, non Clavianam, quæ uno semper anno veterum computandi rationem antecedit : v. g. juxta Clavium epacta XI. respondet aureo numero 1. epacta XXII. aureo numero 2. etc. juxta veteres epacta XI. respondet aureo numero 2. epacta XXII. aureo numero 3. etc. Hunc autem veterum numerandi morem, saltem ut plurimum, sequebantur Notarii ab ipso mense Januario, quo mutabatur numerus aureus, licet epactæ solum mutari censerentur 22ª. Martii. Id in pluribus instrumentis observavimus. Atque hæc quidem de Epactis.

Haud difficilior est lunarium dierum inventio. Tabella sequens exhibet novilunia quæque cujusvis anni hoc vel illo numero aureo signati : ex novilunio quemlibet lunarem diem in chartis adjunctum inveniet quisquis potest digitis computare. Hæc autem novilunia veteri Calendario scrupulosius inhærentes indicavimus, easdem omnino lunationes 29. vel 30. dierum mensi cuilibet illigando, quas veteres, neglectis diligentioris Astronomiæ regulis, illigabant; habita quoque ratione annorum lunæ *Communium*, quibus duodecim tantum lunationes dierum 354. et *embolimeorum*, quibus tredecim lunationes dierum 384. vel 383. terminabantur. Sed hæc ad Computistas. Nobis satis sit dixisse nihil in adornanda sequenti Tabella neglectum, ut in nullo prorsus à veteri Calendario dissentiret.

INDEX EPACTARUM ET NOVILUNIORUM PER CYCLUM DECENNOVENNALEM.

Num. Aur. 1. Epacta XI.		Num. Aur. 2. Epacta XI.		Num. Aur. 3. Epacta XXII.		Num. Aur. 4. Epacta III.		Num. Aur. 5. Epacta XIV.		Num. Aur. 6. Epacta XXV.		Num. Aur. 7. Epacta VI.		Num. Aur. 8. Epacta XVII.		Num. Aur. 9. Epacta XXVIII.		Num. Aur. 10. Epacta. IX.	
Novilunia.		Novilunia.		Novilunia.		Novilunia.		Novilunia.		Novilunia.		Novilunia.		Novilunia.		Novilunia.		Novilunia.	
Jan.	23	Jan.	12	Jan.	1, 31	Jan.	20	Jan.	9	Jan.	28	Jan.	17	Jan.	6	Jan.	25	Jan.	14
Febr.	21	Febr.	10	Febr.		Febr.	18	Febr.	7	Febr.	26	Febr.	15	Febr.	4	Febr.	23	Febr.	12
Mart.	23	Mart.	12	Mart.	1, 31	Mart.	20	Mart.	9	Mart.	28	Mart.	17	Mart.	6	Mart.	25	Mart.	14
April.	21	April.	10	April.	29	April.	18	April.	7	April.	26	April.	15	April.	5	April.	23	April.	12
Maius	21	Maius	10	Maius	29	Maius	18	Maius	7	Maius	26	Maius	15	Maius	4	Maius	23	Maius.	12
Jun.	19	Jun.	8	Jun	27	Jun.	16	Jun.	5	Jun.	24	Jun.	13	Jun.	3	Jun.	21	Jun.	10
Jul.	19	Jul.	8	Jul.	27	Jul.	16	Jul.	5	Jul.	24	Jul.	13	Jul.	2	Jul.	21	Jul.	10
Aug.	17	Aug.	6	Aug.	25	Aug.	14	Aug.	3	Aug.	22	Aug.	11	Aug.	1, 30	Aug.	19	Aug.	8
Sept.	16	Sept.	5	Sept.	24	Sept.	13	Sept.	2	Sept.	21	Sept.	10	Sept.	29	Sept.	18	Sept.	7
Oct.	15	Oct.	4	Oct.	23	Oct.	12	Oct.	2, 31	Oct.	20	Oct.	9	Oct.	28	Oct.	17	Oct.	6
Nov.	14	Nov.	3	Nov.	22	Nov.	11	Nov.	30	Nov.	19	Nov.	8	Nov.	27	Nov.	16	Nov.	5
Dec.	13	Dec.	2	Dec.	21	Dec.	10	Dec.	29	Dec.	18	Dec.	7	Dec.	26	Dec.	15	Dec.	4
Annus Communis Dierum 354.		Annus Embolimeus Dierum 384.		Annus Communis Dierum 354.		Annus Communis Dierum 354.		Annus Embolimeus Dierum 384.		Annus Communis Dierum 354.		Annus Communis Dierum 354.		Annus Embolimeus Dierum 384.		Annus Communis Dierum 354.		Annus Communis Dierum 354.	

Num. Aur. 11. Epacta XX.	Num. Aur. 12. Epacta I.	Num. Aur. 13. Epacta XII.	Num. Aur. 14. Epacta XXIII.	Num. Aur. 15. Epacta IV.	Num. Aur. 16. Epacta XV.	Num. Aur. 17. Epacta XXVI.	Num. Aur. 18. Epacta VII.	Num. Aur. 19. Epacta XVIII.	Num. Aur. 1. Epacta XXIX. vel nulla.
Novilunia.	Novilunia.	Novilunia.	Novilunia.	Novilunia.	Novilunia.	Novilunia.	Novilunia.	Novilunia.	Novilunia.
Jan. 3	Jan. 22	Jan. 11	Jan. 30	Jan. 19	Jan. 8	Jan. 27	Jan. 16	Jan. 5	Jan. 23
Febr. 2	Febr. 20	Febr. 9	Febr. 28	Febr. 17	Febr. 6	Febr. 25	Febr. 14	Febr. 3	Febr. 21
Mart. 3	Mart. 22	Mart. 11	Mart. 30	Mars. 19	Mart. 8	Mart. 27	Mart. 16	Mart. 5	Mart. 23
April. 2	April. 20	April. 9	April. 28	April. 17	April. 6	April. 25	April. 14	April. 4	April. 21
Maius { 1 31	Maius 20	Maius 9	Maius 28	Maius 17	Maius 6	Maius 25	Maius 14	Maius 3	Maius 21
Jun. 29	Jun. 18	Jun. 7	Jun. 26	Jun. 15	Jun. 4	Jun. 23	Jun. 12	Jun. 2	Jun. 19
Jul. 29	Jul. 18	Jul. 7	Jul. 26	Jul. 15	Jul. 4	Jul. 23	Jul. 12	Jul. { 1 30	Jul. 19
Aug. 27	Aug. 16	Aug. 6	Aug. 24	Aug. 13	Aug. 2	Aug. 21	Aug. 10	Aug. 28	Aug. 17
Sept. 26	Sept. 15	Sept. 4	Sept. 23	Sept. 12	Sept. 1	Sept. 20	Sept. 9	Sept. 27	Sept. 16
Oct. 25	Oct. 14	Oct. 3	Oct. 22	Oct. 11	Oct. { 1 31	Oct. 19	Oct. 8	Oct. 26	Oct. 15
Nov. 24	Nov. 13	Nov. 2	Nov. 21	Nov. 10	Nov. 29	Nov. 18	Nov. 7	Nov. 25	Nov. 14
Dec. 23	Dec. 12	Dec. { 1 31	Dec. 20	Dec. 9	Dec. 28	Dec. 17	Dec. 6	Dec. 24	Dec. 13
Annus Embolimeus Dierum 384.	Annus Communis Dierum 354.	Annus Embolimeus Dierum 384.	Annus Communis Dierum 354.	Annus Communis Dierum 354.	Annus Embolimeus Dierum 384.	Annus Communis Dierum 354.	Annus Communis Dierum 354.	Annus Embolimeus Dierum 384.	Annus Communis Dierum 354.

Communis annus solaris constat 52. hebdomadibus et uno die, bissextilis vero 52. hebdomadibus et duobus diebus. Hos dies 52. hebdomadibus superadditos vocabant antiqui *Concurrentes* seu *Epactas solis*, eosque ita numerabant. Primo cycli solaris anno Concurrentem unum, secundo duos, tertio tres, quarto quatuor, quinto utpote bissextili sex, sexto septem, septimo assignabant unum, et sic ad finem cycli solaris, i. e. ad annos 28. semper addendo Concurrentem unum annis communibus, duos vero bissextilibus, semperque recurrendo ad primum Concurrentem, cum ad septimum pervenissent; quot enim sunt hebdomadis dies, tot erant Concurrentes, qui ad id excogitati fuerant ab antiquis, ut cum *Regularibus*, de quibus suo loco, compositi, septimanæ ferias indicarent. Jam vero qui ex Cangiana Tabella cyclum solarem noverit, oculos conjiciat in tabellam subsequentem, Concurrentem videbit cyclo solari respondentem.

INDEX CONCURRENTIUM ANNIS CYCLI SOLARIS RESPONDENTIUM.

Cyclus solis.	Concurrentes.	Cyclus solis.	Concurrentes.	Cyclus solis.	Concurrentes.	Cyclus solis.	Concurrentes.
1 Bissext.	1	8	2	15	4	22	6
2	2	9 Bissext.	4	16	5	23	7
3	3	10	5	17 Bissext.	7	24	1
4	4	11	6	18	1	25 Bissext.	3
5 Bissext.	6	12	7	19	2	26	4
6	7	13 Bissext.	2	20	3	27	5
7	1	14	3	21 Bissext.	5	28	6

Rarius occurrunt in Chartis notæ numericæ, quas *Claves terminorum* appellabant. Harum usus ante Calendarii correctionem erat indicandi, quo die celebranda foret Dominica Septuagesimæ cum cæteris Festis mobilibus. Hi numeri respondebant Epactis hoc modo :

Epactæ	XXIX vel *	XI	XXII	III	XIV	XXV	VI	XVII	XXVIII	VIII	XX	I	XII	XXIII	IV	XV	XXVI	VII	XVIII.
Claves.	26.	15.	34.	23.	12.	31.	20.	39.	28.	17.	36.	25.	14.	33.	22.	11.	30.	19.	38.

Si cujusvis anni Epactam et Clavem ei respondentem noveris, numerato unum septima Januarii, pergitoque numerans usque ad numerum Clavis ejus anni completum, dies Dominica proxime subsequens erit Dominica Septuagesimæ, qua una cognita ceteri dies Festi mobiles cognoscuntur. v. g. Anno 1000. erant Aurei numeri 13. Epactæ 12. Claves 14. Si 14. numeres a 7ª. Januarii et pergas usque dum compleatur, pervenies ad 20. Januarii, cui respondet Littera Dominicalis F. quæ est Littera Dominicalis anni 1000. hinc pergito ad diem proxime sequentem, cui eadem Littera F. respondeat, comperies Septuagesimam anni 1000. incidere 27. Januarii.

Tabella sequens indicat diem hebdomadis, in quem cadit prima dies cujusvis mensis anni propositi, tam ante quam post Gregorianam correctionem. Qui noverit alicujus anni litteram dominicalem in prima Cangii Tabella notatam, consulat tabellam sequentem, ubi prima dies cujusvis mensis respondet ipsi litteræ dominicali. Quæro v. g. quo hebdomadis die incœperit mensis Augustus ann. 1000. cujus littera dominicalis erat F. Per columnam ipsi litteræ F. suppositam descendo ad quadrangulum mensi Augusto correspondentem, in quo scriptum est *Feria quinta :* quæ prima dies fuit Augusti ann. 1000.

Menses.	A	B	C	D	E	F	G
Januarius	Dominica	Sabbatum	Feria sexta	Feria quinta	Feria quarta	Feria tertia	Feria secunda
Februarius	Feria quarta	Feria tertia	Feria secunda	Dominica	Sabbatum	Feria sexta	Feria quinta
Martius	Feria quarta	Feria tertia	Feria secunda	Dominica	Sabbatum	Feria sexta	Feria quinta
Aprilis.	Sabbatum	Feria sexta	Feria quinta	Feria quarta	Feria tertia	Feria secunda	Dominica
Maius	Feria secunda	Dominica	Sabbatum	Feria sexta	Feria quinta	Feria quarta	Feria tertia
Junius	Feria quinta	Feria quarta	Feria tertia	Feria secunda	Dominica	Sabbatum	Feria sexta
Julius	Sabbatum	Feria sexta	Feria quinta	Feria quarta	Feria tertia	Feria secunda	Dominica
Augustus	Feria tertia	Feria secunda	Dominica	Sabbatum	Feria sexta	Feria quinta	Feria quarta
September	Feria sexta	Feria quinta	Feria quarta	Feria tertia	Feria secunda	Dominica	Sabbatum
October	Dominica	Sabbatum	Feria sexta	Feria quinta	Feria quarta	Feria tertia	Feria secunda
November	Feria quarta	Feria tertia	Feria secunda	Dominica	Sabbatum	Feria sexta	Feria quinta
December	Feria sexta	Feria quinta	Feria quarta	Feria tertia	Feria secunda	Dominica	Sabbatum

Qui per Tabellam proxime præcedentem novit, qua hebdomadis die contingat prima dies cujusdam mensis, per sequentem facile cognoscet quemlibet ejus mensis diem cuivis diei hebdomadis respondentem. Quæris in quam feriam inciderit Nativitas Domini ann. 1000. quæ, ut omnes norunt, celebratur 25. Decembris. Tabella superior docet primam diem Decembris ann. 1000. contigisse die Dominica : ab hac die *Dominica,* quæ pingitur in sinistro latere tabellæ subsequentis, perge ad quadrangulum numeri 25 cui superius respondet *feria quarta,* in quam incidit Nativitas Domini ann. 1000.

Dies	Dominica.	Feria secunda.	Feria tertia.	Feria quarta.	Feria quinta.	Feria sexta.	Sabbatum.	Dominica.	Feria secunda.	Feria tertia.	Feria quarta.	Feria quinta.	Feria sexta.	Sabbatum.	Dominica.	Feria secunda.	Feria tertia.	Feria quarta.	Feria quinta.	Feria sexta.	Sabbatum.	Dominica.	Feria secunda.	Feria tertia.	Feria quarta.	Feria quinta.	Feria sexta.	Sabbatum.	Dominica.	Feria secunda.	Feria tertia:	Feria quarta.	Feria quinta.	Feria sexta.	Sabbatum.	Dominica.	Feria secunda.
Dom.	1	2	3	4	5	6	7	8	9	10	11	12	13	14	15	16	17	18	19	20	21	22	23	24	25	26	27	28	29	30	31						
Feria II.		1	2	3	4	5	6	7	8	9	10	11	12	13	14	15	16	17	18	19	20	21	22	23	24	25	26	27	28	29	30	31					
Fer. III.			1	2	3	4	5	6	7	8	9	10	11	12	13	14	15	16	17	18	19	20	21	22	23	24	25	26	27	28	29	30	31				
Fer. IV.				1	2	3	4	5	6	7	8	9	10	11	12	13	14	15	16	17	18	19	20	21	22	23	24	25	26	27	28	29	30	31			
Fer. V.					1	2	3	4	5	6	7	8	9	10	11	12	13	14	15	16	17	18	19	20	21	22	23	24	25	26	27	28	29	30	31		
Fer. VI.						1	2	3	4	5	6	7	8	9	10	11	12	13	14	15	16	17	18	19	20	21	22	23	24	25	26	27	28	29	30	31	
Sabbat.							1	2	3	4	5	6	7	8	9	10	11	12	13	14	15	16	17	18	19	20	21	22	23	24	25	26	27	28	29	30	31

* ANNUS BONI PUBLICI. Lit. remiss. ann. 1474. in Reg. 195. Chartoph. reg. ch. 1289 : *L'an mil cccc. lxv. qui fut l'an, que l'en disoit l'Année du bien publique etc.* Aliæ ann. 1477. in Reg. 203. ch. 16 : *Comme l'année courant mil iiijc. lxv. ou environ, qui fut l'année des premieres guerres et divisions advenues en ce royaume du temps de nostre regne, qu'on a depuis appellé l'Année du bien public.* Hæc sufficiant in re cætero notissima.

¶ ANNUS EMBOLISMALIS, *id est, superexcrescens, qui* 380. *dies excedit, habens tredecim lunationes.* Ita Gervasius Tilberiensis in suis Otiis Imperialibus apud Leibnitium Scriptor. Brunsvic tom. I. pag. 888. De anno Embolimeo supra dictum est.

¶ ANNUS EMERGENS. Vide *Annus usualis.*

* ANNUS FATALIS, Intra cujus cursum causæ appellationum apud judices instruendæ et terminandæ sunt. Constitut. Petri III. reg. Aragon. ann. 1369 : *Ordinamus quod appellatio annum solum habeat ad appellationem suam prosequendam : ita quod Anno fatali contentus prorsus existat, nec quo* (quod) *ex causa ad altarem* (alterum) *fatale vel tempus alterius additum sibi facere extimat.* Vide *Fatalia.*

ANNUS GRATIÆ. Concilium Coloniense ann. 1310. cap. 15 : *Nullus item* (Clericus) *Annis Gratiæ abutens fructus annorum suo-*

rum spuriis, vel concubinis suis leget, aut donet. Annus gratiæ dicebatur in quibusdam Ecclesiis, ac præsertim in Trevirensi et Coloniensi, annus ab obitu alicujus Canonici, cujus fructus vel ab aliis Canonicis retinebantur, vel ad utilitatem Ecclesiæ impendebantur in damnum successoris: quod confirmat Concilium Trevir. ann. 1310. apud Marten. tom. 4. Anecd. col. 247: *Cum ex Trevirensi provinciali Concilio... propter multas abusiones Annus gratiæ fuerit alias revocatus, nos considerantes, quod hujusmodi revocatio in quandam dissuetudinem est deducta, sicque Cathedralium et Collegiatarum Ecclesiarum quam plurimi Canonici propriis commodis inhiantes in grave præjudicium successorum... fructus præbendarum suarum per annum unum et post eorum obitum sibi retinere et appropriare contendunt, annum talem qui juxta hoc pro successoribus et Ecclesiis bissextilis dici debet, Annum Gratiæ nuncupantes... statuimus... ut nulli Canonico talem annum talisque anni reditus liceat retinere... sed ad instituendos successores Canonicos transeant pleno jure.* Hist. Comitum Lossens. part. 2. pag. 33. in Charta Joannis Comitis Lossensis pro Capitulo Lossensi ann. 1274: *Fructus anni immediate sequentis Annum Gratiæ cujuslibet Canonici Lossensis Ecclesiæ decedentis perpetuo concedimus et confirmamus, ut dictos fructus liceat vobis integraliter percipere, et in usus Ecclesiæ vestræ Lossensis convertere, ut in eadem Ecclesia cultus divinus diligentius observetur.*]

* Stat. Einbeccensia apud Ludewig. tom. 10. Reliq. MSS. pag. 117: *Dicimus quod Annus gratiæ vocatur totus a die obitus sui usque ad eandem diem anno revoluto, et comprehendit omnes fructus, qui dentur canonico residente et actu deserviente, in quibuscumque fructibus consistant.* Stat. eccl. Tullens. MSS. ann. 1497. fol. 163. r°: *Annum autem gratiæ, ut alii habeant* (leprosi) *pro debitis solvendis vel in anniversariis constituendis, si in ecclesia sepeliantur.*

¶ Annus Legitimus. Vide *Annus usualis.*

¶ Annus Lunæ, Mensis. Dungalus epist. ad Carolum M. in Spicil. Acher. tom. 10. pag. 154: *Ergo sicut Annus Lunæ mensis est, et annus solis duodecim menses... ita mundanum annum quindecim millia annorum, quales nunc computamus, efficiunt. Mundanus autem dicitur, quia mundus proprie cœlum vocatur.* Annus Lunaris civilis, si communis sit, continet modo dies 354. modo, quod raro evenit, 353. Vide Clavii explicationem Calendarii Rom. pag. 102.

¶ Annus Magnus, *Qui planetis omnibus ad sua loca creationis reversis completur: quod fit demum post quingentos et tringenta annos.* Gerv. Tilber. in Otiis Imperial. apud Leibnitium Scriptor. Brunsvic. tom. 1 pag. 888.

** Annus Malus, *Anno mão*, Lusit. annus 1124. Chart. vendit. ap. S^a Rosa de Viterbo in Supplemento Elucidarii pag. 9: *Ista Carta fuit facta uno anno post annum malum.*

¶ Anni Minores, Infantia, ætas tenella. Rymer. tom. 5. pag. 496: *Sed præfatus Philippus... dictum regnum Franciæ, dum sic eramus in Annis Minoribus constituti, sibi per potentiam contra justitiam usurpavit.*

¶ Annus Mundanus, Annorum quindecim millium revolutio, juxta eumdem Dungalum, qui addit ibid. pag. seq.: *Mundani ergo anni finis est, cum stellæ omnes, omniaque sidera quæ aplanes habet a certo loco ad eumdem locum ita remeaverint, ut ne una quidem cœli stellâ in alio loco sit, quam in quo fuit... hoc autem, ut Phisici volunt, post annorum quindecim millia peracta contingit.* Gervasius Tilberiensis in suis Otiis Imperialibus apud Leibnit. Scriptor Brunsvic. tom. 1. pag. 889. ait post Josephum id contingere, non post quindecim, sed post quinque annorum millia: qua de re judices sint Astronomi.

Annus Novus. S. Maximus Taurinensis Hom. de Kalendis Januarii: *Gravi utique eorum cor est, atque omni impietate depressum, qui per sacrilegos logos divinis monitis illudentes, vana diligunt, et falsa sectantur, et post omnia ad offensionis plenitudinem dies ipsos Annum Novum vocant. Quamquam non inconvenienter secundum se, Novum appellant Annum: quoniam per nefandas ferias de honestate falsa turpitudo et perversitas innovatur. Novum vocant Annum, quasi novi aliquid aut cœlum tunc ostendat, aut terra. Novum Annum Januarias appellant Kalendas, cum vetusto semper errore et horrore sordescant.*

* Annus Nubilis, Quo quis nubere potest, vel a tutela liber est. Charta ann. 1263. ex Tabul. Carnot.: *Quod dicta Margareta, ex quo ad Annos nubiles devenerit, et dictus Gerardus...... singula prædicta volent, laudabunt, concedent et promittent.*

* Annus Par et Impar, Qui numero pari vel impari constat; quod Latine diceretur *Alternis annis.* Codex redit. episc. Autiss. ann. circ. 1290. inter Probat. Hist. Autiss. pag. 73. col. 1: *Denarii paratarum, Anno pari xxxvj. lib. Anno impari lx. sol.* Consuet. Castellionis ad Sequanam ex Cod. reg. 9898. 2: *Doit chacun messaige au terme de S. Martin d'yver quatre moitons aveine, une geline, cinq œufs en l'An non per, et en l'An per, deux gelines, dix œufs et trois courvées de bras.*

* Annus Pragensium seu Praguereiæ, Annus scilicet 1440. quo Ludovicus Dalphinus, ex Ducum Alenconii et Borbonii impulsione, a patre rege defecit. Lit. remiss. ann. 1469. mense Octobr. in Reg. 196. Chartoph. reg. ch. 63: *Trente ans a ou environ, et en l'Année, que on appelloit l'Année des Pragois ou de la Praguerie, etc.* Quæ denominatio hinc ducta videtur, quod tunc fere temporis rebellaverunt Pragenses seu Bohemi, quorum rebellio haud felicem habuerat exitum. Vide Longueruana part. 1. fol. 102.

Anni Subditi. Concilium apud Theodonisvillam ann. 821. cap. 1: *Si quis Subdiaconum calumniatus fuerit, vulneraverit, vel debilitaverit, et convaluerit, 5. quadragesimas sine subditis Annis pœniteat, etc.* Ita can. 2. et 3. Canone vero 4: *Si quis Episcopo insidias posuerit, comprehenderit, vel dehonestaverit, 10. quadragesimas cum subditis Annis pœnitat, etc.* Ubi *Anni Subditi*, sunt subsequentes. Ibid. can 1.: *Si autem mortuus fuerit, singulas supradictas quadragesimas cum sequentibus Annis pœniteat.*

* Annus Viduitatis, Quo viduæ ad secundas convolare nuptias non licet. Scacar. apud Cadom. ann. 1234. in Reg. S. Justi ex Cam. Comput. Paris. fol. 27. v°. col. 1: *Vidua super hereditate conventa habet Annum viduitatis; similiter ille, quem vidua convenit super hereditate.*

¶ Annus Usualis. Gervasius Tilber. in Otiis Imperial. apud Leibnit. Scriptor. Brunsvic. tom. 1. pag. 889: *Judæi tres annos distinguunt, Usualem qui a Januario incipit; et hunc nobis communem habent in contractibus et negotiis agendis. Habent et Annum legitimum, quo utuntur in legitimis, quæ agunt et distinguunt per lunationes, cujus est Aprilis lunatio prima. Habent et annum emergentem, quem in memoriam liberationis suæ computant ab exitu Ægypti.*

Annus et Dies in Chartis apponi solebant, ut vim haberent. Lex Alaman. tit. 43: *Scriptura non valeat, nisi in qua Annus et Dies evidenter ostenditur.* Adde Legem Bajuvar. tit. 15. § 13. Capit. Caroli Magni lib. 6. cap. 147. [** rec. 149, exscriptum ex lege Wisigoth. lib. 2. tit. 5. cap. 2., unde etiam sua hausit auctor leg. Bajuv.] Leges Burgorum Scoticor. cap. 9. et legem 34. § 1. D. de Pignoribus et hypoth.

Annus et Dies, pro anno completo, *An et jour.* Lex Friderici I. Imperatoris, apud Usperg. ann. 1187: *Fines Imperii per Annum et Diem abjuret.* [** Vide Grimmii Antiq. Jur. Germ. pag. 222. n. 6.]

Annus et Dies, Practicis nostris, *An et jour*, Præscriptionis species in variis casibus usurpata; verbi gratia, in Lege Longob. lib. 2. tit. 43. § 3. [**Ludov. Pii 20.], *res in bannum missa, si per Anni et unius Diei spatium illam esse in banno permiserit possessor, ad fiscum devolvitur.* Similia habentur in Speculo Saxon. lib. 1. art. 38. § 2: *Qui per Annum et Diem in proscriptione Imperatoriæ majestatis steterit, ille juri erit alienus, et ejus feudum domino liberum vacabit, necnon ejus proprietas esse Imperii majestatis pronuntietur.* Ubi Glossa Germanica *annum et diem* esse sex hebdomadas et annum unum annotat, forte in favorem absentis aut delinquentis. In formula venditionis servi, venditor stipulatur *eum sanum usque Anno et Die*, Galli dicerent, *garantir an et jour.* In Libris feudorum, qui intra annum et diem, feudi investituram a domino non petit, feudum amittit. Occurrunt similia multa in Consuetudinibus municipalibus.

Annus et Vastum, vel *Annus, Dies et Vastum*, pars est prærogativæ regiæ, qua proficua terrarum et tenementorum ad eos spectantium, qui feloniæ, aut proditionis minoris condemnantur, contra dominum feudi, ad annum et diem vendicat, et præterea vastationem tam terrarum quam tenementorum hujusmodi, nisi dominus feudi eadem competenti pretio redemerit. Ita Cowellus, et Rastallus. Willelm. Thorn. pag. 2015: *Habet.... catalla felonum et fugitivorum hominum et tenentium suorum, cum Anno et Vasto, in omnibus maneriis suis existentium ubicumque damnatorum.* Infra: *Hujusmodi catalla* (fugitivorum) ... *ad Regem pertinere debent cum Anno et Vasto.* Adde pag. 1898. Monastic. Anglic. tom. 1. pag. 977. et Fletam. libro 1. cap. 28.

☞ Jam vero circa etymon hujusce vocis ad Etymologicon Vossii remittendum satius duximus, ne actum agere videamur.

Ne tamen studiosum Lectorem aliquid effugiat, exscribam quosdam versus qui in libello de anno Romano, auctore Jacobo Pinone, pag. 5. leguntur :

Vox Am prisca sonat circum, quia volvitur annus
In se, iteratque viam sua per vestigia semper,
Serpentisque suam mordentis imagine caudam
Pingitur.

¶ **ANNYMA**, pro *Anima*, apud Th. *Madox* Formular. Anglic. pag. 424.

* **ANOBARBA**, *Flava barba vel dura*. Glossar. vet. ex Cod. reg. 7613. pro *Ænobarba*; unde nomen Ænobarbi, qui barbam rutilam ærique assimilem habet.

¶ **ANOCATUM**, ab ἄνω, Sursum et κάτω, Deorsum. Vide *Jusum*.

* **ANOCICLOTITORIUM**. Vide infra *Cinociclotorium*.

* **ANODIUS**. Glossar. vet. ex Cod. reg. 7646 : *Anodia medicamina, quæ dolores ad præsens mitigant tantum, non sanant*. Idem quod mox *Anodynus*, quomodo etiam forte legendum est.

¶ **ANODUS**, *Nutrimentum quod separatur in renibus*, Rocho *le Baillif* in Diction. Spagyrico.

* **ANODYNUS**, a Gr. ἀνώδυνος, Leniens dolorem, unde et nostris *Anodin*. Vita S. Raymundi Nonnati tom. 6. Aug. pag. 740. col. 2 : *Eodem punitionis tempore ipsismet afflictis medicamentum Anodynum subministravit*.

* **ANOLOGISTA**, Liber a reddenda ratione, pro *Analogista*. Vide in hac voce. Testam. Guidonis de Lizigniaco ann. 1309. in Reg. 13. Chartoph. reg. ch. 123 : *Eos* (executores) *et eorum quemlibet Anologistas esse volo, et ab omni ratione reddenda ipsos et eorum quemlibet quitto*.

ANOLOGIUM [et Anolegium, Johanni de Janua *est Pulpitum supra quod legitur*. Apud Mabillonium tom. 3. Operum posthum. pag. 430. dicitur de sepulcro, cui addita *tumba* est, quæ quatuor columnis sustinetur cum his tribus versibus :

Mille quater centum sexdeni tres simul anni,
Hujus Anologii renovantur tegmina sacri,
Tam bene dudum Julii decurrunt tempora mensi.]

Vide *Analogium*.

¶ **ANOLUS**, pro *Anulus*, apud Doubletum Hist. San-Dionys. pag. 709. et Mabillonium Liturg. Gallic. pag. 463.

* **ANOMALUS**, vox Græcæ originis. Gloss. Gr. Lat. ἀνώμαλος, *inæqualis, iniquus*. Glossar. Lat. Ital. MS. *Anomalus, senza leze*. At vero idem quod *Innominatus*, sine nomine, esse videtur, in Charta pro universit. Grambodii ann. 1442. ex schedis Pr. *de Mazaugues : Omnesque actiones et rationes reales, personales, mixtas, utiles et directas, roique persecutorias, naturales, prætorias, civiles, possessorias et Anomalas*.

* **ANOMIA**, *Sine lege, iniquitas, Enequitat, Prov.* in Glossar. Provinc. Lat. ex Cod. reg. 7657. Gloss. Gr. Lat. ἀνομία, *scelus, sceleritas, iniquitas*. Vide supra *Anomalus*.

¶ **ANOMONIANI**, Hæretici sic dicti a Græco ἄνομος, Lex et privat. Viventes sine lege. Hierolexicon Macri.

¶ **ANONA**, pro *Annona* in Cod. Irminonis Abb. San-German. fol. 12. recto. [** Guerardo pag. 24.]

¶ **ANONAGIUM**, Tributum ex Annona. Litteræ Officialis Andegav. [* ann. 1269. ex Tabul. S. Albini Andegav.] : *Fulco de Torullo minor miles... vendidit et concessit... omnes fructus quos habere poterat... in censibus, supercensibus, hominibus... herbis, herbagiis, vineis, vinagiis, Anonagiis, avenis, avenagiis*. Vide *Annonagium* in *Annona*.

¶ **ANONALIA**, Eadem, ut videtur, notione. Charta Henrici et Conradi Ducum Silesiæ, apud Ludewig. tom. 5. Reliq. MSS. pag. 544 : *Proventibus, exactionibus, monetalibus et Anonalibus, judiciis, juribus patronatus Ecclesiarum*.

* **ANOREXIA**, *i. Fastidium vel abstinentia*, in Gloss. Iatricis ex Cod. reg. 6881. ad Alex. Iatrosoph. lib. 1. Passion. cap. 19 : *De Anorexia, i. fastidio*. Ubi Gloss. *i. sine desiderio*.

* **ANORMALIS**, A *norma* seu regula alienus. Charta ann. 1420. apud Spon. tom. 2. Hist. Genev. pag. 156 : *Exceptiones, nullitates, præscriptiones dilatorias, declinatorias, fori peremptorias, Anormales, et alias quascumque.... positiones porrigendi et admittendi, etc. Anormaliter*, in Vocabul. compend.

ANORMALUS, pro *Anomalus*, vel contra *normam*, id est, regulam. Alanus de Planctu naturæ : *Qui autem a Regula Veneris exceptionem facit Anormalem, Veneris privetur sigillo*. Utitur alibi semel ac iterum.

* B. de Amoribus in Speculo sacerdotum MS. cap. 16. de Sententia excommunicationis :

Sed post officias huic victus Anormalus extas,
Nunquam participes hiis quos anathema coherceat...
Si celebras certus stans clave minore ligatus,
Hoc graviter peccas, sed Anormalus minime stas.

¶ **ANORMATUS**, pro *Anormis*, Sine norma, sine lege, haud semel legitur apud Scriptores infimæ Latinitatis.

¶ **ANOTHAPUCH**, Avis venaticæ species, ut videtur, ad anates destinata. Lex Bajuvar. tit. 20. num 3 : *Illum quem Anothapuch dicimus, cum solido et simili componat*.

* Certa est hujus vocis significatio ex *Anetapich*, quod vide.

* **ANOVARE**, A priore dominio absolvere, liberum declarare. Charta Henrici imper. ann. 1310 : *Ipsas omnes terras atque provincias Anovamus, innovamus atque concedimus, quitamus libere et dimittimus, restituimus et renunciamus*.

¶ **ANOXIUS**, Innoxius, sine noxa. Chronicon Siciliæ apud Marten. tom. 3. Anecd. pag. 20 : *O severa patris acerbitas, qui filium sine fraude dolisve, filium suis curis expositum sine cura postposuit, qui filium Anoxium, sed obnoxium potius, exhereditationis pœna perperam condemnavit*.

ANPITS, Catalanis, est *Antemurale*, seu *murus antepectoralis*, nam *pis* et *pits*, ut Catalanis, ita et nostris Poetis et Scriptoribus vernaculis, est *Pectus*. Consuetudines Cataloniæ inter dominos et vassallos MSS. capite 55 : *Tenentur operari in muris, et vallis, et liciis, et antemuralibus, sive Anpits, et propugnaculis, sive Barbecanes*. Charta ann. 1284. in Regesto Feodorum Burgundiæ 1. parte fol. 93. in Camera Comput. Paris. : *Muro quoque permisi idem claustrum claudi, cujus altitudo a ripa interiori sit unius lanceæ, absque batalliis, et muro Antepectorali*. Ita autem appellatur, quod murus sit brevior, nec *pectus* alterius muri, quo castrum cingitur, altitudine sua excedat. Charta Petri Regis Majoricar. ann. 1232 : *Cum Antemurali, qui dicitur Barbacana, qui est murus brevis ante murum nostri orti*. [**Germ. *Brustwehr*.]

* **ANQUA**, *Anca*, coxendix, Gall. *Anche*. Comput. ann. 1400. inter Probat. tom. 3. Hist. Nem. pag. 153. col. 1 : *Item pro quatuor Anquis edulum, viij. gross*. Charta ann. 1516. ex schedis Pr. a S. Vinc. : *Liceat exigere de bestia cervina et capriolis Anquam cujuslibet bestiæ*.

¶ **ANQUINA**, *Funis navis, quo antenna ad malum constringitur*. Papias in MS. Ecclesiæ Bitur. Est etiam *Anquina*, idem quod *Angina*, Gall. *Esquinancie*. Turnebo *Anguina* idem sonat. Vide *Anguina*. [** Ex Isidor. Orig. lib. 19. cap. 4. Vide Forcell.]

ANQUIROMAGUS. Vide *Anchiromacus*.

¶ **ANQUISITIO**, Inquisitio judiciaria, et ea quidem, si verborum dispositionis, quæ hic servatur, habeatur ratio, quæ per tormenta exigitur. Vita B. Kingæ Virginis tom. 5. Julii pag. 711 : *Fiebat ergo jussu Ducis et procerum in homines et colonos Monasterio Sandeczensi donatos et inscriptos, libertate eis concessa eos non revelante, pignoratio, invasio, direptio, Anquisitio*. Livius dixit : *Pecunia et capitis Anquirere, pecunia*, hoc est, ut reo mulcta irrogaretur pecuniaria; *capitis*, hoc est, ut reus capite plecteretur.

¶ **AN-RANSCING**, *Aggressio in via publica; pro quo corrupte in Legibus, Arascild*. Sic in Vocabulario Gothico Grotii apud Murat. tom. 1. part. 1. pag. 370.

ANS. Smaragdus in Grammatica MS. : *Feminini generis sunt hæc, ars, arx, Ans, bas, cals*, (calx) *dos, faux, etc*. Ubi Glossa interlinearis ad vocem *Ans*, habet, id est, *Talar*. Alibi : *Ans, generis feminini*.

1. **ANSA**, in Breviloquo, dicuntur *vasa circumpicta, vel cælata, ab am, circum, et cado*. Forte leg. *Cælo*.

* *Ansa, circulus*, in vet. Glossar. ex Cod. reg. 7646. *Ansei*, vasis species, quo utuntur in vindemiis, ab ansis, quibus instructum erat, f. sic dictum. Lit. remiss. ann. 1471. in Reg. 194. Chartoph. reg. ch. 344 : *Le suppliant faisoit charroyer six Anseiz de vendange foulez à vin en ung charroy de beufz;.... les beufz recullerent,..... et en recullant verserent et tumberent laditte charrette et lesdiz Anseiz*. Infra : *Enseiz*. Vide infra *Ansorium*.

2. **ANSA**, Joanni de Janua, *Auris per quam cortina, vel vestis suspenditur*. Vide Exodum cap. 26. et 36. Gregorius Magnus lib. 2. Moral : *Sed ecce quæstioni quæstionem jungimus, et quasi, dum Ansam solvere nitimur, nodum ligamus*. Interim emendandum Gloss. Lat. Græc. *Ansa*, ἴσχλος, ὠτίον σκεύους. [Apud Virgilium *Ansa* est Auris per quam vas apprehenditur ac tenetur, Gall. *Anse*, sic Eclog. 6 :

Et gravis attrita pendebat cantharus Ansa.]

Ansa, apud Vitruvium libro 2. capite 8. Fibula ferrea qua paries continetur : nostris *Clef*.

Ansa, *Genus tormenti*, In Glossis MSS.

** 3. **ANSA, ANZA**, id quod *Hansa*, Societas mercatorum. Chart. Richardi II. Reg. Angl. ann. 1391. ap. Hæberlin. in Anal. med. ævi pag. 61 : *Supplicaverunt nobis mercatores de Anza Almanie, regnum nostrum Anglie frequentantes, etc*. Vide *Hansa*.

ADEL. Conf. Haltausii Gloss. Germ. col. 818.

* **ANSAPRENUS**, f. Capulus, Gall. *Poignée*. Charta ann. 1345. inter Probat. tom. 4. Hist. Occit. col. 201 : *Ramundus Arquerii, athilator Tolosæ dom. nostri Franciæ regis, recognosco habuisse.... pro xij. baudreris unius pedis, xij. Ansaprenis, etc.*

** **ANSARE**, Anser, in Leg. Sal. art. 7. cod. Reg. 4404.

1. **ANSARIUM**, *Cultellus sutoris, cum quo purgat pelles.* Breviloq.

2. **ANSARIUM**, Vectigal. Vide Cujac. lib. 14. Observat. cap. 3.

ANSARIUS. Vetus Inscriptio apud Mabillonium tom. 4. Analect pag. 498 : *Imp. Cæsar M. Aurelius Antoninus Aug. Germanicus, Sarmat. et M. Aurelius Severus Alexander Pius Felix, Aug. hos lapides constitui jusserunt, maxime propter controversias, quæ inter mercatores et mancipes ortæ erant, ut fines demonstrarent vectigali foricularii et Ansarii promercalium secundum veterem legem semel duntaxat exigundo.* [*Ansarius* videtur idem esse, qui exactor vectigalium.]

ANSCOTE. Vide *Anhlot*.

¶ **ANSERES** PATELLÆ, Idem opinor, quod Patellæ ansatæ, Gall. *Vases avec des anses.* Chartular. S. Cornelii Compend. : *Quatuor patellæ et duæ patellæ Anseres, et quatuor mortaria etc.*

* **ANSERIA**, Anser, Gall. *Oye*; vel anserum grex. Charta Ludov. IX. reg. Franc. in Reg. 30. Chartoph. reg. ch. 519 : *Cum Philippus Palmarius.... a quolibet habente Anseriam, unum anserem haberet, etc.*

* **ANSERNUS**, *Cosa de cita*, in Glossar. Lat. Ital. MS. [** An *Anserinus*, *cosa de oca?*]

* **ANSERULORUM** CORVATA, Anserum præstatio. Charta Philippi V. ann. 1319. in Reg. 59. Chartoph. reg. ch. 279 : *Item coustumas bladorum, corvatam Anserulorum, videlicet a quolibet habitantium dictæ villæ anserulos nutriente, unum.*

1. **ANSES**, Semideus. Vox Gothica, qua Gothi Proceres suos appellabant. Jornandes de Reb. Goth. cap. 13 : *Magnaque potiti per loca victoria, jam Proceres suos, quasi qui fortuna vincebant, non puros homines, sed Semideos, id est, Anses vocavere.* Vide Loccenium lib. 2. Antiq. Suecic. cap. 4.

2. **ANSES**. Charta Philippi Regis Franc. ann. 1312. pro mulieribus pœnitentibus Dullendii in Picardia, in 48. Regesto ejusdem Regis n°. 136 : *Renaudus Abesse Anses 12. den. super domum quæ fuit patris sui inter duas portas S. Sulpicii. Joannes Crinchone 6. den. Anses super grangium suam, etc..... Michaudus Engelarde unam eminam bladi Anses de terra sua contigua fonti, etc.... Item ratione caritatis sancti Nicolai 18. den. Anses, videlicet 12. den. de domo Simonis Damplicis, etc.*

* Id est, ni fallor, Assignati, Gall. *Assis, assignés.*

¶ **ANSILE**, *Scuti bucula intus, quæ ab intus tenetur.* Gloss. Isid. Vide *Ancile*.

¶ **ANSINGHA**, pro *Ancinga*, Modus agri, in MS. Codice Irminonis Abb. San-German. fol. 24. col. 2 : *Aiulfus... habet de terra arabili bun. 1. et dimidium Ansingham, de vinea arpennum 1. de prato arp. 1. et dimidium.* [** Apud Guerardum pag. 47 *antsingam.*] Vide *Andecinga*.

* **ANSISIA**, pro *Assisia*, Tributum. Vide in hac voce. Charta Joan. Lothar. et Brab. ducis ann. 1295. in Cod. reg. 10197. 2. 2. fol. 47. r° : *Ansisiam eisdem scabinis solvere debent* (brassatores) *prout iidem scabini duxerint ordinandum. Ansisia vero de Obbruxella remanet nobis.*

* **ANSISTARE**, in Charta ann. 926. apud Ughell. tom. 1. Ital. sacr. edit. 1717. col. 349. perperam pro *Antistare*, tueri, tutum præstare. Vide in hac voce.

ANSLEHIN. Charta alaman. 80. apud Goldastum : *Cum jure patronatus Ecclesiæ, hominibus, feodis quæ vulgariter dicuntur Anslehin, vel Erbelehin, agris, pratis, etc.* Vide *Lehen*.

* **ANSO**, Annuli species, forte quo pessulus continetur. Reparat. factæ in senescal. Carcass. ann. 1435 : *Eidem* (Bernardo serario) *pro duobus Ansonibus et duobus verrois, qui positi fuerunt in uno hostio dictæ domus thesaurariæ, v. sol.* Vide *Ansa* 2.

¶ **ANSOLIATI** SOLIDI, in annalibus Benedict. tom. 3. pag. 410. laudatur Charta donationis Feria 3. x. Kal. Aug. regnante Rodulfo Rege data, in qua Umbertus mulctam imponit *violatori centum solidos Ansoliatos super altare S. Mariæ ponendos. Ansoliatos* dictos fuisse ab Ansa villa, vulgo *Anse*, qui locus est ad Ararim quatuor leucis supra Lugdunum, suspicatur Mabillonius ibidem. Quid si ab *Ansul*, de quo infra, repetendum esset etymon?

* **ANSORIUM**; *Cultrum sutoris, et dicitur ab ansa, quæ est manubrium ipsius cultri.* Glossar. vet. ex Cod. reg. 7679. Vide *Ansarium* 1.

* **ANSSADOUR**, vox Occitana, quæ idem videtur esse quod supra *Anso*. Reparat. factæ in senescal. Carcass. ann. 1435 : *Profaciendo et ponendo in dicto molendino...duos piquos ferreos asseratos, unum Anssadour, unum baset asseratum.*

¶ **ANSTRUSIO**, Vide *Antrusio*.

ANSUL, Genus ponderis apud Anglos, idem forte quod etiamnum *Avuncell weight* dicunt, ut ait Somnerus. Willem. Thorn. in Chron. : *De pede, pollice, cubito et palma.... de Ansul, balancibus et mensuris, etc.*

ANSULA. S. Fulgentius Homil. 66 : *Tenet hujus medicinalis stationis Ansulas pater interpellans pro filia sua.... Mulier vero de causa pudica, de fide secura, sic tetigit Ansulam stationis, ut ante statuerat profluvium sanguinis, quam vox clairesceret confitenti. Aperitur statio, sentit ægrota, et non intelligit turba. Non sonat Ansula, et procedit de odio medicina.*

¶ **ANTÆ**. Vide *Antes*.

¶ **ANTAPOCHA**, pro *Apocha*, leg. 19. Cod. de Fide Instrum. Lindebrog. in Codice legum Antiq. pag 728. ex Constitutionibus Siculis lib. 1. tit. 49. *Et de receptis infra diem receptionis gratis faciant apodixas, et ipsi recipiant Antapocham de solutis.*

* Non apocha proprie; sed arcana syngrapha alterius vim elevans, Gall. *Contre-lettre, contrepromesse*; hæc creditori est utilis, illa vero, debitori. Vide Gothofr. in hanc legem.

¶ **ANTARA**, ANTARSA, Idem quod mox Antartes, Rebellis. Anastasius in Vitis PP. apud Murat. tom. 3. pag. 136 : *Eunuchus factus intarta assumpsit regnum.* Alter Codex habet : *Eleutherius patricius et exarchi factus Antarsa, etc.* Rursum Alius : *Eleutherius patricius et exarchus factus Antara assumpsit regnum.*

¶ **ANTARIUM**, ἀνταρμός, in Supplemento Antiquarii. Vide *Antartes*. [** Vulcanius explic. *Antepagmentum*; alii legunt *Antartium*, Rebellio, ex Ἀντάρτης.]

ANTARTES, Rebellis. Lexicon Gr. MS. Reg. Cod. 2062 : Νεωτερόποιος, Ἀντάρτης, τύραννος. Gloss. Gr. Lat. Ἀντάρτης, *Rebellio, perduellio.* Gloss. Lat. Gr. *Delliones*, (leg. *Duelliones*) Ἀντάρται, καθοσιῶται, τύραννοι, καὶ τυραννίδες. Ita emendandum. Acta S. Martinæ Virg. cap. 1 : *O Alexander Antarta Christianorum.* Concilium CP. sub Menna Act. 5. Ἀπέθανεν Ἀμάντης ὁ ἀντάρτης τῆς τριάδος. [Vide Theophan. ann. 26. Constantis, et Anonymum Combefis. in Leone Philos. n°. 26.]

¶ ANTARTICUS, Eadem notione in Vita S. Pauli novi Martyris tom. 2. SS. Julii. pag. 635. E : *Manu igitur Antartica insurrexit in Theodosium Imperatorem, etc.*

INTARTA, pro *Antarta*. Papias : *Intarta, perversus.* Anastas. Bibl. in S. Deusdedit. pag. 45 : *Venit Neapolim quæ tenebatur a Joanne Compsino Intarta.* Chron. Fontanell. cap. 3 : *Actum est bellum inter Carol. Exarchum et Ragenfridum Intartam.*

INTARTIZARE, eidem Papiæ, est *pervertere, disturbare, rebellare, insurgere.* Anastas. in Theodoro PP. pag. 48 : *Mauricius cum ipsis quibus antea devastaverat Ecclesiam Dei Intartizavit adversus Isacium Patricium.* Idem in Adeodato pag. 52 : *Mezzetius qui erat in Sicilia, cum exercitu Orientali, Intartizavit, et arripuit Regnum.*

¶ **ANTAS**, γερουσία, *Senatus*, apud Janum Laurenberg. in Supplemento Antiquarii. Lege et vide *Antitas*. [** Alii legunt *Anitas*. Vide Scaliger. ad Festum in *Anatem*.

¶ **ANTE** nonnunquam legitur cum ablativo apud Scriptores sequioris ævi.

¶ **ANTE** ET RETRO, Forma corporis inclinandi apud Monachos usitata. Spicileg. MS. Fontanell. pag. 187 : *Ut novitius regulariter sciat inclinare; scilicet non dorso arcuato, ut quibusdam negligentibus est familiare, sed ita ut dorsum sit submissius quam lumbi, et caput submissius quam dorsum... quando intramus chorum... vel inde recedimus cum Ante et Retro similiter inclinamus.* Et pag. 189 : *Circuitus Ante et Retro providentiam et sollicitudinem significat, etc.* Ordo Cluniac. part. 1. cap. 16 : *Quam inclinationem nos per ipsum Ante et Retro appellamus, quia incipit contra Orientem et finit contra Occidentem, etc.*

¶ **ANTEA**, Deinceps, in posterum. Vide *Inantea*.

* **ANTE-AMBULO**, Præcursor, Gall. *Avant-coureur.* Charta Ludov. IV. Imper. apud Goldast. Const. imper. part. 2. pag. 238 : *Ut Antichristus non sit, tamen ejus præcursorem atque Ante-ambulonem esse necesse est.* Analecta de VI. Mart. tom. 3. Jul. pag. 26. col. 1 : *Septem hos filios spiritualiter parere, et tamquam Ante-ambulones illac præmittere, quo tantopere anhelamus.*

* *Adevancer* et *Advancer*, nostris olim,

pro Antecedere, præcurrere, vulgo *Devancer, prendre le devant.* Lit. remiss. ann. 1456. in Reg. 183. Chartoph. reg. ch. 160 : *Le suppliant Adevança icellui Robinet par autre voye.* Monstrel. vol. 3. fol. 57. v° : *Pour Advancer ceux qui s'enfuyoient par terre, monterent à cheval le comte de Ponthievre, etc. Adevancher*, Præoccupare, Gall. *Prévenir.* in Consil. P. de Fontan. cap. 22. art. 3 : *Ces ajornemens li funt li home de la cort, enprès che k'il est defaillis par trois quinsaines, pour Adevancher son malisse, ke il deissent par aventure ke il jujassent tantost aprés les trois defautes premeraines, k'il eussent fait mauvais jugement contre lui.* Ante aliquem male multatum ire et redire, injuriæ reputabatur. Lit. remiss. ann. 1451. in Reg. 184. ch. 143 : *Philippot le scellier et ung autre son parent, armez et embastonnez, pour faire desplaisir à Jehan Cousin, se monstrerent et passerent plusieurs fois devant lui, qui est le plus grand desplaisir que on puisse faire au pais* (Tournesis) *à ung homme, quant il a esté batu et injurié.*

¶ **ANTEBIBLIUM.** Vide *Antibiblium.*

¶ **ANTEBRACHIA**, Brachiale, armatura qua lacerti teguntur, Gall. *Avant-bras.* Vide Lobinellum in Glossario ad calcem Hist. Britan.

* Lit. remiss. ann. 1400. in Reg. 155. Chartoph. reg. ch. 298 : *Eulz garniz chascun d'une coste de fer à couvert et de leur espées, senz autres armeures, excepté Girault qui avoit uns Avantbras, avec sa coste de fer et son espée. Gardebras*, in aliis ann. 1397. ex reg. 152. ch. 268.

¶ **ANTEBULLATÆ** Chlamydes, Quæ in anteriori parte *bullis* seu ornamentis quibusdam orbiculatis erant instructæ. Vide locum in *Rascia.*

¶ **ANTECANTAMEN**, vel ut plures legunt, *Antecantamentum*, Carmen a choro præcentum. Apuleius lib. 11. Metamorph. pag. 261, 24 : *Inter majorum Antecantamenta votorum ibant et dicati magno Serapi tibicines.*

* **ANTECENIA.** Vide infra *Antecœnium.*

* **ANTECESSUS**, De eo dici videtur quod *antecedit*, quod ante est. Charta ann. 952. apud Murator. tom. 3. Antiq. Ital. med. ævi col. 147 : *Cum egresso et ingresso suo et extentem in via publica, et usque in fluvio Pado, cum Antecesso suo commune ad se pertinentibus.*

* Nostris *Antan*, ab adv. Antea, vulgo *Ci-devant, autrefois*, olim, quondam. Le Roman *du Chevalier au Barizel* MS. :

> Aviot en son deficement,
> Que li chevalier proprement,
> Qui Antan furent avoec lui, etc.

* Hinc emendandæ Literæ ann. 1406. tom. 9. Ordinat. reg. Franc. pag. 128. ubi *Autan*, pro *Antan*, perperam editum : *Et incontinent après sont venuz gens d'armes,.... et passez par le païs par deux foiz Autan, et de present y sont encores.*

¶ **ANTECAPITULUM**, Ea pars Claustri quæ est ante Capitulum in Monasteriis. Berntenii Chron. Marienrod. apud Leibnitium tom. 2. Scriptor. Brunsvic. pag. 451 : *Factaque est magna et solennis processio cum toto Conventu nostro aliisque Prælatis et Religiosis; et cum universa multitudine populi, quæ tunc amplius confluxerat, devotissime procedentes ab Ecclesia nova consecrata per Antecapitulum et januas auditorii, per circuitum cœmeterii, etc.*

¶ **ANTECESSOR.** Sic Spiritus Sanctus dicitur Tertulliano de Vel. Virg. : *Non enim ab se loquitur, sed quia mandatur a Christo. Hic solus Antecessor qui solus post Christum.* Alludit ad Antecessores Romanos, qui juris doctores erant et Magistri. Idem Tertull. alibi Apostolos vocat *Antecessores.* Gloss. Vett. : *Antecessor*, προηγούμενος.

¶ **ANTECINERALES** Feriæ, Quæ præcedunt diem Cinerum seu initium Quadragesimæ, apud Raimundum Duellium lib. 1. Miscell. pag. 351.

¶ **ANTECLUSORIUM**, f. Domus ubi degebant *Inclusi.* Buschius de Reformatione Monasteriorum cap. 34. apud Leibnitium tom. 2. Scriptor. Brunsvic. pag. 936 : *Puella quædam quindecim annorum multis visionibus, spiritu quodam sibi apparente dicebatur consolari... hoc ego audiens et reiveritatem scire desiderans... rogavi... quatenus ad me in Anteclusorium vocari procuraret : cui ibidem ad unum milliare advenienti dixi, etc.* Paulo post pro *Anteclusorium* habetur *Inclusorium*, quod vide in *Inclusi.*

ANTECŒNIUM, vel Antecoenia, *Merenda, sive cibus qui ante cœnam sumitur.* Ugutio et Joan. de Janua, ex Isidoro lib. 20. cap. 2. [Utitur etiam Apuleius.] [** *Cibus sumptus post meridionalem et ante serotinum*, in Gemma Gemm.]

* Glossar. Gall. Lat. ex Cod. reg. 7684 : *Antecenium, Ration.* Glossar. Provinc. Lat. ibid. ex Cod. 7657 : *Antecenia, merenda, merendula, Gostada, Prov. Antecenum, Antecenia, la merenda*, in Gloss. Lat. Ital. MS.

ANTECURRERE, cursu antevertere, in Lege Longob. lib. 1. tit. 25. § 17. [** Rothar. 273.]

ANTECURSOR, Præcursor, πρόδρομος, in Gloss. Gr. Lat.

ANTECUSTODIA. Vide *Antegarda.*

* **ANTEDIALIS.** Antelucanus, diem antevertens. Gesta MSS. Gaufridi episc. Const. in Gall. sæculo XI. ex schedis D. *Le Beuf : Quotidie in Antedialibus matutinis et vigiliis defunctorum auditis, ipse missam totumque psalterium cum orationibus multis decantabat.*

¶ **ANTEDIE**, Pridie. Liber 1. Sacrament. Eccl. Rom. cap. 41 : *Procedunt cum corpore et sanguine Domini, quod Antedie remansit.*

* **ANTE-DIEM**, *i. antequam legem statuant*, in Glossar. Provinc. Lat. ex Cod. reg. 7657.

¶ **ANTEDIVINUS**, Gentilis, profanus. Petrus Noviom. Canonicus ann. circiter 1120. Epist. ad Eustachium Abb. S. Eligii apud Marten. tom. 1. Ampliss. Collect. col. 667 : *Abbas timens notam cupiditatis, sciensque cupiditatem non solum a Divinis, verum etiam ab Antedivinis esse detestatam, et omnino malorum radicem esse nuncupatam, cohortationi eorum non acquievit.* Minus barbare legeretur *Antidivinus* voce hibrida ab ἀντί, et Divinus, Oppositus divino.

* **ANTE-ESSE**, Tueri, tutum præstare: Gall. *Garantir, défendre.* Charta ann. 1198. inter Probat. tom. 3. Hist. Occit. col. 186 : *Item dico vobis militibus de Ganag, quod si comes Comingiæ noceret vestris personis vestrisque corporibus, ego Ante-essem, et bonus ero guiritor legitimus vobis.* Vide *Antistare* 3.

* **ANTEFACTUM**, Antifactum, Antifatium, etc. Idem quod supra *Agentiamentum.* Vide ibi. *Antefactum* vero dici videtur, vel quod ex anteactis pactionibus statuitur, vel quia locum non habet, nisi uno ex contrahentibus præmortuo. *Lucrum donationis* nuncupatur, in Actis MSS. notarii Senens. ad ann. 1285. ex Cod. reg. 4725. fol. 62. r° : *Omnes massaritias meas, ubicumque sunt, dictæ uxori meæ pro dotibus suis et Lucro donationis; et quicquid plus valent ultra dotes et Antifatium relinquo dictæ uxori meæ.* Charta ann. 1198. apud Lam. in Delic. erudit. inter not. ad Hòdœpor. Charit. part. 3. pag. 1192 : *Manifestus sum ego Symon quondam Guinithi quia per hanc cartulam Antefacti nomine et propter nuptias, dono et trado tibi Sobiliæ sponsæ meæ et filiæ Sardi, videlicet masium unum, etc. pro qua donatione ego Symon confiteor me recepisse meritum seu launelchid a supradicto patre tuo Sardo anulum aureum.* Stat. civit. Genuæ lib. 5. cap. 19 : *De Antefacto. Præmortua uxore, maritus ipso facto lucretur de dotibus, quantum ipse constituisset pro Antefacto uxoris : et pariter præmortuo marito, uxor lucretur ipso facto de bonis mariti Antefactum constitutum. Quod si Antefactum non fuerit constitutum, lucrentur ad invicem quantum medietas dotium, si fuerint de libris ducentis, et ab inde infra; si vero fuerit supra libras ducentas, Antefactum sit, et intelligatur de libris centum et non ultra. Antifactum*, in Stat. Placent. lib. 3. fol. 29. r° : *Non possit* (mulier) *vivente marito, petere solutionem Antifacti vel sponsalia largitatis.* Occurrit præterea *Antefactum* vel *Antiphatum* in Consuet. Neapol. ut videre est apud Matth. de Afflictis in Decis. 127. et 314. ubi *Antefactum* ad quartam partem bonorum mariti æstimatur. *Antifatum* vocatur in Leg. municipal. Pistor. lib. 2. rubr. 92 : *Quod nulla mulier consequatur donationem propter nuptias, vel Antifatum, si etc.* Vide etiam *Augmentum dotis.*

¶ **ANTEFATUS**, Præfatus, passim in veteribus Instrumentis.

* **ANTEFENESTRA**, Prima *fenestra*, ubi venum exponuntur merces levioris momenti. Libert. concessæ habitatoribus Salveterræ ab Edwardo reg. Angl. in Reg. Chartoph. reg. ch. 658 : *Volumus quod.... fenestræ et Antefenestræ, quæ sunt ante mercatum, sint liberæ burgensibus quorum fuerint dictæ domus.* Vide *Fenestra.*

ANTEFERRI Alicui, dicitur qui præcedit, in lib. ult. C. Theod. de Incorporat. ut *Antelatæ constitutiones orationibus, precibus, etc.* in l. 16. Cod. Th. de Navicul. quæ orationes et preces præcesserunt.

Anteferri præterea dicuntur Rescripta Principum, quæ *proposito programmate in locis celeberrimis* proponuntur, in l. 37. C. Th. de Hæret.

ANTEGARDA, ex Gall. *Avant-garde*, Prima acies. *Ulterior custodia, quam Wardam vocant*, apud Thomam Walsinghamum, pag. 314. Gesta Ludov. VII. Reg. Franc. cap. 12 : *Mos erat in exercitu, quod unus de magnis Baronibus faciebat quotidie*

Antegardam, et alius retrogardam cum sufficienti numero militum. Alibi : *In illo conflictu Christi militiæ tam damnoso, non fuit aliquis de Antegarda.* In Charta Alfonsi Imp. ann. 1258. apud Hieron. Vignerium in Alsatica Hist. pag. 143 : *Debes facere nobis Antecustodiam in eundo, et retrocustodiam in reduendo. Chevetain de l'Avant-garde*, in Hist. Fr. MS. quæ extat in Bibl. Memmiana : *Le Comte du Perche, qui estait Chevetain de l'Avant-garde, mit ses gens en bonne ordonnance.*

Antegardam facere et Retrogardam in exercitu Regis, Senescalli Franciæ officium fuisse tradit Hugo de Cleeriis in tract. de Senescallia Franciæ, qui *protutelam*, et *retutelam* appellat. Id juris *Marescallo* Franciæ adscribit Willelmus Brito lib. 8. Philipp. :

Cujus erat primum gestare in prælia pilum,
Quippe Marescalli claro fulgebat honore.

Extitit olim controversia inter Theobaldum Campaniæ et Fernandum Flandriæ Comites, utri eorum primam in exercitu Regis Franciæ aciem regere competeret : cum contenderet uterque id sibi ex jure et possessione competere. Re tandem in litem deducta, hocce pacto, quod ex Tabulario Campaniæ, in Camera Comput. Paris. asservato, fol. 279. hic damus, ad tempus sopita est : *Ego Theobaldus.... Notum, etc. quod cum esset controversia inter me ex una parte, et carissimum consanguineum meum Ferrandum Comitem Flandriæ ex altera, de Antegarda et Retrogarda in exercitu domini Regis faciendis, ita ad preces carissimi domini nostri Ludovici Regis Francorum illustris ad concordiam sumus revocati : scilicet quod dictus Comes Flandriæ semel* [Antegardam] *faciet in exercitu domini Regis eundo in Britanniam, et bis retrogardam, quia ego feceram similiter in dicto exercitu domini Regis. Deinde in eodem exercitu in eundo in Britanniam simul faciemus Antegardam et retrogardam. Hæc autem omnia fient salvo jure meo et salvo jure F. Comitis Flandriæ tam in saisina quam in hæreditate. Ita scilicet quod illud quod jam feceram, non præjudicabit Comiti Flandriæ, nec illud quod facturus erit Comes Flandriæ, præjudicabit mihi. Datum ann. gr. 1230. sabbato ante festum S. Bartholomæi Apost.*

* **ANTEGARDIA**, ut *Antegarda*, Prima acies. Joan. Germ. in Vita Phil. Boni cap. 66. apud Ludewig. tom. 11. Reliq. MSS. pag. 118 : *Ad Antegardiam, quam primorem nominant cohortem, doctor* (ductor) *campi Sancti Pauli insidet comes.* Nostris olim *Angarde, Avant-Bataille*, eadem notione. Le Roman de *Robert le Diable* MS. :

L'emperere forment l'esgarde,
Qui avant estoit en l'Angarde,
Pour esgarder l'assamblement.

Le Roman *de Cleomades* MS. :

En l'Avant-bataille estoit chiés
Cleomades, qui moult tardoit
Que l'estours assembles n'estoit.

** **ANTEGERIO**, Πρόλημμα, νίκη, ἀντίπρασις, Gloss. Latin. Græc. ex correctione Vulcanii.

* **ANTEHEBDOMADARIUM**, Liber ad usum hebdomadarii, quem idcirco ante se habere debet. Stat. S. Capellæ Bituric. ann. 1407. ex Bibl. reg. : *Ministrabunt insuper matricularii ad angelum chori librum collectarum, nuncupatum Antehebdomadarium, pro orationibus et suffragiis cantandis atque dicendis.*

ANTEJURAMENTUM, et Præjuramentum, Angli olim appellabant *juramentum de calumnia*, quod ab accusatis et accusatoribus æque exigebatur, priusquam in litem descenderent, quod præsertim cavetur in Legibus Æthelstani Regis cap. 23. apud Lambardum; et ab accusatore quidem in hujusmodi antejuramento deficiente accusatus liber evadebat. Leges Philippi Comitis Neoportuensis ann. 1164 : *Si fur vocatus accusatus fuerit, ferro candenti se excusabit : si culpabilis permanserit, suspendetur; et si accusans in Antejuramento defecerit, accusatus liber erit.* Ab accusato etiam exactum docent Leges Henrici I. cap. 65 : *Si qui furtum* (*l. furti*) *vel hujusmodi periculosa capitalium compellatione pulsetur, secundum Legem Wessex, Antejuramentum a compellante habeat,* (*f. habeatur*) *etc.* Vide præterea cap. 64. et 92. et Leges Kanuti cap. 42. et 43. apud Bromptonum. Tanto autem rigore usi sunt Angli in hocce antejuramento ab accusato exigendo, ut vel ad ordalium, seu purgationem canonicam, nisi eo prius præstito, non admitteretur. Concilium Triburiense, ann. 895. cap. 21 : *Si quis Presbyter contra laicum, vel laicus contra Presbyterum aliquam habet querimoniæ controversiam, Episcopo regente, sine personarum acceptione finiatur, et laicus Præjuramento,* (al. per juramentum) *si necesse sit, constringatur : Presbyter vero per sacram consecrationem interrogetur, etc.* [** Vide *Aasworen Eed.*]

ANTELA, Antella, Antilena, equi pectorale, nostris, *Poitrail.* Glossæ Isidori : *Antela, Antilena, sicut Postela, Postilena.* Ugutio et Joan. de Janua : *Antela ab ante et telon, quod est longum, componitur : cingulum illud quod ante pectus equi tenditur.* [Papias MS. Bitur. : *Antela, ornamentum equi, dicta quasi ante sellam, et postella quasi post sellam.*] Ebrardus Bethuniensis in Græcismo cap. 10 :

Est Antela quod est in pectore quadrupedantis,
Dicatur postela quod est a posteriori.

Adde Isidorum lib. 20. cap. 16. Gloss. Lat. Græc. *Antelena*, διαςτήρ, ὅ ἐστιν ἱμὰς ἵππων περὶ τὸ ςῆθος. Aimoinus lib. 3. de Miraculis sancti Bened. cap. 6. de equo : *Hæc ita gesta esse comperi, a quibus et sella ostendebatur, quæ dilapsa cum equo fuerat ; cujus scandilia, quamvis nova, et Antellam suis impatiens pedibus ipse disruperat.* Occurrit præterea in Bulla aurea Caroli IV. Imp. cap. 27.

ANTELABRUM. Gloss. Lat. Græc. : *Antelabrum*, χείλη σκεύων, ὡς καὶ βούτων : sic enim emendo.

* **ANTELAMUM.** Vim vocis explicant Stat. civit. Genuæ lib. 6. cap. 13. pag. 159 : *Solvat illi primo dimidiam expensarum dicti muri..... declarandarum arbitrio duorum magistrorum Antelami, seu fabrorum murariorum eligendorum per magistratus ..... Solvat tantum quantum arbitrabuntur duo magistri Antelami eligendi ut supra.*

ANTELATARE, *Proponere, anteponere*, προτίθεσθαι in Gloss. Græc. Lat. quod et *anteferre* dicebant. Nam *præferre* et *anteferre* constitutionem, idem valet quod promulgare; ut *antelata* et *prælata* constitutio, idem est quod promulgatio. Vide Brissonium in Formulis pag. 367.

¶ **ANTELATIO**, Prærogativa, Gall. *Prééminence, Prérogative*, ab *Anteferre. Privilegiis, immunitatibus, exemptionibus, libertatibus, prærogativis, Antelationibus, indultis, favoribus, etc.* in Bulla Pauli V. PP. inter Instrum. tom. 3. novæ Gall. Christ. col. 203.

* Alias *Aprissance.* Lit. ann. 1371. tom. 5. Ordinat. reg. Franc. pag. 418 : *Il appartient à haultesse royale que elle eslieve de plus large honneur et Aprissance, etc.* Ubi in Latino legitur : *Favore et præeminentia.* Vide infra *Antilatio.*

¶ **ANTELIOS** *Dæmones ostiorum præsides legimus*, inquit Tertull. de Idololat. cap. 15. Ἀνθήλιος ab ἀντὶ et ἥλιος contra Solem, id est, soli obversus, expositus.

¶ **ANTELONGIOR**, *Quadrangulus, cum unum latus non solum unitate, sed binario vel amplius alium præcellit, ut bis quatuor.* Ita Papias in MS. Bituricensi. Idem est qui Geometris Trapesoïdes, figura nempe quadrilateralis, cujus duo latera sunt parallela, alia vero duo minime.

ANTELOQUIUM, πρωτολογία, de eo qui primas in loquendo partes obtinet. Utitur Macrob. Saturnal lib. 1. cap. ult.

ANTELUCANUM, Crepusculum, *eruptio auroræ ante lucem canens, i. albens.* Joan. de Janua. *Antelucanum tempus*, Tullio. Historia fundationis Monasterii Mergatensis in Anglia : *Accidit autem in Antelucano vigilantem in lecto suo sedere.*

¶ **ANTELUCARE**, *Ante lucem surgere.* Papias MS. Bituric. Hinc eidem : *Antelucanus, qui ante lucem surgit.* Joan. de Janua : *Anteluco, Ante lucem vigilo.*

* Mirac. S. Germ. Autiss. tom. 7. Jul. pag. 273. col. 2 : *Ut noctem fere totam insomnem exegerat, Antelucandum credidit.*

¶ **ANTELUCULUM**, Crepusculum, apud Ludewig. Reliq. MSS. tom. 4. pag. 473 : *Rei divinæ studiosissimus ædiculam hanc opere et cultu splendidiore reparari curavit, quo in ea Deo Optimo Maximo summo Anteluculo perpetuo decantetur.*

¶ **ANTEMA** Carrocii, Pars superior *carrocii* seu currus in quo præcipuum exercitus vexillum imponebant Itali. Rolandinus Patavinus de factis in Marchia Tarvisina lib. 4. cap. 9. apud Murat. tom. 8. col. 225 : *Tunc accessit unus de popularibus Paduæ, nomine Jacobinus Texta ad cendatum pendens de sublimi Antema Carrocii, et capiens ipsum cendatum seu vexillum ambabus manibus Domini Imperatoris, et ait : Hoc tibi, Domine potentissime, tuum Commune Paduæ repræsentat.* Codex Esten. *Antenna* ut et MS. Ambros. II. ut monet Murat. ibid.

ANTEMALUM, *Præteritum malum*, in Glossis Isidori.

ANTEMANE. Gloss. MS. Regium Cod. 1013 : *Aurora, nubes roseæ, Antemane.* Per *nubes roseas* expressit ῥοδόσφυρον ἠῶς, apud Poetas Gr.

ANTEMANICA, Antemanicia, Pars vestis quæ ante *manicas* induitur, *Avantmanches.* Glossæ Arabico Lat. : *Antemanica, ornamentum brachii, quod ante manicam* *apponitur.* Vetus Scheda Thuana : *Calcias renelenas paria* I. *pallas.* 4. *Antemanicias paria* I. *etc.*

¶ **ANTEMENSALES**, apud Græcos dicti qui ad sacram mensam recipiebantur et communionem Eucharistiæ. Vide Christianum Lupum in Scholiis ad Synodorum Canones tom. 3. pag. 757.

ANTEMISSÆ Arbores : apud Siculum Flaccum libro de Condit. Agrorum, Frontinum, et Aggenum, dicuntur quas nonnulli inante possessionum suarum fines dimittere solent intactas, ex quibus neque frondem, neque lignum, neque cremium cædant, ut magnitudine cæteras antistent, et sic observationem finium præstent.

ANTEMURALE, Murus exterior, quo cætera urbis aut castelli mœnia cinguntur, et muniuntur, ne ad illa statim hostibus accessus pateat; unde et *Promurale* appellatur ab Isidoro lib. 15. Orig. cap. 2. *eo quod*, inquit, *sit pro munitione muri.* Auctor Mamotrecti ad 9. Judic. : *Propugnaculum est Antemurale, sive pinna murorum, quia de eo pugnatur.* Jo. de Janua : *Antemurale dicitur defensio ante murum.* Occurrit passim apud Scriptores.

Antemurale, in Ceremoniali Cardinalium Paris Crassi lib. 2. cap. 22. vestibulum altaris, Presbyterii, seu potius Bematis dicitur, quod Græci *Soleam* appellarunt : *Episcopo in vestibulo altaris, id est, Antemurale existenti, et nondum Presbyterium ingresso, etc.* Sed videtur disjungenda vox *ante murale*, id est, *ante murum* seu cancellum, qui Presbyterium dirimit a Choro. Vide *Murale.*

* Glossar. Lat. Gall. ex Cod. reg. 7679 : *Antemurale, eschauffoulx vel barbaquene.* Chron. Frodoardi ad ann. 925 : *Quod* (castrum) *circumdantes Franci, vallum, quo pro Antemurali cingebatur, irrumpunt.* Vide infra *Antepectus.*

[** Antemurale, *ein zwinger vel furmure*, in Melberi Vocab.]

* **ANTENAGIUM**, primogeniti jus et prærogativa, Gall. *Droit d'aînesse.* Charta ann. 1239. tom. 1. Probat. Hist. Brit. col. 913 : *Hæc autem pax sit, salvo Antenagio prædicti Radulphi, loco et tempore opportunis.* Vide *Ainescia* et *Antenatus.*

¶ **ANTENAL**, pro *Antenna*, Gall. *Antenne*, Lignum transversum ad navis malum cui velum alligatur. Informationes Civitatis Massil. de passagio transmarino in MS. Sangerman. : *Tessayrolum vult habere* XLV. *goas pro Antenal, et aliud tessayrol vult habere* XL. *goas d'Antenal, et velonum modicum vult habere* XXXV. *goas d'Antenal; arbor vero de medio, etc.*

¶ **ANTENATIO**, cujus vi secundo geniti, qui tenent jure paragii, tenentur respondere pro levi injuria in curte primogeniti filii adversus alterum, in vet. Consuetud. Normanniæ.

ANTENATUS, *Privignus*, in Glossis Isid. ut et Hispanis, *Antenado, el hijo nacido antes del presente matrimonio.* Est etiam primogenitus, ex Gallico *Aisné* : formatur enim vox hæc Gallica ex *ains*, quod est ante, et *né*, id est, natus. Glossæ antiquæ : *Primogenitus, ante omnes natus.* Antenatis opponuntur *postnati.* Occurrunt hæc vocabula passim apud Bractonum, Fletam, et alios JC. Anglos. Philippus *Mouskes* in Hist. Franc. MS :

Willelmes ses fius li Ainsnés
Fu d'Engletiere couronnés.

Antenati, Italis, sunt antecessores, prædecessores. Matth. Villaneus lib. 11. cap. 79 : *Il padre era gentile huomo mercatante, et antico borghese con li suoi Antenati.* Vide *Annatus.*

* Nostris *Avancer*, pro *Prédécesseur.* Pact. inter Beatr. et Rob. ducem Burg. ann. 1273. inter Probat. tom. 2. Hist. Burg. pag. 38. col. 1 : *Se li dix feiaul ou leur Avancer non avent fait autre fois dus homaiges, etc. Devanchier*, eodem sensu, in Charta ann. 1336. ex Chartul. 23. Corb. : *Comme... my Devanchier desquelles je ai cause, etc.*

ANTENEORS, vox Gallica, Infundibulum, nostris *Entonnoir.* Regist. episcop. Nivern. ann. 1287 : *Duodecim cupæ. Unus Anteneors.*

¶ **ANTENOSTRA**, Gloss. Isid. *Pronostra, Antenostra.*

ANTEORTARE. Vide *Obstare.* [** Protrudere. Lex Salica tit. 26. § 20. (Herold. 27, 20.) : *Si quis de alieno campo aratrum anteortaverit.* Gallis *heurter*, Saxon. infer. *hurten* est Trudere, impellere, pulsare. Vide *Ortare.* Adel.]

¶ **ANTEPAGMENTA**, vel Antipagmenta, Festo sunt *valvarum ornamenta, quæ antis adpanguntur, id est, affiguntur.* Lignea erant, ut patet ex veteri inscriptione apud Salmasium ad Solinum pag. 1217 : *Facito Antepagmenta abiegna, etc.*

¶ **ANTEPARATIO.** Jos. Moret. Antiquit. Navar. pag. 643. in Donatione D. Garciæ *Ramirez* pro S. Maria de Pampelone : *Hoc vero donativum propter magnum adjutorium ac plurimum servitium, quod Episcopus cum Canonicis suis, in adquisitione atque Anteparatione regni parentum meorum, quod injuste perdideram, mihi exhibuit.* Quæ verba, *In adquisitione atque anteparatione*, sic vertit : *En la recuperacion y defensa*; sed *Anteparare* melius *comparare, præoccupare* significat vi nominis, quam *defendere.* [** Vide *Amparare.*]

¶ **ANTEPASSIO.** Vide *Propassio.*

ANTEPECTORALIS Murus. Vide *Anpits.*

* **ANTEPECTUS**, Lorica lateritia, saxea, vel terrea, Hispan. *Antepecho*, Gall. *Parapet. Avant-piech*, vulgari voce nuncupatur, in Stat. ann. 1357. inter Probat. tom. 2. Hist. Nem. pag. 194. col. 1 : *Et facere Avantpiech cum merletis.* Stat. Taurini ann. 1360. cap. 118. ex Cod. reg. 4622. A : *Item teneatur judex sive rector cogere ponterios Padi seu ministros ejusdem tenere ac manutenere propriis expensis eorum barras sive Antepectus ipsius pontis bonas.* Vide supra *Antemurale.*

1. **ANTEPEDES**, *Obsequia amicorum, vel ipsi amici obsequentes*, in Glossis Isid. et apud Joan. de Janua. Agræcius : *Circumpedes, sunt obsequia servorum : Antepedes* (vel *Antipedes*) *amicorum.* Utitur Juvenalis. Vide Salmasium ad Trebell. Pollionem pag. 336.

¶ 2. **ANTEPEDES**, Alia notione. Charta. Monasterii S. Crucis de Talmundo ann. 1366 : *Item in vigilia qualibet festi Beati Martini hyemalis tenebitur dictus aquarius ministrare dictis Religiosis dicti conventus botas seu ocreas de aluta; et quando dictæ botæ fuerint vetustatæ seu diruptæ, tunc dictus aquarius tradet dictis Religiosis Antepedes seu avant-pieds in dictis botis suis, vel si maluerint, sotulares, et si quando fuerit opportunum.*

* Videtur esse genus soleæ, quam *Galoche* appellamus. Glossar. Lat. Gall. ann. 1352. ex Cod. reg. 4120 : *Pedulus, Avantpiés.* Academ. Hispan. in Diction. *Avampies*, Tibialium rusticanorum ima extremitas, super calcei obstragulum decidens. Vide infra *Antipedale.*

¶ **ANTEPEDIUS.** Miracula B. Simonis de Lipnica tom. 4. Julii pag. 545 : *Ex hydropisi, quam primo passus est in pedibus, necnon ex incisione venarum Antepediarum dolorem incurrerat acerbissimum.* Mallem *venarum Antepedialium*, per quas intelligendæ sunt venæ, quæ sunt in pedis parte superiori.

ANTEPENDIUM, Velum quod ante pendet, ut *dorsale*, ad dorsum. Vetus Charta apud Joan. Schefferum ad Chronicon Upsaliense pag. 152 : *Item duas stukas de panno aureo... item unum Antependium de veluto blanco et glauco, totum factum clypeis argenteis deauratis.* Infra : *Item aliud par dorsalis et Antependii de papavere.* [Processus de B. Hermanno Josepho tom. 1. Aprilis pag. 716. E : *Quod ex causis præmissis S. Joseph inter præcipuos Monasterii patronos olim et hodie numeretur et colatur; prout ex antiquissimis picturis et altarium Antependiis et fenestris vitreis videri licet.* Vide Leibnitium tom. 2. Script. Brunsvic. pag. 453. et pag. 474.]

* Eadem ratione *Devantail* et *Devantel* appellarunt nostri Præpendens vestium tegmen, vulgo *Tablier.* Ordinar. Rotomag. Ms. ubi de lotione pedum in Cœna Domini : *Debet dominus archiepiscopus facere distribui cuilibet canonico præsenti et custodi vestiarii unum lintheum, Gallice Devantel, etc.* Lit. remiss. ann. 1476. in Reg. 195. Chartoph. reg. ch. 1649 : *Icelle Marguerite tira une pierre qu'elle avait cachée soulz son Devantail*, in Stat. ann. 1359. tom. 7. Ordinat. reg. Franc. pag. 254. art. 17.

¶ **ANTEPOMENTUM**, Bellaria, Gall. *Dessert*, sic dictum, ut opinor, quod Romani ab ovis incœpta convivia pomis terminarent. Hinc Horatius Satyr. 3. lib. 1 : *Ab ovo usque ad mala citaret.* Locum vide in *Collibium.*

ANTEPONERE. Edictum Rotharis Regis Longob. tit. 10 [** 26] : *Si quis mulieri liberæ aut puellæ in via se Anteposuerit, aut aliquam injuriam intulerit, etc.* Edictum Luitprandi Regis tit. 110. § 10 : *Si pro quacunque causa homines rusticani se collegerint, id est, consilium et seditionem facere præsumpserint, et cuicunque se Anteposuerint, aut mancipium aut peculium de manu tulerint, etc.* Adde § 11. et Legem Longobardor. lib. 1. tit. 17. § 3. [** Hic paragr. et qui supra ex Heroldi editione ut Luitpr. tit. 110. § 10, etc. laudatur, sunt Rothar. cap. 285.]

* **ANTEPORTA**, Prima porta, Gall. *Avant-porte.* Stat. ann. 1358. inter Probat. tom. 2. Hist. Nem. pag. 125. col. 2 : *Et primo Anteportam portalis de Camino, de prima decenna, de qua ponat in quolibet*

merleto unum hominem; ..... residuum vero dictæ decennæ ad deffensionem appertura, quæ est ante dictam Anteportam et turrim dicti portalis allocetur. Pluries ibi.

ANTEPORTALE. Vide *Portale.*

ANTEPOSITIO, Agger, qui ante domum fluvio vicinam exstruitur. Charta ann. 1160. apud Ughellum tom. 7. pag. 575 : *Liceat... subtus in medio sedio et fovea unum molinum, vel duo, si voluerit, construere, et ædificare in alveo prædicti fluminis, palos regere, et Antepositiones et elevatas facere et habere, et attacatas per dictam terram ipsius Monasterii S. Clementis construere, etc.* Vide *Attacatura.*

¶ **ANTEQUÆSTUS.** Vide *Navium.*

¶ **ANTERION**, *September mensis lingua quorumdam.* Papias MS.

* Haud dubie pro *Anthesterion*, mensis apud Athenienses, qui Januario, nusquam Septembri, correspondet; si tamen fides habeatur Jo. Albert. Fabricio in Menologio pag. 51. qui post Scaligerum, Suida vade, octavum esse Atticorum mensem scribit. Verum non una est Scriptorum ea de re sententia: Novembrem esse putant Gaza et Petavius; at Macrobio lib. 1. Saturnal. cap. 12. mensis est Aprilis, qui Ἀνθεςηρίων vocatur, inquit, *ab eo quod hoc tempore cuncta florescant;* contra vero quasi *floribus privantem* dictum esse vult Corbellan. de Sept. Græcor. pag. 258. Ut ut est allucinatur Papias aut ejus amanuensis, cum *Anterion*, pro *Anthesterion*, scribunt.

¶ **ANTERIORARE**, Quasi anterius ire, ulterius progredi, Gall. *Aller en avant, Avancer.* Miscellan. Theodiscorum apud Bern. *Pez* tom. 1. Anecd. part. 1. col. 412 : *Anteriorare, fordaron.* De expugnatione urbis Acconis lib. 2. cap. 5 : *Pedites Christiani se Anteriorantes equos perfidorum mucronibus gladiorum confodiebant.* Etiamnum Germanis *Fordern*, idem est, quod progredi, promovere, etc. *Forder,* primus, prior; quæ forsan a *Fort* ultra, ulterius, ortum ducunt.

* **ANTERIORITAS**, *Antiquitas.* Vocabul. compend.

¶ **ANTERITAS** Priorum, pro Majoribus sumitur in Vita B. Wolphemi n. 3. inter Acta SS. Aprilis pag. 78 : *Clarissimum stemmatis ramum ab Anteritate dignoscitur traxisse priorum.*

1. * **ANTERIUM**, rii, *pugna ante urbem, Batalha, Prov.* Glossar. Provinc. Lat. ex Cod. reg. 7657.

2. * **ANTERIUM**, *el pectonile del cavalo*, in Glossar. Lat. Ital. MS. Vide *Antela.*

* **ANTERMINUS**, *Vicinus*, in Vocabul. compend. Festus in Amalth. : *Antermini, qui circum terminos provinciæ habitant.*

* **ANTEROTICUS**, Redamatorius, a verbo composito Ἀντεράω, vel Ἀντερῶ, redamo vel vicissim amo, ut notant docti Editores ad Vit. S. Rosæ tom. 5. Aug. pag. 947. col. 1. : *Multa de similibus amantis Rosæ vaporariis, de Anteroticis ad sponsum aspiriis, etc.*

ANTES, ςίχοι ἀμπέλων, in Gloss. Lat. Græc. Fortunatus lib. 5. Poem. :

Rebus apostolicis direxit vinitor Antes.

Paulo alia notione vocem usurpat S. Columbanus instruct. 13 : *Sic lumen tuum meæ largiaris, rogo Jesu mi, lucernæ, ut illius luce illa Sancta Sanctorum mihi appareant, quæ te æternum Pontificem æternorum in Antibus magni illius tui templi illic intrantem habeant, quo te jugiter tantummodo videam, aspiciam, desiderem, etc.*

☞ Vox Latinis Auctoribus non ignota. Virgil. Georgic. lib. 2. versu 417 :

Jam canit extremos effœtus vinitor Antes.

Ubi Servius : *Alii*, inquit, *extremos vinearum ordines accipiunt, alii macerias, quibus vineta clauduntur : quæ maceriæ fiunt de assis, id est, siccis lapidibus : unde assæ tibiæ dicuntur, quibus canitur sine chori voce. Dicuntur autem Antes a lapidibus eminentioribus, qui interponuntur ad maceriam sustinendam. Nam proprie Antes sunt eminentes lapides vel columnæ ultimæ quibus fabrica sustinetur : et appellantur Antes* ἀπὸ τοῦ ἀντιςήκειν. Verum male, inquit Basilius Faber in Thesauro Lat. confundit enim *Antes* et *Antas*. *Antæ* sunt columnæ quadræ, utrumque ostii latus munientes, vel *latera ostiorum*, ut loquitur Festus. *Antes* autem anteriores sunt ordines non vitium modo, sed cujuscumque rei quæ frontem spectat, et maxime militum; hinc Cato de re militari apud Servium : *Primo pedites quatuor agminibus, equites duobus Antibus duces.* Utramque vocem Papias Servium secutus, etiam confudit. Idem egit S. Columbanus in allato exemplo; verum diversa ratione : nam non accipit modo *Antes* pro *Antis*, sed per metaphoram pro ipsis templi foribus.

* Glossar. Provinc. Lat. ex Cod. reg. 7657 : *Antes, lapides, qui vineas claudunt, Prov. Claustra.* Aliud vero Lat. Gall. ann. 1352. ex Cod. 4120 : *Antes sunt furchæ vineæ.*

¶ **ANTESIGNARIUS**, pro *Antesignanus*, Qui præit vexillo ad illius custodiam, apud *Bourdot* tom. 4. novi Custumarii Franc. part. 2. pag. 1061.

* Glossar. Provinc. Lat. ex Cod. reg. 7657 : *Antesignarius, et ferentarius, qui fert vexillum, Bandayrier, a Bandiera Prov. vexillum.*

¶ **ANTESOLARIUM**, Porticus species, seu Prominentes ædes columnis fultæ, et extra ceterarum ordinem prosilientes, Gall. *Porche, Avant-solier,* ab *ante* et *solarium*, quod videsis suo loco. Charta Hugonis de Husseya ann. 1224. in Tabulario Corbeiensi : *Ego vero dictam præposituram pro dicto excambio in manu Abbatis et Conventus... cum omni jure ad eamdem pertinente, videlicet justitiis, assenamentis, vicecomitatu, excluviamentis, Antesolariis, stachis figendis cum omnibus censibus, etc.* Quæ quidem jura omnia describuntur et explicantur Gallice in veteribus ejusdem Ecclesiæ Corbeiensis Consuetudinibus : *Nus ne puet faire pucheoirs, ne ferir estoc es yaues du devant dit monseigneur l'Abbé en ladite vile sans congié, dont il en a sa droiture : ne faire huvelans, ne autre ouvrage sur froc de vile, quelqu'il soit, sans le congié monseigneur l'Abbé, et en a sa droiture. Nus ne puet faire en ladite vile bouke decheler ne estal seur rue, ne saillie de maison sans le congié, etc.* Vide in *Antevanna*, ubi *Archa* idem est quod *Antesolarium.* [* Vide *Avantsoliers.*]

¶ **ANTESPATIUM**, Spatium ante murum. Vide *Promurium.*

¶ **ANTESSATUS.** Hist. MS. Beccensis pag. 596 : *Si forte contigerit quod leporarii dictorum procuratorum fuerint Antessati in dominicis suis, liceat eis leporem, vulpem, et murilegum capere in quocumque loco pervenerint in eodem cursu.* Fortasse pro *Antestati*, id est, impediti : sed quid eo loci ad rectam interpretationem? Sic vero explicari posse videretur : *Que si par hazard il arrive que les Levriers desdits Procureurs ayent été lachez sur leurs domaines, il leur sera permis de poursuivre et prendre le lievre, le renard et le chat sauvage en quelque endroit qu'ils soient poussez.*

ANTESTARE, Prohibere ne quis rem aliquam faciat, intercedere, se interponere, quod faciunt qui ante aliquem stant. Lex Aleman. tit. 23. § 2 : *Si quis legitime tributum Antesterit, per jussionem judicis sui 6. sol. sit culpabilis.* Lex Longob. lib. 1. tit. 25. § 22 [** Rothar. 278.] : *Si.... mancipium de manibus ejus tulerit, aut Antesteterit,* id est, impedierit, quo minus fuga elapsum servum recuperaverit. Tit. 36. § 2. [** Rothar. 374.] : *Si ei in via Antesteterit*, id est, si obstiterit, ne pertransiret, quod *viam obstare* appellabat Lex Salica. Adde Edictum Rotharis Regis Longob. tit. 10. [** 27] et 84. Leg. Longob. lib. 1. tit. 30. § 8. 9. 10. [** Rothar. 209. 210. 211.] et Ughellum tom. 1. Ital. sacr. pag. 392. 491. tom. 5. pag. 1507. tom. 6. pag. 269. 1245. etc. Vide *Obstare.*

* **ANTETABULA**, Prima tabula, ubi venum exponuntur merces levioris momenti, idem quod supra *Antefenestra.* Locum vide in *Tabula* 12.

ANTETEMPLUM, πρόναον, in Gloss. Græc. Lat. Vide *Pronaus.*

* **ANTEVALLATUM**, Fossatum exterius, quo cætera urbis aut castelli fossata et munimenta cinguntur. Libert. villæ de Florencia ann. 1358. tom. 8. Ordin. reg. Franc. pag. 89. art. 20 : *Et quod possint construere et reparare muros dictæ villæ, barbacanas, pontes, plateas vacuas, et alias fortalicias, et vallata et Antevallata ejusdem.*

¶ **ANTEVANNA**, Umbraculum ex assamentis, Gall. *Auvent.* Charta Berengarii Abbatis S. Tiberii ann. 1209. in Historia MS. ejusdem loci : *Vendo etiam tibi nunc et in perpetuum, operatorium ipsius Bochariæ, cum tabula quæ est ante ipsum operatorium, cum omnibus juribus suis et pertinentiis... in quo possis facere solarium et Antevannam et archas in circuitu; ita tamen quod subtus homines transire et redire possint.*

* *Avantvenz*, eadem notione, in Charta ann. 1331. ex Reg. 66. Chartoph. reg. ch 518 : *Pourront aussi donner congié.... de faire saillices, fenestres saillans pour estaux et Avantvenz sur les chemins, sans grant dommage.* Vide infra *Avanna.*

* **ANTEVENIRE**, Occurrere, Ital. *Antivenire*, Gall. *Aller au devant.* Charta ann. 1108 tom. 1. Probat. Hist. Brit. col. 516 : *Vir prudens ab amicis, quos in curia habebat, sibi indicantibus, præsensit quod comes ipsum equum sibi quærere volebat. Tunc.... prædictus abbas Antevenit comitem, etc.*

* Nostratibus vox *Avant*, idem sonat, quod Latinum Age, vulgo *Or ça, courage.* Glossar. Gall. Lat. ex Cod. reg. 7684 : *Avant, fay, age, i. fac hoc.* Unde *Se mettre*

avant, Agere suo nomine, in Lit. remiss, ann. 1456. ex Reg. 191. Chartoph. reg. ch. 235 : *Le suppliant print vouloir en lui de soy mettre Avant et duire au fait de marchandise.*

¶ **ANTEVENTULI** Crines dicuntur Apuleio lib. 1. Florid. qui per genas et tempora sunt demissi.

ANTEVIARE, Præire. Fortunatus lib. 4. Poëm. 26 :

Ilis venit Helias, illis in curribus Enoch ;
Anteviando suos, hinc Petrus, hinc Stephanus.

¶ **ANTEXENODOCHIUM**, Pars anterior Xenodochii, a cæteris partibus separata. Miracula S. Vincentii Madelgarii, tom. 3. Julii. pag. 685. D : *Non ita multo post quia cancri fœditas ceteros infirmos lædebat, Monialis quæ infirmorum curæ commissa erat, urgetur illam asportare in Antexenodochium.*

* **ANTHA**, Pala annuli, Gall. *Chaton.* Glossar. Lat. Gall. ann. 1352. ex Cod. reg. 4120 : *Antha est fossa, ubi ponitur gemma annuli.*

¶ **ANTHERA**, *est ex hyacinthis medicinæ extractio.* Rochus *le Baillif* in Diction. Spagyrico. De *Antheris* quasi medicamentis aridis et siccis e floribus compositis agunt Plinius et Celsus.

ANTHEROPSITA. Anastasius Bibl. in Stephano II. PP : *Præcedens in Letania cum sacratissima imagine Domini Dei et Salvatoris nostri J. C. quæ Antheropsita nuncupatur.* Sed ibi legendum *Acheropita*, recte conjectat Editor, [vel *Acheropoeta*, ut in Hierolexico Macri.] intelligitur enim imago J. C. ἀχειροποιητός, de qua copiose Gretzerus lib. de Imaginibus non manufactis ; et Andreas Vitorellus de Capella Borghesia parte 6. cap. 1. et seqq. [Adnotat doctissimus Murator. tom. 3. pag. 166. col. 2. in uno Codice legi *Acheroposita*, quod favet Cangii conjecturæ, et in altero *Ancheropsita.*]

¶ **ANTHESTERIA**, Bacchanalia quæ mense Novembri, postridie Kal. a Romanis celebrabantur. Hofman. in Lexico.

¶ **ANTHONIARE**, Præcinere, Gall. *Entonner.* Locum vide in *Dulciana.*

¶ **S. ANTHONIUS.** Vide *S. Anton u*

¶ **ANTHROPOFORMITA**, Statuarius qui humanas formas effingit. Rectius scripseris *Anthropomorphita.* Vita prior B. Lidwinæ virginis, tom. 2. Aprilis pag. 272. D : *Ante ejus nativitatem contigit Anthropoformitam quemdam civitatem Schiedamensem ingressum deferre secum ligneam imaginem quamdam B. Mariæ Virginis, quam navi impositam volebat transferre ad nundinas Antverpienses, ut illic eam venderet.*

¶ **ANTHROPOMORPHITÆ**, ab ἄνθρωπος, homo, et μορφή forma, sic dicti hæretici, quod formam Deo tribuerent humanam. Pascha cum Judæis celebrabrant. De his agunt Epiph. et Aug. *Anthropomorphitarum virus* apud Stephanotium in Antiquit. Benedict. Aureliam. pag. 253.

ANTHYPATUS. Gloss. Græc. Lat. Ἀνθύπατος, *Proconsul.* Ἀνθυπατεία, *proconsulitas, Proconsularitas.* Sed hæc veterum *Proconsulum* dignitatem spectant, quæ sub Imperatoribus Constantinopolitanis nudus titulus fuit, quo non modo suos aulicos, sed etiam exteros Principes ac viros illustres interdum donabant. Chronicon Casin. lib. 2. cap. 2 : *A Mariano quoque Anthypato, Imperiali Patricio, etc.* Apud Ughellum tom. 7. Italiæ sacræ pag. 393. et 394. habetur Charta *Joannis Imperialis Patricii, Anthypati, Vesti et Ducis Amalphitanorum.* Et tom. 8. pag. 69. alia *Landulphi Anthypati, Patricii et Principis Beneventani :* ubi perperam *Antipatri* editum.

ANTIA, *Ferrum in scuto*, in Glossis Isidori. [Vide *Ancea.*] Alias *Antiæ* dicuntur crines capitis posteriores, Apuleius lib. 1. Florid. de Apolline ; *Jam primum crines ejus præmulsis Antiis, promissis capronis anteventuli et propenduli.*

☞ Potius anteriores intelligendi ; sic enim Festus : *Antiæ, Muliebres capilli demissi in frontem appellati ex Græco videntur : quod enim nos contra, illi ἀντὶ dicunt.* Isid. lib. 19. Orig. cap. 31 : *Anciæ, cincinni dependentes prope auriculas, Græco vocabulo ab auribus dictæ.* Gloss. vett. *Antiæ*, κόμαι διὰ τῶν κροτάφων κρεμάμεναι γυναικεῖαι. Aliæ Glossæ *Antiæ*, τρίχες αἱ μεταξὺ τῶν κεράτων τῶν βοῶν. Onomast. : *Antiæ*, προκόμιον. Neque his repugnat locus ex Apuleio allegatus, cujus vocem *Antiis* etiam interpretantur de crinibus ex syncipite in frontem pendentibus. Hac etiam voce utitur Tertullianus de Pallio cap. 4. quem explicare tentat inter alios Hofmannus in Lexico : hunc consule.

¶ **ANTIANARIA**, Dignitas Patriciorum et Nobilium apud Italos, ut mox in V. *Antiani* exponitur. Memoriale Potestatum Regiensium ad ann. 1277. apud Murat. tom. 8. col. 1142 : *Dominus Neapulionus de la Turre perpetuus Antianus populi civitatis Mediolani turpiter est remotus a dicta Antianaria.*

ANTIANI apud Genuenses, et in aliquot Italiæ oppidis, dicti Patricii, Nobiles, qui ætate, auctoritate et honore cæteros incolas præcellunt, atque adeo ipsi magistratus. Ἀρχιγέροντες, Primates ordinum, seu decuriæ primi, in leg. 5. Cod. de Episcop. audient. Vide Probat. Hist. nostræ Gallo-Byzantinæ pag. 11. et Joann. Villaneum lib. 6. cap. 51. 84.

☞ Laurentius in Amalthea in voce *Antes* Antianos non ab antiquitate, sed a voce *Antes* vel ab *Antæ* dictos putat : sunt autem *Antes* Primi Ordines, et *Antæ* Columnæ quadratæ utrumque ostii latus munientes ; *unde*, inquit, *Antiani dicti in Republica nostra Lucensi, quasi primi ordines et columnæ eam sustinentes.*

* **ANTIANIA**, Domus publica, ubi conveniunt *Antiani.* Vide in hac voce. Stat. crimin. Saonæ cap. 40. pag. 90 : *Si aliqua persona, cujuscumque conditionis existat, faciet et dabit in futurum damnum vel detrimentum aliquod domibus sive palatiis communis Saonæ, Antianiæ, etc.*

¶ **ANTIANUS**, Antiquus, Vetus. Gall. *Ancien.* Bulla Pauli III. ann. 1539. in Collect. privileg. Equitum Melitensium Authore D. *d'Escluseaux* pag. 97 : *Libri et munimenta seu documenta Antiana privilegiorum periissent.*

¶ Antianitas, Jus antiquitatis, Gall. *Droit d'ancienneté.* Eadem Bulla Pauli III. pro Equitibus Melit. ibidem pag. 98 : *Tam Magistro quam Conventui præfatis* (jus et potestatem damus) *de illis* (beneficiis) *disponendi, nec non Antianitates tam generales, quam speciales super iisdem beneficiis fratribus ejusdem Hospitalis concedendi, etc.*

¶ Anzianatus, ut *Antianaria*, Dignitas *Antiani* apud Italos. Regimina Paduæ ad ann. 1293. apud Murat. tom. 8. col. 387 : *Si vero cassabantur* (prædicti sapientes), *quilibet Anzianus tunc temporis in Anzianatus officio existens, suum sapientem a credentia eligebat, et ipsis per Anzianos tali modo electis, singulariter approbabantur in majori consilio.*

¶ Anziani ut *Antiani.* Regimina Paduæ apud Murat. tom. 8. col. 383 : *Hoc anno* (1285.) *facta fuit domus, super qua manent Anziani, et factus fuit pons lapideus S. Johannis a navibus.* Ibidem sæpius occurrit, ut et tom. 5. Maii de B. Humilitate pag. 218. et alibi.

¶ **ANTIBERLIUM**, *Pignus codicis.* Onomasticon vetus apud Turnebum lib. 28. Adversariorum cap. 5. col. 989. edit. 1599. Sed melius, ut sequitur :

ANTIBIBLIUM, *Pignus librorum, liber, codex*, in Gloss. MS. Regio Cod. 1013. in Gloss. Isid. : *Pignus librorum, codex pro codice.* Joanni de Janua, *Pignus pro codice mutuato datum.* [Papias MS. Ecclesiæ Bituricensis habet : *Antebiblium, codex datus pignus pro codice. Antiblium*, Idem est in Gloss. Isid.]

* **ANTIBULLA**, Bulla ab antipapa, vel ab eo qui talis habetur, promulgata. Lit. remiss. ann. 1389. in Reg. 138. Chartoph. reg. ch. 98 : *Eustace de Maudestour, pour lors curé de Oingneville, avait esté deux fois à Rome, et estoit vray Bartholomiste, et avait apporté une Antibulle.*

¶ **ANTICA**, Propyleum, Græce πρόναον, Gall. *Portail.* Antiquum Legendarium MS. ann. 1425 : *Ad memoriam redico quod in devotissima capella B. Mariæ de miraculis in Antica anteriore Autissiodorensis Ecclesiæ, ubi altare et oratorium videas in honorem sanctarum sororum.* Vide *Anticum.*

¶ **ANTICASTELLUM**, Turris lignea unde castella et urbium mœnia solent oppugnari, ut videtur Spelmanno : quem vide in voce *Malvoisin.*

¶ **ANTICEPS**, δίστομος, *Anceps*, in Supplemento Antiquarii. Gr. δίστομος, biceps est ; item anceps, utrinque acutus.

* **ANTI-CHRISTALIS**, Anti-Christus. Benzo episc. Albens. in Comment. lib. 5. cap. 1. apud Ludwig. tom. 9. Reliq. MSS. pag. 345 : *Omnes pene se junxerunt his Anti-Christalibus* (de Patarenis hæreticis loquitur) *et præsertim bajulares dant sinistras talibus.*

* **ANTICIMENON** Liber, id est, Quæstionum de Libris veteris et novi Testamenti, Petro Diacono adscriptus, vel potius Juliano episcopo, teste Mabillonio, in Museo Ital. pag. 125.

1. **ANTICIPARE**, pro *Accipere*, haberi in Codice Palatino Capitolini monet Salmasius pag. 70.

* 2. **ANTICIPARE**, *Avancier. Anticipium, Avantage*, in Glossar. Lat. Gall. ann. 1352. ex Cod. reg. 4120. *Anticipium, Avantaige*, in Vocabul. compend.

ANTICIPITER, pro *Accipiter*, in Foris Oscæ ann. 1247. f. 36 : *Si quis furatus fuerit Anticipitrem vel falconem, etc.*

ANTICIPUT, pro *Sinciput*, in Vita Balduini Lutzemb. Archiep. Trevir. lib. 1. cap. 7.

¶ **ANTICLABEO**. Vide *Andeclabeo*.

** **ANTICON**, *est genus ligni incombustibilis, vel est lignum paradisi*, in Gemma Gemmarum. Vide S. Hieronymum ad lib. Exodi cap. 27. ℣ 1.

ANTICULÆ, quæ *Scamella* aliis dicuntur. Liber 2. Miraculorum S. Richarii n. 8 : *Cœpit manibus pedibusque repere, ... et breves illi Anticulas facientes ut in illis iter velut reptando valuisset habere, illico miserunt.*

¶ **ANTICUM**, Festo idem est quod Janua. Item Hofmanno pars templi, quam Græci πρόδομον, πρόναον et παςάδα dixere, cui oppositum posticum, seu posticium, pars ædis sacræ apud Græcos posterior, quam ὀπισθόδομον appellavere. Erat enim, inquit, pronaus seu πρόδομος, vel parietibus antarum vel columnis ædificatus cum fastigio. Vide *Antica*.

¶ **ANTICUS**, pro *Antiquus*. Sic legitur in pluribus mediæ ætatis MSS. ac præsertim in Rituali codice B. M. Deauratæ prope Tolosam : *Quilibet istorum habet... pro labore suo unum florenum auri, seu valorem ex Antica consuetudine.* In hoc MS. fere semper *c* pro *qu* occurrit, sic *relicus* pro *reliquus*, *oblica* pro *obliqua*., etc. Alias *Anticus* idem est quod *Anterior*.

* **ANTIDARIUM**, *vel Anterioritas, Avantage*, in Glossar. Gall. Lat. ex Cod. reg. 7684. Vide supra *Anterioritas*.

¶ **ANTIDATUM**, Donum pro dono, Remuneratio. Epistola Philippi Electoris Archipalatini ad Carolum VIII. Galliæ Regem, ann. 1497. apud Ludewig. tom. 6. Reliq. MSS. pag. 100 : *Id enim ad dignitatem, gloriam et illibatam fidem pertinet majestatis vestræ, ut in præfatæ pensionis obligatione singulari beneficentia nos affectos reipsa sentiamus, nos id cum aliis susceptis beneficiis gratissimo Antidato cum regia serenitate vestra pro viribus compensare curabimus.* Vide *Antidonum*.

ANTIDICOMARITÆ, apud Facundum Hermianensem lib. 8. cap. 7. Ἀντιδικομαριανῖται Epiphanio, hæretici Arabes, qui Mariam post Christum natum viro suo commixtam asserebant. [Erant Helvidii sectatores, quos *Antidicomarianitas* alii appellant. Vide Aug. hær. 84. Hieron. contra Helvidium, etc.] [** Vide Isidori Origines lib. 8. cap. 5. § 46.]

* **ANTIDONUM**, Donum pro dono, remuneratio. Charta Nicolai Camerac. episc. ann. 1249 : *Grata servicia nobis.... pie ac provide exhibita et impensa.... nos reddunt vobis ad Antidona obligatos.* Charta Joannæ abbat. S. Joan. in bosco ann. 1317. ex Reg. 56. Chartoph. reg. ch. 516 : *Attendentes et considerantes nos.... pro præmissis jam diu impensis et imposterum per Dei gratiam nobis et monasterio nostro impendendis ad Antidona teneri, etc.* Vide *Antidatum*.

* **ANTIDORA**, Eadem notione qua *Antidonum*. Charta donat. Burgundionis vicecom. Massil. castri de Sex furnis monast. S. Vict. ann. 1213. ex schedis Peiresc. : *Post hanc donationem,.... a me factam, contulisti in me temporalem tuam Antidoram, pro qua dedisti et munerasti mihi caritative ducentos milia solidorum regalium coronatorum.* Vide *Antidoralis*.

¶ **ANTIDORALIS** Obligatio, Gratiæ et beneficii vicem rependendi debitio : Est enim ἀντίδωρον Donum dono relatum, quod, ut patet, ex ἀντὶ et δῶρον coalescit. Instrumentum solemne cessionis Regni Cypri Carolo Sabaudiæ duci per Carlottam Hierusalem, Cypri, etc. Reginam anno 1485. die 25. Febr. apud Guichenon. in Chronographia Episcoporum Bellicensium pag. 79 : *Ipsa siquidem Carlotta Regina.... attendens humanitates, curialitates, benemerita et subventiones habitas et receptas a præfato Illustrissimo D. Carolo Sabaudio, etc. Duce ejus nepote carissimo, ex quibus non immerito orta est Obligatio Antidoralis... maxime ob dicta bene merita... donat, cedit... Regnum Cypri, etc.*

¶ **ANTIDORALITER**, vel *Antidotaliter*, Commutua accepti beneficii remuneratione. Historia Dalphin. tom. 2. pag. 138 : *Dominus Dalphinus attendens gratias et honores, beneficia..., quæ sibi incessanter impenduntur per ipsum Dominum de Villario,... attendens se dicto Domino de Villario ex instinctu naturæ Antidotaliter obligatum fore, cum beneficium remunerationem exigat, etc.*

¶ **ANTIDORUM**, apud Græcos panis est benedictus, qui ἀντὶ τῶν ἁγίων δώρων, seu vice Eucharistiæ datur iis qui ad sacram Communionem accedunt, post sacram Liturgiam, ut est apud Balsamonem. Conficitur autem *Antidorum* ex eodem pane qui ad sacrificium offertur, ex quo desumit Sacerdos particulam Cruce signatam, reliquo quibusdam precibus benedicto, plebique reservato. Non solent *Antidorum* Græci comedere nisi jejuni, alioquin in crastinum conservant. Vide Gloss. infimæ Græcitatis, Hierolexicon Macri. Est et alia hujus vocis significatio de qua consule Cujacium ad Novellam 7. Justiniani.

¶ **ANTIDOSIS**, Vox Græca. Remuneratio, Retributio. *Antidosis*, hoc est, retributio, in Hist. Luitprandi apud Murator. tom. 2. pag. 444.

ANTIDOTARE, in Glossis veteribus, *prævenire medicaminibus, avertere morbos imminentes, corrigere præsentes.* Wil. Brito lib. 12 :

> ..... Super afflictos tam grande periclum
> Antidotare volens, etc.

Vide *Antidotum*.

¶ **ANTIDOTARIUS**, Pharmacopola, qui componit, vel ab aliis componenda curat antidota. Statuta Arelat. art. 137. e MS. Musæi D. *Brunet* : *Spatores* (Speciatores) *operentur secundum quod eis præcepit Antidotarius.*

* Liber eo nomine designatur, in quo continentur *antidota*, seu eorum compositio præscribitur; cujus meminit Stat. ann. 1353. inter Ordinat. reg. Franc. tom. 2. pag. 533 : *Jureront lesdits apothiquaires que il feront loiaument le mestier de l'apothiquairie, et que il auront leur livre, qu'on appel Antidotaire Nicolas, corrigé par les maistres du mestier.* [** Gemma Gem. : *Antidotarius est liber contra vitia et morbos.*]

ANTIDOTUM, Remedium medicum, *Medicina*, Ἀντίδοτον eadem notione apud Nicetam in Andron. lib. 2. num. 13. Gloss. Lat. Gall. : *Antidotum, Remede ou avancement.* S. Hieronym. Epist. 151 : *Vidi ego nauseam et capitis vertiginem Antidoto, quæ appellatur πικρά, sæpe sanari.* Vide eumdem in cap. 51. Esaiæ. Octav. Horatian. lib. 2. Rer. medicar. cap. 15 : *Ut sunt apium, cicer, gramen, ... et reliqua quibus Antidota vel decoctiones conficiuntur.* Passim apud hunc Scriptorem, Alexandrum Iatrosophistam, et Medicos. Petrus Damiani lib. 6. Epist. 30 : *In omni vita sua nunquam sanguinem minuit, nunquam Antidotum sumpsit.* Lib. 8. Epist. 6. de Medicis : *Cuncta eis noxiæ delectationis edulia minaciter interdicunt, Antidota insuper et amara propinant.* Thomas Archidiac. in Hist. Salonitana cap. 19 : *Erat præcipue eruditus in scientia physicali, ita ut respiciendo in faciem sani hominis, prænosceret quo ægritudinis genere, et quo foret tempore invadendus, quove medelæ Antidoto posset languoris evitare discrimen.* Vide Fortunatum in vita S Germanni Paris. Episc. cap. 20. [Vox nota Quintiliano, apud quem : *Ille datum et venenum dixit, sed se Antidotum daturum*, id est remedium contra venenum, Gall. *Antidote*.] [** Paulus JC. in Dig. lib. 33. tit. 9. fr. 5. pr. *Antidotus* est apud Gaium in Dig. lib. 18. tit. 1. fr. 35. § 2. item apud A. Gellium lib. 17. cap. 16. Vide Forcell. Lexic. Spartiano in Hadriano cap. 23. vox eo sensu usurpatur quem Cangius medio ævo vulgarem fuisse ostendit : *Accepto largius Antidoto, ingravescente valetudine per somnum periit.* Gemma Gemm. : *Antidotum. . . . . vel dicitur venenum quod datur contra vitam, Gyfft.*]

* **ANTIFACTUM**, Antifatium, Antifatum. Vide supra *Antefactum*.

* **ANTIFERNA**. Vide infra *Antipherna*.

* **ANTIFRAZIANUS**, Qui eloquentia abutitur, ut facilius seducere possit. Epist. ann. 1408. apud Marten. tom. 7. Ampl. Collect. col. 1854 : *O quales doctores! o quales ecclesiastici viri! o quales maligni seductores et Antifraziani.* Vide *Antiphrasius*.

* **ANTIFRISUM**, Fimbria, lacinia, quæ in parte anteriori ponitur. Constit. Feder. reg. Sicil. cap. 94 : *Non tamen prohibetur quod ex superiori parte capelli, sive orbis sui, possint poni Antifrisa; et quod illa pars interior, quæ revolvitur, possint esse laborata de auro, vel seta, sicut voluerit.* Vide *Frisum*.

ANTIFRO, *Genua figere*. Ugutio.

¶ **ANTIGALHA**, Valde pinguis. Vox celticæ originis, composita ex *Galha*, Pinguis et præpos. augmentativa *And.* Gallis olim *Galba* idem erat quod pinguis teste Suetonio. Superest etiamnum apud Germanos *Gail* quæ vox pinguem sonat; unde *Gaile erde*, terra pinguis. Ita Leibnitius in Collect. etymologicis ad vocem *Galba* in Gloss. Celtico pagina 120. Recensio bonorum Prioratus de Podio Cuberio ann. 1339. in Armario. S. Victoris Massil. : *Quidam recognoscit se possidere nomine cellerariæ S. Victoris... unam possessionem vineæ et terræ planæ et Antigalhæ.*

ANTIGARIÆ. Fori Oscæ ann. 1247. fol. 5 : *Si equus, equa, mulus... fuerit ab aliquo, cui fidejusserit pignoratus, et qui eum posuit, noluerit subvenire, jurante fidejussore, qui eum posuit solvat de Antigariis pro qualibet noctium. 5. arrovas hordei, etc.* [Idem videtur quod *Angariæ*.]

* Hac voce significari existimo id, quod ad bestiæ pignoratæ nutrimentum submi-

nistrari debet. [** Vide *Angueira* in *Angaria*, 5.]

ANTIGENA, ὁ προγεννηθείς, in Gloss. Latin. Græc. [Janus in Supplemento Antiquarii habet προγενητής.]

¶ **ANTIGENUS**, *Antegenitus*, in Glossario Aniciensi MS.

¶ **ANTIGERIO**, *Valde*, in Glossis Isid. Festus : *Antigerio antiqui pro valde dixerunt.*

* Glossar. vet. ex Cod. reg. 7646 : *Antigerio, vel quemadmodum, vel inprimis.*

¶ **ANTIGERIUM**, *Quemadmodum*, *In primis.* Isid. Gloss. Pro *Quemadmodum*, Grævius legendum censet *Admodum*. Papias MS. habet, *Antigorio*, *Quemadmodum*, *In primis.*

ANTIGRAPHUS, Antigrapheus. Glossæ Isidori : *Antigraphus, Cancellarius.* Ugutio, et ex eo Joannes de Janua : *Antigraphus, scriptor, idem est et Cancellarius, qui et Archigraphus dicitur, quod rescribit litteris missis ad dominum suum. Unde Antigraphia, vel Archigraphia, id est ejus dignitas, scilicet Cancellaria.* Sunt igitur *Antigraphi* generatim scriptores. Glossar. Ælfrici : *Antigraphus*, writere id est scriptor. Ordericus Vitalis lib. 1 : *A priscis doctoribus edita, et ab Antigraphis scripta considero.* Nisi quis legendum malit *Artigraphis*. Proprie autem *Antigraphi*, seu *Antigraphei*, dicti Cancellarii, et Magistri scriniorum ; Glossæ MSS. : *Antigrapheus, antiquarum rerum scriptor, a commentariis, Cancellarius.* Extat Gregorii Magni Epistola 28. lib. 1. scripta *Aristobolo, Exprœfecto et Antigrapho.* Et in lib. 2. Ind. 11. Epist. 7 : *Sebastianus gloriosus Antigraphus nuncupatur.* Scholiastes Juliani Antecessoris : *Quatuor scrinia sunt : primum quod dicitur Libellorum : secundum Memoriæ : tertium Dispositionum : quartum Epistolarum ; unde et quatuor Antigraphei sunt.* Gloss. Græc. Lat. : Ἀντιγραφεύς, *Dictator, Rescriptor,* Ἀντιγραφεὺς τῆς μνήμης, apud Petrum Patricium in Eclog. Legat. Vide Salmasium ad Hist. Aug. pag. 480. 481.

Antigraphus, apud Isidorum lib. 1. Orig. cap. 20. est una e notis sententiarum, quæ *cum puncto apponitur, ubi in translationibus diversus sensus habetur.* [Papias habet *divisus* pro *diversus* in MS. Bituric.]

* **ANTILAMBDA**, Signum in libris ad distinctionem appositum. Consule Brencman. lib. 2. Hist. Pandect. cap. 3. pag. 117.

* **ANTILATIO**, Antecessio, præstantia, Gall. *Prééminence.* Composit. inter Joan. ducem Brit. et legatos Papæ ann. 1441. ex Bibl. reg. : *Procurabimus cum effectu nominationem concedi præfato illustri principi, ... cum Antilationibus et prærogativis innominatis.* Vide supra *Antelatio.*

¶ **ANTILENA**, apud Sipont. et Isid. in Glossis, *Cingulum quo equi pectus cingitur,* Gal. *Poitral.* Vide *Antela.* [** Gloss. Lat. Gr. Antilena, ἱμὰς ἵππων, διαριστήρ· προστηθίδιον· εἰστετηρ. Antelina, ἐμπρόσθια ἵππου, στηθιασθήρ. Dosithei Gloss. in Cod. Montispess. Ενπροσθια, antelena. Vide Forcell. Lexic. et Scheffer. de re vehic. 1, 11.]

¶ **ANTILLARE**, θηλεύεσθαι, παλλακεύσθαι, *Scortari*, in Antiquarii Supplemento. [** pro *Ancillare.*]

ANTILOGIUM, Altercatio, ἀντιλογία. Fulgentius Planciades de Virgiliana continentia : *Omisso ergo Antilogii circuitu, cœpti operis aggrediamur exordium.*

* Idem quod Præfatio, sermo antecedens, ut ex ipso textu facile colligitur. [** Gemma Gemmar. : *Antilogus, est sermo contrarius, ein widersynnige rede. Antilogia i. contradictio. .... Antiloquium, ein vorrede.*]

¶ **ANTILOPUM**, Frustum, ab Anglico *Lop*, Amputare : *Unum sharp auri garnisatum de sexaginta et uno grossi baleisiis... totum integrum garnisatum, set deficit unum Antilopum et quinque perulas, etc.* apud Rymerum tom. 9. pag. 908. Idem sonat vox *Lopin*, apud plebem in Gallia.

ANTILOQUUS, Antiloquium. Ugutio : *Antiloquus, qui primo loquitur, Antiloquium, prima locutio.* Eadem habet Joan. de Janua. *Anteloquium* dixit Macrobius lib. 2. Saturn. cap. ult. et lib. 7. cap. 4. Vide Juretum ad Symmach. lib. 1. Epist. 71.

Antiloquium, Contradictio, obloquutio. Nestorius Patr. Constant. in Epist. ad Celestinum PP : *Fraternas nobis invicem debemus collocutiones,... quorsum hoc Antiloquium?*

* Hinc *Avantparliers*, Advocati, nostris dicti sunt ; non quod ante judicium loquerentur, ut vult *De Lauriere* in Notis ad cap. 14. Stabil. S. Ludov. sed quod primas in loquendo partes obtinerent. Vide *Prælocutor.*

¶ **ANTIMENSIUM**, Græcis dicitur quod Latinis, Altare portatile, Lapis sacratus, seu, ut in Ordine Romano, Tabula itineraria, vel Altare viaticum, ut loquitur Bonifacius. VIII. cap. ult. de privilegiis. Manuel Charitopulus Patriarcha CP. lib. 3. Juris Orient. pag. 239 : Ἔνθα εἰσὶ γνώριμοι καθιερωμέναι τράπεζαι, οὐ χρεία ἀντιμινσίων ἐκεῖ. *Ubi scitur altaria consecrata esse, non opus est Antimensis.* Latinorum *Antimensia*, seu altariola fuere semper lapidea, Græcorum non item. Conficiebantur quippe eorum *Antimensia* e segmentis mappæ illius, qua altare cooperiebatur in die consecrationis Ecclesiæ, quamque postea in partes dividebat Episcopus, distribuebatque Presbyteris, ut defectu altaris consecrati illis uterentur. At in Ordine Romano *palla ipsa corporalis*, interdum appellatur *Antimensia*, id est loco mensæ, inquit Dominicus Macer in Hierolexico. De *Antimensio* Græcorum plurima in Glossario infimæ Græcitatis ad vocem Ἀντιμίνσιον. Adde quod in Encomio S. Marciani Episcopi tom. 2. Junii. pag. 793. E : Ἐπῆξεν τὴν μυστικὴν τράπεζαν, ἥτις καλεῖται Ἀντιμίνσιον, κατ' ὄψιν τοῦ αὐτοῦ σπηλαίου τῆς ἀναβάθρας, καὶ ἐποίει λειτουργίαν, id est, ut vertit Sirmondus, *Mysticam mappam quæ Antimension dicitur, fixit e regione speluncæ, sacraque inibi Liturgia rite peracta, etc.* Ubi mappam pro mensa posuit ob præfatum Græcorum ritum. Jam vero unde ἀντιμίνσιον dictum sit, non consentiunt omnes : alii a Græco ἀντί et *mensa*, alii ab ἀντί et μίνσος *missus* factum fuisse putant, quod Græcis fere omnibus magis arridet. Vide Christianum Lupum in Scholiis ad Canones Synodorum tom. 3. pag. 748.

ANTIMONIUM, Stibium, Græcis στίμμι, cujus quidem vocis originem incertam, ut et usum antimonii veteribus incognitum, fatentur peritiores medici. Hac usus est voce Constantinus African. lib. de Gradib. pag. 381. qui quidem ann. 1100. vivebat. [Vide Diction. Etymolog. Menagii et Diction. Universale Trivolt. In hoc multa de usu et variis speciebus *Antimonii.*]

¶ **ANTINOMI**, Ἀντίνομοι, Legis hostes. Sic appellati sunt Johan. Agricolæ sectatores, qui legem divinam inutilem esse, atque Christianos ad ejus observantiam non teneri docebant, ut narrat Rainaldus ad ann. 1529. Alii fuere ejusdem nominis hæretici, quorum in Anglia primus auctor fuit Joh. Eatonus, qui librum edidit de Justificatione libera per solum Christum, ubi maxime docet, *Deum nec velle nec posse videre ullum peccatum in justificatis, etc.* Vide Lexicon Hofmanni.

* **ANTINOMIA**, Legum contrarietas, ab ἀντί et νόμος. Præfat. Digest. : *Nulla itaque in omnibus prædicti codicis membris Antinomia aliquem sibi vindicet locum.*

¶ **ANTINZA.** Charta XII. seculi inter Awalonem de Seligniaco et Willelmum Abbatem S. Remigii Senonensis : *Antinzæ vero sicut in diebus Teudonis duos denarios solvant Ecclesiæ.*

* Leg. forte *Anzinga.* Vide *Andecinga.*

¶ **ANTIO.** Donatio S. Rudesindi Episcopi pro Monasterio S. Salvatoris tom. 3. Collect. Conc. Hispan. pag. 181 : *Adjicimus etiam stramina lectulorum, gagnapes, paleas Antionum* VII. *subminores,* VIII. *plumatios digniores, paleos* X. *alios subminores* VIII. *aliphases vulturinos* V.

* Loco *Antionum*, ex Ant. *de Yepez* Cangius *Antiquum* edidit in voce *Galnabis.*

¶ **ANTIORATIO**, Orationis Exordium, initium, Præfatio. Charta Balduini Episcopi Noviom. pro Monasterio S. Eligii anno 1049. ex Tabulario ejusdem loci : *Summæ Divinitatis nomine indivisæque Trinitatis miseratione exordium fiat in privilegii hujus Antioratione.*

¶ **ANTIPAGMENTA.** Vide *Antepagmenta.*

ANTIPARIES, Paries alteri oppositus, idem quod *Antemurale.* Matthæus Westmonast. ann. 1304 : *Immensa quidem tormenta ictu unius lapidis, duos Antiparietes de arce, in vertice rupis fundatos, quasi sagitta per filum advolans, perforarunt.* Vide *Antemurale*, et *Barbacana.*

* **ANTIPAS**, *Testis fidelis.* Vocabul. compend.

* **ANTIPASTUS** *dictus quod sit ex contrariis, ex brevi et longa, et longa et brevi,* in vet. Glossar. ex Cod. reg. 7646. Legendum *Antispastus.* Vide Lexic. Martin. in hac voce.

ANTIPATIA, pro *Antipathia*, dissidentia, Gall. *Antipathie, Aversion naturelle.* Anastasius Bibliot. in Sicilia sacra Rocchi Pirri pag. 138 : *Canon PP. ultra consuetudinem absque consensu cleri ex immissione malorum hominum in Antipatia Ecclesiasticorum Constantinum Diaconum Ecclesiæ Syracusanæ rectorem in patrimonio Siciliæ constituit, hominem perversum et tergiversatum.*

* **ANTIPATUS**, quasi Proconsul, ab ἀντί et ὕπατος. Fragm. Chron. Amalphit. apud Murator. tom. 1. Antiq. Ital. med. ævi col. 210 : *Anno vero Domini 979. dominus Manso imperialis patricius et Antipatus, etc.* Vide *Anthypatus.*

* **ANTIPEDALE**, *Avantpié*, in Glossar. Gall. Lat. ex Cod. reg. 7684. Vide supra *Antepedes* 2.

¶ **ANTIPELARGOSIN** *dicunt Græci talionem.* Ita Glossar. Isid. Et quidem ἀντιπελάργωσις, Beneficii accepti remuneratio est quam voce talionis expressit Isidorus.

ANTIPEMTON. Anastasius in Leone III. PP. pag. 133 : *Fecit aquæ manus Antipemto deauratas paria duo.* Reinerus de inventione Reliquiarum SS. Eutychetis et Acacii apud Ughellum : *Crucem Domini ex auro purissimo fecit admirabili artificio compactam, quod splendoclastum et Antipemton vocabatur.* Utrobique legendum videtur *Antipephton;* ex Græco ἀντίπεφτον; id est, ἀντίπεφτος χρυσός, *aurum recoctum*, quomodo *obryzum* vocabant. Vide *Aurum coctum.*

¶ **ANTIPENDIUM**, Velum ante pendens. tom. 4. Concil. Hisp. pag. 277. Vide *Antependium.*

* **ANTIPHATUM.** Vide supra *Antefactum.*

¶ **ANTIPHERNA**, Gr. ἀντίφερνα, Jurisconsultis dicuntur mariti dona, quæ remunerandæ dotis causa largitur uxori. Vide leg. ult. Cod. de Donat. ante nupt.

* *Antipherna, vel Antiferna*, Dotis compensatio, quasi contraria dos ex parte mariti, uti docet Gothofredus ad leg. ult. Cod. de Donat. ante nupt. vel propter nupt. lib. 5. tit. 3 : *Quia quasi Antipherna hæc possunt intelligi, et non simplex donatio.* A Gr. ἀντί et φέρνη, dos. Vide Lex jurid. Calvini.

¶ 1. **ANTIPHONA**, Femoralium species. Bernardinus de Busto in Opere Mariali, Sermone 8. de Conceptione B. Mariæ circa finem quem inscripsit summo Pontifici Alexandro VI. narrat Magistri cujusdam in Theologia, qui adversus immaculatam Conceptionem Beatæ Virginis publicam habuerat orationem, a quodam robusto *Cordigero* temeritatem fuisse hunc in modum publice repressam : *Aprehendens ipsum revolvit super genua sua, erat enim valde fortis; elevatis itaque pannis, quia ille magister contra sanctum Dei Tabernaculum locutus fuerat, cepit eum palmis percutere super quadrata Tabernacula quæ erant nuda; non enim habebat femoralia vel Antiphonam; et quia ipse infamare voluerat Beatam Virginem, allegando forsitan Aristotelem in libro priorum, iste predicator confutavit legendo in libro suorum posteriorum. De hoc autem omnes qui aderant gaudebant. Tunc exclamavit quædam devota mulier dicens : Domine predicator detis ea alias quatuor palmatas pro me, et alia postmodum dixit : detis etiam ei quatuor, sicque multæ aliæ rogabant, etc.* Hinc forte

¶ **Antiphoneti**, Christi imago dicta, quod his femoralibus tecta esset. Vita. S. Niconis apud Marten. tom. 6. Ampliss. Collect. col. 880 : *Visus est sibi in occiduo graduum, qui ad sacram ædem ducunt, ascensu stare, ubi præter divinam Domini imaginem, quam Antiphoneti appellant, ipsius etiam Niconis effigies expressa est.*

[* Rectius diceretur, Species περιζωμάθων, succintoria nempe, quibus se circumcingebant; et ut apertius dicam, braccarum pars anterior, unde jocose *Antiphona* nuncupata, quam nostri *Brayette* vocant. Quæ cum facete dicta sint, vix credam ad imaginem *Antiphoneti* referri posse : unde cum Martenio lubentius interpretor de imagine Christi pulpito apposita aut depicta, ubi *Antiphonæ* præcinuntur : nisi præferenda videatur originatio proposita a D. *Chastelain* in Martyr. univers. pag. 955. ita nimirum appellatam fuisse hanc imaginem, quod eam Judæo in pignus mercator quidam tradiderat. Cui sententiæ non parum favet vox *Antibiblium*, quam vide. Vide præterea *Manni* de Sigil. ant. tom. 6. sigil. 8.]

2. **ANTIPHONA**, est Cantus Ecclesiasticus alternus, cum scilicet a duobus choris alternatim Psalmi aut Hymni concinuntur. Ita Isidorus lib. 6. Orig. cap. 19. et lib. 1. de Eccl. off. cap. 7. Gloss. Lat. MS. Regium : *Antifona, Vox reciproca.* Τὰ ἀντίφωνα, Germano Patriarch. Constantinop. in sacra Theoria. Concil. Ephesinum : Καὶ ἀναστάντα πάντα τὰ μοναστήρια, ἅμα τοῖς Ἀρχιμανδρίταις αὐτῶν, ἐξῆλθον ἐπὶ τὸ παλάτιον, ψάλλοντες ἀντίφωνα. Eddius Steph. in Vita S. Wilfridi cap. 44 : *Aut quomodo juxta ritum primitivæ Ecclesiæ consono modulamine, binis adstantibus choris, persultare responsoriis Antiphonisque reciprocis instruerem.* Alcuin. Poem. 3 :

Præsentem ergo diem cuncti celebremus ovantes,
Et reciproca Deo modulemur carmina Christo.

Concilium Toletanum I. can. 9 : *Nulla Professa vel vidua absente Episcopo vel Presbytero, in domo sua Antiphonas cum Confessore, vel servo suo faciat.*

Antiphonarum apud Græcos auctor creditur S. Ignatius, a quo formam illam alterna vice cantandi in Ecclesiam Antiochenam profluxisse tradunt Georgius in Vita S. Joannis Chrysost. Socrates lib. 6. cap. 8. Nicephor. Calist. lib. 13. cap. 8. Amalarius de Eccl. off. lib. 3. cap. 7. Walafrid. Strabo cap. 28. etc. alii Flavianum et Diodorum *Antiphonarum* usum Antiochenæ tradidisse scribunt, ut Theodoretus, lib. 2. Hist. Eccl. cap. 24. et ex eo Sigebertus, et Radulphus Tungrensis.

Apud Latinos vero primus S. Ambrosius Antiphonas constituit, Græcorum exemplum imitatus; ex hinc in cunctis occiduis regionibus earum usus increbuit, inquit Isidorus lib. 1. de Eccles. offic. cap. 7. quod et testatur Paulinus in illius Vita : ne populus mœroris tædio contabesceret, ait S. Augustinus lib. 9. Confess. Adde Sidonium lib. 5. Epist. 17. Sigebert. ann. 338. Raban. lib. 2. de Instit. Cleric. cap. 50. Durandum lib. 5. Ration. cap. 2. n° 30. et seqq. et Durantum lib. 3. de Ritib. Eccles. cap. 17.

[* *Anthaine*, nostris, eadem notione, in Lit. remiss. ann. 1413. ex Reg. 167. Chartoph. reg. ch. 98 : *Une hymne ou Anthaine de saint Nicolas, qui se commence : Nicola solemnia. Antoine*, in Testam. Joan. *Lessillé* ann. 1382. inter Probat. Hist. Sabol. pag. 390 : *Pour avoir par chacun Dimanche au commencement de la grant messe dudit rectour et de ses successeurs une Antoine, verset et oraison ordinaire des mors sur la sepulture de moy.*]

Antiphonæ strictius loquendo, in Ecclesiasticis officiis, dicuntur meræ ex variis Psalmis diversorum versuum, qui magis solemnitatis mysterium exprimunt, eclogæ, quæ Psalmis ipsis concinendis præmittuntur, seu sententiæ quæ Psalmum antecedunt, quia, ut ait Amalarius lib. 4. de Eccl. offic. ad ejus symphoniam Psalmus cantatur per duos choros, ipsaque Antiphona conjunguntur duo chori. Vide Concilium Turonense II. can. 18. Differt autem *Antiphona* a *Responsorio*, quod in Responsoriis unus dicat versum, in Antiphonis autem alternent versibus chori.

Antiphona ad Introitum, quæ in Introitu Missæ canebatur. Walafrid. Strabo lib. de Reb. Eccles. cap. 22. et Micrologus cap. 1 : *Interim cantatur Antiphona ad Introitum, quæ ab introitu Sacerdotis ad altare hoc nomen meruit habere.* Ita etiam appellatur in libro Sacramentorum Gregorii Magni, statim initio. Fortunat. lib. 5. Poem. 3 : *In natalitio Gregorii Episcopi, cum Antiphona dicere rogaretur, in Missa dictum.* Eadem quæ *Introitus* vocatur. Vide in hac voce, et Menardum ad Sacram. Gregor. pag. 3.

Antiphonæ Alleluyaticæ. Vide *Alleluya.*

Antiphonæ Invitatoriæ, *quæ* inquit Alamarius lib. de Ord. Antiph. cap. 69, *currunt per Dominicas noctes.*

Antiphonam Levare, Canendo præcinere. Eckehardus junior de Casib. S. Galli cap. 1 : *Antiphonamque præoptatam ipse in Evangelium levavit, et clare percantavit.*

¶ **Antiphonæ Majores de OO.** In Indice MS. Beneficiorum Ecclesiæ Constant. fol. 65. v°. e Musæo D *de Cangé* dicuntur illæ solemniores Antiphonæ incipientes per interjectionem O, quæ septem diebus ante Nativitatem Domini decantantur.

Antiphona de Podio, dicta oratio : *Salve Regina*, quod facta fuerit ab Ademaro Episcopo Podiensi, ut auctor est Albericus in Chron. MS. ann. 1130 : [*Dicebatur autem Antiphona de Podio, eo quod Haimarus* [** Leibnit. *Ademarus*] *Episcopus Podiensis eam fecerit. . . . . unde in quodam Capitulo generali Cisterciensi veniam suam accepit* (Beatus Bernardus), *qualiter hæc Antiphona ab omni Ordine reciperetur; quod et factum est.* Pluribus probat *Wion* lib. 5. Ligni Vitæ cap. 105. hujus Antiphonæ auctorem fuisse Hermannum Contractum Ordinis S. Benedicti Monachum. At Guill. Durandus in Rationar. lib. 4. cap. 22. Petro Compostellano Episcopo illam adscribit : cui suffragatur Claudius a Rota in Notis ad Pseudo-Luitprandum.] Hanc alii S. Bernardo, qui sub ea tempora vixit ascribunt. [Johannes Eremita lib. 2. Vitæ S. Bernardi cælestem ei assignat originem, narratque, *Bernardum voce Angelica audivisse decantari Antiphonam Salve Regina ex integro usque ad finem, quam corde tenus et postea scripsisse, atque B. Eugenio Papæ transmisisse refertur, ut ex præcepto auctoritatis Apostolicæ per Ecclesias solemnis haberetur... quod et factum est.* Hinc tom. 2. Operum S. Bernardi hæc Antiphona *composita* dicitur *a Sanctis et a Sanctis instituta.* Refert laudatus Albericus, *quater in anno Ordinem suum* (Cluniacensem) hanc Antiphonam concinere, quatuor nempe solemnitatibus præcipuis B. Virginis, Purificatione, Annunciatione, Assumtione et Nativitate.]

Antiphonæ Processionales, quæ in processionibus canuntur, apud Joann. Episc. Abrinc. de Offic. Eccles. pag. 38.

Antiphonæ Rogationales, quæ dicuntur in Rogationibus, apud eumdem Joan. Ep. Abrinc. de Offic. Eccles. pag. 55.

* Antiphonam Injungere, Præcinere, Gall. *Entonner.* Ordinar. MS. eccl. Camerac. fol. 1. r° : *Sabbato in Adventu Domini,.... cantor major tenet chorum in capa serica rubea, injungens Antiphonam, etc.*

ANTIPHONARIUM, [** Gemma Gemmarum : *Antiphonarius vel Antiphonarium.*] Liber continens *Antiphonas* totius anni. Agobardus lib. de Divina Psalmodia : *Necesse fuit omnem sacrorum officiorum seriem, quæ solito Cantorum ministerio per totum anni circulum in Ecclesiasticis conventibus exhibetur, . . diligentius et plenius in libello quem usitato vocabulo Antiphonarium nuncupant, colligere atque digerere.* Hujus auctorem Gregorium Magnum fuisse ait Joan. Diaconus in illius Vita lib. 2. cap. 6 : *Antiphonarium centonem Cantorum studiosissimus nimis utiliter compilavit.* Rupertus lib. 2. de Divin. Offic. cap. 21 : *Gregorius Antiphonarium regulariter centonizavit et compilavit.* Adde eumdem Agobardum lib. de Correctione Antiphonarii cap. 15. Scripsit Amalarius Fortunatus librum *de Ordine Antiphonarii.* Idem liber dicitur etiam *Responsonarium* a *Responsoriis*, quæ ibid. continentur; ut observat Durandus lib. 6. Ration. cap. 1. num. 24. Vide Monachum Engolismensem in Vita Caroli Magni ann. 877. [** Lusitan. dicebatur *Antifaal*, teste S. Rosa de Viterbo vol. 1. pag. 120. Charta sec. XIV : *Duas vestimentas perfeitas, huum Antifaal.*]

Antiphonarium, Diurnum et Nocturnum, quorum scilicet usus in diurnis et nocturnis officiis. Chronicon Casin. lib. 3. cap. 62 : *Antiphonaria de die duo in choro semper habenda, Antiphonarium de nocte.*

¶ Antiphonarium, Liber in quo *Introitus* ceteræque antiphonæ in Missa dici solitæ continebantur; nam, inquit Mabillonius, lib. 1. de Liturgia Gallic. pag. 36. in omnibus Liturgiis Missa incipiebat ab antiphona quadam; unde liber qui ejusmodi versus continet *Antiphonarium* a Joanne Diacono vocatur in Vita Gregorii Magni. De his antiphonis, quas modo *Introitus* appellamus, intelligendum videtur Concilium Agathense anni 506 : *Studendum est ut, sicut ubique fit, et post Antiphonas Collectiones ab Episcopis vel Presbyteris dicantur.*

ANTIPHONATIM, Alternis choris. Florentinus Wigorn. : *Celestinus PP. constituit ut Psalmi David 150. ante sacrificium Antiphonatim decantarentur.* Occurrit præterea apud Galterum Tervan. in Vita Caroli Comit. Flandr. Epitaphium S. Nicetii Archiepiscopi Lugdun. :

> Psallere præcepit, normamque tenere canendi
> Primus, et alterutrum tendere voce chorum.

Vide ejusdem Vitam ex Jurensi Cod. n. 3.

Viget apud Græcos alia antiphonatim canendi ratio, quam παρακοντάκιον appellat Leo Imp. in Tacticis, cap. 7. § 12. ubi hæc habet : Γυμνάσεις εἰς τὸ ἐπέρχεσθαι ἀλλήλους ἄνδρας β. καὶ ὑποχωρεῖν, καὶ πάλιν ἀπελαύνειν, καὶ ἐξελίσσειν, κατὰ τὸν τύπον παρακοντακίου. In quem locum Philippus Pigafatta, quem non viderat Meursius : *Il moto militare che al numero* 11. (al. 12.) *raconta quel' Imperatore, e tratto dal canto che usano i caloieri ne loro divini Offici, nomata Paracontaci, concio sia che Paracontaci sono himni de Sancti, i quali sono alternatamente cantati in questa maniera. Sara un choro de quatra caloieri, che canteranno le laudi di un Santo, due di loro prima cantano, et poi tacciono, et gli alteri due poi il canto ripigliano, et poi cessano, et ricominciano que gli alteri due, et in forma tale si vanno vicendevolmente cambiando, et dando luogo.* Ita etiam describitur alternus et ἀντίφωνος iste cantus a Jacobo ad Eucholog. Græc. pag. 123.

¶ **ANTIPHONETI.** Vide *Antiphona* 1.

** **ANTIPHORA**, *est tacitæ questionis responsio*, in Gemm. Gemmarum.

¶ **ANTIPHRASIUS**, Qui in sermonibus Antiphrasibus uti amat. Epistola Elipandi Episc. Tolet. apud Mabill. tom. 2. Annal. Bened. pag. 273 : *Non cum magistris optimis, sed cum ignaris et schismaticis, videlicet Felice et Beato Antiphrasio, æquales in virtute, et pares in errore habuit collationem.* Vide *Antifrazianus.*

* 1. **ANTIPIRGIUM**, *Escrin*, in Glossar. Lat. Gall. ex Cod. reg. 7692. et in alio ann. 1352. ex Cod. 4120. Magis forte arrideret vox Gall. *Ecran*, umbella, qua ante ignem utuntur; sicque *Antipirgium* componeretur ex ἀντὶ et πῦρ, ignis; [** ita Gemma Gemm. : *Antepirgium, ein schirmbret vor dem fuer ab ante et pir, quod est ignis.*] alioqui vox est hybrida ex ἀντὶ et *pirgius*, via publica; porro itinerantes arcas secum deferre solent.

* 2. **ANTIPIRGIUM**, *Cramaillé.* Vocabul. compend.

1. **ANTIPODIUM**, Anterior sellæ pars, cui equitantes manu innituntur. Albertinus Mussatus lib. 12. de Gest. Ital. post Henric. Rubrica 2 : *Ut in equis in curia Domini considentes, plerumque et super sellarum Antipodiis dormitantes descensum Domini exspectarent.* [Ænigmatice ad id quod aiunt *Appogiars* vernaculo sermone, inquit Villanus in notis ad hunc locum apud Murat. tom. 10. col. 764. Podium enim tam apud Latinos quam apud Græcos hujusmodi significationem respuere videtur. Est igitur hæc vox significatione barbara, compositione hybrida. *Anti* enim pro *Ante* apud Græcos in usu non est; sed et raro apud Latinos. Hæc ille.] Vide *Appodiare.*

Antipodium, Subselliorum Monasticorum, quæ nostris *formæ* dicuntur, pars posterior, quæ anteriori seu podio opponitur. Odo Cluniac. lib. de Vita S. Geraldi cap. 11 : *Ita suspensus in contemplatione stetit, ut nec sederet, nec vel paululum in Antipodium recubaret.*

¶ 2. **ANTIPODIUM.** Sic, haud scio qua ratione, Actum solemnem Academicum appellabant in Academia Parisiensi. Robertus *Goulet* in Compendio jurium Universit. Paris. fol. 19. Edit. 1517 : *Tribus et his diebus* (Dominica, Martis et Jovis) *utantur carnibus assis portioniste, nunquam vero in prandio, nisi quidam fieret actus solennis et, ut aiunt, Antipodium : quod rarissime permitti debet.*

* **ANTIPODUS.** Ara Antipoda, Quæ ad sancti tumbam circa pedes ejus erecta est. Mirac. S. Emmer. tom. 6. Sept. pag. 504. col. 1 : *Valde pensandum tanti martyris meritum, qui mulierem absque ministerio suorum pedum venire voluit ad aram suæ requietionis Antipodam.* Ibid. pag. 503. col. 2 : *Confessio de pedibus* appellatur.

¶ **ANTIPOPHORA**, a Græco ἀνθυπόφορα, Responsum, Gall. *Replique.* De negotio Formosi Papæ apud Mabill. tom. 4. Analect. pag. 612 : *Et hæc omnis res ex septem locis argumenta contrahit. Horum duo quis et quid, omnia continent. Litium autem quæ sunt voces, insimulantis et repulsantis, quæ fiunt per ippophoram et Antipophoram.*

¶ **ANTIQUA**, Formata, Major, Polita, Prisca, Variæ scripturarum veterum species, de quibus in voce *Scriptura.*

. **ANTIQUALIA.** Thwroczius in Chron. Hungar. part. 1. cap. 24 : *In quodam oppido.... cujus Antiqualia hunc usque in diem durant.* Maceriæ, ruinæ. Gallis *Antiquailles*, Italis *Anticaglia.* Joan. Villaneus lib. 1. cap. 38 : *Ancor' hoggi in Terma si vede dell' Anticaglia.*

* **ANTIQUALIÆ**, Maceriæ, ruinæ, ut *Antiqualia.* Charta ann. circ. 1282. in Access. ad Hist. Cassin. part. 1. pag. 353. col. 1 : *Homines S. Germani cum gente Manfredi.... opposuerunt se regi, et munierunt ottime Antiqualias, quæ sunt extra S. Germanum valde fortes, etc.*

¶ **ANTIQUANA** Crassana, Scripturæ veteris species. Vide *Scriptura.*

¶ **ANTIQUARE**, In antiquum statum restituere. Gerardus Abb. in Vita S. Adalhardi num. 21 : *Nec ante desistit, quam fœdus inter eos usque ad oscula restituit : pacem partibus redintegrat, mores et fines certo limite Antiquat. His ergo et similibus fœderabat regnum indefessus.* Vereor ne legendum sit *Adæquat.* Alia notione occurrit mox in *Antiquarius.*

* Glossar. vet. ex Cod. reg. 7646 : *Antiquare, quæ ante inte in augeres sunt* (sic). *Alii, Antiquare, ad statum revocare.* Aliud Lat. Gall. ex Cod. 7692 : *Antiquari, esveller.*

ANTIQUARIUS, Isidorus lib. 6. Orig. cap. 14 : *Librarii iidem qui et Antiquarii vocantur; sed Librarii sunt, qui nova et vetera scribunt, Antiquarii qui tantummodo vetera ; unde et nomen sumpserunt.* Glossæ veteres : *Antiquarius*, ἀρχαιογράφος, καλλιγράφος. Sunt igitur *Antiquarii*, qui vetustate obsoletos libros componunt, reparant, describunt, ut est in l. 2. C. Th. de Studiis liber. urb. Rom. et l. 10. Cod. de Proximis sacror. scrin. Vide Senator. de Divin. lect. cap. 15. 30. Sidon. lib. 9. Epist. 16. S. Augustin. Serm. 44. Auson. ad Probum, Odericum lib. 3. pag. 470. etc.

Antiquaria Ars, apud S. Hieron. Epist. ad Florentium. Vita S. Nili junioris pag. 137 : Καὶ μαθὼν, παρ' αὐτοῦ τὴν τῆς καλλιγραφίας δυσδιόρθωτον τέχνην.

Antiquare, καλλιγραφῆσαι, in Glossario veteri. Eadem Vita S. Nili junioris pag. 29 : Ἀπὸ πρωὶ ἕως τρίτης ὀξέως ἐκαλλιγράφει, λεπτῷ καὶ πυκνῷ χρώμενος ἰδιοχείρῳ. Infra pag. 33 : Κῆρον δὲ πήξας ἐπὶ τῷ ξύλῳ, δι' αὐτοῦ τῶν τοιούτων βιβλίων τὸ πλῆθος ἐκαλλιγράφησε. *Manu Antiquaria libros conscribere*, in Chronico Novalicensi cap. 20.

Antiquariorum Domus, in Monasteriis, quod et *Scriptorum* dicitur. Vitæ Abbatum S. Albani pag. 41 : *Hic primitus Antiquariorum domum Abbatis sui jussione rexit, librorumque copiam huic Ecclesiæ contulit.*

* **ANTIQUATUS**, Senex, a Gall. *Ancien, vieillard.* Regist. A 2. Cam. Comput. Paris. ad ann. 1321. fol. 47. v° : *Johannes de Fonte, serviens eques institutus, in loco Philippi d'Iquebonde debilis et Antiquati, ha-*

beat vadium mediatum dicti officii. Vide *Antiquus.*

¶ **ANTIQUITAS**, Senectus. Gall. *Vieillesse.* Vita B. Coletæ, tom. 1. Martii pag. 557. C : *Signanter autem inter orationes vocales et mentales singularem gerebat devotionem ad Psalterium et ad septem Psalmos pœnitentiales cum Letaniis; et nunquam a juventute percurrens usque ad Antiquitatem, occupationibus quibuscumque non obstantibus, omisit illa dicere.*

ANTIQUUS, Senex, ex vernaculo *Ancien, Ancestre.* Falco Beneventanus ann. 1136 : *Quique Antiquorum suorum sequebantur honestatem.* Occurrit in Vita Mariæ de Mailliaco; Joannes Villaneus non semel vocem *Antico* hac notione usurpat. Vide *Senex.*

** **ANTIQUUS ANGUIS, ANTIQUUS HOSTIS**, Diabolus, apud Gregor. M. Opp. vol. 1. pag. 111. et 1019. Postea sæpe usitatum. Vide Grimmii Mythologiam pag. 553 et 558.

** **ANTIQUUS EXERCITUS**. Vide infra in voce *Hellequinus* et Grimmium Mythol. pag. 528.

¶ **ANTIREX**, Tyrannus, qui legitimo Regi adversatur. Chron. Siciliæ inter Anecd. Marten. tom. 3. col. 221 : *Qui post ejus felicem obitum iste successor ejus SS. Pater noster D. Papa Clemens, non clementiam, sed inclementiam operatus in nobis, erexit in regno prædicto nequiter nostrum temerarium Antiregem; qui demum per omne regnum ipsum obtinuit, ut vobis incognitum non existit.*

¶ **ANTIS**, *est anni ordo.* Gloss. Bituric. MSS. Vide *Antes.*

ANTISCOPI, pro *Antiepiscopi*, pravi Episcopi non semel appellantur in Vita S. Theodardi Archiepisc. Narbon. apud Catellum.

ANTISECUS, *Ante*, ἔμπροσθεν, in Glossis Græco-Lat. Vide *Postsecus.*

ANTISIGMA, Una e notis sententiarum, quæ *ponitur ad eos versus, quorum ordo permutandus est, sicut et in antiquis auctoribus positum invenitur. Antisigma cum puncto, ponitur in iis locis, ubi in eodem sensu duplices versus sunt, et dubitatur qui potius eligendus sit.* Isidor. lib. 1. Orig. cap. 20. [Ubi pro *Antisigma* legitur in MS. Papiæ Bituric. *Antissima.*]

* **ANTISMA**, pro *Antisigma*, in Glossar. ex Bibl. reg. Cod. 7613. et 7646.

ANTISMICUS, *Urbanus, non amarus, non iracundus*, Joan. de Janua. Videtur legendum *Anticynicus.* [** Gemma Gemmarum : *Antismus est florida vel urbana responsio.* Legendum *Astysmus.* Gloss. in cod. Reg. 7644 : *Astismos est thropus multiplex. . . . namque Antismos* (sic) *putatur dictum omne quod simplicitate rustica caret etc.* Vide Isidori Origines lib. 1. cap. 36. sect. 30.]

* **ANTISOLIUM**, Porticus species, vestibulum, vel etiam umbraculum ligneum projectum, compluvium, Gall. *Avant-toit.* Liber niger eccl. S. Vulfran. Abbavil. fol. 32. v° : *Walterus Baumer xij. den. ad Natale de Antisolio domus et lucis cellariorum.* Vide *Antesolarium.*

ANTISPER, πρὸ τούτου, in Gloss. Lat. Græc. ut *tantisper.*

¶ **ANTISSIMA**, pro *Antisigma* : quod vide.

* **ANTISTA**, *Sacerdotissa.* Cathol. Pro *Antistita.* Vide in hac voce.

¶ 1. **ANTISTARE**, Idem quod *Antistitare.* Episcopum vel Abbatem agere, Præesse. Annal. Bened. tom. 4. pag. 374. num. cvi. : « Cum electionis (ad sedem Moguntinam) « causa festo die SS. Apostolorum Petri et « Pauli convenissent omnes, petito silen- « tio, infit Imperator, virum se nosse exi- « miæ sanctitatis ac doctrinæ ad id offi- « cii omnino idoneum; huic se suffragari « omnes dixere. Tum Imperator nutu accito « Bardone » : *Novimus*, inquit, *Fuldense privilegium, nec infringimus statutum prædecessorum nostrorum, sed quia non desunt qui noverint, qua causa non proveamus Abbatem* (Richardum) *te*, ait ad Bardonem conversus, *ejus ovilis Antistare statuimus secundum priorum voluntatem.* Gesta Abbatum Gemblac. Spicileg. Acher. tom. 6. pag. 518 : *Notgerus tunc temporis Tungrensibus Antistabat.* Vide Acta SS. Maii tom. 6. pag. 412. F. Apud antiquos *Antestare*, vel ut sæpius scribebant *Antistare*, idem erat quod Præcellere, prestare. Lucretius lib. 5. 22 :

Herculis Antistare autem si facta putabis.

Cato de Re Rust. cap. 156 : *Brassica est, quæ omnibus oleribus Antistat.*

¶ 2. **ANTISTARE**. Charta Willelmi Aquitanorum Ducis pro Angeriaco inter Instrum. tom. 2. novæ Gall. Christ col. 465 : *Willelmus Dux Aquitanorum... quandam Abbatiam in honore beatissimi præcursoris Christi Johannis ædificatam... pro redemptione atque salute animæ suæ cunctorumque parentum suorum Antistare cupiens, etc.* Verbum *Antistare* Dionysius Sammartanus vertit excitare, restaurare, quam certe notionem patitur habita textus ratione; vereor tamen ne idem sit quod sequens

¶ 3. **ANTISTARE**, Tueri, tutum præstare, Gall. *Garantir, Defendre.* Donatio Supponis Ducis de Paterno Pinnensis civitatis S. Clementi facta ann. 872. inter Additamenta ad Chronicon Casuriense apud Murat. tom. 2. part. 2. col. 935 : *Et insuper dono ipsam chartulam vel confirmo infra istam vestram chartulam, ut vos cum ipsa chartula ipsas res ab omni homine Antistare et defendere debeatis.* Ibid. ad ann. 1046. col. 996 : *Unde repromitto et obligo me vel meos heredes in ipso Monasterio et tibi domnico Abbati..... ut ipsam meam concessionem Antistare et defendere debeamus vobis ab omni homine.*

¶ **ANTISTES**. Hoc honoris nomen non Episcopis solum et Abbatibus, sed quandoque etiam Prioribus et Parochis datum fuisse norunt, qui antiqua legerunt instrumenta.

ANTISTITA, Abbatissa, in veteri Charta quam laudat Hieron. Hennengius in Geneal. Rhetiæ Curiensis Principis; *Sacerdotissa*, Ugutioni. Occurrit hæc vox apud Plautum.

ANTISTITARE, Episcopum agere, in Excerptis ex veteribus lectionibus MSS. Ecclesiæ Vesontionensis nuper editis a viro doctissimo Petro Francisco Chiffletio, dissertat. 2. de Conversione Constantini M. : *Tunc temporis Hilarius Antistitabatur Crisopoli.*

ANTISTITIUM, *Præsulatus vel Primatus*, in Gloss. MSS. S. Germani Paris. Cod. 524. Joanni de Janua, *Sacerdotium, divinum : unde, Marcus venerabili Antistitio præeminebat.* [Gesta Abbatum Lobiensium Spicil. Acher. tom. 6. pag. 565 : *Farabertum Primiæ Abbatem Antistitii sui reliquit hæredem.* De S. Leone PP. IX. tom. 2. Aprilis pag. 649 : *Qui postea ad Antistitium Mediomaticæ urbis voto cleri et plebis magis quam suo assumptus.*]

Antistitium, pro Monasterio occurrit non semel in lib. Miraculor. S. Thomæ Cantuar. Arch. edito a Stapletono.

* **ANTISTOMACHUS**, *Pars dorsi contraria stomacho*, in Glossar. vet. ex Cod. reg. 7646.

ANTISTROPHA, *Reciproca conversio, quando totum Responsorium convertitur.* Papias.

¶ **ANTITACTICI**, Hæretici ex Gnosticorum portentosa sententia suppullulantes, peccatum adeo non malum esse agnoverunt, ut etiam præmio dignum statuerent. Clem. Alex. Strom. lib. 3. Baron. ann. Chr. 120.

ANTITAS, *Antiquitas*, in Breviloquo, ex quo emendandæ Glossæ Lat. Græc. *Antas*, γερουσία, legendum enim *Antitas.* Infra, *Antites*, γερουσίαι. Forte pro *Antiquitas.* Alibi : *Antiquitas*, ἀρχαιότης.

¶ **ANTITHEI**, quinam fuerint docet Arnobius adversus Gentes lib. 4 : *Magi haruspicum fratres memorant suis in accitionibus Antitheos sæpius obrepere pro accitis; esse autem hos quosdam materiis ex crassioribus spiritus, qui Deos se fingant, nesciosque mendaciis et simulationibus ludant.*

ANTITHETARIUS. In Legibus Canuti Regis Angl. apud Bromptonum, lemma capitis 47. *de Antithetario*, inscribitur : sed in ipso capite vox ipsa deest. Legis autem sensu penitus inspecto, eum qui illatam accusationem, recriminatione, id est, contraria intentata actione, sategerit repellere, *Antithetarium* vocari censet Somnerus.

¶ **ANTITRINITARII** circa annum Christi 1570. exorti, tres Personas Divinas una in Personalitate subsistere, impie docere cœperunt. Hofman. in Lexico.

* **ANTIVAGIUM**, Tributum, quod pro apertura minæ ferri apud Dalphinates illi præstatur, qui fundi dominus est, vulgo *Antivage.* Inquisit. ann. 1284 : *Minatores in valle Alavardi requisiti coram suprascriptis ferre testimonium super usu et consuetudine minatorum minam ferri fodientium apud Vallemvaugii, qualiter se debeant habere minatores erga dominum, de cujus feudo mina ferri eruitur sive extrahitur, pro Antivagio solvendo.... Dixerunt jurati ad sancta Dei evangelia, quod de mina, quæ extrahitur de qualibet fovea, solvuntur primo expensæ totius foveæ, videlicet mercedes operariorum, candelæ ad illuminandum, acumenta picorum, sacci ad extrahendum. Postea vero mina extracta, quæ superest, solutis expensis, dividitur in quatuor partes; quarum minator debet habere tres partes, et ille ad cujus dominium pertinet fundus ubi est fovea, scilicet ingressus foveæ, debet habere quartam partem, et dicta quarta pars dicitur esse Antivagium, pro quo Antivagio dominus, qui illud accipit, debet eis minatoribus manutenere nemus ad muniendum foveam, ubicumque nemus valeat reperire, salvis arboribus fructiferis.* Transact. inter Joan. dalph. et Petr. Barralem ann. 1315 : *Item de minis ferreis ordinamus et volumus, quod extrahantur,*

quærantur et deportentur,.... soluto Antivagio ab inventoribus dictarum minarum, prout usque ad hæc tempora extitit usitatum et consuetum.

¶ **ANTONIANI** Aurei, Moneta Romana cui ab Antonino Imperatore nomen. Vide Vopiscum in Probo cap. 3.

¶ 1. **S. ANTONIUS**, Rostratus superne baculus, Gall. *Bequille*, sic dictus quod formam referret crucis S. Antonii quæ ut littera T formari solet. Epistola MS. ann. 1320. ex Archivo S. Vict. Massill. : *Innixus super quodam ligno vocatus S. Anthonius.*

¶ 2. **S. ANTONIUS**, Ordo a Gastone quodam nobili Delphinate ann. 1095. institutus in solatium eorum qui igne sacro afflicti erant. Insigne ejus littera T. est. Item Ordo militaris in Abyssinia, de quo librum edidit Joh. Balthasar Abyssinus Eques. Hofman.

* **ANTOPHORA** vel Anthophora, Flores ferens, ab ἄνθος flos et φορός ferens, ut notant docti Editores ad Vit. S. Rosæ tom. 5. Aug. pag. 952. col. 2 : *Semper in modico Rosæ viridario intacti vernabant pulluli, quos in proximum Sabbathum cœlesti Antophoræ consecraret;* Deiparæ scilicet Virgini.

ANTOPIUS. Anonymus Barensis in Chron. ann. 1046 : *Et ceciderunt Græci et multi Antopii per gladio et in mare.* Expressit, ni fallor, vocem Græc. ἄνθρωποι, viri.

ANTOR, pro *Auctor*, primus venditor. Occurrit passim in Foris Aragon. Vide lib. 6. de Furto.

* **ANTORCA**, Cereus intortus, tæda, Gall. *Torche.* Charta ann. 1332. in Reg. 69. Chartoph. reg. ch. 175 : *Necnon et homines, qui quærant officinis ecclesiæ parrochialis, ut pote candelæ B. Mariæ, operi, luminariis, Antorcis, pauperibus verecundis, etc.* Comput. ann. 1380. inter Probat. tom. 3. Hist. Nem. pag. 28. col. 1 : *Pro una Antorca empta in Avinione, etc. Entorca,* ibidem pag. 29. col. 2. Vide infra in hac voce.

¶ **ANTORCHIA**, Fax sepulcralis, Gall. *Torche pour les funerailles.* Collect. Concil. Hisp. tom. 4. pag. 195 : *In quo anniversario seu Missa assistere habeant omnes Canonici... necnon et Scholares..... componere tumulum ac incendere sex Antorchias.*

¶ **ANTRÆ.** Vide *Angræ.*

¶ **ANTRAS**, vel *Antrax*, Græce ἄνθραξ, Carbunculus, genus ulceris. Albertus Mussatus de Gestis Henrici VII. Cæsaris lib. 16. apud Murat. tom. 10. col. 568 : *Triplex illi interitus causa deprehensa est, una in nate sub genu lethalis ulceris, quod physici Antras vocant.* Ubi Villanus adnotat : Legerem ego sic : *Una in crure sub genu lethalis ulceris quod physici Anthrax vocant.* Vita S. Edmundi Cantuar. Archiep. apud Marten. tom. 3. Anecd. col. 1802 : *Contigit aliquando eum in pede gravari apostemate quod Antracem solent medici nominare.*

¶ **ANTRELLUM**, Parvum Antrum. Vita S. Guillelmi Politiensis Erem. tom. 2. Aprilis pag. 469. C : *Aliud quandoque ingressus Antrellum ita meditationi sedulus invigilavit, ut sequentem quoque diem orationi adjiceret.*

ANTRILLUS, *Instrumentum lapicidarum.* Breviloq.

* **ANTRITHENA**, Repaguli species. Contin. Chron. Andr. Danduli apud Murator. tom. 12. Script. Ital. : *Dominicalis custodia fit ad portam sancti Nicolai, clausum cum fortissima catena et Antrithena.*

* **ANTROLIUM**, an Locus ubi stat molendinum, vel idem quod *Trolium?* Chartul. Med. monast. Bitur. fol. 222. v° : *R. Tros-selli, canonicus beati Ursini Bituricensis, recognovit quod in Antrolio dicti molendini erant debiti quatuor solidi Paris. de censu.*

* **ANTRONISCUS**, *Incastratura*, in vet. Glossar. ex Cod. reg. 7613.

¶ **ANTROPOMORFEON**, vel Antropomorfens, *Mandragora Græce dicta quod habeat formam hominis.* Ita Papias MS. [** cod. reg. 7644 : *Antropomorfetis.* Hæc omnia ex Isidor. Origin. lib. 17. cap. 9. sect. 30.] Vide *Anthropomorphitæ.*

* **ANTRORIUM**, *Lo vaso da tirar aqua*, in Glossar. Lat. Ital. MS.

¶ **ANTRORSUM**, Adverso cursu. Chron. parvum Ferrariense apud Murat. tom. 8. col. 476 : *Antrorsum tendens* (Padus) *a quadrivio jam dicto, cum Gauro intrat in pelagus.*

¶ **ANTROSA**, ὀρχήστρια, *Saltatrix*, in Supplemento Antiquarii.

¶ **ANTRUM**, Templum. Papias in MS. Bituric. : *Corcium civitas fuit Piratorum ubi famosissimum est Antrum, id est, templum.*

¶ Antrum Tumbale, Sepulcrum. Carmen de Berengario Imp. apud Murat. tom. 2. pag. 411. col. 2 : *Luce Deus qua factus homo processit ab Antro Tumbali, etc.* Id est, Die Resurrectionis Christi.

* Acta S. Januar. tom. 6. Sept. pag. 885. col. 1 : *Omnia tecta Antraque beati martyris Januarii, tam virorum raucis vocibus, quam feminarum claris ululatibus, personabant.* Paulo ante *Cubiculum beati Januarii* dicitur.

¶ **ANTRUSSIO**, ut fere semper legit Eccardus in Lege Salica vel *Antrustio*, ut legunt alii, Idem est qui fidelis domino, qui ei juramento fidelitatis obligatus est, vel in ejus ministerio occupatus. Vide *Trustis.*

ANTRUSTIO. Vide trustis.

¶ **ANTSINGA**, Modus agri. Codex MS. Irminonis Abbatis San-German. Paris. fol. 11. recto col. 1 : *De terra arabili Antsingas 11. de vinea duas partes arip.* Ibidem fol. 23. col. 1 : *De terra arabili bunnaria duo et Antsingam unam.* [** Sæpius ; vide Guerardi Indicem Generalem.] Vide *Andecinga.*

* **ANTVERPIENSIS** Moneta memoratur in Charta ann. 1124. inter Instr. tom. 4. Gall. Christ. col. 307 : *Aureum nummum Antverpiensis monetæ et ponderis.*

* **ANTULENTUS**, *Clarus, lucidus, Prov. Clar.* Glossar. Provinc. Lat. ex Cod. reg. 7657.

¶ **ANTUS**, ἄντυξ, *Ora, Antes*, in Supplemento Antiquarii. Vide *Antes.*

¶ **ANTUSTRIO**, Apud Marculfum lib. 1. tit. 18. Idem ac *Antrussio* : quod vide.

¶ **ANTYPHATUS**, Dignitas Palatina, apud Byzantinos. Locum Vide in *Vesti.* [** Vide *Anthypatus.*]

* **ANTYPIRA**, Æ, Gall. *Escren*, in vet. Glossar. Lat. Gall. ex Cod. reg. 521. Vide supra *Antipirgium.*

ANVANNA. Vide *Auvanna.*

¶ **ANUATUS**, Annotinus, Gall. *D'un an.* Charta Libert. S. Palladii ex cod. MS. Coislin. : *De quolibet porco.... Anuato quem habebunt in dicto nemore communi tres denar. Parisienses.*

ANUBDA, Anupda, Anuda, Præstationis vel oneris species. Charta Hispanica ann. 824. apud Sandovallium : *Et omnes qui venerint ad populandum ad illa Branoossaria, non dent Anupda, non vigilias de castellos, nisi dante tributum, et infurtione, quantum poterint ad Comite, etc.* Alia æræ 1010. apud *Yepez* tom. 5. pag. 456 : *Ipsas las cum foro ex lecto quæ non pro homicidio non Anuguvera, neque foratera, neque saione, de Comite non teneat.* Alia æræ 1016. tom. 5. pag. 444 : *Ut non habeant istas villas et istos terminos super saionem, nec fossatum, nec Anuda, neque alicidio* (scrib. *homicidio*) *neque erbatico, nec portatico in terminis de Castella.* Alia æræ 1018. tom. 1 : *Et ad populandum damus ibidem licentiam, ut qui ibi habitaverit, nulla habeat super se regalia, aut comitialia imperia, neque respondeat aliquid ad ejus debita, non pro furtum, neque pro homicidium, neque pro fornitio, non pro manneria, neque pro serina, neque pro fossare, neque pro Anubda, neque pro castellia, neque pro facienda villa, etc.* Alia Aldefonsi VI. Regis æræ 1118. tom. 3 : *Ut nullus minister meus vel hæredum meorum, vel aliarum quarumlibet potestatum intra terminos Monasterii audeat intrare, vel pignus accipere, aut in omnibus villis vel Ecclesiis, seu hæreditatibus quæ juris eorum sunt, per manus saionis sigillum ponere, sive pro homicidio, sive pro fossatore, sive pro roxo, sive pro castellato, sive pro Abnuda, aut pro nuntio, aut pro pignore, aut pro furto, etc.* Alia Ferdinandi I. Regis Castellæ æræ 1100. tom. 1 : *Ut non pariantur nullius modi aliquod detrimentum nostris sayonis, nec nullius hominis non pro fossato, non homicidio, non pro furco, non pro fornitio, non pro Annubda, non pro castelleria, non pro annassia, non pro nulla calumni de hoc mundo, etc.* Alia Sanctii Reg. tom. 5. pag. 468. 469 : *Ut sint liberæ omnes hæreditates vestræ, et absque injuria cujuslibet personæ Regalis et Pontificalis et Laicalis, sine saione, sine homicidio, sine fosato, sine Anupta, etc.* Adde pag. 742. tom. 6. pag. 486. 490. Videat Lector an ex hisce locis vocis notionem percipiat.

* Academ. Hispan. in Diction. *Anublar*, Obscurare, obscurum facere. Sed hæc quid ad hujus vocis interpretationem?

** Vide *Adubare, Adubum.* De hac voce optime disseruit S. Rosa de Viterbo Elucidarii tom. 1. pag. 56. unde sequentia exscribimus : Vocabulum a IX usque ad XV seculum sæpe obvium et mira diversitate scriptum, Adua, Annuduva, Anuduva, Anuduba, Annaduva, Anuda, Aduba, Adnuba, Anubda, Anupda, Anuguera, Anudiva et Annadua, est Tributum irrogatum pro construendis aut reparandis castellis, munimentis, aliisque quæ ad terræ defensionem spectant operibus. Interdum tamen habitatores non pecuniam sed operas in hanc rem præstabant, ita ut Dominus materias et cetera ædificanti utilia compararet. Privileg. *de Cea* ann. 1136 : (Collapso muro Dominus terræ dabit) *Mozom, et luria, et marra, et malios, et duas lavancas, et nos nostros corpos, et illo muro sedeat factum.* Pluribus documentis constat Lusitanorum reges Anubdam recipere solitos fuisse in terris et oppidis in beneficium concessis. Donatio Sanctii II. Templar. Ordin. facta anno 1244 : *Quod* (habitatores) *recipiant.*

monetam meam et quod dent inde mihi collectas, et quod eant in exercitum meum et in meam Anuduvam; et alia jura secundum quod habeo, et illa habere debeo in aliis castellis et villis quæ prædictus ordo Templi in regno meo habet. Exstat Charta Alfonsi III. Portug. regis anni 1265, qua hoc tributum, quo se premi populus querebatur, denuo ordinatur et constituitur : *Primo, Mando et statuo quod ego nec aliquis successorum meorum numquam levemus denarios nec aliam pecuniam pro Anudivis per nos, nec per alium, nec per alios. Item mando et statuo quod homines qui morantur in hæreditatibus alienis, videlicet jugarii et alii homines, qui morantur in hæreditatibus alienis, de quibus dant certam portionem dominis suis, non vadant ad Anudiviam. Item, mando quod infirmi, depositi, peregrini, soltarii (nisi fuerit talis filius qui contineat casam cum sua matre), et uxorati de ipso anno, et omnes homines excusati per cartas conciliorum, secundum consuetudinem et forum terræ, et homines de creatione regum, et omnes homines qui morantur cum dominis suis, omnes isti tales nec aliquis eorum, non vadant ad Anudivam. Item, nichil demandetur mulieribus pro Anudiva. Item, mando et statuo quod serviciales, ortolani et molendarii, et fornarii, et amoucouvares de ganatis, non vadant ad anudivam. Item, alii homines qui sunt in servitio dominorum suorum, de quibus habent soldadas aut gubernium, aut vestitum, aut aliquam partem animalium, rerum, vel fructuum, in quibus serviunt dominis suis, non vadant ad Anudivam. Item, omnes alii homines, qui morantur in locis, de quibus non iverunt ad Anudivam tempore patris mei, nec avi mei, non vadant ad Anudivam. Item, pauperes qui non habent de suo, per quod vadant, et in redditu per quod possint vivere; ita quod non oporteat eos vendere domum, aut vineam, aut hæreditatem quam habent, propter hoc non vadant ad Anudivam. Item, Clerici et scutiferi fidalgos non vadant ad Anudivam. Item, homines de cautis et de honris antiquis, et quas rex fecit, vel fecerit de novo, non vadant ad Anudivam. Item, mando et statuo quod omnes alii homines regni mei, quos ego, vel successores mei debuerimus vocare ad Anudivas, non vocemus eos ad Anudivas, nisi tempore guerræ, aut tempore magnæ necessitatis, et ad frontariam regni; quod habeamus eos multum necessitate, et non compellantur ire, nisi per prætores, et alvaziles, et judices locorum; quia inveni pro in veritate, quia ita fuit usatum tempore patris mei et avi mei, etc.* His adde Alfonsi X. Castiliæ regis Partidam II. tit. 18. leg. 15. et Guid. Papæ consil. 1. Paullo aliam significationem sortita sunt vocabula *Adhoa* et *Adoha*, quæ videas suo loco, confer etiam Lud. Bianchini *Storia delle Finanze di Napoli*, vol. 1. pag. 91. sqq. et 229.

* **ANUDARE**, pro *Anullare* vel *Annulare*, in Charta ann. 1067. ex Tabul. Massil. : *Quod si quis contra hanc donationem venerit aut eam Anudare temptaverit.*

ANUGUERA. Vide *Anubda.*

* **ANULA.** Dialog. fr. Pauli Florent. de Orig. ordin. Servor. apud Lam. tom. 12. Delic. erud. pag. 20 : *Quod et factum est, ut illum veneno necare statuerit, et vino infusum ei per Anulam quamdam tradidit sub eleemosynæ specie.* Dimin. ab *Anus*, Gall. *Vieille*; *Anicula*, apud Terent. in Andr. act. 1. sc. 4.

ANULARE, Coloris species qua pictores utuntur. Isidor. lib. 19. Orig. cap. 17 : *Anulare quod vocant, candidum est, quo muliebres picturæ luminantur. Fit et ipsum ex creta admixtis vitreis gemmeis.* Ab eo hausit Papias, [apud quem legitur, *quo mulieres et picturæ luminantur, etc.*]

¶ **ANULUS.** Vide *Annulus.*

ANUPDA. Vide *Anubda.*

¶ **ANVOIRE**, Tributum 28. denar. quod olim Episcopo Bellovacensi a novis conjugatis pro primo anno persolvebatur; nec non et ab iis qui in civium adscribebantur catalogum; 14. vero denar. ab omnibus, sequentibus annis, exceptis clericis etiam conjugatis, quare plerique tonsuram clericalem una cum Confirmatione accipiebant.

ANUREPORESIS. Gloss. Saxon. Ælfrici : *Anureporesis, id est homo utriusque generis :* bæddel.

ANWEGUN. Reinerus contra Waldenses cap. 5. de iisdem hæreticis : *Primo de Baptismo dicunt, quod Catechismus nihil sit... Item quod oblatio illa quæ dicitur Anwegun, sit adinventio.* Ad marginem scripsit Gretzerus : Illyr. *Auwegen.* Freher. *Alwegen.*

¶ **ANWILLA**, pro *Anguilla*, in MS. Irminonis Abbatis San-German. fol. 45. col. 1 : *Si poterint in ipsa aqua prendere Anwillas, solvunt, etc.* [** Guer. IX, 2. pag. 76.]

* Ita et nostris *Anwille*, pro *Anguille.* Codex redit. comit. Hannon. ann. 1265. in Cam. Comput. Insul : *Si a li cuens et mesires Stievenes as Anwilles les iij. pars, et li monnier le quarte partie; et as Anwisons et au blanch pisson, c'on prent à ces seuwieres as buirons et as nasses, li cuens et mesires Stievenes ont le moitiet et li monnier l'autre.*

¶ **ANXER**, pro *Anser.* Locum vide in *Leito.*

* Occurrit in Leg. Alph. III. reg. tom. 1. Probat. Hist. geneal. domus reg. Portugal. pag. 53.

¶ **ANXESTATA.** Leges Luitprandi, apud Murat. tom. 1. part. 2. pag. 60 : [** Lib. 5. cap. 10. (39)] *De Anxestata et fidejussore. Si quis alii homini quadiam dederit pro quacumque causa et fidejussorem posuerit, et postea ipsi fidejussori antesteterit, aut pignus de manu tulerit, et probatum fuerit, componat solidos xx. Anxestata* videtur mendose dictum pro *Antestata*, qui *Antestat*, id est, impedit, obstat. Vide *Antestare.* [Al. *Annexestata.*]

¶ **ANXIANI.** Vide *Antiani.*

* **ANXIARI**, Anxio animo esse, Gall. *Etre inquiet, embarrassé.* Fragm. Hist. Franc. tom. 8. Collect. Histor. Franc. pag. 301 : *Noli Anxiari propter paucitatem militum, etc.*

¶ **ANXIATIO**, Anxietas, Gall. *Trouble, agitation. Anxiatio cordis*, in Vita S. Winwaloei MS.

¶ **ANXIETUDO**, Eadem notione. Supplem. Antiquarii : *Anxietudo*, ἀχθὸς, ὀδύνη, *Sarcina, labor.*

ANXILLA, *Olla superius stricta.* Breviloq.

ANXIMONIA, Anxietas. In Vita S. Guthlaci cap. 31.

ANXIFERIUS, *Mæstificus.* Papias.

1. **ANXIONARIUS.** Auctor de Disciplina Scholarium cap. 4 : *O quam proficiens est sanitatique consentanum secundum facultatem in unum componere, ne artocopi mucore Anxionarius anhelitum infirmet, et vini insipidi acor cordis secreta confundat,... et quod deterius est, ne assiduis incursibus ingrassetur Anxionarius.*

* 2. **ANXIONARIUS.** Joan. *de Trokelowe* Annal. Edwardi II. reg. Angl. pag. 32 : *Hujus igitur provisione per omnes comitatus Angliæ publicata, et gravi pœna in puletarios et alios Anxionarios, Londoniis et alibi provisionem non observantes, inflicta.* Anserum venditor, vel volatilium saginator designari videtur. Vide supra *Anxer.*

* **ANXULA**, Ligatura. Comœdia sine nomine act. 4. sc. 5. ex Cod. reg. 8163 : *Nec timere quicquam te jubeo priusquam enudavero Anxulas, aut explicavero enigmata somniati.*

* **ANZAUGIA**, pro *Anzingia*, in Bulla Eugenii III. PP. ann. 1147. inter Probat. tom. 2. Annal. Præmonstr. col. 544. Vide *Andecinga.*

* **ANZI**, vox Italica, Ante. Charta ann. 1100. apud Corbinel. inter Probat. domus de *Gondi* pag. 455 : *Stipulatione promissa et dampnorum, et expensarum, et interesse litis Anzi refectione.*

¶ **ANZIANATUS**, Anzianus. Vide in *Antianus.*

ANZINGA. Vide *Andecinga.*

* **ANZOPERTUS.** Charta ann. 1279. apud Murator. tom. 2. Antiq. Ital. med. ævi col. 508 : *Scribat statum cujuslibet loci, scribendo solaria, assides, gradus, ostia, fenestras, Anzopertos, coperturas, etc.* Idem forte quod *Auventus.* Vide infra in hac voce.

¶ **AORASIA**, Cæcitas. Vox Græca. Vita Trudperti Erem. Murt. tom. 3. Aprilis pag. 435. F : *Sed Dei ac Martyris sui manu, non clypeo protectus, aut galea, percussis cæcitate pariter et Aorasia carnificibus, Abbas transiens per medium illorum ibat.*

* **AORS.** Redit. Bellæquercus in Reg. 34. bis Chartoph. reg. part. 1. fol. 91. r°. col. 2 : *De advocationibus x. modios, videlicet in Aors et thalamasio.* Quod rursum occurrit part. 2. fol. 107 4°. col. 2. Idem videtur quod *Arro.* Vide in hac voce.

¶ **AOSTAGIUM**, pro *Hostagium*, Jus hospitii, ut videtur. Charta ann. 1232. apud Stephanotium tom. 3. Antiquit. Bened. Pictav. MSS. pag. 822 : *Similiter serviens percipiet per se consuetudines suas, videlicet terrageurias, Aostagia, mestivam, gallos, caseos, tortellos et corveiam suam et unum gellonem vini, etc.* Vide *Hostagium.*

* *Aostagium*, perperam de Jure hospitii expositum; est enim Præstatio, quæ ad medium Augusti exigebatur, unde vocis origo : nostris *Aoustage* dicta. Charta Philippi Pulc. ann. 1298. qua Ludovico comiti Ebroic. feoda aliaque assignat, in Lib. rub. Cam. Comput. Paris. fol. 41 : *Les rentes des eritages d'ilec* (de Gien) *et les Aoustages, la penne et le seel.... La prévosté de la Ferté Aales,... huit solz de rente à la Miaoust, etc.*

¶ **AP**, Filius, Lingua Cambro-Britannica ex Johanne Davies. Rymer. tom. 3. pag. 156 : *Rex dilectis et fidelibus suis... Griffino*

Ap Res, et Yerewardo Ap Griffyn, salutem. Et pag. seq. : *Philippus Ap Howell, Morganus Ap Mereduk.*

APACARE, Satisfacere, contentum reddere, Italis, *Appagare, dar sodisfattione.* Pacta inita inter Francos et Venetos, in Gestis Innocentii III. PP. pag. 92 : *Si autem aliquid residuum fuerit, debemus per medietatem inter nos et vos devidere, donec fuerimus Apacati.* [Murator. tom. 3. pag. 537. col. 1. D. pro *Apacati* legit *Apagati.*]

* Nostris, *Apaer* et *Apaiër*, eadem acceptione. Charta ann. 1254. apud Marten. tom. 1. Ampl. Collect. col. 1326 : *Et si hont ostroé li cuens* (de Bretaigne) *et la contesse sa fame que il se faisant, se tiendront Apaé, ne que rien plus ne demanderont.* Lit. ann. 1297. in Lib. rub. Cam. Comput. Paris. fol. 55. r°. col. 2 : *Desquels douze vinz et dis livres de Paresiz il se tiennent asouls et Apaié. Apoier,* ibid. in Ch. ejusd. ann. fol. 11. v°. col. 1. Le Roman *de Cleomades* MS. :

Et chil li ont en convenant
Que il revenront à son maut;
De lui se tirent Apaiié;
En larmoyant ont pris congié.

Sed et *Apaier* adhibuerunt nostri, pro Allicere, Gall. *Attirer.* Bestiarius MS. :

Chest goupil qui tant set barat,
Que nous apelon chi renart....
A chascun qui vit charneument
Se fait tout mort chertainement,
Pour chou que plus près les Apaie.

¶ **APACTIO**, Pacificatio in Tabulario S. Dionys. Lemov.

¶ **APAGARE.** Vide *Apacare.*

¶ **APALANGARE**, Palis munire, Ital. *Palancare.* Chron. Parmense ad ann. 1295. apud Murat. tom. 9. col. 831 : *Castrum Curriachi per Commune Parmæ fuit custoditum et Apalancatum per homines de ultra Heutiam a strata in sursum.*

¶ **APALAR**, APALARE, etc. Cochlear. Vide *Applare, Apalarea, Apalareus,* et contracte *Aplare*, Cochlear, item.

* **APALLATEA**, in Epist. Pauli I. PP. apud D. *Bouquet* tom. 5. Collect. Histor. Franc. pag. 505. ubi legit Cangius *Apallarea;* quod vide in *Applare.*

APALTUS, Ital. *appalto*, Locatio. Synodicum Raphaelis Archiep. Nicosiensis sub ann. 1252. cap. 18 : *Denuntiamus excommunicatos omnes qui non restituunt, vel restitui faciunt integre et plenarie decimas Ecclesiæ Nicosiensi, de omnibus possessionibus, animalibus, Apaltibus, et redditibus suis, etc.* Eadem habentur in Concilio Nemosiensi ann. 1298. cap. 4. ubi pro *aplatibus* editum *appactis.* Unde forte vocis etymon. Adde aliud Concil. Nemosiense ann. 1340. cap. 1.

APALTOR, Manceps, Ital. *Appaltatore.* Idem Synodicum cap. 19 : *Prohibemus Clericis et præcipue Presbyteris et Diaconibus, ne commercia vel officia sæcularia exerceant, maxime inhonesta : et ne sint casalium aut redituum Apaltores, aut procuratores Militum, etc.* Vide *Apatisatio.*

* **APALUS**, *Mollis*, ex Gloss. ad Alex. Iatrosoph. MS. lib. 1. Pass. cap. 6 : *Quibus etiam utilia sunt intubæ et lactucæ, malvæ, ova mollia et Apala.* Et cap. 85 : *Collirium facit ad flectinas, et ipsum satis Apalum.* Sed et nostri *Apalir* dixerunt, pro Debilitare, enervare, Gall. *Affoiblir, enerver, engourdir.* Le Roman *du Riche homme et du Ladre* MS. :

Un peu de mal, ou fievre ague,
Qui de legier te santé mue,
Et fait ton visage palir,
Et tes membres si Apalir,
Qu'à peines te peus tu aidier.

Græce Ἁπαλός. Vide infra *Appalus.*

* **APALUSTRIA**, *Ornamenta navis*, in vet. Glossar. ex Cod. reg. 7646. Rectius infra : *Aplustria, armamenta navis.* Vide *Aplaustrum.*

APANARE, Panem ac cibum porrigere, pascere : panem enim pro quocunque alimento usurpari palam est. A. Gellius lib. 9. cap. 2 : *Ad Herodem adiit nobis præsentibus palliatus, ac petiit æs sibi dari εἰς ἄρτους.* Et in Orat. Dominica : *Panem nostrum da nobis hodie.* Ita in Lege Salica tit. 57. § 5. et tit. 59. § 1 : *Panem et hospitalitatem dare*, idem est quod *pascere, et hospitium dare*, quod habetur in tit. 76. § 1. Edit. Heroldi. *Panem et aquam dare*, in Capitulari Sicardi Princip. Benevent. cap. 1. *Panem et aquam natura desiderat*, inquit Seneca Ep. 25. *nemo ad hæc pauper est : intra quæ quisquis desiderium suum conclusit, cum ipso Jove de felicitate contendat, ut ait Epicurus.* Adde Epist. 110. Charta anni 1328. Dominorum Canneti in Provincia : *Omnis persona extranea vel privata caveat ne infra castrum Canneti, seu ejus territorium receptet et occultet, seu etiam Apanet aliquem latronem.* Et mox : *Quod intelligimus, si tales Apanatores, vel auxilium præbentes, scirent esse latrones eos quos Apanarent. Apaner une fille*, est dotem, seu legitimam portionem bonorum filiæ conferre, ita ut cæteris hæreditatis bonis renuntiet, in Consuetudine Nivernensi cap. 23. art. 24. Machiensi art. 220. 224. 292. Burbon. art. 265. 305. et seq. et in Consuetud. loci de *Thear* in Biturig. art. 25. *Apanager* in Silvanecensi art. 66. Bourbon. art. 265. Bituricensi tit. 5. art. 17. et Turonensi art. 284. [Hinc *Appanare* apud Baluzium tom. 2. Hist. Arvern. pag. 283. in defensionibus Roberti Delphini contra Guillelmum Comtoris : *Quando pater Appanavit filiam suam, quod facere potest virtute consuetudinis prædictæ, et filia hujusmodi Appanationem probat, nihil amplius petere potest ex successione bonorum paternorum.*]

[* Charta Reginaldi comit. Forens. ann. 1265. ex Bibl. reg : *Primogenitus seu primogenita debet habere possessionem baroniæ integraliter et perfecte, per consuetudinem terræ illius* (Bellijoci,) *et alios fratres suos Appanare, per eamdem consuetudinem.* Nostris, *Appaner*, eodem intellectu. Charta Ludov. X. regis Franc. ann. 1314. in Reg. 50. Chartoph. reg. ch. 138 : *Entre Loys de Clermont sires de Bourbon et Jehan son frère, fu meue questions sur ce que le devantdiz Jehan demandoit à avoir sa portion de la succession des biens de leur dame et mère.... et devantdiz le Loys disoit que il le devoit Appaner tant seulement, quar il estoit ainsnez, etc.*] Hinc

APANAMENTUM, APANAGIUM, ab eodem fonte, pro eo quod ad victum et in alimentum secundogenitis præstatur et conceditur a parentibus; *Soustenance* dicitur Petro de Fontanis in Concilio cap. 34. nam in pluribus Galliæ provinciis, ut ait Petrus de *Vineis* lib. 6. Epist. 25. *Major natu, exclusis minoribus fratribus et cohæredibus, solus in castro succedit, inter eos nullo tempore dividendo.* Quippe Baroniæ, seu majora prædia ac feuda, divisionem non recipiunt, nec inter hæredes dividuntur, sed ad solum primogenitum pertinent : qui tamen tenetur assignare *apanagium* fratribus suis secundogenitis, seu certam quamdam *provisionem*, uti et vocatur, id est pensionem in alimentum pro dignitatis ac natalium ratione. Aresta O. SS. ann. 1269. in 1. Reg. Parlam. fol. 60 : *Alienora Comitissa Leicestriæ petebat a Comite Engolismensi portionem in Comitatu Engolismensi ratione fraragii spectantem ad ipsam ex parte... quondam matris ipsius Comitissæ Leicestr. et proaviæ Comitis supradicti. Sed idem Comes in contrarium respondebat, quod dicta Comitissa Leicestr. in tali petitione non debebat audiri, cum dictus Comitatus esset impartibilis, nec unquam fuerit per quotas partitus, licet multi casus acciderint, in quibus si esset partibilis, debuisset partiri. Super quibusdam facta inquisitione diligenti, fuit per inquestam inventum, quod dictus Comitatus numquam fuit per quotas partitus vel divisus : tamen per Comites seu Comitissas dominos Comitatus prædicti inter filios et filias, fratres et sorores, factæ fuerunt quædam partes, quæ in partibus illis Appanamenta dicuntur. Et cum judicatum fuisset, quod dicta Comitissa pro dicta petitione non deberet audiri : tunc petiit D. Comitem Engolismensem et D. Gaufridum de Leziguen adjornari. Quibus adjornatis et præsentibus, tertia die eadem Comitissa petiit a dictis Comite et Gaufrido sibi Appanamentum fieri secundum Consuetudinem terræ. Qua petitione facta, auditis responsionibus dictorum Comitis et Gaufridi, et visis inquestis super hoc factis et diligenter intellectis, absolutus fuit per judicium dictus Gaufridus a prædicta impetitione ipsius Comitissæ, cum ipse Appanatus fuerit, et per Appanamentum teneat, nec per Consuetudinem terræ, qua liquido inventa est esse talis per istam inquestam, Appanamentum facere debeat Appanatus. Dictus autem Comes fuit per judicium condemnatus ad faciendum dictæ Comitissæ annuum perpetuum Appanamentum quadringentarum libratarum terræ monetæ currentis in Comitatu Engolismensi prædicto. Item, condemnatus fuit idem Comes in octingentis libris monetæ Engolism. pro arreragiis 2. annorum a tempore litis motæ. In hujus autem pronuntiatione sententiæ expresse fuit dictum, quod dicta Comitissa in terra hujusmodi sibi adjudicata non haberet domum seu forteritiam per istam sententiam, quia omnia loco domus plus sibi dederat de terra.* [Arrestum Parlamenti ann. 1341. apud Lobinellum tom. 2. Hist. Britan. col. 485 : *Prædicto Carolo ex causa uxoris prædictæ ex adverso proponente, quod de usu et consuetudine notoriis Britanniæ in successoribus feudorum inter nobiles generaliter observabatur, quando sunt plures fratres, primogenitus in omnibus feudis quantumcumque magnis et nobilibus, etiam si Comitatus, Baroniæ aut Vicecomitatus existant, ut hæres proprietarius succedit, et solus et in solidum recipitur ad fidem et homagium feudorum prædictorum, et fratribus suis junioribus seu postnatis tenetur facere provisionem victus, seu Apanagium secundum eorum statum et quantitatem terræ... Suntque usus et consuetudines antedictæ conformes usibus et consuetudinibus vicinarum regionum, et tam in Andegavensium, Cenomanensium, Turonensium, Pictavensium, ac in magna parte Bituricensium, quam in pluribus aliis regni nostri partibus notoriæ et communiter observatum; et quod de usu et consuetudine antedictis, quæ in hoc generali consuetudini Franciæ sunt conformes* (si filii non sint) *filia* (primogenita exclusis sororibus) *succedit in feudis, sive sint Ducatus, Comitatus, Perriæ aut Baroniæ, quantumcumque magni et nobiles, et quod ita evenerat in Comitatu Artesii, Campaniæ, Tholosæ necnon et Britaniæ, in quo uxorem Petri Mali-Clerici non est dubium successisse, et consimiliter in pluribus aliis regni nostri.* Hæc omnia confirmantur sententia hujus Parlamenti.] Pactum ann. 1323. quod refertur in Probationibus Hist. Castilionensis pag. 100 : *Ledit Iehan son frère ne devoit, ne povet demander en ladite Comté de Blois, que Apanage tant seulement. Ledit Iehan disant et maintenant le contraire que il devoit avoir droit de partage en ladite Comté, etc.* Ubi *apanagium*, divisioni seu *partagio* opponitur : nam *apanagium* est certa pensio, seu annuus reditus ratione prædii quod divisionem non recipit, assignatus secundo genitis, quo sibi *panem* ad victum compararent; *partagium* vero, divisio ipsa prædiorum.

Et sane ea Francorum nostrorum mens fuit, dum morem hunc induxere, uti major natu solus in majoribus prædiis, nusquam inter fratres erciscundis, succederet, ut nobilium familiarum dignitas integra, illibatusque splendor permaneret, dum ad unicum ex liberis universa majorum prædiorum perveniret successio. Quippe si ea divisionem reciperent, lapsu temporis, crebra ac frequenti partitione, ad nihilum reducerentur. Proinde satius duxerunt, etsi id quodammodo juri naturali adversetur, ut secundogeniti sola, ut dixi *provisione* ad victum contenti, vel clericalem aut cælibem vitam eligerent, vel bella sectarentur, nisi aliunde illos bonis ditari contingeret.

Proferam in hujus recepti jampridem apud nostros moris bina exempla in sola familia Monspeliensi, ac primum quidem ex Testamento MS. Guillelmi D. Montispessulani filii Ermessendæ 3. Idus Dec. 1146 : *Bernardum Guillelmum filium meum dimitto Guillelmo filio meo majori, ita scilicet ut usque ad ætatem 18. annorum bene faciat eum docere, et in litteris studere : et si tunc voluerit Clericus fieri, et ad sacros ordines promoveri, Dominus Montispessulani teneat illum honorifice secum, ita scilicet ut equos et arma, et armigeros, et victum, et vestitum sibi honorifice administret, et Bernardus nihil aliud in toto honore ipsius aliquo jure petere possit; vilis enim hæreditas nobilem hominem non decet.* Aliud exemplum subministrat Testamentum Guillelmi D. Montispessulani filii Mathildis Ducissæ pridie Non. Novemb. 1202 : *Volo quod filius meus major natu postquam Tortosa* (filius secundogenitus) *equitaverit, cum armis, det ei toto tempore vitæ suæ annuatim 1000. sol. et pro his sit contentus omnibus aliis bonis meis.*

Ex quibus patet eam fuisse Dominorum Monspeliensium mentem, ut omnis nobilissimæ familiæ dignitas illæsa permaneret, dum ad unicum Montispessulani Dominum perveniret hæreditas. Id ipsum de Comitibus Flandriæ tradit Lambertus Schaffnaburgensis ann. 1071 : *In Comitatu Balduini ejusque familia id multis jam sæculis servabatur, quasi sancitum lege perpetua, ut unus filiorum qui patri potissimum placuisset, nomen patris acciperet, et totius Flandriæ principatum solus hæreditaria successione obtineret. Cæteri vero fratres, aut huic subditi, dictoque obtemperantes, ingloriam vitam ducerent, aut peregre profecti, magis propriis rebus gestis florere contenderent, quam desidiæ ac socordiæ dediti, egestatem suam vana majorum opinione consolarentur; hoc scilicet fiebat, ne in plures divisa provincia, claritas illius familiæ per inopiam rei familiaris obsoleret.* Neque alia pariter fuit Principum quorundam mens, qui legum condendarum auctoritatem sibi arrogarunt, dum statuere, ut tota bonorum successio unicum spectaret primogenitum; secundogeniti certis ac statis pensionibus pro victu et vestitu ad vitam contenti essent : quod etiammum obtinet in Pontivensi Comitatu, et in aliquot aliis Franciæ provinciis.

Neque alio jure Reges nostri liberos suos secundogenitos certis pariter pensionibus contentos esse voluere. Nam cum Regnum Franciæ per se sit divisionis expers, ut pote suprema *Baronia*, secundogeniti in partem successionis pervenire non possunt; sed pro natalium dignitate ac prærogativa tuenda, a Regibus donantur certis quibusdam pensionibus, quæ assignantur in statis ac designatis prædiis, vel etiam ipsis prædiis, quibus ii fruuntur, quamdiu eorum masculina stirps superstes est : qua extincta *Apanamentum* ad Fiscum regium ipso jure redit. Nam feminæ ex Lege Salica regiorum prædiorum successionis sunt incapaces. Prostat Diploma Ludovici Hutini Regis Franc. ann. 1315. pro Carolo Comite Marchiæ, in quo mentio fit *des héritages et possessions qui li sont et seront assignées et délivrées, tant pour cause de Apanage et provision pour cause du Royaume de France, comme par la succession de notre très-chère Dame et mère, etc.* ubi satis innuitur bona quæ Regum secundo genitis donantur, non hæredii, sed *Apanamenti* ac *provisionis* jure assignari : quorum ea est natura ac species, ut deficiente secundogenitorum linea directa, ad Regiam Coronam ipso jure revertantur : quod quidem ex antiqua Regni consuetudine obtinuisse evincit Arestum sequens, cujus meminit Tillius, quod ex schedis Peirescianis olim descripsimus : *Notum sit omnibus, quod cum dudum sanctæ memoriæ Ludovico quondam Francorum Rege defuncto, bonæ memoriæ Alfonsus quondam Comes Pictaviæ postmodum decesserit, illustrissimo Domino Rege Philippo possidente et tenente Comitatum Pictaviæ et terram Alverniæ, Procurator serenissimi Principis Caroli Regis Siciliæ fratris dicti Alfonsi quondam Comitis Pictaviæ, et patrui dicti Dom. Philippi Regis Franciæ, in Curia dicti domini Regis Franciæ dictum Comitatum Pictaviæ et terram Alverniæ petiit deliberari, et reddi a dicto Domino Philippo, Regi Siciliæ Carolo supra dicto; cum dictus Carolus frater dicti Alfonsi Comitis quondam esset proximior, quam dictus Dominus Rex Philippus, qui dicti Alfonsi tantummodo nepos erat : allegans insuper Procurator, et Consuetudinem Regni generalem et specialem locorum, ubi bona consistebant prædicta, dicto Domino Carolo suffragari : præmissa petens idem Procurator, cum idem Alfonsus Comes dictum Comitatum Pictaviæ, ut partem terræ ab avo dicti Domini Philippi Regis Francorum habuisset, ut dicebat Procurator præfatus. Verum parte dicti Dom. Regis Philippi in contrarium proponente, quod de generali Consuetudine hactenus a multis generationibus Regum plenius observari cum donatio quæcunque hæreditagii procedit a Domino Rege uni de fratribus suis, donatario ipso sine hærede proprii corporis viam universæ carnis ingresso, donationes ipsæ ad ipsum donatorem, aut ejus hæredem succedentem in Regno, revertuntur pleno jure. Et in hoc casu nepos patruum excludit, cum idem nepos suo jure, et generali Consuetudine in omnibus personam prioris donatoris repræsentet. Adjiciens pars D. Regis Philippi, quo defuncto Rege, filioque Regis primogenito succedente in regno ejusdem Regis fratres portionem certam bonorum patris, tertiam, quartam vel quintam, seu quotam non possunt petere, sed nec petentes audiuntur : sed primogenitus quantum vult, et quando vult, eis confert. His autem non contenta, pars Regis proposuit Consuetudines speciales locorum, ubi bona petita sita sunt, tales esse quod in omnibus Baroniis tales donationes decedentibus donatariis sine hærede proprii corporis, non ad fratrem donatarii, sed ad filium donatoris succedentem in Regno, mortuo donatore, revertuntur pleno jure. Itaque pluribus aliis rationibus et persuasionibus propositis hinc inde, ac negatis hinc inde factis, et Consuetudinibus, quatenus contrariabantur ad invicem, de Consuetudinibus hinc inde propositis, prout decuit, a testibus juratis diligentius inquisito, visis et attentis et testamento quodam, et litteris, et depositionibus testium super dictis Consuetudinibus, auditore die certa assignato ad audiendum judicium, anno Dom.* M. CCLXXXIII. *feria* IV. *post Invocante me, dicta die, videlicet Dom. Rege Philippo ex una parte, et Dom. Rege Siciliæ ex altera præsentibus : Per jus pronuntiatum fuit, dictum Dom. Regem Siciliæ non habuisse, nec habere jus petendi Comitatum Pictaviæ, et terram Alverniæ; ac ipsum Dom. Philippum Regem absolvit Curia ab impetitione Regis Caroli prænotati. Huic judicio præsentes adfuerunt, etc. Pronuntiatum in Parlamento incœpto in crastino festi Omnium SS. anno Dom.* M. CCLXXXIII. [Addas illud ann. 1491. quod ex Registro Parlamenti refert Baluz. tom. 2. Hist. Arvern. pag. 694 : *Quod si contingat ut nullis existentibus maribus hæreditas cadat in filias, filiæ bona inter se partiantur ex æquo præter eam portionem seu Appennagium quod provenerit ex corona et patrimonio Regum Franciæ, quod Appennagium quidem restituetur unde profectum fuerat, secundum consuetudinem et legem Francorum.*]

* *Apanement*, in Contractu matrim. ann.

1340. tom. 1. Probat. Hist. Brit. col. 1410 : *Non contraitant l'Apanement dessus dit.*

¶ APPANATIO, Eadem notione apud Baluzium tom. 2. Hist. Arvern. col. 282 : *Et sic illa bona ex Appanatione illa competebant dicto Hugoni solum ad vitam suam.* Alium locum vide in *Apanare.*

APANTETERIUM. Gloss. Lat. Græc. ἀπαντητήριον, *Apanteterium, diversorium.*

* **APANTITIUM**, Ædificium domui additum, vulgo *Appentis*. Charta ann. 1336. tom. 1. Probat. Hist. Brit. col. 1377 : *Item præcipimus et ordinamus, quod Apantitium dicti hospitalis fiat et perficiatur, ut sit ibi camera congrua, cum regnabili et convenienti camino, fovea privata seu latrina.* Vide *Apenticium* et infra *Atan.*

¶ **APARAMENTA** NAVIS, Apparatus, Gall. *Agrets*, apud Rymerum tom. 3. pag. 170. col. 2. et pag. 171. col. 1. et alibi.

* Nostris olim *Apareillement*, pro *Appareil*, Apparatus, pompa. Sermo 29. ex Cod. S. Vict. Paris. scripto sæculo 14 : *Li Apareillement des noces, fu li Apareillement de nostre redemption.*

APARAZMUS. Vide *Amparare.*

* **APARENCIA**, a Gall. *Apparence*, Similitudo, species. Joan. de Cardalhaco serm. in Circumc. Dom. : *Dico tertio, quod est aliud nomen a quo multi intitulantur hodie in hoc mundo, quod est nomen Aparenciæ et fictuositatis, et tali nomine utuntur ypocritæ, qui solum habent nomen fictum et Aparenciarum sanctitatis.*

APARES. Vide *Appares.*

* **APARIARE**, a Provinc. *Apariar*, Gall. *Apparier*, Conjugare, copulare; unde *Apariatio*, conjugatio, copulatio. Charta ann. 1501. ex schedis Pr. *de Mazaugues : Quod cum lites et controversiæ.... suscitatæ forent.... super facultatem calcandi, seu calcare faciendi eorumdem hominum blada et grana quævis,.... ac adjunctionem seu Apariationem animalium ipsorum hominum ad calcandum,... quæ animalia ipsi homines prætendebant.... se posse Apariare seu adjungere, et se esse in possessione et consuetudine antiqua et recenti adjungendi et Apariandi pro calcandis eorum bladis.* Vulgaris est apud Provinciales usus, ut vassalli, cum jumentis domini sui, blada sua calcare seu triturare possint, modo eorum vigesimam partem solvant. Vide infra *Appariare.*

* **APARIBILIS**, *Apparens*, Practicis nostris *Apparoissant* vel *Apparissant*, Apertus, manifestus. Vide *Lex Apparens*, et *Paribilis*. Charta ann. 1108. ex Bibl. reg. cot. 19 : *Dono tibi Frabrissæ uxori meæ in dote medietatem tocius mei honoris,.... tali pacto, ut quamdiu vixerimus, simul habeamus ac teneamus nos et infantes nostri in omni vita nostra, qui de nobis duobus Aparibiles fuerint; si vero de nobis duobus infantes non aparuerint, etc.* In Charta ann. 1196. ibid. *Apparibilis*, eodem sensu occurrit, ut et in Contractu matrim. ann. 1139. inter Probat. tom. 2. Hist. Occit. col. 488 : *Et si jam dictus vir tuus supervixerit te Bernardam uxorem suam, habeat ipse donationem istam in vita post obitum ejus, si esset infans de vobis duobus procreatus; si Apparibilis non fuerit, prædicta donatio ad nos donatores vel ad propinquos nostros remaneat.*

¶ **APAS**, pro *Abbas*. Locum vide in *Fruniscat.*

* **APASCAIRARE**, a Provinc. *Apascairar*, Pascua ad depascendum locare. *Apascairatio*, eorumdem conductio. Bertrandus tom. 4. Consil. 231. pag. 259 : *Nec ipse, nec quidem alii videntur ea* (animalia) *posse immittere, aut dictum territorium Apascaiare extraneis.* Infra : *Cum in Apascairatione pascuorum seu pasturgiorum facienda extraneis vertatur magnum interesse subditorum, etc.* Pluries ibi.

APATISATIO, Pactum, conventio, [quæ cum hoste fit a regionis subactæ incolis, ut a cædibus et incendiis temperet sub certa tributorum solutione, Gall. *Contributions*. Olim dicebatur *Appatis* ut videre est in voce *Appatissamenta*, et in præsentibus exemplis.] Litteræ Thomæ de Monte-Acuto Comitis Sarisberiensis apud Nic. Uptonum lib. 2. de Officio Militari cap. 12 : *Concedimus per præsentes bonum et salvum conductum, ac salvam gardiam sive securitatem Apatisationis. Epactio*, vel *pactio*, in Tabul. S. Dionysii Lemovic. cap. 5. *Apastis*, apud Monstrelletum 2. vol. pag. 81. 83. B. *Apaticer* apud Juvenalem Ursinum in Epist. ad Status Blesenses : *Esquelles choses le pauvre peuple de tous Estats cuidant mettre remede, delibera de soy Apaticher à la Garnison plus prochaine; mais tantost tous les autres Garnisons commencerent à courir villages, voulans avoir patis.* Idem in Epist. ad Carol. VIII. Reg. ann. 1439 : *Apatissoient les villages à huit ou dix places, et si on paroit, on aloit mettre le feu es villages.* Alanus Charterius, *au livre des 4. Dames :*

Et destruient tout Apastis
Mon vouloir, qui est amatis.

PASTIS, in Charta Caroli V. Reg. Franc. ann. 1372 : *Les raenzons et Pastis, qui par les Barons estoient faits sur nos sujets.* Ex prædictis satis liquet *Apatisationem*, *Apastis*, *Pastis*, et *Apatiser*, ab eodem fonte derivari, a *pacto* scilicet, non vero a *pastu*, ut perperam censuit Duchesnius, ita ut *apatisatio* nihil aliud sit quam pactum initum cum aliquo; *apatiser* vero, pacisci. Vide *Apaltus*, *Appatiamentum*, *Appatissamenta*, *Pactum*, et mox *Apatuare.*

¶ **APATOR**, Gr. ἀπάτωρ, Sine patre. *Apator* et *Ametor* dicuntur de Melchisedech a Tertulliano lib. de Præscript. cap. 5. Spurii quoque dicuntur ἀπάτορες, *quasi sine patre filii*, § 12. Instit. de Nupt.

* **APATUARE**, APPATUARE, Pacisci, de exigendis tributis convenire. Instr. ann. 1384. inter Probat. tom. 3. Hist. Nem. pag. 66. col. 1 : *Item ponunt quod, ut veri hostes regni, faciebant Apatuare loca, castra singularia cum eis, inde exhigendo, extorquendo infinitas financias.* Et pag. 70. col. 1 : *Item ponunt, ut supra, quod castra et plures singulares potentes plebeyos fecerunt finari, componi, Appatuari. Apactir*, eadem notione, in Lit. remiss. ann. 1389. ex Reg. 138. Chartoph. reg. ch. 54 : *Les autres par oppressions, ne pouvant plus souffrir estre raençonnez et Apactis auxdits ennemis depuis six ou sept ans, et pour payer lesdits raençons et Appatiz ont reperié, conversé, frequenté et marchandé avec eux.* Vide in *Pactum* et supra *Apatisatio.*

* **APEAMENTUS**, Liber censualis, in quo census descripti sunt cum eorumdem literis authenticis, quas *Recognitiones* vocant, Gall. *Terrier;* ab Hispanico, ni fallor, *Apeamiento*, Agri mensura, finiumque limitatio, ex Diction. Academ. Hispan. quia prius mensurantur atque limitantur agri, quam conficiatur ejusmodi liber. Stat. Ord. S. Joan. Hieros. ann. 1584. tom. 2. Cod. Ital. diplom. col. 1850 : *Sancimus ut de cætero nulla melioramenta pro validis approbentur, nisi prius commissarii, pro recognoscendis talibus meliorationibus præpositi, juramento medio in acta publica redacto, profiteantur se vidisse integre et diligenter confectos, pro regionis ubi sunt usu, censuales libellos, quos papyros terræ quidam vocant, alii recognoscentias, nonnulli cabrevationes seu Apeamentos.* Atque adeo huc referendæ videntur Assisiæ Hierosol. cap. 289 : *Quant le seneschau vodra que elles* (les rentes du roy) *soient Apautées, il les doit comander.... Que il* (le seneschal) *sache lor value de tout le gaingque les Apauteors gagneront en chascun Apau.* Ubi *Apau* est Datio ad censum, *Apauter*, Sub censu annuo locare, et *Apauteor*, Is qui ad censum tenet. Vide *Apaltus.*

¶ **APELITÆ.** Hæretici, angelum quemdam Deo superiorem, quem Deum Igneum appellabant, Israelitarum Legislatorem fuisse asserentes, Christum verum Deum esse negarunt, etc. ab Apelle quodam dicti. Hofman. ex Macri Hierolexico. [** Scribendum *Apellitæ* cum Isidoro in Origin. lib. 8. cap. 5. sect. 12.]

APELLA, Judæus circumcisus, quasi *sine pelle*, [In veteri Glossario : *Apella*, λιπόδερμος.] Horat. lib. 1. Serm. Sat. 5 :

. . . . Credat Judæus Apella;
Non ego.

Aurora in Exodo :

Extinguit Domini factus Apella puer.

* **APELLARE**, APPELLARE, Repetere, redimere, Gall. *Reclamer, racheter.* Charta Gellonensis ann. 1097 : *Ego Petrus Bonafos dono et concedo.... domino Deo et S. Cruci.... quidquid Apellabam in ecclesia S. Caprarii et medium mansum del Perer.* Chartul. Celsinian. ch. 279 : *Cedo... unum campum... in tali convenientia, ut filii mei.... ad Nativitatem Domini redemptum habeant campum ipsum c. solidis; et si c. solidos reditos non habent, jam non amplius Appellent.* [** Vide *Clamare*, 2.]

APELLAREA. Vide *Applare.*

* **APELLERE**, Depellere. Glossar. vet. ex Cod. reg. 7646 : *Apellet, depellet.*

* **APELLIDUM**, Hisp. *Apellido*, Submonitio, seu convocatio populorum ad vindicanda maleficia. Charta ann. 1096. tom. 1. Probat. Hist. geneal. domus reg. Portugal. pag. 3 : *Illos burgeses tam longe vadant in Apellido, quomodo in ipso die possint revertere in domos suas.* Alia Aldefonsi reg. Castel. ann. 1181. apud Baluz. in Hist. Tutel. col. 494 : *Concedo etiam vobis ut habitatores de Fornellos et de Orbanella, si eam populaveritis, nunquam pergant in fossadum nec in Apellidum.* Vide *Appellitum.*

¶ **APELLUM**, Appellatio, Provocatio, Gall. *Appel.* Ex Arresto Parlamenti Tolosani pro Episcopo Albiensi ann. 1498. die 2. Martii : *Officiarii fieri facient cridias et præconisationes in ipsa civitate Albiæ. . . ex-*

cepto de literis relevamenti in casu Apelli. Vide *Appellum.*

* **APELLUS**, Practicis nostris, *Relief d'appel;* ut videtur. Instr. ann. 1420. apud Spon. tom. 2. Hist. Genev. pag. 157 : *Provocationes et appellationes prosequendi, intimandi, insinuandi et notificandi, Apellosque et literas dimissorias, etc.* [** f. *Apostolos.*]

APENARII. Trebellius in Gallienis : *Carpenta cum mimis et omni genere histrionum : pugiles sacculis non veritate pugnantes : Cyclopea etiam luserunt omnes Apenarii, ita ut miranda et stupenda quædam monstrarent.* Casaubonus monet in quibusquam MSS. legi *apinarii* et *apennarii.* Meursius vocem formatam ex ἀπήνη censet, quæ vox Græcis *currum asinis aut mulis junctum* sonat : ita ut ἀπηνάριοι aurigæ fuerint. [Vide *Apinarii.*]

¶ **APENDARIA**, Appendix, Gall. *Dependance.* Charta Bernardi Arberti apud Baluz. tom. 1. Hist. Arvern. pag. 485 : *Convenientiam fecit Bernardus Arbertus cum domno Bladino priore... de medietate Ecclesiæ S. Pardulfi, quam dedit pro remedio animæ suæ, videlicet offerenda et sepultura, et fevum presbyterii et unam Apendariam, unum pratum et unum hortum.* Charta ann. 1062. ex Archivo S. Vict. Massill : *Donamus* III. *mansos et unam Apendarium,* III. *pecias de vinea.* Vide *Appendaria.*

APENDICE Cedri, ἐπὶ τοῦ πήγματος, in Inscript. apud Gruter. 601. 10. Officium Domus Augustæ, cui arcularum aut aliarum rerum e cedro compactarum cura erat, inquit Salmasius; est enim *pendix*, idem quod *pendigo*, apud Arnobium : *Pendigines statuarum, etc.*

APENDIMENTUM, Appendix, Gall. *Appendances.* In Charta ann. 1218. apud Guichen. in Probat. Hist. Sabaud. pag. 62.

* **APENNARIA**, pro *Apendaria*, Quod vice appendicis datur. Charta ann. 30. Lotharii reg. in Tabul. Gellon. : *Ego in Dei nomine Abbo.... dono.... S. Salvatori Gellonensi.... in terminum de Villare, quam vocant Montilius, Apennariam unam.* Alia ibid. habet *Apendaria.* Vide *Appendaria.*

APENNIS, Scriptum dicitur, confectum in gratiam eorum qui incendio, aut hostili deprædatione, chartas, quibus possessionum suarum proprietatem et jura ostendere poterant, deperdiderant. Tunc enim coacta loci plebe, ipsoque coram Judice facta accurata inquisitione aliud conficiebatur instrumentum quo in posterum rerum suarum jura firmarentur : idque duplici facto exemplari, quorum unum in foro civitatis publico affigeretur, ut omnibus innotesceret, alterum penes possessorem remaneret, qui ad majorem rei cautelam, Regi ipsi, aut loci Principi, firmandum proferret. Unde *relatum* et *Chartula relationis* dicitur in formulis veteribus a Bignonio et Lindenbrogio editis, quia ex aliorum relatu conficiebatur. Incertus auctor in formulis post Marculfum cap. 45. quod inscribitur : *Relatum, quod dicitur Apennis. Mos nobilium Romanorum adsuevit, et ratio juris deposcit, ut si cujuscunque domus igne crementur, is per speciem scripturarum Chartulam relationis, quæ dicitur Apennis, recipiat.* Formulæ vett. secundum Legem Rom. cap. 28 : *Consuetudine hujus loci, vel etiam legis terrenæ justitiæ constat esse perfectum, ut quicunque ab incendiis, vel hostibus, seu a latronibus fuerit perpessus dispendium, oportet hoc casu in foro publico, vel civitate, cum Curia publica et Defensore, vel reliquis civibus publicare.* Reliqua prætermittimus, quæ ad firmanda supra allata spectant, cum ea inspicere Lector possit. Sed notandum in MS. Regio Cod. 1097. *Adpennem*, et *Appennem*, hoc loco haberi. Extant de ejusmodi *Apenni* formulæ 30. 31. 32. in Formul. Andegav. ubi *Apennis* et *Appennis* promiscue scribitur. [** Formulam apennis aliam primo editam et commentario illustratam a V. D. Pardessus, vide in *Bibliothèque de l'école des chartes* vol. 1. pag. 217. Tres formulæ Apennis in cod. reg. 4405, inscriptæ sunt : *Incipiunt relati. Item alium relatum. Alium relatum.* Horum secunda quæ apud Sirmondum exstat num. 28. ita terminatur : *Factum relatum anno illo, sub mense illo, vel die illo, regnante rege illo.* Tertia Sirmondo est num. 27; prima est petitio apennis.

¶ **APENSATES**, pro *Appensatus*, seu *Appensus*, in Charta Comitis Chrodardi, anno 764. apud Felibianum in Hist. Monast. S. Dionysii pag. XXIX : *Unde accepimus a te in precium, sicut inter nos placuit atque convinit, solidus probus Apensates numerum quinque milia.*

¶ **APENTAT.** Charta Henrici II. Angliæ Regis et Ducis Normanniæ ex Archivo Beccensi : *Solutas et liberas* (habeant possessiones suas) *et quietas de syre et humdret, et placitis, et querelis, et de murdro, et de Apentat, et scutagio, et geldis, et danegeldis.* Haud scio an *Apentat* idem sit quod *de Wapentac*, Anglice *armorum tactus*, ita ut hi *de Apentat* liberi dicantur, qui militari servitio non essent obnoxii. Hæc conjectura utcumque fulcitur sequenti voce *et scutagio :* quod fere idem sonat. Vide *Wapentachium.*

¶ **APENTICIUM**, Ædificii appendix humilior, Gall. *Appentis*, *Angar.* Liber Anniversariorum Monast. S. Germani Paris. B. fol. 18. v° : *De 40. solidis Paris. quos percipimus Parisiis super Apenticiis juxta portam Regis. Apendaria* eodem sensu ibidem fol. 54. Computus generalis redituum Regis Franc. ann. 1202. apud D. *Brussel* Tract. de Usu Feud. tom. 2. pag. 209 : *Pro aulis Vernonis cooperiendis, et pro uno Apenticio faciendo, et pro muro reficiendo,* LXV. *s. et dim.* Vide *Appendaria.*

¶ **APEPESIA**, vel Apepicia, *Velox ireginia, id est, indigestio.* Ita Papias MS. Bituric. J. Laurent. in Amalthea habet *Apepesia*, quæ est stomachi vitium, nempe cum cibi tales egeruntur, quales ingeruntur, ut loquuntur Medici, Gall. *Indigestio*, a Græco ἀπεψία.

* Glossar. vet. ex Cod. reg. 7646 : *Apepitia vel oxyregmia, hoc est, indigestio, vel acrosruptos, fit ex multa comestione, vel assidua drimifagia, vel flegma in stomacho diffusa, aut ex tumore stomachi. Ex Galieno.* Sed hæc medica manu indigent.

¶ **APER**, *significat diabolum, educem ferum.* Papias MS. Bitur. Ex illo Scripturæ : *Singularis Aper egressus est de silva, etc.*

¶ **APERCULARIUS.** Vide *Apertularius.*

* **APERFECHARE**, Utendo consumere. Lit. Caroli V. de forma vestium mulier. Montispess. ann. 1367. inter Probat. tom. 4. Hist. Occit. col. 294 : *Item quod nulla ipsarum ab inde inantea audeat facere vel ponere, aut fieri vel poni facere in suis mantellis aliquam foleraturam variorum; .... antiquas tamen foleraturas, quas nunc habent, possint Aperfechare.* Galli diceremus, *Achever d'user.*

* **APERIBILIS.** Vide infra *Feudum Aperibile.*

¶ **APERILITER**, Aperte, Palam. Occurrit in Statutis MSS. Capitulorum General. S. Victoris Massiliensis.

1. **APERIRE.** *Aperti honores, Aperta beneficia, Aperta feuda*, dicuntur, cum vacant, nec possessorem habent. Capitula Caroli Calvi tit. 43. cap. 8 [** apud Carisiacum ann. 877.] : *Si, antequam redeamus, aliqui honores Aperti fuerint, considerandum est, quid exinde agatur.* Eginhardus Epist. 50 : *Ut aliquam consolationem ei faciatis de beneficiis, quæ hinc in nostra vicinia absoluta et Aperta esse noscuntur. Aperta feuda*, in vet. Instrumento apud Pontanum lib. 7. Rer. Danicar. pag. 389. *Fief wide et ouvert*, in Consuetud. Blesensi art. 47. 76. 77. 78. *Ouvert, découvert, ouverture de fief* in aliis passim. Contra Feudum operire, *Couvrir le fief*, in Consuet. Montfortensi art. 46. cum vassallus possessionem feudi, præstito hominio, iniit.

¶ Apertio Feudi, Gall. *Ouverture de fief*, Eadem notione qua *Aperire feudum.* Histor. Dalphin. tom. 2. pag. 589 : *De gratia speciali omnes et singulas Apertiones et commissiones feudorum et retrofeudorum.... Aperta vel commissa eidem Domino... remisit quittavit omnibus et singulis suis subditis.*

Apertæ Literæ, quæ vulgo *patentes.* Synodalis Epistola Concilii Viennensis ad Paschalem PP. : *Cujus confirmationis argumentum per Apertas nobis Literas significare dignemini.* Occurrit præterea in Chartis aliquot Danicis ann. 1321. et 1323. apud Pontanum lib. 7. Hist. Dan. pag. 430. 433. Eædem *Chartæ Apertæ* dicuntur in Charta Caroli Imperat. in Chronico Laurisham. ann. 779 : *Ex nostra auctoritate habeant, et defensare valeant secundum legem, sicut per Apertam Chartam usque nunc auctoritas Regum defensavit et denuo confirmavit.*

Apertæ Terræ, Aratro proscissæ, in Charta Longobardica tom. 1. Italiæ sacræ pag. 47. 48, *Aperire Terram*, tom. 9. pag. 277. Vide *Aprisio.*

Aperti Limites, qui ex lege patent, et pervii sunt itineribus et mensuris agendis, apud Hygenum de Limitibus.

** Apertura *feudum*, *Apertura feudi et Aperibile feudum.* Vide in Feudum.

* 2. **APERIRE**, *Annuntiare, monstrare, patefacere. Placidus.* Glossar. vet. ex Cod. reg. 7646.

* Aperire Curiam, Legem, Aliquem ad litigandum admittere. Charta ann. 1328. in Reg. 69. Chartoph. reg. ch. 28 : *En ladite information n'avoit chose que lois et voie de droit ne deust estre audit Raoulin Aouverte, par la vertu duquel jugement nous lieutenant dessusdit li Aouvrismes loi, et feismes faire criées.* Sentent. præpositi capit. Tervan. ann. 1358. in Reg. 105. ch. 341 : *Le suppliant nous requist à grant instance que nous li vousissiens assauler le court des frans hom-*

mes de nosdis seigneurs, pour entendre ad che qu'il vaurroit dire; lesquels nous li assaulames et Adovrimes court.

APERTÆ *literæ*, *terræ*, *Aperti limites*. Vide in *Aperire*, 1.

* **APERITIO** TESTIUM, Eorum testificatio juridica. Statuta Mantuæ lib. 2. cap. 14. ex Cod. reg. 4620 : *Post testium autem Aperitionem fiat publicatio, et non repetantur testes super eorum dictis ad petitionem partis.*

¶ **APERTILIS**, ἀνοικτός, *Apertus*, apud Janum Laurenberg. in Supplem. Antiquarii.

* **APERTINENTES**, Appendices, ut *Appertinentiæ*. Charta Berthæ comit. pro monast. Montis-major. ann. 6. Lotharii reg. Franc. : *Mancipia cum suis Apertinentibus, vel quidquid ad ipsam villam aspicit.*

¶ **APERTINENTIÆ**, apud Baluz. tom. 2. Hist. Arvern. pag. 255. et alibi, Idem quod *Appertinentiæ*, seu *Pertinentiæ*, Appendices, Gall. *Dependances*.

APERTIO, *Apertionis mysterium*; Ceremonia, qua Sacerdos accedentis ad Baptismum nares et aures tangit, dicens *Epheta*, *id est*, *Adaperire*. S. Ambrosius lib. de Initiandis cap. 1 : *Aperire igitur aures, et bonum odorem vitæ æternæ inhalatum vobis munere Sacramentorum carpite, cum Apertionis celebrantes mysterium diceremus, Epheta, quod est Adaperire*, etc. Idem lib. 1. de Sacrament. cap. 1 : *Ergo quid egimus Sabbato? nempe Apertionem. Quæ mysteria celebrata sunt? Apertionis.*

VERSUS APERTIONIS, in Regula Magistri cap. 44. *Domine, labia mea aperies*, quo scil. sacra Liturgia aperitur.

¶ **APERTIO** FEUDI. Vide in *Aperire*.

¶ **APERTIO** ORIS, Gall. *Ouverture de bouche*, Vox juris Pontificii. Nova Constitutio Clementis XI. adversus cæremonias Sinenses : *Decernentes præsentes Litteras... nullo unquam tempore de subreptionis, vel obreptionis, aut nullitatis vitio... retractari, in controversiam vocari, aud ad terminos Juris reduci, seu adversus illas Apertionis Oris, restitutionis in integrum, etc.... pretextu venire posse.* Solemni ritu et apparatu in consistorio summus Pontifex recentis Cardinalis os solet aperire.

APERTORIUM, Officina; taberna aperta in qua artifices palam opera sua conficiunt, ex Gallico, *Ouvroir*, tametsi vox hæc Gallica ab *opere*, vel *opera*, nostris *œuvre*, deducta videatur, unde *œuvroir* et *ouvroir*, pro officina : nam et *Ouvrier*, pro opifice dicimus. [*Apertorium* itaque dici videtur pro *opertorium*, vel potius *operatorium*, ab *operatore*, *Ouvrier*.] Charta ann. 1194. apud Catellum in Historia Occitana lib. 4. pag. 645 : *Si vero ad tabulas numularias, vel ad Apertoria, vel domos civium Biterris confugit, non debet inde violenter extrahi, etc.*

APERTULARIUS, seu *Apercularius*, *Effractor*, in Glossis Lat. MSS. Regiis Cod. 1013. et Isidori. [Janus Lauremberg. in Supplemento Antiquarii : *Apertularius*, θλάσμα ἔχων ἵππος, *Equus contusione laborans*. Idem : *Apertularius*, θυρεπανοίκτης, *Janitor*. Melius Gloss. Lat. Gr. : *Apertularius*, θυρεπανοίκτης. Aliæ Græc. Lat. : θυρεπανοίκτης, *Effractarius*, Qui vi effringit vel aperit fores.]

¶ **APERTURA**, Expositio, Explicatio. Concil. Tolet. VIII. tom. 2. Conc. Hisp. pag. 541 : *Hujus sanctæ fidei regula idcirco nunc tractatus non recipit Aperturam, quia et a sacris Doctoribus abinde constat exposita.* Spicil. Acher. tom. 9. pag. 326 : *Legatis et nuntiis per eamdem sedem missis sæpe numero oblationes et variæ Aperturæ factæ sunt.* Quo in posteriori loco *Aperturæ* idem sunt ac *via* seu media quæ quis tentat vel aperit, ut ad propositum possit pervenire.

¶ APERTURAM FACERE, Aperire, apud Lobinel. in Glossario ad calcem tom. 3. Hist. Paris.

* Propositum, oblata conditio, Gall. *Offre*, *ouverture*. Joan. de Monsterol. apud D. *Le Beuf* tom. 3. Dissert. pag. 470 : *Quatenus ignorantibus notum esset, quibus circumstantiis et conditionibus præfatus quondam rex Karolus dictas oblationes, quæ Aperturæ vocitantur, faciebat.*

APES, APIS, Alveare apum. Lex Salica Edit. Heroldi tit. 9. § 1 : *Si quis Apem de intro clavem furaverit.* Editio Pithœi habet : *Siquis unum vas Apium, etc.* § 3 : *Si quis unam Apem, hoc est, uno vascello, furaverit, etc.* Editio Pith. : *Si quis unum vas cum Apibus, etc.* Interdum ipsum apum examen. Lex Bajuvar. tit. 21. cap. 18 : *Si Apes, id est examen, alicujus ex apili elapsum fuerit, etc.* Adde cap. 9. Vandelbertus de Miraculis S. Goaris cap. 32 : *Ego tibi pro munere unam Apim* (*sic enim vocare rustici Examen Apum consueverunt*) *huc protinus afferam.*

* **APESATOR**, Qui appendit, ponderat. Concordia Venet. cum Ferrar. ann. 1230. apud Murator. tom. 4. Antiq. Ital. med. ævi col. 365 : *Excepto, quod pro ponderatione staderiæ, debeant solvere Apesatori.... pro mercede sua decem imperiales, pro quolibet milliario, et non ultra.* Nostris *Appesart*, Incubus, suppressio nocturna, vulgo *Cauchemar*, Ital. *Pesarvolo*, Hispan. *Pesadilla*. Radulph. *de Presles* in lib. 15. cap. 23. de Civ. Dei : *Et aussi des Dyables, qu'ils appellent Epicalte ou Epicaltem; que l'en appelle l'Appesart.*

* **APETISSARE**, Imminuere, decrescere, Gall. *Apetisser*, olim *Apeticier*. Instr. ann. 1359. inter Probat. tom. 2. Hist. Nem. pag. 222. col. 1 : *Quod ubi vadia officialium, impositionis et gabellæ noviter indictarum pro subventione guerrarum, universaliter Apetissentur.* Lit. ann. 1367. tom. 5. Ordinat. reg. Franc. pag. 12 : *Nostre droit en ressort.... sanz estre aucunement Apeticié, etc.* Charta ann. 1406. ex Bibl. reg. : *Si est le peuple moult Apeticié de ceste derniere mortalité.*

* **APETITIVUS**, Appetens, appetitum indicans, Gall. *Appetitif*. Acta dissolut. matrim. Ludovici XII. ex Bibl. reg. fol. 47. v° : *Risus, oscula, amplexus, ac alia signa Apetitiva experientiæ copulæ conjugalis.*

* **APEUTISMENUS**. Alex. Iatrosoph. MS. lib. 2. Passion. cap. 80 : *Thenasmus est passio intestini Apeutismeni.* Ubi Glossæ *i. Recti.*

¶ 1. **APEX**, Decretum Imperatorium. Sæpe occurrunt, *Apex*, *Apices*, pro Instrumentis, Diplomatibus, Epistolis, etc. Vita S. Innocentii Episc. Dertonensis tom. 2. April. pag. 483. F : *Præcepit Constantinus omnia restitui, quidquid occultum fuerat. Et ordinavit eum Episcopum, deditque ei Apicem, qui ei omnia restitueret.* Vide *Apices*.

¶ 2. **APEX**, *Est Pileum subtile, quo Sacerdotes gentiles utebantur, appellatus ab Apiendo, id est, a ligando.* Isid. lib. 19. Orig. cap. 30. Festus vero : *Apex, qui est Sacerdotum insigne, dictus est ab eo, quod comprehendere antiqui vinculo, Apere dicebant, unde aptus is, qui convenienter alicui junctus est.* Hinc.

¶ APICES FASTIGATI, pro *Pileis cacuminatis*, quibus utebantur Alani, apud Isidorum [** lib. 19. cap. 23. sect. 6.] teste Hofmanno. Hujus Lexicon consule.

¶ 3. **APEX**, Episcopos et Abbates *Apices* vocabant, forte quod Flaminum dignitatis nota erat pileus quem Apicem appellabant. Annal. Benedict. tom. 5. pag. 664 :

Tempore sub cujus miracula magna peregit
Angilbertus Apex, quo Deus astra beat.

¶ **APHETA**, Græce ἀφέτης, Prætor apud Romanos dictus est, quod signum daret in Circensibus emittendarum quadrigarum a verbo ἀφιέναι mittere. Vide Lexicon Hofmanni.

APHOPLISTÆ, ἀφοπλίςαι, Exarmatores. Julianus Antecessor constit. 15. § 10 : *Cumque in provinciis Præsides justi mittuntur, superfluum est latrunculatores mittere, et eos, quos biocolytas, id est, qui violentias prohibent, vel Aphoplistas vocant; id est, eos, qui privatis hominibus arma habere non concedunt, ne rapinas aut cædes faciant etc.* [** Idem ibid. § 60.] Ugutioni vox nota; sed perperam explicata : *Aphoplista, qui privatis omnibus arma ænea habet, vel cædere faciens.*

¶ **APHORISMUS**, A Græco, ἀφορισμός, Liber in quo breves sententiæ Physicis necessariæ. Petrus Diaconus de Viris illustribus Casinensibus cap. 35. apud Murat. tom. 6. col. 51 : *Johannes medicus, supradicti Constantini Africani discipulus et Casinensis Monachus, vir in Physica arte disertissimus ac eruditissimus : post Constantini sui magistri transitum Aphorismum edidit Physicis satis necessarium.* Vide *Aforismus*. [** Isidor. Origin. lib. 4. cap. 10 : *De libris medicinalibus*. Sect. 1. *Aphorismus est sermo brevis, integrum sensum rei propositæ scribens.* Nomen dedit Hippocratis liber.]

* **APHOTOCEPHALUS**, *Lo ambicioso*, in Glossar. Lat. Ital. MS.

¶ **APHTHARTOCITÆ**, Hæretici ex Eutychianorum secta pullulantes : Servatorem nostrum corpus a conceptione immortale habuisse commenti sunt. Sanderus hæres. 106. Baron. anno Christi 535.

APHUS. Charta Alani Episcopi Autisiodorensis apud Sammarthanos : *Si Episcopus venerit in villam,..... accipiet patellam, cacabum, scutellas, Aphos, culcitras.* Sed videtur legendum *cyphos*, seu *scyphos*. [Mallem, *Anaphos* Vide. *Hanapus*.]

* **APHYA**, Piscis, sardiniæ species. Tract. MS. de Piscibus cap. 128. ex Cod. reg. 6838. C : *Aphyæ species est quæ Celerin a Gallis appellatur, Agathopoli Calliques vel Laschez, Massilia Harenguade.* [** Vox Ciceroni non ignota. Vide Forcellin. Lexic. Plin. Hist. Natur. lib. 31. cap. 8. sect. 44 : *Apuam nostri, Aphyen Græci vocant*, Gr. Ἀφύη.]

APHYTREARIA. Testamentum Audonis Episcopi Veronensis ann. 11. Ludovici Pii, apud Ughellum ; *Ut si Patriarcha, vel Ab-*

bas... ipsam curtem subtrahere voluerint, aut per qualecunque ingenio alicui ea dederint, sin (sive) per Aphytrearia, aut in beneficio, aut si Patriarcha ad manus suas tenuerit, etc. Sed legendum per *emphyteosin*, aut *præstariam*, aut quid simile.

* **APIA**, inter gladios vetitos recensetur in Stat. civit. Astæ cap. 92. pag. 34. v° : *Gladii vetiti sunt isti :... omnes falzoni, Apiæ, piolæ, jusarmæ, etc.*

¶ **APIAGO**, Apiastrum seu Mellissophyllon, Gall. *Melisse*, quibusdam *Citronelle*, sic dicta *quod flores ejus apes maxime appetant.* Papias MS. Bituricensis.

* Glossar. Lat. Gall. ex Cod. reg. 7692 : *Apiago, Senechon.*

APIARIUM. Ugutio : *Apiarium, locus, ubi sunt, vel mellificant apes.* Gloss. S. Benedicti : *Apiarium*, μελισσαῖον, vox Columellæ nota. Lex Wisigoth. lib. 8. tit. 6. § 3 : *Si quis apiaria in civitate, aut in villa forsitan construxerit, etc. Vas Apum*, in Lege Salica tit. 9. § 1. *Vasculum Apum*, in Leg. Bajuvar. tit. 21. cap. 9. *Alvearia Apum cum ipsis apibus* projecta ab obsessis in hostes, in Hist. Australi ann. 1289. *Apium decimæ*, apud Ordericum Vital. lib. 5. pag. 582. *Apium utilitates*, in Charta Henrici V. Imp. ann. 1112. apud Nicol. Zyllesium in S. Maximino, pag. 49. Vide Capitul. de villis ann. 800. cap. 17. [** Gemma Gemmar. : *Apiarium, ein bynenkorbe* (alveus), *quidam dicunt Apiastrum.*]

** **APIASTELLUM**, *Peyenkraut*, in Vocabul. ann. 1482. Vide *Apiago*. Adel.

* **APIASTER**, Apiastra, *Espec*, in Glossar. Gall. Lat. ex Cod. reg. 7684. Avicula, quæ deglutit apes, quas *Es* nostri appellabant. Consuet. Calvimont. in Atrebat. ann. 1229. ex Reg. 198. Chartoph. reg. ch. 441 : *Les trauvaiges de mes terres sont miens, ainsi comme elles seuent, si comme de vaisseaux de Es.* [** Vide Leiseri Jus Georgic. lib. 2. cap. 21. sect. 8. Stabilim. Ludov. IX. cap. 165. Boutillierii Summ. rural. tit. 35. In charta S. Stephani Divionens. apud Perardum in Burgund. pag. 95 : *Inventio vasorum apium*, ubi Bouherius in Observ. ad Consuet. Burgund. cap. 58. sect. 16. legere jubet *evasarum apium*, quem erroris arguit locus a Carpenterio allatus et alius in voce *Abollagium*, quam videas.] Aliud Glossar. Lat. Ital. MS. : *Apiaster, lo maistro delle ave.* [** Gemma Gemmar. : *Apiaster est apum magister.* Vide *Apifer*.]

¶ **APIASTRA**, Merops, avis quæ inter volandum apes deglutit. Servius in 4. lib. Georgic. : *Meropes sunt aves virides, et vocantur Apiastræ, quia apes comedunt.* Papias MS. Ecclesiæ Bituricensis : *Apiastræ, aves quæ apes comedunt, unde et dicuntur.* Vide *Gaulus*.

¶ **APIASTRIUM**, Locus ubi sunt apum alvearia. Papias in MS. Bituricensi : *Apiastrium ubi sunt apes, sic aviarium ubi sunt aves, violarium ubi violæ, rosarium ubi rosæ.*

* **APIASTRUM**, ut *Apiarium*, Locus ubi sunt apum alvearia. Vita B. Robert. de Arbriss. tom. 3. Febr. pag. 611. col. 2 : *Sicut enim fertile Apiastrum examina sua circumquaque dispergit.... Ex hoc itaque venerabilium apum mystico Apiastro, etc.* Vide infra *Apistrium*.

* **APICARE**, ab Ital. *Impiccare*, Ligare, seu ad furcam suspendere. Bareleta serm. in fer. 5. hebd. 1. Quadrag. : *Suspendit septem viros de domo Saül, et per dies aliquot steterunt ibi Apicati.* Vide *Apicire*.

APICELLÆ. Charta Willelmi Regis Siciliæ apud Ughellum tom. 7. Ital. Sacr. 409 : *Insuper confirmamus eidem Minorensi Ecclesiæ omnes homines de eadem terra, qui dicuntur Apicellæ, præfatæ Ecclesiæ pertinentes, apothegarios 2. et furnarios 2. mandantes et firmiter præcipientes, ut tam homines ipsi, qui dicuntur Apicellæ, quam et ipsi 2. apothegarii... ei respondeant.*

¶ **APICELLI**, ut mox *Apices*. Vita S. Dunstani Episc. Cantuar. tom. 4. Maii pag. 346 : *Acceptes obsecro, sola septus connexione caritatis, horum Apicellorum tenuem congeriem, vix ebenina titulatione styloque fuscanti concretam.*

APICES, pro scriptis, epistolis, passim usurparunt ævi inferioris Scriptores. Glossæ Græc. Latin. *Apex, Divini Apices*, γράμμα βασιλέως. Vide Savaronem ad Sidonium, et Juretum ad Symmachum. [Mabillon. Liturgiæ Gall. pag. 266. col. 1 : *Hoc itaque sanctum jejunium in Leviticis Apicibus per famulum tuum Moysen evidentius declarasti.*] [** Theod. cod. lib. 16. tit. 2. const. 7 : *Lectores divinorum Apicum, et hypodiaconi cæterique clerici.* Vide Dirksen. Forcellin. et supra *Apex*, 1.]

** **APICIO**, *i. q. Apiarium*, in Vocabul. ann. 1482. Adel.

APICIOSUS, *Calvus, Calvaster*, in Gloss. Isid. Festo *Apica*, dicitur *ovis, quæ ventrem glabrum habet.* [Puto legendum *Alopeciosus*, quam vocem pro Calvus usurpavit Octav. Horatian. Vide *Alopeciosa*.]

APICIRE, *Ligare. Apicitus, Ligatus.* Gloss. Isid. [Gerhardus emendat *Aptare, ligare, Aptatus, ligatus.* Cerda vero *Allicere, ligare, Allicitus; ligatus* a Licio. Sed Grævius credit ferendum esse vulgatum, et posteriores scriptores id formasse ex *Apere*, quod est ligare. Cic. de Nat. Deorum : *Baldus multa dixit, etiamsi minus vera, tamen apta inter se et cohærentia.*]

APICULARE, idem quod *Apiarium*, in Lege Longob. lib. 1. tit. 25. § 37. [** Rothar. 323. Vide *Apicularium*.]

APICULARII, Qui jure *abollagii*, de quo supra, in silvis dominorum gaudent. Regestum Castri Lidi in Andibus f. 27 : *Comes habet etiam summam mellis, et 4. solidos de Apiculariis. Aurilleurs* dicuntur voce ex *Apicularius* formata, fol. 55. Ex quo sequentia descripsimus : *Borel et Chrestien du Burau ont l'Aurillerie par tote la Forest de Burçai et de Cloipas : et ont chascun doze Mansais ou premier pasnage et poent prendre les és en cette manière. Se les és sont en crous de chesne ou d'autre arbre, l'Aurilleor poent escrouser l'arbre ou eles seront. Et se il ne les poent aveir, pour escrouser, il poent l'arbre estroissier à doze pied de haut, se il ne les poent aveir autrement. Et se il trovent aucun emblant és en la Forest, cil qui i seront trové, feront au Seignor 60. sols Cen. d'amende, et li Aurilleor auront lor és.* [** Alio sensu ex inscript. ap. Murat. 909. 11. vide apud Forcell.]

¶ **APICULARIUM**, Alvear, Gall. *Ruche d'abeilles*, apud Spelmannum in Lexico, sed apud Muratorium tom. 1. part. 2. pag. 42. col. E. *Apicularium* idem est quod *Apiarium* seu locus in quo sunt pleraque apum alvearia : *Si quis ex Apiculario vasculum cum apibus furaverit.* [** Vide *Apiculare*]

* **APICULI**, ut *Apicelli*, diminut. ab *Apices*, literæ. Vita S. Betharii tom. 1. Aug. pag. 171. col. 2 : *Quamquam lacrymæ operiant oculos meos, ne valeant notare Apiculos.*

APICULUS, *Ligamen, ex quo filacteria dependent : et pro filis accipitur. Apicere, ligare.* Ugutio. [** Vide Festum et Forcell. in voce *Apiculum*.]

¶ **APICUS**, ὀπτικιστὴς ὡς Ιουβερνάλιος, *Opicus*, in Supplemento Antiquarii. [** Vide Juvenalis locos apud Forcellinum in voce *Opicus*, ita enim legendum.]

APIDISCUS. Gloss. Sax. Ælfrici : *Apidiscus*, w e b h o c, id est pecten, [** textorius uncus.]

APIFER, *Magister apum*, Ugutioni. Vide *Apiaster*.

* **APIFERA**, *Funes nautici*. Cathol. Vide mox.

* **APIFERION**, *Quo cornua antennæ tenduntur ante et retro*, in Glossar. Provinc. Lat. ex Cod. reg. 7657.

APIFERIUM et Apisterium, Alvearium apum, Ugutioni. [Vide *Apiarium*.]

* **APIGLUM**, Pars plaustri, quod alteri inhæreat, sic dicta, ut videtur, ab Ital. *Appigliare*, adhærere. Stat. Avellæ ann. 1496. cap. 146. ex Cod. reg. 4624 : *Si alicui bubulco vel conducenti boves cum plaustro... contingat quod ruperit.... de aliquo Apiglo ejus plaustri vel celoyræ, possit.... capere.... ad dictum suum plaustrum, et dictam suam celoyram seu Apiglum ejus, vel eorum, aptandum vel aptandam, licite et sine pœna.*

* **APILAGIUM**, Jus erigendi seu construendi porticus nundinarios, ubi merces venum exponuntur. a *pilis* quibus sustentantur dictæ. Charta ann. 1392 : *Quandam domum fortem, cum.... juribus, introitibus, exitibus, Apilagiis, fenestragiis, et pertinentiis universis.* Vide infra *Pila* 2.

* 1. **APILAMENTUM**, Jus figendi palos aggeris sustinendi causa. Charta ann. 1393. in Reg. 147. Chartoph. reg. ch. 20 : *Abbas monasterii S. Salvatoris Lodovæ facit pro Apilamento paxeriæ sui molendini.... duos denarios.*

* 2. **APILAMENTUM**, Fulcrum, fultura, Gall. *Appui, arc-boutant.* Charta ann. 1388. inter Ordinat. reg. Franc. tom. 8. pag. 280 : *Quod dicti carrayrarii possunt cognoscere,.... tam ex ruinis parietum, quam ex occupacionibus et usurpacionibus trabum et fustarum, Apilamentarum* (l. Apilamentorum) *ac aliter.* Vide *Appillagium*.

* **APILE**, Alvearium apum, in Lege Bajuvar. tit. 21. § 8 : *Si apes, id est examen, alicujus ex Apili elapsum furaverit, etc.* [Vide *Apiarium* et *Apiculariam*.]

¶ **APINARI**, pro *Acinari* vel *Aginari*, hoc est, In parvo morari, legendum censent Barthius et Casaubonus apud Grævium in notis ad Glossas Isid. Vide *Acinari*. Emendationi favet vox sequens.

¶ **APINARII**, memorati Trebellio Pollioni in Gallienis cap. 8 : *Cyclopea etiam luserunt omnes Apenarii, ita ut miranda quædam et stupenda monstrarent.* Non sunt rhedarii seu aurigæ, Græce ἀπηνάριοι, ut quidam vir doctus contendit; sed ab Apinis dicti *Apinarii*, scurræ videlicet vel ludii, qui moribus et gestibus fabulas et historias desaltabant in scena et varia miraque in illo genere ostendebant, ut hi *Apinarii* qui Cyclopea luserunt et totam illam Cyclopis fabulam expresserunt. Hofmannus in Lexico. Vide *Apenarii.*

* Haud scio an huc referenda sit vox *Apiniaulx* ex Chartul. Latiniac. fol. 246. v°. ubi inter emolumenta, quæ ex nundinis Campaniæ percipiebant monachi Latiniacenses, recensetur præstatio exsoluta ab iis, qui *Apiniaulx* vocabantur: nihil quippe mirum est a scurris vel ludiis aliquod exactum fuisse tributum : *Ce sont aucunes fermes qui estoient de prouffit à l'abbaye de Laigny ès foires de Champaigne et Brye.... Cil d'Apiniaulx et autres menues trueues lxx. livres.*

APIO, *Ligo*, in Gloss. Arab. Lat. [Vide *Apex*, 2.]

** **APIPHORIUM**, i. q. *Apiarium*, in Vocabul. ann. 1482. Adel.

¶ **APIS** *significat formam virginatis*; *sive sapientiam*, *in malo*, *invasorem*. Papias MS. Bitur. ex illo forsan officii Ecclesiast. in festo S. Ceciliæ : *Cecilia famula tua, Domine, quasi Apis tibi argumentosa deservit, etc.* [** Conf. Isidor. Orig. lib. 7. cap. 6. sect. 53.]

** **APISMA** *est vitis quædam quæ vinum dulce facit*, (f. Apiana sc. uva) in Gemma Gemmarum.

¶ **APISMERGIS**, *Loca calentia aparum.* Glossar. Isid. ad quod Grævius hæc addit : Spectant hæc locum Virgilii in 5. Æneid. :

Tranquillo silet immotaque attollitur unda
Campus, et Apricis statio gratissima mergis,

Vide ibi Servium. Videtur itaque legendum : *Apricis mergis, loca parum calentia, apta.* Periit ultimum verbum *apta.* Sunt autem *aprica loca*, quæ non sunt nimis calida, ut notum est.

¶ **APISSIMUM**, *Otium largissimum*, Papiæ in MS. Eccl. Bituric.

* Glossar. vet. ex Cod. reg. 7646 : *Apissima, ocio largissima. Apissimo, diu largissimo.*

¶ **APISTERIUM.** Vide *Apiferium.*

* **APISTRIUM**, *Apisterium*, *Apiarium*, *Ruche où les mouches font le miel*, in Glossar. Lat. Gall. ex cod. reg. 7679. Vide *Apiarium*, et supra *Apiastrum.*

APITERNUS, *qui rebus caret mundanis.* Ugutio.

¶ **APLÆ**, Græcis ἁπλαῖ, Soleæ quas Græci etiam σανδάλια dixere. Hofman.

APLANARE, Planum reddere, colere, Gall. *Aplanir.* Charta Hispanica æræ 818. apud Sandovallium in Sylone Rege, et Yepezium tom. 3 : *Non est dubium, sed multis manet notissimum, quod istum locum, quod dicunt Oveto, tu jam dictæ Maximus erexisti, et Aplanasti illum cum servos tuos, et scalido nemine possidente et populasti de monte etc.* Ubi *scalidus* ponitur pro *squalidus.* Infra : *Hunc locum squalidum a nemine havitante irrumpimus, etc.* [Extractum computi Raymundi Chaberti Castellani ann. 1336. Hist. Dalphin. tom. 2. pag. 325 : *Primo videlicet, pro fractura rupis super qua dictum castrum est ædificatum, et pro derochatura rupis ante turrim, licet modum sit Aplanata, ut expedit, et pro faciendis terraylliis murorum, etc.*]

* Hispan. *Aplanar.* Nostri *Ahonnier* et *Aonnier*, eadem acceptione, usurparunt. Monstrel. 1. vol. cap. 18 : *Plusieurs laboureurs et manouvriers, qui alloient devant ladicte lictiere à tout louchez et autres instrumens, pour reffaire et Ahonnier les chemins.* Ch. ann. 1421. in Chartul. Corb. sign. *Ezechiel* fol. 109. v° : *Et prendront terre pour terrer ledite vingne.... où il lui plaira, par si qu'il sera tenus de Aonnier le place, où il ara prins ledite terre. Aplanir* vero dixerunt, pro Polire, componere, Gall. *Polir, rendre uni, arranger, ajuster.* Guignevil. in Peregrin. hum. gen. MS. ubi de exquisito corporis cultu :

Un jour tu li caufes le bain,
Puis si l'estuves lendemain,
Tu le pignes et le blondis,
Et Aplanies et polis.

Eodem sensu *Aplanoïer*, vide in *Tintinnabulum.* Hinc forte *Aplaigner*, Felem delinire, in Vit. SS. MSS. ex Cod. 28. S. Vict. Paris. fol. 67. v°. col. 2 : *En cel tans fu uns hermitains, hons de grant vertu, qui avoit laissié toutes choses por Dieu, et n'avoit nule chose fors que une chate, laquelle il Aplaignoit souvent, et aussi com sa compaigne en ses genouz la norrissoit.*

APLANES, Firmamentum : ex Græco ἀπλανής, i. *non erraticus.* Macrobius lib. 1. de Somnio Scipionis : *Prima illa stellifera sphæra, quæ proprio nomine dicitur cœlum, Aplanes apud Græcos vocatur, continens et arcens cœteras.* Joan. de Janua : *Aplanos, vel Aplane, vel Aplanes, id est, firmamentum, quasi sine errore, quia semper movetur in eodem loco, et acuitur in fine.* Dungalus Reclusus de Solis Eclipsi ad Carolum Magnum : *De novem circulis, qui Aplanem illum ambiunt, hoc est maximam sphæram, in qua 12. signa videntur infixa, et cui subjectæ 7. aliæ sphæræ, etc.* Infra : *Maximæ sphæræ 12. signa continenti, quæ Aplanes vocatur.* Rursum : *Mundani ergo anni finis est, cum stellæ omnes, omniaque sidera, quæ Aplanes habet, a certo loco ad eundem locum ita remeaverint, etc.* Radbodus Episcop. Carm. in S. Suibertum Episcopum :

Nonne tuas modulis oblectat dulcibus aures
Orbibus Aplanes obvius empyreis?

Vide Joan. Sarisber. lib. 2. Policrat. cap. 16.

APLATA. In veteri Expositione verborum Juris MS. apud Spelmannum, hæc leguntur : *Aplata, hoc est, pro certo.* Etiamnum dicimus, *à plat*, pro *plane.*

APLAUSTRUM, pro *Aplustrum*, vel *Aplustre*, in Vita S. Appiani Monachi Ticinensis n. 10. Est porro *Aplustrum, tabulatum ad decorandum superficiem navis adpositum.* Ita Schol. Juvenal. Stat. 10. Gloss. Lat. Gr. *Aplustra*, πτερὸν πλόιου, ὡς Ἔννιος. Alibi : τὸ ἄκρον τῆς πρώρας. [** Vide supra *Amplustria* et infra *Aplustre*, et confer *Jal, Archéologie navale* vol. 1. pag. 166, qui ex Gloss. Anglos. Bruxell. sec. X laudat : *Aplustra*, Geredru. Gereðor, plur. Gereðru idem est acroðor, Remus. Apud Somner. autem legitur Geredu, sing. Gereda, Germanis hodie *Geræth*, Armamenta.]

¶ **APLEGIARE**, Plegium seu vadem dare. Charta Guillermi D. de Linieriis ann. 1268. apud Thomasserium Consuetud. Bituric. pag. 196 : *Concedimus quod dicti Burgenses non possint capi, nec incarcerari, nec detineri, dum tamen possint se Aplegiare, excepto furto, homicidio et raptu.* Vide *Plegius.*

* *Aploier*, nostris olim, pro *Acquiescer*, Assentiri, acquiescere. Vita J. C. MS. ubi de petitione matris filiorum Zebedæi :

Je vous requier, dist ele, Sire,
C'a ce vous voellies Aploier,
Que vous me voellies otroier
Que mes deux fiex, que chi vées,
En paradis vous assées,
L'un, biau dous Sire, à vostre destre,
Et l'autre ausi à vos senestre.

* *Apploier* vero, Caput præ metu flectere sonat, apud Phil. *Mouskes* ad ann. 1214 :

Et quant on escrie Monjoie,
N'i ot Flamen qui ne s'Apploie....
Cis molt esmaia les Flamens.

* **APLISTIA**, *Crapula*, *saturitas*, in vet. Glossar. ex Cod. reg. 7641. Gloss. Gr. Lat. ἀπληςία, *avaricia, nummaria cupiditas.*

¶ **APLOBLATTEUS**, vel *Aploblattius.* Charta Cornutiana apud Mabillonium de re Diplomatica pag. 462 : *Item vela Aploblattea, coccoprasina, cantharata.* Ubi *Aploblattea*, idem mihi videtur, quod *purpurea.* Vide *Blatteus* in voce *Blata. Aplo* autem posset esse a Græco ἁπλόος, simplex, nisi legere malueris, *Asproblattia*, quod esse ab *asper* et *blatteus.*

¶ **APLOIDUM**, Rete piscatorium. Vox Græcæ originis ab ἁπλόος, simplex, unde ἁπλοίς, Vestis simplex. Hinc rete dictum *Aploidum*, quod ejus textura rara sit et tenuis. Charta Curiæ Remensis anni 1250. in Chartulario S. Nicasii Remensis : *Ne navem mittere, pedes ire ad piscandum, vel Aploida sua mittere, ad piscandum ponere, vel levare præsumant.* Etiamnum piscatores oræ maritimæ Normanniæ instrumenta sua piscatoria vocant *Aplets;* hinc illa eorum vox frequens cum navem ad piscandum conscensuri sunt : *As tu tous tes Apletz?* id est, Omnia habes ad piscandum necessaria?

* Vox generica, qua quidquid piscationi necessarium est, imo et equi vel bovis instructus significatur, nostris *Aplait*, *Applect*, et *Applois.* Stat. ann. 1376. tom. 6. Ordinat. reg. Franc. pag. 228. art. 13 : *Des forfaitures que les sergans prendront,.... de ce qui sera porté à somme, auront la somme et les bas et Aplait, autrement harnois.* Lit. remiss. ann. 1379. in Reg. 116. Chartoph. reg. ch. 128 : *Comme Jehan Mignot et Jehan Colin se fussent accompaigniéz pour estre à un proffit à peschier;... advint que l'Apploit ou harnois dudit Colin fu plus grevé.* Aliæ ann. 1452. in Reg. 181. ch. 242 : *Icellui Messent donna d'un Applect à beufs, dont on lye ou attele les beufs, etc.* Vide infra *Explectum.*

* **APLUDA**, *Fur furibus alii panniciique. Placidus.* Glossar. vet. ex Cod. Reg. 7646. Leg. *Furfur frumenti, milii panniciique.* Vide Lex. Martin. v. *Appluda.*

* **APLUSTRE**, *Gouvernail de nef*, in Glossar. Lat. Gall. ex Cod. reg. 7679. Rithm. in Cod. 12. S. Martial. Lemov. fol. ult. : *Orbis Aplustre frangitur. . . . Lucerna verbi moritur.* Vita S. Ægidii tom. 1. Sept. pag. 300. col. 1 : *Ibi vero nautæ egressi, ut*

Aplustria colligerent, etc. Vide *Aplaustrum.* [** Alio sensu in Isidor Origin. lib. 18. cap. 7. sect. 3.]

¶ **APNADES**, θηρκλεῖον, *Vasis argentei genus*, in Supplemento Antiquarii. [** Vide *Applares.* Vulcanius legit Θηρίκλαιον, subaudiendo ποτήριον.]

¶ **APOCA**, Schedula qua quis fatetur se quippiam ab alio recepisse. *Apoca de receptis*, apud Lobinellum tom. 3. Hist. Paris. in Glossario. Vide *Apocha.*

APOCALIGUS, Miles caligatus. Adrianus PP. Ep. ad Irenem et Constantinum Impp. in Concilio Nicæno II. Act. 2. et ex eo Joannes VIII. PP. Epist. 200. de Tarasio Patriarcha Constantinop. : *Quia ex Laicorum ordine, et imperialibus obsequiis deputatus, repente Patriarchatus culmen adeptus est, et Apocaligus contra sanctorum Canonum censuram factus est Patriarcha.* Id est, qui adhuc gregarius miles, novitius in rebus Ecclesiasticis et tyro, statim factus est Patriarcha; quomodo *a caliga ad Consulatum pervenisse* Marium dixit Seneca lib. 5. de Benef. Caliga enim spectavit potissimum manipularios et gregarios : cum universim *caligati* dicerentur ϛρατιῶται ἔνοπλοι, εὐτελέϛεροι καὶ ἀφανέϛεροι, ut est in Novella Justin. 74; unde ejusmodi tyronum et militum militiæ, ἀποκάλιγοι ϛρατεῖαι, *Caligatæ militiæ*, dicuntur Modestino lib. 3. Excus. in leg. 10. § 1. D. de Excus. In ea enim legendum arbitror ἀποκαλίγους, pro ἀπὸ καλίγος, etsi aliter videatur Salmasio ad Hist. Aug. pag. 290. quod suadet Adrianus PP. nisi hoc loco proverbium Castrense, *a Caliga*, intellexerit, uti usurpatum dixi a Seneca. Vetus Inscriptio apud Baron. ann. 285 : *Honorati et Decuriones, et numerus militum Caligatorum.*

¶ **APOCALYPSIS**, ἀποκάλυψις, Revelatio. Nomen, ut omnes norunt, tributum libro visionum S. Joannis Evangelistæ; sed multis etiam libris apocryphis inditum fuisse observat Hofmannus in Lexico : hunc consule.

* Haud reverens in Apocalypsim mihi videtur dictum Adami de Cameraco parlamenti Paris. primi præsidis in Cod. reg. 4152. qui de *Apanagiorum* jure interrogatus, ait : *Qu'il a oy alleguer et proposer moult de coustumes, usage et observances; et veu que gens coustumiers et non clercs en parloient comme S. Jehan de l'Apocalipse; mais il ne vit oncques homme bon clerc, ne bien fondé en justice, qui de coustumes et usages n'en parlast sobrement et en grant doubte.*

** Apocalypsari, *revelare*, in Gemm. Gemmar.

¶ **APOCARTERESIS**, a Marcionitis dicta est mors violenta ex inedia vel laqueo accelerata, a verbo Græco ἀποκαρτερέω. Tertul. lib. 1. contra Marcion. : *Hypocrita ut Apocarteresi probes te Marcionitam.* Idem eamdem vocem adhibet adversus Gentes lib. 1. cap. 46 : *Lycurgus Apocarteresin optavit, quod leges ejus Lacones emendassent.*

¶ **APOCATASTICUS.** Vox Astronomica a Græco ἀποκατάϛασις, Anniversarius reditus planetæ in idem signum. Acta S. Sebastiani Martyris tom. 2. Januarii pag. 274. B : *Præcipe hodie ad te mathesis venire doctorem, cui dicas illo tempore te asperis casibus laborasse, et inquire per quas stellas hoc tibi evenerit mali; responsa ejus erunt procul dubio talia, quod tempus tuum a malitioso Marte susceptum est, aut Saturnus Apocatasticus fuit, aut annus tuus ex diametro susceptus est, aut climacterica tibi in centro sunt nata, aut syndetus fuit cum malo, aut invisibilis, aut in schemate, aut immobilis circa te extitit cursus in stellis.* Ad quod vocabulum sic Bollandus : Ita MSS. plerique. Tempus quo sol (*aliusve planeta*) in eamdem partem signiferi per eosdem numeros redit, per quos cursus sui principium cœperat, ἀποκατάϛασιν vocant studiosi rerum cælestium. Columella : *Potest ergo et revolutio Saturni planetæ ad primum situm intelligi, aut turbatio rerum et κατάϛασις maligno ejus sidere concitata.* At MS. Rip. habet *Apocasticus*, Brechtus *Apostaticus*, id est, retrogradus, aut potius, contrarius, maleficus. [** Vide Forcell. Lexic.]

APOCHA, Apoca. Petrus Damiani in Vita S. Odilonis cap. 19 : *Protinus idem Portuensis Episcopus.... Apostolicæ legationis Apocas dirigit.* Græcis ἀποχή, est *acceptilatio*, ut *apocha* Senatori [et Ulpiano.] Gloss. Lat. Græc. *Acceptilatio*, ἀποχον γραμμάτιον. Hic vero diploma quodvis significat.

* Quanquam *Apocha*, pro Chirographo interdum sumitur, ut in Stat. Avenion. lib. 2. rubr. 13. art. 1 : *Statuimus quod si quis citatus non in domicilio, sed personaliter ad recognoscendum literam cambii, Apocham, vel aliam scripturam privatam, etc;* in usu tamen vulgatiori, accipitur pro libello acceptæ vel solutæ pecuniæ, *quietationis apocha*, uti legitur in Constit. Federici reg. Sicil. cap. 31. Gall. *Quittance.* Vide *Apodixa.*

* **APOCHAPA**, *Una figura*, in Glossar. Lat. Ital. MS. [** leg. *Apocope.* Versus memorialis :

Aufert Apocopa finem, quem dat paragoge.

APOCHARE, in Leg. 1. et 2. Cod. Theod. de Tribut. in ipsis specieb. infer. est pecuniam pro specie ipsa dare, species adærare. Nam cum Provinciales species in urbem comportare ro tributo tenerentur, ut ab itinerum gravamine sese liberarent, pretium speciei ipsius susceptoribus dabant, qui collatoribus apochas seu securitates, tanquam re exsoluta, dabant : quod vetant binæ istæ leges.

* **APOCHITIA**, in eo ab *Apocha* differre videtur, quod hæc in casu venditionis, illa vero emptionis concedebatur. Privil. concessa Pisanis ann. 1269. apud Lam. in Delic. Erudit. inter not. ad Chron. imper. Leon. Urbevet. pag. 275 : *Item quod officiales et bajulivi nostri... Pisanis, qui prædictum dirictum solverint, vel solvi fecerint, vendendo et emendo, ut superius est expressum, Apocham vel Apochitiam patentem, eorum sigillo munitam, sine mercede vel pretio aut exactione aliqua, illico tradere teneantur.*

¶ **APOCHRISARIUS**, Apochrysarius. Vide *Apocrisiarius.*

* **APOCIOSUS**, *Calvus*, in Glossar. vet. ex Cod. reg. 7646. Vide *Apiciosus.*

APOCOPARE, Abscindere, ἀποκόπτειν. Alanus in Planctu naturæ : *Aureus tamen crinis.... qui nec forficis Apocopatus industria, nec intricaturæ manipulis colligatus, etc.* Infra : *Hujus crinis tanta fuerat forficis demorsione succisus, ut Apocopationis figura fert in vitium transmigraret.* [Chronicon Ricobaldi Ferrariensis Monachi inter Fragm. Hist. apud Stephanotium tom. 7 : *Anno 1286. Carolus Rex mense Januario morbo periit. Aiunt quod mærore rerum adversarum sibi ingruentium Apocopata sit vita ejus;* i. e. abbreviata.] Lib. 3. Anticlaudiani cap. 1 :

Tonsuræ mordet non Apocopa finem.

APOCOPUS, Spado, abscissus. Julius Firmicus lib. 3. Mathes. cap. 14 : *Si vespertini ambo in diurna fuerint genitura, inefficaces et Apocopos reddent, et qui nihil agere possunt.* Suidæ, ἀπόκοποι, sunt ἐκτομίαι, interdum et ἀσθενεῖς, id est, debiles et imbecilles. [Ita vocem hanc usurpat S. Athanasius in Epistola ad Solitarios.] Vide *Impotentes* et Glossar. med. Græcitat in Ἀπόκοπος.

1. **APOCRISIARIUS**, Nuntius, Legatus. Gloss. Basilic. ἄγγελος, ὁ σημαίνων, ὁ ἀποκρισιάριος, ἤ ὁ τὰς ἀγγελίας... διαγγέλλων. Lexicon Gr. MS. Reg. Cod. 206 12. πρέσβυς, ὁ παράκλητος, ἤ ὁ ἀποκρισιάριος. Chronicon S. Vincentii de Vulturno : *Imperator .... Apocrisiarium suum sibi admodum carissimum illuc dirigere curavit, etc.* Willelmus Tyrius lib. 2. cap. 19 : *Ipse cum paucis Constantinopolim ingressus, . . . præcedentibus eum Imperialibus Apocrisiariis, suam Imperatori presentiam exhibuit.* Idem lib. 18. cap. 24 : *Insuper et de Imperiali latere mittitur illustris Apocrisiarius, etc.* Ita vocem, ἀποκρισιάριος, non semel usurpant Theophanes, Cedrenus, Nicetas, Constantinus Porph. et alii.

Id porro nominis inditum Legatis, quod ἀποκρίσεις, seu *responsa* Principum deferent. *Responsa* enim non modo Rescripta Principum ad supplicantium libellos, sed etiam quævis decreta et mandata appellabant. Sic Justinianus Nov. 25. τὰ βασιλικὰ παραγγέλματα, a decessoribus suis ἀποκρίσεις dicta fuisse scribit. Atque inde Procopius lib. 3. de bello Vandal. veredarios scripsit esse, qui εἰς τὰς βασιλικὰς ἀποκρίσεις mittuntur : quo loco, ἀποκρίσεις appellat *negotia* : nam et *Responsorum* appellatione negotia, quæ inter personas invicem dissitas peragebantur, donarunt Scriptores inferioris ævi, ut suo loco dicetur.

Apocrisiarius, Cancellarius, qui sigillum Principis servat, et diplomata regia signat. Jo. de Janua : *Apocrisiarius, Secretarius, Consiliarius, vel etiam dicitur Cancellarius, quia ipse est Secretarius Regis, vel Imperatoris, et ejus secreta scit.* Penes eum cura erat annuli Regii, quo diplomata et regia præcepta subsignabat. Honorius Augustod. in Gemma animæ lib 1. cap. 185 : *Huic* (Episcopo) *dum regimen committitur Ecclesiæ, baculus quasi Pastori, et annulus velut Apocrisiario, id est, secretorum sigillatori, traditur.* Proinde idem fuit *Apocrisiarius*, qui *Referendarius* : nam et Referendarium servasse annulum regium supra ostendimus, in verbo *Annulus.* Id præterea firmat Frigebodus, scribens, S. Audoënum fuisse *Apocrisiarium Regis*; quem Gesta Dagoberti cap. 39. et 43. et Aimoinus lib. 4. cap. 41. *Referendarii* munus obiisse narrant. Ordericus Vitalis lib. 12.

initio, Gelasium PP. quem Cancellarii munus antea gessisse ait, *Apocrisiarium Præsulum* mox vocat. [** Vide Eichhornii Hist. Jur German. § 25. B. sect. 2.]

At postea in aula Regum, *Apocrisiarii* munus fuit circa res Ecclesiasticas : unde et *Responsalis negotiorum Ecclesiasticorum* dicitur ab Hincmaro lib. de Ord. Palatii cap. 13. idque officii gerebat, quod Constantinopoli *Apocrisiarius Romanæ Ecclesiæ*, cujus instar erat : neque enim a Sede Apostolica delegabatur, sed deligebatur a Rege. Idem cap. 16 : *Apocrisiarius, quem nostrates Capellanum, vel Palatii custodem appellant, omnem Clerum sub cura et dispositione sua regebat. Cui sociabatur summus Cancellarius, qui A secretis olim appellabatur; erantque illi subjecti prudentes et intelligentes ac fideles viri, qui præcepta Regia absque immoderata cupiditatis venalitate scriberent, et secreta illius custodirent.* Adde cap. 19. et 20.

Apocrisiarius præterea dicti, præsertim qui à Pontifice Romano, vel etiam ab Archiepiscopis ad Comitatum mittebantur, quo res Ecclesiarum suarum peragerent, et de iis ad Principem referrent. Si enim quæpiam ingrueret difficultas in rebus Ecclesiasticis, seu politicis, quæ a Principe definiri deberet, vel de qua consulendus ille esset, per Apocrisiarium, qui in Comitatu, seu Principis curia agebat, actitabatur, qui et Pontificem, a quo missus erat, de Principis, et vicissim Principem de Pontificis responsis, tanquam internuntius, admonebat, quousque res legitimo exitu donaretur. Justinianus Nov. 6. cap. 2 : *Propterea sancimus, si quando propter Ecclesiasticam occasionem inciderit necessitas, hanc aut per eos, qui res agunt sanctissimarum Ecclesiarum, quos Apocrisiarios vocant, aut per suos œconomos, notam Imperio facere aut nostris admini stratoribus, ut impetrent quod competens est.*

Neque tamen id juris Episcopos omnes spectavit, sed Patriarchas tantum, cum et Metropolitani et Episcopi cæteri, si Principem consulere, et ad eum referre necesse haberent, id per Patriarchæ, cui subjecti erant, *Responsalem* facere tenerentur : quod indicat eadem Justiniani Novella cap. 3. dum prohibet ne Metropolitæ, vel Episcopi Imperatorem adeant, nisi a *Referendario* Ecclesiæ Constantinopolitanæ, *vel ab Apocrisiario cujusque diœceseos sanctissimorum Patriarcharum exhibeantur.*

☞ Suum nihilominus Apocrisiarium habuisse Ravennatis Archiepiscopum constat ex Bulla Paschalis PP. I. ad Petronacium ejusdem sedis Archiep. apud Murat. tom. 2. pag. 220 : *In quo confirmabit* (confirmavit) *privilegia Leonis quondam Imperatoris facta ab Epiphania quondam religioso notario et scriniario et Apocrisario sanctæ Ravennatis Ecclesiæ, qui directus est a venerandæ memoriæ Damiano Archiepiscopo, ut confirmatæ sacræ essent præcedentes formulas ab ipso Leone Imperatore.* Non ergo id juris ita Patriarchas spectavit, ut non aliquando et Metropolitani suos habuerint Apocrisiarios, qui suæ Ecclesiæ negotia etiam apud Orientis Imperatores agerent. [** Concilium Lateranense anni 649, vol. 6. pag. 94. Marini *Papiri Diplomat.* pag. 219. not. 4. De Aprocrisiario Roma Ravennam misso, vide infra in fine hujus vocis.]

At Romani Pontifices Constantinopolim *Responsales* suos delegabant, ex ordine potissimum Diaconorum desumptos. *Diaconorum enim*, ut ait Alcuinus lib. de Divin. Offic. cap. Quid Significent vestimenta, *est ire ad Comitatum :* unde in sandaliis suis ligaturam habent perinde ac Episcopi, quorum munus est *huc illuc discurrere per parochiam*, ut ait idem Alcuinus. Huc etiam for tasse spectant Glossæ Isidori, in quibus *Apocrisiarius* dicitur *Minister Ecclesiæ Romanæ :* seu munus *Apocrisiarii* designare voluerint, seu per *Ministrum*, Diaconum intellexerint. Gesta sub nomine Acacii : *Tunc temporis Anatolius quidam Presbyter Alexandrinus apud Constantinopolim morabatur. Hæc enim consuetudo prædictis est, ut ad Comitatum vicibus Clerici dirigantur, ne quid forte causæ vel necessitatis emergat.* Qui quidem Anatolius, dum Apocrisiarii Alexandrinæ Ecclesiæ munere Constantinopoli fungeretur, ad Patriarchicam in eadem Urbe Regia evectus est dignitatem : τῆς Ἀλεξανδρέων ἐκκλησίας ἀποκρίσεις ποιούμενος, ut ait Theodorus Lector lib. 5. in VII. Synodo act. 1. Ita apud Theophanem ann. 37. Justiniani Joannes ἀπὸ Σχολαστικῶν ἀποκρισιάριος ὢν τῆς Ἀντιοχείας τῆς μεγάλης, factus est Patriarcha Constantinopolitanus.

Atque hunc mittendorum de Sede Apostolica *Responsalium* Constantinopolim morem Hincmarus Remensis in lib. de Ordine Palatii cap. 13. obtinuisse ab ipsis Novæ Romæ incunabulis tradit, quanquam id alii longe postea invaluisse contendunt; nec nisi circa Justiniani tempora auditum *Responsalium* in Urbe Regia nomen, quos inter, hi a me obiter adnotati :

Vigilius Diaconus sub Silverio PP. et Justiniano, apud Anast. in Silver. pag. 39.

Pelagius Diaconus sub Agapeto et Vigilio PP. et Justiniano Imp. apud Procopium in Hist. arcana, Liberatum cap. 22. 23. et Anastasium in Vitis PP. pag. 41.

Stephanus Diaconus, Pelagii successor, apud Facundum Hermianensem lib. 4. cap. 3. 4. Ferrandum Diacon. lib. 4. Allatium de Consensu utriusque Ecclesiæ lib. 1. cap. 17. n. 4.

Laurentius Diaconus, sub Pelagio PP. apud Gregorium. M. lib. 4. Epist. 38.

Gregorius Diaconus, qui postmodum summus fuit Pontifex, sub Pelagio I. PP. et Tiberio Imper. apud eundem Gregorium M. lib. 3. Dialog. cap. 36. Joannem Diacon. in ejus Vita, Baronium ann. 584. n. 14. etc.

Sabinianus Diaconus, sub eodem Gregor. M. ann. 593. apud eundem Gregor. lib. 2. Ind. 11. Epist. 52. lib. 3. Epist. 19. 81.

Bonifacius Diaconus, sub eodem Gregorio et Phoca Imper. ann. 603. apud eundem Gregor. M. lib. 11. Epist. 46.

Martinus, postmodum PP. apud Anastas. pag. 50.

Anastasius, qui obiit ann. 666. Vide Vitam S. Maximi Confess. num. 17. Collectanea Anast. Bibl. sub finem, et Chronic. Casin. lib. 3. cap. 8.

Michael Presbyter sub Artemio, apud Theophan. ann. 2. pag. 322.

Enimvero Apocrisiarii Sedis Romanæ ad Imperatores CP. mittebantur, ut res Ecclesiasticas procurarent. Gregorius M. lib. 3. Dial. cap. 36 : *Dum jussione Pontificis mei in Constantinopolitanæ urbis Palatio Responsis Ecclesiasticis observirem :* verbi gratia, si quædam de fide oborirentur quæstiones, aut componenda essent Ecclesiarum dissidia, aut alia ejusmodi negotia, personam illi summi Pontificis induerent, ac supremo jure dirimerent, vel certe de iis ad Pontificem referrent. Constantinus Imp. Epist. ad Leon. PP : Προτρέπομεν τὴν ὑμετέραν πανίερον κορυφὴν ἀνυπερθέτως ἐκπέμψαι τὸν παρ' αὐτῆς ὁριζόμενον Ἀποκρισιάριον, ἐφ' ᾧ τοῦτον κατὰ τὴν βασιλίδα καὶ θεοφύλακτον ὑμῶν διάγειν πόλιν, καὶ ἐν τοῖς ἀνακύπτουσιν, εἴτε δογματικοῖς, εἴτε κανονικοῖς, καὶ ἁπλῶς ἐκκλησιαστικοῖς ἅπασι πράγμασι τὸ τῆς ὑμετέρας ἁγιωσύνης ἐξεικονίζειν πρόσωπον. Exempla profert Anastasius Bibl. in Martino PP. 49. et 50. Ex quo præterea docemur, Apocrisiariis Apostolicis addictam fuisse *Domum Placidiæ*, in qua Oratorium exstructum erat, quod *Altare sanctæ Sedis* Romanæ appellat, quia in eo sacris Liturgiis, more Latinorum, vacabant : de qua quidem Domo pluribus agimus in nostra Constantinopoli Christiana.

At quæ eorum fuerit dignitas, seu potius qualis fuerit ejusce dignitatis gradus, video in dubium vocari. Certe in Synodo habita Constantinopoli sub Menna Patriarcha post obitum Agapeti *Pelagius Diaconus Apostolicæ Sedis* post omnes Episcopos in Actis Concilii recensetur. Quandoque tamen, si extraordinaria à summo Pontifice ei delegaretur jurisdictio, in qua vices ipsius ageret, tunc cæteros, non Episcopos duntaxat, sed etiam Patriarchas anteibat : cujus rei exemplum profert Liberatus cap. 23. Nullam enim habebant jurisdictionem ex officii et muneris ratione, nisi a Pontifice imponeretur : cujusmodi est jurisdictio illa Responsalibus attributa apud Gregor. M. lib. 2. Epist. 46.

Desiit tandem mos ille mittendorum *Responsalium* in Urbem Regiam quodam temporum intervallo, occasione hæresis Monothelitarum, cujus acerrimi propugnatores fuerant Sergius, Pyrrhus, et Paulus, Patriarchæ Constantinopolitani, Imperantibus Heraclio et Constante. Postmodum Vitalianus PP. electus *Responsales* quidem *juxta consuetudinem* Constantinopolim misit, inquit Anastasius, qui Constanti electionem et ordinationem suam significarent : sed ii, Romanæ Ecclesiæ privilegiis denuo sancitis, statim domum reversi sunt. Sopitis denique schismatum dissidiis per Sextam Synodum œcumenicam, Constantinus Imperator a Leone II. PP. Apocrisiarium ad se mitti postulavit, sed cum plenæ Legationis auctoritate, ut liquet ex act. 18. VI. Synodi, i. e. qui emergentes de fide quæstiones et Ecclesiastica omnia negotia, illius vice, dirimendi jus haberet. Imperatoris postulationi acquievit Pontifex, et Constantinopolim misit *Constantinum Subdiaconum*, nulla tamen concessa Legationis potestate. Tandem ineunte sæculo VIII. Iconoclastarum exorta in Oriente hæresis, Ecclesiæ Constantinopolitanæ cum Romana commercium abrupit omne, ita ut haud liberum fuerit summis Pontificibus mittere suos Responsales in Urbem Regiam.

At capta a Francis Constantinopoli, rursum summi Pontifices in urbem miserunt Cardinales, qui non Apocrisiariorum duntaxat, sed et *Legatorum a latere* vicem agerent, Patriarchis modum imponerent, facta curiosius indagarent, nutantes sublevarent, omnia denique exquerentur, quæ ad firmandas res Ecclesiæ idonea arbitrarentur. Vide Notas nostras ad Villehard. num. 194. et in verbo *Responsum*. Habebant præterea summi Pontifices suos Apocrisiarios Ravennæ, ut eodem fungerentur munere erga Exarchos, quo Apocrisiarii Constantinopoli erga Imperatores : cum ii in Italia *ministerium Imperialis fastigii peragerent*, ut est in Diurno Romano cap. 2. tit. 5. ubi etiam tit. 7. mentio fit *Apocrisiarii Ravennæ*. [** Vide *Ad reponsum*, *Responsalis*, Glossar. med. Græcit. et Meursii Gloss. Græco-Barbar. hac voce.]

APOCRISIARIATUS, Dignitas Apocrisiarii, seu Legati. Humbertus contra Græcor. calumnias : *Apocrisiariatus sui tempore*.

2. **APOCRISIARIUS**, Officium Monasticum, quod describitur ab Udalrico lib. 3. Consuetud. Cluniacens. cap. 12 : *Apocrisiarius est, qui custodit Ecclesiæ thesaurum, et in cujus manu est, quidquid ad altaria offertur, etc.* Fuit igitur Apocrisiarii officium idem, quod *Thesaurarii*, quod etiam firmat Papias : *Apocrisiarius, Thesaurarius, vel Legatus;* vel potius *Sacrista*. Bernardus Mon. in Constitut. Cluniac. MSS. cap. 53 : *De principali Ecclesiæ custode, qui vulgo Sacrista, dignius vero et honorabilius Apocrisiarius vocatur*. Huic præterea portarum Ecclesiæ aperiendarum et claudendarum munus incumbebat, et *semper in Ecclesiæ morabatur excubiis, ibi dormiebat et legebat*, ut ait idem Udalricus : quod etiam observat Anonymus Floriacensis lib. 4. de Miraculis S. Benedicti cap. 44 : *Porro Apocrisiarius ipsius sacri loci, . . . Laico cuidam, qui sub eo basilicæ excubias observare solebat, etc.* Tabularium S. Theofredi Velaviensis : *Cui officium Apocrisiarii prius in eo monasterio peragens, etc.*

* **APOCRISIS**, *Depulsio*, in cod. reg. Glossar. 7646.

* **APOCRUSTICUS**, *Repercussivus*, ex Gloss. in Alex. Iatrosoph. MS. lib. 1. Pass. cap. 19 : *Quædam* (medicamenta) *diaforesin faciunt, et iterum Apocrustica sunt*.

APOCRYPHA, *quæ ab hæreticis, sive schismaticis conscripta et prædicta sunt, et nullatenus recipit Catholica et Apostolica Ecclesia Romana*. Ita Concilium Romanum sub Gelasio, in quo ea recensentur. Jo. de Janua : *Apocrypha proprie dicuntur illa scripta, quorum origo ignoratur* [** Melber. Vocabular. *cujus auctor ignoratur*] : *et quamvis ibi sint multa vera, tamen non habentur in auctoritate propter plura falsa, quæ ibi continentnr*. Bernaldus Presbyter Constantiensis lib. de Reconciliatione lapsorum pag. 258 : *Apocrypha autem dici Ecclesiastici Doctores tradunt, non quia omnia mentiantur, sed quia dubiæ et suspectæ auctoritatis esse videantur. Nam sæpissime multa canonica suis næniis intergerunt, quæ nequaquam Catholici cum eisdem næniis refutare debebunt*. Vide Leonem I. PP. Epist. 9. cap. 15. [** *Aorocriohi sunt libri secrete legendi*, in Gemma Gemmarum.]

* De duplici hujusce vocis sensu, ejusque etymologia, nec non de decreto Gelasii de apocryphis, consule doctiss. Fontaninum lib. 2. Antiq. Hortæ cap. 3. pag. 211. et seq.

* **APOCRYPHARI**, *Apocryphus* haberi, reputari. Mirac. S. Dion. episc. Paris. in Præf. lib. 3. Sæc. 3. Bened. part. 2. pag. 360 : *Ergo nisi Clemens Romanæ ecclesiæ Apocryphetur pontifex, Dionysius totius declaratur Galliæ apostolus*.

APOCULANIUS Orcus, in Fragm. Petronii, ubi Adrianus Valesius legendum putat *Abocularius*, tenebricosus, cædus.

APOCULARE, A poculis discedere, in Fragm. Petronii. [Forte melius, Ab oculis recedere : *Apoculo me*, id est, Discedo, ab oculis me removeo.]

APODANEA, *dicta Ecclesia S. Michaelis, a pedis vestigio ibi impresso*. Ita Papias; sed alia notione videtur accipi apud Jacobum Cardinalem de Anno jubilæo cap. 3 : *Alteramque ipsi jam tactæ* (Basilicæ S. Petri Lateran.) *principali formæ Apodaneam, quia illius inobedientes schismaticique, extorres fiunt, suis utrisque infra complecti verbis extimamus.*

* **APODELON** *Græce, Latine ferula dicitur*, in vet. Glossar. ex Cod. reg. 7646.

* **APODETERIUM**, *Ubi deponuntur vestes lavantium*, in alio Glossar. ex Cod. reg. 7613. ubi et *Apodisterium Græce, ubi ponuntur res in balneo. Apoleterium*, in Cod. 7646. et in Provinc. Lat. 7657. Gloss. Lat. Gr. : *Apodyterium*, ἐκδυτήριον. [** Gemma Gemmarum : *Apolucium vel Apodisterium est locus ubi vestes exuuntur in balneo*. Vide Isidori Origin. lib. 17. cap. 2. sect. 41, ibique var. lect.]

¶ **APODEX**, vel Apodix, Probatio, experimentum, Gall. *Preuve, Expérience*. B. Richardus Abbas de Miraculis S. Vitoni Episc. inter Acta SS. Benedicti sæc. 6. part. 1. pag. 566. ubi de cæco sanato : *Qui protinus intuens intuentes, illis reticentibus et hujus rei Apodicem curiosius explorantibus, vultus eorum et personas, quos ante cæcitatem sui cognoverat, in hocce recognoscere evidenter indicavit, quod propriis vocabulis unumquemque eorum singulariter designavit, talisque medicamenti experimento detersa est ab oculis eorum omnis super hac re dubitatio*. Vide *Apodixis*.

¶ **APODIAMENTUM**, Adminiculum, Res quævis cui innitimur, Gall. *Appuy*. Ital. *Appogio*. Vita B. Edmundi Archiep. Cantuar. apud Marten. tom. 3. Anecd. col. 1884 : *Sequitur miraculum memoria dignum et multis testibus comprobatum. Raynaldus de Villa Franca tibias habuit per decem annos arefactas, quas nec baculo, nec alio Apodiamento valuit sustentare*. Chron. Cornelii *Zantfliet* ad ann. 1403. apud eumd. Marten. tom. 5. Ampliss. Collect. col. 365 : *Cum Apodiamentis ligneis ad Ecclesiam convenire solebat, potius reptans quam gradiens*. Vide *Podium*.

* Nostris olim *Apoial*. Guignevil. in Peregr. hum. gen. MS. ubi de adulatione :

De orguel par especial
Sui Apoial et soustenal;
Je le porte, je le soustien.

Contreapoial, Obex, vulgo *Barre de porte*, in Chron. S. Dion. lib. 1. cap. 21. tom. 3. Collect. Histor. Franc. pag. 172 : *Il senti et s'aperçut que il portoit en sa main une verge de fer en lieu de baston, d'autel quantité comme le Contreapoial d'un huiz*.

APODIARE, [Inniti, Fulcire, sustinere. Inquisitio pro canonisatione S. Yvonis MS. : *D. Yvo quando somno nimio gravabatur, tunc positis brachiis supra pectus, et involutus ad modum crucis, sedendo et se Apodiando de pectore super libros, et inclinato capite dormiebat*. Litteræ Philip. III. ann. 1280, apud Marten. tom. 1. Anecd. col. 1160 : *Concessimus. . . quod possint facere pilarios lapideos vel ligneos in quibus possent. . . tectum domorum suarum et ædificiorum firmare, Apodiare et apponere, etc.*] Vide *Podium*.

* *Espuier* et *Espuer*, nostris alias, eadem acceptione. Lit. remiss. ann. 1381. in Reg. 119. Chartoph. reg. ch. 417 : *Icellui Bourgoing... se assist emmi le chemin en soy Espuiant du costé à terre*. Aliæ ann. 1391. in Reg. 142. ch. 119 : *Icellui suppliant s'Espua* (sic) *sur une fenestre, etc. Le suppliant cuida tumber à terre, et lui convint soy Espuyer d'un genoil et d'une main à terre*, in aliis ann. 1480. ex Reg. 208. ch. 66.

¶ **APODICTICUS**, Demontrativus, experimentalis. Fridegodus iu Vita S. Wilfridi in Actis. SS. Benedict. sæc. 4. part. 1. pag. 723 :

Ex hinc convaluere nimis diorismata fortis
Athletæ pereuntque mali sophismata civis;
Germinis Hydrei penitus tenuata cicatrix;
Additur atque bonis virtus Apodictica victrix.

* Launoius tom. 2. Oper. ejusd. part. 1. pag. 212 : *Commentarios Apodicticos invenies apud And. Sausseium in martyrologio Gallicano*. Vide *Apodixis*.

* **APODIRE**, Apponere, Gall. *Appuier*. Vide infra *Appilare*.

* **APODISIA**, ut *Apodissa*, Acceptilatio, vel chirographum. Charta ann. 1295. ex Cod. reg. 8409. fol. 67. r° : *Secum portat signum Apodisiæ dictæ clavariæ*, (Aquarum mortuarum) *quomodo ipse Raymundus est mercator Cataloniæ*. Vide

APODISSA, ut mox *Apodixa*, Acceptilatio, apud Petrum de Vineis lib. 5. Epist. 105.

* Stat. MSS. eccl. S. Laurent. Rom. : *Secundum quod quilibet canonicorum lucratus fuerit, sibi solvatur, si pecunia fuerit; et si non, recipiat Apodissam de manu camerarii*. Ubi in margine legitur : *De Apodissa sive chirographo*. Constit. Jacobi reg. Sicil. cap. 57 : *Quod justitiarii pro quaternis et titulis quaternorum, particularis taxationis pecuniæ, promissionis, Apodissæ et jure sigilli certam quantitatem pecuniæ exigebant.*

* **APODISTERIUM**. Vide supra *Apodeterium*.

APODIX, Meretrix. Hist. Rotonensis Monast. lib. 1. cap. 10 : *Subito instigante diabolo, reperit eum una Apodix, id est meretrix*. [Papias MS. Ecclesiæ Bituricensis : *Apodix, socia, comes*. Vide *Apodex* et *Appendix*.]

APODIXA, Ἀπόδειξις, Harmenopulo lib. 2. tit. 2. § 7. 8. et JC. Græcis, quasi ἀπόδειξις, id est, cautio de suscepta pecunia, inquit Cujacius ad African. tract. 9. Apocha, Acceptilatio, Gall. *Quittance*. Constit. Siculæ lib. 1. cap. 49. § 2. de Notariis : *Et de receptis. . . gratis faciant Apodixas, et ipsi recipiant antapocham de solutis*. Charta Joannæ Reginæ Neapolit. ann. 1344. apud Waddingum in Regesto, tom. 3. pag. 308.

309 : *Concedens ipsa Regina... auctoritatem plenariam faciendi singulis officialibus de computis eorum... absolutiones, quietationes, Apodixas, finales remissiones et pactum de ulterius non petendo.* Infra : *Prædicti Thesaurarii et alii deputandi de solutis Apodixam faciendi plenam habeant potestatem.* Vide tom. 7. Ughelli pag. 899. 1081. et Jacob. Gothofred. ad leg. 23. Cod. de Susceptorib.

* Charta Occit. ann. 1326 : *De his quæ propter ea solveris, Apodixam recipias singulis vicibus, quæ tibi sufficiat ad cautelam.*

¶ **APODIXIA**, Impensa, ad *apodixias* alicujus quidpiam facere, idem quod impensis, Gall. *Aux frais et dépens.* Jacobi Auriæ Annal. Genuens. lib. 10. ad ann. 1282. apud Murat. tom. 6. col. 579 : *Pisani igitur milites præparaverunt et pedites pro dicti judicis auxilio. Unde Commune Januæ armavit galeas* XXIII. *et panfilos* XII. *ad Apodixias de civitate et potestatis.* Ibidem ad 1283. col. 583 : *Reliquæ* L. (galeæ) *armatæ fuerunt peroptime ad Apodixias tam de nobilibus et popularibus civitatis, quam de potestatiis et tota riperia.*

APODIXIS, Specimen, experimentum, ex Gr. ἀπόδειξις. Gloss. Lat. MS. Reg. : *Apodixis, Ostensio.* Symphosius in Hist. Apollonii Tyrii pag. 20 : *Magister, incipe discipuli tui Apodixin præclaram laudare.* Athanasius in Vita S. Antonii : Δι' ἀποδείξεως λόγων. Vita S. Theophanis Confess. n. 14 : Διὰ φυσικῶν καὶ γραφικῶν καὶ δογματικῶν ἀποδείξεων τοὺς... εἰκονομάχους ἐλέγξας.

Apodixes. Papias : *Apodixes est ostensio.* Ugutio : *Apodixen, Ostensio, fantasia, probatio, experimentum, virtus, potestas.* Ἀπόδειξις, *Demonstratio, designatio, probatio, adprobatio.* S. Ambrosius lib. 4. Ep. 34. ubi de S. Agnete : *Crudelissima omnium feminarum, ad filium meum voluisti Apodixen tuæ artis magicæ demonstrare?* Vita MS. S. Arnulfi Episcopi Turonensis : *Tibi satis esse debuit, quod hactenus Apodixen artis tuæ exercuisti, ac prævaluisti in veneficiorum tuorum ingeniis.* Paulus Diac. in Vita Gregorii M. : *Duos magos pecuniis ex placito locat, ut in sanctum Apostolicum ad vindictam ejus Apodixen artis suæ exercerent.* Ordericus Vital. lib. 11 : *Et Apodixen medicinalis peritiæ super desperatum juvenem exercere cœpit.* Vide Henricum Valesium ad lib. 4. Hist. Theodoriti cap. 8. [** Gemm. Gemm. : *Apodixis, Probatio vel demonstratio, Apodosis et Apodixia idem.*]

¶ **APOFERETA**, Apofertum, Vide *Apophoretum.*

¶ **APOFFRAGISMA**, *Signaculum annuli, quod ceræ infigitur.* Gloss. Bituric. Vide *Aposfragismus.*

APOFLATIZARE, *Caput afflare, purgare,* in Glossis MSS. ad Alexandrum Iatrosoph.

APOFORETUM. Vide *Apophoretum.*

APOGÆUM, pro *Hypogæum.* Liber. 2. Miracul. S. Bertini cap. 18 : *Sub ipso altaris loco quoddam Apogæum duris lapidibus, tegulis, antiquoque cæmento operose conditum offenditur.* [Papias MS. Bituricensis : *Apogeum, ædificium constructum sub terris.*]

* **APOGRIFUS**, pro *Apocryphus*, Absconditus, occultus, ab ἀποκρύπτω, Abscondo. Glossar. vet. ex Cod. reg. 7646 : *Apogrifa, secreta, recondita, vel occulta, sive remota.*

* **APOLEGIUM**, Liber commentarius, in quo Chartæ donationum, emptionum et similes describebantur, idem quod *Polyptychus.* Vide in hac voce. Translat. S. Gorgonii tom. 3. Sept. pag. 343. col. 2 : *Monasterium construxit* (Chrodegangus) *in loco, qui vocatur Gorzia : prædiisque quamplurimis non modici pretii ditavit,.... ut idem in Apolegiis suis scribit, quæ penes nos hactenus diligenti custodia servantur.* [** Vide *Apologeticum.*]

* **APOLETERIUM**. Vide supra *Apodeterium.*

¶ **APOLIDES**, *dicuntur qui sunt sine civitate.* Vocabul. utriusque juris. Vox composita ex ἀ privat. et πόλις, Urbs, civitas. Eam usurparunt Martianus et Ulpianus.

* Quibus, Ulpiano scilicet in leg. 1. § 2. ff. de Legat. 3. et Martiano in leg. 17. ff. de Pœnis, *Apolides,* ideo sine civitate dicuntur, quia ab ea extorres sunt et deportati, Gall. *Exilés.* [** Gloss. Græc. Lat. : Ἄπολις, *extorris.* Gemm. Gemm. : *Apollides, perditi.*] Charta Philippi VI. reg. Franc. ann. 1337. ex Bibl. reg. cot. 15 : *Quod multi Januenses... erant exicii, exules, Apolides civitatis suæ prædictæ.*

¶ **APOLLIDÆ**, *Servi qui in opus publicum perpetuo dantur.* Sic in Adversariis MSS. D. *Godefroy.* [* Vide Calvini Lexic. jurid. in hac voce.]

¶ **APOLLINARIACI**, Iidem qui *Apollinaristæ.* Epist. S. Paciani ad Sympronianum tom. 2. Collect. Concil. Hispan. pag. 81 : *Ego forte ingressus populosam urbem hodie, cum Marcionistas, cum Apollinariacos... et cæteros hujusmodi comperissem, qui se Christianos vocarent.*

¶ **APOLLINARISTÆ**, Hæretici sic dicti ab Apollinari Laodiceæ Episcopo, qui, teste Socrate, primum docuit hominem a Verbo susceptum fuisse sine anima, deinde animam quidem Christo dedisse, non vero mentem, cujus loco Deum Verbum fuisse autumabat. Plures alios errores Apollinaristis adscribunt cum Historici, tum Patres. Illos omnes tribus capitibus comprehendit Greg. Nyssenus. Ex hoc doctore professi sunt Apollinaristæ, Verbum carneum, filium hominis sæculorum conditorem, et mortalem Divinitatem. [** Isidor. Origin. lib. 8. cap. 5. sect. 45.]

* **APOLLIRE**, Apportare. Glossar. vet. ex Cod. reg. 7646 : *Appollit, apportat.*

APOLOGETICUM, Papiæ, *Satisfactionis judicium, verum testimonium.* Charta Caroli M. apud Ughellum tom. 5. pag. 1563 : *Et quia termini ejusdem Ecclesiæ in confinitis Mantuanis,... et res ipsius Episcopi conjacent, Apologeticum idem Pontifex habebat, in quo omni remota dubitatione, res jam præfatæ Ecclesiæ per singula loca et vocabula, terminique et confinia insita erant, etc.* [** Vide *Apolegium.* f. leg. *Apologium,* Ἀπόλογος, enim, unde efformari potuit Ἀπολόγιον, apud Hesychium exponitur ἀπολογισμός.]

1. **APOLOGIA**, *Excusatio,* Ugutioni. Gloss. veteres : *Apologia, vel Apologesis, Excusatio : hinc Apologeticus sermo, Excusativus.* Eadem fere Papias et Joannes de Janua. Gloss. Gr. Lat. Ἀπολογία, *Excusatio, purgatio, satisfactio,* ἀπολογοῦμαι, *Excuso me.* Porro *Apologias* vocant excusationes et purgationes, quibus Sacerdotes, sacra facturi, excusant se, quod indigni ad tam veneranda et tremenda mysteria accedant, quarum formulæ complures habentur in libro Sacramentorum Gregorii M. pag. 242. edit. Menardi : harum loco *Confessio,* seu *Confiteor,* dicitur. In Missali Gothico pag. 338. Apologia Sacerdotis : *Ante tuæ immensitatis conspectum, etc.* Missa Romana, edita ab Illyrico : *Quomodo Sacerdos Apologetica celebrare debeat, antequam ad Missarum celebrationem accedere debeat, etc.* Vide Menardum ad Sacrament. Gregorianum pag. 242. et Cardin. Bona lib. 2. Rer. Liturg. cap. 1. n. 1.

¶ 2. **APOLOGIA**, Occasio. Bernerus Abb. in Translatione S. Hunegundis inter Acta SS. Benedict. sæc 5. pag. 223 : *Cæterum omnipotens Deus volens suæ sponsæ honorare membra, occulta dispositionis suæ prærogativa differri fecit mutationem ossium felicium diem usque in tertium, hujus Apologiæ, id est, Occasionis eventu; Episcopus quippe, etc.*

* **APOLTATS**, Retis species, idem, ni fallor, quod *Apostadum,* apud Laurent. in Amalth. : *Apostadum, rete piscatorum, plumbo et calamis hinc inde circumvestitum.* Unde *Apostats,* pro *Apoltats,* legendum existimo, in Inquisit. ann. 1268. ex schedis Pr. de *Mazaugues : Sed ipse a duodecim annis circa usus est in piscando, aboleiando, ducendo Apoltats, et aves capiendo in stagnis seu paludibus usque ad ecclesiam B. Mariæ et ultra, quandiu poterant navigium ducere.*

* **APOLUS**, *Divinus, Apope, res.* ℞. Glossar. vet. ex Cod. reg. 7646.

APOLUTIUM, *Vestibulum, seu locus, ubi vestes exuendæ abluuntur.* Breviloq. Forte *Ablutium.* [** Vide *Apodeterium.*]

* **APOMEL**, *Est aqua in qua favus mellis bis vel ter inmittitur et extrahitur.* Ita Glossæ ad Alex. Iatrosoph. MS. lib. 1. Pass. cap. 140 : *Quando et pro mulsa usus fuerit Apomelliti, quemadmodum et mulsa paulatim.*

* **APONCHARE**, pro *Apunctare,* ab Hispan. *Apuntar,* Collineare, Gall. *Ajuster.* Proces. ann. 1488. ex Tabul. D. Venciæ : *Petrus Serralherii quandam acham Aponchavit contra quemdam Mathæum.* Infra : *Apunctavit.*

¶ **APONDECTA**, *Qui vectigalibus præest.* Sic in Adversariis D. *Godefroy* MSS.

* Pro *Apodecta,* Munus apud Athenienses. Vide Alex. ab Alexand. Genial. dier. lib. 3. cap. 13. et Calvin. Lexic. jurid. Glossar. Gr. Lat. ἀποδικταί, *Apparitores.* Ubi leg. ἀποδέκται.

¶ **APONSARE**, *Aponsam facere,* Immittere tigna, *Mettre ou Appuier des poutres sur un mur voisin.* Charta Thossiacensis in Dumbis ann. 1449 : *Item de novo abergagio pro licentia sibi data de Aponsando et Aponsam faciendo super corseriis dictæ villæ.* Ibidem : *Licentia datur faciendi Aponsam supra corseriis villæ Aponsatam muris tali modo quo dessubtus possit transire una charrata feni, et quod alatoria dictorum murorum maneat in statu in quo sunt de præsenti.*

* **APONTAMENTA**, *Puncta* seu capita ad deliberandum et statuendum proposita, Gall. *Articles.* Deliberat. consil. Nem. ann. 1359. inter Probat. tom. 2. Hist. Nem. pag. 221. col. 2 : *Cum certa Apontamenta nuper Biterris facta fuerunt in consilio generali ibidem tenuto, per tres Status linguæ Occitanæ,...*

quorum *Apontamentorum tenores tales sunt : Premierement, etc.* Infra. pag. 222. col. 1 : *Aponctamenta.*

¶ **APOPEMPŒUS**, Servator, liberator. Fridegodus in Vita S. Wilfridi inter Acta SS. Benedict. sæc. 4. part. 1. pag. 725 :

Mox Apopempœo grates persolvere summo
Accelerant, nomenque patris constanter honorant.

Allusio est ad Averruncos Deos, qui Gentilibus credebantur mala avertere : dicebanturque Græcis ἀποπομπαῖοι δαίμονες, ab ἀποπέμπω, Dimitto.

¶ **APOPHLEGMATIDIARE**, apud Th. Priscianum lib. 2. de Diæta cap. 3. Idem quod Græcum ἀποφλεγματίζειν, Pituita purgare. [** *Apoflegere, caput purgare*, in Gloss. Jæckii. Vide *Apoflatizare.*]

¶ **APOPHLEGMATISMUS**, ἀποφλεγματισμός, Purgatio pituitæ, seu id quo utimur ad eam purgandam et eliciendam. *Apophlegmatismum adhibere*, dixit Cæl. Aurel. lib. 1. Tard. Morb.

APOPHORETUM, ἀποφόρητον, pro munere e convivio ferri solito, vel dono quovis in munerum editione et dignitatum votis, ut apud Symmachum, usurpasse veteres palam est, ex iis, quæ adnotarunt Raderus ad Martialem, Casaubonus ad Suetonium, Beroaldus ad Apuleium, Rosweidus ad Paulinum, cæterique Criticorum filii. [Spelmannus censet, *Apophoreta* proprie dicta fuisse munera, quæ in Saturnalibus mense olim Decembri summo cum fastu et lætitia celebratis, xenia dantes ab accipientibus referebant, ἀποφέρειν enim, inquit, est referre.]

Postmodum pro ipso vase, in quo munera ipsa reponebantur, vox *Apophoreta*, usurpata, nam ita effertur ab Isidoro lib. 20. Orig. cap. 4. de vasis escariis : *Apophoreta, a Græcis, a ferendo poma, vel aliquid, nominata; est enim plana.* Quo loco *Apoforetum* et *Apofertum* habet Joan. de Janua : aitque, *Apoforeta* esse *vasa, sic dicta a ferendo poma, etc.* Qua notione videtur usurpasse Paulinus Epist. 1. ad Severum : *Ac ne panis siligineus tibi modum nostræ humilitatis excedere videretur, misimus testimonialem divitiarum nostrarum scutellam buxeam, ut Apophoritum voti spiritalis accipies, etc.* Sed et pro vase ad deferendum reliquias vocem hanc usurpari observat Mamotrectus ad Legendam SS. Vitalis et Agricolæ : *Apophoreta, vasa, a ferendo poma, vel aliquid aliud dicta : vel vasa consecrata, in quibus beatus Ambrosius portabat reliquias.* Quo sensu habetur apud Glabrum Rodulf. lib. 4. cap. 3 : *Ossa evellens e cineribus nuperrime defunctorum hominum, sicque impositis in diversis Apophoretis, venditabat apud plurimos pro sanctorum Martyrum et Confessorum reliquiis.* Id mox *cassellam* et *feretrum* vocat. Et cap. 5 : *Ad quos etiam multa delata sunt corpora Sanctorum, atque innumerabiles sanctarum Apophoretæ reliquiarum.* Eadem notione usurpat auctor Vitæ S. Hugonis Abbatis S. Martini Eduensis n. 28 : *Multa Sanctorum pignora in diversis Apophoretis, ut solitum erat facere, illuc delata sunt a fidelibus.*

APOPLACIUS. Charta donationis facta Ecclesiæ Cornutianæ, edita a Suaresio : *Vela holoserica holoblattea 2. vela Apoplacia coccoprasina cancellata duo;* ubi Suaresius ad oram libri : lego *Aploblattia* vel *Aploblattea.* [quod vide.]

* **APOPLECTICUS**, Morbo *apoplexiæ* obnoxius, nostris etiam *Apoplectique.* Alex. Iatrosoph. MS. lib. 1. Pass. cap. 9 : *Propter quod utilissimum est aliqua, quæ subtiliant et paulatim calefaciunt, in his, quæ tingere possunt, admisceri : ... nam si per singulos dies adhibeantur multa, magis periculum incurrunt, ita ut maxime catarizent, et peripleumoniti, epilemptici aut Apoplectici fiant.* Nostri *Apopelisie* dixerunt, pro *Apoplexie.* Lit. remiss. ann. 1453. in Reg. 182. Chartoph. reg. ch. 33 : *Icellui Recullet se refroidi tant, que une maladie, appellée Apopelisie,.... le print, etc.*

* **APOPULARE**, In regionem incolas inducere, propagare, Gall. *Peupler.* Instr. ann. 1384. inter Probat. tom. 3. Hist. Nem. pag. 63. col. 2 : *Eorum propriam terram Apopulando de subditis regiis Nemausi.* Vide *Populare.*

¶ **APOREARI**, Inopem esse consilii, a Græco ἀπορεῖν, Bulla Bonifacii VIII. PP. tom. 3. Collect. Conc. Hispan. pag. 535 : *In iis profecto dolemus et premimur, Aporeamur assidue.* Vide *Aporiare.*

¶ 1. **APORIA**, Ulceris species, sic dicta quod inde defluat pus ac sanies : pro ἀπόρροια, defluvium, humor defluens. Papiæ MS. Ecclesiæ Bituricensis est *Aporia.... vulnus, stimulus, abhominatio.* Vita B. Columbæ Reatinæ tom. 5. Maii pag. 348. * F. : *Demum suis manibus avellebant vesicas et apostemata, ulceratasque Aporias leniebant.*

* Glossar. vet. ex Cod. reg. 7646 : *Aporia, Græcum nomen est. Est autem fluxio, vel dirivatio, vel feces, vel reliquæ sordes elementorum, quæ in aere purgantur; unde gignuntur in terra diversa animalia, arbores, lapides et herba.*

2. **APORIA**, ἀπορία, Paupertas. Gerardus Abbas Silvæ Majoris in Vita S. Adelardi Corbeiensis Abbatis cap. 3 : *Sed rerum mundi Aporiam sponte sibi inferebat, quia in Christo pauper esse volebat.* Flodoardus lib. 14. carm. 18 :

Ejus ab Aporia se se compescere censent.

[Papias in MS. Ecclesiæ Bituric : *Aporia, Anxietas, tædium, vulnus, stimulus, abhominatio.*]

APORIARE, Ad paupertatem, angustiam, ἀπορίαν, reducere, ita ut qui in hoc statu fuerit, nesciat, quo se vertat. Laurentius Novariensis Episcop. homil. 1 : *Mens perdita obstupescit, spes depravata liquescit, omnisque futurorum intentio Aporiata torpescit, dum unusquisque perpendit, etc.* Rigordus : *De eadem medietate donabunt illis, qui per tallias Aporiati sunt.* Chron. Reichersperg. ann. 1111 : *Ad dehonestandam vel Aporiandam Ecclesiam.* Tho. Walsinghamus in Ricardo II : *Permisit suos spoliare patriam, Aporiare vulgus.* Infra : *De substantia rerum pretiosarum amissarum, sive pecunias, qua pauperes Aporiati sunt.* Matth. Paris : *Et ad Judæos Aporiandos destinabantur.* Sed hæc obvia. Vide Ordericum Vital. lib. 12. pag. 892. Vitam S. Geraldi Abbatis n. 9. etc. Alia notione occurrit in Charta Edgari Reg. Angl. pro reformat. Monast. apud Seldenum ad Eadmerum : *In civitate degentes, in refectorio pompaticas lascivasque sæcularium delicias, ut melancoliam, Aporiantes, licitis caritativi utantur cibariis.* Ubi *Aporiare* est *vitare.* Glossæ MSS. : *Aporio, affligo, hinc Aporia, paupertas.*

Aporiari vero neutrum, Angi, hærere, dubitare, ex Græco ἀπορεῖν. Papias : *Aporiari, tribulari, conviciari, vel quasi pauper abjici : nam Aporos Græce pauper.* Activi verbi a neutro differentiam notat vetus Grammaticus apud Spelmannum :

Aporio, si sit activum, tanta notabit,
Indicat et aperit, depauperat atque revelat.
Cum neutrum, signat tunc anxior atque laboro.
In sensu et tali deponens vult reperiri.

Ugutio : *Aporiare, Laborare, vel laborando sudare, anxiari, et tunc est neutrum. Interdum passive sumitur pro depauperari et pauperem facere.* Epist. Gelasii PP. ad Rusticum Episcop. Lugdun. tom. 5. Spicilegii Acheriani : *Licet Aporiantes et angustiati, confidimus in eum, qui dabit cum tentatione proventum. Aporiamur*, pro Hærentes sumus, et anxiamur, usurpavit etiam S. Pauli Interpres 2. ad Corinth. 4. 8. Vide Amalarii Episcopi Epist. 6. tom. 7. Spicilegii Acheriani, et Laurentium Mellifluum in Orat. de Chananæa pag. 35.

* 1. **APORISMA**, Certa et summaria conclusio. Acta varia ad Conc. Basil. apud Marten. tom. 8. Ampl. Collect. col. 527 : *Ex prædictis omnibus infertur una corollaria conclusio seu Aporisma, videlicet quod erronea, insana et perniciosa est illa doctrina, etc.*

* 2. **APORISMA**, *Constantino est Collectio sanguinis in aliquo membro extra venas non putrefacti, maxime sanguinis arterialis.* Gloss. medic. Sim. Januens. ex Cod. reg. 6959.

APORIUM. Charta Constantiæ Imperatricis apud Rocchum Pyrrum in Notitia Eccl. Siciliæ tom. 1. pag. 131 : *Ipsi notario Rainaldo dedimus potestatem, ut ubicumque vel apud quemcumque prædictos villanos, seu filios, vel descendentes eorum, nec non excadentias, et ipsorum Aporia invenerit, liceat ei ex auctoritate magnitudinis nostræ capere.... Barones vel Bajuli, qui villanos ipsos et eorum Aporia detinent, etc.* Vide *Apportum.*

¶ **APOSENNARIUM**, f. Redemtio agnatis permissa, modo pretium reddant emtori, Practicis nostris, *Retrait Lignager.* Charta Litolfi de villa Nennari, anni 999. ex Chartulario Casauriensi pag. 77 : *In tali autem tenore repromitto et obligo me ego supra scriptus Litolfus vel meos heredes vobis supra scriptis Sigeczomi et Actoni... ut si de hac mea venditione aliquo tempore Aposennarium facere voluerimus, vel si contra omnes homines antistare et defendere non potuerimus... de nostris propriis rebus nos vobis ad vestram proprietatem in simili loco duplum et meliorata restaurare promittimus.*

APOSFRAGISMUS, Sigillum ἀποσφράγισμα. Regula Solitariorum cap. 15 : *Post ingressionem autem præcipiat Episcopus ostium retrusionis cellulæ Aposfragismo suo sigillre.*

* Notæ Tironis ex Cod. reg. 190 : *Aposfragisma, sigilli signum, quod ceræ infigitur.*

* **APOSTADUM.** Vide supra *Apoltats.*

APOSTA. Vide *Apposta.*

1. **APOSTARE**, Postponere, violare. Leges Eduardi Confess. tit. de Heretochiis 35 : *Qui leges Apostabit..... weræ suæ reus sit*

apud Regem. Quæ totidem pæne verbis habentur in Legibus Henr. I. cap. 12. nisi quod *Apostatabit* legitur. Unde *Apostare* et *Apostatare leges*, his locis nihil aliud sonat, quam *leges postponere, violare*, a legum observatione deficere, ἀποςατεῖν, quod aliis verbis cap. 34. Legum Henrici sic concipitur : *Qui prævaricator vel eversor conscriptæ legis extiterit, etc.* Eadem etiam locutionis formula usus est Lambertus Ardensis : *Tandem a Saracenis captus legem Christianam et fidem, et paternas Apostatavit traditiones.* Vide *Apostatare.*

* *Adoser* et *Adosser*, eodem significatu, in Chron. S. Dion. lib. 3. cap. 10. ubi verba Aimoini lib. 3. cap. 27 : *Cumque in talibus versarentur, Deum post terga ponentes, ipsi quoque a Deo postpositi iram ejus incurrerunt*, sic Gallice redduntur : *Tel vie menerent longuement, et Adoserent nostre Seigneur et ses commandemens; et nostre Sire les Adosa, si comme vous oirez ci-après.* Rursum lib. 4. cap. 6 : *Ausi est-il des gens de religion, qui le monde ont Adossé et guerpi. Aderrierer* vero, pro A tergo sequi, vulgo *Demeurer derriere*, in Lit. remiss. ann. 1473. ex Reg. 195. Chartoph. reg. ch. 854 : *Icellui Didier, qui estoit monté sur ung cheval grison.... se Aderriera en chemin, ... auquel Didier le suppliant dist qu'il avoit beaucoup demouré derriere.*

* 2. **APOSTARE**, Italis *Appostare*, Insidiari, vel observare. Stat. Mantuæ lib. 1. cap. 45. ex Cod. reg. 4620 : *Si..... timorem eidem fecerit,.... seu occisum, ut ab occisore occideretur, Apostaverit, etc.*

¶ **APOSTASIA**, *Desertio militum.* Gasparis Barthii Glossar. ex Hist. palæst. Raimundi Agilæi. *Apostasia*, alia notione, vide infra verbum *Apostatare.*

* **APOSTASIALIS**, Apostaticus, Fictus, commentitius, reapse non existens, quamvis existere videatur. Joan. de Cardalhaco serm. in Nativit. Dom. : *Desistamus affirmare carnes tuas Apostasiales, quia tu secundum veram carnem, non fictam, non Apostaticam, secundum quod dicunt hæretici, hodie natus es Verbum et caro factum est.*

¶ **APOSTASIUS**, pro *Apostata* scribit Guibertus lib. 1. de Vita sua cap. 18.

APOSTATA, Qui a vera, seu Christiana religione deficit, Ἀποςάτης. *Prævaricator*, S. Ambrosio in Epist. ad Theodosium Imp. ubi de Juliano Apostata. Jo. de Janua : *Apostata, Perversus, Renuntiatus, Refuga, Retromissus.* Avitus Viennensis Epist. 4 : *Quasi jam Apostatas, id est, ab standi firmitate deciduos, necesse est a Communione suspendi.* Decretum Nicolai II. PP. in Synodo Romana ann. 1059. editum : *De his autem Clericis qui tonsuram projiciunt, et a Clericatu recedunt, quos Apostatas Julianistas jure vocitamus, ut nisi ad professionem Clericatus redierint, omni Christiana communione priventur.* Vide titulum Codic. de Apostatis lib. 1.

APOSTATARE, A vera religione deficere; *Prævaricare*, S. Ambrosio in Epistola ad Theodosium Imp. : *Si Julianus non est ultus Ecclesiam, quia Prævaricaverat.* Ibidem : *Si aut Prævaricari cogatur, aut subire martyrium.* Salvianus lib. 6. de Gubern. : *In spectaculis quædam Apostatatio fidei est, et symbolis ipsius et cœlestibus sacramentis lethalis prævaricatio.* Victor Utic. lib. 3. de Persecut. Vandal. : *Hic dudum fuerat apud nos in Ecclesia Fausti baptizatus,... post vero dum Apostataret, tantæ exstitit feritatis adversus Ecclesiam Dei, etc.* Vide Concil. Arelat. I. can. 23. Arelat. II. can. 25. Joannem Diac. lib. 4. de Vita Gregor. M. cap. 86. Paulum Emerit. Diacon. de Gestis Episcop. Emeritensium in S. Masona cap. 4. Specul. Saxon. lib. 2. art. 13. § 6. etc. μαγαρίζειν apud Theophanem, *Apostatare* vertit Anastasius Biblioth.

¶ Apostatare, active sumitur pro *Abducere*, a vera Religione ad falsam trahere. Vitæ Patrum Emeritensium tom. 1. Collect. Conc. Hisp. pag. 648 : *Comperto hinc crudelissimus tyrannus, quod nec minis nec muneribus viri Dei animum a recta fide ad sui perfidiam Apostatare posset.*

Apostatare præterea dicuntur Monachi, cum, voto obstricti, cucullam exuunt, et ad vitam sæcularem redeunt. Auctor Breviloqui ait, apostasiam in tribus consistere, *primo quidem in demissione fidei Christianæ, secundo in demissione habitus religionis, tertio in demissione tonsuræ Clericalis.* S. Cyprianius Epist. 54 : *Qui vel Apostataverunt, et ad sæculum, cui renuntiaverunt, reversi gentiliter vivunt.* Capitula Caroli M. lib. 6. cap. 139 [** 141.] : *Quicunque post sanctæ religionis professionem Apostatant, et ad sæculum redeunt.* Concilium Triburiense ann. 895. cap. 27 : *Si postmodum relicto Clericatus habitu, a castris dominicis, quibus adscriptus est, profugus et Apostata elabitur, et ad sæculum egreditur, etc.* Concilium Remense ann. 1049. cap. 8 : *Ne quis Monachus vel Clericus a suo gradu Apostataret.* Vide Cæsarium Eysterbach. lib. 2. de Mirac. cap. 2. lib. 12. cap. 29. : *A pristina virtute Apostatare*, apud Fulbertum Carnot. Epist. 58.

Apostasia, Eadem origine et notione apud Joannem Portarum Monachum Epist. 5. pag. 431.

Apostaticus, *Proselytus, scilicet qui procul salit de una secta in aliam*, in Breviloquo. At Joanni de Janua, *Apostaticus* est *perversus.* Italis, *Apostatico* idem qui *Apostata.* Hugo Flaviniacensis in Chron. pag. 226. de Wiberto antipapa : *Invasit Sedem Apostolicam, a damnatis et excommunicatis suique similibus in Apostaticum, non Apostolicum electus.* [** Ita Tertullian. adversus Marcum 4, 5 : *Facilius Apostaticum invenias quam Apostolicum.* Vide Forcellin.]

* **APOSTATICE** dicitur de eo qui voto obstrictus, a monasterio, sine superiorum licentia, recedit. Chartul. Clarifont. ch. 27 : *Omnes qui Apostatice ab ecclesiis nostris recesserint, apostolica auctoritate excommunicatos esse, etc.* Vide *Apostatare.* [** Justin. Cod. lib. 1. tit. 1. const. 4.]

¶ **APOSTATIO**, Apostatatio, Ead. significatione qua *apostatare.* Vita MSS. S. Winvaloei : *Statimque ritu pene paganico Apostatione, et divina lugubriter insecuta ultione, etc.* Altera manus ad marginem addidit *Apostatatione.*

APOSTATIZARE, [ab Ecclesiæ communione separare, tanquam Apostatam habere.] Charta Humberti Episcopi. . . . . ex Tabulario Ecclesiæ Gratianopolit. fol. 86 : *Hanc vero mancipationis chartam de prælibatis rebus, quam vobis facimus, non tantum irritam fieri optamus; verum etiam hoc tangentem seu quærentem anathematizamus, et in vice Petri Apostoli hos vel has Apostatizamus, eorum vitam suorumque corpora foras Ecclesias et orationes Christianorum dejicimus. Apostatizando ad laicalem conversionem redire*, in Lege Wisigoth. lib. 3. tit. 5. § 3.

¶ **APOSTATORES**, Monachi qui ab ordine spretis votis deficiunt. Statuta Ordinis Cisterc. apud Marten. tom. 4. Anecd. col. 1515. B : *Apostatores de cætero ab ordine, etiam sola vice, omnino decernit generale Capitulum inhabiles ut eligantur in Abbates.*

* **APOSTATURA**, Commissura, Gall. *Jointure, assemblage*, maxime quæ ex additis segmentis fit. Stat. Massil. lib. 3. cap. 17 : *Ordinamus.... quod omnes boterii Massiliæ, qui vendiderint botas, vendant et debeant vendere illas botas bonas et legales, quæ quidem careant, tam in dogis, quam in arbore et pennis, omni Apostatura sive junctura.*

¶ 1. **APOSTEMA**, *æ*, Eodem significatu, quo Apostematio, tom. 1. Maii pag. 539. B : *Antea cruciabatur ex Apostema tabo profluente maximis doloribus.*

* 2. **APOSTEMA**, Tumor, species carbunculi seu ulceris. Annal. Genuens. ad ann. 1394. apud Murator. tom. 17. Script. Ital. col. 1168 : *Hoc anno ægritudo febris epidemialis et Apostematum, quæ regnavit in urbe.* [** Vide Forcell. Lexic.]

¶ **APOSTEMARI**, *Apostemate corripi, Apostemate turgere.* Gocl. Lex. Phil.

¶ **APOSTEMATIA**, Apostema, Gall. *Apostume., Abcès.* Acta SS. Aprilis tom. 2. pag. 277. A : *Hujus Apostematiæ reliquias in interioribus corporis sui reservavit usque ad mortem.*

* **APOSTEMATICUS**, Qui apostemate laborat. Vita S. Dominici tom. 1. Aug. pag. 561. col. 2 : *Allophitium et Apostematicum similiter eum curasse, probatum est.*

¶ **APOSTEMATIO**, Eadem ratione, ibidem pag. 356 : *Videtis quod brachium dexterum. . . . ob continuo pullulantes ulcerationes seu Apostemationes de loco suo movere non valuerim.* Vita B. Kingæ tom. 5. Julii pag. 741 : *Habebat autem Apostemationem quamdam in ventre duram et compactam.*

APOSTILLI. Vide *Apostoli* 1.

** **APOSTIZA** vox, Composita, effecta. Donatus Provinc. pag. 168 : *Figura composita sicut in hac dictione, Vicecomes, quæ est pars composita id est Apostiza a Vice, Comes.* Prov. item *Apostiza.*

¶ **APOSTOLA** Francorum. Sic, inquit Spelmannus in voce *Apostolici*, nuncupata est Clotildis Regis Clodovei uxor, quod prima apud eos Christiana, ceteros fecit ad Christum provehi : quemadmodum Gregorius M. a Beda *Anglorum Apostolus* dictus est, quod Anglos missis in Angliam prædicatoribus ad fidem perduxisset.

* Sic et *Apostola* a nonnullis nuncupata est S. Maria Magdalena. Bareleta serm. in Capite jejunii : *Magdalena Apostolorum Apostola.* Unde Augustæ in Pedemuntio, monente D. *Le Beuf*, præfatio Apostolorum die illius festo in Missa decantatur. Vide Santolium in hymnis ejusdem Sanctæ. Cujus appellationis ea ratio est, quod resur-

rectionem Domini prima nunciaverit; est autem *Apostolus* idem atque nuncius, legatus, ut videre est in *Apostoli* 2. [** Vita S. Mariæ Magdal. provincial. lingua conscripta apud Raynouard. in Gloss. vol. 1. pag. 106 : *La sancta Magdalena de tot ben adhumplida, Apostola de Diu.... Quan son resuscitaz, premieramens lo vi, e li fes tan d'onor c'Apostola en fes, cant a sos cars amics cochadamens la trames.*]

¶ **APOSTOLARE**, Apostolatus. Vide in *Apostolus*. 1.

1. **APOSTOLI**, Vox nota Livio et Jurisconsultis, et in Jure Canonico frequens. Erant autem *Apostoli*, dimissoriæ litteræ, quas Episcopus Laico, vel Clerico, in alienam diœcesin transituro, dabat, laico quidem ut ibi ordinaretur; Clerico vero, ut vel ordinaretur, vel ordinatus sacrificaret, vel in alienæ Ecclesiæ catalogum referretur. Dabantur etiam Apostoli ab Officialibus et Ecclesiaticis judicibus, [testandæ appellationis gratia] quoties Romam ad summum Pontificem provocabatur; in quas provocationes invehitur Hildebertus Episcop. Cenomanensis Epist. 82. quod per eas *Pontificalis censura pereat, et omnis conteratur Ecclesiæ disciplina. Quis enim*, inquit, *raptor ad solam anathematis comminationem non statim appellavit? etc.* Arnulfus Lexov. in Epist. pag. 12 : *Appellatum est ergo a Monachis ad Oct. Pentecost. Apostoli postulati et traditi.* Concilium Lugd. ann. 1245 : *Si quis in judicio .... ad nos duxerit appellandum .... petat Apostolos, quos ei præcipimus exhibere, in quibus appellationis causam judex exprimat.* Ejusmodi Apostolorum formulam accipe ex Rollandino in Summa Notariæ : *Dimissoriæ litteræ, quæ appellantur Apostoli. Sanctissimo Patri Domino Alexandro sacrosanctæ Romanæ Ecclesiæ Pontifici, Philippus Bononiensis Archidiaconus, seipsum ad pedum oscula beatorum. A Sanctitate vestra recepi litteras in hanc modum : Alexander, etc. Cum igitur ad executionem mandati vestri humiliter et devote procedens partes easdem coram me legitime fecerim evocari, idem Antonius omnem causæ processum sub forma ad vestram audientiam appellavit : Coram vobis, Domine Philippe, etc. ponendo appellationis formam. Verumtamen, sanctissime Pater, communicato Concilio sapientum, ipsius appellationi non duxi aliquatenus differendum, tunc ipsum monitum ab examine mei judicii evocavi : præcepi tamen eidem, ut usque ad 40. dies cum his litteris vestro se conspectui præsentaret. In cujus rei testimonium præsentes litteras proprii sigilli munimine roboravi.* Ejusmodi formulas alias descripsit Jo. Sarisber. in Epist. Sed et interdum pro quibusvis *litteris*, uti vocant, *appellationis*, [etiam ad judices laïcos] hæc vox usurpata. Charta ann. 1038 : *Ab eadem interlocutoria, ut injusta, salva vestri gratia et reverentia appello in his scriptis ad D. Regem Majoricarum, et instanter Apostolos peto mihi concedi et tradi.* [Appellatio interjecta ann. 1409. contra impositionem novi pedagii apud Rymer. tom. 8. pag. 578 : *Ad ipsum dominum nostrum Regem, sui loco et tempore congruis, per me, nomine quo supra, legitime et veraciter informandum et consulendum, et ad suam curiam regnalem seu consistorium regnale reclamo, appello et provoco, infra juris terminum et in his scriptis, Apostolosque peto, semel, sæpe, sæpius et instanter, et cum ea reverentia, qua decet et convenit, mihi modo præmisso per vos dari et concedi.* Et paulo post : *Qua quidem appellationis cedula.... eidem domino Episcopo supplicavit et requisivit, ut sibi .... daret et concedere vellet super præmissis suos Apostolos, quos ibidem dictus dominus Episcopus, tanquam causa coram ipso facta et gesta, suos Apostolos testimoniales eidem procuratori et sindico concessit atque dedit,* (sic) *etc.*] Vide Joan. Hocsemium ann. 1341. et Souchetum ad Epist. 219. et 220. Ivonis Carnot. *Apostres* dicuntur in Statutis MSS. Caroli I. Regis Siciliæ cap. 143. [** Vide Haltausii Gloss. Germ. col. 47. in voce *Antwort*, col. 719. in voce *Gezug-Brief*, et col. 2168. in voce *Zug*; idem col. 182. in voce *Boten* scribit, primo non per epistolam sed per nuntium delegatum, judicem inferiorem superiorem de appellatione non neganda certiorem fecisse. Lusitanis *Apostolado* dictus Judex delegatus. Vide S. Rosæ Elucidar. vol. 1. pag. 127.]

☞ Hæc autem erat consuetudo, ut judex superior, ad quem fuerat appellatum de causa ad se delata non dijudicaret, nisi prius sibi constaret ab appellatoribus postulatos fuisse et impetratos *Apostolos*; quæ consuetudo cum interdum negligeretur, gravis ea de re exstat querela in Concilio Narbonensi ann. 1430. apud Marten. tom. 4. Anecd. col. 354 : *Primo namque quotiescumque a nobis seu officialibus nostris*, inquiunt Episcopi congregati in cedula Archiepiscopo Narbonensi oblata, *in quibuscumque causis tam criminalibus, quam civilibus, sive a præparatoriis judiciorum, sive ab interlocutore ante definitivam ad curiam vestram metropolitanam appellari, judex vester appellationem indifferenter antequam sibi constet, an appellatio sit emissa ex causa probabili vel non, antequam inceperit cognoscere, an illa causa sit vera vel non, et sic antequam sit judex, antequam sibi constet de Apostolorum petitione et datione, ad simplicem partis assertionem appellasse se asserentis, litteras inhibitorias contra Officialem a quo appellatur, ordine juris totaliter prætermisso, concedit. Item esto quod sit appellatum et dicto Officiali vestro appellationum* (f. appellantium) *constiterit de appellatione, antequam dicta appellatio dictis Officialibus nostris, seu alteri a quo est appellatum, intimata fuerit, et antequam Apostoli fuerint petiti et dati vel denegati, dicti Officiales vestri appellationum litteras inhibitorias similiter concedunt; ex quibus sequuntur multa gravissima incommoda* : quæ ibiden recensentur.

☞ Verum non solum cum ab Episcopis ad Romanum Pontificem aut ad Metropolitanum provocabatur, postulati sunt *Apostoli*, sed etiam cum ab ipso summo Pontifice ad Concilium generale fuit appellatum. Præter recentiora, quæ meminisse nolim, hujus petitionis exempla, antiquius nobis exhibetur tomo 6. Spicilegii Acheriani pag. 152. in Appellatione Universitatis Parisiensis pro facto Schismatis a domino PP. Benedicto XIII : *Et petit* (Universitas Parisiensis) *primo, secundo, tertio, ac instanter, instantius, instantissime Apostolos saltem testimoniales super hoc sibi dari, protestans de aliis Apostolis petendis ab illis a quibus de jure fuerint petendi.* Hæc quidem appellatio ab illegitimo Papa : sed et in appellationibus a legitimis Pontificibus Romanis postulatos fuisse *Apostolos* probat inter cetera Instrumentum appellationis Decani et Capituli Ecclesiæ Parisiensis, Philippi Regis qui a Bonifacio VIII. ad Concilium generale provocaverat, appellationi adhærentis, in qua sic legitur : *Et ne dictus dominus Bonifacius motus seu provocatus ex iis, prout timemus ex verisimilibus conjecturis et comminationibus multis, contra nos vel aliquem ex nobis quoquomodo procedat... excommunicando vel suspendendo. . . ad prædictum Concilium generale congregandum . . . provocamus et appellamus in scriptis, et Apostolos testimoniales cum instantia petimus.*

Apostilli, Eadem notione apud Matth. Paris. pag. 458 : *Si quis ad Papam duxerit appellandum, causam appellationis in scriptis assignare deproperet, petat Apostillos, quos ei præcipimus exhiberi.*

2. **APOSTOLI**, Legati, nuncii. Luitprandus in Legat. : *Consonantia scripta juramento firmata sunt, ut omnium gentium Apostolis, id est, Nuntiis, penes nos Bulgarum Apostoli præponantur.*

3. **APOSTOLI** apud Judæos, *qui ad exigendum aurum atque argentum a Patriarcha certo tempore diriguntur*, in lib. 14. C. Th. de Judæis. Coronarium scilicet, cujus canon anniversarius erat, et a Judæis pensitari solebat. Vide Jacobum Gothofredum ad hanc leg. ubi multa de Apostolis Judæorum.

4. **APOSTOLI**, Papiæ dicuntur, *Hæretici quidam, hoc sibi nomen sumentes, quia nihil proprium possidentes, nequaquam recipiant aliquid in hoc mundo possidentes.* Iidem, qui *Apostolici* appellantur a S. Augustino lib. de Hæres cap. 40. [** Ita etiam scribendum apud Papiam, qui exscripsit Isidorum in Origin. lib. 8. cap. 5. sect. 19. Gloss. reg. 7644. addit : *Dicunt conjugatos vitam non habere æternam.*]

Apostolici præterea extitere alii hæretici, tempore S. Bernardi, in quos gravius invehitur Serm. 66. in Cantic. qui ita se appellabant, quod sese successores Apostolorum jactitarent. V. Rainer. contra Vald. cap. 6.

Apostoli in Concilio Herbipolensi ann. 1287. cap. 34 nescio an alii ab *Apostolicis* S. Bernardi : *Leccatores, seu reprobatos Apostolos, in eorum reprobata regula manere vetantes omnino : volumus; quod nullus Clericus, nulla sæcularis persona, intuitu religionis eorum, ac insolito habitu, eos de cætero recipiat, aut eis alimenta ministret; etc.* De iis etiam agit Synodus Cicestrensis ann. 1289. cap. 39. quos *falsos fratres* vocat; et *a Sede Apostolica titulum professionis non habentes.*

* Conc. Trevir. ann. 1310. tom. 2. Hist. Trevir. Joan. Nic. ab *Hontheim* pag. 51. col. 1 : *Item inhibemus sub pœna excommunicationis, ne aliquis in nostra civitate, diœcesi et provincia Treverensi aliquem vel aliquos de illis rusticis, qui se Apostolos appellant, in domum suam recipiat, aut eis eleemosynas eroget.*

* 5. **APOSTOLI** in diœcesi Ambianensi

nuncupantur presbyteri, qui parochiis, curione viduis, deserviendis mittuntur.

* 6. **APOSTOLI** appellati apud Italos, Viri pii ex eleemosynis, more Apostolorum, viventes. Poggius in lib. Facet. apud Cl. V. Garamp. in Dissert. 1. ad Hist. B. Ghiaræ pag. 111. in not. : *Beatus, unus ex eis, qui vulgo Appostoli vocantur, quorum est consuetudo sedere ad ostium domus nihil petentes.* Religiosis etiam societatibus idem nomen inditum. Stat. Perus. ann. 1391. ibid. pag. 497. col. 2 : *Fratribus pœnitentiæ, vocatis Apostolis, etc.* Breve Greg. XIII. ann. 1584. ibid.: *Congregationis seu societatis fratrum Apostolorum, pauperis vitæ nuncupatorum, etc.*

* **APOSTOLICALIS** Abbatia. Vide supra in *Abbas.*

APOSTOLICÆ Ecclesiæ, dictæ olim Cathedrales omnes et si in confesso esset Apostolicæ Ecclesiæ principatum in Romana vigere, ut ait S. Augustinus Epist. 162. cujus etiam hæc sunt : *De Collegis agebatur, qui possent aliorum Collegarum judicio, præsertim Apostolicarum Ecclesiarum, causam suam integram reservare.*

¶ Apostolica Sedes, Eadem ratione Episcopalis Sedes Gall. *Siége Épiscopal.* Annal. Bened. tom. 5. pag. 361 : *Lemovicas dein adiit Pontifex* (Urbanus II. ann. 1095.) *x. Kal. Januarii, ubi primam Dominicæ Nativitatis Missam quam de Galli cantu vocant in Ecclesia puellarum sanctæ Mariæ de Regula . . . celebravit, Missam vero de Luce seu de Aurora in Basilica regali apud S. Martialem; inde solemni pompa coronatus ad Sedem Apostolicam seu Episcopalem rediit, ubi reliqua solemnitatis officia peregit.* Patres autem *Apostolicas* appellabant sedes, quæ fundatæ fuerant ab Apostolis : de quibus intelligendus est S. Aug. cum ait lib. 2. de Doctr. Christ. cap. 8 : *In canonicis autem Scripturis Ecclesiarum Catholicarum quamplurium auctoritatem sequatur, inter quas sane illæ sint quæ Apostolicas Sedes habere et Epistolas accipere meruerunt.* Hinc Leo M. Ep. 95. num. 3. suadet Anatolio, ut non *dedignetur regiam civitatem, quam Apostolicam non potest facere sedem;* quod nimirum ab Apostolis non fuisset instituta : qui tamen usus non adeo constans fuit, quin vox *Apostolica* omnibus Episcopalibus Sedibus tributa fuerit ab ejusdem ævi Scriptoribus, ut videre potes apud S. Paulinum Ep. 3. ad Alypium n. 1. pag. 10. Ep. 18. ad Victricium n. 6. pag. 102. edit. 1685.

¶ Apostolicalis Cathedra, Pontificalis, Papalis, seu Romana. De SS. Emano et sociis Martyr. tom. 3. Maii pag. 596. D: *Qui ibi tunc temporis Apostolicali Cathedræ præsidebat, prædictum adolescentem benignissime suscepit.* Hic agitur de urbe Roma.

* **APOSTOLICI**, Qui a summis Pontificibus literas impetraverant ad vacantia beneficia, ita vocantur in Conc. Andegav. IV. Can. 5. et 6. Vide Maan. pag. 89.

¶ 1. **APOSTOLICUM.** Sic sæpius appellantur summorum Pontificum epistolæ, decreta, bullæ, etc. quod, ut mox dicetur, ipse summus Pontifex vocetur *Apostolicus.* Vide alia notione in *Apostolium*

2. **APOSTOLICUM**, in Ordine Romano : *Subdiaconus autem qui lecturus est sub cura sua habebit Apostolicum, et Archidiaconus Evangelium* : Ἀποστολικὸν βιβλίον, apud Cabasilam in Exposit. Liturg. cap. 22. Vide *Apostolus*, 1.

1. **APOSTOLICUS.** Olim, et nascente primum Ecclesia, universim Episcopi omnes, *Apostolici* dicti, interdum adjuncta *Episcopi, viri*, aut alia voce, tanquam *Apostolorum* successores : seu potius, quod quisque in sua diœcesi vices Apostolicas ageret. S. Hieron. Epist. 54 : *Apud nos Apostolorum locum Episcopi tenent.* Et Epist. 85. de Episcopis : *Ubicunque fuerit Episcopus sive Romæ, sive Eugubii,.. omnes Apostolorum successores sunt.* Sic Fortunatus ad Gregorium Turon. Episcopum scribens, ipsum *Dominum Apostolicum* vocat, in Prologo ad S. Martini Vitam, et ad lib. 1. Poëm. ut et Euphronium Episcopum Turon. lib. 3. et Nicetium Trevit. eodem lib. Poëm. 10. Ita etiam apud Marculfum promiscue legimus : *Ille Rex viris Apostolicis patribus nostris : Apostolico illi Episcopo.* Et lib. 1. form. 6 : *Domino sancto Apostolicæ Sedis dignitate colendo illi Episcopo.* Form. 7 : *Vir Apostolicus ille, illius urbis Episcopus, etc.* In Epist. Clodovei Regis ad Synodum Aurelian. II : *Dominis sanctis et Apostolica Sede dignissimis Episcopis, Clodoveus Rex.* Et Fortunatus lib. 5. in Epist. ad Syagrium Augustodunensem : *Domino sancto et Apostolica Sede dignissimo Domino Syagrio Papæ, Fortunatus.* Epitaphium S. Trophimi Arelatensis Episcopi, apud V. Cl. Jacob. Sponium :

Trophimus hic colitur Arelatis Præsul accitus,
Gallia quem primum sensit Apostolicum.

Sed hæc passim obvia. Inde Episcopalis Sedes *Apostolica* dicta Sidonio lib. 6. Epist. 1. ad Lupum Trecensem.

Verum sicut *Papæ* appellatio, quæ Episcopis omnibus communis primo fuit, postmodum soli summo Pontifici adscripta legitur, ita et *Apostolici*, qua quidem Scriptores ævi medii sæpe, ne dicam semper, Papam indigitant; quia, ut ait Gregorius M. lib. 5. Epist. 37 : *Cum multi sint Apostoli, pro ipso tamen principatu, sola Apostolorum Principis sedes in auctoritate convaluit.* Rupertus Tuitiensis lib. 1. de Divin. Offic. cap. 27 : *Aliorum quidem Apostolorum successores Patriarchæ sunt dicti : Petri autem successor pro excellentia Principis Apostolorum, Apostolicus nominatur.* Idem Gregorius lib. 1. Dial. cap. 4 : *Quis est iste vir rusticus, qui auctoritatem sibi prædicationis arripuit, et officium Apostolici nostri Domini sibimet indoctus usurpare præsumit.* Capitula Caroli C. tit. 30. § 4 [** 3. Nov. 862.] : *Adportavit mihi... Boso domni apostolici epistolas.* [** Lothar. I. Leges Longob. 34.] Tandem in Concilio Remensi anno 1049 : *Lectis sententiis super hac re olim promulgatis ab orthodoxis Patribus, declaratum est, quod solus Romanæ Sedis Pontifex universalis Ecclesiæ Primas esset, et Apostolicus.* In eodem Concilio *excommunicatus est etiam sancti Jacobi Archiepiscopus Gallicensis, quia contra fas sibi vendicaret culmen Apostolici nominis.* Vita Aldrici Episcopi Cenomanensis n° 44 : *Dominus Gregorius Romanæ sedis Ecclesiæ venerabilis Apostolicus.* [Hinc Franci superioris ævi Romanos pontifices nominare consueverunt *Apostoles*, seu *Apostoiles.* Guyot in Bibl. :

De notre pere l'Apostoile
Voulsisse qu'il semblast l'Estoile
Qui ne se muet, moult bien le voyent
Les Maroniers qui s'y avoient.]

[* Charta Phil. Pulcri ann. 1305. in Reg. 38. Chartoph. reg. ch. 125 : *Clement par la divine pourveance Apostole de l'eglise de Rome. Aposteilat*, eadem notione, apud Marten. tom. 1. Anecd. col. 1013 : *Guillaume . . . . . patriarche de Jerusalem et legat de l'Aposteilat, etc. Espotoile*, in Lit. ann. 1301. ex Lib. rub. Cam. Comput. Paris. fol. 149. r°. col. 2 : *Renunce . . . . à toutes graces, indulgences et respiz données ou à donner de nostre pere l'Espotoile, ou dou roy de France.*]

[** Provincialibus *Apostolis.* Vide Raynouardi Glossar. Roman. vol. 1. pag. 106.; ita semper in Historia belli contra Albigenses, quam nuper publici juris fecit V. D. *Fauriel.* Catalanis *Apostolich.* Castellanis *Apostoligo.* Lusitanis *Apostoligo* et *Apostolico*, vide S. Rosæ Elucidarium vol. 1. pag. 127.

At cur Pontifex Maximus, non *Apostolus*, sed *Apostolicus* passim dicatur, omnino ridicula et insulsa videtur Claudii Taurionensis Episcopi sententia, quam jure suggillat Dugalus, qui Ludovico Pio imperante vixit. Sic enim ille de Papa Paschali : *Apostolicus autem dicitur, quasi Apostoli custos, aut Apostoli fungens officium.* Parum certe feliciter, cum, ut ait Dugalus, *Apostolicus* simplex nomen sit, et derivativum ab *Apostolus*, non enim dicitur *Italicus*, Italiæ custos, etc. Imo *Apostolicus* dictus summus Pontifex adjective respectu vocis Papæ, ut Apostoli successor. (Simili etiam etymo *Amicum*, quasi *animi custodem* dictum scripsit Alcuinus Ep. 4.) Vide Leges Alfonsi IX. Regis Castellæ parte 1. tit. 5. leg. 2. et Casaubonum Exercit. 14. in Baron. § 4. an. 32. n° 5.

Apostolicare, Apostolare, summum Pontificatum obtinere. Charta ann. 1059. apud Jo. Lucium lib. 2. Hist. Dalmat. cap. 15 : *Beatissimo Papa Nicolao universaliter mundo Apostolicante.* Tabular. S. Severini Burdegal. : *Gocelinus ego Pontificatus mei temporibus, Papa Gregorio Apostolante, dum episcoparer, lis ingens orta est, etc.*

Apostolicatus, Papatus, in Vita S. Eusebii Episcopi Vercellensis, initio, et apud Ottonem Morenam in Hist. Rerum Laudensium pag. 9.

¶ Apostolicatus, *Titulus apostolatui proximus.* Gaspar Barthius in Glossario ex Hist. Palæst. Fulcherii Carnotensis.

Apostolatus. Gloss. Lat. Græc. ἀποστολή, *Apostolatus.* Ipsa Episcoporum dignitas, ac titulus honorarius. Epistola Vitalis et Constantii ad Capreolum Episcopum Carthagin. : *Ideoque provoluti genibus exoramus humiles servi tui sanctum Apostolatum vestrum, ut informetis parvitatem nostram, etc.* Sidonius lib. 6. Epist. 4. ad Lupum Episc. Trecensem : *Præter officium, quod... eminenti Apostolatui tuo sine fine debetur.* Et Epist. 7. ad Fontelum Vasion. Episc. : *Ego quoque ad Apostolatus tui notitiam... accedo.* Testamentum Bertichranni Episc. Cenoman. pag. 134. Edit. Mabillonii tom. 3. Analect. : *Ideo conjuro vos Domni, et Pontifices per sanctum Apostolatum, quem divina traditione accepistis, etc.* Ita passim apud Hadrianum PP. Epist. 92. Codicis Carolini, Ruricium lib. 1. Epist. 14. lib. 2. Epist. 8. 49. 50. 57. Ennod. lib. 5. Epist. 17. Avitum Epist. 10. 23. 37. 59. Fortunat. Epist. ad Euphron. Turon. Episc. lib. 3. Poemat. Epist. 44. et 45. tom. 1. Hist. Francor. pag. 874. etc.

Verum ut *Apostolici* appellatio penes summum Pontificem mansit, ita et *Apostolatus* vox pro suprema Paparum dignitate usurpari cœpta. Paulus Warnefrid. de Gestis Longob. lib. 4. cap. 30 : *B. Gregorius migravit ad Christum,... cujus in locum ad Apostolatus officium Sabinianus est ordinatus.* [Hist. Meld. tom. 2. Instrum. pag. 18 : *Facta sunt autem hæc ab Incarnatione Domini ann. MCII. Paschasio Apostolatum obtinente.*] S. Bernardus Epist. 88 : *Eugenii Apostolatus excusat me.* Inde pro titulo honorario usurpata vox. Honorius Imp. in Rescripto ad Bonifacium I. PP. : *Petimus uti quotidianis orationibus Apostolatus tuus studium ac votum tuum... dignetur impendere.* Joannes Sarisber. Ep. 110. ad Alexandrum PP. : *Cum ergo Apostolatus vestri culmen nequeamus pro toto visitare.* Epistola Nicolai PP. apud Loisellum : *Sed quoniam Sanctitas tua detulit, ac suggessit Apostolatui nostro, quod, etc.* Ita passim apud Scriptores. Philippus *Mouskes* in Hist. Francor. MS. :

> Adont l'Empereris Henris,
> Ki n'estoit fols ne esmaris,
> Desposa le Pape Grigoire,
> Ce nos raconte li Estoire,
> Par aquoison le mist en trape,
> Par çou que Grigoire cil Pape
> De son avoir ot acaté
> Le don de l'Apostolité
> Trois mil livres de deniers,
> As Cardinaux fos et laniers.

¶ Apostolatus, Fines Jurisdictionis Episcopi Romani, Gall. *Jurisdiction, District.* Bulla Sergii Papæ pro Monasterio S. Tiberii in Diœcesi Agathensi in Historia MS. ejusdem loci : *Nullus judex publicus... in Ecclesias aut loca vel agros seu reliquas possessiones quas moderno tempore infra Apostolatum nostrum... ingredi audeat.*

¶ 2. **APOSTOLICUS.** Ridicule nimis Scriptor Anonymus lib. 4. Belli Palæstini cap. 21. apud Ludewig. tom. 3. Reliq. MSS. pag. 4. *Apostolicum* vocat, qui tum apud Saracenos erat et religionis et imperii supremus arbiter : *Caliphæ nostro Apostolico et nostro Regi domino Soldano Militi fortissimo, salus et immensus honor.* Hoc modo inducit Curbaran scribentem ad Calipham. Et infra : *Curbaran cum habuisset jam maximum exercitum Turcorum ex longo collectum tempore, et licentiam Christianos occidendi accepisset a Calypha eorum Apostolico, illico incoavit iter.*

* Non unius Anonymi est isthæc appellatio, ut ex Cangii observat. ad Joinvil. pag. 97. colligitur; neque enim ridiculosius *Apostolicus*, quam *Papa* vocatur, ut a Raymondo *d'Agiles* et Jac. de Vitr. lib. 3. pag. 1125.

¶ Apostolicus Ordo, Monasticus. Visio Wetini Monachi Augiensis inter Acta SS. Benedict. sæc. 4. part. 1. pag. 270. ubi de Monasteriis : *In hoc namque maxime ipsa vita Apostolici Ordinis confunditur, quod virtutes vitiis suffocantur.* Infra *Vitam Apostolicam* appellat vitam monasticam.

* **APOSTOLIFICUS**, Apostolicus. Acta S. Florent. tom. 6. Sept. pag. 428. col. 1 : *Mirabilem Deum in suorum sanctificatorum glorificatione Sanctorum, non modo proinde Apostolificis præconiorum laudibus efferre mortales condecet, etc.*

APOSTOLIUM. Epistola Clodovei I. Regis Fr. ad Episcopos : *De cæteris quidem captivis laicis, qui extra pacem sunt captivati, Apostolia, cui volueritis, arbitrii vestri non est negandum.* Concil. Aurelian. II. cap. 13 : *Abbates, Martyrarii, Reclusi, vel Presbyteri Apostolia dare non præsumant.* Sed ibi perperam vox hæc effertur : nam legendum *Epistolia*, uti dicuntur in Concil. Turon. II. cap. 6 : *Ut nullus Clericorum vel Laïcorum, præter Episcopos, Epistolia facere præsumat.* Et in Concilio Calchedonensi, act. 15. can. 11 : Πάντας τοὺς πένητας καὶ δεομένους ἐπικουρίας, μετὰ δοκιμασίας ἐπιςολίοις, ἤτουν εἰρηνικοῖς ἐκκλησιαςικοῖς μόνοις ὡρίσαμεν ὁδεύειν, καὶ μὴ συςατικοῖς, διὰ τὸ τὰς συςατικὰς ἐπιςολὰς προσήκειν τοῖς οὖσι μόνοις ἐν ὑπολήψει παρέχεσθαι προσώποις. Ex quibus percipimus, *Epistolia*, litteras fuisse, quas, *Pacificas* vocarunt veteres, quas pauperibus aut inique oppressis, et Ecclesiæ subsidium implorantibus, dabant Episcopi, cum *Commendatoriæ* spectarent viros honoratiores. [** Non *honoratiores*, sed eos *qui in aliquam suspicionem venerunt*, secundum Justellum, quem videas in notis ad Codic. Canon. Eccles. Univers can. 189; at in Pithœi Codic. veter. Eccles. Roman. est *honoratioribus.* Conf. etiam Glossarium mediæ Græcitatis in voce Συςατικαί.]

1. **APOSTOLUS**, Liber Epistolarum S. Pauli, qui in Ecclesia ad Missam legi solet. Liber Sacrament. Gregorii M. : *Deinde sequitur Apostolus*, id est, lectio ex Apostolo. Hincmarus Rem. tom. 2. opusc. 7. pag. 149 : *Usque ad Evangelium in Missa stare solent et recedunt, statim post Apostolum., id est, post Epistolam, hanc admonitionem nostram..... legite.* Isidorus Hispal. apud Ivon. Carnot. Decret. part. 6. cap. 1 : *Apostolum et Evangelium legat :* quo loco Gratianus *Epistolam*, pro *Apostolum*, habet. Vide Concilium Toletan. I. cap. 2. et Toletanum IV. cap. 12. Regulam Magistri cap. 46. etc.

Ita in Ecclesia Græca vocem, Ἀπόςολος, pro libro Epistolarum S. Pauli usurpatam legimus. Cyrillus Scythopolitanus in Vita S. Sabæ : Ἅμα δὲ καὶ ἀκατέπειγεν αὐτὸν τότε ψαλτήριον διδάξαι με, καὶ τὸν Ἀπόςολον. Codinus de Offic. cap. 6 : Ἀναγινώσκει.... τὴν προφητείαν καὶ τὸν Ἀπόςολον ὁ Πρωταποςολάριος. Erat præterea apud Græcos Liber alius quem πραξαπόςολον nuncupant, quod præter Epistolas Pauli, et alias Canonicas, Actus etiam Apostolorum contineret. De hoc agunt Typicum Sabæ, et Triodium. Vide *Apostolicum.* [** In Gloss. med. Græcitatis : Liber Græcorum Ecclesiasticus Actus Apostolorum a S. Luca conscriptos constinens, vulgo Lectionibus S. Pauli Apostoli et aliis canonicis adjunctus, unde pro ipso, quem Ἀπόςολον vocant, interdum usurpatur sed et titulo Apostoli editus Venetiis ann. 1633..... Vide Lambecium de Bibl. Cæsarea lib. 5. pag. 287.]

¶ Apostolorum Sortes. Concil. Trevir. ann. 1310. apud Marten. tom. 4. Anecd. col. 257 : *Nullus etiam super sortes quas Sanctorum seu Apostolorum vel Psalterii vocant, aut cujuscumque Scripturæ inspectione divinationis scientiam profiteatur, aut futura promittat, etc.* Vide *Sortes Sanctorum.*

¶ 2. **APOSTOLUS**, pro *Amirallo*, seu Maris Præfecto interdum accipi testatur Spelmannus, quem consule.

¶ **APOSTOMA**, *Malum quod diversis collectionibus, id est, causis evenit.* Papias MS. Græce Ἀπόςημα, abscessus, suppuratum, Gall. *Apostume.* Addit Papias, *Apostomas enim Græce collectionem vocant*, [** Ex Isid. Orig. lib. 4. cap. 7. sect. 19.] sed perperam.

* **APOSTQUE**, Posteaquam, Gall. *Après que.* Instr. ann. 1451. inter Probat. tom. 3. Hist. Nem. pag. 279. col. 1 : *Petrus Quolini Apostque fuit consul circa, semper fuit consiliarius dictæ civitatis.*

¶ **APOSTROPHA**, *Pars circuli dextra et ad summam litteram apposita.* Papias MS. Est elisæ vocalis nota quam Græci ἀπόςροφον appellant; unde Isid. Orig. lib. 1. cap. 19. [** 18, 8.] *Apostrophos* legit rectius, quam *Apostropha*, quæ Latinis figura Rhetorices est, qua sermonem ad aliquem sive præsentem sive absentem, sive etiam res inanimatas convertimus. Hinc

APOSTROPHARE, Alloqui, Gall. *Apostropher.* Utitur Silvester Giraldus in Topogr. Hibern. dist. 1. cap. 22.

APOTACTITÆ, ἀποτακτῖται, Hæretici, ita appellati, quod bonis omnibus renuntiarent, quasi dicas *Renuntiantes*, ut *Encratitæ*, id est *Abstinentes.* Horum mentio est in lib. 7. Cod. Theod. de Hæret. Iidem videntur, qui *Apostoli*, seu *Apostolici*, de quibus supra. [** Vide Gloss. med. Græc. in hoc voce et in Ἀποταγή.]

* **APOTECA**, ut *Apotheca*, domuncula. Stat. MSS. eccl. S. Laurent. Rom. : *Concedant omnem utilitatem et usumfructum percipiendorum ex certis Apotecis seu domunculis inchoatis et non perfectis.... Sit eisdem canonicis.... licitum illas Apotecas seu domunculas supra nominatas per eos perficere, seu per alium.* Adde Constit. Federici reg. Sicil. cap. 116.

¶ **APOTELESMATA**, Superstitiosa verba, qualia sunt illa quibus se rustici Kalendis Januarii, in Picardia præsertim, salutare solent *Au guy l'an neuf.* Respondetur, *Plantez, Plantez;* his vero sibi fertilem annum apprecantur. Quem morem rusticum vulgus, veterum rituum verborumque tenax a Druidis Gallorum acceptum servavit, ut omnes norunt. At nescio unde habent illam consuetudinem colligendi artemisiam, Gall. *Armoise*, pervigilio Nativitatis S. Johan. Baptistæ, quam inde vocant, *Herbe de la S. Jean :* cui hac die collectæ, prolatisque tum superstitiosis quibusdam verbis, multas inesse sibi fingunt virtutes. Quare ex illa cingulos plectunt et coronas quas ubique in domibus, stabulis, ovilibus, etc. appendunt per annum integrum asservandas. [** Vide Grimmii Mythologiam, pag. 35.] Vita S. Hugonis tom. 2. April. pag. 267 : *Præstigiorum quoque fascinationes et verborum illusoriorum Apotelesmata, quæ tam in Calendis Januariis, quam in Nativitate S. Johannis Baptistæ insipientium multitudo committebant, ita abhorrebat, ut sub anathemate* hoc a nullo mortali fieri prohiberet. Vox omnino Græca quæ Græcis proprie effectus stellarum sonat, et imagines sub certo sidere factas ad ejus vim detinendam, aut etiam genethliacorum responsa, quibus prænuntiatur, quæ fortuna illum maneat, qui sub hac vel illa constellatione natus est.

* Consule Diction. Trevolt. et Œconom. voce. *Armoise.*

* **APOTESIA**, Afflatus divinus. Acta elect. Riculfi episc. Helen. apud Baluz. tom. 2. Capitul. col. 634 : *Cui affatim condolentes, eo quod exuisset hominem, abunde consolatoris Apotesia Spiritus repleti, etc.* Gloss. Gr. Lat. ἀποθεῶ, *divino, Deum facio.*

APOTHECA, Officina, unde Itali *Botegha*, Galli *Boutique*; Locus ubi merces aliæve res asservantur, et reconduntur, horreum. Gloss. S. Benedicti, cap. de Habitatione : *Horreum*, ἔνδεχον καὶ ἀποθήκη. [** Vide Isidori Orig. lib. 5. cap. 5. sect. 8.] Hariulfus lib. 3. cap. 1 : *Ipsas partes intulerunt in Apothecam cujusdam custodiendam.* Hugo Falcandus : *Multi Sarracenorum, qui in Apothecis suis mercibus vendendis præerant.* Vide Constitut. Sicul. lib. 3. tit. 34. § 3. *Apothecæ vini*, apud Evodium lib. 2. de Miracul. S. Steph. cap. 3. [*Apotheca Regia* tom. 2. Operum S. Bernardi col. 1346. B. edit. 1690. ubi de canonizatione ejusdem S. Doctoris. *Apotheca barberiæ*, pro Officina tonsoria, in Charta anni 1450. ex Archivo S. Victoris Massil.] [** Vide Haltausii Glossar. German. col. 1128. voce *Kram.*]

Potheca, et Apotheca, in Chartis Italicis apud Ughellum tom. 7. Ital. sacr. pag. 400. 404. 410. 417.

Apothecar, pro Apotheca. Fortunatus Epist. ad Syagrium Epis. Augustod. : *Unde luctus et merces, et unus rigans oculis, alter bibens auribus, quod iste torcular et in fletu, ille Apothecar et in fructu.* [Non erat hic scribendum *Torcular et, Apothecar et*, divisis vocibus, sed *Torcularet* atque *Apothecaret* a verbis Barbaro-Lat. *Torculare* et *Apothecare.* Est autem *Apothecare* Fortunato, in *apohteca* seu horreo recondere.]

Botica, ex Hispanico *Botica*, in Concilio Palentino ann. 1388. cap. 5.

Hypotheca, in Concilio Monspeliensi ann. 1258. cap. 9 : *Operationem scil. sive mensem, Hypothecam, vel similia pro vendendis mercibus tenentes.*

* *Apotheca notarii*, in Lit. remiss. ann. 1381. ex Reg. 119. Chartoph. reg. ch. 435 : *Propter quod idem exponens* (notarius publicus) *dictum contractum receptum rediens ad Apothecam suam, ubi scribere et contractus recipere consuevit.*

¶ 1. **APOTHECARE.** Vide paulo superius, *Apothecar.*

* 2. **APOTHECARE**, pro *Hypothecare*, in pignus assignare. Charta Roberti milit. et Magnæ Bertrandæ ex Tabul. Flamar. : *Apothecavit ei expresse supra quamdam vineam, etc.*

¶ 1. **APOTHECARIA**, Res omnes quæ a pharmacopolis vendi solent, Gall. *Drogues.* Codex MS. censuum Episcopi Autissiod. ann. circiter. 1290. exaratus : *Figuæ, amigdalæ, risus, dates, castaneæ, aliqua Apothecaria, caro salsata... aliquis piscis, aliqua caro parata... omnia ista non debent ventas.* Hic *aliquis* et *aliqua* sumuntur pro *quælibet.*

¶ 2. Apothecaria, Officina pharmacopolæ, Gall. *Apothicairerie*, in Synodo Vallis-Oletana ann. 1322. inter Concil. Hispan. tom. 3. pag. 567.

1. **APOTHECARII**, Qui apothecas, seu *bothegas* tenent. In Charta ann. 1178. apud Ughell. tom. 7. pag. 410. Tabular. Ecclesiæ Cadurcensis : *In tale vero conventum, dum ego vivo, Gausbertus teneam et possideam, et post obitum meum teneat Apothecarius et Cellerarius S. Stephani, qui arma non præsumant in stipendia Fratrum : et si arma præsumpserint, teneant alii duo, qui non præsumant.* Vide *Hipothecarius*

* 2. Diploma Neapolit. pro Amalphit. ann. 1190 : *Ita et vos negotiatores, campsores seu Apothecarii, etc.* Ubi Brencman. in dissert. 1. de Rep. Amalphit. pag. 17. magnariæ mercis propolas, Gall. *Marchands en gros*, interpretatur. Vox frequens in Pandectis. Consule Calvin. Lexic. jurid. [** Vide Haltausii Gloss. German. cap. 1129. voce *Kramer.*]

3. Apothecarii, Apothecarum seu horreorum curatores. Glossar. Græco-Lat. Ἀποθηκάριοι, *Horrearii*, Ἀποθήκη, *Horreum.* Breviar. Canon. Fulg. Ferrandi cap. 133 : *Ut Clerici Apothecarii vel ratiocinatores non ordinentur.* Concil. Carthag. I. sub Julio PP. cap. 9 : *Et ipsis non liceat Clericos nostros eligere Apothecarios, vel ratiocinatores.* Ubi *Apothecarii* latiori significatione dicuntur, qui, curatoriis, aut tutelaribus ratiociniis erant obnoxii, ut quidam censent.

¶ 4. Apothecarius, Qui in domibus magnatum conficit bellaria, fructus coctos et saccharo conditos, et alia hujusmodi quæ ad secundam mensam pertinent; qui apothecarius Gallice dicitur, *Officier, Maistre de l'office.* Leges Palatinæ Jacobi II. Regis Majoric. inter Acta SS. Junii tom. 3. pag. XXVIII : *Major camerlengus.... species et confectas et fructus et similia ad officium Apothecarii pertinentia, quæ extra mensam comederemus, facto gustu nobis ministrare* (debeat.) Eodem sensu occurrit ibid. pag. 37. nec non et tom. 2. Hist. Dalphin. pag. 279. et apud Lobinell. tom. 1. Hist. Paris. pag. 427.

* **APOTHECARIUS**, Codicis MS. nomen, in Tabul. S. Petri Carnot. quasi sit *Apotheca* seu horreum, rebus quamplurimis refertum.

* **APOTICARIUS**, a Gall. *Apothicaire*, Pharmacopola. Codicil. Carol. Andegav. Prov. ultimi comit. ann. 1481 : *Item legavit dom. noster rex nobili Joanni de Riciis ejus Apoticario, etc.* [** Vide *Apothecarii*, 3.]

¶ **APOTROPÆI** Dii, ἀλεξίκακοι, hoc est, averrunci sive malorum depulsores, quibus agnicula immolabatur. Hofmann. ex Amm. Marcel. lib. 25.

* **APOYSUS.** Glossar. vet. ex Cod. reg. 7646 : *Apoysis, composititis vel circumcisis.*

APOZIMARE, ἀποζεματίζειν, *Apozema*, seu decoctum medicamentum infundere. Octavius Horatianus lib. 1. Rer. medicar. cap. 19 : *Sales triti, ac in linteolo ligati aceto infundantur, et ex hoc vulnus tandiu Apozimandum est, vel infundendum, donec sanguinem eliciat. Apozima* enim dicebant pro *Apozema.* Macer de Herbis :

His Potus seminum, vel Apozima proderit huic.

Aposia, Excoctio, in Querulo sub finem.

* Gloss. medic. Simonis Januens. ex Cod. reg. 6959 : *Apozima, decoctio diversarum medicinarum.* Provincialibus *Apousemo* est potio medica.

** **APPALIA.** Recessus Hansæ Theut. ann. 1363. apud Lappenbergium in Histor. Orig. Hansæ, Document. pag. 525 : *Exceptis XXVI marcis argenti puri pro captivitate trium amicorum suorum, expositis et exceptis eciam captivis eripiendis, armis, perdicionibus vestimentorum et rerum aliarum, et dominorum Appalibus et sumptibus captivorum, machinis, instrumentis, etc.*

¶ **APPAGARE**, Solvere, exsolvere. Vide *Pagare*, pro *Pacare.*

¶ **APPALCATOR**, pro *Apaltator*, Manceps, Gall. *Traitant, Fermier, Entrepreneur, Interessé.* Italice, *Appaltore.* Rymer. tom. 13. pag. 159. col. 1 : *Licentiam damus dilectis nobis Augustino Chigi mercatori Senensi curiam Romanam in præsenti sequenti, Appalcatori aluminum sive minarum aluminum cameræ Apostolicæ sive sanctæ Cruciatæ, etc.* Vide *Apaltus* et *Apatisatio.*

* **APPALLAREA**, in Actis SS. ex Anastasio tom. 3. Sept. pag. 442. col. 1. pro *Apallarea*, ut legit Cangius. Vide in *Applare*

¶ **APPALLARIA.** Vide *Applare.*

* **APPALPARE**, Cum reverentia palpare, tangere. Chron. Mutin. ad ann. 1329. apud Murator. tom. 11. Script. Ital. col. 118 : *Eisdem Theotonicis obviam accesserunt, nedum ipsos, sed eorum arma et vestes osculantes, et ut Sanctorum reliquias Appalpantes, etc.*

* **APPALTOR**, ab Ital. *Appaltatore*, Manceps, Gall. *Fermier public.* In Pet. Franc. Tonduti Quæst. et Resol. civil. cap. 59. pag. 138. Rota Genuens. decis. 24. num. 53. et 55 : *Ubi dicit similes associatos.... non posse conveniri tamquam liberatarios seu Appaltores, quia camera seu communitas suum constituit Appaltorem, in quem jus Appaltus transfert, nec illi concedit hanc facultatem constituendi Appaltores seu conductores dictæ exactionis.* Quam vocem a Lat. Pactum accersit *La Monnoye* in Diction. Burg. pag. 32. unde Ital. *Appalto* quasi *appactum*, et *appactare.* Vide *Apaltus* et *Appalcator.*

* **APPALUS.** Glossæ Iatricæ ex Cod. reg. 6881 : *Ova Appala, mollia, juscellata.* Vide supra *Apalus.*

* **APPANAGIUM**, Census, vel præstatio pro jure pascendi porcos in silva domini vulgo *Panage.* Vide *Pastio.* Assignatio dotalit. Joannæ regin. Franc. ann. 1319. in Reg. 60. Chartoph. reg. ch. 69 : *Item pro Appanagio dictæ forestæ, ad relationem dictorum juratorum, centum libras.* Unde nostri *Appanager* dixerunt, pro Porcos glandibus pascere. Lit. remiss. ann. 1472. in Reg. 195. ch. 774 : *Le suppliant pour nourrir et Appanager ses pourceaulx, a prins du seigneur de Courtenay les hayes et bois d'icelle seigneurie. Apparnaiger*, vel potius *Appannaiger*, Licentiam pascendi porcos, soluto ob id censu debito, concedere. Charta Renati Alenconii ann. 1480. ex Tabul. Cartus. B. M. de Parco : *Ilz ont droits de franchises et libertez, tels que nous avons en nostredite*

forest de Charnie, et entr'autres sont en possession de prendre et à eux apartenir toutes les bestes porchines, aumailles et autres, qu'ilz treuvent au dedans de leurdit parc, non herbaigées et Apparnaigées, comme a eux appartenans par confiscation.

¶ **APPANAGIUM**, APPANARE. Vide *Apanare.*

APPAR, et APAR, Papias : *Suppar, compar, Appar, composita. Appares* porro vel *Apares* vocant inferioris sæculi Scriptores Epistolas generales, quæ uno exemplo, paucis mutatis, ad diversos mittuntur. Anastasius in S. Hadriano PP. pag. 108 : *Apparem istius donationis per eundem Ætherium adscribi faciens.* Ubi pro exemplo, seu uti dicimus *copia*, vox sumitur. [*Apparum* eadem notione occurrit in Chron. Farfensi apud Murat. tom. 2. part. 2. col. 498 : *Et fecit ei de prædicta cella destructa libellum in tribus personis Monachorum, succedentibus uno duobus, sicut consuetudo secularium Monachorum tunc erat. Unde et Apparum ipse Abbas retinuit apud se, quo ingressus incolumem locum restituit.* Et col. 499 : *Qua de causa egressus Johannes Abbas de hoc Monasterio abiit ad Azonem Abbatem de Aventino suum germanum, portans secum quædam præcepta, et aliquantas chartas hujus Monasterii, inter quas erat præceptum de cella Minionis et Apparum jam dicti libelli.*] Post Novellam Theodosii et Valentiniani de Amota militantibus fori præscript. ad Ariovindum Magistrum Militum : *Eodem exemplo Aspari viro illustri Comiti Exmagistro Militum et Exconsuli bis ordinario.* Atque hæc quidem Epistolæ *Consimiles* in Testamento Sancii I. Regis Portugaliæ æræ 1217, *Uniformes* dicuntur apud S. Hilarium in fragmentis pag. 45 : *Liberius, antequam ad exilium iret, hanc Uniformem Epistolam Confessoribus scripsit etc.* Et apud Nicolaum PP. I. Epist. 8. in fine : *Nec non et Epistolam Uniformem, quam quibusdam claris Urbis Constantinopolitanæ Senatoribus singillatim scribendam atque mittendam fore prævidimus.* Epistolæ autem istius, quæ est 16. titulus sic concipitur : *Nicolaus... singulis quibusdam Senatoribus Constantinopoleos, Aparibus.* Ubi vox *Aparibus*, non ad vocem *Senatoribus* refertur, sed per receptam hac ætate formulam additur, ut innuatur uno exemplo dictatas et missas Epistolas ad diversos; quæ pluries occurrit apud Gregorium Magn. interdum per *apparibus*, interdum per *Aparibus* cum unico P. descripta, lib. 1. Epist. 24. 25. lib. 2. Indict. 11. Epist. 49. lib. 5. Epist. 29. 52. 54. lib. 7. Indict. 1. Epist. 15. Ind. 2. Epist. 27. 39. 112. lib. 9. Epist. 52. lib. 10. Epist. 7. et apud Joannem VIII. PP. Epist. 99. 191. 227. Sed et apud Gregorium VII. PP. lib. 1. Epist. 4. quæ ad diversos inscribitur, hæc habentur : *Incœptis quidem Aparibus, sed circa finem singulis Epistolis juxta locorum et personarum competentiam discrepantibus. Data Romæ, etc.* Adde lib. 2. Epist. 16. [Hugonis Abb. Farfensis relatio de Monasterio suo, apud Mabillon. tom. 4. Annal. Benedict. pag. 700. col. 2 : *Et cum die sequenti Sabinis venissemus manibus nostris firmavimus tertium genus, et nostros direximus ad eum legatos, ut acciperet illud præfatus Comes et Appare ab illo firmatum nobis mandaret, sed facere noluit.*] Ita apud Radulfum de Diceto, Epistola, quam Richardus Anglorum Rex nobilibus, quibus Regni curam commiserat, dum sacram peregrinationem obiret, scripsit, hanc præfert inscriptionem : *Richardus Rex Angl. Willelmo Cancellario, G. Filio-Petri, W. Marescalle, et H. Bard. et W. Briwer, Apparibus.* Salmasius in lib. de Jure Attico et Romano vocem distinguendam putat, *a paribus*, ut sit ἀπὸ τοῦ ἴσου, ἀπὸ τοῦ ἰσοτύπου, ἰσοτύπως, epistola scilicet eodem, quo alia exemplo scripta. Palladius in Vita Chrysostomi pag. 22 : Ἀντεπέστειλεν ὁ μακάριος Ἰννοκέντιος ὁ Πάπας ἀμφοτέροις τοῖς μέρεσι τὰ ἴσα τῆς κοινωνίας. Agatho Diacon. de VI. Synod. Ἰσοτύπους ἐναπογράφους τόμους vocat. Sed loci supra allati videntur evincere, *aparem*, vel *apparem* similem denotare, vel potius exemplum alterius scripti, maxime locus Anastasii. At cur *aparibus* vulgo scriberetur in ablativo, existimaverim indicari Epistolas *pari* tenore vel certe *aparibus*, seu similibus, descriptas, singulisque (quibus alias generatim inscribuntur) licet eodem contextu inscriptas ac missas. Charta Ludovici Pii pro Monast. S. Dionysii in Tabulario ejusd. Ecclesiæ : *Duas super hoc jure pari tenore conscriptiones fecerunt, easque manibus firmaverunt propriis, ut altera earum in archivo ipsius Monasterii... servaretur : alteram vero nostræ magnitudini direxerunt, ut illam Palatinis scriniis juberemus recondi.* Cæterum nescio an in Synodico adversus tragœdiam Irenæi cap. 115. initio non legendum sit, *Apparis* pro *Sarparis.* Judicet Lector. [Hæc vero formula quæ in subsequentibus summorum Pontificum epistolis frequens est, primum occurrit in epist. 3. Zosimi PP. quæ apud Coustantium tom. 1. Epist. Rom. Pontif. pag. 949. legitur.] Vide *Paricla.*

APPARAGIUM, [Pars hereditatis quæ a primogenito datur secundogenitis.] Locus est in *Paragium.* [Vide *Apanagium* in *Apanare.*]

¶ 1. **APPARAMENTA**, Apparatus, id omne quod bello inferendo necessarium est, Gall. *Préparatifs de guerre.* Chron. Parmense ad ann. 1308. apud Murat. tom. 9. col. 872 : *Quum ordinatum esset per Commune Parmæ exercitum facere generalem contra prædictos extrinsecos, et multa manghona et Apparamenta fierent ad prædicta.*

* 2. **APPARAMENTA**, Instrumenta quævis rei alicui perficiendæ necessaria. Charta Phil. Aug. ann. 1215. in Reg. S. Justi Cam. Comput. Paris. fol. 110. v°. col. 2 : *Dicti monachi* (de Bono portu) *nobis conquesti sunt, quod molendinarii nostri, prædicta die Mercurii, utensilia ejusdem molendini et Apparamenta eis denegabant, unde molta eorum impediebatur. Appareil*, eadem notione, in Lit. remiss. ann. 1466. ex Reg. 200. Chartoph. reg. ch. 174 : *Chacun des supplians ayans son Appareil ou charrue de beufs pour labourer,.... et quant furent chacun en son Appareil pour illec labourer, etc.* At vero *Apparcillié*, iisdem est Præparatus, dispositus, expeditus, Gall. *Tout prêt, disposé.* Charta ann. 1360. ex Chartul. 23. Corb. : *Ils seront prest et Apparcilliés, et offeront à faire amende condigne.* Ejusdem originis est vox *Appareil*, Apparata ad vulneris curationem medicamenta; unde *Désappareiller*, pro Illa auferre, in Lit. remiss. ann. 1444. ex Reg. 176. ch. 356 : *Icellui Huguet par son yvresse se Desappareilla et osta ce que on avoit mis sur icelle playe.*

* 3. **APPARAMENTA**, Pacis prolusiones, Gall. *Préliminaires.* Acta varia ad Conc. Basil. apud Marten. tom. 8. Ampl. Collect. col. 92 : *Item ipsum Concilium pro ponenda pace, pro qua inter cetera congregatum exisitit, tam inter quamplures reges, principes, civitates, et alios, plura Apparamenta et initia fecit ad dandum modos pro pace.*

APPARAMENTUM. Charta MS. Petri II. Regis Aragon. ann. 1283. pro Libertatibus Cataloniæ : *Item quod animalia Militum, et arma sui corporis, nec Apparamenta suæ domus non pignorentur pro aliquo debito eorundem.* Hispanis, *Paramentos de sala*, aulæa, peristromata. [Concil. ann. 1591. inter Hispanica tom. 4. pag. 622. col. 1 : *Nec ipse Presbyter, vel alius calices, vestimenta, vel Apparamenta alia divino cultui deputata Judæo vendere... seu reficienda tradere quacumque ratione præsumat.* In Tabulario. S. Martialis Lemovic. *Apparamenta* recensentur inter dona S. Martiali facta.]

¶ **APPARARE**, Commentariis explicare et illustrare. Testam. Henrici Ostiensis Cardinalis inter instrum. tom. 3. novæ Gall. Christ. col. 180 : *Decretales meas novas quarum quatuor libri fere sunt Apparati, relinquo summo Pontifici, qui et si voluerit, id quod deest faciat Apparari, sumto exemplo e Vicecancellaria.* Vide *Apparatus.*

* **APPARATA**, f. pro *Appendaria.* Vide in hac voce. Charta ann. 975. inter Instr. tom. 6. Gall. Christ. col. 267 : *Tres quoque Apparatas eidem canonicæ, cum omni integritate distribuit; mercatum vero medium...: omnigena caritate concedit.*

* **APPARATOR.** Stat. comit. Venaiss. cap. 55. ex Cod. reg. 4660. A : *Item quia stratores, Apparatores et servientes curiarum, vulgariter nuncupantur stipem pauperum et panem esurientium sitientes.... solummodo unum grossum.... exigant.* Ubi leg. videtur *Apparitores.*

¶ 1. **APPARATORIUM.** Inscriptio vetus apud Reinesium pag. 818 : *Hoc Adparatorium pertinet ad monumentum A. Aquili Dionysi.* Interpretatur de loco, ubi rogus fuerit apparatus; verum Fabrettus Inscript. pag. 232. asserit *Apparatorium* ædificium aliquod sepulcro annexum fuisse, ad lustrationem sepulcri et cœnas sociales paratum, etc. Vide *Apparaturium.* [** Conf. Forcellini Lexic. in hac voce. Glossæ Græc. Lat. : Ἐξαρτιστήριον, *Apparatorium*; ab ἐξαρτίζω, Apparo, instruo.]

* 2. **APPARATORIUM**, Idem quod supra *Apoteca*, Domuncula, officina. Inventar. Chart. reg. ann. 1482. fol. 50. v° : *Dictus rex* (Aragonum) *tradidit dicto archiepiscopo* (Narbon.) *in excambium..... insulam seu tenentiam domorum, Apparatoriorum et botigarum, quæ est in Montepessulano cum pertinentiis, in ann. 1259.* Vide *Apparaturium.*

¶ **APPARATURA**, Ornamentum, Gall. *Parure, Ornement.* Agius in Vita S. Hathumodæ apud Bern. Pez, tom. 1. Anecdot. part. 3. col. 291. A : *Aurum et Apparaturam pretiosam, quæ infantes utpote pulchra, quanquam innocenter concupiscant, neque concupivit, neque habere voluit.* Apud Rymerum tom. 10. pag. 516. col. 2. *Appa-*

raturæ recensentur vestes inter et domesticam suppellectilem. [** Germanis *Gerœth.* Gothofridi Strasburg. carmen de Tristando et Isolda, v. 4600 :

Von werltlicher Zierheit,
Von richeme Geræte.

Glossar. Aglos. apud Somner. : Gereda, Apparatus.]

* Nostris olim *Appareillement*, eadem acceptione. Le Roman de *Robert le Diable* :

Tous armés des blans garnimens,
Et de tels Appareillemens,
Com li blans chevaliers avoit.

Apparreure vero, pro Specimen, quo mercatores solent merces suas parare, in Lit. ann. 1415. ex Reg. 170. Chartoph. reg. ch. 1 : *Ordonnons que aucun marchant.... ne mettra plus belle Apparreure par dessus que par dessous.* Unde *Mauparans* dicitur de eo, cujus forma seu corporis habitus non placet, in jam laudato Poemate :

Esgardés, font-il, fu il donques
Si Mauparans, ne si meons?

APPARATURIUM, *Ubi res quæcumque paratur*, in Glossis MSS. Reg. Cod. 1019. Hinc emendandæ Glossæ Lat. Græc. *Apparatorium*, ἐξαρτιςήριον. Ubi perperam Edit. *Appuritorium*. [** Vide in hac voce.] Ut et apud Papiam in V. *Apparitor*, cui dicitur : *Ubicumque res parantur, vel adjutorium.*

1. **APPARATUS**, ita appellata Glossa Accursii ad Digestum et Codicem ; sed et quivis commentarius. Rollandinus in Summa Notariæ cap. 3 : *Vi pignoris obligaverunt unum codicem, scriptum in cartis hedinis cum Apparatu domini Accursii.* Hinc emedandus Willelm. Thorn. in Chron. ann. 1274 : *Contulit huic Ecclesiæ Bibliam pulcram, et totum corpus Juris opperatu ordinario glossatum.* Legendum enim *apparatu*. Tancredus JC. Bononiensis in præfat. ad Compilation Decretalium : *Decretales dicuntur super quarum expositionibus plures Doctores Bononiæ Glossas plurimas varias et diversas posuerunt, et Apparatus plures super eis fecerunt atque scripserunt.* Vide *Paratæ*, [*Apparare*,] [** et Savinii Histor. Jur. Roman. Med. tempor. vol. 3. pag. 523. vol. 5. pag. 257. etc.]

* 2. **APPARATUS**, Reparatio, refectio, Gall. *Reparation*, vel Sumptus, conservatio, nostris *Entretien*. Charta ann. 1202. ex Chartul. S. Joan. in Valle : *Cum inter me et alios participes molendini de Charruel diutius contentio verteretur, super Apparatibus et emendationibus ejusdem molendini, contentionem istam volens pacifice terminare, confiteor quod tertiam debeo mittere portionem a plancherio molendini et subtus, etc.*

* **APPARELLAMENTUM**, Receptio in fratrem apud Albigenses hæreticos. Acta Inquisit. Tolos. ad ann. 1238. inter Probat. tom. 3. Hist. Occit. col. 387 : *Imposuerunt librum et manus super caput ipsius, et legerunt evangelium et consequenter ipsi hæretici fecerunt Apparellamentum, et fecerunt pacem ibi osculantes sese invicem ex traverso.*

** **APPARENS**. Vide *Lex apparens*.

¶ 1. **APPARENTER**, Probabiliter, in speciem, Gall. *Apparemment*. Acta SS. Martii tom. 1. pag. 561 : *Quod Apparenter nunquam mulier aliqua tantum laboravit parturiendo, quantum condolendo.*

* Nostris olim *Apparément* et *Apparéement*, pro Manifeste, clare, nunc *Visiblement, évidemment*. Lit. ann. 1396. tom. 8. Ordinat. reg. Franc. pag. 100 : *Se ledit bois n'estoit Apparément marquié ou scellé, etc.* Reg. sign. *Pater* in Cam. Comput. Paris. fol. 44. v° : *Item que les baillis.... menans Apparéement deshoneste vie, etc.*

¶ 2. **APPARENTER**, per visum a Deo profectum. Vita prior B. Lidwinæ Virg. tom. 2. Aprilis pag. 302. C : *Contigit ergo post hæc quod felix Lydewigis virgo Apparenter visitavit virginem languentem, dando ei remedium artis medicinæ, et veraciter curata surrexit sana, ambulans, comedens, et opera sanarum virginum exercens.*

¶ 1. **APPARENTIA**, Ostentatio. Boncompagnus de obsidione Anconæ cap. 10. apud Murat. tom. 6. col. 933 : *Non surrexi ad Apparentiam vel inanis gloriæ fastum, quia hujus sæculi pompa mihi jam emarcuit, cum vix lumen cœli videam et fervor spiritus ad sublimiora conscendit.*

¶ 2. **APPARENTIA**, Parvula causula, simulatio, Gall. *Apparence, Couleur, Prétexte.* Charta Wenceslai Ducis Brabantiæ, qua varia privilegia concedit Lovaniensibus, apud Miræum Diplom. Belgic. tom. 2. pag. 1025 : *Neque ullum quærere permittemus ullam Apparentiam, occasionem aut prætextum, per quem hæc puncta scindere possemus.*

* 3. **APPARENTIA**. In Apparentia, Sub dio, palam, Gall. *à découvert, en public*, olim *en Appart* et *en Appert*. Stat. Avenion. ann. 1243. cap. 89 : *Piscatores teneantur afferre et tenere simul omnes pisces in Apparentia in mercato macelli, et in nulla domo reponantur.* Ordinat. ann. 1358. tom. 3. Ordinat. reg. Franc. pag. 246 : *Les deniers d'or fin au mouton.... n'auront cours et ne seront pris et mis en Appart ou en couvert, etc.* Stat. ann. 1372. tom. 6. earumd. Ordinat. pag. 120. art. 10 : *Ne* (pourront) *faire fait de tannerie en Apert, ne en requoy. Né en repost, ne en Appert*, in Ch. ann. 1306. *Appert* vero, pro Industrius, peritus, in Lit. remiss. ann. 1380. ex Reg. 116. Chartoph. reg. ch. 209 : *Guy, qui est joennes, fort Appert et tenuz de ceulx qui le cognoissent pour hardi homme et bon marinier.* Froissart. vol. 1. cap. 1 : *Aussi en France ont-ils trouvé bonne chevalerie, roide, forte et Apperte.* Unde *Appertese* et *Appertise*, Dexteritas, industria, subtilitas. Chron. S. Dion. tom. 3. Collect. Histor. Franc. pag. 288 : *En chaces de bois se deportoit* (Dagobert) *assiduelment, en Apertisses et en legiereté de cors estoit moult aüsez.* Lit. remiss. ann. 1411. in Reg. 166. ch. 152 : *Le suppliant eust esté mehaignié de ses membres, se par son Appertise ne leur feust eschappé.* Aliæ ann. 1470. ex Reg. 195. ch. 373 : *Ung basteleur qui aloit parmi la ville* (d'Alby) *pour jouer d'Appertese.* Christ. Pisana part. 3. cap. 20 : *Un homme estoit à Paris,.... qui tomboit et faisoit pluseurs Appertises sus cordes tendues hault en l'air.* Occurrit sæpius apud Froissart. *Aprestise*, Exercitatio. Le Roman *du Chevalier Deliberé* MS. :

Les essais et les Aprestises,
Qui se font pour son adrecer;
Ce sont les devotes aprises,
Qui sont pour bataille requises.

Hinc *Aperte*, Præclare factum, apud Monstrel. vol. 1. cap. 31 : *Les Hainuyes s'en retournerent en leur pays sans faire Aperte, qui soit à racompter, n'escrire.*

¶ 1. **APPARERE**, Arbitrium, sensus, ab Italico *Parere*, quod idem significat. Gall. *Fantaisie, caprice.* Acta S. Franciscæ Romanæ tom. 2. Martii pag. * 114. C : *Ego creavi hominem ut haberet vitam æternam, sed ipse plus acquievit dæmoni quam mihi, voluit ascendere in superbiam et sequi suum Apparere.*

* 2. **APPARERE**, Componere, disponere. Charta ann. 1331. in Reg. 66. Chartoph. reg. ch. 527 : *Ad quæ pondera dicti molinerii seu dicta molendina gubernantes blada molenda et farinam multam Apparere et ponderare haberent.*

* 3. **APPARERE**, Juri stare, Gall. *Comparoître*. Scacarium Paschæ apud Falesiam ann. 1212. ex Bibl. reg. Cod. 4653. A : *Judicatum est quod Hugo de Rotis sit forbanitus, quia secutus de morte hominis, in quatuor assisiis noluit retro Apparere.*

¶ **APPARES** Chartæ. Vide *Appar et Paricla*.

* **APPARIARE**, Conjugare, copulare, Gall. *Apparier, faire alliance.* Contract. matrim. ann. 1162. inter Probat. t. 2. Hist. Occit. col. 590 : *Rogerius-Bernardi comes Fuxensis, Essemenæ filius, et Arnaldus-Bernardi de Marcafaba, filius Gallardæ, consilio suarum uxorum suorumque hominum, bono amore et bona fide conjunxerunt et Appariaverunt se tali conventu, quod dominus comes Fuxensis Rogerius-Bernardi convenit dare uxorem, et dedit filiam suam cum xx. casalibus et una milicia Guillelmo-Arnaldi filio Arnaldi-Bernardi de Marcafaba.* Vide supra *Apariare*.

¶ **APPARIATIO**, Gall. *Pariage*, cum quis alterum dominii participem facit. Vide *Pariagium* in *Par*.

* **APPARIATUS**, Consentaneus, consentiens, Gall. *Conforme*, vel Rei alicui proprius, destinatus. Stat. Massil. lib. 1. cap. 47 : *Et quod notarius clavariæ teneatur speciali sacramento scribere dictas balistas in quodam Cartulario Appariato dictis balistis, ad monitionem dictorum proborum virorum, etc.*

* **APPARIBILIS**. Vide supra *Aparibilis*.

* **APPARISIS**, *Est cum id quod in animo, quasi judicium deposueramus, opportune reposcimus.* Glossar. vet. ex Cod. reg. 7613.

1. **APPARITIO**, pro Apparitoribus ipsis, non semel in Codice Theod. Glossæ Græc. Lat. τάξις ἄρχοντος, *Officium, Apparitio*. Male edit. *Apparatio*. Coronatus Notarius in Actis S. Zenonis Episcopi Veronensis : *Ut hoc Rex Gallienus audivit, missis Apparitionibus ad perquirendum sanctum virum cœpit solicite demandare.* Vide Collat. III. Carthagin. cap. 29. Maximum Taurin. in Homil. in Vigiliis Natalis Domini, et Ammianum Lib. 18. et 19. pag. 123. 144. 1. Edit.

¶ Apparitionis Princeps, Princeps seu primus apparitorum. Vide *Princeps officii*, post vocem *Princeps*.

¶ 2. **APPARITIO**, Epiphania. Ordo Officii Gothici tom. 3. Collect. Conc. Hispan. pag. 266 : *Notandum est... Apparitionem... idem esse cum Epiphania.*

* Stat. S. Capellæ Bitur. ann. 1407. ex

Bibl. reg. : *Festa vero.... Circumcisionis et Apparitionis Domini.* Nostris etiam *Apparition*, eadem acceptione. Homag. Joan. *de Baleicourt* milit. in Mem. E. Cam. Comput. Paris. fol. 167. v° : *Ces lettres furent faites l'an de grace* 1316. *le Merquedi après l'Apparition.* Infra : *Le jeudi après l'Aparition au mois de Janvier.* Vide infra *Festum Apparitionis.*

¶ 3. **APPARITIO**, Quarta e novem partibus hostiæ divisæ in Missa Muzarabica. Vide *Hostia*.

¶ **APPARSUS**, Visus, qui apparuit. Vita S. Juvenalis Episc. Narniensis tom. 1. Maii pag. 402 : *Ut dominatio sua illustrissima ad videndum accederet miraculum in sua Ecclesia denuo Apparsum, et repertum intus capsam lapideam, in qua repertum fuit corpus S. Juvenalis.*

* **APPARTATUS**, Sua parte seu portione donatus, Gall. *Qui a sa part.* Chron. Andr. Danduli apud Murator. tom. 12. Script. Ital. col. 326 : *Quartam vero partem vobis retinere debetis, donec fuerimus ipsa solutione coæquales ; si autem aliquid residuatum fuerit, per medietatem inter nos et vos dividere, usque dum fuerimus Appartati.* Vide *Appartiamentum.*

* **APPARTENENTIA**, Tutela, protectio, qua quis rem aliquam, ut suam, tuetur. Charta Guill. *de Beaux* princ. Araus. ann. 1202. ex schedis Pr. *de Mazaugues : Insuper recipimus in nostra salvatoria, et securitate, protectione, et Appartenentia dictam domum S. Trinitatis Massiliæ.*

APPARTIAMENTUM, Partitio, divisio bonorum inter liberos. Consuetudines Tolosanæ : *Si in ultima voluntate sua relinquat... vel jure institutionis, vel Appartiamenti, etc.*

¶ **APPARUM**. Vide *Appar.*

¶ **APPASSAMENTUM**, Induciæ, belli sedatio, a Gallico *Appaiser*, Pacificare. Gregorius X. PP. in Epist. ad Abbatem Casin. apud Marten. tom. 7. Ampliss. Collect. col. 244 : *Affirmans te cum integro familiæ numero rediisse, treugis, quas Appassamentum in eisdem litteris nominabas, inter carissimum in Christo filium nostrum Imperatorem CP. et Regem Siciliæ ex una parte, et Michaelem Palæologum Imperatorem Græcorum ex altera procuratis.* Vide [** octo verba sequentia] *Appeysamentum*, et *Apatisatio.*

APPATIAMENTUM, [Tributa regioni subactæ, durante bello a victore imposita, Gall. *Contributions.* Olim *Appastis*, vel *Pactis*, quod sub certis pactis et compositionibus, v. g. a cæde, incendio, agrorumque devastatione temperandi, exigantur solvanturque.] Charta Amanevi de Lebreto Militis ann. 1400 : *Nunc vero fortius solito depauperati propter exactiones Appatiamenti factas per Nopar Cavimontis, et quia dicti Nopar et sui complices gentes armorum nituntur mercham exigere, pro quadam summa pecuniæ excessiva in causa Appatiamenti prædicti, licet solverint dictum Appatiamentum.* [** Vide *Appassamentum.*] [Froissart. tom. 3. cap. 101. pag. 276. edit. 1560 : *Encore avez vous bien ouï conter Geoffroi Teste-noire Breton qui le tenoit à la garnison et fort chatel de Ventadour en Limosin. Ce Geoffroi ne s'en fut jamais parti pour nul avoir. Car il tenait ledit chatel de Ventadour comme sien et son propre heritage, et avait mis tout le pays à certains Pactis, et parmi toutes ces pactions touttes gens labouraient en paix dessous lui et demeuraient.*]

¶ **APPATICIAMENTUM**, Eadem notione. *De et super extorsionibus, pilleriis, roberiis, impositionibus, Appaticiamentis, et aliis actionibus indebitis*, apud Rymerum tom. 10. pag. 12.

* **APPATICIRE**, Tributa sub nomine *Appatis* exigere, Gall. *Rançonner ;* olim *Appatissier*, nostris, pro Pacisci, Gall. *Traiter, convenir des contributions.* Memor. H. Cam. Comput. Paris. ad. ann. 1423. fol. 163. v° : *Sine capiendo, nec capi permittendo ab ipsis subditis aliqua victualia, nec alia bona, nisi solvendo prompte et ad taxationem justitiæ, pro eorum victu ea quæ habere vellent, nec alias ipsos Appaticiendo quoquo modo.* Lit. remiss. ann. 1385. in Reg. 128. Chartoph. reg. ch. 89 : *Les habitans avoient rançonnez ou Appatissiez aux Anglois à certaine somme d'argent.* Vide *Apatisatio*, et *Appatiamentum.*

¶ **APPATISSAMENTUM**, Eodem intellectu, quo *Appaticiamentum. De et super Appatissamentis capiendis et levandis in terris patriis et dominiis inimicorum et rebellium præfati domini Regis ultra flumen Ligeris : quod si possent Appatissamenta hujusmodi ad hoc sufficere, solvetur et stipendiabitur numerus gentium prædictarum de reliquo, super et de redditibus et proventibus, etc*, apud Rymer. tom. 10. pag. 558. Et tom. 11. pag. 135 : *Per captivitates, Apatissamenta, Gallice dicta Appatis, cursus, fouragia, etc.*

¶ **APPATIZAMENTUM**, Eadem significatione, in eodem tom. 11. pag. 406.

¶ **APPATIZARE**, Apatizamenta imponere, ibidem. Vide *Apatisatio.*

* **APPATUARE**. Vide supra *Apatuare.*

* **APPEISSAMENTUM**, Induciæ, pacificatio. Charta ann. 1269. in Hist. Lugdun. pag. 3. col. 2 : *Præterea prædictæ partes dederunt sibi ad invicem, scilicet una pars alteri, Appeissamentum sive quietam pro eis et pro adjutoribus suis,.... et juravit super sancta Dei evangelia attendere bene et fideliter dictum Appeissamentum, et de hoc dederunt fidejussores.* Vide *Appeysamentum.*

* **APPELLARE**, pro Appellere, ut colligitur ex voce *Apulsus* infra. Charta ann. 1411. in Reg. 167. Chartoph. reg. ch. 340 : *Item quod nutritores dictorum animalium.... possint immittere libere.... dicta animalia infra regnum Aragonum causa depascendi, Appellandi, vel abevrandi seu adaquandi jure adempriuii vel servitutis.* Vide alia notione supra in *Apellare.*

¶ **APPELLARE**. Vide in *Appellum.*

APPELLAREA. Vide *Applare.*

¶ 1. **APPELLATIO**, Vox forensis nota.

¶ Appellationem Applicare, Idem quod Jurisconsultis appellationem explicare, seu appellationis causam persequi. Arrestum Parlamenti ann. 1322. Hist. Harcur. tom. 3. pag. 240 : *Ex quibus dictus procurator ab ipsis a defectu juris ad Senescallum prædictum appellavit, ac dictis articulis respondere recusavit, et licet dictæ Appellationi tamquam frivolæ deferre minime debuissent commissarii prædicti, ut dicebant ; ipsi tamen lapsum decem dierum expectaverunt ad videndum, si dictus procurator Appellationem prædictam Applicaret secundum patriæ consuetudinem.*

¶ Appellationes Laudunenses, nostris olim Practicis *Appeaux volages.* Sic dicebantur, quod plurimum haberent usum in agro Laudunensi. In pluribus locis hujus agri Rex gaudebat jure occupationis, vulgo *præventionis*, in omnes vassalos et subditos, superiores, medios et inferiores *Justitiarios*, ubi causa criminalis agebatur ; in aliis locis etiam ubi causa erat ordinaria. In aliis denique ejusdem territorii locis, jus Regis seu Judicum Regiorum tale ac tantum erat, ut si cujuspiam causa ad Judices ordinarios et inferiores esset delata, posset ipse ab illis Judicibus ad *Baillivum* Viromanduensem provocare appellationibus, de quibus hic agitur. Illas sic explicat Boutillerius in sua Rurali Summa lib. 2. tit. 14 : *Appel volage est communement usité en Laonois plus qu'ailleurs, et ceci se fait sitost qu'aucun est adjourné devant le Juge à certain jour, il peut venir au Juge au jour ou devant, ou soit que la cause soit encommencée ou non, et dire : Sire Juge vous m'avez faict adjourner par devant vous à la requeste de tel, si qu'on me dit que j'ai cause d'appeller de vous et de votre jurisdiction, et pour ce en appellé-je d'Appel volage. Et le doit aussi nommer en l'appel faire. Et pour soutenir dés maintenant mon Appel volage, je vous adjourne pardevant Monseigneur le Bailly de Vermandois, ou son Lieutenant au premier Siége de Laon, au jour de la prochaine assise contre moi à voir soutenir mondit volage Appel, et si vous cuidez que bon soit, soyez y. Dés maintenant intime ma partie averse qu'elle y soit, si bon lui semble, pour voir par moi soutenir mondit Appel volage, et n'y faut adjournement. Ne puet aussi le Juge appellé, ny oserait proceder en outre sur peine de attempter. Et si le Juge ne compare au jour, l'appellant aurait comparu, et commission pour faire adjourner et interiner. Et si l'Appellant avait alors prouvé, que le Juge eust ainsi appellé et adjourné, lors feroit à l'appellant donner desfaut en cas d'appel.* Post hujusmodi appellationes supremus Viromanduorum *Baillivus* aut ejus locum tenens de causa ad se delata primus ipse cognoscebat, si auditis partibus litigantibus, appellationes judicaret esse legitimas ; sin autem ad Judices ordinarios eam causam rejiciebat. Vide præscripta Acta Consuetudinum Viromanduorum.

¶ Verum et aliud erat appellationum Laudunensium genus in iisdem actis explicatum his verbis : *Toutes les fois, qu'un soi disant et maintenant possesseur d'aucun heritage estoit troublé, ou empéché par trouble et empeschement de fait en sondit heritage par un autre, qu'il trouvait sur son heritage lui faisant le trouble et empeschement, en ce cas il estoit loisible au possesseur ainsi troublé sans commission ou ordonnance de Juge, d'appeller luy mesme promptement par Appel volage celui, ou ceux qui lui faisoient le trouble, à brief jour et heure, et les appellez estoient tenus de comparoir dans l'estat ou ils se trouvoient, c'est-à-dire, avec leur instrumens, leurs armes et leurs bastons, dont ils estoient garnis faisant ledit trouble, par devant le Prevost royal de la Prevosté foraine, où celui qui avoit esté troublé pouvoit conclure au possessoire en matiere de nouvelleté, après quoy le Prevost renvoyoit et remettoit les parties en* les plaids ordinaires, à moins qu'il n'y eust lieu d'adjuger quelque provision, comme de sequestre, de fournissement de complainte ou autre.

¶ Cum autem ejusmodi appellationes Laudunensibus essent gravámini, lites prorogarent, ordinariosque judices suis exspoliarent juribus, Philippus IV. cognomento Pulcher, illas abrogavit ad tempus. *Ad tempus*, dico, nam conquerentibus procul dubio Judicibus regiis, ab eodem Rege restitutæ sunt anno 1296. cujus restitutionis existat Præceptum apud D. *de Lauriere* tom. 1. Ordinat. Reg. pag. 328. In Chartulario S. Vandregisili tom. 2. pag. 1856. habetur aliud ejusdem Regis Edictum anni 1302. ubi *Appellationes Laudunenses in præjudicium subditorum introductæ dicuntur*; unde *Proponimus*, inquit, *et ordinamus personas mittere ydoneas ad inquirendum de antiquis consuetudinibus Appellationum prædictarum*. Quid inde factum sit, aliunde non liquet; sed appellationes Laudunenses a Philippo VI. anno 1332. in villa seu urbe *Launay Porcien* abrogatas fuisse nos docet jam laudatus D. *de Lauriere*, Edicto ejus Regis tom. 2. Ordinat. pag. 81. relato. Aliud ibidem pag. 444. refertur Edictum Johannis I. Franc. Regis ann. 1351. quo easdem appellationes facit irritas, ea tamen conditione, ut villarum exemptarum incolæ, non Clerici et bigami, duorum solidorum Paris. *Foagium* solvant: quod ad hunc usque diem observatur.

* Lege præterea tom. 5. earumd. Ordinat. pag. 29. et 93. Literas eadem hac de re ibi editas.

* Appiaus au voirre, Quæ appellatio sic dicta fuerit olim a practicis nostris, explicat Bellomanerius MS. cap. 63: *Se li appelerres disoit que on li eust tué Pierre son parent, et il estoit mis en voir que chil Pierres est encore vis. Car appiaus, qui n'est veritaules, n'est pas à rechevoir; et celes manieres d'Appiaus si sont appelés au voirre; autant vaut au voirre, come bourdes proposées en jugement.*

* Rem notandam eo in casu exhibet Registrum parlam. Paris. *Olim* fol. 96. ad ann. 1259. ubi unus ex judicibus, a quorum sententia appellabatur, rectum esse judicium, deposito pignore, probaturum se pollicetur; appellantis quippe, non judicis, erat ad monomachiam provocare. Vide *Falsare judicium* in *Falsare* 4. *Cum prolato judicio in curia ipsius abbatis* (S. Medardi) *prædicti burgenses* (Suessionenses) *appellassent; quidam de judicatoribus portavit gagium suum, et obtulit se facere, quod illud judicium erat bonum.*

* 2. **APPELLATIO**, Evocatio, quæ ad sonum campanæ fit, Gall. *Appel*. Stat. eccl. Tullens. MSS. ann. 1497. fol. 103. r°: *Post Primam venirent congregationes et pulsaretur Appellatio; et postmodum a toto conventu iretur eum quæsitum ad suum hospitium cum cruce, etc.*

APPELLATORES, Fures, Anglis. Articuli Cleri Anglicani, oblati Edwardo II. Regi ann. 1316. cap. 10: *Placet etiam domino Regi, ut latrones et Appellatores, quandocumque voluerint, possint Sacerdotibus sua facinora confiteri.* Thom. Walsing. in Richard. II. pag. 288: *Captas nempe mulieres in prisona, quæ vocatur Dolium, incarcerarunt. Postremo perductas ad conspectum publicum decissa cæsarie, ad modum furum, quos Appellatores dicimus, circumduci fecerunt.* Generaliter autem *Appellatores* et *Approbatores*, Angli vocant eos, qui crimen aliquod, seu feloniam, commisere, eamque ultro confessi, criminis socios ad judicem *appellant*, vel *approbant*, id est, deferunt. Vide *Probatores*.

* 1. **APPELLATUS**, pro Appellans. Lex Godefridi episc. Camerac. ann. 1227. art. 17: *Civis civem ad duellum appellare non potest. Et si hoc fecerit, et ille qui fuerit appellatus inde querimoniam fecerit, Appellatus hoc emendabit per pœnam. c. sol.* Ubi versio Gallica: *Li Apelans l'amenderoit par la Painne de c. solz.*

* 2. **APPELLATUS**. Lit. Innoc. III. PP. in Chartul. Campan. fol. 87. v°: *Ex parte dilectæ in Christo filiæ nobilis mulieris Blanchæ comitissæ Campaniæ.... nostro est Appellatui reseratum, etc.* Sed leg. *Apostolatui*.

APPELLITUM, vel Appellitus, Submonitio, seu evocatio populorum ad vindicanda maleficia. Quadruplicem porro *Appellitum* recensent Practici Aragonenses: *Appellitum de tolli fortiam, Appellitum apprehensionis, Appellitum criminalem, et Appellitum manifestationis*. De singulis agit Michael *de Molino* in Repertorio Foror. Aragon. quem quivis consulere poterit, cum hisce non liceat immorari. Vide *Juncta* et *Concursus*.

Submonitio quævis. Ch. Alfonsi III. Reg. Portug. æræ 1267. apud Brandaonum lib. 15. Monarch. Lusitan. cap. 24: *Solum hoc, quod mihi et successoribus reservo in perpetuum, videlicet collectam, monetam, hoste, annaduam, Appellidum, fossadum, etc.* Alia Alphonsi Regis Portugalliæ apud eumdem lib. 13. cap. 17: *Et vobis illam utique concedo liberam et exemptam ab omni regali onere: ita quod homines; qui ibidem morantur, de cætero non vadant ad Appellidum ad Castellum faciendum, etc.* Fori Alcaconenses: *Et qui non fuerit ad Appellido Cavaleiros et Pedones, exceptis his, qui sunt in Servitio alieno, Miles pectet 10. sol. pedones 5. sol. ad vicinos.* [** Vide *Apellidum*. Hanc submonitionem duplicem fuisse: generalem, cui ab omnibus obediendum erat, quando Mauri invasores terram infestabant, aliam a qua privilegiis plurimum excipiebantur oppida, docet Sª Rosa de Viterbo Elucidarii vol. 1. pag. 122. Chart. ann. 1188: *Numquam de vestra villa faciatis carrejra a senhor cum vestros corpos, nec per vestros haberes, nec vadatis in Apelido, nisi ergo super vos venerint Mauros, vel gens alienas.* Alia anni 1098: *Omnes scutarii vadant ad Apelido, cum opus fuerit, sed non transeant aquas Durii, nisi cum rege vel cum domino terræ a se misso.* Alia ann. 1225. *Et omem de S. Cruce qui non fuerit in Apelido cum suos vicinos pectet uno morabitino; et si dixer: non lo ovi, juret cum duos vicinos.* Denique S. Rosa *Apelidum* etiam idem fuisse ac *Anaduam* statuit, laudando chartam quam ex Brandaoni lib. 13. cap. 17. supra affert Cangius, sed ibi fortasse post *Appelidum* virgulæ locus est.]

¶ **APPELLIUM**, ut mox *Appellum*. Charta Henrici II. Regis Angliæ circa ann. 1155. apud D. *Brussel* Tract. de usu Feud. tom. 2. pag. 6: *Nullus caviatur vel imprisionetur propter Appellium feminæ, de morte alterius, quam viri sui.*

* *Appellum* legitur in Reg. S. Justi fol. 36. r°. col. 2. unde perperam *Appellium* exscripsit *Brussel*.

APPELLUM, In jus vocatio, accusatio: proprie enim in criminalibus actionibus vocem hanc usurpant Angli, vulgo *Appeale*. Vide Bractonum lib. 3. de Corona cap. 11. § 2. 3. Fletam lib. 1. cap. 34. et Rastallum. [Marten. tom. 4. Anecd. col. 456. E. et 557. C. Ludewig. Reliq. MSS. tom. 5. pag. 475.] Articuli Cleri Anglicani ann. 9. Edw. II. cap. 16: *Admittunt accusationem illorum, quam ipsi communiter vocant Appellum, etc.*

Appellare dicitur, qui *appellat*, aut accusat: vel qui *appellum*, seu accusationem suam prosequitur. Brompton: *Cum Rex eum intuitus esset, de proditione et morte Alfredi fratris sui Appellavit in hæc verba: Godwine, ego te Appello de morte fratris mei, quem proditionaliter occidisti.*

* **APPENAGIUM**, ut *Apanagium*. Vide in *Apanare*. Lit. Blanchæ Roberti ducis Burg. filiæ ann. 1307. inter Probat. tom. 2. Hist. Burg. pag. 134. col. 1: *Renuncians omni juri quod poteram habere in bonis paternis.... ratione successionis, vel Appenagii, vel alio quocumque jure.* Occurrit præterea in Lit. ann. 1369. tom. 5. Ordinat. reg. Franc. pag. 688.

APPENDARIA. Appendix, appensum domui tectum, seu potius ædificium rusticum levioris pretii ac momenti respectu eorum, quæ *Capita mansuum* appellabantur, cujusmodi sunt ea quæ vulgo *Appentis* vocamus. Joan. de Janua: *Appendix, Mansiuncula, quæ magnæ domui adhæret, scilicet quod appenditur parieti, non habens tectum divisum in duo latera.* Brito in Vocab. MS.: *Aphęduo, est appendix, Gallice dicitur* Appentis, *Mansiuncula, quæ adhæret magnæ domui, et dicitur projectum, si de lignis, mænianum, si de lapidibus constructum sit.* Tabular. Celsinianense: *Et una Appendaria, quam laborabunt in dominio, de qua non apprehendent decimam monachi.* Tabular. Claromontense apud Justell. in Probat. Hist. Arvern. pag. 21: *Ego Balbus cedo Domino Deo unum mansum in villa de Carinaco, et unam Appendariam, quæ fuit feus Bertrandi Galli, et unum campum de duobus sextariis, et istæ duæ Appendariæ et campus erant alodium Willelmi Comitis.* Testamentum S. Fulcranni Episc. Lodovensis n. 5. apud Boland. 13. Febr.: *Et de villa, quam vocant Balmas, mansos tres, et unam Appendariam.* Charta fundationis Eccles. S. Petri in urbe Aniciensi apud Labbeum tom. 2. Bibl. pag. 751: *Unam Appendarium ad Gallinas nutriendas*; ubi perperam editum *Appendaciam*, rectius *Appendariam*, apud Sammarthanos in Episcopis Podiens. n. 42. Occurrit passim in Tabulariis Brivantesi, [Calmiciacensi, Celsiniacensi] et Conchensi in Ruthenis.

Appendicula, Idem quod *Appendaria*. Tabular. Brivatense cap. 354: *Cedimus.... unum mansum cum farinariis, et unam Appendiculam, et pratum, etc.*

Appenditia, appenderia. Tabularium Prioratus de Paredo fol. 66: *Dederunt... Appenditiam unam, quæ sita est juxta villam, quæ dicitur Nauliacus, ipsaque Appendentia vocatur Vernedum Gundaldi.* Fol. 69: *Et terram de Brunisils, et Appenderiam de rua merdosa, etc.*

Appendicium, Joanni de Janua, *appendix*, seu *appendaria*. Richardus Hagulstad. lib. de Eccles. Hagulstad. cap. 3 : *Ipsum quoque corpus Ecclesiæ Appendiciis et porticibus undique circumcinxit.* Miracula S. Eutropii Episcopi Santonensis n. 15 : *Erat enim locus, quo ipsi detinebantur captivi, quoddam Appendicium extremæ partis domus Præpositi, etc.* Vide *Appenditium*.

* Nostris etiam *Appendeis*. Charta ann. 1295. in Chartul. Arremar. ch. 261 : *Item sur un Apendeis, qui se fiert en la rue S. Abraham,.... dix et huit deniers tournois petis.* Infra : *Appendeis*. [** *Apentich* in Comput. Hospital. S. Johannis ann. 1460. apud Roquefort. in Supplem. Gloss. Roman. pag. 22.]

[☞ Eædem voces omnes iisque similes non solum tectum domui appensum rusticumve ædificium levioris pretii; sed etiam quosvis agellos, quævis ædificia rustica ab aliquo majori prædio dependentia, et ei tamquam appendices adjuncta, quæ vulgo *Dependances* appellamus. Id conficitur ex Tabulariis Celsiniacensi, Claromontensi apud Justellum, Brivatensi et Prioratus de Paredo jam laudatis. His adde Codicem censuum Piperaci fol. 19 : *Dedit Appendariam unam ad Runiacum.* Th. *Madox* Formul. Anglic. pag. 42 : *Sciatis me dedisse et concessisse terram meam de Chiggewilla cum omnibus Apenticiis suis Ricardo de Luci et hæredibus suis.* Tabular. Monast. de Casa Dei, e rotulo sæculi XII. de Prioratu S. Pauli de Tartas. : *Ebrardus pelliciarius te filii ejus dederunt dimidiam Appendariam de feue et alode.* Codex MS. Celsiniacensis inter Fragm. Hist. apud Stephanotium tom. 4 : *Willelmus infirmitate gravi depressus cedit Domino Deo et ad locum Celsiniacensem... Ecclesiam de Casa-Mejana cum mansis et Appendariis, et campis, et pratis, et silvis, et decimis.* Ibidem : *Stephanus de Brugelles Miles dedit medietatem Appendariæ, quam tenebat Gausbertus de Montanac.* Iterum ibidem : *Stephanus Claromontensis Episcopus dedit S. Petro tres Ecclesias et sex Appendarias.* Apud eumdem eodem tom. 4. in Narratione de constructione Monasterrii S. Flori : *Robertus de S. Usizio donavit Monasterio S. Flori Ecclesiam S. Juliani cum prato et Appendario del Rion.* Miræi opera Diplom. tom. 1. edit. 1723. pag. 421. col. 2 : *Nos eandem hæreditatem cum omni commoditate et Appendicio.... contulimus, etc.* Annales Bened. tom. 3. pag. 665. col. 2 : *Hordigum cum Appendiciola sua.* Et alibi passim.]

Appendentiæ, Appenditiæ, pro eo, quod *Dépendances* appellamus, crebrius occurrit, quam ut immoremur rei firmandæ.

¶ **APPENDERE**, Dependere. Charta Widonis Comitis Matisc. ann. 1078. apud Acherium tom. 6. Spicil. pag. 458 : *Præterea pro meis parentibus et pro meipso donavi ad memoriam et Ecclesiam SS. Apostolorum* (Cluniaci)... *Blandens et omnes clausos et clausarios, silvas et aquas, et pascuaria, et omnia Appenditia; Doblens et quidquid ibi Appendit, mansos et omnes consuetudines, quæ in aliis villis sunt huic Appendentes.* Lobinellus Hist. Paris. tom. 3. in Glossario : *Una cum manentibus illis qui ibi Appendunt;* hoc est, qui conditione sua sunt dependentes et servi, ut *Addicti glebæ*.

* *Apendre*, nostris olim, eadem notione. Charta ann. 1285. in Chartul. S. Nigasii Mellet. : *Une maison avec le courtil, qui Apent à ladite maison, qui est assise à Tessencourt.*

* **APPENDEX**, Servus, qui ab aliquo dependet, addictus glebæ. Charta Ottonis III. imper. ann. 990. tom. 1. Hist. Trevir. Joan. Nic. ab *Hontheim* pag. 327. col. 2 : *Nec alicui sedi aut ecclesiæ, excepto nostræ regalitati, successorumque nostrorum, famulum aut Appendex, vel beneficiarium subjaceat.*

¶ **APPENDIA**, ut *Appenditiæ*, Gall. *Dépendances*, apud Ludewig. tom. 6. Reliq. MS. pag. 523 : *Incolis, sculteto, judice et rusticis, agriculturis, Appendiis, Appendiciis et aliis pertinenciis universis et singulis.*

¶ **APPENDICIA** Justitiæ. Fragmentum Hist. Monasterii-novi Pictav. apud Marten. tom. 3. Anecdot. col. 1217 : *In refectorio perpetuo Justitia cum Appendiciis suis pro eo exhibetur;* scilicet pro Gaufrido Comite prædicti Monasterii fundatore defuncto. Quo in loco per *Appendicia* intelligo *obsonium;* hinc dictum *Appendicia Justitiæ*, quod *Justitiæ*, id est, portioni vini Monachorum addi soleret ad integram pauperis, cui hæc eleemosyna dabatur, refectionem.

* 1. **APPENDICIUM**, Vectigal, aut tributum, quod domino villæ seu feudi penditur pro facultate habendi et exstruendi *appendicium* in villa. Vide infra *Appentitium*. Charta ann. 1256. ex Chartul. S. Joan. in Valle : *Quilibet dictorum burgensium vel eorum heredum, habens vel habiturus menagium apud Curvavillam in nostro dominio, teneatur nobis et heredibus nostris solvere quolibet anno, in crastino festi S. Egidii, pro quolibet herbergamento 5. solidos pro festagio, et pro quolibet herbergamento ad Appendicium in dicta villa et nostro dominio sito 2. solidos et dimidium monetæ currentis.* Ut enim ibi tributum *pro festagio*, de eo quod exsolvebatur pro exstruenda domo intelligendum est; haud dubie vectigal quod *ad appendicium* dicitur, illud intelligi debet, quod pro habendo *appendicio* exigebatur. Vide alia notione mox in *Appenditium*.

** 2. **APPENDICIUM**. Chart. Jacobi II. Arag. reg. ann. 1325 apud Capmany Historia commercii Barcellon. Docum. vol. 2. pag. 93 : *Præsenti cartæ nostræ bullæ nostræ plumbeæ Appendicium jussimus apponendum.* Ibidem sæpius. Idem quod Sigillum pendens. Vide *Appensum*. Alio sensu supra in *Appendaria*.

¶ **APPENDICIUS**, Appensus, Gall. *Pendu*, *Attaché*. Vita posterior B. Lidwinæ tom. 2. April. pag. 318 : *Habebat enim Virgo ipsa virgulam quamdam de stipula conopi, aptam æstus tempore aut febrium ad trahendam vel pellendam cortinulam, quæ stratui ejus Appendicia fuit.*

¶ 1. **APPENDITIÆ**. Albertinus Mussatus de Gestis Italicorum post Henricum VII. lib. 5. apud Murat. tom. 10. col. 626 : *Erat obsidio hæc Friderico Siculisque perquam nocua, obstrusa quippe per oræ hujus Appenditias Siculis navigatio.* Ubi Petrarcha : verbum *Appenditiæ* usurpat alibi pro Suburbiis; at hoc loco pro ora maritima, quæ appellatur vulgo *Pendice*. Vide *Appendentiæ*.

¶ **APPENDITIUM**, Ædicula sacra pendens ab Ecclesia majori, Gall. *Annexe*. Charta anni 1299. apud Miræum, Operum Diplom. tom. 2. edit. 1723. pag. 880. col. 2 : *Profitemur nos et successores nostros nullum jus habere in Ecclesia seu Appenditio de Ettene prædicto.* Ibidem rursum occurrit.

* Charta ann. 1220. in Chartul. abbat. Montis S. Mart. part. 6. fol. 103. v°. col. 2 : *Super personatu, presbyteratu, majoria et wionagio, et alio quocumque jure ad Appenditium de Grothenberge spectantibus, etc.* Alia Godefridi Camerac. episc. ann. 1223. pro erectione ecclesiæ *de Saucy* in ecclesiam paroch. : *Nec etiam de aliis ad aliquod aliud præscripta ecclesia teneretur, quam eo tempore, quo ecclesia dicti loci erat Appendicium vel capella.* Vide *Appendicium* in *Appendaria*.

1. **APPENDIUM**, Pretium, vel pondus. Petrus Damian. lib. 7. Epist. 7 : *Si nullius erat pretii, sicut dicitur, ergo mille talenta argenti, ne unius quidem poterant ovi Appendio supputari.*

* 2. **APPENDIUM**, Expensum, Gall. *Frais*, *dépens*, ut videtur. Assisia Abrinc. ann. 1236. in Reg. S. Justi Cam. Comput. Paris. fol. 30. v°. col. 1 : *Juramentum gagiatum in assisia de Appendiis placiti, potest fieri in placitis vicecomitalibus sit* (sic) *maxime quando leges debent in proximo claudere.*

¶ **APPENDIX**, *Socia*. Papias in MS. Ecclesiæ Bituric. Vide *Apodix*.

* **APPENFLIT**, *Socia*, *comes*, in vet. Glossar. ex Cod. reg. 7646. Vide *Apodix* et *Appendix;* unde locum hunc emenda.

¶ **APPENITA**, *Ad intima, id est, penitus.* Ita Papias MS. Ecclesiæ Bituricensis.

APPENNAGIUM. Vide *Apanare*.

* **APPENNARIA**, ut *Appendaria*, Appendix. Vide in hac voce. Charta ann. 1075. inter Probat. tom. 2. Hist. Occit. col. 287 : *Similiter ego Ugo comtor dono post mortem meam ecclesiam S. Johannis cum villa, quæ vocant Balmas, cum mansibus quatuor, et cum Appennariis quatuor, in una quæ mea dono Appennariam et porcum de sex denariis.*

* **APPENNARIUS**. Donatio Appennaria, Quæ rerum datarum facta inquisitione, scripto duplici firmatur. Chartul. magn. S. Vict. Massil. fol. 350 : *Et est ipsa donatio Appennaria, quam Durannus faisnator tenuit, quantum homo invenire potuerit.* Vide *Apennis* et *Appensa* 1.

* **APPENNATIO**, Pensio, præstatio. Consuet. MSS. monast. S. Crucis Burdegal. ante ann. 1305 : *Rotularius cum suo clerico semper debent esse parati ad scribendum, citandum et prosequendum, et procurandum cartas et instrumenta, citationes, monitiones et Appennationes usque ad ultimum fructus, reditus et proventus, tam abbatis quam cellerarii.* Vide infra *Appensare*.

¶ 1. **APPENNIS**, Chartæ species. Vide *Apennis*.

2. **APPENNIS**, Modus agri. Vide *Arapennis*.

1. **APPENSA**, Mensura frumenti ad alicujus corporis pondus. Gonzo Abbas in Miracul. S. Gengulphi Mart. n. 28 : *Mirabilius etiam sanabis hic absentem, quam in*

tua Ecclesia præsentem; *ejus* (puellæ) *Appensam, tibi si placet devoveo, et ne differas amplius, oro, etc.*

¶ 2. **APPENSA,** ut supra *Appendaria*. Tectum domui appensum, humilior appendix ædificii, Gall. *Appentis*. Concil. Tolos. ann. 1228. apud Acherium tom. 2. Spicileg. pag. 621 : *Solliciti etiam sint Domini terrarum circa inquisitionem hæreticorum, in villis, domibus et nemoribus faciendam, et circa hujusmodi Appensa, adjuncta seu subterranea latibula destruenda.*

* 3. **APPENSA,** Scriptum, quo asseritur possessio rerum, quarum authenticæ Chartæ incendio aut hostili deprædatione deperditæ sunt; qua ratione autem conficiebatur, vide in *Apennis*. Placitum ann. 927. inter Probat. tom. 1. Hist. Nem. pag. 19. col. 2 : *Facta plancturia seu et Appensa ista, in mense Junio, die Veneris, anno xxx. regnante Carlo rege.* Infra pag. 20. col. 1 : *Ugbertus episcopus et Ictor in vestram præsentiam fecerunt planctuiam vel Adpensam, nos ipsam vidimus et audivimus legentem et relegentem.*

* 4. **APPENSA,** Appensum domui tectum, seu umbraculum ligneum projectum, quod fenestræ vel officinæ appenditur, Gall. *Auvent*. Stat. Avenion. ann. 1243. cap. 81. ex Cod. reg. 4659 : *Removeantur Appensæ vel pendentia super viis publicis, quæ obesse possent equitantibus, vel arma portantibus, sive aliter transeuntibus.*

¶ **APPENSAMENTUM,** Dies *Appensamenti* concedi dicitur litigatori, quando cum eo differtur vadimonium. Locum vide in *Arramentum*.

* *Appansement*, eadem notione, in Libert. villæ *de Chagny* tom. 4. Ordinat. reg. Franc. pag. 381. art. 8 : *Se.... lidiz adjournez demandoit Appansement à la demande, et à celle journée, qui li est donnée de respondre comme Appansez, etc.* Aliud sonat *Apensement*, in Poemate *de Cleomades* MS. :

Car de tres grant vaillance estoit,
Et de tres grant Apensement,
Souvent avoit l'uel à sa gent.

Ubi idem est quod Attentio, meditatio, Gall. *Réflexion, méditation.*

* **APPENSARE,** Locare, dare ad censum, Gall. *Louer, donner à cens*. Libert. villæ de Viridi-folio ann. 1369. tom. 5. Ordinat. reg. Franc. pag. 278. art. 9 : *Ut ipsi consules.... construere et ædificare possint.... domos et operatoria; et eas seu ea vendere seu Appensare; et proprio domanio seu patrimonio dictæ universitatis dictæ villæ convertere.*

¶ **APPENSATE,** Consulto, dedita opera, Italis *Appensato*, Nostris *De guet à pens*, vel ut alii scribunt, *De guet appens*, ab antiquato verbo *Appenser*, Deliberare. Chron. Parmense ad ann. 1271. apud Murator. tom. 9. col. 785 : *Et quum propterea essent in Ecclesia civitatis ejusdem, Comes de Monte-forte, qui erat Vicarius in tota Thuscia pro domino Rege Carolo, armata manu et Appensate, tempore quo Christi corpus levabatur, interfecit filium Henrici quondam Regis.* Apud Goclenium in Lexico Philos. *Appensate* exponitur per Accurate, justo examine, Gall. *Avec poids et mesure.*

* **APPENSATUS.** Facto Appensato, vulgo *de fait appensé*, Consulto. Lit. remiss. ann. 1396. in Reg. 151. Chartoph. reg. ch. 88 : *Quemdam, dictum le Liegeois,... animo irato et facto Appensato invaserunt.* Aliæ ann. 1389. in Reg. 138. ch. 100 : *Guillaume de le Valee, qui l'attendoit de fait Appensé et de froit sanc etc. Apensé* et *contrepensé*, eodem sensu, in aliis ann. 1416. ex Reg. 169. ch. 217 : *Pour aucunes conspirations, monopoles et conjuroisons longtemps Apensées et Contrepensées.* Vide *Appensate* et infra *Impensatus*.

1. **APPENSIONARE,** Ad pensionem dare, *Donner à pension*, in Libertatibus Burgi in Bressia ann. 1387. apud Guichenonum pag. 24. [Alium locum vide in *Albergare*, Dare ad Albergam.]

* 2. **APPENSIONARE,** Annuos redditus, nomine *pensionis*, assignare, Gall. *Pensionner*. Stat. sabater. Carcass. ann. 1402. tom. 8. Ordinat. reg. Franc. pag. 559. art. 4 : *In qua capella unus bonus et devotus presbiter conductus et Appensionatus per suprapositos, et expensis dicti ministerii, celebret et celebrare habeat missas, etc.* Vide *Pensionare*.

* **APPENSIONATOR,** Qui sub annua pensione solvenda aliquid tenet. Charta ann. 1478. in Hist. Lugdun. pag. 29. inter Instr. col. 2 : *Si ad aliquam ipsi dominus abbas et conventus de jure teneantur, ratione et ad causam rerum et possessionum, dictis capellæ et hospitali olim spectantium et pertinentium, et per ipsos dom. abbatem et conventum venditarum et appensionatarum erga emptores et Appensionatores earumdem, etc.*

* **APPENSIS,** Appendix, quidquid ab aliquo, quod præcipuum est, dependet, Gall. *Dépendance*. Charta ann. 846. tom. 8. Collect. Histor. Franc. pag. 383 : *In Bolsenheim dominicam curtem, capellam, et decimam cum salica terra, et suis Appensibus.* Vide *Appendaria*.

¶ **APPENSUM,** Instrum. ann. 1327. tom. 2. Hist. Dalphin. pag. 159 : *Nos frater Elyonus Magister præfatus* (Ord. S. Joan. Jerosol.) *præsentibus bullam nostram plombeam in Appenso apponi jussimus, etc.* In veteribus aliquot Gallicis instrumentis dicitur, *avec le scel en pendant;* in aliis *avec notre scel en queue cire jaune, etc.* id est, cum sigillo Appenso. Vide *Appendicium*, 2.

¶ **APPENTITIA,** Idem quod *Appenditia* in *Appendaria* supra. Item in *Lambroficare*.

¶ **APPENTINUM,** Appendix, idem quod *Appendaria*, prima significatione, Gallice *Appentis*. Tabular. S. Vandreg. tom. 1. pag. 1026 : *Poterimus Appentinum seu aliud ædificium facere, et ædificare supra prædictam pechiam terræ.*

* **APPENTITIUM,** Vectigal, aut tributum, quod domino villæ seu feudi penditur, pro facultate habendi et exstruendi *appentitium* in villa. Libert. castri Theodor. ann. 1301. in Reg. 38. Chartoph. reg. ch. 77 : *Concedimus quod omnes domus castri Theodorici, a quibus gentes nostræ levabant placita generalia, quæ sunt pro quolibet foco domus ad festagium duos solidos, et pro quolibet foco domus ad Appentitium duodecim denarios, sint liberæ a prædictis.* Vide supra *Appendicium*. [** Vide chartam Roberti comit. Drocensis in voce *Festagium*. Gramaye in Antiq. Namurc. pag. 42 : *Capitulum D. Albani ann. 1213. ad petitionem villici et scabinorum Namurcensium concessit, ut super allodium suum*], *quod est juxta S. Remigium, Appentitium quoddam facerent, sub quo propter injurias aeris planta sua quietius agere possint.* Ubi Haltausius Glossar. German. col. 1642. legere jubet *placita* pro *planta*, aliis enim exemplis probat scabinos *in diversoriis seu tuguriis convenisse pro tractandis et expediendis negotiis judicialibus.*]

* **APPERANT,** *Dividentur*, in Glossar. vet. ex Cod. reg. 7613.

* **APPERPETUUS,** Perpetuus. Testam. Nic. de Pratocomit. ann. 1474. in Reg. 3. Armor. gener. part. 2. pag. xlj : *Item lego dictæ ecclesiæ sanctæ Crucis ..., Apperpetuis temporibus etc.*

APPERSONARE. Vide *Persona*.

APPERTINENTIÆ, idem quod *Pertinentiæ*, appendices, *Appartenances et dépendances*. Ditmarus lib. 5. pag. 55 : *Hanc urbem .... cum Appertinentiis, etc.* [Tabular. Calense pag. 60 : *Cum domo prædicta et cum ejus Appertinentiis, etc.*]

¶ **APPERTINERE** Alicui, pro *Pertinere ad aliquem*, Gall. *Appartenir à quelqu'un*, apud Rymerum tom. 8. pag. 287.

¶ **APPERTURA** Rerum Feudalium, Cum feudum vacat, Gall. *Ouverture et vacance de fiefs*. Charta ann. 1317. tom. 1. Hist. Dalphin. pag. 134 : *Acto quod in commissionibus seu Apperturis Rerum Feudalium, census seu emphiteuseum, etc.* Vide *Apertio Feudi*.

APPETIATUS, Resartus. Ulpho in Vita S. Catharinæ Suecicæ n. 37 : *Cum haberet manicas consumptas et Appetiatas.* Vide *Petia*.

¶ **APPEYSAMENTUM,** Belli sedatio, induciæ, pacificatio, a Gallico *Appaiser*, quod ab *Appatisare*, Gallis vett. *Appatiser*. Confœderationes inter Archiepiscopum Vienn. et Annam Dalphinam ann. 1291. Hist. Dalphin. tom. 2. pag. 43 : *Et insuper D. Comitissa promittit, quod ipsa cum Comite Sabaudiæ, cum quo præfatus D. Dalphinus vir suus et ipsa præsentialiter guerram habent, pacem, treugam, vel guerram cassam, Appeysamentum seu respeytum, vel aliquod aliud remedium de jure vel de facto non facient, vel accipient seu habebunt, absque eo quod dictus D. Archiepiscopus et Capitulum jura sua, etc.* Vide *Apatisatio*, *Appassamentum*, et *Appeissamentum*.

1. **APPIA,** *Æstiva, calens, temperata*, in Glossis Isidori. Ita repono, pro *cadens*. [Pithœus in Excerptis habet *Candens*, quod potest ferri. Gebhardus et Cerda emendant : *Aprica, Æstiva, calens temperata.* Grævius putat scripsisse Isidorum : *Aprica, temperata. Æstiva, calens*, et hæc duo loca fuisse confusa.]

¶ 2. **APPIA,** εἶδος σκεύους, *Vasculum*, apud Janum in Supplemento Antiquarii. Vide *Applare*.

* **APPIGLANTIA,** Rixa, quæ non tantum verbis, sed et facto committitur; nulla tamen præeunte animi deliberatione, et sine præcogitata malitia; idem quod *Meslcia* Scriptoribus medii ævi. Academicis Cruscanis, *Pigliare* est alicui injuriari. Stat. Vercell. lib. 4. pag. 108. r° : *Item statutum et ordinatum est, si aliqui inter se Appiglantias vel rixas fecerint in civitate vel districtu Vercellarum, feriendo se manu, vel pede, vel*

accipiendo per capillos, irato animo sine sanguine, solvat pro pœna solidos 60. Pap. Nostris, *Apicquoteur*, Rixator, morosus, vulgo *Querelleur, fantasque*. Lit. remiss. ann. 1480. in Reg. 207. Chartoph. reg. ch. 367 : *Et pour ce que Anthoine Malye .... estoit Apicquoteur, le suppliant lui dist qu'il n'en feroit riens, sinon que jurassent sur les saints Evangiles*. Vide infra *Aravigliantia*.

* **APPILARE**, Apponere, applicare, Gall. *Appuyer, mettre contre*. Charta ann. 1344. in Tabul. Gellon. : *Concedit licentiam ipsum pontem firmandi, apodiendi sive Appilandi in utraque riparum dicti fluminis*. Vide *Appillagium*.

* **APPILIARIUS**, Cumulatus, Gall. *Comble*, ab Hispan. *Apilado*, In acervum aggestus. Testam. Protasii abbat. Cuxan. ann. 878. in Append. ad Marcam Hispan. col. 803 : *De vestimenta quoque usu monachorum pleniter ad sufficientiam illorum, et de victu tritici ccclxv. modios Appiliarios*.

¶ **APPILLAGIUM**, Anteris, seu Fultura, qua domus caduca sustinetur, Gall. *Appui, Pilier boutant*. Recognitionum inventar. 18. cap. 41. de Vouta fol. 327 : *Item plus pro quodam Appillagium cujusdem domus sive feneriæ suæ sitæ infra castrum, etc.*

* **APPIRE**, Ligare. Glossar. vet. ex Cod. reg. 7646 : *Appiendo, ligando*. Vide *Apex*, 2. et *Apicire*. Nostris, *Apiecer*, Fragmenta vel assumenta colligare, simul assuere. Lit. remiss. ann. 1463. in Reg. 199. Chartoph. reg. ch. 65 : *Ne fut trouvé en la maison du suppliant cousturier tant seulement que ung pourpoint taillé, encores à Apiecer et à quouldre*.

¶ **APPLANAMENTA**, Agri recens culti, Gall. *Fonds défrichés*. Chartul. Matiscon. fol. 195. verso, anno circiter 1100 : *De messionibus aliorum Applanamentorum, quas ipse vel aliquis pro eo habuerit decimas integre et medietatem nonarum Canonicis reddat*. [* Vide *Aplanare*.]

* **APPLANARE**, Adæquare, diruere, ad solum evertere, Gall. *Applanir, raser*. Charta Composit. inter comit. Sabaudiæ et delph. Vienn. ann. 1314. in Chartul. Sabaud. fol. 12. v° : *Item convenerunt,... quod dictus dom. comes destruat et Applanet, aut destrui vel Aplanari faciat bastitam Montis Briconis*. Instr. ann. 1409. inter. Probat. tom. 3. Hist. Nem. pag. 200. col. 1 : *Dictum vallatum et fossatum tolli, et arrasari, atque Applanari etc.*

APPLARE, *Cochlear*, Isidoro in Glossis. Auson. Ep. 20 :

> Jam patinas implebo meas, ut parcior ille
> Majorum mensis Appiaria succus inundet.

In Gloss. sancti Germani, *Appia*, εἶδος σκεύους, ὡς Παχκύθεις. Videtur legendum, *Applar* : nam ut *cochlear* et *cochleare* dicitur, ita et *Applar* et *Applare*. Papias : *Amplare, ris, cloca, signum, campana*. ubi leg. *applare*, [MSS. codices habent *Amplare*.] quo vocabulo campanam vocat, quod *Applaris* formam referat. Salmasius ad Pollionem vas fuisse existimat ovis *hapalis*, deinde aliis quibuslibet obsoniis capiendis aptum, indeque dictum. *Ovorum hapalorum* meminit Marcellus Empiricus. [** Vide Forcell. Lexic. in voce *Apalare*.]

Appellarea, Appellaria, idem quod *Applare*. Paulus PP. Epist. 15. in Cod. Carolino : *Pro veræ benedictionis causa, direximus vobis Apallaream unam, spatham ligatam in gemmis, cum baltheo suo*. Anastasius in Sergio PP. pag. 61 : *Hic posuit in absida Basilicæ suprascriptæ, super sedem Appallaream* (al. *apellariam*) *argenteam pens. sing. libras* 120. Id est, operuit sedem operimento ex laminis argenteis, in figuram et formam applaris seu cochleæ.

* **APPLAUDA**, Applvda, *Sorbitiuncula ex paleis facta, cui pueri applaudunt. Item furfur*. Cathol.

¶ **APPLAUDERE**, *Arridere, placere*. Gasp. Barthii Glossar. ex Roberti Monachi Hist. Palæst. : *Jam vero quæ vobis Applaudunt, super his nobis aperite ; quæ vero vobis displicent, in communi edicite*.

* **APPLAUSIVUS**, Propitius, favorabilis, Gall. *Favorable*. Charta Rudolfi imper. ann. 1290. in Chartul. Romaric. ch. 16 : *Ancelinus de Perroya, canonicus Virdunensis,... supplicavit ut venerabilem Felicitatem, dictam Loretam, abbatissam Romarici montis, principem nostram, suam consanguineam ad Applausivæ dulcedinis amplexus suscipientes dignaremur eam ad cœtum principum collocare*. Vide *Applaudere*. Nostri vero *Aplaudir* dixerunt, pro Tegere, velare, Gall. *Couvrir, cacher*. Lit. remiss. ann. 1394. in Reg. 146. Chartoph. reg. ch. 401 : *Icellui Thomas dist qu'il l'avoit frappé d'une fourche de bois, combien que en verité il n'en feust riens : mais le dist pour Aplaudir et coulourer son fait*.

APPLEGIARE, (*Applegiamentum, etc.*) Vide *Plegius*.

* **APPLICAMENTUM**, Appulsus navis ad littus, Gall. *Abord*. Charta ann. 1344. in Tabul. Gellon. : *Cesserunt et dederunt remissionem xcij. sestariorum bladi... pro Applicamento navis, quam abbas et conventus Vallismagnæ Cisterciensis ordinis,... juxta molendina de Loris tenere solebant*. Vide *Applicare* et *Applicatio*.

APPLICARE, Divertere, hospitari, appellere. Glossæ Lat. MSS. : *Appellens, Applicans*. Alibi : *Appulit, Advexit, Adminuit, Adplicavit*. Gloss. Lat. Græc. *Applicata*, καταλύσαντα. *Applicatio*, καταγώγιον. Alibi : προσπέλασις, *Applicatio*. Ita non semel utuntur Latini Scriptores veteres. Lex Longobard. lib. 3. tit. 12. § 5 : *Neque per forciam suam in mansione arimanni se Applicet*. [** Guidon. cap. 3. In formula vet. huic capiti annexa : *Petre Comes te appellat Martinus, tuus Erimannus quod tu Albergasti per virtutem in casam suam etc.*] Charta Sisulphi Ducis Beneventani in Chronico S. Sophiæ pag. 612 : *Ut neque posteris, aut judicibus nostris per nullam quamvis rationem in ipsum Monasterium quamlibet personam ad habitandum, aut pro ora Adplicandum quisquam mittatur*.

Sed proprie nostri hac voce utebantur pro *in campo, in agro, sub tentoriis degere*, quod solenne fuit Wisigothis et Burgundionibus, atque adeo Francis nostris, cum iter agerent, uti observatum a nobis in Notis ad Alexiadem pag. 334. ex Lege Wisigoth. lib. 8. tit. 12. § 3. et tit. 4. § 25. et ex Leg. Burgundion. tit. 38. § 7. Edicto Rotharis Regis Longobard. tit. 108. [** 363.] etc. Id etiam firmat Gregorius Turonensis lib. de Vitis Patrum cap. 17 : *Cum propinqui ad urbem, cadente sole, fixis tentoriis mansionem pararent, etc.* Et liber 1. de Miraculis S. Dionysii cap. 10 : *Bertrandus quidam Comes iter faciens, tempore æstivo, divertit temere in pratum fonti, qui vulgari vocabulo Tricina dicitur, contiguum, ibique figi jussit tentoria, etc.* Sidon. lib. 4. Epist. 8 : *Cæterum, diluculo familia præcesserat ad duodeviginti millia passuum fixura tentorium, quo quidem loci sarcinulis relaxandis multa succedunt conducibilia : fons gelidus in colle nemoroso, subditus ager herbis abundans, etc.* Adde Itinerarium S. Willibaldi n. 9. et Paschasium Radbertum in Epitaphio Walæ Abb. Corbeiensis lib. 1, cap. 16. et Eddium Stephanum in. S. Wilfrido cap. 62. Hinc ἄπληκτον, Græci recentiores pro castris, seu loco, ad quem exercitus *applicat*, et ubi tentoria figit, usurparunt. Glossæ MSS. Ἄπληκτον, κατάλυμμα. *Applicatus*, apud Ethelwerdum lib. 4. cap. 3. Ἀπληκτεύειν, castra ponere in Chronico Alexandrino pag. 692. [** Vide Gloss. med. Græc in Ἀπληκεύειν.]

Applicari ad Deos, Exodi cap. 22. ℣. 8. et in Capit. Caroli Mag. lib. 6. cap. 22. de fure : *Si latet, dominus domus Applicabitur ad Deos, et jurabit, quod non extenderit manum in rem proximi sui, etc.* Ubi Græcus Interpres, προσελεύσεται ὁ κύριος οἰκίας ἐνώπιον τοῦ Θεοῦ, καὶ ὀμεῖται, etc. Id est, in Templo. Sic *Deos* pro Deorum templis dixit Lactantius lib. de Mortibus persecutor. num. 36 : *Novo more Sacerdotes maximos per singulas civitates singulos ex primoribus fecit, qui et sacrificia per omnes Deos suos facerent, etc.* Utitur etiam alio loco.

Applicium, Diversorium, hospitium. Ethelwerdus lib. 4. cap. 3. ann. 878 : *Appliciumque sumunt hiemale in loco Cippanhamme*. [** Ἀπλίκιον in Assisiis Hierosol. Gr.]

Applicare se Alicui. Vide *Commendatus*.

* Libert. villæ S. Juliani ann. 1259. in Reg. 30. Chartoph. reg. ch. 561 : *Si autem aliquis, qui non sit de burgensibus, emerit vina in prædicta villa, et duxerit ea ad portum causa Applicandi, aut extra justitiam nostram, ipse solvet duos denarios Parisienses de rotagio, pro qualibet quadriga*. Sed hæc vox, eo ipso sensu, non omnino incognita Scriptoribus Latinis.

* 2. **APPLICARE**, Sibi vindicare, asserere, Gall. *s'Appliquer, s'approprier*. Lit. ann. 1359. in Reg. 90. Chartoph. reg. ch. 444 : *Plura de bonis, victualibus.... nostrorum subditorum ceperunt, sibique et suis usibus propriis Applicarunt, contra voluntatem personarum, quarum erant bona prædicta*. Nostris vero olim *s'Appliquer de paroles*, pro Rixari, Gall. *Se prendre de paroles, quereller*. Lit. remiss. ann. 1416. in Reg. 169. ch. 456 : *Avecques lequel orfevre le suppliant s'Applica de paroles*.

¶ **APPLICATIO**, Confirmatio. Charta Nicolai Ducis Silesiæ pro Cœnobio Grissoviensi ann. 1340. apud Ludewig. tom. 6. pag. 500 : *Nos vero diligentius attendentes, quod licet ea que per dictam Dominum avum nostrum gesta sunt provide, ulterioris porro Applicationis firmitate non egeant*.

¶ Applicatio Navium, Tributum quod exsolvitur pro navibus ad litus applicandis. *Madox* Formul. Anglic. pag. 291 : *Honorifice teneat cum saca, et soca, et tol, et team*, *et infangenetheof, et flemene fyrmthe, et miskenninge, et sceanwinge, et pacis infractione, et domus invasione, et assultu in suo jure, et Navium Applicatione, et omnibus consuetudinibus, etc.* Vide *Ripaticum.*

* **APPLUDA.** Vide supra *Applauda.*

APPLUMBARII Papæ, dicuntur Glossatori Gratiani, qui summorum Pontificum bullis plumbum aptant.

APPLUMBATIO, *Applumbatura, diversarum materiarum consolidatio, ut auri, argenti, plumbi, stanni, etc. et earum materiarum conjunctio dicitur Applumbatura.* Ita Breviloq. Gloss. Græc. Lat. σιδήρου ἕνωσις ἐκτὸς μολίβδου, *Ferruminatio,* διὰ μολίβδου, *plumbatura dicitur.* Vide Bractonum lib. 2. cap. 2. § 3. Fletam. lib. 3. cap. 2. § 12. et Glossographos Juris civilis.

* **APPLUTIS**, Locus ubi paleæ reconduntur, vel tugurium palea coopertum. Charta ann. 869. apud Murator. tom. 1. Antiq. Ital. med. ævi col. 721 : *Resedere et laborare debeam in terra vel Applute palliaticie, seo res sancte ecclesie Motine, etc.*

* **APPOCA**, Chirographum, quo quis debitorem se profitetur. Inventar. ann. 1476. ex Tabul. Flamar. : *Item plus unum aliud debitum de summa viginti sex scutorum auri, ... mediante Appoca.... per eundem nobilem Stephanum manu sua propria subsignata.* Vide *Apocha.*

¶ **APPODIAMENTUM**, Res quævis qua innitimur, Gall. *Appui.* Vide *Apodiamentum,* et *Podium.* [** Gemm. Gemm. : *Appodiamen, ein anlenung.*]

1. **APPODIARE**, [Apodiare, Inniti, fulciri.] Vide [*Apodiare* et] *Podium.* [** Melber. Vocab. :

Appodiat lapidem qui vult projicere eundem.]

¶ 2. Appodiare se ad jus, Gall. *S'en rapporter à Justice, à ce que de droit,* Vocare ad jus, eo sensu quo Cicero ait : *Cuncta vocare ad Senatum. S'en rapporter au Sénat.* Judicatum ann. 1224. apud D. *Brussel* Tract. de usu feud. tom. 1. pag. 340 : *Dominus Rex fecit Comitissam citari coram se per duos Milites. Comitissa ad diem comparens, proposuit se non fuisse sufficienter citatam per duos milites, quia per pares suos citari debebat. Partibus Appodiantibus se super hoc : judicatum est in Curia Domini Regis, quod Comitissa fuerat sufficienter et competenter citata per duos milites.* Arrestum Parlamenti ann. 1264. ex Tabulario S. Richarii : *Quibus propositis dictæ partes se Appodiaverunt ad jus.*

** Appodiare, *Arbeiten, Laborare, Appodiare.* Vocab. Lat. Germ. ann. 1482. Adel.

¶ **APPODIATIO**, Idem quod *Appodiamentum.* Haud semel occurrit.

¶ **APPODIATORIUM**, Cubiti fulmentum, Gall. *Accoudoir. Fieri etiam fecit Appodiatorium pulcrum ante stalla ministrorum altaris in presbyterio,* apud Leibnitium tom. 2. Scriptor. Brunswic. pag. 453.

* Nostris olim *Appoiée.* Executio aresti ann. 1394. ex Cod. reg. 9852. 3. 3. fol. 110. r° : *Deux pommeaulx des Appoiées dudit siege despiciés par moittie, et pluseurs trenches faites sur ycelles Appoiées. Appoiement, Appodiatio,* in Glossar. Gall. Lat. ex Cod. reg. 7684.

1. **APPODISIA**, ut supra *Appoca.* Stat. civit. Genuens. lib. 2. cap. 3. pag. 37 : *Quando de aliquo debito constiterit per Appodisiam scriptam, seu subscriptam per aliquem, post cujus Appodisiæ confectionem non transiverint anni decem, possint dictæ Appodisiæ privatæ per creditorem, vel legitimam personam pro eo, peti exequi contra debitorem, vel ejus successorem universalem, vel repræsentantem personam ipsius obligati.*

2. **APPODISIA**, Scheda, in qua merces descriptæ sunt, Gall. *Lettre de voiture,* in iisdem Stat. lib. 4. cap. 16. pag. 121 : *Nullus patronus sive præfectus, secuto jactu, possit in itinere exonerare aliquid, nisi in locis ad quæ merces, seu alia onerata fuissent destinata, cum Appodisiis caricati.*

¶ **APPODISSA**, Scheda seu mandatum de pecunia exhibenda a Græco ἀπόδειξις, Declaratio. Statuta Narniensia inter Acta SS. Maii tom. 1. pag. 397 : *Teneantur etiam Camerarius Communis Narniensis et Notarius ejus, ad petitionem Camerarii dicti operis, eas in introitibus et expensis dicti Communis ponere et scribere sine aliqua Appodissa et deliberatione alicujus consilii, auctoritate præsentis statuti, statuto aliquo non obstante, quod in contrarium loqueretur.*

¶ **APPODITIUM** Pilarium, Anteris. Gall. *Arc-boutant.* apud Leibnit. Script. Brunsvic. tom. 2. pag. 452.

* **APPODIUM**, inter arma recensetur, f. Baculi vel clavæ genus, in Lit. officialis Belvac. ann. 1391. ex Reg. 155. Chartoph. reg. ch. 392 : *Quemdam hominem percuti fecit cum hachiis, Appodiis, badalariis et ensibus,.... et eum percussit de quodam Appodio.*

* **APPODIX**, Idem quod *Apodixa,* Cautio de suscepta pecunia, vel Apocha, acceptilatio. Stat. civit. Cumanæ cap. 208. ex Cod. reg. 4622. fol. 185. r° : *De Appodicibus non fiendis.... Non fiat nec fieri debeat vel possit aliqua Appodix, seu aliqua scriptura privata continens vim Appodicis.*

* **APPODIXIUS**, Aversus. Stat. civit. Genuæ lib. 1. cap. 20. pag. 28. v° : *Reliquorum vero nomina scripta in partibus Appodixiis, ponantur in sacculo, et inde extrahatur unum nomen, ita quod ille sit et esse intelligatur scriba in dicta causa, cujus nomen ad sortes venerit.*

¶ **APPOINTAMENTUM**, Pactum, conventum, a voce *punctum,* eo quod pacta seu conventa dividantur in articulos et puncta. Protestatio Ducis Britanniæ facta Turonibus ann. 1382. apud Lobinellum, in Glossario Hist. Britan. : *Ac de et super dissentionibus et controversiis . . . bona etiam Appointamenta.* Charta Hugonis dicti Archiepiscopi Militis ex Tabulario Monasterii Burgoliensis ann. 1263 : *Dominus Partiniaci, Volventi et Mareventi exsistens de quodam Appointamento facto inter prædictum Hugonem et homines virorum religiosorum Abbatis et Conventus de Burgolio.* Ex integra hujus Chartæ serie patet *Appointamentum* intelligendum esse de pacto definito et confirmato, qua notione etiam infra sumitur *Appunctuamentum,* licet alias sæpe accipiatur pro decreto, quo statuuntur articuli controversiæ, non ipsa definitur controversia. Vide *Appunctare* 3.

* Nostris, *Appointement,* eadem notione. Joinvilla in Hist. S. Ludov. edit. Cang. pag. 120 : *Qu'il* (le Roy) *fait mal quant il ne les* (ses voisins) *laissoit guerroier, et que les Appointements s'en feraient mieulx après.* Transactio ann. 1501. ex schedis Pr. *de Mazaugues : Transactionem, conventionem, concordiam, Appointamentum, capitula, et pacta fecerunt.* Ubi et *Appointare,* pro Pacisci, pluries occurrit. Hinc *Appointeur* dicitur is cui res tractanda committitur. Froissartes vol. 1. cap. 64 : *Si se devoient assembler ces Appointeurs en une chapelle.... le jour ordonné après la messe et après boire, ces traiteurs vindrent ensemble, etc.*

¶ **APPOINTARE**, Idem quod *Appunctare* 1. Gall. *Appointer.* Charta Caroli Regis Franc. ann. 1446. apud Thomasserium Consuetud. Bituric. pag. 107 : *Facere examinari per dictos consiliarios nostros, Appointatis partibus.*

¶ **APPONDERE**, Tignum immitere ædificii augendi causa, Gall. *Appuyer des poutres sur un mur voisin.* Charta Thossiac. ann. 1404 : *Et potest Appondere ad muros villæ de subtus . . . sed tenetur facere duo ostia ab utraque parte, unum juxta dictos muros ad transeundum, si sit necessarium.* Vide *Aponsare.*

¶ **APPONDIAMENTUM**, Idem quod *Appendaria,* Gall. *Appentis.* Charta Cassaniæ in Bressia signata *Bouvet : Quoddam Appondiamentum . . . molendini sui.*

* **APPONENDUM**, Consensus scripto appositus, Gall. *Attache.* Charta Simonis comit. Pontiv. ann. 1237. ex Lib. 1. nigro S. Vulfr. Abbavil. fol. 6. r° : *Concedentes eisdem decano et capitulo garandiam et deffensionem, ut dominus, contra omnes qui juri vel legi stare voluerint, sine nostro Apponendo.* Occurrit non semel in aliis Chartis ejusd. Libri. Vide supra *Annexa.*

1. **APPONERE**, Pignori dare, penes aliquem deponere rem pro debiti securitate. Gloss. Lat. Græc. MS. παρατίθημι, *Appono, depono, commendo, mando.* Gregorius M. lib. 1. Epist. 42 : *Quia omnes res suas, quas in Sicilia habuit, vel venundedit, vel Apposuit.* Ibid. *Suppositorium aliquod argenteum pro uno solido dicitur esse Appositum.* Guillelm. Neubrigensis lib. 1. cap. 2. de Roberto Duce Normanniæ : *Accepta a fratre Guillelmo summa non modica, Normanniam illi Apposuit.* [** Hinc Germ. *Versetzen.*]

* 2. **APPONERE**, Addicere, attribuere, Gall. *Attribuer.* Charta pro monast. S. Stephani de Fontaneto in Reg. 106. Chartoph. reg. ch. 371 : *Statuerunt ut ipsi homines Apponerentur ecclesiæ illi, cui placeret monachis.*

¶ **APPONTUAMENTUM**, Dedendæ urbis vel arcis conditiones pactionesve, Gall. *Capitulations.* Hist. Dalphin. tom. 2. pag. 439. refertur *Appontuamentum* (ann. 1342.) *factum in obsidione de Romanis cum Burgensibus, pro redditione dictæ villæ, ac receptione D. Dalphini intra muros ejusdem.* Vide *Appunctare.*

* **APPORIARE**, Ad paupertatem et angustiam reducere. Chron. Angl. Th. *Otterbourne* pag. 188 : *Unum certe scitur, quod ab illo tempore cœpit rex tyrannizare, populum Apporiare, etc.* Vide *Aporiare.*

¶ **APPORIATUS**, Ad inopiam et angustias redactus. Charta Communiæ Compendii ann. 1186. apud Baluzium tom. 7.

Miscell. pag. 309 : *Notum sit omnibus futuris et præsentibus Ecclesiam Compendii magnæ auctoritatis fuisse . . . ipsamque villam egregiam et magni extitisse nominis palam est. Peccatis autem exigentibus Ecclesia pariter et villa attrita est et graviter Apporiata.* Vide *Aporiare.*

¶ **APPORTAGIUM**, Asportagium, Census, proventus, quidquid Ecclesiæ adfertur in sustentationem eidem deservientium; idem fere quod *Apportum.* Charta Galcheri de Radulphi-curte ann. 1247. e Tabulario S. Nicasii Remensis : *Omne jus quod habebam et habere poteram in Capella de Radulphi-curte, tam oblationibus, obventionibus, Apportagio, quam aliis redditibus, Ecclesiæ B. Nicasii Rem. in perpetuum quitavi, ita quod Apportagium applicabitur fabricæ et in usus.* Charta Evrardi Decani de Balcham ann. 1248. ex eod. Tabulario : *Cum discordia verteretur . . . super oblationibus, Apportagio et jure Capellaniæ, etc. Apportagium autem quod fiet in dicta Capella, etc.*

¶ Asportagium, Ibidem in Charta Ottoboni nepotis et Capellani Domini papæ, Remensis Archidiaconi ann. 1251 : *Ecclesia S. Nicasii percipiet et habebit in perpetuum omnes oblationes et omne Asportagium et omnes eleemosynas, etc.*

¶ **APPORTARE**, Pati, ferre, admittere, Gall. *Comporter.* Instrum. ann. 1193. apud D. *Brussel* Tract. de usu feud. tom. 2 pag. 12 : *De prædictis vero terris, ego Regi Franciæ et successoribus suis Regibus Franciæ faciam servitium et justitias in curia sua pro singulis feodis, sicut unusquisque feodus Apportat, et sicut antecessores mei antecessoribus suis fecerunt.* Litteræ Richardi Regis Angliæ ann. 1195. ibidem pag. 16 : *Amodo non intromittemus nos de hominibus Regis Franciæ, nec de feodis quæ ad eum pertinent, nec ipse de nostris : salvis Regi Franciæ servitiis quæ ipsi debemus de feodis quos ab ipso tenemus, sicut feodi Apportant.*

¶ **APPORTATURA**, Apportatio, vectura. Gall. *Voiture.* Concilium Terracon. ann. 1329. apud Marten. tom. 4. Anecd. col. 302 : *Non permittunt per illos ad quos dictæ decimæ et primitiæ bladi pertinent, portari libere dictum bladum suis propriis animalibus, vel etiam alienis, nisi pro Apportaturis præfati bladi in duplo vel triplo quo alii portarent necessario eis detur.* Similia occurrunt apud eumdem Marten. tom. 7. Ampliss. Collect. in altero Concilio Terrac. ann. 1291. cap. 10.

APPORTIONAMENTUM, Vox fori Anglici, dicitur de tenemento alicui censui obnoxio, quo diviso inter hæredes dividitur etiam census respectu partium. Rastallus.

¶ **APPORTIONARI**, dicitur, Qui portionem bonorum hæreditariorum accipit ea lege, ut ab reliquo patrimonio excludatur, Gall. *Recevoir son appanage.* Regestum Parlamenti ann. 1452. apud Baluz. tom. 2. Hist. Arvern. pag. 453 : *In patria Borbonii . . . filia per patrem et matrem, aut alterum eorum, aut etiam per suum fratrem maritata et Apportionata . . . eisdem amplius non succedit, quin imo ipsa et etiam descendentes a successione . . . etiam collaterali, sunt exclusi et privati, quandiu extat masculus descendens ab eo, qui eam maritavit.* Pluries ibidem recurrit.

* Nostris etiam *Apportionner*, eadem acceptione. Lit. remiss. ann. 1419. in Reg. 171. Chartoph. reg. ch. 164 : *Laquelle Katherine avoit été Apportionée desdiz biens communs.* Vide supra *Appartatus.*

¶ **APPORTIONATIO**, Rata portio, Gall. *Part, portion*, in Charta Eduardi III. Regis Angliæ ann. 1342. apud Rymerum tom. 5. pag. 326.

¶ 1. **APPORTUM**, Merces et sarcina quævis, quas quispiam secum portat vel advehit. Mandatum Eduardi III. Angl. Regis ann. 1337. apud Rymerum tom. 4. pag. 729 : *Et si forte aliqui ad dictum portum . . . declinaverint, tunc diligens scrutinium super ipsos et eorum quemlibet, tam de litteris quam de Apportis, quæ secum detulerint, secretiori modo, quo poteritis, faciatis. . . et Apporta hujusmodi arestari . . . . Nos de summis, quas de hujusmodi Apportis arestaveritis, necnon de nominibus eorum qui hujusmodi Apporta ibidem deportaverint, etc.*

2. **APPORTUM**, Vectigal, tributum, census, qui dominis infertur, adfertur, vox forensis. Monasticum Anglic., tom. 1. pag. 603 : *Ita quod proficua manerii et Ecclesiæ prædictæ ultra sustentationem unius Prioris et socii sui Capellani, divina in prioratu prædicto pro animabus prædictis in perpetuum celebraturorum, nomine Apporti quolibet anno præfatis Abbati et Conventui in subventionem sustentationis suæ prædictæ solverentur ; qui quidem socius dicti Prioris Capellanus, causa inopiæ dicti Prioratus amovetur, etiam prædictum Apportum præfato Abbati et Conventui subtrahitur, a tempore captionis dicti manerii, etc.* Et pag. 607. In Charta, cujus lemma est, *De Asportatis Religiosorum : Præterea inhibet Rex . . . ne de cætero tallagia, census, impositiones, Apporta, seu alia quæcunque onera aliquibus Monasteriis . . . imponant.* [Eduardi Regis Angliæ Litteræ ann. 1369. apud Marten. tom. 1. Anecd. col. 1509 : *Idem procurator firmas seu Apporta quæ de terris et possessionibus illis solvi debent ad terminos statutos solvet.*] Hac notione vox *Apport* usurpatur in Consuetud. Arvernensi cap. 31. art. 31. 32. Sed aliud sonat in Consuetud. Remensi art. 240. 241. 246. 254. Est enim ibi *Apport*, quidquid bonorum uxor marito in dotem confert.

¶ **APPORTUS**, Idem quod *Apportagium*, quidquid emolumenti adportatur ad sustentationem illius qui Ecclesiæ curam habet. Charta Joannis Episc. Abinam. ann. 1371. ex Tabul. Corbeiensi : *Insuper habebit ipse Curatus . . . omnes oblationes et obventiones vel Apportus ad capellam ipsam venientes, in quibuscumque rebus consistant.*

* Maxime vero eo nomine significari videntur oblationes, quæ ecclesiis a fidelibus fiunt et *apportantur.* Vide infra *Asportatio.* Charta ann. 1140. inter Instr. tom. 1. Hist. Lothar. col. 568 : *Ea propter unicuique nostræ Ecclesiæ jus suum per omnia cupientes servare, omne munus sive collatum, quod etiam vulgo appellatur Apport, quod venit ad altare B. Rodualæ, etc.* Alia ann. 1143. ibid. col. 569 : *Omnem quoque eleemosynam sive oblationem, quæ vulgo appellatur Apport, etc.* Comput. MS. fabricæ S. Petri Insul. ann. 1367. inter recepta : *Item pro Apportu capellæ in die S. Michaelis, xxiiij sol.* Charta Henr. VI. reg. Angl. ann. 1441. in Chron. Joan. Whethamstedii pag. 312 : *Habendum et tenendum prioratum prædictum, una cum omnibus terris, oblationibus,.... Apportis, rebus, etc.* Aliud autem sonat vox *Apport*, Populi scilicet concursum, nostris *Affluence*, in Lit. remiss. ann. 1477. ex Reg. 206. Chartoph. reg ch. 1173 : *Au lieu et paroisse de Nostre Dame de Tendron, où il avoit Apport ledit jour de la nativité Nostre Dame. Aporcher* vero dixerunt pro *Apporter, présenter*, Apponere. Le Roman *de Robert le Diable* MS. :

> Lors a commandé de recief
> A celz à qui il n'est pas grief,
> Que viande Aporchent assés,
> Tant que li folz soit sasés.

¶ **APPOSITA** Persona, Interposita persona, Gall. *Personne apostée, interposée.* Formula in Chartarum conclusionibus frequentissima : *Sane si quis nos vel successores nostri, vel ulla Apposita Persona, qui hanc Chartam contrariare voluerint, etc.*

1. **APPOSITIO**, Ferculum, Missus, *Mets* Gallice. Charta ann. 1148. apud Puricellum in Basilica Ambrosiana pag. 704 : *Porcellos vero plenos quandoque in prima Appositione, et carnem porcinam frigidam in tertia Appositione habebant, etc.*

* 2. **APPOSITIO**, Assignatio Bulla Eugenii IV. PP. ann. 1432. apud Marten. tom. 8. Ampl. Collect. col. 155 : *Item quod omnes et singulæ requisitiones, exhortationes, monitiones, citationes, dierum Appositiones, et processus incepti, etc.*

1. **APPOSITUS**, Episcopus intrusus, contra Canones electus. Concilium Moguntinum ann. 1071 : *Illud vero quod maxime in causa fuit de Constantiensi Apposito inter fratres studiose ventilatur, etc.*

* 2. **APPOSITUS**, Idem qui *residens*, tenens, vel vassallus qui aliunde venit, cui domicilium *appositum* est seu assignatum. Charta ann. 1175. inter Access. ad Hist. Cassin. part. 1. pag. 264. col. 2 : *Homines residentes in feudis ipsius ecclesiæ, qui dicuntur Appositi, in jure et potestate ecclesiæ penitus relaxamus.*

APPOSTA, Fulcimentum, Appodiatio. Beda lib. 3. Histor. Angl. cap. 17. in titulo : *Ut Apposta Ecclesiæ, cui idem accumbens obierat, ardente cætera domo, flammis absumi nequiverit.* In contextu *Destina* appellatur.

* **APPOSTAMENTUM**, Ambitus, pensatio, Gall. *Brigue, caballe. Appostamento*, insidiæ, Academicis Cruscanis. Stat. civit. Pistor. ann. 1107. apud Murator. tom. 4. Antiq. Ital. med. ævi col. 545 : *Qualiter potestas et consules absque ambitione, vel Appostamento, aut simonia eligi possint.*

* **APPOSTATOR**, Perfidus, perjurus, f. pro *Apostatator.* Annal. Estens. ad ann. 1396. apud eumd. Murator. tom. 18. Script. Ital. col. 932 : *Quos, quamprimum fuerunt egressi, comes Joannes, fidei suæ Apostator egregius, omnibus rebus prædari jussit.* Vide *Apostatores.*

* **APPOSTOLI**. Vide supra *Apostoli* 6.

APPOTIARE, Potionem, seu venenum propinare, præbere, *Empoisonner.* Arnoldus Lubecensis lib. 2. cap. 3 : *Ipsa nocte*

Rex veneno interiit, Appotiatus, ut dicitur, a fratre suo, etc. Vide *Potionare.*

* **APPRADARE**, Apradare, In Pratum redigere, Provinc. *Apradir*, Gall. *Mettre en pré.* Charta ann. 1338. in Reg. 72. Chartoph. reg. ch. 55 : *Item acquisivit a dicto nobili quandam aliam peciam terræ, in parte Apradatam et in parte cultam.* Alia ann. 1391. in Reg. 143. ch. 288 : *Ipse Guillielmus expost dictas quarteriatas seu majorem partem ipsarum Appradaverit, seu in pratis conversus fuerit, etc.* Instr. ann. 1459. in Reg. sign. *Columba* ex Cam. Comput. Aquens. : *Ipsa prata.... a paucis diebus citra Apradata et adherbata. Esprahir*, eodem sensu, in Ch. ann. 1265. ex Chartul. Lingon. Cod. reg. 5188. fol. 206. v° : *Omnes seturæ, quæ sunt encensies, ille, cujus seturæ sunt, les puet Esprahir, et scindere minutum nemus.* Vide *Appratare* et infra *Apprayere.*

* Apradatum, Pratum, seu ager recens in pratum redactus. Reg. 24. Chartoph. reg. seu Terrear. castell. *d'Ibois* fol. 36. r° : *Quatuor cuppas frumenti et tertium tertiæ partis unius gallinæ, pro quodam Apradato, sito.... juxta pratum Joh. Chazel. Amprail*, eadem significatione, in Reg. Cam. Comput. Paris. sign. *Bel* ad ann. 1310. fol. 124. r° : *Item une pièce de terre Amprail d'une part, etc.* Vide *Appratamentum.*

* **APPRÆSENTARE**, Coram adesse, coram judice sistere, tradere, exhibere, Gall. *Présenter*, Ital. etiam *Appresentare* et Hisp. *Apresentar*, eadem notione. Placit. ann. 1105. apud Murator. tom. 1. Antiq. Ital. med. ævi col. 966 : *Et si aliquis homo est, qui exinde agere aut causare vult, parato sum is vestris præsentiis cum standum et legitime finiendum. Et quod ibi nemo se Apresentasset, etc.* Stat. Cadubrii lib. 1. cap. 11. *Et quod quilibet officialis teneatur et debeat per unum mensem, ante completum officium dom. vicarii, Appræsentare sibi dom. vicario dictum suum quaternum.* Et lib. 3. cap. 62 : *Teneantur et debeant homines et commune ipsius villæ seu contractæ malefactorem seu malefactores capere et Appræsentare domino vicario.* Vide supra *Adpræsentare.*

¶ **APPRATAMENTUM**, Ager in pratum redactus. Charta anni 1106. in Tabulario B. Mariæ de Charitate ad Ligerim : *Seguinus Nivernensis dedit Monachis Charitatis partem suam Appratamenti, quod homines nostri et alii fecerunt; si autem Priori de Charitate placuerit, ut inde Appratamentum plus fiat, similiter dedit partem suam . . . Actum ann. 1106. Indict. xv. regnante Philippo, Willelmo Nivernensi Comite.*

APPRATARE, In pratum redigere. Tabular. S. Albini Andegav. : *Quod cum Heudo contradicere probabiliter non posset, dixit iterum, se tantummodo fecisse, quia Monachi pastitia sua, quod Comes fieri intra sua veterat, Adpratassent : cui cum Comes adjecisset, quare et ipse pastitia de Blazono depratasset? respondit, etc.* [Charta anni 1098. in Tabulario B. Mariæ de Charitate ad Ligerim : *Quidquid inde Monachi sæpefati et omnes quos ibidem hospitaverint villani Appratare voluerint.*]

* **APPRAYERE**, In pratum redigere, nostris olim *Appratir.* Terrear. Bellijoc. fol. 69. v° : *Super quodam prato noviter Aprayeto, olim vercheria, continente semen trium bichonaturum vel circa.* Charta ann. 1470. ex Chartul. Latiniac. fol. 232. v° : *Seront tenus lesdits preneurs et chacun pour le tout de icelles terres labourables labourer, lesdits prez faucher, et Appratir deuement tout ce qui n'est pas en nature, nettoyer, deffricher prez et terres fumer.* Vide supra *Appradare.*

¶ **APPREHENDARE.** Vide *Apprehensa.*

1. **APPREHENDERE**, Discere, ex Gallico, *Apprendre.* Fulbertus Carnot. in Hymno de S. Pantaleone : *Unde pater more patrum, lætus ac sollicitus fecit eum liberales artes Apprehendere.* Eckehardus minimus de Casib. S. Galli cap. 7. de Musica : *Quæ cum cæteris artibus sit naturalior, et quamvis difficilius Apprehensa, usu quidem sit commodior ac suavior, etc.* Willelmus Malmesburiensis in Vita S. Adhelmi Episc. cap. 4 : *Hæc, ut reor, et his similia brevi temporis intercapedine Apprehendi nequaquam possunt.* [Vide *Adprehendere.*]

* Nostri vero *Aprendre quelqu'un* dixerunt, pro Docere, erudire. Stat. pro hospitio Joannæ reginæ ann. 1316. in Reg. sign. *Croix* Cam. Comput. Paris. fol. 88. v° : *Item nous ordonnons qu'il ait un clerc, qui Aprendra nos filles.*

* 2. **APPREHENDERE**, Possessionem rei alicujus adire, unde *Apprehensio*, pro ipsa possessione. Charta ann. 1235. apud Cencium inter Census eccl. Rom. : *Nos Alatrinus dom. Papæ subdiaconus et capellanus, ducatus Spoletanensis rector, Apprehendimus villam de Surripa, cum omnibus pertinenciis suis, ad opus ecclesiæ Romanæ, pro pertinenciis vallis Tupinæ. Et quicumque venerit contra ipsam Apprehensionem, vel eam infringere præsumpserit, etc.* Vide *Apprehensa.*

¶ **APPREHENSA.** Charta Annæ Dàbsaco, dominæ de Monte Astruco pro Guillelmo Bertrand ann. 1488 : *Seu etiam spectata possessione dictarum rerum et possessionum superius arrendatarum et confrontatarum intro ut et Apprehendatarum corporalem Apprehensam, que teneant pacifice et quiete donec, etc.* Hic aliquid deest, unde lux posset accedere : crediderim tamen *Apprehendere*, sumi pro *Prehendere*, *Prendre possession*, et *Apprehensa* pro *Prehensione*, *Prise de possession.* [** Vide *Corporalis possessio.* German. *Kœrperliche Besitzergreifung.* Edict. Theodor. Reg. Ostrog. cap. 142 : *Liceat unicuique domino ex prædiis, quæ corporaliter et legitimo jure possidet.* Theod. Cod. lib. 8. tit. 12. const. 1 : *Corporalis traditio subsequatur.* Paulus IC. in Dig. lib. 41. tit. 3. fr. 4. § 22 : *Apprehenderis possessionem.* Vide Vocabul. Juris.]

1. **APPREHENSIO**, [Comprehensio personæ, Gall. *Prise de corps.* Idem etiam interdum quod manucaptio, id est, injectio manus Regis, magistratus, aut domini feodalis in alicujus res et prædia, Gall. *Saisie réelle.*] Tabularium Conchensis Abbatiæ in Ruthenis ch. 26 : *Dimitto malos usus et Apprehensiones, et tortos, quos pater meus habuit, vel aliquis homo per illum in villa de Palatio.* Ch. 365 : *Et in totam prædictam villam totum decimum de Apprehensionibus hominum, et medietatem decimi de animalibus eorum.* Et ch. 545 : *Ut Geraldus de Rofiaco qui juxta sub ditione mea assistit, per manum Abbatis et Monachorum sanctæ Fidis in unaquaque Apprehensione unum solummodo denarium habeat, quandiu in servitio et fidelitate eorum permanserit.* Charta Henrici Imperatoris ann. 1014. apud Ughellum in Episcopis Savonensibus : *Insuper etiam jubemus, ut in his præscriptis confinibus castella non ædificentur, neque aliqua superimposita a Marchionibus, vel a suis Comitibus vel Vicecomitibus prædictis hominibus fiat, scilicet de fodro, de Apprehensione hominum, vel saltu domorum, etc.*

Apprisio, Eadem, ut videtur, notione. Bulla Stephani VII. PP. apud Catellum lib. 5. Historiæ Occitan. pag. 774 : *Statuentes... ut nulli unquam parvo aut magno homini liceat quamlibet forciam, vel Apprisionem in omnibus rebus ejus facere, aut potestatem aliquam habere, vel aliquem distringere, etc.* Vide [*Apprisia*,] *Apprisio* et *Captio.*

* *Apprehensio*, Minus recte intelligi videtur a DD. Benedictinis; supra allatis magis convenit Usurpatio, injusta exactio, sive ex rebus fiat, sive ex hominibus, ut et in Chartul. S. Vict. Massil. pag. 164 : *Facio donationem et gurpitionem.... eo tenore, ... ut nec nos, nec ulla persona faciamus ullam Apprehensionem nec in hominibus nec in avero.* Vide supra *Apprehendere* 2. et infra *Appressio* 1.

* 2. **APPREHENSIO**, Ager ex inculto ad culturam redactus. Charta ann. 869. in Append. ad Marcam Hispan. col. 793 : *Cum omnibus aut regali dono, aut quorumlibet Deum timentium largitionibus, aut comparationibus, aut commutationibus, aut omnibus Apprehensionibus, quas ipsi monachi propriis manibus de eremi vastitate traxerunt.* Alia ann. 872. ibid. col. 795 : *Præter Apprehensiones Hispanorum intra ipsos terminos sitas.* Vide *Aprisiones.*

¶ **APPEHENSUM**, Adjunctum, Appensum. Concil. Albiense c. 1. Spicil. Acher. tom. 2. pag. 630 : *Et Apprehensa seu adjuncta ipsis tectis ædificia, seu quæcumque alia latibula, quæ omnia destrui præcipimus.* Vide *Appendaria.*

* **APPREHEYSONARE**, In carcerem conjicere, Gall. *Emprisonner.* Instr. ann. 1384. inter Probat. tom. 3. Hist. Nem. pag. 77. col. 2 : *Morti tradendo gentes regias Nemausi, nulla causa racionabili præheunte Appreheysonando, etc.* Vide *Aprisionare.*

¶ **APPREMIRE**, Præmiis donare, Munerare, Gall. *Recompenser.* Jacobus Eluym. seu Auctor Commentarii super hymnos, edit. ann. 1499. fol. 1. in Expositione super hymnum, *Primo dierum*, sic loquitur : *Reddat, inquam, nos polorum sedibus ut muneret, id est, Appremiat nos beatis donis.*

¶ **APPRENTICIATUS**, Tirocinium, Gall. *Apprentissage.* Madox Formul. Anglicanum pag. 98 : *Matrimonium cum aliqua muliere non contrahet, durante termino Apprenticiatus suæ, sine voluntate dicti magistri.*

* Nostris olim *Aprinse* et *Aprise.* Lit. ann. 1402. tom. 8. Ordinat. reg. Franc. pag. 513 : *Pourveu qu'il ait servi trois ans en bonne Aprise, etc. Se il est filz de maistre et de ladicte Aprinse, il ne paiera que la moitié de ladicte hanse*, in aliis Lit. ann. 1404. ibid. tom. 9. pag. 45.

¶ **APPRENTICIETAS**, Eadem significatione in voce *Apprenticii.*

APPRENTICII, ex Gallico, *Apprentis*,

Tyrones, discipuli, qui ediscendi alicujus artificii ex pacto ad tempus constitutum serviunt : a voce Gallica *Apprendre*, discere, quod qui discunt, animo scientiam, aut artem, apprehendant. Est, inquit Cowellus lib. I. Institut. tit. 3. § 10. apud Anglos certa personarum conditio, servorum instar, libera tamen et ingenua, eorum nimirum, quos *Apprenticios* dicimus, qui ad artem aliquam mechanicam, sive alias mercenariam perdiscendam heris suis conventione sua, parentum vel gubernatorum astringuntur. Hi enim in herorum potestate sunt, durante tempore conventionis, et illis acquirunt non sibi vel parentibus suis, nisi aliter conventum fuerit. Hi dominis spondent haud pauca, et hæc præcipue, quod per tempus conventum bene et fideliter domino suo servient, secreta sua celabunt, præcepta sua licita et honesta libenter ubique facient, etc. Vide Fortescutum de Legib. Angl. cap. 8. et Thomam *Smith* lib. 3. de Republ. cap. 10. [*Madox* Formul. Anglic. pag. 98.] Thomas Walsinghamus in Richardo II. pag. 301 : *De Londoniis multi Apprentitii, plures servi, sumptis albis capuciis, invitis magistris et dominis sunt profecti.* Henric. de Knighton lib. 5. ann. 1381 : *Apprentitii quoque relictis magistris suis illuc accurrebant.* Habetur porro *indentura*, seu formula *Apprenticietatis* in Charta feodi pag. 163. seu in libro Anglico, inscripto *Justice of peace.*

Apprentitii Juris, vulgo *Scholares Juris*, qui ediscendarum legum civilium, vel etiam regni, scholas et Academias publicas frequentant. Idem Walsinghamus pag. 249 : *Locum, qui vocatur Temple-Barre, in quo Apprentitii Juris morabantur nobiliores, diruerunt.* Alibi pag. 329 : *Joannes Blake Juris Apprentitius.* Henric. de Knighton lib. 5 : *Juratos quoque civitatis et juris regni Apprentitios... interfecerunt.* Dictos etiam *Apprentitios ad Legem* auctor est Spelmannus, qui alios *Apprentitios ad Barras* recenset, qui scilicet post exacta juris studia in scholis, cancellos fori (quos *Barras* vocant, unde *Barreau*, pro ipso foro) salutare, atque illic causas agere permitterentur. Andreas Horn. in Speculo Justitiarum, seu *Mirrour aux Justices :*

Hanc Legum summam, si quis vult mira tueri,
Perlegat, et sapiens si vult orator haberi.
Hoc Apprentitiis ad Barras Ebore munus,
Gratum Juridicis utile mittit opus.
Horn mihi cognomen, Andreas est mihi nomen.

Vide Fletam lib. 2. cap. 37.

* **APPRENTISSUS**, a Gall. *Apprenti*, Discipulus, tiro. Reg. arest. parlam. Paris. ex Cod. reg. 9822. 2. fol. 164. v°. ad ann. 1321 : *Facta quædam ordinatio,.... quod poterant habere tot Apprentissos quot volebant, et de omni patria.* Vide *Apprenticii.*

* 1. **APPRESSIO**, Injusta et violenta rei alicujus invasio, usurpatio, Gall. *Prise de force.* Charta ann. 1097. ex Tabul. S. Petri Carnot. : *Accepto a nobis quodam ambulatorio equo, centum solidos appreciato, remota omni inquietudinis calumnia in perpetuum dimisit; quem equum mox ut primum ascendit corporali tactus incommodo, divina, ut credimus, ultione reatum prædictæ Appressionis extortique equi a nobis.... in eo multante, cepit acrioris molestiæ violencia urgeri.... Tandem divinæ correptionis persuasus verbere de prænotata consuetudinis Appressione satisfaciendo etc.* Vide infra *Aprisiatio. Appresser*, Urgere, persequi, in Lit. remiss. ann. 1449. ex Reg. 184. Chartoph. reg. ch. 4 : *celui Fournier fut tres fort Apressé et esmeu, et en grant aventure d'avoir la gorge coupée.*

* 2. **APPRESSIO**, Æstimatio, ab Ital. *Apprezzare*, æstimare, pretium statuere. Consuet. Neapol. MS : *Prædicta autem Appressio facienda auctoritate propria, ut dictum est, habet locum infra annum a tempore quo mulier ipsa dissescent* (discessit) *de domo mariti præmortui.* Nostris *Appresagement*, eadem notione. Lit. ann. 1334. in Reg. 69. Chartoph. reg. ch. 109 : *En faisant li un Appresagement des dommages, etc. Aprisagement*, in Lit. remiss. ann. 1405. ex Reg. 160. ch. 121 : *Par vertu d'icelles lettres Guillaume le Couvreur eust fait aprisagier les arrerages à certaine somme de deniers, contenue oudit Aprisagement.* Vide infra *Appretiare* 1.

APPRESTAMENTUM, quod Latini *Instructum*, [seu *Instrumentum*] vocant. [Galli *Meubles*, *Attirail.*] Testamentum Sisnandi Comitis Conimbricensis, apud Brandaonum tom. 3. Monarchiæ Lusitan. : *Et medietatem de illa azenia de Colimbria, cum suis molinis, et Apprestationibus.* Infra : *Cum suis vineis et Apprestamentis.*

¶ **APPRESTUM**, Mutuum, mutuo datum, Gall. *Prêt, donné à prêt.* Charta precariæ Deodati Clerici ad Odlandum Abbatem de Sithiu anno 32. Karoli Regis, 3. Augusti : *Juxta quod mea fuit petitio, ut suprascriptas res michi usualiter Appresto beneficio vestro præstare promisistis ad excolendum vel emeliorandum.* Charta Ricardi II. Regis Angl. ann. 1377. de pardonatione pro Episcopo Wintoniensi, apud Rymerum tom. 7. pag. 164 : *Per quod ipsum avum nostrum oportebat communitatem regni et cleri, per viam subsidii et Apprestorum, onerare, etc.*

* **APPRETIAMENTUM**, Æstimatio, pretii impositio rebus venalibus et maxime vino, Gall. *Appréciation.* Charta Phil. Pulcri in vet. Protocollo ex Cod. reg. 4184. fol. 60. v° : *Ballivo Vitriaci salutem. Ex parte habitatorum et communitatis villæ de sancta Manheulde nobis est conquerendo monstratum, quod cum ipsi sint.... in possessione et saisina pacifica vendendi vina sua, absque Appretiamento in eis ab aliquo apponendo.... tu nihilominus Appretiatores in dicta villa pro dictis vinis appretiandis.... ponere.... niteris.* Vide *Afforagium.*

1. **APPRETIARE** [vel Appretiari, Pretium imponere, Gall. *Apprecier*, Hispanis *Appreciar*, Italis *Appreciare.* Concil. anni 1012. inter Hispanica tom. 3. pag. 192 : *Sed si voluerit ipse sua sponte vendere domum suam, duo Christiani et duo Judæi Apprecientur laborem illius.*] Vide *Adpretiare.*

* Nostri olim *Apprésagier*, et *Aprésagier*, eadem notione dixerunt. Lit. ann. 1334. in Reg. 69. Chartoph. reg. ch. 109 : *Nous vous mandons et commettons.... que.... vous fassiez Apresagier lesdiz dommages etc.* Lit. comit. Augi ann. 1376. in Reg. 109. ch. 70 : *Lesquelx blés et brais aient esté Aprésagiez valoir en somme en revenue de terre, la somme de xx. livres de terre par an. Apprisagier*, in Memor. E. Cam. Comput. Paris. ad ann. 1389. fol. 209. Vide supra *Appressio* 2.

* 2. **APPRETIARE**, Emere, pretio comparare. Charta pro monast. de Fontaneto in Reg. 106. Chartoph. reg. ch. 371 : *Quadraginta acras terræ, quas Appretiaverat in hoc Fontanetensi territorio ab Osmundo, cognomento Labita.* (Ubi Ch. fundat. habet : *emerat.*) *Quæcumque autem ipse abbas Appretiavit de hominibus ejusdem Radulphi, sive dono recepit seu cujuslibet rei gratia conquisivit, idem Radulphus concessit.*

* **APPRETIATOR**, Qui rei venali pretium imponit. Vide supra *Appretiamentum* et mox *Appretiatura.*

* **APPRETIATURA**, Officium *appretiatoris.* Petrus Cantor lib. 2. Summæ MS. cap. 10 : *Aliquis princeps habet officium in curia sua, quod vocant Appretiaturam; et dicitur Appretiator ille, qui potest imponere pretium quod voluerit rei emendæ im emptione ciborum prælati.*

¶ **APPREYSONARE**, Captivos abducere, Gall. *Prendre prisonniers.* Hist. Dalph. tom. 1. pag. 64 : *Aciebus hinc inde ordinatis, dictus D. Gubernator Barones, Milites et Nobiles... benigne monuit et caritative, quod hodie curarent de honore, nec curarent aliquos Appreysonare, sed solum tenderent ad percutiendum... aliis interfectis, aliis Appreysonatis, etc.*

¶ **APPRISIA**, ut *Aprisia*, Inquisitionis species, Gall. *Enquête.* Regestum Magn. dier. Campaniæ fol. 93. verso apud D. *Brussel* Tract. de usu feud. tom. 2. pag. 227 : *Visis registris curiæ prædictæ, et quicquid de eo negotio alias per dictam curiam extitit judicatum, nonobstantibus propositis dictæ Dominæ, inquesta seu Apprisia, super dicto facto facta videbitur, nec annulabitur.* Occurrit rursus apud Lobinellum in Instrum. Hist. Paris. tom. 2. pag. 520. Vide *Apprisio* in voce *Apprehensio;* forte enim idem sonat quod hic *Apprisia.* Vox *Apprise* in Consuetudine Leodiensi, ut exponitur in Glossario ad calcem observationum Johannis Meani in Jus Leodiense, est *Mandatum quo Judex superior formam sententiæ exprimit, jubetque inferiori, juxta hanc formam pronuntiare.*

* Lit. Phil. Pulcri ann. 1295. in Lib. rub. Cam. Comput. Paris. fol. 6. r°. col. 2 : *Quæ omnia, per Apprisiam de mandato nostro factam, appreciata fuerunt valere in annuo redditu ducentas undecim libras novemdecim solidos, cum undecim denariis.* Constit. MS. Ferdinandi reg. Aragon. ann. 1413 : *Hoc nostro providimus edicto ne inquisitio seu Apprisia ex officio vel ad procuratoris fischalis instantiam inchoata vel recepta, per quemvis judicem publicetur.* Vide infra *Aprisia.*

¶ **APPRISIATIO**, inclusio in carcere, Gall. *Emprisonnement.* Charta Caroli Franc. Regis ann. 1383. apud Stephanotium tom. 10. Fragm. Hist. MSS. pag. 200 : *Insultus, incendia, homicidia, Apprisiationes, captiones, etc.* Vide *Apprehensio.*

¶ **APPRISIO.** Vide *Apprehensio* et *Apprisiones.*

* **APPRISIONARE**, In carcerem conjicere, Gall. *Emprisonner.* Lit. remiss. ann. 1382. in Reg. 121. Chartoph. reg. ch. 92 : *In dicta grangia grangerium seu custodem*

ejusdem violenter ceperunt et Apprisionaverunt. Vide *Aprisionare* et *Priso.*

* **APPROBARE**, Proponere, offerre, Gall. *Proposer.* Lit. Joan. ducis Bitur. ann. 1359. in Reg. 111. Chartoph. reg. ch. 108 : *Et ultra hoc propter sinceræ dilectionis fervorem, quam gerit* (Gadrardus dom. de Albaterra et de Ozilhaco) *erga coronam Franciæ, suas audacias in facto armorum, per ipsum sæpius Approbatas, ad effectum deduci cupiendo, etc.*

1. **APPROBATOR.** Vide *Probatores.*

* 2. **APPROBATOR**, Probator, Gall. *Essayeur. Approbator monetæ argenti seu legarum*, in Charta ann. 1317. apud *Manni* tom. 4. Observ. histor. in sigil. antiq. pag. 77.

* **APPROBATUS**, Convictus, Gall. *Prouvé, convaincu.* Charta Raim. vicecom. Turennæ ann. 1218. ex Cod. reg. 8542. 6. fol. 40. r° : *Quicumque habitator villæ Martelli cum aliqua uxorata in eadem villa captus esset et Approbatus per adulterium, trahetur per genitalia nudus et adultera nuda.*

* **APPROFIAMENTA**, Emolumenta, fructus, qui ex prædiis proveniunt, Gall. *Profits.* Chron. Angl. Th. *Otterbourne* pag. 88 : *Posuit ad custodiam ipsius regni* (Scotiæ) *certos viros de suis, qui medio tempore exitus et Approfiamenta terræ, ad opus illorum, quorum intererat, custodirent.* Nostris, *Approfiter*, pro Quæstum facere, *Profiter*, tirer du profit. Lit. ann. 1400. tom. 8. Ordinat. reg. Franc. pag. 425. art. 12 : *Afin que chacun puisse Approfiter et vendre sa part.* Vide *Approvamenta* in *Appruare.*

* **APPROFUNDARE**, a Gall. *Approfondir*, Altius fodere, cavare. Reg. 34. bis Chartoph. reg. part. 1. fol. 95. r°. col. 2 : *Apud Archias fossata sunt dilatanda, ... et Approfundanda secundum mensuram aliorum. Apporfondir*, in Ch. ann. 1340. ex Chartul. 23. Corb. : *Pour ce que necessités est des fortresches de la ville de Corbie retenir et de plusieurs rivieres, estans en ladite ville Apporfondir, etc. Emprofondir*, eodem sensu, in Chartul. sign. *Ezechiel* ejusd. monast. ad ann. 1418. fol. 30. r° : *Et aveuc ce doibt Emprofondir tous noeufs graviers, qui lui seroient préjudiciables.* Vide *Profundare.*

¶ **APPRONARE SE**, Inclinare corpus, Gall. *S'incliner.* Apuleius lib. 1. Metamorph. : *Opertus palliolo in planiorem ripæ marginem complicitus in genua Appronat se, avidus adfectans poculum.*

¶ **APPROPENDICIÆ**, Manicarum muliebrium ornamenta, quæ Germanis dicebantur *Lussum.* Statuta synodalia Ecclesiæ Argentinensis ann. 1435. apud Marten. tom. 4. Anecd. col. 550. E : *Item Dominabus S. Stephani prohibemus . . . forraturas zendaliorum non nigri coloris. Item ornatum extra mittentem qui dicitur Ussum em gebraensel. Item Appropendicias Manicarum, quæ dicuntur Lussum, excedentes manicas tunicæ inferioris.*

APPROPIARE, *Approximare, Appropinquare*, Joanni de Janua, qui a *propius* deducit, Gall. *Approcher.* Exod. cap. 4. ℣. 4 : *Ne Appropies, inquit, huc.* Lucæ 10 : *Appropians alligavit vulnera ejus.* Occurrit præterea aliis locis in veteri Testamento. Lucifer Calaritanus lib. 1. pro S. Athanasio pag. 82 : *Custodite judicium, facite justitiam, Appropiavit enim salutare meum advenire.* Infra : *Petunt a me judicium, et Appropiare Deo desiderant.* Simon Dunelmensis lib. de Eccles. Dunelm. cap. 6 : *Quia dies mortis, vel vitæ magis illius, quæ sola vita dicenda est, jam Appropiaret introitus.* Lambertus Ardensis : *In abdito cordis sui cubiculo intendebat, ut si quomodo aliqua feudali sublimatione Ghisnensis terræ finibus Appropriare, et in ea pedem figere potuisset, etc.* ubi videtur leg. *Appropiare.* Heremannus de Restaurat. S. Martini Tornac. cap. 1 : *Jam vero si scholæ Appropiares, cerneres Magistrum Odonem, etc.* Vide *Adpropiare.*

[** *Appropiatio.* Vide Forcell. Lexic. in voce *Appropriatio.*]

* 1. **APPROPINQUARE**, In jus vocare, accusare, a Gall. *Approcher, Approchier*, et *Approuchier*, eadem acceptione. Lit. remiss. ann. 1356. in Reg. 85. Chartoph. reg. ch. 188 : *Baillivus Ambianensis et procurator* (regius) *homines prædictos et eorum complices coram se advocari et Appropinquari fecerunt.* Alia ann. 1347. in Reg. 68. ch. 258 : *Comme Jehan Vincent de Bares.... soit Approuchiez en nostre cour ou bailliage d'Amiens d'avoir fait raire et fausser par un clerc et alonguer une date de nos lettres, etc.* Aliæ ann. 1389. in Reg. 137 : *Le procureur du Roi l'a fait venir et Approchier.* Aliæ ejusd. ann. in Reg. 138. ch. 67 : *Pour lequel recellement il a deja esté Approché pardevant le prevost et les eschevins de la ville de Chaalons.* Memor. D. Cam. Comput. Paris. ad ann. 1374. fol. 144. v° : *Sur ce que Pierre de Vergny.... fist Aprocher et convenir messire Jaques de Montmor chevalier et gouverneur de la Rochelle pardevant M. le Chancellier et MM. des Comptes.* Adde Ordinat. reg. Franc. tom. 5. pag. 495. 496. et 636. *Aproismier* idem sonat, in Charta Guidonis comit. Fland. ann. 1289. ex Chartul. Namurc. in Cam. Comput. Insul. fol. 6. r° : *Et autrement ne porons Aproismier bourgois, ne fius de bourgois.* Aliud sonat vox *Approchemens*, apud Froissart. vol. 1. cap. 261 : *Si eut là grans Approchemens et grans recognoissances d'amour, quand ils se trouveront tous ensemble.* Ubi Amicitiæ testimonia, v. g. amplexus significantur, Gall. *Marques d'amitié, embrassemens.* Pro Contactus, Gall. *Attouchement*, occurrit in Bestiario MS. :

Fuir doivent la compaignie
Des femmes ententivement,
Et lor charnel Aprochement.

2. **APPROPINQUARE**, Idem quod *Appropriare*, Rem sibi propriam facere. Stat. synod. eccl. Castr. ann. 1358. part. 2. cap. 5. ex Cod. reg. 1592. A : *Ne aliqui religiosi decimas novalium seu aliorum locorum ad eos legitime non spectantes sibi Appropinquare seu usurpare præsumant.*

APPROPRIANTER, In proprietatem, in proprios usus. Charta ann. 1306. inter Probat. tom. 2. Annal. Præmonstr. col. 375 : *Approprianter ac liberaliter donantes jus patronatus ecclesiæ parrochialis in Fridburg.* Vide *Appropriare* 1.

1. **APPROPRIARE**, Rem *propriam* sibi facere, in suos usus et sua commoda convertere. Glossar. Lat. Græc. *Appropriare*, νοσφίζειν. Auctor Mamotrecti : *Vendico, Approprio.* Apud Aurelianum Siccensem lib. 2. de Tardis passion. cap. 13. *ciborum Appropriatio* dicitur, quorum succus per digestionem in propriam hominis substantiam convertitur. [** Vide Forcell. Lexic.] Vincentius Belvacensis lib. 32. cap. 92 : *Et in primis locum, in quo erat Mahomeria, reconciliavit Legatus, qui dudum in altera ejusdem urbis* (Damiatæ) *captione B. Virginis Ecclesiæ deputatus fuerat, et Appropriatus.* Chronicon Upsalensium Archiepiscopor. n. 10 : *Mansionem suam in Beremi et Grenly cum suis pertinentibus et attinentiis omnibus Appropriavit.* [Charta Ludovici II. Regis Siciliæ e MS. D. *Brunet* fol. 116 : *Possint... stratas publicas... sibi quomodolibet Appropriare.*] Sed

Appropriare, proprie usurpatur in foro Ecclesiastico de Ecclesiis aut beneficiis Ecclesiasticis, quæ Ecclesiis principalibus aut Monasteriis, a quibus dependent, uniuntur, earum fructibus in proprios Ecclesiæ, quibus *Appropriantur*, usus redactis. Synodus Exoniensis ann. 1287. can. 84 : *Obventiones et oblationes, quas fieri contigerit in capellis, ubi matrix Ecclesia Religiosis est appropriata personis, non ipsis religiosis cedant, sed Vicariis duntaxat inibi canonice constitutis.* Charta Regis Angl. tom. 1. Monastici Angl. pagina 237 : *Concessimus et licentiam dedimus dictis Priori et Conventui, quod ipsi et successores sui Ecclesiam parochialem S. Andreæ... quæ est de advocatione et patronatu suis propriis, ut dicitur, Appropriare, et eam sic Appropriatam in proprios usus tenere possint, etc.*

Ejusmodi *appropriationum* abusus attigit Alexander IV. PP. in Regesto anni 7. Epist. 23. ex Bibl. Regia : *Tunc siquidem referentibus vobis accepimus, quod Religiosorum quorundam non solum Angliæ, sed et aliorum regnorum avara cupiditas, qui, ut vestro utamur eloquio, Appropriationem Ecclesiarum parochialium in regno Angliæ a Sede Apostolica ex falsis causis hactenus obtinuere sibi concedi in eodem regno, usque adeo late patet, quod illud veneno hujusmodi totaliter fere in suis partibus jam infecit : quoniam ex hoc divinus in eis cultus perit, intermittitur hospitalitas, jura Episcopalia detrahuntur, pauperibus clauduntur ostia pietatis, ac proficientibus Clericis, dum spes provisionis adimitur, proficiendi studium minoratur. Inter alia quoque scandala, quæ de hujusmodi Ecclesiarum Appropriationibus suborta proponitis, signanter exprimere curavistis, etc.* Vide idem Monasticum Anglic. tom. 2. pag. 18. 57. 182. 433. Ingulfum pag. 860. Concil. Londinense ann. 1268. cap. 23. Inquisitionis Archidiaconor. Lincolnensium ann. 1233. cap. 35. Lindwodum pag. 88. 2. Edit. Rastallum, præterea Consuetudinem Britanniæ art. 269. 306. 319. 433. 444. [** Charta ann. 1294. in Avemanni Append. ad Histor. Burgg. Kirchberg. pag. 42 : *Ipsam curiam cum bonis predictis.... Ecclesie in Suabehusen, tanquam dotem jure proprietario libere Appropriamus.*]

* Nostris etiam *Approprier*, eadem notione, scilicet pro Rem alteri adjungere, Gall. *Unir, incorporer.* Lit ann. 1371. tom. 5. Ordinat. reg. Franc. pag. 415 : *Nous avons Approprié, unie et anexé, et de nostre auctorité.... Approprions, unions et anexons*

perpetuellement a nous, à noz successeurs et au domaine de la coronne de France, etc.

* 2. **APPROPRIARE**, Æstimare, pretium imponere, idem quod supra *Appretiare* 1. quomodo etiam f. leg. est. Charta ann. 1228. in Chartul. Campan. fol. 367. v°. col. 2 : *Hunc autem bladum de bonorum virorum consilio sic Appropriari decrevimus; decem frumenti sextarios judicavimus valere solidos lx. unicuique sextario sex solidis annuatim imperpetuum deputatis : decem sextarios sigali et speltæ solidos xl. unicuique sextario imposito precio iv. solidorum.*

* 3. **APPROPRIARE**, Occupare, vel adornare, præparare; quo sensu etiam dicimus *Approprier*. Ordinat. capellanorum eccl. Ambian. ex Chartul. ejusd. ch. 202 : *Nec præsumant aliquod altare Appropriare sibi, dum canonicus sacerdos velit ibidem celebrare.* Vide infra *Appunctare* 1.

¶ **APPROPRIATE**, Singulariter. Compendium jurium et consuetud. Universitatis Paris. per Rob. *Goulet* fol. 10 : *Et hec de his que specialiter singulis facultatibus aut nationibus seorsum et Appropriate conveniunt, dicta fuerunt : aliqua enim alia sunt toti corpori Universitatis communia . . . de quibus breviter pauca dicemus.*

¶ 1. **APPROPRIATIO**. Constitutio Johannis Stratford Archiep. Cantuar. : *Statuimus, quod si ipsi* (Religiosi) *beneficia hujusmodi, vel suas, quas virtute Appropriationum in eis decimarum aut proventuum percipiunt, portiones ad firmam tradiderint clericis; non obtenta diœcesani licentia... pœna... percellantur.* Quem in locum observat Lyndwoodus pag 159. *Appropriationem* duplici modo sumi posse, vel pro *proprietate* beneficii, vel pro *proprietate* fructuum ex beneficio provenientium. Hunc scriptorem, si vis, consule.

* Eo sensu intellige, quo exponitur in *Appropriare* a Cangio.

* 2. **APPROPRIATIO**, Proprium, peculium, Gall. *Propre*. Concil. Rem. ann. 1408. apud Marten. tom. 7. Ampl. Collect. col. 420. n. 53 : *Amplius si in parochia sunt domus religiosorum vel hospitalia, fiet inquisitio secundum status eorumdem, ut quomodo servant vota, specialiter continentiæ et paupertatis sine Appropriatione.*

¶ **APPROVAMENTA**, Approvare, etc. Vide *Appruare*.

* **APPROXIARE**, Consulere, ab Ital. ut videtur, *Approcciare*, quod Accedere, appropinquare interpretantur Academici Cruscani. Stat. crimin. Saonæ cap. 38. pag. 80 : *De sacramento medicorum ..... Toties quoties inde requisiti fuerint patientem visitare, cum aliis conferre de ægritudine et cura ipsius, sibique remedia salubria Approxiare, eisque bona fide mederi, etc.*

¶ **APPROXIMARE**, Appropinquare, Gall. *Approcher*. Vet. Interpres Psalm. 31. 6 : *Ad eum non Approximabunt.* Ibid. ℣. 9 : *In camo et fræno maxillas eorum constringe, qui non Approximant ad te.* Tertull. adv. Judæos cap. 11. *Approximavit vindicta civitatis.* Occurrit apud Murator. tom. 3. pag. 327. tom. 8. col. 602. et alibi.

* Olim *Aproismier*. Vitæ Patrum MSS. :

Pour que mes cors si fort puoit
Que nus Aproismier n'i osoit.

Bestiarius MS. :

La femelle de l'oliphant
Aproisme à l'erbe maintenant.

¶ **APPROXIMATIO**, Appropinquatio, accessus, apud Bernardum *Pez* tom. 1. Anecd. part. 1. col. 635. etc.

APPRUARE, vel Approvare sibi, vel se de re aliqua; hac frui et uti ad sua commoda et suas necessitates; quasi in *provandam*, seu *præbendam* sibi asserere, vel (forte) sibi *appropriare*. Fleta lib. 2. cap. 73. § 19 : *Nulli Ballivo sit vile, si de rebus domini dominam possit Appruare, ut de suis ordeis braseum, de lanis pannum, de linis telas et hujusmodi fieri, vel si equum, pullum, vel palafredum de furfure, fabisque educi, faciatque nutriri, etc.* ubi *Appruare*, est commodum domini facere de prædiorum exitibus, *faire le profit du maistre*. [Hinc *Apruare terram* pro *Accurare*, Gall. *la faire valoir*, ut fructûs domino ferat, cujus exemplum habetur in *Faldare*.]

Approvamenta, Approviamenta, Emolumenta et fructus, qui ex prædiis proveniunt, Gallis *Profits*. [Olim *Approuvandement*, ut legitur in Consuetud. Hannoniensi cap. 40.] Thomas Walsinghamus pag. 57 : *Posueruntque custodes, qui medio tempore exitus et Approviamenta terræ ad opus illorum, quorum intererat, custodirent.* Ita in Monastico Anglic. tom. 2. pag. 133. 607. 608. 632.

Appruator, Qui domini commodis invigilat, et ejus reditus et commoda percipit et auget. Fleta lib. 2. cap 76. § 1 : *Præpositus autem tanquam Appruator et cultor optimus, per villatam electus, etc.* Cap. 82. § 2 : *Nullus Præpositus ultra unum annum remaneat irremotus, nisi pro fideli ac optimo Appruatore, etc.*

Appruare, Propria significatione, uti est apud Rastallum, dicitur, cum qui Communiam habet *in vasto* terræ domini, et dominus partem vasti terræ includit ad suum commodum, relicta participibus sufficienti Communia ad egressum et regressum. Statutum Westmonasteriense 2. cap. 50 : *Domini vastorum, boscorum, et pasturarum, Appruare se possunt de vastis et pasturis illis, non obstante contradictione tenentium suorum, dummodo tenentes ipsi haberent sufficientem pasturam ad tenementa sua, cum libero ingressu et egressu ad eadem.* Infra : *Ita quod domini hujusmodi vastorum, boscorum, et pasturarum, salva sufficienti pastura hominibus suis, Approvare sibi possint de residuo.* Ubi *Approvare*, exponitur in Statuto Mertonensi cap. 4 : *Commodum suum facere.* Monasticum Angl. tom. 1. cap. 781 : *Scilicet a terra de Hiltone per viam Regiam, et sciendum, quod bene liceat prædicto Waltero Appruare sibi et suis infra dictas divisas, ita tamen quod iidem Abbas et conventus habeant liberum et largum ingressum et regressum, et sufficientem pasturam ad* 300. *oves.* Radulfus de Hengham in Parva cap. 7. ait, disseisinam fieri, *cum manuopus alicujus impeditur per Superfluosam, et hoc in tenemento diu ante Appruato, vel de tenemento de novo Appruando, verbi gratia, si quis vastum suum non prius Appruatum redigat in culturam, etc.* Vide Guillelm. Prynneum in Libertatib. Eccl. Angl. tom. 3. pag. 174.

* **APPRUVIAMENTA**, Emolumenta et fructus, qui ex prædiis proveniunt, Gall. *Profits*. Charta Joannis reg. Angl. inter Probat. tom. 1. Annal. Præmonst. col. 412 : *Et in omnibus aliis pertinentiis suis, aisiamentis, libertatibus et Appruviamentis.* Vide in *Appruare* et supra *Approfiamenta*.

* **APPUBLICATIO**. Charta Roberti ducis Burgund. ann. 1284. in Chartul. S. Mart. Augustod. : *Quod si per resortum vel Appublicationem aliqui ad nos venerint, etc.* Ubi legendum videtur *Appellationem*.

¶ **APPUINCTAMENTUM**. Vide in *Appunctare*. 3.

¶ **APPULERE**, pro *Appellere*. Supplem. Antiquarii : *Appulo*, προσπελάζω.

APPULSARE. Wil. Brito in Vocab. : *Accire, significat advocare, vel Appulsare.*

* **APPUNCTAMENTUM**, Decretum judicis, arbitri sententia; nostris *Appointement*, eadem notione. Charta ann. 1395. in Chartul. S. Germ. Prat. : *Secundum ejusdem curiæ Appunctamentum et ordinationem.* Sent. official. Camerac. ann. 1416 : *Ut præmissa omnia et singula in prædicto Appunctamento seu ordinatione.... contenta et narrata teneant, faciant et adimpleant.* Charta ann. 1404. in Chartul. 21. Corb. fol. 202 : *Se submirent et compromirent du tout ou dit, ordenance et Appointement de nous arbitres.*

¶ 1. **APPUNCTARE**, Reficere, restaurare, Gall. *Reparer, Raccommoder, Remettre en bon point*. Hinc apud veteramentarios sutores de calceis recens refectis dicitur *Souliers Rapointez*, et apud Borellum in Diction. Gall. *Appointé*, idem est quod *Mis en bon point*. Etymon vocis Gallicum *A point*, quod est Apte, convenienter. Testamentum Antonii de Claromonte Abb. S. Tiberii ann. 1499. in Hist. MS. ejus Monasterii pag. 96 : *Item voluit quod chorus S. Tiberii, seu sedilia chori per eum incœpta, sumptibus hæredum suorum perficeretur, et in bona et laudabili forma relevaretur et Appunctaretur, et in dicta Ecclesia S. Tiberii apportaretur.*

* Nostri *Appointier* dixerunt, pro Præparare. Lit. remiss. ann. 1399. in Reg. 154. Chartoph. reg. ch. 458 : *Icellui Doné.... prist le fromage, qui estoit Appointié pour faire ladite tartre, et le getta sur l'espaigniere, la où icelle femmes faisaient les couvrechias d'icelle.* Vide supra *Appropriare* 3.

¶ 2. **APPUNCTARE**, Canonicum alterumve Clericorum ab officio canoniali absentem *puncto* notare, Nostris *Piquer* : quod fit in catalogo, ubi omnium, qui choro interesse debent, nomina describuntur. Concil. Hisp. tom. 4. pag. 187 : *Prædicti cantores et menistriles Appunctentur per eum qui a populo designabitur... Absentes pro quolibet puncto, in quo defecerint, solvant unum solidum.* Vide *Appuntare*.

3. **APPUNCTARE**, Appunctuare, Litem non tam pacto definire, quam eo partes adducere, ut de re controversa, tanquam certa, conveniant, unde recte *Appunctamenta* forensibus dici censuit Budæus, *acta et conventa controversiæ*. Galli dicunt *Appointer une affaire*, *Appunctuatio*, *Appointement*. Charta ann. 1337. apud Guichenonum in Hist. Sabaudica pag. 164 : *Et convenit per pactum expressum Appunctuatum, etc.* Vita Gregor. XI. PP. pag. 223 : *Fuitque pro Appunctuatione et perfectione tractatus*

hujusmodi, etc. Formula frequens in Curiarum placitis, cum res omnino definiri non potest, quod ea non omnino constet, nec partes inter se conveniant. Arestum ann. 1357. in Probat. Hist. Castil. pag. 108 : *Tandem dictis partibus super præmissis et aliis ad plenum auditis, Appunctatoque per nos, quod castrum et villa prædictæ realiter et de facto in manu nostra ponerentur, etc.* Aliud Arestum ann. 1396. pag. 178 : *Super quibus antedictis partibus per dictas gentes compotorum nostrorum ad tradendum rationes suas per modum memoriæ, una cum suis litteris et munimentis, ac in jure Appunctuatis, etc.* id est, in jure receptis, ac de quibus partes conveniunt. Aliud. 5. Octob. 1394. pro Lugdunensib. : *Et partes in factis contrariis Appunctatæ, etc.* [Id est, decretum est, ut partes facta de quibus controversabantur, vera probarent aut falsa. Instrum. anni 1415. inter Anecd. Marten. tom. 2. col. 1606 : *Post quam quidem petitionem fuit in dicta natione Appunctuatum quod ... legeretur prædicta responsio;* hoc est ratum fuit et conventum. *Appunctatum ad consilium*, apud Lobinellum tom. 3. Hist. Paris. pag. 273. et alibi non semel tempus est a Judicibus concessum actori et reo, ut commodius litem elucidare possent, et ad majorem elucidationem Jurisperitorum consilium exquirere. Vide *Arestum.* 1.]

¶ Appuinctamentum, pro *Appunctamentum.* Charta Caroli Regis Francorum ann. 1446. apud Thomasserium in Biturig. pag. 107 : *Qui consiliarii nostri, partibus super hæc auditis, per suam sententiam interlocutoriam seu Appuinctamentum quidem præfatum examen ad judicandum reciperetur.*

¶ Appunctuare, Notione nonnihil diversa pro Pacisci, Convenire, Pactum articulis seu *punctis* distinctum facere. Statuta Ordinis Cisterc. ann. 1450. inter Anecd. Marten. tom. 4. col. 1620 : *Constituit et ordinat Procuratores generales et speciales ad promovendum, procurandum, tractandum, Appunctandum pro et nomine totius Ordinis.* Concordia inter Capitulum S. Petri Aycuriensis et Rectorem parochialis Ecclesiæ S. Jacobi Lovaniens. apud Miræum tom. 2. pag. 901. edit. 1723 : *Qui præmissis omnibus, dum sic. . . agerentur, ordinarentur, Appunctuarentur, laudarentur et ratificarentur, una cum testibus prænominatis interfui, eaque sic fieri vidi et audivi.* [* *Appunctare in arresto*, est in eo articulatim notare instrumenta, quæ rei controversæ elucidandæ inserviunt. Ordinat. ann. 1358. tom. 4. Ordinat. reg. Franc. pag. 724 : *Ac alias quascumque scripturas, acta et munimenta in arresto Appunctatas et Appunctata, diligenter ac fideliter videatis.* Arest. parlam. Paris ann. 1417. in Memor. H. Cam. Comput. fol. 89. r°: *Ad ponendum penes eandem curiam litteras, titulos, et alia munimenta, quibus se juvare volebant et in arresto Appunctatæ.*] Hinc pag. 900. col. 2. apud eumdem Miræum :

¶ Appunctuamentum, Pactum vel Conventum *punctis* articulis sive capitulis distinctum. *Nos ad hujusmodi benevolum ab eodem obtinendum consensum... amicitiæ et tranquillitatis productiva Appunctuamenta sive capitula fecimus.* Oratio Legatorum Caroli Franc. Regis ann. 1459. in Conventu Mantuano apud Acherium tom. 9. Spicil. pag. 319 : *Quoties treuga aut Appunctuamenta habita fuerint inter Regem nostrum Christianissimum et Anglos, idem Rex in præfatis treugis et Appunctuamentis illustrissimum Ducem* (Burgundiæ)... *comprehendit.* Rursum occurrit paulo post. Vide *Appointamentum.*

¶ Appunctuatus, Appunctuamento seu pacto pertinens ad aliquem. Litteræ Regis Angl. ann. 1559. apud Rymerum tom. 15. pag. 500 : *Nobis per statuta aut consuetudines hujus regni nostri Angliæ aut eorum aliquam sive aliquod in suo robore aut virtute modo existens, datorum, legatorum, unitorum, annexorum, Appunctuatorum, sive limitorum existentium, etc.*

* Inventar. Chart. reg. ann. 1482. fol. 116. v° : *Continet etiam ulterius dicta littera Appunctuamentum sive tractatus pensionis, a rege dicto Andreæ promissæ, cum certis aliis in dicta littera declaratis... De anno 1230.* Ibid. fol. 118 : *Littera... anno 1312. per quam ipse rex emologat pacem vel Appunctuamentum inter Johannem ducem Britanniæ et Yolendem uxorem ducis Arturi, dicti Johannis patrem.* Instr. ann. 1481. inter Probat. tom. 3. Hist. Nem. pag. 345. col. 1 : *Iceulx pactes et Appunctemens.*

* **APPUNCTUATIO**, Conventio, pactum. Vide *Pactuatio* 1.

* **APPUNTAMENTUM**, ut supra *Appunctamentum.* Arestum parlam. Paris ann. 1499 : *Super quo partes ipsæ in Appunctamentum condescenderant.* Italis, *Appuntamento*, eadem notione.

1. **APPUNTARE**, [pro *Appunctare* 3.] Vide Ughellum in Italia sacra tom. 3. pag. 294. [* Pro Statuere, pacisci, vide in *Punctuare.*]

* 2. **APPUNTARE**, Puncto notare nomina eorum, qui officiis sibi injunctis, vel ex debito, adesse negligunt, vulgo *Piquer.* Vide *Appunctare*, 2. et *Punctare.* Stat. ant. Florent. lib. 1. cap. 37. ex Cod. reg. 4621. fol. 24. r° : *Qui officiales conductæ, regulatores custodiæ, et alii ad hoc deputati teneantur .... Appuntare eos qui defecerint, et defectus et Appuntaturas .... scribi facere in quodam libro..... Qui in monstris prædictis Appuntabuntur, intelligantur eo ipso quod Appuntati fuerint, capsi et revocati ab officiis, servitiis et stipendiis ipsorum.*

* **APPUNTATURA**, Punctum, quo defectus ab officio notatur. Vide supra in *Appuntare.*

* **APRAARE**, In pratum redigere, idem quod supra *Appradare.* Stat. Vercell. lib. 5. pag. 128. r° : *Item quod quælibet persona civitatis et districtus Vercellarum possit plantare, Apraare, adaquare, seminare, ad cultum reducere... terras et possessiones, quæ appellantur seghiæ.*

* **APRADARE**, Apradatum. Vide supra *Appradare.*

APRALE. Charta Ruthenensis ann. 1307. ex Regesto 2. Philippi Pulcri Regis Franciæ, in Chartophylacio regio ch. 4 : *Videlicet quasdam domus faciendas et construendas in quodam Aprali ipsius domini Regis sito in dicto castro de Naiaco, juxta Portale vocatum Del Pontet, etc.* [Forte legendum *Areali.* Vide *Area.*]

* F. Ager incultus, ubi herbæ crescunt; unde quasi pratum habetur. Vide *Apradatum* supra in *Appradare.*

APRATARE, Agrum in pratum redigere. Charta Stephani Episcopi Eguensis ann. 1177. in Tabul. Abb. Reigniac. Ord. Cisterc. : *Dederunt et concesserunt... in loco, qui dicitur Cesant, omnem terram planam, et prata quæ ibi sunt, et quicquid adhuc ibi poterit Apratari. Concesserunt etiam illis omne booletum, et quicquid ibidem poterunt extirpare vel essartare.* Charta Gaufredi Comitis Andegav. ann. 1062. ex Tabul. S. Florentii veteris : *De pratis vero eis abstulerunt, sive in terra sua Apprataverunt, avus noster et avunculus, etc.* [Vide *Appratare.*]

* **APRELLA**, a Gall. *Aprêle* et *Asprêle*, vel *Prêle*, Equisetum. Charta Roberti comit. Alencon. in Reg. forest. comitat. Alenc. ex Cam. Comput. Paris. fol. 22. r° : *Concedo* (monachis de Persania) *usagium suum ad omnia et singula loca prædicta; ... etiam medietatem de albaspina, de Aprella, de sachofago, et ad omnes alias domos ipsorum factas et faciendas.*

¶ **APRENTICIUS**, Tiro, Gall. *Apprenti.* Aprenticiatus, Tirocinium, Gall. *Apprentissage.* Vide supra cum duplici *p.*

** **APRESTITUM, AD PRESTITUM**, Lusitanis Omnia quæ ad instruendas domus, prædia rustica, etc. pertinent, ait S^a Rosa Elucidarii tom. 1. pag. 127. Chart. ann. 870. apud eumdem : *Contestamus* (ipsam hereditatem) *in ipsa Ecclesia, cum quantum hominis hic Aprestitum est : signum, caballos, equas, bobes et vaccas, pecora promiscoa, cabras, et cupos, lectos, et catedras, mensas, sautos et pumares, amexinares, vineales, terras ruptas, vel barbaras, casas, lacus, petras mobiles, vel imobiles.* Alia anni 989 : *Vel omne quanto que ivi Ad Prestidum hominis est* etc. Alia ann. 1133 : *Quantas hereditates in illorum voce potueris exquirere, casis, vineis, terris ruptis vel inruptis, exitus viarum, et serigis molinarum, et perfias, ingressus et regressus cum quantum Ad illis Prestitum fuit; dono tibi etc.* Hinc

** Aprestatio, Aprestamentum. Vide *Apprestamentum.*

* **APRETIATOR**, Qui rei, et maxime vino, venali pretium imponit. Arest. parlam. Paris. in Chartul S. Cornelii Compend. fol. 155. r° : *Item dictos religiosos non habere jus impediendi dictos majorem et juratos ponendi afforatores seu Apretiatores vini in terra ipsorum religiosorum, et signandi dolia apretiata.* Vide supra *Appretiamentum* et *Appretiatura.*

¶ **APRIFICATIO.** Vide *Aprificare.*

* **APRILAX**, *Calor*, in vet. Glossar. ex Cod. reg. 7646. *Apricitas*, eadem notione, apud Columell. lib. 7. cap. 4.

* **APRIOLUS**, Capreolus, Gall. *Chevreuil.* Charta ann. 1501. ex schedis. Pr. *de Mazaugues : Quod talis venator.... teneatur portare et tradere eidem domino.... carterium ejusdem talis animalis posteriorem, scilicet dextram illius animalis, videlicet cervi, aut biche, seu Aprioli.*

1. **APRISIA**, Vox forensis; Inquisitionis, in jure factæ, species, cujus mentio occurrit in Arestis aliquot: estque ea inquisitio,

quæ fit ad *appretiandam* rem aliquam, unde vocis origo. Regestum Parlamenti Paris. signatum B. fol. 53 : *Visa Aprisia seu appretiatione* 200. *librarum terræ, etc.* Adde fol. 78. Charta ann. 1314. in 50. Regesto Tabularii Regii n. 7 : *Inquestæ seu Aprisiæ super iisdem excessibus inchoatæ.* Vide Loisellum in Hist. Bellovac. pag. 289. 300. 301. Fuse autem *de Aprisiis* disserit Philippus *de Beaumanoir* cap. 40. quæve sit differentia inter *Aprisiam*, et *inquestam* docet. [Interdum nullam esse probare videntur Litteræ Philippi Regis Francorum ann. 1289. apud Rymer. tom. 2. pag. 464. per quas Perpinianum Commissarii mittuntur de excessibus commissis tempore treugæ inter Reges Franciæ et Arragoniæ inquisituri : *Gentes nostræ et ipsius Regis Angliæ insimul prædictæ Aprisiæ seu informationi intererunt... testes insimul audient.*]

¶ Aprizia, Eadem notione. Instrumentum concordiæ inter Abbatem, Sacristam et Monachos Crassenses ex Archivo ejusd. Monasterii : *Facta ut asseruit prius plena informatione et summaria Aprizia cum fide dignis Monachis et officiariis et servitoribus dicti Monasterii.... et etiam facta summaria Aprizia cum familiaribus, etc.*

* Nostris etiam *Aprise.* Charta ann. 1336 : *Et depuis à nostre temps aient esté faites certaines informations et Aprises par escript et autrement.* Reg. sign. *Pater* ex Cam. Comput. Paris. fol. 134. r°. col. 1 : *Soit faite secrètement et saige Aprise devant toutes choses.* Vide supra *Apprisia.*

¶ 2. **APRISIA**, Epitome, Summarium, Gall. *Précis, Abrégé;* aut si mavis, Descriptio, Exemplar, Gall. *Copie.* Collect. Conc. Hispan. tom. 4. pag. 507 : *Verum quia plures... dum ab aliqua parochia in qua tanquam Rectores, Vicarii aut Notarii fecerunt residentiam, recedunt, protocolla seu librum manuale nuncupatum, aut alias scripturas publicas secum asportant in grave partium præjudicium et jacturam; alii vero dicta instrumenta, seu illorum Aprisias in papyro volanti scribunt, nec illas in libro aliquo, sicut convenit, redigere curant, sicque de facile amittuntur.*

¶ 3. **APRISIA**, Facultas, ut videtur. Capitulum Generale MS. S. Victoris Massil. ann. 1322 : *Domino Priori Gardiæ pro construendis carceribus plenam facimus Aprisiam.*

* **APRISIATIO**, Injusta et violenta rei alicujus invasio, usurpatio, Gall. *Prise de force.* Lit. remiss. ann. 1404. in Reg. 158. Chartoph. reg. ch. 436 : *Captiones, spoliationes, Aprisiationes, hominum animaliumque et aliorum bonorum occupationes, etc.* Vide supra *Appressio* 1.

* **APRISIO**, ut *Aprisiatio.* Charta ann. 832. in Append. ad Marcam Hispan. col. 769 : *Veniebant pagenses loci illius et volebant Aprisionem facere in ipsa ejus termina.* Vide in *Aprisiones. Aprison* vero pro eo, quod ita per vim occupatur, apud Guill. Guiartum :

> Qui ja ierent tous embarnis,
> Et de telle Aprison garnis,
> Que chacun d'eux homme occist,
> Tel con son mestre li deist.

Vide mox *Aprisionare* 2.

* **APRISIONACIA**, Incarceratio, inclusio in carcere, Gall. *Emprisonnement.* Lit. remiss. ann. 1383. inter Probat. tom. 3. Hist. Nem. pag. 56. col. 2 : *Aprisionaciones, capciones et submersiones officiariorum, etc.* Vide *Aprisionare* 1.

APRISIONES, et Apprisiones, in Chartis Caroli M. Ludovici Pii et Caroli Cal. pro Hispanis, quæ dictæ fuerint, non adeo bene constat. Anton. Dominic. lib. de prærogativa alodior. cap. 11. n. 1. 2. Jacobus Gothofredus ad Leg. un. Cod. Th. de Rei vindicat. Casanova, et aliquot alii censuere, ita appellata novalia, seu novales, rupturas, arva primum proscissa, ac *aperta*, quasi *apertiones*, quomodo vulgo dicimus *ouvrir la terre*, pro *agrum proscindere* : nam et Itali *Aprire*, pro *aperire*, etiamnum dicunt, ita ut agri isti inculti et in solitudinem redacti a Regiis ipsis Marchionibus, ut est in Constitut. Ludovici Pii, Hispanis, qui se de potestate Saracenorum subtraxerant, a Carolo M. excolendi dati fuerint. Sed longe, ni fallor, absunt a vero cum *Aprisiones* dicti ii fuerint agri, tanquam *adportiones*, hoc est, *in portionem*, seu sortem dati, quos ii postmodum ex eremis et incultis ad cultum traduxerunt : quod sane imprimis evincit Præceptum laudatum Ludovici Pii pro Hispanis descriptum in tom. 2. Hist. Franc. pag. 321. in quo hæc habentur : *Et si quispiam eorum in partem, quam ille ad habitandum sibi occupaverat, alios homines undecunque venientes, attraxerit et secum in portione sua, quam Adportionem vocant, habitare fecerit, etc.* Infra : *Et si aliquis ex his hominibus, qui ab eorum aliquo attractus est, et in sua Portione collocatus, locum reliquerit, etc.* Ubi viri iidem doctissimi *Aprisionem*, pro *adportionem* legendum contendunt, quod ita legi in aliquot aliis similis tenoris diplomatibus adverterint. Verum nemo erit sani omnino ingenii, qui iis serio inspectis ac perpensis, præsertim quæ pronuper edidit vir doctissimus Steph. Baluzius in Appendice ad Capitularia Regum Francor. non continuo pedibus eat in nostram sententiam : quod quidem ut facilius de hac controversia judicet eruditus lector, locos hic proponere operæ pretium visum est. Præceptum Caroli M. pro Hispanis : *Nullum censum superponere præsumatis, neque ad proprium facere permittatis; sed quoad usque illi fideles nobis aut filiis nostris fuerint, quod per triginta annos habuerunt per Aprisionem, quieti possideant.* Præceptum aliud ejusdem Caroli M. ex Tabulario Narbonnensi : *Nos vero concedimus ei ipsum villarem, et omnes suos terminos et pertinentias suas ab integro, et quantum ille cum hominibus suis in villa Fontejoncosa occupavit, vel occupaverit, vel de heremo traxerit, vel infra suos terminos, sive in aliis locis vel villis seu villare occupaverit, vel Aprisione fecerit cum hominibus suis.* Aliud Diploma Lud. Pii : *Postulans idem Ramo Comes Clementiam nostram, ut eum cum prædicto Monasterio et Monachis ibi degentibus, una cum rebus, quæ tam ipsi ex heremo traxerunt, vel ex Adprissionem acceperunt,.... sub mundeburdo et defensione atque immunitatis tuitione constitueremus.* Aliud Caroli Calvi : *Quas siquidem Aprisiones præfatorum Hispanorum progenitores per licentiam, seu concessionem, avi nostri Karoli, ac post obitum illius, genitoris nostri Augusti Ludovici, ex deserti squalore habitabiles frugumque uberes proprio labore fecerunt.* Infra : *Cum dictis Aprisionibus, sive hæreditatibus, id est, domibus, vineis, etc.* Aliud ejusdem Caroli : *Habuerunt per Aprisione cultum vel incultum, etc.* Aliud ejusdem Principis pro Barcinonensibus apud *Diago* in Historia Comitum Barcinonensium lib. 2. cap. 4 : *Placuit etiam nobis illis concedere, ut quidquid de eremi squalore in quolibet Comitatu ad cultum frugum traxerint, aut deinceps infra eorum Aprisiones excolere potuerint, integerrime teneant atque possideant.* Alia denique Charta ejusdem Caroli apud Catellum in Historia Occitana pag. 559. et Casanovam lib. de Franco Alodio pag. 300. pro iisdem Hispanis : *Quas siquidem Aprisiones præfatorum Hispanorum progenitores per licentiam seu concessionem Imperatoris avi nostri Caroli, ac post obitum genitoris nostri Augusti Ludovici, ex deserti squalore habitabiles frugumque uberes proprio labore fecerunt, etc.* Vetus placitum ann. 876 : *Et vos præfati judices me interrogastis, si potuissem per legitimos placitos habere scripturas, aut legitimos testes, aut quodlibet verum documentum, per quod probare potuissem; ut sæpe dictus locus per beneficia, vel Adprisionem comiti regalem servitium persolvi debeat, etc.* Charta Ludovici Regis ann. 866 : *Et donum S. Cucuphatis et S. Felicis ad locum Octavianum, cum Aprisionibus, adjacentiis et omnibus ibidem pertinentibus.* Aliud Judicatum ann. 884 : *Ad proprio iste Andreas retinet ad Aprisione pro partibus de villa, quæ dicitur; etc.* Infra : *Non eas teneo injuste; sed per legis ordinem eos teneo per Aprisione, et per præceptum Regis, et pro partibus de supra dicta villa.* Stephanus VII. PP. in Epist. ad Archiepisc. Narbon apud Catellum lib. 5. Rerum Occitan. pag. 773 : *Statuentes... ut nulli unquam parvo aut magno homini liceat quamlibet forciam vel Apprisionem in omnibus rebus ejus facere, aut potestatem aliquam habere, etc.* Ubi videtur accipi pro usurpatione Ecclesiæ prædiorum incultorum, quæ in *Aprisionem* tanquam derelicta vulgo a Regibus concedebantur. Charta donationis factæ a Berengario Comite Barcinonensi civitatis Tarraconensis Ecclesiæ Romanæ ann. 1090. apud Baronium ann. 1091. num. 9 : *Et ut principes universi, vel omnes alii, qui mecum insudaverunt ad præfatæ urbis restaurationem, habeant in confinio hujus urbis, paralodium, suam Aprissionem, vel quod acceperint per manus nostræ largitionem, non inde persolventes aliquam pensionem, nisi forte compuncti amore Dei voluerint ipsi persolvere sua gratuita voluntate.* Ex quibus perspicue patet, *Aprisiones* non fuisse duntaxat *terras eremas*, sed eos potissimum agros, revera incultos, quos Hispani ab Regibus nostris dono accepere, et inter se in varias *portiones* divisere : proindeque recte scribi in laudato Diplomate Ludovici Pii *Adportionem.* [** Wachtero, qui alias Cangii interpretationi assentitur, Aprisio est a voce Suecica *bryta*, Dividere, Franc. *bruttan*, Anglos. *brytan*, Frangere, Græc. πρίζειν, Scindere, qui antiquissimus verbi sensus, postea ad generalem dividendi rationem perductus est, ita ut Aprisiones sint Distributiones agrorum, eo fine ex eremis factæ, ut quilibet portionem suam a principe concessam, ad cultum traduceret. Conf. etiam F. C. von Buri Erlæuter. des Lehnrechts, part. 4. pag. 18. sqq. ADEL.]

¶ 1. **APRISIONARE**, In carcerem conjicere, Gall. *Emprisonner*. Charta Arnulphi Locum-tenentis Regis in Occitania ann. 1372. apud Baluzium tom. 2. Hist. Arvern. pag. 439 : *Ex quibus causis meritos subditos utriusque sexus dicti Vicecomitis et valitorum suorum Aprisionaverant, et Aprisionari fecerant iidem D. de Rota et Robertus Dalphini.*

* 2. **APRISIONARE**, Per vim occupare, tenere. Charta ann. 1390. in Reg. 141. Chartoph. reg. ch. 33 : *Animalia grossa et minuta capiendo, Aprisionando, interficiendo, etc.* Vide supra *Aprisio*.

* **APRISONARE**, Alicui manum injicere, Gall. *Arrêter*. Charta ann. 1372 : *Dictum dominum Aprisonarunt et captum duxerunt.* *Aprisonner* vero olim nostris, idem quod *Rançonner, mettre à prix*, Pecuniam pro libertate extorquere. Lit remiss. ann. 1385. in Reg. 126. Chartoph. reg. ch. 270 : *Lesdiz supplians crurent que les quatre Alemans estoient ennemis de nostre royaume, et pour ce les prinrent, fiancerent et Aprisonnerent; et ainsi qu'ilz les amenaient etc.*

¶ **APRISIA**. Vide in *Aprisia* 1.

* **APROBERIA**, Approbatio. Stat. ant. Florent, lib. 1. cap. 68. ex Cod. reg. 4621. fol. 36. r° : *Dicti aprobatores pro aliqua Aproberia quam facerent, non possint nec debeant.... petere.... aliquid ab aliqua persona.*

APRONES, Avium species. Fridericus II. lib. 1. de Venat. cap. 18 : *Grues, Aprones, anseres, anates, et hujusmodi multo magis propter intemperiem aëris transeunt.*

APROPALARE, Publicare, palam facere, Gall. *Rendre public*. Stat. castri Redaldi lib. 1. pag. 5. r° : *Et quod servabunt statuta super prædictis edita, et non Apropalabunt nec manifestabunt ullo modo, directe vel indirecte, etc.*

¶ **APROPLEGIARE**, alias mendose pro *Applegiare*, in Charta Durandi Episc. Cabilon. inter Instrum. tom. 4. novæ Gall. Christ. col. 247. B. Vide in *Plegius*.

* **APROSTILLA**, *sive rafanos agria*, in Glossar. medic. Simonis Januens. ex Cod. reg. 6959. [** Hortus Sanitatis, tractat. de Herbis cap. 38 : *Aprostilla est herba, uncos duos sive tres spargit in terra rubentes; folia habet rute similia, radices ut cepe sed ampliores, quam quidam rafanum agrestem vel silvestrem vocant. . . . Operationes. Plinius. Aprostilla purgat inferius et superius, excitat libidinem in viris et mulieribus et propter hanc causam prohibetur nutricibus.* Hæc partim ex Plin. Hist Nat. lib. 26. cap. 8. sect. 46. ubi hodie legitur *Apios ischas*.

¶ **APROVARE**, pro *Approbare*, Gall. *Prouver*, in Instrumento anni 782. novæ Hist. Occitanæ col. 25.

* **APSELLA**, quid sit docet Charta ann. 1434. apud Cl. V. Garamp. in Indice ad Hist. B. Chiaræ, pag. 496. col. 2 : *Fovea molendini sive Apsella etc. Apsella molendini communis*, in alia ann. 1452. ibid. pag. 498. col. 2. Sed legendum fortassis *Capsella*, quod ad modum arcæ constructa. Vide *Capsa* 1.

APSIDA. Vide *Absida*.

¶ **APSIS**, πρόσφατον, νεαρόν, *Recens*, in Supplemento Antiquarii. Vide alia notione in *Absida*.

* **APSONARE**, *Dissonare*, *Descordar*, *Prov.* Glossar. Provinc. Lat. ex Cod. reg. 7657.

APSUM, *Vellus ovis*, Senatori lib. de Orthograph. *Vellus lanæ*, in Glossis Isidori.

APSUS, APSITAS. Vide *Absus*.

APTABILIS, Aptus, S. Gaudentius Brixiensis Episcop. in Serm. in die ordinationis suæ dicto : *Suscepi hoc summi Sacerdotii manu, nec merito dignus, nec ætate Aptabilis, nec doctrina maturus.*

APTAMENTUM. Consuetudines MSS. Riomi in Arvernis ann. 1270 : *Nec ferramenta, nec utensilia Aptamenta, cum quibus panem suum lucratur... pignorentur.* Charta Occitanica habet hoc loco : *Ny ferramen, ny espletamen en los quas son pa hom gazanha.*

* Supellex quævis, quidquid ad rem aliquam conficiendam necessarium est. Charta ann 1252 : *Qui Durantes dixit dom. Amalrico quod monachi dicti monasterii* (Fontis frigidi) *circa auroram hodie difamaverant et ruperant cabanam quam fecerant in dicto opere, et piconas, et palas, et expletam, et alia Aptamenta inde asportaverant.* Libert. villæ de Lunacio diœc. Agen. ann. 1295. in Reg. 48. Chartoph. reg. ch. 124 : *Item quod pro debitis non pignorentur . . . . ferramenta seu utensilia, vel Aptamenta, cum quibus panem suum lucrantur.* Lit. ann. 1342. in Reg. 111. ch. 131 : *Nullus homo seu femina hujus villæ Tholosæ ... ausus sit tenere amodo bancas seu tabulas, seu quæcumque alia Aptamenta ad merces vendendas.* Vide supra *Aisamenta*.

* 1. **APTARE** FUSTIBUS, Egregie verberare; quomodo etiam *Ajuster* usurpamus, pro *Mal-traiter*. Acta S. Vamnis tom. 3. Aug. pag. 288. col. 1 : *Cumque non adquiescentem audiret, fustibus eum Aptavit, et projecit semivivum in carcerem.* Vide infra *Associare* 3.

* 2. **APTARE** VULNERATUM, Sauciato adhibere fomenta, curationem, Gall. *Panser*. Lit. remiss. ann. 1386. in Reg. 130. Chartoph. reg. ch. 57 : *Ipsum pastorem sic vulneratum per barbitonsorem Aptari et parari fecerunt, et in lecto reposuerunt. Apointier*, eodem sensu, in Lit. remiss. ann. 1402. ex Reg. 157. ch. 114 : *Lequel Matias icellui Regnault leva et le porta en la maison de son maistre pour l'Apointier, et le fu par eulx,... ensuite il fina vie par mort.*

* **APTATIO**, Refectio, reparatio. Correct. stat. Cadubrii cap. 48 : *Volumus quod quotienscumque occurrerit pontes aptari sive reffici debere, quod dominus vicarius præcipiat officialibus centenariorum, ad quos spectat talis Aptatio, sive refectio, quod dicti officiales procurent et faciant aptare seu refficere omnes pontes, qui indigent reparatione seu refectione.*

* **APTECTANEUM**, Appensum domui tectum, seu rusticum ædificium levioris pretii ac momenti, idem quod *Appendaria*. Vide in hac voce. Charta Rorii episc. Patav. ann. 870. apud Pez. tom. 6. Anecd. part. 1. col. 80 : *Ut in senedochium cum omnibus ædificiis earum et casalibus, Aptectaneis, hortis, areis, etc.*

¶ **APTENTARE**, pro *Attentare*, in Charta Reginaldi Episc. Carnotensis ann. 1198. tomo 2. Tabularii Fontanellensis pag. 1645 : *Et ne aliqua occasione aliquis dictos Monachos aptentet inquietare, etc.*

¶ **APTHEO**. Mendose in Lege Salica editionis Heroldi § 11. pro *Achteo*. Vide *Chunna*.

* **APTIARE**, perperam, non attenta abbreviationis nota, pro *Apretiare*, Æstimare, statuere pretium, *Apprécier*. Charta Soldani pro Pisan. ann. 1174. apud Lam. in Delic. erudit. inter not. ad Hist. Sicul. Laur. Bonincont. part. 1. pag. 198 : *Et omnes eas* (merces) *quas camera nostra debet accipere, et antequam accipiat, debet esse Aptiatum, sic ut mercatores clamasse se non possent.* Vide *Appretiare*.

APTIFICARE, Aptum judicare : Galli dicunt *Juger à propos*. Marculfus lib. 2. form. 27 : *Igitur, juxta quod mihi Aptificavit, taliter, inter nos convenit.* Form. incerti Auctor. cap. 26 : *Sed dum solidos ipsos minime habui, unde transsolvere debeam, sic mihi Aptificavit, ut brachium in collum posui, etc.* Form. vett. Bignonii cap. 25. de Mandato : *Et quicquid exinde egeris, gesserisve, apud me in omnibus, et ex omnibus ratum et Aptum atque transactum, in omnibus definitum esse cognoscat.* Capitulare Caroli M. ann. 797. apud Holstenium [** Pertzio pag. 75.]: *Omnes unanimiter consenserunt et Aptificaverunt, ut de illis Capitulis, etc.* Ibidem cap. 2 : *Omnes statuerunt et Aptificaverunt, etc.* Charta ann. 841. in Tabul. Belliloci Lemovic. : *Unde accipimus a te pretium, in quo nobis bene complacuit, vel Aptificatum fuit.* Charta Theodorici Reg. Franc. : *Ermenteus in præsenti taliter fuit professus, quod ipsa villa... vindedisit, et juxta sui Aptificatione pretio exinde recepisit.* [Perperam apud Doubletum in Hist. Sandionys. pag. 687. *Aprificatione*.] Adde Epistolam Caroli M. de Victoria Avarica, sub finem, et Notas Tyronis pag. 198. [Mabill. Analect. tom. 4. pag. 251.]

APTUM. Tabular. Brivatense cap. 210 : *Et componat, cui Aptum est, auri libram unam, etc.* Id est, solvat ei, ad quem id spectat, vel cui convenit.

¶ **APTISARE**, Idem, ut opinor, quod *Aptificare*. Locum vide in voce *Solidus. De solido et denario sponsare.*

¶ **APTITUDO**, Tempus aptum, opportunitas. Rolandinus Patavinus de factis in Marchia Tarvisina lib. 10. cap. 10. apud Murat. tom. 8. col. 319 : *Hinc sumta occasione multi de Vicentinis et de Paduanis, qui cum ipso venerant de Verona, cum Aptitudinem sibi viderunt, fugierunt Paduam, tamquam ad portum refugii et salutis.* Occurrit iterum ibid. cap. 17. col. 323.

¶ **APTOTA**, *Id est. incasualia, suntque indeclinabilia, proprie tamen sunt dicenda quæ nominativum solum habent, ut Jupiter qui et nominativus invenitur, et non accipitur etiam pro obliquis.* Papias MS. Græca vox ab ἄπτως, ὦτος, Firmus, qui non cadit. Hoc utuntur Grammatici, ut nomina significent quæ declinari non possunt. [** Vid. Forcell.]

¶ **APTRA**, ἀμπελόφυλλα, ὡς τιτίνιος, *Pampini*. Supplem. Antiquarii. [** Vide Salmas.

ad Plin. pag. 101, qui legit : *Apiastra*, *τὰ μελίφυλλα, ὡς Τιτίννιος.*

* **APTUARE**, Rem propriam sibi facere, vindicare, quasi sibi *uptare*, Gall. *s'Approprier.* Inquisitio ann. 1156. tom. 1. Hist. episc. Massil. pag. 479 : *Quod Raymundus de Vita eterna Massiliensis episcopus pro quærimonia, quam ab hominibus S. Cannati habuit de novis deffensis, quos caslani fecerant, ipse episcopus eosdem deffensos Aptuavit, et quicumque de illis sive de aliis deffensis novis aliquid habere voluit, per episcopum cognovit, et in singulis deffensis duos cirogillos annuatim pro censu retinuit.* Coacta nimis et longius repetita originatio, quæ *Aptuare*, ab *Apaltus* vel *Appatiamentum* accersit; neque felicior est interpretatio, qua *Aptuare*, per In feudum dare, exponitur.

* **APTUARIUM**, pro Actuarium, Gall. *Brigantin.* Joan. Simoneta de gest. Fr. I. Sfortiæ ad ann. 1448. apud Murator. tom. 21. Script. Ital. col. 441 : *Dimissis a Venetorum classe biremibus et Aptuariis, prædatoriisque naviculis permultis, totum id Padi litus.... vexabatur.*

¶ **APTUM.** Vide in *Aptificare.*

* **APTUS**, *Habilis*, *idoneus*, *agilis sive gracilis*, *utilis sive necessarius*, in Glossar. vet. ex Cod. reg. 7646.

* **APUA**, *Piscis minutus*, in Glossar. vet. ex Cod. reg. 7613. Vide supra *Aphya.*

APUD, pro *Cum* vel *Per.* Formulæ veteres Bignonii cap. 2 : *Et taliter ei fuit judicatum, ut hac causa Apud proximiores parentes suos, octo de parte genitoris sui et octo de parte genitricis suæ. . . . jurent.* Ubi *Apud parentes*, idem valet quod *cum parentibus.* Et cap. 39 : *Ibique veniens homo aliquis nomine ille suggessit eo quod Apud nostrum signaculum hominem aliquem... mannitum habuisset.* Id est, *cum litteris annulo nostro signatis.* Formulæ secundum Legem Roman. cap. 30 : *Conjurare debeat Apud homines visores et cognitores, etc.*

¶ **APULIA.** Tertullianus de Spectac. cap. 20 : *Deus etiam extra cameras et gradus et Apulias oculos habet.* In quem locum Latinius per *Apulias* intelligit locum obtectum et *a pluvia* securum, Latinioque concinunt Macer et Hofmannus in Lexicis suis. Melius hic Rigaltius : hoc vocabulo significari videntur vela quæ in theatris et amphitheatris, ad ornatum, et ad excludendos ictus solis fervidos adhibentur. Ea vero quandoque purpurea, quo colore præstantissimæ, ut verisimile est, lanæ imbuebantur, quales ex Apulia. Martialis *Velleribus primis Apulia.* Unde et velis nomen Apuliarum. Hæc ille.

* **APULSUS**, Jus *appellendi* animalia ad aquas. Charta ann. 1308. in Reg. 40. Chartoph. reg. ch. 137 : *Dicebant... se.... habuisse usum et explectam.... abevrandi seu Apulsum habendi cum suis animalibus in aquis pertinentiarum et districtus castri memorati.*

¶ **APUNCTAMENTUM**, Apunctare, *Appunctatio.* Vide *Appunctare* 3.

* **APUNCTARE**, Erogare, dispendere, vel oppignerare, obligare, Gall. *Engager.* Lit. remiss. ann. 1351. in Reg. 81. Chartoph. reg. ch. 108 : *Rebus suis in ministerio suo necessariis per se ipsum et quemdam famulum suum Apunctatis, etc.* Vide alia notione supra in *Aponchare* et *Appunctare* 3.

* **APURARE**, a Gall. *Appurer*, Rationes decidere. Instr. ann. 1391. tom. 2. Probat. Hist. Brit. col. 589 : *Pro faciendo et Apurando hujusmodi computum comparuissent.*

¶ 1. **AQUA**, Quodvis delictum in aquis commissum; item jus de illo cognoscendi, Gall. *Justicier de l'eau.* Charta Henrici I. Angl. Regis pro Monast. Beccensi ann. 1134. in Historia MS. ejusdem Monast. pag. 36 : *Concedimus eisdem Monachis ut habeant in tota parochia Becci omnes regias libertates, murdrum, mortem hominis, plagam, mehaim, sanguinem, Aquam, et ignem : sed et latronem in Becci parochia captum undecumque fuerit.* Charta Henrici II. ex Archivo ejusdem Monasterii : *Hæc omnia concessi cum murdro, et morte hominis, et plaga, et mahaim, et sanguine, et Aqua, et igne, et cum omnibus regiis libertatibus et consuetudinibus ad me pertinentibus.*

* Ejusmodi est Præpositi Mercatorum Ædiliumque Parisiensium jurisdictio; de qua consule Dissertationem D. *le Roy*, editam tom. 1. Hist. Paris. a Lobinello promulgatæ.

¶ 2. **AQUA**, Fluvius, flumen, apud Rymer. tom. 7. pag. 247 : *Ultra Aquam de Severnda versus Walliam.* Idem tom. 8. pag. 439 : *Constituimus ipsum Admirallum nostrum flotæ navium ab ore Aquæ Thamisiæ versus partes Boreales, etc.* Ibidem pag. 551 : *In partibus Pykardiæ, ab Aqua de Summe usque ad Aquam de Gravelyng, etc.* Et pag. 271 : *Aquam Thamisiæ modo guerrino de cætero intrare magis timeant et evitent.*

* Charta ann. 862. apud Dunodum in Probat. Hist. S. Claudii pag. 65 : *Sicut Aqua currit, quæ vocatur Scirona.*

3. **AQUA**, Alveus, rivus, Innocentius de Casis litterarum : *Locus.... duas Aquas, sive duos alveos habeat.* Idem : *Duas Aquas vivas.*

4. **AQUA**, inquit Matth. Silvaticus in Pand. *Aliquando summitur pro succo, ut Aqua absinthii, i. succus absinthii.* Infra : *Aqua casei vel lactis, serum.* Adde Joannem de Garlandia in Synonymis Chymicis.

5. **AQUA**, Baptismus, Aquæ salutaris lavacrum. Tertullianus de Pœnitentia : *Si ab Aquis peccare desistimus.* Lib. de Baptismo : *Deinde Dominus post Aquam segregatus in desertum.* Eodem libro : *Felix sacramentum Aquæ nostræ.* S. Hieronym. Epist. 73. cap. 3 : *Aquarum laudes et baptismi prædicemus.* Passio SS. Perpetuæ et Felicitatis : *Et mihi Spiritus dictavit aliud petendum ab Aqua nisi sufferentiam carnis.* Id est, post perceptum baptisma. Sed in ipsis quoque Scripturis SS. quotiescunque *Aqua* sola nominatur, Baptismum innui prolixe docet Cyprianus Epist. 63. Vide Rhabanum in Allegor. MSS.

* 6. **AQUA.** Charta ann. 1341. in Reg. 72. Chartoph. reg. ch. 250 : *De cervis dare consueverunt domino nostro regi.... de nodo Aquarum usque ad renes.* Leg. prorsus *Anquarum.* Vide supra *Anqua.*

* 7. **AQUA**, Jus utendi aqua seu in ea piscandi. Charta ann. 1059. inter Instr. tom. 11. Gall. Christ. col. 15 : *Similiter decimam do, et Aquam de Criolio octo diebus ante festivitatem S. Michaelis et ipsa nocte festivitatis ejusdem, Aquam de eo eidem abbatiæ do : similiter ante festum translationis S. Benedicti, Aquam de Criolio concedo eidem ecclesiæ quatuor diebus, et ipsa nocte festi Aquam de eo.* Vide infra *Aquaticum.*

** Aqua, *pro spiritu sancto ponitur, quoniam mundat omnia. Et Aquæ sunt populi.* Melber. Vocabul. Versus memorial. in Gemm. Gemmarum :

Est Aqua doctrina, populus, dolor, unda marina.

* Aqua Ardens, Potio abortiva. Lit. remiss. ann. 1447. in Reg. 178. Chartoph. reg. ch. 257 : *Lequel Frobert conseilloit à icelle femme qu'elle beust de la rue ou de l'Eau ardente, et que c'estoit la chose au monde qui plustost la feroit affouler d'enfant... Aussi lui voult faire boire de l'eaue d'escabieuse, ce qu'elle ne voult consentir.*

Aqua Benedicta, Aqua Aspersionis. Anastasius in Alexandro : *Hic constituit Aquam Aspersionis cum sale benedici in habitaculis hominum.* Micrologus cap. 46. et Honorius August. lib. 3. cap. 27 : *Alexander Papa quintus a B. Petro constituit, ut sal et Aqua Benedicerentur, ad conspergendum populum, et habitacula eorum, quod et nos in omni Dominica juxta Canones sequimur.* Ex his facile est emendare Scriptorem Vitæ S. Guthlaci cap. 40 : *Illa etiam partem glutinam salis a sancto Guthlaco ante consecratam arripiens in Aquam apertoriam levi rasura mittebat.* Legendum enim *aspersoriam* nemo non videt. [In Actis SS. Aprilis tom. 2. pag. 49. habetur, *opertorium*, Mabillonius dubitat qui legendum sit, sed retinendum esse *Apertoriam*, hoc est, quæ aperiat oculos, ex sequentibus verbis manifestum est. Sic se habent : *Ipsam denique Aquam cum intra palpebras cæci guttatim stillaret, mirabile dictu! ad primum tactum primæ guttæ, detrusis cæcitatis nubibus oculis infusum lumen redditum est.*] Vide, quæ de *Aqua benedicta* et ejus apud Christianos usu ac virtutibus congessere Durandus lib. 4. Ration. cap. 5. Marsilius Columna in Hydragiologia, Baronius ann. 57. n. 106. et sqq. ann. 132. n. 4. Franciscus Turrianus lib. 3. pro Epistolis Pontific. cap. 9. lib. 5. cap. 4. Bosquetus Episcopus Monspelliensis ad Epist. Innocentii III. PP. et alii.

Beneficia Aquæ Benedictæ, dicuntur in Synodo Exoniensi ann. 1287. cap. 29 : *Fuisse a majoribus ab initio instituta intuitu caritatis, ut ex eorum proventibus pauperes Clerici exhiberentur in Scholis, ibidem taliter proficerent, ut aptiores et magis idonei fierent ad Majora.* Mox addit eadem Synodus : *Statuimus, quod in Ecclesiis quoque a Scholis civitatis, vel Castrorum Diœcesis ultra 10. non distantibus milliaria, Aquæ Benedictæ beneficia solis Scholaribus assignentur.* Deinde jubentur Presbyteri Parochiales Clericos magis idoneos ad ejusmodi beneficium præficere, *qui sciant et valeant in divinis officiis sibi congrue deservire, et suis mandatis obtemperare :* quibus si parochiani subtrahere velint eleemosynas consuetas, ad ipsas erogandas moveri vel compelli debent. Ex quibus colligitur, hic agi de *Parochiarum*, uti vocamus, *Clericis*, qui etiamnum in aliquot Galliæ Provinciis statim post peractam majorem Missam, *Aquam Benedictam* in Parochianorum domos deferunt eaque familiam universam aspergunt, brevi facta ad id oratione. Agunt præterea de ejusmodi Aquæ benedictæ beneficiis Statuta Alexandri Episcopi Coventriensis ann. 1237 : *Sed quia plerique Scholares carent necessariis, quorum scientia multi per gratiam Dei poterunt ædificari, volumus, ut Scholares ferant Aquam Benedictam per villas rurales, si sint qui postulent et indigeant.* Statuta Ægidii Episcopi Sarisberiensis ann. 1256: *Personæ, vel Vicarii, dabunt Beneficium Aquæ Benedictæ Clerico pauperi scholari, ita quod veniat omnibus solennibus diebus ad Ecclesiam serviendum, de qua habet dictum beneficium.* Charta J. Cantuariensis Archiep. in Monastico Anglic. tom. 3. pag. 229: *Volumus insuper ibidem esse duos Clericos Scholasticos per parochianorum, de quorum habeant vivere eleemosynis, industriam eligendos, qui Aquam Benedictam circumferant in Parochia et Capella diebus dominicis et festivis, in divinis ministrantes officiis, et profestis diebus disciplinis scholasticis indulgentes.* Huc etiam videtur spectare Charta Leonardi Episcopi Cæsenatis ann. 1175. apud Ughellum tom. 2. pag. 460: *Id est, plebem integram S. Victoris, qui vocatur in Valle, cum titulis et Capellis, nec non et oblationibus, et decimationibus et Aqua Sancta, et unctionibus vivorum et mortuorum, etc.* Occurrit rursum infra, et in alia Charta ibid. pag. 469. ubi per *aquam sanctam* nude, intelliguntur obventiones ex *aqua benedicta*, qua non modo populum, sed et domus ipsas aspergi ab antiquo obtinuit, uti diximus. *Consecratio Fontis et Aquæ per domos spargendæ*, apud Riculfum Suessionensem Episcopum in Constitut. cap. 5.

* Aqua Benedicta, Ecclesiæ seu Capellæ benedictio. Chartul. S. Dionysii de Nogento: *Concessit prior Bernardus dari Aquam benedictam* (pro capella) *quam domina Eustachia faciebat in parochia S. Leobini, et divinum servitium fieri in ea, eo tenore ut nihil parrochiale unquam ibi haberetur.* Charta Henr. reg. Angl. ann. circ. 1160. inter Instr. tom. 11. Gall. Christ. col. 114: *Quare mando vobis* (archiep. Rotomag.) *quod si episcopus Abrincensis eis Aquam benedictam ad opus illarum ecclesiarum dare noluerit, vos ipse eis illam dare: ne ecclesiæ castelli mei, quod noviter firmavi, sine officio divino remaneant.* Quod præstitit idem archiepiscopus, ut patet ex ejusdem Literis ibid.: *Sciat dilectio tua* (episcopum Abrinc. alloquitur) *nos prece domini nostri regis Henrici et ex jure auctoritatis nostræ metropolitanæ, dedisse Aquam benedictam dilecto filio nostro Roberto abbati S. Michaelis de periculo maris ad capellam de Ponte-Ursonis, et licentiam divina celebrandi in eadem capella, quoniam tu semel, et secundo et tertio requisitus, Aquam benedictam ei dare noluisti.*

* Populum aqua benedicta quolibet die post missam aspergere olim fuisse in usu, discimus ex Lit. remiss. ann. 1471. in Reg. 201. Chartoph. reg. ch. 167. ubi factum, quod die Jovis post Cineres accidit, narratur: *Incontinant que la messe fut ditte, ainsi que le prestre donnoit de l'eaue bénite au peuple à l'issue de la messe, etc.* Quod apud Germanos etiam nunc viget.

Circuitiones cum Aqua Benedicta inter jura Parœciarum recensentur ab Innocentio III. PP. lib. 13. Epist. 31. Nam solis Presbyteris Ecclesiarum, seu Curionibus, jus erat *die Dominico cum psallentio circumire Ecclesiam suam una cum populo, et AquamBenedictam secum ferre*, uti præcipitur in Capit. Caroli M. lib. 5. cap. 220. [** 372, ex concil. Mogunt. ann. 813. cap. 4.]

Aqua Calida vel Tepida, in sacrificio adhiberi solita a Græcis. Innocentius IV. PP. Epist. ad Ottonem Cardinalem Tusculanum § 8: *Porro in appositione Aquæ, sive frigidæ, sive Calidæ, sive Tepidæ, in altaris sacrificio suam, si velint consuetudinem Græci sequantur, etc.* Consulendus omnino in hanc rem vir doctissimus Jacobus Goarus ad Euchologium Græcorum pag. 148. Vide præterea Nomocanonem seu Pœnitentialem Græc. tom. 1. Monumentor. Eccl. Græc. cap. 130. et 436.

Aqua Cisternina. Cælius Aurelianus Siccensis lib. 5. Chron. cap. 10: *Aqua imbrialis offerenda, quam vulgo Cisterninam vocant.*

¶ Aqua Coelestis. Rocho *le Baillif* in Dictionario Spagyrico, *est Vinum sublimatum.*

* Aqua Crassa. Vide supra *Adipata.*

Aqua Exorcizata, Eadem, quæ *Benedicta*, quia in illius benedictione *Exorcizantur* dæmones, jubenturque, ut ab ea recedant. Sacramentarium Gregorii M. ex Bibl. Ecclesiæ Belvacensis: *Oratio Aquæ Exorcizatæ in domo. Exorcizo te creatura Aquæ in nomine Dei Patris omnipotentis, et in nomine Jesu Christi Filii ejus Domini nostri, ut fias Aqua Exorcizata ad effugandam omnem potestatem inimici.* Gordianus Monachus in Vita S. Placidi Mart. cap. 58: *Rogavit... ut totius Monasterii ambitum Aqua Exorcizata respergeret.* Braulio Cæsaraugust. in Vita S. Æmiliani cap. 24: *Salem Exorcizat, et Aquæ commiscet more Ecclesiastico, ac domum ipsam aspergere cœpit.* Marbodus Diac. in Vita S. Licinii Episcop. Andegav. *Exorcizatis Aquis lavat infirmum, et ad sacrarum manuum tactum dicto citius lepra disparuit.* Adde Capitul. Theodori Cantuariensis cap. 80. et Vitam S. Petri Cavensis n. 21. Odonem Cluniacensem lib. 2. de Vita S. Geraldi cap. 21. 26. Librum Miracul. S. Winoci cap. 22. etc.

* Aqua Gregoriana, Quæritu Gregoriano benedicitur. Pontif. MS. Senon. ad usum eccl. Paris.: *Finiatur letania. Deinde surgat episcopus, benedicat aquam, cum sale, cinere et vino fiat Aqua Gregoriana.* Lit. Guillel. de Brocia archiep. Bituric. circa ann. 1325. ex schedis D. *Le Beuf*: *Vos autem unum quilibet in solidum reconciliare possitis cum Aqua Gregoriana vobis unum cuilibet committimus vices nostras.*

* Aqua Levata, Quæ fluit, *pausatæ* opponitur. Chartul. Casaur. fol. 51. v°: *Cum insula, et cum introitu et exitu suo, et cum Aqua levata et pausata, etc.*

* Aqua Lostra, f. Fetida. Vide *Lustramentum.* Chartul. S. Ursini Bituric. ch. 39: *Ego Guarnerius Rusus et Joannes filius meus vendimus S. Ursino et canonicis ejusdem ecclesiæ alodum nostrum; et habet has terminationes ex una parte Aqua lostra et tres ulmos, etc.*

¶ Aqua Lubricata *est Aqua muscillaginosa ut sirupi.* Rochus *le Baillif* in Dictionario Spagyrico.

¶ Aqua Muscata. Collect. Concil. Hispan. tom. 4. pag. 130. col. 2: *Solent nonnulli aquæ benedictæ, dum ea in festis populo aspergitur, odoriferam Aquam, et quam Muscatam dicimus, permiscere: quem usum... tolli volumus.*

* Aqua Navalis, Navale, statio navium, portus. Constit. Caroli III. imper. ann. 880. apud D. *Bouquet* inter Probat. tom. 1. Jur. publ. Franc. pag. 393: *Insuper soumarium cum capistro concedant, quem, si domini voluerint, ipsi ad primam navalem Aquam usque perducant.*

¶ Aqua Opertoria, pro *Aqua Apertoria.* Vide *Aqua Benedicta.*

¶ Aqua Permanens *est solis et lunæ Aqua*, Rocho *le Baillif* in Dictionario Spagyrico.

* Aqua Picis, Gluten, quod ex pice aqua diluta fit, Gall. *Colle*, ut videtur D. *Secousse.* Lit. ann. 1358. tom. 8. Ordinat. reg. Franc. pag. 92: *De una conglutinatura in duabus pellibus pergameni cum Aqua picis, una post aliam.*

¶ Aqua Prima, ex qua fit sapo. Vide in *Capitellum.*

Aqua Rosalia, id est, *Rosacea*, Gall. *Eau-rose.* Hist. Dalphin. tom. 2. pag. 282: *Pro duobus flasconibus pro Aqua Rosalia ad opus dominæ Dalphinæ... 9. gross.*

¶ Aqua Sancta, apud Ardonem in Vita S. Benedicti Anianensis n. 39. Charta ann. 1176. apud Ughellum in Episcopis Veronensib.: *D. Jonathas Concordiensis Episcopus et D. Aldemarius Xantonensis Episcopus fecerunt Aquam Sanctam cum aqua et sale, et iverunt per tres vices deforis Ecclesiam, etc.* Mox: *Fecerunt Aquam Benedictam cum sale, cinere, et vino, et sanctificaverunt altaria, etc.* Vide Puricellum in Basilica Ambrosiana pag. 1155.

Aqua Sanctificata. Regula S. Benedicti; *Fratres Aquis se Sanctificatis perfundant. Sanctificatum elementum*, apud Petrum Cluniac. lib. 1. de Miracul. cap. 7.

¶ Aqua Saturnia, *est generata ex tribus primis*, (id est, *cœlesti, lubricata et permanenti*, de quibus suo loco) *in meatibus terræ, quales sunt thermarum.* Rochus *le Baillif* in Dictionario Spagyrico.

Aquam Sordidam *et stercoratam super sponsam jactare*, in Lege Longob. lib. 1. tit. 16. § 8. [** Aistulph. 6. In formul. ibid.: *Aquam sordidam et stercora.*]

* Aqua Vitis, pro Aqua vitæ, Gall. *Eau de vie;* nisi ita vocetur quod sit vinum igne stillatum. Tract. MS. de Re milit. et mach. bellicis cap. 147: *Habeantur muscipulæ Aqua vitis balneatæ, et postea ligetur eis funiculus sulfure unctus, et accendatur funiculus, etc.* Occurrit præterea apud Barelet. Serm. 1. in Dom. 1. Quadrag.

Aqua Viva, Perennis, jugis, nostris *Eau vive*, quæ semper fluit. Apud Innocentium Gromatic.: *Sub se Aquam Vivam habens.* Seneca lib. 3. Nat. quæst: *Non cœlestem esse, nec collectitium humorem, sed, quod dici solet, Vivam Aquam.* Hoc sensu vero *vivam aquam* dici observat Cujacius, quo Virgilio *vivum saxum, vivum flumen, vivus lacus* et *viva terra*, id est, naturalis.

¶ Aquæ Apprehensio, Fons seu caput fluminis vel aquæductus, Gall. *Source.* Annal. Bened. tom. 5. pag. 150: *Deo ac S. Mariæ Sanctoque Victori martyri...* (donationem faciunt aquæductus, qui vocatur Welna, cum omnibus fontibus in eamdem aquam descendentibus, omnemque terram) *per quam itura est ex Apprehensione ipsius Aquæ, quæ est ad Ecclesiam Sancti Melnæ, et omnem piscationem ipsius aquæ, usque ad descensum ejus in mare.*

* *Aquæ Apprehensio*, nequaquam fons est seu caput fluminis; sed Locus ubi hauritur aqua, qui Provincialibus *Marteliero* dicitur, aut saltem id quo derivatur aqua.

AQUÆ CURSUS, seu Cognitio de delictis, quæ in aquæ cursu contingunt, in Chron. Hugonis Flaviniac. pag. 132.

AQUARUM DIMERSIONES, Quæ ut ait Durandus lib. 6. Ration. cap. 81. num. 20, *tempore Paschali fieri solebant, ne quia homines vigilaverunt in Quadragesima, in his sanctis diebus dormire velint.*

¶ AQUA FORMARUM, Quæ, per tubos vel arcus defertur. Tubi vel arcus a Juris peritis *formæ* non raro dicuntur, ubi de aquæductibus.

** AQUA FORADIZA, Idem. Charta Lusitan. ann. 1192 apud Sª Rosa pag. 63 : *Qui mutaverit Aquam foradizam pecte LX solidos : et totum istum sit cum vozeiro.*

AQUA RECONCILIATIONIS, Aqua benedicta, qua asperguntur Ecclesiæ, quæ reconciliantur. Vide *Reconciliare*. [Et mox *Aqua sanctificationis*.]

¶ AQUA REFECTIONIS, id est, Baptismatis apud S. Paulinum epist. 19. n. 4. novæ edit. ad S. Delphinum a quo fuerat baptizatus : *Hanc tu Dominum ora donec exores, ut vellera nostra, quæ in Aqua Refectionis manibus tuis lavit, etc.*

¶ AQUA SANCTIFICATIONIS, Idem quod *Aqua Sancta* vel *Benedicta*. Charta Lamberti Atrebatensis Episc. pro Monasterio Canonicorum in Aroasia apud Miræum Diplom. Belgic. tom. 1. pag. 167 : *Si autem aliquando, quod absit, antiquo hoste instigante in prædicto loco vel parochia tale quid acciderit, pro quo reconciliatio necessaria fuerit, tibi legitimisque successoribus tuis, vice nostra, accepta Aqua Sanctificationis et reconciliationis ut ea reconcilies, religioni vestræ annuimus et impertimus.*

* **AQUABELLA**, Titulus libri, in Inventar. ann. 1218. inter Probat. tom. 1. Hist. Nem. pag. 67. col. 2 : *Librum istoriæ ex Socrate, librum qui vocatur de Aquabella; librum quadragenarium.*

* **AQUACIUM**, *lo conducto del aqua*, in Glossar. Lat. Ital. MS.

AQUÆ, vel AQUÆ FRIGIDÆ JUDICIUM, una ex purgationibus vulgaribus, quas *Judicia Dei* appellabant : qua criminis alicujus suspectus, vel de gravi aliquo facinore delatus, in aquam demergebatur : ita ut si supernataret, nocens ac reus; contra si in imum delaberetur, innocens judicaretur. Annales Francorum Bertiniani ann. 876 : *Hludovicus Hludovici Regis filius, decem homines Aqua Calida, et decem ferro calido, et decem Aqua Frigida ad judicium misit coram eis, qui cum illo erant, petentibus omnibus, ut Deus in illo judicio declararet, si plus per rectum ille habere deberet portionem de regno, quam Pater suus dimisit ex ea parte, quam cum fratre suo Carolo per consensum illius et per sacramentum accepit : qui omnes inlæsi reperti sunt.* Wibertus in Leone IX. PP. cap. 2 : *Utrum integre reddidissent rerum suarum decimationem sub judicio Aquæ Frigidæ perscrutabantur.* Charta fundationis Abbatiæ S. Severi apud Marcam in Hist. Beneharn. lib. 3. cap. 8 : *Tandem complacuit illis judicium facere in Aqua Frigida, etc. Cum Aqua Frigida ad judicium Dei exire*, apud Hincmarum in Opusculo 55. Capitul. cap. 43. Usatici Barcinonenses MSS. cap. 101 : *Vere judex aliter noverit, nisi hoc quod judicaverit ad verum, traxerit per sacramentum, et per batayam, vel per judicium Aquæ Frigidæ, vel Calidæ.* Charta Ildefonsi Regis Aragon. ann. 1187. pro libertatibus villæ Amiliani, in Regesto Ludovici Hutini Regis Franc. pag. 7 : *Item ille, adversus quem maleficium factum fuerit, vel proditio, si aliam accusaverit, de quo aliqua suspicio sit Curiæ, accusans præstabit sacramentum de calumnia, quod credit illum accusatum forefactum, de quo eum accusat, fecisse, et exinde accusatus recipiet judicium Aquæ Frigidæ.* Constitutio Jacobi I. Regis Aragon. : *Si quis intra hanc prædictam pacem Domini, aliquod malum alicui fecerit, in duplum ei componat, et postea per judicium Aquæ Frigidæ treugam Domini in Sede sancti Petri emendet.* Charta Communiæ Tornacensis ann. 1187 : *Si aliquis super alicujus morte fuerit accusatus, et per legitimos testes illum occidisse probari non poterit, judicio Aquæ Frigidæ innocentiam suam probabit.* Idem statuitur de eo, qui *de nocte* aliquem *armis molutis* vulneraverit. Apud Gregor. lib. 5. Decret. cap. 8. Presbyter de homicidio infamatus, *judicio Aquæ Frigidæ suam innocentiam probasse dicitur.* Adde Wibertum in Vita S. Leonis IX. PP. cap. 1.

Ejusmodi porro *probationis vulgaris* speciem *Aquæ Judicium* nude crebro appellant veteres Tabulæ et Scriptores. Charta Philippi Augusti Regis Franc. ann. 1200. pro Universitate Parisiensi contra Præpositum Parisiensem : *Nisi forte elegerit* (idem Præpositus) *Parisiis publice Aquæ subire Judicium, in quo si ceciderit, damnatus erit; si liberatus, nunquam Parisiis, vel alibi, in terra nostra Præpositus noster, vel Ballivus erit.* Ita usurpant Leges Forestarum Canuti Regis cap. 13. Statuta Willelmi Regis Scotiæ cap. 15. 16. Statuta Alexandri II. Regis Scotiæ cap. 7. Regiam Majestatem lib. 4. cap. 3. § 4. Decreta Ladislai Regis Hungariæ lib. 1. cap. 28. lib. 3. cap. 1. Chronicon Flaviniacense pag. 244. Gervasius Dorobernensis pag. 1590. Historia Vezeliacensis lib. 4. Bracton. lib. 3. tract. 2. cap. 15. § 2. Adde Ughellum tom. 7. Ital. Sacr. pag. 864. *Aqua Judicialis* dicitur in Tabulario Angeriacensi fol. 30 : *Judicium Aquæ Exorcizatæ*, apud Guibertum lib. 3. de Vita sua cap. 16. Interdum tamen *aquæ* nomine utramque, et *firigidam*, et *calidam*, intelligi posse non diffiteor, ut in Tabulario Prioratus S. Nicasii de Mellento ann. 1280. fol. 50 : *Cum omni libertate et plena justitia, videlicet cum banno et sanguine, Aqua et duello, et aliis hujusmodi libertatibus.* Hic enim tam *Judicium aquæ frigidæ* quam *calidæ* intelligi potest.

Jam vero quo nixi fundamento veteres judicium aquæ frigidæ adinvenerint, pluribus docet Hincmarus Remensis de Divortio Lotharii et Tetbergæ pag. 60 : *Et quoniam... ostendimus divina auctoritate baptismum esse judicium, unde et Jordanis baptisma designans interpretatur Rivus judicii, quo Princeps mundi mendax, et pater ejus, foras ejicitur, et baptismus Dei est consilium, divini viri ad ignota investiganda invenerunt Judicium Aquæ Frigidæ. In quo aquæ frigidæ Judicio, ad invocationem veritatis, quæ Deus est, qui veritatem mendacio cupit obtegere, in aquis, super quas vox Domini Dei intonuit, non potest mergi, quia pura natura aquæ naturam humanam per aquam baptismatis ab omni mendacii figmento purgatam, iterum mendacio infectam, non recognoscit puram, et ideo eam non recipit, sed rejicit ut alienam, etc.* Idem ad Hildegarium Episcop. Meldens. pag. 676 : *Solertia Christianitatis, inter acta et agenda judicia consistentis, ex antiquo sanxit et frequentavit Judicium, quod fit per Aquam, quodque sub Noë factum fuerat in Arca fidei, liberans innocentes, et condemnans noxios.* His consentanea habent Orationes ipsæ, quæ a Sacerdote pronunciabantur in exorcismo aquæ frigidæ, de quibus mox.

In *aquæ* igitur *frigidæ* examine, nocens ac reus supernatat, innocens in imum delabitur, ut ex Hincmaro colligitur. Ita etiam Orationes in adjuratione aquæ a Sacerdote facta : *Ut si de hoc furto scisti, aut vidisti, aut bajulasti, aut in domum tuam recepisti, aut consentiens, aut consentaneus exinde fuisti, aut si habes cor incrassatum vel induratum, evanescat cor tuum, et non suscipiat te aqua, neque ullum maleficium contra hoc prævaleat, sed manifestetur.* Iisdem infra ferme similia habentur. [* Pontificale antiquissimum MS. : *Novum ac mirabile signum in eis ostendere digneris, ut innocentes de crimine furti, vel homicidii, vel adulterii, aut alterius nævi, cujus examinationem agimus, more aquæ in se recipiant et in profundum pertrahant : conscios autem hujus criminis a se repellant atque rejiciant, nec patiantur recipere corpus, quod ab onere bonitatis evacuatum ventus iniquitatis allevavit.* Ibid. ex alia oratione : *Ut nullomodo suscipias hos homines illos, si in aliquo sunt culpabiles de hoc, quod illis obicitur, scilicet aut per opera, aut per consensum, vel per conscientiam, seu per ullum ingenium; sed fac eos super te natare, et nulla possit esse contra te causa facta aut ullum præstigium inimici, quod illud possit occultare.*] [** Formulæ integræ ex Ordine Dunstani Dorobernensis Ecclesiæ Archiepisc. leguntur apud Pithœum in Glossar. Capitular. pag. 10. et 11.] Idem Hincmarus de Divortio Lotharii : *Sed in Aquæ Frigidæ Judicio, non constare videtur, quod innoxii submerguntur, aqua,* (f. aquam) *culpabiles supernatant.* Historia Vezeliacensis lib. 4. extremo : *Sequenti die adducti sunt illi duo, qui videbantur revocati ad Judicium examinis Aquæ, quorum unus omnium judicio salvus per aquam factus est : alter porro remersus in aquam fere omnium ore damnatus est.* Et infra : *Iterum ipso petente ad Aquæ Judicium reductus, et secundo demersus, nec vel parum ab aqua receptus est.* Guibertus lib. 3. de Vita sua cap. 14. de quodam fure : *Ineffabili commento gazophylacium prorupit, et copiosius aurum gemmasque tulit. Quibus tultis, celebrato jam sacri laticis judicio, in hunc cum aliis Matriculariis injectus est, superque natando convictus, cum quo et alii primi damni cognitores, quorum alii furcis illati, aliis vero* *parsum.* Idem Scriptor capite 26. de quibusdam hæreticis : *At quia talium est negare, et semper hebetum clam corda seducere, addicti sunt Judicio Aquæ Exorcizatæ... Dixi ad Episcopum : Quoniam testes absunt, cœpto eos addicite judicio... Missas itaque egit Episcopus, de cujus manu sub his verbis sacra sumpserunt : Corpus et Sanguis Domini veniat vobis ad probationem hodie. Quo facto piissimus Episcopus et Petrus Archidiaconus, vir fide integerrimus, qui ut non subjicerentur judicio, eorum promissa respuerat, ad aquas procedunt. Episcopus cum multis lacrymis letaniam præcinuit, deinde exorcismum fecit : inde sacramenta dedere, se nunquam contra fidem nostram credidisse, aut docuisse. Clementius in dolium missus, ac si virga supernatat. Quo viso infinitis gaudiis tota effertur Ecclesia, etc.* Hermannus Monachus de Miraculis S. Mariæ Laudun. cap. 28. de quodam fure : *Ubi dum servaretur, quadam nocte vas maximum aqua impleri, seque in eo ligatum fecit deponi, tentare scilicet volens, utrum in aqua intus mergeretur, an supernataret? Cum vero se sine ulla dilatione vidisset ab aqua receptum fuisse, et ad vasis fundum pervenisse, exhilaratus dixit, se nihil ultra timere; sed sponte in aquam ingressurum fore.* Sed res, cum serio acta est, longe aliter successit, uti infra narratur. Statuta MS. Caroli I. Reg. Sicil. cap. 114. ubi de lege paribili : *Quant aucuns estoit accusez d'aucun crime, dont il deust estre noyez, s'il n'estoit coupable, il ne pooit noyer : mais ce n'est mie voir, car ce fesoit li banfices de l'air, qui le retient, non mie autre chose.* Adde Loccenium lib. 2. Antiq. Suecicar. cap. 7. [** et Suhmii Histor. Daniæ. 9, 42.]

Interdum pluries in aquam demergebantur, si plurium criminum suspecti haberentur. Hincmarus tom. 1. pag. 608 : *Sic et inventus in judicio noxius, si fuerit forte super plura suspectus, iterato est Judicio examinandus, quousque inveniatur emendationis confessione probatus.*

Colligabantur vero immergendi. Idem Hincmarus de Divortio Lotharii pag. 607 : *Conligatur autem fune, qui examinandus in aquam demittitur : . . . qui ob duas causas Conligari videtur, scilicet ne aut aliquam possit fraudem in judicio facere, aut si aqua illum velut innoxium receperit, ne in aqua periclitetur, ad tempus valeat retrahi.* Infra : *Et hoc examinandus judicio, Conligatus in aquam dimittitur, et Conligatus retrahitur, et aut purgatus statim judicio arbitrorum absolvitur, aut usque ad purgationem Conligatus, judicio examinatur.* Eadem habet Opusculo 59. pag. 681. Denique Leges Æthelstani Saxonicæ cap. 23. Edit. Latinæ 30 : *Si aqua gelida facienda est quæstio, ad sesquiulnam funis in aquam mergitor.* [** Æthelst. in concil. Greatanlag. cap. 26. hæc habet, sed abest vox *gelida*, neque Phillipsius Hist. Jur. Anglos. § 55. inter ordalia, Anglosaxonibus usitata aquam frigidam recenset. Confer ejusdem Histor. Jur. Anglic. vol. 2. pag. 270.]

Qui in ejusmodi judicio *cadebat*, ut loquitur Charta allata Philippi Augusti, *perire* vulgo dicebatur. Assisæ Henrici II. Regis Angliæ, apud Rog. Hovedenum, de eo qui *retatus* fuerit de murtro vel latrocinio, etc. : *Eat ad judicium aquæ, et si Perierit, alterum pedem amittat. Et apud Northamtune additum est pro rigore justitiæ, quod dextrum similiter pugnum cum pede amittat, et regnum abjuret.* Idem Hovedenus pag. 566 : *Sed quia judicio aquæ Perierat, etc.* Et pag. 804 : *Donec judicio aquæ vel ferri se mundaverit, et, si Perierit, suspendatur.* Gervasius Dorobern. in Chron. ann. 1195 : *Ibique per ministros Regis judicio aquæ mundati sunt, vel Perierunt.*

Jam vero quo pacto istud judicium, et cum quibus ceremoniis perageretur, pluribus docemur, non modo ex loco allato Guiberti, sed et ex Ordine ad exorcismum aquæ frigidæ, quem habent Juretus ad Ivonis Carnotensis Epist. 74. Delrius lib. 4. Disquisitionum magicarum quæst. 4. sect. 4. Pithœus in Gloss. ad Capitul. Caroli M. Lindenbrogius post formulas solennes, Spelmanus, Goldastus tom. 2. Alemannicorum pag. 178. denique vir doctissimus Joannes Mabillonius tom. 1. Analector. pag. 47. [** Canciani Leges Barbar. vol. 1. pag. 282. ex Murator. tom. 2. Anecd. et Antiq. Med. ævi diss. 38.] Ex quo quidem ordine ea tantum, quæ ad peragendi judicii formam pertinent, depromere operæ pretium videtur, cum orationes ipsas, quas *Benedictiones aquæ judicii* indigitat Gilbertus Lunicensis Episcopus, de usu Ecclesiastico, apud laudatos Scriptores legere cuivis promptum sit. Ita autem se habent : *Cum hominem vis mittere ad judicium aquæ frigidæ ob comprobationem, ita facere debes : accipe illos homines, quos vis mittere in aquam; adduc eos in Ecclesiam, et coram omnibus illis cantet Presbyter Missam, et fac eos ad ipsam Missam offerre. Cum autem ad Communionem venerint, antequam communicent, interroget Sacerdos cum adjuratione ista, et dicat : adjuro vos homines per Patrem et Filium et Spiritum sanctum, et per Christianitatem, quam suscepistis, et per S. Trinitatem, quam docuistis, et per istas sanctas reliquias, vel sanctam venerationem, quæ in ista Ecclesia sunt, ut non præsumatis accedere ad hoc sanctum altare, nec istam sacram Communionem accipere ullo modo, si hanc causam vestræ reputationis (hoc est illa, vel illa) fecistis, aut scitis, quis hoc egit. Si autem tacuerint, aut nullam professionem inde dixerint, accedat Sacerdos ad altare, et more solito communicet : postea vero communicet illos, qui in aquam mittendi sunt. Cum autem communicat, dicat Sacerdos ad altare : Corpus hoc et Sanguis Domini nostri Jesu Christi sit vobis ad probationem hodie. Expleta Missa, accipiat Sacerdos Crucem et Evangelium, et incensum, et pergat ad locum destinatum cum aspersione aquæ benedictæ ubi probentur. Et cum venerit ad ipsum locum, det illis hominibus bibere de aqua benedicta. Cum autem dederit, unicuique dicat : Hanc aquam dedi vobis ad probationem hodie. Postea conjuret aquam, ubi illos mittere debet, dicens ita : Adjuro te, aqua, etc. Post conjurationem autem aquæ, exuat eos vestimentis suis (et induat eos vestimentis de Exorcista, et alliget in eis singulariter sinus rectæ consuetudinis) faciatque eos osculari Evangelium et Crucem, et posthac aspergat super unumquemque ex ipsis de ista aqua benedicta, et dicat adjurationem sequentem, et projiciat eos statim singulariter in ipsam aquam. Hæc autem omnia facere debet jejunus; et neque illi antea comedant, neque ipsi, qui eos mittant. Sequitur exorcismus, etc.* Hactenus Ordo ad exorcismum aquæ frigidæ, cui consonant Leges Æthelstani Saxonicæ § 23. Codex vero MS. quem laudat Mabillonius, hæc subdit : *Hoc autem judicium creavit omnipotens Deus, et verum est; et per domnum Eugenium Apostolicum inventum est, et omnes Episcopi, Abbates, Comites, seu omnes Christiani per universum orbem eum observare studeant, quia multis probatum est, et verum inventum est. Ideo enim ab illis inventum est et institutum, ut nulli liceat super altare manum ponere, neque super reliquias vel Sanctorum corpora jurare.* [** Hæc ultima intelligenda de *conjuratoribus.*] Idem etiam Codex a Domno Apostolico in Franciam ejusmodi judicium missum indicat. In Codice MS. S. Laurentii prope Leodium, in quo plures Hincmari tractatus descripti leguntur, habetur idem Ordo ad examen aquæ firgidæ, tametsi non iisdem plane verbis, cum hocce procemio : *Examen aquæ frigidæ. Quando Romani propter invidiam tulerunt Domino Leoni Papæ oculos et linguam propter thesaurum S. Petri, tunc venit ad Imperatorem Karolum, ut eum adjuvaret de suis inimicis. Tunc Imperator reduxit eum Romam, et restituit eum in locum suum, et thesaurum suc prædictum non potuit invenire nisi per istud judicium. Quod judicium fecerunt beatus Eugenius et Leo et Imperator, ut Episcopi et abbates et Comites firmiter teneant et credant, quia probatum habuerunt illi sancti viri, quia illud invenerunt. Cum volueris hominem mittere ad examen aquæ frigidæ, apprehende illos, quos vis examinare, et duc eos ad Ecclesiam, etc.*

[* Quanquam Cangius multa circa hujusce examinis ceremonias congesserit, indicaveritque scriptores hac de re consulendos; attamen, cum ii nequaquam omnibus præsto sint, nostrique sit instituti obsoletos ejusmodi ritus ob oculos ponere, rem lectori haud ingratam facturum me existimavi, si ea omnia, quæ huc spectant, uno tenore sub uno aspectu exhibuerim ex Tabulario S. Ebrulphi, ubi nonnulla legere est, quæ alibi non reperias : *Incipit ordo ad Judicium faciendum. Si aliquis de furto reprehensus fuerit, ipseque hoc fecisse se negaverit; die Martis ad vesperas causa purgandi se se perducatur ad ecclesiam laneis indutus vestibus et nudis incedens pedibus; ibique in ecclesia, videlicet usque ad diem Sabbati cum legalibus custodibus commoretur, triduanum faciens jejunium, in pane videlicet azymo puri ordei, et aqua, et sale, et cressone aquatico : mensura autem ordei sit quotidie talis, qualem apprehendere potuerint duæ manus insimul junctæ, et quantum pugillus capere poterit de cressone, et quantum salis ad hoc sufficiat. In his autem tribus diebus matutinas et missam cum horis ad dies pertinentibus audiat, et exquiratur ne aliquod maleficium super se habeat. Die vero Sabbati missam sic sacerdos incipiat.*

Missa.

* *Justus es, Domine, et rectum judicium tuum : fac cum servo tuo secundum misericordiam tuam.* Ps. *Beati immaculati. Gloria.*

Oratio.

* *Absolve, quæsumus, Domine, delicta famuli tui, ut a peccatorum suorum nexibus, quæ pro sua fragilitate contraxit, tua benignitate liberetur, et in hoc judicio, prout meruit, tua justitia præveniente, adversitatis censuram invenire* [** *ad veritatis censuram pervenire.* Ordo Dunstani.] *mercatur. Per Dominum, etc.*

Lectio libri Levitici.

* *In diebus illis locutus est Dominus ad Moysen dicens : Ego sum Dominus Deus vester : non facietis furtum, non mentiemini, etc.* usque ad hæc verba : *sed timebis Dominum Deum tuum, quia ego sum Dominus.* Levit. 19. a ℣. 11. ad 15.

[** In ordin. Dunstani ante Graduale : *Item alia lectio Epistol. beati Paul. Apost. ad Ephes.* cap. 4. ℣. 23. ad 28.]

Graduale.

* *Propitius esto, Domine, peccatis nostris, ne quando dicant Gentes : Ubi est Deus eorum.* ℣. *Adjuva nos, Deus salutaris noster, et propter honorem nominis tui, Domine, libera nos.*

* *Alleluia.* ℣. *Deus judex justus, fortis et patiens, numquid irascetur per singulos dies?*

Lectio S. Evangelii sec. Marcum.

* *In illo tempore : Cum egressus esset Jesus in via, procurrens quidam genuflexo ante eum dixit ei : Magister bone, quid faciam ut vitam æternam percipiam, etc.* usque ad hæc verba : *habebis thesaurum indeficientem in cœlo, et veni, sequere me.* Marci 10. a ℣. 17. ad 21.

Offertorium.

* *Immittet angelum Dominus in circuitu timentium eum, et eripiet eos. Gustate et videte quoniam suavis est Dominus.*

Secreta.

* *Intercessio sanctorum tuorum, Domine, misericordiæ tuæ munera nostra commendet : ut quia merita nostra non valent, eorum deprecationibus indulgentiam valeat obtinere. Per etc.*

Præfatio.

* *Æterne Deus, qui non solum peccata dimittis; sed ipsos etiam justificas peccatores, et reis non tantum pœnas relaxas, sed dona largiris et præmia, cujus nos pietatem supplices exoramus ut famulum N. tuum non de præteritis judices reatibus; sed hujus culpæ veritatem expectantibus insinues; quatenus in hoc populus tuus præconia nominis tui efferat, et te vitæ præsentis et perpetuæ auctorem agnoscat. Per Christum Dominum nostrum.*

* *Post orationem Dominicam, antequam dicatur :* Pax Domini, *dicat sacerdos hanc orationem super eum, qui aquæ judicio probandus est : Deus, de quo scriptum est, quia justus es, et rectum judicium tuum, fac cum servo tuo secundum misericordiam tuam, ut non de pristinis judicetur reatibus, sed in hoc, prout meruit, tua benedictione præveniente, veritatis subsequatur judicium. Amen. Et quia justus es et amator justitiæ, et a cujus vultu videtur æquitas; fac in conspectu populi tui ut nullis malorum præstigiis veritatis tuæ fuscentur examina. Amen. Petitiones nostras, Domine, placatus intende, et culparum omnium præteritarum huic veniam clementer tribue; et si culpabilis est de hoc furto, tua larga benedictio non ei ad suffragium, sed hujus culpæ nobis ad insinuandam veritatem proficiat. Amen. Quod ipse præstare dignetur qui cum Patre et Spiritu Sancto vivit et regnat per omnia sæcula sæculorum. Amen.*

Adjuratio ante perceptionem Corporis Domini.

* *Adjuro te N. per Patrem et Filium et Spiritum Sanctum, et per christianitatem, quam in baptismo suscepisti, et per sanctam Trinitatem, et per sanctum Evangelium, et per sanctas Reliquias, quæ in hac ecclesia, vel in toto mundo continentur, et per illum sanctum baptismum quo sacerdos te regeneravit, ut nullo modo præsumas hoc sacrosanctum Corpus Domini accipere, neque ausus sis ad hoc sanctum altare accedere, si hoc furtum fecisti, aut consensisti, aut scis qui hoc egerit.*

* *Si autem tacuerit et nulli hoc dixerit, vertat se sacerdos ad altare, et sumat sacrificium in semetipso. Postea vero communicet eum, qui aquæ judicio probandus est, ita dicens : Corpus Domini nostri hoc et Sanguis Christi sit tibi ad probationem hodie.*

Communio.

* *Justus Dominus et justitias dilexit; æquitatem vidit vultus ejus.*

Post communionem.

* *Perceptis, Domine Deus noster, muneribus sacris, te suppliciter deprecamur, ut hujus participatio sacramenti et a propriis reatibus nos indesinenter expediat, et in hoc famulo tuo veritatis sententiam declaret. Per etc.*

* *Ita missa expleta, homo prædictus in ecclesia exuatur non solum laneis vestibus, verum etiam femoralibus, et accingatur circa renes novo panno lineo, ne pudenda ejus videantur, cooperiaturque ad horam, sive tempus, pallio vel cappa propter frigus; et sic ad lacum aquæ cum processione et letania ducatur, donec dicatur* Agnus Dei, *usque* Miserere nobis. *Lacus autem aquæ duodecim pedes mensuratos habeat in profunditate, viginti vero circumquaque in latitudine, et usque ad summum aqua impleatur : in tertia vero parte foveæ fustes fortissimi cum cleta fortissima ponantur desuper, ad sustinendum videlicet sacerdotem aquam benedicentem, et judices desuper assistentes, et hominem intraturum in aquam, cum duobus vel tribus hominibus eum ibidem demittentibus.*

Incipit benedictio aquæ.

Deus judex justus, fortis, autor et amator pacis, patiens et multum misericors, qui judicas quod justum est, et rectum judicium tuum, qui respicis terram et facis eam tremere, tu Dominus omnipotens, qui per adventum filii tui Domini nostri Jesu Christi mundum salvasti, per ejus passionem genus humanum redemisti; hanc aquam benedicere et sanctificare dignare, et præsta, clementissime Pater, dominator omnipotens, ut si quis innocens de hoc furto in hanc aquam corpus suum applicare voluerit, confestim ab ista aqua in tuo nomine atque virtute sanctificata suscipiatur et salvus, præstante Domino nostro, permaneat; et sicut filios Israel eductos de Ægypto in transitu rubri maris salvasti, et Susannam de falso crimine liberasti : sic corpus innocentis, omnipotens Deus, ab omni læsione insaniæ (f. infamiæ) [** Ordo Dunstan. *læsionis insanie.*] *salvare dignare. Quod si aliquis culpabilis vel noxius de hoc furto corde tumido induratoque pectore vel superba mente reus de hoc furto in hanc aquam corpus suum apponere voluerit; tu Deus omnipotens, tua pietate et rectissimo judicio tuo declarare et manifestare digneris; et jube ut ab aqua hac non excipiatur; sed videntibus famulis tuis rejiciatur, ut anima ejus per pœnitentiam salvetur : et si ille nocens vel reus per aliquod maleficium, vel per herbas, vel per causas diabolicas cor suum induraverit, et peccatum quod fecit confiteri noluerit, tua dextra, quæsumus, Domine, declarare dignetur. Per, etc.*

Alia oratio.

* *Deus innocentiæ restitutor et amator, qui autor pacis es et judicas æquitatem, humilibus te rogamus precibus, ut hanc aquam ordinatam ad justitiam et examinationem cujuscumque dubietatis benedicere, et sanctificare, atque superna virtute tua perlustrare digneris : ita ut si innocens de hoc furto, unde purgatio quærenda est, in hanc aquam tua benedictione sanctificatam corpus suum immittere voluerit, tua benignissima miseratione confestim ab ista excipiatur aqua et postmodum illæsus appareat. Si autem culpabilis aut reus contempserit, et quasi temptator judicium tuum adierit; aut per herbas, vel per quæcumque temptamenta seu molimina maleficiosa peccata sua confiteri noluerit, sed defendere inflatus per aflictorem* [** Ordo Dunstan. *Afflatorem*] *malitiæ contra examen veritatis tuæ : justissime et misericordissime Domine Deus, ad hoc virtus tua, quæ omnia superat cum veritate quæ permanet in seculum seculi, declaretur, ut reus de hoc furto ab ista aqua tua virtute rejiciatur : quatenus justitiæ tuæ non dominetur iniquitas, sed veritati subdatur falsitas, et ut cæteri hoc videntes ab incredulitate sua, te miserante, liberentur. Per, etc.*

* *Postea jurent sacramenta et accusans et defensor, quasi duellum ingressuri jurent; et connectantur insimul manus repressi sub flexis poplitibus ad modum hominis in campum artum intrantis. Deinde vero corda quadam, quæ eum tenere queat, circa lumbos alligetur; atque in corda ad largitudinem longioris capilli fiat nodus; et sic in aquam suaviter, ne aquam commoveat, demittatur. Si vero usque ad nodum demersus fuerit, extrahatur ceu salvus; sin autem, quasi reus a videntibus æstimetur.*]

Ex his planum fit, coram ipsis Sacerdotibus peracta ejusmodi aquæ frigidæ examina, quod testantur præterea Leges Edw. Confess. cap. 9. Verum id improbat Eckeardus junior de Casib. S. Galli cap. 14 : *Adsciscunt sibi Presbyteros, qui animas hominum carissime vendant, feminas nudatas aquis immergi impudicis oculis curiosi perspiciant, aut grandi se pretio redimere cogant.* [** Apud Pertzium pag. 137. infim. Vide ibi not.] Quin et in ipsa Ecclesia actitata legere est in Concilio Helenensi ann. 1065 : *Et postea per judicium aquæ frigidæ trevam Domini in Sede sanctæ Eulaliæ emendet.* Præterea in Statutis Calomanni Regis Hungariæ lib. 1 : *Judicium ferri et aquæ in aliqua Ecclesia fieri indicimus, nisi in Sede Episcopi et majoribus præposituris.* Vide

Guillelm. Prynneum in Libertat. Angl. tom. 2. in Append. pag. 20.

Hanc porro aquarum exorcizationem seu benedictionem attigit præterea Hincmarus de Divortio Lotharii : *Quando qui putatur et qui est noxius, in aquam examinandus dimittitur a dimittentibus secundum quandam formam baptismatis Dominus invocatur, quatenus veritas unde requiritur, demonstretur, et tenebras ignorantiæ nostræ inluminare dignetur, ne aut innocens injuste a nobis damnetur, aut nocens sua negatione, aut diabolica fraude, aliquo modo impunitus evadat. Sed et ipse qui examinandus in aquam dimittitur, invocationem invocantium sua responsione et denotatione confirmat, juxta formam quodammodo ante baptisma, etc.* Idem opusc. 39: *Aqua frigida, sicut et in baptismate, sacratur.* Guibertus lib. 3. de Vita sua cap. 14 : *Celebrato jam sacri laticis judicio, in hunc cum aliis matriculariis injectus est.* Et cap. 16 : *Addicti sunt judicio exorcizatæ aquæ.* Infra : *Missas itaque egit Episcopus, de cujus manu sub his verbis sacra sumpserunt : Corpus et sanguis Domini veniat vobis ad probationem hodie. Quo facto piissimus Episcopus et Petrus Archidiaconus ... ad aquas procedunt. Episcopus cum multis lacrymis Letaniam præcinuit, deinde exorcismum fecit. Inde sacramenta dedere, se nunquam contra fidem nostram docuisse aut credidisse, etc.* Denique Durandus lib. 4. Ration. cap. 4. n. 10. ait, quatuor esse genera *aquæ benedictæ*, atque in iis primam recenset *Aquam, in qua fit judicium purgationis, quæ,* inquit, *in usu non est.* Sed prohibitum tandem in Concilio Lateranensi sub Innocentio III. PP. cap. 18. ne ullus Clericus aut Sacerdos *purgationi aquæ ferventis, vel frigidæ, seu ferri candentis, ritum cujuslibet benedictionis aut consecrationis impendat.*

Judicium aquæ frigidæ rusticos ac infimæ conditionis homines spectasse colligimus ex Legibus Scoticis, seu Regiam Majestatem, lib. 4. cap. 3. § 4. et Glanvilla lib. 14. cap. 1 : *Tenetur accusatus se purgare per Dei judicium, scilicet per ferrum calidum, si fuerit liber homo, vel per aquam si fuerit Rusticus, secundum diversitatem conditionis hominum.* His consentit Hincmarus Remensis tom. 2. pag. 543 : *Ut si præfati sui homines, quia non liberæ conditionis sunt, aut cum aqua frigida, aut cum aqua calida inde ad judicium Dei exirent, quid inde Deus ostenderet mihi sufficeret.* Conventus Alsaticus anno 1051. § 6. apud Goldastum : *Plebeius autem et minoris testimonii Rusticus aquæ frigidæ se expurget judicio.*

Verum non semel viros nobiles ejusmodi aquæ judicium subiisse legimus. Hovedenus pag. 566 : *Inter quos quidam Nobilis et dives captus fuit, nomine Johannes Senex, qui cum per judicium aquæ se mundare non posset, obtulit Domino Regi quingentas libras argenti pro vita habenda. Sed quia ipse judicio aquæ perierat noluit Rex denarios illos recipere, sed præcepit eum suspendi in patibulo.* Narrat præterea Conradus Abbas Urspergensis Welphonem quemdam Comitem sub Conrado II. Imp. *judicio aquæ frigidæ innocentiam suam probavisse.* Id etiam firmat quod in Præpositum Parisiensem statutum supra observavimus. Vide Gervasium Dorobern. ann. 1195. pag. 1590.

[* Monet Cangius non semel viros nobiles ejusmodi aquæ judicium subiisse; quod interdum per filios suos præstitisse discimus ex Charta Sancii comitis Vascon. pro fundatione S. Severi apud Marcam in Hist. Beneharn. lib. 3. cap. 8 : *Accersitis militibus qui præsidebant, illum sacratum locum precabar ut sanctum cum prædio venderent mihi. Illi vero resistebant nolentes vendere locum francum et ab omni censu liberum. Super hac re iratus perhibebam locum in alodio castri mei esse. Tandem complacuit illis judicium facere in aqua frigida. Ventum est ad horam diei : nolens hujus rei victus videri, misi meam uxorem cum meis filiis, cum episcopis et senioribus, atque cum principibus totius Vasconiæ et vicinorum comitatuum, qui in circuitu terræ istius sunt, ego remanens castro. Cum vero jam adesset hora, ut parvulus ab episcopo in aqua mergeretur, etc.*]

Ejusmodi autem *aquæ frigidæ judicium* interdixit Ludovicus Pius Imp. in Lege Longob. lib. 2. tit. 55. § 31. [** Lothar. I, cap. 55.] in Capitul. Wormatiensi ann. 829. cap. 12. et in Addit. 4. Capitul. Caroli M. cap. 80. al. 115. [** 113] Interdixit etiam Fridericus I. Imp. in Constit. Sicul. lib. 2. tit. 31. ut et Alexander II. Rex Scotiæ in Statut. cap. 7. § 3. quia, ut quidam existimarunt, quasi rebaptizaretur, qui in nomine Domini aquis immergebatur. Sed hanc rationem improbat Hincmarus Remensis de Divortio Loth. et Opusc. 39. licet non modo aliam non afferat, sed et ipse fateatur, haud uno loco, hanc judicii speciem baptismum repræsentare. Tandem ut cæteras vulgares purgationes, hancce proscripsit Ecclesia, vel certe non admisit, ut constat ex libr. 5. Decretal. tit. 34. cap. 8.

Observat denique Delrius, examen per aquam hæsisse postmodum in solo crimine maleficii, seu magiæ, ita tamen ut sine ulla Dei invocatione, sine ullo ritu pietatis aliquid præferente, quasi per ludum judices eo abutantur in quibusdam Germaniæ regionibus. Quas enim fama vel aliarum depositione suspectas habent, eas statim absque ulteriore inquisitione capiunt, captasque extra urbem deducunt, et in aquam frigidam ita conjiciunt, ut dextra manus sinistro pedi, sinistra vero dextro pedi sit alligata, et si supernatant, veneficas vehementius suspicantur, et idcirco duriori subjiciunt quæstioni : sin submergantur, innocentes esse putant : magicis præstigiis, ut par est credere, adscribentes, si supernatent. Ad ejusmodi veneficarum examen videtur spectare, quæ habet auctor Vitæ Ludovici Pii ann. 834 : *Gerberga. . . tanquam venefica, aquis præfocata est.* Nithardus lib. 1. ann. 835. de eadem : *Gerbergam more maleficorum in Ararim mergi præcepit.* Adeo ut jam olim maleficæ immersione examinari solerent.

[* Extant Tractatus duo singulares de Examine sagarum super aquam frigidam projectarum, editi Francofurti et Lipsiæ in 4°. ann. 1686. Primi auctor est Jac. Rickius JC. electoratus Colon. ann. 1590. cujus titulus est : *Compendiosa certisque modis astricta defensio Probæ, ut loquuntur, aquæ frigidæ, qua in examinatione maleficarum plerique judices hodie utuntur.* Alterum vero adversus ejusdem examinis usum scripsit ann. 1585. Hermannus Neuvalds.]

Ad vulgare aquæ frigidæ examen non videtur referri posse, quod auctor libri de miraculis B. Mariæ Rupis Anatoris apud Cadurcos lib. 1. cap. 36. prodit de uxore Gastonis Vicecomitis Beneharnensis, quæ procurati abortus accusata, in fluvium de ponte præcipitata, innocentiam suam supernatando probavit, cum in vulgari aquæ examine supernatantes rei arguerentur : *Enim vero in modum subituræ judicium aquæ, ligata, ab altissimo ponte Castri Salvaterra nomine projecta est in profundum torrentem. . . . Illa vero super undas profundissimi torrentis miseratione Domini, plusquam ter posset arcus jacere sine mersione delata, consedit arenis, unde sui cum gaudio reportaverunt ad propria.* Hisce fere similia habet Gregorius Turonensis lib. 1. Miracul. cap. 69. et 70.

* Quemadmodum vero factorum, sic et Reliquiarum veritas eodem examine nonnunquam asserta est et comprobata, ut colligitur ex Gloria post. S. Helenæ tom. 3. Aug. pag. 616. col. 2 : *Ipsam Helenam Constantini imperatoris matrem* (esse) *omnipotens Trinitas Deus.... suis dignatus ostendere famulis supplicatus, triduano jejunio, et consultus vulgari suo judicio aquæ.*

[** Vide Grimmii Antiq. Jur. pag. 923.]

Aquæ Ferventis Judicium, seu Examen, quo quis de crimine suspectus, quo se purgaret, manum in aquam ferventem nudato brachio immittebat atque si illæsam extraheret, innocens; si contra, reus pronuntiabatur. *Judicium ferventis Aquæ* appellatur in Lege Frision. tit. 3. § 6. in Lege Longob. lib. 1 tit. 9. § 29. [** Lud. Pii cap. 9.] 35. [** Lothar. 1. cap. 57. ex Capit. ann. 829. III, cap. I.] 39. [** Henrici II. cap. 2.] et in Capitul. 1. ann. 819. cap. 1. [** Pertz. pag. 210.] lib. 4. Capitul. cap. 13. etc. *Examinatio Aquæ Ferventis*, in Lege Wisigoth. lib. 6. tit. 1. § 3. et in Lege Frision. tit. 3. § 4. [** 6.] *Ad Examinationem Ferventis Aquæ Dei judicio probandus accedat*, Ibid. § 5. [** 8.] Adde tit. 14. § 3. *Ad Aquam Ferventem se idoniare*, in lib. 4. Capitul. Caroli M. Append. 2. cap. 33. [** 34. ex Capit. de Exercit. ann. 811. cap. 5. apud Pertz. pag. 169.] *Aqua Ferventi se expurgare, purificare*, in cap. 15. 20. Caus. 2. qu. 5. *Aqua Bulliente se expurgare*, apud Burchardum Episcop. Wormaciensem in Lege familiæ [** cap. 30.]. *Judicium Aquæ Ferventis*, apud Joannem Sarisberiensem Epist. 122. Agobardus lib. contra judicium Dei cap. 1 : *Jube ferrum vel Aquas Calefieri, quas inlæsis manibus attrectem.* Speculum Saxon lib. 1. art. 39 : *Vel ferrum candens manibus portent, vel in Aquam Bullientem brachium usque ad cubitum imponant. Aqua Calida*, in Charta Ferdinandi Regis Castellæ æræ 1081. apud *Yepez* tom. 6 : *Quod si aliquis homo, qui sit de mandatione Regis, moratur in domo sancti Andreæ, sit absolutus ab imperio Regis, et propter aliquam calumniam non faciat aliud judicium, ni det quinque homines, qui sint digni Aqua Calida defendendi.* Le Roman *du Renard* MS. :

Voir il n'ot oncques en moi part,
En tel maniere, n'en tel guerre,
Si que j'en feroie un juise, (*judicium*)

sint Clerici extra Ecclesiam procedentes, ut sibi a pluvia caverent. Index Onomastic. tomi 2. Actorum. SS. Julii.

¶ 1. **AQUALIS**, Aquaticus. Sidon. lib. 9. Epist. 6 : *Aqualis pœna*. [** Vide Forcell. Lexic.]

2. **AQUALIS**, ut *Aquale*, Canalis. Charta Jacobi Regis Aragon. ann. 1313 : *Insuper vobis dono omnes pasturales, aquas et Aquales, boscos et meneres, etc.*

* 3. **AQUALIS**, *alicujus, aqualicujus*, in vet. Glossar. ex Cod. reg. 7646.

* **AQUALITASSUS**, *Boutellier*, in Glossar. Lat. Gall. ex Cod. reg. 7692.

AQUALIUM, *summa pars capitis*, in Glossis Isid.

AQUAMANILE, uti definitur a Lanfranco Archiepiscopo Cantuar. Epist. 13 : *Vas inferius, in quod manibus infusa aqua delabitur. Urceolus vero, vas superius, unde lavandis manibus aqua infunditur.* Ordo Romanus : *Aquamanile, hoc est, vas manuale, quo scilicet manus lavantur.* Joan. de Janua : *Aquimanile, dicitur res, super quod cadit aqua qua abluuntur digiti Sacerdotum post sumptionem Corporis Christi.* Catholicon Armoricum : *Aquamanilla, Piscine en quoi le Prestre lave les mains.* [Glossar. MS. Montis S. Eligii Attreb. : *Aquamanile, Vas super quod cadit aqua, qua abluuntur digiti Sacerdotis post sumptionem Corporis Christi, quod tenere et præparare debet Subdiaconus.*] Chronicon Fontanellense cap. 14 : *Urceos duos cum Aquamanilibus.* Cap. 16. *Aquamanile, et urceum argenteum mirabili opere.* Occurrit ibi rursum, tum etiam *Aquimanile*, inter ministeria et vasa Ecclesiæ in Concilio Carthaginensi IV. can. 5. apud Fortunatum in Vita S. Radegundis cap. 26. Hariulfum in Chronico Centulensi lib. 2. cap. 10. Anastasium Bibl. in Gregorio III. pag. 72. Hugonem Rotomagensem lib. 2. de Hæret. cap. 5. in Chronico Casin. lib. 3. cap. 57. lib. 4. cap. 90. etc.

Aquæmanile. Idem Chronicon Casin. lib. 2. cap. 99 : *Aquæmanilia argentea duo.* Unde emendandus locus alter lib. 1. cap. 56. Edit. Brolianæ : *Urceolum quoque cum Aqua et manili suo.* Legendum enim *Aquæmanili.* Traditiones Fuld. cap. 35 : *Cortinas et Aquæmanilia, urciolos, etc.* Ita apud Anastasium in S. Innocentio et in Sixto III. pag. 23. 25. 26.

Aquimanile, χερόνιβον, in Gloss. Lat. Græc.

Aquiminile, in l. 3. § 3. D. de Supell. legat. rectius

Aquiminale, in Gloss. Lat. Græc. *Trulleum, et Guttum, et Aquiminale*, χερόνιβον, ξεστόν.

Agmanile. Historia Episcopor. Autisiodor. cap. 20 : *Agmanilia pens. lib. 2. et unc.* 9.

Aquamanus. Anastasius in Leone III. pag. 153 : *Enimvero ubi supra fecit Aquamanus antipemto deauratas paria 2. pensantes simul libr.* 29.

Aquammanus. Ordo Romanus : *Patenam quotidianam, calicem, scyphos, et pugillares, etc.* Alibi : *Sequuntur sellarem Pontificis cum Acolytho, qui Aquammanus portat.*

[¶ Aquamanile, Notione paulo diversa sumitur, scil. pro urceolo quo aqua calici infunditur in Sacrificio Missæ, in Epist. Gilberti Episc. Pictav. ann. circiter 1156. apud Marten. tom. 1. Anecd. col. 428 : *De miscenda vino aqua eis* (Ministris) *non credimus nisi... vel ipsi præ oculis nostris aquam infundant, vel nobis Aquamanili tradita eam calici misceamus.*]

Ex præallatis patet, *Aquimanile, etc.* fuisse trulleum, seu vas, quod vulgo *Bacinum* appellamus, in quod aqua ad manus lavandas infunditur, contra quam apud Latinos, apud quos *Aquæmanale*, urceolus fuit, sic dictus, inquit Varro lib. 2. de Vita Populi Romani apud Nonium, quod eo aqua in trulleum effunderetur, quasi a manando. Verum fallitur, ait Scaliger, nam a manibus dictum, estque id vas, quod postea *Aquimanile* appellatum. Sed, ut dixi, hanc vocem posteriores pro trulleo usurparunt. [** Vide Forcell. in voce *Aquiminarium.*]

Illius etymon attigere, qui per *Aquamanus*, vel *Aquammanus* extulere : nam innuere voluerunt eam loquendi formulam, qua nobis, aut convivis, aquam ad manus lavandas ministrari petimus. Unde in Gloss. Lat. Græc. *Aquamanus*, per νίψατε effertur, ubi legendum νίψατε, *lavate*, vel, ut alii censent, νίψασθαι. Et in excerptis veteris Gloss. *Aquam manibus*, ὕδωρ πρὸς χεῖρας, quod iisdem pæne verbis effert Auctor colloquii, i. *Affer aquam manibus*, ἔνεγκε ὕδωρ πρὸς χεῖρας. Loquendi formula vulgaris apud Plautum in Trucul. et in Persa. Vide Cujac. lib. 2. Observat. et lib. 10. cap. 13. 17. Perperam porro Lydius, Spelmannus, et vir doctissimus ad Epistolas Innoc. III. ita appellari apud recentiores Scriptores censuerunt vas illud, quod in ingressu Ecclesiæ aqua lustrali plenum collocari solet.

* **AQUAMERITUM**, vel Aquæmeritum, Aquæ proventus. Chartul. magn. S. Vict. Massil. fol. 28 : *Donamus et guirpimus supradictos molendinos, et Aquameritum, et vineas sine ullo retinemento.* Vide *Meritum.*

¶ **AQUAMILINA.** Vide *Aquæmolina.*

* **AQUARE**, Irrigare, Gall. *Arroser.* Charta ann. 1322 : *Dicto Bernardo Petrus la Vernha dedit aquagium et egestum sive meatum per terras et prata ejusdem domicelli ad Aquandum.* Stat. Vercell. lib. 3. pag. 90. v°. *Item statutum est, quod licitum sit cuilibet civi, nobili vel castellano districtus Vercellarum, posse ducere vel duci facere aquam et aquas ad Aquandum eorum prata, dummodo non ducantur per possessiones proprias aliquorum.* [** Plin. Histor. nat. lib. 18. cap. 17. sect. 45 : *Solum crassum et pingue aquari gaudet, ut præpinguis et densa ubertas diluatur.* Vide ibi Harduin.] *Yauuer*, eadem acceptione, in Lit. remiss. ann. 1364. ex Reg. 98. Chartoph. reg. ch. 128 : *Icellui Chevalier dit auxdix escuiers par maniere de moquerie et porter de l'yaue en leurs champ. derision, qu'il alassent et en leurs Yauuer leur prez et vignes.*

AQUARIA. Sugerius Abbas S. Dionysii de Reb. in administrat. sua gestis cap. 23 : *Consuetudinem autem, quam vulgo dicunt Aquariam, festivissimo Regis Dagoberti anniversario, refectioni Fratrum assignavimus.* Bulla Innocentii II. PP. ann. 1172. in Hist. S. Martini de Campis pag. 172 : *Apud Ruam, Vertumnum, et Waben, reditus salis, et Aquarias piscium.* Tabular. Fiscanense ann. 1216. fol. 48 : *Abjuravi Deo et Ecclesiæ S. Trinitatis Fiscanensis omnes inventiones, et omnes escaetas portus de Isport, cujuscumque modi fuerint, et omnem consuetudinem allectium et makerellorum, et Aquarias eorumdem, et le flet, et porpeis, et esturjon, et piscem, qui dicitur Crassus piscis.* Idem videtur, quod *Aquatia.* Vide in hac voce.

* Charta Guidonis comit. Pontivi ann. 1100. pro fundat. prioratus S. Petri Abbavill. in Lib. nig. ejusd. monast. fol. 297. v° : *Tradidi.... sex Aquarias de plaite in Sexagesima singulis annis in eadem villa.* Et fol. 346. r° : *Sex Aquarias meliores de plais.* Porro idem esse *Aquaria* et *Aquatia* dubium vix esse potest : at non ita certa mihi videtur Josephi Ignatii interpretatio, ut pote quæ locis ad utramque vocem allatis, et maxime iis quæ addo, accommodari non valeat. Suspicor igitur his significari piscium fercula, quæ a piscatoribus domino feudi ex jure præstabantur, quæ ipse aliquando monasteriis concedebat. Vide supra *Aquagium* 2.

¶ **AQUARIATUS**, Officium Aquarii, cui de bonis Monasterii S. Crucis de Talemundo tantum assignatur, uti patet ex Charta Petri Abbatis ejusdem Cœnobii ann. 1366. quantum ipsi necessarium est, ut possit *dicto Conventui in victu et vestitu providere.* Deinde longa series texitur bonorum *Aquario* creditorum, et eorum omnium quæ fratribus pro victu et vestitu debet ministrare, hincque liquet rerum omnium ac redituum hujusce Monasterii administratorem fuisse *Aquarium.* Vide *Aquarius.*

* **AQUARICIA**, Urceus, vas certæ capacitatis. Census eccl. Rom. ex Cencio apud Murator. tom. 5. Antiq. Ital. med. ævi col. 805 : *In die Jovis sancti tres denarios,.... et unam Aquariciam olei.... In unaquaque statione, quando dom. Papa vadit ad S. Petrum, recipit xl. solidos Proveniensium et iv. Aquaricias clareti.* Pluries ibi.

AQUARICIUM, Idem quod *Aquarium.* Vetus Charta Abbatis Agaun. in Probat. Hist. Sabaud. : *Cum exitibus et perviis, et Aquaricio, quæ ibi pertinet.*

AQUARII, Isidoro lib. 8. Orig. cap. 5. et Papiæ : *Hæretici, dicti, quia aquam solum offerunt in Calice sacramenti.* Horum meminit. S. Augustin. hæresi 64. S. Joan. Chrysost. homil. 83. in Matth. Rhabanus, etc.

¶ **AQUARIOLUS**, *Serviens meretricis, qui crebro defert aquam ad eam mundandam et venustandam.* Ita Glossarium MS. Montis S. Eligii Attrebatensis. Festus : *Aquarioli dicebantur mulierum impudicarum sordidi adseclæ.* Græci eos appellant περιχύτας aut παραχύτας. [** Vide Forcellinum.]

1. **AQUARIUM**, Idem quod *Aquale*, Canalis. Gloss. Græco-Lat. ὑδραγωγεῖον, *Aquarium.* Charta Ludovici Pii Imp. pro Ecclesia Mutinensi apud Ughellum tom. 2. pag. 118 : *Similiter et donationem quam fecit de molendino prope stratam, cum accessione, sive Aquario, quod pertinebat ad curtem Regis civitatis novæ, etc.* Adde pag. 137. Charta Friderici Imp. ann. 1178. apud eumdem tom. 7. pag. 1434 : *Cum...., silvis, pratis, pascuis, capilo, Aquario, herbatico, etc.* Charta Sicula ann. 1185. apud eumdem

tom. 9. pag. 67 : *Et Aquarium juxta eum* (molendinum) *qui ex parte mortitii ad nostras cecidit manus.* Chronicon Andrense pag. 631 : *Ita quod nec in aqua, nec in piscibus, nec in Aquario, junco, nec in terra, etc.*

Aquarium, Alveolus, *Auge*, ad quem adaquantur animalia. Ordericus Vital. lib. 6 : *Ingens saxum in domum suam devexit, ibique Aquarium sibi suisque jumentis facere voluit.* Sic etiam Cato cap. 1. de Re rustica.

* 2. **AQUARIUM**, Emissarium, Gall. *Evier*, olim *Yauyer*, Massil. *Aiguier.* Stat. Massil. lib. 3. cap. 3 : *Statuimus ut quilibet habens domum in civitate Massiliæ, habeat infra eam Aquarium, ... per quod aquæ projiciantur.* Charta ann. 1326. in Chartul. S. Maglorii Paris. ch. 275 : *Si aucuns de leur hostes demourans en la terre et justice desdiz religieus, vouloit faire Yauyer en sa meson, qui allast et deffluat en la voierie.* Pluries ibi ut et *Yeuyer* occurrit; a voce *yeaue*, pro *eau*, ut sæpe efferebant. Vide infra *Aquosarius.*

1. **AQUARIUS.** Gloss. Lat. Græc. *Aquarius*, ὑδροχόος, Gloss. Lat. Græc. ὑδροχόος, *Aquarius, canalis.* Alibi : ὑδροφόρος, *Aquarius.* Joan. de Janua : *Aquarius, serviens, qui portat aquam.* [Gall. *Porteur d'eau.*] S. Hieronym. Epist. 27. cap. 4 : *Et Gabaonitas ob dolos et insidias fœderis impetrati, in Aquarios lignariosque damnavit.* Ex Josue cap. 9. ubi *Aquarii* sunt, qui aquas portant. Jul. Firmicus lib. 4. cap. 6 : *Faciet bubulcos, Armentarios, Aquarios, pastores, etc.* Lib. 8. cap. 25 : *Balneatores faciet, mediastinos, et Aquarum ministros.* Lampridius in Commodo : *Aquam gessit ut lenonum minister*, in balneis : ii νεροφόροι dicuntur in Passione sancti Patricii Episcopi n° 7. 28. April. quam vocem non intellexere viri doctissimi : ὁ δὲ ὅσιος Πατρίκιος εἰσελθὼν ἐν τῷ ζέματι, ὡς εἰς νεροφόρον ἐνήγετο, ubi legendum, ὡς εἷς νεροφόρων, tanquam unus ex *aquariis.* [Hanc emendationem corrigit ipse Cangius in Glossario mediæ Græcitatis, ubi retinet νεροφόρον : quod interpretatur *partem balnei*, in qua lavari solent, qui eo contendunt. Liber Niger Scaccarii pag. 353 : *Æquarius duplicem cibum et quando Rex iter agit* 1. *d. ad pannos Regis exsiccandos, et quando Rex balneat* IIII. *d. exceptis tribus festis annuis.* Legendum *Aquarius.*] Vide Salmasium ad Vopiscum pag. 515. [et supra *Aquariolus.*]

2. **AQUARIUS**, Officium Monasticum, cui *aquarum*, seu piscationis, cura incumbebat. [Idem qui in Monasterio Vedastino Attrebat. dicitur *Aquarum præpositus.*] Tabular. Abb. Ulterioris portus fol. 28 : *Anno* 1107. *piscatores S. Michaelis tempore Paschali piscem, qui vocatur Sturio, ceperunt, quo capto piscatores ad Abbatem Osbernum venerunt, de pisce capto dixerunt. Ipse annuit piscem captum, in navi cepit, ad Ecclesiam antiquo more deferre præcipit. Sed Gisleberto Presbytero, qui ex tunc temporis Aquarius Comitis erat, resistente, et violenter piscem capiente, facere non potuit, etc.*

☞ Amplior fuit administratio *Aquarii* in Monasterio S. Crucis de Talemundo, uti jam observatum in voce *Aquariatus.* Omnes fere fructus agrorum, pratorum, vinearum, et salinarum ad Monachos pertinentium, emolumenta *altæ et mediæ justitiæ*, homagiorum Abbati debitorum census, redditus firmarum, saltem plurimarum, etc. percipiebat ipse et quasi jure proprio possidebat ea conditione, ut vestimenta fratribus necessaria cum cibariis omnibus ministraret. Hæc singula constant ex Charta ann. 1366. jam laudata, unde hoc unum describemus, quod mensam spectat : *Item tenebitur dictus Aquarius facere et administrare omnibus et singulis Religiosis dicti Conventus, exceptis Abbati, Capellano suo et Præposito, omnium ciborum administrationem sive carnium, sive piscium, videlicet ter in hebdommada carnium, die Dominico, die Martis et die Jovis : et si contingeret* (Abbatem) *a Monasterio absentari, et dicti Præpositus et Capellanus ad Monasterium declinarent, tenebitur dictus Aquarius ipsorum singulis ministrare, sicut uni alii de Conventu. Et si occurreret jejunium die Martis et die Jovis, tenebitur dictus Aquarius die Lunæ præcedenti pro duobus unum ferculum castrati vel bovis secundum tempora.* Deinde statuitur quid unoquoque die, quid majoribus festis eorumque pervigiliis, quid tempore Adventus vel Quadragesimæ, etc. mensæ fratrum apponendum esset ab *Aquario*, cujus officium dicitur *perpetuum* : ex quibus omnibus liquet, *Aquariatum* fuisse *officium claustrale*, ut erant officia Infirmarii, Eleemosynarii, Sacristæ, etc. ipsiusque emolumenta et onera fuisse quammaxima.

¶ 3. **AQUARIUS**, Apud Spagyricos est *Sal nitreum.* Diction. Spagyr. Rochi *le Baillif.*

* **AQUAROLIUM**, Aquarolius. Vide supra *Aquairolium.*

* **AQUASSERIUM**, Canalis, rivus, idem quod *Aquarium*, ut videtur. Lit. Joan. comit. Arman. ann. 1353. tom. 4. Ordinat. reg. Franc. pag. 324 : *In claudendo, muniendo et fortifficando eandem* (bastitam) *fossatis, palaciis, portallis, Aquasseriis et aliis fortaliciis.*

¶ **AQUASTOR**, *Est visio quædam rem aliquam representans quæ revera non est.* Ita in eodem Diction. Spagyrico.

AQUATIA. Charta Guidonis Comitis Pontivi ann. 1100. in Tabulario Abbat. S. Judoci : *Notum fieri volo, quod dedi Ecclesiæ præfati Confessoris 7. Aquatias apud Waben, et* 1. *apud Stapulas, etc.* Alia Joan. Comitis Pontivi ann. 1190. apud Joseph. Ignatium in Hist. Comitum Pontivi : *Dedi etiam et concessi dictæ Ecclesiæ in perpetuum jus reditus et donationis de piscibus maris, quas habebant prius, de qualibet navi territorii illius in mari piscante,.... cum tribus Aquatiis in quolibet anno ad nutum dictorum Monachorum, ita tamen quod quilibet rector navis pro se et suis nautis habeat pro qualibet Aquatia in die S. Quintini. 6. panes valoris quilibet unius denarii monetæ Pontivensis, sicut mos est.* Idem auctor in Hist. Eccles. Abbavil. cap. 84. *Aquatiam,* ait esse jus piscandi tribus diebus in anno. Aliter tamen, ni fallor, Computum dominii Bononiensis Comitatus ann. 1478. in Camera Comp. Paris. : *Recepte de eawes deus au Roy, c'est à sçavoir, que chascun pescheur allant aux grosses et menues cordes depuis le Candelier, doivent au Seigneur en saison de caresme une marée, et sur ce on leur rabat leur Acq.*

Aquatura, Idem sonat quod *Aquatia* apud eumdem Ignatium pag. 301. Charta Philippi Reg. Francorum ann. 1075 : *Dimidiam piscaturam in duabus aquis, et anguillas de altera aqua, et 6. Aquaturas Ruæ.*

* Quo sensu accipienda videatur hæc vox, jam monui supra in *Aquaria;* at vero quid hic sonet vox Galliça *Acq*, ex Computo dominii Bonon. comitatus, non satis video, nisi contracte scripta sit pro *Acquit.* Vide supra *Acquitum.*

AQUATICA, Idem quod supra *Aquaria.* Bulla Anast. IV. PP. ann. 1154. inter Instr. tom. 10. Gall. Christ. col. 315 : *Ad Staplas hospites quatuor, Aquaticas tres, sagenas duas.* Sed forte leg. *Aquaturas.* Vide in *Aquatia.*

AQUATICUM, Jus utendi aqua. Charta Pandolfi et Landolfi Ducum Beneventanorum in Chron. S. Sophiæ Benevent. : *Cum cunctis piscationibus inde vel Aquatico.* Alia Friderici Imp. ann. 1175. pro Ecclesia Bellicensi : *Ad hæc omnia civitatis regalia, videlicet monetam, telonium, pedaticum, ripaticum, Aquaticum... pascua,.... concessimus.* Alia Romualdi Archiepisc. Salernitani ann. 1180. apud Ughellum tom. 7. pag. 572 : *Et quoniam per terram vacuam ipsius... tempore irrigationis hortorum.., immittebatur de aqua fluvii Lirni ad irrigandum tam hortos Ecclesiæ Salernitanæ, quam aliorum : et proinde causa Aquatici, ipsi Lucæ annuus census dabatur etc.* Adde eumdem Ughellum tom. 4. pag. 483. [Charta Theodorici Flandrensium Comitis ann. 1136. ex Chartulario S. Nicalii Remensis : *Eva de Helemes dedit frustum terre ad Aquaticum.*]

Aquaticum, in forestis. Charta Philippi Pulcri Regis Francor. ann. 1309. in Regesto ejusdem Regis cap. 16. ex Tabulario Regio : *Volumus tamen quod ipse et ejus hæredes dictæ domus, seu castri custodes habeant in foresta nostra Aquatici usagium ad fagum et mortuum boscum pro calfagio ejus in eadem domo seu castro tantummodo expediendo.*

* Item et tributum, quod pro eo jure exsolvebatur. Charta ann. 1215. ex Chartul. Fiscau : *Debent plenarie consuetudines Aquaticorum et lochiarum, sicuti aliæ ejusdem villæ.* Inquisit. ann. 1270. inter Access. ad Hist. Cassin. part. 1. pag. 317. col. 2 : *Item de omnibus terris de quibus debetur terraticum, si contingat seminari canape in eis, debetur Aquaticum curiæ Cassinensi, videlicet de triginta partibus unum.* Vide supra *Aqua* 7. et *Aquagia.*

¶ 2. **AQUATICUM**, Præstatio pro pecoribus adaquandis. Vita S. Guilellmi Abbatis, tom. 5. Junii pag. 129. F : *Concedimus etiam ut de animalibus quæ ad jus prædictæ Ecclesiæ spectare videntur, nullus herbaticum aut Aquaticum tollat vel exigat.*

AQUATICUS, *Hydrus*, in Gloss. Isid. Vide *Natrix.*

* **AQUATIQUUS.** Codex reg. 5600. ann. circ. 800. fol. 101 : *Sunt aliqui rustici homines, qui credunt aliquas mulieres, quod vulgum dicitur strias, esse debeant, et ad infantes vel pecora nocere possint, vel dusiolus, vel Aquatiquus, vel geniscus esse*

debeat. Neptunus, vel aliquis genius, quia quis præest, designari videtur.

* **AQUATORIUM**, Aquarium, Gall. *Abbreuvoir, égout. Aquatorium plateæ S. Michaelis*, in Chartul. prioratus S. Eligii Paris. fol. 59. v°.

¶ **AQUATUM** Vinum, hoc est, aqua dilutum. Aug. lib. 6. Confess. cap. 2 : *Vinum Aquatissimum.* Apud Baluz. tom. 5. Miscell. pag. 443 : *Vinum maxime Aquatum et vere villum.* Vide *Villum* suo loco.

AQUATURA. Vide *Aquatia.*

* **AQUAVERSUS.** Vide supra *Aquæversus.*

AQUAVIRILE. Gloss. Arabico-Lat. *Luxus, Aquavirile*, [forte melius, *Fluxus Aquævirilis.*] Occurrit præterea sub lit. A. nulla explicatione addita.

* **AQUAYROLIUM.** Vide supra *Aquairolium.*

¶ **AQUEBIBRIS**, *Qui sæpe bibit aquam.* Glossarium Montis S. Eligii Attrebat. MS.

¶ **AQUEDUCTUS**, *est jus ducendi aquam per fundum vel agrum alienum, etc.* Vocabul. Juris utriusque.

¶ **AQUEHAUSTUS**, *est jus hauriendi aquam vel portandi per agrum, fundum seu prædium alterius, ratione servitutis.* Vocabular. Juris utriusque.

* Aqueductus et Aquehaustus a Glossario prorsus amandari debent, si quidem ad puriorem latinitatis sermonem pertineant : sed et *Aquæ ductus* et *Aquæ haustus* distinctis vocibus scribendum ; non semel enim legitur *Haustus aquæ*, ut in leg. 2. ff. de servitutib. prædior. rusticor.

* **AQUEITATES**, Primigeniæ aquæ partes. Arnauldus in Rosario Ms. lib. 2. cap. 7 : *Et scitote quod distillacio aquæ habet fieri in balneo Mariæ, eo quod subtiliores lapidis partes et sine calore ad naturam simplices Aqueitates totum approximantes per eum distillantur. Aqueitas, abstractio aquæ*, in Vocabul. compend.

¶ **AQUELUS**, Fons. Uffingi Monachi Carmen de S. Ludgero Episcopo tom. 3. Martii pag. 659. C :

> Arida de vero, qui mox rigat ora docendo,
> Æternam in vitam puteo salientis Aqueli.

¶ **AQUEMOLUS**, ὑδραλέτης, *Molitor aquarius*, in Supplemento Antiquarii. Vide *Aquimola* et *Aquæmolum.*

AQUENSE Servitium. Vide *Bos Aquensis.*

¶ **AQUERE**, Supplementum Antiquarii : *Aqueo*, ὑδρεύομαι, *aquor, haurio.*

* 1. **AQUERIA**, Idem quod *Aquarium*, Canalis, rivus, vel emissarium. Libert. villæ de Florencia ann. 1358. tom. 8. Ordinat. reg. Franc. pag. 89. art. 18 : *Concedimus quod dicti consules soli et in solidum possint creare et constituere curatores seu gardiatores operum, ædificiorum, parietum, Aqueriarum, stillicidiorum, fossatorum dictæ villæ.*

* 2. **AQUERIA**, Aqualis, urceus aquarius, Gall. *Aiguiere*, ad usum sacri ministerii. Obituar. eccl. Lingon. ex Cod. reg. 5191. fol. 246. r° : *Johannes de Gilauco puer nobilis, canonicus Lingonensis, qui dedit 200. libras... una cum duabus Aqueriis argenteis, servitio majoris altaris deputatis.* Vide *Aquamanile.*

¶ **AQUERIUM** Molendinum, pro *Aquarium*, Gall. *Moulin à eau.* Charta Bermund. Abbatis S. Tiberii ann. 1257. in Histor. MS. ejusdem loci pag. 37 : *Dedit dicto domino Abbati Molendinum Aquerium quod dicitur Opera.*

* **AQUESTA**, Adeptio, comparatio, emptio, Gall. *Acquest, acquisition.* Charta Erardi de Brena ann. 1221. in Chartul. Campan. Cam. Comput. Paris. : *Postquam essent in saisina et tenetura illius Aquestæ sive acquisitionis, etc.*

* **AQUESTUS**, Eadem notione. Charta ann. 1000. in Append. ad Marcam Hispan. col. 955 : *Ex Aquestibus parentum meorum digne mihi succedentibus dono vel concedo, etc.* Libert. Villæfranchæ in Ruthenis ann. 1369. tom. 5. Ordinat. reg. Franc. pag. 700. art. 9 : *Concedimus eisdem consulibus, ... quod pro Aquestibus suis factis ac etiam pro aliis, usque ad decem annos continuos et proxime sequentes.... financiam aliquam.... facere nullathenus teneantur.* Vide *Acquestus.*

* **AQUE-USUS**, pro *Aquæversus.* Vide supra in hac voce.

AQUI. Tabular. S. Cyrici Nivernensis cap. 65 : *Cum 4. colibertis et progenie illorum, quæ de illis in posterum ventura est, et Aquis.* Infra : *Et terra arabili, et masnilibus et aliis colibertis, quos retinemus vivente uxore mea, et Aquis.*

☞ Lubens legerem *Arquis ;* sunt enim *Archi* Ottoni Morenæ iidem qui Sagittarii seu *Arcatores*, ut dicetur in hac voce : jam vero fuisse *Archos*, qui *Colibertis* inter homines alicujus domini adjungi potuerint, plane conficitur ex *Archeria* 2. quæ species est feudi servientis, ut a Cl. Cangio exponitur, quod qui possidet, arcum habere pro servitio domini, vel *Acheriam* castri illius servare tenetur ; atque etiam ex *Archeria* 3. quæ Dombensibus rustica domus est a colono, qui *Archus* dici potuit, habitata. [** f. per compendium scriptum pro *aquisitionibus.*]

* **AQUIATICUM**, Tributum, quod pro mercibus per aquam transvehendis exigitur. Charta ann. 917 : apud Murator. tom. 3. Antiquit. Ital. med. ævi col. 198 : *Nulla denique magna parvaque publicæ actionis persona.... jam dictam ecclesiam, vel suos homines teloneum, ripaticum, Aquiaticum, vel aliquod, quod publicæ parti pertinere debet, aliquam occasionem dare compellat.* Vide supra *Aquagium* 2. et *Aquaticum.*

¶ **AQUICINCTUM**, et Aquicinum, Monasterium Ord. S.Bened. in Belgio prope Duacum : sic dictm ab aquis quibus cingitur, vulgo *Anchin*, Hinc *Aquicinctenses*, *Acquicinenses, etc..* quæ occurrunt passim in Scriptoribus et Tabulariis Belgicis.

AQUIDUCA *Medicamina, quæ Græci Hydragoga vocaverunt.* Cælius Aurelian. lib. 3. Chronion cap. 8.

AQUIDUCTIUM, *Aquarium*, ὑδραγώγιον, in Gloss. Gr. Lat. MS. Editum habet ὑδραγωγεῖον, *Aquiductium, Aquarium, Aquagium.*

AQUILA, Lectrum, seu Analogium in modum aquilæ alas expansas habentis confectum, in quo libri Ecclesiastici, qui in Ecclesia leguntur, reponuntur : qua quidem aquilæ specie S. Joannes Evangelista designatur. Hugo Flaviniac. in Chronico pag. 165 : *Instrumentum vero illud, quod paratum est receptui textus Evangelii, Joannes Evangelista in similitudine Aquilæ volantis adornat.* Sugerius de Administrat. sua cap. 32 : *Aquilam vero in medio chori ammirantium tactu frequenti deauratam, reaurari fecimus.* Necrologium Ecclesiæ Ambianensis : *Id. Nov. obitus Milonis de Bonavilla et Adæ uxoris ejus, ac liberorum, et eorumdem, pro quorum anniversarii institutione, Jacobus dictorum conjugum filius loco distributionis dedit nobis Aquilam cupream in choro existentem, super quod legitur Evangelium, et fuit Aquilæ pretium sexies 20. librarum.* Gesta Francor. usque ad Robertum MSS. ex Bibl. Loiselliana, ann. 1014 : *Porro multis ipsam sacratissimam ædem honestavit ornamentis : inter quæ Analogium Hispanico metallo fieri fecit fusoria arte compactum, cui imminet Aquila, alis expansis. Aiglier*, vocat Charta vernacula Guillelmi Comitis Hannoniensis ann. 1409. apud Ægid. Waldum in Hist. Lobiensi lib. 9. pag. 441. Vide Durandum lib. Rational. cap. 24. n°. 20.

¶ Aquila, Vexillum in quo Aquila pingebatur. Albertinus Mussatus de Gestis Henrici VII. lib. 9. apud Murat. tom. 10. col. 470 : *Nec minus extemplo Aquilas Auream que Flammam explicans, in Florentiæ fines processit.* Ubi Pignorius : « Aquilas signis « regiis fuisse impressas quis dubitat? fuit « autem biceps et bicorpor, ut ita dicam ; « vel aurea tota, uti gestarunt Imperatores « Orientis, vel atra, uti Cæsares Occiden- « tales. »

* Sed et *Aquilam deauratam* gestasse Cæsares Occidentales, docent Annal. Victor. Mss. ad ann. 1214. ubi de prælio Bovinensi : *Ottho timens recessit de campo, nec postea reversus est : nam equus ejus cito mortuus est in campo, sed alius statim ei redditus est, et statim veloci fuga recessit, dimisso vexillo suo in campo, scilicet Aquila deaurata cum curru.*

* Aquilæ Romuleæ. Translat. SS. Arsacii et Quirini apud Mabill. sæc. 3. Bened. part. 1. pag. 665 :

> Aquilas Romuleas Noricus ensis
> Regit, ac ducit in omnes penetratorius hostes.

[** *Aquilas* pro *legionibus* dixit auctor Bell. Hisp. cap. 30, *Romuleas* positum pro *Romanas.*]

Aquilam in Pavimento Describere. Vide Gloss. med. Græcit. in Ἀετός.

Aquilam Vertere. Ditmarus lib. 3. pag. 29 [** cap. 6.] : *Post hæc autem Imperator omni studio ordinavit expeditionem suam adversus Lotharium Regem Karolingorum, qui in Aquisgrani palatium et sedem regiam, nostrum semper respicientem dominium, valido exercitu præsumpsit invadere, sibique, Versa Aquila, designare. Hæc stat in Orientali parte domus, morisque fuit omnium, hunc locum possidentium, ad sua eam vertere regna.*

Aquilam in Dorso Figurare. Saxo Grammat. lib. 9 : *Interea Sivardus ac Biarnus cum 400. navium classe supervenientes, bellum Regi manifesta provocatione significant : idque statuto tempore executi, comprehensi ipsius Dorsum plaga Aquilam figurante affici jubent, sævissimum hostem atrocissimi alitis signo profligare gaudentes.*

nec vulnus impressisse contenti, laceratam salivere carnem. Ubi Stephanus Stephanius, Saxonis Interpres, eum viguisse morem scribit apud Anglos, Danos aliasque nationes boreales, ut victor ignominia summa debellatum adversarium afflicturus, gladium circa scapulas ad spinam dorsi adigeret; costasque, amplissimo per corporis longitudinem facto vulnere, utrimque a spina separaret, quæ ad latera deductæ alas repræsentarent aquilinas : cjusmodi vero vulnus in Glossario Islandico *Bloderne*, sive *Bladugle*, et *Blodrisil* appellari. In hanc rem Scriptores Islandicos laudat. [** Vide Grimm. Antiq. Jur pag. 691. num. 7.]

* Aquila, Monetæ genus, aquila insignitæ. Stat. Petri abbat. Cassin. tom. 2. Hist. ejusd. monast. pag. 542. col. 1 : *Qui contrarium fecerit, ... solvat qualibet vice Aquilam unam.*

¶ Aquila Galeæ, Contabulatio triremis. Acta S. Francisci de Paula tom. 1. Aprilis pag. 181. A : *In eo Sermone B. P. Franciscus protulit caput e camera et conscendit Aquilam sive contabulationem galeæ, et interrogavit qui essent sermones eorum.*

¶ Aquila *Philosophorum est Mercurius metallorum*, Rocho *le Baillif* in Dictionario Spagyrico.

¶ Aquila, *Spagyricorum est sal armoniacum et aliquando mercurius præcipitatus*, eidem.

¶ Aquilarius Canonicus, Canonicus hebdomadarius sic dictus in quibusdam Ecclesiis, quod ejus nomen in *Aquilæ* rostro appendatur. Jus habere consuevit nominandi seu præsentandi ad beneficia per suam hebdomadam vacantia.

¶ Aquilatus, Decoratus figuris aquilam repræsentantibus. Exempla vide in *Basiliscus* et *Orthoplumus.*

* **AQUILEA**, Herba valens ad oculos, Gall. *Aquilée*, in Glossar. ex Cod. reg. 521.

* **AQUILETA**, diminut. ab Aquila, Gall. *Aiglette.* Inventar. S. Capellæ Paris. ann. 1363. ex Bibl. reg. : *Item quoddam sanctuarium, ... in quo quidem a longo tempore deficiunt duæ Aquiletæ.* Aliud Gallicum : *Il deffaut deux Aiglettes d'argent.*

¶ **AQUILETARIUS**, Qui stylo munit ligamina, Gall. *Aiguilletier.* Locum vide in *Stigula.*

* **AQUILEUS**, *Nigro, e fuscho*, in Glossar. Lat. Ital. Ms. Aliud ex Cod. reg. 7646 : *Aquileum, fuscum vel nigrum.* Vide *Aquilinus.* [** De colore Aquilo vide Forcellin. infra *Aquilinus*, et Festum in voce *Aquilus.*]

AQUILI, *Dæmones, qui in similitudine aquilæ apparent*, apud Papiam et Joan. de Janua. Martianus Capella lib. 2 : *Diis, quos Aquilos dicunt.* [* Glossæ in hunc locum : *Aquili, sunt dæmonum species, qui in forma aquilarum curvo rostro solent apparere.* Vide mox *Aquilus.*] Saxo Grammat. lib. 2. Hist. Dan. : *Silvanis coeunt Aquili.* Et lib. 8 : *Quem Comitibus foris præstolari jussis, ingressus duos eximiæ granditatis Aquilos conspicatur.* [** Arnobius 3. pag. 108 : *Dii Aquili, cæsi, ravi.*]

¶ **AQUILIANA** Stipulatio, *est promissio, quæ novat omnem contractum.* Vocabul. Jur. utriusque. *Per acceptilationem et Aquilianam stipulationem, verbis solemnibus introductum, liberationem fecerunt, et pro mittentes, ipsis Domino Duci et Concilio stipulantibus, etc.* apud Rymerum tom. 5. pag. 570. col. 2. Idem habetur col. seq. Vide *Stipulatio.* [** Bignon. ad Formul. pag. 359. et *Marini, I Papiri Diplomatici* pag. 347. not. 19. Hi de abusu, de recto usu hujus formulæ vide JC.]

¶ **AQUILICES**, seu aquæ libratores, qui aquarum inventos ductus et modos docili libratione ostendunt. Codex Theodos. l. 2. et 3. de excusat. artificum. [** et in dig. fr. 6. tit. 7. lib. 50. Vide Forcell. in voce *Aquilex.*]

¶ **AQUILICIUM.** Festo Pompeio, *Aquælicium* dicitur, *cum aqua pluvialis remediis quibusdam elicitur.* Sacrificium pro impetrandis imbribus Tertulliano Apologet. cap. 40 : *Aquilicia Jovi immolatis, nudipedalia populo denuntiatis, cœlum apud Capitolium quæritis.* [** Vide Forcell.]

AQUILINUS Color. Joannes Diac. de Vita Gregorii Magni lib. 4. cap. 84 : *Mento a confinio maxillarum decibiliter prominente, Colore Aquilino et livido, nondum, sicut postea ei contigit, cardiaco.* Est igitur color *Aquilinus* idem, qui *lividus* nec forte alius ab Aquilo colore, qui Festo *fuscus et subniger est, a quo,* inquit, *Aquila dicta videtur.* Gloss. Lat. Græc. *Aquilum*, μέλαν. Plautus : *Aquilo est corpore, statura Haud magna.* Quod si ab aquila aquilinus color dictus est, fulvus intelligi potest : nam et Claudianus fulvum Jovis armigerum dixit. Le Roman *d'Auberi* MS. :

Forquores point le destrier Aquilant.

Quidam Codd. MSS. Joannis Diaconi habent hoc loco : *Aquilino et vivido.*

☞ Hadrianus Valesius uti refertur in libro cui titulus *Valesiana* putat, et merito quidem, ut nobis videtur, Cangium deceptum fuisse mala interpunctione loci ex Joanne Diac. laudati, sicque censet hunc locum esse restituendum : *Colore aquilino, et* (vel potius *at*) *livido nondum, sicut et postea contigit cardiaco*, hoc est, Gregorius adhuc juvenis et integra valetudine fuscus erat et subniger; (hæc est enim vera notio vocis *Aquilinus*) sed lividus demum evasit, postquam *Cardiacus* factus est, seu stomacho laborare cœpit. Vide notam Benedictinorum in hunc locum Vitæ S. Greg. inter ejusdem opera. [** Vide Forcellin. et Interpretes Festi in voce *Aquilus.*]

¶ **AQUILIO**, κέντρον βοῶν και σκορπίων, *Stimulus, aculeus*, in Supplemento Antiquarii, Gall. *Aiguillon.*

* **AQUILISIMA**, Inculisma, Gall. *Angoulême.* Hericus mon. in Mirac. S. Germ. Autiss. tom. 7. Jul. pag. 257. col. 1 : *Illud sane, quod apud urbem Aquilisimam, sive, ut usus frequentior Egolismam cognominat, etc.*

AQUILIUM, summa pars capitis. Papias MS. Vide *Aqualium.*

¶ **AQUILONALIS**, pro *Aquilonaris*, in Formulari Anglicano pag. 177.

* **AQUILONIOR**, in Act. Gold. Alamani. tom. 2. pag. 49. i. e. magis septemtrionalis.

¶ **AQUILUM**, *Antiqui dicebant fuscum vel nigrum.* Papias MS. Vide *Aquilinus.*

* **AQUILUS**, *Aliquis habens longum nasum;* Gall. *Becu. Inde Aquilini, Demones, habentes nasos longissimos.* Glossar. Lat. Gall. ex Cod. reg. 521. Vide *Aquili.*

AQUIMANILE, [Aquiminale, Aquiminile.] Vide in *Aquamanile.*

AQUIMITI. Vide *Acœmeti.*

AQUIMOLA, Molendinum aquaticum, *Aquaria mola* : nostris, *Moulin à eau.* Gloss. Lat. Græc. ὑδραλέτης, *Aquemolus.* ὑδρομύλη, *Aquamulina.* Sic in MS. unde forte *Molinum*, vox. [Bulla Paschalis PP. I. pro Monast. Farfensi ann. 817. apud Murat. tom. 2. part. 2. col. 371 : *Campos et silvas, prata et aquas, vineta et oliveta, et aquimolas cum universis appendicibus.*] Anastasius Bibl. in Leone IV. pag. 196 : *Aquarum copiam ad populum confortandum, et cæteras utilitates humanas, Aquimolasque molentes pleniter subministrabant.* Idem in S. Hadriano pag. 111 : *Quam videlicet domocultam cum massis, fundis, casalibus, vineis, olivetis, Aquimolis, etc.* Charta Benedicti de Prato Episcopi Portuensis, apud Ughellum in Ital. Sacra : *Aquis perennibus, cum locis ad Aquimolam faciendam.* Adde Petr. Damian. lib. 6. Ep. 21. Habetur passim in Chartis Italicis, cujusmodi molarum aquariarum nulla occurrit apud JC. mentio : unde conjectarunt quidam, recentius esse inventum. Verum Augusti tempestate, vel paulo ante Augustum, *molas aquis actas, Romæ in Tiberi primum factas*, auctor est Pomponius Sabinus ad Virgilii Moretum : idque testatur Antipatri Thessalonicensis Epigramma, quod a Salmasio in Notis ad Lamprid. et Solinum refertur. Agunt etiam de iis Vitruvius lib. 10. cap. 10. Procopius lib. 3. Goth. Senator lib. 3. Var. Ep. 31. l. 10. C. de Aquæductu lib. 11. l. 4. de Canone frumentar. urb. Romæ C. Th. lib. 14. tit. 5.

* **AQUIMOLLIA**, ut *Aquimola*, Molendinumaquaticum. Charta Frider. II. imper. ann. 1221. apud Murator. in Antiq. Estens. pag. 427 : *Hæc autem omnia de certa scientia et plenaria voluntate concedimus, ... cum pratis, silvis, ... aquis, Aquimolliis, salectis, etc.*

* **AQUIMOLUS**, Aquismolus, Eadem notione. Bulla Honorii PP. ann. 1217. apud Ughell. tom. 1. Ital. sacræ edit. ann. 1717. col. 1193 : *Casale in integro, quod vocatur Antisanum, cum Aquimolo suo, et Teruniam cum Aquimolis suis.* Charta ann. 1068. ibid. col. 535 : *Vendidimus.... inclitam portionem nostram de ipso Aquismolo de episcopio S. Gajetanæ ecclesiæ.*

* **AQUINA**, *Quo ad malum antenna constringitur*, in Glossar. Provinc. Lat. ex Cod. reg. 7657. Vide *Anquina* et supra *Apiterion.*

AQUINDAMENTUM, Aquindare. Vide *Acundare.*

* **AQUISTARE**, Acquirere, comparare, emere, Hisp. *Aquistar*, Gall. *Aquérir*, olim *Acquester* et *Aquester.* Placit. ann. 971. inter Probat. tom. 2. Hist. Occit. col 123 : *Ex parte aliqua feminæ, nomine Hermegutis, per aquesta quæ de ipsa Aquistavit, ipse habere vel tenere debet, et proprium habere cupiebat.* Ch. ann. 1338. ex Chartul. 21. Corb. : *Par l'us ou la coustume du pays ou cas ou home ou femme bastars Acquestoient aucuns heritages, etc.* Lit. ann. 1371. tom. 5. Ordinat. reg. Franc. pag. 474 : *Et*

aussi toutes personnes, qui Aquesteront heritages en ladicte ville de Burrey, etc. Unde *Acquesterresse* dicitur mulier, quæ acquirit, in Ch. ann. 1375. ex Reg. 107. Chartoph. reg. ch. 122 : *Et après, ladite femme, qui estoit Acquesterresse, l'a depuis le trespassement dudit Guillaume son mari, pourfiz et tenu sa vie.*

* **AQUISVERSUS**. Vide supra in *Aquæversus.*

¶ **AQUITANICA** Moneta. Vide *Moneta Baronum.*

¶ **AQUITANIGENUS**, pro *Aquitanus*, ut *Francigenus* pro *Francicus*, apud Mabill. Diplom. lib. 2. cap. 23. ex charta ann. 962 : *Sub imperio Clotharii clarissimi regis Francigeni seu Aquitanigeni.*

¶ 1. **AQUITARE**, Rationem accepti et expensi reddere, Gall. *Rendre ses comptes.* Statuta Ordinis Cisterc. ann. 1189. apud Marten. tom. 4. Anecd. col. 1265 : *Qui habuit in quisbuslibet mobilibus penes se repositum unde se testimonio officialium suorum et cognitione patris Abbatis vel Visitatoris Aquitare valeat, et sumtus sibi per annum nec ceteros providere, reus sub pœna de non ædificando nullatenus teneatur.*

¶ 2. **AQUITARE**, Quietum reddere, immunem facere. Interdum Solvere, dimittere. Charta Willelmi Ducis Aquitan. pro Angeriaco inter Instrum. tom. 2. novæ Gall. Christ. col. 470 : *Aquitavi enim ibidem burgum S. Johannis de Esnenda de exercitu et talliata, atque omni mala consuetudine.* Charta ann. 1194. apud Marten. tom. 1. Anecd. col. 658 : *Prædictis fratribus penitus Aquitavit et donavit.* Chartul. S. Crucis Kemperl. : *Aquitaverunt in perpetuum : hanc Aquitationem, etc.* Chartul. S. Vincentii Cenom. fol. 127 : *Illi siquidem plegii post decessum prædicti villani, dixerunt Maheut uxori suæ, quod eos erga Judæos Aquitaret.* Vide *Quietus,*

¶ **AQUITIARE**, Eadem notione in Charta anni 1404. ex Archivo S. Victoris Massil.

AQUIVERGIUM, Aquarum divergium, diverticulum : vox Agrimensorum. Innocentius : *Habet sub se juncina, et foras aquivergia.* Idem : *Sub se cannicias et res palustres habet, et foris Aquivergia.* [** Gœs. pag. 225 et 234.]

* Charta ann. 1336. in Reg. 71. Chartoph. reg. ch. 119 : *Ideoque dictam domum sic superius confrontatam et designatam, cum omnibus introitibus, exitibus, Aquivergiis, stillicidiis.... deinceps habeatis.* Vide *Acqueversium.*

* **AQUOSARIUS**, Emissarium, Gall. *Evier.* Charta ann. 1303. in parvo Chartul. episc. Paris. fol. 165 : *Thomas de Autholio asseruit quod a baillivo episcopi Paris. tenebat, in domo sua in terra et dominio dicti episcopi, ... unum Aquosarium currentem in viaria, ad unum denarium Paris. census.* Vide supra *Aquarium* 2.

¶ **AQUOSITAS**, Aquosum, palustre. Gervasius Tilberiensis in Otiis Imperial. apud Leibnitium tom. 1. Scriptor. Brunsvic. pag. 986 : *In terra Walensium... montes excelsi fundamenta sua in saxis durissimis statuerunt, et in cacumine tanta Aquositate terra crustatur, quod ubi vix pedem fixeris, terram ad jactum lapidis moveri senties.*

* Vocabul. compend. : *Aquositas, abundantia aquæ.*

* **AQUS**, pro Acus, Gall. *Aiguille.* Lit. officialis Senon. ann. 1336. in Reg. 82. Chartoph. reg. ch. 22 : *Item duæ duodenæ diversarum bursarum operum de brodura, sex bursæ de sirico factæ ad Aqum, Gall. à l'esguille.*

¶ 1. **ARA** Dignitatis, in qua nulli licet celebrare, præterquam Sacerdotibus in dignitate constitutis. Hoc privilegio Leo IX. Pontifex Max. donavit majus altare S. Remigii Remensis anno 1049. statuto edito, inquit Mabillonius, Annal. Benedictin. tom. 4. pag. 503 : *Ne quilibet præter Archiepiscopum Remensem et loci Abbatem, ac septem ab eodem Abbate designatos Presbyteros Cardinales, in principe altari sacra faceret etc.* In hujus autem altaris tabula marmorea hæc inscriptio legitur, anteriori ipsius margini eleganti charactere Romano incisa in hæc verba : DE SUMMA HAC DIGNITATIS ARA, FERRO BIPERTITA, SALUTIS MENSA GENTIBUS DIRECTA NORDALBINGORUM IN WELENA. Folco. Adalbero. Quibus lapidem hunc ex Nordalbingia seu Saxonia Transalbina istuc allatum fuisse probatur. [** dimidiam ejus partem Renis Welenam sive Neomonasterium perlatam.]

¶ **ARA** Sacrata, Parvula tabula lapidea consecrata, quæ mensæ altaris non consecratæ superponitur vel inseritur ad sacra facienda. Collect. Concil. Hispan. tom. 4. pag. 762. col. 2 : *Quod quando Sacerdos celebraturus est Missam videat an in altari sit Ara sacrata et adsint tria tobalia linea per Missale præscripta; et si Ara tabulæ inserta sit, an forte tabula sursum et Ara deorsum versa sit, ut ita reperiat, vertat, ad Missam rite faciendam.*

¶ 2. **ARA** pro *Hara*, Gall. *Etable à cochons.* In veteri Glossario MS. Monasterii S. Andreæ Avinionensis : *Ara Dei et Ara suis, id est, Naut porcorum.* [** Versus memorial. in Vocabul. utriusque Juris :

Est Ara porcorum brevis et non ara deorum.]

* Charta fundat. prioratus de Monte-Guid. ann. 1098. inter Probat. Hist. Sabol. pag. 310 : *Et si non possint* (porci) *attingere ad suam Aram, faciant in foresta banita, si voluerint.* Alia ann. 1354. in Reg. 82. Chartoph. reg. ch. 195 : *Cum quadam camerula seu Ara porcorum a parte retro seu posteriori dictæ domus.* Gesta quarumdam Soror. Ord. Prædicat. ex Cod. reg. 5642. fol. 9. v° : *Deinde jubet eam retrudi in Aram porcorum, ut post cruciatus tantos in fetore porcorum pernoctaret.*

* 3. **ARA**, *Sepulchrum, rogus*, in vet. Glossar. ex Cod. reg. 7641. [** Gloss. cod. reg. 7644 : *Aram sepulchri, pyram. Virg.* Vide Servium ad Virgil. Æneid. lib. 6. vers. 177.]

ARABAM. Papias : *Arabam interpretatur insidiæ.* Ita MS. Codex sed Editus habet *Araba* : vox forte Longobardica. [Hebraica a radice ארב Insidiari.] [** Idem glossema in cod. reg. 7644. ut ex Origene. Ibidem aliud : *Arabes, humiles vel campestres.*]

* **ARABARCHUS**. Vocabul. Biblicum ex Bibl. reg. ad vocem *Ephot* : *Arabarchus dicitur ab ara et archos, quod est princeps, quasi princeps aræ.* Sic principem sacerdotum vocabant.

ARABICI, *Hæretici dicti ab Arabia, in qua sunt orti, dicentes, animam et corpus simul mori, simul resurgere.* Papias. [** Ex Isidor. Origin. lib. 8. cap. 5. set. 59.] De Arabum circa animarum originem, mortalitatem, immortalitatem, transmigrationem, etc. consulendus omnino Abrahamus Echellensis in Historia Arabum cap. 12. 13. 14. 15. etc.

1. **ARABILIS**. Breviloq. *Arabilis dicitur quod est aptum et bonum ad arandum, ut terra est Arabilis.* Charta ann. 964. ex Tabulario S. Petri Treverensis : *Ego Sigefridus Comes.., dedi ad altare S. Petri... lineam in eadem Marcha, in Comitatu Bedensi Arabilem unum, et inter terram Arabilem et prata jugera 73. et quicquid ad eundem arabilem pertinere dignoscatur. Arabilis terræ jugera* 106. in Traditione Fuldens. lib. 1. trad. 92. [Sed et apud Plinium *Campus Arabilis* legitur.]

* 2. **ARABILIS**, Qui agriculturæ inservit, nostris etiam *Arable*, eadem acceptione, quod de bobus præcipue dicitur. Charta Henrici episc. Claromont. ann. 1392. in Reg. 153. Chartoph. reg. ch. 169 : *Dicebamus dictos habitantes dictæ villæ* (Laudozi) *habentes boves Arabiles, nobis teneri bis in anno facere currum, sive appellatum lo charres.* Reg. parlam. Tolos. ex Cod. reg. 9879. 6. ad ann. 1458. 10. Jun. : *La cour condamne ledict André Mathieu à rendre et paier doresnavant audict abbé de la Chaize-Dieu, acause du prieuré dudict lieu de Boschet S. Nicolas, tant que ledict André sera habitant, et fera feu et lieu audict lieu et tendra deux bœufs ou plusieurs Arables, trois boverées ou corvées de bœufs chacun an.* Vide infra *Aratareus.*

¶ **ARABLA**, Arbores teneræ, quas vulgo vocamus, *Bois Blanc*, quales sunt salices, ulmi, tiliæ, etc. Chartul. SS. Trinit. Cadomensis fol. 49 : *Omnes operarii Aveningiæ pro mortuo bosco et pro spina et pro Arabla in Haselhot, quilibet denarium unum, etc.* Gall. *Erable* eadem arbor est quæ Latinis *Acer* : qua notione vox *Arabla* in laudato loco non videtur accipienda.

* **ARABLIUS**, Acer. Gall. *Erable*, olim *Arable.* Charta Thomæ comit. Pertic. ann. 1217. in Reg. forest. comit. Alencon. Pertic. ex Cam. Comput. Paris. fol. 50. r° : *Confirmamus quod prior et monachi* (de Bellismo) *in prædicta foresta nostra percipiant pacifice et quiete quercum et fagum sitas, stantes, ... alnam et Arablium.* Charta Phil. V. reg. Franc. ann. 1319. ex Reg. 56. Chartoph. reg. ch. 603 : *Nomine bosci mortui accipiuntur salices, marsulices, tremble, Arable, charme, tilium, bolum et alnæ.* Unde efficitur vocem *Arabla* supra non aliter esse intelligendam.

* **ARABODICTA**, *quasi Arrabona*, in vet. Glossar. ex Cod. reg. 7613. [** leg. ex cod. reg. 7644 : *Arrabo, dicta quasi arra bona, etc.* Vide Isidori Origines lib. 9. cap. 7. sect. 5.]

* **ARACARE**, Fodere interpretatur D. Calmetus : at cum ex sequentibus illud ad fenum spectare videatur, pro Secare, colligere, siccare, accipiendum existimo. Charta ann. 1121. inter Probat. tom. 2. Hist. Lothar. col. 267 : *Libera etiam familia*

ecclesiæ tres dies singulis annis debet Aracare, fenumque ad horreum ducere.

ARACHILD, [Obsequium militare Principi debitum.] Vide *Heereschild*.

* **ARACIA**. Vide infra *Aratia*.

ARACIUM, [Grex equorum, Gallice *Haras*.] Vide *Haracium*.

¶ **ARACIUNCULÆ**, *Fossæ parvæ ad instar sulci aratri*. Papias MS. Ecclesiæ Bituricensis. Ciceroni *Aratiuncula* est arabilis terræ portio minima. Vide *Aratiuncula*.

ARADA, Aratio. Jacobus I. Rex Aragon. in Foris Oscæ ann. 1247 : *Debet etiam habere duas bestias de Arada cum suis apparatibus, si faciat laborare*. Id est, *aratorias*.

* **ARADATORIUS**, Ad arationem seu agriculturam pertinens. Libert. Lausertæ ann. 1370. tom. 6. Ordinat. reg. Franc. pag. 402. art. 15 : *Unusquisque ipsorum possit acuere seu acui facere ferra sua Aradatoria, nuncupata vulgaliter relhas.*

¶ **ARADIA**, *Gemma ex patria dicta. Eburnea est*. Papias MS. Bituric. [** Ita etiam in gloss. 7644. sed leg. *Arabica* ex Isidor. Origin. lib. 16. cap. 15. sect. 14. Alius est Arabicus lapis, de quo idem Gloss. reg. : *Arabicus lapis similis est ebori, sine ulla macula. Hic defricatus ad cutem succum dimittit croco similem*, ex ejusdem Isidori Originib. lib. 16. cap. 4. sect. 11.]

ARADRADIT. Vide *Aratraib*.

¶ **ARADRIA**, Aradria, Vide in *Aratoria*.

¶ **ARAGADIA**, Supellex militaris. Vide *Haritraida*.

ARAGAICUS, Morbi equini species : *Cum in equi ventre fiunt torsiones, et intestina rugitum faciunt, et indigesta et liquida emittit stercora, etc.* apud Petrum de Crescentiis lib. Agricult. cap. 22. ubi vetus Interpres Gallicus habet *Argaratus*.

* **ARAGIUM**, Ager aratorius, simul et tributum, quod ex agris aratoriis penditur; idem quod *Agrarium*, vulgo *Terrage*, *champart*, olim *Arage* et *Araige*. Charta Joan. Trevir. archiep. ann. 1210 : *Molendinum etiam de Sauz et Aragia, quæ idem Herardus habebat in Maunege*. Ubi Chart. Frider. II. hujusce confirmatoria habet *Araria*. Charta Renaudi episc. Tull. ann. 1211 : *Quicquid possident apud Maunage in servis et ancillis, terris, pratis atque silvis, et Aragia, quæ dictus dominus de Sorceio, Gerardus nomine, habebat ibidem*. Chartul. colleg. S. Gengulfi Tull. ad ann. 1257 : *Ego Symon, dictus de Chamblez, quicquid habeo et possideo in villa et banno de Manil juxta Andeliers in Aragiis, censibus, annuis redditibus.... ecclesiæ gloriosissimi martyris Gengulphi Tullensis do*. Charta Ancelli dom. de Joinvilla ann. 1324. in Reg. 62. Chartoph. reg. ch. 249 : *Derechief uns Arages seans en ban et ou finage de ladite ville, que on appelle les Arages saint Estienne*. Lit. ann. 1357. tom. 6. Ordinat. reg. Franc. pag. 631. art. 3 : *Devront et paieront lesdiz habitans audit seigneur autant d'Araige comme de denré, de toutes labours de charrues qu'il feront ès bans et finage de Boullaumont et de Frebecourt*. Vide notam ibi et *Arativum*.

ARAHUM. Lex Ripuar. tit. 10. § 1 : *Ad placitum veniens cum 3. testibus in Araho conjuret*. Tit. 32. § 3 : *Cum 7. Rachimburgiis in Araho conjurare debet*. Tit. 33. § 2 : *Sibi septimus in Araho conjuret*. Tit. 41. § 1 : *Si quis ingenuus ingenuum ligaverit, et ejus culpam cum 6. testibus in Araho non approbaverit*. Adde tit. 77. Basileensis Editio Legum Ripuar. ann. 1530. passim legit cum aspiratione *haraum*, quam vocem pro loco consecrato, vel honorato, a Saxonico ar, vel are, id est, honor, pietas, deductam putat Spelmannus : ut sit *in araho conjurare*, *approbare*, in Ecclesia et loco sacrato sacramentum præstare. Nam *omne sacramentum in Ecclesia et super reliquias jurabatur*, ut est in Capit. Caroli M. lib. 6. cap. 209. [** 214. ex Capit. quæ in lege Ribuaria mittenda sunt ann. 803. cap. 12. Vide etiam tit. 67. leg. Rib. cap. 5.] At Guillimannus lib. 1. de Reb. Helvet. pag. 80. ait, vocem hanc a Germanico, *arnrechten*, deduci, sonareque, *coram judicum consilio*. [** Schiltero *Arhaham* significat locum quempiam editiorem, et in specie altare, a Germ. voce *erhœhen*. ADEL.]

☞ Eccardus [** ad tit. 30. cap. 2.] Basilicam intelligit : 1°. Quia notum est, inquit, Sacramentum apud Francos Christianos, quales Ripuarios fuisse satis apparet, in Ecclesia et super Reliquias juratum fuisse. 2°. Quia Basilica, Ecclesia, fanum imo omnis locus publicus, ubi jus sub auctoritate Principis exercebatur, *Haruc* olim vocabatur, quod Latinizantes, omni dubio procul, in *Haraum* mutavere *h.* nempe pro *c* vel *ch* posito. Hæc Vir Cl. [** Vide Grimm. Antiq. Jur. pag. 794. et 903, 3. ejusdem Grammat. vol. 2. pag. 297. et Roggium de Judic. German. pag. 175. not. 225.]

¶ **ARAIARE**, Instruere, Gall. *Equiper*. Item Ordinare, disponere suo quoque loco; Milites ad pugnam componere, Gall. *Mettre en ordre, Ranger en bataille*, olim *Arroyer, arrayer, mettre en arroy*. Hispani etiamnum dicunt *Arear la casa*, suppellectilem domesticam suo loco apte disponere. Charta ann. 1322. apud Rymer tom. 3. pag. 961 : *Vobis mandamus ut... congregari et Araiari facias ad resistendum dictis inimicis nostris, quanto potentius et robustius poteritis.*

* *Araisnier*, nostris olim, eadem notione. Le Roman *de Robert le Diable* Ms. :

> Quant l'emperere ot desrainié
> Le camp, u furent Araisnie
> Li Sarasin, si laidement, etc.

Ubi *Desrainier*, pro Hostes dispergere, dissipare, Gall. *Mettre en désordre*. Vide *Arraiare*.

¶ **ARAINAMENTUM**, Actio qua quis se coram judice rem quampiam facturum promittit, v. g. juraturum, testes adducturum et his similia. Apud Practicos *Arrement* ab arrhis quæ dabantur in promissionis cautionem. Charta ann. 1385. apud Rymer. tom. 7. pag. 463. col. 2 : *Non obstante aliquo Arainamento, processu, vel judicio contra ipsum Comitem etc.* Vide *Adhramire*.

* **ARAINUM**, *Æs*, a Gall. *Airain*. Stat. Avellæ ann. 1496. cap. 156. ex Cod. reg. 4624 : *Si aliquis faber, vel payrolerius seu aciererius.... haberet in fusina sua aliquod ferrum, Arainum vel cuprum ad coquendum seu maserendum et collendum, etc.* Hinc *Araine* dicta tuba, buccina, Gall. *Trompette*, quia ex ære conficitur. Philippus *Mouskes* in vita Phil. Aug. :

> Les Araines fit haut sonner.

Rursum :

> Moult sonnerent bien les Araines.

Guillelmus Guiart. ad ann. 1214 :

> Cors, anacaires et Araines,
> Dont tous poigneis se renvoise,
> Font deçà et delà tel noise,
> Que toute la contrée estonnent.

* *Arene*, in Chron. S. Dion. tom. 3. Collect. Hist. Franc. pag. 311. Haud scio an huc spectet vox *Araingier*, ita ut sit opifex in *Araino* seu ære, in Charta ann. 1310. ex Chartul. Pontiniac. pag. 229 : *Ce fu fait presenz Jaquin le coyfier, ... Jehannin le fil à l'usurier boichier, Gilet Araingier, etc.*

* **ARAJOINTES**, Nundinarum, quæ apud Castrum Caninum habebantur, nomen. Lit. remiss. ann. 1425. in Reg. 173. Chartoph. reg. ch. 182 : *Comme icellui Arnault feust alé à une foire, nommée la foire de Arajointes, seant à Chasteau Chinon, etc.*

* **ARAIRIGA**, Agriculturæ instrumenta, vulgo *Araires*. Leudæ minut. Carcass. Mss. : *Item de saumata Arairigorum, 1. den.* Vide infra *Arar*.

** **ARAL**. Charta Lusit. ann. 1116 : *Unum medium de uno Aral, cum sua casa et cum vinea et cum sua aqua.*

* **ARALDUS**, pro *Haraldus* vel *Heraldus*, Fetialis, Gall. *Héraut*, Gesta Franc. I. Sfortiæ lib. 24. ad ann. 1458. apud Murator. tom. 21. Script. Ital. col. 652 : *Ea re permissa, bellum rex per caduceatorem, quem Galli Araldum dicunt, Venetis indixit.*

ARALIA, Arale, Aralis. Domesdei tit. de Essexia : *Silva 20. porc. 10. acr. prati, 2. runcal. 4. Aralia, 23. porc. 50. oves, 24. capones, 2. vasa apis*. Ubi *Aralia* videntur esse agri ad arationem idonei, cui opponuntur *runcalia*, id est, agri sentibus obsiti. [Charta anni 926. apud Martenium tom. 1. Ampliss. Collect. col. 281 : *De parte Franconis et Humberti mansos V. et jugera IIII. in villa quæ dicitur Brola, et arale unum in villa quæ dicitur Cardonis, cum suis appendiciis*. Et col. 282. B : *Dederunt itaque præsati viri... mansos quinque et insuper IIII. jugera... et Arales III. cum eorum appendiciis.*] Vide *Araturia terra* et *Aral*.

* *Araules*, nostris olim, eadem acceptione. Charta ann. 1317. ex Chartul. 21. Corb. : *Avons vendu.... toute la terre, que nous aviemes et poiesmes avoir à Belle, ... soit en cens, en rentes, en terres Araules.*

* **ARALITIUS** Dominus, Cui *aragium* seu agrarium pertinet, Gall. *Seigneur terragier*. Charta ann. 1033. inter Probat. tom. 1. Hist. Lothar. col. 545 : *Si quis autem de familia hac, vel advena in banno sanctæ Crucis hæreditatum mortuus fuerit, si equum, vel bovem, vel quidquid melius in mobilibus reliquerit, indigena capitali, et advena Aralitio terræ domino dare debebit; quod in Nidensi pago et in toto ducatu Lotharingiæ servatur usque hodie.*

* **ARALOGIUM**, ex vitiosa dictione, pro Horologium. Invent. ann. 1218. inter Probat. tom. 1. Hist. Nem. pag. 67. col. 1 : *Item in armario Aralogii inveni novem coopertoria serica*. Vide infra *Arrelogium*.

* **ARAMEN**, Æs, Gall. *Airain*. Charta ex Archiv. Cassin. inter schedas D. de Mon-

tefalc. : *Quatuor concas de Aramen.* Vide infra *Aramum.*

* **ARAMENTUM**, ut mox *Araminum*, in Glossar. Lat. Ital. MS. : *Aramentum*, *Lo vaso de ramo.*

* **ARAMINUM**, Araminus, ab Ital. *Ramino*, Vas ex ære, quod *Rame* dicunt, Gall. *Airain.* Invent. ann. 1389. tom. 3. Cod. Ital. diplom. col. 366 : *Araminum unum argenti album.* Col. 368 : *Araminus unus argenti albi, cum una vipera et aliis signis.* Vide mox *Aramum.*

* **ARAMIRE.** Vide supra *Adramire.*

** **ARAMIUM.** Hispan. Sacra tom. 35. fol. 173 : *Cum Aramio de uno jugo de bobes.*

* **ARAMUM**, ab Ital. *Rame*, Æs. Stat. Montis-reg. pag. 268 : *Teneantur dicti cauderarii vendere suum Aramum separatum ab Aramo, et pesare divisum.* Stat. Vercell. lib. 4. pag. 57. r° : *Et pro qualibet mensura de ferro vel Aramo, etc.* Stat. Saluciar. collat. 4. cap. 120 : *Teneantur dicti revenditores garnire omnes mensuras eorum ferro vel Aramo.* Vide supra *Aramen.*

¶ **ARANCANES**, Vide *Arrancanes.*

* **ARANCARE**, Eradicare, evellere, Hispan. *Arrancar*, Gall. *Arracher.* Stat. civit. Astæ collat. 11. cap. 83 : *Si aliquis de Ast vel de posse Asten. terminum Arancaverit vel Arancari fecerit, . . . amittat pro pœna libras centum. Aracemant* dixerunt nostri, pro ipsa actione eradicandi. Vita J. C. MS :

Pour chou fist Diex l'arbre esragier.
Mil ans après l'Aracemant, etc.

Vide infra *Arrancare.*

¶ **ARANCIUM**, Pomum aureum, idem quod mox *Arangia.* Vita B. Columbæ Reatinæ Maii tom. 5. pag. 382 : *In ardore diræ febris aliquando succasset frustulum acris Arancii, vel aliqua grana cerasonis; sed Sacramento altaris Christi virgo refecta prorsus confortabatur.*

* **ARANCIUS**, Aurancium, malus aurancia, Gall. *Oranger.* Stat. crimin. Riper cap. 150. fol. 22. r° : *Si quis evulserit aliquam arborem, videlicet citrones, Arancios, etc.*

* **ARANCUM**, f. pro *Haracium*, Stabulum porcorum. Vide supra *Ara*, 2. Charta ann. 1382. tom. 3. Cod. Ital. diplom. col. 1567 : *Cum domo solariata uno solario, et soloriolis cum claustro, puteo, Arancis, horto, pergula, etc.*

* **ARANDATUM**, Charta seu instrumentum locationis, seu dationis ad censum. Charta ann. 1. Valentin. imper. in Hist. Lugd. pag. 21. col. 1 : *Ut præfati sumus vobis cedimus, præter quod in Arandato ad præsens servamus nobis.* Vide *Arrendamentum.*

1. **ARANEA**, Retis subtilioris species, qua capiuntur aviculæ : describitur a Petro de Crescentiis lib. 10. de Agricult. cap. 23.

¶ 2. **ARANEA**, Fibulæ species, forte sic dicta quod in modum retis subtilioris sit efformata. [* Clathri potius, cujus forma ad reticulum propius accedit.] Acta S. Germani Episc. tom. 7. Maii pag. 549 : *In uno brachio argenteo cum bordura, infra concavum clausum sive firmatum Aranea argentea, fuit repertus sacculus quidam.*

¶ **ARANGA**, apud Spelmannum pro *Arenga* : quod vide.

ARANGIA, Ital. *Arancio*, Kiliano *Aranjeappel*, Gall. *Orange*, malum citrinum, quod Scholiastæ Nicandri νεράντζιον. Myrepso, νεράντζια, arbor, quæ mala fert aurea. Matth. Silvaticus : *Pomum Arantiæ, id est, citrangulum, vel citromelum.* Hugo Falcandus : *Videas ibi et lumias acetositate sua condiendis cibis idoneas, et Arangias acetoso nihilominus humore plenas interius, quæ magis pulcritudine sua visum oblectant, quam ad illud utiles videantur.* [Computus ann. 1333. et seqq. in Hist. Dalphin. tom. 2. pag. 276 : *Apud Scaulum in primo jardeno ubi Dominus accepit fructus Arangiarum et limum cellorum, pro ipsis fructibus et uno pannario taren.* 1.] Vide Salmasium ad Solinum pag. 955. [et *Acripomum.*]

¶ 1. **ARANGIUM**, Aurea malus, Gall. *Oranger.* Computus ann. 1333. et seqq. in Hist. Dalphin. tom. 2. pag. 279 : *Item pro arboribus viginti de plantis Arangiorum ad plantandum... taren.* 10.

* 2. **ARANGIUM**, f. Stabulum porcorum. Inquisit. ann. 1371. in Access. ad Hist. Cassin. part. 1. pag. 433. col. 2 : *Item ferragnale unum cum Arangiis, et cum ædificio verlasciorum juxta mœnia terræ.* Vide supra *Arancum.*

ARANSCARTI. Lex. Bajuvar. tit. 12. cap. 8 : *Si quis messes alterius initiaverit maleficis artibus, quod Aranscarti dicunt.* Ubi Lindenbrogius : *Aran* spica est frumenti, sive arista, et *cart*, læsio, sive fissura, unde et *lidiscarti, orscrati, etc.* de quibus suis locis. Est igitur *Aranscrati*, maleficium sortilegorum, quo aristas sive spicas inanes ac vacuas faciunt; non vero *auris abscissio*, uti vult Vossius. [** Vide Grimm. Mythol. German. pag. 268.]

* **ARANTEA**, *Bambis*, in vet. Glossar. ex Cod. reg. 7641. [** Gloss. cod. reg. 7644 : *Bombix, aranea.*]

ARANTINUS Paropsis. Cyprianus lib. 1. Vita S. Cæsarii Arelat n. 17 : *Custodiens illud, quod Dominus* [*fecit cum*] *in Arantino Paropside tinxit panem, non in argenteo vase.* [*Et discipulis præcepit non possidere aurum neque argentum.* Derivatum videtur ab ἀραιός, inquit Mabillonius in Actis SS. Ord..S. Benedicti sæculo 1. pag. 664. quod rem fragilem significat, quale est vas figulinum vel vitreum.]

* **ARANUNCULÆ**, in Glossar. ex Cod. reg. 7613. pro *Araciunculæ.* Vide in hac voce.

* **ARANZADA**, vox Hispanica, Jugerum, Academ. Hispan. Tantum terræ, quantum par mulorum uno die arare potest. Charta de eccl. S. Vincent. in Hisp. ex Chartul. Cluniac. : *Colemus etiam vineas, quæ jacent incultæ, videlicet lxx. Aranzadas.* Vide infra *Arenzada.*

* **ARAO**, Arrao, Idem quod *Mixtura*, miscellum frumentum, nostris *Bled meteil.* Vide *Mixtum* 2. Quo etiam sensu accipienda infra vox *Arro.* Charta Guillel.de Levias ann. 1215. inter Probat. tom. 3. Hist. Occit. col. 249 : *Dono et concedo.... tibi Raymundo Segerio abbati domus Bolbonæ... tres modios de blati, in uno quoque anno in messibus, scilicet duos modios de Araone, et unum modium frumenti.* Alia ann. 1314. in Reg. 50. Chartoph. reg. ch. 74 : *Item duos sextarios, sex punherias Arraonis, partionibus computatis, valet pro sextario sex solidos.... sex punherias Araonis et decem solidos.* Admortizatio pro eccl. Narbon. ann. 1406. in Reg. 161. chap. 137 : *Item partiones seu taschas Arraonis seu mixturæ.* Vide infra *Rao.*

1. **ARAP**, Raptus. [Gall. *Rapt, Larcin*,] Assisiæ Hierosolym. MSS. cap. 97 : *Qui veaut appeller homme d'Arap, ou de brisure de chemin, ou de force quelle qu'elle soit, etc.* Cap. 98 : *Et se feme qui ait Baron, veaut faire apeau du murtre, ou d'omecide, ou d'Arap, ou de brisure de chemin, etc.*

* 2. **ARAP**, pis, *Lo ancino de ferro*, in Glossar. Lat. Ital. MS.

ARAPAGARE, *Effodere, vel sculpere ab area, et ponitur simpliciter pro effodere, et componitur ab area, et pagus, quod est villa. Arapagatus, ab area effosus.* Unde Plautus in Aulularia : *Aurum mihi intus Arapagatum est.* (Editio habet *harpagatum*) Ita Joannes de Janua, cui ut assensum in omnibus det Lector, haud velim. Vide *Harpagare.*

ARAPENNIS, Arepennis, Aripennis, Aripennus, Arpennis, Arpentum, Agripennus, etc. Voces unius ejusdemque significationis, quarum quædam veteribus Scriptoribus etiam notæ; mensura, qua finitores et agrimensores agros metiuntur, quam cum *jugero* vel *jurnali*, vulgo confundimus. [** Vide Forcellin. in voce *Arepennis* et Burmannum ad Antholog. latin. vol. 2. pag. 659.]

Arapennis. Vetus auctor de Limitibus agrorum pag. 311 : *Arapennis, quem semijugerum dicunt, id est, quod et Actus major, habens undique versum pedes* 210. *perticas vero* 12. Alius pag. 297 : *Actus quadratus undique finitur pedibus* 120. *hunc Betici Arapennem dicunt, etc.*

Arepennis, apud Columellam lib. 5. cap. 1.

Aripennis. Glossa MS. ad Caii Institut. in Cod. Bibl. Regiæ. 1197 : *Jugerum in longitudine pedes* 240. *in latitudine* 220. *Aripennis est semijugerum in longitudine pedum* 120. *in latitudine* 170. *duo Aripennes jugerum faciunt, qui est centuria.* Occurrit apud Festum et in Notis Tyronis : præterea apud Gregor. Turonens. lib. 1. Hist. cap. 6. in Legib. Wisigoth. lib. 8. tit. 4. § 25. lib. 10. tit. 10. § 14. et apud alios, a nobis mox laudandos.

Aripennus, apud Joannem VIII. PP. Ep. 122.

Aripendium Vineæ, in Tabulario Conchensi in Ruthenis ch. 159. 161. et alibi non semel.

* Aripendus. Testam. Hugon. episc. Tolos. ann. circ. 960. inter Probat. tom. 2. Hist. Occit. col. 106 : *Ipse casalis... remaneat Bernardo filio Grimaldi, exceptos illos quatuor Aripendos, quos tenet Bernardus dispensator.*

Arpennis, in Decretione Chlotarii Reg. § 13. et apud Reginon. in Chronic. pag. 19.

Agripennus. Tabularium Vindocinense Thuani ch. 20 : *Notum, etc. domnum Germundum fratrem nostrum* 30. *Agripennos emisse, etc.* Ch. 66. *Dat similiter alios duos Agripennos vinearum.* Chart. 55. *Habebat vineæ Agripennum unum alodialiter immunem.* Adde Chartam 343. Charta Gaufredi Comitis Mauritaniæ in Biblioth. Clun. pag. 542 : *Vicum Ecclesiæ etiam supramemoratæ adjacentem cum decem prati Agripennis.* Adde pag. 545.

AGRIPENNA. Ordericus Vitalis lib. 5 : *Et duas vinearum Agripennas.... dedit.* Adde pag. 587. 777.

AGRIPENNIS, apud eumdem Ordericum Vital. lib. 5. pag. 591.

AGRIPENNII AGRI apud Papiam, *illi dicuntur, qui non in toto quadrati, sed in longo sunt.*

AGRIPENNALES et AGRIPEDALES PERTICÆ. in Chr. Besuensi, pag. 525. quæ alibi *Arpennales* dicuntur. Charta ann. 877. in Tabulario. S. Benigni apud Perardum pag. 155 : *De alio vero fronte strada publica pergit, et habet in longum perticas Agripedales* 36. *et per transversum perticam unam, etc.* Adde pag. 156, 159. Vide *Pertica.*

ARPENTUM. Lex Bajuv. tit. 1. cap. 14. § 2 : *Pratum Arpento uno claudere, etc.* Charta Caroli Crassi Imp. tom. 7. Spicilegii Acheriani pag. 185 : *Colonicam unam... cum sex Arpentis ex vinea.*

* Charta ann. 1255. ex Tabul. commendariæ Trecens. : *Duo mille et* 500. *arpenta nemoris.... mensurata ad Arpenta Trecensia, quæ continent sex percas de grosso et triginta de longo. Arpentum regale,* in Ch. ann. 1317. ex Reg. 53. Chartoph. reg. ch. 311.

Non una autem eademque est aripennis in Gallia nostra mensura : nam *Arpennis Parisiensis* constat 100. perticis, pertica vero 22. pedibus, quæ in quadratum redactæ, dant 220. pedes, hoc est, 10. perticas pro latere jugeri quadrati, quod 48,400. pedibus quadratis constat : quapropter nostrum arpentum Romano jugero majus est, quod pedes 28,800. complectebatur. [Pertica Parisiensis 18. pedibus solum constat. Mirum hac in re deceptum fuisse virum prudentissimum.]

Arpennis Nivernensis constat 4. *quarteriis*, seu quartis, quarteriæ 10. *tesis*, (toises) tesæ 6. pedibus, pes 12. pollicibus. Consuet. Nivernens. cap. 37. art. 23.

Arpennis Perticensis constat 100. perticis, pertica 24. pedibus, pes 13. pollicibus. Consuet. Pertic. art. 39.

ARPENNIS DUNENSIS constat 100. perticis, pertica 20. pedibus. Consuet. Dunens. art. 51.

ARPENNIS DE MARCHESNOIR, 100. chordis, chorda 22. pedibus. Ibid.

ARPENNIS PICTAVENSIS continet 80. passus in latera singula. Consuet. Pictav. art. 197.

ARPENNIS COMITATUS MARCHIÆ, idem continet quod *sexterata.* Consuet. March. art. 426.

ARPENNIS MORTARGENSIS, continet 100. chordas, chorda 20. pedes, pes 12. pollices. Consuet. Montarg. cap. 22. art. 22.

ARPENNIS CLAROMONTENSIS in Bellovacis constat 100. virgis, virga 26. pedibus. In quibusdam locis constat tantum 72. virgis. Consuet. Claromont. art. 241.

ARPENNIS, seu Jornale apud Armoricos constat 20. chordis in longitudinem, et 4. in latitudinem extensis, chorda vero 24. pedibus regiis. Consuet Brit. art. 263.

ARPENNIS silvæ, in Ducatu Burgundiæ, constat 440. perticis; Jurnale terræ, vineæ aut prati 360. perticis.

* ARPENNIS PAMPILONENSIS. Charta ann. 1341. in Reg. 74. Chartoph. reg. ch. 643 : *Item quod dicta arpenta perticentur ad mensuram, ad quam dicta villa de Pampilona fuit in fundatione dictæ villæ perticata; quæ pertica continet decem palmos ad mensuram Ruthenensem, et arpentum continet xxxij perticas in latitudine et in longitudine lxiiij.*

ARPENNIS interdum pro territorii finibus, districtu, seu banleuca sumitur. Tabular. S. Germani Paris. : *Vicarii de Pirodio infra Arpennos villæ nullam habent viariam, neque aliquid ibi accipiunt, etc.* Occurrit ibi pluries.

Recte porro observat Spelmannus, posterioribus sæculis vocem *Aripennis* non alias fore usitatam reperiri, quam in vinearum aut pratorum mensurationibus, quod quidem verum esse firmabunt loci aliquot ex Scriptoribus et Chartis desumpti, quos hic describere operæ pretium videtur. Testamentum S. Cæsarii Arelatensis Episcopi : *Plus minus centum Aripennes vineæ, et trecentorum modiorum campos reservavimus.* Infra : *De vetere vinea vix* 30. *Aripennes contulimus.* Gregor. Turon. lib. 5. Hist. cap. 29 : *Statutum enim fuerat, ut possessor de propria terra unam amphoram vini per Aripenne redderet.* Hariulfus lib. 3. cap. 7. pag. 495 : *De terra setici sex, et de vinea Aripennes octo.* Charta Caroli Crassi mox laudata : *Colonicam unam.... cum sex Arpentis ex vinea.* Ita etiam passim in Domesdei, quem laudat idem Spelmannus, in Tabulario Vindocinensi, uti constat ex Chartis, quas descripsimus, in Charta Odonis Regis apud Beslium in Ducibus Aquit. pag. 210. et Rangenfredi Episcopi Carnotens. apud Duchesnium in Histor. Monmorenc. pag. 6. Adde Probat. Hist. Castrovil. pag. 5.

Jam vero de vocis etymo, vetus auctor de Limitibus pag. 297. *Arapennem* ab arando dictum scribit, a quo hauserunt Isidorus lib. 15. Origin. cap. 15. Papias, Ugutio et alii.

Columella lib. 5. cap. 1. vocem Gallicam esse ait, Josephus Scaliger, et Salmasius ad Solinum volunt *Aripennem* dictum quasi *arvipendem*, quia *arvipendio*, id est, funiculo, agros olim metiebantur. Gloss. Lat. Græc. *Arvipendium*, σχοῖνος γεωμετρικός. Nec obstat, inquit Salmasius, quod verbum, *pendere*, de ponderibus tantum accipiatur, cum et certum agri modum *libram* dixerint etiam veteres, ut auctor est Hygenus. Charta Gosleni Episcopi Carnotensis anni 1155. in Tabulario N. D. de Josaphat : *Arvipennum ad hortum faciendum.*

* ARAR vel ARARE, Aratrum, Gall. *Charrue*, olim et maxime Occitanis, *Araire, Arere*, et *Areyre;* quibus est pertica absque rotis, octo circiter pedum longa, habens in quadrum semipedem ; ad cujus anteriorem partem junguntur animalia aratoria, ad alteram vero instrumenta arationi necessaria alligantur; Hispan. *Arado.* Consuet. Dumbenses MSS. ann. 1325. art. 25 : *Nullus homo dictorum nobilium non potest nec debet pignorare, alium hominem de bobus ligatis, nec de ligone neque de triente, nec de Arare, curru, etc.* Lit. remiss. ann. 1443. in Reg. 176. Chartoph. reg. ch. 282 : *Icellui Dupont tenant en sa main une petite cognié, dont il appareilloit son Araire.* Aliæ ann. 1458. in Reg. 187. ch. 315 : *Jehan le Moine geta à icellui Laurens laditte estoyne de charrue ou Araire, etc. Une piece de bois de l'Areyre, icelle piece de bois nommée estenc,* in aliis ann. 1469. ex Reg. 196. ch. 93. *Arere*, in Mirac. MSS. B. M. V. lib. 2 :

Car qui sa main met à l'Arere,
S'arriere lui regarde un pas,
Du regne Dieu digne n'est pas.

Neque alia notione *Areau*, in Lit. remiss. ann. 1459. ex Reg. 190. ch. 24 : *Quant les suppliant laissoient leur Areau et autres habillemens de leur labouraige.* Et *Ayreau*, in aliis ann. 1457. ex Reg. 189. ch. 186 : *Le suppliant print.... ung Ayreau fourni de coustre et de souef.* At vero *Aree* dixerunt, pro Sulcus, Gall. *Sillon.* Lit. remiss. ann. 1400. in Reg. 155. ch. 115 : *Jehan Vidal d'une agullade, qui est la verge ou baston dont l'en poing et fait aler les bucfs en l'Arée.... Ledit Vidal arroit ou labouroit en une certaine piece de terre.*

* ARARE, *Habitare, incolere,* in vet. Glossar. ex Cod. reg. 7613. [** cod. 7644. ut ex Virgilio. f. respexit Æn. lib. 2. vers. 780.]

* ARARIUM. Vide supra *Aragium.*

¶ ARAS, id est, operis Atrebatici, Gall. *d'Arras.* Testament. Richardi II. Regis Angl. Apud Rymer tom. 8. pag. 76. col. 1 : *Omnes vestes de Aras nostro remaneant successori.* Vide *Arras.*

* ARASARE, Adæquare, ad solum diruere, Gall. *Raser.* Charta ann. 1377. inter Probat. tom. 2. Hist. Nem. pag. 335. col. 2 : *Quod clausura fontis remaneat, et rivus sive fossatum acumuletur et Arasetur in totum.* Vide infra *Arrasar.*

ARASCILD, ARSCILD, ARISCHILIT. [Obsequium militare Principi debitum.] Vide *Heerescild.*

* ARASSA. Joan. Demussis in Chron. Placent. ad ann. 1388. apud Murator. tom. 16. Script. Ital. col. 583 : *Et primo communiter utuntur.... cortinis de tela circumcirca dicta lecta, et etiam banderiis de Arassa.* Id est, *d'Arras*, operis Atrebatici. Vide *Aras*, et *Atrabaticæ Vestes.*

* ARASTARIUM, perperam, ni fallor, pro *Avastarium.* Vide infra in hac voce.

* ARAT, *impersonale, i. Convenire, ad ornatum pertinere.* Glossar. Gall. Lat. ex Cod. reg. 7684. [** f. leg. *aptat.*]

ARATA. Charta Henrici Ducis Bavariæ ann. 1276. in Metropoli Salisburgensi tom. 2. pag. 339 : *Adjicimus etiam de gratia speciali, ut provisores dicti Cœnobii de hominibus in suis prædiis residentibus, quoad debita, Aratas, vituperia, tractus gladiorum, et violentias quascumque, perpetuam læsionem, quæ vulgo lem dicitur, non inferunt, judicare valeant.* Ubi *lem*, vel *leme*, est mutilatio, vitium, Kiliano.

¶ ARATARE, pro *Arare.* Polyptych. Fiscanense anni 1235 : *Et debet dimidiam acram Aratare ad hiemalia et dimidiam acram ad tremeis.*

* ARATAREUS, pro Aratorius. Charta Ludov. comit. Andegav. ann. 1372. inter Probat. tom. 4. Hist. Occit. col. 309 : *Volumus quod non fiant executiones pro prædictis, contra aliquem habitatorem dictarum senescalliarum, in animalibus Aratareis.* Vide supra *Arabilis* 2.

ARATER, pro *Aratrum*, apud Hygenum de Limitibus, non uno loco : *Quo falx et arater ierit.*

* ARATIA, vel ARACIA, pro *Haracium*,

ut videtur, Gall. *Haras*. Constit. MSS. Caroli reg. Sicil. : *Item magistri passuum, magistri massariarum, magistri Arattarum et magistri forestarum, etc.*

ARATICUM, Agrarium. [Tributum ex agro pensum.] Tabular. S. Remigii Remensis : *In Luperiaco est mansus dominicatus, cum ædificiis et viridario. Sunt ibi avergariæ* III. *ubi possunt seminari de sigilo modi* XX. *de terra forastica culturæ* IV. *campi* II. *recipientes semine speltæ modios* CCCXX. *ubi possunt colligi de fœno carrucæ* VIII. *Pasql. map. Theutarius ser. ten. mans. seruil.* I. *arat, hibernat, sat, map.* I. *long. pertic. lat.* III. *facit, corrogat.* II. *æstivant, sant, simul donant Araticum de omni conlaboratu pull.* III. *[ova* XXV. *lignt car.* I. *aut den.* IIII. *clausuram car. tempore vindemiæ dies* XV. *aut din.* II. *facit brazium, et vigl. caropr. et omne servitium sibi injunctum, etc.* Ubi observandæ voces, *arat, hibernat, sat, etc.* quæ servitutis speciem denotant, ratione cujus tenentes, et qui operas debebant, arare tenebantur terras dominorum intra manerium suum : quod *arare et herciare ad curiam domini*, vocat non semel Domesdei : quod etiam habetur in Lege Bajuvar. tit. I. cap. 4. Idem Tabularium : *Omnes mansi donant Araticum, in tertio anno decimam de verveci-bus.* Alibi : *Facit in anno corrogat.* 4. *donat Araticum extra avergariam et pratum, fætam* I. *cum agno, et anniculam* I. *pullos* 3. *etc.* Ibidem : *Donant Araticum de hibernatica, de ordeo, etc.* Ibidem : *Omnia mansa donant Araticum et decimam de vervecibus.* Vide *Arativum.*

* **ARATILLI** *dicuntur porri vineæ*, in Glossar. medic. Simonis Januens. ex Cod. reg. 6959. Aldui Lat. Ital. MS : *Aratili, orum, Lo seme del uva.* Vide infra *Aristillum.*

* **ARATIO**, Quantum terræ uno aratro arari potest, idem quod *Aratrum*; nisi sit *corvatæ* species, qua vassalli tenentur ad agros domini arandos. Bulla Celest. III. PP ann. 1196. inter Probat. tom. I. Annal. Præmonstr. col. 696 : *Arationes terrarum, quas vobis dederunt Mainerus Abbatisvillæ et filii ejus.* Vide mox *Aratura* 2.

¶ **ARATIVA**, Supellectilis seu ornamenti species, ut opinor, vermiculata, Gall. *Marquetée, faite de pièces de rapport.* Sic dicta, si conjicere fas est, quod hujusmodi opera lineis seu sulcis quasi *aratro* factis distinguatur. Locum vide in *Maneficium.* Videsis etiam *Aratiuncula.*

¶ **ARATIUNCULA**, Joanni de Janua est *fossa parva quæ instar sulci aratur.* Lib. 3. Regum 18. 32 : *Fecitque aquæductum, quasi per duas Aratiunculas in circuitu altaris.* Alium locum vide in *Vermiculatus*, ubi dicitur *Vermiculatus* duci a vermibus, qui rodendo ligna varias faciunt *Aratiunculas*, quæ in modum vineæ conducuntur. Hinc, uti conjicio, *Arativa* de qua mox dictum est. Vide *Araciunculæ.*

ARATIVUM. Lex Alemann. tit. 22 : *Qualiter servi Ecclesiæ tributa solvere debent : Ancillæ autem opera imposita sine neglecto faciant, servi dimidium sibi, et dimidium in dominico Arativum reddant.* Idem quod *Agrarium* in Lege Bajuvar. tit. I. cap. 14. § 1. [Lindenbrogius in Glossario ad calcem Codicis Legum Antiquarum *Arativum* reddere vertit, *Opus ruri facere arando* : quod si vera est interpretatio non unum sunt *Arativum* et *Agrarium*; cum Agrarium sit tributum ex agro pensum : quod vulgo vocamus *Champart.*]

* **ARATIVUS**, *Arabilis*, arationi aptus. *Unam petium terræ Arativæ*, in Charta ann. 1328. inter Probat. domus *de Gondi* pag. 87.

* 1. **ARATOR**, *Rusticus*, in vet. Glossar. ex Cod. reg. 7641.

* 2. **ARATOR**, pro Aratrum, in Inventar. ann. 1361. ex Tabul. D. Veneiæ : *Item unum Aratorem garnitum.* Vide supra *Arar.*

ARATORIA, Terra ex agro culto sumpta ad *Investituram.* Formulæ veteres : *Notitia traditionale, ...illi delegavit... ipsas res de quantum in sua largitione loquitur, vel insertum est, ante bonis hominibus per hostium et Aratoria visus fuit consignasse.* Alia Notitia traditionis ibid. : *Qualiter veniens ille die illo in villa illa ante bonis hominibus per hostium et Aratoria, seu terra, et herba, ab homine aliquo nomine illo rem illam visus fuit tradidisse.* Alia formula habet : *Per terra, et per herba, et per hostium visus fuit tradidisse.* Alia denique : *Per terra et herba, per hostium et Aratura, etc.*

Aratoria, Agri aratorii, in leg. 7. C. de Bonis proscriptor. : *Quid in vineis, olivis, Aratoriis, pascuis fuerit inventum. Terra Aratoria*, in Capitul. 2. ann. 813. cap. 19. in Charta ann. 799. apud Bolland. 26. Mart. pag. 634. et in alia apud Ughellum tom. 5. pag. 656. 657. et alibi passim.

Araturia. Tradit Fuldens. lib. 1 : *Absque* 22. *jugeribus inter prata et terram Araturiam.* Alibi : *Trado in loco, qui dicitur...... de terra Araturia* 40. *jugera.* Passim ibi. Vide pag. 462. 521. 526. *Arduria* lib. 1. tradit. 25.

Aradria, Eadem notione in Tabulario Brivatensi ch. 188 : *Et terra Aradria una, quæ ad ipsam casam pertinet.*

Aratria. Ibidem ch. 214 : *Vineam unam cum Aratriis, cum ortis et campis, etc.*

Aradurla. Ibid. ch. 293.

ARATRAIB, Aritraib. Lex Longobard. lib. 1. tit. 19. cap. 25 : *Si casam, ubi viri habitant disturbaverit, componat, sicut in hoc Edicto legitur, Aratraib, id est, sibi tertiam.* Ubi Edictum Rotharis, Regis Longobard. tit. 105. § 28. habet *havit rabid.* [** Murator. 382. ubi *aratraib.* Glossar. Longob. in cod. Cavensi legum Longob. : *Aritraibus, id est solidos nungentos.* An etymi ratione separandum *arat* sive *arit* et *raib*? Ita efficeretur *domus spoliatio*; *ard* enim Saxonibus *habitatio* et *robh, spoliatio.* Vide Schmelleri Glossarium.] Papias: *Aritraib, id est, sibi tertiam in Lege.* Ita in 2. MS. Editus vero : *Aritraib, id est,* 5. *tertia in Lege.* Ugutio : *Aratrapap, id est, dominicum * sequitur. Aradradit, id est, cum justitia, i. consolidus.* Sic in MSS. In Cod. Navarræo : *Aradradip, cum justitia, i. solidus.* [Vocabularium Goticum a Grotio collectum apud Murat. tom. 1. part. 1. pag. 370 : *Aratreit, Har-treit, Pars tertia, male Aratreib;* [*In MS. Hariraib; sed scribendum Haritrait.* [** *Aratraib* vox nihili est, verba sunt Schilteri, et lectio plane corrupta, nec a Papia intellecta. Res ipsa, quam intendit Rotharis rex extat in principio hujus ipsius tituli, (Roth. 146.) ibi : *Si quis casam alienam hasto animo (voluntarie) incenderit, in triplum eam, quod est tertia æstimatione pretii... restauret, et* hoc est quod adjecta interpretatio vult, *i. e. sibi tertiam*, puta æstimationem. Legendum enim *Warit trait*, æstimationem tertiam ; nam *Warit*, Germ. *Wærth*, æstimatio est, *trait*, Germ. *dritt*, tertia. ADEL.]

* **ARATRIA**, Ager aratorius. Charta ann. 864. ex Cod. reg. 9612. X : *Dederunt.... ecclesiam in honore S. Mariæ constructam Jussiaco villa, cum mansis, et hortis, et pratis, et vineis, et Aratriis. Similiter et in villa Lubiriaco mansum et hortum, cum Aratria una et pratellos duos.* Alium locum vide in *Aratoria.*

1. **ARATRUM**, Idem quod *Carrucata terræ* quantum terræ uno aratro arari potest. Helmodus lib. 1. cap. 12 : *Dabatur autem Pontifici annuum de omni Wagirorum... terra, tributum, quod scilicet pro decima imputabatur de quolibet Aratro mensura grani, et* 4. *resticuli lini, et* 12. *nummi puri argenti... Slavicum vero Aratrum, par boum aut unus conficit equus.* Adde cap. 14. Idem cap. 88 : *Porro Slavicum Aratrum perficitur duobus bobus et totidem equis.* Vita B. Mariani Abbatis Ratisp. cap. 4. n. 20 : *Vineas* 2. *ac* 7. *Aratra in Austria Deo et B. Jacobo destinavit.* Occurrit ibi non semel, et cap. 5. et 6. Will. Thorn. in Chron. ann. 616 : *Hoc manerium est* 30. *Aratorum.* Et ann. 687 : *Idem Rex dedit eidem Abbatissæ terram duorum Aratrorum, etc.* Passim apud hunc Scriptorem. Vulgo dicimus : *Une ferme, ou une terre d'une ou de deux charruës, ou plus.* [Vide Miræi Opera Diplom. edit. 1723. tom. 2. pag. 1189. col. 1.]

* Charta Phil. Pulcr. ann. 1307. in Lib. rub. Cam. Comput. Paris. fol. 197. v°. col. 2 : *Concedimus quod.... habeant.... quindecim modios et octo sextaria avenæ.... super Aratro seu sus la charrue de Triel.*

* Ad Aratrum reducere, Ad solum diruere, evertere, Gall. *Passer à la charrue.* Arestum ann. 1390. 27. Aug. in vol. 8. arest. parlam. Paris : *Petebat procurator noster dictam villam Novi Castri ad Aratrum reduci.*

Aratrum Circumducere, in Lege Bajuvar. tit. 17. § 2.

** 2. **ARATRUM**, Multitudo hominum, quæ communi quodam nexu et vinculo in unam societatem colligitur, sodalitium, assecIæ, quo sensu vox *Ploog*, in Germania inferiori et *Ploeg*, in Belgio notissima. Chron. quoddam Frisiæ in *Brem. Niederd. Wœrterb.* Part. 3. pag. 339 : *Snelgerari et eorum Aratra incœperunt campanas trahere.* ADEL.

1. **ARATUM**, Aratio. Concil. Aurelian. cap. 28 : *De opere rurali, id est, Arato, vel vinea, vel sectione, messione, etc.*

¶ 2. **ARATUM**, Ratis, Gall. *Radeau.* Privilegium Raimundi Berengarii Comitis Provinciæ pro Hospitalariis ann. 1114 : *Donamus Deo et Hospitali Iherusalem teumitum Arati hospitalis, qui per alveum fluminis, qui vocatur Durentia, descendit.*

1. **ARATURA**, Aratio agri, quam Tenens Domino debet ex debito et stato servitio. Capitulare 5. ann. 803. cap. 17 : *Ut liberi homines nullum obsequium Comitibus faciant, nec Vicariis, neque in prato, neque in messe, neque in Aratura, aut vinea, etc.* Monasticum Anglic. tom. 2. pag. 302 : *Sacrista sive*

Præfectus acciperet liberum censum, videlicet de qualibet acra 2. *denarios : Celelarius habeat Araturas, et alia servitia, videlicet Araturam unius rodæ qualibet acra sine cibo.* [Tabul. SS. Trinit. Cadom. fol. 61 : *Debent unam acram Araturæ et herciaræ et precarias ... si dederit filiam suam extra vilanagium dabit* 3. *sol. Abbatissæ et precariam Araturæ et herciaturæ.*]

ARATURÆ, Quævis operæ, *corveiæ*, vel servitia. Tabularium S. Remigii Remensis : *Wandefridus tenet mansum servilem* 1. *pro omni Aratura et servitio provident silvam, et nutrit.* Occurrit ibi non semel. Vide *Arura.*

* Nostris olim *Areure* et *Areux*, pro *Labourage* et *Laboureur*. Glossar. Gall. Lat. ex Cod. reg. 7684 : *Areux de terres, arator. Areure, Aratura.*

* 2. **ARATURA**, Idem quod *Aratrum*, Quantum terræ uno aratro arari potest. Charta ann. 1379. tom. 6. Anecd. Pezii part. 3. pag. 63. col. 1 : *Nec non ad dotationem ipsius fundationis nostræ usque ad centum sexagenas grossorum Pragensium, ... nec non quatuor Araturarum et sufficientiam nemorum seu silvarum, etc.* Vide supra *Aratio.*

¶ **ARATURIA**, Terra arabilis, in Tradit. Fuldens. Vide *Aratoria.*

¶ **ARAUCA**, Ornamentum Ecclesiasticum. Vetus Catalogus vasorum et totius supellectilis Ecclesiæ S. Martialis Lemovic. anno 1227 : *Item duæ Araucæ de serico.* Vide *Arrancanes.*

* **ARAVIGLIANTIA**, Rixa, jurgium, Gall. *Contestation, querelle.* Stat. Taurini ann. 1360. cap. 334. ex Cod. reg. 4622. A : *In rixis et Aravigliantiis et causis criminalibus, eorum* (vicarii et judicis) *arbitrio, inspecta negotiorum et personarum qualitate, possint et valeant imponere pœnam.* Idem quod supra *Appiglantia.* Vide in hac voce.

¶ **ARAYRAGIUM.** Sic scribitur in Patentibus Litteris Caroli Regis Siciliæ ann. 1270. et Archivo S. Victoris Massil. Vide *Areragium.*

* **ARBALESTANUS**, Balistarius, idem qui *Arbalista* 2. Comput. MS. fabricæ S. Petri Insul. ann. 1400 : *Receptum de legatis et jocalibus. Item pro quodam pourpoint, dato per unum Arbalestanum, vendito* 24. *sol.*

¶ **ARBALESTARIUS**, ARBALESTRIUS. Idem quod Arbalista 2. *Arbalestariorum Franciæ magister*, apud Baluzium tom. 2. Hist. Arvern. pag. 468.

¶ **ARBALESTENA**, Fenestricula oblongior et strictior in urbium et castrorum muris per quam in obsidentes emittebantur sagittæ, Gall. *Creneau.* Litteræ ann. 1213. apud Marten. tom. 1. Anecd. col. 903 : *Possint facere murum... sine fossatis et tornellis, et de archeriis et Arbalestenis sine aleors.* Vide *Archeria.*

¶ 1. **ARBALISTA**, Arcus Gall. *Arbalétre.* Menoti Serm. Quadragesim. fol. 25 : *Et aliquis habens Arbalistam ad trahendum contra avem, etc.*

* *Arbaleste à bersaux*, in Lit. remiss. ann. 1381. ex Reg. 119. Chartoph. reg. ch. 53 : *Arbalestée* et *Arbalestrée*, Jactus arbalistæ, Gall. *Portée d'arbaléte.* Æstimatio terrarum seu dominii *de Soublainnes* et *de Beaufort*, ann. 1350. in Reg. 80. ch. 17 : *Item la pescherie de la ville environ deux Arbalestrées de lonc, puet valoir par an dix solz.* Guillel. Guiartus ad ann. 1264 :

> L'ost au roi Challes tant s'approche
> De hardement admonestée,
> Qu'il n'a pas une Arbalestée,
> Jusques ceus qui les contratendent.

Sic et *Archée* dixerunt, pro Jactus arcus, Gall. *Portée d'arc.* Poema *de Giron le Courtois : Tantost s'esloigne messire Gauvain du Chevalier bien une Archée.* Lit. remiss. ann. 1396. in Reg. 150. Chartoph. reg. ch. 105 : *A deux ou à trois Archées loings de ladite ville de Vitry.*

2. **ARBALISTA**, Ballistarius, seu *Arcubalistarius*, Gall. *Arbalestrier.* Petr. Tudebodus lib. 2. de Hieros. Itinere : *Consiliati sunt in unum, qualiter fecissent fodere turrem, et Arbalistæ et sagittarii, qui eos defenderent.* Triumphus S. Lamberti de Castro Bullonio cap. 1 : *Pœne ab omni securus injuria, nisi ab ipso vallis confinio ei jaculum intentet, cum sui periculo cautus Arbalista.*

ARBALISTARIUS, Eadem notione non semel.

¶ **ARBALISTATOR**, Eodem intellectu apud Lobinellum tom. 2. Hist. Britan. pag. 853.

¶ **ARBALISTERIA**, ut *Arbalestena.* Charta ann. 1239. apud D. *Brussel* de Usu Feudorum tom. 2. pag. 855 : *Domum nostram de Cheeigneio asseguravimus domino Comiti Montisfortis.... tali modo, quod non possumus habere in eodem archeriam, nec Arbalisteriam, neque cernelium, neque scutum.*

* Nostris olim *Arbalestiere.* Lit. remiss. ann. 1363. in Reg. 101. Chartoph. reg. ch. 47 : *Une fenestre ou Arbalestiere par où la clarté leur venoit d'une tour, qui est dessus les fossés de la ville du Pont de l'Arche, où il estoient* (en prison.) Vide *Archeria* 1.

¶ **ARBAN**, ARBANAGIUM, Submonitio ad exercitum, et mulcta ei imposita, qui pergere detrectat post submonitionem. Vide *Herebannum.*

¶ **ARBANABILIS**, Obnoxius *arbanno.* Charta Caroli Regis Franc. ann. 1446. apud Thomasserium in Biturig. pag. 106 : *Arbannabiles et explettabiles ad vetura* (vecturas) *et alia servitutis jura.*

* **ARBANNUM**, Submonitio ad exercitum, vel etiam ad operas seu *corveias*, quas subditi dominis suis præstare ex lege vel usu tenentur. Vide *Herebannum.*

¶ **ARBARES** SODALES, Lib. de Offic. Proconsul. οἱ περὶ τῶν ὅρων διαγινώσκοντες δικασταί, *Finitores, terminorum et finium arbitri*, in Suppl. Antiquarii. [** leg. *Arvales.* Vide Brissonium in voce *Arbiter.*]

¶ **ARBASUS**, Pannus crassus, ex rudi et nigra lana contextus. Processus informat. ad Canonizationem S. Francisci de Paula tom. 1. Aprilis pag. 121 : *Vestitum grosso et rudi panno lana nigra confecto, vulgari eloquio in dictis partibus appellato Arbaso.* Hinc

¶ **ARBASEUS**, Eadem notione, in Vita ejusdem S. Francisci de Paula ibidem pag. 182 : *Qui pauper expandit chlamidem suam Arbaseam, et desuper projecit panem unum grani Germani.*

¶ **ARBEGIATGII**, Videntur esse habitatores prædiorum seu pagorum, qui pendebant a dominis ut servi, vel saltem alia ratione dominis obnoxii. [* Iidem qui apud nos *Hospites* seu *Mansionarii* dicti sunt, ii scilicet qui domos incolunt sub annuo censu unde a voce *Arberga* vel *Alberga* ita appellatos censeo.] Tabularium S. Cypriani Pictav. fol. 116 : *Concesserunt Monachis S. Cypriani quidquid in terra de Convol illorum erat præter medietatem terragii; sed Arbegiatgios haberent liberos et quietos ab omni consuetudine, et quidquid ex eorum casatis potuissent adquirere.* In eodem Tabulario habetur Charta Arnaldi Abbatis S. Severini, qua tanquam dominus feudi prædictam donationem confirmat his verbis : *Concessit... quidquid ad eos pertinebat in terra de Convol... habitationum et habitatorum libertatem et quiptanciam... habitatores ergo terræ proprii illorum erunt, omnesque consuetudines et reditus extra medietatem terragii, etc.*

* **ARBEGLUS.** FABA ARBEGLA, i. e. cum siliqua, Gall. *Avec sa cosse*, ut videtur. Stat. Montis-reg. pag. 321 : *Item, pro quolibet sestario fabarum non fractarum et Arbeglarum, den. viiij.*

¶ **ARBELLUM**, Βασανιστήριον, *Tormentum*, in Supplemento Antiquarii. Potius videtur locus ubi habetur quæstio, quam tormentum ipsum, juxta vim vocis Græcæ.

* **ARBEREGIUM** CANUM, Servitium, quo subditi ad hospitium et pastum canum venaticorum domini tenentur. Vide *Bren.* Charta Guidonis vicecom. de Combornio ann. 1284. in Reg. 61. Chartoph. reg. ch. 424 : *Item volumus.... quod dicti homines.... convicti sint de cetero de jornalibus, quæ debebant nobis, ... de coquina et de Arberegio canum.*

¶ **ARBERG**, ARBERGA, Jus *gisti*, seu hospitii. Vide in *Alberga.*

¶ 1. **ARBERGAMENTUM**, Eadem notione. Charta fundationis Abbatiæ S. Mariæ apud Santonas inter Instrum. tom. 2. novæ Gall. Christ. col. 480 : *Curtes igitur prænominatas et terras quascumque dedimus Deo et B. Mariæ, sic concedimus possidendas, ut nec nos ipsi, nec præpositi, nec famuli, nec forestarii nostri, nec ullus homo, nos in eo ibi Arbergamentum aut exercitum, quæstam, procurationem aliquam, aut cavangadam vi aut terrore aliquo ulterius habeamus.* Vide *Alberga.*

¶ 2. **ARBERGAMENTUM**, Hospitium ipsum, seu domus rustica. Charta Johannis Morelli pro Monasterio S. Johannis Angeriac. ann. 1309. ex Chartul. ejusdem Monast. pag. 243 : *Dicebant dictum Prioratum habere decimam in Arbergamentis suis.* Spicil. Acher. tom. 6. pag. 681 : *Ex nunc cedimus... hospitia, ædificia, Arbergamenta et alia quæcumque bona immobilia.* Hoc intellectu passim occurrit in Antiquit. Bened. Pictav. a Stephanotio nostro collectis tom. 3. pag. 527. 657. 658. 696.

ARBERGARIA, [pro *Albergaria*, vel *Hereberga*, id est, jure hospitii, ut *Albergari* pro *Hospitari* haud raro occurrit. Charta Godefridi Lingonens. Episc. de Philippo Abbat. S. Benigni et de Vidone de Sumbernone, ann. 1158. inter Instrum. tom. 4. novæ Gall. Christ. col. 176 : *Recognitum fuit dominum de Sumbernone vel aliquem suorum in terra et in omnibus Sancti nullam justitiam, nullam actionem sive exactionem nullam Arbergariam habere, nisi forte comi-*

tatus ejus tantus fuerit, quod in mansis suis congrue Arbergari non possint : tunc demum suis mansis primitus Arbergatis, qui superfuerint in mansis Sancti sine violentia Arbergabuntur, nihil ab eis penitus accipientes nisi stramen tantum. Si plura cupis] vide *Albergaria.*

¶ **ARBERGERIA**, Eadem significatione, in Tabulario S. Cypriani Pictav. fol. 122.

¶ **ARBERJAMENTUM**, Domus munita. Vide *Reparium.*

* **ARBERJARE**, Hospitium seu domum assignare, concedere sub annuo censu, vel statutis servitiis. Charta Hugonis IV. ducis Burgund. ann. 1252. inter. Probat. tom. 2. Hist. Burg. pag. 19, col. 1 : *Dicebamus quod ipsi prior et canonici* (de Sinemuro) *per eleemosinas vel alio modo acquirebant mansos, terras et tenementa in dicta villa, in quibus homines suos similiter Arberjabant.* Vide in *Alberga.*

* **ARBERNANNIA.** Lit. remiss. ann. 1395. in Reg. 148. Chartoph. reg. ch. 135 : *Comme Guillaume de Neelle eust ennorté le suppliant d'aler avec lui ou pais d'Arbernaige, ou voyage qui a esté fait derreinement par nos genz, etc.* Ubi legendum videtur *Allemaigne.*

¶ **ARBETES**, δένδρα, *Arbores*, apud Janum in Supplemento Antiquarii.

¶ **ARBILLA**, *Arvilla, id est, pinguedo corporis*, apud Festum. [** Vide Forcell. Lexic.]

¶ **ARBIPENDIUM**, πλέθρον, *Mensura, agri, jugerum*, in Supplemento Antiquarii. Est pro *Arvipendium*; quod vide in *Arapennis* sub finem lin. *Columella, etc.*

ARBITERIUM, Gloss. Isid. *Arbiterium, collectio arbitrorum multorum, i. ipsa consensio.* Ita non semel scribi in Pandectis Florent. tit. de Receptis arbitr. monet Cujacius l. 10. Observ. cap. 37. Vetus Inscript. 550. 1 : *Arbiterio Larciæ Fortunatæ uxoris.* [** Vide Forcell. Lexic.]

ARBITRAGIUM. Guillelmus de Guillevilla in Paraphrasi Symboli Apostol. :

> Ex Maria ergo pium pacis traxit commercium,
> Nova reparans fœdera, et reddens Arbitragium,
> Sed ad patris arbitrium obtulit propter scelera
> Mundi beata viscera.

* **ARBITRALITER**, Ad arbitrium, Gall. *A sa volonté.* Paridis de Grassis Cæremon. capellar. Papal. MS : *Qui omnes (sermones) non nisi in capella et per regulares fiunt : sed alii decem, tam per regulares quam seculares, Arbitraliter fieri possunt.*

* **ARBITRAMENTALIS**, Arbitralis, arbitrarius, Gall. *Arbitral.* Sentent. ann. 1497. ex schedis Pr. *de Mazaugues* : *Decisionibus et mandamentis Arbitramentalibus.* Infra : *Sententiam Arbitramentalem.* Transact. ann. 1515. ex iisd. schedis : *Sententiam compromissariam seu Arbitramentalem fieri postulantibus, etc.*

* **ARBITRAMENTARE**, Arbitri nomine sententiam ferre. Charta ann. 1428. tom. 4. Cod. Ital. diplom. col. 1705 : *Item declaramus, atque arbitrando et Arbitramentando sententiamus, etc.* Pluries ibi. Vide *Arbitrari.*

* **ARBITRAMENTATOR**, Arbiter. Stat. Montis-reg. pag. 158 : *Qui boni viri electi ut arbitri, arbitratores et Arbitramentatores teneantur causam decidere, infra tempus dicti capituli limitatum.* Vide *Arbitrator.*

¶ **ARBITRAMENTUM.** Sententia arbitrorum, Gall. *Arbitrage.* Lobinellus tom. 3. Hist. Paris. in Glossario : *Retentis domibus quæ per hoc Arbitramentum debent ad ordinem S. Guillelmi redire.* Et alibi non semel.

ARBITRARE, pro *Arbitrari*, in Epist. 69. inter Francicas.

ARBITRARI, Sententiam ferre arbitri nomine. Tabularium Ecclesiæ Carnotensis ch. 5 : *Iidem arbitri partibus in sua præsentia constitutis plenum dare arbitrium noluerunt, asserentes, se non debere super earum consuetudinibus vel libertatibus Arbitrari.* Alexander III. PP. ad Archiepisc. Eboracens. : *Quoniam igitur non decet te aliquatenus sustinere, ut, quod perperam Arbitrati sunt, incorrectum debeat relinqui, etc.* Ita etiam apud Rollandinum in Summa Notariæ cap. 6.

¶ **ARBITRATIO**, ut *Arbitramentum*, apud Rymer. tom. 2. pag. 809 : *Eapropter SS. Pater, vestræ ordinationi, Arbitrationi dicto seu laudo... de alto et basso nos... submittimus.*

ARBITRATOR, *id est, amicabilis compositor*, in Regiam Majest. lib. 2. cap. 4. § 10. Rollandinus in Summa Notariæ cap. 6 : *Differentia est inter Arbitrum et Arbitratorem : nam Arbiter est, qui judicis partes sustinet, et qui cognoscit ordinario judicio, sicut judex, et ab ejus sententia appellari non potest, et sententia ejus dicitur arbitrium. Arbitrator est, qui non servato juris ordine cognoscit et definit amicabiliter inter partes : et pronuntiatio ejus dicitur laudum; et ab hac potest appellari, et illud peti reduci ad arbitrium boni viri.* Charta ann. 1284. apud Joan. Lucium lib. 4. de Regno Dalmat. pag. 183 : *Judex, arbiter, Arbitrator, et amicabilis compositor, etc.* [Apud Lobinellum tom. 3. Hist. Paris. in Glossario : *In venerabilem fratrem nostrum Prænestinensem Episcopum tanquam in arbitrum Arbitratorem et amicabilem compositorem compromiserunt.*]

* Hispan. *Arbitrador*, nostris etiam *Arbitrateur*, eadem acceptione. Charta Joan. dom. *de Cramailles* ann. 1339. ex Chartul. S. Vincent. Laudun : *Jehan de Sant-Germain-mont advocat, arbitreus, Arbitrateurs ou amiables apaisenteurs. Comme arbitres, Arbitrateurs ou aimables appaiseurs*, in Charta ann. 1404. in Chartul. 21. Corb. fol. 202. Tabular. S. Joan. Laudun. ann. 1489 : *Monseigneur Jehan Aubinet abbé de S. Jehan de Laon arbitre, Arbitrateur et amyable appaisenteur, prins et esleu par noble homme Charles de Longueval.*

ARBITRATUM, Sententia arbitri, Italis *Arbitrato.* Gloss. Græc. Lat. MS. ἀπόφασις μεσίτου, ἤτοι διαιτητοῦ, *Arbitratum.* Editum *Arbitratio* habet.

ARBITRATUS, μεσιτία, in vet. Gloss. [Adjective sumitur apud Muratorium tom. 3. pag. 116. col. 1. in Vitis PP. ab Anastasio : *Domum in clivo patricii Arbitratam*, (id est, ut opinor, æstimatam arbitrorum judicio) *domum juxta Basilicam in vico longo... præstantem solidos octuaginta duos.*]

* **ARBITRIAMENTUM**, Hispan. *Arbitramento*, Sententia arbitri. Charta ann. 1290. apud Spon. tom. 2. Hist. Genev. pag. 62 : *Si..... nollent observare..... sententias, concordias, arbitria seu Arbitriamenta dicta, vel pronunciationes quæ fierent per amicos, arbitros, arbitratores, etc.* Vide *Arbitramentum.*

¶ **ARBITRIS**, pro *Arbiter*, in Actis SS. Julii tom. 3. pag. 138.

ARBITRIUM, Sententia arbitri. Festus : *Arbitrium dicitur sententia, quæ ab Arbitro statuitur : Arbitrarium autem, cum adhuc res apud arbitrium geritur.* Vox etiam aliis Scriptoribus Latinis nota. Alexander III. PP. : *Vel si Arbitrium ipsum noveris æquitate subnixum, ad observantiam ipsius utramque partem appellatione remota compellas.* Innocentius III. : *Perpendimus Arbitrium, quod... dicebatur super eodem negotio promulgasse, contra formam juris et compromissi dictatum fuisse.* Occurrit præterea apud Thom. Archid. in Hist. Salonitana cap. 32. extremo, in Charta S. Ludovici ann. 1259. quæ extat tom. 9. Spicilegii Acher. in Chronico Montis-Sereni pag. 135. 136. etc.

Arbitrium, in Regiam Majest. lib. 2. cap. 2. definitur *Actus legitimus personarum, super civili quæstione et querela in quasi-judicio contendentium.*

Arbitrium *conditum, ultimum, morientis*, testamentum, l. 17. C. de Testament. l. 107. 124. Cod. Th. de Decurion.

Per Arbitrium judicium, opponitur *judicio per legem*, in Legibus Luithprandi Regis Longob. tit. 21. § 2. 3. [** 28. (4, 10)] cum scilicet ex animi sententia pronunciat. Idem Luithprandus pag. 232 : *Quoniam alii volebant per usum, alii per Arbitrium judicare.* [** Præfat. ante cap. 83 (6, 30.) Vide Præfat. ante cap. 69. (6, 16), ubi *alii per consuetudinem, alii per Arbitrium, etc.*]

* Arbitrium Luminis, Sol, luminis parens et auctor. Vita S. Emmer. tom. 6. Sept. pag. 494. col. 1 : *Truculentia furentis auræ quievit, reditque pax ætheris et Arbitrium luminis.*

¶ **ARBITRUM**, f. Muliebre ornamentum. Sallas Malaspinæ lib. 4. Rerum Sicul. apud Baluzium tom. 6. Miscell. pag. 294 : *Volentesque suarum pretiosarum rerum abundantiam... ostendere... suspensis ad chordas strophæis, fatis, dextrocheriis, Arbitris, etc.*

* **ARBIUM.** Stat. civit. Astæ, ubi de introitu uvarum : *Pro qualibet carrata sive Arbio uvarum, solidos tres Asten.*

1. **ARBOR** Finalis, Notata, Clavitata. Inter agrorum terminos recensentur passim Arbores a Gromaticis, a quibus ideo finales, a Papiano tit. 39. lib. Resp. *Terminales, arbores quæ fines dirimunt*, in § 6. Instit. de Offic. jud. dicuntur. Siculus Flaccus de Condition. agror. : *Si Arbores Finales observabuntur, videndum erit, quæ sint Arborum genera. Nam quidam in finibus naturales qualescunque Arbores intactas finales observant, alii diversas : quidam de cunctis ex ipsis Arborum generibus unum tantum genus in finibus relinquunt, quo manifestum jus appareat, finales loca muniebunt, ut materiæ differentia argumento sit, etc.* Lex Bajuvar. tit. 11. cap. 5 : *Quotiens de commarchanis contentio nascitur, ubi evidentia signa non apparent in Arboribus, aut in montibus. etc.* Vide Fletam lib. 4. cap. 2. § 17. et Chartam 99. Allemannic. Goldasti, et Bracton. lib. 4. Tract. 1. cap. 8. § 1.

Certis porro incisuris aut notis in trunci

corticeincisis notabantur; unde et *Notatæ* dicuntur eidem Flacco. Aggenus Urbicus : *Finis multis documentis servabitur, terminis, et Arboribus Notatis, et fossis, etc.* Et *Incisæ.* Tabularium Vindocin. Charta 470. ann. 1091 : *A parte silvæ quasdam Arborum Incisiones ad instar divisionum similiter fecerunt, quas Arbores Incisas ob divisionem silvæ suæ, et harum instituerunt, et in suo dominio retinuerunt.* Tabularium Abbatiæ de Rota fol. 9 : *Quibus congregatis, idem Albinus fines nostræ terræ cœpit perambulare, ac Incisuras Arborum, quæ easdem terras terminabant, eisdem demonstrare, ostensioni cujus præfatus Hugo noluit credere.* Et fol. 11 : *Qui cum illo peragrantes terram supradictam, ei indicaverunt, et Arbores in circuitu natas Inciderunt, easdemque Incisas ejusdem terræ metas esse dixerunt.* Vetus Charta in Chronico Laurishamensi ann. 764 [** ap. Eccard. Francia orient. vol. 1. pag. 610.]: *De illo rubero* (robore, quercu) *qui est de Ecclesia S. Nazarii ad partem meridianam inter partem S. Petri per Agilolfum et suos consortes signo incisa :... et de ipso rubero ad partem aquilonis, sicut illa Incisio Arborum in ipsa die facta fuit, quæ vulgo lachus appellatur, sive divisio, etc.* Infra : *Sicut illa Incisio Arborum seu lachus in ipsa die facta fuit.*

Has autem notas et incisuras, *Decurias* appellant Papianus loco citato, quod in decussem efficiæ essent, ut ex Lex Bajwar. tit. 11. cap. 3. § 2. Lex Wisigoth. lib. 8. tit. 6. § 1. lib. 10. tit. 3. § 3. *Theclaturas*, Lex Longob. lib. 1. tit. 26. § 1. [** Roth. 242. 243. 244. 245.] Cujus vocabuli vim esse eandem puto, quæ apud nos *Esclat, esclature*, Fragmentum, astula. Charta Desiderii Regis Longob. in Bullario Casinensi tom. 2. pag. 14 : *Et deinde per ipsa via percurrentes per Arbores Teclatos habentes litteras Omega, etc.* Vide *Teclatura.*

Interdum *Clavitatæ arbores* appellantur, quod in earum truncis *clavi*, notarum loco figerentur. Gromaticus Arcerianus : *Arbores notatas scire debemus in idioma regionis, quas Clavitatas vocant. Incisurarum* porro in terminis meminit præterea incertus Agrimensor pag. 272 : *Terminus si Incisuram habuerit, rivum aut fossatum significat, aut fluvium ostendit.* Infra : *Terminus si aliquam Scissuram, hoc est, Taliaturam habuerit, montem scissum, id est, taliatum ostendit.*

[** Vide Grimmii Antiquit Jur. pag. 544. 545.]

ARBOR SIGNATA. Lex Salica tit. 29. § 29 : *Si quis Arborem, post annum, quam fuerit Signata, capulare præsumpserit, nullam exinde habeat culpam.* Lindenbrogius de Arboribus finalibus, notatis, de quibus supra, hæc intelligenda putat : secus Bignonius, cum de finibus nullum hic verbum, quinimo quod de anno additur, contrarium evincat. [Eccardo, qui hunc locum aliter refert tit. 27. n. 28. *Arbor Signata* est arbor ad cædendum alicui assignata, vel designata quod notum sit arboribus cædendis signum a Forestariis apponi. Probabilitate non caret Scriptoris acutissimi conjectura.] Neque certum etiam, an per *arborem signatam* finalem intellexerit Lex Longob. lib. 1. tit. 25. § 37. [** Rothar. 323. 324. 325. 326]: *Si quis de Arbore Signata in silva alterius apes tulerit, etc.* § 38 : *Si quis de Arbore Signata in silva alterius accipitrem de nido tulerit, etc.* Charta Mathildis Comitissæ ann. 1096. in Bullario Casinensi tom. 2. pag. 116 : *Antiqui homines, qui bene sciebant veritatem, monstraverunt finem terræ, et Signaverunt Arborem in circuitu, et ita firmiter juraverunt esse juris S. Benedicti, etc.* Sed hic *Arbor signata* pro termino est. Interdum arbores Cruce signabant. [** Vide *Crux.*] Tabular. Absiense fol. 17 : *Quo monstrante, Cruces Arboribus impressæ sunt.* Vide *Decuria.* [** Vide Haltaus. Gloss. Germ. col. 1299. 1300. German *Malbaum*, Arbor terminalis, signo aliquo, plerumque crucis, notata. Charta Ottonum, March. Brandenb. ann. 1285. ap. Ludew. Rel. Manuscr. tom. 9. pag. 502 : *De lacu Tribusch usque ad Arborem, qui ein Malbom dicitur.* Wicislai Rugian. Princip. Chart. ann. 1225. in Westphal. Monument. Ined. vol. 2. col. 2063 : *Villæ quoque terminos sic distinximus..... in nemore vero terminus erit supra dicti amnis parva curvatura ubi manu nostra in Arbore quadam signum crucis secuimus, ab hac arbore terminus erit fagus quædam etiam manu nostra signata, etc.*

ARBOR INSERTA, in Lege Salica tit. 29. § 16 : *Si quis in agro alieno Arborem Insertam exciderit, etc. Arbor Insita*, apud Servium 2. Georg.

ARBOREM JUXTA VIAM EVERTERE. Vetus placitum sub Guillelmo I. Rege Angliæ, apud Seldenum ad Eadmerum pag. 199 : *Demonstratum fuit, quod Rex Anglorum nullas Consuetudines habet in omnibus terris Cantuariensis Ecclesiæ, nisi solummodo tres. Una, etc.... altera si quis Arborem incidit juxta regalem Viam et eam super ipsam viam Dejecerit.*

ARBORES JACENTIVAS *et sine fructu*, in cujuslibet silva ad usus suos incidendi libera potestas datur, in Lege Burgund. tit. 2. § 1. 3. *Bois Chablis.* Eadem videntur, quæ *Vergisans* appellantur in Charta Caroli Regis ann. 1447. apud Thomasserium in Consuet. Bituricens. pag. 411 : *Attendu, que le bois mort, et mort bois ne peut servir ausdits Supplians, sinon pour chauffer et ardoir, et que le Vergisant et assummetté, est gros bois vieil, qui ne peut servir en aucune partie des édifices, sinon seulement à faire poultres, pousteaux, et solleaux, etc.* [** Vide Grimmii Antiq. Jur. pag. 514.]

ARBORES SACRIVI, quas ut sacras colebant pagani. Concilium Autisiod. can. 3 : *Non licet .... inter sentes, aut ad Arbores Sacrivos, vel ad fontes vota exolvere.* S. Eligius Noviomensis Episc. in Homil. et apud S. Audoënum in illius Vita : *Nulli creaturæ præter Deum et Sanctos ejus, venerationem exhibeatis, vel Arbores, quos Sacrivos vocant, succidite.* Hinc emendant viri docti Legem Longob. lib. 2. tit. 38. § 1 [** Liutpr. 83. (6, 30).] : *Qui ad Arborem, quam rustici Sanguinum vocant, atque ad fontanas adoraverit.* Ubi *sacrivum* legunt. Sed editio Heroldi pag. 232. habet, *quam rustici Sanctivum vocant*, [Goldasti vero, *quam rustici Sanctum vocant.*] [** *Sanctivum* in cod. Mutin. *Sanctivam* in cod. Estensi.] *Arbores Consecratæ* in Concilio Nannetensi cap. 20 : *Ut Arbores dæmonibus Consecratæ, quas vulgus colit, et in tanta veneratione habet, ut nec ramum vel surculum inde audeat amputare, radicitus excindantur.* Sedulius Presbyter lib. 1. Paschalis operis cap. 20 : *Alius Arboreis radicibus aras instituens, dapes apponens, ramos ac robora flebiliter orare non cessat, ut natos, domos, rura, conjugium, famulos, censumque custodiant.* Paulinus Epist. 38. ad Jovium : *Unde enim putas tantam miseris mortalibus vel superbiæ vel ignaviæ perversitatem inolevisse, ut non colentes Deum, dæmoniis aut elementis subditis sibi serviant, *aquas, ignem, sidera, Arbores, simulacra venerantes cum impiissima divinæ majestatis injura? Votum in Arbore vovere*, in veteri Pœnitentiali MS. Ejusmodi arborum cultores ξυλολάτρας vocat Nicetas Paphlago in Encomio S. Hyacinthi pag. 8.

Quanta vero religione observarint veteres Galli arbores, querceas præsertim, docent Plinius lib. 16. cap. 34. et alii, ubi de Druydibus. Sed et sub arboribus vota olim reddita evincunt quæ habentur Genes. cap. 18. Oseæ cap. 4. et lib. 4. Reg. cap. 16. et 18. Vide Cluverium in Germ. antiq. lib. 1. cap. 34.

Diu etiam post Christi inductam religionem arborum et lucorum cultum adeo invaluisse ac viguisse in Africa, Germania, Italia, Gallia aliisque Provinciis constat, ut in eo evellendo multum insudarint Pontifices Regesque ipsi : quod testantur [Arnobius lib. 7.] S. Augustinus Serm. 215. et 261. de Tempore, Serm. 241. de Divers. Gregorius M. lib. 7. Indict. 1. Epist. 5. et 20. Gregor Turon. lib. 2. Hist. cap. 10. Concilium Arelat. II. can. 20. Carthaginense V. can. 15. Turonense II. can. 22. Autisiodor. can. 3. Toletan. XVI. can. 2. Braccarense can. 22. Francoford. can. 43. Halitgarius lib. 6. Pœnitent. cap. 6. l. 12. Cod. Theod. de Paganor. sacrif. Lex Longob. lib. 2. tit. 38. § 1. Capitul. Caroli Mag. lib. 1. cap. 64. [** 62. ex Capit. ann. 789. cap. 64] lib. 7. cap. 236. [** 316. ex Concil. II. Arelat,] Capit. ejusdem de Partibus Saxoniæ cap. 20. [** 21. Pertzio ann. 785. pag. 49.] Capitul. 1. incerti anni cap. 41. [** Pertzio ann. 802. pag. 99.] Edgarus Rex Ang. in Canonib. Saxon. cap. 1. § 16. Ladislaus Rex Hungar. in Decret. cap. 22. Nicetas Paphlago in Vita S. Hyacinthi Amastriani pag. 7. Constantinus Porph. de Adm. Imp. cap. 29. quibus adjungenda, quæ habent de ejusmodi arborum cultu Procopius lib. 4. Goth. cap. 3. Helmodus lib. 1. cap. 84. Adam. Bremensis cap. 86. 234. Baldricus lib. 2. Chron. Camerac. cap. 4. Vita S. Severi Episc. Abrincat. num. 2. Vita S. Juliani Episcop. Cenoman. Vita S. Amandi Fundatoris Monasterii Nantuensis apud Guichenonum, etc. [** Vide Grimmii Mythol. German. pag. 69. 373. sqq. et in Apend. pag. 33. sqq.]

ARBORES, Candelabra majora in Ecclesiis multis instructa luminibus, quæ a terra surgunt. S. Bernardus de Vita et morib. Relig. cap. 11 : *Cernimus et pro candelabris Arbores quasdam erectas, multo æris pondere, miro artificis opere fabricatas, nec magis coruscantes superpositis lucernis, quam gemmis.* Paulus Silentiarius in Descrip. S. Sophiæ part. 2. de ejusmodi candelabris vers. 458 :

Κεῖνα γὰρ ἢ κώνοισιν ὀριτρεφέεσσιν ὁμοῖα

Δένδρεά τις καλέσειεν.

Et versu 473 :

Καί τις ἀνήρ στεφάνοιο χοροστασίης τε δοκεύων
Δένδρεα φεγγήεντα, λυπαλγέα θυμόν ἰαίνει.

* **Arbor Molendini.** Reparat. factæ in senescal. Carcass. ann. 1435 : *Item pro uno graffono ferri posito in fine unius Arboris dictorum molendinorum.*

* **Arbor Ambulatoria**, Machina bellica. Tract. MS. de Re milit. et mach. bell. cap. 22 : *Arbor ambulatoria cum verochio potest altius elevari ac declinari ad beneplacitum machinantis.*

* **Arbor** quæ *Chargans* et *non Chargans* nuncupatur, in Lit. Bertr. Guesclini ex Reg. 109. Chartoph. reg. ch. 64 : *Donnons..... terres, vignes, bois, haies, Arbres chargans et non chargans, comme quelconques autres choses;* quænam illa sit, an fructifera, aliave, non satis scio.

2. **ARBOR**, in duello. Speculum Saxon. lib. 1. art. 63. § 6. et Wichbild. Magdeb. art. 35. § 7. ubi duelli formam describunt : *Cuilibet eorum (duello contendentium) judex unum qui arborem sub Phalagam ejus* (desunt hæc tria vocab. in Wichb.) *ferat, ordinabit, qui ferentes neminem eorum ullatenus impedient. Sed si eorum quis ceciderit, vel vulneratus fuerit, Arborem petierit, et judex hoc licentiaverit, Arborem interponant. Postquam circulo pax est nuntiata, etc.* [** In Germ. § 4.]

3. **ARBOR**, Malus navis, vulgo *l'arbre d'un navire*, vox veteri Latio haud incognita; [quare potuisset omitti.] Gloss. vet. *Arbor navis*, ἱςὸν πλοίου. S. Gregorius M. lib. 3. Dial. cap. 36 : *Ex navi clavis perditis Arbor abscissa est, etc.* [** Vide *Jal*, *Archéologie Navale*, vol. 2. pag. 395.]

¶ 4. **ARBOR Maris**, *id est*, *corallina*, Rocho *le Baillif* in Dictionario Spagyrico.

¶ 5. **ARBOR Paschalis**, Cereus Paschalis Sabbato S. in Ecclesia Romana benedici solitus. Statuta Ecclesiæ S. Audomari condita anno Domini 1432. et in Archivis ejusdem asservata : *Qualitercunque præbenda ipsius Ecclesiæ vacaverit... dicta fabrica pro uno anno mediam partem fructuum percipiet.... quod si bis in anno vacaverit præbenda, volumus fabricam una annata contentari... de cætero fabrica præfata tenebitur singulis annis facere fieri Arborem Paschalem, quam Præpositus antedictus facere tenebatur, in qua quidem Arbore ponentur arma Præpositi.*

ARBORAGIUM. Charta Ecclesiæ Deiparæ Scardonensis in Dalmatia ann. 1307. apud Joan. Lucium : *Se obligaverunt solvere pro Arboragio porti, et pro transitu barchanei libr.* 600. Facultas forte erigendi *malum navis* in portu.

* Nisi legendum putes *Anchoragium*, vel *Abordagium*, tributum scilicet, quod pro facultate figendi in portu anchoram, vel pro appulsu ad portum, solvitur.

ARBORATURA, δένδρου καρδία, in Gloss. Græc. Lat. *Arborata*, eadem notione ibidem legitur.

* **ARBORATUS** Locus, Arboribus consitus, ut *Arbustatus* Tract. MS. de Re milit. et mach. bell. cap. 1 : *Oportet quod locus, in quo est exercitus, sit circumdatus a ripis aut flumine, ac sit Arboratus causa quoquendi ac aquandi equos.* Vide mox *Arboreta.*

¶ **ARBOREA**, Idem quod mox *Arboretum*. Charta Heriberti de Campagnia pro Monasterio Sistriensi : *Tradimus itaque... mansum cum casa et aliis casticiis et Arborea.*

* **ARBORETA**, ut *Arboretum*, Hispan. *Arboleda*, Locus arboribus consitus, nostris olim *Arboie* et *Arbriere*. Charta Joan. ducis Bituric. ann. 1402. in Reg. Chart. ejusd. ex Cam. Comput. Paris. fol. 186. v° : *Donamus.... quoddam salicium seu Arboretam et Arboriatam in dicta parrochia S. Privati existentes.* Haud facilis est distinctio *Arboretæ* et *Arboriatæ;* nisi una sit series arborum ordinatim, altera vero sine ordine dispositarum, qua ratione etiam distingui posse videntur voces Gallicæ *Arboie* et *Arbriere*. Poemata reg. Navar. cant. 41. tom. 2. pag. 95 :

Parmi cele Arboie,
Cil oiselon s'envoisent,
Et mainent grant baudor.

Lit. remiss. ann. 1457. in Reg. 187. Chartoph. reg. ch. 33 : *Le suppliant trouva en unes burletes quatre escus d'or, lesquelz il enterra au pié d'un chesne en l'Arbriere ou haye de bois de Pousiniere, près dudit lieu de S. Michau.* Vide infra *Arbuta*. Huc etiam spectare existimo vocem *Arbroys*, in Ordinat. ann. 1402. ex Cod. reg. 9849. 4. fol. 4. r° : *Et aussi que l'en ne batte aux arches, ne aux gors, ne aux Arbroys.* Ubi significari videntur dumeta, quæ ad ripam fluminis ut plurimum exstant. Neque vero me fugit hæc aliter edita esse tom. 8. Ordinat. reg. Franc. pag. 535. sed potior mihi visa est lectio Codicis regii. *Arbruissel* diminut. pro *Arbrisseau*, arbuscula, in Lit. remiss. ann. 1380. ex Reg. 116. ch. 235 : *Ilz coperent d'un coustel un Arbruissel.*

* Aliud autem est *Arbrier :* sic enim nostri vocabant scapum balistæ seu arcus. Lit. remiss. ann. 1402. in Reg. 157. ch. 20 : *Lequel Giral fery ledit feu Benoist en la teste de l'Arbrier d'une arbaleste.* Aliæ ann. 1464. in Reg. 199. ch. 539 : *Icellui Genesquet vint par-derriere l'un desdiz compaignons et print l'Arbrier de son arbaleste, et la fist desbender. Abrier*, eodem sensu, in aliis Lit. ann. 1429. ex Rex. 174. ch. 325 : *Ainsi que le suppliant ot tendue son arbalestre et couchée la vire sur l'Abrier en baissant pour desserrer, ne scet se sadite vire estoit couchée sur le cours de l'abret de sadite arbalestre, etc.* Occurrit rursum in Reg. 175. ch. 118.

ARBORETUM, Locus arboribus consitus; δένδρων ὁ τόπος, in Gloss. Gr. Lat. Occurrit in Statutis antiq. Monasterii Corbeiensis cap. 1. tom. 4. Spicilegii Acheriani, [et apud Miræum tom. 1. Diplom. Belgic. pag. 935. col. 1.] Utitur etiam Gellius.

¶ **ARBOREUM**, Idem quod *Arboragium*. Charta Ludovici IX. pro Equitibus S. Joan. Hierosol. in Collect. privileg. eorumd. Equitum pag. 32 : *Sint liberi et quieti de exercitu, et equitatu, et de Arboreo, pagio, pontagio et passagio, et vinagio et stagio.* Ubi *Arboreum* est tributi species, quæ sicut et *Arboragium*, eadem videtur quæ *Arbustaritia*.

* **ARBOSTURA**, perperam pro *Abrostura*, Depastio. Vide in hac voce. Charta fundat. Blancæ-landæ ann. 1154. inter Instr. tom. 11. Gall. Christ. col. 242 : *Arbosturam boum et coria cervorum et omnium bissarum, etc.* Ubi legendum ex Reg. 154. Chartoph. reg. ch. 146 : *Abrosturam boum et coria cervorum, etc.* Unde etiam emendanda hæc Charta ex Columbo laudata in *Abrostura.*

* **ARBUA**, Idem, ut videtur, quod *Arboreta*. Charta Guill. dom. Salionis ann. 1281. in Chartul. eccl. Lingon. ex Cod. reg. 5188. fol. 18. r° : *Sex jornalia Arbuæ in finagio de Dianeto ubi dicitur ad septem fontes.*

¶ **ARBUSCULOSUS**, σύνδενδρος, *Ramosus*, in Supplemento Antiquarii. Vide *Arbustatus.*

ARBUSTARITIÆ, Exactionis species. Charta Arnolfi Regis, ann. 894. apud Puricellum in Monument. Basilicæ Ambrosianæ pag. 264 : *Nec ullas publicas functiones, aut redhibitiones vel inlicitas occasiones, aut illas, quas Arbustaritias vocant, ex rebus jam dicti Monasterii... exigere audeat.* Alia Ludovici Imp. ann. 901. apud Cælestinum et Ughellum in Episcopis Bergomensib. : *Nec ullas publicas Arbustaritias, aut redhibitiones, vel illicitas occasiones, sive angarias superimponere audeat : et quia ipsi nostri dilecti fideles nostræ innotuerunt mansuetudini, quod ab ipsius Ecclesiæ pertinentibus, quædam venationes, Arbustaritiæque injustæ et contra omnes leges... exquirantur, etc.* Nos dicimus *Arabuster*, vel *Tarabuster quelqu'un*, pro *vexare*, metaphora ducta ab *arbustis*, seu sentibus, quæ itinerantium pedes intricant. Vide mox *Arbusteritia.*

ARBUSTATUS, Arbusculis consitus. Idem quod *Arbustatus* In Glossis Græc. Lat. σύνδενδρος, *Arbusculosus, ramosus.* Idem quod *Arbustatus* in Bulla Joannis, XXII. ann. 1321. apud Waddingum tom. 3 : *Item alius campus de terra Arbustatus... alia petra de terra Arbustata.* Italis *Arbustoso.* [** Vide Forcell. in *Arbusto*. Marinii Papyr. num. 114. circa ann. 539 : *Fundum quod Concordiacos nuncupator..... culti optimi Arbustati jugera viginti.* Eidem num. 117. ann. 541 : *Vineis arboribus arbusteis Arbustatis taleis, etc.* Apud Colum ellam *Arbustivus.*]

* **ARBUSTERICIA**, Exactionis, vel corvatæ species, eadem quæ *Arbustaritia*. Charta Bereng. I. ann. 901. apud Murator. tom. 6. Antiq. Ital. med. ævi col. 324 : *Teloneum, vel ripaticum, atque districtum, seu Arbustericiam, aut quamcumque redibitionem publicam quoquo modo exigere.*

* **ARBUSTIFER**, Arborum ferax. Charta ann. 909. inter Probat. tom. 2. Hist. Occit. col. 52 : *Terrenum, arenosum, nemorosum, Arbustiferum, etc.*

* **ARBUSTUM Vitatum**, Locus arboribus consitus, ad quas applicantur vites. Charta ann. 874. apud Murator. tom. 1. Antiq. Ital. med. ævi col. 833 : *Offerimus ibi terram, quæ appellatur de Pandula ad ipsas quercias, capientem seminationem modiorum quatuor, et est ibi Arbustum vitatum.... Et aliam terram, quæ fuit de Dominiu, quæ est Arbustum vitatum modii unius.* [** *Arbustum vitatum* est quod Gallice dicunt *Bois en defens*, olim *Bois vetez.* Vide *Vetatum.*]

* **ARBUSTUS**, *Genus arboris floribus raris.* Glossar. vet. ex Cod. reg. 7646. Pro *Arbutus*, Gall. *Arboisier*, Provinc. *Agulencier*, ut legitur in Glossar. Prov. Lat. ex Cod. reg. 7657.

* **ARBUTA**, Eadem notione qua supra

Arboreta. Charta Guidonis episc. Lingon. ann. 1260. in Chartul. ejusd. eccl. ex Cod. reg. 5188. fol. 238. r° : *Octo jornalia in Arbuta, sita sub grangia, quæ fuit defuncti Bernardi.* Nisi locus sit ex *Arbutis* ita appellatus. Vide supra *Arbustus.*

1. **ARCA**, Arcella, Acatura, Voces Gromaticis et Agrimensoribus familiares, apud quos *Arcæ* dicuntur, signa finalia per possessionum extremitates constituta, sive constructa. Frontinus de Coloniis : *Adrianus ager... finitur per rationem Arcarum, riparum, etc.* Idem : *Limitum delineatio est per rationem Arcarum.* Lex Wisigoth. lib. 10. tit. 3. § 3 : *Quotiescunque de terminis fuerit orta contentio, signa, quæ antiquitus constituta sunt, oportet inquiri : id est, aggeres terræ sive Arcas, quas propter fines fundorum antiquitus apparuerit fuisse constructas, congestas.* Charta Theodemiri Regis Gallæciæ æræ 610. apud Bivarium in Notis ad Pseudochronicon Maximi pag. 451 : *Unicuique civitati suam tribuimus diffinitionem, seu portionem, ac per villarum cacuminaque montium, seu antiquorum castrorum, vel Archarum confinia eis terminos ingessimus.* Est igitur *Arca* nomen genericum, quo termini omnes significantur. Gloss. Lat. Gr. *Arcæ*, ἄρκα κτισμάτων, leg. κτημάτων. Papias : *Arca, ab Arcendo dicta, fines enim agri custodit, eosque adiri prohibet.*

At cum *Arcæ* a cæteris limitibus, forma et figura diversæ fuerint, censendum potius peculiarem et propriam fuisse appellationem certi cujusdam termini, cujus cum usus creber esset in finiendis agris, factum inde, ut cæteri limites *Arcarum* vocabulo intelligerentur. Nam Hygenus de Limitib. constit. pag. 222. *Arcam* repræsentat forma quadrata, atque intus cava, quemadmodum sunt *arcæ*, sive cistæ, unde et nomen inditum; cum cæteri limites, ut varia et diversa figura, ita et appellatione ab eodem donentur. Vide Salmasium ad Solin. pag. 1206. Vetus Placitum ann. 17. Ludovici Pii, editum a V. Cl. Stephano Baluzio in Append. ad Capitul. num. 34 : *Et perquisierunt terminos de ipsa villa, Archas et fixorias et vindenates... et testificaverunt et juraverunt, et fuerunt per ipsas Archas et fixorias.* Alia ann. 881. n. 116 : *Cellam S. Clementis cum... terminis suis atque Archis.* Occurrit ibi rursum, et in aliis ibid. n. 118. 119. [** Vide S. Rosa de Viterbo Elucidar. tom. 2. pag. 109. voce *Mamoa.* Charta Alphonsi. III circa ann. 897 : (Confirmamus antiquos limites,) *quos priores nostri interposuerunt et ageres terræ sive Archas, prope quos fines fundarunt, apparuerunt antiquitus fuisse congestas, atque constructas : lapides, quos per indicia terminorum notis evidentibus sculptos vel constat fuisse fixos etc.* quæ conferas cum lege Wisigothorum loco supra laudato, ubi monendum in Hispanico esse *era*, unde interpres videtur legisse *areas.*]

Arcella, ab *Arca*, diminutivum. Vitalis Gromatic. : *Invenies Arcellam in trifinio positam.* Frontinus : *Asculanus ager terminis Claudianis in modum Arcellæ est demeritus.* Apud Cæsarium in Regula ad Virgines cap. 26. *Arcella*, cistula est. *Arcellula*, apud Gregorium Turon. lib. 10. Hist. cap. 16. Vide Theodericum in Hist. Translat. S. Celsi Episc. Trevir. n. 17.

Arcatura, Eadem notione apud Senatorem lib. 3. Ep. 52 : *Miramur, tanta animositate fuisse litigatum, quod aut terminis, testibus, aut fluminum ripis, aut Arcaturis constructis, aliisque signis evidentibus constat esse definitum.*

¶ 2. **ARCA**, Carcer, Gall. *Prison*, et forte Carcer cœcus, seu locus carceris depressior, Gall. *Cachot*, sic dictus, quod sit sub fornice, quem appellamus *Arche, Voute.* Tabularium Monasterii S. Maxentii Pictav. : *Petrus filius Christiani de Pampro dudum pro malis, quæ dicebat et faciebat Monachis suis dominis, captus est et compeditus, et in Arca missus.* Ibidem : *Aymericus Calvet captus fuit et compeditus, et in eadem Arca missus; unde exiit per sigillum Comitis et Episcopi.* Etiamnum quasi ab *Arca*, Gall. *Coffre*, dicimus : *Coffrer quelqu'un*, pro *Aliquem in custodiam tradere.*

¶ 3. **ARCA**, Arcula seu sacra pyxis in qua SS. Eucharistiæ Sacramentum reconditur apud Ludewig. tom. 6. Reliq. MSS. pag. 201. Ubi tamen scribitur *Archa*, pro *Arca.* [* Hinc

* Arca vel Archa, Feretrum, theca in qua reconduntur sacræ Reliquiæ. Ordinar. MS. eccl. S. Petri Insul. : *Archa B. M. visitata cum aliis Archis, videlicet SS. Euberti et xj. millium Virginum, defertur ad ipsam processionem candelis et tædis accensis.*]

4. **ARCA**, Fiscus, thesaurus publicus, non semel in Inscriptionibus, *Arca Pop. Rom.* apud Grut. 1033. 8 ; *Arca, publica*, 386. 4. *Judex arcæ Galliarum*, 455. 10. *Arca vicarianæ sedis*, apud Senatorem lib. 2. Epist. 24. Vita Ludovici Pii ann. 814 : *Ut singulis annis septem millia solidorum auri Arcæ publicæ inferet. In Arca publica functionem exsolvere*, in Lege Wisig. lib. 5. tit. 14. § 19.

Arcæ Ecclesiarum, quibus olim præfecti erant Diaconi. Paulinus lib. 4. de Vita S. Martini :

Protinus astanti Diacono, quem more priorum
Antistes sanctæ custodem legerat Arcæ.

Inde *Arcarii*, Arcarum Ecclesiæ custodes, de quibus infra. Vide *Aricula*, 1.

Arca Pecuniæ, apud Anastas. in S. Stephano. [* Hinc

* Arca Monetæ, Jurisdictio, quæ de re monetaria judicat, Gall. *Cour dês monnoies.* Charta Henr. I. reg. Angl. circ. 1108. inter Instr. tom. 11. Gall. Christ. col. 157 : *Omnia autem placita,.... exceptis solummodo placitis de expeditione mea, et bello, si ortum fuerit, de placito monetæ, quod quidem in abbatis curia judicabitur, sed apud Arcam monetæ terminabitur.*

* Archa, Oblationes, quæ in arca, Gall. *Tronc*, immittuntur. Charta apud Cencium inter Census eccl. Rom. : *In die Jovis sancti et die Veneris, si episcopus S. Rufinæ recipit jus, quod consuevit habere, videlicet Archam et altare, ex quo pulsatur ad matutinum usque dum finitur officium, etc.*

** Archa Pietatis, *Arca da piedade*, Lusitanis olim Arca in quam immittebantur oblationes, quibus redimendi erant captivi. Vide S. Rosa Elucidarii Suppl. pag. 10.

* Arca inter insignia ecclesiarum collegialium, ut et communiarum jura, recensetur. Bulla Sixti PP. IV. ann. 1483. inter Instr. tom. 2. Hist. Meld. pag. 263 : *In collegiatam ecclesiam cum Archa, sigillo et aliis collegialibus insigniis.... erigimus.* Libert. villæ de Sarlato ann. 1370. tom. 5. Ordinat. reg. Franc. pag. 339 : *Super jurisdictione, Archa, consulatu et domo communi de Sarlato, etc.* Occurrit passim. Vide in *Campana* 2.

5. **ARCA.** Statuta Synodalia Odonis Episcopi Paris. : *Non permittantur Prædicatores super Arcas celebrare, nec pulsare campana per vicos, nec loqui in Ecclesiis, nec præsentare reliquias; sed tantum deferant ferenda, et Sacerdotes pro illis loquantur.* f. areas, cœmeteria [vel *altaria portatilia.*]

6. **ARCA** Granaria, [in qua granum seu frumentum conditur.] Charta plenariæ securitatis, scripta sub Justiniano, apud Brissonium lib. 6. Formul. : *Arca Granaria minore ferro legata, valente siliquas aureas duas.*

¶ Arca Annonæ, Eadem notione. Charta ann. 1111. ex Archivo B. Mariæ de Charitate ad Ligerim : *Bartholomæus de muro donat Monasterio Charitatis... Arcas viginti Annonæ modios capientes.* Tabular. Dunense : *Gaufredus Vicecomes... misit famulos suos ad domum ubi erat Archa cum Annona, et invenerunt ipsam Archam firmatam... cumque vidissent famuli quod Archa plena esset Annona, dimiserunt eam, et illa vice nihil de annona abstulerunt.*

7. **ARCA**, Pars corporis, quam thoracem appellamus, sic dicta, ut videtur, quod in ea intestina omnia recondantur, tanquam in arca. *Domus stomachi*, Commodiano instr. 76. Papias : *Thorax a Græcis dicitur pars anterior trunci a collo usque ad stomachum, quam nos Arcam dicimus, quod sit ibi arcanum.* Unde legendum videtur *arca*, pro *orca*, apud Constantinum African. lib. 2. Commun. locor. Medic. cap. 6. cujus lemma est, *de spatula, furcula, vel Orca.* Nam, ut ait idem Auctor, furcula est, *ubi spatiositas est pectoris.* Sic *Arcam* pro *pectore* usurpat Fortunatus in Præfat. ad libros de Vita S. Martini :

Nam celsum meritis Martinum ad sidera notum,
Cum sint vota mihi, non valet Arca loqui.

Id est, pectus. Et lib. 1. de Vita ejusdem Sancti, ubi mortuum ab eodem resuscitatum describit :

Incubuit super exanimis pallentia membra,
Et premit Arca sacri, ne hunc deprimat arca sepulcri.

Et lib. 3 :

Quæ facies, oculi, gena, pes, Arca, figura.

lib. 4. Poëm. 11. *Arca pectoris.* lib. 7. Poëm. 8. lib. 8. Poëm. 5. de Deipara :

Infra Arcam abscondens fulgida luna jubar.

Nos etiam Galli usitato loquendi modo, hanc corporis sentinam, *Coffre*, vocamus. Catholicon Armoricum : *Coff*, Gall. *Ventre*, Lat. *Venter.* Ita Anglis *chest*, est non modo arca, cista, capsa, sed etiam *pectus.* Vide *Capsum.* [** Lusitanis olim eodem sensu *Arcabouço* et *Arcaboiço.* Vide S. Rosa de Viterbo Elucid. tom. 1. pag. 134.]

* 8. **ARCA**, Modus agri, a forma quadrata forte sic dictus. Vide *Arca* 1. Charta ann. 1249. apud Schwart. in Hist. fin. principat. Rugiæ col. 222 : *Propter quod et fratres prædicti monasterii* (de Hylda) *in sulta eorum censum de tribus Arcis, quas eligimus tantum ad vitam nostram, nobis concesserunt; ita tamen ut si Arcæ ipsæ, quas*

elegerimus, in tantum deteriorentur, ut censum solvere non possint, etc. Arca vineæ, in Chartul. eccl. Autiss. ad ann. 1286. fol. 523. Chartul. Celsinian. ch. 96 : *Duos modios S. Petro dimitto, et alios duos ad quatuor presbiteros,... unum tonellum et duas Archas dimitto sorori meæ.* Ch. 435 : *Dono.... mediam mansionem cum tres tonnas et vj. Arcas, et in alio unam vineam de medio planto.* Ch. 458 : *Dono ad eumdem locum mansionem unam,.... et in ipsa mansione x. modios de vino cum ipsa tonna, et unum modium de annona cum ipsa Arca.* Et ch. 881 : *Dimitto de annona sex modios cum ipsas Arcas.* Vide in *Archa* 6. et infra *Arcata* 2.

* 9. **ARCA**, Officina, locus ubi res venales exponuntur. Charta ann. 1241. in Chartul. Campan. fol. 430. col. 1 : *Cum.... dedisset idem rex* (Navarræ) *quod nulla Archa ante prædictam domum de cetero poneretur, quamdiu idem Garsias viveret, nisi de voluntate ipsius; nos.... protestamur, quod post decessum ipsius Garsyæ, dictus rex aut hæres ejus, si voluerit, possit ponere de jure illam Archam ante dictam domum in nundinis antedictis.*

* 10. **ARCA**, pro Arcus, mendose ac ridicule apud Scriptores semibarbaros, quoties de *Ponte arcus*, Gall. *Pont de l'arche*, scripserunt, ut monet Valesius in Notit. Gall. pag. 453. col. 1.

ARCAGIUM. Vetus Charta apud Ordericum Vitalem lib. 5 : *Videlicet Ecclesiam... et medietatem decimæ illius villæ, cimiterium... nec non Monasterii Arcagium quantum Goselinus tenuit.* Forte *Areagium.*

☞ Puto recte scriptum esse *Arcagium*, quod fuerit præstationis species, qua quis tenebatur in domo sua arcæ reponendæ locum dare. Inter consuetudines debitas tertia pars loci unius *archæ* numeratur in Tabulario Calensi pag. 94 : *Prædicta domus tempore Drogonis debebat* XXVIII. *denarios de censu Arnulfo de Couberon, qui etiam in prædicta domo has consuetudines quærebat, tertiam partem unius Archæ et unius dolii et* VII. *solidos ex credicione, et tertium hospitalitatis suæ quandocumque vellet.* Vide *Arcasium.*

* Neque *Areagium* reponendum est, neque eo sensu, qui a DD. Benedict. proponitur, accipienda est hæc vox : Tributum enim seu præstatio esse videtur ex agris, nomine *Arcæ* designatis, præstita. Vide supra *Arca* 8. Idem itaque quod *Agrarium, Terragium* alibi dicitur.

* Archagium, Eadem notione. Charta ann. 1157. ex Tabul. Miciac. : *Villam S. Albini, cum domibus, vineis, virgultis, terris, hospitibus, Archagio, et omnibus quæ ad eamdem villam pertinent.* Chartul. S. Sigiranni : *Ego Ramnulphus pro redemptione animæ et parentum meorum reddo loco S. Sigiranni et servientibus in eo decimam et beneficia, quæ ad illam ecclesiam pertinent cum sepultura, cum Archagio, cum censu, etc.*

* **ARCAHUT.** Vide infra *Artahut.*

* **ARCALECTUS**, Archaletus, Ligneus lecti instructus, quasi *Arca* lecti, Gall. *Chalit*, Vasconibus *Arcoliet.* Inventar. ann. 1476. ex Tabul. Flamar : *Unum lectum incortinatum,.... cum suo Arcalecto postium coralli et cum suo marchipe coralli, et cum prædicto Arcalecto claverato ad circuitum dicti Arcalecti.* Occurrit rursum ibidem. Consuet. MSS. monast. S. Crucis Burdegal. ante ann. 1305 : *Infirmarius habet tenere cameras infirmorum.... bene garnitas Archaletis lignorum, tabulis, scamnis et sedilibus, etc.* Vide *Archilectile.*

* **ARCANDIUM**, in Hist. S. Mart. pag. 483. Idem videtur quod supra *Arcagium.*

¶ **ARCANUM**, Anima, Vita, ipsa etiam natura cujusque rei apud Philosophos Spagyricos. Rochus le *Baillif* in Diction. Spagyrico : *Arcanum est res secreta incorporalis atque immortalis quæ cognosci non potest, nisi experientia. Est enim virtus cujusque rei quæ millies plus operatur quam res ipsa.*

* **ARCARAGIUM.** Vide infra *Feudum Arcaragii.*

* **ARCARE**, Arcum seu fornicem exstruere. Charta S. Ludov. ann. 1259. in Reg. 30. Chartoph. reg. ch. 304 : *Senescallo Carcassonæ salutem. Mandamus vobis quatenus infirmariam S. Nazarii Carcassonæ ampliari permittatis; ..... permittatis etiam quod Arcent carrerias in burgo novo Carcassonæ.*

1. **ARCARIA**, τραπεζιτική, in Gloss. Lat. Græc. Ita enim lego, pro τραπεζιτηκά, ut intelligatur *ars mensaria*, in qua qui pecuniam servat, *Arcarius* dicitur, nostris, *celui qui garde la caisse.*

Arcaria, Dignitas *Arcarii*, apud Anastas. in S. Agathone pag. 53.

* 2. **ARCARIA**, *Cambium publicum*, Tabula nummularia, Gall. *Change.* Charta Phil. Pulcri ann. 1306. in Reg. 62. Chartoph. reg. ch. 64 : *Nos Guillelmo de Nozeriis servienti nostro armorum.... Arcariam, quam Vascones tenere solebant, cum omnibus juribus et pertinentiis suis, prout per dictos Vascones seu gentes nostras alias explectari solent, concedimus et donamus in hereditatem perpetuam tenendam a prædicto Guillelmo et heredibus suis ex recta linea descendentibus, faciendo servitium consuetum, volentes nichilominus quod prædictus Guillielmus et heredes sui propter hoc teneantur, quamdiu et quotiens nobis placuerit, custodiæ castri nostri de Pacinchia, quam sibi commisimus, sine vadiis deservire.*

ARCARII, Sagittarii, *Archers*, in Epistola Episcopi Asconensis ad Honorium III. PP. tom. 8. Spicilegii Acheriani, in Actis Innocentii III. PP. pag. 10. 143. 147. apud Silvestrum Girald. lib. 1. Itiner. Cambriæ cap. 5. etc. *Arcarii* Anglici olim multi æstimati. Chronicon Bertrandi Guesclini MS. :

Et sans les bons Archiers du bon pays Anglois.

Ita Froissart. 1. vol. pag. 296. Tasso cant. 1. stanz. 44. Dux Clivensis in Tacticis pag. 81. etc. De *Francis Arcariis*, qui vulgo nostris, *Francs-archers*, consulendi Monstreletus 3. vol. pag. 13. et Berrius in Carolo VII. pag. 165.

* **ARCARIUM**, Ærarium. Bulla Stephani PP. ann. 896. inter Probat. tom. 2. Hist. Occit. col. 30 : *Datum..... per manum Stephani episcopi sanctæ ecclesiæ Nephesinæ in Arcario sanctæ sedis Apostolicæ.* Vide in *Arcarius.*

ARCARIUS, Cui arcæ publicæ, sive thesauri cura demandata erat. Gloss. Gr. Lat. ὁ ἐπὶ τῆς δημοσίας τραπέζης, *Arcarius.* Gloss. Latino-Græc. *Arcarius*, οἰκονόμος. Gloss. Isid. et Papias, *Arcarius, actor, dispensator*. Brito : *Arcarius, qui custodit, vel facit Arcam, vel custos thesaurorum. Vicarius Arcarii* in Inscript. apud Grut. 580. 10. *Arkarius Reip. Amerinorum.* 1091. 7. *Arcarius præfectorum*, apud Senatorem lib. 1. Epist. 10. [** Marin. Papyr. diplom. num. 139. lin. 10. et not. pag. 376. a.] Occurrit non semel in Cod. hac notione. Apud Alcuinum Epist. 105. *Megenfridus regalis Palatii Archarius* inscribitur, et in ipso contextu, *fidelissimus dispensator thesaurorum* indigitatur. Charta Witlasii Regis Merciorum apud Ingulfum pag. 856 : *Arcarius meus omnes expensas hujusmodi, cum dicti ministri mei annumeraverint, pro fisco integre acceptabit.* Vide Ordericum lib. 10. pag. 798. 799. [Marten. tom. 3. Anecd. col. 1124.]

Arcarius Ecclesiæ Romanæ, recensetur inter officia Ecclesiastica apud Anastasium in Agathone, et in Constantino PP. pag. 53. et 65. et apud Luitprandum lib. 6. c. 6. extremo, apud Joannem VIII. Epist. 294. Ughellum tom. 1. Ital. sacr. pag. 1101. etc. *Ecclesiæ Arcarius* apud Odonem Abbatem lib. de Miracul. S. Mauri cap. 10. [*Arcarius Apostolicæ Sedis* apud Mabill. tom. 4. Annal. pag. 706.] [** Vide Marin. Papyr. Diplomat. pag. 224. not. 3. num. 25.] Vide *Archidiaconus Ecclesiæ Romanæ.*

* *Numerorum Arcarius*, in Actis SS. Getulii, etc. tom. 2. Jun. pag. 266. col. 1. Ordo Rom. MS. ex Cod. reg. 4188 : *Archarius, qui ab archano dicitur, debet scire secreta consilia imperatoris et colligere censum.*

* **ARCASIA**, Locus in pago Tornacensi, cujus meminit Charta commun. Tornac. ann. 1187. in Reg. 34. bis Chartoph. reg. part. 1. fol. 10. v°. col. 2 : *Si vero versus Arcasiam cum exercitu venerimus nos vel successores nostri, communia tota Tornacensis usque ad eumdem locum, vel usque ad æque remotum locum circa Tornacum, nobis occurrere debent.*

¶ **ARCASIUM**, f. Idem quod *Arcagium.* Rotulus sæculi XII. de Prioratu S. Pauli de Tartas in Archivo Monasterii de Casa-Dei : *Dalmacius Dentil Arcasium, quod habebat in Ecclesia S. Pauli, unam mulam et C. sol. dedit Monachis presentibus et futuris.* [* Vide supra *Arcagium.*]

¶ 1. **ARCATA**, Arcus, fornix, Gall. *Arche, Arcade.* Processus de B. Petro de Luxemburgo tom. 1. Julii pag. 593. B : *Interrogatus quantum distabat ipse loquens a puero? Dixit, quod per spatium duarum Arcatarum pontis.* Sebast. Fantoni tom. 2. Hist. Avenion. pag. 119. ex inquisitione ann. 1291 : *Dixit quod supra pontem de petra... vidit in ultima Arcata quoddam portale.* Alium locum vide in *Caputfinis.*

* 2. **ARCATA**, Idem quod supra *Arca* 8. Modus agri. Charta ann. 1197. in Tabub. S. Vict. Massil. : *Dedit ad acapitum duas Arcatas freneas remanentes magnæ curtis.*

¶ **ARCATE.** Vide *Pradisterium*, ubi, ait Cangius, nihil succurrit, nisi *Arcate* sit pro *Arcaq.*, quod Hispanis idem est cum *Arca.*

* **ARCATIUM**, Arca, Gall. *Coffre.* Stat. civit. Mutin. rubr. 400. pag. 88. r° : *Qui liber debeat gubernari in uno Arcatio communi ipsorum notariorum.*

ARCATORES et Archatores, Sagittarii, *Archers*, apud Ottonem Morenam in Historia

Rerum Laudensium pag. 55. 69. 70. 110. [Obertus Cancellarius Annal. Genuens. lib. 2. apud Murat. tom. 6. col. 294 : *Eo* (prælio) *diutius durante Arcatores ferierunt Balduinum filium Henrici Guercii, et Gandulphum Ususmaris.* Ogerius Panis Annal. Genuens. lib. 4. ad ann. 1215. apud Murat. tom. 6. col. 409 : *Et guarnito illo de castellano, Archatoribus, et balistariis, ad propria sine la sione aliqua feliciter redierunt.*]

ARCATURA. Vide *Arca*.

ARCATURIA. Falco Beneventanus : *Ad frangendam, ut ita dicam, Arcaturiam ivit.* Palorum sepem in publicum privatumque commodum structam ad arcendam constringendamque perennis fluminis aquam hic interpretatur Camillus Peregrinus, populari vocabulo plerisque etiamnum in Italiæ locis usurpato, quo sensu forte dicuntur *Archaux*, in Consuetudine municipali *de Menetou sur Cher*, art. 23. ubi de servitutibus realibus : *Les garennes et Archaux en ladite riviere de Cher sont defendus.* Vide *Arca*, *Arcatura*.

* Munimenti etiam genus, nostris *Arce*, quo scilicet arceantur aggressores. Charta Ludov. XII. reg. Franc. ann. 1510. ex Chartul. episc. Carnot. : *Donnons licence de fortifier et emparer ledit bourg et ville de Pontgoing à l'entour de icelles de murailles, tours, palnfs, barbacanes, boulevers, escluses, portaulx, pontsleveys, Arces, barrieres, et autres clostures et fortifications.* Nisi sit pro *Herse*, cataracta.

¶ **ARCAVUS**, f. Atramenti vasculum, Gall. *Ancrier*. Locum vide in *Scarpellium*.

* **ARCAYRAGIUM**, Officium *arcarii*, seu sagittarii, Gall. *Archer*. Vide infra *Arqueriutus*.

1. **ARCE**, pro ἀρχή, Dignitas. Indiculus Dagoberti Regis ad Sulpitium Archiep. ex Vita S. Desiderii Episcopi Cardurcensis MS. : *Proinde dum vos Arcem Metropolitani scimus tenere, etc.* Vita S. Theodardi Archiepiscopi Narbonensis apud Catellum pag. 766 : *Ut omnis, qui Pontificatus illius Arcem sortitus erit electione, etc.* Ubi *Arce* videtur vox formata, non ex *arx*, quod volunt viri docti, sed ex Græco ἀρχή. [** Glossar. cod. reg. 7644 : *Arche, locis sublimitate.*] Eadem Vita pag. 759 : *Vel consensu omnium Episcoporum ejus Provinciæ, cui præponendus est, qui ἀρχὴν regiminis ejusdem curamque nihilominus pastoralem suscepturus est, etc.* Et pag. 757 : *Expetitur ad suscipiendam Diaconatus ἀρχήν.* Infra : *Ex eo tempore, quo Diaconatus ἀρχὴν suscepit.* Nolim tamen omnino contendere voculam *arcem* hisce locis non posse deduci ab *arx*. Nam et arcem translate pro eo, quod summum est, et eminet, frequenter usurpasse veteres Scriptores constat. Locos collegit Stephanius in Notis ad Saxonem Grammat. pag. 194. 223. Adde Foros Regni Aragon. fol. 128. v. a. Eadem Vita S. Theodardi, pag. 765 : *Regum Francorum, ad quos celsitudo principatus ejusdem terræ specialiter pertinet.* Vita S. Conwoionis Abbat. Rothonensis num. 1 : *Ecclesiæ Venetensis Diaconi Arcem meruit conscendere.* Vetus Charta in Actis Episcop. Cenoman. pag. 204 : *Unde Domnorum Episcoporum et Metropolitanorum Arcium sedes tenentium suffragia poscimus, etc.* Ubi perperam *artium* præfert editio. [** Privileg. Ageradi Carnotensis Episcop. ann. 696. Brequinio num. 233 : *Unde domnis metropolitanis arcium sedes divinitatis suffragia poscimus, etc.*] Ita Basilius Seleuciensis Homil. in Davidem, τῆς ἀσεβείας ἀνελθὼν ἀκρόπολιν dixit.

¶ 2. **ARCE**, pro *Archivum*. Legitur in Charta Childeberti III. ann. 994. apud Mabil. lib. 6. de Re Diplom. pag. 477. [** Charta Childeberti III. ann. 695. Brequinio num. 231.] : *Duas præceptiones uno tenure conscriptas exinde fieri jussimus, una in Arce Basilicæ sancti Dionisii resediat, et alia in tessauro nostra.* [** Vide *Archia*, 1.]

¶ **ARCEDO**, Ligamen quo sanguis venæ sectæ sistitur seu arcetur, a quo dictum *Arcedo*, ut exponit D. Marquardus *Herrgott* Vet. Discipl. Monast. pag. 112. Discipl. Farfensis cap. 41 : *Si quis frater voluerit sanguinem minuere, procuret indicare Abbati... Licentia denique accepta eat indicare cellerario, ut habere faciat Arcedonem, vel si tempus fuerit hyemis, ignem accendere faciat in calefactorio.* Ubi, si particulam disjunctivam, *vel* attendas, nihil aliud *Arcedo* significare videtur quam cubiculum concameratum, quod in æstate alsum est; sic dictum ab *Arca*, Gall. *Voute*.

1. **ARCELLA.** Guigo II. Prior Cartusiensis in Statutis ejusdem Ordinis cap 50. § 1 : *Domus, in qua fiunt casei, quam vocamus Arcellam.* Eadem verba habentur in antiquis Statutis ejusdem Ordinis part. 3. cap. 18. § 3. Vide *Fromageria*.

Arcella pastoris, in iisdem Statutis part. 3. cap. 28 : *In Arcella pastoris, et in furno nullus ingreditur.*

¶ 2. **ARCELLA**, pro *Arcula*, Gall. *Cassette*. Hist. Monasterii Novientensis tom. 3. Anecdot. Martenii col. 1152 : *Arcellæ sive in dormitorio, seu in quocumque loco fuerunt inventæ, securibus effringuntur, quia in loculis quorumdam sperabatur argentum inveniri.*

3. **ARCELLA.** Vide in Arca, 1.

ARCELLINA, inter ministeria vel vasa sacra, in Charta Ferdinandi M. Regis Hispaniæ æræ 1101. apud Anton. *de Yepez* in Chronico Ord. S. Benedicti tom. 6 : *Tertia vero* (Corona) *est diadema capitis mei aureum, et Arcellinam de crystallo auro coopertam, et crucem auream cum lapidibus, etc.* Ubi forte *Arcellina*, minor arca.

¶ **ARCELLUS**, Archellus, Arcus, fornix, Gall. *Arceau*. Hinc ita dictæ ipsæ ædificiorum portæ in arcum exstructæ; ut in Monasterio Tyroniensi. Annal. Bened. tom. 4. pag. 219 : *Robertus Abbas Salmuriensis.... sepultus in claustro juxta Arcellum Capituli .... ubi voces canentium eo moriente auditæ feruntur.* Charta Capituli Autissiod. ann. 1297 : *Noverint universi, quod nos portam claustri Beati Stephani Autissiod. quæ porta Pendens appellatur, cum Archello super eam existente, reparatione indigentem, nondum est dudum, opere latomiæ reparari fecimus.*

¶ **ARCENTUM.** Vide *Arcetum*.

ARCEPELLONES, *Qui vulgo dicuntur ingeniarii*, inquit Ugutio.

ARCEPS. Vide *Archivum*.

¶ **ARCEPTA**, *Genus navis, acatus*, apud Grævium ad Gloss. Isid. in voce *Accepta*, ex Pithœi Excerptis. Genus est vasis Ugutioni, cujus locum vide in *Pigella*.

* **ARCERA**, *Vehiculum in arce nondum confixum, non utique plaustrum, id est, carrum.* Glossar. vet ex Cod. reg. 7646. Quæ sic emendanda sunt : *Vehiculum in arcæ modum confictum.* Gellio lib. 20. cap. 1, *Arcera plostrum est tectum undique et munitum; quasi arca quædam magna vestimentis instrata, qua nimis ægri aut senes portari cubantes solebant.* Nostris vulgo *Litiere*.

* **ARCERE**, Occupare, ad manum ponere, Gall. *Saisir*. Lit. Alfonsi comit. Pictav. ann. 1269. in Reg. 11. Chartoph. reg. fol. 153. v° : *Significavit nobis venerabilis pater episcopus Mimatensis, quod vos Arcetis seu justitiare vultis feudum Guidonis de Montonge, quod feudum tenere debet dictus Guido a domino castri, et dominus castri, ab ipso episcopo, et idem episcopus a nobis.*

¶ **ARCERETUS**, *Conflictus*. Papias, ex MS. Bituricensi. Forsan est *Arceretus* pugna quæ fit emissis sagittis ab *Arceriis* seu sagittariis.

ARCERII, Sagittarii, Italis *Arcieri*, nostris *Archers*. Acta Alexandri III. ann. 1175 : *Procedentes in multa fortitudine militum, peditum, armatorum, et Arceriorum versus Alexandriam.* Vide *Arcarii*.

* Chron. Placent. ad ann. 1360. apud Murator. tom. 16. Script. Ital. col. 506 : *Cardinalis et legatus domini Papæ misit exercitium magnum equitum et peditum Arceriorum cum comite Simone. Arcerii de Candia*, in Chron. Travis. apud eumdem tom. 19. col. 749.

¶ **ARCERNUM**, Thuribulum. Vetus Pontificale Gemeticense MS. ubi de Consecratione Ecclesiæ : *Tunc imponas in Arcernum ignem.* Forte legendum *Acerram*.

* **ARCES**, Tortiles ex virgultis laquei, nostris *Harts*. Charta Oliverii abbat. S. Remigii Senon. ann. 1311. in Reg. 47. Chartoph. reg. ch. 127 : *Poterunt dicti emptores facere collegii* (l. colligi) *Arces, Gallice Arz, in recrescentiis dicti nemoris, pro ligando opere dicti nemoris.* Vide infra *Areale* in *Area* 1. et *Hardes*.

* **ARCESSIRE**, *Ad superos evocare. Arcessit, vocat, provocat.* Glossar. vet. ex Codd. reg. 7613. et 7646. Vide *Arcessitio*.

ARCESSITIO, Mors, qua scilicet ex hoc mundo ad Deum arcessimur, evocamur. Vox. S. Cypriano familiaris, Epist. 22 : *Si quis post Arcessitionem meam abs te pacem petierit :* id est, postquam a Deo ex hac vita evocatus fuero. Utitur etiam in Exhortat. ad Martyres, ut et Ruricius Lemovicensis Episcopus lib. 2. Epist. 4.

Accersio, in Libello precum Marcellini et Faustini pag. 65 : *Sed hic vir sanctus, licet sit sæpenumero afflictus, tamen propria Accersione requievit.* Ubi leg. forte *Accersitione* vel *Arcessitione*, id est, morte. [Gloss. Gr. Lat. MS. Κατάκλυσις, *Accitas*, *Accersitio*.] Certe *Accersitio* etiam hac notione usurpat Julianus Toletanus Episcopus lib. 1. Prognostic cap. 18.

¶ **ARCETARE**, Occultare. Supplem. Antiquarii : *Arcetat*, κρύπτει, *Occultat*. Forte ducta vox ab *Arca*.

ARCETICA Ægritudo. Thomas Walsinghamus ann. 1286 : *Cui pedum ac ma-*

nuum fere ossa abstulerat *Arcetica Ægritudo*. Sed legendum *arthretica*.

ARCETUM, ARCENTUM, ARCEUTUM. In Tabulario Lascariensis Ecclesiæ, *Arceut*, vel *Arcieut* : vox Benecharnensibus nota, apud quos ita appellatur *Jus procurationis*, seu certa pensitatio, quæ Episcopo ab Abbatibus et Ecclesiarum Præpositis exsolvebatur, loco procurationis, aut *Recepti*, sive receptionis. *Arceber* enim apud illos est *recipere*, ut observare est apud Marcam lib. 1. Hist. Beneh. cap. 28. n. 18. lib. 3. cap. 8. n. 6. lib. 5. cap. 31. n. 2. Fit mentio *Arceuti* istius, seu *des Arciuts*, in Foris Beneharn. tit. 1. art. 30. tit. 20. art. 3. [Bulla Innocentii Papæ III. pro S. Severo anni 1213. inter Instrum. tom. 1. novæ Gall. Christ. pag. 184. col. 1 : *Ad hæc adjicimus, ut alicui personæ magnæ vel parvæ facultas non sit milites vel pedites de villis eidem Cœnobio pertinentibus in hostem vel expeditionem ducere; nec de silvis, pratis, laudis, piscationibus, pinetis, vel vineis censum quærere vel Arcetum*. Charta Ricardi Regis Angliæ ann. 1190. apud Marten. tom. 1. Anecd. col. 637 : *Nec Arcentum inire per vim, nec aliquod censum quærere*.] Vide *Receptus*.

¶ **ARCHA**, pro *Arca* in suis variis notionibus haud raro reperitur scriptum. [* Vide supra *Arca* 9.]

¶ **ARCHABUSIUM**, Ferrea fistula, Sclopetus, Gall. *Arquebuse*, Hisp. *Arcabuz*. Concil. ann. 1585. tom. 4. inter Hisp. pag. 341 : *Archabusio etiam dum iter faciunt aut in venationibus... ne utantur Clerici*.

¶ **ARCHADICUS**, Stolidus, nullius vir industriæ et ingenii, Gall. *Lourdaut, stupide, âne*. Quare asinus dici solet *Avis Arcadica* : adagio ducto a procerissimis quos alit Arcadia asinis, et ab incolarum stupore, ob quem olim male audierunt. Hinc Juvenalis Satyra 7. versu 160 :

> Læva in parte mamillæ
> Nil salit Arcadico juveni, etc.

Carmen Anonymi apud Mabill. Annal. Bened. tom. 5. pag. 653. col. 1 :

> Hic tuus Archadicus super omnes regnat amicus
> Frangatur collo, certe sic laudat Apollo.

¶ **ARCHAGIUM**. Vide *Arcagium*.

* **ARCHALETUS**. Vide supra *Arcaletus*.

ARCHANUS, pro *Archangelus*, licentia plusquam Poëtica, ut solet, dixit Fridegodus in sancto Wilfrido cap. 48 :

> Archanus Michael nitido lampabilis ore.

* **ARCHARAGIUM**. Vide infra *Feudum Arcaragii*.

¶ **ARCHARISSIMUM**, Archivum, Archarium. Acta Tullensium Episc. inter Anecd. Marten. tom. 3. col. 1009 : *Cujusmodi autem fuerit rerum ibidem ab eo destinatarum dispositio, continet Apostolicum privilegium Alexandri Papæ, quod in sancti protomartyris Stephani retinetur Archarissimo*.

ARCHARIUM, Archivum, tabularium, arca, ubi monumenta vetera reconduntur : ἀρχάριον seu ἀρχεῖον. Vita S. Pauli Episc. Verdun. cap. 5. n. 11 : *De quibus propria manu privilegium conscripsit, et in Archario ejusdem Ecclesiæ... condidit*.

¶ **ARCHARIUS**. Vide *Arcarius*.

* **ARCHAS**, a Gr. ἀρχός, vel ἄρχων, Præpositus, præses, princeps, ut in Gloss. Gr. Lat. Acta S. Cassiani in Antiq. Hortæ ab illustr. Fontanino pag. 345 :

> Archas melifluus fama super æthera notus.

¶ **ARCHATUS**, Principatus a Græco ἀρχή, apud Leibnitium tom. 2. Scriptor. Brunsvic. pag. 981. ex Pantheone :

> Sem tenet Archatus Asiæ, Cham continet Affros,
> Japhet in Europa fit pater ille patrum.

[** Provincial. *Archat*. Vide Raynouard. Lexic. Romanum vol. 1. pag. 113, nisi sit pro *Exarchat*.]

¶ **ARCHEARIUS**, ut *Archerarius*. Liber Niger Scaccarii pag. 359 : *De Archeariis, qui portabunt arcum Regis, unusquisque v. den. in die, et alii Archerii tantumdem*.

* **ARCHEGAYE**, ARCHIGAIE, etc. Lanceæ seu hastæ, imo et gladii species; vox Gallica. Lit. remiss. ann. 1358. in Reg. 90. Chartoph. reg. ch. 11 : *Dictus exponens Robertum quendam gladium, vocatum Archigaie, in manibus suis tenentem percepit*. Aliæ ann. 1376. in Reg. 109. ch. 161 : *Idem miles, verbis certis injuriosis præcedentibus, dictum Bertrandum quadam lancea, secundum ydioma patriæ Archegaye nuncupata, percussit in femore, taliter quod præfatus Bertrandus circa xv. dies ultimum diem suum clausisse dicitur*. Aliæ ann. 1396. in Reg. 150. ch. 294 : *Ladite concubine le cuida ferir et navrer d'une Archegaye à grant fer*. Aliæ ann. 1401. in Reg. 156. ch. 300 : *Ledit Fremin persa la cuisse senestre dudit Landry tout oultre, et tant que ladite Arcigaye entra en l'autre cuisse bien avant*. Aliæ ann. 1455. in Reg. 189. ch. 67 : *Ung baston ferré, appellé Arsegaye*. Le Roman d'*Alexandre* part. 2. MS. :

> Merveilliex fu li chapleis, pour ce qu'ens cox ferir
> Oissiez Archegaiez tronçonner et guenchir

Harsegaye, in Lit. remiss. ann. 1414. ex Reg. 167. ch. 333 : *Le suppliant d'une Harsegaye, ou demi-lance frappa par la poitrine icellui cavalier*. Vide *Hasta* 1. et *Lancea*.

* **ARCHELHARIA**, *Arbalista*, arcus, vel *Balista*, machina jaculatoria. Charta pro consulibus villæ de Marciaco ann. 1345. in Reg. 75. Chartoph. reg. ch. 607 : *Licentiam concedimus de novo construendi.. in medio ipsius plateæ vel circa unam turrim altam et fortem, pro... conservandis infra..... Archelhariis et armis necessariis in loco prædicto*.

¶ **ARCHELLUS**. Vide *Arcellus*.

¶ **ARCHEMISTA**, Chymiæ peritus, Qui exercet artem chymicam, Gall. *Chymiste, Souffleur*. Lobinellus tom. 3. Hist. Paris. in Glossario : *Nonnulli monetarum falsatores, Archemistæ et usurarii*. [* Vide *Chimia*.]

* **ARCHEPHALUS**, perperam pro *Acephalus*, sine capite, in Lit. Ludov. II. reg. Jerusal. et Sicil. ann. 1402. ex schedis D. *Le Fournier* : *Hanc igitur* (Ecclesiam) *ascensurus* (J. C.) *ad Patris dexteram, ne vidua in terris remaneret Archephala, beato Petro, et cuilibet successori Papæ catholico, et nulli alteri commisit*. Vide *Acephali*.

* **ARCHERA**, Lignum quoddam, Gall. *Archure*. Guido de Vigev. MS. de Modo acquirendi et expugnandi T. S. cap. 13 : *Et quælibet assis habeat unam Archeram et unum baculum pro podio ipsius pantheræ*.

ARCHERARIUS, Sagittarius, ex Gall. *Archer*, apud Ordericum Vitalem lib. 3. pag. 466. Vide *Arcarii*.

1. **ARCHERIA**, Fenestricula oblongior et strictior in urbium et castrorum muris, per quam sagittarii, vel balistarii sagittasuas aut tela in obsidentes emittebant. Willelm. Brito lib. 1. Philipp. :

> . . . . . Muros
> Subtus fulciri facit, aptarique fenestras,
> Strictas et longas, ut strenuus arte latenti
> Immittat lethi prænuntia tela satelles.

Gesta Lud. VII. Regis Francor. cap. 21 : *In limitibus strictis murorum ambitu interclusis, erant Turci, qui per fenestriculas longas et strictas, quas Archerias vocant, nostros lanceis et sagittis infestabant*. Charta ann. 1239. in Tabul. Comitat. Montisfortis : *Assecuravimus D. Comiti Montisfortis contra omnes gentes. . . tali modo, quod non possumus habere in eodem castro Archeriam, nec arbalisteriam, nec cornelium*, (Creneau) *neque scutum*. Vetus Interpres MS. Willelmi Tyrii lib. 4. cap. 13 : *Cil de la Ville regardoient par les Archieres et par les hourdeis la contenance de l'ost*. Et lib. 5. cap. 20 : *Per cancellos murorum*, sic vertit, *par les Archieres*. Le Roman *du Renard*, MS. :

> Les Archieres sont à quarniax,
> Par ou il traient les quarriax
> A domager la gent le Roi.

[** Provincial. *Arquiera*. Vide Raynouard. Lexic. Roman. vol. 1. pag. 112. in voce *Arc*.] Τοξική, Harmenopulo lib. 2. tit. 4. § 47. 48. 49. 87. [Τοζικὴ φωταγωγός, Constantino de Adm. Imp. cap. 29.] Τοξικὴ θυρίς apud Hieronymum ex Symmacho Comm. in Ezech. 40. Ita enim hunc locum capiendum censet Fullerus lib. 6. Miscell. sacr. cap. 13. Vide Thomasserium Consuetud. Bituric. pag. 431. [Cujacium lib. 13. Obvers. cap. 30. et Glossarium med. Græcit. in Τοξική.]

ARQUÆRIA, in Consuetudinibus Catalan. Vide *Masoverius* et *Negriale*.

2. **ARCHERIA**, Species *Sergenteriæ*, seu feudi servientis, quod qui possidet, arcum habere pro servitio domini, vel *Archeriam* castri illius servare tenetur. Charta exarata ann. 18. Henrici III. Regis Angl. apud Edw. Cokum ad Littleton. sect. 157 : *Joannes de Archier, qui tenet de domino Rege in capite per serjeantiam Archeriæ, etc.*

¶ 3. **ARCHERIÆ**, in Comitatu Calomontis supremi Dumbarum Principatus dicuntur parvulæ domus, ubi colonus unus residere potest cum labore duarum vaccarum tantum. Ita Vir Cl. D. *Aubret* in Collectaneis ad nos missis. Charta Calomontis ann. 1397 : *Juxta Archeriam seu domum Margerii*. Censualis Codex ejusdem urbis : *Stephanus Berguerdi tenet a dicto domino quandam domum sitam in villa Calomontis. . . . juxta Archeriam dicti Beguerdi. . . Item tenet dictam Archeriam sitam juxta dictam domum ex una parte et juxta curtile, etc*. Rustici Lugdunenses etiamnum appellant *Archille* cellam prope bubile sitam.

ARCHERIUS, idem quod *Arcerius*. Petrus de Vineis lib. 2. Epist. 9 : *Magnam nobis quantitatem Archeriorum et gentis alterius destinavit*. Occurrit in Gestis Consulum Andegav. cap. 13. n. 3. 4. [in Spicileg. Acher. tom. 10. pag. 501. et apud Murat. tom. 8. col. 1094 : *Servitores et Archerii gardæ Ducis Sabaudiæ*, in Charta ann. 1489.]

* Nostris *Archier de craco*, pro Sagittarius ineptus, parum dexter. Gall. *Maladroit*, in

Lit. remiss. ann. 1375. ex Reg. 108. Chartoph. reg. ch. 156 : *Ledit Henry appella ledit Pierre Archier de craco,.... et dit que il lui priait que il traist à lui et lui en donnait congié; et lors ledit Pierre, qui n'estait pas bon archier, etc.* Sed et *Archier*, pro Arcuum opifex, occurrit in Lib. 2. Ordinat. super artific. Paris. ex Cam. Comput. fol. 120 v° : *Quiconques doresenavant vouldra estre artilleur, ... c'est assavoir faiseurs d'arcs, de flèches, etc. Archier* nuncupatur in vet. Ordinat. ibid. fol. 123. r°.

1. **ARCHETENS**, ab Arcitenens, Sagittarius, Gall. *Archer*, Hist. Harcur. tom. 3. pag. 65. ex rotulis Cancellariæ Ducatus Normaniæ : *Usque ad valorem duorum militum Sagittariorum per annum per homagium, inveniendo quatuor homines ad equitandum cum octo Archetentibus ad equitandum.*

* 2. **ARCHETENS**, Anteris, Gall. *Arcboutant.* Comput MS. fabricæ eccl. S. Petri Insul. ann. 1485 : *Item magistro Jacobo du mortier lathomo, pro factura duarum archarum et unius Archetendis, Gall. Arcboutant, ad oppositum capellæ S. Adriani per conventionem, 72. lib.*

¶ 1. **ARCHETUS.** Chron. Parmense ad ann. 1291. apud Murat. tom. 9. col. 822 : *Elevata est turris sanctæ Mariæ majoris Ecclesiæ a cingulis lapidum sine Archetis, in sursum per multa brachia.* Est cæmentariis nostris instrumentum quoddam, serra nimirum aurichalci grandioribus lapidibus cædendis apta, quod *Archet* dicunt; hic tamen per *Archetum* tractoriam gruem, Gall. *Grue*, intelligendam puto, qua scilicet lapides in altum tolluntur.

* 2. **ARCHETUS**, uncus aperiendis seris aptus, vulgo *Rossignol*, sic dictus, quod curvus est. Lit. remiss. ann. 1414. in Reg. 168. Chartoph. reg. ch. 183 : *Petrus de rivo sex Archetos ferreos in cuspide ab utraque parte artificialiter turnatos, cum quibus dicti latrones seras portarum et coufredorum apperiebant, posuerat. Archet*, pro Theca, Gall. *Etui*, ab *Arche*, arca, capsa, diminut. occurrit in Lit. remiss. ann. 1398. ex Reg. 153. ch. 458 : *Ledit Jehan des Ouches, qui portait un dart à faucher, appareillé et émoulu de nouvel et enveloppé dedens un Archet de bois.*

¶ **ARCHEURA** Molendini, Lignum quod ante molam ponunt, Gall. *Archures.* Computus generalis redituum Regis Franc. ann. 1202. apud D. *Brussel* Tract. de Usu Feud. tom. 2. pag. CLIII : *Pro duobus bordellis et pro chevez et pro Archeura Molendini de Athies*, IIII. *lib.* XII. *d. minus.*

¶ **ARCHEUS**, e Græco ἀρχός, Spagyricis est vis rebus insita qua ipsæ producuntur et vigent. Rochus *le Baillif* in Diction. Spagyrico : *Archeus est vis producens res ex illiaste, et dispensator omnium rerum.* Ibidem : *Archeos est oberrans invisibilis species et se a corporibus separans, medecinæ vis atque naturæ virtus.*

¶ 1. **ARCHIA**, pro *Arca.* Statuta Ecclesiæ Biteirensis ann. 1368. apud Marten. tom. 4. Anecd. col. 638 : *Res prophanas vel sæculares... poni in Ecclesiis prohibemus.... Archiis operis et luminariæ et confratriæ dumtaxat exceptis.*

* Formula 72. inter Lindenborg. : *Testamentum meum condidi, quod illi scribendum commisi, ut.... in Archiis basilicæ sancti illius conservetur. Airche*, pro *Arche, coffre*, in Charta ann. 1255. ex Chartul. Monaster. fol. 1 : *Cist escrit gist en l'Airche Saint Jaike.* [** Vide *Arce*, 2.]

¶ 2. **ARCHIA**, Fornix pontis, Gall. *Arche.* Charta S. Ludovici Francorum Regis pro Abbatia Joyenvalli, anni 1228. apud Marten. tom. 1. Ampliss. Collect. col. 1219 : *Damus et concedimus in puram et perpetuam eleemosynam Abbatiæ Joenvallis, et fratribus ibidem Deo servientibus, unam de Archiis pontis Pontisaræ cum piscaria; illam videlicet quæ sita est inter molendinum leprosorum ad faciendum molendinum unum in eadem Archia ad bladum molendum.*

* 3. **ARCHIA**, *Principatus.* Cathol. Vide supra *Archas.*

ARCHIABBAS. Vide *Abbas.*

ARCHIACOLA. Vide *Archiscolus.*

ARCHIACOLYTHUS. Cum in Ecclesiis Cathedralibus olim quatuor essent Canonicorum ordines, Presbyterorum scilicet, Diaconorum, Subdiaconorum, et Acolythorum : quilibet suis capitibus suberant, Presbyteri Archipresbyteris, Diaconi Archidiaconis, Subdiaconi Archisubdiaconis, Acolythi denique Archiacolythis. *Archiacolythorum* nomen etiamnum in Ecclesia Capuana durare observat Michael Monachus in Sanctuario Capuano pag. 576. sed illos cum Acolythis nullum neque in choro, neque in Capitulo ordinem facere, omnesque ex libito et solo, ut aiunt, nutu, posse amoveri. Meminit Benno Cardinalis *Archiacolythi Ecclesiæ Romanæ.*

¶ **ARCHIACONUS**, Armorice *Archiagon*, Archidiaconus, in Collectaneis Domini *le Pelletier.*

ARCHIALITER, Primarie. Bonifacius in Vita S. Livinii Episc. et Martyr. cap. 2 : *Ipsius Regis optimatum princeps, et præ cunctis aulicis suis primatibus Archialiter apicem gerens.*

ARCHIANTISTES, Archiepiscopus, vox hybrida. Utuntur Ditmarus lib. 6. 7. pag. 77. 91 et alii. Epitaphium Brunonis Archiepiscopi Coloniensis :

Archos Antistes, cui clara Colonia sedes.

* **ARCHIAPOSTOLUS**, eo nomine designatur S. Petrus Apostolorum princeps, in Actis S. Gauger. tom. 2. Aug. pag. 678. col. 1 : *Suis sacris manibus nitentis capitis comam attondens, solemniter clericavit; quatenus in numero aggregaretur illorum, de quibus per Archiapostolum dicitur : Vos estis genus electum, regale sacerdotium.*

ARCHIARIUS. Vide *Cinerarius* 2.

ARCHIATER, Chirurgus, ut ex ipso contextu patet, quanquam vi hujusce vocis Primarius inter medicos denotetur, ab ἀρχός scilicet, princeps, et ἰατρός, Medicus. Mirac. S. Remacli tom. 1. Sept. pag. 714. col. 2 : *Nam ictus ferientis vincturam et compagem ejus divaricatam pene disjunxerat, ideoque solitum meatum vigoris a venis obstruxerat; quod dum Archiatri sollertia non prospexit, errore desipuit.*

ARCHIATRI, Medici Principis, et qui in sacro palatio militant : de quorum dignitate multa congessere Cujacius ad L. un. de Comitibus et Archiatrisacris Palatii, Joannes Filesacus lib. 1. Selector. pag. 321. Jacobus Gothofredus ad tit. *de Medicis*, Cod. Theod. Altaserra ad lib. 2. Epist. Gregorii Magni, etc.

Archiatriæ Dignitas, in leg. 8. Cod. Theodos. de Archiatris.

Habuere etiam Reges nostri ab ipsis Regni incunabulis *Archiatros* suos, quos ætas nostra *Primos Regis Medicos* vocat. Horum qualemcumque seriem a nobis digestam, ne quid ad illustrandam mediam ætatem desit, hic damus.

Marcleifus Archiater sub Childeberto Rege. Gregor. Turon. lib. 5. cap. 14

Petrus Archiater sub Theodorico Rege. Fredegar. in Chron. cap. 27.

* Buhahylyba Bingezla, Arabs, Caroli Magni medicus, in Specim. histor. ad Medic. Gall. pag. 15.

* Farragus, Judæus, medicus ejusdem imper. ibid.

Henricus Carnotensis cognomento *Surdus*, Archiater Henrici I. Reg. Fr. Orderic. Vital. lib. 3. ann. 1059. Will. Gemetic. lib. 7. cap. 38.

Obizo sub Ludovico VI. cujus Epitaphium, quod extat in Claustro S. Victoris Paris. descripsit Gabriel Naudæus lib. de Antiquitate Scholæ Parisiensiis. Vide Joan. de Tolosa in Annal. Victorianis.

Petrus Lombardus, Canonicus Carnotensis, Archiater Ludovici VII. ann. 1138. obituar. Carnot.

Petrus Ægidius, Canonicus Parisiensis, sub Philippo Aug. de eo Guill. Brito sub finem Philippid. et Naudæus libro laudato pag. 35. 36.

Magister Joannes de S. Albano, Decanus S. Quintini, natione Anglus, Physicus Regis Philippi Aug. circ. ann. 1215. Vide *Jacobita.*

* Magister Rogerus de Furnivalle sub Philippo Aug. ex Obit. eccl. Ambian. ad 12. diem mensis Julii : *Obitus magistri Rogeri de Furnivalle medici regis illustris Franciæ Philippi fortunatissimi.* Si et Ludovici VIII. ut legitur in jam laudato Specimine pag. 15. anne tacuisset?

* Rigordus, Philippi Aug. Physicus et historicus, ex supradicto Specimine pag. 16.

Magister Ernaudus Pictavinus, Canonicus S. Quintini, Domini Regis Physicus, ann. 1235. Hemeræus in Aug. Virom. pag. 222.

Mag. Robertus de Duaco, Canonicus Silvanectensis, Physicus Regis, seu, ut habet Naudæus, pag. 41. et 42. Margaritæ S. Ludovici uxoris. Vide eumdem Naudæum in Disquisit. de Scholis Medic. Paris. pag. 92.

Mag. Rogerus de Pruvino, Physicus Regis et Canonicus et Cancellarius S. Quintini, sub. S. Ludovico, de quo idem Hemeræus pag. 234.

Mag. Dudo, Physicus et Clericus S. Ludovici ann. 1270. de eo Guill. Carnot. de Vita et Mirac. S. Lud. pag. 477.

Dudo, Physicus Regis sub Philippo Pulcro ann. 1285. idem forte qui supra. Vide Not. ad Joinvill. pag. 114.

Henricus de Hermondavilla, Philippi Pulcri Archiat. Naudæus pag. 41. [* A Chirurgicis inter suos recensetur idem Henricus; haud scio an injuria.]

* Mag. Joannes Helliquinus, Suessio-

nensis canonicus, Physicus regis, ex Charta Phil. Pulc. ann. 1302. in Lib. rub. Cam. Comput. Paris. fol. 451. v° col. 2.

* Mag. Robertus Fabri, Clericus et Medicus regis fundator Abbatiæ. B. M. de Thorigneyo, ex Charta Phil. Pulc. ann. 1308. in Reg. 44. Chartoph. reg. ch. 175. Rursum in Lit. ejusd. reg. ann. 1309. ex Reg. 13. ch. 207.

* Mag. Arnulphus de Quiquempoit, Clericus et Physicus regis, ex Lit. Phil. Pulc. ann. 1310. in Reg. 45. Chartoph. reg. ch. 141. ex aliis Lit. Phil. V. ann. 1320. in Reg. 59. ch. 451.

Petrus de Caspicaine Physicus regis, ann. 1319 in. Reg. Noster.

Gaufridus de Courvot, Physicus Regis ann. 1321. ex vet. Rotulo Cameræ Comput. Paris.

Mag. Guillelmus Aymardi, Curatus parochialis ecclesiæ S. Mariæ de monte, Constant. diœcesis, Physicus regis, ex Lit. Caroli IV. ann. 1327. in Reg. 64. Chartoph. reg. ch. 498.

* Mag. Gillebertus Hamelinus, Physicus regis, in Lit. Philippi VI. ann. 1335. ex Reg. 69. Chartoph. reg. ch. 121.

Girardus de saint Disier, Physicus Regis electus ann. 1351. in Comput. ann. 1351.

* Mag. Ægidius de Semivilla, Physicus regis, in Lit. Joannis reg. Franc. ann. 1355. ex Cod. reg. 9822. 2. fol. 7. r°.

Everardus de Conty sub Carolo V. Naudæus pag. 44.

Gervasius Chrestien, Canonicus Pariensis, Lexoviensis et Bajocensis, Archidiaconus Carnotensis, Physicus Regis, fundator Collegii, quod in Academia Pariensi illius nomen retinet, ann. 1367; obiit ann. 1382. et jacet in Ecclesia Bajocensi. Vide Brolium lib. 2. Antiq. Paris. pag. 543. 2. edit.

Joannes de Guisco, Canonicus Nannetensis et Pariensis, Archiater ejusdem Caroli V. Naud. Disq. pag. 197.

* *De Guistry*, ut legitur in Lit. Caroli V. ann. 1366. ex Reg. 97. Chartoph. reg. ch. 593. et in aliis ann. 1369. ex Reg. 100. ch. 554. ubi canonicus Paris. Nannet. et Corisopitensis dicitur. Rursum memoratur in Charta ejusd. reg. ann. 1374. ex Reg. 106. ch. 130.

* Plurimi iisdem annis sub eodem Carolo V. medici regii titulo illustres occurrunt, quorum quis primarius fuerit, haud facile est expiscari. Præter Gervasium *Chrestien* et Joan. *de Guistry* adsunt

* Guibertus de Celesto, qui sub medici regii appellatione nobilitatur Lit. ann. 1374. ex Reg. 105. Chartoph. reg. ch. 519: *Nostre amé et feal Fisicien maistre Guimbert de Celsoy*, in Lit. remiss. ann. 1369. ex Reg. 100. ch. 711. Rursum in Charta ann. 1378. ex Reg. 113. ch. 209.

* Thomas de Pisan, Christinæ *de Pisan* parens, Physicus regis dicitur, in Lit. Caroli V. ann. 1372. ex Reg. 106. Chartoph. reg. ch. 318. et in aliis ann. 1380. ex Reg. 117. ch. 74. Qui teste ejusdem filia in Caroli V. hist. part. 3. cap. 70: *estait doctorifié à Boulongne la Grâce en la science de medecine;* licet astronomiæ potissimum operam dederit.

* Joannes Boutin, Physicus regis appellatur, in Lit. ann. 1380. ex Reg. 117. ch. 72.

* Mag. Joannes de Tournamira, Physicus regis nobilitatur Lit. ann. 1378. in Reg. 113. ch. 141.

* Mag. Jacobus de Burgo, Medicus regis, in Lit. ann. 1378. ex Reg. 113. ch. 225.

* Mag. Joannes Jacobi, Physicus regis, *in artibus et medicina magister*, ex Lit. ann. 1378. in Reg. 112. ch. 304.

Joannes Tabari, Canonicus Parisiensis, postmodum Episcopus Morinensis ann. 1384. Vide Gall. Christ.

Mag. Thomas a S. Petro, Physicus regis et Catharinæ ejus sororis, in Lit. ann. 1385. ex Reg. 128. ch. 112. *Cancellarius eccl. Bajoc. et physicus regis*, in Charta ann. 1389. ex Reg. 138. ch. 28.

Mag. Reginaldus Freron, *Protophysicus* regis, in Ordinat. hospit. reg. Caroli VI. ann. 1386. ex Mem. E. Cam. Comput. Paris. fol. 100. v°. in Lit. ann. 1391. ex Reg. 124 Chartoph. reg. ch. 231 et in Lit. nobilit. pro eodem ann. 1393. ex Cam. Comput.

Guillelmus de Harsely, sub Carolo VI. hujus elogium perstringit Frossart. 4. vol. cap. 44. 45. et seqq. et cap. 50.

* Joannes Clement vel de Marle, Physicus regis Caroli VI. ex Specim. histor. ad Medic. Gall. pag. 17.

* Joannes Sanglar, Physicus regis, nobilitatur Lit. ann. 1423. in Reg. Cam. Comput. alias Bituric. nunc Paris. fol. 41. v°.

Jacobus de Partibus, Canonicus Tornac. et Pariensis Archiat. Caroli VII. perpetuus et familiaris, Avicennæ Commentator. Naud. pag. 48.

* Thomas Coronæus, qui et *Thomas Francus* dicitur, Caroli VII. Medicus, ex Epist. Philelphi lib. 12. fol. 90. [** 14. 9. et pridie kal. Aug. 1455.] Lit. quibus civitate donatur ann. 1451. in Reg. 181. ch. 45: *Nostre amé feal phisicien maistre Thomas le Franc du pais de Grece, etc.*

Enguerrandus de Parenti, Decanus Facultat. Pariensis, Arch. Ludovici XI.

* Gerardus Cochete, *medicus Ludovici XI.* in Actis dissolut. matrim. Ludovici XII. fol. 140. ex Bibl. reg.

Jacobus Coitier, Archiater Ludovici XI. a quo Ballivus Palatii, ac deinde Præses Clericus in Camera Computor. constituitur ann. 1482.

Adam Fumé, Turonensis, Doctor Monspel. Magister Requestarum, et Archiater Regum Caroli VII. Ludovici XI. et Caroli VIII. demum Custos sigilli Regii, obiit Lugduni.

Angelus Cottus, Neapolitanus, Archiepiscopus Viennensis sub Carolo VIII.

Joannes Michael, Archiat. ejusd. Caroli VIII. ob. 12. Augusti ann. 1491. Vide Naudæi Disquis. pag. 192.

Joannes Martini, Gabalitanus, Doctor, Decanus Universitatis Monspeliensis, Magister Cameræ Comput. sub Carolo VIII. ejus meminit Bertrandus tom. 1. consil. 201. ut et Naudæus in Disquis. pag. 192.

* 22. Aug. ann. 1495. mortuum esse scribit Andr. *de la Vigne* in Diario Expedit. Neapolit. edit. Godefridi pag. 172.

* Joannes Garsins, Physicus regis, nobilitatur Lit. ann. 1495. in Reg. Cam. Commit. Paris.

* Joannes Burgensis Archiater regis, in Charta 16. Nov. ann. 1498. inter authent. *de Pregent* notarii Blesens. fol. 410. Ubi error est, aut in Specim. histor. ad Medic. Gall. pag. 20. in quo mortuus asseritur ann. 1480. Non alius forte a Ludovico Burgensi, de quo infra.

Joannes Trosseleri, Gabalitanus, Doctor et Cancellarius Academiæ Monspeliensis, Archiat. Caroli VIII. obiit Senis in expedit. Neapolitana ann. 1495.

Gabriel Miron, Perpinianensis, Archiat. Caroli VIII.

* Reginarum Annæ et Claudiæ Archiater, patruus, ut suspicatur Auctor jam memorati Speciminis pag. 20. Francisc. *Miron* Carolo VIII. a Consiliis et medicamentis, cujus mentio fit infra sub Carolo IX.

Jacobus Ponceau, Aurelianensis. Archiat. Caroli VIII. et Magister Cameræ Comput. Paris. Vide Naud. Disquis. pag. 170. 171.

Joannes Avis, Archiat. Ludovici XII.

Guil. Copus, Germanus, Archiat. Ludovici XII. et Franscisci I.

* Salomon de Bombellie, Archiater Ludovici XII. in Lit. ann. 1502. ex Reg. Cam. Comput. Paris.

Joannes Goueurot, Perticensis, Archiat. Francisci I. Vide Ægid. *Bry* in Hist. Pertic. lib. 5.

Ludovicus Burgensis, Archiat. [Ludovici XII.] Francisci I. et Henrici II. Vide Naudæi Disquis. pag. [194.] 197. et Historiam Blesensem Bernerii pag. 434. [* Vide supra Joannes Burgensis.]

Joannes Fernelius, Ambianus, Archiat. Henrici II. vir scriptis suis commendatissimus, obiit Parisiis 26. April. ann. 1558 annos natus 52. Illius elogium descripsere Thuanus lib. 14. Hist. Sammarthani in Elog. viror. illust. Croeselius in Elog. Adr. Morlerius in Hist. Ambian. Hilario de Costa in Delphinis, Tiraquellus de Nobilit. cap. 31. et alii.

Joannes Chapelain, Arch. Henrici II. et Caroli IX. [Vide Naudæi Disq. pag. 194.]

* Jacobus Sanmarthanus, Pictavensis, Physicus regum Henrici II. et Francisci II ann. 1551. ex privatis Comment. in Specim. histor. ad Medic. Gall. pag. 22.

Guillelmus Milet, sub Franscisco II.

Hieronymus Montuus sub eodem Francisco II ut ipse testatur in epistola præfixa Practicæ.

Joannes Mazille, Bellovacensis, Archiat. Caroli IX. Vide Loisellum in Adversar. Bellovac. pag. 226. [et Naudæi Disq. pag. 195.]

Franciscus Miron, Archiat. Caroli IX.

Sub eod. Rege Archiatri dignitatem obtinuere præterea Nicolaus Dortomanus. N. de la Riviere, Basileensis, N. Petit, Doctor Aurelianensis, N. Milon, de quibus Naudæus in Disquis.

Marcus Miron. Dom. *de l'Hermitage*, Archiat. Henrici III. sub quo legationes obiit, pater Caroli *Miron* Archiepiscopi Lugdun.

* Primus qui *Archiatrorum comes* inscriptus est, ex eodem Specimine pag. 23.

Andreas du Laurens, Arelatensis, Doctor et Professor in Universit. Monspel.

Archiat. Henrici IV. obiit Parisiis annos natus 55.

Nicolaus Dortomanus, Archiat. Henrici IV.

. . . d'Aliboux Basileensis, Archiat. Henr. IV.

N. de la Riviere Basileensis, Archiat. ejusd. Henrici.

N. Petit, Doctor Aurelianensis, Archiat. ejusdem Regis.

N. Milon, Doctor Pictav. Archiat. ejusdem Henrici IV. Vide Naudæi Disq. pag. 198.

* Michael Marescot, Lexoviensis, doctor et professor Parisiensis, Archiater Henrici IV. obiit. 20. Oct. ann. 1606. in jam laudato Specimine pag. 25.

. . . . Heroard, Archiat. Ludovici XIII.

. . . . Bouvard, Archiat. Ludocici XIII.

. . . . . Vallot. Archiat. Ludovici XIV. obiit ann. 1671.

Antonius d'Aquin, Archiat. Ludovici XIV. [de loco dimotus est an. 1693.]

¶ G. Crescentius Fagon, Archiat. Ludovici XIV. obiit 11. Martii an. 1718.

* Jacobus Cousinot, Doctor et Professor Parisiensis, Archiater Ludovici XIV. Obiit 25. Jun. ann. 1646. ex memorato Specim. pag. 27.

* Franciscus Vautier ejusdem regis Archiater, mortuus ann. 1652. ibid.

¶ . . . . Dodart, Archiater Ludovici XV.

* Ludovicus Poirier, Doctor Paris. ann. 1676. Archiater Ludovici XV. ab ann. 1715. ad 1718. quo mortuus. est.

* Claudius Joan. Bapt. Dodart, Doctor Paris. ann. 1688. Archiater Ludovici XV. obiit ann. 1730.

* Petrus Chirac, Doctor Monspeliensis, Archiater Ducis Aurelian. Regentis, dehinc Ludovici XV. obiit 1. Mart. ann. 1732.

* Franciscus Chicoyneau, Cancellarius Universitatis Monspel. Archiater Ludovici XV. obiit 14. Aprilis ann. 1752.

* Joannes Senac, Doctor Monspeliensis, Archiater Ducis Aurelianensis, dehinc Ludovici XV.

¶ ARCHIATER, in sensu morali apud Ordericum Vitalem fol. 656 : *Ibi Gillebertus Luxoviensis Episcopus, Guntardus Gemmeticensis Abbas cum quibusdam aliis Archiatris sedulo excubant, et de spiritali ac corporali salute Regis* (Guillelmi Conquestoris) *sollicite tractabant.* Hymnus de sancto Mauro Annal. Bened. tom. 5. pag. 634 :

Te dux eximius ac pater almus
Gallis Archiatrum dat animarum.
Hinc jam collacrymant oscula fratrum,
Abscessumque tuum flendo susurrant.

* **ARCHIBANCUM**, Scamnum majus cum cubiti fulmentis ad utramque partem extremam. Inventar. ann. 1476. ex Tabul. Flamar. : *Item plus unum scamnum, vocatum Archibanc, coralli cum quatuor pedibus factum ex postibus et fustis coralli totum novum.* Ibidem : *Et uno Archibanco coralli cum quatuor pedibus.* Vide infra *Arciscranna.*

¶ **ARCHIBANCUS**, Arca, Armarium, Gall. *Coffre, Armoire*, Chron. Parmense apud Murat. tom. 9. col. 870 : *Fractis omnibus Archibancis universaliter abstulerunt, et fregerunt et dilacerarunt, et de fenestris in plateam projecerunt.*

* **ARCHIBUGIUS**, Sclopetus, ut *Archibusus*, Ital. *Archibuso.* Stat. Crimin. Saonæ pag. 112 : *De armis non portandis.... respectu prohibitorum* (armorum) *comprehensis etiam Archibugiis, etc.*

ARCHIBUS. Vide *Archivum.*

¶ **ARCHIBUSUS**, Sclopetus, Gall. *Arquebuse.* Prosperi Sanctacrucii Comment. de civilibus Galliæ dissentionibus, apud Marten. tom. 5. Ampliss. Collect. col. 1466 : *Igitur jam omnibus ferme in locis Hugonotti armati conveniebant, tormenta etiam quæ Archibusos vocamus portantes.* Vide *Archibugius.*

* **ARCHICA** PERUSSA, inter res, quæ a tinctoribus adhiberi non debent, recensetur in Stat. pro arte paratoria pannorum Carcass. ann. 1466. ex Reg. 201. Chartoph. reg. ch. 121 : *Item quod nullus possit.... tingere seu tingi facere aliquos pannos.... cum Archica perussa neque sortello, qui sunt tinctus pravi.* Forte Planta, quæ *Malherbe* nostris dicitur.

¶ **ARCHICAMERARIUS**, Præfectus cameræ seu thesauro imperiali. Libellus de electione Maximiliani II. ann. 1562 : *Rursumque cum ad epulum imperiale Brandenburgicus malluvium tamquam Archicamerarius, Saxo avenam tamquam archimarschalcus, Palatinus cibos tamquam archidapifer attulissent.* Vide *Camerarius.* [** Mascovii librum De originibus Officiorum Aul. S. Rom. Imp. Specul. Suab. cap. 113. Auream Bullam, cap. 1. etc sæpius.]

ARCHICANCELLARIUS, Qui cæteris aulæ vel Palatii *Cancellariis* seu *Notariis* præerat; *Summus Cancellarius* dictus Hincmaro de Ordine Palatii cap. 16. *qui*, ut ait, *A secretis olim appellabatur, erantque illi subjecti prudentes et intelligentes ac fideles viri, qui præcepta regia absque immoderata cupiditatis venalitate scriberent, et secreta illius fideliter custodirent.* Charta Lotharii Imperat. ann. 844. in Tabulario Ecclesiæ Viennensis fol. 3 : *Agilmarus venerabilis sanctæ Viennensis Ecclesiæ vocatus Archiepiscopus, et sacri Palatii nostri Archicancellarius.* Hic porro *Archicancellarii* titulus sub 1. et 2. Regum nostrorum stirpe, et Imperatoribus Germanicis maxime obtinuit, ut colligere licet ex Chronico S. Vincentii de Vulturno pag. 675. 676. 677. Chron. Farfensi pag. 858. Ratperto de Casib. S. Galli cap. 10. et ex veteribus Tabulis apud Scobingerum in Notis ad Vadianum pag. 145. Miræum in Notitia Eccles Belgii cap. 20. 59. Doubletum pag. 811. Labbeum in Cancellariis Franciæ non uno loco, ubi et *summi Cancellarii* interdum indigitantur.

Posterioribus vero sæculis apud Germanos *Archicancellarii* dignitas in tres divisa est partes ab Imperatoribus, quod ejusmodi officii munia nimium oneris haberent, ob idque Trevirensi Archiepiscopo Gallia universa attributa, seu potius ea Galliæ pars, quæ Regni Arelatensis nomine censebatur, Moguntino Germania, Coloniensi denique Italia : ita ut suam quisque Provinciam, prout Imperator sedes mutasset, negotiis gerundis, diplomatis annulo signandis, atque omnium questibus audiendis, et minuendis denique controversiis, administraret, quod ab Ottonis Magni ævo repetit Browerus lib. 16. Annal. Trevir. Vide Vitam Balduini Lutzenburg. Archiepiscop. Trevir. lib. 3. cap. 9.

Ac primum quod ad Trevirensem attinet, sat constat, eam obtinuisse dignitatem, dum Lotharingiæ regnum florebat, quod probat idem Browerus lib. 9. pag. 529. 542. 1. edit. indeque Regni Arelatensis, postquam in Imperatorum dominium transiit, Archicancellarii titulum sibi arrogasse, quem primus, ut observat idem Scriptor, sumsit Boemundus Archiepiscopus, qui obiit ann. 1199.

ARCHICANCELLARIUS REGNI BURGUNDIÆ, Dignitas, qua præfulget Archipiscopus Viennensis, quam Fridericus I. Imper. confirmavit in favorem Stephani Archiepiscopi, Diplomate ann. 1157. quod habetur in Vienna Joannis a Bosco et Levrii cap. 42. hisce verbis : *Tibi vero Stephano dilectissimo nostro venerabili Archiepiscopo dignitatem, ab antecessoribus nostris collatam, indivisam conservantes, recognoscimus : videlicet ut in Regno Burgundiæ sacri palatii nostri Archicancellarius, et summus Notariorum nostrorum semper existas, etc.* Totidem habentur in alio Diplomate Friderici II. Imperatoris pro Humberto Archiepiscopo ann. 1214. quod descripserunt idem Joannes a Bosco et Sammarthani in Gallia Christiana. Extat aliud Diploma Lotharii Imp. ann. 842. apud Chifflctium in Historia Tornutiensi pag. 269. in quo Agilmarum Archiepiscopum Viennensem Archicancellarium Palatii appellat. Ragamfredus Archiepiscopus Viennensis in Charta Ludovici Imperatoris in Tabulario Ecclesiæ Viennensis, dicitur *sacri Palatii Notariorum summus*, et in subscriptione, *Archicancellarius.* Prostant tandem Diplomata aliquot in eodem Tabulario Ecclesiæ Viennensis, Hugonis et Lotharii Regum Italiæ et Burgundiæ ab aliis qam ab Archiepiscopis Viennensibus subscripta; ac primum quidem anni 945. sic clauditur : *Gisebrandus Episcopus et Cancellarius ad vicem Bosonis Episcopi et Archicancellarii recognovi.* Alterum anni 937 : *Petrus Cancellarius ad vicem Gerlanni Abbatis et Archicancellarii recognovi.* Alia Cuonradi Regis ann. 25 : *Einricus ad vicem Keroldi Episcopi recognovi.* Alia ejusdem Re- ann. 972 : *Datum est Viennæ præceptum istud publice per manum primi Cancellarii Eidoardi in sacro Palatio jussu Regis.* Alia denique Chonradi Regis ann. 992. in Tabulario Monasterii S. Andreæ Viennensis : *Ego itaque Kerarchis, indignus Sacerdos præscripti Regis ac Reginæ humillimus Capellanus, jussus ad vicem Haimonis Valentinensis Episcopi Archicancellarii scripsi atque suscripsi.*

ARCHICANCELLARIUS IMPERATICIS, seu Augustæ, Dignitas, qua in Germania Abbas Fuldensis, ante quadringentos annos emicuit, ut auctor est Christophorus Browerus lib. 1. Antiq. Fuldens. cap. 15. hunc enim titulum cum prærogativa sedis, Berthous Abbas, Lothario Imperatore, seu a majoribus olim acceptum, sibi adscripsit : quem præterea Carolus IV in Diplom. ann. 1358. quod recitat Goldastus tom. 1. Constitut. Imperial. pag. 344. Henrico Abbati et successoribus indulsit; illud adjiciens, ut quoties Imperatricem vel Reginam Romanam coronari, aut in veste Imperiali, seu Regia, sedere vel stare contigerit, Abbatem tunc id habiturum muneris, ut illius coronam, cum, more vel ordine poscente, a capite ipsius deponi debuerit, deponat ac teneat, rursumque capiti imponat. [** Vide Olenschlager. in Aurea Bulla pag. 371.]

¶ ARCHICANCELLARII, haud raro dicti *Archicapellani*, uti videre potes in hac voce post vocem *Capellanus*.

* Sed et suos *Archicancellarios* habuere summi Pontifices, inter quos Leo IX. hac in re Germaniæ imperatores primus est imitatus, ut notat Gattula ad Privil. ejusdem Papæ pro eccl. Salernitana tom. 1. Hist. Cassin. pag. 117. col. 2 : *Data per manus Federici diaconi S. Romanæ ecclesiæ cancellarii et bibliothecarii, vice domni Herimanni Archicancellarii atque Coloniæ archiepiscopi.* Mirum mihi, ut et Gattulæ, videtur, quod Archicancellarium papalem agat Coloniensis archiepiscopus, cui ex officio competebat archicancellariæ imperialis in Italia dignitas. An ut propius ad imperatores accederet pontifex, ipsummet, qui imperialis erat archicancellarius, suum instituerat? Cæterum in solo Leone hujus rei exempla occurrere monet Mabillonius in Annal. Bened. ad ann. 1051.

ARCHICANTOR *Ecclesiæ Romanæ*, Primicerius scholæ Cantorum. Beda lib. 1. de Monast. Wiremuthensi cap. 6 : *Adeo ut ipse Apostolicus ad profectum Monasterii hujus, quod illud nuper fundasse gaudebat, Joannem illi Abbatem, atque Archicantorem Romanæ Ecclesiæ, ... in Britanniam Roma deducendum præstaret.* Adde Florentium Wigorniensem pag. 564.

ARCHICANTOR *Ecclesiæ S. Petri Romæ*, apud Henricum Huntundinensem lib. 4. Hist. pag. 335.

ARCHICAPELLANUS, Vide *Capellanus*.

ARCHICERARIUS, *Summus Princeps*, Ugutioni. Idem forte qui *Primicerius*.

ARCHICHORUS, Præcentor qui Choro, dum sacra Liturgia peragitur, præest, *qui tient le Chœur.* [Mabillonius Annal. Bened. tom. 4. pag. 311 : *Forte cum Epistolam ad majorem Missam legeret* (Odolricus Monachus S. Martialis Lemovicensis) *contigit eum adeo turpiter falli, ut etiam Conventus pudefieret. Quare Archichorus valde commotus, alapam ei publice in conspectu populi inflixit.*] Bernardus Mon. in Consuet. Cluniac. MSS. cap. 15. de Armario : *Eodem modo facit, cum tenet Chorum in Festis in Albis, quod non licet ei, qui in Dominicis et privatis solemnitatibus Archichorus extitit.* Occurrit apud eundem eodem cap. et cap. 22. 37. et alibi non semel.

* **ARCHICLAVIGERUS**, ut *Archiclavus*, thesaurarius. Chartam ann. 939. inter Instr. tom. 6. Gall. Christ. col. 17. suscribunt *Gualterius Archiclavigerus et Aigo archipresbyter.*

ARCHICLAVUS, ARCHICLAVIS, Dignitas Ecclesiastica, eadem quæ *Thesaurarii* in Ecclesiis Cathedralibus, et in Monasteriis : quæ quidem dignitatis appellatio maxime viguit in Ecclesia S. Martini Turonensis. Acta Episcoporum Cenomanens. : *Cunctasque ibi decimas pertinentes, cunctos census et suburbia, quæ Archiclavi tenere solebant, excepta proferenda, quam Archicapellanus de manu Pontificis, Missam cantantis, recepit.* Monachus Altisiod. in Chronico : *An. Henrici Imperat. 10. Herveus Archiclavis B. Martini Turoniis obiit.* Idem ann. 1040. Mainardum *Senonensis Ecclesiæ Archiclavem*, qui Gelduino Senonensi Archiepiscopo successit, appellat, qui Odoranno ann. 1032. ejusdem Ecclesiæ *Thesaurarius* dicitur. Ita Herveus, qui Monacho Altisiod. et Glabro Rodulpho lib. 3. cap. 4. prædicti S. Martini Turonensis Monasterii *Archiclavis* appellatur, ab auctore rerum gestarum Pontificum Turonensium *Thesaurarius* indigitatur : *Herveus, inquit, Thesaurarius ipsius S. Præsulis jecit fundamentum hujus Ecclesiæ, quæ hodie cernitur.* Inscriptio sigilli Henrici fratris Ludovici VII. apud Duchesnium : *Henricus filius Regis sancti Martini Archiclavis.* [Charta Bernerii Decani et Firmanni *Archiclavis* S. Martini Turon. apud Marten. tom. 1. Anecd. col. 67 : *Nos B. Ernerius scilicet Decanus atque Firmannus Ædituus. . . studeat reddere. . . in Missa S. Martini in usus luminum solidos decem.* Ubi *Æditmus* idem est qui *Thesaurarius*. Ibid. pag. 89 : *Walterus Diaconus et Archiclavus subscripsi.* Necrologium Ecclesiæ Autissiodor. asservatum in Biblioth. Colbert. cod. 1966. Die octava Septembris *Obiit Eribaldus Levita et Archiclavis qui insperate ab inimicis gladio interfectus est.*] Vide Hericum Monachum de Miraculis S. Germani Autisiodor. cap. 50. Beslium in Comitibus Pictav. pag. 181. 202. 210. 253. et Doubletum in Hist. Sandionys. pag. 810. S. Petrus Apostolus *Archiclavus totius Monarchiæ Ecclesiarum*, appellatur in veteri Charta, quæ extat lib. 1. Bibl. Sebus. cap. 1.

ARCHICOMES, Titulus Comiti Flandriæ ob summam potestatem datus a Willelm. Britone, lib. 4. Philipp. :

> Flandricus Archicomes, Francorum Rege relicto,
> Regis ad Anglorum partes jam transtulerat se.

☞ Non solus Flandriæ Comes hoc titulo est decoratus, ut patet ex Meisterlini Hist. rerum Noribergensium apud Ludewig. tom. 8. Reliq. MSS. pag. 71 : *Inter quos erant præcipui et excellentiores, in curia Rudolphi potentiores Archicomites Comarchi ab Italis dicti, de Nazoe, præclari satis in rebus bellicis.*

¶ **ARCHICOQUUS**, *Princeps coquorum.* Gloss. MS. Montis S. Elegii Attrabat. Gall. *Maître Queux.*

ARCHICRIMINATOR, Princeps reus. Rythmi in obitum Henrici VII. Imp. : *Hæresiarcha pallide, insidiator callide, ô Archicriminator.*

* **ARCHICUBERNIUS**, ARCHICUNUS. Vide infra *Archigubernus.*

ARCHICUSTOS, Dignitas in Monasteriis majoribus Ordinis S. Benedicti. Contin. Aimoini lib. 5. cap. 45 : *Anno 4. Lotharii Regis. . . Galtherius Archicustos extitit Decanus Cœnobii S. Germani.* Charta Lotharii Regis apud Doubletum pag. 786 : *Deodatus Monachus et Archicustos Ecclesiæ S. Dionysii.* Ubi idem Doubletus *Capicerium* interpretatur. In lib. 3. Miraculor. S. Dionysii cap. 9. occurrit quidam *Otrannus Archicustos scopi capitum*, in eodem Monasterio : ubi eruditus Mabillonius monet ita legi in MSS. nescio an per *scopi*, intelligatur id quod *Chevet*, ibidem vocant, caput scilicet Ecclesiæ, et cujus cura Archicustodis erat, siquidem Archicustos idem fuerit, qui *Capicerius*, qui *capitii* custos fuit, quod hic scribi videtur. V. *Custos.*

¶ **ACHIDAPIFER**, Primus Dapifer, cujus nomen muneris interpres. Unus est e præcipuis Officialibus in palatio Imperatorum Germaniæ, qui suos Dapiferos, Cancellarios, Capellanos, Camerarios, etc. ob Imperatoriæ dignitatis eminentiam, Archidapiferios, Archicancellarios, etc. appellari voluerunt. Quod autem fuerit munus Dapiferi in aula Principum, ac proinde Archidapiferi in palatio imperiali, habes in voce *Senescallus;* quem cum Dapifero alias confundebant. Variavit olim Archidapiferi dignitas, neque uni familiæ ita erat annexa, ut alteri nunquam concederetur; verum hodie Archidapiferiam quasi hæreditario jure possidet Comes Rheni Palatinus. *Invenio*, inquit Carolus IV. Imperator in Diplomate Ruperto Seniori Rheni Palatino ann. 1356. indulto et apud Tolnerum pag. 90. Codicis. Diplomatici Palatini relato, *quod electio et vox super Principatum et terras Palatinas et super Archidapiferiam ita fundatæ sint, quod unum sine alio persistere non possit.* Eamdem Archidapiferiam Comiti Palatino Rheni asserunt alia duo ejusdem Imperatoris Diplomata Germanice scripta, quæ exhibet idem Tolnerus, ibid. pag. 92. et 93. In solemni Imperatoris inauguratione prima fercula Comes ille Palatinus imperatoriæ mensæ ferre consuevit. Vide Libellum de Electione Maximiliani II. Impertoris. Anno 1623, hujus Comitis Electoratus et archidapiferia, ob perduellionem, ad Bavaros Duces transierunt, ut dicitur in v. *Electores.* [** Vide Eichhornii Hist. Jur. Germ. § 395. not. m. et Olenschlager. Aurea Bulla pag. 116.]

ARCHIDIACONUS, Primus inter Diaconos, qui cæteris *Diaconis* præest : dignitas Ecclesiastica, qua donatum S. Stephanum conjicit S. Augustinus Serm. 94. de Diversis, quod primus a S. Luca inter 7. Diaconos nominetur, unde ait : *Inter Diaconos nominatus primus, sicut inter Apostolos Petrus*, et a Luciano in Epist. de ejus inventione, *Primicerius Diaconorum*, et *Archidiaconus* dicitur. S. Hieronymus ad Evagrium : *Diaconi eligant de se, quem industrium noverint, et Archidiaconum vocent*

Cum igitur Archidiaconorum ordo et gradus alius non esset, quam Diaconorum, unde ut nemo ad eum promoveretur, nisi antea esset Diaconus, statuerunt passim Synodi, ut Claromont. sub Urbano II. can. 3. Romana ann. 1139. can. 10. Remensis ann. 1148. can. 9. Londinensis apud Continuat. Florentii Wigorn. pag. 661. 662. Si quis autem Archidiaconus Presbyter fieret, priori dignitate defungebatur, ut satis testatur Sidonius lib. 4. Epist. 24. ubi de Joanne Archidiacono, *in quo, seu gradu, seu ministerio*, inquit ille, *multum retentus propter industriam, diu dignitate* (id est, Presbyteri) *non potuit augeri, ne potestate posset absolvi.* Vide Vitam Lietberti Episcopi Cameracensis cap. 17. Laxata exinde disciplina usus obtinuit, ut *Archidiaconatus* etiam Presbyteris deferretur. Apud Hincmarum in Capitul. ann. 877. memorantur Gontharius et Oilardus Archidiaconi Presbyteri.

Tanta porro habita est dignitas Archidiaconi, ut *Episcopi Vicarius* dicatur in

Ordine Romano, ut qui vices Episcopi in illius diœcesi exequatur, et Ecclesiarum visitandarum ipsius loco curam suscipiat. Unde *Oculus Episcopi* appellatur in Epistola B. Clementis, apud Isidorum Pelusiotam Epist. 29. Fulbertum Epist. 34. et Hugonem Flaviniac. in Chron. pagina 200. [Constitut. Apost. lib. 2. cap. 44. et lib. 3. cap. 19. et 20 : *Cæterum sit Diaconus Episcopi auris, et oculus, et os, cor pariter et anima; ut Episcopus in pluribus quam par est ac minutioribus non occupetur, sed in solis gravioribus.*] Charta Stephani Parisiensis Episcop. in Tabulario ejusdem Ecclesiæ : *Archidiaconi vero qui Oculi et A Secretis Episcopi dicuntur, et Ecclesiæ Dei provisores, et Episcopalis domus et mensæ procuratores, ab Apostolis et eorum successoribus substituti inveniuntur, etc.* Apud Anastasium S. Lucius PP. *potestatem dedit omnis Ecclesiæ Stephano, Archidiacono suo, dum ad passionem pergeret.* Et Ursinus in Vita S. Leodegarii cap. 2 : *Deinde. . . Archidiaconus effectus, cura sub Pontifice omnibus Ecclesiis ipsius diœcesis est prælatus.* Quale autem potissimum fuerit Archidiaconorum munus, pluribus exequitur Isidorus junior Epist. ad Leudred. : *Archidiaconus imperat Subdiaconis et Levitis, ad quem pertinent ista ministeria, ordinatio vestiendi altaris a Levitis, cura incensi, et sacrificii necessaria sollicitudo, qui Levitarum Apostolum et Evangelium legat, etc. sollicitudo quoque parœciarum et ordinatio et jurgia ad ejus pertinent curam. . . . ipse inquirit parœcias cum jussione Episcopi, etc.* His addenda, quæ habent Charta Ebonis Archiepiscopi de ministris Remensis Ecclesiæ, post Flodoardi Histor. Remensem ex Sirmondo et Marloto, et Hincmarus in Capitulis Archidiaconibus datis.

Ad Archidiaconum spectabat Ecclesiastici thesauri custodia, illiusque dispensatio, ut et cæteros Ecclesiæ Diaconos. Ita Isidorus junior Epist. ad Leufred. Prudentius Hym. in S. Laurent. Petr. Chrysolog. serm. 135. Paulin. lib. 4. de Mirac. S. Martini, Gregor. III. lib. 1. Epist. 10. extra de Offic. Archid. Anastasius Bibl. in S. Cornelio PP. S. Lucio, S. Stephano pag. 8. 9. Thomas Archidiaconus in Hist. Salonitana cap. 5. etc. De Archidiaconorum officio plura habet idem Ebo Archiep. Remensis in Indiculo de Ministris.

Habebant præterea Archidiaconi jurisdictionem suam, quæ *Audientia Archidiaconi* dicitur lib. 5. Capitul. cap. 171. sed quasi *Officiales* Episcopi, uti appellantur a Radulpho de Diceto in Imaginibus Histor. pag. 581. Nam, ut ait Isidorus junior, *sollicitudo parœciarum, et ordinatio, et jurgia ad ejus pertinent curam.* Unde ab eorum sententiis appellatio procedebat ad Episcopum, ab Episcopo ad Archiepiscopum, etc. quapropter inter Ordinarios accensentur ab Innocentio III. PP. lib. 14. Epist. 44. ad quam consulendus Bosquetus. Adde Petrum Cellens. lib. 7. Epist. 10. Joannes Sarisberiensis Epist. 156. hisce verbis sui ævi Archidiaconorum in administranda justitia mores carpit : *Erat, ut memini, genus hominum, qui in Eccl. Dei Archidiaconorum censentur nomine, quibus vestra discretio omnem salutis viam querebatur esse præclusam ; nam, ut dicere consuevistis, diligunt munera, sequuntur retributiones, ad injurias præmium faciunt, calumniis gaudent, peccata populi comedunt, quibus vivitur ex rapto, ut non sit hospes ab hospite tutus.* Vide Joann. de Deo in Pœnitentiario lib. 5. cap. 10. et Altaserram lib. 1. Dissertat. Juris Canonici cap. 15. Sed longe antea *Archidiaconorum cupiditas* notata, ut ex Capitulari ann. 744. cap. 12. et Addit. 4. Capitul. cap. 145 [** Concil. Paris. ann. 829. I. 25.] observare est.

Archidiaconi in Ecclesiis Cathedralibus plures interdum instituti, iisque districtus attributi, in quibus visitationes suas quotannis exercerent, atque hi a districtuum eorumdem appellationibus, Archidiaconi sui districtus in Ecclesia Cathedrali N. dicuntur, vel *majores*, aut *minores Archidiaconi*, secundum varias Ecclesiarum super hac re ordinationes ac institutiones. Vide Galliam Christian. Sammarthanorum in Episc. Autissiodor. n. 58.

Archidiaconi in Ecclesia Anglicana post Episcopos et Abbates, primi et digniores habebantur, uti tradunt Scriptores Vitæ S. Thomæ Cantuar. Archiepisc. cap. 5. et colligitur ex libro 3. Provincialis Cantuar. tit. 1. lib. 5. tit 4. ubi ante Decanos nominantur. Hostiensis ait, revera Archidiaconum esse majorem ratione jurisdictionis, et extra Ecclesiam, et in hoc *Decanum* ei subesse debere : sed intra Ecclesiam et in celebratione divinorum, et quoad ordinem, subesse debere *Decano.* Sed in his omnibus, inquit Lindwodus, consideranda est Ecclesiarum consuetudo, secundum quam Decanus, simpliciter loquendo, major est Archidiacono. In Ecclesia Cadurcensi Archidiaconi primas sedes tenent post Episcopum, ut est in Historia Episcoporum Cadurc. n. 114.

Archidiaconus S. Ecclesiæ Romanæ, Dignitas, qua functus legitur Gelasiu s II. PP. antequam Pontifex fieret, in illius Epitaphio. Meminit præterea Anastasius in S. Cornelio S. Lucio, PP. in S. Stephano, S. Sixto II. Valentino II. etc. eorumdem Pontificum Archidiaconorum. Apud Gregorium Mag. lib. 2. Epist. in Præfat. legimus, *depositum fuisse Laurentium, qui primus fuerat in ordine Diaconi Sedis Apostolicæ, propter superbiam et mala sua.* In diplomate Pauli PP. apud Baron. ann. 761. num. 17. subscribit post Presbyteros S. R. E. *Petrus Archidiaconus S. Sedis Apostolicæ.* Tradit Panvinius, abrogatam fuisse hanc dignitatem a Gregorio VII. ipsiusque loco *Camerarium* institutum, qui *arcam* et ærarium Ecclesiæ Romanæ servaret : id enim *Camerarii* potissimum munus fuisse, ut et Diaconorum et Archidiaconorum in Ecclesiis, suo loco ostendimus. Occurrunt tamen post Gregorium VII. aliquot Archidiaconi Ecclesiæ Romanæ, sub Urbano II. apud Eadmerum lib. 2. pag. 52. et sub Innocentio II. apud W. Tyrium lib. 15. cap. 13. Meminit præterea Archidiaconi Ecclesiæ Romanæ Cencius Cardinalis in Ceremoniali, ubi agit de inauguratione summi Pontificis apud eumdem Baronium ann. 1191. adeo ut in dubium veniat quod habet Panvinius.

Archidiaconus Cardinalis in Ecclesia Augustodunensi occurrit non semel in Tabulario ejusd. Ecclesiæ. In veteri Notitia subscribit *Marbodus Cardinalis Archidiaconus* Ecclesiæ Andegavensis, postmodum Episcopus. [Item in Ecclesia Tullensi in qua Præpositus Ecclesiæ S. Gengulfi erat etiam Archidiaconus Cardinalis Ecclesiæ Tullensis. In Charta Udonis Episcopi pro S. Gengulfo, inter Probationes Hist. Tull. pag. LXXVI : *Constituimus etiam Cardinalem Archidiaconum hujus urbis ad eam pertinere* (Ecclesiam S. Gengulfi) *ut Præpositus hujus loci eum perpetuo in beneficio possideat.*] Vide *Cardinalis.*

Archidiaconi in Monasteriis. Ingulphus in Hist. Croyland. pag. 886 : *Officio etiam Sacristæ tunc in augmentum portionis suæ officium Archidiaconatus super totam Parochiam Croylandiæ assignavit.* Hi *Archidiaconi Abbatum* dicuntur, in Articulis observandis inter Fratres professos Domus S. Juliani juxta S. Albanum, in Monastico Anglic. tom. 2. pag. 378.

[* Chron. Joan. Whethamst. pag. 337 : *Succrescebat jamdudum in agro abbatis Johannis septimi illa paradella invidiæ, qua in suum causabatur Archidiaconum oblique oculos deflectere, excogitareque vias, modos et media, quibus posset eum depellere extra monasterium. Accediakre*, pro *Archidiacre*, in Lit. ann. 1268. tom. 1. Probat. Hist. Brit. col. 103. *Archebrike*, ridicule, in Mirac. MSS. B. M. V. lib. 1 :

Nous enclinons un Archebrike,
Ou monsegnor Quiquelikike.

Si tamen non est, pro Archiepiscopus. Altera voce Galli gallinacei cantus exprimitur, Hispanis *Quiquiriqui.*]

Sed et Abbates ipsos Archidiaconi munere functos legere est apud Lupum Ferrar. Epist. 80. Extat Charta ann. 1061. apud V. Cl. Jacobum Petitum post Pœnitentiale Theodori pag. 668. qua Episcopus Abrincensis Abbatem S. Michaëlis in Monte Archidiaconum suum instituit in dicto Monte, sub certis conditionibus.

Archidiaconus et Archidiaconatus Mensæ, apud Innocentium III. PP. lib. 14. Epist. 122. in Ecclesia Pampilonensi, cujus curæ erant *mensa* et reditus Capituli ejusdem Ecclesiæ : quod iis verbis satis designat idem Pontifex : *Et conventus nihil de sua mensa recepit, a tempore, quo dictus Archidiaconatus fuit collatus eidem.*

Archidiaconatus, feudi jure possessus, a viris sæcularibus, etiam temporibus Caroli M. quippe in hujus Capitulari 1. ann. 805. cap. 15. Capit. 4. ejusdem anni cap. 2. lib. 1. Capitul. cap. 110. lib. 6. cap. 266, *ut Archidiaconi non sint laici,* præcipitur. Vetus Charta apud Catellum lib. 5. Rerum Occitan. pag. 872 : *Ut tunc temporis erat mos Milites tenere Archidiaconatus.* Ordericus Vitalis lib. 3. pag. 496. sub ann. 1066 : *Fulcoius Radulphi de Caldreto filius. . . Archidiaconatum quoque, quem in feudo ab antecessoribus suis de Archiepiscopo Rotomagensi tenebat, Monachis dedit.* Innocentius III. PP. lib. 14. Epist. 122 : *Archidiaconatum S. Gemmæ, cui tunc temporis præsidebat, ignorante Capitulo, pro magna pecuniæ quantitate pignori cuidam Militi obligavit, etc.* Archidiaconatus dati ad firmam, quoad jura spiritualia, meminit Provinciale Eccles. Cantuar. lib. 5. tit. 4. Vide *Procuratio.* [De Archidiaconis et eorum officio legendus inprimis Johan. Morinus de sacris Ordin. part. 3. exercit. 16. cap. 3.]

* Nostri *Archediacré* et *Archidiacrey*, olim, eadem notione. Homag. facta episc. Carnot. ad ann. 1358 : *Mer. Guillaume Cressin, dit le Picart, chevecier de sainte Opportune de Paris, nous fist foy et homage au nom de M. le Cardinal de Magalonne archidiacre de Dunoys a cause de ladite Archediacré.* Glossar. Gall. Lat. ex Cod. reg. 7684 : *Archidiacrey, Archidiaconatus.*

* Archidiaconare, Archidiaconum instituere. Petrus Cantor. lib. 1. Summæ MS. cap. 99 : *Hugo Rotomagensis archiepiscopus cum Archidiaconasset Berengarium, dixit ei : Dabo tibi centum libras ne in principio archidiaconatus facias exactiones per Archidiaconatum tuum.*

¶ Archidiaconizare, Archidiaconi munus obire. Charta Liziardi Episc. Suession. ann. 1121. ex Chartul. Nantholii pag. 21 : *Data Suessione anno ab Incarnatione Domini. .. Ansculpho et Theobaldo, Petro, Ebalo Archidiaconizantibus.*

ARCHIDICTUS. Dudo lib. 3. de Moribus Norman. pag. 140 :

Archidictus rector verum si quislibet esset,
Posset veridica scribere quæ cuperet.

* Archidicus, Quasi princeps dictionis, eloquens; quomodo etiam forte legendum est, pro *Archidictus.* Acta S. Cassiani in Antiq. Hortæ illustr. Fontanini pag. 359 :

Rhetores Archidici depromant syrmate dulci.

¶ **ARCHIDIŒCESIS**, Archiepiscopi Diœcesis. Concil. ann. 1512. tom. 4. Collect. Concil. Hispan. pag. 2 : *Quod longum tempus effluxit absque eo quod fuerit celebratum Concilium Provinciale in hac nostra Archidiœcesi.*

ARCHIDUX, Titulus tributus a Scriptoribus, Ducibus majoris auctoritatis et imperii. In Chronico S. Trudonis lib. 1. Pipinus sub Dagoberto dicitur *Archidux Austriæ, seu Austrasiæ inferioris.* Sigebertus ann. 959 : *Bruno Archiepiscopus Coloniensis, et Archidux Lotharingiæ, secundas partes in regno fratris sui potenter et industrie administrabat.* Idem titulus eidem Brunoni tribuitur a Rogero Abbate S. Pantaleonis Colon. in illius Vita cap. 17. et 27. propter plurium Ducatuum curam, ipsi a Cæsare commissam. *Lotharingiæ et Brabantiæ Archidux*, apud Dinterum lib. 1. Chron. cap. 17. Charta Friderici I. Imp. ann. 1156. pro erectione Austriæ in Ducatum, apud Miræum in Donat. Belg. lib. 2. cap. 52 [** vol. 1. pag.540.]: *Si quibusvis Imperii curis publicis Dux Austriæ præsens fuerit, unus de Palatinis Archiducibus est censendus.* [** Pro *curis* ex autographo *curiis* apud Pertzium vol. leg. 2. pag. 101. Vide Olenschlag. in Aurea Bulla pag. 405. not. 4. et Eichhornii Histor. Jur. Germ. § 238. not. i.] Cur porro Austriæ Duces, et quando, quove jure titulum Archiducis primo usurparint, haud bene constat. Scribit Andreas de Vinea, Gilbertum Borbonium Comitem Monpenserii creatum a Carolo VIII. Rege Franciæ *Archiducem Cessæ* in Regno Neapolitano.

ARCHIELECTUS, Electus in Archiepiscopum. Cæsarius Monach. Heisterbachensis in Chron. MS. Archiepiscoporum Coloniensium, anno 1228 : *His diebus Archielectus Henricus rediens a Roma domum Ducis de Lemborc, quam ipse in præsentia ejusdem Electi ædificaverat, dejecit.*

ARCHIEPERARE. Joannes Sarisberiensis Epist. 159 : *Quoniam hoc indicto census, et Ecclesiarum vexatio in Cancellarium ejus, qui nunc aut Archieperatur, ut credo, aut Archieperari contendit, ut æmuli mentiuntur, penitus retorquenda est.* Et Epist. 176 : *Qui primus in Anglia scindi Ecclesiæ unitatem, quod omnes noverunt, et Archieperandi, quod plurimum suspicantur, ambitione tractus, totius hujus discordiæ fomes in primis extitit et inventor.* Voces depravatæ: scriptum forte fuit in Cod. MS. *Archierare*, vel *archirevare*, ex Gr. ἀρχιερεῖν, vel ἀρχιερεύειν, *Archiepiscopare*, de qua voce infra. [** f. ἀρχιεπέρομαι, Archicancellarii nomine affari.]

ARCHIEPISCOPUS, Papiæ *Summus Episcoporum, qui tam Metropolitanis quam Episcopis præsidet.* Rabanus lib. 1. de Instit. Cleric. cap. 5 : *Ἀρχιεπίσκοπος Græco vocabulo dicitur, quod sit summus vel Princeps Episcoporum : tenet enim vicem Apostolicam, et præsidet Episcopis cæteris : singulis enim provinciis præeminet, quorum auctoritate et doctrina cæteri Sacerdotes subjecti sunt, sine quibus reliquis Episcopis nihil agere licet, nisi quod singulis in propria parochia commendatum est. Solicitudo enim totius provinciæ ipsi commissa est, et omnes superius designati ordines uno eodemque vocabulo Episcopi nominantur; sed privato nomine quidem utuntur propter distinctionem potestatum, quam singulariter acceperunt.* Quæ quidem hausit ex Isidoro lib. 7. Orig. cap. 12. ubi loquitur juxta disciplinam sæculi sui, ut pluribus observat Marca in Dissertat. de Primatu Lugdun. n° 47. Alias enim *Archiepiscopus* est qui Metropolitanus, et sub se Episcopos habet. Gillebertus Lunicensis Episcopus de Usu Ecclesiastico : *Cui rursum duo Episcopi cum suis Ecclesiis uni Archiepiscopo subjunguntur, cujus Ecclesia subscribitur diœcesis, et habet in propria sede septem gradus, et tres ordines Fidelium. Habet ergo extra Parochias et Monasterium, et ut plurimum viginti Episcopos regit, ut minimum vero tres.*

Archiepiscopi vocem a Patriarchis Alexandrinis primum invectam quidam volunt, qui cum primo soli essent in Ægypto Episcopi, creatis subinde aliis, ut est in Eutychii Originibus, *Archiepiscopos* se nominarunt. Primus autem videtur hoc usus vocabulo S. Athanasius Apol. 2. pag. 791. Alexandrum Patriarcham Alexandrinum ita indigitans. Dehinc in Concilio Ephesino ann. 431. Cyrillus Hierosolymorum, et Cælestinus Romanorum Archiepiscopi appellantur. Sic etiam Leo I. PP. non semel in Concilio Calchedonensi et Damasus PP. in Libello precum Marcellinni et Faustini pag. 66. Anastasius de S. Felice : *Venerabilis Felix Archiepiscopus sedis Apostolicæ urbis Romæ.* Vide Cujacium ad Novellam 11. Leonem Allatium lib. 1. de Consensu utriusque Ecclesiæ cap. 18. Morinum lib. 1. Exerc. cap. 10. Meurissium in Episcopis Metensib. pag. 56. Joannem Marshamum in Præfat. ad tom. 1. Monastici Anglic. etc.

Archiepiscopi etiam interdum dicti ipsi Episcopi, quibus ex quadam prærogativa jus pallii concessum est a summis Pontificibus. Idque in Occidente aliquoties observatum infra videre est in verbo *Pallium.* At cum in Oriente Metropolitanorum et Archiepiscoporum eamdem esse dignitatem scribat Balsamon in Medit. et in eo solummodo differre, quod Metropolitanus habeat sub se Episcopos, in quos jus exerceat, Archiepiscopus nullos, videntur ii Archiepiscopi aliquid habuisse commune cum Episcopis, quibus jus pallii concessum est a summis Pontificibus quibus perinde in nullos Episcopos jus erat, sola pallii dignitate et Archiepiscopi titulo cæteris superiores.

Archiepiscopus Sacri Palatii, Idem qui *Archicapellanus.* Vide *Capellanus.*

* Vide Tract. novum de re diplom. tom. 5. pag. 130.

* Archiepiscopi dicti præterea ii episcopi, qui primi in ecclesia sederunt; qua ratione *Archiepiscopi* titulo donatur S. Dionysius primus ecclesiæ Parisiensis episcopus. Vide Felibian. Hist. Sandion. pag. 531. et infra *Archipræsul.* Quo vero tempore *Archiepiscopi* vox usurpari cœpit in Galliis nostris, consule Mabill. tom. 2. Oper. posthum. pag. 452.

Archiepiscopare, in Archiepiscopum creare, [seu potius Ecclesiam Archiepiscopali titulo donare, Gall. *Eriger en Archevêché.*] Diploma Agapeti II. PP. ad calcem Chronici Reichersperg. : *Supradictam Lauriacensem Ecclesiam... Archiepiscopamus, et in culmen Metropolitanum sublimamus.*

* Archiepiscopari, *Esse archiepiscopum.* Vocabul. compend.

¶ Archiepiscopium, Archiepiscopatus. Vetustæ membranæ apud Ludewig. tom. 8. pag. 172 : *Ottonem Magnum fundatorem Archiepiscopii Magdeb.*

¶ **ARCHIEPISCOPOLOGIUM.** Historia Archiepsicoporum Tarraconensium hunc præ se fert titulum in Collectione Concil. Hispan. tom. 3. pag. 546. col. 1. in prologo ad Concilium Tarraconense anni 1312 : *Nos autem eorumdem actorum summam exhibemus ex libro manu exarato lingua Catalonica scripto, cui titulus : Archiepiscopologium sanctæ Metropolitanæ Ecclesiæ Tarraconensis.*

¶ **ARCHIERARCHUS**, Pontifex Maximus, totius hierarchiæ Princeps, unde vocis etymon. Fridegodus in Vita S. Wilfridi Episcopi inter Acta SS. Benedict. sæc. 3. part. 1. pag. 187 :

Annuit, et scriptis legalibus Archierarchus
Theodoro Regique jubet sancita notari.

¶ **ARCHIERATICA** Sedes, id est, *Archierarchi*, seu summi Pontificis. Agnellus lib. Pontif. apud Murat. tom. 2. pag. 129. col. 2. B : *Iste qui non ex nostro fuit ovili, videte quomodo tenuit Archieraticam sedem monitus apostolico dogmate.*

¶ **ARCHIEREUS**, ἀρχιερεύς, Qui præest rebus sacris, Episcopus. Lamprid. de Alexandro Severo cap. 28 : *Syrum Archisynagogum eum vocantes et Archierea.* Acta S. Frederici Episcopi, tom. 4. Julii pag. 460 : *Sanctus igitur Fredericus, Frisonicæ gentis Archiereus, nobilis ex genere, sed nobilior exstitit sanctitate.*

¶ **ARCHIERGATUS**, ab ἀρχή et ἐργάτης, Operarius, Conductor operis. Gall. *Entrepreneur, Architecte.* Agnellus lib. Pontif. apud Murat. tom. 2. pag. 106. col. 2 : *Asse-*

runt nonnulli, quod quadam die accersitum Archiergatum ac principem operis Pontifex interrogavit, et cur ædificium prædictæ Ecclesiæ non perficeret.

¶ **ARCHIEROSYNA**, ἀρχιερωσύνη, *Archiepiscopatus*. Cod. Theod. lib. 12. tit. 1. c. 112: *In consequenda Archierosyna ille sit potior, qui patriæ plura præstiterit.* [** Vide Jac. Gothofred. Comment. in Cod Theod. tom. 4. pag. 457. sqq. Apud Græcos Archiepiscopi sæpe ἀρχιερεῖς appellantur.]

¶ **ARCHIEUNUCHUS**, Princeps regiorum Cubiculariorum apud Joan. Calvin. in Lexic. Jurid. [** Vide Glossar. med. Græcit.]

¶ **ARCHIFERI**, Iidem qui arcarii, sagittarii, Gall. *Archers*. Caffarus Annal. Genuens. lib. 1. ad ann. 1158. apud Murat. tom. 6. col. 270: *Soldaderios, balisterios et Archiferos tot ad civitatem conduxerunt, ordinantes eos per castra montana et alias partes civitatis.* Obertus Cancellarius Annal. Genuens. ab ann. 1164. ibidem col. 348: *Scientibus hoc nostris Consulibus et civitate multis commota rumoribus, fecerunt parlamentum, et sine mora Rapallum mari et terra iverunt, convocantes amicos, milites et omnes affines marchiones, et Archiferos et clientes multos.*

¶ **ARCHIFLAMEN**, Archiepiscopus. Hist. Dalphin. tom. 2. pag. 46: *Fredericus II.... Romanorum Rex semper Augustus.... Viennensis Ecclesia sicut inter cæteras Ecclesias et Metropolitanas.... refulget, ita peculiaris gratiæ prærogativam apud imperialem celsitudinem meruit obtinere, ut Metropolitanus ejus inter cæteros Archiflamines principalem locum et dignitatem obtineat.* Nominis originem attigere Patres Concilii Narbonensis anno 1430 celebrati, in Libello ad Archiep. Narbonensem dato apud Marten. tom. 4. Anecd. col. 352. D: *In civitatibus enim ubi apud Ethnicos erant Archiflamines, gratissimus Apostolorum Princeps Archiepiscopos institui præcepit: in reliquis vero civitatibus singulos Episcopos, etc.* Hanc ob causam, verum an falsam, Archiepiscopos interdum vocavere *Archiflamines*. Fuere autem flamines apud Romanos, Sacerdotes qui a numine cui sacra faciebant, singuli cognominabantur. Tres primi a Numa instituti dicuntur, Jovi scilicet, Marti et Quirino. Unde *Dialis* flamen, *Martialis* et *Quirinalis*, quibus postmodum 12. additi sunt. De quibus plura apud Hofmannum, Pitiscum in Lexicis, et alios qui de Antiquitatibus Romanis scripsere.

ARCHIFRATER. Collatio S. Maximi Martyris apud Anastasium in Collectaneis et Baron. ann. 656: *Nunquam disputavi tecum, nisi semel cum santissimo Presbytero domino Theocharisto et Archifratre, propter Primicerium, jussus per litteras super hoc.*

* **ARCHIFULLA.** Convent. Saonæ ann. 1526. De modo exigendi gabellam ponderis: *Item pro.... stupis factis straciis, Archifullis, et quibuscumque aliis rebus, pro quibus exigi consuevit dicta gabella, den. sex.*

* **ARCHIGAIE.** Vide supra *Archegaye*.

* **ARCHIGALLINA**, Gallina exquisitior, delicatior. Chron. Walin. monast. apud Marten. tom. 3. Anecd. col. 816: *Nam sicut antea commune legumen, fercula non digniora, non archipisces, non Archigallinæ, etc.*

¶ **ARCHIGALLUS**, Præses Cybeles Sacerdotum apud Gallos. Tertull. de Resurr. carnis cap. 16: *Calicem non dico venenarium, in quem mors aliqua ructarit, sed fictricis, vel Archigalli, vel gladiatoris, aut carnificis spiritu infectum.*

* Occurrit præterea apud eumdem Tertull. cap. 25. Apolog. Male *Archigabus* apud Hofman. [** Fragm. Vatican. § 148: *Is, qui in portu pro salute imperatoris sacrum facit ex vaticinatione Archigalli, a tutelis excusatur.* Vide Forcell. Lexic.]

¶ **ARCHIGENES**, Medicus, vel Chirurgus. Vita S. Joannis Abb. Parmen. tom. 5. Maii pag. 183. C: *Archigenis cataplasma quoque defecerat, cesserat etiam omnis medicamenti incassum industria.*

* Qui sit *Archigenes*, vide Fabricii Bib. Græc. lib. 6. cap. 9. in Elencho medic. veterum.

ARCHIGERONTES, in c. 6. C. de Episc. audient. dicuntur primates plebis Alexandrinæ, seu qui quasi principes summoque honore et loco erant inter artifices. Ita Jac. Gothofredus ad leg. 1. Cod. Th. de Alexandrin. primatib. [** *Seniores curiæ Alexandrinæ.* Vide Heineccium in Brisson. Vocabul.]

ARCHIGILIT, *Similiter novum*, Ugutioni. Vox forte Longobardica.

ARCHIGRAPHUS, Præcipuus inter Scriptores. Sic Livium vocat *Archigraphum Patavinum* Albertinus Mussatus lib. 1. de Gest. Henrici VII. in Prolog. et in Poëmat.:

Plaudeat Archigraphi si non mihi tibia Livi.

Est etiam eidem *Archigraphus Regiæ Majestatis*, Notarius, vel Cancellarius Regius, lib. 4. de Gestis. Ital. post Henricum, Rubr. 2. Vide *Antigraphus*.

ARCHIGUBERNUS, ex Gr. ἀρχικυβερνήτης, navis seu classis præcipuus gubernator, præfectus, apud Jabolenum JC. fr. 46. D. ad SC. Trebell.

* Vulgatius editum *Archicubernus*; *Archicunus*, apud Haloand. ubi *Archicubernius* habet Gothofredus.

¶ **ARCHIHEBDOMADARIUS.** Vide in *Hebdomadarius*.

¶ **ARCHIJURARE**, Qui primus chartæ ceu fidejussor subscribit. Litteræ Johannis Carnot. Episc. ann. 1180. apud Marten. tom. 1. Anecd. col. 599. B: *Episcopus promisit et Archijuravit, et omnes isti juraverunt, quod teneant et teneri faciant testamentum.*

ARCHIJUSTITIARIUS, Supremus Angliæ Justitiarius. Radulf. de Diceto in Imag. Hist. ann. 1179: *Henricus Rex Anglorum instituit* 3. *Episcopos Regni totius Archijustitiarios.* Alibi: *Wintoniensem, Eliensem, et Norwicensem Episcopos Archijustitiarios Regni, et certis in locis... constituit.* Vide *Justitiarius*.

¶ **ARCHILECTILE**, Lecti compages lignea, vulgo *Chalit, lit non garni*. Charta ann. 1480. ex Archivo Episcopi Corisopitensis: *R. in Christo Pater D. Guido permissione divina Episcopus Corisopitensis... ad principalem domum dicti Prioratus accedens, ibi a Priore commendatario susceptus est, qui unum Archilectile cum straminibus dumtaxat pro lecto ad jacendum illa nocte ipsi præsentavit.*

ARCHILEGATUS. Epistola Gregorii VII. PP. ad Hugon. Abbat. Cluniacens. in Bullario Cluniac. pag. 18: *Ut inde per singulos annos B. Petro, et ejus Apostolicæ sedi in præsentia Romani Pontificis, aut ejus Archilegati Romæ, aut ubi ipse jusserit, octo diebus ante vel post Kalendas Maii, una Romana uncia auri in pensionem reddatur.*

ARCHILEVITA, Archidiaconus, dignitas Ecclesiastica. Goffridus Vindoc. lib. 2. epist. 17: *De domno Archidiacono, etc.* Et mox: *Gloriosus vester Archilevita.* Petrus Pictaviensis in Epitaphio Gelasii II. PP.:

Cum prius ex Monacho pro multa strenuitate
Archilevita foret et Cancellarius orbis.

Vita S. Boniti Episc. Claromont. cap. 4: *Cantinus Archileviticæ minister.* Prudentius lib. περὶ ϛεφάνων, in *S. Laurentio Archilevita*:

Hic primus e septem viris,
Qui stant ad aram proximi,
Levita sublimis gradu,
Et ceteris præstantior
Claustris sacrorum præerat,
Cælestis arcanum domus,
Fidis gubernans clavibus,
Votasque dispensans opes.

Occurrit passim. Adde Innocent. Ciron. in Parat. Decret. pag. 70. Vide *Levita*.

ARCHILIUS, [Tribunus, ab ἀρχός, Princeps et χίλιοι, Mille] Fridegodus in sancto Wilfrido cap. 53. [apud Mabillon. in Actis SS. Benedict. sæc. 4. part. 1. pag. 724:]

Noviter increpitans pigrum decus Archiliorum.

* **ARCHILLEUS**, Idem qui *Archerius*, Sagittarius, Gall. *Archer*. Charta Hugonis ducis Burgund. ann. 1170. in parvo Reg. S. Germ. Prat. fol. 68. r°. col. 1: *Et sciendum quod si clientes Archillei adversus aliquem de Vilebichet querelam habuerint, majori ejusdem facient clamorem, et sic per justitiam prioris ad viam Salveretiam ad justitiam venient.* Vide *Cliens*.

* **ARCHILOGIUM**, Exordium. Glossar. Lat. Ital. MS.: *Archilogium, Lo principio de sermone.* Vide *Archilogus*.

ARCHILOGOTHETA, Archicancellarius: ita indigitatur S. Heribertus Coloniensis Archiepiscopus apud Lambertum in ejus Vita n. 8. et Rupertum Tuitiensem cap. 7. qui cap. 5. dicitur *Primus Cancellarius*. Ita etiam Heribertus Archiep. Coloniensis in Charta Ottonis III Imp. apud Maximilianum Henricum in Apologia Archiepiscopi Colon. pag. 21. Notum porro Archiepiscopum Colon. Archicancellarii Italiæ dignitate adornari. [Vide novam Gall. Christ. tom. 3. Nominis origo a magno Logotheta, qui in palatio Græcorum Imperatorum Archicancellarii munere fungebatur, id est, Aureas Bullas et Edicta Principum subscribebat. Primum Logotheta *dromi* seu cursus publici Cancellarii munus obibat, ut diserte testatur Nicetas in Manuele lib. 7. num. 1: Ὥςε ὁ μὲν τὸν οἰκεῖον, ὡς ἡ Λατίνων φωνὴ, Καγκελάριον, ὡς δ' Ἕλληνες εἴποιεν Λογοθέτην.... πέμψας μετὰ πλείςης δυνάμεως, cet. Verum id munus postmodum transiit ad Magnum Logothetam, de quo plura Codinus cap. 1. 4. et 5. Vide Glossarium med. Græcitatis V. Λογοθέτης.]

ARCHILOGUS, *Princeps, vel primus in sermone: Archilogium sermonis principium*, Ugutioni.

* **ARCHIMACHERUS**, *Magister coquinæ*,

in Glossar. ex Cod. reg. 7679. *Archimagirus*, apud Juvenal. Sat. 9. et Sidon. Apollin. lib. 2. epist. 9. Vide *Archimagiria*.

¶ **ARCHIMAGIRIA**. Num a Græco μάγειρος, coquus, adeo ut *Archimagiria*, nomen sit officii præfecti coquorum? Litteræ Johannis Bernardi Abbatis Fulden. pro collegio Jesuitarum Fuldæ ann. 1626. apud Schannatum Diœcesis Fulden. pag. 388 : *Nonnulla tribui ipsos jussisse.... partim ex Archimagiria, partim ex vacantibus beneficiis.* Joachimi ejusd. loci Abb. Litteræ ann. 1658. ibid. pag. 396 : *Ut centum et triginta sex florenos cum dimidio quotanis ... per Archimagiria in pecunia numerata capere possit.* Juvenalis Satyra 9 :

> Proximus ante diem caupo sciet, audiet et quæ
> Finxerunt pariter librarius, Archimagiri.

¶ **ARCHIMANDRISIA**, Videntur esse loca vel prædia quæcumque illa sint a Monasteriis vel Archimandritis pendentia. Anastasius Senior in Chron. Cassinen. apud Murat. tom. 2. pag. 352 : *Aquinum cum Ecclesiis, villis, xenodochiis, castris, ptochotrophiis, cacosomiis, brefotrophiis, monasteriis, Archimandritis vel Archimandrisia habentibus.*

ARCHIMANDRITA, Abbas generalis, seu *Princeps Monachorum*, uti appellatur in Regula S. Isidori cap. 6. ex Græc. ἀρχιμανδρίτης. Papias : *Archimandrita, pater Spiritualium ovium, heremita agens annos fere* 50. *Memphitici et Palæstini Archimandritæ*, apud Sidonium lib. 8. Epist. 14. Avitus Viennens. Epist. 2 : *Copiosæ Monachorum multitudinis præpositus fuit, cujus officii personas Episcopi Orientales Archimandritas appellant.* Regula S. Columbani cap. 7 : *Cum tanta pluralitas eorum sit, ita ut mille Abbates sub uno Archimandrita esse referantur.* Adde Concilium Forojuliense ann. 791. cap. 7. Hist. translat. S. Sebastiani cap. 6. n. 24. Ughell. tom. 7. Ital. sacr. pag. 1298. etc. [** Vide Glossar. med Græcit. in voce Μάνδρα.]

Archimandrita, Quivis Prælatus, etiam Archiepiscopus. Dagobertus Archiepiscopus Bituricensis in Charta ann. 990 : *Primæ sanctæ Bituricensis Ecclesiæ sedis Archimandritam se inscribit.* In Tabulario Ecclesiæ Gratianopolitanæ *Amblardus Lugdunensis Archimandrita* dicitur. Adde Alcuinum Epist. 72. Vitam S. Gebehardi Archiepisc. Salisburg. apud Canisium tom. 6. pag. 1251. Vitam S. Adalberti Episc. Pragens. n. 6. 9. et Vitam S. Theodardi apud Catellum pag. 757. Analecta Mabillonii tom. 1. pag. 98. etc. Ita etiam ab Justiniano usurpatam hanc vocem observarunt alii. Vide *Mandra*.

ARCHIMANDRITISSA, Abbatissa, in Nov. Justiniani 4. et 109. et in Capitul. Caroli M. lib. 2. cap. 29.

¶ **ARCHIMARESCHALCUS**, vel *Archimarschalcus* ut supra habetur in *Archicamerarius*, Princeps equisonum, cui cura incumbit equorum Imperatoris Germaniæ, Gall. *Grand Ecuyer.* Hujus muncre fungitur in aula Germanorum Imperatorum Dux Saxoniæ, qui in officii symbolum avenam defert in convivium fieri solitum post solemnem Imperatoris inaugurationem, uti narratur in libello de electione Maximiliani II. ann. 1562. Vide *Comes stabuli* et *Marescallus*. [** Aurea Bulla cap. 27 : *Dux Saxoniæ officium suum agat hoc modo : Ponetur enim ante edificium Sessionis Imperialis vel regie acervus avenæ tantæ altitudinis, quod pertingat usque ad pectus vel antelam equi super quo sedebit ipse dux, et habebit in manu baculum argenteum et mensuram argenteam, ... primo mensuram eandem de avena plenam accipiet, et famulo primitus venienti ministrabit eandem; quo facto figendo baculum in avenam recedet et Vicemarescal. ejus, puta N. de Pappenhein accedat, vel eo absente Marescallus curiæ ulterius avenam ipsam distribuet.* Officia *archiprincipum* ad Imperium spectabant quare si Gallice dicere velis, potius *Connétable* (comes stabuli) appellandus est Archimarischalcus.]

¶ **ARCHIMARINUS**, Maris præfectus, Gal. *Grand Amiral.* Lobinellus in histor. Paris. Instrum. tom. 3. pag. 722. b : *Dominus Ludovicus de Graville Archimarinus regni, etc.*

ARCHIMARTYR. Utitur Maximus Madaurens. Epist. ad S. August. 43.

¶ **ARCHIMENTARIENSIS**, Archinotarius. Formulæ veteres Legibus Salic. et Ripuar. ab Eccardo subjectæ num. 4. pag. 235 : *Ego N. Notarius et exceptor ad vicem Archimentariensis recogno. Feci.* Ubi laudatus scriptor legendum monet *Archicommentariensis* pro *Archimentariensis*. Vide *Commentariensis*, Notarius.

ARCHIMETATOR, Qui metata in castris et exercitibus ordinat, disponit, *Mansionarius*, recentioribus. Arnoldus Lubecensis lib. 3. cap. 28 : *Qui ut sapiens Archimetator ipsam expeditionem prudenter ordinavit.* Vide *Metator*.

ARCHIMETROPOLITANUS, pro *Metropolitanus*, in Indiculo Dagoberti Regis, qui extat in Vita S. Desiderii Episcop. Cadurcens. cap. 7. Sed mendum esse observavit Stephan. Baluzius ex Cod. MS. ubi legitur : *Proinde dum vos arcem Metropolitani scimus tenere, etc.*

ARCHIMINISTER Sacri Palatii, Dignitas Palatina, qua donati leguntur *Boso Dux*, Richildis Augustæ frater, sub Carolo Calvo in Synodo Ticinensi ann. 876. et in Tabulario S. Benigni apud Perardum pag. 154. et *Suppo* Piceni Comes sub Ludovico juniore, apud Guillelmum Bibliothec. in Hadriano II. pag. 229. 230. 232. Idem autem sonat quod *Major domus*, qui cæteris domus Regiæ *Ministris*, seu Officialibus, præerat, et *Magister officiorum* apud Romanos Impp. dicebatur. Vide *Minister*.

Neque alia, opinor, fuit dignitas *Ministri Imperatoris et Imperii*, quam Matfrido Proceri Palatii et Comiti Aurelianensi sub Ludovico Pio adscribit Agobardus Lugdun. ad quem scribens, hæc subdit pag. 207 : *Elegit vos ante mundi constitutionem futurum nostris periculosis temporibus Ministrum Imperatoris et Imperii, et præ cæteris honorificavit, et ditavit, etc. . . constituitque vos in latere summam regentis, quatenus et in dispositione æquitatis illi essetis suffragator, et in remuneratione beatitudinis particeps.*

ARCHIMONASTERIUM S. Remigii Remensis, in Epistola Joannis XIII. PP. ad Adalberonem Remensem Archiepiscopum pro privilegiis ejusdem Monasterii, et in libro miraculor. S. Marculfi n. 2 : *Archimonasterium Cluniacense*, et *Archimonasterium Saviniacense*, in veteri Charta apud Joannem Mariam *de la Mure*, in Hist. Ecless. Lugdun. pag. 382. *Archimonasterium Landavense*, in Monasterio Anglic. tom. 3. pag. 190.

ARCHIMONIA. Vita S. Bernardi Archiep. Viennensis apud Mabillonium : *Defuncto nobilissimo Principe Carolo, et filio ejus Ludovico Archimoniam obtinente.* Ubi legendum videtur *Archimonarchiam*. Ita nempe vox contracta in MS.

¶ **ARCHIMYSTA**, ab ἀρχός, Princeps et μύστης, Sacris initiatus. Sic Aventinus Archiepiscopum Lauriacensem appellat in Annal. Bojorum : *Sub id tempus* (ann. 735) *Hunni et Avares, gens hodie Hungarica, audita morte Ducis Bojorum, quæcumque Boji infra Anassum possedere, flamma, ferro vastant, Laureacum delent, exscindunt. Ob hanc cladem Utilo Vivilum, qui et Vivilo dictus, Archimystam Laureacensem cum Symmistis et Monachis, una cum sacratis feminis, qui periculum evaserunt, Pathaviam, commigrare jubet.*

¶ **ARCHINALE**, Locus ubi exstruuntur naves, arma servantur, etc. Gall. *Arcenal.* Bern. de *Breydenbach*. Itiner. T. S. pag. 20 : *Facile est Venetis et parum sexcentas armatas galeas ex suo producere Archinali... Semper mille ad minus habent in Archinali suo viros diversarum mechanicarum artium, et præsertim faciendarum navium scios et gnaros.*

ARCHINOTARIUS, Primicerius Notariorum, diversus a summo Cancellario. [* Nequaquam; idem enim est mox *Ructemirus*, *Dructemirus* atque *Tractemirus*, qui *Archicancellarius* appellatur, ut observant Auctores novi Tract. de re diplom. tom. 5. pag. 51. Vide infra in *Cancellarius*.] In Diplomate Ludovici Imp. filii Lotharii in Tabul. Casauriensi, subscribit *Ructemirus* [apud Murat. tom. 2. part. 2. col. 929. *Dructemirus*] *Archinotarius*, una cum *Tractemiro Archicancellario*. At in Chartis Hlotarii Imp. apud Doubletum pag. 744. 745 : *Hilduinus Archiepiscopus sacri Palatii Notarius summus*, qui *Archicancellarius* in aliis, et in Charta ejusdem Hlotarii tom. 12. Spicilegii Acheriani pag. 109. *aulæ Archinotarius* indigitatur.

ARCHIŒCONOMUS, qui Ecclesiarum œconomis præest, in Capitulis Caroli M. lib. 2. cap. 29.

* **ARCHIOPILIO**, Archiepiscopus, in Conc. Narbon. an. 947. tom. 9. Collect. Histor. Franc. pag. 326.

¶ **ARCHIOTÆ**, Ἀρχειῶται, Archivorum custodes. Digest. l. 50. tit. 4. de muneribus et honoribus. [** leg. hodie *Archeota*.]

ARCHIPALATINUS Præsul. Vide *Archicapellanus*, in *Capellanus*.

¶ **ARCHIPAPA**, Primus Presbyterorum apud Græcos. Vide *Protopapa*.

ARCHIPARAPHONISTA. Vide *Paraphonista*.

ARCHIPATER, dicitur Bruno Coloniensis Archiepiscopus, apud Baldricum lib 1. Chron. Camerac. cap. 84. Willelmus Brito lib. 12. Philip. :

> Nec minus Archipater Remorum cum Senonensi, etc.

Alcuinus Poëm. 176 :

Hanc pius Archipater Metensis gloria plebis,
Rogandus Præsul magno sacravit honore.

Archipatres vocat Dudo in Præfatione ad Acta Normanorum priscos et famosos duces :

Archipatres prisci pariter, proceresque moderni,
Scipio, Pompeiusque, Cato etc.

Adde pag. 106.

¶ **ARCHIPHERECITÆ**, Dignitates apud Judæos. Justiniani Novella 146 : *Neque licentiam habebunt hi, qui ab eis (Judæis) Majores omnibus Archipherecitæ, aut Presbyteri, forsitan vel Magistri appellantur, Perinæis aliquibus aut anathematismis hoc prohibere.* Quænam fuerit Archipherecitarum dignitas et unde dicta, nos docet Morinus in suis Exercitationibus Biblicis lib. 2. Exercit. 6. Ineunte sexto Ecclesiæ sæculo ab Jehuda Hakados editus est liber *Misnajoth* dictus, qui omnes Judæorum traditiones complectitur. Hic liber in varia capita scinditur, quæ appellant פרקים *Prachim:* et antiqua pronunciatione quæ literam פ, semper aspirabat *Pherecim.* Postquam liber ille publice editus est, in omnibus scholis legi cœpit, atque etiam in plerisque Synagogis. Evenit non longo post tempore, ut honorificentissimum esset, lectionem illius Capitis primum in publicis aggredi conventibus, deinde ut hoc excellentissimis quibusque Rabbinis ut munus aliquod et excellens dignitas deferretur : ideo cum edita est illa Novella, Judæorum primores Archipherecitæ ab isto officio voce hybrida dicebantur, id est, capitis seu sectionis Principes. Rem exemplis probat laudatus scriptor loco citato, ubi illa potes, si lubet, consulere.

ARCHIPHONISTA, Archicantor, dignitas Ecclesiastica. Chartam Alrici Episcopi Astensis sub ann. 1020. subscribit *Rozo Archiphonista*, apud Ughellum : sed legendum *Archiparaphonista.* Vide *Paraphonista.*

¶ **ARCHIPHYLAX**, Græce Ἀρχιφύλαξ, Primarius custos. Sic appellabatur in monte Carmelo Generalis totius Ordinis Carmelitarum olim usque ad ann. Ch. 1121. Tunc enim Aymericus Patriarcha Antiochenus in Terra sancta generale capitulum congregavit, ubi ad generalatum Bertholdus Latinus vocatus, relicto veteri titulo ad imitationem Occidentalium Prior nominatus est. Hofmannus post Macrum in Hierolexico.

¶ **ARCHIPINCERNA**, Princeps pincernarum in aula Imperatorum Germanorum, Gall. *Grand Echanson. Magister pincernarum* in Annal. Franc. ad ann. 781. Hac dignitate decoratur Rex Bohemiæ. Diploma Rudolphi. I. Imp. Wenceslao Regi Bohemiæ concessum ann. 1290. apud Tolnerum in Codice Diplom. ad calcem Hist. Palatinæ pag. 77 : *Quo facto Principum, Baronum, Nobilium et Procerum Imperii necnon veteranorum communi assertione et concordi testimonio comperimus assonante, ipsum Regem Bohemiæ Imperii debere Pincernam existere, et jus ac officium Pincernatus apud eum, necnon ejus hæredes jure hæreditario residere... Hæc vero jura Pincernatus, et electoratus nedum dicto Regi et suis hæredibus didicimus, sed etiam suis Progenitoribus, Abavis, Atavis, proavis Avis pure plenissime competebant.* Quod tamen non adeo constans fuit, ut alii Pincernatus dignitate nunquam fuerint adornati. Sed de his omnino consulendi sunt Scriptores Germanici. Vide *Buticularius* et *Pincerna.* [** Olenschlager. Aurea Bulla, pag. 116.]

ARCHIPIRATA, Amiralius, classis præfectus. Gloss. Lat. MS. Regium Cod. 1013 : *Archipirata, Princeps.* Glossar. Saxonic. Ælfrici : *Archipirata*, yldest vicing, i. e. *Pirata præcipuus.* [** In exemplar. Cotton. 9. 171. glossa pure Anglosaxonica : Heah sæþeof.] In Charta Edgari Regis Angl. ann. 971. tom. 1. Monastici Anglic. pag. 17. subscribit *Mascusius Archipirata.* Ita apud Ottonem de S. Blasio cap. 39. et 41. Margaritus Siciliæ Regum Guillelmi II. et Tancredi Amiratus, *Margarita Archipirata potentissimus illius terræ Baro* indigitatur. Item *potentissimus piratarum*, dicitur Alberto Stadensi ann. 1195. Vide *Pirata.* [et Forcell. Lexic.]

* **ARCHIPISCIS**, Piscis delicatior, exquisitior. Vide supra *Archigallina.*

ARCHIPOLITES, Ugutioni, *Princeps civium.* Item Archiepiscopus, Metropolitanus. Fridegodus in S. Wilfrido cap. 26 :

Cursores sed jam præmiserat Archipolites
Theodorus.

[Vita S. Somani Archiep. Rothomag. apud Marten. tom. 3. Anecd. col. 1657 :

Interea doctor præclarus et Archipolites,
Moribus ut sanctis decus ornat pontificale, etc.]

ARCHIPONTIFEX, Summus Pontifex, apud Galfridum Monemuthensem : Archiepiscopus, in Vita S. Theodardi Episcopi Tholosani pag. 759. in Decretis Synodalib. Ænhamensibus, cap. 1. 3. etc. *Archipontificatus*, in Epistola S. Bonifacii Mogunt. ad Cuthpertum Archiepiscopum Cantii.

¶ **ARCHIPOPULARES**, Idem qui *Archipolites*, Gall. *Chef du peuple.* Sallas Malaspinæ lib. 2. Rerum Sicul. apud Baluzium tom. 6. Miscell. pag. 224 : *Et dum Vicarius Regis (Siciliæ) prædictus quosdam Archipopulares et protorusticos ad se vocari fecisset, qui tam deformis populi ductores et capita dicebantur.*

ARCHIPOTA, *magnus Potator*, Ugutioni. [** *Princeps in potu* in Gemm. Gemmarum.]

¶ **ARCHIPPOCOMI**, Stabulo præfecti apud Germanos, a Græco ἀρχὴ, Principatus ἵππος, Equus, et κομεῖν, Curam gerere. Vide Lexicon Hofmanni.

ARCHIPRÆSUL, apud Galfridum Monemuth. Hovedenum, Ditmarum, et alios; Archiepiscopus.

* Episcopis quoque, iis scilicet qui se archiepiscopos ratione pallii inscribebant, hunc titulum concessum fuisse reperimus. Charta fundat. S. Maglorii Paris. ex Chartul. ejusd. ch. 1 : *Vir prætaxatus honorabilis (Hugo Franciæ dux) nostram petiit clementiam præceptum firmitatis a nobis fieri ex rebus, quas idem pie monasterio SS. Bartholomei apostoli et Maglorii Archipræsulis Britanniæ, urbis scilicet Dolensis contulit, quod fundavit in urbe Parisiaca.* Vide supra *Archiepiscopus.*

ARCHIPRÆSULATUS, in Gestis Guillelmi Ducis Norman. et Regis Anglor. pag. 195. [Epistola Brunonis Archiep. Trevir. ad Reinaldum Archiep. Remens. apud Marten. tom. 2. Ampliss. Collect. col. 624 : *Fama æquitatis vestræ et pietatis in Deum, nos jamdudum in Archipræsulatu vestro indignam admodum et intolerabilem injuriam passos, invitat vestrum implorare auxilium.*]

ARCHIPRESBYTERI dignitas alia fuit prioribus sæculis, alia posterioribus. Olim quippe Archipresbyteri dicti, qui in Ecclesia cathedrali Episcopi quodammodo Vicarii erant. Isidorus in Epist. ad Leudefredum Cordubensem Episcopum : *Archipresbyter se esse sub Archidiacono, ejusque præceptis, sicut Episcopi sui, obedire sciat, et quod specialiter ad ejus ministerium pertinet, super omnes Presbyteros in ordine positos curam gerere, et assidue in Ecclesia stare; et quando Episcopi sui absentia contigerit, ipse vice ejus Missarum solennia celebret, et Collectas dicat, vel cui ipse injunxerit.* Walafridus Strabo lib. de Reb. Eccles. cap. ult. : *Sunt etiam Archipresbyteri in Episcopis*, (f. Episcopiis) *Canonicarum curam gerentes.* Breviloquus : *Archipresbyter, Princeps Presbyterorum, vel qui supra Clericos in aliqua Ecclesia habet aliquam jurisdictionem Ecclesiasticam secundum consuetudinem loci.* De Archipresbyteris Ecclesiarum Cathedralium intelligendus Liberatus Diaconus cap. 14 : *Novissime in Proterium universorum sententia declinavit, utique cui et Dioscorus commendavit Ecclesiam, qui et eum Archipresbyterum fecerat.* Ut et Concilium Carthaginense IV. ann. 398. can. 17 : *Ut Episcopus gubernationem viduarum, et pupillorum ac peregrinorum non per se ipsum, sed per Archipresbyterum, aut per Archidiaconum agat.* Concilium Emeritense ann. 666. can. 10 : *Communi deliberatione sancimus, ut omnes nos Episcopi, infra nostram provinciam constituti, in cathedralibus nostris Ecclesiis, singuli nostrum Archipresbyterum, Archidiaconum, et Primiclerum habere debeamus.* Observat Ughellus in Ecclesia Veronensi etiamnum Archipresbyteralem dignitatem primam esse a Pontificali, ut in Perusina, Innocentius III. PP. lib. 1. Epist. pag. 30. Edit. Venetæ. Sixtus V. ann. 1586. apud eumdem Ughellum in Episcopis Tusculanis : *Archipresbyteratum, qui dignitas major post Pontificalem.* Vide Gregor. Turon. lib. 1. de Miracul. cap. 78. et Joan. de Deo in Pœnitentiario lib. 5. cap. 11. [** Ekkehardus IV. Cas. S. Gall. cap. 10. Pertz. pag. 136. vol. 2. lin. 44 : *Invidi monachis nunc temporis episcopi... ministros odii et invidiæ injustæque potentiæ holophernicos asciscunt sibi Archipresbyteros, qui animas hominum Carissime appretiata, vendant, feminas nudatas, etc.* Vide ibi notata.]

Archipresbyteri deinde dicti, qui hodie *Decani rurales*, Archidiaconis subjecti. *Archipresbyter, quod alicubi dicitur Decanus*, in Concilio Claromontano ann. 1095. can. 3. *Archipresbyteri vicarii* in Concilio Turonensi II. ann. 567. can. 19. *Qui Presbyterorum, qui per minores titulos habitant, vitam jugi circumspectione custodiunt, etc.* in Capitulis post Synodum Ravennatem ann. 904. apud Baron. n. 26. De his agunt idem Concilium Turonense II. ann. 567. can. 7. Autissiodor. ann. 578. can. 20. 43. 44. Synod. Remensis ann. 630. can. 19. Ticinensis ann. 850. can. 13. 853. can. 5. 6. Capitula Caroli Calvi tit. 5. cap. 3. Gregorius IX. lib. 1.

tit. 34. Joan. de Deo loco laudato, etc. De Archipresbyteris etiam multa congessit Morinus de sacris Ordinib. part. 3. Exercit. 15. cap. 2. [** Vide Murator. Antiquit. Ital. dissert. 74. tom 6. col. 413.]

☞ Archipresbyteros etiam Archidiaconorum officio functos fuisse in quibusdam saltem Ecclesiis; ut Gratianopolitana, patet ex Decreto Alamandi Episcopi, qui totam distribuit diœcesim in quatuor regiones, quarum una a Decano, aliæ tres a totidem Canonicis, qui *Archipresbyteri* dicuntur, erant visitandæ : quod munus est Archidiaconorum. Vide Hist. Dalphin. tom. 2. pag. 135.

* *Archiprêtre*, *Grand-prêtre*, apud Judæos summus pontifex. Vita J. C. MS. ubi de Zacharia :

Ses peres estoit Arceprestre,
De cele loy estoit lors mestre,

Archipresbyter Franciæ dicitur Furaldus Abbas S. Dionysii in Epistola Adriani PP. apud Flodoardum lib. 2. Hist. Remens. cap. 17. qui cap. 12. *Summus Capellanus Regis Pipini* indigitatur.

Archipresbyter Cardinalium, apud Bennonem in Gestis Hiltebrandi pag. 40. tituli S. Mariæ Majoris nempe. Vide *Cardinalis*.

Archipresbyter Capellanorum, in Ecclesia Placentina, de quo et ejus electione extat Charta Jacobi Prænestini Episcopi ann. 1236. apud Petrum Mariam Campum in Histor. Eccles. Placentin. part. 1. pag. 392.

¶ Archipresbyter Civitatensis. Bulla Pii Papæ IV. pro Episcopatu Antverpiensi anno 1560. inter Instrum. tom. 4. novæ Gall. Christ. col. 315. B : *Ac in eadem Ecclesia Antverpiensi unum Archipresbyteratum Civitatensem pro uno Archipresbytero Civitatensi, qui curam Rectorum parochialium Ecclesiarum, Sacramentorum et verbi Dei per civitatem* (habeat.)

ARCHIPRESBYTERATUS, Districtus Archipresbyteri ruralis, apud Arnulphum Lexov. in Ep. pag. 49. [Concil. ann. 1591. inter Hisp. tom. 4. pag. 610. 1 : *Cum Archipresbyteratus spiritualem jurisdictionem habeat, districte prohibemus, ne Archipresbyteratus sub aliqua pensione ad terminum alicui concedatur.*] Vide Altaserram lib. 1. Dissertat. Juris Canon. cap. 16.

¶ **ARCHIPRESBYTERIATUS**, Eadem notione apud Ludewig. tom. 6. Reliq. MSS. pag. 235 : *Habeat auctoritatem disponendi ac regendi sui Episcopatus in archidiaconatibus vel Archipresbyteriatibus.*

¶ **ARCHIPRESTERATUS**, Eodem significatu, a Gallico *Archiprêtré*. Occurrit apud Stephanotium tom. 1. Antiq. Vascon. MSS. pag. 240.

¶ **ARCHIPRIOR**, Militiæ templi præfectus, apud Spelmannum. Quibusdam olim *Archipriores* dicti sunt, qui aliis *Archipresbyteri*.

¶ **ARCHIPRIORATUS** Militiæ, in Bulla Pii IV. inter Privilegia Equitum S. Johannis Jerosol. pag. 169. In quibusdam Ecclesiis, ut in Santonensi, *Archiprioratus*, Idem est quod in aliis *Archidiaconatus*, ea scilicet diœcesis pars, quæ ab uno pendet Archidiacono.

¶ **ARCHIPROTHOPAPAS**, ut *Archipapa*, Primus inter Presbyteros. Epistola Joanni Presbytero seu Regi Abyssinorum falso adscripta ad calcem MS. Corbeiensis : *In mensa nostra comedunt omni die juxta latus nostrum in dextera parte Archiepiscopi* XII. *in sinistra Episcopi* XX. *præter Patriarcham S. Thomæ et Prothopapatem Salmagantinum et Archiprothopapatem de Susis, ubi thronus et solium gloriæ nostræ residet, et palatium imperiale.* Vide *Protopapa*.

ARCHIPROTOPAPATUS, [Dignitas Archiprotopapæ.] Vide *Presbyter Joannes*.

¶ **ARCHIREGNUM**, Hoc nomine illustratur Hungariæ Regnum in Joannis *Troester* Epistola ad Wolfgangum *Forchtenauer* Cæsaris scribam, apud Raimundum Duellium Miscellan. lib. 1. pag. 232 : *Aut* (fugiam) *sub humani doctique viri quadrante, qui quomodo, quibus armis Archiregnum Ungarorum a feris Turcis, animosorumque Bohemorum insimul collectum retineatur, stellas metitur, Ladislai Regis Astronomus*?

* **ARCHIROLUS**, Canalis arcuatus per quem fluunt aquæ, f. pro *Archivolus*. Statuta civit. Mutin. rubr. 296. pag. 58. v° : *Statutum est quod Archirolus, quod est sdugarium, cavari et desgombrari debeat, ... quod ad dictum opus conferre debeant omnes et singulæ personæ habentes terras et possessiones, quarum aquæ scolentur et defluunt in ipsum Archirolum.* Vide mox *Archivotum*.

ARCHIROMACHUS. Vide *Anchiromacus*.

ARCHISACERDOS, Archiepiscopus, apud Fortunatum lib. 3. Poëmat. 11. et in Vita S. Theodardi Episcopi Narbon. apud Catellum pag. 758. in Concilio Cloveshoensi ann. 800. etc. Anonymus de Archiepiscopis Saltzburgensib. apud Mabillon. tom. 4. Analector :

Nam velut Archisacerdotes in sede manentes
Legitime functi numine Apostolico, etc.

ARCHISACRISTA. In Charta Riccardi Comitis Ayelli ann. 1193. mentio fit *Archisacristæ Archiepiscopii Salernitani*, apud Ughellum tom. 7. Ital. sacr. pag. 575. Vide *Sacrista*.

ARCHISCHOLARIS. Auctor de Disciplina Scholarum, cui falso Boetii nomen adscriptum, cap. 6 : *Si quis vero horum discipulorum sagacitate oblectaverit, Archischolari conjungendus est, ut vel eis recordationis seriem fideliter imprimat, vel exarandi diligentiam commendet : magnum siquidem ex his utilitatis fomentum colligitur.* Ubi *Archischolaris* idem videtur, qui *Proscholus*. Vide in hac voce.

ARCHISCHOLUS, seu *Magister Scholarum*, id est, Scholasticus; Dignitas Ecclesiastica, in Vita Lietberti Episcopi Camerac. cap. 2. et 4. unde emendare licet Durandum lib. 2. Ration. cap. 1. n. 14. ubi perperam *Archiacola*, pro *Archischola* scribitur, uti appellatur, apud V. Cl. Catharinum in Dissert. de Consuetudinibus municipalibus pag. 14.

¶ **ARCHISCRIBA**, Primus scribarum, Gall. *Premier Secretaire;* ubi de Parlamentis, *Greffier en chef.* Joannis *Troester* Epistola ad Wolfgangum *Forchtenauer* Cæsaris scribam apud Raim. Duellium. lib. 1. Miscell. pag. 232 : *Aut sub toga amicissimi mei Archiscribæ, amici inter saxosas umbras recubantis* (fugiam?). Vide *Archiscrivius*.

ARCHISCRINIUS, Thesaurarius Ecclesiæ. Apud Beslium pag. 291. Charta Guillelmi Ducis Aquitanorum sic subscribitur : *Data mense Junii anno* * 40. *regnante Rege Lothario. Boso S. Petri Archiscrinius jubente domno Guillelmo Duce hanc Chartam scribere jussit.*

¶ **ARCHISCRIVIUS**, Idem quod *Archiscriba*, Primus inter scribas. Privilegium Benedicti IX. PP. ann. 1037. inter Anecd. Marten. tom. 1. col. 158 : *Scriptum per manus Sergii Archiscrivii sacri nostri Palatii.*

ARCHISCRUTINARIUS, Officium Monasticum. Vide Ughellum tom. 4. pag. 1321.

ARCHISELLIUM, Princeps sedes. Occurrit in Notis, quæ Tyroni aut Senecæ adscribuntur pag. 163.

¶ **ARCHISENESCALLUS**, Senescallorum primus. Hoc titulo insignes erant Dalphini Viennenses. Historia Dalphin. tom. 2. pag. 364 : *Humbertus Dalphinus Vienn. Comes Viennæ Palatinus, Archisenescallus Regnorum Viennæ et Arelatis*, etc. Pag. 365 : *Ex largitione Imperialis benevolentiæ Archisenescallus perpetuus Regnorum Viennæ et Arelatis.* Vide tom. 1. pag. 100. et *Senescallus*.

ARCHISENIOR. Vita S. Pharonis cap. 72. *Archiseniores principum*, id est, præcipui inter magnates, qui Græcis ἀρχιγέροντες, primates ordinum, seu decuriæ primi, in leg. 5. Cod. de Episcop. audientia.

* **ARCHISOLIUM**, Præcipua sedes. Wippo de Vita Conradi Salici pag. 429 : *Ad locum, qui dicitur Aquisgrani Palatium, pervenit; ubi publicus thronus regalis ab antiquis Regibus, et a Carolo præcipue locatus, totius Regni Archisolium habetur.* Ita Ottoni a S. Blasio cap. 21. *Archisolium Arelatense* Arelate dicitur, Regni Arelatensis sedes præcipua, ut cap. 34 : *Iconium, Soldani Archisolium*, et *Panormus, Siciliæ Archisolium*, cap. 20. Adde cap. 46.

* **ARCHISTERIOLUM**, Arcisteriolum, diminut. ab *Archisterium*, monasterium. Charta ann. 1007. inter Probat. tom. 2. Hist. Occit. col. 165 : *Raymundus præfatus* (comes) *dedit ad S. Maria cœnobio, quæ nuncupatur Grassa, ipsum Archisteriolum, cum alodibus suis. Deinde filii ejus fulcierunt ipsum suprafatum Arcisteriolum similiter.* Vide *Asceterium*.

ARCHISTERIUM, [Monasterium. Hist. Translationis S. Martialis apud Stephanot. inter Fragm. MSS. tom. 2 : *Tum hujus Archisterii Monachalis multiplex congregatio sumens venerandum corpus S. Martialis gemmis auroque contexto mirifice reclusum scrinio cum amplissimo dignitatis honore tulerunt, etc.*] Vide *Asceterium*.

* **ARCHISTERIUS**, ut *Archisterium*, in Charta ann. 986. in Append. ad Marcam Hispan. col. 933.

¶ **ARCHISTRATEGUS**, Imago S. Michaelis Archangeli in vexillo picta. Vide mox *Archistraticus*.

¶ **ARCHISTRATEIUS**, Rex, Dux exercitus. Vox Græca. Vita S. Wilfridi Episcopi auctore Fridegodo inter Acta SS. Ordinis S. Bened. sæc. 3. part. 1. pag. 188 :

Archistrateios solio prospectat ab alto,
Jus crudele sacris ausus dictare loquelis.

ARCHISTRATICUS. *Monasterium S. Archistratici.* Charta anni 1077. apud Ughell. in tom. 7. Italiæ sacræ pag. 110. Ita appellabant Monasterium S. Michaeli dicatum, quem Principem militiæ cœlestis vocant Patres : ςρατηγὸν et ἀρχιςρατηγὸν τῶν ἀΰλων ταγμάτων. Joannes Euchaitarum Episcopus pag. 52 :

Ἀρχιστράτηγε τῶν ἄνω στρατευμάτων.

Principem militiæ cœlestis exercitus, Ignotus Casinensis cap. 3. Luitprandus lib. 1. cap. 2 : *Fabricavit autem pretioso et mirabili opere juxta palatium Orientem versus Ecclesiam, quam νέαν, id est, novam vocavit, in honore summi et cœlestis militiæ Principis Archangeli Michaelis, qui Græce* Ἀρχιςρατηγός *appellatur*. Vide eumdem lib. 3. cap. 8. Ita etiam Zonaras tom. 3. pag. 138. 196. Scylitzes, Nicetas in Man. lib. 7. Vita S. Nili junioris pag. 25. 126. 155. Gregoras, Codinus, et alii Monasteria S. Michaeli Archangelo dicata vocant. Magno porro cultu veneratos Græcos S. Michaelem arguunt præ cæteris ipsius imagine insignitum vexillum, ἀρχιςρατηγὸς appellatum, quod in præcipuis ceremoniis delatum testatur Codinus de Offic. cap. 6. n. 20. atque adeo crebræ ei dicatæ ædes sacræ. [Vita S. Theodori Martyris tom. 2. Februarii pag. 26. D : *Gestant flammula sive* φλάμουλα; *sunt autem ista, primum Archistrategus sive imago S. Michaelis. Alterum Octapodion habens multas divinasque sacrorum Pontificum imagines singulis octo, etc.*] Neque minori apud nos reverentia colitur, quibus pro Regni Francici Angelo tutelari haberi constat, ejusque festum solemniter feriatum ex Caroli M. forte instituto, quod sane colligere licet ex Cathwlphi ad eumdem Epistola, descripta in tom. 2. Histor. Francor. pag. 667. qua Imperatori suadet, ut *Missam S. Michaelis et S. Petri passionem in publico celebrare Regno ejus constitueret*. Ex qua saltem nondum hac tempestate feriatum S. Michaelis in Francia festum, docemur.

ARCHISUBDIACONUS, Primus inter *Subdiaconos*, quemadmodum *Archidiaconus* primus inter *Diaconos*. Ordo Romanus : *Archidiaconus levat calicem, et dat eum Archisubdiacono, quem tenet juxta cornu altaris*. Memoratur ibi non semel, et in Concilio Autissiodor. can. 6. ubi Codices alii habent *Subarchidiaconus*. Chartam Adeoulphi Episcopi Capuani subscribit inter cæteros *Jacobus Archisubdiaconus*, in Sanctuario Capuano pag. 575. Vide Molanum lib. 2. de Canonicis cap. 32.

· **ARCHITARIUS**, pro *Archiater*. Gregorius Turonens. lib. 2. de Mirac. S. Martini cap. 1 : *Vocavi Armentarium Architarium, et dico ei : Omne ingenium artificii tui impendisti, pigmentorum omnium vim probasti, etc.*

¶ **ARCHITECTA**, Tecta, Ædificia. Spicileg. Acher. tom. 8. pag. 94. in Attonis libello de pressuris Eccles. : *Architecta reparari*.

¶ **ARCHITECTARE**, Fabricare, exstruere. Locum vide in *Flebilis* vel *Spingarda*.

ARCHITECTOR, vel Architectus, *Faber, qui facit tecta*. Joan. de Janua. Occurrit in Vita B. Torelli Papiensis n. 11.

¶ **ARCHITENENS**, pro *Arcitenens*, Sagittarius, Gall. *Archer*, apud Baluzium tom. 2. Hist. Arvern. pag. 463. et Rymerum tom. 9. pag. 392.

ARCHITERIUM. Vide *Asceterium*.

* **ARCHITES**, pro *Ascites*, a Gr. ἀσκίτης, Hydropisis species. Vita S. Waltheni tom. 1. Aug. 272. col. pag. 2 : *Reliquæ duæ* (hydropisis species) *videlicet tympanites et Archites, insanabiles*. Vide ibi notam erudit. Editorum.

ARCHITHEATER, Archimimus, aut qui primas in Theatro obtinebat, apud S. Augustin. Epist. 67. nisi hoc loco *Archiater* legendum sit, uti contendit Filesacus lib. 1. Select.

ARCHITON. Epistola Apologetica Ludovici II. Imperat. ad Basilium Imperat. apud Baron. ann. 871. num. 61 : *Sed nec hoc admiratione caret, quod asseris, Principem Arabum Protosymbolum dici, cum in voluminibus nostris nihil tale reperiatur, et vestri Codices modo Architon, modo Regem, vel alio quolibet vocabulo nuncupent*. Ubi legendum videtur *Archonta*, ἄρχοντα.

ARCHITRICLINIUM, in Monasteriis. Bernardus Monach. in Consuetud. Cluniac. MSS. cap. 48 : *Quæ* (benedictio) *dum dicitur, interim præfatus Dapifer stat ultimus ante Architriclinium, et postea facit ante et retro*. [S. Willelmi Constitut. Hirsaug. cap. 97 : *Dum benedictio a Sacerdote compleatur, præfatus Dapifer stat inclinis ante Architriclinium, et tunc facit ante et retro*. Utrobique *Architriclinium* sumitur pro mensa superiori, ad quam sedet Abbas, aut is qui fratribus præest in refectorio.]

1. **ARCHITRICLINUS**, pro *Metropolitanus, Archiepiscopus*. Tidericus Langenius in Saxonia :

> Architriclini sunt Metropoles ibi bini,
> Utpote Bremensis, venerandus Magdeburgensis.

2. **ARCHITRICLINUS**, [Ἀρχιτρίκλινος, Isidoro. *Major domui*. In Evangelio S. Johannis 2. 9. Qui præest apparando convivio.] Vide *Festum Architrilini*.

* Nomen hominis proprium, non officii, quod varie efferunt nostri esse perperam arbitrati sunt. Test. Renati reg. Sicil. ann. 1474. tom. 2. Cod. Ital. diplom. col. 1279 : *L'une des ydries, esquelles nostre seigneur fist miracle en conversion d'eaue en vin es nopces d'Architriclin*. Vita J. C. MS. :

> Archedeclin i ot un prinche
> En cele terre ou Diex estoit,
> Riches hom ert et moult avoit,....
> A ses noches l'en a mené,
> Arcedeclin l'a apelé.

* **ARCHITUS**, *Instructo, e docto*, in Glossar. Lat. Ital. MS.

* **ARCHIVARE**, In acta publica, quæ in *archivio* seu scrinio asservantur, referre. Reg. Cam. Comput. Aquens. : *Anno nativitatis Domini* 1490. et *die* 4. *mensis Junii, infra scriptæ regiæ litteræ, mandato magnificorum magni præsidentis et magistrorum rationalium magnæ regiæ curiæ regestratæ et Archivatæ fuerunt per me Petrum Alberti regium secretarium rationalemque et archivarium hujusmodi sub tenore : etc.*

¶ **ARCHIVILLANUS**, Primus inter Villanos, qui primas tenebat inter non nobiles. Chronicon Andrense tom. 9. Spicil. Acher. pag. 661 : *Proditionem detestabilem hujus Andrensis Ecclesiæ parochiani in die Paschæ circiter viginti duo, inter quos erant Archivillani quatuor, Guido scilicet et Willelmus vavassores, Reinerus et Daniel ministeriales in enormem Ecclesiæ læsionem moliti sunt*. Vide *Villanus*.

¶ **ARCHIUM**, seu Archia, Principatus, magistratus, a Græco Ἀρχεῖον. Antiq. Eccles. Ritus, lib. 1. pag. 379. n°. IV : *Pontifex descendit in Senatorium... et suscipit oblationes principum per ordinem Archium*, pro *Archiorum*. Vide *Archivum*.

ARCHIVOLTUM. Jus Vicentinum lib. 4 : *Teneantur reparare et facere Archivoltum, seu receptaculum subtus terram, quod excipiat omnem spurcitiam etc.* Ex Ital. *arco*, et *volto*. Vide *Volta*.

* **ARCHIVOTUM**, Ejusdem originis et significationis atque *Archivoltum*, Fornix, concameratio. Stat. crimin. Saonæ cap. 17. pag. 23 : *Per sub hinc inde Archivotum pendens super viam, inter ecclesiam S. Petri et turrim brandalis, dictis Archivotis comprehensis, et usque ad Archivotum turris brandalis, etc.*

ARCHIVUM, Archivium, Archibus, Arceps, etc. Scrinium, locus, ubi asserventur Chartæ publicæ. Isidorus lib. 20. Orig. cap. 9 : *Archa dicta, quod arceat visum atque prohibeat. Hinc et Archivum, hinc et Arcanum, id est, secretum, unde cæteri arceantur*. Ex eo Papias : *Arca dicta, quod arceat visum, vel furem; hinc et Archivum, secretum*. Alibi : *Archiva, Armaria, tabularia dicta, quod arceant, id est, prohibeant visum : hinc Archivi, Librarii, vel Armarii dicuntur*. [Tertullianus Apolog. cap. 19 : *Reseranda antiquissimarum gentium Archiva*.] Lex Wisigothor. lib. 12. tit. 3. § 28 : *Archiva Ecclesiæ*. Gregor. Turonens. lib. 9. Histor. cap. 42 : *Universalis Ecclesiæ Archivum*. Annales Francor. ann. 813 : *Et in Archivo Palatii exemplaria illarum habebantur. Archivum Palatii* habetur etiam in Charta Ludovici Pii, ann. 19. Imperii in Tabulario S. Dionysii num. 26. quod et *Imperialis aulæ reconditorium* ibidem appellatur. Flodoardus lib. 2. Hist. Remens. cap. 19 : *Archivum Ecclesiæ tutissimis ædificiis.... construxit*. Adde Baldricum in Chronico Cameracensi lib. 1. cap. 76. Hac etiam usus est voce Ulpianus.

* Charta ann. 1342. in Reg. 72. Chartoph. reg. ch. 341 : *Cum judex major..... Archivum regium, in quo scripta patrimonialia regia et aliæ scripturæ dom. regem tangentes sub quatuor clavium clausura in turri firmata, in castro regio civitatis Carcassonæ tenentur, intrasset, etc.*

Archivium, apud Anastasium Biblioth. in S. Siricio, et in S. Cælestino PP.

Arcivum. Will. Brito in Vocabul. : *Arcivum, Librarium vel Armarium*. Leo Ostiensis lib. 3. c. 30 : *De Arcivo Lateranensis Palatii*.

Archium. *Archia Romana*, apud Tertullianum lib. 3. adversus Marcionem. Utitur etiam Paulus lib. 4. Sentent. tit. 6. ubi Cujacius. Suidas : Ἀρχεῖα, ἔνθα οἱ δημόσιοι χάρται ἀπόκεινται. Glossæ. MSS. ex Bibl. Regia Cod. 2062 : Ἀρχεῖον, χαρτοφυλακεῖον, ἔνθα οἱ δημόσιοι χάρται κεῖνται ἢ τὸ Παλάτιον. Glossæ aliæ Codic. 930 : Ἀρχία, ἔνθα οἱ δημόσιοι χάρται ἀπόκεινται, χαρτοφυλάκιον, ἢ τὰ χωρία τῶν κριτῶν. S. Ignatius in Epist. ad Philadelph. : οὐ γὰρ πρόκειται τὰ ἀρχεῖα τοῦ Πνεύματος. Justinianus Nov. 74 : Ἐν τοῖς ἐκκλησίας ἀρχείοις. Vetus inscriptio inedita, reperta nuper ann.

1670 Smyrnæ in area Consulis Batavi :

ΝΑΙΣ. ΕΡΜΟΥ. ΤΟΥ. ΔΙΟΚΛΕΟΥΣ.
ΑΓΟΡΑΣΑΣΑ. ΤΟΠΟΝ. ΨΙΔΟΝ. ΚΑΤΕ
ΣΚΕΥΑΣΕ. ΤΟ. ΜΝΙΜΕΙΟΝ. ΤΩ. ΚΑΤΟΙ
ΧΟΜΕΝΩ. ΥΙΩ. ΣΟΣΙΜΩ. ΚΑΙ. ΕΑΥΤΗ. ΚΑΙ.
ΤΟΙΣ. ΘΡΕΜΜΑΣΙ. ΚΑΙ. ΠΡΟΚΛΗ. ΤΗ. ΤΡΑ
ΦΕΙΣΗ. ΥΠ. ΑΥΤΗΣ. ΕΞΟΥΣΥΑΝ. ΕΧΟΥΣΗΣ.
ΑΥΤΗΣ. ΕΠΙΘΕΤΕΙΜΑΙ. ΣΟΣΟΝ. ΕΙΣΙΝΚΗ.
ΣΕΣΘΗΣΕ. ΤΑ. ΙΜΟΝΗ. ΜΙΔΕΝΟΣ. ΕΧΟΝΤΩ.
ΕΞΟΥΣΙΑΝ. ΕΤΕΡΟΝ. ΒΑΛΕΙΝ. ΕΝΤΑΛΛΟΥ-
ΡΟΣΑ.

ΤΑΥΤΗ. ΤΗΣ. ΕΠΙΓΡΑΦΗΣ. ΑΠΕΤΕ
ΘΗ. ΑΝΤΙΓΡΑΦΟΝ. ΕΙΣ. ΤΟ. ΑΡΧΕΙΟΝ.

* Hæc emendatiora reperies in Sponii Miscell. erudit. Antiquit. pag: 351. si tamen vocem κατοιχόμενω, mortuo, excipias, pro qua is habet κατοικόμενω, condito subtus. [** Ibi post. quartum est hic versus : ΚΟΡΝΗΛΙΩ. ΕΥΤΥΧΙΑΝΩ. ΑΝΔΡΙ. ΚΑΙ.]

¶ Arcivus. Agnell. lib. Pont. ap. Murat. tom. 2. pag. 157. col. 2 : *Eo tempore Arcivus Ecclesiæ istius ab igne concrematus est.*

Arcibus. Formulæ veteres, cap. 9 : *In Arcibo Ecclesiæ Episcopi servantur.*

Archibus, in Conciliis Africanis sub Cælestino can. 53 : *De Archibo et matricula Numidiæ.* Ubi. Codex Græc. cap. 86 : Περὶ τοῦ χαρτοθεσίου καὶ ματρικίου τῆς Νουμιδίας. Eadem Concilia sub Innocentio I : *Ut matricula et Arcibus Numidiæ, etc.* Glossæ MSS. ad eadem Concil. : *Arcibus, Armarius, Liberalius.* Eædem Glossæ : *Arcivas, Arcas.* Vetus Scheda scripta ann. 7. Tiberii Imperat. Constantinop. apud virum doctissimum Jo. Mabillonium tom. 2. Analector. pag. 12 : *De Archibo Ecclesiæ, etc.*

Arceps. Marculfus lib. 2. for. 38 : *Dignum est, ut gesta ex hoc conscripta... tibi tradantur, ut in Arcipibus publicis memoranda serventur.*

ARCHIZUPANUS, [Regionis Præpositus.] Vide *Zupanus.*

¶ **ARCHON**, vel Archos, Archiepiscopus. Vita S. Dunstani Episc. Cantuar. tom. 4. Maii pag. 346 : *Perprudenti domino Archonti Alfrico, omnium extimus Sacerdotum B. vilisque Saxonum indigena, alta polorum gaudia. Te igitur, Pastor præcelse, etc.* Erat hic Alfricus Cantuariensis Archiepiscopus. Vita S. Romani Rothom. Archiepiscopi apud Marten. tom. 3. Anecd. col. 1657 :

Hoc siquidem facto renitet sanctissimus Archos,
Non impar Josue, cujus memoravimus ante, etc.

Vide *Archontes.*

* **ARCHONCIANI**, Iidem qui *Archontici.* Vide in hac voce.

ARCHONIUM, Joanni de Janua, *dicitur acervus manipulorum, vel aliarum rerum.* W. Brito in Vocab. MSS. et Mamotrectus : *Archonium dicitur acervus manipulorum, vel gelimarum, vel aliarum rerum. Gelima autem dicitur garba; et dicitur garba, quod genu et manibus ligata est. Dicitur Archonium ab arctus, etc.* Lib. Ruth. cap. 3. v. 7 : *Issetque ad dormiendum juxta Archonium manipulorum.* Codex MS. S. Germani Paris. : *Ad dormiendum juxta Archonium manipulorum venit.* Ubi Hugo Cardinalis : *Archonium est acervus gelimarum in imo latus, in summo acutus.* Hoc vero loco *acervum manipulorum* præfert Editio vulgata.

Arconizare, seu Archonizare, Manipulorum acervos congerere. Et

Arconomola, Locus ubi *Archonia* reconduntur. Synodus Sodorensis in Mannia cap. 1 : *In antiquo statuto Iconomi grana decimalia, ac si propria Arconizabant, et ad sua fœnilia ducebant ac custodiebant, quousque rector, vel ejus procurator, ob ea commodius venire posset... modernis vero diebus rectores grana decimalia in Arconomolis accipiunt ob majorem Iconomorum commoditatem.*

ARCHONTES, Proceres. Fridegodus in S. Wilfrido cap. 11. ubi de consecratione Episcopi :

Gemmata vehitur Archontum more curuli.

Adde cap. 47. extrem. Ita porro appellabantur Magnates Aulæ Constantinopolitanæ. W. Tyrius lib. 20. c. 18 : *Ex quo enim in Ægyptum descenderant ejus Archontes, etc.* Luithprandus lib. 3. cap. 9 : *Romanæ dignitatis ἄρχοντες, id est, Principes.* Adde Pachymerem lib. 9. cap. 16. Horum uxores Ἀρχοντίσσαι dicuntur Nicetæ Chron. in Isaac. lib. 3. cap. 11. Ordo ipse ἀρχόντων, seu Nobilium, Ἀρχοντικόν Annæ Comnenæ lib. 1. Alexiad; Ἀρχοντικὴ τάξις Cantacuzeno in Proœmio Hist. qui nostris vulgo *Baronagium*, et *Barnagium.* Vide Not. ad Alexiad.

¶ **ARCHONTICI**, Valentini sectatores quidam sic appellati, quod mundum universum a Deo conditum opus esse ἀρχόντων seu Principum somniarent. Negabant resurrectionem carnis, divinaque abjiciebant sacramenta, dicentes incorporalia non posse per corporalia communicari. De his agunt Tertull. Epiphan. Theodoret. Augustin. Baron. ad ann. 175. et alii. [** *Archontiaci* apud Isidor. in Origin. lib. 8. cap. 5. sect. 13. Vide *Arhonciani.*]

* **ARCHOS**, Archiepiscopus. Epitaph. Aimari archiep. Ebredun. ann. 1245. tom. 3. Gall. Christ. col. 1078 :

Archos pontificum, lux cleri, dux populorum
Aymarus, subit hac funeris urbe thorum.

Vide *Archon.*

** **ARCHOTICON**. Petri d'Ebulo Carmen de Motib. Siculis vers. 396 :

Sic ait Archoticon veniens tua nobilis uxor.

Scribit Editor *Archoticon* esse pro *Archonticon.* Vide supra *Archontes*, ubi Ἀρχοντικόν ex Anna Comnena.

¶ **ARCHOTUS**, Fornix, Italis *Arco*, Gall. *Arc, Arcade.* Chron. Parmense ad ann. 1290. apud Murat. tom. 9. col. 818 : *Facti fuerunt de mense Maii tres Archoti lapidum in turri majoris Eccl. Parmensis.*

1 **ARCHUS**, Princeps vel Magistratus. Passio S. Marcianæ Virg. MS. : *Ante Archos sedenti vocabantur, etc.*

¶ 2. **ARCHUS**, idem quod *Archotus.* Chron. Parmense ad ann. 1294. apud Murat. tom. 9. col. 827 : *Elevata fuit turris majoris Ecclesiæ a fenestris campanarum in sursum. Et facti sunt ibi Archi peyti de lapidibus.*

¶ 3. **ARCHUS**, pro *Arcus.* Statuta Augerii Episc. Conseran. sæc. XIII. in MS. Sangerman. : *Facientes et vendentes Archus, sagittas, lanceas, gladios, toxicum, aurifrisia, picturas et similia, ex quorum officina lucro vivunt; si hoc faciunt, ut ex his aliquis abutatur, mortaliter peccant : nam qui occasionem damni etc.*

¶ **ARCHUTOMAM**, *Antiquitatem vel principatum.* Papias MS. Ecclesiæ Bituricensis. Vox corrupta, pro qua forte restituendum *Archaïsmum* a Græco Ἀρχαϊσμός, Antiquitas.

¶ **ARCHYMINUS**. Hist. Pontificum Rom. apud Stephanotium tom. 7. Fragm. MSS. pag. 143 : *Alcuino Carolus Monasterium S. Domni Martini Turone regendum commisit..... Duo Angeli dormitorium intrantes Monachos omnes* (parum tunc temporis religiosos) *extinxerunt, uno excepto qui Angelos videbat, qui ne occideretur, sed ad Primam agendam reservaretur, vix ab Angelis obtinuit. Post vitam laudabilem Archyminus ejus Monasterii tumulatus est.* Quis fuerit *Archyminus* haud facile est divinatu. An secundus ab Alcuino Abbate a Græco ἀρχός, Princeps, primus, et Latino *Minor?*

* **ARCIA**, Signum finale, limes, idem quod *Arca* 1. Vide in hac voce. Præcept. Caroli Simpl. ann. 898. in Append. ad Marcam Hispan. col. 829 : *In Gerundense cellam S. Clementis cum Petra alta, cum vineis et sylvis, et omnibus terminis suis atque Arciis suis.* Vide *Arcifinius.*

ARCIBUM. Vide *Archivum.*

ARCIFINIUS Ager, Qui nulla mensura, nec ullis limitibus claudebatur, sed montibus, aut viis, rivis, fluviis, arboribus, aut quodam culturæ discrimine terminabatur. Vide Agrimensores.

* **ARCIGAYE**. Vide supra *Archegaye.*

¶ **ARCIGER**, Sagittarius, Gall. *Archer*, apud Mart. in suo Itinerario Litter. tom. 2. pag. 379 : *Qui latrones et Arcigeri nuncupantur.*

* **ARCIGUELFI**, Guelforum fautores præcipui, in Annal. Bonincontrii ad ann. 1390. apud Murator. tom. 21. Script. Ital. col. 54.

ARCILAURUS. Glossæ Isonis Magistri : *Rhododafnin : Arcilaurum, genus herbæ, id est, Arcilauros, i. foliis similis lauro : nam dafnis Gr. laurus dicitur.*

* **ARCILE**, Scrinium, arca, Gall. *Coffre.* Hist. belli Forojul. apud Murator. tom. 3. Antiq. Ital. med. ævi col. 1099 : *Arcas, Arcilia, vasa, brentas, et alia suppellectilia Maniacum ducentes. etc.*

¶ **ARCILLA**, pro *Argilla.* Supplem. Antiquarii : *Arcilla*, πηλὸς λευκή, *Argilla, terra alba.*

ARCINA. Vide *Arsina.*

¶ **ARCIO**. Vide *Arctio.*

* **ARCISCRANNA**, Scamnum majus cum cubiti fulmentis ad utramque partem extremam, ab Ital. *Scranna*, Scamnum. Acta MSS. notarii Senens. ad ann. 1285. ex Cod. reg. 4725. fol. 40. ro : *Cum domibus et cum v. vegetibus, et uno botticello et una Arciscranna.* Vide supra *Archibancum.*

ARCISTA, *Arcistes, Sagittarius*, in Gloss. Lat. MSS. et apud Papiam; *Arcites*, in Gloss. Isid. Gloss. Lat. Gr. : *Arcutes*, τοξόται, Ubi alii legunt *Arquutes*, vel *Arquites*, ut apud Festum. Aldhelmus Abbas Malmesbur. : *Utpote belliger in meditullio campi Arcistes.... nervosis tenso lacertorum volis arcu, spiculisque ex pharetra exemptis, etc.* Odo Cluniac. lib. 1. de Vita S. Geraldi cap. 4 : *Scilicet ut molossos ageret, Arcista fieret, cappos et accipitres competenti jactu emittere consuesceret.* Occurrit etiam in Vita S. Fructuosi Episc. Bracar. cap. 4.

* **ARCISTERIOLUM.** Vide supra *Archisteriolum.*

ARCISTERIUM. Vide *Asceterium.*

¶ **ARCITENENS,** Idem qui *Arcista,* in Archivo Castri Nannet. armar. K. n. 58.

¶ **ARCIVA** Ulva, ἀλθήλη, *Pannicula.* Supplem. Antiquarii. Græcis ἀντήλη, Flos est evadens in lanuginem.

1. **ARCIVUS,** εἱρκτικός, κωλυτικός, in Gloss. Græc. Lat. [Vide *Archivum.*]

1. **ARCLA,** pro *Arcula,* κιβωτός, σωρός, κάμπτρα, λάρναξ, in veter. Glossis MSS. Editæ vero perperam *Arcela* præferunt. Vide Gloss. med. Græcit. in Ἄρκλα.

* 2. **ARCLA,** Instrumentum rusticum, ut videtur, in Charta ex Tabul. Cassin. descripta a D. de Montefalc. : *E x sarclos, e vj. Arclas.*

* **ARCO,** Equestris sellæ arcus, Gall. *Arçon.* Vide *Arctio.* Charta ann. 1301. in Reg. 38. Chartoph. reg. ch. 71 : *Cum dilectus Adam de Vallemondensi, fructuarius noster, teneret a nobis in feodum res subscriptas, solvendo exinde quolibet anno nobis duos Arcones ad sellam vacuos, unum videlicet armis nostris Franciæ communibus, et alium armis Clodovei regis prædecessoris nostri depictos.* Alia ergo erant Franciæ insignia, quibus sub Philippo Pulcro uti solebant reges Francorum, ab iis quibus usus fuisse Clodoveus putabatur; quod notandum omnino est. Vide *Arma,* 3.

ARCOBALISTA, in Breviloquo, *genus balistæ.* χειροβαλλίστρα, Heroni in illius descriptione : vulgo *Arbaleste.* Vox nota.

* **ARCOLA.** Inventar. ann. 1342. ex Tabul. Massil. : *Unum lectum munitum de una culcitra virgata, uno pulvinari, quatuor drapis pili lini, quatuor linteaminibus Arcolæ.... Item plus unam mappam cum uno manutergio pili lini, et aliam mappam Arcolæ.* Italis *Arcolo* est Devolutorium, Gall. *Devidoir.* Vide an huc pertineat.

¶ **ARCOMEGISTUS,** a Græco ἄρχων vel ἀρχός, Princeps, et μέγιστος, Maximus. Acta S. Frederici Episc. et Mart. tom. 4. Julii pag. 461 : *Tunc cunctis qui aderant accersitis Arcomegistis et Magnatis Palatii, Rex plebem interrogat.*

* **ARCONIUM,** Idem quod *Archonium,* Manipulorum congeries, in Cod. MS. B. M. Paris. sign. M. 9. fol. ult.

* **ARCONIUS,** Locus, ubi fenum congeritur et asservatur, in Glossar. Provinc. Lat. ex Cod. reg. 7657 : *Fenier, Prov. Fenile, Arconius.*

ARCONIZARE. Vide *Archonium.*

* **ARCONNARE,** Plectro, quod *Arçon* dicitur, lanam præparare, Gall. *Arçonner.* Arest. ann. 1399. 19. April. in vol. 9. arest. parlam. Paris. : *Omnes lanerii villæ Belvacensis, qui proprium habebant artificium, lanas suas platebant* (plectebant), *Arçonnabant,* etc. *Arçonneur,* ejusmodi opifex dicitur, in Lit. remiss. ann. 1399. ex Reg. 154. Chartoph. reg. ch. 443 : *Ledit Guillaume decoppa et destroncena par grant despit à Jehan Cyrot Arçonneur la corde de son arçon.* Vide *Arconnarius.*

ARCONNARIUS, [Qui instrumento instar plectri confecto lanam disponit ad opera lanea conficienda. Gall. *Arçonneur.* Vox nostris præsertim petasorum opificibus nota.] Charta Theobaldi Blesensis et Clarimontis Comitis ann. 1214. pro Carnotensibus : *Si aliquis Burgensium alicui de Arconnariis lanam suam sive aignelinos tradiderit, ipse Arconnarius lanam sive aignelinos reddere tenebitur ad justum pondus, quod pondus aleabitur per bonos homines juxta consilium meum.* In titulo ejusdem chartæ, *c'est le tencrist de la charte de l'Ordonnance aux Arçonneurs.*

ARCORA. Papiæ *dicuntur, quæ super columnas fiunt.* Arcus, numero multitudinis, fem. gen. Solent enim Longobardici Scriptores, veteres præsertim, nomina quædam masculini generis, per *ora* in plurali fem. efferre, verbi gratia, *il corpo, le corpora,* pro *i corpi; pratora,* pro *prati; gradora,* pro *gradus; fundora,* pro *fundi.* Sic apud Anastasium Bibl. in Vitis Pontific. passim *Arcora,* pro *arcus* ponitur, uti docent variantes lectiones ad hunc Script. Edit. Regiæ pag. 285. 305. 306. 307. et 312. Atque hoc loco satis sit hæc semel monuisse, cum ejusmodi terminationes, quæ fucum facere solent, crebro occurrant apud Latinos ex Italia Scriptores. Sed et Itali ipsi hodierni eandem terminationem in ejusmodi vocabulis retinuere : *borgora* enim pro *borgo ; hortora,* pro *orto,* dixit Joannes Villaneus lib. 4. cap. 7. Vide *Arcus.* [** Plura vide apud Diezium, Grammat. roman. vol. 2. pag. 26. et Marinium in Papyr. Diplom. num. 132. not. 6. pag. 364.]

ARCOVOLUS, *Arcovolittus.* Charta Joannis Episc. Ticinensis ann. 922. apud Ughellum in Episcopis Veronensibus : *Loco igitur dotis offero eidem oratorio inter Arcovolittos et Arcovolos numero 7. nec non et hortum in eodem castro positum.* Infra : *Seu et Arcovolos et Arcovolittos positos prope oratorium nostrum, etc.* Italis *Arcovolto,* est fornix, camera : *Arcovoltare,* locum fornice tegere. Vide an ad hunc locum quadret.

¶ **ARCTAMENTUM,** Quicquid arctat et claudit, ut serra, pessulus, vectis, etc. Agnellus lib. Pontif. apud Murat. tom. 2. pag. 163 : *Et orans diutissime ante conspectum Salvatoris, in ardica Ecclesiæ ipsius Apostoli ingressus est, et patefactis omnibus claustris, pronus in terra oravit. Post orationem recessit, et januæ clausæ sunt, omnia illorum Arctamenta discurrerunt, unaquaque in locum suum. Videns hæc omnia hilarus obmutuit amens.* Pro *Ardica* f. legendum *Adyta.*

ARCTIO, Arcio, Franc. *Arçon de la selle,* Hispan. *Arzon,* Ital. *Arcione. Arcus,* apud Fridericum II. Imperat. lib. 2. de Arte venandi cap. 71. Joannes Monachus in Vita S. Odonis Abb. Cluniac. lib. 2 : *Prædictum namque sacculum nec tunc pauperi reddidit, sed Arcioni sellæ appendit.* Ubi sic emendo, pro *arctiori.* Est enim *Arcio,* idem quod nostris *Arçon de la selle,* ephippii seu sellæ *arculus.* Salmasius ad Histor. Aug. : *Arciones vocamus, ab arcu, quod in modum arcus sint incurvi.* Græci recentiores κούρβια vocant. Vide *Arco.*

¶ **ARCTITAS** Temporis, Temporis angustiæ. Litteræ Johannis Abb. S. Tiberii ad Carol. VII. Franc. Regem ann. 1427 : *Dominus Abbas non valuit neque valet propter longam itineris distantiam et Temporis Arctitatem, etc.*

¶ **ARCTITUDO** Negotiorum, Moles onerum, Gall. *Accablement d'affaires,* apud Acherium Spicil. tom. 2. pag. 564 : *Vobis obmisi scribere per Negotiorum Arctitudinem, qua tenebar.*

¶ **ARCTOS,** Septemtrio, sic dictus ab ἄρκτος, Sidus cœleste, Gall. *Ourse,* quod hocce signum Septemtrionales mundi partes finiat. Locum vide in *Disis.*

ARCUARE, Arcum tendere. Charta Henrici de Soliaco ann. 1240. apud Duchesnium in Probat. Hist. Drocensis pag. 274 : *Et Aanor Comitissa uxor nostra poterit similiter venari in dictis forestis, et Arcuare, vel* (ad) *mandatum ejus, quandocunque voluerit.* Infra : *Poterimus ibi venari et Arcuare per nos et per nostros, quandocumque voluerimus.*

☞ Præter venationem hanc, quæ fit arcu et sagittis, alia species est rusticis silvarum vicinis etiamnum in usu. Exercetur autem *arcuando* seu in arcum curvando arborum ramos aliquot, quorum extremæ partes cum pedicis laqueisque junctis in foramen immittuntur retinenturque labili clavo, cui si avis illicio adducta forsan insideat, decidit statim, laxatur arcus ipsaque collo pedibusve capitur. Hujusmodi arcus figuram hic habes descriptam. [**Quam ut omnibus notam omisimus.]

* Arcu venari. Inquisitio forestæ de Reste in Reg. 34. bis Chartoph. reg. part. 2. 4 : fol. 94 r°. col. 26 : *Comes Flandriæ Philippus tenebat in prisonia de turre de Vivers Rogerum Macrum militem, qui captus fuerat Arcuando ad opus comitis Suessionensis, sine licentia.* Nostris *Archéer* et *Arcoier,* eadem acceptione. Charta ann. 1308. in Reg. 45. ch. 24 : *Puent leur veneurs porter ars et saietes, ... et se ledit Colart ou ses gens trouvaient.... autres qui cachassent ou Archeassent ou menassent quiens* (chiens), ... *eus les puent prandre et randre à justice.* Le Roman *d'Alexandre* part. 2. MS. :

Quant nous fumes au bois Arcoier et joier,
Nous ne savions mot de vostre behourder.

* Unde *Archerie,* Ipsa venatio, præda venatica, vulgo *Gibier,* in Terrear. Castel. ad Sequanam ex Cod. reg. 9898. 2 : *Charbon, brese, boys pour ardoir, blef, curtillaiges, fromaiges qui sont en paniers, poulaille, Archerie, bestes quelconques, ne doivent place ne estaul.*

¶ Arcuare Rebecam, Barbitum plectro tangere, Gall. *Toucher le Rebec avec l'archet.* Est autem Rebeca imperfecta minorum fidium species. Aimericus de Peyrato Abbas Moisiacensis, in Vita Caroli Magni ex codice 1343. Biblioth. Regiæ :

Quidam liram et tibiam properabant,
Alios tactu præcedentes.
Quidam harpam alte pulsabant,
Prolixas virgula sic gerentes.
Quidam Rebecam Arcuabant
Muliebrem vocem confingentes.

* **ARCUARIUS,** Sagittarius, Gall. *Archer.* Charta Phil. Pulc. an. 1299. in Lib. rub. Cam. Comput. Paris. fol. 69. v°. col. 2 : *Confirmamus quod Richardus Fichons Arcuarius noster duodecim modios avenæ ad mensuram Compendiensem..., percipiat.* Vide supra *Archerius.*

¶ **ARCUBALISTARIUS,** Sagittarius, *Arbalétrier,* Qui mittit sagittas arcu, vel etiam qui facit arcus. Chartul. S. Vincentii Cenoman. fol. 178 : *Sicut viderunt testes subscripti, Herbertus ipse Arcubalistarius, Beringerius de Mammerto, etc.*

¶ **ARCUBALISTUS**, Sagitta. Rymer. tom. 4. pag. 367 : *Centum Arcubalistos ad pedem, et viginti Arcusbalistos ad troll.*

¶ **ARCUBIÆ**, *Qui excubant in arce*, apud Festum. Vide *Arcubius*. [** De etymo vide Forcell. Lexic. edit. German.]

ARCUBIUS, [Miles arcis custos, Gall. *Garde d'un Château.*] Gloss. Isidori, Joan. de Janua : *Arcubius, qui cubat in Arce.* [Glossar. MS. Montis S. Eligii Atrebat : *Arcubius, ille qui cubat in arce. Componitur ex arx et cubo.* Hist. Dalphin. tom. pag. 2. 561 : *Extitit ordinatum super custodia ipsius Dominæ detentæ apud Vallem, quod quatuor clientes, quorum est unus Aimericus Jatini nobilis custodiant eam et jaceant duo a parte anteriori, et alii duo a parte posteriori aulæ, in qua ipsa claudetur, cum duabus mulieribus quæ ipsi servient. Et erit unus Arcubius qui de die servire poterit in custodia.*]

¶ **ARCUBUSARII** a Sclopetariis distinguuntur in Comment. Francisci Carpezani apud Marten. tom. 5. Ampliss. Collect col. 1417 : *Ducebat primam aciem ipse cum sexcentis equitibus levis armaturæ, totidemque sclopetariis ac pari numero Arcubusariis, (nomen certe novum, nec hactenus quod sciam latinitate donatum.)*

1. **ARCULA**, κιβωτός, λάρναξ, in Gloss. Lat. Græc. Marcellus Presbyt. in Vita S. Felicis Presb. Nolani can. 3 : *Sed nec donante sibi sancta Arcula de prædio curavit accipere.* Id est, ærario Ecclesiastico, ex quo sportulæ Presbyteris distribuebantur, ut docemur ex S. Cypriano Epist. 34. 66. Vide Meursium in Ἀρκλαι, [et Glossar. med. Græcit.]

2. **ARCULA**, *Vehiculum hominis unius.* Ugutio. Vide *Arca.*

* **ARCULARIUS**, Arcarum opifex, nostris olim *Archier.* Vide supra *Archerius.* Glossar. Lat. Ital. MS. : *Arcularius, Che fa rache.* Utitur Plautus.

¶ **ARCULIS**, *Circulis*, in Glossis. Isid. *Arculum*, inquit Festus, *appellabant Circulum, quem capiti imponebant ad sustinenda commodius vasa, quæ ad sacra publica capite portabantur.* Nostris dicitur *Bourlet.*

* **ARCURA**, Arcus, arculus; Gall. *Arceau.* Comput. MS. fabricæ S. Petri Insul. ann. 1469 : *Item.... pro fundatione, Arcuris et muro, ad quæ operati sunt latomi, etc.*

1. **ARCUS**. Papias : *Arcus vel fornix curvatus, aut camera, ad similitudinem ejus plicitus.* [Chron. Parmense apud Murat. tom. 6. col. 803 : *Facti sunt omnes Arcus sive voltæ pontis de Galeria, quæ fuerunt numero octo.*] Interdum idem quod *Apsis. Arcus Presbyterii*, apud Anastasium pag. 157. Paulus Warnefridus in Episcopis Metensibus : *Fabricare jussit. . . altare ipsius atque cancellos, Presbyterium Arcusque per gyrum.*

Interdum, nec semel, vocem hanc usurpat idem Anastasius pro ornamento quodam, in ædibus sacris appendi solito, sic forte dicto, quod arcus formam haberet. In Leone I : *Obtulit aureum Arcum supra Confessionem S. Crucis pensantem libr. quatuor.* In Leone III. pag. 141 : *Fecit vero ubi supra Arcum majorem ex argento mundissimo deaurato supra in ingressu vestibuli pensant. lib.* 131. In Paschali : *Ubi desuper* (*altare*) *Arcum musivo exornatum decenter instruxit.* In Leone IV : *Obtulit in Basilica B. Petri. . . Arcus de argento mundissimo numero* 13. [Quibus in locis per *Arcum* nihil aliud significari existimo quam coronas quæ altaribus offerri solent.] Adde pag. 152. 153. 188. 205. etc.

¶ Arcus, Aditus Basilicarum seu arearum, quæ olim ante Basilicas prostabant. S. Paulinus Epist. 32. num. 13 :

Alma domus triplici patet ingredientibus Arcu.

Et ibidem num. 15.

Ter geminis geminæ patuerunt Arcubus aulæ.

¶ Arcus Recordationis. Locus sic dictus Romæ. Vide tom. 4. Analectorum Mabill. pag. 503. et 512.

¶ Arcus Toralis, Cancelli qui separant Sanctuarium vel chorum a navi in Basilicis, sic dicti, ut opinor, quod pars januæ superior arcus speciem referret. Sed unde *Toralis?* f. mendum est pro *choralis.* Concilium ann. 1582. inter Hisp. tom. 4. pag. 239 : *Sacerdotes inter Missarum solemnia, dum ad oblationes populi recipiendas ab altare procedunt, . . . ne ultra Arcum Toralem egrediantur, sed illic feminas quæ voluerunt offerre, decenter exspectent.* [** Diction. Academ. Matrit. : *Toral, Lo principal ó que tiene mas fuerza y vigor en cualquier especie; como arco toral, fundamento toral. Torus; toralis.*]

Honor Arcuum. Cencius Camerarius in Ceremoniali : *Missa autem celebrata, revertitur ad Palatium coronatus cum processione et Honore Arcuum, repræsentatione legis a Judæis, etc.* Infra : *Universæ etiam scholæ Palatii, Clerici Romani pro thuribulo, Judæi pro repræsentatione legis, sructura Arcus tale Presbyterium accipiunt, etc.*

2. **ARCUS** de Aubour, In Monastico Anglicano tom. 2. pag. 602. Arcus bellici species. Regestum Philippi Augusti fol. 159 : *Habet sagittam et Arcum de Aubour cum corda.* Le Roman *de Garin* MS. :

Arc d'Aubour porte, et sajetes d'acier.

Infra :

Il prend son Arc d'Aubor, si le tendié,
Met en la corde un grand carrel d'acier,
Le Comte avise de prés, et si le fiert,
De sa sajete li met el cors plein pié.

* *Arc à galées*, in Lit. remiss. ann. 1378. in Reg. 113. Chartoph. reg. ch. 202 : *Comme nostre amé et feal cousin le conte de la Marche, qui pour son esbatement en traiant de un Arc à galées, etc.*

Arcus Balearis, Balista, *Arcubalista, Arbaleste*, apud Albertum Aquens. lib. 1. cap. 35. lib. 3. cap. 41. lib. 6. cap. 9. 16. Vide *Arcio.*

¶ 3. **ARCUS** Cuctonis. Chron. Richardi de S. Germano apud Murat. tom. 7. col. 1031 : *De Tunninis et Sardellis servabitur forma, de jure lini idem, de jure cannarum idem, de lana Syriæ idem, de bambace idem, et de Arcu Cuctonis idem.* Voce *Cuctonis* intelligo gossypium, Gall. *Coton*, sed cur *Arcus* addatur mihi incompertum.

* 4. **ARCUS**, *apud Paulum dicitur anus, podex.* Glossar. medic. Simonis Januens. ex Cod. reg. 6959.

¶ **ARCUSBUSUS**, Sclopetus, Gall. *Arquebuse.* Vita B. Amati Saludeciensis, tom. 2. Maii pag. 353. E : *Narravit nonnullis, me adhuc puero audiente, avunculus meus magnus, se vidisse quemdam qui tormenti bellici, quod vulgo Arcumbusum appellant, periculum facere tentaret, apposita prope murum Ecclesiæ, ubi arca B. Amati sita est, satis temere tabula, ut in eam ictus dirigeretur; incusantibus vero eum nonnullis, ne eo ubi corpus B. Amati esset jacularetur, respondisse ferunt nihil sibi cum B. Amato, admisso igne pilam ferream retro murum ad aream ubi nunc prætorium est abiisse, ibique inventam.*

¶ **ARCUTENENS**, Sagittarius, pro *Arcitenens*, Gall. *Archer.* Vita S. Fructuosi Archiep. tom. 2. Aprilis pag. 432 : *Adveniens quidam Arcutenens venationibus insidians, cum eum vidisset super unum rupis gradum in oratione postratum, existimans in rupe esse venationem, tetendit arcum.*

¶ **ARCUTES**. Vide *Arcista.*

* **ARDA**, Pascuum, Gall. *Paturage.* Lambert. Ardens. in Hist. comit. Gisnens. a Valesio laudatus pag. 36. col. 2. Notit. Gall. : *Ille locus, eo quod pascuus erat, a pastura, ut aiunt incolæ, dicebatur Arda. Dicebant enim pastores ad invicem : Eamus et conveniamus in pasturam, hoc est, in Ardam.* Aliud est *Arde*, in Lit. remiss. ann. 1408. ex Reg. 162. Chartoph. reg. ch. 243 : *Icellui Julian esmeu du cop print une Arde ou baston d'une charrette à beufs, etc. Une Harde de charrete*, in aliis ann. 1391. ex Reg. 141. ch. 157. Haud scio an huc pertineat vox *Ardause*, in aliis Lit. ann. 1474. ex Reg. 195. ch. 1039 : *Gerault Dusol s'efforça de frapper le suppliant d'une Ardause; mais il lui rabatit le cop d'une autre Ardause.* Nisi legendum sit *Andause*, qua voce Falcula significatur. Vide supra *Andasium.*

ARDALIO. Gloss. Isid. : *Ardalio, gluto, vorax, manduco.* Joan. de Janua : *Ardelio, leccator, qui ardens est in leccacitate, vel leccatione.* Occurrit apud Martialem et alios.

ARDAMO. Gloss. Ælfrici : *Ardamo, i. gusto* : i c fesmecge. [** gesmæcge]

ARDARICANUS, Monetæ species. Additamentum 2. Legis Burgundionum § 6 : *De monetis solidorum præcepimus custodire, ut omne aurum quodcumque pensaverit, accipiatur, præterquam istas 4. monetas, Valentiniani, Genavensio, et Gothium, qui a tempore Alarici Regis adærati sunt, et Ardaricanos.* Ubi forte legendum *Alaricanos*, Regis scilicet Alarici.

☞ Retinendum est *Ardaricani*, uti probat. doctiss. Valesius in *Valesianis. Ardaricani* autem nummi sic dicti sunt ab *Ardarico* Gepidum Rege potentissimo, cujus nomine erant insigniti. Hic post mortem Attilæ devictis Hunnis Daciam universam suo subjugarat imperio. Eumdem Valesium consule tom. 1. Hist. Franc. pag. 408.

* Feliciori conjectura *Armoricanos* restituere videtur Vir Cl. *Dubos;* quem consule lib. 2. cap. 3. Hist. Crit. Monarch. Franc.

ARDENTES, appellati a nostris, qui igneo quodam morbo correpti, toti quodammodo *ardebant*, et membris depastis, sensim consumebantur : unde *ignis gehennæ* dicitur in Vita S. Eleutherii Episcopi Tornacensis n. 19. Hunc morbum veteres *sacrum ignem* vocabant, *hoc est crudelem et pessimum*, quomodo Donatus ad 7. Æneid. Virgilii vocem *sacer* interpretatur; *unde*, subdit ille, *et ignis sacer dicitur morbus, qui hominem* *perniciose persequitur.* Idem Virgilius 3. Georg. vers 566:

. . . . . . Nec longo deinde moranti
Tempore, contractos artus sacer ignis edebat.

Ἐρυσιπέλας Græcis nuncupatur, ut est in Gloss. Græc. Lat. MS. ubi *ignis sacer, et ignisacer*, redditur. Liber Miracularum S. Theodorici Abbatis Remensis: *Ea tempestate sacer ignis, quem Græci heresipilam dicunt, divinæ administrationis index, Flandriæ incubuerat partibus.* Et alio loco: *Anno* IIII. *tanta efferbuit mortalitatis pestilentia, etc.*

Cur porro *Ardentes* dicti qui hoc morbo laborabant, indicat Anonymus de Miraculis S. Agili cap. 5: *Deus per ejus meritum operatur sanationes, et maxime Ardentium restinguit ignes.* Et Letaldus Monachus in Miraculis S. Maximini Abbatis Miciacensis: *Medio fere Augusti ingens lues populum Aurelianensem devastare cœpit: divino etenim igne membra Ardebant humana, cujus ardori nulla poterat concurrere ars humana.* Vita B. Israelis Canonici Doratensis MS.: *Igitur hac de causa ex longinquis regionibus innumera turba Ardentium ad Scotorensem Ecclesiam confluxerat, etc.* Atque inde ædiculæ sanctæ Genovefæ sacræ, Lutetiæ Parisiorum, *Ardentium* nomen inditum, quod sub ann. 1130. Ludovico VI. regnante, D. Virginis Genovefæ intercessionibus, ad ejus feretrum, quo ædificata deinceps fuit loco, complures hac lue contacti, sanati fuerint, ut est apud Brolium lib. 1. Historiæ Parisiensis. Liber de Excellentia sanctæ Genovefæ: *Et membra... cœpit morbus igneus consumere, quem Physici Sacrum Ignem appellant, ea nominum institutione, qua nomen unius contrarii, alterius significationem sortitur, etc.* ubi plura de istius modi morbi sanationibus ejusdem sanctæ Virginis intercessionibus. Ad ædem etiam Deiparæ Parisiensis delatos et sanatos igne sacro laborantes, auctor est Flodoardus in Chronico ann. 945. quod præterea firmatur ex Charta Decani et Capituli Parisiensis ann. 1248. in M. Pastorali ejusdem Ecclesiæ lib. 20. cap. 106: *Statuimus sex lampades ardentes singulis noctibus perpetuo in Ecclesia Parisiensi, ubi infirmi et morbo, qui Ignis Sacer vocatur, in Ecclesia laborantes consueverunt reponi.* Ut porro hæc *ignis sacri* plaga, in pestilentiæ modum sæpius homines, maxime in Gallia pervaserit, tradunt passim Scriptores, Vita S. Genulfi lib. 2. cap. 39. Glaber Rodulfus lib. 1. Hist. cap. 1. Anonymus de Miracul. S. Benedicti cap. 8. 9. Acta Translationis S. Martialis apud Beslium in Comitibus Pictavensibus pag. 312. Tortarius de Translat. S. Mauri pag. 352. Ordericus Vitalis lib. 12. pag. 886. Hugo Flaviniacensis in Chron. pag. 187. Liber Miraculorum S. Amandi cap. 4. Vita S. Lucæ junioris n. 77. Hugo Farsitus de Miracul. S. Mariæ Suession. cap. 1. 7. Ivo Carnot. Epist. 204. Albericus in Chronico MS. ann. 1089. 1109. et 1114. Odorannus eodem anno 1114. Henricus Huntindon. lib. 1. pag. 299. Chronicon Malleacense ann. 1114. Chronicon Andrense ann. 1129. et 1142. Conradus Uspergensis, et alii. Vide præterea Bollandum ad Vitam S. Antonii 17. Januarii pag. 156.

¶ 1. **ARDERE**, Lignatio, Gall. *Chauffage*, Tabularium Fontanellense vol. 1. pag. 32: *Hoc autem taliter erit, quando Monachi ad suum Ardere, et ædificia Monasterii... ligna de his duabus forestibus accipient.* Charta Philippi Pulcri Regis Franc. in gratiam Sororum S. Claræ: *Concedimus in perpetuum Sororibus ante dictis quolibet anno ducentas quadrigatas bosci pro suo Ardere capiendas.*

¶ 2. **ARDERE**, Comburere. Gasparis Barthii Glossar. ex Hist. Palæst. Lib. IV. cap. x: *Adhuc quoque filias Christianorum secum tollebant, et devastabant omnia convenientia sive utilia, fugientes et paventes valde ante faciem nostram. Ipsique Christiani nequiter deducebant se, quia Palatia urbis sternebant et Ardebant, et auferebant plumbum quo Ecclesiæ erant coopertæ.*

* Nostris olim *Ardre*, unde et *Ardeur* dixerunt, pro Incendiarius, Gall. *Incendiaire.* Charta ann. 1355. tom. 2. Hist. Leod. pag. 422: *Item que tous Ardeurs et forcomandeurs des terres ou d'autres biens.... soient tantost de leur fait en la cache du seigneur.* Lit. remiss. ann. 1380. in Reg. 116. Chartoph. reg. ch. 262: *Thibaut courroucié de ce que ledit Chiviere l'appellait Ardeur, dist à icellui Chiviere, se Dieu plaist, je ne te ardray point.*

* 3. **ARDERE**, *Festinare*, in vet. Glossar. ex Cod. reg. 7646. [** Ex Nonio cap. 4. num. 16.]

¶ **ARDERIUNCULUM**, Vestis species, qua caput operiebant ardeliones. Vide *Cucullus.*

ARDESIA, Lapidis cærulei species, ex quo in tenues lamellas seu scandulas fisso, ædium tecta operiuntur, Gallis *Ardoise.* Martinus in Vita B. Mariæ de Malliaco n. 32: *Tectum ligneum.... in lapidem commutavit, quod Ardesias vocant.* Mirum, *Ardesias* incognitas fuisse veteribus, quæ hodie passim habentur. Refert enim Plinius lib. 16. cap. 10. Romanos usos scandulis, seu ligneis assulis et sectilibus asserculis. *Nostri*, inquit Philander ad Vitruvii lib. 1. cap. 1, *utuntur cæruleis in nigro sectilibus laminis crustisve. Is lapis serra dentata, ut lignum secatur, assulatimque frangitur, non ut cæteri in cæmenta, Ardesiam vocamus credo ab ardendo, quod e tectis ad solis radios veluti flammas jaculetur.* Vide *Sclaia.*

¶ Ardosia et Ardosiaca Tecta, Eadem notione, Engelb. *Maghe.* Chron. Bonæ Spei pag. 124: *Fenestræ vitriæ et Ardosiaca Tecta fuerint vastata.*

* **ARDESIUS** Lapis, Idem quod *Ardesia*, Gall. *Ardoise*, alias *Erdoice.* Lit. remis. ann. 1459. in Reg. 188. Chartoph. reg. ch. 51: *Ung cent d'Erdoice.* Charta ann. 1494. inter Probat. tom. 1. Annal. Præmonstr. col. 37: *Comparavit insuper lapides Ardesios ad cooperiendum ecclesiæ et dormr ii tecta.*

¶ **ARDIANUM**, Mendum est Glossarii Isid. in voce *Mullitiones.* Vide *Munitio* post *Munimen.*

* **ARDICA**, Pars superior, ut videtur Bollandistis, portæ ædificii primariæ. Agnellus lib. Pontif. tom. 7. Actor. SS. Jul. pag. 183. col. 1: *Aspice super valvas ejusdem ecclesiæ infra Ardica, ibi me videbis depictum in parietis calce, qualis ego fui in mundo in carne.*

¶ **ARDICUM.** Vide *Arctamentum.*

¶ **ARDICUS**, Æreæ monetæ species 3. denariorum apud Aquitanos quibus dicuntur *Hardis*, Occitanis *Ardios* et *Ardis*, nostris *Liards* quasi *Li ardis.* Dictam putant aliqui a Philippo III. cognomento le Hardy, quod primus *Ardicos* cudi jusserit; Alii a Richardo I. Angliæ Rege ejusdem cognominis. Scripsere aliqui de *Ardicis* et *Liardis* nullibi ante Ludovicum XI. occurrere mentionem: verum apud Rymerum tom. 8. pag. 576. exstat Instrumentum appellationis contra impositionem novi pedagii ann. 1409. regnante scilicet Henrico IV. Angl. Rege, in quo hæc leguntur: *Levare posset de omnibus personis transuentibus septem ardicos pro quocumque conello* (lege tonello) *de gaide duos Ardicos cum dimidio pro quacumque pipa vini... quinque Ardicos pro quacumque sarsina pannorum, quinque albos pro quacumque tarqua coriorum, etc.* Item pag. 580. anno sequenti 1410: *Pro quolibet summagio panni..... quinque Ardicos Guiaynes* (Gall. *Guiennois*) .... *de qualibet tracta corii quinque Ardicos. Quorum quidem Ardicorum quilibet valet unum obulum sterlingorum.* Hic autem et eosdem esse *Ardicos* arbitror quos passim *Arsos* et *Nigros* appellant; veteribus Francis *Ards* per oppositionem ad *Albos.* Ubi interim adverte mendum obrepsisse in alterutro prædictorum instrumentorum, quæ de eadem re et ejusdem Regis omnino sunt: in primo enim legitur *quinque Albos pro quacumque tarqua coriorum*, in altero, *de qualibet tracta corii quinque Ardicos.* At certum est *Albos* ab *Ardicis* longe differre. Vide *Argentum album.* [** Confer Lappenberg. in Glossar. ad Docum. Histor. Hanseat. voce *Artich*, et Ihrii Glossar. Suio-Goth. in voce *OEre* et *OErtig*, vol. 2. col. 316 et 321.]

* Charta ann. 1469. 2. Nov. ex Tabul. Flamar.: *Computando scutum auri pro decem et octo grossis auri et duobus Ardicis, et pro quolibet grosso auri sex Ardicos.* Alia ann. 1472. 9. Febr. ibid.: *Pro quolibet grosso auri sex Ardicos.* Quæ rursum occurrunt in Instr. ann. 1475. ex eod. Tabul. Charta pro villa Baionæ ann. 1451. in Reg. 185. Chartoph. reg. ch. 209: *Item avons ordonné que doresenavant sera levé pour nous en la ville.... le droit de l'asize, qui y est acoustumé de lever, c'est assavoir de soixante Hardiz, ung.*

* Arditus, Eadem notione, *Ardit* enim sicut *Ardic* dixerunt et etiamnunc dicunt Vascones, Hisp. quoque *Ardite.* Instr. ann. 1434. ex Tabul. archiep. Auxit.: *Pro contumacia, etiam in causa minima, duorum puta grossorum, exiguntur xxv. Arditi, valentes quinque grossos auri seu fortis monetæ; quod paulative de duobus Arditis jus sigilli increvit ad xxv. Arditos.* Charta ann. 1435. 22. Aug. ex Tabul. S. Petri de Regula: *Vendidit quandam vineam in decimaria S. Aniani pretio viginti quatuor florenorum, computatis pro quolibet franco sexaginta Arditis.* Pactum ann. 1524. ex Tabul. archiep. Auxit.: *Accepit summam 69. scutorum, 16. grossorum et trium denariorum, computando pro quolibet scuto centum et decem Arditos.* Ex his perspicuum est *Arditi* pretium.

* *Ardito* minor erat apud Bigerrones moneta, quæ *Arrite* nuncupabatur. Lit. remiss. ann. 1417. in Reg. 170. Chartoph. reg. ch. 84: *Le suppliant fist bailler au tavernier sept hardiz, ... et après ce ledit tavernier cuidant qu'il se feust mesconté dist..*

que encores lui estoient deuz deux ou trois Arrites, dont les quatre et demie valent un denier Parisis ou environ.

* **ARDILHA**, Argilla, a vet. Gallico *Ardille*, eadem significatione. Glossar. Lat. Gall. ann. 1348. ex Cod. reg. 4120 : *Argilla, est terra rubea, Gall. Ardille.* Ita etiam forte legendum, pro *Ardrille*, in Glossar. Gall. Lat. ex Cod. reg. 7684 : *Ardrille, argilla, terra tenax. Ardrilloux, argillosus. Arsille*, eodem sensu, in Lit. remiss. ann. 1397. ex Reg. 153. Chartoph. reg. ch. 166 : *Lesquelx rompirent la paray, qui estoit d'Arsille, d'entre deux coulombes, pour oster la cheville à quoy l'uis dudit hostel estoit fermé.* Reparat. factæ in senescal. Carcass. an. 1435 : *Jacobo Cathala pro duobus diebus, quibus vaccavit cum suo animali basti, ad portandum Ardilham et terram pro faciendo dictas reparationes, ... xiij. sol. iiij. den.* Unde aperta est notio vocis *Ardillariæ*, quam de loco vepribus, rubis sentibusque pleno intelligi posse, minus feliciter propositum est; est quippe locus ex quo argilla eruitur, vulgo *Argilliere.*

¶ **ARDILLARIA**, f. Locus vepribus, rubis sentibusque plenus; hæc enim est notio vocis *Ardiliers* apud Normannos, a Celtico *Aerdre*, Adhærere, capere, arripere : quod difficile sit per rubeta et senticeta permeare. Tabularium Calense pag. 40. in Sententia contra Hugonem de Pompona : *Metæ rerum prædictarum... sunt... prædicta noa usque ad Ardillariam, et de ipsa Ardillaria usque ad cunagium S. Andreæ, et de illo cunagio usque ad vineam Petri, etc.* Vide *Ardilha.*

ARDIMENTUM, [Stratagema, astus belli, Gall. *Stratagême, ruse de guerre.* Hispanis etiamnum *Ardid de guerra*, idem omnino sonat.] Nebrissensi *Ardimiento*, Flagratio deflagratio : Italis *Ardimento*, Audacia, Audentia; Catalanis vero expeditio militaris. Usatici Barcinonenses MSS. cap. 113 : *Qui fecerint scire Saracenis cavalcatam, vel Ardimentum Potestatis, vel discooperuit eum de consilio suo vel de secretis, emendet, etc.* Poëta Gallicus. MS. :

Hounis sont Hardemens', ou il n'a gentillesse.

* Lit. remiss. ann. 1362. in Reg. 93. Chartoph. reg. ch. 203 : *Dictum Guillelmum adjuvando et ei majorem audaciam, Ardimentum, ac opem et auxilium dando, etc.* Ubi pro Audacia, audentia, Gall. *Audace, hardiesse.* In Charta sequenti legitur, *Hardimentum.* Vide infra in hac voce.

¶ **ARDINIENSIS** Panis, id est sordidus. Vide in voce *Panis.*

* **ARDITUS**. Vide supra in *Ardicus.*

¶ **ARDITZ**, pro *Ardicus*, apud Rymer. tom. 9. pag. 30. octies legitur. Locus unus refertur ad vocem *Aumagium.* Vide *Ardicus.*

* **ARDUITAS**, Eminentia, Gall. *Importance;* dicitur de re gravi magnique momenti, aut de personis dignitate excellentibus. Acta dissolut. matrim. Ludovici XII. ex Bibl. reg. fol. 11. r° : *Propter Arduitatem causæ et personarum, de patrocinio præstando bina aut terna vice se excusavit.*

¶ **ARDULIO**, *Actus cum malignitate.* Papias MS. Ecclesiæ Bituricensis. Vide *Ardalio.*

* Melius ex Codd. reg. 7613 et 7646 : *Ardulio, acutus cum malignitate.*

ARDURIA Terra. Vide *Aratoria.*

¶ **ARDUS**. Informationes Civitatis Massil. de passagio transmarino in MS. Sangerm. ubi recensentur arma galeis necessaria : *Item vj^m. cadrelli. Item ccc. lanscée. Item vj^c. relasme d'Ardos;* puto legendum *Dardos*, Gall. *Dards.* Vide *Dardus.*

* **ARE**, Vox vulgaris, quæ Massiliensibus aliisque idem sonat quod Jam, nunc, Gall. *Présentement.* Mirac. MSS. Urbani V. PP. : *Retulit suo juramento quod Are tres anni sunt lapsi, etc.* Lit. remiss. ann. 1482. in Reg. 207. Chartoph. reg. ch : *Icellui la Bastide criast au suppliant : Ribault, traitre,..... Ares par le ventre de Dieu tu mourras. Aresmetys*, pro Horamet ipsa, Gall. *Tout à cette heure*, apud Rabelais. in fine prol. ad lib. 1.

1\. **AREA**, Arealis, etc. Gloss. Græc. Lat. σχολάζων τόπος, *Area*, ager, aut locus qui nec colitur nec aratur. Chronic. Laurisham. : *Duas huobas cum Area in Winenheim sitas, multa pecunia ab hæredibus comparatas.* Tradit. Fuldens. lib. 1. trad. 81 : *Unam Aream habentem in longit. virgas 24. etc. cum omni ædificio.* Lib. 3. trad. 34 : *Tres Areas cum totidem domibus.* Trad. 43 : *Area, in qua Ecclesia stat.... 25. jugera Arearum, pratorum vero 10.* Miracula S. Ludgeri Episc. Mimigardensis : *Aream quandam comparavit, et Ecclesiæ a S. Ludgero construendæ assignavit.* [Chartularium Capituli Ambian. de Juribus Canonicorum in villa de *Camons : In eadem villa sunt sexaginta et una Area. De singulis Areis in Nativitate Domini persolvuntur decem denarii, Canonicis septem, et tres duobus Majoribus. Areæ autem non excedere debent mensuram viginti quinque virgarum.*] Adde Vitam B. Mariani Abbat. Ratispon. n. 16. Relationem Adelberti Abbatis Heindenheimensis pag. 352. 356. Probationes Historiæ Brecensis pag. 5. Castrivillanæ pag. 5. etc. [** Vide Forcellin. Lexic. et Marin. in Pap. Diplom. num. 123. not. 2. pag. 365.]

* **AREA**, Modus agri. Vide supra *Area* 8. Charta officialis Ambian. ann. 1272. in Lib. nig. 2. eccl. S. Vulfr. Abbavil. fol. 51. v° : *Quinque solidi et sex denarii censuales.... supra quodam quarterio terræ vel circiter tres Areas continentis.* Alia ann. 1340. tom. 2. Hist. Trevir. Joan. Nic. ab *Hontheim* pag. 144. col. 1 : *Castrum nostrum Saynense, cum suis.... pertinentiis, excepta duntaxat Area, quæ vulgariter pomerium dicitur. Arée*, nostris olim, pro *Aire*, Area ubi frumentum excutitur. Lit. remiss. ann. 1394. in Reg. 146. Chartoph. reg. ch. 113 : *Lequel Pierre avoit perdu deux solz ou environ en une Arée ou place, où l'en bat le blé.*

¶ Area Dominica, in Charta Petri Abbatis de Talmundo ann. 1366 : *Item tradimus et assignamus* (Aquario) *quatuordecim sextaria frumenti annui et perpetui redditus, quæ habere consuevimus in Area Dominica de Olona ad antiquam et veterem mensuram.*

De Area in Aream, Voces Fori Aragon. quarum vis ita exponitur in Observantiis Regni Aragon. lib. 6. tit. de generalib. privileg. § 35 : *In Aragonia, in omnibus villis contiguis, habentibus terminos, possunt alteri in altero termino de Area ad Aream pascere bestias, et alios greges, excepto in loco, qui dicitur Ballaar, in quo etiam possunt pascere, quando illi de villa, cujus est, pascuntur.* Mox § seq. : *Quod dicitur de Area ad Aream, intellexerunt quidam, ut etiam Aream primam possent transcendere, villam totam et ex alia parte villæ pascere, quod non est verum, nec usitatur, quia alia pars villæ remanet hominibus villæ contiguæ ex alia parte; et intelligitur de Area ad Aream, de sole ad solem : nam de nocte non possunt, ut prædicitur, quin fiat decollatio, imo debent redire sua ganata ad Aream villæ, vel prope qualibet die, si volunt facere nocte sequenti, etc.* Vide titul. de Pascuis § 2. 4. 8.

** Area Molendini, passim in Polyptycho Irminonis; locos vide in Indice gener. doctiss. editoris.

Areæ Salinarum et Piscationum, in Vita S. Landberti Episcopi Lugdun. n. 3 Testamentum Widradi Abbat. Flavin. *Et colonica in pago Amavorum Fraxino, et Areas in Salinis... similiter et Areas in Augustodunum civitate.* Frotharius Epist. 27 : *Contigit in nostra provincia præsenti anno sal fore carissimum, eo quod propter pluvias in Areis Maritimis, ubi fieri solebat, non potuisset perfici.* Charta vetus apud Beslium in Comitib. Pictav. : *Ebolus Comes concessit Monachis S. Cypriani aliquid ex beneficio in re S. Nazarii, una cum Area ad salinas faciendas.* [Charta Abbatis Constantini ann. 970. ex Tabulario S. Maxentii : *Cessimus quinquaginta Areas in pago Aunisio in salina de Baden.* Charta ann. 1366. Petri Abb. S. Crucis de Talmundo : *Item tradimus et assignamus* (Aquario) *centum octuaginta Areas salinarum cum pertinentiis suis, quas habemus in maresiis de Campo clauso in parochia Olonæ.* Hinc patet, *Aream salinarum* sumi pro certa paludosæ terræ mensura ubi sal conficitur.] *Aire de marais salant*, in Consuetud. Pictavensi art. 190. Sanctonensi art. 129. *Aires où se font les lins*, in Claromont. art. 240. Vide Cujac. lib. 9. Observat. cap. 8.

Areæ et Ariæ Vineæ, passim in Tabulario Prioratus de Paredo.

* Area Nemoris, Plantarium, seminarium, ut videtur. Charta admortisat. ann. 1412. in Reg. 166. Chartoph. reg. ch. 430 : *Item sur une Aire de bois.... contenant environ demi arpent, etc.*

* Area Nundinarum, Locus, ubi apothecæ seu officinæ exstruuntur ad exponendas res venales. Chartul. eccl. colleg. de Leproso in Biturig. : *Primus articulus est super his, quæ petimus pro nobis et ecclesia nostra, scilicet quod stalla seu logiæ Arrarum* (l. Arearum) *nundinarum festi capitis de Leproso, quorum emolumenta communia sunt inter dominum, et priorem, et capitulum, consueverunt tradi per servientes domini, et priori et capitulo communiter tradentur sine fraude.* Nisi ibi legendum sit *Arca.* Vide supra in hac voce num. 9.

* Area, Domus *areæ* seu in *area* exstructa. Glossæ Cæsarii Heisterbac. in Reg. Prum. tom. 1. Hist. Trevir. Joan. Nic. ab *Hontheim* pag. 671. col. 1 : *Qui mansi appellantur ibidem, sed non sunt veraciter mansi : feoda enim sunt, quæ aliis in locis appellantur vulgo leyn : quæ videlicet leyn habent singulas areas. Aream appellamus Hovestat.* Vide *Hovastat* in *Huba.*

* Areale, Modus agri, seu Locus

vacuus et pascuus. Charta ann. 1461 : *Poterunt ipsi habitatores* (Castri novi) *et licitum est eis pascere animalia sua in dicta pradaria seu prato domini, et in Arealibus suis. Areaus*, in Charta Phil. V. ann. 1317. ex Cam. Comput. Paris. : *Six muis et dix sestiers de froment, que les coustumiers de la forest doivent chascun an, pour reson de leur usaige aus Areaus et au bois mort.* Sed legendum forte *Arcaus*, vulgo *Harts*. Vide supra *Arces*.

Areola, Arealis, Arialis, Ejusdem notionis qua *Area*, locus et ager incultus, vacuus. Tradit. Fuld. lib. 1. tradit. 3. 20 : *Motales, id est, jugeres, et unam Arialem.* Trad. 10 : *Totum et integrum; id est, Arialis, domibus, ædificiis, terris, silvis, etc.* Alibi : *Donamus unam Arialem cum sua structura et ad illa pertinentem hobam.* Rursum alibi : *Unam hobam, et ad eam pertinentem Arialem cum integra ædificii structura.* Occurrit præterea in Tradit. Fuld. pag. 467. a. 469. a. *Dimidia Areola legalis*, lib. 3. tradit. 103. Vide *Hovastat*, in *Huba*.

Arealis, in iisdem Tradit. Fuld. pag. 474.

Arialis, in Testamento Joannis Episcopi Ticinensis ann. 922. apud Ughellum in Episcopis Veronensibus : *Cum eo Ariale molendini exinde simul pertinente.*

Areola. Breviloq. *Areola, parva Area, vel viridarium, vel hortulus, ubi nutriuntur arbores bonæ et herbæ virtuosæ.*

Aira, Area. Gallis *Aire*. Tabular. S. Amantii Inculism. : *Ortos et Airas, atque maisnamenta.* Et alibi : *Et terram, quæ est deforis ad Airas ad ortos et viridaria.* Vetus Poëta MS. :

> Nésfu de Mazovie, et nourri de vostre Aire.

* Charta ann. 1310. ex Tabul. Corb. : *Desoresnavant à toujours lidit religieus se souffreront de clore et de bailier à prez, à Aires ou à autre waingnage plus que clos et baillié en ont.* Locus scilicet ad hortum aptus, vulgo *Jardinage*.

Ayrale, Airalus, Areæ, seu locus ædificio aptus, quasi *Areale*, mansura, Gall. *Masure*. Tabularium Abbatiæ Conchensis in Ruthenis ch. 91 : *Dedit Eustorgio Airalum juxta mansionem Girberti de Arolas.* Ch. 118 : *Et istam Ecclesiam, et Airalos, et vinataria, etc.* Libertates MSS. Salvæ terræ in Ruthenis ann. 1284 : *Præterea in domo qualibet, seu Airali dictæ villæ, longa de 10. canis, et lata de 4. ad mensuram Figiaci, debemus annuatim percipere in festo S. Andreæ Apost. 6. denarios censuales.* Charta Philippi Regis Franc. ann. 1312. pro pariagio castri de Venescio in Occitania ex 48. Regesto ejusdem Regis in Tabulario Regio n. 29 : *Item offerunt medietatem omnium Ayralium deinceps ædificandorum in castro de Venescio... seu eorum terminalibus, etc.* Infra : *Ita tamen, quod si dicta Ayralia ædificanda post ædificia prædicta ratione vetustatis, antiquitatisve, seu alias destruerentur, seu delerentur, quod dominus Rex ipsa Ayralia infra annum pro parte ipsum contingente haberet, etc.*

2. **AREA**, Cœmeterium. Acta Proconsularia in causa Felicis Episcopi, apud Baron. ann. 314. n. 24 : *Tollat de vestris aliquis in Area, ubi orationes facitis, etc.* Gesta purgationis Cæciliani : *Cives in Area martyrum fuerunt inclusi.* Tertullianus ad Scapulam cap. 3 : *Areæ non sint sub Hilariano nostro Præside, cum de Areis sepulturarum nostrarum acclamassent, Areæ ipsorum non fuerunt, messes enim suas non egerunt*, id est, cœmeteria. Pontius Diaconus in Actis martyrii S. Cypriani : *Sepultus est in Area Candidi Procuratoris.* Samson Abbas S. Zoili in Præfat. lib. 6. Apologetici : *Corpora ut fuerant sub Areis Dei posita, e suis loculis vespillo traxit.*

Area. Annales Colmarienses ann. 1288 : *Dedicata fuit in Wissemburg Area Fratrum Prædicatorum.* Ann. 1289 : *In festo Catharinæ primam Missam in Area propria decantaverunt* iidem. An *Area* ibi summitur pro *Ecclesia* ut vox *cœmeterium* interdum usurpatur ?

3. **AREÆ**, inter vasa Ecclesiastica recensentur apud Hariulfum lib. 3. cap. 3. sed ibi videtur legendum *arcæ*.

4. **AREA**, Accipitrum nidus, Gall. *Aire*. Fridericus II. lib. 2. de Venat. cap. 3 : *Aves rapaces pullos suos a se abjiciunt,..... et ideo raro possunt se invenire, nisi ad certum locum, exspectant se invicem aliquando prope nidum suum consuetum, qui a quibusdam Area dicitur.* [Tabul. Savignerii : *Henricus Dei gratia dominus Filgeriarum concessi Monachis SS. Trinit. de Savignerio forestam de Marchis cum omnibus pertinentiis excepta Area accipitrum.*]

* Reg. A. Cam. Comput. Paris. fol. 10. v° : *In quibus* (nemoribus) *homines saltus habent usum, exceptis locis in quibus sunt les Aires austruum.* Charta ann. 1308. in Reg. 40. Chartoph. reg. ch. 137 : *Quod si contingeret reperiri in dictis nemoribus nidos seu Ayres avium de rapina, quod illi nidi et Ayres, et aves pertineant.... ad dominum dicti castri.*

* 5. **AREA**, Lectus morientium monachorum. Robert. mon. S. Mariani in Chron. MS. ubi de Milone abb. qui obiit ann. 1203 : *Nocte sequenti lectulum de stramine et cinere, quem dicunt Aream, jubet sterni, et in eo, ut moris est, se deponi.*

* 6. **AREA** Venti, Vox nautica, venti regio, trames, vulgo *Air*, vel *Aire*, olim *Are*. Lit. remiss. ann. 1394. in Reg. 146. Chartoph. reg. ch. 70 : *Icellui Bustor dit qu'il estoit bon maronnier, et qu'il savoit bien en quel Are de vent la lune et soleil estoient*

AREATICUM, Agrarium. Tabularium S. Remigii Remensis : *Donant de vino mod. 1. de Areatico mod. 1. et decimam de vino.* Vide *Araticum*.

¶ **ARECA**, Species arboris Indicæ. Vide Lexicon Hofmanni.

* **ARECIUS**, a, um, *Sicho*, in Glossar. Lat. Ital. MS. Vide *Arenaria*.

* **AREFICIUS**, *A dæmone possessus*, in Vocabul. compend. Pro *Arreptitius*. Vide *Arreptus*.

AREGATA, et Aregaza, Pica avis Italis et Petro de Crescentiis lib. 10. de Agricult. cap. 4. 20. [Gall. *Agace*. Putat vir harum rerum haud imperitus *Aregata* proprium esse modum eam avem apellandi.]

* **AREGES**. Alex. Iatrosoph. MS. lib. 1. Passion. cap. 121 : *Quibuscumque autem* (surditas) *ex spissis et crudis continget humoribus Areges, etc.* Ubi Glossæ : *Scothomatici, quasi sine regimine.*

¶ **AREGHA**, Oratio publica, Gall. *Harangue*. Hispan. *Arenga*. Concil. ann. 1429. inter Hisp. tom. 3. pag. 654 : *Domnus legatus corde tenus solemnem Aregham proposuit, per quam causas, propter quas venerat, intimavit.* Vide *Arenga*.

AREGNARE, Vide *Areniare*.

¶ **ARELIA**, f. pro *Areola*, Scriptura Principis Adelgastri inter Concilia Hisp. tom. 3. pag. 89 : *Et per petra et deinde per illa strata de guardia, et inde per illa Arelia de branas.*

ARELLÆ. Jus Vicentin. lib. 1 : *Nulla persona in dictis garbis debeat facere, seu ponere Arellas, pastas vel rostas, etc.* [Vide *Arrela*.]

* **AREMANNI**. Vide infra *Herimanni*.

* **AREMGALIS**. Vide infra *Arigalis*.

¶ **AREMIA**, Aremire. Vide *Adramire*.

AREN, pro *arena*. Archithrenius lib. 8. cap. 12 :

> Omnibus hoc sphæris : sed qua directus orizon
> Ustam cingit Aren, æqualis dirigit ortus,
> Zodiaci quartas tropicas ubi flectit habenas
> Sol, noctique diem punctis finalibus æquat.

Et lib. 9. cap. 4 :

> .... Sed ad austrum porrigit Indos,
> Et siticntis Aren sepelit sub sole recessus.

* **ARENACIUM**, Arenaria, fossa arenosa. Charta ann. 1394. in Reg. 149. Chartoph. reg. ch. 78 : *Quoddam Arenacium magnum, in quo erat alveus antiquus fluminis prædicti Eraudi.... Possint dicti consules.... in dicto Arnacio, in quo erat alveus antiquus fluminis prædicti, conquavare, etc.* Vide mox *Arenæ* et *Arenariæ*.

ARENÆ, dicta Amphitheatra, ab *arenis*, in quibus pugnabant gladiatores. Salvianus lib. 6. de Gubern. Dei : *Colitur namque et honoratur Minerva in Gymnasiis, Venus in Theatris, Neptunus in Circis, Mars in Arenis, Mercurius in Palæstris.* Fredegarius Scholast. cap. 65. de Heraclio Imp. : *Fuit pugnator egregius : nam et sæpe leones in Arenis et inermis plures singulus interfecit.* Aimoinus lib. 3. cap. 1 : *Treveris in Arenis civitatis præsidio locato conatibus ejus restiterunt.* Ratherius Veronensis Episcopus in Qualit. conject. de Veronensi Amphitheatro : *Ipse in Circum, quod Arena dicitur, ob custodiam mansitaret.* Testantur Panvinius, et Hieronymus *d'alla Corte* lib. 1. Hist. Veronensis, Amphitheatrum Veronense etiamnum *Arenas* appellari. Historia Trevirensis pag. 208 : *Civium pars aliquanta in Arena civitatis, id est, Amphitheatro, quam munierant, liberata est. Arenarum Nemausensium* mentio fit in Historia Wambæ Regis : *At ubi feroces nostrorum animos sustinere non possunt, intra Arenas* (Nemausenses) *quæ validiori muro antiquioribus ædificiis cingebantur, se muniendos includunt.* Charta Aldefonsi Regis Aragonum et Bernardi Atonis Vicecomitis Nemausensis ann. 1179 : *Civitatem de Nemauso... et castrum et fortitudinem de Arenis, quæ prope eandem civitatem constituta est.* Versus antiqui in Arnaldum Episcop. Nemausensem :

> Hic locus insignis fuit urbs habitata malignis
> Gentibus, unde ruit quod scelerata fuit.
> Carolus hanc fregit, postquam sibi marte subegit,
> Ob Saracenos, quod tueretur eos.
> Cum Nemausenas exuri jussit Arenas,
> Aptas præsidio perfidiæ populo.

Nomen etiamnum retinet, ut testatur Poldus Albenas, qui, uti hodie etiamnum visitur, ejus figuram exhibuit in Antiquitatibus Nemausensibus. [* Earumdem figuram rursus, et quidem eleganter profert D. *Menard* in Hist. Nem. tom. 7. quem consule.] Meminit præterea Chronicon Episcoporum Petracoricensium *Arenarum Petracoricensium* sub ann. 1157 : *Sub hoc Boso Comes Petracoricensis super locum Arenarum Petracoricensium excelsam turrim exædificavit.* Occurrit etiam *castrum Arenarum* Massiliæ in Charta ann. 1152. apud Guesnaium in Annalib. Massil. ann. 1288. num. 13. [* Legendum *castrum Arearum*, Gall. *Hieres*, pro *Arenarum ;* cujus erroris auctor est Guesnaius.] Denique in Consuetud. Bituric. tit. 11. art. 20. fit mentio *de la fosse des Arenes de Bourges*. Unde conficitur, amphitheatrum olim ibi extitisse. *Arenas Remenses* commemorat Marlotus in Metropoli Remensi lib. 1. cap. 5. *Parisienses ante S. Victorem* Charta ann. 1284. in Hist. Academiæ Parisiensis tom. 3. pag. 238.

Arena, Ipsi amphitheatrales ludi. Acta S. Euphemiæ Virg. et Mart. edita a Prospero Martinengio : *Mox igitur Proconsul jussit Arenam parari, et eos ad ursos ferocissimos tradi.* Ubi Metaphrastes ab eodem editus : ἀρίναν ἐπετέλεσαν.

Arenalis, Idem quod *Arena*, Amphitheatrum. Extat Charta Jacobi Regis Aragon. ann. 1299. in qua fit mentio *novi Hospitalis pauperum, quod situm est in Arenali de Gerunda.*

Arena. Laurentius Leod. in Hist. Episcopor. Virdunens. : *Villam quoque sui juris Prisvillare, et Arenam cum portu et piscatura . . . contulit.*

* *Arena* ibi intelligi posse videtur de iis sabulosis et arenariis collibus, quas *Dunes* appellamus. Et sane eo sensu occurrit in Charta Theoderici comit. Flandr. ann. 1159. ex Chartul. S. Bertini pag. 63 : *Per successiones itaque et intervalla temporum, ex nimio flatu ventorum, quandam prædictæ terræ partem discurrentes Harenæ cooperuerunt. Præcepi igitur partem illam saisiri, suggerentibus michi hominibus meis, quod transire debeat in jus meum quicquid discurrentibus harenis coopertum est. Conveniunt me sæpius abbas et monachi, clamant, queruntur possessiones suas contra omnem juris æquitatem sibi auferri.... Tandem victus precibus abbatis,.... recognovi abbati jus suum, et Dunas, quas infra terminos fundi sui saisieram, ei reddidi.* Hinc nostris olim *Arayne*, pro Glarea, Gall. *Sable, gravier.* Charta ann. 1520. in Chartul. Latiniac. fol. 247 : *Et par ladite informacion avoit esté trouvé lesdits lieux estre en totalle ruyne et décadence; et que par chacun jour les Araynes et gravois se accumulent au lieu où est le cours de l'eaue.* Sed et pro loco, unde Arena eruitur, Gall. *Sabliere*, accipi opinor in Charta ann. 1355. tom. 2. Hist. Leod. pag. 423 : *Item s'il est aucuns qui face ouvreir par devant Herrayne d'autruy par stampe, ou par encombrier de source d'eawe pour telle Herrayne à empireir, etc.* Ubi *Arayne* non semel legitur.

¶ Arena Claustri, Xystus, porticus seu peristylium, Gall. *Cloître.* Statuta reformationis S. Claudii sub Nicolao V. ann. 1448 : *Dum necessario cum sæcularibus pro Ecclesiæ aut Monasterii negotiis, aut alias fuerit loqui necessarium, in Capitulo vel in locis extra Arenas Claustri constitutis pertinenter accedent.*

Arena Puteolana, Pulvis Puteolanus, de quo Vitruvius lib. 2. cap. 6. Plinius lib. 35. cap. 11. Seneca lib. 1. Natur. quæst. cap. 20. et Anonymus de Re architecton. cap. 27. 30. Sidonius Carm. 2 :

Namque Dicarchææ translatus pulvis Arenæ
Intratis solidatur aquis, durataque massa
Sustinet advectos peregrino in gurgite campos.

Bulla Clementis IV. PP. ann. 1265. tom. 9. Spicilegii Acheriani pag. 226 : *Et omnem materiam ad ædificia opportunam, puta lapides, Arenam, quæ Puteolana vocatur, cæmentum, et similia.* Vide *Puteulanus.*

1. **ARENARIA**, *Sicca*, in Gloss. Isid. [in quibusdam editis *Arenacia*, sed melius *Arenaria.*]

¶ 2. **ARENARIA**, apud Barthium in Glossario ex Raimundi Agilæi Hist. Palæst. dicitur *Ager avena consitus*, sed procul dubio legendum est *Avenaria.*

ARENARIÆ, Varroni et Ciceroni Orat. pro Cluentio, *Arenaria* vero Vitruvio lib. 2. cap. 4. dicuntur *Arenæ fodinæ*, seu agri, qui *arenas* suppeditant. Nescio, an de iis intelligendæ binæ Chartæ veteres apud Ughellum in Italia sacra tom. 1. part. 1. pag. 107 : *Cum puteis, fontibus, rivis, aquis perennibus, ædificiis, parietinis, Arenariis, adjunctis adjacentibusque, etc.* Et part. 2. pag. 198 : *Cum cellis, et Arenariis, et parietinis antiquis, etc.* Nam ibi *Arenariæ*, sive *Arenaria*, ædificiis ac parietinis videntur adjungi.

ARENARII. Præfatio ad Libellum precum Marcellini et Faustini : *Cum omnibus perjuris et Arenariis, quos ingenti corrupit pretio, Lateranensem Basilicam tenuit, etc.* Infra : *Tunc Damasus cum perfidis invitat Arenarios, quadrigarias, et fossores, omnemque Clerum, cum securibus, gladiis et fustibus, et obsedit Basilicam, etc.* Concil. Calchedon. Act. 10. pag. 300. Edit. 1618 : Συναγαγὼν ὄχλον ἄτακτον μετὰ ξιφῶν, καὶ ἄλλων τινῶν ἀρεναρίων, ἐπεισῆλθε. Infra : ἐπεισῆλθε τῇ ἁγιωτάτῃ ἐκκλησίᾳ μετὰ ξιφῶν, καὶ ἐρεναρίων, καὶ δάδων τινῶν. Ubi vetus versio *Arenarios* habet id est, Gladiatores, qui in arena depugnant. Unde legendum ἀρηναρίων conjiciunt viri docti ; sed nihil mutandum docuimus in Gloss. med. Græcit. in Ἀρενάριος.

¶ 1. **ARENARIUM**, Amphitheatrum. [* seu ipsi amphitrales ludi. Vide in *Arena.*] Passio sanctorum Viti, Modesti et Crescentiæ, tom. 2. Junii pag. 1025. A : *Tunc Diocletianus furore succensus jussit Arenarium præparari dicens : Bestiis ferocissimis tradam eos ut videam si Christus eorum possit liberare eos de manibus meis.*

2. **ARENARIUM** appellabant Christiani cœmeterium, seu cryptas arenarias, quarum usus non modo inserviebat humandis defunctorum corporibus, ex quo nomen est inductum, sed et persecutionis tempore ad latebras Christianorum. Ita Baronius ann. 130. n. 2. ubi ejusmodi *Arenaria* graphice describit. Anastasius in S. Silvestro : *Fecit basilicam, . . . in agrum Veranum, supra Arenarium cryptæ.* Alii Cod. habent : *In agro Verano sub Arenario.* Idem in Theodoro : *Eodem tempore relevata sunt corpora SS. Martyrum. . . . quæ erant in Arenario sepulta, via Numentana, etc.* Acta SS. Marii et Marthæ cap. 4 : *In eodem loco decollati sunt sub Arenario.* Acta Hippolyti, Eusebii et sociorum Martyrum : *Corpora illorum. . . Hippolytus, qui et Diaconus, collegit, et sepelivit via Appia, milliario ab urbe, in Arenario, ubi frequenter conveniebant.* Prudentius περὶ στεφάνων, Hymn. 1 :

Inclitas cruore sancto nunc Arenas incolæ
Confrequentant obsecrantes voce, votis, munere.

Ubi Iso Magister, *Arenas, sepulcra* interpretatur.

* **ARENARIUS**, Arenæ effossor. Vita B. Claræ de Cruce tom. 3. Aug. pag. 686. col. 2 : *Paganicus, quidam Arenarius, arenam fodiens, ejus mole obrutus, mortem cum vita commutavit.*

¶ **ARENATOR.** Gloss. vett. MSS. Sangerman. : *Arenatores dicuntur qui in arenis dejecta et collapsa solent extrahere. Et dicuntur humiles persone.*

1. **ARENÇATA**, Modus agri, vel vineæ. Fori Oscæ ann. 1247. fol. 23 : *Villana debet habere per suas dotes unam domum coopertam, in qua sint 12. bigæ, et unam Arençatam vinearum, et unum campum, in quo possit seminare unam arrovam tritici in voce linaris.* [* Idem quod supra *Aranzada*, Jugerum.]

¶ 2. **ARENCATA**, Certum pondus vel mensura anguillarum siccatarum ; Hispanis enim *Anrençada anguilla* idem est quod Anguilla ad fumum exsiccata in modum harengi infumati. Collect. Concil. Hisp. tom. 3. pag. 178. col. 1 : *Et Resa per omnes domus singulas Arencatas de anguilas* (dabit.) [*** Academ. Matrit. *Arenzata* est : *Victus quotidiani ratio, mensura.* Supra legendum *Arencada anguila.*]

¶ **ARENCHERIA**, et Harencheria, Forum in quo harengi venales exponuntur. Passim occurrit in instrumentis XIV. sæculi quæ in Archivis Ecclesiæ Cathedr. Autissiod. asservantur.

1. **ARENDA**, Curatio, administratio, Hungarice *Warung*. Goldast.

¶ 2. **ARENDA**, Prædium in censum seu *rendam* datum, ut explicant Bollandi continuatores in annotatis ad Passionem Alberti pueri inter Acta SS. Aprilis tom. 2. pag. 837.

¶ **ARENDAMENTUM**, Locatio, conductio, Gall. *Arrentement*, *Bail à rente.* Concil. Avenion. ann. 1457. inter Anecd. Marten. tom. 4. col. 381 : *Prohibet, ne persona Ecclesiastica præsumat jurisdictionem spiritualem personis sæcularibus Arendare, quod Arendamenta jam facta non intendimus extendere, si terminus ipsorum Arendamentorum non fuerit jam effluxus, sed in Arendamentis in posterum fiendis id volumus observari.* Vide *Arrendamentum.*

¶ **ARENDARE**, Locare vel conducere, Gall. *Arrenter, Donner*, vel *Prendre à rente.* Concilium Avenion. ann. 1509. apud Marten. tom. 4. Anecd. col. 388 : *Ne aliquis vestrum de cetero proventus integros Ecclesiarum suorum præsumat Arendare, nisi de speciali licentia a dicto reverendissimo Archiepiscopo.* Occurrit in *Arendamentum*, et in Actis SS. Aprilis tom. 2. pag. 837. Vide *Arrendare*

¶ **ARENDATOR**, Qui locat vel conducit. Vide *Arrendator.*

¶ **ARENERIUM**, Arenæ fodina, Gall. *Sablonniere*, in Codice censuali Calomontis. Vide *Arenariæ.*

ARENGA, Oratio publica, declamatio, concio, Italis *Aringa*, Gallis *Harangue*, [Hispanis *Arenga.*] Breviloquus : *Arenga est apta et concors verborum sententia, quæ ponitur post salutationem in privilegiis arduorum negotiorum.* Chronicon Windesemense in Proœmio : *Prolixis igitur Arengarum interlocutionibus postpositis, etc.* Utitur etiam Rollandinus in Chronico lib. 3. cap. 15. Nota sunt, quæ Accursius de Legibus et plebiscitis ridicule scripsit, *ubi populus* (ita enim loquitur,) *pulsabatur cum campana ter, Ad Harengam, Ad Harengam.*

* **ARENGALIS**. Vide infra *Arigalis.*

ARENGARE, Concionari, *Haranguer*, apud Rollandinum in Chronico lib. 4. cap. 14. et Galvaneum Flammam cap. 284.

ARENGARIA, Italis, et maxime Florentinis, *Ringhiera*, et *Aringhiera*, Locus editior, ubi concionantur publice. *Luogo dinanzi al Palazzo, dove, quando entrava la Signoria, il Podestà salito in bigoncia, che cosi si chiamava quel pulpito di Pergamo, d'entrel quale Arengava, è faceva un'orazione, etc.* Ita *Il Varchio* in Dialogo *delle lingue.* [Memoriale Potestatum Regiensium ad ann. 1260. apud Murat. tom. 8. col. 1122 : *In quo anno fuit incœpta turris de Razolo ultra Taletatam, et fuit facta Arengheria communis.* Et ad ann. 1290. ibid. col. 1174 : *Et fecit fieri Arengheriam ad fenestras palatii veteris, et destruxit illam quæ erat in platea communis juxta dictum palatium.*] Charta anni 1322 : *Quæ statuta lecta et publicata fuerunt ad Arengariam, etc.* De vocis origine multa, tametsi incerta, scripsere Jacobus Perganinus, et aliquot alii Scriptores Itali, quorum sententias expendit Ægidius Menag. et Octavius Ferrarius, in Originib. Italic. Utcumque sit, videtur vox nostra *Arengerie* inde orta, pro loco, ubi viri tumultuantur ac verbis contendunt. [Hinc non inepte Hickesius Gramm. Theotiscæ pag. 92. vocem deducit a *Ring* vel *Aring*, quæ Gothice et Saxonice significat Gyrum, circulum specialiter hominum, seu auditorum et spectatorum coronam.]

* ARENGERA, ARENGHERA, ut *Arengaria*, Locus editior, unde concionantur publice. Chron. Bergom. ad ann. 1398. apud Murator. tom. 16. Script. Ital. col. 914 : *Die Martis xxvj. Nov. ductus fuit quidam, nomine Retiquerius, vallis S. Martini ad Arengeram communis Bergomi, etc.* Stat. civit. Astæ ann. 1379. pag. 1. v° : *Unus ex consiliariis dicti generalis consilii ascendens ad Arengheram animo consulendi dixit, etc.* Vide *Arengua* et *Arengum.*

¶ **ARENGARIÆ**, Clamores. Chron. Parmense ad ann. 1281. apud Murat. tom. 9. col. 796 : *Campanis omnibus civitatis pulsatis, exercerunt dictum carrocium de Ecclesia majori in plateam ipsius Ecclesiæ cum magno gaudio et magnis Arengariis, causa eundi et ducendi ipsum Cremonam in subsidium Cremonensium.*

¶ **ARENGHERIA**. Vide *Arengaria.*

¶ **ARENGIA**, Malum aureum, Gall. *Orange.* Hist. Sicula Hugonis Falcandi apud Murator. tom. 7. col. 258 : *Videas ibi et lumias acetositate sua condiendis cibis idoneas, et Arengias acetoso nihilominus humore plenas interius.*

¶ **ARENGUA**, pro *Arenga*, in Compendio jurium et consuetud. Universitat. Paris. fol. 15. per R. *Goulet* edit. 1517 : *Paranymphus semper ibidem habet orationem prolixam, que Arengua vocatur apud Gallos, de laudibus ipsius scientie.*

* *Arengua reverentialis*, Salutatio, Gall. *Compliment.* Stat. Universit. Tolos. ann. 1424. fol. 106. r° : *Item hoc idem in Arenguis reverentialibus, quæ solitæ sunt fieri per Universitatem coram aliquibus personis ecclesiasticis, ac interdum secularibus, etc.*

1. **ARENGUM**, pro *Arenga*, ex Italico *Aringa*, in Historia Cortusiorum lib. 2. cap. 11. Vide Galvaneum Flammam cap. 43.

☞ Est etiam *Arengum*, Conventus publicus, quia in hujusmodi conventibus haberi solent *Arenga* seu conciones. Regimina Paduæ ad ann. 1328. apud Murat. tom. 8. col. 439 : *Dom. Marsilius... electus et confirmatus fuit Capitaneus populi Paduani... in pleno Arengo majoris palatii.* Acta SS. Junii tom. 1. pag. 779 : *Actum Utini* (ann. 1492.) *sub logia Communis Utini in publico et pleno Arengo ad sonum campanæ more solito congregato... In dicto Arengo spiritualis dominus Cittadinus proposuit, etc.* Occurrit ibi multoties.

* 2. **ARENGUM**, Forum publicum, Gall. *Place.* Stat. datiaria Riper. cap. 15. fol. 16. r° : *Beccharius amittat carnes, quæ comburantur in platea sive in Arengo communitatis.*

* 3. **ARENGUM**, Conductio, locatio, ut videtur, quæ sola voce fit. Charta ann. 878. in Append. ad Marcam Hisp. col. 801 : *Alia vinea, quam tenet Saurus in Arengo, habeatis ad omnem integritatem.* Vide infra *Arigalis.*

ARENIÆ, Vide *Adramire.*

ARENIARE, In jus vocare, *ad rationem ponere*, vocare, *Araisonner*, et per contractionem *Arainier*, [*Araisner*, et *Arraisner.*] Le Roman *de Garin* :

Voy le mesage s'il l'a Araisonné.

[Hist. Lossensis part. 3. pag. 9. in Statutis Lossens. : *Et si l'Arraisné sur le deuxième jour de plaid confesse la dette, etc.*] Thomas Walsinghamus in Edwardo III. pag. 164 : *Item quod nullus Clericus sit Areniatus coram Justitiariis suis.* Henr. Knighton. in Ed. II : *Hugo Spenser ductus coram domino Willelmo Trussel Justiciario, Areniatus est coram eo ad barrum in forma, quæ sequitur, etc.* Radulfus de Hengham in Magna, cap. 9. pag. 52 : *Exceptis placitis, unde magna assisa Arrainiata fuit, vel duellum vadiatum, etc.* Spelmannus opinatur iis locis, quibus id vocabuli occurrit apud Scriptores reponendum *arramare* : sed *Areniare*, non est *fræno cohibere*, quia nostris *resne* frænum sit, uti censet idem Spelmannus. [* Non ita tamen a vero abest Spelmannus, siquidem vox *Aregner*, saltem pro fræno seu loro alligare, occurrit in Vita J. C. MS. :

Deus deciples luca à soi,
Signour, ce dist Diex, alés moi
Laiens cumi cele chité,
Iluec troverés Aregné
Une asnesse, o tout son faon.

Imo et pro fræno cohibere, dixit Percevallus ex Borello :

Si a son cheval Aresgné.]

Arraignier dixit Littleton sect. 442 : *Si home soit disseisi, et il Arraigne un assise.* *Arregnare*, eadem fere notione in Charta ann. 1292. apud Joannem Lucium de Regno Dalmatico pag. 187 : *Arregnando consuluit*, id est, ratiocinando, vi rationum.

* Nostris olim *Araignier*, eodem significatu. Vitæ SS. MSS. ex Cod. 28. S. Vict. Paris. fol. 306. r°. col. 1. ubi de S. Cecilia : *Cecile le* (son époux) *commença à Araignier en tel guise, etc.*

ARENTARE. Vide *Arrentare.*

ARENTARIA. Statuta Walteri *de Grey* Archiepiscopi Eboracensis ann. 1250 : *Statuimus autem, quod decimæ de artificibus, et mercatoribus, et lucro negotiationis, sive de Arentaria, fabris, textoribus, et omnibus aliis stipendiariis . . . . dentur, etc.* [Ubi *Arentaria* nihil fortassis aliud est quam *Locatio*, Gall. *Bail à rente*, Vide *Arrentare.*]

* **ARENZADA**, Idem quod supra *Aranzada*, Jugerum. Charta ann. 1148. inter Probat, tom. 2. Annal. Præmonstr. col. 427 : *Et adhuc insuper dono ad ipsam ecclesiam.... duas Arenzadas, et unam quartam de vinea, et unum solarem.* Vide *Arençata.*

* **AREOLA**, diminut. ab *Area*, Gall. *Carreau.* Pontif. MS. eccl. Elnens. ubi de Dedicat. eccl. : *Faciant xxiiij. Areolas de cinere a sinistro angulo orientali usque in dextrum occidentalem seriatim, in quibus scribatur alphabetum Græce; et xxiij. a dextro angulo orientali usque in sinistrum occidentalem, in quibus scribatur alphabetum Latine, scribendo singulas litteras in singulis Areolis.*

* **AREOLOGIUM**, pro *Analogium*, ni fallor Lectrum. Constit. ant. S. Petri-montis tom. 2. Monum. sacr. antiq. pag. 429 : *Lecturus autem ad locum constitutum ibit; ubi altare ante se, et conventui post se inclinans, astrictis sibi vestibus, sic denique ad Areologium accedat.* Vide *Analogium.*

ARERAGIUM, ARRIERAGIUM, ARRERAGIUM, ex Gall. *Arrerage, Arrierage*, Debitum, quod in Jure *Reliquum* dicitur. Quon. Attach. cap. 46 : *Non potest illud tenementum . . . saisire pro Arreragiis firmarum suarum.* Vide Statuta Roberti III. Regis Scotiæ cap. 14. et Raguellum. Occurrit passim.

* **ARERALE**, idem quod *Airale*, Locus ædificio aptus. Vide in *Area* 1. Charta ann. 1255. in Reg. 73. Chartoph. reg. ch. 326 : *Ad talliandum carrerias, et platas, et terras, et Areralia, et loca domorum dividenda, et adjudicanda, et discernenda, et ordinandum omnia et singula, quæ ibidem ad utililitatem dictæ bastidæ videatis facienda.*

* **ARERE**. Columnarium, seu Comœdia sine nomine, ex Cod. reg. 8163. act 1. sc. 2 : *Si ultro aderint* (lacrymæ) *clam callideque componite; aut fumus aut vigilia Arisse oculos indicent.* Sensus est, ex fumo aut vigilia oculos fatigatos esse indicent.

¶ **ARES** *est peculiaris cuique speciei natura atque forma, ab aliis differens; ut est dispensator naturæ in tribus primis consistens, unde omnia constant.* Rochus *le Baillif* in Dictionario Spagyrico. Vox ducta a Græco ἄρης, Mars.

¶ **ARESCERE**, Errare. Supplement. Antiquarii : *Arescit*, πλανᾶται. Mallem *Errascit*.

¶ **ARESSONUS**, Arcus equestris sellæ, a Gallico *Arçon*. Locum vide in *Cambale*.

AREST, Visitatio Thesaurariæ S. Pauli Londinensis ann. 1295 : *Sex panni de Arest, quorum duo fracti. Item 3. magni panni penduli consuti, in quorum quolibet continentur sex panni de Arest, parvi valoris, etc. . . Item unus pannus de Arest.* [* Idem omnino videtur quod *Aras*, operis scilicet Atrebatici. Vide in hac voce.]

1. **ARESTA**, Arista. Fleta lib. 2. cap. 76. § 7. ubi de Bobus : *Arestæ enim straminis ordeacei rugitus eorum impediret.*

* 2. **ARESTA**, Jus in aliquem, vel ejus bona manum injiciendi, ejusmodique jurisdictioni spontanea submissio. Stat. synod. eccl. Castr. ann. 1358. part. 2. cap. 1. ex Cod. reg. 1592. A : *Nec clerici fidejubeant pro aliquo, nec se obligent ad sigillum, seu Arestam in aliqua curia seculari.* Vide mox *Arestare* 2.

* 3. **ARESTA**, a Gall. *Arête*, Angulus ædificii exterior. Charta ann. 1285. in Chartul. Guill. abb. S. Germ. Prat. fol. 122. r°. col. 1 : *Prout dictum jardinum se comportat et protenditur a tornella propinquiori dictæ portæ S. Germani, videlicet ab Aresta dictæ tornellæ a parte versus Secanam recte secundum muros Parisienses, ... et ab Aresta ejusdem tornellæ directe usque ad vicum, qui separat dictum jardinum prædictum a manerio nostro.* Alia ann. 1262. in Chartul. Thenol. ex Cod. reg. 5649. fol. 51. r° : *Une partie de cel courtil, si comme il se porte de l'Areste dou mur jusques à une bonde, etc. Arestier*, Tegulæ species, qua tecti angulos cooperiunt. Chartul. 13. Corb. sign. *Habacuc* ad ann. 1514. fol. 219 : *Sera tenu ledit fermier prendeur bailler et livrer pour les maisons et ediffices de ladite eglise.... Arestiers et venneaulx, pour dix solz le cent.* Vide *Arestum* 2. et infra *Arista* 3.

¶ **ARESTARA** et **ARRESTARA**, pro *Harmiscara*, Pœna militaris ex veteri Francorum Suevorumque consuetudine adversus *milites* seu nobiles deprædationis, incendii aliorumve criminum reos decerni solita. Hæc pœna canem, sellam equinam aut asinariam, vel quodvis aliud per certum itineris spatium, vulgo nudis pedibus, atque etiam aliquando seminudi gestare cogebantur. Hujus habes insigne exemplum in Chronico Wormatiensi apud Ludewigum Reliq. MSS. tom. 2. pag. 103 : *Fridericus Imperator audiens multa mala, quæ Principes alii intulerunt sancto viro Arnoldo Archiep. Maguntino, . . . omnes coram se evocavit. . . in cinere et cilicio satisfacientes, pœnas tanto facinori congruas dederunt, et vindictam, quæ vulgo dicitur Arrestara, in medio hiemis horrendissimi temporis, quilibet in ordine suo, secundum suam dignitatem vel conditionem, nudipes ad terminum usque statum, pro gratia tanti Pontificis recuperanda, proprio collo congestans. Imprimis Palatinus Rheni Comes, sicut principalis tanti flagitii auctor, canem per medium lutum portavit, alii autem sellam asinariam, alii subsellarii instrumentum, atque alii alia secundum suam convenientiam rigidis plantis algentibusque totius in conspectu ferebant consilii.* Vide *Harmiscara* et *Canem ferre* in voce *Canis*. [** Vide Grimmii Antiqu. Juris pag. 716.]

1. **ARESTARE**, Detinere, Gallis *Arrester*. Speculum Saxon. lib. 2. art 10. § 1 : *Proscriptus licite diebus feriatis vel ligatis Arestetur, vel detineatur.* Lib. 2. art. 27. § 10 : *Si resisterent pignorationi, cum clamore violentiæ Arestentur.* Lib. 3. art. 78. § 5 : *Ad Arestandum eum secundum juris formam.* Concil. Tolosanum ann. 1225 : *Per quorum terram transitum fecerit, damna restituant, nisi pro posse eum Arestaverint, et prædam defenderint, etc.* Wil. Thorn. in Chron. : *Alios. . . Arrestavit et imprisonavit.* Thom. Walsinghamus pag. 248 : *Peregrinos universos cujuscunque conditionis existerent Arestantes, jurare compulerunt.* Utitur etiam Albertus Argentin. pag. 144. Vide Lindanum in Teneræmonda pag. 219. [Martenium tom. 1. Anecd. col. 651. et infra *Arrestare*.]

* 2. **ARESTARE**, In bona debitoris manum injicere, Gall. *Arrêter, saisir*. Stat. Vercell. lib. 2. pag. 48. r° : *Quod tunc sit licitum dictis creditoribus suis capere et Arestare tot de bonis talium suorum debitorum impune, de quibus sit idem integre satisfactum auctoritate propria, sine alicujus judicis vel magistratus interventu.* Vide *Arrestare* 1.

1. **ARESTUM**. Aresta apud Gallos sunt Decreta, seu Judicia forensia, a superiori judice, a quo nulla intercedit appellatio lata, cujusmodi sunt Parlamentorum : quæ sic appellata videntur, quod post varias ab inferioribus et pedaneis judicibus de re quapiam latas sententias, litem et controversiam supremo examine et judicio definiant ac decidant; *Arrester* enim nostris, est decernere, statuere. In Regestis Parlamenti et magnorum Dierum Trecensium, suprema hæc decreta variis appellationibus subinde donantur : in his enim quadruplicis generis et appellationis judicia suprema, seu a superioribus judicibus lata, observare est, *Aresta* nempe, *Judicia, Consilia*, et *Præcepta* seu *Mandata*, cum hac appendice : *Facta in tali Parlamento, aut in Diebus Trecensibus talis anni, per Magistros tenentes Parlamentum, aut Dies Trecenses.*

Aresta, dicebantur judicia, a judicibus post patronorum, seu advocatorum hinc inde orationes auditas publice recitata. Eorum pronuntiationis formula hæc erat : *Quibus rationibus utriusque partis hinc inde auditis, dictum fuit per Arestum Curiæ, etc.*

Judicia erant decreta post inspectas et diligenter examinatas judiciarias inquisitiones et *aprisias*, a quopiam ex ipsis judicibus, qui de iis ad Curiam referebat, factas, in scriptis et secreto consessu relata, nec publice recitata : *Jugemens rendus sur les procès par écrit, et sur les enquestes.* Judiciorum pronuntiationis formula erat : *Visa inquesta et diligenter inspecta, etc. pronuntiatum fuit per Curiæ Judicium, etc.*

Consilia dicebantur dilationes, quæ litigantibus a judice dabantur, quo litem nondum maturam aut instructam admisso advocatorum consilio instruerent, judicio in alium diem dilato. Pronuntiationis Consiliorum formula ejusmodi erat : *Dies Consilii assignata est tali, super tali lite, ad aliud Parlamentum proximum, aut ad alios Dies Trecenses.* Unde hodierna pronuntiationis fluxit formula, in ejusmodi litibus, post peroratas patronorum causas, *Apointé au Conseil, et à écrire et produire.*

Denique *Præcepta*, seu *Mandata* appellabantur decreta, Baillivis, Senescalis, aliisve inferioribus judicibus missa aut delegata, quibus jubebantur præstituta a Parlamento generalia decreta in suis judiciis, et assisiis observare; aut inquisitiones judiciarias facere, interdicta publicare, et alia hujusmodi a Curia sibi demandata exequi. Eorum vero ista hæc erat formula : *Injunctum est Baillivo tali, ut, etc.* Hæc jam a me observata in Dissertat. 2. ad Joinvillam. Vide *Arretare*, in voce *Rectum*.

☞ Vocis originem accersit Georgius Hickesius Gram. Theotiscæ cap. 92. a voce *Hrestan* quæ Saxonice *quiescere* significat; unde verbale *Hrest*, quies; Alii a Græco Ἀρεςόν, Placitum, quos confutat *Nicot* in Dictionario, ubi contendit non aliunde accersiri, quam a Gallico *Arrester*: *Les Parlemens*, inquit, *et Cours Souveraines n'usent point de ces mots : Il nous plaît, Car ainsi plaît ... Et partant Arrest est prins de ce mot Arrester, qui en François signifie clôture et fermeture aux appellations et au cours d'un procès.* A neutro verbo *restare* factum est sequioribus sæculis *Adrestare* vel *Arrestare* activum, unde *Arrestum*, quod *arrestat*, sistit, terminat. Si plura cupis, adi Menagium in Diction. Etymolog. Gall.

* Iis appellationibus supremorum parlamenti decretorum subjici potest, quod et *Literæ* dicta quoque sint, ut monent Auctores novi Tract. diplomat. tom. 1. pag. 327. ex Aresto parlamenti Paris. ann. 1372. quod legitur tom. 3. Hist. Paris. pag. 69.

2. **ARESTUM**, a Leguleiis Anglis usurpatur, cum quis reus capitur, et in carcerem conjicitur seu vi Brevis seu a quovis homine: nam reos majestatis, traditores, et infractores pacis quivis potest auctoritate propria capere, et in carcerem compingere. Rastallus.

¶ **ARETALOGUS**, Magniloquus, Thraso. *Faux brave, Fanfaron.* Papias MS. Bituric.: *Aretalogus, Falsidicus, mendax, artificiosus. Ares enim virtus, logos sermo Græce dicitur.* Ἄρης Græcis Mars est, Ἀρετή, Virtus, præsertim bellica, a qua posteriori voce rectius deducitur *Aretalogus*; magna namque et virtutis plena jactare solent thrasones et vaniloqui.

* Consule Martin. [** et Forcellin.] Lexic. in hac voce, ubi inter cætera habetur ex vet. Glossar. : *Aretalogus, placita loquens.* [** Glossar. in cod. Reg. 7644 : *Aretalogus, Artificiose loquens vel rhetoricus.* [Vide etiam Thesaurum Fabri, si plura cupis. Hinc *Arethica Lingua*.

ARETHECA. Charta Joannis Archiep. Capuani ann. 1301. in Sanctuario Capuano pag. 263 : *Item tres acus de argento cum lapidibus pro palleo : item par unum Arethecarum de seta alba cum smaltis impernatis, quod donavimus ipsi Ecclesiæ Beneventanæ.* Sed legendum videtur *Chirothecarum*.

* **ARETHICA LINGUA**, a Gr. ἀρετός, placens, gratus, quia in fabulis narrandis adhibetur. Bulla Innoc. IV. PP. pro Univers. Tolos. ann. 1245. inter Probat. tom. 3. Hist. Occit. col. 454 : *Magistri vero et*

scholares theologiæ, in facultate quam profitentur, se studeant laudabiliter exercere, nec philosophos se ostendant, sed satagant fieri theodocti, nec loquantur in lingua populi, linguam Ebream cum Arethica confundentes. Ubi *lingua Hebræa*, quam *linguam sanctam* vocant Rabini, *Arethicæ* tanquam profanæ opponitur. Vide *Aretalogus.*

ARETICA. Matthæus Westmonast. ann. 1285. de Honorio IV. PP. : *Cui pedum ac manuum fere officium abstulerat Aretica ægritudo, etc.* Sic utraque Editio; sed legendum *arthretica* vel *arthritica*, ἀρθρίτις, morbus articularis.

¶ **ARETINA** Vasa, Vasa testacea Aretii Etruriæ in urbe fingi solita, unde *Etrusca* etiam appellata. Isid. lib. 20. Orig. cap. 4 : *Aretina, Vasa ex Aretio Italiæ municipio dicuntur, sunt enim rubra : de quibus Sedulius* :

Rubra quod appositum testa ministrat olus.

Similia habet Papias in MS. Bituric. Vita S. Cæsarii lib. 1 : *Custodiens illud quod Dominus in Aretino paropside tinxit panem.* De celebribus hisce vasis agit D. Bern. *de Montfaucon* in Supplemento Antiquitatum.

¶ **A RETRO**, Reliquum, residuum, Gall. *Arrerage.* Occurrit passim in veteribus instrumentis *solvere sua A retro.* [** Vide in *A*, hujus vol. pag. 2. col. 1.]

¶ A Retro Esse, Reliquari, Gall. *Etre en arriere. Madox* Formulare Anglic. pag. 141 : *Si contingat prædictum redditum* 35. *solidorum et* 10. *denariorum fore A retro in parte vel in toto.* Et pag. 63 : *Ad solutionem doliorum vini quæ A retro fuerint.*

* **ARETUM.** Charta ann. 1279. inter Probat. tom. 1. Annal. Præmonstr. col. 640 : *Volumus ut.... de qualibet tali quantitate prati mansum continente, sive falcetum, sive Aretum, semper dimidium fertonem argenti, ab ipsorum pratorum possessoribus persolvetur.* Ubi legendum est *falcetur sive Aretur.*

* **AREVATIVUM.** Lex Salica tit. 18. cap. 4. ex Codice Estensi apud Murator. tom. 2. Antiq. Ital. med. ævi col. 288 : *Si quis concisam vel sepem (id est, Arevativum) etc.* Quæ vox corrupta, et nihil significans videtur erudito viro; unde *palenchatum* sive *palancatum*, qua voce barbarica secula significarunt sepem e palis confectam, restituendum existimat. [** f. *Arcativum* vel *Archativum.* Vide *Arca*, 1.]

¶ **AREYRATGIUM**, Eadem notione, qua *A retro*, a Gall. *Arrerage* apud Baluzium in Hist. Arvern. tom. 2. pag. 130. in Charta ann. 1295. Vide *Areragium.*

1. **ARGA**, vox Longobardica, quæ inertem et inutilem sonat. Gloss. MSS. : *Arga, inutilis vel timidus.* Lex Langob. lib. 1. tit. 5. § 1 [** Rothar. 384.] : *Si quis alium Argam per furorem clamaverit.* Paulus Warnefridus lib. 6. cap. 24 : *Memento, Dux Ferdulfe, quod me esse inertem et inutilem dixeris, et vulgari verbo Arga vocaveris.* Proprie autem *Arga* is dicitur, *cujus uxor mæchatur, et ille tacet*, id est, adulterio uxoris manus dat, vel certe de eo præ socordia nequaquam est sollicitus. Papias : *Arga, cucurbita;* addit Ugutio, *vel simulacrum.* Boherius ad Legem Longobard. : *Si quis vocaverit alium Argam id est, cucurbitam, quod est nomen verbale secundum gl.* 1. *cap.* 1. § *Item si fidelis in verbo cucurbitaverit, etc.* [Murator. tom. 1. part. 1. pag. 370. in vocabulario Gothico collecto a Grotio : *Arga, Ignavus, nunc malitiosum significat.*] A Græco ἀργός, *ignavus, iners*, vocem *Arga*, deducunt Cujacius et alii. Didymus de Demosthene : Ἀκίνητος ὢν περὶ τὰς συνουσίας, ἐλέγετο ἀργός. Neque diversa, opinor, videtur vox *Sarga*, apud Isidorum in Gloss. et Papiam, ubi exponitur, *non idoneus cujuslibet artis Professor.* Apud Papiam est, *sed professor.* Vide *Cucurbita, Cugus.* [** Consule de hac voce Wachter. in Glossar. et Ihrium in Glossar. Suio-Gothico, voc. *Arg.* ADEL. Vide Graffii Thesaur. Ling. Franc. vol. 1. col. 412. In Bibl. Anglos. Matth. cap. 12. v. 39. cneo risse yflo and arg reddunt græcum γενεὰ πονηρὰ καὶ Μοιχαλίς, lat. *generatio mala et adultera.*]

2. **ARGA.** Vita S. Fructuosi Episcopi Bracarensis cap. 3 : *Loca nemorosa, Argis densissima, aspera, et fragosa*, An *virgis?* Cambrobritannis *Argæ*, est clausum, clausura, in Lexico Britannico veteri Buxhornii. [** Gloss. cod. reg. 7644 : *Argis, silva.*]

* Dumeta, vepres hac voce significari videntur; ducta origine ab *Arga* 1. quæ inertem et inutilem sonat; aut ab *Argoet* vel *Argot*, silva, ut habet Glossar. Britan. D. *le Pelletier.* Vide infra *Argilax.*

* **ARGALIA**, *Instrumentum, quo liquores injiciunt in vesicam, quod siringa dicitur.* Glossar. medic. Simonis Januens. ex Cod. reg. 6959. *Argalie*, apud Cotgrav. Huic proxima est vox *Argalh*, olim apud Mimatenses in usu, pro Stillicidium vel puteus, Gall. *Egout, puisard.* Lit. remiss. ann. 1473. in Reg. 197. Chartoph. reg. ch. 371 : *Ouquel pertuis, nommé Argalh, entrent et descendent les eaues pluviales de ladite maison.*

ARGANA. [*Arganas* Hispanice, ut exponit Sobrinus in Dictionario, est species corbis ex cannabe in modum retis contexti, apti ad portanda frumenta, quæ jumentis imponuntur. Locum] vide in *Pradisterum.* [** Lusitan. *Arganas* olim erant Sacci, peræ, bisaccia. Vide Cod. Alphons. lib. 1. tit. 65. § 5.]

¶ **ARGANDUM**, Tunicæ species. Statuta Clementis IV. papæ pro Ecclesia Aniciensi apud Marten. 2. tom. Anecd. col. 485 : *Nullus Canonicus vel Clericus quilibet sine capa vel mantello, Argando seu tabardo. . . audeat equitare.* Vide *Argavum.*

* Eadem quæ Hispanis *Argayo* dicitur; vestis scilicet ampla ex grossiori panno, quæ aliis superimponitur. Vide infra *Arganum* 3.

* **ARGANELLA**, vox Italica, Machina bellica tubulis missilibus et ignitis projiciendis apta, *Arganette*, apud Cotgrav. Hist. belli Forojul. apud Murator. tom. 3. Antiq. Ital. med. ævi col. 1197 : *Venerunt super collem Grisellum cum balistris grossis de molinellis et Arganellis, rocchetas in castro trahentes in tanta copia, quod aer videbatur accensus. Aquereau*, eadem, ut videtur, notione, apud Froissart. vol. 1. cap. 158 : *Ordonnerent à porter canons en avant, et à traire en Aquereaux et à feu grégeois.* Vide *Arganum*, 1.

¶ **ARGANT**, Affixum commune nominibus mulierum in Britannia; ut *Argant-Phitar.* Tabularium Rothonense : *Sedente Nominoe in scamno et Argant-Hael secum.* Ibidem : *Filii Oven filiæ Argant-Ken sororis Inisani Rubri.* Ibid. *Argant-An.*

¶ 1. **ARGANUM**, Gruis species, machina architectonica levandis oneribus, Hispanis *Argano* et *Arganas. Arguno* Cobarruviæ in Thes. linguæ Castellanæ, *manera de grua de que usaran quando se sitiava un lugar murado;* id est, Gruis species qua utuntur in muniti loci obsidione. Eidem vero Cobarruviæ *Arganas sinifica cierta maquina, a modo de grua para subir piedra, y es vocablo Italiano. Lat. Geronium.* Equidem in Vocabulario della Crusca est *Argano da levar pesi que si muove in giro per forza di lieve.* Vocis origo forsan ab *ingenium* ut Gallicum *Engin* ejusdem significationis, aut potius ab ἔργον, Opus, quod in illud idem recidit. Acta SS. Junii tom. 1. pag. 405 : *Cujus capsæ operculum elevatur Arganis cum sit quoque marmoreum.*

* 2. **ARGANUM**, Vox generica, quæ instrumenta quævis denotat, Gall. *Engin.* Chron. Andr. Danduli apud Murator. tom. 12. Script. Ital. col. 452 : *Alia* (galea) *de eodem numero, dum esset ad custodiam contra Brondulum, nocturnis insidiis fuit cum Arganis ab hostibus intercepta.*

* 3. **ARGANUM**, Tunica talaris, eadem quæ *Housia.* Vide in hac voce. Stat. capitul. Montis-major. ann. 1288. in Hist. MS. ejusd. monast. : *Statuentes ne quisquam indumentum vocatum flocca cum sagittis ad latera, Arganum nec balandranum portare deinceps præsumat. Argant*, eadem acceptione, in Lit. remiss. ann. 1382. ex Reg. 121. Chartoph. reg. ch. 234 : *Le suppliant s'en aloit paisiblement vers le chastel de ladite ville, où il avoit son domicille, et tenoit ses mains ploiées soubz son Argant.* Aliæ. ann. 1408. in Reg. 162. ch. 216 : *Le suppliant eust à sa part l'un desdiz gros, avecques l'Argant ou housse, que le deffunct avoit vestue.* Vide supra *Argandum.*

¶ **ARGARGATHUNGI.** Leges Rotharis ex MS. Mutin. apud Murat. tom. 1. part. 2. pag. 22. col. 2. E : *Tunc ille qui plagaverit, eum componat, qualiter in Argargathungi, id est, secundum qualitatem personæ.* Edit. habet *Gargathangi.* MS. Esten. *Angargathungi.* Vide *Garathingi.*

1. **ARGASTERIUM**, *Magisterium, unde Anianus : Videlicet hujus artis Argasterium apparuit.* Ugutio; forte, ex Græc. ἐργαστήριον. Vide *Argisteria.*

* 2. **ARGASTERIUM**, Officina cujuslibet artificis, *Operatorium*, Gall. *Ouvroir.* Acta S. Anastasii tom. 3. Sept. pag. 23. col. 1 : *Relicto igitur Argasterio artis suæ, mandatum Evangelicæ artis implevit.* Vide *Argisteria* et *Ergasterium.*

* **ARGATA**, Annulus crassior, nostris *Arganeau.* Charta ann. 1349. tom. 1. Hist. Cassin. pag. 545. col. 2 : *Item dictus dominus abbas promisit eis dare omnia marramina in dicto monasterio, funes, calgiolas, ferros, Argatas, plummum, seu alias tegulas necessarias.*

¶ **ARGAVUM**, Tunicæ species, eadem quæ *Argandum.* Statuta Massil. MSS. ann. 1253. ubi de Sartoribus : *Item de tabardo vel Argavo cum penna vel sandato vel froire* xx. *denar.*

¶ **ARGEMA**, Morbus in equino oculo qui ex albugine fit, Hispanis *Argema*, nostris vulgo *Dragon*. Vide Medic. Salern. edit. 1622. pag. 276.

¶ **ARGENSATA**, Modus agri. In Glossario tom. 1. Novæ Gall. Christ. idem quod *Diurnale*, Gall. *Journal*. Ab argento, inquiunt, solvi solito pro mercede diurna laboris : quare significat illam vineæ quantitatem quam uno die fodere potest agricola. *Argensata*, forsan pro *Argentata* ex Argentum, ut *Nummata* ex Nummus. Qua ratione *Argensata* vineæ erit tantum terræ vineis consitæ spatium quantum pretio argentei nummi emi potest. Hoc enim sensu dicitur *Nummata ceræ, nummata vini, nummata terræ, etc.* quæ videsis in *Nummus*, *argentus* autem et *argyrus* interdum idem quod nummus. Hinc *Argentata* et *Nummata* ejusdem notionis. Charta Donationis Petri Sancii Aragon. Regis pro Monasterio S. Fidis ann. 1101. tom. 1. Novæ Gall. Christianæ inter Instrum. pag. 54. col. 2 : *Addens etiam viginti Argennatas de vineis et almucia quæ fuit del Benxipiello, sicuti melius ab illo et parentibus ejus possidebatur*. Vide *Argusata*. [* Legendum videtur *Arensata;* sicque evanescunt quæ circa fictæ vocis originem proponuntur. Vide *Arençata*, et supra *Aranzada*.]

1. **ARGENTARIA**, Argenteria, Argenti fodina, Italis *Argentiera*. Inter Regalia accensentur *Argentariæ* in lib. 5. de Feud. [** lib. 2. tit. 56.] Charta Richardi Regis Roman. ann. 1263. in Probat. Histor. Sabaudiæ: *Cum juribus, plateaticis, molendinis, furnis, Argentariis, angariis, parangariis, etc.* [Hist. Dalphin. tom. 1. pag. 60. ex Testamento Guigonis Dalphini : *Item dedit et legavit ad perficiendam fabricam Ecclesiæ S. Andreæ Gratianopolis et perficienda ædificia... redditus Argentariæ de Brandis trium annorum spatio... Et si redditus ipsius Argentariæ* xxx. *millia solidorum non valerent per triennium, voluit, etc.*] [** Liv. lib. 34. cap. 21 : *Vectigalia magna instituit ex ferrariis Argentariisque*. Forcellinus, quem videas, monet revera adjectivum esse et intelligi *tabernam*, vel *artem*, vel *fodinam*.]

Argentearia. Vincentius Belvac. lib. 31. cap. 143 : *Soldanus autem habebat in terra sua* 6. *vel secundum quosdam*, 10. *millia Argentearias, quarum unica quotidie* 10. *millia Soldanos valebat. Argentearia de Lebena quotidie valet, ut dicitur, tres rotas argenti depurati, quæ valent tria milia Soldanos, solutis operariis.*

Argenteria, Eadem notione. Vox satis frequens in Chartis Provincialibus apud Columbum in Episcopis Vivariensibus pag. 213. 219. [et in Hist. Dalphin. tom. 1. pag. 41.] [** Provinc. *Argenteyra*. Vide Raynouard. Glossar. tom. 1. pag. 119.]

¶ Argentea, in Charta Petri Ziani Ducis Venet. ann. 1211. in Hist. Bellunensi pag. 109.

☞ Suas habuit *Argentarias* seu Argenti fodinas Gallia. Plures exstitisse constat maxime in Dalphinatu, imo et aurarium metallum ibidem fuisse effossum produnt computa sub Humberto II. de quibus in Historia Dalphinatus tom. 1. pag. 131 : *Item pro expensis Magistri Petri de Rosoana et 4. someriorum portantium menas pro faciendo auro apud Gratianopolim*. Ibidem : *Item tradidit decem solidos grossorum illis qui volebant facere aurum apud Balmam*. De *Argenteriis* Dalphinatus multa habes pag. 75. 76. 92. 93. et 94. tom. 1. ejusd. Hist. Dalphin.

[** Omnium metallorum fodinas *Argentarias* vocari in cod. Alphons. lib. 2. tit. 24. § 26. monet S[a] Rosa de Viterbo in Append. Elucidar. pag. 11.]

¶ Argentariæ, *Argentariorum* seu monetariorum officinæ. Loca scilicet in quibus moneta fabricatur. Occurrit non semel.

2. **ARGENTARIA**, Vicus, seu platea ubi habitant Argentarii. Auctor Queroli : *Sacellum in parte Argentaria ex diverso. Vicum Argentarium* dixit S. Augustinus lib. 7. de Civit. Dei cap. 4. Ἀργυροπρατεῖον, apud Theophan. ann. 5. Justiniani. [** Provincial. *Argentaria* est Collegium, corpus Argentariorum. Chartul. Monspel. fol. 175 : *Per los dichs prohoms de l'Argentaria*.]

* 3. **ARGENTARIA**, Fiscus, thesaurus publicus, vel Tabula nummularia seu *Cambium publicum*, ut vocabant. Charta ann. 1287. in Reg. C. Chartoph. reg. ch. 17 : *Quindecim libræ Carnotenses annui redditus quolibet anno super Argentariam Carnotensem, per manum argentarii Carnotensis.... solvendæ*. Vide *Argentarius*.

ARGENTARIUM, Armarium, in quo vasa argentea reconduntur, apud Ulpianum leg. 19. D. de Auro arg. mundo leg. V. Basilic. Eclog. 44.

Argentarium Opus, in Chronico Figiacensi pag. 298. *argenteum Opus*, de quo supra.

ARGENTARIUS, Will. Britoni dicitur *Is, qui custodit argentum*. Glossæ Lat. Græc. Ἀργυροφύλαξ, *Argentarius*. Ejusmodi munus fuit *Argentarii Regis* in aula Regum nostrorum, penes quem Thesaurarii Regii ex fisco quotannis certam pecuniæ summam deponebant ad domus Regiæ impensas, de qua rationes inibat in Camera Computorum : is autem ann. 1351. 400. libr. pro vadiis percipiebat, ut docemur ex Computo Stephani *de la Fontaine, Argentier du Roy*, quod in eadem Camera asservatur.

Argentarii autem latinis Scriptoribus, proprie sunt Ἀργυροπράκται, sive Ἀργυραμοιβοί, quos vulgo *Cambiatores*, seu *Changeurs* dicimus, ut pluribus probat Salmasius lib. de Usuris pag. 490. Dicti etiam *Coactores*, unde emendare licet Gloss. Lat. Græc. Κομάκτωρ, *Argentarius* : legendum enim Κοάκτωρ. Sed hoc jam observatum a Cujacio, Salmasio, et aliis. Vide Gregorium M. lib. 9. Epist. 23. [** Consulas Forcellin.]

Argentarii, Iidem etiam qui monetarii, atque ita *Præpositos Argentariorum*, in Lege Wisigoth. lib. 2. tit. 4. § 4: intelligendos quidam volunt.

Argentarii, in leg. 37. Cod. Theod. de Decur. qui argento vel auro arma militaria ornabant, unde iidem cum *Barbaricariis* in Notitia Imperii videntur : ubi *Præpositi Barbaricorum sive Argentariorum* non semel occurrunt. Vide *Barbaricarii* in *Barbaricum*. [** *Argentarius* absolute idem qui *Argentarius faber*. Vide Furnalett. in Forcell. Lexic. hac voce.]

Argentarii Fabri, Qui argentea opera conficiunt, in Lege Burgund. tit. 10. § 4 : *Qui fabrum Argentarium occiderit, etc.* Ubi editio Heroldi *Argentarium* nude habet. Ita vocem hanc usurpat Anastasius Bibliothecar. in Vita S. Demetrii Martyris pag. 76. Edit. viri doctissimi Joan. Mabillonii tom. 1. Analect. pag. 76. [Codex Rituum Eccl. B. M. Deauratæ MS : *De mane est consuetum, quod bajuli Argentariorum ac etiam bajuli Menescallorum faciunt dicere unam Missam in altari B. Eligii.*]

¶ Argenterius, non semel legitur in alio Codice MS. ejusdem loci in quo nomina sunt plurimorum e Confraternitate Nativitatis B. Mariæ.

Argentarius, Exactor et distributor bonorum Ecclesiæ. Charta Bonifacii VIII. Papæ, qua instituit Capitulum Canonicorum in oppido Ardemburgensi apud Miræum tom. 2. pag. 879 : *Similiter Decanus et Capitulum anno quolibet inter Pentecosten et Nativitatem B. Joannis Baptistæ unum Argentarium sive receptorem et distributorem bonorum Ecclesiæ prædictæ eligent, et sibi salarium constituent.*

* *Argentarii* præterea nuncupabantur ii, qui impendendis pecuniis, ad usum civitatum collectis, invigilabant. Lit. Joan. reg. Fr. ann. 1362. tom. 3. Ordinat. pag. 598 : *Verum quia cives et habitatores prædicti* (Suession.) *gubernatores, Argentarios et collectores prædictos absque nostri baillivi Viromandensis præsencia vel auctoritate non possunt ordinare, etc. L'Argentier de laditte ville* (*de S. Omer*) in Lit. Philippi ducis Burg. ann. 1447. [** Vide Marin. in Pap. Diplom. pag. 327. not. 3. et pag. 328. not. 4.]

Argentarius Miles, in libro Scacarii, qui Gervasio Tilesber. adscribitur, dicitur, *qui ab inferiore scarario ad superius defert loculum examinandi argenti*. Ubi videtur *Miles* poni pro gregario famulo.

* **ARGENTEITAS**, Vox chimica, prima argenti essentia. Arnauldus in Rosario MS. lib. 1. cap. 8 : *Species vero argenti vivi, quæ est Argenteitas, non permutatur in species auri, quæ est aureitas, nec e contrario; quia species naturæ permutari non possunt, sed individua specierum.*

¶ **ARGENTENEUS**, pro *Argenteus*. Rituale MS. Eccles. Cathed. S. Steph. Tolos. : *Et cum eo duo corarii usqueque portantes candelabra accensa, et alius corarius qui sal et cabanum Argenteneum plenum aqua deffert.*

* **ARGENTEREUM**, Vas argenteum. Hist. desponsat. Frid. III. imper. cum Eleon. Lusit. ann. 1451. tom. 1. Probat. hist. geneal. domus reg. Portugal. pag. 614 : *In prima mensa et tabula coram multis et magnis clenodiis et magnificis Argentereis regali modo positis, etc.*

¶ **ARGENTEUS**, Vetus apud Francos nummus. Octo *Argentei* uni solido aureo respondebant, ut liquet ex Aimoini lib. 1. de Transl. S. Vincentii cap. 3 : *Quadraginta Argenteos, solidos videlicet quinque postulavit*. Cui in margine e regione *solidos* adjungitur : *Intellige aureos*. Ita Spelman. in Gloss.

* **ARGENTIFRIGIUM**, Fimbria argentea, limbus argenteus, Gall. *Frange d'argent*. Lit. remiss. ann. 1365. in Reg. 98. Chartoph. reg. ch. 318 : *Pro redemptione dicti militis sex gobelotos argenteos, et unum Argentifrigium, Gallice Argentfrés, detulisset, etc.* Vide *Aurifrigia*.

¶ **ARGENTINENSIS** Moneta. Vide *Moneta Argentinensis*.

¶ **ARGENTIOLA** Terræ, Portio terræ. Lobinellus Hist. Britan. in Glossario : *Venerdon vendit ad Sulcomin sex Argentiolas Terræ cum monticulis et vallibus.* Vide *Argensata.*

ARGENTOCLUSUS, apud Anastasium in S. Silvestro pag. 16. 28. Vide *Inclusor.*

¶ **ARGENTULUM**, Æs modicum, pauxillum argenti. *De reliquo Argentulo quodcumque inventum fuerit*, in Gestis Episcoporum Cenoman.

ARGENTUM, Pecunia, quomodo *Argent* vulgo dicimus. Utitur auctor Prædestinati lib. 3. pag. 184.

¶ Argentum Album, Pecunia argentea, Gall. *Argent blanc*, ad discrimen æreæ monetæ quæ dicitur *Argentum nigrum*, *Argentum arsum.* Hinc *libræ arsæ pensatæ* de quibus in veteribus Instrumentis non semel; hinc etiam *Ardicorum* seu *arsorum*, Gall. *Ards* nomen. Charta Edwardi Regis apud Kennettum Antiquit. Ambrosden. pag. 165 : *Silva* 200. *porcos inter totum reddit perannum* 38. *libras de Albo Argento, et pro foresta* 12. *libras ursas (arsas) et pensatas. Tempore Regis Edwardi reddebat* 18. *libras ad numerum.* Simile quid in Domesdei : *Reddit nunc* 30. *libras Arsas et pensatas.* [** Hæc melius exponuntur in voce *Arsura.*] Apud Ludewig. tom. 1. Reliq. MSS. pag. 115 : *Et quia ipsam hereditatem molendini pro viginti sex marcis Albi Argenti comparavit.* Et pag. 165 : *Vendidimus similiter memoratis fratribus pro quadraginta marcis Nigri Argenti et Luckowensis ponderis.* Vide eumd. tom. 5. pag. 247. Apud Germanos etiamnum ærea moneta dicitur *Argentum Nigrum.* Vide *Ardicus.*

Argentum Regis, Argentum finum, Gallice *Argent le Roy*, *Argent fin;* prius in veteribus Regum nostrorum de Monetarum fabrica et fusione statutis, intelligitur de ea materia argentea, quæ est undecim denariorum, et 12. granorum puri argenti, hoc est, in qua est pars vicesima quarta ærea : nam argentum purum, seu *finum* illud est, quod constat. 12. denariis puræ seu finæ materiæ argenteæ, quamquam adeo purum vix reperitur. Hæc porro in hanc rem olim a nobis exscripta ex Regesto *Noster*, Cameræ Computorum Pariensis, fol. 205. hocce loco, ut minus trita, et si vernacula, inserenda censuimus : *Argent le Roy est et doit estre à une maille d'Argent Fin. Car Argent Fin est à* 12. *den. d'aloy, et d'Argent le Roy à* 11. *den. obole. Et se l'en dit tele monnoie est à* 8. *den. d'Argent le Roy, si prent l'en l'Argent le Roy à* 12. *den. et le Fin à* 12. *den. ob. et vaut chascun den.* 24. *grains, et* 12. *grains maille, ainsi emporte en chascun denier d'aloy d'Argent Fin un grain en argent le Roy, si comme qui diroit, Ceste monnoie est à* 4. *den. d'Argent Fin, c'est à dire que il est à* 4. *grains Argent le Roy; et ainsi des autres.*

Es comptes des monnoies est dit, C'est le compte de la monnoie de tel lieu, de tele monnoie à tant d'argent le Roy fait par tel, et ne dit l'en pas, d'Argent Fin : car anciennement quant l'Emperiere faisoit monnoie, l'en disoit en ses monnoies d'Argent Fin, et ainsi faisoit l'en ès monnoies des Rois, Ducs, Princes, et Comtes, qui tenoient de luy. Et afin, que il ne semblast que le Roy de France fut homme de l'Emperiere, et que il enist de lui, il fu ordené par le Conseil des Pers de France, que l'en dirait, Argent le Roy, qui est à une maille prés d'Argent Fin.

Argent Fin est à 12. *den. ob. d'Argent le Roy.*

Gros Tournois de S. Loys et les autres *Argent signié en vesselles et mailles Tierces vieilles*	*sont à* 12. *den. d'Argent le Roy.*
Estatlins d'Angleterre et d'Escoce *Gambirosins de Philippe* *Chevaliers de Guillaume* *Passavants neufs* *Fors de Nevers de Philippe.*	*sont à* 11. *den. ob. Argent le Roy.*

Mailles d'argent signées Vieilles de 3. *den. T. de cours, sont à* 11. *den.* 6. *gr. Argent le Roy.*

Se aucun voulait ouvrer Argent le Roy, et achetoit Argent Fin, et fut l'achat et la délivrance tout à un marc, il le peut faire, més que le prix de la délivrance et de l'achat soient considerez estre d'une valeur, si comme qui acheteroit un marc d'Argent le Roy 58. *gros, l'en n'en devroit donner que* 56. *gros, se l'en les délivrait à Argent le Roy, c'est toute une valeur, car Argent Fin en emporte bien plus que Argent le Roy; et coment que il semble que il donne plus grant pris, c'est assavoir* 58. *gros, si ne donne-il pas plus de* 56. *gros argent, car il achète argent, et délivre argent, et semble, que le seurcrois de l'Argent Fin que il achete, il doit rendre, puis que il délivre Argent le Roy, qui bien se pourroit monter à tel prez demi gros.*

¶ Argentum Finum Rectum. Instrumentum ann. 1275. Spicileg. Acher. tom. 8. pag. 251 : *Damus atque constituimus vobis in dotem tria milia marchas Argenti Fini Recti, pensi Perpiniani.*

* Argentum Curiæ, ab eo, quod *finum* nuncupabant, distinguitur, in Charta ann. 1390 : *Georgius de Marlio miles, regius comitatuum Provinciæ et Forcalquerii senescallus, confitemur habuisse et recepisse a magnifico viro Giraudo de Villanova domino de Vencia..... marchas argenti centum viginti novem cum dimidio, tam in vaxella deaurata quam alba, quæ erat partim argenti fini et partim Argenti curiæ.* Vide in *Argentum.*

¶ Argentum Stendeliense, a Stendelio urbe Germaniæ sic dictum apud Ludewig. tom. 5. Reliq. MSS. pag. 48 : *Borchardus D. G. Sanctæ Magdeburg. Ecclesiæ Archiep. discreto viro magistro Joanni Rectori Ecclesiæ in Glesyn salutem. Exposuisti nobis, quod comparaveris pro octoginta marcis Argenti Stendeliensis, decem marcarum argenti redditus, etc.*

¶ Argentum Vivum, Hydrargirum, Gall. *Vif-argent*, apud Bern. de *Breydenbach* Itin. T. S. pag. 277.

¶ **ARGENTUS**, Nummus argenteus. Concil. ann. 1012. inter Hisp. tom. 3. pag. 193 : *Monetariæ dent singulos Argentos Sayoni Regis per unamquamque hebdomadam.*

* **ARGENZOLUM.** Codex MS. eccl. Camerac. ineunte XIII. seculo scriptus, ad cujus calcem exstant quædam ceremoniæ eccl. Rom : *Exeant pueri de scola ad novum et Argenzolum.*

* **ARGER**, Agger, Gall. *Digue*, Ital. *Argine* et *Arginale.* Chron. Estense ad ann. 1288. apud Murator. tom. 15. Script. Ital. col. 339 : *Flumen Padii crevit sic fortiter, quod in multis locis fregit Argeres in districtu Ferrariæ.* Vide mox *Arginerius.*

* **ARGERIUM**, pro *Areragium*, in Reg. *Olim* parlam. Paris. ad ann. 1294. fol. 104. v° : *Dominus rex non reddet Argeria salis debiti monachis Clarevallensis.*

ARGERUS. Charta ann. 1153. apud Ughellum. tom. 5. Italiæ sacræ pag. 418 : *Decimam terrarum vestrarum de villis, plebis et Argeris, etc.*

¶ **ARGESTES**, Ventus, nautis *Nordoest.* Vide *Magister*, Ventus.

¶ **ARGIARRA**, ἀφιδρύματα, *Simulacra*, in Supplemento Antiquarii. [** Scaliger. ad Festum voce *Argeo*, Lindem. pag. 327. legere jubet *Argei, ara.*]

* **ARGILAX**, vox Gallica, qua Dumeta, vepres significari videntur. Charta ann. 1308. in Reg. 40. Chartoph. reg. ch. 29 : *Domini de Fontesio possint depascere animalia sua, et ibidem ligna, videlicet motzes, et boisses, et Argilax, et curatiers dumtaxat colligere ad voluntatem suam, ad opus furni sui.* Vide supra *Arga* 2.

* **ARGILLA** *vel* Arguilla, *est Circulus, qui circumstat colla boum vel pecudum, ne intrent sepes, jous, Gallice.* Glossar. Lat. Gall. ex Cod, reg. 7679. Hispani *Argolla* dicunt, eadem notione.

¶ **ARGILLEUS**, Argillaceus, Gall. *d'Argille.* Miracula B. Stanislai Canonici Regul. tom. 1. Maii pag. 784 : *Cecidit super eum maceries et paries Argilleus, qui eum ita concussit, et mulpliciter vulneravit, etc.*

¶ **ARGINALIS**, Agger, moles, Italis *Arginale*, Gall. *Chaussée, digue, levée de terre.* Memoriale Potestatum Regiensium ad ann. 1218. apud Murat. tom. 8. col. 1091 : *Et illo die posuerunt districte absedium in circuitu Damiatæ, ita quod exire nec intrare poterant. Tunc remanserunt in Damiata* LXXX. *millia hominum et mulierum. Et fecerunt Arginalem contra exercitum de biscotto, de caseo, de lardo, et de aliis victualibus.*

* **ARGINERIUS**, Qui *Arginalibus* seu aggeribus construendis præest et invigilat. Stat. Mutin. rubr. 10. fol. 2. v° : *Sdugaria districtus Mutinæ et fossata Potestas fodi et deradi facere teneatur; hominibus laborantibus ibi terram... Arginerius, vel alia persona per curiam electa fieri faciat.* Et rubr. 48. pag. 10. r° : *Arginerius, seu judex laboreriorum teneatur dictum opus facere fieri.* Vide supra *Arger.*

* **ARGIRASPIDÆ**, Milites Saraceni, sic dicti quod clypeum argenteum gestarent, ab ἄργυρος, argentum et ἀσπίς, clypeus. Andreas Floriac. lib. 1. Mirac. S. Bened. ubi de irruptione Saracenorum : *Satrapæ vero in centuriis et milibus, cum innumerabili Argiraspidarum agmine cominus subsequentes, etc.*

ARGIS, Navis, sic dicta ab *Argo*, quæ prima navis fuisse dicitur, qua Jason in Colchidem navigavit. Gregorius Turon. in Vita MS. B. Maurilii Episc. Andegav. cap. 10 : *Argis haud modica mercibus referta per Ligerim vehebatur.* Idem cap. 15 : *Repente immanis emersus e gurgite piscis prosiluit in Argim.*

ARGISTERIA, Papiæ : *Stationes, nundinæ, popinæ.* [** In Gloss. cod. reg. 7644. ut ex

Cicerone.] Alibi: *Ypotetenæ*, (leg. hypothecæ) *Argisteria*, *domus*. Rursum: *Popinæ*, *argistariæ*, *nundinæ*, *plateæ*. In Breviloq. *Argisteria*, *stationes nundinarum*. Ex Græco ἐργαστήριον, officina, taberna. Isidorus lib. 15. cap. 6: *Ergasterium locus est, ubi aliquod opus sit, etc.* Vide *Arasterium*.

ARGOIDO. Rythmi in Veronam, tom. 1. Analector. Mabillonii: *Quorum corpora simul condidit Episcopus aromata et galbanen, stacten, et Argoido, mirrha, gutta, et casia, etc.*

* **ARGOISILLI**, Mercatorum societas, cujus mentio fit in Aresto ann. 1339. 26. April. ex vol. 3. arest. parlam. Paris.: *Cum societas Argoisillorum adjornari fecisset ad nostri curiam parlamenti præsentis per baillivum Vitriaci Odardum de Cernon.* An a Gall. *Argozin* vel *Argousin*, Satelles remigibus regendis ac custodiendis præpositus?

* **ARGOLICA** PHALANX, id est, Nobilior, validior. Sic ampullatis verbis utitur Auctor præfat. ad Chartul. *Aganon* dictum, S. Petri Carnot.: *Urbs* (Carnutum) *quæ quondam a Julio Cæsare obsessa, decennio perstitit inexpugnabilis, et a se Romanas acies, Argolicasque pepulit indefensa phalanges.*

¶ **ARGUERE** OCULOS, Caliginem oculis offundere, Gall. *Eblouir, offusquer la vûe.* Medic. Salern. pag. 21. edit. 1622: *Ophtalmia laborantes lux quidem offendit, eosque Arguit, fusca vero ac cærulea sine dolore intuentur.*

* **ARGUITUS**, Probatus, convictus, Gr. ἐλεγχθείς. Vetus Interpres Comment. Origen. tract. 30: *Virtutes cœlorum movebuntur, quando Arguitus fuerit ille obscuratus sol.* Quo sensu *Argutus malorum facinorum* dixit Plautus.

* **ARGUMENTARI**, Probare, demonstrare. Vita S. Canuti tom. 3. Jul. pag. 148. col. 2: *Sane tam evidens pœna, aliis fruge abundantibus, Danis privatim ingruens, et parricidarum noxam, et perempti innocentiam liquido Argumentata est.*

ARGUMENTATIO, ut mox *Argumentum* 1. Aigradus Monach. in Vita S. Ansberti Archiepiscopi Rotomagensis cap. 4: *Erat etiam in sæculari Argumentationis astutia prudens.* [Rabani Mauri Opusculum apud Mabill. tom. 2. Annal. Bened. pag. 727. col. 1: *Ostendemus... vitam monasticam, non humana Argumentatione, sed divina auctoritate institutam esse;* scil. adversus eos, *qui Monasticam disciplinam secundum SS. Patrum regulas ordinatam, ceu humana inventione, et non divina auctoritate institutam, despicientes detestantur.* Quo in loco id observare est Rabanum indiscriminatim uti vocibus *Argumentatione* et *Inventione*.]

ARGUMENTOSE, Ingeniose, apud Ordericum Vitalem lib. 6. pag. 599.

1. **ARGUMENTOSUS**, Ingeniosus. Quintilianus lib. 5: *In picturis quoque Argumentosa opera vocamus.* Idem: *Vulgo paulo numerosius opus dicitur Argumentosum. Apes Argumentosæ*, apud Willelmum Neubrigensem lib. 1. cap. 14. [Sic in Officio S. Cæciliæ canimus: *Cæcilia famula tua, Domine, quasi apis tibi Argumentosa deservit.*] Will. Tyrius lib. 19. cap. 11: *Siraconus... vir in nostram Argumentosus perniciem.* [S. Bernardus in Vita S. Malachiæ Episcopi: *Stetit in medio luporum pastor intrepidus omnibus Argumentosus, quomodo faceret oves de lupis:* quo in loco *Argumentosus* non ingeniosus modo, sed et sollicitus potest intelligi.]

* Formulare MS. Instr. fol. 30. v°: *Porro dum Argumentosa grataque servicia, quæ nobis hucusque diutius impendisti, digna memoria redolemus* (l. recolimus). *Argumentatif*, eadem notione, in Charta ann. 1378. apud Marten. tom. 1. Anecd. col. 1574: *Pensoit le roy de Navarre que le roy de France prit plaisir en lui (maistre Angel physicien) parce qu'il parloit bel latin, et estoit fort moult Argumentatif.* Id est, Argutus, Gall. *Ingénieux, subtil.*

ARGUMENTOSUS, Joannes de Janua: *Machinosus, Argumentosus, ingeniosus ad machinas faciendas.* Vide *Argumentum* 3.

* 2. **ARGUMENTOSUS**, Callidus, astutus, Gall. *Artificieux.* Epist. 34. Nicolai I. PP. tom. 7. Collect. Histor. Franc. pag. 422: *Si quidem eam præstigiis falsitatis suæ, vel Argumentosis ambagibus potuerit exhibere quasi non fuerit legitima sua uxor, vult eam a se penitus sequestrare.* Vide *Argumentum* 1.

1. **ARGUMENTUM.** Papiæ *Argute inventum*, proprie ars vel stropha, qua quis fallitur. Passio SS. Perpetuæ et Felicitatis: *Est victus Argumentis Diaboli.* Gregorius Magn. lib. 5. Epist. 31: *Sub quolibet ingenio vel Argumento.* Lex Burgundionum tit. 84. § 2: *Nec extraneo per quodlibet Argumentum terram liceat comparare.* Vita S. Odonis Abbatis Cluniacensis: *Cum viderent suam nullo modo prævalere industriam, vertebant se ad alia Argumenta.* Matth. Paris. ann. 1226: *Defensores urbis lapides pro lapidibus, tela pro telis... remittentes, et Argumenta pro Argumentis excogitantes, vulnera Galligenis lætifera inferebant.* Vide Salmasium ad Tertulliani Pallium pag. 79.

2. **ARGUMENTUM**, Machina, qua aves in aquis capiuntur. Charta Childeberti Regis pro Monasterio S. Germani Parisiensis: *De Argumentis vero, per quæ aves possunt capi super aquam, etc.*

3. **ARGUMENTUM**, Machina bellica. Luithprandus lib. 5. cap. 6: *Argumentum, quo ignis projicitur.* Anastasius Bibliothec. in Historia Ecclesiastica pag. 73: *Repromittit Chagano se tradere civitatem, et exterminatorio instrumento facto, quod Arietem nominant, civitatem adeptus est, dicentes, quod barbari Argumentosum ingenium et alias plures urbes in servitutem redegerunt.*

4. **ARGUMENTUM**, in examinatione aut supplicio reorum, [sunt vincula, compedes et alia id genus.] Vita S. Nicasii [in aliis edit. Nicetii, melius] Episc. Lugdun. [tom. 1. April. pag. 101. B.]: *Argumenta, quibus constringebantur adstricti, cum suo baculo tetigisset, statim vigor est ferri confractus.* Passio S. Euphemiæ apud Prosperum Martinengium: *Confestim descripta sunt omnia Argumenta rotarum. Argumenta lapidum*, ibidem: ubi Metaphrastes habet ὄργανον τῶν τροχῶν, μηχανικὸν ὄργανον. Italis *Argumenti*, sunt etiam ferramenta, instrumenta.

* **ARGUS**, *Tardus*, in vet. Glossar. ex Cod. reg. 7646. Græc. Ἀργός.

¶ **ARGUSATA**, Modus agri idem quod *Argensata*. Charta Ortigurennæ pro Monasterio Artaxonensi, ex Tabulario S. Saturnini Tolos. inter Fragmenta MSS. Stephanotii tom. 8. pag. 49: *Ego Ortigurenna facio hanc cartam cum donativo de duas Argusatas de vinea et de duos amones sematura de terra illæ Casæ de Artaxona quæ est de sancto Saturnino de Tholosa, etc. facta carta mense Junio in feria VI. Era 1176. regnante D. N. J. Ch. et sub ejus imperio Garsias Rex in Navarra, Episcopus Sancius in Pampilona, Arnaldus Abbas in Artaxona qui donaticum accepit.* Vide *Argensata*. [* Legendum videri *Arensata*, ibi jam dictum est.]

¶ **ARGUTARID**, ARGUTARITUS, ARGUTARIUS CANIS. Vide in voce *Canis*.

¶ **ARGUTIO**, Correctio, reprehensio, Gall. *Reprimande*. Chron. Trivetti apud Acherium tom. 8. Spicil. pag. 629: *Unum de Comitibus suis arguit, et Argutioni minus, ut videbatur, obedienti minas adjecit.* Index veterum canonum tom. 3. Concil. Hispan. pag. 42. col. 2: *Ubi admonetur Imperator, ut constitutis Apostolicæ Sedis obtemperet cum Argutione patenti.*

* Nostris olim *Argu*, pro Vituperatio, Gall. *Blâme, reproche;* item pro Contentio, rixa quæ verbis fit, Gall. *Dispute, querelle.* Lit. remiss. ann. 1404. in Reg. 159. Chartoph. reg. ch. 61: *Jehannin le Guis dist au suppliant pourquoy il prenoit Argu à lui..... que s'il prenoit Argu à lui, il feroit que fol.* Aliæ ann. 1454. in Reg. 184. ch. 506: *Lesquelles raffardes et moqueries, avec les autres injures et violences devant dittes, le suppliant print à grant Argu, vergongne et desplaisirs. Prendre noise et Argu,* in aliis ann. 1479. ex Reg. 206. ch. 304. Unde *Argueux*, pro Contentiosus, vulgo *Contentieux*. Lit. remiss. ann. 1477. in eod. Reg. ch. 199: *Auquel Boulet Pierre Dubos print paroles Argueuses.* Et *Argouirer*, *Arguer*, Cavillari, exprobrare, Gall. *Railler, blâmer.* Lit. remiss. ann. 1404. in Reg. 159. ch. 76: *Ledit Solennin faisoit mal de encores le Arguer et menacier.* Aliæ ann. 1480. in Reg. 207. ch. 7: *Laquelle Alizon commança à se rejouir et à Argouirer par paroles à icellui estourmel, qui estoit sur la table en une cage de bois.* Inde etiam *Hargoter*, Argutari, disceptare, vulgo *Ergoter*. Lit. remiss. ann. 1380. in Reg. 118. ch. 88: *Icellui Mahilet se leva de la table et print ledit Gilet par la poitrine, et ledit Gilet lui semblablement, et tenoient et Hargotoient l'un l'autre forment.* Unde *Hargoteur*, in aliis ann. 1410. ex Reg. 164. ch 223: *Le suppliant dist à Bertran Ogier, tu n'es que un tricheur, et un plaideur, et un Hargoteur. Harigoter* vero, alio sensu, obscœno scilicet, in Lit. remiss. ann. 1393. ex Reg. 145. ch. 240: *Lequel Durant dit que le suppliant menoit Harigoter sa femme aux compaignons de Paris.* Aliæ ann. 1403. in Reg. 158. ch. 111: *A laquelle femme icellui Barthelemi dist ces mots: avance toy, si te va faire jolüier, qui est à entendre Harigoter.*

¶ **ARGUTOCANIS.** Vide *Argutarius Canis* in voce *Canis*.

* **ARGUZELLA**, Italis, Piscis marini genus, nostris *Aiguille*. Locum vide supra in *Aguilla* 2.

¶ **ARGYRIUM**, Argentum, a Græco ἀργύριον. Agnellus lib. Pontif. apud Murat. tom. 2. pag. 170. col. 1: *Non te pigeat in palatium ad Exarchum ire et offerre illi ex*

Argyrio palvitam (Murat. *palaream*) *magnam*. Ibidem pag. 160. col. 2 : *Jussit deferri ferculum magnum in* (Murat. addit *falso*) *et mundissimo Argyrio, et missus* (sic) *in ingentem rogum post nimium calefactum, acetum acerrimum super illud jussit fundi, et coactus Pontifex ibidem diutissime intueri, amisit amborum lumina oculorum.* Hoc in posteriori loco *Argyrium* est species disci majoris ex argento. Vide *Abacinare*.

¶ **ARGYRODAMAS**, Genus lapidis pretiosi, ita dictus, ut videtur, quasi *Argenteus adamas*. Vide Salmasium ad Solin. pag. 564. et 1103.

¶ **ARGYRUS**, Gr. ἄργυρος, Nummus argenteus. Papias : *Nummus prius dicitur Argyrus, quia ex Argento plurimum percutiebatur.* [** Ex Isidor. Origin. lib. 16. cap. 18. sect. 9. ubi vox græcis literis exarata in impressis legitur.]

¶ **ARHAMIRE**. Vide *Adramire*.

¶ 1. **ARIA**, pro *Area*. Ager, aut locus qui nec colitur, nec aratur. Diploma Childerici Regis Franc. apud Marten. tom. 2. Ampliss. Collect. col. 9 : *Contradidit cum omnibus suis appenditiis, in qua sunt molendini duo sub uno tecto, cum Aria, super fluvium Suppia.* Chron. Monast. Novaliciensis apud Murat. tom. 2. part. 2. col. 750 : *Salines in Viu in pago Arelatense quem de Godane parente nostra ad nos pervenerunt, et illa portione stagriæ, quem de ipsa conquisivimus, una cum Arias et campos, vineis et olivetis, etc.* Chartul. Matiscon. fol. 220. v° : *Bernardus Blancus verpivit dictæ Ecclesiæ jus Ariæ, quod vulgo solagium vocant.* Vide *Area*.

¶ 2. **ARIA**, *Ala*, in Excerptis Pithœanis.

ARIÆ. Isidoro et Papiæ, *Mortuorum pulvinaria*; sed legendum *arcæ* censet Ludov. de la Cerda. Certe *Ariæ* scriptum invenitur in MS. Papiæ codice. [Etiam in Bituric. qui est annorum circiter 500.]

* Nihil hic emendatione opus est; nisi quod *Ariæ* scriptum, pro *Areæ*, qua voce Lectus morientium monachorum significatur. Vide supra *Area* 5.

ARIALIS. Vide *Area*.

* **ARIAMENTA**, Litis acta, Gall. *Procédures*. Arest. parlam. Burdegal. ann. 1487. 21. Jul. : *Secundum ultima acta et Ariamenta partes ipsæ venient ad mensem processuræ.* Ubi forte leg. *Arramenta*. Vide in hac voce.

¶ **ARIANISTA**, Arriani Sectator. Godefredi Viterbiensis Pantheon apud Murat. tom. 2. col. 363 :

Cum Constantino Constans tenet omnia frater,
Catholicos qui persequitur tota feritate,
Regibus Eusebius Arianista placet.

ARIBANNUM, [Submonitio ad exercitum, et mulcta imposita ei, qui pergere negligebat.] Vide *Herebannum*.

¶ **ARIBERGARE**, Hospitio excipere. Vide in *Alberga*.

ARIBLATONES. Papiæ, *Negotiatores de loco ad locum transeuntes*. [** Vide *Arilator*, et Gothofr. ad hanc vocem apud Festum.]

* **ARICERIUM**. Vide infra *Arizerium*.

* **ARIDAGAMANTIA**, A silva ejusdem nominis sic dicta abbatia ord. S. August. vulgatius *Arroasia*, Gall. *Arouaise*. Charta ann. 1129. apud Miræum tom. 1. Donat. Belgic. pag. 380. col. 2 : *Secundum regulam B. Augustini episcopi et instituta S. Nicolai de Aridagamantia.* Vide tom. 3. Galliæ Christianæ col. 433. et *Arouasia*.

¶ **ARIDARIUS**, Genus Gladiatoris ex Artemidoro, sed Lipsius censet legendum, *Essedarius*.

* **ARIDIUM**, Terra arida vel sabulum. Tract. MS. de Re milit. et mach. bellicis cap. 58 : *Inter dictas perticas ponantur fascinæ lignaminum, aut sachi lana sive Aridio pleni, aut feno, aut fimo, ne bombardæ offendant currum nec homines præliantes in curru stantes.*

¶ **ARIDURA**, Ariditas, macies, humoris jejunitas, Gall. *Secheresse, Dessechement*. Rochus *le Baillif* in Diction. Spagyrico ad calcem Demosterii pag. 126 : *Aridura est absoluta corporis vel membrorum consumptio, Syderatio vel Sphacelus vel Sphacelismus, et telia necrosis dicitur.*

ARIENÇUS, ARIENZUS, [apud Hispanos monetæ species, quæ idem videtur quod denarius seu nummus argenteus, qui *argentus* simpliciter appellatur in Canone 44. Concilii Legion. anni 1012. tom. 3. Collectionis Conciliorum Hispan. pag. 193 : *Monetariæ dent singulos Argentos Sayoni Regis per unamquamque hebdomadam. Arienço* etiamnum vocant Hispani certum quoddam pondus triginta duo continens grana. Ariencus forsan ejusdem fuit ponderis, ac proinde paulo fortior denariis nostris ejusdem ævi, qui saltem 26. granorum erant tunc temporis, cum qui supersunt sint 24. teste D. *Le Blanc* Tractatu de monetis ad Reges Hugonem Capetum, Robertum, etc.] Charta Hispanica Fernandi Comitis Castellæ, æræ 972. apud Anton. *de Yepez* in Chron. Ord. S. Benedicti. tom. 1. pag. 31. appendic. : *Istæ prædictæ cum omnibus suis villis ad Alfozes pertinentibus, per omnes domus singulos Arienços.* Occurrunt hæc verba ibi pluries ; sed fere semper scribitur *arienzos*. Fori Oscæ ann. 1247. sub Jacobo I. Rege Aragon. : *Pecuniam pro homicidio solutam Rex debet habere, tamen justitia habet nonam partem, et sagiones los Arienços.*

* **ARIENTUM**, Argentum, pecunia, ab Italico *Ariento*. Charta ann. 1017. apud Lam. in Delic. erudit. inter not. ad Hist. Sicul. Laur. Bonincont. part. 2. pag. 325 : *Petrus abbas inter Ariento et alia mobilia in valiente pro libras viginti, etc.* Hinc

* ARIENTATUS, Argenteus. Stat. Mutin. ann. 1327. apud Murator. tom. 2. Antiq. Ital. med. ævi col. 316 : *Nec aliquem intrezatorium platum, vel deauratum, vel Arientatum.* Vide *Ariencus*.

¶ **ARIEREFEODUM**, Retrofeodum, Gall. *Arrierefief*. Vox semi-Gallica. Homagium Othonis apud Rymer. tom. 2. pag. 162 : *Item Castrum de Jou, cum suis appenditiis, prout dictus Johannes de Cabilone, avunculus noster, teneta nobis Ariereſeodum.* Vide *Retrofeodum* in *Feodum*.

** **ARIETARE**, Arietibus percutere, et deinde in genere Destruere. Vox obvia in vers. lat. Specul. Saxon. lib. 3. art. 68. ubi German. habet *mit rammen*. ADEL. *Argectare, percutere*, in Gloss. Jæckii.

¶ **ARIETATIO**, Percussio, quæ fit machina bellica *Aries* dicta. Vita S. Bibiani Episc. Sancton. apud Marten. tom. 9. Collect. Ampliss. col. 766 : *Dum portas robustissima Arietatione concutere tenderent, etc.*

ARIETEM LEVARE, Superstitionis, aut inhonesti ludicri species apud Anglos. Inquisitiones Archidiaconorum Lincolniensis diœcesis ann. 1233. cap. 30 : *An alicubi Leventur Arietes, vel fiant scotallæ, vel decertetur in præeundo cum vexillo matricis Ecclesiæ?* Synodus Wigorniensis ann. 1240. can. 38 : *Ne intersint ludis inhonestis, nec sustineant ludos fieri de Rege et Regina, nec Arietes Levari, nec palæstras publicas fieri, etc.* Statuta Provincialia Walteri Episcopi Dunelmensis. ann. 1255 : *Insuper interdicimus levationes Arietum super rotas, et ludos, quibus decertatur ob bravium exequendum.*

☞ In hujusmodi ludo superstitionis aut inhonesti nihil fuit; sed periculi multum, si Kennetto in Gloss. ad calcem Antiquit. Ambrosden. habeatur fides. Hanc unam ob causam non semel Ecclesiæ auctoritate cautum est, ne *Arietum Levationi* Clerici interessent; imo et Laicis ludus ille frequenter est prohibitus, ut et alia ejusdem generis *torneamenta*. At quis fuerit ille ludus nondum bene constat : ad *Quintanam* proxime accessisse putat idem Kennettus, illumque tanquam testis fuisset oculatus ita describit. Tignum alte firmiterque humo infixum stabat, cujus summo vertici trabs alia per mediam sui partem imposita, et cardini ferreo inserta facile in gyrum vertebatur. Transversæ hujus trabis capiti uni jungebatur asserculus; ligabatur alteri sacculus arena lutove refertus, qui cum cornibus junctis arietini capitis speciem referebat. Victor erat qui admotis equo calcaribus, veloci cursu raptus, hasta sive cuspide ferriret asserculum, simulque præteriret illæsus, nec ab Ariete percussus. Quippe tam facile trabs movebatur, ut plerumque Aries equum equitemque a tergo consecutus non sine astantium risu, prosterneret; sed tot et tam fœda vulnera edidit iste ludus, ut sæpe fuerit ab Episcopis prohibitus. Præter statuta supra allata aliud refert Episcopi N. *Grosthead* quo cavetur *ne quisquam Levet Arietes super rotas, vel alios ludos statuat, in quibus decertatur pro bravio, nec hujusmodi ludis quisquam intersit.* Maximum quo innititur Kennettus fundamentum stat his verbis : *Levare Arietes super rotas*; quippe inquit, trabes illæ versatiles suo motu rotas exprimunt *horizontaliter positas*. Sed hæc non satis satiant avidum Lectorem. Vide Menagii etymol. in voce *Quintaine*, et infra *Quintana*.

* **ARIGALIS**, f. Ager ex prato ad culturam redactus, vel Terra aratoria muris aut sepibus inclusa. Charta ann. 1076. inter Probat. tom. 1. Hist. Lothar. col. 476 : *Dedit et omnes decimas grossas et minutas de castro et oppido, scilicet de omnibus domi-*

nicaturis, de censalibus, de Arigalibus, de styrpalibus, etc.

* ARERMGALIS, ARENGALIS, Eadem notione, ibid. col. 482. in Charta ann. 1085 : *Post longum vero temporis, ego Sophia comitissa capellulam amplificavi et reædificavi, eamque S. Michaeli devovi et donavi, cum capella castri et decimis Aremgalium et styrpalibus indominicaturis, et omnium illorum, quæ acquirerem ex illa die.* Charta ann. 1137. ibid. tom. 2. col. 313 : *De stirpalibus, de censalibus, de Arengalibus, et de omnibus dominicaturis, etc.*

* **ARIGARE**, ARIGAVUM. Vide *Andigare.*

¶ **ARIGARGATHUNGI**, Vox Longobardica, quæ significat *secundum qualitatem personæ* apud Murat. tom. 1. part. 2. pag. 22. col. 1. D. Vide *Garathingi.*

ARIGAVER. Vide *Andigare.*

* **ARILLATIO**, *Coctione panniculariа.* Glossar. vet. ex Cod. reg. 7613. [** In Glossar. cod. reg. 7644. ut ex Placido : *Arilla, coccinione panniculario.* Apud Maium pag. 435 : *Arilla, coactione, panniculario.*]

* **ARILLATOR**, *Mercator*, in Vocabul. Cassin. ann. circ. 700. [** Vide interpretes Festi ad vocem *Arilator*, Lindem. pag. 329. et Voss. Etymol.]

* **ARILLI**, *sunt arida grana uvæ, ab ariditate dicti.* Glossar. medic. Simonis Januens. ex Cod. reg. 6959.

ARIMANIA, ARIMANNI. Vide *Herimanni.*

* **ARIMANNI**, ARIMANNIA. Vide infra *Herimanni.*

ARINCHADA, Modus agri, Hispanis *Arançada.* Charta Philippi Regis Franciæ et Navarræ ann. 1319. apud Sandovallium in Episcopis Pampilon. pag. 100 : *Tres Arinchadas terræ nostræ juxta dictum palatium situatas, etc.* Occurrit ibi pluries. [* Vide supra *Aranzada.*]

¶ **ARINGHERIA**, Suggestus. Vita. S. Jacobi-Philippi Ord. Serv. B. M. tom. 6. Maii pag. 174. C : *Si quis vero vestrum, quibus liberum ad dicendum patet arbitrium, super hanc sententiam et consultationem aliquid addere vel detrahere velit.... ascendat pergolum seu Aringheriam consuetam, suamque declaret de hac re sententiam.* Vide in *Arengaria.*

¶ **ARIO**, Ardea, Gall. *Héron.* Vita S. Guillelmi Abbatis, tom. 5. Junii pag. 125 : *Circa secundæ vigiliæ noctis horam vidit idem Joannes quasi duas aves magnas, ad modum Ariorum albas et splendidas, cum magna luce per foramen illud ingredi.*

¶ **ARIOLA**, Parva *Area.* Traditio Popponis Comitis regnante Ludovico Imp. apud Eccardum in Hist. Marchionum Misnensium col. 253 : *In campis et sylvis, Ariolis, ædificiis, pratis, pascuis, aquis, etc.* Vide *Area.*

ARIOLARI, *Ariolandi peccatum.* Stephanus Tornac. Epist. 120 : *Mandatis Apostolicis nolle acquiescere, peccatum Ariolandi est; et scelus idolatriæ, nolle obedire.* Utitur præterea hac loquendi formula, quæ sumpta est ex 1. Regum cap. 15. v. 23. Epist. 121. ut et Joan. Sarisberiensis Epist. 198. 282.

** ARIOLATHESIS, *est fictio auriolandi vel sacrificandi*, in Gemma Gemmarum.

* **ARIOLUS**, *Qui aras colit, vel divinus*, in vet. Glossar. ex Cod. reg. 7646. *Ariole*, pro Hariolus, Gall. *Devin*, apud Froissart vol. 4. cap. 84 : *Aucuns de ces Arioles affermaient.... que le Roy estoit demené par sors et par charmes : et le savaient par le Diables, qui leur reveloit cest affaire. Desquels Arioles et devins il en y eut de destruis et ars à Paris et en Avignon.* [** Gloss. Longob. in cod. Cavensi : *Ariolus vel Ariolas, idem Incantatores.* Vide Liuthpr. Leg. lib. 6. cap. 30. Gloss. in cod. reg. 7644 : *Arioli, aruspices, sortilegi, divini, phanatici, malefici;* post hæc exscribitur Isidor. Orig. lib. 8. cap. 9. sect. 16.]

¶ **ARIOMANITÆ**, Arriani, sic dicti quod Arrii μανία sive furore correpti essent. Vita S. Antonii tom. 2. Januarii pag. 135 : *Nam cum venissent quidam Ariomanitæ, reperta eorum post examinationem infidelissima secta, effugavit eos de monte; dicens multo serpentibus deteriores horum esse sermones.*

* **ARIOPAGITA**, *Ara paganorum*, in eodem Glossar. Male pro *Areopagita*, Curialis seu judex in Areopaga. Vox nota.

* **ARIPENDUS**, Modus agri. Vide supra *Arapennis.*

¶ **ARIPENNIS**, [Modus agri, Gall. *Arpent.*] Vide *Arapennis.*

¶ **ARIPENTUS**, Eadem notione. Passim occurrit in Tabulario S. Petri Vosiensis.

* **ARIPERGARE.** Charta Ottonis II. imperat. ann. 982. apud Murator. tom. 6. Antiq. Ital. med. ævi col. 314 : *Præcipientes insuper jubemus, ut nullus dux, marchio, comes.... prædictum abbatem suosque successores et monachos ibidem deservientes inquietare, ... aut servos et colonos eorum Aripergare præsumat.* Ubi aliæ Chartæ habent, *Distringere vel pignorare*, id est, Compellere ad aliquid faciendum per mulctam, pœnam, vel capto pignore : nisi sit idem quod *Aribergare*, Procurationem exigere. Vide in *Alberga.*

¶ **ARIPUS**, *Gladius Falcatus*, in Glossario Aniciensi MS.

ARIRAGIDA. Vide *Harireda.*

¶ **ARISARE**, *Gruis est, quoniam clamat. Sic Milvus vigit, canis baubat.* Papias MS. Ecclesiæ Bituricensis.

* ARISSARE, Idem Glossar. vet ex Cod. reg. 7613 : *Arissare, gruis est quando clamat, etc.* Ita et in altero Cod. 7646. ubi *Arissare.*

¶ **ARISCADA**, Mulcta gravior a Principe irrogata. Leges Lotharii apud Murat. tom. 1. part. 2. pag. 141. col. 2 : *De his qui sine consensu Episcopi, Presbyteros in Ecclesiis suis constituunt, vel de Ecclesiis suis ejiciunt, et ab Episcopo vel a quolibet misso dominico ammoniti obedire noluerint, ut bannum nostrum guadiare cogantur et per fidejussorem ad palatium venire cogantur. Et tunc nos decernemus, utrum nobis placuerit, aut illud bannum persolvat, aut aliam Ariscadam sustineat.* Baluz. habet, *Harmiscaram*, quod vide suo loco. [** Lothar. I. cap. 43. e Capitul. Wormat. ann. 829. sect. 1. Pertzio pag. 350. ubi *Ariscada* in tribus cod. MS. legi scriptum est. Vide *Arestara*]

¶ **ARISCHILIT**, Obsequium militare. Vide *Heereschild.*

* **ARISCLA**, Idem videtur quod *Assula*, tabula lignea. Vide in hac voce. Leudæ majores Carcass. MSS : *Item pro somada de postibus, 6. den. Item pro cargua de Ariscles, 9. den.* Ubi versio Gallica ann. 1544. *D'une charge d'Ariscles, etc.*

* **ARISSARE.** Vide supra *Arisare.*

¶ 1. **ARISTA**, Annus. Dicitur poetice apud Virgilium : *Post aliquot Aristas*, et apud Claudianum : *Decimas emensus Aristas*, ubi Arista pro messe, messis pro anno. [** Vide Heynium ad Virgil. Eclog. 1. vers. 70.] At minus Latine apud auctores aliquot ævi medii, qui soluta scripserunt oratione; sic apud Mabill. tom. 4. Annal. Bened. pag. 380 : *Abbas bis denis Aristis.* [* Vita S. Solenn. tom. 7. Sept. pag. 69. col. 2 : *Cum sex lustra et quatuor Aristarum vitæ volverentur curricula, etc.*]

2. **ARISTA**, Piscium osciculum, ἄκανθα, nostris *Areste.* Joannes de Janua ex Ugutione : *Arista, ab areo, es, quia primo areat, id est, spica, vel spicula, spice et piscium. Unde dicimus Aristatos pisces, qui plures habent Aristas.* Ausonius in Mosella, de Perca pisce :

> . . . . Solidoque in corpore partes
> Segmentis coeunt, sed dissociantur Aristis.

Alibi :

> Viscere præ tenero fartim congestus Aristis.

Vita S. Philiberti lib. 2. cap. 85. apud Chiffletium in Tornutio : *Una Aristarum, quæ in ejus* (lupi marini) *eminent dorso, gutturi inhæsit vorantis.* Occurrit præterea apud Stephanum Episc. Redonensem in Vita S. Guilielmi Firmati n. 33. et in Hist. Relationis S. Richarii n. 13.

* 3. **ARISTA**, Angulus exterior domus, a Gall. *Aréte.* Charta Ludov. Junior. ann. 1158. in Chartul. S. Joan. Laudun. : *Plateam ipsam donavimus in eleemosinam ab exteriori pilerio sinistræ crucis S. Petri, quod proximum est hostio ejusdem crucis, usque ad proximam Aristam domus, quæ fuit Willermi de Orcio.* Vide supra *Aresta* 3.

* **ARISTARE**, Spicas legere, Gall. *Glaner.* Glossar. Provinc. Lat. ex cod. reg. 7657 : *Aristare, conspicari, Glenar, Provinc.* [** Gemma Gemmarum : *Aristari est spicas colligere.*]

¶ **ARISTARI**, In aristam crescere. Folcuinus Abb. Laubiensis in Vita S. Folcuini Episc. Tarven. inter Acta SS. Benedict. sæc. 4. part. 1. pag. 627 : *In mense Junio, quo Aristantur segetes crescente culmo.*

ARISTATO, Pallæ, pallia, seu stragula defunctorum *tumbis* et monumentis imposita. [Sic et interpretes alii plerique : sed errant omnes, si credimus Eccardo. Quod enim, inquit, additur verbum *capulaverit*, hoc indicio est, *Aristatonem* ex ligno fabricatum, et structuram sepulcro impositam fuisse. Deinde *staplum* quod tanquam synonymum *Aristatonis* affertur, significat *erectum, statutum, constitutum, statum*, ut idem auctor exponit.] [* Eccardo assentitur Muratorius tom. 2. Antiq. Ital. med. ævi col. 334. cujus sententiam firmat ex Codice MS. legis Salicæ in Estensi bibliotheca adservato, ubi legitur : *Si quis Aristatonem* (*id est, Banculas*) *super hominem mortuum capulaverit, etc.* Porro nomine *bancularum* a *banco*, designantur, inquit Vir doctissimus, cancelli lignei tumulis impositi. Sed et ad tit. 57. § 3. in eodem Cod. habetur explicationis causa post *Staplum* vel *Scaplum* : *Mandualem, quod est astructura, sive selave, qui est ponticulum, sicut mos an-*

tiguorum fuit faciendi. Quæ omnia, licet obscura, indicant tamen, structuram sive ædiculam quampiam ligneam, et cancellos ad sepulcra mortuorum olim veteres exstruxisse.] [**Schilterus et Wachterus per *Ehrenstætte* explicant. Sed ad vocem *stato* quod attinet, eadem esse videtur ac Suecorum *Stod*, Statua, columna, Germ. *Stütze*, aut *Studel* fabris ferrariis, ita ut *Aristato* proprie sit *Ehrensäule*, quod sequens vox *Selave*, hodie *Saüle* itidem denotat. Vernacula vox *Cheristaduna* in cod. Heroldi eadem est, licet aliis verbis. *Dun* enim Collem, tumulum significat, *Cherista* autem est vel pro *Herist*, *eris*, Honoris, vel idem ac *Gerüste*, Structura, opus ex ligno præparatum. Ut ut sit *Aristato* et *Cherista duna* nihil aliud sunt nisi Structura lignea honoris causa tumulo imposita, quam violare nefas erat. Adel. Vide Graffii Thesaur. Ling. Francic. vol. 1. col. 432.] Lex Salica tit. 17. § 5 : *Si quis Aristatonem super hominem mortuum capulaverit, etc.* Tit. 57. §. 3 : *Si quis Aristatonem, id est, staplum, super mortuum capulaverit, etc.* Quo loco Codex Heroldi tit. 58. § 4. habet : *Si quis cheristaduna super hominem mortuum capulaverit, etc.* Ubi Wendelinus Aristatonem Germanicum *Eere-staet* esse ait, quæ vox *honorarium decus sonat.* Porro pallis et tapetibus tegi et insterni solitos Sanctorum, atque adeo nobilium et honorariorum tumulos, testantur præterea Gregorius Turonens. lib. de Gloria Confess. cap. 20. 21. 30. 55. 79. de Mirac. lib. 1. cap. 72. lib. 2. cap. 33. de Mirac. S Martini lib. 2. cap. 10. de Vit. Patr. cap. 8. 9. 15. 19. Evodius Uzalensis de Miracul. S. Stephani cap. 3. Baudovinia in Vita S. Radegundis cap. 29. Acta S. Agathæ n. 15. Vita S. Eucherii Episc. Aurelian. n. 12. Gotselinus lib. de miracul. S. Augustini Cantuar. cap. 1. Avitus Viennensis lib. 3. Poemat. vers. 253. Vita S. Eparchii pag. 523. tom. 2. Bibl. Labbei, Concilium Arvernense can. 3. Capitula S. Bonifacii Monguntini cap. 20. Helmod. lib. 1. cap. 79. etc. Vide *Palla*.

Hinc fluxit mos mortuorum feretra pallis Ecclesiasticis obvoluta in Ecclesiam deferendi. Guilelmus Apuliensis lib. 2. de Gestis Norman. de Roberto Guiscardo :

> Utile figmentum versutus adinvenit, atque
> Mandat defunctum, quod quemlibet esse suorum
> Gens sua testetur, qui cum quasi mortuus esset
> Impositus feretro, pannusque obducere cera
> Illitus hunc facie jussus latitante fuisset,
> Ut Normannorum velare cadavera mos est.

Vide Guil. Prynneum in Libertatib. Angl. tom. 1. pag. 1188.

* **ARISTELLA**, *Parva arista.* Cathol.

* **ARISTIFER**, *Ferens aristas*, in Vocabul. compend.

* **ARISTILLUM**, *Porrus vineæ : interdum vocatur Aratillum.* Glossar. med. Simonis Januens. ex Cod. reg. 6959. Vide supra *Aratilli.*

¶ **ARISTO** Lapis, Lapis tectus *Aristatone.* Acta SS. Bened. sæc. 5. pag. 10. de S. Geraldo Comite Aurelian. : *Corpus illud sanctum quamplurimis comitantibus turbis ad Auriliacum, sicut ipse jusserat, sui detulerunt, et in Aristonem Lapidem ad sinistram scilicet Basilicæ ipsius collocaverunt juxta aram sancti Petri.* Pro *Aristonem* Mabillonius censet legendum *Aristatonem.*

¶ **ARISTOLOGIA**, Vox ab Hispanis etiamnum usitata pro *Aristolochia*, [* *Aristolochia*, in Diction. Academ. Hispan.] planta, nobis *Aristolochie*, *Sarrasine.* Bern. *de Breydenbach* Itiner. Hierosol. pag. 277 : *Corpus ejus cataplasmetur cum argento vivo occiso, cum oleo, adjuncta Aristologia longa et defela.* [** *Aristologia* pluries in glossar. cod. reg. 7644. ubi exscribitur Isidor. Orig. lib. 17. cap. 9. sect. 52. et in Hort. Sanitat. Tractat. de Herbis cap. 40. et 41. Gemma Gemmarum : *Aristologia est herba mulieribus pregnantibus apta, Osterlucy.*

ARISTOPHORIUM, Ugutioni, *Vas ad potus et prandia deferenda rusticis in agro aptum, etc.* ex Græc. ἀριστόφορον.

¶ **ARISTOSA** Cibaria, Panis hordeaceus, quod vide in *Panis.*

¶ **ARISTOTELICI** Dies, quibus vacant scholæ Philosophicæ. Lobinellus tom. 3. Hist. Paris. in Glossario : *Præter lectiones ordinarias bonum erit habere aliquem præceptorem pro diebus Dominicis, Festis et Aristotelicis, qui certis horis legat aliquid de Moralibus, vel de Grammatica, Rhetorica vel Poetis.*

* **ARITHMETICUS**, *Numerarius*, in vet. Glossar. ex Cod. reg. 7646. Gloss. Gr. Lat. Ἀριθμητικός, *numerarius.*

* **ARITHMUS**, a Gr. Ἀριθμός, Numerus. *In Arithmis*, hoc est, in Libro Numerorum, apud Tertull. adv. Marc. lib. 4. cap. 23.

ARITRAIB. Vide *Aratraib.*

* **ARIUM**, *Spolium* in vet. Glossar. ex Cod. reg. 7646. *Asium*, ibid. infra. Vide *Aslum.*

* **ARIVUS**, Riparius, ad *rivam* seu ripam pertinens. Vide *Terra Ariva.* Nostris olim *Arivouer*, Ripa navium appulsui apta. Lit. remiss. ann. 1470. in Reg. 196. Chartoph. reg. ch. 293 : *Icellui Hacquin et le suppliant prindrent assembléement le chemin droit à ung Arivouer, nommé l'Arivouer d'Avenieres, pour passer,.... et quant ilz eurent passé la rivière trouverent à l'Arivouer de l'austre cousté d'icelle, etc.*

* **ARIZERIUM**, Aricerium. Stat. Perusiæ pag. 55 : *Qui Arizerium fregerit, solvat pro banno solidos decem; et si in ipso Aricerio absque fractura aliquid ceperit, solvat pro banno solidos quinque.* Hortum seu pomarium, vel locum, in quo fructus servantur, interpretor; cum eo loci cavetur ne nuces, castaneæ, poma subripiantur.

ARIZZUS. Glossæ Isonis Magistri ad Prudentium : *Rrudera; Arizzi, vel stecora.* [** Vox Germanica, hodie *Erz.* Vide Graffii Thesaur. Ling. Franc. vol. 1. col. 465.]

¶ **ARKARIUS.** Vide *Arcarius.*

¶ **ARLES** Cruddum, Rocho *le Baillif*, in Diction. Spagyrico, *sunt guttulæ in mense Junio cadentes, alias hydatis.*

* **ARLOTUS**, Italis *Arlotto*, Helluo, ventri deditus; nostris *Arlot*, Ganeo, nebulo, homo nihili, Gall. *Fripon, coquin.* Lit. remiss. ann. 1375. in Reg. 107. Chartoph. reg. ch. 372 : *Guillerma serviens aut pediseca uxoris Andreæ Bossati dixit prædicto Andreæ : Ha! Andrea socie, qualiter de illo Arloto Johanne auriga seu carraterio fui associata.* Aliæ ann. 1377. in Reg. 111. ch. 7 : *Qui* (Richardus) *prænominatis exponentibus animo irato dixit : Unde venitis vos alii Arloti et ribaldi;..... vos mali Arloti in fide mea luetis de corpore, etc.* Aliæ ann. 1401. in Reg. 156. ch. 341 : *Cui Arnauldo dictus Raymondus repplicavit, tu mentiris, Arlot groso mal nez.* Aliæ ann. 1411. in Reg. 165. ch. 219 : *Icellui Pierre Appellast le suppliant Arlot, tacain, bourc; qui vault autant à dire en langaige du pays de par delà, garçon, truant, bastart. Arquabot* idem sonat, in Lit. remiss. ann. 1461. ex Reg. 198. ch. 22 : *Jehan le Piccart avait dit que Jehan de Deux Vierges escuier suppliant estoit ruffien et Arquabot.* Vide infra *Arnaldus.*

* Erlotus, Eadem notione. Lit. remiss. ann. 1370. in Reg. 101. ch. 136 : *Ad dictum locum dictus exponens accessit.... dicendo : Ubi, ubi sunt isti Erloti, garsoni, qui venerunt in terra mea facere executionem.* Judicium ann. 1370. in Reg. 109. ch. 192 : *Jaquemetus..... portando lanceam in manu ferream, et de eadem ipsum Johannem comminando etiam clamando, veni, Erlote, veni. Item quod clamavit etiam pluribus clamoribus dictus Jaquemetus post dictum Johannem, ad mortem, ad mortem tu morieris, Erlote.* [**Hispan. *Arlote.* Vita S. Dominici *de Silos*, vers. 648. Inde *Arlotia*, Vita S. Emiliani, vers. 20.]

* **ARLOXEIUS**, Arboris species. Vide *Aclosserius.*

1. **ARMA**, feminini gener. Dositheus Magister in Gloss. *Inermis, sine Arma.* Gesta Regum Francor. cap. 10 : *Nullus tam sordidam et incultam Armam habet, quam tu.* Lex Burgundion. tit. 18. § 3. Edit. Heroldi : *Ille, cujus Arma est, nihil pro hoc solvat.* Lex Longobardorum cap. 4. ejusdem Edit. [** immo tit. 42. qui est Rothar. 101. recentioribus.] : *Si quis cum sagitta vel qualibet Arma plagam intra capsam fecerit, etc.* [*Isti portant armas in naves*, ex vett. aulæis Bajoc. apud Bern. *de Montfaucon*, tom. 2. Antiq. Monument. Mon. Franciæ. Vide Brandaon. tom. 3. Mon. Lusit. pag. 77.]

* Epist. Ghaerbaldi episc. Leod. apud Marten. tom. 7. A. C. col. 21 : *Hæc est Arma spiritalis, in qua vincitur Diabolus, et gaudent de victoria illi, qui cum ista Arma pugnant.*

Arma Clamare, Conclamare : *Crier aux armes.* Capitulare 3. ann. 813. cap. 36. [** Jus pagi Xantensis.] : *Quisquis audit Arma clamare et ibi non venerit, etc.* [** Germ. *Wâfen ruofen.* Vide Grimmii Antiq. Juris pag. 876. ejusdem Grammat. Germ. vol. 3. pag. 297. et Haltaus. Glossar. German. col. 2015. apud quem hæc leguntur : Inclamatio populi ad arma, sive (ut est in Chron. Montis Ser. apud Menck. tom. 2. pag. 254. B) *vox qua populus ad arma evocari solet*, scil. in incursione hostium et prædonum. Diplom. Waldecc. ann. 1306. in Lunigii R. Arch. Spic. Sec. tom. 1. pag. 1422 : *Donamus domum in Corbicke civitate absolutam et exemtam ab omni onere quarumlibet arrestationum, exactionum, vigiliarum, insecutionum ad pulsum campanæ vel ad Invocationem Armorum, vel subsidii, etc.....* Sæpe tollebatur ejusmodi clamor in violatione pacis publicæ, et usitatissime cæde hominis facta ad reum persequendum. Chart. Henrici Imp. ann. 1003. in Scheidii Orig. Guelf. tom. 4. pag. 453 : *Et idem Advocatus non in civitate Abbatissæ Assinda,* *sed foris extra civitatem judicio præsidebit, cum ipsum per manuum truncationem vel Armorum Proclamationem judicium habere contingit.* Statut. oppid. Bodenwerder. ann. 1287. ibid. pag. 495 : *Qui Armisono Clamore cives provocaverit sine causa, judici solidos v. dabit.*]

Arma, Scutum et lancea, dicuntur in Capitulari 3. ann. 806. cap. 1. et in Capitulis Caroli Magn. lib. 3. cap. 22. Concilium Karrofense ann. 986. cap. 3 : *Si quis Sacerdotem aut Diaconum, vel alium quemlibet ex Clero Arma non ferentem, quod est scutum, gladium, loricam, galeam, invaserit, etc.* Vide Tabellam Caroli Calvi, descriptam a V. Cl. Stephano Baluzio tom. 2. Capitular. pag. 276. ubi Regius Armiger et lanceam et scutum Principis tenet.

Armorum Benedictio, Eorum nempe, qui in sacras expeditiones proficiscebantur. Honorius Augustod. lib. 1. cap. 181 : *Horum* (Sacerdotum) *officium est, Missas celebrare, ... populum ad Missam, vel nuptias, vel Arma, vel peras, vel baculos, vel judicia ferri, et aquas, ... benedicere.* Vide *Vexillum.*

Armorum Custos, dictus videtur non tam is, cui armamentarii, quod ὁπλοφυλάκιον appellat Joannes Cananus pag. 191. quam is, cui armorum in castris servandorum cura incumbebat, in vett. Inscript. apud Gruter. 518. 5. 546. 9. 569. 7. Habebant autem singulæ Legiones suos armorum custodes, 568. 11.

Armorum Ostensio, *Monstre d'armes.* Aresta O. SS. 1293. in Regest. Parl. f. 99 : *Cum Dom. de Piceio compellere vellet burgenses suos de Piceio, ut ad mandatum ipsius facerent Ostensionem Armorum, Majore et Scabinis de Piceio se opponentibus, et dicentibus, quod ad mandatum ipsius non tenebantur facere dictam ostensionem, sed ad mandatum nostrum libenter facerent : visis chartis dictæ Communiæ, et partium rationibus intellectis, pronuntiatum fuit, quod dicti burgenses ad mandatum dicti domini sui Ostensionem Armorum facere tenebantur.* Vide *Monstrum.*

Armorum Præparatio, Militia, cinguli Militiæ accinctio. Tabular. B. Mariæ Columbensis diœces. Carnotens. : *Et pro supradicta villa sibi in tribus auxilium impenderet, scilicet in corporis sui redemptione, aut in filii sui Armorum Præparatione, aut in filiæ suæ matrimonii conventione.*

Armorum Proclamatio. Charta Ottonis M. Imperat. ann. 977. apud Hermannum Stangefolium in Annalib. Westphalic. lib. 2. pag. 151 : *Constituimus etiam, ut nullus hominum, vel Advocatus alienam jurisdictionem in civitate prænominata habeat, excepta Abbatissa Assendiensi, præter intruncationem manuum, vel Armorum Proclamationem.* Vide *Heereschild.* [** Vide *Arma clamare.*]

¶ Arma Capere, Eques creari. Concessio Henrici III. Regis Angliæ pro Henrico de Lacy apud Kennettum Antiquit. Ambrosden. pag. 289 : *A die quo dictus Comes Arma militaria a domino Henrico Rege patre nostro Cepit et cinctus fuit gladio Comitatus illius.*

Armis contendere, Monomachia, judicio duelli se purgare, in Consuet. Sicul. lib. 3. § 47.

Arma Dare, Armis Cingere, Honorare, Militem, seu Equitem creare, armis Militaribus induere; *Arma accipere*, Militari cingulo accingi. Tacitus de Germanis : *Arma sumere non ante cuiquam moris, quam civitas suffecturum probaverit : tum in ipso Concilio, vel Principum aliquis, vel pater, vel propinquus scuto frameaque juvenem ornant. Hæc apud illos toga, hic primus juventæ honos.* Vita Ludovici Pii ann. 791 : *Patri Regi Rex Ludovicus Ingelheim occurrit, indeque Renesburg cum eo abiit, ibique Ense, jam appetens adolescentiæ tempora, Accinctus est.* Et ann. 837 : *Dominus Imperator filium suum Carolum Armis virilibus, id est, Ense Cinxit, corona regali caput insignivit, etc.* [Chron. Salernit. cap. 80. apud Murat. tom. 2. part. 2. col. 233 : *Sed dum adolescens factus fuisset, ex more ipsi jam dictus Rex Arma Donavit, atque cum honore Salernum misit.*] Willelmus Malmesb. lib. 2. de Gest. Angl. cap. 2. de Æthelstano Rege : *Nam et avus Alfredus prosperum ei regnum imprecatus fuerat, videns et gratiose complexus speciei spectatæ puerum, et gestuum elegantiam : quem etiam præmature Militem fecerat, Donatum chlamyde coccinea, gemmato baltheo, Ense Saxonico, cum vagina aurea.* Henricus Huntindon. lib. 8. Hist. : *An. 14. Henrico nepoti suo David Rex Scotorum virilia Tradidit Arma.* Hovedenus part. 1 : *Post hæc in hebdomada Pentecostes filium suum Henricum apud Westmonasterium, ubi curiam suam tenuit, Armis Militaribus Honoravit.* Thomas Walsinghamus pag. 507 : *Kl. Febr. die Dominica in vigilia Purificationis, Edwardus* (Rex) *juvenis suscepit Arma militaria cum multis aliis, etc.* Galbertus in Vita Caroli Comitis Flandr. n. 111 : *Nondum enim juvenis ille Arma acceperat, sed Militiæ virtutem arripuerat.* Robertus *Bourron* in Merlino MS. : *Et si vous pri qu'en guerdon de mon service, me doigniés Armes, et me fetes Chevalier.* Philippus *Mouskes* in Philippo Aug. :

> Tant qu'Artus li biaus et li fiers,
> Devint à Gournai Chevaliers,
> Armes et cevaus li donna
> Rois Felippes ki l'adouba.

Le Roman *d'Aubery* MS. :

> Armes li donne, et un riche destrier,
> Et de sa paume li donne un coup plenier,
> Que Dex li doint i estre bons Chevaliers.

Ubi per *arma*, his locis, ut plurimum, solus ensis intelligitur, quo accingebatur novus Miles.

Sed et interdum armis omnibus is instruebatur. Ordericus Vitalis lib. 8. de Henrico postmodum Rege Anglor. hujus nominis primo : *Hunc Lanfrancus Dorobernensis Episcopus dum juvenile robur attingere vidit, ad arma pro defensione Regni sustulit, eumque lorica induit, et galeam capiti ejus imposuit, eique ut Regis filio, et in regali stemmate nato Militiæ cingulum in nomine Domini cinxit.* Id ipsum prodit Joannes Monachus Majoris Monast. de Gaufredo Andegavensi Duce Normanniæ Milite facto : *Induitur lorica incomparabili, ... calciatus est caligis ferreis, ... clypeus leunculos aureos imaginarios habens collo ejus suspenditur, etc.* Locum integrum dedimus in Dissertat. 22. ad Joinvillam, eoque spectare diximus ista Senatoris ex lib. 4. Epist. 2. ubi de adoptione per arma, ex qua *Militaris* dignitas et ordo profluxit : *Damus quidem tibi enses, clypeos et reliqua instrumenta bellorum, etc.* Otto de S. Blasio cap. 26 : *Fridericum Suevorum Ducem gladio accingi Armisque insigniri disposuit.* Adde eumdem Ordericum Vitalem lib. 3. pag. 489. lib. 6. pag. 623. lib. 11. pag. 811. 825. 831. lib. 12. pag. 875.

Arma Deponere et relinquere jubebantur, quibus ob crimen aliquod imponebatur pœnitentia publica. Vetus pœnitentiale : *Qui occiderit Monachum aut Clericum, Arma deponat.* Adde Pœnitentiale Roman. cap. 2. 34. Concilium Wormaciense can. 26. 30. Moguntiac. ann. 888. can. 16. Triburiense ann. 895. can. 5. Romanum ann. 1078. can. 5. Synodicum Concilii Tricassini ann. 867. Capitula Caroli Magni lib. 6. cap. 90. 97. [** 98.] Legem Longobard. lib. 2. tit. 13. § 5. [** Carol. M. cap. 133.] Additionem 2. Ludovici Pii cap. 1. Addit. 4. cap. 117. novæ Edit. [** An cap. 114? ibi vero *Armorum depositio* plane alia est; de qua in voce *Scastlegi.*] Canones sub Edgaro Rege datos cap. de Satisfactione § 10. Leges Henrici I. Regis Angl. cap. 68. § 8. Burchardum lib. 6. cap. 9. Ivonem lib. 10. cap. 37. et Epist. 60. Vitam Ludovici Pii ann. 833. 834. Vitam B. Simonis Comitis Crispeiensis cap. 3. etc. Vide *Scastlegi.* [** et Grimmii Antiq. Juris pag. 712.]

Arma et Equos suis Senioribus Dare. Vide *Heriotum.*

Armis et Honoribus Emendare, in Legibus Henrici I. Regis Angl. cap. 36.

Per Arma Jurare. Vide *Jurare.*

¶ Arma Sacrata ante juramentum, uti probat Spelmannus in Glossario ex Legibus Boior. tit. 18. lib. 5 : *Tunc solus cum sua manu, postea donet Arma sua ad sacrandum et per ea juret ipsum verbum cum uno sacramentali.*

Arma Mutare, vel *Commutare in signum fœderis*, seu fraternitatis. Ethelredus : *Quid plura? annuit Edmundus et Knutho de Regni divisione consentit... dispositis itaque armis, in oscula ruunt, ... deinde in signum fœderis vestem Mutant et Arma, reversique ad suos, modum amicitiæ pacisque præscribunt, et sic cum gaudio ad sua quisque revertitur.* Florentius Wigorniensis hoc eritu contractam fraternitatem innuit, dum rem eamdem enarrat : *Ubi pace, amicitia, fraternitate, pacto et sacramento firmata, Regnum dividitur.* Ita apud Homerum Glaucus et Diomedes arma invicem mutarunt, Ιλ. ζ. v. 235 :

> Ὅς πρὸς Τυδείδην Διομήδεα τεύχε' ἄμειβε.

Hoc porro ritu adoptionem fraternam *per arma* contractam ex Gaufredo Malaterra lib. 2. cap. 46. pluribus ostendimus in Dissert. 21. ad Joinvillam.

¶ Arma *ad tuitionem corporis necessaria pro debito Pignerari* probibet Consuetudo Brageriaci art. 28. Charta Caroli Comitis Provinciæ ann. 1290. e MS. D. *Brunet : Nullus exactor... Pignoret pro condempnatione... de Armis necessariis ad opus ipsius suæque familie, nec de equis armorum aut bobus.*

* Id moris erat apud Francos milites ut armati incederent, quod Frisonibus militia donatis, ratione quidem thrasonica, prohibet Carolus Rom. rex diplomate [** subditicio] ann. 802. in Cod. reg. 10197. 2. 2. fol. 1. v°. ubi multa sunt notatu digna : *Statuimus ut si quis ex ipsis* (Frisonibus).... *militare voluit, dictus Potestas sibi gladium suum circumcinget, et dato eidem, sicut consuetudinis est, manu sua colapho, sic militem faciat; et eidem firmiter injungendo præcipiat, ne deinceps more militum regni Franciæ armatus incedat, eo quod consideramus, si prædicti Frisones militaverint secundum staturam corporum et formam præcipue a Deo et natura ipsis datam, cunctos in orbe terrarum milites sua fortitudine et audacia præcellerent.... Qui scutum suæ militiæ a dicto Potestate recipere debent, in quo corona imperialis in signum libertatis a nobis concessæ, debet esse depicta.* Vide in *Arma* 3.

* *Arma* mercatoribus in itinere ad defensionem suam concessa, modo ea in aperto non deferant. Constit. Friderici de pace tenenda in eod. Cod. reg. fol. 8. r° : *Mercator negotiandi causa per provinciam transiens, gladium suum sub sella alliget, vel sub vehiculum suum ponat.* [** ann. 1156. cap. 13. Pertzius vol. leg. 2. pag. 103. hæc ita scribit : ... *gladium suum suæ sellæ alliget et super vehiculum suum ponat, ne umquam lædat innocentem, set ut se a prædone defendat.* In lib. Feud. 2. tit. 27 est *non ut quem lædat.*]

Arma Præsumere. Vide *Apothecarii.*

Arma Libera, Quæ liberum, id est, virum ingenuum et nobilem solum spectant. Leges Guillelmi Nothi Regis Angl. cap. 65. de Manumissione servorum : *Et tradat illi Libera Arma, scilicet lanceam et gladium. Arma Liberorum* dicuntur etiam *lancea et gladius*, in Legibus Henrici I. cap. 78.

Arma Molita, vel Moluta, Samiata, polita, acuta. Leges Siculæ lib. 1. tit. 8. § 1 : *Si Armis Molitis impugnatus fuerit, liceat se Armis molitis defendere.* Tit. seq. : *Arma Molita* et *prohibita. Arma Moluta*, apud Bractonum lib. 2. Tr. 2. cap. 19. § 2. In Libertatibus Teneræmundæ art. 4. Charta Communiæ Peronensis ann. 1207 : *Si aliquis de nocte vel de die Armis Molutis aliquem vulneraverit; etc. Arma Emolita*, apud Fletam lib. 1. cap. 33. § 6. *Gladius Emolutus*, in Libertatibus villæ *de Villereys. Armes Esmoulues*, in Stabilimentis S. Ludov. lib. 2. cap. 11. et in Consuetud. Montensi cap. 50. *Espée ou autre harnois Emoulu*, in Consuet. Bayonensi tit. 26. art. 11. *Fer Emoulu*, in Consuet S. Severi tit. 18. art. 5. Chronicon Besuense pag. 697 : *Quadam die cum in fabrica fabri cultellum Emoleret.*

¶ Arma Multritoria, Eadem notione in Charta Philippi Augusti Regis Franc. ann. 1194 : *Quicumque cultellum cum cuspide, vel curtam spatulam, vel misericordiam, vel hujusmodi Arma Multritoria portaverit, sexaginta libras perdet.*

* *Arma quæ ad molas acuuntur*, in Charta ann. 1211. ex Reg. 59. Chartoph. reg. ch. 426 : *Si quis de Armis, quæ ad molas acuuntur, aliquem percusserit, etc.* Lit. remiss. ann. 1375. ex Reg. 108. ch. 44 : *Armé d'armes Molues, c'est assavoir d'un demy glaive, d'une espée et d'un grant coustel. Armeures esmoulues*, ibid. ch. 39. ejusd. anni.

¶ Arma Offensibilia, Arma ad nocendum, Gall. *Armes Offensives. Arma Offensibilia et defensibilia*, in Litteris Bonifacii IX. PP. apud Fontaninum in Appendice ad calcem Antiq. Hortæ Coloniæ Etruscorum pag. 438.

¶ Arma Picta. Vide *Arma* 3.

Arma Plena, Quæ Militem spectant, *Armes de Chevalier*, seu omnimoda arma. Chronic. Aulæ Regiæ cap. 13 : *Dicunt, quod tunc in exercitu Regis Bohemiæ fuerunt 7000. virorum in equis pugnantium, in Plenis Armis, et sub galeis.* Rogerus Hovedenus ann. 1181 : *Ut unusquisque homo habens centum libras Andegavensis monetæ in catallo, haberet equum, et Arma militaria Plenarie : omnis autem homo habens im catallo 40. vel 30. vel 25. libras Andegavensis monetæ ad minus, haberet albergellum, et capellum ferreum, et lanceam et gladium : cæteri autem omnes haberent wanbasiam, capellum ferreum, et lanceam, et gladium.* Regestum Feodorum et Servitiorum in Camera Computorum, fol. 3 : *Ces 4. fiez servent au Chasteau de Torigny en pleines Armes par 15. jours.* Fol. 6 : *Guillaume le Moine tient fié à Plienes Armes.* Et alibi sæpe. Chronicon Flandriæ cap. 34 : *Et fut le Comte d'Artois armé en ses Pleines Armes.* Cap. 49 : *Et allerent tous ses machiers*, (massiers) *armez entour lui en Pleines Armes.* Cap. 67 : *Et estoit le Roi armé de ses pleines Armes.* Joannes Abbas Laudunensis in Speculo Historiali MS. lib. 11. cap. 6 : *Et estoit le Roi armé de ses Plenieres Armes.* At quæ proprie fuerint *plena arma*, pluribus docet vetus Consuetudo Normanniæ MS. 2. parte cap. 25 : *Se aucun est attaint de teles querelles contre Chevalier, il leur doit amender par Plaines Armes, et ce est par le cheval et par le hauberc, par l'escu et par l'espée et par le heaume. Se cil à qui le mesfet fut fet, n'est pas Chevalier ne il n'a point de fieu de hauberc, mes il deffent son fieu par Plaines Armes, l'amende l'y doit estre fete par un roncin, par un gambiex, par un chapel, et par une lame; et par ces choses doit-il fere satisfaction de l'amende.* Vide Probationes Historiæ Sabaudicæ pag. 248.

[* Arma Plena eadem esse vult Cangius, quæ omnimoda arma : aliquid tamen interfuisse discriminis, etiam ubi de militibus agitur, docet nos Charta Baldrici sub Willelmo Normannorum duce pro monialibus S. Amandi Rotomag. in Reg. 49. Chartoph. reg. ch. 46 : *Prædicti milites sic erant in servitio parati; unus horum totis armis, alter vero ad plaines armas.* Quodnam vero fuerit illud discrimen, non satis capio, nec magis aperta est distinctio statuenda *garnitos* inter et *armatos*, qua milites a scutiferis secernit Willel. de Tudela in Hist. Albig. metrice idiomate Occitano scripta fol. 36. v°.]

Arma Tormentalia. hwroczius in Chron. Hungar. in arolo Rege cap. 99. ubi describit pompam funebrem ejusdem Regis : *Tres solennes dextrarii ipsius domini Regis Karoli suis phalerati purpureis ornamentis, super quos Milites strenui armis ejusdem domini Regis induti sedebant, ante fores Ecclesiæ steterunt, quorum quidem Militum unus Armis Tormentalibus regiæ excellentiæ convenientibus erat ornatus, et alter ad hastiludium aptus, tertius vero armis bellicis Regiæ majestati competentibus erat circumseptus.* Ubi legendum *Tornamentalibus.* Nam alia erant torneamentorum arma, alia hastiludiorum, seu *justarum*, ut probavimus ad Joinvillam dissert. 6. et 7. sed et *Tormentum*, pro *Torneamentum* habet Epitaphium Rogeri de Mortuo-mari tom. 2. Monastici Anglic. pag. 229 :

Militiam scivit, semper Tormenta subivit.

* Arma Violenta, Quibus violentia inferri potest. Charta Henrici ducis Brabant. pro communia Bruxel. ann. 1229. ex Cod. reg. 10197. 2. 2. fol. 24. r° : *Si quis cutellum præacutum, vel Arma bellica, sive violenta occulte super se portaverit infra opidum, solvet quinque libras.*

2. **ARMA**, pro Viris armatis, seu *Gens d'Armes.* Thwroczius in Prologo ad 2. partem Chr. Hungar. : *Qui redeuntium fuerint capitanei, ac quantus numerus Armorum in exercitu illorum fuerit, etc.* Ibid. cap. 2 : *Universum cœtum Armorum, quem ducebant, in 7. exercitus diviserunt.* Vide *Armatus.*

* Constit. Friderici jamjam laudata : *Ad palatium comitis, nullus miles Arma ducat, nisi rogatus a comite.* [** Cap. 15. in vulgatis est *ferat*, neque *ducat* alio sensu accipiendum.] Nostris *Armures*, eodem significatu. Pactum inter Phil. Pulcr. et Joan. comit. Hannon. ann. 1297. in Lib. rub. Camm Comput. Paris. fol. 123. r°. col. 2 : *Li cuens nous doit aidier en la tiere de Haynnau et en la contée de Flandres à mil Armures de fer, et cuink cens Armures de fer jusques au fleuve de Saine, as gages accoustumés en France. C'est à savoir por le banerech vint sols, pour le baceler diz solz, et pour l'escuiier cuink solz Tournois.*

3. **ARMA**, Gentilitia insignia, nostris vulgo *Armes*, vel *Armoiries; Arme*, Italis. Usurpata hæc vox videtur ex eo, quod insignia gentilitia in clipeis ac scutis depingantur, quæ Latini proprie *Arma* appellabant. Ac primum quidem *Arma* dixere, *quibus ipsi tuemur*, ut *tela, quæ emittimus*, ut ait Isidorus. Nec dissentit Varro lib. 4. de Lingua Lat. qui *Arma* dicta esse *ab arcendo, quod his arceamus hostem*, scribit. Præsertim vero scutis ipsis id nominis tributum : nam *Ancilia, Arma* appellata, auctor est Nonius Marcellus : *Ancile, scutum grande, unde etiam Arma et Ancile appellatur.* Quo loco forte legendum *Arma Ancilia*, ut in hac Inscriptione : *Mansiones saliorum palatinorum a veteribus ab Armorum Ancilium custodia constitutas longa ætate neglectas pecun. sua reparaverunt, etc.* Neque aliter Poëtæ intelligendi, dum *Picta Arma* habent, quod in scutis militum ac ducum insignia depingerentur. Virgilius Æn. lib. 12. vers. 281 :

. . . . Et Pictis Arcades Armis.

Idem lib. 10. vers. 181:

Astur equo fidens, et Versicoloribus Armis.

Lucanus lib. 1. vers 398 :

Pugnaces Pictis cohibebant Lingones Armis.

Virgil. Æn. lib. 8. vers. 588 :

. . . . Et Pictis conspectus in Armis.

Valerius Flaccus lib. 1. vers. 398 :

Insequeris casusque tuos expressa Phalere,
Arma geris.

Ita etiam Græci ὅπλον pro scuto non semel usurpant. Gloss. Lat. Græc. : *Scutum*, ὅπλον. *Scutum*, θυρεὸς, ἀσπὶς, καὶ ὅπλον. In Psalm. 5. 75. 90. ὅπλον per *scutum* redditur. Annotat præterea Leo Imp. in Tacticis, quos ὁπλίτας Græci vocant, sua ætate σκουτάτους appellatos.

Neque tamen desunt, qui existimant, *Arma* non semper pro scutis, sed interdum pro ipsis, quæ in scutis depingebantur insignibus, usurpari, apud Virg. lib. 1. v. 183 :

Aut Capyn aut celsis in puppibus Arma Cayci.

Ibidem, vers. 16 :

. . . Hic illius Arma,
Hic currus fuit.

Et lib. 10. vers. 80 :

Pacem orare manu, præfigere puppibus Arma.

Denique lib 1. vers. 247 :

Hic tamen ille urbem Patavi, sedesque locavit
Teucrorum, et genti nomen dedit, Armaque fixit
Troia.

Quæ quidem imitatus videtur Silius Ital. lib. 13. vers. 64 :

Jam Phryx condebat Lavinia Pergama victor,
Armaque Laurenti figebat Troia luco.

Virgilium porro hoc loco sic accipiendum prodit Messala Corvinus lib. de Progenie Augusti : *In templis arma et Insigne Armorum suspendit : nam post exactam militiam, laboresque militiæ, mos fuit suspendere arma. Ideo arma fixit Troia, Troia fuit inter arma templis affixa, armorum insigne*, id est *sus.* Livius lib. 9. cap. 40 : *Samnites præter cæteros apparatus, ut acies sua fulgeret novis morum Insignibus fecerunt. Duo exercitus erant, scuta alterius auro, alterius argento cælaverunt, etc.* ubi *Insignia Armorum*, sunt scutorum et clypeorum picturæ. Rod. Tolet. lib. 9. de Reb. Hisp. cap. 13 : *Armorum suorum Insignia fecit nigra, quæ alibi et in bellis præferebat.*

* Charta Friderici comit. Terret. ann. 1225. apud Steyer. in Comment. ad Hist. Alberti II. col. 207 : *Largiendi Arma gentilitia cum scutis retortis et erectis juxta Romani imperii consuetudines laudabiles, etc.*

Arma Amittere, vel *Armis Carere* dicebantur, quorum clypei in hostium potestatem venerant, vel qui in prælio victi fuerant : tunc enim ii, aut eorum liberi, si rursum uti armis vellent, tenebantur de hostibus acceptum dedecus præliando eluere et vindicare; alioquin nec pro Militibus habebantur, nec ad mensam Militum sedere fas iis erat. Nam is mos invaluerat, ut tradit Salanova apud Hieronymum Blancam, *ut nemo nisi Miles ad mensam Militis sederet* : si contra agerent, fecialium partes erant, eorum mantile lacerare. Hujusce ritus præclarum habetur exemplum apud Willelmum Hedam, in Friderico Episcopo Ultrajectensi, sub ann. 1395. quippe narrat, *Comiti Ostrevandiæ Willelmo mensæ Regis Francorum assidenti cum aliis Principibus, fecialem, quem Heraldum vocant, lacerasse mantile sibi antepositum, objicientem indignum fore, quod aliquis interesset mensæ Regiæ carens Insigniis Armorum, innuentem insignia ipsius Willelmi, apud Frisios Orientales Amissa.* Rem ipsam pluribus exequitur Joannes a Leydis in Chron. lib. 31. cap. 50. Porro de ejusmodi clypeis perditis intelligendus Dudo lib. 3. de Morib. Norman. ubi de Richardo Duce, cujus parens ab Arnulpho Flandriæ Comite per insidias cæsus fuerat: *Iste puer constituatur istius Regni Princeps, Scutumque Perditum patris scuto reformantes restaurantesque ejus soboli, obstemus repugnando volentibus dominari nobis.*

¶ Arma Incartelata, Scutum quadripartitum, Gall. *Ecartelé*. Instrum. ann. 1374. apud Baluzium tom. 2. Hist. Arvern. pag. 369 : *Ubi vero non essent nisi unicus filius ex dictis dominis Dalphino et Margarita, ipse solus esset heres amborum dominorum Comitum prædictorum, et portabit, si sibi placuerit, Arma Incartelata eorumdem.*

Arma Reversata, in degradationibus nobilium, qui feloniæ damnati erant : si quis enim proditionis reus damnatus esset, continuo ad majorem ignominiam, nobilitate non modo excidebat, sed et ipsius liberi nobilium prærogativa privabantur, atque in hujusce rei signum, arma proditoris publice invertebantur, seu *reversabantur.* Thomas Walsinghamus, pag. 192 : *Inter probra vero quæ Duci intulerat, Arma ejus in foro sunt publice Renversata.* Chronicon MS. Bertrandi Guesclini :

Oy, dist l'Escuier, regardés la douleur,
Les Armes de Bertrand, ou tant a de vigueur,
Ont pendue laidement, ainsi come trahiteur,
Et traisnée aussi au long d'un quarrefort,
Et les ont Enversée, en monstrant par frenour,
Que Bertrand de Glaiequin'a cuer de boiseour.

Habetur in Chartophylacio Regio, in Scrinio Navarræ, sacco 4. Charta Joannis *de Greilly* Capitalis *de Buch*, ann. 1364. quæ est 6. qua is captus in prælio Cocherellensi, et in libera Regis custodia detentus, ab ea non recessurum se profitetur : consensum suum præbens, ut si secus ageret, pro falso, malo, ac perfido Milite haberetur, atque in perfidiæ signum arma sua inverterentur, *Ses Armes fussent mises et tournées dessus et dessous.* Henricus de Knighton lib. 3. pag. 2546. de Hugone Spensero : *Et primo vestierunt eum uno vestimento cum Armis suis Reversatis, etc.* Joannes de Badio aureo in Tract. de Armis pag. 44 : *Item nota, quando portans arma debet dishonorari propter proditionem, fugam, vel fidem ruptam, tunc Arma sunt pingenda per Transversum.* V. Seldenum de Tit. hon. pag. 789. 2. ed.

* Armorum Rex, Fecialis, vulgo *Heraut, Roi d'armes.* Codicil. 2. Caroli Andegav. ultimi comit. Prov. ann. 1481 : *In primis namque dictus dom. noster rex codicillando legavit ejus Regi armorum, vulgariter dicto Provence, pro servitiis eidem dom. nostro regi per eumdem suum Regem armorum, utroque tempore bellorum et pacis, laboriose præstitis.* Vide *Heraldus.*

* **ARMABILIS**, *Facilis ad armandum.* Cathol.

ARMACALCI, Papiæ, *Navis armamenta, vel qui in puppibus arma portant.*

* *Arma caici*, in vet. Glossar. ex Cod. reg. 7646, *hoc est, navis ejus armamenta; vel certe quia frequenter in pupibus nautæ arma comportant.* Vide mox *Armamen.* [** Virgil. Æn. lib. 1. vers. 183.]

* **ARMACIO**, Apparatus belli, belli comparatio, Gall. *Armement.* Lit. remiss. ann. 1383. inter Probat. tom. 3. Hist. Nem. pag. 65. col. 2 : *Aliorum dicto domino meo* (regi) *et nobis rebellium ordinationes, Armaciones, associationes.*

¶ **ARMACUDIUM**, Armorum species, apud Rymer. tom. 15. pag. 360 : *Vi et armis, videlicet gladiis, Armacudiis, lanceis, arcubus et sagittis, loricis, deploidibus, galeis ferreis, tormentis, sive vibrellis vulgariter vocatis Canons, etc.* Ead. habentur pag. 544.

* **ARMADILLUS**, Pisciculi marini genus. Gloria posth. S. Rosæ tom. 5. Aug. pag. 999. col. 2 : *Fecit, jecit, ac subito bocarum et Armadillorum tantam vim traxit, ut pondus impleti retis vix potuerit sustinere.* Academ. Hispan. in Diction. *Armadillo*, Animal testitudinis speciem referens et squamis armatum apud Indos.

* **ARMAMEN**, nis, *Lo logo delle arme è nave.* Glossar. Lat. Ital. MS. Vide supra *Armacalci.* [** Gloss. in cod. reg. 7644 : *Armamentarium, locus ubi arma ponuntur, aut armatura navium.* Vide *Armamentum*, 1.]

ARMAMENTA, Utensilia, supellex. Bernardus Monach. in Consuetud. Cluniac. MSS : *Si evenerit, ut signum audiat ad horam ullam regularem, et adhuc sit positus intra septa murorum, Armamentis viæ depositis revertitur ad horam, etc.*

* 1. **ARMAMENTUM**, *i. Armatura, dicitur ab armando.* Glossar. vet. ex Cod. reg. 521. Aliud Glossar. Gall. Lat. ex Cod. 7684 : *Armamentum, aumaire, locus ubi arma reponuntur.*

* 2. **ARMAMENTUM**, Armentorum stabulum. Acta SS. tom. 5. Sept. pag. 260. col. 1 : *Iste quidem communis ecclesiarum hostis, æde illa sacra profanata, Armamentum fecerat, et stercoribus excipiendis male dicaverat.*

* **ARMANDA**, Gentilitia insignia. Charta ann. 1343. ex Tabul. Lesatensi inter schedas Mabill. : *Transmiserat Guillelmus cardinalis S. Stephani in Cœlio monte.... duas canetes argenti superdeauratas, cum Armandis et signis dicti dom. cardinalis signatas.* Vide *Arma* 3. Hinc

* **ARMANDATUS**, Insignibus gentilitiis signatus, Gall. *Armorié.* Inventar. ann. 1419. ex Tabul. monast. Montisolivi : *Unam crucem parvam argenti cum pede rotundo, Armandatam de burdo cum armis de Burra abbatis.* Pluries ibi. Vide *Armentatus.*

ARMANDIA. Vide *Arimannia* in *Herimanni.*

¶ **ARMANDIES**, Armarium, Gall. *Armoire.* Necrolog. Parthenonis S. Petri de Casis Ord. S. Benedicti : *Torreta Monialis de Casis dedit pro anima sua Armandies per las ananhas ad servitium Monasterii.*

* **ARMANIA**, Præstatio, quæ ab iis quos *Armanios* vel *Herimanos* vocabant, pensitabatur. Charta Friderici II. Rom. reg. ann. 1219. apud Murator. tom. 2. Antiq. Ital. med. ævi col. 876 : *Hæc igitur supradicta, et cætera omnia, quæ in aliquo regni nostri loco præfata possidet ecclesia, cum.... paludibus, piscationibus, Armaniis, tansis, bannis, ac olivetis, etc.*

* Armanius, Idem qui *Herimannus.* Cencius Camerar. apud eumd. Murator. ibid. tom. 5. col. 831 : *Simul territorium integrum, quod est castri Conchæ, cum suis publicaliis, et Armaniis suis, infra civitatem ipsam vel foris positis, etc.* Vide *Herimanni.*

* **ARMANICUM**, Id omne quod *armandæ* seu instruendæ navi necessarium est. Charta Caroli IV. reg. Franc. ann. 1323. inter Probat. tom. 4. Hist. Occit. col. 168 : *Quod necessarium fuerit eidem ad emendum navigium memoratum, pontaticum et Armanicum galearum..... sibi tradi faciemus.*

* **ARMANIUS**. Vide supra in *Armania*.

¶ **ARMANNIA**. Vide *Arimannia* in *Herimanni*.

¶ **ARMARARIUM**, Armarium, Bibliotheca. Lib. Talmut pensionum S. Victoris ann. 1337 : *De quatuor viginti Turonum argenti de proventibus officii Armararii teneat Armararium librorum.* Vide *Armarium* in *Armaria* 3.

¶ 1. **ARMARARIUS**, Bibliothecarius, Custos librorum. Capitula Generalia S. Victoris Massil. MSS. : *Sub excommunicatione prohibemus, ut nullus Monachus sine licentia Armararii libros de armario vel extra Monasterium ferat.* Et paulo inferius : *De omnibus libris fieri debeant duo inventaria ... et unum inventarium habeat et teneat Armararius.* Vide *Armarius* 2.

* Comput. ann. 1326. ex Cod. reg. 9434. fol. 2. r° : *Item ab Armarario monasterii Silvæ majoris archipresbyteratus de inter duo maria, xxviij. sol. Burdegal.*

¶ 2. **ARMARARIUS**, Armurarius, Armorum faber, Gall. *Armurier*. Apud Rymerum tom. 5. pag. 817. col. 1 : *Quia Armararii et alii qui armaturas in civitate prædicta habent vendendas, etc.* Mox infra legitur *Armurarii*, hæcque lectio præferenda est.

¶ **ARMARE**, Armarium, Gall. *Armoire*, in quibusdam provinciis *Armari*. Litteræ anni 1564. ex Archivo S. Victoris Massil. : *Litteras patentes.... conditas scilicet in Armari signato per litteram P. n°. LXXX.*

1. **ARMARE**, Arma dare, Militem facere, Militare cingulum cingere. Orderic. Vital. lib. 12 : *Ibi Guillelmus Clito Roberti Ducis Normannorum filius Armatus est.* Charta Aldephonsi Imperatoris Hispaniæ apud Doubletum pag. 891 : *Hæc charta facta fuit eo anno, quo dictus Imperator Armavit filium suum Regem Fernandum Militem in Palentia in festo Natalis Domini.* Vide supra *Arma dare*.

* 2. **ARMARE**. Glossar. vet. ex Cod. reg. 7646 : *Armanti, frementi, murmuranti. Placidus. Armantur, arantur.* [** In cod. 7644. prior glossa Placido adscribitur, itemque apud Maium pag. 434 : *Arnanti, prementi, murmuranti.* Conf. Virgil. Æn. lib. 10. vers. 398. Altera glossa spectare videtur ad originem vocis *Armentum*, de quo vide Isidor. lib. 12. cap. 1. sect. 8.]

* 3. **ARMARE**, Apparare, Gall. *Apprêter* quo sensu etiam *Armer* dicimus. Charta ann. 1341. in Reg. 72. Chartoph. reg. ch. 250 : *Cum contra sindicos universitatis et singulares castri et bajuliæ de Angulis.... denuntiatum fuisset.... animalia sua.... grossa et minuta, per plures et diversos annos,.... in his baugiis et nemoribus regiis ipsius bajuliæ... immisisse, Armasse causa depascendi.* Ubi leg. forte *Amenasse*, pro duxisse.

* 4. **ARMARE**, Navem piraticam instruere; unde pirata nostris *Armateur*, Hispan. *Armador*. Charta Alfonsi reg. Aragon. ann. 1288 : *Si aliquis pirata seu cursarius voluerit Armare contra inimicos, quod asse-curet et caveat sufficienter in posse vestro, antequam de loco, ubi Armaverit, recedat; quod non faciat malum in locis seu rebus amicorum vel treugarum.* Vide infra *Armata* 3.

* 1. **ARMARIA**. Diploma Friderici Imp. ann. 1220. pro Ecclesia Bononiensi, apud Ughellum tom. 2. pag. 23 : *Specialiter regalias et Armarias, quæ et quas in castellis et locis suis et in eorum pertinentiis habet, etc.* Videtur legendum *Arimanias*. Vide *Herimanni*.

¶ 2. **ARMARIA**, Armarium, Gallice *Armoire*. Translatio S. Medardi tom. 2. Junii pag. 101 : *Sacratum pignus singulis e clero ad oscula porrectum est, deinde reconditum; et post Vesperas etiam solenni pompa decantatas, in Armaria quæ est in sinistra parte altaris repositum.*

3. **ARMARIA**, Bibliotheca. Vetus Interpres Juvenalis Sat. 3. v. 219 : *Armariam sive Bibliothecam.* [S. Wilhelmi Constitut. Hirsaug. lib. 2. cap. 16 : *Prior noviter electus post domnum Abbatem de omnibus rebus et causis, quæ ad Monasterium pertinent se intromittit, nisi de thesauro Ecclesiæ et de Armaria, quæ in potestate Abbatis consistunt.*]

Armarium, Eadem notione Latini Scriptores usurpant. Gloss. Saxon. Ælfrici : *Bibliotheca, vel Armarium vel Archivum*, b o o c h o r d; id est, librorum thesaurus. Tertullianus de Cultu femin. : *Scio, Scripturam Enoch... non recipi a quibusdam, quia nec in Armarium Judaicum admittitur. Armarium librorum*, apud Julium Paul. lib. 3. Sentent. Anastasius Bibl. in S. Zacharia : *Hic in Ecclesia prædicti principis Apostol. omnes codices domus suæ proprias, qui in circulo anni leguntur ad matutinos, in Armarii opere ordinavit. Armarium Palatii*, in Epistola Ludovici Pii ad Magnum Archiepisc. Senonensem, et in altera ad Sicharium Arch. Burdegalens. quod *Archivum Palatii* dicitur in ejusdem Imp. Præcepto pro Hispanis ann. 816. Adde Udalricum lib. 3. Consuet. Cluniac. cap. 10. Vide Britannicum ad Juvenal. Sat. 7. et Savaronem ad Sidon. lib. 2. Epist. 9. Ita *Amaire* nostri usurparunt. Le Roman *d'Alexandre* MS. :

Cele estoire trouvons escrite,
Que vous vueil raconter et retraire,
En un des livres de l'Amaire,
Monseigneur S. Pere à Biauvés,
De la fu cist livres retrais.

[** Vide Marin. Pap. Diplom. pag. 312. num. 95. not. 17.]

* Quidam Joannes Andreas, *Armarium juris* dicitur, apud Murator. tom. 12. Script. Ital. col. 998. Qua etiam notione vocem *Bibliotheque* usurpamus. [** De Joanne Andreæ vide Savinii Hist. Jur. rom. med. temp. vol. 6. pag. 88. sqq.]

Armaria Italica. Visio Guetini cap. 2 : *Ædificium quoddam facturi, in modum Armariorum Italicorum præfiguratum, ad inclusionem ejus.* Ubi Codex alius : *Armarioli vel aliarum figurarum præfig.*

¶ **ARMARIATUS**, Officium armarii, seu custodis Bibliothecæ. Post finem X. Cod. MS. S. Martialis Lemov. hæc leguntur : *Hunc codicem comparavit Bernardus Iterii Armarius, ann. 1223. mense Novembri in festo S. Odonis et sui Armariatus 20. pretio 30. sol. cum 6. denariis.*

¶ **ARMARIERIUS**, Cantor seu præcentor in Ecclesiis et Monasteriis. Concil. Hisp. tom. 4. pag. 194 : *Missæ defunctorum. . . celebrentur ad arbitrium et prout distribuerit Armarierius.* Ibid. pag. 199 : *In omnibus funerariis generalibus, vulgo* Cors general *nuncupatis, Armarierius sedis accipiat sex cereos magnos de melioribus, qui reperientur in dictis funerariis.* Vide *Armarius* 2.

* *Armairier* et *Armarier*, eadem acceptione, in Charta ann. 1348. ex Chartul. Bonæval. : *Roul Potet chevallier pardevant Fr. Nicolas de Mounier souprieur et Armairier de l'abbaie de Boneval, lequel fina audit Armarier pour demoiselle fame jeu Aubert Potet à cause de la garde de ses enfans,.... vj. lib. pour son droit.*

¶ **ARMARIOLUM**, Tabernaculum in quo Christi corpus asservatur. Statuta Ecclesiæ Leodiensis ann. 1287. apud Martenium tom. 4. Anecdotorum col. 841 : *Corpus Domini in honesto loco sub altari vel in Armariolo sub clave sollicite custodiatur.* Hæc vox occurrit apud Plautum pro *Parvo Armario*.

[** Alphons. Discipl. Clerical. cap. 16. sect. 12 : *Si aliquos philosophorum habitus reposuisti hujusmodi in cordis Armariolo largire mihi, et ego fideli memoriæ commendabo.*]

¶ **ARMARIOLUS**, Parvum armarium. Bern. Ordo Cluniac. part. 1. cap. 25 : *Factus est quidam Armariolus ante faciem majoris altaris... in quo nihil aliud reconditur præter illa utensilia, quæ necessaria sunt ad solemnia duntaxat in conventu agendarum, id est, duo calices aurei, etc.*

¶ **ARMARIUM**, Bibliotheca. Vide *Armaria* 3.

¶ 1. **ARMARIUS**, Armorum faber, Gall. *Armurier*. Apud Rymerum tom. 8. pag. 193. col. 2 : *Ne aliquos de partibus illis armatos vel Armarios cum Comite Hollandiæ, seu complicibus suis, aut alias in perniciem nostræ patriæ, exire permittat.* Vide *Armararius* 2.

2. **ARMARIUS**, Custos Bibliothecæ. Idem etiam qui in Ecclesiis et Monasteriis *Cantor*, vel *Præcentor* dicitur, cui librorum, præsertim Ecclesiasticorum, cura incumbit. Herimannus de Restaurat. S. Martini Tornacensis cap. 38 : *Monachus factus in Cœnobio nostro Armarii seu Cantoris officium 47. annis tenuit.* Udalricus lib. 3. Consuet. Cluniac. cap. 10 : *Præcentor et Armarius : Armarii nomen obtinuit, eo quod in ejus manu solet esse Bibliotheca, quæ et in alio nomine Armarium appellatur. Hæc est obedientia, quam ex more nullus meretur, nisi nutritus.* Bernoldus Archidiaconus Bracarensis in Vita B. Geraldi Archiep. Bracarensis n. 1 : *Armarii, in quo libri divini reponebantur, custos factus est.* Ejus speciale munus describitur ibi pluribus, et lib. 1. cap. 35. 45. lib. 2. cap. 30. 31. in veteri Consuetud. Floriac. Cœnobii pag. 392. 394. 395. in lib. MS. Ordinis S. Victoris Parisiensis cap. 19. et in Chronic. Abbat. S. Trudonis lib. 1. pag. 352. [Item apud Bernardum in Ordine Cluniacensi pag. 161. et seq. Veteris Discipl. Monast. Vide ibid. pag. 39. 56. 97. 98. etc. ubi *Armarius* pro *Cantore* et Magistro cæremoniarum constanter accipitur.] *Monasterii Armarius*, in Vita S. Petri Abbat.

Cavensis n. 27. Vetus Martyrolog. S. Martini de Campis : *Armarius cappa pretiosa indutus Chorum tenebit.* Ex quibus refellitur Card. Bona lib. 2. Rerum Liturg. cap. 14. n. 5. qui apud Udalricum *Armarium*, Cellarii curatorem interpretatur.

¶ 3. **ARMARIUS**, Idem quod *Secretarius Capituli* in Monasterio S. Petri Vosiensis, ut patet ex ejusdem loci Tabulario fol. 61. v° : *Accepit a Geraldo Armario... xv. solidos.* Ibidem : *Hujus rei auditores fuerunt domnus Abbas Rainaldus, Geraldus Monachus Secretarius, etc.* Et paulo inferius : *Audientibus Geraldo Monacho Armario, a quo solvuntur 6. solidi;* quod et in fine chartarum sæpius observatur. Forte hic Geraldus duplici fungebatur officio *Armarii* et *Secretarii.*

* **ARMARUERIUS**, Armorum faber, Gall. *Armurier.* Instr. ann. 1412. inter Probat. tom. 3. Hist. Nem. pag. 210. col. 2 : *Richardo de Camdone Armaruerio, habitatore Nemausi.* Vide *Armararius* 2. et infra *Armeurarius.*

1. **ARMATA**, Exercitus, Gall. *Armée*, Itali ac Florentini præsertim *Armata* vocant classem, seu exercitum navalem. Ita Joan. Villaneus lib. 4. cap. 30. lib. 7. cap. 83. lib. 8. cap. 14. et alii passim, quamquam et interdum pro exercitu terrestri usurpant. Charta Rogerii Regis Sicil. pro Messanensibus, apud Bonfilium Constantium : *Facere teneatur Armatam per mare, vel per terram.* Infra : *Nullus civis Messanensis ad stolum et Armatam quamcumque regalem, etiam per mare, seu per terram ire cogatur invitus.* Occurrit in Charta Conventionis Imperatoris Græcorum et Communis Januensium ann. 1261. post Historiam nostram Gallo-Byzant. pag. 10. 11. Vide Meursium in Ἀρμάδα. [Marten. tom. 1. Anecd. col. 1502. tom. 3. col. 1950. etc.]

* Pro navali exercitu, in Charta Philippi reg. Franc. ex Bibl. reg. : *Ut Armata galearum per vos et alios vestros propinquos et amicos fit apud Januam,.... cito acceleretur et veniat ad has partes,.... rogantes quatinus ut prædictæ Armatæ apparatus celeriter fiant, et quod ipsa Armata cito inchoet navigare.*

* 2. **ARMATA**, Armorum suppellex, idem quod *Armatura* 2. Vide in hac voce. Testam. Galeranni *de Breuill* ann. 1200. ex Chartul. B. M. de Josaphat : *Item lego domui S. Laurentii equum meum et omnes Armatas meas ad unam casulam faciendam.*

* 3. **ARMATA**, Navis piraticæ instructio, vulgo *Armement.* Charta Alfonsi reg. Aragon. ann. 1288 : *Si aliquis pirata seu cursarius voluerit armare contra inimicos etc. Volumus quod officialis noster non possit habere nec habeat partem in hujusmodi Armatis.* Vide supra *Armare* 4. [** et *Armata*, 1, cur enim hic locus de una navi intelligatur non video. Classis piratica sæpius *armada* dicitur in Alphonsi reg. Cast. Partidis, in secunda tit. 26. leg. 29. et alibi. Item in Regum Aragon. præceptis de bellis piraticis, quæ videsis apud Pardessus. Collect. Leg. Marit. vol. 5. pag. 393. sqq. *Pragmatica* ann. 1288. ibid. pag. 349.]

¶ 4. Armatæ Dies (Supplendum *stellæ*) pro *Die Martis* sumitur in Relatione Miraculorum S. Etheldredæ inter Acta SS. Junii tom. 4. pag. 538.

ARMATI, Milites cataphracti, armis omnibus instructi ; nostris *Gens d'Armes.* Chronicon Colmariense 2. part. ann. 1298 : *Habuit secum Australes, qui armis ferreis utebantur. Igitur Rex Adolphus contra Ducem Austriæ cum magna multitudine venientem, in occursum currit cum hominum armata multitudine copiosa. Armati reputabantur, qui galeas ferreas in capitibus habebant, et qui wambasia, id est, tunicam spissam ex lino et stuppa, vel veteribus pannis consutam, et desuper camisiam ferream, id est, vestem ex circulis ferreis contextam, per quæ nulla sagitta arcus poterat hominem vulnerare. Ex his Armatis centum inermes mille lædi potuerunt : habebat et multos, qui habebant dextrarios; id est, equos magnos, qui inter equos communes, quasi Bucephalus Alexandri, inter alios eminebant. Hi equi cooperti fuerunt coopertoriis ferreis, id est, veste ex circulis ferreis contexta. Assessores dextrariorum habebant loricas ferreas, habebant et caligas, manipulos ferreos, et in capitibus galeas ferreas splendidas et ornatas, et alia multa, quæ me tæduit enarrare.* Hæc, et si prolixiora, describere placuit, ut vel inde percipiatur, cur Alemannorum *gentem ferream in equis ferreis advenire* dixerit Anonymus de Expeditione Asiatica Friderici I. et Theophylactus Bulgariæ Archiep. Epist. 16. ex Meursianis, τὸν Φραγκὸν τὸν τράχηλον τέος σιδήρεον fuisse : et Anna Comnena lib. 11. Alexiad. eosdem Francos δία τῶν ὅπλων βάρος fuisse εὐχειρώτους. Vide *Arma* 1.

* **ARMATIZATUS**, Insignibus gentilitiis signatus, Gall. *Armorié.* Testam. Guill. de Meleduno archiep. Senon. ann. 1376. in Reg. 108. Chartoph. reg. ch. 338 : *Et sunt Armatizati circumquaque ad arma nostra.* Vide supra *Armandatus.*

¶ **ARMATOR**, Custos armorum. Jacobi II. Regis Majoric. Leges Palatinæ inter Acta SS. Junii tom. 3. pag. xxxv : *Ne videlicet corrodantur rubigine vel alio eventu forinseco consumantur ; ordinamus ad armorum nostrorum custodiam unum deputari hominem idoneum et fidelem, qui Armator ab officii convenientia nuncupetur.*

ARMATORIUM, Locus, ubi arma induebant Factiones, vel earum armamentarium. Ἀρματωρίου τῶν πρασίνων meminit Cedrenus pag. 448. Vide nostram Constantinopolim Christianam.

¶ **ARMATORIUS**, Armatus. Arrestum Parlamenti Paris. ann. 1335. apud *la Faille* Annal. Tolos. tom. 1. inter Probat. pag. 86 : *Cum magna multitudine Armatoria de nocte domum dictorum Fratrum fregerunt.*

1. **ARMATURA**, Armorum exercitatio, exercitium militare, quo milites a Campidoctoribus instituebantur in campo. Glossarium laudatum a Rigaltio : ἀρματσύρα πρῖμα, μελέτη πρώτη. *Multiplex Armaturæ scientia*, apud Ammianum lib. 14. *Militares armaturas exercere*, apud Jul. Firmicum. Cujusmodi vero eæ fuerint docet Henricus Valesius ad eumdem Ammianum pag. 51. et 105.

2. Armaturæ postmodum singulariter dicti Milites, qui in principiis legionum erant, qui scil. ea exercitatione imbuti fuerant, ut auctor est Vegetius; quo spectat hæc Inscriptio : CANDIDIÆ. URBANÆ. MATERNINUS. PARDUS. ARMATURÆ. XXII. MARIT. F. C.

Armaturæ præterea Milites fuere in Comitatu Imperatoris, quorum duæ scholæ recensentur in Notitia Imperii sub dispositione Magistri officiorum, Armaturæ scilicet seniores, et Armaturæ juniores. Horum dux *Tribunus Armaturarum* dicebatur. Apud Ammianum lib. 14. 15. et 27. occurrunt *Mellobaudes* et *Balcobaudes Armaturarum Tribuni.* Sic porro appellatos existimat Pancirollus, quod gravissimis armis, seu potius omni armorum genere instructi essent, vel certe quod eorum schola conflata esset ex iis, qui sub Campidoctore armis instituti erant. Ita Joan. Villaneus lib. 11. cap. 45. 84. vocem, *Armadure*, pro Militibus armatis usurpat.

* Armaturæ Duplares, Simplares, apud Veget. lib. 3. cap. 7. *Quæ binas* vel *singulas consequuntur annonas.*

3. **ARMATURA**. In Gloss. Græc. Lat. πανοπλία, Arma, quæ quis induit ; *Armeure* nostris : quæ quidem vox et si Latinis Scriptoribus haud ignota, occasionem mihi præbebit hoc loco describendi varia armorum genera, quibus utebantur Franci nostri extremis sæculis, et antequam eorum exolevisset usus, ex Inventario Ludovici Magni Regis Franciæ ann. 1316. quod asservatur in Rotulo pergameno in Camera Computorum Parisiensi, hocce titulo :

C'est l'Inventoire des Armeures, et premierement de celles, que Doublet a rendues aux Executeurs.

Premierement 33. *Hantes Gorgieres doubles de chambli. Item uns pans et uns bras de jazeran d'acier. Item uns pans et uns bras de roondes mailles de haute cloüeure. Item uns pans et uns bras d'acier plus fors de mailles rondes de haute cloüeure. Item uns pans et uns bras d'acier, et le camail de mesme. Item* 3. *coleretes Pizaines de jazeran d'acier. Item une barbiere de haute cloüeure de chambli. Item un jazeran d'acier. Item un haubergon d'acier à manicles. Item une couverture de jazeran de fer. Item une couverture de mailles rondes demy cloées. Item une testiere de haute cloüeure de maille ronde. Item un haubert entier de Lombardie. Item.* 2. *autres haubergons de Lombardie. Item* 3. *paires de chauces de fer. Item* 8. *paires de chauçons, et un chauçon par dessus. Item unes plates neuves couvertes de samit vermeil. Item deux paires de plates autres couvertes de samit vermeil. Item un couteau à manche de fust et de fer, qui fu S. Louys, si comme l'en dit. Item* 3. *paires de greves, et* 3. *paires de pouloins d'acier. Item* 6. *autres paires de greves d'acier, et* 2. *paires de pouloins. Item* 2. *heaumes d'acier. Item* 5. *autres heaumes, dont li uns est dorez, et* 5. *chapeaux roons, dont les* 2. *sont dorez. Item* 2. *cors d'acier. Item* 2. *bacinez roons. Item* 4. *espées garnies d'argens, dont les* 2. *sont garnies de samit, et les deux de cuir. Item une espée garnie d'or et de cuir. Item une espée à parer garnie d'argent, le pommel et le poing esmaillé. Item* 8. *espées de Toulouze, et deux Misericordes. Item* 17. *espées de Bray. Item une espée de Jean d'Orgeret, et* 2. *espées et une Misericorde de Verzi. Item* 15. *espées de commun. Item* 15. *coutiaus de commun, et* 7. *fers de glaives de Toulouze. Item* 2. *de* commun, et le bon fer de glaive de le Roy. Item 2. chanfrains dorez, et un de cuir. Item une fleur de lys d'argent doré de mauvese preure à mettre sus le haume le Roy. Item uns gantelez couvers de velveil vermeil. Item 16. bannieres cousues des armes le Roy. Item 13. bannieres batues des Armes le Roy. Item 18. pennonciaux batus des Armes le Roy. Item unes couvertures, une flanchieres, unes picieres, et une tunicle de velveil, les fleurs de lys d'or de Chipre. Item une cote gamboisée de cendal blanc. Item 2. houces et 2. tunicles des Armes de France, et le chapiau de meismes. Item 2. tunicles et un gamboison de bordure des armes de France. Item 2. tunicles batues des armes de France. Item 2. manches broudées. Item 3. paires de bracieres en cuir des armes de France. Item 2. paires de resnes de fer. Item 4. paires d'esperons garnis de soye, et 2. paires garnis de cuir. Item une testiere, et une crouppiere garnie des armes de France. Item un estuiaus de plates garny de samit. Item 2. chapiaus de fer couvers. Item 3. escus pains des armes le Roy, et un d'acier. Item 16. paires de couvertures batues et une non per des armes le Roy. Item 5. cotes batuës des armes le Roy fourrées, et une defourrées. Item 3. cottes batuës defourrées des armes le Roy. Item 22. penonciaux batus des armes le Roy. Item une couverture de gamboisons, broudées des armes le Roy. Item 3. paires de couvertures gamboisées des armes le Roy, et unes Indes jazeguenées. [Item. 2. paires de couvertures batues, et une coliere des armes le Roy. Item une quantité d'aiguillettes et las à armer. Item 6. bacinets. Item une paire d'estamine à couvrir chevaux. Item un cuissiaux gamboisez, et uns esquivelans de cuir. Item une tunique et une houce de drap des armes de France et de Navarre, d'or de Chipre, les fleurs broudées de pelles. Item une houce et une tunique de drap simple des armes de France et de Navarre. Item un vieil jupel des armes de France à fleurs broudées. Item cote, bracieres, houce d'escu, et chapel de Veluyau, et couvertures à cheval des armes du Roy, les fleurs de lys d'or de Chypre, broudées de pelles. Item Picieres et Flanchieres de samit des armes le Roy, les fleurs de lys d'or de Chypre. Item uns cuissiaus sans poulains des armes de France. Item une cote gamboisée à arboisiaus d'or, broudée à chardonereus. Item 18. bannieres batuës des armes de France et de Navarre, et 4. de couture. Item 51. pennonciaux batus de France et de Navarre. Item unes couvertures à cheval batuës de France et de Navarre. Item unes couvertures gamboisées de France et de Navarre. Item, Flancieres et Picieres de France et de Navarre. Item un escu et 2. targes de France et de Navarre; et un escu Ynde à lettres d'or, et un chappiau de drap de France et de Navarre. Item unes couvertures d'estamines.

☞ Integram militis armaturam habes in Testamento Odonis de Rossilione ann. 1298. apud Marten. tom. 1. Anecd. col. 1305. et 1306 : *Item do et lego domino Petro de Monte Ancelini prædicto centum libras Turonenses, et unam Integram Armaturam de Armaturis meis, videlicet meum heaume a vissere, meum bassignetum, meum porpoinctum de cendallo, meum godbertum, meam gorgretam, meas buculas, meum gaudichetum, meas trumulieres d'acier, meos cuissellos, meos chantones, meum magnum cutellum, et meam parvam ensem.* In Hist. Dalphin. tom. 1. p. 48 : *Medietas cum balistis et alia medietas cum lanceis pennonis munitus sufficienter, et omnes de dicto numero cum propointis; gorgeriis, chirotecis ferreis seu platis, alberjonatis malliæ competentibus, ense, cultello et aliis necessariis.* Hæc ex libertatibus Brianç. ann. 1343.

* Machinæ quævis bellicæ Armaturæ nomine designantur, in Lit. Caroli VI. ann. 1418. tom. 10. Ordinat. reg. Franc. pag. 495 : *Ordinamus quod servientes et cives ipsius civitatis* (Nemausi) *ad quos ejus et castri prælibati pertinet custodia, possint et valeant de cætero de facto propria auctoritate, de artilharia seu Armaturis nostris prædictis, accipere artilhariam eis necessariam pro custodia et defensione dictorum civitatis et castri, nec non turres et mœnia munire seu muniri facere de dicta artilharia, quantum eis opus erit, pro resistendo hostibus et inimicis nostris.* Vide *Artillaria* 2.

¶ 4. **ARMATURA**, Exercitus. Tractatus inter Eduardum Angliæ Regem et Franciscum Ducem Britanniæ ann. 1468. et Archivo Nannet. : *Quod si durante tempore quo iidem tres mille sagittarii erunt in servitio seu Armatura Ducis Britanniæ, per eumdem Ducem obtineantur patriæ, loca, villæ, etc. de domanio coronæ Franciæ etc.*

¶ 5. **ARMATURA**, Scuta gentilitia, Gall. *Armoiries*, apud Rymerum to. 3. pag. 264. col. 1. ubi agitur de supellectile Episcopi : *Tam videlicet de jocalibus, vasis aureis et argenteis, ornamentis capellæ, Armaturis, etc.*

* 6. **ARMATURA**. Charta ann. 1338. inter Monum. eccl. Aquilei. cap. 89. col. 886 : *Qui dominus patriarcha.... eumdem dominum comitem per quemdam annulum, ac etiam per banderiam Armaturæ comitatus Goritiæ, videlicet rubei et albi coloris, manu propria investivit.* Id est, per vexillum *armis* comitatus Goritiæ insignitum.

* 7. **ARMATURA**, Servitium, quo vassallus domino suo militem præstare, aut ipsemet in exercitum domini sui ire tenetur. Charta Ivonis Carnot. episc. ann. 1114. ex Tabul. ejusd. episcop. : *Ipsi monachi Tironenses.... acquisitum sive dono, sive emptione, vel alias in manu mortua libere in perpetuum teneant et possideant a rachato quocunque, Armatura, venditionibus, jure dominii.... liberum et quittum.*

* **ARMATURARIUS**, Armorum faber. Gall. *Armurier.* Charta ann. 1300. in Reg. 38. Chartoph. reg. ch. 52 : *Nicolaus de Turonibus Armaturarius.* Vide supra *Armaruerius.*

ARMATUS Equus, Idem qui *Equus vestitus*, in nobilium funeribus offerri solitus. Testam. ann. 1350. ex schedis D. *Le Fournier* : *Et ipsum* (corpus meum) *sepeliri faciat* (hæres meus) *prout decens est, cum banderia nostra, scuto,.... et equus meus sit Armatus, etc.* Vide in *Equus.*

* **ARMAZIUM**, a vulgari *Armazi*, Armarium, Gall. *Armoire*, alias *Ermoise*. Lit. remiss. ann. 1455. in Reg. 191. Chartoph. reg. ch. 124 : *Le suppliant et Perrin Pompet prindrent ung sachet et une bourse qui estoient en une Ermoise ou fenestre.* Inventar. ann. 1362. inter Probat. tom. 2. Hist. Nem. pag. 266. col. 2 : *Qui quidem domini sacristæ... recognoverunt... prædicta omnia et singula habuisse et habere, et in dicto Armazio posuisse, cujus quidem Armazii ipsi sacristæ clavem habent.* Sed et pro Loculamentum, Gall. *Niche*, occurrit ibid. : *Item unum baculum, cum Armazio argenti, in quo est Crucifixus.*

* **ARMEATOR**, Armorum faber, Gall. *Armurier*, olim *Armoier*. Charta ann. 1317. in Reg. 66. Chartoph. reg. ch. 495 : *Bisuneius de Septem-fontibus Armeator, civis Lugdunensis, super brocello suo de Vernaisons, etc.* Liber. 1. ordinat. super. artif. Paris. ex Cam. Comput. fol. 191. r° : *Ordonnance des Armoiers de Paris.... Que nul ne puisse faire cote, ne gamboison, etc.* Lit. remiss. ann. 1370. in Reg. 102. ch. 78 : *Guillaume Gencien ouvrier du mestier de haubergerie, et Jehan de Bruges Armoyer, etc.* Charta ann. 1412. in Reg. 166. ch. 206 : *Les brodeurs, Armoyers et forbisseurs de nostre bonne ville de Paris des armeures qu'ilz ont faites, etc.* Ubi pluries *Armoyers*; ter vero legitur *Armoyeurs.* Vide supra *Armaturarius.* [** Confer Statuta collegior. artific. Paris. ed. Depping. pag. 370.]

¶ **ARMELANSA**, Idem quod *Almutium* Canonicorum : sic dicta quod tanquam *Armilausa*, seu sagum militare cæteris indumentis superadderetur. Præceptum Caroli Calvi pro Ecclesia S. Martini Turon. ann. 849. apud Marten. tom. 1. Collect. Ampliss. col. 118 : *Dedisse fratribus Sancti Martini Antoniacum villam ad eorum Armelansas, etc.* Vide *Armilausa.*

¶ **ARMELARUS**, Armelaus, Armelausia. Vide *Armilausa.*

¶ **ARMELINUS**, Mus Ponticus, *Armellina*, Pellis muris Pontici, Gall. *Peau d'Hermine*, in Translatione S. Prosperi, tom. 5. SS. Junii pag. 71. Vide *Hermellina.*

* **ARMELLA**, Annulus ferreus, Hispan. *Armella*, nostris *Armille.* Reparat. factæ in senescal. Carcass. ann. 1435 : *Eidem* (*Bernardo serralherio*) *pro præparando Armellas herissonis portæ Narbonesiæ.... xj. sol. iiij. den.*

* Armilla, Eadem notione, apud Hericum mon. lib. 1. Mirac. S. Germ. Autiss. cap. 4. tom. 7. Jul. Act. SS. pag. 265. col. 1 : *Si quis aut cupiditatis illectu, aut animi pertinacis impulsu, mendacio patrocinari definiens, saltem in Armilla januæ jusjurandum explere præsumpserit, etc.* Hoc est, uti notant docti Editores, si quis, occluso etiam templo vel sacello S. Germani, ad januam foris consistens, et vel annulum januæ contingens, pejerare ac falsi testem invocare ausit sanctum præsulem, etc. Vide *Armillum* 1.

¶ **ARMELLAUSA**. Vide *Armilausa.*

* **ARMELLINA**, Pellis muris Pontici. Testam. Guislæ comit. Ceritan. ann. 1020. in Append. ad Marcam Hispan. col. 1020 : *Meas pellicias, unam martrinam et aliam Armellinam vendite, ut melius potueritis.* Vide *Hermellina.*

ARMELLUM, *Vas Sanctorum, vel vinarium*, Papiæ. Infra *Armillum* scribitur eadem notione.

¶ **ARMELUS**, *ab armis secundum Raba-*

num, *Vestis humeros tantum tegens sicut scapulare Monachorum. Item ab armis hoc Armelum, Vas sanctorum vel victimarum.* Ita Glossar. MS. Montis S. Eligii Atrebat. [* pro *Armelaus*. Vide in *Armilausa.*]

* **ARMENIACENSES**, nostris *Armignagois*, pro *Armagnacs*. Eo nomine appellabant Fautores partium ducis Aurelianensis, generi comitis Armeniacensis, contra ducem Burgundiæ. Lit remiss. ann. 1410. in Reg. 165. Chartoph. reg. ch. 47 : *Pour lors que pluseurs Bretons, Armignagois et autres gens d'armes ont esté près de nostre ville de Paris.*

¶ **ARMENNAT**, Quidam census apud Britannos. Chartul. S. Crucis Quemperleg.: *De censu autem qui vulgo Armennat dicitur, Præpositi quidem est illud distringere et reddere sancto Armando; nam septima pars hujus census ipsius est.* Ex antiquo Armorico *Menna*, carrum, inquit Lobinellus in Glossar. Histor. Britan. Quid si a *Mennat*, cogitare, ut census a censere?

* 1. **ARMENTARIUM**, *Locus ubi arma reponuntur. Armentariolum, diminut. ab Armentario.* Glossar. vet. ex Cod. reg. 521.

* 2. **ARMENTARIUM**, Armentum. Glossar. Gall. Lat. ex Cod. reg. 7684 : *Armentarium, un monceau de grousses bestes, comme buefs.*

ARMENTATUS, [Scutis gentilitiis ornatus, Gall. *Armoirié.*] Charta anni 1343. apud Sammarthanos in Abbatibus Lesatensis Monasterii num. 27 : *Donamus... Monasterio... quandam Crucem argenteam deauratam et Armentatam,... Calicem argenteum cum Patena deauratum, et etiam Armentatum, etc.* [Vide *Ermantatus.*]

¶ **ARMENTIA**, *Apes, essentia, extantia,* Papias MS. Ecclesiæ Bituricensis.

* Rectius Codex reg. 7613 : *Armentia, apex, eminentia, exstantia.*

¶ **ARMENTUM**, Stabulum, Gall. *Etable.* Vita S. Salvii tom. 5. Junii pag. 201. D : *Et jussit servis suis sancta corpora latenter asportare ad Armentum gregis sui, et præcepit ea ibi in medio fossæ humo operiri.*

¶ **ARMER.** Computus generalis redituum Regis Franc. ann. 1202. apud D. *Brussel* de Feudorum usu tom. 2. pag. CLVI : *Pro una tunica Armer quam Rex habuit octo dies post S. Johannem* XV. *s.* Scriptum *Armer* pro *Armel.* Germani etiamnum *Armil*, vel *Armel* eam vestium partem, qua lacerti brachiaque teguntur, vocant. Vide *Armillum.* [** Scribendum f. *armor.* i. e. *armorum:* Vide etiam *Tunica ad armare* in *Tunica*, 2.]

* **ARMERCIA.** Codex reg. 4188. ad calcem Ordin. Rom. : *In muro S. Basilii fuit magna tabula erea infixa, ubi fuit Armercia scripta in loco bono et notabili.*

ARMERII, Armorum fabricatores, *factores*, uti vocantur a Senatore lib. 7. for. 18. 19. Gall. *Armuriers.* Occurrit hæc vox in const. Neapol. lib. 3. tit. 36, §. 1. [et in Codice MS. Confraternitatis B. Mariæ in Ecclesia ejusd. B. M. Deauratæ Tolosanæ.]

¶ **ARMERINÆ** PELLES, Pelles muris Pontici, *Peaux d'Hermine.* Rolandinus Patavinus de factis in Marchia Tarvisina lib. 1. c. 13. apud Murat. tom. 8. col. 181 : *Purpuris, samitis, et ricellis, scarletis, baldachinis, et Armerinis.* Vide *Hermellina.*

¶ **ARMESSARIUS**, Admissarius equus. Pactus Legis Salicæ ex MS. tit. 37. edit. Eccardi pag. 128 : *Si quis Armessario furaverit, cui fuerit adprobatum... Si quis Armessarium cum gregem suum hoc est equas...*

¶ **ARMEURARIUS**, Armorum faber, Gall. *Armurier.* Lobinellus Hist. Britan. in Glossario : *Venire fecerunt Armeurarium D. Ducis Bituriæ, qui scidit tunicam ferream.*

* Charta Caroli IV. reg. Franc. ann. 1324. in Reg. 62. Chartoph. reg. ch. 112 : *Cutellariorum, Armeurariorum, et quorumcumque artificum villæ Tholos. qui dicuntur vulgaliter ministeriales, curam, ordinationem et regimen dictis capitulariis..... concedimus.* Vide supra *Armeator* et mox *Armifex.*

¶ **ARMICIA**, θυσία, *Hostia, victima*, in Supplemento Antiquarii. [** Vulcanius legit *Almitia.*]

ARMICOLA, [Miles. Tabula fundationis Monasterii S. Severi in Vasconia apud Marcam in Hist. Beneharn. lib. 3. cap. 8 : *Ad ultimum trado castrum Palæstrion cum omnibus appenditiis suis, et omni pertinentia, in silvis, in pratis, et in villis, in landis, in aquis, in pinetis, et in vineis, cum omnibus Militibus, seu Armicolis.*

¶ **ARMICUSTOS**, ὁπλοφύλαξ, *Armorum custos*, in Supplemento Antiquarii.

ARMIDOCTOR. Gloss. Græc. Lat. ὁπλοδιδάσκαλος, *Armidoctor* : perperam *Armiductor*, apud H. Stephanum in vet. Gloss. cap. de Militia. Idem qui *Campidoctor*, de quo Stewechius ad Vegetium lib. 1. c. 13. et Salmasius ad Lampridium pag. 232.

ARMIDUCTOR, Capitaneus in tractatu de Passione Domini, facta in urbe Atinensi. [** Gemma Gemmarum : *Armiger, idem Armiductor.*]

ARMIFACTOR, Armorum fabricator. Victor Vitens. lib. 1 : *Et quia Martinianus Armifactor erat.* Vide *Armerii.*

* **ARMIFEX**, Armorum fabricator. Lit. remiss. ann. 1414. in Reg. 168. Chartoph. reg. ch. 183 : *Notum facimus..... nos humilem supplicationem Johannis Maurelli Armificis.... recepisse.* Vide *Armifactor.*

ARMIGAISIA. Vide *Armilausa.*

1. **ARMIGATUS.** 2. Regum cap. 6. vers. 4 : *Et David percutiebat in organis Armigatis et saltabat totis viribus ante Dominum.* Ita quædam Editiones ex LXX. ἀνεκρούετο ἐν ὀργάνοις ἡρμοσμένοις, quod aliæ vertunt, *pulsabat in organis modulatis.* Ad quem locum sic Hugo Cardinalis in Postillis : *Gloss. id est, ad armum ligatis, dum manibus ferentis tanguntur. Aliud genus organi est, quod cum aqua fit, sicut quoddam etiam horologium, quod dicitur hydraulium.* Gloss. Biblicæ MSS. *Armigatis, adunatis, ab eo quod est ἁρμόζω, id est, aduno.* Joannes de Janua, Willel. Brito in Vocabulario. MS. Auctor Breviloqui [et Glossarium MS. Montis S. Eligii Atrebat.] : *Dicuntur organa Armigata, ad armum, id est, humerum ligata : unde in organis armigatis, id est, ad humerum positis, vel, ut quidam dicunt, est genus organi, quod cum aqua fit.* Papias legit *ormizatus, ferro alligatus.*

¶ 2. **ARMIGATUS**, Insignibus Gentilitiis ornatus. Charta ann. 1392. ex Archivo S. Victoris Massil. : *Primo apparabunt duos pannos de lana, quorum unum erit altitudinis quatuor cannarum et longitudinis quatuordecim palmorum, Armigati armis dominus Abbatis. In quolibet dictorum pannorum erit unum magnum compasum, quod tenebunt duo leones.*

* **ARMIGERATUS**, Signatus, sculptus, Gall. *Armorié.* Inventar. ann. 1377. ex Tabul. S. Vict. Massil. : *Item unum missale bonum, notatum, et sufficiens, completum et bene illuminatum cum serratoriis argenti, Armigeratis lupi et leonis.*

¶ **ARMIGERENS**, Idem quod Armiger. De excidio urbis Aconis apud Marten. tom. 5. Ampliss. Collect. col. 766 : *Iterum quatuor primi rectores a quinta noctis hora usque ad solis ortum, et sic deinceps de suis, ut dictum est, subditis Armigerentibus muros et turres et portas civitatis.... providerunt custodiri.*

ARMIGERI, Scholarii, qui pro palatio excubabant, sic forte dicti, quod instructi essent *scuto*, quod *arma* peculiari vocabulo appellasse Latinos observavimus. Unde Plautus in Casina, quem prius *Armigerum*, mox *Scutigerulum* vocat; ut Ammianus lib. 13. *Scutarium*, quem antea *Armigerum* dixerat. Sed et apud Anastasium in S. Martino PP. *Armiger* promiscue *Spatharius* dicitur. Gloss. Græc. Lat. Ὑπερασπιστής, *Protector, Armiger.*

Præsertim vero videntur appellati *Armigeri*, qui Principum ensem et scutum deferebant, quibus ii uterentur, si necessitas incumberet. Unde in Glossis ὁπλοπάροχος, est. *Insigniarius, Armiger* : qua quidem dignitate donatus Narses apud Corippum lib. 3 :

> Armiger interea domini vestigia lustrans,
> Eminet excelsus super omnia vertice Narses
> Agmina.

Et lib. 4. ensem Regium detulisse indicat :

> Nec non ensipotens membrorum robore constans
> Astabat Narses.

Armigerorum porro summa olim fuit dignitas, ut qui primas tenerent in Regum aulis, et nonnunquam ad regalem ipsum apicem evehererentur. Jornandes de Rebus Geticis cap. 58 : *Nam et Thiodum suum Armigerum, post mortem Alarici generi, tutorem in Hispaniæ Regno Amalarici nepotis constituit.* Et c. 60 : *Quod Gothorum exercitus sentiens suspectum Theodatum clamitat Regno pellendum, et sibi ductorem suum Witigem, qui Armiger ejus fuerat, in Regem levandum, quod et factum est.* Vide *Spatharius.* Atque ii perpetuo Principis lateri adhærebant. Sidonius lib. 2. Epist. 2 : *Circumsistit sellam* (Theoderici Regis) *Comes Armiger.* Ita effinguntur Armigeri Lotharii Imp. in ea tabella, quæ habetur in Codice Evangeliorum Bibliothecæ Regiæ, quam delineari curavit vir clarissimus Steph. Baluzius in Notis ad Capitularia Regum Franciæ pag. 1280. et Caroli Calvi, in altera tabella præfixa Codici Bibliorum, quem eidem Regi obtulerunt Canonici S. Martini Turonensis, ab eodem descripta : quæ quidem cum multa notatu digna contineat, ejusque sit omissa explicatio a viro doctissimo, cui saltem delineationis habebitur a posteris gratia, operæ pretium facturum me arbitror, si quæ in ea sunt observanda potissimum ad Historiæ nostratis illustrationem vel cognitionem, attingam breviter, et quasi digito demonstrem : inde enim colligent viri eruditi, ac cæteri, qui regni Gallici famæ ac gloriæ student, quantum ex ejusmodi quæ in veteribus Codicibus passim reperiuntur, figuris, et quæ in ædium sacrarum vestibulis, aut alibi prostant, statuis, Historiæ nostræ commodi ac luminis accessurum sit, si eas studiose æri incidi curent : cum ob oculos nobis persæpe proponant, quæ legendo apud Scriptores vix percipiuntur. In ea igitur tabella sedet Carolus in throno regio, aurea corona, quatuor exornata flosculis, caput cinctus, cujus qui frontem ambit circulus margaritis ac lapillis exornatur : ex quo quidem exsurgunt ramuli duo ad auriculas, qui in flosculos quodammodo reflexos evadentes, capitis cingunt apicem, adeo ut ex earum specie sit, quas ἐπανοκλείσου; vocat Anastasius. Atque qua parte supra emergunt ramuli, ad auriculas paululum infra propendent vittarum instar. Neque multum absimilis corona illa, qua Lotharii Imperatoris caput redimitur apud eumdem Cl. Virum. Ita coronam auream gemmis exornatam Carolo M. tribuit Eginhardus : *Diademate quoque ex auro et gemmis ornatus incedebat;* quæ quidem liliatis flosculis insignitur in ea tabella, quam Ingobertus Caroli scriba, Bibliorum, quæ jussu ejusdem, regio plane apparatu, sua ipsemet manu exaravit, quamque descripsit Alemannus in Parietinis Lateranensibus pag. 123. nullo cæterum circulo aureo capitis apicem ambiente. Attonsi Regis capilli : neque enim (ut in Lotharii imagine, vel Caroli M. apud Alemannum, cæterorumque alterius stemmatis Regum sigillis ac monetis) prominent crinium flagella, quæ prioris Principum fuere propria : ex quo quæ in ædis sacræ Monasterii S. Germani Paris. vestibulo conspiciuntur, Regum statuas prioris esse stirpis saltem docemur, quandoquidem stemmatis alterius detonsi fuere Regum capilli. Tunica longiori vestitur, qualis forte fuerit illa Caroli M. in solennioribus festivitatibus aut occasionibus, de qua sic Eginhardus: *Peregrina vero indumenta, quamvis pulcherrima, respuebat, nec unquam eis indui patiebatur, excepto quod Romæ semel, Adriano Pontifice petente, et iterum Leone ejus successore supplicante, longa tunica et chlamyde accinctus, calceis quoque Romano more formatis induebatur.* Tunicæ pallium profundissimum insternitur quadrangulum, (sagum vocat Eginhardus) Phrygio opere in limbo exornatum, astrictum fibula aurea versus dextrum humerum : sinistra denique baculum oblongiorem tenet, spissiorem parte superiori, ac in acutum sensim desinentem. Supra caput, e cælo, triplici stella, sacrosanctam forte Trinitatem designante, distincto, manus inter radios prominet, qua scilicet denotatur donatum a Deo quam gestat, corona : quæ quidem manus ejusmodi non semel effingitur in nummis posteriorum Imperatorum Constantinopolitanorum, maxime Romani Diogenis, Alexii, Joannis, et Manuëlis Comnenorum, Isaacii Angeli, et aliquot aliorum, quos ex Gazophylacio Regio æri incidi curavimus, ut se θεοστέπτους indigitarent : qua de re quædam observamus in Dissertatione de Imperatorum Constantinop. numismatibus. Caroli throno proxime utrimque adstant Principes duo, capillis pariter detonsis, diademate caput cincti, quibus ab utraque parte Deipara e nubibus prodiens circulum aureum porrigit, cui grandiores quatuor insistunt magaritæ : unde evidenter patet, Caroli filios effingi, Ludovicum Balbum in regno successorem, et Carolum, quem parens Ratiasti Lemovicum Aquitaniæ Regem dixit ann. 855. ut est in Annalibus Francorum Metensibus. Extant nummi aliquot aurei Diogenis Romani, et Joannis Comneni, in quibus coronam Augustis iisdem Deipara imponit. Uterque breviori *tunica*, quam limbus sericus, vel aureus ambit, ad genua fere usque pertingente, et ad ilia succincta indutus est, pallio quadrangulo breviori ad sinistrum humerum fibula pariter aurea revincto. Braccis seu feminalibus coxæ vestiuntur, fasciolis crura, et pedes calceamentis constringuntur, ut Eginhardi verbis utar : ubi præsertim calceaturæ species observanda, de qua sic Monachus Sangallensis lib. 1. c. 36 : *Erat antiquorum ornatus vel paratura Francorum, calceamenta forinsecus aurata, corrigiis tricubitalibus insignita: fasciolæ crurales vermiculatæ, et subtus eas tibialia vel coxalia linea, quamvis ex eodem colore, tamen opere pretiosissimo variatas, super quæ et fasciolas in crucis modum intrinsecus, ante et retro longissimæ illæ corrigiæ tendebantur.* Quo spectant ista ex Fortunato in Vita S. Germani Parisiensis Episcopi : *Cum die Dominico, ut loquimur, ex consuetudine caligas circinasset, debilitatem manuum vel pedum incurrit.* Id est, cum fasciolas caligis aptasset. Cum eadem calceamenti specie Caroli Magni apud Alamannum, et Lotharii Imperatoris effigies conspiciuntur apud laudatum Baluzium : contra quam Carolus Calvus in ea imagine quam idem Scriptor delineari curavit pag. 1278. ubi cum *calceis Romano more formatis* ni fallor, effingitur. De utraque calceaturæ specie sic idem Eginhardus : *Excepto, quod Romæ semel... longa tunica et chlamyde amictus, calceis quoque Romano more formatis induebatur. In festivitatibus veste auro texta, et calceamentis gemmatis,..... ornatus incedebat.* Priore enim loquendi formula, *calceos Romanos*, qui in Carolo Calvo gemmati exhibentur : altera Francicos expressit, corrigiis tricubitalibus insignitos, ac religatos. In eadem qua bini isti Principes serie ac linea, stant Regii duo Armigeri, uterque *virgatis sagulis*, quæ Franci nostri a Gallis acceperant, ut est apud Sangallensem lib. 1. cap. 36. induti : alter, qui ad dextram est, *hastam ferream in altum surrectam*, uti Carolo M. ab eodem adscribitur lib. 2. cap. 26. dextra tenet, læva rotundo clypeo innixa : alter ad sinistram Regium ensem in vaginam reconditum utraque manu in transversum tenet, quomodo in Regum nostrorum solemnioribus occasionibus præferri solet a Magno Scutifero, *en écharpe*, uti habet Ceremoniale Francicum. In tabella ab Ingoberto Scriba exarata, ad Caroli sinistram duo perinde stant Armigeri, quorum alter hastam et clypeum, alter nescio quid gestat : neque enim ensis aut spathæ in vaginam reconditæ speciem præ se fert. Sed utrumque esse Caroli Armigerum indicat his versibus idem Ingobertus :

Ad dextram Armigeri prætendunt arma ministri,
Ecclesiam Christi invictus defensor in ævum,
Armipotens magnis queis ornet sæpe triumphis.

Caput *ferrea galea cristatus* uterque est, in Lotharii et Caroli Calvi iconibus, contra quam in ea, quam delineavit idem Ingobertus, ubi nudis ac detonsis stant capitibus. In tabellæ parte inferiori undecim effinguntur Canonici (nam tum erant Canonici in Ecclesia S. Martini Turon. ut pluribus probat vir eruditissimus Joann. Mabillonius in Elogio Alcuini) casulis veteri ritu formatis, subtusque stolis, seu tunicis induti, manipulos manibus prætendentes vel potius stolas, seu oraria, uti Diaconi apud Græcos in sacris Liturgiis deferunt, ut est in Euchologio Goari pag. 4. 5. 6. 7. 11. 61. ita ut Diaconi hic effingantur Canonici. Horum tres primi, quorum nomina reteguntur in versibus, qui ad tabellæ explicationem adduntur in MS. Codice, sacrum Bibliorum librum pretiosiori involutum panno Regi porrigunt. Mos quippe is apud Monachos observabatur, ut Codices, quos ad legendum accipiebant, *manutergio* involverent, ut est in Epistola Theodemari ad Carolum M.; quæ quidem manutergia *Camisias librorum* vocant Statuta antiqua Cartusiensium 1. part. cap. 41. § 36. Qui vero tribus his subest Monachus, ipse est auctor versuum, qui tabellæ subduntur, quos hic descripsisse, haud absurdum fortasse fuerit :

Hæc etiam pictura recludit qualiter Heros
Offert Vivianus cum grege nunc hoc opus.
Ante ubi post Patrem primi Tesmundus amandus,
Sigualdus justus, summus Aregarius.
Queis tribus est probitas, pietas, verumque, fidesque,
Cætera honesta quoque consociata simul.
Quartus his hæret junctus, Sanctissime David,
Qui te vi tota mentis amore colit, etc.

Qui porro *Heros Vivianus* nominatur in his carminibus, ille idem est, qui habitu sæculari vel militari ad sinistram stans in tabella conspicitur, dexteram protendens, tanquam qui sancti Martini Monasterii Canonicos, cujus erat Abbas Beneficiarius, in Regis conspectum admittit : id enim *Herois* vox satis indicat, quæ Monacho minime tribueretur. Ejusce ævi Scriptoribus inter Proceres aulicos recensetur, Comesque exerte dicitur in Fragmento Chronici Fontanellensis ann. 849. quo is *cepisse dicitur Carolum fratrem Pipini, qui ad auxilium fratri ferendum Aquitaniam destinabat, aliosque complices ejus.* Nam etsi Abbas S. Martini non indigitetur, constat tamen eumdem esse, qui hoc titulo donatur, *virque inluster* vocitatur in Chartis aliquot ann. 849. 850. et 851. apud Sammarthanos, ex eoque Comitem Turonensem fuisse plane licet conjicere. Verum de Viviano haud contemnendam movet difficultatem Audradus Modicus in Revelationibus, quas scripsisse aiunt ann. 853. Ille enim sic Deum inducit Carol. Calvum alloquentem : *Verumtamen quia Ecclesias de suo statu submovere non timuisti, et propter te tantum malum affligit Ecclesiam meam, scias te sequenti anno, in hoc mense, qui nunc est, Britanniam venturum, ibique ita ab inimicis tuis deshonestandum, ut vivus evadas, ibique morietur perfidus et nefandus Vivianus, qui non extimuit conculcare nobilitatem Ecclesiarum mearum, Abbatem se glorians beati Martini, et cæterorum.* Et infra : *Venit quoque anniversarius dies, et sermo Domini completus est in Karolum et exercitum ejus : namque Vivianum et ab hostibus interfectum devoraverunt feræ silvarum, et multæ Ecclesiæ ab oppressoribus suis, ut Dominus prædixerat, eo bello sunt deliberatæ.* Accidit autem hæc clades, in qua cæsus est in Armorica Vivianus, anno 837. cum scil. Ludovicus Pius Odonem Comitem aliosque proceres contra Matfredum et Lambertum Comites, qui, Lotharii partes amplexi, in eam provinciam secesserant, misit, a quibus illi, dum incautius prælium aggrediuntur, deleti ac cæsi sunt, quos inter Vivianum recenset Nithardus. At Annales Francorum Bertiniani cladem hanc referunt ad annum 834. (quibus consentiunt auctor Vitæ Ludovici Pii et Annales Francorum Fuldenses) tradunt que non Vivianum, sed Theotonem Abbatem S. Martini eo in prælio cecidisse. [** Vide Pertzii Monument. German. Histor. tom. 1. pag. 570. not. 17.] Proinde cum certum sit Vivianum Abbatem S. Martini Turonensis superstitem fuisse Carolo Calvo regnante, non alius quærendus est Vivianus, qui Canonicos Turonenses ad eumdem Regem introduxerit. Nam in Historia Translationis S. Gorgonii in Majus Monasterium, in diœcesi Turonensi anno 846. scripta a Monacho, qui interfuit, n. 8. apud Bollandum 11. Martii, *Illustris Vivianus Comes et Monasterii S. Martini Rector* interfuisse pariter dicitur, cum Landranno Turonensis civitatis Archiepiscopo, et Rainaldo ejusdem loci Abbate. Canonicos vero S. Martini Turonensis, hic delineari satis produnt præterea, ut opinor, versus, in quibus Perpetui et Briccii, qui sedi Turonensi præfuere, fit mentio, ubi de villis, quas eidem Monasterio restitui Carolus præceperat :

Reddis eas, Cæsar, Martini pro veneratu
Domni, seu precibus semper amabilibus
Perpetui, nec non Briccii tutamine sancti,
Proque aliis reliquis, ô Paradise, tuis.

Notum denique ex Sulpitio Severo in Vita S. Martini, in ejusdem Sancti Monasterio Turonensi, *nullam aliam artem habitam, exceptis Scriptoribus, cui operi minor ætas potissimum deputabatur* : quam quidem antiquariam et librariam artem a Monachis et Canonicis subinde cultam argumento est præclarus ille Bibliorum Codex Carolo Calvo oblatus. Hæc strictim annotasse sufficiat in tam præclaro Historiæ nostræ monumento : quæ enim cætera spectant, et pallium quadrangulum, fasciolas, sagum militare, spatham Regiam, baculum Regium, casulam, manipulum, etc. in hisce verbis enucleata paulo fusius reperiet Lector, cui præterea Liliorum Francicorum vestigia in hisce tabellis non semel efficta licebit animadvertere.

Armigeros Regum, in Chartis Regum Hispanicorum crebro subscripsisse, observare est apud Antonium *de Yepez* in Chronico Ordinis S. Benedicti tom. 1. pag. 23. 39. appendicis. tom. 7. 4. pag. 456. tom. 5. pag. 433. tom. 6. pag. 449. tom. 7. pag. 26. appendicis, etc.

Armigeri, posterioribus sæculis appellati sunt potissimum nobiles inferioris ordinis, quod in bellis Militum seu Equitum *arma* gererent, quo ii in præliis inducerentur. Nam cum graviora essent Militum arma habebant illi Armigeros suos, qui ea deferebant, donec opus haberent. Unde ὁπλοπάροχοι, interdum et ὁπλοφόροι vocantur in veterib. Gloss. Gr. Lat. Aliud Gloss. MS. *Armiger, Armiportator.* Observat Britannicus ad Juvenalem Sat. 1. Armigeros etiam olim dictos servos, qui dominos suos sequentes, scutum, reliquaque *arma* gerebant. Hinc Plautus in Casina : *Potius quam illic servo des Armigero nihili atque improbo, etc.* Nostrorum vero Armigerorum munus sic belle describit auctor Vitæ sancti Gamelberti n. 5 : *Pater autem cum eum nutriret, et ut moris est, ad usum Militiæ instrueret, Armigerum sibi aliquoties fecit, armaque Militaria aut suspendit puero, aut præcinxit.*

[☞ Nempe nobiles licet essent ex militari genere, donec ætatem attigissent, qua militari ordine donari possent, *Armigeri* dumtaxat indigitabantur, ut apud Romanos *quamvis senatoria quis origine esset, usque ad legitimos annos Eques Romanus erat, deinde accipiebat honorem senatoriæ dignitatis*, ut est apud Isid. lib. 9. Orig. cap. 4. Hinc in veteribus Tabulis non semel viri natalium splendore insignes, qui ad militarem dignitatem nondum erant solemniter evecti, nude vocantur Armigeri. Charta anni 1260. ex Archivo Veteris villæ : *Johannes Botyer tunc temporis Armiger.* Altera anni 1305. ex eodem archivo : *Johannes de Dolo dominus Comburhi, tunc temporis Miles, et Guillelmus de Machua, filius et hæres principalis defuncti Philippi de Machua, Armiger, etc.*]

Præsertim autem scuta Militum deferebant et hastas : unde *Scutarii* et *Scutigeri*, vulgo *Escuiers*, [** Græc. Σκουέριοι. Vide Gloss. med. Græc. col. 1399.] appellabantur. Willelmus, Brito lib. 2. Phillip. de Guillelmo *des Barres*, egregio Milite :

Is se clam medio furatus ab agmine Regis,
Armigeri spoliat clypeo latus, et rapit hastam.

Willelmus *Guiart* :

Trois Escuiers qui portent lor escus,
Et en lor poins les trois espies molus,
Devant eux moinent les aufcraus quernus.

Ex quibus patet, Armigerorum præterea munus fuisse equos dextrarios Militum manu deducere, donec in præliis iis indigerent. Idem Poëta :

Ces Chevaliers à lor ostez venir,
Ces blans haubers endosser et vestir
Les Escuiers ces bons chevaux tenir.

Le Roman *de Merlin*, seu Robertus *de Bourron*, de quodam Armigero : *Et li valés saut avant sur son ronchin, et maine le destrier en destre, et Baudemagus monte seur son palefroi tous armés, fors de son escu, et de son glaive, que li valés li porte.* Ubi *Valés* idem est ac *Escuier*, ut infra docemus. Armigerorum denique officium erat Militibus deservire, eorumque mandatis omnino obsequi. Le Roman *de Garin*.

Li Escuier se poinent de servir.

Incertus Auctor in Historia Archiepiscoporum Bremens. ann. 1337 :

Respondit humiliter se non eminere
Sanguine, divitiis, nec tamen egere,
Sed de mediocribus genitum sincere,
Qui sponte nobilibus multum serviere.

Vide Albertum Aquensem lib. 3. cap. 29. lib. 9. cap. 5.

Armigeri igitur vox seu appellatio tributa inde quibusvis servientibus, uti *Valletorum*, ut infra probamus. Leges Edwardi cap. 21 : *Archiepiscopi, Episcopi, Comites, Barones, et omnes, qui habent sacham... milites suos et proprios servientes, scilicet dapiferos, pincernas, camerarios, pistores et coquos sub suo Friburgo habeant, et item isti suos Armigeros, vel alios sibi servientes.* Ingulfus pag. 886 : *Quinquagenarius* (ætate Monachus)... *habet Clericum seu garcionem servitio suo specialiter attendentem, qui exhibitionem victualium recipiet de parte Abbatis, modo et mensura, quibus ministratur garcioni unius Armigeri in Abbatis aula.* Vide *Escuderius*.

Armigeri Honorarii, *Escuiers d'honneur.* Froissart. 4. vol. cap. 62 : *Mais leur fut à ce Parlement ordonné que... jusque à vingt Chevaliers, et quarante Escuiers d'honneurs, iront en France devers le Roy, etc.* Hodie in Regum nostrorum Palatio, *Escuier d'honneur* appellant, qui Reginæ est a manibus.

Tonsus instar armigeri, apud Ordericum Vitalem lib. 12. pag. 880 : *Guillelmus vero Luppellus a quodam rustico captus arma sua illi pro redemptione sui dedit, et ab eo Tonsus instar Armigeri, manu palum gestans, ad Sequanam confugit.* An quod solis Militibus, non vero Armigeris fas esset cæsariem nutrire? Certe non memini me id legisse : nisi forte Ordericus spectaverit famulos domesticos, quos, *Armigeros* vocabant. Vide *Scutarius*.

* **ARMIGERIA**, Officium, partes armigeri. *Armigeriam exercere*, gerere se prout armigerum decet. Charta ann. 1314. in Reg. 49. Chartoph. reg. ch. 77 : *Qui Humbaudus, juramento præstito de veritate dicenda, dixit quod in prædictis stilicidiis seu joustes, joustaverat cum dicto Guillelmo legitime, amicabiliter et fideliter, et exercendo gentiliam et Armigeriam, et jus suum servando, et non falso, nec malitiose.*

¶ **ARMIGERIUM**, idem, opinor, quod *Scutagium*, seu servitium militare, vel potius præstatio, quæ fit a militibus ratione feodi militaris. Ut enim *Scutiferi* pro *Armigeri*, ita *Armigerium* loco *Scutagium* dici facile potest. Charta Garcendis Comitissæ pro Basilica de Tomeriis apud Stephanotium in Antiquit. Occitan. MSS. : *Dono similiter Ecclesiam S. Petri de Fideris cum omni suo Ecclesiastico, cum decimis, primitiis et oblationibus, Armigeriis et rebus aliis, quas prædicta Ecclesia possidere videtur.* Vide *Scutagium*.

* Haud scio an non rectius intelligeretur de oblationibus armorum in nobilium funeribus offeri solitorum. Vide supra *Armatus equus*.

ARMILAUSA, ARMELAUSA, ARMILAUSIA, ARMILAISIA, Armigaisia, Armilcasia, etc. Sagum Militare, quod thoraci superinduitur. Isidorus lib. 19. Orig. cap. 22 : *Armelausa vulgo vocata, quod ante et retro divisa, atque aperta est; in armos tantum clausa, quasi armiclausa, C. litera ablata.* Vet. Interpr. Juven. Sat. 5 : *Viridem thoraca*, apud eundem Poëtam, *Armilausiam prasinam* interpretatur. Curtas Militum tunicas, ad genua usque pertingentes, ἀρμελαύσια appellat etiam Mauricius in Strategicis; quod ἐπάνω τῶν ὅπλων induantur, dicta, vult præterea Suidas. *Sclavinam* interpetatur Ugutio: *Armelamus* (leg. *Armelaus*) *vestis tantum humeris clausa, et ante et retro divisa, vel vestis tantum humeros tegens, sicut scapulare Monachorum.* Gloss. Isid.: *Armelaus, scapulare Monachorum.* Joannes de Janua *Armelus* habet. Idem Ugutio: *Armellausa sic dicta, quod ante et retro aperta sit, in armis tantum clausa, et est Sclavina.* Scriverius ab *Armilausis* populis, quorum mentio fit in Tabula Itiner. Peutingeri, ejusmodi vestem dictam opinatur.

Vestem militarem facit etiam Paulinus Epist. 3: *Cum præterea facie non minus quam Armilausa ruberet.* Et Epist. 7: *Sibi ergo ille habeat Armilausam suam, et suas caligas et suas buccas.* Passio S. Bonifacii Martyris, edita ab Holstenio: *Vir est quadratus... coccinea Armelausia indutus.* Anastasius Bibliot. in Gregor. II. pag. 70. de Luithprando Rege Longobard.: *Atque sic ad tantam compunctionem piis monitis flexus est, ut, quæ fuerat indutus, exueret, et ante corpus Apostoli poneret, mantum, Armilaisiam, balteum, spatam, atque ensem deauratum.* Ex iis emendandum Diploma Athelberti Regis Anglor.: *Missurum etiam argenteum, scapton aureum, item sellam cum fræno aureo, et gemmis exornatam, speculum argenteum, Armilaisia oloserica, camisiam ornatam prædicto Monasterio gratanter obtuli.* Ita repono pro *Armilcaisia* ut est in Monastico Anglicano tom. 1. pag. 24. Perperam etiam *Armigaisia* apud Willelmum Thorn. pag. 1762. v. 54. editum legitur.

Almuciis Canonicorum *Armilausiorum* nomen inditum a quibusdam, quod reliquæ vesti superadderentur. Tabularium Laudunense apud D. Lucam Acherium in Notis ad Guibertum: *Capitulum ann.* 1398. *ea conditione investiendum* (Decanum) *censuit, ut dum installaretur, et fidem juramento præstaret, almutium, sive Armilausam ipse non haberet,* (quia nondum sacris erat initiatus) *sed in manus Buticularii, sive Syndici Ecclesiæ deponeret.* Infra: *A Capitulo impetravit, ut sibi dehinc liceret uti hujusmodi Armilausa, sic tamen, ut illam in brachio deferret, non vero illam gestaret in capite.*

[** Schiltero *Armilausa* idem est ac *Armillaiz*, hodie *Ærmellatz, ein Latz mit Ærmeln*, Wachtero idem ac *Ærmellos*, Non manicata, absque manicis, a *los* destitutus. Knitla Saga, in Glossar. Suio-Goth. Ihrii Voc. *Arm* loquitur de *silki trojo Ermalausa* i. e. tunica serica sine manicis. Adel. Diezius Grammat. roman. vol. 1. pag. 51. ad hanc vocem confert Islandicam *Ermalausi.* Apud Biornonem Haldorsonii scriptum est *Ermalaust fat*, Colobium, exomis. *Armi-laus* significare potuit *sine brachiis*, German. antiq. item ac Island. Confer Graffii Thesaur. Ling. Franc. vol. 1. col. 426. et vol. 2. col. 267. Sed fortasse vocis origo petenda cum Scriverio a populo *Armalausorum.* Vide Zeussii librum De populis Germaniæ, etc. pag. 308.]

¶ **ARMILIUM.** Vide *Armillum* 2.

¶ **ARMILLA** Vide [* supra *Armella* et mox] *Armillum.* 1.

¶ **ARMILLINUS**, Mustella Alpina seu Pontica, Gall. *Hermine.* Vita S. Guillelmi Politiensis Erem. tom. 2. Aprilis pag. 468: *Pudicum Joseph nostrum æque ac Ægyptia domina invadit, blanditur, ad nefarium lacessit concubitum; fœda nititur purum temerare, hyæna unicornum, sus Armillinum.* Vide *Hermellina.*

1. **ARMILLUM**, Armilla, Armellum, Ornamentum brachiorum. Gloss. Lat. Gr. *Armilla, Armellum*, ψέλλιον, κλάνιον. *Armillarius*, ψελλιοποιός. Atque illud Gallis nostris proprium fuisse docet Strabo lib. 4. (4, 5.): Χρυσοφοροῦσι δὲ, περὶ μὲν τοῖς τραχήλοις στρεπτὰ ἔχοντες. περὶ δὲ τοῖς βραχίοσι καὶ τοῖς καρποῖς ψέλλια. Et Polyb. lib. 2: (29, 8.) Πάντες δ' οἱ τὰς πρώτας κατέχοντες πείρας, χρυσοῖς μανιάκοις καὶ περιχείροις ἦσαν κατακεκοσμημένοι τοῦτο δ' ἐστὶ χρυσοῦν ψέλλιον, ὃ φοροῦσι περὶ τὰς χεῖρας, καὶ τὸν τράχηλον οἱ Γαλάται. Erant autem ejusmodi *Armillæ Gallicæ* latioris segmenti instar, lapillis ac margaritis intextæ, quæ si non totum brachium, certe inferiorem brachii partem tegebant, unde et *Brachialia* dicuntur, interdum et *Manicæ.* Glossæ Biblicæ MSS.: *Armillæ propriæ virorum sunt, collatæ victoriæ causa militibus, ob armorum virtutem: unde et quondam Virilia dicebantur. Ab intellectu autem circuli Armilla non discrepat, quia ipsa quoque hoc, ubi ponitur, ambiendo constringit: sed Armilla latius extenditur, circulus rotundus fit.* Sed et hodie superiores Germani *Armil*, sive *Armel*, eam vestium partem, qua lacerti brachiaque teguntur, vocant, uti monet Cluverius lib. 1. Germ. antiq. cap. 8. Vide Gregor. Turonens. lib. 2. Hist. cap. 42. et Gesta Reg. Franc. cap. 18.

Has etiam *Armillas* Danis militibus tribuunt Dudo de Act. Norman. lib. 1. pag. 64. 65. Will. Malmesburiensis lib. 2. de Gest. Angl. cap. 12. Saxo Grammaticus lib. 2. pag. 28. 33. Florentius Wigorn. et Hovedenus; ad quas jurare solitos scribit Ethelwerdus lib. 4. Histor. Anglic. cap. 3: *Eique statuunt jusjurandum in eorum Armilla sacra.* Nisi hoc loco *Armilla* genus armorum fuerit: quod conjici potest ex Capitulis Caroli M. lib. 6. cap. 223: *Ut Armillæ et bruniæ non dentur negotiatoribus:* hac enim lege vetantur arma distrahi mercatoribus. Has denique armillas, quas et *Baugas* vocabant, ut præcipua Regiæ dignitatis ornamenta habuisse Francos nostros, pluribus docuimus ad Alexiadem pag. 261. 262. quod etiam de Danis ac Anglis testatur Simeon Dunelmensis lib. 2. de Dunelmensi Ecclesia cap. 13. et Thom. Walsinghamus pag. 196. Vide Luithprandum lib. 1. cap. 7. et infra in *Bauga.* [Vide Grimmii Antiq. Jur. pag. 895, 896 et 50.]

* *Armille*, eadem acceptione, in Chron. S. Dion. tom. 8. Collect. Histor. Franc. pag. 350: *Au départir (le duc Richart) dona à l'un une Armille de fin or, quatre livres pesant; à l'autre dona une moult riche espée.* Quod vero in hastiludiis *armilla*, ut plurimum, donabantur victores, *Armillæ* nomine hastiludium designatur in Glossar. Lat. Gall. ex Cod. reg. 7692: *Armilla, behoudour.*

Armilla Petasonis, apud Apicium lib. 7. cap. 9. pellis est, seu cutis, quæ armis tanquam armillæ inhæret, illosque obtegit, et quod armis, id est, humero deportetur ceu armillum. Ita Gabriel Humelbergius.

2. **ARMILLUM**, *Vas vinarium, aptum ad portandum in humeris.* Ita Ugutio. Gloss. Isid.: *Armilium, crater, vas vinarium.* Gloss. Lat. Græc.: *Armilium*, σκεῦος.

* Neque aliud sonat vox *Armiole*, in Lit. remiss. ann. 1381. ex Reg. 119. Chartoph. reg. ch. 440: *Henriet saicha une dague,... et la geta à laditte femme par tele manière, que se icelle dague n'eust encontré une Armiole plaine de vin, tenant trois quartes ou environ, etc.*

* **ARMILUSTRARE**, Armis proludere. Chron. Estense ad ann. 1350. apud Murator. tom. 15. Script. Ital. col. 462: *Hastiludentes et Armilustrantes ad frenum equi sui antecedebant dom. Zico de Caldinazio, marescalcus etiam dom. marchionis de Brandiburgo.* Occurrit præterea ibid. col. 473. et 477.

* **ARMILUSTRIUS**, *Quod armis locus lustretur*, in vet. Glossar. ex Cod. reg. 7641. Vide Thes. Fabri in *Armilustrium.*

¶ **ARMINEA**, Arminia, Pellis muris Pontici, Gall. *Peau d'hermine.* Computus ann. 1333. Hist. Dalphin. tom. 2. pag. 257: *Pro infoderando mantello Dom. Comitissæ et corsetto de vayro minuto et pro quinque Armineis unc.* x. Ibidem pag 282: *Pro Armineis tribus, etc.* Alibi legitur *Arminia.* Vide *Hermellina.*

* **ARMINIUM**, f. pro *Arnesium*, Apparatus, quidquid ad alicujus rei ornamentum additur. Charta ex Tabul. Cassin. inter schedas D. de Montefalc.: *E v. paramentos de pannos de mixa cum omnia Arminium ipsorum.* Verum *Armoie* dixerunt nostri id omne, quod ad rem aliquam pertinet. Charta ann. 1331. in Reg. 66. Chartoph. reg. ch. 608: *En la ville de Vineuf un pressouer et quatre cuves. Item une granche et les mesons, si comme elles se comportent, avecques toute l'Armoie dudit pressouer et l'Armoie qui fu mons. Jehan de Milly.* Vide *Arnesium* 2.

¶ **ARMIRAGIA**, Maris præfectura, Gall. *Amirauté.* Bartholomæus Scriba lib. 6. Annal. Genuens. ad ann. 1264: *Et quia idem Simon Grillus propter officium Armiragiæ insolemnis procederet, et homines et populares ad ipsum confluerent, etc.*

¶ **ARMIRAGIUS**, Maris præfectus, Gall. *Amiral.* Bartholom. Scriba lib. 6. Annal. Genuens. ad ann. 1264: *Sunt armatæ aliæ Galeæ* xxiv. *quarum fuerunt Armiragii Simon Guercius et Nicola Cigala.* Rursum occurrit ibidem ad ann. 1263. Vide *Amir.*

ARMISCARA, [Mulcta gravior, quæ magnatibus ut plurimum solet irrogari.] Vide *Harmiscara.*

ARMISPATHA. Papias: *Armillæ proprie virorum sunt... eædem et circuli, et brachiales, rotundæ, id est, bogæ, Armispathæ.* Vide *Bauga.*

* **ARMITAGA** *dicuntur Organa ad armum ligata, vel secundum quosdam, genus est organi, quod fit cum aqua.* Glossar. vet. ex Cod. reg. 521. [** Vide *Armigatus.*]

¶ **ARMITES**, Armities, *Armipotens*, apud Papiam MS. Janus Laurenberg. in Supplemento Antiquarii: *Armites*, ὁπλῖται οἱ ἐν ἐσχάτῃ τάξει, *Milites in ultimo agminis ordine.* Idem: *Armites*, πα[illegible]ξις ἔνοπλος, *Acies armata.* [** Glossar. in [illegible] reg. 7644:

Armitenens, *Armipotens*. De Armitibus, triariis, vide Forcellin.]

ARMIZATUS, Paratus, Ital. *Armeggiato*. Sanutus lib. 2. part. 4. cap. 24 : *Galeæ vero Januensium... quæ prope terram morantes tenebant proras paratas, vel Armizatas in contrarium dicti venti.*

* **ARMO**, Pugio, sica, ut videtur. Statuta MSS. eccl. Aquensis : *Statutum fuit quod nullus canonicus, nullus clericus portare audeat cultellum, Armonem, falchionem pennatum, clavem, ensem, aut alia arma.*

* **ARMOLLIS**, an idem quod mox *Armoracia?* Constit. pro abbat. S. Pauli Narbon. ann. 1127. inter Instr. tom. 6. Gall. Christ. col. 33 : *A pascha usque ad ascensionem Domini in tertiis et in quintis feriis aliquando, nec semper, liceat illis dare carnem sale conditam cum Armollibus, vel cum aliis bonis et sanis herbis.* [** Apud Roquefortum in Glossar. Roman. est : *Armol, Arroche, plante potagère émolliente; en Prov. Armôou, en Esp. Armuelles.*]

¶ **ARMOMANTIA**, Johanni de Janua, *Divinatio quæ fit in armis, id est, in scapulis bestiarum, ab armus et mantia.* Μαντεία Græcis est divinatio, vaticinatio.

¶ **ARMONIA**, pro *Harmonia*. Johan. de Janua : *Armonia, Dulcoratio et consonantia plurimorum cantuum : Dulcis cantus cœli.* Ἁρμονία, Compages, et apud Musicos Concentus. Expositio antiqua Liturgiæ Gall. inter Anecd. Marten. tom. 5. col. 93 : *Egreditur processio... cum prædictis Armoniis et cum septem candelabris, etc.*

¶ **ARMORACIA**, ῥαφανίδες, *Raphani*. Supplem. Antiquarii. Radices sunt, quas Gallice vocamus *Raiforts*. [**Vide Forcellin. in voce *Armoracea*. Glossar. in cod. regio 7644 : *Armoracea, id est lapsena.* Vide Isidor. Orig. lib. 17. cap. 10. num. 20.]

* Glossar. medic. Simonis Januens. ex Cod. reg. 6959 : *Armoratia, rapistrum, rafanus agrestis : aliquando mammoracea et lacena vocatur.* Gall. *Grosse rave ronde.*

¶ **ARMORICA**, Juxta mare. Prosper Sanctacrucius lib. 2. de civil. Galliæ dissentionibus apud Marten. tom. 5. Ampliss. Collect. col. 1446 : *Hoc a plerisque sagacibus præviso, in Nannetensi civitate, in qua hæc nunc scribimus, mense Octobri* MDLXIII. *quam antiqui Armoricam (hæc vox illorum lingua Juxta mare sonat) dicebant.* Armoricis *Ar*, juxta, ad, super significat, et *More*, Mare. Cæsar lib. 7. de Bello Gall : *Gallorum civitates, quæ Oceanum attingunt, veterum consuetudine Armoricæ appellantur.* Vide Menagii Dictionarium Etymol. Gallic.

* Verum eodem nomine, prævalente usu, provincias, etiam longe a mari dissitas, appellatas fuisse monet et probat Vir Cl. *Dubos* lib. 1. Hist. crit. monarch. Franc. cap. 8. quem consule.

* **ARMUM** vel ARMUS, Gall. *Arme*, Quidquid ad percutiendum aptum est. Charta Theobaldi reg. Navar. et Campan. comit. pro villa de Andeloto ann. 1268. in Reg. 151. Chartoph. reg. ch. 167 : *Si quis percussus fuerit de Armo moluto iracunde, percutiens erit in voluntate nostra.* Vide supra in *Arma* 1.

¶ **ARMURARIUS**, Fabricator armorum, Gall. *Armurier*, apud Rymerum tom. 10. pag. 648 : *Armurarii armaturas suas... cariori pretio vendere proponunt, etc.* Vide *Armararius.*

¶ **ARMURATUS**, Scutis gentilitiis, quæ vocant *Arma*, distinctus, ornatus, Gall. *Armoirié*. Inventar. MS. Ecclesiæ Noviom. ann. 1419 : *Duo coffreti... Armurati armis de le Bossiere... Item una cortina magna serica roiata et Armurata armis de Courtenay.*

ARMUS. [Johanni de Janua, *Scapula, humerus; sed humerus proprie hominum, Armus vero bestiarum.* Vox nota Latinis Scriptoribus.] Vide *Spatula*.

* **ARMUSERIUS**, pro *Armurerius*, ubi *s* pro *r*, Armorum faber, Gall. *Armurier*. Comput. ann. 1488. inter Probat. tom. 4. Hist. Nem. pag. 47. col. 1 : *Item pariter solverunt dicti domini consules magistro Johanni Codenenche Armuserio civitatis Avinionensis, pro reparando sive refficiendo undecim bergantinas veteres, etc.* Vide supra *Armeator*.

ARMUTIA, [Villosum amiculum, quo utuntur Canonici, Gall. *Aumusse*.] Vide *Almucium*.

¶ **ARMUZIUM**, Eadem notione. Translatio S. Prosperi, tom. 5. Junii pag. 71 : *Cui (Cathedrali) alias consultum satis videbatur per differentiam Armuzii, qua alteri ab alteris notabiliter discernuntur.*

1. **ARNA**, [Italis *Arnia*, Alvus apum, Gall. *Ruche d'abeilles*.] Fori Oscæ ann. 1247. fol. 16 : *Et si apes fecerint damnum, paret eis in horto aut in vinea Arnam cum melle, et unam cantaram : et cum apes ibi fuerint congregatæ, cooperiat eas panno, et sic teneat eas pignoratas, etc.*

* 2 **ARNA**, *Agna*, apud Festum, a Gr. Ἀρνός, agnus. Glossar. Lat. Ital. MS. : *Arna, la pecora agniela.*

* **ARNAGLOSSA**, *Plantago, Plantayse, Prov.* Glossar. Provinc. Lat. ex Cod. reg. 7657. Nostris *Plantain*. [** Vide Forcell. in voce *Arnoglossa*. Provinciales scribebant *Arnaglossa*, cujus vocis exempla videas apud Raynouard. in Glossar. vol. 1. pag. 124. In Glossar. cod. regii 7644. *Armaglossa, Armoglossus* et *Arnoglossa* scribitur. Vide Isidor. Orig. lib. 17. cap. 9. num. 50, ibique var. lect.]

ARNALDENSIS, Monetæ species, Vicecomitum forte Leomaniæ, quibus familiare fuit Arnaldi nomen. Charta Joan. *de Greilly* Senescalli Vasconiæ ann. 1283. in Regesto Constabulariæ Burdegalensis fol. 221 : *Habuisse et recepisse... a Joanne Episcopo Aginnensi* 3000. *librarum bonorum Arnaldensium.* In alio Reg. sub ann. 1303 : *In Agenno currunt Arnald. Chapot. et Petragor.* Regestum Comitum Tolosæ fol. 30 : *Mille libræ Arnaldensis monetæ*, in Litteris Arnaldi Odonis Vicecomitis Leomaniæ ann. 1248.

* Vel etiam comitum Carcassonensium aut Convenarum. Charta Phil. Pulcri ann. 1301. in Lib. rub. Cam. Comput. Paris. fol. 163. r°. col. 1 : *Castrum Altivillaris, deductis* 60. *libris et* 12. *den. Arnaldensibus, quos solvere annuatim debemus, pro legatis et elemosinis prædecessorum suorum, personis quibus debentur, pro* 1220. *lib. et* 19. *sol. Arnaldensibus, valentibus sexcentas decem libras, novem solidos et sex denarios Morlanorum.* Reg. ejusd. Cam. sign. *Croix* fol. 122 : *In Agenno currunt Arnaldenses, Chapotenses et Petragoricenses.... Quinque Arnaldi et Chipotois valent iiij. den. Turon.* Consuet. villæ de Buzeto ann. 1273. art. 12 : *Das sols et demyey Arnaudenx.* Art. 22 : *Item tota persona que sera trobat en adulterio per homes dignes de fé,... en cent sols Arnaudens per justicia sia punit.*

ARNALDIA, Morbi species, sed incerta, nisi forte *alopeia* fuerit. Rogerus Hovedenus in Ricardo I. pag. 693 : *Deinde uterque Rex incidit in ægritudinem, quam Arnaldiam vocant, in qua ipsi usque ad mortem laborantes, capillos suos deposuerunt.* Eadem habet Bromptonus pag. 1201. Nicolaus Trivettus ann. 1191 : *Gravissimam incurrit ægritudinem, quæ vulgo Arnaldia vocatur.* Codex editus habet *Arvoldia*, sed perperam.

ARNALDISTÆ, Hæretici, ab Arnoldo Brixiano Clerico appellationem nacti. De iis agunt Otho Frising. lib. 2. de Gestis Frid. cap. 20. S. Bernard. Epist. ad Guidon. Legat. et Gerhous Reichersperg. lib. 1. de Investig. Antichristi.

* **ARNALDUS**, ARNOLDUS, Ganeo, nebulo, homo nihili, scortator, Gall. *Débauché, coquin, homme sans aveu.* Stat. Vercell. lib. 5. pag. 126. r° : *Non debeant emere vel reducere aliquos fructus, nec aliqua ligna ab aliqua persona ignota, soldato, meretrice, Arnaldo vel ribaldo, sub pœna sol. ix. Pap. pro quolibet et qualibet vice.* Stat. crimin. Cumanæ cap. 187. ex Cod. reg. 4622. fol. 105. v° : *Non fiat, nec teneatur aliqua barataria ludi taxillorum... in aliquibus contratis nec parochiis, nec domibus civitatis et confiniorum Cumarum per aliquos stipendiarios, baraterios, Arnoldos, etc.* Hinc nostris *Arnauder, Arnaldorum* more agere, molestiam inferre, vexare. Lit. remiss. ann. 1410. in Reg. 165. Chartoph. reg. ch. 72 : *Jehan des Roches dist à Jehan Courtois, tu me vas Arnaudant, comme tu fiz hier mon pere, que tu affolas.* Vide supra *Arlotus* et *Filii Hernaudi* in *Filius*.

* Haud scio an inde *Hernoux* sit appellatus vir, cujus uxor mœchatur, ipso tacente; an ab Arnulfi nomine; ejusmodi quippe hominum S. Arnulfus patronus dicitur, in Poem. *de la Rose*. Joan. Venettens. Carmelit. ann. circ. 1357. in Hist. trium Mariar. sic S. Josephum loquentem inducit :

Helas dolent, et que feray,
Pour ly de tous gabbé seray,
Et sire Hernoux aussi clamé.

* **ARNALYUS**, Qui consilia dat, Gall. *Conseiller*; a Celtico *Arn*, honor, et *Ly*, palatium, curia, senatus, ut ex Viro in antiquis versato docet D. *Le Beuf* tom. 2. Collect. var. script. pag. 274. ubi vet. hanc Inscriptionem refert : MERCURIO ET MINERVÆ ARNALYÆ NUMINIBUS AUGUSTORUM SACRUM. CN. PUBLIUS LUCCEIUS MARCELLINUS DECURIO V. S. L. M. [** Vide Forcellin. voce *Arnalia*.]

* **ARNARIUM**. Charta ann. 1157. apud Murator. tom. 1. Antiq. Ital. med. ævi col. 676 : *Una cum omnibus suis ædificiis.... pratis et Arnariis, fontibus, rivis, aquæ aquarumque discursibus.* f. pro *Alnariis*, alnetis. Vide *Alnidus* et *Arnus*.

¶ **ARNATUS** PANNUS, Tinea consumptus, exesus, forte ab Italico *Tarmato* : quod idem significat. Statuta Massil. MSS. ann. 1253. ubi de Mercatoribus : *Si sciverint aliquam sarcituram vel malefacturam in ali-*

quo panno, ea non vendant, nec etiam Pannum Arnatum vel vetustate consumptum. [** Provincial. *Arna* sive *Arda*, Gall. *teigne*, et *Arnos*, *teigneux*. Vide Raynouard. Glossar.]

¶ **ARNEA**, pro *Arena*, legitur infra in *Bamber*.

¶ **ARNELAUS**, *Scapulare Monachorum*. Gloss. Isid. In Excerptis Pith. *Arnilaus*. Vide *Armilausa*, ubi Cangius legit *Armelaus*.

¶ **ARNENSE**, Armatura, Gall. *Harnois*. Computus anni 1333. Hist. Dalphin. tom. 2. pag. 278 : *Item pro paribus duobus de Arnense de malla, unc.* III. *taren.* VI.. *Item pro Arnense uno de malla de aczario*, etc. Gall. diceremus, *Pour un Harnois de mailles d'acier*. Ibid. pag. 279 : *Item pro portatura Arnensium Domini de portu Olibani usque Nicziam, taren.* IV. Vide *Harnascha*.

* **ARNESCUM**, Arma, quæ quis induit, idem quod *Armatura* 2. Stat. Avellæ cap. 114. ex Cod. reg. 4624 : *Quandocumque tempore alicujus guerræ cornabitur, quilibet homo Avillianæ et ibi habitans ætatis xxv. annorum.... debeat exire incontinenti cum suo arnexio seu Arnesco sibi injuncto*. Vide *Arnesium* 1.

¶ **ARNESE**, Vox Italica, Proprie apparatus omnis bellicus; item quævis supellex. Ottobonus Scriba lib. 3. Annal. Genuens. ad ann. 1194. apud Murator. tom. 6. col. 369 : *Loricus vero et armamenta varia, vasa etiam argentea, et aurum, et monetas, et alias innumerabiles divitias et multum Arnese, sibi, prætermissis juramentis, quæ fecerant, retinuerunt*. Chronicon Parmense ad ann. 1301. apud eumdem Murator. tom. 9. col. 843 : *Dominus Carolus frater Domini Regis Franciæ... transivit per Parmam cum certis et non multis militibus, et cum magno Arnese equorum et somariorum*. [** Ita etiam vox *Arnes* usurpabatur Provincial. et *Harnois* Gallis. Vide Raynouard. Glossar. et mox *Arnesium*, 2.]

¶ 1. **ARNESIUM**, ut *Arnense*, Gall. *Harnois*, Armatura. Codicillus Henrici Comitis Ruthenensis ann. 1222. apud Marten. tom. 1. Ampliss. Collect. col. 1170 : *Præterea volo et mando, quod filius meus faciat ipsum Militem, et det ei Arnesium*. Computa Dalphin. tit. Grasivodan. ann. 1334 : *xxv. Julii pro una pelle viridi missa ad Dominum per Cotarellum ad faciendum corrigias in Arnesio suo*. Occurrit eadem notione ibid. in Computis anni 1333. et in Instrumento anni 1409. tom. 1. novæ Gall. Christ. pag. 128. col. 1. Vide *Harnascha*.

* Arest. parlam. Paris. ann. 1454. 20. Mart. : *Et ulterius curia declaravit Arnesia seu arma, quæ dicti canonici deferebant excessus committendo, esse regi confiscata*. Pro ense, seu alio armorum genere, quo quis percutere potest, in Lit. remiss. ann. 1404. ex Reg. 158. Chartoph. reg. ch. 307 : *Dictam domum Arnesio evaginato intravit dictus Poncius*. Vide supra *Armum*.

¶ Arnesia Armorum, Apparatus, Gall. *Provision d'armes*. Charta ann. circiter 1423 : *Cum propter guerras quæ actenus vigerunt et adhuc vigent, causantibus adversariis et hostibus regni Aragonum, civitas Massiliæ causa suæ defensionis plurimas expensas fecerit tam in fortificatione murorum quam in Arnesiis armorum et in artilheria et bombardis et similibus, etc.*

¶ Arnesium Saumerii, Instructus equi clitellarii, Gall. *Harnois de bête de somme*. Capitula Gener. S. Victoris Massil. MSS : *Equi seu equitature, quos Prior ille solitus erat ducere, dum vivebat... et omne Arnesium Saumerii, etc.* [**Vide in *Arnese* locum Chron. Parmensis, et infra *Arnexium*.]

¶ 2. **ARNESIUM**, Arneysium, Arnezium, Quævis supellex Ecclesiastica et domestica, etiam muliebris. Testamentum Beatricis de Alboreya ann. 1367. inter Anecd. Marten. tom. 1. col. 1524 : *Quæ omnia volumus vendi per guadiatores nostros, et de eorum pretio legamus et dari volumus Abbatissæ dicti loci quatuor florenos auri, et cuilibet moniali duos florenos auri, et residuum pretii dictarum rerum convertantur in jocalibus et aliis Arnesiis faciendis in altari dicti monasterii*. Charta Raymondi Episcopi Penestrini apud Baluzium tom. 2. Hist. Arvern. pag. 348 : *Cum eorum juribus, jurisdictionibus et pertinenciis universis, Arnesiisque, utensilibus, pannis, lectis, superlectilibus, ac aliis rebus et bonis mobilibus et immobilibus*. Charta anni 1369. ibid. pag. 350 : *Item dictus dominus Dalphinus promisit et donavit dicto Marquesio nominibus quibus supra, Arnezia eidem Catharinæ competentia secundum statum sui generis*. Acta pontificatus Joannis XXII. ad ann. 10 : *Ecclesia quoque dicti castri de ejus mandato campanis, libris, Arnesiis et rebus sacris omnino extitit spoliata*. Computa Dalphin. Graisivod. ann. 1334. fol. 125 : *Pro præmio sigilli litterarum compositionis... super facto cavalcatarum debite non sequutarum, et etiam Arneysiorum non portatorum*, etc. Ibid. fol. 74 : *Item ponit se solvisse pro capella Domini et Arnesium Dalphinæ*, etc.

* Chron. Domin. de Gravina apud Murator. tom. 12. Script. Ital. col. 630 : *Iterum dictus capitanius.... dixit famulis suis statim : Parate equos, et Arnesia onerate confestim*. Pro instrumentis ad venationem aptis, in Transact. ann. 1501. ex schedis Præs. *de Mazaugues : Sub pœna..... omissionis furonorum, panelorum et aliorum ingeniorum et Arnesiorum, cum quibus venaretur*. Vide *Arnese*.

¶ 3. **ARNESIUM**, Tunicæ species, sagum, paludamentum, Gall. *Hoqueton*, *Cotte d'armes*. Litteræ Joannis I. Regis Franc. ann. 1351. apud D. *de Lauriere* tom. 2. Ordinat. Reg. pag. 481 : *Item, quod unicus* (f. nuntius) *dicti Consulatus possit et valeat deferre baculum pictum floribus lilii, et Arnesium suum, sicut servientibus in talibus deferri consuetum*.

¶ 4. **ARNESIUM**, Ferramentum, Gall. *Outil*. Litteræ anni 1340. Hist. Dalphin. tom. 1. pag. 53 : *Clientes nostros muniri faciatis, et provideri Arnesiis pro cala et destructione arborum, vinearum et bladorum opportunis; ut pote de guoys, falcibus, deytraux, seu securibus, fauciliis et fundis, ac aliis debitis Arnesiis*.

¶ **ARNEXIUM**, Ornatus equi, Gall. *Harnois*, et forte quævis impedimenta et sarcinæ, Gall. *Bagage, Equipage*. Chronicon Veronense ad ann. 1301. apud Murator. tom. 8. col. 641 : *Dominus Canis Grandis de la Scala posuit in conflictum Paduanos in burgis Vincentiæ, qui venerant causa accipiendi eidem civitatem Vincentiæ, eos morti tradendo, et eorum equis et Arnexiis spoliando*. Vide *Arnesium* 1. et *Arnixium*.

¶ **ARNEYSIUM**, Arnezium. Vide *Arnesium* 2.

¶ **ARNILAUS**. Vide *Arnelaus*.

¶ **ARNISIUM**, Arnixium. Ogerius Panis Annal. Genuens. lib. 4. ad ann. 1213. apud Murator. tom. 6. col. 405 : *Exercitum totum fugaverunt, tendas quoque, papiniones et Arnisium habuerunt*. Ibidem: *Boves, carros, carrocios, tendas, papiniones, mulas et Arnixium totum retinuerunt, et habuerunt valorem ultra librarum quadraginta millia Papiensium*. Quibus in locis non solum equorum ornatus, Gall. *Harnois*, sed impedimenta quævis et sarcinæ debent intelligi. Vide *Arnexium*.

* Supellex quævis cum ecclesiastica, tum domestica. Stat. Placent. fol. 117. r° : *Ab inde supra possit facere pignerari vel derobari aliquem ejus debitorem in prædictis vestibus, lectis et Arnisiis et supellectilibus necessariis et oportunis*. Chron. Placent. ad ann. 1387. apud Murator. tom. 16. Script. Ital. col. 548 : *Et erat mirabiliter fulcitus in domo sua Arnisiorum, et habebat in dicta domo sua unam capellam cum altare mirabiliter ornatam et paratam*.

1. **ARNITUS**. Fredegarius Schol. cap. 64 : *Totamque Persidam suæ ditioni redegit, captis exinde multis thesauris, et 7. Arnitis, tribus annis circiter Persida vastata, ejus ditioni subjicitur*. Ad oram annotatur in aliis Codd. legi, *Aeltis*, *Aeltiarnitis*, et *Welharnetis*. Sed obscurum per obscurius.

* 2. **ARNITUS**, Quævis impedimenta, sarcinæ, Gall. *Bagage*. Salvagardia ann. 1326. inter Ordinat. reg. Franc. tom. 4. pag. 452 : *Cum olim Theobaldus..... inhibuisset ne quis equos, boves, asinos eorumdem Pruliacensium ad Arnitus, ad quadrigam, ad traham sive ad hercam capere præsumant*, etc. Si tamen legendum non est, quod vehementer suspicor, *ad aratrum;* ut ex ipso contextu satis patet. *Arnoix* vero, pro Femora, Gall. *Cuisses*, obscœne accipitur, in Lit. remiss. ann. 1399. ex Reg. 154. Chartoph. reg. ch. 590 : *Icellui exposant oui que ledit Pierrat l'avoit appelé filz de putain, et aussi s'estoit-il vantez qu'il estoit entrez entre les Arnoix de la femme dudit exposant*.

¶ **ARNIXIUM**. Vide *Arnisium*.

¶ **ARNO**, Belgis olim idem quod Aquila. Hinc Arno seu Arnoldus Elnonensis Abbas, deinde Saltzburgensis Archiepiscopus apud Alcuinum Epist. 34. et 104. Aquila vocitatur. Prior ita inscribitur : *Aquilæ Antistiti Albinus;* posterior vero : *Dulcissimo fratri et sanctissimo Præsuli Aquilæ. Hinc factum*, inquit Mabill. in Actis SS. Benedict. sæc. 4. part. 1. pag. 64, *ut ad annum 717. scripserim Aquilam hunc distinguendum esse ab Arnone. Quem locum cum legisset vir doctus domnus Landoaldus de Kimpen, Monachus Elnonensis, amicus meus, monuit me sibi videri Aquilam non alium esse ab Arnone. Germanicum seu Flandricum nomen esse* Arnout; *ex quo ducta synonyma Arnulphus, Arnoldus et Arno seu Arnonus; addita aspiratione Germanis et Flandris familiari, fieri* Harent : *quæ vox Aquilam significat. Similia* *habet Molanus ad diem* 16. *Augusti, ubi de S. Arnulpho. His aliisque consideratis adductus sum, ut credam Arnonem et Aquilam unius et ejusdem esse nomen duplex, alterum Germanicum, alterum Latine redditum pro more illius ætatis.* Rem firmat Ælfricus in Glossario, et Somnerus in Dictionario Anglo-Saxonico, quibus *Earn* Aquilam significat.

* **ARNOGLOSSUS**, Piscis genus. Tract. MS. de Pisc. cap. 96. ex Cod. reg. 6838. C : *Arnoglossus, cui ab agninæ linguæ nomen positum est, a nostris perpeire nominatur.* An idem qui *Anoncelle*, appellatur, in Ordinat. ann. 1415. ex Reg. 170. Chartoph. reg. ch. 1. et *Arnoncelle*, in Reg. Cam. Comput. Paris. sign. *Pater* fol. 247. r°. Ut ut est emendandæ Literæ ann. 1315. tom. 1. Ordinat. reg. Franc. pag. 600. ubi editum *Avonselle*.

* **ARNOLDUS**. Vide supra *Arnaldus*.

¶ **ARNOSIUM**, Armatura, Gall. *Harnois*. Testamentum Guigonis Episc. Casinensis ann. 1345. apud Marten. tom. 1. Ampliss. Collect. col. 1460 : *XIX. Item de donatione inter vivos, seu donatione causa mortis, et ut melius valere poterit, Ademario de Bardis domicello meo equum, quem equitat, et Arnosium, seu armaturam quas habet, pro gratis et acceptis servitiis, quæ mihi impendit.* Vide *Arnesium*. 1.

ARNULPHINUS, Monetæ species, quæ currebat in Provinciæ Comitatu sub ann. 1465. valebatque ducato cum dimidio.

¶ **ARNUS**, pro *Alnus*, Arboris species, Gall. *Aûne*. Statuta Arelat. tit. 127 : *Arni de condamina Abbatisse et de quolibet alio loco exeuntes in viam publicam putentur quolibet anno... ne dicti Arni faciant impedimentum transeuntibus per viam.*

AROAGIUM, Facultas, ni fallor, linum vel cannabim in aqua macerandi et eluendi, a voce Gallica, *Rouir*: Charta Guidonis Episcopi Ambian. ann. 1226. ex Tabulario Ecclesiæ Ambian. : *In alia autem aqua tam superius quam inferius habent homines Ecclesiæ Ambianensis liberum Aroagium, et communes usus, hoc excepto, quod ibi non possunt piscari, vel aquam ad alia loca divertere, vel illud impedimentum, quod dicitur castigiare, de novo facere.*

* *Aroer*, eadem notione, dixerunt : unde certa est Cangii interpretatio. Charta ann. 1340. ex Chartul. 23. Corb. : *Pour avoir leur usage commun pour Aroer lins et canvres. Essegner*, eodem sensu, in Lit. remiss. ann. 1451. ex Reg. 185. Chartoph. reg. ch. 99 : *Ou temps que on met les chanvres en l'eaue pour Essegner.*

¶ **ARODANDRUM**, *Arbor; quod corrupte dicitur Lorandrum, eo quod sit similis foliis Lauri.* Papias MS. Bituric. [** In glossar. cod. reg. 7644 : *Arodandarum, arbor quæ corrupte vulgo Lorandrum vocatur, quod sit foliis lauri similibus.* Vide Isidor. Orig. lib. 17. cap. 7. sect. 64. ibique var. lect.]

* Vox manifeste corrupta ex *Rhododendron*, Botan. aliter *Nerion*, Gall. *Laurier rose*.

¶ **ARODINA** Vestis, Rosei coloris a Græco Ρόδον, *Rosa*. Anastasius in Vitis PP. apud Murat. tom. 3. pag. 251. col. 1 : *Fecit in Basilica... vestem rubeam de Arodina* (al. *diarodina*) inquit Murator, quod retinendum dicerem, si casus adjectivi cohæreret cum substantivo. *Diarhodinus* vox est nota, uti videre potes in voce *Rhodinus*.

* **ARODONGNATURA**. Vide infra *Roignatura*.

¶ **AROLIUS**. Vide *Arrolius*.

AROLUS, Genus retis, quo aves capiuntur. Describitur a Petro de Crescentiis lib. 10. de Agricult. cap. 22.

¶ **AROMATARIUS**, Pharmacopola qui componit utilia medicamenta, Gall. *Droguiste*. Item Unguentarius, Gall. *Parfumeur*. Concil. ann. 1585. inter Hisp. tom. 4. pag. 324 : *Non tamen interdicitur Chirurgis et Aromatariis, ne his diebus* (festis) *officia sua exerceant, quantum ægrotorum saluti conveniet.* Et pag. 342 : *Ne ludant* (Clerici) *in locis publicis, aut in domibus, quo ad id multitudo hominum convenit, veluti in domibus Aromatariorum aut tonsorum.* Iidem forte in Hispania tunc erant Pharmacopolæ, Chirurgi simul et Unguentarii, unaque *Aromatarii* voce designantur.

¶ **AROMATICITAS**, Odor vel sapor aromaticus. Bartholomæus Anglicus lib. 19. de Proprietatibus rerum cap. 56 : *Vino autem optimo species perfunduntur et reperfunduntur, donec virtus specierum vino incorporetur, et optime clarificetur; unde a vino* (claretum) *contrahit fortitudinem et acumen, a speciebus autem retinet Aromaticitatem et odorem, sed a melle dulcedinem mutuatur.* Bern. *de Breydenbach* Itin. Hierosol. pag. 98 : *Libanus igitur est mons redolentiæ et summæ Aromaticitatis. Nam ibi herbe odorifere crescunt... In Libano quiescentes tuti sunt a venenosis serpentibus, quos sua Aromaticitate et virtute fugant tam herbe quam arbores.*

1. **AROMATIZARE**, Odorem spargere, *redolere*, Joanni de Janua. Catholicon Armoricum : *Flaeryaffmat, G. flaerier bon et souëf, Aromatizare.* Jocelinus in Vita S. Patricii n. 3 : *Velut ex promptuario pleno spiritualium unguentorum divinum odorem intrinsecus manante, foras Aromatizabat multiplicium miraculorum copia.* N. 9 : *Consuevit... multarum orationum odoramenta Aromatizare.* [*Balsamum Aromatizans*, Eccles. 24. 20.]

¶ 2. **AROMATIZARE**, Aromatibus condire, Gall. *Embaumer*. Chron. S. Petri Vivi Spicileg. Acher. tom. 2. pag. 745 : *Reperta sunt in ipsis Ecclesiæ fundamentis sepulcra... quæ omnia erant plena corporibus honestissime palliatis, Aromatizatis, etc.* Vita S. Pecinnæ Virginis tom. 5. Junii pag. 87 : *Collegeruntque corpus venerabile Aromatizantes illud Christicolarum more, prout dignum erat tantæ virgini.* Vita S. Salvii Episcopi, ibid. pag. 202 : *Translata sunt autem sancta corpora die illa, et Aromatizaverunt ea induentes linteaminibus ac vestibus honorificis.*

* *Aromatiser*, eodem sensu, in Vita J. C. MS. :

> . . . . Laissiez ester Marie;
> Ele a tant fait qu'ele est ma mie....
> Ou que je soie ensepelis
> Mon cors Aromatisera.

¶ 3. **AROMATIZARE**, Thus adolere. Guidonis Disciplina Farfensis lib. 1. cap. 4 : *Duo Sacerdotes cappis adornent se, ut altaria Aromatizent.* Ibidem pag. 66 : *Sacerdos... sit præparatus in secretario, mittat incensum in thuribulum et tunc veniat, Aromatizet altare majus, etc.*

¶ **AROMATIZATIO**, Eadem notione ibidem non semel.

¶ **AROMATORIUS**, Pharmacopola, Gall. *Apothicaire, Droguiste*. Statuta MSS. Cardinalis Trivultii Abb. S. Victoris Massil. ann. 1531 : *Tenetur Infirmarius solvere Aromatorio quæcumque Medicus impendit pro sanitate egrotantium Monachorum.*

¶ **AROMATUM**, Aroma, Gall. *Baume, parfum*. Sermo S. Humilitatis Abbatissæ tom. 7. Maii pag. 834 : *Exprimamus oleum de speciosa oliva quod animam illuminat et præbet saporem bonum et condimentum, et de ipso faciamus Aromatum simul cum balsamo quod manet speciosum in æternum.*

¶ **ARONCALE** Solum, Ager incultus. Vide *Runcalis*.

¶ **AROTHEUS**, *interpretatur Scotomatus*. Papias MS. Utrumque mihi perinde incognitum, nisi forte *Scotomatus* idem sit ac tenebrosus a Græco σκότος, tenebræ; sed hoc divi nare est. [** Glossar. cod. reg. 7644 : *Arotheu, etc.* ut ex Origene. De altera voce vide Forcellini Lexic.]

¶ **AROVASIA**, sive *Arida Gamantia*. Certa Viromanduorum regio circa Peronam, Cameracum et Bapalmam. *Abbatia S. Nicolai in Arovasia* quæ caput est Congregationis Ordinis Canonicorum Regul. S. Augustini. [* Vide supra *Aridagamantia*.]

1. **ARPA**. Gloss. Ælfrici : *Arpa*, Æren geat, id est, *Porta areæ*, juxta Sommeri Glossar. Saxon. sed forte idem fuerit quod *Haspa*. Vide in hac voce, et in *Harpa*. [** Bosworth. Glossar. Anglos. in Supplem. 4, e : *Æren-geat* ab *earn*, *aquila* et *gæt*, *capra*, Angl. *the geat-eagle*. Scribitur *Earngeat* in Glossar. Anglosax. Hist. nat. apud Monium; unde patet idem esse quod sequens. Conf. Gloss. med. Græc. in Ἅρπος.]

2. **ARPA**. Matth. Silvaticus in Pand. : *Alharbe est quædam avis, quæ in nostra lingua vocatur Arpa, quæ est facta ut milvus.*

* Nostris *Arpe*; pro *Harpie*, avis poetica *Arpie*, apud Dant. in Infer. cant. 13. Consolat. Boetii MS. lib. 4 :

> Arpes sont oysiaus de corsage,
> Et sont pucelles de visage.

¶ 3. **ARPA**, Cithara, species instrumenti musici. Fridegodus in Vita S. Wilfridi Episc. inter Acta SS. Benedict. sæc. 4. part. 1. pag. 724 :

> Tunc oculos pulcris vanos illudit idæis,
> Aures et blandis demulget sæpius Arpis.

Vide *Harpa*.

* 4. **ARPA**, Harpago vel forceps focaria, Gall. *Pincettes*. Inventar. ann. 1218. inter Probat. tom. 1. Hist. Nem. pag. 67. col. 2 : *Tria verica, unam astellam, quandam Arpam, etc.* [** Provinc. *Arpa* est Unguis avium. Vide Raynouard.]

* **ARPACARE**, Harpagone trahere, Gall. *Tirer avec une main de fer, Harponner*. Columnarium seu Comœdia sine nomine in argum. ex Cod. reg. 8163 : *Rem omnem aperit, et quo fato puerum* (in viminea fiscella aquis expositum) *auro gemmisque cum multis.... Arpacaverit.*

ARPAGA. Ugutio : *Succinus, gemma quædam, quam Græci vocant electrum, fulvi et cerulei coloris, fertur arboris succus esse et ob id dicitur succinus. Vocatur et a quibus-*

dam Arpaga, ab arpe, (ἁρπάζειν) *quod est rapere, quia attractu digitorum accepta, vel coloris omnia folia et vestium fimbrias rapiat, et paleas, sicut magnes ferrum.*

* **ARPAGARE**, Arripere, apprehendere. Vita S. Amalbergæ ex Cod. reg. 5506 : *Lupus latronem ne evaderet tenuit, atque, quem facile Arpagare potuit, non licuit. Apoigner* et *Appoigner* nostris, eodem sensu. Lit. remiss. ann. 1374. in Reg. 105. Chartoph. reg. ch. 608 : *Icellui Bourdon Apoigna ledit coustel; mais ledit Pierre tira si fort, que il lui trancha les mains.* Aliæ ann. 1389. in Reg. 138. ch. 49 : *Lequel Joudon Appoigna dudit poulet en l'escuele.* Vide infra *Arrapare* et *Harpagare.*

ARPAGO, *Genus vasis. Unde Josephus : Fecit vasa aurea, ollas, caldarias, et Arpagones.* Ugutio. [*Arpago* scriptum est pro *Harpago* : quod instrumentum est ferreum Latinis Scriptoribus notum, uncos habens et a Græco ἁρπάγη derivatum.]

* Pro Ligonis specie, instrumento scilicet recurvo versandæ terræ apto. Andr. Billii Hist. apud Murator. tom. 19. Script. Ital. col. 128 : *Post tertium demum diem egressi portis, alii ad hostes proficiscuntur eosque in pugna detinent; alii Arpogonibus, ligonibusque ac dolabris inferioris viæ aggerem effringunt, etc.*

¶ **ARPAGUS**, Immatura morte raptus, ab ἁρπάζω, Rapio. Claudius *Menestrier* Hist. Lugd. pag. 56. ex antiqua inscriptione : *Et sub ascia dedicaverunt, multis annis vivat qui dixerit Arpagi tibi terram levem.* Vide ibi notam ejusdem *Menestrier.* [** et Forcell. in voce *Arpagius.*]

* Vel Ipsa mors immatura. Consule præterea P. Colon. tom. 1. Hist. lit. Lugdun. pag. 211. D. Martin. lib. 5. Relig. Gallor. cap. 9. et lib. ult. Comment. ejusd. ad Script. sacr. pag. 332.

ARPATA, Mensuræ species. Tabularium S. Petri Generensis apud Marcam in Hist. Beneharn. lib. 5. cap. 25. n. 8 : *Odo Castellensis... dedit B. Petro, in eodem mercato Arpatam salis in perpetuum possidendam.*

* **ARPAUDA**, Quantum pugno continetur, pugillus, Gall. *Poignée.* Leudæ major. Carcass. MSS. : *Item pro cargua de centonica seu herba dou brigeria, 1. Arpaudam.* Ubi versio Gall. ann. 1544 : *D'une charge de l'herbe, apellée la sainttonica sive la breguiere, une Arpade.* Qua etiam notione accipienda videtur supra vox *Arpata.*

* **ARPAX**, Harpago, Gall. *Harpon.* Annal. Etens. ad ann. 1397. apud Murator. tom. 18. Script. Ital. col. 928 : *Validissima armata dom. ducis Mediolani.... cum grandi numero pugnatorum, bombardis, ballistris et saxis manualibus, necnon Arpacibus ferreis, et apparatibus ad urendum.* Vide *Arrapax.*

ARPAXARE, [Rapere, ab ἁρπάζειν.] Vide *Harpagare.*

¶ **ARPENNA**, Agri modus, idem qui supra *Arapennis*, Gall. *Arpent.* Acta Ezonis et Mathildæ tom. 5. Maii pag. 59 : *Domino Nicolao præfati Cœnobii patrono Arpennas xxi. in Clottena perpetua traditione adjeci.*

* **ARPENDIUM**, Modus agri, Gall. *Arpent*, idem qui *Arapennis.* Tabular. S. Sulpit. Bituric. fol. 125 : *Datur Arpendium vineæ apud Acherium, pro quo dici debet anniversarium.* Apud Arelatenses *Arpent* dicitur, Major circinus ligneus, quo agrimensores utuntur in metiendis agris.

¶ **ARPENNIS**, Eadem notione apud Doubletum Hist. Sandionys. pag. 829. 836.

¶ **ARPENNUM**, Eodem intellectu, apud Stephanotium tom. 2. Antiq. Occitan. MSS. pag. 413.

¶ **ARPENNUS**, Idem, apud Martenium tom. 1. Ampliss. Collect. col. 197. Vide *Arapennis.*

* **ARPENTARIUS**, Agrimensor, Gall. *Arpenteur.* Charta Blanchæ comit. Trecens. ann. 1217. in Chartul. Campan. Cam. Comput. Paris. : *Si autem ibi fuerit aliqua platea sine arboribus ad extimationem Arpentarii et considerationem mercatorum, qui emere nemora consueverunt, ad usus et consuetudines eorum erit emptoribus emendatum.*

¶ **ARPENTATOR**, Agrimensor, Gall. *Arpenteur*, apud Spelmannum in Glossario, quod vide. [* Memor. D. Cam. Comput. Paris. fol. 54. r° : *Die 11. mensis Sept. 1373. Johannes, dictus le Pere, fecit solitum juramentum de exercendo officium Arpentatoris boscorum bailliviæ Meldensis.* Occurrit præterea in Charta ann. 1258. ex Chartul. Campan. fol. 479. et alibi.]

* **ARPENTINUS**, Modus agri, idem qui *Arapennis.* Charta Phil. Aug. inter schedas Mabill. : *Elyedornis comitissa S. Quintini et domina Valesiæ.... dedit leprosis de Firmitate tres Arpentinos prati.* Vide *Arpentium.*

¶ **ARPENTIUM**, Arpentum, Idem quod *Arpenna*, Modus agri, Gall. *Arpent.* Charta ann. 1181. ex Archivo Ecclesiæ Dolensis : *In tota terra Carcou non stant nisi tria Arpentia.* Liber anniversariorum et pitanciarum Monasterii S. Germani Paris. fol. 5. v° : *Anniversarium Gileberti Begant de 110. sol. Paris. super quinque Arpenta vinearum et dimidia sita apud Fontanetum.* Arbitrium Abbatem Gimontis inter et cives Gimontanos in Aquitania : *Dixerunt et pronuntiaverunt, quod perticus cum quo mensurantur Arpente et terræ et vineæ, ... habeat in perpetuum et habere debeat decem palmos bonos et largos de longo, ut hactenus habere consuevit, et Arpentum computatur de centum duobus libris et octo scaquis, et conquada terræ computetur de septuaginta quatuor libris et decem scaquis ad perticum superius memoratum.*

ARPETA, corrupte pro *Erpeta*, seu *Herpeta*, Ignis sacer, ἕρπης, Græcis; tumor exulceratus, a flava bile sincera proveniens. Chronicon S. Maxentii, seu Malleacense ann. 1014 : *Obiit Petrus Abbas... morbo Arpeta, id est, igni inextinguibili, sive se consumens.* Infra : *Fuit homo.... qui pedem morbo Arpeta perdidit.* Scribonius Largus cap. 63 : *Facit hoc medicamentum ad carbunculos, et ad ignem sacrum, et ad zonam, quam Græci* ἕρπετα *dicunt.* Est autem *zona* species ignis sacri. Adde eumdem cap. 246. Marcellum Empir. cap. 11. Celsum lib. 5. cap. 27. et Conradum Usperg. in Henrico V. Vide *Ardentes.*

¶ **ARPINIUM**, ut *Arapennis*, Gall. *Arpent.* Locum vide in *Mansionale.*

¶ **ARPO**, Spicula ferrea, quibus balænæ in mari configuntur apud Rymer. tom. 2. pag. 527. Vide *Harpones.*

ARQUATURÆ, *Forfices*, Papiæ. Notæ Tyronis : *Arquat. Arquatura.* Vide *Arcatura.* [* Rectius Glossar. vet. ex Cod. reg. 7613 : *Arquaturæ, fornices.*]

* **ARQUAYRAGIUM.** Vide infra *Arqueriatus.*

* **ARQUEIARE**, Arcum tendere et sagittas emittere, Gall. *Tirer de l'arc.* Stat. ann. 1358. inter Probat. tom. 2. Hist. Nem. pag. 232. col. 2 : *Et ordinetur quod balisterii possint ibi Arqueiare.* Vide supra *Arcuare.*

ARQUEMIA, pro *Alchymia*, seu *Chymia*, in Novellis Diffinitionibus Ordinis Cisterciensis distinct. 7. cap. 7.

* Sic et nostri *Arquemie* et *Arquemien* dixerunt, pro *Alchimie* et *Alchimiste.* Lit. remiss. ann. 1447. in Reg. 178. Chartoph. reg. ch. 168 : *Et lors lui dist ledit maistre Jehan.... qu'il avoit acointance à ung des habilles hommes du monde, nommé Baratier, qui estoit le meilleur Arquemien que on peust trouver, et avecques faisoit escuz d'Arquemie les plus beaulx que on pourroit dire.*

ARQUERIA. Vide *Archeria.*

* **ARQUERIAGIUM.** Vide mox *Arqueriatus.*

* **ARQUERIATUS**, Officium *arquerii* seu sagittarii, Gall. *Archer.* Charta ann. 1341. in Reg. 72. Chartoph. reg. ch. 408 : *Omnia jura et deveria.... ad dictum Petrum de Montelauro arquerium regium, et ad ipsius Arqueriatus officium pertinentia, ... summa de redditu pro rege, ... præter illa quæ sunt de arqueriagio, xv. lib. ij. sol. iij. den. Tur.* Infra : *Arquayragium* et *Arcayragium.* Vide *Arcarii.*

* **ARQUESIA**, pro *Arqueria*, *r* mutato in *s*, ut sæpe fit, Fenestricula oblongior et strictior in urbium et castrorum muris, per quam sagittas in obsidentes emittebant, Gall. *Creneau*, olim *Archiere.* Stat. ann. 1357. inter Probat. tom. 2. Hist. Nem. pag. 194. col. 1 : *Item est faciendum alatam supra murum barbaccanæ, ... et ejus Arquesiæ, quæ nunc sunt, reparentur; et fiat murus fortis qui claudat, a janua barbaccanæ usque ad turrim, apperturam, cum Arquesiis.* Vide *Archeria* 1.

* **ARQUETUS**, diminut. ab Arcus, *Arcellus*, Gall. *Arceau.* Comput. MS. fabricæ S. Petri Insul. ann. 1495 : *Item Johanni Maldenner liquefactori Tornacensi, pro omnibus columnis et Arquetis de electro servientibus ad clausuram capellæ B. M. de trillia, ponderantibus insimul ij. mil. ix. c. iiijxx. xij. lib. pretio v. sol. pro qualibet libra. Arquiet* vero vel *Arquiere*, Pars molendini, lignum quod ante molam ponitur, vulgo *Archure*, ut videtur. Chartul. Corb. sign. *Ezechiel* ad ann. 1415. fol. 25. v° : *Pour l'Arqueire, tremuyse, l'augelet et le mait, etc.* Idem ad ann. 1422. fol. 177. r° : *Item l'Arquiet, le tremuye, etc.*

* **ARQUILLÆ**, *Cavillæ de ferro in biga, Gall. Hutrées.* Glossar. Lat. Gall. ann. 1352. ex Cod. reg. 4120.

¶ **ARQUINETTA.** Litteræ Richardi II. Regis Angl. ann. 1380. pro Mercatoribus de Janua, apud Rymer. tom. 7. pag. 233 : *Duas magnas ollas zinziberis viridis, unam vergentam zinziberis facti cum aqua limonis, unam balam de Arquinetta, tredecim pipas uvarum siccarum, novem pipas sulfuris.* Haud scio an *Arquinetta* derivetur ab articulo Arabico *Al*, pro quo non semel *Ar*; et *China*,

Hispanis lignum Indicum, quod decoctum aqua sudorem movet.

ARQUINTALE, [Pondus centum librarum ad quod merces exigebantur. Hinc in his locis dicitur : *Charger un vaisseau au Quintal.*] Charta Willelmi D. Montispessulani ann. 1103 : *Dono etiam ego Willelmus Bailaticum Arquintalis, et tertium denarium in Arquintali et medallias, quas donant homines Montispessulani et Longobardi pro Arquintali.* Vide *Quintale.*

* **ARQUINTARS.** Charta ann. circ. 1080. inter Probat. tom. 2. Hist. Occit. col. 311 : *Manifestum est quia Petrus comes interpellavit.... de aliis hominibus de Guillelmo de Montepessulano, de ipsas cogocias, et de ipsos raptus, et de ipsis homicidiis, et de ipsis Arquintars, et de ipsa moneta.* Quod de jurisdictione vel emolumento ponderis intelligo. Vide *Arquintale.*

* **ARQUITENENS**, Epithetum Dianæ et Apollinis, apud Arnobium lib. 1. Macrob. lib. 6. Saturn. cap. 5. et Nævium lib. 2. Belli Punici. Vide animadversiones Elmenhorstii in Arnobium.

ARQUITES, Arcubus instructi, sagittarii. Acta S. Marcelli PP. lib. 2. cap. 4. n. 12 : *Funduntur populi, procedunt Arquites pueri ex omni parte, videntur properare itinera ad gloriam Sancti.* Vide Nonium et Gloss. Græc. Lat.

* **ARRA**, *Lara o capra*, in Glossar. Lat. Ital. MS.

ARRA Nuptialis. Petrus Chrysolog. serm. 140 : *Ad Virginem Deus aligerum portitorem mittit: nam dat Arram, dotem suscipit, qui fert gratiam. Annulus Arrarum nomine datus*, in Legib. Wisigoth. lib. 3. tit. 1. § 13. [** Donatio Roderici *Diaz deBivar* ann. 1074. apud *Risco* in ejus historia : *Et sunt quidem istas Arras tibi uxor mea Scemena factas in foro de Legione.*] Gregorius Turon. lib. 4. Hist. cap. 41 : *Præceptionem ad Judicem loci exposuit, ut puellam hanc suo matrimonio sociaret dicens : Quia dedi Arram in desponsatione ejus.* Infra : *Et ideo gloriæ vestræ præceptionem deposco, ut filiam suam mihi tradat in matrimonio, alioquin res mihi liceat ejus possidere, donec sexdecim solidorum millibus acceptis, me ab hac causa removeam.* Vide JC. et Salmasium ad Capitolinum pag. 254. [Concil. Hisp. tom. 4. pag. 365 : *Præcipit quoque hæc Synodus* (Mexicana ann. 1585.)... *Curatis, ut in benedictionibus nuptialibus Indorum naturalium Arras benedicant, cum reliquis cæremoniis, quibus in benedictionibus nuptialibus Hispanorum uti solent.*] [** Vide Grimmii Antiq. Jur. pag. 423. et infra *Arrhæ.*]

* **ARRABARE**, Avellere, Gall. *Arracher*, Provincialibus *Derrabar*, Occit. *Darriga* et *Derriga.* [**Catalanis *Arrapar* est *Capillum radere, ad vivum attondere.*] Transact. inter S. Elzear. et homines de Podio Michael. ann. 1316 : *Item convenerunt.... quod quicumque taillaverit, Arrabaverit seu fregerit, vel alias distrinxerit arbores fructiferas, teneatur pro qualibet emendare tres solidos.... Item convenerunt.... quod nemo audeat.... soccas Arrabare.* Unde manifestum fit, quod mox *Arrabata terra, quæ fuit vinea*, intelligi debeat de terra, unde vites evulsæ fuerunt; quod apertius iterum patet ex Inquisit. ann. 1268 : *Dixit, quod juxta vineam, quæ est Arrabata, etc.* Stat. ann. 1352. inter Probat. tom. 2. Hist. Nem. pag. 152. col. 2 : *Item quod nulla persona extranea seu privata sit ausa Arrabare ligna in patuis Nemausi.*

¶ **ARRABATA** Terra, Terra, ut opinor, culta, exarata, ubi frumentum servitur. Charta ann. 1138 apud Baluzium Hist. Arvern. tom. 2. pag. 489 : *Ego Bernardus Atonis Vicecomes Nemausensis reddo et dono et laudo in feudum tibi Raimundo Cantarelle ... terram quæ est Arrabbata modo, quæ fuit vinea, etc.*

¶ **ARRABILIS**, Qui arat. Charta Odonis ann. 1239. apud Thomasserium Consuetud. Bituric. pag. 85 : *Qui boves habebit Arrabiles... dabit unum sextarium frumenti.*

* **ARRABO**, pro Arrhabo, in Lit. Ludov. reg. Franc. ann. 879. tom. 1. Corp. diplom. pag. 20. col. 2.

¶ **ARRABONI**, *Id est, Vadimonium.* In Gloss. MSS.

** **ARRACEF**, Scopulus, cautes, Lusit. *Arrecife* et *Recife*, Gall. *Recif. In Aquilone hæreditas de Maria Godinis, et illud Arracef.... Ab Africa parte per illum Arracef;* e chartis ann. 1164. et 1166. apud S[a] Rosa de Viterbo in Supplem. pag. 11.

* **ARRADAMENTUM**, Locatio, datio ad *Arrendam* seu firmam. Inventar. MS. ann. 1366 : *Quod revocaret ex causa Arradamenta redditnum dicti comitatus quibusdam in dictis literis nominatis.* Charta ann. 1404. in Reg. 159. Chartoph. reg. ch. 297 : *Item quod Arradamenta bajuliarum, notariarum, ordinariarum, jaulariarum.... fient in thesauraria regia Tholosæ; .... de quibus Arradamentis dictus abbas et conventus* (Bonæcumbæ) *recipient medietatem.*

* **ARRADONGATURA.** Vide infra *Roignatura.*

* **ARRÆ** Sponsalitiæ, de quibus titulus est in Cod. lib. 5. tit. 1 : *De sponsalibus et Arris sponsalitiis*, a muneribus sponsalitiis omnino secernendæ; hæc quippe a marito tantum, illæ vero simul et a sponsa, quasi contractus arrhabones, sæpius donabantur. Vide Cujas. ad tit. 2. lib. laudati. Vid. *Arra.*

*¶ **ARRAHENES**, Arrehenes, Arrehenati, Obsides, ut puto, Gall. *Otages*, forte sic dicti quod sint veluti *arrha* rei alicujus faciendæ. Oratio Petri Ferdinandi Vacecapitis, Regis Castellæ legati ad Ludovicum Ducem Andegavensem ann. 1378. apud Marten. tom. 1. Collect. Ampliss. col. 1503 : *Propter quod frater vester dominus Rex Castellæ volens locum pandere bono pacis, misit domino Infanti prædicto certa capitula continentia modos rationabiles non incertos de Arrehenibus aliquibus certorum castrorum, eidem domino Infanti nepoti vestro per Regem Navarræ celeriter conferendis, ut Franciæ et Castellæ Reges illustrissimi fratres vestri, ac vos de ipso et ejus sagacitatibus essetis indubiæ securati. Post quæ nepos vester et dominus noster Infans juxta civitatem Pampilonensem longo tempore moram traxit, guerram indesinenter exercens, et prædictos Arrehenes castrum sibi dari... si dominus Infans guerram dimitteret... inceptam, daret ei integraliter Arrahenes.* Et col. seq. : *In certitudinem rei cujus Arrehenatos ejusdem villæ omnes meliores et notabiliores homines jam tenebat.*

ARRAIARE, Instruere, [disponere, armare, Gallis veteribus *Arrayer*, modernis *Arranger, mettre en ordre, Equipper.* Litteræ Edwardi III. Regis Angl. ann. 1338. apud Rymer. tom. 5. pag. 7 : *Centum homines Wallenses... eligatis, trietis et Arraietis, vel eligi, triari et Arraiari faciatis... ipsosque sic electos, triatos, Arraiatos ac bene munitos liberari faciatis dilectis et fidelibus, etc.* Mandatum Henrici IV. Regis Angl. ann. 1406. apud eumd. Rymer. tom. 8. pag. 449 : *Campum illum de sorde et luto mundari et cum arena et sabulo ac alio modo parari et Arraiari faciatis.* Rursum occurrit tom. 6. pag. 663. et pag. 726.] Charta Richardi Regis Angl. apud Willelm. Thorn. : *Gentes sufficienter munitas et Arraiatas.* Henr. Knyghton lib. 3. ann. 1313 : *Adeo quod non occurrit quempiam retroactis temporibus vidisse aliquem Comitem duxisse pulcram multitudinem hominum in equis, sic bene Arraiatorum.* Alio loco : *Redilt tota fortitudo Scotorum, in 3. aciebus distincta et bene Arraiata.* Et mox : *26. mille hominum bene Arraiatorum.* [Formulare Anglic. pag. 429. in Testamento Joh. *de Nevill* ann. 1386 : *Volo quod unus equus sit Arraiatus pro guerra, cum uno homine armato de armis meis.*] *Arredare* et *Corredare*, pro instruere, ornare, usurparunt etiam veteres Scriptores Itali. Auctor Novellarum antiquarum, Nov. 82 : *Comandò, che quando sua anima fosse partita del corpo, che fosse Arredata una ricca navicella coperta d'uno vermiglio sciamito, etc.* Joan. Villaneus lib. 6. cap. 45 : *Fece fare alla lor galea, le vele nere, et tutti gli Arredi neri.* [** Gall. *Agrès.*] Idem lib. 7. cap. 120 : *Vestimenti et Arredi et apparecchiamenti di ricca festa.* Galli *Arroy* dicunt.

* Charta ann. 1346. apud Robert. Avesbur. in Hist. Edwardi III. reg. Angl. pag. 125 : *Le Roy fist Arraier ses batailles beals et grosses.* Lit. ann. 1348. tom. 9. Ordinat. reg. Franc. pag. 161. art. 7 : *Li communs sera tenuz à nous seuigre un jour tant seulement à leur despent, Aréez souffisament chascuns selon son estat.* Lit. remiss. ann. 1386. in Reg. 129. Chartoph. reg. ch. 140 : *Lequel suppliant ala appareiller et Arrer son cheval en une estable, etc.* Reg. A. Cam. Comput. Paris. fol. 73. r° : *Ces instructions ne moustrez à nullui; mes tenez les secreez, et seur toutes les besoignez que vous avez à fere soiez si avisez, si Arreez et si attrempés que vous le faciez sans escandle dou peuple; car se est l'entention dou roy et de son conseil.* Atque ita legendum suspicor, pro *Acorvé*, in Lit. Roberti ducis Burg. ann. 1294. inter Probat. tom. 1. Hist. Nem. pag. 135. col. 1 : *Commandement de par le roi leur en faites que il soient Acorvé dedans Pasques flories prochainement venanz, pour venir esdites parties.* Le Roman de *Cleomades* MS. :

> Moult furent les nopces très grans;
> Car Arrées telement
> Furent, qu'il affiert à tel gent.

ARRAYAMENTUM, Ordo, ornatus, instructio, Gallis olim *Arrayement, Arroy*, [nunc *Arrangement.*] Knyghtonus : *Rex Edwardus misit D. Reginaldum .... ad explorandum et videndum de Arrayamento dicti navigii.* Occurrit apud eumdem iterum. Chronic. Flandr. cap. 49 : *Puis feit le Roy de France son Arroy, et prit avec lui tous ses hauts hommes.* [*Patelin* apud Borellum :

> Car quoy? qui vous aurait craché

Tous deux encontre la paroy,
D'une maniere, et d'un Arroy
Estes-vous, et sans différence.]

Vide Edward. Cokum ad Littlet. sec. 234.

Arriare, Eadem notione. Vide *Monstrum.*

¶ **ARRAIATIO**, Ordo, dispositio, Apparatus bellicus. Litteræ Edwardi III. Regis Angliæ ann. 1338. de hominibus ad lanceas eligendis, apud Rymer. tom. 5. pag. 7 : *Pro defectu electionis et Arraiationis hujusmodi, passagium nostrum quomodolibet nullatenus differatur.* Occurrit ibid. pag. 8. Aliæ Regis ejusdem litteræ ann. 1330. apud eumd. Rymer. tom. 4. pag. 442 : *Qui in comitiva versus partes Ducatus Aquitaniæ sunt profecturi, et proifas et Arraiationem passagii illius, etc.* Aliæ anni 1370. tom 6. pag. 663. Super invasione Francorum et *Arratione* facienda : *Mandamus... omnibus aliis prætermissis, omnes homines defensabiles partium vestrarum, cum omni celeritate qua fieri poterit, Arraiari et in Arraiatione teneri faciatis.*

* Nostris olim *Arreanche*, eodem sensu. De homine dissoluto in re familiari, Bellomanerius MS. cap. 21. dixit, *qui n'a en lui ne conseil, ne Arreanche,* Hoc est, *ni ordre ni arrangement.*

¶ **ARRAIATOR**, Qui disponit, ordinat, instruit, Gall. *Mareschal de camp,* alias *Arraiour,* Castrorum Præfectus. Litteræ Edwardi II. Angl. Regis ann. 1322. apud Rymer. tom. 3. pag. 973 : *Assignavimus ipsum Comitem capitalem custodem Comitatuum... et superiorem Arraiatorem et ducem tam hominum ad arma, quam peditum.* Et paulo post : *Mandamus superiori Arraiatori et duci hominum hujusmodi, etc.* Et tom. 4. pag. 231 in Litteris ejusd. Regis ann. 1326 : *Le roy as tous Arraiours et Mesnours des gents d'armes et de pic, etc.*

¶ Arraizus, Arraiator, Aciei ordinator, Gall. *Sergent de bataille.* Item Centuriæ instructor, Gall. *Sergent d'une Compagnie.* Angl. *Arrayer.* Litteræ Richardi II. Regis Angliæ ann. 1386. apud. Rymer. tom. 7. pag. 521 : *Inveniet et mittet Domino Regi Angliæ prædicto decem galeas, ipsius Domini nostri Domini Regis Portugaliæ sumptibus et expensis, bene armatas, videlicet de uno Patrono, tribus Alcaldibus, sex Arraizis, duobus carpentariis, octo vel decem marinariis, triginta Balastariis centum et quaterviginti remigibus, et duobus sutaneis, in qualibet galearum prædictarum.*

¶ **ARRAINARE**, Ad Tribunal sistere, in jus vocare; Item Lites seu causas in *Regesto* eo ordine disponere, quo citandæ sunt et agendæ, Gall. *Mettre au Rôle,* Angl. *Arraign;* a Francico *Arranger,* oriri putant Skinnerus Etymol. Angl. et Thomas *Blount* in Nomolexico, quod causæ et rei ordine vocentur ad rostra seu cancellos, quos Angli *Barram* nominant. Alii ab *Arraisonare* per contractionem factum putant *Arrainare* et *Arreniare.* Mandatum Eduardi III. Regis Angliæ ann. 1337. apud Rymerum tom. 4. pagina 797 : *Quod assisæ novæ dissseisinæ et attinctæ contra fideles nostros, in obsequio nostro in dictis terris Scotiæ et Hiberniæ, aut alibi, extra regnum nostrum, pro defensione et salvatione ejusdem regni, et terrarum nostrarum prædictarum commorantes, Arrainatæ seu Arrainandæ (ipsis in obsequio nostro inibi sic existentibus) de die in diem continuentur, ita quod eis, dum in obsequiis nostris in hujusmodi moram, ut præmittitur, fecerint, exhæredatio vel præjudicium nequaquam fiat. Et ideo vobis mandamus quod omnes assisas novæ disseisinæ, et attinctas, coram vobis per brevia nostra jam Arrainatas, vel ex nunc Arrainandas, versus dilectum et fidelem nostrum .... continuetis, etc.* Vide *Areniare.*

* *Arrainier,* pro Cogere, compellere, Gall. *Contraindre, exiger avec autorité,* in Chron. S. Dion. lib. 1. cap. 3 : *Onques puis ne fu nus qui les* (François) *osast contraindre, ne Arrainier de rendre treu.*

* **ARRAIZONARE**, Eadem notione atque *Arrainare.* Charta ann. 1463. ex schedis Præs. *de Mazaugues : Quod sit licitum.... tale avere.... pignorare, et pignus seu pignora capere, portando, et Arraizonando inde, tale pignus.... dicto domino seu suo bajulo.*

¶ **ARRAIZUS.** Vide in *Arraiator.*

¶ **ARRAMA**, Arramare. Vide *Adramire.*

* **ARRAMARE**, Ex ramis arborum tecta concinnare, ubi animalia, quæ ex jure in silvis depascuntur, quiescere possint. Charta ann. 1341. in Reg. 72. Chartoph. reg. ch. 250 : *Cum contra sindicos universitatis et singulares castri et bajuliæ de Angulis,... denuntiatum fuisset.... animalia sua.... grossa et minuta per plures et diversos annos.... in his baugiis et nemoribus regiis ipsius bajuliæ.... immisisse, armasse causa depascendi, abeurandi, Arramandi, et aliter de die et nocte explectandi.* Alia ejusd. ann. ibid. ch. 368 : *Prædicti consules et tota universitas* (S. Amancii) *in herbagiis, nemoribus et aquis regiis animalia sua immiserant.... de die et de nocte causa depascendi, Arramandi, etc.* Alia ejusd. ann. in Reg. 74. ch. 580 : *Abbas et conventus Vallis-magnæ habent jus in dictis nemoribus et herbagiis.... animalia sua grossa et minuta immittendi, tenendi, Arramandi, noturnandi, lignandi, et aliter explectandi in eisdem.* Alia tandem ejusd. ann. in Reg. 80. ch. 466 : *Quod homines castri sive loci de Cabrayrolis.... animalia sua grossa et minuta.... causa depascendi, abeurandi, Arramandi, et aliter explectandi.... tenuerant in herbagiis;.... cambanas etiam et cortalia pro pastoribus et animalibus suis inde fecerant et construxerant.* Vide *Ramagium. Arramare,* alia notione, exstat in *Adramire.*

* **ARRAMATIO.** Vide supra in *Adramire.*

* **ARRAMENDUM**, Locatio, datio ad *Arrendam* seu firmam. Stat. Guillel. episc. Montalb. ann. 1337. apud Marten. tom. 8. Ampl. Collect. col. 1560 : *Dum in ecclesiis orationi deberent insistere, missa non audita, bladu censuum et acapitorum, aut Arramendorum, et multas alias res asportant seu asportari faciunt.* f. pro *Arramendatorum.* Vide supra *Arradamentum.*

¶ **ARRAMENTA** Resumere, Ad calculos reverti, Gall. *Reprendre les derniers erremens d'une cause.* Id est, eo litis reverti, ubi desitum est. Hist. Harcur. tom. 4. pag. 1647. ex Regesto Parlamenti : *Qui ratione uxoris filiæ suæ dicti Droconis Resumpserat Arramenta pendentia in Curia nostra inter dictos Droconem et Joannem.* Charta Caroli Regis Franc. ann. 1404. apud Baluzium tom. 2. Hist. Arvern. pag. 470 : *Karolus, etc. primo Parlamenti nostri Hostiario aut Servienti nostro super hoc requirendo salutem. Cum pendente certa causa inter... Johannem de Bethune... et Guichardum Dalphini Militem... dictus Guichardus viam universæ carnis ingressus... mandamus quatenus... Guichardum Dalphini liberum et heredem ac executores testamenti... dicti defuncti, ad certum et competentem diem... adjornes ad Resumendum vel defendendum processus et Arramenta dictæ causæ et ulterius procedendum.* Ibidem pag. 425. ex Regesto Parlamenti anni 1340 : *Cum Armandus Vicecomes Polonniaci tanquam heres defuncti Poncii de Polonniaco, quondam Decani Ecclesiæ Brivatensis ad instantiam Beraldi Dalphini fuisset in nostra Curia adjornatus ad Resumendum Arramenta in dicta Curia pendentia, etc.* Rursum occurrit infra. Vide *Erramentum.*

* 1. **ARRAMENTUM**, Documentum, quidquid rei illustrandæ inservit. Charta ann. 1329. in Reg. donorum Caroli IV. et Phil. VI. ex Cam. Comput. Paris. fol. 60. r° : *Nos obtulissemus nos fore paratos contenta in dictis litteris regiis facere et complere, et videre ac despicere informationes, et aprisias, et Arramenta alia facientia ad hanc partem ad finem expeditionis mandati regii supradicti.* Neque alio sensu intelligenda mihi videtur vox *Arrie,* in Charta Godefridi dom. Asperimontis ann. 1348. ex Chartul. ejusd. fol. 25. v° : *Assavoir est que nous sur se heut certaine information, tant par les anciens Arries et registres desdis hommages, comme en autre maniere, avons retenu et retenons par no sarement que li fiés est et doit estre liges.*

* 2. **ARRAMENTUM**, Æs, Gall. *Airain.* Regist. episcopat. Niver. ann. 1287 : *Quilibet mercator deferens merces, Arramento excepto, debet quolibet anno ij. den.* Vide supra *Aramentum.*

* 3. **ARRAMENTUM**, Ordo, ornatus, instructio. Vide in *Arraiator.*

* **ARRAMIARE**, Arramiatio. Vide supra in *Adramire.*

¶ **ARRAMINA**, Arraminatio, Arramire. Vide *Adramire.*

* **ARRAMPANTUM**, Harpago, Gall. *Croc.* Th. Fazellus de Reb. Sicul. lib. 9. pag. 519 : *Ferreum et muris aduncum instrumentum, Arrampantum a Francis vocatum, quod telo impositum in Galeacium incautum, turbæ sub mœnibus propellendæ intendentem, injecere, quo ille implicitus demum in hostium manus venit.*

ARRANCANES. Testamentum Sancii I. Regis Portugaliæ æræ 1217. apud Brandaonum tom. 4. Monarchiæ Lusitan. pag. 260 : *Habeat et meas cintas, et meas scarlatas, et penas varias, Arrancanes et lencios.* [In Actis SS. Junii tom. 3. habetur *Arancanes et lencios.* Porro *Cintas* Hispanis sunt fasciæ sericeæ, Gall. *Rubans de soye, Scarlata,* Pannus cocco tinctus, Gall. *Ecarlate; Pena* pro Penna, *Arrancanes* pro Hispanico *Arracadas,* Inaures, Gall. *Boucles d'oreilles; Lencios* vel *Lincios,* Hispanis *Lienços,* Gall. *Linge;* unde lecti Lintea, *Linceuls* appellantur.]

* **ARRANCARE**, Arrencare, ab Hispano *Arrancar,* Evellere, Gall. *Arracher.* Stat.

Massil. lib. 5. cap. 19. § 10. *Item quicumque furabitur, vel Arrancabit aliquam arborem in aliquo honore alieno, etc.* Charta Alphonsi VIII. reg. Castel. ann. 1168 inter Probat. tom. 2. Annal. Præmonstr. col. 697 : *Si quis ausu temerario aliquem ex majoribus* (metis) *supradictis.... Arrancaverit vel transmutare temptaverit, etc.* Stat. Taurini ann. 1360. cap. 162. ex Cod. reg. 4622. A : *Si aliquis inciderit in tota vel in parte, vel Arrencaverit alienam arborem, etc.* Stat. Avellæ ann. 1496. cap. 63. ex Cod. reg. 4624 : *Si aliqua persona aperuerit, sciderit, fregerit, vel Arrancaverit.... alienam clausuram, etc. Arresgier,* eodem sensu, dixerunt nostri. Lit. remiss. ann. 1357. in Reg. 86. Chartoph. reg. ch. 95 : *Lidiz Adam avoit Arresgié une bonne en terroir de Tours sur Marne ou de Vousi.* Vide supra *Arancare.*

¶ **ARRANCATA**, Expeditio militaris, vel raptus, direptio, qualis fieri solet in expeditionibus militaribus, ab Hispano *Arrancar*, Gall. *Arracher*, Evellere, rapere, auferre. Morettus Antiquit. Navarræ pag. 563. e Tabulario S. Salvatoris de *Leyre* pag. 10 : *Ego Garsea Dei gratia Rex tibi senior Sancio Fortunionis, mea spontanea voluntate propter tuam fidelitatem atque servitium, et accepi de te equum colore nigro... et illo equo fuit de Rege domno Ranimiro, quefuit captum in illa Arrancata de Tafalla... et ideo concedo tibi villam quæ vocitant Oterbia.*

* Haud scio tamen an non rectius deduceretur ab *Arraiare*, Instruere, disponere, armare, Gall. *Arranger.* Vide in hac voce. [** In antiquissimis Castellanorum poematibus verbum *Arrancar,* sensu Profugandi, vincendi non minus sæpe obvium quam substantivum *Arrancada* sive *Arrancata.* Poema *del Cid*, vers. 822 :

Embiar vos quiero à Castiella con mandado
Desta batalla que avemos Arrancado,
Al rey Alfonso que me ha ayrado.

Ibid. vers. 1234 :

Apres de la verta ovieron la batalla;
Arrancolos Mio Cid el de la luenga barba,
Fata dentro en Xativa duro el Arrancada.

Poema de Alexandro Magno, vers. 93 :

Ovo el rey Filipo este manto ganado
Otro tiempo quando ovo à Susis Arrancado.

Ibid. vers. 1621 :

Non te cae en onta maguer fuste Arrancado,
Ca yo soe Alexandre el del nombre pesado.

Poemata Archipresbyt. *de Hita*, vers. 1168 :

...... fuemos desafiado
De la falsa Quaresma, è del mar airado,
Estando nos seguro fuemos della Arrancado.

Poema *del Cid* vers. 591 :

De guisa va Mio Cid como si escapase de Arrancada.

Ibid. vers. 1166 :

Alegre era el Cid è todas sus compañas
Que Dios le ayudára è ficiera esta Arrancada.

¶ **ARRANCURA**, Rixa, lis, querimonia. Morrettus in Antiquit. Navarræ ex Archivo S. Joannis de la Pena. n. 28 : *Donas mihi illum castellum quod dicitur Sanguessa... et illa villa, quæ dicitur Lerda et Undues. Donas et confirmas ut in omni vita tua non facias mihi Arrancura de illas villas, neque non eas inquiras neque castellum.* Vide *Rancura.*

* **ARRANDUAMENTUM**, Datio ad censum annum. Vide infra in *Arrenduare.*

* **ARRANNARE**, Interposito sacramento interrogare. Chron. Henrici Blancford. pag. 78 : *Venerabilis pater episcopus Herefordensis, coram rege et cunctis regni proceribus constitutus, Arrannatus extitit et examinatus de proditione, quasi de crimine læsæ majestatis.* Quod Spelmanni conjecturæ utcumque favet. Vide *Arraniare.*

¶ **ARRANIARE**, Arraniatus, a recentioribus Leguleiis dici annotat Spelmanus in Glossario ad vocem *Adrhamire*, putatque eas voces mendose scriptas pro *Arramare, Arramatus*, de quibus dictum est in *Adramire.* Cum nullum vir doctus proferat locum, unde liceat veram vocis significationem expiscari, ejus conjecturam, nec probo, nec rejicio, id unum observaturus, non minorem esse cognationem vocis *Arraniare* cum *Arrainare*, quam cum *Arramare;* ac *Arreniare* fortean dici pro *Arrainare*, non pro *Arramare.*

¶ **ARRAO.** Vide *Arro.*

* **ARRAPARE**, Arripere, apprehendere, Hisp. *Arrapar*, Gall. *Prendre, saisir quelque chose avec force*, olim *Araper* et *Arraper.* Judicium ann. 1370. in Reg. 109. Chartoph. reg. ch. 192 : *Jaquemetus insequtus fuit ipsum Johannem, et cum Arrapavit, et ad terram violenter prostravit.* Lit. remiss. ann. 1382. in Reg. 121. ch. 231 : *Ledit Guillaume les attendait en tapinage au bout des pons de Moneco, qui s'arrapa à l'un des bras de laditte femme en tirant à soy, etc.* Aliæ ann. 1456. in Reg. 189. ch. 114 : *De chaulde colle ou meslée le suppliant Arapa ledit Pierre au col, et lui donna de la canivette ou coustel qu'il tenoit en sa main.* Eodem sensu *Agrapper* et *Agresser* usurparunt. Lit. remiss. ann. 1408. in Reg. 162. ch. 308 : *Le charreton s'avança et ala prendre et Aggraper le cordel ordené pour retenir les chevaulx.* Aliæ ann. 1410. in Reg. 164. ch. 223 : *Le suppliant tendi sa pique audevant de Bertrand Ogier, laquelle ledit Bertrand Agrappa aux mains.* Rursum aliæ ann. 1403. in Reg. 158. ch. 87 : *Ledit Cousin moult esmeu, comme il semblait, de felon courage Agreffé et emprins, etc.* Sed *Agrapper* et dixerunt Picardi, pro Verberare, percutere, *Frapper, battre.* Lit. remiss. ann. 1396. in Reg. 149. ch. 275 : *Auquel Pelliquan aucuns de sa compaignie dist, si l'Agrappons; qui veult dire selon le langage du pais, si le batons.* Vide supra *Argapare* et *Arrabare.*

¶ **ARRAPAX**, Harpago, Gall. *Croc, Main de fer.* Gloss. S. Andreæ Avenion. : *Arrapax, Arrapatis, id est, Sercapos, quia arripiat illud quod cadit in puteum.*

1. **ARRARE**, Spondere. Erchempertus in Ducib. Benevent. cap. 22 : *Contrarius illi semper et ingratus extitit, adeo ut etiam filio illius natam suam necessitate ductus Arraret.* Gregorius Turon. de Vitis Patr. cap. 20 : *Cum ad legitimam pervenisset ætatem, ... ut Arram puellæ quasi uxorem accepturus daret, impellitur.*

¶ **Arrare Bellum**, Bellum denuntiare. Spelman. in Glossario. ad Vocem *Adrhamire : Pro his rebus acquirendis Arravimus Bellum in Curia Vindocensi.*

* *Enerrer*, Arrham dare, vulgo *Arrher*, in Stat. ann. 1399. tom. 8. Ordinat. reg. Franc. pag. 324. art. 1.

* 2. **ARRARE**, Fatigare, exagitare, vexare; quo sensu *Travailler* dicimus, alias *Harrier.* Charta ann. 1256. ex Chartul. Campan. fol. 226. v°. col. 1 : *In tantum jam dictus Glasto cum sua potentia nos Arravit, quod non audemus bonam villam vel forte castrum, si quod ingredimur, egredi, nisi occulte forsitan vel latenter.* Lit. remiss. ann. 1405. in Reg. 160. Chartoph. reg. ch. 68 : *Le suppliant dist que ce estoit mal fait de ainsi vouloir Harrier et traveiller les marchans forains.*

¶ **ARRAS.** Testamentum Radulfi *de Nevill* apud Th. *Madox* Formul. Anglic. pag. 432 : *Item do et lego Johannæ uxori meæ tertiam partem bonorum meorum, .. cum uno Lecto de Arras operato cum auro... Item unum Lectum de Arras cum costeris paled de colore rubeo, viridi et albo.* Lectus acupictus *Lectus de Arras* dicitur, quod Attrebatum urbs Belgii, Gall. *Arras*, olim celebris esset tapetibus, aliisque similibus operibus acu pictis. Quin et Attrebaticas vestes sub Imperatoribus Romanis jam fuisse commendatas observat Salmasius ad Vopiscum in Carino Augusto. Vide *Atrabaticæ Vestes.*

* Poema *du Guer d'amour espris : Dix grands tapiz de soye touts baptus à or de l'ouvrage d'Arras.*

* **ARRASARE**, Complanare, funditus evertere, Hisp. *Arrasar*, Gall. *Raser*, olim *Abraser* et *Arraser.* Instr. ann. 1409. inter Probat. tom. 3. Hist. Nem. pag. 199. col. 2 : *Quod clausura fontis remaneret, et rivus sive fausatum accumularetur et Arrasaretur in totum.* Ch. ann. 1364. in Reg. 96. Chartoph. reg. ch. 152 : *Desquieux molins il en y a partie descheuz, et y en a deux tout entierement Abrasez et abatus.* Unde *Abrasements* ipsa actio funditus evertendi, in Lit. ann. 1450. tom. 2. Probat. Hist. Brit. col. 1516 : *Abrasemens et demolitions des maisons, etc.* Ubi in Glossar. ad calcem tom. 3. minus bene de incendio explicatur. Lit. remiss. ann. 1364. in Reg. 98. ch. 238 : *Comme le bailly de Meleun eust mandé à tous nos sergens que lesdiz moustier de Praeles et maison feissent desemparer, abatre et Arraser,.... et meissent en tel estat que jamais n'y peust avoir fort.* Aliæ ann. 1370. in Reg. 103. ch. 214 : *L'exposant fist Arraser et abatre lesdittes maisons.* Vide supra *Applanare* et *Arasare.*

* **ARRASTLE**, Ligonis species, vox vulgaris. Inventar. ann. 1361. ex Tabul. Massil. : *Item unum crusolium, unum copellum fusteum, unum Arrastle, etc.*

¶ **ARRATIONARE**, Gallis olim *Arraisonner*, Aliquem alloqui, admonere, tractare cum aliquo. Epist. Lamberti Attrebat. Episc. apud Baluzium tom. 5. Miscell. pag. 307 : *Domnus Manasses Remensis Archiepiscopus nuper mihi misit litteras pro Morinensi Ecclesia, quibus injunxit, ut vos Arrationarem per nos vel per litteras nostras de Roberto et de munitione ejus, per quam non desistit prædictam Ecclesiam et bona Clericorum diripere et devastare, etc.*

* Lit. remiss. ann. 1416. in Reg. 169. Chartoph. reg. ch. 396 : *Le suppliant soy merveillant que icellui Estienne ne l'avoit aussi bien salué ou Arraisonné, comme il avoit fait sa femme, vu qu'ilz estoient voisins, etc.* Nostris præterea *Aparoler, Aparler* et *Apparler*, eadem acceptione. Lit. re-

miss. ann. 1407. in Reg. 162. ch. 122 : *Quant icellui Hemery ot un pou advisé Jehan Paine, il le Apparla moult rudement, disant : Je croys que tu viens ici pour moi cuidier battre.* Aliæ ann. 1451. in Reg. 185. ch. 267 : *Auquel Mareschal le suppliant s'Apparla, et lui dist telles parolles, etc.* Lib. rub. fol. parvo domus publ. Abbavil. fol. 105. r° : *Et fu li acors tes que.... chi acors kaioit trois jours après che que il aroient esté Aparllé.* *Raparler* vero, pro Objugare, in Lit. remiss. ann. 1468. ex Reg. 195. ch. 82 : *Tu as dit que tu devoyes si bien Raparler mon pere. Raparlelé maintenant, se tu es hardy.* Le Roman *de Robert le Diable* MS. ubi de milite, quem imperator alloquitur :

> Lors va (l'Empereur) avant si l'Araisonne
> Devant toute la baronie.

Alibi :

> L'emperere par grant noblesce
> En plourant sa fille Aparole,
> Et entre ses deux bras l'acole,

Sed et *Araisonner* usurparunt, pro Rationem exigere, vulgo *Faire rendre compte.* Bestiarius MS. ubi de servis, a quibus dominus rationem exigit :

> Et quant li sires retourna
> Ses trois serjans Araisonna.

¶ **ARRATIONATUS**, In jus vocatus. Chartul. Matiscon. fol. 110 : *Si circa decimam male aliquid ageret, in curia Decani Arrationatus respondeat.*

* **ARRATORIUS**, pro *Aratorius*, arabilis. Stat. Cadubrii lib. 3. cap. 65 : *Nullus terram Arratoriam.... post prohibitionem et ultra consuetudines regularum intrare præsumat.* *Arréer*, pro *Labourer*, arare, apud Bellomaner. MS. cap. 32.

* **ARRATRELEFF.** Chron. Danic. apud Ludwig. Reliq. MSS. tom. 9. pag. 30 : *Anno Domini 1249... rex Ericus contulit totam Daniam ad denarios rhedarios sive Arratreleff.* Vide infra *Denarii rhedarii* in *Denarius.*

¶ **ARRAUS**, f. mendum pro *Averiis* i. e. animalibus agriculturæ inservientibus. Archivum Abbatiæ Villæ novæ : *Ego Constantia. . . Ducissa Britanniæ . . . dedi eidem Abbatiæ omnia quæ pertinent ad Comitatum inter Loine et Beloigne, exceptis hominagiis, quæ retinui in manu mea ad servitium meum cum equis et Arraus faciendum.* [** f. leg. *Arnesiis*, aut nihil mutandum, ita ut vox Gallica *Arroy* latina forma qualicumque donata intelligatur.]

¶ **ARRAYAMENTUM**, Arrayare. Vide *Arraiare.*

¶ **ARRAYRAGIUM**, pro *Areragium*, Gall. *Arrerage.* Charta Johannæ Reginæ ann. 1364. ex Schedis D. *le Fournier* : *A dicto tempore usque nunc pro Arrayragiis certam non modicam quantitatem pecuniæ percepturi.*

* Formulæ MSS. ex Cod. reg. 7657. fol. 20. v° : *Salvis etiam et retentis ipsi domino Petro constituenti omnibus Arrayragiis sibi debitis de juribus et proventibus ipsius capellaniæ.* Occurrit etiam inter Probat. tom. 3. Hist. Nem. pag. 143. col. 2.

ARREATOR. Tabularium S. Juliani Brivatensis ann. 1282 : *Consules, Procuratores, Arreatores et Administratores, etc.* Vox ejusdem originis, qua *Arraiatus* : est enim *Areator*, qui res curat, instruit. [Vide *Arraiare.*]

ARRECTATUS, [Accusatus, in jus vocatus. Officium Coronatoris apud Spelmannum : *Si autem aliquis Arrectatus fuerit de morte alicujus periclitantis, capietur et imprisonetur.*] Vide *Rectum.*

* **ARREDAMENTUM**, ut *Arrendamentum*, Locatio, datio ad censum. Necrolog. MS. eccl. Bituric. : *Obiit reverendus dominus Papa Gregorius XI. qui dedit ecclesiæ locum de Grimelinges pro quatuor anniversariis solemnibus, et in quolibet distribuetur quarta pars Arredamenti dicti loci.*

* **ARREDIA**, Apparatus bellicus, quævis supellex, Ital. *Arredo*, nostris *Arroy*. Chron. Mutin. ad ann. 1325. apud Murator. tom. 11. Script. Ital. col. 109 : *Depopulatis etiam ibidem tentoriis, balistis, loricis, clypeis, curatiis, vestibus equorum, Arredibus, pannis aliis, et arnensibus, tam a dorsis, quam a lectis, et aliis Arredibus ad prælium et exercitum opportunis. Mettre en Arroy*, disponere, ordinare, Gall. *Mettre en état*, in Lit. remiss. ann. 1365. ex Reg. 98. Chartoph. reg. ch. 411. Vide *Arnese.*

¶ **ARREGIUM**, pro *Areragium*, *Gall. Arrérage.* Extat inter Instrum. tom. 3. Hist. Harcur. *Littera Joannis Comitis Haricuriæ, per quam transfert Godefrido de Haricuria patruo suo 400. libras annui et perpetui reditus supra thesaurum cum XII. centum libras Arregiorum occasione dicti redditus de anno 1352.*

¶ **ARREHENATUS**, Arrehenes. Vide *Arrahenes.*

* **ARREIRAGIUM**, ut *Areragium*, Debitum, quod in jure *reliquum* dicitur. Lit. Caroli V. ann. 1372. tom. 5. Ordinat. reg. Franc. pag. 484 : *Una cum Arreiragiis debitis occasione præmissorum.* Charta ann. 1380. ex Tabul. Vabrens. : *Procurator dom. abbatis Massiliensis petebat ab abbate de Nanto Arreyragia sibi debita.* Occurrit præterea in Charta ann. 1438. ex schedis Præs. *de Mazaugues* et in Stat. Avenion. lib. 1. cap. 68. Vide supra *Arrayragium.*

¶ **ARRELA.** Concil. anni 1012. inter Hispanica, tom. 3. pag. 193 : *Omnes macellarii de Legione per unumquemque annum in tempore vindemiæ dent Sayoni singulos utres bonos et singulas Arrelas de suo.* An mensuræ, an vasis species? [** Lusitan. olim *Arrelde* pondus quatuor librarum. Hinc S. Rosa de Viterbo in loco concilii Legion. ann. 1012. quatuor libras carnis porcinæ (de suc) exigi suspicatur.]

** **ARREMEDILLUM**, Fabula Attellana, exodium. Chart. Sancii I. Portug. Reg. ann. 1193. apud S. Rosa de Viterbo vol 1. pag. 139 : *Nos mimi supranominati debemus domino nostro regi pro roboratione unum Arremedillum.*]

* **ARRELLUS**, f., dimin. ab. *Area*, Ager vel locus, qui nec aratur nec colitur. Charta ann. 1267. ex Chartul. prioratus S. Oricoli Sindun. fol. 16. v° : *Ab illo lacu recta linea usque ad Arrellum, ... et ab illo Arrello lineatim usque ad locum de Arguenibois.* Vide supra *Area* 1.

* **ARRELOGIUM**, Arrologium, ex vitiosa dictione, pro Horologium. Comput. ann. 1399. inter Probat. tom. 3. Hist. Nem. pag. 151. col. 1 : *Pro obtinendo a domino nostro rege quasdam litteras regias, unam de restabiliendo consules de Arrelogio villæ in ecclesia Nemausi situato. Arrologium* non semel ibid. pag. 152. col. 1. et 182. col. 2. Vide supra *Aralogium.*

* **ARRENCARE**, Vide supra *Arrancare.*

¶ **ARRENCURA**, Querimonia, Gall. *Rancune.* Chartarium Ecclesiæ Auxitanæ : *Venit Leberons et misit in Arrencura ad dominum Archiepiscopum.* Vide *Arrancura.*

¶ **ARRENDA**, Census annuus, Gall. *Rente*, Instrum. anni 1480., apud Miræum tom. 2. pag. 1346. col. 1 : *Item habebunt alias octo lineas terrarum juxta Ecclesiam de Heyle a parte Aquilonis, vulgariter appellatas de Biest, valentes annue in Arrendam 70. grossos Flandricæ.* [** Gloss. Lat. German. MS. apud Haltausium col. 1455 : *Arrenda, Impensionacio.*]

¶ **ARRENDAMENTUM**, Locatio, datio, ad censum seu *Arrendam*, Gall. *Arrentement, Bail a rente.* Hisp. *Arrendamiento. Facultas conducendi, quam jus Arrendamenti appellamus*, tom. 4. Concil. Hispan. pag. 127. col. 2. Testamentum Isabellis de Lebreto Armaniaci Comitissæ ann. 1294. apud Marten. tom. 1. Ampliss. Collect. col. 1592 : *Item volo et concedo ac mando, quod omnis venditio, obligatio, alienatio, vel Arrendamentum factum, vel facta de prædictis reditibus, exitibus et proventibus dictorum castrorum et locorum per dictos executores meos tantum valeat . . . . ac si per me in vita mea facta esset.* Capitulum generale MS. S. Victoris Massil. ann. 1426 : *Statuerunt quod Arrendamenta omnium Prioratuum et reddituum fiunt ad extinctum candelæ, et plus et ultra offerenti adjudicentur .... Precia Arrendamentorum tempore quo renderii illa exolvunt, etc.* Notanda sunt *Arrendamenta ad extinctum candelæ facta*; quæ etiamnum vigent pluribus in locis.

ARRENDARE, Arendare, ut *Arrentare*, Ad *Arrendam* seu censum dare, in Statutis Ordinis Hospitalar. S. Joan. Hieros. tit. 17. § 1. [*Arendare seu locare fructus beneficiorum*, in Concilio Avenion. ann. 1509. apud Marten. tom. 4. Anec. col. 396. *Arrendandum et concedendum ad firmam seu certam annuam pensionem*, in Instrumento anni 1350. tom. 2. novæ Gall. Christ. col. 152. Litteræ Philippi VI. Franc. Regis ann. 1335. apud D. *de Lauriere* tom. 2. Ordinat. pag. 113 : *Item volumus et ordinamus, quod sigillum parvæ Curiæ custodiatur uno anno in civitate, et alio anno in burgo. Et hoc cum non contigerit emolumentum dicti parvi sigilli Arrendari.*] [** Gloss. lat. germ. MS. apud Haltaus. col. 1455 : *Arrendare, pechten.*]

* Vel ad *Arrendam* accipere; quo ultimo sensu occurrit *Arrender*, in Lit. remiss. ann. 1406. ex Reg. 161. Chartoph. reg. ch. 130 : *Le suppliant avoit Arrendé ou assensé de Pons de Donnesac escuier certaine disme.*

¶ **ARRENDATARIUS**, Conductor, qui ad *Arrendam* seu annuam pensionem agrum aliudve recipit. *Ne* (Clerici) *proventuum etiam ecclesiasticorum conductores, qui Arrendatarii dicuntur, existant, neve emendi et vendendi commercia tractent*, tom. 4. Concil. Hisp. pag. 75. col. 2. *Terrarum, quas per seipsos, vel alios eorum nominibus, etiam colonos, Arrendatarios, emphiteotasque excolebant, etc.* in Privilegiis Ordinis S. Joannis Hierosol. pag. 100. Vide *Arrendator.*

¶ 1. **ARRENDATIO**, Datio ad *Arrendam* seu censum annuum, Gall. *Bail à rente*. Statuta Capituli Tullensis ann. 1497. cap. 9 : *De capitulis tenendis Secretarius vel Scriba, cui incumbit universa mandata . . . scribere, etiam Arrendationes, locationes domorum, etc.*

* *Arrendatio gabellæ vini Avenionensis facta per dom. Guillelmum Alberti, clericum cameræ Apostolicæ et thesaurarium gabellarum Avenionensium, anno* 1367. ex Cod. reg. 5956. A.

2. **ARRENDATIO**. Taxa Cancellariæ Apostolicæ tit. 19 : *Et si clausula Arrendationis non sit in litteris, tunc demantur, etc.* Ubi Joannes Bank ridicule dixit, *Arrendationem* esse *virium alicujus subjectionem*. Nam præterquam quod non omnino promptum est divinare, quid hisce verbis velit, probabile est tamen *Arrendationem* esse, quod vulgo *pensionem* in beneficiis Ecclesiasticis appellamus. Nam

Arrenditia, Idem valet, ac *reditus*, seu *census* annuus. Charta Ludovici II Imp. apud Ughellum tom. 6. Italiæ sacræ pag. 1309 : *Cum . . . massaritiis, Arrenditiis, etc.* Id est, possessionibus, quæ censui obnoxiæ sunt. Ita Galli *Arrentement* appellant dationem ad censum. *Adcenses et Arrentements de maisons* in Consuetudine Namurcensi art. 19. et Vastanensi art. 6. *Arrentissement*, in Bononiensi art. 127.

¶ **ARRENDATOR**, ut *Arrendatarius*, Conductor, qui recipit ad *Arrendam*, seu censum annuum, Hispan. *Arrendador*, Gall. *Fermier, Qui prend à rente. Arrendatores seu recipientes ad acenssam*, in Tabulario S. Crucis Burdigal. Charta anni 1389. ex Archivo S. Victoris Massil. : *Maria Regina Jerusalem et Siciliæ, etc. Officialibus regiis, nec non Gabellotis, Arrendatoribus et Credensceriis regiæ Gabellæ, etc.* Altera Ludovici X. Regis Franc. apud D. *de Lauriere* tom. 1. Ordinat. Reg. pag. 571 : *Arrendatores etiam castellaniarum, præpositurarum et aliorum officiorum nostrorum per se, vel judices eorum, emendas ad ipsos ratione dictorum Arrendatorum pertinentes, etc.* Charta anni 1402. tom. 2. Rer. Mogunt. pag. 886. edit. 1722 : *Nostris et dicte nostre Preposititure reddituariis, censuariis, pensionaribus, Arrendatoribus, decimatoribus, colonis, etc.*

* Nostris olim *Arrendadeur*, et *Arrendeur*. Lit. remiss. ann. 1462. in Reg. 198. Chartoph. reg. ch. 210 : *Estienne de Casses, qui estoit fermier ou Arrendeur pour celle année de noz viguerie et baillie de Miremont.* Aliæ ann. 1470. in Reg. 196. ch. 147 : *Icellui suppliant eut la charge pour le seigneur de Monsoreau de la recepte de la marque de Gennes, lequel en rendit compte aux Arrendadeurs.*

Arrendatores Jurium Regalium, in Foris Aragonensibus seu conductores. Vide Michaëlem *del Molino* in Repertorio in hac voce.

¶ Arrendatores de la Sisa, tom. 4. Concil. Hispan. pag. 188. Conductores sunt impositionum, quas Hispani *Sisas* appellant.

* Arrendator Ecclesiæ, Vicarius seu presbyter, cui ecclesia deservienda committitur, item et *firmarius* dictus. Vide in hac voce. Lit. remiss. ann. 1396. in Reg. 150. Chartoph. reg. ch. 231 : *Bernardus Vitalis presbyter quondam Arrendator ecclesiæ parrochialis dicti loci (de Fonto coperte), etc.* Quod reditus ecclesiæ, cui per tempus deserviebat, a patrono sub certa pensione eidem exsolvenda acciperet, ita appellatus videtur.

Arrendator Incantus, Qui auctiones ad *arrendam* seu *firmam* tenet. Stat. comitat. Venaiss. sub Clemente VII. PP. cap. 66. ex Cod. reg. 4660. A : *Incantatorem vero, præconem et Arrendatorem incantus per se seu per alios prædicta pignora, et alia quæ ad incantum vendentur, emere districtius prohibemus.*

¶ **ARRENDATORIUS**, Idem qui *Arrendator. Firmariis seu Arrendatoriis*, in Charta anni 1362. ex Archivo S. Victoris Massil.

* **ARRENDUARE**, ut supra *Arrendare*. Lit. Ludov. ducis Andegav. ann. 1374. in Reg. 109. Chartoph. reg. ch. 62 : *Nos dicta bona sic Arrenduata, etiamsi Arranduamentum non duret,.... admortisamus,.... absque eo quod.... alii gubernatores et Arrenduatores qui sunt, vel erunt, etc.*

¶ **ARRENDUATOR**, ut *Arrendator*. Statuta Ecclesiæ Cadurcensis inter Anecd. Marten. tom. 4. col. 732 : *Declaramus quoslibet sæculares bajulos, nuntios, Arrenduatores et similes levantes pedagia seu quidagia a Clericis seu personis Ecclesiasticis de rebus eorum propriis, quas pro suis beneficiis non causa mercimonii seu lucri deferunt, seu deferri faciunt, esse excommunicatos.*

* **ARRENGA**, Oratio ad proponendum consilium in conventu. Stat. Cadubrii lib. 1. cap. 71 : *Non liceat alicui ex consiliariis vel officialibus, postquam in consilio sederit, movere se de loco ad locum, vel aliquid dicere illi, qui surgit ad Arrengam ad consulendum.* Vide *Arenga*. Hinc

* 1. **ARRENGARE**, Loqui, disputare, disserere, Gall. *Proposer, discuter*. Eadem Stat. lib. 1. cap. 28 : *Et si aliquis de consilio de prædictis incœperit loqui vel Arrengare gratiam facere talibus, puniatur eodem modo.* Et cap. 67 : *Postquam autem proposita facta fuerit, et petitum fuerit consilium per dom. vicarium super ea, liceat cuicumque de dicto consilio surgere et Arrengare et consulere illud, quod sibi utilius videbitur super dicta proposita.* Hist. Cortus. lib. 2. apud Murator. tom. 12. Script. Ital. col. 794 : *Hoc etiam verbum Arrengavit Ugutio baronibus suis, et ceteris sui exercitus proposuit.*

* 2. **ARRENGARE**, Ordinare, disponere, Gall. *Arranger*. Instr. ann. 1369. inter Probat. tom. 2. Hist. Nem. pag. 224. col. 2 : *Quod dom. Joh. Rebuffelli miles sciat aliqua intra semetipsum propter quæ ubi bellum fuerit Arrengatum, et inimici sint in majori quantitate quam Franci, quod omnino lucrabunt Franci semper cum bellabunt.*

* **ARRENGUM**, Conventus publicus, Gall. *Assemblée*. Hist. Cortus. lib. 2. apud Murator. tom. 12. Script. Ital. col. 819 : *Et sic die quinto Januarii in pleno Arrengo, etc.* Adde Statuta Cadubrii lib. 1. cap. 42.

¶ **ARRENIATUS**, Coactus se sistere judicio, apud Somnerum in Glossario ad calcem Hist. Scriptor. Anglic. Vide *Arrainare*.

¶ **ARRENTAMENTUM**, Datio ad censum annuum, Gallis olim *Arrentement*, nunc *Bail à rente*, Charta Ludovici Abb. S. Joannis Angeriac. ann. 1420. ex Chartulario ejusd. Monast. pag. 528 : *Et ad plenum informati de traditione prædicta* (terrarum) *dictam traditionem seu bailletam, ac etiam omnia et singula contenta et declarata in litteris dictæ traditionis dicti Arrentamenti approbamus.* Vide *Arrendamentum*.

ARRENTARE, Arentare, Ad censum ponere, ad canonem annuum, vel ad emphyteusim prædium locare. *Arrenter*, in Consuet. Montensi cap. 12. 28. Turon. art. 303. Lodunensi cap. 15. art. 11. et 12 : *Mettre à rente.* Charta Edwardi I. Regis Angl. : *Nec terræ, vel tenementa eorum ea occasione Arententur.* Willelmus Thorn. : *Prædictæ sectæ tenentium prædictorum de prædictis borghis Arentatæ fuerunt ad* 10. *s. per annum.* Charta Edw. II. Regis Angl. tom. 2. Monast. Angl. pag. 273 : *Dedimus et concessimus... 122. acras.... reddendo nobis per annum... 56. s. ad quos prædictæ 122. acræ... ad vasta et assarta sua in diversis forestis Arentanda assignatos Arrentabantur.* Fleta lib. 4. cap. 5. § 17 : *Si quis Arentaverit in curia sua finem pro pulcre placitando, etc.* Vide *Arrendare*.

* *Arranté*, qui ad ejusmodi censum tenet in Charta ann. 1387. ex Inventar. Chart. castri *de Jaucourt* fol. 16. r° : *Et les Arrentez ou abosnez doivent chascun an deux moitons froment. Arrentissement*, ipsa concessio ad censum, in Lit. ann. 1399. tom. 9. Ordinat. reg. Franc. pag. 483.

ARREPTUS, Arrepticius, Dæmoniacus, Italis, *Arretizio*; κατεχόμενος ὑπὸ δαίμονος, apud Strabonem, δαιμονιόληπτος, apud Chrysost. Ugutio : *Arreptitius, qui arripit, vel arripitur, sicut Dæmoniacus, et Arreptitia dicitur Dæmoniaca.* Ebrardus de Betunia in Græcismo :

> Sunt Arreptitii vexati dæmone multo.
> Est Energumenus, quem dæmon possidet unus.

Gloss. Lat. MS. Regium : *Ariolus, Arreptitius, quasi divinus.* [Isid. in Glossis : *Arreptitius, Ariolus, furiosus.* Dicitur *Furiosus*, quia qui futura prædicebant, vel edebant oracula, extra se rapi et furere videbantur.] Walafrid. Strabo de Vita S. Galli cap. 18 : *Jussit eos Dux venire in cubiculum, in quo Arreptitia servabatur.* Vide S. Augustinum lib. 2. de Civit. Dei cap. 4. Cassian. Collat. 7. Vitam S. Mariani abbatis Ratispon. cap. 5. Baron. ann. 713. n. 15. etc. [** Melberi Vocabularius : *Arrepticius, qui a diabolo possidetur, ut sacrilegus qui monacham aut monialem cognoscit.*]

Arrepti, Iidem, qui *Arreptitii*. Concilium Arausican. I. can. 16. et Arelat. 2. can. 41 : *Qui palam aliquando Arrepti sunt . . . non assumendi ad ullum ordinem Clericatus. Arrepti a dæmone homines*, apud Gregor. Turonens. lib. 1. Miracul. cap. 69. Aigradus Mon. in Vita S. Ansberti Archiepisc. Rotomag. cap. 11 : *Mulier quædam a dæmone Arrepta.* Rudolphus in Vita Rabani Mauri n. 40 : *Puella ... subitaneo impetu spiritus maligni Arrepta.* Theodorum quemdam Præsidem, *diabolica intentione Arreptum*, dixit Honorius PP. Epist. ad Sergium Subdiac. apud Holstenium in Collect. Rom.

Abreptitius, *Furiosus*, in Breviloquo. Petrus Damiani lib. 1. Epist. 9 : *Abreptitius quidem in tantam furiosæ mentis prorupit insaniam.*

ARRERAGIUM, [Idem quod *Areragium*, Reliqua, Gall. *Arrerages*, Charta Johannæ Reginæ Siciliæ ann. 1364. ex Schedis D. *Le Fournier : In recompensatione et concabium daturam* CL. *librarum coronatorum et Arreragiorum.* Occurrit iterum apud Marten. tom. 6. Ampliss. Collect. col. 612. et 614.] Vide *Areragium.*

¶ **ARRERARIUM**, Eadem notione. Concil. Avenion. ann. 1509. inter Anecd. Marten. tom. 4. col. 387 : *Solvant synodum et cathedraticum anni præsentis, etiam Arreraria temporis jam lapsi.*

¶ 1. **ARRESTA**, Mora, obex, impedimentum, a Gallico *Arrest*, apud Rymer. tom. 11. pag. 843 : *Non inferentes eis . . . malum, molestiam, injuriam, violentiam, Arrestam, dampnum aliquod seu gravamen.* Et tom. 12. pag. 286 : *Absque quibuscumque impeditione, impedimento, Arresta seu alia occasione quacumque.* Vide *Arestum.*

* 2. **ARRESTA**, Agger, pulvinus, Gall. *Digue, batardeau.* Charta capit. S. Salvat. Montispess. ann. 1354. in Reg. 89. Chartoph. reg. ch. 318 : *Quod in dicta paxeria possitis ponere postes per totum longum dictæ paxeriæ subtus Arrestam per tres vel quatuor palmos,.... per quas postes et cum quibus postibus possitis et valeatis dictam aquam seu sobrevers, quod fluet et exiet de supra dictam paxeriam, accipere et recipere.*

* **ARRESTABILE**, Amentum, lorum scilicet quo lancea media religatur, retinaculum, vulgo *Arrest.* Charta ann. 1343. pro consulibus Apamiæ in Reg. 75. Chartoph. reg. ch. 605 : *Dictum fratrem Petrum de viridario.... Arrestabili lancearum, plumbatis et aliis armaturis adeo acerbe percusserunt, etc.* Vide infra *Arrestum* 5.

¶ **ARRESTARA.** Vide *Arestara.*

¶ 1. **ARRESTARE**, Detinere, Manus in aliquem vel in ejus bona injicere, Gall. *Arrester.* Charta anni 1280. e Chartulario S. Vandregesili tom. 1. pag. 245 : *Ut dicti Religiosi... possent ea* (bona) *capere et levare et etiam Arrestare. Arrestatus et captus,* in Charta anni 1320. ex Archivo Massil. *Arrestavit omnes et captivavit,* in Actis SS. Junii tom. 3. pag. 648. Charta anni 1329. apud Baluzium tom. 2. Hist. Arvern. pag. 160 : *Cepit et Arrestavit et eorum bona, et adhuc infra certos carceres ampliatos Arrestati tenentur.* Occurrit ibidem pag. 463. Instrumentum Ecclesiæ Brivatensis ann. 1365 : *Cum Johannes Roberti esset Arrestatus, etc.* Vide *Arestare.*

¶ 2. **ARRESTARE**, Decernere, statuere, Gall. *Arrester.* Menoti Serm. Quadragesim. fol. 169 : *Primo, fili, an sit necesse quod moriamini? Utrum sit tota Arrestata? O mater non oportet de hoc plus loqui : est Arrestum Curie sic datum, quod moriar.* Vide *Arrestum* 1.

* Pactum inter Carol. I. comit. Prov. et abbat. Insulæ Barbaræ ann. 1262 : *Item actum fuit et per pactum conventum, et Arrestatum, et concordatum quod dictus dom. comes, etc.*

* 3. **ARRESTARE**, Summam inscribere, Gall. *Ecrire un arrêté.* Memor. D. Cam. Comput. Paris. fol. 58. v° : *Die vij. Octobris 1363. Moisonnet serviens.... asseruit quod.... pecuniam, quam inde* (ex lignis venditis) *recipiebat, portabat in domo prædicti Johannis Poillevillani, et Arrestabatur in libris seu papiris penes dictum Johannem nomine dicti Leonardi.*

* 4. **ARRESTARE**, Retinere, cohibere, Gall. *Arréter.* Ordinar. MSS. S. Petri Aureæ-vallis : *Arrestetur esquilla.*

** 5. Melberi Vocabularius : *Arrestare, verbieten.* Vide *Arrestum*, 3.

* 5. **ARRESTARE** SE, Insistere alicui rei, ipsi inhærere. Acta varia ad Conc. Basil. apud Marten. tom. 8. Ampl. Collect. col. 349 : *Hinc beatus Hieronymus illos redarguens, qui in Scripturæ sacræ littera, quæ, dicente Apostolo, occidit, nimis se fundant et Arrestant, dicere solebat, etc. Se Aorger,* pro vulgari *s'Arrêter, se retenir,* in Lit. remiss. ann. 1376. ex Reg. 109. Chartoph. reg. ch. 46 : *Icellui Baudart.... feri su bellemere du pié ou cousté par telle maniere, que se elle ne se feust Aorgé à un estal, elle eust esté par ledit feu Baudart boutée ou celier de ladite maison et en peril d'estre morte.*

¶ 1. **ARRESTATIO**, Captio, injectio manuum in aliquem vel in ejus bona. *Corporis captio et Arrestatio,* in Maceriis insulæ Barbaræ tom. 1. pag. 277. *Arrestatio et detentio redditmum,* in Hist. Dalphin. tom. 1. pag. 35. Vide Baluzium tom. 2. Hist. Arvern. pag. 781. in Charta anni 1308.

¶ 2. **ARRESTATIO**, Impedimentum, retardatio, apud Lobinellum in Glossario Hist. Paris. tom. 3 : *Triginta libras annuatim percipiendas sine dilatione et absque Arrestatione.*

* Charta ann. 1231. inter Instr. tom. 6. Gall. Christ. col. 446 : *Licentiam tamen habeat exeundi et transferendi se cum omnibus bonis suis integre et absolute ubicumque, et ad quamcumque partem voluerit, sine Arrestatione et contradictione nostra.*

* 1. **ARRESTATOR**, Qui ex jure manum in aliquem, vel in ejus bona injicit. Arest. ann. 1278. ex Reg. 2. *Olim* parlam. Paris. fol. 39. v° : *Si civis ille esset serviens seu Arrestator episcopi, debuisset denuntiasse servienti castellanæ dictam arrestationem primo esse factam.*

* 2. **ARRESTATOR**, pro *Arrendator,* Conductor. Pariag. pro castro de Mironte ann. 1346. in Reg. 198. Chartoph. reg. ch. 527 : *Ita tamen quod quicumque firmarius seu Arrestator se obligat soluturum, etc.*

¶ **ARRESTIUM** CLAUSTRALE, Inclusio in claustro, et fortean in claustrali carcere. Statuta S. Victoris Massil. ann. 1531 : *Item ordinarunt, quod nulli Religiosi possint de sacro fonte infantes levare, vel confirmandos a Prælato tenere, vel commatres facere, et hoc sub pœna Arrestii Claustralis per decem dies.*

¶ 1. **ARRESTUM**, Manus injectio in aliquem seu in illius bona, Gall. *Arrest, Saisie.* Leges Mechlinienses tit. 6. art. 7 : *Quod si non obtemperet, reumque sinat in sua jurisdictione versari, nec eum ad promissa luenda compellat, litem istam alienam suam faciet, licebitque jam inde judici, qui rei traductionem postulavit, omnes incolas ejus regionis, unde reus postulatus est, per sequestrationem, sive, ut vulgo vocant, Arrestum detinere, usque dum reus judicio sistatur, vel promissioni satis fecerit.*

* Nostris olim *Arrie.* Charta ann. 1314. in Cod. reg. 10196. 2. 2. fol. 82. r° : *Avoiens fait pluiseurs prises, pluiseurs Arries et pluiseurs enfraintures en justichant ès villes, ès maisons, et ou terroir desdis religieus .... Tort avons eu de faire les prises, les Arries et les enfraintures dessusdittes.*

[** Vide Haltausii Glossar. German. voce *Haft*, col. 771. ibidem col. 773. *Arrestatorius* voce *Haftig.*]

¶ ARRESTUM COMPUTI, Rationum confectio, Gall. *Arresté d'un Compte.* Litteræ Humberti II. ann. 1334. tom. 2. Hist. Dalphin. pag. 266 : *Deferant et assignent totam pecuniam, in qua per eorum computum factum nobis debitores sunt inventi, si a nobis Arresta Computorum suorum habere voluerint, alioquin... nullum Arrestum de debitis præteritis se sentiant habituros.*

¶ ARRESTUM CURIÆ. Vide *Arestum* 1.

¶ ARRESTUM TRIUM DIERUM, *videlicet quod omnes navigantes stent per tres dies ante villam* Valentiæ, ut habetur in *Declaratione pedagiorum quæ levantur supra Rhodanum* anno 1445. Hist. Dalphin. tom. 1. pag. 89. In quo autem constiterit illud jus, amplius declaratur ibidem pag. 90. hisce verbis : *Item plus asserunt dicti de dicta villa Valentiæ habere quoddam aliud jus, seu tributum, vocatum Arrestum Trium Dierum : nam si naves ibidem applicent, pedagium dicti Dom. Episcopi, et etiam dictum sexturagium non recuperatur, donec et quousque ipsæ naves cum gentibus ipsarum steterint per spatium dictorum trium dierum in dicta villa, et nolunt ipsa jura recuperare, quousque compleverint Arrestum dictorum Trium Dierum.* [** Vide *Stapula*, 1.]

* ARRESTI VILLA, In qua mercatoribus foraneis licet in emptores mercium suarum, seu in illorum bona manum injicere, quod *arrestare* dicebant, ob earumdem pretium non persolutum. Lit. Joan. reg. Franc. ann. 1351. tom. 3. Ordinat. pag. 248 : *Cum ex parte dilectorum nostrorum burgensium et habitatorum civitatis et villæ nostræ Bajocensis nobis cum instancia fuerit supplicatum, ut Arrestum in dicta villa concedere dignaremur, prout in villa nostra Cadomi, et in nonnullis aliis villis Bajocensis diocesis existit; potissime cum mercatores, et alii pro mercaturis, et aliis bonis vendendis et emendis ad hujusmodi villas Arresti, confluentes, dictam civitatem Bajocensem frequentare non curent, ut dicitur, pro eo specialiter quod dudum oportuit pluries nonnullos mercatores solucionem bonorum suorum in dicta villa Bajocensi venditorum sub specie* (leg. *spe*, ut habent Reg. 87. ch. 59. et 149. ch. 68.) *solucionis suæ statim reportandæ, ut debebat, per processum ordinarium, non sine magnis laboribus, dampnis et expensis procurare, quia non erat eis licitum illic bona sua vendita, vel eorum emptores Arrestare.* Judicium ann. 1272. in Reg. *Olim* parlam. Paris. fol. 77 : *Non erat locus habilis ad habendum Arrestum, ut pote cum non esset ibi castrum, nec essent ibi nundinæ. Ville de loy et d'arrest,* in Stat. ann. 1404. tom. 9. earumd. Ordinat. pag. 62.

* ARRESTUM FRANGERE, Galli dicimus *Rompre son arrêt,* Injussus abire. Charta ann.

1359. in Reg. Joan. comit. Pictav. fol. 168. r°: *Cum e carcere exiisset, et Arrestum in quo erat fregisset, seque extra fines regni in fugam constituisset.*

* 2. **ARRESTUM**, Idem videtur, quod *Appunctamentum*, Consilium nempe, quo partes *Appunctantur*, vel ut de re controversa inter se conveniant, vel ut rem controversam magis elucident. Arest. parlam. Paris. ann. 1347. tom. 8. Ordinat. reg. Franc. pag. 542: *Et erant partes super hiis in Arrestum, quibus litibus pendentibus et in earum præjudicium, nichil per nos debebat attemptari vel innovari, ut dicebant.* Quæ Gallice occurrunt in Lit. 1356. tom 3. earumd. Ordinat. pag. 129: *Tous les procès vielz et nouveaux, dont les parties sont et seront en Arrest.* Vide *Appunctare* 3.

* 3. **ARRESTUM**, Interdictum, Gall. *Défense.* Charta ann. 1442. ex schedis Præs. *de Mazaugues: Quod... vendere possint.... ad suæ voluntatis arbitrium, ipso domino,.... et bajulo aut aliis suis officialibus irrequisitis, et quod vetitum seu Arrestum, vel inhibitio aliqua de præmissis fieri non possit seu valeat.*

* 4. **ARRESTUM**, Mora, dilatio, Gall. *Délai.* Charta Roberti comit. Drocarum ann. 1206. in Chartul. Campan. ex Cam. Comput. Paris. fol. 186. r°. col. 2: *Quotienscumque voluerint et petierint pro negotio suo fortericiam illam, ego tradam eam eis sine Arresto.*

* 5. **ARRESTUM**, Amentum, quo hasta media religatur, retinaculum, vulgo *Arrêt.* Comput. ann. 1383. inter Probat. tom. 3. Hist. Nem. pag. 54. col. 1: *Anthonio, gaita, pro uno Arresto posito in hasta glanni pennonis, vj. patacos.* Vide supra *Arrestabile.*

¶ 1. **ARRETARE**, Accusare, in jus vocare. Vide in voce *Rectum.*

* 2. **ARRETARE**, Statuere, definire, Charta Gerardi de Vanco ann. 1491. in invent. Chart. ad baron. de Mercorio spectantium fol. 133. v°. ex Bibl. reg: *Fondo, instituo, doto, ordino, constituo et instaro sive Arreto imperpetuum, etc.*

¶ **ARREUM**, Remissio pœnæ, permutatio, imminutio, Gall. *Remise, Changement, Diminution.* Vox Hibernica a Saxonico Arian, Parcere, condonare, unde Arung, Condonatio, remissio. Dicitur de pœnitentiis, quæ multis variisque modis remitti, imminui, permutari vel condonari poterant a Sacerdotibus pro delictorum qualitate. De his habentur octo Canones Synodi Hiberniæ apud Marten. tom. 4. Anecd. col. 20. quos hic ex ordine integros referre non abs re fuerit.

Arreum anni, *Tridui dies et noctes sine sede et somno, nisi paulisper; vel* CL. *Psalmi cum decem canticis, stando et orando omni hora, duodecim quoque flectiones genuum flectuntur in omni hora orandi; et palmæ supernæ ad orationem.*

Arreum anni, *Triduum cum mortuo sancto in uno sepulcro, sine cibo potuque ac sine dormitatione præcinctus vestimento suo et cum cantico Psalmorum, et cum adoratione horarum, post confessionem Sacerdoti et post votum.*

Arreum anni, *Triduum in Ecclesia sine dormitatione cum vestimento circa se, sine sede, et canticum Psalmorum cum Canticis sine intermissione, et missa uniuscujusque horæ per confessionem peccatorum coram Sacerdote et plebe et post votum.*

Arreum anni, XII. *triduanas. Arreum anni,* XII. *dies et noctes super* XII. *bucellas mensuræ de tribus panibus.*

Arreum anni, *Mensis in dolore magno, sed de quo non moritur quis iterata postmodum vita ad judicium Sacerdotis.*

Arreum anni, XL. *dies et noctes in pane et aqua, et duæ superpositiones unicuique hebdomadæ* XL. *Psalmi et* XL. *inflectiones in unaquaque hora orandi.*

Arreum anni, L. *dies et noctes in pane et aqua in mensura* LX. *Psalmi et* LX. *inflectiones, in unaquaque hora orandi.*

Arreum anni, *Dies* C. *pane et aqua missa in omni hora orandi pœnitentia illorum per longum, quorum Arreum in his prædictis emittitur sine carne et vino et butyro et lacte dulci agatur.*

¶ **ARREVUM**, pro *Arrerum*, Retro, Gall. *Arriere*, Hispanis *Arrero* et *Arredro.* [** Potius *Arriba*, supra, super.] For. Oscæ Jacobi I. Regis Aragon. anno 1247. fol. 10: *Si aliquis homo in aliquo Casali veteri aperuerit fundamenta, super quibus tantum postea construxerit in gyrum, donec opus illud sit de tribus tapialibus in altum, et miserit ipsum Casal in Arrevo, et fecerit ibi portal, supra firmaverit postal, etc.*

¶ **ARREYRAGIUM**, pro *Areragium*, Gall. *Arrerages.* In Obituario MS. S. Geraldi Lemovic. fol. 18. et 40.

¶ 1. **ARRHÆ**, Munera in sponsalibus dari solita. Concil. anni 1594. inter Hispan. tom. 4. pag. 703. col. 1: *Omnes Indorum hujus Archiepiscopatus Parochi habebunt Arrhas et amictus, quibus omnes suæ Parochiæ sponsi copulandi sint, ne Indi ad nuptias venientes novis semper sumptibus illa conferre cogantur.* Vide *Arra Nuptialis* [** et Haltausii Glossar. German. col. 1806. voce *Treuschatz.*]

* 2. **ARRHÆ**, in regno Castellæ idem quod alibi *Augmentum dotis* nuncupatur, uti docet Fontanella de Pact. nuptial. tom. 2. claus. 7. num. 8. in L. Taur. 50. et 51: *La ley del fuero que dispone que non pueda el marido dar mas en Arras à su muger de la decima parte de sus bienes, no se pueda renunciar.* Consule præterea Ant. Gomes. ad hanc legem. Vide supra *Arræ sponsalitiæ.* [** Vide Marinæ Historiam Juris Castil. et Legion. lib. VI. cap. 51. sqq. vol. 1. pag. 300.]

¶ **ARRHARE**, Arrhis sponsam donare. Vetus formula matrimonii apud Dom. *de Vert* Tract. de Cerimoniis pag. 231: *Cum his petitis argenti te Arrho, in nomine SS. Trinitatis et duodecim Apostolorum in communicationem bonorum spiritualium et temporalium.*

¶ **ARRIA**, pro *Area*, Gall. *Aire.* Charta Willermi de *Aigneville* ann. 1237. ex Tabul. Corbeiensi: *Ego Willermus de Aigneville Miles legavi Ecclesiæ S. Petri de Corbeia... et unam Arriam straminis in grangia de Meneriis capiendam, quotiescumque ibi bladum triturabitur, et unum sextarium avenæ annuatim in festo S. Remigii.* Ubi *Arria straminis* est stramen omne quod una vice remanet in area frumento excusso.

¶ **ARRIANI**, Hæretici notissimi ab Arrio sic dicti. Negabant tres SS. Trinitatis personas ejusdem esse naturæ; dicebant Verbum esse creaturam, etc. Vide Epiphan. Hæres, 68. et 69. Augustin. Hæres. 49. Athan. Gregor. Nazianz. et alios. Alii fuere hujus nominis Hæretici temporibus divi Bernardi, ut patet ex ejusdem S. Doctoris Vita inter ipsius opera tom. 2. col. 1193. edit. 1690: *Paucos quidem habebat civitas illa* (Tolosa) *qui Heretico faverent: de textoribus quos Arrianos ipsi nominant, nonnullos. Ex his vero qui favebant hæresi illi plurimi erant et maximi civitatis illius.* Rejiciebant vetus Testamentum, pluriumque errorum auctores habebantur, circa Baptismum, Eucharistiam, Pœnitentiam, Matrimonium, etc. de quibus fuse Baronius ad ann. 1176.

ARRIARE, Idem quod *Arraiare*, instruere. Locus est in *Monstrum* 1. [* *Harriver*, eadem acceptione, in Ch. Odon. ducis Burg. ann. 1332. inter Probat. tom. 2. Hist. Burg. p. 196. col. 2: *Promettant.... toutes ycelles églises, celliers et autres officines Harriver et garnir souffisament de livres, de ornements et de ustencilles et garnisons.*] [** Hispanis *Arriar.* Poema del Cid, vers. 1785:

Non pudieron ellos saber la quenta de todos los cavallos,
Que andan Arriados è non ha qui tomalos.

Inde *Arriaz*, Ensis capulus, vectes. Ibid. vers. 3188:

Saca las espadas è relumbra toda la cort;
Las manzanas è los Arriaces todos d'oro son.]

¶ **ARRIBA**, Supra, Gall. *En haut, Audessus.* Vox mere Hispanica. Vita SS. Voti et Felicis Eremit. tom. 7. Maii pag. 64: *Dedit eis unam speluncam, quæ est sub Orolis facie, cui nomen est spelunca Gallionis, et inde devallat contra illa serra de Trasillos Arriba de fonte frigido.*

* **ARRIBAMENTUM**, Collocatio, Gall. *Etablissement*, ab Hispan. *Arribar*, Consequi, obtinere. Testam. Ferrandi de Pratocomit. ann. 1516. in Reg. 3. Armor. gener. part. 2. pag. xlvij: *Legavit.... Anthonio de Pratocomitali..... quinque centum florenos..... solvendos... quando erit ætatis viginti quinque annorum, vel quando receperit partitum seu Arribamentum in matrimonio.... Item legavit.... Nicolas de Pratocomitali ejus filio.... quando reperiet partitum seu Arribamentum et collocationem in matrimonio.... Quando reperiet collocationem sive Arribamentum in matrimonio.*

¶ **ARRIBANNUM**, Submonitio ad exercitum, etc. Vide *Herebannum.*

¶ **ARRIBATICUM**, Ripa facilis appulsui navium, portus species. Item tributum pro ipso navium appulsu, a Vasconico *Arriba*, Gall. *Arriver.* Chartularium Anianense: *Vendo tibi pro 4. libris Malgariensibus quoddam Arribaticum honoris mei quod est in flumine Erauris... ad applicandam paxeriam molendinorum vestrorum, ut possitis paxeriam vestram levare et demittere, atque mutare quotiescumque vobis placuerit.* Vide *Adripare.*

* **ARRIBATORIUM**, Ripa facilis appulsui navium, idem quod *Arribaticum.* Vide in hac voce. Charta ann. 1340. in Reg. 71. Chartoph. reg. ch. 419: *Molendinum vocatum de Sabatier cum suis Arribatoriis, pratis, ortis, albaretis, etc.* Nostris olim *Arrivoer.* Vide supra *Arivus.*

¶ **ARRIERARGIUM**, Reliqua, Gall. *Ar-*

rerages. Chartular. Vedastinum : *Unusquisque eorum solvet* 10. *libras Paris. pro Arrierargio thelonii ante litem motam non soluti.* Vide *Areragium.*

* **ARRIETAGIUM**, Præstatio, quæ ut videtur, ex arietibus fit. Charta Hervæi de Rotis milit. ann. 1239. in Chartul. S. Ymerii fol. 38 : *Relaxavi pro salute animæ meæ et antecessorum hominibus meis de Rotis.... axilium* (f. auxilium) *porcagii et Arrietagii, quod mihi faciebant in mense Septembri.*

¶ **ARRIERIBAN**, Evocatio in militiam. Vide *Herebannum.*

¶ 1. **ARREGARE**, dicitur qui de rebus suis morbo laborans disponit, Gall. *Faire son testament en maladie.* Lex Longobard. lib. 2. tit. 14 : *Arrigare secundum legem.* Plura vide in voce *Andigare.*

* 2. **ARRIGARE**, Lavare, Gall. *Baigner.* Charta ann. 1341. in Reg. 72. Chartoph. reg. ch. 368 : *Item et quod in singulis aquis et rivis circum et circa dictas forestas et nemora desinentibus.... valeant.... animalia sua grossa et minuta.... amguari seu abevrari et Arrigari facere.*

¶ **ARRIMANARIA.** Vide in *Herimanni.*

* **ARRINA**, in Libert. novæ bastidæ *de Monchabrier* Caturc. diœc. ann. 1297. ex Reg. 44. Chartoph. reg. ch. 95. Sed perperam pro *Arsina.* Vide in hac voce.

* **ARRINGERIA**, Locus editior, unde concionantur publice. Chron. Estense ad ann. 1350. apud Murator. tom. 15. Script. Ital. col. 458 : *Tunc dominus Potestas ad Arringeriam palatii fecit eos decapitari, et projici corpora super plateam.* Vide supra *Arengera.*

* **ARRIONISTÆ**, Hæretici Valdenses, de quibus mentio fit in Constitut. Friderici contra hæreticos ex Cod. reg. 10197. 2. 2. fol. 19. r°. [** Apud Pertzium vol. Leg. 2. p. 327. et in Const. Sic. l. 1. t. 1. est *Arriani.*]

¶ **ARRIPAGIUM**, Arrivagium, Arripaticum. Vide *Adripare.*

* **ARRIRAGIUM**, ut *Areragium*, Debitum, quod in jure *reliquum* dicitur. Charta ann. 1298. in Chartul. montis S. Mart. 1 : *Quitatis et remissis dictis abbati et conventui quibuscumque dampnis seu Arriragiis temporis retroacti.*

** **ARRIPARE.** Vide *Arripere.*

¶ **ARRIPATORIUM**, Ripa ad quam appellitur. Vide *Ripatorium.*

¶ **ARRIPERE**, Pertinere. Archivum S. Victoris Paris. in Præcepto Hlotarii Imperat. in Francia an. 1. in Italia XII. Indict. XIII : *Necnon teloneum de navibus ad stacia venientibus, quæ ad eamdem Ecclesiam Arripere videntur.* [** Collect. Histor. Franc. tom. 8. pag. 372, Charta pro Eccles. Massiliensi (vide *Stacium*) S. Victoris ann. 841 : *Nec non et thelonium de navibus ab Italia venientibus, quæ ad eamdem ecclesiam Arripare videntur.* Vide *Adripare.*]

* **ARRISSARE.** Vide supra *Arisare.*

ARRIVA, Maleficii species. Charta Philippi Regis Francor. ann. 1310. pro Libertatibus oppidi Bastidæ in Petragoricis, ex Regesto 47. Tab. Regii n. 38 : *Item si Arriva, vel alia maleficia occulta enormia facta fuerint in Bastida vel honore, seu partium dictæ Bastidæ, fiet.... emenda super iis secundum bona statuta et bonos usus approbatos in Comitatu Tolosæ.*

* Perperam prorsus pro *Arsina.* Vide *Arcina* in hac voce.

* **ARRIVAGIUM**, Ripa appulsui navium facilis, portus species, nostris *Arrivage.* Acta MSS. capitul. eccl. Lugdun. ad ann. 1342. fol. 79. r°. col. 2 : *Hoc salvo et excepto, quod idem Lancelotus non possit per se vel per alium in dictis terra et brotello facere aliquod Arrivagium.* Stat. ann. 1376. tom. 6. Ordinat. reg. Franc. p. 228. art. 11 : *Les vicontes ou receveurs feront rabat sur ce que il devront pour leurs marchiez desdis cent molles.... sur les lieux de l'Arrivage.* Hinc *Desarriver*, A ripa recedere, in Memor. E. Cam. Comput. Paris. fol. 40. r° : *Item ne doivent laissier passer ne Desarriver aucune barge ou autre vaissel pour tarverser l'eaue du royaume.* Alia notione *Arrivaige* adhibetur in Charta ann. 1501. ex Chartul. Latiniac. fol. 163. v° : *Item sera tenu ledit preneur de faire à ses depens sans aucun prouffit tous les Arrivaiges et chariages qu'il esconviendra faire pour les réparations dudit hostel et ferme.* Ubi pro Vectio, quæ per aquam fit, accipi videtur. *Arrivagium* præterea Tributum est, quod pro appulsu navium exsolvitur. Vide in *Adripare.*

¶ **ARRIVARE**, Ad ripam trahere, in ripa navem exonerare, ripam tangere, a Gallico *Rive.* Inde et apud nautas *Deriver* a ripa navem subducere. Arrestum Parlamenti sub Philippo Franc. Rege pro Ecclesia S. Cornelii Compend. contra Majorem et Juratos : *Nituntur.... acustumare paagium injuste et de novo mercaturam villæ Compend. quas duci faciant per aquam Ysare, licet non Arriventur seu exhonerentur in terra ipsorum.* Gaspari Barthii Glossarium : *Arrivare, Accedere*, Gall. *Arriver*, quod verbum ducit originem a *Rivus.* Charta Johannæ Reginæ Castellæ pro Ferrando primogenito suo, tom. 4. Hist. Harcur. pag. 1654 : *Placuit facere portum in sua terra pro Arrivando seu recipiendo aut recolligendo omnimodas nices.* Legendum opinior *naves*, aut *merces* pro *nices.* Merces per abbreviationem sic scribitur *m'ces*, unde quam facile legi potuerit *nices* nemo est qui non videat. Vid. *Adripare.*

* **ARRIUM**, Arrha, Gall. *Arrhes.* Chartar. notarii Albanensis ex schedis Præs. a S. Vincentio : *Pro Arrio et caparris dictarum 25. saumatarum avenæ, etc.*

¶ **ARRO**, vel *Arrao*, Oryza, species leguminis satis noti, ad Hispano *Arroz*, Gall. *Ris.* Transactio inter Abbatem et Monachos Crassenses annn. 1351. ex libro viridi fol. 53 : *Tenetur dare dictus dominus Abbas illi Monacho qui est ortolanus dicti Monasterii duas libras panis frumenti... et etiam quolibet anno octo sextaria Arronis tressenqui et tres emynas fabarum, etc.* Ibidem : *Lavandario quolibet anno octo sextaria Arraonis tressenqui.* Qui sibi velit *tressenquus* mihi incompertum, nisi forte sit locus, unde oryza afferebatur.

* *Arro*, perperam de Oryza; Gall. *Ris*, supra explicatum; est enim idem quod *Mixtura*, miscellum frumentum, ut supra in *Arao* diximus. Sed neque feliciori conjectura *Tressenquus*, de loco unde oryza afferebatur, intelligitur; *arronis* qualitas significatur hac voce : atque adeo de frumento trimestri, vel ex *trecensu* proveniente accipi potest. Vide *Trecensus* et *Tremesium.*

ARROBA, Hispanis, Mensura Frumentaria, et liquidorum, hodie *Arroba, Arrova. Glei Arrova* in Charta Hispanica apud Colmenarezium in Histor. Segobiensi cap. 16. num. 7.

* Academicis Hisp. in Diction. *Arroba*, Pondus viginti quinque librarum Hispanicarum. Item, Amphora.

** **ARROCOVA**, Civis evocatus qui intra munitiones excubias agit, Lusit. olim *Arricaveiro.* Privileg. oppidi *de Soure* ann. 1111. apud S. Rosa de Viterbo vol. 1. pag. 139 : *Sculcas omnes ponamus nos integras per totum annum et vos omnes Arrocovas.* (al. *Arrotovas*). Sculcæ sunt excubitores in statione agraria.]

¶ **ARRODOMA**, Vasis species, tom. 3. Concil. Hisp. pag. 181. col. 1. Locum vide in *Lito.*

* **ARRODONGNARE**, Circumcidere, Gall. *Rogner.* Vide infra *Roignatura.*

* **ARROGANENSES**, pro Arragonenses, apud Bened. abbat. Petroburg. de Gest. Henr. II. tom. 1. p. 299. ex Conc. Lateran. sub Alex. PP. III. ann. 1179.

* **ARROGANTIA**, Magnanimitas, ut interpretantur docti Editores ad vit. S. Luciæ tom. 7. Sept. p. 370. col. 2 : *Virgineam puritatem cum Arrogantia, necnon fastuosa præsumptione aggrediens, per operum excellentiam fragilem exaltabat ætatem.*

* 1. **ARROGARE**, Arroganter aliquem alloqui, verbis lacessere, nostris etiam olim *Arroger* et *Arroguer*, eadem acceptione. Lit. remiss. ann. 1389. in Reg. 136. Chartoph. reg. ch. 95 : *Postquam idem serviens.... dictum supplicantem pro dicto ejus famulo verbis Arrogasset, etc.* Aliæ ejusd. ann. in Reg. 135. ch. 281 : *Lequel maistre d'escole, qui estoit au lez devers l'uis, qui s'en povoit bien aler hors dudit hostel senz plus faire de noise, retourna Arroguer ledit exposant, et le cuida ferir d'un billart qu'il tenoit.* Aliæ ann. 1397. in Reg. 152. ch. 179 : *Lequel Pierot Arrogoit le suppliant de paroles injurieuses.* Aliæ ann. 1406. in Reg. 160. ch. 307 : *Lequel Pierre disoit à icellui Colas que pour Dieu le laissast en paix, dont il ne vouloit rien faire; mais toujours le Arroguoit de ses dures et arrogans paroles.* Rursum aliæ ann. 1411. in Reg. 165. ch. 114 : *Lequel Bernage Arroguoit tousjours de injurieuses paroles icellui Houleau; pour lesquelles arrogances et injures, etc.* Vide *Abrogans*, 1.

* 2. **ARROGARE**, Adesse. Glossar. vet. ex Cod. reg. 7646 : *Arrogant, adsunt.* [** Glossar. in cod. reg. 7644 : *Adrogant, Addunt.*]

ARROGIUM, Rivulus, Hispanis *Arroyo.* Vetus Notitia Hispanica æræ 829. apud Anton. *de Yepez* tom. 4. Chronici Ord. S. Benedict. pag. 448 : *Et descendit, ubi intrat Arrogio, quæ dicunt Rubisco, in Syle, et conclude per illum Arrogium di Rubiscum, etc.* Charta Garciæ-Fernandi Comitis æræ 1010. apud eumdem tom. 1 : *Et de illa serra in directo usque ad illo vadiello de illo Arrogio, quæ exiit de valde* (valle) *Pecuggo, et de alia pars de illo Arrogio de illo fenax per directo, etc.* Vide Historiam Segoviensem cap. 19. num. 7. § 9.

¶ **ARROLLIUS**, Arolius, f. Pannus vel tela in se convoluta, Gall. *Rouleau*, ab Hispano *Arrolar*, Volvere. Processus an. 1470.

super querimonia magistrorum navium de Hispania, apud Rymer. tom. 11. pag. 675 : *Cum ipse veniret... cum sua caravalla... onerata de lanis quatuor centas et quadraginta saccas valoris quatuor librarum cum dimidia pro quolibet tonello, et triginta sex Arrolios sive pecias de murfaca valoris unius libræ cum dimidia pro qualibet pecia, et etiam unam pipam de insenso valoris decem librarum.* Et infra : *Caricaverunt triginta et sex Arolios sive pecias de marfaca, de quo fiunt sacci, valoris unius libræ cum dimidia pro quolibet Arrolio sive pecia.*

* **ARROLOGIUM,** pro Horologium. Vide supra *Arrelogium.*

* **ARRONCHARE,** Academicis Cruscanis, Runcare, exherbare. Stat. Vercell. lib. 3. pag. 82. r° : *Item statutum est quod nulla persona.... possit vel debeat.... nec laborare, nec Arronchare, nec ædificare communia locorum in toto vel in parte.* Vide *Runcare* 1.

ARROTA. Meminit Sandovallius in Episcopis Pampilonensib. pag. 81. Chartæ æræ 1173. qua Rex Navarræ Ramiresius Monachus cuidam Ecclesiæ concedit *illa sua Arrota quæ vocatur de Fontevera* : cujus vocis notionem ignorare se profitetur idem Scriptor. [Occurrit in Charta ann. 1395. ex Archivo S. Victoris Massil. qua Pontius *Lobiere* Præpositus Tolonensis dat et *concedit ad fascheriam sive rentam jura, domos, terras, perceptiones, census, servitia, trezena, tascas et Arrota quæ habet in castro de Soleriis.* Italis *Arrota* et *Arrioto* idem est ac incrementum, accressio ; unde *Arrota* videtur significare certam præstationem quæ pro incremento v. g. domus persolvebatur.] [** Hispan. *Arrotura* est Novalis ager. Hujus vocis etymon Adelungius a Germanico *riutan* petit, quod idem sonat. Vide *Abrutella.*]

ARROVA, Hispanis mensuræ frumentariæ species, Amphora, Nebrissensi. Fori Oscæ ann. 1247. fol. 5 : *Solvat de antigaritis pro qualibet noctium 5. Arrovas ordei.* Occurrit alibi. [Vide *Arroba.*]

¶ **ARRUDES**, *Edentes, circumsedentes.* Papias MSS. Ecclesiæ Bituric. [** Placidus in Glossar. cod. reg. 7644 : *Arudesedentes, circumsedentes.* Apud Maium pag. 433. *Arusedentes.* f. pro *Arsedentes.* Vide Scaliger. ad Festum voce *Arferia*, Lindem. pag. 315. et Priscian. lib. 1. cap. 45.]

¶ **ARRUMARE**, *Rumorem Afferre.* Papias MS. Ecclesiæ Bituric. Vide *Adrumare.*

ARRUMPERE. Vide *Rumpere.*

** **ARRUNIADO**, Collapsus, dilapsus. Charta ann. 1121. apud S. Rosa de Viterbo, pag. 141 : *Subtus mons Kastro Arruniado, discurrente rivulo Teixeira, territorio Kalumbriæ, etc.*

¶ **ARRUPTUM**, pro *Abruptum.* Supplicatio civitatis Agenni ann. 1317. apud Rymer. tom. 3. p. 655 : *Duos facinorosos idem Bernardus, qui justitiam diligit, debite ultimo supplicio fecit tradi, ex Arrupto et sine causa;* id est, Abrupte, subito, et neglectis judiciorum formulis.

¶ **ARRURA.** Vide *Arura* 2.

¶ **ARRYATE**, Horti regii Maurorum. *Arriates* Hispanis Hortorum sunt sepimenta cannis confecta. Dicuntur etiam *Encañados.* Vita B. Ferdinandi Principis Lusitani tom. 1. Junii pag. 574. C : *Cujus interim socios duxerunt ad hortos regios, quos vocant Arryate, ubi est balneum.*

1. **ARS**, Machina, unde Gallis, *Artillerie.* Albertus Aq. lib. 2. Hist. Hierosol. c. 35 : *Quidam Longobardus genere magister inventor magnarum Artium et operum.* Vide *Artificium, Artillator.*

2. **ARS**, Artes, Grammatica. Diomedes lib. 2 : *Artium genera sunt plura, quarum Grammatice sola literalis est, ex qua Rhetorice et Poëtice consistunt; idcirco literalis dicta, quod a literis incipiat.* Q. Rhemnius Palæmo in Arte Grammatica : *Abunde dictum sit de præpositionibus : nam cætera habemus in Artibus plenissime dicta.* Cledonius : *Quodam tempore dum Ars in Capitolio tractaretur.* Priscianus in Prologo ad lib. 1 : *Quid enim Herodiani Artibus certius?* Valerius Probus lib. 2. Grammaticorum institut. : *Artium instituta quoniam sufficienter tractavimus, nunc de catholicis nominum verborumque rationibus doceamus. Libri Artium*, seu de Grammatica, apud Marium Plotium lib. de Metris in Præfat. Habetur *Phocæ Grammatici Ars de nomine et verbo*, ubi sic præloquitur :

Ars mea multorum es, quos sæcula prisca tulerunt :
Sed nova te brevitas asserit esse meam.

Arnobius junior in Conflictu cum Serapione : *Dicitur autem creasse librum Artis Rhetoricæ Orator, et Grammaticus librum Artium condidisse.* Smaragdus in Præfat. ad Commentar. in Donatum : *Aliud est de Arte tractare, et aliud de Deo loqui.* Guithmundus lib. 1. de Verit. Eucharist. : *Is ergo cum juveniles adhuc annos in scholis ageret, elatus ingenii levitate, ipsius magistri sensum non adeo curabat,... libros insuper Artium contemnebat.* Infra : *Doctorem se Artium profitebatur.* Arnoldus Lubecens. lib. 3. c. 3 : *Quia in Artibus bene profecerat, Scholas ibidem regendas acceperat.* Adde cap. 5. et Provinciale Cantuariensis Eccl. lib. 5. tit. 4. *Artis Grammaticæ periti*, apud Ordericum Vitalem lib. 3. pag. 462. Anonymus Poëta de Episcopis Eboracensibus :

Artis Grammaticæ vel quid scripsere magistri,
Quid Probus atque Focas, Donatus, Priscianusque,
Servius, Euticius, Pompeius, Comminianus.

Ebrardus Betuniensis in Græcismo cap. 20 :

Sunt adjectiva verborum adverbia semper
Sicut testatur Artis doctissimus actor.

Ita *Artem* nude non semel vocat Rhetoricam Quintilianus lib. 3. cap. 1. et alibi. Vide *Artes*, 2. et *Artista.*

* Nihilominus tamen a Grammaticis ii, quos *Artiiens* vocabant, distinguntur, in Test. Joannæ reginæ ann. 1304. ex Reg. sign. *Noster* Cam. Comput. Paris. fol. 220. r° : *Si seront 20. escoliers enfent en gramaire et 30. en logique et en philosophie, et 20. en théologie ou en divinité. Si aura chascun gramarien par semaine de sept jours iiij. s. Par. Li Artiien vj. s. Par. et li théologien viij. s. Par.* In Statutis vero legitur : *Logici sex solidos Par.* Eo igitur nomine designantur qui Logicæ seu Philosophiæ studebant; uti etiamnunc vocantur in Collegio Navarræo. Neque alii sunt qui *Arciens* nuncupantur a Christ. Pisana part. 3. cap. 42. Hist. Caroli V. [** Vide de hac re ample disserentem Valent. Schmidtium ad Petri Alphonsi Disciplinam Clericalem pag. 109. et infra *Quadrivium* et *Trivium.*]

. Facultas Artium, in Academiis ea dicitur, in quibus, artibus liberalibus Grammaticæ, Rhetoricæ, ac Philosophiæ studium impenditur : cujus elogium ita perstringunt Statuta ejusdem Facultatis in Academia Viennensi Austriæ : *Inclyta Facultas Artium liberalium cæterarum Facultatum utique pia nutrix, quia suos alumnos ipsis impartitur, tanquam fortes agonistas; et si qui forsan aliunde ipsis advenerint, revera tanquam abortivi sunt respectu lacte Artium liberalium et facundæ matris Philosophiæ nutritorum. Filii namque Facultatis Artium aptiores sunt ad quævis studia altiora, dummodo tamen non duxerint se emancipandos ante tempora a provida matre sua, Facultate scilicet Artium ipsis rite constituta, volantes sine pennis, sed variis plumis Artium liberalium habitualiter decorati, apicem utique cujuscumque etiam facultatis scientificæ facilius adipiscuntur, interiores ejus subtilitates, etiamsi difficiles sint, medullitus penetrando.*

Artidoctor, Doctor seu *Magister in Artibus*, in Testamento Geraudi Archidiaconi Ambian. an. 1271. descripto in Historia Majorum Abbatisvillæ pag. 203.

Artigraphus, Grammaticus, seu Artis Grammaticæ Scriptor, τεχνογράφος. Carolus Magn. lib. 2. de Cultu Imag. c. 30 : *Ad secundam definitionis speciem, quæ ab Artigraphis ἐννοηματική, id est, notio, dicitur, convaluit.* Apud Senatorem lib. de Ortographia, Donatus, Phocas, Nisus, et Gratus Grammatici, *Artigraphi* dicuntur, ut et Sacerdos Grammaticus hoc nomine, apud Alcuinum lib. 7. de Artibus cap. 1; apud Sosipatrum lib. 2. de Instit. Grammat. Romanus, *disertissimus Artis scriptor*, Cledonius nempe Constantinopolit. Grammaticus, cujus liber de Grammatica *Ars* inscribitur. In lib. 3. Miracul. S. Dionysii, in Prologo, *Methodius optimus Græcorum Artigraphus* indigitatur. Anonymus in Vita S. Hieronymi : *Huic viro in literarum studiis plerique cathegetæ, id est, præceptores fuerunt, Donatus nempe Artigraphus, Romanis cum imbuens elementis, liberaliumque artium sapore sufficienter replens, Magister exstitit illi, etc.*

Artista, in Vita Jordani Generalis Prædicatorum, qui *Artibus* studium et operam suam impendit. [** Vide Glossar. med. Græcit., in Τεχνικοί, et infra *Artista*, suo loco.]

ARS Sancta. Vide *Sortes Sanctorum*, in *Sors* 2.

ARS Divina, Quæ circa metallorum transmutationem versatur. Vide Glossar. med. Græcit. Præfat. pag. 15.

* 3. **ARS**, Vox generica, qua instrumentum quodvis arte confectum significatur. Stat. ann. 1352. inter Probat. tom. 2. Hist. Nem. pag. 154. col. 2 : *Item quod nulla persona, cujuscumque conditionis existat, sit ausa venare in nemoribus consulum,... sub pœna perdendi venationem, quæ ibidem caperetur, et perdendi Artes seu instrumenta, cum quibus fieret venatio prædicta.* Vide infra *Artificium* 7.

* 4. **ARS** Maris, Navalis scientia, experientia. Stat. Massil. lib. 1. cap. 35 : *Statuimus quod in singulis passagiis eligantur et eligi debeant tres probi viri de Arte maris,*

sive habentes notitiam et experimentum Artis maris, etc. [** Vide *Artes*, 1. Consuetudo maris edita per consules civitatis Trani ann. 1063. apud Pardessus. Collect. Leg. Nautic. vol. 4. pag. 237 : *Quisti infrascripti ordinamenti et rasone fo facti... per li nobili et discreti homini, misser Angelo de Bramo, misser Simone de Bradlo, et conte Nicola de Roggiero, dela cita de Trani, electi consuli in Arte de Mare.* Ars maris est tam schola et societas, quam negotium et officium eorum qui naves exercent.]

* 5. **ARS** Portæ Sanctæ Mariæ, inter septem majores artes recensetur, in Stat. ant. Florent. lib. 5. cap. 19. ex Cod. reg. 4621. Quæ sit, non explicatur.

ARSACIDÆ. Vide *Assasini.*

* **ARSALIUM**, Incendium, Ital. *Arsione*, nostris *Incendie.* Charta ann. 1336. tom. 1. Cod. Ital. diplom. col. 403 : *Item quod omnis actio guerrarum, homicidiorum, Arsaliorum, prædarum.... penitus de cætero cesset; et de omnibus et singulis guerris, homicidiis, Arsaliis, prædis.... remissio et pacificatio integraliter fiat.*

¶ **ARSANOQUITA.** Vide *Arsenoquita.*

¶ **ARSCHIL**, Arscild, Obsequium militare. Vide *Heereschild.*

ARSEDA, *Stella valde splendens*, secundum Ugutionem.

* **ARSEGAYE.** Vide supra *Archegaye.*

¶ **ARSEIA**, Combustæ silvæ, in Consuetud. Bitur. *Arsins* vel *Arseiz :* de quo consule Glossar. Juris Gallici D. *de Lauriere.* Charta Libert. S. Palladii ex codice MS. Coislin : *Solvent... quinque solidos Parisienses pro omnibus animalibus... in dictis coupeiis sive Arseiis inventis.* Vide *Arsina* 1.

¶ **ARSELLUM**, Parvus fornix, seu lapis sepulcralis instar fornicis parieti affixus. Necrologium S. Martialis Lemovic. : *Monachi S. Martialis concesserunt Willelmo Ricardi unum anniversarium annuatim, et in die anniversarii venirent juxta Arsellum suum, quod est situm in pariete capituli.* Scribendum *Arcellus* ab *Arcus*, Gall. *Arceau.*

* **ARSELLUS**, ut *Arcellus*, Gall. *Arceau*, Arcus, fornix. Charta ann. 1374. in Reg. 205. Chartoph. reg. ch. 113 : *Quadraginta solidos renduales.... super quadam domo lapidea, in qua sunt duo Arselli ipsius Johannis Pascalis senturarii castri Lemovicensis.* Vide *Arsellum.*

* *Arson*, diminut. a Gall. *Arc*, arcus. Lit. remiss. ann. 1394. in Reg. 146. ch. 442 : *Lesquelz compaignons frapperent ladite Marion d'un Arson à traire.*

ARSENA, Armamentarium, vulgo *Arsenal*, Italis *Arzenale.* Sanutus lib. 2. part. 4. cap. 12 : *Oportet ad illius* (navigii) *conservationem in posterum in locum pertrahi coopertum... qui locus ubi dictum conservatur navigium, Arsena vulgariter appellatur.* Dantes in Infern. Cant. 21 :

Quale ne l'Arzena de' Vinitiani,
Bolle l'inverno la tenace Pece,
A rimpalmar di legni lor non sani.

De vocis etymo ita nugatur Sansovinus in Venetia lib. 8 : *La casa dell' Arsenale, che s'interpreta*, Arx Senatus, *cioè fortezza, bastione, antemurale, et sostegno del Senato contra l'armi de gli infideli.* Alii vocem Turcicam putant, seu Arabicam, ex voce, ut aiunt, *Darcenaa*, quæ idem sonat, ablata prima litera : quod minus probabile videtur, cum ἀρσηνάλης armamentarium Constantinopolitanum diceretur longe antequam Turci Constantinopolim pervenissent, Theophilo Michaëlis filio imperante, ut ex Inscriptione, quæ a Grutero et aliis refertur, constat. [** Vide Glossar. med. Græc. voce Ἀρσηνάλης, col. 125. et Ἀρσανᾶ, Append. col. 27.] Ego vero ab *ars* deductam existimo, quæ sequioribus Latinis, perinde ac *ingenium*, machinam denotavit, uti supra ex Alberto Aquensi observatum est, ita ut locus fuerit, in quo *artes*, id est, machinæ bellicæ, quas etiamnum *Artilleries* dicimus, reponebantur : nam quod *Artilleriam* ab arcubus dictam scribit Vossius, vix est vero simile. Vide Jacob. *Bourgoing* lib. de Orig. et usu vulgarium vocum pag. 12. Ægid. Menagium et Octav. Ferrarium in Orig. Ital. [D. Ludovicus *le Pelletier* ab Armorico *Arsanail* deducit, quod est Apotheca instrumentorum agriculturæ.]

* Parum feliciter id dictum esse scribit Murator. tom. 2. Antiq. Ital. med. ævi col. 525. ubi *Arsena*, Navale, locum scilicet, in quo fabricari aut servari solent naves, nostris *Bassin*, melius, ut et ego opinor, interpretatur; quo etiam sensu, eodem Muratorio teste, *Darsena* dicunt Itali. De vocis autem etymo aliter prorsus censeo; placet enim origo a Cangio proposita; quidquid obliquatur ibidem vir doctissimus.

* **ARSENATUS**, ut *Arsena.* Chron. Andr. Danduli apud Murator. tom. 12. Script. Ital. col. 459 : *Dux autem noster ultra quamplures victorias superius enarratas, quinque millia civium Januensium integro numero præmisit, subsequenter Arsenatui nostro galeas xxxij. puppibus in proras mutatis, etc.*

ARSENOQUITA, ex Græc. ἀρσενοκοίτης, *Masculorum concubitor.* Ratherius Veronensis : *Quam perdita tonsuratorum universitas tota, si nemo in eis, qui non aut adulter, aut sit Arsenoquista.* Vetus Scheda de Ordinatione Episcopor. edita a V. Cl. Stephan. Baluzio post Capitul. : *Inquirat illum de quatuor Capitulis, id est, de Arsanoquita, quod est cubans cum masculo, etc.* De ejusmodi prædiconum pœnis vide Petrum Fabrum lib. 3. Semest. cap. 13. pag. 295. [** Vide Glossar. med. Græcit.]

* **ARSERIA**, *Uno vaso de vino.* Glossar. Lat. Ital. MSS.

¶ **ARSEVERSE**, *Proverbium.* Papias MS. Ecclesiæ Bituric. *Arse Verse* scribebant veteres in ædium foribus ad avertendum incendium. Festus : *Arse verse, averte ignem significat. Tuscorum enim lingua Arse, averte, Verse, ignem constat appellari : unde Afranius ait : Inscribat aliquis Arse verse in ostio.* In hoc versiculo ostenditur superstitio veterum, qui ad deprecandum incendium inscribebant in ostio nescio quid, quod ad eam rem faceret, ut est apud Plinium : *Etiam parietes incendiorum deprecationibus conscribuntur.*

* **ARSEVEUM**, *Vestis muliebris rubei coloris.* Cath. pro *Arsineum.* Vide in hac voce.

* **ARSIA**, f. pro *Archia*, Fornix pontis. Chartul. Floriac. fol. 199 : *Tandem probatum est quod jus est nobis acquisitum capiendi et scindi faciendi in nostro nemore pro nostro chaufagio, et etiam merranum pro nobis et domibus nostris de Loriaco, aliis stallis, molendinis, et Arsiis et pontibus dicti loci.*

¶ **ARSIBILIS**, καύσιμος, *Cremabilis.* Supplem. Antiquarii.

* **ARSICIUM**, Parisiorum regio, unde ecclesia S. Petri *des Arsis*, nomen habet. Vide *Arsina* 1. Charta ann. 1254. in Chartul. AD. S. Germ. Prat. fol. 62. v° : *Quædam platea sita Parisius in Arsiciis, in terra eorum abbatis et conventus, ut dicebant, contiguam a parte posteriori muris civitatis Paris. infra eosdem muros etiam contiguam ex uno latere jardino Philippi de Lorreto, et ex alio latere jardino Philippi de Risu juxta tegulariam.* Vide *Arsina*, 1.

* **ARSILE**, Bibliotheca in fornicis modum exstructa. Chron. Sublac. Ms. : *Fecit* (Joannes abbas) *Arsile ad recondendum libros, sculptum mira pulchritudine.*

1. **ARSINA**, Arcina. Charta Hugonis de *Belpin* Militis ann. 1218. qua vendit villam *de Pi* in Ceritania : *Et ostem, et cavalcatas, et seguis, et cucucias, et exorquias, et homicidia, et intestationes, et Arsinas.* Ita non semel in Chartis aliis, quos in verbo *Cugucia* descripsimus. Charta ann. 1312. in 48. Regesto Philippi Pulcri Reg. Franc. ex Tabul. Regio n. 134 : *Si Arsinæ, vel incendia vel alia maleficia facta fuerint in dicta villa, etc.* Ubi *Arsina* est *incendium*, *vel crimen incendii*, seu potius cognitio de crimine incendii, quod nostri *Arsin* vocabant, ut colligitur ex his, quæ habent Hemeræus in Augusta Viromand. pag. 944. et Vassorius in Noviomensi Historia pag. 294. *Arsis* etiam dicebant : nam Ecclesia S. Petri, quæ *des Arsis* dicitur Parisiis, *de Arsionibus* nuncupatur in Tabulario Monasterii S. Petri Fossatensis fol. 1. Vide Haræum in Castellanis Islensibus pag. 142. 143. *Faire arsons*, incendia excitare, in Charta vernacula Joannis Regis Angliæ apud Willel. Thorn. pag. 2481.

Arcina, Eadem notione, in Charta R. Abbatis Caroffensis ann. 1308. ex 2. Regesto Philippi Pulcri Regis Franc. in Tabulario Regio n. 11 : *Item si Arcinæ, vel alia maleficia occulta facta fuerint in dicta bastida, vel honore, etc.*

2. **ARSINA**, Supellex quævis, Occitanis. Synodus Nemausensis ann. 1284. cap. *de Veneratione Ecclesiæ : Quia quidam Clerici Ecclesias sic exponunt supellectilibus, et Arsinis ipsius, et etiam alienis ut potius domus Laicorum, quam Dei basilicæ videantur : idcirco firmiter prohibemus, ne ejusmodi supellectilia seu Arsinæ in Ecclesiis admittantur, nisi propter bellum, aut incendia repentina, seu alias necessitates urgentes, etc.*

ARSINEUM, *Vestis mulieris rubei coloris et ardentis.* Ugutio. [Cato in Orig. : *Mulieres opertæ auro purpuraque, Arsinea rete, diadema, coronas aureas, russeas fascias, calbeos, lineas pelles redimicula.* Festus : *Arsineum, ornamentum capitis muliebris.*]

* **ARSINICUM**, ci, *Uno colore e toseco.* Glossar. Lat. Ital. MSS. Vide *Arsineum.*

1. **ARSINUM**, *Pondus* 35. (granorum) Saladino de Ponderibus.

2. **ARSINUM**, in Gloss. Lat. Græc, διάκριμα, redditur : [quo nomine Græci proprie vocant eum capitis ornatum, quo ca-

pillus in duas partes æqualiter discriminatus duas sertas facit. Non arridet, quod sequitur :] Sed idem videtur, quod *Arsura*, de qua voce mox.

¶ 3. **ARSINUM**, Idem quod *Arsina*, seu jus cognoscendi de crimine incendii. Charta Girardi Hamens. domini ann. 1145. ex Tabul. Corbeiensi : *Habebunt totale domanium, omnem libertatem, jurisdictionem, districtum, bannum, latronem, sanguinem et justitiam, excepta alta justitia, quæ mihi in tribus solummodo ab eisdem Abbate et Conventu in perpetuum est concessa, videlicet in raptu, multro et Arsino, extra ambitum curtis suæ.*

* Charta ann. 1071. in Append. ad Marcam. Hispan. col. 1162 : *Per hanc scripturam donationis dono ad præfato cœnobio*, (Cuxanense)...... *homicidia, sive escogocias, sive Arsina, et omnia placita.*

¶ **ARSIPPIO**, *Arctus.* Papias MS.

¶ **ARSIS**, Elevatio, Gr. ἄρσις. Locum vide in *Rythmici versus.*

* **ARSISIA**, pro *Assisia*, quomodo mox *Arsultus* pro Assultus, ex frequenti mutatione *s* in *r*, et vicissim, Pensio annualis, vel annuus reditus ex designatis prædiis percipiendus. Charta ann. 1189. apud Murator. tom. 2. Antiq. Ital. med. ævi col. 914 : *Et quia quidam Pisani in obsequio Christianitatis decesserunt, quidam autem sunt superstites, concedimus ut Pisani et eorum hæredes, et qui Pisanorum nomine censentur, feoda et Arsisias suas recuperent, et per totum regnum* (Hierosolymorum) *feudis et Arsisiis suis restituantur.* Vide in *Assisa.*

¶ **ARSITIUM**, f. Ædificium in modum arcis munitum, in quo annona et supellex quævis tempore belli recondebantur. Locus haud ita absimilis *Arsenæ*, quæ armamentarium sonat, Gall. *Arsenal*, ut supra dictum est. Aut fortassis *Arsitium* ab *Ardere* vel *Arsura*, quæ est auri conflatio, ut mox dicetur : qua ratione *Arsitium* posset esse locus seu officina, ubi moneta conflatur. Charta Theobaldi Comitis Blesensis ann. 1218. pro Monasterio de Burgo Medio ex Tabulario ejusdem loci fol. 100 : *Ædificabunt igitur Canonici murum juxta Arsitium meum ante Ecclesiam, quantum se extendit Arsitium in longum, ut eidem muro apothecas suas faciant adherere.*

¶ **ARSIVUS** Consulum, f. Primus Consulum seu Comitum, ab ἄρχων *Princeps.* Quam facile c mutetur in *s* nemo est qui nesciat. Chartar. Ecclesiæ Auxitanæ MS. cap. 58 : *Quam terram olim possidebat hereditario jure Consulum Arsivus senex de Montesquiu.*

* **ARSULTARE**, Arsultus, pro Assultare et Assultus. Stat. Cadubrii lib. 3. cap. 16 : *De Arsultantibus cum armis, vel sine. Ordinamus quod si aliquis Arsultum fecerit contra aliquem sine armis Arsultans, etc.*

ARSURA, in Domesdei, dicitur auri vel argenti conflatio, purgationis ergo vel examinis. Modum rei exhibet Niger liber Scacarii Gervasio Tilleberiensi ascriptus cap. *de Officio Militis Argentarii.* Nam magno tunc usui illic fuit ad examinandas pecunias Regi solutas, propterea quod in multis locis et diverse admodum cudebantur. *Arsura* etiam dicta ipsa metalli inter conflandum diminutio : et *libram* aiunt *tot ardere denarios*, quot per ignem *purgatorium* amiserit. Prædictus vero liber Scacarii, seu Auctor Dialogi Fiscalis, Salisburiensem Episcopum, (Rogerum Cadomensem) sub Henrico I. *Arsuram* instituisse refert : cum idem Rex frumentarios et esculentos redditus in pecuniarios commutasset, numero atque pondere persolvendos. *Hic*, inquit, *postmodum ex mandato Principis accessit ad Scaccarium ubi cum per aliquot annos præsedisset, comperit hoc solutionis genere non plene fisco satisfieri. Licet enim in numero et pondere videretur satisfactum, non tamen in materia. Consequens enim non erat, ut si pro libra una, numeratos 20. solidos etiam libræ ponderis respondentes, solvisset, consequenter libram solvisset argenteam. Poterat enim cupro, vel quovis ære mixtam solvisse, cum non fuerit examinatio. Ut igitur Regiæ simul et publicæ provideretur utilitati, habito super hoc Regis consilio, constitutum est, ut fieret ordine prædicto firmæ* (id est, annui census) *combustio, vel examinatio.* Capite vero præcedenti *combustionis* seriem pluribus describit, aitque, *non esse legitimam Regni hujus monetam, si examinata libra decidat plus quam 6. denar. a pondere quam numerata respondet.* Sed restituit *non instituit combustionis* hunc morem Sarisberiensis Episcopus, cum jam inde ab Guillelmo Notho, Henrici I. parente, nota fuerit, ut ex variis locis Domesdei constat. Titt. *Chent. Archiepisc. Cantuariens. civitas Cantuar. Item reddit nunc* 30. *libras Arsas et pensatas, et* 24. *lib. ad numerum.* Alibi tit. *Lencolescire, Rex Chircheby : tempore Regis Edwardi valebat* 40. *lib. modo* 60. *sol. pondere et Arsura.* Alibi non semel occurrit, *ad pensum et Arsuram, ad pensum solum, ad pondus et Arsuram, ad pondus solum.* Hæc ferme ex Spelmanno.

Arsuras etiam vocabant monetariorum et argentariorum scopaturas et reliquias rursum igni excoctas. Gotselinus Monachus lib. de Miracul. S. Augustini Cantuar. Episc. cap. 15 : *Indagabant curiose aurifices, argentarios, trapezetas, cæterosque metallorum fusores pro illorum fusilibus cineribus et purgamentis, pro spumis et scoriis, vel testuarum fragmentis, in quibus massas suas liquefecerant, æstimata pretia offerentes : has reliquias emptas corradebant et conscopabant, unde hujusmodi collectas scopaturas vocitant, quas illi torridis fluentis abluebant, conflatamque duritiem duro lapide comminuebant, his minutiis suo igni conflatis pretiosam massam extorquebant. In tali negotio venientes ad oppidum Bathan, emptasque ex more copiosas Arsuras, quas dicunt scopaturas, ad proximum flumen ferebant diluendas, etc.*

2. **ARSURA**, Erpeta. Meierus lib. 3. Annal. Flandr. ann. 1088 : *Subsecutus est pestilens ille morbus, qui ignis sacer vocatur, quam tum Arsuram vocabant quidam.* Vide *Ardentes.*

¶ 3. **ARSURA**, Vestigium adustionis candentis ferri. Vita S. Swithuni tom. 1. Julii pag. 336 : *Quem dum vir ille coactus a præside, manu gestaret timide, protinus ingens Arsura replevit ejus volam tergore adustam.* Ibidem : *Enimvero mirum fuit ultra modum, quod fautores Arsuram et inflationem conspiciebant; criminatores ita sanam ejus videbant palmam, quasi penitus fulvum non tetigisset ferrum.*

* *Arseure*, eadem notione, in Lit. remiss. ann. 1379. in Reg. 116. Chartoph. reg. ch. 85 : *L'exposant si bouta ledit Guillemin qu'il chey ou feu, senz avoir pour ce aucune Arseure ne bleceure.*

¶ 4. **ARSURA**, Incendium. Historia Mediani Monast. pag. 274. in Excerptis Joannis a Bayono de Abbatibus hujus Monast. : *Iste Henricus multas exercuit Arsuras et depredationes in ducatu Lotharingiæ.* Apud Rymer. tom. 7. pag. 646 : *Consideratione destructionis et Arsurarum.* Synodus Provincialis Pergami ann. 1311. apud Murat. tom. 9. col. 560 : *Aut malitiose in damnum cujusquam ignem opponere per se vel per alium in alterius messes, Ecclesias seu domum, seu dolose incendium committere vel Arsuram.*

¶ **ARTA**, στενωπά, *Angustiæ, angiportus.* Supplem. Antiquarii. [** Vide *Artare*, 2, *Artatio, Artator, Artus.*]

¶ **ARTABA**, Mensura annonaria Persarum, Syrorum, Ægyptiorum aliorumque Orientalium. De hujus mole variæ sententiæ. Juxta septuaginta Interpretes in illud Isaïæ : *Triginta modii facient modios tres;* quinque modios apud Palæstinos *Artaba* capiebat. Quippe pro illo Isaïæ reposuerunt : *Qui seminat Artabas sex, recipiet mensuras tres.* Ubi pro triginta modiis, *Artabas* sex, et pro tribus modiis, mensuras tres reddiderunt. Ergo decem modios duæ *Artabæ*, et *Artaba* quæque quinque modios continebat. Quod si verum est, inquit Samuel Pitiscus in Lexico, ex modii capacitate constat *Artabam* unam quartarios Parisinos quindecim, sextarium bilibrem, uncias sex et scriptulum cum tertia scriptuli recipere : quod facile cognoscitur, si ad demensum unum adjeceris modium : est enim *Artaba* ad ipsum sesquiquarta. At Hieronymus ad Isaïæ cap. 5. scribit apud Ægyptios *Artabam* facere modios viginti; Herodotus vero lib. 1. asserit *apud Persas tribus Chœnicibus Atticis Artabam esse capaciorem, quam Atticus Medimnus.* Est autem Chœnix idem quod sesquisextarius, utpote medimni pars quadragesima octava, quæ sextarium valet Atticum et semissem. His adde Papiam in MS. Ecclesiæ Bituricensis : *Artaba genus mensuræ Syriacæ quæ tres modios facit et triens; sextariorum septuaginta quinque apud Ægyptios.* Hinc collige Artabam, non ejusdem fuisse capacitatis apud Syros, Persas, Ægyptios, finitimosque populos. De Artaba occurrit mentio Danielis cap. 14. vers. 2 : *Erat Idolum apud Babylonios nomine Bel, et impendebantur in eo per dies singulos similæ Artabæ duodecim.* Cujus si rationem quis inire velit juxta Papiæ sententiam, duodecim Artabæ quadraginta modiis pares sunt : si vero juxta LXX. Interpretes, Artabæ 12. complentur 194. quartariis, unciis 5. drachmis duabus. De Artaba Ægyptiaca in Paralipomenis SS. Pachomii et Theodori tom. 3. Maii pag. 341 : *Facta sponsione, cum navim implevisset frumento æstimatione unius holocotini in tredecim Artabas, quo pretio non inveniebantur vel quinque Artabæ in Ægypto universa venales, magno cum gaudio ad suum Monasterium frater navigationem instituit.*

Expressius Chronicon Romualdi II. Archiep. Salern. apud Murat. tom. 7. col. 37 : *Ita ut de Ægypto per singulos annos quatuordecim millia octingenta talenti auri, et frumenti Artabas, quæ mensura tres modios et tertiam modii partem habet, quinquies et decies centena millia.* Unde colligi datur *Artabam* Ægyptiacam eamdem fuisse cum Syriaca de qua mox Papias. Vocis Etymon accersit Fr. Macer in Hierolexico ab Artabazo Parthorum Duce et Pharadicis filio, aut ab Artabano Hystaspis filio. De hujus mensuræ mole plura apud Cenal. de Ponderibus et Mensuris in Thes. Antiq. Rom. Grævii tom. XI. pag. 1469.

* **ARTABATITÆ**, *Genus monstri in Æthiopia.* Cath. ex Isid. Origin. lib. 2. cap. 11. *Artabattutæ*, Papiæ.

¶ **ARTABIS**, Eadem notione in voce *Campana.*

ARTABULARIUS, *Craticula*, in Glossis Arabico-Latinis.

¶ **ARTÆRIA**, pro *Petraria*, λιθοβόλος, mendose in Vita S. Joannis Episc. Tragur. pag. 5. Vide *Petraria.*

** **ARTAGAMIS**, *eyn falk oder eyn blafuse.* Vocabul. Lat. Germ. ann. 1477. impress. ADEL. In Gemma Gemmar. *Artogonus, ein falck, blowfusz;* i. e. Falco.

* **ARTAGINES**, *i. Cercellæ*, in Gloss. Iatricis ex Cod. reg. 6881.

ARTAGIUM. Charta Goffredi Comitis Cannarum ann. 1105. apud Ughellum tom. 7. Ital. sacr. pag. 1072 : *Concedimus iterum, ut eadem matrix Ecclesia Cannarum possideat omnium rerum suarum, et suorum hominum vendentium et ementium tam in Cannis, quam deforis, et in casalibus ubicumque : possideat etiam omnium suorum hominum Artagium sutrum (f.* suarum) *terrarum, carnatum* (f. et aliarum) *venientium ad laborandum cum sua adfidatura.*

* **ARTAHUT**, Feretrum, Gall. *Cercueil :* si tamen bene scriptum sit; nam amanuensis hæsisse videtur; f. *Arcahut*, ab Arca. [** Hispan. *Ataud*, Arca, loculus.] Testam. Ludovici comit. Valent. ann. 1345. in Cod. reg. 6008. fol. 75. v° : *Volumus quod dicto corpori nostro fiat sepultura per modum qui sequitur : videlicet quod nostrum Artahut sit coopertum uno banno de buyrello tantum, et quod nostrum dictum corpus portent duodecim pauperes homines terræ nostræ, induti eodem et simili panno, quo dictum Artahut cooperietur.* Occurrit rursum in alio Testam. ann. 1419. ibid. fol. 143. r°.

* **ARTANUS**, *Lo temperatore*, in Glossar. Lat. Ital. MSS.

¶ 1. **ARTARE**, pro *Aptare* neutra significatione, Quadrare, convenire. Janus in Supplemento Antiquarii : *Apto*, ἁρμάζω, *Congruo.* Pro ἁρμάζω legendum ἁρμόζω.

¶ 2. **ARTARE**, Obligare, cogere, astringere. *Dominus Rex Artaret se ad faciendum ea, quæ facere non tenetur*, apud Rymerum tom. 2. pag. 69. Passim occurrit; verum non ita dissimilis est notio verbi *Arctare*, ut locis referendis immoremur. [** Vide Lappenbergium in Glossar. Orig. Hanseat. hac voce.]

* 3. **ARTARE**, Docere. Glossar. Lat. Gall. ex Cod. reg. 7692 : *Artare*, *Enseigner.* **Vide *Artatus* et *Artitus*]

* **ARTARIA**, pro *Arteria*, Guttur, gurgulio, uti monent docti Editores ad Mirac. B. Rosæ tom. 2. Sept. pag. 450. col. 2 : *Franciscus quidam . . . . ob quamdam, quam passus est, infirmitatem, loquelam perdidit... Demum quodam cingulo seu cordone B. Rosæ suscepto,.... illo instanti apertæ sunt Artariæ dicti Francisci.*

* **ARTARIACUM**, *Lo medicina dal polmone*, in Glossar. Lat. Ital. MSS. Vide *Arteriatus.*

¶ **ARTATIO**, pro *Arctatio*, apud Rymerum tom. 3. pag. 761. col. 1.

ARTATOR. Sanutus lib. 2. part. 4. cap. 8 : *Quilibet dictæ gentis, quorum Artator es, ex prærogativa ferreo baculo potiatur.*

¶ **ARTATUS**, f. Magister artium liberalium, Gall. *Maître ès Arts.* Concil. ann. 1591. inter Hispan. tom. 4. pag. 493 : *Capitula Ecclesiarum, sede vacante, elapso anno, præter Artatos, iis tantum qui beneficium in ea diœcesi obtineant, quod ad commode vivendum sufficiens sit, quique... habiles scientia, ætate et moribus reperti fuerint, literas dimissorias concedant.*

ARTAVUS, [Cultellus acuendis calamis scriptorii, Gall. *Canif.* Joan. de Janua in Catholico : *Artavus, Cultellus Scriptorum ab arto, artas, etc.* Glossarium MS. Lat. Gall. S. Germani a Pratis, *Artavus, Artavi, Couteaux ou Canivet.* Videtur tamen distingui a scalpello *Artavus* in] libro Regulæ Ordinis S. Victoris Parisiensis MS. cap. 19. ubi de Scriptoribus Monachis : *Sed nec Scriptoria, nec Artavos,* (sic) *nec cultellos, nec scarpellia, nec membranas... suscipiat.* [Ubi forsan *Artavos* idem quod forcipes. Translatio SS. Saviniani et Potentiani inter Acta SS. Benedict. sæc. 6. part. 1. pag. 261 : *Pestifero invidiæ zelo succensus, abstrahit pallium, quo sanctissimi et Apostolici patroni Saviniani tegebatur tumba, arreptoque Artavo in frusta medium secans ait, etc.*]

* Glossar. Lat. Gall. ann. 1352. ex Cod. reg. 4120 : *Artavus, parvus cultellus, Gallice cannivet.* Lit. remiss. ann. 1400. in Reg. 155. Chartoph. reg. ch. 288 : *Idem Jacobus habebat unum parvum Artavum, Gallice canivet, et volebat percutere dictum Matheum per ventrem.*

* **ARTECOPUS**, pro *Artocopus*, in Glossar. Provinc. Lat. ex Cod. reg. 7657. Vide infra in *Ceragius.*

* **ARTECOS.** Concil. Armenor. ann. 1342. apud Marten. tom. 7. Ampl. Collect. col. 330 : *Aliqui vero eorum* (Armenorum) *dicunt quod sexta die, quando Adam creatus est, dæmones peccaverunt, et de cœlo ceciderunt per illam partem cœli, quæ apud eos vocatur Artecos, apud nos vero dicitur Galatia.*

ARTELABO. Papiæ, *Artificium laboratæ vestis.* Forte quasi *arte laboratus.* Fortunatus lib. 2. de Vita S. Martini :

> Hinc abacum picto bombycina flore decorant
> Artelaborata, et vel qualia pensat aragne.

Nicolaus de Braia in Ludovico VIII :

> . . . . . Fracturaque machina muros
> Artelaboratos.

¶ **ARTELARIA**, ARTELLARIA, Machinæ bellicæ, Gall. *Artillerie.* Primum occurrit apud Rymerum tom. 8. pag. 28. Alterum tom. 7. pag. 166. Vide Glossar. Lobinelli ad calcem tomi 2. Hist. Britan. et infra *Artilleria.*

1. **ARTEMO**, *Instrumentum arietis* in Glossis Isid. ubi *artis* quidam legendum putant. [Melius, teste Grævio, Gebhardus et Cerda scribunt : *Artemo, Instrumentum ratis.* Fuit nimirum, uti auctor est Papias, *Velum navis breve, quod quia melius levari potest in summo periculo extenditur malus et antennæ.* Lege, *ad malum et antennam.* Rolandinus Patavinus de Factis in Marchia Tarvisina lib. 12. cap. 8. apud Murat. tom. 8. col. 351 : *Sic ratis in pelaga quandoque deperit inconsulta. . . arbor rumpitur et antenna, spes est remorum inutilis, fractoque remigio quolibet, scit nauta venisse naufragium, et deserit Artemonem.* Plura si cupis, Grævium consule in laudatum locum Isidori.] [** Neque tamen omnino absona lectio *instrumentum artis*, Artemon enim etiam dicitur Trochlea pluribus orbiculis instructa et in ima parte tractoriæ machinæ collocata, cui respondit altera in summo machinæ posita, per quas trajiciuntur ductarii funes, a Græco Ἀρτάω, Tollo, suspendo, uti scribit Forcelliu. in hac voce, quem videas. In Glossar. cod. reg. 6744. ut ex Placido *Artemo, temo*, quod fortasse intelligendum de pertica cui velum alligabatur. Mediis temporibus *Artimonium* erat Malus anterior, Gall. *mât de proue.* Conf. *Jal, Archéologie maritime*, vol. 2. pag. 395. et 435. Conventio nautica Ludovici IX. procuratores et quosdam Genuenses inter, num. 20 : *Item Artimonium grossitudinis palmorum septem et longitudinis cubitorum triginta quinque, et arbore de medio grossitudinis palmorum sex et longitudinis cubitorum triginta duorum.*]

¶ 2. **ARTEMO**, *Anchora ferro gravissima.* Gasparis Barthii Gloss. ex Hist. Palæst. Fulcherii Carnot.

ARTEPTA, *Genus vasis, ut pugilla.* Papias.

* **ARTERIASIS**, *Raucedo*, in Vocabul. compend. Vide mox

ARTERIATUS, *Cujus fauces rheumatizant. Arteriatum, medicina, quæ prodest meatui gutturis.* Ugutio. Vide *Rheumatidiare.*

* Glossar. medic. Simonis Januens. ex Cod. reg. 6959 : *Arteriata passio dicitur, quando reuma ad traceam et lutrigam descendit; et inde raucedo fit vocis.*

¶ **ARTERIBUS.** Collect. Concil. Hispan. tom. 3. pag. 81. in Appendice Juliani ad libellum S. Isidori de Viris Illustribus : *Cujus fugam rabido furore insequens pater, unum tantum macerie impeditus est obice quo et furentis est delusa quæstio, et fugientis salvata devotio. Nempe parentis furor dum percitus in interiora prætenderet, latibulum, quo hic vir occultabatur, reliquit, sicque præterita incuratum pertransit et in Arteribus quæ præterierat inquisivit.* Quem textum sic vellem restitui : *Cujus fugam rabido furore insequens pater, unius tantum maceriæ impeditus est obice, quo et furentis est delusa quæstio, et fugientis salvata devotio. Nempe parens furore dum percitus in interiora prætenderet, latibulum, quo hic vir occultabatur, reliquit, sicque præteriens incuratum pertransit, et in Anterioribus quem præterierat inquisivit.*

¶ **ARTERIUS**, pro *Arcerius*, Sagittarius, Gall. *Archer.* Quinquies occurrit in duobus Epistolis Regis Angliæ apud Martenium tom. 1. Anecd. col. 1700.

¶ 1. **ARTES**, Societates artificum, Gall. *Les corps de métiers.* Memoriale Potestatum Regiens. ad ann. 1272. apud Murat. tom. 8. col. 1235 : *Dominus Stoldus... de civitate Florentiæ, factus fuit Potestas per Artes civitatis Reginorum, sive per Societates mesteriorum.* [** Vide *Ars*, 4.]

¶ 2. **ARTES**, Tabulatum, Gall. *Echaffauts.* Chronicon Comodoliac. inter Fragmenta Hist. Stephanotii tom. 2 : *Cumque ipse Yterius Artes supra quas erant latomi et artifices ascendisset... subito dæmon sub specie venti irruit in ipsum Yterium et eum cum flatu maximo projecit inferius inter rudera. Ipse tamen meritis S. Janiani in nullo læsus est, sed statim Artes ipsas rigidius solito reascendit.* Vide *Ars* 1.

* **ARTESANUS**, Hisp. *Artesano*, Gall. *Artisan*, Artifex. Bareleta serm. in Domin. 1. Quadrag. : *Non cognosco plus uxorem unius Artesani et doctoris.*

* **ARTESIANI**, Atrebatensis moneta. Vide infra in *Moneta Baronum.*

¶ **ARTETICA GUTTA**, Arthritis, Gall. *Goute.* Vita S. Bertrandi tom. 1. Junii pag. 789 : *Arteticas Guttas, podagras ac cholicas passiones totaliter ignorabat.* Nihil hac voce familiarius Medicis 12. sæculi. Prudentius dixit *Arthresis* et in quibusdam editionibus mendose legitur *Arthesis* vel *Artesis* : quod incuria correctorum Calepini vitium retentum est in ejus dictionario. *Artetica* corrupte derivatur a Græco ἀρθριτικὴ supple νόσος, quamvis Græci pro ἀρθριτικὴ νόσος utantur voce ἀρθρῖτις et per ἀρθριτικός et ἀρθιτικὴ eum vel eam intelligant qui vel quæ doloribus articulorum laborat. Antonius Nebrissensis Grammaticus inter Hispanos notus in suo Dictionnario ait : *Arthretica non Arthetica pro morbo articulari* : Sed non animadvertit vir eruditus a Græcis nunquam dictum fuisse ἄρθρησις aut ἀρθητικὴ; quos sequens scribere debuisset *Arthritica*, ut ex dictis plus satis liquet.

¶ **ARTETICUS**, Qui *Artetica gutta* laborat. Vita S. Johannis Episc. Valentinensis inter Anecd. Marten. tom. 3. col. 1701 : *Sed quid agendo de paucis infinitati derogo? Si de surdis, de cæcis, de sciaticis, et mutis, epilepticis et febricitantibus, suspiciosis ac sollicitis, debilibus et Arteticis, verecundis pauperibus, etc.*

* **ARTETICUS**, *Artibus instructus*, in Vocabul. compend. Vide infra *Articus.*

¶ **ARTETIRA**, pro *Artetica.* Epistola Johannis Archiep. Vienn. ann. 1221. apud Marten. tom. 1. Anecd. col. 889 : *Willelmus... dixit, quod cum ipse laboraret Artetira.... nec incedere, nec a lecto surgere potuisset, etc.*

* **ARTHILLIA**, Machinæ quævis bellicæ, earumque omnium apparatus. Lit. ann. 1383. tom. 7. Ordinat. reg. Franc. pag. 44. art. 39 : *Quod injungatur castellanis, quod ad proximos compotos suos afferant inventaria mobilium, Arthilliarum, arnesiorum, et aliorum repertorum in castris suis.* Vide *Artillaria* 2.

* **ARTHOCREA**, *Royssole*, in Glossar. Lat. Gall. ex Cod. reg. 7692. pro *Artocreas*, cibus pane et carne constans. Vide in hac voce.

* **ARTIBASALUS**, Artibusolus. Chron. Bergom. ad ann. 1386. apud Murator. tom. 16. Script. Ital. col. 855 : *Fecerunt fieri pro faciendo honorem cuique plusquam c. tortas ac talieros Artibasalorum seu gazonzellorum.* Et ad ann. 1393. col. 861 : *Tonolus habitator de Stezano una cum uxore sua dederunt venenum in Artibusolis sive casoncellis cuidam rustico.* f. Panis dulciarius ex ovis et caseo compactus, nostris *Talmouse.*

¶ **ARTICACTUS**, Articoctus, Carduus sativus, cinaræ fructus, Gallis *Artichaut*, apud Hofmannum in Lexico. De hujus vocis origine plura habet Menagius : quem potes consulere. [** Confer etiam Salmasium de Homonym. Hyles Jatri. cap. 49. in fine, et eundem in Exercit. Plinian. pag. 159. 160. Dicitur ibidem *Articoccus* et *Articoccalus.*]

1. **ARTICULA**, Ars. Passio S. Mammarii : Anulinus dixit : *O maleficiorum Articula, ut talia in conspectu meo faciatis.* Occurrit rursum semel ac iterum. [Johannes de Janua : *Articula, Ars parva.*]

¶ 2. **ARTICULA**, pro *Articulus*, Junctura, compages ossium. Acta S. Arcadii Mart. tom. 1. Januarii pag. 722 : *Nam post tot martyria, quot divulsæ compagum Articulæ, quot resecta sunt membrorum fragmenta!*

¶ 1. **ARTICULARE**, Articulatim seu nominatim exprimere. Origo Monasterii Montis S. Mariæ, apud Leibnitium tom. 2. Sriptor. Brunsvic. pag. 427 : *Quorum nomina humilitatis causa scriptis me non piguit Articulare.* Instrumentum ann. 1481. ex Archivo Monasterii de Bono-Nuntio Rotomag. : *Pecia terræ Articulata*, id est, scriptis superius expressa et nominata.

¶ 2. **ARTICULARE**, Distincte voces efferre, Gall. *Articuler.* [** Lucret. lib. 4. vers. 548 :

Mobilis Articulat verborum dædala lingua.]

Apuleius lib. 2. Floridorum : *Eo facilius verba hominis Articulantur potentiore plectro et palato.* Arnob. lib. 3. adv. Gentes : *Labia habere cum dentibus, quorum inflictu et mobilitate lingua sonos Articulet.* Hinc apud Isid. lib. 1. Orig. cap. 14 : *Omnis vox aut est Articulata aut confusa. Articulata est hominum, confusa animalium. Articulata quæ scribi potest, confusa, quæ scribi non potest. Articulata verba*, apud Solinum cap. 65. [** Priscian. lib. 1. cap. 1 : *Articulata est, quæ coarctata, hoc est, copulata cum aliquo sensu mentis ejus qui loquitur profertur. Inarticulata est contraria, quæ a nullo proficiscitur affectu mentis. Literata est, quæ, scribi potest; illiterata, quæ scribi non potest.* Hæc paullo diversa sunt ab eis quæ habet Isidorus, qui secutus esse videtur Max. Victorinum in Art. Gramm. cap. 7 : *Vocis vero species sunt duæ, Articulata, et confusa. Articulata quæ hominum tantum est, unde Articulata dicta est, quod Articulo scribentis comprehendi possit. Confusa, quæ scribi non potest etc.* Similia habet Grammaticus Vaticanus Maii cap. 1.]

* 3. **ARTICULARE**, Distincte seu articulatim proponere, Practicis nostris *Articuler*, eadem notione. Procurat. ann. 1340. ex Tabul. Flamar. : *Dans.... speciale mandatum.... Articulandi propositiones et articulis respondendi.*

* 4. **ARTICULARE**, Dedicare, consecrare, Gall. *Dédier*; quod nomen inscribendo fit. Richardus mon. Cluniac. de Orig. monast. Carit. apud D. *Le Beuf* tom. 1. Collect. var. script. pag. 414 : *Altaria vero cetera, tam majoris ecclesiæ quam etiam capellæ, quibus Articulentur cœli senatoribus, quasve insertas habeant margaritas, et usus ipse, et singulorum palam facit superscriptio.* Sed haud scio an non legendum sit *Attitulentur.*

* **ARTICULARIS** Ecclesia, Quæ alterius quasi membrum est, ab alia dependens. Vide infra in *Ecclesia.*

* **ARTICULARITER**, Articulatim, Gall. *Par articles, distinctement*, olim *Articulierement.* Inventar. MS. ann. 1366 : *In eisdem litteris Apostolicis contenta singulariter et Articulariter infra terminum eis præfixum promiserunt, jurarunt ac solemniter tenere et complere se obligarunt.* Lit. remiss. ann. 1372. in Reg. 103. Chartoph. reg. ch. 158 : *Ledit gouverneur commande audit exposant qu'il feist laditte information plus Articuliement, pour ce qu'elle estoit pou esclarciée.*

ARTICULARIUS. Gloss. Græc. Lat. MS. καρπόδεσμος, *Lemniscus, Articularius, Fasciola.* Editum habet *Lemnisceus, Articularia fasciola.* Idem : Καρποδέσμοις περιειλημμένος, *Lemniscatus.* Perperam in MS. *Leminis castus.*

¶ **ARTICULATOR**, μελοκόπος, in Gloss. Lat. Gr.

¶ 1. **ARTICULUM**, Dolus, techna, artificium. Vita S. Mammarii tom. 2. Junii pag. 270 : *Proconsul hæc videns dixit : O malæ artes* (*O malorum articula* in MS. Sangall.) *quis vos docuit, ut tanta faciatis?* Vide *Articula*, 1.

* 2. **ARTICULUM**, *Ingenium, argumentum*, in vet. Glossar. ex Cod. reg. 7613. Charta Alvaris *Diaz* ann. 1107. inter Probat. tom. 1. Annal. Præmonstr. col. 391 : *Voluntate nostra spontanea, nullius cogentis imperio, nec suadentis Articulo, etc.* Ubi leg. forte *Artificio.*

** 3. **ARTICULUM**, gen. neutr. Pseudo-Virgilius de octo partibus orationis apud Maium, Classicorum auctorum tom. 5. pag. 31 : *Tradunt enim quidam ob id Articula judicari, quia cum ipsis nominibus una flectantur.* Ibidem sæpius.

¶ 1. **ARTICULUS**, Libellus supplex expostulationis ad judicem, Gall. *Requête plaintive, Plainte.* Vox fori Ecclesiastici apud Anglos. W. Kennet. Antiquit. Ambrosden. pag. 344 : *Possint eos et eorum successores per omnem censuram Ecclesiasticam ad omnium et singulorum præmissorum observationem absque Articuli seu libelli petitione, et quocumque strepitu judiciali compellere.*

* *Articuleur* dici videtur, qui ejusmodi libellos componebat, in Charta ann. 1403. tom. 2. Hist. Leod. pag. 437 : *Item que semblablement* (*la taxe pour leurs salaires*) *soit observeit, tant aux sentenchiers, comme aux Articuleurs, notaires, auditeurs et appariteurs desdites courts.*

¶ Articuli Coronæ, Conclusiones, definitiones Curiæ seu Cameræ Coronatoris.

Litteræ Henrici IV. ann. 1409. apud Rymer. tom. 8. pag. 573 : *Et totius Comitatus similiter recordatur quod omnes Episcopi Dunelmenses, a tempore quo non exstat memoria, continue venire solebant, per Ballivos suos, obviam præfatis Justiciariis itinerantibus hic, in primo ingressu suo in istum Comitatum ad aliquem prædictorum trium locorum, et ibi petere Articulos Coronæ in forma prædicta.* Vide *Coronator* et *Placita Coronæ.*

¶ Articuli Cleri, apud Anglos, certa sunt statuta de causis personisque Clericorum condita, anno Edwardi II. nono, et Edwardi III. decimo quarto, juxta Th. *Blount* in Nomolexico ad vocem *Articles of Clery.*

2. **ARTICULUS.** *Super Articulos manus prosterni*, Leviorum culparum satisfactio apud Monachos. Usus antiqui Ordinis Cisterciensis cap. 68. de Lectore, qui versum dicit pro alio : *Festivis quidem diebus super Articulos manus, privatis vero super genua prosternatur, ponens cucullam sub manibus, se sic inclinans revertatur ad sedem. Similiter super Articulos manuum satisfaciant omnes in loco, in quo sunt, quoties fallaciam in oratorio incurrerint, non divertentes dextrorsum vel sinistrorsum. Pro nota cantus tantum non solemus satisfacere. Humiliare se super genua, vel Articulos*, cap. 70. et paulo ante cap. 75. Vide Institutiones Capituli ejusdem Ordinis ann. 1256. cap. 6. et Hugonem Flaviniacensem pag. 160.

* 3. **ARTICULUS**, Circulus, in quo scilicet inscriptio monetarum ponitur. Charta pro institutione monetarii ann. 1368. ex Cod. reg. 5187. fol. 74. r° : *Dicto magistro* (monetarum) *concedimus, quod ipse dictas monetas.... possit facere fieri.... cum omnibus signis, signaculis seu caracteribus quæ sibi placuerint,.... dum tamen in dictis monetis sit scriptum in Articulo : Prima sedes Galliarum.*

** 4. **ARTICULUS.** Gemma Gemm.:... *color rhetoricus,.. species numeri, unde Grecista :*

Articulus color est, breve membrum, dictio greca,
Articulus, numerus per denos multiplicatus,
Momentum Articulus, pressuraque dicitur esse.

* **ARTICUS**, *Artibus instructus. Artice, ingeniose.* Cath. Vide supra *Arteticus.*

ARTIDOCTOR. Vide *Ars.* 2.

¶ **ARTIFEX**, *Duplex, Dolosus*, in Glossis Isidori. Gall. *Artificieux.* Vide *Artificium* 1.

** **ARTIFICARE**, Modulari. Carmina ævi Carolini apud Maium Collect. form. octon. vol. 5. pag. 422. Epigr. 23. inscript. *Musica.* vers. 3 :

Hic nam reperies quo constant cuncta tenore,
Organa vel valeant Artificare melos.

* **ARTIFICIALE**, Machina bellica. Hist. belli Forojul. in Append. ad monum. eccl. Aquilei. pag. 46. col. 1 : *Venerunt dictæ gentes cum magno furore contra patriam, cum magnis bombardis, et pluribus diversis Artificialibus.* Vide *Artificium* 4.

1. **ARTIFICIARIUS**, Artifex. Gallis *Artisan*, Anglis *Artificer*, in Chronico Henrici de Knyghton pag. 2600 : *Similiter fiebat de aliis Artificiariis in burgis et villis.*

¶ 2. **ARTIFICIARIUS**, Armorum bellicarumque machinarum inventor aut fabricator. *Soldarii, Artificiarii et Officiarii*, apud Rymerum tom. 8. pag. 489.

* **ARTIFICIATUS**, *Idem qui artificialis.* Vocabul. compendiosum. [** Melberi Vocabul. : *Artificiatum, ein werck der kunst. Artificiata mechanicorum, hanttierung.*]

ARTIFICINA, *In qua artes exercentur*, in Gloss. Isid. et apud Ugutionem.

¶ **ARTIFICIOLUM.** Vide *Artificium* 3.

1. **ARTIFICIUM**, Papiæ, *Præstigium, fallaciæ, magisterium.* [Galli dicimus *Artifice* eadem notione. Vide *Artifex.*]

2. **ARTIFICIUM**, Supellex, quidquid arte confectum est. Capitula Caroli Mag. lib. 6. cap. 305. [** 407.] : *Quæcumque ei* (Ecclesiæ) *offeruntur in . . . pratis, aquis, aquarumve decursibus, Artificiis, libris, utensilibus, etc.* [** Lusit. *Artificio* eodem sensu. Charta ann. 1356. apud S. Rosa de Viterbo pag. 141 : *E deixamos dinheiro para se facer a igreja, e hospital, com todos os curraes, e Artificios necessarios.*]

3. **ARTIFICIUM**, Ars, *Mestier.* Regula S. Macarii cap. 30 : *Ut intra Monasterium Artificium non faciat ullus, nisi ille, cujus fides probata fuerit, etc.* Concil. Carthag. IV. can. 51 : *Clericus... Artificio victum quærat.* Can. 52 : *Clericus victum et vestimentum sibi Artificiolo vel agricultura . . . paret.* [Index vett. Canonum inter Concilia Hisp. pag. 6. col. 2 : *Clerici qui operari non possunt, Artificiola et literas discant.*]

* Lit. remiss. ann. 1355. in Reg. 84. Chartoph. reg. ch. 470 : *Cum Robinus pauper ystrio sive menestrellus, pro ludendo de suo Artificio, cum corneto ivisset,.... qui de suo ludebat ministerio.* Nostris *Artifice*, eadem notione. Charta ann. 1443. in Reg. 179. ch. 147 : *Les maistres du mestier et Artifice de boulengerie et taillemellerie de nostre ville de Bourges, etc.*

4. **ARTIFICIUM**, Machina bellica. Historia Cortusiorum lib. 7. cap. 7 : *Fiunt vineæ, sive gatti, pontes, et scalæ, machinæ, et alia Artificia ad oppugnandum.* Quæ quidem vox pro *ædificium* scripta videtur apud eosdem lib. 1. cap. 9. et lib. 2. cap. 19. Vide *Ars* 1. [** In codic. Alphonsino Lusit. lib. 1. tit. 51. § 35. et 37. dicuntur *Artificios*, quæ alibi *Artilharias.*]

5. **ARTIFICIUM**, Corpus artificum, *Corps de mestier*, apud Henricum Knyghtonum. Locus vide in *Secta* 4.

* 6. **ARTIFICIUM**, Machina arte adinventa et confecta, Gall. *Machine.* Charta Pauli de Nogareto ann. 1376. in Reg. 148. Chartoph. reg. ch. 52 : *Concedimus licentiam construendi molendinum ressegatorum, sive Artificium vocatum sarræ.* Vide mox

* 7. **ARTIFICIUM**, Quodvis instrumentum rei alicui perficiendæ necessarium, nostris etiam olim *Artifice.* Charta senescalli Bigorræ ann. 1391. in Reg. 142. Chartoph. reg. ch. 80 : *In quo quidem molendinario idem supplicans vult et intendit facere et construere unam ressegam,.... cum omnibus suis munimentis et Artificiis ad sarrandum necessariis.* Lit. remiss. ann. 1394. in Reg. 146. ch. 185 : *Et aussi certaine quantité de.... morceaulx de cuivre à fourme de gettons non signez, et autres ferremens et Artifices à faire monnoye.* Vide supra *Ars* 3.

¶ Artificium Bisanteum, in Actis SS. Benedict. sæc. 6. part. 2. pag. 606. ubi de B. Victore III. Papa : *Et lapideis pavimentis Bisantei Artificii stravit*; idem est, opinor, quod pavimentum sectile et tessellis structum, *Bisanteum* ideo dictum quod Bysantii seu Constantinopoli frequentia essent hujusmodi pavimenta.

¶ Artificium de Lignis, Materiaria structura, Gall. *Charpente.* Chron. Parmense ad ann. 1287. apud Murat. tom. 9. col. 812 : *Factum fuit in summitate turris Communis unum Artificium de lignis pro campana magna nova ponenda, quæ quum ibi fuisset posita, in tertia pulsatione fracta fuit.*

* **ARTIFICUS**, *Bonis artibus instructus.* Cathol. Vide supra *Articus.*

¶ **ARTIGA**, Modus agri, ut videtur, ac fortassis montuosi, a Saxonico, astigan, Ascendere, scandere. Donatio Monasterii S. Genii facta Moisiacensi Cœnobio ann. 1059. inter Instrum. tom. 1. novæ Gall. Christ. pag. 137. col. 1 : *Finis autem hujus honoris ex altera palte de illa Artiga de orbo usque in illa gutta de vulpe.*

* Academ. Hisp. in Diction. *Artica*, vel *Artiga*, Incultus ager ad culturam redactus, recens proscissus, idem quod *Exartus.* Charta ann. 1150. ex Cod. reg. 5132. fol. 106. v° : *Et tenent bajuli ipsius honoris Artigas in ipsa Calm. ad fevum pro comite* (Barchinonensi.) Vide infra *Artigare* et *Artiquus.* Hinc eadem notione

¶ **ARTIGALIA**, Earumdem, opinor, originis et notionis, quarum *Artiga.* Fundatio Boni-fontis ann. 1136. inter Instrum tom. 1. novæ Gall. Christ. pag. 179. col. 1 : *Homines vero ruricolæ universi, qui infra hos eosdem terminos possessiunculas, atque Artigalia possidebant, fuerunt Calveth et frater ejus Forto, Martinus Raimunath. etc. qui omnes non solùm a fratribus, verum ab Episcopo requisiti donaverunt per manum ipsius quidquid suum fuit infra universos terminos istos supradictos, tam in silvis, quam in agris, nihil penitus retinentes.* Ibid. paulo post : *Infra istos vero terminos Raimundus Volen de Castello, et filii ejus et fratres, corrigiam unam possidebat, Martinus de Mezons duo Artigalia, Willelmus quoque de Mezons unum Artigale.*

1. **ARTIGARE.** Vide *Andigare.*

* 2. **ARTIGARE**, Interlucare silvas, dumeta succidere, in culturam redigere. Vide supra *Artiga.* Charta Philippi VI. ann. 1328. in Reg. 65. Chartoph. reg. ch. 217 : *Item quod ipsi homines et eorum singuli habent usum Artigandi in prædictis nemoribus, in locis ubi sunt rara nemora et arbores modici valoris. Ita quod de bladis quæ crescent in eis, nos vel gentes nostræ percipere debemus illam partem, quæ in illis partibus pro agrerio percipi consuevit.* Vide *Exartare* in *Exartus.*

¶ **ARTIGARUM.** Vide *Arigarum*, in *Andigare.*

* **ARTIGIA**, ut supra *Artiga*, Ager recens in culturam redactus. Reg. Cam. Comput. Paris. sign. JJ. rub. ad ann. 1273. fol. 7. v° : *Galhardus de Rupe domicellus. . . . tenet a dicto domino rege quicquid habet in parrochia de Quinssac, excepto prato et Artigia.*

ARTIGRAPHUS. Vide *Ars* 2.

ARTILHERIA, ut *Artillaria* 2. Vide in hac voce.

* 1. **ARTILIARIA**, Officina, ubi ars exercetur; nostris *Attelier*. Stat. Taurini ann. 1360. cap. 326. ex Cod. reg. 4622. A: *Quod eligantur duo legales homines, qui vadant cum officiali ad visitandum omnes Artiliarias exercentes artem pannorum.*

* 2. **ARTILIARIA**, Machinæ quævis bellicæ, ut *Artillaria* 2. Stephanus de Infestura de bello inter Sixtum IV. PP. et Reg. Ferdinand. ann. 1482. ex Cod. MS. S. Germ. Prat.: *Tres bombardæ grossæ cum infinitis cerobatanis et cum aliis Artiliariis et instrumentis, de quibus erant onerati innumerabiles carri.*

¶ 1. **ARTILLARIA**, Quævis suppellex domestica, Gall. *Meubles, Utensiles, Attirail.* Testamentum Johannis de Talaru in Maceriis Insulæ Barbaræ tom. 2. pag. 672: *Item, sed et omnia vasa vinaria et Artillerias, ubicumque fuerint in domibus et castris dictæ sedis existentes semel dat et legat.* Apud Rymerum tom. 10. pag. 600: *Decem et octo discos argenti, duas duodenas cocliarium argenteorum, unum calicem argenteum, unum parvum tintinnabulum pro Missa, et duas fiolas argenti, et omnes alias Artillarias sibi competentes, etc.*

2. **ARTILLARIA**, [Artilleria, Artiliaria, Machinæ quævis bellicæ earumque omnium apparatus, plaustraque omni armorum genere onusta, quæ castra sequebantur, Gall. *Artillerie.*] Quid *Artilleriæ* vocabulo intellectum olim docemur ex Guill. *Guiart* ann. 1304. ubi de prælio ad Montem Puellarum:

Nul ne pense ore à lecherie,
Plusieurs vont à l'Artillerie,
Qui fus sans que ce trufle lise,
Pres des tentes le Roy assise.
Artillerie est le charroi,
Qui par Duc, par Comte, ou par Roy,
Ou par aucun Seigneur de terre,
Est chargié de quarriaus en guerre,
D'arbalestes, de dars, de lances,
Et de targes d'unes semblances,
De tiex harnois là prendre seulent,
Li desgarni qui prendre en veulent,
Cil qui les delivrent, en baillent
A ceus à qui tiex choses faillent.

[Charta ann. circiter 1423: *Plurimas expensas fecerit* (Massilia civitas) *tam in fortificatione murorum quam... in Artilheria et bombardis et similibus.* Instrum. ann. 1430. tom. 1. Hist. Dalph. pag. 64: *Nullo in castro Anthonis dimisso... magna quantitate victualium, Artilleriæ et tractus ibidem dimissa.* Apud Rymerum tom. 5. pag. 323. col. 2: *Et si ipse Dominus de Teubone poneret victualia et Artiliariam suam propria in dicto castro, etc.* Paulo post ibidem recurrit. *Machinæ bellicæ seu Artilleriæ*, in Actis SS. April. tom. 1. pag. 156.] Le Roman *du Chevalier au Barisel* MS.:

Avait fait son Chastel fermer,
Qui mout estait bien batilliés,
Si fort est et si bien Artilliés,
K'il ne cremoit ne Roi ne Comte.

Martialis *de Paris*, in Vigiliis Caroli VII:

S'il les monta et Artilla
Ce feu Roy selon son désir,
Et grandement les rabilla,
Car à cela prenait plaisir.

Vide Froissartem 2. vol. pag. 28. 30. etc. Monstreletum 1. vol. cap. 29. et Gloss. Meursii in ἀρτελαρία. [** In cod. Alphons. Lusit. lib. 4. tit. 63. referuntur in numerum rerum, quas in terram Saracenorum exportare Christianis non licuit *Artelharias*, *a saber, engenhos, bombardas, escallas, e outras quaesquer cousas necessarias, ou proveitosas pera feito de guerra.*]

* *Artillerie* præterea nostri vocabant quicquid machinis bellicis in hostem projiciebatur. Lit. remiss ann. 1358. in Reg. 86. Chartoph. reg. ch. 612: *Lesdiz complaignans.... getterent pierres, garroz et Arteillerie contre yceulx nos ennemis.* Item Arma, quæ quis induit, Gall. *Armeure*. Lit. remiss. ann. 1397. in Reg. 152. ch. 268: *Le suppliant. . . . comme leur ami et complice en icellui cas se feust armé comme eulx de haubergon, chappeline, gardebras, arc, Artillerie et autres armeures invasibles.*

☞ Vocis etymon arcessit Vossius lib. 3. de Vitiis sermonis cap. 1. a Latino *Arcualia*, quod olim arcus maximo essent in usu; verum probabilius deducit Menagius a Gallico *Artiller*; quod pro *Munire* usurparunt nostri: *Artiller* autem ab *Arte* derivatum.

* Vocis etymon, aliis originationibus repudiatis, deducit Carolus de Aquino in Lexico militari ab Italico *Artiglio*, quod est intorta et aspera avium rapacium et bellatricium ungula. [** Vide Murator. Antiq. Ital. med. ævi, vol. 2. pag. 1135. voce *Artiglio*.] Et quidem omnium, inquit, fere machinarum nomina ab animalium genere, cujusmodi sunt apud Veteres, *aries*, *equus*, etc. et apud nos *colubrina*, *serpentina*, sunt accersita. Certe longum est iter a voce *Ars* ad vocem *Artillaria*, brevius et explicatius ab *Artiglio*. [** Acta Sanctorum mensis April. tom. 1. fol. 159.]

ARTILLATOR, Machinarum, quas *Artilleries* dicimus, fabricator. Statutum Edwardi II. Regis Angl. de officio Senescalli Aquitaniæ, et Conestabilis Burdegalensis, in Regesto Aquitan. fol. 80: *Item ordinatum est, quod sit unus Artillator, qui faciat balistas, carellos, arcos, sagittas, lanceas, spiculas, et alia arma necessaria pro garnizionibus castrorum.*

* Unde nostris *Artilleur*. Liber 2. ordinat. super artif. Paris. ex Cam. Comput. fol. 120. v°: *Quiconque doresenavant vouldra estre Artilleur et user du mestier d'artillerie en la ville et banlieue de Paris; c'est assavoir faiseur d'arcs, de fleches, d'arbalestes, etc.*

¶ **ARTILLERUS**. Vide *Felgaria*.

* **ARTILLIATOR**, Qui et *Artilleriæ magister* nuncupatur, vulgo *Artilleur*, Hisp. *Artillero*. Reg. sign. *Noster* Cam. Comput. Paris fol. 411. v°: *Artilliator Lupparæ, per diem ij. sol.* Memor. D. ejusd. Cam. fol. 64. v°: *Jehan de Lyons, Artilleur du chastel du Louvre institué par le Roy, par lettres données xxvj. jour d'Avril* 1364. Infra fol. 66. r°: *Magister ingeniorum et Artilleriæ Lupparæ, etc.* Rursum fol. 182. r°: *Miletus de Lugduno, serviens armorum dom. regis, institutus magister Artilleriæ ipsius domini in castro Lupparæ, loco patris sui.* Memor. H. ad ann. 1415. fol. 58. r°; *Fremin de Monceaux, dit Antin, Artilleur de la bastide S. Antoine.*

* **ARTILLIATURA**, Officina, ubi *artillariæ* cuduntur. Reg. sign. *Noster* Cam. Comput. Paris. fol. 403. v°: *Duo operarii in Artilliatura Meleduni, unus per diem ij. sol. alter per diem xij. den.*

¶ **ARTILUS** Itineris, Iter facientibus paratæ insidiæ, Gall. *Embuches*. Vox ejusdem originis ac *Artillária* et *Artillator*. Galli dixere *Artilleux* et *Artillos* de insidiosis artificiosisque hominibus. Hinc Le Roman *de la Rose*:

Elle est hardie et Artilleuse
Et trop en ire studieuse.

Ibidem:

Je suis avec les orgueilleux,
Les usuriers, les Artilleux.

Rymer. tom. 11. pag. 322: *Vasta, impetitiones, ac omnimodos Artilos Itineris, destructiones, et transgressiones de viridi et venatione.* Vide *Artillaria*. 2.

* *Artilleux*, Callidus, versutus. Bestiarius MS.:

Li goupils est moult Artilleux,
Quant il est auques fameilleux

** **ARTIMONIUM**. Vide *Artemo*, 1.

ARTINUM. Will. Armoricus in Philippo Aug. ann. 1219: *Racemi demum collecti adeo usti erant, quod nihil aliud esse videbatur, quam Artinum torculari jam pressum.* Legendum puto *tartinum*, a *tarta*. Vide in hac voce.

¶ **ARTIO**, Equestris sellæ arcus, seu pars anterior, Gall. *Arçon*. Vita S. Odonis Abb. in Actis SS. Benedictinorum sæc. v. pag. 168: *Prædictum namque sacculum nec tunc pauperi reddidit, sed Artioni sellæ appendit.* [* Vide *Arctio*.]

* **ARTIPHISIUM**, pro *Artificium*. Vide supra in hac voce num. 7. Libert. S. Marcellini ann. 1343. tom. 9. Ordinat. reg. Franc. pag. 381. art. 11: *Quod dicti burgenses.... valeant apud dictam villam S. Marcellini, undecumque voluerint, aducere, vehi.... cum animalibus et sine quadrigis et aliis Artiphisiis sal et vina quæcumque, etc.*

* **ARTIQUUS**, Ager in culturam redactus, idem quod *Exartus*. Charta ann. 1341. in Reg. 80. Chartoph. reg. ch. 466: *Homines castri sive loci de Cabrayrolis. . . . ysarta quamplurima sive Artiquos inde fecerant, et terras ad culturas redegerant.* Vide supra *Artiga*; unde leg. forte *Artigus*.

¶ **ARTIPLICES** *humidam et frigidam virtutem habent, in cibo sumpti ventrem solvunt.* Papias MS. et Glossarium MS. Sangerman. n. 501. [** Ita etiam in cod. reg. 7644, sed legendum *Atriplices*.]

* **ARTIRE**, *Constringere*, in vet. Glossar. ex Cod. reg. 7641.

ARTISELLIUM. Fragmentum Petronii: *Decem partes dicit, librum ab oculo legit, threcium sibi de diariis fecit, Artisellium de suo paravit, et duas trullas.* Forte *Antisellium*. [** Alii leg. *Arcisellium*. Vide Forcellin. in hac voce.]

* **ARTISIENSES**, Atrebatensis moneta. Vide in *Moneta Baronum*.

* **ARTISIS**, *Artuum morbus*. Cath. pro *Arthritis*.

** **ARTISLATOR**. Grammaticæ artis auctores appellantur hoc nomine, ad analogiam vocis Legislator, ut videtur, efficto, a Grammatico Vaticano apud Maium. collect. forma octon. vol. 5. pag. 157. col. 1: *Nam cum omnes Artislatores præcipueque Cæsar, propter rationem metricam, etc.* Ibid. pag. 163: *Sane etiam hoc monemus, quod sint* aliqui *Artislatores*. Pag. 255 : *Hæc discretio a Plinio Secundo cunctis Artislatoribus supervacue visa est scribi*. Vid. pag. 260. Cl. Editor in textu distincte scribit *Artis lator*, in Præfatione conjunctim, neque magis constat de scribenda voce *Legislator*.

¶ 1. **ARTISTA**, Liberalium artium peritus. Vita S. Yvonis presb. tom. 4. Maii pag. 586. A : *Spoliis enim Ægyptiorum ditantur Hebræi, cum ea quæ apud Artistas inveniunt fideles, asportare student ad fidei defensionem, errorum destructionem, Scripturarum expositionem, eruditionem morum*.

¶ **Artista**, *Magister Artista*, Idem qui magister in artibus, Gall. *Maître ès arts*. Acta S. Stanislai Episc. Cracov. et Martyris lib. 3. tom. 2. Maii pag. 268 : *Petrus procurator Magistrorum Artistarum collegii de Igolomia, graviter et usque ad mortem infirmatus, postquam ad sanctum Stanislaum in Rupellam ire, Missamque de eo legi ordinare devovisset, continuo pristinæ redditus est sanitati*. Apud Lobinellum tom. 3. Hist. Paris. *Artista* est Auditor Philosophiæ. Vide in *Ars*. 2. [** Confer Savinium in Histor. jur. rom. med. temp. Locos vide apud eum in indice rerum.]

* 2. **ARTISTA**, Idem qui supra *Artilliator*. Memor. G. Cam. Comput. Paris. ad ann. 1409. fol. 126. v° : *Johannes Peschier, varletus cameræ et Artista domini ducis Bituricensis, institutus in officio Artistæ magistri garnisionum artilleriæ regis in castro Lupparæ*.

* **ARTITE**. Ingeniose. Vide in *Artitus*.

ARTITUS, πάντεχνος, δαίδαλος, in Glossar. Latin. Grec. [Festus habet : *Artitus*, *Bonis instructus artibus*. Hinc Papias in MS. Bituric. : *Artitus*, *Artibus edoctus*, et in MS. Montis S. Eligii Atrebat. : *Artitus*, *Bonis artibus instructus, ab Ars, artis, hinc Artite, ingeniose*.]

¶ **ARTIVUS**, *Græcorum ensis vel gladius*. Papias in MS. Bituric. Gloss. Sangerman. num. 501, tamquam ex Virgilio : *Arcium*, *Ensem Græcorum, gladium*. Vide *Arcavus*. [** Glossar. in cod. reg. 6744 : *Artivum ensem, Grecorum gladium*, ut ex Virgilio. Est apud eum Æneid. lib. 2. vers. 393 :

. . . Laterique Argivum accommodat ensem.]

ARTOCASEUS. Joan. de Gallandia in Synonymis :

Panis, Artocopus, pastillaque, liba, placenta,
Jungitur artocrea, simul Artocaseus istis.

Ubi Interpres : *Artocaseus, dicitur panis decoctus cum caseo et ovis*.

* Glossar. Lat. Gall. ex Cod. reg. 7692 : *Artocaseus, flaon*.

ARTOCOPA, **Artocopus**, [Quævis placenta, Gall. *Gateau*. Gloss. Lat. Gal. Sangerman. MS. : *Artocopus, pi, Eschaudez ou autre pain fait par labour*. Est ergo quivis dulciarius panis et arte laboratus. Hinc et ille azymus panis qui in Ecclesia Romana ad hostias Domino consecrandas conficitur, etiam Artocopus appellatur] apud Ugutionem : *Artocopus panis elaboratus ad opus Domini*. [Chartularium. S. Vincentii Cenoman. fol. 1 : *Hæc sunt caritates Artocoparum quæ redduntur in Natale Domini, in Pascha Domini, in festo B. Vincentii cum pane et vino, Episcopo quatuor, Cantori 1. Garino de Dusages 1. Hamelino de Marce 2. etc....* Quæ quidem aliquibus mutatis nominibus ibidem decies repetuntur.] [** *Artocopus, Panis pistus in oleo, Creffel*. Vocabul. Lat. Germ. ann. 1477. impress. Adel.]

¶ **ARTOCOPUS**, Dulciarius Pistor, qui conficit *artocopus*, Gall. *Patissier*, Papias MS. Bituric. : *Artocopus, panis operator, id est, pistor*, nam ἄρτος panis, κόπος labor Græce dicitur. Charta Reginaldi Episc. Carnot. ann. 1198. p. 1645. tom. 2. Tabularii Fontanellensis : *Testes hujus rei sunt hi, Magister Paganus Canonicus S. Andreæ, Hubertus Episcopi scriptor hujus Cartæ, Radulfus Artocopus Episcopi*.

ARTOCREAS, [et *Artocrea*.] Papiæ, *Panis carnem continens*; vulgo *tortella*, inquit Joannes de Janua. [Gloss. MS. Montis S. Eligii Atrebat. : *Artocrea. Quilibet cibus artificiose compositus... ex pane et pasta cum carne... vulgo tortella*.] Est præterea portio, ut vocant, Monachica, *quæ jure antiquo continere debebat quinque ova et caseum*, ut est in Chronico Trudonensi lib. 13. pag. 508. [tom. 2. Spicil. Acher. Charta Eberhardi pro Monasterio sancti Petri de Silva nigra, inter Vindemias Literarias Frederici *Schannat*, pag. 164 : *Ad tertiam vero positionem habere debebunt placntas, hoc est, fladones, qualiscumque occurrerit dies : si autem feria sexta non fuerit inordinata causa impediminis (quia in ipsa die abstinendum ab adipe) Artocreæ aut fladones in usus comedentium dentur honeste et abundanter*. Ubi *Artocreæ* et *fladones* ejusdem videntur notionis. Vide *Flantones*. Chartularium S. Vincentii Cenomanensis fol. 1. et seq. : *Hæc sunt Caritates Artocrearum in Natali Domini, in festo S. Vincentii et in Pascha quas debemus, Cantori 1. Hugoni de Rivelon apud Ardentes 1. etc.* Transactio inter Abbatem et Monachos Crassenses ann. 1351. ex libro viridi fol. 35 : *Tenetur dare dictus Abbas pro Artocreis sive pastillis faciendis pastam necessariam de frumento, etc.*]

** **ARTOGONUS**. Vide *Artagamis*.

¶ **ARTOICHUM** *vel Pannonium, est oleum rubrum ex radicibus herbarum cum pane in fimo equino digestis expressum*. Rochus *le Baillif* in Diction. Spagyrico.

ARTONA. Vita S. Severi Abbatis Agath. c. 11. de pane *paximaito*, in modum eulogiæ transmisso, et cruce signato : *Hujus plane crucis Artonæ comestio non puto vacare mysterio*. Ubi Editor *Artonam*, paniciam interpretatur, ab ἄρτος, panis.

¶ **ARTOTYRA**, *id est, Formajada dicta ab artos quod est panis, et tyrus, caseus*. Ita Glossar. sæculi XIII. S. Andreæ Andaonensis.

ARTOTYRITÆ, Heretici in Galatia, sic dicti, quod panem et caseum offerant in sacrificiis. Philastr. et Papias.

ARTOX. Papiæ, *malus reus*. Forte *atrox, malus, reus*. [*Artox* etiam legitur in cod MS. Bituric.]

¶ **ARTRACTATIO**, pro *Altercatio*, Contentio, Lis, Gall. *Contestation, Altercation*, Controversia Archiepiscopum Turonensem inter et Dolensem Episcopum, apud Marten. tom. 1. Ampliss. Collect. col. 79 : *Ne igitur Turonensis Ecclesia et Dolensis hujusmodi Artractationibus amplius fatigentur, per præsentia tibi scripta mandamus, etc.*

* **ARTRIGA**, in Charta ann. 1114. Append. ad Marcam Hispan. col. 1242. pro *Artiga*. Vide supra in hac voce.

* **ARTUARE**, Membratim lacerare, dividere. Gloss. Lat. Gr. *Artuo*, διαρθρόω. *Artuare, Desmembrer*, in Glossar. Lat. Gall. ex Cod. reg. 7692. Utitur Jul. Firm. lib 6. cap. 30.

ARTUATIM, *Membratim*, in Gloss. Isid. *Artuatim concisus*, apud Jul. Firmicum lib. 8. cap. 8. *Artuatim obtritus*, apud Saxonem Grammat. lib. 13.

* **ARTUIT**, Vox vulgaris, ab ἄρτος, Panis, convivium, prandium. Charta ann. 1346. in Reg. 81. Chartoph. reg. ch. 530 : *Item pro quodam deverio,... vocato Artuit, seu comestione, quam anno quolibet tenetur facere domino senescallo, nomine domini nostri regis, pro octuaginta arpenta* (sic) *terrarum incultarum situatarum in dicto loco de Cossano*. Vide *Comestiones*.

* **ARTUM**. Codex Colbert. sign. 2573. ubi de Romana computat. quæ digitorum flexibus fit : *Prima digitorum trium in læva ab extremo inflexio in medio palmæ, Artum dicitur*.

ARTURIA Terra. Vide *Araturia*.

ARTURUM Exspectare, Proverbium apud Anglos, quorum credula adeo fuit olim fides, ut Arturum Regem denuo regnaturum persuasum haberent. Guillelmus Neubrigensis in Proœmio ad Historiam : *Sive etiam gratia placendi Britonibus, quorum plurimi tam bruti esse feruntur, ut adhuc Arturum, tanquam venturum exspectare dicantur, eumque mortuum nec audire patiantur*. Petrus Blesensis Epistola 57 :

Quibus si credideris,
Exspectare poteris
Arturum cum Britonibus.

Nicolaus de Braia in Ludovico VIII :

Hic Brito præsumens Arturum vivere Regem, etc.

Josephus Iscanus de Excidio Trojano :

Sic Britonum ridenda fides et credulus error,
Arturum Exspectant Exspectabuntque perenne.

Vide Harmannum Monachum de Miraculis S. Mariæ Laudun. lib. 2. cap. 16. [** Henric. Septimell. in Poet. med. ævi Leyseri pag. 460 :

Et prius Arturus veniet vetus ille Britannus.

Ibid. pag. 477 :

Cujus in Arturi tempore fructus erit.

Vide Grimmii Mythol. German. pag. 540.]

** **ARTUS**, pro *Arctus*, uti *Artare* etc. Ruodlieb, fragm. 1. vers. 27 :

Pendet et a niveo sibimet gripis ungula collo,
Uugula non tota, medii cubiti modo longa,
Quæ post ad latum vel prædecoratur ad Artum
Obryzo mundo, cervino cinctaque loro,
Non ut nix alba, tamen ut translucida gemma,
Quam dum perflabat, tuba quam melius reboabat.

Ibid. fragm. 3. vers. 439 :

Uude potes facile me verbum tale docere....
Nemo mihi rapit id, inimicaturve nec odit,
Propter id et latro me non occidet in Arto.

Ubi doctissimus editor interpretatur Angustiæ, fauces. Vide *Arta*.

Melberi Vocabul. : *Artus, eng, Arta est via ad patriam*. Versus memor. in Gemma Gemmar. :

Hic locus est Artus, per quem nullus meat artus.

** **ARTZIBURIUM**. Armeniorum jejunium. Vide Gloss. med. Græcit. col. 126.

1. **ARVA**, femin. gen. Ager, interdum regio, provincia. Gloss. Gr. Lat. : Χώρα, *Arvum, regio*. Chronicon Novalicense lib. 1. cap. 30 : *Erat præterea in Arva Francorum Mona-*

sterium quoddam ditissimum in honore S. Medardi Confessoris fundatum, etc. Vetus Charta anno 7. Rodulfi Regis Burgundiæ exarata, ex Tabulario Ecclesiæ Gratianopolitanæ : *Prædicta cespis sita est in pago Gratianopolis, in agro Salmoriacense, in villa Cotonaco, et cingitur undique ex eadem Arva infra hanc definitionem, etc.* [** Vita antiquiss. S. Galli apud Pertz. Monum. Histor. vol. 2. pag. 18. lin. 11 : *Virtutes etenim Christi ibi factæ, quamvis non possint humana lingua comprehendi; tamen per multa spatia Arvarum ad laudem Christi resonant.* Nævius et Pacuvius hac voce fem. gen. usi sunt. Vide Forcellin. in *Arvum.*]

* 2. **ARVA**, Ager, seu locus incultus et ædificio aptus, idem quod *Area* 1. Charta Hugonis comit. Trec. ann. 1114. ex Tabul. Dervensi : *Ibi etiam apud Barrum partem terræ, quæ vulgo Arva dicitur, causa ædificandæ domus eisdem fratribus donavi. Arve*, eodem significatu, in Charta ann. 1326. in Hist. Sabol. pag. 249 : *La ruissellée, qui est entre nos vignes de Rousées et l'Arve Thomassin Geelin.* At vero unde sit vox *Arvale*, quæ malum propositum sonare videtur, haud satis scio. Vitæ Patrum MSS. :

Et si s'en vient moult liément,
Saus maltalent et sans Arvale.

ARVAS, Papiæ, *Demens.* [** Glossar. cod. reg. 7644 : *Arvas, Demones.*]

* **ARUCARE**, *Elimer*, in Glossar. Lat. ann. 1352. ex Cod. reg. 4120.

ARVERIUM. Charta Joannis Comitis Augi pro Abb. Ulterioris portus anno 1149. ex Tabulario ejusdem Monasterii : *Famuli vero Abbatis et Monachorum, qui sunt de pane et cibo eorum in Curia S. Michaëlis simili modo, sola manu se purgabunt, et justitia erit Abbatis, nec unquam pro Arverio vel sine testimonio alicui famulorum meorum respondebunt. In Fontibus autem et in Verleio,.... si quis aliquem percusserit, sanguinem et justitiam omnem Abbati et Monachis concedo, Arverium, et omnem occasionem condono, libertatemque omnibus hominibus.* Occurrunt eadem verba in Charta alia 1179. Henrici Augensium Comitis. [*Ar-wir* Britannis est verum æquum et justum, unde forte dictum fuit *Arverium.*]

¶ 1. **ARUGO**, *Color quidam sicut pedes accipitris.* Papias MS. Ecclesiæ Bituric. Vide *Aurugo.*

* 2. **ARUGO**, *Bahen.* Glossar. Lat. Gall. ex Cod. reg. 7692.

* **ARVICOLA**, Agricola, qui arva colit. Charta Sancii comit. pro fundat. S. Severi in Vasconia : *Ad ultimum trado castrum Palestrion, cum omnibus appenditiis suis,... cum omnibus militibus seu Arvicolis.*

** **ARVINA**, Adeps. Charta Margaritæ et Guidon. comit. Flandr. ann. 1252. apud Lappenb. in Orig. Hanseat. Document. pag. 58 : *Pisa Arvine unum denarium.* Alia ann. 1357. ibid. pag. 440 : *De tonello Arvine, quod dicitur Schmolt.*

ARVINARE, Gloss. Lat. Gall. *Arumatus, Encraissié.* Leg. *Arvinatus, impinguatus*, utapud Joan. de Janua ab *Arvina*, pinguedo. Græcismus :

Intus adeps, Arvina foris, pinguedo quæ quævis.

** Arvinatus, *impinguatus, Arvinosus, pinguis*, in Gemma Gemmar.

* **ARVINOSITAS**, *Planté de graisse*, in Vocabul. compend.

¶ **ARVINULA**, *Parva Arvina*, Johanni de Janua. Gloss. Isid. *Arvinulis, Adipibus;* est autem *Arvina* Suetonio libro de Vitiis corporalibus, *Pingue durum inter cutem et viscus.*

¶ **ARVIPENDIUM**, Arvipennium. Vide *Aripennis.*

1. **ARULA**, Craticula in Gloss. Isid. Papiæ, est *patella carbonum, craticula, vel vas æneum quadrangulum, in quo ignis ardet, vel in quo prunæ, vel carbones asportantur.* Gloss. Ælfrici : *Arula, vel Batilla*, fyrpanne. Scholiastes Aristoph. ad Acharn. ἐσχάραν, τὴν νῦν καλουμένην ἀρούλαν. Ita *Arulam* vertit Interpres Græcus Exodi cap. 27. et 38. et Hierem. cap. 38. Ordericus Vitalis lib. 6. pag. 622 : *Librum quoque* (S. Ebrulfi) *et Arulam argento coopertam, et cambutam, atque cinctorium, etc.*

¶ 2. **ARULA**, Parva Ara, Altaris mensa, apud Mabill. tom. 3. Annal. Benedict. pag. 651. ubi de S. Hilario Carcassensi Episcopo : *Levata B. Pontificis membra e loculo reposita sunt post altaris Arulam in saxea arca.* [** Glossar. Lat. Græc. *Arula*, βωμίσκος. Vide Forcellin.]

** **ARULLA**, *ein kern gestel im Apfel oder grübs.* Vocabul. Lat. Germ. ann. 1477. impressum. adel. (Volva pomorum. Gall. *Trognon de pomme.*) Apud Martinium *Granum mali*, ex Gemma Gemmarum.

¶ **ARULATOR**, idem atque *Arilator* seu *Ariolator*, quæ videsis in voce *Cociones.*

ARUM, apud Occitanos, Territorium, forte pro *Arvum.* Tabular. Ecclesiæ Cadurcensis : *Breve divisionale, in ipso Aro, de ipsa villa quæ dicitur Roca.* Infra : *Cedo vobis vinea mea, quæ est in Aro de Cassanoles.* Tabularium Conchense in Ruthenis Ch. 9 : *Et alia condamina, quæ est in Aro Sagni : similiter in ipso aice, in villa Planiolas, casa dominicaria.* Ch. 11 : *Vel quantumcunque in ipso Aro visus sum habere.* Infra : *Similiter in pago Arvernico, in Aro quæ vocatur Rocolas.* Sic non semel feminini generis ibidem vox effertur. Ch. 35 : *Et ipsa res in pago Rotinico, in ministerio condadense, in Aro de Garzaguas, etc.* Ch. 127 : *In Vicaria Serniacense, in Aro, quæ vocatur, etc.* Vide *Arva.*

ARUMARE, *Rumorem afferre*, Papiæ. Perperam *Arvinare* Editum. [- Vide *Adrumare.*]

* **ARUMATUS**, pro *Arvinatus*, Pinguis, ob nimiam pinguedinem deformis. Opuscul. Gualvanei de la Flamma apud Murator. tom. 12. Script. Ital. col. 1009 : *Ille Papa Johannes fuit corpore parvus et siccus; iste* (Benedictus XII) *fuit magnus, et collo et omnibus membris Arumatus, ita quod horribilis fuit ejus aspectus.* Vide *Arvinare.*

ARUMPERE, [pro *Abrumpere*, in Scriptoribus inferioris ævi et Diplomatibus passim occurrit.] Vide *Rumpere.*

ARUNCALIS, [Ager incultus.] Vide *Runcalis.*

¶ **ARUNCARE**, *Evertere, eradicare.* Papias MS Ecclesiæ Bituric.

* **ARUNCETORIUM**, Ager incultus. Charta Alex. III. PP. pro monast. S. Laurent. de Valle-Alneti ann. 1164 : *Assignavit.... apud Manantortam unum Aruncetorium.... ad pasturam bestiarum.*

¶ **ARUNDINETUM**, Arundo. Acta SS. April. tom. 2 pag. 491. de S. Landrico Episc. Metensi : *Ecce Angelus Domini apparuit ei in visu, jussitque ei ut pergeret in municipium quod vocatur Altusmons, supra fluvium Sambræ, construeretque ibi Ecclesiam in honore S. Petri Apostolorum Principis, demonstravitque ei locum in ipsa visione, exposuitque modum basilicæ Arundineto, quod manugestare videbatur.* Alias *Arundinetum* est locus ubi crescunt Arundines.

ARUNDO, Canalis, aqualicus. Marcwardus Abbas Fuldensis : *Videns etiam, quia fons aquæductus antiquitate et vetustate defecisset,... habiles canales adaptavi, et per plumbes Arundines meatum fontis constantissime reparari feci.*

* *Arundinem* ea ratione vocabant tubum, quo sanguinem Christi sumere solebant. Charta Reginberti episc. Brixin. ann. 1140. inter Probat. tom. 2. Annal. Præmonstr. col. 688 : *Duas ampullas argenteas et Arundinem, vasa sacri chrismatis, etc.*

* 2. **ARUNDO**, *Scripturam significat, quæ eadem sic scribitur; sicut sonus vocis, lingua.* Glossar. vet. ex Cod. reg. 7613.

¶ **ARVOLDIA.** Vide *Arnaldia.*

¶ **ARVOUTUS**, Erisma, Anteris, Gall. *Arc-boutant.* Liber MS. anniversariorum Monasterii Solemniacensis : *Anniversarium Petri de Saunhac Militis, qui est sepultus inter Arvoutum qui est ad portam cimeterii B. Mariæ, et altare B. Elegii in prima tumba juxta parietem Monasterii a parte dicti Arvouti, etc.* Hic autem *Arvoutus* pro *Arboutus*, Lemovicibus *Arvout et Arbout* : nostris *Arcboutant.*

* Charta Dalphinalis ann. 1390 : *Quæ bialeria dictorum molendinorum incipit et durat recipiendo aquam molendinorum domini Francisci de Altovilaris militis de Arvout vinteni villæ Allavardi; quod Arvout est de subtus molendina dicti domini Francisci de Altovilaris, etc.* Alia rursum ann. 1445 : *Quæ bialeria dictorum molendinorum oritur et recipit aquam molendinorum nobilis Francisci de Altovilaris in Arvoto vinteni villæ Allavardi, foris posterlam alborum.* Hinc *Arvau*, pro *Arnan*, fornix, Gall. *Arcade, voute*, legendum existimo in Lit. remiss. ann. 1451. ex Reg. 185. Chartoph. reg. ch. 236 : *Lequel Augustin se mussa soubz ung arc et Arnan, qui est entre ledit hostel et l'eglise de l'abbaye.*

1. **ARURA**, Ager satus, segetes ipsæ. Gloss. Lat. Gr. *Arva*, ἄρουρα, γῆ, χώρα. Beda de Ortographia : ἄρουρα, *Arva.* Glossæ aliæ : *Segetes*, σποριά. Rursum : *Seges*, ἄρουρα καὶ λήϊον. Hesychius : Ἄρουρα, ἡ γῆ, ἀπὸ τοῦ ἀροῦσθαι. Ἐπὶ τὸ πολὺ δὲ, ἡ σπορία. Glossæ aliæ MSS. Ἄρουρα, ἡ πρὸς σπορὰν ἐπιτήδεια γῆ. Heliodor. lib. 2. Æthiopic. de Nilo : τῇ παρόδῳ γεωργεῖ τὰς ἀρούρας. Menologium Græcor. 11. Januar. εἰργάζετο μικρὰς ἀρούρας ἐν τῇ νάπῃ. Marcellus Empiricus cap. 8 : *Lacertas pessimas, quæ in segetibus morantur, quas Græci Aruras vocant, comburito.* Porro auctor est Strabo lib. 18. Ægyptum olim divisam in Præfecturas, quæ rursum in Toparchias : easque in portiones alias, quarum minimæ ἀρούραι erant, distributas : quod etiam attigit Orus Appollo lib. 1. cap. 5. qui ἄρουραν, μέτρον γῆς, seu modum agri fuisse ait. Atque de his *Aruris* intelligendus

Evagrius interpres Vitæ S. Antonii c. 1 : *Aruræ autem erant ei* 300. *uberes et valde opimæ*. Ubi Græcum retinuit, quod sic se habet : ἄρουραι δὲ ἦσαν τριακόσιαι εὔφοροι καὶ πάνυ καλαί. Aruram pedibus 50. constitisse, auctor est Suidas. Vide Glossar. med. Græcitat.

☞ Hujus vocis etymon videtur Hebraicum ארך, *Arar* maledixit : ארורה, *Arura*, Maledicta : sic autem dicta terra est, quia post peccatum Protoparentis fuit a Deo maledicta.

2. **ARURA**, Aratio. Velius Longus de Ortographia : *Filix, quam ita credo dictam, quod sit minus felix Aruræ*. Fleta lib. 2. cap. 73. § 1. de officio Baillivi Manerii : *Deinde campos, boscos, prata, pasturasque ambiat, et aspiciat, ne inde damna fiant in Aruris*. §. 2. *In initio igitur temporis seminandi et rebinandi conjunctim sint cum carucis Ballivus, Præpositus et Messor per totam dietam, donec Aruras suas legitime compleverint, etc*. Cap. 82. § 2 : *Una acra pro frumento trinam exigit Aruram*. Adde Bractonum lib. 2. c. 16. Charta Ricardi Regis Angliæ in Monastic. Anglic. tom. 1. pag. 855 : *Ex domo Joannis de Ponton* 20. *acras terræ*. *et* 2. *toftos . . . cum pastura ad* 100. *oves, et ad tot Aruras, quibus eadem terra coli posset*. [Chartular. SS. Trinitatis Cadomensis fol. 50. ex Bibliotheca D. Abbatis de *Rotelin* : *Hernaldus pro una cotselda, sicut alius cotseldus, et Aruras et messuagium sicut alii*. Thomas *Blount* in Nomolexico : *Hoc scriptum factum apud Sutton Courtenay* 20. *die Dec*. 4. *Edw. III. inter dominum Hugonem de Courtenay ex parte una et Ric. de Stanlake et Johannam uxorem ejus ex altera, testatur, quod idem dominus Hugo in excambium.. remisit... eidem Ricardo et Johannæ omnimoda opera viz. Arruras, messionos, et cariagia, et alia quæcumque opera*.] Ita *Airure*, in Consuetud. Normanniæ art. 119 : *Il doit payer les Airures, laburs, et semence, à celui, etc*. Adde art. 483. *Bœufs d'Arée*, Boves aratorii, in Consuetud. Santonensi art. 16.

¶ **ARWERNUS**, Aper. Lex Salica tit. 36. n. 6 : *Si quis aprum, quem alieni canes moverunt et alassaverunt, occiderit vel furaverit, Malb. Arwernon* DC. *den. qui faciunt solidos* XV. *culpabilis judicetur*. Composita vox ex Germano, uti videre potes apud Eccardum in hanc legem.

¶ **ARVUS**, pro *Arvum*, in Statutis Arelat. MSS. art. 134 : *Arvi de condomina Abbatissæ et de quolibet alio loco existentes in viam publicam putentur quolibet anno*.

ARVUS Campus, quomodo *Arvus ager*, apud Plautum Trucul. Aratus. L. Rothar. Reg. Longobard. tit. 108 [** 363.] : *In octogild ipsum caballum componat, pro eo quod ipsos* (caballos) *de Arvo campo, quod est fonsaccar, movere præsumpserit*. [** Hic vero Pascuus.]

1. **ARX**, [vel Arce, pro *Archivum*.] Vide *Arce*. 2.

¶ 2. **ARX**, Copiæ, vires, exercitus. Vide *Atemptorium*.

* **ARZELLA**, Italis *Arsella*, est Conchæ marinæ species. Testam. Matth. Calbani ann. 1197. apud Hier. Zanettum in Dissert. de Orig. et antiquit. monetæ Venet. : *Lego Stanæ ancillæ meæ culcitram unam, . . . unam catenam et unam Arzellam*.

* **ARZENARE**, Aggerem construere. Annal. vett. Mutin. ad ann. 1264. apud Murator. tom. 11. Script. Ital. col. 66 : *Eodem anno cavata et Arzenata fuit Grisaga*.

¶ 1. **ARZER**, Agger, moles, Hispanis *Arzan*, Gall. *Chaussée, Levée*. Rolandinus Patavinus de factis in Marchia Tarvisina lib. 3. cap. 7. apud Murat. tom. 8. col. 204 : *In his temporibus, non multum ante, dum D. Marinus Dandalus de Venetiis esset Potestas Tarvisii, equitando die quadam per Arzerem, eundo de Tarvisio ad Mestre, lancea fixus a quodam cecidit mortuus*.

* 2. **ARZER**, f. Ignis, focus, lignatio, ab Ital. *Arzere*, comburere. Charta ann. 1200. apud Murator. tom. 4. Antiq. Ital. med. ævi col. 373 : *Item commune Ferrariæ debet habere plenam jurisdictionem. . . . in omnibus illis personis, ... in fodro et Arzere ac hoste et collecta, et omnibus servitiis, sicut ceteri*.

* **ARZO**, Arculus, Gall. *Arceau*. Constit. Federici reg. Sicil. cap. 92 : *Item quod nulla domina sive mulier, cujuscumque conditionis existat, audeat portare in equitatura, quam equitaverit, sambucam in qua sit aurum, . . . excepto quod in Arzonibus sambucarum ipsarum posset poni aurum, etc*.

* **ARZONUS**, Equestris sellæ arcus, Hispan. *Arzon*, Gall. *Arçon*. Guido de Vigev. MS. de modo acquirendi T. S. cap 9 : *Et in Arzono sellæ anteriori sit unum foramen, ut homo possit se tenere manibus*. Occurrit præterea in Stat. civit. Astæ, ubi de intrat. portar. cap. 13.

¶ 1. **AS**, αὐτὰς, Eas. Supplem. Antiquarii. [** In Gloss. Lat. Græc. est αὐτάρ, et in Græc. Lat. Αὐτάρ, *Ast*. Fortasse tamen legendum *Has*, αὐτας, cum ibidem præcedat αὗται, *Hæ*, et nihil frequentius sit in Gloss. omissione elementi H.]

* ¶ 2. **AS**, *Fortitudo vel firmitas*. Papias MS. Ecclesiæ Bituricensis. Ubi *As* videtur pro *Ars*, quod iterum pro *Arx*, Gall. *Forteresse*.

* 1. **ASA**, An idem quod supra *Arva* 2. Ager incultus vel locus ædificio aptus, vel quod *Asia* 2. infra? Charta ann. 1184. in Acces. ad Hist. Cassin. part. 1. pag. 266. col. 2 : *Convenimus præterea quod nullos ex hominibus terræ S. Petri cogemus accipere contra voluntatem eorum Asas de terra nostra, . . . et nihil amplius exigemus ab eis, qui accipiunt ipsas Asas, nisi tres operas per tres dies, duas ad arandum et unam ad metendum*. Vide *Assa* 1.

* 2. **ASA**, Cinis, Gall. *Cendre*, a Flandr. *As, Asse*, eadem notione. Teloneum S. Bertini : *Omnis tonellus sive vini, sive cervisiæ, sive Asæ, sive cineris. . . . . dabit ij. den*.

ASACIUM, [Indiculus pretiorum rebus venalibus statutorum.] Contract. Datiorum Bergom. lib. 8. c. 14 : *Item quod Asacium, seu Calmodrium fiat secundum formam Statutorum, etc*... [Ubi *Asacium*, Idem est quod *Calmedrium*, seu *Calmerium*, quod vide suo loco.] [** Idem quod

* **ASAGIUM**, Degustatio, Gall. *Essai*, Ital. *Assaggio*. Inventar. MS. thesauri Sedis Apost. sub Bonif. VIII. PP. ann. 1295 : *Item unum napum de auro ad faciendum Asagium*. Vide in *Assa* 1. et *Assaia*.

¶ **ASALESAZ**, *Major Præpositus in lege*. Papias MS.] [* *Asaselaz* habet Codex reg. 7613.] [** Vide *Stolizaz*.]

¶ **ASAMMUM**. Vide *Bisamum*.

¶ **ASAPHARUM** *est impetigo et serpigo*, apud Rochum *le Baillif* in Dictionario Spagyrico. [* Leg. *Asaphatum*, ut monuit D. *Falconet*. Vide de hac voce aliisque ejusdem generis Lex. medic. Castelli a J. P. Brunone auctum.]

* **ASAQUERIUS**, Aquarius, ut mihi auctor est vir idiomatis Prov. peritus. Invent. ann. 1320. ex Tabul. Massil. : *Item duos dollaires, quorum unus est Asaquarius, alter vinaguerius*. Ubi forte leg. *Adaquarius*.

* **ASASELAZ**. Vide supra *Asalesaz*.

* **ASAXONARE**, Formare, Gall. *Façonner*. Stat. Vercell. lib. 4. pag. 72. v°. : *Teneatur* (fornarius) *panem bona fide coquere et Asaxonare*. Vide infra *Assaxonare*.

* **ASBERGUS**, *Gistum*, procuratio, obligatio hospitandi milites; vel pecunia, quæ ea de causa exigitur, idem quod *Alberga*. Stat. Pistor. ann. 1107. apud Murator. tom. 4. Antiq. Ital. med. ævi col. 544. § 52 : *Statuimus, ut potestas et consules de cetero non imponant datium in civitate, nec in districtu Pistoriensi, nec præstantiam, nec Asbergum, nec ronthinum* (l. ronchinum) *nec equos*. Et § 153. col. 564 : *Item non tollam nec tolli faciam, nec imponam, nec imponi faciam Asbergum vel panthieram, nec aliquid loco eorum, ad dandum militibus alicui personæ de civitate Pistoria et burgis, qui non videantur mihi, ut bene possit dare*. [** Vide Forcellin. voce *Asbestos*.]

¶ **ASBESTON**, Arcadiæ lapis, *qui semel accensus nunquam extinguitur*. Gloss. Anicienses MSS. Græcis ἄσβεστος, inextinctus, [** Vide Forcellin. voce *Asbestos*.]

* Ad vocis etymon intenti Glossatores rem ipsam neglexerunt; male ergo, *accensus numquam extinguitur*, cum ardeat quidem, sed igne nequaquam absumatur.

¶ **ASBOTARE**, Asboutare, non semel occurrunt pro *Abutare*, Terminari, Gall. *Aboutir*, in Chartulario S. Vandregesili, præsertim tom. 1. pag. 1019. 1020. etc.

¶ **ASBUTARE**, Eadem notione in Charta anni 1276. ex Archivo B. Mariæ de Bono Nuncio Rotomagensi.

* **ASCALARE**, Scalis admotis invadere, Ital. *Scalare*, Gall. *Escalader*. Annal. Placent. apud Murator. tom. 20. Script. Ital. col. 876 : *Anno Domini* 1439. *die* 16. *Novembris.... Veronam civitatem munitissimam Ascalaverunt per cittadellam*. Nostris *Acheler*, eadem notione, in Lit. remiss. ann. 1363. ex Reg. 95. Chartoph. reg. ch. 115 : *Lequel chevalier eust Achelé de nuit et pris le chastel, ville et forteresse de Wignory*. Vide infra *Eschalare*.

ASCALONIÆ, quæ *cœpæ Ascaloniæ* Plinio lib. 19. cap. 6. et Apicio lib. 4. cap. 2. nostris inde *Eschalottes*. Adalardus in Statutis Corbeïensis Monasterii lib. 2. cap. 1 : *Ascaloniæ quoque, allia, cepe, etc. Eschaloingnes*, in Regesto peagiorum Parisiensium. Will. *Guiart*. MS. ann. 1213 :

Jaçoit ce que ge vous esloigne,
N'aurés perte d'une Eschaloingne.

Ascalonicæ, in Capitulari de Villis cap. 70.

Scalongia, Eadem notione. Matth. Silvaticus : *Cepitia*, id est, *Scalongia*, *caputia*.

1. **ASCELLA**, Ascilla, Assellia, Axella. Axilla, [Tullio,] nostris *Aisselle*.

Ascella. Isidorus lib. 11. et ex eo Papias : *Ascella locus sub brachio ; dicta quia ab eis Ascellis brachia cillentur, id est, moventur.* Gloss. Ælfrici : *Ascella vel subhircus.* Alexander Iatrosophist. lib. 1. Passion. ubi de Melancholicis : *Aliqui suspicantur, se esse vas fictile, quoque alii gallum, ut et imitentur cum ad cantandum, et etiam Ascellas percutiunt.* [Charta Communiæ Rotomag. apud D. de *Lauriere* tom. 1. Ordinat. Reg. pag. 308 : *Si femina convincatur esse litigiosa et maledica, alligabitur fune subtus Ascellas et ter in aquam projicietur.*] Utuntur passim Scriptores, Interpres Biblior. non semel, Marcellus Empiricus cap. 18. Gregorius Turon. lib. 5. Hist. cap. 31. lib. 7. cap. 29. Odo Cluniacens. lib. 2. de Miracul. S. Martini c. 9. Theodericus de Miraculis S. Celsi Episc. Trevirensis cap. 1. Baldricus lib. 1. Chron. Camerac. cap. 11. Goscelinus lib. de Miracul. S. Augustini Cantuar. cap. 1. Auctor Vitæ S. Lupicini Abbat. Jurensis n. 2. Cæsarius lib. 5. Miracul. cap. 8. Petrus Cellensis lib. 5. Epist. 25. Sugerius in Ludovico VI. cap. 18. Guibertus lib. 1. de Vita sua cap. 22. Constantinus African. lib. 3. de Morbor. curation. cap. 16. lib. 7. cap. 1. lib. 2. de Communib. locis Medic. cap. 12. Gesta consulum Andegavensium cap. 3. n. 23. Durandus lib. 3. Rational. cap. 11. etc.

Assellię, apud Michaëlem Scotum lib. de Physionomia cap. 2 : *Nascuntur* (pili) *in naribus nasi, in maxillis masculis, sub Asselliis. Asellæ*, cap. 4.

Axellæ, Papiæ, *Alæ, pilosa membra sub brachiis dicuntur,... quas quidam Axellas dicunt.*

Ascellata Vena, quæ et *Basilica* : nam vena, quæ in *Ascellas* vadit, se in quatuor venas dividit, quarum tertia in manum per armum secedit, eaque vocatur *Ascellata* et *Basilica*. Ita Constantinus African. lib. 2. Commun. loc. Med. cap. 12.

Ascellare, Furcula alaris, qua contracti innituntur ad *ascellas*, vulgo *Potence*. Aimoinus lib. 2. Miraculor. S. Germani Episc. Parisiensis cap. 2. de quodam contracto : *Cum ascellaribus venit ante sancti Patris sepulchrum.* Iso de Miraculis S. Othmari lib. 1. cap. 10 : *Duobus sustentaculis inter Ascellas suffultus.*

¶ Ascilla, μασχάλη, *Ala, Axilla*, in Supplemento Antiquarii.

2. **ASCELLA**, pro *Assella, Asserculus*, nostris *Aisselle*. Tabul. S. Remigii Remensis : *Donant de spelta modios 324.... de banno 27. den. da Ascellis 710. de scindulis 350. fœtam uno anno, etc.* Occurrit ibi pluries. Sugerius in Ludovico VI : *Accerrime dimicantes, scutis confractis, Ascellas, ostia, et quæque lignea sibi præponentes, portæ insistunt, etc.* Infra : *Vilissimam Ascellam sibi præferens, fronte nudo ascendens, ad sepem usque pervenit.*

* Olim etiam *Asseille* Lit. remiss. ann. 1370 in Reg. 100. Chartoph. reg. ch. 915 : *Unes heures couverte à Asseilles d'argent, etc.*

Axilia, idem quod *Ascella*. Census Eccl. Augustod. in Tabulario ejusd. Ecclesiæ : *Summa... perticarum circulorum 157. Scindularum 995. Axilium 987.* Occurrit ibi semel ac iterum.

Axila. Capitulare de Villis cap. 62 : *Quid de Axilis et alio materiamine, etc.* Occurrit etiam in veteri Charta in Vita Aldrici Episcopi Cenoman. num. 56.

3. **ASCELLA**, pro *Ala*, Gall. *Aile*. Gregorius Turonensis. lib. 2. Hist. cap. 16 : *Inante absidem rotundam habens, ab utroque latere Ascellas eleganti constructas opere, etc.* Frustra hoc loco *astellas* reponit Meursius : *Ascellæ* enim apud Gregorium sunt ædis sacræ latera interiora, quæ alii *alas* vocant. Vide in hac voce.

¶ 4. **ASCELLA**, Britanis *Askell*, Avis ala. Vet. Interpres Levit. 1. 17 : *Confringetque Ascellas ejus*, avis scilicet offerendæ. Vide locum Alexandri Iatrosophistæ laudatum in *Ascella* 1.

¶ **ASCELLULÆ**, Diminutivum *Ascellæ*, apud Papiam MS.

ASCEMARE. Contract. Datior. Bergom. lib. 8. cap. 14 : *Item quod non possit Ascemari, extrahi, vel diminui vinum de aliqua vegete.* Ital. *Scemare*, est diminuere. Vide *Semus*.

¶ **ASCENDENS**, Dicitur de signo Zodiaci cum supra horizontem evehitur. Rolandinus Patavinus de factis in Marchia Tarvisina lib. 5. cap. 21. apud Murat. tom. 8. col. 249 : *Et quia scivit quod antiqui magnates respiciebant Ascendens, cum volebant condere civitates, et faciebant ipsimet arvum cum aratro, quo circumdabant civitates, unde dictæ sunt urbes; incœpit et ipse designare hanc suam novam civitatem signo arietis Ascendente : tum quia signum est Martis qui dicitur Deus belli; tum quia erat Libræ Ascendenti contrarium in occasum quod est signum Veneris, qui planeta Parmæ dicitur, et esse fortuna ejus. Quasi per hoc forsitan cogitaret, quod Parmensium fortuna, quia oppositi erant ei, tenderet in occasum : in Astrologis namque et iis quæ subtilitatem Astrologicam imitantur, primum operanti, et septimum adversario datur. Sed puto quod non notavit quartum enim ab Ascendente fuisse Cancrum : quartum enim ædificia, domos et civitates designat, et sic civitas sub tali Ascendente incœpta cancrizare debebat.*

* Vide Lexicon mathemat. Hier. Vitalis.

1. **ASCENDERE**, Dicitur de animalium admissione. Stephanus Tornacensis Epist. 95 : *Imminent tempus Ascendendi, et balantes ovium voces rude matrimonium in proximo sibi coaptare festinant.*

¶ 2. **ASCENDERE**, Crescere, apud Ludewig. tom. 6. Reliq. MS. pag. 74.

3. **ASCENDERE ex Adverso**, Contradicere. S. Anselmus lib. 3. Epist. 10 : *Dicunt mihi, quia prohibeo Regem dare investituras,... nec Ascendo eis ex adverso.* Infra : *Non enim quod objiciunt de Clericis fieret, nisi investituræ, quibus ex adverso Ascendo, non fierent.* Ibidem : *Et in tantum ex adverso Ascendo.*

* 4. **ASCENDERE ad Plenum**, id est, Ad superiores sedes chori. Acta capit. eccl. Lugdun. ex Cam. Comput. Paris. ad ann. 1344. fol. 98. r°. col. 2 : *Dederunt licentiam et potestatem Regnaudo de Thureyo, canonico Lugdunensi subdiacono, quod possit in choro dictæ ecclesiæ Ascendere ad plenum et sedere; et committunt cantoribus, magistro et vicemagistro cuilibet ipsorum ut ipsum Ascendant.*

** 5. **ASCENDERE**, Ascendentem esse. Auctor Brachylogi lib. 2. tit. 34. cap. 2 : *Dimidiam partem habeant hi, qui per patrem Ascendunt, alteram dimidiam hi, qui per matrem Ascendunt, habeant.*

1. **ASCENSA**, Ascensio, festum Ascensionis Dominicæ. *Ascensa Domini*, in libro Sacramentorum S. Gregorii, in Regula Magistri cap. 28. in veteri Kalendario apud Allatium de Dominicis et Hebdom. Græcor. pag. 1490. etc. Vetus Pœnitentiale : *A Pascha usque in Albas, et in Ascensa Domini, et Pentecostem, etc.* Extat in Pontificali MS. Ecclesiæ Senonensis *Benedictio in Ascensa Domini*. Versus antiqui apud Sansovinum et Stringam in Venetia lib. 1. cap. 151 :

Si quis in Ascensa Domini cum venerit, illuc, etc.

Occurrit præterea in Hist. Translationis S. Launomari pag. 247. apud V. C. Joannem Mabillonium tom. 6. Vitar. SS. Ord. S. Benedicti. [et apud Guidonem lib. 1. Discipl. Farfensis cap. 8.]

¶ 2. **ASCENSA**, ut *Accensa*, de quo supra, Locatio, conductio, Gall. *Accensement*. Rymer. tom. 3. pag. 266. col. 1 : *Constantia nos requisierit, ut loco assignationis prædictæ, custumam salinæ nostræ... pro tanto pretio quanto eadem custuma unquam aliquo tempore ad plus Ascensata fuit per annum ; et id quod ultra Ascensam hujusmodi sibi defuerit de dictis trecentis libris sterlingorum, etc.*

* 3. **ASCENSA**, Conventio, pactum, Gall. *Abonnement*. Transact. inter episc. Claromont. et habitat. Laudosi ann. 1392. tom. 8. Ordinat. reg. Franc. pag. 205. art. 44 : *Racione et ex causa Ascensæ furnorum nostrorum dictæ villæ, qui nunc sunt et in futurum poterunt ædificari, solvent amplius et satisfacient singulis annis ex nunc perpetuis temporibus, in duobus terminis et solucionibus, summam triginta duarum librarum dictæ monetæ.*

¶ **ASCENSAMENTUM**, Locatio, conductio, apud Rymer. tom. 3. pag. 677 : *Omnibus qui. . . tenent aliquid per donum, per escambium, vel per venditionem, vel per emptionem, vel per Ascensamentum, vel alio simili modo, etc.* Charta Guigonis Comitis Forensis pro fundatione Eccl. Montis-Brisonis anno 1223. inter Instrum. tom. 4. novæ Gall. Christ. col. 28 : *Donavimus insuper dictis Canonicis sexaginta libras forenses in foro Montis Brisonis... et nos ad removendam omnem difficultatem nostram Lesdaricum in Ascensamento fori ad hæc distringimus, ut nisi dicta pecunia suis statutis diebus ab eodem solveretur, ipse dictis Canonicis... quinque solidos nomine pœnæ solvere teneatur.*

¶ **ASCENSARE**, Locare, ad *Ascensam* dare. Charta Guillelmi de Tociaco Episc. Autissiod. ann. 1175. qua testatur Milonem de Nanvigniis B. Mariæ de Rupibus *in elemosinam dedisse et vendidisse pro septuaginta libris Autissiodorensis monetæ, et Ascensasse pro 6. sol. . . quicquid habebant in Chaneio dominium et casamentum, etc.* Charta ann. 1299. apud Stephanotium tom. 3. Antiq. Pictav. MSS. pag. 902 : *Amodiavimus, Ascensavimus et affirmavimus, et ad amodiationem, censam seu firmam et ad emphiteo-*

sim perpetuam tradidimus... censale seu censam cum pertinentiis, etc. Vide *Accensare*.

* **ASCENSATIO**, Datio ad censum annuum, Gall. *Accensement*. Charta ann. 1235. in magno Pastor. Paris. fol. 404 : *Et dictus Robertus de me illam Ascensationem* (tenebat). Vide supra *Adcensire*.

* **ASCENSIO**. Vide infra *Festum Ascensionis*.

¶ **ASCENSIRE**, ut *Ascensare*. [* Vel potius ad censum dare, seu sub annua præstatione alienare. Vide supra *Adcensire*.] Charta Henrici Comitis Trecensium ann. 1190. apud D. *Brussel* de Feudorum usu tom. 1. pag. 191 : *Ego Henricus Trecensium Comes Palatinus notum facio præsentibus et futuris, quod tailliam Pruvini et totius castellariæ perpetuo Ascensivi sub annua pensione sexcentarum librarum.*

* **ASCENSIVA**, Præstatio annua ex *Ascensatione* persolvenda. Charta communiæ Nivern. concessa a Petro comit. Nivern. ann. 1194. in Reg. 34. bis. Chartoph. reg. fol. 46. v°. col. 2 : *Ascensiva autem ista singulis annis ad octabas Natalis Domini persolvetur.* Vide supra *Adcensivare*.

* **ASCENSIVUS**, Qui ad censum tenet, Gall. *Censier*. Charta ann. 1316. ex schedis Præs. *de Mazaugues : Si Ascensivi voluerint exire de censu, etc.*

¶ **ASCENSOR**, Adscensor, Qui ascendit generatim, peculiarius Eques. Hieronymus extremo lib. 1. contra Rufinum : *Ascensor montis Dominici*. Theodolphus lib. 2. Carm. 331. ad Christum :

Tu pius Adscensor, tuus et nos simus asellus,
Tecum nos capiat urbs veneranda Dei.

Agnel. lib. Pontif. apud Murat. tom. 2 pag. 186. col. 1. E : *Et qui antea Ascensores erant, postea pedestres effecti sunt.*

¶ **ASCENSORES**, Antecessores, Majores, Gall. *Les Ascendans*. Chartularium S. Vincentii Cenoman. fol. 81 : *Notum facimus, quod amore Dei... dedimus Ecclesiæ Beatæ Mariæ... cum omnibus pertinentiis suis, in ea integritate et plenitudine in qua Ascensores sui Presbyteri eam habuerunt.*

ASCENSORIUM, Gradus quo ascenditur. Gloss. Saxon. Ælfrici : *Ascensorium*, stægen, id est, gradus, scala, astigan, scandere. Wippo de Vita Chunradi Regis, de eodem Chunrado : *In brevi tantum proficiens, ut nemo dubitaret, post Caroli Magni tempora, aliquem sede digniorem non vixisse : unde extat proverbium : Sella Chunradi habet Ascensoria Caroli. De hoc proverbio quidam de nostris, etc.*

Chunradus Caroli premit Ascensoria Regis.

Petrus Blesensis serm. 24 : *Brevis est scala, non laboriosa, tribus tantum distincta Ascensoriis, etiam quodlibet Ascensorium trium est palmarum.* Richardus Hagulstad. : *In ipsis vero cochleis, et super ipsas Ascensoria ex lapide, etc.* Adde Galbertum in Vita Caroli Comitis Flandr. n. 102. [* Chron. Balduin. diac. apud Hugon. tom. 2. Monum. sacr. antiq. pag. 205 : *Attonitus* (puer) *currit ad aquam benedictam aspersoriam; sed res hæc inter puerum et aquam se interponit, ut non liceat puero habere quod exoptat; fugit puer ad campanile; insequitur res effera, tandem angustat undique Ascensorium, Gall. Escanpierre.*]

Ascensorium, quod alias *Monteia*. Vide in hac voce. Charta Henrici Regis Francor. in Tabulario S. Maglorii Paris. : *Unum iterum molendinum et unum Ascensorium piscium situm juxta Ecclesiam Karentonæ villæ.*

* Ascensorium Vitæ, Titulus libri, de quo mentio fit in Testam. Joan. Gasqui episc. Massil. ann. 1344 : *Item lego domino meo Prenestensi, a quo tot bona et honores me reputo habuisse, unum librum, quem pro me ipso composui, et Ascensorium vitæ vocavi.*

¶ Ascensorium, quo quis in equum ascendit, tollitur, Gall. *Etrier*. Hist. Novientensis Monast. apud Marten. tom. 3. Anecd. col. 1127 : *Cumque puer non valens residere, ad terram decidisset, pes ejus sterifio sive Ascensorio sellæ inhæsit, ac sic per devia et abrupta tractus, calcibus equi et objectu arborum miserabiliter est protritus.*

* **ASCENSUATIO**, Datio ad censum. Vide supra *Adcensuatio*.

ASCENSUS. Anastasius Biblioth. in S. Hadriano PP. pag. 116 : *Ecclesiam. S. Stephani... similiter renovavit, una cum cœmeterio B. Cyriacæ, seu Ascensum ejus. Ascensum* pro gradu, dixit lex 45. Cod. Th. de Operib. public. sed hic forte *Ascensus* pro *Ambone* sumitur.

¶ 1. **ASCER**, Chalybs, Gall. *Acier*, apud Rymerum tom. 3. pag. 16 : *Nec non et pro munitione castrorum et villarum, in partibus illis, balistis et aliis armaturis, ac etiam ferro, Ascere, canabo, et aliis ad arma inde facienda plurimum indigemus...* Et paulo inferius : *Vobis præcipimus, firmiter injungentes, quod in balliva nostra viginti dolia mellis : centum dolia vini : duodecim milliaferri : centum garbas Asceris, etc.*

¶ 2. **ASCER**, *Sanguis, cruor*, in Glossario Aniciensi MS.

¶ **ASCERIOLUS**, Sciurus, Gall. *Ecureuil*. Gervasii Tilberiensis Otia Imperialia apud Leibnitium tom. 2. Scriptor. Brunsvic. pag. 981 : *Ecce miranda Ascerioli sagacitas, qui cum aquam transfretare propter sui modicitatem non sufficiat, frustulo ligni se supponit, et erecta cauda velum facit, quo duce a subveniente flatu possit transcurrere.*

ASCETÆ, Monachi qui virtutem, continentiam, ac vitam angelicam excolunt. [** Non tam monachi, præsertim in primis Christianismi seculis, quam quivis Christiani strictioris vitæ, ac sacris pietatis officiis vacantes, quique in iis sedulo se exercebant, ut olim Athletæ in arena, quos et ἀσκητὰς Attici vocabant, ut est apud Erotianum in Lexico Hippocrat. Hæc noster in Glossar. med. Græcit. quem consulas, voce Ἄσκησις.] Gloss. Lat. Græc. *Cælibes*, Ἄγαμοι, ἀσκηταί. Aliud Glossar. MSS. Reg. Cod. 930. ἀσκητής, ἐγκρατής, continens. Tertulliano de Præscript. cap. 14. *Exercitati* dicuntur : ἀσκηταὶ καὶ τῆς ἀρετῆς φροντισταί, Basilio. M. τὸν ἀσκητικὸν αἱρούμενοι (et ἑλόμενοι) βίον, lib. Synod. Eorum vita ἄσκησις appellatur S. Athanasio in Vita S. Antonii, γυμνασία μοναχική Isidoro Pelusiotæ lib. 1. Epist. 92. Sub hac autem exercitatione comprehendit Philo lib. 3. Allegoriar. Legis, τὰς ἀναγνώσεις, μελέτας, θεραπείας, τῶν καλῶν μνήμα, ἐγκράτειαν, τῶν καθηκόντων ἐνέργειαν, etc. Christophorus Angelus lib. de Statu hodierno Græcorum Græce edito Londini ann. 1619. cap. 26. et seqq. triplicem esse ait apud Græcos Monachorum ordinem, μοναστικόν, ἀναχωρητικόν, vel κελλιωτικόν, et ἀσκητικόν, additque ἀσκητὰς eosdem esse cum Eremitis.

ASCETERIUM, ex Græc. ἀσκητήριον, Monasterium, locus exercitio et disciplinæ virtutum destinatus : ἀσκητῶν καταγωγή, Theodoreto lib. 6. et 10. Therapeut. Lexicon Græc. MS. παρθενῶνες, τὰ μοναστήρια, τὰ ἀσκητήρια. Vide Novellam Justin. 59. Baron. ad ann. 301. n. 22. 31. Casaubonum exercit. 2. ad eumdem Baron. cap. 13. Nebridium *a Mundelhein* Antiquit. Monastic. Epist. 7. etc. Mire autem hanc vocem depravarunt Scriptores inferioris ævi, ut ex sequentibus patebit. Nam

Archisterium interdum scribitur. *Interius Archisterium*, apud Evagrium in Vita S. Antonii cap. 52. S. Audoënus Episcopus Rotomag. in Vita S. Eligii lib. 1. cap. 10 : *Vestimenta etiam et quæcumque erant necessaria, illico Archisteriis cum exultatione destinans.* Alibi : *Dignum tandem sanctarum Virginum construxit Archisterium.* Diedericus Monachus lib. de Illatione S. Benedicti in Præfat. ex *Monachorum Archisterio. Archisterium Anianense*, in Annalibus Anianensibus MSS. et in Vita MS. Caroli Mag. jussu Friderici Imperat. scripta lib. 2. Occurrit alibi non semel, in Passione S. Vitalis Mart. n. 8. apud Berengosium Abbat. lib. 1. de Inventione S. Crucis cap. 16. lib. 3. cap. 4. Fridegodum in Vita S. Wilfridi cap. 46. Abbonem Floriacens. Abbat. in Canonib. cap. 14. Petrum Diacon. de Viris illustrib. Monasterii Casinensis in Prologo, et c. 30. Theotfridum lib. 1. cap. 7. lib. 2. cap. 5. lib. 4. cap. 2. 7. Langium in Chronico Citiensi ann. 1469. in Charta Pontii Arelatensis Archiepisc. apud Acherium in Spicilegii tom. 6. pag. 430. etc. Vide Virum doctissimum Joan. Mabillonium ad Vitam S. Theofredi pag. 47.

Interdum hanc vocem pro principatu seu Episcopali dignitate usurpant Scriptores. *Archisteria Episcopalia*, in Vita S. Deicoli cap. 1. Vita S. Severi Episcopi Ravenn. n. 3 : *Quod uxoratus ad Archisterium Ravennæ acceserit.* Theodericus in Hist. Invent. S. Celsi cap. 1 : *Quod Treverica Metropolis... merito totius Galliæ Archisterium sit hactenus vocitata.* Porro vocabuli etymon ab Ugutione et aliis allatum jure exploditur : *Archisterium, Monasterium, ab archo et sterion, quasi dicas statio principalis, id est, spiritualis statio; vel Archisterium, eo quod regulis et disciplinis arcetur.*

Architerium, dixit auctor Hist. Translat. Reliq. S. Faustæ tom. 2. Hist. Franc. et apud Labbæum tom. 2. Bibl. et Bollandum.

Architrium, Vita S. Euphrasiæ cap. 6. in Vitis Patrum.

Arcisterium, habent Aimoini Continuator lib. 5. cap. 41. [** Pertz. Monum. Histor. vol. 1. pag. 514.] Simeon Dunelm. pag. 89. Edgarus Rex in Legibus Hydensis Monasterii cap. 9. et veteres aliquot Chartæ Regum Angl. in Monastico Angl. tom. 1. pag. 101. 218. et 235. et apud Seldenum ad Eadmerum pag. 155. Vita S. Walburgis n. 17. Vita S. Willibaldi. Vett. Chartæ Hispanicæ apud *Yepez* in Chron. Ord. S. Bened. tom. 1. pag. 91. b. appendicis p. 38. tom. 3. append. 18. b. tom. 4. p. 49. 436. b. tom. 5. p. 66. b. 90. 445. b. apud Sandovillium in Episcop. Pampilo n. pag. 34.35. Vett. Glossæ : *Arcisterium*, *Monasterium*.

ASSISTERIUM, Papiæ, *Monasterium*. Ugutio : *Assisterium*, *Monasterium Græce*, *vel dicitur ab assistendo. Assistria, Monialis ibi assistens.*

ACISTARIUM, non semel in Charta Lusitanica æræ 1067. in Hist. Episcoporum Portensium 1. parte pag. 185. 186.

ACISTERIUM, in alia Charta Lusitanica apud Anton. Brandaonum lib. 10. Monarch. Lusitan. cap. 4.

ASCYSTERIUM, dixit S. Eulogius in Memor. Sanct. lib. 2. cap. 10 : *Ego quidem volumen hoc illis tantummodo Ascysteriis commentaveram, e quibus prior ille Monachorum globus ad resistendum mendacissimo vati processerat.* Idem *Acysterium* habet.

ASCETRIÆ, Feminæ continentes, quæ a Monachabus differebant, ut *Asceterium* a Monasterio : a Monachabus scilicet, quæ in solitudinibus domicilia habebant. Juliani dictatum de Consiliariis : *Si emerserit de Clericis, vel Monachis, vel Ascetriis, etc.* Julianus Antecessor. cap. 460 : *Siquis contra Clericum, vel Monachum, vel Diaconissam, vel Monastriam, vel Ascetriam habeat aliquam actionem, etc.* Ita c. 494. Gregorius Magn. Epist. ad Theodistam : *Ancillis, quas vos Græca lingua Ascetrias dicitis.* Menologium Basilii in S. Phasic. 21. April. εἶχε δὲ καὶ θυγατέρα χριστιανὴν ἀσκήτριαν, etc. Psallebant autem illæ in elationibus funerum, ut docent leges 45. 48. de Episcopis et Clericis.

* **ASCHARA**, Non tonsuratus, a *Scheren*, quo d de barbæ tonsione specialius usurpatur, uti notat Eccardus ad Leg. sal. tit. 28. § 1 : *Si quis puerum infra duodecim annorum, non tonsuratum occiserit* (*Malb. Aschara leudardi, etc.*)

¶ **ASCHERATUS AD BELLUM**, Comparatus, instructus, accinctus, forte ab *Ascar* quod armatura ex chalybe erat, vel ab *Ascer*, sanguis, cruor. Memoriale Potestatum Regiens. ad ann. 1218. apud Murat. tom. 8. col. 1087 : *Quodam vero die Martis in festo S. Diometri exercitus paganorum et Saracenorum, omnes armati et ad bellum Ascherati, per terram et aquam venientes super Christianos insultum fecerunt.* Ibidem col. 1098 : *Armati et Ascherati extra castra cum omni exercitu Christianorum exierunt, et versus temptoria paganorum catervatim perrexerunt.* [** Vide *Scara*, 3.]

* Hist. Cortus. lib. 2. apud Murator. tom. 12. Script. Ital. col. 809 : *Qui ducebat milites omnes et comitivam totam domini Canis Ascheratos.* Haud scio an ne sit ab Ital. *A schiera*, quod Academicis Cruscanis sonat, *in compagnia*, *in truppa*, hoc est, Catervatim vel ordinatim.

¶ **ASCHITES**, Græce ἀσκίτης, supple ὕδρωψ, Species hydropis in quo humor aquosus abdominis membrana veluti ἀσγῷ seu utre continetur. Vide *Clocire*.

* Vel potius *Ascites*, a Gr. ἀσκίτης ; ubi et pro ἀσγῷ, lege ἀσκῷ, auctore D. *Falconet.*

ASCIARE. Guibertus lib. 2. de Vita sua c. 6 : *Is etiam qui epilepsim, id est, caducum patiebatur morbum, a spiritu immundo allidi in terram, spumare, stridere dentibus, et Asciare perhibetur, quod oratione solum et jejunio curari posse asseritur.* [*Asciare dentibus* idem est quod *secare* : qua notione verbum illud usurpat Vitruvius lib. 7. cap. 2.] [** Gemma Gemmarum : *Asciare, dolare, schaben.*]

* **ASCIARIA.** Acta S. Januar. tom. 6. Sept. pag. 881. col. 2 : *Copiosas Asciariarum et insignium feminarum catervas obviam habuimus.* Ubi docti Editores apte emendant, *Ascetriarum* hoc est, mulierum piarum. Vide infra *Asistria.*

¶ **ASCIATA** LEX. Charta Autranni in Chartulario Aptensi fol. 34 : *Si in itinere quod agere dispono ad Jerusalem defunctus fuero, dabo per guadium ipsum vasculum plenum vino puro ad prædictum opus, et fœtas tres, et capras duas, et bruscos duos de alveario meo, etc. Quod dixi firmo, Asciatam Legem jungo superioribus.* Singularis est hujusmodi *Lex Asciata* quam nec Brissonius inter veterum Leges, nec Cangius inter recentiores numerarunt. Hic forte quia Autrannus Chartam condebat testamentariam voluit alludere ad illa verba duodecim Tabularum : *Sumptuosa funera ne facito : Rogum Asciæ ne polito.* Aut ad illam antiquam formulam : *Sub Ascia dedicatum*, in antiquis Gallorum sepulcris sæpe observatam. Quid autem sit, *sub Ascia dedicare*, non consentiunt eruditi. Magis placet eorum sententia, qui hæc verba interpretantur, vel de modestioribus tumulis, quasi qui unius asciæ opera fuerint elaborati, vel potius de nunquam violandis sepulcris *sub Ascia dedicatis*, id est, ne ascia qua conditum est sepulcrum unquam adhibeatur ad illius destructionem : ad quam posteriorem interpretationem si allusit Autrannus, *Lex Asciata* eadem erit, quæ inviolabilis, sempiterna. Vide Diarium Trivolt. mensis maii ann. 1715. pag. 771.

* Nihil certe mirum est, quod neque inter veterum leges, neque inter recentiores reperiatur hæc *lex Asciata*, ut pote quæ originem suam acceptam referre debeat imprudenti additamento ad laudatum Chartularium, in quo, teste locupletissimo Præs. *de Mazaugues* illustris memoriæ, legitur : *Quod finxi figo, quod dixi firmo. Asciatam.* 1. *jungo superioribus.* Ubi notæ numerariæ vox *legem* temere subrogata est. Est ameut *Asciata* eo loci, idem quod valor quinquaginta assium Romanorum.

* Quod vero hacce occasione, de formula *sub ascia dedicare*, dictum est, nec probo quidem nec reprobo; cum nihil mihi præsto sit, quo varias ea de re eruditorum sententias stabilire aut refutare valeam. Inter cæteras tamen præstantior mihi videtur illa, quam multis disputat D. *Le Beuf* tom. 2. Collect. var. Script. pag. 281. et seq. ubi *sub ascia dedicare* idem ipsi sonat, quod Divinæ tutelæ commendare; *Ascia* enim est Divina protectio, a Celtico *As* Deus, et *sci* Tutela, protectio. At si quis *Ascia* de pœna, seu mulcta adversus violatores sepulcrorum statuta interpretari velit, non repugnat Vir eruditus; qui aliam rursus opinionem proponit tom. 2. Dissert. pag. 238. et seq. ubi *sub ascia dedicare* interpretatur Sepulcrum sibi suisque proprium facere, illud instrumento, quod *Ascia* dicebatur, notando et signando. Ipsum consule locis citatis. [** Vide Forcellinum.]

ASCIATUS. Joan. de Gallandia in Synonymis :

Asciatus, pugio, conjunge novacula, culter,
Cultellusque, spata, rasoria jungitur illis.

Ubi interpres ait, *Asciatum* esse cultellum magnum, posseque dici cultellum, quo pergamenum dividitur.

¶ **ASCIBOLA.** Vide *Asciola.*

1. **ASCICULUS**, *Asciola*, *dolabra*, in Glossis Isid. [Legendum *Asciolus, Asciola*, inquit Grævius in hunc locum.]

¶ 2. **ASCICULUS**, pro *Axiculus*, vel *Asserculus* in Codice MS. Irminonis Abb. San-German. fol. 65. col. 2 [** apud Guerard. XIII, 1. pag. 132.] : *Qui ipsum mansum tenent* (solvunt) *Asciculos c. scindolas totidem, dovas* XII. *circulos* VI. [** Ibid. infra : *Et in madium mense facit caropera Parisius cum Asciculos, similiter cum duobus animalibus. Ascicula*, in Fragm. Polyptyci S. Remigii Rem. apud eundem Guerard. pag. 290. num. 5 : *In Baina facit et bannum* 1. *dat Asciculas* 100. *scindulas* 50.]

¶ **ASCILLA.** Vide *Ascella* 1.

* **ASCILUS**, f. pro *Asellus*, Machina bellica, vel pro *Astilus* seu *Astila*, veru. Vide *Asta*, 1. Inquisit super destruct. bastidæ Sabran. ann. 1363. ex Cod. Reg. 5956. A. fol. 81. r° : *In crastinum portavit Insulæ unam quadrigatam, tam de dicta fusta, quam de balistis, sartaginis, Ascilis et diversis aliis bonis mobilibus.* Nisi sit Ascicula, Gall. *Assette* vel *Hachette*, instrumentum lignariorum quod *Asseau* dicitur, in Lit. remiss. ann. 1406. ex Reg. 160. Chartoph. reg. ch. 359 : *Le suppliant d'un Asseau à charpentier.... leva la serreure d'une huche fermée à clef.*

¶ **ASCINGIA.** Vide *Andecinga.*

ASCINI, ex Græc. ἄσκηνοι, qui laribus et tecto carent, apud Ennodium lib. 6. Epist. 20.

* **ASCINUS**, Possessio, vel locus sepibus, muris aut vallis conclusus, Gall. *Enclos*, *enceinte*, nostris olim *Acin*, *Acint*, *Ascin* et *Assin*, a verbo *Accingere*, quod pro Ambire, circumdare, dixerunt. Vide supra in hac voce. Charta ann. 1350. in Reg. 80. Chartoph. reg. ch. 268 : *Domum a parte retro contingentem Ascinum et jardinos abbatis S. Mauri, et Ascinum archiepiscopi Senonensis.... Item inter Ascinos et jardinos.... concedimus.* Liber cens. et redit. castellaniæ Arciacens. ad Albam : *Guillemart Quipot pour sa maison et Acin... Colant le Surra pour son Acin,... séant en la rue du Maignil.* Infra : *Ascin.* Charta ann. 1374. in Reg. 107. ch. 168 : *Une maison, Acin et pourpris.... Contenant environ v. arpens.* Alia ann. 140[illegible] in Reg. 163 ch. 134 : *Item un sextier de froment.... sur un Acin, maison, grange et pourpris, assiz en icelle ville de Troyes.* Alia ann. 1411. in Reg. 165. ch. 289 : *Un Acin o[illegible] pourprins, ouquel seulement a une granc[illegible] bien ruyneuse..... Devant ledit Acin une ho[illegible]che ou piece de terre.... Item en la ville [illegible] Molins un Assin ou pourpris, etc.* Alia ta[illegible] dem ann. 1318. in Reg. 59. ch. 193 : *L'[illegible]cint dudit Colin Rogeret à tout l'oche con[illegible]nanz environ iiij jornels, movant ledit Ac[illegible]*

et ladite oche de saint Père, etc. Vide supra *Accincta.*

¶ **ASCIOLA**, Minor ascia, parva securis. Vita S. Wiboradæ Virg. et Mart. tom. 1. Maii p. 290. D : *Libratis Asciolis tria capiti vulnera sanctæ Virgini et Martyri infligunt, et seminecem relinquentes discesserunt.* Hinc corrigendus Actorum SS. Benedict. sæc. 5. pag. 55. locus, ubi *Ascibolis* pro *Asciolis* male scriptum legitur. Vide *Asciculus* 1.

¶ **ASCIOS**, (vox Græca) *Exumbres*, in Glossis Isid.

¶ **ASCISCOLUM**, *Malleolus structorius*, in Onomastico vet. apud Turneb. Adversar. lib. 28. c. 5. Forte melius legeretur *Asciolus*, ut jam observatum fuit in *Asciculus.* 1.

¶ **ASCISIÆ**, Statuta quæ in Assisis seu Comitiis publicis de rebus ad rem publicam spectantibus conficiuntur. Chron. Richardi de S. Germano apud Murat. tom. 7. col. 992 : *Et regens ibi curiam generalem pro bono statu regni suas Ascisias promulgavit, quæ sub viginti capitulis continentur.*

¶ **ASCISINI**, apud Rymer. tom. 2. pag. 514. Iidem qui infra *Assasini.*

¶ **ASCITÆ**, Herætici ab ἀσκός, Uter, dicti. Hi bacchantes utrem inflatum et opertum solebant circumferre, tanquam ipsi essent Evangelici utres novi vino novo repleti. S. Augustinus Hæres. 62. Vide mox *Ascodrogitæ.*

ASCITERIUM. Vide *Asceterium.*

* **ASCLA**, Assola, ab Occit. *Ascle*, Asserculus, idem quod *Ascella* 2. Charta ann. 1252 : *Invenit in terra quamdam partem postis, cujus latitudo erat fere duorum digitorum, et dixit minando.... cum dicta Ascla versus monachos, quod si venirent super eum de cætero, mala fortuna eveniret eis : et dixit dictus testis, quod dominus Amalricus accepit dictam Assolam ad defensionem sui et sociorum suorum.* Hinc

* **ASCLARE**, Rescindere, vox lignariorum, Gall. *Refendre.* Comput. ann. 1412. inter Probat. tom. 3. Hist. Nem. pag. 204. col. 2 : *Item solverunt Petro Egidi, pro tribus postibus de albenacio.... Asclatis, et demum in reparatione portalis Prædicatorum expeditis et conversis, vij. sol. vj. den. Tur.*

* **ASCLEPIUM**, *La statua*, in Glossar. Lat. Ital. MS.

* **ASCLEPIUS**, Æsculapius, qui Ἀσκλήπιος Græce dicitur, in Actis S. Emygdii tom. 2. Aug. pag. 31. col. 1.

ASCO, Piscis species. [** Vox Germanica, olim *Asco*, hodie *Asch*, Timallus, Gall. *Ombre.* Vide Graffii Thesaur. ling. Franc. vol. 1. col. 492.] Walafridus Strabo ad Grimaldum Capellanum de morte Wetini :

Intereæ dulcis fertur mihi normula piscis
Asconis calidi, sequitur vas denique musti, etc.

* **ASCOBATUM**, Quævis sordes, purgamenta, Gall. *Ordures; Ahaux*, in Stat. ann. 1333. pro civit. Tornac. ex Reg. 66. Chartoph. reg. ch. 1288 : *Item les rewardeurs aux Ahaux et aux fiens, etc.* Consuet. Auxit. ann. 1301. art. 89 : *Item consuetudo est ibidem, quod nullus projiciat sanguinem vel aquam putridam, seu aliud quodcumque putridum vel Ascobatum domus in carreria.* Vide *Scoba.*

¶ **ASCODROGILI**, Ascili, apud Hofmannum, Hæretici iidem, qui mox *Ascodrogitæ.*

ASCODROGITÆ, Hæretici in Galatia, qui utrem inflatum ponunt, et cooperiunt in sua Ecclesia, et circumeunt cum insanientes potibus, non intelligentes, quod ait Salvator, utres novos sumendos, inque eos vinum novum mittendum, non in veteres. Vide Philastrium, et alios, qui de hæresibus scripsere. [** Joan. Damascenus Hæresi 48. Nicetas in Thesauro Catholicæ fidei lib. 4. pag. 165. etc. Ex Glossar. med. Græcit.]

* Ubique *Tascodrogi* et *Tascodrogitæ* seu *Tascodrugitæ*, Gr. Τασκοδροῦγοι et Τασκοδρουγῖται, de quibus S. Epiph. Hær. 48. num. 14. pro *Ascodrogitæ* et *Ascodrugi*, legendum putat Cotelerius in Observat. sacris MSS. quas mecum communicavit Vir illust. mem. Præses *de Mazaugues;* ubi Vir doctissimus sic dictos vult a τασκός, paxillum, et δροῦγγος, nasus sive rostrum, juxta eorum linguam, quod inter orandum indicem digitum naso imponerent, quasi paxillo nasones; eruditeque suo more probat auctores omnes emendandos. Unde Philastrium, cujus auctoritas propositæ conjecturæ refragatur, existimat deceptum nominum affinitate, *Ascitas* cum *Tascodrugitis* confudisse, aut saltem in ejus textum mendum irrepsisse. Eadem conjectura in Proœm. S. Hieron. in 2. libr. Comment. ad Galat. *Ascodrobos* mutat in *Tascodrogos*, et Theodoreti locum in Τασκοδρουγῶν et Τασκοδρουγιτῶν; et quidem Timotheus CP. presbyter in Tract. de his, qui accedunt ad ecclesiam, eadem, quæ illic Theodoretus ac Epiphanius, *Tascodrugis* tribuit. In Cod. Theod. extat lib. 16. tit. 5. lex Theodosii M. lata contra *Tascodrocitas* ann. 383. in leg. 65. eod. tit. de Hæret. *Ascodrogitæ* legitur; sed ex notis ibid. emendandum *Tascodrogitæ*, ut et in Nov. Theodosii de Judæis, Samaritanis, Hæreticis et Paganis, ubi perperam *Ascodrogos*, pro *Tascodrogos.* [** Vide infra *Tascodrogitæ* et Gloss. med. Græc. voce Τασκοδροῦγοι.]

¶ **ASCODRUGI**, Iidem qui *Ascodrogitæ*, de quibus in Collect. Constit. Eccl. tit. 3. lib. 1. ad 18 : *Quæ de Samaritis promulgata sunt ad Synagogas et successiones eorum spectantia, rata sunt etiam in Montanistis et Ascodrugis.* De his etiam Theodoretus Hæret. Fabul. lib 1. cap. 10. sub. nomine *Ascodrutorum* et *Ascodrupitorum : Dicebant,* inquit, *non debere divina mysteria quæ invisibilia sunt signa per res visibiles perfici.... propterea non baptizant eos qui accedunt, nec apud eos celebratur Baptismatis mysterium.* Vocantur a Balzamone ad Photii Nomenclaturam tom. 9. cap. 2. *Tascodrougitæ;* in Agilei tamen Codice legitur ἀσκοδρουγῖται.

ASCOGEFRUS, ἀσκογέφυρος, Pons ex utribus confectus, qui describitur ab Anonymo de Rebus bellicis subjecto Notitiæ Imperii. Veteres porro ejusmodi pontibus usos auctor est Plinius lib. 6. cap. 29 : *Arabes Ascitæ appellati, quoniam bubulos utres binos sternentes ponte, piraticam exercent sagittis venenatis.* Solinus de iisdem : *Bubulis utribus contabulatas crates superponunt.* Ascitas vero usos σχεδίαις δερματίναις ἐξ ἀσκῶν, scribit præterea autor Peripli. Mauricius lib. 11. Strategic. cap. 5. de Sclavis : Ἔχειν δὲ καὶ ἀσκοὺς βοεινοὺς, ἢ αἰγείους, ὥςε δι᾽ αὐτῶν σχεδίας γίνεσθαι. Vide Lucanum lib. 4. ubi de ponte a Basilo confecto.

ASCOMANNI, Piratæ, forte dicti ad instar Arabum *Ascitarum*, quibus id nominis inditum, quod utribus, seu naviculis, ex utribus confectis, piraticam exercerent : voce hybrida ab ἀσκός, utris, et *man*, homo, nam et *ascum* pro navicula usurpat Lex Salica. Aliter tamen censet Jacobus Eyndius in Chronico Zeland. lib. 1. quem consule pag. 164. Adam Bremensis cap. 73 : *Classis Piratarum, quos nostri Ascomannos vocant.* Cap. 212 : *Ipsi enim Piratæ, quos illi Witingos* [** leg. *Wicingos*] *appellant, nostri Ascomannos, Regi Danico tributum solvunt.* Horum præterea meminit cap. 111. Albertus Stadensis ann. 788. et Historia Archiep. Brem. in Bezelino. Vide *Ascus.* [** Glossat. Poetæ Saxon. ad ann. 800. v. 11. *Northmanni, pyrate, Ashmen*, apud Pertz. vol. 1. Mon. Hist. pag. 257.]

ASCOPA. Joan. de Janua : *Ascopa, Vas est aquaticum utripensile.* [An non melius in Gloss. MS. Montis S. Eligii Atrebat. *Ascopa, Vas aquaticum utri persimile?*] Judith. cap. 10 : *Imposuit itaque abræ suæ Ascopam vini* : alii Codd. habent *Asco-peram.* Sueton. in Claudio c. 46 : *Alterius collo et Ascopa deligata.* Sic enim Casaubonus in MSS. Cod. legi testatur : cujus vocis vim cum non perciperet, *Ascoperam* restituit. Gloss. Saxon. Ælfrici : *Asscopa* flaxe oððe cylle, id est, lagena, sive cadus, uter. Sic etiam legendum putem in Gloss. Lat. Gr. *Ascopa*, ἀσκοπυθίνη. Perperam enim editum, *Ascora*, ἀσκοπυθίνη. Sic Gloss. Gr. Lat. perinde emendandum : ἀσκοπυθίνη, *Ascura* : legendum enim *Ascupa.*

ASCOPERA, Idem quod *Ascopa*, marsupium. Lexic. Græc. MSS. Reg. Cod. 2062 : Ἀσκόπηρα, τὸ μαρσίπιον, ἤτοι σακοφάτνιον. Chronicon Gemblacense : *Cum sciret tantum ad usus suos et suorum non nisi in Ascopera modicæ quantitatis vinum haberi.* [** Vide Vossii Etymolog.]

* **ASCORRAMENTUM**, Idem quod *Incurrimentum*, Mulcta, quam quis incurrit. Composit. inter eccl. Rom. et episc. Tricastr. ex Cod. reg. 5956. A. fol. 74. v° : *Item sibi retinuit* (episcopus) *venaciones, molerias et omnes alios redditus, ... molendina, furna, comissiones et Ascorramenta omnium prædictorum, ... nisi fierent comissiones, seu Ascorramenta, seu incursus, occasione delicti.*

* **ASCRIPTARII**, Iidem qui *Ascriptitii.* Vide in hac voce. Diploma Frider. I. imper. ann. 1191. apud Lam. in Delic. erudit. inter not. ad Chron. imper. Leon. Urbevet. pag. 201 : *Omnes ipsius coloni in dicto loco, vel manentes, seu Ascriptarii nullam umquam injustam exactionem.... patiantur.*

ASCRIPTITII, dicti Coloni, Agricolæ, Villani, qui aliunde orti, in aliorum Dominorum villas et prædia pergunt, ibique eorumdem licentia, sedes suas figunt, et sub annui census conditione in cæterorum subditorum transeunt statum, et in album ascribuntur; ita ut perinde et ii distrahi et transferri queant una cum ipsis prædiis, quæ excolunt, unde et pro servis glebæ habentur. Papias : *Ascriptitii, qui capitis dant aliquod pretium. Ascriptitii bonorum, hoc est, homines, seu rustici ad bona pertinentes*, in Speculo Saxon. lib. 1. art. 21. §. 2. Ἐναπόγραφοι, in Concilio Calchedon. Act. 6. cap. 1. Bracton. lib. 1. cap. 11. §. 1 : *Qui quidem dicuntur glebæ Ascriptitii et nihilominus liberi, quia licet faciant opera servilia, cum non faciunt ea ratione personarum, sed ratione tenementorum.* Ex mox : *Et ideo dicuntur glebæ Ascriptitii, quia tali gaudent privilegio, quod a gleba amoveri non poterunt, quandiu solvere possunt debitas pensiones.* Idem lib. 1. cap. 6. § 1. ait *Ascriptitium* vere liberum esse, licet quibusdam servitiis sit astrictus. Liber Niger Scaccarii, cap. *de Danegeldo : Ascriptitii de Regni jure non solum ab iis, quæ modo possident, ad alia loca a dominis suis transferri possunt : verum etiam ipsi quoque licite venduntur, vel quomodolibet distrahuntur, merito tam ipsi, quam terræ, quas excolunt, ut dominis suis serviant, dominia reputantur.* Regiam Majest. lib. 2. cap. 12. § 3 : *Si eum* (villanum) *ad se liberandum alicui donaverit, vel vendiderit cum gleba, id est, cum terra; et tales nativi Ascriptitii lege Imperatoria nuncupantur.* Vitæ Abbatum S. Albani : *Qui Ascriptitiorum et aliorum servilis conditionis testamenta impediunt.* Constit. Neap. sive Sicul. lib. 3. tit. 2 : *Ascriptitios sine voluntate et assensu eorum, quorum juri subditi sunt et potestati, nullus Episcoporum ordinare præsumat.* tit. 3. *Adscriptitii* cum *servis glebæ* junguntur. Adde Statuta Caroli I. Reg. Sicil. MSS. cap. 121. ubi dicuntur *Ascritices.* Et cap. 149 : *Les Ascriptices, c'est assaveir ceux, qui sont tenus labourer les terres de lours Signors, et ne se peuvent partir de ceans sans lor commandement. Ascriptitia conditio,* in Capitul. Car. Magn. lib. 6. cap. 118. [** ex Julian. Nov. 115, 6.] Consule præterea quæ habent JC. de Adscriptitiis, et Salmasius lib. de Modo usurar.

¶ Ascriptitiatus, Eadem notione. Locum vide in *Casalagium* post vocem *Casalaticum.*

* **ASCULA,** *Buccellarius,* in vet. Glossar. ex. Cod. reg. 7641.

** **ASCULARE.** Gloss. in cod. reg. 7644 : *Asculat, avertit.*

¶ 1. **ASCULTARE,** pro *Auscultare,* passim occurrit.

* 2. **ASCULTARE,** Conferre, comparare, exscriptum ad rationem archetypi expendere, Gall. *Collationner.* Stat. comitat. Venaissini sub Clem. VII. PP. cap. 20. ex Cod. reg. 4660. A : *Causarum notarii, antequam regestrum curiæ inhibeant et copias in publicam formam... redigant, ... cum eodem regestro diligenter debeant Ascultare, et alias sic videant et perfecte corrigant, quod... nihil de substantialibus omittatur.* Vide supra *Absculture.*

¶ **ASCULTUS,** pro *Exsculptus.* Hist. Monast. S. Florentii Salmuriensis apud Marten. tom. 5. Ampliss. Collect. col. 1093 : *Hunc vero* (Bernardum Pannatum) *nescientibus, utpote pedestris qui non ibat, sed quibusdam instrumentis cervini in modum pedis Ascultis calciatus erat.*

¶ **ASCUPA,** Ascura. Vide *Ascopa.*

* **ASCURTARE,** Contrahere, minuere, Gall. *Raccourcir.* Guido de Vigevano MS. de Modo acquirendi et expugnandi T. S. cap. 13 : *Et de retro pantheræ ponantur duæ perticæ taliter positæ, quod teneant pantheram erectam, et possint alongari et Ascurtari cum ipsa panthera.*

* **ASCURZARE,** f. Perficere, Gall. *Achever.* Chron. Placent. ad ann. 1206: apud Murator. tom. 16. Script. Ital. col. 458 : *Eodem anno ecclesia S. Johannis de domo fuit Ascurzata.*

ASCUS, Navicula, scapha, Anglo-Saxonibus Asc. Vox forte orta ex Græca ἀσκός, utris; σχεδία δερματίνη ἐξ ἀσκῶν, auctori Peripli; cujusmodi sunt scaphulæ, quibus in paludibus et stagnis piscatores utuntur, quas etiamnum *Nascon* et *Ascon* vocari auctor est Bignonius. Lex Salica tit. 23. § 3 : *Si quis navem vel Ascum de intro clavem furaverit, etc.* § 4. *Si quis Ascum de intro clavem repositum, et in suspenso pro studio positum furaverit.*

Wendelinus ab *asco,* vocem Flandricam *schus,* sive *schuet,* id est, scapha parvula, ortam putat, quæ catena jacta circum arborem aliquam in ripa stantem alligatur, ac sera etiam clauditur, magna ejus parte, interim dum illic hæret, demersa, ita ut de arbore dependeat : unde *Ascus in suspenso* esse dicitur in Lege Salica. Neque forte absurdum videbitur, si dicamus, loca aliquot in Hollandia et provinciis vicinis inde appellata : verbi gratia, *Ascoloa,* portus ascorum, *Ascodilf,* fossa ascorum, *Ascoburg,* burgum ascorum, etc. tametsi aliter videatur Jacobo Eyndio. Vide *Ascogefrus* et *Ascomannus.*

** Vide etiam Glossar. Wachteri voce Asche et Glossar. Suiogoth. Ihrii, voce *Asc.* Adel. Uti Latinis Abies et alnus arborem et navem sonant, ita Anglosax. Asc et Scandic. Askr est Navicula et Fraxinus. In lege Salica Gloss. Malberg. l. l. : *Chanz-ascho.* Vide Graffii Thesaur. Ling. Francic. vol. 1. pag. 492. ubi plurima nomina propria cum hac voce composita, dubium tamen an non notionis potius fraxini ratione habita.]

¶ **ASCYSTERIUM,** Monasterium. Vide *Asceterium.*

ASECARE. Vide *Amadere.*

ASECRETIS, indeclinabile, seu *a secretis,* Secretarius, qui Procopio lib. 2. de Bello Persico cap. 7. τῶν ἀποῤῥήτων γραμματεὺς dicitur, seu qui τὰ τοῦ Βασιλέως ἀπόῤῥητα γράφει, ut ait idem Scriptor in Historia arcana. Epistola S. Nicephori Patriarchæ Constantinop. ad Leonem III. PP : Καὶ γὰρ τῶν βασιλικῶν ὑπογραφεὺς ἐτύγχανεν ὤν. Ασηκρῆτις δὲ τούτους καλεῖν εἰωθείας τῆς Λατινίδος γλώττης ἴσμεν ἐκφώνημα. Menæa 8. Mart. in S. Theophylacto Episcopo Nicomediensi : Καὶ τῷ ἀφηγουμένῳ ἐντυχὼν τῶν ἐν ταῖς βασιλικαῖς σάκραις ὑπηρετουμένων, Ἀσηκρῆτας αὐτοὺς καλοῦσι Λατίνων φωνῇ. Apud Agathonem Diacon. Ecclesiæ Constantinop. in Epilogo, Artemius, seu Anastasius Imp. τῆς τῶν Ἀσηκρητίων σχολῆς πρότερον γενόμενος ἐναρίθμιος fuisse dicitur. Carolus Magn. lib. 4. de Cultu Imag. cap. 9 : *Mox ut Leontius Asecreta conspexit, magnum se sui erroris emolumentum invenisse putavit.* Petrus Diacon. lib. 4. Chron. Casin. cap. 68 : *Postquam Asecretis efficitur, Logothetam illum... Imperii statuit.* Corippus lib. 1 :

Hinc secreta sacræ tractans Demetrius aulæ.

Vide Anastasium in S. Agathone PP. pag. 53. in Nicolao I. pag. 214. et supra in *Archidiaconus.* A Latinis Græci vocabulum ἀσηκρῆτις hauserunt, uti pluribus observavimus ad Cinnamum pag. 492. 493.

Est etiam *Asecretis* interdum idem, qui *Consiliarius.* Glossar. Saxonicum Ælfrici : *Asecretis vel Principis Consiliarius;* geruna. Saxonibus gerine est mysterium : mysticis enim ac secretis Principum consiliis intersunt Consiliarii. Michael Psellus in Vita Simeonis Metaphrastæ : Πρῶτα μὲν ταῖς μυστικωτέραις ἐφεστήκει τῶν πράξεων, καὶ τοῖς ἀποῤῥήτοις βουλεύμασι κοινωνὸς παρειστήκει τοῖς συμβουλεύουσιν. Joannes VIII. Epist. 87. ad Ludovicum Balbum : *Te quoque, fili carissime, auctoritate sancti Spiritus Dei nostri, ad vicem genitoris vestri domni Caroli perpetui Imp. Augusti Asecretis constituo meum Consiliarium, qui, ut dici solet, pars animæ meæ fuit.* Charta Roberti Regis Francorum apud Duchesnium in Probat. Hist. Monmorenciacæ pag. 16 : *Ad Majestatis nostræ mansuetudinem supplex accessit noster Asecretis Manasses Comes, postulans, etc.* Annales Francor. Bertiniani ann. 866 : *Per Waltharium suum Asecretis domesticum, Papæ Nicolao, quæ sibi visa sunt, secretius mandant.* Regino ann. 901 : *Luidwardus Episcopus Vercellensis Ecclesiæ, quondam Imperatoris familiarissimus, et Consiliarius A secreto.* Vide eumdem ann. 887. Apud Hincmarum de Ordine Palatii cap. 16 : *Summus Cancellarius, qui Asecretis olim appellabatur.* Chronicon Moriniacense lib. 2 : *Ad auxilium... Domini Stephani Cancellarii Regis et Asecretis confugerunt.* Gervasius Tilleberiensis MS. lib. 2. de Otiis Imper. : *Consilio Ascretum suorum postposito.* Adde Anonymum de Miraculis S. Hugonis Abbat. Cluniac. in Biblioth. Cluniac. pag. 452. Ingulphum in Hist. Croyland. pag. 878. Chron. Mauriniacense pag. 372. etc. [** Vide Glossar. med. Græcit. Gretserum ad Codinum et Marin. Pap. Diplom. num. 91. not. 6. pag. 300.]

* Nostris *Dire à secret,* pro Secreto dicere, vulgo *En secret.* Lit. remiss. ann. 1452. in Reg. 181. Chartoph. reg. ch. 163 : *Chapponay tira à part le suppliant, et lui dist à secret.*

* **ASEITAS,** vox scholasticorum, Proprietas substantiæ quatenus est per se, et opponitur *Aballeitati.* Vide Diar. Trevolt. tom. 2. Dec. ann. 1737. pag. 2831.

* **ASELGA,** Rivuli nomen, vulgo *Azergue.* Vide infra *Selga.*

¶ **ASELLA,** Axilla, Gall. *Aisselle.* Statuta Synodalia Ecclesiæ Leodiensis apud Marten. tom. 4. Anecd. col. 838 : *Clericus autem et Sacerdos non faciant aperturas sub Asellis in tunica linea vel superpellicio.* [** Gloss. Ælfric. Exemplar. Cotton. Ohsta, *Asella;* fortasse Ohsla legendum. Vide Schmelleri Glossar. Saxon. voce *Ahsla.* Apud Bosworthum Gloss. Anglosax. 52, p. Oxn eadem significatione.]

¶ **ASELLÆ,** Alæ minio, aliove colore in Codd. MSS. pictæ, ad aliquas observationes, additiones, etc. indicandas concludendasve. Chronic. S. Trudonis tom. 7. Spicil. Acher. pag. 442 : *Scripsit igitur* (Rodulphus) *in posteriori parte voluminis inter duas Asellas ita : Graduale, non tam regulare quam usuale, postea neque usuale neque regulare, ut ostenderet, etc.*

¶ **ASELLARE**, Est opus naturæ facere, ut dicitur : *Dum Asellaret emisit intestina.* Vocab. Juris utr. Est pro *Adsellare*, ad sellam ire, ut apud Gallos : *Aller à la selle.*

¶ **ASELLATA** et *Hamata*, Factionum in Belgio nomina, quæ ultra 200. annos sævire; excitatæ a Margareta sorore Guillelmi Hollandiæ Comitis, Ludovici Bavari Imperatoris uxore, quæ cum fratri successisset, atque in domum Bavaricam Comitatum Hannoniæ, Zelandiæ, Hollandiæque intulisset anno Christi 1324. filium Wilhelmum a Comitatu Hollandiæ amovendo, Ludovico substituto, turbarum causa exstitit. Asellata Wilhelmo favit, propugnante Ludovicum Hamata ann. 1350. sed frustra. Mater enim Wilhelmo cedere coacta, et Hannoniam sibi habere jussa est. Lexicon Hofmanni. [* Vide infra *Asselli*.]

* **ASELLI**, Lusoriæ tesseræ, *taxillorum* species. Stat. ant. Cumanæ ex Cod. reg. 4622. cap. 114. fol. 89. r° : *Item statutum est quod taxilli etiam appellentur magregrussi, Aselli, punctati, et quælibet alia instrumenta punctata, cum quibus qui luderent, intelligantur ludere ad taxillos.*

¶ **ASELLIONUS**, pro *Asellus*. Bernardus Thesaurarius de Acquisitione Terræ Sanctæ apud Murat. tom. 7. col. 690 : *Vacca quatuor marchis argenti, quæ a principio dabatur pro solidis quinque. Asellionus vendebatur octo puratis, qui valent denar.* cxx. *solidorum*

1. **ASELLUS**, Machina bellica. Henricus Rosla in Herlingsberga :

> Non hic unigena fabricatur machina : nomen
> Hæc Librilla tenet, quasi saxea pondera librans :
> Obtinet illa suis : sed hirundinis hæc : stat Aselli
> Illa vocata nota, etc.

[Vide Glossar. mediæ Græcit. in Ὄναγρος.]

¶ 2. **ASELLUS**, Species vasis, quæ binas habet aures seu ansas. Petron. Arbiter Satyr. pag. 77 : *Cæterum in promulsidari Asellus erat Corinthius cum bisaccio positus, qui habebat olivas in altera parte albas; in altera nigras. Tegebant Asellum duæ lances.* [** Est vere Asellus ex ære Corinthio factus.]

¶ 3. **ASELLUS**, Corpus humanum suopte impetu pronum ad libidinem. Hieroymus in Vita S. Hilarionis : *Ego*, inquit, *Aselle, faciam ut non calcitres, nec te hordeo alam, sed paleis; fame te conficiam et sitis gravi onerabo pondere; per æstus indagabo et frigora, ut cibum potius, quam lasciviam cogites.* Simili modo Greg. Nazian. Κατὰ σαρκός :

> Θὴρ ἀδάμαστ' ὕλης ἔκγονε μαρναμένης.
> Bellua pugnaci prodita materia.

Vide *Asinus*.

¶ **ASEMOLA**. Vide *Azemila*.

* **ASEMPRE**, Quævis præstatio. Charta ann. 1257. ad calcem Stat. Massil. MSS fol. 100. r°. col. 2 : *Item quistam, toutam, talliam, collectam, exactionem vel Asempre... facere non poterunt*, etc. Vide supra *Adempram*.

* 1. **ASEMPRIVUM**, Jus utendi aliqua re, pascuis v. g. et forestis, quomodo *Adempram* nonnunquam usurpari monuimus supra in hac voce. Charta ann. 1306. pro vicecomit. Lautric. in Reg. 61. Chartoph. reg. ch. 168 : *Usatica, bladatas, bicocarias,..... devesa, Asempriva, aquas, fargas, nemora, herbas, hermecaces, taschas. etc.*

* 2. **ASEMPRIVUM**, Idem videtur quod *Planum*, Ager cultus, vel domus *appenditiæ*. Charta ann. 1385. in Reg. 145. Chartoph. reg. ch. 345 : *Item omnia illa hospitia, ... cum plano seu Asemprivo dictorum hospitiorum quæ sunt situata in juridictione loci de Sancto Paulo de Cadarone.*

ASEMUS, ex Græc. ἄσημος. *Tunicæ Asemæ*, apud Lampridium, sine clavo : σημεῖον clavus vestis. Vide Casaubonum et Salmasium ad Hist. August. et infra in *Episemus*. In Synonymis Chymicis Joannis a Garlandia, pro *Asmum, id est, pondus*, legendum *Asemum*. In Gloss. MSS. Regis Cod. 2062 : Ἄσημον, ὁ ἄργυρος, *argentum infectum*.

¶ **ASENCIA**, Gall. *Aisance*, Facultas utendi rebus alienis tamquam suis. Vide *Aisantia*.

* **ASENIA**, ut *Azenia*, ab Hispan. *Azena*, Moletrina; cujus molæ aquarum vi versantur. Bulla Lucii III. PP. ann. 1184. inter Probat. tom. 2. Annal. Præmonstr. col. 97 : *Asenias, quas habetis in rivo de Agada, et domos, quas habetis in civitate Roderici, etc.*

* **ASENSARE**, Ad censum dare, idem quod *Adcensare*. Charta Petri de Natalibus ann. 1350. ex Tabul. Flamar. : *Terras Asensatas sub sensu dicto cartonum frumenti et avenæ, etc.* Vide *Assensare*.

¶ **ASEPDIUM**, Obsidio, Gall. *Siege d'une ville.* Memoriale Potestatum Regiens. ad ann. 1208. apud Murator. tom. 8. col. 1081 : *Consules civitatis et communis Regii de mense Octobris fuerunt cum carrociis de Parma et de Bononia in servitio Regii ad Suzariam pro Asepdio Suzariæ, quod fecerunt Mantoani.... cum manganis et prederiis.* Melius legeretur *Assedium* ab *Assedio* : quod idem est apud Italos.

* **ASERAIRIA**, pro *Asinaria*, ni fallor. Servitium, quod cum asinis domino debetur. Pactum inter Aymer. de Narb. et abbat. de Quadrag. ann. 1317. in Reg. 61, Chartoph. reg. ch. 433 : *Super omnibus universis et singulis censibus, usaticis, agreriis et terræ meritis, Aserairiis, boayriis, et servitutibus ac redditibus quibuscumque.* Vide infra *Asiniairia*.

* **ASERRIO**, Animalium morbi genus, apud Hispanos. Gloria posth. S. Nicol. Tolent. tom. 3. Sept. pag. 703. col. 2 : *Cum cujusdam villici Cordubensis plurimi boves morbo, qui* (*Hispanice*) *Aserrio dicitur, periissent, etc.*

¶ **ASERTIUM**, An desertum? De constructione castri Saphet, apud Baluz. tom. 6. Miscel. pag. 358 : *Et cum venisset ad Saphet invenit ibi Asertium sine ædificatione, ubi quondam fuerat castrum nobile ac famosum.*

* **ASETUM**, f. Nomen loci, nisi idem sit quod *Aisamentum*, Pertinentiæ scilicet, ubi libere percipi possunt *Aisentiæ*. Vide supra in hac voce. Charta ann. 1149. in Append. ad tom. 6. Annal. Bened. pag. 724. col. 1 : *Et quod habent apud Villers in Aseto et villa subtus Firmitatem, et terragia terrarum, quæ per ministros eorum ruptæ fuerunt.* Vide mox *Asia*.

¶ 1. **ASIA**, pro *Acia*, Filum. Supplem. Antiquarii : *Asia*, ῥάμμα, *Filum, Acia.*

* 2. **ASIA**, Idem quod *Aisiæ*, Pertinentiæ, ubi libere percipi possint *Aisamenta*, Gall. *Communes*. Permut. inter dom. de Brolio et præcept. de Carboner. in Arvern. ex Reg. 72. Chartoph. reg. ch. 388 : *Item et de quodam orto sito in Asiis de Solinhaco.... Quatuor copas avenæ de et super quodam curtili, et quodam orto cum suis Asiis, quæ contigua sunt et sita in villa de Solinhac.* Vide *Aisantia*.

¶ 1. **ASIAMENTA**, Commoditates, necessaria variis vitæ usibus; ac præsertim Jus utendi rebus alienis, Gall. *Aisances, Aisemens.* Concordia Capituli Eduensis cum Domino de Perreria ann. 1257 : *Habent autem homines dictarum villarum usagium suum in dictis nemoribus pro omnibus suis Asiamentis faciendis.* Litteræ de Custodia Regni Scotiæ apud Rymerum tom. 2. pag. 726 : *Sciatis quod constituimus... custodem nostrum regni et terræ Scotiæ; ita quod omnia castra et fortalicia nostra in eodem regno existentia, quotienscumque voluerit ingredi et in eis morari, et Asiamenta sua habere possit pro suæ libito voluntatis.* Lamberti Hist. Comitum Ardensium apud Ludewig. Reliq. MSS. tom. 8. pag. 547 : *A superiori parte vivarii usque in Fulberti boscum vel nemus extendit communia populi sui Asiamenta.* Vide *Aisantia*.

* 2. **ASIAMENTA**, Instrumenta, Chartæ. Stat. civit. Astæ cap. 25. pag. 13. v° : *Teneatur ipse potestas.... reddere seu consignari et reddi facere in consilio et in credentia novi potestatis officialibus, qui custodiunt scripturas, et cartularios, et Asiamenta communis, omnes et singulos libros et scripturas communis.*

* **ASIAMENTUM**, Quidquid rei alicui perficiendæ commodum est. Stat. Vercel. lib. 3. pag. 77. r° : *Item quod si alicui carcerato dicti communis, vel carceratis fuerit inventa lima, limæ vel ferramenta, ... sive Asiamenta apta ad carceres rumpendos, compedes limandas, etc.* Vide supra *Aisamenta*.

* **ASIANZIA**, Commoditas, usus, Gall. *Aisance.* Charta Hugonis episc. Autiss. in Chartul. Pontiniac. ch. 148 : *Concesserunt memoratæ ecclesiæ quicquid ipsa possessionis atque consuetudinis ad Asianzias suas acquirere poterit.* Vide supra *Aisientia*.

ASIATIM. Concilium Basiliense sess. 21 : *Laudes divinas per singulas horas, non cursim ac festinanter, sed Asiatim, ac tractim, ac cum pausa dicenti, etc.* Sed legendum videtur *Asciatim*, id est, *divisim*. Joan. de Janua : *Asciatim, adverbium, id est, dolatim, cesim, carptim, divisim, et dicitur ab asciare, vel ascia.* [* Vide infra *Assiatim*.]

* **ASIDA**, *Avis*, *strutio*. (struthio, Gall. *Autruche*) *vel stella*, in vet. Glossar. ex Cod. reg. 7613. Aliud ex Cod. 7646 : *Asida, struccio. Asida, animal est quod Græci structucamelon, Latini struccionem dicunt.* Gr. στρουθοκάμηλος, struthiocamelus. Vide infra *Assida*.

* **ASIDERATUS**, Paralysi percussus, Ital. *Assiderato*. Charta ann. 1167. apud Murator. tom. 4. Antiq. Ital. med. ævi col. 261 : *Et jurare faciam omnes homines masculos mecum habitantes, ... exceptis clericis, commissis, Asideratis, mutis, cæcis.* Vide *Sideratus*.

* **ASIFONIATUS**, Ablatus, sublatus, Gall.

Enlevé, ôté. Epist. 9. Hadriani I. PP. ann. 776. tom. 4. Collect. Histor. Franc. pag. 553 : *Itaque valde tristes effecti sumus quoniam Asifoniatas bullas ejusdem epistolæ reperimus.*

* **ASIGA**, Piscis e mugilum fluvialium genere, leuciscus; Gall. *Vendoise.* Charta ann. 1318. in Lib. rub. Cam. Comput. fol. 536. v° : *Concessit redditum sexaginta piscium, vocatorum Asigas, Gallice Vandaises, qui eidem domino regi debebatur in dictis locis, et hoc sine pretio.* Vide infra *Assieiga.*

¶ **ASIGNÆ**, κρέα μεριζόμενα, *Viscerata, carnes in populum distributæ.* Supplem. Antiquarii. Forte legendum *Assignatæ*, supplendo *Carnes;* quia distributio fit iis, quibus *assignatur.*

¶ **ASIGNARIUS**, [* perperam pro *Asinarius.*] Vide infra *Poignia.* [* Ita et

* **ASIGNATA**, pro *Asinata*, in Charta ann. 1326. ex Reg. 65. Chartoph. reg. ch. 278 : *Acquisiverunt tertiam partem unius Asignatæ vini, dicti de moitié.* Vide infra *Asinata.*

¶ **ASILE**, Assula seu lignea tabula tectis cooperiendis apta apud Marten. tom. 5. Anecd. in Onomastico : *Adalardus Abbas noster hanc Ecclesiam Asili coopertam plumbo cooperiri fecit.*

* **ASILLUS**, pro Asylus. Glossar. vet. ex Cod. reg. 7641 : *Asillus, quem non licet expoliare propter venerationem.*

* **ASINA** Curta, Onus asinæ mutilæ seu cui cauda decisa est. [** Quid cauda ad onera ferenda?] Chartul. S. Germ. Prat. sign. tribus crucibus fol. 75. r°. col. 2 : *Idem Johannes reclamabat in toto nemore Antoniaci... cotidie duos asinos et unam Asinam curtam, et usuarium domino de Molnellis. Asinata de lignis*, in Hist. MS. Montis maj. fol. 195. Vide mox *Asinata* et *Curtare.*

¶ **ASINADA**, Onus asini, Gall. *Asnée.* Tabularium Camalariense : *Domino Aniciensi una vini Asinada.* Vide *Asinata.*

ASINARE, Asino vehi, apud Luithprandum in Legatione [** Pertzio pag. 360. lin. 41.] : *Asinando, ambulando, equitando.* Olim asino vehebantur humiliores. Lampridius in Heliogabalo : *Quæ pilento, quæ equo sagmario, quæ Asino veheretur.* Chrysostomus in Epist. ad Titum observat, Patriarcham Constantinop. asino vehi solitum : ἐπὶ ὄνου ὀχεῖται.

¶ **ASINARIA**, Servitium Domino exhibendum cum asino. Charta anni 1174. inter Instrum. tomi 3. novæ Gall. Christ. col. 237 : *Ego Guillelmus Feraldi indebitas exactiones, quas Ecclesiæ B. Mariæ de Toramina faciebam... scilicet carruatus, Asinarias, clausuram castelli, excubias ad custodiam castelli, omnes exactiones injustas relinquo.* Charta Ludovici Franc. Regis ann. 1173. apud Stephanotium tom. 1. Antiquit. Occitan. MSS. pag. 455 : *Nullus Comes aut Vicecomes... in alodio præfatæ Ecclesiæ S. Stephani in toto episcopatu Agathensi.... audeat exigere albergam vel petitionem domorum, neque bovariam, neque Asinariam, neque in pontibus navalibus seu aliis usaticum, etc.*

* **ASINARIUM**, Onus asini. Charta Henr. reg. Angl. pro monast. Montisburgi in Reg. 119. Chartoph. reg. ch. 42 : *Recipiunt... decimam totius cavagii de aqua de Vernum integre et plenarie, cum decima Asinariorum.* Vide mox *Asinata.*

1. **ASINARIUS**, ὀνηλάτης, in Gloss. Græc. Lat. Bernardus Mon. in Consuet. MSS. Cluniac. cap. 8 : *Asinarios, qui ligna de silvis deferunt.* [Vox nota Catoni, Suetonio et Varroni.] Vide *Vigiles.*

¶ Asinarii per convitium olim dicti sunt Christiani non minus ac Judæi. Vide Baronium ad ann. 42. n° 33 et ad ann. 201. n° 21. 22. etc.

* 2. **ASINARIUS** Sancti Petri, Vox injuriosa. Inventar. ann. 1271. in Access. ad Hist. Cassin. part. 1. pag. 328. col. 2 : *Item homo qui dixit, Asinarius S. Petri, tenetur solvere augustalem unum.*

ASINATA, Onus asini. Tabularium Ecclesiæ Viennensis : *Et in decimis, quas ibidem habeo singulis annis, duas Asinatas vini, et unum sextarium avenæ.* Alio loco : *Easdem decimas ita concedit, ut inde singulis annis investituram, eminam frumenti et Asinatam vini sibi vel successoribus ejus persolvat.* Charta ann. 1233. in Bibl. Sebus. : *Voluit ut a debitoribus vinearum decimam recipiat, quamquam noluerint, antequam perveniat ad decimam Asinatam.* [Histor. Mediani Monast. pag. 309. in Charta Pontii Abbatis ann. 1186 : *Et debebamus illis duodecim solidos et vas vini continens duodecim Asinatas.*] Charta anni 1283. in Regesto Feodorum Burgundiæ fol. 73 : *Sur laquelle terre nous avons 18. livres de sols Viennois de servise, et 4. Asnées de frement, etc.* Charta Matthæi Comitis Bellimontis : *Dedit... usuariam consuetudinem in nemoribus suis, quantum quidem Asinus ad usum eorum afferre poterit, etc.* [*Duo Asini onerati de vino*, in Chartulario Saviniacensi fol. 128. ubi etiam fit mentio *quatuor Asinatarum feni.* Hujuscemodi *Asinatas feni* alibi vix reperias.] [** Conf. *Assinus.*]

[* *Asinata*, onus equi aut jumenti, ut colligitur ex Lit. remiss. ann. 1377. in Reg. 110. Chartoph. reg. ch. 349 : *Cuidam homini cui obviaverunt, unam Asinatam seu chargiam vini, quam desuper equum vel jumentum, ducebat, abstulerunt.* Aliæ ejusd. in Reg. 111. ch. 41 : *Guillaume sire de Saint-Amour et de Vincelles... avoit contraint ledit Renel de composer à lui à xx. Asnées, et ledit Gauvain à viij. Asnées de vin.*]

☞ Quamvis *Asinata* pro onere quod ferre possit asinus, sumatur, non tamen semper ejusdem est ponderis. Lugduni duæ sunt Asinatarum species : vulgaris una et civium, quæ constat sex bichetis; altera mercatorum et granataria septem est bichetorum : bichetus autem Lugdunensis est 60. librarum. Asinata Dombensis octo bichetos Tossiacensis antiqua octo, hodierna novem bichetos seu decem et octo cupas continet. Sed bicheti quoque non unum est pondus omnibus in locis. Qua de re vide Colletum pag. 74. et seqq. ubi refert quasdam mensuarum differentias in Bressia.

☞ In iisdem locis *Asinatam* et *Sextarium*, interdum saltem, promiscue sumta fuisse docent nos duæ Chartæ ex Chartulario Cluniacensi. In priori anni 1132. charactere Gothico exarata : *Definitum est, ut septem Asinatas segulæ Ecclesiæ Ambroniacensi pro omnibus propriis decimis per singulos annos fratres* (Cluniacenses) *de Prins persolvant;* in posteriori vero, quæ est anni circiter 1140. legitur : *Abbas et Monachi Ambroniacenses cedunt ex causa permutationis Abbati Cluniacensi septem Sextarie annonæ, quæ solebant accipere in area da Prins.* Dubium non est, quin septem *Asinatæ segulæ* prioris Chartæ sint eadem ipsa septem *Sextaria annonæ* in posteriori memorata.

¶ **ASINDULUM**, Lampas, pro *Cicendulum* vel *Cicendela*, quæ pro Lampade et candela usurpantur interdum; quamvis cicendela proprie sit vermis species noctu lucens, Gall. *Ver luisant.* Vita S. Willibaldi Episc. tom. 2. Julii pag. 507. F : *Et in medio Ecclesiæ stat de ære factum sculptum ac speciosum et est quadrans. Illud stat in medio Ecclesiæ, ubi Dominus ascendit in cœlum. Et in medio æreo est factum quadrangulum; et ibi est in vitreo parvum Asindulum, et circa Asindulum est illud vitreum undique clausum. Et ideo est clausum, ut semper ardere possit in pluvia et in sole.*

* **ASINEUS**, Mensuræ frumentariæ species, idem quod supra *Aissinus.* Charta ann. 1242. in Chartul. Cluniac : *Pro lxiiij. solidis fortium Lugdunensis monetæ et quinque Asineis siliginis, et novem bichetis milii.* Vide infra *Asinus* 5.

* **ASINIAIRIA**, Servitium, quod cum asinis domino debetur. Charta ann. 1251. ex Tabul. capit. Carcass. : *Usaticos, boairias, Asiniairias, adempramenta, foriscapia, dominationes et dominium... eidem capitulo constituimus.* Vide *Asinaria.*

* **ASINITAS**, Asininus stupor. Glossar. Gall. Lat. ex Cod. reg. 7684 : *Asnerie, Asinitas.* Aliud vero est *Asnerie*, in Charta ann. 1308. ex Reg. 40. Chartoph. reg. ch. 109 : *Les devant dix fermiers, muniers ou Asners desdiz moulins... paieront chascun an.... aus rentiers ou aus fermiers, qui tenront les rentes ou fermes de ladite ville de Meleun, quatre livres de Parisis,... et pour tant seront quite, franc et delivré.... de tous autres servitutes paier quant pour raison d'Asnerie.* Qua voce significatur præstatio, quæ pro farina asino vehenda solvebatur. Vide infra *Asnagium* 2.

* **ASINTURA**, an pro *Accinctura*, ambitus, Gall. *Enceinte?* Reg. Philippi Aug. ex Cod. reg. 4653. A. : *Habet octavam partem criagii de foresta de Celes et quadrans Asinturæ, villam et prata. Rasintura*, in alio Cod. 4651. non magis dilucide. Vide supra *Accincta* et *Ascinus.*

¶ **ASINULUS**, pro *Asellus*, in Vita S. Evermari Mart. tom. 1. M. pag. 133 : *Hæc dicens baculo pro scabellis subnixus pedetentim domo egreditur, et vectore Asinulo suo ad Episcopum revertitur.*

1. **ASINUS.** Aimoinus Floriac. lib. 3. de Miraculis S. Benedicti cap. 4 : *Gaufredus propter vires, non propter pigritiam, Asinus cognominatus.*

¶ 2. **ASINUS**, Metaphorice, Corpus humanum pronum ad libidinem. S. Paulin Poëmate 21. pag. 115. edit. 1685 :

Sit fortis anima mortificans Asinum suum.

Vide *Asellus* 3.

¶ Asinorum Festum. Vide in *Festum.*

Asinorum Ordo, ita dictus Ordo S. Trinitatis, seu *Mathurinorum*, quod, cum iter agerent, asinis tantum vehi iis liceret, no equis, ut habet Albericus, et ex eo Magnum Chronicon Belgicum ann. 1199. Vetus Chronicon tom. 2. Spicilegii : *Anno Domini 1198. Pontificatus Innocentii PP. III. ann. 1. cœpit et institutus est Ordo S. Trinitatis, quem solebant appellare Ordinem Asinorum, eo quod asinos equitabant, non equos.* Eorumdem Regula, quæ habetur lib. 1. Epist. Innocentii III. pag. 306. Edit. Venetæ : *Equos non ascendant, nec etiam habeant; sed Asinos tantum liceat ascendere datos, vel accommodatos, vel de propriis nutrituris susceptos.* Sed id immutatum in Regula iis tradita a Clemente PP. ann. 1267. cap. 2. ubi hæc habentur : *Liceat Fratribus equos ascendere, et equituturas tales habere, quales potuerint, et sibi viderint expedire, dum nimis notabiles non existant.* Computum Hospitii Regis ann. 1330 : *Les Freres des Asnes de Fontainebliaut, où Madame fut éposée.*

Asinorum Sepultura. Vide *Imblocatus*.

* 3. **ASINUS**, pro Onus asini. Necrol. MS. abbat. Heder. ad XVIII. Kal. Febr.: *Obiit Hugo et Harvidis uxor ejus, qui dederunt nobis unum modium frumenti in molendino de Brancio et duos Asinos de nemore suo.* Vide supra *Asina Curta*.

* Asini Caudam in manu tenere, Pœna seu mulcta, quæ reis primum in confusionis suæ ignominiam irrogari solebat, ut colligitur ex decreto Nepesini populi ann. 1131. quod refert Murator. tom. 2. Antiq. Ital. med. ævi col. 332 : *Non ejus sit memoria, sed in Asella retrorsum sedeat, et caudam in manu teneat.* Iis deinde imposita, quos ignaviæ arguebant, et maxime maritis, qui a suis vapulabant mulieribus : quod eo usque insaniæ deventum erat, ut, si maritus aufugisset, proximior vicinus eam ipse pœnam luere teneretur; quem morem non omnino periisse audivi. Lit. remiss. ann. 1375. in Reg. 108. Chartoph. reg. ch. 59 : *Comme yceulx conjoins eussent eu n'a gueres debat et riote l'un à l'autre, et tant eussent procédé en paroles, que ladite femme fery, bati et villena sondit mary. Pour cause et occasion duquel fait et bateure, lesdiz Juif et Juive se doubtent que par la rigueur et coustume du pais de nostre dite ville de Senliz, ilz ne soient contrains et condempnez à chevauchier un asne, le visaige pardevers la queue dudit asne, ou en autres villenies et détestable amende, etc.* Aliæ ann. 1404. in Reg. 159. ch. 259 : *Comme le suppliant et un appelé Perrenet André, qui estoient demourans à Cocherel en la conté de Dreux, . . . pour ce que en ladite ville de Cocherel avoit une femme, qui avoit batu son mary, feussent alez. . . querir un Asne pour icellui asne chevaucher et faire un esbatement que l'en disoit, et a acoustumé de faire au pais, quant les femmes batent leurs maris.* Aliæ ann. 1417. in Reg. 170. ch. 10 : *Lequel Girault a dit publiquement à la cohue de Merempire* (en Saintonge) *que ma femme m'a batu, et qu'il convient chevaucher l'asne.* Aliæ ann. 1383. in Reg. 122. ch. 267 : *Icelui Martin commenca à dire que Jehanne femme de Guillaume du Jardin de la paroisse de sainte Marie des Champs, près Vernon sur Saine, avoit batu sondit mary, et qu'il convenait que ledit Vincent, qui estait le plus prouchain voisin d'icelluy mary batu, chevauchast un Asne parmi la ville et feist pénitence en lieu dudit batu. . . . Ledit Martin. . . . de fait prist un asne, qui estoit en la maison dudit Vincent, et ledit asne chevauchast parmi la ville, tourné le visaige pardevers le cul dudit asne, en disant et criant à haulte voix, que c'estait pour ledit mary, que sa femme avoit batu.* Vide infra in *Captivare* 2. Aliud vero sonat eadem vox in Lit. remiss. ann. 1447. in Reg. 176. ch. 561 : *Pour payer leur escot, les supplians promisdrent payer par forme d'Asne, iiij^c. tourteaulx de guesde. . . Pour payer leur part de laditte Asnée et autres despens, etc. Pour leur part dudit Asne, etc.* Ubi videtur esse spontanea impositio, quæ in æquas portiones partitur. Vide mox *Asisida*. [** Confer Grimmii Antiquit. Juris Germ. pag. 722. num. 6. Videbis ibi in Germania non maritis qui ab uxoribus vapulabant, sed iis ipsis mulieribus pœnam hanc irrogatam fuisse. Alibi perjuri istam contumeliam subibant. Barletæ Sermon. fer. 5. hebdom. 3 : *Præterea antiquæ leges puniunt sacramentum falsum, ut ponantur super Asinum cum cauda in manu, et quod a parvulis cum ovis lapidentur et cum tympanis associent per civitatem.*]

* 4. *Asinus, Panibus plenus, i. sufficienter ornatus; vel forte sicut ex bove et hirco utres fiunt, ita de asinis fiebant sacci ad aliqua ferenda.* Glossæ Biblicæ anonymi ex Bibl. reg. [** 1. Reg. 16, 20.]

* 5. **ASINUS**, Modus agri, a mensura frumentaria ejusdem nominis sic dictus, idem quod *Assinus*. Vide in hac voce, et supra *Asineus*. Charta ann. circ. 1200. in Chartul. S. Joan. in Valle : *Herebertus Rainoldi de Osainvilla filius et Girardus frater ejus vendiderunt nobis terram unius Asini, quam, in Osainvilla hæreditario jure possidebant.* Nisi *Terra unius asini* ea sit, cui colendæ asinus satis est, eadem acceptione qua *Bovata terræ*. Vide ibi.

¶ **ASISIDA**, Partitio, distributio, ut videtur, venationis. Charta ann. 1227. ex Archivo S. Victoris Massil. : *Recognosco quod ego non debeo aliquid habere in territorio de Salernis in Asisidis de quarteriis cervorum vel aprum, vel aliarum venationum.*

¶ **ASISINUS**, Sicarius, Gall. *Assassin.* Littera Martini Papæ Regi Angliæ apud Rymer. tom. 2. pag. 236 : *Lætiferas inimici hominis Asisini... insidias, quamvis gravibus confossus vulneribus evasisti.* Vide *Assasini*.

* **ASISTRIA**, pro *Ascetria*. Vide in hac voce. Glossar. Provinc. Lat. ex Cod. reg. 7657 : *Monega, Prov. Asistria, monialis, monacha.*

* 1. **ASIUM**, Ager, vel terræ inculta, ædi alicui adjacens, Arvernis etiam nunc *Aize*. Terrear. castell. *d'Ibois* ex Reg. 24. Chartoph. reg. fol. 81. r° : *Unam cartam frumenti pro quibusdam curtili, grangia et Asio contiguis.* Vide *Aiacis* 2. et infra *Azium*.

* 2. **ASIUM**, Vox generica, qua ustrina vel officina quævis ad aquas extructa, significatur. Stat. Montis-reg. pag. 248 : *Item statutum est quod nulla persona audeat vel præsumat facere vel tenere in dicta bealeria seu bealeriis aliquod molendinum seu tornaglium, vel aliquod aliud Asium, sub pœna librarum decem Asten.* Vide infra *Usina*.

* **ASLEVA.** Charta Sigiberti reg. Franc. ann. circ. 640. in Suppl. ad Miræum pag. 2. col. 2 : *Similiter* (concessimus) *de suo ipso castro ex alia sylva dominica alias tres leuvas, et in directum item tres Aslevas.* Ubi leg. forte *Tres alias leuvas.* [** Ita est apud Brequinium num. 120.]

¶ **ASLUM**, *Spolium.* Papias MS. Ecclesiæ Bituricensis. [** Græce Ἄθλον.]

¶ **ASMA**, pro *Asthma*, Gall. *Asthme.* Miracula S. Francisci Solani tom. 5. Julii pag. 893. B : *Decrescente quotidie Asma, se ad finem impleti promissi penitus incolumem vidit.*

¶ **ASMERCIAMENTUM**, Multa pecuniaria delinquenti imposita. Charta Ballivi Rotomag. ann. 1285. ubi hæc referuntur ex alia Charta Henrici II. pro Monachis Beccensibus : *Volo et firmiter præcipio quod sint quieti in perpetuum de omnibus placitis et Asmerciamentis undecumque sint et de omni thelonio per totam terram meam.* Vide *Amerciare*.

* **ASMORIA**, pro *Armoria*, Armarium, Gall. *Armoire.* Lit remiss. ann. 1357. in Reg. 89. Chartoph. reg. ch. 317 : *In eadem domo violenter intrarunt, ... verrerias, scamna, Asmorias et archas fregerunt.*

¶ 1. **ASNAGIUM**, Idem quod *Asinaria* seu servitium exhibendum cum asino. Tabular. S. Vandregesili tom. 1. pag. 50 : *Quod quidem tenementum dicti Religiosi mihi tradiderunt ex excambio... exceptis tantummodo Asnagio et fenagio et custodia et ductu latronum. Actum ann.* 1259. Ibid. pag. 958 : *Exceptis Asnagio, fenagio et ductione latronum.* Chartular. S. Vedasti Attrebat. pag. 265 : *In Blangi molendinis quatuor, qui farinas tenent, emunt asinos... asinarii Celerario fidelitatem faciunt : Asnagium habent qui et farinas.*

* 2. **ASNAGIUM**, Præstatio, quæ pro farina asino vehenda, vel loco servitii asinini, solvitur. Reg. S. Justi ex Cam. Comput. Paris. fol. 206. v° : *Asnagium villæ valet xx sol.* Quo etiam sensu accipiendum *Asnagium* ex Chartul. S. Vedasti supra laudatum. Vide *Asinitas*

* **ASNEE**, *est lanugo vetustarum arborum : apud Avicennam scribitur Usnee, sed ipsum est in littera Alif. Asnen, etiam apud Avicennam scribitur Usnen, et est pulvis abstersivus, quo Saraceni mundificant sibi manus.* Glossar. medic. Simonis Januens. ex Cod. reg. 6959. Nostris etiam *Usnée*, muscus quercinus.

¶ **ASNERIUS**, Asinarius, Mulio, Gall. *Asnier, Muletier.* Hist Dalphin. tom. 2. pag. 309 : *Duo Asnerii qui ducant sex mulos hospitii prædicti.*

¶ **ASO.** Vett. Formulæ Andegav. art. 20 : *In Dei nomen ille, delectissimo nostro illo. Noverit iste pro Divinitatis intuitu et animæ meæ remedium, vel æterna retributione tua, eatenus a die præsente ingenuum esse præcipimus, tanquam ab ingenuis parentibus fuisses procreatus, et nullius tibi heredum ac proheredum meorum nec servicium nec ullum obsequium ultra debere cognuscas, sed potius Aso defensione sanctum illius in integra valeas residire ingenuitas.* Forte legendum *Sub* pro *Aso*. Et quidem in alia ingenuitatis formula 23. inter easdem Andegavenses habetur : *Quicquam redebere cognuscas, nisi sub defensione sancti Basileci, etc.* Nec ab ea discrepat quæ lib. 2. Formul.

Marculfi cap. 34. legitur : *Nisi sub integra ingenuitate defensione, etc.*

ASOLA. Matth. Silvatic. in Pandect. Medic. : *Anse, est modus ligationis, et nodationis, qui vulgo dicitur Asola, quasi nodus, qui immediate, cum quis vult, solvitur.* Vox Italica.

¶ **ASOLETUM**, *Allisum*, *Assolentes*, *Assilientes*, apud Papiam in MS. Bituric.

¶ **ASOLIA**, f. pro *Asotia*; Græcis enim est ἀσωτία, luxus, vita dissoluta et ἄσωτος, luxuriosus, perditus : quæ maxime conveniunt *Ribaldis*, quos omnibus vitiis deditos fuisse constat. Concil. Rotomag. ann. 1231. can. 10. apud Marten. pag. 245. Collect. Vett. Script. in 4° : *Statuimus quod Clerici Ribaudi, qui dicuntur de familia Asoliæ... tonderi præcipiantur, vel etiam radi, ita quod eis non remaneat tonsura clericalis.*

* **ASONGIA**, Axungia, in Stat. Placent. lib. 6. fol. 68. r° : *Nullus ducat, vel exportari faciat extra districtum Placentiæ Asongiam, ligna, carnes, etc.* Vide *Asungia.*

* **ASORTIRE**, Ital. *Assortire*, Seligere, secernere. Modus exigendi gabellam Saonæ ann. 1526 : *Item pro coreis Sordeschis Asortitis, a civibus, denarium unum cum dimidio*; nisi sit pro Præparare, subigere.

* **ASOZARE**, In societatem seu *Socidam*, hoc est, ad medietatem fructuum dare. Stat. Vallis-serianæ cap. 17. ex Cod. reg. 4619. fol. 110. v° : *De qualibet bestia viva, quam vendet, donabit, vel emet seu Asozabit, etc.* Vide infra *Sozidum.*

* 1. **ASPA**, Uncinus, fibula, Gall. *Crochet*, *Agraffe*, Anglis *Hasp*, eadem notione. Stat. civit. Mutinæ rubr. 294. pag. 58. r° : *Quod ad hauriendam aquam* (de puteo) *sit volgolus habens catenam lungam cum duabus fitulis.... Et quod ad ipsum volgolum sint Aspæ opportunæ ad hauriendam aquam.* Vide *Haspa.* Unde

* 2. **ASPA**, Impedimentum, laqueus, quo cujusvis animalis pedes illigantur, ne evagari possit. Inquisitio ann. 1273. in Access. ad Hist. Cassin. part. 1. pag. 337. col. 2 : *Item si contingat aliquem invenire et deprehendre porcum seu scrofam non portantes Aspam.... in damno, ... licet sibi occidere.* Vide *Aspidicæ.*

ASPAGIUM, Aspatgium, Juris dominici species. *Aspagium*, apud Columbum in Historia Episcoporum Valentin. pag. 199.

Astpagium, in Charta de affario *de Lodieres* in Arvernis ann. 1468. qua nescio quis dimittit *jus investiendi, devestiendi clamores, sanguinem, banna, emendas, Astpagia, incisionem, etc.* Vide *Haspagium.*

*Illud ipsum jus est, quo animalia vagantia et errantia, quæ, cujus juris sint agnosci non potest, domino prædii in quo reperta sunt, addicuntur; idem proinde quod *Spaviæ.* Vide in hac voce. Pariag. inter reg. et monast. Obasinæ ann. 1329. in Reg. 66. Chartoph. reg. ch. 484 : *Item Aspagium quorumcumque animalium se immiscentium gregibus vel armentis dictorum religiosorum, vel quorumcumque aliorum in tota terra pariagii ad dominum regem et dictos religiosos communiter pertinebit.* Charta ann. 1343. in Reg. 74. ch. 514 : *Cum... vectigalibus, barcagiis, Aspagiis, costumis, etc.* Vendit. vicecomit. Turennæ ann. 1350. in Reg. 80. ch. 156 : *Cum pedagiis, baragiis, leudis, Aspagiis, dralhis et guidagiis, etc.* Infra : *Aspatgiis.* Charta Joan. comit. Armaniaci ann. 1357. in Reg. 159. ch. 25 : *Concedimus Guillelmo Rolando militi.... Aspatgia seu panagia animalium equinorum, bovinorum, et aliorum quorumcumque, quæ in terris, pratis, rameriis, et aliis possessionibus dicti militis errantes pervenerint, et non poterit reperiri cujus sunt.* Ita etiam leg. mox pro *Aspargia.*

ASPALDARE, [Lorica locum munire, ab Italico *Spaldo*, quod Loricam significat, Gall. *Epaulement.* Hispanis, *Espaldar*, est ferreum humerale, nostris *Epauliere.* Est ergo *Aspaldare*, idem quod *Epauler*, Loricis vallare.] Charta Papiensis ann. 1179 : *Ad præparandum ipsos duos locos... videlicet ad fossidandum et Aspaldandum, et faciendum baltreschas.* Italis *spaldo* est meniani species.

* **ASPALDUM**, Aspaldus, Lorica, ab Ital. *Spaldo*, Gall. *Épaulement*, propugnaculi species sive ex lapidibus, sive ex tabulis. Guido de Vigevano de Modo acquirendi T.S. MS. : *Et pro faciendo Aspaldum pontis, ponantur in capite assidum longe a ripis uno semisse duæ axæ ferri, cum duobus capitibus sic factis.... Et ex ipsis fiat Aspaldum pontis taliter, quod subito et sine briga possit poni et amoveri.* Charta ann. 1199. apud Murator. tom. 4. Antiq. Ital. med. ævi col. 368 : *Mediolanenses destruent betfredos, beltreccas, Aspaldos..... castrorum, quæ Modiolanenses habent seu tenent in episcopatu Laudensi.* Vide *Spaldum.*

* Aspaltum, Eadem notione, in Chron. Modoet. apud eumd. Murator. tom. 12. Script. Ital. col. 1156 : *Pinella jussit fieri fossum et de assidibus Aspaltum.*

¶ 1. **ASPAR**, *Asparis, ubi lanceæ tenentur.* Ita in Gloss. MS. Monasterii S. Andreæ Avenion.

* 2. **ASPAR** *dicitur ex asseribus paries paratus. Unde in Doctrinali : Asparis usus habet et bostaris.* Conradi Fabularius ex Cod. reg. 8169. A.

ASPARGIA, Aspergia, Præstationis species. Charta Ceciliæ Comitissæ Convenarum ann. 1301. apud Justellum in Hist. Turenensi pag. 103. 104. 105 : *Cum jure percipiendi et exigendi pontonagia, pedagia, botagia, drathas, guidagia, Aspergia, leudas, etc.* Occurrit ibi pluries, et in Chartis sequentibus, ubi *Aspargiis* scribitur.[* Perperam pro *Aspatgia.* Vide supra *Aspagium.*]

* **ASPARGUS.** Tract. MS. de Piscibus ex Cod. reg. 6838. C. cap. 58 : *Piscis, qui dicitur Plinio sparus, aliis spargus, Æliano additis literis Aspargus, ... Italis sparlo nuncupatur, aliquibus carlino et carlineto, nobis sparallon, Hispanis spargoil.* Vide infra *Asperagus.*

¶ **ASPATA**, Eunuchus, spado, apud Dion. Carthusiensem.

* **ASPATGIUM.** Vide supra *Aspagium.*

¶ **ASPECTAMEN**, Aspectus. Claud. Mamert. 2. 12. ex emendatione Barthii : *Sunt ne hæc omnia genti mortalium vel convenientia vel jucunda Aspectamini?*

¶ **ASPECTIO**, pro *Aspectus*, apud Guibertum Abbatem de Novigento in Epist. de Buccella Judæ cap. 3. [** Festus in Fragment. Lindemanno pag. 257 : *Spectio in auguralibus ponitur pro Aspectione.*]

* **ASPECTURARE**, *Voluptuose intendere.* Glossar. vet. ex Cod. reg. 7641.

¶ **ASPECULATIO**, *Assensio.* Papias MS. Forte legendum *Astipulatio.*[* *Aspiculatione, adsensione*, in vet. Glossar. ex Cod. reg. 7646.]

* **ASPEN**, Glossæ Cæsar. Heisterbac. in Reg. Prum. tom. 1. Hist. Trevir. J. Nic. ab *Hontheim* pag. 668. col. 1 : *Faculæ sunt ligna arida, quæ vulgariter appellantur Aspen.*

* **ASPERAGUS**, Idem qui supra *Aspargus.* Glossar. Prov. Lat. ex Cod. reg. 7657 : *Asperagus, spargium, Remiaconilh, Provin.*

¶ **ASPERELLUS**, Accipiter, Gall. *Epervier.* Acta SS. Bened. sæc. 5. pag. 275. in Vita S. Geraldi Abb. : *Illis vero sermocinantibus, pieque alternatim contendentibus, ecce ales cognomine Asperellus in eadem arbore suos confovens fœtus piscem non modicum projecit ad pedes ejus... Pullis tamen Asperelli, de reliquis mandans superferri, etc.*

¶ **ASPEREMUS**, f. pro *Aspiremus.* Fredericus Imperator ad Conradum filium apud Marten. tom. 3. Anecd. col. 12 : *Benedicat itaque dextera nostra tibi, et tuorum incrementis bonorum ac felici tuo paternæ zelo sollicitudinis Asperemus, orantes.... ut de virtute proficias in virtutem, etc.*

¶ **ASPERGERE** monetam, Gall. *Répandre de la monnoye, lui donner cours.* Histor. Affligen. tom. 10. Spicil. Acher. pag. 622 : *Anno 1209. fuit Aspersa Moneta de Bossanaya quæ duravit tres annos.* Vide Chronicon Barcinon tom. 3. Concil. Hisp. pag. 544. ubi *Aspersa Moneta* pluries repetitur.

¶ **ASPERGERIUM**, Aspergillum, Gall. *Goupillon.* Cod. MS. Ecclesiæ Noviomensis, in quo ejusdem vasa et ornamenta recensentur : *Item unus situlus cum Aspergerio argentei pro aqua benedicta.*

* **ASPERGES**, Aspergillum, quomodo etiam Galli dicunt, vulgo *Goupillon.* Inventar. ann. 1389 tom. 3. Cod. Ital. diplom. col. 366 : *Asperges unum argenti aureati, cum manico longo.* Vide *Aspergerium.*

* **ASPERGITORIUM**, Idem quod *Asperges. Aspergitorium, Guipillon*, in Glossar. Lat. Gall. ex Cod. reg. 7692. Ordo eccl. Ambros. Mediol. ann. circ. 1130. apud Murator. tom. 4. Antiq. Ital. med. ævi col. 912 : *Presbyter porrigit Aspergitorium in manum archiepiscopi, etc.* Pontif. Ebroic. MS : *Debet* (sacerdos) *osculari Aspergitorium, seu illud instrumentum de quo aspergatur aqua, et tradere episcopo.*

ASPERGO, *Vestis feminarum, vel vestium superfluitas, quod et Firma dicitur, unde Aspergineus.* Ugutio. [Idem quod *Aspersio*, quæ est amylum aqua dilutum, quo tela subtilior *firma* redditur. Gloss. MSS. Montis S. Eligii Attrebat. : *Aspergo, ginis, Aspersio, ab Aspergere.* Vide *Aspersio.*] [** Gloss. in cod. reg. 6744 : *Aspergine, in oratione.*]

¶ **ASPERGOTUM**, Loricula annularis, Gall. *Haubergeon.* Vide *Haspergotum.*

* **ASPERGUS**, *Boulet*, in Glossar. Lat. Gall. ex Cod. reg. 7692.

ASPERI, Aspri, Aspratura. Latini *Asperos nummos* vocabant, recenter cusos, necdum usu tritos et leves. Sueton. in Nerone cap. 44 : *Aurum obryzum et nummum Asperum ingenti fastidio exegit.* Persius Sat. 3. *Quid Asper utile nummus habet.* Sed aliam originem habent monetæ, quas *Asperorum* nomine donavere, præsertim Græci recentiores, qui *Aspros*, vel *Aspra*, appellant monetam minutiorem *albam*, seu argenteam; cum qua Monetarii majorem, tam argenteam, quam auream commutare solent: Græcis enim ἄσπρος album significat, ut liquet ex Chronico Alexandrino pag. 724. 766. 781. 876. Theophane pag. 144. Constantino Porphyrogenito de Adm. Imp. pag. 117. et aliis a Glossographis passim laudatis. Glossæ Græco-Lat. Δηνάριον, λευκόν, *Asprum*. Hinc in iisdem Glossis, *Aspratura*, κόλλυβος, id est, moneta minor; ἀσπρότης, *Aspritudo, Candor*; ἔκλευκον, *Asprum*. Vide Leunclavium in Pandecte Turcico cap. 18. et Meursium in Gloss. et supra verbo *Albus*. Vincentius Bellovac. lib. 30 cap. 75: *Cham suum habet tributum ad minus 15. drachmas, seu Asperos, qui bene valent 30. sterlingos : nempe super tributarios terræ Anagh.* [** Vide Glossar. med. Græcit. col. 143. sqq.]

ASPERIOLUS, [Sciurus, Gall. *Ecureuil*.] Miechovius in Hist. Polon. lib. 4. cap. 4. ad ann. 1298: *Sub regimine hujus Regis Bohemiæ* (Wenceslai) *grossi Bohemici et denarii argentei in Poloniam inducti sunt. Prius siquidem argento nigro, et pelliculis capitum aut extremitatum Asperiolorum fœnerabantur Poloni et mercantias faciebant.* [** Vide *Mapa*.] [Georg. Christianus tom. 1. Rerum Mogunt. pag. 737. col. 2. de Conrado III: *Edito voluit edicto, ut Pastor et Plebanus mitras sive almucia de Asperiolis, Altaristæ vero et Beneficiati temporibus divinorum mitras de pellibus agninis nigris gestent.*] Vide infra *Asprio* [et *Aspriolus*.]

** **ASPERITARE.** Ecbasis vers. 230:

Dicite consocii, quo tendat visio somni?
Bruchi cum vespa, cynifes, cœnomia multa
Me circumvolitabant, dente sed Asperitabant.

Ubi clar. editor interpretatur *Acuere, asperare*. In Gloss. Melber. *Asper* est *das da nagt, verzeret, einen hin nympt* et *Asperitas, die scharpffe pinigung*. Unde Asperitare eodem sensu dictum significare videtur *Vexare, cruciare, angere*, aut *Dilaniare, scindere*, ut est ibid. vers. 243.

* 1. **ASPERITAS** Consuetudinum, Duritia, inhumanitas in exigendis tributis. Charta Ludov. Junior. pro habitatoribus Seneliaci ann. 1165. in Reg. 179. Chartoph. reg. ch. 26: *Ad utilitatem et incrementum terræ nostræ pro utimur temperamento, ubicumque indebitas abolemus exactiones, et pravarum Asperitatem* (l. *Asperitates*) *consuetudinum mitigamus.* [** Gaius comm. 3. cap. 189: *Postea inprobata est Asperitas pœnæ.* Similia apud omnes bonæ latinitatis auctores, neque sequentes significationes ab usu Romano multum discedunt. Conf. Lexica.] Nostris olim *Aspreté*, pro qualibet exactione. Libert. villæ *de Tannay* ann. 1351. tom. 6. Ordinat. reg. Franc. pag. 63. art. 14: *Ne pourront demander lidit seigneur et dames esdiz habitanz, ne avoir d'iceulx nulle chose pour cause de ost, de chevauchée, . . . et de toute autre Aspreté ou maniere de servitude. Aspresse* et vero *Aspreur* dixerunt, pro *Apreté, aigreur, sévérité*. Glossar. Gall. Lat. ex Cod. reg. 7684: *Aspresse, austeritas, asperitas, severitas, duritas*. Lit. remiss. ann. 1312. in Reg. 103. ch. 95: *Icellui escuier doubtant rigour et Aspresse de justice, s'est trait par devers nous, etc.* Aliæ ann. 1456. in Reg. 183. ch. 102: *Pour la grant Aspreur et chault courage qu'ilz avoient l'un l'autre, etc.*

* 2. **ASPERITAS**, Infecunditas, sterilitas. Charta ann. 1266. in Reg. S. Ludov. Chartoph. reg. fol. 14. r°: *Sextariata terræ, computata ad tria quarteria frumenti per annum propter Asperitatem, licet in aliis locis computetur sextariata ad unum sextarium frumenti per annum.*

* 3. **ASPERITAS**, Impetus. Charta ann. 1329. in Reg 67. Chartoph. reg. ch. 15: *Si dictus canis fuerat occisus per aliquem, hoc fuerat propter Asperitatem ipsius canis egredientis et mordentis alios canes burdientes extra in campis.* [** Ulpian. in Dig. lib. 9. tit. 1. fr. 1. § 5: *Sed et si canis cum duceretur ab alio quo Asperitate sua evaserit, etc.*]

ASPERNABILIS, Contemtor. [Melius, Comtemnendus, quam Contemtor.] Capitolinus de Maximo: *Moribus Aspernabilis.* Vide Salmasium [** et Forcell. Lexic.]

ASPERNAMENTUM. Collatio legis Mosaicæ tit. 5. cap. 1: *Moyses dicit: Qui manserit cum masculo mansione muliebri, Aspernamentum est, ambo moriantur.* In Levit. cap. 20. pro *Aspernamentum est*, habetur, *uterque operatus est nefas.* [** Ibid. cap. 18. vers. 22.: *Abominatio est.* Tertull. adv. Marc. 4, 14. et Pudic. 8: *Aspernamento haberé aliquid.*]

¶ **ASPERSIO**, Amylum dilutum, Gall. *Empois*. Spicil. Fontanellense MS. pag. 396: *Quæ* (corporalia) *postquam bene lota fuerint et aliquantulum siccata, rursus intingantur Aspersione quæ sit clara et liquida, de optima farina, et ita siccantur ad perfectum.*

¶ **ASPERSOL**, Aspergillum, Gall. *Aspersoir, Goupillon*. Inventarium MS. Ecclesiæ Aniciensis ann. 1444: *Item unum Aspersol cum hyssopo argenti.*

ASPERSORIUM, Vas, in quo aqua est benedicta, quo plebs in Ecclesia aspergitur, in Statutis antiq. Ord. Cartusiensis 1. part. cap. 8. § 3: *Et interim Procurator portat aquam in Aspersorio.* [Sæpius *Aspersorium*, pro *Aspergillo*, Gall. *Goupillon*. Hisp. *Hissopillo* legitur, quam pro ipso vase. Collect. Concil. Hispan. tom. 4. pag. 469: *Accipit celebrans Aspersorium de manu diaconi. . . . Aspergit circumiens locum paratum.* Ibidem et alibi non semel occurrit.] [* Glossar. Lat. Gall. ex Cod. reg. 7679: *Aspersorium, yaue benoiste.*]

¶ **ASPERSUS**, Genus piscis varii stellatique. Glossæ Lat. Gr. *Aspersus*, εἶδος ἰχθύος κατάστικτον. [* Vide supra *Aspargus*.]

1. **ASPICERE**, Pertinere, spectare. Vetus Notitia apud Guichenonum in Probat. Hist. Bressensis pag. 225: *Et quidquid ad dictum locum Aspiciebat, aut Aspicere videbatur, totum ad integrum. . . devote obtulit.* Occurrit passim. Observat tamen Littletonus sect. 184. res ad *Maneria* proprie pertinere et *appendere*, ut advocationem, communiam pasturæ, etc. solos vero *villanos*, seu adscriptitios glebæ, ad eadem maneria *Aspicere* dici: *Et est à savoir, que nul chose est nosmé Regardant à un mannor, etc. fors que villeine : més certaine autres choses, comme adwouson et common de pasture, etc. sont nosmés Appendants al mannor, ou as terres, et tenemens, etc.*

¶ 2. **ASPICERE**, Concordare, arbitrari, seu causæ arbitrium agere, Gall. *Arbitrer, Juger par arbitrage.* Chartularium Monasterii SS. Trinitatis Cadomensis fol. 33. verso: *Pro hoc pacto tenendo dedit Abbatissa Roberto 500. libras, sicut fuit Aspectum inter eos, et insuper, etc.* Hujus translatæ significationis ratio a veteri Gallico *Esguard*, quod aspectum perinde sonat, atque Arbitratum judicis, pariumve sententiam. Unde hæ formulæ: *La Cour Esgarde. Se mettre en l'esgart de la Cour*, etc. Quæ videsis in voce *Esgardium*.

¶ **ASPICIENTIÆ**, Quæcumque ad aliquam domum vel prædium pertinent. Charta Ludovici Pii ann. 822. inter Instrum. tom. 1. novæ Hist. Occitan. col. 59: *Fiscum nostrum... cum Ecclesia et villaribus et pistatoriis et omnibus Aspicientiis vel adjacenciis suis.* Vide *Aspicere* 1.

* **ASPICIUM**, *Eur*, in Glossar. Lat. Gall. ex Cod. reg. 7692. Sed leg. *Auspicium*.

* **ASPICULATIO.** Vide supra *Aspeculatio*.

ASPICUUS, Conspicuus. Ausonius Epist. 24:

Semper in Aspicuis prodentur scripta favillis.

[** *Aspicialis*, ὁρατός, in Gloss. Græc. Lat.]

ASPIDICÆ, *Uncini, incastraturæ, fimbriæ, catenulæ*, Papias. [*Aspidiscas* scribit S. Augustinus lib. 2. Quæst. in Exodum quæst. 115: *Aspidiscas in veste sacerdotali quas dicat, utrum scutulas, quæ a scuto Latine appellantur, quia et Græce scutum ἀσπὶς appellant? an vero Aspidiscas propter diligenter colligandum dicit ab aspide serpente, sicut etiam murænulæ appellantur.*] [** Glossar. in cod. reg. 6744, ut ex Eucherio: *Aspidiscas, unctinos; hoc physici dicunt, si tamenc redendum est.*]

* **ASPINARE**, Spina vinum venale indicare, ab Ital. *Spinare*, spinis coronare. Stat. civit. Astæ, ubi de reva vini, quod venditur ad minutum: *Quod unusquisque qui vendere voluerit vinum ad minutum, non debeat Aspinare, seu vendere, vel vendi facere vinum, quod vendere voluerit, etc.*

¶ **ASPIRARE**, *Conspirare*, Gasp. Barthii Glossar. ex Bartolphi Hist. Palæst.

** **ASPIRATIVA**, Littera H. Pseudo-Virgilius de octo partibus orationis apud Maium in Collect. formæ octonariæ vol. 5. pag. 86: *Errant etiam qui in copulativa Ac et Aspirativam H scribunt, quæ in solo habenda pronomine est.*

¶ **ASPIRIUM**, Affectus, ab *Aspirare*, ut a *suspirare*, suspirium. Epist. Ruperti Romanorum Regis ann. 1401. apud Marten. tom. 1. Anecd. col. 1655: *Cujus causa humillimo devotionis affectu Sanctitatem vestram confidenter supplicamus, quatenus.... dignetur Sanctitas vestra spiritu fortitudinis assumto... paterno Aspirio, sublatis moræ dispendiis festinare.*

ASPITA, *Ruina*, in Gloss. Isid. et apud Papiam. [Pithœus in Excerptis emendat.: *Secespita, Ruina*. Ad hæc Grævius: Si *Secespita* legimus, legendum forte *Runcina* pro *Ruina*. Hunc Scriptorem, si tanti est, consule.] [** An *Absita*? Confer *Absus*.]

ASPITARE. Vita S. Joannis Eleemosynarii cap. 51: *Uno hinc et altero hinc Aspitantibus.* Ita in MSS. legi pro *Assistentibus* monet Rosweidus.

* **ASPORTAGIUM**, Tributum, quod domino penditur pro mercibus evehendis. Venditio vicecom. Turennæ ann. 1350. in Reg. 80. Chartoph. reg. ch. 156 : *Cum jure percipiendi et exigendi pontanagia et pedagia, botargia, drallas, quitdagia, Asportagia, leudas, etc.* Vide *Apportagium.*

¶ 1. **ASPORTARE**, Auferre, *Asportus*, Ablatio, Leodiensibus *Asporter, Asport*, ut docet Nomenclator idiotismi Leodiensis apud Carolum Meauum ad calcem Observationum in Jus civile Leodiensium.

* Vox eo sensu purioris Latinitatis, atque adeo a Glossario amandanda.

* 2. **ASPORTARE** Jus Curiæ. Ad aliam curiam jure appellationis causam deferre, a judice tanquam non legitimo ad alium provocare. [** Non de litigantibus dictum videtur, sed de judice suæ curiæ causam vindicante.] Lit. ann. 1220. in Reg. A. Chartoph. reg. ch. 5 : *Post oblationem recordationis obtulit dominus rex episcopo judicium curiæ suæ, utrum episcopus deberet super hoc audire recordationem curiæ domini regis : episcopus respondit quod placitum istud pertinebat ad christianitatem, et quod inde amplius non responderet. Dominus autem rex inhibuit epicopo ne jus curiæ suæ Asportaret, et super hoc sine plus dicere, episcopus a curia domini regis recessit.* Vide *Falsare curiam* 4.

* **ASPORTATIO**, Dici videtur de pannis aliisque similibus, quæ ad ecclesiam, oblationis causa, apportantur. Bulla Innoc. III. PP. ann. 1199. inter Instr. tom. 11. Gall. Christ. col. 169 : *Omnes oblationes, quæ ad manus sacerdotum in Sagiensi ecclesia offeruntur, et medietatem Pentecostes, et medietatem omnium legatorum et confratriæ, et medietatem omnium Asportationum, quæ ad ecclesiam ipsam proveniunt vel provenire debent, his exceptis auro, serico et candelis, ... quæ integre ad episcopum loci pertinere noscuntur.* Vide supra *Apportus.*

ASPRATILES Pisces, *Pisces saxosi*, Papiæ; ὀςρακόδερμοι. Occurrunt ii non semel apud Alexandrum Iatrosophistam in libris Passionum; qui conchas habent : sic nominati ab asperitate squammarum, vel a locis, in quibus degunt. Ita Matthæus Silvaticus. His opponuntur *Leiostrea*, apud Lampridium in Heliogabalo, ostrea λεῖα et levia. Plinius Medic. lib. 5. cap. 43 : *Omnem Aspratilem Piscem, videlicet, ut sunt lupi, cervi, pisces de flumine, qui petram habent, etc.* [** Vide Forcell. Lexic.]

ASPRATILIS Terminus. Incertus auctor de Limitib. [Gœs. pag. 305.] : *Terminus... Aspratilis, qui velut signinum coagulatus lapis naturalis fuerit.* Occurrit pluries. *Aspratilis Petra*, apud Innocent. de Casis litterarum. [** Gœs. pag. 228.]

ASPRATURA, κόλλυβος, in Gloss. Negotiatio argentariorum, sive ipsa permutatio. Vide Salmasium de Usuris pag. 454. 492. et supra *Asperi.*

* *Ospratura* habet Lex 18. SS. Patrimoniorum. Ubi quidam intelligunt minutarum frugum publice coemendarum curam, ex græco ὄσπρια, quod varias fruges minutas et legumina significat. Vide Pithœi Opusc. apud Loisel. pag. 357.

ASPREDO, pro *Asperitas.* Usurpant auctor de Montibus Sina et Sion, et Celsus lib. 5. cap. 27. [et alii recentiores.] [** Vide Forcell. Lexic.]

¶ **ASPRETUDO**, τράχωμα τοῦ ὀφθαλμοῦ, τὸ ἄγριον, *Palpebrarum Scabities*, in Supplemento Antiquarii. [** Vide Forcell. in voce *Asperitudo. Aspritudo*, Oculorum morbus, vox frequens apud Celsum.]

ASPRIO, Monetæ species. Vetus Charta plenariæ securitatis exarata Ravennæ sub Justiniano, apud Brisson. lib. 6. Formul. [** Marin. num. 80. col. 2. lin. 10.]: *Albiolo ligneo valente nummos aureos 40. : sacma valentes Asprione aureo, uno scamnile cum agnos valente siliquas aureas duas.* Infra [** lin. 11.]: *Arca clave clausa ferro legata valente siliquas aureas duas : alia arcella minore rupta valente siliqua una semis Asprionis, tina clusa valente siliqua una Asprionis cocumella, etc.... sacorio valente siliqua una Asprionis,.., rapo valente Asprione, modio valente Asprione, etc.* Vide *Asperi.*

¶ **ASPRIOLUS**, Sciurus, Gall. *Ecureuil.* Privilegium Vigilei Episcopi Pataviensis, apud Raimundum Duellium Miscellan. lib. 1. pag. 431 : *Volentes alia almutia comparare, didicerunt almutia de pellibus Aspriolorum minori et leviori pretio emere posse.* Vide *Asperiolus.*

ASPRITUDO. Vide *Asperi* et *Aspretudo.*

¶ **ASPROBITURA.** Ἀσπρότης, *Candor*, in Supplemento Antiquarii. Vide *Asperi.*

ASPRUM. Vita Beati Berardi Episcopi Marsorum in Prologo, apud Ughellum tom. 1. pag. 966 : *Puellam, in cujus gutture Asprum fixum fuerat, de mortis periculo signo crucis liberavit.* [Supplementum Antiquarii : *Asprum*, δηνάριον λευκόν, *Numus albus.* Vide *Asperi.*]

¶ **ASQUITES**, Græcis ἀσκίτης ὕδρωψ, Hydrops; cujus abdomen ad instar ἀσκοῦ seu utris aqua pleni inflatum est. Vita S. Bertrandi Convenarum Episc. apud Marten. tom. 6. Ampliss. Collect. col. 1040 : *Miles erat diœcesanus et longa detentus ægritudine, tantum passus est in ventre tumorem, ut Asquiten vel tympaniten incurrisse crederetur.* Vide *Clocire* [** et Forcell. voce *Ascites.*]

* **ASRENGI**, *Minium, quod ex cerusa fit per decoctionem, et vocatur sirengi, ut apud Avicennam.* Glossar. medic. Simonis Januens. ex Cod. reg. 6959.

1. **ASSA.** Meminit Rocchus Pirrus in Notitia Ecclesiæ Cephalitanæ sub ann. 1304. Diplomatis Regis Siciliæ, quo jura antiqua Cephaledensis Ecclesiæ, quæ *Assas super gabellis Cephaludii* appellat, revocantur. Forte pro *assisas*, nisi ita legendum sit. Alias, *Assagium*, in Statutis Mediolan. part. 2. cap. 47. est examinatio auri vel argenti ut *Assagiator*, examinator, ex Ital. Galli *Essai* et *Essaieur* dicunt.

¶ 2. **ASSA**, *Lignum latum et dolatum.* Glossar. MS. Montis S. Eligii Atrebat. Papias MS. addit : *Ab ascia qua fiebat, vel ab astulis.* Gallice *Ais, planche*, Assis tabula. Scribendum fuisset *ab assulis.* Plinio *Assamenta* idem sonant.

* 3. **ASSA**, *Nutrix*, apud Nonium. Inscript. vet. apud Murator. tom. 3. Collect. Inscript. pag. 1512 : Volumniæ nutrici Assæ. Vide *Asseres* 1. [** Forcell. voce *Assus*, et Juven. sat. 14. vers. 208.]

* **ASSACCOMANARE**, Depopulari, vastare, Gall. *Mettre à sac*, ab Ital. *Saccomanno*, Depopulatio, *Saccagement.* Chron. Astense ad ann. 1431. apud Murator. tom. 11. Script. Ital. col. 271 : *Totam ipsam terram Assacomanaverunt, quæ repleta erat bonis multis, et divitiis spoliaverunt.*

¶ **ASSACELLA**, ἀφιδρωτήριον, *Sudatorium*, in Supplem. Antiquarii. Vox composita ex *assus* et *cella.*

¶ **ASSAGHARE**, Tentare, experiri, Ital. *Assaggiare*, Gall. *Essaier.* Occurrit in Archivo Ecclesiæ Brivatensis ad ann. 1365.

* **ASSACIDÆ**, ut *Assasini.* Charta ann. 1213. in Chartul. Campan. fol. 86 : *Multi milites et alii homines capti sunt a Sarracenis et occisi in modico tempore succedente, ipse Marchio ab Assacidis interfectus est.*

1. **ASSAGIUM.** Bulla Alexandri IV. PP. ann. 1255. apud Ughellum tom. 1. pag. 68 : *Ecclesiam S. Mariæ de Faleno in Quatuor urcam, et unum Assagium, et dimidium salinis fundi Furani, etc.* Vide *Assa* 1.

* *Assagium generale*, sæpius legitur in numismatibus Rom. Pontificum, quod toties repeti, quoties nova cuditur moneta, docet Moulinetus, qui vocem hanc ab *asse* accersit pag. 154. Hist. Summor. Pontif.

* 2. **ASSAGIUM**, Examinatio, probatio Gall. *Essai*, olim *Assay*, Ital. *Assaggio*' Charta Caroli IV. imper. ann. 1363. tom. 1. Cod. Ital. diplom. col. 2445 : *Concedentes dicto Rudolpho plenariam auctoritatem.... billanos et metalla prædictis monetis providendi, et ad ipsas portari faciendi, probationes et Assagia de dictis monetis,... quoties necessarium fuerit, faciendi.* Charta ann. 1356. inter Probat. tom. 4. Hist. Occit. col. 236 : *Quod capitulariis Tolosæ.... habeant tradere patronum dictæ monetæ, et quod dicti capitularii, vocatis gentibus regiis,... possint facere Assay.* Alia ann. 1355. tom. 2. Hist. Leod. pag. 422 : *Item que à faire ledit Assay* (des poids et mesures) *ly menstraulx doivent avoir de chascune ayme un denir.* Vide *Assa* 1.

¶ **ASSAIA**, Examen, probatio; Gall. *Essai.* Rymer. tom. 5. pag. 66. col. 6 : *Et mandatum est Senescallo Regis Vasconiæ.... quod ipsum Comitem et hæredes suos cognitionem Assaiæ monetæ prædictæ, ac punitionem omnium et singulorum, tam criminaliter, quam civiliter, in cussione ejusdem monetæ delinquentium, habere permittat juxta tenorem litterarum Regis prædictarum.* Idem tom. 6. pag. 308 : *Assignavimus vos justitiarios nostros ad Assaiam de monetis nostris, de auro et argento, in turri nostra Londoniæ, et alibi infra regnum et potestatem nostra, cussis tam per ignem, tactum, et pondus, quam per examinationem operariorum monetarum hujusmodi, et ad balantias et pondera, pro monetis nostris de auro et argento ordinata... et Assaiam, examinationem, et punitionem, etc.* Philippus VI. Francorum Rex apud D. *de Lauriere* tom. 1. Ordinat. pag. 754 : *Ad certam diem precepimus nobis afferri pissides* (pyxides) *Assaiarum monetarum ipsarum, ut per hoc defectus cuilibet possit plene cognosci.* Vocis etymon videsis in *Assa* 1. Vide *Assaisiator.*

¶ Assaia *Panis et Cerevisiæ*, simili notione, apud Rymer. tom. 4. pag. 693 : *Major et Ballivi, in temptatione, seu Assaia, hujusmodi panis et cervisiæ negligentes ante hæc.*

tempora fuerint... qui pro tempore fuerint hujusmodi temptationem, vel Assaiam panis et cerevisiæ... facere teneantur. Vide *Assaisiator.*

* **ASSAIARE**, Examinare, probare, Gall. *Faire essai*, vox monetariorum. Lit. Eduardi III. reg. Angl. ann. 1369. apud Rymer. tom. 6. pag. 611 : *Per touchum nostrum, et alias vias et modos, quibus rationabiliter sciveritis, Assaiari faciatis.*

¶ **ASSAILIARE**, Adoriri, invadere, Gall. *Assaillir*, apud Somnerum in Glossario ad calcem Scriptor. Anglic.

¶ **ASSAILLIRE**, Eadem notione, in Actis SS. Maii tom. 2. pag. 697.

¶ **ASSAISIATOR**, Monetæ inquisitor et probator, Gall. *Essayeur*, Angl. *Assayer. Mandatum est Will. Hardel Clerico* (ann. 38. Edwardi I. Regis Angl.) *quod convocatis in præsentia sua omnibus monetariis, Assaisiatoribus, custodibus, operariis et aliis ministris de cambiis Regis London. et Cantuar. per visum et testimonium illorum provideat, quod tot et tales operarii sint in prædictis cambiis, qui sufficiant ad operationes regias faciendas, ne Rex pro defectu hujusmodi ministrorum damnum incurrat*, apud Thomam Blount in Nomolexico. Vide *Essayator.*

* **ASSALDARE**, Italis idem quod *Assaltare*, Irruere, aggredi, nostris olim *Asaudre* et *assaudre*. Opuscul. Petri Azarii apud Murator. tom. 16. Scrip. Ital. col. 436 : *Et tunc multis recentibus tunc præcedentibus fulcitis Papiensibus Assaldatis tumltuose intraverunt, etc.* Lit. remiss. ann. 1364. in Reg. 96. Chartoph. reg. ch. 396 : *Icellui Jehan de Bussi meu de mauvais courage, et senz ce que ledit Jehan Hemart l'Asausits, etc.* Aliæ ann. 1400. in Reg. 155. ch. 50 : *Ledit Fauvel tousjours lui respondoit que point ne l'Assaudrait premier : mais tantost que ledit Barat le frapperoit ou Assaudroit, il le courouceroit du corps.* Le Roman *d'Alexandre* MS. part. 1.

E se il nous Assaut, très-bien nous deffendrons.

Hinc *Aceut*, a verbo *Aceudre* vel *Açaudre*, eodem sensu, in Consuet. Aurel. ad calcem Assis. Hieros : *Qui Aceut à sergent ou à joutice, doit 60. sols.* Ita etiam legendum ibidem pro *Acuet : Qui acuet son gage à celui à qui il est pleges, doit 60. sols. à la joutice.* Id est, qui per vim pignus abstulerit, etc.

* **ASSALE**, Asser, Gall. *Soliveau, chevron.* Guido de Vigevano de Modo acquirendi T. S. MS. : *Ponatur de subtus unum Assale, quod superet ab utraque parte pontis uno semisse, et super illo Assali complicentur duæ perticæ.* Stat. Vercell. lib. 5. pag. 122. r° : *Item si quis nemus alienum intraverit et ibi nemus inciderit et exportaverit, solvat.... pro scarili et Assali, vel simili planta solidos v. nec intelligatur planta, nisi grossa ad modum manubrii unius tridentis vel grossior, nec appelletur planta aliquis ramus scalvatus.* Vide *Assa*, 1.

¶ **ASSAITH.** Vide *Assath.*

ASSAITUM, *Bitumen*, Ugutioni. Ita MS. sed legendum videtur *Aspaltum*, vel *Asfaltum*, ex Ital. *Aspalto et Asfalto*, et ex Græco, ἄσφαλτος.

¶ **ASSALHIARE**, Gall. *Assaillir*, Adoriri, invadere, oppugnare. *Fortulitia obsessa, Assalhiata, debellata, escalata, etc.* apud Rymer. tom. 8. pag. 618. Vide *Assailiare, Assaillire, Assaldare, Assalire* et *Assaltare.*

¶ **ASSALIA**, ex *Assa* seu assis, Gall. *Ais.* Rochus *le Baillif* in Diction. Spagyrico : *Assalia est Vermis intra asseres crescens; cossus, teredo, termes, tirpes et xylophagi dicti.* Vide *Assa.*

¶ **ASSALIARE**, Ad instar impugnantium circumdare, Gall. *Environner, Entourer.* Locum vide in *Haimesuckin* post vocem *Hamsoca.*

¶ **ASSALIRE**, Adoriri, irruere, invadere in Charta ann. 1205. in Hist. Aquisextana per Pittonem pag. 11 : *Hæc sunt maleficia quæ Comes Forcalquerii fecit in Provincia quando Assaluit Guardanam cum meinatis.* [* Synodus Helenens. ann. 1027 : *Ut nemo supradicto comitatu vel episcopatu habitans, Assaliret aliquem suum inimicum ab hora Sabbathi nona.*] Vide *Adsalire.* Hinc *Assalt.*

* **ASSALLERE**, ut *Assalire.* Formulæ MSS. ad calcem Cod. reg. 7657. fol. 35. r° : *Munitus armorum generibus, ... accessit ad molendinum,.... animo et intentione ipsum Assallendi ac etiam offendendi graviter.*

¶ **ASSALT**, ejusdem significationis, vide in *Aliscara* post *Harmiscara.*

¶ **ASSALTARE**, Idem quod *Assalire.* Utroque verbo utuntur Itali. Instrum. ann. 1291. apud Marten. tom. 1. Anecd. pag. 1241 : *Castrum domini sui terribiliter Assaltendo, cum impetu et tumultu bona domini invadendo.* Codex Legum Norman. apud Ludewig. tom. 7. Reliq. MSS. pag. 284 : *Assaltavit in felonia et verberavit me, et michi plagam fecit.*

¶ **ASSALTATIO**, [* Aggressio, oppugnatio, Gall. *Assaut.* Lit. remiss. ann. 1404. in Reg. 158. Chartoph. reg. ch. 436 : *Captiones, spoliationes, ... devastationes ac Assaltationes castrorum, etc.*] Codex Legum Norman. Ludewig. tom. 7. Reliq. MSS. pag. 257 : *Habet etiam curiam de omni placito spade, et de roberiis et multriciis, homicidiis, treugis fractis, iniquis Assaltationibus.*

¶ **ASSALTURA**, Eadem notione. Exempla vide in *Testeia.*

¶ 1. **ASSALTUS**, Idem, Italis *Assalto.* Chron. Siciliæ ad ann. 1316. apud Marten. tom. 3. Anecd. col. 81 : *Obsiderunt ipsam terram præliantes et dantes Assaltum terræ prædictæ.* Et col. 81 : *Dantes ipsi civitati per mare et per terram Assaltum.* Gall. *Donner l'assaut.* Eadem vox legitur in Chartulariis S. Victoris et S. Florentini.

* Assaltus Carucæ, Aggressio hominis cum *caruca* laborantis. Consuet. Norman. part. 2. cap. 1. ex Cod. reg. 4651 : *Quædam* (querela) *de roberia et assaltu, quædam de Assaltu carucæ.* Ibid. cap. 8 : *Ego queror de tali, qui ad carrucam meam cum agaito præcogitato in pace Dei et ducis me nequiter assaltavit.*

* Assaltus, Velitatio, procursatio. Gall. *Escarmouche.* Chron. Bergom. ad ann. 1391. apud Murator. tom. 16. Script. Ital. col. 858 : *Et die Lunæ tunc proxime sequenti similiter fecerunt certos Assaltos inter se, etc.*

* Assaltus, Usurpatio, injusta et violenta occupatio. Charta ann. 1038. ex schedis Præs. *de Mazaugues : Et omnes maledictiones veteris et novi Testamenti super eum veniant qui istum alodem dirumpere voluerit, et Assaltum ibi fecerit, et cimeterium non custodierit sive eum fregerit.*

* 2. **ASSALTUS**, Auctio, Gall. *Enchère.* Charta ann. 1325. in Reg. 62. Chartoph. reg. ch. 494 : *Retinuit partem feudi de Brocadella venditam.... Guillelmo de Appiono militi per Assaltum.* Vide supra *Accrescentia.*

* **ASSANA**, Panni species; haud scio an ab Ital. *Azzannato*, perforatus, quomodo apud nos Pannus incisus, Gall. *Découpé.* Testam. Philippi episc. Sabin. ann. 1372. ex Cod. reg. 9682. A. F : *Item mantellum de Assana de Memba, etc.*

* **ASSANTA**, Preces pro mortuis, forte sic nuncupatæ, quod stando funderentur, unde et *Astare* appellatæ. Testam. Nic. de Pratocomit. ann. 1474. in Reg. 3. Armor. gener. part. 2. pag. xij : *Item lego dictæ ecclesiæ sanctæ Crucis pro uno astari sive Assanta fiendo quolibet Veneris per totum annum apperpetuis temporibus, in capella S. Bartholomei, pro redemptione animæ nobilis Agnæ Pressia consortis meæ condam et animæ meæ et parentum meorum, quadraginta florenos monetæ currentis semel.*

¶ **ASSAONADUS.** Vide *Garbellare.*

* **ASSAPPARE**, Instrumento rustico, quod *sappa* dicitur, laborare, pastinare, Gall. *Houer.* Acta notarii Senensis ad ann. 1283. ex Cod. reg. 4725. fol. 10. v° : *Promittimus.... dictam vineam putare, palare, ligare, Assappare et ricalcare ad modum et consuetudinem boni laboratoris.*

* **ASSARDIA.** Stat. synod. eccl. Corisopit. MSS : *Cujus* (avaritiæ) *rami sunt latrocinia, rapina, fraus mercatorum, deceptio advocatorum, usura, Assardia, simonia, taillia tyrannorum et similia.*

ASSARIUM, Assis vel nummus. Gloss. *Assarium*, ἀσσάριον, μονομάχιον, δοκάριον, νουμμίον. Gloss. Græc. Lat. ἀσσάριον, *hic As.* Lexic. Græc. MS. Reg. Codic. 930 : Ἀσσάριον, πεντανούμιον ἢ δεκανούμιον. Papias et Ugutio : *Assarium, nummus, assis vel figura denarii.* Vide Cujac. lib. 7. Obs. cap. 33. et Salmasium ad Solinum pag. 954. et ad Capitolinum pag. 251.

Est etiam Græcis recentioribus ἀσσαρίον instrumentum quoddam, ex duobus laterculis æneis compactum, κλειδίον appellatum, (δοκάριον, in Glossis laudatis) quod instar haberet claustri ferrei, non quod claviculæ simile esset. Hero in Mechanicis, qui illud describit, nominis originem a Romanis accersit. [** Vide Gloss. med. Græcit. *Assarium, ein bratysen oder bratspysz*, (veru) in Gemma Gemmarum.]

¶ **ASSARTA**, Silva succisa et in agrum cultum redacta. Vide *Exartus.*

¶ **ASSARTARE**, Silvas interlucare, radices avellere, et in culturam redigere, Gall. *Essarter.* Tabular. S. Martini Pontisar. : *Decimam de Assartis de Gerofai... et de omni Assarto quod Assartabitur.* Vide *Exartus.*

ASSARTUM, [ut *Assarta.*] Vide *Axartus.*

* **ASSARTUS**, Ager recens ad culturam redactus. Bulla Greg. IX. PP. ann. 1234. inter Instr. tom. Gall. Christ. col. 146 : *Duodecim denarios de Roberto de la Herwiche de uno Assarto, et partem decimæ de Salinis, etc.* Vide *Assartare* et *Exartus.*

* **ASSARUM**, *Lo denario.* Glossar. Lat. Ital. MS. Vide *Assarium.*

* **ASSASSINAMENTUM**, ab Ital. *Assassinamento*, Homicidium. Chron. Placent. ad ann. 1482. apud Murator. tom. 20. Scrip. Ital. col. 970 : *His temporibus multa facta fuerunt latrocinia, occisiones et Assassinamenta.* Vide *Assassinatus.*

* 1. **ASSASSINARE**, Ex insidiis interficere, Ital. *Assassinare*, Gall. *Assassiner.* Stat. Palavic. lib. 2. cap. 28. pag. 96 : *Si quis Assassinaverit, vel Assassinare fecerit aliquem, ad caudam equi vel asini trahatur ad furchas, et ibi per gulam suspendatur.... Assassinus sit et intelligatur quicumque, pretio dato vel promisso, aliquem interfici fecerit vel procuraverit et tractaverit ut interficeretur.*

* 2. **ASSASSINARE**, pro *Assaxonare*, Conficere, perficere. Stat. Taurini ann. 1360. cap. 70. ex Cod. reg. 4622. A : *Pro ipsis denariis tenentur* (fornarii) *panem bene coquere et Assassinare.* Vide supra *Asaxonare.*

¶ **ASSASSINATUS**, Cædes ex improviso, ex insidiis, Gall. *Assassinat*, Ital. *Assasinamento.* Chron. Parmense ad ann. 1287. apud Murat. tom. 9. col. 813 : *Duo assassini venerunt Parmam, causa occidendi unum Regnum et unum Bononiensem qui stabant Parmæ, qui capti fuerunt, et torti confessi sunt de dicto Assassinatu, quem facere debebant.*

* **ASSASSINERIA**, ut *Assassinamentum*, Homicidium. Contin. Chron. Andr. Danduli apud Murator. tom. 12. Script. Ital. col. 435 : *Rex Hungariæ Paduano execrabili Assassineriæ excessu, infamia turpi notato, auxiliari nititur, et ejus perfidiam publice confovere.*

ASSASINI, Populi, qui habitabant in montibus Phœniciæ in terminis Damasci, Antiochiæ et Halapiæ, munitissimaque habebant castra. Varie autem id nominis effertur a Scriptoribus : quippe

Assasini, Jacobo de Vitriaco in Hist. Hieros. cap. 14. dicuntur, Nangio ann. 1236. Matthæo Paris et aliis non semel.

¶ Assessini, seu *Elisæi* eidem Jacobo de Vitriaco apud Marten. tom. 3. Anecdot. col. 281. [* Procul dubio *Essæi.*]

Assisini, Will. Tyrio lib. 14. cap. 19. lib. 20. cap. 1. Matthæo Paris pag. 67. 644. 678.

Assidei, Monacho S. Mariani Autisiod. pag. 93. [Et in Chron. Turon. ad ann. 1192. apud Marten. tom. 5. Ampliss. Collect. col. 1035.]

Assassi, et Accini, Rogero Hoved. pag. 716. 751.

Arsacidæ, Rigordo pag. 35. Matthæo Paris pag. 121. in Gest. S. Ludovici ann. 1236.

Hansesisii, Guill. Neubrig. lib. 4. cap. 24. lib. 5. cap. 16.

Hakesins, Philippo *Mouskes.*

Haussasis, veteri Scriptori vernaculo MS. et apud Radulfum Coggeshalensem in Chron. MS.

Hassatuti, Matthæo Paris pag. 678.

Heissesin, Arnoldo Lubec. lib. 7. cap. 10.

Chasii, χάσιοι, Annæ Comnenæ lib. 6. Alexiad. pag. 176. et Nicetæ in Isaac. lib. 1. n. 1. in Alex. lib. 3. n. 6. Χασίσιοι, Phocæ in Descript. Terræ Sanctæ cap. 3.

Agunt de eorum moribus prædicti Scriptores, ut de eorum Principe, quem vulgo *Senem*, vel *Vetulum de Montanis* appellant, quod in montibus Phœniciæ habitaret : (de quo in verbo *Senex* agimus ;) præterea Joinvilla in Vita S. Ludov. Vide quæ ad hunc Scriptorem observamus pag. 87. [Consule etiam, si vacat, Chronicon Francisci Pipini lib. 3. cap. 38. et 39. apud Murat. tom. 9. col. 705. et seqq. ubi quæ ad *Assasinos* spectant fusius explicantur.]

Assasinorum appellatio translata postea ad sicarios, homicidas, grassatores : sed eos præsertim, ut auctor est Skenæus ad Leges Scoticas, qui ab alio pecuniam vel mercedem accipiunt, alterius interficiendi causa, et qui hujusmodi scelus, data mercede, fieri procurant, aut mandant. Nicolaus de Cusa lib. 3. de Concord. Cathol. cap. 34 : *Si quis illos Assisinos acceptaverit, debet talis ut publicus hostis capi, etc.* Charta Sigismundi Imp. ann. 1412. apud Guichenonum in Hist. Sabaud. : *Puniend. maleficos, Assaisinos, robatores,* Utuntur Cortusii lib. 1. Hist. Joan. Villan. lib. 9. cap. 231. 290. lib. 12. cap. 8. et alii Scriptores passim.

* At vero cum vox *Assassini* significet trucidatores, occisores, ut scribit Th. Hyde de Relig. Persarum pag. 493. facile cum doctissimo viro D. *Falconet* in Disquisit. de Assas. quæ extat tom. 17. Comment. Acad. Inscript. pag. 163. vocis etymon deducendum crediderim a verbo Arabico *Hasaa, Chassa, Chasasa*, quod Trucidare, occidere, sonat ; unde participium activum *Chásis*, et in plurali *Hasisin, Chásisin*, occidentes. Quanquam non contemnenda videatur origo desumta a voce *Sikkin*, Sica, pugio, cultellus ; præsertim cum montem *Assikkin* dictum, id est, sicæ, pugionis, habitasse *Assassinos* certum sit, eorumque præfectum *Dominum cultellorum* nominet Jacobus de Vitriaco. Huic non absimilis est Casenovæ opinio, quæ vocem hanc a Teutonico *Sahs, Sachs, Sæhs*, grandis culter et brevis gladius, derivandam censet. Vide præterea *Assassino* in Origin. Ital. Menagii.

[** De vocis etymo vide quæ disputat Falconetus in Disquis. de Assass. quæ exstat tom. 17. Comment. Acad. Inscript. pag. 163. Adel.]

ASSASSI, Vide *Assasini.*

* **ASSASSINIUM**, ab Ital. *Assassinio*, Homicidium, Gall. *Assassinat* ; sed et pro jurisdictione et cognitione ejusdem criminis, usurpatur in Diplomate Ludov. Pii ann. 814. si tamen genuinum sit, apud Murator. tom. 3. Antiquit. Ital. med. ævi col. 32 : *Frodoinus abbas et ejus successores teneant atque possideant in æternum libere, omnia scilicet regalia ex iis omnibus, quæ ad præsens possident, et quæ inantea adquirere poterint, forum, omicidium, Assassinium in nostro imperio perpetratum media civitate.* Stat. Mantuæ lib. 1. cap. 29. ex Cod. reg. 4620 : *Crimina gravissima infrascripta, videlicet.... falsitates, Assassinia, veneficia, etc.* Vide supra *Assassinamentum.*

* **ASSATA**, *Cherbonée, vel haté*, in Glossar. Lat. Gall. ex Cod. reg. 7692. Vide infra *Assatura.*

ASSATH, Purgationis species apud Wallos seu Cambro-Britannos, qua 300. Sacramentalibus, id est, compurgatoribus, reus se liberabat. Hanc in posterum fieri prohibuit Henricus V. Vide Spelmannum.

* **ASSATIO**, vox chimica, Torrefactio. Arnauldus in Rosario MS. lib. 2. cap. 3 : *Impastatio fit tamen in una contritione et inseratione et Assatione : nam propter contritionem et Assationem ad ignem, dividuntur partes ligatæ a viscositate, quæ est in corporibus.*

¶ **ASSATOR**, ὀπτανεύς, ὀπτανάριος, in Glossis vett. Qui torret, assat. Vide *Capetum.*

* An nomine *Essent* ejusmodi coquinæ minister intelligendus sit, haud satis scio, in Ordinat. hospit. reg. ann. 1285. ex Reg. sign. *Noster.* Cam. Comput. Paris. fol. 53. v° : *Item soufleurs deus.... Item Essenz quatre pour tout l'ostel, qui vivront de la court.... Item les saussers, etc.* Vide *Hastator.*

¶ **ASSATURA**, Caro assa, Gall. *Roti.* Vopiscus in Aureliano cap. ult. : *Convivium de Assaturis maxime fuit.* Occurrit apud Hemeræum in Hist. Augustæ Viromanduorum pag. 115. [** et in Gemma Gemmarum.] Vide *Panis Calidatus* [** Conf. Forcellin.]

* Glossar. Gall. Lat. ex Cod. reg. 7684 : *Assatura, Charbonnée.* Vide supra *Assata* [*Feudum Assaturæ.* Vide *Feudum.*]

¶ **ASSATURES**, Craticulæ ad assandas carnes, Gall. *Grils.* Statuta Edwardi Regis Angl. apud Rymerum tom. 2. pag. 262 : *De calceis, de anderiis, de patellis, de Assaturibus, de canderiis, de cultellis. . . dabit venditor extraneus in die fori pro leuda et introgio 2. denar. de Salma.*

* **ASSAULTUS**, Oppugnatio, Gall. *Assaut.* Chron. Angl. Th. *Otterbourne* pag. 157 : *Episcopus Norwicensis profectus est in Flandriam,...... ubi capit villam de Graveningi per Assaultum.*

* **ASSAUTUS**, Aggressio in via regia. Scacar. S. Michael. apud Fales. ann. 1207. ex Cod. reg. 4653. A : *Judicatum est quod Caletot Judæus poterat sequi Abraham Judæum per duellum de Assauto de kemino.* Vide supra *Assaltus* 1.

¶ **ASSAXINUS**, Sicarius, Gall. *Assassin*, Ital. *Assassino.* Rolandinus Patavinus de factis in Marchia Tarvisina lib. 7. cap. 9. apud Murat. tom. 8. col. 278 : *Inventus est ille ignotus homo gladium ferre occultum.... unde quidam illic dixerunt, quod fuit Assaxinus pro certo, missus a quodam principe de partibus transmarinis.* Vide *Assasini.*

* **ASSAXONARE**, Formare, debita forma donare, Gall. *Façonner.* Stat. Vercell. lib. 4. pag. 82. v° : *Item quod fornasarius faciat seu fieri faciat lapides, cupos, lambros, et cugnolios, cujuscumque modi sint, bene coctos, maseratos et Assaxonatos, latos, grossos, et longos ad mensuram communis Vercellarum.* Sic et nostri *Assaissonné* dixerunt de eo, quod maturum est, Gall. *Mûr, de saison.* Lit. remiss. ann. 1407. in reg. 162. Chartoph. reg. ch. 185 : *Comme ilz se feussent assemblez pour cueillir et amasser le blé, qui etoit au dedenz d'icellui champ, combien que icellui blé ne feust mie pour lors attempresé ne Assaissonné, etc.* Vide supra *Asaxonare.*

* **ASSAZARE**, Mensurare. *Assazator*, mensurator. *Assazatura*, quod pro mensura exigitur ; quæ voces ortum habent ab Ital. *Assaggiare*, Probare, experiri. Charta ann. 1230. apud Murator. tom. 4. Antiq. Ital. med. ævi col. 365 : *Quum vendiderint ipsum salem, sit licitum eis accipere de Assazato-*

ribus communis Ferrariæ, qualescumque voluerint, pro sale mensurando seu Assazando. Alia ann. 1199. ibid. col. 709 : *Qui concorditer laudaverunt, ut Assazatores Ferrariæ habeant pro Assazatura salis, pro unaquaque navi de sale, sive sit parva, sive sit magna, pro unaquaque volta, septem imperiales et non plus, sive pro Assazatura sive pro denonciatione.* Occurrit etiam tom. 2. earumd. Antiq. col. 873.

* *Asaser* vero nostris, pro Saturare, satiare, Gall. *Rassasier,* Ital. *Assaziare.* Le Roman. *de Robert le Diable.* MS. :

> Lors a commandé de recief,
> A celz à qui il n'est pas grief,
> Que viande aporchent assez,
> Tant que li folz soit Asasez.

Vita J. C. MS. :

> Et a veu un changeour,
> Qui Mahicus estoit apelés,
> Riches hom ert et Asasés
> D'or et d'argent et de deniers.

* **ASSAZATOR**, ab Ital. *Assagiatore,* Examinator, Gall. *Essaieur. Assazum,* Examinatio, probatio, Gall. *Essai,* Ital. *Assaggio.* Stat. civit. Astæ collat. 7. cap. 12. pag. 24. v° : *Teneatur idem potestas.... eligi facere in consilio communis Astensis duos inquisitores sive Assazatores, similiter de sex mensibus commutandos, qui jurent legaliter inquirere opera aurea et argentea, et de his Assazum facere ad minus semel quolibet mense.* Vide supra *Assazare.*

* **ASSCESCERE**, *Coumencer, asceoir,* in Glossar. Gall. Lat. ex Cod. reg. 7684.

¶ **ASSECARE**, f. pro *Æstimare.* Statuta Nicolai Episc. Andegav. ann. 1266. apud Acherium tom. 11. Spicil. pag. 211 : *Nos Assecantes quod timor pœnæ ad obediendum vos inducat, significamus vobis omnibus, quod si quis vestrum hæc de cetero neglexerit adimplere, etc.* Alias *Assecare,* idem est quod *Adsecare,* Deartuare, membratim concidere.

* Vox abbreviata pro *Assecurare.* Vide in hac voce.

* **ASSECIARE**, Assignare, constituere, a Gall. *Asseoir,* eadem notione. Pactum inter priorem de Fontibus et consules ejusd. villæ ann. 1310. in Reg. 46. Chartoph. reg. ch. 33 : *Præterea fuit actum quod consules.... acquirere et assignare et Asseciare dicto priori.... teneantur pro liberatione, quittatione et franquisitione decimarum.... quadraginta libras Caturcenses renduales.*

¶ **ASSECLATUS**, *Clientela, Contubernium.* Gasp. Barthii Glossar. ex Guiberti Hist. Palæst.

¶ **ASSECRETA**, *Consocius secreti vel a secretis, idem est.* Papias MS. Ecclesiæ Bituricensis. Vide *Ascretis.*

* Consiliarius. Charta ann. circ. 1110. tom. 2. Hist. eccl. Paris. pag 32 : *Archidiaconi, qui oculi et Assecretes episcopi dicuntur, etc.* Ubi *A secretis* ex Tabul. ejusd. eccl. habet Cangius in voce *Archidiaconus.*

* **ASSECTARE**, ASSECTAMENTUM, pro *Assetare,* Assignare, et *Assetamentum,* Assignatio, constitutio, ut videre est infra. Charta ann. 1308. ex Chartul. Sabaud. fol. 49. r° : *Et quod dictas summas pecuniæ assideat et Assectet, etc.* fol. 50. v° : *Quod quingentæ Gebennenses annui redditus prædicti cadant et diminuantur de Assectamento prædicto.* Quæ ultima omittuntur in Hist. Dalph. tom. 2. pag. 142. col. 2. ubi ead. Charta edita est. Vide *Assetare* 1.

ASSECULA, pro *Assecla.* Glossæ Isidori : *Assecla, Bucellarius homo.* S. Isidorus de S. Torquato :

> Mittunt Assecula tesqua quærere,
> Ut fessa dapibus membra reficerent.

Vide *Susceptus.*

* Glossar. vet. ex Cod. reg. 7641 : *Asseculis, pedissequis, cursoribus.* [** Gemma Gemmarum : *Assecla, ein dienstknecht oder ein magt. Vel ascla per syncopam idem.*]

ASSECULARE, Comitari, *Assecula,* Comes, a *Sequor.* Guibertus lib. 2. de Vita sua cap. 1 : *Largissimo jam discipulorum Asseculante conventu, etc.*

1. **ASSECURARE**, ADSECURARE, Pignore vel fidejussione interposita securum facere, Gallis *Asseurer, donner seureté.* [Charta Casimiri Regis Poloniæ apud Ludewig. tom. 5. Reliq. MS. pag. 597 : *Ipsas treugas firmare, Assecurare et approbare debent per suas litteras.* Litteræ Patentes Ludovici II. Comitis Provinciæ ann. 1414 : *Navis Venetorum in portu Massiliæ gratiose tractaretur, a marchiis et represaliis et aliis debite Assecuraretur.*] Charta Pacis inter Regem Angliæ Henricum II. et filios, apud Rogerum Hoved. ann. 1174 : *Adsecuravit in manu D. Regis patris sui, quod illis, qui servierunt ei, nec damnum, nec malum aliquod hac de causa faciet.* Sed proprie *Assecuramentum* spectabat dominos et vassallos. Constitutiones Siculæ lib. 3. tit. 16 : *Domini a vassallis suis Assecurari debent, videlicet de vita, membris et captione corporis sui, et terreno honore.* Ricardus Hagulstadensis : *Se se ad invicem sacramentorum obligatione Assecurant.* Epistola 58. ex iis, quæ habentur tom. 4. Histor. Francor. : *Ego Henricus Assecurabo Regi Francorum sicut domino vitam suam et membra sua, et terrenum honorem suum : si ipse mihi Assecuraverit sicut homini et fideli suo vitam meam et membra mea, et terras meas, quas mihi conventionavit, de quibus homo suus sum.* Epist. 62. ibid. : *Comes de Mellento honorem totum de Gornaco Assecuravit Regi contra omnes homines ad magnam vim et parvam, etc.* Tabular. Campaniæ : *Ego Matthæus Dux Lotharingiæ et Marchio notum facio. . . quod ego Agnetem de Novocastro et Petrum filium ejus Assecuravi, nunquam in personas eorum manus violentas missurus, sed eadem libertate, qua ante fruebantur, gaudere permittam; super quo obsides ei constitui, etc. Dat.* 1221. Adde Fulbertum Epist. 6. Ericum Upsalensem lib. 3. Hist. Suecicæ pag. 95. etc. [Vide *Deassecurare.*]

* *Essegurer,* eodem intellectu, in Lit. remiss. ann. 1369. ex Reg. 100. Chartoph. reg. ch. 427 : *Icellui Montfaucon dist audit Grisart, qu'il avoit bien besoing de charroier droit; à quoy ledit Grisart li respondit que c'estoient menaces, et qu'il se feroit Essegurer de lui.* Hinc *Essehurement,* pro *Asseurement, assecuramentum,* in Lit. ann. 1354. tom. 4. Ordinat. reg. Franc. pag. 295. art. 10. Nostris *Ascur,* pro Securus, si tamen legendum non sit *Aseur,* in Contin. Histor. Belli sacri apud Marten. tom. 5. Ampl. Collect. col. 626 : *Noveles vindrent à Saladin que le roi de France et le roi d'Angleterre estoient croisiés, et tuit li autres barons dé Crestienté por aler sus lui. Il n'en fut mie liés ni Ascur.* Nisi malis interpretari Animosum, cordatum. Vide infra *Asternere.*

☞ Monendum tamen *Assecuramentum* non semper clientelæ argumentum extitisse. Sæpe enim qui viribus impares se noverant quam ut a vicinorum incursionibus tutos se præstarent, potentioris alicujus vicini opem implorabant, atque illi domum suam *Assecurabant,* eo scilicet pacto ut castrum illud hostibus illius adjutorio numquam esset, modo in ipsius tutela et protectione maneret. Hujusmodi sunt *Assecuramenta* quæ Johanni Drocensi Comiti facta leguntur in Chartulario Montis fortis fol. 66. et seqq. : *Major de Hernovilla Assecuravit domino Comiti domum suam de Ulmeio.* Porro horum assecuramentorum non eadem fuit omnium conditio; varia enim pro variis stipulationibus, quorum exempla videsis apud D. *Brussel* Tract. de usu feudorum tom. 2. pag. 853. et seqq.

ASSECURAMENTUM præterea apud Leguleios dicitur securitas, qua coram judice vel domino feudali, qui inter se inimicitias ob crimen aliquod perpetratum exercent, sibi invicem de *nihil faciendo* cavant. Est autem *Assecuramentum* una e quatuor viis aut rationibus, quibus inter propinquos contentio ob cædem, aut aliud facinus oborta, quam *Belli* nomine indigitabant, finiebatur. Philippus de Bellomanerio MS. cap. 59 : *La quarte maniere comment guerre faut, si est par Asseurement : si come quant li Sires commant les parties cievetains à Asseurer l'un l'autre.* Id est : *Quarto denique bellum finitur Assecuramento : cum videlicet dominus feudi litigantibus imperat, ut sibi invicem de securitate fidem præstent.* Id autem hocce pacto fiebat : alter litigantium, qui bellum inire verebatur, aut qui jam bello indicto, ab eo recedere volebat, quia forte non aderant vires æquales, quibus se adversus hostem tueretur, adibat dominum feudi, citatoque hoste, ab eodem domino petebat, ut sibi et suis ab hoste fides sacramento de vitæ et bonorum suorum securitate præstaretur, totius interim litis et contentionis judicio in domini aut judicis sui arbitrium relato. Quo facto, dominus vasallo suo imperabat, ut securitatem istam præstaret, quam non ipse modo observare, sed etiam agnati, cognative, qui una cum illo bellum amplexi erant, tenerentur. Ita ut si assecuramentum a quoquam ex agnatis violatum esset, licet *belli,* ut vocant, *Capitaneus,* seu Dux, non adfuisset, tanquam reus assecurationis violatæ, in judicium citaretur. Atque in eo differebat *Assecuramentum* a *Trevia,* quod *Trevia* securitatem daret, quamdiu bellum durabat; *Assecuramentum* vero ut et *Pax,* vim perpetuo haberet. [Cujus assecurationis violatæ pœna describitur in Stabilimentis Sancti Ludovici cap. 28 : *Se ainsint estoit que uns hons eust guerre à un autre, et il venist à la justice pour li faere Asseurer, puisque il le requiert, il doit fere fiance, ou jurer à celui de cui il se plaint, ou fiancer que il ne li fera dommage ne il, ne li sien, et se il dedans ce li fet domage, et il en püet estre prouvé, il en sera pendus.*] Formula autem assecuramentorum, quæ coram judice dabantur habetur in veteribus Reg. Parlam. Paris. in hæc verba : *Dominus N. non habet gardam de me, nec de meis, nec ipse, nec sui.* Quod verbis Gallicis ita conceptum puto : *Monsieur tel n'a pas garde de moy*, (id est, *ne se gardera pas*) *ni lui ni les siens.* In 1. Reg. fol. 101. in 2. Reg. sign. B. fol. 40. 42. 43. Salanova apud Blancam : *Item quod dicitur : Caveat sibi ab inimicis suis, et consanguineis interfecti ; sic intelligatis, quando manifestum est homicidium : alias si negaretur ante probationem, esset Assecurandus per consanguineos et amicos interfecti.* [Regestum Magnorum Dierum Trecens. fol. 39 : *Dominus Theobaldus de Broyes præsens in curia, Assecuravit Abbatem et Conventum de Oye, familiam et bona eorum, de se et suis, ad usus et consuetudines Campaniæ. Et dictus Abbas similiter Assecuravit dictum Theobaldum de se et suis.*] Vide præterea Concil. Bituricense ann. 1336. cap. 12. Oyhenartum in Notit. Vasconi. pag. 334. 335. 1. Edit. Magnum Recordum Leodiense pag. 56. etc. Universam materiam Assecuramentorum prosequuntur Consuetudines municipales nostræ, Perticensis art. 9. Marchensis art. 157. Arvernensis cap. 10. art. 1. 3. 4. 5. Melodunensis art. 4. Senonensis art. 8. 169. Trecensis art. 124. 125. Calvimontensis art. 100. Pontivensis art. ult. Cameracensis tit. 22. art. 8. Juliodun. cap. 39. art. 3. Pictavens. art. 419. Rupell. art. 9. Præterea Michael *del Molino* in Repertorio Foror. Aragonens. in v. *Assecuramentum* : nos etiam pluribus de Assecuramentis scripsimus in Dissert. 29. ad Joinvillam. Vide *Assegurare*, *Assequurare Assecurare* et *Assicurare*.

¶ **Assecurantia**, Gall. *Asseurance*. Idem quod *Assecuramentum*, apud Rymerum tom. 7. pag. 403 : *Contra specialem Assecurantiam factam et concordatam inter ipsos.*

¶ **Assecuratio**, Eadem notione. Concil. Trevir. ann. 1238. inter Anecd. Marten. tom. 4. col. 186 : *Si quis laicus ecclesiasticæ personæ minas intulerit de corpore proprio, et ammonitus a judice ordinario Assecurare noluerit, nec de ipso accipere rationem, per excommunicationis et interdicti sententias ad Assecurationem de ipsa recipienda compellatur.* Chron. Trivetti ad ann. 1277. apud Acherium tom. 8. Spicil. pag. 640 : *Pro Assecuratione ejus et rationem istorum tradidit Princeps decem obsides de melioribus Walliæ absque incarceratione.* Apud Rymerum tom. 13. pag. 426. col. 1 : *Litteras patentes et Assecurationem in debita et sufficienti forma factas, etc.*

¶ 2. **ASSECURARE**, Comitari. Acta SS. April. tom. 1. pag. 54. ubi de quinque Franciscanis Martyribus in India : *Vir etiam ille, qui eos Assecuraverat, quatuor lictoribus illis viriliter respondit, eos de infidelitate acriter arguendo.* Puto legendum *Assecula verat*.

¶ 1. **ASSECURATUS**, Certo convictus. Vita B. Lidwinæ Virg. tom. 2. April. pag. 289 : *Nec multo post accusantibus quibusdam, quasi proditionis civitatis rei Assecurati essent, ita quod timerent a Duce Capitali sententia se plectendos, dixerunt, etc.*

* 2. **ASSECURATUS**, Tranquillatus, pacificatus. Charta ann. 1376. ex Tabul. S. Vict. Massil. : *Reliquiaria sacri monasterii S. Victoris cum debita reverentia valeant custodire sub salvagardia civitatis prædictæ Massiliæ, ut tranquillato* et *Assecurato tempore restitui possint.* Hinc forte nostris *Assegriser*, pro *Adoucir, appaiser, tranquiliser*, mitigare, placare. Lit. remiss. ann. 1414. in Reg. 167. Chartoph. reg. ch. 382 : *Le suppliant ne se pouoit appaiser ne Assegriser du meschief. Asserisier*, eodem significatu, in Vita S. Ludov. edit. reg. pag. 292 : *Les ondes d'assaus de toutes pars furent Asserisiées.*

¶ 1. **ASSEDARE**, Sedare, pacare. Charta Ecclesiæ Lugdun. ann. 1298 : *Dantes arbitris facultatem terminandi et finaliter Assedandi.*

2. **ASSEDARE**, [Censum describere, Gall. *Asseoir la taille.*] Vide *Assidere* 1.

¶ **ASSEDERE**, Eadem notione, apud Rymer. tom. 5. pag. 694 : *De Assedendo hujusmodi operarios, artifices et servitores ad summas ultra id, quod quilibet eorum pro labore, operatione et servitio suo... ceperunt.* Et paulo post : *In auxilium solutionis summarum... sunt Assessi*, id est, rata pecuniæ portio eis imposita est exsolvenda. Vide *Assidere* 1.

ASSEDIARE, Vox Italica, Obsidere, oppugnare, Gall. *Assieger*. Vita SS. Emerii et Candidæ n. 6 : *Venerunt in civitatem vocatam Querquens, et Rex tenuit eam Assediatam per 7. annos.*

* Chron. Bergom. ad ann. 1403. apud Murator. tom. 16. Script. Ital. col. 944 : *Homines partis Guelphæ.... Assediaverunt ipsos homines super ipsa ecclesia, etc. Asseoir*, eadem notione, in Contin. Hist. Belli sacri apud Marten. tom. 5. Ampl. Collect. col. 596 : *Cis li conseilla qu'il semonsist ses os, et ala Asseoir Tabarie.* Vide *Assidiare*.

* **ASSEDITIO**, Taxatio, peræquatio, Gall. *Assiete*. Charta ann. 1258. tom. 1. Probat. Hist. Brit. col. 909 : *Qui assedebunt nostras talias, debent mandare dicto Oliverio vel ejus allocato, quod veniant ad firmas et talias assedendas, ...et quando quindecim dies transiti fuerint post hujusmodi affirmationem et Assed itionem, etc.* Vide in *Assidere* 1.

¶ **ASSEDIUM**, Italis *Assedio*, Obsidio Memoriale Potestatum Regiens. ad ann. 1245. apud Murat. tom. 8. col. 1114 : *Et ceperunt Gorgunzolam, ad cujus Assedium fuit captus Rex, et recuperatus per populum Reginum.* Ibidem in Regimin. Paduæ ad ann. 1324. col. 437 : *Relicto dicto Assedio, et facto pacto et concordio.* Vide *Assediare*.

¶ **ASSEDUM**, ab *Assideo*, pro *Essedum*. Locum vide in *Sabuta*.

* **ASSEFALLIA**, Pertinacia, obstinatio. Glossar. Provinc. Lat. ex Cod. reg. 7657 : *Testardaria, Prov. Assefallia.* [** Ἀσφάλεια.]

ASSEGIA, Piscis species, Occitanis forte nota, in Charta Raimundi Comitis Tolosani ann. 1181. apud Catellum in Hist. Comitum Tolosæ pag. 216. [* Vide supra *Asiga*.]

¶ **ASSEGURAMENTUM**, Idem quod *Assecuramentum*. Regestum Magnorum Dierum Campaniæ fol. 17 : *Super Asseguramento, quod petit sibi concedi Johannes Dominus de Noeroie Miles a Duce Lotharingiæ qui diffidavit eum.*

* Charta ann. 1143. inter Probat. tom. 2. Hist. Occit. col. 500 : *Si de aliis placitis et Asseguramentis et convenientiis, quæ hic scripta sunt, aut scripta non sunt, aliquid minus fuerit, etc. Asseguranche*, eadem notione, in Charta ann. 1424. tom. 2. Hist. Leod. pag. 446.

¶ **ASSEGURARE**, ab Hispano *Assegurar*, Gall. *Assurer*, Aliquem rei alicujus possessorem securum præstare. Jos. Moret. Antiq. Navarræ pag. 651. ex Archivo de Calahorra num. 7 : *Ego Didacus Lupi, cum sim Canonicus Calagurritanæ Ecclesiæ, rogavi Garciæ Regi Navarræ, et ipse pro amore meo Asseguravit Priori et Canonicis Calagurritanæ Ecclesiæ octo juga boum, cum octo hominibus, quatuor in Calahorra et quatuor in Murello.* Vide *Assecurare* 2

* **ASSEIATOR**, Examinator, probator, Gall. *Essaieur*. Memor. D. Cam. Comput. Paris. fol. 66. r° : *Philippus d'Orgemont, generalis Asseiator monetarum per litteras regis datas xiij. Octobr. 1364.* Vide supra *Assazator*.

* **ASSELA**, Axilla, Gall. *Aisselle*, ut *Assella*. Constit. cœnobii S. Petri-mont. apud Hugon. tom. 2. Monum. sacr. antiq. pag. 435 : *Post Completorium fratres ad lectos venientes, cum gravitate in lectis suis assideant, et extractis postea ante lectum sotularibus, crura sua cum honestate ad se contrahant, deinde operimento, quo se debent tegere, usque ad Asselas adducto, etc.*

¶ **ASSELLA**, Axilla, Gall. *Aisselle*. Processus de Vita et Miraculis S. Yvonis cap. xiv. tom. 4. Maii pag. 569 : *Et brachia habebat unum super aliud involuta et juncta, et manus clausas subtus spatulas sive Assellas.* Vide *Ascella* 1.

ASSELLARE, [Ventrem exonerare, Gallis, *Aller à la selle.* Conradus de *Geilenhusen* apud Marten. tom. 2. Anecd. col. 1209 : *Anastasius Papa II. qui inciderat in hæresim, jam damnatam, dum Assellaret misit intestina.* Petrus Albianus Tretius legit *Aselaret* cum unico s.] Vide *Sella*.

¶ **ASSELLATIO**, Eadem notione. Vide *Sella*.

* **ASSELLI** et **Hamati**, Factiones binæ, quarum dissidiis Hollandia olim conflagravit : prior ab *Assellus*, piscis genus ; altera ab *Hamus*, quia jactabant se *Assellis* futuros, quod hamus pisci, nomina mutuatæ. Harum meminit Joan. Arkelius episc. Ultraject. circa ann. 1350. in Batav. sacr. pag. 186. col. 1 : *Sub ipso impium bellum inter Wilhelmum, et matrem ejus Margaretam Augustam sævit, fotum duobus Assellorum et Hamatorum execrandis apud Hollandos factionibus, non minus quam Guibellinorum et Welphorum in Italia.* Vide notas ibi et supra *Asellata*

ASSEMBLATA Illicita, est trium aut plurium in unum locum conventus, ad illicitum aliquod violenter perpetrandum. Cowell. ex Gallico *Assemblée illicite.*

☞ **Assemblata** nude sumitur etiam pro legitimo cœtu, apud Baluz. tom. 2. Hist. Arvern. pag. 781. in Charta ann. 1308 : *Concedimus hominibus prædictæ villæ S. Amantii nunc habitantibus, et aliunde venientibus ad dictum locum, Consules, Communitatem et Assemblatam, usus, consuetudines, franchesias et libertates sub modis et formis infra scriptis.*

* **ASSEMBLARE**, a Gall. *Assembler*, Convenire. Charta Matthæi dom. Montismor. ann. 1200. in Chartul. S. Dion. pag. 304. col. 1 : *Ego et hæredes mei Assemblabimus cum abbate S. Dionysii vel successoribus ejus ad ulmum, quæ est inter Spineolum et viam,*

quæ ducit de Argentolio ad Montemmorencia-cum... Hæc autem Assemblatio, postquam ab alterutra parte submonita fuerit, ultra tres justas demandationes, nisi de consensu partium, differri aut prorogari non poterit. Vide *Assemblatio*. Nostri vero *Assembler à quelqu'un* dixerunt, pro Cum aliquo congredi. Lit. remiss. ann. 1391. in Reg. 141. Chartoph. reg. ch. 293 : *L'exposant veant leur grant rigueur se prinst à crier aus villains, aus villains; et en ce faisant l'un d'eux vint Assambler audit exposant d'une lance : pourquoy icellui exposant lui couru sus et le mist à terre. Entreassambler*, eodem sensu in aliis Lit. ann. 1364. ex Reg. 94. ch. 55 : *Le suppliant et ledit bastard se entreassamblerent et batillerent ensamble, telement que ledit bastard demoura mort.* Unde *Dessambler* et *Dessembler*, Sejungere, vulgo *Séparer*. Lit. remiss. ann. 1370. in Reg. 100. ch. 660 : *Icellui Jaquin eust pris ledit Motu et geté par terre; lesquelx ledit Jaucon Dessambla.* Aliæ an. 1380. in Reg. 118. ch. 412 : *Lesquels Guiot et Mulart s'entreprindrent et combien que l'exposant feist tout son pouvoir pour les Dessembler, etc.* Nostris præterea *Assamble*, Acervus, vulgo *Monceau, tas*. Glossar. Gall. Lat. ex Cod. reg. 7684 : *Assamble, exageratum vel exageratim.*

ASSEMBLATIO, Conventus initus ad litem componendam. Charta Matthæi Comitis Bellimontis ann. 1207. apud Doubletum in Hist. Sandion. pag. 896 : *Notum facio.. . quod cum peterem ab Abbate B. Dionysii domino meo Assemblationem apud Spinam de Maflers, super omnibus querelis, quæ inter me et ipsum emergerent, et ipse Abbas mihi eam non mihi recognosceret : tandem sapienti usus consilio, in præsentia domini mei Abbatis B. Dionysii in Curia ipsius apud B. Dionysium ipsi Assemblationi in perpetuum renuntiavi, et ipsum quitavi, et recognovi, quod debeo venire in Curiam ipsius pro recto faciendo et accipiendo super omnibus querelis, etc.*

ASSEMBLEA, in Statutis Ord. Hospital. S. Joannis Hieros. tit. 1. § 4. tit. 8. § 4. quid sit, sic exponitur tit. 19. de verbor. significat. §. 12 : *Assembleas Galli Congregationes vocant, quo utimur, quando Fratres nostri pro aliquibus rebus, ad Ordinem nostrum spectantibus, una conveniunt.* Jacobus Pergaminus in memoriali linguæ italicæ : *Assembrare, Assembrarsi, voci Provenzali usate da scrittori antichi, significano ragunarsi, congregarsi, abbocarsi insieme a publico parlamento : quindi vienne Assembrea, o Assemblea, che vale ragunanza et abbocamento.* [Rymer. tom. 7. pag. 746. col. 2 : *Congregationes, conventicula, Assembleas, etc.*]

* **ASSEMBLEIA**, Conventus, congregatio, a Gall. *Assemblée*. Lit. ann. 1351. in vol. 2. arest. parlam. Paris. : *Philippus de Juliaco miles et Petrus de Chiniaco scutifer nuper Assembleias sive congregationes amicorum suorum et gentium armorum fecerant. Desassemblée*, eadem acceptione, in Lit. remiss. ann. 1416. ex Reg. 169. Chartoph. reg. ch. 413 : *Lesquelz furent par aucuns de leurs amis et voisins illecques desassemblez; et la Désassemblée faite, etc. Assemblée*, Congressus, Gall. *Choc*, apud Villehard. cap. 71 : *Li Grieu lor tornent les dos, si furent desconfiz à la premiere Assemblée.* Pro Congressio, Gall. *Commerce*, in Charta ann. 1331. in Reg. 66. ch. 513 : *Disoit que feu Guillaume Allemant fut engendrez et nez de Assemblée dampnée, c'est assavoir de homme marié en fame mariée.... Guillaume de Tannay nians.... que ledit feu fust engendré de cohit ou assemblée comme dessus, etc. A assemblée*, pro Catervatim, Gall. *En corps*. Charta Joannæ reginæ pro piscatoribus Nogenti supra Sequanam ann. 1367. in Reg. 116. ch. 221 : *Ne pevent lesdiz supplians peschier à Assemblée, ne autrement à autres engins que dessus est dit.* Sed et *Assemblément* dixerunt pro Simul, una, Gall. *Ensemble*. Lit. remiss. ann. 1379. in Reg. 115. ch. 64 : *Comme ledit Jehan et icelle Juste eussent loué Assembléement une certaine chambre secrete, où ils avoient leur repaire, quant bon leur sembloit.* Aliæ ann. 1470. in Reg. 196. ch. 293 : *Icellui Hacquin et le suppliant prindrent Assambléement le chemin droit à ung arivouer, etc. Assamblement* dicitur de Militibus ordinate dispositis. Le Roman *de Robert le Diable* MS. :

> L'emperere forment l'esgarde
> Qui avant estoit en l'angarde,
> Pour esgarder l'Assamblement.

* Unde *Desassamblement*, Clades, dissipatio, vulgo *Déroute*, apud Guill. Guiart. ad ann. 1267. :

> Ne demoura pas longuement
> Après le Desassamblement
> Des desusdites ataines.

¶ **ASSEMPER**, pro *Ad semper*, Gall. *A jamais, pour toujours*. Rymer. tom. 8. pag. 275 : *Quitti permaneant Assemper et immunes, etc.*

* **ASSEMPERARE**, In Perpetuum assignare. *Assemperatio*, ejusdem conditionis assignatio. Charta ann. 1394. tom. 6. Anecd. Pezii part. 3. pag. 106. col. 1 : *Assignatis, Assemperatis perpetue, et unitis, atque possessione, qua præfati abbas, conventus et monasterium pro tempore existentes incorporationem, et annexionem, et census assignationem, Assemperationem, et unitionem....... hactenus possederunt.* V. *Assemper*. [** Confer Haltausii Glossar. German voc. *Ewigen* et *Ewigkeiten* col. 418. Chart. ann. 1301. ibid. col. 1792 : *Hæc omnia et singula post obitum nostrum ad manus mortuas seu Perpetuas prædicti Monasterii perveniant.*]

¶ **ASSENAMENTUM**, Dominicæ manus injectio in res aut prædia. Practicis veteribus *Assenement, Saisie feodale, Main mise*. Est etiam *Assenamentum* idem ac assignatio, practicis *Assene, Assignation*. Charta Hugonis de Husseia ann. 1224. ex Tabulario Corbeiensi : *Ego vero dictam præposituram... quitavi in perpetuum cum omni jure ad eandem pertinente, videlicet justitiis, relevaminibus, mortuis manibus, invadiamentis, Assenamentis, etc.*

* Nostris *Assenement*, eadem notione. Charta ann. 1320. ex Chartul. S. Martini Pontisar. fol. 33. v° : *Ledit Jehan en a obligié ausdis religieux et à leur successeurs en ladite église et delessié par especiale obligation desorendroit, ès nom de pur Assenement et de gage, toutes les choses ci-dessous contenues. Assainement*, ibi fol. 28. ex Charta ann. 1332. Vide *Assennatio*.

¶ **ASSENARE**, In res aut prædia jure dominii manum mittere, *Assener* in Consuetud. Arvern. cap. 21. art. 6. cap. 22. art 2. Arrestum Parlamenti Paris. anni 1331. pro Monasterio Bonæ-Vallis, ex Archivis ipsius Monast. : *Ipse Comes absque requesta ipsorum Religiosorum infra annum debet ponere dicta bona extra manum suam, alioquin dicti Religiosi Assenaverunt et Assenare consueverunt et potuerunt ac possunt ad dicta bona et tenere tanquam sua.*

* **ASSENCIÆ**, Glossar. vet. ex Cod. reg. 7646 : *Assentatio, id est, consensio, ut si quis tibi de aliqua re dicat, et tu illi assentias, ipsæ res Assenciæ nuncupantur. Açence*, eodem sensu, in Stat. ann. 1369. tom. 5. Ordinat. reg. Franc. p. 223 : *Se eulz ou autres ne le faisoient par nostre congié et Acence. Ascance*, Remissio, abolitio, in Vita J. C. MS. :

> La Mazelaine a pourpensé
> Con le porra servir à gré;
> Par coi peust avoir l'Ascance
> De ses pechiés, dont a pesance.

Vide *Assentiæ*.

* **ASSENNARE**, In res aut prædia manum mittere, occupare, nostris *Assener*. Charta ann. 1246. in Chartul. eccl. Lingon. fol. 32. v°. ex Cod. reg. 5188 : *Ad bona nostra ubicumque sint mobilia et immobilia, quæ propter specialiter eidem obligamus, possit Assennare, et recursum habere, et auctoritate propria vadiare.* Charta Guillel. de Veteri-ponte ann. 1289. ex Chartul. S. Joan. in valle : *Nous pourrions prendre tant seulement leur bien dessus l'estal, ou Assener à l'estal, et mettre en nostre main.* Vide *Assenare*.

ASSENNATIO, Assignatio, addictio. Gall. *Assignation*. Charta ann. 1228 : *Ego autem assignationem et Assennationem istam... laudavi*, in Probat. Hist. Castil. pag. 48. *Assene conventionel*, in Consuetud. Lillensi art. 23. 28. *Douaire et Assene*, in Hannoniensi cap. 53. 72. 80. Montensi cap. 21. Valentianensi art. 84. *Assenement*, in Bubonensi art. 409. etc.

☞ Boutellerius in sua Summa lib. 1. tit. 97. pag. 555 : *Item peus et dois sçavoir que la dame ou la damoiselle n'a droit de doüaire, si le mari l'avoit au mariage avancée d'aucune chose, ou Assenée sur son heritage; car deux doüaires ne peut-elles avoir ensemble, mais il convient qu'elle se tienne, au quel qui mieux lui plaira, ou à l'Assene ou au doüaire coûtumier; et ainsi en est-il usé.* Quo in loco vox *Assene* intelligenda est de parte bonorum mariti statuta et fixa, quam uxori suæ, dum eam ducit, assignat.

¶ **ASSENSA**, idem quod *Accensa*, Datio ad censum, census. Testamentum Roberti I. Comitis Claromontis ann. 1262. apud Baluzium tom. 2. Hist. Arvern. pag. 262 : *Volo quod solvatur... viginti sex libras Claromontenses, quas percipiat in tallia seu Accensa, quam debent homines de Vodabla.* Ibidem pag. 277. in Testamento Roberti II. Comitis Claromontis ann. 1281 : *In redditibus et juribus quæ habemus et consuevimus habere in Assensa de Nivernis.* Vide *Accensa*.

¶ **ASSENSAMENTUM**, Eadem notione. Consuetud. Lemovic. art. 61 : *Si aliquis concedit et tradit terram suam ad censum et acceptamentum nihilominus pretio sibi dato, is census valeat plus quam ipsum pretium, hujusmodi contractus habetur pro Assensamento, nec in isto casu ille cui traditur, taliter de dicta terra debet solvere vendas.... si vero census secundi vel ultimi Assensatoris* *ultra censum vel census prioris vel priorum Assensatoris, vel Assensatorum, non valet amplius, quam pretium in Assensatione hujusmodi sibi datum, non est Assensamentum, imo pro venditione habetur.*

¶ **ASSENSARE**, Dare vel accipere ad censum, Fall. *Donner*, vel *Prendre à cens.* Consuetudines Lemovic. loco mox laudato: *Nec in isto casu ille cui traditur taliter de dicta terra debet solvere vendas, ille etiam cui terra taliter est Assensata potest ipsam terram alii Assensare sine requisitione domini a quo ipse Assensaverat ipsam terram. Assensare seu ad firmam dare*, in Statutis MSS. Augerii II. Episc. Conseran. Vide *Accensare.*

* *Assensir*, eadem notione, in Charta ann. 1509. ex Reg. 13. Corb. sign. *Habacuc* fol. 6. v° : *A esté accordé de Assensir et mettre à usa ge de prez les terres qui s'ensuivent.* Hinc

* **ASSENSATARIUS**, Qui sub annuo cenu tenet. Charta ann. 1457 : *Recognoscentes dicti Assensatarii se fuisse et esse causa et ratione præmissorum assensatorum justiciabiles.... ejusdem domini.... et castellaniæ de Droiz.* Vide *Adcensatarius* 2. et mox *Assensator*, 2.

¶ **ASSENSATIO**, ut *Assensamentum*, in Consuetud Lemovic.: *Et si census valeat plus quam pretium hujusmodi ultimæ Assensationis, habetur hujusmodi contractus pro Assensamento, nec vendæ sunt persolvendæ.*

¶ 1. **ASSENSATOR**, Conductor ad censum annuum. Vide *Assensamentum.*

* 2. **ASSENSATOR**, Qui ad censum dat. *Assensatorius*, qui sub annuo censu accipit. Charta ann. 1406 : *Pro qua quidem assensa dicti conjuges Assensatores habuerunt..... xx. libras monetæ regiæ nunc currentis a dicto Joanne Dubois Assensatorio, pro intragiis præmissorum assensatorum.* Pluries occurrit ibidem.

* **ASSENSIA**, Facultas utendi rebus alienis tanquam suis, idem quod *Aisantia.* Vide in hac voce. Charta Gualteri episc. Laudun. ann. 1153. in Chartul. S. Vincent. Laudun. ch. 59 : *Ad usus etiam ecclesiæ ejusdem, tam in pasturis quam nemoribus, Guiardus et Hugo de Montecabilonis Assensias in elemosynam concesserunt.*

* 1. **ASSENSIO**, *Adulatio*, in vet. Glossar. ex Cod. reg. 7646.

* 2. **ASSENSIO**, Datio ad censum, seu ad firmam, vel Præstationis alicujus in censum annuum commutatio. Stat. eccl. Lugdun. MSS. : *Thesaurarius non potest nec debet assensare alicui archipresbyterorum ceram in perpetuum, quam debent capitulo, ... et si aliquando factum fuerit de jure non debet nec potest stare illa Assensio.* Privil. Philippi II. Rom. reg. ann. 1208. tom. 2. Hist. Leod. pag. 389 : *In Leodio de venditione vini debet bis in anno institutio et Assensio ex consilio ecclesiæ et civium fieri.* Vide *Assensa.*

¶ **ASSENSOR**, Eadem notione, qua Assensator, 1. apud Labbeum tom. 11. Concil. col. 741.

¶ **ASSENSUARE**, Idem quod *Assensare* Charta Henrici Episc. Eduensis ann. 1153 : *Ivo de Avalone et uxor ejus Assensuarunt fratribus Regniacensis Ecclesiæ... totam terram, etc.*

ASSENTANEUS, *Consentiens*, in Gloss. Isidori : *Consentaneus.* Statuta Ordinis S. Gilberti : *Qui conscius sit et Assentaneus in iis, quæ ipse vendiderit, etc.* Occurrit etiam apud Albertum Argentin.

¶ 1. **ASSENTARE**, Consentire, assentiri, concedere. De S. Hugone Archiep. Rotomag. tom. 1. Aprilis pag. 844 : *Ego Hugo Metensis primicerius Sacerdos humilis et germanus meus vir illuster Arnulphus Dux... Assentaverunt in hunc modum et secundum tenorem istius litteræ.*

¶ 2. **ASSENTARE**, Tenere ad censum. Gall. *Tenir à cens.* Charta Agnetis Comitissæ Pictav. ann. circ. 1060. apud Marten. tom. 1. Anecd. col. 186 : *Assentant autem ipsum molendinum Clerici S. Nicolai per singulos annos de Clericis S. Radegundis uno modio, etc.*

¶ **ASSENTATOR**, Conductor, qui tenet ad censum, in Conc. Burdigal. ann. 1255. apud Labbeum tom. 11. Concil. col. 741. ann. 1255 : *Assentatores autem decimarum, etc.* Sed Cangius putat legendum, *Accensatores.* Si tamen mendum non sit in voce superiori, tam dici potest *Assentator* quam *Assentare.*

¶ **ASSENTES**, pro *Absentes*, in Constitutionibus MSS. Cluniac. non semel occurrit : *Priores hujusmodi sic Assentes ad prioratus suos revocent.*

¶ 1. **ASSENTIA**, Idem quod *Firma*, Domus rustica, Gall. *Cense, Ferme.* Diploma Adæ abbatis de Novo Castello apud Marten. tom. 1. Ampliss. Collect. col. 915 : *Quod si Comes domum vel firmitatem ædificaverit quantum terræ ad hoc opus ceperit, tantumdem et nos ad domos nostras et Assentias componendas occupabimus.*

* Est potius, idem quod *Aisantia*, Commoditas, usus. Vide supra *Assensia.*

¶ 2. **ASSENTIA**, f. pro *Essentia*, Natura, indoles. Guibert. lib. 1. de Vita sua cap. 14 : *Et cum juvenis illius statum Assentiamque requirens, reperit ejus animum enixius ad aggrediendum sanctiora proclivem.*

ASSENTIÆ, *ab assentio, tis, id est, assentationes, adulationes.* Papias. [* Vide supra *Assenciæ* et *Assensio.* 1.]

* **ASSENTIMENTUM**, Assensus, consensus, nostris olim *Assenz.* Charta ann. 1124. inter Probat. tom. 2. Hist. Occit. col. 427 : *Et de ista hora inantea ego non te guerrejabo, nec homo nec femina per meum consilium, neque per meum Assentimentum, etc.* Alia ann. 1151. ibid. col. 535 : *Ego prædicta Hermengardis de his omnibus supradictis non tibi totum neque aliquam partem tollam, nec homo vel homines, femina vel feminæ, per meum ingenium, nec per meum consilium, nec per meum Assentimentum.* Lit. pro restitut. commun. Tornac. ann. 1370. tom. 5. Ordinat. reg. Franc. pag. 376. art. 8 : *Les ordonnances touchans le commun proufit de la ville soient faites... par l'Assenz des trois concistoires.* Paulo ante : *Et ce qui par l'acort des trois concistoires sera ordonné pour le proufit et utilité de la ville, vaudra et tendra.*

* **ASSEQUURARE**, Aliquem, rei alicujus possessorem, securum facere. Charta ann. 1179. inter Probat. tom. 2. Hist. Lothar. col. 382 : *Si forte ipsum sine legitimo hærede propriæ carnis suæ decedere contigerit, et ipsum per homines suos Assequurari fecit, et pro libitu suo de his eleemosynam facere poterit.* Vide *Assegurare.*

* **ASSERATUM**, Tabulatum, Gall. *Plancher*, quia ex *asseribus* fit. Charta ann. 1416 : *Ad causam emendæ per præpositum Cameracensem in eodem furno, quia pistor porcos in loco seu Asserato, Gallice sur plancquier, tenebat, levatæ, etc.* Vide infra *Assericium.*

ASSERATUS, a Gall. *Acéré*, Chalybe duratus. Reparat. factæ in senescal. Carcass. ann. 1435 : *Duos piquos ferreos Asseratos, etc.* Vide infra *Assire.*

* **ASSERCIRE**, pro Accersire, Gall. *Appeller.* Bened. abbas Petroburg. de Gest. Henr. II. reg. Angl. tom. 1. pag. 346 : *Alexander Papa mandavit prædicto Alexio subdiacono, Apostolicæ sedis legato, et districte præcepit ut Asserciret Rogerium Eboracensem archiepiscopum, ... et cum eo mandatum exequeretur.*

* **ASSERERE**, *Promeare, perire, disponere, terminare*, Glossar. vet. ex Cod. reg. 7646. [** Glossar. in Cod. reg. 7644 : *Adsesere, causam agere.... promerere*, (leg. promere), *aperire, disponere, terminare.* Gemma Gemmarum : *Asserere, affirmare vel plantare, bevestigen, vel liberare.*]

¶ 1. **ASSERES.** Papias MS. : *Asseres apud veteres dictæ sunt fœminæ non quæ ubera dabant, sed sub quarum cura nutriebantur infantes.* Vide Nonium in *Assas, Nutrices.*

¶ 2. **ASSERES**, Tegmen libri ex asseribus. Chronicon MS. Regum Franciæ ex Musæo D. de Cangé : *In uno parvorum librorum Camere Compotorum ad Asseres, de corio viridi, etc.*

* **ASSEREUS**, Ligneus, ex *asseribus* compactus. Vita B. Goberti tom. 4. Aug. pag. 383. col. 1 : *Ascendit et in equum, qui adeo erat maceratus, ut potius videretur Assereus, quam carneus.* Vide *Asserinus.*

* **ASSERIA.** Charta ann. 1305. pro monast. Bonæcumbæ in Reg. 62. Chartoph. reg. ch. 345 : *Triginta duo sextaria siliginis ad mensuram Albiæ, valentes novem quartones cum dimidio ad mensuram Tholosæ, pro Asseria redditus.* Sic pluries ibi, semel *pro Assisia*, quomodo ubique legendum est, aut saltem eadem notione intelligendum, scilicet pro assignatione redituum ex designatis prædiis annuatim percipiendorum. Vide in *Assisa.*

* **ASSERIATGIUM**, Districtus, jurisdictio, Gall. *Ressort;* si tamen legendum non est *Assisiatgium*, eodem sensu accipiendum. Pactum inter regem, episc. et consules Caturc. ann. 1351. in Reg. 80. Chartoph. reg. ch. 487 : *Item nullus civis... extra Asseriatgium suum de Caturco debet conveniri, nisi extra dictum Asseriatgium constaret ipsum delictum... commisisse.* Vide supra *Assisiagium.*

* **ASSERICIUM**, Tabulatum, Ital. *Asserello*, asserculus. Chron. Domin. de Gravina apud Murator. tom. 12. Script. Ital. col. 672 : *Moti igitur pietate capitanii ipsi, et totus exercitus ignem cessare jusserunt; et viri illi per appositum per eos Assericium descendere incœperunt.* Vide supra *Asseratum.*

¶ **ASSERINUS**, Factus ex asseribus. Vita Ven. Idæ Virg. tom. 2. Aprilis pag. 165 : *Illa vero nunc hos nunc illos in pon-*

tem Asserinum super quem stabat, ante se posuit.

* **ASSERIUM**, a Gall. *Acier*, Chalybs. Charta ann. 1327. in Reg. 74. Chartoph. reg. ch. 304 : *Exposuerunt nobis.... eorum prædecessores in accapitum accepisse a gentibus tunc regiis meneria ferri, ex quo fit calibs seu Asserium.* Leudæ min. Carcass. MSS : *Item de cartairono de Asserio*, 1. *den.* Pedagium ann. 1404. ex Tabul. Massil. : *De quolibet quintale ferri, sive æris, vel Asserii, etc.*

* **ASSERNIZAMENTUM**, Metarum fixio, ut videtur. *Assernizare*, Limites defigere, Gall. *Borner*. Terrear. Bellijoc. fol. 37. v° : *Item de novo Assernizamento per eosdem nobiles Stephaneto Michon et dicto Guillelmo ejus filio facto, debere confitentur duos denarios Viennensis monetæ.* Fol. 38. r° : *Item etiam de novo Assernizamento per eosdem dominos dicto Stephaneto Michon facto, debita æquantia prius facta cum Hugonino Humbert, Claudio Burestier, etc.* Fol. 39. r° : *Juxta nemora dictorum consortum Assernizata ex Oriente, etc.* Et fol 368. v° : *Juxta formam et tenorem eorum Assernizamenti facti in camera computorum Villefranchæ.* Vide infra *Assetamentum* 1.

* **ASSERTAMENTUM**, Assertio, affirmatio. Testam. Jacobi de Sabaudia ann. 1360. tom. 3. Cod. Ital. diplom. col. 1045 : *De quibus constare asserit instrumento publico recepto,.... et casu quo de ipso Assertamento non appareret, etc.* Vide *Assertatio* 1.

¶ **ASSERTARE**, Affirmare. Opusculum Gurhedini Monachi ex Chartario S. Crucis Kemperleg. : *Hæc est possessio Ecclesiæ Crucis... Assertantibus totius Cornubiæ primatibus.*

¶ 1. **ASSERTATIO**, assertio, affirmatio. Processus contra Petrum Regem Arragonum ann. 1282. apud. Acher. tom. 2. Spicil. pag. 661 : *Argumenta verisimilia deferunt; vox præterea publica et communis quasi Assertationis incessat.* [** Charta Guilelmi Com. Holland. ann. 1357. ap. Lappenb. in Docum. Histor. Hanseat. pag. 442 : *Emptor infra prædictum diem certam Assertationem super emptorum solucione bonorum faciet venditori.*]

¶ 2. **ASSERTATIO**, Defensio, tuitio, Gall. *Assurance, deffense*, ab asserere, *Soutenir, Deffendre.* Acta Concilii celebrati apud Lomberum diœcesis Albiensis tom. 10. Fragment. MSS. Stephanotii pag. 37 : *Anno ab Incarnatione Domini* 1165. *taliter deffinitiva sententia lata est super altercatione et Assertatione atque impugnatione fidei quam expugnare nitebantur quidam qui faciebant se appellari Boni homines, etc.*

¶ **ASSERTATOR**, Præs, sponsor, Gall. *Caution, Garand.* Chartæ *huic multi testes et Assertatores subscribunt*, in Annal. Benedict. tom. 5. pag. 33.

¶ **ASSERTIONALITER**, Certo, sine erroris metu. Vita S. Aviti tom. 3. Junii pag. 357 : *Eleganter quippe et Assertionaliter de eo dicitur : Amavit eum Dominus et ornavit eum, stola gloriæ induit eum.*

* **ASSERTIVE**, Affirmate, Gall. *Affirmativement*, olim *Assertivement. Au-certain, certitudinaliter*, in Glossar. Gall. Lat. ex Cod. reg. 7684. Inquisit. ann. 1340. ex Cod. reg. 5190. fol. 72. v° : *Sed tamen hoc non deponit Assertive, quia non recordatur ad plenum.* Lit. remiss. ann. 1409. in Reg. 164. Chartoph. reg. ch. 26 : *En oultre dist et confessa vrayement et Assertivement, etc.* *Acertené*, Certior factus, in Lit. Caroli V. ann. 1358. tom. 3. Ordinat. reg. Franc. pag. 21 : *Nous Acertené des choses dessus dittes, etc.* Vide *Assertionaliter.*

ASSERTOR, Advocatus, causidicus. Vetus Judicatum sub Carolo M. apud Catellum lib. 5. Rerum Occitan. pag. 742. et Steph. Baluzium : *Ibique in supradicto nunc judicio veniens homo nomine Arluinus, qui est Assertor, vel causidicus et mandatarius Danielo Archiepiscopo, etc.* Habentur eadem verba ibidem pluries. Aliud Judicatum ann. 1021. apud Diagum lib. 2. Hist. Comit. Barcinon. cap. 31. ubi Comes controversiam ad judices Ecclesiasticos remittit : *Volo, ut justitia non depereat; sed ut me aut meo Assertore præsente cito compleatur.* Infra : *Assistente quodam procere Guillermo et agente per imperium Comitis vocem querelantium una cum ipsis justitiam petit.*

Assertor Pacis. Vide *Pax.*

¶ **ASSERVATORIUM**, Arca seu locus rebus asservandis, apud Ludewig, tom. 6. Reliq. MSS. pag. 345.

¶ **ASSERVISARE**, Servituti addicere, Gall. *Asservir, assujettir.* Charta terrerii Chassagniæ ann. 1399 : *Et de novo terra Asservisata fuit ad servitium duodecim denariorum.* Charta Thossiacensis ann. 1404 : *Debet sex denarios Viennenses pro peda sibi Asservisata*, id est ad servitium data, cum obligatione cujusdam clientelæ.

* Hoc est, sub annuo servitio seu præstatione concedere, nostris olim *Aserviser*, eadem notione. Charta official. Matiscon. ann. 1455 : *Dictus dominus* (Petrus le Pardessus) *de voluntate cujus supra* (Franciscæ de Chintriaco ejus uxoris) *abbergat et Asservisat dicto Daniel acceptanti quamdam suam ipsius domicelli domum, cum curia, curtili, columberio.... cum pertinentiis, sub annuo et perpetuo servitio laudimia, remuagia et alia jura ad dominum directum, ratione dominii directi, spectantia, juxta loci consuetudinem solvendo.* Charta admortisat. ann. 1412. in Reg. 166. Chartoph. reg. ch. 272 : *Lesquelles terres lui ont esté Aservisées au service annuel de douze deniers Viennois.*

* Asserviciare, Eadem significatione, qua *Asservisare*. Charta ann. 1284. ex Chartul. Cluniac. ch. 343 : *Johannes Morini* (debet) *quatuor solidos servitii pro xvj. bichetis terræ et iij. charretas feni, Item terræ de Valtresoul, quæ non sunt Asserviciatæ,.... debent valere xlij. solidos.*

ASSESIA Retis, Positio, vel jactus retis in fluvio. Charta fundationis Abbatiæ Blancælandæ ann. 1154. apud Columbum : *In Chetevilla terram Hugonis Tauri et pisces exclusæ quocunque modo capiantur, et Assesiam Retis in novio molendini ad capiendas anguillas, et si voluerint in eo facere piscaturam.*

¶ **ASSESINI**. Vide *Assasini.*

* **ASSESINUS**, f. Ad sicarios pertinens. Bonif. de Morano in Chron. Mutin. ad ann. 1329. apud Murator. tom. 11. Script. Ital. col. 120 : *Aliqui etiam metu clericalem habitum deponendo, secularem habitum susceperunt, negantes se de cleri genere sive secta, portando insuper habitum Assesinum, ne nosci valerent per ipsos Theotonicos esse clericos forma aliqua.*

¶ **ASSESSARE**, Ad censum dare, *Donner à cens.* Tabularium S. Petri Vosiensis fol. 56 : *Ademarus Abbas Assessavit Stephano bajulo stabulum cum fenestris quæ conjunctæ sunt domui ejus; ut omni anno...* 1. *sextarium de vino reddat, etc.* Vide *Accensare.*

¶ 1. **ASSESSIO**, Jddicum consessus, Gall. *Seance, Assise.* Litteræ Gilonis *de Versailles*, et Rainaldi de Bestisiaco Ballivi regii circa initium 13. sæculi in Tabular. S. Vandreg. tom. 2. pag. 1375 : *Priorem de Riverescort traxerunt in causam coram nobis et multis aliis in plena Assessione.* Vide *Assisia.*

¶ 2. **ASSESSIO**, Assignatio reditus ex fundo percipiendi. Charta Odoardi domini Montis-acuti de fundatione Ecclesiæ S. Georgii Cabilonensis anno 1322. inter Instrum. tom. 4. novæ Gall. Christ. col. 258. D : *Et omnes res et singulas super quas dictæ octies viginti libratæ terræ sunt, ut supra dicitur, assignatæ, et Assessæ, mortificare et mortificatas in posterum tenere, et dictas Assessiones et assignationes ac traditionem, ut prædicitur factas, dignetur ratificare ac etiam approbare.* Vide *Assidere* 1.

ASSESSOR, Qui tributa peræquat vel imponit. Vide *Assidere* 1.

Assessor Ferculorum, Qui fercula in mensa ponit, *qui assied les plats. Asseour*, in libro Gallico de Ministris Regis Angliæ a Cowello laudato. Occurrit in Fleta lib. 2. cap. 14. § 2. cap. 16. § 1.

1. **ASSESSORES**, pro *Ascensores*, vel *Sessores* equorum, in Chronico Colmariensi semel ac iterum ann. 1297.

* 2. **ASSESSORES**, Idem qui *Adjutores*. Vide supra *Adsessores.*

ASSESSORIA, Assessoris, seu judicis munus, in Concilio Albiensi sub Zoeno Legato Sed. Apost. cap. 14. [Rolandinus Patavinus de factis in Marchia Tarvisina cap. 12. lib. 5. apud Murat. tom. 8. col. 243 : *Hujus potestatis judices fuerunt hoc tempore dominus Monasterius, D. Riccius, et D. Bonaventura de Pergamo, cujus Assessoria venit ad malum finem.*]

¶ **ASSESSORIUS**, Idem qui *Assessor*, Gall. *Assesseur.* Concilium Avenion. anni 1326. can. 16. apud P. Gassendum ad calcem Notitiæ Ecclesiæ Diniensis : *Item statuimus, quod excommunicati in judices, consules, rectores, bajulos, potestates, Assessorios, vel notarios, aut alia quævis publica officia nullatenus assumantur.* Vide *Assidere* 1.

* **ASSESTARE**, vox Italica, Exæquare, ad legitimam mensuram revocare. Stat. civit. Astæ, ubi de gabella salis : *Quod omnes volentes vendere salem in civitate Astæ vel burgis, debeant ipsum salem vendere ad mensuram salis civitatis Astæ, et ipsas mensuras facere Assestari, aptari et allegalari per illos, qui emerint revam signi mensurarum.*

* **ASSESTRIX**, Comes. Vita S. Amalbergæ ex Cod. reg. 5506 : *Promittendo se virginis animum suo cupidini reconsiliari ipsamque Assestricem sui thalami futuram fore.* Vide *Assistrix.*

* 1. **ASSETAMENTUM**, Metarum fixio

seu *Assisia*, Gall. *Bornage.* Charta ann. 1315. tom. 2. Cod. Ital. diplom. col. 1665 : *Conventum est quod fiat Assetamentum, limitatioque et terminorum impositio apud Vulpilleriam, etc.* Vide supra *Assernizamentum.*

* 2. **ASSETAMENTUM**, Assignatio, oppigneratio. Testam. Ludovici de Sabaudia ann. 1340. tom. 3. Cod. Ital. diplom. col. 998 : *Item carissimæ consorti nostræ D. Isabellæ de Cabilone.... omnes assignationes seu Assetamenta dotis et dotalicii ipsius... confirmamus.* Charta ann. 1360. confirmata ann. 1419. in Stat. Delphin. pag. 33. v° : *De litteris confirmationis Assectamenti donationis gratiosæ, duos florenos : vel si maluerit impetrans, pro libra qualibet rei Assetatæ, quartam partem unius grossi.* Melius in authentico : *Assettamenti* et *Assettatæ.* Vide supra *Assectare* et mox *Assetare* 1.

¶ 1. **ASSETARE**, Collocare dotem in fundo, fundum oppignerare. Idem fere quod *Assignare et Assidere*, Gall. *Asseoir, Hypothequer.* Hist. Dalphin. tom. 1. pag. 58 : *Juravit eidem Domino Joanni dare, tradere, assignare et Assetare ex causa permutationis domum suam de inter aquis.* Ibidem. tom. 2. pag. 142 : *Dictas summas pecuniæ Assideat et Assetet dictæ filiæ, quæ uxor sua fuerit, super castrum Castillionis.* Pag. 146 : *Pro summa pecuniæ supra scripta reddimus, atradimus et assignamus ac etiam Assetamus septem sestaria frumenti census, et 6. gallinas, etc.*

* Item nude, pro Assignare. Charta ann. 1305. in Chartul. Sabaudiæ fol. 113. v° : *Nos dictus comes* (Sabaudiæ) *debemus et tenemur assignare et Assetare dicto domino Claromontis.... centum libras.* Instr. ann. 1377. inter Probat. tom. 2. Hist. Nem. pag. 335. col. 1 : *Item quod si.... dicti consules dederint, assignaverint et Assetaverint dictis abbatissæ et monialibus.... tantos redditus sic extimatos, in sufficientibus et bene aysatis feudis, etc.* Vide infra *Assetiare.*

2. **ASSETARE**, [Gall. *Asseoir*, Tributum singulis viritim imponere.] Lib. Datior. Bergom. lib. 1. cap. 88 : *Dictam quantitatem immediate Assetare ad partitum, etc. Assetatura*, ibid. Ex *Assidere.*

* Lit. ann. 1389. tom. 7. Ordinat. reg. Franc. pag. 373 : *Summa quadraginta librarum bonæ monetæ censualis.... Assetandarum, assidendarum et proequandarum per probos dicti mandamenti, seu alios quoscumque, etc.* Vide infra *Assidator.*

* 3. **ASSETARE**, Assidere, sedere. Joan. Demussis Chron. Placent. ad ann. 1388. apud Murator. tom. 16. Script. Ital. col. 582 : *Et antequam dicti domini sint Assetati ad tabulam, dant eis aquam cum bacino et bronzino; et post prandium et post cœnam, iterum antequam tabula levetur, dant eis aquam, et iterum lavant manus eorum.* Nostris *Asseoir*, Domicilium eligere, ponere, habere. Charta ann. 1293. in Reg. 56. Chartoph. reg. ch. 73 : *Nous Thiebaut escuier, sire de Nantueul en Portiens, et damoiselle Aalis de Brueul sa fame... avons franchi Hersant,... et avons encore quitté et quittons au seigneur, à qui elle se donra ou dessouz qui elle se Asserra ou mariera, tout le droit.... que nous avons.*

¶ **ASSETATIO**, Tributorum descriptio, Gall. *Assiette des tailles.* Hist. Dalphin. tom. 2. pag. 471 : *Si infra ejusdem parrochiæ limites eidem domino Dalphino jura competentia valent vel valeant ultra 50. libras bonæ monetæ annui redditus secundum assisiam et Assetationem fieri consuetam in talibus, etc.* Ibidem iterum occurrit eodem significatu.

¶ **ASSETATURA**, Eadem significatione. Lib. Datior. Bergom. lib. 1. cap. 88. Vide *Assisa.*

* **ASSETIARE**, Assetire, Assignare, oppignerare, Gall. *Asseoir.* Testam. Bern. de Guiscardo milit. ann. 1323. in Reg. 4. Armorial. gener. pag. IX : *Teneatur dicto Bernardo triginta libras Caturcenses in feodis bonis franquis.... Assetiare.* Charta Raym. de Thoanaco ann. 1340. ex Tabul. Flamar. : *Assigno et Assetio eidem emptori super petiam terræ, etc.* Vide infra *Assitare.*

* **ASSETTAMENTUM**, Assettare. Vide supra in *Assetamentum* 2.

* **ASSEVERATE**, Asseveranter, Gall. *Avec assurance.* A. Gell. lib. 7. cap. 5. ubi de Polo histrione : *Tragœdias poetarum nobilium scite atque Asseverate actitavit.* Quod de vultu gravi et austero interpretatur Thomasius in Epist. [** Vide Forcellin.]

* **ASSEURACIO**, a Gall. *Assurance*, Cautio, pignus. Vita Edwardi II. reg. Angl. pag. 248 : *Uxorem suam cum liberis in ea parte progenitis apud Andwarpiam in Selandiam dimisit, quasi in Asseuracionem reditus sui. Asseurement juratoire*, Securitas juramento firmata, in Lit. remiss. ann. 1375. ex Reg. 107. Chartoph. reg. ch. 302 : *Ledit Cuarmel fist convenir ledit escuier en la court de l'eglise à Tournay en cas d'Asseurement juratoire, pour lui donner plus de peine et de fatigation.*

* **ASSEURARE**, Pignore vel fidejussione interposita securum facere, nostris olim *Asseurenter* et *Donner asseurté.* Charta Othonis comit. Burgund. ann. 1295. inter Probat. tom. 2. Hist. Burg. p. 88. col. 2 : *Idem dominus rex* (Franciæ).... *tenetur nos bene Asseurare et assecurare de ipsis* (quinque millibus). Lit. remiss. ann. 1377. in Reg. 111. Chartoph. reg. ch. 107 : *Symonnet et aucuns autres desdiz adjournez... allerent Asseurenter le curé devant nostre prévost de Meleun ou son lieutenant, avant ce que le jour escheist, auquel ils estoient adjournez pour donner le dit asseurement.* Aliæ ann. 1415. in Reg. 168. ch. 354 : *Le suppliant s'estoit mis au chemin à aler querir un sergent pour faire adjourner icelui Tourin et ses complices, qui l'avoient ainsi menacié, pour lui donner Asseurté.* Vide *Assecurare* 1.

ASSEWIARE, ex Gall. *Asseicher*, Siccare, desiccare. Charta Edwardi III. Regis Angl. tom. 2. Monast. Angl. pag. 334 : *Quod ipsi mariscum prædictum cum pertinentiis Assewiare, et secundum legem marisci vallis includere, et in culturam redigere,... et mariscum sic Assewiatum, etc.* Hinc reponenda vox *Assevier*, pro *Assouver*, in Consuetudine Nivernensi cap. 37. art. 22. ubi de stagno agitur, quod ex sui natura non siccatur.

* Consuet. maris tom. 1. Probat. Hist. Britan. col. 790. art. 17 : *Et si Asseiche l'ancre d'une neff, le maistre de cette neff doit dire au maistre de l'autre neff et aux marinies : Maistre, levez vostre ancre.* [** Pardessus, Collect. leg. nautic. vol. 1. pag. 335. art. 16. ubi videnda variet. lect.]

¶ 1. **ASSIA** Talliæ, Tributorum descriptio, Gall. *Assiette des Tailles*, apud Acherium tom. 2. Spicil. pag. 168.

* 2. **ASSIA**, pro Ascia. *Magistri assiæ*, in Constit. MSS. Caroli reg. Siciliæ, nostris *Maîtres de hache*, qui naves construunt. Vide supra *Aissa*, et infra *Assiata.* [** Confer Pardessus. in Collect. Leg. naut. vol. 4. pag. 448.]

* **ASSIAGIUM**, Districtus, jurisdictio, Gall. *Ressort*; quod ad *Assisias* certi loci pertinet. Pariag. inter regem et priorem de Fontibus ann. 1323. in Reg. 61. Chartoph. reg. ch. 419 : *Item quod senescallus seu alius officialis noster de causis dicti pariagii seu dicti monasterii cognoscere in aliquo loco dumtaxat in* (infra) *assisiam de Figiaco seu infra bailliviam regiam de Fontibus, cum sit de Assiagio dicti loci de Figiaco, se nullatenus intromittat. Assiette*, eodem significatu, in Lit. ann. 1361. tom. 3. Ordinat. reg. Franc. pag. 490 : *Comme nostredite ville et chastellenie* (de S. Jame de Beuvron) *soient de l'ordenance et Assiettes d'icelles assisses, etc.* Vide infra *Assisiagium.*

* **ASSIATA**, a Gall. *Assette*, Ascia minor, idem quod *Asciola.* Lit. remiss. ann. 1409. in Reg. 163. Chartoph. reg. ch. 281 : *Cum manubrio Assiatæ, aliter d'ayssada, in manu sua, etc.* Vide supra *Assia* 2.

* **ASSIATIM**, Divisim, distinctim, Gall. *Distinctement.* Ordinar. MS. 1. Petri Aureævallis : *Singuli fratres conveniant in choro ad laudes Deo dignas persolvendas, non cursim ac festinanter, sed Assiatim et tractim, et cum pausa decenti.* Vide *Asiatim.*

¶ **ASSIATUS.** Vide *Assis* 2.

¶ **ASSICCATIO**, Stagni solum exsiccatum. Codex censualis Calomontis : *Nullas Assiccationes habet in dicto stagno*, id est, nihil habet in solo dicti stagni assiccati, quod possit excolere, vel unde possit quidquam utilitatis percipere.

* **ASSICURARE**, vox Italica, Pignore vel fidejussione interposita securum facere, tutum reddere. Chron. Bergom. ad ann. 1402. apud Murator. tom. 16. Script. Ital. col. 897 : *Fecerunt unam taleam hominibus partis Gibellinæ clxxx. quibus Assicuraverunt ad solvendum libras iij. imperialium pro quolibet eorum.* Vide supra *Assecurare.*

ASSIDA, Bestiarius MS. cap. 62 : *Est animal quod dicitur Assida, quod Græci strutecamelon vocant, Latini strution; habet quidem pennas, sed non volat, pedes autem cameli similes.* Vide supra *Asida.*

* **ASSIDARE**, Assignare, oppignerare Gall. *Asseoir.* Inventar. Chart. reg. ann. 1482. fol. 67 : *Quictantia dicti ducis Aurelianensis sub ejus sigillo facta regi, ratione xvj^c. librarum terræ sibi Assidatarum super loca de Feritate et Porcifonte.* Infra fol. 68. v° : *Promittit etiam dux prædictus Assidare vel assignare, etc.*

¶ **ASSIDARIUS**, pro *Essedarius*, Qui pugnat e curru. Vide *Essedum* et Diaris Trevoltiona mensis Maii ann. 1715. pag. 739. et 740. ubi sequens epitaphium refertur et explicatur :

D. ET. MEMORIÆ. M.
AETERNAE. HYLATIS
DYMACHERO. SIVE
ASSIDARIO. P. VII. RU. I
ERMAIS. CONIUX.
CONIUGI. KARISIMO
P. C. ET.—S. AS D.

Ascia quæ in ultima linea media exarata est cum quatuor postremis litteris significat : *Sub ascia dedicatum*. Quid autem sit *sub ascia dedicare* jam diximus in *Asciata lex*.

* Linea ult. inscript. sic legenda : *Poni curavit et sub ascia dedicavit*; non vero *dedicatum*. Vide supra *Asciata Lex*. [** Eadem inscriptio est apud Murator. Inscript. col. 2. Class. IX. pag. 613. Confer Artemidor. lib. 2. cap. 32. et Hasium V. Cl. in Steph. Thes. L. Gr. edit. Didot. voce Διμάχαιρος. Quarta linea legenda : *Pugnarum septem rudiario invicto*.]

¶ 1. **ASSIDATIO**, Assideare. Vide in *Assidere* 1.

* 2. **ASSIDATIO**, Annuæ pensionis assignatio. Inventar. Chart. reg. ann. 1482. fol. 118. v° : *Tres litteræ Karoli Pulcri regis Franciæ datæ Parisis* XVII. *Maii* 1323.... *pro Assidatione vij*m. *lib. reditus, quas dux* (Britanniæ) *ipse Johannes suæ matri debebat assignare*. *Assiette*, eadem notione, in Lit. ann. 1361. tom. 3. Ordinat. reg. Franc. pag. 491. At vero *Lettre d'Attainte*, Chirographaria assignatio, dicitur, in Lit. remis. ann. 1474. ex Reg. 195. chartoph. reg. ch. 1371 : *Une Lettre d'Attainte contenant cent solz Tournois, laquelle portoit icellui le Prince sur ung nommé Guillaume le Valleys bourgois de Lisieux, et la bailla le suppliant audit le Valleys et receut lesdiz cent solz Tournois*. Vide in *Assidere* 1.

ASSIDATOR Scotorum, Symbolarum peræquator, Gall. *Asséeur d'ecots*, vox vituperii. Lit remiss. ann. 1357. in Reg. 89. Chartoph. ch. 34 : *Prædictus Fromage dixit et reprobavit præfato des Poulies, quod ipse non erat, nisi quidam Assidator scotorum, etc.* Quæ Gallice sic redduntur in Reg. 90. ch. 119 : *Ledit Fromage reprocha et dist audit des Poulies, que il n'estoit que un Asséeur d'escoz. Asseuerres de culz*, Alia vox opprobrii, in Lit. remiss. ann. 1385. ex Reg. 127. ch. 50 : *Comme Jehan Foullot eust dit au suppliant pluseurs injures et villenies, et appellé couppereau chaounez de Asseuerres de culz. Asséeurs des fouages ou collecteurs*, qui *foagia* viritim peræquant et colligunt in Lit. ann. 1379. tom. 6. Ordinat. reg. Franc. pag. 444. art. 5. Vide supra *Assetare* 2. et infra *Assieta* 3.

1. **ASSIDEI**. Vide *Assasini*.

* 2. **ASSIDEI** *dicebantur Judæi, qui semper divino cultui assistebant; dicti Assidei, quasi assidui*. Glossar. vet. ex Cod. reg. 521. [** et Vocabul. utr. jur.]

ASSIDELA, *Mensa, juxta quam sedemus*. Ugutio. Vide *Cillaba*.

¶ **ASSIDENTIA**, Assignatio reditus ex certis prædiis percipiendi. Charta Philippi Regis Franc. ann. 1320. apud Baluz. tom. 2. Hist. Arvern. pag. 153 : *Trecentas vero libratas terræ debitas... dominus de Credonio promisit bona fide, sub hypotheca et obligatione omnium bonorum suorum. . . eidem Comiti præsenti et recipienti tradere, assignare et assidere cum effectu, non secundum Assidentiam patriæ consuetam, sed ad valorem terræ*. Vide *Assidere* 1.

* Occurrit præterea in Lit. ann. 1350. tom. 4. Ordinat. reg. Franc. pag. 40. et 62.

ASSIDERATUS, Paralyticus. V. *Sideratus*.

1. **ASSIDERE**, est censum describere, taxare, imponere, peræquare : *talliam*, sive impositum vectigal vel tributum cum æqualitate singulis viritim taxare. Galli dicunt *Asseoir la taille*. Matth. Paris ann. 1232 : *Provisum est generaliter. . . quod prædicta Quadragesima hoc modo Assideatur et colligatur*. Wil. Thorn. in Chron. : *Tailliagium Assessum*. Et mox : *Et fuit quodlibet feodum Militare Assessum tunc ad* 40. *sol*. Occurrit passim apud ejus ævi Scriptores.

☞ *Forma* vero, *in qua Dominus Rex* (S. Ludovicus) *vult ut tallia Assideatur in villis suis*, sic describitur apud Acherium tom. 12. Spicil. pag. 168 : *Eligantur per consilium Sacerdotum parochialium, et aliorum virorum religiosorum, necnon et burgensium, et aliorum proborum virorum usque ad* XL. *vel* XXX. *bonos viros et fideles, vel plures aut pauciores secundum quantitatem ipsarum villarum, et illi qui sic electi fuerint, jurabunt super Sancta, quod de ipsis, vel aliis probis viris earum villarum eligent usque ad duodecim de illis qui meliores erunt ad illam talliam Assidendam. Et illi duodecim nominati jurabunt super Sancta, quod bene et fideliter Assidebunt dictam talliam ad libram æqualiter : et valor immobilium appreciabitur ad medietatem mobilium in Assia prædictæ talliæ. Eligentur etiam simul modo cum prædictis duodecim, alii quatuor boni viri, et scribantur nomina eorum, secreta tamen, ita quod electio eorum non publicetur aliquibus, sed sub secreto habeatur, quousque illi duodecim Assederint, sicut prædictum est, talliam prædictam. Quo facto antequam publicetur tallia, vel aperiatur scriptura facta super talliam prædictam, illi quatuor sic electi juramento ab illis præstito de illis duodecim fideliter talliandis sub forma prædicta Assidebunt talliam competentem*.

Assidere, Assignare annuos reditus ex prædiis designatis percipiendos. Charta Henrici Reg. Angl. in Bibl. Clun. pag. 1399 : *Manerium Rex Stephanus dedit, et Assedit eis pro* 100. *marcis*. Alia ann. 1272. apud Guichenon. in Hist. Bressensi : *Cum* 40. *libratis terræ. . . quas Assidere debet super suis reditibus, etc.* Vide Loisellum in Bellovaco pag. 295. [Charta anni 1290. tom. 2. Hist. Meld. inter Instr. pag. 186 : *Je lais et ai laissié pour Dieu . . . vingt et cuint sous de tournois de rente chacun an à toujours; et les ai Assenez et Assene à penre à mes moulins de ladite Ferté au jour de la Purification N. D.*]

¶ Assideare, Eadem notione. *Assideavit libras trecentum in terra sua*, in Fragmentis Chronicorum apud Marten. tom. 5. Ampliss. Collect. col. 1158.

Assedare, Idem quod *Assidere*, peræquare, assignare. Iter Camerarii Scotici cap. 39. § 45 : *Si de communibus profectibus Burgi legalis fuit Assedatio et levatio*. Adde Statuta Willelmi Regis Scotiæ, Statuta Davidis II. c. 23. 42. et Rastallum in verbo *Assed*.

Assessi, Gall. *Assis à la taille*, quibus rata pecuniæ impositæ exsolvenda taxata est, apud Matth. Paris.

Assidi quibusdam dicti, ab *Assidere*. Papias, *Assidi, capite censi*.

Assisus Reditus, inquit Spelmannus, in maneriis dicitur certus ille et immobilis census, qui domino solvitur ex prædiis liberis, unde et *liber* appellatur : estque mobili et nativo contrarius. Assisæ de *Clarendon* apud Hovedenum in Henr. II : *Baillivi Domini Regis respondeant ad Scaccarium tam de Assiso Reditu, quam de omnibus perquisitionibus suis*.

Assidatio. Vide Argentreum in Hist. Britann. pag. 325.

Assessio, Ipsa tributi impositi taxatio, peræquatio. Will. Thorn : *In tailliagiis et Assessionibus quomodo debeant respondere*. [** Vide *Assisia*, pag. 449. col. 1.]

Assessores, Peræquatores, censuum descriptores, qui censum per capita aut pro modo facultatum tributariis imponunt, Gallis *Asseeurs*. Vita S. Sulpitii Episc. Bituric. cap. 6. n. 27 : *Urget, ut Bituricam plebem cum Ecclesiæ Sacerdotibus nefando censu conscribat. . . . indicto jejunio Assessorem alloquitur blande*. Infra, *Sævissimus Assessor* dicitur. Adde Matth. Paris ann. 1215. et 1232.

¶ 2. **ASSIDERE**, Obsidere, Gall. *Assieger*. Consuetudines Furnenses ann. 1240. ex Archiv. Ecclesiæ S. Audomari : *Qui signum levaverit vel levari fecerit, nisi per necessitatem vel de nocte cum clamor auditur, vel de die cum quis Assidetur in domo sua, vel pro aqua, si super hoc convictus fuerit, emendabit Comiti* 60. *libr*. [** Vide Forcell. Lexic. voce *Assidere*.]

* Olim *Assessir*. Charta ann. 1292. in Chartul. Namurc. ex Cam. Comput. Insul. fol. 17. r° : *Et ce fu ke on li* (Henri comte de Luxembourg) *Assessist chastel ou vile, etc.* Vide supra *Assediare*.

¶ 3. **ASSIDERE**, Definito numero quosdam eligere. Litteræ Henrici VIII. Regis Angliæ ann. 1511. apud Rymer. tom. 13. pag. 100. col. 1 : *Et ad monstrum sive monstrationem diligenter faciendum et supervidendum, ita quod iidem homines ad arma, ac homines armati, et sagittarii, et alii prædicti homines defensibiles, sic arraiati et muniti, prompti sint et parati ad deserviendum nobis quotiens et quando necesse fuerit, assignavimus quoscumque duos aut tres vestrum ad omnes alios et singulos vestrum similiter mutuo et se invicem triandum, Assidendum, et arraiandum, ac in armis ac in equis apparatos . . . ita quod. . . triati, Assessi, arraiati, armati et præparati, etc.*

¶ **ASSIDES**, pro *Asseres*, ab *Assis, idis*. In Actis. SS. Aprilis tom. 1. pag. 190 : *Terra sepulturæ prædictæ vallata fuit circumquaque, ita quod nullus inde poterat commode transire; nisi quod plures Assides fuerunt suppositæ, ne pergentes inde ad majus altare præpedirentur*. Vide *Assis* 2.

* **ASSIDI**. Vide in *Assidere* 1.

¶ **ASSIDIARE**, Obsidere, Ital. *Assediare*, Gall. *Assieger*. Regimina Paduæ ad ann. 1320. apud Murat. tom. 8. col. 434 : *Et captum fuit per forciam castrum pontis Baxanelli ea die. Et die Veneris tertio exeunte Augusto, Assidiaverunt castrum Montissilicis*.

¶ **ASSIDIOS**, Herba fugans dæmones. Epist. Joanni Presbytero seu Regi Abissinorum falso abscripta ad calcem MS. Corbeiensis : *Ibidem nascitur herba quæ vocatur Assidios, cujus radicem si quis super se portaverit, spiritum effugat, et cogit eum dicere quis sit et unde veniat et nomen ejus; quare immundi spiritus in terra illa neminem audent invadere.*

* **ASSIDRÆ**. Vide infra *Exedra*.

** **ASSIDUA**, AUSIDUA, Pars interior ædis sacræ ubi altare collocatum est, Ecclesiæ pars extrema. Vide *Absida*, 2 et 3, quæ vox idem sonat. Charta apud S. Rosa de Viterbo vol. 1. pag. 142 : *Fecerunt domum prope Assiduam ipsius ecclesiæ*. Testament. episcop. Gardiens. ann. 1311. apud eumd. pag. 150 : *Mandamus corpus nostrum, imo verius cadaver, sepeliri in Ecclesia cathedrali Ægitunensi, intus in Ausidua coram altari majori, etc.*

* **ASSIDUALIS**, Assiduus, quotidianus. Præcept. Dagoberti reg. ann. 630. tom 4. Collect. Histor. Franc. pag. 629 [** Breq. 87.] : *Per manum abbatis eorum, in quo est ipsorum pauperum victus Assidualis, exinde in Dei nomine ministretur.*

1. **ASSIDUARE**, de eo, qui *assiduus* est in re aliqua, apud vet. Interpretem Eccles. cap. 30. v. 1. et Petrum Blesensem Epist. 31. Vita S. Emani n. 8 : *Post hæc cum in ipsa civitate orationibus et vigiliis Assiduaretur, etc.* [Vita S. Augustini Cantuar. n. 19. Maii tom. 6 : *Jejunia, vigilias, orationes, eleemosynas, cum castimonia et omni sanctimonia Assiduabant.*]

* Chron. Ademari ad ann. 892. tom. 8. Collect. Histor. Franc. pag. 232 : *Dum regalem aulam Assiduaret, veneno necatus, etc.* Hoc est, assidue frequentaret. [** Gemma Gemmar. : *Assiduare, frequenter aliquid facere*. Melberi Vocabul. : *Assiduat ei flagellum etc.* Vide vulgat. Ecclesiast. interpret. loco supra laudato.]

* 2. **ASSIDUARE**, pro *Assidare*, Assignare. Charta ann. 1299. in Reg. 38. Chartoph. reg. ch. 25 : *Assignamus et Assiduamus redditus infrascriptos, etc.* Sic etiam

* **ASSIDUATIO**, pro *Assidatio*. Vide supra in hac voce. Charta ann. 1320. in Reg. 59. Chartoph. reg. ch. 575 : *Accipere possit et valeat* (Vivianus de la Ramata) *in et super juribus regiis fuernæ pontis Xantonensis, supplementum assignationis et Assiduationis prædictæ, quæ quidem jura regia dictæ fuernæ usque ad dictum supplementum, is indigebit aliquo supplemento, veniunt et devenient in dicta assignatione et Assiduatione.*

¶ **ASSIDUATUM**, Assiduo usurpatum, seu adhibitum. S. Aug. Serm. ad Neophytos, in quo exponit orationem Dominicam : *Hoc antidotum ita omnibus morbis occurrit, ut Assiduatum omnes morbos depellat.* [** Vide *Assiduare* 1.]

* **ASSIDUI**, Vicarii eorum presbyterorum, qui in ecclesia S. Thomæ Argentinensis nuncupabantur *summissarii*. Vide infra in hac voce.

1. **ASSIDUITAS**, *Residentia*, quæ debetur a Canonicis, seu aliis Beneficiatis, in suis Ecclesiis. Tabularium S. Aniani Aurelian. : *Ego Philippus D. G. S. Aniani Decanus, et universum ejusdem Ecclesiæ Capitulum, ex consilio Dom. Regis Ludovici fratris nostri et beneplacito firmiter statuimus, ut tantum Canonici in claustro manentes, aut si extra claustrum manserint, huic Ecclesiæ Assiduitatem reddentes, integros suarum præbendarum reditus habeant. Assiduitatem vero vocamus, et juxta consilium Do. Alexandri III. PP. determinavimus, ut ille tantum dicatur Assiduus, qui huic Ecclesiæ soli Canonicum servitium exhibebit. Qui autem extra claustrum manserint, aut huic Ecclesiæ Assiduitatem servitii non reddiderint, singulis annis tantum 20. solidos habeant, etc.* Charta Odonis Episc. Parisiensis ann. 1204 : *Si vero major Matricularius laicus circa servitium Ecclesiæ Assiduitatem non fecerit, etc.* Vide *Residentia*.

* 2. **ASSIDUITAS**, Assiduus et quotidianus usus. Necrol. eccl. Paris. MS : x. *Kl. Jan. obiit magister Symon de Pissiaco, qui... donavit altari B. M. bacinos quinque marcharum et dimidiæ, de quibus excommunicatum est ne de altaris Assiduitate removeantur, ni peste famis impellente.* Vide *Assidualis*.

* **ASSIEIGA**, Piscis e mugilum fluvialium genere, leuciscus, Gall. *Vendoise*. Lit. ann. 1296. in Lib. rub. Cam. Comput. Paris. fol. 8. v°. col. 1 : *Invenimus quod captennia de quibus in litteris regiis fit mentio, valent in hunc modum : .... captennium de Flaviaco duas libras ceræ; captennium d'Airan quinquaginta pisses* (pisces) *Assieigas, quæ æstimantur septuaginta solidos Caturcenses.* Vide supra *Asiga* et *Assegia*.

¶ **ASSIES**, pro *Acies*, pedestres copiæ. Apud auctores inferioris ævi acies et exercitus erant pedestres vassallorum copiæ, cavalcatæ vero equestres. Arrestum Parlamenti Paris. anni 1331. pro Monasterio Bonæ-vallis, ex Archivis ipsius Monast. : *Necnon in possessione et saisina habendi Assiem et calvacatam, talliam et subventiones ab hominibus Bonæ-vallis.*

¶ 1. **ASSIETA**, Assignatio, *Assidatio*, collocatio dotis in fundo, Gall. *Assignation de dot, Assene de douaire*, in veteribus Consuetudinibus. Appunctuamenta de matrimonio ann. 1475. apud Rymer. tom. 12. pag. 20 : *Illustrissimus Princeps Ludovicus Franciæ ipsam dominam Elizabetham a regno Angliæ, pro solempnisatione ejusdem matrimonii in partibus Franciæ, sumptibus et expensis ejusdem Principis Franciæ honorifice conducet, conducive faciet; ipsamque ad sexaginta millia librarum redditus annui in Assieta secundum consuetudinem regni Franciæ, annuatim dotabit.* Lobinellus tom. 2. Hist. Britan. col. 1553 : *Rex faciat ei tradere in Assieta super domanio coronæ in Francia* VI. *mille libr. Turon. annui redditus.* Baluzius tom. 2. Hist. Arvern. pag. 642. e Regesto Parlamenti ann. 1491 : *Prædicto quingentarum librarum Turonensium annuo redditu ad Assietam dictæ patriæ Nivernice super dictis castro, terra et dominio.*

2. **ASSIETA**, Proventuum alicujus terræ æstimatio et assignatio, quæ certis limitibus eam circumscribendo fit. Lit. ann. 1361. tom. 3. Ordinat. reg. Franc. pag. 550 : *Inhibendo commissariis deputatis aut deputandis super Assieta de prædictis terris per nos, ut præfertur, donatis facienda, ne in hujusmodi Assieta ressortum et superioritatem villarum, terrarum et possessionum dictorum decani et capituli prædictarum, ponant.* Boerius in Decis. 50. num. 5 : *Et videtur dicendum Assietam illorum redituum esse in locis magis propinquis et vicinis rei venditæ perficiendam.* Inventar. Chart. reg. ann. 1482. fol. 177. v° : *Carta dom. regis Karoli V. continens prisiam seu Assietam comitatus de Virtutibus, factam ad utilitatem Johannis Galeas.* Nostris, *Assigne*, pro Æstimatio, pretium, Gall. *Evaluation*. Lit. remiss. ann. 1369. in Reg. 100. Chartoph. reg. ch. 449 : *L'Assigne desdites bestes, c'est assavoir ce que povoit monter le prousfit d'icelles,... povoit valoir à la part d'icelle fille la somme de cinquante quatre sols Tournois. Assegnée* vero, pro Scopus, meta, Gall. *But*, in Lit. ann. 1383. ex Reg. 124. ch. 126 : *Ledit Nignot dit que cellui qui mettroit la bille plus loing que l'assegnée ou borne, il gagneroit pinte. Assenete*, eodem sensu, apud Guill. Guiart. ad ann. 1241. :

Plus vistement qu'aus Assenetes
Fichent les feus par les villetes.

* 3. **ASSIETA**, Impositio, exactio, nostris etiam *Assiette*. Charta Joan. reg. Franc. ann. 1356 : *Unam aliam taliam seu Assietam fecerunt, et inde certam pecuniæ summam... receperunt. Assiectes des fouaiges*, in Stat. ann. 1373. tom. 5. Ordinat. reg. Franc. pag. 649. art. 18. Vide supra in *Assidator*. Sed et *Assiete* dixerunt nostri, pro Cella tabernaria, ubi ad mensam potationis causa sedent. Lit. remiss. ann. 1460. in Reg. 189. Chartoph. reg. ch. 485 : *Lesquels compaignons alerent boire en une taverne,.... et comme ils furent assis en une Assiete en bas,.... et icellui Pierrequin en une Assiete en haut, etc.* Aliæ ann. 1465. in Reg. 194. ch. 82 : *Le suppliant trouva deux compaignons en une Assiete audit cabaret,... et passa parmi ladite Assiete, etc. Assiete de coulons*, Columbarium pensile, vulgo *Volet*, in Lit. ann. 1368. tom. 6. Ordinat. reg. Franc. pag. 497 : *Nous avons entendu que en nostre bonne ville de Paris et en plusieurs lieux de la banlieue d'icelle, a plusieurs Assietes de coulons, où se retraicnt et assieent plusieurs des coulons, qui s'esvolent aucunes foiz de plusieurs des coulombiers de noz subgez, etc.*

* **ASSIETARE**, Assignare, seu in possessionem mittere. Arest. ann. 1355. 20. Febr. in vol. 4. arest. parlam. Paris : *Quod feudum dicti castri de Popiano fuerat specialiter et nominatim assignatum, Assietatum et traditum, causis supradictis, dicto militi.* Vide supra *Assetare* 1.

* **ASSIGENTIA**, Assignatio, idem quod *Assisia*, Gall. *Assiette*. Charta ann. 1318. in Reg. 56. Chartoph. reg. ch. 597 : *In aliis nostris litteris super assignatione et Assigentia ipsarum terrarum et reddituum.*

¶ **ASSIGIA**, Palus, asser, tabula sectilis lignea. Leges Rotharis apud Murat. tom. 1. part. 1. pag. 40. col. 1 : *Si quis Assigias de sepe vel assigiato unam aut plures tulerit, componat solidos* 2. [** Rothar. 291. Vide ibid. var. lect. et mox *Assis*, 2.]

* *Assiche*, pro Contextus et series palorum, Gall. *Pilotis, pieu*, in Charta ann. 1520. ex Chartul. Latiniac. fol. 248 : *Pourra ledit preneur faire faire, construyre et ediffier, si bon lui semble, telz pons, Assiches, et chaussée sur terre et en l'eaue, que bon lui semblera.*

¶ **ASSIGIATUM**, Sepes e palis vel asseribus. Vide *Assigia.*

* **ASSIGILLATIO.** Charta Ludov. Junior. ann. 1147. in Chartul. episc. Paris. fol. 21 : *Ac ne etiam tailliæ illius summa ad gravamen ecclesiæ ultra et supra modum ullis occasionibus augeatur, certa sub Assigillatione statuimus ac modis omnibus inhibemus, ne numerum lx. librarum excedat.* Rectius in Ch. Phil. Aug. ann. 1190. ibid. fol. 22. qua hæc confirmantur, legitur *Assignatione*, ut et in sequentibus Chartis.

* **ASSIGNALE**, Fundus ad dotem assignatus, oppigneratus. Charta ann. 1411. ex Cod. reg. 9484. 2. fol. 461. v° : *Prout Assignale dotis teneri et possideri debet.*

¶ 1. **ASSIGNAMENTUM**, Assignatio, addictio, oppigneratio, constitutio cujusdam reditus vel census ex *fundo* percipiendi, Gall. veteribus, *Assenement*, *Assene*, nuperis, *Assignation*, *Engagement*. Charta Officialis domini Hugonis de *Sarquex* Archidiac. Remensis ann. 1241. in Tabulario S. Nicasii Remensis : *Pratum suum quod appellatur pratum Reton in Assignamentum et contravadium dictæ Ecclesiæ posuerunt.* Ibidem in Charta ann. 1256 : *Dicti venditores dederunt Ecclesiæ supradictæ in contravadium et Assignamentum quandam petiam vineæ.* Ibidem in Charta Capituli S. Timothei Remensis ann. 1255 : *Et ad faciendum Assignamentum nobis et Ecclesiæ nostræ.* In alia ejusdem Capituli ann. 1254 : *Et promiserunt se. . . legitimam portaturos garandiam super reassignationem et etiam Assignamento quæ ordinabunt.* Decretum Philippi Aug. de Judæis Spicil. Acher. tom. 6. pag. 247 : *Si aliquis Judæus. . . mutuo pecuniam tradiderit, pro debito suo accipiet Assignamentum a debitore hereditatis, tenementi, vel redditus.... Et si debitor violentiam fecerit de Assignamento usura curret quandiu durabit violentia post clamorem Judæi... et ex quo factum fuerit Assignamentum, non curret debitum nisi facta fuerit violentia.* Charta Danielis Bethuniæ Domini ann. 1219. pro Ecclesia S. Bartholomæi Bethun. in Tabulario ejusdem : *Excambium equevalentis redditus in decima vel in alio Assignamento libere potero rehabere.* Tabularium S. Medardi in Charta Curiæ Suession. ann. 1260 : *Ita quod cum dictis abbotis et Assignamentis erit vinea supradicta.* In alia Charta ejusdem Curiæ ann. 1270 : *Quod nec poterunt nec debebunt dictas domos sic oneratas dictis abboto et Assignamento vendere nec alienare sine licentia et consensu.* Charta Hugonis Castellani Gandensis apud Miræum tom. 1. Diplom. Belgic. pag. 423. col. 1 : *Et omni juri quod in dicto castro, villa, et eorum appenditiis quibuscumque, ut superius dictum est, habet et habere poterat ratione dotis suæ, seu Assignamenti sibi facti nomine dotis.* Charta Philippi Augusti Regis de venditione Braii a Castellano Peronæ anni 1210. apud Marten. tom. 1. Ampliss. Collect. col. 1097. C : *Præterea dedimus eidem propter hoc Bodiacum cum pertinentiis, et quicquid in eadem villa habebamus in Assignamentum cxx. librarum dictæ monetæ annui redditus, tenendum de nobis et heredibus nostris ab ipso et heredibus suis in perpetuum in feodum et hominagium ligium.* Vide tom. 3. novæ Gall. Christ. col. 123. B. inter Instrum. Baluzium tom. 2. Hist. Arvern. pag. 99. Lobinellum tom 3. Hist. Paris. in Glossario, etc.

* *Assignance*, eadem notione, in Charta ann. 1310. tom. 1. Probat. Hist. Britan. col. 978 : *Et cette baillée que nous avons faite, et Assignance . . . . . de ccccxxx. livres, etc.*

** *Assinamento* Lusitanis. Charta Ferdinandi Reg. ann. 1372 : *Mando que nom valha o Assinamento do prestamo dessas herdades, o possissoens.*

* 2. **ASSIGNAMENTUM**, Decretum, edictum. Stat. Pistor. ann. 1107. apud Murator. tom. 4. Antiq. Ital. med. ævi col. 539. art. 27 : *Et statuimus, ut quidquid dictum est in sacramento potestatis, et omnibus statutis et Assignamentis de pœnis tollendis, de damnis dandis, etc.*

¶ 1. **ASSIGNARE** *aliquem ad aliquid*, In pignus dare, addicere, Gall. *Assigner, hipotéquer*. Charta Officialis Remensis ann. 1321 : *Assignantes propter hoc dictos Religiosos ad omnia bona supradicta.* In alia ejusdem Curiæ ann. 1274 : *Pro qua legitima garandia ferenda dicti venditores Assignarunt dictam Ecclesiam ad omnia bona sua.* In alia anni 1287 : *Et pro dicta garandia ferenda dictus armiger Assignavit dictos Abbatem et Ecclesiam ad omnia bona sua. . . Et ea bona prædicta propter hoc constituit obligata, ipsos ad eadem bona Assignando.* Charta Philippi Regis Franc. apud Baluzium tom. 2. Hist. Arvern. pag. 99 : *R. Comes Boloniæ Philippo filio nostro propter conventiones. . . . . super matrimonio ejusdem Philippi et Matildis filiæ suæ dedit et Assignavit totam terram suam quam habebat in Caleto tenendam et possidendam.*

¶ Assignare *se ad aliquid*, id est, manum in aliquid injicere. Lobinellus tom. 3. Histor Paris. in Glossario : *Poterunt Assignare se ad dictam domum et ad dictam peciam terre pro redditu et pœna prædictis.*

* 2. **ASSIGNARE**, nude, pro Manum apponere, occupare, Gall. *Saisir*. Charta ann. 1246. in Chartul. Campan. fol. 303. col. 2 : *Si forsitan dictus Theobaldus de Meriaco infra dictum terminum non assignaverit dicto domino regi dictas xl. libratas terræ, ut dictum est, dictus dom. rex Assignabit ad totum hereditagium, quod dictus Theobaldus habet in castellaria de Meriaco.* Arest. parlam. Paris. ann. 1271. in Reg. Olim fol. 72. v° : *Mortuo Alphonso comite Augi et ejus liberis existentibus infra annos, Maria comitissa Drocensis propter defectum hominis, sicut dicebat, Assignavit ad terram quam ipsi liberi habent apud Lisiacum, et suam tanquam in suo feodo posuit ibi saisinam.* Charta ann. 1273. ex Chartul. episc. Paris. fol. 139 : *Quod si ipse dominus Lancelotus deficeret in traditione dictorum novem fidejussorum, sicut superius est expressum, dictus dominus episcopus posset Assignare ad feodum et levare et explectare et fructus suos facere, sicut ante finationem racheti et homagium receptum faciebat, vel facere poterat.*

* 3. **ASSIGNARE**, *Imitari, similari, exprimere.* [** Hæc ad *Adsimilari* pertinent et in hac voce repetita leguntur in glossar. cod. reg. 7644.] *Assignat, restituit aut approbat.* Glossar. vet. ex Cod. reg. 7646.

* 4. **ASSIGNARE**, Signare, Gall. *Marquer.* Leg. Portugal. sub Alph. reg. tom. 1. Probat. Hist. geneal. domus reg. Portug. pag. 11 : *Homo, qui fecerit injuriam alvazille, ... si percusserit, Assignetur cum ferro caldo.*

** **ASSIGNATICIUS.** Vocabularius utriusque juris : *Libertus Assignaticius est quem patronus ejus ex liberis esse velit ipsum assignavit.* confer Tit. Dig. de verb. sign. 107.

¶ 1. **ASSIGNATIO**, Chirographum, Gall. *Signature.* Item *Inscriptio* Epistolæ, Gall. *Adresse.* Acta SS. Aprilis tom. 3. pag. 620. ex Flodoardo : *Unde conventiale quoque scriptum. . . . adhuc reservatur, utriusque partis Assignatione roboratum.* Acta SS. Benedict. sæc. 4. part. 2. pag. 49. in libro 1. Translationis SS. Georgii et Aurelii : *Ita divino suffragante auxilio opus secretum honeste perficitur, et ne illorum integritas a quolibet petente, quavecumque occasione usque ad destinatum locum violaretur, Episcopum rogant ea sub Assignatione Regis Caroli proprio claudere sigillo.*

* 2. **ASSIGNATIO**, Indictio. Ordinat. ann. 1358. tom. 4. Ordinat. reg. Franc. pag. 724 : *Verum cum dictum parlamentum.... per certas Assignationes soltas teneri consuevit, etc.*

¶ **ASSIGNATIONES**, apud Fratres Prædicatores vocantur fratrum mutationes de Conventu in Conventum, et superiorum licentiæ propter easdem scripto concessæ, Gall. *Obediences.* Constitutiones Ordinis Prædicatorum pag. 48. et sequentibus : *Provinciales ante tres menses novæ electionis provincialis non faciant fratrum Assignationes. . . fratribus per Assignationem de uno in alterum Conventum translatis, tenentur Conventuum Præsidentes de expensis pro itinere providere.*

* **ASSIGNATOR**, Officium curiæ Romanæ, Designator hospitiorum, metator, idem qui nostris *Fourrier*. Charta ann. 1316. ex Bibl. reg : *Infrascripta assignatio hospitiorum facta et ordinata fuit in civitate Avinionis per venerabiles viros dom. Hugonem de Mirabello canonicum Ebrudunensem et Ludowycum de Petra grossa jurisperitum, Assignatores sedis Apostolicæ.*

ASSIGNATURÆ. Acta Martyrii S. Vasii Santonensis n. 4. ubi idem Sanctus cuidam Naumancio, qui agrum, cujus se hæredem dicebat, ab eo repetebat : *In hoc namque tempore pauca est possessio mea, non enim habeo, unde tibi reddere possim tuas Assignaturas.* Occurrit ibi semel ac iterum. [Vide *Assignamentum*, quod forte idem significat.]

¶ 1. **ASSIGNATUS**, in Constit. Ord. Prædicat. dicitur Frater qui ab uno Conventu in alium migrat Superiorum licentia vel præcepto : *Assignati tenentur infra octo dies, nisi tamen in litteris Assignationis aliud tempus præfigatur, ad illos* (conventus) *recto tramite accedere.* Vide *Assignationes.*

¶ 2. **ASSIGNATUS**, Qui habet jus ad aliquid, Practicis nostris, *Aiant cause. Madox* Formul. Auglicanum pag. 62 : *Omnia prædicta cum suis pertinentiis habeat et teneat sibi et Assignatis suis.* Ibidem : *Prædicto Edmundo hæredibus et Assignatis suis concedunt, etc.* Renunciatio ann. 1274. apud Rymer. tom. 2. pag. 35 : *Ita quod nobis de-*

cedentibus nullus hæres aut alius Assignatus noster quicquam in dicta senescalcia clamare possit in perpetuum.

* Charta ann. 1258. ex Bibl. reg. : *Dimiserunt præfato domino Johanni et heredibus, vel Assignatis suis, totam terram suam et tenementum de la Valle.* Hinc

* Assignatus, Qui procuratorio nomine res alterius gerit. Charta Roberti *de Line* in Chartul. eccl. Glasguens. ex Cod. reg. 5540. fol. 68. r° : *Præterea episcopus, vel ejus Assignatus habebit aisiamenta totius feudi mei.*

¶ **ASSIM**, *Ex Assim*, Omnino, penitus. Sic Latine dicitur *hæres ex asse*, universorum bonorum hæres. Testam. Giraldi Matisc. ann. 888. apud Marten. tom. 1. Anecd. col. 53 : *Et ne ex Assim expertes hujusce crediti munii videremur, sed pro posse tentantes, etc.*

ASSIMETRA, *Nomen generale omnium mansorum adjacentium villæ, vel civitati, ab assideo, et metros, mensura.* Ita Breviloq. Alia videtur notione usurpasse Archithrenius lib. 3. cap. 8 :

. . . . Nunc climasse laborat
Pressius Euclidis numeros, cogitque quod esse
Linea non possit numeri divisa secundum
Extrema et medium, quodque est Assimetra costæ
In duo quadratum, partita diametros aut est
Par impar numeris, etc.

¶ **ASSIMILABILIS**, Qui fieri potest consimilis. Engelbertus de longævitate ante diluvium cap. 3. apud Bernard. *Pez* tom. 1. Anecd. part. 1. col. 445 : *Nutrimentum autem cum in fine debeat assimilari corpori nutriendo, quanto est propinquius naturæ corporis humani, tanto magis est connaturale et magis Assimilabile.*

¶ **ASSIMILATIO**, Figura, forma, Italis *Assimilatione.* Chron. Farfense apud Murat. tom. 2. part. 2. col. 539 : *A tertio latere rigus et fossatus montis Cæsæ venientes in petram Casariam. . . et inde in pedem montis Salisani usque in pedem cum Assimilatione finis Campilongi.*

¶ **ASSIMILATIVUS**, Qui reddit similem. Collatio. 1. Matthæi de Cracovia coram Papa apud Raimundum Duellium Miscellan. lib. 1. pag. 145 : *Etenim pater non solum est principium filii productivum. . . sed et conformativum seu Assimilativum.*

ASSIMULARE, Gall. *Assembler, mettre ensemble*, simul cogere, colligere. Claudianus lib. 2. in Rufinum :

Frænaque et immanes pharetras arcusque sonoros
Assimulat.

Saxo Grammatic. lib. 2 : *Æra favillis Assimulans, etc.* LegesHenrici I. Reg. Angl. cap. 80. § 1. de via regia : *Tanta vero debet esse, ut inibi duo carri sibi possint obviari, et bubulci de longo stumbli sui possint Assimulare.* Hildebertus Cenoman. de Mysterio Missæ :

His ita præmissis, secreto Presbyter orat,
Secretas memorans, Assimulansque preces.

Perperam editum *assimilans.* Vide Gronovium ad Statium cap. 5. et V. Cl. Nicolaum Catharinum lib. 2. Observat. pag. 18. et supra in *Adsimulare.*

* **ASSINAMENTUM**, pro *Aisiamentum*, ut videtur, Commoditas, usus. Vide *Aisantia.* Charta Guid. de Castill. ann. 1251. in Annal. comit. S. Pauli pag. 135 : *Dedi et concessi canonicis præfatæ ecclesiæ plateam unam apud S. Paulum,... pro ecclesia S. Salvatoris ibidem construenda, et pro Assinamentis eorumdem quiete, libere et pacifice in perpetuum possidendam.*

ASSINSIUM, Herba amara. Vetus Gloss. Lat. Gall. MS. ex Bibl. Thuana : *Hoc Assinsium, gloigne.* Occurrit semel ac iterum apud Matthæum Vindocinens. in Tobia. [Vox corrupta vocis *Absinthium;* unum ergo et idem est.]

* Lege *Aloigne*, pro *Aluine.* Vide supra *Alonia.*

ASSINUS, Mensuræ frumentariæ species, vulgo *Aissin.* Charta Philippi Regis Franc. ann. 1308. ex 2. Regesto ejusdem Regis n. 9. in Tabulario Regio. 84 : *Assinos avenæannui reditus, etc.* Alia Garini Episcopi Suessionensis ann. 1313 : *Vendent premierement au lieu que on dit Grand Champ, vingt-huit Ayssins demy setiers moins. Item aux Chavens six Ayssins et demy, quatre verges, moins, etc. Duo Assini avenæ*, in Lege Vervinensi ann. 1233. art. 1. *Quatuor Assini terræ*, art. 2. quomodo *modii terræ* dicuntur. [Charta ann. 1233. apud Thomasserium Consuetud. Bituric. pag. 232 : *Quod unicuique hominum, qui ibi mansuri venirent per mansuram duos Assinos terræ ad mensuram Trachiacensem ad domum faciendam et aysantias suas habendas deliberabo.* Vide *Essinus.*]

* **ASSIRE**, Ferrum chalybe durare, Gall. *Acérer.* Reparat. factæ in senescal. Carcass. ann. 1435 : *Eidem* (manuoperario) *pro Assiendo piquos dicti molendini.... viij. sol. iiij. den.* Vide supra *Asseratus.*

¶ **ASSIRIUM**, Navigii species. Translatio corporis S. Pauli novi Matyris tom. 2. Julii pag. 640 : *Postea rogavit Prior memoratum Principem, ut rogaret Petrum Iugosum de Constantinopoli, ut in suo Assirio capsam cum corpore susciperet.* Ibid. pag. 640 : *Tanta facta est tranquillitas maris et venti, quantam nemo mortalium melius cogitare posset. . . . . Læti itaque nautæ pervenerunt Otretum; et ibi accipientes sibi et Assirio, quæ deerant, necessaria, flanteque aura secunda, pervenerunt usque Venetias.*

ASSIRTUS. Anastasius in S. Hilaro PP. pag. 28 : *Et in medio lacum porphyreticum cum concha Assirta in medio aquam fundentem.* Ubi alii Codd. habent *raita.* Forte *striata*, ut et infra : *Lacus et conchas triantas;* seu, ut alii Codd. præferunt, *castriatas.* Leg. *striatas.* [* f. pro Adsitus, Gall. *Placé.*]

1. **ASSIS**, Pecunia quævis. *Assis publicus*, Pecunia publica, quæ in Fiscum infertur apud Senatorem lib. 12. Epist. 15. Publica functio, illatio. *Assis tributarius*, apud eumdem. lib. 12. Epist. 16. Pecunia, quæ in vectigal penditur : ita in leg. 12. Cod. Theod. de Indulg. tributor. [** lib. 11. tit. 28, ubi Gothofredus interpretatur *integram quantitatem* debitarum functionum.]

2. **ASSIS**, Assiatus. Lex Longobard. lib. 1. tit. 25. § 30 [** Rothar. 291.] : *Si quis Assem de sepe Assiata, unam aut plures tulerit, componat sol. 1. Si quis de sepe stantaria facta vimen tulerit, comp. sol. 1. Si autem perticas transversarias tulerit, solvat sol. 2.* Ubi *sepes Assiata*, videtur esse illa quæ ex asseribus, seu tabulis sectilibus conficitur, quas nos etiamnum *Aisses* vocamus : *stantaria* quæ e palis aut perticis in rectum positis compacta est. Porro *Assis* Plauto et aliis, est tabula sectilis.

* 3. **ASSIS**, Conglobatio, Gall. *Peloton*, ut videtur. Stat. Taurini ann. 1360. cap. 325. ex Cod. reg. 4622. A : *Nulla persona de Taurino vel aliunde audeat.... filari facere per aliquam personam seu ad filandum tramam seu statutum in una vel eadem bala seu in uno Asse excedens ultra prædictum pondus, videlicet v. librarum, etc.*

Assis, Assidis, in genit. Eadem notione, usurpat Juncta in Vita B. Margaretæ de Cortona cap. 1. ut et Petrus de Crescentio lib. 2. de Agricult. cap. 87. lib. 5. pag. 279. et alibi non semel : unde eidem *Assidiculæ*, lib. 10. cap. 33. 36.

ASSISA, et Assisia. Littletoni sect. 234. est *nomen æquivocum :* varias enim et diversas significationes, apud Leguleios nuperos habet, quas singulas persequi operæ pretium videtur. Ac primum :

Assisæ et Assisiæ dicuntur Comitia publica, conventus et consessus proborum hominum, a Principe, vel Domino feudi electorum, qui pro tribunali jus dicunt, lites dirimunt, de rebus ad rem publicam spectantibus statuta conficiunt : *Malla publica, placita*, quomodo ἕδραι βουλῆς dicuntur apud Hesychium. Apud Anglos vero Assisa, definitur sessio Justitiariorum duorum itinerantium cum Justitiariis Pacis, ut vocantur, in urbe capitali uniuscujusque Comitatus, bis in anno, ut audiant placita, lites componant, et pro tribunali jus dicant. Ita Watsius. Vetus Jus Municipale Normann. 1. part. distinct. 5. cap. 6 : *Assise est une assemblée de plusieurs sages hommes en la Court del Prince, en laquelle cen qui y sera jugié, doit avoir perdurable fermeté. Car se l'en nie cen, qui aura esté fait és plés de la Viscomté, l'en le puet escuser par une desrene; més cen qui est fet en l'Assise, ne rechent nul desrene; äins est ferme à toujours par le recort de l'Assise, et entre deux Assises doit avoir 40. jours.* Charta Philippi Augusti apud Rigordum ann. 1190 : *Ballivos nostros posuimus, qui in balliviis suis singulis mensibus ponent unum diem, qui dicitur Assisia, in quo omnes illi qui clamorem facient, recipient jus suum per eos, etc.*

* *Cise* contracte, eadem notione, in Charta ann. 1327. ex Cod. reg. 10196. 2. 2. fol. 87. v° : *Toutes les coses dessusdittes lidis maires mist en le warde des hommes de le Cise Dieu* (de Liege) *là presens, assavoir sont lidis mesires Jehan dou Lardier, qui le jugement rapporta, etc.* [** nisi legendum *cité devant dite.*]

Ejusmodi vero *Assisæ*, in locis publicis et patentibus, ut alia olim placita, veluti ante januas Ecclesiarum, aut in cœmeteriis peragebantur. Regestum Constabulariæ Burdegal. fol. 137 : *Assisias suas tenebunt Lemovicenses ante januas Monasterii S. Martini, et in cœmeterio Ecclesiæ S. Michaelis.* Deligebanturque ad id majores villæ, et quæ populo abundarent, intra Regis, aut domini feudi, jurisdictionem, ad majus litigantium commodum. Edictum Philippi Pulcri a Pithœo editum, art. 16. de Baillivis : *Nec teneant eas in locis, in quibus non est villa, aut habitatio gentium populosa.* Cogebantur vero Assisiæ in Francia ex eodem Decreto Regio, de duobus mensibus ad duos menses, atque indicebantur a Baillivis et Senescallis in fine cujuslibet Assisiæ : *Præcipimus, quod Senescalli et Baillivi nostri teneant Assisias suas in circuitu Senescalliarum et bailliviarum suarum de duobus mensibus ad duos menses ad minus.* Interdum per singulas quindenas.

Formula autem cogendorum apud nostros a Baillivo proborum hominum, seu vasallorum feudi, qui *Assisiis* interesse tenebantur, ejusmodi fuit, quam ex veteri Regesto damus : *Michel de Paris, Bailly de Vermandois, au Prevost de Mondidier, Salut. Nous vous mandons, que vous faciez crier nos Assises de Mondidier solempnellement aus lieus acostumés au Dimanche devant la Chandeleur prochain à venir, et faites adjorner les hommes le Roy jugeans en la Chastellerie de Mondidier par Serjans le Roy, qu'il soient ausdites Assises si souffisament que les causes desdites Assises puissent estre délivrés ; et nous certefiez des noms des hommes, que vous aurez fait adjorner. Et le faites si diligemment, que defaut n'y ait. Donné à Chauny le Venredi après Noël l'an* 1318. Si quis ex iis deesset, pecuniaria mulcta puniebatur. Compotus Baillivia Turon. ann. 1337 : *De legibus* (mulctis) *Assisiarum, videlicet de defectibus hominum nobilium, qui consueverant solvere pro quolibet defectu* 5. *sol. Assisiarum,* seu comitiorum juridicorum mentio est passim in Consuetudinibus municipalibus, locis a Raguello indicatis : quarum aliæ *magnæ* aliæ *minores* dicuntur, ut in Consuet. Pictav. art. 19. 74.

Grandis Assisa, seu *Grande Assise,* occurrit etiam in Consuetud. Inculismensi art. 4. 7. et Rupellensi art. 1. in quibus *Magna Assisa,* dicitur conventus juridicus, qui Comiti, Vicecomiti, Baroni et Castellano competit ratione majoris justitiæ, et quater indicitur quotannis, in quo appellationes minorum Assisarum dijudicantur ab eorum Ballivis. *Minores* vero *Assisæ* eæ sunt, quæ a Comitum, Vicecomitum, Baronum et Castellanorum Præpositis, seu Judicibus pedaneis, quinto decimo quovis die tenentur. *Minores* istas *Assisas* intelligit Chronicon Andrense pag. 552 : *Ex consuetudine quoque patriæ nostræ in Curia nostra per singulas quindenas humanas leges et judicia mundana constat exerceri.*

Assisæ præterea appellatione donabatur quidquid in *Assisis* definiebatur inter litigantes, quod pro supremo judicio erat. Regiam Majestatem lib. 1. cap. 13. § 3 : *Sciendum est, quod lites decisæ legitime per magnam Assisam Domini Regis, postmodum nulla occasione resuscitantur.* Adde Quoniam Attach. cap. 82. § 1. Atque id Juri Normannico supra laudato consentaneum est. Maxime vero id, quod statuebatur ad publicum Regni, aut vassallorum omnium commodum, pro lege erat, ut pote in *Assisis*, communi proborum et *Legalium* hominum consensu decretum. Regiam Majestatem lib. 3. cap. 27. § 2 : *Ex beneficio constitutionis Regni, quæ Assisa nominatur.* Hoved. *Assisæ Henrici Regis factæ apud Clarendonum.* Fridericus II. Imp. in Constit. Sic. lib. 1. tit. 41 : *Quæ igitur ad ipsorum cognitionem pertinent, prædecessorum nostrorum Assisis comprehensa apertius diffinimus.* Adde lib. 3. tit. 36. Glanvillam lib. 9. cap. 10. Bractonum lib. 3. tract. 2. cap. 3. § 6. etc. Prædictis addo, quæ habent Assisiæ Hierosol. MSS. cap. 105 : *Les Assises doivent estre tenuës et maintenuës fermement en toutes choses : et de ce que hom ne sera certain, qui soit Assise, doit tenir selon l'usage et la longue coustumance, et de ce que Court aura fait esgard, ou connoissance, ou recort, qui soit Assise, doit estre tenu et maintenu come Assise. Car les Assises ne peuvent en plusiors choses estre provées, que par lonc usage, ou pour ce que l'on a vehu user et faire come Assise, et ce est maniere de Loy, et doit estre, et est tenue au Royaume de Hierusalem et de Chipre meaus que Leis, Decrés, ne Decretales, que le Seignor dou Royaume doit juver et jure, ains que il soit retenu à Seignor, de garder et maintenir les Assises, et les lons usages, et les bons coustumes du Roiaume de Hierusalem.* Hinc

Assisiæ Rerum Venalium, pro Decreto Regio, seu eo quod in Assisiis, vel Comitiis et Placitis generalibus a Baillivis et Justitiariis definitum est super rerum venalium qualitate, quantitate, pondere, mensura et pretio, in Constitut. Neapolitanis lib. 1. tit. 57. § 2. tit. 63. lib. 3. tit. 36. § 5. Matthæus Paris ann. 1201 : *Eodem anno Rex fecit generaliter acclamari, ut legalis Assisa panis inviolabiliter sub pœna collistrigiali observaretur..... ita quod pistores poterunt sic vendere, et in quolibet quartario lucrari tres denarios, etc.* Monastic. Angl. tom. 2 : *De amerciamentis suorum tenentium provenientibus pro Assisa Regis non servata, ut de pane, cervisia, et mensuris falsis.* Fleta lib. 1. cap. 17 : *Habet Rex in potestate sua, ut Leges et Consuetudines et Assisas in Regno suo provisas, approbatas et juratas.* Vide Littletonem sect. 234. Le Roman d'*Aubery* MS :

A tant maniuent aux dens la miche alise,
Tant que chascune a sa force reprise,
Et beurent eue qui venoit de Tamise,
Dist Senchaut, mult vaut miex ceste Assise,
Que cent mil livres ou pan de ma chemise.

[** Vide *Assisia,* 1.]

☞ *Assisa Rerum Venalium* non solum pro decreto in *Assisiis* lato de rebus venalibus et earum qualitate, sed etiam aliquando sumitur pro jure seu privilegio statuendi et determinandi res venales, earumdem pondera, mensuras, pretium, etc. necnon percipiendi emolumenta inde reditura : hoc autem jus seu privilegium abs Rege, cui volebat, tradebatur. Hujus rei exemplum refert Kennet. in Antiquit. Ambrosden. pag. 393. ubi narrat, Richardum d'*Amory* obtinuisse ab Eduardo II. Anglorum Rege *Assisam* panis et cervisiæ intra urbem et suburbia Oxfordi, ea conditione, ut daret Regi quotannis centum *Schillingos* : at postmodum propter conquestus Universitatis ac Civitatis hoc privilegium a Rege concessum fuisse Majori et Vicecancellario. Vide Gloss. ejusd. Kennetti ad calcem earumd. Antiquitatum.

¶ Assisa Forestæ, leges in Curia seu in *Assisiis* de silvis ac nemoribus latæ, quas servant ii magistratus, quibus silvarum cura commissa est. Inquisitio facta apud *Brehull* de statu silvæ de *Shottore,* anni 1363. apud Kennettum Antiquit. Ambrosden. pag. 498 : *Item dicunt quod Priorissa de Littlemore devastavit boscum suum de Shottore contra Assisam Forestæ.* Inquisitio de silva de *Bernwood,* ann. 1266. ibid. pag. 265 : *Et dicunt etiam quod prædictus Johannes filius Nigelli et antecessores sui a tempore quo non extat memoria solebant habere in bosco domini Regis Housbote et Heybote cum omnibus feodis forestario pertinentibus secundum Assisam Forestæ.*

* Assisia Gallica, Quæ pro parte Veliocassium, qui regum Francorum erant, peragebatur. Judic. ann. 1263. in Reg. *Olim* parlam. Paris. fol. 137 : *Determinatum est quod Assisia Gallica, quæ tenebatur apud Gisortium citra aquam, propter commune bonum et communem aisantiam patriæ, teneatur apud Calvummontem, usque ad voluntatem domini regis, ubi ab antiquo consuevit teneri.*

** Assisia, Consessus eorum qui tributa describebant et peræquabant. Registr. Parlam. Paris. dict. Olim. in edit. pag. 374. ann. 1271. cap. 1 : *Facta Assisia pro solucione gisti domini Regis apud Corbeniacum, homines dicti loci, qui Assissiam hujusmodi fecerunt partem hujus gisti assederunt super etc.* Vide *Assidere* 1.

Assisia, interdum sumitur pro ipso tributo quod ex consensu optimatum et populorum in *Assisiis* coactorum imponi decernitur. Joan. Hocsemius in Henrico Episc. Leod. cap. 5 : *Cum Leodienses Electo promissam solvere pecuniam non valerent, et Electo connivente Assisiam, seu malatoltam, super venalibus posuissent.* Ægid. de Roya ann. 1299 : *Et inhibuerunt vulgo, ne acclamarent Assisiam deponi.* Magnum Chronicon Belgicum ann. 1288 : *Levabant in præjudicium Canonicorum in urbe exactionem, seu Assisium rerum venalium.* Charta Galteri Regitest. Comitis pro Burgensibus de *Raucourt* et *Heraucourt,* April. 1255 : *Ultra duos solidos, quos debet solvere de Assisia, nec majorem emendam Præpositus poterit extorquere.* Apud Joan. Villaneum lib. 8. cap. 32 : *Cominciò à radoppiare al popolo Assise, gabelle, et malatolte.* Idem lib. 8. cap. 54 : *Assisi importabili.* [* Constit. Feder. reg. Sicil. cap. 40 : *Statuimus quod, absque speciali mandato nostro, aliquæ Assisæ in terris et locis Siciliæ, quæ sunt nostri demanii, sive ecclesiarum, comitum et baronum, de cætero non imponantur; et si impositæ fuerint, amoveantur omnino. Assis,* eodem sensu, in Charta ann. 1447. pro Audomar. : *Plusieurs grandes fautes, excès et abus, qui s'estoient fait et faisoient, tant au fait et gouvernement de la justice et de la police d'icelle* (ville de S. Omer) *comme au bail des Assis, fermes et autres droits, etc.*] Hinc formata ac contracta vox

Sissa, pro tributo, in Foris Aragonensibus : *Sisa,* Hispanis ; *Sissarii,* Sissarum exactores. Vide Foros Aragon. lib. 4. tit. *Quod Sisæ, etc.* et Michaelem *del Molino* in Repertorio in vocibus *Albaranum,* et *Sissa.*

Accisia, pro *Assisa,* et tributo, non semel in Chartis Imperatorum, apud Joannem Voppium in Historia Aquisgranensi lib. 3. n. 2. pag. 19. 20 : *Telonium sive Accisia de vino, etc.*

Cisa etiam reperitur. Libertates Aquarummortuarum ann. 1246 : *Consules... possunt in villa collectas vel Cisas facere.*

Assisa, interdum pro mulcta, seu *emenda*. Vetus Consuetudo municipalis Britanniæ tit. 18 : *Des Assises, amandes et des dommages deus par cause de bestail*. Et art. 395 : *Le Seigneur pour le bestail, qui seroit trouvé en son domaine, peut demander l'Assise, ou desdommage à son choix*. Adde art. 420.

* Assisia opponitur *valori*, in Testam. Cardin. Ambian. apud Godefr. in Addit. ad Carol. VI. pag. 756 : *Fundatis* 160. *lib. Paris. annui reditus in valore, et non in Assisia, pro distributionibus quinque mensium et duabus missis dicendis*. Hoc est, in numerata pecunia, non in assignato reditu ex aliqua re percipiendo.

Assisa, sumitur etiam pro brevi quodam Regio, quo quis ob certa delicta, vel crimina, litesve alias, quorum probatio incerta est ex instrumentis, in jus vocatur. *Assisæ* autem nomine donatur, quia ab *Assisa* præcipitur Vicecomiti, ut 12. juratores submoneat, qui de rei veritate testimonium ferant : ut est in Regiam Majest. lib. 1. cap. 12. 13. 14. et in Fleta lib. 4. cap. 1. § 7. et apud Litletonem sect. 234. Appellationis rationem allatam firmat, recensetque aliquot ejusmodi assisas, veluti *Novæ dissaisinæ, de Morte antecessoris, Ultimæ præsentationis, de Communi pastura*, et hujusmodi, quas duelli tollendi gratia ab Henrico II. Rege Angliæ institutas ferunt.

Sed et alia multa *per Assisam* probari docent Leges Scoticæ, nempe quæstio ætatis majoris vel minoris, in Regiam Majest. lib. 2. cap. 31. quæstio dominii inter Dominum et Vassallum, lib. 1. cap. 12. lib. 1. cap. 63. limites terrarum, inter vicinos, lib. 2. cap. 74. occultatio thesauri inventi, lib. 4. cap. 4. quæstio status, in Quon. Attach. cap. 56. deforciamentum factum Ministris Regis, in Statut. Will. II. Regis Scotiæ cap. 4. et alia quæ tædet enumerare.

Assisa non tantum usurpatur pro *brevi*, quo quis ad probandum per assisam citatur, sed etiam pro ipsa *jurata*, seu pro ipsorum juratorum testimoniis. Duplex autem hac notione fuit assisa, *Magna*, seu *Grandis*, et *Minor* seu *Ordinaria*.

Assisa Magna fuit solennior illa *jurata*, quæ in *brevi de recto* (quod omnium solennius est et maximum, utpote quo de mera proprietate agitur,) e Militibus omnino constat numero 12. gladio cinctis, non vulgari modo per Vicecomites electis, ad hoc juratos, et 12. deinde electis, ut quidam asserunt, adjunctos. Apud Cowellum *Grandis Assisa* definitur actio petitoria, sic dicta, quod cum possessoria, quam *Parvam assisam* vocant, et ordinariam, 12. hominum veredicto decidatur, in ista 24. Milites gladio cincti esse solent. Glanvilla lib. 2. cap. 7 : *Est autem Magna Assisa regale quoddam beneficium, clementia Principis, de consilio procerum populis indultum, a quo vitæ hominum et status integritati tam salubriter consulitur, ut in jure, quod quis in libero soli tenemento possidet, retinendo, duelli casum declinare possunt homines ambiguum, ac per hoc contingit insperatæ et præmaturæ mortis ultimum evadere supplicium, vel saltem perennis infamiæ opprobrium, et inverecundi verbi, quod in ore recte turpiter sonat, consecutivum. Ex æquitate autem maxime prodita est legalis ista institutio; jus enim quod post multas et longas dilationes, vix evincitur per duellum, per beneficium istius constitutionis commodius et acceleratius expeditur. Assisa enim ipsa tot non exspectat essonia, quot duellum, ut ex sequentibus liquebit. Ac per hoc et laboribus hominum parcitur, et sumptibus pauperum. Præterea quanto magis ponderat in judiciis plurium idoneorum testium fides, quam unius tantum; tanto majore æquitate nititur ista constitutio, quam duellum. Cum enim ex unius jurati testimonio procedat duellum, duodecim ad minus legalium hominum exigit ista constitutio juramenta*. Matth. Paris ann. 1240. pag. 364. de Magna Assisa : 12. *Milites accincti gladiis fuerunt electi in Assisa, de consensu partium : et consenserunt partes in* 10. *quia duo non comparuerunt*. Vide Statutum 2. Westmonasteriense cap. 41. et Fletam lib. 4. cap. 5. § 6.

Assisa Minor, seu Ordinaria est jurata in assisiis prædictis, quæ non e Militibus, sed 12. liberis et legalibus hominibus patriæ per Vicecomitem conscribitur. Et hæc quidem jurata, non de proprietatibus cognoscit, sed de possessore. Vide Fletam lib. 4. cap. 1. § 7. cap. 5. § 4. 5. 6. ubi forma cogendi ejusmodi assisas præscribitur, et de iis agitur, qui in ea consistere possunt.

Assisa dicitur *capi in modum Assisæ*, vel *in modum juratæ*. In *modum Assisæ*, sic, ut si fundata intentione quærentis, tenens se statim ponat in assisam sine aliqua exceptione, et respondeat intentioni querentis, etc.

Assisa *cadit in juratam*, cum non constat de re de qua lis est, ita ut necesse sit ut in modum juratæ terminetur negotium, quia hinc inde erit probatio, et non Assisa, etc. Vide Bractonum lib. 4. Tract. 1. cap. 34. § 3. 4. Fletam lib. 4. cap. 15. et 16. cap. 10. § 12. lib. 5. cap. 6. § 53. 54. cap. 22. § 11. Littletonem sect. 234. etc.

Assisa Cadere dicitur, cum *nullitas*, ut Practici loquuntur, legitima opponitur. In quibus vero casibus, pluribus recitat Fleta lib. 4. cap. 15. lib. 5. cap. 6.

Assisa, est præterea idem quod *Actio possessoria*. Vide Cowellum.

Assisa, interdum sumitur pro tempore, quod conceditur alicui, infra quod licet in judicio agere, et alium in jus vocare, qui vim aliquam, aut aliquid injuste fecit, quod certum aliquod tempus præscriptionis esse videtur, infra quod agere licet, et extra, vel post quod agere non licet in judicio ut observat Skenæus ad lib. 2. Regiam Majestat. cap. 74. § 13.

Assisa Aquarum. Charta Friderici II. Imper. pro Ecclesia Panormitana ann. 1211. apud Rocchum Pirrum pag. 145 : *Perpetuo confirmamus omnes villanos et possessiones, vineas, jardina, et prædia urbana, et rustica, aquas et assisas Aquarum, etc.*

Denique prædictis addere placet vocem *Assise*, Italis vel certe Joanni Villaneo, idem valere quod priscis nostris Scriptoribus *Devise*, seu *Livrée*. Idem Scriptor lib. 8. cap. 13 : *Tutti giovani vessiti col Re d'una partita di scarlatto verdebruno, tutti con selle d'una Assisa a palafreno rilevato ad arjento et ad oro, con l'armée a quartieri, etc.* Ita usurpat lib. 10. cap. 226. lib. 12. cap. 107.

Assisare, Decernere, statuere in *Assisa*. Prima Statuta Roberti I. Regis Scotiæ cap. 2 : *Item ordinatum est et Assisatum, quod, etc.*

Assisa, Assisia, Pensio annualis. Constitutio Joannis Archiepisc. Nicosiensis ann. 1321. cap. 7 : *Nec eorum alteri* (Patrono vel Defensori) *possent perpetuam Assisam seu pensionem annualem constituere in futurum*, etc. Mox : *Revocantes... omnes Assisias seu pensiones... Advocatis a Monasteriis* datas.

Assisii, in Ecclesiis Cathedralibus Beneficiati, minores tamen ordine Canonicis, in Ecclesiis Cypriis, qui videntur functi officio Canonicorum, quos *Vicarios* dicimus : vel quibus assignata est *Assisia*, seu pensio annualis, quasi *Pensionarii*. Ejusmodi *Assiorum* mentio est passim in Conciliis Nicosiensibus nuper editis, in Constit. Nicosiensib. cap. 9. 30. 31. in Constitut. Odonis Legati ann. 1248. cap. 11. 14. 21. in Concilio Nimociensi ann. 1298. cap. 12. 17. in Constit. Joannis Archiepisc. Nicosiensis ann. 1320. cap. 1. 3. alia ann. 1321. cap. 3. 5. et apud Joannem Carmessonam in Vita S. Petri Thomasii Patr. Constanstinop. num. 53.

☞ Si laudatas a Cangio Nicosiensis Ecclesiæ Constitutiones penitius intuearis, perspicies facile Assisios non esse cum Canonicis vicariis confundendos. Hi, ut dicitur, in Concilio Coloniensi ann. 1536. can. 11. gerunt vices Canonicorum, *qui adversa valetudine detenti, vel negotiis necessariis avocati* (Choro) *interesse non possunt* : illi vero ita proprium in Choro peragebant officium, ut in locum Canonicorum absentium non potuerint substitui; *Mandamus*, inquit Odo Legatus in citata Constitutione anni 1248. cap. 14, *Ut Persona duos Clericos non Assisios, et Canonicus unum, in domo secum teneant : qui et eos associent, et ex quibus numerus servientium in Ecclesia augmentetur*. Ii Clerici *Socii* Canonicorum absentium vices obibant, non *Assisii*, ut manifesto patet ex Constitutione Johannis Archiep. Nicos. ann. 1320. cap. 2 : *Item ordinamus et mandamus, quod omnes Canonici percipientes præbendam, debeant interesse divino officio diebus singulis, nisi justa de causa excusarentur... et tunc Clericos suos, quos tenent et debent tenere, mittere teneantur*. Ut autem Assisii Canonicorum vices non poterant obire, ita Assisiorum in locum nullus alter poterat sufficí. Constitutio anni 1323. cap. 5 : *Ut Assisius per seipsum serviat in Divinis : Statuimus et ordinamus hac constitutione inviolabiliter valitura, quod omnes et singuli Assisii nostræ Ecclesiæ, in eo ordine cujus beneficium obtinent seu præbendam, serviant in Divinis per seipsos, et non per alium substitutum..., nisi infirmitate aut justæ absentiæ causa, a nobis etiam obtenta licentia, valeat excusari*. Ibidem dicitur *ipsorum officium ac nomen requirere continuam assistentiam*. Sed quinam proprie fuerint Assisii in Ecclesiis Cypriis, quemve gradum obtinuerint, si fieri potest, etiam dicendum. Quatuor erant in iis Ecclesiis ordines Clericorum, Canonicorum scilicet, Assisiorum, Beneficiatorum seu Capellanorum, et Servientium. Servientes appello quos dixi Canonicorum absentium vices obiisse. Hi omnium infimi. Assisii secundum a Canonicis locum tenebant erantque ceteris Beneficiatis superiores. Id colligere est ex jam laudata Constitutione ann. 1320. cap. 1. ubi sic habetur : *Ordinamus, statuimus et mandamus, quod omnes Assisii et alii Beneficiati in dicta Ecclesia, continue debeant horis consuetis ad dictam Ecclesiam accedere, ad officium celebrandum per se tantum, et non per hebdomadas, et ad serviendum in ordine suo.* Hæc de Assisiis Cypriis. Extat Statutum Ecclesiæ Aquensis ann. 1484. in quo hujus Ecclesiæ *Beneficiati* dicuntur *tantum creati ad exhibendum Deo famulatum pro DD. Canonicis, aliis ipsius Ecclesiæ emergentibus negotiis occupatis, et alias Assisii quasi Assidui ad divinum Officium de jure nuncupentur.* Quod si vera hæc est Beneficiatorum Aquensium institutio, non eadem fuisse videtur quæ Assisiorum Cypriorum. His adde Bullam Pauli III. PP. ann. 1549. pro sæcularisatione Monasterii insulæ Barbaræ tom. 1. Maceriarum ejusdem Monast. pag. 256. in qua loco Canonicorum instituuntur *decem et septem Capellani Assisii nuncupandi.* [** Apud Lusitanos *Assisii* erant ecclesiis cathedralibus adscripti, qui in divinis, vulgo dicunt *in choro*, iisdem officiis fungerentur quibus canonici, ita tamen ut in superiori chori parte non considerent, neque in *capitulo* cum canonicis in sententiam irent. Huic ordini anno demum 1778. a Pio VI. PP. finem impositum esse scribit S. Rosa de Viterbo pag. 142. vol. 1. quem consulas.]

* Assisiæ Officium, in ecclesia Cameracensi. Obituar. MS. ejusd. eccl. fol. 1. v° : *Acceptavimus institutionem cujusdam commemorationis B. V. Mariæ fiendæ singulis diebus Sabbati.... per magistrum cum sex pueris altaris,.... quibus fiet distributio singulis ebdomadis per officium Assisiæ.* Vide infra *Assizia* 2.

Assisia, Munus ipsum Assisii. Statuta Philippi Archiepiscop. Nicosiensis ann. 1450 : *Statuimus... ut nullus in Ecclesia nostra Nicosiensi existens in ordine Sacerdotali de cætero promoveatur ad Assisias Diaconales et Subdiaconales.* Vide *Vicarii in Ecclesiis Cathedralibus.*

Assisia, videtur sumi pro adscripta temporis nota actis Notariorum, in Foris Aragon. lib. 4. tit. de Depositis : *Scribantur in dicto libro omnia deposita... et hoc cum Assisia, sive Calendario, quo prædicta fient.* Nam hic *Calendarium* idem valet quod *data.*

¶ Assisa, Assisia, Quorumdam redituum ex designatis prædiis annuatim percipiendorum assignatio. Hist. Comitatus Ebroicens. inter Instrum. pag. 29 : *Prædicta sibi assidentur pro 1779. libris..... summa valoris omnium particularium summarum Assisiæ prædictæ 16427. libræ etc.* Donatio xx. solidorum annui reditus ann. 1276. in Chartulario minori S. Benigni Divion. : *Promittimus et tenemur cedere et solvere singulis annis in perpetuum dictis Abbati et Conventui...xx. solidos Turon. bonorum et legalium, ac dictam Assisiam seu assignationem tenere, et super præmissis omnibus et singulis garantiam portare.* Charta ann. 1320. apud Baluz. Hist. Arvern. tom. 2. pag. 581 : *Juxta consuetudinem locorum in quibus fiet Assisa seu Assignatio redittuum prædictorum.* Occurrit præterea pag. 370. 423. et 281. quo in postremo loco scribitur *Assizia.* Hinc liquet quid sit

¶ Assisiæ Littera, apud D. *de Lavriere* tom. 1. Ordinat. Reg. pag. 64 : *Nec constet ex Littera Assisiæ, quod vel bona ipsorum nominatim dedimus in Assisiam, vel, etc.* Ubi idem est ac Littera assignationis. Vide *Assidere.* 1.

¶ Assisa Maxima, Assisa Media, Dicitur de quarumdam mercium quantitate, qualitate, pondere, etc. Instrum. ann. 1428. apud Rymer. tom. 10. pag. 392 : *Duos lectos cum curtinis de Maxima Assisa prompte consutos. 4. lectos de Media Assisa colorum rubei, albi et viridis.* Quod ibidem semel et iterum recurrit.

* **ASSISATGIUM**, Conventus, consessus ad lites dirimendas, idem quod *Assisa.* Charta ann. 1333. in Reg. 66. Chartoph. reg. ch. 1317 : *In dicto loco de Montogio consuevit ressortizare major pars castrorum et villarum, ... et venire ad Assisatgium dicti loci per modum ressorti.* Vide mox in *Assisiagium.*

¶ 1. **ASSISIA**, Sessio ad mensam. Gesta Guillelmi Episc. Andegav. cap. 23. pag. 300. Spicilegii Acher. tom. 10 : *Dicta die officium Panistarii subire tenebatur... ratione cujus officii finito prandio, omnes mappas... habuit quia jus suum erat; in secunda autem et tertia Assisia et cœna eas cum magna difficultate commodavit.* Diceremus *à la* deuxième et troisième *table.* Vide aliis notionibus in *Assisa.*

* 2. **ASSISIA**, ut mox *Assisiagium.* Vide supra in *Assiagium.*

* 3. **ASSISIA**, Cibus quotidianus unicuique assignatus. Bulla Bonif. VIII. ann. 1300. apud Cl. V. Garamp. in Dissert. 9. ad Hist. B. Chiaræ pag. 286. in not. : *Occasione Assisiæ seu vivandæ a te, episcope, diebus singulis, vobis, capitulum, debitæ, etc.*

* 4. **ASSISIA** Retis, Jus ponendi rete ad capiendos pisces. Charta fundat. Blancælandæ ann. 1154. inter Instr. tom. 11. Gall. Christ. col. 242 : *Pisces exclusæ, quocumque modo capiantur, et Assisiam retis in novio molendini ad capiendas anguillas, etc.*

* **ASSISIAGIUM**, Assisiatgium, Districtus, jurisdictio *assisiæ*, Gall. *Ressort*, olim *Assisiage.* Libert. villæ de Sarlato ann. 1370. tom. 5. Ordinat. reg. Franc. pag. 341. art. 5 : *Non possit nec debeat citare, nec evocare extra Assisiagium de Sarlato; nisi sint vel essent personæ ad hoc obligatæ, vel quæ contraxerint aut deliquerint alibi quam in dicto loco de Sarlato.* Libert. civit. Caturc. ann. 1344. in Reg. 68. Chartoph. reg. ch. 312 : *Item quod nullus civis seu habitator dictæ civitatis Caturci, ad instantiam procuratoris regii aut alterius privati, possit ex delicto seu contractu.... extra Assisiatgium suum de Caturco conveniri, nisi extra dictum Assisiagium constaret ipsos delictum aut contractum hujusmodi commisisse.* Charta ann. 1337. in Reg. 72. ch. 212 : *Item que ledit lieu de Syurat, ou le signeur et habitans dudit lieu et des appartenances, seront et demorront du ressort de la seneschaucée d'Agennois et de l'Assisiage de Sainte Foy, et seront exemps d'aler en autres Assisiage.* Vide supra *Asseriatgium* et *Assiagium.*

* Assizagium, Assiziagium, Eadem notione. Charta ann. 1358. inter Probat. tom. 4. Hist. Occit. col. 246 : *Inhibemus quod nullus extra forum et Assizagium suum extrahatur.* Libert. villæ de Gordonio ann. 1370. tom. 8. Ordinat. reg. Franc. pag. 75. art. 2 : *Concessimus.... quod nullus habitator de Gordonio, ad instantiam procuratoris fiscalis, nec alterius cujuscumque personæ, pro facto criminali vel civili, extra dictum Assiziagium de Gordonio extrahi possit; sed in dicto Assiziagio, super hiis quilibet conquerenti respondere habeat et teneatur, et de eodem in dicto Assiziagio jus tribuatur, quamdiu ibi voluerit jura* (juri) *parere.*

* **ASSISIARII**, Qui a principe vel a domino feudi delegati *assisias* tenent. Charta capit. S. Crucis Aurelian. ann. 1209. in Reg. 31. Chartoph. reg. fol. 31. r° : *De magna vero illius vici justitia sic est compositum, quod domino regi et nobis communiter et æqualiter remanebit : ita quod ab Assisiariis, qui pro tempore Aurelianenses tenebunt assisias, et a nobis pariter serviens quidam annis singulis eligetur, qui domino regi et nobis eamdem fidelitatem faciet.* Vide infra *Assissores.*

* **ASSISIATGIUM.** Vide supra *Assisiagium.*

* **ASSISIATUS**, Districtus, jurisdictio *assisiæ*, et ipsa *Assisia*, seu conventus et consessus ad lites dirimendas. Charta ann. 1335. in Reg. 70. Chartoph. reg. ch. 8 : *Dixit quod dictæ partes, pro quibus comparuit, sunt de Assisiatu Marmandæ, ad quem præsens negotium pertit remitti.* Charta Joan. episc. Belvac. locumten. reg. in Occit. ann. 1339. in Reg. 72. ch. 86 : *Cum Hugo de Tranchaleo et Giletus de Ras delati esse dicantur coram nobis in Assisiatu de Briva, etc.* Libert. villæ Condomii ann. 1369. tom. 8. Ordinat. reg. Franc. pag. 17. art. 3 : *Locumtenens senescalli.... creabitur et instituetur ibidem, et de omnibus causis, tam civilibus quam criminalibus,.... tocius judicaturæ et Assisiatus Condomii, cognoscet ad plenum et judicabit, potissime cum ipsi consules et habitatores, sicut dicunt, habeant proprium Assisiatum in civitate Condomii.* Adde Libert. villæ de Lauserta ann. 1370. tom. 6. earumd. Ordinat. pag. 401. art. 13. ubi pro *Assiziacum*, lege *Assiziatum.* Vide *Assisa* et supra *Assisiagium.*

* **ASSISICIO**, Assignatio, addictio, *assisia.* Charta ann. 1299. in Chartul. eccl. Lingon. fol. 183. v°, ex Cod. reg. 5188 : *Volens et concedens idem Johannes, quod si esset in mora vel deficeret in perficiendo Assisicionem dictarum quindecim libratarum terræ, quod idem dominus episcopus tamdiu teneat, donec idem Johannes perfecte assederit dictas xv. libratas terræ.* Vide *Assisio.*

ASSISINI. Vide *Assasini.*

¶ **ASSISIO**, Idem quod *Assisa*, Assignatio, etc. apud Baluz. Hist. Arvern. tom. 2. pag. 116 : *Si jam dicta castra non sufficiunt ad Assisionem ducentarum et quinquaginta librarum, tenebo ego, etc.*

¶ 1. **ASSISITUS**, Sedens, Gall. *Assis*, quasi ab *Assisire.* Gesta Guillelmi Majoris Episc. Andegav. cap. 23 : *Nobis autem Assisitis, venit... gerens mappam super collum quam ante nos supra mensam posuit.* Vide *Assisia.*

* 2. **ASSISITUS**, Assignatus. Charta Joan. comit. Matiscon. et Aalidis ejus uxoris

ann. 1238. D. in Reg. Chartoph. reg. ch. 2 : *Propter istam quittationem nobis donat* (Rex Franc.) *decem millia librarum Turonensium in denariis, et mille libras Turon. de reddilu in Normania Assisitas.* Vide infra *Assitiatus.*

* **ASSISIUM**, Lex seu Consuetudo municipalis. Charta communiæ Ferreriarum ann. 1205. in Reg. 34. bis Chartoph. reg. part. 1. fol. 47. r°. col. 2 : *Concedimus communiam apud Ferrerias habendam ad puncta Hesdini et ad Assisium Peronæ.* Nisi forte malis interpretari, ad jurisdictionem *Assisiarum*, quæ Peronæ habentur.

¶ **ASSISOR**, Qui *Assisas* seu taxationes imponit, peræquat. Vide *Assidere* 1.

¶ **ASSISSINII.** Sicarii, Gall. *Assassins.* Synodalia Ecclesiarum Cadurc. etc. apud Marten. tom. 4. Anecd. col. 743 : *Item Assissinii, et qui per eos faciunt interficere aliquem.* Vide *Assasini.*

* Stat. S. Flori MSS. fol. 47. v° : *Tertius casus est contra illos, qui quempiam per Acissinios* (sic) *interfici fecerint . . . . Quintus est contra illos, qui Assissinios recipiunt, deffendunt et occultant.*

* **ASSISSORES**, Iidem qui supra *Assisiarii.* Charta Ludovici dom. reg. Franc. primogen. ann. 1212. ex Tabul. Curiæ Dei : *Si forte eorumdem animalia pascere inveneritis ubi non sit eis concessum, ... volumus quod emendatio et justitia, quæ nunc deberet fieri, fiat per Assissores nostros, non per forestarios.*

* **ASSISTA.** Charta Joan. ducis Britan. ann. 1239. ex Bibl. S. Germ. Prat. : *De valliis* (i. e. balliis) *autem et rachatis concessit idem comes, quod terræ ipsius Radulphi et heredum suorum quittæ sint et immunes, salva Assista Gauffridi condam comitis Britanniæ.* Sed legendum videtur *Assisia*, vel *Assita*, assignatio scilicet quorumdam redituum ex designatis prædiis annuatim percipiendorum, sub certis conditionibus.

* **ASSISTARE**, a Gall. *Assister*, Adjuvare, auxiliari. Charta Rodulphi Constant. episc. ann. 1291. tom. 1. Cod. Ital. diplom. col. 611 : *Assistabimus et ipsum* (comitem) *juvabimus nostris sumptibus contra omnes.* Vide *Assistator.*

¶ **ASSISTATOR**, Adjutor, qui fert opem. Gall. *Aide*, apud Rymer. tom. 14. pag. 596 : *Auxiliatores, Assistatores, etc.*

¶ 1. **ASSISTENTIA**, Auxilium, Gall. *Assistance, secours.* Cancellaria Ferdinandi II. Imperatoris : *Serenissima Infanta et Wilhelmus de Baden admoniti sunt Electori Trevirensi Assistentiam præstare.* Chron. Cornelii *Zamfliet : Rex Navarræ rursum confœderatus Anglicis manifeste, qui prius eisdem faverat et Assistentiam integraliter præbuerat occulte.* Eadem vox et eodem sensu reperitur apud Ludewig. tom. 5. Reliq. MSS. pag. 315. Miræum tom. 1, Diplom. Belgic. pag. 209.

¶ 2. **ASSISTENTIA**, Præsentia, Gall. *Assistance, presence.* Statuta Eccles. Pictavensis apud Marten. tom. 4. Anecd. col. 1075 : *Nisi prius tales Missas vel alta officia fundare et assignare decreverint cum totius Collegii Assistentia, nostroque assensu prius super hoc requisito.*

* 3. **ASSISTENTIA**, Officium et munus eorum, qui celebranti pontifici assistunt, ut illi adjumento sint. Paridis de Grassis Cæremon. capellar. papal. MS : *Quia crux ante pontificem non defertur, propterea cardinales euntem et redeuntem sequuntur; et non fit Assistentia nec reverentia solemnis. In die commemorationis defunctorum,.... in fine missæ non datur benedictio, et Papa absolvere solet, cui nulla reverentia nec circuli, sed Assistentia et genuflexiones intra missam fiunt... In die Nativitatis Domini nostri J. C. celebraturus pontifex ad basilicam procedit, cum thiara et sub baldachino; ..... ubi per cardinales ac prælatos omnes paratos præstatur reverentia eidem in cornu epistolæ sedenti. Assistentia per priorem episcoporum et per solitos diaconos fit; sed circuli non fiunt.* Vide infra *Observator.*

* **ASSISTERE**, *Est in medio adesse.* Glossar. vet. ex Cod. reg. 7646.

ASSISTERIUM. Vide *Asceterium.*

¶ **ASSISTIVA**, Assistere solita. Vita S. Raynerii Pisani tom. 3. Junii pag. 447 : *Prædicta Jolitta dixit matri : Postquam intrare non possumus, ite et vos et state cum mulieribus Assistivis, quæ hic sunt.* Assistivæ hic videntur dici quasi mansionariæ, quia vel juxta Ecclesiam morabantur vel assistebant ad ministeria ei necessaria. Ita Continuatores Bollandi in notis suis. Eædem sunt quæ *Ascetriæ*, feminæ, continentes quidem, sed a monialibus distinctæ. Vide *Ascetriæ.*

¶ **ASSISTRIA**, Eadem notione, apud Spelmannum in voce *Monastria.*

ASSISTRIX, Comes, [Adjutrix.] Henricus Rosla in Herlingsberga :

Gloria constantis Assistrix, mulcta fugati.

[Bullarium Carmelitarum pag. 108. col. 2 : *Promisit suæ virtutis præsentiam Assistricem.* Sapient. 9. 4 : *Da mihi sedium tuarum Assistricem sapientiam.*] ** Vocabul. Juris utriusque : *Assistrix, id est ancilla assistens domino ad serviendum.*]

* Elmham. in vita Henr. V. reg. Angl. cap. 75. pag. 213 : *Assistrices et coadjutrices in rebus tam arduis assignavit.* Vide supra *Assestrix.*

¶ **ASSISUS**, Sub censu annuo locatus et concessus. Inquisitio possessionum ann. 1185. apud Kennettum Antiquit. Ambrosden. pag. 141 : *Apud Covele de dono Matildis Reginæ habentur quatuor hidæ, quarum duæ sunt in dominio, et duæ Assisæ ab hominibus.* Et infra : *Apud Meritune ex dono Simonis Comitis sunt vij. hidæ terræ, quarum duæ sunt in dominio, et v. Assisæ de hominibus.* Terra *Assisa* opposita est terræ *dominicæ :* illa a vassallis, hæc a domino tenetur. Vide *Assidere* 1.

* **ASSITA**, Quorumdam redituum ex designatis prædiis annuatim percipiendorum assignatio, Gall. *Assiette.* Charta ann. 1343. in Reg. 68. Chartoph. reg. ch. 70 : *Item dixerunt quod præfatus miles pro se et nomine quo supra, Assitam et assignationem dictorum reddituum fecerat, etc.* Vide supra *Assista.*

* **ASSITARE**, Addicere, oppignerare. Charta Joan. delph. Vien. ann. 1315. in Reg. 101. Chartoph. reg. ch. 100 : *Concedimus in emphiteosim perpetuam et albergamus ac Assitamus.... pascua, pategia, etc.* Vide supra *Assetiare.*

* **ASSITIATUS**, Assignatus. Charta ann. 1401. ex Tabul. Flamar. : *Sex sextarios bladi.... assignatos et Assitiatos in parrochia de Grangiis, etc.* Vide supra *Assisitus* 1.

¶ **ASSITUARE**, Idem ac *Assidere*, Assignare, Gall. *Asseoir, Assigner*, apud Baluz. Histor. Arvern. tom. 2. pag. 735 : *Cum trescentis libris Assituandis eidem Annetæ de Beaufort in Castellania dicti castri de Grangias.*

* Contract. matrim. inter. Margar. Bermunde et Fulc. de Fortia domicel. ann. 1400. ex Tabul. Flamar : *Octo libras . . . . Assituandas . . . . in bonis et competentibus locis, etc.*

¶ 1. **ASSITUATIO**, Eadem notione, in Charta MS. anni 1339. apud Stephanotium tom. 3. Antiquit. Pictav. pag. 1009 : *Nos vero Conventus* (Nobiliacensis) *et cellerarius dictam Assituationem et assignationem gratam et acceptam habentes ipsamque approbamus, etc.*

* 2. **ASSITUATIO**, Æstimatio, peræquatio. Instr. ann. 1405. inter Probat. tom. 3. Hist. Nem. pag. 186. col. 2 : *Item quod illi, quorum facultates valorem decem librarum Turon. non ascendunt, non consueverunt in Assituatione reddituum extimari, nec etiam pro foco computari.* Vide supra *Assieta* 2.

* **ASSITUS**, a Gall. *Assis*, Situs, positus. Lit. ann. 1376. tom. 7. Ordinat. reg. Franc. pag. 66 : *Quia locus de Competro est eis propinquior et melius Assitus pro suis negociis peragendis et operibus, quam nullus alius locus.*

¶ **ASSIUM**, ab *Assare*, Gall. *Rotir*, Idem quod veru. Vide *Spitum.*

* **ASSIZAGIUM.** Vide supra in *Assisiagium.*

¶ 1. **ASSIZIA**, Conventus, consessus, Gall. *Seance.* Edictum Philippi VI. Regis Franc. ann. 1338. tom. 2. Ordinat. Reg. pag. 125 : *Præcipiendo statuimus, ut cum... fuerint in statu judicandi judices infra tertiam Assiziam immediate sequentem, ad tardius proferant in eisdem.* Occurrit iterum art. 32. ejusdem Edicti. Vide in *Assisa.*

* 2. **ASSIZIA**, Dici videtur, cum aulæorum serie locus aliquis vestitur; nisi intelligatur de cereis accendendis. Obituar. eccl. Camerac. MS. fol. 3. v° : *Obitus providi viri Johannis Brillet, cum pulsatione et Assizia totali de xiij. lib. Turon.* Ibid. fol. 9. v° : *Obitus magistri Oudardi Divitis, canonici subdiaconi, de xij. lib. Turon. cum Assizia circa chorum super trabem crucifixi, etc.* Pluries occurrit.

* **ASSIZIACUS**, pro *Assiziatus.* Vide supra *Assisiatus.*

* **ASSIZIAGIUM.** Vide supra *Assisagium.*

ASSNASARE, Assuasare. Leges Alvredi Regis Westsaxiæ cap. 39 : *Si quis habeat lanceam super humerum suum, et homo Assnasetur, vel impungatur, solvat werram ejus sine wita. Si autem oculos Assnaset, reddat werram ejus, etc.* Sic emendat Somnerus, ubi Editio præfert. *Assuasare*, aitque esse vocem efficiam ex Saxonico Onsnased et Asnæse, uti legitur in Edit. saxonica Lambardi cap. 32. ubi Legem hanc sic vertit : *Si quis hastam humero gestarit, in quam alius forte fortuna impegerit, æquum esse videtur capitis æstimationem sine omni mulcta ei impertire.* Est igitur *Assnasare*, hastam sic deferre, ut occidatur impingens. Ita enim eadem Lex denuo recensita et Latine versa in Legibus Henrici I. cap. 54 : *Si quis lanceam ferat super humerum, et inde quis occidatur, etc.* [** Snas est Hasta, inde Asnæsan et Onasnæsan, Hastæ impingere.]

1. **ASSOCIARE**, Comitari, *Accompagner*. Acta Alexandri III. PP. : *Et aliós magnates cum ipso destinavit, qui eum gloriose conducerent, splendide Associarent, atque ad Romanam urbem gloriose deferrent.* Ita Andreas a S. Cruce in Collat. Concilii Florentini pag. 904. Edit. Labbei. [Regestum Inquisitionis Tolosanæ MS. ex Biblioth. D. *de Chalvet* Tolosæ Senescalli : *Cum ipse Associaret dictos heréticos euntes in Caturcinium.* Eadem vox ibidem passim occurrit, ut et in Chartis pluribus et Statutis Aquensis Ecclesiæ. Vide Acta SS. Aprilis tom. 3. pag. 987. D. et Chron. Parmense ad ann. 1287. apud Murat. tom. 9. col. 811.]

2. **ASSOCIARE**, Gall. *Faire pariage*, vel *pareage avec quelqu'un*, i. e. aliquem in partem dominii suorum prædiorum adsciscere : quod solebant Monasteria et Eccesiasticæ personæ factitare, ut a potentum et vicinorum invasionibus bona sua tutarentur, potentiorum protectione et tutela hac ratione suscepta : quo spectant, quæ a Senatore dicuntur lib. 2. Epist. 16. de Tertiis Gothicis : *Factum novum et omnino laudabile : gratia dominorum de cespitis divisione conjuncta est : amicitiæ populis per damna crevere, et ex parte agri defensor acquisitus est, ut substantiæ securitas integra servaretur.* Vide *Tertia*. Aresta Pentecost. ann. 1287. in Regesto Parlamenti sign. B. fol. 76 : *Priori B. Mariæ ratione Associationis de Dimonte, deliberata fuit per judicium dimidia pars denariorum, quos D. Rex de Lambardo bastardo, qui burgensi de Dimonte, qui decessit Trecis, etc.* Occurrit ibi non semel. *Accompagner*, hac notione nostri dicebant. Charta Hugonis *de Neblans*, anni 1265. in Regesto Feodorum Burgundiæ 2. part. fol. 150 : *Ay Accompagnié et Accompagnons Monseignor le Duc et ses hoirs à toutes les choses, que ge ay, et puis et dois avoir en més, en terres, en bois, en prez, etc. en Justices, et Seigneuries, etc. et voil et entant que li Accompagnement desusdiz, soit tel que ge ay la moitié en toutes les choses desusdites, etc. doing et octroi à don fet entrevis à Mons. le Duc la moitié de totes ces choses, etc.* Vide Vignerium in Originibus Alsaticis pag. 81.

* *Accompaigner*, nostris, eodem sensu. Charta ann. 1267. in Chartul. Campan. fol. 326 : *Li nobles sires Thiébaut... nos ait Accompaingné au toute la moitié de ce qu'il a et puet avoir an sa vile de Mont Charnot, et an la moitié de finage et des apartenances de la vile avantdite.* Tabul. capit. Carnot. ann. 1331 : *Et nous Dean et chapitte en récompensation desdits biens, nous l'Accompaignons des-ores-en-avant en tous les biens fais en nostre eglise.* Ch. Caroli comit. Vales. ex Cod. reg. 9607. 3. ch. 117 : *Nous et nos hoirs ou successeurs ne poon, ne ne porron ou temps avenir Acompaigner les églises devant dites avec nous; ne lesdites eglises ne porront Acompaigner nous ou nos hoirs.* Alia ann. 1408. in Reg. 163. Chartoph. reg. ch. 24 : *Item feu Thomas Belle.... a donné auxdiz religieux, afin qu'il soit Acompaignié en leurs aumosnes et oroisons, vint sols Tournois.* Vide supra *Accolligere*.

* 3. **ASSOCIARE**, Male habere, Gall. *Maltraiter*, quo sensu *Accommoder* etiam dicimus. Vide supra *Aptare* 1. Lit. remiss. ann. 137. in Reg. 107. Chartoph. reg. ch. 372 : *Guillerma serviens aut pediseca uxoris Andreæ Bossati, dixit prædicto Andreæ : Ha! Andrea socie, qualiter de illo arloto Johanne auriga seu carraterio fui Associata.* Nostris *Associer* interdum, pro Componere, ordinare, Gall. *Arranger*. Charta ann. 1263. in Chartul. sign. *Decanus* ex Tabul. S. Petri Insul. fol. 112. v° : *Et si est asavoir ke li forniers doit Associer loiaument les fournées, soulonc çou ke mestiers est à le ville, et selonc çou k'il en sera requis des femes de le ville et sommonré quant poins est de pestrir.*

¶ **ASSOCIATIO**, Eadem notione qua *Associare*, 2, in Edicto Philippi IV. ann. 1301. tom. 1. Ordinat. Reg. pag. 339 : *Novas Associationes de cetero pro nobis non recipient absque nostro speciali mandato... non proponatur bona hujusmodi ad nos pertinere vel ratione Associationis antiquæ, etc.*

* Occurrit etiam in Lit. ann. 1361. tom. 3. Ordinat. reg. Franc. pag. 501. Vide *Pariagium* in *Par*. *Acompaignement*, ead. acceptione, in Lit. Theobaldi comit. Campan. ann. 1264. tom. 5. earumd. Ordinat. pag. 390 : *Nous acompaignerent et acompaignent en toutes les bourgoisies,... par ce mysme Acompaignement nous devons avoir la moitié par leur octroy, et il l'autre.* Nostri præterea quamlibet societatem, *Associété* vocabant. Lit. remiss. ann. 1413. in Reg. 168. Chartoph. reg. ch. 203 : *Comme le suppliant se feust associé avec Estiennot Bremont,.... après icelle Associété, etc.*

ASSOCIUS, *Consoctus, consors, contribulis, confredustus*. Ita Ugutio. Vide *Associare* 1.

* Glossar. Provinc. Lat. ex Cod. reg. 7657 : *Associus, socius, Companhon, Prov.*

* **ASSOLA**. Vide supra *Ascla*.

1. **ASSOLARE**, [Ad solum deprimere.] Vide *Adsolare*. [** Gemma Gemmarum : *Assolatus, ad solum i. e. ad terram redactus, sive de solio positus ad solitudinem.*]

* 2. **ASSOLARE**, De solo seu fundo et possessione securum præstare, cavere ab evictione, fundum assignare, nostris etiam *Assoleir*, eadem notione. Charta ann. 1228. inter Probat. tom. 2. Hist. Lothar. col. 440 : *Et si feodum istud non possem sibi Assolare, ego ita valens aliud feodum ad dictum domini Abici de Rozieres, etc.* Alia ann. 1284. in Chartul. S. Petri de Monte : *Et doient li hoir.... descombreir, warantir et Assoleir à tousjors à l'abbé et à covant devantdis lou bois et l'éritaige desour nonmeit.*

* **ASSOLARIUM**, idem quod *Solarium* 1. Tabulatum. Charta ann. 1263. inter Instr. tom. 11. Gall. Christ. col. 265 : *Item, ordinando pronuntiamus, quod Assolarium ad usum fabricæ ecclesiæ Constantiensis gratis et libere, sine reclamatione capituli ipsiusque contradictione, perpetuo debeat remanere.* Vide supra *Adsolayrare*.

* **ASSOLAYRARE**. Vide supra *Adsolayrare*.

¶ **ASSOLDARE**, Milites conscribere, Gall. *Enrôler, lever des soldats*; vel milites suis habere stipendiis, Gall. *Avoir à sa solde*. Chron. Sicardi Episc. Cremon. apud Murat. tom. 7. col. 615 : *Post hæc Rex Franciæ Assoldatis pro se quingentis militibus, et armis quæ sibi obvenerant, Templo et Hospitali et Marchioni distributis, repatriavit.*

* Chron. Mutin. apud eumd. Murator. tom. 15. col. 602 : *Dom. Gibertus de Foliano et fratres ejus.... inceperunt guerram contra commune Regii et dom. de Gonzaga, cum D. militibus, et magno numero peditum, Assoldatis per dom. Mastinum de la Scala.* Annal. Mediol. ad ann. 1373. tom. 16. col. 752 : *Dom. Galeaz credendo se posse recuperare dictam civitatem, fecit maximas expensas in Assoldando de novo stipendiarios.* Vide in *Solidata*.

¶ **ASSOLENTES**, *Assilientes*. Papias.

¶ **ASSOLIDARE**, Idem ac *Assoldare*, Hist. Dalphin. tom. 2. pag. 213 : *Quinquaginta armigeros condecenter armatos, quos dictus Dominus Episcopus duxerit Assolidandos cuilibet eorum pro suo soldo sive stipendio cujuslibet mensis decem florenos auri duntaxat assignando.*

* **ASSONA**, Scindula, Gall. *Late*. Charta official. Autiss. ann. 1338. in Reg. 72. Chartoph. reg. ch. 40 : *Johannes Droyni de Estanno habebat quandam quantitatem cindulæ sive Assonæ, de qua.... in usus suos convertit quatuor millearia.* Vide *Assula*.

* **ASSONERE**, *Desoner*, in Glossar. Lat. Gall. ex Cod. reg. 7692. *Assonanter, concordanter*. Vocabul. compendiosum.

* **ASSONGIA**, Axungia. Modus exigendi gabellam *grasciæ* apud Saonam ann. 1526 : *Pro oleo, grascia, Assongia, lardo, ceppo, etc.* Vide infra *Assungia*.

* **ASSOPIRE**, Differre, suspendere, tardare, Gall. *Suspendre, surseoir*; olim *Assouper*, eadem notione, ut et pro Retinere, *Arrêter*. Arest. ann. 1401. in vol. 9. arest. parlam. Paris. : *Defensor videns quod per medium dictæ appellationis suum principale Assopitum erat, etc.* Lit. remiss. ann. 1361. in Reg. 89. Chartoph. reg. ch. 640 : *Guillaume de Dreux, lors garde de ladite monnoie de Montdidier, avoit Assoupé et empeschié la délivrance desdites huit vins livres de gros.* Aliæ ann. 1362. in Reg. 92. ch. 125 : *Lors iceux blans furent pris et Assoupez en la main dudit Guiart comme faux et mauvais.* Aliæ ann. 1415. in Reg. 169. ch. 160 : *Parquoy le bien et avancement de mariage d'icelle Marson.... en ont esté Assouppez et empeschez*. *Achoper*, eadem acceptione, in Lit. remiss. ann. 1376. ex Reg. 109. ch. 350 : *Comme Gerardin de Roncourt escuier eust plevie par mariage une jeune demoiselle, appellée Mariette, de l'uage de dix ans ou environ; et sur ce pour Achoper ledit mariage... eust empetré une commission,.... par vertu de laquelle main fu mise par deux sergens à icelle demoiselle.* Sed et *Assoper*, *Assouper*, ut et simplex *Sopper* vel *Souper* dixerunt nostri, pro Offendere, Gall. *Chopper, heurter*. Lit. remiss. ann. 1397. in Reg. 153. ch. 104 : *Comme le cheval dudit Perceval eust Soppé, etc.* Aliæ ann. 1454. in Reg. 187. ch. 220 : *Le suppliant en soy retournant Soupa et lui coula le pié, et en Soupant desserra son arbaleste.* Aliæ ann. 1383. in Reg. 123. ch. 201 : *Ledit Jehan qui portoit ledit faiz, ... en alant à son*

hostel,... il se Assopa à aucune chose en la rue et chut en un fangaz. Aliæ ann. 1363. in Reg. 95. ch. 136 : *Comme icellui suppliant se fust Assoupé ou aheurtié à un joene homme;.... courroucié du delay et empeschement qu'il avoit eu pour cause dudit Assoupement, etc.* Aliæ ann. 1434. in Reg. 175. ch. 317 : *Le suppliant rencontra une pierre ou mote, où il se Asouppa et cuida cheoir. Açauter, Açoper, Açouper,* et *Eschoper,* eodem sensu. Lit. remiss. ann. 1474. in Reg. 204. ch. 119 : *Le suppliant poussa ou repulsa icellui Gabriel d'une besche, tant qu'il le fist Açauter ou cheoir sur la haye.* Aliæ ann. 1348. in Reg. 79. ch. 25 : *Alain comme tout esbahi bouta arriere de li ledit Gieffroy, et en cest boutement Açopa ledit Gieffroy, s'il qu'il chei en une cuvée de bochet.* Rursum aliæ ann. 1399. in Reg. 154. ch. 616 : *Pour l'eschoison d'un treffouel qu'il trouva, où il Eschopa, il chey à terre.* Mirac. B. M. V. MSS. lib. 1 :

Si nous aloit si Açoupant,
Et destourbant de nostre affaire,
Ne li poions nul mal faire.

* Hinc *Donner* vel *Faire le Choppet,* pro Aliquem pede offendere, ut ad terram prosternetur. Lit. remiss. ann. 1397. in Reg. 152. ch. 278 : *Lequel Jehan print ledit Symon par la potrine et lui fist le Choppet du pié, tant que ledit Symon cheust envers à terre.* Aliæ ann. 1454. ex Reg. 189. ch. 27 : *Lequel Jacotin, ainsi que icellui Morel dansoit, lui bailla le Choppet de la jambe, en soy cuidant jouer à lui, et tant que dudit Choppet il chey à terre.* Vide infra in *Gamba* 1.

* **ASSORTARE**, Distribuere, partiri, suam quique sortem assignare, Ital. *Assortire,* Gall. *Partager.* Stat. Vercell. lib. 3. pag. 82. r° : *Item statutum est, quod nulla persona, communitas sive universitas civitatis, vel districtus Vercellarum aliquo modo vel titulo, seu sub aliquo colore possit vel debeat alienare, vel pignori obligare, nec in aliquem transferre, nec inter se dividere, nec Assortare, nec alicui donare.... communia locorum in toto vel in parte.* Stat. Saluciar. collat. 3. cap. 110 : *Qui tres habeant plenum posse Assortandi aquam quarumcumque bealeriarum, pratorum, existentium in finibus Saluciarum inter personas habentes ipsa prata et possessiones, secundum quod illis videbitur fore justum,... et possint dicti Assortatores imponere pœnas et bamna contra ipsam Assortationem venientes.* Ubi *Assortator,* is est, qui hujusmodi distributioni præest, et *Assortatio,* ipsa distributio. At vero Munire, reficere, Gall. *Munir, réparer,* sonat vox *Assorter,* apud Joinvillam pag. 97. edit. Cang. ubi editio regia pag. 108. habet : *Il Atira son chastel,* eodem intellectu : *Et quant le conte de Japhe vit que le roy venoit, il Assorta et mist son chastel de Japhe en tel point, qu'il ressembloit bien une bonne ville deffensable. Assortir* autem est Socium sibi adjungere, Gall. *S'Associer,* in Lit. remiss. ann. 1457. ex Reg. 189. ch. 171 : *Icellui Baudin.... se acompaigna et Assorti de trois compaignons bien embastonnez.*

* **ASSOTARE**, Virgis cædere, flagellare; pœna, loco mulctæ, in treugarum violatores statuta. Vide supra *Açot* et *Açotare.* Instrumentum. pacis inter cives et burgenses Narbon. ann. 1236. inter Probat. tom. 3. Hist. Occit. col. 380 : *Si vero ab hujusmodi treugarum fractore, causa paupertatis, extorqueri non potuerit ipsa pœna* (c. sol.) *violator ille, si fuerit de civitate, Assotetur in continenti in dicto burgo per consules ejusdem burgi, vel per eorumdem mandatum, uno ictu pro unoquoque solido dictæ pœnæ; similiter si fuerit de burgo, Assotetur in continenti, etc.* Glossar. Gall. Lat. ex Cod. reg. 7684 : *Assoter, infatuare. Assotement, infatuatio. Assotir, fatuare.* Le Roman *d'Alexandre* MS. part. 1 :

Honnis soit le prodom, qui pour un jour s'Asote.

* **ASSUETÆ**, *Siculis, in venatu semper agentes.* Glossar. vet. ex Cod. reg. 7646.

1. **ASSULA**, pro *Astula*, Fragmentum; Joanni de Janua, *id quod cadit de ligno, cum dolatur.* [Glossar. MS. Montis S. Eligii Atrebat. addit : *Dicitur ab Assa, scilicet cum pro ligno dolato vel assere accipitur. Assula, quasi parva Assa.*] Henricus de Miraculis S. Germani Autissiodor. Episcopi cap. 30 : *Namque illustri cuidam viro B. Germani reliquias postulanti, Assulam ex cupresso, qua quondam sacrum tegebatur corpus, ab Archiclavo Ecclesiæ meminimus esse concessam.* [Acta SS. Maii tom. 7. pag. 543. B : *In libro magno Chartæ pergamenæ manuscripto Assulis cooperto.*] Canonicus Cisoniensis in Vita S. Arnulphi Martyris :

Vestis Sancti scinditur,
Sinus plenus Assulis
Patet coram famulis
Ad Arnulfi gloriam.

Infra :

Ipse sibi conscius,
Recedens quantocius,
Secum defert Assulas,
Quas dum distribueret,
Videt quod resumeret
Primas esca formulas.

* 2. **ASSULA**, Dolabra. Glossar. Lat. Gall. ex Cod. reg. 7692 : *Assula, Doloere.*

¶ **ASSULTARE**, Adoriri, Gall. *Assaillir.* Gasparis Barthii Glossar. ex Hist. Palæst. Raimundi Agilæi. Sed hæc vox Latinis haud prorsus ignota. Tacitus, *Assultare tergis pugnantium.* Statius jungit cum accusativo.

ASSULTUS, [Aggressio, impugnatio, Gall. *Assaut.* Charta Philippi Aug. ann. 1194 : *Qui per Scabinos protractus fuerit de Assultu domus, sexaginta libras perdet.* Sed vocem hanc usurpavit Virgilius. *Assultus in suo jure,* inter jura majoris dominii recensetur in Charta Henrici I. Angl. Regis apud Th. *Madox* Formul. Anglic. pag. 291.] Vide *Adsalire.*

* **ASSUMENTUM**, *Ab assumendo dicitur; idem quod ab aliquo accipitur ad quid faciendum vel reparandum.* Glossæ biblicæ anonymi ex Bibl. reg. [** Evang. sec. Marcum cap. 2. ℣ 21.]

¶ **ASSUMERE**, *Delere, interficere,* apud Barthium in Glossario ex Fulcherii Carnot. Hist. Palæst. Eadem notione Galli dicimus, *Assommer.*

* *Assommer,* nostris, eodem sensu, in Lit. remiss. ann. 1450. ex Reg. 184. Chartoph. reg. ch. 89 : *Après que les comptes du suppliant furent tous Assommez et rendus, etc.* Fabul. tom. 1. pag. 67 :

Nus ne pot dire, n'Assommer
L'avoir qu'il mist en dix charettes.

Hinc

* **Assummatio**, Summa. Bulla Joan. PP. XXII. apud Lam. in Delic. erudit. inter not. ad Hist. Sicul. Laur. Bonincont. part. 3. pag. 284 : *Recognoverunt.... prædictas computationes et Assummationes inde secutas, bene et legaliter factas fuisse, et esse et continere plenissimam veritatem.* Vide infra *Summare* 5.

ASSUMMARE, Gall. *Sommer,* In summam totalem redigere. Vitæ Abbatum S. Albani : *Summa debitorum ad 600. marcas est Assummata.*

¶ **ASSUMPTI**, Senatores. Vita Cœlestini V. Papæ apud Murat. tom. 3. pag. 621 :

.... Assumpti populi Capitolia jussu
Ascendunt, etc.

Senatores autem, inquit Muratorius, hic dicuntur, ut olim Consules, duo scilicet totius Senatus Præsides.

1. **ASSUMPTIO**, Dies mortis Sancti alicujus, quo scilicet ejus anima in cœlum assumitur : *Assumptio S. Joannis Apostoli et Evangelistæ,* apud Ordericum Vitalem lib. 5. pag. 593. et in Vita Godefridi Comitis Campebergensis cap. 54. Proprie vero dicitur Transitus B. Mariæ, ut ait Durandus lib. 7. Ration. cap. 1. num. 19. Frodoardus in Leone IV. PP. :

Tandem clara dies Reginæ Adsumptio cœlis
Regiparentis adest.

Adde Serm. S. Autberti Beneventani tom. 4. SS. Ord. S. Benedicti pag. 266. Vide *Dormitio.*

2. **ASSUMPTIO**, Idem videtur apud Anglicos Practicos, quod Constitutum in Jure Romano. Cowell. lib. 4. Instit. Jur. Anglic. tit. 6. § 2.

¶ **ASSUMPTOR.** Papias : *Gulosus a gula, devorator, Assumptor, gluto, eluo.*

¶ **ASSUMTIO**, Coronatio, Electio in Regem. Charta Episcoporum et Baronum Regni Daciæ, qua eligunt Regem, Fredericum Holsatiæ Ducem apud Ludewig. tom. 5. Reliq. MSS. pag. 317 : *Qui semper atque omni tempore ab initio primeve Assumtionis, conventuque proxime subinde celebrando semper obligatus fuit : sese consuetis debitisque juramentis predicto regno obstringere.*

* Eodem nomine designata Ascensio Domini, in Consuet. Castell. ad Sequanam ex Cod. reg. 9898. 2 : *Peult l'en vendre vin sans ban le jour de l'Assumption nostre Seigneur, le jour de Penthecoste et les trois festes.* Ita et in Lit. remiss. ann. 1461. ex Reg. 192. Chartoph. reg. ch. 35 : *Le dimenche devant l'Asomption nostre Seigneur.*

ASSUNATA, *Expeditio militaris.* Charta Alphonsi III. Regis Portugalliæ ann. 1289. apud Brandaonum. tom. 4. Monarch. Lusitan. pag. 179. v° : *Quicumque in Assunata acceperit bovem aut vaccam, pectet pro unoquoque D. Regi 6. Morabotinos.* Vox Hispan. *Assonada,* ex *assonar,* convocare.

* **ASSUNGIA**, Axungia. Glossar. Lat. Gall. ann. 1352. ex cod. reg. 4120 : *Assungia, Oins.* Chron. Placent. ad ann. 1361. apud Murator. tom. 16. Script. Ital. col. 507 : *Tum febre deficiente per emplastrum malvavischi, cum modica Assungia superpositum, etc.* Vide *Asungia.*

¶ **ASSURRECTIO**, Honor, reverentia, qualis exhibetur ei cui ingredienti assurgunt omnes. Hinc Virgil. Ecloga 6. v. 66 :

Utque viro Phœbi chorus Assurexerit omnis.

Henricus Huntindonensis de contemtu mundi cap. 6. Spicil. Acher. tom. 8. pag. 191 : *Testis est hæc Epistola quam pro nominibus potentissimorum, et omnium Assurrectione dignissimorum, nemo tamen vel vix aliquis potest legere.*

* **ASSUTUS**, *Carnale, lascivo,* in Glossar. Lat. Ital. MS.

¶ 1. **ASTA**, Veru, Gall. *Broche*, olim *Haste*. Liber cui titulus, *Livre de la Diablerie* :

Rostissent tout dedans beau Haste.

Apud Nivernenses etiamnum et Lotharingos vox familiaris; unde et *Hastator*, Gall. *Hâteur*, officialis nomen in domo Regia, ejus scilicet qui veru transfigit carnes. Tolosatibus *Ast* est veru ; *mena l'ast*, ad focum transfixas veru carnes versare; nobis, *Tourner la broche*. Histor. Dalphin. tom. 2. pag. 273 : *Magistri coquinæ pro incisoriis, parascidibus, salzeriis, Astis, palis et aliis rebus, etc.* Vide *Hastator*.

* Pedagium castri *de Les* ann. 1263. ex Bibl. reg. : *In centum Astis, iiij. Astas*. Vide infra *Asterius*.

¶ 2. **ASTA** Feudalis, Subjectio feudalis, Gall. *Vassalité*. Histor. Dalphin. tom. 2. pag. 212 : *Dedit in beneficium atque feudum prædicto Domino Hugoni de Turre Domino de Vinay, et de eisdem per investituram feudalem, in signum Astæ Feudalis, per traditionem unius annuli aurei investivit tanquam vassallum suum fidelem, etc.*

3. **ASTA**, Modus agri. Vetus Notitia, apud Perardum in Tabulis Burgundicis pag. 108 : *Adcensaverunt eidem domui unam Astam prati ad Roserias positi sub censu 3. nummorum.* [* Vide *Hasta* 5.] Ubi *Asta* scribi pro *hasta*, idemque esse videtur, quod *lancea*. Italis enim *asta* est, quod Latinis *hasta*. Vide *Lancea*. [** Charta Tetbaldi Comit. Palat. ann. 1140. apud Guerardum post Polypt. Irminonis pag. 382 : *De Astis vij, quas Godardus tenuit, dimidium modium quousque vinea crescat.* Asta sive Hasta, sunt verba viri doctissimi in Glossar. pecul., est mensura agri, quæ hodie apud Burgundiones vocatur *Hâte*, efficitque partem octavam ipsorum *jornalis*. Conferendus etiam Sª Rosa de Viterbo vol. 1. pag. 143, qui olim *Astil* et *Astim*, sive *Estil* et *Estim*, Lusitanis mensuram agri fuisse scribit, in latitudinem patentem 25 palmis legalibus, in longitudinem vero toto prædii latere. Ipse vero ex duabus seculo XIII conscriptis chartis hæc affert : *Quinque Astiles in amplo et L in longo*. Altera : *In Sesmo de Feria secunda et est hæreditas ista vjjj Astiis in amplo*, unde Astilem longitudinis mensuram fuisse, patet.]

* 5. **ASTA**, pro *Hasta*, Lancea. Charta Petri Candiani ducis Venet. ann. 971. tom. 4. Cod. Ital. diplom. col. 1525 : *De lignamine autem promittimus ut portare non debeamus ulmos, asseres, spatulas, remoras, Astas, nec aliud lignamen, quæ ad nocumentum sint Christianis.* Leudæ major. Carcass. MSS : *Item pro cargua de Astis de fraische, ij. sol. Turon.* Ubi versio Gall. ann. 1544 : *Pour charge de piques, javelines et autres Hastes de bois fraissé, ij. s. Tour.* Occitanis *Astonne*, eodem significatu. Lit. remiss. ann. 1457. in Reg. 189. Chartoph. reg. ch. 163 : *Une lance, que l'en appelle ou pais* (Languedoc) *communément Astonne, ferrée à l'un des bouts, etc.*

* **ASTABULA**, Velum, ut videtur, tensum, quo solis ardor arceatur. Lit. remiss. ann. 1416. in Reg. 169. Chartoph. reg. ch. 450 : *Unus ipsorum studentium ludentium ascendens Astabulam in muro dictorum viridariorum commune tensam, etc.*

* **ASTACHANTUM**, Locus, ut videtur, palis seu paxillis munitus; f. pro *Attachantum*. Vide infra *Attachare*. Stat. civit. Astæ cap. 7 : *Si aliqua persona in prædictis molendinis seu Astachantis damnum daret, quod ipso facto incurrat in pœna de unoquoque denario damni dati denarios xij.* Vide *Stacare*.

* **ASTACIA**, Idem forte quod *Asta* 3. Modus agri; nisi legendum sit *Arracia*, pro *Haracium*. Vide supra *Aratia*. Charta Henr. IV. imper. ann. 1070. ex Chartul. Romaric. ch. 14 : *Accipiuntur de porcatuis porci, bachones et verres, et medo et sal de Astaciis et providentia.* Vide mox *Astalaria*.

ASTADIA, Idem quod *Asta*, 3. Charta Libertatum Montis-Albani ann. 1231. in Regesto Comitatus Tolosæ Cameræ Comput. Paris. fol. 27 : *Census et usus tales sunt, de unoquoque casali quod habeat 6. Astadias in latitudine, et 12. in longitudine, habeat dominus 12. den. a capite, etc.* Vide *Hasta*, 5.

ASTADIUS, Eadem notione. Charta Ildefonsi Comitis Tolosani ann. 1144. ex Reg. 19. Tabularii Regii Ch. 97 : *De unoquoque casale qui habeat 6. Astadios in latitudine, et 12. in longitudine, habeat dominus 12. den. accapite, et omni anno ad Mart. servitium 12. den. et reacapte, quando evenerit.*

ASTAGIUM. Charta Ludovici VI. Reg. Franc. ann. 1108. ex Tabulario S. Samsonis Aurelian. : *Quatenus consuetudinem quandam, quam Astagium vulgo nominant, ... ipsis Canonicis liberam et ab omni jure regio quietam donantes concederemus.* Ubi forte legendum *Estagium*, nostris *Estage*. Vide *Stagium*, et infra, *Astaticum*.

☞ Retinendum *Astagium* persuadet Statutum Capituli Lingonensis ann. 1257. inter Instrum. tom. 4. novæ Gall. Christ. col. 209. ubi legitur : *Si qui autem huic ordinationi vel statuto inobedientes vel rebelles extiterint, Astagium non facient, et quotidianis distributionibus, monitione præmissa, privabuntur.* *Astagium* forte ab *Astare* divinis officiis dictum, idem est quod Præsentia, *Assistance*, cui certa merces vulgo assignatur in Cathedralibus et Collegialibus Ecclesiis.

¶ 1. **ASTALAGIUM**, idem quod *Estallagium* vel *Stallagium*, Præstatio pro mercibus exponendis, Gall. *Droit d'étalage*. Charta Hugonis Ducis Burgund. de fundatione Capellæ Ducum Divionensis ann. 1172. inter Instrum. tomi 4. novæ Gall. Christ. col. 187. C : *Assignavi videlicet quidquid habebam de ventis, et Astalagium, quod mihi debebant panifici et calceamentorum constructores, et placitum generale.* Vide *Stallum*.

* 2. **ASTALAGIUM**, Ager unius *Astæ*. Charta ann. 1261. in Reg. 30. Chartoph. reg. ch. 366 : *Concessimus quod quicumque domum in terra dictarum vinearum ædificaret, unum Astalagium haberet.* Vide mox *Astalaria*.

* **ASTALARIA**, Modus agri, idem quod *Asta* 3. Charta vet. inter Monum. eccl. Aquilej. cap. 39. col. 338 : *Cum casis, curtis, campis, pratis, vineis, silvis, Astalariis, montibus, rivis, etc.* Vide *Hasta* 5. et *Lancea*.

¶ **ASTALIA**, Silva unde hastæ seu hastilia cædebantur. Leges Luitprandi [** lib. 5. cap. 16.] apud Murat. tom. 1. part. 2. pag. 60. col. 2 : *Si quis Astalia alterius capellaverit, componat ei cujus Astalia fuerit, solidos vj.* Ubi Goldastus pro *Astalia* legit *Stalaria*. [** Glossar Longob. in Cod. Cavensi Leg. Long. : *Stalaria, id est Salicem.*]

ASTALIUS. Lex Longob. lib. 1. tit. 1. § 6. [** Roth. 7.] : *Si quis contra inimicum pugnando collegam suum dimiserit, aut Astalium fecerit, id est, si eum deceperit, et cum eo non laboraverit, etc.* Ubi Boherius : *Astalius, descendit ab astu, id est, dolo vel malitia.* Cujacius : *Astalium facere, frustrari, decipere.* [Murator. tom. 1. part. 2. pag. 18. col. 2. pro *Astalium fecerit*, legit etiam *Astalin fecerit* ex Codice Mutinensi.] [** Confirmant hanc lectionem Glossar. Longobardica Cod. Vaticani 5001. et Cod. Cavensis Legum Longobard. : *Astalin, decepcio aut fraus.*] Vide infra, *Asto animo*. Angli decipulum, *Astale* vocant.

¶ **ASTALLAMENTUM**, Prolatio, ad indictum terminum debiti solvendi induciæ, Gall. *Repit*. Litteræ Eduardi III. Regis Angliæ ann. 1339. apud Rymer. tom. 5. pag. 109 : *Atterminationes, seu Astallamenta et respectus debitorum nostrorum revocamus omnino... volentes quod debita nostra sic atterminata vel respectuata... leventur et nobis celeriter transmittantur.* Pag. 110 : *Ad faciendum et concedendum... atterminationes et Astallamenta, seu respectus debitorum usque ad reditum nostrum.*

* **ASTALLARE**, Differre, tempus prorogare. *Astallatio*, Dilatio, mora, induciæ. Stat. Cisterc. incerti anni ex Cod. MS. Hardenhousano cap. 9 : *Item cum propter guerrarum disturbia et malitiam temporis, complures abbates ordinis nostri ad solvendum cotas contributionum sibi impositas sint plurimum impotentes, domino Cistercii et quatuor primis cuilibet in generatione sua committet capitulum generale, ut inspectis necessitatibus singulorum, possint et valeant abbates sic ad solvendum impotentes de hujusmodi contributionum cotis auctoritate ordinis Astallare, et si quos invenerint debito tempore non solvisse, a sententia excommunicationis, quam propter hoc incurrerunt, absolvere.* Stat. ann. 1373. cap. 3. ex Cod. MS. Clareval. : *Omnes illi, qui in præsenti capitulo solvere tenebantur contributiones, Astallationes seu redditus alios, etc.* Vide *Astallamentum*.

* Hastallare, Hastallatio, Eadem notione. Stat. ann. 1365. cap. 10. ex Cod. MS. Harden. : *Capitulum generale.... Hastallationes contributionum a retroactis temporibus usque ad annum lv. inclusive impositorum per patres abbates eorumdem, seu per commissarios capituli generalis eis factas, ratas habet idem capitulum et acceptas, diffiniens quod prædictæ Hastallationes ad terminos constitutos conserventur. Si vero aliquæ summæ dictarum contributionum usque ad annum lv. impositarum restaverint*

Hastallandæ, domino Cisterciensi et quatuor primis cuilibet in generatione sua concedit capitulum generale potestatem Hastallandi; dum tamen dicta Hastallatio terminum sex annorum non excedat.

* **ASTALONUS**, Ornamentum capitis mulierum, idem, ut videtur, quod nostris *Bourrelet*. Chron. Placent. ad ann. 1388. apud Murator. tom. 16. Script. Ital. col. 580 : *Dictæ dominæ:... nunc portant bugulos, qui sic nominantur, quos cooperiunt capillis capitis earum ligatis super dictos bugulos, cum Astalonis sive chordibus sericis vel deauratis, vel cum Astalonis sericis coopertis perlarum.*

ASTANEA. In suppellectile Casinensis Ecclesiæ vendita pro redemptione captivorum, recenset Leo Ost. in Chronic. Casin. lib. 1. cap. 58. (al. 55.) *hostiales* 3. *pro Byzantiis* 12. *Astaneas* 2. *pro Byzantiis* 8. *pulvinaria serica tria, etc.* Alii Codd. habent *castaneas*.

¶ **ASTANTIA**, Auxilium, Gall. *Assistance, secours*. Vita Catharinæ Senensis, tom. 3. Aprilis pag. 892 : *Verum quia clarissime noverat, nullius præterquam ejus, se posse habere servitium neque Astantiam cujuscumque, odium quod mentale latebat, per modum cujusdam inordinatæ zelotypiæ de foris ostendebat.*

* **ASTARE**, Idem quod supra *Assanta*. Vide in hac voce.

ASTARIA, Maritima, campus planus mari adjacens. Sanutus lib. 2. part. 4. cap. 25 : *Infra terram sunt montes alti per Astariam gradiendo.* Et mox : *Hæc est maritima, seu Astaria, quæ a Joppen usque ad Damiatam protenduntur.* Eodem cap. : *Ista est Astaria, quæ a Damiata usque in Alexandriam computatur.* [Vox forte corrupta ab *Æstuaria*, vulgo apud Venetenses Armoricanos *Estiers*, de quorum regione maritima Cæsar lib. 3. de Bello Gallico dicit, *pedestria esse itinera concisa Æstuariis, etc.* id est canalibus, qui nonnisi tempore æstus maris aquis implentur. Armoricane *Ster*, flumen.]

¶ **ASTARIUM**, *ubi venduntur bona proscriptorum.* Gloss. Isid. Scribendum esset *Hastarium*, quod hasta esset auctionis index. Vide Grævium in hunc locum.

¶ **ASTARUM**, pro *Affarum*. Sunt autem *Affare* et *Affarum*, Provincialibus Jus, proprietas quævis, etiam bona et facultates. Tabular. minus S. Victoris Massil. fol. 106. ad ann. 1227 : *Recognoscimus tibi P. de S. Jacobo, quod accepisti in pignore a domino Roncelino quondam Vicecomite et Domino Massiliæ totum jus et dominium et Astarum quod ipse habebat in curia Massiliæ.* Vide *Affare*.

* **ASTASE**, Astacus, cancer, Gall. *Crabe*. Tract. MS. de piscibus cap. 133. ex Cod. reg. 6838. C : *Gammarum Galli et Normanni appellant homar, Veneti Astase,.... Græci hujus temporis ἀςακός,.... nostri langrout et escrevise de mer.*

¶ **ASTATI**, Hæretici Sergii cujusdam, qui sub initium sæculi IX. imposturas Manichæorum instaurabat, sectatores, a Michaele Curopalate severissimis edictis coerciti, cum prius sub Nicephoro immensum crevissent. A Græco ἄςατος, instabilis, dicti sunt *Astati*. De his agunt Theophanes, Petrus Siculus, Baronius ad ann. 812. etc.

ASTATICUM, Idem quod *Stagium*, Mansio, residentia. Charta Rogerii Vicecomitis Biterrensis ann. 1194. apud Catellum lib. 4. Rerum Occitan. : *Sed ipse homo vel femina debet tenere Astaticum infra ambitum civitatis.*

¶ **ASTATUS**, pro *Assatus, Assus*, Gall. *Roti*. Sermo apud Marten. tom. 3. Anecd. col. 1683 : *Christi testes purpurei et Levitæ gloriosi Laurentius et Vincentius, quorum suffragiis gloriamur, fidei certamen aggresi, alter crate ferrea Astatus, alter tormentis atrociter examinatus, etc.*

* **ASTEARIUS**, inter *officiales* ecclesiæ Autiss. recensetur, in Obituar. MS. ejusd. eccl. ann. 1247 : *Sciendum est quod major villæ accipit in quolibet festo duos denarios, duos panes et duas candelas. Astearius unum denarium, unum panem et unam candelam; forestarius similiter, etc.* Vide *Asteria*.

ASTEDUM. Vide *Hastedum*.

1. **ASTELLA**, [* Hastile, seu baculus longior, cui vexillum adfigitur. Charta ann. 1333. ex Bibl. reg. cot. 2 : *Ad alium locum ejusdem insulæ, ubi sunt dentilla gissi in pariete, in quo erat etiam baculus seu Astella dicti dom. archiepiscopi appositus.... Inveniens baculum seu Astellam dicti dom. archiepiscopi appositum seu appositam in cantono dicti operatorii.* Pluries ibid. occurrit. *Astelle*, eadem notione, in Lit. remiss. ann. 1384. ex Reg. 124. Chartoph. reg. ch. 274 : *Lui donna un coup d'une Astelle qu'il tenoit, dont il le porta à terre.* Unde diminutivum *Astellet*, asserculus collaris equini, in Ordinat. ann. 1350. tom. 2. Ordinat. reg. Franc. pag. 371. art. 193 : *Du collier de limons garni de brasseures, d'Astellets, douze sols.*] Vide *Astula*.

* 2. **ASTELLA**, Veru, Gall. *Broche*. Inventar. ann. 1218. inter Probat. tom. 1. Hist. Nem. pag. 67. col. 2 : *Quasdam molles, tria verica, unam Astellam, etc.* Vide *Asta* 1.

* **ASTELLARE**, a Gall. *Atteler*, Equos ad currum jungere. Lit. remiss. ann. 1361. in Reg. 91. Chartoph. reg. ch. 40 : *Dictus Nicolaus suum custellum evaginavit et tractus equorum cidit, quos tractus prædictus quadrigarius statim renodavit, et iterum equos suos Astellavit.*

** **ASTELLUS**, *Scaide*, in Gloss. Lat. Germ. Sangall. sec. VII. apud Graffium in præf. Thesaur. Francic. pag. LXV.

¶ **ASTENANCIA**, Ad tempus indictum induciæ, Gall. *Atenanche, Suspension d'armes.* Regestum Magnorum Dierum Trecens. fol. 106. verso : *Injunctum est baillivo de Calvomonte, ut ad Comitem de Barro accedat, ipsum requirendo, quod dominum Hugonem dictum Bekait, Militem,* (conquerentem) *curiæ Campaniæ, eundem militem in Astenancia usque ad quindecim dies Nativitatis B. Mariæ erga dictum* (Bekait) *super dicta assecuratione præbenda ad istos dies Trecenses adjornatum fuisse, nec venisse.* [* Pro *Attenantia*. Vide infra in hac voce.]

ASTERIA. Acta Capitul. Ecclesiæ Lugdun. ann. 1343 : *Concesserunt D. Hugoni de Gregorio officium Asteriæ, cum omnibus juribus et franchesiis.* [* Officium *Astearii* Vide supra in hac voce.]

* **ASTERIAS**, Piscis genus, Remora. Vide infra *Plota*.

¶ 1. **ASTERISCUS**, Gall. *Astérique*, Nota instar stellulæ qua utuntur Librarii. Acta SS. Ordinis S. Bened. sæc. 3. part. 1. pag. 154 : *Ejus superflua Apostolicæ auctoritatis confodiantur obelis, minus* (clare) *dicta dilucidentur Asteriscis.* Etymon ἀςήρ, *Stella*. [** Vide Isidori Orig. lib. 1. cap. 20. sect. 2. et Forcelliu. Lexicon.]

¶ 2. **ASTERISCUS**, Græce ἀστερίσκος, ex auro vel ex alio metallo, stellula quæ in Ecclesia Græca ponitur super patenam, ad sacra dona tegenda, cum pusilla cruce in vertice, ut velum, quo patena cooperitur, sustentetur, ne Eucharisticum panem in patena positum tangat. Denotari autem hac cæremonia volunt stellam felicis ominis quæ Magos ad Dominum nostrum deduxit, superstetitque ubi ille erat; unde Sacerdos hanc stellam patenæ imponens, ait : *Et veniens stella astitit super ubi erat positus.* Dominic. Macer in Hierolex. et Hofmann. in Lexico. [** Vide Glossar. med. Græcit. voce Ἀςήρ. Asterisci formam exhibet Goarus ad Euchologium, pag. 117.]

ASTERIUM. Tabularium Majoris Monasterii : *Totum mariscum eorum de Angulis, sicut Asterio Chaionis fluminis, atque Asterio Sanctæ Mariæ clauditur.* [Vide *Astaria*.]

* **ASTERIUS**, Assarius capreolus, Gall. *Hatier*. Inventar. ann. 1476. ex Tabul. Flamar. : *Item plus duos Asterios sive asta ferri, ponderis unius quintalis ferri, in quibus verua sive asta devolvuntur ad decoquendum carnes.* Nostris vero *Asteur*, Is cui assa curæ sunt. Ordinat. hospit. reg. ann. 1285. in Reg. sign. *Noster* Cam. Comput. Paris. fol. 53. r° : *Item Asteurs iiij. qui prandront leur droit en la cuisine.* Vide infra *Hastarius*.

* **ASTERNERE.** Stat. Taurini ann. 1360. cap. 16. ex Cod. reg. 4622. A : *De non assecurando in causis aliquibus aliquem advocatum ultra unum. Item statutum est quod aliqua persona non possit nec debeat in causis aliquibus, litibus vel controversiis habere vel Asternere aliquem advocatum ultra unum.* Ubi, ut in capitis lemmate, legendum videtur *Assecurare*; quod idem est atque Constituere.

¶ **ASTERS**, f. idem quod *Asta*, Veru, Gall. *Broche*; vel Craticula, Gall. *Gril*, ab Asso, *Rotir*. Memoriale bonorum mobilium prioratus S. Michaelis de Tallio diœcesis Barcinon. ann. 1297 : *Duos tripodes, duos Asters, et duas lossas, et unum camasele, unum mortariolum, etc.* [* Idem videtur quod supra *Asterius*.]

ASTHELBLINC. Charta Grodegangi Episc. Metensis ann. 765. apud Meurissium : *In secundo semper anno debent ad molendinum Patersheim tredecim denarios, quod vulgo dicitur Asthelblinc.*

ASTILE, seu Hastile, baculus longior, cui crux, quæ defertur in Processionibus, infigitur. Leo Ost. lib. 2. cap. ult. : *Crucem auream... cum tripode argenteo deaurato, et Astili onychino argento et auro ornato. Hastile*, apud Adamnanum lib. 1. de Locis SS. cap. 8 : *In cruce lignea, cujus hastile in duas intercisum est partes.* Occurrit non semel Exodi cap. 25. etc. Vide *Asta* 1. [** Alia significatione vide in *Asta*, 3.]

ASTILLA. Anastasius in Leone III. pag. 127 : *Super altare majus fecit tetravela holoserica alythina 4. cum Astillis et rosis chrysoclabis.* Hesychius *astelas*, vitis speciem esse ait : φέρμια, ἃ ἔνιοι Ἀςήλας, τὰς ἐκ σχοίνων πλεκομένας. Sed an *astelæ* ad *astillas* Anastasii referendæ sint, alii judicent. Hispani *astillas*, Occitani *estelles* vocant, quæ Græci κάρφη, Latini *Assulas*. [** Vide Glossar. med. Græcit. in Ἀςήλαι.]

¶ **ASTILUDERE**, pro *Hastiludere*, Lanceis ludicris concurrere, Gall. *Courir la lance.* Histor. Dalphin. tom. 2. pag. 347 : *Nullus audeat in eodem vel alibi in terra nostra Astiludere vel jostare sub pœna amissionis equorum, etc.* Vide *Hastiludium*.

* Hinc in Glossar. Provinc. Lat. ex Cod. reg. 7657 : *Justar, Prov. Astiludor. Justas, Prov. Astiludiœ.*

¶ **ASTIPULARE** activum, Idem videtur quod Concedere, dare. De primordiis Calmosiac. Monast. lib. 2. apud Marten. tom. 3. Anecd. col. 1192 : *Fundum ipsum ex toto Ecclesiæ nostræ reddidit, wirpivit et Astipulavit.* Vide *Adstipulare*.

* **ASTIPULARI**, *Atiser*, in Glossar. Lat. Gall. ex Cod. reg. 7692.

ASTIPULATOR, in Ordine Romano dicitur is, cujus licentia et consensu virgo religionis habitum sumit.

* **ASTIS**, Astois, Lumbus, nostris *Longe*. Consuet. MSS. monast. S. Crucis Burdegal. ante ann. 1305 : *Infirmarius habet dare semel in anno.... abbati et suis servitoribus tres libras sallatas porci, et tres palmus vivas, et quosdam Astes unius porci integri.* Charta ann. 1313. in Reg. 52. Chartoph. reg. ch. 207 : *Tradiderunt..... pro franco allodio honorem in Parahone, ... absque omni retenemento, præter Astois et scapulas venatorum.* Chartul. abb. Guillel. S. Germ. Prat. fol. 25. v° : *Un muy de vin à la barre de S. Germain Desprez, qui est deu au roy le jour de la feste S. Vincent, et xij. eschaudés et ij. sols Parisis, et une Longe de porc, et doit valoir xx. sols le porc.* Vide infra *Astus*.

ASTO Animo, sæpe occurrit in Leg. Longobard. pro *voluntarie, doloso et malo animo.* Lib. 1. tit. 9. § 13. tit. 16. § 7. tit. 19. § 1. tit. 23. § 4. tit. 24. § 4. tit. 25. § 44. lib. 2. tit. 21. § 5. tit. 55. § 12. [** Roth. 202. Liutpr. 107. (6, 93.) Roth. 146. 349. 282. 347. 252. Grimoald. 7.] Et in Charta Lusitanica apud Brandaonum in Monarchia Lusitan. tom. 3. pag. 277. Ugutio : *Asto, Voluntarie.* Has voces usurpatas, a Plauto in Pœnulo, Accio apud Nonium, et aliquot JC. in lege 4. de Furtis, leg. 15. Qual. quis defend. se deb. leg. 3. de Homin. lib. leg. 1. de Dam. injur. pæne obsoletas in usum revocarunt non modo Longobardi, sed et Itali, apud quos *Astio*, est invidia, odium, *Astioso*, invidus, *Adastiare*, *Adastiarsi*, invidia corrodi. Dantes in Purgat. Cant. 6 :

Vidi 'l Conte Orso, et l'anima divisa
Dal suo corpo per Astio, è per inveggia.

Vocis etymon a Latina *Astus*, nec aliunde accersendum, quidquid dicant viri docti, qui a *Fastidium*, vel *Fascinus*, deducunt. Nam et Plautus *Astum* adjective usurpavit in Trucul. ubi *Astis fallaciis confertum* dixit. Vide *Atia*. [** In Glossar. Longobard. Cod. Vaticani 5001. et Cavensis Leg. Longob. hæc habentur : *Asto, voluntarie. Aystan*, (Cav. *Aistan*) *irato animo.* Rothar. 146. et 149. in textu legis est : *asto animo, quod est voluntarie ;* ibid. 252 : *quod per errorem fecit nam non asto animo.* Altera glossa spectare videtur ad ejusd. regis cap. 282, ubi pro vulgata *Si quis in curte aliena asto animo intraverit* codex Cathedral. Mutinens. habet *aistan, id est per furorem ;* cum quo loco conferendum cap. 34 : *Si quis in curte aliena irato animo sagittaverit.* Saxonibus antiq. *hét-mód* et *heit muot* erat Furor, ira. Confer Schmelleri Glossar. pag. 55. in voce *Hét*. Constitut. Friderici I de pace tenenda ap. Pertzium vol. Leg. 2. pag. 102. cap. 3 : *Quod vulgo dicitur asteros hant, calida manu.* Adelungius verbum ducit a Germanica *Hast*, Impetus. Vide etiam Grimmii Antiq. Jur. pag. 4.]

Juramentum de Asto, in Lumbarda, quod idem *est quod juramentum de calumnia in judicio contentioso fori civilis vel Ecclesiastici.* Nicol. Upton de Officio milit. lib. 2. c. 4. [Chron. Farfense apud Murat. tom. 2. part. 2. col. 505 : *Iterum pars Presbyterorum dicebat, ut advocatus domini Abbatis de possessione supradicta juraret cum Sacramentalibus suis. De quo interrogatus Hubertus respondit : non est lex, sed si judicibus placet, faciat advocatus domini Abbatis sacramentum. Ad hoc omnes judices Romani concorditer dixerunt, non debere Longobardum sine Asto jurare. Tunc affirmaverunt omnes, ut aut unus Presbyterorum aut advocatus juraret eorum, ut hoc quod quæsierant, rectum quæsivissent, et post hoc advocatus domini Abbatis juraret cum Sacramentalibus suis. Sed neque Presbyteri neque eorum advocatus jurare voluit. Inventi enim sunt fallaces. Post hæc judicantibus judicibus apprehenderunt baculum, et in manus Domini Hugonis Abbatis et Huberti ejus advocati præfatas Ecclesias refutaverunt cum charta per quam litigaverunt.* Hæc, licet longiora, studioso lectori non displicebunt.]

** Sa Rosa de Viterbo Elucidarii tom. 1. pag. 144. scribit in diplomatibus Lusitan. ante XII. seculum confectis, formulam *Asto animo* usurpatam esse pro Sana mente, integro animo. Charta exhæredationis anni 1062 : *Placuit mici Asto Animo et propria voluntate, nullum quoque gentis imperio, nec suadentis articulo ; sed accessit mea propria voluntas, ut faceremus scripturæ firmidadis de hæreditate nostra propria etc.*

ASTOLIGIT, *Quod in animo iniquo quæritur*, Ugutioni MS. In Cod. Navarræo : *Astor, voluntarie. Astogilt, quod in animo iniquo quæritur.* Ex eodem fonte, ac *Asto animo.* [** In Gloss. Longob. cod. Cavensis Leg. Longob. : *Astogild, id est quod iniquo animo querit*, in Gloss. Cod. Vatic. 5001 : *Actogild, qui iniquo queritur*, quæ spectare videntur ad legem Liutpr. 6, 93.]

¶ **ASTOLISAZO**, mendose pro *Abautorizat :* quod vide in *Abautorizare*.

* **ASTOLIUM**, ut *Stolium*, Classis. Charta ann. 1366 : *Et si Romanus pontifex vel Ecclesia ipsa voluerit dictum servitium equitum commutare totaliter cum Astolio vel certo numero galearum seu vasorum marinorum armatorum infra maritimum Italiæ, possint hoc facere.* Vide *Stolus* 2.

* **ASTONUS**, Veru, Gall. *Broche*. Stat. Vercell. lib. 3. pag. 101. v° : *Item licitum sit cuilibet de districtu Vercellarum trahere de civitate, ducere vel duci facere.... furchas, rastellos, Astonos, clavos, etc.* Vide supra *Asta* 4.

ASTOPATUS, seu potius *Estopatus*, ex Gallico *Estouppé, quasi dicas stuppa obstructus.* [** Anglis *To stop*, est Obstruere.] Regiam Majestatem lib. 2. c. 72. § 1 : *In viis publicis Astopatis... in aquis distornatis a recto cursu.* [Apud Kennetum Antiq. Ambrosden. pag. 250 : *Item alta via et generalis inter Brehul et Pindinton maneria domini Regis omnino esset Astopata.*]

¶ **ASTOR**, pro *Astur*, Equus, si bene conjicio. Litteræ Patentes Caroli Jerusalem et Siciliæ Regis ann. 1307. ex Archivo S. Victoris Massil. : *Petebant dicti parerii quartam partem mutoinorum, Astorium et cabastragiorum.* Vide *Astur*.

* Aut hic, aut in voce *Cabastragius* minus feliciter conjicitur. Ut ut est, vereor ne pro *Astorium*, legendum sit *Agnorum*.

* **ASTORERIUS**, Qui *astures* nutrit, curat. Stat. Vercell. lib. 5. pag. 127. v° : *Et non intelligatur de falconeriis, sparavetoribus vel Astoreriis, dummodo non intrent aliqua plantata, nec terras seminatas, etc.* Vide *Astur*.

ASTRABA, Tabella, ubi pedes requiescunt, in Glossis Isidori et apud Papiam. Ita Glossæ Lat. Græc. *Astraba*, σανίς, ὑποπόδιον. Sic enim recte emendant viri docti, pro *Astrama*. [ἀςράβη ab α et ςρέφεσθαι, quia non vertitur, sed stabile est.] Suidæ vero ἀςράβη, est τὸ ἐπι τῶν ἐφιππίων ξύλον, ὃ κρατοῦσιν οἱ καθεζόμενοι. Phavorino et Glossis MSS. τὸ σαγμοσέλιον. Ex quibus conficitur, *Astrabas* fuisse stapedes secundum Isidorum : secundum Suidam sellæ Arcum, quem *Arçon* vulgo dicimus, vel sellam ipsam, ut est in Anonymi loco allato a Suida, aut instratum sellæ, juxta Phavorinum. Denique in Glossar. Anglo-Sax. Ælfrici ; *Astraba* forbret exponitur. Somnero vero forbret, *confractus*, id est, forte curvatus, quomodo est sellæ arcus. [** f. for-bred, tabella prior.] Vide *Arctio*, et Joannem Tzetzem Chil. 9. v. 850. Nicetam in Man. lib. 2. n. 7. etc. [** Confer Forcellin.]

* **ASTRACUM** vel Astrocum, *est pavimentum domus : Alexander vero pro paramento, alias pro pavimento ; melior littera ipsius laris* (sic) *accipit capitulo de disinteria : detur, inquit, stropina piscis assata in Astroco.* Glossar. medic. Simonis Januens. ex Cod. reg. 6959. Constitut. Neapolit. MSS. : *Si domus habeat plura solaria, quæ sit hominum diversorum, et tectum vel Astracum.... reparatione indigeat, debet expensis communium omnium prædictorum tectum vel Astracum reparari. Quod si aliquis ex aliis Astracis reparatione indigeat, debet expensis propriis suspendicatis Astracum ipsum reparari.*

ASTRAGUS. Alexander Iatrosophista MS. lib. 2. Pass. cap. 66 : *Aut de creta Astrago calefacto supersedeat, aut de cimolea terra calente et extincta in vino, aut in Astrago balneorum, similiter cum vino perfuso.* Ubi Gloss. MSS. : *Astrago, i. pavimentali, de creta enim fit pavimentum.*

* **ASTRAHERE**, pro Abstrahere, Ital. *Astraere*, eadem notione. Instr. ann. 1217. inter Probat. tom. 1. Hist. Nem. pag. 55.

col. 2 : *Ponit P. Altranz quod ipse petebat a Petro Bonito j. sestarium frumenti, et aliud ordei, et quoddam cultrum; et ipse Petrus Bonitus Astraxit cultellum, et requisivit eum.* Occurrit præterea tom. 8. Ordinat. reg. Franc. pag. 54. art. 17.

¶ **ASTRALABUM**, pro *Astrolabium*. Instrumentum Mathematicum. Concil. Trevir. ann. 1310. apud Marten. tom. 4. Anecd. col. 257 : *Nullus etiam super sortes, quas Sanctorum seu Apostolorum vel Psalterii vocant, aut cujuscumque scripturæ inspectione divinationis scientiam profiteatur, aut futura promittat, aut quælibet maleficia in tabulis vel codicibus in Astralabo requirat.*

* **ASTRALE**, *Ad astrum spectans*. Cath. unde *Astrologien*, pro *Astrologue*, in Glossar. Gall. Lat. ex Cod. reg. 7684 : *Astrologien*, *Astrologus*. [** S. August. de civit. Dei lib. 5. cap. 7 : *Falsæ et noxiæ opiniones de Astralibus fatis.*]

¶ **ASTRAMA**. Vide *Astraba*.

¶ **ASTRANTIA**, Caulis species, de qua vide Lexicon Hofmanni.

ASTRARIUS. Vide *Astrum*.

* **ASTRASCINARE**, ab Ital. *Strascinare*, Trahere, raptare, Gall. *Traîner*. Chron. Bergom. ad ann. 1399. apud Murator. tom. 16. Script. Ital. col. 916 : *Die Martis* VIII. *dicti Astrascinati fuerunt et suspensi Johannes dictus Niger de Seriate, Guelphus, etc.* Vide *Strascinare*.

* **ASTREA**, idem quod mox *Astrum*, domus. Bulla Innoc. III. PP. ann. 1199. inter Instr. tom. 11. Gall. Christ. col. 170 : *Astreas quondam canonicorum sæcularium, cum omnibus pertinentiis, consuetudinibus et libertatibus suis.*

* **ASTRECA**, Idem videtur quod *Astracum*. Charta Landenulfi Langobard. princ. in Access. ad Hist. Cassin. part. 1. pag. 87. col. 1 : *Et super arcora ipsos ponere deveant srabes* (f. pro trabes) *et plantas sternere et Astrecas facere.*

* **ASTREPERE**, *Estroteir*, in Glossar. Lat. Gall. ann. 1352. ex Cod. reg. 4120. Haud scio an eodem sensu *Estrontoier*, in Lit. remiss. ann. 1392. ex Reg. 144. Chartoph. reg. ch. 74 : *Icellui Robin respondit à icellui de Lesclat villainement, ... auquel icellui de Lesclat eust respondu, he ribaut, me Estrontoiez-vous?*

¶ **ASTRICTIO**, Coactio, adactio, Gall. *Contrainte*, apud Rymerum tom. 12. pag. 524. col. 2.

** **ASTRICUS**. Vide *Astrum*.

¶ **ASTRIFICUS** Cœtus, Idem ac *Senidocium* in Glossis antiquis MSS. Vide *Sinodocium*.

ASTRIHILTHET. Leges Edwardi Confessoris. c. 30 : *Hi, qui pacem Regis habent, vel manu, vel brevi ei fidelis existant.... qui si nimis confidens in pace, quam habet, per superbiam alicui forisfecerit, damnum restauret, et iterum tantumdem, quod Angli vocant Astrihilthet.* In marg. ascriptum, *alias Atrihiltket*. [** Apud Roger. Hoveden. : *et iterum emendet, quod Angli vocant murdre, forisfacturam Astridelthot.* Manningius interpretatur Compensatio facta a domino mansionis, *Astre* Domus, Hold Dominus et þeowet Compensatio.]

ASTRINGA. Charta fundationis Monasterii Salvensis diœcesis Nemausensis ann. 1029. apud Catellum in Comitibus Tolosan. lib. 1. c. 17 : *Seu etiam timentes congeronis antiqui timorem atque terrorem, et ut eruat nos Dominus ab ejus machinamentis multimodis, et connectet cum suis Astringis in cubilibus regni cœlestis, etc.* i. e. vinculis astringentibus.

* Rectius editum, *Astrigeris* inter Instr. tom. 6. Gall. Christ. col. 173. et tom. 2. Hist. Occit. col. 182.

¶ **ASTRIPOTENS**, Epithetum Deo tributum apud Murat. tom. 2. pag. 455. col. 2. in Historia Luitprandi Presbyteri :

> ..... quia sceptra movebat
> Astripotens, bonus ipse, Deus pius, etc.

Acta SS. Julii tom. 4. pag. 559. f. in Miraculis. B. Simonis de Lipnica : *Consueta pietas Astripotentis non desistit beneficia elargiri in suos.*

* **ASTROCUM**. Vide supra *Astracum*.

¶ **ASTROLABIUM**, Dioptra, Instrumentum Mathematicum planum, 360. gradibus distinctum, cujus ope, poli altitudo, et Astrorum motus capiuntur seu colliguntur. Astrolabii usus varios et fabricam descripsere Stœflerus, Henrion, Clavius, Bion, etc. Componitur ex ἄςρον, astrum; et λαμβάνω, capio. Rolandinus Patavinus de factis in Marchia Tarvisina lib. 4. cap. 12. apud Murat. tom. 8. col. 228 : *Et horam motionis elegit per consilium magistri Theodori sui Astrologi, qui stetit cum Astrolabio sursum in turri Communis, expectans, ut dicebatur, quod ascenderet prima facies, vel horoscoparet Leonis, cum diceret Jovem esse in illo. Sed cum per Astrolabium hoc videre non posset tempore nubibus obumbrato, etc.* [* Vide Lexic. mathemat. Hier. Vitalis.]

** **ASTROLAPSUS**, Idem. Vide Cousinium V. S. in Append. ad Opera Inedita Abæ-lardi pag. 645.

* **ASTROPHUS**, *Lunatigo*. Glossar. Lat. Ital. MS. Vide *Astrosus*.

* **ASTROSIA**, *La tenuita del corpo*, in eod. Glossar.

ASTROSUS, *Malo sidere natus. Astrosus, Lunaticus.* Isidor. in Glos. et in Orig. lib. 10. et ex eo Ugutio. [** Vide Raynouardi Glossar. Ling. Rom. vol. 1. pag. 138.]

ASTRUCO. Vide *Astur*. [* *Astruco, Haquenée*. Glossar. Gall. Lat. ex Cod. reg. 7684. *Asturco, Destriés*, in alio Lat. Gall. ann. 1352. ex Cod. 4120.]

¶ **ASTRUCTOR**, *Equus, ambulator*. Papias MS. Ecclesiæ Bituric. Vide in *Astur*.

* **ASTRUERE**, Adinvenire, fingere, Gall. *Inventer*. Columnar. seu Comœdia sine nomine act. 3. sc. 2. ex Cod. reg. 8163 : *Ermionides : Temniculas, nutrix. Nutrix : Haud pol, sic est, non Astruxi.* Ubi Glossæ : *i. e. non adinveni.*

ASTRUM. Bractonus lib. 4. Tract. 3. c. 11 : *Unde videndum, si nepos et avunculus sub eadem potestate antecessoris simul fuerint astrarii tempore mortis, eo quod ambo reperiuntur in atrio, sive in Astro, etc.* Adde lib. 2. cap. 36. § 6. Fleta lib. 4. c. 2. § 8. de Nativis : *Qui a magno tempore extra Astrum suum villanum ad loca remotiora se transtulerunt.* Infra : *Villanis autem in veteribus Astris suis commorantibus non competit hujusmodi remedium.* § 9 : *Si in Astris suis fuerint commorantes.* Radulfus de Hengham in Parva, cap. 8 : *Cum a magno tempore fugerint, et ad remota loca extra Astrum se transtulerint, etc.* Infra : *Villanis quidem in Astro commorantibus non competit hujusmodi remedium, etc. Laudabilis homo Astrarius*, in eod. Fleta lib. 1. c. 47. § 10.

Vox deducta a Saxonico eorð, focus, foculare, fornacula : unde postea toti domui nomen inditum. Hinc eorð-cniht, famulus domesticus; eorð-fæst, pater-familias. Ex eorð vero Anglo-Normanni *Astre* formarunt, idque appellationis domibus applicarunt, quas Franci nostri *Feus*, seu focos, etiamnum vocant. Sed et nostris vox *Astre* non omnino incognita : nam et focos et caminos *Atres*, seu *Astres*, appellamus. *Le reclus de Moliens* in Miserere :

> Qui n'a ses enfants dont repaistre,
> Dont il a sept ou huit a l'Aist

Unde proverbialis manavit formula : *Sçavoir les Atres du logis*, de eo, qui cubicula, caminos, et omnia penetralia recte novit, seu, ut vulgo dicimus *les Estres*. Le Roman *du Renard* MS :

> Lors s'en vient droit à la fenestre,
> Com cil qui bien savoit l'Estre.

Præterea ex præallatis ex Bractono observare est, *Astrum* et *atrium* promiscue dictum : nam hoc loco *atrium* non est nostrum *Court*, sed domus ipsa : proinde *Astrarii* iidem sunt, qui *Astro addicti* seu *Mansinarii*, de quibus suo loco, qui Anglo-Saxonib. Heorð fæst dicebantur. Gloss. Saxon. circa tempora Edwardi III. exaratum : Heorð fæst, *Astro addictus*. Sed et admodum videtur vero simile Occitanos suum *Estare* et *Stare*, pro quavis domo inde deduxisse, cum Galli, seu Gallo-Normanni domos *Estres*, et *Atres* vocarent. Consuetud. Cantii : *Le Astre demurra al puné*, id est, *Astrum seu domus remanebit secundo genito.* Vide *Stare*. [** Astrum Germ. est *Æstrich*, vel *Æsterreich*, a voce Germanorum inferiorum *Aster, Asters*, lapides quadrata figura tesselati. Vide *Astrea* et *Astracum*. Adel. *Astricus*, *Plastar*, in Gloss. Lat. Germ. Sangall. sec. VII. Confer Diezii Grammat. Ling. Romanicar. vol. 1. pag. 25.]

* Nostris *Aistre*, eadem notione. Lit. remiss. ann. 1455. in Reg. 187. Chartoph. reg. ch. 90 : *Le suppliant trouva en ung viel Aistre, où il y avoit ung four, du seigle nouveau.* Vide supra *Astrea*.

¶ **ASTRUM** Sinistrum, Infortunium. Acta S. Francisci de Paula tom. 1. Aprilis. pag. 166 : *Subito maximus imber seu tempestas est exorta; et cum vellet discedere causa remeandi domum, dictus B. Franciscus vetuit eum discedere, quando aliquod sinistrum Astrum ei contingeret.*

* **ASTUI**, *Potavi : dicitur enim esui et Astui, id est, manducandi et bibendi. Placidus.* Glossar. vet. ex Cod. reg. 7646. [** Vide Forcellin. in *Æstuo*. Placidus ap. Maium pag. 435 : *Anus Æstuosa, quod in modum Æstuantis maris hauserit, id est biberit.*]

1. **ASTULA**, Segmentum. Servius Danielis, et ex eo Isidorus lib. 17. Orig. c. 6 : *Astula, a tollendo nuncupata quasi abstula. Fomes, est Astula quæ ab arboribus excutitur recisione, etc.* Alii censent vocem formatam ex *Astula*, tabula sectilis. Nostris *Esclat*. Marcellus Empiricus c. 29 : *Lupi stercus, dum*

modo non in terra inventum, sed supra fustem, aut supra Astulas, aut supra juncum, colliges. Beda lib. 3. Hist. Angl. c. 2 : *Multi de ipso ligno sanctæ Crucis Astulas excidere solent.* Adde lib. 3. cap. 13. Paulinum Epist. 11. 12. et Natali 10. etc.

Astella, apud Adamnanum lib. 2. de de Locis SS. c. 1. [Hinc ligni segmenta quibus focus exstruitur, in nonnullis Franciæ regionibus, etiamnum dicuntur *Astelles*, Occitanis *Esteles*. Sic etiam vocabant Galli lancearum fragmenta teste Percevallo apud Borellum in Diction. Gallico ad vocem *Asteles*.]

Hastula, in Vita S. Erkenwaldi Episcopi London. : *Verum etiam Hastulæ ab eo* (feretro) *abscissæ, et ad ægrotos allatæ, citam eis salutem parabant.*

* Olim *Atele* et *Atelle*. Lit. remiss. ann. 1366. in Reg. 97. Chartoph. reg. ch. 161 : *Le suppliant prinst une Atele ou coipel à terre devant lui, et le geta vers sa femme.* Aliæ ann. 1374. in Reg. 105. ch. 272 : *Ledit Filleau prist une Atelle, autrement appellée buche de moule, de laquelle il feri très oultrageusement et villainement ledit Lucas.* Unde *Ateler* dixerunt, pro *Astulis* seu segmentis ossium fracturam consolidare. Lit. remiss. ann. 1378. in Reg. 113. ch. 363 : *Lequel Colin pour ce qu'il estoit haiz de tout le pueple, aucuns mire ne cirurgien ne le voult aler remuer, et n'y ot que une femme, qui Atela ses jambes.*

* 2. **ASTULA** Regina, *vel regia, quidam affodillum sic nominaverunt; sed alia videtur apud Plinium.* Glossar. medic. Simonis Januens. ex Cod. reg. 6959. Vide Salmas. in Solin. pag. 356. [** et Forcellin. voce *Hastula*. Glossar. in cod. regio 7644 : *Astula regia, genus herbæ, que a Grecis dicitur molocinagria;* an μολόχη ἄγρια ;]

¶ **ASTUM**, pro *Castrum* in exemplo sequenti mendose scriptum puto, nisi forsan Papiæ, Joannis de Janua, aliorumque Glossographorum exemplo usus Chartæ Scriptor ex ἄςυ, urbs, *Astum* fecerit. Charta fundationis Collegii Ardacensis ab Henrico Romanor. Imp. apud Raimund. Duellium Miscellan. lib. 1. pag. 106 : *Ad altare S. Mariæ semper Virginis sanctique Corbiniani Confessoris in Monasterio Frisingatale prædium quale del Reich, id est, Astum in Ardacker in Comitatu Marchionis Adalbert trans fluvium Ensam habuerunt, jure gentium nostræ potestati dicatum tradidimus.*

* **ASTUNICUS**, *Costumato.* Glossar. Lat. Ital. MS.

ASTUR, Asturco, Asturcus, etc. Accipiter major, qui *Astur* Julio Firmico dicitur, *Astor*, Italis; *Autour*, Gallis, *Astou* Occitanis. [** Confer Diezii Grammat. Ling. Roman. vol 1. pag. 4.]

Astur. Charta Bertrandi Episcopi Agathensis ann. 1249. in 30. Regesto Archivi Regii, ch. 101 : *Et in recognitionem totius feodi antedictus Episcopus ipse debet annuatim Comiti et hæredibus suis unum saurum Asturem et unam marcam argenti, si fuerit requisitus.*

Asturco, Papiæ, *Accipiter major.* Ebrardus Betuniensis in Græcismo cap. 9 :

Asturco Dextrarius est, Astur caput ejus,
Nam prius Astur equum dextrandi repperit usum,

Infra :

Asturco, Quadrupes; Asturco dicitur ales.

Joan. de Janua : *Asturco Dextrarius, ab Astur, pro gente : quia apud illam gentem hujusmodi equi abundant. Est etiam idem quod Accipiter.* Idem Papias : *Asturco, equus ambulator.*

Austurco, apud Radulphum Hengham in Summa Magna, cap. 1. pag. 6.

Austurcius Sorus, apud Bractonum lib. 5. tract. 1. cap. 2. § 1.

Asturcus, in Chronico Cambriæ : *Feofavit Odoardum de Clerke de quarta parte... pro custodia Asturcorum suorum.*

Austurcus, in Fleta lib. 2. cap. 41. § 7.

* Asturcus. Charta Philippi VI. reg. Franc. ann. 1328. in Reg. 65. Chartoph. reg. ch. 217 : *Et sua pecora in prædictis nemoribus immittendi et depascendi, locis vocatis los ayres Asturcorum exceptis, licentiam habeant. Asturcier,* pro *Autoursier,* accipitrum institutor, apud Rabelais. lib. 1. cap. 55. *Autrucier,* eadem notione, in Proscript. Petri *de Craon* ann. 1392. ex Memor. E. Cam. Comput. Paris. fol. 277. r° : *Hennequin queux de Messire Pierre de Craon, Jehanin son Autrucier, etc. Otruchers et fauconniers,* in Comput. hospitii ducis Normannorum ann. 1348. Vide infra *Hostoarius.* [** Gemma Gemmarum : *Asturcarius, idem falconarius.*]

Austur, apud Fridericum II. lib. 2. de Venat. cap. 2 : *Sunt et de avibus rapacibus Austures, Sperverii : et istæ comprehenduntur sub Accipitre. Omnes autem aves rapaces, tam istæ, quibus homines utuntur, quam aliæ, quibus non utuntur, sub istis duobus generibus comprehenduntur, scilicet in Falcone et Accipitre. Et quamvis hoc nomen Accipitris plures attribuant soli Austuri, nos tamen dicimus, ipsum esse genus omnium avium rapacium, quæ capiendo et non feriendo, ut Falco, venantur, sicut prædicti Austur et Sperverius, utpote hoc nomen ab Accipio Accipis, derivatum.*

Austorius, in 1. Regesto Constabulariæ Burdegal. fol. 131 : *Unum Austorium saurum vel mutatum. Austor,* in Foris Beneharnensib. tit. 1. art. 27. *Austor et Esparbers,* in Consuetud. Solensi tit. 13. art. 9. 10. Usatici Barcinonenses MSS. cap. 106 : *Rusticus si invenerit... Accipitrem, i. Austor, statim denunciet domino suo, et accipiat ab eo qualem mercedem inde ei senior dare voluerit.*

Ostorius. Charta Communiæ Rotomag. ann. 1207 : *Vicecomes Rothomagensis de qualibet navi habebit 20. solidos et Cambellanus de Tanquarvilla unum Ostorium, vel 16. solidos, si nullum Ostorium habuerint.*

Le Roman *de la Prise de Hierusalem par Titus*, MS. :

Cent Oustor, cent griefaut, et cent paile roé.

Le Roman *de Gaydon* MS. :

Et voit venir o lui un Escuier,
Qui sor son point portoit un Ostor gruier.

Le Roman *de Vacce* MS. :

Bien sout espreuvier duire, et Ostor, et faucon.

* Nostris *Othou,* unde *Otthouer,* locus ubi nutriuntur accipitres. Lit. remiss. ann. 1345. in Reg. 68. Chartoph. reg. ch. 174 : *Un varlet fauconnier, qui lors estoit audit Martin, et li gardoit un Otthouer, li rapporta que un autre vallet,.... là où il estoient alez voler ensemble, avoit voulu battre ledit vallet dudit Martin et li tuer ledit Othou.*

* **ASTURGIUS**, Accipiter major, Gall. *Autour.* Regist. Phil. Aug. ex Cod. reg. 4623. A. fol. 125 : *Abbas Gemmeticensis tenet duo feuda militis de ducatu, et debet centum solidos Paris. pro uno sommerio, et unum Asturgium, si habere potest.* Ubi altes codex 4651. habet *Esturgium;* si bener Acipenser, Gall. *Esturgeon*, intelligendu, est.

¶ **ASTUS**, f. Assatura, seu frustum carnis ad assandum, Gall. *Grillade.* Charta anni 1182. in majori Chartulario S. Victoris Massil. fol. 36 : *Quisquis habuerit porcum debet dare duos Astos et duo crura de porco, quem nutriverit, et milites unum Astum.... de ubliis debent habere dimidiam partem Monachi et dimidiam milites.*

* Vel potius Lumbus porcinus, Gall. *Longe*, idem quod supra *Astis.* Charta ann. 1097. in Append. ad Marcam Hispan. col. 1197 : *Dono deinceps unicuique clericorum.... unam peciam carnis, et unum panem, et mitgeriam unam vini, et unum Astum.*

¶ **ASTUS** Animus. Vide *Asto animo.*

* **ASTUTUS**, Astutia, Gall. *Tromperie.* Charta Willel. comit. Nivern. ann. 1121. inter Probat. Hist. Autiss. pag. 10. col. 2 : *Ita fiet de earum* (mensurarum) *falsificatore, de infracturis, de Astutibus et seditionibus, etc.*

¶ **ASULHARE** Pice, sic quippe legendum, non *vice* ut in exemplo sequenti. Notum Veteres dolia, lagenas pice adstrinxisse. Hinc Horatius Ode 8. lib. 3 :

Hic dies, anno redeunte, festus
Corticem adstrictum Pice dimovebit
Amphoræ fumum bibere institutæ
Consule Tullo.

Et Ovidius Fast. lib. 2 :

Quodque Pice adstrinxit, etc.

Hinc etiam *Picata vina* apud Martialem Epigr. 107. lib. 13 :

Hæc de vitifera venisse Picata Vienna
Ne dubites : misit Romulus ipse mihi.

Asulhare ergo *pice*, est dolia picare, Gall. *Poisser les tonneaux.* Charta Guillelmi Abb. Floriac. ann. 1296. ex Tabulario ejusdem Cœnobii : *Item dare promisimus annis singulis in vindemiis vinum, quod capi poterit in 32. doliis. . . et illis impletis illa Vice non tenebimur Asulhare, etc.*

* Nimis docte, ni fallor; nihil enim aliud est eo loco *Asulhare*, quam Complere, explere, Gall. *Remplir;* ita ut sensus sit, ubi semel impleta fuerint illa 32. dolia, tunc non tenebimur eadem iterum explere. Nequaquam ergo legendum *illa pice*, sed *alia vice.*

¶ **ASUNGIA**, pro *Axungia*, Gall. *Saindoux, Vieux-Oint.* Hispan. *Axundia.* Jacobi Auriæ Annal. Genuenses lib. 10. ad ann. 1283. apud Murat. tom. 6. col. 581 : *Audivit de quadam barca Pisanorum quod in Calaro paratæ erant naves v. et v. Galeæ ad veniendum Pisas, oneratæ grano, carne et Asungia, eratque in eis magna quantitas argenti, et multæ mercationes.*

* **ASUOLI**, *est Attramentum; et in antiquis synonimis invenio quod est fuligo.* Glossar. medic. Simonis Januens. ex Cod. reg. 6959.

* **ASUR**, Cæruleus, Gall. *Azur.* Lit. Caroli VI. ann. 1386. in Reg. 135. Chartoph. reg. ch. 91 : *Cum carissimus dominus ac*

genitor noster.... concedisset dilecto et fideli nostro armorum servienti Bernardo Chini et suæ posteritati perhenniter armorum insignia sive arma, scilicet scutum coloris sereni cœli sive Asuris, cum benda ejusdem coloris liliorum flosculis auri rutilantis seminata, etc. Lit. remiss. ann. 1391. in Reg. 142. ch. 189 : *Un mantel de frise, un mantel d'Asure, etc.* Vide *Asuratus.*

¶ **ASURATUS**, Cæruleus, Gall. *Azuré.* Recensio MS. ornamentorum Ecclesiæ Noviomensis ann. 1419 : *Item quædam infula cum stola et manipulo de sandalo rubeo et Asurato.*

¶ **ASUREUS**, Eadem notione, ibidem : *Item duæ aliæ curtinæ de stamine, rigatæ de rubeo, croceo et Asureo.* Ibid. : *Item duæ cappæ duplicatæ de sindalo Azureo.* Ibid. : *Item unus alius pannus aureus ad campum Asureum.*

* **ASUTATUS**, Agressio, Gall. *Assaut.* Charta ann. 1214. in Chartul. S. Cornelii Compend. fol. 176. v°. col. 2 : *Si ego vel aliquis ex parte mea alicui eorum* (hospitum) *imponat aliquod delictum, ille, qui Asutatus fecerit, vel emendam reddet mihi, vel purgabit innocentiam suam omnino per suum tantummodo sacramentum.* Vide *Assultus.* Sed suspicor legendum esse, *ille, qui accusatus fuerit.*

¶ **ASYLE**, pro *Asylum*, Gall. *Asyle*, in Actis SS. Februarii tom. 3. pag. 558.

¶ 1. **AT**, pro *Ad*, in præcepto Radulfi ann. 1034. apud Muratorium tom. 2. pag. 308. col. 2 : *Quæ At rem publicam pertineat.*

¶ 2. **AT**, Actio, Lis, apud Arvernos. Vide *Fortia magna* in *Fortia* 2.

¶ **AT, AT.** Interjectiones dolentium et in certamine superatorum. Radulfus Cadomensis de Gestis Tancredi apud Marten. tom. 3. Anecd. col. 167 :

Ad crucis aspectum perdit gens Persica visum,
Fit tremebunda, gemens, quæ venerat acris et horrens.
Non est amentum, non est qui exerceat arcum.
Euax ah ah he vertuntur in At At et heu heu.

Vide ibidem col. 170.

** **ATA**, Avia. Lex Romana Uticens. lib. 5. tit. 1 : *Si Ata sine divisione mortua fuerit,* ubi Interpr. const. 5. cod. Theod. : *Si vero mulier, id est paterna sive materna Avia.* Ibid. lib. VIII. tit. 10 : *Quicquid attus vel avus et Ata, aut amita materna ad nepotes, etc.* Confer. cod. Theod. ejusd. libri tit. 19. Vide *Ato.*

¶ **ATACHEIA**, Atachia, f. Portorium, Gall. *Peage.* Lobinellus Hist. Britan. in Glossario ex Archivo Savigneii : *Ego Andres dominus Vitreii dedi Abbatiæ Savigneii Atacheiam calceiæ molendini de Campo Florido et moltam omnium hominum.* Chartularium Monasterii SS. Trinitatis Cadomensis fol. 23. verso : *Domina Abbatissa debet habere pisces ad meliorem mercatum quam ullus homo... debet habere salmones, et turgones et alosas, et lampreas, et porpedes, et omnes francos pisces, et omne verecum, quod ceciderit apud Oistrehan, aurum, velvatrum, vel mantellum sine Atachia nisi habeat sequentem.* Archivum Majoris Monasterii in charta ann. 1284 : *Prior et Conventus de Lehovio emerunt a Roberto de Appigneio armigero portionem, quam habebat in molendino de Broschesac, et in situ, Atachia, piscariis, etc.*

* Nihil hic, si bene video, ad portorium pertinet; potest autem, ni fallor, de mole seu palorum serie haud absurde intelligi; si tamen excipias quod ex Tabulario Cadomensi profertur, ubi mantellum sine pellitio aliove ornatu significari opinor. Priorem conjecturam firmare licet ex voce Gallica *Atache,* quæ paxillum seu pedamentum, cui vitis innititur, sonat. Lit. remiss. ann. 1392. in Reg. 142. Chartoph. reg. ch. 313 : *Le suppliant prist un baston, ou Attache de vigne, duquel il frappa icellui prestre.* Aliæ ann. 1413. in Reg. 167. ch. 275 : *Une Atache ou eschalas de vigne, etc.* Vide infra *Attacatura.*

* **ATACHIA**, Attachia, Clavulus, Gall. *Petit clou.* Comput. MS. ann. 1245 : *De sex Atachiis ij. sol. vj. den. De sex Attachiis monciciis ad pallium, iiij. sol. De duabus Attachiis monciciis ad aurum, xxxij. sol.* Hinc nostris *Atacheur,* ejusmodi clavorum faber. Lib. 1. ordinat. super artif. Paris. ex Cam. Comput. fol. 111. r° : *Quiconques veult estre Atacheur à Paris, c'est assavoir faiseur de cloux pour clouer boucles, mordans et membres sur courroyes, estre le peut, etc.* Aperta est vocis origo, a Gallico scilicet *Attacher.* Vide infra *Attachare.*

* **ATACHIARE**, Ad manum regis seu domini ponere, Gall. *Arrêter, saisir,* quasi alligare, nostris *Attacher.* Charta Henr. II. reg. Angl. pro Libert. Norman. ann. 1155. ex Cod. reg. 4651 : *Liceat vicecomiti vel baillivo nostro Atachiare et abreviare catalla defuncti.... Et si tales inveniantur in terra nostra in principio guerræ, Atachientur sine dampno corporum vel rerum. Athachiare* et *Athachientur,* in Reg. S. Justi. ex Cam. Comput. Paris. unde perperam editum *Achachiare,* et *Achachientur* apud *Brussel* in Tract. de Usu feud. tom. 2. pag. 4. jam supra monuimus in voce *Achachiare.* Vide *Attachiare.*

¶ **ATACOUSTA**, Malus auscultator, explorator, Gall. *Mauvais espion :* qui audita refert, ut noceat. Historia Fontanellensis tom. 1. pag. 445 : *Princeps ille* (Pippinus) *malas habebat aures, seu malos Atacoustas.* Etymon ἄταω, Noceo, et ἀχουςής, Auscultator, auditor.

* Legendum profecto est, ut discimus ex Martinii Lexico, præmonente D. *Falconet, Otacousta* vel *Otacusta,* a Gr. nimirum ὠταχουςής, quod in Gloss. Gr. Lat. exponitur *Auricularius, explorator,* ab οὖς, auris, et ἀκούω, audio. Laur. Amalth. : *Otacustæ, corycæi, seu delatores principis alicujus.* Vide *Otacusta.*

ATALAIA, Specula, vox Hispanica. Fori Leirenæ : *Atalaiam in hoc primo anno totam teneat Rex, et aliam medietatem moratores.* [De *Atalayis* sic Gregorius *Lopez* ex Lege 4. ubi de *Adalidum* munere : *Adalides. . . jussa imponunt Amogaberibus et peditibus, ponunt etiam de die speculas seu Atalayas et noctu auscultatores, etc.*]

** Cod. Alfons. Lusit. Part. 2. tit. 26. leg. 10 : *Atalayas são chamados os homens, que são postos para guardar os exercitos de dia, vendo os inimigos de longe, se vierem, de modo, que possão fazer sinal aos seus, que se guardem, de modo, que não pereção : e por isto são chamados Escusados* etc. in Hispan. vero ita hæc se habent : *Atalayeros son llamados aquellos homes que son puestos para guardar las huestes de dia veyendo los enemigos de lueñe quando venierem, de guisa que puedan apercebir a los suyos que se guarden de manera que no resciban daño : et estos han lo de facer paladinamente, mas otros hi ha que han de atalayar en excuso de manera que no parezcan; et por ende son llamados excusoneros, etc.*

ATALLIA. Vide *Tallia.*

* **ATALUCARE**, Atalussare, a Gall. *Taluter,* In declivitatem construere, nostris *Mettre en talut, en glacis.* Stat. ann. 1358. inter Probat. tom. 2. Hist. Nem. pag. 232. col. 2 : *Item avisarunt quod fossatum existens in ipso medio curetur; et quod mota Atalucetur de curata proveniente ex dicto fossato.... Item fossatum in ipso medio existens curetur; et mota Atalussetur, ubi necesse fuerit.*

* **ATANS**, Ædicula, appensum muro tectum, Gall. *Appentis,* idem quod *Attegia.* Vide in hac voce. Libert. MSS. concessæ Barcin. ann. 1283. a Petro II. reg. Aragon. : *Item quod nemo potest habere Atans in muris civitatis, nisi cum pariete burcegna, nisi faciat cum voluntate illius, cujus murus est.* Rursum : *Quis potest habere Atans. Item quod quilibet potest habere Atans perlarchi pro traves in pariete vicino, sine impedimento lucernarum vicini, qui fuerunt ibi per xxx. annos.* [** Sunt capita 58. et 64. Consuetud. Barcelon. quas *Recognoverunt proceres* vulgo dicunt, cum quibus legendum est *nisi in pariete burcega,* et infra *habere Atans per larc e per traves.* Confer etiam consuetud. antiq. de servitut. ap. Barcel. art. 1. 39. 40. et 60. in Pragmat. Catal. vol. 2. pag. 71.] *Adant,* eodem sensu, vide supra in *Apantitium.*

ATANULUM, *Genus vasis,* Isidoro in Glossis. [Festus habet : *Atanuvium est poculi fictilis genus, quo in sacrificiis Romani utebantur Sacerdotes Potitii.* Vide Scaligerum in hunc locum. Supplem. Antiquarii : *Atanuvius,* ἅγιον ἱερέως σκεῦος, *Vas pontificale.*] [** Vide Forcell. Lexic. Vossii Etymolog. et Salmas. ad Solin. pag. 830.]

* **ATARA**, Corona, vox Hebraica. Testam. Isaac medici Carcass. Judæi ann. 1305. ex Chartoph. reg. Montispessul. : *Item volo et mando Vitali filio et heredi meo infrascripto, quod ipse faciat fieri nomine meo unam coronam, qua alias utatur, in Ebraicho Atara, ad opus rotuli, quod ego feci fieri ad opus escalæ Judæorum Carcassonæ.*

¶ **ATARAÇANÆ**, Armamentarium, Gall. *Arsenal,* ab Hispanico *Ataraçana,* ejusdem notionis. Chronicon S. Ferdinandi Regis Castellæ tom. 7. Maii pag. 350 : *Latissima tamen est arenaria in spatio quod inter turrim prædictam et pontem procurrit, ubi inter portam Trianensem et postica Ataraçanarum, id est armamentarii, hodie postica Carbonaria dicta, media est speciosissima nunc porta del Arenal.*

* Hæc inter annotata, non vero in Chronico Ferdinandi, leguntur.

ATAREÇA. Vetus Charta donationis Hispanica apud Sandovallium : *Mea divisa et meos atondos, id est, mea sella Morzerzel cum suo freno, et mea espata, et mea cinta, et meas espulas, et mea Atareça cum sua hasta, et alias meas espatas labratas, et meas loricas, et meos elmos, et alias espatas* *quæ non sunt labratas, et meas Atareças, et meos cavallos, et meos mulos, et meos vestitos, et alias meas espolas, et alio freno argenteo, quantum potueritis invenire.* [** Sa Rosa de Viterbo vol. 1. pag. 147. conjicit hanc vocem eandem esse quam Anglosaxonicam *Ategar*, de qua mox, in Supplem. deinde pag. 14. eam ad Hispanicum *Ataraçanæ* accedere et Pharetram significare scribit; sed origo ejus omnino petenda a voce *Targa*, Clypeus.]

* Amentum, ut videtur; ab Hispanico *Atar*, ligare.

* **ATAUMARE**, *Gallice*, *Aforer vin*, in Glossar. Lat. Gall. ann. 1352. ex Cod. reg. 4120. f. pro *Autumare*, æstimare. Vide *Afforare*.

* **ATAVUS**, Proavus, Gall. *Bisaïeul*, in Charta Ludov. VI. ann. 1112. ubi de Roberto rege, apud Felib. inter Probat. Hist. S. Dion. pag. 92.

* **ATEFUEGUM** Arborum, in Charta ann. 1214. ex schedis Præs. *de Mazaugues*. Forte sic dicuntur rami, quos autumno ex arboribus cædunt, ut per hiemem eorum folia animalibus pabulo sint, quibus deinde exsiccatis ignem accendunt; nisi idem sit quod *Attefectum*. Vide in hac voce.

ATEGAR, Telum Saxonicum, cujus meminit Florentius Wigorn. pag. 211. 2. Edit. sub ann. 1040 : *In manu sinistra clypeum cum umbonibus aureis et clavis deauratis, in dextera lanceam auream, quæ lingua Anglorum Hategar nuncupatur.* Quo loco *hastile ferreum* habet Willelmus Malmesb. lib. 2. de Gestis Angl. cap. 12. Hovedenus vero pag. 439. *Ategar*, sine aspiratione. In Glossario Anglo-Saxonico Somneri, Ategar seu Ætgare exponitur *framea, falarica*, eidem Ateon, est mittere, et gar, telum : unde forte *Ategar*, missilis species fuerit.

ATELABUS. S. Hieronymus in illud Esaiæ cap. 33 : *Sicut colligitur brucus, etc. Ex locusta brucus nascitur, et quousque habeat alas, sic vocatur. Cum autem alæ crescere cœperint, Atelabus dicitur; cum autem plene volare cœperit, est locusta, etc.* Vide Joan. Sarisber. lib. 6. cap. 1.

* Vel potius *Attelabus*, a Gr. ἀττέλαβος et ἀττέλεβος, species locustæ. Vide Thesaur. ling. Gr. Henr. Steph. in Append.

* **ATEMPLARE**, pro Italico *Assemplare* vel *Assemprare*, Ad typum affingere, nostris *Etalonner*. Charta ann. 1208. apud Murator. tom. 2. Antiq. Ital. med. ævi col. 873 : *Item faciant Ferrarienses unum starium lapidis nostris expensis, et ipsum ponant in loco Ferrariæ, in quo nobis placebit, ad quem debeamus temptare et Atemplare cum mense mensuram, quam nobis debent.* Sic nostris *Assample*, pro *Exemple*, Exemplar. Bestiarius MS. :

Demoustrer Assamples rainables,
Et veraies et délitables.

¶ **ATEMPTORIUM**, Susceptio, molitio militaris, ut puto, Gall. *Entreprise*. Informationes Civitatis Massiliæ de passagio transmarino e MS. Sangerman. : *Incipiet ordinare cavalcatas suas sic quod nullus vivens scire valeat. . . quo. . . dirigere voluerit sua Atemptoria sive arcem, excepto secreto consilio suo; quin imo alibi dissimulet se iturum.* Quæ sic Gallice reddo : *Que personne ne sçache, de quel côté il voudra tourner ses entreprises et ses forces.* Haud ita absimili ratione verbo *Attentare* usus est Tullius, cum dixit in Verrem : *Inimicos diligenter cognoscere, colloqui, Attentare.* Et alibi pro Sextio : *Capuam ab illa impia et scelerata manu Attentari suspicabatur.*

* **ATENERE**, Durare, perseverare, Gall. *Tenir*. Bened. abb. Petroburg. de vita Henr. II. reg. Angl. tom. 1. pag. 132. ad ann. 1176 : *Hæc autem assisa Atenebit a tempore, quo assisa facta fuit apud Clarendone, continue usque ad hoc tempus.*

¶ **ATENGIA**, pro *Acengia*, Modus agri. Literæ Officialis Paris. ann. 1262. ex Tabulario S. Germani a Pratis : *Item unam Atengiam vineæ ad Groas in censu S. Germani, et dimidium arpentum prati.* Vide *Andecinga*.

ATENIA, pro *Antilena*, apud Thwroczium in Carolo Rege Hungar. cap. 99.

ATERGUS, Retro κατόπιν, ἀπὸ νώτου, in Glossis Lat. Græc.

¶ 1. **ATERMINARE**, Solvendæ pecuniæ certum tempus debitori præfinire, Gall. *Atermoyer*. Edictum Ludovici VIII. Regis Franc. ann. 1223 : *Debita universa, quæ debentur Judæis, sunt Aterminata ad novem pagas, infra tres annos, ad reddendum dominis quibus Judæi subsunt.*

* Unde nostris *Aterminement*, pro *Atermoyement*, Dilatio diei pecuniæ. Lit. remiss. ann. 1414. in Reg. 167. Chartoph. reg. ch. 417. bis : *Attendu la courtoisie, amitié et Aterminement, que le suppliant avoit fait à icellui Alard d'avoir presté si longuement son argent, etc.* Sed et *Atermer* dixerunt, pro Diem assignare, præstituere, vulgo *Ajourner*. Stabilim. S. Ludov. cap. 66. tom. 1. Ordinat. reg. Franc. pag. 159 : *Se aucuns se plaint d'un autre à la justice d'héritage, la justice li doit mettre jour, et se cil qui sera Atermés, deffault, etc.* Vide *Atterminare* 2.

* 2. **ATERMINARE**, *Terminis* seu limitibus circumscribere, Gall. *Borner*. Charta ann. 1473. ex schedis Præs. *de Mazaugues : Quæ quidem draya fuit et est Aterminata, etc.* Vide *Atterminare* 1. Hinc

* **ATERMINATOR**, Agrimensor, qui *terminos* seu limites ex jure statuit, Gall. *Arpenteur*, olim *Aterment*. Stat. Montis-reg. pag. 34 : *Item duo Aterminatores pro quolibet tercerio.* Charta ann. 1351. ex Tabul. Massil. : *Placuit dicto consilio, quod itinera reparentur provisione proborum Aterminatorum.* Lit. remiss. ann. 1375. in Reg. 106. Chartoph. reg. ch. 395 : *Colin de Bolarre Aterment de Crespy, etc.* Vide *Terminator* 2.

* **ATERRARE**, Terra implere, nostris olim *Aterrir*, eadem acceptione. Lit. Ludovici regent. regn. Franc. ann. 1380 : *Cum per cursum aquarum per ipsa, tempore hyemali, fluentium, dicta fossata sint in parte repleta et Aterrata, etc.* Lit. remiss. ann. 1386. in Reg. 129. Chartoph. reg. ch. 106 : *Se inundation d'eaues et de ravoirs survenoient, lesdiz terrins porroient descendre oudit vivier et icellui emplir et Atérir.* Charta ann. 1406. ex Bibl. reg. : *Ladite fiefferme est toute en un lieu, où il souloit avoir un vivier, qui pieça Aterry et vint en praz. Aterrer* vero, pro Terra munire, instruere, Gall. *Terrasser* in Chartul. Corb. sign. *Cæsar* fol. 94. v° : *A esté donné congié...., pour prendre cran ,.... pour Aterrer ses vingnes.*

* **ATERRISSAMENTUM**. Vide infra *Atterare* et *Atterrissamentum*.

* **ATESTAR**, vox vulgaris, Sine testiculis, porcus castratus. Charta Thomæ comit. Pertic. ann. 1214. in Reg. forest. ejusd. comitat. ex Cam. Comput. Paris. fol. 55. v° : *Dictus Gervasius et dicti ejus heredes habent pasnagium unius porci vel duorum, qui vocantur Atestars.*

ATH, Atha, Athe, Voces Anglo-Saxonicæ : *Juramentum*, Anglis *Oath*. Præsertim vero ita appellatur *purgatio per sacramentum*. Leges Ethelredi Regis cap. 1 : *Si est accusationibus infamatus, ad triplex ordalium vadat. Si dominus ejus dicat, quod neutrum ei fregit vel Ath, vel ordel, etc.* Charta Edmundi Regis apud Malmesburiensem de Gestis Angl. lib. 2 : *Concedo Ecclesiæ S. Mariæ Glastonæ. . . libertatem, jura, consuetudines, et omnes forefacturas omnium terrarum suarum, i. Burghgerita, et Hundred, Setona, Athas, et ordelas, etc.* Fœdus Edwardi et Guthurni Regum cap. 9 : *Ordel et Athes sint interdicta diebus festivis et legitimis jejuniis.*

* **ATHA**, *Lo lito*, in Glossar. Lat. Ital. MS. Vide *Astaria*.

ATHABIA, [Forte ornamenta, monilia, Gall. *Joyaux*, et per extentionem quævis bona mobilia. Dictum puto *Athabia* pro *Ataria* quod Hispanis est ornamentum.] Charta Lusitana apud Brandaonum in Monarch. Lusitan. tom. 3. pag. 294. v° : *Sed diffugerunt illuc cum suas Athabias, isti non dabant portaticum D. Pelagio, etc.*

* **ATHACHIARE**. Vide supra *Atachiare*.

ATHAGIL, Græcis φαντασία, seu imaginatio. Constantinus African. de Vita et spiritu pag. 312 : *Et cum his operatur Athagil, quam Græci φαντασίαν vocant, etc.* Vox, ni fallor, Arabica.

ATHARGRATI. Lex Bajwar. tit. 3. cap. 1. § 4 : *Si quis in eo venam percusserit, ut sine igne sanguinem stagnare non possit, quod Athargrati dicunt, etc.* Germanis *Ader*, est vena; Anglis *To grate*, rodere, vel terere. *Atargier*, vel *Atarger*, Franco-Belgis est sistere, remorari. Ægidius *de Viezmesons*, cantu 2 :

Si li dis sans Atargier.

Le Roman d'*Aubery* MS. :

A tant s'en va, n'y volt plus Atargier.

Li Lusidaires MS. :

Ne li vaurra plus Atargier,
Saint Michiel i envoiera
Qui d'un effoudre l'ocira.

Hemricurtius de Bellis Leodiensibus cap. 55 : *Dont li bons Chastelains de Varenne, qui estoit leur cuzien germain, fut piés à tretant affoleis, e Atargiez de leur mort, comme ilh avoit esteit de ses dois freres.* Ita forte *Athargrati*, erit sanguinem fluentem sistere, *Arrester le sang, qui coule de la veine.* Vide *Targa*. [** Vocis *Atarger* etymon est latinum *Tardus*; *Athargrati* vero compositum ex Germanicis *Atar* hodie *Ader*, Vena et *Grati*, de qua voce videndus Graffii Thesaur. Ling. Franc. vol. 4. col. 211. Adelungio *grate* est Germanicum *Kratzen*, Gallicum *gratter*.]

* Lit. remiss. ann. 1391. in Reg. 140. Chartoph. reg. ch. 308 : *Lesquelz exposans Atargerent pour ledit poutrain barguignier et adviser.* Aliæ ann. 1409. in Reg. 163. ch.

279 : *Oudart Targny avoit mandé au suppliant qu'il le alast veoir et un compaignon avec lui, et se Atargerent pour y estre à la nuit, affin que on ne les racusast pas, etc.* *Attargeassion*, Mora, dilatio : vulgo *Retardement, délai.* Monstrel. vol. I. cap. 25 : *Nonobstant lesquelles paroles, Attargeassions et plusieurs autres paroles, etc. Attargeations*, ibid. cap. 64.

* **ATHAT**, Clamor vim aliquam patientis; pro interjectione *At, At.* Lit. remiss. ann. 1357. in Reg. 89. Chartoph. reg. ch. 155 : *Cum idem Johannes, qui sic erat aggravatus, clamasset, quantum poterat, Athat, Gallice Haro, etc.* Unde perspicuum est vocem *Haro*, pro quovis clamore, qui in tumultibus excitari solet fuisse usurpatam.

ATHAUDREGIL. Vide *Taudregil.*

¶ **ATHE.** Vide *Ath.*

ATHENASI, qui aliis *Athanati*, apud Tudebodum lib. 2. Quemadmodum olim apud Persas erat Legio militaris, quam τῶν ἀθανάτων appellabant, ut docemur ex Procopio lib. I. de Bello Persico, Theophane in Theodosio Jun. A. 18. Freculpho tom. 2. lib. 5. cap. 10. et aliis Scriptoribus, quos laudat Brissonius de Regno Persarum : ita habebant Byzantini Imperatores, Persicorum Principum simiæ, suos Immortales, quos a Nicephoro Logotheta, qui sub Michaele Duca rerum potitus est, tunc demum institutos refert Bryennius lib. 4. n. 4. Quibus id nominis videtur inditum, quod pacis æque ac belli tempore militarent, essetque eorum cohors *schola vacationis semper ignara* : quod de peculiari quadam Caroli M. Imp. caterva militari dixit Monachus Sangallensis lib. 2. cap. 26. Unde Anna Commena lib. 2. Alexiad. de Athanatis agens, ait fuisse, ςράτευμα τῆς Ρωμαικῆς δυνάμεως ἰδιαίτατον, quia videlicet pacis perinde ac belli tempore Imperatoribus merebant. Consule præterea Glossaria Rigaltii et Meursii.

ATHERA, Cassianus Collat. 15. cap. 10 : *Pulmentum quod illi* (Ægyptii Monachi) *Atheram nominant.* Hesychio Ἀθῆρα seu Ἀθάρα, est edulium quoddam, quod Ægyptii ex tritico et lacte conficiunt. Plinio lib. 22. c. 25. medicamentum fuisse dicitur, et Dioscordi lib. 2. cap. 114. palticula, nempe liquidior et sorbilis ex tritico zeaque molitis, inque tenuissimum pollinem redactis confecta, infantibus conveniens. S. Hieronym. in Genesim. : *Porro* θήραν, *venationem magis potest sonare, quam fruges : tametsi moris sit Ægyptiorum*, θήραν, *etiam Far vocare, quod nunc corrupte Atheram nuncupant*, [Vide Apophtegmata Patrum in Antonio n. 19.] [** Conf. Forcell. Lexic.]

* **ATHERIA**, Vox mendose scripta aut lecta; f. pro *Astheria*, lumbus. Charta Henr. I. reg. Angl. ann. 1130. inter Instr. tom. 11. Gall. Christ. col. 128 : *De silva, quæ appellatur Campania Ranuldi, in portis*, (f. porcis) *in denariis, in Atheriis, in annona, in carne, et de omnibus aliis silvis meis.* Vide supra *Astis.*

¶ **ATHESIS**, Ἀθεσία, Inconstantia, infidelitas, nisi forte malueris *Athesi* in sequenti loco idem esse quod pertæsi, Gall. *Ennuyez, Dégoûtez.* Angeli Rumpleri Hist. Monasterii Formbacensis lib. I. apud Bern. Pez tom. I. Anecd. part. 3. col. 433. D : *Murenas, accipenseres et alios delicatiores Athesi dimittimus.*

* Aliam conjecturam proponit vir eruditus D. *Falconet*, cui *Athesis*, idem esse videtur, quod Aspernatio, contemptus, a Græco Ἀθετεῖν, Aspernari. Inter utramque judicent peritiores.

* **ATHILATOR**, Atiliator, Machinarum, quas *Artilleries* dicimus, fabricator, ut supra *Artillator.* Vide in hac voce. Charta ann. 1345. inter Probat. tom. 4. Hist. Occit. col. 201 : *Ramundus Arquerii, Athilator Tolosæ dom. nostri Franciæ regis, recognosco habuisse.... pro xij. bauderiis unius pedis,.... xiij. pavesiis : c. fundis ac baculis, etc.* Garnisiones castrorum Carcass. ibid. tom. 3. col. 542. ad ann. 1260 : *Garnisio castri Carcassonæ magister Droco Atiliator, xij. den. per diem.* Vide *Attilliator.*

ATHISCÆ, lib. 3. Esdræ. cap. 2 : *Libatoria argentea duo millia quadraginta, Athiscæ argenteæ 30. phialæ aureæ 30.* Ubi Mamotrectus, *Athiscas, vasa potoria et pateras* interpretatur. Græca Editio θυίσκας habet.

* Confer locum hic laudatum cum ejusdem Esdræ lib. I. cap. I. v. 9. ubi *Scyphi*, loco *Athiscæ* legi videtur. Sed et hic legendum *quadrigenta*, pro *quadraginta.*

ATHLANA. Fragmentum Petronii : *Athlanam in ingenuum nasci tam facile est, quam accedere isthoc.* Legendum forte *Sthlavum*, id est servum : nam σθλάβος dixisse Græcos nuperos, pro σκλάβος, alibi a me observatum. Neque enim Petronio Fragmentum istud temere adscribendum, longeque inferioris esse ætatis, jure censent viri docti.

* **ATHLETIUM**, Idem videtur quod *Attileum*, Instructio, apparatus. Consuet. S. Dion. Exoldun. ex Chartul. ejusd. eccl : *Item sicut superius diximus de quadriga portante pannos, ita dicimus de quadriga portante.... Athletia.* Nisi forte legendum sit *Altilia;* et volatile pecus significetur.

¶ **ATHMO-SPHÆRICI** Effectus, Terræ motus. Ita Christophor. Muller. in Introduct. in Hist. Canoniæ Sand-Hippolyt. apud Raimund. Duellium Miscellan. lib. I. pag. 335 : *Superessent adhuc alia quamplurima de urbe hac memoranda, ut sunt varii fortunæ casus, bella, cœli terræque disturbia, aquarum inundationes . . . . Effectus Athmosphærici sive terræ motus.* Vox conficta ab ἀτμός, Flatus, vapor, et σφαιρικός, Globosus.

* **ATHOICI**, *Hæretici qui dicunt omnia peccata æqualia, animamque perire.* Glossar. vet. ex Cod. reg. 7613. [** Glossar. in Cod. reg. 7644. scribit *Atoici* et addit : *Amant virtutem et continentiam et affectant eternam gloriam cum se non eternos esse fateantur*, unde legendum *Stoici.* Vide Isidor. Origin. lib. 8. cap. 6. sect. 9. et 10.]

* **ATHOMORA**, vox Arabica, Vasis cuprini species. Andreas Floriac. MS. lib. I. Mirac. S. Bened. ubi de irrupt. Saracenor. : *Satrapæ vero... subsequentes, æreis haduddis, nervis et manibus personabant, complosisque cuprinis Athomoris, fragor cœlos ad usque mittebatur.* Vide supra *Altamor.*

¶ **ATHOMUS**, pro *Atomus.* Græca vox genuino sensu haud ignota. Ad temporis mensuram et divisionem atomos adhibitos fuisse refert Papias : *Athomi, inquit, 376. faciunt unum ostentum. Ostentum unum et dimidium facit unum momentum : momenta duo et duæ partes unius faciunt partem unam. Una pars et I. facit minutum unum. Duo minuta faciunt punctum unum. Quinque vero puncti faciunt horam unam. Hora igitur habet Athomos 22560. Ostenta 60. momenta 40. partes 15. punctos 5. etc...* Rabanus in Computo cap. 12 : *Ostentum est 60. pars unius horæ, Atomos in se continens 376.*

¶ Athomus Terræ, Portio terræ. Lobinellus in Glossario ad calcem Hist. Britann : *Raginaldus de Blesia dedit IV. Athomos terræ, quos Richerius, qui dominus erat, quitavit, etc.*

* **ATHON.** Tract. MS. de Piscibus ex Cod. reg. 6838. C. cap. 26 : *Magnus thunnus, is scilicet qui a nostris ton vocatur, Santonibus dicitur Athon, et Italis tarentella, a Tarentio unde advehitur sinu.*

ATIA, Atya, Aatia, Odium : ex Anglo-Saxonico forte hatung, Odium, invidia : unde Anglis *Hate*, malitia, et Germanis, *Haet*, odium, et Italis, *Astio*, Invidia : vel potius a Græco ἄτη, Nocumentum. Unde proverbium, cujus meminit Ausonius in Ludo septem Sapientum, ἐγγύα πάρα δ'ἄτα. Bracton. lib. 3. tit. 2. cap. 5. § 3 : *Utrum appellati sint odio vel Atya, vel per verum appellum.* Cap. 8. § 7 : *Inquiras . . . unde rectatus sit vel appellatus de morte illa, odio et Atya, vel eo quod inde culpabilis sit : et si odio et Atya, quo odio, vel qua Atya, etc.* Vide Statutum I. Westmonasteriense cap. 11. *Atie* etiam eodem significatu dixerunt nostri. Philippus *Mouskes* MS. in Lothario :

> Et li manda que boinement
> Presist, et manda Parlement
> Al Duc Ricard de Normendie,
> Pour défaire celle Aatie
> De son neveu, et de son pere,
> Et de la mort Carlon son frere,
> Ki mort estoit en sa prison
> A Ruen pour la fole tençon.

Guilelmus *Guiart* MS. ann. 1248 :

> Sont li frere au Roi en estant,
> Qui ne vont mie constretant
> Cele Aatie, ainçois la loent.

Chronicon Bertrandi *du Gueschin* MS. :

> Dix Anglois vont sur luy, luy font mout Hastie,
> Lançent, fierent, et ruent pour li tolir la vie.

Atine etiam usurpatum pro nocumento, et *Atiner*, nocere, eadem vocis origine, [nisi sit Armorica. Armoricis quippe Britonibus *Atayna*, est Molestare ; *Atahin*, Odium, et *Atahina*, Odio habere, licet rarius.] Assisiæ Hieroslymitanæ MSS. cap. 87 : *Il lor doit dire que il s'en offrent de celle Atine, que il ne veaut ores que la bataille soit gagée en sa Court.* Guill. *Guiart* anno 1204 :

> Cele Isleтte qui s'en esseve,
> Est si haute au-dessus de l'eve,
> Que Saine par nule cretine
> N'a povoir d'i faire Atine.

Et anno 1205 :

> Qui pour Anglois Atainer,
> Comencent le mur à miner.

Le Doctrinal. MS :

> Qui font grans Aatines, outrages, et desrois.

Aliud porro sonat *Aatir*, in Chronico Bertrandi Gueslini :

> Sire Bernard, vos m' avés Aati.

Rursum :

> Seignors Barons, ge me suis Aati,
> Contre Fromond, et envers ses amis.

Ibidem

Les glaives en leur main se sont fort Aasti.

Est enim *Aatir* his locis *exacerbare*, vel *animum exacerbare*, ex nocumento, vel damno, quod quis accepit. Sed et Græci ἀάτειν pro *nocere*, dixerunt, voce per pleonasmum ab ἄτη ducta. Hesychius : ἄαται, ἄγαν βλάπτει.

Acta pro *Atia*, in Fleta lib. 1. cap. 25. § 5. cap. 26. § 3.

* Varie efferuntur voces Gallicæ, quæ ab *Atio* originem habent, diversaque notione usurpantur, ut ex prolatis a Cangio, et ex sequentibus manifestum est. *Aatine*, pro rixa, quæ verbis potius quam facto committitur. Philippus *Mouskes* :

Puis avint que par Aatine,
Par leur outrage, et par corine,
S'en ala d'Audenarde Ernous.

* Pro cura, diligentia, Gall. *Hâte empressement*, in Mirac. MSS. B. M. V. lib. 1 :

D'aler as messes, n'as matines,
Ne font il mais grans Aatines.

* *Atine*, Irritatio, nostris *L'action d'animer, d'exciter*. Lit. remiss. ann. 1374. in Reg. 105. Chartoph. reg. ch. 275 : *Ledit Simonnet réitéra pluseurs fois par maniere d'Atine et pour esmouvoir ledit Jehan, etc. Attie*, in aliis ann. 1396. ex Reg. 151. ch. 73 : *En faisant Attie et semblant de vouloir férir le suppliant d'un espiet qu'il tenoit en sa main. Ataingne, Atayne, Attaine* et *Hattayne*, Molestia, contentio, rixa. Lit. remiss. ann. 1378. in Reg. 113. ch. 298 : *Ledit Jehan dist moult arrogamment et par pluseurs fois par maniere d'Ataingne, etc.* Aliæ ann. 1381. in Reg. 120. ch. 142 : *Lors recommencerent lesdites paroles et Ataynes entre ledit Prevost d'une part et lesdiz Hue de Hagicourt et Achilles,... auxqueles derrenieres Ataynes survint Jehan d'Alery*. Aliæ ann. 1446. in Reg. 178. ch. 69 : *Le suppliant pour aidier à venger.... son oncle de certaines villennies, Attaines, desmentissemens, et autres injures, etc. Icellui Thevenin quérant à son pouoir Hattaynes et riote*, in aliis ann. 1379. ex Reg. 115. ch. 321. *Attaynement*, eodem sensu, in Lit. remiss. ann. 1375. ex Reg. 108. ch. 56 : *Le suppliant.... eschauffé des paroles et Attaynemens, que lui disoit ledit Herbelot, etc.* Aliæ ann. 1381. in Reg. 120. ch. 77 : *Lesquelles paroles il ne dist pas pour irrévérence de Dieu; mais pour l'Attaynement des compaignons, qui le vouloient presser de payer plus qu'il ne devoit. Astainerie*, in Lit. ann. 1413. ex Reg. 167. ch. 134 : *Icellui Simon... dist par manière de Astainerie qui en voulra avoir, il en aura. Aastir, Attainer* et *Attainner*, Ad iracundiam provocare, exasperare. Lit. remiss. ann. 1401. in Reg. 156. ch. 126 : *Aucuns desdis de Mons Aastirent de paroles ceux de Villers*. Aliæ ann. 1380. in Reg. 118. ch. 18 : *Ledit Jehan... s'Attayna et entra en chaleur et fureur*. Aliæ ann. 1389. in Reg. 138. ch. 4 : *Cela la courrouça et Attaina tellement, que elle frappa Garin plusieurs fois*. Aliæ ann. 1397. in Reg. 152. ch. 177 : *Icelle amoureuse ainsi Attainnée et esmeue par ledit Picart l'appella ribaut touchin. Haster, Hater* et *Hatir*, eodem significatu. Lit. remiss. ann. 1375. in Reg. 107. ch. 374 : *Icellui Raoulin plain de mauvais esprit respondi au suppliant, se tu me Hastes, je te batray très bien*. Aliæ ann. 1404. in Reg. 159. ch. 4 : *Lequel Berart dist à icellui Chauvet, que s'il le Hatoit, que il lui donroit un bouffeau ou buffe. Pour cette cause en eulx Hatissant l'un l'autre de leur pouoir et en desmentant l'un l'autre*, in aliis ann. 1376. ex Reg. 109. ch. 431. Sed et *Huser* idem sonat, si mendum non est, in aliis Lit. ann. 1450. ex Reg. 185. ch. 34 : *Le suppliant dist à icellui Bordier, tu as affolé mon filz; lequel lui respondi, que si le Haseroit, que si feroit il à lui mesme*.

* Ejusdem originis est vox *Aagner*, pro Pugnacius loqui, contendere, in Lit. remiss. ann. 1385. ex Reg. 126. ch. 278 : *Martincourt disoit avoir gaignié ledit gros à Jehan le mareschal; ledit Jehan disant au contraire, et en Aagnant l'un contre l'autre pour ledit gros, se feussent eschaufez*.

* Hinc *Attaineux*, pro *Querelleur*, rixator. Lit. remiss. ann. 1360. in Reg. 90. ch. 638 : *Lequel Colin a esté tout le temps de sa vie homme plaideur et Attaineux*. Aliæ ann. 1370. in Reg. 100. ch. 585 : *Jaquet du Viller cordier, homme hautain et Attaineux, etc.*

* **ATILIATOR.** Vide supra *Athilator*.

ATILLIA, Utensilia, instrumenta rustica, Gall. *Outils*. Charta Edw. I. Regis Angl. apud Guiliel. Prynneum in Libertat. Angl. tom. 3. pag. 312 : *Remaneant.... duo equi caracterii cum carecta, et 36. boves cum 4. carrucis et Atilliis*. Passim ibi.

ATILLUS, *Astutus, expeditus*, Ugutioni. Forte *Artitus*.

ATINA. Charta Constantiæ Boemundi Antiocheni Principis viduæ ann. 1117. apud Ughellum tom. 7. Ital. Sacr. pag. 668 : *De omnibus rebus, quæ venduntur ab illis . . . videlicet de auro et argento, et cujuslibet equitationis, et Atinis*, [f. Satinis, Gall. *Satin*,] *et pannis sericis et lineis, pellibus griseis, berariis, et arminiis, et cujuscunque modi, etc.*

¶ **ATINCTUS**, Compertus flagitii. Practicis nostris *Atteint et convaincu*. Vide *Attaintus*.

* 1. **ATINGERE**, Attingere, in præterito *Atinxi*, pro attigi, Assequi, Gall. *Atteindre*. Vide infra *Attendere* 4. Lit. remiss. ann. 1356. in Reg. 85. Chartoph. reg. ch. 58 : *Quia equus dicti presbyteri velocius currebat, quam equus sive jumentum Petri Ortige, cito Attinxit eumdem dictus presbyter*. Aliæ ann. 1396. in Reg. 149. ch. 294 : *Dictus invadens eum insecutus fuit, sic quod eum Atinxit, et de dicto gladio magno ictu in capite percussit*. Aliæ ann. 1459. in Reg. 188. ch. 190 : *Quem fugientem dictus Raimundus Atinxit. Faire Atainte d'une cause*, Litem obtinere, nostri olim dixerunt. Lit. remiss. ann. 1397. in. Reg. 151. ch. 330 : *Comme Pierre Berrier eust eu certain procès à l'encontre de Richart Hudebourt ;.... et tant y eust esté procédé, que ledit Berrier eust fait gaagne et Atainte de ladite cause en l'encontre dudit Richart*.

* 2. **ATINGERE**, Convincere, Gall. *Convaincre*. Charta ann. 1313. inter Probat. tom. 2. Hist. Nem. pag. 14. col. 1 : *Item quod magistri, qui faciant monetas prælatorum et baronum, teneantur jurare ad sancta Dei Evangelia, quod ipsi non fundi facient aliquas de monetis supradictis : et si facerent contrarium, et super hoc Atingerentur, ipsi essent in voluntate et misericordia regis de corpore et avero*. Occurrit rursum ibid. pag. 19. col. 1. *Ateinz*, convictus, in Ch. commun. de Roia ex Reg. 34. bis Chartoph. reg. fol. 22. r°. col. 2 : *Si burgensis fuerit Ateinz de catallo vel forifacto, quod nos super eum disratiocinaverimus, nec uxor ejus, nec vestes quibus induetur super hoc capi poterunt. Actaindre le meffait*, Crimen probare, asserere, in Lit. Caroli VI. ann. 1382. tom. 7. Ordinat. reg. Franc. pag. 744. art. 9 : *Il sera sceu par le serement d'iceulx gardes, et d'aucuns des maistres dudit mestier, ou autres en ce recongnoissans, pour Actaindre le meffait*. Vide *Attaintus*.

¶ **ATIRIMENTUM**, Armatura, Gall. Armure, *Equipage, de guerre, Attirail*. Historia Dalphin. tom. 2. pag. 146 : *Cum nos teneamur erga dilectum scutiferum nostrum Lancelotum de Avalone in 60. libris Gebennensibus, occasione sui Atirimenti seu munitionis sui corporis, quod fecit sequendo personam nostram, etc.*

* Sic *Atierer* nostri dixerunt, pro Armis instruere, Gall. *Equipper*. Charta Roberti ducis Burgund. ann. 1294. inter Probat. tom. 4. Hist. Occit. col. 103 : *Combien de gens d'armes gentilhomme bien Atieré porroit venir de vostre séneschaucie au mandement du roi monseigneur, ès parties de Vermendois, ... et combien de remanant d'autres gentilhomme du pays, qui ne pourroient être si bien Atiéré pour venir là, et qui mieux se porront Atierer pour la deffense de la terre de vostre séneschauchie. Acieré* et *Aciré* minus recte editum inter Probat. tom. 1. Hist. Nem. pag. 135. col. 1. Non dissimili notione, *Atirer*, nimirum pro Instruere, ornare, disponere, præparare, In Assis. Hierosol. cap. 290 : *Le conestable doit aler sur le cheval le roy tout enci com il sera Atiré, quant il l'aura heu*. Et cap. 292 : *Le jour du coronnement le chamberlain doit venir le matin en la chambre dou roy, et Atirer les vestemens royaus en la chambre dou roy*. Sed et pro Sancire, statuere, Gall. *Ordonner, régler*, usurparunt. Contin. Guillel. Tyrii apud Marten. tom. 5. Ampl. Collect. col. 616 : *Saladin dist que por Dieu avant et por lui apres i mettroit il raançon resnable, qui i porroient avenir. Lors Atira que li hons donroit x. lib. et la fame v. et li enfés j. Ainsi fu Atirée la raançon à ceux, qui racheter se porroient.... Après dist Beleem à Salahadin : Sire vous avez Atiré la raançon à riche, or devés Attirer la raançon as poures*. Occurrit præterea col. 617. 633. et 650. Liber rub. fol. parvo domus publ. Abbavil. ad ann. 1268. fol. 29. r° : *Il fu Atiré par l'assentement de viés eskevins et de nouviaus, que li boulengiers, etc.* Unde *Atirement*, pro Ordinatio, statutum, Gall. *Ordonnance, réglement*. Contin. Guillel. Tyrii jam laudata col. 617 : *Le patriarche manda les Templiers, les Hospitaliers et les borgois de la cité por oir l'Atirement, que Beleem avoit fait vers Salahadin*. Charta scabin. Camerac. MS. ann. 1260 : *Parmi l'Atirement et le moiennement des preudommes, ki s'en entremisent, nous sommes accordet enviers le capitle devandit, et en avons fait pais des descors devantdit*. Ordinat. ann. 1265. tom. 1. Ordinat. reg. Franc. pag. 94 : *Li attirement que le roy a fait des monoyes, est tiex, etc.*

Statut. ann. 1390. ibid. tom. 7. pag. 397 : *Il ne poeut aler ne pardevant evesque, ne pardevant arcediacre, tant comme à leur Atirement appartient.* Id est, in iis causis, quæ ad eorum statuta pertinent.

* **ATLANTES**, Columnæ. Fridegodus in Vita S. Wilfridi sæc. 3. Bened. part. 1. pag. 180 :

Pondus et informes Atlantes ferre priores
Jussit et expletum.

* **ATLANTHA**, *Una verzene che fo felocissima.* Glossar. Lat. Ital. MS. [** Atalanta, virgo quæ fuit velocissima.]

** **ATO**, *onis*, et Attus, Avus, in Leg. Roman. Utinensi lib. 5. tit. 1 : *Nam in Atonis de patris hereditate, nepotes vel neptias nihil perdunt*, ubi Interpret. const. 4. cod. Theod. : *Nam in Avi paterni hæreditate nepotes vel neptes... nihil perdunt.* Ibidem mox : *Post mortem Atonis intestati*, ubi Interpr. const. 5. cod. Theod. *Avi intestati.* Lib. 8. tit. 10 : *Quicquid Attus vel avus* etc. Vide *Ata.*

ATOLA, Instrumenti musici species. Beda in Musica practica, tom. 1. pag. 353 : *Artificiale instrumentum est organum, viola, et cithara, Atola, psalterium, etc.* Forte legendum *Citola.* Vide in hac voce.

¶ **ATOMALIA** Corpora, Id est, atomi, individua corpuscula, quæ quidam Philosophi finxerunt esse prima rerum principia. Gocl. Lex Philos.

¶ 1. **ATOMUS**, Minima pars horæ. Vide *Athomus.*

* 2. **ATOMUS**, *Lo nigro de petre*, in Glossar. Lat. Ital. MS.

¶ **ATONDUS**. Concilium Legion. ann. 1012. can. 11. tom. 3. Collect. Concil. Hispan. pag. 191 : *Vadat liber ubi voluerit cum cavallo et Atondo suo.* Forte pro *servo suo.*

** Secundum Sª Rosa de Viterbo in Suppl. Eluc. pag. 14. est Præstatio prædio imposita, indeque Prædium ipsum. Charta Donationis anni 1088 : *Exceptis illa mea creatione* (vernæ), *quos ingenuo pro remedio animæ meæ, et meas ibitiones* (jumenta), *cum suos Atondos et mea stramenta*; scribit ibi *cum* positum pro *et*, atque *suos* pro *meos;* sed non animadvertit de bonis mobilibus testatorem disponere, neque respexit locum a Cangio allatum, quem si cum hoc compares facile videbis atondos hic esse Helcia quibus equi et jumenta instruuntur. Movit virum doctum Charta anni 1095, in qua proprietario jure conceduntur Godino Zalemæ plura prædia *quæ omnia usque in hodiernum diem in Atondo et prestamo tenuit*, ubi certe alia significatione accipiendum, fortasse pro prædiis e quorum fructibus comparanda erant instrumenta ad equos aptandos necessaria, simili enim sensu *Prestamo* legitur apud eundem Sª Rosa vol. 2. pag. 240. infima. Nostram sententiam omnino firmat locus supra allatus in voce *Atareças.*

¶ **ATONIA**, *Nœnia*, in Vett. Glossis. Græcis ἀτονία est nervi remissi languor, infirmitas. [* Vide infra *Attonia.*] [** et Forcellin. edit. German.]

* **ATOPINARE**, Ad instar murium cavare, ab Ital. *Topo*, mus. Joan. Demussis Chron. Placent. ad ann. 1316. apud Murator. tom. 16. Script. Ital. col. 491 : *Magnam obsidionem fecerunt contra civitatem Januæ, et per cuniculos seu vias subterraneas Atopinaverunt certas turres et portas dictæ civitatis.*

* **ATORGARE**, ab Hispanico *Atorgar* vel *Otorgar.* Consentire, concedere. Constit. MSS. Mariæ reginæ Aragon. ann. 1422 : *De monetariis non expertis. Quod non concedent nec Atorgabunt provisionem, ut admittantur in matricula, seu officio monetariorum.* Vide *Otorgare.*

¶ **ATORNA**, Mundus muliebris, Gallice *Atours.* Contractus matrimonii inter Agnonem de Turre et Beatricem filiam Guill. domini de Chalanconio anni 1372. apud Baluz. tom. 2. Hist. Arvern. pag. 717 : *Dominus de Chalanconio.... constituit.... pro dote ac nomine seu causa dotis ipsius Beatricis.... tria millia et quingentos francos auri.... et amplius arnesia, raubas sive Atorna competentia.*

* Hinc *Atourner*, pro *Toilette*, in Hist. Joan. *de Saintré* cap. 24 : *Lendemain au matin, à l'Atourner de la royne, etc.*

¶ **ATORNAMENTUM**. Vide *Atturnatus.*

ATORNARE, Instruere, adornare, nostris olim *Atourner.* Bernardus Monach. in Consuetud. Cluniac. MSS. cap. 53 : *Oratorium, quoties oportuerit cortinis lineis sive laneis palliis, tapetibus quoque et bancalibus Atornare.* Vide [*Attornare* et] *Atturnatus.*

* Hinc *Faire tout son Ator*, pro Rem omnem disponere, præparare, in Epist. quæ legitur fol. 79. Chartul. Campan. : *Mais sachiez, sire, que li noble homme, mon sire Hugue conte de Briene,.... fust alés à vos, et fist tout son Ator d'aler. Atourner* vero, pro Serere, Gall. *Ensemencer*, apud Bellomaner. MS. cap. 32 : *Pierres si estoit entrés en une terre ou mois de Mars, et le fit Atourner et arréer de che qu'il li convenoit.*

* **ATOUR**, vox vulgaris, Scyphi genus. Lit. remiss. ann. 1352. in Reg. 81. Chartoph. reg. ch. 646 : *Duos chiphos* (scyphos) *argenteos, dictos Atour de lampe,... deportavit.* At vero *Atour*, ornamentum est capitis mulierum, in Lit. remiss. ann. 1398. ex Reg. 152. ch. 397 : *Icellui Michau feri laditte demoiselle, lui osta ses cueuvrechiez et son Atour de sa teste.* Unde *Désatourner*, pro Ornamenta, vestem aliave exuere, spoliare, apud Guill. Guiart. ad ann. 1267 :

Chascun d'eus pensent qu'il aviengne,
Qu'encor combattre les conviengne,
Parquoi pas ne se Désatournent.

* **ATOURNARE**, Rem in alterius dominium transferre. Chron. Britan. ad ann. 1236. tom. 1. Probat. Hist. Brit. col. 111 : *Eodem tempore data et Atournata fuit Penthevria, excepto Jugonio, Hugoni filio comitis de Marchia, cum filia Petri comitis totius Britanniæ. Atourner* autem Vertere, Gall. *Tourner*, sonat, in Charta Auberti abb. Castricii ann. 1247. ex Chartul. Campan. fol. 343. col. 1 : *Et cele disoit autre vilonnie, qui Atourt à honte de cors, elle paieroit iij. solz.* Vide in *Atturnatus.*

* **ATOURONDARE**, Permutando in alterius dominium et potestatem transferre. Charta ann. 1341. in Reg. 72. Chartoph. reg. ch. 368 : *Animalia grossa et minuta, tam propria quam pastorum suorum, et quæ ad parceriam tenebunt.... dandi, Atourondandi, vendendi et arrendandi..... licentiam concedimus.* Vide supra *Atournare.*

ATRABATICÆ Vestes, *Atrabatica saga, birri Atrabatici*, ab Atrebatibus in Gallia dicuntur, ut censet Salmasius ad Pollionem, licet Suidas, vetus Lexicon Regium Cod. 2062. et Codinus in Originib. C. P. ab *atro* colore ejusmodi vestes dictas velint, itaque appellari τὸ ξηραμπέλινον χρῶμα, quem tamen colorem inter coccinum et muriceum fuisse scribit vetus Scholiastes Juvenalis. Eædem videntur, quas Itali *Arazzo*, vocant. Academici Cruscani : *Arazzo, panno tissuto a figure, per uso di parare e addobare, datto cosi dal fatto nella citta d'Arazzo.*

¶ **ATRABILARIUS**, Melancholicus, temperamento frigidus, et siccus, abundans atra bile, Gall. *Atrabilaire.* Gocl. Lex. Philos. pag. 290.

¶ **ATRACTUS**. Vide *Attractus.*

ATRAMENTALE, in Gloss. Lat. Gr. μελανοδόχιον. *Atramentarium*, καλαμάριον.

* Pro Atramentum, Gall. *Encre*, occurrit in vet. edit. Decreti Gratiani, teste Baluzio in Præfat. ad Dialog. Ant. August.

* **ATRAMENTARIUM**, *Vas in quo reponitur atramentum, cornu scriptoris*, in Gloss. bibl. MSS. anonymi ex bibl. reg. [** Ezechiel cap. 9. ℣ 2. Vide *Atramentale.* Gemma Gemmarum addit : *Atramentariolum idem.*] Charta ann. 890. apud Murator. tom. 1. Antiq. Ital. med. ævi col. 367 : *Birgamina cum Attramentario de terra levavi.* Aliæ ann. 1029. ibid. col. 345 : *Bergamena cum Tramentario de terra elevavimus. Bergamela cum Atremeηtario de terra levavimus*, in Ch. ann. 1091. ibid. col. 420. Cujus moris, quo ad majorem donationum confirmationem utebantur, rursus meminit Charta Mathildæ ann. 1079. pro episcop. S. Mart. Lucens. apud Lam. tom. 3. Delic. erudit. inter not. ad Chron. imper. Leon. Urbevet. pag. 162 : *Mathilda marchionissa ac ducatrix, secundum legem meam saligam, cum Atramentario, pinna et pergamena manibus meis de terra levavit, et Cunradi notarii domni imperatoris ad scribendum tradidit.*

¶ **ATRAMENTARIUS**. Diploma Gregorii Papæ V. apud Marten. tom. 2. Ampliss. Collect. col. 53 : *Scriptum per manum Johannis Notarii regionarii Atramentarii S. Romanæ Ecclesiæ anno Dominicæ Incarnationis* 996. *Indictione* 9. *mense Junio die secunda.* Error videtur Amanuensis pro quo legendum, ut in aliis ejusdem ævi Rom. Pontificum Bullis : *Per manum N. Notarii Reginonarii ac Scriniarii, etc.* [** leg. f. *Regionarii ac Arcarii.*]

* **ATRAMENTUM**, Punctum, nota quæ vulgo periodi sensum claudit, alias ad alium usum destinata. Collect. Grammat. ex Cod. reg. 7530. fol. 6. laudata tom. 3. novi Tract. diplom. pag. 188 : *De Atramento noveris lector in versibus cunctos, non causa sensus, sed scansioni esse positos* :

Arma vi. rumque ca. no Tro. jæ qui. primus ab. oris.

* **ATRAMUS**, *Denigrato*, in Glossar. Lat. Ital. MS. Vide *Atratus.*

* **ATRASARE**, an idem quod Hispan. *Atrasar*, Arcere, prohibere? Stat. Vallis Serian. cap. 67. ex Cod. reg. 4619. fol. 117. v° : *Possint ire per totum montem...., cum suo bestiamine ad pascullandum.... Et si quis Atrasaret ipsa prata vel Aliquod eorum, sit sibi pœna solidorum xl.* Hoc est, si quis impedimento esset, ne animalia pascerentur, etc.

¶ **ATRATUS**, *Lugubris*. Papias MS. Isid. lib. 10. Orig. : *Atratus et Albatus, ille a veste nigra, iste ab alba.*

¶ **ATREBATENSIS** MONETA. Vide *Moneta Baronum*.

* **ATREMENTARIUM.** Vide supra *Atramentarium*.

¶ **ATRIA** BENEDICTA, fem. gen. An cœmeterium? Ita videtur sumi in Charta Manassis Cameracensis Episcopi apud Miræum tom. 1. Diplom. Belgic. pag. 165 : *Idem Comes Robertus de alodio suo totam terram quæ circa Ecclesiam in Atria Benedicta est et divisa libere et legitime eidem Ecclesiæ tradimus, quatuorque jugera terræ arabilis.* Vide mox *Atrium*. [** i. e. quæ benedicta est et divisa in Atria, vide *Atrium, Cœmeterium*; duo enim sæpe circa Ecclesias erant, majus et minus, unde pluralis numerus.]

ATRIAMENTUM, Incinctus, terræ continentia, Gallis, *Pourpris, Etendue de terre.* Formulæ veteres Bignonii n. 43 : *Habet ipsa casa in Atriamenta membra in gyro tanta, de lateribus vel frontibus casæ vel terræ illorum, et illorum.* Ita *Atrium* videtur etiam sumi in Decretione Chlotarii Regis § 13.

¶ **ATRILE**, ab Hispano *Atril*, Pluteus, Gall. *Pupitre*. Conc. ann. 1590. tom. 4. Collect. Concil. Hispan. pag. 466 : *Licet in rubricis librum Missale super cussino aperiri debere dicatur, non prohibemus tamen illud super Atrili collocari.*

ATRITUDO, Nigredo, μελανία, in Gloss. Græc. Lat. [Hac voce utitur Albanus Legatus apud Ludewig. tom. 2. Reliq. MSS. pag. 417.]

1. **ATRIUM.** Latinis Scriptoribus est area ante ædem portibus et columnis cincta, unde et *Peristylium* et *Impluvium* dicebatur : αἴθριον Græci etiam vocarunt, quod sub dio esset. Utramque Atrii formam expressit Gloss. Lat. Gr. *Atrium*, Μεσαύλιον, Περιςῷον. Nam et αὐλὴν *atrii*, Aream Græci vocant, porticus vero Atrium cingentes, Περιςῷον et τετραςῷον, *quadriporticum*, interdum et *triporticum*, pro ratione numeri porticuum. Will. Brito in Vocab. MS. : *Atrium, magna ædes, ampla et spatiosa domus, et dictum Atrium, quod addantur ei tres porticus.* Præsertim vero ita appellabant ea impluvia porticibus cincta, quæ ædibus sacris obversabantur, in quorum meditullio erat fons perennis aquæ. Anastasius in S. Symmacho : *Ante fores Basilicæ gradus fecit in Atrio et Cantharum.* Idem in S. Dono : *Hic Atrium B. Petri Apostoli, quod est ante Ecclesiam in quadriporticum magnis marmoribus stravit.* Leo Ost. lib. 3. cap. 26 : *Atrium ante Ecclesiam, quod nos Romana consuetudine Paradisum dicimus.* Illud autem asyli, et immunitatis jure donatum erat, perinde ac ipsa ædes sacra. Decretio Chlotarii Regis post Legem Salicam § 13 : *Nullus latronem vel quemlibet culpabilem... de Atrio Ecclesiæ trahere præsumat. Quod si sunt Ecclesiæ, quibus Atria clausa non sint, ab utraque parte parietum terræ spatium arpennis pro Atrio observetur.* Capitula Caroli M. [** Capit. II. ann. 803.] ad Legem Salicam § 3 : *Si quis ad Ecclesiam confugium fecerit, in Atrio ipsius Ecclesiæ pacem habeat, etc.* Leges Edwardi Confess. cap. 6 : *Quicumque reus... causa præsidii ad Ecclesiam confugerit; ex quo Atrium Ecclesiæ tenuerit, a nemine insequente nullatenus apprehendatur.* Idem statuitur in Lege Longobardorum lib. 2. tit. 40. [** 39.] § 5. [** Carol. M. 103. e capit. supra laud.] et in Capitularibus Caroli Mag. lib. 1. cap. 140. [** 134. ex eodem fonte.] lib. 7. cap. 125. [** 174. ex Interpret. Cod. Theod. lib. 9. tit. 45. const. 4.] Porro Atrium portis, iisque consecratis, clausum erat. Capitulare 1. ann. 819. cap. 1. Lex Longobardorum lib. 1. tit. 9. § 30. 36. [** Lud. Pii 10. et Loth. 58.] et Capitularia Caroli Mag. lib. 4. cap. 13 : *Atrium Ecclesiæ, cujus portæ reliquiis fuerunt consecratæ.* [** *Ecclesiæ Porticus*, in Leg. Wisogoth. lib. 9. tit. 3. c. 2.]

* Latiori acceptione sumitur in Charta Henr. imper. ann. 1012. pro monast. Florin. : *De avena advocationis et corveia sint illi liberi, qui manent super Atria, et dotalia, et indominicata, et servientes et ministri ecclesiæ.... Foragia Atriorum et indominicatorum, et omnium locorum, in quibus bannum et justitiam habent, sint ecclesiæ.* Ubi tria possessionum genera distinguntur; adeo ut *Atria*, proprie appellari videantur, eæ possessiones, quæ, propter sepulturam in ecclesiarum *atriis* seu cœmeteriis, concedebantur. [** sive hæ domus quæ in circuitu cœmeterii positæ erant.]

¶ ATRIO PRIVARI, seu Ecclesiæ communione, et ingressu, [** sepultura in cœmeterio sive terra benedicta] in Chronico Trudonis Spicil. Acher. tom. 7. pag. 476 : *Excommunicatus obierat Henricus Imperator, filius Henrici filii Conradi Imperatoris, regnoque et Atrio privatus erat propter dissentionem inter ipsum et Apostolicos Romanos de investituris.*

ATRIUM, Cœmeterium : quia in Ecclesiarum *Atriis* fidelium sepulturæ erant, ut supra indicatum. Ebrardus in Græcismo cap. 11 :

> Atria dic aulas, eadem et cimiteria dicas,
> Et loca sacrorum, etc.

Leges Adelstani Regis Angl. § 33 : *Nunquam juramento postea dignus sit, nec in sanctificato Atrio aliquo jaceat, si moriatur.* Pœnitentiale Rom. tit. 7. cap. 25 : *In Atrium Ecclesiæ, ubi sepulta sunt corpora fidelium.* Concilium Nannetense cap 6 : *Ut in Ecclesia nullatenus sepeliantur, sed in Atrio, aut in porticu, aut extra Ecclesiam.* Baldricus in Chr. Camerac. lib. 3. cap. 21 : *In Atrio subterratus.* Hincmarus in Capit. de Reb. Magistri cap. 15 : *Si* (Ecclesia) *Atrium habeat munitum. Atrium cadaverum*, apud Ditmarum lib. 1. pag. 10. [** cap. 7. sect. 48. ibi paullo supra *Atrium defunctorum*.] [Charta anni 1097. tom. 2. Hist. Meld. Instrum. pag. 15 : *Cum domina Maltildis, Kalensis Ecclesiæ Abbatissa, B. Sanisonis Ecclesiæ terram ad Atrium constituendum dedisset... ab omni consuetudine et forisfactura, quantum ambitus Atrii clauderet, terram illam solutam et quietam adclamavit.*] [** Fragment. Polypt. S. Remig. Remens. apud Guerard. post Irminonem pag. 291. cap. 13 : *In Atrio S. Remigii est Ecclesia in honore SS. martyrum Cosmæ et Damiani sacrata.*]

* Nostris *Atre*, eadem notione. Lit. remiss. ann. 1382. in Reg. 122. Chartoph. reg. ch. 15 : *L'Atre ou cimentiere de la Magdelaine de Tournay, etc. L'Atre et cimitiere de S. Jaques*, ibid. ch. 31. in Lit. ejusd. ann. *Atrie*, in Ch. ann. 1267. ex Chartul. sign. *Decanus* S. Petri Insul. : *Fourfait ne enfrainture ke on face el moustier S. Pierre, ne dedens l'Atrie benoit, ne devens leur enclostre.*

ATRIUM ET ALTARE. Charta Guarini Episcopi Ambianensis ex Tabulario Abbat. S. Fusciani : *Ibertus Clericus, qui dimidium Altaris et Atrii in villa, quæ Sanctis dicitur, tam Ecclesiastico quam hæreditario jure tenebat, etc.* Infra : *Totum videlicet Altare et Atrium cum appenditiis præsenti privilegio confirmamus.* Bulla Innocentii PP. ann. 1142. in Hist. S. Martini de Campis pag. 171 : *Altare et Ecclesiam, Atrium de Campiniaco.* Occurrit ibi pluries. Alia Theobaldi Episcopi, pag. 186 : *Ecclesiam de Lupera, cum Atrio et tertia parte decimæ.* [Historia Beccensis MS. pag. 132 : *Anno Domini* 1080. *Galo de Flavacourt dedit Ecclesiæ quod habebat apud Laiencourt, scilicet Altare et Atrium, et quadrantem ejusdem villæ, et duas partes Vicecomitatus et viationis.*] Charta Adalberonis Episcopi Virdunensis ann. 1135. ex Tabulario S. Vitoni : *Isdem autem Presbyter, si aliqua rationabili ex causa eodem in Atrio habere voluerit mansionem secundum sancita Canonum, cellam tantummodo Ecclesiæ adhærentem habebit, in qua solus cum domestico sibi Clerico vel famulo habitabit, ne mulierum aliquarum frequentia, vel ullius rei familiaris confluentia, Ecclesiæ injuriam, et Fratribus ingerat molestiam.* Vide Concilium Islebonense cap. 12. 13.

ATRIUM, in Vita S. Theodardi Archiepiscopi Narbon. Apud Catellum lib. 4. Rerum Occitan. pag. 751. videtur sumi pro atrio Ecclesiæ : *Cumque Concilium istud strenue ageretur in Atrio Pontificalis Ecclesiæ, essetque inibi grandis multitudo fidelium, etc.*

ATRIOLUM. Hincmarus : *Excepto Atriolo ad sepulturam.* Charta Caroli Simplicis : *Ad capellam construendam in honorem S. Clementis P. et ejus Atriola.* Vide in *Quadri*.

ATRIUM SAUCIOLUM, Prætorium, forum judiciale, seu potius locus publicus, in quo rei et damnati morte mulctantur. Acta Passionis B. Cypriani Mart. : *Idem Galerius Maximus Proconsul eadem die Cyprianum sibi offerri præcepit, in Atrio Sauciolo sedenti.* Editio ann. 1560. habet *Sautio*. Concilium Matisconense II. cap. 19 : *Ut ad locum examinationis reorum nullus Clericorum accedat, neque intersit Atrio Sauciolo, ubi pro reatus sui qualitate quispiam interficiendus est.* Gloss. Gr. Lat. τετρωμένος, *Saucius, truculentus.*

☞ Valesius in Valesianis pag. 213. et seq. ait Cangium nostrum Concilii Matiscon. textu deceptum male addidisse in sua *Atrii Saucioli* expositione : *seu potius locus publicus, in quo rei et damnati morte mulctantur.* Neque enim unquam mos fuit apud Romanos, ut rei morte plecterentur in urbe, sed extra urbem in aperto campo, ut ex ipsis S. Cypriani Actis patet. Qui ergo locus Concilii Matiscon. intelligendus est? *Ubi* non est adverbium loci, sed temporis, hic est igitur Concilii sensus : *Nullus Clericorum intersit Atrio Sauciolo, cum reus aliquis ibi capitis damnandus est.*

** Melberi Vocab. Prædicantium : *Atrium, hoff, ein vorhoff, ein wonung; vorhoff ubi olim judicia fiebant; vorhoff ubi homines stant de variis loquentes. Etiam est cimite-*

rium, *id est curia ecclesiæ*. Gemma Gemmarum : *Atrium, ein vorhoff oder kirchhoff, freyhoff etc. Atriolum, idem.*

2. **ATRIUM**, Mensuræ agrariæ species. Pelagius Episcopus Ovetensis in Addit. ad Historiam Sebastiani Episcopi Salmanticensis, æra 827 : *Ædificavit insuper Ecclesiam Rex Adefonsus a circio, quæ est Atrium unum distans a suo Palatio, in memoriam sancti Juliani Martyris.* [** i. e. uno atrio.]

¶ 3. **ATRIUM**, Culina, Gall. *Cuisine.* Papias MS. : *Atrium proprie Culina dicitur, quod sit nigra.* Et paulo inferius : *Atrum nigrum, inde Atrium proprie Culina.* Hinc Gallicum *Atre*, Focus, caminus, *Foyer.*

* **ATRUM**, pro *Atrium*, Area ante ædem sacram. Charta ann. 1183. apud Ughell. tom. 1. Ital. sacr. edit. 1717. col. 1121 : *De capella vero S. Johannis in Casanello, quæ est in Atro veteri, habeat episcopus quartam decimarum et mortuariorum.* Occurrit rursum infra.

* **ATTA**, Pater, a Gr. ἄττα. Mirac. S. Philastrii tom. 4. Jul. pag. 390. col. 2 : *Puella patri gaudendo innuens, vulgari voce aiebat : Atta, da mihi fustem, ut ambulem.* Vox ergo vulgaris apud Gothos, ut notant ibi docti Hagiographi; qua etiam acceptione Hungari *Attia*, Cantabri *Aita*, et Frisones *Haita* utuntur. Vide *Aba* 2. et *Attam.* [** Confer Ihrii Gloss. Suio-Goth. voce *Ætta.* Adel. Vide Forcellin.]

* **ATTABERNALIS**, *Socius in taberna.* Laur. Amalth. Glossar. Gall. Lat. ex Cod. reg. 7684 : *Attabernalis, compaignon de taverne.*

* **ATTABI**, Panni species. Inventar. MS. thes. Sedis Apost. sub Bonif. VIII. ann. 1295 : *Item unam planetam de Attabi rubeo, cum aurifrixio Anglicano.... Item unam planetam de Attabi viridi.* Acad. Crusc. *Tabi*, panni species.

ATTACATURA, Vox Italica. [Compactio, ab *Attacare*, Conjungere, vincire, compingere.] Charta ann. 1160. apud Ughellum tom. 7. Ital. Sacr. p. 575 : *Ædificare in alveo prædicti fluminis, palos regere, et antepositiones et elevatas facere et habere, et Attacaturas per dictam terram... construere, per quas ab ipso alveo, et usque ipsum molinum vel molendini aqua ducatur, etc.*

* Proprie est Agger ex palis terraque compactus, quo aqua ex alveo in canalem fluere cogitur, Gall. *Ecluse.* Vide supra *Atacheia.*

* **ATTACHARE**, Alligare, aptare, jungere, Ital. *Attacare*, Gall. *Attacher; Attaquer* et *Attaquier*, pronuntiatione Picardica. Lit. ann. 1409. tom. 9. Ordinat. reg. Franc. pag. 438 : *Faisoient mettre et Attaquer plusieurs bouffettes de soye, etc. Attaquier*, in Stat. ann. 1390. tom. 7. earumd. Ordinat. pag. 565. art. 12. Annal. Mediol. ad ann. 1389. apud Murator. tom. 16. Script. Ital. col. 808 : *Fermalium unum auri, pro Attachando mantellum, cum sapphiro uno grosso.... Item stacha una auri, pro Attachando mantellum, etc.*

* **ATTACHIA**. Vide supra *Atachia.*

1. **ATTACHIARE**, Attachiator, Attachiamentum, Voces forenses, apud Anglos et Scotos Leguleios frequentes, a Gallico *Attacher* deductæ. Est enim *Attachiare*, Reum vincire, ligare. Unde in Legib. Baronum Scoticorum, seu Quoniam Attachiamenta cap. 1. § 2. *Attachiamentum* dicitur esse *quoddam vinculum legitimum, per quod pars defendens invita astringitur ad standum juri, et respondendum parti de se quærenti juridice.* Variis autem modis, ut ibidem subnectitur, fit Attachiamentum : *Aliquando enim fit per bona partis defendentis, utpote in placitis de debitis, et conventione, et quando implacitatur de rebus mobilibus. Quia primo debent res et bona partis defendentis Attachiari et teneri, quousque securitatem fecerit per plegios ad respondendum et standum juri parti conquerenti, et tunc relaxatur Attachiamentum. Aliquando etiam Attachiamentum fit per corpus hominis, utpote in placitis de transgressione, ut cum aliquis vulneraverit aliquem, per corpus debet Attachiari, et non per bona sua : vel si noluerit pati Attachiamentum per corpus, vel si se retraxerit a Baillivis, bona sua Attachiabuntur per Baillivum, donec dederit Baillivo securitatem de stando juri, etc. Debet autem Attachiamentum fieri per Baillivos, vel eorum servientes præsentatos in Curia et juratos, Atque hi Attachiatores dicuntur, capiuntque rebelles et fugientes seu fugitivos, qui non sunt juris patientes.* Statutum Edw. Regis Angl. in Regesto Constabulariæ Burdegal. fol. 79. de Senescalli Vasconiæ officio : *Habeat 8. Servientes juratos, qui faciant Attachiamenta, et exequantur alia mandata Senescalli Vasconiæ.* Concil. Lambethense ann. 1261 : *Tunc Vicecomites et alii quicumque Baillivi Attachiantes et distringentes, etc.* Atque hæc ad Attachiamentorum materiam explicandam ex prædictis Legibus delibasse sufficiat. Tantum moneo, horum vocabulorum manere etiamnum in Gallia vestigium : *Attaches* enim appellamus facultatem, quam dat Judex loci cuivis Apparitori, aliorum Judicum sententias exequendi intra suæ jurisdictionis limites. Adde Rastallum. Sed et *Attaquer* dicimus, quempiam aggredi, adoriri, invadere, in aliquem manus immittere, quod faciunt *Attachiatores.* Jam vero unde hæ voces etymon ducant, vide in *Tasca* 2. [** Anglosax. Æt significat Ad, tæcan vero Capere. Hinc Anglorum *to take* et Suecorum *take*, Capere. Adel.]

¶ Attachiamenta *de Spinis et Bosco*, Jus concessum silvarum magistris utendi spinis, minuto ligno et arboribus vento fractis aut prostratis in districtu suo. Inquisitio apud *Brehull* de Foresta de *Bernwood*, ann. 1230. apud Kennetum Antiquit. Ambrosden. pag. 209 : *Et dicunt etiam quod idem Joannes debet habere feodum in bosco domini Regis, videlicet Attachiamentum de spinis de bosco suo et de bosco qui vento prostituitur, et pannagium et clamationes et indictationes, si quæ fuerint, videlicet de viridi et de venatione.*

* 2. **ATTACHIARE**, Proscribere, Gall. *Afficher.* Arest. parlam. Paris. ann. 1455. inter Probat. Libert. eccl. Gall. cap. 9. num. 6. Concludit procurator generalis quod episcopus Nannetensis teneatur ad *revocationes (appellationum suarum) in qualibet porta ecclesiarum, ut omnibus notæ sint, ... affigi seu Attachiari faciendum.*

* **ATTACHIATIO**, ut *Attachiamentum.* Vide supra in *Attachiare.* Conc. Lambethense ann. 1261 : *Clerici vero, qui brevia hujusmodi Attachiationum seu districtionum dictaverint, scripserint, signaverint, ... canonice puniantur..... Contra hujusmodi Attachiationes vel districtiones utantur remediis antedictis.*

ATTÆDIARE, Tædio afficere, apud Joan. Majorem de Gestis Scotorum lib. 2. cap. 1. et Ericum Upsalensem lib. 3. Hist. Suecorum ann. 1299. [Marten. tom. 1. Ampliss. Collect. col. 1506.] Etiamnum dicimus eodem sensu : *Attedier quelqu'un.* Albertus Argentin. ann. 1345 : *Nutrix autem ejus. . . de mora reversionis Andreæ Attædiata, egressa cameram, etc.*

* Nostris *Attainer*, eadem notione. Vide supra in *Atia.* Lit. remiss. ann. 1381. in Reg. 119. Chartoph. reg. ch. 37 : *Prædictus exponens ex hoc Attædiatus, cornetum prædictum.... arripuit.*

¶ **ATTAGENA**, Crepusculum. Papias MS. Bituric : *Attagena, gallina rustica, genus avis, crepusculum.* [** Latinis *Attagen* et *Attagena.* Gall. *Gélinotte des bois.* In Gloss. cod. reg. 7644 *Adtucen.*]

* **ATTAGINA**, Gallinæ species. Alex. Iatrosoph. MS. lib. 2. Passion. cap. 12 : *Comedant et perdices et de Attaginis pectora.* Vide *Attagena.*

ATTAINTUS, Attainctus, Vox fori Anglici et Scotici, Criminis convictus; Galli dicunt, *Atteint et convaincu.* Leges Baronum Scotic. cap. 83 : *Nullus defamatus, tanquam receptator latrocinii, debet puniri, antequam malefactor fuerit convictus, vel Attayntus de latrocinio illo.* Statuta Alexandri IV. Scotiæ Regis cap. 25. § 3 : *Et qui aliter quam sic facit, et de hoc convictus fuerit et Attaintus, ponatur in carcere, etc.* Rogerus Hovedenus : *Si dominus feodi negat hæredibus defuncti saisinam ejusmodi feudi,... et inde Attaintus fuerit, remaneat in misericordia Regis.* Charta ann. 1212. apud Florentium Haræum in Castellanis Insulensib. pag. 206 : *Vidit quemdam hominem ex hominibus S. Petri, qui erat convictus, id est, Attains, in Castello liberari per Ecclesiam S. Petri.*

¶ Attinctus, Atinctus, Eadem notione, in Legibus et Consuetud. Furnensibus ex Archivo Audomarensi : *Quicumque adjornatus fuerit, et prima die non venerit, readjornari debet ad secundum diem; et si tunc non venerit, Atinctus est : et si venerit et legitimum impedimentum ostenderit petendo sacrosancta et divisorem juramenti, hoc est, stavera, stabit implacito suo; et si ita non fecerit, Attinctus est.* Ibidem iterum repetitur.

Attaincta, Attincta, Convictio in actione criminali, aut manifestus cujuslibet criminis reatus : Anglis, *Attaints. Serment fait en Attaint et en bataille*, apud Littleton. sect. 294. Monasticum Anglic. tom. 2. pag. 187 : *Habebat etiam idem Nigellus de concessione dicti Comitis Attinctas de 24. in Curia sua Juratas, et multa alia, quæ modo in Curia non permittitur de Haulton.* Vide Bractonum lib. 4. Tract. 5. cap. 4. Fletam lib. 2. cap. 2. § 9. lib. 5. cap. 22. § 8. 16. Brittonem cap. 97. 98. And. Horn. cap. 4. Sect. 19. cap. 5. Sect. 1. 77. et Sect. 4. pag. 324. et Rastallum.

Duplex autem est *Attincta*, seu convictio : altera ex verisimilitudine, altera per defectum, seu eremodicium, cum accusatus scilicet judicium fugit. Prior confessione, duello, aut veredicto probatur; altera lite intentata, quandiu reus exulat.

¶ Attinctio, Eadem notione, apud Rymer. tom. 8. pag. 166 : *Ac etiam convictiones, Attinctiones, judicia, etc.*

¶ Attinctura, Eadem significatione, apud eumdem Rymerum tom. 14. pag. 703. col. B : *Aut quæ ratione ejusdem officii a dicto tempore Attincturæ et condemnationis.*

¶ **ATTAM**, inquit Festus, *pro reverentia seni cuilibet dicimus : quasi eum avi nomine appellemus. Atta* etiam sumitur pro eo, qui primis dumtaxat plantis ambulat ab ἄττω, *Salio* : quod is qui sic incedit, quasi salire videatur. Sed vocabulum est hoc intellectu notum Horatio. Vide Vossium in Etymol. et supra *Atta* et *Aba* 2. [** Conf. *Ato.*]

¶ 1. **ATTAMEN**, Inquinamentum, labes, Gall. *Souillure, tâche*, Vita S. Vincentii Madelgarii tom. 3. Julii pag. 676 : *Omni vitiorum Attamine mansit incontaminatum.*

* 2. **ATTAMEN**, *Setaceum seu cribrum*, apud Laur. in Amalth. ex Cath. Glossar. Gall. Lat. ex Cod. reg. 7684 : *Attamen, saas.* Vide *Attaminare.*

* 3. **ATTAMEN**, pro *Aptamen*, Reparatio, restauratio. Form. MSS. Senens. ex Cod. reg. 4726. fol. 31. v° : *Dictus Paulus et socii pro reparatione et Attamine dictorum bonorum et rerum fecerunt expensas.* Vide mox *Attare.*

ATTAMINARE, *Adtaminare*, pro *Contaminare.* Gloss. Isid. *Attaminat, inquinat.* Occurrit apud S. Ambrosium non semel, Cassianum Collat. 21. cap. 26. S. Augustinum lib. 12. de Civit. Dei, Capitolinum, Victorem in Pio, in leg. 5. Cod. Theod. de Contrah. empt. in fragmento Tertulliani de Execrandis Gentium diis, etc. At apud eumdem S. Augustinum Epist. 59. pro *attingere*, videtur usurpari : qua ferme notione in Glossis Isidori *Adtaminare* est *usurpare* : [ubi Pithœus habet *Adlancinare*, pro *Adtaminare*.] Apud Joannem de Janua : *Attaminari, Adversari.* Ugutioni, *Attaminare, est purgare farinam cum setatis.* Gallis, *Passer par le tamis.* Gloss. Lat. Gr. *Attaminatus*, χειρωθείς, μειωθείς. [** Vide Forcellin. in hac voce et in *Taminare.* Conf. etiam Diezii Gramm. Ling. Roman. vol. 1. pag. 39.]

** Gemma Gemmarum : *Noppen, Attaminare; ein Nopper, Attaminator; eine Nopperin, Attaminatrix.* Noppen est texturam a nodis filorum purgare. Adel.

* **ATTANALIARE**, Candenti forcipe lacerare, Ital. *Tanagliare*, Gall. *Tenailler.* Stat. ant. Florent. lib 3. cap. 61. ex Cod. reg. 4621 : *Quicumque præsumpserit in civitate, comitatu vel districtu Florentiæ.... facere aliquam invitatam seu congregationem gentium,... pro violatione vel subversione pacifici status populi, ... debeat ultoribus ferris seu tanaliis in ejus corpore lacerari seu Attanaliari, vulgariter intellecto vocabulo.* Vide *Tanegliare.*

* Attenaliare, Eadem notione. Chron. Bergom. ad ann. 1399. apud Murator. tom. 16. Script. Ital. col. 915 : *Johannes de Medolaco malefactor ductus fuit super uno plaustro et Attenaliatus fuit ad furchas.* Vide infra *Attenajare.*

ATTANUBA, *Genus vasis*, Papiæ. [Isidorus habet : *Attanabo.* Vide *Atanulum*, quod idem est.]

¶ **ATTARE**, pro *Aptare*, Gall. *Accommoder, ajuster.* Computus anni 1348. tom. 2. Hist. Dalphin. pag. 583. col. 1 : *Amblardus de Briordo Miles Ball. Graysivaud. et Castell. Alavardi, fortificari et Attari fecit de mandato Domini et Dominorum de consilio mœnia et clausuras Villæ-Alavardi, et solvit pro Attandis duobus foraminibus, etc.*

* Alias, haud dissimili notione *Atinter* et *Attinteler.* Lit. remiss. ann. 1446. in Reg. 178. Chartoph. reg. ch. 141 : *Le suppliant dist par esbatement à ung nommé Charlot de la Roche archier, qui Atintoit une fleiche, pourquoy il Atintoit ladite fleiche, et qu'il ne sçauroit frapper une charretée de foin.* Addit. ad Monstrel. fol. 25. r° : *Et audit hostel le roy.... trouva trois beaux baings honnestement et richement Attintelez.*

ATTASSARE, [Acervare, congerere, Gall. *Entasser.*] Vide *Tassare.*

¶ **ATTEDIATUS**, Tædio affectus, apud Lobineilum in Glossario ad calcem Historiæ Britan. Vide *Attædiare.*

¶ **ATTEFECTUM**, Attefitum, Arbor novella jam insita aut brevi inserenda, Gallis *Ante*, Rusticis Dumbensibus *Attefits.* Consuetud. Marchiæ Dumbarum ann. 1325. art. 24. ex Archivo Trevoltico : *Si aliquis scindit vel trahit aliquam arborem de die seu nocte, pirum, pomerium, vel Attefectum, tenetur domino, de cujus dominio dicta arbor seu Attefitum moveret, de 60. solidis Viennensibus.*

* Latius patet hujusce vocis notio apud Dumbenses, quibus *Attefit* dicitur, quævis arbor ad propagationem relicta, populus, salix aliudve plantarium. Lit. remiss. ann. 1413. in Reg. 667. Chartoph. ch. 217 : *Lequel Berlye disoit que icellui Fournier avoit pris plus d'un sien bois, qu'il ne devoit prendre, et par especial de ses Attefis.*

ATTEGIA, Ædicula, ab *Adtegendo*, quod est παρακαλύπτειν, inquit Salmasius, ἡ σκήνη, καλύβη. Papias : *Attegiæ, Maurorum casulæ dicuntur, quia ad tempus teguntur. Attegiæ Maurorum*, apud Juvenal. Sat. 14 : *Dirue Maurorum Attegias.* Vetus Inscriptio : *Deo Mercurio Attegiam tegulitiam compositam Severinus Satullinus C. F. ex voto posuit LL. M.* Joan. Diac. lib. 4. Vitæ S. Gregor. PP. cap. 96 : *Ut Attegias et fenestras et vicini dormitorii tabulas agressus diriperet.* Bulla Leonis IX. PP. apud Ughellum in Episc. Portuens. : *Pergente recto itinere per solariam, et usque ad Attegiam piscatoriam.* Ethelwerdus lib. 4. Hist. Angl. cap. 3. *Pellunt ingenuos passim, Ategias figunt in oppido, etc.* Ἀτεγίαι, eadem notione apud Leon. in Tact. cap. 5. § 2. Nostris, *Hutes de soldats.* Rufinus apud Josephum, σκηνοποιεῖσθαι, *Attegias componi*, translulit. Pœnorum vocabulum. [** Vide Forcellin.]

¶ Attegua, Eadem notione, in Chron. Farfensi apud Murat. tom. 2. part. 2. col. 559 : *Et alia domus quam contendebat Gregorius filius Ursi Presbyteri de Malepassia cum scala marmorea, et curte ante eam, et medietate putei aquæ vivæ, et porta introitus, et cripta et duabus Atteguis.*

Attigia, in Bulla Benedicti IX. PP. ann. 1033. apud Ughellum tom. 1. pag. 119. Adde pag. 136.

* **ATTELABUS.** Vide supra *Atelabus.*

ATTELATUS Equus, et *Distelatus*, in Charta Henrici Abbatis Fiscanensis; id est, ad carrum aptatus, et ex carro sublatus : Gallis, *Cheval Attellé et destellé.* Vide *Namium.*

* *Desatteler*, pro *Dételler*, in Lit. remiss. ann. 1407. ex Reg. 162. Chartoph. reg. ch. 118 : *Le suppliant print a Desateller les beufs de ladite charrette et coppa les survieres du jouc desdiz beufs.*

* **ATTELLA**, *Advena, Prov. Ciutadan.* Glossar. Provinc. Lat. ex Cod. reg. 7657.

* **ATTEMENCIA**, *La divinacione del ayere*, in Glossar. Lat. Ital. MS.

ATTEMERARE, pro *Temerare.* Frodoardus de Pontific. Romanis in Calisto :

> ... Summi capitis clarissima membra
> Attemerare ausos.

* **ATTEMPTAMENTUM**, Tentamentum, Gall. *Entreprise.* Charta ann. 1280. tom. 1. Probat. Hist. Brit. col. 1050 : *Et si inveniant per dictum Henricum contra formam prædictam aliquid in dicto castro attemptatum, illud Attemptamentum destrui faciet, et ad antiquum statum reduci.* Vide infra *Attemptatus.*

* **ATTEMPTARE**, pro Attentare, in Aresto parlam. Paris. ann. 1394. pag. 74. Hist. Lugdun. col. 1. et alibi passim.

¶ **ATTEMPTATIO**, Nefaria molitio, scelus, Gall. *Attentat*, apud Rymerum tom. 1. pag. 364.

* **ATTEMPTATUS**, ut supra *Attemptamentum.* Comput. MS. ann. 1357. eccl. S. Vulfr. Abbavil. fol. 13. r° : *Dicto servienti et testibus per eum secrete examinatis super Attemptatibus, pro suis expensis, vij. sol. j. den.* Vide *Attemptatio.*

¶ 1. **ATTEMPTUS**, Comprehensus, captus, Gall. *Arrêté*; quasi pro *Attentus*, retentus. Concilium Remense ann. 1148. apud Marten. tom. 4. Anecd. col. 141 : *Locus vero in quo Clericus vel Ecclesiastica persona Attempta fuerit, et omnia castella, et jura civitatis et villæ, quæ capientis vel retinentis fuerint; a divino officio cessent, et cum lugente lugeant.*

* 2. **ATTEMPTUS.** Charta Phil. V. reg. Franc. ann. 1320. in Reg. 58. Chartoph. reg. fol. 57. v° : *Nos exinde militationem hujusmodi Attemptam habentes et gratam, concedimus ei de gratia speciali, quod honore et statu militari lætetur omnino.* Sed *Acceptam* legendum opinor.

* **ATTEN.** Gloss. Cæsarii Heisterbac. in Regist. Prum. tom. 1. Hist. Trevir. J. Nic. ab *Hontheim* col. 2 : *Præterea etiam invenitur in libro de mansis indominicatis, qui sunt agri curiæ quos vulgariter appellamus selgunt, sive Atten, vel cunden.* Germanica vox.

* **ATTENAJARE**, Candenti forcipe lacerare, idem quod supra *Attanaliare.* Chron. Bergom. ad ann. 1406. tom. 16. Script. Ital. col. 984 : *Propter hoc idem dom. Potestas eos condemnavit, scilicet quod ipsi ducantur super una carretta ad locum justitiæ, et cum tenalio ardente deberent Attenajari.* Vide *Tanajare.*

* **ATTENALIARE.** Vide supra *Tanajare.*

* **ATTENANTIA.** Ad tempus indictum induciæ, nostris olim *Attenance*, nunc *Sus-*

pension d'armes. Lit. Phil. V. ann. 1318. in Reg. 55. Chartoph. reg. fol. 40. v° : *Cum per gentes nostras.... Attenantiæ guerræ captæ sint cum dictis Flamingis, usque ad festum Paschæ Domini proximum duraturæ.* Quæ Gallice sic redduntur ibid. : *Comme nos genz.... aient pris trieves avec les Flamenz jusques à la feste de Pasques prochainement venant.* Aliæ ann. 1316. ibid. fol. 31. r° : *Item fut accordé que Attenance fut prinse entre la contesse d'Artois et Robert son filz pour eus et pour Guillaume de Vienne, et pour tous les leurs d'une part, et ledit Robert d'Artois et tous les siens d'autre,.... et durront les Attenances jusques à Pasques prochaines venanz. Trieuves et Abstenance de toute guerre*, in aliis Lit. ibid. fol. 50. v°. *Attenuache*, eodem sensu, apud Belloman. MS. cap. 60 : *A che respondi Pierres que il ne voloit pas les trives donner : car pour le fait que il proposoit, il estoit en Attenanche envers lui par amis.* Vide *Abstinentia.*

* **ATTENDAMENTUM**, ATTENDATOR, perperam pro *Arrendamentum* et *Arrendator*, in Stat. Ludov. X. reg. Franc. ann. 1315. ex Reg. 52. Chartoph. reg. ch. 110 : *Attendatores etiam castellaniarum, præpositurarum et aliorum officiorum nostrorum per se vel judices eorum emendas ad ipsos ratione dictorum Attendamentorum pertinentes, etc.* Vide infra *Attensator.*

¶ **ATTENDARE** *se*, Locum occupare, Gall. *Se camper*, Italis *Attendare.* Bartholomæus Scriba Annal. Genuens. lib. 6. ad ann. 1237. apud Murat. tom. 6. col. 475 : *Et quando magna pars exercitus fuit apud Vultabium, Potestas celebravit consilium, et de voluntate consilii ivit versus Terdonenses, et se Attendavit Potestas prope exercitum inimicorum per unum milliare, ita quod ambo exercitus se videbant.* Vide *Tenda.*

* **ATTENDENTER**, Attente, sollicite. Pariag. inter reg. et condom. villæ de Cuquo ann. 1319. in Reg. 61. Chartoph. reg. ch. 343 : *Item fuit actum, quod bajulia et notaria, ... quoad emolumenta quæcumque earumdem, Attendenter de cetero annuatim nomine regio et dictorum condominorum per.... arrendatores earum teneant.*

¶ **ATTENDENTIA**, Attentio, sollicitudo, cura, apud Rymer. tom. 11. pag. 847 : *Pro Attendentiis suis super personam Regis in servitio suo guerræ ultra mare profecturo.* Ita passim in seqq. paginis.

¶ 1. **ATTENDERE**, Custodire, observare. Greg. Turon. lib. 1. Miraculorum cap. 45 : *Hæc autem comminati miserunt eum in exilium apud urbem Mediolanensem. Factum est autem ut adveniente festivitate S. Victoris, convenientibus populis et hic vigiliis interesset, sub libera enim custodia absolutus Attendebatur, etc.* Contractus matrimonii ann. 1299. apud Acherium tom. 8. Spicil. pag. 262 : *Omnes subjecti nostri dictorum locorum de Bargaano et ejus vallis, et de Garraveto pro Attendendis et complendis omnibus et singulis supradictis facient homagium ore et manibus commendatum, et juramento vallatum.* Confœderationes ann. 1314. tom. 2. Hist. Dalphin. pag. 158 : *Si sibi placuerit, sit in et de confœderationibus et unionibus prædictis, et eas promittat Attendere.* Legitur rursus in Charta Aymari de Pictavia ann. 1268. apud Baluzium tom. 2. Hist. Arvern. pag. 287. Vide *Attenere.*

* Nostri a Latino Attendere, *Attendre* dixerunt pro *Faire attention.* Lit. Phil. Aug. ann. 1306. in Lib. rub. Cam. Comput. Paris. fol. 487. v°. col. 1 : *Considerans et Attendans diligemment les bons et agréables services, etc.*

¶ 2. **ATTENDERE**, Expectare. Gall. *Attendre.* Miracula S. Majoli Abb. Cluniac. tom. 2. Maii pag. 692 : *Hic parentum suorum adjutorio ad sanctum Majolum adductus est, et in Ecclesia positus Attendebat illuminationis suæ horam.* Miracula S. Benedicti n°. 25. tom. 3. Martii p. 345 : *Destitutus itaque omni auxilio et Attenta medicinæ fraudatus spe, etc.*

¶ 3. **ATTENDERE**, Tendere ad, Pergere. Charta Witig. apud Ludewig. tom. 1. Reliq. MSS. pag. 287 : *Et si pro defuncto sepeliendo, sponsa intronizanda vel pucro baptizando ipse Plebanus requisitus fuerit, attendere debebit cum custode.*

* 4. **ATTENDERE**, a Gall. *Atteindre*, Assequi. Comput. ann. 1479. inter Probat. tom. 3. Hist. Nem. pag. 338. col. 1 : *Miserunt eidem conductori processum electionis dictorum quinque mecanicorum per Anthonium Goyeti, qui eosdem conductorem et mecanicos Attendit in loco de Teing.* Nostri alias *Aconcevoir* et *Aconsuivre*, eodem sensu, dixerunt. Lit. remiss. ann. 1389. in Reg. 137. Chartoph. reg. ch. 87 : *Guillaume de Vaux averti de l'enlevement fait par les chartiers des harnois, ... les Aconceust au dehors de leur jurisdiction. Aconcepvoir*, apud Rabelais. lib. 1. cap. 23. et 25. Aliæ Lit. ejusd. ann. ibid. ch. 111 : *Ils Acconsuirent* (ledit Morice) *et l'atteignirent près de la conciergerie et boys de Vincennes.* Rursum aliæ ann. 1390, in Reg. 138. ch. 251 : *Jean le Beletel.... fu attaint et Aconsuy, etc.* Hinc emendandus Martenius tom. 5. Anecd. col. 597. ubi *Acouseroit*, pro *Aconseroit* vel *Aconsuiroit*, legitur. Neque aliud significare videtur *Abailler*, in Lit. remiss. ann. 1479. ex Reg. 205. ch. 400 : *Icellui pionnier dist : Je m'envoiz doncques devant; car vous m'Abaillerez bien.* In aliis ibid. *Il l'aconsceust et Abailla.* Vide supra *Atingere* 1.

* **ATTENDITIO**, Observantia, exsecutio. Charta ann. 1346 : *Ad observantiam et Attenditionem omnium et universorum contentorum, etc.* Vide *Attendere* 1. et *Attensor.*

¶ **ATTENERE**, pro *Tenere*, Observare, custodire. Liber niger Scaccarii pag. 13. ex Conventione inter Henricum Regem Angl. et Robertum Comitem Flandriæ : *Et de istis convencionibus Attenendis dedit Comes Robertus Regi Henrico istas obsides.* Vereor ne legendum sit *Attendendis.* Vide *Attendere* 1.

ATTENSATICUM, idem quod *Tensamentum*, [seu Pensitatio, quæ a vasallis aut subditis domino pro protectione exsolvebatur.] Jus Vicentin. lib. 1. pag. 121 : *Nec præsumat alicui forensi præstare aliquid ratione Attensatici, sivi protectionis, etc.*

* **ATTENSATOR**, perperam pro *Accensator*, Firmarius. Lit. ann. 1270. inter Ordinat. reg. Franc. tom. 5. pag. 412 : *Cum minores baillivi nostri emptoris* (emptores) *redituum nostrorum in Arvernia, seu Attensatores, multipliciter injuriosi actenus extiterint eisdem, etc.* Semel et iterum occurrit infra. Vide in *Accensa.*

¶ **ATTENSOR**, Observator, custos, ab *Attendere* 1. Custodire, Observare. Charta Guillelmi de Hala tenentis sigillum Regis in Arvernia ann. 1298. apud Baluzium tom. 2. Hist. Arvern. pag. 544 : *Pro prædictis universis et singulis... promissis, actis et conventis se constituerunt insimul, et quilibet eorum in solidum, deytas, plegios, ac principales expromissores, Attensores, completores et fidejussores et observatores.* Ibidem pag. 207. in Charta Karoli Regis Franc. : *Et inde se fidejussorem, et principalem pagatorem, et Attensorem constituit penes nos Notarios publicos.*

* **ATTENTA**, Vadimonium desertum, practicis nostris olim *Attendue*, nunc *Défaut.* Arest. ann. 1403. 30. Jun. in vol. 9. arest. parlam. Paris. : *Dicebant quod Cameraci non erat quæstio præterquam de una Attenta, et ex consequenti archiepiscopus Attentam dare vel denegare, ac partes extra suam curiam ponere debuisset.* Lit. remiss. ann. 1398. in Reg. 153. Chartoph. reg. ch. 214 : *Au jour assigné ledit Guillaume comparut à l'encontre dudit Naudin, qui ne vint, ne comparut; et obtint ledit Guillaume Attendue contre ledit Naudin, et condempnation de despens.*

* **ATTENTABILIS**, Attendendus, spectabilis, Gall. *Considérable.* Lit. ann. 1354. in Reg. 83. Chartoph. reg. ch. 8 : *Attentabilibus serviciis et laboribus, etc.*

* **ATTENTATUM**, a Gall. *Attentat*, Scelus, facinus. Arest. ann. 1351. 16. Dec. in vol. 2. arest. parlam. Paris. : *Processu super dictis Attentatis in scriptis reducto... Occasione duorum Attentatorum, etc.* Vide supra *Atemptatus.*

* **ATTERARE**. Terram vel arenam alienum in locum deportare, a Gall. *Atterer.* Charta Petri dom. Marleii ann. 1234. in Chartul. S. Dion. pag. 267. col. 1 : *Recognosco quod nec ego nec heredes mei.... debemus Atterare vel augmentare, sive de novo facere in aqua Secanæ insulas aliquas vel cistellos ullo hominum facto, violentia vel artificio.* Vide supra *Aterrare.*

¶ **ATTERITTUS**, pro *Attritus.* Charta Eustachii *de Greinvilla* ex Tabulario Fontanell. tom. 2. pag. 1363 : *Nisi per pœnitentiæ fructum Atterittus corrigatur.*

1. **ATTERMINARE**, Intra terminos et fines alicujus regionis ponere. Epistola Trajectensis Ecclesiæ edita a Tengnagelio : *Qui quartam partem Episcopatus nostri Terwanensi Episcopio Regni Franciæ, auctoritate domini Papæ, atterminare conatus est*, id est, *adscribere.*

* Limites assignare. Stat. Saluc. collat. 2. cap. 51 : *Statutum est quod si aliqua persona requisiverit a potestate Saluciarum, quod mittat Atterminatores ad Atterminandum aliquas possessiones seu prædia rustica vel urbana, ... quod potestas antiquum mittat, faciat citari personaliter habentes prædia juxta locum, in quo termini plantari requiruntur.* Vide supra *Aterminare* 2.

¶ 2. **ATTERMINARE**, Ad certum terminum debiti solutionem prorogare; *Atterminatio*, Hujuscemodi prorogatio, apud Rymer. tom. 5. pag. 109 : *Atterminationes, seu astallamenta, et respectus debitorum nostrorum revocamus omnino..... volentes quod... debita nostra sic Atterminata, vel respectuo-*

sa... leventur et nobis celeriter transmittantur.

* Inventar. Chart. reg. ann. 1482. fol. 147. v° : *Littera Philippi regis, per quam vult quod Johanna comitissa Alenconii et Blesensis solvat.... sex mile libras Turonenses supra et in deductionem summæ xxj. milium n^c. lxiv. lib. ix. sol. et ij. den. Turon. quam summam dom. rex quondam sibi Attermina verat. De anno* 1288. Vide supra *Aterminare* 1.

* **ATTERMINATOR**, Qui limites ex jure statuit. Locus est supra in *Atterminare* 1. Vide etiam *Aterminator*.

ATTERRAMENTUM, Gall. *Atterissement*, in Edicto Henrici II. ann. 1554. art. 6. Alluvio. In Tabul. Abb. S. Dionysii ann. 1294. Matthæus de *Montmorency*, et Joanna ejus uxor, *a molestatione desistunt, quam faciebant Abbati et Conventui S. Dionysii super Atterramentis quarundam insularum Sequanæ.*

* Vide supra *Atterare* et infra *Atterrissamentum.*

¶ 1. **ATTERRARE**, Ad terram adhærere, trahere, appellere, Gallicis nautis, *Atterrir.* [* Hærere in sabulo, vulgo *Engraver.*] Computus anni 1321. Hist. Dalphin. tom. 2. pag. 160 : *Libraverunt pro charreagio dicti razelli, et ipso adducendo per aquam usque apud Lugdunum, ubi fuerunt* 21. *homines, et steterunt per aquam per* 13. *dies, quia pluries Atterravit et distrinxit dictus razellus... et pro tota dicta fusta, quando fuit ante domum Domini de Lugduno in Sagona de razellanda, Atterranda, et in domo domini reponenda, etc.*

* 2. **ATTERRARE**, a Gall. *Atterrer*, Ad terram dejicere, prosternere. Arest. ann. 1310. in Reg. *Olim* parlam. Paris : *Cum dicti religiosi de Vaucella chaciarent in propriis terris porcum et Atterrassent, etc.* Eadem acceptione *Atterrare* dicunt Itali. Vide infra *Perterrare.*

* **ATTERRATURA**, Agger terraceus, pulvinus, Gall. *Batardeau.* Stat. Mutin. rubr. 45. pag. 8. r° : *Quod nulla persona possit facere vel tenere aliqua ratione vel causa aliquam clusam, obstaculum, vel Atterraturam in aliquo sdugario, fovea vel flumine.*

¶ **ATTERRATUS.** Charta ann. 1223. in Probat. Hist. Cabilon. pag. 62 : *Atterratus autem sive abergatium dictæ villæ est Monachorum, et Dominus de Paluel non habet Atterratum sive abergatium in dicta villa, nec dictus Dominus habet in prædicta villa, corveas, etc.* Haud scio an idem sint *Atterratus* et *Albergatium.* Hoc jus *gisti* et *procurationis* posset esse; illud vero idem quod *Terragium*, Gall. *Champart.*

* Potest et quidem forte melius, *Atterratus* intelligi de ipso terræ fundo seu solo : *Abergatium* vero, de jure dandi ad *Albergam*, id est, ad censum. Vide in *Alberga* et *Terrenum.*

* **ATTERRISSAMENTUM**, a Gall. *Atterrissement*, Alluvio, limi, terræ, arenarumve alienum in locum deportatio. Arest. ann. 1277. in Reg. 2. *Olim* parlam. Paris. fol. 34. r° : *Quod dictos homines non desaisiverant pasturagio, quod sibi deliberatum fuerat; sed solummodo de pasturagio Atterrissamenti cujusdam vivarii sui.* Charta ann. 1332. in Reg. 66. Chartoph. reg. ch. 1102 : *Combien un nouvel Aterrissement, avenu en la riviere de Sayne audessouz du pont de Poissy, ... peut valoir par an.* Chartæ vero inscriptio : *Approbatio cujusdam Atterrissamenti hic descripti, traditi ad firmam nomine dom. regis.* Charta ann. 1342. in Reg. 74. ch. 578 : *Gautier de Bonnelle... recevant une mote, appellée Attérissement, en l'yaue de Saine, etc.* Vide *Atterramentum.*

* **ATTERTIUM.** Necrologium S. Vict. Paris. tom. 7. Gall. Christ. col. 90. laudatum : *Habuit de ipsius* (Petri episc.) *beneficio eleemosyna nostra ducentas libras ad emendos reditus, de quibus in die anniversarii ejus mille pauperibus distribuuntur mille panes, qui fieri possunt de octo sextariis bladi, et mille Attertia.* Nec rectius *Attestia* ex eod. Necrol. apud *Du Bois* tom. 2. Hist. eccl. Paris. pag. 266. Legendum enim omnino est *Allectia.* Vide *Allectium.*

* **ATTESAAL**, Triens seu tertia pars solidi. Constit. Erici reg. Daniæ ann. 1269. apud Ludewig. tom. 12. Reliq. MSS. pag. 204 : *Item, quicumque aliquem interfecerit, satisfaciat consanguineis interfecti cum ceteris, . . . nec cognati compellantur per dominum regem contribuere cum homicidis, nisi forte pace privati fugerint, tunc propinquiores solvant duo Attesaal.* Vide *Gorsum et Saal.*

¶ 1. **ATTESTATIO**, Testimonium, testificatio, Gall. *Attestation.* Th. *Madox* Formulare Anglicanum pag. 11 : *Quibus testibus juratis et diligenter examinatis, ipsorumque Attestacionibus publicatis, etc.* Macrob. in Somn. Scip. 2. 9 : *Describi hoc nostra Attestatione non debuit.* [** Vide Forcellin. Lexic. Vocabul. utr. jur. : *Attestationes sunt dicta testium, vel testimonia ordine juris in scriptis redacta.*]

* Stat. crimin. Saonæ pag. 123 : *Visis hinc inde exhibitis per utramque partem respective, et maxime quibusdam Attestationibus per modum fidei summariæ, etc.* Nostri *Atestation* dixerunt, pro Juramentum, maxime cum quis Deum vel Sanctos in testes invocat. Lit. remiss. ann. 1463. in Reg. 199. Chartoph. reg. ch. 177 : *Lequel Meslon fut très fort blasmé... de grandes Attestations et injures qu'il avoit fait.*

** Litter. Reversal. ann. incert. in Thuring. Sacra pag. 338. num. 25. : *Nos Conradus de Yserstet sub Attestacione juramenti ac si ore deponeremus, volumus etc.* Confer Haltausii Gloss. Germ. col. 279.

¶ 2. **ATTESTATIO**, Idem quod *Testatio*, sive Jus quod Episcopi habebant disponendi in pios usus de certa parte relictorum testamentis. Privilegium Ordonii II. Regis pro Monast. S. Martini Compostellani tom. 3. Concil. Hisp. pag. 171 : *Damus vobis ipsum locum qui vocatur Pignario ab omni integritate cum omnibus suis adjunctionibus et hæreditatibus et Attestationibus et ingressibus et regressibus ;... Et cum S. Sebastiano et S. Laurentio de Monte sacro, cum omnibus suis rebus et hæreditatibus et attestationibus et familia quæ debet servire ad ipsum Monasterium S. Sebastiani.* Vide *Testatio.*

* Nihil mihi aliud hac voce eo loco significari videtur quam Adjectio, acquisitum, ab Hispanico *Atestár*, Implere, ingerere, quod rei propriæ acquisitum ingeratur.

* **ATTESTATIVUS**, Attestans, Gall. *Attestant.* Inventar. Charta reg. ann. 1482. fol. 263. v° : *Cum qua* (compositione) *est annexa littera episcopi Parisiensis, Attestativa dictæ compositionis.*

¶ **ATTIBERNALIS**, *Vicinus*, in Glossis Isidori. Melius scriberetur, *Attubernalis*, ut dicitur *Contubernalis*, non *Contibernalis.* [** Gloss. Lat. Græc. : *Atturubernalis*, καπηλογείτων.] [* Vide supra *Attabernalis.*]

* **ATTESTIUM**, pro *Allectium.* Vide supra in *Attertium.*

ATTICA. Vide *Anax.*

ATTICINARI, *Ad ignem titiones advicinare*, Joanni de Janua. *Attiser le feu.*

* Glossar. Gall. Lat. ex Cod. reg. 7684 : *Atticinari, Atisier feu.* Hinc *Atisefeu* et *Atiseur*, Instrumentum ferreum, quo lignum ad focum vel in furno componitur, Hisp. *Atizador*, Forceps focarius. Lit. remiss. ann. 1470. in Reg. 201. Chartoph. reg. ch. 160 : *Jehannet le Maistre frappa icellui Raveilly d'un fourgon ou Atiseur de four qu'il tenoit.* Aliæ ann. 1480. in Reg. 208. ch. 140 : *Une paalle de fer ou Atisefeu.* Unde metaphorice *Atiser*, pro Instigare, in aliis Lit. ann. 1398. ex Reg. 153. ch. 185 : *Icellui Jehan Doreulot dist. . . . que se ledit Jehan Rousseau yssoit hors dudit hostel, il seroit batu en le Atisant d'issir.*

¶ **ATTICUS**, *Burdonus.* Papias MS.

* **ATTIDERE**, Premere, constringere, Gall. *Presser, serrer.* Charta ann. 1338. in Reg. 71. Chartoph. reg. ch. 388 : *Testiculos et veretrum cum ferro calido Attidisse, et solas pedum eorumdem cum oleo et igne comburisse dicebatur. Appreingner*, eadem, ut videtur, notione, in Lit. remiss. ann. 1421. ex Reg. 171. ch. 452 : *Pour ce que le suppliant ne se povoit mettre à si grant et grosse rançon, lui chaufferent si fort et Appreingnirent les plantes des piés que les soles d'iceulx lui en sont cheutes.*

ATTIFICIUM. Libertates Castellinovi in Biturigib. ann. 1258. apud Thomasserium in Consuetud. Bituric. cap. 83 : *Et quod existentes in dicta libertate non possint emere vel acquirere a dictis hominibus nostris de tallia vel mortalia, Attificia, vel immobilia, quæ ad ipsos homines jure hæreditario devenerunt, vel devenient in futurum : verumtamen liceat eis emere, vel acquirere a prædictis hominibus attificia sive immobilia acquisita.* Ubi *Attificiorum* voce videntur intelligi res mobiles, proindeque *Artificia*, ni fallor, legendum.

ATTIGUUS, Adjacens, proximus. Anastasius in S. Innocentio : *Possessionem Fundamensem cum adjacentibus Attiguis.* Ita in Sixto III. Utitur etiam Apuleius.

* **ATTILERIA**, ut *Artilleria*, Machinæ quævis bellicæ. Charta ann. 1365. ex Cod. reg. 5187. fol. 17. v° : *Item* (thesaurarius) *retineat, et emat, et provideat de Attilleria remanenda in Petrascissa.* Vide *Artillaria* 2. et *Attilliator.*

¶ **ATTILEUM**, Attilium, ut mox *Attilamentum*, apud Rymer. tom. 3. pag. 120 : *Tibi præcipimus, quod omnes carrucas in temporalibus illis existentes, cum bobus, affris et toto Attilio carucarum earundem sine dilatione aliqua liberes.* Et tom. 5. pag. 384 : *Navem illam cum Attileo ejusdem, etc.* Charta anno tertio regni Edwardi Regis

Angliæ apud *Madox* Formul. Angl. pag. 384 : *Ad capiendum necessaria mea de meremio ad carucatas, carras, carectas, hercias, Attilia et alia minuta.*

ATTILLAMENTUM, Instructio, instructus, apparatus : Italis, *Attillatura.* [Gall. *Agrés, Equipage, Attirail, Harnois, Attelage.*] Fleta lib. 1. cap. 25. § 9 : *Batellus cum onere omni, et Attillamento.* Lib. 2. cap. 85. de carrectario : *Ejus est scire phalera, Attillamenta.... carectis appendentia.*

¶ **ATTILLIATOR**, Idem qui *Artillator, Artilleriarum* fabricator aut præfectus. Littera Edwardi III. Angliæ Regis pro officio *Attilliatoris*, apud Rymer. tom. 4. pag. 510 : *Quia datum est nobis intelligi, quod in domibus nostris, pro Officio Attilliatoris deputatis, in diversis castris nostris, in Ducatu nostro Aquitaniæ plures defectus existunt hiis diebus, ita quod ingenia nostra... deteriorantur, etc.* Vide *Artillator.*

* **ATTILLUS**, *Astuto*, in Glossar. Lat. Ital. MS. Vide *Atillus.*

¶ **ATTIN**, Neptunus apud Suones, quem Othinum seu Odinum ipsum fuisse existimant aliqui; Odinus autem, ut aiunt, Troja in Sueoniam adveniens, ibi sedem fixit, condiditque civitatem, quam de suo nomine Sigi Sigtunam appellavit : hunc ut Deum post mortem sui coluere. Carolus Lundius in Zamolxi.

* Consule Jonam Ramum in libro quem inscripsit, *Ulysses et Outinus unus et idem.*

ATTINCTA, Attinctio, Attinctura, etc. Vide in *Attainctus.*

¶ **ATTINENTER**, *Appartenanment, Cousinanment*, in Catholico Lat. Gall.

¶ 1. **ATTINENTES**, Cousanguinei, affines, propinqui, apud Murat. tom. 2. pag. 214. col. 2. in Appendice ad Agnelli librum Pontif. : *Tandem hortatu Attinentium suorum... contra formam voti, promissionis et juramenti Cardinales creat.* Vide acta SS. Martii tom. 1. pag. 569.

** 2. **ATTINENTES**, Homines proprii, servitutis nexu devincti. Charta Comit. Solmens. ann. 1325 in Gudeni Cod. Diplom. vol. 3. pag. 227 : *Dantes jam dicto monasterio has litteras munimine sigillorum nostrorum, atque prefato Ywanno nobis antea Attinenti firmiter communitas etc.*

* *Atains* eadem notione, apud Belloman. MS. cap. 14 : *Se il n'a ne freres, ne sereurs, ou à ses Atains, etc.* Unde *Attenir*, in Lit. ann. 1404. tom. 9. Ordinat. reg. Franc. pag. 11 : *Nous considerans la prouchaineté de lignage en quoy nous Attient nostre très chier et tres amé cousin germain Charles roy de Navarre.*

¶ 1. **ATTINENTIA**, Consanguinitas, cognatio, affinitas, Gall. *Parenté, affinité*, a veteri Gallico, *Attenir.* In Catholico Lat. Gall. *Appartenance, Cousinage*, Occitanis *Attagné*, affinis. Apud Rymer. tom. 3. pag. 793. col. 2 : *Quatinus cum eisdem, ut non obstante dicta Attinentia, possint ad invicem copulari, dispensare.* Et tom. 4. pag. 149 : *Ob causas alligationum et Attinentiarum, inter ipsum Regem et nos existentes, idem Rex, etc.* Rursum pag. 157 : *Ob connexitatem Attinentiæ quæ est inter vestram et nostram domus regias, etc.* Vide Acta SS. Martii tom. 1. pag. 557.

2. **ATTINENTIÆ**, Appendices. Ericus Upsalensis lib. 4. Hist. Suecicæ pag. 134 : *Terras et Attinentias regni, etc.* Utitur etiam alibi. Thwroczius : *Tandem antedicti trini dextrarii solennes cum armis et operimentis omnibus ipsorum gloriosissimis, seu Attinentiis, etc.* [Vita B. Herlucæ n°. 42. tom. 6. Maii pag. 143 : *Udalricus Cluniacensis Attinentiæ apud Suevos præpositus.* Vide Ludewig. tom. 1. Reliq. MSS. pag. 56.] [** Chart. Carol. IV. Imper. ann. 1376. ap. Lunig. in Corp. Jur. feudal. tom. 1. pag. 388 : *Merum et mixtum imperium cum Attinentiis in jurisdictionibus diœcesis, quæ Freingereide vocantur, Archiepiscopo confirmamus.* Conf. Haltausii Gloss. Germ, col. 539.]

ATTINERE, Cæsarius Heisterb. lib. 6. cap. 5 : *In Parœcia S. Pauli, quæ Attinet Ecclesiæ S. Andreæ, etc.* id est, quæ proxima est; quomodo *Attenir* usurpamus. [** Q. Curtius lib. 6. cap. 2 : *Scythæ, qui in Europa sunt.... ad Tanaim.... Attinent.*]

* *Atoucher*, eod. sensu, dixerunt olim nostri. Chartul. episc. Paris. fol. 120 : *Veci l'escrit dou fief mons. l'esvesque de Paris, de ce que mons. Johan Baudoin chevalier tient en hommage. C'est asavoir son hebergement, qui est Atouchant au monstier S. Pere de Breteigni.*

¶ Attinere, etc. *Pertinet ad propinquos, ut iste mihi Attinet tali gradu.* Balbus in Catholico. Vide *Attinentes* et *Attinentia.* [** Johannis Andreæ Declar. Arbor. Consang. § 4 : *Si vis scire quoto gradu affinitatis Attinet tibi illa mulier etc.*]

* **ATTINGERE**, *Advenire*, in vet. Glossar. ex Cod. reg. 7646. Hinc *Advenir*, pro *Atteindre*, Attingere, in Lit. remiss. ann. 1401. ex Reg. 156. Chartoph. reg. ch. 82 : *Lequel Jehan estant sur ycelles sellettes pour Advenir plus hault à forer un harsel, pour clorre sa court, etc.* Vide alia notione supra in *Atingere* 1.

* **ATTINUARE**, Adscribere. Charta Frider. Colon. archiep. ann. 1117. inter Probat. tom. 1. Annal. Præmonstr. col. 539 : *Præfatus comes Adolphus ejusdem sylvæ jam dictas decimas, cum a me in beneficio teneret, ut eidem ecclesiæ Attinuarentur, sua voluntate coram omnibus mihi reddidit.* Sed legendum videtur *Attitularentur.* Vide *Attitulare* 1.

* **ATTIQUETA**, a Gall. ni fallor, *Etiquette*, Hominis statusque alicujus inscriptio. Stat. Avenion. lib. 2. art. 17 : *Nullus testis posthac examinetur, nisi prius data, ut vulgo dicitur, Attiqueta subscripta per partem, seu ejus procuratorem, eaque inseratur in principio examinis cujuslibet testis. Attiquet* vero, pro Schedula, syngrapha, Gall. *Billet, bulletin*, in Ordinat. milit. Caroli ducis Burg. ann. 1473 : *Chascun conductier, chief d'escadre et de chambre, sera tenuz de chevauchier avec ceux de sa charge, ... pour les contraindre de logier par Attiquetz et non autrement.*

* **ATTITIDARE**, pro *Attitulare*, Adscribere. Vide in hac voce. Charta ann. 1185. apud Ludewig. tom. 11. Reliq. MSS. pag. 562 : *Ipsa bona in dotis supputationem illi ecclesiæ Attitidentur, fratribus tantum omnem fructum exinde obvenientem, libere, et integraliter percipientibus.*

1. **ATTITULARE**, Adscribere. Charta Conradi Episcopi Pataviensis ann. 1156 : *Ecclesia Richerspergensis... licet jure fundi ad Archiepiscopum Salzburgensem respiciat, tamen ex Ecclesiastico regimine Attitulata est Ecclesiæ nostræ, utpote sita in diœcesi Pataviensi* : id est, *pertinet ad Ecclesiam nostram.* Albertus Aquensis lib. 7. cap. 6 : *Centum equites cum 200. peditibus Ramæ Attitulavit, qui assidue cives Assur impugnarent* : id est, imposuit, *mit en garnison.*

2. **ATTITULARE**, Dedicare, consecrare. Rupertus in Præfat. ad libros de Divinis officiis : *Multa eorumdem operum tuo nomine Attitulavi, nonnulla nomine Domini Coloniensis Archiepiscopi* : id est, tibi dedicavi, consecravi [Tabularium Reinhartsborn. ad ann. 1109. inter Vindem. Litter Schannatti pag. 111 : *Contestor per Deum ejusque piissimam Genitricem, cujus honori et nomini isdem locus Adtitulatur.* Vide *Titulus.*]

¶ 3. **ATTITULARE**, Referre titulos vel summaria rei tractandæ. Acta SS. Aprilis tom. 2. pag. 680 : *Hoc ad præsens sufficere puto, si genera infirmitatum et modos curationum summatim Attitulare potero.*

¶ 4. **ATTITULARE**, Inscribere matriculæ seu catalogo Clericorum cujusdam Ecclesia, apud Ludewig. tom. 2. Reliq. MSS. pag. 399 : *Norbertus Dei gratia Magdeburgensis Episcopus... Repperi Ecclesiam B. Mariæ adeo extenuatam, quod duodecim Clericis non sufficerent alimenta... Nos itaque de eadem Ecclesia exeuntes... aliis Ecclesiis in civitate eos Attitulavimus, quosdam in Ecclesia B. Nicolai collocavimus, etc.* Vide mox *Attitulari.*

5. **ATTITULARE**, Titulum libro apponere, dare. Rufinus de Origene : *Ex his præcipue libris, quos* περὶ ἀρχῶν *Attitulavit.* Galli dicunt *Intituler.* [** Thietmar. Chron. lib. 8. cap. 8. ap. Pertz. Monument. vol. 5. pag. 866 : *Iste annus quo hunc Attitulavi librum, nativitatis meæ quadragesimus est primus.*]

ATTITULATI dicuntur *Presbyteri Ecclesiarum*, in Charta ann. 1220. in Tabular. Drocensi fol. 44. v. Vide *Titulus.* Nos *Habituez* vulgo appellamus.

¶ **ATTITULATIO**, *in Collegio Sanctorum.* Adscriptio in Sanctorum numerum. De Translatione B. Edmundi Cantuar. Archiep. apud Marten. tom. 3. Anecd. col. 1861 : *Ecce enim facta est ejus canonizatio et in sanctorum Collegio Attitulatio in Dominica, qua Gaudete in Domino, decantatur.*

¶ **ATTŒDIARI**, Tædio affici. Nicolai Episcopi Botrontin. Relatio de itinere Italico Henrici VII. Imper. apud Murat. tom. 9. col. 908 : *Nuntius noster de tanta mora Attœdiatus, qui etiam pro se ipso hospitium non habebat, recessit.* Vide *Attædiare.*

ATTOGATIO. Glossæ veteres : *Attogatio, Paradisis* : παρένδυσις emendat Casaubonus : id est, toga, quæ tunicis superinduitur.

¶ **ATTOLLENTIA** Corporis, Elevatio corporis e tumulo, quod ultimum erat canonizationis argumentum, apud Marten. tom. 1. Ampliss. Collect. col. 708 : *Cujus (Gerardi) ego Alexander Dei gratia Leodiensis Episcopus licet indignus, divina revelatione et præceptis salutaribus monitus, nec non et mandatis domini Papæ Innocentii... delegatus, hac die recolo sancti corporis Attollentiam.*

¶ **ATTOLLITUS**, *Media brevis*, est eleva-

tus, vel quasi quodam pavore concussus. Ita in veteri vocabulario Juris utriusque. [** In edit. ann. 1517. est *Attonitus.*] Ubi *Attollitus* pro *Attonitus* simul et *Elevatus.*

* **ATTONARE**, *Estonner*, in Glossar. Gall. Lat. ex Cod. reg. 7684. *Abaubir*, eadem notione, apud Phil. *Mouskes*, ubi de prælio Bovin. :

Maintefois oissiez le jour
Crier Montjoie sans sejour ;
Cis mos esmaia les Flamens,
Cis mos leur fu paine et tormens,
Cis mos les a tous Abaubis.

Mirac. MSS. B. M. V. lib. 2 :

Un miracle voel raconter
Por Abaubir chans et donter,
Qui sains et saintes ne redoutent.

Le Roman *de la Male-marastre : Quant li autres ot ce oï, si furent moult Abaubi.* Italis, *Abbabare*, eodem significatu.

* **ATTONIA.** Alex. Iatrosoph. MS. lib. 2. Passion. cap. 34 : *Hoc igitur medicamen, si sine dyagridio est, eis facit qui Attoniam ventris patiuntur.* Ubi Glossæ : *Attonia, defectus vel imbecilitas.* Vide *Atonia.*

¶ **ATTONSURA**, pro *Tonsura.* Locum vide in *Chiripilatio.*

* **ATTORALLA**, an ab Ital. *Attorcere*, Torquere, contorquere, Inquisit. ann. 1196 apud. Cencium inter Cens. eccl. Rom. : *Item si in buinino Attoralla usque ad campum Anselmi aliquis diroiaret, perderet rodium, et tres solidos dabit curiæ.* f. Nomen loci.

ATTORNAMENTUM, ATTORNARE, etc. Vide in *Atturnatus* et *Atornare.*

* **ATTORNARARE**, pro *Attornare*, Procuratorem constituere. Vide in *Atturnatus.* Scacar. S. Mich. apud Rotomag. ann. 1233. in Reg. S. Justi ex Cam. Comput. Paris. fol. 24. r°. col. 2 : *Judicatum est quod maritus potest Attornarare uxorem suam ad petendum terram suam et ad sequendum querelam.*

* **ATTORNIARE**, Negotium alicui committere, curam demandare, Chartar. Norman. ex Cod. reg. 4653. A. fol. 69 : *Attorniati fuerunt quatuor homines de unaquaque communia ad unumquemque carnellum custodiendum et hurtandum.* Vide in *Atturnatus.*

1. **ATTRACTARE**, Attrahere, persuadere, Gall. *Attirer.* Leges Luithprandi Regis Longobard. tit. 94. § 2 : *De, illa muliere, quæ se turpiter Attractare permittit, etc.* [Pro *Attrectare, Manier, toucher*, dictum puto.] [** Luithpr. 122. (6, 69.); respicit ibi cap. 121. quod non est apud Heroldum, unde Cangii error. Muratorius habet *Adtrectare.*]

* 2. **ATTRACTARE**, pro Tractare, Gall. *Traiter.* Conc. Rem. tom. 10. Collect. Histor. Franc. pag. 527 : *Ad hæc Arnulphus, teneri se ab hostibus conquerabatur, nec aliquando se vidisse episcopum sic Attractatum, etc.*

¶ **ATTRACTIUS**, Lentius. Spicil. MS. Fontanellense pag. 239 : *Istoria legitur rotundius, omelia Attractius.*

1. **ATTRACTUS**, idem qui *Contractus*, mancus, membris captus, Italis *Attratto, ritratto, storpiato, impedito dalle membre.* Vita S. Niceti Episcopi Lugdun. n° 8 : *Dæmoniacis remedium, Attractis vigorem integrum... confert.* Vide *Contractus.*

2. **ATTRACTUS**, Facultas, quam habet dominus feudi, retinendi homines alterius dominii, ita ut a propriis dominis repeti non possint. Charta Hugonis Ducis Burgund. ann. 1172. pro fundatione S. Capellæ Divionensis, apud Perardum : *Concessi ... ut videlicet Clerici ei deservientes liberum habeant Attractum in villa Divionensi, eodem modo, quo habeo, id est, libertatem retinendi homines, eandem quam habeo in villa Divionensi.* Eadem habentur in Chartis Odonis Ducis ann. 1201. et 1202. pro Communia Belnensi. Occurrit præterea in alia ejusd. Odonis. ann. 1196. pag. 341. et alia Milonis D. Noeriorum ann. 1239. pag. 245. 272. 275. et 444. Charta Goffredi Comitis Andegavor. de Consuetudinibus terræ S. Sergii, apud Sammarthanos : *Birbiagium etiam de toto Attractu in omnia ovilia illorum dominica per universas terras suas, excepto Attractu extraneorum hominum, de quibus ipsam consuetudinem habere dinoscor.*

☞ Ubi de bonis immobilibus seu agris sermo est, *Attractus* Gallice dicitur *Attrahiére, Attraiere, Extraiure, Estreiure*, et interdum *Escheance.* v. g. *Terres vacantes par Attrahiere* dicuntur reorum damnatorum, *albanorum*, nothorum aut servorum agri, quos dominus ad se *attrahit* quovis modo, quamvis sint ex alterius justitia vel dominio. Vide Glossarium D. *de Lauriere* in hac voce, et infra 5. et 6.

3. **ATTRACTUS**, in Jure Hungarico, Reus, cui lis intenditur, in jus tractus, *Elo idez tetot.*

¶ 4. **ATTRACTUS**, ATTRACTUM, Acquisitio, illa præsertim, ut arbitror, quæ labore fit vel industria, in quo distinguitur a *Comparato*, quod fit dato pretio, vel etiam gratuito. Hinc in Testamento Widradi Abbatis Flaviniac. : *Et si aliquid comparavero vel Adtraxero.* Diploma Ludovici Pii ann. 824. inter Acta SS. Aprilis tom. 2. pag. 73. f. : *Ut, quantumcumque memorata Ecclesia S. Zenonis per donationem nostram vel dicti germani nostri, et Rotaldi prædicti Episcopi vel cæterorum fidelium traditione, vel ipsorum comparatu, seu quolibet Attractu juste et legaliter habere dignoscitur.* Charta Theoderici II. Regis Franc. pro Monasterio Bertinianio apud Miræum tom. 1. Diplom. Belgic. pag. 128. col. 1 : *Quidquid eo tempore possidebant aut adhuc in antea ex munere Regum vel de collato populi seu de comparato aut de comparando, aut de quolibet Attracto.* [* Vide in *Adtrahere.*]

* 5. **ATTRACTUS**, Locus in quo dominus, qui jure *Attractus* gaudet, retinere potest homines alterius dominii. Libert. castri S. Joan. ann. 1227. tom. 4. Ordinat. reg. Franc. pag. 387. art. 7 : *Volo autem ut illi quos in Attractu castri mei sancti Johannis retinui vel retenuero, liberi sint cum omnibus rebus suis.* Vide supra 2.

* 6. **ATTRACTUS**, idem videtur quod *Espava*; Jus nempe in animalia aberrantia; vel animalium quæ in damno sunt, captio et emenda ob id exsolvenda. Charta ann. 1060. inter Probat. Hist. Sabol. pag. 353 : *De omni quoque Attractu extraneorum porcorum, quem monachi facient in boscho de Jarziaco, habebunt monachi medietatem, et dominus de Jarziaco aliam medietatem.*

* 7. **ATTRACTUS**, Canalis, in quem aqua attrahitur. Reg. Philip. Aug. 34. bis in Chartoph. reg. part. 1. fol. 96. v°. col. 1 : *Si inpejoraret fossatum pro suo Attractu faciendo, ipse reficiet tam bonum, vel melius, vel quocumque modo inpejoraret.*

** **ATTRAHERE**, Tueri, defendere. Charta Philippi Aug. ann. 1195. ex Chartul. S. Nigasii Mellet. : *Præcepit etiam idem Galeranus.... omnibus baronibus, servientibus atque fidelibus suis, ut mercatum sancti Nigasii custodiant et Attrahant melius, quam si theloneum esset suum proprium.* Non multum dissimili notione, nimirum pro Alere, sustentare, *Attraittier*, in Lit. remiss. ann. 1392. ex Reg. 144. Chartoph. reg. ch. 174 : *Lequel Mahieu avoit tenue et Attraittiée avecques lui par long temps la mere dudit Estiennot. Attrairesse* vero, quæ inescat, decipit, in aliis ann. 1389. ex Reg. 138. ch. 3 : *La femme et lui se facherent, ... elle l'appella sanglant sourt; et lui l'appella sanglante ordure, tu n'es qu'une Attrairesse de ton mary.*

* **ATTRAMENTARIUM.** Vide supra *Atramentarium.*

¶ **ATTRAYTUM**, Rudera, Gall. *Demolitions*, illa maxime, quæ e parietinis *Attrahi* possunt ad ædificandum utilia; hinc vocis etymon. Computum Fratris Chaberti præpositi a Delphino ad ædificationem Monasterii Montisfluriti tom. 1. Hist. Dalphin. pag. 85 : *Pro quibus ædificiis faciendis noster Dalphinus... eisdem assignavit et concessit Attraytum ædificiorum infra scriptorum pro 200. florenis auri.* 1°. *Attraytum medietatis magnæ turris a parte interiori, sicut protenditur murus de versus buccurionem. Item et Attraytum duarum cannarum et coquinæ sequentium. Item Attraytum muri, qui est ante eandem supra portam. Item Attraytum parietis existentis inter capellam et magnam aulam. Item Attraytum alterius muri, etc.*

¶ **ATTRIBUERE**, Tribuere, Dare. Annales Benedict. tom. 5. pag. 620 : *Novas nuces collegi et ei Attribui.*

* *Attrosser*, pro *Adjuger*, Rem auctione alicui addicere. Lit. remiss. ann. 1472. in Reg. 197. Chartoph. reg. ch. 342 : *Les dismes des blez de la parroisse de Marmeignes.... furent baillées et Attrossées .... aux plus offrans, etc.*

* **ATTRIBUTA**, Desponsata, Gall. *Accordée, fiancée.* Charta ann. 1307. in Chartul. S. Mart. Augustodun. : *Nos Guido quondam filius Hugueti, dicti Poille de stabulis, et Alaisonna quondam filia Regnaudi, dicti Costier, ejus Attributa causa matrimonii, etc.*

¶ **ATTRIBUTARIUS**, Tributarius, qui tributum solvit. Concil. Jaccense ann. 1063. inter Hispan. tom. 3. pag. 229 : *Donamus... Deo et beato Piscatori omnem decimam nostri juris, auri, argenti, frumenti, seu vini, sive de cæteris rebus quas nobis Attributarii sponte aut coacte exsolvunt.*

* **ATTRINSSIT**, pro *Attinxit*, loco Attigit, a verbo Attingere, Gall. *Atteindre.* Vide supra *Attingere* 1. Lit. remiss. ann. 1397. in Reg. 152. Chartoph. reg. ch. 213 : *Dictus Guillelmus accepit quemdam lapidem grossum, quem projecit contra dictum Johannem, quem Attrinssit et percussit uno ictu in capite.*

* **ATTRITUS**, Exercitatus, versatus : nostris, *Rompu*, eadem notione. Comment. Jac. Picinini lib. 6. apud Murator tom. 20. Scrip. Ital. col. 113 : *Duo patritii viri, sa-*

tis in conficiendis rebus Attriti, Brixiam a senatu demissi sunt, Ursatus Justinianus et Paschalis Mari Petro.

ATTRONCARE, [Truncos lustrare et recensere, Gall. *Soucheter*. Hujusmodi truncorum examen fit ab iis qui aquis forestisque præficiuntur, ut si fieri possit eos, qui arbores furtim succiderint, deprehendant. Hinc *Attroncatus* dicitur qui facta truncorum lustratione apud se habere arbores succisas deprehenditur ejusdem modi, qualitatis, etc. quorum sunt trunci lustrati.] Libertates MSS. villæ S. Desiderii in Campania ann. 1228 : *Si aliquis servientium domini... aliquem invenerit in nemoribus suis abbatantem, pro forefacto illo equi, boves, et biga, qui ibi inventi fuerint, erunt in voluntate Domini. Si vero ita esset, quod ipsum, qui abbatavit in dictis nemoribus, infra leucam bannatam inveniret, ipsum per Scabinos, si posset, Attroncaret; et si Attroncare posset, equus, boves, et biga, qui ibi deprehensi essent, erunt in voluntate domini. Ille vero qui collo portabit, si in dictis nemoribus deprehensus fuerit et Attroncatus, sicut supra diximus, forefactum illum per* 60. *solidos emendabit.*

¶ **ATTURACIO**, λιβανωτὰ, *Sacrificium ex thure*, in Supplemento Antiquarii.

ATTURNATUS, Atturnare, Atturnamentum, Atornatus, etc. Voces forenses. *Atturnati* et *Attornati* dicuntur in Jure Anglico et Normanico, Procuratores, qui aliena negotia, ex speciali mandato, in foro agunt, et dominorum suorum jura tuentur ac promovent. Breviloq. : *Atornati dicuntur Procuratores apud acta constituti, in C. un. de Stat. Monach. lib.* 6. § *Porro.* Vetus Jus municipale Norman. MS. 1. part. distinc. 2. cap. 16 : *Li Atorné, est cil qui pardevant Justice est Atorné pour aucun en Eschequier, ou en assise, ou il aet recort, pour poursuivre et pour deffendre sa droiture. Et si doit estre receu en autre tel estat de la querelle, comme celluy en est a li Atorné. Et quant il l'a Atorné, li Atornez ne doit estre de rien oïs, fors de la querelle, dequoy il est Atorné, etc.* Charta Henrici Regis Norvagiæ apud Walsing. pag. 58 : *Constituimus et ordinavimus... nostros veros et legitimos Attornatos et Procuratores.* Ingulfus : *Et prædictas villas in suam possessionem, tanquam Atturnatus dictorum senum, eorum nomine tituloque recepit.* [*Madox* Formul. Anglic. pag. 127 : *Reddendo inde annuatim nobis prædictis Priori et Conventui, et successoribus nostris, seu nostris Attornatis sex denarios sterlingorum, etc.* Vide Marten. tom. 4. Anecdot. col. 805. et D. *de Lauriere* tom. 1. Ordinat. Reg. pag. 254.]

* Hinc *Atournez* nuncupantur, qui alibi *Adjutores* vel *Adsessores*, ii scilicet qui magistratibus seu urbium præfectis ad consilium adjungebantur, in Ordinat. ann. 1358. tom. 3. Ordinat. reg. Franc. pag. 232. art. 27 : *Que les esleuz facent l'inquisicion et compte du nombre des feux ès bonnes villes et citez, appellez les maires desdites villes ou Atournez, là où il aura maires ou Atournez.*

☞ Quemadmodum vero Romanis olim non licebat per procuratores causas suas agere, sic Francis nostris citra Principis rescriptum per *Attornatos* experiri aliquando non licuit. Consule notas Cl. V. Bignonii in cap. 21. lib. 1. Formul. Marculfi. Idem usus apud Anglos quoque invaluit ut ex Brevi a D. *de Lauriere*, in hanc vocem relato in Glossario juris Gallici manifestum est.

Attornare, Procuratorem constituere ad rem quampiam. Bracton. lib. 2 : *Item videndum est, si dominus Attornare possit alicui homagium et servitium tenentis sui contra voluntatem ipsius tenentis, et videtur quod non.* [Eadem notio est, quæ sequentis]

¶ Attornare, Atornare, Rem, censum, prædium, aut vassallum in alterius dominium transferre. Fleta lib. 3. cap. 6. in princip. : *Dare autem poterit quis juste omnino quod suum est... ut fidelitas et servitium tali donatori Attornentur, etc.* Chartular. Fontanellense tom. 2. pag. 1387 : *Ego Guillelmus de Busco Attornavi et Attornationem feci Abbati et Conventui S. Wandregesili unam peciam vineæ sitæ apud vicum Lutosum, etc. Datum ann.* 1279. Concessio Henrici Vicarii de *Weston* pro Ecclesia S. Mariæ de *Oseney*, ann. 1275. apud Kennettum Antiquit. Ambrosden. pag. 283 : *Quos quidem quatuor solidos et duo solidos de tenementis prædictorum Adæ et Thomæ Attornavi ad unam pietantiam faciendam in Conventu Osneiensi annuatim in perpetuum in die anniversarii mei obitus pro anima mea.* Chartularium S. Fromondi in Charta Henrici *de Val* : *Quem Radulfum porcarium eisdem Religiosis cum homagio Atornavi et penitus dimisi... pro hac autem venditione et Atornatione præfati Religiosi dederunt mihi* 15. *solidos Turon.* Ter quaterve occurrit ibidem et eodem intellectu. Lobinellus Hist. Britan. in Glossario : *Scitote quod homagium, quod nobis debetis, Atornavimus Andreæ de Vitreio, unde vobis mandamus, ut illud eidem Atornetis.* Eadem vox pluries occurrit eodem intellectu in variis Chartis Archivi B. Mariæ de Bono Nuncio Rotomag. Semel etiam aut iterum pro *Constituere procuratorem.* Vide librum Nigrum Scaccarii pag. 65. et 112.

¶ Attornare *aliquem ad aliquid solvendum*, Delegare alicui debitorem, Gall. *Transporter une dette.* Conventio anni 1212. apud *Madox* Formul. Anglic. pag. 82 : *Osbernus Persona Ecclesiæ de Doudelebere... fide corporaliter præstita Attornavit nobis ad solutionem faciendam terminis statutis Alexandrum Capellanum suum; qui Alexander, sacramento corporaliter præstito, promisit se fideliter et absque omni contradictione et fraude, nobis de redditu nostro, videlicet de quadraginta et quinque solidis, terminis statutis satisfacere; dictus vero Osbernus, fide corporaliter præstita, promisit se non compulsurum Alexandrum Capellanum de solvendo sibi redditu, quem nobis Attornavit, quo minus Alexander redditum nostrum; prout nobis Attornatus est, terminis statutis reddat... Plegios posuit Alexandrum decanum, etc. Factum est hoc anno quarto generalis Interdicti tocius Ecclesiæ in Anglia.* Interdictum hic memoratum ab Innocentio III. PP. latum incœpit ann. 1208. septemque annos duravit. Vide Spondanum ad ann. 1208. Tabularium Fontanellense tom. 2. pag. 1275 : *Salvis tamen* 3. *denariis annui redditus Rogero Ventru capitali domino prædictæ masuræ, cui Attornavi dictos Religiosos dictos denarios ad natale Domini soluturos.*

¶ Atturniare, Eadem notione. *Madox* Formulare Anglican. pag. 158 : *Sciant præsentes et futuri, quod ego Henricus de Lega dedi et quietum clamavi Willelmo de Hadele, totum jus et dominium, quod ad me et ad hæredes meos pertinet, in illo tenemento, quod Willelmus filius Hosmundi de Sarpeham de me tenuit; pro* XII *denariis annuatim reddendis mihi et hæredibus meis, et prædictos* XII. *denarios præfato Willelmo de Haddele Atturniavi, tenendos sibi et hæredibus suis, vel cui assignare voluerit, libere et quiete in perpetuum in escambium quatuor averiorum et unius auræ, etc.*

¶ Attornatio, Atornatio, Eadem notione. Tabularium Fontanellense tom. 2. pag. 1607 : *Noverint universi, quod ego Johannes le Paumier de Lebecort.., assignavi et Attornavi viros Religiosos dominum Abbatem et Conventum S. Wandregesili super masuram meam de Liebecort de novem sol. Paris.... ad festum S. Remigii annuatim persolvendis... quos novem sol. Paris... tenebamur reddere dictis Religiosis super campum de la Conarde annuatim... Et ut assignatio et Attornatio rata sit et stabilis, etc.* Alios locos videsis in *Attornare.*

¶ Atournare, Procuratorem constituere. Charta ann. 1314. ex archivo Veteris villæ : *Ita quod aliquem hominem ex uno dictorum feodorum mihi et hæredi meo Atournabant, qui homagium pro eis faciet inde nobis.*

Attornamentum, Ipsa procuratio. Apud Littletonem sectio 551. inscribitur de *Attornement.*

¶ Attornatio, Idem, in Legibus Norman. cap. 67. apud Ludewig. tom. 7. Reliq. MSS. pag. 272 : *Cum enim Attornatio in curia fieri habeat, que recordationem valeat reportare, si in absentia partis adverse facta fuerit, ejus condicio affirmabitur minus juste.*

☞ Observandum autem in Britannia minori neminem olim in saisina cujuslibet jurisdictionis recens acquisitæ fuisse constitutum nisi per *Attornationem. Hæc eo lubentius dico*, inquit *d'Argentré* in articulum 265. Antiquarum Consuetud. Britan. cap. 10. num. 31 *quoniam ad nostram memoriam, atque etiamnum non aliter tribunalia nostra tales possessiones in jurisdictionalibus apprehendi posse censebant, quam per Attournances et Avirances, ut loqui solent. Hæ vero delegationes erant subjectorum ab auctore acquirenti factæ, quas alibi dimissiones fidei vocant, cum vassallus ejurato prioris domini obsequio et fide, novo se sacramento novo item domino acquirenti obstringebat, idque jussu auctoris.*

¶ Attornatus, Ad aliquid constitus, destinatus. Recognitio de firmitate villæ Ebroicensis apud Marten. tom. 1. Ampliss. Collect. pag. 1062. B : *Et viderunt quod timorem habuerunt de obsidione, et Attornati fuerunt quatuor homines de communia ad unumquemque quernellum custodiendum et hurdandum eum.*

Attornamentum, [Gall. *Attournement*,] Spelmanno, [sed strictiori significatione] est transitus vassalli, seu tenentis, ab obsequio domini vendentis, in obsequium ementis, quod fit vel traditione denarii, vel præstatione fidelitatis, vel nudo ipso in venditionem assensu. [Skinnero etiam in Etymol. vocum forensium, *Attornamentum* dicitur de colono vel inquilino ubi dominum mutat, id est, ubi dominum novum agnoscit, ab antiquo Fr.-G. *Attourner, s'Attourner*, se convertere, id est, ad novum dominum seu patronum se conferre. Verum *Attornamentum* latiori significatione interdum usurpari potuit, qua scilicet *Attornatio;* de quo mox dictum fuit.] Vide Rastallum.

Prædictis addere lubet quasdam regulas, et axiomata de *Atturnatis* seu Procuratoribus, quæ habentur in Regesto primo Joannis de S. Justo in Camera Computorum Paris. in Scacariis Normanniæ: *Attornari non potest aliquis, etiam in scacariis, ante terminum 1. currentem assignatum, sicut vidi in scacario de Domino de Veteriponte, qui fecit citari Joanneiri de Bruecourt in scacario, et statim voluit facere attornare, quod facere non potuit. Attornatus non potuit facere attornatum. Attornatus non potest fieri per litteras nisi volens et consentiens. Attornatus non potest mutari nisi volens et consentiens. Attornatus non fit ab aliquo nisi post causam motam, etc.* In Scacario Paschæ ann. 1217 : *Judicatum est, quod sustinens placitum, et non est Aturnatus, in misericordiam debet esse.* Aresta ann. 1294. in Reg. Parl. B. f. 105 : *Ordinatum fuit in isto Parlamento, quod in Normannia absens possit institui Attornatus.* Attornatus non potest fieri sine brevi Cancellariæ. *Miror* cap. 5 : *Abusion est à reteiner Atorny sans breve de la Chancerie.* Idem de his, qui Attornati esse possunt, cap. 2. sect. 11 : *Attornés poient estre tous ceux aux queux le y veuille suffrer : fems ne poient estre Attorneyes, ne enfans, ne serfe, ne nul, qui est en garde ou auterment faut de foy, ne nul criminous, ne nul essoigne, ne nul que n'est à la foy le Roy, ne nul que ne poet estre counter, etc.* Adde Radulf. de Hengham in Magna cap. 7. *de Attornatis faciendis.*

ATTORNATUS REGIS, Regius Procurator vel Advocatus.

¶ ATTORNATUS GENERALIS D. Regis, apud *Madox* Formul. Anglic. pag. 236.

¶ ATTORNATOR, ut *Atturnatus*, Procurator. Liber Niger Scacarii pag. 528 : *Fecit Reginaldum Haddam, confratrem suum, Attornatorem ad recipiendum seisinam de bosco de Grenefort.*

Horum vocabulorum etymon a Gallico, *Tourner*, accersunt plerique, id est, vertere, commutare, rem unam in vicem alterius dare. Alii *Atturnatos* dictos censent, quasi *ad Turnum*, id est, ad vicem alterius constitutos : ego vero potius censuerim a *Turnis Vicecomitum*, id est placitis et assisis, vocem effictam, quia *ad turnum* seu ad placitum citabantur rei, et in jus vocabantur.

¶ **ATUBUS**, μολίλογος, [** μογιλάλος,] μόγγος, *Blæsus*, in Supplemento Antiquarii.

** **ATUNUS.** Vide *Autunus.*

ATZEMBLARIUS. Vide *Azemblarius.*

* **AU** vel OU Pagum olim lingua Germanica significasse, auctor est Valesius in Notit. Gall. pag. 361. col. 2. quem consule. [** Confer Graffii Thesaur. Ling. Franc. vol. 1. col. 504.]

¶ **AVA**, Avia, Gall. *Aïeulle.* Necrolog. S. Mariæ Novellæ tom. 2. Junii pag. 402 : *Domina Tetsa uxor Vitalis et Ava Fr. Joannis Dominici cum habitu ordinis* 1381.

AVAGANT. Usatici Barcinonenses MSS. cap. 101 : *Mariti uxores suas reptare possunt de adulterio, etiam per suspicionem et illæ debent se expiare inde per illorum Avagant per sacramentum, et per batayam, si ibi fuerint manifesta indicia, vel competentia signa.* [** Pragmat. Catal. lib. 9. tit. 8. cap. 2.] Ubi forte per *Avagant*, Advocati, sive Campiones intelliguntur, per quos duellum iniri statuitur.

¶ **AVAL**, Ducere *Aval*, Idem quod *Avalare.* Computus gener. redituum Regis Franc. ann. 1202. apud D. *Brussel* Tract. de Usu Feud. tom. 2. pag. 193 : *De quatuor ferratis faciendis et pro vino ducendo Aval, xviij. l.*

* **AVALAGIUM**, Præstatio ex anguillis et piscibus, qui in gurgitem vel nassam descendunt, vel ipsa eorumdem captio, Gall. *Avalage* et *Avalison :* unde vocis etymon a Gall. *Aval*, Deorsum, rectius deducas, quam ab *Avaloire*, Guttur, fauces, ut in *Avaloriæ* videre est. Charta Phil. Pulcri ann. 1302. in Lib. rub. Cam. Comput. Paris. fol. 450. r°. col. 2 : *Herbagium et Avalagium anguillarum vivarii nostri de Andeliaco. . . . tenuerunt et habuerunt. Volumus et concedimus eidem Andreæ, quod dicta herbagia et Avalagium, una cum dicta custodia, teneat.* Alia ejusd. reg. ann. 1313. in Reg. B. ejusd. Cam. fol. 152. v° : *Donamus vigenti octo libras Paris. annui redditus. . . . super coustumam Avalagiorum archæ magni pontis Paris.* Charta ann. 1339. in Reg. donor. Caroli IV. et Phil. VI. ex ead. Cam. fol. 163. r° : *Nos dittes gens. . . . ont assigné. . . . au roi de Boeme. . . . . . à Filayns le chargage et barrage, la chaucié, l'Avalage et coupples.* Alia ann. 1353. in Reg. 82. Chartoph. reg. ch. 256 : *Item la pescherie, les herbages du vivier de Gamaches, et l'Avalison d'icellui pour xl. livres Parisis de rente par an.* Vide *Advaleia* et in *Avalare.*

* **AVALANTIA**, Clivus, declivitas, Gall. *Descente.* Charta ann. 1347. in Reg. 76. Chartoph. reg. 15 : *Item medietas totius illius orti dicti Bertrandi, siti subtus Avalantiam sive leprosariam.* Hinc *Pierre avaloere* appellatur Lapis devexe positus, in Charta ann. 1331. ex Reg. 66. ch. 518 : *Pourront aussi donner congié de mettre pierres Avaloeres, au moins de dommage que l'en pourra, et de faire sailliées, fenestres saillans pour estaux.* Præterea *Avalouere* dicitur pars quædam instructu sequi jugatorii quæ nostris ephippiorum artificibus *Culeron* nuncupatur, in Stat. ann. 1350. tom. Ordinat. reg. Franc. pag. 371. art. 193 : *Une Avalouere garnie de merliers de cuir, la meilleure huit sols. Avaluire*, eodem sensu, in Comput. MS. Clareval. ann. 1364. fol. 3. v°.

AVALARE, In mari, aut fluvio, deorsum navigare, vel e montibus aut collibus descendere. *Aval* enim nostris est locus inferior, depressus. Charta Philippi Aug. Reg. Francor. ann. 1207. apud Duchesn. in Normannicis pag. 1063 : *Nullus mercator cum mercatura sua poterit transire Rotomagum per Sequanam ascendendo, vel Avalando.* Et infra : *Naves quoque... poterunt ascendere et Avallare per aquam Sequanæ.* Aresta ann. 1293. in Regest. Parlam. B. fol. 100 : *Quod quicumque mercatores undecumque sint, cum mercibus suis ascendendo et Avalando possint transire pontem Rotomagi, etc.* Charta Philippi Reg. Franc. ann. 1219. in Tabul. S. Genofevæ Paris. : *Tres partes illius redditus, quem pater eorum habuit in Avalagio Sequanæ versus S. Dionysium, etc.* Historia Bellorum sacrorum MS. : *Et tant attendirent, kil virent ke Sarazins Avaloient les montagnes d'autre part.* Froissart. 3. vol. cap. 102 : *Ils passerent outre le plus tost qu'ils peurent, et s'Avalerent devers Brabant.* [Concordata inter Ecclesias S. Quintini et S. Præjecti, ex altero Chartulario Monasterii S. Quintini in Insula pag. 96 : *Et le trou tenant à ladite en Avallant aura 7. pieds, et les deux ailes de montée chacune aura 50. pieds.*] Cantipratanus lib. 1. cap. 11 : *Descensus notularum in ipso cantu, quos Galli Avallées dicimus.* [* Idem quod vulgo *Roulemens*, vocis inter canendum inflexiones, volutationes.] Ita *Avallare* usurpant Itali. Dantes in Purgat. cant. 8 :

Or Arvalliamo hormai
Tra le grandi ombre.

AVALISON. In Computis Domanii Comitatus Pontivi ann. 1369. 1409. etc. mentio fit *des Avalisons du Vivier de Haut lés Rue, etc. de l'Avalison du noc volant dudit Vivier*, id est, de evacuationibus aquarum vivarii. [An non melius in Diplomate Walterii de Nisella ann. 1235 : *In illo feodo, quod de dicto Vicecomite teneo super aquam meam apud Nisellam in quibus de eorum proventibus, et in descensu anguillarum, sive quorumcumque piscium in nasses rayarum dictorum molendinorum descendentium, quod vulgariter dicitur Avalesons, etc.*]

¶ AVALARE, Demittere, deponere, Gall. *Avaler, Descendre aval.* Hinc Gall. *Avalage*, Doliorum vini in cellam demissio. Chartul. S. Cornelii Compend. : *Quædam corda ad vinum Avalandum.*

* Lit. remiss. ann. 1355. in Reg. 84. Chartoph. reg. ch. 476 : *Detecto culo suo, brachis suppositis seu Avalatis clamabat, etc.*

¶ **AVALLATIO**, Idem quod mox *Avaloriæ.* Index MS. Beneficiorum Eccl. et Diœc. Constantiens. fol. 41. v°. e Musæo D. *de Cangé : Rector habet duas virgatas terræ et unum quarterium frumenti annuatim supra molendinum Renaut et medietatem anguillarum venientium ad Avallationem dicti molendini.* Vide supra *Avalison* in *Avalare.*

¶ **AVALORIÆ**, Fauces piscariæ circa Ligerim dictæ *Avaloirs*, alibi *Gords, Montoirs, Pescheries.* E cratibus palisque in clathrorum modum dispositis in alveis fluminum construuntur, ad salmones et maxime anguillas, cancrosque capiendos, quos aquarum lapsu raptos sorbent et deglutiunt. Hinc vocis etymon, Gallis enim *Avaloire* est guttur, fauces, et *Avaler*, Deglutire. Charta Rainaldi de Nivernis pro Fonte-Morigniaco inter Instrum. tom. 2. Galliæ Christ. pag. 69 : *Concessi totum censum de isla Berta in jure perpetuo possidendum et piscationes in Ligerim juxta eam islam habere et Avalorias ad pisces capiendos facere, etc.* Vide supra *Avalison* in *Avalare.*

* Rectius a Gall. *Aval*, Deorsum, quam ab *Avaloire*, Fauces, deduci videtur, ut jam monuius supra in *Avalagium.*

AVALTERRÆ. Matth. Paris ann. 1249. pag. 516 : *Hic quoque Comes Hugo navem mirabilem paraverat in Regno Scotiæ,... in qua transfretari cum Boloniensibus et Flandren-*

sibus, et cum illis qui vulgariter de Avalteris dicuntur, posset audacter. Additamenta ad eumdem Paris pag. 146 : *Orta est contentio lamentabilis inter Flandrenses, qui dicuntur de Avalterre, et Francos illis partibus conterminos.* Ubi indubie *Avalterræ*, sunt eæ provinciæ, quas continet Germania inferior, *le Pays-Bas* etiamnum dicta : *Aval* enim idem valet quod inferior, quasi *ad vallem*, vel *in valle*. Ut porro Germaniæ inferioris Metropolis fuit olim *Colonia Agrippina*, ut est in Libello provinciarum civitatumque Galliæ, et ab Ammiano Marcellino lib. 15. *secundæ Germaniæ*, id est inferioris, *urbs magni nominis* appellatur; ita posterioribus sæculis, quæ ei adjacent provinciæ, *pagus inferior* dictæ sunt, *Terre d'Aval*, vel *Avalterre*, quod idem sonat, populique ipsi *Avalenses*, seu *Avalois* nuncupati. Le Roman *de Garin* MS. :

Normant, Breton vindrent voirement,
Et Avalois, Flamenc, et Loherenc.

Alibi :

Et Avalois, et cil d'outre le Rhin,
Et Brebançons qui sont Chevaliers fin.

Philippus *Mouskes* MS. in Philippo Augusto :

Li Avalois crient Coulogne.

Chronicon Flandriæ cap. 10 : *Le Roy d'Angleterre étoit si riche homme, qu'il avoit tous les Avalois et les Bouchiers avec luy par son grant avoir et par cecy endommageoit moult le Royaume de France.* Le Reclus *de Moliens* en son *Miserere* MS :

Ainsi font tout Estrelinois,
Et li Escot et li Danois,
Thyois, Braibant, et Avalois,
Tiennent des Estrelins les lois.

Guillelmus *Guiart* MS. ann. 1297 :

Ou le Roy Edouart trouverent,
Qui lors ot les Avalois,
Bien soissante mil Galois.

* *Avauterre*, in Chron. S. Dion. cap. 5. tom. 7. Collect. Histor. Franc. pag. 136 : *Li mandoit que il venist à lui à parlement en Avauterre en la cité d'Utret.* Rursum infra cap. 6. pag. 137.

¶ **AVALUACIO**, Æstimatio, a Gall. *Evaluation.* Chronicon MS. Regum Franciæ e Musæo D. *de Cangé* : *Avaluacio monetæ debilis Normanie, in qua est decadencia de* XII°. *denario ad fortem monetam Turonens. dicta Avaluacio facta in anno millesimo CCCCLXI.*

* Lit. remiss. ann. 1354. in Reg. 83. Chartoph. reg. ch. 20 : *Dicti commissarii reportarunt, . . . supplicantem prælibatum, tam pro ignorantia mali jactus dictorum compotorum suorum, quam indebita Avaluatione seu apretiatione monetarum*, etc. *Avaluement* vero, diminutionem sonat, in Stat. ann. 1372. tom. 5. Ordinat. reg. Franc. 555. art. 9 : *Et est assavoir que pour mendre crüe ou Avaluement de deux solz pour sextier, le pain ne croistra, ne appetissera.*

* **AVANANTATIO**, Quidquid ratione hæreditatis alicui advenit, seu ejusdem portionis assignatio, facta prius bonorum æstimatione. Vide supra *Advenantare* et mox *Avanantizare.* Charta ann. 1282. tom. 1. Probat. Hist. Brit. col. 1064 : *Salvo insuper ex nunc dictis Herveo de Castello et Sibillæ, quandocunque sibi placuerit, si voluerint habere Avanantationem ipsius Sibillæ in hæreditate paterna et materna, deducendo in eadem dictum escambium et alias possessiones et sesinas suas, quas habuit et tenuit ratione ipsius Sibillæ de dicta hæreditate, et salvo dictis Herveo domino de Pencoet et Amæ, infra duos annos post decessum dicti dom. Bernardi et dom. Constantiæ ejus uxoris, si voluerint habere Avanantationem ipsius Amæ in hæreditate ipsorum militis et ejus uxoris, deducendo in eadem prædictum escambium apud Ploeresgat et Cleder; et si prædictæ partes vel eorum altera infra dictos duos annos non petierint Avanantationes suas, ut dictum est, elapsis duobus illis annis, non potest aliqua dictarum partium petere ab alia aliquid de saisinis suis ratione dictarum Avanantationum.*

* **AVANANTIZARE**, Idem quod supra *Advenantare.* Vide in hac voce. Charta ann. 1270. tom. 1. Probat. Hist. Brit. col. 1022 : *Coram nobis humiliter petierit valorem summarum pecuniæ prædictarum sibi Avanantizari in terris supradictis; nos vero auditis et intellectis rationibus dicti vicecomitis, mediante judicio curiæ dom. ducis Britanniæ et per proborum virorum consilium ac prudentum, Avanantizavimus dicto vicecomiti pro summis pecuniæ ante dictis et pro earum vendis villam, quæ vocatur Coetbras*, etc.

* **AVANDROYS**, vox vulgaris, Census species. Charta Phil. Pulcri ann. 1310. ex Reg. ejusd. reg. ch. 10. in Cod. reg. 9607. 3 : *Sex libras Turonenses annui census, dicti Avandroys, super terris arabilibus.*

¶ **AVANGARDA**, Prima acies exercitus, Gallice *Avantgarde.* Fragm. processus, etc. contra Ludov. Principem Auraicæ ann. 1430. tom. 1. Hist. Dalphin. pag. 50 : *Bellum suum ordinaverunt, et Avangardam dicto Nobili Rodrigue ipsam humiliter postulanti... concessit dictus Gubernator.* Vide *Antegarda.*

* **AVANNA**, pro *Auvanna.* Vide in hac voce. Charta S. Ludov. ann. 1254. inter Probat. tom. 3. Hist. Occit. col. 508 : *Ad dirimendas quæstiones,.... quæ incidunt infra castrum de stillicidiis et parietum oneribus, fenestris et Avannis*, etc. Vide supra *Antevanna.*

¶ **AVANSAMENTUM** Hæreditatis, Repræsentatio hæreditatis, quidquid per anticipationem liberis a parentibus datur antequam sit successioni locus, Gall. *Avancement d'hoirie.* Regestum Parlamenti ann. 1450. apud Baluz. tom. 2. Hist. Arvern. pag. 390 : *Etiamsi a matre filio talis donatio facta extiterit, maxime cum dicta donatio seu cessio a matre filio suo ad finem ut erga ipsum de aliquibus quæstionibus ac demandis quitta remaneat, aut etiam ut dictus filius suus aliquam pecuniæ summam sibi vel alteri pro ea solvat, fiebat, acquestus et non anticipatio seu Avansamentum Hæreditatis dici et reputari deberet.*

1. **AVANTAGIUM**, Facilitas, opportunitas, ex Gallico, *Avantage.* Fridericus II. Imp. lib. 2. de Arte venandi cap. 5 : *Prædicta vero species falconum generaliter nidificant in rupibus altis et in locis prædictis, ut aves, quas capere volunt pro pastu suo et pullorum suorum, quas et per violentiam longi volatus, quem habent, acquirunt, facilius videant, et Avantagium habeant capiendi eas*, etc. Vide *Aventagium.*

¶ 2. **AVANTAGIUM**, Jus præcipuum, quidquid a parentibus alicui e liberis, vel a conjugibus, sibi invicem datur prærogativo jure, Gall. *Avantage.* In Foris Aragon. lib. 5. habetur titulus, *De Avantagiis, quas uxore præmortua vel ipsa superstite, vir aut ejus successores habere debent.* Testamentum Guidonis Cardinalis ann. 1372. apud Baluz. tom. 2. Hist. Arvern. pag. 180 : *Ille qui supervivet omnia præmissa habeat in quantum de jure vel consuetudine dare et Avantagium facere possum.* Charta de Divisione hæreditatis paternæ inter Gaufridum de Calviniaco, Radulphum fratrem ejus et Mariam utriusque sororem ann. 1324 : *De tribus homagiis quæ petebat dictus Gaufridus habere in Avantagium... nihil partis, partagii, frareschiæ, portionis, appennagii et communitatis... reclamabit.* Consuetudines Lemovicenses art. 64 : *Quando ipsi fratres per eorum alterum fuerunt requisiti, et terras hujusmodi debent æqualiter et bona fide dividere, sine ullo Avantagio eorum alicui faciendo.*

¶ 3. **AVANTAGIUM**, Quidquid emolumenti conceditur operariis præter constitutam mercedem, Gall. *Avantage, utilité, profit.* Consilia Communiæ Massil. MSS. : *Sint contenti laboratores, nec nil petant ultra* 5. *solidos taxatos per curiam, nec nil petant pro lingonibus, nec pro vino companagio, nec de alio Avantagio.* [** Henrici VII Imper. Edict. de Monet. Ital. ann. 1311. ap. Pertz. Monum. vol. 4. pag. 518 : *Item non debent dicti operarii et monetarii petere... aliud donum sive Avantagium aliqua causa præterquam suum justum salarium.*]

* 4. **AVANTAGIUM**, Vox generica, qua quodlibet jus significatur. Charta Milonis dom. Noeriorum ann. 1218. in Chartul. eccl. Lingon. ex Cod. reg. 5188. fol. 235. v° : *Cum controversia verteretur inter me ex una parte et venerabilem patrem Willielmum Lingonensem episcopum ex altera, super familia Petri de Moiseio; ita composuimus, quod nullum Avantagium haberem in dicta familia, nec episcopus similiter.*

* 5. **AVANTAGIUM**, Jus præcipuum seu prærogativæ, quo quis inter participes primus beneficium accipit. Charta ann. 1257. in eod. Chartul. Lingon. fol. 246. v° : *Recognoverunt se vendidisse.... duas aminas bladi de motura.... de Avantagio percipiendas, antequam dicta motura cum dictis aliis dictorum molendinorum participibus dividatur.* Alia Guillel. dom. Salionis ann. 1281. ibid. fol. 19. r° : *Item feodum xx. solidatarum terræ, quæ sunt de Avantagio pro terris tradendis.* Cujus ultimi loci vereor ne minus certa videatur interpretatio.

* 6. **AVANTAGIUM**, Quod præter pretium, corollarii nomine, in emptionibus pactionibusve aliis conceditur; quo etiam sensu *Avantage* dixerunt nostri. Charta ann. 1276. in Lib. 2. nigro S. Vulfr. Abbavil. fol. 66. v° : *Recepit Bernardus Bordin xix. jornalia et dimidium, . . . et habuit xl. solidos Turon. de Avantagio, et debet reficere dictam terram ad quatuor royas.* Invent. Chart. reg. ann. 1482. fol. 202. v° : *Littera Eustachii de Proiast et ejus uxoris, per quam fatentur recepisse a rege ijc: lib. Paris. pro Avantagio excambii, per ipsos cum dicto dom. rege facti, de molendino de Capi, dicto d'Arondel. In anno* 1273. Chron. Bergom. ad ann. 1402. apud Murator. tom. 16. Script. Ital. col. 898 : *Incantatæ fuerunt de man-*

dato dom. Johannis de Castilione bestiæ bovinæ cxxij. pro florenis ccc. cum Avantagio florenorum xx. Lit. remiss. ann. 1374. in Reg. 106. Chartoph. reg. ch. 182 : *Comme Hennequin de Tournay eust achaté deux roz de draps pour certain pris et un lot de vin à boire;.... et le suppliant certaine quantité de saing, dont il y ot un autre lot de vin d'Avantage etc.* Vide infra *Aventagium* 3.

* 7. **AVANTAGIUM**, Quod sponte et ex usu tantum exsolvitur, nostris quoque *Avantage.* Lit. remiss. ann. 1355. in Reg. 84. Chartoph. reg. ch. 52 : *Cum dicti exponentes pro Avantagio, quod habuerunt ad funus Johannis de Fontanis pelliparii, sicut ibidem est inter gentes operantes fieri consuetum, causa potandi insimul intrassent amicabiliter unam tabernam, etc.* Aliæ ann. 1382. in Reg. 120. ch. 271 : *Comme Barthelemieu et Jehan Broissart son frere . . . . feussent alez boire en ladite ville de Chimay, en l'oste ou taverne de Jehan le boulangier, en entention de boire l'Avantage, que les compaignons attendoient d'unes noces, qui estoient lors en icelle ville; en laquelle taverne ou hostel lesdiz freres trouverent un appellé Thomas de Bar, chanoine de Molchain, acompaignez de pluseurs autres compaignons, qui buvaient ledit Avantage, si comme l'en disoit; en la compaignie desquelz iceulz freres vouldrent boire dudit Avantage, dont ledit chanoine ot despit, etc.* Ubi *Avantage*, idem prorsus sonat quod *Courtoisie*, in aliis Lit. ejusd. ann. ibid. ch. 279 : *Lambelot entra en l'ostel d'un sien voisin, nommé Pierrot Billar, demourant audit Chanvre, lequel icellui jour avoit fiancée ou donnée par mariage sa fille à un homme de Farges, et demanda sa partie de la Courtoisie desdites fiançailles, ainsi comme au pais est de coustume.* Vide infra in *Cochetus* 3.

* 8. **AVANTAGIUM**, Projectura, prominentia, Gall. *Saillie, avance*, olim *Avantage.* Liber niger 1. S. Vulfr. Abbavil. fol. 32. v° : *Renerus Barbafust vj. denarios ad Natale de Avantagio domus suæ, super bucam cellarti sui.* Charta ann. 1391. in Reg. 141. Chartoph. reg. ch. 97 : *Dessoubz les Avantages ou planchieres et combles d'icelles maisons.* Hinc *Avantagier*, pro eo quod citra est positum, Gall. *En deçà.* Lit. remiss. ann. 1447. in Reg. 179. ch. 78 : *A l'occasion de ce que aucuns nos officiers.... ont prins certains des habitans en la marche de Bretaigne et Poictou, Avantagiere de Bretaigne, et commune de Bretaigne et de Poictou, etc.* Vide supra *Advantagium* 2.

* **AVANTATOR**, Circulator, ostentator scilicet arcanorum et mirabilium, Muratorio ad cap. 433. Stat. Mediol. part. 2. tom. 2. Antiq. Ital. med. ævi col. 845 : *Avantatores corregiolæ, pulvereæ, dantes gratiam S. Pauli, aut S. Apolloniæ, aut prædicantes brevia pro febribus, etc.* Vide infra *Averitator.*

¶ **AVANTBARIUM**, Species munitionis exterioris, qua sepitur murus urbis a Gall. *Avant*, Ante, et *Barrium*, Domus muris inclusa in Provincia. *Valatum, sive fossatum cum barbacana sive Avantbariis civitatis*, in Instrumento Massil. ann. 1494.

* Idem omnino esse videtur quod supra *Antevallatum.* Vide in hac voce et *Barrium.*

* **AVANTIA**, *Sanamunda gariofilata, idem et quibusdam pes leporis : sed alia est.* Glossar. medic. Simonis Januens. ex Cod. reg. 6959.

¶ **AVANTSOLIERS**, Vox ex Gallico *Avant*, Ante, et *Solier*, Solarium : est ergo quasi menianum excelsum et soli expositum. Index redituum Monasterii Corbeiensis e Cod. MS. ejusdem loci : *In rectis vicis, qui de porta ad portam transeunt, si fiat fenestra, vel berthesca, vel Avant-soliers de novo partem suam habet; in aliis vicis qui orbi dicuntur, nichil habet, sed totum est Abbati.* [* Vide *Antesolarium.*]

¶ **AVANTURARE**, Audere, Gall. *s'Avanturer, oser*, Edictum Philippi Regis Franc. de Duello ann. 1314. in Cod. MS. Consuetud. Tolos. fol. 32 : *Pro bono communi Regni nostri fuisset deffensum generaliter... omnis modus guerrarum et gagiorum duelli, et ad hoc malefactores se Avanturaverint de faciendis homicidiis... ea propter quod, cum commiserint occulte et clam, ipsi non possunt convinci per testes.*

* **AVARAMENTUM**, Consensus. Usatici Barcin. MSS. cap. 68 : *Propterea sæpedicti principes ad tale donum omni tempore dederunt Avaramentum.*

¶ **AVARCA**, Calceamenti genus. Vide *Abarca.*

¶ **AVARE**, Vacare. Papias MS. Ecclesiæ Bituric. : *Avans, Vacans.*

¶ **AVARIA**, Facultates, bona. Pro *Avariis* colligere, hoc est, secundum uniuscujusque facultates et bona. Jacobi Auriæ Annal. Genuen. lib. 10. ad ann. 1285. apud Murat. tom. 6. col. 589 : *Eodem etiam anno armatæ sunt in Janua pro Communi de pecunia pro Avariis collecta galeæ v. et unus gaionus.* Occurrit iterum col. 592. Vide *Averium.*

* *Avaria*, apud Genuenses, non facultates seu bona appellantur, ut dictum est supra, quasi ab *Averium* deducenda sit hæc vox; sed tributa seu contributiones, quæ *Avariis* seu damnis reparandis extraordinariisve sumptibus providendis exiguntur, ut perspicuum est ex sequentibus. Pactum inter Reg. et Genuenses ann. 2396. in Reg. 151. Chartoph. reg. ch. 35 : *Non imponet* (rex) *nec imponi faciet, per se vel per alios, aliquam collectam, dacitam seu Avariam realem, vel personalem seu mixtam.* Annal. Genuens. ad ann. 1413. apud eumd. Murator. tom. 17. Script. Ital. col. 125 : *Dicitur etiam quod honoribus et beneficiis ejus urbis gaudere Guelphi habent, secundum ipsarum personarum numerum, et illud quod in publicis solutionibus, quæ Avariæ dicuntur, expendunt.* Stat. Genuens. lib. 4. cap. 93. pag. 144. v° : *Statuimus et ordinamus, quod nemo possit esse sensarius,.... qui cum familia non habitaverit, et Avarias non supportaverit in civitate Januæ annis decem ad minus*

* **Avaria**, Jactus mercium qui navis levandæ causa fit simulque jacturæ computatio.' Ital. *Avaria*, Gall. *Avarie;* a Gr. ἀβαρος, exoneratio, ut vult Brencman. in Hist. Pandect. Dissert. 1. de Rep. Amalph. pag. 19. [** Vox *Avaria* seu *Havaria*, Germ. *Haferey*, non a Græco deducenda est, ut vult Brencmannus, sed a Germ. *Hafen*, Gall. *Havre*, Portus. Adel.] Stat. Genuens. lib. 1. cap. 11 : *Quotiescumque patronus, magister seu præfectus navigii, aut alius ad quem de jures pectet, petierit fieri calculum de jactu seu Avaria contra mercatores seu dominos bonorum in navi oneratorum, seu contra assecurtores* (l. assecuratores), *magistratus calculatorum intelligat partes, examinari faciat testes, etc.* Adde lib. 2. cap. 4. pag. 78. Sed et pro quovis damno extraordinariove sumptu interdum usurpatur, ut in Stat. Massil. lib. 1. cap. 47. Consule Diction. Commer. voce *Avaries.*

* **AVARITIA**, Tributa seu contributiones quæ sub titulo *Avariæ* exiguntur. Vide in hac voce. Pactum inter reg. Tunetan. et Pisanos ann. 1398. tom. 1. Cod. Ital. diplom. col. 1122 : *Item quod mercatores Pisani non teneantur nec debeant solvere pro eorum roba seu mercibus, ... tam pro sensariis, quam pro quibuscumque aliis Avaritiis, etc.*

* **AVASTARIUM.** Charta Frider. III. imper. ann. 1466. tom. 1. Cod. Ital. diplom. col. 1382 : *Cum omnibus redditibus et introitibus.... rivis, rugeriis, Avastariis, poleriis, molendinis, piscariis, etc.* Ita quoque legendum videtur, pro *Arastarium*, in Charta ejusd. imper. ann. 1451. ibid. tom. 3. col. 1815. Forte pro *Abassarium*, ab Ital. *Abassare*, Locus inferior, depressus. Sed hæc divinando.

* **AUBANA**, Jus dominorum in *Aubanos* seu advenas. Charta ann. 1266. ex Tabul. Auxit. : *Teneant omnes Aubanas ad illam mensuram, in qua modo tenent. Aubanie*, in Charta ann. 1270. ex Chartul. Latiniac. fol. 124 : *Erant in possessione, cum aliquis extraneus veniebat ad commorandum in dicta villa, quod vulgariter appellatur Aubanie vel essonie, ipse efficiebatur de dominio ipsorum.* Charta Guillel. comit. Hannon. ann. 1328. ex Cod. reg. 10196. 2. 2. fol. 64. v° : *Comme on nous eust donnei à entendre que nos eussiens droit en le tierce partie des biens des canoinnes et des capellains perpétuels de l'église de Songnies, qui estoient et sont neit dou royaume de France, pour cause d'Aubanitei, etc.* Vide infra *Aubena* 2.

AUBANI, [Extranei, Alienigenæ. Privilegium Philippi Franc. Regis pro Monast. S. Quintini in Insula, in Tabulario ejusdem loci pag. 60 : *Bona mobilia et immobilia in districtu prædicto bastardorum, expavorum, extraneorum seu Aubanorum quæ ad casum extraheriæ pertinent.*] Vide *Albani.*

* **AUBANNUS** pro *Auvannus*, Umbraculum ligneum projectum, quod fenestræ vel officinæ appenditur, Gall. *Auvent.* Consuet. Perpin. MSS. cap. 42 : *Item quilibet potest projicere Aubannum suum sive porticum supra vias, usque tantum ad tertiam partem viarum.* Vide *Auvanna.*

* **AUBELLUS**, f. Alnus, Gall. *Aune.* Charta Joannæ comit. Fland. et Hannon. ann. 1234. ex Tabul. abb. de Laude : *Prædicta sclusa ab Aubello de Basingehen, usque ad molendinum de Chaisnoit.* Vide *Albellus.*

¶ 1. **AUBENA**, Extraneus, advena, Gall. *Aubain.* Edictum Philippi IV. Franc. Regis apud D. *De Lauriere* tom. 1. Ordinat. Reg. pag. 338. et 339 : *Quod nos simus in bona saisina percipiendi et habendi bona talium bastardorum et Aubenarum decedentium in* *terris prædictis.* Ibidem non semel occurrit. Vide *Albani.*

* 2. **AUBENA**, Quidquid ex caduco alicui obvenit, maxime ex alienigenis et extraneis, Gall. *Aubaine.* Charta Phil. Pulcri ann. 1312. in Reg. 48. Chartoph. reg. ch. 49 : *Omnis estraeria extranea sicut de esturijono, de thesauro invento,.... ad jus et superioritatem regalem spectantibus, nobis perpetuo remanebunt, alia quacumque estraeria, espava et Aubena dictæ communiæ* (Pissiaci) *remansuris.*

¶ **AUBENAGIUM**, Idem quod *Albanagium*, Jus in bona decedentium peregrinorum, sive ut loquitur Cassiodorus lib. 9. variarum Epist. 14 : *Jus est fisci, vel domini cui obveniunt bona peregrinorum et advenarum, Jus peregrinitatis. Peregrinorum substantia fisci nomine caduci titulo vindicatur.* Gall. *Aubaine* et *Aubenage.* Arestum Parlamenti Paris. ann. 1331. pro Monasterio Bonæ-Vallis ex ipsius Monast. Archivo : *Licet essent et fuissent per tempus sufficiens in possessione ... habendi Aubenagia et bona bastardorum.* Vide *Albani.*

* Comput. MS. ann. 1325 : *De Jehan Tupin de la paroisse de Cangi, qui devoit à Mons. le conte de Blois, pour cause des arrérages de trois années d'un arpent de vigne,... avenu à Mons. pour cause d'Aubenage des meseaux, qui ja pieça furent arz, lx. solz.*

* **AUBENIA**, Locus alnis vel populis consitus, Gall. *Aunaie.* Charta Joan. ducis Bitur. pro. fundat. S. Capel. Bitur. ann. 1405. ex Bibl. reg : *Una cum hoc medietatem pressorii, cubarum, platearum, redditaum,... Aubeniarum, etc.* Alia Phil. V. ann. 1377. pro monast. Pissiaci in Reg. 61. Chartoph. reg. ch. 92 : *Item super unam peciam terræ juxta Aubenyas,.... duodecim denarios.* Vide *Albania* et supra *Alberia.*

* **AUBERGARIUS**, *Halsbergarum* seu loricarum faber. Tit. cap. 37. lib. 2. stat. Massil. : *De pictoribus armorum et Aubergariis et aurifabris.* Vide *Halsberga.*

AUBERGOTUM, [Minor lorica] Vide *Halsberga.*

* **AUBERJIA**, Ita legendum pro *Auberium*, quod mox sequitur. Idem videtur quod *Aubenia.* Locus est in *Herbarium*, ubi non placet conjectura Cangii.

¶ **AUBERIUM**, Locus ubi crescunt herbæ. Vide *Herbarium.*

* **AUBIGEI**, a Gall. *Aubigeois, Albigenses.* Vide in hac voce. Scacar. Paschæ apud Fales. ann. 1210. ex Cod. reg. 4651 : *Episcopus non potest tenere placitum de dessaisina,.... quando aliquis est in peregrinatione de Aubigeis, cum super hoc recognitio fuerit in curia regis.*

* **AUBOR**, a Gall. *Aubour*, Alburnum. Chartar. Norman. ex Cod. reg. 4653. A. fol. 82 : *Julianus arcuarius..... habet pro 10. sagittis et Arcum de Aubore cum chorda, etc.* Hinc *Auboraige* dici videtur præstatio, quæ propter alburnum capiendum exsolvebatur. Tabul. capituli Cabilon. pag. 269 : *Item vicedominus les Auboraiges habebit.* Vide *Arcus* 2.

* **AUBRA**, Mensuræ species. Charta Henr. reg. Angl. ann. 1063. ex Tabul. S. Juliani Turon. : *Reddentes ei xv. Aubras salis, et de duabus asinis, de teloneo unum denarium.*

¶ **AUBREMA**, Morbus capitis. Translatio S. Athanasii Episcopi tom. 4. Julii pag. 87 : *Alius quidam juvenis Leo nomine, gravi infirmitate capitis afficiebatur, quæ Aubrema dicitur; nam solutus ab omni vigore salutis, ut amens incedebat.*

* Vox procul dubio corrupta, ut monet vir erudit. D. *Falconet*, a Græco βρέγμα, Latinis etiam medicis *Bregma*, sinciput.

1. **AUCA**, *Anser*, Occitanis *Auc, Auco, Auqueto*, Italis, *Occa*, nostris, *Oye.* Gloss. Sax. Ælfrici : *Auca* : gos. Gloss. Arabico-Lat. *Auca*, *Anser.* Ita etiam Ugutio. Gloss. Græco-Lat. χήν, *Auca, Anser.* Ex χήν vero formatum *Auca*, vel *Oca*, quidam putant. [** Confer Diezii Grammat. Ling. Roman. vol. 1. pag. 25.] Capitulare de Villis cap. 62 : *Quid de pullis et ovis, vel anseribus, id est, Aucis, etc.* Adde cap. 18. Lex Alaman. tit. 99. § 20 : *Accipiter, qui Aucam mordet.* Marculfus lib. 1. form. 11 : *Aucas tantas, fasianos tantos, etc.* Willelm. Malmesb. lib. 5. Hist. pag. 159 : *Causam ferunt morbi augmentati, quod ea die allium cum Auca præsumpserit.* Infra : *Similes pennis Aucarum.* [** Vox pluries obvia in Polypt. Irminonis. Vide doctiss. Edit. Indicem.]

Aucam, pro ave femina usurpat Speculum Saxon. lib. 3. art. 51. § 1 : *Auca ova ponens et gallina tribus nummis persolventur.* Burchard. lib. 19 : *Pullos aucarum, pavonum, pullos gallinarum.* Occurrit præterea apud Bedam in Vita S. Cuthberti Episcopi n. 54. apud Felicem Gyrvensem in Vita S. Guthlaci n. 25. Edit. Bolland. Leonem Ostiensem lib. 1. cap. 30. Ignotum Casinensem. cap. 12. [** ap. Pertz. Monum. vol. 5. pag. 226.] Silvestrum Giraldum in Topograph. Hiberniæ dist. 1. cap. 11. 18. in Traditionibus Fuldensibus lib. 2. trad. 236. in Legibus Burgorum Scoticor. cap. 50. in Regula S. Gilberti de Sempringham. pag. 768. in Vitis Abbat. S. Albani pag. 84. in Chronico Andrensi pag. 628. [** Thietmar. Chron. lib. 4. cap. 17 : *Natus est infans, dimidius homo, posterioribus Auce similis, etc.* Idem lib. 6. cap. 49 : *Nati autem sunt in hiis diebus duo fratres cum dentibus in ore similes Aucæ, quorum alter dextri dimidium brachii, sicut ala Aucæ habebat, etc.*]

Aucarius, in Glossario Ælfrici, goshafuc, id est, accipiter, Falco, nempe is, qui *aucas* venatur. Nostri *Aucarios*, seu *Oyers*, vocabant, quos hodie *Cuisiniers*, vel *Traiteurs*, ut constat ex Statutis MSS. Artificum Parisiensium tom. 1. fol. 190.

Aucipasta, *Auca domi pasta. Pasta* enim generatim vocabant aves domesticas, seu quæ domi pascebantur. Glossæ Isidori : *Altilis, Pasta, ab alendo.* Vetus Scholiastes Juvenalis ad Sat. 5 : *Altilis et Flavi : Pasta vel apruna. Volentia nutrita*, apud Cælium Aurelianum Siccensem lib. 4. Tardarum passionum cap. 3. *Anser altilis*, in Fragmento Petroniano de Cœna Trimalcionis. Capitulare de villis cap. 28 : *Ut Aucas pastas et pullos pastos ad opus nostrum... sufficienter habeant.* Charta Caroli Calvi ann. 862. pro Monasterio S. Dionysii apud Doubletum : *Una cum censu, qui in volatilibus, de molendinis, et cambis debet exire, cum pulpastis et Aupastis*, (aucipastis) *sicut a longo tempore mos fuit.* Chronicon Fontanellense cap. 16 : *Ad Nativitatem Domini Aucipastas 4. pullipastas 12. pullos 9. etc.* Occurrit ibi pluries. Vide *Pullipasta.* [** Irminon. Polypt. Breve 1. cap. 40. pag. 5.]

¶ Aucca. Proventus Monasterii Centulensis inter Acta S. Benedict. sæc. 4. part. 1. pag. 104 : *Molendina quatuor unde redditur annona permixta sexcenti modii, porcos octo, Auccas duodecim.*

Auga, non semel in Tabulario S. Remigii Remensis. Vide in *Augtiones.*

Oga, in Vita S. Winwaloei Abbat. n° 6. *Anser*, in alia Vita ejusdem Sancti dicitur n° 13.

Occa. Joan. de Janua : *Anser est quædam avis, quæ dicitur Occa.*

Ocha. Notitia S. Albini Andegavens. apud Gallandum lib. de Franco alodio pag. 296 : *Frisingam, porcellos, et Ochas, et gallinas, et ova, etc.*

Auca, interdum pro qualibet avi sumitur. Gloss. Lat. Græc. : *Auca*, πτηνόν.

Aucellus, perinde quælibet avis dicitur in eodem Gloss. Lat. Gr. *Aucellus*, στρουθίον. Nam recte observant viri docti στρουθία appellare Græcos Scriptores πάντα τὰ μικρὰ τῶν ὀρνίθων, quasvis aviculas : quomodo Itali quamlibet avem *Uccello* vocant, et *Uccellare*, pro *aucupari* usurpant, quasi hoc esset *Aucas* capere. Neque aliunde petendum vocis nostratis *Oyseau* etymon constat. Lex Salica tit. 7. § 7 : *Si quis Aucellum de trappa furaverit.* Ita quidam Codic. MSS. uti monet Lindenbrogius, ubi Editi præferunt : *Si quis turturem, etc.* [Hinc

¶ Aucellus, dictus quivis ex avium volatu, vel inspectione ariolus. Anonymus de Gestis Manfredi et Conradi Regum apud Murat. tom. 8. col. 597 : *Veniunt augures, adstant astrologi, adsunt Aucelli, currunt aruspices, divina festinant, ac veluti qui sua dicta, ut volentibus applaudant dominis, et dissimulantibus adulentur, soliti sunt subornare mendaciis, certam spem Regi de prosperis successibus pollicentur.*

Aucellatores, iidem, qui *Accipitrarii*, in Capitulari de Villis cap. 42.

Aucellatio, Aucupium, Gall. *Oisellerie.* Concilium Parisiense ann. 1312. part. 4. cap. 4 : *Prohibemus etiam ne venatione silvatica, sive aucupio, vel Aucellatione in propriis personis utantur.*

Aucella. Gloss. Lat. MS. Regium sign. 1013. et Isidori : *Aucella, ortigometra*, matrix coturnicum. Apuleius lib. 9. Metamorph. : *O bona Aucella, et satis fœcunda, quæ multo jam tempore quotidianis nos pastibus saginasti.* Apicius lib. 5. cap. 3 : *Esitia minuta facies quadrata, et coques simul turdos, vel Aucellas, vel de pullo conciso, etc.* Infra : *Pisum coques et cerebella, vel Aucellos vel turdos a pectore exossatos, etc.* Adde lib. 4. cap. 5. lib. 8. cap. 7. Perperam Humelbergius *Avicellas* reponit.

** aucula, *ein clein genszlin*, in Gemma Gemmarum.

Porro nostri non modo suum *Oye*, inde hauserunt pro ansere, sed et olim *Oë* dicebant Le Roman *de Garin* :

Grues et Gentes, et Oes, et Poucins.

Atque inde nomen mansit plateæ Parisiis, quam vulgo *la rue aux Ours* dicunt, pro *la rue aux Oues*, uti appellari in veteri Charta S. Martini de Campis observatum a Duchesnio in Adversariis MSS.

* *Aoue*, in Charta ann. 1308. ex Lib. rub. Cam. Comput. Paris. fol. 552. col. 2 : *Derechef une Aoue prisée douze deniers.* Ita etiam legendum paulo supra pro *Aoire. Huë*, in Lit. ann. 1330. tom. 2. Ordinat. reg. Franc. pag. 50. Ludi *ad Aucam* meminit Bareleta serm. in Domin. 4. Adventus : *Si voluerit ludere.... ad Aucam, habeo taxillos.*

* 2. **AUCA**, Terræ portio arabilis, fossis vel sæpibus undique clausa, idem quod *Olca*. 1. Vide in hac voce. Charta Guidonis episc. Catal. in Chartul. Monast. in Argona fol. 7. r° : *Dedit Monasteriensi ecclesiæ* (*medietatem totius tenementi de Buleimunt*) *in elemosinam et perpetuam possessionem,.... præter Aucam unam juxta Nigrum locum.* Unde diminut. Gall. *Aucquette*, in Reg. Corb. 13. sign. *Habacuc* ad ann. 1512 fol. 135. v° : *A esté baillié et livré à Colin Cappart laboureur, demeurant à Cherisy, les terres présentement en riès et non valeur cy après déclairées. C'est assavoir une petite Aucquette, séant audit Cherisy.* Rursus ad ann. 1515. fol. 263 : *A esté baillié à Jehan Coppin, demeurant à Vers, une Aucquette ou couture, séant audit lieu de Vers.* Vide mox *Aucentia* 1.

¶ **AUCARIUM**, Lacus, sic dictus, quod *aucæ* lacu delectentur. Supplem. ad Vitam S. Bonifacii Mart. tom. 1. Junii pag. 376. et 477 : *Tunc supradictus frater Ritant sciens locum propter ædificium, quod nominatur vulgarice Aucarium domus, ubi sibi numquam pisces deerant, illuc propere præcepto obediens, ad lacum accurrit.*

* 1. **AUCARIUS**, *Aucarum* seu anserum custos. Charta ann. 1288. in Tabul. archiep. Auxit. : *Quod dominus abbas et canonici, pro se ipsis et successoribus, a prædictis hominibus habeant suum Aucarium et porcerium communes ad custodiendum oves, porcos et aucas. Haucarius*, in alio ejusdem Chartæ exscripto.

2. **AUCARIUS**, in Legibus Hungaricis, Perjurus, Hungaris *Ludas.*

* **AUCATA**, Anser femina junior. Comput. ann. 1399. inter Probat. tom. 3. Hist. Nem. pag. 152. col. 2 : *Pro viij. Aucatis emptis pro cœna dominorum, facta in domo Johannis Audeberti, xxv. grossos, v. denarios Turonenses.* Vide *Auca* 1.

* 1. **AUCENTIA**, Modus agri. Lib. pitent. S. Germ. Prat. VII : *Idus Julii. Anniversarium Petri Picardi de xl. sol. sitis super una Aucentia prati, jucta molendinum de Villanova.* Vide supra *Auca* 2.

* 2. **AUCENTIA**. Charta ann. 1281. ex Tabul. Carnot. : *Renunciantes per dictam fidei dationem exceptioni doli mali,.... et constitutioni de duobus reis et Aucentiæ præsenti, etc.*

* **AUCERE**, Acuere, Gall. *Aiguiser*, quomodo etiam forte legendum est. Vide supra *Acumentum* et *Agusare*. Charta ann. 1288. ex Tabul. archiepisc. Auxit. : *Quilibet habitator loci de Sassano possit adire quemcumque fabrum voluerit ad Aucendum vomerem suum, et alia opera ferrea faciendi.*

* **AUCERIA**. Vide supra *Anceria* 2.

* **AUCES**, CUM, *Gallice*, *Velle*, in Glossar. Lat. Gall. ann. 1348. ex Cod. reg. 4120.

* **AUCHESUS**, Situs, positus. Charta ann. 1276. ex Tabul. archiep. Auxit. : *Dedit pro se et suis dicto ordini pro una conchata terræ, Auchesa apud bastidam Valentiæ.*

* **AUCIARE**, Elevare, extollere, Gall. *Exhausser*. Charta ann. 1328. ex Tabul. Massil. : *Item quod turris juxta portale portæ Gallicæ dupletur,.... et Aucietur de tribus cannis. Auxir*, pro *Augmenter*, augere, in Lit. ann. 1350. tom. 4. Ordinat. reg. Franc. pag. 585. *art.* 1 : *Pour garder nostre honneur, nostre profit, et Auxir leur honneur et profit, etc.* Vide supra *Alciare*.

¶ **AUCINGA**, Modis agri. Charta Chrodegandi Metensis Episcopi apud Meurissium Hist. Episc. Metensium pag. 168 : *Unusquisque* (mansus) XII. *Aucingas habet inter arabilem terram et vineas.* Vide *Andecinga*.

* **AUCIPES**, pro Aucupes, in Charta ann. 1321. ex schedis Præs. *de Mazaugues : Quod piscatores, vel Aucipes, seu illi qui capiunt aves, possint et debeant intrare et exire per robinam de Fornello.* Sic et

* **AUCIPITIUM**, pro Aucupium, in Stat. Georg. *Nevill* archiep. Eborac. ann. 1466. apud Labb. : *Persolvant decimam.... warennarum, Aucipitii,.... curtilagiorum, etc.* Vide *Aucupitium*.

¶ **AUCIRE**, Occidere, unde vetus Gall. *Occire*. Charta Alboyni Anglor. Regis pro reparatione Ecclesiæ S. Petri in Comitatu Ruthenensi, ann. 1028. inter Instrum. tom 1. Gall. Christ. pag. 49. col. 2 : *De ista hora in antea, nos in illa Ecclesia, qui supra scriptum est, de Sancto Petro Apostolo; nec in cimiterio, nec in illas mansiones, quæ per manu Alboyno, nec per Monachos de illo loco factas erunt, vel acaptadas fuerint, nec in marcado homines nec feminas non Aucirent, nec membra illorum nolor tollere; nec pro redemptione non distringerent sine grado Aboyne, aut Monachos de isto loco nostro sciente.* Conjicit eruditissimus vir Domnus Dion. Sammarthanius in Gloss. ad calcem hujus voluminis edito, pro auctionarentur, *Aucirent* dictum fuisse; verum ex sequentibus patet Jus sibi gladii fundatorem reservare, prohibereque ne quivis homo vel femina pro quovis delicto in mercato occidatur, mutileturve, etc. Confirmatur ex ejusdem operis Glossario ad calcem tom. 2. in quo hæc leguntur : *Aveirent pro occiderent. In pago Fuxensi vulgo dicitur Aucire pro occidere.* Ubi scriptum, sed perperam *aveire*.

¶ **AUCLATOR**, ὑπερέτης, *Accensus*, *Minister publicus*, in Supplemento Antiquarii.

* Ita et in Gloss. Lat. Gr. Philox. sed legendum prorsus est *Anclator* vel *Anculator*, a veteri verbo *Anculare*, Ministrare. Vide *Anculas*, Lexic. Martin. in *Anclo*, et eruditam Præs. *Bouhier* disquisitionem in marmora Græca D. *Le Bret* pag. 43.

* **AUCMENTARE**, pro *Augmentare*, Augere, amplificaere. Inquisit. ann. 1268. ex schedis Præs. *de Mazaugues : Item dixit quod dominus Bermondus de Lauda fuit condemnatus per curiam Arelatensem, qui Aucmentaverat seu Aucmentari fecerat corsorium de Ginaurac.*

* **AUCO**, Anser. Comput ann. 1364. inter Probat. tom. 2. Hist. Nem. pag. 245. col. 1 : *Solvi pro pullis et Auconibus missis et præsentatis ex parte dominorum magistro Raymondo de Remolinis consuli.* Occurrit rursum ibid. pag. 254. col. 2 : *Pro quatuor Aucous, xij. grossos*, in alio Comput. ann. 1383. ibid. tom. 3. pag. 53. col. 1. Vide *Auca* 1.

AUCONES, *Incantatores vel vicini*, in Glossis Isidori, ubi legendum *divini*. *Aucones* enim intelligit, qui per *aucarum* seu avium volatum *divinant*, et ariolantur. [* *Ancones* minus recte in Lexic. Martinii.]

AUCTARE, *Constringere*, in Glossis Isid. ubi videtur leg. *anctare*, ab *angere*. [Melius in excerptis *Arctare*.]

* **AUCTENTICARE**, Confirmare, *authenticum* declarare, autoritate roborare. Charta Henrici I. Lothar. ducis ann. 1205. in Suppl. ad Miræum pag. 76. col. 2 : *Præsens scriptum sigillorum nostrorum appositione confirmavimus et Auctenticavimus.* Stat. civit. Astæ cap. 58. pag. 52 : *Quare dictum instrumentum Auctenticari, vel in formam publicam redigi non debeat.* Vide in *Authenticus*.

AUCTENTUM. Vita S. Adalberti Episcopi Pragensis cap. 34. apud Canisium tom. 5. Antiq. lect. ubi de visione quadam lecti, sericis ornamentis amicti : *Sursum vero in capite* (lecti) *erat aureis litteris scriptum : Munus hoc Auctentum filia sponsatur. Cujus visionis ordinem cum aliquibus narrando exponeret : Vide, inquiunt illi, quia Christo secundante, Martyr eris futurus.* Surius habet hoc loco : *Munus hoc donat tibi filia Regis.*

** **AUCTINARE**, *weinen, schreien,* in Vocab. Lat. Germ. ann. 1477. ADEL.

1. **AUCTIONARII**. Gloss. Lat. MS. Regium Cod. 1013 : *Auctio, publica venditio. Auctionarius, qui emit.* Gloss. Isid. : *Auctionarius, qui pluris emit.* Ugutio et Joannes de Janua : *Auctionarius, mercator, qui res suas auget, et proprie dicitur ille, qui hic vel illic res parvas et veteres, et tritas, et ruptas emit, ut postea carius vendat.* Gloss. Lat. MS. Thuanum : *Auctionarius, Regratiers.* Gloss. Græc. Lat. πρατής, *venditor, auctor.* Britannicus ad Sat. 7. Juvenalis observat, *auctionem dici ipsam venditionem, quæ publice fit, ab augendo*, quod rerum pretia augeantur ab emptoribus, seu venditoribus. *Auctionarii publici.* Gregorius Magn. lib. 1. Epist. 42 : *Priusquam labores suos vænundare valeant compelluntur tributa persolvere, quæ dum de suo unde dare non habent, ab Auctionariis publicis mutuo accipiunt, et gravia commoda pro eodem beneficio accipiunt.* Charta Ludovici Pii Imperat. in Tabulario Monast. S. Mauri Fossat. pag. 8. inscribitur, *omnibus Episcopis, Abbatibus, Ducibus, Comitibus, Vicariis, Centenariis, Telonariis, Auctionariis, vel omnibus rem publicam administrantibus.*

¶ 2. **AUCTIONARII**, Diversa notione apud Guillelmum Gemmetic. cap. 7. fol. 236 : *Immissis ergo Auctionariis eum* (locum Gemmeticensem) *a ramis et sentibus purgavit.*

* Agentes, procuratores interpretatur D. Bouquet in Glossar. ad calcem tom. 6. Collect. Histor. Franc. Mallem ego operarios, homines conductitiæ operæ intelligere.

AUCTIONATOR, [Mercator, Gall. *Marchand.*] In Gloss. Lat. MS. Regio : *Qui auctionem facit.* S. Hilarius Arelat. in Orat. de S. Honorato : *Diripitur itaque vario misericordiarum opere vexata, adhuc tamen larga* *substantia, et æqualiter ad patrimonium propinquus atque extraneus Auctionator admittitur.* S. Ambrosius lib. de Nabuthe Jesraelita pag. 571 : *Hoc solum dives fœcunditas ad ærumnam. Quem offeram? quem frumenti Auctionator adspiciet? Primogenitum offeram? sed primus me patrem vocavit.*

¶ **AUCTIR**, pro *Auctor*, Sponsor. Charta Chlodovei III. Regis Franc. anno. 692. apud Felibian. in Hist. S. Dionysii par. xiij : *Et Auctir contra quemlibet exinde aderat, et in antea adesse disponebat.* Vide *Autire.*

1. **AUCTOR**, apud Latinos Scriptores et JC. dicitur dominus rei, vel venditor, qui rem vendit, dominiumque illius habere se profitetur, probatque. Unde apud Ciceronem *malus auctor* audiebat, qui *Auctoritatem*, quam in re habere se contendebat, probare non poterat. Et *auctoritatem defugere* dicebatur is, qui nolebat se auctorem profiteri, ut contra, qui auctorem se promiserat, auctoritati obnoxius erat. Denique *auctorem suum laudare* dicebatur emptor, qui nominabat dominum suum, a quo emisset, si res empta in eo esset, ut evinceretur. Hæc præmittenda fuerunt, ut eamdem vim ac notionem habuisse id vocabuli posterioribus ac infimis sæculis tandem constaret. Marculfus lib. 1. form. 36 : *Si aliquis per quodlibet ingenium eum inquietare voluerit, licentiam haberet in vice Auctorum suorum ipse vel advocatus suus eorum causas adsumere.* Charta Austindi Burdegalensis Archiepisiscopi apud Marcam in Hist. Beneharn. lib. 4. cap. 7 : *Post hæc Bernardus Comes, ut solet fieri in talibus, et ut mos regionis illius, illius fundi empti Auctorem a me expetere cœpit, quem præsto habens sibi obtuli, qui nihil habens quod diceret, tacuit.* Charta Gaufredi Comitis Ruscinonensis ann. 1167 : *Si aliquis homo sive sit Miles, sive rusticus... prædictam aquam tibi vellet auferre,... nos promittimus per stipulationem, quod erimus Auctores tui atque fideles adjutores, etc.* Ita accipitur in Edicto Theoderici Regis cap. 12. in Lege Wisigoth. lib. 2. tit. 2. § 1. in Lege Ripuar. tit. 57. § 2. 6. 7. tit. 65. § 2. in Capit. Caroli Mag. lib. 3. cap. 43. [** Capit. II ann. 803. ult.] in Charta Theoderici Regis apud Doubletum in Hist. Sandionysiana pag. 687. in Leg. Rotharis Regis Longob. tit. 93. § 2. [** 234.] etc. [** Conf. Haltausii Glossar. German. col. 707. voce *Gewære.*]

☞ Quin genuinam vocis *Auctor* notionem assignet hic Cangius, nullus dubito ; verum dubitarim an scribendum *Auctor*, an potius *Autor* vel *Author*. Ratio est, quod *Auctor* ab *Augere* melius emtori conveniat, quam venditori ; *Autor* vero vel *Author* ab antiqua voce Gallicana, qua *Dominus* significaretur posset derivari. Vox *Dominus* venditori belle congruit, et Britones-Anglici, quorum linguæ antiquitas omnibus nota est, pro domino, hero vel magistro dicunt *Athaw*, alii Aremorici *Autrou*.

Autores dicti præterea qui vel generis vel opum, et honorum parentes aliis fuere. Vide Sirmond. ad Sidon. in Paneg. Majoriani vers. 354.

Secundus Auctor, Fidejussor, sponsor. βεβαιωτής in Gloss. Græc. Lat. Alibi : προπράτωρ, *Secundus Auctor ;* quia nimirum ipse qui vendit, primus auctor est, fidejussor vero *Secundus Auctor*, qui suo periculo affirmat, illum bonum esse auctorem : nam *Auctor* proprie est venditor. Vide leg. 4. D. de Eviction. et Casaubonum ad Theophrasti Characteres pag. 252. et ad Hist. Aug. pag. 236.

Auctor Dominicus, in Lege Longob. lib. 2. tit. 52. § 17. [** Ludov. P. 38.] *Auctor Ecclesiarum*, in form. 16. [*Auctor villæ* apud Murat. tom. 1. part. 2. pag. 133. col. 2. C. in legibus Ludovici Imperat.] Sed iis locis legendum *actor*. [** Ita est ap. Murat.]

Auctores, Magistri, professores in lege un. C. de Studiis liber. urbis Romæ.

* 2. **AUCTOR**, Christus Dominus nude dicitur, in Charta ann. 1038. apud Murator. tom. 3. Antiq. Ital. med. ævi col. 177 : *Quisquis in sanctis ac venerabilibus locis ex suis aliquid contulerit rebus, juxta Auctoris vocem, in hoc sæculo centuplum accipiet, insuper, quod melius est, vitam possidebit æternam.* Eadem rursum occurrunt in Ch. ann. 1061. ibid. col. 1089. Verum antiquiorem esse hanc formulam observat idem Muratorius, ex Charta nempe ann. 872. tom. 5. earumd. Antiq. col. 628. ubi quod de eleemosyna in pauperes dictum fuerat, ad donationes ecclesiis factas detorsum fuisse monet.

* 3. **AUCTOR**. Judex, magistratus publicus. Placit. ann. 927. inter Probat. tom. 1. Hist. Nem. pag. 19. col. 2 : *Ut Auctor vel defensator Fredeloni de castro Andusiense in ejus præsentia facimus plancturiam.... Sed precamur vos, domne Fredolo, actor vel densator, cum judices vestros vel ceterasque personas possessio nostra per hanc occasionem non rumpat..... Unde laudamus te, vir laudabilis, defensor Fredelo, nec non et vos honorati, que curas publicas agitis assidue, ut istam plancturiam firmare faciatis.*

¶ 1. **AUCTORABILIS**, Fide dignus. Miracula S. Godehardi Episc. tom. 1. Maii pag. 526 : *Nam fuere in civitate nostra tunc temporis quidam viri Auctorabiles de Corbeia, ipsius mulieris comprovinciales, qui eam cognoverunt, et verissime eam mutam filiumque ejus lumine privatum longo tempore fuisse nuntiaverunt.* Eadem vox pluries repetitur ibidem. Monachi Patavini Chron. lib. 3. ad ann. 1260. apud Murat. tom. 8. col. 713 : *Maxime cum iste modus pœnitentiæ inauditus non fuisset a Summo Pontifice institutus..... nec ab alicujus prædicatoris vel Auctorabilis personæ industria vel facundia persuasus.*

* 2. **AUCTORABILIS**, Approbatus, authenticus, auctoritate legitima munitus. Capitul. Caroli Calvi ann. 869. cap. 13 : *Episcopi privilegia Romanæ sedis et regum præcepta ecclesiis suis confirmata vigili sollertia custodiant, ut exinde Auctorabili firmitate tueantur. Auctorisé*, nostris olim, pro Probatus, nunc dicimus, *Qui a l'approbation.* Lit. remiss. ann. 1455. in Reg. 183. Chartoph. reg. ch. 49 : *Comme le suppliant a esté sergent de masse de la ville d'Arras.... par l'espace de l. ans, durant lequel temps a esté homme bien Auctorisé des gouverneurs et gens de la justice d'Arras, etc.* Aliud vero sonat *Auctorisié*, rebus nimirum sibi necessariis instructus, in Lit. remiss. ann. 1411. ex Reg. 166. ch. 48 : *Le suppliant demourant ainsi oudit lieu bien Auctorisié et amesnagié de chevaulx, bestiaux, etc.* Vide infra *Authorabilis.*

¶ 1. **AUCTORABILITER**, ut *Auctoraliter*, perite. Vita S. Wiboradæ Virg. et Mart. tom. 1. Maii pag. 296. E : *Cum quo statim ita Auctorabiliter ipsa psallere cœpit, ut in scientia eorum quæ inibi cantabantur, nequaquam inferior esse videretur Sacerdote.*

* 2. **AUCTORABILITER**, Cum auctoritate. Adventii episc. Mett. epist. ad Nicol. I. PP. ann. 867. tom. 7. Collect. Hist. Franc. pag. 594 : *Eamdem vestræ Sanctitatis epistolam et excommunicationis tenorem, ut ostendere et manifestare studeremus, Auctorabiliter præcepistis.* Vide infra *Auctoritative.*

¶ **AUCTORALIS**, Auctoritate præditus. Translatio S. Augustini tom. 6. Maii pag. 413 : *Adest venerabilis Pontifex Ecclesiæ Roffensis Gemdulfus, qui tunc Archipræsulis defuncti Auctorali vice pollebat.*

¶ Auctoralis Excommunicatio, in Chron. Farfensi apud Murat. tom. 2. part. 2. col. 628 : *Tandem vix quasi compunctus, et hominum clamoribus coactus, hanc fecit constitutionem cum anathemate Auctoralique Excommunicatione pro novi in monte hoc Monasterii constructione.*

AUCTORALITER, Perite. Hartmannus in Vita S. Wiboradæ : *Decantare cœpit tam efficaciter et Auctoraliter, ut non in ordine versuum vel in proprietate sermonum,.... Sacerdote inferior videretur.* Ubi Hepidamius *Auctorabiliter* habet, [ut mox relatum est.]

1. **AUCTORAMENTUM**, αὐθεντικόν, in Glossis, consensus Domini, vel uxoris, aut liberorum in venditionibus. Tabular. Vindocinense Charta 283. quæ est Burchardi III. Comitis Vindocinensis ann. 1075 : *Quas* (nundinas) *Guido Comes ejus prædecessor auctorizaverat. Radulfus quoque Vicecomes, ad quem maxime hæc licentia pertinebat, acceptis 60. sol. perpetuo eas fieri et haberi concessit, qua de re propria manu posuit jam dictus Comes Auctoramentum super altare.* Charta 290 : *Data Agneti uxori uncia auri pro Auctoramento.* Charta 324 : *Uxor ejus Helvisa habuit 4. sol. pro Auctoramento, eo quod terra eadem de ipsiusmet videretur esse patrimonio. ann. 1079.* Vide in voce *Casamentum*, et *Auctorizare.*

¶ 2. **AUCTORAMENTUM**, Auctoritas, Ernaldus in Vita S. Bernardi lib. 2. cap. 7 : *Et prius instructo Petro et multarum promissionum Auctoramentis accenso, de causæ suæ rationibus eloqui jubet.*

¶ 3. **AUCTORAMENTUM**, ὀψώνιον, in Glossis Lat. Græc. Quod *obsonium* scilicet percipit, qui se suamque alicui vendit operam, ut erant gladiatores, quorum merces *auctoramenti* vocabulo solebat designari. Vide Lipsium Saturnal. 5. et Diarium Trevoltianum mensis Maii ann. 1715. pag. 750. Hanc, si bene conjecto, gladiatorum aliorumve servorum mercedem indicare voluit Glossator Isidorianus, cum dixit licet inepte prorsus : *Auctoramentum, ipsa res vocatur venditionis.*

1. **AUCTORARE**, Se in servum accepto pretio dare, vel se ad ludum gladiatorium pretio addicere. Gloss. Lat. Gr. *Auctoratus*, αὐθαίρετος εἰς δοῦλον ἑαυτὸν βάλλων, καὶ μονόμαχος. Posteriori significatione usurpatur hæc vox in Leg. 2. Cod. Th. de Gladiat. (15. 12.)

[** Gloss. Lat. Gr. : *Aucturo*, πιπράσκω εἰς μονομάχειον.]

¶ 2. **AUCTORARE**, Ratum habere, authenticum declarare. Præceptum Choldovei I. Regis Franc. ann. 496. inter Instrum. tom. 3. novæ Gall. Christ. col. 126. [** Brequin. num. 2. ann. 497.] : *Et ut hoc præceptum firmius habeatur... manus nostræ signaculo subter illud decrevimus roborare, ac signo crucis quo sacramur Autoravimus.*

* 3. **AUCTORARE**, Dicitur de eo, qui rei alicujus suasor et auctor est. Acta ad Conc. Pisan. apud Marten. tom. 7. Ampl. Collect. col. 429 : *Anno* 1378. *papa Urbano apud Neapolim residente,.... octo de cardinalibus, quos ipse creaverat conspiraverunt contra eum, Auctorante cardinale Aretino.*

** **AUCTORATICIUM**, αὐθεντικόν, in Gloss. Lat. Gr.

¶ **AUCTORATIO**, *Venditio. Nam sub auctoratione sunt gladiatores qui se vendunt.* Sic Glossar. Isid. ad quod Grævius : Auctoratio videtur proprie dici venditio hominum, ut auctio rerum. Hinc Horatio lib. II. Sat. 7. *Auctoratus Gladiator*, ubi vide veterem interpretem. Vide *Auctorare*, 1.

¶ **AUCTORATUS**, *Clericus*, id est, publicus Notarius. Hierat. Juris. Pontif. pag. 181 : *Resignatio facta ab infirmo in manibus Auctorati seu qualificati.*

* **AUCTORIA**, Additamentum; dici videtur de instrumentis, quæ jam prolatis, lite inchoata, adduntur, in Stat. ann. 1519. tom. 11. Ordinat. reg. Franc. pag. 43. art. 12 : *Pro sigillo Auctoriæ ad lites et pro vidimus, unus grossus.*

* **AUCTORIARE**, Tueri, auctoritate sua defendere. Charta ann. 1054. apud Murator. tom. 2. Antiq. Ital. med. ævi col. 646 : *Confirmo vobis eas res abendas, tenendas,.... vestrisque successoribus stare et Auctoriare seu defensare promitto.* Vide *Auctor*, et *Auctoricium.*

¶ **AUCTORICIUM**, Auctoritas, vel possessio libera et auctoritate donata. [** Obligatio auctoris circa præstandam evictionem. Conf. Dirksen. voce *Auctoritas*, § 4.] Charta Theodorici Regis Franc. apud Doubletum pag. 687. [** Brequin. num. 322. ann. 726.] : *Et se necessitas ipsius Godobaldo Abbati, vel Basileci sui domni Dionysii, aut successoribus suis in antea fuerit, memoratus Ermenteus vel heredis sui eos in Auctoricio contra quemlibet studeant defensare.*

* **AUCTORISABILIS**, Authenticus, ratus, firmus. Charta Car. Crassi imper. ann. 886. tom. 9. Collect. Histor. Franc. pag. 356 : *Et ut hoc Auctorisabilem obtineat effectum, etc.* Vide supra *Auctorabilis* 2.

* **AUCTORISATUM**, Charta *auctoritatibus* seu subscriptionibus roborata. Tabul. Majoris monast. in Hist. Sabol. pag. 134 : *Ipse Simon misit hujusmodi Auctorisatum super altare sancti Martini.*

¶ 1. **AUCTORISARE**, Confirmare. Testamentum Rogerii Vicecom. Biterr. ann. 1150. apud Marten. tom. 1. Anecd. col. 411 : *Totum illum honorem... absque omni inganno eis dono et Auctoriso.* Vide *Auctorizare* 2.

¶ 2. **AUCTORISARE**, Probare, convincere. Chron. Wormat. apud Ludewig. tom. 2. Reliq. MSS. pag. 84 : *Wolfranus custos Ecclesiæ S. Pauli eum obtestari fecit, quod filios quos generat, legitimos facere festinaret, alioquin eum frustra laborasse Auctorisabat.*

¶ 1. **AUCTORITABILIS** Largitio, Quæ de suo fit. Charta ann. 1054 : *Ut vero ista Auctoritabilis largitio mea firma et stabilis maneat per succedentia sibi tempora, chartam hujus decreti propria manu firmavi et corroboravi.*

¶ 2. **AUCTORITABILIS**, Solemnis, ratus, firmus. Charta anni 1107. apud Lobinel. tom. 2. Hist. Britan. col. 266 : *Et ut hoc Auctoritabile esset, prædictus filius meus et ego.... ego Alanus Britanniæ Comes... super altare manu propria confirmavimus.*

¶ **AUCTORITARE**, Confirmare, roborare, Gall. *Autoriser.* Præceptum Ludovici Imperat. de subjectione Cœnobii S. Mauri tom. 2. Capitul. col. 1437 : *Præcipientes ergo Auctoritamus atque confirmamus ut nullus judex, non Imperator, non Rex,... nostræ excellentiæ præceptum audeat violare.* Vide *Auctorizare* 2.

AUCTORITAS, Diploma Regis, Imperatoris, summi Pontificis. Gloss. Lat. Græc. : *Auctoritas*, αὐθεντία, ἀξιοπιςία, βεβαίωσις, πρόςταγμα. Hinc frequens illa in Chartis Regiis formula : *Et ut hæc Auctoritas perpetuum obtineat vigorem, manu propria firmavimus, etc.* apud Marculf. lib. 1. form. 3. 4. Beslium in Comit. Pict. pag. 165. 172. in Regib. Aquitan. pag. 18. et alios passim. Gregorius Turon. lib. 9. Hist. cap. 41 : *Quod cum Childeberto Regi nunciatum esset, statim directa Auctoritate, præcepit Macconi Comiti, ut hæc reprimere omni contentione deberet.* Adde cap. 30. et 44. ejusdem libr. Chronic. Fontanellense cap. 1 : *Clodoveum adiit, uti.... patris sui confirmaret Auctoritatem.* Et mox : *Edita est jussu ejusdem Regis... Auctoritas confirmationis.* Hugo de S. Victore lib. 2. de Claustro animæ, de Monacho Curiali et Causidico : *Oneratur chartulis, Auctoritatibus fultus* (Roma) *revertitur, ponit diem causæ, personas inducit, etc.* Ferrandus Diac. in Breviario Canon. cap. 68 : *Ut Episcopus, qui secunda vel tertia Auctoritate conventus fuerit, et venire contempserit, etc.* Anastasius in S. Liberio : *Tunc missa Auctoritate per Catulinum Agentem in rebus, simul Ursatius et Valens venerunt ad Liberium.* In S. Bonifacio : *Ambo Augusti missa Auctoritate hoc præceperunt.* In S. Hormisda : *Sumpsit itaque Imperium Justinus, et direxit Auctoritatem suam ad Papam Hormisdam.* Et mox : *Hic papa Hormisda perrexit ad Regem Theodoricum Ravennam, et cum ejus consilio misit Auctoritatem ad Justinum Imp.* Patriarchium Bituricense cap. 30 : *Ostendit ei falsam Auctoritatem, seu præceptionem.* Adde Constitut. Chlotarii Regis ann. 560. cap. 5. 7. 9. [** Pertz. vol. Leg. 1. pag. 2.] Synod. Valentin. ann. 589. cap. 3. Capit. Carol. Mag. lib. 1. cap. 88. [** 82. e Capit. eccles. ann. 817. cap. 6.] Flodoardum lib. 2. Hist. Rem. cap. 4. Bedam lib. 2. Hist. cap. 40. Capitul. Caroli Calvi pag. 97. 346. 397. [** Synod. ap. Vermeriam ann. 853. cap. 2. Pertz. vol. leg. 1. pag. 421. lin. 38. Capitul. missis data ann. 865. cap. 8. ibid. pag 502. lin. 31. Capitul. Carisiac. ann. 873. cap. 8. ibid. pag. 521. lin. 8.] Vitam S. Boniti Episc. Claromont. cap. 2. n. 5. Concil. Palæst. sub Victore I. PP. Baldricum lib. 1. Chron. Camerac. cap. 37. 76. Vitam seu Obitum S. Abbatis Nuncti apud Bivarium ad Chron. Maximi, Paulum Diacon. Emerit. in Vita S. Masonæ Episc. Emerit. cap. 15. apud eumdem Bivarium, Sammarthanos in Archiepisc. Aquens. n. 22. etc. Porro *Auctoritates* Principum rescripta in Codice Theodosiano appellari etiam constat, l. un. de Centurion. (12. 15.) leg. 31. de Petitionib (10. 10.) leg. 3. de Re militari (7. 1.); sed et titulo ejusdem Cod. *de diversis rescriptis* additum a Gothis : *Item de Auctoritatibus*, uti præfert Editio Tiliana, quidam censent. [** Conf. Gothofr. Proleg. ad C. Th. cap. 5. pag. CCXXII. a. ed. Ritter.] Interdum etiam pro Edicto Judicis hanc vocem usurpatam, evincit lex un. Cod. Si certum petatur de Chirogr. (lib. 2. tit. 27. const. 1. § 6.) Constitutio Chlotarii II. in Concilio Parisiensi V. ann. 615. § 24. *Auctoritas vel edictum* appellatur.

Auctoritas, in veteribus aliquot Inscriptionibus apud Gruter. 355. 1. 387. 3. reperitur, ubi Scaliger *Senatus consultum nondum receptum* interpretatur. [** Vide quos laudat Forcellin. in hac voce.]

Auctoritas, Titulus honorarius summis Pontificibus tributus, ab Hincmaro Remensi apud Flodoardum lib. 3. cap. 12. [** Conf. Dirsken. in hac voce, § 6.]

* **AUCTORITAS** Effigiata, Signum, subscriptio, monogramma. Charta ex Tabul. Major. monast. tom. 1. Probat. Hist. Brit. col. 426. : *Et ut hoc scriptum vigorem perpetuitatis obtineret, Conanus comes, excepto hoc quod Auctoritate sua effigiata in hoc scripto crucis caractere confirmavit.* [** Vide *Auctorare*, 2.]

AUCTORITATIVE, ut *Potestative* in Concilio Meldensi ann. 845. cap. 58. Glossæ MSS. in Prudentium ex Bib. S. Germani Paris. Cod. 615 : *Dicunt carere animas nocte Dominica pœnis, hoc pie, non Auctoritative.*

* Auctoritative, Cum auctoritate. Præcept. Car. Simpl. ann. 903. tom. 9. Collect. Histor. Franc. pag. 496 : *Deprecati sunt ut nostram munificentiam denuo Auctoritative eis reconcessissemus.* Charta Alex. III. PP. ann. 1177. inter Privil. Ord. Præmonst. MSS. : *Mediante Præmonstratense abbate et cæteris quos evocaverit, Auctoritative inter eas* (partes) *componatur.* Vide supra *Auctorabiliter* 2. et *Auctoritas.*

* **AUCTORITATIVUS**, Auctoritate ac potestate præditus. Synod. Vermer. cap. 2. tom. 7. Collect. Histor. Franc. pag. 612 : *Unde vestram, paterna et caritativa seu Auctoritativa cum interpositione divini nominis et episcopalis auctoritatis, nobilitatem hortamur, etc.* [** Ottonis II. Imp. Chart. ann. 974. in Gudeni Cod. Diplom. vol. 1. pag. 7 : *Cum nostræ condignum serenitati videatur.... maxime rebus ecclesiasticis commoditates quaslibet Auctoritativa stabilitate impendere etc.*]

AUCTORIUM, Joan. de Janua : *Illud quod additur rei mensuratæ, cum venditur : est etiam cibus, qui mensæ vacuatæ superadditur.* Ita etiam Breviloq. sed legendum *Auctarium.* Plautus [** Merc. act. 2. scen. 4. vers. 22.] *Auctarium adjicere* dixit. [** Vide Festum voce *Auctarium*, ibique Dacier. pag. 320. Lindem. Gloss. Lat. Gr. : *Auctuarium*, ἐπίμετρον.]

AUCTORIZABILIS, Receptus. Chronicon

Mauriniacense lib. 3 : *Electionem, quam irritam apud nos esse per litteras innotuimus, nobis quasi Auctorizabilem præsentatis?* [Statuta Ecclesiæ Eduensis ann. 1468. apud Marten. tom. 4. Anecd. col. 514 : *Prohibemus sub pœna excommunicationis, ne quis laicus in quocunque beneficio sub titulo et nomine beneficii creato... institutionem Auctorizabilem de quacumque persona usurpare vel attentare audeat.* Vide etiam Labbæum tom. 1. Biblioth. pag. 508.]

¶ **AUCTORIZABILIOR**, Majori auctoritate fultus. Nova Gallia Christiana tom. 2. inter Instrum. col. 21. E : *Ut autem hæc Auctorizabiliora habeantur.*

¶ **AUCTORIZABILITER**, Cum auctoritate. Monachi Patavini Chron. ad ann. 1233. apud Murat. tom. 8. col. 674 : *Et ibidem in die S. Augustini sententias coram omnibus populis super quasdam quæstiones Auctorizabiliter promulgavit.*

¶ **AUCTORIZALITER**, Eadem notione. Translatio B. Audoeni apud Marten. tom. 3. Anecd. col. 1673 : *Ut immune et absolutum maneat ab omni judiciaria exactione Auctorizaliter constituo.*

¶ **AUCTORIZAMENTUM**, Idem quod *Auctoramentum*, 1. Tabular. S. Albini Andegavensis : *De qua emptione habuit filius suus pro Auctorizamento sex denarios et duos calcearios, etc.* Alia loca vide in *Biberagium* et *Casamentum* post *Casare*.

¶ 1. **AUCTORIZARE**, In veteri Vocabulario utriusque Juris, *est cingulo militem aut ordinibus Clericum decorare et ordinare.*

2. **AUCTORIZARE**, Joanni de Janua, est *affirmare*, seu potius confirmare. Sigebertus Gemblac. in vita S. Sigeberti Regis Austras. cap. 3 : *Hoc totum edicto regali et procerum attestatione Auctorizavit.*

Auctorizare, dicebantur domini, aut venditoris liberi, vel uxores, qui vel quæ venditiones et distractiones ab iis factas approbabant, iisque consensum suum præstabant. Interdum vero, quo rata esset et firmior venditio, emptores, ultra constitutum venditori pretium, liberis aut uxori venditoris certam etiam summam persolvebant, veluti indemnitatis gratia. Tabularium Vindocinense Thuani charta 175 : *Auctorizaverunt etiam hoc capitales domini ejusdem terræ, scilicet Fulco Comes Vindocinensis, Andreas Barba, qui habuit inde 5. solidos, Lebertus, qui habuit inde 8. solid. de istorum Auctoramentis testes fuere, etc.* Idem Tabularium ann. 1078 : *Post Natale Domini comparaverunt unum arpentum vineæ de Gaufredo, favente Radulfo Presbytero filio suo, de pueris autem, qui necdum valebant loqui, permisit, quod eos Auctorizare faceret, cum venirent ad ætatem loquendi.* [Charta Monasterii Nobiliacensis apud Stephanotium, tom. 3. Antiquit. Pictav. MSS. pag. 550 : *Si vero monachicalem habitum accipi sibi visum fuerit, similiter relinqueret Sancto vel seniorum loci sine ullo contradicente, et hoc Auctorizantibus omnibus suis parentibus.*] Vide *Auctoramentum*, 1.

** 3. **AUCTORIZARE**, Evictionem præstare. Charta Burchardi de Querfurt ann. 1335. in Ludew. Reliq. Manuscr. tom. 1. pag. 329 : *Promittimus etiam.... prætaxata bona disbrigare et Auctorizare ab omnibus hominibus, qui ecclesiam impeterent de eisdem et ipsam penitus indempnem reddere.*

¶ **AUCTUACIO**, ἀθροισμός, [** ἄθροισις,] *Auctus, Congregatio*, in Supplemento Antiquarii.

** **AUCTURA**, *Incrementatura*, in Gloss. cod. reg. 7644.

** **AUCULA**, in Gemm. Gemm. Vide *Auca*.

¶ **AUCUPABILIS**, Joanni de Janua, *Res apta ad Aucupandum.*

* **AUCUPACIO**, Aucupandi jus, vel quidquid ad Aucupium pertinet. Testam. comit. Fundani ann. 1211. apud Cencium inter Cens. eccl. Rom. : *Nos præsentibus litteris..... Romanam ecclesiam..... de civitate nostra Fundana, cum omnibus tenimentis suis,..... cum piscariis, Aucupacionibus, montanis, maritimis.... hæredem instituimus.* Vide supra *Aucipitium*.

* **AUCUPALIS**, Ad aucupium idoneus, aptus. Inquisit. ann. 1217. apud Spon. tom. 2. Hist. Genev. pag. 411 : *Aliquando vidit episcopum cum aucupibus,.... non tamen aves portantem Aucupales.* [** Festus pag. 18. Lindem. : *Amites, perticæ Aucupales.*] Vide *Aucupabilis*.

** **AUCUPIO**, *Lacus, vel qui avium cantus auscultat*, in Gloss. cod. reg. 7644.

¶ **AUCUPITIUM**, pro *Aucupium*, apud Lindwoodum lib. 3. Constit. Anglic. pag. 200. edit. 1679.

* **AUDACIA**, Consilium, molitio, expeditio militaris. Lit. Joan. ducis Bitur. ann. 1359. in Reg. 111. Chartoph. reg. ch. 108 : *Et ultra hoc propter sinceræ dilectionis fervorem, quam gerit* (Gadrardus dom. de Albaterra et de Ozilhaco) *erga coronam Franciæ, suas Audacias in facto armorum, per ipsum sæpius approbatas, ad effectum deduci cupiendo, etc.*

AUDACITER, pro *Audacter*. Glossæ MSS. ad Canones Concilior. *Audacter, Audaciter.* Velius Longus : *Audacter Latinum est, sed Audaciter melius, etc.* Contra Quintilianus lib. 1. cap. 10 : *Inhærent tamen quidam molestissima diligentiæ perversitate, ut Audaciter potius dicant, quam Audacter, licet omnes Oratores aliud sequantur.* Augustinus in Grammatica : *Quæ in i desinunt, in ter syllabam mittunt adverbia, ut agili, nobili, audaci, difficili; agiliter, nobiliter, Audaciter, difficiliter.* Occurrit in Codice Epistolar. S. Bonifacii Archiepisc. Mogunt. Epist. 97. Utuntur etiam aliqui e Latinis. [** Conf. Forcellin. Lexic.]

* *Audessement*, eadem notione, in Ordinat. ann. 1330. tom. 2. Ordinat. reg. Franc. pag. 57 : *Et pour ce que aucuns de celles et malicieus gens, pour leur malvaise cauthele, en tout se sont efforcés à priver et corrompre nosdites ordonnances.... si Audessement, au dommage de nous et de nostre peuple, etc.*

** **AUDATUM**, Audacia, Vergilii Grammat. Epitom. 1. cap. 1. apud Maium Classic. Auctor. vol. 5. pag. 98 : *In cassum omne suum expendunt Audatum.*

* **AUDAX**. Tunica Audax, a Gall. *Cotte hardie*. Vide infra in *Tunica* 2.

¶ **AUDECH**, *Qui fœderatum aut nuptiale factum suscepit.* Papias MS. Bitur. [** Cod. reg. 7644 : *Infederati enim aut, etc.*]

¶ **AUDENTIA**. Histor. Scholast. Petri Comestoris cap. 52 : *Acrisia quam Latine Audentiam dicere possumus.* Ubi perperam scriptum *Acrisia* pro *Aorasia*, Cæcitas, et *Audentiam* pro *Avidentiam*.

¶ **AUDENTICUM**, pro *Authenticum*. Testamentum in cortice scriptum anno circiter 690. apud Felibianum in Hist. S. Dionysii pag. xj [** Brequin. num. 212.] : *Bodolenus Audentico vidi exemplar et subscripsi.*

¶ **AUDIBILIS**, Qui facile audiri potest, Gall. *Intelligible*. Madox Formul. Anglic. pag. 339 : *Psalmum* De profundis *alta et Audibili voce dicet.* Galli dicerent, *A haute et intelligible voix.*

* Nostris alias *Entendible*. Lit. remiss. ann. 1386. in Reg. 129. Chartoph. reg. ch. 96 : *Lequel Jehan dist à haulte voix et Entendible, si que ledit Colart et autres dessus nommez le pueurent ouyr.* Unde *Entendiblement*, Intelligenter, vel ita ut audiatur. Charta ann. 1389. in Reg. 138. ch. 28 : *Lesquelz rooles..... furent leuz par bon loisir et bien Entendiblement.* Lit. remiss. ann. 1450. ex Reg. 185. ch. 39 : *Icelle basse ou chamberiere dudit prestre dist Entendiblement, veez là cy venir. Escoutément*, eodem sensu, in aliis ann. 1374. ex Reg. 105. ch. 416 : *Pluseurs petis enfans environ ledit tumberel se jouoient, auxquelz il dirent bien Escoutément que il se partissent et fouissent d'ilec.* Vide mox *Audientia* 3.

¶ **AUDIBILIS** Liber, Quem docentur DisciPuli in Academiis seu Universitatibus. Lobinellus Hist. Paris. tom. 3. in Glossario : *Studentes in domo nostra, Libros Audibiles audiant ordinate, utpote dispositi ad Logicam audiendam, quæ est modus sciendi ad omnium artium et scientiarum principia viam habens.*

¶ **AUDICA**, Præstionis genus. Charta ann. 1094. ex Archivo S. Victoris Massil. : *Confirmo in hujus conclavi sancti propter remedium animæ meæ taliter ut non in istas hæreditates merino, neque saione, neque pro rosse, neque pro omecedio, neque pro... Audica, neque fossara, etc.* Vide *Audientia* 7.

* **AUDIDUS**, *Dolze come organi*, Glossar. Lat. Ital. MS.

** **AUDICIALIS**, *Qui audit*, in Gloss. cod. reg. 7644.

AUDIENTES, dicti Scriptoribus Latinis Ecclesiasticis, qui Græcis κατηχούμενοι, vel quod antequam ad Baptismum admitterentur, fidei Christianæ erudirentur mysteriis : vel, quod priusquam sacra fieret Liturgia, *Scripturas audirent*, ut est in Canone 21. Concilii Nicæni Arabici ἀκροώμενοι, in Concilio Nicæno can. 11. ὡρισμένος τῆς ἀκροάσεως χρόνος, cap. 12. Theodulfus Aurelianensis de Baptismo cap. 2 : *Catecuminus, Audiens, sive Instructus interpretatur.* S. Cyprianus Epist. 13 : *Audientibus, etiam si qui fuerint periculo præventi, et in exitu constituti, vigilantia vestra non desit.* Epist. 14 : *Optatum inter Lectores Doctorem Audientium constituimus.* Tertullianus de Pœnitentia : *Audientes optare intinctionem, non præsumere oportet.* Anonymus de Baptismo hæreticor. a Rigaltio editus : *Licet negator ille antea vel hæreticus fuerit vel Audiens, vel audire incipiens, qui nondum baptizatus sit, etc.* Collatio Carthaginensis cum Donatistis cap. 197 : *Ipse est Episcopus, qui rebaptizatus est, et factus est Audiens.* Concilium Wormaciense sub Adriano II. PP. cap. 27 : *Post ex-*

pletum vero quinquennii tempus ingrediatur Ecclesiam, sed inter Audientes tantummodo sit, vel, dum facultas conceditur, sedeat. Ita etiam vocem κατηχούμενοι, per *Audientes* reddunt Isidorus Mercator et Dionysius Exiguus in Concilio Laodiceno cap. 4. 5. 8. Adde cap. 30. Capitul. Caroli Mag. lib. 5. cap. 69. 71. [** 134. 136.] Addit. 3. cap. 69. [** 104.] Concil. Triburiense ann. 895. can. 5. Capitula Theodoric. cap. 37. etc. Vide *Auditor*, 5.

¶ Audientes, pari ratione dicti sunt Pœnitentes publici secundæ classis, quod audita, quæ ante sacram Liturgiam fieri solebat, oratione, simul cum Catechumenis ejicerentur, utpote qui indigni censerentur sacrorum Mysteriorum præsentia et participatione. Greg. Thaumaturgus in Epist. Canonica cap. 11 : *Auditio est intra portam in porticu, ubi oportet, eum qui peccavit, stare usque ad Catechumenos, et illinc egredi. Audiens enim, inquit, Scripturas et doctrinam ejiciatur, et precatione indignus censeatur.* Vide *Pœnitentes*, [** et Glossar. med. Græcit. voc. Ἀκρόασις et Ἀκροώμενοι.]

. Audientes, Capitulare 4. ann. 805. cap. 3 : *De justitiis Ecclesiarum Dei, viduarum, orphanorum, pupillorum, ut in publicis judiciis non dispiciantur Audientes, sed diligenter audiantur.*

¶ Audientes, Auditores, Disciupli, qui Literas, Philosophiam aliasve artes discunt. Spicil. Acher. tom. 6. pag. 144 : *In facultate artium... Doctorum, Magistrorum, Licentiatorum, Bacchalaureorum..... studentium et Audientium dictæ Universitatis Parisiensis, etc.*

1. **AUDIENTIA**, Judicium. S. Hilarius in Fragm. pag. 6 : *Quia quanto nos impensiore cura Audientiam quæreremus tanto illi pertinaciore studio Audientiæ contrairent.* Sulpitius Severus lib. 2. Hist. : *Episcopis Audientiam reservare.* Lex Wisigoth. lib. 2. § 2 : *Audientia non tumultu aut clamore turbetur; sed in parte positis, qui causas non habent, illi soli judicium ingrediantur, quos constat interesse debere.* Lex Burgund. tit. 19. § 1 : *Qui ante Audientiam cujuscumque pignora abstulerit.* Flodoardus 2. lib. Hist. Rem. : *Si quis Episcopus res, quæ ab alia Ecclesia possidentur, quocumque ingenio, aut callida cupiditate pervaserit, aut sine Audientia præsumpserit usurpare.* Gregorius Turon. lib. 10. cap. 19 : *Increpitus cur hominem absque Audientia ab urbe rapi, et in custodiam retrudi præcepisset.* Ratherius Veronensis Epist. 3 : *Cepit me, retrusit in custodiam... ita hæc egit, et sine Audientia.* [S. Bern. Epist. ad Episcopos Aquitaniæ : *Quicquid, inquiunt, factum sit, modo quærimus Audientiam; judicium sumus subire parati.*] Vide Concil. Remense ann. 630. cap. 16. Cabilonense cap. 6. Conventum apud Andelaum ann. 587. Edictum Chlotarii II. in Concilio Parisiensi V. can. 3. etc. Passim in Codice Just. et Theodos.

¶ Audientia Regia. In Collect. Conc. Hispan. tom. 4. pag. 428 : *Præcipimus ut nostri Vicarii et judices ecclesiastici sedulam curam gerant Regiam Audientiam monendi intra id tempus quadraginta dierum.* Ubi per *Audientiam Regiam*, aut Rex ipse intelligendus videtur, aut ejus consilium, a quo res, de quibus litigatur, judicari solent.

Audientiam Alicujus Appellare, Ad judicium provocare. apud Petr. Cellens. lib. 1. Epist. 16. *Audientiam Principis Appellare*, in Legib. Wisig. lib. 2 tit. 1. § 23. Vide JC.

Audientiam Tenere. Capitulare de Villis cap. 56 : *Ut unusquisque judex in eorum ministerio frequentius Audientias teneat, et justitiam faciat.*

2. **AUDIENTIA**, controversia, lis. Charta. ann. 1021. apud Diagum lib. 2. de Comit. Barcinonens. cap. 31 : *Anno Dominicæ trabeationis post millesimum vigesimo primo, orta est Audientia in conspectu Domini Berengarii Marchionis Comitis, etc.* Alia ann. 1024. ex Tabulario Urgellensi apud Cl. V. Stephanum Baluzium in Append. ad Capitul. num. 145 : *Juste debent reverti omnes res, quas Episcopus requirit, unde modo Audientia est, in jus atque dominium Orgellitanæ ecclesiæ, etc.* Infra : *Et cum decimis et primitiis de Castellono suprascripto, unde Audientia nuper a me acta est.*

* Charta ann. 1142. inter Privil. Ord. Præmonst. MSS. : *Si forte in aliquibus locis inter aliquos utriusque ordinis* (Præmonst. et Cisterc.) *aliquid querimoniæ intererit, et inter eos familiariter per aliquos religiosos mediatores componi non poterit, sine majori Audientia differretur, ut ad audientiam alterutriusque generalis capituli referatur.* Ubi altera vox *Audientia*, auditum vel conventum sonat.

Audientialis Charta, qua quis ad Principis judicium evocatur, citatur, apud Marculfum lib. 1. form. 28.

Audientiale Opus, in Concilio Meldensi can. 77.

3. **AUDIENTIA**, pro auditu. Prudentius. lib. Peristeph. :

Surdis fruendam reddere Audientiam.

[Breviarium Sarisberiense anni 1556 : *Triduo ante Pascha finitis Lectionibus non respondeat Chorus Deo gratias in Audientia, sed statim absque intervallo Responsorium incipiatur.* Ibidem : *Dicat Sacerdos in Audientia, sed sine nota, Orationem, Respice quæsumus.* Ubi *in Audientia* idem est quod clara voce, quæ possit audiri.]

* Charta ann. 1314. ex schedis Præs. *de Mazaugues : Dicens quod ad ejusdem bajuli et procuratoris pervenit Audientiam, quod nos, etc.* Ordinar. S. Petri Aureæ-val. MS. : *In magnis vero dupplicibus, non dicuntur prædicti psalmi* (graduales) *in Audientia; sed sub silentio.* Adde Hist. Occit. tom. 2. inter Probat. col. 361. et 511. Cærem. vet. MS. eccl. Carnot. : *Ad Primam.... unusquisque stans, secum finiat cetera, non in Audientia.* Id est, ea voce ut non possit audiri. Vide supra *Audibilis*.

¶ 4. **AUDIENTIA**, Conventus, consessus, Gall. *Assemblée*, *Auditoire*. Henricus Huntindonensis in Epistola de comtemptu mundi ann. 1153. Spicil. Acher. tom. 8. pag. 179 : *Vir tamen effectus narrationem audivi de turpissimis omnino conviciis ad eum dictis, quæ si mihi nihil habenti in tanta Audientia dicta fuissent, semimortuum me ducerem.*

* Charta ann. 1311. ex Tabul. Massil. : *Facta relatione in Audientia plana consilii dictæ civitatis, etc.* Pluries occurrit ibidem.

* In Audientia, pro Publice, in Charta communiæ Abbavil. ann. 1184. tom. 4. Ordinat. reg. Franc. pag. 56. art. 11 : *Qui vero inhonestum de communia dixerit in Audiencia, et convinci poterit testibus, judicio scabinorum emendabit.* Infra vero pag. 58. *Audientia*, idem est quod Conventus.

¶ 5. **AUDIENTIA**, *Licet aliter capiatur, proprie tamen magis dicitur esse facultas et potestas loquendi coram superiore alicui concessa.* Ita vet. Vocabularium Juris utriusque. Hac notione dicimus, *Avoir une audience du Roi*, ad Regem admitti.

¶ 6. **AUDIENTIA**, Obedientia. Electio Hugonis in Abbatem S. Rigaldi apud Mabill. tom. 5. Annal. Benedict. pag. 629. col. 2 : *Optantes nobis eum præesse et prodesse; simulque promittentes ei Audientiam juxta B. Benedicti patris nostri institutionem.*

7. **AUDIENTIA**. Tributum, vel tributi species. Charta Petri Episcopi Salernitani, apud Ughellum tom. 1. Italiæ Sacræ pag. 501 : *Et si nos aut nostris successoribus quamcumque conditionem, aut Audientiam, aut quemcumque censum vel servitium imponere voluerimus, etc.* Alia anni 1208. in Tabulario Fossatensi fol. 23 : *Telonium, foragium, toragium, Audientias, haias, saccum, vannum, etc.* Alia Petri Episcopi Parisiensis ann. 1212. ibid. fol. 30 : *Super pastu et Audientiis, etc.* Alia ann. 1238. ex eod. Tabul. fol. 111 : *Quittamus eisdem hospitibus... duos denarios de Audientiis, quos in festo B. Mauri nobis debebant, etc.* Rursum : *Audientiæ de Varennis ibidem recipiendæ in festo B. Andreæ Apostoli 26. sol. 6. den. et recipiuntur istæ Audientiæ ratione domorum ibi existentium, videlicet pro qualibet domo 4. den. Paris. etc.* Id porro nominis præsertim apud Aurelianenses obtinuit. Charta Ludov. VII. Reg. Franc. ann. 1178. pro Aurelianensibus, in Regesto Philippi Aug. fol. 72. et apud Franc. *le Maire* in Hist. Aurelianensi pag. 323 : *Nullus homo societatem habens cum homine de Audientiis totam reddat consuetudinem, sed eam tantum partem, quæ ipsum contigerit.* Ubi *Audientia* redditur a prædicto Scriptore *Oüance*, qui addit id vocabuli bannitiones et proclamationes denotare, quæ fiebant pro *jure consuetudinum* seu pensitationum, in *Hallis* publicis, ubi ministri audientiales, quos *Sergeans Audienciers* appellabant, quoslibet banno publico invitabant ad solutionem ejusmodi præstationum, quod in hunc modum concipiebatur :

Entre vous Bourgeois Marchans,
Qui voulez jouir des Ouances,
Venez suivant les Ordonnances
Pair le droit des Ouances. Aux Halles.

Quo in *Hallarum* loco iis, qui ejusmodi *consuetudines* seu præstationes quotannis exsolvebant, à Domanii Exactore vel Receptore dabatur carnis porcinæ fragmentum : erat autem jus audientiarum unius trezeni. Occurrit etiam vox *Oyance*, Charta ann. 1286. in Tabulario Abbatiæ S. Dionysii : *Vente d'heritages chargez entre autres choses d'une geline, 4. deniers d'Oyance, une maille de Hayes à Noël.* Charta alia ann. 1295. ibid. : *Vente par Marguerite la Gaianne de Champigny aux Religieux, d'une mazure chargée de diverses prestations, d'une corvée aux fenaisons aux Seigneurs de Champigny, et en 2. deniers d'Oyances, payable chacun à la Saint-Denys.*

Ex prædictis vocabuli vis non omnino percipitur : nec scio, an *Audientiæ* voce olim intellectæ sint præstationes illæ, quæ ab iis, qui ad placita convenire tenebantur, fiebant, quas *Eulogiarum* nomenclatura donat Polyptycus Floriacensis : *Si ibi sunt Cavaticarii, debent Kalend. Octob. den.* 4. *et unam diem in banno, et ad* 3. *Audientias venire cum suis Eulogiis.*

☞ *Audientiam* aliquando saltem usurpatam fuisse pro *Tallia ad placitum* invicte probat Charta Thomæ Abbatis S. Germani a Pratis ann. 1250. ex ejusdem Monast. Tabulario : *Notum facimus, quod cum Ecclesia nostra fuisset in possessione... levandi et capiendi Talliam nomine Audientiarum annis singulis ad placitum ab Ermardi, Avelina, etc. Nos vero eorum precibus inclinati prædictas talliam annuam et Audientias dictis hominibus quittavimus... salvo nobis et Ecclesiæ nostræ, quod eo anno, quo dominus Rex a nobis solidos suos levabit, talliam a dictis hominibus levare poterimus.*

Jam vero Ministri isti Audientiales, *Abscultatores* videntur appellari in Charta Philippi Augusti ann. 1187. pro Aurelianensibus, in ejus Regesto Herouvalliano fol. 103 : *Idem tenendum esse præcipimus, ut Præpositus noster per aliquem de Servientibus suis de domo et mensa sua, qui Bedelli et Abscultatores appellantur, circa burgensem aliquem nihil omnino disrationare possint.*

* 8. **AUDIENTIA**, Locus ubi de rebus suis tractaturi congregantur. Lit. ann. 1365. tom. 4. Ordinat. reg. Franc. pag. 554. art. 3 : *Anno quolibet, fiet una missa solemnis in ecclesia Celestinorum Parisius,.... et quolibet mense percipiant in Audientia unam bursam.* Sic et *Audience de France* appellatur locus, ubi diplomata regia seu literæ, quæ sigillo regio communiri debent, obsignantur. Lit. ann. 1400. tom. 8. earumd. Ordinat. pag. 396 : *L'en paie six solz Parisis pour nous, pour le droit de nostre Audience.*

* 9. **AUDIENTIA**, Domus, vel cubiculum in monasteriis, ubi excipiuntur advenientes, vulgo *Parloir*. Stat. S. Vict. Paris. MSS. part. 2. cap. 2 : *Sciendum est quod novitius usque ad annum foris cum nullo, nisi in Audientia loqui debet.* Vide *Auditorium* 3.

¶ **AUDIENTIARIUS**, Scriba, Notarius forensis, Gall. *Audiencier*. Inter apparitores forenses primas tenet *Audientiarius*, sicque appellatur, quod in *audientia* causas ordine suo appellare, atque audientiam populo facere ex officio teneatur. Acta SS. Julii tom. 3. pag. 56 : *Nos igitur Robertus Episcopus venerabilem Dominum magistrum Gabrielem Caillé Officialem nostrum, qui una cum provido viro Adriano Loir Notario publico et Audientiario nostræ curiæ spiritualis Cameracensis, hujusmodi informationem nobis postea reportandum debite facere habeant, viva voce deputandos duximus et deputavimus.* Ibid. infra : *In quorum omnium et singulorum fidem et testimonium præmissorum præsentes litteras manu nostra propria subscriptas, processum nostrum in se continentem fieri, et per eumdem Adrianum Loir Notarium et Audientiarium nostrum supra et infrascriptum nostrum subscribi et publicari mandavimus, sigillique nostri fecimus et jussimus appensione communiri.* Et apud Rymer. tom. 13. pag. 448 : *Et ego Joannes Cartier Presbyter Ecclesiæ Carnotensis in Decretis Bacalarius.... venerabilisque Curiæ Episcopalis Paris. Notarius, ac ipsius Curiæ Audientiarius juratus, etc.*

¶ 1. **AUDIRE**, Intelligere, capere, Gall. *Entendre, comprendre*. Epistola J. Episcopi Acconensis ad Honorium III. PP. apud Acherium tom. 8. Spicil. pag. 381 : *Quoniam autem qui talia dixit, Saracenus extitit, multi ex nostris fidem verbis ejus adhibere noluerunt, non Audientes qualiter ariolus et gentilis de Christo et filiis Israël prophetavit, et Nabuchodonosor de futuris regnis et lapide sine manibus de monte exciso somniavit, et Pharao, etc.*

2. **AUDIRE**, Judicare. Appendix Codicis Theodos. a Sirmondo edita Constit. 18 : *Episcopale judicium ratum sit omnibus, qui se Audiri a Sacerdotibus adquieverint. Cum enim possent privati inter consentientes, etiam judice nesciente, Audire, his licere id patimur, quos necessario veneramur.* Ita JC. passim. Vide Senator. lib. 1. form. 37.

3. **AUDIRE**, pro *Velle*. Capitula Ludovici Pii ann. 824. cap. 9. apud Holstenium, de testibus : *Quod si dissenserint, et quædam pars testium uni præbuerit testimonium, et alia alteri : tunc interrogatur si Audierit per pugnam illorum testimonium approbare.* Phrasis Gallica : *S'il entendoit prouver son témoignage par le duel.* [Jeremias cap. 42. rogatus a principibus Judæorum, ut pro iis oraret ad Dominum Deum suum, respondet ℣. 4. *Audivi*, id est, Volo, assentior, consentio. Hinc procedit nostrum *Oui*, quo significamus nos dictis assentiri, etc.]

¶ **AUDITIO**, Cœtus, Consessus, Gall. *Assemblée*. Vita Jacobi Gelu Archiep. Turon. apud Marten. tom. 3. Anecd. col. 1947 : *Ego Jacobus Gelu, Clericus oriundus de Ynodio Treverensis diœcesis fui Magister in artibus anno Domini* M. CCCLXXXXI. *in Universitate Parisiensi, effectus secundus in Auditione prima in sancta Genovefa, præstante eo qui linguas infantium disertas facit, cui sit laus et gloria in sæcula.*

1. **AUDITOR**, Judex : *audire* enim judex, Præfectus urbi, Præses dicitur, qui cognoscit, judicat, in leg. 6. D. de Dote leg. l. 12. D. de Instrum. *Auditor vice sacra*, l. 3. C. Ubi Senat.

2. **AUDITORES**, Inquisitores, qui de rebus controversis a judicibus delegabantur ad earum veritatem detegendam, adhibitis *auditisque* testibus, (unde *Auditores* dicti) et de iis ad ipsos judices, quorum judiciis intererant, referebant. [Auditores vero primi recensentur inter officiales Præposituræ Paris. in Edicto Caroli pulcri ann. 1325. tom. 2. Ordinat. Reg. pag. 3.] Vetus Placitum apud Ughellum in Comensibus Episcopis pag. 278 : *Cum in judicio resideret Adalgerius missus et Cancellarius D. Regis Henrici... et cum eo judices Papienses, Joannes, etc. Judices sacri Palatii, Adam, Andreas,... et reliqui plures Auditores, etc.* Baldricus lib. 3. Chron. Camerac. cap. 61 : *Faciens illum semper consistere in præsentia sua, et in judiciis suis tam publicis quam privatis Auditorem in primis, et mox judicem insistere.* Petrus Diaconus lib. 4. Chron. Casin. cap. 66 : *Logothetam, Exceptorem et Auditorem Imperii illum constituit.* Vid. cap. 109. Historia Archiepiscoporum Bremens. ann. 1114 : *Præpositus et Palatinus constiterunt ad negotii ventilationem : Auditores aderant Thietmarus Verdensis Episcopus, Albertus Marchio, Comes Hermannus.* In veteri Regesto Parlamenti Paris. ann. 1301 : *Die Jovis post Lætare Hierusalem, Magister Clemens reddidit in Curia processum inchoatum per ipsum inter Comitem Claromontensem et Monachos de Jardo. Ego P. Bituris tradidi eum in tribus peciis Cantori Aurelian. et Mag. Andreæ Potheron, datis Auditoribus ad perficiendum dictum processum. Auditores a latere Regis destinati*, in Fleta lib. 2. cap. 2. § 4. [* Placit. ann. 920. inter Probat. tom. 1. Hist. Nem. pag. 18. col. 2 : *Giberto archidiacono, qui est missus vel Auditor domno Ucberto episcopo, etc.*]

☞ Similem ob causam *Auditores* etiam dicuntur ii, qui in Fisci Curia vel in Monasteriis rationibus cognoscendis excipiendisque præficiuntur. Computus anni 1277. apud Kennettum Antiquit. Ambrosden. pag. 287 : *Computavit Joannes Canou Præpositus de Clifton de manerio de Clifton de omnibus receptis et expensis per ipsum factis.... coram dominis.... Suppriore, Wilielmo de Thornberg, Waltero de Oxon. Steph. de Oxon. Auditoribus deputatis.* Hist. Dalphin. tom. 1. pag. 79 : *Coram eisdem Auditoribus computavit apud Gratianopolim.* Hinc nostri *Auditores computorum*, seu rationum, *Auditeurs des Comptes*.

3. **AUDITORES** denique appellati, qui postmodum *Notarii, Auditeurs*, in Consuetud. municipal. Ambianensi antiqua art. 65. Pontivensi art. 69. S. Pauli art. 42. Claromontensi art. 698. urbis Insulensis art. 64. 95. Ubi venditionum aut alienationum contractus fieri debere coram *Auditoribus*, vel judicibus statuitur. At in Claromontensi, loco citato, *Notarii* videntur appellari, qui scilicet contrahentium voluntates audiunt, easque scriptis mandant. Vide Roverium in Hist. Reomaensis Monasterii pag. 599.

4. **AUDITOR**, Qui instrumenti confectioni, aut chartæ lectioni testis adest. Charta Almodis Comitissæ Marchiæ, in Tabulario Hospital. Montismorilionis in Pictonibus : *Hoc donum concesserunt filii ejus... Auditores hujus concessionis sunt Petrus, etc.* Charta Theobaldi *Chabot* eodem Tabul. : *Quando Comitissa et Boso hoc concesserunt, Audivit Aubertus de Choec; et quando concessit Adelbertus Comes, Audivit Willelmus Bernart.* Alia apud Hier. Blancam in Comment. Rer. Aragon. pag. 791 : *Testes sunt hujus rei visores et Auditores, etc.* Alia apud Doubletum pag. 492 : *Hoc viderunt et Audierunt isti, etc.*

Auditor Romani Imperii, apud Petrum Diac. lib. 4. Chron. Casin. cap. 68.

Auditor in Curia Papæ *vocatur, qui vice judicis alicujus causam vel causas audit.* Breviloq.

Auditor Cameræ Papæ, *qui audit negotia super thesauro Papæ, et super his, quæ ad Cameram Papæ pertinent*, in eodem Breviloquo.

Auditor Contradictorarum, *in Curia Papæ, qui audit impetrantes rescripta ad lites, vel aliter ad jus commune pertinentes gratias.* Ita idem Breviloq. Vide Ceremoniale Rom. lib. 3. pag. 318. 319. 322. 327. Octovianum Vestrium de Romanæ aulæ judiciis. lib. 1. pag. 8. lib. 2. pag. 15. et 26. ubi plura de Auditoribus Curiæ Romanæ.

¶ Auditor Rotæ, Judex in Curia Romana, Gall. *Auditeur de Rote.* Est autem *Rota* Tribunal ex duodecim insignioribus Prælatis, 3. scilicet Romanis, 1. Tusco, 1. Mediolanensi, 1. Bononiensi, 1. Ferrariensi, 1. Veneto, 1. Germano. 1. Gallo et 2. Hispanis compositum. Quisque eorum quatuor habet Notarios. De singulis ditionis Ecclesiæ Romanæ causis sive beneficialibus sive civilibus cognoscunt, si ad eos per appellationem deferantur, atque etiam ante appellationem de iis, quæ summam excedunt 500. nummorum. Altero nomine dicuntur Capellani Papæ, quod iis sacri Palatii judicibus successerint, qui jus dicebant in Capella Pontificia. Alexander VII. vestes et cingulum in pileo coloris violacei concessit, eosque Subdiaconos Apostolicos declaravit. *Auditores rotæ* appellari censent plerique, quod alternis vicibus quasi *rotatim* suo fungantur munere, vel quod præcipua Christiani orbis negotia apud illos versentur et agitentur. A *Rota Porphyretica* dictos putat Cangius noster. Vide in *Rota.*

¶ Auditor Sacri Palatii, apud Ludewig. Reliq. MSS. tom. 6. pag. 126. in Diario belli Hussitici.

5. **AUDITORES**, Iidem, qui *Audientes*, seu Catechumeni. Isidorus lib. 7. Orig. cap. 4. Κατηχούμενος *Græce, Auditor dicitur.* Tertullianus lib. de Pœnitentia : *Nemo ergo sibi aduletur, quia inter Auditorum tyrocinia deputetur.* Nicolaus PP. Epist. ad Rivoladrum Episc. in Append. 18 : *Ut triennio ante fores ecclesiæ pro peccatis suis oraturus consistat, et deinde inter Auditores permaneat quadriennio : ut septem annorum curricula absque Communione dominici Corporis et Sanguinis ducat.*

6. **AUDITOR**, apud Manichæos, secundus fuit gradus ejusmodi hæreticorum : cum primus *Electorum* esset. *Atque ii*, inquit S. Augustinus Epist. 74. *carnibus vescuntur, et agros colunt, et si voluerint, uxores habent : quorum nihil faciunt, qui vocantur Electi.* Vide eumdem lib. 2. de Morib. Manichæor. cap. 18. lib. de Hæresib. cap. 46. lib. contra Fortunat. lib. 20. contra Faustum Manich. lib. de Utilit. credendi cap. 1. etc. De ejusmodi Manichæis videtur intelligendus Evervinus Steinfeldensis de Hæreticis sui temporis : *Prius enim per manus impositionem de numero eorum, quos Auditores vocant, recipiunt eos inter credentes, et sic licebit interesse orationibus eorum.*

* 7. **AUDITOR**, Qui de delictis anquirit, et ut ea reprimantur vel puniantur, promovet, Gall. *Promoteur.* Arest. ann. 1309. in Reg. parlam. Paris. *Olim : Item petebant* (episcopus et capitulum) *emolumentum sigillorum judicis, nec non generalis Auditoris episcopatus Claromontensis, qui sola spirituali jurisdictione in montanis utebantur.*

* **AUDITOR** Castelleti, Judex inferior, vulgo *Juge-Auditeur* [** *au Châtellet.*] Lit. Ludov. X. ann. 1315. in Lib. rub. Cam. Comput. Paris. fol. 525. v° : *Cum benedictus de sancto Gervasio propter nonnullos excessus, prætextu officii Auditoris castelleti Parisiensis quod gesserat, ab ipso factos, etc.*

* Auditor Contradictorum, Idem qui *Auditor Contradictoriarum.* Vide in *Auditor* 4. Chartul. Campan. fol. 43. r° : *Johannes de Cameranen. domni Papæ* (Innocentii IV.) *capellanus et ejusdem Contradictorum Auditor, salutem in Domino.*

AUDITORIALIS Scholasticus, Patronus, Advocatus, qui in *Auditoriis*, seu judiciis publicis pro clientibus perorat : (qui *Scolasticus Forensis* in Concilio Sardicensi, *Scholasticus jurisperitus*, Augustino Tract. 7.) in Joan. Marius Mercator in Commonitorio : *Huic Pelagio adhæsit Cælestius, nobilis natu quidem, et illius temporis Auditorialis Scholasticus.*

1. **AUDITORIUM** Sacrum habere, qui judices dicerentur, docet Scholiastes Juliani Antecess. in Constit. 17. cap. 63 : *Auditorium Sacrum dicebatur, ubi formalibus verbis causæ allegabantur ; et vestem induebat, qualem in Palatio, et veluti Campacos, et sic ingrediebantur omnes ad eos.* [** Confer Glossar. med. Græcit. in voce Ἀκροατήριον.]

* *Auditoire* vero, pro Tribunal, jurisdictio, in Aresto ann. 1332. 3. Jul. ex Reg. parlam. Paris. *Olim : Item les prevost et jurez de la ville de Tournay avoient fait estatut..... en leur hale, qu'ils avoient trois Auditoires, desquels on appellait des uns aux autres ; c'est assavoir l'Auditoire des eschevins, des esgardeurs, des prevost et jurez.* Consuet. Castellionis ad Sequanam ex Cod. reg. 9898. 2 : *Se aucun forain fait délit aucun en la ville de Chastillon de quelque part qu'il soit, l'Auditoire et l'amende seroit commune, soit de loy ou arbitraire.*

2. **AUDITORIUM**, κατηχουμένιον, locus in Ecclesia, in quo consistebant *Audientes*, seu Catechumeni ; vel locus, ubi fideles verba Concionatorum excipiebant, quomodo vox hæc usurpari videtur in Concilio Carthagin. IV. can. 24 : *Sacerdote verbum faciente in Ecclesia, qui egressus de Auditorio fuerit, excommunicetur.* Charta Radulfi Delicati ex familia Comitum Vilcassini, in Tabul. S. Martini de Campis : *Eodem die, quo uxor sua Hazecha honore debito sepulta est apud S. Martinum in Auditorio ante Crucifixum.* Certe constat in ea Ecclesiæ parte, quam hodie *navim* appellant, olim νάρθηκα, ut quidam censent, homilias suas Episcopos egisse. Hanc etiam ἀκρόασιν, Audientium stationem in Ecclesia vocat Gregor. Thaumaturgus. Nec scio, an per ἀκροατήριον, in Concilio Calchedon. Act. 14. ea pars templi intelligatur : κληθεὶς ἐν τῇ ἁγίᾳ συνόδῳ τῇ κατὰ Ἀντιόχειαν συνελθούσῃ ἐν τῷ ἀκροατηρίῳ, an vero porticus superiores, quas et *Catechumenia* appellarunt veteres : quomodo etiam vox ἀκροατήριον forte capienda apud Eustathium in Vita Eutychii Patr. CP. n. 37.

3. **AUDITORIUM**, Domus, vel cubiculum in Monasteriis, ubi excipiebantur advenientes hospites, et salutaturi : *Salutatorium*, [Gall. *Parloir.*] Gloss. Saxonicum Ælfrici : *Auditorium*, spræc-hus, i. domus colloquii. Concilium Cabilonense II. cap. 61 : *Cum nullo masculo* (Sanctimonialibus) *colloquium habere liceat, nisi in Auditorio, et ibi coram testibus.* Additio 2. Capitul. Caroli Mag. cap. 16. [** 19. Pertz. vol. 1. leg. pag. 343.] et Concilium Parisiense VI. cap. 46 : *Si colloquendum cum aliqua Sanctimonialium ratio expostulat, id non aliubi, nisi in constituto loco, id est, in Auditorio, etc.* Eckeardus Junior de Casibus S. Galli cap. 16 : *Abbas autem post Laudes egressus, in Auditorio cum salutat.* Idem cap. 10. ad introitum Ecclesiæ *Auditorium* statuit : *Et cum ad introitum Ecclesiæ, ubi locus Auditorii est, venissent.* Et cap. seq. : *Abbas in Auditorio debilis residens.* Infra : *Postea vero in Auditorio convenientes.* Vita S. Aicadri cap. 11 : *Susceptis Monachis ad domum Auditorii eos perduxit, eorumque pedes lavit.*

4. **AUDITORIUM** præterea appellabant Cluniacenses et Cistercienses Monachi, et alii, Locum, in quo conveniebant Monachi, quod in eo essent Monachicæ Scholæ, ibique Præceptores docerent, disciputi audirent Magistros docentes. Gloss. Gr.-Lat. ἀκροατήριον, *Auditorium.* Statuta S. Dunstani : *A primo pulsu vespertinalis synaxis silentium teneatur in Claustro, usqueque Capitulum finiatur alterius diei, excepto Auditorii loco : qui et ad hoc maxime eo censetur nomine, quod ibi audiendum sit, quid a Præceptore jubeatur, non vero fabulis, aut otiosis ibi aut alicubi vacare loquelis oportet.* Liber Usuum Cisterciensium cap. 72 : *In Auditorio non loquantur plures, quam duo simul cum Priore tempore lectionis, nisi forte Prior pro aliqua necessitate plures sibi convocandos judicaverit.* Adde cap. 15. 55. 75. et Rainardum Abbatem Cisterc. in Instit. cap. 80. Præterea Statuta Ord. Præmonstrat. dist. 1. cap. 14. Vita MS. S. Gaugerici Episc. Camerac. lib. 1. cap. 3 : *Signo etenim, quo ad laudes Dei canonice ammonentur, accepto, ille statim..... ad Ecclesiam primus accedit.... in Auditorio autem inter lascivos continens, inter buccones et garrulos tacitus.* Juxta Capitulum statuitur in eodem libro Usuum cap. 113. Tabular. Dalonensis Abbatiæ in Lemovicib. pag. 12 : *Factum est hoc anno Incarnat. Dom. 1209. in Auditorio juxta Capitulum, etc.* Scholas publicas *Auditorii* appellatione donasse veteres notum est. Vide Vitam Willelmi Ducis n° 22. Edit. Mabillonii, Vitam S. Roberti Abbatis Molismensis n° 6. Hugonem Archidiac. Turonensem de Miraculo in Translat. S. Martini pag. 359. Regulam Ordinis de *Sempringham* tom. 2. Monastici Anglic. pag. 717. 768. etc. [Vide Marten. tom. 4. Anecd. col. 1224. et vet. Discipl. Monast. pag. 87. 95. 116. etc. S. Bernardum tom. 1. col. 431. E. edit. 1690.]

¶ 5. **AUDITORIUM**, Auditus, Auditio, actio audiendi. Chron. S. Trudonis apud Acher. tom. 7. Spicil. pag. 438 : *Neque hoc faciebat adhuc studio tantum ædificandi, quantum audiendi miracula vitæ simplicium virorum, de quibus ibi legebatur, et novo Auditorio styli simplicioris.*

¶ 6. **AUDITORIUM**, Admissio ad Principem, Gall. *Audience.* Angeli Pechinolii Ortani Episc. Litteræ ad Innocentium VIII. PP. apud Illust. *Fontanini* in Appendice Antiquit. Hortæ pag. 474 : *Cum Budam applicuisset Orator Venetus, velletque dominus Rex de more solemni pompa illum audire, voluit me quoque Auditorio adesse, in quo ta-*

men orator præter communem congratulationem nihil retulit.

* **AUDITUM**, Edictum, promulgatio, Gall. *Publication*. Ordinat. Caroli dalph. ann. 1356. in Reg. Cam. Comput. Paris. sign. *Vienne* fol. 3. r° : *Volumus quod per locumtenentem nostrum fiat Auditum generale, quod omnes et singuli subditi nostri.... veniant recogniturì homagia, feuda, etc.*

¶ 1. **AUDITUS**, ut *Auditorium* 6. apud Rymer. tom. 9. pag. 790 : *Ambassiatoribus.... non concedebatur Auditus.*

* 2. **AUDITUS**, Auris, Gall. *Oreille*. Lex Ripuar. tit. 68. art. 5 : *Quod si quis absque effusione sanguinis alium brachio, pede, oculo, Auditu, muccatu vel quocunquelibet membro mancaverit, etc. Aroille*, eodem sensu, in Lit. immunit. *de Perusses* ann. 1347. tom. 7. Ordinat. reg. Franc. pag. 33. art. 12 : *Se aucuns desdiz bourgois est trouvez de jour ou de nuyt ou dommaige d'autrui,.... il rendra le dommaige à cellui cui il aura dommaigié, ou on li copera une Aroille.*

¶ **AUDYNÆUS**, Mensis Macedonici nomen. Vetus Chron. tom. 3. Junii pag. 306 : *Hoc eodem anno magnam labem accepit Constantinopolis ex terræ motu, mense Audinæo.* In quæ Bollandi Continuatores : J. Baptista Ricciolus noster in sua Chronologia reformata lib. 1. cap. 20. demonstrat *Audynæum* Macedonicum inchoare a die 24. Decembris, etc.

* Vel potius *Andynæus*, a Græco ἀνδυναῖος, emergens aut *emersiorus;* quod mensi Januario apte convenit.

* **AVE**, Avete, *Dieu vous sauve*. Glossar. Gall. Lat. ex Cod. reg. 7684.

* **AVEDALTUM**, f. idem quod mox *Avellaneta*. Charta ann. 1313. in Reg. 52. Chartoph. reg. ch. 207 : *Prædictus honor.... protenditur.. de collo de Falgariis, sicut aqua vergit, usque ad cudes, et cudibus usque ad rivum frigidum, et de rivo frigido usque ad Avedalt, et de Avedalto usque ad orzarios.* Infra : *Avedant.*

¶ **AVEIRE**. Vide *Aucire*.

AVELLANARIUS, Nux avellana arbor, Gallice *Avelinier*, in Capitulari de Villis cap. 70.

* **AVELLANETA**, Avellenata, Hisp. *Avellaneda*, Locus avellanis arboribus consitus. Charta ann. 1518. ex Chart. Viviani notar. Massil. : *Dat terram, pratum et Avellanetam simul se tenentes.* Charta ann. 1399. ex schedis Præs. *de Mazaugues* : *Exceptis locis cultivatis, ut sunt terræ, vineæ, orti, prati et Avellenatæ.* *Pro quadam possessione vineæ, terræ et Avellenatæ*, in alia Ch. ann. 1460.

* **AVELLANETUM**, Eadem notione. Charta ann. 874 apud. Murator. tom. 1. Antiq. Ital. med. ævi col. 833 : *Aliam terram, quæ nominatur de Rosala modiorum duodecim, et arbustum, et castanetum, et quercietum, sive Avellanetum.*

* **AVELLATORIUM**, *Avelot*, in Vocabul. compend.

* **AVELLUM**, *La cortina de le sale.* Glossar. Lat. Ital. MS.

* **AVE-MARIA**, Reditus quidam; cujus appellationis ratio exponitur in Stat. MSS. eccl. Tull. ann. 1497. fol. 53. r° : *Est et alius redditus in Trouceyo, dictus Ave-Maria,.... succedit loco salarii dicendi Ave Maria in principio cujusvis horæ canonicæ.*

* **AVEMBRATUS**, Adjectus, adjunctus. Charta ann. 810. apud Murator. tom. 1. Antiq. Ial. med. ævi col. 671 : *Tradimus in ipsa sancta Dei ecclesia in primis fundamentum illut, ubi ipsa ecclesia sita est, una cum porticale ante se, et ipsa ædificia, quæ ad eam ex utraque parte Avembrata sunt.* Vide supra *Amembrare.*

¶ **AVENA** de Fimo, de Molta, id est, Avena quæ colligitur ex agris fimo impinguatis, et avena quæ exigitur ab iis qui ad molendinum molendi causa accedunt. Est enim *Molta*, Gallice *Mouture*. Polyptycus Monasterii Fiscannensis MS. : *Guillelmus le Gros tenet dimidium villanagii et reddit... unum boissellum Avenæ de Molta, et tres boissellos Avenæ de Fimo... Emmelina la Mordante reddit 2. boissellos Avene de Molta et 6. boissellos Avene de Fimo.* [* Vide *Avenagium*, 1.]

¶ **AVENA** de Gaule, Præstatio agraria, seu census annuus ex agris avena solvendus. Enumeratio feudi venditi a Girardo *de Ham* Milite, domino *de Douchy* ann. 1293. ex Tabul. Corbeiensi : *Martinus li Grand et ejus filiæ et les Moniotes debent tres quarterios Avenæ de Gaule, et Johannes li Grand unum quarterium de Gaule*, ubi Gaule idem est ac *Gaulum*, quod vide in voce *Gablum*. [* Vide *Avenagium*, 1.]

* **AVENABLATUS**, Aveneblatus. Vide supra *Advenablatus*.

* **AVENACHIUM**, pro *Avenagium*, Vectigal seu pensitatio ex avenis. Necrol. MS. Silvanect. : xii *Kal. Oct. obiit Albericus comes Domni-Martini, qui concessit huic ecclesiæ jus Avenachiorum, quod habebat in rusticis de Orri.*

1. **AVENAGIUM**, in veteri Charta apud Argentreum in Hist. Britann. pag. 307. et in Pacto inito inter Gaufredum Dom. Vaurenti, et abbatem Malleacensem ann. 1232. vectigal, seu pensitatio ex avenis, dominis pensitari solita ; *Avenage*, *Costuma avenæ*, in Libertatib. S. Paladii in Biturig. ann. 1279. in Consuet. Andegav. art. 128. Dunensi art. 27. 28. Blesensi art. 40. Cenomanensi art. 138. Marchensi art. 125. 173. etc. Regestum Feodorum Andegavensis Comitatus ann. 1387. et 1388 : *Jean Sire de Sermaises homme lige de ses Feuries et Avenages et de la Gamberaye, à 15. jours de garde à Baugé.* Tabular. Montismorilionis in Pictonibus fol. 59 : *De toto nostro Avenatge, id est, de tota illa terra, quam excolunt agricolæ, qui reddunt nobis avenam.* Chronicon Laubiense pag. 602 : *Precaturas, imo rapinas, quas nullas omnino habere debent, de Avena, de multacibus,... non precando, sel tollendo faciant.* In Consuetudine locali Castelli-Novi in Biturigib. tit. 2. art. 25. *Serfs ou Bourgeois d'Avenage*, dicuntur eidem præstationi obnoxii. Vide Thomasserium lib. 2. Consuet. Bituric. cap. 90. pag. 196. [Marten. tom. 1. Anecdot. col. 596. Instrum. tom. 4. novæ Gall. Christ. col. 34. D. etc.]

* *Advenage*, in Charta ann. 1401. ex Reg. 162. Chartoph. reg. ch. 341 : *Pour ce ledit prevost est tenu faire venir ens les Advenages de ladite prevosté. Avenagium lanarum et arietum*, in Bulla Innoc. III. PP. ann. 1198. tom 1. Probat. Hist. Brit. col. 733. Unde pro quavis præstatione hanc vocem usurpatam fuisse manifestum est : sic et *Avena de fimo*, *de molta*, vectigal est, quod pro fimo, molta exsolvebatur, sive avena sive pecunia. Vide *Avena*.

¶ 2. **AVENAGIUM**, aliquando scribi pro *Aubenagium*, Gall. *Droit d'aubaine*, testatur Spelmannus in Glossario.

¶ **AVENANCIA**. Vide *Advenancia*.

* **AVENANTARE**. Vide supra *Advenantare*.

AVENARIÆ, Arva, in quibus solæ excrescunt avenæ : *Avenaries*, in Consuetud. de *Soesmes* art. 2. [In Bressia et Dumbis arva stagnorum aquis superfusa dicuntur *Avenariæ :* sed in iis non avena solum, verum etiam frumentum vel siligo interdum seritur et crescit.]

* Nostris *Aveinniere*, Ager avena refertus. Lit. remiss. ann. 1452. in Reg. 184. Chartoph. reg. ch. 244 : *Les chevaulx de Jehan Coquet... furent prins en une Aveinniere, etc.* Ejusdem originis est vox *Avenier*, pro Stabuli inspector. Gall. *Controlleur de l'écurie*, Angl. *Avenor*. Charta ann. 1427. in Reg. 173. ch. 648 : *Thomas Giffart escuier natif du royaume d'Angleterre, maistre Avenier du Duc de Bedford.* Vide infra *Avesna*.

¶ **AVENANTIZA** Feodi, Gall. *Advenant de fief*, de quo supra dictum est in *Advenamentum*. Chartular. S. Vandregesili tom. 2. pag. 1703 : *Jure hereditario possidendam pechiam masagii supradictam predicto Rodulfo... absque reclamatione mei... et tenendam de domino Priore de Tygeville per Avenantizam feodi, erga quem dominum Priorem ipsum Radulfum prædictum attornavi, et de domigerio me penitus... acquitavit.* Pag. 1482 : *Teneor contra omnes garantisare et defendere per Avenantisiam feodi.*

* **AVENANTUM**, Portio unius summæ in partes æquales distributæ. Charta Henrici reg. Angl. in Reg. 72. Chartoph. reg. ch. 422 : *Volo et sic constituo ut unoquoque sabbato reddat præpositus Avenantum de illis centum libris per manum servientis canonicorum et si uno sabbato minus fuerit, altero sabbato suppleatur, ita ut habita ratione per sabbata infra annum, centum libræ eis persolvantur.*

¶ **AVENCARE**. Vide *Aventare*.

¶ **AVENDERE** ad Firmam, ad censum seu firmam dare, Gall. *Donner à ferme*. Litteræ Johannis Episcopi Lincoln. in Formul. Anglic. Th. *Madox*. pag. 334 : *Ut fructus, redditus ... personis idoneis etiam Laicis ad firmam Avendere, locare sive dimittere licite et libere valeatis.*

¶ **AVENEANTITIUM**. Vide *Advenamentum*.

¶ **AVENIATUS**, Ager vineis consitus. Instrum. anni 19. Conradi Regis : *Ut ipsi laboratores cum bono studio terram plantare valeant, ut cum bene Aveniati fuerint, ipsi laboratores ad proprium alodem medietatem recipiant.* Ubi observare est agros incultos ea lege a domino rusticis concessos fuisse, ut eorum media pars esset, si illos vitibus consererent.

¶ **AVENIGA**, f. pro *Avena*. Litteræ Innocentii II. PP. ann. 1140. Hist. Mediani Monast. pag. 286 : *Apud Manierias decimas de Avenigis et croadis, quod fuit de beneficio ipsius Mediani Monasterii.*

¶ **AVENIMENTUM**, Gall. *Advenant*. *Ave-*

nimenti, multiplex significatio pro locorum et consuetudinum varietate in Turonensi, Juliodun. Andegav. Cenoman. et Britanniæ Minoris est legitima bonorum portio quæ filiam contingit in parentum successione. Plura vide in Glossario Juris Gallici D. *de Lauriere* et alibi. Charta Stephani Comitis ann. 1319. apud Baluz. tom. 2. Hist. Arvern. pag. 310 : *Quæ etiam ipsi competunt. . . . . ratione partis, partagii, frayreschiæ, Avenimenti et futuræ successionis.*

¶ **AVENIRE**, pro *Advenire*, in Donatione anni 837. tom. 1. novæ Hist. Occitan. col. 70.

* *Avenir* nostri dixerunt, pro *Convenir*, Decere. Glossar. Gall. Lat. ex Cod. reg. 7684 : *Avenir, decere.* Pro Bannire, ab urbe ejicere, occurrit in Arest. ann. 1332. ex Reg. *Olim* parlam. Paris. : *Leur defendoient sur tout qu'ils pooient meffaire vers la ville* (de Tournay) *et sur estre Avenu d'icelle, etc.*

* **AVENIUS.** Res Aveniæ, Practicis nostris *Biens Aveniers*, Caducum, seu quidquid ex confiscationibus et *escaetis* domino feudi aut prædii quasi fortuito obvenit. Pariag. inter reg. et abbat. monast. Camporum bonor. ann. 1323. in Reg. 62. Chartoph. reg. ch. 139 : *Item voluerunt et convenerunt partes præfatæ, quod..... fortunæ et quæcumque etiam res Aveniæ evenerint, sint communes inter dictum dominum nostrum regem et monasterium supradictum. Avenemant*, pro Quovis caduco, in Ch. ann. 1314. ex Reg. 50. ch. 110 : *Hugues l'Arcevesque sires de Montfort ottroions à Ysabeau nostre fame et nostre espouse nostre chastel, que l'an appelle Semblençay,.... o toute seignourie,.... emolumens, Avenemanz, Aventures, et toutes autres choses.* Aliud vero eadem vox sonat, exactionem nempe, injustam occupationem, in Lit. ann. 1372. tom. 5. Ordinat. reg. Franc. pag. 534 : *Qui aus dis gardiens ou l'un d'eulx, feront injures ou violences ou Avenement, en faisant leur office, etc.* Vide *Aventura* 3.

¶ **AVENNA.** Vide *Avesna.*

¶ **AVENNATUM**, Idem quod *Avenantia*, Rata portio, etc. Tabular. Fontanellense tom. 1. pag. 1206 : *Relaxaverunt mihi dicti Religiosi et hæredibus meis medietatem vavassoriæ, quæ fuit Willelmi filii Eustachii, reddendo inde eisdem Religiosis Avennatum meum de auxilio domini Regis cum acciderit.* Vide *Advenancia.*

* **AVENNUS**, pro *Auvannus*, Umbraculum ligneum projectum, vulgo *Auvent.* Charta ann. 1243. in Chartul. S. Dion. pag. 206. col. 2 : *Super Avennum domus Nicholai clerici, ij. denarii.* Vide supra *Avanna.*

* **AVENSARE**, a Gallico, *Avancer* : Protendere, appropinquare. Chartul. monast. S. Barthol. de Benevento in Lemovic. fol. 115 : *Exceptis pleduris de burgo, et exceptis ortis Avensatis ad ipsas pleduras.*

¶ 1. **AVENTAGIUM**, Jus præcipuum, prærogativa, Gall. *Avantage.* Testam. Roberti Militis domini de Bera ann. 1289. ex Chartulario minori S. Benigni Divion. : *Ego vero in recompensationem omnium prædictorum do, lego et volo, et concedo, quod prædicti dominus Odo et ejus uxor percipiant et habeant sexaginta libras Viennenses de Aventagio in pecunia numerata.* Vide *Avantagium.*

* 2. **AVENTAGIUM**, Annuæ pensionis assignatio cum prærogativa. Stat. datiaria Riper. cap. 5. fol. 14. r° : *Quilibet incantator, emptor seu conductor teneatur et debeat solvere quælibet Aventagisa ablata et habita in ipsis datiis cuilibet personæ habere debenti ipsa Aventagia infra duos menses.*

* 3. **AVENTAGIUM**, Quod alicui, ut jus suum cedat, exsolvitur. Charta ann. 1328. in Reg. 65. Chartoph. reg. ch. 261 : *Cum dictus Johannes Fabri quoddam pratum vendidisset Petro Rousselli,..... idem Raimundus de voluntate dicti Petri, cui dedit in Aventagium unam vel dimidiam marcham argenti, dimisit ipsi Raimundo dictum pratum.* Vide supra *Avantagium* 6.

* 4. **AVENTAGIUM**, Quod præter conventam mercedem operariis conceditur. Lit. remiss. ann. 1358. in Reg. 86. Chartoph. reg. ch. 321 : *Supplicantes memorati..... vocati ad querendum et effodendum vaissellam argenteam, jocalia atque bona supradicta,... ipsi maligno spiritu temptati, credentes bona talia.... quasi de Aventagio et dedita existere, quædam de dicta vaissella...-clam ceperunt.* Nisi *quasi de Aventagio* interpreteris, quasi fortuito et ex casu reperta.

* 5. **AVENTAGIUM**, Lucrum, quæstus. Gall. *Avantage profit.* Lit. remiss. ann. 1354. in Reg. 82. Chartoph. reg. ch. 417 : *Qui Clemens consuetus erat talia sequi festa, in eisque Aventagia quærere, ac dissensiones et melleyas facere. Avantage*, pro Exactio, injusta occupatio, in Lit. remiss. ann. 1407. ex Reg. 161. ch. 245 : *Lequel Simonnet disait avoir esté desmonté en Bretaigne par Bretons du plat païs, pour ce qu'il vivait d'Avantage avec autres de son estat.* Pro *Avantageux*, Arrogans, in aliis ann. 1401. ex Reg. 156. ch. 280 : *Ledit Estienne respondi qu'il ne s'en daigneroit aler pour un tel Avantage, comme estoit ledit Regnault,... mais ledit Regnault, combien que ledit Estienne l'eust appellé Avantage, ne lui dist nul desplaisir. Se Avantager*, Arroganter, superbe loqui. Lit. remiss. ann. 1776. in Reg. 201. ch. 100 : *Voyant icellui Boisleve les autres venir à lui pour le secourir, se Avantaga en disant grosses parolles. Avantaigeux* etiam dixerunt id, quod fraudulenter utile est, puta cum quis tesseris adulterinis ludit. Lit. remiss. ann. 1449. in Reg. 176. ch. 742 : *Le suppliant a aucuneffois joué de faulx et Avantaigeux dez.*

¶ **AVENTAILLES**, apud Rymer. tom. 8. pag. 384 : *Tredecim loricas, quinque Aventailles, quadraginta arcus, etc.* Skinnerus in Etylomogico vocum obsoletarum ad vocem *Aventail* suspicatur a Gallico jam obsoleto *Avantail*, trahere originem. Est autem ipsi *Avantail*, Prætentura ferrea, προςερνίδιον, ab adverbio *Avant*, Ante, quasi diceretur Anterior armaturæ pars.

AVENTARE, Ugutioni [et Johanni de Janua] *Avenas eradicare*, Papiæ, *truncare, et eradicare.* [Eidem Papiæ in MS. Bituric. *Avencare.*] Leg. forte *Avenare.*

* Glossar. vet. ex Cod. reg. 7613 : *Aventare, eructare, eradicare.*

¶ **AVENTATA**, Avenanta, et Avenantata Terra, Terra caduca, quæ domino feudi per *Aventuram* obvenit. Archivum Castri Nannet. : *Anno* 1273. *computavit magister monetæ. . . . . de Johanne Joion Milite pro terra. . . Aventata domino Comiti. Terra domini Gaudini est Avenanta domino Comiti ad valorem* cxx. *librarum. Persolvit Petrus Fessart pro quadam terra Aventata domino Comiti in feodo suo.* Ibidem : *Pro Gaufrido de Tuoramboc pro terra sua, quæ fuerat Avenantata.* Charta Johannis Britan. Ducis. ann. 1385, apud Lobinellum tom. 2. Hist. Britan. col. 639 : *Item la Terre qui fust Jan Besdane en la paroisse de Plemel, qui nous fust Avenantée, etc.* Vide *Aventura* 3.

* Quo sensu isthæc sint accipienda, vide supra in *Advenantare.*

* **AVENTICIUS**, Advena, *albanus.* Pactum inter Robert. I. ducem Burg. et capit. eccl. Cabilon. ann. 1290. inter Probat. tom. 2. Hist. Burg. pag. 78. col. 2 : *Concedimus quod supra furto, adulterio et homicidio in terra de Chonnois, cognitio et exercitium jurisdictionis ad dictos decanum et capitulum.... de hominibus justiciabilibus suis et Aventiciis pertineat.* Vide *Adventicius.*

1. **AVENTURA**, Eventus, Gall. *Aventure.* Wilbrandus ab Oldenborg in Itiner. Terræ Sanctæ : *Juxta illud situs est quidam mons satis amœnus, quem Montem de Aventuris appellant. Sicut enim ex veridica relatione audivimus, quicunque sex septimanis jejunaverit, et pœnitentialibus illis diebus peractis communicaverit, et sic jejunus dictum montem intraverit; procul dubio boni eventus et fortunati sibi occurrunt.*

2. **AVENTURA**, Aventuræ, Hastiludia, torneamenta, equestres decursiones. Charta Henrici Regis Angliæ apud Guillielm. Pryneum in Libertatibus Eccles. Angl. tom. 3. pag. 466 : *Concessimus eis de gratia nostra speciali, quod torneamenta aliqua, Aventuræ, justæ, seu ejusmodi hastiludia non fiant de cætero in villa prædicta, seu per 5. milliaria circumquaque.* Adde pag. 1100. Mandatum super Juratis ad arma, in Additam. ad Matth. Paris pag. 149 : *Quod nulli conveniant ad turniandum, vel burdandum, nec ad alias quascunque Aventuras.* Fori Hispanici : *Quien castra cavallo ayeno, o otra animalia, que por ventura ten su Señor en garda, etc.* Ubi Lex Wisigoth. habet lib. 8. tit. 4, § 4 : *Quadrupedem, qui forte ad stadium servatur.* Vim vocis *ventura* non intellexit Lindenbrogius. Vide *Fortunium* [** *Por ventura* ibi reddit latinum *fortasse*, quod est in lege Wisigoth. Confer varias lectiones For. Hispan.] Besoldus de Linguarum immutat. nostrum *Aventure*, fors, fortuna, a Germanico *abentheur* deducit : sed a Latino *eventus, eventura*, videtur potius vocis etymon arcessendum.

3. **AVENTURA**, Caducum, seu quidquid ex confiscationibus et *Escaetis* domino feudi aut prædii quasi fortuito obvenit. Charta Jacobi Reg. Aragon. ann. 1254 : *Damus et concedimus* (D. Petro Infanti Portugalliæ) *omnibus diebus vitæ vestræ tantum dominium et jurisdictionem Majoricarum et Regni ejusdem per terram et mare, et Aventuras terræ et maris, et etiam justitias, colonias, etc.* [Charta Stephani Comitis sacri Cæsaris ann. 1280 : *Super eo quod nos dicebamus gruerias et alias Aventuras in Ligerim contingentes prope terram, quam tenet prædictus Odo, ad nos pertinere, etc.* Infra : *Aventuræ Ligeris, etc.* Statuta Massil. pag. 2 : *Itemque omnes redditus, et obventiones, et intratas, et res, et processia, et Aventuras ad dictam civitatem.... pertinentes. etc.* Similis locus est in-

fra pag. 15. nisi quod ibi habetur *Adventura*.] Guillelmus *Guiart* in Philippo Aug. :

Lors iert receveur des rentes,
Des Aventures et des ventes,
Par Paris, par Senlis, par Rains.

Declaratio terræ *de Courcillon* in Andibus : *Vente des terres et Aventures, neant icy, parce que l'on ne scet se aucune chosse i escherra.* Adde Statutum Philippi Magni Regis Franc. ann. 1319. pro Camera Computor. Necrologium Ecclesiæ Parisiensis Non. April. : *Dixhuit hostises seans en ladite ville chargées de 20. s. de parisis de menu cens, et Aventures dessusdites. Aventures et emolumens*, in Magno Recordo Leodiensi pag. 66. [Vide *Aventata Terra*.]

¶ **AVENTURÆ**, Gallis *Espaves*, Normannis *Choses gayves*. De iis dicitur quæ in terra domini feodalis casu reperiuntur nec ab aliquo repetuntur. Charta Roberti Dalphini Comitis Claromontis et Dalphinæ Abbatissæ Medii-montis, ann. 1283. apud Baluz. tom. 2. Hist. Arvern. pag. 299 : *Item nos Comes Aventuras percipiemus, quæ reperientur in terra dicti Monasterii, thesauros auri et argenti, lapidum pretiosorum, et anulorum, et venationes caprarum, ursorum, capreolorum : et aliæ Aventuræ et venationes quæ reperientur in dicta terra dicti Monasterii erunt Monasterii supradicti.*

* **AVENTURERIUS**, Charta ann. 1362. in Reg. 93. Chartoph. reg. ch. 214 : *Super quodam hospitio Johannis Amorosii Aventurerii, continente octo portalerias, sito ante domum caritatis in jurisdictione domini vicecomitis* (Narbonensis) *iij. lib. v. sol. Turon.* Sed legendum opinor *Armeurerii*. Vide supra *Armeurarius*. Nequaquam enim eo, quo supra *Adventurerius*, sensu accipi potest. At vero *Aventureux* nostris dicti sunt velites, milites scilicet qui prima prælia tentabant, Ital. *Auvanturieri*, iidem qui *Ribaldi*. Lit. remiss. ann. 1375. in Reg. 107. ch. 326 : *Le suppliant bailla toutes ces choses à Aventureux, qui voulentiers suivoient les guerres, tout pour le pris de quatre frans. Aventureusement*, Casu, fortuito, in aliis Lit. ann. 1360. ex Reg. 88. ch. 78 : *En ladite mellée, qui estoit meue chaloureusement et sans aguet, Aventureusement se hurta ledit Bonvallet à la pointe du coustel du suppliant. Aventurer* denique dixerunt nostri, pro Naufragium pati. Lit. ann. 1351. tom. 3. Ordinat. reg. Franc. pag. 579. art. 20 : *Nous voulons et leur octroyons pour ce qu'il avient ou peut avenir souventefois que lesdiz marchans.... Aventurent en nostredit royaume, etc.* Vide supra in *Adventura*, et *Adventurerius*.

¶ 1. **AVENTUS**, pro *Adventus*, Tempus ante Natale Domini in Charta Geraldi Abb. S. Joannis Angeriac. ann. 1385. ex Chartulario ejusd. Monast. ubi bis legitur. [* Vide *Adventus* 2.]

* 2. **AVENTUS**, Alia notione. Vide infra *Auventus*.

** **AVEO**, pro *Aucho*, in Ekkeh. IV. Cas. S. Gall. cap. 3. Pertz. pag. 106. lin. 43.

** **AVEOLUS**, *Moltra*, in Glossar. Monseensi ap. Pez. pro *Alveolus*. ADEL.

AVER, AVERA, AVERIUM etc. Vide *Averium*.

* **AVERA**, pro Avia. Præfat. in Vit. S. Ludmil. tom. 5. Sept. pag. 354. col. 1 : *Passionem B. Wenceslai, simul cum Avera sua beatæ memoriæ Ludmilla, etc.* Vide alia notione mox in *Averium*.

AVERAMENTUM, apud JC. Anglos est, cum quis ad rescindendum Breve, quod alius impetravit, litem intendit, vel exceptionem contra actionem sibi intentatam proponit : tunc enim quod in excipiendo protulit, probare, prout judex decreverit, offert, diciturque hæc oblata conditio *Appel en Averement*. Vide Rastallum.

1. **AVERARE**, Probare verum esse, *Averer, Verifier*. Italis *Auverare*, Confirmare, et pro vero affirmare. Usatici Barcinonenses MSS. cap. 49 : *Averent illos per sacramentum, etc.* Charta Jacobi Reg. Aragon. ann. 1228 : *Reficiemus vobis omnes missiones, quas inde feceritis, vobis eas Averantibus ad Consuetudinem Barcinonensem.* [Charta ann. 1432. ex Schedis D. *Le Fournier* : *Cedulam suam recognosci datam in lingua vulgari, et pro ipsius quemlibet Averari et recognitiones et Averationes describi.*] Vide *Inveritare*.

* Dicitur præterea de iis, quæ ad pondus regium probantur. Charta ann. 1326. in Reg. 64. Chartoph. reg. ch. 420 : *Pastus seu panes flequeriorum, pancosseriorum seu pistorum.... possint cum recto pondere regio, Caturci consueto, Averare et ponderare.*

* Aliud est Gallicum *Averer*, a Lat. nimirum Avere, Gall. *Desirer avec ardeur*, in Charta ann. 1262. tom. 1. Probat. Hist. Brit. col. 984 : *Et veille et Avere que lesdits anseors anquergent si je, ho mon peir, avons rens sorpris ho boes de Bosic.* Unde *Avel*, pro Voluntas, desiderium, cupiditas. Lit. remiss. ann. 1368. in Reg. 99. Chartoph. reg. ch. 545 : *En l'ostel de ladite Gillon, qui etsoit belle et jeune femme, se herbergerent et y demourerent par l'espace de deux jours, faisant avec elle leurs jeux et leurs Aveaux.* Fabul. tom. 1. pag. 56 :

Rutebeuf dit en son fabel
Quant à fol, s'a son Avel.

Ibid. pag. 130 :

Frere Symons fist vers li tant,
Qu'il fist de li tous ces Aviaux.

¶ 2. **AVERARE**, Res *averiis* vehere. Vide in *Averium*.

* 3. **AVERARE**, Alia notione. Vide supra in *Adverare* 2.

¶ **AVERATIO**, Exploratio, æstimatio, a Gall. *Averer*. Epist. Jacobi Aragoniæ Regis ad Carolum Franc. Regem tom. 8. Spicil. Acher. pag. 279 : *Averationem seu extimationem omnium mercium et rerum captarum fieri et recipi jussimus.* [* Vide supra *Adveratio*.]

AVERCORNE, Frumentum quoddam censuale, tenentium sive vasallorum opera, jumentis scilicet ac plaustris, ad granarium vel horreum Domini deferendum, in Charta ann. 1263. quæ extat apud Willelmum Torn. in Chron. pag. 1912. Vox formata, ex *Aver*, jumentum, et *Corne*, Granum, frumentum, annona, apud Anglos. [Vide Kennet. in Glossar. ad calcem Antiquit. Ambrosden.] [** Vide *Averpeny* in *Averium*.]

¶ **AVERE**. Vide *Averium*.

AVERGARIA, Modus agri, apud Campanos nostrates. Polyptychus monasterii S. Remigii Remens. [** apud Guerard. post Irminon. pag. 291.] *In Luperciaco est mansus dominicatus, cum ædificiis* [**, *porto*], *et viridario, sunt ibi Avergariæ* 3. *ubi possunt seminari de sigilo modii* 20.

* Idem forte quod *Vercheria* alibi dicitur. Vide supra *Advergeria*.

* **AVERITATOR**, Circulator, ostentator scilicet arcanorum et mirabilium, Gall. *Charlatan*; ab Ital *Auveritare*, Asseveranter dicere; quod confidenter fabulas loquatur. Stat. Vercell. lib. 3. pag. 84. r° : *Neque scienter hospitentur glotonos, Averitatores, basclacerios, meretrices, galiatores vel bannitos.* Stat. crimin. Riper. cap. 168. fol. 23. v° : *Si quis Averitator repertus fuerit ludere ad corrizolam, vel pulveritiam, vel alium ludum de partito, ex quo homo possit capi vel decipi, condemnetur in libris decem parvorum.* Atque ita legendum, pro *Avertator*, ex Stat. Cremon. rubr. 181. apud Murator. tom. 2. Antiq. Ital. med. ævi col. 845 : *Si quis Avertator repertus fuerit ludere ad corezolam, vel polverellam, condemnetur in solidis viginti Imperialium.* Nisi malis legere *Avantator*. Vide supra in hac voce.

AVERIUM, AVERUM, AVERE, AVERA, et AVERIA, etc. dicuntur facultates, et omnia, quæ sunt in bonis, res præsertim mobiles, veluti pecuniæ, ex Gall. *Avoir*, habere, possidere. [Hinc cognomen illud *Sine Avero*, Gall. *Sans avoir*, aliquando tributum. Fragm. Hist. Andegav. tom. 10. Spicil. Acher. pag. 367 : *Quorum* (euntium in Terram S.) *duces fuerunt Herenita quidam Petrus Achiriensis et Galterius sine Avero.*] Testamentum Philippi Aug. Regis Franç. [ann. 1190.] apud Rigordum : *Omnes homines nostri adjuvent eum de corporibus suis et Averis.* Et infra : *In receptionibus Averi nostri Adam Clericus noster præsens erit, et eas scribet,* [*et singuli habeant singulas claves de singulis archis in quibus reponetur Averum nostrum in Templo, et Templum unam. De isto Avero tantum nobis mittatur, quantum literis nostris mandabimus.* Ubi certum est *Averum* pro pecunia sumi.] Idem Rigord. ann. 1196 : *Taxata pactione, quod salvis corporibus suis, Averis, et equis, et armis cum pace recederent.* Charta ejusdem Philippi Regis ann. 1207 : *Naves quoque et homines ipsorum cum Averiis et pecuniis suis poterunt ascendere, et avalare per aquam Sequanæ.* [** Charta Philippi Pulcr. ann. 1293. apud Lappenberg. in Document. Orig. Hanseat. pag. 168 : *Mercatores de Lubecca.... si afferrent vel ducerent aliquas mercaturas seu Averia de Flandria ad nundinas predictas .. cheminum debent apud Bapalin.* In exemplo hujus chartæ confirmato ann. 1302. pro *Averia* legitur *Annona*.] [Leges et Consuetud. Furnenses ex archivo Audomar. : *Si obses fugitivus fuerit, erit in gratia Comitis de corpore et Averio, relicta parte bonorum uxori et filiis.* Transactio ann. 1219. in libro flavo Episcopatus Massil. pag. 25 : *Intrare et exire cum suis Averibus et rebus et mercibus.* Et infra : *Merces apportandi vel Averum.* Conventiones inter Ludovicum Regem Siciliæ et urbem Arelat. ann. 1385. in MS. D. *Brunet* fol. 4. v° : *Omnes cives... sint liberi et immunes ab omnibus pedagiis... una cum rebus suis, bonis et patrimoniis omnibus, Averes, mercimoniis, etc.* Statuta MSS. Massil. ann. 1253 : *Constituimus, ut omnes* *corraterii rerum mobilium et immobilium... teneantur facere sacramentum... quod Avera civium non vilificabunt... ut præferant Avera extraneorum, et quod Avera venalia tenebuntur primo offerre et exponere venalia civibus Massiliæ quam extraneis.* Ibid.: *Statuimus quod omnes scriptores navium scribent omnia Avera mercatorum in suis cartulariis; quod signa illa, quæ facient mercatores in Averis suis dicti scriptores faciant similiter in cartulariis suis.* Hic quasvis merces intelligendas esse manifestum est.]

* Tam mobilia quam immobilia. Testam. Petri Bernardi de Corneliano ann. 1087. in Append. ad Marcam Hisp. col. 1183: *Propter hoc jubeo advocatos meos manunissores ut distribuatis ipsum meum Avere, tam mobile quam immobile, in sanctis Dei ecclesiis, etc.*

¶ Averium Ponderis, Merces omnes quæ venduntur ad pondus seu libram. Extenta jurium Comitis Sabaudiæ ann. 1309. Hist. Dalphin. tom. 1. pag. 97. col. 2: *Item a quolibet vendente Averium Ponderis ad libram, levantur semel in anno... duodecim denarii.* Apud Rymer. tom. 4. pag. 363: *Cumque de præfatis mercatoribus nonnulli eorum alias exerceant mercandisas, ut de Averio Ponderis et de aliis rebus subtilibus, sicut de pannis, etc.*

* Arest. ann. 1401. in vol. 9. arest. parlam. Paris.: *Pro qualibet specie rerum hujusmodi ad pondus venalium, seu Averii ponderis, vj. sol.*

* Aver de Pes, Eadem notione. Lit. Bereng. archiep. Auxit. ann. 1413: *Item pro quolibet mercatore in dicta civitate mercaturas, vocatas Aver de pes, pro qualibet libra iv. den. Turon.*

¶ Aver, Eadem notione. Testamentum Rogerii Vicecom. Biterr. ann. 1150. apud Marten. tom. 1. Anecd. col. 411: *Si autem Comes de Fuxo de pignora prædicta male conquestus fuerit, et sine contentione et placito præfatum Aver reddere noluerit, etc.* Vide tom. 1. novæ Gall. Christ. in Probationibus col. 128.

Aver, ut *Averium*, in Stat. ann. 1165. inter Probat. tom. 2. Hist. Occit. col. 604: *Tantum si debitor vel fidejussor ipsum Aver non poterit reddere, consilio proborum hominum Carcassonæ per honorem et per Aver reddant, si fieri potest.*

Avere, in Chartis Hispanicis. Vetus Charta Hispanica æræ 819. apud Ambrosium Moralem lib. 13. cap. 18. et Sandovallium in Sylone Rege: *In istum sanctum locum venimus cum Averos nostros, etc.* Pactum inter Alphonsum Regem Castellæ et Sancium Regem Navarræ, apud Hovedenum: *Et in toto quantum Rex Adelfonsus tenet de Rege Navarræ, melioret cum suo proprio Avere, quantum voluerit et poterit.* Testamentum Guifredi Comitis Ceritaniæ ann. 1035: *Excepto ipsum Avere, quod Bernardus tenet in villa Fornols.* Vetus Poeta Hispanus de Alexandro M. apud Bivarium:

Una cosa que dixo, debedes bien creer,
Que a muy rica tierra, è sobre grand Aver, etc.

Guill. *Guiart.* ann. 1297:

Qu'au Roy de France se rendirent,
Tuit communément sans descors,
Souves les Avoir et les cors.

Vide Gloss. ad Villharduinum, voce *Avoir.*

[** Idem poeta de Alex. M. vers. 220. *Aver monedado*, pro Pecunia:

Cleor fino su cauca, el rey fue pagado,
Donoge quant el quiso de Aver Monedado.

Lusitanis *Aver* eodem sensu usurpabatur. Vide S. Rosa de Viterbo vol. 1. pag. 151.]

Averiæ, ex Hispanico *Averias*, quod idem sonat ac *Avera*, bona, pecuniæ etc. Curia Generalis Cataloniæ, habita Cervariæ sub Petro III. Rege Aragon. ann. 1359. MS.: *Statuimus, quod Officiales nostri, qui sunt assueti de causis criminalibus recipere Averias, nequeant easdem accipere, nisi delatus de crimine pecuniariter fuerit condemnatus, vel remissionem per pecuniam receperit de eodem; pro quibus Averiis nequeant recipere ultra quatuor, ac etiam Algozirii, et Curiæ ejusdem, et ipsam taxationem faciat cum consilio duorum Consiliariorum civitatis Barcinonensis.*

* Mulctas pecuniarias hic intelligo; atque adeo potius ab *Avaria*, quam ab *Averium*, arcessenda est hujus vocis origo. Vide supra *Avaria*. [** Firmatur Carpenterii opinio Constit. Cataloniæ vernacule scriptis ubi statutum a Cangio allatum legitur lib. 9. tit. 27. const. 1: *Encara statuim e sanccim que los officials nostres qui son acostumats dels fets criminals rebre Haverias, etc.* Titulus inscriptus *De compositions y Haverias.*]

¶ Averis, Eadem notione. Histor. Dalphin. tom. 2. pag. 574: *Prohibemus terram vel subditos Comitis offendere... sub pœna corporis et Averis, etc.*

Averia, Averii, Equi, boves, jumenta, oves, cæteraque animalia, quæ agriculturæ inserviunt, aut in agricolæ bonis et facultatibus, seu, ut vocant, *Instauramento*, computantur, Regiam Majestatem lib. 4. cap. 27: *Hoc placitum dilationem non recipit, propter Averia, id est, animalia muta, ac diu detineantur inclusa. Animalia* simpliciter dicuntur, supra cap. 22: *Ad capiendum aliquam summam magnam Averiorum, seu animalium in namum.* Leges Baronum Scotic. cap. 23: *Dominus meliorem Averiam, sive animal de suis catallis habebit.* [Vita B. Edmundi Cantuar. Archiepisc. inter Anecd. Marten. tom. 3. col. 1806: *Est alia ejusdem terræ consuetudo, quod mortuo patrefamilias, dominus ejus accipiat melius animal, quod habuit, cujuscumque sit generis.* Et col. seq. ubi de eadem lege: *Hæc est lex terræ,... quod dominus tuus melius habeat Averium, quod ille habebat dum vivebat.* Apposite Willelmus *Wast* in Glossario: *Sane per Averium in Legibus Scoticis intelligitur melius animal rustici seu coloni defuncti, quod domino suo debetur sub nomine Heregildæ, sive Hereoti.* Vide *Heriotum.*] Litleton. sect. 71: *Si come jeo bayle à un home mes brebits à campester, ou mes boefs à arer la terre, et il ocist mes Avers, etc.* Monasticum. Angl. tom. 2. pag. 23: *Concessi eis habere omnia Averia sua in parco meo.* Pag. 142: *Habeant singulis annis in perpetuum 20. Averia intrantia in pratis de, etc.* Adde pag. 191. 256. 281. 309. 425. [Charta S. Victoris Massil. ann. 1339: *Fiant duo inventaria in dicto Prioratu de Tortorio, quot extent vel deficiant animalia Averia.*]

* Stat. Massil. lib. 6. cap. 14: *Quæ Avera, scilicet boves, equæ, et alia pecora campi dant damnum in vineis et agris, et aliis possessionibus civium Massiliæ, etc.* *Avers* Normannis et Anglis; Provincialibus vero *Avé*, qua voce ovium, vervecum et caprarum greges tantum designant. Vide Glossar. *de Lauriere* voce *Avers.*

¶ Avera, Avere, Eadem notione. Bullarium Fontanell. fol. 115. verso: *Denique concedo quod Avera et porci Monachorum libere et quiete pergant in eamdem totam pasturam, in quam Avera mea et porci mei perrexerunt.* Chartularium minus S. Victoris Massiliensis fol. 150. in Charta ann. 1227: *Item quod pasquerium habeat dominus de Castellana in territorio de Villa Crosa, sicut habuit usque nunc, Avere tamen alicujus domus religiosæ non poterit mittere in territorio de Villa Crosa.*

Præsertim vero voces istæ usurpatæ leguntur pro *jumentis*, aut equis, qui aratro junguntur, vulgo *Chevaux de charruë.* Domesdei, in Monastico Anglic. tom. 3. pag. 305: *Pastura 100. ovibus, unus Averius, unus porcus, 7. oves, etc.* Ibid pag. 306: *Quinquaginta acræ prati, et una piscaria, 9. Averii, 2. runcini, 27. porci, 100. oves.* Idem Monasticum tom. 1. pag. 112: *Cum instauramento 8. boum, unius Averii, et 122. ovium.* Capitula Placitorum Coronæ apud Hovedenum in Richardo I. pag. 745: *Inquiratur autem de quot bobus et Averiis singulæ carrucæ valeant instaurari, et quot et quantum instauramentum singula maneria possit sustinere.* Et mox: *Erit autem pretium bovis 4. solidi, et vaccæ similiter, et ovis crispæ 10. denarii, etc.* Vitæ Abbatum S. Albani pag. 76: *Centum equos, quorum alii erunt manni, alii vero runcini, alii summarii, alii veredarii, alii vero Averii.* Vide Fletam lib. 1. cap. 20. § 118. 119. Somnerus perperam ab *Ouvrer*, laborare, agrum colere, vocem hanc deducit.

¶ Avera, in Domesd. et apud Spelmannum idem quod *Averagium* infra.

¶ Avere Grossum et Minutum, Gall. *Gros et Menu bétail*, in duobus Chartis ex Archivo S. Victoris Massil.

¶ Avera Lachalis, Vacca vel capra, ex qua lac sugitur vel exprimitur, in Charta anni 1330. ex eodem Archivo.

* Avere Lanutum, Verveces, oves. Libert. Brianc. ann. 1343. tom. 7. Ordinat. reg. Franc. pag. 732. art. 36: *Gabella Averis lanuti, de quo Averi lanuto gabellam solvere teneantur.*

* Avere Porcinum, Grex porcorum. Charta ann. 1463: *Quod non sit licitum aliquibus hominibus..... recipere aliquod Avere porcinum.... ad mejariam.*

¶ Avere, Averia, Vectigal, portorium, vel etiam ædes in quibus fiscales ii reditus excipiuntur, Gall. *Douanne.* Chron. Parmense apud Murat. tom. 9. col. 870: *Insuper rustici qui venerant cum dicto Rolandino Scorza, et ab aliis partibus, et ribaldi et aliæ viles personæ, ascenderunt palatia Communis vetus et novum, et domos Potestatis et Capitanei et gabellæ Judicis exactoris Averis Communis.* S. Ferdinandi Gloria posthuma tom. 7. Maii pag. 376: *Dixit quod cum anno proxime præterito* MDCXXVI. *advenissent galeones Indicæ, ipse cum aliis pluribus ac nominatim cum Capitaneo Joanne Nuñez de Jeroci... die* XXVIII. *Novembris conscenderint lembum Averiæ ad excipiendos prædictos galeones.*

Averagium, Rastallo et Spelmanno, est *Carropera*, seu vecturæ onus, quod tenens domino exsolvit cum *averiis*, seu equis, bobus, plaustris, curribus. Hinc crebro *quietum esse de Averagiis*, in veteribus Chartis. Vetus Charta apud eumdem Spelmannum : *Sciendum est quod unumquodque Averagium æstivale fieri debet inter Hokday et gulam Augusti.* Alia apud Somnerum in Tractatu de *Gavelkind* pag. 189 : *Item pro Averagiis* 13. *sol. et* 4. *denar.* Vide pag. 187. Addit præterea idem Spelmannus, *Averagiam* interdum esse detrimentum, quod in vectura, mercibus accidit : verbi gratia, si frumentum corrumpatur, vinum fluat, merces in tempestatibus ejiciantur. His adduntur vecturæ sumptus et necessariæ aliæ impensæ. Meminitque idem Statuti inediti de *Averagiis* mercium e navibus projectarum. Nescio an ad ejusmodi *Averagia* pertineat, quod habetur in Monastico Anglic. tom. I. pag. 230 : *Solebant etiam homines villæ ire apud Langinhet, et reportare Averagium de anguillis de Southraye.*

[* Idem forte quod supra *Avaria*. Comput. redituum comit. Pontivi ann. 1554 : *Des proffits et revenus des Averaiges.... des nefs, etc.* Nisi sit pro *Arivaige*, Tributum quod pro navium appulsu penditur. Vide supra *Arrivagium*. *Averagium* vero hic ex Monast. Angl. idem videtur esse quod supra *Avalagium*, quomodo fortean legendum est, Præstatio ex anguillis.]

¶ Averare, Eadem notione, scilicet cum *averiis* res vehere. Custumar. de Hechampri. Lew. pag. 18 : *Omnis Lanceta Averabit ter in anno ad acram vel linnam.* Chartularium Glaston. Abbatiæ fol. 40 : *Omnes homines* (de Kyngston) *debent ter Averare ad Bristoliam.*

Averpeny, Tributum, quod præstatur pro immunitate *carroperæ*, seu vecturæ. Rastallus in Expositione antiquorum vocabulorum : *Averpeny, hoc est, quietum esse de diversis denariis pro averagio Domini Regis*, id est a vecturis regiis, quæ a tenentibus Regi præstantur. [Chartularium Beccense, ubi *Vocabula Anglicana quæ continentur in cartis nostris* exponuntur : *Averpeny, Estre quitte d'Average.*] Monasticum Angl. tom. I. pag. 302 : *Habent et Averpeny, scilicet pro singulis* 30. *acris* 2. *denarios.* Occurrit passim in Chartis Anglicis cum aliis ejusdem terminationis vocabulis, tom. 2. pag. 134. 286. 558. 625. 653. etc. Vide *Avercorne*.

¶ **AVERSALICANA** Media, Antiquæ scripturæ genus. Vide *Scriptura*.

¶ **AVERSIATA.** Examen pœnitentis ex Cod. MS. x. seculi ad usum alicujus Ecclesiæ circa Alpes : *Presbyter fornicasti? acepisti uxorem? ab ordine deponatur, aut* XV. *annos pœniteat; aut concubinam?* VII. *ann. pœniteat; aut Aversiatam et non fuit virum?* III. *ann.; aut cum virgine? unum.* Quod sit *Aversiata* definire promptum non est; forte idem ac meretrix. [Aversa venus.]

* **AVERSIO.** *Res aversione empta*, in L. 62. § ult. ff. de Contr. empt. Hoc est, in universo empta, re omni neque perspecta, neque explorata bene, quasi *Averso* vultu quodammodo negotium contrahatur, uti docet Cujac. Observ. 15. Vide Lexic. Brissonii [** et Forcell.]

AVERTA, in lege 12. Cod. de Cursu publ. l. 47. 48, Cod. Th. eod. tit. est Pera, seu mantica : ita enim hanc vocem interpretatur vetus interpres Horatii in lib. I. Sat. 6 : *Averta est pera seu mantica ad vestes viatorias, aliaque necessaria condenda.* [** Confer. Gloss. med. Græcit. in voce Ἀβέρτα.] Hinc

AVERTARIUS Equus, in leg. 22. Cod. Theod. eod. tit. qui scilicet avertæ ferendæ adsumitur, equus sagmarius, *Mallier*.

* **AVERTATOR.** Vide supra in *Averitator*.

¶ **AVESIUM.** Gesta Trevir. Archiep. apud Marten. tom. 4. Ampliss. Collect. col. 421 : *Et post hæc Elbershusen quasi inexpugnabile vallavit, et patibulo erecto obsessis taliter tantum metum incussit, quod Avesio deportato, castrum tradiderunt.* Ubi Baluzius tom. I. Miscell. pag. 160. legit *Anesio*; verum utrobique mendum esse videtur, et legendum *Averio* hoc est, bonis mobilibus. Vide *Averium*.

¶ **AVESNA**, Solum in quo avenæ tantum crescunt. Charta ann. 1222. in Tabul. Corbeiensi : *Composuimus in hunc modum nos videlicet et liberti nostri omnia, quæ supra dicta sunt cum traditione Avesnarum, quas ad excolendum dare solebamus, et omnia etiam quæ ad majoriam pertinent. . . . . quittavimus. . . juxta terram Aubrée, unum jornale et dimidium, in Avesna de ponte undecim jornalia.*

* Charta ann. 1280. in Lib. nig. 2. S. Vulfran. Abbavil. fol. 107. v° : *Vendiderunt duo jornalia et unam Avesnam, vel circiter terræ suæ sitæ in territorio de Rainviler in una pechia. Avenesne*, eadem notione, in Ch. Guillel. de Cugneriis ann. 1311. ex Reg. 48. Chartoph. reg. ch. 18 : *Item nuef mines d'autre terre, que on appelle Avenesnes, peu plus, peu mains.* Vide supra *Avenariæ*.

¶ **AVESTILATUM.** Litteræ Ludovici Regis Franc. apud Rymer. tom. 3. pag. 522 : *Quidquid post et contra remissiones hujusmodi factum fuerit per vos et vestrum quemlibet prætextu Avestilati, aut alio quoquomodo, ad statum debitum revocantes, etc.* Legerem, *Aresti lati*.

* **AVETIA**, Recognitio feudalis, a Gall. *Aveu*. Charta Clarembaldi dom. Capar. ann. 1225. ex Cod. reg. 9612. U. : *Hos quinquaginta solidos recipiet prior ejusdem ecclesiæ singulis annis in panibus, vino, et humeris porcorum, anseribus, gallinis, ovis et nummis, salva Avetia jam dicti redditus domino de Capis.* Vide supra *Adveutum*.

* **AVEZARE**, Avezatio. Vide supra in *Adverare* 2.

¶ **AUFANÆ**, vel Aufaniæ Matronæ Claudio *Menestrier*. Hist. Lugdun. pag. 130. Matronæ sunt aulicæ a Germanico *off* et *offen*, Aula sic dictæ : atque, inquit, ex hoc antiquo vocabulo Hungarico vel Pannonio Tiberius Pompeianus efformavit vocem *Aufanæ* in Inscriptione voti pro Severo. Verum ann. 1628. altera Noviomagi repert. est Inscriptio, in qua vocantur *Aufaniæ*. Matronis Aufaniabus T. Albinius Januarius S. L. M. id est, *solvit libens merito*.

* Vide Keysler. in Antiq. Septentr. et P. Coloniam in Hist. Liter. Lugdun pag. 245. [** Conf. Forcell.]

¶ **AUFERIBILITAS.** Gersonius Tractatum scripsit, *De Auferibilitate Papæ*.

** **AUFESTO**, Sursum versus, acclivis. Charta ann. 1233. S. Rosa de Viterbo vol. I. pag. 149 : *Et vadit ambroo per ipsa aqua, et inde pelo lombo Aufesto.*

* **AUFFARIUM**, ut *Affarium*, Prædium rusticum. Venditio vicecomit. Turennæ ann. 1350. in Reg. 80. Chartoph. reg. ch. 156 : *Cum pedagiis, baragiis, . . . tenementis, fazionibus et Auffariis, etc.* Vide *Affare*.

AUFUGARE, Idem quod *Fugare*. Vide in hac voce.

¶ **AUFUGUS**, Profugus. Vita Caroli Boni tom. I. Martii pag. 189 : *Homines qui se reddiderant in obsidione... Aufugi nocte usque ad nos fugerunt.*

** Aufuga, Idem, Continuat. Regin. ad ann. 963. ap. Pertz. vol. I. Monum. pag. 625. lin. 40 : *Canonica auctoritate Aufugam aopstolicum ad sedem pontificalem et apostolicam revocavit.*

AUGA, Anser. Vide *Auca*.

¶ **AUGEA** Ventosa, Spiramentum, Gall. *Ventouse*. Dicitur de canalibus fontium, quibus parvum additur foramen, quo interclusi venti elabantur, a Gallico *Auge*, Alveus, canalis : *Augeæ Ventosæ, suspirales fistulæ, pipæ et aliæ machinæ, per quas tota aqua, veniens et discedens a capitibus et fontibus prædictis, recipitur et currit ... dictas Augeas Ventosas, suspirales fistulas, pipas et alias machinas... perscrutari, mundari et reparari*, apud Rymer. tom. II. pag. 29.

* **AUGERE.** Libert. villæ S. Marcell. ann. 1343. tom. 9. Ordinat. reg. Franc. pag. 387. art. 18 : *Concessit eisdem quod piscare possint in omnibus piscaturis et aisimentis, ... ubique in omnibus ripperiis; exceptis Augeribus suis et fossatis, quia in eisdem fossatis piscaciones sibi et suis retinuit.* Ubi vivarium piscium significari videtur. Haud scio an huc pertineat, anne ad vocem *Augia* spectet vox *Auwiere*; unde *Auwier* dicta præstatio quædam pro ejusmodi *Auwieres*, in Comput. MS. fabricæ S. Petri Insul. ann. 1358 : *Ce sont li exploit, relief et Auwiers rechus par le baillif d'Alloes..... Item pour l'Auwiere Hapart, vj. lib. iij. s. iij. den..... Item pour l'Auwiere Robert de le Haye, iij. solz.*

¶ **AUGEREA**, Cloaca, Gall. *Cloaque*, *Egout*. Vox ut arbitror, ejusdem originis, cujus superior *Augea*. Consuetud. Lemovic. art. 39 : *Item consuetudo est, quia nemo supra terram et carieras coram domibus suis debet habere Augeream seu cloacam.* Sic se habet Gallica versio : *C'est la coutume que personne ne doit tenir en rue ou charriere, et devant sa maison, ni cloaque ni fumier.*

AUGIA, Campus pascuus amni adjacens, vel amne circumfusus, ex Germ. *Au*, vel *Aw*. Erchinfridus in Vita S. Colomanni : *Est autem prope Danubium quædam speciosa et delectabilis Augia, in qua noviter constructa fuit Basilica.* [Pancharta titulorum Abbatiæ S. Stephani de Vallibus apud Xantones Charta 2 : *Videlicet in decimis, terris, vineis, hominibus, et burgo de vallibus, et furno cum saltibus et Augiis totius parrochiæ, etc.* Hinc Etymon *Algiæ*, seu *Augiæ*, Gall. *Le pays d'Auge*, quæ Normanniæ pars est, pacuas et palustris; quamvis Marliano et Massono ab Aulercis deducatur. Vide Valesium Notitiæ Gall. pag. 12. ad vocem *Algia.*]

¶ **AUGIFICARE**, Augere, producere. Georg. Simler. : *Augificare syllabam.* Vox antiquata. Dixit Ennius in Andromacha : *Quid fit seditio? tabesne, an numeros Augificat suos?*

¶ **AUGIMENTUM**, pro *Augmentum*. Charta Childeberti III. ann. 694. apud Felibianum in Hist. S. Dionysii pag. xv. [** Brequin. num. 231. ann. 695.] : *Et taliter precipemus ut pro mercidis nostræ Augimentum vel stabelitate circa ipsa Basilica domini Dionisii vel nostro palatio pertenenti duas præceptiones uno tenure conscriptas exinde fieri jussimus.*

* **AUGINA**, *ab augeo, Augmentum. Unde Auginasticus, species sinochi, quæ semper augeri videtur. Auginastica ætas, i. Adolescentia.* Glossar. medic. Simonis Januens. ex Cod. reg. 6959.

* **AUGIVA**, a Gall. *Ogive* vel *Augive*, vox architectonica, Arcus decussatus. Comput. MS. fabricæ S. Petri Insul. ann. 1507 : *Datum primo Johanni Nollart carpentario, pro omnibus partibus lignorum pertinentium, tam ad tectum librariæ, quam ad plancquurium, et courbis,... et Augivis ccc. xxvij. lib. viij. sol.*

AUGMENTARE. Glossæ veteres MSS. ad Canones Conciliorum ex Bibl. Reg. ad can. 13. Concilii Nicæni : *Convaluerit, Augmentaverit, fortiam acceperit, sanaverit.* Conventus apud Andelaum ann. 587 : *Cum civitatibus, agris,... tam quod præsenti videntur tempore possidere, quam quod adhuc Christo Præsule juste potuerint Augmentare, etc.* [Julius Firmicus hoc usus est vocabulo.]

* **AUGMENTARE Se**, Possessiones augere, amplificare, Gall. *S'Aggrandir.* Charta Ildefonsi comit. et march. Prov. ann. 1201 : *Præterea dono atque concedo tibi prænominato Girauldo de Villanova et tuis, ut possis te Augmentare in terris et in honoribus et territorio, donatione et modis omnibus, quibus potueris, in comitatu nostro Provinciæ.* *Aensauchier*, pro *Accroître, augmenter*, Accrescere, in Ch. ann. 1282. apud Marten. tom. 1. Anecd. col. 1189 : *Pour l'ouneur de Diu et son service Aensauchier, dounons, etc.* Et col. 1190 : *Pour l'église et le maison Aensauchier, etc.* Ubi minus bene divisis vocibus editum, *à ensauchier.*

¶ **AUGMENTARIUS**, in Glossario Græc. Lat. αὐξητικός.

* *Augmenteur*, pro Bonorum amplificator, Gall. *Bienfaiteur*, in Lit. ann. 1468. ex Chartul. Latiniac. fol. 33. v°.

¶ **AUGMENTATIO**, Augmentum, Additamentum, Gall. *Augmentation, Accroissement, Addition.* Passim legere est apud Scriptores mediæ et infimæ Latinitatis. Vide, si vis, Prudentium in Vincentio vers. 550. Raimund. Duellium Miscell. lib. 1. pag. 154. Acta SS. Martii tom. 1. pag. 487. Symmachum epist. 112. et 123. *Madox* Formul. Anglican. pag. 8. et alios.

¶ **AUGMENTATUM**, Eadem notione. Donatio Guillelmi *de Baux*, facta Bertrando *Rambaud* ann. 1215 : *Damus vobis in Augmentatum staris vestri totam illam placiam, vel totum illud spatium, quod est inter murum novum et barrium vetus.*

* **AUGMENTATUS Census.** Vide infra in *Census.*

¶ **AUGMENTUM Dotis**, Gall. *Augment de Dot*, Incrementum dotis quod mortuo marito uxori superstiti redditur supra dotem propter nuptias. Consuetudines Tolosanæ a Philippo Pulcro confirmatæ ann. 1289. part. 3. *De Dotibus* tit. 3. art. 2 : *Item est usus seu consuetudo Tolosæ, quod uxores mortuis maritis debent habere necessaria sua, victus et vestitus de bonis prædictorum maritorum, pro Augmento seu pro donatione propter nuptias, quod vel quam dicti mariti concesserunt prædictis uxoribus in matrimoniis eorumdem, donec de prædicto Augmento seu donatione fuerit eisdem satisfactum, quemadmodum debent habere pro dotibus donec eis sunt solutæ.* Litteræ Eduardi I. Regis Angliæ ann. 1281. apud Rymer. tom. 2. pag. 173. de matrimonio filiæ suæ : *Arras autem non Augmentum eligimus, et per vos eligi præcipimus.* Duplex est autem hujusmodi *Augmentum*, aliud ex pacto seu convento pendet, aliud ex consuetudine : *Augment conventionel, Augment coutumier.* Hoc usu vel legibus fixum, non idem est in omnibus Galliæ provinciis : qua de re consulendus doctissimus vir D. *De Lauriere* in Glossario, ubi præter hæc a nobis relata, docet in quo differat *Augmentum* a *Dote* : quæ duo nonnulli perperam confundunt. Vide Cujacium ad Novel. 22. Justinian. Cambolas lib. 2. Decis. cap. 4. et lib. 5. cap. 37. Cangii Gloss. Græc. in voce ὑπόβολον et alios ab ipso D. *De Lauriere* laudatos.

¶ **AUGMENTUOSUS**, Sagax, industrius, qui summa sedulitate rem suam auget. Charta Rodulphi Imper. ann. 1276. tom. 2. Hist. Dalphin. pag. 13 : *Præclara tuorum præstantia meritorum, qua etiam Romani imperii cultum ut Apis Augmentuosa deserviens, fructuosus et sedulus dignosceris, nos inducit ut te, etc.* Alludit ad hæc verba officii S. Cæciliæ virg. et martyris : *Quasi apis Argumentosa deservit.* Utraque lectio vitiosa : sed ista magis; quid enim *Argumentosa* ad apis naturam? [* Vide supra *Argumentosus* 1.]

¶ **AUGMENTUS**, Nutritus. Mallem *Augmentatus.* Vita B. Oldegarii Episc. tom. 1. Martii pag. 495. E. : *Mater Ecclesia suis pastum et Augmentum uberibus alumnum gratissimum... gloriatur.*

¶ **AUGRIALES.** Charta Harvichi viri illustris pro Monasterio Prumiensi apud Marten. tom. 2. Ampliss. Collect. col. 56 : *Præsente vero donatione nequaquam Augrialium vilitati gestis municipalibus alegarie curavi, et omnino decrevi.* Conjicio *Augrialium* esse pro *a Curialium vilitati* pro *villitate*, id est, totius *villæ* communia.

AUGTIONES, Minores aucæ, anaticulæ, [Gall *Oisons.*] Polyptychus S. Remigii Remensis : *Summa volatilium, augarum 87. Augtion. 48. pullorum 156. pulliculorum 182. vascula apum 21.*

* **AUGULTA.** Codex reg. 4188. ad calcem Ord. Rom. auctore Cencio : *Quando fiebant ludus, in medio* (circi) *erant duæ Augultæ : minor habebat octoginta septem pedes; sed major centum viginti duos.* An obeliscus? erectos quippe obeliscos fuisse in medio circorum, testes sunt quotquot hac de re scripserunt. Consule Pitisci Lexic. v. *Circus* Vide supra *Aguilla* 1.

¶ **AUGUMENTARE**, pro *Augmentare*, Augere. Charta Henrici Comitis Trecensium de Fundatione Ecclesiæ S. Machuti Barri super Albam ann. 1159. inter Instrum. tom. 4. novæ Gall. Christ col. 176 : *Ego Henricus Trecensium Comes Palatinus volens Majestatis divinæ cultum in terra mea dilatare et ei servientium numerum Augumentare.*

¶ **AUGUMENTUM**, *Profectus.* Gloss. Isidori. [* Pro *Augmentum.* Stat. crimin. Saonæ cap. 40. pag. 83 : *Ad ipsam condemnationem solvendum, una cum quarto pluri prædicto, compellatur opportunis remediis per magistratum Saonæ, perinde ac si tantum fuisset a principio condemnatus, ut occasio tribuatur unicuique, propter hujusmodi beneficium et Augumentum, præveniendi terminum solvendi condemnationes prædictas.*]

¶ **AUGURATORIUM**, Auguraculum, locus ubi captabantur auguria. Anonymus de Mirabilibus Romæ apud D. Montefalc. Diar. Ital. pag. 294 : *Ubi est S. Cæsarius fuit Auguratorium Cæsaris.*

¶ **AUGURIARE**, f. pro *Angariare*, Cogere, Gall. *Contraindre.* Bernardus Thesaurarius de Acquisitione Terræ Sanctæ cap. 9. apud Murat. tom 7. col. 670 : *Episcopi, Clerici, Monachi, senes et juvenes... omnes uno animo, nullum illo Auguriante, undique concurrunt... et signo sanctæ Crucis supra dextrum humerum tunc primo signati et armati.*

AUGURIOSUS, Augur. Perminius Abbas in Excerptis de sacris Scripturis : *Omnia phylacteria diabolica, præcantatores, sortilegas, karagios, aruspices, divinos, ariolos, magos, maleficos, Auguriosos, tempestarios, et cuncta alia mala cum supradicta ingenia diabolica nolite credere.*

¶ **AUGUSTA**, apud Tacitum aliosque dicitur de Imperatoris uxore; at minus proprie de Regina in Vita S. Tetrici Episc. Autissiodor. inter Acta SS. Ordinis S. Benedicti sæculi 3. part. 1. pag. 102 : *Hac ipsa tempestate cum præfata Augusta* (Chrotechilde Chlodovei uxore) *S. Lupus Episc. venit de superioribus Burgundiæ partibus.* [** Confer. Glossar. med. Græcit. in Αὐγούστα.]

* **AUGUSTAGIUM**, Merces, pretium, Gall. *Salaire.* Chartul. S. Joan. Angeriac. fol. 74. v° : *Indulsit Augustagium suum fossoris* (l. fossoriis) *uno denario, et laborantibus cum bobus duobus denariis.* Vide infra *Augustare* et *Augustaticum*, 2.

1. **AUGUSTALIS**, qui et *Præfectus Augustalis*, cui Ægypti ad similitudinem Proconsulis, lege sub Augusto lata, imperium datum est. Nec enim fasces consulares ingredi Alexandriam licuit : cujus rei Cicero contra Gabinium meminit. Fertur enim apud Memphim in aurea columna Ægyptiis literis scriptum, tunc demum Ægyptum liberam fore, cum in eam venissent Romani fasces et prætexta Romanorum. Huic Alexandria sedes fuit, ut colligitur ex subscriptione l. 1. C. Theod. de Alexandrinæ plebis Primat. et l. 1. Dig. de Offic. Præf. August. Atque inde non semel *Augustalis Præfectus* τῆς Ἀλεξανδρείας ὕπαρχος, Αὐγουστάλιος dicitur, ut Socrati lib. 4. cap. 16. lib. 5.

cap. 16. lib. 7. cap. 13. Sozomeno lib. 7. cap. 15. Palladio in Hist. Laus. cap. 117. Jo. Moscho cap. 71. 207. Liberato Diac. cap. 23. etc. [** Plura vid. in Gloss. med. Græcit. voce Αὐγουςάλιος.] Primus autem Magistratum hoc nomine iniit

Artemius, Dux et Augustalis Alexandriæ sub Constantino M. si qua fides Synaxariis 20. Octob. nam primus huncce magistratum obisse dicitur in Excerptis Chronologicis Scaligeri; cui successere alii, nempe

Tatianus, Valentiniano et Valente Augg. III. Coss.

Publius, Modesto et Arintheo Coss.

Tatianus II. Gratiano Aug. IV. et Merobaudo Coss.

Palladius, Valentiniano V. et Merobaudo Coss.

Tatianus III. Valente VI. et Valentiniano Coss.

Adrianus, Eusebio et Olybrio Coss.

Paulinus, ann. 385. et 386. l. 10. Cod. Th. de Fide test. l. 112. de Susceptorib.

Hypatius, Gratiano V. et Theodosio I. Coss.

Pentadius, apud Synesium Epist. 29.

Euthalius Leodicensis, apud eumd. Ep. 127.

Antoninus, Syagrio et Eucherio Coss. in Excerpt. Scaliger.

Florentius, ann. 384. 385. 386. l. 1. Cod. Theod. de his qui pleb. aud. l. 9. de Fide testium, l. 112. de Decurionib.

Erythrius, ann. 388.

Alexander, ann. 390.

Evagrius, ann. 391.

Hypatius, ann. 392.

Potamius, ann. 392.

Remigius, ann. 396. Hujus mentio apud Claudianum et Synesium, et Isidor. Pelusiotam Epist. 50.

Charmosynus, sub eodem Theodosio apud Theophanem ann. 35.

Archelaus, ann. 397.

Callistus, ann. 422. Theophan. pag. 72.

Cleopater, ann. 435.

Theodorus sub Theodosio juniore. Liberat. cap. 14.

Anthemius sub Zenone. Id. cap. 19.

Apollonius sub eodem Zenone. Id. cap. 17. 18.

Theodosius filius Calliopi sub Anastasio. Id. cap. 18.

Dioscorus. Id. cap. 20.

Rhodo. Id. cap. 23.

Liberius. Ibid.

Calliopius, ann. 26. Anastasii. Theoph. N. nepos ex sorore Justini Thracis, sub eodem Justino II. Theoph. ann. 16.

Manuel Armenus ann. 25. Heraclii. Theoph. [Vide Excerpta Chronologica Eusebii edita a Scaligero sub finem.]

Augustalem Thusciæ habet Passio S. Savini quem alibi *Præsidem* vocat [** Vide Marini Papin. Diplom. pag. 391. not. 19.]

AUGUSTALITAS, Dignitas et munus Augustalis Præfecti, in lege 11. Cod. Theod. de Censitoribus.

2. **AUGUSTALIS**, Nummus aureus Imperatorum Occidentis, dictus quasi *moneta Augusti*, a Friderico II primum cusus. Chronicon Richardi de S. Germano ann. 1231 : *Nummi aurei, qui Augustales vocantur, de mandato Imperatoris in utraque Sicilia, Brundusii et Messanæ cuduntur.* Et infra: *Mense Junio quidam Thomas de Pando novam monetam auri, quæ Augustalis dicitur, ad S. Germanum detulit distribuendam per totam Abbatiam, ... ut ipsa moneta utantur homines in emptionibus et venditionibus suis, juxta valorem ei ab Imperiali providentia constitutum, ut quilibet nummus aureus recipiatur et expendatur pro quarta unciæ... annotata figura Augustalis erat, habens ab uno latere caput hominis cum media facie, et in alio aquilam.* Hujus fit mentio in Constitutionibus Siculis lib. 1. tit. 21. 22. 28. 32. 41. 89. § 4. tit. 96. § 6. tit. 100. lib. 2. tit. 3. 13. 15. 16. lib. 3. tit. 35. et apud Odoricum Rainaldum ann. 1285. n. 35. [* Laur. Bonincont. in Hist. Sicul. part. 1. apud Lam. in Delic. erudit. pag. 305 : *Post tandem pax Ananiæ cum pontifice firmata fuit, quam magister equitum Richardus Folagirus Siculus Augusto mense anno eodem firmavit, persolutis centum viginti Augustalibus; sic enim id genus monetæ Turcæ appellabant.*] Idem et

AUGUSTARIUS, dictus, *Agostaro*, Joanni Villaneo lib. 6. cap. 22. de quo sic Academici Cruscani : *Agostaro, nome di moneta d'oro antica, di valuta d'un fiorino è un quarto d'oro; da una banda della quale era improntata la testa dello 'mperador Federigo : dall' altra un'aquila, al modo degli antichi Cesari Augusti, dal quale ebbe forse tal nome.* Ricordanus Malaspinus cap. 130. de Augustariis a Friderico cusis : *Et era dall' uno lato della stampa impronto il volto dello Imperadore a modo de' Cesari antichi, et dall' altro lato una aquila, ed era grossa di charati venti.* Quo loco, cur hanc monetam cuderit, pluribus enarrat. Statuta MSS. Caroli I. Regis Siciliæ cap. 97 : *Nos les condannons en cent Augustaires, laquelle poine vient en succession ou leu de cinq livres d'or par nostre jugement.* Sic centum *Augustaria* quinque libras auri confecerint. Diarium Computi Thesauri, incipiens a 1. Januar. 1297 : *6. Febr. cepimus super Regem pro denariis Regi traditis pro negotiis secretis suis 865. Floren. aur. de Florentia, et 140. Regales aureos grossos, et 180. Duplices auri, et 3. grossos Augustarios auri.* Occurrit ibi iterum.

Ejusmodi Augustarios aureos videre nuper licuit ex Gazophylacio V. Cl. D. Bigoti in Curia Auxiliorum Rotomagensi Senatoris, aurei Hispanici magnitudinis et ponderis, in cujus parte altera efficta ipsius Imperatoris imberbis lusca protome, laureata et paludamento instructa, quomodo effinguntur vulgo in nummis priores Imperatores Constantinopolitani, cum hac Inscriptione, CESAR AUGUSTUS. In altera conspicitur aquila pedibus insistens, obtorto collo, alisque expansis, cum hisce characteribus, FRIDERICUS.

[** Exhibemus hunc nummum ex Gazophylacio Regio, summa cura delineatum. Inscriptio a Bigotiano exemplari, si modo bene lectum fuit, differt; circa effigiem enim Imperatoris in Regio est : IMP. ROM. CESAR. AUG. i. e. Imperator Romanorum Cesar Augustus. Plura de hoc nummo videas in *Encyclopédie du 19eme siecle*, vol. 4. pag. 249. voce *Augustale.*]

Ex hac descriptione alii videntur ab Augustariis nummi illi, de quibus Joachimus Vadianus lib. 1. de Monast. Germ. pag. 41 : *Ergo et Franci Augustorum nomine non in nummis solum, sed etiam in sigillis suis ostentarunt : ac nummi quidem per Alemanniam excusi altera parte tantum monetam præferebant, altera vacui, id quod hodie in illis fit, quos vulgo denarios, Helvetii alicubi Augustos* [** Leg. Augustos], *littera inversa cognominant, etc.* [** *Augusti* vel *Augustarii* dicti in Helvetia, quia imaginem episcoporum Augustanorum præ se ferebant; iidem ac *Angusti*, quod vide. ADEL.]

AUGUSTALITER, Charta Caroli Calvi apud Puricellum in Monumentis Basilicæ Ambrosianæ pag. 223 : *Eidem Pontifici et intimo fideli nostro Augustaliter donamus, etc.* [* Id est, ut imperatorem decet.]

* **AUGUSTARE**, Metere, messes colligere, quod mense *Augusto* fit; nostris, *Aouster* et *Ouster*, eadem notione et origine. Lit. remiss. ann. 1357. in Reg. 89. Chartoph. reg. ch. 99 : *Dominus de Yvriaco quemdam suum capellanum, cum duobus suis famulis, in quodam suo manerio apud Lovrays misit, pro suis bladis ibidem existentibus colligendis et Augustandis.* Aliæ ann. 1380. in Reg. 118. ch. 10 : *Estienne Fusset.... saichant que ledit Perret, en l'aoust derrein passé, s'en estoit alé Aouster pour gaigner parmi son labour du blé pour lui, sa femme et enfans, etc.* Rursum aliæ ann. 1394. in Reg. 146. ch. 270 : *Comme ledit Estienne, sa femme et un jeune valeton..... soiassent et Aoustassent en une piece de blé, etc.* Mirac. MSS. B. M. V. lib. 2 :

Quand il vendengent et Oustent,
Por ce lor pain rungent et broustent.

* Hinc *Aousteur*, Messor, Gall. *Moissonneur*, in Lit. remiss. ann. 1478 ex Reg. 206. ch. 38 : *Les autres Aousteurs, qui estoient emprés, alerent au cri, et trouverent ledit enfant mort.* Vide *Augustus* 1. et 2.

¶ **AUGUSTARIUS**. Vide *Augustalis* 2.

AUGUSTAS, *Amplitudo*, in Gloss. Arabico-Lat.

1. **AUGUSTATICUM**, Donativum Augusti, largitio publica ab Imperatore populo aut militibus facta. Δωρεὰ Καίσαρος, *Congiarium*, in Gloss. Græc. Lat. Suidas : Ῥόγα, ἡ τῶν βασιλέων εὐσέβεια, καὶ ἡ φιλοτιμία. Marcellinus Comes : *Augustatico suo dudum Anastasius militibus præstito, donativum quoque hoc fratre Consule tribuit.*

☞ Plura hic carpit Valesius in *Valesianis* pag. 214. 1°. Cangius *Augustatici* nomine largitionem intelligit quamcumque publicam ab Imperatore populo aut militibus factam, cum illam solam intelligere debuisset ex Valesio, quam Imperatores recens creati militibus facere solebant a temporibus Claudii Imperatoris. Cum autem in Imperatorum electione vulgo conclamarent *Augustus*, hinc donum novi Imperatoris dictum est *Augustaticum*. 2°. Male confundit Cangius *Augustaticum* cum *Roga* et *Congiario.* Roga quotidianum erat militis stipendium; Congiarium solum spectabat populum, cui certis lætitiæ diebus v. g. post partam victoriam, munera largiebantur Imperatores. Hoc ultimum probat Valesius ex Suetonio lib. 2. cap. 41. ubi ait : *Congiaria populo frequenter dedit* (Augustus,) *sed diversæ fere summæ, modo quadragenos, modo trecenos nummos, etc.* Lib. 4. cap. 17 : *Congiarium populo bis dedit trecenos sestertios* (Caligula.) Lib. 5. cap. 20 : *Claudius Congiaria populo sæpius distribuit.* Lib. 6. cap. 7 : *Nero post adoptionem deductus in forum tiro, populo Congiarium, militi donativum proposuit.* Et de Domitiano loquens : *Congiaria populo nummorum trecenorum ter dedit.* 3°. Denique contra Cangium sentit Valesius, *Augustaticum* solis datum fuisse militibus, quibus suam Imperatores debebant promotionem, non populo, cujus nullæ erant partes in hac promotione. Ita Valesius loco citato, ubi nihil est, quod a veritate credam alienum.

¶ 2. **AUGUSTATICUM**, Messis sic dicta, quod Augusto mense fieri soleat, Gall. *l'Août.* Cod. MS. Irminonis Abb. San-German. fol. 57. ersvo, col. 1 [** Breve 9. cap. 286. Guer. pag. 112.[: *Gisledrudis... habens de terra arabili bun.* 1. *solvit pullos* 11. *cum ovis; facit diem* 1. *in unaquaque ebdomada, et in Augustatico dies* 11. Ibidem pag. 45. verso col. 1 [** Breve 9. cap. 6. ibid. pag. 77.] : *Solvunt inter totos ad hostem den.* XVI. *de capatico sol.* 11. *de Augustatico den.* 11. *de spelta sest.* xx.

* Non messis ipsa, sed servitium, quod messis tempore seu mense Augusto exigebatur, hic intelligi debet. [** Messio, sive tributum pro messione, est Guerardo in Glossar. pecul post Irminon. Videas etiam ejusdem Glossar. generale.]

AUGUSTEA, *Charta, quæ ab Augusto mittitur, vel genus chartæ, sic dictum in honorem illius.* Jo. de Janua. [** Gloss. cod. reg. 7644 : *Augustea, est genus carte precipue regia et majoris forme, in honore Octaviani Augusti appellata.* Ex Isidoro lib. 6. cap. 10. sect. 2.]

AUGUSTEUM, *Genus marmoris album, tempore Augusti primo inventum.* Ugutio. [** Gloss. cod. reg. 7644 : *Augusteum et Tyberium genus marmoris in Ægypto, Augusti et Tiberii primum principatu reperta sunt; differentia eorum est ab efite,* (leg. Ophite) *cum illud serpentium maculis sit similis, hæc maculas diverso modo colligunt etc.* Conf. Isidori Origin. lib. 16. cap. 5. sect. 4.]

* **AUGUSTINALITER**, Ex S. Augustino, auctoritate S. Augustini probare. Epist. 26. inter Gaufredi epist. apud Marten. tom. 1. Anecd. col. 518 : *Grata nostris auribus inseris, dum ea quæ de videndo Deo diserte disseris, Augustinaliter asseris.*

¶ **AUGUSTINENSES**, Vulgo *S. Augustini Eremitæ.* Meisterlini Hist. Rerum Noribergensium apud Ludewig. tom. 8. Reliq. MSS. pag. 69 : *Augustinenses qui Heremitani dicuntur, a D. Augustino instituti in heremo, post in civitatem translati ab Alexandro IV.* Adde Compendium Jurium et Consuetud. Univers. Paris. per Rob. Goulet. fol. 12. verso.

¶ **AUGUSTINICUM** Edictum, Regula S. Augustini. Vita S. Petri de Chavanon. tom. 2. Spicilegii Acher. pag. 698 : *Deus autem suorum fidelium messem augmentare volens... in unum plures adunavit ei Regularium, qui sequantur victum Apostolicum secundum Edictum Augustinicum, nihil habentes in hoc mundo proprium.*

** **AUGUSTINUS**, *Magnificus*, in Glossar. cod. reg. 7644.

1. **AUGUSTUS**. Charta Communiæ Incrensis ann. 1158. ex Tabulario Incrensi pag. 71 : *Concessum est etiam, ut omnes homines de Communia suum habeant Martium apud villam a Purificatione S. Mariæ Candel. usque ad medium Aprilem, et a festivitate S. Joannis Baptistæ suum similem habeat Augustum usque ad festivitatem omnium Sanctorum. Et si in Communia redire voluerint, ipsi et sua salva erunt.* Id est, facultatem habeant urbe excedendi autumni tempore, ad metendas et colligendas messes suas. Nos dicimus, *Faire l'Aoust.*

* *Aoust*, ut nunc, ita et olim nostris, pro tempore messis, et pro ipsa messe colligenda, vel collecta. Charta ann. 1393. ex Chartul. 21. Corb. fol. 111. v° : *Je avoie emporté ou fait emporter en l'Aoust et messon l'an mil ccc. iiij**. et xij. derrain passé le droit du terrage ou campart. Aust*, in Ch. ann. 1450. ex Chartul. 23. ejusd. abbat. Lit. remiss. ann. 1400. in Reg. 155. Chartoph. reg. ch. 454 : *Cinq gerbes de blef par lui prinses à diverses fois ès champs et Aoust, quant il venoit de labourer et aouster.* Aliæ ann. 1414. in Reg. 167. ch. 447 : *Le suppliant aloit au lieu Du chemin, en esperance de bailler son Aoust à compaignons demourans illec.*

¶ 2. **AUGUSTUS**, Quidquid frumenti, etc. rustici lucrantur in colligendis messibus eorum, quibus serviunt, aut a quibus conducuntur. Vox nota agricolis nostris. Tabularium Fontanellense tom. 1. pag. 10 : *Ego Ricardus Anglicus famulus Domini Abbatis et Conventus S. Vandregesili vendidi et concessi Rothaisiæ nepoti meæ et Eliæ Amiot sponso suo... totum servitutem meam quam habebam et tenebam a Domino Abbate... tali vero conditione quod ego dictus Ricardus habebo et tenebo dictam servitutem usque ad obitum meum, reddendo inde annuatim dictæ Rothaisiæ et dicto Eliæ sponso ejus vel hæredibus suis duo quarteria bladi de redditu Augusti mei... pro saisina venditionis dictæ servitutis.* Ibid. pag. 834 : *Vendidi totam jus et omne illud quod habebam... et reclamare poteram in Abbatia eorumdem, ratione cujusdam servitii quod habebam in infirmaria eorumdem, videlicet in blado, tourtis, Augusto, pane, carnibus, vino, oblationibus, etc... ann.* 1282. Charta anni 1481. ex Tabulario B. Mariæ de Bono Nuntio Rotomag. : *In Augusto et spolio.* Eadem repetuntur in alia Charta ejusd. Archivi ann. 1492.

¶ 3. **AUGUSTUS**, Monetæ species apud Gallos ex Joachimo Vadiano, cujus testimonium videsis in *Augustarius.*

* 4. **AUGUSTUS**, Præstatio ex messibus. Charta Ivonis episc. Carnot. ann. 1114. ex Tabul. ejusd. episcopat. : *Confirmamus etiam eis* (monachis Tiron.) *annuale modium avenæ, in festo S. Joannis Evangelistæ, eis per majorem de Garzeia super vaaria et territorio, nomine de Vastina, de bastagio et parte Augusti annuatim exsolvendum.*

* 5. **AUGUSTUS**, pro Auctus, Gall. *Augmenté.* Liber censuum eccl. Rom. : *Abbacia de Kaellio unum aureum, vel duos solidos sterlingorum. Sed sciendum est quod census xiij. anno pontificatus dom. Innocentii PP. III. Augustus est et mutatus in unam marcham sterlingorum, ecclesiæ Romanæ annis singulis persolvendam.* Contra vero nostri *Acroissans*, pro *Auguste*, quo titulo inscribuntur imperatores, dixerunt. Lit. ann. 1253. apud Marten. tom. 1. Anecd. col. 1053 : *Willaumes par la grasse de Dieu rois des Romains et toudis Acroissans, etc.* Aliæ ann. 1265. in Reg. 49. Chartoph. reg. ch. 246 : *Philippes par la grace de Dieu empereres de Romanie à touz temps Acroissans, etc.*

* 6. **AUGUSTUS**, us, *Una divinacione*, in Glossar. Lat. Ital. MS.

* **AUHA**. Pacta inter reg. Tunetan. et Pisanos ann. 1398. tom. 1. Cod. Ital. diplom. col. 1120 : *Item, quod si aliquis Pisanus vendiderit aliquas merces per manus Torcimannorum, et habuerit Auham seu caparram; et ille, qui ipsas merces emere voluerit, viderit, forum non possit frangi aliquo modo.* Sed legendum est *Arrha*, cui respondet vox Ital. *Caparra.*

AVIA. Charta Alemannica Goldasti cap. 17 : *Ego igitur Toto ad Monasterium S. Galli dedi in præfato loco 4. in juchos, et vineam in Avia, unius hominis labore procurandam.* [An non *Avia* hic idem est qui locus a via remotus, vel in quo nulla via est? Hoc sensu haud rato usurpatur vox *Avius* a Scriptoribus Latinis.]

* **AVIAMENTUM**, Ital. *Avviamento*, Hisp. *Aviamiento*, Itio, aditus. Stat. Montisregal. pag. 25 : *Item quia, prout experientia docet, damna quamplurima reipublicæ contingunt, et etiam civibus præsentis civitatis propter arrestationes et detentiones extranearum personarum, quæ fiunt in die fori, ... propter quod tollitur Aviamentum et concursus, etc.* Charta ann. 1363. inter Probat. tom. 2. Hist. Nem. pag. 287. col. 2 : *Asserendo dictas mercaturas eorum non posse ad dictam villam* (Montempessulanum) *adducere præsenti, propter latrunculos nunc discurrentes patriam dictæ linguæ Occitanæ, sic quod fere viagia mercaturarum amittuntur, et Aviamentum dictorum mercatorum, et res ac mercaturæ sunt et deveniunt cariores etc.*

AVIARIUM, ὀρνιθοτροφεῖον, in Gloss. Lat. Græc. et in Regula S. Isidori cap. 19. Locus aptus nutriendis avibus villaticis, uti apud Varronem lib. 3. de Re rust. cap. 3. Columellam lib. 5. cap. 8. Palladium lib. 1. de Re rust. cap. 23. et alios. Græci ὀρνιθῶνα appellabant. Anastasius in Hist. Eccles. : *Invenerunt et in his palatiis Aviaria et dorcades et asinos agrestes, et pavones et fasianos infinitæ multitudinis : nec non in vivario ejus leones ac tigrides, etc.* Ubi ὀρνιθεῶνες habet Theophanes. [** Confer Isidor. Orig. lib. 14. cap. 8. sect. 32. lib. 17. cap. 6. sect. 9. et Forcellin. Lexic.]

AVIATICUS. Vide *Avius* 1.

¶ **AVICA** Terra. Vide *Aviaticus* in *Avius* 1.

¶ **AVICECA**, f. mendum pro *Avicella* vel

Aucella; qua voce Coturnicem intelligendam arbitror in Charta Petri Abb. S. Crucis de Talmundo pro *Aquariatu* ann. 1366 : *Item debet et debebit dictus Aquarius facere et ministrare dictis Religiosis festis de quartis duplicibus... tres pecias in quolibet ferculo... de minutis volatilibus, videlicet pullis, colonis de jardo, Avicecis, pedricibus, etc.*

AVICINARE, Accedere. Præfatio Ælfredi Regis ad versionem Orosii : *Post Burgenlandiam Avicinavimus ad terram dictam, etc.*

* **AVICLAUDIUM**, *Caviola*, in Vocabul. compend. Glossar. Gall. Lat. ex Cod. reg. 7684 : *Aviclaudium, Cage ad ponendum aves.* Vide *Avicludium*.

¶ **AVICLUDIUM**, Cavea, Gall. *Cage d'oiseaux.* Menoti Serm. Quadragesim. fol. 193. recto col. 2 : *Habentes avem nocturnam in Avicludio.*

* **AVICULARE**, Aucupari. Charta Philippi V. ann. 1320. in Reg. 59. Chartoph. reg. ch. 500 : *Ipsi possunt ubique, ut voluerint, Aviculare seu oisellare cum quibuscumque, de quibus maluerint, ingeniis et filetis.* Eadem rursum occurrunt ibid. ch. 613. Vide *Avicularius*.

AVICULARIUS, Officium in Coquina Regia, [in Computo gener. redituum Regis Franc. ann. 1202. et] in Ordinat. Hospitii S. Ludov. Regis. ann. 1261. In alia ann. 1285. *Oiselier* dicitur, qui Latinis forte *Aviarius*, ὀρνιθοκόμος, Procopio lib. 1. Vandal. cap. 2. [** Gemma Gemmarum : *Avicularius, est ille qui vendit aves vel capit.*]

* **AVIDATUS**, Insitivus, Gall. *Enté.* Stat. civit. Mutin. rubr. 374. pag. 77. v° : *Quicumque intraverit, seu fregerit clausuram, sive hortum alicujus, vel damnum dederit incidendo arbores fructiferas, vel non fructiferas; Avidatas vel non Avidatas, vites ipsas, vel quid aliud, solvat pro banno, etc.*

¶ **AVIDENTIA**, Cæcitas. Angelomus in Genesim cap. 19. apud Bern. *Pez.* tom. 1. Anecdot. part. 1. col. 115 : *Græci habent, aorasia, quod magis dici potest Avidentia.* Vide *Audentia*.

1. **AVIDERE**, Avidum esse, ἀπληςεύεσθαι, in Gloss. Græc. Lat.

* 2. **AVIDERE**, Singulatim et penitius videre, expendere. Querim. consul. Nem. ann. 1401. inter Probat. tom. 3. Hist. Nem. pag. 158. col. 1 : *Item explicare alia gravamina, quæ populo inferuntur per officiarios et diversos commissarios, propter brevitatem temporis, Avidere non potuimus, sed vestræ dominationes, quæ in justitia clarescunt, indaginem facient et informationes, etc.* *Adviser*, eadem notione, in Lit. remiss. ann. 1407. ex Reg. 162. Chartoph. reg. ch. 122 : *Quant icellui Hemery ot un pou Advisé Jehan Paine, il le apparla moult rudement. Agarder* et *Arregarder*, eodem sensu. Vita S. Isabel. soror. S. Ludov. pag. 175 : *Sœur Clémence.... Arregardoit l'air, qui estoit très bel et très serain.* Lit. remiss. ann. 1398. in Reg. 153. ch. 298 : *Quant la femme du suppliant vit ce poussin sur son bras, elle dist en riant, Agardez quel oysel, vescy grant joliveté.* Hinc *Agar*, in aliis Lit. ann. 1384. ex Reg. 125. ch. 147 : *La femme de Richart dit moult haultement de mauvais courage audit exposant : Agar de ce larron murtrier prouvé, comment il parle.* Hinc in Glossar. Gall. Lat. ex Cod. reg. 7684 : *Avoy, papæ! Interjectio admirantis. Avision* vero, idem quod *Apparition, vision*, in Chron. S. Dion. tom. 7. Collect. Histor. Franc. pag. 138 : *Il a tel différence entre l'Avision de l'ange Dieu et du deable, quant il fait semblance et clartë du bon ange, que cil qui a veue l'Avision de l'ange Dieu, demore en joie et en bonne espérance; et cil qui a veue l'Avision du mauvés ange, demore en paor et en tristece.*

* **AVIES**, pro Abies, Gall. *Sapin.* Locum vide infra in *Aychagaterium*.

* **AVIGERULUS**, *Qui aves gerit ad vendendum*, apud Laur. in Amalth. ex Cathol.

* **AVIGERUS**, *Augurator*, Papiæ. Glossar. vet. ex. Cod. reg. 7646 : *Avigerus, augurator, qui aves aspicit.*

¶ **AVIGO**, pro Avenio, Gall. *Avignon*, urbs notissima, apud Marten. tom. 3. Anecdot. col. 430. Vide *Avionium*.

* **AVILLA**, *quasi ovilla, Agna recenter nata*, apud Laur. in Amalth. ex Festo.

* **AVILLARE**, Vilem reddere, deprimere, Ital. *Avvilare*, nostris *Avilir*, olim *Adviller* et *Aviller*. Reg. visitat. Odonis archiep. Rotomag. ex Cod. reg. 1245. fol. 193. r° : *Quod non nocebunt alicui mercatori, sive ipsis emere vel vendere volenti, aut vendenti vel ementi; nec hac de causa merces illius Avillabunt.* Lit. remiss ann. 1402. in Reg. 157. Chartoph. reg. ch. 250 : *Me Adville-ge bien, quant je te doigne tenir ne appeller à mon escot.* Le Roman *de Robert le Diable* MS. :

Tant a porquis de saudoyers,
Que la terre gaste et essille,
Son signour quan qu'il puet Aville,....
Chiaus de Rome a si Avilliés,
De fain les a affoibloyés.

Vide infra *Invilare*.

¶ **AVILLARIUM**. Charta Ludovici Franc. Regis de præpositura Compend. in Tabul. Compendiensis Monasterii ann. 1179 : *Retinuimus etiam avenas de marescalcia venetæ, et avenas de nemore, et culcitras et lignarium et charetum venetæ, et Avillarium et furnos vitreariorum.* Vide *Aviarium*, Idem fortassis.

* Idem mihi videtur quod *Abollagium*, Jus nempe quod habet dominus feudi in apum examina; ut enim *Abollagium* a voce *Abeilles*, ita *Avillarium* ab *Avilles*, quod pro *Abeilles* dixere, effinxerunt. Vitæ SS. MSS. ex Cod. 28. S. Vict. Paris. fol. 91. v°. col. 2 : *Une multitude d'Avilles, ce sont mouches qui font la cire et le miel.* Passim ibi occurrit.

¶ **AVINCULA**. Vide *Aunicula*.

AVINENTIA, Conventio, conniventia. Fori Aragon. lib. 8. tit. de Donation. : *Non possit... nec pactum, compositionem, vel Avinetiam facere nobiscum, aut cum aliquo alio, etc.*

AVINUM, *quasi extra vinum, id est, aqua mixtum.* Joan. de Janua.

AVIONES, Avi, progenitores. Chronicon Novilicense cap. 18 : *Nos, neque nostri pertinentes, non fuimus de vestro Monasterio, pro eo quia Aviones nostri vobis pertinentes non fuerunt.* Charta Adelchisi Regis Longobard. in Bullario Casinensi tom. 2. pag. 10 : *Omnes res illas, quæ domino et genitori vel genitrici nostræ advenere de Verissimo Avione nostro, etc.*

* Nostris *Aviaus*, eadem notione. Le Despirement *du corps* MS. :

Pense c'as ver es nourreture,
Si priseras mains tes Aviaus.

Quo etiam sensu accipienda hæc vox videtur, in Poemate *du Chastie Musart*, quam minus feliciter, ut opinor, in vocem *Aniau* commutat vir in veteri Gallico idiomate versatissimus D. *de Ste. Palaye*, inter notas ad 4. disquisitionem de Militia veteri, quæ extat tom. 20. Commentar. Acad. Inscript. pag. 201 :

Cil est bons, cil est biaus,
Cil porta l'escu point (*peint*)
Et cil porte à l'Aviaux.

Hoc est, avorum more. *Aël*, Avus, vulgo *Aïeul*, in Scacar. ann. 1296. ex Cod. reg. 4651 : *Les vavassours répondirent que il ne l'avoient oncques fait; et si avoit esté la mote autrefoiz hebergié, passé avoit cent anz; et si avoient letre que l'Aël audit Raoul les avoit quitiez de service de cheval et de pommes piler, etc.* Unde *Aëole* vel *Aiole*, pro *Acole*, Avia, leg. videtur in Testam. Petri comit. Alencon. ann. 1282 : *Requerons messes et oraisons pour nous, esqueles nous aqueullons nostre Acole la Raine Blanche. Heul*, Avus, in Ch. ann. 1262. tom. 1. Probat. Hist. Brit. col. 984.

¶ **AVIONIUM**, Avenio, Gall. *Avignon.* Urbs Metropolis Comitatus Venuxini, apud Lobinell. Hist. Britan. tom. 2. ex Chron. Britan. ad ann. 1226. Vide *Avigo*.

* Hæc quidem minus accurate : Avenio quippe, Avenionensis comitatus caput est, Carpentoracte vero, Vindauscensis. Consule Vales. Notit. Gall. v. *Avenio* et *Vindausca*. [** *Aviana civitas in Gallia, Avion*, in Gemma Gemmarum.]

¶ **AVIORUM MATER**, Rex apum, seu mater apis, Gall. *Le roy des abeilles, la mere abeille.* Baluz. Capitular. tom. 2. pag. 663. in oratione ad revocandum examen apum dispersum ex Cod. MS. S. Galli : *Adjuro te Mater Aviorum, per Deum regem cœlorum et per illum Redemptorem Filium Dei te adjuro, ut non te altum levare, nec longe volare, sed quam plus cito potest ad arborem venire; ibi te allocas cum omni tua genera, vel cum socia tua, ibi habeo bono vaso parato, ut vos ibi in Dei nomine laboretis, etc.* Ubi *Aviorum* videtur pro *Avium* vel *Apium*.

AVIRUNATUS, Remus, quo navis impellitur, quem *Aviron* dicimus. Charta Simonis Comit. Northampton. in Monastico Angl. tom. 1. pag. 850 : *Hæc divisa extitit terra mea temporibus antecessorum meorum a terra aliorum dominorum. In sicco et marisco... a Swerord... debet homo ad hoc electus super pedes suos, quo profundius potuerit, intrare; et, dum ultra ire nequiverit, Avirunatum unum octo pedibus longum introrsus de deverso lanceando propellere, et a loco, quo Avirunatus ille transnatare desierit, spacium 40. pedum per cordam debet mensurari, ibique signum in aquam infigi.* [** Conf. Grimmii Antiqu. Juris, pag. 55. num. 5. pag. 58. num. 21. pag. 62. num. 52.]

☞ Crediderim *Avirunatum* potius esse remi impulsionem, qua navis ad spatium octo pedum propelleretur, quam remum ipsum.

* Cangii interpretationi standum esse videtur. Hinc *Avironner*, nostris, Remo na-

vem impellere. Lit. remiss. ann. 1470. in Reg. 195. Chartoph. reg. ch. 517 : *Après Avironna le suppliant et mena la flette à terre du costé du port.* Le Roman *de Rou* MS. :

Par la mer tant Avironnerent
En Sainne vindrent, etc.

Avironneur, remex, vulgo *Rameur*. Charta ann. 1338. ex Reg. B. Cam. Comput. Paris. *querir vers Narbonne et Bediers* 400. *mariniers Avironneurs, et les amerra ès parties par deçà, pour les mettre en deux galées.*

* Sed et *Avironner* varie dixerunt. Glossar. Gall. Lat. ex Cod. reg. 7684 : *Avironnement, ambitus. Avironner, ambire.* Rursum : *Avironner, tournoyer, girare.* Lit. remiss. ann. 1410. in Reg. 164. ch. 340 : fol. 135. r° : *Pierres Daviaz Chevaliers ira Le suppliant et son varlet les emmenerent en Avironnant et parmi bois, tant de nuit comme de jour.* Pro Circumire, Gall. *Parcourir.* Vitæ SS. MSS. ex Cod. 28. S. Vict. Paris. fol. 43. v°. col. 2 : *Par grant ardour et par grant estude ele* (Ste. Paule) *Avironnoit toz es lieus de Jesus-Christ.*

1. **AVIS**, [Instrumentum seu vas aptum portando mortario, structoribus nostris etiamnum *Oiseau.*] Chron. Virdunense Hugonis Abbatis Flaviniac. part. 2. cap. 7 : *Fecit et hinc simile opus in turrium exstructione : cum enim jam in altum structura porrigeretur, et instrumentum illud, quod Avis nomine, subvectione cœmenti aptatum perpauci essent qui ferrent, ... ut sumeret illud instrumentum, et cœmentum collo, ut moris est, subveheret, ammonuit.*

2. Aves Francæ, nostris *Oiseaux francs*, quorum scilicet est usus in venatione. Aresta O. SS. ann. 1292. in Regesto Parlamenti B. fol. 95 : *Super petitione, quam Abbas et conventus S. Wilmari in Bosco ediderat contra Comitem Boloniæ super proprietate capiendi Francas Aves in terra Ecclesiæ, etc.*

Aves Nobiles dicuntur in alia apud V. C. Dion. Salvagnium Boissium lib. de Placito Dominico pag. 62.

* Avis Nobilis, Eadem quæ mox *Gentilis.* Libert. Bellivisus concessæ a Joan. dalph. Vienn. ann. 1313. in Reg. 152. Chartoph. reg. ch. 307 : *Item retinemus nobis.... omnes nidos Avium nobilium.*

Avis S. Martini, Cornix, sic dicta quod circa festum S. Martini hiemalis videri demum incipiat. Petrus Blesensis Epist. 65 : *Si a sinistra in dexteram Avis S. Martini volaverit.* Le Roman *du Renard* MS. :

La riens qui plus le desconforte,
Ce fut quant il vint à la porte,
Entre un frasne et un sapin,
A veu l'Oisel saint Martin,
Assés bucha, à destre, à destre,
Mais li Oisiaus vint à senestre.

Vide *Venta.* Alias Normannis nostris *Avis S. Martini* appellatur vulgo. Alcyon, avis in mari notissima, quam alii *Drappier*, et *Martinet pescheur* vocant. Vide Robertum Constantin. in Supplem. Linguæ Lat. verbo *Alcion.*

* Avis Gentilis, Eadem quæ *Franca, Nobilis*, cujus scilicet est usus in venatione. Charta ann. 1341. in Reg. 74. Chartoph. reg. ch. 580 : *Cum venationibus leporum et cuniculorum, et non aliorum animalium grossorum, nec Avium gentilium.*

* Avis Mutata, Quæ *mutam* evasit, pennas nempe mutavit, Gall. *Qui a passé la mue.* Stat. crimin. Cumanæ cap. 144. ex Cod. reg. 4622 : *Si aliquis homo.... capere vel habere reperiretur Aves mutatas de buscho, videlicet astarem, vel falconem, vel terziolum, vel sparaverium, etc.* Vide *Muta* 3.

* Avis Venalis, Venatica. Charta ann. 1464. inter Probat. Histor. Autiss. pag. 172. col. 1 : *Deferendo supra pugnum suum accipitrem, sive Avem venalem.*

¶ **AVISAMENTUM**, Consilium, deliberatio, a Gallico *Avis*, in Epist. ann. 1418. apud Marten. tom. 2. Anecd. col. 1695.

* Stat. MSS. eccl. S. Laurent. Rom. : *Et talis canonicus non possit recipere librum, nisi prius fiat Avisamentum capituli, et ab ipso capitulo licentiam habeat sub pœna excommunicationis.* Conc. Constant. ann. 1415. sess. 5. apud Labb. : *Andreas.... per simile Avisamentum verbale proposuit, etc.* Vide in *Advisare.*

1. **AVISARE**, [Consulere, deliberare, apud Miræum tom. 1. Diplom. Belgic. pag. 894. col. 2.] Vide *Advisare.*

¶ 2. **AVISARE**, Monere, Gall. *Avertir, Donner avis.* Instrumentum anni 1426. ex Archivo S. Victoris Massil. : *Precipimus Avisantes, ne horum transgressor aliquis inveniatur.* Utuntur Bonifacius Ferrerius apud Marten. tom. 2. Anecd. col. 1509. 1510. et Menotus Serm. Quadrages. fol. 153. v°.

¶ **AVISATIO**, Avisor. Vide in *Advisare.*

* **AVISATUS**, a Gall. *Avisé*, Prudens, consideratus, bene consultus. Prosa pro festo Concept. B. M. in Lib. precum ann. circ. 1400. ex museo D. *Le Beuf.*

Erubescant insensati,
Qui repuunt celebrare
Mysteria tam sacratæ
Diei ac festivatæ,
Qua fuerunt copulati
Vir cum sua muliere.
Pessime sunt Avisati
Sic nolentes.

Vide in *Advisare* et mox *Avisum.*

¶ **AVISPATIUM**, i. *Qui vidit avem contra eum volantem et divinat propter eam.* Ita Index ad calcem veteris collect. canonum MS. ex Bibliotheca Illust. DD. *de Chauvelin.*

* **AVISSA**, *Virga est sarmentosa, folia habens rotunda, in qua virga semen profert in modum capitis aspidis et lata.* Glossar. medic. Simonis Januens. ex Cod. reg. 6959.

* **AVISTARDA**, Otis, Hisp. *Avutarda*, Gall. *Outarde.* Glossar. vet. ex Cod. reg. 7646 : *Avistarda apud nos vocatur, eo quod gravi volatu detenta, nequaquam ut ceteræ volucres attollitur velocitate pinnarus* (l. pennarum); *ipsa dicitur et gradipes.* Vide infra *Buitarda.*

¶ **AVISTUPOR**, Terriculum avium in hortis, Priapus. Vitruvius lib. 7 : *Non enim statuas ponemus, quales in hortis ridiculas illius Avistuporis Dei.*

* **AVISUM**, Consilium, sententia, Gall. *Avis*, Pactum inter dom. de Lisigniaco et de Pedenacio ann. 1331. in Reg. 69. Chartoph. reg. ch. 180 : *Facta relatione de prædictis dicto domino senescallo commissario prædicto, ut de eorum Aviso seu consilio constat per scripturam inde factam per manum mei Michaelis de parietibus notarii, etc.* Infra : *De eorum Adviso.* Charta ann. 1351. in Reg. 81. ch. 912 : *Commisimus baillivo Rothomagensi... quatenus, vocato dicto procuratore nostro, se diligenter super hoc informaret, informationemque, una cum Aviso suo, nobis super hoc.... remitteret.*

* Aliud sonat vox Gallica *Avis*, in Charta ann. 1303. ex Lib. rub. Cam. Comput. Paris. fol. 314. v°. col. 1 : *Je ai donné et doins, après mon décès, à François mon filz, pour partie de terre pour le Avis et pour l'assignement de son mariage, toute la terre, closement de Werdereke.* Ubi idem est quod *Assene* et *Advis*, apud Buteller. in Sum. rurali lib. 1. tit. 25. Assignatio nempe ad vitam et addictio bonorum filiis postgenitis a patre facta. Vide *Assennatio.*

* **AVITAILLARE**, a Gall. *Avitailler*, Hisp. *Avituallar.* Urbem, castrum rebus cibariis aliisve munire. Lit. remiss. ann. 1363. in Reg. 91. Chartoph. reg. ch. 494 : *Idem supplicans castrum suum Petræ-fortis munivit et Avitaillari fecit de granis et aliis victualibus. Avictuailleur*, qui annonam subministrat, apud Froissart. vol. 1. cap. 245 : *Je ne say si ce seroient point Avictuailleurs, qui viensissent refreschir ce chastel de vivres.*

* **AVITAS**, Avita origo. Stat. Mantuæ lib. 2. cap. 26. ex Cod. reg. 4620 : *Exceptionem vero proponens cavillosam et maxime per quam negetur paternitas, vel maternitas, Avitas et proavitas, filiatio seu consanguinitas, etc.*

¶ **AVITINUM**, Avitus. Hinc *Biens Avitins* in Consuetudine Aquensi tit. 1. art. 11. Processus de B. Petro de Luxemburgo, tom. 1. Julii pag. 608 : *Item constituo et ordino in omni jure et naturali successione mihi competenti, tam in bonis mobilibus quam immobilibus, et aliis quibuscumque ex hereditate paterna, materna, Avitina.... ad me de jure naturali pertinentibus, hæredes meos dilectos fratres meos Joannem et Andream de Luxemburgo.* Vide *Avius.*

¶ **AVITIUM**, Volatile pecus, Gall. *Volaille.* Leges Municipales civium Mechliniensium tit. 11. art. 17 : *Qui alienos gallinaceos, anseres, columbas, anates et alia id genus Avitii aut telo percusserit aut interceperit... quinque drachmis punietur.*

¶ **AVIVARE**, Roborare, firmare, vires augere, Italis *Avvivare*, Gall. *Aviver, fortifier.* Chron. Parmense ad ann. 1285. apud Murat. tom. 9. col. 808 : *Et hoc scito a Parmensibus, pietate moti cœperunt viriliter Avivare illam partem de Savignano.* Ibidem col. 830 : *Item eodem anno* (1295.) *et tempore magni timores fuerunt in civitate Parmæ a parte in partem. Nam Marchio Estensis Avivabat quantum poterat dominium Episcopum et suam partem.*

* Bestiarius MS. :

Voiés les malisses dou mont,
Comment tousjours croist et Avive.

1. **AVIUS**, vel Abius, [pro *Avus.* Charta ann. circiter 780. ex Archivis S. Victoris Massil. : *Ut condam pro malo ingenio et fortia quando Provincia revellavit* (rebellavit) *contra bis Avio vestro Pipino.* Occurrit bis apud *Madox* in Formulari Anglic. pag. 55. apud Marten. tom. 1. Collect. Ampliss. col. 41.] in Charta Amalphitana apud Ughellum

tom. 7. Ital. sacræ pag. 394. et in Pacto Gregorii Ducis Neapolit. ann. 911. apud Camillum Peregrinum.

Aviatica Hæreditas, Alodis, prædium avitum. Lex Ripuar. tit. 56. § 3 : *Sed dum virilis sexus extiterit, femina in hæreditatem Aviaticam non succedat. Donationes Aviaticæ*, apud Papianum lib. Resp. tit. 24. *Aviaticæ res*, in Decreto Childeberti Regis cap. 1 : *Nepotes ex filio, vel filia, ad Aviaticas Res cum avunculis vel amitis sic venirent in hæreditatem, etc. Avica terra*, Avita, in Lege Salica tit. 72. Edit. Heroldi. Vide *Alodis*. Gloss. Lat. Græc. : *Avitus*, παππῷος. *Biens, Abitins vulgairement dits Pappoaux*, in Consuet. *Aquensi* tit. 1. art. 1. *Papoaige* in Consuet. Baionensi tit. 5. art. 1. tit. 11. art. 7. tit. 19. art. 27. 42 : *Biens obtenus de lignée vulgairement dits de Papoaige.* Adde Consuetud. Laburtensem. tit. 9. 10. etc.

Aviaticus. Ex filio nepos, ab *avo* oriundus. Lex Longobard. lib. 3. tit. 8. § 4. [** Conrad. I. cap. 1.] et lib. 3. Feudor. tit. 1. § 3 : *Si vero filios non habuerit, et Aviaticum ex masculo filio reliquit, pari modo beneficium habeat.* [Chron. Farfense apud Murat. tom. 2. part. 2. col. 451 : *D. Joannes cum uxore et tribus filiis, cum filia et cum tribus nuris, et quinque Aviaticis suis.*]

Abiaticus, Eadem notione, in Charta Adeleidis Imperatricis, Ottonis III. Imp. uxoris, (siquidem genuina est) in Bullario Casinensi tom. 2. pag. 48 : *Pro anima tertii Ottonis mei Abiatici, etc.* Alia ann. 1385 : *Quia ipse Georgius habet in ejus potestate liberos 13. inter filios et filias, Abiaticos, et Abiaticas, seu nepotes procreatos ex filiis* Occurrit etiam apud Bertramum in Vita S. Francæ Abbatissæ n° 70. et in veteri Charta apud Puricellum in Basilica Ambros. pag. 429. Hinc forte nostris *Avelets* dicuntur ex filio nepotes.

¶ 2. **AVIUS**, mendose, ut arbitror, pro *Apis*. Vide supra *Aviorum Mater*.

¶ **AVIZARE**, pro *Avisare*, Admonere, Gall. *Donner avis.* Schramb. Chronicon Mellicense pag. 425. col. 2. in Memoriali Visitatorum ejusd. Monasterii ann. 1451 : *Habeat dominus Abbas septem consiliarios ex discretioribus de conventu electos, quorum unus habeat eum de rebus agendis opportune et reverenter Avizare, et Abbas quoties a consiliariis Avizata et mature conclusa... manuteneat.* Vide *Advisare*.

1. **AULA**, Curia Baronis, in veteri Rotulo apud Spelmannum : *Aula ibidem tenta tali die, etc.*

¶ 2. **AULA**, Ecclesia, Basilica, Templum, interdum sola Ecclesiæ navis, Gall. *La nef.* Historia Episcop. Autissiod. de qua Diarium Trevoltianum mensis Novembr. ann. 1714. pag. 1976 : *Hanc in sua statuisse Ecclesia saluberrimam consuetudinem* (*Episcopum Gualdericum*) *ut omnes sui Episcopatus Diœcesani Sacerdotes, cum suis parroquianis, per dies Pentecostes festivos cum crucibus atque vexillis ad principalem sancti Stephani conveniant Aulam, lustratis in gyro cunctis Abbatiis.* Ibidem pag. seq. ex Ceremoniali Ecclesiæ Gerundensis : *Istud festum recesserat ab Aula propter introductionem sanctæ Teclæ.* Vita S. Medardi Episc. Noviom. Spicil. Acher. tom. 8. pag. 405. et 409 : *Erigitur super sancti tumbam pro temporis opportunitate parvum tugurium exili vimine constructum, quousque, ut Regia decreverat dignitas, coacervatis in opus expensis Aula famosissima perito fabricaretur studio.* Annal. Bened. tom. 3. pag. 15. ubi Epitaphium Imperatricis Irmingardæ : *Fœmina hic pausat augusta et nobilis ortu, Irmingarda cui nomen erat deditum; quæ hoc opus incipiens, hic Aulam condere jussit, ad Christi laudem, atque sui requiem.*

Aula Ecclesiæ, Navis Ecclesiæ. Gervasius Dorobernensis in Descript. Cantuar. Ecclesiæ : *Ab hac versus Occidentem Navis vel Aula est Ecclesiæ, subnixa utrinque pilariis octo.* Utitur non semel. Eadmerus lib. 6. Hist. pag. 141 : *In medio Aulæ majoris Ecclesiæ decenter sepultus est.* [** Græcis vero Αὐλὴ est, quod Latin. *Atrium*, Compluvium ante ædes sacras portibus circumdatum. Confer Gloss. med. Græcit. in hac voce.]

3. **AULA**, Area. Charta Caroli Calvi apud Doubletum pag. 791 : *Duos mansos, et 2. alterius mansi partes, nec non Aulas duas, atque molendinum 1. cum piscatorio 1. juxta pontem.*

¶ 4. **AULA**, pro *Hala*, Forum tectum, Gall. *Hale.* Chartular. S. Vandreg. tom. 1. pag. 1046 : *Situm in dicta parrochia intra terram supra quam aula bladi de Calido Becco sedet.*

* Charta Milonis dom. de Noeriis. ann. 1500. ex Cod. reg. 9484. 2. fol. 136 r° : *Assigno... xx. libras Turon. annui redditus, percipiendas super stallagio Aularum de Noyeriis, ad quemcumque locum ipsas contingat transferri. Aule*, eadem notione, in Libert. villæ *de Grancey* ann. 1348. tom. 9. Ordinat. reg. Franc. pag. 160. art. 3 : *Et parmi ce, nostredit hommes et fammes et habitans seront tenuz de maintenir au leur, les Aules dudit Grancey.*

¶ 5. **AULA**, pro Nido avium et Receptaculis animalium, apud Servium ad lib. IX. Æneidos.

¶ 6. **AULA**, Familia, seu famuli omnes. Chartul. S. Vandregesili tom. 1. pag. 1004 : *Solvere tenebuntur ratione cujusdam plateæ et quarundam masurarum, quæ sunt in villa de Calido Becco juxta pechiam quamdam eorumdem Religiosorum, in qua Aula sua permanere solebat.*

¶ 7. **AULA**, Multitudo, frequentia, Gall. *Multitude, Troupe.* Acta Translationis SS. Saviani et Pontiani Mart. apud Mabill. Annal. Bened. tom. 2. pag. 751. col. 1 : *Ad horum tumbas popularis Aula, preces et vota expositum frequenter confluit.*

¶ 8. **AULA**, seu *Aulica*, Gall. *Aulique.* Thesis publica quæ propugnatur ab aliquo e junioribus Theologis cum Laurea Doctoris donandus est aliquis. Sic dicitur Parisiis ab *Aula* Archiepiscopi, in qua hæc habetur disputatio cui præsidet novus Doctor. Statuta Universit. Paris. tom. 6. pag. 381. Spicil. Acher. : *Item nota quod quando unus Magister in Theologia habet Aulam suam, illa die non legitur in Sententiis nec in Biblia.*

¶ 9. **AULA**, pro *Aulæum*, Gall. *Tapisserie.* Th. *Madox* Formul. Anglicanum pag. 427 : *Unam Aulam viridem cum armis meis, et unam Aulam bleu cum torellis cum lecto ejusdem settæ.*

* 10. **AULA**, Domus præcipua. Arest. parlam. Paris. ann. 1323. in Reg. 61. Chartoph. reg. ch. 306 : *Uxore et familia dicti Gombaudi mirantibus* (morantibus) *et remanentibus in domo seu Aula castri de Bussaco.*

¶ **AULÆUM**, Palatium. Vita S. Guthlaci Anachoretæ, auctore Felice coævo, tom. 2. Aprilis pag. 39 : *Infans miræ indolentiæ nobilibus antiquorum disciplinis, Aulæis in paternis imbuebatur.*

AULAICUS, pro *Aulicus*. Tabularium Brivatense ch. 437 : *Si autem Abbas, aut Comes, Aulaicus, aut Clericus, etc.* [Legendum, *aut Laicus.*]

¶ **AULANERIUM**, Coryletum, Locus corylis consitus ab Arverno *Aulanie*, Nux avellana, coryli fructus. Chartularium Camalariensis Monasterii diœc. Anicien. : *Donavit unum campum à l'Estrada et alterum ad Aulanerium et juxta istos duos dedit duas sainas.*

* Pro *Avellanerium*, Hisp. *Avellanar.* Vide supra *Avellaneta*.

* **AULARIS**, Aulicus. Glossar. Lat. Ital. MS. : *Aularis, de corte regale.*

AULARIUS, *Aulicus, Palatinus*, in Glossis Isidori. [Hinc emendanda Pithœi Excerpta, ubi perperam *Auleius.*] Αὐλάριος vero apud Hesychium, αὐλωρός, οἰκοφύλαξ, idem qui *Ostiarius*, vel *Atriensis.* [** Gloss. in Cod. reg. 7644 : *Auleti, Palatini*; in Glossar. Jæckii *Aulacieti.* Gemma Gemm. : *Aulanus, Aulæ custos, ut palatinus.*]

¶ **AULATES**, Optimates, aulici. Vita S. Willibaldi Episc. tom. 2. Julii pag. 511 : *En ille Sanctus Willibaldus, qui cum paucis ad primitus satellitum subsidiis, sanctæ conversationis inchoaverat exercitium, tandem cum innumeris Aulatium magistratibus multiformiter militando, Domino dignum acquisivit populum.*

AULATICUM, Aulæum, *Tapisserie.* Testamentum Arnaldi Archiepisc. Narbonensis ann. 1149. apud Catellum : *Laxo Canonicis... omnem supellectilem meam domus meæ Narbonæ, in lectis videlicet, pannis vel Aulaticis.*

* **AULCUS**, Examen apum, Gall. *Essaim.* Stat. Vallis Sert. rubr. 129. ex Cod. reg. 4619 : *De qualibet Aulco seu examine, seu bugazolo apium, etc.*

** **AULEDUS**, *Dulcis sonus fistularum. Auledus, tibicen; organista vel sufflator organi*, in Gemma Gemmar. Conf. *Aulœdus* in Forcell. Lexic.

** **AULEGENOSUS**, *dicitur ille qui est crassus, pinguis et tumidus.* Ibidem.

¶ **AULEIUS.** Vide *Aularius*.

¶ **AULEOLUM**, Sacellum, ab *Aula*, Ecclesia, de qua suo loco. Miracula S. Urbani Mart. tom. 6. Maii pag. 18 : *In qua benedictione dum carpentarii vellent aptare analogium ad sermocinandum, de Auleolo S. Urbani quod situm erat super maternam, ubi solebat poni corpus Urbani pretiosi martyris, exigente ratione temporis membratim disjunctum, nullatenus redintegrare valuerunt.*

* **AULETA**, Parva aula. Sentent. arbitr. ann. 1497 : *Supra quemdam bancum fusteum sedens in parva Auleta domus suæ claustralis, etc.*

¶ **AULEUM**, *Diadema Regis, sive Corona.* Papias in MS. Bituric.

* Glossar. vet. ex Cod. reg. 7613 : *Au-*

leum, diadema regis, vel velum, sive corona, vel profundum. [** Cod. reg. 7644 : *Profundum velum.*]

** **AULICIA** *sunt vasa vinaria*, Gemm. Gemmarum.

¶ **AULIONES**, αὐληταί, *Tibicines*, apud Janum Laurenberg. in Suppl. Antiquarii.

* Laur. in Amalth. : *Auliones, aulones, aulici, tibicines. Suppl. auletes.*

** **AULITA**, Petri Alfonsi Discipl. Cleric. cap. 22. § 1 : *Qui prius venerat joculator cœpit invidere supervenienti, quem rex sibi jam præferebat, et omnes Aulitæ.* Utrum Aulici an Auletæ?

* **AULOGIÆ**, pro *Eulogiæ*, Munera quævis, præsertim vero quæ sanctis ex voto offeruntur. Charta authentica Joan. comit. Droc. ann. 1330. ex Tabul. capit. Carnot. : *Quoddam altare in ecclesia Carnotensi situatum prope litrinum ante pillum, juxta Aulogias a dextris dictæ ecclesiæ, in honore ipsius Genitricis Dei, etc.* Ubi recens transscriptum ejusdem Chartæ habet *Allogias* et *Lictrinum.* Quæ interpretatio probatur ex ecclesiæ Carnotensis topographia, quam mihi amice exhibuit ejusdem ecclesiæ canonicus et archidiaconus D. *Courbon du Terney.*

* **AULULA**, *Sodomitto*, in Glossar. Lat. Ital. MS.

* **AULUS**, Piscis minuti species. Stat. datiaria Riperiæ cap. 12. fol. 5. r° : *De quolibet pense piscium minutorum, salvo quod de Aulis nihil solvatur, pro introitu denarii sex.*

* **AUMACIUM**, *Secretum publicum*, in Glossar. ad. Grammat. Calcid. ex Cod. Colbert. 3616. fol. 3. [** Vide *Aumarium* et *Aumatium.*]

¶ **AUMAGIUM**, apud Rymer. tom. 9. pag. 30 : *Pro quolibet Aumagio panni vel alterius rei mercatoriæ quinque arditz Guiaynes.* Sed legendum est *Summagium*, uti colligere potes ex simili loco ad vocem *Ardicus* relato. Utrobique vero *Summagium* idem est, quod Onus *Sagmarii*, Gall. *Bête de somme.* Vide *Summagium.*

AUMARIUM, Armarium, Gallis, *Aumaire*, Gloss. Ælfrici : *Aumarium, vel Armarium*, ælces cynnes cæpe hus. Fulgentius Placiades : *Aumarium dicitur locus secretus publicus, sicut in theatris aut circo : unde et Petronius Arbiter ait : In Aumarium memet ipsum conjeci.* [** Burm. pag. 868.] Vacces au Roman *de Rou* MS. :

Ne laissa crois, ne chasse, ne calice en Aumaire.

Vide Scaligerum ad Festum [** Forcellin. Lexic. et supra *Aumatium.*]

** **AUMATIO**, Vergil. Grammat. Epit. 4. cap. 3. in Maii Classic. Auctor. tom. 5. pag. 122 : *Autumnus dicitur de Aumatione fructuum qui colliguntur.*

** **AUMATIUM**, Aumatia. Idem quod *Aumacium.* Oratio S. Benedict. archiep. Mediol. apud Murator. Script. Rer. Ital. tom. 4. pag. 77. A : *Palatium imperiale, theatrum, Aumatium, thermas, viridarium amœnum, etc.* Idem Murator. in Anecdot. Latin. tom. 1. pag. 233. sine distinctionis virgula scribit *Theatrum aumatium.* Attonis Junioris Polypticum cap. 3. in Nova Collectione Maii pag. 46 : *Aumatia in qua statuunt et tristega component*, ubi Glossa : *Aumatia loca sunt secreta in theatro.*

AUMENTARE, pro *Augmentare*, occurrit in veteri Codice Victorino, [et in Historia Mediani Monasterii pag. 322. in Charta Henrici Comitis Vadani-montis ann. 1252.]

¶ **AUMENTUM** Cultus Divini, in epistola Joannis Episc. Massiliensis ad Petrum de Columna ann. 1564. e Tabulario Ecclesiæ Massiliensis.

¶ **AUMUCELLA**, pro Almucela, ut videtur, parva almucia. Computus ann. 1255 : *Pro... equis palefridis, carro, Bong. Aumucell. libris, tapetis, mappis, etc.*

* Nostris *Aumussette*, eadem notione, Capitis tegmen. Lit. remiss. ann. 1376. in Reg. 110. Chartoph. reg. ch. 66 : *Puisqu'il ne l'avoit daigné saluer, ne oster s'Aumussete ; que une autre fois, quant il l'encontreroit, il lui osteroit de la teste sadite Aumussette.* Aliæ ann. 1380. in Reg. 118. ch. 108 : *Descort fust meu entre le suppliant d'une part et Jehan Dupont d'autre, pour cause d'une Aumussete ou barrette.* Vide in *Almucium.*

AUMUCIA. Vide *Almucium.*

¶ 1. **AUNA**, Ulna, Gall. *Aune*, Mensura telarum, pannorum, etc. Libertates Moirenci tom. 1. Hist. Dalphin. pag. 17. col. 1 : *Donaverunt... in Lesdam de singulis telis quæ sex Aunas vel amplius habent 1. obolum ; de 6. Aunis draporum Rusticorum unum obolum ; de duodena unum denar.* Vide *Alna.*

¶ 2. **AUNA**, perperam, ut videtur, pro *Ansa*, seu *Hansa* Societas. Charta Henrici II. Regis Angl. ann. circiter 1155. apud D. *Brussel* tom. 2. Tract. de usu feud. pag. VI : *Omnes mercatores, nisi publice Auna prohibiti, habeant salvum exire et securum de Anglia, et venire in Angliam et morari.* Vide *Hansa.*

* Ubi *Anna* lego ex Cod. reg. 4651. sensu non minus mihi incognito.

AUNCIATUS, Antiquus, ex Anglico *Auncien*, Galli *Ancien* dicunt. Brompton. lib. 2. cap. 24. § 6 : *Sicut charta eorum Aunciata est, et libertas anterior.* Mox : *Quod si illi, de quibus quæritur chartam habuerit Aunciatam, nunquam tamen usi fuerint ipsi.*

AUNICULA, *Auctio minor supra fundum*, in Glossis Isidori. Forte *Auctiuncula.*

* **AUNIERUM**, f. pro Alnetum, locus ubi crescunt alni. Vide *Alnidus.* Charta ann. 1189. ex Tabul. S. Mariani Autiss. : *Dedi etiam.... oscham Aunieri de pratea, et aliam particulam terræ juxta bergeriam eorum.*

¶ **AVOARE**, Fateri, agnoscere, clientelam profiteri, Gall. *Avoüer, rendre aveu.* Hominium præstitum Archiepiscopo Burdegalensi a Priore S. Cypriani, inter Instrum. novæ Galliæ Christ. tom. 2. col. 297 : *Coram eodem domino Archiepiscopo... Avoavit et recognovit se tenere in feudum a dicto Domino Archiepiscopo... quidquid juris habet in parochiis de Mozens et Daltos.* [** Constit. Henrici VII. Imper. ann. 1310. ap. Pertz. vol. Leg. 2. pag. 502. lin. 56.] Vide *Advocare.*

* Charta ann. 1434. ex Tabul. archiep. Auxet. : *Dominus comes Astaraci non Avoat, nec approbat.* Ubi *Avoare* est rem in se suscipere. *Avoasse* vero, pro *vassalus*, qui alicui clientelari professione subjectus est, in Glossar. Gall. Lat. ex Cod. reg. 7684 : *Avoasse, vassatus.*

¶ **AVOCATUS**, pro *Advocatus*, Gall. *Avoué.* Charta Roberti Comitis Arverniæ ann. 1288. apud Baluzium tom. 2. Hist. Arvern. pag. 120 : *Et sustinebimus similiter ad expensas nostras tam in Avocatis quam aliis necessariis.* Vide *Advocatus.*

¶ **AVOCULATIO**, Cæcitas, quasi *Aboculatio*, Gall. *Aveuglement.* Miracula S. Zitæ Virg. Lucensis tom. 3. Aprilis pag. 520 : *Et cœpit versus Lucam venire ad ipsam beatam virginem in oratione, et pro precando et preces ipsi virgini faciendo, ut ipsum Joannem sanaret et liberaret a supradicto malo et Avoculatione supradicti oculi.*

* Nostris olim *Avougleté*, Glossar. Gall. Lat. ex Cod. reg. 7684 : *Avougleté, cæcitas.*

¶ **AVOCULATUS**, Cæcus, oculis captus, Gall. *Aveugle.* Ibid. : *Gratianus ejus nepos..., stetit et fuit continue Avoculatus de ambobus oculis, ita quod infra ipsum tempus nihil inde vidit nec videbat usque hodie.*

* *Aveule* et *Avule* dixerunt etiam nostri. Vita J. C. MS. :

Longis qui de Gresse fu nés,
Aveules fu, bien le savez.

Ibidem :

Li mort en sont resuscité,
Li Avule renluminé.

AVOCULUS, idem quod *Abocellus*, de qua voce supra, Cæcus, in Miraculis B. Gregorii X. PP. semel ac iterum, editis a Petro Maria Campo in Hist. Eccl. Placentina.

¶ **AVODIARE**, Fateri, Agnoscere, Gall. *Avouer.* Charta Cassaniæ anni 1399 : *Et in casu quo esset homo alterius domini, vel quod alius dominus ipsum pro homine Avodiaret.* Vide *Advocare* et *Avoare.*

¶ 1. **AVOERIA**, Tutela, protectio pupilli rerumque ipsius administratio, Gallis olim *Avoerie* et *Voerie*, nunc vero *Tutele.* Oritur a voce *Advocatia*, quæ ab *Advocato, Avoué.* Ita in Charta ann. 1222. apud D. *De Laurière* in Gloss. Juris Gall. ad vocem *Avoerie* : *Th. illustris Comes Campaniæ in prædictæ matris suæ Advocatia tenebatur, et cum de matris suæ Advocatia exiit, etc.* De *Avoeris* in Charta Philippi Franc. Regis apud Perardum de rebus Burgund. pag. 347 : *Si autem liberi, fratres, sorores, nepotes, neptesque et cæteri descendentes, in Avoeria fuerint, ille qui ipsorum Avoeriam habuerit, de duabus marchis argenti et pecunia prædictis pro se et existentibus in Avoeria solvet, secundum existimationem bonorum suorum et bonorum illorum qui fuerint in ejus Avoeria... dum tamen ultra duas marchas argenti pro se et existentibus in Avoeria non solvat.* Vide *Advocatia.*

* Charta Guid. episc. Lingon. ann. 1255. in Chartul. Campan. fol. 207. col. 1 : *Cum illustris domina Margareta, Dei gratia regina Navarræ et Briæ comitissa palatina, ratione filii sui Theobaldi regis Navarræ, quem habet in sua Avoeria, nobis homagium et fidelitatem loco determinato in episcopatu Lingonensi facere teneretur, etc.*

¶ 2. **AVOERIA**, Custodia, Tuitio, Gall. *Garde, Protection.* Locum vide in *Wardæ Ecclesiarum.*

* 3. **AVOERIA**, Defensio, quæ armis fit. Charta ann. 1256. inter Probat. tom. 1.

Jur. publ. Franc. pag. 437 : *Et si Avoeriam pro ipsis* (paribus communiæ Belvac.) *erga aliquem seu aliquos pro ipsis me accipere contingerit, et etiam pro ipsis armatus comparuerim, mihi tenentur pro servitio meo in vigenti libris Turonensibus.*

* **AVOGADRUS**, Advocatus, ab Ital. *Avvogado*, eodem sensu. Chron. Jac. Malvecii apud Murator. tom. 14. Scrip. Ital. col. 821 : *Memoranda etiam progenies egregiorum civium de Advocatis seu Avogadris.* [** Est nomen proprium familiæ.]

¶ **AVOHARE**, Fateri, confiteri, Gall. *Avouer*, apud Rymer. tom. 1. pag. 875 : *Quodque ipsi fatentur et Avohant debere nobis, et se, et prædecessores suos, a temporibus, quorum non superest memoria.* Vide *Advocare.*

* **AVOIARE**, Actionem intendere, movere, repetere. Charta ann. 1281. tom 1. Probat. Hist. Brit. col. 1059 : *Volumus et recognoscimus, quod prædicta abbatia* (de Gaudio) *non possit aliquid juris, dominii vel possesionis in prædicta costuma Avoiare vel reclamare, nisi percipere quolibet anno, ad terminos supradictos, prædictæ pecuniæ quantitatem.* Vide infra *Avouare* 2.

* Aliud est *Avoiement*, Impulsio nempe, instigatio, vulgo *Insinuation, suggestion*, in Ordinat. ann. 1368. tom. 5. Ordinat. reg. Franc. pag. 131. art. 3 : *Lesquelz esleuz.... jureront, main levée contre les Sainz, qu'ils ne recevront parole, escripture, Avoiement d'autrui pour aucun faire eschevin.* At vero *Avoyement* primas litis actiones seu ejusdem progressus, vel inquisitionem significat in Assisis Hieros. cap. 290 : *Le constable puet comander à retraire l'esgart, ou la conoissance, ou le recort, ou l'Avoyement. Etre Avoyé*, in procinctu esse, in Lit. remiss. ann 1398. ex Reg. 153. Chartoph. reg. ch. 453 : *Lequel Pierre, qui veoit que ladite femme estoit meue et Avoyée de dire et faire encores pis, etc.*

* **AVOLATIO**, In cœlum statim post mortem ascensio. Chron. Angl. Th. Otterbourne pag. 114 : *Nec etiam oblationum frequentia aut miraculorum simulacra... quemquam sanctum probant.... Bene namque cum unoquoque agitur, si talia cum contritione culpam in eo diluant, aut pœnam debitam imminuant, quamvis immediatam Avolationem non efficiant.*

* A Latino Avolare, Gall. *S'envoler*, nostri *Avoler* dixerunt. Lit. remiss. ann. 1398. in Reg. 153. Chartoph. reg. ch. 298 : *Un petit poussin, qui Avola d'avec autres, qui estoient soubz une cage.*

AVOLORII Bona, in Foris Aragonensibus *dicuntur illa, quæ sunt acquisita ex successione parentum vel consanguineorum. Et ideo si pater acquisivit aliqua bona titulo lucrativo vel oneroso, alias quam ex successione parentum vel consanguineorum, non dicerentur Bona Avolorii, et sic non possent extrahi per consanguineum vigore beneficii de la Saca, etc.* Ita Michael. *del Molino* in Repertorio, ubi plura de hac materia. Sic *Bona Avolorii*, sunt ea, quæ Longobardi *Aviatica* appellabant, ex Hispanico *Abuelo*, avus. Vide Foros Aragon. lib. 3. tit. Familiæ herciscundæ, et tit. de Communi dividundo [** Lusitanis hæc bona *Avoenga* et *Avolenga* dicebantur. Confer S. Rosa de Viterbo col. 1. pag. 152. et Supplem. pag. 15.]

AVOLTA, Gall. *Voute*, Concameratio, tholus. Matth. Paris in Vitis Abbatum S. Albani : *Eadem quoque Capella in arduum surgens super eam crepidinem, quæ vulgariter Avolta dicitur, dormitorii diminutionem supplet et defectum.* Quo loco auctor male utitur voce crepidinis, pro concameratione.

¶ **AVOLUS**, Atavus, Gall. *Ayeul.* Hispan. *Abuelo.* Charta Sancii Abbatis de Ortulo ex Archivo Pinnatensi apud Jos. Moretum Antiquit. Navarræ pag. 406 : *Si quidem de nostros Avolos et de nostra radice allescoron nobis illa Abbatia... posuit in præcepto pro suo mandato et de nostros Avolos et de nostros parentes.* Ubi Moretus vertit, *y sus Abuelos y ascendientes, etc.* Gall. *de nos Aieux, de nos Ancêtres.*

AVORTARE, Abortare, Abortum edere, Gall. *Avorter.* Lex Wisigoth. lib. 6. tit. 3. § 2 : *Si quis per aliquam occasionem mulierem ingenuam Avortare fecerit.* Et § 6 : *Si ancillam servus avortare fecerit.*

AVORSUS, Aborsus, abortus, in iisdem Legibus lib. 6. tit. 3. § 1. 4. 7. in Legibus Bajuvar. tit. 7. § 18. 19. et apud Halitgarium in Pœnitentiali cap. 7. apud Menardum.

AVORTUS, pro *Abortus*, apud Egbert. Eborac. in Pœnitent. pag. 18.

¶ **AVORTIRE**, Devovere, Gall. *Vouer.* Processus de Vita et Miraculis S. Yvonis, tom. 4. Maii. pag. 574 : *Quod Gleoguena soror Yvonis de Trevol, Leonensis diœcesis, furibunda per quinque septimanas.... Avotita et reddita Yvoni, et exinde per Danielem et Yvonem eosdem adducta ad sepulcrum D. Yvonis.*

* **AVOTRONI**, Pelles animalium abortivorum, f. pro *Avortoni*, nostris etiam *Avortons*, Stat. Montis-reg. pag. 316 : *Item pro qualibet somata grossa agninarum Avotronum, solvat, xx. den.* Stat. civit. Astæ, ubi de intratis portar. ; *Avotroni Ciciliani et de Sardegna affaitati, solvant pro quolibet centenario lib. xij. Avotroni de Andrexia affaitati, solvant pro quolibet centenario lib. l.* Costumæ Paris. ex Reg. sign. *Pater* Cam. Comput. fol. 254. v° : *Pour le millier d'Avortons d'Arragon, vj. s. Pour le millier d'autres Avortons, iiij. s.* Reg. sign. *Noster* fol. 35. v° : *Item le cent d'Avortons à chaperons, vj. den.*

* **AVOTUS**, pro *Havotus*, Mensura frumentaria apud Belgas. Charta. Margar. comit. Fland. ann. 1245. ex Tabul. Flintens. : *Reditum viginti duorum raseriorum avenæ, minus Avoto, ad mensuram Duacensem.... legitime vendidit.* Neque aliter intelligenda videtur vox *Auve*, in Chartul. Montis S. Mart. part. 5. fol. 96. r° : *Daniel de le Beke v. Auves sus j. journet.* Vide infra *Havotus.*

¶ 1. **AVOUARE**, Agnoscere, clientelam profiteri, Gall. *Avouer, rendre aveu.* Litteræ Caroli Franc. Regis ann. 1326. in Tabulario Calensi pag. 196 : *Fuissent per spacium 60. annorum et amplius in possessione 9. arpentorum prati sitorum in prateria de Kala, quæ quidem prata non Avouant tenere in aliquo a dictis Monialibus.* Vide *Advocare.*

* 2. **AVOUARE**, Actionem intendere, movere, repetere. Gall. *Prétendre.* Tabul. castri *de Blein* in Brit. : *Concedimus quod nullam sesinam contra prædictum vicecomitem de Rohan, nos vel heredes nostri prætendere sive opponere, vel allegare sive et Avouare valeamus.* Rursum : *Nec poterimus nos dicere sive Avouare, quod ex parte dicti vicecomitis vel suorum heredum sit tenori istarum litterarum renunciatum.* Vide supra *Adventum* et *Avoiare.*

* **AVOYACIO**. Vassallorum clientelaris professio, Gall. *Aveu.* Privil. Phil. Pulcri pro Cisterc. ann. 1304. in Reg. B. Cam. Comput. Paris. fol. 91. v° : *Item quod recognitiones et Avoyaciones novæ, quæ ab ipsorum religiosorum* (sic) *nostri teneantur jurare, etc.* Vide supra *Advoatio* in *Advocare* 4.

¶ **AVOYARE**, Eadem notione et origine ut *Avouare.* Charta Roberti Comitis Arverniæ ann. 1284. apud Baluz. tom. 2. Hist. Arvern. pag. 134 : *Recognoscimus nos et nostros successores tenere præmissa de censiva dicti domini Roberti ad annuum censum superius nominatum, et nos debere Avoyare et tenere per dictum dominum Comitem et suos ubicumque de præmissis.* Ibidem : *Et de præmissis se tenebunt et Avoyabunt per nos et nostros ubicumque; et recognoscent ac recognoscere tenebuntur prædicta fore de nostro domino et censiva.*

¶ **AVOYERIUS**, Advocatus, Gall. *Avoué.* Histor. Dalphin. tom. 2. pag. 45 : *In Abbatia villa seu mandamento sancti Theuderii nullum guardatorem vel Avoyerium, seu etiam deffensorem sub quocumque nomine apponemus.*

AUPASTA. Vide *Aucipasta*, in voce *Auca.*

* **AUPELANDA**, pro *Hopelanda*, Pallii seu tunicæ species, nostris *Houpelande.* Charta ann. 1516. in Reg. 4. Armor. gener. pag. xvj. : *Mediante una gonela panni de Damas, una Aupelanda panni de camelot.*

* **AUPINCON**, vox vulgaris, Minutior moneta, ut videtur. Reg. S. Justi Cam. Comput. Paris. fol. 191. v° : *Item quodlibet rete ad widecos* (debet) *iiij. denarios et totidem Aupincons.*

* **AUPTONNUS**, pro Autumnus. Charta ann. 1252. in Chartul. S. Maglorii Paris. ch. 223 : *Sesiri fecit et sequestrari per quatuor Auptonnos proxime præteritos proventus dictarum novalium.... In Auptonno proxime præterito, etc.*

¶ **AUQUA**, Anser, Gall. *Oye.* Tabularium Monasterii SS. Trinitatis Cadomensis fol. 21. ex Biblioth. Domini Abbatis *de Rothelin* : *Facit dimidiam acram prati, et ad Natale 3. gallinas, et unam Auquam, 20. ova ad Pascha, etc.* Vide *Auca.*

* **AUQUETONNUS**, Auquetonus, a Gall. *Auqueton*, Sagum militare, quod alias *Gambesonem* vocabant. Vide *Aketon.* Comput. MS. ann. 1239 : *Pro quatuor Auquetonnis domini regis, lxviij. sol... Pro duobus Auquetonnis ad dom. Joannem de Bellomonte, xxxv. sol.* Proces. Crimin. ann. 1488. ex Tabul. D. Veneiæ : *Nobilis Johannellus de Grimaldis.. sine armis in Auquetono, quasi destrengat et debautariat, etc. Aucton*, apud Matth. de Couciaco in Carolo VII. pag. 593 : *Portoient Auctons rouges, recoupez dessous, sans croix. Auketon*, in Vita J. C. MS. :

Dieus li envoia un coulon,
Assez plus blanc d'un Aukelon,
Qui sour l'espaule li assist.

1. **AURA**, Tempestas, ventus vehementior. Gloss. Latino-Gr. *Aura*, αὔρα, πνοή. Nonius Marcellus : *Aura*, *ventorum vis.* Glossæ Isonis Magistri : *Tempestas*, *Aura.* Vita S. Venantii fratris S. Honorati Arelat. : *Contra tantas aquarum et Aurarum varietates, etc.* Monachus Wertinensis in Poemat. rythmico *Litania* dicto, de Miraculis S. Ludgeri Episcopi Mimigardensis :

Grando, nix, pluviæ illo erant tempore;
Quibus verbis istis stultus maledixit :
Auram hoc tempore fecisti, Diabole,
Sit tempestas ista tecum maledicta.

Albertus Stadensis ann. 1249 : *Pons in civitate Misna impetu tempestatis totus confractus corruit, et infinitum populum, qui ibidem propter horrorem Auræ confugerat, obtruncavit.* Henricus de *Knyghton* ann. 1326 : *Accidit, quod Aura flante* (ignis) *attigit quandam celluram, et excrevit in flammam, etc.* Thomas Walsingham. pag. 226 : *Cum naves nostræ, quæ jam portum tenebant, reverti non poterant, ... quia videlicet et Aura erat eis contraria, et malitia loci suspecta. Magna Aura*, apud Ott. de Morena.

Aura Levatitia, Tempestas excitata in aere a *Tempestariis* vi incantationis. Agobardus Lugd. arch. lib. contra Tempestarios : *Dicunt enim mox ut audierint tonitrua, et vident fulgura, Aura Levatitia est. Interroganti vero quid sit Aura Levatitia,... confirmant incantationibus hominum, qui dicuntur Tempestarii, esse levatam, et ideo dici Levatitiam Auram.* Galli vulgo dicunt, *Il s'est élevé un Air tempestueux*, pro *excitata est tempestas.*

* Aura Levata, Tempestas excitata in aere, vi incantationis, idem quod *Aura levatitia.* Pontif. MS. eccl. Elnensis : *Ordo contra Auram levatam. Contra aereas tempestates, cum primo videtur aura immoderate levari, projiciat sacerdos contra illam aquam benedictam.*

Procellam ad Auram convertere, Proverbium, Rem mitigare, ad lenitatem se convertere. Livo Rex Armeniæ in Gestis Innocentii III. pag. 27 : *Quia ad audientiam vestram appellabamus, Procellam ad Auram consilio domini P. Cardinalis convertere studuerunt.*

2. **AURA.** Vetus Custumarium de Ickam manerii in Cantio apud Somnerum in libro de *Gavelkind* pag. 74 : *Et isti Cotarii nusquam capient Auram, nisi apud Ickam, vel Erembling.*

¶ 3. **AURA**, f. pro *Avera*, Jumentum. *Madox* Formulare Anglican. pag. 158 : *Ego Henricus de Lega... duodecim denarios præfato Willelmo de Haddele atturniavi... in escambium pasturæ quatuor averiorum et unius Auræ, quæ habere solebat in mea dominica pastura de Lega.* Vide *Avera* in *Averium.*

¶ **AURACULUM**, Ornamentum sepulcri. Ludewig. tom. 4. Reliq. MSS. pag. 459 : *Signa ejus ac progenitorum suorum nedum in pariete, ubi ejus imago coram SS. Trinitate oranti simillima, splendido auro mira arte decorata arma, pariterque post altare Elizabeth super sepulchro in Auraculo, ut posteris sint monumenta fusa, affixa cernuntur.*

[* Pro *Aurichalcum*, Metalli species. Vide *Auriacum.*]

AURARIA Ars, in Vita B. Tiemonis apud Tengnagelium. *Proc. Aurariarum*, in veteri Inscript. *Collegium Aurariarum*, in alia 12. 6. [** leg. Aurariorum. Conf. Forcell. in *Aurarius.* Quid in Isidor. Orig. lib. 16. cap. 18. sect. 6 : *Auraria nomen habet ab auro?*]

Auraria Functio, Pensio, Præstatio, in Codice Theod. et Justin. tributum quod in auro præstatur. Συντέλεια ἐν χρυσῷ, lib. 56. Basilic. tit. 9. Vide Senatorem lib. 2. Epist. 20. 30. Ejus susceptor χρυσυποδέκτης dicitur in Gloss. Lat. *Susceptor Aurarius.* [** Confer Glossar. med. Græcit. in Χρυσάργυρον. et Χρυσοτελεία.]

AURARII, in Glossis MSS. *Laudatores, vel fautores, vel adulatores* : qui auram captant, id est, favorem; vox Latinis hac notione sat frequens. Vide Salmasium ad Vopiscum pag. 409. [** Servium ad Virgil. Æneid. lib. 6. vers 817.] Papias ad vocem *Aurora* : *Aurarii quia favoribus splendidos faciunt et claros... Aura dicitur splendor... inde etiam Aurarii, id est, fautores qui quasi favore inaurant homines.*]

* **AURATA**. Tract. MS. de Piscibus cap. 57. ex Cod. reg. 6838. C. : *Aurata vel orata, ab auri colore dicitur. Hanc Provinciales et Hispani Dorade vocant, servata ab omnibus eadem fere nominis ratione... In Gallia Narbonensi pro ætatis differentia, quæ magnitudine definitur, diversa nomina habet : nam quæ palmi magnitudinem nondum attigit sanqueue dicitur; quæ cubiti est magnitudine, Daurade; quæ inter illas est, Meiane, quasi dicas mediam. Nostri piscatores maximam Auratam subredaurade vocant, id est, supra Auratam, quod communem magnitudinem superet. Galli fabrum piscem Auratam appellant, ne quis nominis affinitate decipiatur, et nostram Auratam brame de mer nuncupant.*

AURATOR, χρυσωτής, in Gloss. Græc. Lat.

1. **AUREA**, [Modus Musicus.] Vide *Frigdora.*

¶ 2. **AUREA**, Frenum. *Aureas dicebant frenos, quibus equorum aures religuntur.* Ita Festus. Et in Glossario MS. Montis S. Eligii Atrebat. : *Aurea, frenum, quod circa aures ponatur... unde versus :*

Aurea frenat equos, est Aurea mobile nomen.

[** Confer Forcell. in hac voce, ibique Furnal.]

¶ Aurea Urbs. Roma sic dicta apud Murat. tom. 2. pag. 353. col. 2. D. in Chronicis Casinensibus ab Anastasio Seniore : *Hic Belissarius ex Sicilia in Italiam veniens, ad Auream Urbem pervenit; quo ingresso Gothi qui in urbe morabantur, nocte egressi, relictis præ timore patentibus portis, Ravennam confugiunt.* Mabillonius de Re Diplomat. lib. 2. cap. 16. n. 16. memorat bullam auream Friderici II. pro Cœnobio S. Apri Tullensi, in cujus bullæ postica urbs Roma exhibetur cum his verbis : *Aurea Roma*, et in circulo : † *Roma caput mundi regit orbis frena rotundi.*

¶ Aureæ Bullæ. Vide *Bullæ Aureæ.*

¶ Aurea-Flamma. Vide *Auriflamma.*

AUREALE, Ugutioni *Orcler*, quod ad aurem ponitur, et *Aureale quidam vermis orelere, quia libenter intrat aurem.* Ebrardus Betun. cap. 11 :

Dicitur Aureale, quoniam supponitur auri :
Cervical, cervici : pulvinar, quia pluma est.

¶ **AUREAMENTUM**, vel Arreamentum, f. a Gallico *Arramie*, quod olim nostri pro *Bello indicto* sumsere : hic autem videtur idem esse, quod animi horror vel rebellio. Humbertus Card. lib. 2. adv. Simoniacos cap. 12. apud Marten. tom. 5. Anecdot. col. 704. ubi de cavendis Hæreticis : *Quæ lingua quantum incauto prævaleat B. Job manifestat dicens : Occidit eum lingua viperæ, cujus natura tam abominabilis est hominibus, ut cum nullo ab eis experimento sciatur, vix sine Aureamento animi audiatur, cum forte refertur.* Vide *Adramire.* [** f. *Horreamento* pro Horrore. Locus est Job, 20. 16.]

AUREARII. Charta Ottonis M. Imp. ann. 950. pro Ecclesia Ratisponensi : *Cum... mansionariis, barschalkis, Aureariis, bruneariis, cidelariis, molendinis, viis, etc.* Vide *Auraria.*

* Aurigæ. Alia ejusd. Ottonis ann. 940. inter Probat. Hist. S. Emmer. Ratispon. pag. 106 : *Cum omnibus ad eadem loca... pertinentibus, mancipiis utriusque sexus et Aureariis, etc.* Vide *Aurea* 2. et mox

* **AUREAS**, tis, *Chi guida lo caro.* Glossar. Latino-Ital. MS.

¶ **AUREATUS**, Aureus, ex auro contextus. Guidonis Disciplina Farfensis, cap. 11 : *Diaconus induat stolas argentatas, atque dalmaticam Aureatam, etc.*

¶ **AUREAX**, *Equus solitarius.* Papias cum Isidori Glossario : ad quod Grævius ait, legendum cum Scaligero, *Eques solitarius.* Festus : *Aureax*, *Auriga.* [** Gloss. Lat. Gr. : *Aura exsolitarius*, ἱππαστής, ubi Scalig. ad Festum legit *Aureax, solitarius.*]

* **AUREILLARIUS**, Pulvinar, Gall. *Oreiller.* Invent. eccl. Nem. ann. 1218. inter Probat. tom. 1. Hist. Nem. pag. 67. col. 2 : *Quatuor flaciatas, tres Aureillarios, etc.* Vide *Aurellerius* et *Aureale.*

* **AUREITAS**, vox chimica, Prima auri essentia. Locus est supra in *Argenteitas.*

* **AURELHA**, Ansa, Gall. *Oreille.* Instrum. ann. 1438. inter Probat. tom. 3. Hist. Nem. p. 259. col. 1 : *Item xiiij. scudellorios, cum Aurelha, non brunitos.*

¶ **AURELIANENSIS** Moneta. Vide *Moneta Baronum.*

* **AURELIERUM**, Pulvinar, Gall. *Oreiller.* Inventar. bonor. Raymundi de Villanova ann. 1449. ex Tabul. D. Venciæ : *In camera paramenti unum lectum,... tria Aureliera alba.* Vide supra *Aureillarius.*

¶ **AURELLERIUS**, Pulvinar, Gall. *Oreiller.* Index MS. ann. 1329. in Archivo S. Victoris Massil. : *Item unam cayblam, item duos Aurellerios, quatuor cruces de cupro, et aliam de fusto.* Vide *Aureillarius.*

AUREOLA, Joanni de Janua, *est præmium quoddam merito redditum.* Vide eumd. in verbo *Virgo.* Matthæus Westmon. anno 1284 : *Alfonsus Regis primogenitus veniens ad Westmonasterium, quandam Aureolam, quæ fuerat quondam Principis Walliæ Leolini, cum aliis jocalibus afferebat, quibus beati Regis Edwardi feretrum ornabatur.* Alanus in Anticlaudiano lib. 4. cap. 8 :

Vel quos Aureolæ munus non excipit, omnes
Laurea communi fretos mercede coronat.

☞ De variis *Aureolis*, quibus pro merito Beati donabuntur in cœlis Josephus Angles in 4. Sent. dist. 49. art. 6. conclus. ult. ait, *quod in corporibus Virginum, Martyrum atque Doctorum erunt insignia quædam, quibus hujusmodi Aureolas in anima habere præ se ferent; quodque Virgines in capite aliquam coronulam albam, Martyres rubram, et Doctores viridem gestabunt.*

* **AURERIA**, Ora, limbus, Gall. *Lisiere.* Stat. pro arte parat. pannor. Carcass. renovata ann. 1466. in Reg. 201. Chartoph. reg. ch. 121 : *Item quod quilibet pannus... habebit Aurerias sive listones de blavo colore vel burello notino. Oreille d'un bois*, Ora silvæ, vulgo *Orée*, in Lit. remiss. ann. 1375. ex Reg. 107. ch. 214 : *Il vit issir feu Jehan de Noyers... de l'Oreille d'un bois, etc.* Vide infra *Oreria.*

* **AURESCERE**, Illucescere; dicitur de aurora, qua cœlum inauratur. Mirac. S. Martial. tom. 5. Jun. pag. 554. col. 2 : *Sic paululum Aurescente cœlo obdorinivit.* Utitur Varro.

¶ 1. **AUREUS** nude, Nummus aureus. [** Germ. *Gülden, Gold-gülden.* ADEL.] Vita S. Sulpicii Pii Episc. Bituric. inter Acta SS. Benedict. sæc. 2. pag. 181 : *Ecce inter marmorum fragmenta reperiunt Aureum probum, in quo Cæsaris antiquissimi manebat expressa figura.*

* Charta ann. 1336. in Chartul. eccl. Lingon. fol. 103. v°. ex Cod. reg. 5188 : *Mutuo receperunt... a dom. episcopo Lingonensi septies centum libras Turon. parvorum,.... computato.... Parisiensi Aureo pro xxvj. solidis.*

* AUREUS ALPHONSINUS. Vide supra *Alphonsinus.*

** AUREUS RHENANUS. Vide Schilteri Glossar. pag. 411. ADEL.

** AUREI LUBECENSES, iidem Floreni Lubecenses. Vide Dreyeri *Vermischte Abhandlungen.* tom. 2. pag. 987. ADEL.]

** AUREA MASSA. Vide *Aurum.*

* 2. **AUREUS**, Princeps, præcipuus. *Corbeia Aurea*, quia alterius abbatiæ ejusdem nominis mater et origo, apud Eckhart. in Comment. de Reb. Franc. Orient. tom. 2. pag. 847.

¶ **AURIACUM**, pro *Aurichalcum*, Gall. *Auripeau*, Species metalli factitii sat noti. Statuta Augerii II. Episc. Conseran. in MS. Sangerman. : *Omnibus Sacerdotibus nostræ civitatis et diœcesis interdicimus, ne quisquam eorum cum calice ligneo, vel vitreo, vel stanneo, vel plumbeo, vel de peltre, vel de Auriaco, vel de electro, infra diœcesis nostræ fines ulterius celebrare præsumat. Habeat igitur unaquæque Ecclesia calicem argenteum cum patena.*

¶ **AURIBRITUM**, Obryzum. Bulla Paschalis Papæ I. ad Petronacium Ravennæ Archiep. in edit. Rubei apud Murat. tom. 2. pag. 220 : *Componat Auribriti libras quinque* : sed legendum cum Muratorio *Auri obriti*, id est, obrizi seu optimi.

AURICABEO. Vide *Andecabeo.*

* **AURICÆ**, *Gall. Transcheresse, ex aurum et seco.* Glossar. Lat. Gall. ann. 1448. ex Cod. reg. 4120. Vide infra *Auricida.*

* **AURICALE**, Pulvinar, Gall. *Oreiller.* Vocabul. compend. : *Aurical, Auricale. Oreiller.* Officiar. curat. diœc. Claromont, et S. Flori, ubi de leprosis : *Antequam* (leprosus) *intret domum suam, debet habere... Auricale,... unam sedem, etc.* Vide supra *Aurelierum* et *Auriculare* 2.

¶ **AURICELLA.** Vide *Celendra.*

* **AURICIDA**, AURICIDIUM, *Trenchement d'oreilles*, in Vocabul. compend. *Aurillade* dixerunt nostri, pro Ictus in aures. Lit. remiss. ann. 1390. in Reg. 139. Chartoph. reg. ch. 148 : *Icellui Simon dist au suppliant qu'il lui donroit telle joée ou Aurillade, qu'il le feroit cheoir à terre.*

AURICINDUS, *Artifex, qui scindit aurum.* Ugutio.

¶ **AURICLABEO.** Vide *Andecabeo.*

¶ **AURICLAVUS.** Vide *Chrysoclavus.*

* **AURICOMUS**, *Auream comam habens*, apud Laur. in Amalth. : *Ut Auricomum decus illi crescat in ævum*, in Mus. Ital. Mabill. pag. 72. Vide *Aureola*, [** et Forcell. Lexic.]

** **AURICULA**, *Auriga*, in Glossar. cod. reg. 7644.

¶ **AURICULAM** DEBERE, in Charta Archembaldi domini Borbonensis ann. 1217. apud Thomasserium Consuetud. Bituric. pag. 229 : *Quicumque intrat de die in horto vel in vinea alterius, causa malefaciendi, si probare possit, debet tres solidos vel Auriculam.* Ea enim pœna, aurium scilicet abscissione vel incisione, mulctabantur fures omnes. Vide *Auris.*

1. **AURICULARE**, Auribus aliquid insusurrare, Thomas Walsinghamus pag. 262 : *Capita, modo velut ad Auriculandum, jam quasi ad osculandum invicem,... conjunxerunt.* Gall. *Parler à l'oreille*,

2. **AURICULARE**, Gall. *Oreiller*, Pulvinar, pulvinus. Anonymus de Morimondensis Cœnobii in agro Mediolanensi desolatione : *Perscrutantes itaque Dormitorium totum, strata, coopertoria, Auricularia, cucullas, tunicas asportaverunt.* [Computus gener. redituum Regis Franc. ann. 1202. apud D. *Brussel* Tract. de usu feud. tom. 2. pag. 156 : *Pro subtularibus, et pro Auricularibus, xxiij. s.*] Chron. Andrense ann. 1214 : *Abbate vero equitante, si invitatus fuerit, duo linteamina cum Auriculari ad ejus lectum tenetur providere.* Fragmentum Historicum editum a viro doctissimo Joanne Mabillonio tom. 1. Analectorum pag. 53 : *In illo tempore Monachis Gallicanis est indultum, ut femoraliis, laneis camisiis, pellicils, botis, caperonis de pelliis, almuciis, coopertoriis, Aurioclaribus, et pro infirmis, culcitris uti possent.* Ubi legendum *Auricularibus*, tametsi sic præferat Codex MS. [Recensio MS. vasorum et ornamentorum Ecclesiæ Noviom. : *Item unum Auriculare ad ponendum subtus Missale.*]

AURICULARIUM, Eadem notione, apud Innocent. III. lib. 13. Epist. 61.

** AURICULA, Idem significare scribit doct. Editor ad versum 142. Unibovis :

Equam procurat presbiter
Dans hordeum celeriter,
Per nocturnas vigilias
Equæ præbet Auriculas.

Ibi vero nihil aliud esse videtur quam *Aurem præbet.* Confer vers. 145.]

* 3. **AURICULARE**, Aurem abscindere : pœna in fures statuta. *Oreiller*, eadem acceptione, in Charta ann. 1343. ex Reg. 79. Chartoph. reg. ch. 59 : *Item nous, Gieffroy* (de Charni) *et nos successeurs ne pourrons faire aucune exécution de corps de homme, de femme ou autre, ne aussi bannir, ou Oreiller, ou mutiler, etc.* Vide mox in *Auris.* Arest. ann. 1328. 23. Dec. in Reg. Paris. parlam. *Olim* : *Hominem accusatum de furto duci fecit in dicto loco de Montabour, et ibidem Auriculari et etiam fustigari.* Vide supra *Auricida.*

1. **AURICULARES.** Blandinus Monach. in Miraculis S. Agathæ cap. 1. de quadam surda curata a S. Agatha : *Nocte itaque orationi vacans, paululum dormire cœpit, affuit interventrix muliebri habitu admodum ornata, ... infelicibus auribus Auriculares mittens, protinus disparuit.* Digitos forte *Auriculares*, vix enim credam intellexisse Blandinum id, quod *Oreillette* vocat Pibracius :

Mieux nous voudroit des Oreillettes prendre, etc.

Quibus nempe aures occluduntur. Forte etiam per *Auriculares* intellexit auriscalpia, quibus aurium sordes, quæ auditum impediunt, eruuntur. Glossar. Lat. Græc. *Auricularium*, ὠτογλυφίς. Ita corrigo, pro *Aurisclarium.* Meursius *Auriscalpium* emendat; sed priori emendationi favent vestigia literarum. Vox formata ex *Auricula*, ὠτάριον, in eodem Gloss.

2. **AURICULARES**, Auscultatores, *Espions.* Chronicon. Novalicense lib. 5. cap. 3 : *Hic denique mittens Auriculares et præcones, qui lustrarent civitates et castellas, ne homines inconsulte loquerentur de eo.* Huc spectant ista ex Apuleio lib. de Mundo : *Erant divisa officia in Comitatu Regio : Sed et inter eos Aures Regiæ, et Imperatoris oculi quidam homines vocabantur.*

1. **AURICULARIS**, Secretorum conscius, Consiliarius, Galli dicimus, *Qui a l'oreille du prince.* [** Germ. antiq. *Or-run, Or-kirûn*, ADEL.] Ugutio : *Auricularis, Amicus, id est, secretus, consiliator.* Willelmus Tyrius lib. 19. cap. 18 : *Prima facie visi sunt, qui ei* (Regi) *familiarius astabant, Auriculares et cubicularii, penes quos consiliorum regiorum erat auctoritas.* Ekkehardus junior de Casibus S. Galli cap. 3 : *In Auricularem et intimum Episcopi manus misisti.* Cap. 16 : *Auricularis patris tui fuit ille hominum vilissimus.* Henr. de *Knyghton* lib. 5. Hist. : *Rex Ricardus venit Londonias cum ingenti honore, comitantibus eum Auricularibus suis.* Petrus Diac. lib. 4. Chron. Casin. cap. 68 : *Postquam Asecretis efficitur, Logothetam illum... constituit : et cum Imperatoris in Aure versaretur, scripsit altercationem inter se et adversarium Casinensis Cœnobii Abbatem.* Will. Neubrigensis lib. 5. cap. 27 : *Eliensis Episcopus ad Auriculam Principis pro officio positus, nam Cancellarius erat Regius.* Chronicon Gemblacense : *Albertum religiosius cæteris vivere libenti Abbatem accipiebat animo, et eum dignatus suo latere et Auricula, eum contendere sua provocabat gratia.* Vide Arnoldum Lubecensem lib. 3. cap. 8. [et Chron. Novalicense apud Murat. tom. 2. part. 2. col. 764.]

** AURICULARIS Digitus. Vide *Digitus.*

¶ 2. AURICULARIS CONFESSIO, Peccatorum declaratio secreta submissa voce aurem Sacerdotis. Ludewig. Reliq. MSS. tom. 6.pag. 188. et apud Scholasticos passim.

1. **AURICULARIUS**, ὠτακουστής, in Gloss. S. Benedicti. Gloss. Lat. MS. Regium et Isidor.: *Auricularius*, *Auscultator*. Sæpius vero pro fido Consiliario. Brito: *Auricularius, id est, Secretarius, ab Auricula, quia secreta solent dici in aure. Auricularius, Secretus, Consiliator*. Lib. 2. Regum cap. 23: *Fecitque eum sibi David Auricularium a secreto*, id est, Secretarium, Consiliarium. Lambertus Schafnaburg. ann. 1076: *Ex his sibi Auricularios a secretis, ex his tam familiarium, quam publicorum negotiorum Procuratores instituebat*. Lambertus Ardensis: *Sciens Reinaldum esse... Regis Franciæ Auricularium et consanguineum, et in omnibus ei assidentem et obsequentem*. Passio Sanctorum Vulfadi et Rufini tom. 2. Monast. Anglic. pag. 120: *Quem sibi Auricularium et Consiliarium... ac rectorem a se secundarium in toto regno suo... constituerat*. Charta Simonis II. Ducis Lotharingiæ ann. 1176. in Antiquitatib. Vosegi, de Drogone de Monciaco: *Qui patris nostri Senescallus extiterat, et fidelis Auricularius secretorum*. Adde Ordericum Vitalem lib. 10. pag. 776. 788. Librum de fundat. Gozecensis Monast. pag. 229. Lambertum Schafnaburg. ann. 1063. etc. Andream Monachum in Vita S. Ottonis Bamberg. lib. 1. cap. 3. 4. [Acta SS. Benedict. sæc. 4. part. 1. pag. 99. n. 17. Hist. Harcur. tom. 4. pag. 1333.]

Auricularius, interdum pro Secretario, seu amanuensi usurpatur. Vita S. Audoeni Episcopi Rotomagensis cap. 5: *Sanctus Audoenus, cognomento Dado, Auricularii locum et munus in aula Regis obtinuit, itemque ad obsignanda scripta vel edicta Regia, quæ ab ipso conscribebantur, sigillum vel annulum Regis custodiebat*. Ita Angilbertum Abbatem Centulensem Caroli M. Secretarium, ab Alcuino joculari nomine Homerum dictum, idem Alcuinus Epist. 83. et Carm. 116. et 177. appellat, quem Epist. 84. *Manualem*, id est, amanuensem vocat.

* Glossar. Gall. Lat. ex Cod. reg. 7684: *Auricularius*, *Conseiller secret*. Vide mox *Auriculator*.

* 2. **AURICULARIUS** Regis, Qui regi est a confessionibus. Necrolog. B. M. de Josaphat MS.: *v Nonas Martii domnus Johannes Nepveu abbas hujusce monasterii, eleemosinarius et. sacer Oricularius christianissimi regis Francorum, quod munus confessorem regni trito vocabulo appellare solemus*. Obiit ann. 1498. Ubi *Oricularius*, pro *Auricularius*.

* **AURICULATOR**, ut supra *Auricularius* 1. Fidus consiliarius. Chron. Joan. Whethamsted. edit. Hearn. pag. 356: *Lætamini adhuc ulterius, quia illius projeccio, vestra erit ereccio ad culmen honoris alcius, quam unquam antea habebatis, dum ipse stabat Auriculator in auribus vestris*.

AURICULATUM, pro *Aurichalcum*. Glossar. Lat. Gall. ex Cod. reg. 7679: *Auriculatum, métal semblant à orchal. Fil d'Aquaire*, pro *Fil d'archal*, in Comput. ann. 1499. ex Tabul. S. Petri Insul. Vide *Auriacum*.

* **AURIFABRIA**, Ars aurifabri, aurificum, Gall. *Orfévrerie*. Charta Phil. V. ann. 1317. in Reg. 16. et 54. Chartoph. reg. fol. 43. v°: *Non impediatis quominus esmerum auri et argenti in operibus tamen Aurifabriæ habere, tenere et exercere possit*. Ordinat. Joan. reg. Franc. ann. 1355. in lib. 1. Ordinat. super artif. Paris. ex Cam. Comput. fol. 58. v°: *Et ut aurifabri Parisienses de cetero* et (ad) *hujusmodi Aurifabriæ opus libentius et ferventius sint intenti, etc.* Vide *Aurificina*.

AURIFEX, in Pacto Legis Salicæ tit. 11. § 6. si Wendelinum audimus, non est *Aurifaber*, sed *Carpentarius*, quod in ea scribatur, *Aurificem sive Carpentarium*, ita ut voces synonymæ sint. Sed constat, crebro vocem, *sive*, pro conjunctiva, *et*, usupari. Neque enim quis dicat eodem tit. Editionis Pithœi § 5. fabrum eumdem esse cum vinitore, vel carpentarium eumdem ac venatorem, quod illa præferat hæc verba: *Aut fabrum sive vinitorem, aut carpentarium sive venatorem*.

** **AURIFICEPS**, Avis genus, alias *Ispis*, Germ. *Eisvogel*; Gall. *Alcyon*. Vet. Vocabul. ann. 1482: *Isenpart*, *Aurificeps*. Adel.

** **AURIFICANS**, Ruodlieb. fragm. 3. vers 314:

Quorum vasorum rex unum denariorum
Replet, byzantes quos dicunt Aurificantes.

AURIFICINA, Fabrica *Aurificum*. *Aurificium, ipsum opus et exercitium, quod fit in auro*, Ugutioni. Glossar. Lat. Græc. *Aurificina*, χρυσοχοεῖον. Ebrardus in Græcismo:

Aurificina, locus in quo faber excoquit aurum.

¶ **AURIFICIUM**, Ex auro confectum, *Aurifrigium*, Gall: *Orfroy*. Testamentum Cardinalis Talairandi Episc. Albanensis ann. 1360. apud Marten. tom. 1. Anecd. col. 1472: *Vestimenta alba quæ fecimus fieri de pannis pretiosis ultramarinis cum Aurificiis de Anglia*. Vide *Aurifrigium*.

AURIFILUM, Filum aureum, *Fil d'or*. Visitatio Thesaurariæ S. Pauli Londinensis. ann. 1295: *Cum arboribus et avibus diasperatis, quarum capita, pectora, et pedes, et flores in medio arborum, sunt de Aurifilo contexta*. Alibi: *Duo amictus de filo Aureo, aliquantulum lati et plani*.

AURIFLAMMA, *Oliflamma*, *Oloflamma*, *Aurea flamma*. Vexillum fuit proprium Monasterii Sancti Dionysii in Francia, quod Monachi in bellis, quæ pro bonorum suorum aut privilegiorum tuitione suscipere cogebantur, suo deferendum Advocato porrigebant, qui illud ex Abbatis manibus, certis precibus ad id ab eo recitatis, ex Sancti monumento, cui appensum erat, acceptum, in præliis, tanquam Ecclesiæ et Monasterii signifer præferebat: hic enim primus fuit Auriflammæ usus.

Vocis etymon censent plerique a materia et colore sumi debere. Cum enim Labari, seu gonfanonis formam præferret, cujusmodi ædes sacræ habere etiamnum solent, atque iis uti in publicis processibus, ejus materiam fuisse aiunt ex rubeo serico ignei et coruscantis coloris, atque ab igne auri et fulgore sandaracæ, cui flammeus color tribuitur a Plinio lib. 35. cap. 6. *Auriflammæ* nomen inditum. Sane de hujus sacri vexilli colore et materia consentiunt Scriptores. Willelmus Brito lib. 2. Philipp.:

Ast Regi satis est tenues crispare per auras
Vexillum simplex, cendato simplice textum,
Splendoris rubei, Letania qualiter uti
Ecclesiana solet, certis ex more diebus.
Quod cum flamma habeat vulgariter Aurea nomen,
Omnibus in bellis habet omnia signa præire.

Et ex eo Guillelmus *Guiart*:

Oriflamme est une Baniere
Aucun poi plus forte que guimple,
De cendal roujoiant et simple,
Sans pourtraiture d'autre affaire.

Præterea Chron. vernac. Flandr. cap. 67: *Et tenoit en sa main une lance, à quoy l'Oriflamme estoit attachié, d'un vermeil samit, à guise de gonfanon à 3. queues, et avoit entour houppes de soye verte*. Eadem verba habet Joannes abb. Laudunensis in Speculo Historiali MS. lib. 11. cap. 8. Radulphus *de Presles* apud Doubletum in Hist. Sandionysiana lib. 1. cap. 41: *Et si portez seul d'entre les Roys, ô Roy, l'Oriflambe en bataille, c'est asçavoir, un glaive (une lance) tout doré, où est attachée une bannière vermeille*. Ex quibus licet non modo quæ fuerit *Auriflammæ* materia, quisve materiæ color, sed et cujus formæ et figuræ extiterit, abunde satis percipiatur, non tamen plane videtur evinci, ab ipso colore nomen *Auriflammæ* manasse, cum etsi flammeum rubeus quocumque modo repræsentet, nihil auri in ejusmodi vexilli descriptione occurrat, præterquam in ipsa lancea, cui hærebat, quam Preslius auratam fuisse scribit. Neque enim aurea fuit prætextum fimbria, ut Chiffletius finxit, sed viridi, quod expressim notat Chronicon Flandriæ.

Malim igitur *Auriflammam* appellatam a voce Scriptoribus medii sæculi passim recepta, nempe a *Flammulum*, vel *Flammula*, quæ quodvis vexillum significat, uti in hoc verbo dicemus: cui adjuncta fuerit vox *Aurea*, quod hasta, cui erat infixa, auro obducta fuerit: quod præter Preslium testatur Inventarium vetus Thesauri Sandionysiani apud Doubletum: *Estendard d'un cendal fort espais, fendu par le milieu en forme d'un gonfanon, fort caduque, enveloppé autour d'un baston couvert d'un cuivre doré, et un fer longuet, aigu au bout*. Sed et Scriptor Historiæ Caroli VI. ex Thuana Biblioth. enarrans ut Domino *d'Aumont* Auriflammæ gestandæ præfectura a Rege demandata sit, hæc adjungit: *Sic vexillum ferre dignum duxit, donec ingruente belli necessitate hastæ aureæ applicasset*.

Jam vero *Auriflammam* peculiare fuisse Monachorum vexillum, quod eorum Advocati deferrent iis in bellis, quæ suscipere cogerentur contra bonorum suorum invasores, firmatur ex usu passim recepto: cum id muneris præsertim Advocatos spectarit, ut in ejusmodi bellis Ecclesiarum, quarum *Defensores* erant, vexilla præferrent: unde et sæpe *Signiferi Ecclesiarum* dicuntur, ut supra observavimus, cum de Advocatis egimus.

Eo igitur nomine Vilcassini, seu Pontesiæ Comites, qui Sandionysiani Monasterii protectores et *Advocati* erant, forte quod plurima ex illius bonis intra eorum ditionem sita essent, *Auriflammam*, quæ præcipuum fuit ejusdem Monasterii vexillum, detulere in expeditionibus bellicis, quas suscepere pro eorum tutatione: quæ est viri doctissimi Andreæ Duchesnii sententia in Hist. Bethuniensi lib. 1. cap. 3. Atque inde fortassis manavit, ut *Auriflamma* crebro, et fere semper, vexillum S. Dionysii vocitetur a Scriptoribus, non quod duntaxat in Ecclesia S. Dionysii asservaretur, sed quod peculiare esset monasterii in militaribus expeditionibus vexillum. Gesta Ludov. VII. cap. 4 : *Vexillum B. Dionysii, quod Gallice* Oriflambe *dicitur*. Rigordus ann. 1215 : *Revocatur vexillum B. Dionysii, quod omnes præcedere in bella debebat.* Infra : *Adveniunt legiones Communiarum, quæ fere usque ad hospitia processerant, et vexillum B. Dionysii.* Gesta S. Ludovici ann. 1249 : *Præcedente quoque juxta ipsos in alio nassello B. Dionysii Martyris vexillo.* Apud Joinvillam, *la Banniere de S. Denys* dicitur. Ita etiam passim in Hist. Garini MS. :

Je vos comant l'Ensegne S. Denys.

Infra :

Et Garin porte l'Ensegne S. Denys.

Alio loco :

Devant en vient l'Enseigne S. Denys,
Blanche et vermeille, nus plus bele ne vit.

Alibi denique *Auriflammam S. Dionysii* appellat :

Les gens Girbert vit venir tos rengiés,
Et l'Oriflambe S. Denys baloier.

[* Annal. Victor. MSS. ad ann. 1214. ubi de prælio Bovin. : *Per exercitum Francorum clamatum est Ad arma, buccinæque clangebant, et revocatæ sunt primæ cohortes, quæ jam pontem transierant, ut redirent : vexillum etiam S. Dionysii* (ubi ad marginem eadem manu scriptum legitur, *Vexillum S. Dionysii i. Oriflambe*) *quod ex antiqua consuetudine debet semper præire, non potuit ita cito redire, quin esset bellum incœptum.* Iidem Annal. ad ann. 1304 : *Dominus Anselmus de Caprosia, miles probatus et maturus, strenuus et fidelis, qui ferebat tunc, et alias pluries tulerat, de præcepto regis ob fidelitatis integritatem et eximiam probitatem vexillum S. Dionysii, quod wlgaliter dicitur Auriflamma, etc.*] Unde vix mihi persuadeam, Reges nostros *Auriflammam* prætulisse in bellis suis ante Ludovicum VI. a quo Vilcassinensis Comitatus comparatus fuit. [* Sententiæ huic apprime conveniunt, quæ leguntur in Charta ejusdem regis Ludovici VI. ann. 1124. ex Reg. 108. Chartoph. reg. ch. 272 : *Præsente itaque venerabili abbate præfatæ ecclesiæ* (S. Dionysii) *Sugerio, quem fidelem et familiarem in consiliis habebamus, in præsentia Optimatum nostrorum, vexillum de altario beatorum martyrum, ad quod comitatus Vilcassini, quem nos ab ipsis in feodum habemus, spectare dinoscitur, morem antiquum antecessorum nostrorum servantes et imitantes, signiferi jure, sicut comites Vilcassini soliti erant, suscepimus.*] Sed qui plura volet de Auriflamma, consulat, quæ de ea congessimus in Dissertat. 18. ad Joinvillam, ex qua etiam prædicta excerpsimus. His adde Raymundum Montanerium in Chron. Regum Aragon. cap. 119. 123. 138. 139. et Joannem *Goulain* Carmelitam in versione Gallica Rationalis Durandi, exarata ann. 1372. jussu Caroli V. Regis Franc. fol. 41. 42. [Henricum *Suval* tom. 2. Antiquit. Paris. pag. 746. Gallandum *des anciennes Enseignes de France* pag. 40. et seqq. Historiam Harcurianam tom. 2. pag. 1132. tom. 3. pag. 919. tom. 4. pag. 1823. 1824. 1828. 2107. et seqq.]

AURIFLAMMA, interdum dictum præcipuum aciei vexillum. Albertinus Mussatus de Gest. Henrici VII. cap. 2. de eodem Cæsare : *Nec minus extemplo Aquilas, Aureamque flammam explicans, in Florentiæ fines processit.* Le Roman *de Guesclin* MS. :

Mainte enseigne y baloie tainte en grene,
L'Oriflambe Karlin est devant premeraine.

Et Alibi :

Les Enseignes de soie vont avant baloiant
L'Oriflamme Karlin au premier chef devant.

Alius Poeta MS. :

Requourent cele part ou virent l'Oriflour.

* AURIFLAMMA, Dictum etiam quodvis vexillum. Martyrol. MS. eccl. Laudun. : *De la fondation de Marc de Foras archidiacre de Tierache ont esté donnez deux guidons on Oriflames, qui se portent à la passion, qui ont couté* 80. *écus d'or.*

¶ **AURIFRASIUM**, AURIFRASUS etc. pro *Aurifrisium*. Vide in *Aurifrigia*.

¶ **AURIFRES**, Eadem notione. *Dalmatica cum safre sive Aurifres ante et retro*, in Inventario ornamentorum sacristiæ S. Victoris Massil. ex Archivo ejusdem Monasterii.

AURIFRIGIA, AURIFRISIA, AURIFRISUM, Fimbria aurea, limbus aureus, Gall. *Frange d'or* : neque enim hisce vocabulis intelligitur opus Phrygium auratis filis intextum, quod volunt viri docti. Chronicon Laurishamense pag. 95 : *Cappæ tres cum Aurifrigiis, palla altaris cum Aurifrigio, etc.* Chronic. Moguntinum Conradi Episcopi : *Casula violacea latis et magnis Aurifrigiis.* Matth. Paris ann. 1246 : *In capis choralibus et infulis Aurifrisia concupiscibilibus.* Charta ann. 1213. apud Ughellum tom. 7. pag. 289 : *Cappam unam de examito rubeo cum lista de Aurofriso.* Occurrit passim.

Quod vero Latini sequioris ævi Scriptores *Aurifrisium* vocant, nostri et Angli *Orfroy* dixere. Vetus Vocabularium Anglicum, *Orfrey of a vestiment, Aurifrigium.* Historia Prioratus Wigmorensis in Anglia : *Donna à Moines l'Église une Chape de queor pourpre, assés honneste, et richement aourné des Orfreys.* Le Roman *de Garin* :

Bien fu vestuë d'un paille de Biterne,
Et un Orfrois a mis dessus sa teste.

Alio loco :

Vestus moult noblement de sendans et d'Orfrois.

Alius Poeta MS. :

Le ban de Macidoine qui fut listé d'Orfrois.

Philippus Mouskes MS. :

D'autre part li Quens Jofrois,
Viestus de samis et d'Orfrois.

Aurifrasium dixit Ordericus Vitalis lib. 6. pag. 603. qua voce Gallicam *Orfrais* expressit: *Adelina quoque uxor Rogerii de Bellomonte Albam Aurifrasio comite ornatam Uticensibus contulit.*

☞ *Aurifrigium* fere semper accipiendum pro Limbo acupicto, auro plerumque argentove distincto, qui ad vestes sacras assuitur, atque, ut supra, a nostris *Orfroy* appellari solet. Cappas fere omnes latum ambit *Auriphrygium*, casulis in crucis modum aptatur, ab humeris ante et retro demittitur in tunicis; at in albis consuitur tantum ante et retro inferiorem oram, et in extrema manicarum parte, in amictu vero qua parte capiti imponitur. Qui usus etiamnum obtinet in plerisque Ecclesiis. Spicil. Acher. tom. 7. pag. 403. in Instrumento anni 1099 : *Ad Missæ suæ ornamentum reponendum scriniola duo tali opere convenientia fecit, suoque studio amictum magno Aurifrigio et longo ornatum, albamque.... acquisivit.* Miracula S. Dunstani tom. 7. Maii pag. 815 : *In quo illud quoque admirationi nonnullis fuit, quoniam idem Aurifrigium planetæ appositum nec majus nec minus inventum est, quam vestis ipsius mensura petebat.* Et tom. 1. Julii pag. 402 : *Et easdem camisias Aurifrigiæ more capitii, et sutura humerali atque brachiali ornari eis fecit.* Neque tantum *Aurifrigiis* ad sacræ trabeæ ornamenta, usi sunt, quin et in pileis, colli tegmine, aliis Clericorum et Laicorum indumentis. Hinc illud statutum Frederici Episcopi Argentinensis apud Marten. tom. 4. Anecd. col. 538 : *Singulos Clericos... qui de cætero tales caligas gestare præsumpserint, vel qui clamydes aut alias suas vestes geminis Aurifrigiis quæ vulgariter bortum dicuntur.... ornaverint, etc.... statuimus propter hoc excommunicationis sententia puniendos.* Le Roman *de la Rose* :

Et un chapeau d'Orfrays eut neuf,
Le plus beau fut de dix-neuf,
Jamais nul jour vu je n'avoye
Chapeau si bien ouvré de soye.

Ibidem :

Pourtraites y furent d'Orfroys
Histoire d'Empereurs et Roys.

Ergo acceptum fuit *Aurifrigium* non pro fimbria tantum, aut limbo aureo, sed pro omni genere operis acu picti, Gall. *Broderie.* Unde nimius videtur Cangius noster in his verbis, *neque enim hisce vocabulis, etc.*

* AURIFRASUS, ut *Aurifrigia*, Limbus aureus, ut plurimum acu pictus, Gall. *Orfroy*. Inventar. S. Capellæ Paris. ann. 1335. in Reg. I. Chartoph. reg. ch. 7 : *Item duo coleria et sex poigneti novi de Aurifraso.* Aliud ann. 1363. ex Bibl. reg. : *Item una infula alba ad flores lilii, cujus Aurifrasus solebat habere multas perlulas.* Idem Gall. : *Item un chasuble blanc à fleurs de liz, dont l'Orfroiz est semé de perles.*

* AURIFRAZIUS, Eadem notione. Invent. ejusd. S. Capellæ ann. 1376. ex Bibl. reg. : *Item una casula fusca sive cinerea, habens Aurifrazium lozangiatum ad arma Franciæ et Navarræ.*

* AURIFRESIA, Eodem intellectu, in Testam. Joan. Gasgui episc. Massil. ann. 1345 : *Lego ecclesiæ Massiliensi totam capellam meam albam cum Aurifresiis Anglicanis.* Charta ann. 1382. ex Tabul. Montismaj. : *Pontius donavit... casulam panni rubei,.... munitam Aurifresiis de Anglia,... cappam panni consimilis, munitam Aurifresiis de Luca,..... et duas tuniclas pro subdiacono ejusdem panni, munitas pannis aureis dissimilis coloris et vetis seu Aurifresiis Romanis.*

* AURIFRESUS, in Charta ann. 1352. ex Tabul. Massil. : *Item tres lapides conformes in Aurifreso casulæ, quæ vocatur figuera.*

* AURIFRIXIUM. Invent. MS. thes. Sedis Apost. sub Bonifacio VIII. ann. 1295 : *Item unum pluviale de canceo rubeo, cum Aurifrixio de opere Ciprensi.* Cencius in Lib. censuum eccl. Rom. : *Monasterium SS. Anastasii et Innocentii, situm in Guardeselm*

tenetur ecclesiæ Romanæ singulis annis in duobus stolis precioso serico et Aurifrixio contestis, in quibus 3o. bisancii Aurofrixio contexti debent esse inserti.

* Auripfrizatum. Necrolog. eccl. Paris. MS. : *In thesauro Parisiensis ecclesiæ reponi voluit* (Guillel. Chartier episc.) *duas cappas pulcherrimas, quas fecerat fieri de panno aureo valde precioso in veluto rubeo, cum speciosissimis Aurifrizatis.* Vide *Aurifrigia.*

* Nostris olim *Orfrásé*. Ch. ann. circ. 1181. inter Probat. tom. 1. Hist. Lothar. col. 243 : *Thomas abbas Maurimontis ...... cappam nigram Aurifrigiatam comparavit.* Comput. Roberti de Seris ab ann. 1332. ad ann. 1344. in Reg. 5. Chartoph. reg. fol. 3. r° : *L'autre* (angelot) *à torche Orfrasé d'orfrois, viij. liv. Paris.*

¶ Aurifrygium, Eadem notione. Vide *Cyprense opus.*

¶ Auriphrigium, Idem. Recensio ornamentorum Ecclesiæ Mogunt. Rer. Mogunt. tom. 1. pag. 96 : *Habebant etiam calices alii suas peras ad corporalia ex purpura et Auriphrigiis adornatas.* Vide Antiq. Eccles. ritus D. Edm. Marten. lib. 1. pag. 240. lin. 1.

¶ Auriphrigiatus, Aurifrisio ornatus. Rerum Mogunt. tom. 1. pag. 94 : *Item duæ casulæ de rubeo samitto, et tot dalmaticæ, et subtilia Auriphrygiata valde bona.* Et apud Spelmannum : *Casulæ duæ nigræ Auriphrygiatæ et infulæ vel thiaræ* 18. *Auriphrigiatæ.*

¶ Auriprisiatus. Statuta Augerii II. Episc. Conseran. e MS. Sangerman. : *Officiis Ecclesiasticis et aliis bonis studiis cum diligentia vacate. Caputiis brevibus aut aliis inhonestis vel laicalibus diversorumque colorum, aut Aurifrisiatis vestibus... uti nolite.*

¶ Aurifriceata *Mitra cum lapidibus pretiosis cooperta margaritis sive perlis*, in Testamento Petri Gerandi Gardin. apud Stephanotium tom. 10. Fragm. MSS. pag. 418.

¶ **AURIGARE**, Curru vel plaustro vehere, Gall. *Charroyer, voiturer.* Tabularium S. Medardi Suession. in Summario Chartæ Ingerani Abbatis ejusdem Monasterii ann. 1167 : *Fratres Ursicampi tenentur Aurigare terragia ad grangiam nostram.* In chartæ vero contextu legitur *Carrigabunt.*

* **AURIGENES**, *Uno morbo*, in Glossar. Lat. Ital. MS. Vide mox *Aurigo.*

¶ **AURIGINOSINUS**, *Arcuatus*, Papiæ in Cod. MS. Bituric. id est, Ictericus, qui aurugine laborat, Gall. *Qui a la jaunisse.*

* **AURIGO** *dicebatur ab antiquis icteritia, a colore aureo.* Glossar. medic. Simon. Januens. ex Cod. reg. 6959 : *Aurigo*, ἴκτερις, ἴκτερος, in Gloss. Lat. Gr.

AURIGRAFUS, Ugutioni et Joanni de Janua, *Qui auream scripturam facit. Aurigraphia, Aurea scriptura.* Χρυσογράφος, Scylitzæ pag. 450. et Joeli in Chron. pag. 177. Liber Translationis. S. Sebastiani : *Textum deinceps sacrorum Evangeliorum aureis characteribus exaratum... obtulit.* Ordericus Vitalis lib. 5 : *Luitprandus Longobardorum Rex donationem patrimonii Alpium Cottiarum, quam Aripertus aureis scriptam literis Romam direxerat,... confirmavit.* Adde Puricellum in Ambrosiana Basilica pag. 383. Ex qua vero materia constarent ejusmodi aureus, ut et cæteri colores in exarandis et ornandis libris adhiberi soliti, docet imprimis Papias, in verbo *Libri : Scribebantur autem* (libri) *diversis coloribus, quos facere poteris hujusmodi factis confectionibus. Argenteas literas facies, si eris florem et alumen æquis ponderibus in argento contriveris. Aureas facies, si alumen et eris florem æquo pondere aceto infusum de auro in aurum, usque ad mellis Attici grassitudinem triti perduxeris. Æreum colorem facies, si sal et alumen rotundum æqui ponderis in æreo vasculo aceto infuso in æramento teras, usque ad mellis Attici grassitudinem. Hoc etiam ferreum facit.* [** In Glossar. med. Græcit. voc. Χρυσογράφοι et Χρυσογραφία Cangius his, præter plurima Græca, addit Latina quæ habet vetus scriptor de architectura sub nomine Palladii Burdegalæ editus ex recensione Petri Pithœi : *Quomodo scribatur ex auro et cupro. Aurum vel cuprum cum cote teritur, et tritum scifo, id est bacinno, excipitur, quod caute lavatur, quia melius cum aqua interdum projicitur; et idcirco ipsa aqua frequentius in diversis vasculis recipitur. Postea parato lucidissimo ex pergamenis glutine in hypogæis aut calidis locis convenit scribere. Deinde limpidissima petra, id est onychino aut simili re, convenit scripta detergere, quia sic et soliditatem accipient et colorem.*

* Nostris *Aurografe*, pro Charta, etiam aureis characteribus minime exarata. Ita enim legitur in Ch. ann. 1293. ex Chartul. 21. Corb. : *Sachent tous caus qui cest Aurografe verront et orront, que Jaques le Vaassers de Forcheville.... a vendu bien et loiaument, etc.* [** pro *Autografe.*]

¶ Aurigraphia, *Aurea scriptura, unde Aurigraphus qui auream scripturam facit.* Gloss. MSS. Montis S. Elegii Atrebat.

AURILEGIUM, *Locus, ubi reponitur aurum, scilicet thesaurus : ubi legitur, id est, colligitur aurum.* Ugutio et Joan. de Janua.

AURILEGULUS, Qui aurum e fodinis eruit; in leg. 5. C. de Metallis et Metallar. et leg. 9. Cod. Theod. eod. tit. Gloss. Gr. Lat. χρυσορύκτης, *Aurilegulus.* Gloss. Lat. Gr. *Aurilegulus*, χρυσεκλέκτης. Paulinus Poem. 30 :

> Callidos Aurilegulos in aurum
> Vertis, et versos imitaris ipsa,
> E quibus vivum fodiente verbo
> Eruis aurum.

Aurilegi Ambrones, in Epistola 1. S. Bonifacii Archiep. Mogunt. Manilius lib. 5 :

> Quærere sub terris Aurum, furtoque latentem
> Naturam eruere omnem, orbemque invertere præda
> Imperat, etc.

Vide Jacob. Gothofred. ad Cod. Th. d. tit. de Metallis et Metallariis. [** Gloss. Gr. Lat. Χρυσολόγος, *Aurilegus.*]

* **AURILOGIUM**, pro Horologium. Invent. S. Capellæ Paris. incerti anni ex Bibl. reg. : *Duæ chauderiæ, una banna tellæ..... Item quædam Aurilogia.* Vide infra *Horilogium.*

* **AURIOCLARE**, pro *Auriculare*, Pulvinar. Vide in hac voce.

¶ **AURIOLENSIS**, pro *Aurelianensis*, Gall. *d'Orleans.* Sic apud Rymerum non semel *Dux Auriolensis* scribitur pro *Dux Aurelianensis.*

* **AVRIOLUS**. Tract. MS. de Piscibus ex Cod. reg. 6838. C. cap. 31 : *Scombrus dicitur a nostris veirat, quod vitri instar splendeat, vel pes Avriol, id est, piscis Aprilis, quod eo potissimum mense capiatur, a Gallis maquereau, a Massilensibus Avriol, ab Italis lacerto, a Venetis scombro, ab Hispanis cavallo.* Stat. pro piscat. ex Tabul. Massil. : *Et ideo piscium caritudo in civitate prædicta inducitur et habetur, propter fugationem piscium, unde par Avriolorum, quod haberi solet pro duobus denariis, modo venditur quatuor vel quinque denarios.* Occurrit præterea in Stat. Massil. lib. 6. cap. 7.

* **AURIPELLUM**, Gall. *Auripeau*, Aurichalcum, lamina aurichalcea. Curia 2. gener. Terracon. sub Jacobo. I. reg. : *Statuimus quod nos nec aliquis nobis subditus non portet in vestibus aurum vel argentum, nec aurifrigium, nec Auripellum, etc.* Processus Egid. *de Rays* ann. 1440. ex Bibl. reg. fol. 151. r° : *Dicebat ipse reus, quod non viderat diabolum neque lingotum jam dictum, sed solummodo quamdam manieram seu modum Auripelli in folio seu folii auri forma.* Vide supra *Auriculatum.*

AURIPERCUSSOR, Aurifaber, in Tabulario S. Genovefæ. Paris. ann. 1285.

AURIPETIA, Fragmentum ex auro, *Piece d'or*, vox composita ex *petia*, Gall. *Piece.* Anastasius Biblioth. in Benedicto III. pag. 206 : *Isdem Præsul* (fecit) *pulcherrimi decoris rete factum miro opere ex gemmis alvaberis, et bullis aureis, conclusas etiam Auripetias in se habens smaltitas.*

¶ **AURIPETRUM**, Aurum petræ inductum, Musivi operis species, Gall. *Ouvrages à la Mosaïque :* cujus habes specimen in tumulo Reginæ Fredegundis in Historia S. Germani a Pratis delineato, atque etiam in sacellis pluribus Monasterii S. Dionysii. Vita S. Irenæi Episc. Lugdun. tom. 5. Junii pag. 347 : *Hic Christi athleta, flos omnium Christi athletarum, in crypta quæ in colle superposito civitati, pulcro et antiquo musivi et Auripetri opere exstructa est, a B. Zacharia Presbytero noctu honorifice est tumulatus.* forte leg. *Auripetti.* Vide *Auripetia.*

¶ **AURIPHRIGIA**, Auriphrigiatus. Vide *Aurifrigium.*

AURIPICTUS, Auro pictus. Monasticum Anglic. tom. 3. pag. 333 : *Caput S. Gamalielis Auripictum, cum lapidibus circa humeros insertis.*

* **AURIPIMENTUM**, pro Auripigmentum, in Glossar. Lat. Gall. ex Cod. reg. 7679 : *Auripimentum, Orpiment.* Gloss. Lat. Gr. : *Auripigmentum*, ἀρσενικόν χρώματον, ψίλωθρον. Ubi Vulcanius emendat, χρωμάτιον. [** Conf. Forcell. in *Auripigmentum.*]

1. **AURIS**. *Aurium Abscissio*, et *Incisio*, fuit olim inter pœnas a Legibus receptas : nam templorum et rerum sacrarum spoliatoribus aures findebantur, Legibus Saxonum. Additio ad easdem Leges tit. 12 : *Qui fanum effregerit, etc. Finduntur aures ejus, et castratur, etc.* Ea etiam pœna mulctabantur servi fugitivi. Gregorius Turon. lib. 5. Hist. cap. 48. de Leudaste servo facto : *Cumque bis aut tertio reductus a fugæ lapsu teneri non posset, Auris Incisione mulctatur.* Vide eumdem lib. 9. cap. 38. et Aimoinum lib. 3. cap. 43. [* Ejusdem supplicii a Vercingetorige adhibiti meminit Cæsar lib. 7. de Bello Gall. cap. 4 : *Majore commisso delicto, igni atque omnibus tormentis necat* (Vercingetorix); *leviore de causa,*

Auribus desectis, aut singulis effossis oculis, domum remittit.]

Sed et fures omnes. Stabilimenta S Ludovici lib. 1. cap. 29 : *Et qui emble soc de charruë, et qui emble autres choses, robes, ou deniers, ou autres menuës choses, il doit perdre l'Oreille al premier meffet, et de l'autre larrecin il pert le pié, et au tiers larrecin, il est pendable.* Computum terræ Campaniæ ann. 1348 : *A Jean l'Espicier Garde de la Prevosté de Grans, por justicier a Grans 2. femmes, ausquelles on couppa les Oreilles par soupçon de larrecin.* In Computo Domanii Peronæ ann. 1520. fol. 101. de fure : *Lequel depuis a esté condamné... a estre Exorillé, battu de verges, et banni.* Eadem pœna statuitur in Charta Communiæ Bituric. ann. 1181. et in Consuetudine municipal. Bellaci MS. ab Adelberto III. Comite Marchiæ edita in eos, qui in vineis damna faciunt; Edicto Caziniri Regis Poloniæ ann. 1368. in eum qui in curia Militis minutas quascumque res subtraxerit. Adde Fletam lib. 1. cap. 38. § 10. 11. Decreta S. Stephani Regis Hungar. lib. 2. cap. 40. et Thomasserium in Consuetud. Bituric. pag. 65. 69. 229. [** Conf. Grimmii Antiq. Juris pag. 708. num. 7. ubi videbis pœnam hanc etiam apud Anglosaxones et Scandicos populos receptam fuisse.]

* Lit. Phil. VI. ann. 1335. in Reg. 69. Chartoph. reg. ch. 264 : *Item quod Guillelmus Taverno, occasione præmissorum* (furtorum) *per magistrum Johannem Rasimbaudi judicem communem curiæ dicti loci sententialiter condemnatus fuisset ad fustigandum cum verberibus et ad amissionem Auris sinistræ.* Libert. Calesii renovatæ a Mathilde comit. Atrebat. ann. 1304. ibid. ch. 365 : *Se aucuns est pris o larrecin moins de deux soulz vaillant, on li copera l'oreille, et se il plus est pris o larrecin et en treuve s'oreille copée, et il en soit attains par loy, il sera pendu. Essoreiller*, eadem notione, dicebant nostri. Charta ann. 1903. in Antiq. Pictav. MSS. part. 3. pag. 946 : *Item la bayerie quant au depiés de membre, esmutiler, espcetier, essorillier, segner, estonpacier, etc. Essozillier*, in Lit. remiss. ann. 1381. ex Reg. 119. ch. 190 : *Pour occasion desquelz faiz et larrecins Simon Barate a esté condempnez à estre Essoziliez et banniz du bailliage d'Orliens. Essoriller* nude, pro Præcidere, in Stat. ann. 1407. tom. 9. Ordinat. reg. Franc. pag. 305. art. 4. quomodo etiam leg. tom. 7. pag. 626. ubi minus accurate bis editum *Essoulier*, pro *Essorilier*, ut legitur in Reg. 146. ch. 98. Vide supra *Auriculare* 3.

Statutam eamdem pœnam non modo in furtis, sed etiam aliis delictis, observare est ex Statutis Henrici V. Regis Angl. *tempore guerræ*, quod extat apud Nic. Uptonum lib. 4. de Militari officio pag. 140. ex Edicto Philippi Pulcri de duellis art. 6. apud Cowellum lib. 4. tit. 18. § 47. 49. ex Foris Aragon. lib. 9. tit. de Lenonib. Adde Theophanem pag. 415. Porro aurium abscissionem pertinere ad majores Justitiarios, adnotant Consuetudines, Silvanectensis art. 106. Andegav. art. 148. et Juliodun. cap. 39. art. 12.

* Hinc est quod aliquis aure privatus, a clericatu arcebatur. Lit. remiss. ann. 1445. in Reg. 177. Chartoph. reg. ch. 135 : *Lesquelz malfaiteurs couperent ou prés une oreille au suppliant, par quoi lui, qui estait deliberé estre homme d'église, est inhabile à jamais l'estre.* Quapropter, cum id ex morbo aut aliquo ex casu fiebat, ne in re civili criminis infamiam quis incurret, literas poscebat a rege aut judice, quibus id fortuito accidisse asserebatur. Lit. ann. 1354. in Lib. 1. Chart. Cam. Comput. fol. 70 : *Guillelmus Roquet, aliter de la Plancha, de testimonio amissionis Auris suæ sinistræ, quam quædam sus seu porca in cunis avulsit et comedit, non ex culpa vel delicto; sed violenter et fortuito casu.* Extat ejusmodi testificatio ann. 1521. inter Remem. Sabol. fol. 172. v°.

AURIUM APERTIO. Lib. 3. Sacrament. Eccles. Roman. cap. 16 : *Post hæc commenda p. plebs pro jejuniis 4. 7. et 10. mensis temporibus suis, sive pro scrutiniis, vel Aurium Apertione, sive orandum pro infirmis, vel ad nuntiandum Natalitia Sanctorum.* In Missali Gallicano veteri pag. 449 : *Expositio Evangeliorum in Apertione Aurium ad Electos*, id est, *ad baptizandos.* Vide *Epheta.*

TESTES PER AUREM ATTRACTI. Lex Bajuvarior. tit. 15. cap. 2 : *Ille testis per Aurem debet esse Tractus, quia sic habet Lex vestra.* Tit. 16. cap. 2 : *Si quis testem habuerit per Aurem Tractum.* Cap. 6 : *Adprehendat manum proximi sui, et dicat : Sic me Deus adjuvet, et illum, cujus manum teneo, quod ego ad testem illum inter vos per Aurem Tractus fui de ista causa ad veritatem dicendam.* Charta exarata ann. 35. Caroli M. in Metropoli Salisburgens. tom. 3. pag. 322 : *Coram residentibus et adstantibus multis et testes usu Bajoariorum per Aures ex utriusque partibus Tracti, etc.* Charta Arnolfi Ducis Bajoariorum ann. 808. ibidem tom. 1. pag. 131 : *Coram Clero et omni populo et multis testibus, sicut mos est, per Aurem Attractis firmata.* Alia Honorii II. PP. ann. 1125. ibid. tom. 2. pag. 51 : *Harum rerum omnium testes per Aurem Attracti sunt Fridericus Advocatus, duo filii Adelberti Comitis, etc.* Charta Henrici Ratisponensis Episcopi ann. 1137. ibidem tom. 3. pag. 286 : *Hujus autem traditionis et institutionis testes sunt more Bavarorum Auribus Tracti, Albertus Decanus, etc.* Similes formulæ habentur ibid. pag. 460. 463. in Chronic. Reicherspergensi pag. 175. 177. 178. 193. 212. et apud Gretzerum in Episcopis Eystetensibus pag. 462. Hinc ea forte apud nos recepta loquendi formula, *Se faire tirer l'oreille pour dire quelque chose.* [** Conf. Grimmii Antiquit. Jur. pag. 143. sqq. et 857. et Roggium de Judic. German. pag. 114. sqq.]

AURES TORQUERE *et alapas dare testibus.* Lex Ripuariorum tit. 60. § 1 : *Ad locum traditionis cum eodem numero pueris accedat, ... et sic eis præsentibus pretium tradat, et possessionem accipiat, et unicuique de parvulis alapas donet, et Torqueat Auriculas, ut ei postea testimonium præbeant. Testes Tracti*, in Legib. Alaman. tit. 94. Charta Widonis de Montefalcone ann. 1112. in Tabul. Eccl. Augustod. : *Hujus dimissionis testes, ... Poncius Canonicus de Rebello, qui infans tunc ibi colafum accepit, ne quandoque traderet oblivioni.*

Ex his docemur olim testibus vellicatas et *tractas aures, et alapas* inflictas, quo testimonii a se editi vel edendi memoriam servarent : quod apud priscos Romanos in usu fuit. Qui enim in jus vocabat, ei, cui litem intendebat, denuntiabat, ut ad Prætorem veniret : si parebat, Prætor adibatur; sin minus, qui vocabat, testem adducebat, eique auriculam vellebat, atque ita adversario manum injiciebat. Alioqui nisi antestatus esset, manum injicere, et ad Prætorem, judicemque rapere non licebat, eratque injuriarum actio adversus eum, qui secus fecerat, comparata. Plautus in Persa :

Nonne antestaris?
Tuan' ego caussa, carnufex cuiquam
Mortali libero Aures Atteram?

Virgil. Ecl. 6 :

. . . Cynthius Aurem
Vellit et admonuit.

Et Horatius lib. 1. Sat. 9 :

. . . Casu venit obvius illi
Adversarius : Et quo tu turpissime? magna
Exclamat voce, et, Licet antestari? ego vero
Oppono Auriculam, rapit in jus, clamor utrinque,
Undique concursus.

Ubi Acron : *Olim, qui antestabantur, Auriculam contingebant... Tangens autem Auriculam, his verbis loquebatur : Licet antestari? Si ille respondisset : Licet; injectione manus adversarium suum in jus trahebat, etc.* Meminit hujus ritus Clemens Alexandr. Stromat. lib. 5 : τὰ διὰ δικαιοσύνην ζυγὰ καὶ ἀσσάρια, ῥαπισμοί τε καὶ αἱ τῶν ὤτων ἐπιψαύσεις Huc præterea spectat Guidonis Laurini Lapillus antiquus, cujus Rævardus meminit ad Leges XII. Tabul. cap. 5. cui insculpta erat manus atterens auriculam, cum hac inscriptione ΜΝΗΜΟΝΕΥΕ, i. *Memor esto.*

* AUREM DARE, nostris *Donner oreille*, vulgo *Prêter l'oreille, écouter*, Aurem commodare, Ital. *Aurizzare.* Lit. remiss. ann. 1447. in Reg. 178. Chartoph. reg. ch. 168 : *Auquel maistre Jean le suppliant donna Oreille et fut content de l'ouyr. Oreillier*, pro Attendere, in Usat. appellat. duelli ex Tabul. Camerac. : *Doivent li eskievin warder, et Oreillier et entendre soigneusement ke nus ne messace, ne mesdie souz le ban k'on en a fait. Asoreiller* vero et *Assoreiller*, pro Aures purgare, tom. 1. Fabul. pag. 240. et 241 :

Et voit une vieille truande,
Qui s'Assoreille à un buisson.....
Là s'Asoreille et esgoele.

* AURES MUNICIALES dici videntur testimonia, quæ rei muniendæ seu firmandæ inserviunt, in Placito ann. 927. inter Probat. tom. 1. Hist. Nem. pag. 19. col. 1 : *Priscarum legum et jure constituuntur, aut omnis homo in causis generalibus per Aures municiales remedia consecuntur.* Ubi de restauratione Chartæ amissæ agitur; quod inquisitione testiumque auditione fieri solitum erat.

* AURIS. Charta capit. Vienn. sub Teudbaldo archiep. in Chartul. ejusd. eccl. fol. 50. r°. col. 2 : *Quod si de ipso censu neglegens extiterit, Aures ipsas amittat, aut censum secundum legem persolvat.* Sed leg. ut infra fol. 62. v°. col. 2 : *Aut res ipsas amittat.*

** 2. **AURIS**, Ansa. Charta Margaretæ Comit. Flandriæ ann. 1252. apud Lappenb. in Docum. Init. Hanseat. pag. 65 : *De sporta cum pectinibus, vel buttis, vel merlengis debet quelibet Auris sporte obolum;* i. e. de corbi quæ ansas habet pro qualibet ansa obolus penditur.

AURISAMITUM, [Pannus holosericus.] Vide *Examitum*.

AURISCALPIUS. Auctor Præfationis in Marcellini et Faustini libellum precum : *Quem in tantum matronæ diligebant, ut matronarum Auriscalpius diceretur.*

AURISCIDUS. *Qui scindit aurum*. Jo. de Janua.

AURISIA, ex Græc. ἀορασία, Cæcitas, tenebræ. Alanus de Insulis contra Valdenses cap. 58 : *Sunt multæ species fallaciæ visus, una est, quando non videmus, quod oculis præsentatur, quæ dicitur Aurisia, id est avidentia, qua percussi fuerunt, qui Elizæum quærebant.* Jacobus de Vitriaco lib. 3. pag. 1140 : *Ex angustia famis diversa morborum genera vexabant eos, et inter cætera incommoda, quæ sustinuerunt, noctibus quasi Aurisia percussi, nihil videre poterant.* [Gloss. MSS. Montis S. Eligii Atrebat. : *Aurisia, Cæcitas, qualis fuit ea, qua percussi sunt Sodomitæ, et ii qui quærebant Elyseum. Melius diceretur Aorasia.* Vide *Aorasia.*]

* **AURITORIUM**, pro *Hauritorium*, in Glossar. Prov. Lat. ex Cod. reg. 7657. Vide in hac voce.

* **AURIVELLERIUS**, a Provinc. *Aurevellier*, Aurifaber, Gall. *Orfevre*. Glossar. Prov. Lat. ex Cod. reg. 7657 : *Aurifaber, Aurevellier, Prov.* Stat. Avenion. MSS. cap. 148 : *Statuimus quod omnes Aurivellerii, qui in civitate ista de auro et argento operantur, jurent operari ad illam formam et modum in pretio, quo apud Montempessulanum; ... et si quis Aurivellerius accipiendo majus pretium contrafecerit, pro singulis vicibus in xx. sol. puniatur.*

* **AURIVOLUS**. *Aurivolum signum*, idem quod *Auriflamma*, apud Willel. Brit. lib. 2. Philipp.

AURIZUM, pro *Obryzum*. Chronicon Novalic. lib. 5 : *Pocula erant auro Aurizo plena balsami.*

AUROBRUSTUS, [Auro pictus, Gall. *Brodé d'or.*] Vide *Brusdus*.

AURÔCHALCUS, pro *Aurichalcus*. Anastasius in S. Silvestro PP. : *Fecit autem candelabra Aurochâlca in pedibus* 10.

AUROCLAVUS, pro *Auroclavatus*, apud veterem interpretem Juvenalis Sat. 6. Charta donationis Ecclesiæ Cornutianæ edita a Joanne Suaresio : *Pallium holosericum Auroclavum.* Ibidem : *Vela tramoserica Auroclava, vela blattea Auroclava paragaudata.* Rursum : *Vela linea Auroclava clavatura quadra.* Occurrit ibi pluries.

AUROCLUSUS, [Clausus auro, Gall. : *Enchassé dans de l'or.*] Vide *Inclusor*.

* **AUROFRISUM**. Vide in *Aurifrigia*.

* **AUROFRIXIUM**. Vide supra *Aurifrixium* in *Aurifrasus*.

¶ **AUROGRAPHIA**, *Immensum pondus auri habentia*. Papias, perperam pro *Auro gravia*.

AUROLENTUS, *Auro plenus*, Isoni Magistro ad Prudent. lib. Peristeph. Hym. 6. v. 49. Ita *rosulentum, a rosa, sicut rorulenta, a rore*, dixit idem Prudentius ibidem Hym. 9. [Occurrit etiam in Vita S. Germani Episc. Paris. tom. 6. Maii pag. 780 : *Erat ergo spectanda contentio inter Sacerdotem et Principem : faciebant apud se de misericordia pugnam et de pietate certamen, thesauros ut spargerent, et de suis talentis egeni ditescerent; festini ad futura lucra, ut bracteum semen sererent, et post messores accederent Aurolentam per segetem; ut Sacerdos locupletaretur regalibus thesauris, et in Rege floreret gratia Sacerdotis, qui suum solum hoc credidit, quod nudus aut egenus accepit.*]

AUROR, Aureus fulgor. Henricus Rosla in Herlingsberga :

Erumpunt portis acies Aurore decoræ.

¶ 1. **AURORA**, Certa officii Muz-Arabici pars, ad Auroram dicenda, ut *Vesperæ* ad Vesperam. Ordo officii Gothici tom. 3. Collect. Concil. Hispan. pag. 293 : *Officium istud Muz-Arabicum superat Romanum una precum specie quæ dicitur Aurora.*

* 2. **AURORA**. Sic librum inscripsit Petrus de Riga, magister Anglicus, ecclesiæ Remensis clericus, qui florebat ann. 1170. de quo ipse in proœmio ita loquitur : *Sicut enim aurora terminum nocti imponit, principiumque diei adesse testatur, sic et libellus iste tenebras umbrarum et veteris Legis obscuritates discutiens, veritatis fulgore et allegoriarum scintillis micantibus totus refulgeat, etc.* Ejusdem libri mentio fit in Ch. fundat. Vallis-bonæ ord. Cisterc. ann. 1342. inter Instr. tom. 6. Gall. Christ. col. 488.

AURORARE, *Illuminare, ab aurore dicitur.* Gloss. Isid. Joan. de Janua. [Et Gloss. MSS. S. Andreæ Avenion.] [** Ruodlieb, fragm. 6. vers. 11 :

Aurorante die populus convenit ubique.]

¶ **AURORE**, *Cum inauratione*, in Onomastico ad calcem tom. 6. Act. SS. Maii.

* **AURORESCERE**, Illucescere, dicitur de prima aurora. Adelhelm. de Virg. cap. 30 : *Cum Evangelii splendor Aurorescerет.* Vide supra *Aurescere*.

* **AUROSA**, pro Aurora. Comput. ann. 1362. inter Probat. tom. 2. Hist. Nem. pag. 248. col. 2 : *Spani debebant venire in Aurosa ante Nemausum, pro damnifficando villam et perpresias.*

¶ **AUROSUM**, *Gilbum*. Papias. Forte *Gilvum*, aut *Gibbum*, sed quid inde? mallem *fulvum*.

AUROSUS, Opimus, πολύχρυσος, in Gloss. Græc. Lat. [*Inauratus*, in Onomastico ad calcem tom. 6. Actorum SS. Maii. Lamprid. in Heliogabalo cap. 3 : *Scobe auri porticum stravit et argenti, ut sit hodie de Aurosa harena*, id est, Aurea. Epistola MS. Hugonis Suessionensis ad Helvidem sororem : *Lumen Aurosum, Dies Aurissima, Festum celebre.*]

AUROTEXTILIS, Pannus auro textus, Gall. : *Drap d'or, tissu d'or.* Anastasius in S. Vitaliano : *Obtulit super altare illius pallium Aurotextile.* Apud eumdem pag. 36. 37. *Auro textus.*

* **AURUGA**, Malum aureum, Gall. *Orange*. Leudæ maj. Carcass. MSS. : *Item de Aurugis pro centenario, iiij. Aurugas.* Ubi versio Gall. ann. 1544 : *Item pour cent oranges, quatre oranges.*

¶ **AURUGINARE**, Tertulliano lib. de anima cap. 17 : *Qui redundatia fellis Auruginant*, id est, ictero laborant. Vide *Aurugo* 1.

¶ **AURUGINOSUS**, *Arcuatus*. Glossar. Isid. ad. quod Grævius : Celso lib. 3. 24. *Arquatus*, id est, ἰκτερικός. Glossæ : *Aurugo*, ἰκτερίς. *Auruginosus*, ἰκτερικός. Vide *Arquatus*.

¶ 1. **AURUGO**, pro *Aurigo*, Gall. : *Jaunisse. Aurugo, Morbus regius*, apud Papiam MS. Paschasius in Vita S. Adalhardi inter Acta SS. Benedict. sæc. 4. part. 1. pag. 336 : *Videte igitur quam subito vindemiavit nos Dominus, et facti sumus squalidi venustate sublata. Aurugo possedit nos, quia decus roseum versum est in favillam.*

¶ 2. **AURUGO**, Robigo, Segetum morbus, quo spicæ fiunt marcidæ, et in fœtidum pulverem grana convertuntur, Gall. *Niele*. Compositam hanc vocem arbitror ex *aura* et *ærugo* : nam auræ seu aeris vitio contrahunt segetes æruginem. Festa quotannis agebant veteres, quæ *Robigalia* vel *Rubigalia* vocabant ad avertendam robiginem vel rubiginem. Robigum etiam colebant agricolæ non ut prodesset, sed ne segetibus noceret rubigine. Vide Ovidium Fast. IV. Non segetes tantum corrumpit aurugo, sed etiam arbores. Amos 4. 9 : *Percussi vos in vento urente, et in Aurugine multitudinem hortorum vestrorum et vinearum vestrarum.* Rubiginem *cœleste frugum vinearumque malum* vocat Plinius 18. 17. Varro de Re rustica n. 1 : *Robigo, propitio Robigo, frumenta atque arbores non corrumpit.*

AURUM. *Aurum ad Responsum*, quod destinatum est ad perferenda in provincias per veredos *Responsa*, seu mandata Principum, vel quod Responsalibus dabatur. Scrinio auri istius præerat *Primicerius scrinii auri ad Responsum*, seu, ut quidam Codices præferunt, *aureæ*, (nempe *massæ*; eratque sub dispositione Comitis sacrarum largitionum, ut *et Primicerius scrinii aureæ massæ*. Vide Notitiam Imperii.

Aurum Arabicum. Otto Frising. lib. 1. de Gestis Friderici c. 22 : *Accipe nunc, Roma, pro Auro Arabico Theutonicum ferrum.* Henric. Knyghton. pag. 2321 : *Hic ensis fuit de nobilissimo Auro Arabico, etc.* Thwroczius in Hist. Hungar. part. 2. cap. 3 : *Ei equum album magnum cum sella deaurata Auro Arabiæ. . . . miserunt.* Le Roman *d'Alexandre MS.* :

Et ota quatre clous d'Or fin Arabiant
Sur le fer attachié un confanon pendant.

¶ Aurum Cataclistum. Græc. Κατακλειστόν : quo nomine quidam intelligunt *Splendens*; Salmasius vero quidquid conclusum ac conditum tuto loco servatur, sic appellari tradit ad Tertullianum de Pallio. Hofmannus in Lexico.

Aurum Coccinum. Charta Ottonis imp. ann. 873. pro fundatione Monasterii Gandersheimensis apud Henricum Meibomium ad Witikindum pag. 103 : *Nec non omnibus rebus cujuslibet professionis, excepto Auro Coccino, etc.* nisi divelli verba debeant. [* Vide infra *Infarinus*.]

Aurum coctum, quod alias *obryzum*, in leg. 1. Cod. Th. de Ponderator (12, 7.) *Aurum Coquere*, in leg. un. eod. Cod. de Auri publici prosecutoribus (12, 8.) S.

Audoënus in Vita S. Eligii : *Cum . . . vellet domesticus simul ac monetarius Aurum ipsum fornacis Coctione purgare, ut juxta ritum, purissimum ac rutilum aulæ Regis præsentaretur metallum etc.* Fortunatus 5. Poëm. lib. 5 :

O quoties Coctum zonæ micat aura per Aurum!

Capitula Caroli Calvi tit. 31. cap. 24. [** Edictum Pistense, Pertzio vol. Leg. 1. pag. 494.] : *Ut in omni Regno nostro non amplius vendatur libra Auri purissime Cocti, nisi 12. libras argenti de novis et meris denariis. Illud vero Aurum, quod Coctum quidem fuerit, sed non tantum ut ex eo deauratura fieri possit, libra una de auro vendatur decem libris argenti de novis et meris denariis.* Historia Translat. S. Gorgonii cap. 12 : *Et quidquid perdideris, ego Cocto Auro restaurabo.* Charta Henrici Imp. ann. 1012. apud Ughell. tom. 2. pag. 514 : *Sciat, se compositurum ducentas libras Auri Cocti.* Alia ann. 1265. apud eumdem pag. 653 : *Sub pœna Cocti Auri librarum quatuor.* ἄπεφθος χρυσός apud Themistium orat. 13. et Scholiastem Thucydid. 1. ἐξάπεφθος χρυσός, apud Simocattam lib. 5. Hist.Mauric. cap. 13. ubi forte ἐξάπεφθος quis legerit, ut intelligatur aurum sexies coctum. Gloss. Lat. Græc. *Auricoctor*, χρυσεψητής. Statuta MSS. pro Aurificibus Parisiens. ann. 1355 : *Nul orfevre ne peut ouvrer d'or à Paris, qui ne soit à la tousche de Paris, o meilleur, laquelle tousche passe tous les ors dont l'on euvre en nulles terres, lequel a 19. karats et 7. quints.*

* Chartul. Major. monast. pro bonis Castridun. ch. 21 : *Dedit michi domnus Albertus abbas.... quatuor libras cocti Auri, centum librarum denariorum pretii. Or bouli*, in Poemate Alex. MS. part. 2 :

Ne vous en mentiroie pour un mui d'or bouli.

[** Marinii Papyr. Diplomat. num. 102. Donat. ann. 961 : *Componat Auri Coctas untias decem.* Vide Edit. not. 3. pag. 322.]

¶ Aurum ad Purum Excoctum. Præceptum Ludovici Pii Imperatoris ann. 816. apud Marten. tom. 1. Ampliss. Collect. col. 64 : *Si quis autem in tantam prorumpere audaciam ausus fuerit.. non solum in offensam nostram lapsurum, verum etiam sexcentorum solidorum Auri ad Purum Excocti se noverit pœna mulctandum.*

Aurum Comparatitium, Quod pro veste militari et canonica comparanda a tributariis præstabatur in l. 3. Cod. Th. de Re militari (7, 6.).

Aurum Coronarium, quod Imperatoribus Romanis ultro conferebatur in auro vel in coronis aureis, signisque diversis, ob partas victorias, aut lætitiam aliquam, a Senatoribus et aliis Magistratibus : interdum necessitate aliqua postulante indicebatur. A Satrapis etiam pro devotione, quam debebant Imperio Romano, solenniter offerebatur. Vide Monumentum Ancyranum Augusti, et titul. Cod. Th. *de Auro Coronario*, et ibi Jacobum Gothofredum, Petavium ad Synesium pag. 7. et Valesium ad Ammiani lib. 25. pag. 301. [** Στεφανιτικὸς κανὼν dicitur Photio in Nomocanone tit. 12.]

* De tributo, quod in regum coronatione exigebatur a subditis, intelligitur in Charta ann. 1334. inter Probat. tom. 2. Hist. Nem. pag. 91. col. 2 : *Et magis videretur, quod quis magis deberet contribuere in Auro coronario principis, quam in milicia filii, quia magis expenditur pro coronatione quam pro milicia; et magis providetur reipublicæ per coronationem quam per miliciam; et plures tangit coronatio quam milicia.*

¶ Aurum Cublismonarium. Testam. Adelaidis ann. 978. apud Marten. tom. 1. Anecd. col. 97 : *Raimundo remaneat catinum unum argenteum, et candelabra duo de argento, unum cum rotis et succinctam, unum cum Auro Cublismonario*

* Aurum Cyprium. Comput. Rob. de Seris ab ann. 1332. ad ann. 1344. in Reg. 5. Chartoph. reg. fol. 3. r° : *Deux corsez d'escorpions semez, enlevez, bordez d'or de Chippre.*

** Aurum Ductile. Vide Glossar. med. Græcit. voce Σύρμα, et infra *Aurum Tractitium.*

¶ Aurum Elutum, Probe purgatum, apud Jul. Capitol. in Pertinace cap. 8.

* Aurum Filatum, Gall. *Or filé*, idem quod infra *Tractitium*. Inventar. MS. thes. Sedis Apost. sub Bonif. VIII. ann. 1295 : *Item unum frixium laboratum super xamito rubeo ad imagines integras de Auro filato, cum tobalea de Alamania.*

¶ Aurum Glebale, Quod pro possessionibus penditur. L. 2. Cod. de Prætor. et hon. præt. lib. 12. [** tit. 2. ibi est *Gleba*. Cod. Th. lib. VI. tit. 2. const. 17 : *A collatione Glebalis auri, etc.*]

¶ Auri Investigatio. Hist. Novientensis Monasterii apud Marten. tom. 3. Anecd. col. 1132. ubi recensentur villæ, prædia cum juribus ad ipsum Monasterium pertinentibus : *In Utswilre, quæ est in pago Prisiacensi curtis dominica cum omni mundiburge sua, Ecclesia videlicet cum decimis suis, salica terra, mansus serviles et censuales, mancipia utriusque sexus, molendina cum piscationibus ac forestis, jus naulæ cum Investigatione Auri, bannus totaliter cum omni libera utilitate.* Ubi per *Auri Investigationem* haud scio an intelligendæ sint Aurifodinæ, in quibus investigabatur et effodiebatur aurum, quod ad Monachos Novientenses tanquam superiores dominos pertinuerit. Vide *Argentaria.* 1.

Aurea Massa, vel *Auri Massa*, vel *Auri Illatio*, quod scilicet a tributariis pensitabatur, vel a susceptoribus vectigalium publicorum in massam conflatum ad sacras largitiones transmittebatur, ut est in leg. 13. Cod. Th. de Suscept. (12, 6.) nam hac lege sanxit Valentinianus Aug. ut tributariis facultas esset, vel solidos solvere, vel materiam auri, quam exsolvere tenerentur susceptoribus, in massam redigere : utque iidem susceptores solidos ipsos, si recepissent, in massam pariter redactos ad sacras largitiones transmitterent, sub quarum Comite militabat *Primicerius aureæ massæ*, ut est in Notitia Imperii.

Aurum Merum. Vide *Merus.*

Aurum Argento Mistum vocatur in Edicto Pistensi Caroli Calvi cap. 33. [** 23 : *Fabricinium ex auro vel argento mixtum.*] cui opponitur *Aurum merum*. Vide in *Merus.*

Aurum Oblatitium, Quod ultro, et non ex necessitate, vel ordinaria collatione Senatores Principi offerebant, veluti Principatus initio, vel quinquennalibus, aut decennalibus, vel post victoriam a Principe adeptam; speciem tamen necessitatis quamdam habuit, ubi de eo offerendo decretum Senatus intervenisset. Vide Jacobum Gothofredum ad l. 5. Cod. Th. de Senatoribus (6, 2.).

Aurum Pagense, Tributum, quod ex pagis cogebatur. Vide *Inferenda.*

Aurum Pœnosum, Auri lustralis collatio, a qua pauperes non immunes erant, unde *Pœnosum* dictum, ut habet vetus Auctor quæstionum veteris ac novi Testamenti, quæst. 75 : *Didrachma, Capitulum, vel tributi exactio intelligitur, non prædiorum : quod nunc Pœnosum Aurum appellatur, quia et pauperes exiguntur.* χρυσάργυρον posteriores Græci appellarunt, a qua ne νευρορράφος, seu *sutor* quidem immunis erat, ut est apud Libanium Orat. contra Florentium pag. 427. De Chrysargyro, vide Meursii Glossarium, [** et Cangii Gloss. med. Græcit. col. 764.]

¶ Aurum Potabile *est auri oleum vel in liquorem redactum.* Rochus *le Baillif* in Diction. Spagyrico. De *Auro Potabili* Tractatum edidit Faber Medicus Regis Angliæ.

Aurum Primum, Obryzum, purum, apud Matth. Westmon. ann. 1251. Vide Dissertat. 20. ad Joinvillam pag. 258.

* Aurum Regis, Eodem sensu, quo *Argentum regis*. Vide in hac voce. Charta ann. 1232. apud Murator. tom. 2. Antiq. Ital. med. ævi col. 813 : *Centum et octo uncias Auri regis et dimidiam ad pondus Romanum.*

* Aurum Traccitium, Tractitium, Aurum textile, Gall. *Or trait*. Invent. MS. thes. Sedis Apost. sub Bonif. VIII. ann. 1295 : *Item unam mitram contextam per totum de Auro traccitio ad imagines. Item tres mitras ad circulum cum frixio ad Aurum tracciitium.... In duobus capitibus est laborerium ad Aurum tractitium.*

¶ **AURUNCULUS**, δοθιήν, *Furunculus*, in Supplemento Antiquarii. Legendum δοθιήν, quod est Tumor ex crassis humoribus in carnosis plerumque partibus consistens, ut exponitur apud Scapulam.

¶ **AURUS**, Aratri auris, Gall. : *Oreille de charruë.* Chartular. Monasterii. SS. Trinit. Cadom. fol. 47. v° : *Goduinus pro 1. virgata* (reddit) 16. *denar. et ferramenta 4. caruchis et clavos duobus Auris annuatim.*

AUSARE, *Nominare*, Ugutioni.

** **AUSARIA**, Fascis Vimineus. Vide *Osaria.*

AUSBERGOTUM, [Loricæ species, Gall. *Hautbergeon.*] Vide *Halsberga.*

* **AUSCIONARIUS**, pro *Auctionarius*. Glossar. Lat. Gall. ann. 1352. ex Cod. reg. 4120 : *Auscionarius, Regretier, ab augeo.* Vide *Auctionarii* 1.

¶ **AUSCOLINUM**, Annales Bened. tom. 1. pag. 690. col. 2. ex diplomate Henrici IV. Imperat. ann. 1070. in quo Romaricus Habendense Monasterium perhibetur... *Romanæ libertati et regali defensioni* subjecisse, eo pacto ut Præsuli sanctæ *Romanæ sedis in quarto anno Auscolinum cum albo equo repræsentaretur.* Haud scio an *Auscolinus* idem sit qui *Austorius* seu accipiter. Certe accipitres a subditis in subjectionis signum aut clientelæ dominis sæpe datos fuisse notum est.

* Legendum *Austolinum*, ut habet Char-

Ital. eccl. Romaric. Ch. 14. Vide in *Astur.*

¶ 1. **AUSCULTARE**, Animadvertere, examinare, Gall. *Remarquer, Examiner.* S. Bonifacius Episc. et Primas Bizacenæ, Spicil. Acher. tom. 6. pag. 12 : *Vestræ sanctimoniæ libellum recipiens dum intente percurrerem, attentius Auscultavi quid in se contineret.*

2. **AUSCULTARE**, et *Ascultare* dicuntur Monachi, qui priusquam in Ecclesia quod sibi injunctum est, legant, recitent, vel canant, coram eo, cui id curæ incumbit, Lectiones suas recitant, et ab ipso non modo seriem Lectionis accipiunt, sed etiam, quo illa vocis tono recitanda sit, docentur. Lib. Ordinis S. Victoris Parisiensis MS. cap. 34 : *Fratres, qui in Ecclesia sive ad Missam, sive ad Matutinas, aliquid legere habent, debent ab Armario Asscultare. Abbas autem et Prior Ascultare non coguntur : quod ad Missam legendum est, Auscultetur in spacio, quod est inter Capitulum et Tertiam... Fratres, qui officiis deputati sunt, si id, quod habent legere, horis constitutis Auscultare non possunt; postmodum cum eis vacat, Auscultent... Frater vero qui primam Lectionem habet legere, debet hora Auscultandi Lectionem, librum in quo legendum est, in Claustrum referre, et, postquam omnes Auscultaverint, in locum suum referre.* Lanfrancus in Decretis pro Ordine S. Benedicti cap. 5 : *Quicunque lecturus vel cantaturus est aliquid in Monasterio, si necesse habeat, ab eo* (Cantore) *priusquam incipiat, debet Auscultare.*

* Qui usus non in monasteriis tantum, sed et in aliis ecclesiis obtinuit, ut discimus ex Charta ann. 1221. in Chartul. sign. *Decanus* S. Petri Insul. fol. 59 r° : *De officio vero suo tenetur scholasticus legendas in ecclesia signare, et imponere lectiones, et ipsas lectoribus, si necesse fuerit, subdiacono quoque et diacono epistolam et evangelium Ascultare.* Rursum occurrit in Ch. ann. 1228. ibid.

¶ **AUSCULTATUS**, *Auditio*, in Onomast. ad calcem tom. 2. Actorum SS. Aprilis.

¶ **AUSE**, Ausen, Societas mercatorum, de quibus in voce *Hansa.*

* **AUSEA**, Alsatiæ seu Austriæ obsoletum nomen. *Terricus de Auseis* appellatur a Guillel. Gemm et lib. 7. Hist. Norm. cap. 16. Theodoricus Alsatiæ, comes Flandriæ, qui *Tierry d'Aussay* dicitur, in Chron. Fland. cap. 3. 6. 7. Guillel. de Nangiaco in Hist. Franc. : *Icelle terre d'Austrasie est maintenant appellée Auçois.* Le Roman de Garin :

> L'en soloit dire que ge fui fiuz Hervi
> Li Loherens, qui le mont d'Auçai tint.

Vide *Austria* 1.

* **AUSELLUS**, Avis. Stat. Cadubrii lib. 3. cap. 82 : *Si quis amiserit aliquam de dictis avibus, postea capta et inventa fuerit cujus erat, statim dari et restitui debeant sine placito et querela; ita tamen quod ille, cujus fuerat, ... expensas, si quas fecerint in dictis Ausellis, sibi solvat.* Vide *Aucellus* in *Auca.*

* **AUSERIA**, pro *Oseria*, Viminetum, Gall. *Oseraie.* Acta S. Memorii tom. 3. Sept. pag. 70. col. 2 : *Ad Sequanam fluvium abscondit se sub folia Auseriæ.* Vide *Oseraria.*

¶ **AUSES**, Viri insignes, Semidei. Vide *Anses.*

** **AUSESSIS**, *Augmentum dictionis*, in Glossar. cod. reg. 7644. Αὔξησις.

* **AUSIDICUM**, *Lo conscilio*, in Glossar. Lat. Ital. MS. f. pro *Auridicum.* Vide supra *Auricularius* 1.

¶ **AUSILIUM**, pro *Auxilium*, in Formulari Anglicano Thomæ *Madox* pag. 91.

* **AUSISMUS**. Stat. Synod. eccl. Burdegal. ann. 1359. ex Cod. reg. 1590 : *Decimus septimus* (casus) *est, qui Ausismos, quamquam Christianum, interfici procuraverunt.* An legendum *Assasinos, quamquam Christianos, etc.* Vide *Assasini.*

¶ **AUSPERGOTUM**, Aspergotum, Lorica annularis, Gal. *Hautbergeon.* Statuta Forojul. MSS. ann. 1235. in Archivo S. Vict. Massil. : *Militem sine equo armato intelligimus armatum Auspergoto et propuncto et scuto; peditem armatum intelligimus armatum scuto et propuncto, seu Aspergoto, et cofa, seu capello ferreo, et cargan vel sine cargan, vel scutum inter duos pedites.* Vide *Halsberga.*

¶ **AUSPICABILITER**, Auspicato, feliciter, apud Leibnitium tom. 2. Scriptor. Brunswic. pag. 223. Quo tempore *Gloriosus et inclytus Oswinus . . . . sceptra regni Angliæ Auspicabiliter gubernaret.*

¶ **AUSPICARI**, *Conjectare, sibi spondere.* Gasparis Barthii Glossar. ex Baldrici Hist. Palæst.

* **AUSPORTARE**, Asportare, Gall. *Emporter.* Charta ann. 1187. in Chartul. S. Joan. Laudun. ch. 95 : *Quod si ipse aut aliquis successorum ejus alibi ad habitandum voluerint transmigrare, domos suas licebit eis Ausportare.*

¶ **AUSSA** Terra, f. pro *Absa Terra.* Charta Deodati Abbatis S. Tiberii, XVII. Kal. Julii regnante Philippo Rege. tom. 1. Antiquit. Occitan. D. Stephanotii MSS. pag. 389 : *Dono tibi guardiam de molinis et decimam et mediam remoltam et duas pugnaderias in septimana de ipsis molinis qui modo ibi sunt, et in antea erunt, et de Terris Aussis de Sejuraco habeas tu Petrus præscriptus dare et aufferre per menestraliam, et per ipsam menestraliam habeas tu Petrus unum modium avenæ.*

AUSSORINGHE, Consuetudines Arkenses ann. 1231. in Tabulario S. Bertini : *Quod si armis molutis fuerit* (læsus) *tres libras, et arma duo, et 10. solidos læso, et impensas in medicum : Wapeldrinc, tres libras domino, et 20. solidos læso : Aussoringhe, tres libras domino, et 10. solidos injuriam passo.*

AUSSUS, Ausus. Tabularium Abbatiæ Conchensis in Ruthenis ch. 362 : *Et habet censum unum sestarium de sigile, et 18. denarios, et multonem cum Ausso, et agnum, et receptum cum 4. Militibus, etc.* Ch. 384 : *Et in mense Madio unum multonem cum Ausso, et unum agnum, etc.* Ch. 451 : *Habet censum unum sestarium de sigile, et 18. denarios et cum Auso multonem, et agnum, etc.* [An cibus ut infra *Ausus* ?]

* A vulgari Occitanico *Ause*, Vellus, Gall. *Toison.* Leudæ Nemaus. inter Probat. tom. 4. Hist Nem. pag. 77. col. 2 : *Item pro quolibet loco, ubi vendentur lanæ en Auses, dicta die unus denarius Turon.*

* **AUSTERARE**, Humectare, Gall. *Rendre humide.* Glossar. Gall. Lat. ex Cod. reg. 7684 : *Amoistir, Austerare.* Pro *Austrare.* Vide ibi.

* 1. **AUSTERITAS**, Furor, Gall. *Emportement*, olim *Austérité*, eadem acceptione. Hist. Inventionis reliq. S. Baudelii ann. 878. inter Probat. tom. 1. Hist. Nem. pag. 3. col. 2 : *Quo postquam ventum est, dici nequit, qua Austeritate plebs totius diocesis se disposuit armare, ne præsules aut ipse comes molirentur sibi suum martyrem auferre.* Lit. remiss. ann. 1377. in Reg. 111. Chartoph. reg. ch. 78 : *Thevenon doubtanz la mort et la grant Austérité dudit Pionnier, qui estoit homme estrange, picart et de mauvaise vie, etc.* Hinc nostris *Austers* et *Austereux*, Furibundus, furore amens. Lit. remiss. ann. 1375. in Reg. 108. ch. 151 : *Comme Robert Briseteste feust très Austers, merveilleux et merancolieux, pour complaire à sa voulenté, se assirent et mengerent avec lui.* Aliæ ann. 1377. in Reg. 111. ch. 71 : *Jasoit ce que ledit Blondelet soit grand, hault, fort et puissant de corps, et feust tout Austereux et forsenez, pour doubte de la mort qu'il espéroit supporter pour ledit délict, etc.* Rursum aliæ ann. 1378. in Reg. 114. ch. 80 : *Ladite Coleie comme femme de legiere volenté, et furibonde ou Austereuse, etc.*

* 2. **AUSTERITAS**, Duritas, inhumanitas, Gall. *Dureté, rigueur.* Lit. remiss. ann. 1377. in Reg. 111. Chartoph. reg. ch. 194 : *Johannes de orto donatus hospitalis S. Johannis Jherusalem, qui homo elatus erat, et pauperes plebeios propriæ suæ voluntati non acquiescentes quamplurimum sui potentia et asteritate* (l. *Austeritate*) *opprimebat.* Hinc

* **AUSTERUS**, Immanis, inhumanus, Gall. *Cruel.* Instr. ann. 1384. inter Probat. tom. 2. Hist. Nem. pag. 72. col. 1 : *Obtulerunt tredecim grossos pro foco, pro expulsione gentium armorum quos etiam ex causa prædicta solverunt, ... sed expost habitis pecuniis Austeram guerram fecerunt.* Galli dicimus, *Une guerre sanglante.*

* **AUSTOLINUS**, Accipiter. Vide supra *Auscolinum.*

AUSTORIUS, [Accipiter major. Gall. *Autour.*] Vide *Astur.*

¶ **AUSTOZIUS**, pro *Austorius.* Nova Gall. Christ. tom. 2. col. 1257 : *Gislebertus de Lobellec Miles die Martis ante festum B. Lucæ ann. 1248. eidem Petro Abbati recognovit se debere de placito feodi de Villene, unam unciam auri, quingentos solidos currentis monetæ, unum Austozium, unum palefredum et unum leporarium.*

¶ **AUSTRA**, *Rota, instrumentum ab hauriendo aquas.* Papias MS. Idem quod *Haustrum*, Gall. *Puisoir.*

* **AUSTRALIA** Dominia. Eo nomine designatur Austria, vulgo *l'Autriche*, in Charta divisionis factæ inter Carolum V. et Ferdinandum 7. Febr. ann. 1522.

¶ **AUSTRANS**, νοτίζων, ὑγραίνων, *Humectans* apud Janum in Supplemento Antiquarii.

AUSTRARE, *Humefacere, ab Austro.* Papias.

¶ **AUSTRASIA**, Vide in *Austria* 1.

¶ **AUSTREGÆ**, Arbitri. Exotico hoc nomine vocatur apud Ludewig. tom. 1. Reliq. MSS. pag. 212. in Titulo Diplom. Alberti Magdeburg. Archiep. et aliorum arbitrorum : *Laudum in finibus regundis inter Marchionem Misnensem et Abbatem Pegaviensem, præsertim in teloniis, viis, pontibus, etc. Arbitri,* (Austregæ) *hujus causæ perpetui Magdeburgensis, Merseburgensis Naumburgensis Episcopi. ann.* 1218. Et pag. 237. Arbitros utriusque partis *Austregas* appellat. [** Conf. Eichhornii. Hist. Jur. Germ. in indice, voce *Austræge.*]

* **AUSTRELEUDI**, Idem quod *Osterlandi,* Orientales. Annal. Franc. Loisell. ad ann. 775 : *Ibi omnes Austreleudi Saxoniam* (Saxones) *venientes cum Hassione, etc.* [** Pertzio vol. 1. pag. 154. lin. 5. qui *Saxones* e codicibus restituit.] Vide *Austria* 1.

1. **AUSTRIA**, AUSTRASIA dicta ea pars Galliæ quæ cis Rhenum sita est; quod ad Orientem sit respectu *Neustriæ*, quæ est ad Occidentem. [* Vide novum Tract. diplom. tom. 3. pag. 661.] Prioribus enim Imperii Gallici sæculis, tota Gallia in *Austriam, Neustriam, Burgundiam, Aquitaniam, et Franciam* dividebatur. Charta Caroli Simplicis Regis Franc. pro Monasterio S. Martini Turon. ex 47. Regesto Tabularii Regii n. 137 : *Et frui rebus, quæ habentur in Austria, Neustria, Burgundia, Aquitania, et Francia, etc. Austria* igitur ea pars dicta, quæ ad Orientem erat, unde *Orientalis Francia* non semel appellatur, in qua et Metensis civitas statuitur, in Literis Ludovici III. Regis Lotharingiæ in Tabulario Gorziensi pag. 95. 100 : *Actum anno ab Incarnatione Domini* 876. *Indict.* 9. *Epacta* 22. *Conc.* 7. *anno.* 8. *regni Hludovici serenissimi Regis in Occidentali parte Franciæ regnantis. Actum Metis civitate in Dei nomine feliciter.* Charta alia Ludovici ejus filii : *Data* 6. *Idus Maii anno Dom. Incarn.* 878. *Ind.* 11. *Ep.* 14. *Conc.* 2. *ann.* 3. *Ludovici in Orientali Francia regnantis. Actum Metis civitate. Osterland* dicitur in Annalibus Francor. Metensib. ann. 688 : *Pipinus Orientalium Francorum, quos illi propria lingua Osterlandos vocant, suscepit principatum.* Aimoinius lib. 1. Hist. Franc. cap. 4 : *Has omnes provincias dum Franci occupavissent, illam regionem, quæ Septentrionem versus tenditur, et inter Mosam et Rhenum est, Austriam : illam autem, quæ a Mosa ad Ligerim usque pertingit, Neustriam vocaverunt.* Gesta Dagoberti Regis. cap. 31 : *Dagobertus Rex Metas urbem veniens, Sigebertum filium suum in Regno Austriæ sublimavit, sedemque Metis habere permisit.* Isidorus Pacensis Episcopus in Chron. æra 769 : *Tunc Abdiraman suprafatum Eudonem Ducem insequens, cum...... Consule Franciæ interioris Austriæ nomine Carolum, virum ab ineunte ætate belligerum... sese infrontat, etc.* Obiter porro hic monendum, *Eudonis* Ducis Franciæ, seu potius Aquitaniæ, filiæ hoc loco mentionem fieri, quam ille Munuzæ ex Maurorum gente, qui in Asturicensi Hispaniæ provincia regnum obtinebat, in uxorem dedit : de quo etiam Munuza egit Sebastianus Salmanticensis Episcopus pag. 47. De *Austria* agunt passim Scriptores nostri. [** Conf. *Zeuss, die Deutschen und die Nachbarstæmme*, pag. 349.]

AUSTRASIA, Eadem notione. Vita Sigeberti Regis filii Dagoberti : *Eam partem Franciæ, quæ vergit ad Meridiem et Orientem, vocabant Austrasiam : eam quæ vergit ad Aquilonem et Occidentem, vocabant Neustriam.* Passim apud Scriptores nostros. Hinc *Austrasii, Austrasiani, et Austrasii Franci*, dicti iisdem Franci, qui ex Austriæ regno erant.

¶ 2. **AUSTRIA**, Pars Orientalis regni Italici seu Langobardici, præsertim Ducatus Fori-Julii, inquit Muratorius tom. 1. part. 2. pag. 72. col. 1. B. ex Legibus Luitprandi [** lib. 6. cap. 55.] : *Si in Neustria et in Austria fuerit, amittat ipsa pignora.* Ubi per *Neustriam* intelligit idem Murator, partem Occidentalem ipsius regni Langobardici. [** Al. in *Istria.* Conf. Præfat. ad Leg. ejusd. Regis Luitprandi lib. 1. et 2. Rachis, Præfat. et Pippin. cap. 10. ann. 782. Pertzio cap. 9. vol. 1. Leg. pag. 43.]

AUSTRINATUS, *Macer, i. vento austro corruptus.* Papias.

¶ **AUSTRUM**, *Purpura, ornamentum, sellæ regales.* Papias MS. Scribendum fuisset *Ostrum.*

* **AUSTURGO**, Accipiter major, Gall. *Autour.* Charta ann. 1341. in Reg. 72. Chartoph. reg. ch. 250 : *Item habent usum venandi et capiendi.... aves quascumque, non vetitas tamen ut sunt sparverii, falcones et Austurgones.* Vide *Astur.*

¶ **AUSTUOSUS**, pro *Æstuosus*, ut puto : Sallas Malaspinæ de Rebus Siculis apud Baluzium tom. 6. Miscell. pag. 295 : *Ecce venalis gens Gebellinica non sine impressione fastuosa et Austuoso compulsu ad lora dextrarii Corradini festinat.*

¶ **AUSTUR**, AUSTURCIUS, etc. Vide in *Astur.*

* **AUSTUS**, *Nobile*, in Glossar. Lat. Ital. MS. Vide infra *Autentus* 2.

¶ **AUSTUTIA**, pro *Astutia*, apud Rymerum tom. 2. pag. 700.

¶ 1. **AUSUS**, pro *Esus*, Cibus. Sermo Abbonis Monachi apud Acher. tom. 9. Spicil. pag. 79 : *Me revera Abbonem, scilicet Monachum et miserabiliorem cunctis mortalibus coegerunt Episcopi, Froterius videlicet Pictavi sedis, et maxime Fulradus Parisiacæ, illud tenui stylo cudere negotium, ad utilitatem simplicium Clericorum; quatenus hinc omni tempore sumant Ausum et hauriant potum prædicandi subjectis.* [* Vide supra *Aussus.*]

¶ 2. **AUSUS**, Audax, temerarius, Gall. *Temeraire, osé;* unde illud, *Qui vous rend si osé?* id est qua id fiducia audes facere? Chron. Andrense tom. 9. Spicil. Acher. pag. 649. ubi de quodam qui se fingebat esse Balduinum quondam Flandriæ Comitem et Imperatorem Constantinop. ann. 1225 : *Quod cum Rex Ludovicus ex Johannæ Comitissæ jam a Comitatu fere destitutæ... querimonia didiscisset, citavit hunc Ausum talia mandans, ut ei apud Peronam die certa occurreret, volens quisnam esset certius edoceri.*

* **AUTALOPS**, Animal quoddam, de quo ita Bestiarius MS. cap. 5 : *Est animal, quod dicitur Autalops, acerrimum nimis... Habet autem longa cornua serræ figuram habentia. Appihalos* dicitur in Best. metrice scripto :

Or vos diron d'un autre beste,
Qui a deux cornes a la teste,
Si trenchans comme une alemele....
Appihalos ceste beste a non.

* **AUTAMENTUM.** Consuet. Carcass. in Reg. L. Chartoph. reg. ch. 3 : *Dimittantur debitores abire cum vestibus suis, et cum lectis, et cum armis, et cum Autamenta suorum officiorum.* Sed legendum prorsus est, *cum Aisamentis.* Vide supra *Aisamenta.*

¶ **AUTAPOCA**, Acceptilatio. Vide *Apodixa.* [* Ubi manifeste legendum est *Antapoca.* Vide *Antapocha*]

* **AUTARCIUM**, Judicium, ut *Audientia* 1. Placit. Childeberti III. ann. 711. tom. 8. Collect. Histor. Franc. pag. 676 [** Brequin. 273.] : *Siclandus aut prædicta cojove sua Dinane vel heritis suos, sicut per easdem declarata sunt, eos in Autarcio contra quemlibet studiant defensare.* Vide *Autericium* et infra *Autoricium.*

* **AUTARE**, Luto aspergere. Glossar. Provinc. Lat. ex Cod. reg. 7657 : *Autare, ellutare, collutare, Prov. Enfangar.*

¶ **AUTEMPTICUM**, pro *Authenticum* quandoque occurrit in Tabular. Fontanell. ac præsertim tom. 2. pag. 1645.

* **AUTENCIA**, ORUM, *Uno libro.* Glossar. Lat. Ital. MS. Vide in *Authenticus.*

¶ **AUTENTICA**, in Missali Ambrosiano feriæ 2ª, 3ª, et 4ª, post dominicam Palmarum dicuntur *feria* 2ª *in Autentica, feria* 3ª *in Autentica, feria* 4ª *in Autentica.* Vide *Authentica hebdomada.*

¶ **AUTENTICARE**, ut *Authenticare,* Confirmare. Bartholomæus Scriba Annal. Genuens. lib. 6. ad ann. 1227. apud Murat. tom. 6. col. 453 : *Et Potestas ipsam sententiam approbavit et roboravit et Autenticari præcepit.* Vide *Authenticus.*

** AUCTENTICARE, Corroborare, firmare. Charta ann. 1250. in Scheidii *Nachrichten vom Adel*, pag. 546 : *Præsens testimonium sigillo domini nostri comitis Ludolfi de Hauvemunt, cum proprium non habeamus, duximus Auctenticandum.*

¶ 1. **AUTENTUS**, *Princeps vel auctor; inde Autenticus.* Ita Papias MS. Ecclesiæ Bituricensis. Vide *Authenticus.*

¶ 2. **AUTENTUS**, [* Pro *Autenticus*, quomodo etiam habetur in Legibus Norman. mox laudandis ex Cod. reg. 4651. ubi in versione Gallica legitur *Autentiques;* qua voce Nobilis, qui feudum francum tenet, significatur, idem itaque quod *Authenticus.* Vide in hac voce.] Munere publico donatus. Codex Legum Norman. apud Ludewig. tom. 7. Reliq. MSS. pag. 303 : *De personis autem Autentis, videlicet qui tenent francas serjanterias, vel qui per armorum servicia feoda sua deserviunt, etc.* Vide *Authenticus* 1.

¶ 3. **AUTENTUS** TONI, Modus toni Musici decantandi lentius vel celerius. Epist. ann. 851. apud Marten. tom. 1. Ampliss. Collet. col. 123. 1 : *De laude disciplinæ....* VIII. *De tonis octo....* X. *De Autentu proti.* XI. *De plagis proti*, XII. *De Autentu deuteri.* XIII. *De plagis deuteri.* [* Pro *lentius vel celerius* scribendum Altius; monente D. *Le Beuf.* Appellationis ratio sequitur in *Authentici Toni.*] Hinc

¶ AUTENTI SONI apud Marten. Tract. de antiq. Ecclesiæ discipl. pag. 683. ex Pontif. Pictav. annorum circiter 800 : *Sed neque melos musicum terminata antiphona in ultima syllaba protelatur juxta rationem Autenticorum sonorum, etc.*

* AUTHENTICI TONI, apud Bernonem

abb. Augiens. tom. 6. Anecd. Pezii part. 1. col. 200 : *Quorum* (tonorum) *apud nos nomina a primo usque octavum ex ordinis sui auctoritate sumpsere primordia. Ex quibus quatuor, id est*, I. III. V. VII. *Græco eloquio Authentici vocantur, eo quod cæteris, videlicet* II. IV. VI. VIII. *quasi quadam magisterii auctoritate præesse videantur. Authenticum namque auctorem sive magistrum sonat.*

* 4. **AUTENTUS**, pro Obtentus, Gall. *Prétexte*. Inquisit. ann. 1210. inter Probat. tom. 1. Hist. Nem. pag. 48. col. 2 : *P. de Faqueriis juratus dixit, quod ultima die Sabbati mense Aprilis P. de Areolis et W. Paluridus venerunt ad domum suam, qui sub Autentu quod vellerint emere roncinum ejus, ad ultimum locuti sunt et* (ei) *in hunc modum, etc.*

¶ **AUTERCLOTHIS**, Pannus altaris. Vox ex obsoleto apud Anglos *Auter*, Altare et *Cloth*, pannus. Th. *Madox* Formul. Anglican. pag. 427 : *Duo vestimenta pro Capella, videlicet* 1. *nigrum cum armis meis et* 1. *album et rubeum et quatuor Auterclothes meliores.*

¶ **AUTERICIUM**, An pro *Auditorium?* [* Vide supra *Autarcium*.] Designari hic videtur locus, ubi Abbas excipiebat, quos audire debebat. Veteres formulæ Andegav. apud Mabillon. tom. 4. Analectorum pag. 262. formula LXVI : *Incipit notitia quem hominem in causa sua repellavit. Notitia qualiter veniens illi Andecavis civitate ante venerabile vir illo Abbati vel reliquis quam plures bonis hominibus, qui cum ipso aderant, cujus nomina vel scriptiones atque signaculum subter tenentur inserta, interpellavit aliquus homines his nominibus illus et illus, dum diceril quasi vinia sua in loco nuncupante illo, malo ordine pervasisset : quia ipse illi et illi taliter in responso* (dederunt) *quod auctori habebant legitimo nomen illo majore quia ipsa vinia ad eos dedissit. Sic ab ipsis viris illi fuit denunciatum, ut die illo Andecavis civitate ipso illo in Altericio præsentare deberit : se hoc non faciebat, cum legis beneficio ipso illo de ipsa vinia revestire deberet.*

¶ **AUTERITAS**. Antiquitas, in Gloss. Isid. legendum *Anteritas*.

AUTERIUM. Historia de Exordio Monasterii S. Johannis de Tarouça, tom. 3. Monarch. Lusitan. Brandaonis. pag. 285 : *Et inde ubi intrat ipsum fontanum in Barosa, et inde per illum Auterium, de Armata, et inde per illum montem de Pineio, etc.*

* F. Locus editus, Gall. *Hauteur* : vel quod ad formam ferreæ soleæ esset, sic dictus : nam *Auterium*, ea notione, occurrit in Glossar. Lat. Gall. ann. 1352. ex Cod. reg. 4120 : *Auterium, Fer à cheval.*

* **AUTHENTICA** HEBDOMADA, Sancta, quæ et *Major* dicitur. Ordo eccl. Ambros. Mediol. ann. circ. 1130. apud Murator. tom. 4. Antiq. Ital. med. ævi col. 864 : *Magister autem scholarum facit semper puerum suum legere primam, quisque in sua ebdomada, excepto in Authentica, et in Resurrectione.... Et lector semper legit secundam, excepto in Authentica et in Resurrectione.* Vide in *Autentica* et *Hebdomada*.

* **AUTHENTICA**, Originale instrumentum. Vide *Authenticus*.

1. **AUTHENTICUS**. Gloss. MS. Reg. Cod. 1179 : *Authenticum, auctoritate receptum.* Jo. de Janua : *Authenticus, auctoritate plenus, vel fide dignus, cui primo credebatur ex sui dignitate. Item Authenticus dicitur etiam nobilis.* [** Conf. Gloss. med. Græcit. voce Αὐθέντης.] Hinc

AUTHENTICÆ PERSONÆ, Proceres, magnates, apud Sugerium lib. de Administr. sua cap. 32. [** Chart. ann. 1205. in Hundii Metrop. Salisb. tom. 1. fol. 232 : *Damnum restituat confirmatione trium Authenticarum Personarum.* Vide *Autentus*, 2.]

* *Auctentique*, pro in *Authenticis* versatus, legum peritus, apud Froissart. vol. 2. cap. 130 : *Maistre Jehan des Marets, qui.... avoit tousjours esté l'un des greigneurs Auctentiques en parlement sur tous autres.*

AUTHENTICUM, Originale Instrumentum. Hesychius : κύριον, ἴδιον, αὐθεντικὸν γραμμάτιον. Greg. M. lib. 1. Epist. 42 : *Vel Authentica, vel exemplaria. Authentica chartula*, apud eumdem lib. 2. Indict. 11. Epist. 3. lib. 8. Epist. 55. Nicolaus I. PP. Epist. 8 : *Cum autem Legati vestri venerint, mittite, quæsumus, et epistolas Authenticas, quas per Rhadoaldum et Zachariam dudum Episcopos misimus dudum vestræ Eminentiæ, etc.* Idem Epist. 27 : *Quarum* (literarum) *exemplaria, ne Authenticæ istarum, aut interceptæ aut a quibusdam fortasse dehonestatæ, aut perditæ..... fuissent, Magnitudini tuæ per hunc gerulum transmittimus.*

* Observant Auctores novi Tract. diplom. tom. 1. pag. 412. passim occurrere hanc vocem in instrumentis XII. circiter seculi, ac præcipue in bullis Rom. Pontificum, ubi præsertim de Charta, ab episcopo in gratiam alicujus ecclesiæ suæ diœcesis concessa, sermo est. *Autentique* vero, pro Diplomate regio seu Charta exactionis, auctoritate regia roborata, in Chron. S. Dion. lib. 3. cap. 11 : *Chilperic geta et ardi ou feu les Autentiques, en quoi la loi estoit escripte pour le pueple grever.*

AUTHENTICA, Eadem notione. Carolus Magnus in Epist. ad Magnum Achiepisc. Senonensem : *Et hanc Authenticam, ut præmisimus, diligenter... transcribi percenseas.*

AUTHENTICÆ, Novellæ Constitutiones Justiniani appellari cœptæ, ex quo rejecta Juliani Antecessoris versione seu editione, earumdem barbara Bulgari tempore facta translatio, quod uberior videretur, ab Accursio recepta est, qui *Authenticam* appellavit, quoniam ex ipso Græco originali ad literam traducta esset. Ita Alciatus lib. 2. Parerg. cap. 46. et Antonius Augustinus in Præfat. ad Julianum. [Huc forte spectat illud quod in Vocabulario juris utriusque pervetusto : *Autenticum, est liber Juris Civilis excerptus quasi quædam summula ex aliis legalibus libris continens novem collationes ut novem partes principales, etc.*] [** Conf. Savinii Histor. Jur. Rom. med. tempor. § 182. Joannis Bassiani Summa Novell. initio prooemii : *Liber iste, quem domino donante lecturi sumus, dudum liber Novellarum dicebatur.... Veruntamen quia etiam alius liber est hoc nomine vocatus... postea placuit, ut ad ejus differentiam hujus libri nomen mutaretur, et Authenticum seu liber Authenticorum nominaretur; eo quod præ ceteris legum libris Auctorizabilis habeatur.*]

AUTHENTICARE, Confirmare, quam vocem etiam usurpant Itali. [Hispanis *Autenticar*.] Hesychius : αὐθεντεῖν, ἐξουσιάζειν. Ἐναυθεντεῖν, apud Annam Comnen. lib. 5. Alex. pag. 132. de quarum vocum notionibus, consule Glossaria Meursii et Fabroti, [** Cangii, col. 153.] et Allatium lib. 1. de Utr. Eccl. consensu cap. 21. n. 4. Ekkeh. Minimus de Vita B. Notkeri Balbuli cap. 16 : *Omnia canonizavit,... et disciplinas quas docuerunt, totum Authenticavit.* Petrus de Vineis lib. 3. Epist. 14 : *Mandata quoque generalia, quæ communiter hactenus recepistis, ut particularis ex eis et integra nobis habilitas offeratur, Authenticari per manum publicam faciatis.* [Concilium Avenion. ann. 1509. apud Marten. tom. 4. Anecd. col. 598 : *Supradictæ vero.... reformationes publicabunt et Authenticabuntur in plena congregatione Cleri.*]

AUTHENTICATUS, Canonizatus. Stephanus Episcopus Tornacensis Epist. 231. de Canonizatione S. Geraldi Fundat. Silvæ majoris : *Hoc anno a Domino Papa Romæ debita Missarum solennitate Authenticatus, et in Catalogo Sanctorum meruit adscribi.*

¶ AUTHENTICUM. Liber ecclesiasticus, qui antiphonas et responsoria eo ordine quo canenda erant, continebat. Guidonis Discipl. Farfensis cap. 27 : *Item Alleluia, Audivit Herodes, et cætera sicuti capitulata sunt in Authentico.* Ibid. cap. 40 : *Dicant unam antiphonam per ordinem, sicut insertæ sunt in Authentico.* Et cap. 41 : *Responsoria decantent eo ordine, sicuti in festivitate ejus ex Authentico decantatæ sunt.*

AUTHENTICUM ALTARE. Vide *Altare*.

* 2. **AUTHENTICUS**. Alia notione, Vide supra in *Autentus* 3.

¶ **AUTHONOMATICE**, Suo nomine. Adverb. formatum ex αὐτῷ et ὄνομα, sumpto nimirum αὐτῷ pro ἑαυτῷ. Littera Generalis Carmelitarum apud Rymer. tom. 2. pag. 221 : *Illustrissime Domine Rex solus.... regnans Authonomatice et imperans quiete.*

* Male, Suo nomine : est enim adverbium Græcum αὐτονόμως, Suo jure, suo arbitrio, libere, ut me monuit vir erud. D. *Falconet*.

* **AUTHORABILIS**, Authenticus, auctoritate legitima munitus. Charta ann. 856. tom. 8. Collect. Histor. Franc. pag. 420 : *Abbatissa Basilla S. Stephani.... præsentavit obtutibus nostris Authorabiles emunitatis firmitates prædecessorum nostrorum regum et imperatorum, etc.* Vide supra *Auctorabilis* 2.

¶ **AUTHORGADOR**, Fidejussor, sponsor qui *auctorizat*. Charta Bernardi Jatgerii ann. 1225. ex Tabulario Moyssiacensi : *De isto dono debemus esse garridor et Authorgador, etc.* Vide *Autorgare*.

¶ **AUTHORICARE**, pro *Autorizare*, Confirmare, apud Moretum Antiquit. Navarræ pag. 406. e Tabulario Pinnatensi.

* **AUTHORISABILIS**, ut *Authorabilis*. Tabul. Major. monast. : *Unde si quis eis* (monachis) *in futuro, quod absit, injuriæ quidpiam seu violentiæ super hoc, adeo canonico et Authorisabili dono, quoquo modo inferre tentaverit, etc.* Conc. Tolet. ann. 1324. can. 4 : *Donec in eo per diœcesanum episcopum institutione Autorisabili fuerit institutus.* Vide *Auctorizabilis*.

* **AUTHORISARE**, Confirmare, auctoritate legitima concedere. Test. Roger. vicecom. Carcass. ann. 1150. inter Probat.

tom. 2. Hist. Occit. col. 530 : *Totum illum honorem, quem Guillelmus Mancipii de Carcassona dedit hospitali beatæ Mariæ S. Salvatoris, ... absque omni inganno, dono, et laudo et Authoriso eis.* Charta ann. 1152. ibid. col. 541 : *Militias meas neque vilanias, quas in castello prænominato habeo, vobis non Authoriso.* Vide *Auctorisare* 1.

AUTICAX, Equini morbi species, *cum ex dicta ægritudine capitis humores descendunt ad oculos, facientes eos lacrymare, vel in eis planum vel turbulentiam ac ruborem vel caliginem, propter quæ non valet equus, ut decet, respicere, vel videre.* Petrus de Crescentiis lib. 9. de Agricult. cap. 26.

¶ **AUTIRE SE**, Spondere, Auctorem se profiteri, Gall. *Garantir.* Charta Chlodovei III ann. 692. apud Felibianum in Hist. S. Dionysii pag. xij : *Interrogatum ei fuit, se ipsa villa Nocito memorato Chainone Abbati vel ad partes basilicæ sui sancti Dionysii firmassit, aut Se Autire exinde adesse volibat.* [** Apud Brequin. num. 227. ex autographo legitur : *aut se Autur exinde adesse volibat.*]

¶ **AUTLINGUA** Saxonica, Pagus Neustriæ, ubi consederunt Saxones *Otlingi.* Vide *Otlingua.*

AUTOCEPHALIA. Græci αὐτοκεφάλους Episcopos appellarunt, qui a Patriarchis non dependebant ratione jurisdictionis; sed eodem ac illi αὐτοκεφαλίας jure gaudebant, nulli alii subjecti. Unde in sexta Synodo can. 39. qui etiam refertur a Constantino Porphyrogenito lib. de Adm. Imp. cap. 48. Nova Justinianopolis τό δίκαιον ἔχειν τῆς Κωνςαντινοπόλεως, *jus Constantinopoleos habere* dicitur. Id autem juris in Ecclesia Orientali habuere præterea Archiepiscopus Bulgariæ, et alii nonnulli Metropolitani, ἀπό φιλοτιμίας βασιλικῆς, inquit Balsamon de Privilegiis Patriarcharum. In Ecclesia Occidentali idem privilegium sibi arrogasse Archiepiscopos Ravennates, auctor est Anastasius in Dono PP. : *Hujus temporibus Ecclesia Ravennatum, quæ se ab Ecclesia Romana segregaverat, causa Autocephaliæ, denuo se pristinæ sedi Apostolicæ subjugavit.* Idem in Leone II : *Sed et typum Autocephaliæ, quem sibi elicuerant* (Archiepiscopi Ravennates) *ad amputanda scandala sedi Apostolicæ restituerunt.* Unde patet, id privilegium consecutos Archiepiscopos Ravennates, vel a summis Pontificibus, vel ab Imperatoribus Constantinopolitanis, vel denique per usurpationem, maxime cum Roma ab eorum imperio avulsa, solus fere in Italia Græcis Augustis remansit Ravennensis Exarchatus; ita ut nec Patriarchis Constantinopolitanis parerent, quibus nunquam paruerant, nec Pontificibus Romanis, qui ab Imperatoribus Orientis defecerant. Sed ab Italia demum omnino expulsis Græcis, hanc Ravennatis Ecclesiæ Autocephaliam abrogavere summi Pontifices, et statuere, *ut Ecclesia Ravennas sub ordinatione sedis Apostolicæ esset*, et *ut juxta antiquam consuetudinem in civitatem Romanam* veniret Archiepiscopus *ordinandus*, ut ibidem narrat Anastasius. Vide Hieronymum Rubeum lib. 4. Hist. Ravennat. pag. 209. [** et Glossar. med. Græc. voce Αὐτοκέφαλοι.]

¶ **AUTOCHEANI**, Hæretici qui Christum esse Deum per se, haud a Patre procedentem asserebant. Macer in Hiero-lexico.

¶ **AUTOLTAS.** Caroli M. Præceptum pro Monasterio Caunensi tom. 1. novæ Hist. Occitan. col. 28 : *Et si aliquæ causæ adversus eos surrexerint, vel homines eorum Autoltæ fuerint, quas in promptu absque gravi illorum dispendio definire non potueritis usque in nostram præsentiam reserventur, quatenus ante nos secundum legis ordinem accipiant finitivam sententiam.* Haud scio an melius legeretur : *Et si aliquæ adversus eos surrexerint, vel homines eorum, aut toltæ fuerint;* hoc est, injustæ exactiones, *quas*, etc. Accidit non raro in veteribus Tabulis, ut unius vocis ultima littera prætermittatur, cum vox sequens per eamdem literam incipit. Hinc ex hisce duabus vocibus, *aut tolta* facile fieri potuit *Autolta.* Quod si unica vox esset, crederem *Autolta* scriptum esse pro *Autarta*, Rebellis. Vide *Autartes.*

* Facilis prorsus emendatio; legendum enim est, *aut ortæ fuerint*, ut in Charta 35. nostri Alphabeti Tironiani pag. 65. aliisque huic similibus; et sic sensus apertus est.

AUTOMATA. Vita S. Hilarii Arelatensis Episcopi : *Jam quemadmodum salinas expetens, Automata propriis manibus, et sudore confecerit.* Ubi *Automata* videntur esse instrumenta mechanica, sponte moventia, quibus aqua ex salinis eruitur. *Aquarum expressiones*, αὐτομάτους, dixit Vitruvius lib. 9. cap. 9.

¶ **AUTOPHORI**, Gr. αὐτόφωροι. L. 3. de furt. Institut. de obl. quæ ex delicto nasc. § Furtorum 3. non solum sunt fures manifesti, sed etiam omnes, qui in quocumque alio crimine deprehenduntur, uti scribit Hofmannus in Lexico post Phavorinum et Budæum. [** Instit. lib. 4. tit. 1. § 3 : *Manifestus fur est, quem Græci* ἐπ' αὐτοφώρῳ *appellant*, etc. Vide Lexica Græca.]

AUTOPRACTI, [** Autopractores] dicebantur ii, quibus id privilegii indultum erat, ut ad tributa solvenda a compulsoribus, ut cæteri, non admonerentur, aut compellerentur : sed ultro et *spontaneæ voluntatis studio*, ut loquitur lex 34. Cod. Th. de Annona et trib. (11, 1.) ea inferrent. Ejusmodi erant dignitate præcellentes viri, et vitæ honestate eminentes possessores. Vide l. 4. eodem Cod. Ne Conlat. translat. postul. (11, 22.)

¶ **AUTOPYRUS** Panis, ex quo nihil neque pollinis neque furfuris excretum est. Vide *Panis Autopyrus.*

* **AUTOR**, Accipiter major, Gall. *Autour.* Lib. rub. Cam. Comput. Paris. fol. 174. v°. col. 2 : *Item unum Autorem censualem, valere extimatum duos solidos Ruthenenses.* Vide *Astur.*

¶ **AUTORAMENTUM**, pro *Auctoramentum*, Consensus. Vide *Favere* et *Auctoramentum.*

¶ **AUTORARE.** Gloss. MSS. S. Andreæ Avenion. : *Autoro, Autorare, Autoritatem dare.* Vide *Auctorare.*

* **AUTORGAMENTUM**, Consensus, approbatio, Gall. *Agrément.* Charta Raymundi Rogerii comit. Fuxi ann. 1188. inter Probat. tom. 3. Hist. Occit. col. 162 : *Cum consilio et Autorgamento proborum hominum Appamiæ, dono.... beatæ Mariæ Bolbonæ.... libertatem et affrancamentum illius domus, quam habent Appamiæ.* Vide *Auctoramentum* 1.

¶ **AUTORGARE**, Eadem notione. Donatio Abbatiæ Juncheriæ ab Ildefonso Aragonum Rege pro Humberto Abbate Gemundi, ann. 1177. inter Instrum. tom. 1. novæ Gall. Christ. pag. 172. col. 2 : *Hoc supra dictum donum et concessionem laudavit et Autorgavit Willelmus Abbas de Juncheria et Prior ejusdem loci, Arnaldus et frater Deodatus cellerarius major, etc.* Vide *Auctorizare.*

¶ **AUTORICARE**, Eodem significatu. Placitum anni 862. inter Instrum. tom. 1. novæ Hist. Occitan. col. 114 : *Ipsius res et legibus Autoriçare, sicut ille et fidiuxorem datum habebat.*

¶ **AUTORICIUM**, Auctoritas, tuitio. Charta Childeberti III. Regis Franc. ann. 694. apud Felibianum Hist. S. Dionysii pag. xv [** Brequin. 232.] : *Et se necessetas ipsius Hainonis Abbatis aut heredis suos fuerit, ipso Botthorius Clirecus aut heredis sue in Autoricio eus estodiant defensare.*

* Vel potius, Judicium, ut supra *Autarcium*, quod vide.

¶ **AUTORIGARE**, ut *Autorgare*, Confirmare. Vide locum in *Inderenzare.*

* **AUTORISABILIS.** Vide supra *Authorisabilis.*

* **AUTORISTA**, *Che usa e sa autori.* Glossar. Lat. Ital. MS.

* **AUTORIUM**, Constitutio, statutum, definitio, Gall. *Définition, réglement.* Glossar. Lat. Gall. ex Cod. reg. 7692 : *Autorium, Abocage.* Vide supra *Abbocatio.*

AUTORIZARE. Vide *Auctorizare.*

¶ **AUTRIX**, Quæ est auctor. [* Vel potius, Incantatrix, maga.] Gervasius Tiberiensis in Imperialibus otiis apud Leibnitium tom. 1. Scriptor. Brunsvic. pag. 895 : *Creberrimum quoque apud mulieres Græcas et Hierosolymitanas extitit, ut aiunt, quod contemtores suæ libidinis in asinos transformant, miro incantantionis genere; ita quod faciem asini, laborem et onus sustinet, quousque ipsarum Autricum miseratio pœnam relevet.* [** Vide Forcell. Lexic. Tertull. anim. 57 : *Auctrix opinionum istarum magica.*]

¶ **AUTTORIZABILIS**, Auctoritate præditus, vel qui potest legitime confirmari; Gall. : *Qui peut être autorisé.* Charta Conradi Archiep. Mogunt. tom. 2. Rer. Mogunt. pag. 482 : *Collacionem itaque nostram, robur Auttorizabile non habentem, jam dictum Prepositum, quidque a nobis receperat, oportuit resignare, et Ecclesia eleccionis sue libertatem obtinuit illibatam.*

¶ **AUTUM**, *Secretum, aut semotum.* Papias. [** Leg. *Avium.* Vide *Auxaria* et *Aviarium.*]

AUTUMA, æ, *Existimatio*, Ugutioni.

AUTUMNALIA; Fructus terræ, qui autumni tempore maturescunt, Messes. Radulfus de *Hengham*, in Magna cap. 5 : *Ista autem ultima lex potest vadiari ad salvandum Autumnalia, aut reditum assisum.*

* **AUTUMNALIS** Exactio, Quæ ex fructibus terræ autumni tempore persolvitur. Charta ann. 1368. tom. 2. Hist. Trevir. Joan. Nic. ab *Hontheim* pag. 248. col. 1 : *De quo quidem teolonio.... obventiones recepit, ac de et ex exactionibus Autumnalibus, etc.*

1. **AUTUMNARE**, Rapere, decerpere, uti faciunt ii, qui autumni tempestate fructus ex arboribus avellunt. *Autumnos fructus decerpere*, in leg. 2. Cod. Th. de Feriis. Vita S. Deicoli Abb. Lutrensis cap. 9 : *Ut res, quas fidelium largitas. . . loco concessit, . . . studio rapaci penitus sibi Autumnarent.* Consuetudo Andegavensis art. 499. ubi de operis seu *corvatis : En esté pour faucher, fener, Aouster, vendanger, etc.* Gall. *Faire l'aoust.* [Hinc Papias : *Autumnare, Colligere dicitur.*]

2. **AUTUMNARE**, Maturescere. in Glossis MSS. S. Germani Paris. Cod. 524.

AUTUMNUS, Bajuvarii annos suos per *Autumnos* numerabant, (ut Anglo-Saxones per *Hiemes*, in Legib. Canuti Regis cap. 19. et Dani, apud Wormium in Fastis Danicis cap. 7.) Lex Bajuvar. tit. 7. cap. 19. § 4 : *Per singulos annos, id est, Autumnos singulos.* Olim Germani, ut auctor est Tacitus, quid esset *Autumnus*, non norant. Sic ille lib. de Morib. German. : *Annum quoque ipsum non in totidem digerunt species, hiems et ver et æstas intellectum ac vocabula habent : Autumni perinde nomen ac bona ignorantur.* Quando vero *Autumnus* apud nos, ut et cæteræ anni tempestates incipiant, docent versus isti apud Lindwodum :

Dat Clemens Hiemem, dat Petrus Ver Cathedratus,
Æstuat Urbanus, Autumnat Bartholomæus.

AUTUMNUS, pro *Autumnalis*. Occurrit apud Ovidium, Manilium, Gellium, Tertullian. Ausonium, etc. Vide Jac. Gothofred. ad l. 2. Ch. Th. de Feriis. (2, 8)

¶ **AUTUMPNIA**, Quidquid vanno excutitur triticum ventilando. Picardis *Hauton*, aliis *Vannures*. Charta R. Abbatis S. Salvii de Monster. in Tabulario Compendiensi ann. 1228 : *Matthæus præpositus de Atin recognovit Arnulphum fratrem suum in perpetuam eleemosynam contulisse Ecclesiæ Compendiensi farraginem, paleam, Autumpniam et omnia alia jura quæcumque in grangia dictæ Ecclesiæ apud Atign poterat reclamare.* Vide *Hauto*.

* In Ch. ann. 1206. ex eod. Chartul. fol. 143. r°. de eadem re legitur *Hautonem*, et in alia fol. 143. v°. *Hautumniam*.

* **AUTUMSERIS**, f. Spicarum manipulus, Gall. *Gerbe*. Charta Caroli C. ann. 23. regni ejusd. in Chartul. S. Dion. fol. 65. col. 2 : *De Simpliciaco etiam in Cinnomanico sita, solvendæ sunt illis Autumseres centum, aut pro eis de argento libra una.* Vide *Autumnare 1.*

** **AUTUNO**, ATUNO, Fructus terræ autumni tempore collecti. Charta Sancii I. Portug. Regis ann. 1190. apud Sª Rosa de Viterbo vol. 1. pag. 149 : *Et tres sint quarteiri de meliori Atuno, quem laboraverit. Et hoc est Autunus, triticum, ordeum et centenum. Et de secunda, scilicet milium et panicum, det alios tres quarteiros, si laboraverit.*

¶ **AUTURETAS**, Auctoritas, Charta, Diploma. Præceptum Clotharii III. Regis Franciæ ann. circiter 657. apud Felibianum in Hist. S. Dionysii pag. vij [** Brequin. 139.] : *Et ejus manus dicuntur tripedare illi calamus : idio ipse Auturetatis mano propria non podibat subscribere.* [** Ibidem infra : *Auturetatis predictis principebus, etc.*]

¶ **AUVA**, pro *Augia*, Augiense Monasterium, quod aliquot leucis distat a civitate Constantiensi. Apud Baluzium tom. 2. Capitularium exstat *Epistola cum duodecim Capitulis quorumdam Fratrum ad Auvam directis.*

* **AUVALLATUM**, Alterum *vallatum* seu fossatum, quo primum cingitur. Vide *Vallatum*. Charta ann. 1223. inter Privil. civit. Avenion. ex Cod. reg. 4659 : *Consules.... emerunt de pecunia Communis hujus civitatis, pro communi utilitate reipublicæ civitatis Avinionis, ... honores illos, in quibus vallata et Auvallata facta sunt et consignata.* Rursum occurrit in Stat. MSS. ejusd. civit. cap. 100. Locum vide supra in *Ambarium*.

AUVANNA. [AUVANNUS,] Umbraculum ligneum projectum, quod fenestræ vel officinæ appenditur, Gallis *Auvant* : forte quod vanni alti instar suspendatur, aut quod ventum arceat, quasi *Ostevent* : vel quod in plateam progrediatur, ex Gallico *Avancer*, quasi *Avance*. Charta Communiæ Hamensis : *Si quis ædificaverit, novum ponet ædificium, ubi vetus fuit, in anteriore autem parte domus, supra viam, duos Auvannos; unum scilicet super alium, singulosque duorum pedum facere poterit, etc.* Eadem Charta Gallica, *deux Avantvens*. Charta ann. 1205. apud Duchesnium in Probat. Hist. Monmorenciacæ pag. 75. et 100 : *Salvis Auvannis domorum, ita quod non noceant hominibus ad pedem, neque equitantibus.* Libertates concessæ Barcinonensibus a Petro Rege Aragonum ann. 1283 : *Si de lucernis, cloacis, de parietibus et Auvannis. . . fuerit quæstio, etc.* Sic in MS.

AUVARDUM, [vel AWARDUM, al. *Awarda*, inquit Spelmannus in Glossario, proprie est judicium ejus, qui nec a lege nec a judice datur ad dirimendam litem, sed ab ipsis litigantibus eligitur. Dictum, quod ad observandum seu custodiendum, partibus imponitur : ab Anglo-Normannico *Agard*, Gall. *Agarder*, id est, ad custodiendum, observandum, tenendum, *g*, ut crebro solet in *w*. transeunte. Hoc sensu notissimum. Prosequitur idem scriptor :

¶ AWARDUM, occurrit alias pro responso vel sententia juratorum. Ordinatio Marisci Romeneiensis pag. 69 : *Quilibet prædictorum 24. juratorum jurabit quod cum sociis suis juratis vere judicia et Awarda faciat, non parcendo alicui diviti vel pauperi, tam in distuctionibus* (l. distructionibus) *faciendis, quam in wallis, etc.* Et post pag. 72 : *Et quod liberabit successori suo tam chartas Regum... quam rotulos judiciorum, considerationum et Awardarum per prædictos 24. juratores, cum omni processu... tempore suo habito.*] Vide *Esgardum*.

* **AUVENTUS**, Umbraculum ligneum projectum, quod fenestræ vel officinæ appenditur, Gall. *Auvent*, idem quod *Auvanna*. Charta Henr. comit. Trec. ann. 1160. in Chartul. Arremar. ch. 241 : *Domus Mastelinæ cum Avento, quod ante est, quæ est in foro Trecensi, etc.* Rectius infra semel et iterum legitur, *Auventum*. Alia ann. 1388. ex Tabul. S. Germ. Prat. : *Quod absque dictorum religiosorum licentia nulli super dictam vairiam Auventum erigere et sailliam construere licebat.* Neque aliud sonat *Contreavant*, in Lit. remiss. ann. 1444. ex Reg. 176. Chartoph. reg. ch. 344 : *Warlain vint demander à icellui Solier pour combien il lui vouldroit quitte ung Contre-avant, qui est à dire ung ague.*

¶ **AVUNCULA**, Amita, vel Matertera, Gall. : *Tante. Avuncula Ludovici de Rupe*, in Necrologio Abbatiæ S. Petri de Casis ad 23. Maii.

* Lit remiss. ann. 1351. in Reg. 81. Chartoph. reg. ch. 188 : *Quidam varletus de curia carissimæ et fidelis Avunculæ nostræ comitissæ Alenconis, etc.* Occurrit præterea in Ch. ann. 1087. inter Probat. ult. Hist. Trenorch. pag. 134. Nostri *Ante, Antain* et *Antein*, eadem acceptione usurparunt. Charta ann. 1265. ex Chartul. S. Joan. Laudun. : *Nous Enjoirans, sires de Couci, ... faisons savoir.... que come nostres chiers cousins et feables messires Thoumas de Couci, sires de Vervin, ait doné..... à sa mere nostre chiere Antain, madame Mehaut, dame de Vervin, vint et trois livrées à Parisis de rente par an, etc.* Ch. Radul. comit Aug. ann. 1325. in Reg. 62. ch. 485 : *Nostre très chiere et amée Antain, madame Johane d'Eu, vidamesse d'Amiens, etc. Nos chiers et amez neveu mons. Raouls, conte d'Eu, etc.* in alia ejusd. Joannæ ibid. ch. 487. Lit. remiss. ann. 1375. ex Reg. 108. ch. 137 : *De la partie de Guy de Houdetot chevalier nous a esté exposé que comme Thomas de Moucy chevalier ait espousée Aude de S. Martin, Ante d'icellui exposant, etc.* Aliæ ann. 1377. in Reg. 110. ch. 291 : *L'appella ribaut, sorcier et maquerel de sa belle Ante, la femme de son oncle.* Ita quoque legendum opinor, pro *Anne*, in aliis Lit. ann. 1400. ex Reg. 155. ch. 39. *Antein*, in Ch. ann. 1248. inter Probat. Hist. Villehard. pag. 6. Le Roman *de Garin* :

Car envoyez à belle Heillois,
C'est vostre Antein, si ne vos doit faillir.

* Hinc *Antin* dicitur, Pars seu portio hæreditatis, quæ ex amita provenit, in Lib. parvo rub. domus publ. Abbavil. ad ann. 1305. fol. 42. v° : *D'autre part vint une nieche dame Jehane, si clama le partie l'Antin.* Vide Bellomaner. MS. cap. 13. Cangii Observat. ad S. Ludov. pag. 64. et Marten. tom. 5. Ampl. Collect. col. 626.

AVUNCULUS, pro *Patruo* promiscue usurpatum legere est apud Scriptores mediæ ætatis. Vide Decretionem Childeberti Regis cap. 1. et Capitularia Caroli C. pag. 161. 296. Editionis Sirmondi. [** Carol. II. et Hlothar. II. Conventus apud S. Quintinum. cap. 4. Pertzio. vol. 1. Leg. pag. 456. Caroli Adnunt. post Conventum ad Sablonarias ib. pag. 487.]

AVUNCULUS, uti post Pithœum observat Beslius in Hist. Comit. Pictav. cap. 10. interdum etiam dicitur, *le cousin qui a le germain sur l'autre*, quod in Britannia Armorica maxime usurpatur. Unde ejusmodi cognatos dicimus *Oncles à la mode de Bretagne*.

AVURSA. Lex Bajuvar. tit. 13. cap. 4 : *Dicit ad reum, qui animal compellebat ad mortem : Recipe animal, quod læsisti, quod nos avursam vocamus.* In Edit. Heroldi habetur *Aversam*, in Cod. Regio *Avursum*, in Metensi *Aborsum*. Spelmannus, Saxon. a-virse, id est, pejus, deterius Angl. hodie *Worse*.

1. **AVUS**, [Piscationis species, illa for-

san quæ fit cum *Ave*, seu corvo aquatico, Gall. *Cormoran;* nisi forsan ea sit, quæ fit cum rete, quod Accipitrem vocant, Gall. *Epervier*. Charta Occitan. ann. 1311. ex Regesto. 47. Tabularii Regii num. 130 : *Quicumque de cætero piscabitur in aquis stagnorum Lunelli et Melgorii cum artibus piscandi, videlicet batuda, vel fichora, vel Avus, vel seze, vel retibus subtilibus, vel rezailh, etc.*] Vide *Batuda*.

¶ 2. **AVUS**, Chronicon Iperii cap. 7. apud Marten. tom. 3. Anecd. col. 488 : *Si Gengulfus miracula facit, Avus meus cantet; mox ejus imprecatio in ignominiam adimpletur : nam semper cum loquebatur, Avus ejus cantabat.* An pro *Avis* vel *Alvus?* [* Neutrum; mendum est pro *Anus.*]

¶ **AUXANGIA**, pro *Axungia*, Gall. *Vieux-oint*. Mandatum Philippi Pulcri ann. 1304. tom. 1. Ordinat. Reg. pag. 423 : *Ceram, sepum, auxangiam porcinam, vel aliam adipem sive oint, etc.*

¶ **AUXARIA** *Secreta nemoris dicta sunt ; eo quod ibi frequentant aves, secundum Ysidorum.* Vocabul. Jur. utriusque pervetustum ex Biblioth. Cl. D. Baronis *de Crassier*. Legendum *Aviaria*. Vide *Aviarium*.

* **AUXELLUM**, f. Aucupium. Stat. Cadubrii lib. 3. cap. 83 : *Si quis furatus fuerit alterius levrerium, brachum, mastinum, vel alium quemvis canem alterius, ab Auxello, caza, vel a guarda peccudum, vel bestiarum, etc.* Vide supra *Ausellus*.

* **AUXILA**, *La olla, o pignata, e la mesura piu grande del debito.* Glossar. Lat. Ital. MS. : *Auxilla, parva olla, ollula*, apud Laur. in Amalth. ex Festo. Vide *Auxilla* 1.

AUXILIA Romani appellarunt copias militares, quæ a sociis vel fœderatis mittebantur; differebantque ea a Legionibus, quæ ex Romanis constabant. Ita Vegetius lib. 2. cap. et 1. 2. Victor Schotti in Maximiano : *Huic postea cultu numinis Herculei cognomentum accessit, uti Valerio Jovium : unde etiam militaribus Auxiliis longe in exercitum præstantibus nomen impositum. Auxilium*, inquit Varro, *appellatur ab auctu, cum accesserant, qui adjumento essent, alienigenæ.*

* **AUXILIABILITAS**, *Aidableté. Auxiliariter, auxilianter, opitulanter, Aidablement.* Vocabul. compend.

* **AUXILIAMEN**, *Aide. Auxiliabiliter, Aidablement*, in Glossar. Gall. Lat. ex Cod. reg. 7684.

¶ **AUXILIAMENTUM**, Auxilium, apud Rymerum tom. 15. pag. 205. col. 2. bis.

* **AUXILIATIVUS**, Auxiliarius, Gall. *Auxiliaire*. Elmham. in vita Henr. V. reg. Angl. cap. 17. fol. 33 : *Ad ejus onera conferenda Auxiliativos humeros supponere non veretur.*

* **AUXILILA**, *La picola pignata*. Glossar. Lat. Ital. MS. Vide supra *Auxila*.

AUXILIUM, Vox forensis, Gall. *Ayde, droit d'Ayde*. Sic autem appellatur quædam tributi et vectigalis species, quam tenens seu vassallus Domino capitali, pro ingruente aliqua necessitate, præstat, et ob sumptuum necessariorum onera. Suidas αὐξίλια, οἱ Ῥωμαῖοι τὰ τοιαῦτα τέλη προσαγορεύουσι. Matth. Paris ann. 1232 : *Quibus* (Magnatibus) *Rex proposuit, quod magnis esset debitis implicatus,... unde necessitate compulsus ab omnibus generaliter Auxilium postulavit.* Rogerus Hoveden. pag. 778 : *Eodem anno Richardus Rex accepit de unaquaque carrucata terræ, sive hida totius Angliæ, quinque solidos de Auxilio. Aujutorium* dicitur in Constit. Siculis lib. 3. tit. 18. et 19.

Duplicis vero generis est *Auxilium*, legitimum scilicet et liberum seu gratiosum. *Legitimum* vocant, quod a Lege vel a consuetudine inductum est cujusmodi sunt tria illa Auxilia, quæ in omnibus pæne Consuetudinibus municipalibus domino feudi [asseruntur, cum videlicet primogenitum filium Militem facit; cum filiam primogenitam primum nuptui collocat, ac tertio, si ipse e captivitate redimendus sit. Ea igitur Auxilia, quod a Legibus firmata sint, *legitimæ talliæ* dicuntur in Charta Guillelmi de Plesseio, in Tabulario Abbatiæ de Rota : *Et propter legitimas tallias, videlicet de Militia primogeniti filii, etc. Leaux Aydes*, in Tabulario Feodorum Pictav. et in Charta Herberti *de Marçay* Militis anni 1272. quæ extat in Tabulario S. Hilarii Magni Pictav. et in consuetudine Lodunensi cap. 8. § 1. 7.

Quod vero a Consuetudine manare videantur, Auxilia Consuetudinaria, *Aydes Coutumieres* appellantur in Consuet. Norman. cap. 31. Eadem etiam *Auxilia Communia* dicuntur, in Arestis Candelosæ ann. 1257. in 1. Reg. Parlam. pag. 90. Ejusmodi autem Auxilia nihil detrahunt feudi dignitati, cum ad personas pertineant, quæ libere tenent, et non ad tenementum, quod libere tenetur, ut ait Bracton. lib. 2. cap. 16. § 8. et ex eo Fleta lib. 4. cap. 14. § 9 : *Quæ quidem Auxilia fiunt de gratia, et non de jure, pro necessitate et indigentia domini capitalis, et non sunt prædialia, sed personalia; et ut hujusmodi Auxilia citius vel gravius quam justum sit, leventur, provisum est, quod de feodo unius Militis integro 20. solidi tantum tribuantur et leventur, de 20. libratis terræ, quam quis tenuerit in socagio, 20. sol. et de majori plus, et de minori minus, secundum terræ quantitatem : nec pro filio levetur, priusquam 15. fuerit annorum, nec pro filia ante ætatem 7. annorum, etc.* Ita Bracton.

* *Auxilia directa*, Eadem quæ *Legitima*, a lege nimirum, vel consuetudine inducta, Gall. *Droites Aydes*. Reg. sign. *Pater* Cam. Comput. Paris. fol. 152. v° : *En la chastellenie de Poitiers et ou ressort, les hommes fievés font par la coustume du païs à leur seigneur cinq droites Aydes; c'est assavoir à sa nouvelle chevalerie, à sa fille ainsnée marier, à son fié racheter, à la crois d'outre-mer, à sa raençon de mains de Sarrazins; et se l'Aide n'est abonnié, il paient le tiers dou devoir; et se il n'i a devoir, il paient le tiers de la levée d'une année dou fié : et les hommes coustumiers doublent à leur seigneur leur coustumes, et les censiviers font de un denier, douze.*

* Quanquam vero ejusmodi *Auxilia*, a lege vel consuetudine inducta dicantur, interdum tamen ad illa præstanda, nequaquam a domino cogi poterant subditi et vassalli, ut efficitur ex Charta Odonis dom. Montis-acuti ann. 1224. in Reg. 84. Chartoph. reg. ch. 77 : *Possumus in dicta villa de Chaigne super quatuor quæstum facere; de itinere Jherosolimitano peragendo, de captione nostri corporis, quod absit Domino protegente, de terra acquirenda ad baroniam pertinente, et de filia maritanda; super quibus nobis debent Auxilium; quod si noluerint, ipsos non possumus cogere nec debemus.*

Dicitur præterea *Auxilium Capitale*, *Ayde-Chevel*, in veteri Consuetud. Normanniæ MS. 1. part. Sect. 3. cap. 25. quod Domino capitali præstatur. *Aydes-Chevels de Normandie sont dits Chevels, por iceu que l'en les doit rendre as Seigneurs-Chevels. Adecertes trois Aydes-Chevels sont accoustumées à payer en Normandie,... pour Chevalier du fils aisné, le second pour le mariage de sa fille aisnée, et le troisiesme pour le rençon du Seigneur.* Adde novam Consuetud. art. 166. 168. In Delphinatu *Taille Seigneuriale* vocatur, ut auctor est Dion. Salvaingus Tract. de Jurib. dom. cap. 49. *Aide de Noblesse*, in Consuetudine Britanniæ art. 91. quod iis auxiliis etiam nobiles perinde ac reliqui tenentes obnoxii sint.

* Charta ann. 1247. ex Bibl. reg. cot. 19 : *Ego Bernardus de Broquinne scutifer notum facio..... quod cum contentio moveretur inter me ex una parte et monachos de Noa ex altera, super eo videlicet quod ego majora releveia et majora Auxilia Capitalia ab ipsis petebam de quodam tenemento, quod tenebant de me, etc.*

Quandoque, et crebro *Rationabilia Auxilia* appellantur, non quod ipsa ratio dictet ea præstanda domino a vasallo, sed quia moderatius sint a vassallis exigenda, et secundum eorum facultates, ne nimio onere prægraventur. Quo sensu accipitur *Rationabile Auxilium*, in Charta libertatum Angliæ a Rege Joanne concessarum apud Matth. Paris ann. 1215 : *Nullum scutagium, vel Auxilium ponam in regno nostro,... nisi ad corpus nostrum redimendum, et ad primogenitum filium nostrum Militem faciendum, et ad primogenitam filiam nostram semel maritandam, et ad hoc non fit nisi Rationabile Auxilium. Aydes Raisonables*, in Statuto 1. Westmonasteriensi cap. 36. et in Regiam Majestatem lib. 2. cap. 73. § 1 : *Poterit idem hæres Rationabilia Auxilia ab hominibus suis exigere : ita tamen moderate, quod secundum facultates et quantitatem feudorum suorum, non videantur nimis gravari.* Ita passim *Auxilium Rationabile* capiendum apud Bractonum lib. 2. cap. 7. § 4. cap. 16. § 8. cap. 56. § 9. in Fleta lib. 3. cap. 14. § 9. et in Monastico Angl. tom. 1. pag. 374. et tom. 2. pag. 663. ut et *Leaux Aydes*, in Charta Edwardi I. Regis Angliæ apud Seldenum de Titul. honorar. 2. part. cap. 5. § 36 : *Forspris fuit reall et Reasonable Ayde pour lui rendre hors de prison, ou ses heires, quel heure qu'ils fussent emprisonnez.* Præterea in Consuetud. Turonensi art. 90. et seq. Juliodunensi cap. 8. art. 2. 3. 6. 8. 10. cap. 14. art. 17. Pictaviensi art. 188. 189. et Insulensi art. 70.

In eo autem differebat *Tallia* ab *Auxilio*, quod *Tallia* ab libitum domini pro qualibet necessitate exigeretur a subditis, qui isti pensitationi obnoxii erant, nempe a servilis conditionis hominibus : *Auxilium* vero exigi non poterat, nisi in his casibus, qui a lege aut Consuetudine inducti erant. Charta ann. 1310. in Regesto Rerum Andegav. in Camera Computor. Paris. fol. 60 : *Tailles ne sont mie Aydes, ne de nom ne leur semblent : car tailles sont levées par cas de necessité, et de volenté de Prince. Mais celles Aydes nul ne puet lever, si ce n'est à cas pour quoy elles sont deuës.*

Alterius generis fuere Auxilia, quæ *Libera et Gratiosa* appellabant, quod dominis pro ingruente aliqua necessitate imprævisa, a vassallis et subditis pensitarentur gratuito et ex mero eorum arbitrio, cum nulla lex existeret, aut statutum municipale, quo ad id exsolvendum cogerentur. Matth. Paris ann. 1241 : *Cives Lodinenses contra consuetudinem et libertatem civitatis, quasi servi ultimæ conditionis sub nomine aut titulo Liberi Adjutorii seu Tallagii, quod multum eos angebat, Regi, licet inviti et renitentes, numerare sunt coacti.*

Gratiosa vero, et *Aydes Gratieuses* vocabant nostrates Galli, quia ex mera vassallorum *gratia* domino exsolvebantur, quomodo *Gratiosa munuscula* dixit Marculfus lib. 2. for. 1. Extat in Regesto Memorabilium Cameræ Computor. Parisiensi notato C. fol. 64. Diploma Philippi Reg. Franc. 7. Febr. ann. 1349. quo certum tributum urbis Parisiensis incolis ad annum impositum, ex mera eorum gratia concessum agnoscit, *qu'il les tient à subside Gratieux.* Ejusdem præterea tenoris ibidem extant Chartæ Johannis Regis ann. 1350. sed et Rex idem in alio Diplomate, quod habetur in Regesto rerum Andegavensium fol. 72. in eadem Camera Comput. Paris. ann 1353. subsidia a Nobilibus, Clero et Plebeiis Comitatuum Andegavensis et Cenomanensis, propter ingruentia bella sibi concessa, *Aydes Gratieuses* vocat. Verum quod ex mera gratia, et libero subditorum et vassallorum arbitrio dominis aut Principibus primum pensitabatur, id postea in legem et necessitatem transiit : cujusmodi sunt tributa varia et vectigalia Regum nostrorum, quæ nomine Auxilii, vel Subsidii exiguntur.

Auxilium *pro Militia primogeniti filii*, primum vulgo ponitur inter tria legalia Auxilia, quæ dominus a vassallis suis exigere potest. Extat in Regesto ejusdem Cameræ Comput. incip. ab anno 1309. Mandatum Philippi Pulcri ann. 1313. quo Senescallo Santonensi præcipit, ut exigat a subditis suis *l'Ayde accoustumée deuë pour la Chevallerie de son fils aisné.* In eadem Camera Comput. habetur aliud Regestum, cui titulus est : *La queuillette de 10000. Paris. que la Ville de Paris paye pour la Chevalerie du Roy Loys, fils le Roy Philippe le Bel l'an* 1313. Extat præterea ibidem *Compotum subsidii impositi pro Militia Regis Ludovici.* Cum vero statim ac natus esset filius domini, a vassallis ejusmodi auxilium pro ejus Militia deposcerent, tandem ab Edwardo I. Reg. Angl. Statuto Westmonast. cap. 35. n. 3. cautum est in beneficium vassalli, ut *Auxilium non peteretur* ad filium Militem faciendum, ante ætatem 15. annorum. At Statuto Roberti lib. Scotiæ Regis cap. 18. *potest quis levare istud subsidium ad faciendum filium suum Militem, antequam sit de ætate* 15. *annor.* Vide Constit. Sicul. lib. 3. tit. 18.

Auxilium *pro primogenita filia semel maritanda*, alterum e tribus Auxiliis, quæ a Lege et Consuetudine inducta sunt, jam inde a Guiscardi temporibus, hoc est, circa ann. 1080. obtinuisse deprehendimus, vel potius circa ea tempora inductum. Tradit enim Guillelmus Apuliensis lib. 3. Rerum Normannicarum, Guiscardum Mathilde secundogenita filia Raymundo Berengarii Comiti Barcinonensi nuptui collocata, Auxilium a vassallis suis exegisse, qui, cum in Helenæ primogenitæ cum Constantino Duca nuptiis, nihil ejusmodi præsumsisset deposcere, id ægre sunt passi, tanquam rem novam faceret, insuetamque hactenus sibi pensitationem imponeret :

Cunctis conjugii, quæ postulat ordo, peractis,
Sollicitat Comites Dux et quoscunque potentes,
Dona petens, læti quibus et vir et uxor abire
Donati valeant : nec enim prius Imperiales
Altera cum proles thalamos Michaëlis adisset,
Quodlibet Auxilium dederant; communiter illi
Omnes tristantur, quasi vectigalia posci
A Duce mirantes, sed non obstare valentes.

Liber Rubeus Scacarii Anglici, laudatus a Seldeno libro de Tit. honorariis, 2. part. cap. 5. § 17 : *Cum Rex Henricus filius Imperatricis Duci Saxoniæ filiam suam Mathildam nuptum traderet, a quolibet sui regni Milite marcam unam in subsidium nuptiarum exegit.* In Camera Computor. Parisiens. extat *Compotus subsidii impositi pro maritagio Reginæ Angliæ Dominæ Isabellis ann.* 1309. Extat et alter *Compotus subsidii pro maritagio Ducissæ Burgundiæ filiæ Regis Philippi Magni.* Vide Petrum de Vineis lib. 5. Epist. 16. Habetur denique in 1. vol. Memorialium ejusdem Cameræ Comput. Paris. signato A. fol. 4. Arestum Curiæ Parlamenti, *Sabbati post Reminiscere,* ann. 1309. quod etiam refertur a Chopino lib. 2. Monastici tit. 2. § 15. quo Clerum Normannicum a subsidio Regi præstando *pro maritagio Catharinæ Regis Franciæ primogenitæ et Angliæ Reginæ,* immunem non esse decretum est. Præterea Statuto Edwardi I. Regis Angl. Westmonast. cap. 35. cautum fuit in beneficium vassalli, ut *Auxilium* non peteretur ad maritandam filiam, antequam septimum ætatis attigisset annum, nec tunc quidem plus quam 20. sol. de singulo feodo Militari, tantumdem e singulis 20. libratis terræ colonicæ, quam socagium vocant. Primogenita autem filia interdum ea intelligitur prima ex filiabus, quam dominus nuptum dat. Libertates Castellinovi in Biturigib. ann. 1258 : ... *Quando filiam suam primogenitam maritaverit,: licet autem dicatur de primogenita, nihilominus intelligitur de illa filia, quam primo duxerit maritandam.* Adde Consuet. localem ejusdem oppidi tit. 2. art. 11.

Charta ann. 1197. ex Tabul. S. Petri Carnot. : *Prior S. Romani per se poterit tailliare homines suos pro justis Auxiliis meis, ita quod iidem homines non graventur, videlicet pro novitate miliciæ meæ, pro prima filia mea viro tradenda, pro prima prisione mea in tirocinio, pro captione corporis mei de guerra, si tamen a vavassoribus meis talem subventionem habuero, et pro uno tantum filio meo milite faciendo.* Inter ea vero, quæ hic notanda sunt, illud præcipuum est, quod ejusmodi *Auxilia* ex pactionibus, ut plurimum, dominum inter et subditos pensitabantur.

Quæsitum etiam, an ejusmodi auxilium extenderetur ad filiam primogenitam filii primogeniti defuncti, hoc est, ad neptem ex primogenito. Nam cum Carol. II. Sicil. Rex *Auxilium* pro Beatricis, ex Caroli-Martelli filii primogeniti Hungariæ Regis neptis, nuptiis, a Provinciæ Comitatus incolis extorquere decrevisset, Aptenses contra intercesserunt, tanquam rem novam tentaret. Expostulationis acta edita ann. 1297. hæcce verba præferunt : *Et Communiæ dictæ civitatis injunxistis, ut pro maritatione illustris Dominæ Beatricis filiæ excellentis viri D. Karoli Reg. Ungar. bonæ memoriæ quondam, faceremus talliam in dicta civitate, seu grossum fogagium, sicut et pro filia Domini nostri Regis, quæ tamen rem novam inducit indebitam, et jugum servitutis indebitum.* Vide Michaelem *del Molino* in Repertorio Fororum Aragon. in voce *Dos* pag. 114. et pag. 140. V. Cl. Dion. Salvagnium in Tract. de Jurib. dom. pag. 522. et Auctores ab eo laudatos.

Auxilium *pro Redemptione Corporis Domini, si ab hostibus capi contingat,* quæ *Tallea de prisone secundum morem patriæ* appellatur in Tabulario Absiensi fol. 32. 52. 53. tertium e legitimis Auxiliis vulgo ab omnibus admissis recensetur, omnium indubie justissimum. Tradit Rogerus Hovedenus pro Redemptione Ricardi Regis Angliæ Auxilium ab Anglis exactum, *et de unoquoque feodo Militis* 20. *solidos exsolutos.* Id etiam protensum videtur ad liberationem uxoris domini, aut primogeniti filii, apud Walsingham. in Edw. II. cum Rex idem in Parlamento subsidium pro redemptione nobilis viri Joannis de Britannia Comitis Richmundiæ nuper capti per Scotos expeteret : *hæc petitio penitus est negata, sub ista replicatione, quod tantum pro Rege, Regina et filiorum Regis primogenito, si in captivitate tenerentur, foret contributio facienda.* In Consuetudine Lodunensi cap. 8. art. 2 : *Quand il est prisonnier des ennemis de la Foi, ou de ce Roiaume.* Vide Constitut. Sicul. lib. 3. tit. 18. Consuetud. Normanniæ art. 168. 169. 170. et Salvagnium pag. 529.

Auxilium *pro relevio, seu racheto,* ut legitimum agnoscit Regiam Majest. lib. 2. cap. 37. § 1 : *Postquam vero conventum fuerit inter dominum et hæredem tenentis sui, de rationabili Relevio dando et recipiendo, poterit idem hæres rationabilia auxilia ab hominibus suis exigere.* Et § 6 : *Si igitur ad hujusmodi auxilia reddenda possit dominus suos distringere tenentes, multo fortius pro Relevio suo, et servitio de feudo sibi debito, districtionem eo modo licite poterit facere.* Vetus Consuetudo Normanniæ cap. 34 : *Ayde de Relief est deuë quant le Seigneur meurt, et son hoir releve vers celui de qui il tenoit son fief, et celle ayde doit estre faite per demy Relief. Et pour ce doit l'en sçavoir que generalement tous les fiefs qui doivent Relief, doivent Ayde de Relief de la mort au Seigneur, et cette Ayde est deuë aux hoirs des Seigneurs, etc.* In eo Pacto, quod inter Philippum Pulcrum Reg. et Carolum Comitem Vadensem fratrem ex una parte, et Carolum II. Regem Siciliæ ex altera, pro Comitatuum Andegavensis et Cenomanensis cessione in gratiam matrimonii ineund inter eumdem Carolum et Margaretam Regis Siculi filiam, mens. Decemb. ann. 1289. hæc leguntur: *Pro hujusmodi exoneratione procuranda habebimus et percipiemus totum emolumentum quatuor Auxiliorum terrarum, scilicet Auxilium pro Redemptione nostra, pro Militia filii nostri, pro Racheto terræ nostræ, et pro Maritagio filiæ nostræ prædictæ.* Istius Auxilii, ut a lege inducti, meminit præterea Consuetudo Normanniæ art. 165. et Augensis Comitatus apud Gallandium lib. de Alodio pag. 78.

Auxilium *pro subsidio Terræ Sanctæ*, inductum videtur a Ludov. VII. Rege Franciæ. Nam cum a Papa Eugenio sacris interdictus esset, quod Petrum Archiepiscopum Bituricensem sede sua dejectum nunquam deinceps se admissurum jurasset, *tandem S. Bernardo persuadente, ad hoc est cor Regis inclinatum, ut Archiepiscopum susciperet, et pro transgressione perjurii, Hierosolymam se promitteret profecturum.* Tunc enim *per totam Galliam facta est exactio generalis, nec sexus, vel ordo, vel dignitas quempiam excusavit, quin Auxilium Regi conferret. Unde factum est, ut ejus peregrinatio multis imprecationibus persequeretur.* Hæc Matthæus Paris ad ann. 1146. qui iis consona alia habet ann. 1250. pag. 518. Exemplo igitur Ludovici, Ricardus I. Angliæ Rex Auxilium pariter extorsit a subditis, cum ad iter Hierosol. se accinxit ann. 1190. uti testatur Hovedenus pag. 665. Cæteri deinceps Franciæ proceres, quo tam longinquæ peregrinationis, vel potius expeditionis, quam inire seu pietas, seu gloriæ amor cogebat, impensis facerent satis, hanc legem indixere vassallis et subditis suis, ut quoties in Terram Sanctam bellandi contra fidei hostes gratia proficiscerentur ipsi, in partem sumptuum, quos facere tenebantur, certum vectigal, Auxilii nomine, pensitarent. Charta ann. 1171. in Tabulario S. Stephani Nivernensis: *Contra præfatam libertatem novam exactionem et impositionem facere cœpit,... videlicet quod pro tribus tantummodo casibus, si captus se redimeret, si Filiam suam nuptui traderet, si Hierosolymam pergeret, tria millia solidorum per manus Prioris a Burgensibus haberet.* Consuetudines municipales urbis Martelli in Vicecomitatu Turenensi: *Vicecomes vero habitantibus in villa Martelli, nihil penitus auferre, sed ipsi debent eum adjuvare, præter cæteras consuetudines, tribus causis, scilicet si Hierosolymas ire, aut filiam maritare voluerit, aut Captus fuerit et redemptus.* Charta Alfonsi Comitis Tolosani ann. 1269: *Usitatum esse in Pictavia, quod nobiles Comitatus Pictavensis dominis suis Crucesignatis congruum debent præstare Auxilium pro subsidio Terræ Sanctæ.* Idem etiam obtinuit in Vicecomitatu Lemovicensi. Chronic. S. Martialis ann. 1274: *Inter cætera condemnavit eosdem* (Lemovicenses) *ad exsolvendum Vicecomiti Lemovicensi, qui pro tempore fuerit, ad voluntatem ejusdem Comitis, pro qualibet quatuor necessitatum, scilicet novæ Militiæ, filiæ Maritandæ, Redemptionis ab hostibus, et Subsidii Terræ Sanctæ.* Sed et in Baugiacensi territorio, ut constat ex Charta Libertatum Baugiacensis oppidi a Guidone Dom. Baugiaci concessarum ann. 1250. quæ extat apud Guichenonum in Hist. Bressiensi pag. 64. Sed missis, quæ in eamdem rem conferri possunt, addo tantum in litteris anni 1272. Dominum Montisferrandi in Arvernis quatuor Auxilia percipiendi jus habere, annotari, scilicet, *l'Aide de Chevallerie, l'Aide de sa Fille mariée, de la Rançon de son corps pris en guerre, et de l'Allée d'outremer.* Ejusmodi Auxilium inductum præterea legitur Legibus municipalibus Burgundicis art. 4. Burbonensibus art. 344. Arvernensibus cap. 15. Pictaviens. art. 188. Marchensib. art. 130. in Libertatibus Villæ Franc. ann. 1256.MSS. in Libertatibus MSS. Villæ S. Desiderii in Campania ann. 1228. Salvæterræ in Ruthenis ann. 1284. Villæ Sagiaci ann. 1347. pag. 511. apud Perardum pag. 509. in Charta Hugonis Ducis Burgundiæ ann. 1182. apud eumdem Perardum pag. 300. in Charta ann. 1306. pro Vicecomitatu Lautricensi in Regesto Philippi Pulcri Regis Francor. ann. 1299. Tabularii Regii n. 165. etc.

* Auxilium *pro Cruce transmarina.* Charta Guidonis vicecomit. de Combornio ann. 1284. in Reg. 61. Chartoph. reg. ch. 424: *Retinemus in quolibet quatuor casuum, si evenerint, scilicet pro nova militia, pro filia maritanda, pro Cruce transmarina, si contingat transfretare, et pro captione proprii corporis, si redemptio subsequatur, sexaginta libras tantum.* Arest. ann. 1332. inter comit. et monach. Vindoc. in Reg. 81. ch. 741: *Avec ce doivent festage une fois durant la vie du conte; mais ceux de Vendosme si doivent ledit festage en quatre cas: c'est assavoir, quant li conte va premiers outre mer, et quant il marie sa fille ainsnée, et quant il est prins en guerre pour son propre fait et en la guerre de son seigneur lige.*

Auxilium *pro Emptione terræ in vita domini semel facienda*, occurrit in Pacto, quod initum est ann. 1310. inter Carolum Vadensium et Andium Comitem, et Barones Andegavenses et Cenomanenses, in Regesto Andegavensi Cameræ Comput. Paris. fol. 56. Tabularium Burguliensis Monasterii fol. 131: *Istæ duæ masuræ debent* 5. *sol. de tallia, pro Redemptione carceris et pro una Emptione in vita sua et pro matrimonio primogenitæ.* Charta Sibyllæ viduæ Guichardi Dom. Bellijoci ann. 1203. in Tabul. Cluniacensi Thuano: *Et quittavit omnes tallias et collectas in tota terra S. Petri Cluniacensis, nisi pro duabus rebus tantum, videlicet pro maritanda filia Bellijoci, aut pro Acquirenda terra.* Alia Guillelmi Episcopi Carnotens. ann. 1166: *Dicebat enim Vicecomes* (Castriduni) *quod ad filium, vel filiam, vel sororem maritandum, ad redemptionem quoque corporis sui, ad terram Acquirendam, vel recuperandam, si quis etiam dominorum suorum exhæredet, ad hæc omnia si pecuniam impendere oporteret, competens Auxilium ei exigere liceret.* Denique Carolus II. Siciliæ Rex Bulla sua aurea 9. Nov. ann. 1290. Forcalquerii incolas ab omni focagio eximit, præterquam in his sex casibus: *Si nos vel nostros in comitatu Forcalquerii successores ad Regem, vel Imperatorem Romanum, seu ad Romanorum Regem, vel Imperatorem electum accedere, vel in Terræ Sanctæ subsidium transfretare aut, quempiam ex filiis nostris, vel nostrorum in Comitatu Forcaquerii Militiam recipere, aut nos vel successorum ipsorum aliquos filiam maritare, Terram Emere, aut personali redemptioni subjacere contingeret.* In ejusmodi præstando Auxilio conditionem apponit Charta Hugonis Ducis Burgund. ann. 1182. in Regesto Feodorum Burgund. fol. 124: *Quod si Dux Jerosolymam adeat, vel filiam suam maritet, vel captus sit et redemptus, vel terram emat, unde universa terra sua gravetur, ipse ab Abbate Ecclesiæ B. Mariæ Auxilium debet petere, etc.* Sed et obtinuit ejusmodi Auxilium in pso Siciliæ Regno, uti constat ex Decreto Willelmi Regis, quod habetur lib. 3. Const. Sic. tit. 18. In Consuetudine Britanniæ art. 86. exigitur, ut dominus emat terram suæ proximam. Adde Libertates Sagiaci in Burgundia apud Perardum pag. 511. Chartam Hugonis Vicecomitis Castriduni ann. 1166 in Hist. Perticensi pag. 193. et Specula. torem lib. 4. part 3. de Feudis pag. 306.

* Ut terra ad baroniam pertineat, notatur supra pag. 510. col. 2. in Ch. Odonis de Monteacuto. Aliquando pretium terræ vel subsidium erogandum assignatur. Test. Heliziarii dom. Ucetiæ ann. 1254. inter Probat. tom. 3. Hist. Occit. col. 505: *Item universis hominibus terræ meæ remitto et quitto.... omnes tallias, ... præterquam in quatuor casibus; scilicet si ego, vel hæredes mei transfretaremus, vel hæres meus esset novus miles, vel maritaret filiam vel sororem suam, vel faceret Emptionem, quæ excederet summam* v. m. *sol. Turon.* Pactum inter Arn. de Villanova et homines de Transio ann. 1283: *Item fuit actum, quod si contigerit dictum dominum vel successorem suum Emere Terram pretio quinquaginta librarum, vel etiam ultra, quod ipsi homines teneantur dare ipsi domino pro subsidio decem libras tantum.* Libert. villæ *de Jonville* ann. 1354. tom. 4. Ordinat. reg. Franc. pag. 295. art. 7: *En cas que nous ou nostre hoir, seigneurs ou chieps dudit lieu, acheteriens loyaulment et sanz fraude, quatre cenz livres de terre ou plus, à une foiz conjoinctement, lidit habitant nous denroient six vins livres de la dicte monnoye: ne de plus ne les porriens contraindre.*

Auxilium *pro Militia Domini.* Charta Thomæ Comitis Perticensis ann. 1214. in Tabular. Major. Monasterii: *Milites nostri de Castellario Bellisanensi talliam de feodis suis et hominibus suis nobis debent tantummodo feudaliter pro his* 4. *rebus, quæ sequuntur, pro prima Militia nostra, pro prima Captione nostra de guerra, et pro Militia Filii nostri primogeniti viventis, et pro prima Filia nostra maritanda.*

In Cameræ Comput. volumine signato B. fol. 46. est Arestum Parlamenti ann. 1285. quo incolæ oppidorum Wastinensis provinciæ ad præstandum pro Regis Militia auxilium damnati sunt, licet privilegio speciali ab eo præstando se assererent immunes: *Visis chartis pronunciatum fuit per jus, quod dictæ Chartæ non liberant eos, quin ad solvendum Auxilium Militiæ Domini Regis teneantur.*

Auxilium *pro Militia fratris*, Occurrit in Constitut. Frider. Imp. lib. 3. Constit. Sicul. tit. 19.

Auxilium *pro Militia cujuslibet Viri nobilis*, habetur in Consuetudinibus Andegavens. et Cenoman. in Regesto Rerum Andegavens. fol. 60 : *Quand noble homme ou Gentilhomme estoit fait chevalier.*

Auxilium *pro Filio Primogenito Maritando*, apud Cognatum lib. 4. Hist. Tornacensis cap. 15.

* Auxilium Maritale, in Charta Thomæ de S. Joanne ann. 1180. ex Bibl. reg. cot. 19 : *Dedi.... terram absolutam ab omnibus, a molta, a relevamentis, ab omni tallia, ... excepto tantum Auxilio militari et Maritali priorum filii mei et filiæ meæ, etc. Don de nosces*, in Ch. ann. 1300. ex Lib. rub. Cam. Comput. Paris. fol. 132. r°. col. 2.

Auxilium *de Maritanda Filia postgenita*, in Scotia locum habuit, ut patet ex Statutis secundis Roberti I. Regis Scotiæ cap. 18. § 1. et in Sicilia ex Constitutionibus Neapolitanis lib. 3. tit. 19. Pro filio uxorando, ait Speculator in tit. de Feudis § Quon. num. 67. non confert vassallus : quia tunc dominus recipit dotem cum nuru sua, idemque ditatur. Sed quando filiam nuptui tradit, dotem cum ea dat, et sic fit pauperior, ideoque a vassallo juvari debet. Et hac de causa manifestum est, quod vassallus tenetur dare subsidium domino, pro filia post nata nuptui collocanda. Quod Zasius de Feudis part. 7. num. 50. etiam ad filiam spuriam extendit.

* Auxilium *pro Maritandis Filiabus*, in Libert. hominum *de Boussac* ann. 1427. ex Reg. 179. Chartoph. reg. ch. 42 : *Item.... pourrons quester et sur eulx faire queste en quatre cas : c'est assavoir, à la nouvelle chevalerie du seigneur de nostre chastellenie et seigneurie de Boussac ; par nostre prinse, s'il advient que nous, les nostres..... feussent prins des ennemis, ... ou par le voiage d'oultre mer et pour le mariage des Filles de nous, des nostres et ayans de nous cause.* Vide infra *Auxilium pro defensione regni.*

* Auxilium *pro Maritandis Filiabus et Sororibus*. Libert. villæ *de Jonville* ann. 1354. ibid. art. 6 : *Se nous ou nostre hoir, sires et chieps dudit lieu mariens l'une de noz filles, ou l'une de noz Seurs, pour le premier mariage, ou pour les premiers nopces d'une chascune, lidit habitant paieroient six vins livres de ladicte monnoye.*

* Auxilium *pro velanda filia*, seu in monasterium collocanda. Pactum inter Arn. de Villanova et homines de Transio ann. 1283 : *Item fuit actum, quod si dictus dominus, vel aliquis successor suus filiam suam legitimam maritaret, vel in monasterium collocaret*, etc. Charta Guillelmi dom. *de Maugicourt* ann. 1280. ex Reg. 75. Chartoph. reg. ch. 424 : *Voulons de nostre bon gré que les hostes dessusdiz et leurs hoirs soient quittes de toutes corvées, ... et les clamons quittes de touz revouiaus ; se n'est pour nostre filz faire chevalier, ou pour notre fille marier, ou faire nonain.*

Auxilium *pro Maritanda Sorore*, in Regno Siciliæ obtinuit, ut colligitur ex lib. 2. Constit. Sicul. tit. 18. Statutis MSS. Caroli I. Reg. Sicil. cap. 153. et ex Charta ann. 1211. apud Ughellum tom. 1. pag. 784. Præterea in Regno Angliæ. Matth. Paris in Henrico III. ann. 1235 : *Eodem tempore cepit Rex carucagium, scilicet 2. marcas de caruca, ad maritagium Sororis suæ Isabellæ.* Idem ann. 1242 : *Dederunt... unum magnum scutagium ad Sororem suam Imperatricem maritandam.* [Vide *Maritagium*] Sed et in Gallia. Charta permutationis Vicecomitatus Lautricensis ann. 1106. in Regesto ann. 1299. Philippi Pulcri Regis Franc. Tabularii Regii num. 165 : *Nec non et subsidium seu subventionem, et jus eorundem quod seu quam homines seu gentes Lautreguesii scilicet totius Vicecomitatus et Baroniæ de Lautrico eidem D. Bertrando et ejus successoribus facere debent, et tenentur in quatuor casibus infrascriptis, scilicet si eum contingat ad statum Militiæ promoveri ; item si eum contingeret transfretare ; item si contingeret ejus filiam vel filios, aut Sorores matrimonio copulari ; item si oporteret vel contingeret ipsum a captione, vel carceris detentione redimi, vel etiam liberari.* Vide Chartam Hugonis Vicecomitis Castriduni ann. 1166. apud Ægidium *Bry* in Hist. Perticensi pag. 193.

Auxilium *pro Ædificatione, aut munitione Castri*, non semel itidem memoratur. Charta Gaufredi Comitis Andegav. qua villanos S. Dionysii et Spineti absolvit ab omni tributo, *excepta submonitione pro prælio in adversarios, vel Castello faciendo in marchia.* Et mox : *Submonitio pro prælio publico, vel Castello in marchia sui honoris faciendo.* Vide Sammarthanos in Abbatia Omnium SS. Andegav. Libertates concessæ villæ Montisbrusonis a Guigone Comite Forensi ann. 1223. MSS. : *In alodiis, quæ habebant homines Montisbrusonis, quando villa facta est libera, habebit Comes omnia usagia sua, præter talliam et toltam, nisi fieret collecta communiter pro firmando castro, per mandamentum ipsius Castri.* Charta Henrici D. Solliaci ann. 1301. pro libertatibus Aiæ in Biturigibus : *Si autem in guerra captus fuero, vel aliquod Castrum meorum disruptum fuerit, vel filiam meam maritavero, vel Cruce signatus fuero, unumquodque dictorum quatuor ab ipsis burgensibus Auxilium impetrabo et requiram, et mihi secundum facultates suas sponte sua tenebuntur auxiliari.* Tabularium Vindocinense ch. 109 : *Has consuetudines perdonat G. Comes in perpetuum Deo et S. Mauricio, et Canonicis, ... excepta submonitione pro prælio in adversarios, vel Castello faciendo in marchia, ita ut non submoneantur post hac nisi a Majore vel Canonico S. Mauricii : et de submonitione illa si Major vel Canonicus deliquerit, ipsi emendent Comiti.* Et Infra : *Excepta submonitione pro prælio publico, vel Castello in marchia sui honoris faciendo.* Charta Philippi Aug. ann. 1214. in Tabulario Abbatiæ Burguliensis : *Et debent Auxilium ad adducendum ramentum ad faciendum capitale Ædificium domini de Nonancourt rationabiliter, quando opus erit, et erunt submoniti.* Charta Rogeri *de Toëny* D. Novigenti Eremberti ann. 1190 : *Ab omnibus angariis, malis consuetudinibus et omnibus corveis sint liberi, nec submonitione mea, vel alicujus hominis mei, si fieri contingat, ad girum, vel aliquem equitatum, vel expeditionem, nec ad fossata, seu clausuram Castri mei Novigenti, quod nunc extat, vel alterius, si construi contingat, coguntur proficisci, nisi ad defensionem, ita duntaxat, si aliquis exhæredare cupiens vellet obsidere.* Alia Primihli Marchionis Moraviæ ann. 1235 : *Nullus autem inquietet eam villam pro Castrorum Ædificatione, vel imminenti expeditione.* Hist. Archiepisc. Bremensium ann. 1142 : *Concessit etiam omnes colonos Ecclesiæ ab omni censu, expeditione, villæ vel urbis Munimine, et petitione precaria, liberos et immunes.* Henricus Huntindonensis lib. 6. Hist. de Guillelmo Notho Rege Angliæ : *Ad Castella solus omnes fatigabat construenda.* Tabularium S. Crucis Talemondensis fol. 3 : *Neque moneantur, ut eant homines occidere, vel terras Christianorum prædare, neque Castellum, neque vallum facere, neque in quoquam sint angariati, sed ab omni perturbatione bellorum laborent in pace quieti.* Vide Chartam Guillelmi Ducis Aquitaniæ ann. 1010. pro fundatione Abbatiæ Malleacensis apud Sammarthanos, et aliam ann. 1241. in Probat. Hist. Castilionensis pag. 55. et aliam Alfonsi Regis Lusitaniæ æræ 1257. apud Brandaonum lib. 3. Monarch. Lusitan. cap. 17. *Domuum regalium Ædificatio*, in Monast. Anglic. tom. 2. pag. 16. Hujus exactionis occurrit crebro præterea mentio in Chartis Anglicis, a qua ne Monachi quidem ipsi immunes erant, ut est in Ep. S. Bonifacii Mogunt. ad Cutberthum Archiepisc. Cantii sub finem, præfixa Concilio Cloveshovensi. Charta Wiglafii Regis Merciorum ann. 833 : tom. 1. Monastici Angl. pag. 123 : *Hoc modo per ævum liberabo a pastu Regis et Principum, et ab omni constructione Regalis villæ.* Alia Eadgari Regis Angl. pag. 141. 200. 203 : *Liberas dono ab omni servitio, exactionibus fiscalibus... exceptis pontis et arcis constructione, et expeditione contra hostem.* Alia Ælfredi Regis pag. 203 : *Ut ab omnium regalium tributorum, et exactione operum, atque pœnalium causarum, absque expeditione sola, arcis et pontium structura immunis et libera permaneat.* Alia ejusd. Regis pag. 216 : *Tribus tantummodo exceptis communium laborum utilitatibus, si contingat expeditionem promoveri, arcum pontemque construi.* Adde Vitam S. Attractæ Virg. n° 13. Seldenum ad Eadmerum pag. 159. Monasticum Angl. tom. 1. pag. 503. 669. 850. 922. 939. et alibi passim. Ad καςροκτισίαν operas suas contulisse Principum subditos, colligitur etiam ex Leone in Tacticis cap. 20. § 71. quo præterea videtur pertinere Novella Theodosii et Valentin. de Postulando : *Nulla eis inspectio, nulla ingeratur peræquatio, nulla operis extructio, nulla discussio, nullum ratiocinium imponatur.* De Auxiliis variis vide Jacobinum de S. Georgio in Tractatu de Feudis cap. 25. § 22. pag. mihi 71. [** Vide *Castellorum opus* in *Castellum*, et Glossar. med. Græcit. in Καςροκτισία col. 604.]

Auxilium *ad Guerram domini manutenendam*, quod *pro expeditione* vulgo appellant Diplomata veterum Regum Angliæ proxime a nobis allata. Regiam Majest. lib. 2. cap. 73. § 3 : *Utrum vero ad Guerram suam manutenendam, vel ut maritet filiam suam primogenitam, possint hujusmodi Auxilia petere, quæro? Obtinet autem apud quosdam, quod non possunt tenentes suos distringere de jure, nisi, quatenus illi tenentes velint facere.* Regestum Philippi Aug. Herouvallianum fol. 131 : *Dominus Vernonis habet Auxilium pro filio suo primogenito faciendo Milite, et de prima filia sua maritanda, et de prima redemptione corporis sui capti, de Guerra Domini sui : et quando dominus Vernonis ibat in exercitum cum Duce Normanniæ, Dux ei dabat tale Auxilium, quale Dux volebat, etc. Aide de l'Ost*, dicitur in Regesto Feodorum et servitiorum fol. 254 : *Et tient demy fié de haubert, pour lequel il doit, si comme est dit, Ayde de l'Ost et de la chevauchée, quant elle est levée en Normandie.* Vetus Consuetudo Normanniæ cap. 44 : *Il y a aucuns fiefs de haubert, qui doivent à leur Seigneur le service de l'Ost, qui doit estre fait au Prince : les autres doivent l'Ayde de l'Ost. Ceux qui doivent le service, sont tenus à le faire en l'Ost, ou envoyer personne pour eux, qui le fasse avenaument : Ceux qui doivent l'Ayde, ne la doivent payer ne rendre devant que le Prince leur ait ottroié la quantité de l'Ayde du fief. Mais quant l'Ayde sera déterminée et ottroiée par le Prince, chacun sera tenu la rendre à la semonce de quinze jours, si comme il tient du fief sans nul delay, etc.*

* Auxilium Exercitus, *Ayde d'ost*, in Ch. ann. 1319. ex Reg. 59. Chartoph. reg. ch. 243. Assis. Falesiæ ann. 1236. in Reg. S. Justi Cam. Comput. Paris. fol. 29. v°. col. 2 : *Tria auxilia, scilicet de filio faciendo milite, de filia maritanda, de Exercitu regis, non possunt quittari per cartam regis.* Reg. sign. *Pater* ejusd. Cam. fol. 93. v°. col. 1 : *Philippus Bochart armiger comparuit pro se* (dicens se) *non debere exercitum, nisi Auxilium exercitus, et octo solidos redditus pro feodo de Melierent. Ansellus de Gavinit armiger comparuit pro se dicens se non debere exercitum, sed Auxilium et viginti solidos annui redditus.* Pluries ibi. Est ergo ea præstatio, quam tenentes ac vassalli domino exsolvebant in belli sumtus, quæ sæpe fiebat pro ipsa exercitus exemptione. Vide in *Hostis.*

Auxilium *pro defensione terræ.* Statuta Honorii IV. PP. pro Regno Neapolitano ann. 1285. quibus exactiones omnes tolluntur, præterquam in 4. casibus : *Primus est pro Defensione terræ, si contingat invadi regnum invasione notabili, sive gravi, non procurata, non simulata, non momentanea, sive facile transitura, sed manenti. Secundus est pro Regis persona redimenda, etc. Tertius pro Militia sua seu fratris sui, consanguinei et uterini, sive alicujus ex liberis suis, etc. Quartus est pro Maritanda sorore simili conjunctione sibi conjuncta, vel aliqua ex filiabus suis aut neptibus suis, etc.* De ejusmodi auxiliis ab Episcopis exactis ab Ecclesiasticis suæ diœceseos in supradictis casibus, agunt multis Bartholomæus Bellencinus in Tractatu de Caritativis subsidiis et Augustinus Barbosa de officio et potestate Episcopi part. 3. allegat. 87. etc.

* Auxilium *pro Defensione regni et regis Franciæ.* Charta ann. 1354. in Reg. 84. Chartoph. reg. ch. 822 : *Homines* (castri et castellaniæ de Palareto Caturc. diœc.) *sunt talliabiles in quinque casibus, et pro quolibet casu debent viginti quinque libras Caturcenses. Primus casus est, ut dixit, si dominus dicti castri fiat miles. Secundus est, si capiatur ab hostibus. Tertius est, si vadat ultra mare visitare sepulcrum Domini. Et quartus est, si oporteat ipsum dominum militare seu equitare pro Deffensione regni et regis Franciæ, a quo tenetur castrum prædictum, ut asseruit. Et quintus casus est, in casu, quo maritabit aliquam de filiabus suis naturalibus et legitimis; et eo casu, quo maritabit filiam suam primogenitam, dicti homines debent solvere quinquaginta libras Caturcenses.*

Auxilium *pro eundo ad Imperatorem.* Charta Caroli II. Regis Siciliæ ann. 1290. supra laudata : *Si nos vel nostros in Comitatu Forcalquerii successores ad Regem vel Imperatorem Romanorum, seu ad Romanorum Regem vel Imperatorem electum accedere.... contingeret.* Adde Chartam aliam ann. 1238. quæ describitur apud Joffridum in Hist. Niciensi pag. 182.

* Auxilium *pro accessu ad Imperatorem.* Charta Guigonis dalph. ann. 1253 : *Item de voluntate et consensu prædictorum hominum dicti castri* (Upasiensis) *retinuimus nobis.... acempras seu complainctas in his casibus : scilicet pro nostra militia, et pro dotanda filia vel filiabus nostris, et pro filio nostro vel filiis nostris seu successorum nostrorum militibus faciendis, et pro Accessu ad Imperatorem cum armis, vel pro fidelitate facienda, et pro peregrinationibus faciendis ultra mare, vel citra longe, et pro emptionibus castri vel castrorum, vel aliis magnis adquisitionibus faciendis.*

Auxilium *Consuetudinarium Vavassorum et aliorum hominum tenentium de dominico et de feodis*, in Regesto Philippi Aug. fol. 92.

Auxilia Vicecomitum, quæ Vicecomitibus seu Ballivis præstabantur, in Anglia præsertim. Fleta lib. 3. cap. 14. § 9 : *Sunt etiam aliæ præstationes, ut Auxilia in Comitatu Vicecomitum, etc.* Charta Henrici II. Regis Angl. tom. 2. Monast. Anglicani pag. 184 : *Salvo scutagio unius Militis, de Assisis veteribus et novis, de Auxiliis Vicecomitum, et Præpositorum de Hundredo.* Pag. 245 : *Et tenet eas per servitium 40. denariorum per annum ad Auxilium Vicecomitis.* Adde Ingulphum. pag. 875.

* Auxilium Arrietagii. Vide supra *Arrietagium.*

Auxilia Burgi. Chronologia Augustinens. Cantuar. ann. 1104 : *Carta ne servientes, qui nec emunt, nec vendunt, nec mercatum ducunt, tallientur ad Auxilia Burgi Cantuar.*

* Auxilium Comitis, Idem quod infra *Tertii anni.* Vide *Auxilium Triennarium.*

* Auxilium Consilii, Quo quis dominum feudalem consiliis juvare tenetur. Charta ann. 1262. in Chartul. sign. *Decanus* S. Petri Insul. ch. 156 : *Et le m'ait donné frankement, sans les quatre coses, c'on apiele justice haute, ensi ke jou sui tenus de l'église Aidier et consellier, et de venir et d'aler à ses consaus et à ses estevoirs, soulonc çou ke jou serai requis de par li.*

¶ Auxilium Curiæ, Curiæ jussio, qua quis ad ipsam citatur. Placitum Prioris Ecclesiæ S. Frideswidæ Oxon. ann. 1352. apud Kennettum Antiquit. Ambrosden. pag. 477 : *Et Johannes per Richardum de Sheldon attornatum suum venit, et vocat inde ad Warrantiam Johannem Sutton de Dudley Chevalier et Isabellam uxorem ejus ut habeant eos hic in octab. S. Michaëlis per Auxilium Curiæ.*

Auxilium Episcopi. Ita appellabant *pecunias et procurationes*, quas Episcopi a *personis Ecclesiarum* subinde exigebant, quas et *Consuetudines Episcopales, quandoque Synodales, quandoque denarios Paschales vocabant*, ut est apud Alexandrum III. PP. in Appendice ad Concilium Lateranense III. part. 2. cap. 9.

Auxilium *pro Consecratione sua*, exigendi ab hominibus suis Episcopo concessit Guillelmus Rex Siciliæ, in Constitut. Sicul. lib. 3. tit. 18. Vide *Adventus.*

Auxilium etiam ab hominibus suis exigendi facultatem Episcopis idem Rex indulsit *pro corredo suo*, scilicet cum in terris eorum Regem hospitari, vel *corredum* ab eis recipere contingeret, ibidem; cujus quidem Auxilii meminit Hincmarus Remensis ad Clerum Laudun. : *Ne etiam quasi ad receptionem Regis vel Legatorum, aut ad ornatus suæ Ecclesiæ faciendos adjutoria quasi petendo, potius autem exigendo... accipiat.*

Auxilium præterea iisdem Episcopis exigendi a subditis facultatem indulsit idem Rex, cum a Domino Papa ad Concilium evocantur, ibid. Charta Ludovici VII. ann. 1171. pro Abbate Trenorchiensi, in Regesto Philipp. Aug. Herouvalliano folio 136 : *Abbas deinceps nullam super Burgenses faciet talliam, nisi pro Auxilio aut procuratione nostra, aut procuratione D. Papæ, aut Cardinalium, aut si Abbas submonitus fuerit ad Concilium, vel ad Curiam D. Papæ, etc.* Tabularium Prioratus de Paredo fol. 98 : *Retentum est, quod ad Curiam Apostolici, vel ad Curiam Regis iturus Episcopus* (Nivernensis) *a Presbyteris Cluniacensium Ecclesiarum questum si fecerit, non tamen violentum.* Vide Joffridum in Historia Episcoporum Niciensium pag. 182. et V. Cl. Jacobum Petitum post Pœnitentiale Theodori pag. 666. 717.

Auxilium a Presbyteris sui Archidiaconatus, ex licentia Episcopi, interdum exigebant Archidiaconi. Chartam descripsit idem Petitus post Pœnitentiale Theodori pag. 482.

Secunda Auxilia. Joan. Sarisber. Epist. 49 : *Unde cum in extremis ageremus, domino vovimus inter cætera, quod consuetudinem de Secundis Auxiliis, quam frater noster Archidiaconis imposuit, destrueremus, etc.*

Auxilium denique Episcopis exigendi facultatem concessit idem Guil. Rex Sicil. cum ab Rege ad exercitus sui servitium evocantur, dummodo in exercitu fuerint, in Constit. Sicul. lib. 3. tit. 18.

Auxilium Pallii, quod scilicet Archiepiscopo a Presbyteris diœcesis pensitabatur pro eundo Romam ad *Pallium* Archiepiscopale sumendum. Descripsit Schefferus ad Chronicon Upsalense Chartam cum hoc lemmate : *Taxus Subsidii Pallii, secundum quod fiebat contributio Cleri anno Dom. 1343. ante Natale Domini Domino Hemmingo, prius Præposito Arosiensi, facto Archiepiscopo Upsaliensi, etc.*

¶ Auxilium Equi, Cum subditus equum præstare debet, in obsequium domini, vel pro equo certam pecuniam. Hist. Harcur. tom. 4. pag. 1352. ex Regestis Cameræ Computorum Paris. : *Item idem Radulphus percipiet apud Berneium quinque solidos annui census, pro fabrica duos solidos, pro Auxilio et servitio Equi undecim libras.*

¶ Auxilium Feodale. Tabularium Fontanel. tom. 2. pag. 1457 : *Concessi tres pecias terræ tenendas et habendas... jure hereditagio... salvo tamen jure Capitalium dominorum et tribus Auxiliis feodalibus in Normannia constitutis.* Quænam illa tria sint auxilia a tenentibus *feodum* dominis exhibenda superius dictum est, ubi de *Auxilio legitimo.*

* Auxilium feodale est quod ratione feodi debetur. Reg. S. Justi Cam. Comput. Paris. fol. 194. v° : *Item sex Auxilia feodalia, etc.* Ibid. fol. 207. v° : *Item Auxilium feodale, valens centum duodecim solidos.*

* Auxilium Fidele, Quod a vassallo. qui fidem suam domino obstrinxit, penditur. Charta ann. 1329. in Reg. 66. Chartoph. reg. ch. 272 : *Ad duodecim denarios solvendos et reddendos ad fidelia Auxilia. Aides feaus,* in Ch. Joan. dom. Musiaci ann. 1292. ex Tabul. S. Petri Carnot.

¶ Auxilium Juris *est suffragium et beneficium juris, prout dicitur : Contra hoc perdita sunt juris auxilia.* Vocabular. utriusque Juris.

*Auxilium *Sancti Michaelis, valens cxvij. solidos,* in Reg . S. Justi Cam. Comput. Paris. fol. 247. r°: Quod ad festum hujus sancti solvitur.

* Auxilium de Militia, Idem quod supra *Auxilium exercitus.* Assis. apud Cadomum ann. 1234. ex Cod. reg. 4653. A. : *Judicatum fuit quod Auxilium de militia non debetur alicui, nisi teneat per feudum loricæ.* Ubi perperam *de Mileya,* in Reg. S. Justi Cam. Comput. Paris. fol. 31. v°. col. 1. *Auxilium militare* dicitur supra in *Auxilium maritale.*

¶ Auxilium Militis, Subsidium a subditis solvi solitum cum dominus aut filius ejus primogenitus miles creatur. Supra satis explicatum est. Locum vide in *Advenancia.*

* Auxilium Porcagii, Quod ex porcis fit. Vide supra *Arrietagium.*

* Auxilium Prati, Servitium quod tenentes domino suo debent in falcandis pratis, vel ejusdem servitii redemptio pecuniaria. Chartul. Norman. in Bibl. reg. ex Ch. ann. 1222 : *Quas* (libras) *fecimus eidem assignari apud Romelliacum in rebus subscriptis, videlicet. . . . novem acras prati et Auxilia prati pro c. solidis.* Vide *Pratagium.*

*Auxilium *pro redemptione a Sarracenis.* Vide supra *Auxilia directa.*

* Auxilium S. Remigii, Quod in capite Octobris penditur. Reg. S. Justi Cam. Comput. Paris. fol. 244. v° : *Item census et Auxilia S. Remigii, iiij. lib. et iiij. den.*

* Auxilium de Sappo, Quod ex sapone fit. Vide in *Sapo.* Reg. S. Justi fol. 196. r° : *Thomas de clauso* (debet) *quoddam Auxilium, quod vocatur Auxilium de sappo, valens xxxiij. solidos.*

* Auxilium Septembris, in eod. Reg. S. Justi fol. 242. v°. Quodnam vero illud sit, explicatur supra in *Arrietagium.*

* Auxilium Tertii Anni, vel *Tertionarium,* Idem quod *Foagium,* quia tertio anno percipiebatur, sic dictum. Reg. Phil. Aug. de feudis Norman. ex Bibl. reg. Cod. 4653. A. fol. 116 : *Reddit inde domino Carentonis decem libras, duos solidos minus, pro Auxilio tertii anni.* Consuet. Norman. cap. 29. part. 2. ex Cod. reg. 4651 : *Quædam vero* (sesinæ) *sunt tardiores, ut de Auxiliis tertionariis, quæ de tertio anno in tertium colliguntur.*

Auxilium Triennarium, seu Comitis, in Normanniæ Ducatu. Charta Reginaldi *Badou* Junioris Ballivi Rotomag. ann. 1294. ex Regesto Philippi Pulcri Regis Franc. incipiente ab ann. 1299. in Chartophylacio Regio : *Videlicet septem solidos annui reditus, et quinque solidos Auxilii Triennarii, quod dicitur Auxilium Comitis, et levatur anno, quo colligitur Foagium super 60. acris terræ, quas Guillelmus de Monasterio tenet per vavassoriam non liberam, etc.* [* Lego *Auxilium tertii anni* ut supra.]

¶ Auxilium Unius Diei, Diurna operarum præbitio, Gall. *Aide* vel potius *Corvée d'un jour.* Litteræ Officialis Cenoman. pro Monasterio S. Vincentii ann. 1209. ex Archivis ejusd. loci : *Præterea ipse Galterius habebit de quolibet mansionario villæ annuatim per manum Prioris Auxilium unius Diei ad byezia molendinorum ad bladum reparanda, etc.*

¶ Auxilium Petere, Petere fortioris adjumentum in lite, scilicet cum vassallus inferior causa laborat, et jus ægre tuetur suum, tum superiorem dominum orat, ut sibi patrocinetur. Placitum anni 1330. apud Kennetum Antiquit. Ambrosden. pag. 414 : *Unde dicit quod ipse* (Johannes de Handlo) *non potest prædicto Priori sine ipso domino Rege inde respondere et Petit Auxilium de ipso domino Rege, et tum dies datus est eis a die S. Trinitatis in xv. dies, et interim loquendum est cum domino Rege.*

* **AUXILIUS,** Auxiliator. B. de Amoribus in Speculo sacerdot. MS. cap. 6. de Officiis sacerdotis curati :

Cunctis proficere, nulli quoque velle nocere,
Hoc custodire debes, ac Auxilius ire,
Reddere quod tandem rectam valeas rationem.

1. **AUXILLA,** Auxillula, *Olla vel Urna, vel mensura,* Ugutioni. Joan. de Janua : *Auxilla, ab augeo, olla, vel mensura parum major quam Justa, unde Auxillula, parva olla, vel parva talis mensura.* At Festo est *Oliva parvula.* Vide *Justa* 2.

¶ 2. **AUXILLA,** Avicula. Janus Laurenberg. in Supplemento Antiquarii : μικρόπτερα, οὐς (ὡς) βάῤῥων, *Aviculæ.* Lege μικρότερα et supple πτηνά, aut quid simile. Vide *Auca* et *Axillæ.*

¶ **AUXIMIUM,** *Romanum, Latinum.* Gloss. Isid. Lege *Ausonium.*

¶ **AUXONENSIS** Moneta. Vide *Moneta Baronum.*

** **AUXUS** pro Ausus. Annales Laurissenses ann. 787. Pertz. vol. 1. Scriptor. pag. 168. lin. 30. et pag. 170. lin. 12.

* **AUZANNA,** Chartul. S. Joan. Angeriac. fol. 96. r° : *Isti sunt redditus, quos de massis et terris suis omnibus annis reddunt rustici. . . . xij. denarios et agnum ad Auzannam.* Id est, ad Dominicam palmarum, quæ *Osanna* nuncupatur.

AUZEDA. Charta scripta sub Philippo I. Francorum Rege in Tabulario Conchensi in Ruthenis n. 25 : *Similiter dimitto medietatem de Auzedas, et medietatem de placitis et justitiis, etc.*

A. X. Browerus lib. 2. Antiquit. Fuld. cap. 10. in vetustis Fuldensis Monasterii Martyrologiis, seu potius Necrologiis, A. et X. litteras *Ancillam Christi* denotare ait.

AXA, [Idem quod *Asser,* ut opinor, Lignum dolatum. Gall. *Ais,*] Charta Philippi I. Regis Franc. pro Monasterio S. Audoëni Rotomag. tom. 13. Spicileg. Acheriani pag. 289 : *Ad ultimum vero decimationem silvarum, Axarum, molendinorum, denariorum, equorum, etc.*

* Alias *Acis.* Lit. remiss. ann. 1385. in Reg. 128. Chartoph. reg. ch. 173 : *Comme la fille de Thomas de l'aage de douze ans ou environ eust rescoux à une autre fille. . . . une recouppe d'une Acis, que elle emportait, etc.*

* **AXADORIUM,** Idem quod *Axidoria,* Axis ostii, seu cardo, quo fores vertuntur. Notitia ann. 846. inter Probat. ult. Hist. Trenorch. pag. 84 : *Quibus præfatus Rainaldus abba, in advocatione præfati Viviani comitis easdem res per terram et herbam, per hostium et Axadorium, vel signum ecclesiæ ejusdem loci sitæ partibus eorumdem fratrum ad ordinandum, etc.* Ubi aliæ investiturarum Chartæ habent *Anaticla* vel *Haspa.* Vide in his vocibus.

AXAMIT, [Pannus holosericus.] Vide *Exametum.*

¶ **AXAMPLARE,** Amplificare, augere, Gall. *Agrandir.* Memoriale Potestatum Regiens. ad. ann. 1245. apud Murat. tom. 8. col. 1114 : *Et fecit fieri murum civitatis in quadra castelli, et pallancatum circa civitatem, et Axamplari vias circa murum civitatis extra foveas.* Vide *Adamplare.*

¶ **AXATIO** Carectæ, Junctio axis cum rotis et carro. Computus anni 1425. apud Kennettum Antiquit. Ambrosden. pag. 574 : *Et in solutis pro fryttyng. v. rotarum hoc anno vii. den. et in uno axe empto cum Axatione unius Carectæ viii. den.*

AXATUS, Cervorum clamor, vel vox, apud Felicem Gyrwensem Monachum in Vita S. Guthlaci n. 22.

¶ **AXEDO,** ἐμβολόν, τὸ εἰς τὸν ἄξόνα ἐμβαλλόμενον ξύλον, *Lignum quod axi immittitur,* in Supplemento Antiquarii.

¶ **AXEGIA,** Tabula sectilis lignea. Leges Rhotaris apud Murat. tom. 1. part. 2. pag. 40. col. 1 : *Si quis Axegia de sepe, id est, Axegiato, una aut duas tulerit, componat solidum unum.* Vide *Assis* 2.

¶ **AXEGIATUM,** Sepis *Axegiis* seu assercculis intertexta.

* **AXEL,** Leges Danicæ apud Ludewig. tom. 12. Reliq. MSS. pag. 175 : *Item quicumque in villis forensibus, quæ dicuntur Axel, etc.*

AXELLA. Vide *Ascella* 1.

¶ **AXENIA,** *Inhospitalitas,* a Græco ξένος Hospes et ἀ privat. Richardi Bartholini Hodoeporicon Matthæi Garensis Episcopi pag. 619 : *Axenia illic tunc celebrari arbitrabar, algebant omnia, etc.*

** **AXICULUS.** Idem quod *Asciculus,* 2. in Polypt. Irminon. Breve 9. sect. 4. pag. 76. Plura vide in indice generali Doctissimi Editoris.

¶ **AXIDORIA,** Axis ostii, ut arbitror, ab *Axis* Lat. et Saxon. Dora Ostium. Charta anni circiter 1000. in libro incatenato Matiscon. fol. 38. verso : *Androeldus Presbyter tradidit Hildebaldo Episcopo Matisconensi et Canonicis tres quartas partes Ecclesiæ B.*

Mariæ de Cantriaco, et tradidit eis per hostium et Axidoria. Vide *Axadorium.*

AXILA, Axilia. Vide *Ascella* 2.

¶ **AXILIS**, Asser. Locum vide in *Circulus* versus finem.

¶ **AXILLÆ**, *Aves minores*, apud Papiam.

AXIMA. Charta ann. 1287. in Miraculis S. Ambrosii Senensis : *Vovit, quod ad ejus sepulturam portaret unam Aximam, et omni anno iret ad ejus altare, etc.* [Ubi *Axima* poni videtur pro figura cerea, inquit Continuator Bollandi tom. 3. SS. Martii pag. 202. Unde Italis inter verba ornatus muliebris *Azzimare*, Cerussare, polire : neque enim nunc littera X. utuntur.]

* Glossar. Lat. Gall. ex Cod. reg. 7692 : *Axima, feste.*

¶ **AXIOMA**, *Dignitas.* Papias. Vide *Axiomatici.*

AXIOMATICI, Magistratus, Magnates, Proceres. Glossar. Græco-Lat. Ἀξιωματικός, *Honorarius, qui honorem gerit.* Aliud Glossar. *Dignitosus*, Ἀξιωματικός. Breviloquus : *Axioma, Dignitas; inde Axiomaticus, dignitatem habens.* Glossæ Nomicæ MSS. πλῆθός ἐςιν οἱ λοιποὶ πολῖται χωρὶς τῶν ἀξιωματικῶν. Guillelmus Biblioth. in Hadriano II. PP. pag. 223 : *Eum cum Pontificali pallio impositum præcedentibus Axiomaticis, et subsequentibus reliquis turbis in urbem redire... conspexerant.* Anastasius in Hist. Ecclesiastica : *Cum aliis quinque, tribus quidem Comitibus, duobus vero Axiomaticis.* Vide Joan. Diaconum in Vita Gregorii M. PP. lib. 1. cap. 25. Sed et in Diurno Romano cap. 2. tit. 4. pro *Axiomati*, leg. *Axiomatici*, uti legitur tit. 7. Ἀξιωματικοί apud Modestinum lib. 6. Excusat. et lib. 6. Basilic. Ἀξιωματικοὶ τοῦ λαοῦ, apud Palladium in Vita Chrysostomi pag. 85. editionis V. Cl. Emerici Bigoti. Hinc Ἀξιωματικόν, *Salarium*, quod *Axiomaticis* a Rege pensitatur, in Glossis Basilic. et apud Photium in Nomocan. tit. 8. cap. 7. [** Glossar. med. Græcit. voce Ἀξιωματικοί.]

* **AXIONARIUS**, pro *Auxionarius* vel *Auctionarius*, in Glossar. Lat Gall. ex cod Reg. 7692 : *Axionarius, regratir. Axionaria, regratiere.* Vide *Auctionarii* 1.

AXIOTOMA. Vide *Servitium mensæ.*

* **AXIS.** Vita S. Samsonis tom. 6. Jul. pag. 581. col. 1 : *Ille vero* (Samson) *Axim festinanter tenens, vidit a longe serpentem flammivoma crista erecta per vasta deserta serpitantem.* Ubi docti Editores *Axim tenere* intelligunt, Recta via progredi, seu a proposito non dimoveri.

¶ **AXIS** Testamenti, Series testamenti, seu potius rotulus testamenti. Testamentum S. Rudesindi Episc. ann. 978. tom. 3. Collect. Concil. Hispan. pag. 235. col. 1 : *Munus Gutierri omnem Axem Testamenti confirmat. Froyla Gutierri ex toto corde optans, et fieri confirmat.*

¶ **AXITES**, Axitiosi. Gloss. vett. *Axites*, ἀποτελεσματικοί. Festus habet : *Axitiosi, Factiosi dicebantur, cum plures una quid agerent facerentque. Axit autem antiquos dixisse pro egerit manifestum est; unde Axites Mulieres, sive Dii dicebantur una agentes.* Plautus apud Varronem : *Axiosæ annonam caram e vili concinnant viris.* Vide Salmasium ad Vopiscum in Carino.

¶ **AXIUS.** Chron. Novaliciense apud Murat. tom. 2. part. 2. col. 748 : *Ista omnia superius comprehensa una cum adjunctis adjacentiisque suis, campratis, pascuis, silvis, alpibus, montibus, rivis, aquarumque decursibus, Axiisque omnibus cum omnem* (sic) *jure vel terminum earum.* Puto legendum *Exiis*, Proventibus. Vide *Exitus* et *Exius.*

* **AXONZIA**, pro Axungia. Pactum inter Januens. et marchionem de Carreto ann. 1292. tom. 4. Cod. Ital. Diplom. col. 1921 : *Per mare non deferent nec abducent carnes, caseum seu Axonziam in aliquem locum.*

* **AXORARE**, f. Litem movere, ab Ital. *Azione*, actio. Stat. Vercell. lib. 6. pag. 137. v° : *Item quod dominus Ubertus Coarasa et filii et nepotes, ... pro se et consortibus eorum, pro duobus terceriis habeant præcipuum modios quadraginteos boschi meoleti, videlicet de illo nemore, quod Axoratum fuerat inter prædictos comites, versus territorium S. Agathæ.*

AXOVAR, ex Hispanico *Axuar*, Suppellex, utensilia. Usatici Barcinonenses MSS. cap. 97 : *Si quis virginem violenter corruperit, aut ducat eam in uxorem, si illa et parentes ejus voluerint, et dederint ei suum Axovar, aut donet illi maritum de suo valore.* Fori Oscæ ann. 1247. fol. 23 : *Vir et uxor non possunt vendere hæreditatem, quam parentes uxoris in Axovario dederunt filiæ quando nupsit, ante susceptionem prolis.* Vide Observantias Regni Aragon. lib. 5. de Jure dotium § 1. 15. et tit. de Secundis nuptiis § 5.

* Simul et dos ipsa, quæ mulieri sive in mobilibus sive in immobilibus assignatur.

* **AXUNGARIUS**, *Ad axungiam pertinens.* Vocabul. compend.

* **AXUNGIARE**, *Axungia ungere*, apud Laur. in Amalth.

* **AXUS**, pro Assus, Gall. *Roti.* Tract. MS. de Re milit. et mach. bellicis cap. 9 : *Fingat* (dux) *aliquem casum habere propter quem est sibi necesse accipere fugam, et dimittat in dicto loco caldarias et ollas, cum brodo et carnibus coctis, lexis et Axis, etc.*

* **AYBREDA**, Idem videtur quod *Aiacis* 2. et supra *Aicium*, Prædium, domus cum horto; nisi malis de prato interpretari. Charta pro hominibus de Stagello ann. 1331. in Reg. 69. Chartoph. reg. ch. 174 : *Pro qua quidem aqua, sive usu ejusdem, ducenda per alveum, alveos, rechum seu rechos usque ad castrum de Stagello. . . . ad rigandum suas possessiones, terras, Aybredas, et alia ejus utilia seu necessaria, etc.*

* **AYCHAGATERIUM**, vel Aychagaterius, Canalis ligneus, quo aqua ducitur ad rotam molendini. Reparat. factæ in senescal. Carcass. ann. 1435 : *Item pro faciendo in dicto Aychagaterio tres trabes et tres estauts avietis sufficientes et necessarios.* Vide supra *Aiguerium.*

AYCHATA, Vide in *Andena* 1.

* 1. **AYDA**, *Auxilium*, tributum, vectigal, a Gall. *Aide.* Arest. parlam. Tolos. pro consul. de Miranda ann. 1400 : *Et quod dicti consules eorum consilia, absque præsentia officiariorum dicti comitis* (Astariaci) *facere non deberent, certamque Aydam seu concessionem, nuncupatam sognetum, in dicta villa existentem, etc. Impositiones seu Aydas*, in Ch. ann. 1404. ex Tabul. archiep. Auxit. Adde Lit. Caroli VI. ann. 1397. tom. 8. Ordinat. reg. Franc. pag. 138. art. 1. Vide *Aidæ.*

* 2. **AYDA**, In aliquo officio secundus, nostris *Aide*, eadem notione. Memor. H. Cam. Comput. Paris. ad ann. 1415. fol. 46. v° : *Johannes de Franconvilla, dictus Cornal, confirmatus in officio Aydæ veneriæ regis, loco Guillelmi le Provencel. Aydeur*, nostris olim, idem qui socius, qui adjutorium præbet. Pœnæ ducat. Aurel. apud Thaumass. pag. 469 : *Li receleur, et l'Aydeur, et li consenteur sont punis comme li seigneur.*

AYEC, Ayec. Michaël *del Molino* in Repertorio Fororum Aragon. : *Bestiam currentem si aliquis portaverit, debet dicere, Ayec, Ayec, quod est vulgare antiquum Aragonum : alias si hoc non dixerit, tenetur emendare damnum datum per bestiam.* Fori Oscenses ann. 1247. fol. 15 : *De homine qui vadit per mercatum aut villam cum sua bestia, et non dixerit Ayech, vel simile verbum, et facit damnum, ille, vel sua bestia, etc.*

¶ **AYES**, f. pro *Haiæ*, Gall. *Haies.* Homagium præstitum Amedæo Duci Sabaudiæ ann. 1272. apud Guichenon. in Probationibus Hist. Bressiæ pag. 21 : *Hugo de Vernalio.... confitetur tenere a domino Baugiaci in feodum ligium domum suam de Vernueil, in parrochia de Confrançon cum fossatis et fortalitia tota et curtilibus et les Ayes.*

* **AYGADERIA**, Aqualis, urceus aquarius, Gall. *Aiguiere.* Proces. verbal. ann. 1438. inter Probat. tom. 3. Hist. Nem. pag. 259. col. 1 : *Item quatuor Aygaderias.* Vide infra *Aygareta.*

* **AYGARELLA**, Rivulus. Composit. inter episc. Magel. et gentes reg. ann. 1332. in Reg. 66. Chartoph. reg. ch. 948 : *Descendendo usque ad Aygarellam seu rivulum dictum Liouda, alias Negacaos.* Lit. admortisat. bonorum a Cardinale Alban. emptorum ann. 1375. in Reg. 109. ch. 401 : *Quædam petia terræ, quæ confrontat cum itinere, quo itur de Aygarella ad molendinum de Septemcanibus, et cum manso, dicto den Beneseth, Aygarella in medio.*

* **AYGARETA**, ut supra *Aygaderia*, Urceus aquarius. Charta ann. 1328. in Reg. 65. Chartoph. reg. ch. 261 : *Item tres pitalfos et unam Aygaretam de stangno.*

* **AYGASSERIA**, Eodem significatu. Inventar. ann. 1476. ex Tabul. Flamar. : *Item plus duas Aygasserias stagni rotundas absque copertorio, factas ad modum operis argenti.* Pluries occurit ibidem. Vide infra *Ayguaria* 2.

¶ **AYGONI** vocabantur Ghibellinorum adversarii. Chron. Parmense ad ann. 1307. apud Murat. tom. 9. col. 860 : *Quidam vero de Guidonis et quidam de Boschettis et de Rangonibus cum certis suis sequacibus, dicentes se esse partis Guelfæ seu Ecclesiæ sive Aygonorum antiquitus dictæ et vocatæ, spondam fecerunt contra illos qui dicebantur ab antiquo partis de Grisulfio seu Imperii, sive Ghibellini.*

* **AYGRACIUM**, Uva acerba, omphacina. Ital. *Agresto.* Stat. Avellæ ann. 1496. cap. 183. ex Cod. reg. 4624 : *Persona, quæ emerit Aygracium, uvas, nuces, castaneas, etc. Aygrun*, nostris olim, pro Acredo, acrimonia. Lit. remiss. ann. 1394. in Reg. 147. Chartoph. reg. ch. 180 : *Lesquelles pommes*

et poureaux, qui pourtoit grant Aggrin, etc. Vide *Acrumen* et infra *Ayrayium.*

¶ **AYGRÆ**, *Acerbitas*, a Gall. *Aigre*, *Aigreur*. Locum vide in *Acerba.*

¶ **AYGUERIA**, Cloaca, Emissarium, Gall. *Evier.* Litteræ ann. 1429. apud Marten. tom. 2. Anecd. col. 1735 : *Qui tandem promissionibus devicti ipsam sibi restituerunt, quam igne combussit et in Aygueria sive cloaca projecit.* Visitatio Monasterii S. Amantii Ruten. ann. 1371. ex Archivo S. Victoris Massil. : *Ordinamus quod canalis sive Aygueria, quæ est supra dictam capellam etc.*

* Pactum inter reg. episc. et consul. Caturc. ann. 1351. in Reg. 80. Chartoph. reg. ch. 487 : *Dicti consules poterunt creare curatores seu gardiatores operum et ædificiorum, parietum et vanellarum, Ayguerirum, stillicidiorum, etc.* Infra : *Cloacis, sive Ayguerüs.* Stat. ann. 1352. inter Probat. tom. 2. Hist. Nem. pag. 152. col. 2 : *Item quod nulla persona audeat prohicere aquas in carreria, ... nisi esset Aygueria talis, quæ dictam aquam seu aquas recipere bene posset.* Occurrit. præterea in Lit. ann. 1388. tom. 8. Ordinat. reg. Franc. pag. 284. art. 6.

* 2. **AYGUERIA**, Aqualis, urceus aquarius, Gall. *Aiguiere.* Reg. actor. capit. eccl. Lugdun. ex Cam. Comput. Paris. ad ann. 1340. fol. 64. r°. col. 1 : *Item duas Ayguerias argenti deauratas.* Vide supra *Aygaderia.*

¶ **AYMA**, pro *Ama*, Mensura vinaria. Est etiam mensura siccorum. Charta Geraldi Abbatis S. Joannis Angeriacensis anni 1385. ex Chartulario ejusd. Monast. pag. 473 : *De Lazaro unum sextarium frumenti et unum sextarium de fabis, de Charentenago tres Aymas frumenti et unum sextarium de fabis, de Perers duo sextaria frumenti.* Vide *Ama* 3.

¶ **AYMELLUM**, Encaustum, Latinobarbare *smaltum*, Gall. *Email.* Angl. *Amell.* et *Ammel. Unum ciphum argenteum... cum diversis scuchonibus et Aymellis*, apud Rymerum tom. 5. pag. 49.

* Nostris olim *Aymeterie*, Ars conficiendi encaustum. Ordinat. ann. 1416. in Reg. 169. Chartoph. reg. ch. 432 : *Nous avons reçu l'umble supplition des maistres, ouvriers et jurez du mestier de Aymeterie et fil de haubert, etc.*

¶ **AYMELLATUS**, Encausto pictus, Gall. *Emaillé*, apud eumdem Rymer. tom. 5. pag. 48. et 59.

* **AYMINA**, Mensura frumentaria. Vide *Hemina.* Charta ann. 1316. in Reg. 65. Chartoph. reg. ch. 210 : *Una Aymina bladi consegali, computata duos solidos. Una Aymina siliginis*, in Ch. ann. 1328. ibid. ch. 261.

* **AYMOLATOR**, pro *Aymelator*, ut videtur, Gall. *Emailleur.* Vide supra *Aymellum* Lit. remiss. ann. 1355. in Reg. 84. Chartoph. reg. ch. 477 : *Cum Johannes Arrondeau invenisset Johannem Gerry Aymolatorem, etc.*

* **AYNALE**, perperam pro *Ayrale.* Vide mox in hac voce.

* **AYRACIUM**, Vide infra *Ayrazium.*

AYRALE, [Area. Archivum Prioratus S. Joannis Tolos. Ord. Malt. : *De omnibus ortis, ortalibus, cazalibus et Ayralibus, etc.*] Vide *Area.*

* Locus vacuus et ædificio aptus. Libert. novæ bastidæ de Trya ann. 1325. in Reg. 64. Chartoph. reg. chap. 54 : *In domo qualibet, placia seu Ayrali dictæ villæ, longa de sexaginta tribus rasis et ampla de viginti una rasa, habebit dominus rex et dicti parieri annuatim. . . sex denarios Turon. censuales.* Quod passim occurrit in Chartis eadem de re. Hinc emendandæ Libertat. Florentiæ ann. 1339. tom. 8. Ordinat. reg. Franc. pag. 96. art. 28 : *Quod plateas* (plateæ) *et Aynalia sint in dicto loco, prout hactenus esse consueverunt et sub pensionibus consuetis.* Ubi legendum *Ayralia. Ayraut*, eadem notione, in Lit. remiss. ann 1448. ex Reg. 179. ch. 297 : *Une place gaste, appellée Ayraut;.... ouquel Ayraut ou place, etc.* Vide infra *Ayriale.*

* **AYRAMERES**, Agri, ut videtur, urbi vel castello proximi, quorum cultura facilior et uberior est. Charta ann. 1405. inter Recognit. feud. comit. Pictav. in Reg. sign. *Le grand Gauthier de Poitou* ex Cam. Comput. Paris fol. 65. v° : *Item les Ayrameres et ortos vadorum Brangerii, sitos subter turrim Pictavinam de Lesigniaco; quæ quidem Ayrameres et orti valent michi quolibet anno quadraginta solidos redditus vel circa.... Item decimam in dictis Ayrameres, quæ michi potest valere quolibet anno sex boicellos bladi redditus vel circa.*

* **AYRAZIUM**, AYRACIUM, Uva acerba, omphacina. Ital. *Agresto.* Stat. Astæ collat. 11. cap. 96. pag. 35. r° : *Ordinatum est quod aliqua persona non utatur Ayrazio pro sausa facienda, vel aliqua alia re, nisi hoc fecerit de suis uvis.... Si quis tabernarius vel tabernaria inventus vel inventa fuerit habere in domo, in qua stat, Ayracium, a festo S. Joannis de Junio usque ad festum S. Crucis, amittat pro pœna sol. xx..... nisi ille tabernarius vel tabernaria probaverit quis ei Ayracium vel uvas vendiderit.* Vide supra *Aygracium.*

* **AYRE**, Accipitrum nidus. Vide supra *Area* 4.

* **AYRETA**, Idem videtur quod *Area*, *Areola.* Charta ann. 1361. in Reg. 101. Chartoph. reg. ch. 96 : *A dicto loco recte protendendo versus Ayretam de Laisser, et a dicta Ayreta, etc.* Vide in *Area* 1.

* **AYRIALE**, AYRIALIS, Locus vacuus et ædificio aptus. Charta ann. 1321 : *Quoddam Ayriale situm inter domum dicti Raimundi ex parte una, et domum Arnaldi Bernardi ex alia.... Ayriale prædictum et domum, si quam in eodem ædifficare seu construere contigerit, etc.* Libert. Petræ assisiæ anno 1341. in Reg. 74. Chartoph. reg. ch. 647 : *Ayrialia, quæ dabuntur in dicta bastita venientibus ad eamdem causa habendi* (habitandi) *erunt amplitudinis quinque brachiatarum, et longitudinis xij. brachiatarum, et pro quolibet Ayriali solvetur pro censu anno quolibet quatuor denarii Tolos.* Charta ann. 1273. in Reg. Cam. Comput. Paris. sign. JJ. rub. fol. 52. r° : *Petrus et Amanevus retinuerunt sibi et suis heredibus in dicto podio duos Ayriales vel solos,.... francos et ab omni servitio quitos. Item donatores supradicti receperunt in feodum a ballivo dom. regis unum Ayriale sive solum in dicto podio ad faciendum furnum.* Vide supra *Ayrale.*

¶ **AYRO**, Ardea, Genus Avis, Gall. *Heron.* Locum vide in *Trahina.*

* **AYSA**, vel AYSIS, Asser, tabula sectilis, ut videtur, Gall. *Aisse.* Pedag. castri *de Les* ann. 1263. ex Cod. reg. 4659 : *In singulis radellis hominum de Avinione vel de Bellicadro, in quo sunt vj. Aysæ vel plures, percipiuntur v. sol. Melgorienses,... Si vero sunt radelli aliorum hominum, percipiuntur pro quolibet Ayse xij. den. Melgor.* Vide *Assis* 2.

* **AYSADA**, Ligo, Gall. *Houe.* Libert. novæ bastidæ S. Ludovici ann. 1325. in Reg. 64. Chartoph. reg. ch. 127 : *De sotularibus, de calderiis, anderiis, patellis, Aysadis, payrollis.... dabit venditor extraneus in die fori.... duos denarios.* Vide supra *Aissada* et infra *Ayssada.*

* **AYSALE**, Axis, ut videtur, Gall. *Essieu.* Stat. Avellæ ann. 1496. cap. 146. ex Cod. reg. 4624 : *Si alicui bubulco vel conducenti boves cum plaustro, vel laboranti terram alicubi, contingat quod ruperit Aysale vel tortam, seu Aysalia vel tortas, ... possit.... capere ubicumque ipsum Aysale, vel ipsa et Aysalia et tortas.... licite et sine pœna.*

¶ **AYSAMENTUM**, Jus utendi rebus alienis. Charta anni 1206. inter Instrum. Hist. Meld. tom. 2. pag. 97 : *Concessi quod dilectus et fidelis Camerarius meus Garnerus de Latiniaco faceret omnia Aysamenta sua in muris et fossatis meis de Trya.*

* Id quo omnibus uti licet, quod omnibus est commodum, v. g. via publica. Arest. ann. 1346. 28. Mart. ex vol. 3. arest. parlam. Paris. : *Super quadam tabula, sede seu stallo stante Rhemis.... a parte seu versus viam seu Aysamentum publicum.* Vide *Aisantia.*

* **AYSATUS**. Vide supra in *Aisatus.*

¶ 1. **AYSIA**, *Magister Aysiæ*, Massiliensibus *Maître d'Ache*, Artifex navium. Occurrit in Charta Massil. anni 1329. Vide *Assia*, *Aissa* et *Assiata.*

* 2. **AYSIA**, Id omne, quod usui et commodo est, ustrina, Gall. *Usine.* Charta Dalphinalis ann. 1390 : *Item ductum et decursum aquæ seu bialeriam molendinorum, trolliett et battitorii, et aliarum Aysiarum ipsius Joannis, etc.* Vide supra *Aisamenta.*

¶ **AYSIAMENTUM**, AYSIENTIA, AYSIMENTUM, ut *Aysamentum.* Vide in *Aisantia.*

¶ **AYSINA**, Supellex quævis, Gall. *Meubles;* præsertim vero apud Massilienses *Aysines* sunt utensilia quælibet ad cellam vinariam pertinentia, ut dolia, cupæ, ceteraque vasa vinaria. Vox, ut puto, ducta a Gallico *Aises*, facultates, commoditates. Statuta Forojul. MSS. ann. 1235. ex Rotulo Archivi S. Victoris Massil. : *Non intelligimus vasa vinaria, neque archas, neque Aysina.* Charta anni 1312. ex eodem Archivo : *Extra Monasterium vero in Prioratibus, sive eorum grangiis, seu Aysinis.* Hic ipsa cella vinaria videtur intelligenda. Statuta Ecclesiæ Cadurc. apud Marten. tom. 4. Anecd. col. 729 : *Quia quidam Clerici Ecclesias sic exponunt supellectilibus et Aysinis propriis et etiam alienis... ne hujusmodi supellectilia et Aysinæ in Ecclesis admittantur.* Ibid. col. 1043 : *Res mobiles aut Aysinas, etc.* Donatio ann. 1317. tom. 2. Hist. Dalphin. pag. 167 : *Item fuit actum... quod ipse D. Dalphinus teneatur et debeat emere froyre et Aysinas domorum et fortalitiorum locorum præ-*

dictorum, quod et quæ nunc sunt in ipsis domibus et fortalitiis, seu essent tempore mortis dicti Raymundi, ad cognitionem i. e. æstimationem : qua cognitione facta et soluto ipsius froyre, seu ipsarum Aysinarum pretio, nihilominus idem D. Raymundus quantum fuerit in humanis ipsorum omnium usumfructum habeat, sicut habet nunc, etc. Vide *Aisantia*.

* Vas omne; idem etiam quod supra *Aysamentum*. Terrear. Apchonii MS. : *Cum eorum juribus, servitutibus, passagiis, Aysinis, appendentiis et dependentiis, etc.* Stat. ann. 1352. inter Probat. tom. 2. Hist. Nem. pag. 152. col. 2 : *Cum lavabitur tabula pissium, quod in uno grasali vel broco, vel alia Aysina recipietur aqua illa, sub pœna decem sol. Turon.* Vide supra *Aisamenta*.

* **AYSIS**. Vide supra *Aysa*.

* **AYSITUS**. Vide supra in *Aisatus*.

¶ **AYSIUM**. Vide *Aisantia*.

* **AYSSADA**, Ligo, Gallice *Houe*. Lit. remiss. ann. 1409. in Reg. 163. Chartoph. reg. ch. 281 : *Cum manubrio assiatæ, aliter d'Ayssada, in manu sua, etc.* Aliæ ann. 1412 in Reg. 166. ch. 185 : *Le suppliant se lança sur ledit Grilh, et d'une hoë, appellée Ayssada ou pais* (Languedoc) *le frappa*. Vide supra *Aysada*.

¶ **AYSSARTARE**, pro *Essartare*, Gall. *Essarter*, Silvas, vepreta, etc. evellere et in agrum cultum redigere. Chartular. Accincti pag. 40 : *Theodoricus Bisunt. Archiep. concessit Fratribus de Accyo quicquid ipsi applanaverant, vel Ayssartaverant in terra de Valedon; insuper et tria jugera ad applanandum, ita tamen quod in reliquo fundi terræ illius, nec homines sui nec aliqui per se deinceps Ayssertarent.*

¶ **AYTOGIUM**, pro *Epitogium*, Pallii genus, Gall. *Surtout*. Statuta Cisterc. ann. 1432. apud Marten. tom. 4. Anecd. col. 1582 : *Ab omnibus cucullis albis, diploidibus seu Aytogiis, vel habitibus nigris manicas non habentibus, quos loco capparum quidam Abbates de Italia gestare præsumunt, penitus abstineant.*

* **AYVERIUM**, Emissarium, aquarium, Gall. *Évier*. Stat. Avellæ ann. 1496. cap. 144. ex Cod. reg. 4624 : *Quæcumque persona, ... quæ clauserit vel occupaverit... Ayverium alienum, sive aquæductum, vel meatum.... tempore pluviarum, etc.*

AZA recensentur inter arma vetita in Legibus Italicis. Jus Vincent. lib. 3. de Armis vetitis, et Statuta Veronensia lib. 3. cap. 3 : *Vel rangeno, vel Aza, vel plumbato, etc.* [Itali *Azza* etiamnum dicunt pro *Accia*, securis, Gall. *Hache*.]

* Chron. Tarvis. apud Murator. tom. 19. Script. Ital. col. 815 : *Ipse Galeaz ad illum oculum habens, agilitate levatus a parte prosiluit, et ille Aza illa terram percussit.* Vide infra *Azza*.

* **AZACATORIUM**, Aquarium, Gall. *Abbreuvoir*. Charta ann. 1276. in Reg. A. Chartoph. reg. ch. 20 : *Item in latere, per deversus Azacatorii comitis Matisconensis, ... sex solidos pro domo, quæ contigua est ruellæ Girardi de tabulis.* Idem porsus est quod supra ibidem in Ch. ann. 1272. dicitur *Adaquatorium comitis Matisconensis*. Neque aliud est

¶ **AZACHATORIUM**. Chartularium Ecclesiæ Autissiod. fol. 91 : *Vinea sita ad Azachatorium S. Gervasii.* S. Gervasius parrochia est in suburbio Autissiod. vineis undique circumsepta; sed quid hinc elici queat, non satis video. Vide *Azacatorium*.

AZADIUM, Azidium. Charta Caroli Crassi anni 880. apud Ughellum tom. 2. pag. 187 : *Arenam, carnarium, Azidium, publica pascua, vias, ingressus, etc. Azadium* scribitur in pag. 203.

AZAGA. Charta Lusitanica apud Anton. Brandaonum tom. 3. Monarch. Lusitanicæ pag. 282 : *Et de preda de fossato non detis nobis plus quam quintam partem, et Azaga, et vobis remaneant duo, etc.* [** Sa Rosa de Viterbo Elucidarii tom. 1. pag. 155 ultima ita habet : *ct Azaga duas partes; vobis remaneant duas.* Idem scribit pro *Azaga* legendum esse *ad Zagam*, quod omnino probatur Privileg. Thomar. ubi hæc sunt : *Da preza do fossado, isto he, do pâo, ou forragem, que vos trouxerdes da terra dos inimigos, cujas searas colherdes, ou talardes, dareis ao Senhorio da terra a v. parte; ao Zaga, ou adail dareis duas partes; e para vós ficaráõ outras duas.*]

AZAGAMENTUM, Ædificii genus in modum vestibuli, Hisp. *Azaguan*. Chron. Parmense ad ann. 1304. apud Murat. tom. 9. col. 851 : *Quadam vero die in dicto exercitu ad quoddam Azagamentum, quod soldati hinc inde faciebant, dominus Cazanus frater bastardus dicti domini Vescontis interfectus fuit.*

* Legendum sponte crederem *Azzuffamentum*, Italis, Rixa, certamen : nihil quippe eo loci ad vestibulum pertinere videtur.

* **AZALE**. Vid infra *Azzale*.

* **AZAPIDES**, Militia excursoria in imperio Bysantino, quam Hussaronibus comparem facit Laonicus Chalcond. lib. 8 : *Azapides, quos Hussarones nostri vocant, diripuerunt forum.* Idem lib. 5 : *Amurates quam celerrime ad hostium castra transiit, et Azapides omnes occidit.* Ita Carol. de Aquino in Lexic. milit. [** Vide Glossar. med. Græcit. voce Ἀζάπιδες.]

AZAQUIA. Vide *Alfechna*.

¶ **AZARCUM**. Vide in *Azarum*.

AZARDUM, Sors, ex Gallico *Azard*, vel *Hazard*. Synodicum Raphaelis Archiepiscopi Nicosiensis pro Græcis, editum cum Constitut. Nicosiensibus, cap. 15 : *Item denuntiamus excommunicatos... omnes illos, qui publice in domibus suis manutenent et sustinent ludum Azardi.* Ita *ludus Azardi*, in Constitut. Joannis Archiep. Nicosiensis ann. 1320. cap. 16. In Constitutione ann. 1251. ibid. habetur *ludum hazardi*. [Miracula B. Simonis Episc. August. tom. 2. Aprilis pag. 825 : *Dixit quod die XXVII. dicti mensis lusit ad Azardum et amisit; et præ dolore ludi et amissionis pecuniæ blasphemavit Deum et matrem ejus.*] In Concil. Nemosiensi ann. 1298. cap. 4 : *Qui publice tenent ludum taxillorum in domibus suis.* Charta ann. 1288. apud. Cherubinum Ghirardaccum in Hist. Bononiensi lib. 9. pag. 279 : *Sæpe contingit, quod illi, qui ludunt ad Azarum in scalis, et in platea communis Bononiæ, et etiam qui caseum incidunt, iracundiæ calore succensi, contra Deum et matrem ejus ignominiosa verba proferunt, etc.* Infra, lusores *Azarid* et *bescazariæ, etc*, De vocis etymo vide conjecturas Anton. Marnacii ad leg. ult. Cod. de Religios. et sumptib. funer. Cobarruviæ in *Azar*, Octav. Ferrarium in Originib. Ital. in verbo *Zara*, [et Menagium in Etymol. Gall. ubi a *Tessera* dictum *Azardum* docet haud sine fiducia]. [** Conf. Gloss. med. Græcit. voce Ἀτάρι.]

¶ **AZARDUS**, Tessera, Gall. *Dez*. Hist. jurgii Bonifacium VIII. Papam inter et Philippum Pulcrum Regem Franc. pag. 540 : *Item, dixit quod eodem anno et loco, vidit dictum Bonifacium ludentem ad Azardos cum domina sola prædicta : et vidit quod dicti Azardi erant punctati de auro.*

AZARIA. Fori Alcaçonenses : *De Azarias et guardias quintam partem nobis date sine ulla offretione.* [** Plurima similia vide apud Sa Rosa de Viterbo vol. 1. pag. 155. qui *Azarias* scribit esse prædam captam de Saracenis ab hominibus, non prædatum exeuntibus sed ligna in montibus cæsuris, *Aza* enim Lusitanis ut Italis olim *securim* significasse, unde vocis origo.]

* **AZARRUM**, Azarum, ut *Azardum*, Sors, Gall. *Hazard*. Stat. Vallis-serianæ rubr. 17. fol. 82. r°. ex Cod. reg. 4619 : *Non sit aliqua persona, quæ... præsumat ludere ad Azarrum, nec ad aliquem ludum taxillorum.* Stat. civit. Mantuæ lib. 1. cap. 113. ex Cod. reg. 4620 : *Nulla persona audeat vel præsumat in civitate Mantuæ, comitatu et districtu ejus ludere ad ludum Azari, neque ad taxillos.* Occurrit præterea in Stat. Pallavic. lib. 2. cap. 47. pag. 112. Montis-reg. pag. 311. Castri Redaldi lib. 2. pag. 39 r° et alibi.

AZARUM, chalybs, Gallis *Acier*. Diodorus Euchyon lib. 1. Polychemiæ cap. 2 : *Limaturæ argenti puri, æris rubri, ferri, Azari, plumbi, stanni.* Statuta Mediolanensia part. 2. cap. 67 : *Ferrum et Azarium, carbones, bladum, vinum, etc.* Hispanis *Azarcum*, est plumbum combustum.

AZCONA, Genus teli. Fori Oscæ ann. 1247. ubi de hastiludio : *Ita tamen, quod non ponat in bofordo ferrum Azconæ, dardi, vel lanceæ, etc.*

* **AZEBIT**, Prunum aridum, exsiccatum seu passum, ab Hispan. *Azebibe*, eadem notione. Leudæ major. Carcass. MSS. : *Item pro cargua de Azebits seu racemis, xviij. den.* Ubi versio Gall. ann. 1544 : *D'une charge de pances, Auzibet, figues, raisins, etc.*

AZEMBLARIUS, Atzemblarius, Mulio, Hispanis *Azemilero*. Curia Generalis Catalaniæ in villa Perpiniani ann. 1351. MS. : *Sancimus, quod si quis Azemblarius, et sui coadjutores, et Portarii nostri, in capiendo animalia nobis et Curiæ nostræ necessaria denuntiati fuerint deliquisse, etc.* Alia Curia Generalis Catalaniæ in villa Montissoni ann. 1363 : *Portarii, vel Azemularii, aut Superazemularii, seu eorum loca tenentes, qui non servaverint constitutionem editam per nos in villa Cervariæ, etc.* Lemma capitis sic concipitur, *de Atzemblariorum salariis*. Vide Raimundum Montanerium in Chron. Aragon. cap. 136. 139.

* **AZEMELA**, ut *Azemila*, Hispanis, Mulus sagmarius. Testam. regin. Malaldæ ann. 1256. tom. 1. Probat. Hist geneal. domus reg. Portugal. pag. 31 : *Item mando ibi*

omnes meas *Azemelas et omnes meas vaccas, etc.* Vide mox *Azemula.*

AZEMILA, Hispanis, Mulus sagmarius. Charta Sanctii Ramirezii Regis Aragonum apud Martinezium in Hist. Pinnatensi cap. 27 : *Adhuc stabilio, ut nullus sit ausus pro ulla querela pignorare Azemilas S. Joannis, neque jumentum Monachi, in quo ipse residet quotidie, neque manum levare super eum, vel ferire.* [Testamentum Sancii II. Regis Portugall. tom. 4. Monarchiæ Lusitan. pag. 278 : *Aliam medietatem de meis Asemolis, etc.*] Petrus Salanova Justitia Aragonum in Observantiis : *In solutionibus, caloniis, et Azemilis, etc.* Observantiæ Regni Aragon. lib. 6 tit. Interpretationes, etc. § 5 : *Et de Azemilis est sciendum, quod nullus, nisi illi, qui tenent terram pro honore, habet Azemilas, a loco, scilicet pro qualibet cavaleria unam Azemilam, vel 60. sol. pro qualibet Azemila : et est in voluntate hominum tradere Azemilas, vel 60. sol. pro qualibet. Sed si tradent Azemilas, tenetur Richus homo providere Azemilis et nunciis, et restituere facto servitio, nisi mortuæ fuerint. Si vero denarios pro Azemilis dederint, non tenetur quidquam reddere.* Et titulo de privilegio generali, § 21. eodem libro : *Azemilas autem nobilis, et non alius debet habere.* Agitur autem hic de Azemilis, quas præstare nobiles debebant Regi, *hostem* facienti. Adde lib. 6. tit. de Condition. Infantion. § 6. *Adzemple*, apud Raimundum Montaner. in Chron. Reg. Arag. cap. 136. 139. 233. et alibi, et in Chron. Petri IV. Regis Arag. lib. 3. cap. 18. 19. 20. 21. etc. Ubi vox ista pro impedimentis militaribus sumi videtur. [Vide Hist. Segoviensem pag. 247.] [** et Sª Rosa de Viterbo Elucidarii tom. 1. pag. 138.]

INNEMILUS, Idem quod *Azemila*, vel *Azemilus*, Mulus. Charta Rudesindi Episcopi Dumiensis æræ 930. apud Anton. de Yepez, in Chron. Ord. S. Benedicti tom. 5 : *Adicimus et inter mulos et cavalos, E. M. equos majores sic. C. secundo greges vacarum, et Celticos 5. Innemilos, id est, zumalzisii in nave fracta, id est in Barosa, etc.*

¶ **AZEMPIUM**, Jus domini certas præstationes a subditis exigendi. Charta venditionis Ricardi de Nova-Villa pro Commendatore de Bolbona ann. 1231 : *Vendidit et donavit Azempium de talho et pailho super omni jure suo, quæ habebat et decimario sancti Bausilii d'Anhas.* Vide *Ademprum.*

* **AZEMPRARE**, Vocare, invitare, monere. Stat. sabater. Carcass. ann. 1402, tom. 8. Ordinat. reg Franc. pag. 562. art. 12 : *Quod si contingebat quod aliquis dicti burgi et ministerii antedicti infirmaretur, et vellet recipere, velut verus Christianus, corpus Jesu Christi, omnes dicti ministerii et burgi prædicti, ad hoc tamen invitati seu Azemprati, teneantur ire et associare bene et honeste,....et quod invitans seu Azemprans, tam pro sancta communione quam pro sepultura talis infirmi, et subsequenter mortui, refferre et relevare* (revelare) *habeat supra-positis dicti ministerii, quos et quales invitavit seu Azempravit, etc.* Vide supra in *Ademprum.*

* **AZEMULA**, ut supra *Azemela*, Mulus sagmarius, Hispanis. Charta Jacobi reg. Aragon. ann. 1232. in Chartul. Campan. fol. 549. col. 2 : *Nullus audeat vel præsumat pignorare vel detinere Azemulas, sive bestias, quæ deferunt elemosinas seu necessaria ad præfatum hospitale, ad usus infirmorum et pauperum.*

* **AZENARIA**, AZENAYRIA, Præstatio, quæ propter *Azenias* seu moletrinas domino a subditis penditur. Charta Aymerici de Narbona ann. 1320. in Reg. 59. Chartoph. reg. ch. 539 : *Concedo... monasterio Fontisfrigidi.... totum jus, quod habeo in castro Malliaco.... in servitutibus quibuscumque, in boariis, in Azenariis, in justitiis, etc.* Lit. ann. 1343. in Reg. 74. ch. 84 : *Vendidit.... castrum de Perinhano, cum omnimoda alta et bassa jurisdictione .... cum censibus seu usaticis, Adhenayriis, boayriis.* Rectius infra ubi eadem repetuntur : *Cum censibus seu usaticis, Azenayriis, boayriis, etc.* Vide et mox *Azenia.*

AZENIA, HAZENIA. Diploma Regis Veremundi II. Regis Hispaniæ apud Hieron. Blancam : *Do et concedo curtem in civitate nova,... et Azeniam integram in vado, quem dicunt domini Garziæ,... et ibi in Teliares quartum portionem in alia Azenia.* Aliud Ranimiri Regis, apud Anton. de Yepez in Chronico Ord. S. Benedicti tom. 3 : *Et dedistis nobis pro ipsa villa tres Azenias in Zamora ad Olivares juxta Palatium nostrum.* Adde Anton. Bradaonum tom. 3. Monarch. Lusitan. pag. 276. 282. tom. 4. pag. 271. v. 272. Colmenaresium in Hist. Segobiensi cap. 14. § 4 cap. 16. § 4. [*Azena* Hispanis est Moletrina, cujus molæ vi aquarum versantur, Gall. *Moulin à eau.*] [** Confer Sª Rosa de Viterbo Elucidarii tomo 1. pag. 156. voce *Azena.*]

* Hispan. *Aceña.* Charta pro eccl. S. Vincentii in Hispan. ex Chartul. Cluniac. : *Exceptis his habet supradicta ecclesia x. jugatas bene cultas, duas Azeniarum rocas, duos molendinos, etc.* Charta Fernandi reg. Hispan. ann. 1210. apud Cencium inter Census eccl. Rom. : *Præfatum castrum habeatis cum pratis, pascuis, ... villis et Azeniis, piscariis, et cum omnibus directis et pertinentiis suis.* Haud scio an huc spectet vox Gallica *Haseteur*, in Lit. remiss. ann. 1392. ex Reg. 144. Chartoph. reg. ch. 169 : *Lequel Gilet respondi au suppliant qu'il mentoit comme faulx Hazeteur*; an vero idem sit quod Hispanis *Azeitero*, Olearius.

¶ **AZERUM**, Chalybs, Gall. *Acier.* Privilegium Ferdinandi Gonzales Principis Castellæ pro Monasterio S. Æmiliani tom. 3. Collect. Conc. Hispan. pag. 178 : *Borga, Tarazona, Cascanto,... istæ prædictæ per omnes domus de ferro Azero singulas libras, medium ferro, medium pimienta.* Vide *Azarum.*

¶ **AZERUS**, Species arboris, cujus usum vide in *Incisorium.*

* **AZIA**, Pondus quoddam. Locum vide in *Zaponum.*

AZIDIUM. Vide *Azadium.*

* **AZILARE**, Asylum habere. *Bestia azilans*, quæ derelictæ opponitur. Stat. Saluciar. collat. 7. cap. 196 : *Exceptis bestiis Azilantibus et pupantibus, pro quibus solvatur tantum damnum domino.*

¶ **AZILE**, vel AZILIS. *Usque ad summam viginti Azilium*, in Annalibus Tolos. tom. 1. inter instrum. pag. 94. videtur mendose dictum pro *Usque ad summam viginti millium*, uti legitur paulo post in phrasi huic non multum absimili.

* Legendum esse ibi *millium*, pro *Azilium*, rursus firmatur ex altero ejusdem instrumenti exemplari MS.

¶ **AZILES** BALESTERII. Vide in *Balista.*

* **AZIMA**, Placentæ species ex massa farinacea sine fermento. Charta ann. 1249. inter Monum. eccl. Aquilej. col. 746 : *Debentur dari canonicis hæ Azimæ : videlicet* xv. *in festo omnium sanctorum*, xv. *in festo S. Martini*, xv. *in Adventu Domini.... Debent autem tales esse Azimæ : duæ scilicet de uno pisonali de sextario... Debentur servitoribus sive familiæ duæ Azimæ similes superioribus.*

¶ **AZIMI**, AZIMITÆ. Vide *Azymitæ.*

¶ **AZIMIATURA**, pro *Aczimatura*, Tonsura pannorum, Gall. *Tonture des draps.* Extractum computi Joannis de Ponciac. tom. 2. Hist. Dalphin. pag. 276 : *Item pro Azimiatura robarum familiæ Domini emptarum apud Barolum taren.* XII. Vide *Aczima.*

¶ **AZINA**, pro *Asinata*, Onus asini. Litteræ Philippi Franc. Regis. ann. 1277. in Bullario Fontanell. fol. 38 : *Item duodecim Azinæ advenæ* (avenæ) *annui redditus.* Ibidem fol. 47 : *Et pour cause de ce ont veu paier aux Fermiers d'iceuls Religieux par plusieurs fois 4. Azines de blé.*

¶ **AZINGA**, Modus agri. Locus est in voce *Pagina.* Vide *Andecinga.*

* **AZIUM**, Ager vel terra inculta ædi alicui adjacens, Arvernis etiam nunc *Aize.* Terrear. MS. villæ *de Bussel* fol. 8. vº : *Item quinque cuppas avenæ pro quodam Azio, sito in territorio de la Sauzedas.* Et fol. 9. rº : *Item sex denarios pro quadam domo, sita in dicta villa juxta viam communem a duabus partibus, et domum et Azium Astorgii Bonafons.* Occurrit ibi pluries. Vide *Aiacis* 2. et supra *Asium* 1.

¶ **AZOCH**, vel AZOTH, Rocho *le Bailif*, in Diction. Spagyrico, *est universalis medicina paucis cognita, unica medela, lapis physicus : alii putant Mercurium corporis metallici.*

* **AZOLUM**, Cæruleum, Hisp. *Azul, Azzuolo*, Academicis Cruscanis, *Colore turchino buio.* Bulla Honorii III. PP. tom. 1. Hist. Cassin. pag. 441. col. 1 : *Nec abbas, vel monachus aves aut canes venaticos habeat, nec Azolum sive aurum in sellis habere præsumat.*

* **AZONUS**, *Qui sine zona.* Cathol. Glossar. Gall. Lat. ex Cod. reg. 7684 : *Azonus, sans sainture.*

* **AZOTICA** LINGUA, in Bulla Innoc. IV. PP. pro Universit. Tolos. ex Cod. reg. 4222. pro *Arethica.* Vide supra in hac vocc.

¶ **AZUA**, Genus potionis Hispanis et Indis cognitum. Collect. Conc. Hispan. tom. 4. pag. 426 : *Ne fiat potus vulgo Azua. Post hac nemo Hispanus vel Indus... faciat Azua ex sora cum mistura yucæ; quoniam non solum sanitati nociva est; sed... etiam perniciosa; quæ nimirum Indis ebrietatem et mortem aliquando efferre solet.*

** **AZUDE**, Rota molaris. Charta ann. 1259. apud Sª Rosa de Viterbo, vol. 1. pag. 163 : *Vendimus vobis ipsum molinum, cum sua sessega et cum suo Azude, et cum sua aqua, et oum sua levada, etc.*

* **AZUNTA**, Res quædam tincturæ inser-

viens, f. Cæruleum. Leudæ major. Carcass. MSS. : *Item pro cargua de Azuntis, iij. sol. Turon.* Quæ omittuntur in versione Gallica earumdem Leudarum ann. 1544.

¶ **AZURA**, Color cæruleus, Gall. *Azur. Arma de Azura cum una benda de auro*, apud Rymerum. tom. 7. pag. 621.

* **AZURRUM**, Cæruleum, ab Ital. *Azzurro*, eadem notione. Gualvan. de la Flamma apud Murator. tom. 10. Script. Ital. col. 1011 : *Ibi sunt picturæ mirabiles ex auro et Azurro opere mirifico.* Annal. Mediol. apud eumd. tom. 16. col. 807. ad ann. 1389 : *Capellatus sive girlanda una auri et esmalcto viridi et Azurro, etc.*

¶ **AZURUM**, Eadem notione, in nova Gall. Christ. tom. 3. inter Instrum. col. 180.

¶ **AZURINUS**, Coloris cærulei, Gall. *d'Azur*, in Vita B. Columbæ Reatinæ, tom. 5. Maii pag. 376. Vide *Lazur.*

AZYMITÆ, a Græcis Catholici Romani per ludibrium appellati, quod in sacrosancto sacrificio azymis panibus uterentur, non fermentatis. Ἀζυμῖται ἱερεῖς, Latini Sacerdotes, Joanni Episcopo Citri in Responsis ad Cabasilam. Leo IX. PP. ad Michaëlem Patr. Constantinop. : *Latinos vere Catholicos, atque maximi Petri familiares discipulos.... cessate subsannando Azymitas vocare.* Legatio Humberti Cardinalis Sylvæ Candidæ : *Et colloquium denegavit, et Ecclesias ad Missas agendas interdixit, sicut et prius Latinorum Ecclesias clauserat, et eos Azymitas vocans, verbis et factis ubique persecutus fuerat.* Sigebertus ann. 1054 : *Latinos vocabant Azymitas, et eos nimis persequentes, eorum Ecclesias claudebant, de fermentato sacrificabant.* Ita Chronic. Nangii ann. 1055. Chronicon Reichersperg. ann. 957. Vide S. Anselmum Cantuariensem Episc. de tribus Waleranni quæstionibus cap. 2. et Anselmum Episcopum Havelbergensem lib. 3. Dialogor. cap. 14. pag. 228. [** Plura in Glossar. med. Græcit. voce Ἀκυμῖται.]

Præterea ita appellati populi quidam, qui Sultanis ac Saracenis parebant, cum Franci Syriam invaserunt, quanquam nomenne gentis, an sectæ, incertum. Nam Publicanis vulgo adjunguntur, quos eosdem fuisse cum Manichæis constat. Robertus Monachus lib. 6. Hist. Hieros. : *Persæ et Medi, Arabes et Turci, Azymitæ et Saraceni, Curti et Publicani, et diversarum nationum alii multi.* Simeon Dunelmensis in Hist. Angl. : *Turcos, Arabas, Saracenos, Publicanos, Azimitas, Persas, Agulanos, et alias multas gentes in ore gladii fugantes.* Sic Baldricus lib. 2. pag. 109. Guibertus lib. 5. cap. 8. et alii Scriptores Rerum Hierosolymitanarum. Ita etiam sua ætate *Azimorum*, seu *Azimitarum* dominum Soldanum inscribit Sanutus pag. 8 : *Soldano Araborum, Azimorum et Turcorum.*

¶ **AZYMUS**, Sanctus, absque malitia, apud Ecclesiasticos Scriptores ex illo D. Pauli in Epist. 1. ad Corinth. cap. 5 : *Expurgate vetus fermentum, ut sitis nova conspersio, sicut estis Azymi, etc.* Ad quæ alludens Paschasius Radbertus Abbas Corbeïensis in lib. de Corpore et Sanguine Domini cap. 20 : *Si tamen sumus Azymi, id est, absque fermento malitiæ et nequitiæ.* In Cod. Pontificali MS. Bibliothecæ Gemmeticensis ex Anglia allato annorum fere 800. ante unctionem infirmorum exhibetur imprecatio contra raptores et prædones Ecclesiarum, *ab ore sancti Petri Apostoli Principis Apostolorum et omnium Azimorum Episcoporum sui subsequentium.* Vide Annal. Bened. tom. 4. pag. 462.

* **AZZA**, vox Italica, Securis, armorum genus Gall. *Hache.* Stat. Mantuæ lib. 1. cap. 112. ex Cod. reg. 4620 : *Arma autem ab offensione sint et intelligantur Azza, azzonus, spata et spontonus sive stoccus, etc.* Stat. castri Redaldi lib. 2. pag. 39. v° : *Declaramus quod arma vetita sint infrascripta, videlicet lancea, spata, ... massa ferrata, Azza, etc.* Vide supra *Aza.*

* **AZZAIUM**, Chalybs, Gall. *Acier*, Ital. *Acciaio.* Tract. MS. de re milit. et mach. bellic. fol. 1 : *Castella sive oppida.... de istis sint fulcita.... ferro, Azzaio, carbonibus, etc.* Vide *Azarum* et supra *Acciarium.*

* **AZZALE**, Eadem notione. Stat. Placent. lib. 6. fol. 80. v° : *Item de massa cum Azzali ad eam opportuno, pro lib. xj. den.* Stat. Montis-reg. pag. 269 : *Item statutum est quod ferrarii teneantur et debeant reconzare sapam pro solidis novem, ponendo quatuor verghas Azali.*

* **AZZARIUM**, Eodem significatu. Charta ann. 1230. apud Cl. V. Garamp. in Dissert. 7. ad Hist. B. Chiaræ pag. 231 : *Elmus Azzarii, capelli corii, scuta, etc.*

* **AZZETA**, Ital. *Acceta*, Bipennis, Gall. *Hache d'armes.* Tract. MS. de Re milit. et mach. bellic. fol. 1 : *Castella sive oppida... de istis sint fulcita...zapps et vanghis, securibus, Azzetis, etc.* Vide supra *Accetta.*

* **AZZONUS**, Securis major, ab Italico *Azza.* Vide supra in hac voce.

¶ **AZZURINI.** Sic a veste cærulea, seu violacea dicuntur Canonici Congregationis S. Georgii in Alga, Gall. *les Azurins.* Vide Acta SS. Aprilis tom. 3. pag. 618.

B

LITERA est numeralis, quæ 300. designat, ut est in Notis numerorum ex antiquo Cod. et apud Ugutionem; unde versus :

Scit B. trecentum sibi cognatum retinere.

Alii sic legunt :

Et B. trecentum per se retinere videtur.

Eidem litteræ si recta linea superaddatur, tria millia significat.

B. *In superscriptione cantilenæ, secundum literas, quibus adjungitur, ut bene, id est, multum extollatur, vel gravetur, sive teneatur, belgicat.* Ita Notkerus in Opsuc. *Quid singulæ literæ in superscriptione significent cantilenæ.*

B. pro V. crebro occurrit in veteribus tabulis et inscriptionibus. Vetus Epitaph. in Ecclesiæ S. Matronæ atrio : *Hic requiescit in somno pacis Renobatus, qui vixit annos 23. depositus Kalend. Julias quater P. C. Basilisci V. C.* Versus, qui leguntur in Ecclesia S. Marcelli Capuæ :

Et dat Christo balvas abbas Alpherius albas,
Ut cæli regnum valeat penetrare supernum.

Ita in veteri Insc. *abe*, pro *ave.* In alia apud Scalig. de Emendat. temp. pag. 514. *die Beneris*, pro *Veneris, abius* pro *avus, abiaticus* pro *aviaticus.* Inscriptio tumuli apud Ughellum tom. 3. pag. 674 : *Christe, fabe votis Gregorio, etc.* Sic pariter passim veteres Scriptores Hispanici. Macarius Monachus in Vita S. Viti apud Martinezium in Hist. Pinnatensi lib. 1 : *Venatui cerborum aprorumque... deditus.* Infra : *Solito more ad fontem deribatur, etc.*

¶ **B.** interdum etiam legitur pro P. ut in Testamento anni circiter 690. apud Felibian. in Hist. Monasterii S. Dionysii pag. x : *Tantum superscribta villa Ghinnacario possedeat.*

* **B** et P, *seu Ph vel F inter se quamdam habent cognationem : nam pro se ponuntur, ut Ambo pro* ἄμφω, *Buxus pro* πύξος, *Triumphus pro* θρύαμβος, *Puniceus pro* φηνίκεος, *Purpureus pro* πορφύρεων, *pro Birro pirrum, pro* πόπλικος *publicus.* Glossar. vet. ex Cod. reg. 7613. *Probrietas*, in Ch. ann. 840. apud Murator. tom. 1. Antiq. Ital. medii ævi col. 503. *Bergamena*, pro *Pergamena*, ibid. col. 345. ex Ch. ann. 1029 : *Batibulum* pro *Patibulum* Vide infra in hac voce.

* B pro V, non semel occurrit. *Bedatum* pro *Vedatum; Bia* pro *Via*, etc. quod Vasconibus præsertim familiare est, ut norunt omnes.

* B pro C, non semel occurrit in Charta ex Tabular. Cenoman. *Subcessores*, pro successores, etc.

¶ B *Rotundum* et B *Quadratum* S. Bernardo in Epistola seu prologo super Antiphonarium Ordinis Cisterciensis pag. 696. tom. 1. Edit. 1690. eadem sunt, quæ nobis in cantu vel musica *B molle, B mol*, et *B quadratum, B quarre : Unde in qualibet maneria, ubi molliorem expedit fieri sonum, loco B quadrati B rotundum quandoque ponitur.*

¶ **BAAS**, a Gallico *Bas*, Tibialia. Statuta Arberti Abb. Casæ Dei pro reformatione Parthenonis S. Andreæ de Cumbis vulgo *la Vaudieu* ann. 1272. inter Fragmenta Hist. MSS. Stephanotii tom. 4. pag. 640 : *Et pro vestibus dentur singulis annis unas stamineas, scilicet duodecim ulnas staminæ pro eis, et singulis duobus annis botas et soletos, et Baas bis in anno si fuerit necesse.*

* **BAASA**, *Pinguedo*, in vet. Glossar. ex Cod. reg. 7646.

* **BAAT**, vox vulgaris *Bast*, Clitella, sagma. Consuet. S. Dion. Exoldun. ex Tabul. ejusd. eccl. : *De quolibet equo portante utensilium, quod vocatur Baat, pannos, merceriam, etc.*

¶ **BABÆCULA**, Babecula, Stultus. Vide *Baburrus*.

BABATUM, *Ferrum, quod annectit faber equo cum gumpho.* Breviloq.

** *Babatum, Huyffysen*, in vet. vocabul. lat. germ. ann. 1477. Adel.

¶ **BABEIA**. Vide *Felgaria*.

* **BABELLUS**, pro *Barbellus*, Barbus minor, Gall. *Barbillon*. Statut. pro piscatoribus ann. 1289. in Consuet. Genovef. MSS. fol. 35. v° : *Nec poterunt Babelli capi,... nisi duo valeant unum denarium.*

* **BABENBERGENSIS**. Vide infra *Bambergensis Moneta*.

BABEWYNUS, Simiæ species, nostris *Babouin*, Italis *Babbuino*. Visitatio Thesaurariæ S. Pauli Londinensis ann. 1295 : *Imago quædam pulcra beatæ Virginis,... cum pede quadrato stante super quatuor parvos Babewynos.* Joann. de Mandevilla in Itiner. : *Et plusieurs austres bestes, si commes Babuins, taracles, quenelinx et singes, etc.* Hinc puerulos nebulones vulgo *Babouins* appellamus. In Catholico Armorico legimus *Babouinaff au visag, Gallice, Conchier* [id est, *Barbouiller*] *le visage, Gersare, ingersare*. Vide *Baboynus* et *Babugnia*.

¶ Babouinus, Idem in sermonibus Menoti fol. 28. verso col. 2 : *Et sunt sicut isti Babouini, qui ponuntur in turribus et pilariis.*

¶ **BABICTA**. Vide *Biblicta* in *Biblia* 1.

BABIGER, *Stultus. Babigera, stulta.* Gloss. Isid.

BABILLIO. Vide *Babugus*.

¶ **BABILONIA** Ægipti. Bernhardi de Breydenbach Itiner. Hierosol. pag. 218 : *Tandem per quasdam vetustissimas et spissas valde horribilesque portas intravimus Babyloniam. Sed hæc Babilonia non est illa quæ fuit secus fluvium Chobar, sed dicitur Babylonia Ægipti, quæ parvo dividitur intervallo a Chayro. Itaque non duas faciunt civitates, sed unam, cujus pars altera dicitur Chayrum, altera Babilonia. Et ipsa tota nomine composito Chayrum-Babilonia appellatur. Et creditur quod olim fuerit nuncupata Memphis, deinde Babilonia, et tandem Chayrum, quod interpretatum idem est quod Confusio sive Babilonia.*

¶ **BABILONICUM**, *Flamineum, Babilonicum*, in Gloss. Isid. Vide *Flamineum*.

¶ **BABIT**, γαυριᾷ : *Gloriatur*. Supplem. Antiquarii.

¶ **BABOSUS**, *Idem est quod stultus vel ebes*. Vocabul. utriusque Juris. Vide *Baburrus*.

BABUGUS, *Stultus, ineptus, Babillio*, Ugutioni : ubi *babillio*, idem videtur qui garrulus, nostris *Babillard;* sed legendum *Baburrus*.

* **BABOTA**, Vermis species. Mirac. MSS. Urbani PP. V. : *Habebat febrem epidimialem cum bossa, et vermes vivos et mortuos, sive Babotas, projiciebat per os suum.* Vide *Bacus* 1.

* **BABOYNUS**, Babuynus, Simiæ species, idem atque *Babewynus*, Ital. *Babbuino*, nostris *Babouin*. Gualvan. de la Flamma apud Murator. tom. 12. Script. Ital. col. 1011 : *Habet etiam in diversis caveis diversa genera animalium, scilicet leonem, ursos, symias, Baboynos, et multa talia. Babuynus*, ibid. col. 1017. et in Chron. Estensi ad ann. 1302. apud eumd. tom. 15. col. 348. Guillel. Guiartus :

Li queus de Flandres Baudouin
Ne semble mie Babouin,
Ne becjaune, ne fous naïs,
Au départir de son païs.

* **BABUGNIA**, ut *Baboynus*. Inventar. MS. thesauri Sedis Apost. sub. Bonif. VIII. ann. 1295 : *Item unum calicem de auro.... cum vj. rotulis de esmaltis azurinis in pomo, ad imaginem Babugniarum.*

¶ **BABULEUS**, pro *Bubulcus*, Qui ducit boves et aratrum. Saisimentum Comitatus Tolosæ ann. 1271. tom. 1. Annal. Tolos. inter Instrum. pag. 16 : *Recognoverunt quod dominus Rex habet ex consuetudine in dicta villa de quolibet foro habente par boum aratorum duo jornalia, salvo victu Babulei ad ipsas dietas, etc.* Hic *jornale* est opera unius diei, Gall. *journée*.

¶ **BABULUS**. Vide *Baburrus*.

BABURNUS. Guillelmus de *Baldensel* in Hodœporico : *Vidi plures Baburnos, coctos, mammones, psittacos mirabiliter instructos, gestibus suis homines mirabiliter ad deductionem provocantes.* Sed videtur legendum *Babuinos*. Vide *Babewynus*.

BABURRUS, *Stultus, ineptus*, in Gloss. Isid. et lib. 10. Orig. Gualdo in Vita S. Anscharii Hamb. Archiep. cap. 95 :

Ac quidam de plebe truces, hominesque Baburri.

Vita MS. Caroli magni jussu Friderici Imp. exarata lib. 2. cap. 22 : *Unde Baburrus et insanus ab omnibus reputabatur.* [*Babulus* est apud Apul. 4. Metam. : *Tunc e re nata subtile consilium ego et iste Babulus palam comminiscimur*, hoc est, iste fatuus. Græcis Βάβαξ est Vanus. Inde *Babecula* in Fragmento Traguriano. Sic enim legendum : *Sic nos Babaculæ dispoliamur*, nos fatuos sic spoliant mulieres. In editis est : *Sic nos Barcalabæ spoliamur.* Non laudo cum emendant *verveculis*. Idem superius, *Quemvis ex istis Babæculis in rutæ folium conjiciet*, ex istis ineptis et nullius pretii servis. Hæc Grævius in notis ad Glossas Isid.]

* Glossar. Provinc. Lat. ex Cod. reg. 7657 : *Baburrus, Badoc, Prov.* Rursus : *Baburrus, bardus, storio, fol, Prov. Barbouillaire*, eodem sensu, in Lit. remiss. ann. 1451. ex Reg. 185. Chartoph. reg. ch. 152 : *Le suppliant respondit audit Grasset : Je ne suis point Barbouillaire : mais tu es Barbouillaire, puisque tu ne veulx entendre à raison, ne à la vérité.* Hinc *Esbaboyner*, quod vulgatius *Embabouiner* dicitur, pro Illudere, ludificari. Lit. remiss. ann. 1403. in Reg. 158. ch. 224 : *Icellui Perrin dist au suppliant que il n'estoit que un fatroulleur, et le cuidoit ainsi Esbaboyner, et que tout ce qu'il disoit estoit mensonge.* Italis *Barbugliare* est turbata mente loqui.

** *Baburcus, stultus, bubigus*, in Vocab. Lat. Germ. ann. 1477. Germanis *babbeln* est Garrire more infantium, nugari, inepta verba proferre, Belgis *babelen*, Gallis *babiller*, Anglis *babble*, Græcis βαβάσειν. Inde *Babbeler*, Belgis *Babeler*, Gallis *Babillard* et cadenti Latio *Babeculus, babiger, baburrus, etc.*, Blatero, stultus. Adel. Lingua Occitan. dicebant *Babau*. Vide Diezii Grammat. Roman. vol. 1. pag. 25.

Baburra, *Stultitia, vel ineptia*, Ugutioni. Vetus Gloss. : *Baburra*, ἄφρων, ἀνόητος, μάταιος, ex Græc. βαβόρρας, ὁ παράμωρος, apud Hesychium, uti emendat Salmasius, pro βαβύρτας, et in Gloss. pro *Barburra*.

¶ **BABURTUS**, pro *Baburrus*, in Vocabulario Juris utriusque.

* **BABUTZICARIUS**, Incubus, nocturna corporis oppressio et suffocatio, apud Coel. Rhodig. lib. 27. cap. 14. Vide Glossar. med. et inf. Græcit. in Βαβουτζίας, et in Append. col. 33.

¶ **BABYLONICUM**, Acu pictum etiam alibi quam Babylone. Vide *Baldicum* post vocem *Baldakinus*.

BACA, Vacca; vox Hispanica. Charta Sanctii Ramirez Regis Aragon. apud Martinezium in Hist. Pinnatensi lib. 3. cap. 27 : *Vineæ vero habeant dignitatem ut meæ propriæ, ubicumque fuerint, si ibi inveniantur oves, vel Bacæ, seu porci, occidantur, me teste.*

1. **BACÆ**, Baccæ, Annuli catenarum. Fortunatus in Vita S. Germani Episc. Paris. [tom. 6. Maii pag. 782. C.] : *Eo discedente, mox catenarum Bacæ franguntur, vinctæ januæ reserantur.* Gregorius Turon. lib. 1. Miracul. S. Martini cap. 2 : *Omnes Baccæ catenarum confractæ ceciderunt.* Vide *Boja*. [** Gallis *Bague* et Germanis veteribus *Bage*, annulus quivis, procul dubio a Germanico *Biegen*, Flectere. Adel.]

2. **BACÆ**, Uniones. Prudentius contra Marcionitas :

Colla vel ignitis sincera incingere sertis,
Auribus aut gravidis virides suspendere Bacas.

Iso Magister : *Bacas, gemmas rotundas, qui uniones vocantur, etc.* [** Germanicum *Bagge* Schottelio etiam Gemma est. Adel. Vide Forcellin. Lexic. in *Bacca*, ubi in fine de scriptura per unicum *c*.]

BACALARII, Bacalaria, Bacalia, *etc.* Vide *Baccalarii*.

¶ **BACALE**, pro *Bacile*, Pelvis. Antiquit. Benedict. Occitan. part. 2. pag. 325. a Stephanotio nostro collectæ : *VI. Marchas argenti, unum pulcherrimum calicem, duo Bacâlia, unum pannum lanæ historiatum.* Hic agitur de anniversariis in Monasterio Gellonensi faciendis. Inde legitur in veteri Onomatisco San-German. n. 501 : *Baccale, Gellone, ubi infusio fit*, puta aquæ vel alterius liquoris; quod pelvi maxime convenit.

* **BACALLATOR**, Bubulcus, vaccarum custos, Gall. *Vacher*; a *Baca*, Hispanis, vacca. Consuet. MSS. Perpin. cap. 20 : *De vilibus personis vel Bacallatoribus. Item si vilis persona vel Bacallator injuriam fecerit vel dixerit alicui probo homini de Perpiniano, alius circumstans potest eum corripere in ipsa rixa.* Vide *Baca*.

¶ **BACALUSIA**. Fragm. Petronii [** cap. 41.] : *Postquam itaque omnes Bacalusias consumpsi, etc.* [M. *Nodot* p. m. 200. legit *Batologias*, ut dicitur in Fabri Thesauro, ubi de insolita et inexplicabili voce *Bacalusia.*] [** Vide Furnalett. in Forcellin. Lexic. Burmann. legit : *Babazusias.*]

* **BACANA**, Ejusdem, ut videtur, originis atque *Bacallator*, Ager vel prædium vaccarum gregi alendo idoneum, idem quod *Vaccaria*. Testam. Petronæ comit. Bigor. ann. 1251. ex Chartul. Auxit. : *Præcipit quod donatio, quam facit monasterio Scalæ Dei, scilicet de domo, quæ dicitur vicaria in Bagnerias, et molendinis, et Bacanis, et casalibus de S. Martino, etc.*

¶ **BACANNA**. Vide post vocem *Bacca*.

BACAPULUS, Baccapulus. Gloss. Isidori : *Baccapulus, in quo mortui deferuntur.* Infra : *Baccal, in quo mortui deferuntur.* Gaufridus Grossus in vita S. Bernardi Abbat. de Tironio pag. 62 : *Exinde Pastor extinctus indumentis sacris... accurate exornatus, atque Bacapulo decentissime palliato superpositus, sacerdotalibus humeris in Ecclesiam translatus est. Capulum*, Festo id est quo mortui efferuntur. Unde patet perperam Vulcanium vocem *Bacapalus*, dividere, legendumque scripsisse, *Bacca, Capulus.*

Baccaulus, scripsere Papias et Joannes de Janua, quibus perinde est *feretrum in quo mortui efferuntur.*

¶ **BACAR**. Vide in *Bacca* 2.

BACAUDA. Vide *Bagaudæ*.

BACBEREND, Backberynde, Latro manifestus, latrocinium deferens a tergo; *Back*, Anglis tergum, *berend*, ferens, seu bajulans; vel jus quod Baroni competit de hoc crimine in Curia sua cognoscendi ac judicandi. Vide Bractonum lib. 3. tract. 2. cap. 32. num. 2. cap. 35. § 1. Fletam. lib. 1. cap. 38. § 1. cap. 47. § 2. et Rastallum.

¶ 1. **BACCA**, Navis species. Hist. Beccensis Monasterii MS. pag. 592. n. 5. ex Archivo ejusdem loci : *Almaricus Vicecomes de Mescio palagium.... Baccarum... remisit Beccensibus.* Vide *Baccus*.

2. **BACCA**, Baccharium, Bacchonica, Bacchoaicha, Bachia, Bachoica, Voces unius ejusdemque originis et notionis quæ vas vel urceum significant.

Bacca. Gloss. Isid. *Bacca, vas aquarium.*

Baccale, in Ceremoniali Romano lib. 1. sect. 2.

Bacar, ἀγγείου εἶδος, in Gloss. Lat. Græc. hinc *Bacario*, in iisdem Glossis πορνοδιάκονος, qui ejusmodi vas meretriculis lavantibus ministrabat, qui Festo *Aquariolus* dicitur.

** *Bacar, vas vinarium simile Bacrioni*, apud Festum. *Baccarium, vas aquarium*, in Gloss. Isidori. Vide Scaligerum ad Festum Lindemanno pag. 374.

Baccharium, Joanni de Janua, *Vas vinarium, et dicitur a Bacchus, et idem dicitur hæc* Bacanna.

Bacchonica. Hist. Episc. Autissiod. cap. 20. dedit... *Bacchonicam auratam pensantem libr.* xii. Mox : *Aliam Bacchonicam anacteam pensantem libr.* x. Occurrit ibi pulries, ubi inter vasa et cimelia Ecclesiastica recensetur. Atque inde emendanda videtur vox

Bacchoaicha, in Testamento Leodebodi Abbatis Floriac. apud Helgaudum in Roberto Rege : *Hoc est Bacchoaicha pura sigillata transmarina pensantia pondo lib.* x. *quorum unus habet in medio crucem auream.* Reponendum enim indubie *Bacchonica*, facili emendatione, mutata lit. *a* in *n*. Quidam perperam legunt *Bacchraica.*

Bachia, Papias : *Bachia, primo a Baccho, quod est vinum, dicta, modo in usum aquæ transiit.*

Bathoica, eidem Papiæ, *patena argenti ad sacrificandum.* Forte *patera*, [ut reipsa legitur apud Grævium in Notis ad Glossarium Isidori in voce *Batiotica*. Sed ibidem *Bathiocu* habetur, non *Bathoica*, idque ex Papia.] Ita Isidor. in Gloss. : *Batiotica, patera.* Sed his locis *Bacchonica*, perinde legendum censuerim. [Non ita Grævius loco mox citato, ubi censet potius legendum esse *Batiola* vel *Batioca*; quod alterutra vox legatur apud Plautum in Stich. v. 4 :

> Quibus divitiæ domi sunt, Scaphio et cantharis Batiolis (*vel* Batiocis) bibunt, at nos nostro Samiolo poterio.

Batiolæ eodem sensu legitur apud Arnobium lib. 2. adversus Gentes, teste eodem Grævio : quem, si tanti est, consule.]

Bacchinus. Liber Miraculor. S. Austrebertæ Virg. cap. 6. n. 43 : *In signum donationis duos ex ære urceos, quos vulgo Bachinos vocamus, ejus Ecclesiæ ministris transmisit.* [Hist. Dalphin. tom. 2. pag. 556 : *Item duos magnos Bachinos aliquantulum concavos, argenteos, deauratos in fundo, et in parte superiori circum circa signatos.* Spicil. Fontanell. MS. pag. 391 : *In festo duplici omnes cerei de magno candelabro et de Bachinis et de Cherubinis... debent ardere.*]

Bacchinon. Gregorius Turon. lib. 9. Hist. cap. 28 : *Cum duabus pateris ligneis, quas vulgo Bacchinon vocant.*

Bacinus, Italis, *Bacino*, Gallis, *Bacin*, ab eodem fonte, licet non urceum aut pateram, sed pelvim, polubrum, et malluvium sæpe denotet. Palladius de Architectura : *Aurum vel cuprum cum cote teritur, et tritum scifo, id est, Bacino, excipitur.* Ubi Codex MS. : *Scifo, id est, Bacinno.* Concilium Romanum ann. 1099. cap. 18. Pictavense ann. 1109. cap. 13. et Londinense ann. 1138. cap. 3. etc. : *Ut nullus Primatum, Archiepiscoporum et Episcoporum in ordinatione et consecratione Episcoporum vel Abbatum, cappas, tapetia, Bacinos, et manutergia, qualibet exactione requirat, vel suscipiat.* S. Bernardus de Vita et Morib. Relig. cap. 10 : *Gestari jubentur mappulæ, scyphi, Bacini, candelabra, etc.* Charta Heccardi Comitis Augustod. apud Perardum pag. 26 : *Bacino ad luminaria*; ubi perperam editum *batrino*. Liber Ordinis S. Victoris Parisiens. MS. cap. 4 : *Nec in turibilis, nec in Bacinis, etc.* Herbertus de Miracul. lib. 2. cap. 29 : *Vidit in spiritu se transpositum in Claravalle, idque gerentem officii, ut cum duobus Bacinis, . . . Fratrum manibus abluendis aquam infunderet.* Vide Historiam Occitanicam Catelli pag. 901. [Mabill. Analect. tom. 3. pag. 354. Vet. Discipl. Monast. pag. 394.]

Baccinum, *Baccino*, Senensibus, vel *Bacino*, quasi *vacinum*, seu *vasculum*, uti vult Acharisius. Chron. Laurishamense : *Calicem deauratum, Baccina* 2. *Argentea, thuribulum argenteum.* [Acta SS. Maii tom. 4. pag. 623 : *Recipientes quoddam caput in Baccino, etc.*]

Baccinium. Glossæ MSS. : *Baccinium, vas aquarium vel baccea.* Simeon Dunelm. de Gest. Angl. et Ricardus Hagulstad. ann. 1126 : *Non tapetæ, non manutergia, non Baccinia, et nil omnino per violentiam exigatur.* Adde Monast. Anglic. tom. 3. pag. 191. [et Joan. Abrincensem Episc. lib. de Officiis Eccles. pag. 293. Edit. 1679.]

Bacile, pariter ab eadem origine deducitur pro pelvi vel polubro, Ital. : *Bacile, Bacino.* Ceremonial. Episcopor. cap. 11 : *Duas argenteas lanceas seu fontes... quos Bacilia vocant.* Leo Ostiens. lib. 3. cap. 57 : *Bazili de argento parium unum.* Cap. 73 : *Calices onychini* 2. *Bacilia argentea* 4. Chron. Fossænovæ ann. 1196 : *Unum par Bacilium, duæ tuallæ.* [Bernardi Mon. Ordo Cluniac. cap. 5. in edito habet *Bacile*, locum vide in *Baccile*.] Occurrit præterea in Historia Translationis S. Landoaldi n. 19. in Ceremoniali Romano lib. 2. sect. 2. pag. 258. Vide *Abacinare*.

¶ Bacille, in Epist. Odonis Cardin. apud Marten. tom. 6. Ampliss. Collect. col. 245 : *Volumus enim ut duo Bacillia, calicem, thuribulum et reliqua ad capellam, si opportunum invenerit, acquirat et cambium faciat.*

Baccile. Bernardus Mon. in Consuet. Cluniac. MSS. cap. 77 : *Introducuntur famuli a Camerario per auditorium in coquinam regularem cum Baccilibus, et manutergiis, ut faciant optimum ignem.* Lanfrancus, in Decretis pro Ordine S. Bened. cap. 1. sect. 2 : *Tunc Fratres qui ad Missam induendi sunt, vadant ad locum constitutum, ubi sit optimus ignis a famulis Camerarii præparatus, Baccilia quoque et aqua calida ad abluendas manus.* Sect. 4 : *Postea accipiens Abbas Baccilia et manutergium.* Occurrit ibi præterea cap. 8. sect. 2. et in Synodo Londinensi ann. 1125. cap. 3. apud Florentium Wigorn. pag. 661. [apud *Madox* quoque in Formul. Angl. pag. 177.]

¶ Bacium, apud Brandaon. in Monarch. Lusitan. tom 5. pag. 304.

Bacinæ Salinariæ, seu *Bacini*, in quibus sal conficitur. Charta Friderici II. Imp. ann. 1235. in Regesto Comitum Tolosæ fol. 124 : *Videlicet civitates, castra, villas, cum plena jurisdictione, omnibus feudis, et solitis pedagiis, usaticis, et saunariis, in idio-*

niate ipso quomodo Bacinæ salinæ dicuntur, etc.

Bacinagium, Tributum salinarium; ex *baciniis* salinariis, vel quantum salis *bacinus* continere potest. Tabularium Abbatiæ Corbeiensis : *Item du Bassinage du sel que lesdits Religieux voloient prendre de ceux qui le admenoient à cheval ou à brouëte, aussi bien que de ceux qui l'amenoient à nef ou à navel, sont accoustumé de prendre et lever, et en sont en possession et saisine.* Obtinebat etiam id nominis in frumento. Tabular. Episcopat. Ambian. ann. 1265. fol. 100 : *Et si dictus Capellanus emat granum aliquod aut bladum pro victu suo; aut res alias pro hospitio, quitus erit de Bachinagio et de aliis consuetudinibus.*

Aliud est *jus bacini*, in Charta Vicedomini Catalaunensis ann. 1581 : *Nous avons un droit appellé le droit de Bassin, qui est tel que le Sieur et Dame Vidame peuvent par chacun an prendre un Bassin d'environ un sestier plain de raisins, en quelque vigne qu'il voudroit és environs de S. Michel, etc.*

* *Bachinage du sel* etiam in Charta ann. 1360. ex Reg. 88. Chartoph. reg. ch. 120.

** Ad etymon vocis quod attinet, *bacca* deducenda est a verbo German. *Biegen*, unde populis septentrionalibus et occidentalibus *Bak* omne denotabat, quod superficie præditum erat inflexa, tam convexa quam concava. Inde voce *Bak* tam pro tergo, dolio, pharo, colli, bulla, quam pro pelvi, navi, poculo, etc. usi sunt veteres. Vide Glossar. German. voc. *Bug, Bühel, Becher, Buckel, Becken, Bach, Bake, etc.* Adel. Confer Raynouardi Gloss. Rom. vol. 1. pag. 165. voce *Bacin. Bacar* et similia originem e Latio trahere probat Festi locus, quem supra attulimus. Walachi etiam poculum dicunt *pêhár*. Vide Diezii Grammat. vol. 1. pag. 8.

* 3. **BACCA**, pro Vacca, in Reg. censuum eccl. Reatinæ MS.

¶ **BACCÆ**, Annuli catenarum. Vide *Bacæ* 1.

BACCAL, *Baccapulus*, *Baccaulus*. Vide *Bacapulus*.

BACCALARIA, Prædii rustici species, [eadem forte quæ *Vasseleria*, seu feudum *Vasalli* inferioris, ut Cangius ipse explicat in *Vasseleria* post vocem *Vassus*.] Tabular. Celsinianense : *Dono etiam Baccalariam quæ est in ipsa villa cum campis et vineis et pratis, et omnibus, quæ ad ipsum alodum pertinent.* Tabularium Bellilocense in Lemovicibus Charta 13. quæ est anni 882 : *Ecclesiam nostram... quæ constructa est in honorem S. Martialis, cum curte et orto, et exitu, et viridario, et cum ipsa Baccalaria integra, quæ ibidem pertinet.* Charta 34 : *Cedimus etiam casam nostram dominicariam, cum ipsa Baccalaria, cum pratis, silvis, etc.* Charta 89 : *Baccalariam meam de Camayraco dimitto Deo et S. Petro post mortem meam ad integrum, etc.* Occurrit passim nude in hoc Tabulario Ch. 102. 132. 143. 162. etc. et in Tabulario Conchensis Abbatiæ in Ruthenis Ch. 409. 500.

Baccalaria Dominicaria, Indominicata, Prædium rusticum quod ad dominum ipsum spectabat, et ab ipso excolebatur. Idem tabular. Bellilocense Charta 58 : *In eodem loco Baccalaria Indominicaria.* Testam. S. Geraldi Auriliacensis Comitis apud Duchesn. in Notis ad ejusd. Sancti Vitam : *Et medietatem de ipsa curte, et ipsum castellum cum Baccalaria Dominicaria, et duos mansos, etc.* Donatio Godefridi Comitis Cadurcensis circa tempora Caroli Calvi : *Hoc est curtem meam indominicatam, quæ vocatur Igeracus, cum Ecclesia in honore S. Martini constructa, et Baccalariis Indominicatis.* Ita Dominicus. At Tabularium Bellilocense Ch. 3. habet tantum, *et Bacchalariis et mansis servilibus.* Idem Tabular. Ch. 34 : *Hoc est capella nostra indominicata, quæ est fundata in honorem S. Petri, cum ipsa Baccalaria Indominicata, cum ipso prato, et cum ipso brolio indominicato, etc.*

Baccalariæ pluribus constabant mansis, mansus autem erat 12. jugerum, ut auctor est Papias. Idem Tabular. Belliloc. Ch. 34 : *Et alium mansum ubi Ainardus visus est manere, ipsa Capella, cum ipsa Baccalaria et cum ipsis mansis.* Charta 47 : *Ecclesiam nostram in honore S. Juliani Martyris, cum ipsa Baccalaria et mansis ad ipsam pertinentibus.* Interdum decem mansos continuit *Baccalaria*. Bernardus Guido de Ordine Grandimontensi : *Turpio* (Episcopus Lemovicensis) *dedit eis Baccalariam, quæ decem mansos tunc continebat.* Turpionis ipsius verba recitat Dominicus : *Do illis villam quæ vocatur Baccalaria, quæ decem in se Mansos continere videbatur.* [** Hac voce Lusitani etiam usi sunt. Vide S^a Rosa de Viterbo vol. 1. pag. 165.]

Baccalaria Facere, Baccalariorum opus exercere. Tabularium Bellilocense Charta 95. cui titulus est, *Breve de exemptis : In illis rusticis, ubi quærere solent opera, habent unam diem cum bovibus, de illis hominibus qui boves habuerint, quandiu Baccalaria Fecerint, et non si bacalia, aut judicium firmaverint cum aliquo, si propter hoc redemptionem dederint, non habeat partem Vicarius, nec judex : si sacramentum firmaverint cum lege, et redemptionem dederint, tertiam partem illis reddant.*

1. **BACCALARII**, dicti ipsi qui *Baccalarias* tenebant, possidebant, excolebant. Usatici Barcinonenses cap. 46 : *Sacramenta rustici qui teneat mansum, et laboret cum pare boum, sunt credenda usque ad 7. solidos platæ. De aliis namque rusticis, qui dicuntur Bacallarii, credantur sacramenta usque ad 4. Mancusos, auri valentiæ, deinde quidquid jurent, per examen caldariæ demonstrent.* Ex quibus primum eruitur *Baccalarium* dici *rusticum* qui *mansum* excolit : deinde *mansum* recte a quibusdam definiri *fundum qui duobus bobus ad arandum* sufficit : denique *Baccallarios* rusticis ipsis accenseri, licet rusticis mansorum cultoribus longe honoratiores. *Rusticis* porro annumerari videntur Baccalarii, quod perinde ac rustici mansarii, si non operibus servilibus, certe aliis oneribus, verbi, gratia censui, essent obnoxii. Tabular. Belliloc. Charta 3 : *Hoc est curtem meam indominicatam, quæ vocatur Igeracus, cum Ecclesia S. Martini constructa, et Baccalariis et mansis servilibus.* Et Charta 57 : *Dimitto... medietatem de Baccalaria de Monte Galfredo, in tali ratione, ut quamdiu vixero teneam, et per singulos annos 4. sestarios de tritico persolvam ad Missam SS. Primi et Feliciani.*

Baccalariorum Ecclesiæ præterea mentionem fieri lego in Catalogo Abbatum Lerinensium, apud Vincentium Barrallium tom. 2. pag. 151. ubi narratur Gaucelinum Forojuliensem Episcopum sub ann. 1038. *una cum consilio et Consensu omnium Canonicorum suorum et Baccalariorum, et aliorum quamplurium utriusque sexus* donationem quamdam fecisse Monasterio Lerinensi. Præterea in Tabulario S. Hilarii Majoris Pictav. extat Charta Hugonis *de Surgeres* ann. 1211. quæ horum meminit, hocce verborum tenore : *Confirmo eleemosynam B. Hilarii Decani, quam fecit pro suo anniversario B. Hilario 15. sol. et Baccalariis ejusdem Ecclesiæ 6. sol... Canonicis B. Mariæ de Castro Airaudi 13. sol. et Baccalariis ejusdem Ecclesiæ 4. sol. etc. Baccalariorum* præterea mentio fit in Consuetud. locali Castellinovi in Biturigib. tit. 3. art. 24. ubi Burgenses dicuntur habere omnem justitiam, hancque exercendam a Baccalariis ejusdem urbis committere posse, *par les Bacheliers de ladite ville et bourgeoisie, etc.*

☞ Haud importune fortassis monebimus *Baccalarios* de quibus ultimo hoc articulo, maxime distinguendos esse ab iis quorum paulo supra mentio fit. Ii quippe rustici erant qui *Baccalarii Ecclesiæ* vocabantur quod Ecclesiæ *Baccalarias* tenebant atque excolebant; isti vero viri erant Ecclesiastici, inferioris quidem gradus, inter Canonicos tamen non raro recensiti. Sic in Lugdunensi Ecclesia Canonici recentiores *Baccalarii* dicuntur, uti testatur Severtius de Episc. Lugdun. pag. 377. Eodem nomine monachos juniores donatos suspicor ex Ordinario Abbatiæ S. Laurentii Diœc. Autiss. ann. 1286. exarato in quo legitur : *Finita Missa in exitu Ecclesiæ incipitur Antiphona, O Martine; sequitur Litania Salvator mundi, et debet dici a duobus Baccalariis.* Sæpius attamen per *Baccalarios* intelliguntur Ecclesiastici inferioris subsellii, ut etiamnum in Ecclesia Macloviensi usus obtinet.

* Ordinar. MS. S. Petri Aureævallis : *Si vero fuerit festum illud mutatum aliqua de causa et celebratam alia die, quam illa qua invenerit* (evenerit) *et ille dies fuerit feria 2^a. tunc duo Bachalarii descendunt ad prædictum invitatorium dicendum sine almuciis, ut prius. In aliis feriis duo religiosi presbyteri, ut supra. Si vero fuerit festum duplex, tunc duo religiosi antiqui et officiarii, si sint, descendunt ad invitatorium prædictum dicendum cum cappis ciricis... Et si fuerit festum trium lectionum, tunc non descenditur ad invitatorium prædictum; sed unus Bachalarius solus in suo stallo habebit dicere prædictum invitatorium cum cantu consueto.* Infra : *Pueri claustrales habent dicere tres primas lectiones. Cæteræ vero lectiones dicuntur per Bachallarios et per religiosos presbyteros et antiquos secundum dies et solemnitates.* Ubi *Bachalarii* dici videntur juniores canonici professi, nondum presbyterio donati. Charta admortisat. ann. 1408. in Reg. 162. Chartoph. reg. ch. 272 : *Les chappellains et les Bacheliers de l'eglise collégial de Nostre Dame de Mirebeau.*

* Baquelarii, Eadem notione. Necrolog. eccl. B. M. de Medunta MS. fol. 10. r° :

Percipiunt canonici et vicarii ix. sol. capellani xvj. den. diaconus et subdiaconus quilibet iiij. den. Baquelarii xij. den. Pueri chori ejusdem ecclesiæ vj. den. Ubi clerici designantur. [** *Bachaler* et *Bacharel* eodem sensu Lusitanis usurpata. Vide Sª Rosa de Viterbo Elucidarii Supplemento pag. 16.]

2. **BACCALARII** Alii porro sunt recentioribus Scriptoribus, quibus ita dicuntur qui Militarem ordinem consecuti, non erant satis divites, vel quibus idoneus haud erat vassallorum numerus, ut vexillum in prœliis educere possent : vel si ejusce essent ordinis, qui *Banneretorum* dicitur, nondum tamen præ ætate illud eduxerant, et ut nostro more loquar, *qui n'avoient pas encore levé Banniere.* Atque ii vulgo *Bacheliers* nostris appellantur, quos ut adolescentes ideo Scriptores nostri repræsentant. Albertus Aquensis lib. 3. cap. 26 : *Castrum adolescentum, quod dicitur de Bakelers.* Glaber Rodulphus lib. 5. Hist. cap. 1. de se adhuc adolescente, dum in Monasterio educaretur : *Incipiente diei aurora, currens exiit a domo latrinarum, taliter inclamando, ubi meus Baccalaureus est?* Neque fere aliter Scriptores nostri *Baccalarios* describunt. Le Roman *de Garin.* MS. :

Trestuit meschin, et Jane Bacheler.

Et alibi :

Janes hom estes, et encor Bacheler.

Le Roman *de la Rose :*

Un Bachelers jeune c'estoit,
Pris à franchise lés à lés.

Le Roman *de la Malemarastre* MS. : *Et li joënes Bachelers li dit tout ensi qu'il avoit fait.* Le Roman *de Fouques de Candie* MS. :

Bacheler fut, et de joene jouent.

Ita passim cæteri Scriptores vernaculi, Froissartes 1. vol. cap. 29. 2. vol. cap. 43. 92. 4. vol. cap. 51. Chronicon. Flandr. cap. 30. 33. Alanus Charterius pag. 263. etc. Baccalarios istos Militares adolescentes indigitant ac repræsentant. Atque inde etiamnum in Picardia nostra adolescentes ac adolescentulas sive juvenculas *Bacheliers* et *Bacheletes* appellari observavit Fauchetus. Le Roman *de Garin :*

Or avant Baisseletttes, ce leur disoit Bertrand,
La plus pauvre de vous arés assés vaillant.

* Adolescentes non conjugati, et juvenculæ nondum nuptæ, *Bacheliers* et *Bacheletes* vulgo nuncupabantur, quod de Picardia tantum observavit Cangius : inter quos quolibet anno eligebatur unus, quem *Baccalariorum regem* appellabant. Libert. Autiss. concessæ a Mathide comit. Nivern. ann. 1223. in Reg. I. Chartoph. reg. ch. 10 : *Homo, qui non habuerit uxorem et est Bachelarius, quamdiu in illo statu erit et hospitium tenebit, reddet annuatim quinque solidos de censa,.... et ad negotia communitatis mittet sicut et uxorati.* Charta redituum prioratus S. Vincentii *de Naintré* in diœc. Pictav. ex Tabul. S. Germ. Prat. : *Est à noter que les Bacheliers de la paroisse dudit Naintré, qui sont les jeunes à marier, sont tenuz par chacun an apporter audit prieur èz octaves de Noel en foy et hommage, comme souverain en ladite église, ung oyselet, nommé le roy Berault, et le doivent prendre à la course, et celluy qui le prent, est nommé toute l'année le Roy des Bacheliers.* Lit. remiss. ann. 1478. in Reg. 205. ch. 27 : *Par les parroisses du bas pays de Poictou les jeunes compaignons, que on appelle Bachelliers, à marier, ont acoustumé tous les ans à chacune feste de Penthecoustes eulx assembler joyeusement et faire entre eulx par élection, en chacune parroisse et assemblée, ung Roy des Bachelliers, qui a la charge, gouvernement et administration du cierge et luminaire desdis Bachelliers.* Aliæ ann. 1480. ex Reg. 207. ch. 5 : *Les jeunes enfans à marier, autrement appellez les Bachelliers ou varletz à marier, etc.* Charta ann. 1343. in Chartul. S. Vincent. Laudun. : *Les gens desdis religieus avoient pris certaines Baisseletes de nostre dite ville de Crespy, cueillans herbe ès avainnes de Bucy.* Horum vero societas, *Bachelerie* dicitur, in Lit. remiss. ann. 1392. ex Reg. 142. ch. 284 : *Icelle Heliete avoit oy dire que les compaignons de la Bachelerie de la Leu près de la Rochelle, etc.*

Porro a Baccalariis istis seu subnobilibus adolescentulis, qui juveniliter insultare, ac de se sublatius sentire solent, deducta videtur apud Italos vox *Baccalare,* quæ idem sonat : vel potius forte a Baccalariis Academicis : dicitur enim *bacalare, il quale mostrava dover essere un gran Bacalare, cioe gran dottore.*

Baccalarios præterea ut minime divites, ne dicam pauperes, indigitant passim Scriptores : quod scilicet, non adeo amplæ essent eorum facultates, nec tantum vassallorum numerum haberent, ut vexilla in acie possent educere, ac proinde *Militum Banneretorum* ordini accenseri. Philippus *Mouskes* in Hist. Francor. MS. :

A un Chevalier Baceler,
Ki par pauvreté vot aller
Droit en Pulle à Robert Wiscart, etc.

Itinerarium ultramarinum Guillelmi Comitis Pontivensis MS. ubi de Theobaldo de Domno Medardo : *Hoirs fu de la Conté de S. Paul, mais povres Bacelers estoit, tant con ses oncles vesqui.* Chron. Flandriæ cap. 18 : *Ils remarierent cele Marguerite à un vaillant Bachelier des Marches de Bourgogne, qui fut appellez Guillaume de Dampierre, et n'estoit mie riche.* Ita non semel Froissartes 1. vol. cap. 270. 290. 3. vol. cap. 3. 4. vol. cap. 86.

In Regesto Cæruleo Castelleti Paris. f. 58. sub ann. 1493. *Bacheliers* dicuntur apud Tentoriorum artifices, qui vulgo Jurati, *Jurez et Esgards.*

* *Bacheliers* in societatibus artificum, appellantur, qui sub iis, qui rebus artificii præfecti sunt, minora negotia curant, suoque ordine ad ejusdem præfecturam eliguntur; iidem qui alibi *Juniores* nuncupantur. Vide infra in *Junior.* Lit. ann. 1366. tom. 4. Ordinat. reg. Franc. pag. 709 : *Pierre Triel, Pierre la Postole jurez en la ville de Paris oudit mestier de boulengerie; Girat de Breban et Jehan le Conte Bacheliers oudit mestier, etc.* Aliæ ann. 1404. tom. 9. earumd. Ordinat. pag. 56 : *Toutes et quantefoiz.... il a esté nécessité de pourveoir à l'office vacant d'aucun juré,. . . . lès autres jurez desdiz mestiers superestans, à grant et meure délibéracion nomment et eslisent entre eulx sans faveur, l'un des Bacheliers, etc.*

Baccalarius. Historia Prioratus de Wigmore in Anglia, in Monast. Anglic. tom. 2. pag. 224 : *Cingulum Militiæ accepit, una cum Edmundo de Arundel, et aliis trecentis Baccalariis.*

¶ Bacchalarius. Charta ann. 1229. ex parvo Chartul. S. Victoris Massil. : *Petebat dominus Abbas sibi restitui xx. solidos regalium coronatorum, quos Bacchalarii comunis de Couxia Potestatis Massileæ extorsit a Priore S. Zachariæ.*

Bachalarius. Thomas Walsinghan. pag. 94 : *Post decessum Comitis quemdam Bachalarium, nomine Dominum Radulphum de Monthermer, accepit in maritum.*

Bachelarius. Matth. Paris : *In hastiludio multi Milites regni, qui se volunt Bachelarios appellari, sunt contriti.* Infra : *Militem strenuum, qui Bachelariis annumerabatur.*

Bacularis, Idem qui *Baccalarius.* Ratherius Veronensis Episcop. in Qualitate conjectur. pag. 201 : *Forsitan in patria sua fuerat Bacularis, ideo illi tam honor omnis est vilis.* Ordericus Vitalis lib. 10. pag. 785 : *Heliæ candidam jusserunt tunicam indui, pro qua Candidus Bacularis solitus est ab illis nuncupari.*

Baccelleria, Ordo ipse *Baccellariorum.* Le Roman *de Garin :*

La flor de France, et la Bachelerie.

Chronicon Bertrandi Guesclini :

Et puis manda sa gent et sa Bachelerie.

Jo. Villaneus lib. 8. cap. 55 : *Dov'era il fiore della Baronia e Baccelleria di Francia.*

Baccalariorum vero Ordinem, licet hos Comitibus, Vicecomitibus, Baronibus, et Castellanis postponat, satis commendat Consuetudo Andegavensis art. 63. et Cenomanensis art. 72 : *Outre les Seigneurs dessusdits y a audit pays aucuns autres Seigneurs, qui ne sont Comtes, Vicomtes, Barons, ne Chastellains, qui ont chasteaux, forteresses, grosses maisons, places, qui sont parties de Comtez, Vicomtez, Baronies, ou Chastellenies desdits pays : et tels s'appellent Bacheliers, et ont bien telle et semblable Justice, comme ont ceux, dont ils sont partis, etc.*

3. **BACCALARII**, seu Baccalaurei in Academiis, apud Nicolaum *de Clemengis* lib. de Studio Theolog. et aliis, qui *Bachellarii*, Nic. Trivetto in Chr. ann. 1282. *Bachalarii* Walsinghamo pag. 51. et *Bacularii*, pag. 309. qui in eo gradu sunt, ut ad Doctoratum aspirare possint, quemadmodum *Baccalarii* Militares adolescentes, qui ad *Banneretorum* gradum perinde aspirant. Nam inde *Baccalaureos* Academicos dictos fere constat. Sacra autem Theologiæ Parisiensis Facultas, ut observat alicubi Filesacus, in quatuor velut ordines distributa est, *Magistrorum, Licentiatorum, Baccalariorum Formatorum, et Baccalariorum Cursorum. Magistri* iidem sunt, qui Doctoris lauream consecuti sunt : de *Licentiatis* dicetur suo loco, [*Baccalaurei Formati* dicuntur illi qui expleto Theologiæ cursu possunt ad superiores gradus provehi, atque inde alio nomine vocantur *Dispositi,*] *Baccalarii* denique *Cursores*, sunt Theologiæ Candidati primi generis, qui ad *Cursum* Theologicum explicandum admittuntur, Bibliorum nempe, postea libri Sententiarum Petri Lombardi : unde nata illa distinctio apud majores, Baccalariorum, ut alii *Biblici*, alii *Sententiarii* nuncupentur. Vetus

Statutum Academiæ Parisiensis : *Quilibet Cursor* (Baccalarius) *in Theologia inter primum Cursum et Sententias tenebitur respondere in Theologia, ad minus semel de Disputatione Tentativa sub Magistro.* Alio loco : *Nisi talis volens admitti, tempus suum probaverit per schedulas Sententiariorum, ac etiam Bibliorum, etc.* Vide Hist. Academiæ Paris. tom. 4. pag. 391. et Lambecium lib. 2. Comment. de Bibl. Cæsar. pag. 128. 129. 131. 134. *Baccalariatus* vero, vel *Doctoratus*, in Academiis Anglicis gradus non obtinent, ut observat Jo. Fortescutus de Laudib. Legum Angliæ cap. 50.

¶ Baccellarius, Eadem notione. Vita S. Thomæ Aquinatis tom. 1. Martii pag. 663 : *Ut Parisiensi Studio de sufficienti Baccellario provideret.*

Bachalariare, Bachalarii gradum impertiri, in Bulla Joannis XXII. PP. pro Academia Cadurcensi ann. 1332. apud Guill. *de la Croix*, in Hist. Episcop. Cadurc. n. 231. in Statutis Academiæ Viennensis Austriæ in Facultate Artium tit. 9. 10. etc.

¶ Bacchalariatus, Dignitas *Baccalarii*, in Compendio jurium et consuetudinum Universitatis Paris. fol. 8. per Rob. *Goulet*.

¶ Bacchalariatus, Gradus inferior in Choro Canonicorum. Archivum Ecclesiæ Macloviensis : *Anno 1424. die 5. Maii. De cætero nullus recipiatur ad capellaniam, Bacchalariatum, etc. nisi sciat cantare.*

Jam vero unde *Baccalariorum* cum Militarium, tum Academicorum orta vox, non una est doctiorum sententia. Cujacius ad lib. 2. de Feud. tit. 17. a *Buccellariis* veterum, de quibus mox agemus, appellatos putat. *Baccalarios* Academicos a *Bacca laurea* dictos contendit Alciatus ad lib. 57. de verbor. significat. Rhenanus a *Bacillis*, quibus donantur, dum Baccalariatus gradum consequuntur. Nec abludit Wasius, qui perinde *Baccalarios* militares a *baculo* vocatos opinatur, quod, ut ait, juvenes Milites postquam in equestribus decursionibus hastas fregissent, linea tantum armati, non gladiis, sed sudibus baculisque sese mutuo non surdis ictibus in torneamentis robustissime batuerent. Verum nobiles viros vel adolescentes baculis in arena decertasse nemo, opinor, nisi harum rerum prorsus ignarus, fatebitur : unde miror, virum eruditum huic sententiæ subscripsisse lib. 2. de Comitib. Provincial. cap. 8. Neque forte eorum, qui a *Baculis*, quibus investiebantur feudatarii, probabilior fuerit opinio, aut Gregorii Tolosani in Syntag. et Antonii Gosselini in Hist. veterum Gallor. cap. 62. qui a *vassis* deducunt, ut *Baccellarii* dicti sint, quasi *Vassallarii*, id est, minores Vassi.

Loiseus lib. de Ordinib. cap. 6. n. 49. et 50 : *Baccellarios* a vocibus Gallicis, *bas eschelon* appellatos scripsit, quod Militaris ejusmodi ordo infimus esset.

Tametsi etymon hujusmodi neminem probaturum certo sciam : fatendum tamen hactenus fere receptam fuisse Claudii Falceti, viri in Antiquitatibus nostris versatissimi, sententiam, *Baccellarios* nempe, seu *les Bacheliers*, appellatos quasi *bas Chevaliers*, quod Militibus Banneretis dignitate inferiores essent, iisque prærogativam ultro cederent, adeo ut in consessibus publicis, vel etiam in conviviorum accubitis post eos sederent. Nam Baccalariis cum Banneretis sedere jus erat, quod non licebat Scutiferis, quantum libet natalium splendore conspicuis, quod eximie docet Continuator Nangii Gallicus MS. ad ann. 1378. cum narrat, ut Carolus V. Rex Franciæ Carolum IV. Imperatorem et Regem Romanorum in aula sua convivio exceperit : *Et fut l'assiete telle, qu'il s'ensuit : L'Evesque de Paris premier, le Roy, le Roy des Romains, le Duc de Berry, le Duc de Brabant, le Duc de Bourgogne, le Duc de Bar : et pour ce que deux autres Ducs n'estoient pas Chevaliers, ils mangerent en un autre table.* Ita apud Longobardos *consuetudinem* fuisse scribit Paulus Warnefridus lib. 1. cap. 23. *ut Regis cum patre filius non pranderet, nisi prius a Rege gentis exteræ arma suscepisset.* Quod etiam in more fuisse apud Aragonios testatur Eximinus Petri Salanova Justitia Aragonum, lib. *de Priviligiis Baronum et Ricorum hominum : In Aragonia*, inquit, *nullus filius Militis in mensa Militis sedet, donec fuerit factus Miles.* Hujusce porro receptæ apud avos nostros consuetudinis rationem sic prosequitur vetus Poeta in Poemate MS. cui titulus : Le Roman *du dit du Chevalier*, ubi Scutiferum sic loquentem inducit :

Li dit : Dame, fetes me sage,
Pourquoi c'est que li Escuiers
Ne s'ossent pas cointrier
De droit que li Chevaliers font,
Et le cause pourquoi ils sont
Mis arriere et plus bas assis,
Jaçoit-il que de moult haut prix
Soient aucuns en leur Estat.
La Dame n'y mit pas débat,
Ains dit, Je vous respondray
Tout chou que j'en espoire et sçay :
Ils sont bas et arriere mis,
Et trop plus l'estoient jadis,
Pour eux donner plus grand desir
De tost Chevalier devenir.

Falceti de *Baccelariorum* nomenclatura opinionem amplexus est præ cæteris Andreas Favinus : omnes vero pluribus expendit eruditus Seldenus in Tract. de Titulis honorariis 2. part. cap. 3. §. 24. Sed nescio, an non potius *Baccellarii* originem suam debeant priscis illis *Baccellariis*, de quibus egimus, qui scilicet *Baccellarias*, prædia sic nuncupata, tenebant et excolebant, adeo ut cum liberæ et ingenuæ essent conditionis, Baronibus tamen longe inferiores essent; tametsi quæ fuerit eorum omnino conditio, ex præallatis locis vix planum et perspicuum sit. De *Baccellariis* Militaribus, quos *Bacelieri d'arme*, ad Academicorum discrimen vocat Joannes Villaneus lib. 6. cap. 91. lib. 7. cap. 85. 102. alia quædam attigimus in Dissert. ad Joinvillam, in qua de *Banneretis* egimus. De Baccalariis vero Academicis et eorum nomenclatura disputat pariter Cæsar Egassius Bulæus tom. 2. de Academia Parisiensi pag. 679. [Menagius in Dictionario etymol. linguæ Gall. ubi post Dominum *de Caseneuve* et alios contendit vocem *Baccalarii* a baculo fuisse derivatam.]

¶ 1. **BACCALE**, pro *Bancale*, Tapes quo *Bancus* seu scamnum tegitur. Historia Mediani Monasterii pag. 242 : *V. dorsalia de lana... Baccalia IV. grandiuscula et minuscula tapetia XI.*

¶ 2. **BACCALE**, pro *Bacile*, Pelvis. Vide *Bacale* 2.

¶ **BACCANATUS**, *Fusor*. Vetus Gloss. MS. San-German. n. 501. [** leg. *Furor*.]

** **BACCANIA**, Furor. Fragmentum de expeditione Caroli M. Hispanica, apud Pertz. vol. 3. Scriptor. pag. 709. lin. 35 : *Ecce inestuat indomiteque tuniet Baccania regum per immensos orbes Mavartis, etc.* Vide *Bachania*.

¶ **BACCAPULUS**, *in quo mortui efferuntur.* Idem Gloss. San-German. n. 501. Vide *Bacapulus*.

BACCARII, Vaccarii. Charta Longobardica ann. 774. apud Ughellum in Archiep. Benevent. : *Item et in eodem Gastaldato concessimus Baccarios : hi sunt Grauso cum uxore et filiis, etc.* Vide *Baca*.

¶ **BACCAULUM**, *Feretrum in quo mortui efferuntur, et dicitur a Bacca.* Sic Glossar. MS. Montis S. Eligii Atrebat. Miracula S. Withuni tom. 1. Julii pag. 331 : *Baccaulo imponerent atque ad sancti præsulis corpusculum deferrent.* Vide *Bacapulus*.

* **BACCALUS**, *in quo mortui feruntur.* Glossar. vet. ex Cod. reg. 7613. Vide *Bacapulus*.

* **BACCARIS**, *Quæ fascinum tollit, quæ galgago dicitur*, in eod. Glossar. *Baccar, herba est, quæ fascinum depellit*, apud Servium. Vide Lexic. Martin. in hac voce.

* **BACCARIUM**, *Vas aquarum*. Glossar. vet. ex Cod. reg. 7641. Vide *Baccharium* in *Bacca* 2.

¶ **BACCEA**, Vas aquarium. Vide *Bacinium* in *Bacca* 2.

¶ **BACCELARIA**, Baccelarius, Baccelaria. Vide in *Baccalarii*, et paulo ante *Baccarii*.

¶ **BACCEUS**, Idem opinor, quod *Bacca* 2. Hist. Mediani Monasterii pag. 243 : *Albæ quinquaginta, succentæ de serico duæ, tertiaque de auro. Baccei quatuor, cingula serica duodecim.* [* Nisi sit leg. *Balthei*, quod puto.]

BACCHA, Belgis *Bake*; Specula, pharus, signum, vel vas littorale, pro nocturno navium accessu. Gualterus in Vita S. Caroli Com. Flandr. n. 20 : *Signa quoque, quibus in sublime levatis in id confœderatos accersirent, quæque ob insaniam nimirum bellandi furentium Bacchas lingua illa vocare solebant, prorsus erigi vetuit.* Vide *Becconagium*.

¶ **BACCHALARIA**. Vide *Baccalaria dominicaria*.

¶ **BACCHALARIARI**, Baccalaurei ordine donari in Academiis, apud Robertum *Goulet* in Compendio jurium et consuetud. Universitatis Paris. fol. 4.

¶ **BACCHALARIUS**. Vide *Baccalarii* 3.

BACCHANIA, *Furor*, Papiæ. Vide *Bachania*.

BACCHARIUM, Bacchia, Bacchinon. Vide *Bacca* 2.

* **BACCHATUS**, Amens, ultra modum accensus. Lit. remiss. ann. 1351. in Reg. 80. Chartoph. reg. ch. 421 : *Ejus* (mulieris) *amoris flamma Bacchatus,.... veneris novitius extraneus.* Ubi de quodam canonico deperdite amante agitur.

¶ **BACCHATUS** Gemmis, Unionibus ornatus. Nicolaus Specialis de Rebus Siculis lib. 6. cap. 14. apud Murator. tom. 10. col. 1045 : *Itaque signo dato, alii lavandis manibus ex radiantibus vasis aureis lymphas fundunt, alii quidem aquas in pelves suscipiunt, alii mensas dapibus onerant, alii læta Bacchi munera subministrant, ii crateres magnos Bacchatos gemmis statuunt, etc.*

** Baccatum, *Margaritatum*, in Gloss. Isid. *Baccatum, casteinit* (hodie *gesteinet*) in Gloss. Rhabani. Vide *Baca*, 2. Adel. utuntur Virgilius et Sil. Jtalicus. Vide Forcell. Lexic.

** **BACCHARA**, *i. Asarum*, Matthæo Silvatico. Βάκκαρ idem Gallis quod Græcis ἄσαρον, apud Interpol. Dioscorid. cap. 9. Gloss. med. Græcit.

¶ **BACCHO.** Vide *Baco.*

¶ **BACCHOAICHA**, Bacchonica, Baccile, etc. Vide *Bacca* 2.

* **BACCILATER**, *Vinum*, in vet. Glossar. ex Cod. reg. 7646.

* **BACCILOTUS**, Pelvis, Gall. *Bassin.* Inventar. MS. thes. Sedis Apost. sub Bonif. VIII. ann. 1295 : *Item unum Baccilotum parvum in modum pateræ, deauratum inter.* Vide *Bacinus* in *Bacca* 2.

BACCINÆ Pelles, apud Chrodegangum in Regula Canonicorum Metensium cap. 29. ubi Editio Acheriana habet *vaccinas : Calciamenta verò omnis Clerus annis singulis pelles Baccinas accipiant, solas paria quatuor.* Vide *Baca* et *Bacca* 2.

* 1. **BACCINUS**, Bacilis, Mensuræ aridorum seu granorum species. Charta ann. 1270. inter not. in Dissert. 6. Cl. V. Garamp. ad Hist. B. Chiaræ pag. 199 : *Baccinos currentes ad Baccinum episcopatus, qui dicitur Strozaprete, etc.* Alia ann. 1276. ibid.: *Ad tres quartengos grani ad antiquum, et ad unum Bacilem et dimidium.* Vide *Concha* 3.

2. **BACCINUS**, Urceus vel pelvis. Charta ann. 972. in Append. ad Marcam Hispan. col. 901 : *Propter pretium appreciati 70. uncias auri in rem valentem, id est, cavallo, Baccino, et optima mula.* Vide in *Bacca* 2. Nisi forte legendum sit *Bastino*, intelligaturque de animali sagmario. Vide mox *Bacellus* 2.

BACCO. Vide *Baco.*

BACCONES. Gloss. Lat. MS. Reg. : *Rustici, Baccones, Agricolæ, Coloni.* Papias : *Baccunnus, Rusticus, Stultus.* [Sic etiam in Vet. Gloss. Saugerman.]

¶ **BACCUE**, *Clamore.* Papias.

¶ **BACCUNNUS.** Vide *Baccones.*

BACCUS, Bacus, [Gall. *Bac*,] Navigii latioris species in fluviis, quorum etiam usus est ad transvehendos equos et currus. Charta Roberti Comitis Mellenti in Tabul. Fiscanensi fol. 10 : *Confirmavi ... liberum transitum navibus suis et Baccis, quidquid ferant de suo proprio.* Alia Galeranni Comitis Mellenti in Tabulario Leprosariæ Pontis Audomari : *De toto vino meo, quod veniet mihi de Francia, sive in Bacco, sive etiam in navibus.* Charta Philippi Aug. ann. 1216 : *De quolibet Baco lignis onerato 20. denar. et pro gubernaculo 2. den.* Aresta ann. 1260. 1. Reg. Parlam. fol. 22 : *Et habebit boscum ad faciendum Baccum, et ad reparandum in forestis meis.* Charta Philippi Regis Franc. ann. 1308. ex 2. Regesto ejusdem Regis n° 9. in Tabulario Regio : *Item Baccum nostrum de Janzicum blado et aliis reditibus, ... et domo baquerii, etc.* id est, ejus, qui *baccum* curat et regit. [Hist. Becc. Monast. MS. pag. 254. n° 8 : *Et nominatim Baccum et navim qui in unoquoque anno adducuntur et onerantur in vindemiis acceperunt in custodia et tenamento... quocirca præcipimus ut Baccus S. Mariæ Becci sit quietus.* Et pag. 344 : *Dedit Monachis Beccensibus ut in transitu Medantæ naves illorum et Bacci, etc.*] Vide *Bacca.*

¶ Bacellus, Scaphula, in Hist. MS. Beccensis Monast. pag. 520.

Bacula, Scaphula, Gall. *Bacquet.* Encomium Emmæ Reginæ Anglor. lib. 2. pag. 168 : *Sanduich sunt appulsi, ejectisque anchoris, Baculis exploratores se dedunt littori, et citissime finitima tellure explorata, ad nota recurrunt navigia, Regique edicunt, adesse resistentium parata millia.*

1. **BACCELLUS**, Baculus, Bacillus. Gloss. Lat. Græc. βακλίον, *bacillum;* βακτηρίδιον, *bacillum.* Vide S. Hieron. in Regula S. Pachomii cap. 81. et Gregorium Turon. lib. 2. de Mirac. cap. 22.

* 2. **BACELLUS**, diminut. a *Bastum*, ut videtur, Gall. *Bast*, Clitella, sagma vel jumentum sagmarium. Reg. S. Justi ex Cam. Comput. Paris. fol. 191. v° : *Item quilibet Bacellus ad clavos, qui frequentat forestam, debet ij. sol. per annum.* Alia significatione vide in *Baccus.*

* **BACENI.** Vide Infra *Baciones.*

¶ **BACERUS**, *Barefactus.* Gloss. Isid. Excerpta scribunt, *Arefactus.* Gaspar. Barthius scribendum censet, deleto *Bacerus : Baro, fatuus.*

BACETA, Mensura olei, apud Italos. Statuta Veronensia lib. 3. cap. 83 : *Ubi dicit unum minale, intelligatur, quod idem juris sit in una Baceta olei.* Vide *Baccus.*

* Stat. datiaria Riper. cap. 3. fol. 8. r°: *Quælibet persona valeat portare... pro usu suo unam Bacetam olei.*

¶ 1. **BACHA**, Navigii pars. Informationes civitatis Massil. de passagio transmarino ex Cod. MS. Sangerm. : *Item aperient pro Bacha* XXVI. *palmos.* Cymbam esse quam nostri *Bachot* vocant ultro credidissem, nisi de mensuris lignorum quæ ad navem pertinent hic ageretur. [** Germanis inferioribus et Belgis *Back* est Proræ pars interior, forte ab Angl. *Beak* et Gall. *Bec*, Rostra. Vide etiam *Bacca.* Adel.]

** 2. **BACHA.** Matth. Silvaticus : Baca, vel bacca, vel Bacha, vel Bachag, fructus olivæ, vel lauri, vel hederæ, et sunt fructus vel grana rotunda. Lexic. Botanic. MS. : Βάκας, τὰ δαφνόκοκκα. Gloss. med. Græcit. Append. col. 34.

¶ **BACHALARIARE.** Vide *Baccalarii* 3.

* **BACHANALITER**, *Furiose*, in Vocabul. compend.

BACHANIA, *Furor*, Joanni de Janua : *Debacchatio*, insania. Baldricus lib. 2. Chron. Camerac. cap. 5. de Energumeno : *Vix tamen teneri poterat, quin ex totis viribus, omni Bachaniæ, imperterritus, diabolo violentiam suggerente, vacaret.* Idem cap. 11 : *Videntes Canonici Nordmannorum Bachaniam circa istam provinciam ubique desævire.* Rectius Papias *Bacchania* habet.

BACHARDI, Bachardorum secta, circa ann. 1204. Hermannus de *Lerbeke*, in Chron. Comit. Schawenburg. pag. 26 : *Hujus Brunonis tempore, quidam fuit de secta Bachardorum, Deo et hominibus detestabilis, Bachardus nomine, speciem gerens magnæ sanctitatis, sed plenus malitia homo, etc.* Vide *Beghardi.*

BACHARDUS. Petrus *de Dusburg* in Chronico Prussiæ cap. 277 : *Hic quodam tempore dum in infirmitate gravi laboraret, vidit unum Judæum et alium Chistianum in habitu Bachardorum, unum a dextris suis, alium a sinistris, stantes et disputantes de articulis fidei, etc.* Qua voce Baccalaureos, seu Militares, seu Academicos intelligi putat editor.

BACHARUS. Gloss. Anglo-Sax. Ælfrici : *Bacharus*, mereswyn, id est, maximus porcus. Somnerus vocem Saxonicam, balænam, porcum marinum, *a whale*, vertit.

BACHELLARII. Vide *Baccalarii* 2.

* **BACHASSIUM**, Aquarium, aquæ receptaculum. Processus verbal. super jurib. Dalph. in mandamento S. Nazar. ann. 1502 : *Abbas de Leoncello et frater Ralhe, ejus procurator, alte se jactando dixerunt, quod facerent alia abreveragia et Bachassia, pro potu et abevratione ipsorum animalium, in dictis pascuis.* Vide *Bacia.*

* **BACHE.** Glossar. Lat. Gall. ex Cod. reg. 4120 : *Femoralia, proprie Bache mulierum, quia tegunt femora mulierum; femorale, Biche viri. Bache* nihilominus appellata hæc vestis ad usum virorum, in Comput. MS. Clareval. ann. 1364. fol. 6. r° : *Pro 50 ulnis telæ pro Bachis faciendis, emptis diversis pretiis, etc.* Vide *Bacle.*

¶ **BACHIA.** Vide *Bacca* 2.

* 1. **BACHILE**, *Pelvis*, in vet. Glossar. Argent.

* 2. **BACHILE**, *Arabice, Faba.* Glossar. medic. Simon. Januens. ex Cod. reg. 6959.

¶ **BACHINAGIUM.** Vide *Bacinagium* in *Bacca* 2.

BACHINAL, *Torcular, pressorium, et dicitur a Bacchus.* Joan. de Janua.

BACHINATOR. Statutum Edwardi Regis Angl. pro officio Senescalli Vasconniæ, in Regesto Constabulariæ Burdegal. fol. 80 : *Item ordinatum est quod sit unus Bachinator ad supervidenda omnia castra et fortalitia Regis in toto Ducatu, et ad ea emendare facienda, quando necesse fuerit.* Vocis notionem prodit Chronicon MS. Bertrandi Guesclini :

Y avoit une Gaite toute jour ajournée,
Qui sonnoit un bacin, quant la pierre est levée.

* Vigil, speculator, sic dictus quod pelvi, quam *Bachinum* vocabant percussa, signum dat : unde *Bachiner*, pelvim percutere. Stat. barbit. art. 4. in Lib. rub. fol. magno Abbavill. : *Item ne doivent Bachiner aulcuns barbiers en alant par les rues.* Cur autem *Baraban* dicatur ejusmodi pelvis, in Legenda D. Cl. *de Guyse* cap. 28 : *Sainct Niquaise fait chacun Dimanche célébrer* (sa messe) *au son du Baraban*, haud satis scio. *Bachine*, sartago, nostris *Poele*, vel vas excalfactorium, Gall. *Bassinoire*, in Pedag. Peronæ ex Chartul. 21. Corb. fol. 333 : *Item ungz Bachines doit vij. den.*

BACHINUS. Vide *Bacca* 2.

BACHIO, nis, *Quoddam genus suppellectilis*, Ugutioni.

* **BACHIRECHUS**, f. Innuptus; nisi sit

nomen religionis vel loci. Acta MSS. notarii Senens. ann. 1283. ex Cod. reg. 4725. fol. 8. v° : *Item (relinquo) centum solidos dominabus Bachirechis.* Vide supra in *Baccalarii* 1.

* **BACHIUM**, Navigii latioris species, transvehendis equis et curribus apti, Gall. *Bac.* Charta Nivelon. episc. Suess. ann. 1184. ex Tabul. S. Crisp. in cavea : *Petrus etiam filius præfatæ Hudeburgis adjecit ex parte sua huic elemosinæ quidquid habebat in Bachio de Ponvert.... Hugo domicellus de Ambleny et Gerbertus Matifars, qui cum Petro partem habebant in Bachio.* In alia ann. 1210. ibid. legitur; *Baccum de Ponvert. Bacaige*, portorium, id quod pro transvectione solvitur. Lit. remiss. ann. 1481. in Reg. 206. Chartoph. reg. ch. 733 : *Les fermiers du droit de Bacaige et passaige de la rivière, etc.* Vide *Baccus.*

* **BACHOLATA**, Quantum vase, *Bachole* vel *Bachoë* dicto, contineri potest, sporta pice illita. Charta ann. 1305. in Reg. 37. Chartoph. reg. ch. 67 : *Item unam Bacholatam racemorum non pressorum censualem, cum vendis et mutagiis.* Lit. remiss. ann. 1415. ex Reg. 168. ch. 405 : *Et après mist les raisins en ses Bacholes. Bachoë*, in Lit. ann. 1372. tom. 6. Ordinat. reg. Franc. pag. 511. quomodo etiam legendum, pro *Bachoc*, in aliis ann. 1366. tom. 4. earumd. Ordinat. pag. 709. art. 1. Costumæ Paris. in Reg. sign. *Noster* Cam. Comput. fol. 33. v° : *Item la charretée de pain, iij. den. La Bachoë de pain, iij. ob. le Sac de pain, j. den. Baioe*, eodem sensu, in Consuet. Genovef. MSS. fol. 8. v° : *Li talemelier pueent au Diemenche, es lieus dessusdiz, porter leur pain en leur corbeillons et en leur Baioes. Bachouer* vero, qui jumenta hujusmodi sportis onusta ducit; officium in *panetaria* regia. Ordinat. hospitii reg. ann. 1317. in Reg. sign. *Croix* ejusd. Cam. fol. 75. v° : *Item il y aura un Bachouer à deux chevaus, qui mangera en salle et aura xl. den. de gaiges par jours pour ses deux chevaus. Baschouier*, in alia Ordinat. ann. 1386. ex Memor. E. ejusd. Cam. fol. 104. v°. Vide *Basta* 2.

* 1. **BACHUS**. Gloss. Cæsarii Heisterbac. in Regist. Prum. tom. 1. Hist. Trevir. Joan. Nic. ab *Hontheim* pag. 663. col. 1 : *In qualibet curia potest dom. abbas cambam suam, sicut et molendinum habere. Cambam vulgariter appellamus Bachus et Bruhus.* Ubi Editor : *Backhaus*, domus, ubi panis coquitur. *Brauhaus*, domus, ubi cerevisia paratur seu braxatur.

* 2. **BACHUS**, Cupa, labrum, Gall. *Bacquet.* Sentent. arbitr. inter Aymar. de Pictav. et abbat. monast. de Lioncellis ann. 1303 : *Statuerunt dicti arbitratores, quid animalia hominum castri duplicis supradicti libere et quiete possint et debeant abberare in abberagio, vulgariter appellata la Vacharia, ubi tenere debeat prædicta domus de Lioncello quosdam Bachos ad abberandum dicta animalia, expensis propriis.* Vide *Bacuum.*

¶ **BACI**, Vermes intestinorum. Vita B. Thomassii tom. 3. Martii pag. 602 : *Passus est febrem crudelissimam cum Bacis, id est, vermibus intestinorum.* Vide *Bacus*, 1.

BACIA, *Bassia*, Latrina, Gallis, *Basse-Chambre*, Camera inferior. Hispanis *baxa*, est imus, infimus. Libertates concessæ Barcinonensibus a Petro Rege Aragonum ann. 1283. MSS : *Quod vicinus non possit facere Baciam juxta parietem vicini proprium vel communem, nisi faciat ibi juxta parietem vicini bonum parietem de bono lapide et cemento de uno palmo et dimidio, et de altitudine in quantum fimus et aquæ ascendunt.* In lemmate capitis scribitur *Bassia.* Vide *Bazia.*

* Nostris olim quoque *Bassie*. Lit. remiss. ann. 1478. in Reg. 205. Chartoph. reg. ch. 182 : *Le suppliant et Jehan Blanchard chercherent icelle femme par la maison, et la trouverent cachée auprès de la Bassye.* Quanquam hic *Baciam*, fimi et aquæ receptaculum, fimetum nempe, malim interpretari. Vide supra *Bachassium.*

BACIBALLUM. Fragmentum Petronii de Cœna Trimalcionis [** cap. 61.] : *Noveratis Melissam Tarentinam, pulcherrimum Baciballum.* Galli dicerent, *un beau bijoux.* Vide *Baubella.* [** et Furnal. in Forcellin. Lexic.]

BACIFOLLUM. Tabular. S. Flori in Arvernis : *Medietatem molendinorum, Bacifollorum, graneriarum, pratorum, alveorum, etc.* Occurrit ibi pluries. Forte molendinum ventarium, sic dictum quod extructum sit in modum *Batifollorum*, seu turrium lignearum. Vide *Batifollum.*

* Rectius intelligi videtur de eo, quo tunduntur panni, idem proinde quod *Batatorium.* Vide in hac voce et infra *Batifollum* 2.

¶ **BACIGNA**, Pelvis, Gall. *Bassin.* Memorabilia Humberti Pilati ann. 1343. ex Adversariis Cl. D. *Lancelot* : *Fecit fieri unam Bacignam de auro purissimo in quo hæc omnia posuit, qui ponderabat 18. marchas auri fini.*

¶ 1. **BACIGNETUS**, Idem quod infra *Bacinetum.* Hist. Dalphin. tom. 2. pag. 326 : *Item duos Bacignetos cum viseriis* II. *sol.* VI. *den. gr.*

* 2. **BACIGNETUS**, diminut. a *Bacinus*, Pelvis, Gall. *Bassin.* Vide in *Bacca* 2. Acta capit. eccl. Lugdun. ex Cam. Comput. Paris. ad ann. 1343. fol. 95. v°. col. 1 : *Item duos Bacignetos argenti, cum armis dom. Henrici de Ruppeforti, quondam decani ecclesiæ Lugdunensis. Bacinet*, eodem sensu, in Lit. Guill. Lingon. episc. ann. 1358. tom. 3. Ordinat. reg. Franc. pag. 659. art. 11.

* **BACII.** Vide infra *Baciones.*

BACILE, [Pelvis, in Hist. Dalphin. tom. 2. pag. 277. B. in veteri Discipl. Monast. pag. 102. 115. 249. 394. et] superius post *Bacca* 2.

* **BACILETA**, ut *Bacignetus* 2. Ital. *Bacinella.* Annal. Mediol. ad ann. 1389. apud Murator. tom. 16. Script. Ital. col. 811 : *Bacileta una ab altari argenti deaurati, cum rosa et orlo intaliata ad animalia et litteras cum aliis operagiis.*

* **BACILIS.** Vide supra *Baccinus* 1.

¶ 1. **BACILLA**, Bacille, Idem, in Actis SS. Aprilis tom. 1. pag. 774 : *Et Bacilla cum urceolo magno, etc.* Vide *Bacca* 2.

2. **BACILLA**, *Eglise.* Glossar. Lat. Gall. ex Cod. reg. 7679. f. pro *Basilica.* Vide in hac voce.

¶ **BACILLETUM**, Eadem notione qua mox *Bacinetum*, in Hist. Dalphin. tom. 2. pag. 275 : *Pro emendo uno Bacilleto pro domino... taren.* XII.

¶ **BACILLUM**, vel Bacillus, Lampas in modum *bacini* apud Lobinell. tom. 3. Hist. Paris. in Glossario : *Tres cerei nocte et die in Bacillis argenteis continue ardentes.*

BACINÆ Salinariæ, Bacinus, Bacinagium, *etc.* Vide *Bacca* 2.

BACINETUM, Basinetum, Cassis, galea in modum *bacini* (de qua voce supra egimus in *Bacca*) confecta, levior *helmo*; Gallis *Bacinet.* Statuta secunda Roberti I. Scotiæ Regis cap. 27 : *Habeat pro corpore suo in defensione regni unum sufficientem actonem, unum Basinetum, et chirothecas de guerra.* Guillel. *Guiart.* ann. 1214 :

> Panonceaux et banieres bruire,
> Li yaumes, et Bacinez reluire.

Idem ann. 1270 ;

> Et Clers Bacinez à visieres.

An 1304 :

> Hauberjons et tacles entieres,
> Escus, Bacinez à visieres.

Infra :

> Bacinez brunis à visieres.

Chron. Franc. MS. in Bibl. Memmiana, in Carolo V : *En ce temps, la coustume des hommes estoit, qu'ils s'armoient à Bacinez à camail, à une pointe aguë, à un gros orfroy sur les espaules et chascun avoit sa hache attachée à sa ceinture.* Computum Stephani *de la Fontaine* Argentarii Regis incip. a 1. Jul. 1352. cap. *d'Orfevrerie : Pour faire et forger la garnison d'un Bacinet, c'est assavoir* 35. *vrevelles*, 12. *bocettes pour le fronteau tout d'or de touche, et une couronne d'or pour mettre sur icelui Bacinet, dont les fleurons sont de feuilles d'espine, et le cercle diapré de fleurs de lys. Et pour faire forger la couroye à fermer ledit Bacinet, dont les clous sont de bousseaux et de croisettes esmaillées de France.* Et infra : *Pour un Bacinet à visiere, etc.* Adde Froiss. 3. vol. pag. 119. 136. Chron. Flandr. cap. 51. 67. et 75. et Chronicon Petri IV. Reg. Arag. apud Carbonellum pag. 202. *Bacin* dixit *le Roman de Kanor* MS. : *Ne puet le cop tenir, qu'il ne soit entrés en coiffe, et li Bacins faussés.* Et Chronicon Bertrandi Guesclini MS. :

> Et Charles est tresbuchiés et navrez laidement,
> Et tirez par le Bacin, et prins moult fierement.

* **BACINETUS**, ut *Bacinetum*, Cassis, galea in modum *bacini*. Inventar. MS. castri Carcass. ann. 1294 : *vij. Bacineti ferri.* Mirac. MSS. Urbani PP. V. ad ann. 1374 : *Erat armatus de jupone, de tunica ferrea et jaque de veluto, et cum Bacineto ligato.* Hinc *Embaciné*, Bacineto seu casside coopertus, in Lit. remiss. ann. 1378. ex Reg. 113. Chartoph. reg. ch. 331 : *Jehan de Verruyes de Trevins, qui estoit Embacinez, et Pierre Cluveau prindrent leur lances, etc.* Hinc leg. *Bachinet*, pro *Bachniet*, in Lit. ann. 1294. inter Probat. tom. 1. Hist. Nem. pag. 136. col. 2.

* **BACINNUS**, Pelvis. Comput. MS. ann. 1237. ex Bibl. reg. : *Pro buretis argenteis, et Bacinnis argenteis, et incensario argenteo, etc.* Vide in *Bacca* 2.

* **BACINUM**, Campana, qua monachi cientur ad refectorium, quæque appenditur in claustro. Acta capitul. eccl. Castel. ann. 1288. apud Cl. V. Garamp. in Dissert. 6. ad Hist. B. Chiaræ pag. 198 : *Notum sit*

omnibus,.... quod pulsato Bacino claustrali per dom. Jacobum de Valle Sovaræ canonicum Castellanum, more solito, ut fratres ad discumbendum et reficiendum accederent, etc. Vide *Cymbalum.*

* **BACIONES**, Baceni, Bacii, Ursati, nummi Bernenses et inde in Helvetia et Germania, reliqua cusi; a voce *Bœz*, *Bær*, ursus. Ita Schilter. in Glossar. Teuton. At Wachtero *Batz*, moneta minor superioris Germaniæ, a *Batten*, cudere. Cambris vero *Bath* omnem monetam significat. Gesner. Partit. univers. lib. 13. pag. 165. solidi 30. florenum Germanicum constituunt sive *Bazios* 15. Gerotino autem Lexic. Germ. pag. 80. *Batz* 5. solid. Vide *Bacius.* [** Etymon vocis quidam deducunt ab Ital. voce *Pezzo*, Gall. *Piece.* Adel.]

¶ **BACIUS**, Monetæ genus. Res Moguntiacæ a Georgio Christiano edit. 1722. pag. 19. col. 2. de destructionibus Moguntiæ: cccc *circiter domos in urbe tum dirutas fuisse atque eversas, docet notoria quædam ad electorem : alia vero, tantam rerum omnium ad victum necessariarum fuisse caritatem, ut chœnix butyri tribus nummis imperialibus, pondus librale lardi philippeo, casei vero viginti Baciis, ovum denique sedecim, octodecim, quin viginti steterit cruciferis.* [* Vide supra *Baciones.*]

¶ **BACKBERYNDE.** Vide *Bacberend.*

¶ **BACLE**, ὑποδήματα γυναικεῖα σκηνικά, *i. e.: Calcei quibus mulieres utebantur in scena.* Vetus Gloss. Lat. Græc. [* Vide supra *Bache.*]

* **BACLOIS**, Populi, Gallis extranei, nomen, in Poem. Alex. MS. part. 1 :

Sor l'escu vet ferir Amaudrus li courtois,
Sires iert des barons et sires des Baclois.
Cil ne resemble mie Provencel, ne Baclois :
Ains semble que il soit un naturel Francois.

BACO, Bacco, Bacho, etc. ex Gallico et Anglico *Bacon*, qua voce promiscue donantur porcus saginatus, ustulatus et salitus, et petaso aut perna. Will. Brito in Vocabul. MS. : *Petaso dicitur perna porcina, Bacon, Gallice.* Capitulare 2. ann. 813. cap. 10 : *Farinam, vinum, Baccones, etc.* Vetus MS. Corbeiense, cui titul. de *Mensa Abbatis : Habet idem famulus de porco uslato, qui dicitur Bacons, tres juncturas versus testam, similiter tres versus caudam. De porco qui dicitur Escaudeis, habet totum mamillarium a gutture per ventrem usque ad caudam.* Chrodegangus in Regula Canonicor. Metensium cap. ult. : *De lardo Baccones accipiat sexaginta, etc.* Guibertus Abbas Novigenti lib. 3. de Vita sua cap. 17 : *Annonam meam, et aliquos pariter petasones, quos vulgo Bacones vocant, diripuerat.* Chron. S. Bavonis ann. 941 : *Oppidani consciso in particulas dimidio Bachone, quem solum, nec quidquam amplius in cibo habebant, fœdabant scuta pugnantium.* Tradit. Fuld. l. 2. ch. 181 : *Accepit unum caballum, et unum pallium et unum gladium, et unum Baconem.* Vetus Charta apud Malbrancum lib. 2. de Morinis cap. 46. *Ut quicunque advocatus fuerit ad regalem expeditionem iturus, unum Baconem, et unam pensam caseorum... accipiat.* Ubi Malbrancus *Baconem* nummum esse argenteum perperam putavit, ut eodem lib. cap. 16. *Pain de Munition* vertit. *Decimæ piscium, porcorum, Baconum,* in Monastico Angl. tom. 1. pag. 588. [Computus ann. 1202. apud D. *Brussel* de Usu feud. tom. 2. pag. CLXI : *Pro* XXXVI. *Bacconibus venditis* XVIII. *l. et* XII. *den.* Instrum. ann. 1342. ex Archivis S. Victoris Massil. : *Unum Baconem et quartam partem alterius.*] Occurrit hæc vox non semel apud Scriptores, Udalricum lib. 3. Consuet. Cluniac. cap. 11. Galbertum in Vita S. Caroli Comitis Flandriæ num. 117. Silvestrum Giraldum lib. 1. Itiner. Cambriæ cap. 12. Will. Thorn in Chron. pag. 2585. Fortescutum de Laudib. Legum Angliæ cap. 35. [Baluz. tom. 2. Hist. Arvern. pag. 511. in Act. SS. Apr. tom. 2. pag. 261. C.] in Actis Episcopor. Eboracensium pag. 1724. etc. [** in Adalhardi Statut. S. Petri Corbeiensis, lib. 2. cap. 11. et 12. apud Guerard. post Irminonem pag. 326.] Utuntur etiam Poëtæ nostrates non semel. Le Roman *de Garin* :

Parmi les plaques meint bon tonnel de vin,
Meint bon Bacon i veissiez gesir.

Alibi :

Truevent as chans meint bon tonnel de vin,
Meint bon Bacon, meint fromage à rostir.

Chronicon Bert. Guesclini :

Et vitaille charger, pain et Bacons salés.

Alio loco :

Les mariens furent oins de craisse et de Bacon.

Vide præterea Glossar. Somneri ad Histor. Angl. et Glossar. nostrum ad Wilharduinum.

Baconales *Porci* in Tabulario Prioratus de Domina in Delphinatu fol. 81.

* Hinc *Morue Baconnée*, salita et exsiccata, in Lit. ann. 1350. tom. 2. Ordinat. reg. Franc. pag. 358. art. 93. [** Plerique vocem hanc deducunt a Germ. *Bach*, Porcus silvestris, aut ab obsoleto *Back*, Tergum. Sed potius ad familiam vocis *Backen*, Torrere, frigere, pertinere videtur. Thuringis *Gænsebake* est Anser fumo torrefactus, ut supra *Morue Baconnée.* Adel. Confer Raynouardi Glossar. Roman. vol. 1. pag. 165. voce *Bacon.*]

¶ **BACONA**, Eadem notione, in Chartulario Camalarensi diœc. Anicien. : *Ad verenas est unus masus qui reddit pro meyssos quartum et recetum, et in Kal. dimidium Baconæ.*

¶ **BACONUS**, Idem, in Hist. Dalphin. tom. 1. pag. 98. col. 1. et infra in voce *Buffa.*

BACTEA, inter pocula recensetur a Papia in voce *Vasa.* Legendum forte *bachia*, quæ vox alibi apud eumdem occurrit. Locum vide in *Bacca* 2.

* **BACTENDERIUM**, Molendinum, ubi panni tunduntur, idem quod *Batatorium.* Vide in hac voce. Enumeratio MS. jurium castri Auseti ann. 1394 : *Cum fluminibus, ripagiis, domibus, Bactenderiis, grangiis, etc.*

¶ **BACTERIS**, *Baculus.* Papias MS.

** Glossar. in cod. reg. 7644 : *Bacterim, bastractem i. baculum.*

BACTERIUS, Βακτηρία, βακτήριον, βάκτρον, Baculus, scipio. S. Audoënus in Vita S. Eligii lib. 2. pag. 23 : *Posuitque super eum, quem manu gestabat, Bacterium.* Cap. 61 : *Alius vir claudus... repens Bracterio, corpore curvo.* Cap. 67 : *Catenæ.... et compedes illic monstrantur dissipati, cippi etiam fracti, et claudorum Bacterii in argumento ostenduntur.* Vita SS. Julii et Juliani apud Mombritium cap. 3 : *Arreptoque Bacterio, quo solebat sustentari.* Perperam *bapterio* editum. Alii Codd. habent *baculo.* Liber Miraculorum S. Desiderii Episcopi Cadurcensis cap. 6 : *Cum ejus repente incidit in mente, Desiderii suffragia expetere, eaque ex medicina loti Bacterii postulare.* Concilium Lemovicense ann. 1031. sess. 1. de S. Martiale : *Discipulum virtute resurrectionis de morte post sex dies Petri Bacterio tactum resurgere fecit.*

* **BACTISTERIUM**, Flagellatio, verberatio. Stat. ann. 1337. apud Cl. V. Garamp. in Ind. ad Hist. B. Chiaræ pag. 500. col. 1 : *Quod potestas, nocte Veneris sanctæ, ad ecclesiam S. Fortunati mittere debeat et teneatur de sua familia, ad reprimendum illos, qui facerent Bactisterium.* Vide Infra *Battimentum.*

¶ **BACTITOR** Auri, Malleator, bractearius, Gall. *Batteur d'or*, in Actis SS. Aprilis tom. 3. pag. 514. C.

¶ **BACTRACITE**, *Lapis scissibilis.* Papias MS.

* Non rectius *Bactricite*, in vet. Glossar. ex Cod. reg. 7613. Legendum enim est, monente D. *Falconet*, *Batrachites*, βατραχίτης, lapis ranæ, βατράχου, similis colore, ut ait Plinius lib. 37. cap. 10. Sic etiam vocatur nuperis physicis lapis, qui a bufone eructari vulgo creditur, Gallice *Crapaudine.*

BACTROPERATÆ, Vactroperiti : ita Philosophi appellati, quod baculum et peram deferrent, ex Græc. βάκτρον, *baculus*, et πήρα, *pera, saccus.* S. Hieronymus in cap. 19. Matthæi : *Ex hoc præcepto arguit Philosophos, qui vulgo appellantur Bactroperatæ, quod contemptores sæculi, et omnia pro nihilo ducentes, cellarium suum vehebant.* ubi leg. *bactroperetæ.* Sed per *peram* videtur intellexisse Hieronymus utres vinarios, quos secum deferebant peregrini : cujus locum respexit indubie Papias, dum dixit, *Bactroperitas esse qui portant vinum in utribus*; sic enim habet MS. Codex, ubi Editus *vinum utris.* Canones S. Patricii Hibern. cap. 17 : *Monachi sunt, qui solitarii sine terrenis opibus habitant sub potestate Episcopi vel Abbatis : non sunt autem Monachi, sed Vactroperiti, hoc est, contemptores sollicití ad vitam perfectam in ætate perfecta.* Scribit Brocardus in Edit. Veneta 1519. part. 2. cap. 2. Armenios sua tempestate Monachos appellasse *Vatropetas* : voce, ut videtur, contracta ex *Bactroperatæ.* Martialis lib. 4. Epigr. 53 :

Hunc quem sæpe vides inter penetralia nostræ
Pallados, et templi limina, Cosme, novi,
Cum baculo peraque senem, cui cana putrisque
Stat coma, et in pectus sordida barba cadit.

Mox :

Esse putas Cynicum deceptus imagine falsa etc.

Herodianus lib. 1 : Ἀνὴρ φιλοσόφου φέρων σχῆμα, βάκτρον γὰρ ἦν μετὰ χεῖρας, ἡμιγύμνῳ δὲ ἐκκρεμὴς πήρα. De baculo vel clava Philosophorum, [quos inde ναρθηκοφόρους vocat Plato in Theæteto] egere Savaro et Sirmondus ad Sidonii Epist. 11. lib. 4. Epist. 9. lib. 9. Adde Laërtium in Proœmio. Ita porro Monachos Ægyptios, Philosophos nempe Christianos, depingit Cassianus lib. 1. Instit. cap. 8. 9. et Collat. 11. cap. 3.

S. Hieronymus Epist. 1. initio : *Non pera tibi sumenda, non virga : affatim dives est, qui cum Christo pauper est.* Vide S. Basilium in Gordium Mart. et virum eruditissimum Joan. Baptistam Cotelerium, Professorem Regium, in Notis ad Hermæ Pastorem pag. 50. [** Conf. Glossar. med. Græcit. voce Βακτροπερῆται et in Append. col. 34.]

¶ **BACTULUM**, Κόπανον. Vetus Glossar. Lat. Græc. *id est, Pistillum seu mortarium, id in quo aliquid contunditur.* Supplem. vero Antiquarii : *Bactulum*, κυπαλόν, *Baculus.*

BACUCEI, Homines certo quodam dæmonum genere correpti, vel potius dæmones ipsi, dicuntur Cassiano Collat. 7. cap. 32.

BACULA, Vide *Baccus.*

BACULARE, Baculo cædere. Speculum Saxon. lib. 1. art. 68. § 1 : *Qui alium Baculaverit, ita quod loca tumescant læsa, etc.* Lib. 3. art. 37 : *Qui alium sine vulnere percusserit, aut Baculaverit, etc.* Matth. Paris ann. 1251 : *Et quia noluit eorum commentis obsecundare, Baculatus est gravissime.* Utitur præterea ann. 1188. et 1253. pag. 108. et 573. Græci recentiores βακλίζειν dixerunt. Glossæ. Lat. Græc : *Fustigatus*, βακλισθείς, a βάκλον, quæ vox occurrit in Concilio Calchedon. Act. 1 : Στρατιῶται κατὰ βάκλων καὶ ξιφῶν ἐπέστησαν, καὶ τὰ βάκλα καὶ τὰ ξίφη ἐφοβήθημεν. Infra : Στρατιώτας ἡμῖν ἐπήγαγον μετὰ βάκλων καὶ ξιφῶν. Habetur præterea in Actis SS. Abrahamii et Mariæ cap. 9. Saxo Grammat. lib. 10. pag. 180. de Canuto Rege Daniæ : *Postmodum vero severitati ejus... pecuniariæ mulctæ temperamentum accessit : quo tamen sola ligni percussio caruit, quod eo canes quis abigere soleat : adeo majorum verecundia summam in ictu probroso contumeliam reponebat.*

Præsertim vero *baculari* dicebantur tirones, qui in torneamentis aut hastiludiis non probe se gesserant. Idem Matth. Paris ann. 1248 : *Die vero Cinerum cœptum est Torneamentum magnum apud Neubiriam... ibique profecto Willelmus frater domini Regis uterinus, cognomento de Valentia, tyro novellus, ut titulos Militiæ sibi famosos adquireret, se animosa præsumptione..... ingessit; sed ætate tener et viribus imperfectus, impetus Militum durorum et Martiorum sustinere non prevalens, multa * mansit prostratus, et egregie, ut introductiones Militiæ initiales addisceret, Baculatus.* Eumdem morem præterea asserit sub ann. 1226. ut et Matth. Westmonaster. pag. 352 : *Ibi multi nobiles, dum conarentur laudem Militiæ promereri, prostrati, verberati, et contriti conculcabantur.*

* Nostris vero *Baculer*, est pala culum verberare, vel clunes alicujus in saxum vel in terram illidere, nimirum a *batuendo culo.* Lit. remiss. ann. 1377. in Reg. 112. Chartoph. reg. ch. 106 : *Jehan Pastor exposant, par esbattement avec plusieurs autres de la ville* (de la Terrasse) *pristrent icellui Lambertet en disant : Vous devez estre vannez ou Baculez; car vous avez routé la feuille du til, et est la coustume telle que ceulx, qui prennent riens du til, doivent estre vannez.* Aliæ ann. 1447. in Reg. 176. ch. 508 : *Les aucuns desdiz voisins dirent qu'icellui Bernart avoit fait oster ung fagot et qu'il seroit Baculé.*

BACULARIS. Vide *Baccalarii* 2.

1. **BACULARIUS**, Apparitor Ecclesiasticus, bedellus, qui *baculum* manu gestat in signum suæ functionis. Constitutiones Petri Episcopi Ruthenensis Legati Apostolici in Regno Cypri ann. 1312. cap. 42 : *Item quod Bacularii nostri, et etiam Ecclesiæ, omnes illos, qui contra dictas Constitutiones facerent, vel aliquam prædictarum, extunc aperte potestatem habeant citandi eos personaliter coram nobis, etc.* Vide *Virgarius.*

* *Serviens*, nostris *Sergent.* Arest. ann. 1277. in Reg. 2. parlam. Paris. *Olim.* fol. 34. v° : *Item fuit præceptum, quod institutio et destitutio servientum, qui dicuntur Bacularii,.... sint communes regi et ecclesiæ Cluniacensi.* Reg. M. Chartoph. reg. ex Ch. ann. 1286. num. 6 : *Canaco Bacularius et præco serenissimi dom. Henrici D. G. illustris regis Jerusalem et Cypri, etc.*

¶ 2. **BACULARIUS**, Sæpe pro *Baccalarius* Academicus legitur apud Rymer. tom. 12. Sic pag. 708. : *Magistrum Johannem Prange in Decretis Bacularium, commissarium, oratorem, procuratorem et nuncium specialem, etc.* Idem repetitur de eod. *Prange* pag. seq. Sic alibi passim. Vide *Baccalarii* 3.

* 3. **BACULARIUS**, Qui episcopo vel abbati est a *baculo* seu pedo, Gall. *Portecrosse.* Acta S. Gauger. tom. 2. Aug. pag. 688. col. 1 : *Cum ad B. Fronti ecclesiam oraturus* (pontifex) *accederet, ac ministris sequentibus baculum retro tenendum porrigeret, divina contigit voluntate, præsto neminem suorum affuisse, quorum intererat ipsum sacrum baculum de manu S. Patris excipere. Ejus autem animus fide non fallitur; quia cœlestis Bacularius ei subito per Dei providentiam subornatur, qui nimirum dum is ante Dominum in oratione prosternitur, suscepto ipso baculo, humanæ servitutis officio fungebatur.*

BACULOSUS Ecclesiasticus, in Præfatione Legum Hoëli Boni Regis Walliæ, dicitur Episcopus aut Abbas, qui baculo pastorali insignitur : *Omnes Ecclesiasticos dignitate Baculosos, vel Archiepiscopos, Episcopos, Abbates, etc.*

BACULOTENTIM, Baculo innitendo. Gonzo Abbas in Miracul. S. Gengulphi num. 4 : *E strato sese corripuit, Baculotentim asinum ascensurus adiit, super quem se levari petiit.*

1. **BACULUS** Pastoralis. Pedum, *Cambuta* Episcoporum et Abbatum. Carolus Calv. ad Nicolaum PP. de causa Ebonis : *Omnesque Suffraganei, qui eo absente ordinandi fuerant, annulos et Baculos, et suæ confirmationis scripta, more Gallicarum Ecclesiarum, ab eo (Archiepiscopo) acceperunt.* Gervasius Dorobernensis ann. 1183 : *Protestatum est etiam... quod Baculus Pastoralis Episcopi Rofensis defuncti non in occulto; sed manifeste Cantuariam statim debeat afferri sepulto Episcopo, et in Cantuariensi Ecclesia reservari, donec novus Electus consecretur, et eodem Baculo instituatur. Baculus Episcopalis,* apud Lambert. Schaffnab. ann. 1071. Petr. Damian. lib. 2. Epist. 2 : *Nunquam certe vidisse me memini Pontificales Baculos tam continuo radiantis metalli nitore contectos, sicut erant, qui ab Esculano atque Tranensi gestabantur Episcopis... nec eis profuit, quod Pontifices lignei auratis usi sunt baculis, dum Sacerdotii meritum non nitor efficiat vestium, sed spiritualium norma virtutum.* Vita S. Burchardi Episcopi Wirtziburgensis cap. 1 : *De tanti viri humilitate scribere quippiam omnino superfluum fuerit, cum necdum nomen et officium Episcopale valuisset pompaticum, nisi quod ipsa quæ in loco sepulturæ ejus servatur virga sambucea, semper nobis ad memoriam reducit humilitatis ejus exempla. Unde constat, quanto pretiosior sit coram illo, qui humilia respicit, et alta a longe cognoscit, pastor Burchardus cum sua pastorali virga modernis pastoribus, qui pascentes semetipsos, vix in ipsis Baculis suis aliqua carent pompa.* Hinc apud nostros vulgati versus, qui a Coquillio in Hist. Nivernensi habentur :

Au temps passé du siecle d'or,
Crosse de bois, Evesque d'or.
Maintenant changent les loix,
Crosse d'or, Evesque de bois.

Vide Concil. Tribur. ann. 895. cap. 18. et Stephanum Tornac. Epist. 233. 234.

Formam baculorum pastoralium sic describit Hugo a S. Victore in Speculo Eccles. cap. 6 : *Baculus Pastoralis rectitudine sui rectum regimen significat : quod autem una pars curva est, et altera acuta, monstrat præesse subjectis, et debellare superbos. Unde dictum est :*

Curva trahit mites, pars pungit acuta rebelles.

Et iterum :

Curva trahit, quos recta regit, pars ultima pungit.

Et item :

Attrahe per curvum, medio rege, punge per imum.

Virga emendationis index, apud W. Malmesbur. lib. 1. de Gest. Pontif. Liber 1. Mirac. S. Dionysii cap. 3 : *Videt introire senem Clericum, Pontificalibus vestibus exornatum, ferentemque in manu Baculum a capite arcuatum, in imo reflexum, qualibus antiquiores Pontifices usos fuisse ad Memorias eorum suspensi declarant.* Silvester Giraldus in Topogr. Hiberniæ cap. 33 : *Baculos Sanctorum in superiore parte recurvos, auro, argento vel ære contectos... in magna reverentia habere... solent Hiberni.* Vide Honorium August. in Gemma animæ lib. 1. cap. 217. 218. 219. Durandum lib. 3. Ration. cap. 15. et Haëftenum lib. 3. Disquisit. Monast. Disquisit. 5.

Græci perinde βακτηρίαν pro pedo Patriarchali usurparunt. Synodus VIII. act. 7. ubi de exauctoratione Photii : Ἄρατε, εἶπε, τὴν βακτηρίαν ἐκ χειρὸς αὐτοῦ, σημεῖον γάρ ἐστιν ἀξίας ποιμαντικῆς, ἧς αὐτὸς ἀνάξιος, etc. Adde Pachimerem lib. 2. cap. 15.

Baculo pastorali non utitur Pontifex Romanus, *tum propter historiam, tum etiam propter mysticam rationem*, inquit Innocentius III. PP. in Actis ejusdem. pag. 64. et lib. 1. Decret. cap. de Sacros. unct. § fin. *pro eo, quod B. Petrus Apostolus baculum suum misit Euchario primo Episcopo Trevirensi, quem una cum Valerio et Materno ad prædicandum Evangelium genti Theutonicæ destinavit : cui successit in Episcopatu Maternus, qui per baculum sancti Petri de morte fuerat suscitatus. Quem baculum usque hodie cum magna veneratione Treverensis servat Ecclesia*, ait idem Pontifex. lib. 1. Myster. Missæ cap. 62. Ferulam tamen ei adscribunt Scriptores. Vide *Ferula.*

Baculos Pastorales habere Abbates, iisque investiri solitos, palam est. Ordericus Vital. lib. 8 : *Per Baculum Pastoralem, ut eo tempore moris erat, Cœnobii curam... commisit.* At in libro Ordinis S. Victoris Parisiensis MS. cap. 1. secus esse in eo Monasterio dicitur : *Sciendum quoque est, quod nostra consuetudo Abbatibus nostris Baculum nullo modo concedit.* Mox : *Nec aliqua eum persona præter Priorem claustri post benedictionem Episcopi in sede sua ponere debet, maxime cum Baculo careat; unde nec ad eum pertinet Concilia sive Curias Regum vel Principum frequentare.*

* Charta Fulconis comit. in Hist. S. Nicolai Andegav. pag. 49 : *Baculum justitiæ et misericordiæ, qui crocia dicitur, in manu Natalis S. Nicolai abbatis, pro confirmatione doni, pono.*

* Sed et nonnumquam *baculum* abbates auctoritatis suæ insigne, ut reges sceptrum ab altari sumebant. Fundat. monast. Segus. ann. 1029. apud Murator. tom. 1. Antiq. Ital. med. ævi col. 343 : *Et ita constitutum a nobis sit, ut unus ex monachis ejusdem monasterii ponat Baculum super idem altare ipsius basilicæ principale; qui electus est, illud accipiat, etc.* Chartul. Molism. : *Dux Theodoricus.... locum Castenensem.... cupiens pio affectu amplificare terrenis simul et spiritalibus incrementis, præsente et favente Tullensium pontifice Pibone et clero ejus, impetravit a supradicto abbate* (Roberto Molism.) *dari sibi tot monachos, qui secundum possibilitatem loci ordinem tenerent, et inter eos unum, qui ceteris pastor et abbas ordinaretur. Statutum est etiam ab eisdem, ut electus Baculum pastoralem in eodem loco S. Petri ab altari, nemine dante, reciperet.*

* *Baculos* abbatissis quoque fuisse concessos, et quidem ante complura sæcula, discimus ex Charta ann. 915. apud Murator. tom. 5. Antiq. Ital. med. ævi col. 525 : *Nos omnes congregatio ancillarum Dei ex ipso monasterio pari consensu et bona voluntas ordinum adque elegimus nobis, et præesse abbatissa Atruilda... Itaque regulam et Ferulam de manibus nostris in manum tuam, quæ supra Atruilda, dedimus adque tradimus.* Eadem habentur in Ch. ann. 960. ibid. col. 535. Vide *Ferula* 3.

Baculi et annuli controversia, inter Regnum et Sacerdotium, seu de investituris Ecclesiarum, apud Will. Tyrium lib. 12. cap. 25.

Baculus Choralis, quem defert Abbas in Choro, seu cambuta, in Vitis Abbatum S. Albani pag. 92. et tom. 2. Concilior. Angliæ, de modo constituendi Abbatis exempti, sub ann. 1235. cap. ult.

Baculus Notitiæ. Vide in *Budlafla.*

Baculi Poenitentium, quibus, inquit Honorius Augustod. lib. 3. cap. 77. eorum *peregrinatio* innuitur; *quia se a regno Dei alienant* : unde cum Ecclesiæ reconciliabantur, eos deponebant. Ordo Romanus : *Cum Sacerdos susceperit pœnitentem, si Laïcus est dimisso Baculo, quisquis vero ille est, sive Laïcus, seu Monachus suppliciter se incline ante Sacerdotem.*

Baculi Cantorum, quos ii in Ecclesia deferebant. Honorius Augustod. lib 1. cap. 24 : *Ex legis præcepto Baculos manibus tenebant, qui Paschalem agnum edentes ad patriam tendebant. Secundum hunc morem Cantores in officio Missæ Baculos tenere noscuntur, dum verus Paschalis agnus benedicitur.* Adde cap. 74. Hinc forte manavit, ut *Cantores* et *Præcentores* in Ecclesiis, dum sacrum peragitur officium, baculos argenteos teneant.

Cum *Baculis* ædem sacram ingredi Sacerdotes, cum ad sacras Liturgias celebrandas accederent, sanxit Zacharias. Micrologus cap. 2 : *Zacharias vir Apostolicus... constituit, ut Sacerdotes ad celebranda Missarum solennia cum Baculo intrarent, nec velato capite altari astarent.* Sed eos deponebant, dum Evangelium recitabatur. Ordo quippe Romanus ait, cum Evangelium a Diacono in Missa recitatur, *Baculos omnium deponi de manibus, et in ipsa hora neque coronam, neque aliud operimentum super capita eorum haberi.* Amalarius lib. 3. de Eccles. Offic. cap. 18. *de Lectione Evangelii : Usque ad istud officium Baculis sustentabamur, modo ut oportet servos ante dominum stare, humiliter stamus, deponentes Baculos e manibus.* Adde ejusdem Eclogas de Officio Missæ. Hildebertus Cenoman. de celebratione Missæ, ubi *de Evangelio* :

Inde sinistrorsum Domini sacra verba leguntur,
Plebs Baculos ponit, stat, retegitque caput.

Infra :

Ut sis attentus, patiens, erectus in hostem,
Et caput et Baculus, et status ipse docent.
Quippe caput retegens attente audire moneris;
Parcere, cum baculum projicis, instrueris.

Adde veterem Exposit. Missæ, Honorium Augustod. lib. 1. cap. 34. Hugonem a S. Victore in Spec. Eccl. cap. 7. etc. Neque tamen usquequaque id semper *obtinuisse* observare est ex Chrodegango in Regula Canonicorum Metensium cap. 7 : *Illud in timore curavimus, secundum quod Romana Ecclesia tenet, et nostra Synodus judicavit, ut Clerus noster in Ecclesia, quando ad opus divinum adsistit, nisi infirmitate cogente, Baculos in Ecclesia manibus non teneant.*

Baculus Peregrinationis. Vide *Bactroperetæ*, et *Burdo.*

Baculi Episcopales frangebantur in eorum degradationibus. Chronicon Novaliciense lib. 6. de Abbate exauctorato : *Detestabilem Sarabaitam cepit, Baculum fregit, atque superbum de sede deposuit.* Vita sancti Theodardi Episcopi Narbonens. apud Catellum : *Truncatis in conspectu omnium, ac penitus scissis Episcopalibus indumentis, Baculisque eorum super eorum capita confractis,... ab omni Clericatus honore dejecti sunt.* Henricus Huntindon. lib. 6. pag. 365 : *Leo PP. tenuit Synodum apud Verzolei, ubi Wulf Episcopus Dorsestriæ interfuit, et pœne fractus est Baculus ejus Episcopalis, nisi majus pretium dedisset : nesciebat enim officium suum, sicut Episcopum deceret.* Florentius Wigorn. pag. 656 : *Plurimos Abbates Baculis privatos deposuit de sedibus.* Vide *Degradatio.*

Baculus Fractus. Bracton. lib. 3. Tract. 2. cap. 33. § 1. de Utlagatis et felonibus : *Qui sic convicti secum portant judicium, sicut finaliter condemnati nullum habent appellum versus aliquem fidelem nec infidelem : quia omnino frangitur eorum Baculus.* Adde Fletam lib. 1. cap. 38. § 16.

Baculus Jesu, summæ apud Hibernos venerationis, per quem vulgari opinione sanctus Patricius venenosos ab insula vermes ejecit. Vide Silvestrum Giraldum in Topog. Hibern. dist. 3. cap. 34. et lib. 2. de Hibern. expugn. cap. 18.

Baculi Regii *in signum salvæ gardiæ appositi*, in Aresto Parlam. Paris. 2. Jan. ann. 1321. [et in Præcepto Philippi V. Franc. Regis tom. 1. Ordinat. Regum Franc. pag. 670. et seq.] Vide *Brandones.*

* *Baculorum* erectio et appositio, supremi dominii et jurisdictionis, vel protectionis et tutelæ symbolum fuit. Charta ann. 1333. ex Bibl. reg. : *Invenit quendam Baculum sive pal, signis regio et dicti dom. archiepiscopi signatum.* Pactum inter Aymer. de Narbona et abbat. de Quadraginta ann. 1317. in Reg. 61. Chartoph. reg. ch. 433 : *Item quod pro dicta compulsione dictus abbas et sui, per se seu gentes suas, possit.... Baculos, signatos signi dicti dom. abbatis et ejus monasterii, appendere liminibus hostiorum prædictorum.* Stat. Massil. lib. 1. cap. 33 : *Statuimus quod Baculi, signati signo communis Massiliæ, teneantur in curiis Massiliæ, et quod quilibet cui a suo adversario vel alio ostensus fuerit Baculus ille, statim incontinenti teneatur venire ad curiam.* Adde Statuta Avenion. ann. 1243. cap. 28. Lit. salvægardiæ ann. 1371. tom. 5. Ordinat. reg. Franc. pag. 447 : *In signum ejusdem* (salvægardiæ) *pennuncellos seu Baculos nostros regios in locis, domibus et bonis eorum communibus apponi faciant, ne aliquis possit se de ignorancia excusare.* Vide *Pennones* et *Vexillum.*

Baculus Præposituræ, Præpositi officium et ejusdem officii emolumentum. Charta ann. 1320. in Reg. 59. Chartoph. reg. ch. 404 : *Sequitur valor et æstimatio terræ de Charniaco.... Item Baculus præposituræ et emendæ, xxv. lib. Turon.... Item alta justitia dictæ villæ, bassa justitia in Baculo præposituræ superius computata, xj. lib. viij. sol. vij. den. cum obolo.*

* Baculus Confratriæ, Vexillum, in quo patronus piæ alicujus societatis depictus est, vel fustis quo illius imago defertur. Lit. remiss. ann. 1353. in Reg. 81. Chartoph. reg. ch. 857 : *In die festivitatis SS. Sacramenti Charlotus Berengarii et Johannius le Page in villa Paris. quia festivitas Baculi parrochiæ SS. Sacramenti celebratur, tripudiare iverunt.* Vide Mercur. Franc. mensis Aug. ann. 1733. pag. 1770. et infra *Baderius* 2.

* Baculus Pastoris, Virga, seu jus exscindendi virgas, quæ pastori vel bubulco necessariæ sunt. Charta ann. 1205. ex Lib. albo episc. Carnot : *Dictus Nevelo concessit hominibus de Deconfectura.... Baculum pastoris de omni arbore, excepta quercu.*

* Baculus Cornutus, in furculas divisus. Consuet. Norman. part. 2. cap. 2. ex Cod. reg. 4651. : *Ad diem autem duelli assignatam debent esse pugiles in curia et justitiario se offerre,..... cum scutis et Baculis cornutis.* Ejusmodi vero baculi prohibentur in Constit. Sicul. lib. 2. tit. 37. § 1. Vide in *Campiones.*

* Baculus Invasibilis, Quo quis alterum invadere potest, in Stat. synod. Claromont. ann. 1537.

2. **BACULUS**, Non tam sceptrum, quam *virga* Regum, regiminis insigne : quomodo Græci βακτηρίαν quandoque usurpant, quam τῆς ἀρχῆς fuisse symbolum, extrema Græcia, tradit Pachymeres lib. 4. cap. 29. et δικανικίου appellatione, in Magistratibus, non semel donat Codinus de Offic. aulæ Constantinopolitanæ. [** De baculo plurima apud Grimmium Antiq. Jur. pag. 133. sqq.]

Apud Francos vero nostros *Baculus* imperii nota fuit præcipua, adeo ut ejus traditione regia dignitas designaretur. Ita enim Guntrannus Childebertum nepotem sibi successorem declaravit, ut auctor est Gregorius Turonens. lib. 7. cap. 73. et ex eo Aimoinus lib. 3. cap. 69 : *Rex Guntrannus data in manu Regis Childeberti Hasta, ait, Hoc est indicium, quod tibi omne regnum meum tradidi.* Ita hastam et sceptrum confundit Claudianus lib. 2. in Rufinum :

> Deserat Illyricos fines, Eoa remittat
> Agmina, fraternas ex æquo dividat hastas.
> Nec sceptri tantum fueris, sed militis hæres.

Annales Francor. Bertiniani ann. 849 : *Hludovicus et Carolus germana caritate convenientes, tanto amoris vinculo devincti paruerunt, ut alter alteri Baculos publice tribuendo, Regum uxores et liberos superstiti commendaret.* Hac quippe *Baculi* mutua traditione fœdus invicem sanciebant, ac firmabant, quomodo Ditmarus lib. 7. pag. 99 : *Concambium mutuis Baculis firmatum* ait. Baculi quippe traditio symbolum fuit investituræ, quod a prisco illo Regum Francicorum ritu fortasse profluxit : nam per illam mutuam a Hludovico et Carolo baculi factam traditionem, uterque Regna sua sibi invicem commendabant. [** Annal. Gueferbyt. Contin. ad ann. 787. apud Pertz. vol. 1. Scriptorum. pag. 43 : *Illuc venit dux Tassilo, et reddit ei ipsam patriam cum Baculo, in cujus capite similitudo hominis erat scultum, et dedit ei filium suum Deodonem obsidem.*]

Baculus autem iste Regius *aureus* fuit, ut est apud Theganum de Gestis Ludovici Pii cap. 19. et in iisdem Annalibus Bertinianis ann. 876 : *Præsentata sunt Imperatori ab Apostolico transmissa dona, inter quæ fuerunt præcipua, sceptrum et Baculus Aureus.* Annales Francor. Metenses ann. 837. de Ludovico Pio : *Coronam auream in capite gestans, et Baculum Aureum in manu tenens. Baculus flaventis auri* dicitur apud Anonymum de Translat. S. Sebastiani num. 88. ubi de eodem Ludovico Pio : *Baculo flaventis auri innixus.* Neque forte aliud fuit *sceptrum Regale*, quod in lib. 1. de fundatione Monasterii S. Clementis in Piscaria dicitur datum ab eodem Imperatore, eidem Monasterio, *quod gestabat in dextra, ut illud Abbas portaret in solennibus festis in loco Baculi Pastoralis.*

Ejusmodi enim *Baculi* regii forma fuit, ut baculi pastoralis formam quodammodo referret, atque adeo hastæ, cum longior esset. Monachus Sangallensis lib. 1. de Gest. Caroli M. cap. 19. de quodam Episcopo : *In tantam progressus est proterviam, ut virgam auream incomparabilis Caroli, quam ad statum fieri jussit, feriatis diebus vice Baculi ferendam pro Episcopali ferula improvidus ambiret.* Quo loco Carolus *sceptrum* virgam eamdem vocat : *Quidam*, inquit ille, *ex Episcopis non contentus Episcopatu, quem in primæ Germaniæ sede obtinet, sceptrum nostrum, quod pro regiminis nostri significatione aureum ferre solemus, pro pastorali Baculo, nobis ignorantibus sibi vindicare voluit.* Ex quibus patet, promiscue virgam et sceptrum appellari, quod *Baculus* longior fuit, et staturæ Principis par; quomodo non ab Antoninis duntaxat Cæsaribus, et Ottone III. Imp. gestatos baculos observat Marquardus Freherus, sed et a Regibus nostris tertiæ stirpis prælatos testantur præter Scriptores, eorum nummi aurei, in quibus et *sceptrum* et *virgam* gestant. Rursum idem Sangallensis lib. 1. cap. 36 : *Tunc Baculus de arbore malo, nodis paribus admirabilis, rigidus et terribilis, cuspide manuali ex auro vel argento, cum cælaturis insignibus præfixo, portabatur in dextera.* Sugerius in Vita Ludovici VI. cap. 13. et Continuator Aimoini lib. 5. cap. 5. de Ludovici filii inauguratione : *Diademate regni gratanter coronavit, nec non et sceptrum et virgam, et per hæc Ecclesiarum et pauperum defensionem, et quæcunque Regni insignia, approbante Clero et populo, devotissime contulit.*

Aliud tamen fuit sceptrum a baculo : quippe in Ordine ad coronandum Regem edito a Menardo, non modo sceptrum Regi porrigitur, sed et virga, quæ quidem *Baculus* appellatur in Cod. MS. Senonensis Ecclesiæ, in quo idem Ordo describitur, non iisdem licet omnino verbis : *Ad Baculum dandum : Accipe Baculum, sacri regiminis signum, ut imbecilles consolides, titubantes confirmes, pravos corrigas, rectos dirigas in viam salutis æternæ.* Sceptrum vero *virgam* appellat : *Accipe sceptrum Regiæ potestatis insigne, virgam scilicet rectam regni, virgam virtutis, qua te ipsum bene regas, etc.* In Ordine ad consecrandum Regem edito a Renato Benedicto, virga appellatur, quæ nostris *manus justitiæ* vocatur : *Positis super altare corona regia, gladio in vagina incluso, calcaribus aureis, sceptro deaurato, et virga ad mensuram unius cubiti vel amplius habente desuper manum eburneam, etc.* quæ quidem dicitur *virga virtutis atque æquitatis*, in oratione, quam dicit Archiepiscopus, cum Regi porrigitur sinistra manu gestanda, ut est apud Menardum pag. 282. Habetur in eodem Codice Senonensis Ecclesiæ, *Benedictio ad ordinandum Regem*, ubi, *quando sceptrum* datur, Regem sic alloquitur Pontifex : *Accipe sceptrum insigne regnantis, quo significatur regula divinæ æquitatis, quæ bonos regit, et malos conterit. In hac virga regni disce amare justitiam, et odisse iniquitatem.* At vero quando baculus : *Sub hoc Baculo commendamus tibi gubernaculum regni Francorum in nomine Patris, et Filii, et Spiritus Sancti, ut populum juste regas et Ecclesias Sanctorum bene disponas.* Baculi, cujusmodi a Regibus alterius stirpis delatus est, forma describitur in iis Tabellis, quas delineari curavit V. Cl. Stephanus Baluzius in Not. ad Capitularia Regum Francor. tom. 2. pag. 1279. ubi Lotharius Imperator, et pag. 1276. ubi Carolus Calvus Rex effinguntur : sceptrum vero pag. 1278. in ejusdem Caroli imagine, quod quidem desinere in lilii figuram, uti repræsentari solet in Regiis armorum insignibus, licet observare. At baculo, seu virgæ Regiæ *manus*, quam *Justitiæ* vocant, addi tum primum cœpta, post annum 1300. quantum colligi datur ex Regum nostrorum sigillis, apud Tillium, apud quem primus Ludovicus Hutinus ejusmodi virga, et exinde cæteri, qui subsecuti sunt Reges, insigniti conspiciuntur.

Sed et Imperatores et Reges Anglicos sceptro ac virga simul donatos in eorum coronationibus tradunt Scriptores : ac de Germanicis quidem Augustis, Witikindus lib. 2. de Coronatione Ottonis M. : *Proinde procedit Pontifex cum Rege, tunica stricta more Francorum induto, pone altare, super quod insignia regalia posita erant, gladius cum baltheo, chlamys cum armillis, Baculus cum sceptro ac diademate.* Infra : *Exinde sumpto sceptro Baculoque : His signis, inquit, monitus, paterna castigatione subjectos corripias, etc.*

De Anglicis Regibus audiendus in primis Brompton. ubi de coronatione Ricardi I. Regis Angl. pag. 1159 : *Willelmus Marescallus portans sceptrum regale, in cujus summitate signum aureum Crucis erat : et alter, scilicet Willelmus Comes Sarisberiensis, portans virgam regalem, habentem columbam in summitate.* Ex mox : *Deinde tradidit ei Archiepiscopus Cantuariensis in manu dextra sceptrum, et virgam regalem in sinistra.* Gervasius Dorobernensis pag. 1587. de eodem Ricardo : *Cum pervenissent ad gradum altaris, inclinavit Rex super genua, habens Baculum aureum in sinistra, et sceptrum in dextra.* Matth. Paris de eadem coronatione : *Post quos veniebant duo Comites, quorum primus portabat sceptrum regale, in cujus summitate signum erat aureum : et alter portabat virgam regalem habentem in summitate columbam.* Denique Thomas Walsinghamus de Coronatione Ricardi II. pag. 196 : *Statim post hæc accessit Dominus de Furneval ex officio offerens ei rubeam chirothecam, quam Archiepiscopus benedixit, et imposuit manui Regiæ, dans ei sceptrum, his verbis,... tunc dedit ei Archiepiscopus virgam in alia manu habentem in summitate columbam : nam sceptrum, quod susceperat, consurrexit de rotundo globo aureo, quem tenebat in manu chirothecata, et habebat in summitate signum Crucis, et accepit virgam prædictam cum verbis his, etc.* Virgam Alphonsi Regis Aragonum sic describit Raimundus Montanerius cap. 297. ubi de ejus Coronatione : *E la verga era d'or, é havia tota hora be tres panchs de lloch, é al cap de la verga hi havia un robis lo plus bell que hanch fos vist, é be tant gros com un ou de gallina.* Scribit Ruellius in Pompa funebri Caroli III. Ducis Lotharingiæ pag. 161. Duces Lotharingiæ *manum justitiæ* gestare perinde ac Reges Francorum.

¶ Baculus Marescalci Angliæ. Vide *Annellatus.*

* Baculos Dare, quibus in duello decertabant, ad supremos dominos pertinebat. Charta ann. 1164. in Chartul. S. Joan. Laudun. : *Si in eadem villa placitum oriatur, in quo gagia dantur, placitum illud sive in camera sua, sive in prædicta villa abbas deducet; et si procedat usque ad dandos Baculos, præpositus advocati eos dabit, et de unoquoque quinque solidos bonæ monetæ habebit.*

Charta ann. 1240. ex Tabul. Major. monast.: *Item quando bellum gagiatum fuerit in curia monachorum, ducendum est apud Broetel emendandum, et donec monachi Baculos tradiderint, possint pacificare totum ad libitum.* Vide in *Campiones* et *Duellum*.

¶ Baculus Plummatus, An scopula plumea, Gall. *Balay de plumes.* Chartularium S. Cornelii Compendiensis: *Hæc sunt nomina utensilia de Ruminiaco... Et 19. Culcitræ bonæ et 14. pulvinaria tam bona quam prava, duo Baculi Plummati.*

* An non potius pulvinaris species, quod vulgo *Rondin* dicimus, a forma rotunda et longiore sic dictum?

* Baculus, Aspergillum, Gall. *Goupillon.* Testam. Guillel. de Chanaco card. ann. circ. 1370. ex Tabul. S. Florent. Salmur.: *Item* (lego) *urceolum argenti cum Baculo suo, cum quo spargitur et datur aqua benedicta. Bacul*, Lignum quoddam ad occam pertinens, in Lit. remiss. ann. 1425. ex Reg. 173. Chartoph. reg. ch. 345: *Le suppliant print un baston, appellé Bacul à erse, etc.*

** Conf. Glossar. med. Græcit. voce Δικανίκιον.

BACUNNUS. Vide *Baccones*.

1. **BACUS**, Vermis, Italis *Baco*, vel *Bago*. Occurrit in Actis B. Thomassi Camaldul. num. 44. [Locum Vide in *Baci*.]

2. **BACUS**, Mensuræ frumentariæ species. Tabular. Montismorilionis in Pictonibus fol. 64: *Baci frumenti, quos vulgo boistellos vocamus.*

* 3. **BACUS**, Navigii species. Charta Phil. Aug. ann. 1216. in Reg. 34. bis Chartoph. reg. part. 4. fol. 59. v°. col. 2: *Si autem contingat quod Bacus oneratus sit de merenno, etc.* Vide *Baccus*.

* **BACUT** vel Batut, f. Molendinum, ubi tunduntur panni, idem quod *Batatorium*. Charta Phil. Pulc. ann. 1309. in Reg. 45. Chartoph. reg. ch. 36: *Cum orto, platea et curtili, et cum Bacut dictis hospitio et ædificiis contiguis.... Item et quoddam pratum et territorium, et Bacut, vocatum del Cauce.* Vide supra *Bactenderium*.

¶ **BACUUM**, Cadus minor, Gall. *Baquet.* Capitulum Gener. S. Victoris Massil. ann. 1531: *Eleemosinarius tenetur providere de mappis, salvietis et vasibus seu Bacuis ad lavandum pedes pauperum.*

¶ **BACYNIS**, Pelvis, Gall. *Bassin.* Formulare Anglicanum pag. 427. in Testamento Johannis de *Nevill* ann. 1386: *Thomæ filio meo lego xxiv. discos argenteos, xij. saucers, ij. Bacynes, etc.*

1. **BADA.** Charta Amelii Episcopi Tolosani anno 1111. in Tabul. Abbat. Conchensis in Ruthenis num. 1: *Omnis census, et omnis fiduciæ, et omnis reditus, et Badæ macellorum et salis, et omnes donationes sint Monachis, etc.*

* F. Tributum, vectigal. Vide *Vada*. [** Præstatio publica, annuus census ex frumento et aliis, *precaria*, a Germ. *Bete*, *Beede*, eadem notione, quia hæ præstationes olim blande et per rogationes et suasiones exigebantur. Adel.]

* Aliud certe sonat vox *Bade*, in Lit. ann. 1356. tom. 3. Ordinat. reg. Franc. pag. 94: *Et fait commandement.... aux gardes et maistres de la monnoye d'argent de Paris, que il feissent tailler et ouvrer à Bade sans recours,.... duquel ouvraige ainsi fait à Bade et sans recours, etc.* Consule ibi notam docti Editoris. At mihi *à Bade*, idem videtur quod infrà *ad balanzetam*. Vide in hac voce. Quod librarii errore factum esse opinor, qui ex voce abbreviata *à bal* exscripsit *à bade*. Alio rursum significatu usurpat *Le Caton en Roman:*

Chis nos ne fu pas dis en Bades.

Hoc est, ni fallor, nugatorie, jocose. [** Provinciales dicebant *De Bada, de badas*, Frustra. Exempla vide in Raynouardi Glossar. Rom. pag. 165. voce *Bada*.]

¶ 2. **BADA.** *Baile* vocant Arelatenses eum qui primus est inter domesticos servientes. Statuta Arelat. MSS. art. 146: *Commune habeat in dicto castro tres guachas, et unum fornerium, et unum fornelerium, et unum porterium, et unum Badam, et septem alios servientes cives Arelatis et non extraneos.*

* Bada, Vigiliæ, excubiæ: item et ipse vigil, speculator. Vide *Wactæ*. Charta Raimundi ducis Narbon. ann. 1203. in Reg. 151. Chartoph. reg. ch. 370: *Non tenebamini ad gachas, vel ad Badas, vel ad taillias, vel ad opera communia aliquid præstare vel facere*, Lit. remiss. ann. 1362. in Reg. 93. ch. 164: *Custos sive Bada stans in pignaculo ecclesiæ dicti loci, credens ipsos fore inimicos nostros et patriæ antedictæ, campanam trahendo, etc.* Comput. ann. 1363. inter Probat. tom. 2. Hist. Nem. pag. 159. col. 1: *Dicto Martel et nominato Pege, qui per duas noctes fuerunt supra cloquerium faciendo la Bada, etc.* Et pag. 163. col. 2: *Pontio et Petro Badis electis ad morandum nocte qualibet supra cloquerium, etc.* Pluries ibi. [** Provinciales *Bada* eodem sensu usurpabant. Vide Raynouard. hoc voce.]

BADALATIUS, ex Ital. *Badalucco, giostra, scaramuccia*, velitatio, certamen, qua voce utitur Joannes Villaneus hac notione lib. 7. cap. 6. 12. 68. lib. 8. cap. 18. 55. Historia Obsidionis Jadrensis lib. 1. cap. 24: *Scaramutias seu Badalatios* (melius *Badalucios*) *conficiebant.* Hinc *Badaluccare*, eidem Villaneo lib. 8. cap. 76. lib. 9. cap. 51. 322. pro *Velitare, Escarmoucher*.

* **BADALLUM**, Lignum in os insertum, Hisp. *Badal*, Gall. *Baillon*. Lit. remiss. ann. 1379. in Reg. 117. Chartoph. reg. ch. 37: *Unum lignum sive Badallum* [in ore, *ne clamare possent, apponi fecerunt, ipsos sic usque dictas furcas ducendo.* Vide infra *Badals*.

* **BADALOL**, Eadem notione. Charta Phil. Pulc. ann. 1313. in Reg. 49. Chartoph. reg. ch. 90: *Cum Arnaldus Caltuli, locumtenens senescalli Vasconiæ, Petrum dictum Cat,.... post et contra appellationem.... interjectam, eumdem detentum quæstionibus supposuerit, et in ore dicti Petri quoddam lignum, vocatum Badalol, ne post dictam appellationem posset reclamare, posuerit, etc.* Utrumque originem habet a voce sequenti.

* **BADALS**, Oscitatio, Gall. *Baillement*. unde *Badare*, Oscitare, *Bailler*, Massil: *Badailler*, ab Italico *Badigliare*, Mirac. MSS. Urbani PP. V: *Quædam filia erat in mortis articulo, oculos habens subversos, et tractus sive Badals fecit.* Vide infra *Balaustium*.

* **BADALUCCUS**, Badilucus, ab Ital. *Badalucco*, Velitatio, levis pugna, Gall. *Escarmouche*. Chron. Domin. de Gravina apud Murator. tom. 12. Script. Ital. col. 719: *Infestantibus itaque viris exercitus circa murum cum balistis et arcubus sæpius committitur, ad Badaluccum personaliter ibat quasi ad festum.* Ibid. col. 593: *Et sic alternatim feriendo unus contra alterum, cessit victoria Hungaris: et percussus in Badilucofuit equus magnus comitis præfati.* Vide *Badalatius*.

* Badaluchus, Eadem notione. Chron. Tarvis. apud eumd. Murator. tom. 19. col. 765: *Qua quidem armata sic consistente, diebus singulis plurimi fiebant Badaluchi.*

BADALUCHUM, Instrumentum, quo coturnices capiuntur. Stat. ant. Florentiæ lib. 3. cap. 177. ex Cod. reg. 4621: *Nullus capiat qualeas ad qualgetorem, vel ad scudiccivolum, vel ad Badaluchum, sub pœna solidorum centum.*

** **BADANTERIUM**, Balneum publicum, teste Schiltero in Glossar. Adel.

¶ **BADARE**, *Oscitare*, in Gloss. Isid. ad vocem *Hippitare*, quam vide.

* **BADARELLUS**, Ensis species, nostris *Badelaire*; cujus formæ fuerit, vide infra in *Badelare*. Lit. remiss. ann. 1382. in Reg. 122. Chartoph. reg. ch. 213: *Cum armis, videlicet ensibus, Badarellis, et magnis cutellis atrociter verberari, etc.*

* **BADARENSES**, pro *Bandarenses*, in Annal. Bonincont. ad ann. 1399. apud Murator. tom. 21. Script. Ital. col. 79. Vide in *Bandum* 1.

* **BADARNA**, Caldaria, in qua sal conficitur, ex Charta ann. 1260. inter Probat. ult. Hist. Trenorch. pag. 215 ubi pluries occurrit, pro *Baderna*, ut legitur in alia Ch. ann. 1274. ibid. pag. 216. et apud Chifflet. Vide infra *Badierna*.

* **BADATGIUM**, Tributum, quod ratione boum pendebatur, seu pro pari boum aratorum, vel pro aratro, idem quod *Bovagium*. Vide in hac voce. Charta Henrici episc. Claromont. ann. 1392. in Reg. 153. Chartoph. reg. ch. 169: *Petebamus nobis solvi.... quoddam tributum, appellatum Badatge, videlicet per quemlibet habitantium prædictorum tenentium boves arabiles in dicta villa* (Laudozi) *unum quartonem bladi.... In dicta villa jus commune in omnibus et per omnia observabitur, salvis tamen.... nostris omnibus aliis juribus, tam pedatgii, mudatgii, Badatgii et aliorum redituum.* Ubi litera additur ex dictione Avernica. *Badacge* et *Badacgii* edidit D. *Secousse* tom. 8. Ordinat. reg. Franc. pag. 199. et 206. art. 47. [** Vide *Bada*, 1. Adel.]

* **BADELARE**, Badelaris, Ensis brevis species, Gall. *Coutelas*, olim *Badelaire*, *Baudelaire*, et *Bazelaire*. Lit. remiss. ann. 1354. in Reg. 108. Chartoph. reg. ch. 134: *Quæ quidem Margareta.... quendam gladium seu Badelare, cum quodam clipeo cepit, etc.* Aliæ ann. 1355. in Reg. 84. ch. 662: *Cutellos suos seu Badelares super dictis exponentibus evaginaverunt.* Aliæ ann. 1348. in Reg. 77. ch. 387: *Guillaume de Cravant chevalier avoit feru ledit feu Guillaume sur la teste d'un coutel, appellé Badelare. Cavelier tira un grant panart ou Badelaire*, in Lit. remiss. ann. 1390. ex Reg. 138. ch. 149.

Aliæ ann. 1377. in Reg. 111. ch. 3 : *Et lors il sacha un Bazelaire, et en fery si grant cop sur la teste de ladite femme, qu'il le rompi en deux pieces.* Aliæ rursum ann. 1415. in Reg. 168 ch. 339 : *Un petit coustel portatif, appellé Baudelaire.* Vide supra *Badarellus* et infra *Basalardus* et *Bazalardus*.

¶ **BADELLARIA**, Officium apparitoris, Gall. *Bedeau.* Hoc officium ut et alia non magis illustria in emphyteusim interdum data fuisse dicturi sumus in voce *Bannerii*, idque satis probant loca sequentia. Hist. Dalphin. tom. 1. pag. 98. col. 2 : *Item habet Dominus* (Comes Sabaudiæ) *apud S. Symphorianum Badellariam pro tertia parte, cujus Joannes Dandalos Clericus debet Domino per annum, dum Dominus voluerit, et dum officium Badellariæ fideliter exercebit*, 40. *solidos solvendos in festo Nativitatis Domini annuatim. Item dictus Coys pro alia tertia parte Badellariæ debet* 40. *solidos eodem termino quolibet anno. Item Joannes Fiardi debet pro alia tertia parte* 40. *solidos, et sic valet dicta Badellaria sex libras per annum.* Ibidem pag. 151 : *De officiis Badellariæ castri et castellaniæ Visiliæ ac banneriæ Herbesit.... ratificamus et confirmamus* (donationem olim factam) *ipsi Mermeto pro censu consueto, etc.*

* **BADELLUS**, Apparitor, *serviens*, Gall. *Sergent*, olim *Badel.* Vide *Bedelli.* Charta ann. 1272. inter Instr. Hist. Lugdun. pag. 17. col. 2 : *Quod.... a civitate Lugdunensi removeret gentes domini regis, videlicet judicem, vegerium, Badellos et alios exercentes jurisdictionem nomine dicti dom. regis in civitate Lugduni.* Occurrit rursum ibid. pag. 89. et 120. col. 2. Acta capit. eccl. Lugdun. in Cam. Comput. Paris. ad ann. 1338. fol. 37. v°. col. 2 : *Item quod nos habebimus probos et fideles Badellos seu servientes.* Libert. S. Marcellini ann. 1343. tom. 9. Ordinat. reg. Franc. pag. 387. art. 21 : *Statuit et ordinavit, quod Badellus sive maignerius curiæ dicti loci, etc.* Charta Frider. ducis Lothar. ann. 1295. in Chartul. Romaric. ch. 34 : *Et saul ce que de nos ballis, de nos prévos, de nos Badelz avons nous promis et promettons que nous lour ferons rendre.*

* **BADERIA**, Districtus et officium *Baderii*, seu apparitoris, vel fructuum custodis. Vide mox *Baderius* 1. Charta ann. 1192. in Chartul. Cluniac. : *Ego Willermus comes Viennæ et Matisconis concessi.... ecclesiæ Cluniacensi apud Ledonem salis in Baderia Carterii, sive eorum, qui post eum Baderiam illam tenebunt, tres solidos et dimidium.*

* 1. **BADERIUS**, Apparitor, idem qui supra *Badellus :* item, Fructuum et messium custos, Gal *Sergent messier.* Libert. villæ novæ de *Coynau* ann. 1312. tom. 8. Ordinat. reg. Franc. pag. 110. art. 27 : *Statuimus et ordinamus, quod Baderius seu maynerius curiæ dicti loci.... non levet nec levare debeat de labore suo, de aliquo gagiamento,... nisi duntaxat duos denarios Viennenses.* Libert. novæ bastidæ *de Avoy* ann. 1308. in Reg. 40. Chartoph. reg. ch. 62 : *Item dicti consules habebunt potestatem eligendi annis singulis Baderios sive messegerios, homines bonæ famæ, ad custodienda blada, vineas, etc. Banderius vero in facto banni credetur suo juramento, quantum ad pœnam levandam.* Vide supra *Baderia* et *Messegaria*

* 2. **BADERIUS** Festivalis, Vexillum, in quo patronus piæ alicujus societatis depictus est, vel fustis quo illius imago defertur. Vide supra *Baculus Confratriæ.* Charta Mauricii episc. Cenoman. ann. 1223. ex Tabul. Major. monast. : *In festo B. Nicolai, in quo solent parochiani festivare, et, ut vulgariter loquamur, accipere Baderium festivalem.... Si autem non fuerit qui in ea gerat Baderium festivalem in ipsa die, non tenebitur venire processionaliter.*

BADERNA. Vide *Bagerna.*

* **BADIERNA**, Caldaria, in qua conficitur sal. Charta G. comit. Matiscon. ann. 1177. ex Cod. reg. 9612. A. B. C : *Aimo Desideratus in perpetuum dedit et concessit ecclesiæ Clarevallis in elemosinam medietatem Badiernæ, quæ quinta dicitur; alteram medietatem Badiernæ prædictæ, et totam moriam, quæ ei in puteo contingebat, locavit prædictæ ecclesiæ fratribus.* Vide *Bagerna.*

BADILE, *Ligo*, Vox Italica. In Statutis Mediolan. 1. part. cap. 251. part. 2. cap. 291.

* Acta B. Amadei tom. 2. pag. 596. col. 2 : *Ad dictum locum silvestrem, cum sappis et Badilibus, et aliis instrumentis, in similibus necessariis, pro conventu ibi construendo convenerunt.* Vide *Zapa* 2.

* **BADILLUS**, ut *Badile.* Stat. crimin. Cumanæ cap. 138. ex Cod. reg. 4622. fol. 93. r° : *Secureta, falzonus,.... zapæ, Badilli, et similia instrumenta rusticana.* Neque aliud est, ut videtur, Gallicum *Bedoil*, quod ab instrumento rusticano ad armorum genus non dissimile, translatum est. Lit. remiss. ann. 1444. in Reg. 176. Chartoph. reg. ch. 351 : *Le suppliant d'un Bedoihl ou serpe, emmenchée en ung baston qu'il portoit, donna ung seul coup sur la jambe à icellui Rousseau.* Aliæ ann. 1451. in Reg. 185. ch. 198 : *Ung baston ferré, appellé Bedoil, tirant sur la façon d'un vouge.*

* **BADILUCUS.** Vide supra *Badaluccus.*

¶ **BADINEUS**, Lanceæ genus, ut videtur; ubi enim arma, de quibus hic, enumerantur, lanceæ, loco *Badinei* occurrit mentio. Charta ann. 1377. ex Archivo S. Victoris Massil. : *Stephanus Abbas dedit Monasterio pro arnesio, pro defensione et tuitione, videlicet balistas, viratones, pavesia, Badineos, etc.*

BADITIS, Gallis veteribus, herba, quæ Græcis νυμφαία, Latinis *Clava Herculis.* Marcell. Empir. cap. 33.

BADIVOLA. Vide *Bajulona.*

BADIUS. Vide *Bagus.*

¶ **BADLIA**, Consensus, laudamentum. Charta pro Monast. Gellonensi apud Stephanot. part. 2. Antiquit. Benedict. Occitan. pag. 334 : *Est autem ipse alodes in Comitatu Rutenico in Parrochia S. Martini de Mauriaco villam quæ vocant Solatico, quam emi de Vicecomitis Richardi quam villam cum omnes adjacentias dedi altario S. Salvatoris de Sariacho et altario S. Salvatoris de Gellone et ligno Sanctæ Crucis et S. Willelmo ad proprium alodem dono sine Ballia de ullo homine aut comanda, sive blandimentum.*

¶ **BADUS**, Murator. tom. 2. Scriptor. Ital. pag. 369. col. 1. in Chronicis Casinensibus ab Anastasio Seniore : *Scutellam argenteam, et scattones tres, garales duos, Badum aureum unum, equos tres, etc.*

* Amphoræ species, vel pelvis, ut videtur; si tamen mendum non sit. Vide *Batus.* 1.

¶ **BAELMONDEN.** Vide *Ballomer.*

BAEN, vel Bahen, *Est lamina auri ab aure ad aurem, qua familiares Regum utebantur. Ornamentum colli ex auro et gemmis, quod alio nomine torques potest dici.* Ita Glossæ Isid. Joannes de Janua, et Mamotrectus : *Bahen, ornamentum est colli, ex annulis aureis confectum : Bahen enim Græce, corona Latine secundum Rabanum.* Lib. 1. Macchab. cap. 13. v. 37 : *Coronam auream et Bainem, quam misistis, suscepimus.* Aliæ Edit. *habent Bahen.* Græca vero βαΐνην.

BAEOL, Vasis species, vox Cambrica, in Legibus Hoeli Boni Regis Walliæ cap. 15. [Apud Armoricos *Beol* vel *Bæol* cum *æ* dipthongo est vas quod Latini Labrum, vel Labellum, Galli *Cuve, Cuvier, Cuvette* dicunt. Davies Cambro-Britannus scribit *Paeol, Amula*, quod idem omnino est ac *Bæol.* Dictum videtur a *Balneolum.*]

BAERNA. Vide *Bagerna.*

BAFER, *Grossus, agrestis*, in Breviloquo. [Papias addit, *Ferinus.*]

BAFFA, Bafo, Idem quod *Baco.* Papias : *Perna, vulgo Baffa dicitur.* Alio loco : *Petaso, Bafo.* Rursum : *Petasunculus, perna lardi, id est, dimidium Bafonis.* Joan. de Janua : *Perna, baconus, vel Baffa porci.* Idem : *Petaso, perna porci, baconus, sive Baffa.* Occurrit in Statut. Veronens. lib. 1. cap. 35.

* Perna, petaso, Gall. *Jambon.* Ordo eccl. Ambros. Mediol. ann. circ. 1130. apud Murator. tom. 4. Antiq. Ital. med. ævi col. 920 : *In ordinatione S. Ambrosii ad ejusdem ecclesiam pauperibus dat archiepiscopus pro eleemosyna... Baffam unam.... Si vero in sexta feria festum prædictum venerit, archiepiscopus tantum tribuit casei, quantum Baffa sub æstimatione valeret.* Quæ quidem vox partem cujusvis rei significare videtur : unde nostris *Baffe*, pro Fasciculus, Gall. : *Faisceau, fagot, paquet.* Lit. remiss. ann. 1454. in Reg. 182. Chartoph. reg. ch. 118 : *Lesquelz compaignons portoient chacun une Baffe de jon pour pescher.* Vide infra *Baffo.*

* **BAFFICUS** vel Baffitus, Spurius, illegitimus, Gall. *Bâtard.* Testam. Joan. Chati ann. 1482. in Reg. 3. Armor. gener. part. 1 : *Item do et lego Helioto, Baffico sive bastardo de Agiachati, pro gratuitis serviciis per ipsum michi impensis, viginti libras Tornenses semel solvendas.* Comput. ann. 1495. inter Probat. tom. 4. Hist. Nem. pag. 61. col. 1 : *Contra exponentes infantes Baffitos in portis hospitalis et ecclesiæ Nostræ Dominæ præsentis civitatis.* Vide infra *Bastardus.*

* **BAFFO**, ut *Baffa*, in Charta ann. 1249. inter Monum. eccl. Aquilej. cap. 74. col. 747. : *Item quando interficiuntur porci pernarum, et oves Baffonum, debet gastaldio præpositi providere coquinariis in victu ea die.*

BAFFOR, pro *Bosporus*, vel *Bosphorus.* Nicol. Trivettus in Chron. ann. 1190 : *Transito Baffore, seu brachio S. Georgii, transiit in Armeniam.*

* **BAFICIUM**, Mensura frumentaria idem quod *Baficius;* nisi etiam ita legen-

dum est. Charta ann. 1277. ex Chartoph. reg. : *Nos Eustachius de Bello-marchesio, miles regni Navarræ,.... recognoscimus.... nos recepisse.... a vobis fratre Jacobo monacho Bellæ-perticæ Cisterc. ordinis diocesis Tholosæ, a Raymundo de Serano burgensi castri Sarraceni dictæ diocesis, duo milia et ducenta et quinquaginta Baficia tritici, et octingenta et octoginta Baficia inter ordeum et avenam, totum ad mensuram Cæsaraugustanam.*

¶ **BAFIUM.** Vide *Baphium.*

¶ **BAFO.** Vide *Baffa.*

BAFUMARIA, Templum Mahumeto dicatum, quod aliis *Machumaria* dicitur. Raimundus de *Agiles : In Ecclesiis autem magnis Bafumarias faciebant.* Alibi : *Habebat et monticulum... ubi duæ erant Bafumariæ, et quædam sepulcrorum casalia.* Charta Bertrandi Comitis S. Ægidii ann. 1109. apud Ughellum in Archiep. Genuensib. : *Tertiam partem Tripolis ab uno mari usque ad aliud, prout Regis Bafumaria determinat.* Sed leg. *Bafumaria.* Qui porro aliis *Mahumet* eidem Raimundo *Bahumet* appellatur : *Nuntiatum est nobis, quod Papa Turcorum veniret contra nos in prælium : et quia erat de genere Bahumet, etc.* Et mox : *Anathematizantes Bahumet, et omnem progeniem ejus.* Vide *Mahum.* [** et Raynouardi Glossar. Rom. vol. 1. pag. 167. voce *Bafomet.*]

1. **BAGA**, Arca, *Coffre :* unde vox *Bague*, et *Bagage.* Charta Decani Ecclesiæ Leichefeldensis in Monastico Anglic. tom. 3. pag. 237 : *Ducentas marcas pecuniæ in quadam Baga de Walhey, in quadam cista nominata Cista gratiæ... duximus reponendas.* Infra : *Mutuum hujusmodi de bonis Ecclesiæ communibus Bagæ prædictæ realiter restituat.* [** Longe aliud quid, verba sunt Schilteri in Glossario pag. 72, fuit cista gratiæ aliud *Baga* quædam de *Walhey*, in qua illa cista fuit. *Walhey* autem sine dubio nomen est dynastiæ alicujus, divisæ in *Bagas* sive Pagos. Adel.] [Nostris vero olim *Bague* pro *Bagage* in usu fuisse testis est Chronicon dictum *Scandaleuse* Edit. 1620. pag. 251 : *Et après que ledit de Bourgogne s'en fut ainsi honteusement fuy, que dit est, et qu'il eut perdu toute son artillerie, sa vaisselle, et toutes ses Bagues, lesdits Suisses reprindrent lesdits deux chasteaux, et firent pendre tous les Bourguignons qui dedens étoient.*]

¶ Baga, Saccus, ab Anglico *Bag.* Skinner. in Etymol. Angl. ad vocem *Baggage* oriri putat a *Bag*, saccus : *Quia*, inquit, *pleraque exercitus necessaria saccis condita circumferuntur.* Certe de saccis, non de thecis intelligendum, quod refert Rymer. tom. 5. pag. 217. cum dicatur *Bagas ex canevace*, id est, ex tela cannabina factas fuisse, quod *arcæ* seu *thecæ* nullo modo competit : *Omnia dicta, rotuli, bundellæ et memoranda... remanserunt, videlicet in decem et octo Bagis de canevace, etc.* [** Vide Raynouardi Glossar. Rom. vol. 1. pag. 168. voce *Bagua.*]

* Hinc *Baguer*, Convasare, in sarcinas compingere, vulgo *Plier bagage.* Ordinat. Caroli ducis Burgund. ann. 1473 : *A la premiere fois* (que la trompette sonnera) *chascun troussera, Baguera, et se armera de menues pieces.* Ejusdem est originis vox *Bagué*, pro Instructus, munitus, vulgo *Equippé, garni.* Lit. remiss. ann. 1459. in Reg. 189. Chartoph. reg. ch. 393 : *Nous gaignerons nostre escot ; car icelle femme est bien baguée, et créez qu'elle a desrobé qui que soit.* Unde et *Débaguer*, pro Expoliare, vulgo *Dévaliser*, in Hist. abbrev. Caroli VII. reg. Franc. ad ann. 1463. pag. 358 : *La reyne d'Angleterre fut en adventure de perdre sa vie et son fils en une forest du pays, où ils furent pris et Debaguez de brigans.*

* 2. **BAGA**, Gemmeus, aureusve ornatus, annulus, Gall. *Bague.* Testam. Caroli comit. Prov. ann. 1481 : *Reliquas vero Bagas legavit sive reliquit Ludovico domino de Antonno et Michaeli de Grammont, valletis cameræ prædicti dom. nostri regis testatoris.* Inventar. Chart. reg. ann. 1482. fol. 220 : *Transcriptum factum sub sigillo præposituræ Paris. anno 1400. litterarum regis Angliæ declaratoriarum jocalium, Bagarum, utensilium et ornamentorum traditorum dominæ Ysabellæ Franciæ, favore sponsalium contractorum inter ipsam et regem Angliæ.* Occurrit præterea inter Instr. tom. 3. Hist. Lothar. col. 331.

Baga, idem quod *Boia.* Vide in hac voce.

¶ **BAGAGIUM**, Baggagium, Impedimenta, sarcinæ, Gall. *Bagage.* Hist. Dalphin. tom. 1. pag. 63 : *Bagagio præmisso, associato, quam plurimis balistariis et sagittariis, etc.* Tractatus inter Eduardum Angliæ Regem et Franciscum Ducem Britanniæ in Archivo Castri Nannetens. : *Iisdem sagittariis redire volentibus, dominus Dux tenebitur tradere passagium seu naves ad transeundum mare, pro personis, rebus, armaturis, harnesiis, Bagagiis et aliis necessariis.* Rymer. tom. 10. pag. 206. col. 2 : *Cum armaturis, bogeis, Baggagiis, etc.*

* **BAGARDI.** Hæretici, iidem qui *Beghardi.* Vide in hac voce. Stat. Freder. episc. Traject. ann. 1318. in Batav. sacra pag. 180. col. 1 : *Tertia vero eodem libro de hæreticis, contra hæreticos Bagardos et beghinas,.... penes se et ecclesias suas habeant et observent.*

BAGARIO, *Urceoli genus*, in Gloss. Isid. forte *Baccarium.* Vide *Bacca.* 2.

* **BAGAROTINUS**, Frivolus, futilis, vanus, Gall. *Frivole.* Instr. ann. 1379. inter Probat. tom. 3. Hist. Nem. pag. 39. col. 2 : *Hæc sunt occasiones invalidæ et inhanes, et evasiones Bagarotinæ, quæ proponi et assignari per vos et dictos consules non habuerunt, præsertim in hoc casu, in quo recusatio locum non habet.* Nostris olim *Baguenaudes*, pro nugæ, *fadaises, sornettes.* Lit. remiss. ann. 1416. in Reg. 169. Chartoph. reg. ch. 282 : *Jehan Le Loup respondi à icelle femme, Ce sont toutes Baguenaudes que tu me bailles.*

¶ **BAGASEA**, Prostibulum, scortum, Italis *Bagascia*, Hispanis *Bagassa*, [** Provinc. *Baguassa*, Gallis olim *Bagasse.*] Charta pro Communia Balneoli ann. 1208. ex schedis D. *Lancelot : Si quæ vilis persona ut sunt publicæ meretrices vel Bagaseæ, etc.*

¶ **BAGATINUS**, Monetæ species apud Italos. Reginina Paduæ ad ann. 1274. apud Murator. tom. 8. col. 424 : *Dominus Gotifredus de Turre de Mediolano Potestas Paduæ. Hoc anno de mense Februarii fuit inventum in clausura Domus Dei per fratrem Rolandum tantum aurum in meaglis quod valuit circa XVII. millia librarum Bagatinorum.* Eadem Italice scripta leguntur ibid. col. 380 : *Messer Gufredo della Torre di Milano Podestà de Padoa ; in quest'anno del mese di Febraro fù ritrovato nella chiesa della Ca de Dio per frate Orlando tanta quantità d'oro in medaglie che valse circa diciasette millia libre de Bagattini.* Glossarium vero Italicum ad hanc vocem : *Bagattino, moneta immaginaria che vale il quarto d'un quattrino, et si chiama anco un denaio, e picciolo.*

* Comput. decimæ in Italia collectæ ann. 1278. ex Cod. reg. 5376. fol. 228. v° : *Libræ XXXV. sol. vj. et den. vj. Aguilinorum de Tirolo, Aguilino quolibet mihi computato per collectores pro XX. Bagatinis. Quilibet teneatur recipere quatuor Bagatinos pro tribus Ferrarinis*, apud Murator. tom. 2. Antiq. Ital. med. ævi col. 821. Chron. Estens. ad ann. 1310. tom. 15. Script. Ital. col. 369 : *De mense Madii dabantur duo panes pro uno Bagattino in Ferraria.*

¶ **BAGATTARE**, Nugari, Tricari, apud Muratorium tom. 2. pag. 214. col. 2 : *Cognomine vocatus* el Bagatella, *propter ejus cavillationes umbratiles et pueriles, vel quod illam artem noverit Bagattandi.*

* **BAGAU**, vox vernacula, Retis species. Libert. loci de Portello ann. 1405. in Reg. 184. Chartoph. reg. ch. 586 : *Quando eveniunt inundationes aquarum in flumine Garonæ vel Arigiæ, habitatores de Portello possunt piscari cum retibus, vocatis Bagau.*

BAGAUDÆ, Bacaudæ, Factiosorum et rebellium hominum cohors, qui solitudines et castra inhabitabant, loci situ munita, atque inde in obvios latrociniis et cædibus grassabantur. Horum nomen primum in Gallia auditum Diocletiano et Maximiano imperantibus, ut auctor est Paulus Orosius lib. 7. cap. 25. et Eutropius lib. 9. ex quibus Hieronymus in Chronico Euseb. : *Diocletianus consortem Regni Herculium Maximianum assumit, qui Rusticorum multitudine oppressa, quæ factioni suæ Bacaudarum nomen indiderat, pacem Gallis reddit.* Victor Schotti : *Per Galliam excita manu agrestium ac latronum, quos Bagaudas incolæ vocant, etc.* Pæanius Eutropii Interpres Gr. : Στασιάζοντος δὲ ἐν Γάλλοις τοῦ ἀγροικικοῦ, καὶ Βακαύδας καλοῦντας τοὺς συγκροτηθέντας, ὄνομα δὲ ἐστι τοῦτο τυράννους δηλοῦν ἐπιχωρίους. Horum etiam, ut latronum sæpe meminit Salvianus, qui sub Honorio et Theodosio vixit. Sic ille lib. 5. de Vero jud. et provident. : *De Bagaudis nunc mihi sermo est, qui per malos judices et cruentos spoliati, afflicti, necati, postquam jus Romanæ libertatis amiserant, etiam honorem Romani nominis perdiderunt : et imputatur his infelicitas sua, imputamus his nomen calamitatis suæ, imputamus nomen, quod ipsi fecimus. Quibus enim rebus aliis Bagaudæ facti sunt, nisi iniquitatibus nostris, nisi improbitatibus judicum, nisi eorum proscriptionibus et rapinis, qui exactionis publicæ nomen, in quæstus proprii emolumenta verterant, et indictiones tributarias prædas suas esse fecerunt.* Ex quibus perspicuum fit, Bagaudarum defectioni et rebellioni occasionem dedisse judicum et præfectorum avaritiam et rapinam, stetisseque et durasse in Galliis perniciosam hanc factionem longe post Diocletiani ævum ; unde postea, si non ipsa

Bagaudarum factio, saltem nomen in Hispaniam transiit. Meminit enim non semel Idacius in Chronico *Bacaudarum Tarraconensium*, et *Aracelitanorum*, sub Rechila et Theodorico Gothorum in Hispania Regibus. *Bagaudarum* etiam meminit Eumenius in Paneg. de Schol. instaur. ut et Vita S. Mauricii Mart. ex qua Christianos fuisse docemur. A *Bagaudis* deinde

Bagauda, dicta Regio quam inhabitabant. Prosper. Aquit. in Chron.: *Omnia pene Galliarum servitia in Bagaudam conspiravere.* Ex mox : *Eudoxius arte medicus... in Bagauda id temporis mota delatus, ad Chunnos confugit.* Sed ubinam gentium, haud plane certum. Tradit auctor Vitæ S. Baboleni Abbatis, Fossatensi Monasterio, 4. milliaribus a Lutetia dissito, nomen fuisse *Castrum Bagaudorum.* Charta Caroli Calvi Regis ann. 28. ex Tabulario ejusdem Monasterii fol. 13 : *In Cœnobio Fossatensi quod vocatum olim fuit castrum Bagaudorum, etc.* At cum Bagaudæ nullibi fere pedem figerent, et ubique latrocinarentur, agerentque prædas, probabile est, *Bagaudiam* tunc fuisse, ubi morabantur.

☞ *Bagaudæ* vocabulo non regionem Bagaudarum, quæ nulla fuit, sed rebellionem ipsam seu ipsam rebellium turbam intelligit Valesius in Valesiana pag. 217. Et certe prior locus Prosperi nihil innuit præter commotionem et seditionem, quibus verbis hic scriptor promiscue utitur pro *Bagauda* : posterior vero locus in quo dicitur *Bagauda id temporis mota*, regionem, quæ semper immota manet, excludit, et commotionem indicat peroptime, in quam abiit inquietus Eudoxius.

Bagaudas a βαγεύειν, [** Confer Gloss. med. Græc. in hac voce.] quod est vagari apud Suidam, nescio an vere, deducit Innoc. Cironius in Paratit. Jur. Canon. ut Boxhornius ab Hebræo *Boguedim*, rebelles : at cum Gallicam vocem esse indicet Aurelius Victor, Altaserra sic dictos censet Bagaudas, quasi silvicolas, a voce *gau*, quæ Gallis silvam sonat. Quid si a *Bagat*, vel *bagad*, uti scribitur a Boxhornio, quæ vox Armoricis et Wallis, proinde veteribus Gallis, turmam sonat, et hominum collectionem? [ita ut ii forte fuerint quos *desertores* vocabant sub Commodo, quorum dux fuit Maternus, nam et ii *innumeri diu Gallias vexarunt*, ut scribit Spartianus : de quibus quidem præ ceteris agit Herodianus.] Catholicum Armoricum : *Bagat, Gall. assemblée, multitude de gens. Lat. hæc turba. Idem hæc turma, compaingnie de trente. Bagat chatal, Gall. tropel de grosses bestes, ou de brebis, Lat. Grex, armentum, ouhen.* Cæterum *Baogandas*, seu *Baogaudas* habet prima Salviani Editio ann. 1530. *Baugaredos* vocat liber de Castro Ambasiæ num. 8. *Baccharidas*, Idacius in Chronico in Diocletiano. Non desunt, qui Parisienses vulgo *Badauts* per ludibrium appellant, tanquam a primis Bagaudis ortum duxerint.

* Consule abbatem *Dubos* lib. 2. Hist. crit. monarch. Franc. cap. 2. et 8.

¶ **BAGEA**, vel Bagia, Signum, Insigne quoddam. Rymer. tom. 14. pag. 764 : *Et etiam septuaginta hominibus dare possit septuaginta liberatas pannæ laniæ, vel signa seu Bagias cuicumque, qui de ipso recipere voluerit easdem liberatas, signa et Bagias ad ipsum serviendum.* Idem tom. 15. pag. 499 : *Statutorum de liberaturis signis et Bageis.* Vide *Bagagium* ubi legitur : *Cum armaturis, Bogeis :* hic *Bogea* idem videtur quod *Bagea*.

BAGERNA, Baerna, Baderna, Caldaria, in qua sal conficitur : Ex Gallico *Baignoire*, ut videtur. Charta Reginaldi Comitis Burgund. ann. 1037. apud Duchesn. in Hist. Vergiac. pag. 77. et Labbeum tom. 1. Biblioth. pag. 170 : *Dedit Comes apud Salinum villam aream unam cum calderia, quæ alio nomine Bagerna vocatur, ut ibi fieret sal.* Occurrit ibi semel ac iterum. *Cuves et Baignoires*, in Consuet. Meledunensi art. 282.

Baerna, Eadem notione habetur in Bulla Eugenii III. PP. ann. 1147. in Bibliot. Cluniac. pag. 1410. Ut

Baderna, non semel in Charta Joannis Burgundiæ Comitis ann. 1260. apud Petrum Chifflet. in Tornutio pag. 476.

BAGINELLA. Gloss. MSS. ad Alexandrum Iatrosoph. : *Siliqua Græca, Baginella.*

¶ **BAGIUS.** Vide *Bagus.*

¶ **BAGLIA**, Idem quod *Balia*, nostris *Baillage.* Charta ann. 1040. ex magno Chartul. S. Victoris Massil. fol. 19 : *Ego Rahimbaldus Arelatensis Archiepiscopus... dono quod in villa de Laza habeo et districtum et Bagliam et albergarium de alodariis de duabus partibus ejusdem villæ... dono ipsam partem integram ad S. Victorem et ad advocarios de ipso Monasterio.*

* **BAGNACAVALLUM**, an Equile, seu locus, ubi equi adaquantur et lavantur? Annal. Cæsenat. ad ann. 1295. apud Murator. tom. 14. Script. Ital. col. 1112 : *Casu igne accenso combustum est totum Bagnacavallum.*

BAGNADELLUS, inter res aromaticas, Gall. *Espices*, recensetur, in Lit. ann. 1355. tom. 4. Ordinat. reg. Franc. pag. 425 : *Quasdam quantitates dondi, Bagnadelli, piperis, ginginbris, et nonnularum aliarum rerum seu mercium, etc.*

* **BAGNARESSUS**, Lavationi inserviens. *Tina bagnaressa*, Cupa, labrum ad lavandum, Gall. *Baignoire*, unde diminut. *Baignote*, in Lit. remiss. ann. 1385. ex Reg. 127. Chartoph. reg. ch. 105 : *En icellui hostel fu trouvée une Baignote, où il avoit environ mine de froment.* Inventar. bonorum Raymundi de Villa-nova ann. 1449 : *Sequuntur ea quæ reperta fuerunt in camera infra, vocata La crota.... Item una tina Bagnaressa clausa, in qua sunt stubæ. Bagnoire* vero, Tegumentum, quo labrum lavationis operitur, in Comput. Stephani *de la Fontaine* argentarii regis a 26. April. 1350 : *Deux couverture à cuve pour madite Dame d'une escarlate rosée, et sont nommées Bagnoire.*

* **BAGNATUS**, Madefactus, Gall. *Mouillé*, ab Ital. *Bagnato.* Stat. Montis-reg. pag. 316 : *Item pro somata grossa coraminis Bagnati, recentis, non palezati, solvit tres den.*

* **BAGNIRE**, pro *Bannire*, Edicto publico proscribere, ut *Bagnitio* et *Bagnum*, pro *Bannitio* et *Bannum.* Vide in *Bannum* 1. Charta Caroli II. reg. Sicil. ann. 1273. inter notas ad Constit. ejusd. reg. MSS : *Quatuor scripta conficiat, continentia nomen et cognomen, causam et tempus forjudicationis seu Bagnitionis ejusdem.* Alia ejusdem reg. ibid. : *Infra decem dierum spatium a die Bagni, etc.* Rursum alia ejusd. ibid. : *Ad jurisdictionem illius, qui eum Bagnierat, per litteras sibi factas capiat illum, quem per suas litteras significaverit forbagnitum, forjudicatum seu proditorem.*

BAGNOLENSES, Hæretici, Valdensium et Catharorum sectatores, *in Tuscia, sive in Marchia, vel in Provincia*, ut auctor est Reinerus lib. contra Valdenses cap. 6. a *Baguolo*, oppido Provinciæ dicti, vulgo *Bagnols.*

* Perperam *Bagnolum*, vulgo *Bagnols*, oppidum esse Provinciæ, cum ad Occitaniam pertineat, scribit Cangius, et post eum Muratorius tom. 5. Antiq. Ital. med. ævi col. 93. ubi *Bagnolensium* errores fuse explicat ex Peregrini Prisciani libris MSS.

¶ 1. **BAGNUM**, pro *Balneum*, seu Lotio pedum quæ fieri plerumque solet Monachis in Monasterio vel Capitulo postquam facta est pauperibus in Ecclesia. Transactio Abbatem inter et Monachos Crassenses ann. 1351. ex libro viridi fol. 53 : *Item Præpositus de Pediliano facit annuatim dicto Conventui in festo Paschæ centum duodecim solidos, et triginta aunas de panno lineo, cum quo panno exterguntur pedes et manus pauperum in mandato die Jovis sancta, de quo panno post mandatum factum recipit Conventus prædictus quatuor canas ad faciendum manustergium in claustro et duos palmos pro Bagnis in ipso Monasterio faciendis; residuum vero dicti panni recipit Cellerarius domini Abbatis.*

¶ 2. **BAGNUM**, Idem quod *Bannum*, districtus, jurisdictio, justitia : ambitus intra quem potestas porrigitur mulctam et proscriptionem bonorum indicendi, vel bannum promulgandi. Charta Mathildis Comitissæ Nivern. ann. 1244 : *Dedimus eis et donamus videlicet in costumis avenarum nostrarum de Monte-rupilionis tres modios avenæ... et in Bagno ejusdem villæ centum solidos.... et in Bagno Montis-rupilionis quinquaginta bichetos frumenti.*

* *Bagnum* præterea occurrit in Charta ann. 1262. inter Probat. tom. 1. Hist. Nem. pag. 86. col. 1. Hinc *Baignie*, Bannum, inhibitio, in Libert. Castrivil. ann. 1286. tom. 1. Jur. publ. Franc. pag. 410 : *Si voulons que se cil de la franchise veulent mectre une partie des bois despretans en Baignie, que il le puissent faire par la volontei à ceaus de Mourmant.*

¶ **BAGORDARE**, Vox Italica, hastis ludicris ex equis pugnare. Memoriale Potestatum Regiensium ad ann. 1216. apud Murator. tom. 8. col. 1083 : *Et vineæ gelaverunt et Paudum, ita quod Milites equitabantur super glaciem dicti Paudi et Bagordabant:* Chron. Veron. ad ann. 1242. ibid. col. 632 : *Et eo anno dominus Henricus de Egna tunc existens Potestas Veronæ fecit magnam curiam Militum et Dominarum cujuscumque conditionis in palatio Communis Veronæ, et in foro seu mercato Veronæ Milites Bagordaverunt, et tunc Dominæ ballaverunt in ponticellis factis extra palatium Communis Veronæ.*

* Academicis Cruscanis : *Festeggiare armeggiando e giostrando.* Chron. Placent. ad ann. 1359. apud Murator. tom. 16. Script. Ital. col. 505 : *Post hæc certi nobiles juvenes*

numero xxvij. per tres squadras electi per civitatem Placentiæ Bagordaverunt, frangendo hastas in veloci equorum cursu. Cujus vocis originem post Villaneum, Folgor. de S. Geniignano et Franc. Sachet. a *Bigordo*, Hasta, accersit Ubaldinus; unde *Bigordare*, melius quam *Bagordare*, ipso auctore, diceretur. Sed et Provincialibus *Biordar* est discurrere cum equis, et *Biorts*, cursus equorum, uti habetur in indice ad calcem *Documenti d'amore* Barberini, qui pag. 84. v. 2 :

Se tu armeggerai,
Bigorderai, o correrai a tiera.

Ubi consulendæ Glossæ.

¶ Bagorda, Ludi publici, Gall. *Fêtes, réjouissances*, Chron. Parmense ad ann. 1282. apud eumdem Murator. tom. 9. col. 801 : *Pax et concordia facta fuit inter Mediolanenses et Cremonenses et Brixienses. . . Et duravit bene unum mensem curia de Bagordis et aliis solatiis.* Vide *Bohordicum.*

* **BAGORI**, f. Calones, vel ignavi, homines remissi animi. Chron. Bergom. ad ann. 1406. apud Murator. tom. 16. Script. Ital. col. 983 : *Et ipsi tanquam insumti et Bagori dederunt arma, lanceas, spathas et dagas quas habebant in manibus, etc. Bagos*, apud Cotgravium, *a man-bawd, a ribauld.* Hinc fortean *Bagouler*, more *Bagororum* loqui; nisi a *gula* potius accersendum censeas. Lit. remiss. ann. 1447. in Reg. 176. Chartoph. reg. ch. 502 : *Par maniere de moquerie et autres raffardes malsonnans.... Jacotin Pouletz le print à moquer et dire plusieurs goulardises, ... auquel le suppliant dist que se il ne cessoit de ainsi Bagouler, que on lui respondroit autrement.*

* **BAGUA**, Pessulli caudati annulus; unde vocis origo; Gall. *Vertevelle.* Comput. ann. 1362. inter Probat. tom. 2. Hist. Nem. pag. 259. col. 2 : *Solvit..... Petro Stoci fabro, pro..... Baguis necessariis, dictis verrolhs, etc.*

* **BAGUARII**, Bavari, Gall. *Bavarois.* Vita S. Gregorii tom. 5. Aug. pag. 258. col. 1 : *Willibaldus electus Dei antistes episcopatum, quod nuncupatur in Hehstedi, in parte proxima nobis Baguariorum, id est, in Nordgoe, etc.*

¶ **BAGUERRA.** Vide *Bovera.*

* **BAGUGA**, Permutatio, ut videtur; idem quod *Barata.* Vide infra in hac voce. Fœdus initum inter Mantuan. et Ferrar. ann. 1208. apud Murator. tom. 2. Antiq. Ital. med. ævi col. 873 : *Item ut non vendant nec dent nobis salem cum sorte nec ejus simili, neque cum Baguga, nec ejus simili, pro communi, neque pro diviso. Et non debeant tenere sortem neque Bagugam contra nos; et si aliquo tempore fuerit reperta, ipsam rumpere teneantur.*

BAGULA. Gloss. Anglo-Sax. Ælfrici : *Bagula*, b r i d e l, *i. Frenum.* Infra : *Bagula, salivare*, b r y d e l. Ubi Somnerus, *forte pagulum, i. frænum.* Hinc emendandæ Glossæ Isidori : *Pagula, frena.* Legendum enim *bagula.* Auctor τῶν Πατριῶν ΚΠ. in Spectaculo 1. de Elephante, quem domi continere non poterat dominus : Αὐτὸς δὲ διὰ τὰς βαγύλας ἐλεοφόρους κρατῆσαι οὐκ ἐνεδίδου. Nescio an vocis etymon attigit Joannes de Janua : *Bajalum frænum, a bajulo, as, quia eo equus bajulatur.* [Quod etymon habetur in Gloss. MS. Montis S. Eligii Atrebat.]

BAGUS, *Bagius*, Color equi, qui Latinis, *Badius, spadix, phœnicus*, dicitur interdum *rutilus*, ut A. Gellio lib. 2. cap. 26. *Puniceus*, eidem lib. 3. cap. 9. Gloss. Lat. Græc. *Badius*, χελιδονιαῖος. *Badius* vero a Βαΐς et Βαΐον, ῥάβδος φοίνικος, Hesychio : quæ verba idem sonant quod σπάθη, et σπάδιξ, ramulus palmulæ. Gloss. Græc. Lat. *Palma*, χεὶρ καὶ βαΐς καὶ φοίνιξ. Sic *Badius* erit quasi βαΐδιος. [** Græcis Βαλιός, Fulvus, in Glossar. med. Græcit. Append. col. 34.] Ugutio : *Badius, est equus, quem antiqui dicebant vadium, a vado, quia fortius vadit inter cætera animalia. Ipse est et spadix, quem fænica tum Græci vocant, etc.* [** Βαδιστή Græcis Equus ambulator. Vide Glossar. med. Græcit.] Vide Palladium in Martio tit. 13. Papias MS. *Spadices equi, Bagi, Rusati.* Edit. habet *vagi.* Charta Ferdinandi, Regis Majoric. filii ann. 1386. : *Pro pretio unius roncini de pilo Bagio, quem a vobis nunc emimus.* [Codicillus Henrici Comitis apud Marten. tom. 1. Ampliss. Collect. col. 1171 : *Et lego Berardo omnes bestias quas habet, excepto meo mulo monoculo et mulo Bagio, et puer hereditet illum et semper teneat pro socio.*]

Bajus, Gallis *Bay*, Hispanis *Vayo.* Charta Bermundi II. Regis æræ 1070. apud *Yepez* in Chronico Ord. S. Benedicti tom. 6 : *Ad confirmandam chartam istam commutationis caballum Baium, valentem solidos ducentos. accepi.* [*Madox* Formul. Angl. pag. 423. in Testamento Bartholomæi de Lega : *Uxori suæ palefridum ferrantum qui est apud S. Yvonem, et sumerium Baium.*]

Baiardus, Eadem notione. Vita B. Ægidii Minoritæ n. 51 : *Et sunt hujusmodi sicut agricola, qui arma Rolandi indueret, et cum eis pugnare nesciret : non enim omnes homines equum Baiardum scirent equitare, nec insidentes ei sibi scirent a casu cavere.* [** Hic est equus filiorum Haimonis, quem quidem a colore nominatum esse, hodie vulgaris opinio est.]

* **BAHA**, Pneuma, *jubilus.* Vide supra *Alleluia* 1.

* **BAHAGNIA**, pro Bohemia, in Charta ann. 1330. ex Inventar. Chart. reg. ann. 1482. fol. 98. v°. *Behaignons*, Bohemi, apud Math. de Couciaco in Carolo VII. pag. 712. *Bahariz*, apud Joinvil. edit. reg. pag. 61. appellantur Selecti milites, Soldani custodiæ potissimum addicti : *Les armes au Soudanc estoient d'or; et tiex armes comme le Soudanc portoit, portoient celle joene gent, et estoient appellez Bahariz.* Consule ibidem Glossar. v. *Bahari.*

BAHEN. Vide *Baen.*

BAHUDUM, Arcæ species, nostris *Bahud*, [Hispanis *Bahut* et *Baut*, a Germano *Behuten*, Servare; quæ vox, inquit Menagius in Diction. Etymolog. Gall. sæpius de eo qui servat, ut *Behalten* de re quæ continet, includit, intelligitur.] Occurrit in Fleta lib. 2. cap. 21. Guillelmus *Guiart* ann. 1302 :

Bidaus nul riens ni refusent,
Ains prennent par tout comme ahurs,
Tentes et coffres et Bahurs.

¶ 1. **BAIA**, *Rumor*, in Vet. Gloss. San-German. num. 501.

¶ 2. **BAIA.** Sinus, Gall. *Baie*, Anglis *Bay.* Charta ann. 1210. apud *Madox* Formulare Anglic. pag. 27 : *Sciendum quoque est, quod prædictus Abbas et Monachi habebunt in Baiis suis corbellas suas in Lavaleisun aqua, et piscationem de firmamento stagni Thirnemolendini usque ad ipsum molendinum, etc.*

* Hispan. *Bahia*, eadem notione. Glossar. vet. ex Cod. reg. 7646 : *Baias, i. portum veteres a bajolandis mercibus vocabant. Baiæ calidæ, i. aquæ calentes. Baium, portum.* Hinc Baiona ab indigenis dicta esse fertur, quasi *Baia-ona*, id est, portus bonus, uti scribit Valesius in Notit. Gall. pag. 262. col. 1. quem consule. [** Vide Isidori Origines lib. 14. cap. 8. sect. 40. et Diezii Grammat. Roman. vol. 1. pag. 26.]

3. **BAIA**, Palma. S. Hieronym. lib. 2. contra Jovinianum, cap. 9. de Sacerdotibus Ægyptiis : *Cubile iis de foliis palmarum, quas Baias vocant, contextum erat, etc.* Vox etiam recepta apud Græcos recentiores. Hesychius : Βαΐα; ῥάβδος φοίνικος, καὶ βάϊον. Vide Salmasium ad Solinum pag. 410. Allatium de Hebdomadib. Græc. pag. 1441. Innocent. Cironium lib. 3. Observat. Juris Canon. cap. 3. Meursium, et Codini Interpretes. [** Conf. Gloss. med. Græcit. voce Βαΐς, col. 166.]

BAJANULA, Bajaramos, Vide *Bajulona.*

BAIARDUS. Vide *Bagus.*

¶ **BAIARE**, Lingere, vel linguere. Codex MS. Bibliothecæ S. Emmerammi Ratisponensis : *Petrus, qui Abælardus, a plerisque Bajolardus dicitur. . . cui simul afflicto et indignanti per jocum Magister Tirricul ait : quid canis plenus nisi lardum Baiare consuevit? Baiare autem linguere est. Exinde Bajolardus appellari cepit. Quod nomen, tanquam ex defectu quodam, cum abdicaret, sub litteratura non dissimuli Habelardum se nominari fecit, quasi qui haberet artium apud se summam et adipem.*

¶ **BAIATA**, f. pro *Bovata*, Quantum binis bobus potest arari. Amanuensis imprudens pro *ou* facile legere potuit *ai.* Charta Margaretæ Comitissæ Suytoniæ tom. 4. Hist. Harcur. pag. 1378 : *Et de duabus virgatis terræ in eadem villa, scilicet illam virgatam terræ, quam Radulphus Albrock quondam tenuit, et eumdem Radulphum cum sequela sua, et unam Baiatam terræ, quam Radulphus de la Brene quondam tenuit, et eundem Radulphum cum sequela sua tenendam et habendam in perpetuum cum tostis et croftis, pratis, pascuis.* Vide *Bovata.*

* **BAIBUS**, *Cavallus*, in Glossis antiq. Argentin. Vide *Bagus.*

¶ **BAICHA**, Navicula, scapha, Gall. *Bachot*, apud Rymer. tom. 3. pag. 685 : *Ipse posuit servientes suos ad portus Marempniæ, qui arestabant Baichas, sive naves sale oneratas, et faciebant redimere mercatores, in magnis pecuniæ summis, antequam vellent amovere saizinam.*

¶ **BAJECISUS**, Ballivus, Gall. *Bailli.* Concil. Dertus. ann. 1429. tom. 3. Collect. Conc. Hispan. pag. 657 : *Mandamus Vice-Regibus, gubernatoribus, Bajecisis, generalibus, procuratoribus justitiæ. . . ut præsentem nostram provisionem et voluntatem studeant efficaciter observare.*

* **BAILA**, Italis Nutrix, famula, ancilla; unde nostris olim *Balle* et *Baille.* Mirac. MSS. B. M. V. lib. 1 :

Et quant fu nés, sachiés sans falle,

Encore n'i avoit eu Balle.

Infra *Baille*. Ubi pro Nutrice vel obstetrice. Hinc etiam *Baiesse*, pro *Suivante*, *femme de chambre*. Stat. crimin. Saonæ cap. 21. pag. 33 : *Si aliqua persona, cujuscumque conditionis existat, civis vel extranea, acceptaverit in domo propria, vel conducta, seu alio quovis loco aliquod furtum vel fursta, vel res aliquas furtive substractas per aliquem sclavum vel sclavam, famulum vel famulam, Bailam, pedisequam de domo, etc.* Guignev. in Peregr. hum. gen. MS. ubi natura gratiam sic alloquitur :

Dame du tout sui et maistresse :
Mais avis m'est que pour Baiesse
Malement me volés tenir.

Reponit gratia :

Et que du tout me rendisses
Conte loial, si com Baiesse
Doit toujours faire à sa maistresse.

Le Roman *de la Rose* MS. ubi de Deo amoris :

C'est cil qui les amans justise,
Et qui abat l'orgueil des gens,
Et si fet des seigneurs sergens,
Et des dames refet Baiesses.

Baiasse, in Mirac. MSS. B. M. V. lib. 2 :

Tel Baiasse, ne tel meschine.

Sed et ita legendum pro *Bajarse*, in *Bajula* 1.

* *Baisselle*, Eadem notione. Lit. remiss. ann. 1372. in Reg. 104. Chartoph. reg. ch. 60 : *Le suppliant trouva la Baisselle de la femme feu Gerart, avecques laquelle il desjeuna*. Aliæ ann. 1406. in Reg. 161. ch. 49 : *Le suppliant et une Baisselle ou chamberiere dudit hostel, etc.* Le Roman *du Riche homme et du Ladre* MS:

Aussi n'appartient à nullui
De convoitier femme d'autrui,
Ne se fille ne se Baisselle.

Vide infra *Beassa*.

* **BAILETUS**, Famulus, minister, f. pro *Valletus*. Vide in *Valeti*. Charta ann. 1364. inter Probat. tom. 4. Hist. Occit. col. 287 : *Cum uno scutifero et uno Baileto, eques venerunt apud Nemausum*. Vide infra *Balletus*.

* **BAILHARGIA**, Hordei species, nostris *Baillarge* et *Baillart*. Charta ann. 1407. in Reg. Cam. Comput. Paris sign. : *Le grand-Gauthier de Poictou* fol. 246. r° : *Item habeo* (ego Johannes Babaudi) *cogrerium seu largier in bladis, quæ seminantur in terris superius contentis et declaratis, scilicet de Bailhargia, etc.* Charta ann. 1326. in Reg. 64. Chartoph. reg. ch. 713 : *Item les terrages de Venours en Baillarges, metures, pois, feves, etc.* Reditus priorat. S. Vincent. *de Naintré* diœc. Pictav. ex Tabul. S. Germ. Prat. : *Sur chacun laboureur, demourant à Salenes,..... ledit prieur a droit de prendre et percevoir par chacun an quatre boiceaulx de blé, moitié seigle et moitié Baillarge*. Charta ann. 1319. in Reg. 59. ch. 82 : *Item xxj. paukins de feves et de Baillark; qui valent ix. solz. le paukin*. Comput. MS. domanii comitat. Pontiv. ann. 1369 : *Des Baillars de Ruë par Jean Laubain fermier à cest an par 138. muis à lui vendus 13. solz le muy*. Vide *Bailliarga* et *Balargus*.

** BALIARCHUS. Fragmenta ampliora Polyptychi Sithiensis, Brev. 22. apud Guetard. post Irminonem pag. 406 : *In Stened land.... sunt ibi de spelta supra sementiam bennæ 16. de Baliarcho carradæ 30. de avena carradæ 15. de hordeo carradæ 2. de feno carradæ 35.*

* 1. **BAILIA**, Justitiæ, rerumve quarumvis administratio. Testam. Guill. dom. Montispess. ann. 1114. inter Probat. tom. 2. Hist. Occit. col. 390 : *Si forte contigerit me mori in hoc itinere, et de Bernardo de Andusia menesful infra spatium ipsius Bailiæ, quam ei dimitto in altero testamento meo, habeat ipsam Bailiam decanus de Poscheriis per easdem convenientias, per quas dimitto ipsam Bailiam Bernardo de Andusia.... Eligat et mittat Baile in villa Montispessulani, qui teneat locum et vices Guillelmi de Operatorio in eadem villa, etc.* Aliud ann. 1121. ibid. col. 416 : *Prohibeo ab hæredibus meis, qui Montempessulanum habebunt, ne aliquam Bailiam neque dominationem donent in Montepessulano alicui Judæo vel Sarraceno*. Vide *Bajulus* 3. et 4.

* 2. **BAILIA**, *Baillivi* jurisdictio, districtus, ejusdem officii emolumentum. Charta ann. 1097. ex Tabul. Gellon. : *Pontius de Maderias in extremo vitæ suæ positus* (recognovit) *quod ipse in tota terra sua, sive in honore S. Guillelmi neque Bailiam, neque vicariam, sive gardiam habebat*. Charta ann. 1122. inter Probat. tom. 2. Hist. Occit. col. 422 : *Ego Petrus abbas Anianensis.... dono tibi Guillelmo de Omellatis,... Bailiam in totum honorem de Carcares, et per istam Bailiam supradictam habeas albergum*. Testam. ann. 1156. ibid. col. 558 : *Raimbaldum filium meum in aliis bonis meis hæredem mihi facio, scilicet de castro Omellas, cum suis pertinentiis, et senioriis, villis, mansis, Bailiis, etc.* Vide *Bajulus* 4.

* 3. **BAILIA**, Concessio, pactio, conventum. Charta ann. 1132. inter Probat. tom. 2. Hist. Occit. col. 467 : *Concedo tibi ipsi Guillelmo de Montepessulano, filio Ermessendis et successoribus tuis, qui domini vel dominæ erunt de Montepessulano, omnia placita, et omnes convenientias, et Bailias quas Bernardus comes Melgoriensis, filius Mariæ, tecum fecit et jurejurando firmavit*. Vide infra *Bajulia*.

* 4. **BAILIA**, Baylia, Auctoritas, potestas, Italis *Balia*, eadem notione. Chron. Ast. ad ann. 1447. apud Murator. tom. 11. Script. Ital. col. 277 : *Ipse dux* (Mediolani) *destinavit.... camerarium suum.... ad... Carolum regem Francorum,... cum Baylia eidem dom. regi promittendi hanc civitatem Astensem, etc.* Chron. Modoet. apud eumdem tom. 12. col. 1106 : *Dans nobis potestatem ac Bailiam præcipiendi omnibus imperii fidelibus in Lombardia constitutis, et eos compellendi ut* (ligam) *intrent*. Stat. Vercel. lib. 1. pag. 21. v° : *Et quod dominus potestas Bailiam habeat dandi de avere communis usque ad libras centum Pap.* Stat. crimin. Saonæ cap. 40. pag. 86 : *Cum ampla Ballia ad puniendum discolos, etc.* Vide *Bailla* 2.

* 5. **BAILIA**, Tutela, rerum pupilli administratio. Placit. ann. 1119. inter Probat. tom. 2. Hist. Occit. col. 411 : *Jam vero eo crescente et de Bailia egrediente, libera potius ætate, etc.* Vide in *Bajulus* 3.

* 6. **BAILIA**, Tributi genus, quod ratione protectionis et tutelæ exigitur. Charta ann. 1090. in Append. ad Marcam Hispan. col. 1186 : *Et omnes Bailias et omnes malos usaticos, quos usque hodie quæsivi in honore S. Mariæ, ego Remundus Matfredi dimitto*. Vide infra *Balia* 5.

* **BAILIVIA** Carrorum, Servitium, quod a subditis cum carris domino præstatur. Assisia comit. Fuxi in Reg. S. Ludov. ex Chartoph. reg. fol. 112 : *Item pro Bailivia catorum* (l. carrorum) *in quolibet laboratore, sextarium frumenti*.

* **BAILIVIATUS**, *Baillivi* districtus, jurisdictio. Epist. Ludov. XI. reg. Franc. ann. 1477. inter Probat. ult. Hist. Trenorch. pag. 278 : *Vacante monasterio seu abbatia de Tornucio, ordinis S. Benedicti, in Bailiviatu nostro Matisconensi, etc.*

BAILIUS, Balium. Vide *Bajulus*.

* 1. **BAILLAGIUM**, Bailliagium, Eadem notione, Gall. *Bailliage*. Libert. Salveter. ann. 1369. tom. 5. Ordinat. reg. Franc. pag. 696. art. 9 : *Quod omnes homines et alii habitatores.... totius Baillagii Salveterræ compellantur, etc. Bailliagium*, in Lit. ejusd. ann. ibid. pag. 710. Charta Bernardi Jordani dom. de Insula ann. 1324. in Reg. 70. Chartoph. reg. ch. 279 : *Concedimus.... totum Bailliagium dictæ domus de Montdomula*. Vide in *Bajulus* 4.

* 2. **BAILLAGIUM**, Datio ad censum, locatio. Chartul. Floriac. fol. 183 r° : *Et idem dictus Hugo et sui hæredes tenent et tenebunt managium suum, cum appenditiis, a domino abbate in Baillagium*.

* *Baillier*, ad censum dare, sub annua pensione concedere, in Lit. ann. 1403. tom. 8. Ordinat. reg. Franc. pag. 590 : *Toutes les fermes desdites aydes, qui ne leur sembleront estre souffisamment Bailliées, etc.*

* *Bailler* vero, pro Tangere, obtrectare, in Stat. eccl. Turon. ann. 1396. cap. 77. ex Cod. reg. 1237 : *Il est escript : Tu ne Bailleras, ne n'atoucheras la leidesce des femmes*. Ubi Gallice redduntur hæc verba : *Scriptum est enim : Neque tetigeris, neque obtractaveris turpitudinem feminarum*. Vide mox *Bailleta*.

* **BAILLEIUM**, Propugnaculi species, seu locus palis munitus et circumseptus, impluvium muris cinctum; nostris *Bail*, *Baile*, et *Baille*. Charta ann. 1272. in Chartul. episc. Carnot. : *Girardus de Loigniaco miles salutem in Domino. Noveritis quod ego confiteor et recognosco, quod ego turrim meam de Loigniaco, cum Bailleio et totam terram meam de valle de Cupre,.... tenere debeo ad unam fidem et homagium ligium a R. P. dom. Carnotensi episcopo*. Lit. remiss. ann. 1382. in Reg. 120. Chartoph. reg. ch. 304 : *Au long d'une douve et fossé tenant au Bail de la ville*. Aliæ ann. 1427. in Reg. 174. ch. 127 : *Comme iceulx prisonniers eussent esté mis en la court ou Baille des prisons, etc.* Rursum aliæ ann. 1453. in Reg. 185. ch. 297 : *Icellui Loys monta par dessus la muraille de la court ou Bail dudit hostel, pour ce que la porte ou entrée de ladite court ou Bail estoit fermée*. Ordo solemnis introitus episc. Virdun. tom. 2. sacr. Antiq. monum. pag. 468 : *Item le jour que mondit doit premier entrer en ladite cite de Verdun,.... doit descendre au premier Baile, etc.* Sed et *Bailles*, pro Palis, quibus

locus aliquis deffenditur, usurpat Matth. de Couciaco in Hist. Caroli VII. pag. 698. Le Roman *de la Rose* MS :

Ele (*la tour*) est dehors avironnée
D'un Baile, qui va tout entour;
Si qu'entre le Baile et la tour
Sont li rosier espés planté.

Vide *Ballium* 1.

¶ **BAILLETA**, Traditio ad censum, locatio, Gall. *Bail.* Charta Ludovici Abb. S. Johannis Angeriac. ann. 1420. ex Chartular. ejusd. Monast. pag. 528 : *Et ad plenum informati de traditione prædicta* (terrarum.) *dictam traditionem seu Bailletam ac etiam omnia et singula contenta et declarata in literis dictæ traditionis dicti arrentamenti approbamus.*

* Olim *Baillete*. Vide supra *Baillagium* 2. Charta ann. 1340. in Reg. 72. Chartoph. reg ch. 213 : *Li mandames de rechief faire assavoir ladite Baillete ou accense, si comme il appert par teneur de un mandement.* Lit. remiss. ann. 1459. in Reg. 190. ch. 24 : *Les supplians remonstrerent.... que ladite pièce de terre leur appartenoit.... au moyen de la Baillete, que leur en avoit faicte Geffroy Taurau. Baillée*, pro Assignatio, oppigneratio, in Lit. ann. 1310. tom. 1. Probat. Hist. Brit. col. 978 : *Et cette baillée, que nous avons faite et assignance.... de ccccxxx. livres, etc.* Sic et *Baidre*, Assignare, constituere sonat, in Ch. divisionis ann. 1311. ibid. col. 1235 : *En les terres, où il aggréera Baidre l'assiette appartenant, si tant n'estoit que ledit vicomte de son bon gré le li voseist mettre et Baidre en l'assiette. Bail* vero et *Baillance*, pro ipsa rei alicujus traditione. Charta comit. Alencon. ann. 1330. ex Tabul. capit. Carnot. : *En saisissons, héritons et revestons et douons corporelement, realment par le Bail de ces présentes lettres, etc. Le domaine desdites chouses li avons baillée et octrolées par la Baillance de ces presentes lettres*, in Lit. ann. 1288. inter Probat. Hist. Sabol. pag. 346.

¶ 1. **BAILLIA**. Vide *Bajulus* 3.

* 2. **BAILLIA**, Armentorum custodia, ipsummet armentum, grex; cujus primarius custos *Baile* nuncupatur. Inquisit. ann. 1268. ex schedis Pr. *de Mazaugues* : *Et dixit quod tunc quando fuit facta dicta crida, erant bene centum viginti personæ in Bailliam dicti fratris Bertrandi de Artiga, et dixit quod frater Reimundus Audefredus incantavat illos de Baillia, quod non acciperent cirogrillos.* Ibidem : *Requisitus quorum civium Arelatis erat dictum avere, quod pascebat in dicto territorio; dixit quod non recordatur, nec posset in memoria, quia tantum hodie veniebat una Baillia, et cras alia.... Et ibi pascairaverunt omnes Baillias ovium, quas invenerunt in dicto territorio. Requisitus quot Baillias, dixit quod bene* 10. *vel.* 12. *Requisitus quantum accipiebant, dixit quod a qualibet Baillia unum accipiebant multonem.* Vide alia notione in *Bajulus* 3.

¶ **BAILLIAGIUM**, Baillivia, etc. Vide *Bajulus* 4.

¶ **BAILLIARGA**, et Bailliargia, Species bladi seu annonæ apud Pictones. Litteræ pro Prioratu *de Chenеché* in Hist. MS. S. Cypriani Pictav. pag. 436 : *Cum tradidisset ad firmam perpetuam* 14. *sextar. bladorum, siliginis et Bailliargæ per medium.* Et pag. 434 : *Cessit duo sextaria siliginis et quinque sextaria Bailliargiæ.* Vide *Bailhargia* et *Bargus.*

* **BAILLIO**, Bailo, Idem qui *Ballivus*, is nempe cui justitiæ, rerumque administrandarum provincia a domino demandabatur. Vide *Bajulus* 4. Charta Ludov. X. ann. 1315 : *Cum itaque nonnulli regnicolarum nostrorum de illatis sibi per gentes, Bailliones, alios officiarios et ministros gravaminibus conquerantur, etc.* Charta ann. 1156 : *Hanc venditionem laudo et concedo ego Bertrandus monasterii S. Egidii abbas vobis prædictis fratribus Templi, et cui dare, vendere, impignorare volueritis cum nostro consilio, excepto comite et suo Bailone, milite et filio ejus, et sancto, et sancta.* Vide infra *Baylo.*

* **BALLIVIAGIUM**, *Baillivi* districtus, jurisdictio, Gall. *Baillage.* Charta Phil. VI. ann. 1340. in Reg. 73. Chartoph. reg. ch. 190 : *Concedimus quod castra de Retrosingula et de Coisseto cum eorum pertinentiis in et de Bailliviagio et vicinatu immediatis dictæ civitatis Condomii remaneant.* Vide supra *Baillagium* 1. et in *Bajulus* 4.

* **BAILLIVIUS**, ut *Bajulus*, 4. Gall. *Bailli.* Arest. parlam. Paris. ann. 1394. in Hist. Lugdun. pag. 72. col. 2 : *Dicebat.... archiepiscopus Lugdunensis, tum existens, nonnulla sibi per mag. Odardum de Attainvilla, tunc Baillivium Matisconensem et senescallum Lugdunensem, impedimenta facta, etc.*

* **BAILLIVUS**, Officium monasticum, cui præcipua rerum monasterii administratio pertinebat. Lib. de Reliq. S. Dion. tom. 10. Collect. Histor. Franc. pag. 381 : *Ad hoc festum universi convenire solent monachi, tam Baillivi, quam etiam longe commorantes præpositi.* Arest. ann. 1386. 3. April. in vol. 10. arest. parlam. Paris : *Licet officium cantoriæ dicti prioratus* (S. Martini de Campis) *per ordinationem quatuor Baillivorum monachorum dicti monasterii conferri deberet.* Charta ann. 1439. inter Instr. tom. 11. Gall. Christ. col. 57 : *Frater Petrus Copin, Baillivus dicti monasterii S. Audoeni, procurator, etc.* Charta ann. 1475. ex Tabul. archiep. Paris : *Dixerunt insuper et attestati sunt, quod thesaurarius jam dicti monasterii* (S. Dionysii) *non potest nec debet tenere seu possidere ipsum officium thesaurariæ, nisi sit in ordine presbyterali constitutus per statuta et consuetudines monasterii, ex eo maxime, quod dictus thesaurarius est alter quatuor Baillivorum præfati monasterii, qui una cum aliis tribus Baillivis suis collegis debet in conventu, dum negotia conventus tractantur, præsidere tanquam de majoribus ipsius conventus.* Vide in *Bajulus* 2. 4. et infra *Ballivia.*

* **BAILLIVUS** Minor, Judex pedaneus, ejusdem conditionis atque *Præpositus*, jurium regiorum *firmarius* seu conductor. Lit. Alfonsi comit. Pictav. ann. 1270. tom. 5. Ordinat. reg. Franc. pag. 412 : *Cum minores Baillivi nostri emptoris* (emptores) *redituum nostrorum in Arvernia seu attensatores* (accensatores) *multipliciter injuriosi actenus extiterint eisdem, etc.*

* **BAILLONUS**, Bailonus, ut supra *Baillio.* Inquisit. ann. 1268. ex. schedis Pr. *de Mazaugues : Et tunc invenerunt contrastum et devetum in dicto territorio a Baillonis dom. Barralli, ita quod nullus audebat ire in dictum territorium, nisi emeret pascairagium ab ipsis.* Ibidem : *Requisitus qui erant illi, qui pignorabant et qui apportabant dicta pignora; respondit quod bajuli et Bailoni dictorum dominorum.* Ubi a *Bajulis* videntur distingui, quasi ipsis inferiores, qui infra cum iis promiscue accipiuntur; adeo ut indiscriminatim *Bajulus* vel *Bailonus* scriptum occurrat. Rursum ibid. : *Quod ipse pignoravit ibi cum Bailone dom. Barrali custodes vaccarum.... Requisitus qualiter vidit dictum dom. Barralum dominari; dixit quia bajulus suus, nomine Guillelmus Juvenis de Castillone vendidit herbam dom. Rixendæ de Furcis. Requisitus qualiter scit, dixit quia audivit dici a Bailono prædicto.... Vidit aliquando avere Templi et Hospitalis ejici de dicto territorio per Baillonos et bannerios prædictorum dominorum. Requisitus, qui erant bajuli Castillonis qui ejiciebant dictum avere..... Requisitus qualiter scit quod essent bajuli dicti dom. Barrali, dixit quia vidit ipsos constitui et tradi eis claves.* Ubi observanda ratio instituendi *ballivos* per traditionem clavium.

* **BAILLUM**, Ballum, a Gall. *Bail*, Traditio ad *firmam*, locatio. Inventar. Chart. reg. ann. 1482. fol. 135. v° : *Littera sub sigillo præpositураe Bituricensis super traditione seu Ballo, per regem facto canonicis ecclesiarum nostræ Dominæ de Salles et Medii-monasterii, de consuetudine seu costuma salis valentis per annum iiij*[xx]. *lib. Turon. reditus, cum facultate tamen redimendi dictum Baillum pro summa mille scutorum. De anno* 1428. Vide supra *Bailleta.*

* **BAILLUS**, ut *Bajulus* 4. Judex. Lit. ann. 1307. tom. 6. Ordinat. reg. Franc. pag. 343 : *Baillus Vallaviæ et alii curiales nostri, etc.* Ibidem non semel : *Baillivus et judex Vallaviæ.* Occurrit præterea in Ch. ann. 1298. in Suppl. ad Miræum pag. 148. col. 1.

* **BAILO**, Bailonus. Vide supra *Baillio* et *Baillonus.*

BAINARE, Diluere, quasi balneo immergere, Gall. *Baigner.* Bernardus Mon. in Consuetud. Cluniac. MSS. cap. 47. de supellectili coquinaria : *Cuppæ* 4. *una ad fabas servandas, quando fuerint Bainatæ*, i. e. lavatæ. [Et cap. 46 : *Vas in quo abluendæ sunt scutellæ, et illud in quo fabæ Bainatæ ponenda sunt.*]

BAINBERGA, Bemberga, Tibiale ferrum militis, ocreæ, cothurni. Gloss. Theotiscum : *Ocreæ, arma crurum, Benbergæ.* Germanis *Been-berghe*, tibilia, ocreæ, quibus teguntur crura : ποδόψελλα. σιδηρᾶ Leoni in Tacticis cap. 5. § 4. Lex Ripuar. cap. 36 §. 11 : *Bainbergas bonas pro* VI. *sol. tribuat.* Testamentum S. Everardi Ducis Forojul. in Cod. Donat. piar. et apud Florentium Haræum in Castellan. Insul. : *Bruniam unam, helmum* 1. *et manicam* 1. *ad ipsum opus, Bembergas* 2. *mortariolum argenteum unum.* Alibi : *Bruniam unam cum halsberga, et manicam unam, Bemivergas duas*, ubi leg. *bembergas* [Eccard. habet *Brimbergas.* Sed censet leg. *Beinbergas.*]

BAINEM. Vide *Baen.*

* **BAINNADOIRA**, Cupa, labrum ad lavandum, Gall. *Baignoire.* Inventar. ann. 1218. inter Probat. tom. 1. Hist. Nem. pag. 67. col. 2 : *Quandam arcam, et Bainnadoi-*

rum, tabulam rotundam, etc. Vide supra *Bagnaressus.*

¶ **BAINTA**, Obstetrix. De processu B. Petri de Luxemburgo Julii tom. 1. pag. 566: *Uxor Geraldi de Montego. . . Bainta sive obstetrix, etc.*

* Leg. *Bajula.* Vide infra in hac voce num. 1.

¶ **BAJOCEHUS**, Nummi seu monetæ species in Italia. Bullarium Casin. tom. 2. pag. 614: *Congregatio ipsa æs alienum centum sexaginta duorum millium nongentorum novem scutorum, et viginti trium Bajocehorum monetæ sorte principali diversorum, etc.*

* Perperam pro *Baiocchus*, ab Ital. *Baiocco*, Moneta minutior ex cupro, decima scilicet pars *Julii.*

¶ **BAJOLARE**, pro *Bajulare.* Capitula Monachorum San-Gall. in vet. Discipl. Monach. pag. 35: *Omnes sicut uno stringuntur voto, unius Regis Bajolant servitium, unum exspectant regni cælestis præmium; ita unum in labore militiæ accipiant necessitatis stipendium.*

* **BAJOLIA**. Vide infra *Bajula* 4.

¶ **BAJOLUS**. Vide *Bajulus* 1.

BAIRMAN, Qui bonis cedit, apud Scotos. Statuta Willelmi Regis Scotiæ cap. 17. quod inscribitur, *de Cessione bonorum : Bairman qui debet fieri, jurabit in Curia, quod nihil habet ultra* 5. *solidos et* 4. *denarios, etc.*

BAISA, Chartarium Ecclesiæ Auxitanæ cap. 86. de Anesantio Didrag. : *Dedi ancladam quamdam quæ attingit a cruce usque ad Baisam : dedi etiam quemdam campum qui est juxta furnum et juxta Baisam.* f. vallem vel locum submissum a Gall. *Bas;* ni mavis legere, *Balsam*, quæ Hispanis est Palus, Gall. *Marais.*

* **BAISE-MAIN.** Sic vocabant nostri tributum, quod ab ineuntibus dignitatem vel officium pendebatur : idem quod *Intragium* vel *Introitus.* Vide in his vocibus. Stat. ann. 1553. inter Probat. Hist. Autiss. pag. 218. col. 1 : *Quilibet canonicus, carens domo claustrali, ... non percipiet partem fructuum, vulgo dictorum les Entrées ou Baise-main, donec domum canonicalem habeat.* Eodem nomine aut simili, *Baisedoy* nimirum, designatur oblatio, quæ a fidelibus fit, dum ad missæ *offertorium* ad altare accedunt *patenam* nunc, olim manum vel digitum sacerdotis osculaturi, ut videre est infra in *Offerenda.* Charta Caroli VI. reg. Franc. de capella Pissiaci : *Lesdits religieux chapeleins avoient et prenoient de plein droit et fondation roialle les offrandes et tout le Baisemain.* Liber niger priorat. S. Petri Abbavil. ann. 1487. fol. 108. r° : *Comme aucuns procès ayent esté meuz.... touchant le fait des oblations, tant de celles qui se faisoient et sont faittes au Baisedoy, comme de cires et autres oblations audit hospital S. Jacques ,.... leur a baillé et baille ledit prieur tout droit d'oblations, Baisedoy appartenans ausdiz religieux.*

¶ **BAISIARE**, pro *Basiare*, in Viatorio utriusque juris auctore Johanne Barberio parte 1. Rubrica de Adulteris.

1. **BAISSA**, Michael Scotus de Physionomia cap. 20 : *Animalium quædam habent in capite cornua, quædam nares, quædam Baissas;* [id est, opinor, Labia, sic forsitan dicta a *Basium*, quod labiorum sit usus ad *baisandum.*]

* 2. **BAISSA**, Baissia, Locus humilis, depressus, paludosus, dumetis et vepribus plenus, Provincialibus *Baisso*, Lemovicibus *Besse.* Charta ann. 1339. ex schedis Pr. *de Mazaugues : Confines hii sunt, scilicet via quæ procedit a patuo de sablono, et protenditur usque ad Rhodanum in Baissias dictæ regalis sylvæ.... Dimittere teneantur et debeant Baissas et pasturas dicti monasterii limitatas. Bessiere*, eadem notione, in Lit. remiss. ann. 1457. in Reg. 187. Chartoph. reg. ch. 291 : *Procès se meut.... pour raison du droit, possession et saisine de certain bois ou Bessiere, ou des usages d'icellui.* Vide *Baisa* et infra *Bessatum.*

BAISSAMENTUM, Diminutio; vox Gallica, *Baissement.* Charta ann. 1307. in Regesto 2. Philippi Pulcri Regis Franc. ex Chartophylacio Regio ch. 4. : *Et sine excusatione partis, sine diminutione seu Baissamento, etc.*

* **BAISSIARE**, Demittere, deponere, Gall. *Abaisser.* Libert. Petræ assisiæ ann. 1341. in Reg. 74. Chartoph. reg. ch. 647 : *Item quod si aliquæ personæ in adulterio deprehendantur, currant.... nudus cum nuda, vel vestitus cum vestita, brachiis* (braccis) *seu femoralibus Baissiatis seu depositis.* Vide infra *Bayssare.*

* **BAISSIERE**, vox vulgaris, Vinum feculentum, fex ipsa. Statuta MSS. S. Petri Insul. : *Item si contingeret quod in dictis vinis fuissent magnæ Baissieres, sive fuissent aliqua, quod bene se non haberent, etc.*

* **BAISSUALIUM.** Vide infra *Baufualium.*

* **BAIVARIUS**, Bayvellus, Arbor ad propagationem relicta, nostris olim *Baiviau*, nunc *Bailliveau* vel *Baliveau.* Charta Joan. abbat. Pontiniac. ann. 1244. in Chartul. ejusd. monast. pag. 41 : *Est sciendum quod in unoquoque arpento nemoris venditionis prædictæ, debet dimitti viginti Bayvelli.* Charta ann. 1325. in Reg. 64. Chartoph. reg. ch. 364 : *Item pro quadraginta octo arpentis nemoris, quolibet arpento fundo toto nude, apreciato tres solidos Turon. rendüales taxaverunt, Bayvellis, Gallice les Bayviaux, septem libras et quatuor solidos Turon.... Undecim arpenta et decem septem perticas nemoris,.... retentis dicto hospitali Baivariis, Gallice dictis les Baiviaus, etc.* Stat. ann. 1376. tom. 6. Ordinat. reg. Franc. pag. 231. art. 21 : *Faire retenue de Baiviaulz ou estallons pour la repeuple des forez.* Ita etiam legendum pro *Bayneaulx*, in Ordinat. ann. 1402. ibid. tom. 8. pag. 526. art. 20. et in Ch. ann. 1274. inter Probat. Hist. Villehard. pag. 26. pro *Boiviaus.*

1. **BAJULA**, Nutrix, in Charta Italica ann. 1287. Et in Statut. Mediolanensibus 2. part. cap. 498. Italis *Balia; Gerula*, in vet. Lexico; *Geraria*, apud Plautum in Milite glorioso. Le Roman *d'Aubery* MS. :

A sa Bajarse l'a maintenant livrée.

* Stat. crimin. Saonæ cap. 24. pag. 50 : *Si aliqua nutrix seu Bajula lactans, seu nutriens infantem, etc. Baële*, eadem notione, nisi sit pro Obstetrix, Gall. *Sage-femme*, in Lit. remiss. ann. 1367. ex Reg. 97. Chartoph. reg. ch. 598 : *Ledit Gosset fist savoir par une Baële de la parroiche d'Ardon, que il envoia querir, se ladite Marion sa femme estoit grosse, qui rapporta par son serment que non.* Supra vero *Bajarse*, vel potius *Baiasse*, ancillam seu pedisequam sonat. Vide *Baila.* [** Græcis recentioribus Βαγία et Βαγίτζα, Nutrix et ancilla. Vide Glossar. med. Græcit. Suidæ Βαΐα, ἡ εἰς τὴν βάσιν ἡλικίας τὸ τρεφόμενον ἄγουσα. Vide *Bajulus*, 2.]

¶ 2. **BAJULA**, Vas aquarium. Rymer. tom. 9. pag. 279 : *Et unam aquæ Bajulam pro aqua benedicta de argento.*

¶ 3. **BAJULA**, Alia notione. Vide in *Bajulus* 3.

* 4. **BAJULA**, pro *Bajulia*, Officium seu dignitas in ordinibus militaribus religiosis, puta S. Joan. Hierosol. Formul. MS. Instr. fol. 38 : *Ipsas Bajulas, præceptorias.... religioso in Christo nobis carissimo fratri Falconi de Villareto dictæ domus* (S. Joan. Hierosol.) *priori dicti prioratus Capuæ, damus.* Infra : *Bajolias, commendatorias, etc.* Vide *Bajuli Conventuales* in *Bajulus* 4.

1. **BAJULARE**, Regere, gubernare. Vita S. Rusticulæ Abbatissæ Arelat. cap. 32 : *Quis unquam poterit ore proprio promere, quo ingenio Bajulabat exiguitatem nostram diebus et noctibus pro peccatis nostris Deum deprecans! Bajulare officium* est *gerere, exercere*, apud Marculfum lib. 1. form. 1.

* 2. **BAJULARE**, Exagitare, vexare, molestare, quo sensu *Balloter* usurpamus. Charta ann. 1358. inter Probat. tom. 4. Hist. Occit. col. 246 : *Inhibemus quod nullus extra forum et assizagium suum extrahatur et etiam Bajuletur, nisi in casibus jam præmissis; nec ordinarii locorum judices mandatis præmissis contra jus habeant obedire.* Lit. remiss. ann. 1366. in Reg. 97. Chartoph. reg. ch. 77 : *Dicebatur dictum Jacobum esse adductum ad regiam curiam de regio seu nostro mandato ad castrum seu fortalitium de Capraria, quod male erat factum, quod singulares dictæ villæ sic Bajularentur et vexarentur.*

BAJULARIS, *Juvenis, fortis*, Ugutioni. Forte *Bacularis.* Vide in *Baccalarii* 2.

¶ **BAJULATIO**, Bajulatus, Bajulia, etc. Vide in *Bajulus* 4.

* **BAJULATIO**, Districtus *bajuliæ* apud Templarios aliosve milites religiosos. Charta ann. circ. 1200. ex Bibl. reg. cot. 19 : *Actum publice apud S. Stephanum in tempore fratris Roberti Parvi, qui tunc temporis præceptor erat domorum Templi in Normannia, assensu omnium fratrum ejusdem Bajulationis.* Alia notione, vide in *Bajulus* 2. 3. et 4.

* **BAJULATORIUM**, Quidquid *bajulandum* seu portandum proponitur. Translat. S. Solen. tom. 7. Sept. pag. 76. col. 2 : *Mittentes manus ad sanctum Bajulatorium, ut iter arriperent, non poterant penitus illud movere.* Paulo ante *Feretrum* dicitur.

* **BAJULATUS**. *Bajuli* seu judicis districtus et officium. Charta ann. 1396. inter Instr. tom. 6. Gall. Christ. col. 386 : *Quidam alii ejus subditi et immediate justitiabiles, tam de dicto loco, quam de Gigeano, .. et ejus Bajulatu et territorio vallis Montiferrandi, etc. Officium Bajulatus*, in Stat. synodal. Guill. *Duprat* episc. Claromont. ann. 1537. Vide alia notione in *Bajulus* 3. et 4.

* **BAJULIA**, Concessio, pactio, conventum, idem quod supra *Bailia* 3. Charta ann.

1070. in Append. ad Marcam Hispan. col. 1153 : *Possessiones vel auctoritates, quas ego habeo vel habere debeo, et homines vel feminæ habent vel habere debent per me, per fevos, vel per alodia, vel per Bajulias sive per convenientias, vel per dimissiones, etc.* Pactum ann. 1151. inter Probat. tom. 2. Hist. Occit. col. 535 : *Et de ipsis tuis alodiis et feudis, et de ipsis tuis Bajuliis, et de totis honoribus, quos hodie habes, etc.* Vide alia notione in *Bajulus* 3. et 4.

BAJULONA, Bajanula, etc. Lectica. *Bajulatoria sella*, Cælio Aureliano Siccensi lib. 1. Acutor. cap. 11 : *Bajolatoria sessio*, cap. 15. Ugutio : *Bajulona, lectus, qui in itinere bajulatur.* Ex quo emendandus, ni fallor, Isidorus in Glossis : *Banadula*, (lib. 25. Orig. cap. 11 : *Bajanula*, al. *baniola*) *lectus qui in itinere fertur;* et Papias : *Bajanula, lectus, qui in itinere bajulatur : unde dicitur Bajaramos beleneas.* Sic MS. Gloss. Saxonic. Ælfrici : *Bajanula* fer-bed, i. lectus. Denique Joan. de Janua, *Bajunola* habet. His quippe locis vocis etymon suadet restituendum *Bajulona*, ut et apud Ordericum Vitalem lib. 13. pag. 907 : *Comes autem qui spumanti equo vectus cum pluribus minis Normanniam intraverat, pallidus et gemens atque Badivola jacens sua revectus visitat.* Hoc enim loco legendum *bajulona*, vel *bajunula* censuerim.

BAJULUM, Vide *Bagula*.

1. **BAJULUS**; *Portator*, Ugutioni. Planciades *Vispillones*, ait, dictos *Bajulos*, qui scilicet mortuos efferunt. Quo sensu usurpant Petrus Chrysologus Serm. 121. et Ammianus lib. 14. *Bajulorum præcentorem*, tibicinem, qui vespillonibus præcinebat, interpretantur viri docti. Occurrunt præterea non semel *Bajuli* inter Ecclesiæ Romanæ ministros, qui processionibus publicis intererant, et cruces et candelabra bajulabant. Ordo Romanus, describens processionem Pontificis : *Post Episcopos Presbyteri, deinde Monachi, deinde Schola, deinde Milites Draconarii, id est, qui signa portant, post eos Cereostatarii.* Petrus Diac. lib. 4. Chr. Casin. cap. 37. ait *Bajulos cereostatarios, stauroferos, etc.* obviam Roma processisse Henrico Imperatori. Dudo lib. 1. de Moribus Norman. : *Bajulant Scholiastici candelabra et cruces.*

* Glossar. vet. ex Cod. reg. 7641 : *Bajulus, gerorus.* Ubi leg. videtur *Gerulus*.

2. **BAJULUS**, Pædagogus, qui puerorum curam gerit. Glossæ antiq. MSS. *Pædagogum, Eruditorem, nutritorem.* Sophoclis Scholiastes in Ajace Lorario : παιδαγωγὸς καὶ παιδοτρίβης, ὁ λεγόμενος βαίουλος. Vitalis Episcop. Oscensis apud Blancam de Reb. Aragon. : *Alii Bajuli, i. servuli, vel nutritores, . . . quia consueverunt nutrire filios, et familias dominorum.* [S. Bernardus in Psalmum *Qui habitat* Sermone 12. n. 8 : *Vide enim quam necessaria sit ista protectio, ista custodia in omnibus viis tuis.* In manibus, inquit, portabunt te, ne unquam offendas ad lapidem pedem tuum. *Parum tibi videtur, quod sit lapis offensionis in via? Considera quæ sequuntur :* Super aspidem et basiliscum ambulabis, et conculcabis leonem et draconem. *Quam necessarius pædagogus, immo etiam Bajulus, præsertim parvulo inter hæc gradienti?* In manibus, inquit, portabunt te. *In tuis quidem viis custodient te, et deducent parvulum qua potest parvulus ambulare.*] Vide *Bajula*.

Præsertim vero *Bajuli* dicti, qui filiorum Principis educationi præficiebantur, quorum summa proinde in Palatio dignitas et auctoritas erat. Lupus Ferrar. Epist. 64 : *Non admittantur a vobis Monitores quos Bajulos vulgus appellat, ne gloriam vestram inter se ipsi partiantur.* Atque hoc sensu passim vocem eamdem usurpant Hincmarus in Ep. de Ordine Palat. cap. 2. 6. et Opusc. 11. cap. 6. Fredegar. cap. 86. Auctor Vitæ Lud. Pii ann. 781. Gesta Dagob. cap. 2. Aimoin. lib. 4. cap. 15. 38. Hariulfus lib. 1 cap. 3. Flodoardus lib. 3. Hist. Rem. cap. 24. Paulus Diac. lib. 23. Hist. Misc. Sigebertus in Vita S. Sigeberti Regis Austras. num. 11. Chronicon Moissiac. ann. 641. etc. *Gregorius Imperialis Pædagogus*, apud Joannem VIII. PP. Epist. 46. Hinc

Bajulatio, Gubernatio. Annales Franc. Bertiniani ann. 861 : *Carolus dimisso filio suo Ludovico sub Adalardi... Bajulatione, contra Normannos* proficiscitur. Utitur et Aimoinus lib. 5. cap. 39.

Iidem etiam dicti *Nutritores* Gregorio Turon. lib. 8. Hist. cap. 22. Caper de Verbis dubiis : *Pædagogus, Nutritor puerorum.* Carolus Rex Burgundiæ filius Lotharii Imp. in Charta ann. 857. tom. 12. Spicilegii Acheriani pag. 120. *Comitem Girardum parentem suum ac nutritorem* vocat. Papias : *Bajulus, Nutritor.* Vetus Inscriptio : NERATIO SCOPIO V. C. FILIO CONSULARI CAMPANIÆ CURSUS SATRIUS NUTRITOR EJUS. Adde Gruter. 18. 10. 302. 4. *Nutricius puerorum* apud Adamum Bremensem cap. 54. Claudianus lib. 1. in Rufin. : *Nutritoremque puellæ tradidit.*

At posterioribus sæculis, in Gallia, sub postrema Regum stirpe, quibus filiorum Regis, atque adeo Regum ipsorum, qui nondum adolescentiæ annos attigerant, cura et educatio demandata erat, promiscue *Pædagogi, Custodes, et Magistri* appellati leguntur, uti ex Diplomatibus Philippi I. Reg. Fr. ann. 1060. 1062. et 1066. constat, ubi Ingerannus *Pædagogus, Custos et Magister Regis* passim subscribit, qui in Tabular. Maurigniacensi Ch. 90. quæ est ann. 1102. *Pædagogus Ludovici Regis Filii* dicitur. In Charta Ludov. VI. pro Monasterio S. Martini de Campis, *Herluinus* pariter, ut *Magister Regis* subscribit. Apud Ditmarum lib. 4. *Bernhardus Magister Regis* occurrit. Chronicon S. Vincentii de Vulturno pag. 675. de Authberto postmodum Archicancellario : *Cœpit ejusdem Imperatoris* (Caroli M.) *Magister et institutor esse prudentissimus.* Adde Adamum Bremensem cap. 159. In Diplom. pro S. Maglorio Paris. *dato Parisius regnante Roberto Rege anno 2. cum gloriosa matre sua Adeleide*, mentio fit Domini *Hugonis Educatoris et Consiliarii Regis.* Adde Hist. S. Audoeni Rothom. pag. 463. et Jo. Columbum in Episcopis Vivariensibus lib. 2. n. 46.

Fuit etiam in Constantinopolitano Palatio dignitas inter alias Palatinas non minima, μέγας βαίουλος, *Magnus Bajulus*, penes quem erat filiorum Imperatoris cura et educatio, ut passim ex Codino et aliis Scriptoribus Byzantinis docemur. *Gregorius Bajulus Imperialis*, apud Erkempertum in Hist. Langob. Chronicon Vulturnense lib. 3 : *Gregorium Bajulum Imperialem Græcorum, qui tunc in Ydronto degebat, cum multis exercitibus..... Barim introduxerunt.* Hujus mentio est apud Joannem VIII. PP. Epist. 168. 169. 178. Vide Meurs. in Gloss. Fabrotum ad Cedren. et nos in Gloss. ad Villhard. [** et Glossar. med. Græcit. vocibus Βαίουλος et Βάγυλος. In Append. col. 33. Βαγοῦλος.[

¶ Bailus, Eadem notione, apud Murator. tom. 3. Anecd. pag. 213 : *Volat lancea, inerme pueri crudeliter latus petens; sed fidelis Bailus, velut subito factus amens, ocius occurrens inermis, et ipse prono corpore nimium sævum capit telum.*

¶ Balius, Eodem, ni fallor, significatu, in Epitaphio quod refert D. *de Montfaucon* Diarii Italici pag. 360 : *Anno Domini* MCCLXXXIX. *Hic jacet Dominus Guillelmus Balius olim Domini Amerighi de Nerbona.*

Bajuli Abbatum, Officiales domestici. Aimoinus de Vita S. Abbonis Floriac. cap. 17 : *Hos ex Monachis itineris comites Assumens, prænominatum Remigium, meque, qui hæc scribo, Aimoinum, cum Guillelmo suæ venerantiæ, juxta Abbatum morem, tum Bajolo.* *Balivi Monasteriorum*, apud Ingulfum pag. 856. 906. *Vitæ* Abbat. S. Albani : *Ex tunc poterit electus* (Abbas) *sibi de sociis, qui secum commorentur, quos Bajulos dicimus, providere.* Ibidem pag. 72 : de Abbate : *Exinde solus ut potuit, ut decentius intraret, sequentibus Bajulis suis, ivit sessum.* Infra eadem pag. : *Circumdedit sibi habitum suum, assistentibus Bajulis suis.* Pag. 73 : *Qui et ipsius Abbatis et subsequentis diu Bajulus extiterat.* Ibid. : *Bajulus Abbatis et sigilli custos.* Matth. Paris ann. 1257 : *Joannes Abbatis Bajulus et Procurator.* [Archivum Majoris Monasterii : *Ex parte Monachorum, Garnerius Abbas, Ber. Bajulus, Barthol. prior Nannet.* In usibus Culturæ Cenoman. : *Ad cœnam habeant prior et præpositus, et cellerarius, et Bajulus, et duo Priores de foris, magnam mitam. Bajulus* seu *Balivus* in Monasteriis sæpe dictus est is, qui expensas curabat, et victualibus comparandis erat præpositus, uti patet ex computis S. Petri Carnutensis, et ex Charta Abbatis S. Barnardi de Romanis tom. 1. Hist. Dalphin. pag. 142. ubi *Bajulus* appellatur, et Procurator et Custos domus et terrarum Abbatis.] *Camera Ballivorum* in Monasteriis, in Hist. S. Martini de Campis pag. 208. Ita etiam Episcoporum Officiales vocabant. Eædem Vitæ Abbatum S. Albani pag. 41 : *Præcepto Abbatis sui Alexandro Episcopo Lincolniensi adhærens, Bajulique, officium exercens, etc.* Hinc forte *Bajulare officium*, munus aliquod exercere in Monasteriis, dixit Marculf. lib. 1. form. 1 : *Ut de vestra congregatione, qui in vestro Monasterio sancta debeant Bajulare officia, etc.*

¶ Bajuli, Monitores, in Annal. Benedict. tom. 3. pag. 2. A. ex Epist. Lupi Abb. Ferrar. : *Non admittendos proinde monitores, quos vulgus Bajulos vocat.* Ubi monitores intelligendi sunt ii, qui renuntiarent Abbatibus quidquid ab aliis Monachis fieret; ad quod ideo proclives esse poterant Bajuli, quia cum Abbatibus continuo commorabantur.

Bajuli Horarum Ecclesiæ, in Tabulairo Brivatensi sub. ann. 1239. 1247. 1256. 1260. etc. Vitæ Abbatum S. Albani pag. 70 : *Legebantur autem 12. eadem nocte de beata Virgine Lectiones, quas corde tenus sine candela Bajuli transcurrere consueverunt.*

Bajuli Ecclesiæ, in Charta ann. 1214. tom. 1. Hist. Dalphin. pag. 127 : *Bajuli Ecclesiæ et anniversariorum procuratores possunt auctoritate propria pignorare debitores anniversariorum.*

* Horum officium aperte declarant Statuta eccl. S. Vulfran. Abbavil. ann. 1233. in Lib. rub. ejusd. eccl. fol. 10. r° : *Per decanum et capitulum singulis annis, in crastino Exaltationis sanctæ Crucis, provideantur sufficientes cellerarii et Baillivi ad distributiones et alia ecclesiæ negotia exercenda.* Vide supra *Baillivus.*

Bajuli Obituum Novorum in Brivat. Tabul. sub ann. 1244. 1253. Officiales in Monasteriis, quibus incumbebat recipere et distribuere legata et pecunias destinatas servitio Horarum et Obituum, seu *ad opus Horarum*, ut est in Chartis.

* Lib. rub. eccl. Aquens. ad ann. 1346. fol. 213 : *Dom. Guillelmus Martini presbiter de Aquis, vicarius ecclesiæ S. Stephani vallis Veranicæ, numeravit et solvit Bajulo et distributori anniversariorum ecclesiæ S. Salvatoris Aquensis, pro suo anniversario, ducentos florenos auri.*

3. **BAJULUS**, Tutor, *Bail, Baillistre, Balliseur*, in Consuetudinibus municipalibus nostratibus passim; [unde Balduinus, Flandriæ Comes qui Philippi I. Regis Franciæ tutor fuerat, in veteribus Instrumentis vocitatur *Philippi Francorum Regis ejusque regni procurator et Bajulus.*] Usatici Barcinonenses MSS. cap. 103 : *Tutores vel Bajuli respondeant, si voluerint, pro pupillis.* In Consuetudinibus municipalibus maritus dicitur *Bajulus* uxoris, *Mari et Bail.* Chronicon Flandr. cap. 69 : *Et le Roy l'a receu en son hommage, et le Duc son Baron, comme Bail d'elle.* Per Assisias Hierosolym. MSS. cap. 168. et 170. *Bailliage ne doit nul avoir, si le fié ne li peut escheir, for que en une sole maniere : se l'eir a pere ou mere, laquelle il ait des deus, celui emporte le Bailliage devant tous les autres par l'assise.* Et cap. 169 : *Le Bail n'a point la garde de l'enfant, qui est Seigneur de terre, de crainte que la convoitise lui fit faire la garde du loup; mais il doit estre gardé par accort du commun de ses hommes, tant son corps que ses forteresses, et doit avoir son vivre honorablement, et ses forteresses fournies raisonablement des rentes de la Seigneurie.* At cap. 170 : *Le pere ou la mere qui ont le Bail de leur enfant, en ont aussi la garde, pour ce que l'eschette dou fié ne peut venir à lui.* Philippus Bellomanerius in Consuet. Bellovac. MS. cap. 15. discrimen esse observat *entre le Bail et le garde.*

[** Insignis locus in libro vernaculo MS. *Livre de Plet et de Justice* fol. 105. r° col. 1 : *De Baill. Tuit cil qui tiennent en fie sunt en baill par la reson dou fie. Or demende len qui aura baill? Len dit que li plus pres. Et s'il i a feme ou home ive qui aura leal ball li uns ou les ij? § Len dit li males aura la garde et s'il sunt ij males ives en l'escheete li dui auront le bail. § Et li autres aura la garde et aura avenant por la garde; et tel chose si est de fie portable, car choses non portables, et non de baro mes de contez, qui sera de ij yves homes ou home et fame, ou feme et fame pareil; et li deus homes ont le preu et uns a la garde, et de iij freres li ainz nez a la garde. Ne feme ne prent, tant qu'il i ait home issint pres, et se li freres ainz nez est morz et ait au le ennete li autre ont le bail yviement; et bail dure dusque xxj an, et an feme a xv anz; et mariage tost il bail nenil en home, et en feme oil; en roi n'a point de baill mes il i a garde; et les issues des choses a celui qui est en baill sont à celui qui a le baill, et len doit garder les choses dou baill en point. § Quiconques reçoit bail, il le reçoit à tot son fes et tot doie le menor; cil qui prent le bail paie les detes et quant le menor viant à age il s'en vet o ses choses toz quites. Autremant vet dou vilenages, tant com li peres et la mere se tient de marier, tant ont de bail, et quant il se marient si faut le bail, et sunt comme compoignon, par quoi lor biens soent acompoignez alors, autrement non. § Puis que la chose passe à autre que a la mère et au père bail faut, mes garde ne faut pas, ainz doit avoir li plus pres la garde de l'enfant. Or demande len en desve, ou en home qui ne set qui se fet, ou en malade qui ait maladie perpetuel savoir s'il i a bau? Et len dit que non, mes il i a garde et li profiz de toz ses biens sunt seant.* Confer Mittermaieri Instit. Jur. German. § 415. not. 18. et Klimrath. in *Revue de legislation française et étrangère* ann. 1837. pag. 356.]

Balius, Eadem notione, in Constit. Sicul. lib. 2. tit. 7. et lib. 3. tit. 23. 27.

¶ Baillia, Tutrix, administra bonorum pupilli. Charta Simonis de Claromonte ann. 1260. ex Tabul. Corbeien. : *Pro evidenti utilitate dictorum impuberum ad plenum cognita coram me tanquam coram Domino, auctoritatem et assensum præstante, præsente et consentiente domina Maria matre dictorum impuberum tutrice et Baillia eorum.*

¶ Bajula, Eadem notione. Charta ann. 1391. ex Archivis Massil : *Maria D. G. Regina Jerusalem et Siciliæ et Bajula nutrix et administratrix illustris nati nostri Ludovici Regis.* Hæc eadem vox sumitur etiam pro nutrice; hinc Massiliensibus etiamnum *Baile, nourrice.* Vide *Bajula* suo loco.

Balia, Baillia, Balium, etc. Administratio rerum et bonorum pupilli; *Bail, Baillie*, passim in Consuetudinibus municipalibus; *Balia*, Italis : voces deductæ a *Bajulus*, de qua supra. Tabular. Brivatense Ch. 155 : *Et si ipse infans talis fuerit, qui in Ballias debeat intrare, ipsi possessores illius loci teneant et nutriant eum : et quando infans ad perfectam venerit ætatem, et de Ballia exire poterit, honorem recipiat.* Testamentum Guillelmi Montispessulani ann. 1146 : *Guillelmus... in garda et in Baillia dominæ matris meæ usque ad ætatem 20. annorum permaneat.*

Bajulia, Tutela. Vetus Charta apud Diago in Comitibus Barcinon. lib. 2. cap. 70 : *Ut teneat eam suo Seniori Comiti Berengario, usque ad illum terminum, in quo habet acceptam Bajuliam sui nepotis et sui honoris, etc.*

¶ Bajula, Eadem notione. Concil. Terracon. ann. 1329. apud Marten. tom. 4. Anecd. col. 285 : *Statuimus ac mandamus, quod curam animarum habentes, et qui sunt in personalibus, vel dignitatibus constituti, publica officia sæcularia non assumant; nec Bajulas, nec vicarias teneant Laicorum.*

¶ Bajulatio. Leges Balduini Comitis Flandriæ ann. 1200. apud Marten. tom. 1. Anecd. col. 770 : *Si femina decesserit ex cujus parte feoda vel allodia provenerint, vir ejus ante puerorum suorum plenam ætatem in ipsis prius, et in feodis eorum, et bonis Bajulationem habebit, quousque parvi ætatem suam habuerint.* Ibid. semel et iterum occurrit.

¶ Baillagium. Consuetud. Lemovic. art. 53 : *Non debent liberi dolo vel fraude subtrahi vel induci ad matrimonium contrahendum sine licentia et voluntate ipsorum curatorum et tutorum, quam diu erant in Baillagio eorumdem.*

¶ Bailia. Charta ann. 1227. apud Chesnium in Probat. Hist. Castill. pag. 44 : *Pro Bailia et tutela puerorum bonæ memoriæ Guidonis quondam Comitis Sancti Pauli.*

¶ Baillium. Charta ann. 1374. apud Baluzium tom. 2. Hist. Arvern. pag. 369 : *Baillium dictorum liberorum, et omne jus Ballii et regiminis eorumdem ad dictum dominum Comitem pertinebunt.* Occurrit præterea in Edicto Philippi Aug. ann. 1197. tom. 1. Ordinat. Reg. Franc. pag. 22.

¶ Baillum, apud eumdem Baluzium ibid. pag. 455. ex Regestro Parlamenti ann. 1452.

¶ Ballium. Charta Florentii Comitis Hollandiæ apud Rymer. tom. 2. pag. 176 : *Ballium sive advocatia terræ nostræ et liberorum nostrorum in ipsius Regis custodia, usque ad ætatem ipsorum liberorum legitimam integre remanebit.* Alia ann. 1270. ex Archivis Castri Nannet. : *Computavit Rincus de Penros Senescallus Leonensis de exitibus balliæ de domino Gardone Bastard c. libras... de Ballio Amiciæ de Foresta, pro Ballio filii Brientii de Cheac.* Occurrit etiam apud Marten. tom. 1. Ampliss. Collect. col. 1029. et 1244. In Hist. Harcur. tom. 4. pag. 2170. et in Spicileg. Acher. tom. 10. pag. 197.

¶ Ballum. Charta ann. 1260. ex Tabul. Corbeien. : *Sub tutella et Ballo dominæ Mariæ matris suæ, etc.* Pactum matrimonii inter Carolum Regem Aragon. et Margaritam filiam Caroli II. Regis Siciliæ ann. 1290. apud Marten. tom. 1. Anecd. col. 1238 : *Jure Balli secundum locorum consuetudinem sibi salvo, habebit etiam post Ballum finitum cum dotalitio illo, etc.* Adde Regestrum Magn. Dier. Campaniæ ann. 1285. fol. 18. Marten. tom. 1. Ampliss. Collect. col. 1216. et 1240. Hist. Harcur. tom. 4. pag. 1124. etc.

¶ Ballistum. Concilium Rotomag. ann. 1231. apud Marten. tom. 4. Anecd. col. 178 : *Clerici beneficiati, seu in sacris ordinibus constituti, non sint advocati pro pretio, seu in fraude pretii in curia laicali, nec loco laicorum curiam teneant, nec Ballisti* (leg. Ballistis) *eorum seu aliorum illicitis præficiantur.* Quæ quidem vox perperam de *balationibus* seu saltationibus et choreis est intellecta. Hic enim, ut palam est, de negotiis secularibus a quibus abstinere debent Clerici sermo fit, inter quæ tutela non ultimum locum tenet, ut norunt qui res ecclesiasticas vel leviter attigere.

¶ BAJULATUS, BALIATUS, BALIUM. Nicolaus de Jamsilla de Gestis Frederici II. Imper. apud Murator. tom. 8. col. 508 : *Marchione itaque dimittente Bajulatus officium, Comites, Barones... convenerunt rogantes Principem Manfredum, ut Balium nepotis Regis pupilli a Marchione dimissum, quod eidem Principi jure agnationis legitime offerebatur, assumeret...... cum ex quo Marchio semel Baliatus officium gerere cœperat, se ab eo exonerare non posset.*

4. **BAJULUS**, vel BAILLIVUS, Italis *Balio*, Magistratus, qui vice Legati ordinarii Venetorum fungebatur Constantinopoli, dum Imperatores Græci ea in urbe imperarent: seu potius *Mercatorum Prætor*, ut Platinæ placet in Gregorio XI. Παιοῦλος, et μπαιοῦλος, Pachymeri lib. 2. cap. 32. Gregoræ lib. 4. Phranzæ lib. 3. cap. 1. et Codino de Offic. cap. 14. n. 13. quomodo hæc vox scribitur apud Ducam cap. 17. ubi de *Ballivo* Ordinis Hierosolymitanorum Militum. At id non semper obtinuit : nam primitus *Potestates* dicti ii Bajuli, ut colligitur ex Statutis Venetor. ann. 1242. lib. 1. cap. 27. *Ballivum* Catelanis, qui Constantinopoli morabantur, præfuisse etiam ait idem Phranzes loco citato.

¶ BAJULI ARTIFICUM, Procuratores, qui res artificum communes administrant, Gall. *Syndics*. Ceremoniale MS. B. M. Deauratæ Tolosanæ : *De mane est consuetum, quod Bajuli argentariorum ac etiam Bajuli menescallorum faciunt dicere unam Missam in altari B. Eligii.*

* *Bajuli Artificum*, dicuntur ii, qui rebus ad artificium spectantibus præfecti sunt. Libert. Petræ assisiæ ann. 1341. in Reg. 74. Chartoph. reg. ch. 647 : *Item quod dicti consules possint instituere et destituere Bajulum seu Bajulos super quolibet ministerio textatorum, macellariorum, etc.*

* BALLIVI CAPITALES, Majores. qui aliis præerant. Consuet. Norman. part. 2. cap. 63. ex Cod. reg. 4651 : *Contra senescallum vel capitales Ballivos principis, in eis quæ ad principem pertinent, vel ad personas eorum tanquam justiciariorum, fit desrenia per septem hominum sacramenta.*

¶ BAJULI CONFRATRIÆ, Qui res *confratriæ* communes administrant. *Les Bailes* vel *Syndics d'une Confrérie*. Baluz. Hist. Arvern. tom. 2. pag. 783. ex Charta ann. 1308 : *Item homines S. Amantii et pertinenciarum recipient mensuras vini a Bajulis Confratriæ S. Spiritus, quæ fit in villa S. Amantii qui tenebunt l'eschandelho sive lo payro, et omnes homines recipient a dictis Bajulis, etc.*

¶ BAJULI CURIÆ MONTISPESSULANI, in Statutis Sartorum Montispessulanorum ann. 1323. tom. 2. Ordinat. Reg. Franc. pag. 472 : *Nos Guirus Genesii Bajulus Curiæ ordinariæ Montispessulani illustris domini Regis Majoricarum et domini Montispessulani, sigillum auctenticum dictæ curiæ huic præsenti publico instrumento duximus apponendum.*

* BAJULUS DE PALATIO, in Charta ann. 1218. ex Cod. reg. 5132. fol. 9. v° : *Ego Bernardus de Dous Bajulus de palatio, etc.*

BAJULI DOMINORUM, in Constitut. Neapol. lib. 3. tit. 10. quibus aliquid agendum a dominis suis demandatum est. Ita etiam appellamus pedaneos et fiscales judices prædiorum et feudorum.

BAJULI GABELLATI, qui gabellas seu tributa publica exigunt vel recipiunt. Constit. Neapolit. lib. 1. tit. 57 : *Statuimus Magistros Camerarios,... ipsas rationabiliter diffinire causas, quas inter Bajulos Gabellatos suæ jurisdictioni subjectos oriri sæpe contingit.*

BAJULIVI CONVENTUALES, in Ordine Hospitaliorum S. Joannis Hierosol. præcipui ordinis Consiliarii appellantur Magnus Commendatarius, Marescallus, Hospitalarius, Admiratus, Draperius, et Turcopolerius, *qui Bajulivi Conventuales dicuntur, quia suarum linguarum præsides existunt.* Statuta istius Ordinis tit. 10. § 1.

BAJULIVI CAPITULARES, in eodem ordine, ibid. n. 2. qui Capitulis ascripti sunt, Consilioque intersunt : hi sunt Bajuli octo linguarum,

Provinciæ, qui Magnus Commendatarius;
Alverniæ, qui Marescallus;
Franciæ, qui Hospitalarius;
Italiæ, qui Admiratus;
Aragoniæ, qui Draperius nunc Magnus Conservator;
Angliæ, qui Turcopolerius;
Alemanniæ, qui Magnus Bajulivus;
Castellæ, qui Cancellarius Ordinis appellantur. De iis eodem tit. § 42.

Bajulivorum appellatione præterea veniunt Priores et Castellanus Empostæ, tit. 19. § 5. Magni Baillivi Hospitalis S. Joan. Hieros. meminit Ducas cap. 17. pag. 40.

Ballivus, Regni vel Imperii gubernator, qui vulgo *Regent*, olim *Bail*. Henricus Flandrensis in Epistola ad Innocentium III. PP. in Gestis ejusdem pag. 116 : *Principes, Barones, et Milites exercitus me imperii Ballivum elegerunt.* Ipse vero *Imperii moderatorem* se inscribit in eadem Epistola. Vide infra *Balius*.

☞ *Bajulinos* eosdem appellat Bernhardus *de Breydenbach* in suo Itinerario Hierosol. pag. 271 : *Nec defuerunt magnanimi Bajulini, priores, preceptores ac fratres sacri ordinis Jerosolimitani pariter negociatores indigeneque et Græci, qui pro fide orthodoxa fortiter pugnare non formidant. . . . Nostri in pomerio tubarum clangore jubilant. Princeps noster præclarissimus, ingenti acumine preditus propediem hostilem invasionem futuram conjectat. Maturo igitur consilio, presidia menium instituit; hüisque præstantes viros preficit, subsidia quoque non negligit, quibus et electissimos sui ordinis cujusvis nationis Bajulinos et equites preesse voluit, qui presto casu urgente adesse debeant.*

¶ BAJULUS TABELLIONUM, Qui præest tabellionibus. Concil. Avenion. ann. 1509. apud Marten. tom. 4. Anecdot. col. 396. E : *Placuit dicto RR. domino, quod salarium secretarii taxetur per Bajulos tebellionum.*

¶ BAJULI, In urbibus iidem qui mox Ballivi, Prætoris officio et nomenclatura illustres. Chronicum Siciliæ apud Marten. tom. 3. Anecd. col. 89 : *Inter alia privilegia et immunitates concessas dictæ universitati Panormi per dictum dominum Regem Petrum fuit concessum quod ex nunc inantea Bajulus dictæ urbis nominaretur et vocaretur Prætor, prout antiquitus assueverat vocari.* Instrum. ann. 1120. tom. 1. nov. Gall. Christ. pag. 67 : *Reddidit..... castrum et villulam quam contra voluntatem ejus ædificaverat et ejecit Bajulum . . . et dimisit omnes malos usus.*

BALLIVI, nostris *Baillis* dicti, quibus Justitiæ in provinciis et majoribus civitatibus administrandæ cura a Principe demandata erat, qua notione passim hæ voces occurrunt in Constitutionibus Regum nostrorum. *Ballivos* autem a voce *Bajulus*, dictos omnino constat; non vero a *Baal*, idolo, ut sibi somnia finxere Sanjulianus in Hist. Burgundionum pag. 176. Golutus in Hist. Comit. Burgund. lib. 2. cap. 42. et Joannes Guijonius in Dissert. de Magistratibus Augustodunensis fori cap. 2. Atque ii Comitum vicem subiere, qui prima et secunda Regum nostrorum stante stirpe id muneris obibant, quod postmodum Ballivi. At cum Comites inclinata, et frequentibus Normannorum irruptionibus attrita ac pene profligata eorumdem Principum auctoritate, Comitatus suos sibi proprietario jure asseruissent, iidem juris dicendi facultatem tradidere Vicariis, quos *Bajulos* ac *ballivos*, vocabulo ævi istius, vocarunt, quo ita appellabantur, quibus rei alicujus cura demandata erat : qui ut *justitiæ suæ Custodes* essent ac veluti rectores et præsides : quod etiam fecere Reges nostri in iis oppidis ac civitatibus, quæ sui ac proprii juris erant.

☞ Altius, quam par erat, *Ballivorum* originem ultima hac notione D. Cangium repetisse existimat D. *Brussel;* haud injuria certe, cum de iis ante XII. seculum nulla occurrat mentio. Henricus II. Rex Angliæ et Normaniæ Dux, primus eorum meminit in Charta ann. 1155. ita tamen ut ex ea omnino incertum sit, an Vicecomitibus vel Præpositis superiores extiterint. Hanc Præeminentiam non prius ann. 1190. cum scilicet a Philippo Augusto primum instituti, obtinuisse in iis quæ ad Regem pertinebant provinciis certum videtur. Vide laudatum D. *Brussel* de Usu feud. tom. 1. lib. 2. cap. 35.

De Ballivorum jurisdictione ac cognitione in Regno Siciliæ agunt Constitutiones ejusdem regni lib. 1. tit. 56. et sequentibus : in Francia vero præ cæteris Edictum S. Ludivici, dat. Parisiis mense Decembri anno 1254. quod recitant Joinvilla, et Nangius in illius Vita sub ann. 1256. et Edictum Philippi Pulcri ann. 1302. pro reformatione Regni, quod Pithœus edidit post Consuetudinem Trecensem, in quibus habetur sacramentum, quod antequam munus suum inirent, edere tenebantur, cap. 26 et seqq. quod etiam descriptum legitur in 1. Regesto Memorialium Cameræ Computorum Parisiens. fol. 158. hisque verbis concipitur :

Li sermens que doivent faire li Baillis.

Premierement que vous servirez le Roy bien et loyalement, et garderez son secret et son droit par tout la où vous le sarez.

Item, que vous ferez bon droit et hatif à tous ceux qui auront à faire devant vous pour cause de votre Office, tant au foible comme au fort, tant au pauvre comme au riche, sans acceptation de personne, quelle qu'elle soit.

Item, que de nulle personne de votre Baillie, ne d'autre quelle qu'elle soit, qui est cause devant vous, ou esperez qu'il doie avoir, vous ne prendrez don ne present de vin en tonnel, de beste entiere, comme buef, ou porc, ne viande, ou viandes en autre maniere, fors que pour la souffisance de la journée, ne or ne argent, ne joyaux ne autres choses, qui puissent ou doient tourner à mauvaise convoitise.

Ainsi le jurez-vous, Bailly, ainsinc vous aist Diex et ces saintes Evangiles. Exstat aliud simile, sed prolixius sacramentum in 8. Regesto eorumdem Memoralium pag. 55.

☞ Quod quidem sacramentum prius coram Rege, vel in publicis Balliviarum suarum assisiis, exinde vero in Camera computorum præstare tenebantur, ex Edicto Philippi V. Regis Franc. ann. 1319. tom. 1. Ordinat. Reg. Franc. pag. 706 : *Nous voulons et ordennons que tous Seneschaux, Baillis.... tantost comme ils seront crées et establis és offices de par nous, viengnent en la Chambre de nos Comptes devant ditte, pour faire illec leur serment.*

☞ Ut sua per se officia exerceant, nec *locum tenentes*, nisi cum casus id postulaverit atque de consensu Regis, sibi substituant, præcipit Philippus IV. Edicto ann. 1302. cap. 22. et Philippus V. ann. 1318. cap. 8.

Ballivi isti majores non modo in assisiis suis jus dicebant; sed etiam Regum nostrorum, uti vocant, domania, seu res, quæ fisci sunt, exigebant ac cogebant : verbi gratia mulctas et emendas pecuniarias, confiscationes, forisfacturas, escaëtas, laudimia, manus mortuas, et alia id genus, de quibus rationem accepti et expensi coram Magistris Computorum Parisiensium quotannis putabant, ut est in Statuto dato Vivarii ann. 1319. pro eadem Camera Computorum : cujusmodi Ballivorum Computa in Rotulis membraneis comprehensa infinita propemodum mihi legere contigit beneficio V. C. Dom. *d'Herouval.* Prostat aliud Statutum datum Andegavi mens. Novemb. ann. 1323. in Regesto *Noster* fol. 165. in quo hæc de Ballivorum Computis statuuntur :

Item, que tous Baillis et Receveurs veenguent compter ordonneement aus drois termes accoustumez sur peine de perdre 60. *livres tournois, chascun Bailly à chascun termes et chascun Receveur des Seneschaussées la moitié de ses gages.*

Item, que tous les Baillis dou Royaume de France, excepté celuy d'Auvergne, feront les receptes de leurs Baillies, et en compteroient aux termes accoustumez sur la peine dessusdite, et n'y ara autres Receveurs excepté le Receveur de Paris, qui ara 100. *livres tournois chascun an pour raison de ses gages, et chascun Bailly et le Prevost de Paris aront* 500. *livres tournois de gages par an, et est faite celle creuë és Baillis pour cause des receptes à leurs Baillies et au Prevost de Paris pour la multitude des besoignes qu'il y a à faire.*

De Ballivorum salariis hæc habentur in eodem Regesto f. 415 : *Anciennement le Prevost de Paris souloit prendre par tout l'an* 292. *livres par. pour ses gages, c'est* 16. *s. par jour, et il prent orendroit chascun an* 400. *livres par. et* 160. *livres l'an de don de creuë.*

Les Baillis de Senlis et les autres de France prenoient par jour 16. *s. et n'y avoit nul Receveur, et autant prenoit-il orendroit, et s'y a Receveurs qui prennent chascun* 80. *livres par an.*

Les Baillis de Normandie souloient prendre chascun 20. *s. tournois de gages par jour, c'est* 365. *livres tournois par an, et chascun prend orendroit* 500. *livres tournois de gages par an et oultre ce le Bailly de Rouen prenoit* 100. *livres tournois par an pour robes et chevaux, et les prend encore.*

Les Baillis de Champagne souloient prendre chacun 20. *s. tournois de gages par jour, et le Receveur* 500. *livres tournois, et autant prenoient-il orendroit, et aussi les autres Officiaux.*

Les Seneschaux souloient prendre, c'est assavoir Poitou, Xaintonge, d'Auvergne, chascun 500. *livres tournois de gages par an, Caours et Perrigort ensemble* 600. *livres, Tolose* 700. *livres tournois, aussi prennent-il encore, et avec ce il retenoient les emoluments des seaux des Seneschaucées qu'ils portent.*

Le Seneschal de Bigorre souloit prendre 365. *livres tournois de gages par an, et il prend orendroit* 400. *liv. tournois, et il Receveur* 100. *liv. t. par an.*

Li Gouverneres de Lille Mess. Thibaut de Denisy prenoit l'an 1325. *en son temps* 1000. *liv. t. de gages par an, et Mess. Regnaut de Choisel Gouverneres orendroit prent* 500. *liv. t. par an, et le Bailly souloit prendre* 200. *liv. par an et n'y avoit Gouverneur ne Receveur, et li present li Receverres* 80. *liv. par an.*

Le Bailly de Crescy souloit prendre 60. *liv. tourn. de gages, et il prend orend* 200. *liv.*

De tempore, quo Baillivi sua computa reddere debebant, habetur aliud Statutum, hisce verbis conceptum:

C'est l'ordonn. comment les Baillifs de France et de Normandie, et les Seneschaux, et les Commissaires de par le Royaume doivent venir compter. Les Baillis de Normandie doivent venir compter le lendemain des Octaves de Pasques et de la S. Martin chascun 2. *jour l'un après l'autre.*

Le Bailly de Roüen, lendemain des Octaves de Pasques, et aura 2. *jours pour compter.*

Caën après aura 2. *jours. Caux* 2. *jours après. Constantin* 2. *jours après. Gisors après* 2. *jours.*

Les Baillis de France doivent venir compter lendemain de l'Ascension et de la S. Andry, et doit chascun l'un après l'autre avoir 2. *jours pour compter à chascun terme; Paris, Senlis, Vermandois, Amiens, Sens, Orleans, Bourges, et Tours.*

Seneschaux doivent venir compter aux Octaves de la S. Jean chascun an, et aura celuy de Poitou. 2. *jours, Xaintonge* 2. *jours, Angoulesme* 1. *jour, Auvergne* 2. *jours, Thoulouse* 8. *jours, Roüergue* 2. *jours, Carcassone* 8. *jours, Beaucaire* 8. *jours, Pierregort* 2. *jours, Caoursin* 2. *jours, Lyon* 2. *jours, Mascon* 2. *jours.*

Champagne à la my-Aoust. 8. *jours.*

La ville de Doüay, et toute la terre devers Flandres de la Septembresche. (sic)

Nevers aux Oct. de la Septembresche.

Les Baillis de Normandie aux huitaines de la S. Martin, se il n'y a pleiderie, et se il y a, il soit bon, que ils veinssent lendemain de la Toussaint.

Les Baillis de France à la S. Andrieu, et aura chascun Bailly de France et de Normandie 2. *jours pour compter l'un après l'autre.*

Navarre rendra de la Thiphaine, et aura 8. *jours.*

Ensuit tous les Comptes ordinaires ouys, après le temps dessusdit pourra l'en oyr les Commissaires des dixièmes, des annuex, de Messaigiers, et autres Commissaires.

Les Comptes de l'Hostel le Roy, de Madame la Royne, avec les joyaux pour 2. *termes.*

Les Comptes du Tresor pour 2. *termes.*

Les Comptes des Garnisons.

Statuto Philippi Valesii Regis 8. Aprilis ann. 1342. cautum, ne quis Baillivus vel Senescallus sit ex Magistris Requestarum, neque ex Parlamento, in Reg. Memorialium Cameræ Comput. Paris. sign. C. fol. 259. Adde Statutum pro reformat. Regni ann. 1302. cap. 8.

☞ Admissos tamen in Parlamentum, nisi cum de *Arrestis* pronuntiandis ageretur, constat ex Edicto Philippi V. ann. 1320. tom. 1. Ordinat. Reg. Franc. pag. 730 : *Nous voulons que les Huissiers de Parlement laissent passer les Seneschaulz, Bailliz et nos Procureurs pardevers les Mestres, forz tant seulement quand il seront en conseil sur les arrez.*

Ex ordine Militum seligebantur Ballivi, ut auctor est Monstrelletus 1. vol. cap. 155.

* Quanquam vero ex ordine militum seligebantur *Ballivi*, horum nihilominus officium seu *servitium* aliquam nobilitati maculam inurere nonnunquam opinati sunt, uti colligitur ex Charta Phil. Pulc. ann. 1295. in Reg. 61. Chartoph. reg. ch. 253 : *Cum dilectus et fidelis noster dominus Couciaci Theobaldum de Marla Ballivum castri sui Montismirelli duxerit deputandum; nolumus quod occasione servicii dictæ balliviæ, quamdiu manserit in eodem, dicto Theobaldo, ejus uxori eorumque liberis aliquod præjudicium generetur, aut imponatur aliqua macula servitutis.*

Interdum *Gubernatores Balliviarum* suarum se se inscribebant, ut ex variis Tabulis, et ex Froissarte 2. vol. cap. 24. colligitur : quod postmodum iis interdictum dicto Statuto 8. April. ann. 1342.

Si bellum ingrueret, vel a Rege submonerentur et citarentur feudatarii, Ballivi *Communias* Balliviarum suarum in exercitum ducebant, iisque præficiebantur. Homagium Vicarii Salviæ in Occitania, apud Catellum in Hist. Tolos. Comit. pag. 36 : *Quando dominus Rex vel alius nomine ipsius vult congregare cavalcatas per Bajulos parochiarum, ego debeo mandare dictas cavalcatas per totam dictam Vicariam, per dictos Bajulos, et cogere homines secundum mandatum domini, ut eant in guerram : et debeo dictos homines conducere, et capdelare per me, vel per alium, cum expensis tamen domini prædicti.* [Charta Berengarii Comitis Provinc. ann. 1234. ex minore Chartul. S. Victoris Massil. pag. 119 : *Retentis nobis cavalcatis semel in anno homines dicti castri teneantur venire in nostris castris, si contigerit nos vel Bajulos nostros facere exercitum.*] 127. Vide Froissart. 1. vol. cap. 121. pag. 127. Labbeum tom. 1. Miscellan. pag. 658. Sanjulianum in Augustoduno pag. 215. etc.

Ballivorum officia annua erant, et *Vicarios* ad jus dicendum pariter annuos ii deligebant. Ita appellantur in Statuto S. Ludovici ann. 1256. quos nostri *Lieutenans Generaux* vocant. De iis consulendum Edictum Caroli VIII. ann. 1493.

☞ Triennium officia sua *Ballivos* obtinuisse, atque etiam diutius, quamvis raro, monet D. *Brussel* de Usu Feud. lib. 2. cap. 34. quod manifestum fit ex Catalogo quem ibidem adtexuit. Ad *Vicarios* vero eorumdem quod attinet, nihil in Statuto laudato ann. 1256. mihi occurrit quo Ballivis jus fuisse *Vicarios*, qui vices suas gererint, deligendi, eosque annuos fuisse probetur; id certe sequiori sæculo ipsis interdictum fuisse supra monuimus.

Ballivis, administratione sua durante, possessiones per se, vel per alium emere in Ballivia sua, absque Regis licentia, interdictum Statuto S. Ludovici supra laudato : ut et sibi vel liberis, fratribus aut sororibus, et consanguineis vel cuicumque de familia sua, absque Regis assensu, procurare; [sed et matrimonia contrahere, suosque in Monasteriis collocare.] Habetur in Camera Computor. Parisiens. sequens Diploma, quod id adstruit : *Johannes, etc. Universis, etc. Exposuit nobis Colardus de Salcibus, Ballivus noster Vitriaci, quod cum ipse matrimonium contrahi procuraverit de Colardo filio suo, cum filia Radulphi de Dargieres Militis in sua Ballivia commorantis, timeatque, ne eidem imputari posset in futurum, quod hoc juxta ordinem facere non potest, absque emenda erga nos incurrenda : Notum facimus, quod attentis gratis servitiis, etc. eidem omnem emendam, quam propter præmissa incurrere potuit, remittimus et donamus, nonobstante, etc. Datum Paris. die 15. Junii ann.* 1359.

Denique ut omnis odii aut favoris abesset suspicio in judiciis, statuit Philippus Pulcher, ut aliunde assumerentur quam ex Balliviis, ad quas mittebantur, Statuto anni 1302. cap. 17. cui consona habet de Friderico I. Imp. Guntherus lib. 8. Ligurini :

.... Cunctasque per urbes
Electos in jure viros, verique sequaces
Imposuit, medio qui cuncta negotia juris
Limite discuterent, nec eos ex urbibus iisdem,
Ne favor aut odium sensus corrumpat eorum,
Sed magis ex aliis ad munera pulcra vocatos
Elegit, sacra vel delegavit ab aula.

Ballivi, finito officio, in sua Ballivia remanere tenebantur per 40. dies, vel saltem procuratorem sufficientem dimittere, ut de se conquerentibus coram illis responderent, quibus id fuisset commissum, ex dicto Statuto S. Ludov. ann. 1256. vel 50. Et ex Statuto Philippi Pulcri ann. 1303. in Regesto 36. Chartophylacii Regii Charta 133 : *Item quod Bajuli facto tempore eorum regiminis morentur et remaneant in locis Bajuliarum suarum per* 50. *dies continue parati respondere omnibus de se conquerentibus.* Quod etiam in Scotia factitatum docent Leges Scoticæ Quoniam attachiamenta cap. 101. Id vero et illi et nostri hauserant ex l. 1. Cod. *Ut omnes Judices tam civiles, quam milit. etc.* et ex Novella Theodosii et Valentiniani de Tributis Fiscalibus. In quam rem consulendus Theophanes ann. 2. Justiniani M.

Neque tantum in Balliviis suis morari per id temporis, sed etiam in Parlamentis sistere se tenebantur, ut de judicatis in assisiis suis responderent. Philippus de Bellomanerio cap. 61. ait, eum, qui de *falso judicio* appellavit, debere illud prosequi in proximo Parlamento post appellationem : *mais ajorner le Bailli ne convient-il pas fere, car il est tosjors ajorné as Parlemens à ce jor de lor Baillies contre-tos cix qui se voelent plaindre d'eux.* Atque hæc generatim de Ballivis Gallicis : de Anglicis vero sequentia ex Spelmanno, et aliis hic subjicimus.

Ballivus Franchessiæ, seu *libertatis*, apud Anglos est, qui in loco immuni, seu portione Comitatus, potestate Vicecomitis subducta, partes Vicecomitis exequitur. Et sunt hujusmodi *Ballivi* eorem similes, qui apud Gallos Baronum et Castellanorum appellantur *Ballivi*. Horum mentio est in Statuto 2. Westmonaster. cap. 42.

Ballivi Burgorum, sunt in burgis suis Prætoris instar : at sub illo nomine ante sæculum Normannicum non reperiuntur; sed deinceps nunc Aldermannorum locum, nunc *Grevi* et *Portgrevi* obtinuerunt. In hoc autem differunt ab Aldermannis et Grevis, quod hi plerumque singulis burgis vel civitatibus singuli præficerentur; Ballivi autem bini, ut olim Londoniis : interdum quatuor, ut Norwici aliquando. Primos etiam Londoniarum *Ballivos* alii Vicecomites appellarunt, qui apud Anglos multo splendidior est Magistratus. Vide Leges Burgorum Scotic. cap. 76. § 1. cap. 104. § 1.

Ballivus Manerii, Idem est, qui alias *Ballivus*, seu Præpositus villæ, quasi Vicedominus : nam domini loco omnia administrabat infra manerium, seu villam : tantaque olim ejus erat celebritas, ut absente domino, brevia aliquot Regis, illi tanquam domino mandarentur.

Ballivus Domesticus, seu rei familiaris idem est qui Latinis *Villicus*.

Sunt præterea Quinque portuum, forestarum, Castellorum, aliorumque locorum *Ballivi*, et rei alienæ administrandæ perplures, quos longum esset singillatim enumerare. Præ omnibus autem, munere et multitudine notissimi sunt infimi illi *Ballivi*, qui Vicecomitibus et *Ballivis franchesiarum* sunt a mandatis. Horum autem est, desideratos in Curias accersere, partem ream citare, sistere, apprehendere, in custodiam deportare, mulctas et debita exigere, rem judicatam transigere, et hujusmodi. Quæ ut faciant, alii undique discurrunt, et appellatur ideo *Ballivi errantes*, seu *itinerantes*, quales olim apud Romanos *Viatores*. Hoc illud hominum genus est, quod dum plebem per secula vexat et depeculatur, honestum Ballivorum nomen turpi infamia perfundit : cum tamen ipsi non *Ballivi*, at *Subballivi* potius sint appellandi. Hactenus Spelmannus.

☞ Ad Ballivos vero Delphinales quod spectat, de eorum jurisdictione et cognitione nihil est quod addamus : cum iidem fuerint qui Ballivi Regis Franc. de quibus satis abunde supra dictum est : ad eos quippe, quemadmodum et ad illos, census, aliorumque vectigalium, quæ fisci erant, spectabat collectio, de quibus rationem Castellano exhibebant, ad cujus mandatum debebant *facere et tractare negotia domini.* Horum exinde officium sub annuo censu infeudatum videre est in Hist. Dalphin. tom. 1. pag. 111. ubi, plura si nosse cupis, accurate pertractata reperies.

Baillivia, Balivia, Ballia, Balliva, Nomen est genericum, comprehenditque non modo *Ballivorum* majorum officia ac districtus, sed etiam alias *Præposituras, Majorias, Vicecomitatus*, et quosvis pedaneorum judicum magistratus, qui in commercio erant, et vænibant, et emebantur, ut est in edicto S. Ludovici ann. 1254. apud Nangium in illius Vita pag. 364. Hinc *Balliva Vicecomitis*, apud Matthæum Paris, et in Vitis Abbatum S. Albani. *Baliva forestæ et forestarii*, in Legibus forestæ, apud eumdem Paris, id est, cura forestarum, de quibus etiam forestarii judicia exercebant, vel saltem mulctas imponebant. [Edictum S. Ludovici ann. 1228. in Hæreticos Occitaniæ : *Hæc Statuta inviolabiliter servari jubemus, mandantes, quod Barones et vassali et bone ville jurent ista servari, Baillivis nostris ad hoc executoribus deputatis, qui infra mensem postquam fuerint in Balliviis suis constituti, publice et in loco publico et die solempni, jurent quod hæc servabunt.* Charta anni 1298. ex Archivo Montis S. Michaëlis : *Nos frater Stephanus Abbas Savigneii et magister Guillelmus archidiaconus Sabolii visitatores et reformatores monasterii Rothonensis a domino Papa delegati, statuimus, quod Abbas teneat Baillivias sive præposituras deRothono, de Balneo, etc.* Tabular. Angeriac. : *Ipse Petrus quitavit et concessit dicto Laidet et heredibus suis Balliam et libertatem ipsius Balliæ, quæ Ballia vocatur publice Præpositura fimorum.*] Vide infra *Balia.*

¶ Ballia, Ballivia. Charta ann. 1208. ex Archivis Castri Nannet. : *H. de Leonia : Ego dedi R. filio Cari pro bono suo servitio Balliam et ministerium et senescalliam hereditarie et perpetuo possidenda, inter me et ipsum nullo Ballivo mediantein, quinque plebibus, etc.* Alia ann. 1225. ex eodem Archivo : *Noverit universitas vestra nos dedisse et concessisse dilecto militi nostro Eudoni Guidon Senescalliam et Baillitiam in plebe Tinet.... sibi et heredibus suis in perpetuum. Dictus autem Eudo Guidon est homo noster ligius de Senescallia et Ballivia prædictis.* Adde Regiam Majestatem lib. 1. cap. 15. § 14.

¶ Bajulia, in Saisimento Comitatus Tolosæ ann. 1271. tom. 1. Annal. Tolos. pag. 37. inter Instrumenta : *De Buzeto Diœcesis Tolosæ et Bajulia ejus.* Et pag. 38 : *Asserucrunt etiam quod in Bajulia et districtu dicti castri sunt castra et villæ et parrochiæ infra scriptæ.* Statuta Eccles. Barchin. ann. 1341. apud Marten. tom. 4. Anecdot. col. 622. E : *Bajulias, scribarias seu alia officia, etc.* Concil. Hispan. tom. 4. pag. 527 : *Cedit quidem in magnum Ecclesiæ detrimentum, quod scribaniæ, vicariæ, Bajuliæ, sagioniæ.... per laicos gubernari, etc.* Spicil. Acher. tom. 9. pag. 249. ex Testamento Jacobi cognomento Magni Regis Aragoniæ ann. 1272 : *Manumissores nostri habeant, teneant et recipiant tot annis et tamdiu omnes reditus et exitus civitatum... et Bajuliarum suarum, etc.* Præceptum S. Ludovici. ann. 1228. tom. 1. Ordinat. Reg. Franc. pag. 51 : *Volumus et mandamus, ut Bajuli nostri in quorum Bajuliis capti fuerint hæretici, etc.* Hist. Dalphin. tom. 1. pag. 140 : *Desiderius Corlois est homo Comitis et tenet de eo Bajuliam de Menglas et de Longavilla et percipit pro ista Bajulia decimam partem in omnibus censibus et in tallia quinque solidos pro calciatura sua.* Vide infra *Balia.*

Ballivia Feodata, Juris dicendi potestas, vel potius prædii alicujus cura in feudum data. Tabularium Ludovici Ducis Andegavensis Regis Siciliæ fol. 102. 103 : *Michel de la Tousche homme lige deux fois pour la grant Baillie Faiée du Chaillant, et à cause de la Baillie Faiée de Lennot de Changey. Colette la Bedelle femme lige à cause de la Baillie Faiée de Mayenne.*

¶ Bailliagium, Baillivi seu Judicis officium, districtus, jurisdictio, Gall. *Baillage.* Rotulus Cancellariæ Ducatus Normanniæ tom. 4. Hist. 1. Harcur. pag. 1258 : *Infra Bailliagium d'Evreux et d'Alençon.*

¶ Baillivatus, Bailliviatus, Eadem notione. Literæ Caroli Franc. Regis ann. 1459. tom. 5. Hist. Paris. pag. 705. inter Instrum. : *Theobardus de Meseray dicti palatii nostri dum viveret conciergerius magistros Petrum de Marigny et Petrum le Moustier successive suos Ballivos, qui dictum Baillivatus officium... exercuerant, commiserat.* Rymer. tom. 9. pag. 879 : *Quoad officia tam justitiæ Parliamenti, quam etiam Baillavatus, Præposituras*, etc. Et pag. 898 : *Præposituras, Bailliviatus, Senescallias, etc.* Vide eumdem tom. 12. pag. 503.

Bajulatio, in Constitut. Sicul. lib. 1. tit. 56. 59. § 1. 2. in Sicilia Sacra Rochi Pirri pag. 174. ex Diplom. Martini Regis, et in Statutis MSS. Caroli I. Regis Siciliæ cap. 49. 50.

Balia, Quævis rerum administratio. Falco Beneventanus in Chron. : *Jurejurando firmavit, quod Comestabiliam, et Rectoraticum, aut aliquam Baliam publicam non acciperet, etc.* Tabularium Brivatense Ch. 28 : *Placuitque mihi, ut post obitum meum ille teneat in Balia, et annis singulis censum reddat, etc.* Charta ann. 1159. apud Joffredum in Nicea pag. 175 : *Omnes administrationes sive Balias, etc.* Charta Comitis de *Homburg.* ann. 1312. apud Corium in Hist. Mediol. parte 2 : *Dans nobis potestatem et Baliam præcipiendi omnibus Imperii fidelibus, etc.* Joan. Villaneus lib. 1. cap. 25 : *Haveva passato il decreto fatto, che nullo dovesse stare in nulla Balia piu de cinque anni.* Le Roman de *Guillaume au Courtnez*, MS. :

Mes pour tel Dieu qui tot a en Baillie.

[Vide Historiam Dalphin. tom. 1. pag. 140. et 141. in quibus voces *Baillia* et *Ballia* passim habentur eadem notione. *Bailla* in Charta. ann. 1157. ex Archivo Castri Nannet.]

¶ Baylia. Bayllia, Eadem significatione. Hist. Dalphin. tom. 1. pag. 142. col. 1. de officiis feudalibus familiæ Abbatis S. Barnardi de Romanis : *Feudus Baylliæ debet, sicut dictum est, hominium et jurare fidelitatem et centum solidos de placito tempore mutationis, procurationem domus, id est, Abbatis suæ Romanis et totius terræ suæ facere tenetur, et ratiocinia et custodire terram suam... et hoc quod habet in Petrosis de Cappelleys, usque ad viam quæ tendit ad columbarium et in tribus mansis panem et potum et tres agnos cum pane et vino, et feudum quod Clemens tenet ab eo pro Baylia et servitium molendinorum.*

Baliaticum, Idem quod *Balia*, nostris *Baliage*, Gardia, custodia. Charta Willelmi D. Montispessulani ann. 1103 : *Dono etiam ego Willelmus Baliaticum arquintalis, et tertium denarium in arquintali, et medallias, quas donant homines Montispessulani et Longobardi pro arquintali. Bayliwike*, apud Litlletonem sect. 248. *Baliato*, apud Matthæum Villaneum lib. 6. cap. 33.

Baliæ, Ballivæ, Officinarum in Monasteriis præfecturæ Monachis demandatæ, apud Innocent. III. PP. lib. 13. Epist. 55. Vide Probationes Hist. Drocensis pag. 237. Mattheus Paris pag. 110 : *Monachus Ballivam suam, si quam habet, amittat.* Idem alibi : *In qualibet Balliva, quas Obedientias dicimus, constituit.* [Vide Marten. tom. 4. Anecd. col. 1209.]

Balium, Idem quod *Balia. Balium regni;* Hugo Falcandus de Siciliæ calamit. pag. 671 : *Reginam autem præcepit totius regni curam et administrationem (quæ vulgo Balium appellatur) tandiu gerere, dum puer ejus prudentiæ esset, quæ negociis provide disponendis sufficere putaretur.* Adde pag. 674. Hac notione occurrit lib. 2. Epistolar. Innocentii III. PP. pag. 484. 488. 494. Edit. Venetæ.

¶ Bajulacus, f. pro *Bajulatus*, eadem notione. Charta ann. 1284. apud Rymer. tom. 2. pag. 278 : *Decere Majestatem vestram, quæ a summo Rege regni terreni tenet Bajulacum.*

Balius, Gubernator, *Balio*, Italis. Joan. Villaneus lib. 1. cap. 19 : *Era Pipino sovrano Balio et Governatore di tutta Francia.*

¶ Bajulus, Eadem notione. Chron. Romualdi II. Archiep. Salernitani apud Murator. tom. 7. col. 199 : *Non multo post quum Imperator vellet in civitate Bajulum constituere, et eam pro suo arbitrio ordinare.*

Bajulia, Tutela, protectio. Testamentum Ranimiri Regis Aragon. æræ 1099. apud Martinezium in Hist. Pinnatensi lib. 2. cap. 38 : *Et mitto illum* (filium) *et omnem meam terram, et meum honorem, et meos viros, quæ Deus mihi dedit, in Bajulia de Deo et de suis Sanctis, etc.* Infra : *Ut sint in Bayoliam Dei et de sancta Maria, etc.* [Le Roman *de la Rose* apud Borellum :

Pieça fut morte, ou mal sortie,
Selle ne fut en ma Baillie.]

¶ Balliata, Tributi genus, f. illud quod ratione protectionis seu tutelæ exigitur. Antiquit. Benedict. Engolism. MSS. apud Stephanotium. pag. 189 : *Litteræ Adhemari Engolismensis Comitis, quibus homines S. Ausonii.... exemit ab omni Balliata, injusta exactione, exercitu, canis, ballivis, caseis et paleis.*

Bajulatus, Locatio, conductio, datio ad firmam, Gall. *Bail.* Provinciale Ecclesiæ Cantuarensis lib. 3. tit. 9 : *Vel sub nomine Bajulatus Ecclesiæ ad firmam Laïcis conceduntur, etc.*

Bajulatio, Gravamen. Charta Goffredi Comitis Conversani ann. 1105. apud Ughellum tom. 7. pag. 1072 : *Concedimus etiam, ut nemo ex hominibus ipsius Ecclesiæ:.. constringatur ullo tempore ad faciendam Bajulationem, vel aliquam servitutem, etc.* Adde pag. 1081.

¶ Bajulatio, Tributum, vectigal, quidquid ob merces extra regnum vel provinciam exportatas exigitur. Epistola Panormitanorum ad Martinum PP. IV. in Chron. Siciliæ apud Marten. tom. 3. Anecd. col. 36 : *Quoniam divitibus invitis faciebat dari officia secretiæ, mediocribus vero Bajulationis dohanas, certasque tabellas modicas, etc.* [** Confer Indices ad Pertzii vol. Scriptorum, 3. et Legum 2. Raynouard. Gloss. Roman. pag. 169. 170. infra *Ballium*, sqq.]

* 5. **BAJULUS** Palus, Pedamentum vitis, Gall. *Echalas.* Willel. Malmesbur. Hist. Angl. lib. 4 : *Innituntur enim vites arundinibus, quemadmodum pueruli nutritiis.*

¶ **BAIUM**, *Porrum*, in veteri Gloss. San-German. nom. 501.

* Leg. *Portum.* Vide supra *Baia* 2.

¶ **BAJUNOLA**, Bajunula. Vide *Bajulona.*

¶ **BAIUS**. Vide *Bagus.*

¶ **BAIZA** Argentea, f. Pannus argenteus, ab Anglico *Baize*, Pannus villosus. Locum vide in *Spara.*

* Vasis species esse videtur. Vide *Bacca* 2.

¶ **BAKELER.** Vide *Baccalarii* 2.

¶ **BAKERE**, Anglo-Saxon. Bæcere, Pistor. Charta 14. seculi apud *Madox* Formulare Anglic. pag. 200 : *Thomas de Kyngeston Bakere civis Londoniæ executor testamenti, etc.*

¶ 1. **BAL**, Veteribus Francis, Falsus. Vide *Ballomer.*

* 2. **BAL**, Mensura vinaria. Jura vicecom. Biter. in civit. Albiæ ann. 1252. inter Probat. tom. 3. Hist. Occit. col. 494 : *A singulis tabernariis unam mensuram vini, quæ dicitur Bal.*

BALA, Sagma, fascis, onus, sarcina, in modum pilæ, quam Galli et Itali ballam vocant, compacta. Fleta lib. 1. cap. 22 : *Ne quis occultare præsumat aliquam pecuniam in pannis, in fardellis, Balis et alibi in loco suspecto.* [Consuetud. et jura Ecclesiæ S. Bertini et S. Audomari MSS : *Balæ quatuor den. de tersel.* IV. *den.* Rymer. tom. 7. pag. 233 : *Unam Balam de arquinetta.* Ibidem pag. 356. col. 2. in Charta pro collectore Papæ de exportandis vestimentis : *In Balis sine* (f. sive) *cistis reponere, ac ea omnia in quadam navi in portu prædicto carcare.*] *Balla*, apud Matthæum Villaneum lib. 11. cap. 90. Boccacius : *Fece molte Balle ben ligate et ben magliate.* [**Vide Raynouardi Glossar. Rom. vol. 1. pag. 171. voce *Bala*, et infra *Balla*, 2.]

¶ **BALAA**, Gall. *Balay*, Scopæ, in Chartis Ecclesiæ Aniciensis sec. XIV : *Solvuntur in tracta... porterio minori pro Balais 20. sol.* [* Pro Balaa leg. *Balaium.* Vide in hac voce.]

* **BALADIUM**, Purgamenta frumenti vel horreorum, quæ scopis colliguntur, Gall. *Balayeures.* Vetus Charta apud Beslium pag. 422 : *Collum et Baladium, sola quoque et sedimina expono.* Vide infra *Balagium* et *Balexes.*

* **BALAFARDUS**, ut supra *Badelare*, Ensis brevis species, Gall. *Coutelas.* Lit. remiss. ann. 1402. in Reg. 157. Chartoph.

reg. ch. 312 : *Gladio Balafardo evaginato, versus dictum Anthonium venit prædictus Petrus.* Sed leg. videtur *Balasardus.* Vide infra in hac voce.

* **BALAGARE**, BALAGUARE, Scopis mundare, Gall. *Balayer.* Comput. ann. 1362. inter Probat. tom. 2. Hist. Nem. pag. 255. col. 2 : *Solvit.... duobus palhardis, qui Balagarunt domum antiquam et noviter aquisitam, etc.* Ibid. pag. 258. col. 1 : *Solvit.... duobus hominibus, qui Balaguarunt et mundarunt domum consulatus Nemausi, etc.*

BALAGIUM, [Tributi species ex *bladis.*] Breve commemorationis doni, apud Catellum in Islo Episcopo Tolosano pag. 855 : *Et in hoc fevo dedit illis totam sigilcem, et totum milium, et Balagium, et decimum de sextaratis, boterium, et retrodecimum, et retrocole, etc.* Charta ann. 1240 : *Et pro ista advocatia pars de Alneto solvet parti de Meleduno 60. sol. in suo Balagio annuatim.* [Charta ann. 1312. ex Archivo Massil. : *Salva et retenta dictis dominis et colonis trezeno, corsura et Balagio bladorum.*] Vide *Palagium.*

* Rectius, Purgamenta frumenti, quæ scopis colliguntur, Gall. *Balayeures;* seu frumentum, quod in infima acervi parte remanet, atque a decima eximitur. Vide supra *Baladium* et infra *Balleium.*

¶ **BALAGIUS**. Vide *Balascus.*

BALAIUM, Scopa, Gallis *Balay.* Tabular. Fossatense : *Iidem hospites scopas sive Balaia et saccos ad ferendum bladum de granchia, etc.* Vide *Baleys.*

¶ **BALAMITES**, pro *Balanites*, Gemmæ species. Rymer. tom. 5. pag. 50 : *Unum scrinium auri... garnitum de saphiris... Balamitibus et aliis petrariis.*

* **BALANÇA**, BALANCEA, Libra, bilanx, Gall. *Balance.* Pactum inter abbat. et consules Aureliaci ann. 1350. in Reg. 78. Chartoph. reg. ch. 246 : *Item quod omnes Balançæ, ad quas seu cum quibus res venditæ et vendendæ ponderabantur, etc.* Charta Theobaldi comit. Bles. ann. 1213 : *Ubi par unus erat Balancearum, de cetero duo paria habeantur.* *Ballance*, pro Statuto pondere, in Chartul. Latiniac. fol. 240 : *Demye Ballance de fille, obole qui vent, et obole qui achete : et l'autre Ballance autretant. Balancier*, Officium apud monetarios, cui monetas ponderare competit, in Lit. ann. 1354. tom. 4. Ordinat. reg. Franc. pag. 151 : *Les gardes, essayeurs, Balanciers, etc.* Vide infra *Balansa.*

* **BALANCIA**, Præstatio, ut videtur, quæ pro mercibus ponderandis exsolvitur; vel Locus, ubi scopæ crescunt. Reg. S. Justi ex Cam. Comput. Paris fol. 194. v° : *Ova valentia quinque solidos pro quibusdam Balanciis et censu.* Vide infra *Balentia.*

* **BALANCUS**, Navis Indica, apud Carol. de Aquino in Lex. milit. ex Maff. Hist. Ind. lib. 9 : *In Balancum, quod levioris navigii genus est, ad fallenda missilia desiliit.*

BALANDRANA, Pallii species, nostris *Balandras*, vel *Balandran.* Statuta Ord. S. Benedicti in provincia Narbon. ann. 1226 : *Illas quipem vestes, quæ vulgo Balandrava et supertoti vocantur, et sellas rubeas, et fræna,..... penitus amputamus.* Rectius *balandrana* præfert Concilium Albiense ann. 1254. cap. 53 : *Prohibemus quoque districtius, ut nulli Regulares cum Balandranis seu garnasiis, vel aliis vestibus Laicorum, equitent, vel incedant.* [*Balardinis* et *Gramasiis* legit D. *de Lauriere* in Notis ad Edictum S. Ludovici ann. 1228. tom. 1. Ordinat. Reg. Franc. pag. 52.]

* **BALANERIA**, idem quod *Balingaria*, Navis bellicæ vel piraticæ species, navis cursoria, nostris *Balenier, Ballenier* et *Balnier. Baliniere*, in Chron. Britan. ad ann. 1387. inter Probat. tom. 1. Hist. Brit. col. 61. Annal. Genuens. ad. ann. 1423. apud Murator. tom. 17. Script. Ital. col. 1288 : *Et super aliis quatuor navibus admodum parvis, ex quibus duæ erant Balaneriæ, aderant homines circiter ducenti.* Lit. remiss. ann. 1412. in Reg. 166. Chartoph. reg. ch. 279 : *Lesquelx ont mené le suppliant avec eulx en un Balenier en escumerie sur la mer.* Aliæ ann. 1455. in Reg. 183. ch. 48 : *Comme Robert du Quesnay escuier.... eust fait équiper et mettre en guerre sur la mer ung Ballenier.* Froiss. 3. vol. cap. 109 : *Si menoient* (les Anglois) *en leur armée vaisseaux, qu'on appelle Balniers coursiers, qui flotoient sur la mer et alloient devant pour trouver les aventures.* Cap. 116. et alibi : *Balleniers.* Sed et *Baleniers* nuncupabantur ii, qui ejusmodi navem conscendebant. Lit. remiss. ann. 1385. in Reg. 127. ch. 283 : *Lesdiz mariniers furent prins par les Baleniers d'Olonne, et amenez prisonniers a la Rochelle.*

¶ **BALANERIUS**, Navigii majoris genus. [* Vel potius levioris. Vide supra *Balaneria.*] Litteræ Caroli Regis ann. 1481. ex Archivis Communis Massil. : *Ipsorum naves, Balanerios, galatias, barchias, caravellas, et quæcumque alia vasa maritima cum suis corredis, apparatibus, armamentis et rebus illarum.*

BALANI, *Grandes viri*, Papiæ. Leg. Glandes.

* **BALANSA**, Libra, bilanx, Gall. *Balance.* Stat. ann. 1272. inter Probat. tom. 1. Hist. Nem. pag. 98. col. 2 : *Porro ministeria sive scalas sex duximus distinguenda : prima scala erit campsorum,... et aliorum qui ponderant cum Balansa. Item quædam Balansæ de cupro*, in Inventar. MS. ann. 1379. Vide supra *Balança.*

¶ **BALANTIA**, Idem ac *Balanx*, quod vide, et in *Assaia* Rymeri locum, cui paulo post subjungitur : *Ad omnes illos, quos de falsatione seu diminutione monetarum, Balantiarum, seu ponderum, etc.*

¶ **BALANUM**, *Nux muscada*, in Glossar. S. Andreæ Avenion. MS. *Balanus* vulgo est Dactylus, palmula, nux castanea.

* Glossæ Lud. de Guaschis ad calcem Doctrinal. : *Balanum, quoddam unguentum.*

* **BALANUS**, Quercus. Glossar. Lat. Gall. ex Cod. reg. 7692 : *Balanus, quesne, un arbre.* Vide infra *Balasti.*

BALANX, pro *Bilanx*, ex Gall. et Anglico *Balance.* Ugutio : *Bajulo, vacillo, hinc et illinc inclinare : unde hæ Balances, quia huc et illuc non declinant.* [Verius si a duabus Lancibus etymon duxisset, sicut et *Bilancis; i* mutatum fuit in *a*, ut a voce *Cingulum*, dicimus *Sangle*, etc.] Will. Thron. *de Balancibus et mensuris. Ballancia*, in Charta ann. 1266. apud Loisellum in Bellovaco pag. 297.

* **BALANZETA**, BALLANCETA, Nummari trutina, Gall. *Trébuchet.* Ordinat. Caroli dalph. ann. 1357. in Reg. Cam. Comput. Paris. sign. *Vienne* fol. 18. r° : *Denarii taillientur ad recours ad Ballancetam, et possit esse de justo ad fortem unum granum et dimidium.* Alia ann. 1362. ibid. fol. 41. v° : *Et ipsi denarii debeant taylliari ad Balanzetam et ad recors, et possit esse de justo ad fortem unus granus.*

BALARDINA. Vide *Balandrana.*

BALARE, BALLARE, Saltare, choreas ducere, Ital. *Ballare*, Gall. *Baler.* Ugutio [et Glossar. MS. Montis S. Eligii Attrebat.] : *Ballare; huc et illuc inclinare, vacillare.* Notæ Tyronis : *Ballat, ballator, ballatrix.* Voces a Græco deductæ. Gloss. Græc. Lat. : Βαλίζω, *Pergo, gradior*, Βαλίζει, *Ambulat.* Βάλισμα, *hic gressus.* Βαλλίζω, *Ballo.* Lexicon Græc. MS. Reg. Cod. 2062 : Βαλλίζειν, τὰ κόμβαλα κτυπεῖν, καὶ πρὸς τὸν ἐκεῖνον κτύπον ὀρχεῖσθαι. Vide Athenæum lib. 8. pag. 362. Ita in Concilio Laodiceno can. 52. vox Βαλλίζειν usurpatur; [et apud Theophanem ann. 1. Valentis.] Vide Salmasium ad Histor. August. pag. 350. S. Augustinus Serm. 215. de Tempore : *Ista consuetudo Balandi de paganorum observatione remansit.* Serm. 216 : *Diabolico more Balare et saltare.* Ferrandus Diac. in Breviar. Canon. cap. 188 : *Ut nullus Christianus Ballare vel cantare in nuptiis audeat.* Ubi Concil. Laodic. habet Βαλλίζειν. Synodus Romana sub Eugenio II. ann. 826. cap. 35 : *Sunt quidam, et maxime mulieres, qui festis ac sacris diebus, atque Sanctorum natalitiis, non pro eorum, quibus debent delectantur desideriis advenire, sed Ballando, verba turpia decantando, choros tenendo ac ducendo... advenire procurant.* Epistola Liciniani Carthaginis Spathariæ Episcopi ad Vincentium Ebusitanæ insulæ Episcopum, apud Bivarium : *Meliusque erat viro hortum facere vel iter agere, mulieri colum tenere, et non, ut dicitur, Balare, saltare, membra Deo benedicta saltando trajicere, et torquere, etc.* Pirminus Abbas in Excerptis de Sanctis Scripturis : *Nullus Christianorum neque ad Ecclesiam, neque in domibus, neque in triviis, nec in nullo loco Ballationes, cantationes, jocos et lusa diabolica facere præsumat.* Occurrit rursum infra. Vide *Auguriosus.* [Statuta Capituli Senon. art. de Præcentore : *Sciendum quod die Inventionis B. Stephani ad processionem in navi Ecclesiæ, apud S. Colombam in die S. Lupi, dum cantatur in choro*, O venerandum antistem, *Præcentor in his duobus locis, in chirotecis et annulis cum baculo debet Ballare, et non plus per annum.*] Joan. de Condato MS. :

Puis chante, et puis espringe et Bale.

* Le Roman *de Robert le Diable*, MS. :

L'emperere est enmy la sale
U il ne trepe, ne ne bale.

Bauller, Eadem notione, in Vit. SS. MSS. ex Cod. S. Victor. sign. 28. fol. 130. r°. col. 2 : *Aurelains fist chanter jougleours et les autres Bauller o soy.* Unde *Baloier* et *Baulliier*, Vento agitari, in Poemate Alex. part. 1. MS.

Les langues de l'enseignne vont au vent Baloiant.

Le Roman *de Cléomades* MS :

Mainte banniere Baulliier
Y veissiés et mainte enseigne.

[** Confer Raynouardi Glossar. Roman. vol. 1. pag. 174. voce *Ballar;* Glossar. med. Græcit. voce Βαλλίζειν col. 171. et Append. col. 34.]

BALATOR, vel ut est in notis Tyronis, *Ballator*, Saltator. Appendix ad Chronicon Leodiense ann. 1374. apud Labbeum tom. 1. Bibl. pag. 408 : *Fuerunt saltatores seu Balatores quædam gentes Leodienses,... saltabant et chorizabant, etc.* [** Vide Forcellinum in *Ballator*.]

BALATIO, Saltatio. Isidori Glossæ : *Choreis, Balationibus.* Capit. Car. Mag. lib. 6. cap. 193. [** 196]: *Illas vero Balationes et saltationes, canticaque turpia... non faciat.* Vide Concil. Bracarense apud Burchard. lib. 10. cap. 39. Præcepta Synodalia Petri de Collemedio Archiepisc. Rotomag. ann. 1145. [Statuta Ecclesiæ Nannet. apud Marten. tom. 4. Anecd. col. 935.] et Synodum Bajocensem. ann. 1300. can. 31. Le Roman *d'Aubery :*

A Ostesio fu li peuples joians
De jeus, De Baus, de violes, de chans, etc.

[Ovide MS. apud Borellum ad vocem *Citole*:
Et Baleries et keroles,
Et vit violes et citoles.]

¶ BALLATIO, Eadem notione, tom. 2. Concil. Hisp. pag. 320. et apud Mabillonium tom. 4. Analect. pag. 587. et alios.

BALLATIONES, in festo Sanctorum Innocentium, interdictæ in Concilio Coprinia-censi ann. 1260. can. 2. Vide *Kalendæ.*

VALLATIO, pro *Ballatio.* Vita S. Eligii lib. 2. cap. 15 : *Nullus . . . Vallationes, vel saltationes, aut caraulas, aut cantica diabolica exerceat.* Eod. cap. : *Ludos etiam diabolicos, et Vallationes, vel cantica Gentium fieri vetate.*

BALLIMATHIA. Ugutio: *Cimbala, acitabula sunt, quæ percussa.... sonum faciunt, sic dicta quod cum Ballematica similiter percutiuntur,* id est, in *balismatiis*, seu in saltationibus. Joann. de Janua , *cum ballemacia.* Codex MS. Canonum *ballematia* habet. Ita etiam Gloss. Isid. : *Vallematia, inhonesti cantationes, et carmina jocaque turpia;* sic enim legendum. Titulus canonis 23. Concilii Toletani III : *Quod Ballimathiæ et turpia cantica prohibenda sunt a Sanctorum solenniis.* Aliæ Editiones habent *balimanthiæ*, quasi interdicantur divinationes, quæ per saltationes fiunt. At in ipso canone saltationes tantum et turpia cantica vetantur in Sanctorum solennitatibus, ut in Concilio Romano sub Eugenio II. PP. sed legendum videtur *ballismatia*, ex Græco βαλλισμάτιον : nam in Glossis βαλλίζειν, est *ballare*, βάλισμα, seu βάλλισμα, *gressus, Pas de dance* : vel βαλλισμάτιον, ex Græc. βάλλειν.

BALISTEUM, Idem quod *Ballematium*, Chorea, vel cantilena, ad quam saltatur; vox deducta a βαλλίζειν, *ballare*, vel *balare*, uti supra observatum. Vopiscus in Aureliano : *Adeo ut etiam Balistea pueri, et saltatiunculas in Aurelianum tales componerent, quibus diebus festis militariter saltitarent.* Nostri eadem notione *Balestiaux*, dixerunt; unde *Balets*, etiamnum appellamus saltationes, quæ ad cantilenam fiunt. Petrus Fontanus noster cap. 27. § 4: *Ils n'aillent pas chi jor à carolles, ne à giex, ne à Balestiaux.* Quibus verbis ea reddidit, quæ habentur in leg. 9. Cap. de Feriis : *Nihil eodem die sibi vindicet scena theatralis, aut Circense certamen, aut ferarum lacrymosa spectacula.*

* Lit. remiss. ann. 1415. in Reg. 168. Chartoph. reg. ch. 357 : *Un esbatement et jeu de Balestiaux, etc.* Guignev. in Peregr. hum. gen. MS :

Là leur fai je veir baleurs,
Gieus de Balestiaux et jongleurs.

Hinc *Balestel*, Balatro, mimus. Le Roman *du Riche homme et du Ladre* MS. :

Et si estroit sont lor drapel,
Qu'il samblent estre Balestel.

BALARGUS, Annonæ species. Tabular. Absiense : *Unam minam Balargi, et 1. gallinam et lagenam vini, et 1. panem.* [* Vide supra *Bailhargia.*]

BALASCUS, Carbunculus, cujus rubor et fulgor dilutiores sunt: Italis, *Balascio*, Gall. *Balais*, vel *Rubis Balais.* Veteres, *candidos carbunculos* appellant ejusmodi lapides. Charta ann. 1308 : *Infrascripta jocalia, videlicet unam coronam, et unum sertum de auro munitum de perlis, smiraldis, Balascis, diamantibus, et robinis; et sex firmalia de auro, munita parlis et lapidibus pretiosis.* A Balascia Indiæ regione, quam *Balarem* Aithonus lib. 1. cap. 6. alii *Balasam* vocant, dicti ejusmodi lapides pretiosi. Paulus Venetus lib. 1. cap. 34 : *Balascia est provincia magna : producit hæc lapides pretiosos atque magni valoris, qui a nomine regionis Balasci vocantur.* Alberto Magno, *lapis Balagius, est gemma coloris rubei, lucida valde et substantiæ transparentis, et dicitur esse femina carbunculi.* Statuta MSS. pro Aurificibus Parisiens. ann. 1355 : *Nul Orfevre ne peut mettre Amatitre avec Balais, ne esmeraudes, Rubis d'Orient, ne d'Alexandrie, si ce n'est en manière d'envoirrement servant comme un crystal sans feuille. Balascos* Bigorrences commendat Octavianus *de S. Gelais*, in Viridario honoris :

Et s'ils avoient dessus leurs capelines
Rubis, saphirs, fins Balais de Bigorre.

* BALASARDUS, ut supra *Badelare*, Ensis brevis species, Gall. *Coutelas*, olim *Bazelaire.* Lit. remiss. ann. 1408. in Reg. 163. Chartoph. reg. ch. 76 : *Dictus Bernardus.... accessit ad domum suam, et gladio Balasardo accepto, . . . dictum Guillelmum tribus vel quatuor ictibus de dicto Balazardo percussit.* Vide supra *Balafardus.*

* BALASCIOLUS, diminut. a *Balascius*, infra. Inventar. MS. thes. Sedis Apost. sub Bonif. VIII. ann. 1295 : *Item unum annulum.... cum uno circulo, ubi sunt IX. smaragldi parvi, et X. Balascioli sive rubinelli.*

* BALASCIUS, Carbunculus, Gall. *Balais.* Charta ann. 1351. in Reg. N. Chartoph. reg. ch. 26 : *Item unum capellum in auro, cum quatuor pignis perlarum de perlis xij. pro qualibet pigna rubinorum et Balasciorum peciis.* Vide *Balascus.*

BALASIUS, Eadem notione qua *Balascus.* Instrum. ann. 1347. tom. 2. Hist. Dalphin. pag. 568 : *Ac certos lapides, Balasios, rubinos, saphiros, etc.*

* BALASSIUS, BALASSUS, Eadem notione, qua *Balascius*, in Annal. Mediol. ad ann. 1389. apud Murator. tom. 16. Script. Ital. col. 807.

* BALASTARDUS, ut supra *Balasardus.* Lit. remiss. ann. 1416. in Reg. 169. Chartoph. reg. ch. 226 : *Petrus Bernigole cum quodam Balastardo dictum Johannem in fronte percussit.*

¶ BALASTE. Vide *Basta.*

BALASTRUM, *Balneum*, in Glossis Isidori. [Versus de Mediolano apud Murator. tom. 2. part. 2. col. 688 : *Foris valde speciosum habet ædificium, omnemque ambitum viarum firme stratum, scilicet undam capit per ductorem limphæ quamdam Balastris.*] Vide *Balustrum.*

* BALATICUM, Hordei species, idem quod *Balargus.* Charta ann. 1209. ex Bibl. reg. cot. 17 : *De omni fructu, qui inde exierit, de blado, et Balatico, et grapis et palea, debetis nobis et ecclesiæ S. Pauli medietatem.* Vide supra *Bailhargia.* [** Rectius forte i. q. *Baladium.* ADEL.]

BALATOFERUM. Testamentum S. Remigii apud Flodoardum lib. 1. Hist. Rem. cap. 18 : *Aliis pauperibus tribus, ubi Fratres cotidie pedes lavare debent, quibus etiam Balatoferum, quod dicitur Xenodochium, ad hoc ministerium statui, solidus unus dabitur.* [Miræus tom. 1. Operum Diplomatic. pag. 3. col. 1. legit ex eodem Testamento, *Balatoforum.*]

¶ BALATOLA, Calculus, Gall. *Balote.* Rymer. tom. 6. pag. 674 : *Absolventes se ad Balatolas albas et nigras, et quod Balatolæ omnes albæ fuerant immixtæ.* (f. immissæ.) Alibi *Ballatola.*

¶ BALATOR. Vide in *Balare.*

1. BALATORIUM, [pro *Balcatorium*, Molendinum.] Vide in *Valcatorium.*

* 2. BALATORIUM, ab Ital. ut opinor, *Ballatoio*, Menianum, Gall. *Terrasse, galerie, balcon.* Charta ann. 1199. apud Murator. tom. 3. Antiq. Ital. med. ævi col. 1184 : *Actum Pisis in Balatorio dicti archiepiscopatus, præsentibus, etc.* Vide *Ballatorium.*

BALAUSTIUM. Petrus Damiani lib. 6. Epist. 17 : *Palpitent oculi, os per crebra Balaustia gannire non cesset, caput etiam nutet, etc.* Legendum forte *balbustia*, nostris *Begaiemens.* Alias Dioscoridi lib. 1. cap. 155. βαλαύστιον, ut Latinis, *Balaustium*, est flos mali punici; Italicis *Balaustra*, vel *Balausta.*

* Oscitatio, Gall. *Baillement.* Nihil itaque emendatione opus est. Vide supra *Badals.*

¶ BALAYA, a Gallico *Balais*, Carbunculus. Ex Chartis Ecclesiæ Aniciens. Sæc. XIV : *Item calix in cujus pomello sunt quatuor Evangelistæ cum quatuor Lapidibus ad modum Balayarum.* Vide *Balascus.*

¶ BALAYRARIUS, Gall. *Balayeur*, Scoparius. Ex Chartis Eccl. Aniciens. : *Secuntur illa qua solvuntur in tracta. Thesaurario Ecclesiæ 8. lib.... Porterio minori pro balais 20. s. pro Balayrariis 7. s. 6. d.*

BALBA. Charta Ital. ann. 1345 : *Possunt suas ripas camporum dessus Tanegrum munire, si voluerint, de Balbis et plantis, prout voluerint.* [* Vide infra *Balbus.*]

* BALBACANA, pro *Barbacana*, ni fallor. Vide in hac voce. Stat. Vercell. lib. 6. pag. 146. r°. : *Debent communi Vercellarum annuatim solidos viginti Pap. pro una ruta Balbacanæ, quæ est post domos illorum.*

** BALBICUS, *Balbus.* Gemma Gemmar.

¶ BALBINUS. Historia Comitatus Ebroicensis inter Probat. pag. 9 : *Ita tamen quod vicarius ejusdem Ecclesiæ de d'Alboe percipiet singulis annis unum modium bladi... in granchia de d'Alboe per manum Balbini monachorum.* f. legendum *Ballivi*, quo nomine nonnunquam appellatus est Administrator rerum Monasterii.

** **BALBIRE**, *Balbutire*. Gemma Gemmar.

¶ **BALBOTTA**, Navis species. Jacobi Auriæ Annal. Genuen. lib. 10. ad ann. 1290. apud Murator. tom. 6. col. 599 : *Die autem sequenti admiragius Januæ paratis platis, et cum eis Balbottis, misit eas ad turrim de versus Ponentem, quæ erat optime per Pisanos fornita omnibus necessariis ad prælium.* Vide *Barbota*.

BALBUCA. Vide *Balducta*.

* **BALBUS**, Agger, quo aliquid defenditur et munitur. Stat. civit. Astæ ex reva molegii : *Quod prædicti emptores in dicto ripatu ab utraque parte, ubicumque voluerint, possint facere Balbos et clusas, dummodo dictos Balbos et clusas non faciant prope pontem Tanagri, ... et quod aliquis non possit fieri facere congeriam seu Balbos, vel aliud edificium in Tenagro.* Huc spectat vox *Baube* apud Guill. Guiart. ad ann. 1267 :

Tant errent droit par sant et Baube
Qu'assés prés de la cité d'Aube, etc.

Vide *Balba*.

¶ 1. **BALBUTIRE**, Latrare. Vita S. Pardi Radoyno auctore tom. 6. Maii pag. 371 : *Ut ora Balbutientium canum obstruerentur.*

* 2. **BALBUTIRE**, Cœnum agitare, in luto versari, Gall. *Barboter*. Glossar. Lat. Gall. ann. 1352. ex Cod. reg. 4120 : *Balbutire, bourbeteir.*

* **BALBUZARE**, Balbutire, Ital. *Balbuzzare*, Gall. *Bégaier*. Libell. de remed. peccat. apud Marten. tom. 7. Ampl. Collect. col. 46 : *Qui vero inebriantur contra præceptum Domini,.... hoc est, ebrietas, quando statum mentis mutant* (mutat) *et lingua Balbuzat, etc. Baubeler, Bauboier*, nostris olim, ut *Baube* et *Baubeterre*, pro Balbus, vulgo *Begue*. Glossar. Gall. Lat. ex Cod. reg. 7684 : *Baubetant, balbuciens.* Alanus *Chartier : Entrerompoit sa voix, et faisoit sa langue Bauboier.* Chron. S. Dion. ad ann. 877 : *A Looys le fil Challe le Chauf, qui Loys li Baubes fu apelez, etc.* Phil. *Mouskes* :

Loeys ki Baubes ot nom,
Et sachiés k'il ot cest sornom
Por çou k'il estoit Baubeterre :
Mais il n'iert fol, ne abaterre.

Besgoier, in Lit. remiss. ann. 1416. in Reg. 169. Chartoph. reg. ch. 447 : *Pour ce que icellui prestre estoit moult chargié de vin ou de cidre en Besgoiant, etc. Blés*, Provincialibus, a Lat. Blæsus. Glossar. Provinc. Lat. ex Cod. reg. 7657 : *Blés, Prov. balbus, blæsus.*

BALCANIFER, Ita dictus Vexillifer, apud Templarios Milites, pro *Baldakinifer*. Matth. Paris ann. 1237. de clade Templaror. : *Ea die Balcanifer, qui ut alii qui ceciderunt, cruentissimam de se reliquit hostibus victoriam.* Et ann. 1246. de iisdem : *Primicerius eorum et signifer, quem Balcaniferum vocant, etc.* Vide *Baldakinus*.

* **BALCARIUS**, Qui rei alicui colligendæ præest. Gloss. Cæsar. Heisterbac. in Reg. Prum. tom. 1. Hist. Trevir. Joan. Nic. ab Hontheim pag. 677. col. 2 : *De missatico, quod provenit per quatuor ebdomadas, reddunt Balcarii rationem.*

* **BALCATORIUM**, BALCHETERIUM, ut supra *Bactenderium*, Molendinum, ubi panni tunduntur. Charta ann. 1214. tom. 1. Hist. Cassin. pag. 397. col. 1 : *Concessimus sedium quoddam.... ad faciendum ibi molendina seu Balcatoria, prout magis expedire videbitur.* Alia ann. 1303. apud Ughell. tom. 1. Ital. sacr. edit. ann. 1717. col. 383 : *Attendentes ordini Cisterciensi per sedem Apostolicam generaliter esse indultum atque concessum, quod ordo ipse et loca ejusdem exempta sunt a decimarum solutione de fructibus molendinorum, piscariorum, Balcatoriorum, etc.* Infra : *De molendinis, Balcheteriis, piscariis, hortis, pascuis, virgultis, etc.* Vide *Batatorium* et *Valcatorium*.

* **BALCH**, *Superbus, arrogans, Cambro-britannis*, apud Boxhorn. in Diction. Vide Lud. *le Pelletier* in hac voce.

* **BALCHA**, Arundo, juncus, calamus, Gall. *Roseau*. Statuta Avellæ ann. 1496. cap. 156. ex Cod. reg. 4624 : *Si aliqua persona, postea dum ventus espirabit, ignem fecerit in aliqua domo coperta paleis, Balcha seu rosello, vel alio simili, etc.*

* **BALCHETERIUM**. Vide supra *Balcatorium*.

¶ **BALCHIONES**, Idem quod *Balcones*. Acta SS. Julii tom. 3. pag. 271. E. : *Erant enim positi ad Balchiones, et statim cum videbant gloriosum corpus cum processione, sanabantur.*

¶ **BALCHIONATUS**. Vide mox in *Balcones* 1.

* **BALCIUS**, f. Fenestræ apertura. Acta MSS. Inquisit. Carcass. ann. 1308. fol. 16. r° : *Philippus de Lernaco domicellus et Petrus de Area dixerunt sibi, quod quadam nocte invenerunt dictum beguinum in ponte de Alato, et statim . . . . prædictum beguinum projecerunt per unum magnum Balcium in quandam foveam, . . . ita quod postea non fuit visus.* Vide mox *Balcus*.

1. **BALCONES**, Italis *Balconi*, Gallis *Balcons*, Exedræ prominentes. Inscriptio quæ legitur in cœmeterio S. Proculi Veronæ : *Fecit Balcones novos super Balcones veteres elevari.* [Guidonis Disciplina Farfensis lib. 2. cap. 1 : *Ad Orientem fenestræ quatuor; contra Septentrionem tres; contra Occidentem duodecim Balcones, etc.*] Joan. Villaneus lib. 10. cap. 132 : *Et al continuo u'era pieno di belle donne a' Balconi.* Quidam, inquit Acharisius, vocem propriam Venetorum, alii Genuensium esse aiunt. Hinc *Balconato*, ædem balconibus instructam dicunt Itali. *Domus Balchionata et cupata*, in Charta ann. 1356. apud Ghirardaccum lib. 1. Hist. Bonon. pag. 25.

¶ 2. **BALCONES**, pro *Bacones*, Porci saginati, Petasiones. Rymer. tom. 7. pag. 187. ubi de munitione Castri Brestensis : *Trescentas libras de salpetre, centum libras sulphuris, vini unum dolium, carbonum de salugh, sex secures, duas sarres, sex naugers, duodecim pykoys, centum Balcones.* Vide *Baco*.

¶ **BALCONUM**, Mœnianum. Acta SS. Junii tom. 1. pag. 793 : *Dum ego starem in domo mea ad Balconum domus meæ post prandium.*

* **BALCUS**, Ital. *Balco* vel *Palco*, Mœnianum, Gall. *Balcon*. Stat. civit. Pistor. ann. 1107. apud Murator. tom. 4. Antiq. Ital. med. ævi col. 543 : *Statuimus ut potestas infra quindecim dies proximos a primo Kalendarum Januarii, faciat destrui omnes Balcos, cum jussu consulum designatos.* Vide *Balcones* 1.

¶ **BALDACITER**, Alacriter, expedite, Italis *Baldamente*, Gall. *Alaigrément*. Vide *Baltha*. *Sire Raul* de Gestis Frid. I. Imp. Murator. tom. 6. col. 1175 : *Et ipsi Baldaciter steterunt ibi per xv. dies et oppugnaverunt Sallam.* Ibid. col. 1184 : *Egressi sunt cum ducentis militibus Placentinorum, qui venerant in occursum Mediolanensibus ad S. Romanum ad Quintum valde Baldaciter, cum carroceno et aliis plaustrellis centum.*

BALDAKINUS, BALDEKINUS, Pannus, omnium ditissimus, cujus utpote stamen ex filo auri, subtemen ex serico tegitur, plumario opere intertextus, sic dictus quod *Baldacco*, seu Babylone in Perside, in Occidentales provincias deferretur. Vincentius Bellov. lib. 32. cap. 30 : *Tertia die fuerunt omnes in blaveis purpuris, et quarta in optimis Baldakinis.* Cap. 31 : *De Baldakino erat tectum superius, sed alii erant panni exterius.* Matth. Westmonaster. ann. 1260 : *Tumbæ* (S. Albani) *obtulit optimum Baldekinum.* Matth. Paris ann. 1247 : *Dominus Rex veste deaurata facta de pretiosissimo Baldekino... sedens.* Et ann. 1254 : *Pallas pretiosas, quas Baldekinos vocant.* Ericus Upsalensis lib. 4. Hist. Suecicæ pag. 18 : *Levabant corpora Ducum, et ponentes in feretro, superjacto Baldechino, portabant ea de castro.* Adde pag. 120. Necrologium Ecclesiæ Parisiensis 3. Id. Jan : *Insuper dedit nobis quandam bibliothecam bonam et pulcram valentem 30. libr. Paris. et plus; et 2. Baldequinos pulcherrimos et deauratos.* Adde Chronicon Rollandini lib. 1. cap. 13. Vitam Balduini Lutzemb. Archiep. Trevir. lib. 2. cap. 2. 10. et Monasticum Anglic. tom. 3. pag. 177. et seqq. 325. et alibi sæpe. Perperam *Baldetrinus*, pro *Baldekinus* bis legitur apud Suffridum Petri in Joanne Hornio, Episc. Leod. cap. 45. Male etiam hæc vox scripta reperitur in Charta ann. 1197. apud Ughellum tom. 7. pag. 875 : *4. Sindones de seta, quarum una est de... alia de catablattio, alia de Baldeluno, reliqua vero est rotata.* Legendum enim *Baldekino.* Et apud Franciscum Canonicum Pragensem in Histor. sui temporis : *Ornatus Capellæ regiæ non nisi de pretiosissimis Belkinis purpura et bysso contextus erat :* ubi legendum *Baldekinis*. Matthæus Villaneus lib. 3. cap. 63 : *La bara, o vero la cassa del corpo era coperta con fini drappi, et Baldacchini di seta.* [** Testam. Petri Archiep. Mogunt. ann. 1319. in Guden. cod. diplom. vol. 3. pag. 177 : *Cuilibet eorum detur unus pannus sericeus.... et si forte panni sericei deficerent, volumus ut recipiantur Baldekini;* unde eo tempore sericis viliores habiti esse videntur.]

☞ Vocis etymon probant quidem Bollandistæ in Notis ad vitam S. Raynerii tom. 3. Junii pag. 431. sed vocem *Baldelunum* posse retineri existimant, quod hæc materiæ qualitatem significare videatur; *Baldekinus* vero formam operis facti. Hinc

Borellus : *Baldechinus*, Pannus filis aureis et sericis contextus. Vide *Baldekinius*.

Baldakinus sumitur etiam crebro pro umbraculo, seu *umbella*. Ceremoniale Romanum lib. 1. sect. 2 : *Portant umbraculum hastilibus octo sustentatum, quod hodie Baldachinum appellant.* [Acta SS. Julii tom. 3. pag. 455. ubi de Translatione Crucifixi miraculosi : *Excepta etiam fuit sub Baldachino Ecclesiæ metropolitanæ.*] Adde Ceremoniale Episcoporum lib. 1. cap. 2. Ita autem dictæ umbellæ, quia ut plurimum factæ erant ex *Baldekino* : qua notione *Baldacchino* usurpant Itali. Matthæus Villaneus lib. 7. cap. 100 : *Sopra la sua persona Baldacchini di seta, e d'oro adorno intorno riccamente.* [** Instit. Fraternitat. S. Georgii ann. 1492. apud Guden. in Cod. diplom. vol. 4. pag. 495 : *Baldachinum, hoc est pannum sive protectum, quod supra sacra in processionibus ferri consuevit.*]

Baldicum, videtur usurpari aut scribi pro *Baldachino* in Annalibus Colmariensib. 1. part. ann. 1276 : *Fuit et feretrum coopertum nobili Baldico quod Ecclesiæ reliquerunt.* Et in 2. part. eod. ann. : *Feretrum coopertum fuit Baldichino, quod Ecclesiæ reliquerunt.* Paulo supra : *Hic jusserat vestes pauperibus elargiri, et Baldicum cuidam inclusæ.*

¶ Bandaquinus, in nova Gall. Christ. tom. 4. col. 1080 : *Item dedit huic Ecclesiæ duos pannos de Bandequino optimos.*

¶ Baudequinus. Acta Gaufredi de Loduno Episcopi apud Mabillon. tom. 3. Analect. pag. 390 : *Baudequinum unum ad ponendum ante altare, duos pannos sericos de armis Regis Franciæ,*

Plerique opinantur *Baldakinum* idem esse quod veterum *Babylonicum*, cum Babylonem *Baldach* hodie appellari constet. Glossar. Lat. Græc. *Babulonicum*, ψιλὴ πολύμιτος. Gloss. Græco-Lat. ψιλόν, *tenue Babylonicum*. Aliud Glossar. cap. de Divitiis : *Babylonicum*, * σπιοελής. At Plinius lib. 8. cap. 48. *Polymita* a *Babylonicis* distinguit, eaque Alexandrinis adscribit. *Babilonicorum* vero meminit Plutarchus in Catone majore. Observat denique Scaliger in Notis ad Catullum Babylonica appellasse veteres, quæcumque acu picta erant, licet in Babylonia facta non essent. [** Wachterus vocem *Baldakinus* mere Germanicam esse credit, a Cambrico *Pali*, Sericum et Germ. *Dach*, Tectum. Germanis inferioribus *Boldeck* olim idem erat ac *Baldakinus*, Umbraculum pretiosum ; unde autores Glossarii Bremensis tom. I. pag. 111. vocem ex veteri *Boll*, Caput, et *Decke*, Tegumentum, compositam esse volunt. Sed si panni pretiosi primus est vocis significatus, omnino assentiendum erit Cangio, a nomine urbis *Baldach* eam deducenti. Ad German. *Boldeck* quod attinet, procul dubio ex corrupta voce *Baldicum* effictum est, quam videas. Adel.]

Porro vernacule *Baudequin*, [vel *Bandekin*] Galli et Angli dixerunt. [*Madox* Formul. Anglic. in Testamento anni 1445 : *Item do et lego custodibus bonorum et fabricæ prædictæ* (B. M. de Benyngt.) xx. *solidos argenti, et unum par vestimentorum meorum de nigro et rubeo Baudekin, et unum calicem argenteum.*] Gloss. MSS. a Spelmanno laudatum : *Baudekin, cloth of silke, Olosericus.* Qua appellatione donata etiam legitur moneta minutior, cujus in commerciis usum prohibendum efflagitarunt Monetarii ann. 1308 : *Item qu'en l'en face faire la deffense des Baudequins, qui courent communement pour six deniers,* in veteri Scripto Cameræ Comput. Paris. forte quod Rex sub *Baldekino* seu umbraculo in throno sedens, in eare præsentaretur.

* Hujus monetæ mentio fit in Ordinat. Phil. III. ann. 1282 : *Nous avons de nouvel ordonné que quiconque aura en nostre roiaume Baudekins, ou Valentiennois, ou autre blanche monnoye, ou noire de hors du roiaume, etc.*

¶ **BALDANTIA**, Alacritas, festinatio, Italis *Baldanza*. Bartholomæi Scribæ Annal. Genuens. lib. 6. ad ann. 1243. apud Murator. tom. 6. col. 503 : *Quare Pisani galeas* LXXX. *cum magna Baldantia munierunt.* Vide *Baldaciter*.

* Unde iisdem *Baldanzosamente*, Alacriter, audaciter, et nostris *Baudement*, eodem sensu. Annal. regni S. Ludov. edit. reg. pag. 181 : *Quant li roys Loys vit que il cuens de la Marche ot refusé si Baudement à faire houmage à son frere, si fu moult iriez.* Vide ibid. Glossar. [** Conf. Glossar. Germ. voc. *Bold* et *Bald*, et infra *Baltha*. Adel. Graffii Thesaurum linguæ Francic. vol. 3. col. 108.]

BALDANUM Vexillum. Epistola Livonis Regis Armeniæ, in Gestis Innocentii III. PP. pag. 127 : *Sine diffiducia facta contra nos dentes acuerunt,... exercitum nostrum intra et extra muros Antiochiæ sagittaverunt, Vexillum Baldanum contra nos paraverunt, et quod gravius est, sanguinem Christianum fuderunt.* MS. Regium *balsanum* ; Fuxense, *balaoanum*, præferre monuit me V. Cl. Stephan. Baluzius : unde *baldakinum*, legendum forte.

BALDEA, Choreæ, Gall. *Bals*. Gauterius de Bellis Antioch. : *Commessationes fugiunt, ebrietates detestantur, vitant Baldea, execrantur stupra.* [Pro *Baldea*, legendum *Balinea* monet Gasp. Barthius in Glossario apud Ludewig. tom. 3. Reliq. MSS. pag. 374.] Vide *Balare*.

* **BALDEKINIUS**, Pannus, quem *Baldakinum* vocabant. Vide in hac voce. Stat. Einbeccensia apud Ludewig. Reliq. MSS. tom. 10. pag. 106 : *Canonicus noviter receptus .... antequam Baldekinium, valentem ultra duas marcas argenti, ecclesiæ dederit, etc.* Vide *Baldochinus*.

¶ **BALDELUNUS**, Baldequinus, etc. Vide *Baldakinus*.

* **BALDERIUS**. Vide infra *Bauderius* 2.

* **BALDICUARIUS**, f. Acupictor, Gall. *Brodeur*, a panno, *Baldakinus* dicto, ita appellatus. Stat. ant. Florent. lib. 4. cap. 5. ex Cod. reg. 4621 : *Investigare* (teneatur potestas) *quoscumque mercatores et artifices, campsores, Blanaivolos, aldicuarios, speciarios etc.*

BALDICUS. Vide *Baldakinus*.

* **BALDIMONIA**, *Herba caris*, *Olsnich*, in vocabul. Lat. Germ. ann. 1482. Planta alias Apium silvestre, thysselenium. Adel.

¶ **BALDINELLA**, Sindonis subtilioris species, a loco unde advehitur nomen habens. Vita S. Raynerii tom. 3. Junii pag. 431 : *Qui solitus erat indui mollibus a carne, vestimentis, bysso et Baldinella.* Ogerii Panis Annal. Genuens. lib. 1. ad ann. 1204. apud Murator. tom. 6. col. 389 : *Et venerunt homines cum barchis, lignis et buciis inquirentes de pecunia illa. Ultra ballas* CCCL *pannorum et Baldinellarum, invenerunt et de zurris piperis, etc.* Vide *Baldakinus*.

BALDIOSUS, *Effabilis*, in Gloss. Isidori. [Melius in Excerptis Pithœi *Blandiosus*, *affabilis*.]

* **BALDOARDUS**. Vide infra *Bauderius* 2.

* **BALDOCHINUS**, ut supra *Baldekinius*. Liber censuum eccl. Rom : *Ecclesia Romaricensis in anno bisextili equum album pro domino Papa, coopertum Baldochino.* Vide *Baldakinus*.

BALDRELLUS, Baltheus, Gall. *Baudrier*. Charta Huberti Militis de Salmuro, regnante Roberto Rege, in Tabulario Burguliensi : *Fuit etiam loricus in pretio valde bonus, et unus caballus. Filii vero ejus duos Baldrellos habuerunt.* Francorum baltheos sic describit Leo Aug. in Tactic. cap. 18. § 85. de Francis : Ὁπλίζονται δὲ σκουταρίοις, καὶ κονταρίοις, καὶ σπαθίοις κοντωτέροις, ἃ καὶ ἐπὶ ὤμων αὐτῶν διὰ λωρίων ἀναβασάζουσιν, ἐνίοτε δέ τινες αὐτῶν καὶ διαζώννυνται αὐτά. Catholicon Armoricum : *Baudra,... Baltheus*. Ita etiam Poetæ nostrates. Le Roman *de Garin* :

En piez se leve li Loheranz Garin,
Et ot vestu un bliaut de samiz,
Un Baudré ot à grant bandes d'or fin,
A chieres pierres sont attachés et mis,
En sa mein tint un baston de jardin.

Vetus Interpres Gallicus MS. Codicis Justiniani lib. 11. tit. 24 : *L'Empereres Leon dit : Nus ne mette de ci en avant en son frain, ne en sa sele à chevaucher, ne en son Baudré margeries, ne esmeraudes, ne jacinz, etc.* Arestum Paris. 9. Maii 1321 : *Item unam Caudream de corio operatam de serico pretii 40. sol.* Porro *Baudrarios*, Gallice *Baudroiers*, vocabant nostri, qui coria quævis parabant. Ex corio vero fiebant balthei.

¶ **BALDRESCHÆ**. Vide *Bretachiæ* et *Balitrisca*.

BALDRINGUS, Idem quod *Baldrellus*, Baltheus, Adalbero Episc. Laudun. in Carmine ad Robertum Regem :

Ilia Baldringo cingit strictissima picto.

Germanis *Ring*, baltheum sonat, ut in voce *Rinca* observamus. *Bald* vero audacem virum, secundum Walfridum Strabum in Visione Wettini Monachi Augiensis num. 4 :

Dicitur Erbaldus, verso sermone vir audax.

Ita *Baldring* fuerit cingulum viri militaris et *in armis strenui*. Vide *Baltha*.

BALDUCTA, Ugutioni, et Joanni de Janua, *dicitur lac pressum, a sero scilicet mutata, et dicitur Balducta, quasi valde ducta, quia valde ducta est et pressa.* Vossius ex Nannio *Balbuca* habet. [** *Balbuca, Buttermilch*, in Vocabul. Lat. Germ. ann. 1477. Adel. Gallice *Babeurre*. In Gemma Gemm. additur versus :

Trema datur dignis, dabitur Balbuca malignis.

¶ Balthuta, Eadem notione, in Canon. Hibern. apud Marten. tom. 4. Anecd. col. 7 : *Tenuclæ vero vel Balthutæ lactis sextario Romano.* Cumeanus Abbas de mensura Pœnitent. cap. 3 : *Batuto lactis sextario pro sitis gratia.*

BALEA, Arcus balearis, Ballista. Joan. de Janua : *Balea, a* βάλλειν, *funda, vel instrumentum quod vulgo vocatur Balestrum.*

Hist. MS. Excidii Acconis : *Portantes ibidem lapides cujuslibet quantitatis, Baleas, et quarellos, lanceas et falcastra, etc.* Ibidem : *Et ipsis sic dispersis cum bipedilibus, et communibus Baleis, quarellorum multitudinem emittentes. Baleæ vertigales*, apud eumdem Scriptorem : *Nam quarelli pro Baleis vertigalibus sic fere et aliis jam fluxerant, nec habebant quid amplius balearent. Balistæ vertiginales* eidem etiam paulo ante dicuntur : *A qualibet Balista vertiginali trinos simul quarellos sensim in primam aciem emiserunt.*

Baleare, e Baleis, seu Balistis, vel arcubalistis *quadrellos* seu sagittas emittere. Gloss. Lat. Græc. *Baleari*, σφειδονῆσαι. Occurrit non semel in eadem Historia Excidii Acconis MS.

Baleator, *Fundator*, [pro *Funditor*] *vel Balistor*, Joanni de Janua.

Balearius, qui alias *Arcubalistarius*. Lucas Tudensis æra 1058 : *A quodam insigni Beleario... inter scapulas sagitta ictus est.* Æra 1075 : *Rex Electos et Milites et Balearios ad civitatem cursu tendere... præcepit.*

Balearis Arcus, vulgo *Arbalestre*, apud Albertum Aq. lib. 9. cap. 20. Claudianus in Paneg. in 4. Consul. Honorii :

...... Nunc spicula cornu
Tendere, nunc glandes Baleari spargere funda.

¶ Balearis Funda. Gesta Tancredi apud Marten. tom. 3. Anecdot. col. 172 : *Hi Fundis Balearibus turres quatiunt.* Ibidem col. 187 : *Quarum* (turrium) *remotiusculam Tancredus, propriusculam Comes Normannus Fundæ Balearis turbine dissolvebant. Funditorum Balearium* meminit Cæsar de Bello Gall. lib. 2. n. 8. Verum ii non a machina bellica, de qua nunc agitur, sed ab Insulis Balearibus nomen traxere; quæ tamen ipsæ Insulæ a Græco Βάλλειν dictæ videntur, quod earum incolæ fundæ jaculatione haberentur peritissimi. [** Confer Bochart. Geogr. Sacra. pag. 684.]

Baleare Instrumentum, Balearica Machina. Guibertus lib. 6. Gest. Dei cap. 18 : *E contra urbani Baleare celeriter ædificant instrumentum, quo jactis ingentibus saxis nitebantur debilitare castellum.* [Otto Frisingensis Episcopus de Gestis Friderici I. Imp. lib. 2. cap. 20. apud Murator. tom. 6. col. 718 : *At oppidani nondum tot malis victos se fingentes, infra quatuor dies, quibus pro Christiani cultus devotione Principem hostibus pacem dedisse diximus, Baleare Tormentum instruunt, ignorante Principe, etc.*] Guntherus lib. 3. Ligurini :

Extruitur miræ Balearica machina molis,
Quæ valido longum transverberet aera jactu.

¶ Balearica Tormenta, in Gestis Tancredi apud Martenium tom. 3. Anecdot. col. 176 : *Contra urbani* (obsessi) *quasi par pari reddunt, reverberant Balearica Tormenta similibus; missilia eminus, cominus vomeres marmora demittunt.*

¶ **BALEIS**, Carbunculus pretiosior, Gall. *Balais*, apud Rymer. tom. 5. pag. 60 : *Unum saphirum Orientalem pent. cum uno parvo Baleis... unum pent. cum uno Baleis in medio.* Skinner. in Lexic. Etymol. Angl. : *Balais of entail, Gemmæ seu lapides pretiosi incisi et insculpti a Fr. Gal. Balay d'entail... non quamvis gemmam, sed rubini quamdam speciem denotat.* Hæc carbunculi species remissioris coloris est, quam carbunculus proprie dictus. Vide *Balascus, Bales* et *Baleius.*

¶ Baleisius, Idem. Rymer. tom. 9. pag. 908. col. 1 : *Unum sharp auri garnisatum de sexaginta et uno grossis Baleisiis, quolibet Baleisio cum quinque grossis perulis.*

¶ **BALEIUM**, Scopæ, Gall. *Balay*. Locum vide in *Corveia* post *Corvata.*

¶ **BALEJUMENTUM**, in Gestis Dagoberti Regis, Schiltero non est vox ibrida, sed pure Teutonica : *Bale-jamunde*, vel *Balegemunte. Gemunte* et *Gemundling, Jamundling* vocabantur homines liberi qui se dederant in mundium et protectionem Ecclesiarum vel potentiorum, *Clientes* Romanis, *Mundiales* Francis et *Commendati. Balegemunte* itaque est convicium mali et ingrati clientis, rebellis; neque legendum est ut infra *Bile jumentum.*

* Quanquam non displicet Schilteri conjectura, haud ægre tamen crediderim vocem compositam esse ex veteri Gallico *Bal*, falsus, et *jumentum*, adeo ut animal falsarium vel perfidum significet. Vide *Ballomer.* Consule præterea Acta liter. Burc. Gott. Struvii.

* **BALEIUS**, Carbunculus. Gall. *Balais*. Testam. Guill. de Meleduno archiep. Senon. ann. 1376. in Reg. 108. Chartoph. reg. ch. 338 : *In dicto vero calice, scilicet in plomello, sunt tres grossi Balei,.... et sunt in pata dicti calicis novem trochæ, et in qualibet trocha tres pellæ orientales et unus Baleius, in medio cujuslibet trochæ.* Vide supra *Balascius.*

1. **BALENA**, Ballena, apud Anglos, solius Regis est, perinde ac *sturgio*, ut habent Bracton. lib. 3. de Corona cap. 2. § 4. et Fleta lib. 1. cap. 46. Leges Scaniæ Andreæ Suenonis lib. 8. cap. 1 : *Omnes pisces, sive sint mortui, sive vivi, si casu versus terram appulsi, ut manus hominum non possint effugere, occupantibus conceduntur, præter sturgionem qui juri regio, a quocumque repertus fuerit, totus cedit : præter quoque cetum, de quo quicumque primo advenerit, si pedes venerit, fascem suis sufficientem humeris : si eques, onus equi : si auriga, quantum currus trahere poterit : si nauta cum navi, venerit, quantum navis sex remorum deportare poterit, deportabit, eventumque rei exactori Regis nunciabit, alioquin tres marcas numerorum persolvet.* Gotselinus in Vita S. Augustini Episc. Cantuar. cap. 2. de Britannico mari : *Inter quæ diversa ac magna natilia capiuntur passim, delphini ac vituli marini, atque insuper montuosæ Balænæ.* [In Chronico Mutin. apud Murator. tom. 15. col. 574. *Monstrum vocatur Balena longitudinis* LX. *brachiorum et altitudinis* XX. *sine cauda, sine capite mensurata.*] *Decima Balenarum*, in Monast. Angl. tom. 1. pag. 30. tom. 3. pag. 4. [*De Balenis*, in Chartulario Parthenonis SS. Trinit. Cadom.] Vide quæ de Balenis observavit Cleyracus ad Leges maris Oleronenses art. 44. et infra *Piscis regalis.*

Balenatio, Piscatio balenarum. Charta Alfonsi Comitis Bononiensis ann. 1288. apud Brandaon. in Monach. Lusitan. tom. 4. pag. 279 : *Præterquam de piscaria, quam vobis integre concedimus, non de Balenatione, quam nobis et nostris successoribus reservamus.*

* 2. **BALENA**, f. pro *Bala*, Sagma, fascis, onus, sarcina. Consuet. S. Dion. Exoldun. ex Tabul. ejusd. eccl. : *Item de quolibet equo portante cum dicto baat Balenam, copum continens labrum ad minus et ad plus labrum et dimidium : et si dicta Balena deferatur in quadriga, pro quolibet equo trahente quadrigam, unum copum.* [** Ruodlieb carmen fragm. 1. vers. 21 :

...... scutifer. . .
Balenam dextrim, parmam vehit atque sinistrim.]

¶ **BALENERIUM**, Navigii species, f. sic dicta a piscatione balenarum. Rymer. tom. 8. pag. 308 : *Cum omnibus bonis eorum, navigiis, bargiis, Baleneriis, et aliis navigiis quibuscumque, et quocumque nomine censeantur.*

* Vel potius *Baleneria* seu *Balenerius.* Vide supra *Balaneria.* Vocis etymon longe probabilius affert Cangius in *Balingaria.*

* **BALENS**, Ovis a *Balare*, quod est ovium vox. Glossar. Lat. Gall. ex Cod. reg. 7679 : *Balens, brebis.* Hinc *Bestes belines*, Oves, verveces, in Lit. remiss. ann. 1415. ex Reg. 168. Chartoph. reg. ch. 367 : *Pluseurs beufs, bestes belines et porcines, etc.* Le Roman *de la Rose :*

Qui de la toison de Belin,
En lieu de manteau sobelin, etc.

Neque aliunde accersenda videtur vox *Belie*, qua ovile, seu prædium rusticum, ubi oves nutriuntur, significari opinor, in Lit. ann. 1409. ex Reg. 164. ch. 88 : *Icellui Regnault se vouloit aler esbatre en une Belie du prieur de Blessac.* An ejusdem est originis vox *Belleudre*, homo nihili, ineptus, ex Lit. remiss. ann. 1403. in Reg. 158. ch. 208 : *Ces Belleudres veulent ilz faire les maistres ?*

* **BALENTA.** Charta Phil. Pulc. ann. 1296. inter Probat. tom. 2. Hist. Burgund. pag. 91. col. 1 : *Villam Divionensem et totam Balentam dictæ villæ,..... volumus esse a modo de ressorto et ballivia Senonensi.* Sed leg. omnino est *Banleucam.* Vide in *Bannum* 3.

* **BALENTIA**, f. Locus, ubi scopæ crescunt. Sent. arbitr. ann. 1266. ex Tabul. S. Satyri : *Ego magister Joannes de Ursiaco, electus arbiter a partibus supradictis, pronuncio, ordino seu statuo quod tota tertia pars, quam habebat dictus comes* (Sacricesaris) *in villa Savigniaci et in toto territorio dicti loci, et de allodio cum Balentia et booleyo, et quidquid habebat in locis prædictis, cum omni justitia et jure in quibuscumque rebus, remaneant abbati et conventui S. Satyri et eorum successoribus.* Vide supra *Balancia.*

¶ **BALERIA**, perperam pro *Balena*, ut omnino videntur, apud Rymer. tom. 12. pag. 382 : *Baleria et alios pisces cujuscumque generis recentes emere, etc.*

¶ **BALES**, Pretiosior carbunculus. Rymer. tom. 5. pag. 60 : *Unum scucheonem aureum... cum duobus ameraldis, duobus Bales.* Ibidem : *Unum scucheon auri cum quatuor Bales.* Vide *Baleis.*

¶ 1. **BALESIUS**, ut *Bales*. Rymer. tom. 1. pag. 370 : *Decem Baculos continentes ducentos octo anulos cum rubetis et Balesiis.* Ibidem pag. 878 : *Quatuor baculos continentes centum et sex anulos, cum rubetis et*

Balesiis pretii ducentarum et quadraginta trium librarum.

¶ 2. **BALESIUS**, f. pro *Balosius*, vel *Balottus*, a Gallico *Balot*, Fascis, sarcina. Rymer. tom. 4. pag. 6 : *Et absque apertione litterarum, manticarum, Balesiorum, aut hernesiorum suorum quorumcumque, benevole permittatis, etc.*

* Vel pro *Valesius*, Gall. *Valise*. Vide *Valisia*.

¶ **BALESTARIUS**, Balestrare, Balestrerius, Balestrum, etc. Vide *Balista*.

¶ **BALETUM**, apud Pictavenses vulgo *Balet*, Species porticus tectæ ad nundinas aliasve res quaslibet ab aeris intemperie defendendas. Charta Geraldi Abbatis S. Joannis Angeriac. ann. 1385. ex Chartulario ejusdem Monast. pag. 442 : *Justa dictum monasterium in domo, in qua dictus dominus Abbas inhabitat, in quodam tustorio seu Baleto, sedente eod. domino Abb. super quemdam bancium fusteum pro tribunali more majorum.* Gesta Majoris Episc. Andegav. tom. 10. Spicil. Acher. pag. 366 : *Acta fuerunt hæc in Abbatia S. Albini Andegavens. sub anno (1314.) ... in Baleto, sito ante quamdam cameram, ut dicitur, Cameram novam.* Statuta Eccl. Nannet. ann. 1289. apud Marten. tom. 4. Anecd. col. 987 : *Universis et singulis nobis subditis inhibemus, ne ipsi per se, vel alium, seu alios, in Ecclesiis seu earum cimeteriis, sive contiguis ipsis Ecclesiis, sive remotis ab eisdem, publica placita maxime laicalia, seu banna et proclamationes ac adjornamenta fori laicalis inibi faciant; panes, carnes, volucres, pisces, et res quascumque vendibiles in Ecclesiis, cimeteriis, et Baletis earumdem venditioni non exponant.* Processus de Vita S. Yvonis tom. 4. Maii pag. 548 : *Quando D. Yvo ivit cubitum in lecto suo, qui erat in quodam Baleto juxta ecclesiam, de grossis virgis seu baculis nodosis contextus cum modico stramine.* Continuator Bollandi *Baletum* vertit per vocem *Cratis* : minus accurate, ut ex dictis liquet. *Balletum* in Inquisitione MS. pro Canonizatione ejusdem B. Yvonis.

* Officina, apotheca, Gall. *Galerie, boutique.* Charta ann. 1310. in Lib. rub. Cam. Comput Paris. fol. 388. r°. col. 1 : *La fame maistre Micheau, x. den. de son Balet.* Lit. remiss. ann. 1406. in Reg. 160. Chartoph. reg. ch. 303 : *Icellui Yvonnet descendi ou Balet dudit hostel, assiz près du Jardin.* Aliæ ann. 1459. in Reg. 188. ch. 173 : *Lequel sac porterent tous deux ensemble sur le Ballet de la maison, qui est sur la rue.* Infra ch. 191: *Sur ung Balet ou gallerie, etc.* Aliæ ann. 1464. in Reg. 191. ch. 41 : *Vindrent deux chappellains dessoubz le Balet ou galerie de l'église de S. Martin de Coussay.* Aliæ ann. 1478. in Reg. 105. ch. 150. : *De l'autre costé de laquelle riviere* (qui traverse la ville de Bourg de Deols) *a plusieurs Baletz et ouvrouers de marchans.* Aliæ denique ann. 1476. in Reg. 106. ch. 1063 : *Les supplians laisserent icellui enfant en ung Ballet ou ouvrouer.* *Valet* ex mutatione *B* in *V*, eadem acceptione, in Lit. remiss. ann. 1416 ex Reg. 169. ch. 279 : *Le suppliant trouva icelle femme toute nue en sa chemise sur les Valez ou galeries de son hostel à la lune au serin.*

* Balletum, Eadem notione. Consuet. monast. S. Crucis Burdegal. MSS. ante ann. 1305 : *Habet* (sacrista) *tenere duos lectos in Balleto bene garnitos pro clericis, ut custodiant ecclesiam.*

BALEUCA. Vide *Bannum Leugæ*.

¶ **BALEXES**, in Concil. Hisp. ann. 1591. tom. 4. pag. 541. *Purgationes arearum*, id est, horreorum purgamenta, qualia sunt, quæ vanno excutiuntur. [** Hispan. *Ballico* et *Ballueca*.]

BALEYS, Scopa, nostris *Balay*. Matth. Paris ann. 1252 : *Ferens in manu virgam, quam vulgariter Baleys appellamus, a singulis Fratribus disciplinas nuda carne suscepit.* Sed hic pro virgeo flagello sumi videtur, quemadmodum etiamnum apud Norfolcienses Anglos, ut auctor est Watsius.

BALFARDUM. Vide *Balgart*.

* **BALFREDUS**, ut *Belfredus*, Gall. *Beffroy*. Vide in hac voce. Stat. Vercel. lib. 5. pag. 126. v°. : *Item quod aliquis non accipiat vel exportet lignamina alicujus domus, cassinæ, molendini, Balfredi, etc.*

BALFRIDUS. Vide *Belfredus*.

¶ **BALG**, Navicula. MS. Cod. Consuetudinum SS. Bertini et Audomari tit. *de oneribus navium. Balg cum melle* 11. *den.* Vide *Barga*.

* An bene, haud scio; *Balg* enim in Diction. Belgico, venter, stomachus; hinc forte navicula, vel id omne quo aliquid continetur, *Balg* dictum est. [** Germanis, Follis, uter. Vide Graffii Thesaur. Ling. Francic. vol. 3. col. 107.] Cæterum in iisdem Consuet. rursum legitur : *Duo Balg, xj. den.*

BALGART, Balguard. Charta Philippi Comitis *de Los*, ann. 1054. apud Malbrancum lib. 9. de Morinis cap. 1 : *Concessi stallum, totiusque villæ teloneum, et quod Theutonice dicitur Balgart, tensuram, et creditionem atque omnem exactionem.* Quæ totidem verbis habentur in alio Diplomate Philippi Alsatii Comitis Flandriæ ann. 1181. apud Miræum in Diplom. Belg. lib. 2. cap. 4. nisi quod *Balguard* editum est. Idem videtur quod *Balfard* apud eumdem Malbrancum lib. 10. cap. 49. ubi perperam sic scriptum, pro *balgard*.

☞ Retinendum esse vocem *Balfard* suadent Leges et Consuetudines Furnenses MSS. in Archivo S. Audomari laïeta XI. 3. in quibus sic habetur : *Præterea nos Thomas Comes et Johanna Comitissa prædicti Balfardum nostrum in terra Furnensi perpetuo quitamus et quitum clamamus in futurum, hoc solum nobis retento, quod si forticias novas facere vellemus in terra Furnensi vel veteres reparare, illi fodere nobis tenerentur, qui prius Balfardum solvere consueverunt.... Actum ann.* 1240. Vide *Blaffardus*.

** Vox Balgart Schiltero est malorum seu maleficiorum custodia, jurisdictio criminalis a *Bal*, Malus et Gard, Custodia. Adel. Confer Warnkœnig. Histor. Jur. Flandric. vol. 1. § 19. pag. 247.]

¶ 1. **BALIA**, Machinæ bellicæ species, eadem quæ *Balista*. Chron. Cornelii *Zantfliet* apud Marten. tom. 5. Ampliss. Collect. col. 127 : *Tandemque Sarraceni infra civitatem quantum ad jactum Baliæ occisis Christianis sunt ingressi.*

2. **BALIA**, Balium, etc. Vide *Bajulus*, 3. et 4.

* 3. **BALIA**, Auctoritas, potestas, Italis Stat. synod. eccl. Sabin. ann. 1337. rubr. 32 : *Reservata, ut supra, plenaria potestate, arbitrio, et Balia domini episcopi.* Chron. Modoet. apud Murator. tom. 12. Script. Ital. col. 1078 : *Imperatori datur Balia et fortitudo faciendi justitiam sanguinis.* Occurrit præterea apud Marten. tom. 7. Ampl. Collect. col. 931. Vide supra *Bailia* 4.

* 4. **BALIA**, Magistratus novem civium apud Senenses, qui rebus bellicis præfecti sunt. Hist. Senens. ad ann. 1413. apud Murator. tom. 20. Script. Ital. col. 13 : *Quamobrem novem civium magistratum, quem Baliam vocant, bello præfuturum creavere* (Senenses) *militesque quamplures conduxere.* Et col. 41 : *Et mox a Baliæ magistratu (is enim rebus bellicis præest), etc.*

* 5. **BALIA**, Tributi genus, quod ratione protectionis et tutelæ exigitur. Charta ann. 1158. inter Probat. tom. 2. Hist. Occit. col. 572 : *Concedo et guirpisco.... quidquid ad ipsum mansum.... pertinere debet tibi præscripto abbati et successoribus tuis, et monachis Tomeriensis cœnobii præsentibus et futuris, scilicet Baliam, albergam, quistam, toltam, etc.* Vide supra *Bailia* 6.

* **BALIARDUS**, Monetæ species. Necrolog. MS. capit. B. M. Medii-monast. fol. 20. v°. : *Obiit Henricus de Soliaco cantor Bituricensis, qui dedit decem libras Baliardorum ad emendos redditus.* Vide infra *Baviardus*.

* **BALIATA**, Baliaturus, Tutela, rerum pupilli administratio. Constit. MSS. Caroli reg. Sicil. : *Hæc omnia volumus quod solvantur per balios quoscumque, per quos bona pupillorum, terras vel feuda tenentium procurantur, sive Baliatas curiæ teneant, sive aliis sint commissi.* Constit. Jacobi reg. Sicil. cap. 32. : *Si baronia, comitatus, vel feudum ipsum ad matrem spectaverit, alicui de consanguineis matris mortuæ Baliaturus hujusmodi per nostram curiam concedatur.* Ubi forte leg. *Baliatus*. Vide in hac voce.

¶ **BALIATUS**, Tutela. Chronicon Siciliæ apud Marten. tom. 3. Anecd. col. 11 : *Quæ dicta Constantia filia dicti Regis Rogerii nupsit Imperatori Henrico, et rapta per ipsum Archiepiscopum de manu, Baliatu et custodia dicti Regis Tankredi, fugit et ivit ad dictum Imperatorem virum suum.* Et col. 20. lin. ult. : *Sub nostri titulo Baliatus, etc.* Vide supra *Bajulus* 3.

BALIDINUS. Gloss. Saxon. Ælfrici cap. de Coloribus; *Balidinus*, hryte, forte legendum *Badius*, vel *Balius* : nostris *Bay*, *Bayard*. [** Hrut, *Balidus*, in cod. Cotton. 28. fortasse pro Validus, ad coitum aptus.] Vide Ægidium Menagium in Orig. Ital. verbo *Balzano*. [* Vide *Bagus*.]

BALIENS, pro *Valens*, in Charta Longobardica ann. 940. apud Ughellum tom. 1. pag. 391 : *De oleo Baliente denarios* 12. *etc.* Occurrit ibi rursum.

¶ **BALIGERA**, *Stulta*, in Cod. 1013. Bibliothecæ Regiæ. [** leg. *Babigera*.]

* **BALIGNA**, Leguminis species. Stat. Avellæ ann. 1496. cap. 126. ex Cod. reg. 4624 : *Emere non liceat.... caules, rapas, alia ceparia, et Balignas sive ortolaglia.*

¶ **BALIGUERIUS**, Navigii genus, idem quod *Balingaria*. Tabularium Communis Massil. : *Nobilis Melchior de Grimaldis domi-*

nus et patronus cujusdam Baliguerii intendit venire Massiliam et dictum Baliguerium desarmare, etc. [** *Balignerium* legendum esse contendit Jal. Archæol. naval. vol. 2. pag. 254.]

¶ **BALINEUM**, Βαλανεῖον, *Balneum*, in Supplemento Antiquarii. [** Vide Forcell. Lexic.; reperitur etiam *Balineus.* Placidus Maii et cod. reg. 7644 : *Balineum in prosa ponimus, Balneum in metro, tamen utrumque facit.* Idem cod. voce *Balneum : Quotidiano sermone Balineum dicimus etc.*]

BALINGARIA, Balingarius. Navis bellicæ species. Thom. Walsinghamus in Ricardo II : *Tandem pene solus fugiens in Balingario, pervenit ad eundem Comitem.* Infra : *Recepta sunt autem ibi vasa ... 21. cum quibusdam vasis eorum, scilicet 4. bargis, et uno Balingario.* Alibi : *Hostes armaverant 5. vasa bellica, qualia Balingarias appellamus.* Idem : *Una bargia et 7. Balingariæ periclitatæ sunt ante villam de Calesia.* In Henrico V. *Cepit 3. caricas et unam hulcam, et 4. Balingarias.* Froissart. 3. vol. cap. 41 : *Planté de navires, de galées, de vaisseaux et de Ballengers pour passer en Angleterre.* Atque hinc emendandus Spelmannus, qui perperam *babinger* legit, in hoc verbo. Tractatus MS. de Offic. Heraldorum : *Ledit Admiral doit avoir de tous vaisseaux appartenans à la guerre l'administration, comme Barges, de Galées, et Horquées, et Ballenjers, et autres. Balener* appellatur in Legibus Alfonsinis part. 2. tit. 25. lege 7. Sic porro dictum videtur ejusmodi navigium, quod cunabuli quod *Balinja*, seu *Balingia* vocabant olim nostri, formam referret. [** Magnæ molis navem a *Balæna* nomen mutuatum scribit auctor Archæol. naval. loco mox laudando, quem videas.]

¶ Balingera, Eodem sensu, apud Rymer. tom. 8. pag. 147 : *Aliquam navem, bargeam, sive Balingeram de guerra armatam.* Sic alibi non semel.

BALINGIUM, pro *Balineum*, vel *Balneum.* in veteri Inscriptione in Anglia, apud Gruter. 73, 5 : *Balingium vi ignis exustum Coh. I. Thracum restituit.* Vide *Balineum.*

BALINJA, [**ubinam ?] ex voce *Balinge*, quæ etiamnum apud Lemovices obtinet pro cunabulo, vel certe pro fasciis quibus involvuntur infantes. Capitulare de Villis cap. 42 : *Ut unaquæque villa intra Cameram lectaria, culcitas, plumatias, Batlinias, drappos, ... habeat:* Βαβάλια et βαβαλιςήρια, *cunabula*, et *cunas* vocant Glossæ Græc. Lat. [Armoricis hodie *Balen* vel *Ballen*, et *Pallen*, lecti operimentum laneum. Vide *Batlinia.*]

* *Belainge*, Pannus ex filo et lana grossiori textus, vulgo *Tiretaine*, in Lit. remiss. ann. 1477. ex Reg. 206. Chartoph. reg. ch. 1151 : *Ung corset à vestir, avec un peu de Belainge pour faire unes chausses.* Infra, *Bellainge.*

¶ **BALINVERNIA** et Balinrinia. Sic lego in Informationibus civitatis Massil. pro passagio transmarino MSS. e Bibliotheca Sangerm. Est autem magni mali, ut videtur, minus velum : *De caduta pro Balinrinia* L. *duarum goarum... Arbor vero de medio vult habere duo vela quorum majus vult habere* XLVII. *goas per antenam et* XLVII. *fos, et pro Balinvernia* XLVII. *goas; et continebunt ista duo vela* XXVIII. *pecias continentes* C. *cannas canabica.* Quæ quidem vox, cum a *Balingaria* non multum sit diversa, ab ea nomen traxisse facile crediderim, quod forte in ejusmodi navibus frequentioris usus fuerit. [** Vide Jalii Archæol. navalem. vol. 2. pag. 435. not.]

BALIO, *Manus, palma*, in Glossis Isidori. [Ad quas Grævius : Apud Papiam est : *Bola, Palma, manus.* Sic tum loquebantur et scribebant pro *Vola.* Sic et scripsisse censeo Isidorum : *Bola, palma, manus.*]

* **BALISAGIUM**, Præstatio seu tributum, quod pro indiciis, vulgo *Balises*, quæ ad dirigendas naves in portubus apponi solent, exigitur, Gall. *Balisage.* Vide Diction. Commerc. Privil. Rupellæ ann. 1483. inter Observat. ad Carol. VIII. pag. 384 : *Quæ privilegia et dona barragii, baptisagii, Balisagii, delestagii in prædictis, cæteraque contenta privilegiis firma et inviolabilia esse per omnia perpetuo decernimus.* Consuet. maris tom. 1. Probat. Hist. Britan. col. 791. art. 25 : *Le maistre est tenu à pourvoir sa forme luy et ses compaignons, et lui mettre Balis qu'ils apiergent à plain, ou que la forme soit bien Balingée, que les marchants n'y ayent dommaige.* [** Pardess. Coll. Leg. nautic. vol. 1. pag. 340. art. 24.]

BALISHUS, Moneta Tartarica. Vide Gregorium Abul-Faragium pag. 284. 285.

BALISTA, Ballista, Balestrum, etc. Machina jaculatoria, ex Græco βάλλειν, Hispan. *Ballesta*, Vulgo *Arbaleste. Balista manualis*, Joanni de Janua, in voce *Machina.* [** Gloss. in cod. reg. 7644 : *Balista, genus machinæ unde et executiuntur sagittæ.* Ibidem Placidus : *Genus machinæ, quo sagittæ plus arcu jaciuntur.*] Fortunatus lib. 3. Poëm. 10 :

Illic est etiam gemino Ballista volatu,
Quæ post se mortem linquit, et ipsa fugit.

Lex Wisigoth. lib. 8. tit. 4. § 23 : *Si quis... laqueos vel arcus prætenderit, seu Balistas.* Monachus Vallis Sarnensis in Hist. Albig. cap. 42 : *Ecce sagitta per Balistam ab adversario emissa servientem illum percussit.* Guill. Brito lib. 2. Philippid. :

Nec tamen interea cessat Balista, vel arcus,
Quadrellos hæc multiplicat, pluit ille sagittas.

Apud Sanutum lib. 1. part. 4. cap. 8. recensentur variæ balistarum species, *Balistæ grossæ a turno, Balistæ a pesarola. Balistæ a pectoribus*, ibidem cap. 23. *Rectæ Balistæ quibus istæ Muschettæ proprie deputantur, sunt Balistæ, quæ Balistæ a pectoribus nuncupantur.* Raimundus Montanerius in Chr. Aragon. cap. 272 :

E sen casa nau feyts metre par teror,
Tres Ballesters de toro, è quius vol mal simplor.

Balistæ cum cornu, apud Jacobum de Vitriaco lib. 3. pag. 1143 : *Inventi sunt in Damiata tribuculi quatuor cum petrariis et mangonellis plurimis, Balistæ cum Cornu fortissimæ, magnalium balistarum et arcuum... magnus numerus.* In Aresto Parlam. Par. 9. Maii recensentur pariter aliæ balistarum species, *Balistæ ad unum pedem, Balistæ de cornu ad duos pedes, Balistæ ligneæ ad duos pedes, Balista sine nuce quæ duos projicit quarellos.* [*Balista de torno vel de lena*, in Processu B. Petri de Luxemburgo tom. 1. Junii pag. 590. *Erant duæ Balistæ à Tour, et quinque a duobus pedibus*, tom. 1. Hist. Dalphin. pag. 67. col. 2. *Duas Balistas ad Tor, et decem Balistas ad duos pedes*, ibid. pag. 67. col. 2. Vide pag. 53. col. 1. *Balistam cornu optimam de torno*, in Statutis Arelat. tit. 133. *Balistæ corneæ*, apud Marten. Ampliss. Collect. tom. 1. col. 1114. Vide ejusd. Anecd. tom. 3. col. 90. et tom. 4. col. 726. Miræi opera Diplom. tom. 1. pag. 206. Edit. 1723. etc. *Balista a turno*, in Annal. Genuens Bartholomæi Scribæ ad ann. 1247. apud Murator. tom. 6. col. 512. *Balistra de cornu*, apud eumdem ibid. col. 418. *Balista de cornu, vel de torno*, in Statutis Massil. MSS. Perperam in Editis pag. 153. et 154. *de cornu, vel de corno.*] [** De Balistis *a turno* et *a zirella* sive *girella* videndus Jal. Archæol. naval. vol. 2. pag. 175. Leg. Pirat. cap. 12. ap. Pardess. Leg. Naval. vol. 5. pag. 409.]

* *Arbalestes de cor*, in Comput. Barth. *du Drach* ann. 1338. Rursum : *Arbaleste de cor et d'if, à tour, à haussepié, à baudrier vel baudreer, à tailler.* Ubi vel a forma, vel a materia, aut a ratione eas tendendi, aut ab iis quæ emittunt, denominationem habent, ut et quæ sequuntur.

* Balista *grossa de arganellis.* Vide supra *Arganella.*

* Balista *ad armandum*, inter garnisiones castri Carcass. ann. 1294 : *xxxj. turni balisterii*, ibid.

* Balista *calibus fulcita sub ingenio.... Balista fulcita suo ingenio.... Balista fulcita suis utilibus* vel *utensilibus et tractibus*, in Monstra facta apud Chassagniam ann. 1511, 10. Febr.

* Balista *grossa de molinellis.* Vide supra *Arganella.*

* Balista *de precorio*, in Stat. senescalli Bellicadri ann. 1320. inter Probat. tom. 4. Hist. Occit. col. 162. Vide infra *Precorium.*

* Balista *de reverso.* Inquisit. super destruct. bastidæ Sabranor. ann. 1363. ex Cod. reg. 5956. A. fol. 80. v°. : *Item dimisit vinginti quatuor Balistas pro majore parte de reverso.*

* Balista *grossa ad stapham*, in Charta ann. 1299. tom. 4. Cod. Ital. diplom. col. 46.

Sæpe etiam *Balista* et *Balistra* accipitur pro machina, qua saxa emittuntur ad quatiendos muros, quarum variæ species, de quibus copiose præ cæteris egit Angelus Portenarius in Felicit. Patavina lib. 5. cap. 5. [De Balistis hac notione sumtis intelligendus Papias MS. cum ait : *Balista, genus machinæ ab emittendo, torquetur enim verbere nervorum, et jacit hastas et saxa.*]

Balestrum, Balestrare, Balestrator. Joan. de Janua, et Breviloq. : *Balea, funda, vel instrumentum quod vulgo vocant Balestrum. Balestrare, cum Balestro aliquid projicere, vel percutere.* [Glossar. MS. Montis S. Eligii Attrebat. : *Balestrum a* Βάλλειν, *unde Balestro, as, id est, cum Balestro aliquid projicere.*] Ugutio : *Balestrum, Balista, Balestrator, funditor.* Itali *Balestra* et *Balestro* dicunt, ut et *Balestrare*, balista quadrellos emittere. [Memoriale Potestatum Regiens. ad ann. 1218 apud Murator. tom. 8. col. 1101 : *Sequenti enim die usque ad noctem, semper sagittando et Balestrando præliaverant.*] Jo. Villaneus lib. 12. cap. 66 : *Quando i Genovesi Balastravano un quadrello di Balestro, quelli saettavano tre saette con lor-*

narchi. *Balestra predicra*, apud Petrum Gerardum Patavinum lib. 7. de Ezzelino tyranno pag. 75.

BALISTRA, Idem quod *Balista*, Italis *Balestra*. [Breviarium Hist. Pisanæ ad ann. 1171. apud Murator. tom. 6. col. 184 : *In medio autem turris erat* LX. *cubitorum fortis, pugnatores* LXXX. *in ea cum* XX. *Balistris*.] Gloss. Latino-Græc. *Ballistra*, σφενδόνη, μάγγανον πολεμικόν. Gloss. Græc. Lat. βαλλίστρα, *Tormentum murale*. Καταπέλτης, *Ballistra*. Βολίστρα, apud Constantinum de Administrat. Imper. pag. 208. 210. pro βαλίστρα. Sed his locis pro tormento bellico sumitur, non pro arcu baleari. [** Cf. Lipsii Poliorcet lib. 3. dialog. 3.]

¶ BALESTRA, Eadem notione. Ottonis Morenæ Hist. Rer. Laudens. apud Murat. tom. 6. col. 1045 : *Teutonici tamen in ipsis gatis cum arcubus et Balestris occulte morantes*. Vide *Ballestra*.

¶ BALITA, [** *qua sagitta emittitur*.] mendose pro *Balista*, apud Ludewig. tom. 4. Reliq. MSS. pag. 424.

* BALISTUS, pro *Balista*, in Stat. crimin. Cumanæ cap. 142. ex Cod. reg. 4622 fol. 94. r°.

BALESTARIUS ARCUS, vulgo *Arbaleste*, Ballista. Wil. Brito lib. 2. Philippidos :

Francigenis nostris illis ignota diebus
Res erat omnino, quid Balestarius arcus,
Quid balista foret.

* Quæ verba Wil. Britonis ita Gallice redduntur a Guillelmo Guiarto :

Nul ne savoit riens d'arbalestes,
El tems dont je fais remembrance,
En tout le royaume de France.

Hinc balistarum usum Gallos accepisse a Richardo I. rege Angliæ, post eumdem Willel. Britonem, scribit idem Guiartus :

Venus estoit nouvellement
Des arbalestes li usages;
Richart qui de tiex fais iert sages,
Tout soit il d'autre déporté,
L'ot issi ains en France aporté,
Si com les croniques desqueuvrent.

Rursum ubi de morte Richardi :

Ainsi fina par le quarel,
Qu'Anglois tindrent à deshonneste,
Li rois Richart, qui d'arbaleste
Aporta premier l'us en France ;
De son art ot male chevance.

* Gallis tamen hactenus ignotum fuisse balistarum usum, ut credam nullomodo adduci possum. De iis quippe, ut cætera taceam, meminit Sugerius in vita Ludovici VI. Harum igitur usus aut tum desierat, aut iis emittendis minus habiles habebantur Galli. Vide quæ in hanc rem observat Casanova in Diction. etymol. Menagii v. *Arbaleste*.

BALISTARII, BALLISTARII, et BALISTRARII, nostris *Arbalestrier*, qui arcu baleari utuntur in præliis. Monachus Vallis Sarnensis cap. 63 : *Habebant præterea Balistarios, qui, etc.* Concilium Romanum ann. 1139. cap. 30 : *Artem illam mortiferam et Deo odibilem Balistariorum et sagittariorum adversus Christianos et Catholicos exerceri de cetero sub anathemate prohibemus*. Concil. Lateranense IV. can. 18 : *Nullus quoque Clericus Rottariis aut Balistariis aut hujusmodi viris sanguinum præponatur*. Ubi Interpreti Græco, *Balistarii*, τζαγγάριοι recte dicuntur, quod etiam docuimus in Notis nostris ad Alexiadem : sed errat, cum τοξοτὰς, *Ruptarios* fuisse censuit. Cæsarius lib. 1. cap. 16 : *Quidam Balistarius... telum balistæ imposuit, ut sanctum Abbatem feriret*. Sanutus lib. 2. part. 4. cap. 8 : *Quilibet Balistarius duas balistas habeat*. Thwroczius in Chron. Hungar. cap. 50 : *Salomon autem Balistarius Regis unum illorum ictu balistæ fulminavit*. [Epist. Innocentii PP. III. ad Regem Portugalliæ tom. 3. Concil. Hispan. pag. 463 : *Ballistarios, canes, aves et equos tuos in illis, quarum nulli vel pauci sunt reditus, introducis*. Adde S. Bernardum tom. 1. pag. 1134. Edit. 1690. Breviarium Hist. Pisanæ ad ann. 1173. apud Murator. tom. 6. col. 186 : *Eodem anno mense Julii Pisani miserunt in auxilium Comitis Ildebrandini* CXL. *milites cum Balistrariis*.] Balistrarios Genuenses multi olim habitos alibi, ni fallor, observamus. Id ipsum de Catalanis prodit Raimundus Montanerius in Chronic. Aragon. cap. 130 : *Los Cathalans son los pus subirans Balesters del mon*. [** Conradi IV. Imper. Mandatum de Bello Tartar. ann. 1241. ap. Pertz. leg. vol. 2. pag. 339 :*Principes.... habeant Balistarios*.]

* *Li Arbalestriers à pié, douze deniers Tornois chacun jour*, in Ordinat. ann. 1300. ex Lib. rubr. Cam. Comput. Paris. fol. 125. v°. col. 2. Balistrariorum Genuensium mentio fit in Stat. ann. 1373. tom 5. Ordinat. reg. Franc. pag. 651. art. 26. Chron. Bertrandi Guesclini :

Dix sept mille furent armez sur les conrois,
Sans les arbalestriers, qui furent Genevois.

¶ BALESTARII, BALESTERII, etc. Voces ejusdem notionis et originis, passim occurrunt in Scriptoribus Italicis apud Muratorium aliosve Scriptorum medii ævi Collectores.

BALISTRARE, Jaculari. Gloss. Lat. Græc. *Ballistrari*, σφενδονῆσαι.

¶ BALISTARE, Idem. Jacobi Auriæ Annal. Genuens. lib. 10. ad ann. 1282. apud Murator. tom. 6. col. 581 : *Eos qui erant in turribus Balistando, turrim etiam Veronicam diruentes*.

BALLISTRARIUS ANGLICUS, apud Thwrocz. in Ludov. Reg. cap. 37.

BALLISTRIARII, apud Julianum Antecess. Nov. 79. Vet. Gloss. βαλλίστριον, σφενδόνη.

BALISTRARIÆ, Foramina in urbium muris, per quæ *balistæ* ejaculabantur. Charta Philippi Augusti ann. 1218. pro civibus Podiensibus : *Balistrariæ eorum de novo factæ propter guerram penitus obstruantur*.

* BALISTATA, Jactus balistæ, Gall. *Portée d'arbalête*. Charta ann. 1391. in Reg. 148. Chartoph. reg. ch. 59 : *Dum tamen redeant infra territoria dictorum locorum purgare infra duas Balistatas*. Hist. Cortus. lib. 2. apud Murator. tom. 12. Script. Ital. col. 800 : *Deinde usque ad crosariam magnam, quæ est in medio dicti burgi, distantem a porta Bericæ, forte per unam Balistatam*. Vide supra *Arbalista* 1.

¶ BALISTATA, Idem quod *Balistra*. Jacobi Auriæ Annal. Genuens. ad ann. 1283. apud Murator. tom. 6. col. 583. : *Ibique stetit nostrum stolium prope turres portus Pisani per unam Balistatam tota die ipsa et nocte sequenti*. [** i. e. Classis Balistæ jactu a turribus aberat.] Vide infra *Boalare*.

* BALISTAMENTUM, Locus *Balistis* locandis aptus, Gall. *Batterie*. Fragm. Hist. Forojul. apud Murator. tom. 3. Antiq. Ital. med. ævi col. 1214 : *Feci fieri.... pro Balistamento unum mantellum, ubi de colle Grisono nostri in castro balistrarent*.

¶ BALISTARIA, Loca Balistis et tormentis locandis facta, in Gasparis Barthii Gloss. apud Ludewig. Reliq. MSS. tom. 3. pag. 235. ex Hist. Palæstina Raimundi Agilæi.

* LUDUS AD BALISTAM, apud nostros olim frequens et celebris, monachis interdicitur in Artic. reformat. monast. S. Eligii Noviom. ann. 1370 : *Item de ludis ad Balistam, ad palmam, ad taxillos........ Inhibentur tales ludi*. Lit. remiss. ann. 1382. in Reg. 121. Chartoph. reg. ch. 20 : *Gautier de Monchel, escuier, chastellain et garde du chastel d'Estaples, ... pour bien de paix, et nourrir amour entre les compaignons dudit chastel jouans de l'arbaleste, et pour plus entretenir et accoustumer icellui jeu, donne un espervier d'argent au mieux jouant de l'arbaleste, avec certains autres pris et joiaux, et eust icellui chastellain fait ce savoir et signifier paravant ledit jeu en plusieurs lieux ;.... pourquoy plusieurs compaignons et arbalestriers du pays fussent venus en ladite ville d'Estaples audit jour, et eussent joué d'arbalestes*.

* BALISTARUM OPUS. Inventar. MS. thes. Sedis Apost. sub Bonif. VIII. ann. 1295 : *Item unum altare de diaspero rubeo, et aliorum colorum inclusum in ligno de opere Balistarum*. Hoc est, ligno, quo balistæ conficiuntur.

* **BALISTAMENTUM**, BALISTATA etc. Vide in *Balista*.

BALISTEUM. Vide *Balare*.

* **BALITOR**, pro *Valitor*, Coadjutor. Inquisit. ann. 1205. apud Murator. tom. 4. Antiq. Ital. med. ævi col. 578 : *Albertus Baccalerii juramento dicit, quod vidit Bertoldum cum uxore sua stare apud Montepulcianum pro Balitore pro illis comitibus, qui erant comites comitatus Senensis*. Vide in *Valere*.

* **BALITRISCA**, BALTRICHA, BALTRISCA, BALTRISCHA, Castellum ligneum ad defensionem vel oppugnationem castri seu oppidi vulgo *Breteche*. Guido de Vigevano MS. de Modo acquirendi et expugnandi T. S. : *Et postea fiat Balitrisca rotunda, quæ ponatur in capite ipsius perticæ.... Et in medio ipsius Baltrichæ in ipsis fundis fiat unum foramen rotundum, ut pertica possit intrare Baltriscam : et in capite perticæ ponantur duæ ruellæ, cum quibus trahatur Baltrisca, cum duabus cordis ligatis ad fundos Baltriscæ... Primo extendatur longe a turri vel muro castri pertica Baltrischæ, etc.* Vide *Bretachiæ*.

BALIUM, BALIUS. Vide *Bajulus*, 4.

* **BALIUS**, Tutor. Vide supra *Baliata* et *Bajulus*.

¶ **1. BALLA**. Vita S. Mochuæ in Actis SS. Jan. tom. 1. pag. 48 : *Non procul esse fontem nunquam ibi antea visum, cinctum Balla, id est, lorica*, seu Repagulo, Gall. *Gardefoux*. *Balla* vero est pro *Valla* a *vallando* v. in *b*. mutato, ut alibi sæpe.

¶ **2. BALLA**, Sarcinarum fascis, Italis *Balla*, Gall. *Balot*. Jacobi Auriæ Annal. Genuens. lib. 10. ad ann. 1289. tom. 6. col. 596 : *Impetravit ab eo pro Communi Januæ...*

quod homines Januæ possent ascendere in Turchiam cum suis Ballis et mercibus pro satis minori pretio, quam solvere solebant. Occurrit etiam in Annal. Ogerii Panis ibid. col. 189.

** Bala. Charta Flandric. ann. 1262. apud Lappenb. in Docum. Origin. Hanseat. pag. 82 : *Bala lanea filorum 2. den. qui affert.* Fortasse Globulus. Vide *Bala*, suo loco.

¶ 1. **BALLA**, Grandinis globulus. Chr. Parmense ad ann. 1293. apud Murator. tom. 9. col. 825 : *Maxima tempestas fuit in Episcopatû Cremonæ, et ita grossa quod una Balla dictæ tempestæ ponderabat* III. *libras.*

* 4. **BALLA**, Pila lusoria, Gall. *Balle.* Stat. crimin. Saonæ cap. 30. pag. 61 : *Quod ad alium ludum cartarum, pilæ seu Ballarum seu quemcunque alium nemo ludere possit.*

* **BALLANCETA.** Vide supra *Balanzeta.*

BALLANCIA. Vide *Balanx.*

* **BALLANDUM.** Bulla Gregorii PP. IX. ann. 1230. ex schedis Mabill. : *Compositionem inter vos* (monachos) *ex parte una et burgenses Corbiniacenses ex altera, super quibusdam redditibus, qui manusmortua, placitum generale ac Ballandum vulgariter appellantur, ... confirmamus.* Obligatio fortean eundi in exercitum, atque adeo legendum *Bellandum;* nisi malis emendare *Badandum*, jusque interpreteris exigendi excubias, quod servitii genus est. Vide supra *Bada* 2.

* **BALLARDUM**, Hordei species, nostris *Baillart.* Charta ann. 1475. ex Tabul. S. Maurini : *Dominus abbas levabit et percipiet medietatem decimæ bladi grossi, scilicet frumenti, siliginis, Ballardi, ordei, etc.* Vide supra *Bailhargia.*

1. **BALLARE.** Tabularium Eccl. Cadurcensis : *Breve quod fecit Gerardus prior Cadurcensis, et Willelmus Raterii et alii Canonici, habent in pignus Encrem lo quart de ordeō, et de civada, et de Ballare, et de spelta, et gallinas et agnos.*

* Idem quod infra *Balleium;* nisi, quod potius videtur, idem sit quod jam *Ballardum.*

2. **BALLARE**, Scopis expurgare, Gallis *Ballaier.* Occurrit in Fleta lib. 2. cap. 87. § 2. Vide *Baleys.*

¶ 1. **BALLARE**, Dare, Gall. *Bailler.* Dicitur de rebus quæ ad censum dantur. Regest. Cameræ Comput. Paris. tit. 4. fol. 2. *Ballare aliquam de dictis banquis.* Occurrit ibid. Regest. 13. sub Philippo Pulcro ann. 1309.

4. **BALLARE**, [Saltare, *Ballatio, Ballator, Ballatrix*, Eadem notione.] Vide *Balare.*

BALLASTRUM, *Balineum*, in Gloss. Isidori et Salmasianis. Vide *Balustrum.*

¶ **BALLATOLA**, Calculus, Gall. *Balote.* Vide *Balatola.*

BALLATORIUM, Mœnianum, Italis *Ballatoio*, vulgo *Balcon.* Charta Italica ann. 1287. apud Bollandum 20. Martii pag. 208 : *Cecidit de uno Ballatorio suæ domus.* [Breviarium Hist. Pisanæ ad ann. 1158. apud Murator. tom. 6. col. 172 : *De mandato Consulum omnia Ballatoria juxta Arnum destructa sunt.* Chron. Parmense ad ann. 1287. apud eumdem tom. 9. col. 813 : *Et sic fuerunt appensi vivi ad Ballatorium Communis, et steterunt ibi per unam horam.*]

¶ **BALLATUM**, Βληχηθμός, *Balatus ovium*, in Supplemento Antiquarii. [** Βληχηθμός.]

BALLEA. Gesta Innocentii III. PP. pag. 147 : *Se in montem supra domum suam, qui Ballea Neapolis dicitur, receptavit.*

* **BALLECTUS**, Minister, familiaris, famulus, pro *Vallectus.* Vide in *Valeti.* Constit. Feder. reg. Sicil. cap. 113 : *Per majestatem nostram concessum exstitit, ut filii militum et baronum, sive Ballecti et familiares, qui ab eis quotidianum victum recipiunt et vestitum, possint similiter sine pœnæ formidine arma deferre.* Vide supra *Bailetus.*

* **BALLEIUM**, Purgamenta frumenti et horreorum, quæ scopis colliguntur. Gall. *Balayeures*, Dumbensibus *Balouse.* Charta ann. 1221. ex Lib. albo episc. Carnot. : *In granchia episcopi habet major tres minas avenæ et tres bladi pro quærendis.... Balleiis ad opus grangiarii et hujusmodi, sicut est consuetum. Balois*, in Reg. Cam. Comput. Paris. sign. *Bel* ad ann. 1310. fol. 123. v°. : *Item li estrain, paille, Balois de ses grains puent valoir par an environ 50. sols. Balais*, in Lit. remiss. ann. 1379. ex Reg. 116. Chartoph. reg. ch. 56 : *Lesquelz varlez mestoient laditte avaine avec paille, appellée Balais, pour donner aux chevaux dudit Estienne.* Vide supra *Balagium.*

¶ **BALLEMATHIA**, Ballematia. Vide in *Balare.*

¶ **BALLERIUS**, Minister, famulus. Instrum. ann. 1212. apud Marten. tom. 1. Anecdot. col. 838 : *Excepta avena et fœno. In qua tamen* (Præpositura) *equi Ballerriorum conventus congruam percipient portionem.*

* Est potius *Ballivus.* Vide *Bajulus* 4.

* **BALLESTRA**, ut *Balista*, in Annal. Placent. ad ann. 1444. apud Murator. tom. 20. Script. Ital. col. 884.

¶ **BALLETUM.** Vide *Baletum.*

* **BALLEUCA**, pro *Banleuca*, Gall. *Banlieue*, in Lit. ann. 1341. tom. 4. Ordinat. reg. Franc. pag. 149. Vide in *Bannum* 3.

¶ 1. **BALLIA**, Officium, vel districtus *Ballivi.* Vide *Bajulus* 4.

¶ 2. **BALLIA**, Auctoritas, jurisdictio. Statuta Massil. Civit. MSS. pag. 164 : *Dictus probus homo habeat potestatem et Balliam castigandi prout justum fuerit illos qui farinam male moluerint.*

¶ 3. **BALLIA**, Prædium rusticum. Charta anni 1218. apud Thomasserium Consuet. Bituric. pag. 724 : *Donavi Andreæ et Radulpho fratribus meis, Leprosum, sanctum Karserium..... Donavi etiam eisdem Balliam de Novo-vico-paludoso, et Balliam de Campen.* Hinc

¶ Ballire, Prædium rusticum tenere, colere, in eadem Charta ibid. : *Cum omnibus illis quæ servientes et præpositi dictorum castrorum sub me Balliabant, et tenebant, et Ballire et tenere solebant.*

* **BALLIAGIA**, *Ballivi* jurisdictio. Charta ann. 1184. inter Instr. tom. 12. Gall. Christ. col. 59 : *Dedit...... locum, qui dicitur Contentum, et omne feodum ipsius, cum omni justitia vel Balliagia.* Vide in *Bajulus* 4.

* **BALLIAGIUM**, *Ballivi* seu judicis districtus, Gall. *Balliage.* Inventar. Chart. reg. ann. 1482. fol. 113. v°. : *Declaratio facta per dom. regentem regnum Franciæ super Balliagio S. Gendulfi, quod modo vocatur Balliagium Matisconense. De anno* 1359. Vide in *Bajulus* 4.

1. **BALLIARE**, a Gallico *Bailler*, est attribuere, tradere; apud Anglos autem significat captivum satisdato redimere, sic ut die assignato postea exhibeatur. Cowellus.

* 2. **BALLIARE**, *Ballivi* oficio fungi, jurisdictionem exercere. Arest. ann. 1301. in Reg. *Olim* parlam. Paris. fol. 49. v°. : *Senescallus Pictavensis et ballivus Arverniæ.... Balliare et justiciare nitebantur in dicta castellania* (de Bossac).

¶ **BALLINUS**, Lodix, Stragulum. Statuta capitulorum general. Ordinis Artigiæ inter Fragm. Histor. Stephanotii tom. 1 : *In lecto habemus tantum Ballinum, et duos borrat, unum inferius et alterum superius, et quotum, et pulvinar, et cervical, et duo capitalia propter lavandum, quatuor tunicas et quintam misericordia.* Vide *Balinja.*

* **BALLISCERE**, Tutoris nomine res pupilli administrare. Testam. Raym. Trencavelli ann. 1154. inter Probat. tom. 2. Hist. Occit. col. 551. : *Omnibus autem istis supradictis bajulis relinquo in gardiam et bajuliam meos infantes, et meam uxorem, quod Balliscant pro bono et fide.* Occurrit rursum col. 550. Vide *Bajulus* 3.

¶ **BALLISTA**, Ballistarius, etc. Vide *Balista.*

* **BALLISTARIUS**, Idem qui *Armiger*, nobilis scilicet inferioris ordinis, qui in bellis militum arma seu *balistas* gerebat. Curia 2. gener. Tarrac. sub Jacobo I. rege : *Statuimus quod nullus filius militis, qui non sit miles nec Ballistarius, sedeat ad mensam militis, vel dominæ alicujus.* Vide in *Baccalarii* 3. Alia notione, vide in *Balista.*

¶ **BALLISTUM.** Vide in *Bajulus* 3.

¶ **BALLIVIA.** Vide *Bajulus* 4.

* **BALLIVIA**, Præfectura a monasterio dependens, idem quod *Obedientia* seu prioratus. Charta Petri abbat. Fossat. ann. 1275. ex Tabul. ejusd. loci : *Item ut terras, vineas ad prioratus seu Ballivias eorum pertinentes, faciant debito modo coli..... Item ne aliquis prior, vel ballivus, aut monachus pecuniam aut argentum, vel aurum, vel aliud quocumque nomine censeatur, extra abbatiam vel membra deponat.* Vide supra *Baillivus.* Alia notione occurrit in *Bajulus* 4.

1. **BALLIUM**, Propugnaculi species. [Computus ann. 1202. apud D. *Brussel* de Usu feud. tom. 2. pag. CLIII : *Pro facienda turri, et de Ballio faciendo ad mensuram turris Parisius* XII^c. *lib.*] Matth. Westmonasteriensis ann. 1265 : *Eam* (civitatem) *cum exteriori Ballio Castri bellatorum suorum insultibus occupavit.* Charta Galcheri D. de Nantolio ann. 1218 in Tabul. Campan. : *Concessit mihi quod muros reficere possim, qui sunt super motam apud S. Johannem, et facere crenellos, ... concessit etiam mihi quod in circuitu Ballii non licebit mihi operari de petra, nisi de licentia, etc.* Charta Henrici I. Regis Angl. in Monastico Anglic. tom. 3. pag. 267 : *Totam terram cum fossato de muro Ballii mei Lincolniensis.* Infra : *Et libere poterit murum perforare Ballii mei Lincoln. ad portam suam faciendam.* Le Roman *de Garin* :

Il fant lor Bailles et lor chastiax garnir.

Guill. Guiartus :

Li nobles sont outre les Bailles.

Alibi :

Qu'il se fiert du Baille ès bretesches.

Chronicon. Flandr. cap. 113 : *Et coururent plusieurs fois jusques à la Baille, et la meirent en feu.* Ibidem : *La feirent l'un à l'autre moult grant honneur, et mangerent seant sur les Bailles ensemble.* [** Vide *Vallatum* et *Vallum.*]

* Fortasse Locus palis munitus et circumseptus, impluvium muris cinctum. Vide supra *Bailleium.* Chron. Domin. de Gravina apud Murator. tom. 12. Script. Ital. col. 658 : *Antequam omines captivi carcerarentur, præfatus Stephanus Notarii Johannis, nescio cujus adjutus auxilio, ascendens clam murum Ballii se usque deorsum præcipitavit ab alto.*

¶ **Ballium**, Custodia, carcer, quia locus munitus. Literæ Henrici VIII. Regis Angliæ ann. 1513. apud Rymer. tom. 13. pag. 369 : *Et pœna imprisonamenti, ibidem remansuri absque Ballio vel manucaptione, quousque ipsi vel eorum quilibet finem et redemptionem ad voluntatem nostram fecerint.* Hinc

Vetus Ballium, locus Eboraci sic dictus, custodiæ reorum destinatus, in Actis Episcoporum Eboracensium, quod esset ubi olim *vetus ballium*, seu propugnaculum.

¶ 2. **BALLIUM**, Charta locationis terræ, vel ædificii. Gall. *Bail.* Lobinellus in suo Historiæ Britan. Glossario.

* Inventar. Chart. reg. ann. 1482. fol. 191. v°. : *Ballium et accensamentum domus regiæ, sitæ in villa Monsterolii in fulco Yonæ, dictæ la maison d'Artis,... De anno 1352.*

¶ **BALLIVUS**, *Ballius.* Vide *Bajulus* 3. et 4.

¶ 1. **BALLO**, θηρίον θαλάσσιον. Vet. Glossar. Lat. Græc. i. *Bestia marina* ; eadem, opinor, quæ *Balena.*

* 2. **BALLO**, Follis, Gall. *Ballon.* Charta ann. 1147. inter Probat. tom. 2. Hist. Occit. col. 518 : *Caritative tamen ego recepi Rogerius prænominatus a te Guillelmo præposito.... vij. maximos Ballones.*

BALLOMER, Falsus dominus, pseudoprinceps, veteribus Francis, apud Gregorium Turon. lib. 7. Hist. cap. 14. 31. lib. 9. cap. 28. et Aymoin. lib. 3. cap. 61. qui Gundibaldum quendam e Græcia profectum, Chlotarii Regis se filium mentientem, a Gunthranno Rege per indignationem vel contemptum vocatum scribunt. Certe *Bal* veteribus Francis, *falsus* dicitur ; unde *balmond*, falsus tutor, *mundius* enim est tutor ; Kiliano *Balmonden*, et *Baelmonden*, est *male tueri rem pupilli.* Βαλδέμερον Theodorici Regis Italiæ patrem fuisse auctor est Damascius in vita Isidori Philosophi apud Photium. S. Baldomerum Subdiaconum venerantur Lugdunenses 27. Febr. cujus exstat Vita apud Bollandum, quæ ad vim vocis alludens, hæc infert : *O virum beatum Baldomerum, in quo nunquam dolus apparuit.* Hinc etiam crebræ Francorum appellationes in *mir* desinentes, ut *Marcomir, Ingomir, Chlodomir*, in quibus *Princeps*, et vir eximiæ dignitatis denotatur.

* Ridicule omnino redditur hæc vox per verba, *Beste morte*, in Hist. parva Calaun. pag. 56. Vide *Balejumentum.*

** Wachterus in Gloss. voce *Mar*, alteram vocis partem credit antiquum *mar*, Princeps ; sed est Germanicum *Mære*, Equus vilis, quæ vox hic convicii loco ponitur ; unde etiam ab Anonym. in Gestis Dagoberti apud Leibnit in Excerptis Veter. tom. 1. pag. 66. per *bale jumentum* redditur. ADEL. *Balo*, Malum, vide in Graffii Thesauro vol. 3. col. 92, de antiquo *Marah* eumdem vol. 2. col. 844. et Cangium hac voce. Est Equus, neque vero antiquis Equus vilis, ut hodiernum *Mæhre.* De *Mâri*, Illustris, clarus agit Graffius vol. 2. col. 821.

¶ **BALLONUS**, Fascis, Gall. *Ballot.* Hist. Dalphin. tom. 1. pag. 87 : *Quælibet grossa bestia... onerata Ballonis canabi vel fili, transiens per eumdem pontem debet duos denarios, si vero portet solum Ballonum canabi debet unum denarium.*

* **BALLOTA**, Pilula seu glans ferrea vel plumbea, Gall. *Balle.* Stat. Cumanæ cap. 138. ex Cod. reg. 4622. fol. 92. v°. : *Genera armorum prohibita..... Ballotæ ferreæ, nec plombeæ, etc.* Vide mox *Ballotola.*

* **BALLOTARE**, *Ballotis* seu calculis ferre suffragium, Gall. *Balloter.* Stat. Cadubrii lib. 1. cap. 2 : *Tunc omnes nominati scribantur et legantur in dicto consilio, et singulatim Ballotentur, etc.*

* **BALLOTATIO**, Ipsa *Ballotandi* actio, electio, quæ calculis fit, in iisdem Stat. cap. 8 : *Sufficiat tamen, si expedierit eligere in dicto consilio unum sindicum communitatis, solo verbo dictorum consiliariorum, absque ulla Ballotatione. Balotatio*, in Stat. Riperiæ cap. 10. fol. 6. v°. Vide mox *Ballota.*

* **BALLOTOLA**, diminut. a *Ballota*, Pilula. Stat. crimin. Saonæ cap. 35. pag. 76 : *Et si forte sagittam, telum, lanciam, Ballotolam, vel lapidem infra domum alicujus.... injecerit, etc.*

¶ **BALLOTTA**, Calculus ad ferendum suffragium, Gall. *Balote.* Translatio S. Philastri tom. 4. Julii pag. 394 : *Ad bussulas et Ballottas provisum et ordinatum est, quod, cet.*

* *Ballotta de cera*, in Chron. Andr. Danduli apud Murator. tom. 1. Script. Ital. col. 376. *Balotta*, ibid. col. 812. *Balota*, in Stat. Riperiæ cap. 10. fol. 6. v°. [** Vide Pragmatic. Philippi II reg. Hispan. ann. 1599. cap 7. apud Pardessus, Leg. maritim. Collect. vol. 5. pag. 553.]

BALLUCA, Arena aurosa, seu rementa minutiora auri, necdum excocta. Gloss. Lat. Græc. *Balluca*, γήδιον χρυσοῦ ἀκαθάριστον. Gloss. Græc. Lat. χρύσιον γήδιον ἀκαθάριστον, *Valuca.* Ex quibus videtur restituendum, χρυσοῦν γήδιον. *Aurea arena*, χρύσαμμος, ἀχώνευτος γῆ, ἢ χρυσώδης, ut habet aliud Gloss. Occurrit in leg. 3. et 4. C. Th. de Metallis (10, 19.), ubi Jacob. Gothofredus. [** Dicitur etiam *Ballux.* Alii scribunt *Baluca* et *Balux.* Vide Forcellinum et mox *Balluta.*]

Alia notione vocem hanc usurpat Sebastianus Salmanticensis Episcopus in Veremundo Rege, æra 827 : *Sed regalia palatia, Balluca, triclinia, prætoria, quis satis pro ipsa pulcritudine valeat commendare?*

* F. Meniana, porticus, Gall. *Balcons, galeries.*

1. **BALLUM**, Pila, forte, ex Anglico *Ball.* Statuta Ordinis de *Sempringham* pag. 744 : *Nec ad grangias campanas habeant, sed lignea Balla ad convocandos Fratres ad horas diei et noctis, ad refectionem.*

* Idem videtur quod Tabula lignea, cujus percussione excitabantur monachi, vel ad horas canonicas vel refectorium evocabantur, globulis scilicet super tabulam tundentibus. Vide *Tabula* 4.

¶ 2. **BALLUM**, Tutela. Vide *Bajulus* 3.

* 3. **BALLUM**, *Nostrates appellant*, inquit Argentræus ad art. 74. vet. Consuet. Brit., *cum mortuo vassallo ac baillii lege feudum tenente, relicto herede ætate minori, dominus superioris feudi aperto serviente feudo fruitur, donec heres justam viginti annorum ætatem impleverit.* Quod cum deinceps minus justum nimisque onerosum visum fuerit, pro jure *rachati* seu *relevii* commutavit Joannes dux Britanniæ ann. 1275. cujus Chartam legesis tom. 1. Probat. Hist. Brit. col. 1037. Charta Radulphi de Fogeriis ann. 1240. in Reg. N. Chartoph. reg. ch. 6 : *Item promisi ei* (Ludovico regi Franc.) *mille libras Turon. pro Ballo dictarum terrarum solvendas, ... et rogavi dominum regem, quod si ipse inveniat per usus et consuetudines terræ, quod Ballum non pertineat ad ipsum, quod de dictis mille libris quictus remaneam ; et si dominus rex non inveniat, quod Ballum terræ pertineat ad eum, quictus ero de dictis mille libris.* Inventar. Chart. reg. ann. 1482. fol. 72 : *Littera sigillata pluribus sigillis baronum Andegaviæ et Cenomaniæ super declaratione consuetudinum, Ballorum et rachatorum Andegaviæ et Cenomaniæ. De anno 1246.* Et fol. 83. v° : *Transcriptum Simonis Cardinalis litterarum Ludovici regis super Ballo Atrebatensi et quictatione ejusdem..... De anno 1265.*

* 4. **BALLUM**, Tutela, protectio. Tabular. priorat. S. Mart. de Camartio : *Quando Theobaldus comes, filius Stephani comitis, habuit guerram cum Ludovico rege Franciæ, filio Philippi regis ; Salomon panetarius, qui tunc erat præpositus Castriduni, venit ad monachos S. Martini, et deprecatus est eis ex parte comitis, quatinus homines suos de Camartio sub nomine Balli mitterent ad castellum Puteoli ad custodiendum corpus comitis.*

* 5. **BALLUM**, Traditio ad *firmam*, locatio, Gall. *Bail.* Vide supra *Baillum.*

* 6. **BALLUM**, ut supra *Ballium* 1. Glossar. Provinc. Lat. ex Cod. reg. 7657 : *Ballum inter murum et fossam, Palissat, Prov. Belle*, eadem notione, si tamen mendum non est, pro *Baille*, in Lit. remiss. ann. 1393. ex Reg. 144. Chartoph. reg. ch. 485 : *Comme ledit Perrin feust alé ou Belle de la forteresse de Courtenay en un hostel ou loge, que la femme et hoirs de feu Henry Testar avoient oudit Belle.* Vide *Ballium.*

* 1. **BALLUS**, Tutor, rerum pupilli administrator. Chartul. episc. Paris. fol. 114 : *Anno Domini 1255.... fecit nobis homagium idem Odo, tanquam Ballus nomine sororis uxoris ejus, quam habet in ballo suo de prædicto feodo et ejus pertinentiis, pro portione ipsam sororem contingente.* Vide *Bajulus* 3.

* **BALLUS**, Saltatio, Ital. *Ballo*, Gall.

Bal. Barel. serm. 2. in Dom. 1. Quadr. : *Quare vadis ad Ballos?*

¶ **BALLUTA**, *est publica utilitas : vel est vas luteum.* Vocabul. utriusque juris. [** Apud Accursium ad const. 1. tit. 6. lib. 11. Cod. hæc leguntur : *Tertia pars unciæ quæ solvitur in Balluca, id est utilitate publica, nam chrysammos græce, latine utilitas dicitur. Vel Balluca, id est vase lucente, ut cassæ cardinalium, quasi lucem bajulans vel lancem.* Vide supra *Balluca.*]

¶ **BALLUTICIACUM**, Velitatio, procursatio, Gall. *Escarmouche.* Chronicon Siciliæ apud Marten. tom. 3. Anecd. col. 76 : *Faciebat congregari gentes, et alia multa præparari necessario facienda contra hostes eosdem, ad ostandum et persequendum dictos hostes, et custodiendas fronterias dictæ terræ Trapani, et faciendum Balluticiacum cum hostibus ipsis et damnificandum eos quantum posset.*

1. **BALMA**, Lapis sepulcralis, tumba, [seu, ut ait Hilario de Costa, Caverna in rupe excisa, excavata.] Arvernis, *Baumo :* quam vocem Provinciales quibusvis sepulcris tribuunt, præsertim vero antris sepulcralibus, quomodo *S. Balmam* vocant antrum in quo asservatur corpus S. Magdalenæ, vulgo *la sainte Baume*, et specum divi Honorati prope Lerinensem insulam, *la sancta Baulma de sancta Honorat*, ut est apud Vincentium tom. 1. pag. 37.

* Glossar. Provinc. Lat. ex Cod. reg. 7657 : *Balma, Prov. Caverna, antrum, fovea, spelunca, scrobs.* Aliud ex Bibl. S. Laurentii Florent. : *Baulma, crypta montis.* Unde minus accurate monet Cangius vocem hanc a Provincialibus quibusvis sepulcris tribui, atque in S. Balma asservari corpus S. Magdalenæ; sic enim vocant speluncam, in qua Magdalena pœnitens vixit. [** Raynouardo in Gloss. Rom. vol. 1. pag. 174. est *Grotte, caverne;* apud Roquefort. Glossar. Gall. leguntur themata *Baume, basme, bame, bome, baxme, balme et barme.*] Istius nominis duo antiquitus fuisse monasteria in diœcesi Vesontionensi docet Baluzius in not. ad Capitul. col. 1094. Consule præterea Vales. in Notit. Gall. pag. 74. col. 2. Hinc etiam *Balmette* vel *Baumette* dicta Franciscanorum domus, prope Andegavum a rege Renato fundata ann. 1451. Stat. ann. 1227. inter Probat. tom. 1. Hist. Nem. pag. 71. col. 2 : *Item quod si lis, controversia, seu discordia emergeret seu incideret inter aliquos de facto crosorum seu Balmarum.* Nostris *Balme* et *Basme*, eadem notione. Vitæ SS. MSS. ex Cod. 28. S. Vict. Paris. fol. 43. v°. col. 2 : *Après s'en ala (Ste. Paule) en Bethléem, et en la Balme dou Sauveour entra.* Boetius de Consulat. Gall. redditus lib. 4. MS :

Tant est venu, tant est alé,
Qu'il est en la Basme avalé,
Où Catus avoit ces buefs trait....
Cest grand larron point ne salue :
Mais il le trait fors de la Basme,
Et en venga ceulx du royaume.

Vide Menag. in Observat. ad Vitam Petri Ayraldi pag. 242.

¶ 2. **BALMA**, Quibusdam in Galliæ regionibus, *Balme*, Collis est a valle in vallem protensa in locis montuosis. Charta ann. 1037. ex Chartulario S. Victoris Massil. *Frejus* n. 30 : *Hoc est, de Balma, sicut vadit via ad sanctum Petrum, et sunt claperii.*

BALMUND, BALMONDEN, Falsus tutor. Charta Caroli M. pro Augiensi Monasterio apud Nauclerum gener. 27 : *Eligant huic loco sicut et in cæteris locis suis competenter advocatos et defensores : eo tamen tenore, ut quandocumque sui commissi prævaricator, aut in rebus vel hominibus, quod vulgo Balmund dicitur, existat, statim sine mora, sine judicio, advocationem perdat.* Vide *Ballomer.* [** Conf. Heineccii Antiq. Jur. German. vol. 3. pag. 502. Graffii Thesaur. vol. 3. col. 93. Grimmii Antiquit. Jur. pag. 466. et Specul. Saxon. libr. 1. cap. 41. ubi *Balemünden* est A tutela tutorem submovere.]

BALNEAMEN, BALNEUM. Acta S. Isidori Agricolæ n. 8 : *Cum vero nullo cataplasmate, nullo unguento, nullo Balneamine, nullo medicamine,... cernerent se in aliquo prodesse, etc.*

¶ 1. **BALNEARE**, Lavare, *Baigner*, Vita S. Agnetis de monte Politiano tom. 2. Aprilis pag. 804 : *Comperto igitur quod ancilla Christi ibidem se lavisset, multi infirmos aqua illa Balneare ceperunt.* Ibid. pag. 805 : *Quibus dictis ipsam ad dictum Balneum duxit, et in aquam quæ suis meritis paucis ante diebus miraculose apparuerat, Balneavit.* Nicolaus PP. I. ad consulta Bulgar. cap. 6 : *Dicitis quod affirmant Græci, quod nullo modo in quarta et sexta feria Balneari debeatis.* Vide Leibnitium tom. 1. Scriptor. Brunsvic. pag. 896. Schramb. Chronicon Mellicense pag. 415. col. 1. Acta SS. Maii tom. 4. pag. 565.

¶ BALNEARE, neutrum verbum, Gall. *Se baigner.* Ordinatio Domus regiæ sub Henrico II. Angl. Reg. in lib. nig. Scaccarii pag. 353 : *Quando Rex Balneat* IIII. *d. exceptis tribus festis annuis.* MS. Cantatorium Abbatiæ S. Huberti fol. 26. recto : *Joannes Evangelista de fonte Salvatoris ebrius et apud Diligentem omni dilectione præcipuus, senilibus membris fomentum balnei noluit adhibere, quoniam inter Balneantes hæreticum Cherintum conspexit.*

¶ BALNEARE, Madefacere, Italis *Bagnare.* De B. Gerardo tom. 1. Junii pag. 769 : *Sic ipsum Lambrum* (flumen) *transivit, qui nec ipsum nec capam Balneavit.* Chron. Parmense ad ann. 1303. apud Murator. tom. 9. col. 845 : *Item eodem anno bene per quatuor menses non venit pluvia vel nix, quæ Balnearet terram, propter quod magna siccitas fuit.* Vide Acta SS. April. tom. 1. pag. 187. D. et tom. 3. pag. 929. E.

¶ 2. **BALNEARE**, Pretium pro balneo pensum, in Gloss. Isid. Vide mox *Balneaticum*, et infra vocem *Captura.* [** Confer Forcellin. in *Balnearis.*]

BALNEARIUM, Balneum, Balnea, *Baignoire.* Lex Bajuvar. tit. 9. cap. 3. § 1 : *Si quis... incendio tradiderit... quæ per se constructa sunt, id est, Balnearium, pistoriam, coquinam, etc.* Messianus Presbyter in Vita S. Cæsarii Arelat. : *Balnearia ibidem grandibus fastigiis constructa sunt.* Vide Will. Tyr. lib. 12. cap. 25. et Anastasium Bibl. in S. Innocentio. [** Purioris latinitatis auctores plurali numero tantum utuntur. Vide Forcellin. in Balnearius. Proculus IC. in Dig. lib. 8. tit. 2. fr. 12. pr. : *Quidam... qui habet post horrea mea insulam Balnearia fecit secundum parietem communem.*]

BALNEARIUS, Custos balnei, in Vita S. Severi Episcopi Neapolitani.

BALNEATORIUM, apud Ingulfum pag. 888. et Will. Thorn. pag. 1915. *Baignoire.* [** scil. *instrumentum.* Vide Forcellinum in *Balneatorius.*]

** *Balnearium, Locus ubi balneatur, Balneatorium idem.* Gemma Gemmarum.

BALNEATICUM. Veteres Glossæ : *Balneaticum*, βαλανικόν, Vetus Interp. Juvenal. Sat. 2 : *Nisi qui nondum ære lavantur. Infantes : quia pueri non dant Balneaticum.* Vita S. Severi Episcopi Neapolitani apud Ughellum : *Quadam die juxta morem homo quidam consuetudinis balnea lavandus ingressus est. Post ablutus aqua, cum recederet, custos balnei ovum ab eo pro Balneatico petiit, quod unusquisque Balneaticum pro pretio dare consueverat.* Vitruvius lib. 8. cap. 7. videtur innuere *balneaticum* fuisse vectigal impositum, propter aquam, quæ ex aquæductibus et castellis publicis in balnea derivabatur. Vide *Captura.*

BALNEARUM REDITUS, in Bulla Paschalis PP. ann. 1102. apud eumdem Ughellum tom. 1. pag. 996.

* **BALNEATIO**, perperam pro *Balleatio* vel *Ballatio*, saltatio, chorea, in Stat. P. archiep. Burdegal. ann. 1263. ex Cod. reg. 1590.

BALNEATORES, Vopisco, qui balnea præparant. Glossæ. Lat. Græc. *Balneator*, βαλανεύς. [** Vide Forcellin. edit. Germ. et Dirksen. in hac voce.] Ita etiam dicti in Monasteriis, qui Monachorum *balneationes* curant. Consuetudines Eoveshamensis Monasterii in Anglia : *Singulis diebus quando Fratres balneant, Balneatores percipere debent de Cellario panem et justam.*

¶ **BALNECIA**, *quinta vel quarta die ante Natale Domini, peragantur omnia lucente die*, in usibus Monasterii Culturæ Cenoman. An hic intelligendæ lotiones?

* **BALNERIA** Præstatio seu vectigal, ut opinor, propter aquam, quæ in prata derivatur. Obituar. MS. S. Joannis Carnot. ad xv. Kal. Dec. : *Obiit Fulcherius signifer S. Mariæ, qui dedit Balneriam terræ S. Stephani Osivillæ.* Nisi legendum sit *Banneria.* Vide infra *Bannaria.*

* Alio sensu *Baignerie*, pro Armorum scilicet specie, occurrit in Poem. *du Chevalier Délibéré* MS :

Donnans terribles horions,
Là frappoient les champions
Coups de banquetz et Baigneries,
Comme s'ilz hayssent leurs vies.

* Ita etiam non usitata notione *Baigner* legitur, in Lit. remiss. ann. 1380. ex Reg. 117. Chartoph. reg. ch. 52 : *Le suppliant dist à icellui Clary qu'il s'estoit vantez de la femme dudit Adenet, et qu'il avoit Baignié avecques elle.* Quo enim sensu id intelligendum sit, docetur infra, cum ipsemet *Clary* hanc mulierem vitiasse arguitur. *Abaigner* vero in balneum demittere sonat, apud Boet. MS. de Consolat. lib. 3 :

Senesques se fist Abaigner,
Et ès deux bras se fist seigner.

** 1. **BALNEUM.** De Balneis publicis med. tempor. vide Marini Papyr. Diplom. pag. 363. not. 3.

2. **BALNEUM**, Genus potus minime delicati. Luithprandus in Legatione : *Soli mensæ assident nudæ, paximacium sibi apponentes, Balneaque tunc vitro permodico non bibentes, sed sorbillantes.* Et paulo ante : *Parcus, cupidus, allio, cepe, et porris vescens, Balnea bibens.* Et sub finem : *Non proderit tibi Balneum, quo te assidue potas in amore B. Joannis Præcursoris.* [** Apud Pertz. vol. Script. 3. pag. 356. 362. et 363.]

* **BALNEUM** Mariæ, vulgò *Bain-Marie.* Arnauldus in Rosar. MS. lib. 2. cap. 7 : *Et scitote quod distillacio aquæ habet fieri in Balneo Mariæ, eo quod subtiliores lapidis partes et sine calore ad naturam simplices aqueitates totum approximantes per eum distillantur.* Apud chimicos sic vocatur fornax philosophicus.

* **BALNEUM** Vænale, an Publicum? Chron. Salisburg. ad ann. 1375. apud Schwart. Hist. fin. principat. Rugiæ col. 425 : *Item in die anniversarii ipsius, oblayarius.... tenetur ex parte conventus expedire Balneum vænale in civitate, pro pauperibus cum elemosina.*

¶ **BALNEUS**, pro *Balneum.* Præceptum Caroli Calvi pro Monasterio Arulensi tom. 3. Concil. Hispan. pag. 152 : *In valle Asperia prope supradictos Balneos villare qui dicitur Cotaletus.*

* Ubi fons designari videtur. Vide in Append. ad Marcam Hispan. col. 793.

¶ **BALNITOR**, βαλανεύς : *Balneator.* Supplem. Antiquarii. Vide *Balneatores.*

BALOSELLA. Contract. datior. Bergom. lib. 2. cap. 88 : *Item quod de coppis,..... Balosellis calcina, et aliis laboreriis forciatis, etc.*

* **BALOSIUS**, Belosius, Panni species Testam. Annæ de Arminiaco ann. 1472. in Cod. reg. 9573. 2. 2. fol. 91. v°. : *Item legavit conventui fratrum Minorum castri Jelusii unam suam hopalandam, seu pannum ciriceum cujusdam suæ vestis, quæ est Balosii nigri, de qua vult fieri capam missalem, diaconalem et subdiaconalem ad servitium, et pro cantando missas de Requiem.... Legavit unam suam vestem panni aurei coloris Balosii rubei... Legavit... suam vestem Belosii rosati.... Item legavit.... suam vestem Belosii cramoisii.* Cujus panni fabricator, *Beloinchex* appellatur, in Ch. pedag. Divion. ann. circiter 1350. Vide *Valos.*

* *Belocier* vero est arboris species, Prunus scilicet, in Lit. remiss. ann. 1363. ex Reg. 95. Chartoph. reg. ch. 2 : *Ledit Symon ne sceust où, ne quelle part fuir que en un jardin,... où il le prindrent seur un Belocier, où il estoit montez pour soy mucier.*

* **BALOTA**, Balotta, Calculus ad ferendum suffragium, Gall. *Ballotte.* Vide supra *Ballotta.*

* **BALOTATIO**, Vide supra *Ballotatio.*

BALOTTA, Pilula, vox Italica. Petrus de Crescentiis lib. 10. de Agricult. cap. 28 : *Qui autem arcum Balottarum exercet, debet Balottas habere æqualis ponderis et bene rotundas.*

* **BALOUDUM**, idem quod supra *Balletum.* Vide in hac voce. Bulla Romana ann. 1515 : *Locus ubi conservare possint omnes et singulas paleas, ac alia Balouda.*

¶ **BALSA**, Ratis. Vox Hispanica. Acta SS. Maii tom. 7. pag. 300. E : *Rex Ferdinandus fecit fieri Balsas et navigia de lignis et coriis.* [** Vide S. Rosa de Viterbo Elucidarii tom. 1. pag. 171.]

** 2. Balsa, Vexillum Templariorum. Vide eundem ibid. et Appendic. pag. 16.

¶ **BALSAMARE**, Condire corpus mortui, Gall. *Embaumer.* Locos vide in vocibus *Cid* et *Mumia.*

* Glossar. Gall. Lat. ex Cod. reg. 7684 : *Balsamatus, Enbasiné.* Vide Gabr. Clauderi Method. *balsamandi* corpora, Samuel. Andr. de *Balsamationibus Veterum,* et Burch. Wittenberg. epist. de *Balsamationibus corporum.*

¶ **BALSAMITICUS**, Bonis odoribus refertus. Translatio S. Augustini tom. 6. Maii pag. 414 : *Quo magis hæc Balsamitica apotheca reserebatur, eo profusius odor cælestis jaculabatur.*

¶ Balsamiticus, Balsaminus, ex balsamo. De S. Antidio Episc. tom. 5. Julii pag. 44 : *Balsamiticum consecravit chrisma.*

¶ **BALSAMIZARE**, Bonis odoribus suffire, Gall. *Embaumer.* Lambertus Prior S. Vedasti Atrebat. circa finem XII. sæc. in MSS. carminibus de divinis officiis, ad Dominicam IV. Quadragesimæ :

Sedis Apostolicæ princeps splendente corona,
Nunc Sion insignit Balsamizante rosa.

BALSAMUM, Sacrum chrisma, seu oleum Sacrum. Joan. de Deo in Pœnitentiario lib. 5. cap. 6. de Episcopis : *Quod petunt pecuniam pro Balsamo contra auctoritatem sanctorum Patrum, etc.* Vid. Joann. Sarisberiens. Epist. 69. [Et tom. 4. Concil. Hisp. pag. 270. col. 2.]

* *Balsamum S. Marcelli,* in Inventar. reliq. et vestim. eccl. Paris. ad calcem Necrolog. MS. ejusd. eccl.

¶ **BALSAMUS**, pro *Balsamum*, in versibus relatis ad voces, *Agnus Dei.*

¶ **BALSANUM.** Vide *Baldanum.*

* **BALSSONAYA** Moneta, Monetæ Barcinonensis species. Charta Petri III. reg. Aragon. ann. 1343 : *Concedimus..... quod possitis.... deferre et deferri facere ad quascumque partes volueritis..... quodcumque argentum purum, vel ære contaminatum,.... tam in peciis quam alias, et monetam sive bossonoyam* (sic) *billonum, vel Balssonoyam quamlibet.* Vide *Bossanaya.*

** **BALTEARIUS** in Inscript. apud Reines. cl. 8. n. 69. Forcellino est qui balteas facit. In Gemma Gemmarum : *Balteus, cingulus regalis. Baltearius, aliquis tali cingulo ornatus.*

¶ **BALTEAT**, *Cingit.* Gloss. Isid. (D. Cangius legit infra *Baltheare.*)

BALTEFREDUS. Vide *Belfredus.*

¶ **BALTEUS.** Vide *Baltheus.*

* **BALTERIA.** Inquisit. ann. 1210. inter Probat. tom. 1. Hist. Nem. pag. 49. col. 1 : *Et eos* (clientes) *introducerent in mansa G. Ymberti per ostiariam, qua intratur in orto, facta Balteria per parietes superiores.* Ubi Menardus aperturam, Gall. *Ouverture*, interpretatur : utrum bene, haud scio; quid enim apertura opus erat, cum per ostium clientes introducerentur? Unde locum cinctum intelligo, a voce scilicet.

* **BALTERIRE**, Cingere. Glossar. Provinc. Lat. ex Cod. reg. 7657 : *Cenher. Prov. cingere, Balterire.* Vide *Baltheare.*

BALTHA, Gothis, Audax. Jordanes in Hist. Goth. : *Ordinant super se Regem Alaricum, cui erat ex Baltharum genere origo mirifica, qui dudum ob audaciam virtutis, Baltha, id est, Audax, nomen inter suos acceperat.* Otto Frising. lib. 4. Chron. de eodem Alarico : *Qui lingua eorum ex genere Baltharum, secundo post Amalos, Baltha, id est audax, vocabatur.* Hinc forte Italicum *Baldo*, pro *audax.* [Et Armoricanum *Balch* ejusd. notionis.] [** Vide Graffii Thesaur. Ling. Francic. vol. 3. col. 108.]

BALTHEARE, *Cingere*, in Isid. Glossis; *Baltherire* a *Baltheus*, habet Joannes de Janua, [et Gloss. MSS. Montis S. Eligii Atrebat.] [** Vide *Balteatus* apud Forcellinum.]

¶ 1. **BALTHEUS**, *Ornamentum dependens a Singulo, vel singulis* [** leg. cingulo, vel cingulus] *militaris dictus pro eo quod signa ex eo dependent ad demonstrandam Legionis militaris summam* I. VI. DC. *ex quo numero ipsi sunt; unde non tantum quod cingitur, sed etiam a quo arma dependent Balteus dicitur.* Papias MS. Bituric. [** Ex Isidor. Origin. lib. 19. cap. 33. sect. 2.]

2. **BALTHEUS**, Zona, qua Episcoporum, Sacerdotum, Ministrorum etiam inferioris gradus Ecclesiastici vestes constringuntur, apud Honorium Augustod. lib. 1. cap. 226. et in libro Sacrament. apud Menardum pag. 260. Annales Anianenses : *Unam vero partem sibi reservavit, quam dedit Benedicto Abbati S. Anianensis Archisterii, videlicet Crucis Dominicæ cum gemmis, bratheas aureas contextas cum gemmis. Baltheos aureos similiter gemmatos, calices aureos, etc.*

Baltheus, quo Summus Pontifex consecrandus præcingitur. Joannes Diaconus in Vita S. Gregorii Magni PP. lib. 4. cap. 80 : *Porro in exilitate Balthei, quæ unius pollicis mensuram nunquam excedit, speciem propositi regularis olim a sancto Benedicto statuti,... eum servasse luce clarius manifestat.* [Ex hoc patet monachale cingulum *Baltheum* etiam dictum fuisse.] Anonymus in Vita Paschalis II. PP : *Deinde in Patriarchale ascendentes Palatium, ad duas curules devenit. Hic Baltheo succingitur cum septem exinde pendentibus clavibus, ex quo sciat septem sigillis* (Apoc. 5. 6.) *septiformem Spiritus sancti gratiam cunctarum Ecclesiarum, quibus simul, Deo auctore, præest, regimini in claudendo, aperiendoque, tanta ratione providere debere, quanto solertius id quod intenditur, operatur.* Vide Joann. Sarisberiensem Epist. 42.

Baltheus Mundialis, seu sæcularis. Ivo Carnotensis in Chronico apud Lambecium lib. 2. Comment. de Biblioth. Cæsar. cap. 8. in Ludovico Pio : *Ipsius denique tempore cœperunt deponi ab Episcopis, et Clericis Balthei gemmeis culturis honorati, et cingula auro compta et exquisite, et alia sæcularia pariter ornamenta.* Charta Einhardi in Chronico Laurisham. pag. 65 : *Sunt quidam qui fastu sæculari turgentes... sacris Ecclesiis contradita invadunt, aut ut sibi hæreditario jure retineant, aut Mundiali Baltheo in beneficio dividant.*

Baltheum Auferre, Degradare. Vide Aimoinum lib. 3. Hist. Franc. cap. 63.

¶ **BALTHUTHA**, Lac pressum. Vide *Balducta.*

BALTILDUM, Tudicula, clava campanaria, Gall. *Batant.* Charta ann. 1235. inter Instr. tom. 11. Gall. Christ. col. 259 : *Item, tenetur in futurum capitulum prædictum ad minutas reparationes circa campanas, videlicet chordis et coriis et unctura in flagellis et Baltildis renodandis.* Vide *Batallum.*

BALTRESCA. Vide *Bretachia.*

* **BALTRICA**, Baltrisca. Vide supra *Balitrisca.*

* **BALVA**, pro Valva, in Vita B. Victor. III. PP. tom. 5. Sept. pag. 413. col. 1 : *In ejus etiam fronte prope Balvas majoris ecclesiæ, etc.*

** **BALUGA**, balegoens, Caligula, levior ocrea, Lusit. *Borzeguim*, Gall. *Bottine.* Charta Alfonsi I. Lusit. Reg. : Vidua in secundas nuptias transiens *det pro Balugas una cera.* Alia Alfonsi III : *Promitto, mando, et concedo, quod de cætero nunquam Monasterio Alcobatiæ petam, nec demandem botas, nec Balegoens, nec sapatos, sicut hactenus petii.* Vide S. Rosa Elucidarii vol. 1. pag. 170. et 172.

* **BALUSTI** *apud Aliabatem vocatur quercus*, in Glossar. medic. Simonis Januens. ex Cod. reg. 6959. Vide supra *Balanus.*

BALUSTRUM et Balustrium, *locus ubi sunt multa balnea, quod lustretur balneis.* Ugutio et Joan. de Janua, [cum Glossar. MSS. Montis S. Eligii Atrebat. et S. Andreæ Avenion.] Vide *Ballastrum.*

¶ **BALZA**, Vox Italica, Rupes. Acta SS. Maii tom. 1. pag. 345. in additionibus ad Vitam S. Antonini : *Equitans in invia ripa fluminis in alta quadam Balza.*

* **BALZANA**, vox Italica. Chron. Estense ad ann. 1388. apud Murator. tom. 15. Script. Ital. col. 517 : *Septem* (banderii) *eodem modo tecti, cum septem aliis vexillis ad Balzanam.* Chron. Placent. apud eumd. tom. 16. col. 589 : *Et arma marchionatus Montisferrati est Balzana, scilicet media desuper rubea, alia media de subtus alba ad illum, qui habet Monsferratum.* Vide Academicos Cruscanos ad hanc vocem.

BALZANUS, Vox Italica, *Balzano*, de equo qui in pedibus albas habet maculas. Rollandinus in Summa Notariæ cap. 1 : *Unum equum baium Balzanum, etc.* Vide Octav. Ferrarium in *Baio* et *Balzano*, et infra in *Baucens.*

¶ **BALZO**, Vide *Bulzo.*

¶ **BAMBACARIUS**, Bambacinus, Bambacium. Vide *Bambax* post vocem *Bombax.*

¶ **BAMBACORAX**, mox in *Bambalo.*

BAMBALO, Vambal, Balbus, ὁ βαμβαίνων, βαμβαλίζων, qui sonitum labris edit. Adamantius Martyr apud Senatorem, lib. de Orthogr. cap. 5. *Bambalo*, ψελλιστής. Ubi forte legendum *Bambalio;* sic enim nescio quem M. Fundum, Antonii III viri socerum *propter hæsitantiam linguæ stuporemque cordis* appellatum scribit Cicero Philipp. 3. Gloss. Græc. ψελλιστής, *Vambal.* Hesychius : Βαβάζειν, τὸ μὴ διηρθρωμένα λέγειν. Vide Nilum monachum lib. 3. Epist. 331. ubi legendum βαμβαλίσαντι, pro βαβαλίσαντι. Hinc

Bambacorax appellatus olim Alexius Comnenus Imp. legitur in Epist. Honorii III. 285. lib. 6. quod balbutiret, et instar corvi crocitando verba effunderet, quod faciunt βαμβαλίζοντες. Alexii vero balbutiem observant etiam Anna filia lib. 1. et Bryennius gener lib. 4. n. 22. [** Vide Diezii Grammat. Ling. Roman. vol. 1. pag. 8.]

Sed et inde Itali *Bambino* puellum, qui adhuc balbutit, dicunt. [* Vide vocem suo loco.]

BAMBARE. Vide *Bombum.*

BAMBAX, Bambasium, *etc.* Vide *Bombax.*

* **BAMBAXIUM**, Tela bombacina; unde nostris *Bambais*, eodem significatu. Chron. Placent. ad ann. 1388. apud Murator. tom. 16. Script. Ital. col. 580 : *Aliquæ.... portant vallos de seta, vel de Bambaxio pulchros, et subtiles, et albos.* Vitæ SS. MSS. ex Cod. 58. S. Vict. Paris. fol. 192. r°. col. 2. ubi hæc Latina : *Inveniens autem unctam.... illam panno detersam*, sic Gallice redduntur : *Com ele la trouvast ointe, ele de Bambais la pana o grant reverence.* Rursum supra *Bambais*, ubi Lat. *Bumbacium.* Vide *Bombax*, 1.

BAMBER, *Arena*, in Gloss. Isid. [Ad quod Grævius : Sic etiam Constantiensis Episcopus : *Bambis, arnea*, forte *Ammos*, *Arena*, ut male loco suo exciderit hæc Glossa. Sed hoc, inquit, aliis relinquo quærendum.] [** Leg. *Bombyx, aranea.*]

* **BAMBERGENSIS** Moneta. Charta Wulffingi episc. Bamberg. ann. 1317. ex schedis Mabill. : *Tenemur solvere.... pro exeniis.... unum solidum denariorum Babenbergensis monetæ.* Leg. *Bambergensis.* [** Nihil mutandum.]

* **BAMBINUS**, ab Ital. *Bambino*, Infans, puerulus. Acta SS. tom. 1. Jun. pag. 365. col. 2 : *Andreas in conventu Carceris fuit a Bambino Jesu sua præsentia consolatus.* Vide *Bambalo.*

BAMBIS, *Aranea.* Gloss. Isid. Vide *Bamber.*

¶ **BAMBUCINUM.** Vide in *Bombax.*

BAMBUM. Gloss. Græc. Lat. MS. Ὀξύγαρον, *Acetarium Bambum*, *Tinctorium.* Editum *acetarium* tantum habet. *Bambum* autem pro *Bammum*, ex Græc. βάμμα, unde *Bambatus*, intinctus, apud Columellam, et Apuleium. [** Vide Forcelin. in *Bambatæ.*]

* **BAMNIRE**, Bampnire, pro *Bannire*, proscribere. Stat. Saluc. collat. 6. cap. 161 : *Item statutum est, quod si aliqua persona de Saluciis lenocinium commiserit, ... fustigetur die fori,... et Bamniatur a civitate.* Occurrit etiam in Stat. Saonæ cap. 20. pag. 31. Stat. Taurini ann. 1360. cap. 24. ex Cod. reg. 4622. A. : *Item statutum est, quod si debitor non consignaverit creditori tantum de bonis suis, unde possit habere solutionem integram; quod Bampniatur hoc modo; videlicet quod non audiatur in causa pro se, vel pro alio, nec admittatur ad aliquod officium publicum, donec cum creditore suo fuerit concordatus.* Vide in *Bannum* 1.

* **BAMNUM**, Bampnum, ut *Bannum* 2. Pœna et mulcta pecuniaria. Stat. Saluc. collat. 3. cap. 92 : *Idem Bamnum solvant calligarii, seu alii ponentes ruscatium affaiti in viis publicis.* Stat. Taur. jam. laudata cap. 22 : *Item si quis condemnatus non solverit ad tempus sive terminum condemnationis statutum, si condemnatus fuerit a solidis xx. et ab inde superius, det pro Bampno solidos ij. et si minoris quantitatis fuerit, det pro Bampno denarios xij.*

BANADULA. Vide *Bajulona.*

* **BANAGA**, *Lo muraro*, in Glossar. Lat. Ital. MS.

* **BANAGIUM**, Bannagium, Jus cogendi tenentes suos ad molendinum suum deferre sua frumenta molenda ; vel Præstatio, quæ ea ratione ab iis exigitur ; aut Districtus intra quem ejusmodi jurisdictio exerceri potest, nostris olim *Banaige*, *Bannage* et *Bannerie.* Charta inter probat. Hist. Sabol. pag. 333 : *Concessionem ipsam super altare Domini cum propria manu fecit, ut quidquid Banagii, minagii, vel cujuslibet consuetudinis sive redditionis, seu etiam cujuslibet forfacti inde exiret, totum in potestate et dominatione monachorum Vindocinensium, sine cujuslibet contradictione, existeret.* Charta Petri abbat. S. Quint. Bellovac. ann. 1338. in Reg. 71. Chartoph. reg. ch. 204 : *In quo molendino hospites nostri, circa numerum duodecim, commorantes apud Courcelles, jure Bannagii molere veniebant.* Lit. ann. 1371. tom. 5. Ordinat. reg. Franc. pag. 393 : *Ob hoc dicti exponentes, qui sunt liberi ab omni Bannagio ad dicta molendina, et liberum habent arbitrium eundi ad quæcunque molendina eis placet.* Pactum inter dom. Bretolii et monachos ejusd. loci : *Et si li dit religieux mettoient les mazures, qui sont franques, en villenage; je, ne mi oir n'i poons demander ne reclamer ne Banerie, ni maunaige... Se aucune de ces anchienes mazures venoient asdits religieux,.... ils ne les pueent baillier qu'elles ne demeurent en no Banaige.* Aliud inter abbatiss. de Moncello et habitat. villæ *de Pompoing* ann. 1364. in Reg. 96. ch. 75 : *Lesdiz habitans avoient delessié auxdites religieuses.... touz les droiz, franchises, libertez, Bannages, forfaitures, etc.* Quo ultimo loco Mulctæ pecuniariæ intelligi possunt. Vide infra *Bannaria* et *Bannum* 1. 2. et 3.

* **BANASOR**, Idem qui *Major*, præpositus, sic dictus quod *banna* indicere, vel intra *bannum* seu certum districtum jus dicere possit. Charta Adami episc. Tarvan. ann. 1223. inter Probat. tom. 1. Annal. Præmonst. col. 139 : *Duas garbas decimæ, ... quam acquisistis ab Eustachio Banasore de Eglighem. . . . Et illam* (terram dedit) *quam per manum ipsius Walteri a Banasoribus suis Ilberto Waldot, pro dimidio terragio in perpetuum tenetis.* Ubi Charta Desiderii episc. Tarvan. ann. 1174. col. 135. legitur, *a majoribus suis ;* quod idem atque *a prædecessoribus suis* significare videtur.

* **BANASTA**, ut mox *Banastum.* Inquisit. Dalphinalis ann. 1284 : *Præterea asportaverunt quandam Banastam, quam dicebant dicti minatores esse mensuram legitimam, si sit fere cumulata.*

¶ **BANASTONUS**, Idem quod mox *Banastum.* Charta anni 1351. ex Archivis S. Victoris Massil. : *Custodiebat racemos collectos in Banastonis.* Instrum. ann. 1434. ex Archivis ejusdem S. Victoris : *Quod quilibet piscator faciat Banastonum... Volumus et ordinamus quod piscatores possint reponere et reponi sinant pisces in vasculis quibuslibet cujuscumque formæ et capacitatis existant, sive sint Banastoni, canastelli, etc.*

¶ **BANASTUM**, pro variis regionibus, Gall. *Banaste*, *Banastre*, vel *Benate*, Cista rotunda et oblonga, ad modum sportæ dossuariæ efficta, quæ ex palea contorta atque in orbem ducta rubis caninis dedolatis et tenuatis consuitur. Hac uti solent rustici ad pisa, fabas, frumenta aliaque id genus portanda vel reservanda. Quandoque duæ hujusmodi cistæ ad utrumque latus equi clitellarii apponuntur. Vocis origo videtur esse *Benna*, Gall. *Banne* et *Benne*, quæ cista lignea est ad eumdem usum accommodata. [** Fort. Germ. *Binuz*, Juncus, scirpus. Vide Graff. Thes. vol. 3. col. 130.] Regest. Comput. Dalphin. ann. 1309. 17. Novemb. : *Item de Barralibus, de Banastis non computat, quia sunt ad manum mistralis.*

* Provincialibus *Banasto*, Major corbis, et *Banastoun*, minor. Glossar. Provinc. Lat. ex Cod. reg. 7657 : *Banaston, Prov. Corbis, quia curvatis virgis contexitur.* Sed et pro instrumento piscatorio usurpatur, in Ch. ann. 1243. ex Tabul. S. Mart. de Lavardino : *Homines de Lavardino piscabuntur ibidem, prout piscantur in aliis aquis nostris de Lavardino videlicet cum tribbis seu Banastis.* Vide *Basta* 2.

BANAUSUS, ex Græc. βάναυσος, Mechanicus, illiberalis. Marsilius Patavinus in Defensore Pacis part. 1. cap. 5 : *Decebat honorari Deos, et illorum sacra tractari, non a Banausis seu mercenariis, qui vilia et maculativa officia exercuerant.*

1. **BANCA**, BANCALE, BANCHA, BANCHETTUS, etc. Vide *Bancus*.

* 2. **BANCA**, *Baie, fruit d'olive ou d'olivier*, in Glossar. Lat. Gall. ex Cod. reg. 7679. Alia notione, vide in *Bancus*.

* **BANCACIUM**, Gruis tractoriæ species, sic dicta ab Ital. *Bancacci*, asseres. Tract. MS. de re milit. et mach. bellicis cap. 76 : *Bancacium sive modellum duplicatum, alias grossum, quatuor rotellarum habens varochium, cum perticis volgentibus ac trahentibus funem sive canapem, cum colona altius levata, est opprime utile ad opus lignamina, lapides, saxa, et omnia alia necessaria causa cusamenta ædificandi, et est necesse quod cassa postrema dicti currus sive Bancacii lapidibus gravetur, ne a pondere altiore et graviore leventur.*

* **BANCAGIUM**, Præstatio pro *bancis* seu stallis, ubi mercatores merces suas exponunt, alibi *Stallagium*. Vide in *Bancus*. *Bouchers vendans aus Bans char, etc.* in Lit. ann. 1372. tom. 5. Ordinat. reg. Franc. pag. 681. art. 4. Inventar. MS. ann. 1233 : *Habet commune Avinionis Bancagium, scilicet duos cavos multonis in quolibet macellario faciente macellum.* Sic etiam leg. in Stat. Phil. Pulc. ann. 1303. pro *Bancagium*. Vide in hac voce. *Banchage*, eadem notione, in Charta ann. 1341. ex Reg. 72. Chartoph. reg. 252 : *Deniers, chapons, gelines, bois, Banchages, four, et autres revenues, etc.* Vide infra *Bancha* 4. *Banchea* et *Bangagium*.

* **BANCAL**, Tapes, quo *bancus* seu scamnum insternitur. Inventar. ann. 1476. ex Tabul. Flamar. : *Unius scamni sive Bancal lanæ virgati sive vetati.* Vide *Bancale* in *Bancus* et infra *Banchale*.

* **BANCALUM**, *Liach, Prov. lectus, lectulus*, in Glos. Prov. Lat. Cod. reg. 7657.

* **BANCATUS**, dicitur de sale in crassiora frusta coacto. Stat. de salis fodinis ann. 1451. inter Leg. Polon. tom. 1. pag. 165 : *Ex tunc omnia debet* (zupparius) *solvere domino regi cum parata pecunia, prout in sale Bancato ac minuto..... Nec tenetur de sale Bancato plus deducere, nisi trecentos ad depositorium commmune.* Vide *Bancus salis*.

* 1. **BANCHA**, Tribunal judicum. Correct. stat. Cadubrii cap. 12 : *Antequam dominus vicarius recedat a Bancha, etc.* Eadem statuta lib. 1. cap. 12 : *Omnia et singula acta, et scripturas causarum, quæ agitabuntur coram vicario* (teneantur notarii) *fideliter et per ordinem antequam discedant a Bancha officii scribere.* Vide in *Bancus*.

* 2. **BANCHA**, Pluteus, Gall. *Pupitre, tablette*. Necrolog. eccles. Paris. MS. : *Quæ quidem volumina fuerunt posita incathenata in libraria ecclesiæ in una Bancha nova.*

* 3. **BANCHA**, Mensa nummaria, Gall. *Banque*. Stat. Montis-reg. pag. 22 : *Si contigerit dictos notarios aliquam personam pignorare, vel aliquod pignus levari facere pro debitis ipsius Banchæ, etc.* Vide infra *Banchus* 1.

* 4. **BANCHA**, Officina, apotheca, Gall. *Boutique; Banche* apud Bressienses. Chron. Estense ad ann. 1317. apud Murator. tom. 15. Script. Ital. col. 381 : *Ferrarienses..... iverunt in capite plateæ ad Banchas calligariorum quotidie clamantes : Populum, populum ; et moriantur Guascones.* Hinc, ut videtur, *Bancier* appellatur, qui in officina res venales exponit, in Poemate cui titulus : *Le Dit du Lendit* apud D. *Le Beuf* tom. 3. Hist. urb. et diœc. Paris. pag. 261. Aliis notionibus, vide in *Bancus*.

* **BANCHALE**, BANCHALIS, Tapes, quo *bancus* seu scamnum insternitur, nostris *Banchier* et *Banquier*. Testam. ann. 966. in Append. ad Marcam Hispan. col. 887 : *Et ad sancto Justo sedis Narbonæ Banchale uno meliore.* Aliud ann. 1010. ibid. col. 973 : *Banchales duas, et cortina una.* Charta ann. 1355. in Reg. 84. Chartoph. reg. ch. 153 : *Item. v. Banchiers vers, à oiseaux et à feuilletes.* Inventar. bonor. ducis Bitur. ann. 1419. ex Cam. Comput. Paris. fol. 7. v°. : *Item un grant Banquier eschaqueté de vert, bleu et rouge, à plusieurs royes d'or. Ung Bancquier bleu*, in Lit. remiss. ann. 1448. ex Reg. 176. ch. 658. Vide supra *Bancal* et *Bancale* in *Bancus*.

* **BANCHARIUS**, BANQUARIUS, BANQUERIUS, Thesaurarius, questor, Gall. *Trésorier*. Bulla Innoc. PP. IV. inter Stat. et privil. Univers. Tolos. ex Cod. reg. 4222. fol. 19. v° : *Jurabit etiam solvere integraliter jura consueta..... dom. cancellario Tolosano et cancellariæ, suo doctori præsentanti vel magistro, Universitati seu Banchario, et regentibus, bedellis et aliis, ut moris est.* Stat. ann. 1310. ibid. fol. 29 : *Item fuit ordinatum, quod Bancharius generalis non sit perpetuus de cetero, post decessum Forcii de Cantirano, qui nunc Bancharius existit.* Alia ann. 1314. ibid. fol. 52. r°. : *Ordinamus quod quando aliquis doctor in jure canonico vel civili.... recipiet insignia doctoratus, tantum de cetero dare teneatur Banquario majori seu officio bancarum, quantum dabitur uni vel alteri bedellorum.* Lit. Caroli VI. reg. Franc. ann. 1392. ibid. fol. 110. r°. : *Banquerius major sive thesaurarius Universitatis, etc.* Hinc *Banquerie*, Thesaurarii præfectura, quæstura, in Reg. parlam. Tolos. ad ann. 1469. ex Cod. reg. 9879. 6 : *En paiant par lesdiz escolliers le salaire desdiz docteurs et de la Banquerie des escolles de ladite Université.*

* BANQUERIUS, interdum, et cum nude appellatur, idem qui *Bedellus*. Vide *Bedelli*. Charta ann. 1352. in Reg. 82. Chartoph. reg. ch. 583 : *Cum in dicta Universitate Montispessulani habeant esse et consueverunt hactenus plures bedelli, ... qui ibidem Banquerii communiter appellantur.*

* *Banchier* vero dicitur, Collector vectigalis, quod ex *banno* vini provenit, in Transact. inter priorem et homines S. Belini ann. 1461. ex Reg. 198. ch. 191 : *Ou cas que celui qui devra dudit banvin ne paiera ce qu'il en devra audit jour par ladite taille, le Banchier ou commis à lever icellui le pourra faire appeller pardevant la justice.*

* **BANCHART**, vox vulgaris, Pars plaustri vel carri, f. temo, nostris *Fleche* et *Brancard*. Charta ann. 1239. inter Probat. Hist. Sabol. pag. 349 : *Qui coustumas dicto Jacobo debuerint, poterunt capere in dicta foresta, pro unaquaque quadriga, ... essolium novum, et Banchart.* At vero *Bancart*, Plaustri genus est, in Lit. remiss. ann. 1398. in Reg. 153. Chartoph. reg. ch. 218 : *L'exposant menoit à Nostre Dame des champs à Paris un Bancart chargié de pierres. Coignée bancheresse*, Securis, qua utuntur carrorum artifices, in aliis Lit. ann. 148. ex Reg. 208. ch. 66 : *Le suppliant tenant une coignée Bancheresse, de laquelle il faisoit ung essieu de charrete.*

¶ **BANCHEA**. Computus ann. 1202. apud D. *Brussel* de Usu feud. tom. 2. pag. CXCIII : *De decheio Banchearum*, XVIII. *l. et* XII. *s. et* VIII. *den.*

* Officina, apotheca, Gall. *Boutique*, Vide supra *Bancagium* et *Bancha* 4.

* 1. **BANCHIA**, Repagulum, Gall. *Barriere, garde-fou;* sic dicta quod ex longis et arctis lignis facta. Charta Roberti Claromont. episc. ann. 1226. in Chartul. S. Mart. Augustod. : *Si vero ligneam clausuram ibidem destruxerimus, unam Banchiam in quolibet latere pontis tenebuntur facere et unicum pontem plenum.*

* 2. **BANCHIA**, Stallum, ubi merces venum exponuntur. Charta ann. 1318. inter instr. tom. 12. Gall. Christ. col. 405 : *Cum dimidia parte...... locationis sive obventionis Banchiarum seu sedilium halæ infrascriptæ, ubi nundinæ et forum prædictum tenebuntur.* Vide in *Bancus* 1.

* 1. **BANCHUS**, Mensa nummaria, ærarium. Lit. ann. 1337. ex Tabul. Massil. : *Ipsarum deprædationum pretium deponi faciatis in Bancho dom. Danielis Marchesii.* Vide supra *Bancha* 3.

* 2. **BANCHUS**, Tribunal judicum. Stat. Vercel. lib. 1. pag. 20. r° : *Judices domini potestatis ibunt et ire debebunt ad Banchum, pro jure reddendo.* Occurrit ibid. pluries. *Banchus juris*, in Stat. Palavic. lib. 1. cap. 1. pag. 4. Vide supra *Bancha* 1. et in *Bancus*.

¶ **BANCIO** FRUMENTARIA. f. *Barcio*, Navis annotina. Albertinus Mussatus de Gestis Henrici VII. lib. 13. rubr. 8. apud Murator. tom. 10. col. 534 : *Anxii Pisani suorum tædio, quos augebat impermeabilis accessus, inde et rerum familiarium inopia,* *et unde irrumperent, quatenus et ipsi possent, machinas, testitudines, cataphractas, onerarias barchas, quas barbottas ipsi nuncupabant, cum Bancionibus Frumentariis.*

* **BANCIUS**, Eadem notione, *qua Banchus*, 2. Charta ann. 1305. apud Ludewig. tom. 12. Reliq. MSS. pag. 378 : *Statuimus ut singulis horis et temporibus, judiciis opportunis civitatis nostræ* (Goerliz) *in Banciis cum advocato nostro, judex hæreditarius noster qui fuerit, in persona propria adesse debeat.*

* **BANCOBANCUS**, Districtus, jurisdictio judicis. Lit. remiss. ann. 1355. in Reg. 84. Chartoph. reg. ch. 330 : *Certæ personæ de villa de Augeyo ceperant unam bischam silvestrem in Bancobanco et justitia loci de Feritate super Amantam, etc.*

1. **BANCUS**, Gall. *Banc*, Senensibus *Banco*, Florentinis *Panco*, subsellium, sedile ligneum longius, quod plures una sessores capit : ex Saxonico Benc, abacus, scamnum, sedile. Uldaric. in Consuet. Cluniac. Monast. lib. 2. cap. 36 : *Duo sedilia, quæ vulgo Bancos vocant.* Joan. Brompton. : *Imperator autem probitatem suam admirans, Bancos loco caparum in curia sua erexit.* Speculum Saxon. lib. 3. art. 38. § 4 : *Mensam ornabit mensali, et Bancum seu scamnum pulvinari, ac sedile cussino.* Siffridus Presb. ann. 1025 : *Dum igitur pergens in quadam Ecclesia, et fessus super Bancum quiesceret. Wacces en son Roman de Rou,* De Roberto Duce Normanniæ :

> Par Constentinoble passa,
> Et à l'Empereur torna,
> En dementiers qu'à lui parla,
> A la coustume qui ert là,
> Son mantel jus à terre mist,
> Tout deflubé desus s'asist.
> Au partir quant il s'en torna,
> Le mantel prendre ne daigna.
> Un des Grés le vit deflubé,
> Son mantel li a relevé,
> Dist lui que son mantel prist,
> E à son col le rependist.
> Et il respondi par nobloi,
> Je ne port pas mon Banc o moi,
> Chascun des Normans autresi
> Son mantel à terre guerpi.

Infra :

> Par la noblesse des Normans,
> Qui de lor manteaus firent Bans.

Rursum :

> Fist l'emperer en paleis fere
> Bans et sieges environ l'aire.

Quidam vocem hanc ex *Abacus*, alii ex *Scamnum*, formatam volunt, alii a *Banc* Germanico deducunt. Vide Gloss. Meursii in Πάγκος, et VV. CC. Ægidium Menagium et Octav. Ferrarium, in *Abaco* et *Banco*. [*Benc* vel *Banc* apud Francos et Saxones semper significavit *scamnum* vel *sedile; Bancus* ergo Franco-Theotiscæ aut Saxonicæ originis est : alia non quærenda.] [** Vide Graffii Thesaur. Ling. Francic. vol. 3. col. 131. et Raynouard. Gloss. Rom. vol. 1. pag. 178.]

¶ **Banchus**, Idem. Statuta Eccles. Tutelensis ann. 1328. apud Marten. tom. 4. Anecd. col. 799 : *Item præcipimus vobis.... quod ecclesias vestras per parochianos vestros... munire loco videlicet Banchis, libris et aliis necessariis ornamentis atque vestimentis et campanis faciatis.* Acta SS. April. tom. 1. pag. 170 : *In cujus* (triremis) *Bancho seu transtro, etc.* [** De triremium *bancis* vide Jalium Antiq. Naval. tom. 1. pag. 282. 297. sqq.]

¶ **Bancius**, Eadem notione. Charta Geraldi Abb. S. Johannis Angeriac. ann. 1385. ex Chartulario ejusdem Monast. pag. 442 : *Sedente eodem domino Abbate super quemdam Bancium fusteum.*

¶ **Banchius**, Simili notione. Locum vide in *Carabaga*.

¶ **Banca**, Eodem sensu. Limborch. Hist. Inquis. lib. Sent. Tholos. pag. 43 : *Adoravit eos inclinando super unam Bancam sicut fuerat edocta.* Ibidem pag. 224 : *Oravit cum eis flexis genibus inclinatis super Bancam secundum morem ipsorum,* Albigensium scilicet et Valdensium. Compendium Jurium et Consuetud. Universit. Paris. per Rob. *Goulet* fol. 8 : *Non tamen secundum litterarum merita, sed vel secundum antiquitatem bacchalariatus, vel ut nobilitatis Banca, more eorum loquendo, exposcit, præsentant licentiandos.* Quo in loco *Jura* nobilitatis dicuntur *Banca*, vel quod nobiles in *Banca* seu scamno singulari sederent in scholis, vel quod hic agatur de nobilibus baccalaureis ad gradus licentiatorum aspirantibus, de quibus vulgo dicimus : *Ils sont sur les Bancs.*

¶ **Banca**, Notione paulo diversa, pro Mensa mercatorum in qua merces suas emptoribus exponunt, Gall. *Comptoir.* Statuta Massil. anni 1253. pag. 305 : *Constituimus quod omnes draperii et eorum scolares jurent infra octo dies post festum omnium SS. pannos quando ipsos vendent extendere supra Bancam, etc.*

¶ **Bancha**, ut *Bancus*, in Miraculis B. Ambrosii Senen. tom. 3. Martii. pag. 218. Instrum. ann. 1338. ex Archivis Massil. : *Quidam super una Bancha derrobavit de sachis, etc.*

Bancus, apud Scriptores Anglicos sumitur pro Tribunali, quemadmodum *Scamnum*, in Wichbild Magdeburg. art. 11. § 1. Duplex autem hoc nomine indigitatur Tribunal in Anglia, prius, *Bancus Regius*, alterum *Bancus Communis* appellatur;

Bancus Regius post Parlamentum est totius Regni Tribunal, in quo causæ capitales, criminales et aliæ, quæ ad Coronam, seu Hospitium Regis pertinent, aut ad instantiam Regis fiunt, expediuntur. Huic præsidet interdum Rex ipse ; unde *Regius* dicitur; sed vulgo *Capitalis Angliæ Justitiarius*, cui assident tres aut quatuor Justitiarii assessores. Officiarii sunt, *Clericus Coronæ*, *Protonotarius*, Ministri inferiores sex. Vide Fortescutum de Laudib. Legum Angliæ cap. 51. et Joan. Cowellum lib. 1. Instit. tit. 2. lib. 4. tit. 11. § 2.

Bancus Communis, dicitur Curia, in qua communia placita, hoc est, lites ex quacumque juris Anglici, quod *Commune* vocant, parte inter privatos natæ, disceptantur : unde et nomen habet. In ea judicant capitalis Justitiarius, Justitiarii assessores 3. vel 4. Officiarii sunt, *Custos sigilli, Custos brevium, etc.* Pertinet autem jus banci ad regios judices, qui supremo jure lites decidunt. Nam a Curiis Hundredorum et Baronum appellatur.

Uterque vero bancus olim mobilis, nunc in aula Westmonasteriensi fixus. Fleta lib. 2. cap. 2. § 7 : *Rex habet Curiam suam... in Banco apud Westmonasterium consimiliter.* Tho. Walsinghamus in Ricardo II. ann. 1393 : *Hoc anno Bancus Regius et Cancellaria translata sunt de Londiniis Eboracum.* Knyghton lib. 3. cap. 13. ann. 1302 : *Rex fecit movere Bancum et Scacarium Regis apud Londonias, quæ apud Eboracum fuerant per 7. annos.*

Banci Narratores, in Vitis Abbatum S. Albani, dicti *Advocati placitantes*, Legulei et causarum patroni.

Francus Bancus. Bracton. lib. 4. Tract. 6. cap. 13. § 2 : *Consuetudo est in illis partibus, quod uxores maritorum defunctorum habeant Francum Bancum suum de terris Sokemannorum tenentium nomine dotis.* Vetus Charta apud Somnerum in Tractatu de *Gavelkind* pag. 178 : *Burga quæ fuit uxor Petri de Bendingue, petit versus Priorem S. Trinitatis Cantuariensis medietatem manerii de Welles, sicut Francum Bancum suum, ad faciendum firmam 18. dierum, et unde prædictus Petrus quondam vir suus eam dotavit, etc.* Infra : *Post mortem illius Mathildis, habuit nomine Franci Banci medietatem illius manerii, etc.* Huc forte pertinet quod habet Speculum Saxon. lib. 3. art. 38. § 4.

Bancum Justitiarium Tenere, apud Westmonaster. pag. 374. Præsidere in Banco Justitiarius dicitur.

Bancus, etiam obtinuit in Italia pro foro aut tribunali judicum : *Banco, seggio del Giudice*, tribunal. Extant enim plures Sententiæ, seu Judicata aliquot judicum Cumarum et aliarum urbium in Italia, in veteri Regesto Cameræ Computorum Parisiens. quæ sic clauduntur : *Lecta, lata... et pronuntiata fuit hæc sententia... per D. potestatem... sedentem in Banco pro Tribunali*, ann. 1386. Alia ann. 1365 : *Lata et in his scriptis sententialiter pronuntiata fuit ista sententia per Dom. Potestatem sedentem in Palatio Communis Novariæ ad Bancum juris solitum.* Utitur etiam Bartholus in Tractatu 15. de Falcone, et Additio ad Bartholum in l. *Julianus*, D. de integr. restitut. Vide Ughellum tom. 4. pag. 876. Charta Rogerii Siciliæ Comitis Græce exarata apud Ughellum tom. 1. Ital. Sacr. pag. 1029. Καὶ δίδομεν αὐτῷ ἄδεαν τοῦ ἔχειν βάγκον, τοῦ κρατεῖν κριτάς, καὶ κρίνειν αὐτούς οἱ ἐπίσκοποι τῆς ἐκκλησίας αὐτῆς, etc. Cruscanis Academicis, *Banco, e propriamente quella tavola alla quale riseggono Giudici, o i Magistrati à render ragione, i mercanti à contar denari, à scriver conti.* Vide Joan. Villaneum lib. 11. cap. 93. Charta Caroli IV. Imperat. ann. 1375. pro Coloniensibus, apud Maximilianum Henricum in Apologia part. 2. pag. 118 : *Et si tale judicium infra Civitatem Coloniensem, et quatuor Bancos judicii temporalis ibidem, etc.* Sed et hæc leguntur in Statutis Communiæ Mechliniensis MSS. : *Villa Mechliniensis de cætero habeat... plenum Banchum, sive sedem 12. Scabinorum.* [** Vide Grimmii Antiqu. Juris Germ. pag. 812 et Haltausii Glossar. voce *Bank*, col. 91. Charta ann. 1421. in Harenberg. Antiquit. Gandersh. pag. 921 : *Nobis inibi super quodam Banco.... pro tribunali sedentibus.* Judicium plenum, sunt Haltausii verba, duodecim fere scabinorum, cujus figuram ita describit Gryphiander in Tract. de Weichbild. Saxon. cap. 65. n. 3 : Collocatum erat tribunal in loco editiore pro judice, cui in quatuor scamnis sive bancis quadrato ordine circumsedebant scabini. Statuta civit. Mechlin. ann. 1338 : *Villa Mechliniensis de cætero habeat in perpetuum Plenum Bancum sive sedem duodecim scabinorum.* Hermann. Marchio Brandenb. in chart. Gorlic. s. a. apud Grosserum Memorab. Lausniac. vol. II. pag. 148 : *Quas.... causas in quatuor Banccis civitatis, præsentibus scabinis civibus nostris et non alibi nostrum advocatum volumus judicare.* Mox : *In eadem civitate nostra coram quatuor Bauccis bannitis etc.* Henrici Illustr. charta Altenburg. ann. 1256 : *Quicunque fecerit emendam extra figuram judicii, ita quod digitum non levat intra Quatuor Scamona, de emenda pollicita convici non potest.*]

¶ Banca, Eodem intellectu. Charta ann. 1366. apud Baluzium tom. 2. Hist. Arvern. pag. 344 : *Et dictus dominus judex existens in loco de Rupe-Maura... et sedens more judiciali in quodam loco sive Banca, quem locum congruum pro tribunali quoad actum ejusmodi sibi elegit.*

¶ Banchum, Tribunal. Acta SS. Martii tom. 2. pag. 152. A. : *Ego sum Banchum rationis et veritatis ad ponendum animas in via honestatis.*

¶ Banchus Audientiæ Episcopalis, in Processu super sanctitate et doctrina B. Catharinæ Senen. ann. 1380. apud Marten. tom. 6. Ampliss. Collect. col. 1243. Vide *Banchus* et *Bancius*.

¶ Banchettus, in Commentario D. Edmundi Marten. in Regulam S. Benedicti pag. 401 : *Constitutiones Montis Oliveti præscribunt, ut cellerarii monasteriorum eligantur in Banchetto per vota secreta, de consensu majoris partis ipsius.* Hic *Banchettus* est vel Capitulum aut cella communis, quo Monachi conveniunt ad tractanda negotia : qui locus dicitur *Banchettus*, quod in eo sint *banci* plerique ad consedendum.

Est etiam *Bancus*, stallum, ubi mercatores merces suas exponunt, in Charta ann. 1152. apud Catellum lib. 2. Hist. Comitum Tolosæ pag. 218. [et in alia ann. 1164. tom. 1. Hist. Dalphin. pag. 17 : *Si quis Bancum tenens bovem vel vaccam vendiderit, ceram 11. sol. ad Calendas dabit.* Hinc *Census et consuetudo macellorum* pro Tributo a *Macellariis* solvendo ratione *Bancorum*. Lobinellus tom. 2. Hist. Britan. pag. 378 : *Dedi et concessi per unumquemque annum centum solidos de redditibus meis qui in prima ebdomada Quadragesimæ persolvi debent de censu et consuetudine Bancorum macelli in suburbio.*] Vide *Bancha*, 4. *Banchia*, 2. *Banchea*.

¶ Banchia, Idem. Censualis Codex Calomontis : *Banchia mercerii continens duos colonellos in ingressu alæ Calomontis.*

Bancha, idem quod *Bancus*, Stallum : *Banchæ macellariorum ad vendendum*, in Libertatibus Baugiaci ann. 1250. apud Guichenonum in Hist. Bress. pag. 64. 110. Stalla. Anonymus de Morimundensis in agro Mediolanensi Cœnobii desolatione : *Alius panem unum, alius medium, alius buccellam, unusque secundum quod subter Bancas et scrineos poterant invenire.* [Instrum. ann. 1309. tom. 1. Hist. Dalphin. pag. 86 : *Item de quolibet macellario vendente in macello die fori, pro tota septimana capiuntur pro Banca duo denarii... de qualibet alia Banca seu platea infra forum, vel ibi circa, capitur unus denarius.*] [** Germani dicunt *Fleischbank*, *Brodtbank*. Adel.]

Banchaticum, Tributum ex ejusmodi *banchis*, in Charta Friderici I. Imp. ann. 1159. apud Ughellum in Episcopis Astensibus : [*Hæc itaque regalia esse dicuntur : moneta, viæ publicæ, aquatilia, flumina publica, molendina, furni, forestica, mensuræ, Banchatica, portus, etc.*] Vide *Bancharius*.

¶ Banchagium, Idem. Comp. Grasivod. ann. 1337 : *Recepit avenam, quarterios carnium pro Banchagiis macelli, piper, ceram et aurum pro gardis.*

¶ Banca, Bancus, Ærarium, Musæum notarii, Officina cujusvis operarii, quæ etiamnum *Banche* dicitur in Bressia. Acta SS. Maii tom. 6. pag. 176. B : *Prima Junii recepit ex Banco S. Jacobi xxj. sol. vij. denarios.* Vide *Banchus* et *Bancius*.

Bancale, Bancalis, Banci, seu subsellii stragulum, tapes, quo scamnum, seu *bancus*, insternitur. Glossæ MSS : *Stratoria, Bancales.* Hispanis, *Bancal*, Catholicum Armoricum : *Paviot, Gall. Banchier, Lat. Banchale.* Capitulare de Villis cap. 42 : *Ad discum, Bancales, vasa ærea, plumbea, etc.* Durandus lib. 1. Ration. cap. 3. n. 23 : *Bancalia, sunt panni, quibus super sedes vel Bancas in Choro ponuntur.* Vide lib. 6. cap. 81. num. 6. Hariulfus lib. 3. Chr. cap. 3 : *Tapeta* 6. *cortinæ* 3. *Bancales serici* 4. Tabular. S. Eparchii Inculism. : *Cortinas quoque et dosallos sive Banchallos, et ex optimis palleiis 20. cappas Romanas, etc.* Lib. Rames. sect. 148 : Alswara *dedit etiam unam crucem optimam, et pulvinar unum de palla, 2. quoque pelves argenteas, 2. cortinas, unum Bancale, et sellam suam cum omni apparatu equestri.* Ubi perperam Spelmannus *Baneale* legit. Vetus Charta in Auctario ad Matth. Paris pag. 158 : *Unum librum, et unam cortinam, et unum Bancale concedo consensu domini mei Regis.* Monasticum Anglic. tom. 1. pag. 222 : *Quinque altaris pallia, et 7. stragulas, et 2. tapeta, et 7. scamnorum (vel sedilium) tegmina, vulgo Bancalia.* Et pag. 130 : *Tria pallia, cortinas 2. Bancalia 2. candelabra duo.* [Guidonis Discipl. Farfensis cap. 23 : *Choro post dorsa fratrum in arcum aptant Bancalia, in formulis tapetia.* Vide Martenium tom. 1. Anecd. col. 1525.] Bocacius Nov. 100 : *Comincio à spazzar le camere, et à far porre capoletti, e Pancali per le sale.* Vide *Bancal* et *Banchale*.

Banquerium, Idem quod *Bancale*. *Banchier*, in Catholico Armorico. Fleta lib. 2. cap. 6. § 1. de Officio Cameraii : *Debet disponere... ut cameræ tapetis et Branqueriis ornentur.* Cap. 7. § 3 : *Permissum est etiam, quod Camerarius ex antiqua consuetudine habeat omnia vetera Banqueria et tapetos, etc.* Statuta MSS. Ordin. S. Joannis Hierosol : *Linsseuls, drapilles, tapis, Banchiers, vestemens, barrettes, etc.*

* 2. **Bancus**, Sequester, depositarius, Gall. *Séquestre*. Charta ann. : 1349. tom. 2. Hist. Cassin. pag. 545. col. 2. *E converso dominus abbas promisit..... dare..... ante incæptum opus, si velint, usque ad summam centum florenorum, ita tamen quod dent eidem domino unum Bancum, seu ydoneum depositarium, qui teneatur dictam pecuniam restituere eidem domino seu ejus monasterio, in casu quo prædicta non servarent.* Vide supra *Banchus* 1.

* 3. **Bancus de Petra**, Stratum, nostris *Lit de pierres*. Charta ann. 1076. ex Tabul. Aquens. : *Quantum nos visi sumus habere ecclesiam et cimeterium, ita quomodo vadit Bancus de petra, et pergit via de Pertus.*

¶ 4. **Bancus Salis**, Crassum frustum salis. Vita B. Kingæ tom. 5. Julii pag. 696 : *Ac primaria fovea egesta, salis concreta moles ad quantitates Bancorum* (cum) *partiretur, in ipsa salis durissimi compage, ille idem annulus aureus.... repertus est.* Vide *Bancatus*.

¶ 1. **Banda**, Nomen militiæ ab Alfonso Castellæ Rege instituta apud Victoriam urbem Castellæ : sic dictæ a *Banda* seu tænia rubra, lata quatuor digitos, quam ipsi a dextro humero sub sinistro brachio circumdabant. Vide Miræum de Orig. Ord. Equest. et Paulum Morigiam lib. 2. Orig. Monast. cap. 9.

* Ejusdem originis est vox *Bandez*, qua appellatione designabantur ducis Bituricensis fautores, quorum meminit vetust. Chron. tom. 1. Miscell. Labbei pag. 653. ad ann. 1410 : *Le duc de Berry et ceux de son party portoient une bande, dont ils furent appellez Bandez ou ceux de la bande.* Et pag. 657. ad ann. 1412. 3. Aug. : *Fut commencé par les Bandez une confrairie de S. Laurens aux Blans-manteaux, et disoient que c'estoit la confrairie des vrays et bons Catholiques envers Dieu et leur droit seigneur.*

* 2. **Banda**, Costa navis, latus, Gall. *Flanc*, *bande*. Mirac. MSS. Urbani PP. V : *Quidam portabat barilium aquæ et cecidit super Bandam galeæ.* [** Vide Jal. Antiquit. Naval. vol. I. pag. 298. Gallis *Bande* sive *Platbord*. Conf. eundem vol. II. pag. 47. et 114. not.]

* 3. **Banda**, Ferrea lamina. Sentent. ann. 1282. ad calcem Necrolog. eccl. Paris. MS. : *Quod si batelli et Bandæ campanarum..... indigeant aliqua reparatione, refectione seu restauratione, fabrica ecclesiæ Parisiensis ministrabit materiam ferri.*

***Bandairagium**, Bandayragium, us agrum vel pascua sub *banno* tenendi, ita ut iis frui aliis non liceat, eorumque custodiam *banderiis* committendi facultas. Charta ann. 1332, in Reg. 66. Chartoph. reg. ch. 947 : *Item et super eo quod homines seu universitas de Trulharibus nituntur impedire universitatem et homines de Genestaribus in suo Bandairagio et usu depascendi cum suo bestiario.* Charta ann. 1352. in Reg. 81. ch. 448 : *Ipsi habeant Bandayragium et pasturagium territorii de Proliano. Bandayrament*, eadem notione, in Ch. Gallica ibid. : *Nous avons ottroyé aux habitans du chastel de Puysalicon le Bandayrament du terrior de Prolhain.* Pluries ibi. Vide infra *Bandeiare* 2. et *Banderagium* 1.

¶ **Bandarensis**, Vexillifer. Vide post *Bandum*.

Bandasia. Charta Sassonis Episcopi Aprutini ann. 1207. apud Ughellum tom. 1.

pag. 398 : *Concedimus et confirmamus illam vobis hominibus Terami habitatoribus libertatem, quam prædecessores nostri concesserunt,... et quædam de beneplacito nostro largimur et concedimus, videlicet sanguinem, livorem, et Bandasiam, Potestatem et Judices.* Occurrit iterum infra. Idem videtur quod *Bandum* seu *jus Bandi*, vel *Banni*, id est jurisdictionis.

* **BANDAYRAGIUM**, Jus infligendi mulctas pecuniarias, quas *Banda* seu *banna* vocabant; vel *banna* edicendi, et statuendi. Charta ann. 1345. in Reg. 75. Chartoph. reg. ch. 406 : *Omni jurisdictione et Bandayragio domino nostro regi, ac superioritate, laudimio et foriscapio retentis, etc.* Vide infra *Banderagium* 2. et *Bannum* 2.

* **BANDEGARE**, *Bandum* seu *Bannum* proclamare, edicere, statuere. Pariag. inter regem et condominos villarum de Pomariis, etc. ann. 1327. in Reg. reg. 65 Chartoph. ch. 92 : *Quæ quidem bassa justitia seu jurisdictio, et jus Bandegandi, etc.* Vide in *Bannum* 1.

¶ **BANDE-GRUINA**, Pallii genus. *Le Maire* in Hist. Aurelian. edit. in 4°. ex Actis ann. 1251. 26. Octob. : *Memoratus dominus Rex (S. Ludovicus) propriis humeris dictam thecam portavit. Sermo factus fuit in claustro, et sedit dominus Rex cum duobus filiis suis, et obtulit duo pallia, quæ vulgo vocantur Bande-gruina.*

* 1. **BANDEIARE**, eadem notione atque *Bandegare*. Charta ann. ann. 1320. in Reg. 59. Chartoph. reg. ch. 556 : *Capitulum ecclesiæ Carcassonensis se habere dicebat minores justitias et banna seu Bandeiandi jura.* Vide infra *Banderare*.

* 2. **BANDEIARE**, Agrum vel pascua sub *banno* tenere, ita ut iis uti nulli liceat, ob idque *Banderios* seu custodes ponere, et mulctas ex infracto banno exigere. Pariag. ann. 1320. ex Lib. rub. Cam. Comput. Paris. fol. 568. r°. col. 1 : *Volentes eciam... parcere laboribus et expensis ad infrascriptum pariagium et associationem super mero et omni alta et bassa justitia seu jurisdictione et Bandeiandi jure dicti castri,.... et eciam super incursibus quibuscumque prædictæ altæ et bassæ jurisdictionis ac Bandeiandi juris, ... consenserunt..... quod..... omnis altæ et bassæ jurisdictionis exercitium, banna eciam omnia, et Bandeiandi, et pro bannis et talis pignorandi et puniendi jura..... remanebunt domino regi.* Pactum inter dom. de Lisigniaco et de Pedenacio ann. 1331. in Reg. 69. Chartoph. reg. ch. 180 : *In locis dubiis, quantum ad jurisdictionem omnimodam, altam et bassam, et usum depascendi et Bandeiandi, ponantur termini sive fines.* Charta ann. 1332. in Reg. 66. ch. 947 : *Item et super eo quod homines seu universitas de Mirapisce nituntur impedire universitatem et singulares homines de Genestaribus in suo jure et usu Bandeiandi et depascendi.* Vide supra *Bandairagium* et infra *Bannejare* 2.

BANDELLUS, Fascia, ex Gallico *Bandeau*, sic appellata, quod *Bandi* seu vexilli speciem referat. Synodus Coloniensis ann. 1280. cap. 5. de confirmatis : *Et habeant Bandellos de panno lineo spisso sine fractura et sine nodo, etc.* Occurrit rursum infra, et in Præceptis Synodalibus Petri de Collemedio Archiep. Rotomag. [Statuta Synodal. Ecclesiæ Cadurcensis apud Marten. tom. 4. Anecd. col. 687 : *Bandellos mundos et latos et satis longos supra chrismationem in fronte positos tribus diebus defferant propter fidem Trinitatis...* Adde Pontificale Antissiodor. scriptum circa ann. 1310.] Vide *Binda*.

¶ **BANDELLUM**, Eadem notione. Statuta Eccles. Leodiensis ann. 1287. apud Marten. tom. 4. Anecd. col. 832 : *Monentur parentes quod confirmatos pueros tertia die adducant ad Ecclesiam, ut presbyter lavet frontes eorum, et comburat Bandella, et aquam lotionis cum cinere Bandellorum faciat in sacram piscinam reponi.* Ritus hic prescriptus etiamnum servatur in illa Diœcesi.

¶ **BANDEQUINUS**. Vide *Baldakinus*.

* 1. **BANDERAGIUM**, ut supra *Bandairagium*. Charta ann. 1350. in Reg. 80. Chartoph. reg. ch. 191 : *Habitatoribus villæ de Podio Salicone, vicariæ Biterrensis, consules et consulatum,.... ac Banderagium et pasturagium concessit.* Ubi *Bauderagium* edidit D. *Secousse* tom. 4. Ordinat. reg. Franc. pag. 15. sed leg. *Banderagium* suspicatus est.

* 2. **BANDERAGIUM**, Jus infligendi mulctas pecuniarias, vel *banna* proclamandi et statuendi. Charta ann. 1389. in Reg. 138. Chartoph. reg. ch. 288 : *Feudum, vocatum le Bosquet,.... cum Banderagio, directo dominio, laudimio et foriscapio.* Vide supra *Bandayragium*.

* 3. **BANDERAGIUM**, Præconis, qui et *Banderius* dicebatur, officium. Charta ann. 1346. in Reg. 67. Chartoph. reg. ch. 194 : *Possint consules vendere Banderagium seu Banderii inquantum, si velint, ac pondera et mensuras dictæ villæ.* Vide infra *Banderia* 2. et *Incantare* 2.

* **BANDERARE**, *Bandum* seu *bannum* proclamare, edicere. Pactum inter Pontium episc. Biter. et curiam reg. ann. 1290. ex Chartul. Biter. ch. 6 : *Bannum quoque et jus Banderandi et distringendi in loco vocato Campus rubeus, etc.* Charta ann. 1378. in Reg. 112. Chartoph. reg. ch. 301 : *Cum Johannes Perdiguerii quandam bastidam cum terris, pratis, vineis et aliis redditibus et jurisdictione Banderandi, et inibi suos banderios instituendi.... acquisiverit, etc.* Vide supra *Bandeiare* 1.

¶ **BANDERARIUS**. Vide *Bandum* 1.

¶ **BANDERESIUS**. Vide *Banderenses* post *Bandum* 1.

¶ 1. **BANDERIA**, Vexillum. Locum vide in *Antesignarius*, et infra in *Bandum* 1.

* 2. **BANDERIA**, pro Viris, qui sub *banderia* seu vexillo militant. Chron. Estense ad ann. 1349. apud Murator. tom. 15. Script. Ital. col. 453 : *Dominus marchio Obizo Estensis fecit fieri monstras suarum Banderiarum sine armis de mane.... Dom. marchio congregari fecit conestabiles prædictarum Banderiarum super salam novam dom. marchionis.*

* 3. **BANDERIA**, *Banderii*, hoc est, præconis vel *messarii* seu agrorum custodis officium. Charta ann. 1319. in Reg. 61. Chartoph. reg. ch. 117 : *Consules de Limoso sibi appropriaverunt Banderiam de Limoso et emolumentum, quod provenit ex ea; quæ deberent spectare ad dominum nostrum regem.* Vide supra *Banderagium* 3. et infra *Banderius*.

* **BANDERIATUS**, Eadem significatione. Charta ann. 1405. in Reg. 159. Chartoph. reg. ch. 341 : *Petrus Sautelli banderius et custos fructuum et erbagiorum loci de Donis, vicariæ Narbonæ, ... occasione sui Banderiatus et custodiæ officii, etc.*

* **BANDERICA**, Proclamatio, clamor, quo quis alterius auxilium invocat, ut videtur. Charta Adelfonsi reg. Aragon. pro habitatoribus Tutelæ æra 1165. in Reg. 53. Chartoph. reg. ch. 295 : *Nullus adducat ibi aliquam potestatem, vel aliquem militem, aut infancionem per Banderica, vel per vocero contra suum vicinum.*

¶ **BANDERIKES**. Litteræ anni 1405. apud Rymer. tom. 8. pag. 384 : *Quatuor cophinos cum quarellis, tria Banderikes, et quindecim Pavisses, etc.*

¶ **BANDERIUM**, Cohors quadringentorum militum. Sic Marten. in Gloss. ad calcem tom. 5. Anecd.

* Cohors militaris. Lit. Casimiri III. ann. 1475. inter Leg. Polon. tom. 1. pag. 228 : *In alio Banderio, quam sit stipendiariorum, collocarent. Item sit speciale Banderium et specialis acies eorum, qui in propriis personis non vadunt ad bellum.* Vide supra *Banderia* 2.

* **BANDERIUS**, Qui alibi *Messarius*, Agrorum custos, nostris olim *Bandier*. Vide *Bannerii* in *Bannum* 1. Charta ann. 1319. in Reg. 61. Chartoph. reg. ch. 117 : *Banderii de Limoso.... depopulaverunt plansones fructiferas et non fructiferas, scilicet pomerios, pirus, ulmos ad faciendum barras.... cum ferris longis acutis usque ad tres palmos vel circa, quos portaverunt et portant, quando volunt, pro custodia agrorum, licet sint arma prohibita.* Ubi Reg. 59. ch. 349. habet, *Combanderii*. Lit. remiss. ann. 1404. in Reg. 158. ch. 459 : *Guillermus Gasanini, quondam custos seu Banderius agrorum, fructuum et bonorum prædicti loci de Magriano.* Sed et ita legendum in Lit. ann. 1353. tom. 4. Ordinat. reg. Franc. pag. 132. pro *Bauderius*. Aliæ ann. 1406. in Reg. 161. ch. 173 : *Seurvint un messier ou Bandier, qui gaga le suppliant d'une brebis. Bandiers jurez ou messieurs de la ville de Narbonne*, ibid. ch. 281. Pro Præco, Gall. *Crieur public*, Occurrit supra in *Banderagium* 3. Vide *Banderia*, 3. et *Banderiatus*.

* **BANDERIUS** Furnus. In quo subditi panem suum coquere tenentur. *Four Bandier*, in Consuet. Marchiæ art. 314. et 316; *Four bannier*, in Charta ann. 1521. ex Chartul. Latiniac. fol. 253. v°. Charta ann. 1498. ex Tabul. Casæ Dei : *Pontius Combralhe mercator villæ Casæ Dei confessus est se habere in emphiteosim..... furnum Banderium,.... cum omni jure bannalitatis, ad censum annuum triginta sextariorum pastæ siliginis communis, ad pondus dictæ abbatiæ et ad usum Parisiensem dictam pastam solvendam.* Vide in *Bannum* 1.

* **BANDIERIFERI**, Romæ appellati regionum Capitanei, ab Italico *Bandiera*, Vexillum. Hist. Sicul. Laur. Bonincont. part. 2. apud Lam. in Delic. erudit. pag. 370 : *Præterea novos magistratus ex omni tribu Romani elegerunt, quos Bandieriferos*

vocavere. Vide mox *Banderarius* et *Bandarenses* in *Bandum* 1.

¶ **BANDEZATUS.** Vide post *Bandum* 1.

¶ **BANDIA**, pro *Bannum*, Districtus, jurisdictio. *Bandum* pro *Bannum*, non raro legi infra dicetur. Baluz. Hist. Arvern. tom. 2. pag. 429. in Charta Stephani de Bociaco Canonici Claromont. : *Dixit testis, Dissensiones esse inter dominos de Castro Petri et de Jaligniaco pro Bandia rupium* des Escures, *etiam quod ex discordia dictorum dominorum dictus dominus Hodinus de Castro tenuit in manu sua per plures annos dictam Bandiam.*

¶ **BANDILUS**, In Charta plenariæ securitatis ann. 565. apud Mabillonium in Supplemento Diplom. pag. 91 : *Item et in speciebus secundum divisionem, argenti libras duas, hoc est cocleares numero septem, scotella una, fibula de bracile, et de usu Bandilos formulas duodecim.*

* **BANDINELLA**, vox Italica, Linteum abstergendis manibus. Stat. civit. Astæ, ubi de Intratis portarum : *Bandinella ponatur et solvat pro petia.*

* **BANDINUM**, ut *Bannum* 2. Mulcta pecuniaria. Charta ann. 1475. inter Probat. tom. 3. Hist. Lothar. col. 279 : *Cum redditibus, censibus, servitiis,.... Bandinis, forescapiis, etc.*

¶ **BANDIRE.** Vide in *Bandum* et *Bannum.*

¶ **BANDIUM** Vinearum. Vide post *Bannum Vindemiarum.*

* **BANDIUS**, Sub *banno* positus, proscriptus. Charta ann. 1319. in Reg. 61. Chartoph. reg. ch. 117 : *Petrus Amati consul.... deliberavit et abire fecit de carceribus regis dicti loci quendam quæstorem de Tholosa, qui nutriverat Petrum Bonelli quondam Bandium de Limoso.* Sed leg. forte *Banditum.* Ut ut est, *Bandons* dixere nostri, homines *bando* seu *banno* domini subditos. Charta ann. ejusd. in Reg. 59. ch. 88 : *De xj. libris et xv. solidis Turon. annui census, quem Petrus de Dyciaco miles habet et percipit super homines, qui vocantur les goymerez et les Bandons.* Vide infra in *Bannalis* et *Bandum* 2.

BANDORA, Bandarensis. Vide in *Bandum* 1.

BANDOSITAS, Inimicitia, *faida*, bellum privatum. Constitutio Petri Regis Arag. post Curiam Generalem Catalaniæ celebratam in villa Cervariæ ann. 1359. MS : *Iterum Ordinamus et indicimus inter nostros Prælatos, Ecclesiasticas personas, Barones, homines de Paratico, et homines villarum honoratos, intus Cataloniam, inter quos guerra, Bandositas, aut contentio occasione hujusmodi, aut aliter existit, treugas duraturas hinc usque ad primum venturum mensem Madii, et ab ipso mense ad duos annos proxime sequentes. Sic tamen, quod transacto tempore ipsarum treugarum, quilibet præmissorum remaneat in illo esse, quo nunc existit, in tantum quod per exitum dictarum treugarum non remaneat in guerra ille, qui nunc in guerra non existit; et qui contra fecerit, ultra pœnas in Usaticis et Constitutionibus Cataloniæ editas contra infringentes securitatem et pacem Principis, habeatur ipso facto pro ejecto et separato a pace et treuga. Et si hac occasione castra vel loca, aut alia bona sedentia in aliqua Baronia Cataloniæ existentia ad manum regiam devenirent, debeant infra annum vendi aut aliter alienari consimili personæ, cujus illa castra, loca, et bona fuissent, aut alii etiam personæ infra dictam Baroniam degenti. Et prædictam Constitutionem per tempus prædictum duntaxat durare volumus, et non ultra.* [** Catalan. lingua conscripta exstat hæc constitutio in *Constitutions etc. de Cathalunya* vol. 3. *Superfluos, contraris* etc. lib. 2. tit. 1. cap. 1. pag. 28, ubi *Bandositat : .... entre los quals guerra, Bandositat o contentio per occasio de homey, o en altra manera sien etc.*] [Tractatus Bonifacii Ferrerii pro defensione Benedicti XIII. apud Marten. tom. 2. Anecd. col. 1455 : *Nam quia tota terra Regis per Dei gratiam est in pace et in tranquillitate, specialiter quia illæ Bandositates de Valentia cessarunt et sopitæ sunt, et nunc imminebat et crescebat quædam satis valida Bandositas etiam inter illos de genere suo in Aragonia.* Guilelmi Tyrii continuata Histor. Belli sacri apud eumdem Marten. tom. 5. Ampliss. Collect. col. 733 : *Et ce avint tant de fois, que cil d'Antioche en entrerent en grand effroy, et li Turquemans en pristrent trop grand Bandor.*]

Vandositas, pro *Bandositas*, Hispan. *Vando*, pro *bandum*, edictum. *Guerra, Vandositates, sive bellicia cum gentibus armatis*, apud Michaelem *del Molino* in Repertorio Foror. Aragon. pag. 167.

* **BANDULA**, Inimicitia, bellum privatum, idem quod *Bandositas.* Stat. ord. S. Joan. Hierosol. ann. 1584. tom. 2. Cod. Ital. diplom. col. 1878 : *Si grave vulnus vel enorme intulerit, perdat antianitatem; quam pœnam pariformiter incurrat si Bandula vel partialitates duelli pro quocumque cœperit.* Nisi sit ad Hispan. *Banda*, factio.

1. **BANDUM**, Vexillum, signum militare. Gloss. Lat. Græc. *Bandum*, σίγνον. Ugutio : *Bandum, parvum vexillum.* Paulus Varnefr. de Gestis Langob. lib. 1. cap. 20 : *Vexillum, quod Bandum appellant.* [Chron. Ademar. tom. 2. Bibl. MS. Labbei pag. 157 : *Pippinus contuli S. Martiali Bannum aureum, quod ceperat in prælio, etc.*] Passim hac notione occurrit apud Scriptores, Bennonem de Gestis Gregorii VII. PP. in Chron. Casin. lib. 1. cap. 26. apud Radevicum in Frider. lib. 4. cap. 71. in Codice Carolino Epist. 88. apud Lucam Tudensem pag. 63. Anastasium in Sergio PP. pag. 60. in Leone III. pag. 125. etc. *Primores Bandorum*, in Anastasii Collectaneis pag. 188. [*Bandum* inter insignia Papalia numeratur ab Ottone Morena in Hist. Rer. Laudensium apud Murator. tom. 6. col. 1057. [** ap. Pertz. vol. Leg. 2. pag. 121. lin. 28. ibid. pag. 125. lin. 19.] : *Inde ad palatium cum Bandis et aliis Papalibus insigniis* (Victor PP.) *est deductus.*] [** Vide Constit. Henric. V. Imp. ann. 1111. apud Pertzium vol. leg. 2. pag. 68. lin. 13.] A Persico *Band*, fascia, accersit Salmasius, quod in modum fasciæ effictum sit. Bekanus l. 7. Hermath. *Bant* veteribus Cimbris idem sonare ait. Alii a Cambrobritannico *Bamnar*, i. vexillum, hauriunt, quod effictum volunt a *Bann*, i. elevatione : est enim *Bann*, altum, excelsum, apud Boxhornium. Ego vero malim a *bannum*, de qua voce infra, vocis originem arcessendam, quod qui *bannum in rem aliquam mittebant*, seu in prædium aut domum, *velum* eidem appendebant, eoque ipso rem superioris domini esse innuebant. Vide in *Velum.* [** *Bandum* a German. *Band* deducendum est. Gothis *Bandvo* est signum. Adel. Vide Graffium Thesauri vol. 3. col. 136. Est apud Ulphil. Evang. secund. Marc. cap. 14. vers. 44 : *Dedit autem traditor ejus signum eis, dicens etc.*]

A Latinis, βάνδον, eodem significatu mutuati sunt Græci. Procop. lib. 2. Vandal. cap. 2 : Τὸ σημεῖον, ὃ δὴ βάνδον καλοῦσι Ῥωμαῖοι. Scholiastes Gregorii Nazianz. 1. in Julian. : Τά καλούμενα παρὰ Ῥωμαίοις σίγνα καὶ βάνδα, ταῦτα ὁ Ἀττικίζων συνθήματα καὶ σημεῖα καλεῖ. Vide Rigaltium, Meursium [** Cangium col. 173. et Append. col. 34.] in Gloss. et Fabrotum ad Cedrenum. Βάνδον Byzantini sæpe etiam pro turma usurpant, uti nos vocem *Bande*, ut Ducas cap. 5. pag. 35. Tactici Græci passim. Gloss. Basilic. : Κουστωδία, στρατιωτικὸν στίφος, ὃ βάνδον Ῥωμαῖοι καλοῦσι.

Bannum, Eadem notione. Vetus Charta apud Mabilonium tom. 5. SS. Ord. S. Bened. pag. 88 : *Qui festinantes sumptum secum vexillum Crucis, et sancti Guillelmi glebam, cum conventu fidelium Monachorum, Clericorum, Militum-Laicorum cum crucibus, Bannis, thuribulis, candelabris, signis, vestimentis Ecclesiasticis, etc.*

Quod vero Latini *Bandum*, seu vexillum Poetæ nostrates interdum *Ban* appellant. Vetus Poeta MS :

Lors ralie ses gens, et refait son conrois,
Le Ban de Macedoine, qui fut listé d'orfrois,
Fait devant lui porter, ainsi comme il est drois;
Là se ralioient Grieu et li Macedonois.

Alibi :

Le Ban de Macedoine contremont bauloiant,
Banieres et pignons contreval ventelant.

¶ Banderia, Vexillum. Anonymus apud Murator. tom. 8. col. 111 : *Et in exitu sui regiminis fuerunt positæ Banderiæ in monte S. Martini super plateam Vicentiæ.* Regimina Paduæ ad ann. 1319. ibid. col. 431 : *Hic dati fuerunt confalones et Banderiæ populi fratalearum.* Instrum. ann. 1365. ex Archivis S. Victoris Massil. : *Quod omnes Banderiæ artistarum et aliæ Massiliæ portentur et ponantur super mœnia.*

Banderium, idem quod *Bandum*, vexillum. Thwroczius in Ludovico Rege Hung. cap. 6 : *Multa Banderia et captivos Tartaros Regi transmisit.* In Sigism. cap. 18 : *Banderia sive vexilla in signum victoriæ misit. Banderia*, eadem notione, in Hist. Cortusiorum lib. 1. cap. 20. lib. 2. cap. 16. et alibi non semel. *Bandiera*, apud Joan. Villaneum lib. 2. cap. 2. lib. 7. cap. 2. lib. 8. cap. 1. lib. 11. cap. 80. *Bandera*, Danti.

Bandora, Idem quod *Bandum*, terminatione Longobardica, ut in *Arcora* dictum est. Anastasius in Hadriano PP. pag. 107 : *Ubi eum cum Bandora susceperunt.* Radevicus lib. 4. cap. 70 : *Dominum Electum signis et Bandoris præcedentibus ad Palatium deduxerunt.* Sic enim legendum, non *bandonis*, uti liber editus præfert. [Doctissimus Sirmondus in Gloss. ad calcem Supplementi Concil. antiquorum Galliæ : *Bandora, id est, sodalitium, cohors præsertim militaris, a Banda seu Bando, quod significat lingua Belgica vexillum.*] A *Bandora*

Bandorenses, vel Bandarenses, Italis *Bandrese*, appellati regionum Capitanei, Romæ, ut est in Vita Greg. XI. PP. apud Bosquetum, pag. 225 : *Romani seu eorum Officiales et Rectores suo vocabulo Bandurenses, et duodecim capita Regionum nuncupati, coadunatis sibi aliis quam plurimis tam in civibus, quam in foraneis natione Italicis, adhuc vivente Gregorio, tamen infirmante, deliberaverunt.* Nos *Chefs de bannieres*, vulgo appellamus. *Banderesios* vocat Platina in Greg. II. Vide mox *Banderarius*.

Banderarius, Bandarensis, Vexillifer, *Banderaio*, et *Banderese*, Italis; *Banderaro*, Joanni Villaneo lib. 7. cap. 14. Itinerarium Gregorii XI. PP : *Currebant Banderarii Romani velut dementes tubis clangentibus.* Infra : *Romæ namque Bandarenses cùm suis cuneis accesserunt.* Βανδοφόροι, Procopio lib. 2. Vandalic. cap. 10 : Τὸ σημεῖον τοῦ στρατηγοῦ ἐν ταῖς παρατάξεσιν εἰωθὼς φέρειν, ὃν δὴ Βανδοφόρον καλοῦσιν Ῥωμαῖοι. Ita etiam Leo Imp. in Tacticis.

*Banderarius, Regionis capitaneus apud Romanos; cujus appellationis rationem docet Bonincontrius in Annal. ad ann. 1370. apud Murator. tom. 21. Script. Ital. col. 18 : *Romani ea tempestate magistratus Urbis gubernationem habebant. Hi Banderarii patrio sermone a vexillis, quæ ante se gerebant, dicebantur, a quibus singulorum curiæ internoscebantur.* Vide supra *Bandieriferi* suo loco et mox *Bandorenses*.

¶ Bandonarius, in Ordine Romano pag. 228 : *Bandonarii, cum XII. vexillis.*

¶ Bandezatus, Eadem notione. Chron. Cremonense apud Murator. tom. 7. col. 649 : *Jacobus Robba Bandezatus Communis Cremonæ.* Ibid. col. 651 : *Bernardinus della porta Capitaneus populi Cremonæ; Jacopinus Ambroxii ejus judex, deputatus ad officium Bandezatorum.*

¶ Bannevelius, Idem in Statutis Monasterii S. Claudii pag. 56 : *Item oro Bannevelio, seu illo qui tenetur portare banneriam seu vexillum dicti Monasterii, etc.*

Banderarii, Milites quos *Banneretos* alii vocant, in Historia Cortusiorum lib. 5. cap. 3. lib. 7. cap. 4. 15.

** Banniria, ut modo *Banderia*, Vexillum. Fœdus inter Episc. Mogunt. et Landgrav. Hassiæ ann. 1293. in Guden. Cod. Diplom. vol. 1. pag. 869 : *Capitaneos et illos qui Banniriis utuntur propriis, pro equali portione dividemus.* Vide Bannereti.

* *Bandolier* vero pessime sonat, in Lit. remiss. ann. 1466. ex Reg. 201. Chartoph. reg. ch. 104 : *Lequel Vincent estoit Bandelier, larron, renyeur, et blaféмeur de Dieu.* Vide mox *Bandum* 3.

2. **BANDUM**, pro *Bannum*, crebro occurrit in Tabulario Casauriensi. [Pro *Bannum*, pœna, mulcta pecuniaria legitur in Chron. Casauriensi apud Murator. tom. 2. part. 2. col. 956 : *Et qui exinde eum disvestiret, ut componat Bandum ad partem Regis.*] Italis et Cruscanis Academicis, *Bando*, est *legge, o decreto del Principe, o de' Magistrati notificato con suono di tromba del Ministro publico.* [Epist. Alfonsi Regis Aragon. tom. 3. Concil. Hispan. pag. 661 : *Perturbatis diversa mandata pœnalia, inhibitiones et Banda, ac diversas præconizationes contra libertates Ecclesiasticas, et præjudicium Ecclesiasticæ jurisdictionis faciendo.*] Interdum exilium; hinc *essere in bando*, apud Matth. Villan. lib. 9. cap. 43. lib. 11. cap. 70. [Vita *B.* Antonii Eremitæ August. tom. 3. Aprilis pag. 834 : *Ibique invenit omne Bandum atque condemnationem revocatam esse. Bandum*, pro excommunicatio in Concil. Romano sub Gregorio V. ann. 998. apud Baluzium tom. 7 : *Tunc nos demum secundum canonicam et Apostolicam auctoritatem ferula excommunicationis et Bandi nostri constrinximus prælibatum Ermengaudum Comitem.*] Bulla Gregor. IX. PP. apud Ughellum in Episc. Anagn. : *Volumus et mandamus ut dicti duo Electi teneant proventus macelli civitatis eorum,... salvis Bandis Rectoris, Potestatis, seu Consulum.* [Marchisius Scriba lib. 5. Annal. Genuens. ad ann. 1222. apud Murator. tom. 6. col. 429 : *Quidquid habuit de mandatis et Bandis, facta ratione in consilio, etc.*] Βάνδον, pro τοποτηρησία, vel jurisdictione seu districtu, usurpat etiam Constantinus Porphyrog. de Administ. Imp. cap. 50. Hinc

Bandire, Sub banno ponere; *Banditi*, proscripti, vox Italis notissima, quibus etiam est *notificare per bando*, edicere, vel citare. Vetus Notitia ann. 981. apud Ughellum in Episc. Marsor. : *Illi Banditi sunt ad tertium placitum, et noluerunt venire.*

Corte Bandita, Indicta, publicata. Petrus Gerardus Patavinus lib. 1. Vitæ Ezelini Romani : *Fu tenuta Corte Bandita giorni 15. continui.* Lib. 2 : *Fu Bandito un torniamento, over giuco.* Vide *Abandum*.

* 3. **BANDUM**, Hispan. *Banda*, Caterva, manus, societas, *Bande* dicimus eadem significatione : unde nostris *Abandés*, socii, qui easdem partes sequuntur. Lit. remiss. ann. 1424. in Reg. 172. Chartoph. reg. ch. 575 : *Le suppliant voiant lesdiz deux freres ainsi Abandés contre lui, etc.* Constit. Jacobi II. reg. Aragon. ann. 1291. MSS. : *Item quod nos nec successores nostri non imponamus vicarium vel alium officialem de Bando in illo loco, in quo fuerit de Bando.* Ubi Hispanicum lemma : *Veguer ne altre official de bando en loch où sera lo bando.* Aliæ Alfonsi II. ann. 1333 : *Cum.... nos non debeamus ponere vicarium vel alium officialem de Bando in illo loco, in quo sunt de Bando; et quamquam aliquos posuerimus qui sint de Bando, ita quod illi, cum quibus ipsi sunt de Bando, non sint sub districtu vel jurisdictione ipsorum.* Vide supra *Banderia* 1. et mox *Bandus*, 2. Confer etiam *Banda*, 1.

¶ 1. **BANDUS**, Fascia, Gall. *Bandeau*. Manuale Henrici Sistaricensis Episc. apud Marten. tom. 4. Anecdot. col. 1080 : *Adulti qui confirmandi sunt prius confiteantur, si tempus habeant confitendi, et deferant secum mundos Bandos longos et latos.*

¶ 2. **BANDUS**, Hominum turba sub certo duce vel vexillo collecta, Gall. *Bande*, Hisp. *Banda*. Murator. tom. 2. pag. 111. col. 2. in Agnelli libro Pontif. : *Unusquisque miles secundum suam militiam et numerum incedat, id est, Ravenna Bandus primus, Bandus invictus, Bandus novus invictus.* Vide Concil. Hisp. tom. 4. pag. 145. col. 1. [** Vide Marinum in notis ad Papyr. Diplomat. pag. 297. not. 10. et Murator. Antiquit. Ital. vol. 2. col. 442. Alia notione vide in *Bannum*.]

* **BANEARIUS**, Qui *banno* domini subditus est. Charta ann. 1232. ex Bibl. reg. cot. 19 : *Homines ibi manentes.... tenebuntur ire ad molendinum de Glisoliis, tanquam Banearii de Tornedos.* Vide supra in *Bandius* et *Bannarii* in *Bannum* 1.

BANERA, Baneria, Banerium, Bannearium, Vexillum, signum bellicum, ex Gallico *Banniere*. Vide *Bandum*, 1.

Banera. Willebr. ab Oldenborg. in Itiner. : *Servi singula vexilla et Baneras in manibus gestantes.*

Baneria. Triumphus S. Lamberti cap. 3 : *Rasoni militi portandam mandavit Baneriam.* Lambertus Ardensis pag. 260 : *In signis suis, et armis, et Baneriis, etc.* Gesta Ludovici VII. Reg. Franc. cap. 12 : *Illa die faciebat antegardam Gaufridus de Rancónio... qui gerebat Regis Baneriam, quam præcedebat, prout moris est, vexillum B. Dionysii, quod Gallice dicitur Oriflambe.* Adde Guill. Nangium in Chron. ann. 1254. et Gesta Philippi III. Reg. Franc. pag. 519.

¶ Baneria, Signum quod artifices suspendunt ante officinas suas. Lobinellus Hist. Britan. tom. 2. in Glossario : *Banerias suas fenestris suis apponentes veluti Chirurgici et proventi.*

Bannerium. Alb. Argentin. ann. 1349. pag. 152 : *Bannerium suum... super turrem Ecclesiæ Spirensis constituit.* Adde pag. 159. et vide *Pannerium*. *Banniere lance*, in Chronic. Fland. cap. 16. Lancea cui adfixa banneria.

Bannearium. Carolus IV. in Vita sua : *Et cum omnes intrassent, aperui Bannearia Bohemiæ et Comitatus Tyrolis.*

¶ **BANERETT**, Banerettus. Testamentum Johannis *de Nevill* ann. 1386. apud *Madox* in Formulari Anglic. pag. 427 : *Do et lego... Radulpho filio meo et hæredi* XI. *lectos de serico meliores,* VI. *lectos pro Banerettis cum curtinis,* XII. *lectos cum tapetibus ad caput, etc.* Ibidem initio paginæ seq. ; *Item Eleanoræ de Lomley filiæ meæ* II. *Banerett beddis de Norfolk cum curtinis,* XII. *discos, etc.*

* **BANERIA**, Districtus, jurisdictio, nostris *Banerie*. Lit. ann. 1379. tom. 6. Ordinat. reg. Franc pag. 434 : *Possessionem realem et integram adepti fuimus cum omnibus suis et* (l. suæ) *Baneriæ villis, terris, juribus, pertinentiis, proventibus et redditibus universis.* Quæ in aliis Lit. ibid. pag. 435. sic Gallice redduntur : *Avec toutes appartenances et dépandances de la Baniere dudit Mosom.* Ubi legendum *Banerie*, ut in Transact. inter castellanum et monachos Bretolii : *Disois que lesdites mazures estoient de me Banerie, et devoient li oste venir maure à mes muelins, pour che que les ostices devant dite estoient en me Banerie.* Vide *Bannum* 3. Alio sensu vide in *Banera*.

¶ **BANERII**, Iidem qui mox *Bannereti*.

¶ 1. **BANERIUS**, Spectans *bannum*, quo subditus tenetur molere ad molendinum domini sui. Hist. Beccensis MS. in Archivis ejusd. Monasterii pag. 505. n. 1 : *Præsente Joanne Rege Anglorum, apud Beccum celebris facta est conventio cum Roberto de Harcourt, qui... post factam confirmationem* *donationis Willelmi patris sui de molendinis et moltis Baneriis de Chaumont, etc.*

* 2. **BANERIUS**, Agrorum et fructuum custos, ut supra *Banderius*. Charta ann. 1319. ex Tabul. S. Germ. Prat. : *Ad manus et ictus venerunt, scilicet homines dicti loci de Ripperiis contra Banerios et pastores de Misono, qui animalia et pascentia in dicto castro Giraudo ad rivum... traducebant ad bibendum. Bannier*, in Lit. remiss. ann. 1389. ex Reg. 157. Chartoph. reg. ch. 39 : *Vint à eux un Bannier et gardien dudit terrouer. Bennier*, in aliis Lit. ann. 1377. ex Reg. 111. ch. 379. Vide *Bannum* 1.

* 3. **BANERIUS**, Apparitor, submonitor, nostris *Banier*. Pariag. inter regem et Joan. episc. Aniciensem ann. 1307. tom. 6. Ordinat. reg. Franc. pag. 346. art. 20 : *De cetero habebit punicionem dictus episcopus et correctionem servientum et Baneriorum suorum in suis officiis delinquentium*. Assisiæ Hierosol. cap. 8 : *Alors le* (seigneur) *doit mander semondre par le Banier che il viegne à court, et le Banier le doit querre là ou il le cuiderat mieux trouver; et se le Banier le treut, il le doit semondre de venir à court*. Guillel. Guiartus ad ann. 1304 :

Lors fait faire commandement
Par le Banier qui en l'ost crie, etc.

Bestiarius MS :

Li Banier qui vous semonra,
Et criera, venez, venez
O lampes, as noces entrez.

Hinc *Banie* et *Bannie*, Proclamatio, *banni* promulgatio, et *Bannir*, Publicare, auctionari. Lit. remiss. ann. 1405. in Reg. 160. Chartoph. reg. ch. 218 : *Il fut délibéré que le dit fief le roy feust Banny sur li priz de soixante solz, et adjugié et décreté à fin de héritaige à qui plus en vouldroit donner*. Lit. Guil. episc. Lingon. ann. 1358. tom. 3. earumd. Ordinat. pag. 658. art. 6 : *Ne povons, ne devons, ne nostredit' officier, prevost ou autre, avoir ou lever raison de mettre la Bannie ou finage de Lengres, que vint solz Tour*. Charta ann. 1411. in Reg. 165. ch. 303 : *Lesquelx sergens avoient bien et deuement faites les Banies, criées et subhastations*. Unde *Banné*, quod *Banno* promulgatum est, in Ch. ann. 1511. ex Reg. 13. Corb. sign. *Habacuc* fol. 110 : *Avec ce sera tenu.... de payer les droix et subjections Bannées et choses ordinaires contenues ès ordonnances de Corbie*. Ejusdem originis est *Bannir*, pro Edicto publico interdicere, prohibere. Charta ann. 1267. in Chartul. Campan. fol. 326 : *Sauves les forés qui sont Bannies et deffendues*. Et *Bennie*, pro Territorim *banno* defensum, in Lit. remiss. ann. 1377. ex Reg. 111, ch. 379 : *Jehan Picotin, lors bennier de la ville de Norez* (diocèse de Langres) *avoit prise en ladicte Bennie une vache, qui estait audit exposant*. Vide supra *Bannerius* 2. et *Bannerii* in *Bannum* 1.

* **BANESTERIA**, Femina, quæ cistam, vulgo *Bannastum* dictam, portat. Charta Henr. reg. Angl. et ducis Norman. in Reg. 62. Chartoph. reg. ch. 368 : *Quisque caballus debet habere duodecim denarios, et quæque Banesteria sex denarios*.

¶ **BANGAGIUM**, BANQUAGIUM, Tributum ex *Banchis* seu Stallis, super quæ merces in foro exponuntur. Codex MS. Consuetud. et privil. Tholos. fol. 38 : *Item ordinamus, quod pedagiarii, seu leudarii nova pedagia, Bangagia, seu leudas non exigant*. In alio ejusdem Cod. Præcepto ann. 1303 : *Pedagiarii seu leudarii Banquagia seu leudas non exigant*. Vide *Banchagium* post *Bancus*.

* **BANGUS**, Armilla. Chron. ann. 1030. tom. 1. Hist. Lothar. inter Probat. col. 561 : *Et juxta quod regem decuit, armillam auream, quam Bangum nominant, ei pro munere porrexit*. Sed forte leg. *Baugus*. Vide *Bauga*.

** **BANIA**, *Orbatas*, in Glossar cod. reg. 7644, apud Jæckium, *Orbitas*. An ex Ὀρφανία, *Orbitas*, quod in Gloss. Gr. Lat. legitur, natum?

BANIGIUM. [An Exilium, Italis *Bandiggiamento*?] Will. de Podiolaurentii cap. 35. de Obsessione Avenionis : *Actum est divino judicio, sicut credo, quod iidem cives, timore, ubi timor non erat rationabilis, trepidantes de Banigio, si permitteretur per villam incedere multitudo, portas civitatis præclaudunt, etc*. [Sed f. legendum est *Barragium*, uti videre potes ex hac voce.]

BANILIUS, [Idem, ut videtur, qui *Bannalis* infra.] Charta Raymundi Comitis S. Ægidii apud Catellum in Hist. Tolos. pag. 31 : *Dono... scilicet villas Segrerii et Brugeriæ, et hujus terræ Banilium nomine Martinum Bertrandi dono pro servo altari B. Mariæ*. Et infra : *Et meos boves cum bubulco nominato Rodulfo, quem pro servo, sicut Banilium prædictum trado*. Vide Consuetudinem Aquensem tit. 5. art. 1.

¶ 1. **BANILUS**, Officialis minor *Ballivo*, quasi *Viceballivus*. Chartularium Æduense in Præscripto Caroli V. Francorum Regis ann. 1368 : *Item nolumus, quod aliquis præficiatur in seneschallum, ballivum vel præpositum judicem seu vicarium vel Banilum in loco unde dicitur oriundus... Item jurabunt præpositi, ballivi, vicarii, Banili, vicecomites, majores villarum et forestarum custodes... quod non dabunt aut servient, etc. Item jurabunt seneschalli et baillivi, quod a Banilis, vicecomitibus, præpositis, aut ab aliis subditis officiariis suis sive sit in firma sive in Bannilia, non recipient gestum, pastum, seu procurationem*.

* 2. **BANILUS**. Vita Phil. Boni apud Ludewig. tom. 11. Reliq. MSS. pag. 72 : *Subindacto constringitur vallo Banili ignei ad petrarias dirigendas per exedras sigillantur*. Sed hæc medica manu indigent.

¶ **BANIMENTUM**, Exsilium. Vide *Banimentum* in *Bannum*. 1.

¶ **BANIRE**, Variis notionibus. Vide *Bannire* in *Bannum* 1. 2.

¶ **BANIOLA**. Vide *Bajunola*.

¶ **BANITOR**. Vide post *Bannire ad molendinum* in *Bannum* 1.

¶ **BANIUM**. Vide post *Bannum* 3.

* **BANLAUCA**, pro *Banleuca*, in Libert. villæ Rupel. ann. 1372. tom. 5. Ordinat. reg. Franc. pag. 573. art. 5. Vide in *Bannum* 3.

* Hinc forte accersenda vocum Gallicarum *Banleffre* et *Banlievre*, origo, quibus omnem oris circuitum, quomodo locus aliquis *banleuca* circumscribitur, nostri olim significabant. Stat. ann. 1347. tom. 2. Ordinat. pag. 283 : *Nous voulons..... qu'on lui fende* (au blasphémateur) *la levre de dessus d'un fer chaud, et que les dens lui apparoissent. A la tierce fois, la levre de dessous, et à la carte toute la Bas-levre* (leg. *Banlevre*). *Banlievre*, in Lit. remiss. ann. 1348. ex Reg. 77. Chartoph. reg. ch. 389. Aliæ ann. 1349. ibid. ch. 412 : *Les fist mener jusques vers le gibet et bremie, et cooper les nés et Banleffres à six ou à huit. Baulevre*, pro *Banlivre*, ni fallor, in aliis Lit. ann. 1380. ex Reg. 118. ch. 450. ut et *Banlievre*, in Lit. Phil. VI. tom. 2. Ordinat. pag. 48. art. 2 : *La Baulievre dessus, c'est assavoir ce qui est entre le nez et le Baulvevre de sous*. Adde tom. 8. earumd. Ordinat. pag. 130. et Hist. S. Ludov. pag. 120. Hinc forte *Esbauleurée* vel *Esbanlevrée* dicitur de vetula muliere, cujus os concavum est, vel labra demissa sunt. Lit. remiss. ann. 1428 in Reg. 174. ch. 233 : *Une femme publique, de vie dissolue, et en effet et substance, toute Esbauleurée dist au suppliant tels motz : Valée, tu as eu ma compaignie, etc*. Labium superius intelligit Cangius in *Superlabium*.

BANLEUCA, BANLEUGA, BANLEUGIUM BANLIA, etc. Vide *Bannum leuga*, post *Bannum* 3.

* 1. **BANNA**, Cistæ species, Gall. *Banne* vel *Benne*. *Begne*, eadem notione, in Reg. sign. *Pater* Cam. Comput. Paris. fol. 253. v°. : *Marchans et vendeurs de magdelins.... paieront pour chacune Begne de henaps de madre, dont le Begne fait* 80. *hanaps, etc*. Comput. MS. ann. 1239 : *Pro saccis ad scutellas portandas et Bannis, xlij. sol*. Stat. ann. 1320. tom. 2. Ordinat. reg. Franc. pag. 575 : *Que tout le harenc, qui vient à Paris en panier ou en charette, c'est ascavoir en Banne, etc. Bannois*, eadem notione, in Privileg. MSS. Maceriæ : *Chascun bourgeois puelt avoir sa nasselle au rivage dudit Maisieres, sa huge, Bannois, bondiers, et autres vaisseaux à mettre poissons*. Guill. Guiart. ad ann. 1269 :

Vandosme et li quens de la Marche
Du siecle guerpirent la Banne.

Vide *Benna*.

* 2. **BANNA**, Tela quinque sexve ulnarum, quæ nostris etiam *Banne* dicitur. Inventar. S. Capellæ Paris. ann. 1340. in Reg. I. Chartoph. reg. ch. 8 : *Item duas cauderias ereas, unam Bannam telæ*. Aliud ann. 1376. ex Bibl. reg : *Item una Banna, Gallice Banne, de telis, etc*.

* **BANNAGIUM**, Jus *bannum* promulgandi, ipsa promulgatio, tempus quo vinum per *bannum* venditur. Consuet. Lugdun. ann. 1206. in Hist. Lugd. pag. 88. col. 1 : *Vinum novum vel mustum in Augusto vendi potest sine Bannagio*. Charta ann. 1215. ex Chartul. episc. Carnot. : *Habet præfatus Hugo in banno nostro de Natali Domini perhempnem redditum, videlicet de quolibet dolio vini, quod in banno nostro venditum fuerit, de quo tamen ad nos pertinebit Bannagium; si dolium duos modios vel plus tenuerit, duos vini sextarios habebit idem Hugo.... De quocumque autem vini dolio, minus duobus modiis continente, quantumcumque de illo venditum fuerit in nostro Bannagio, habebit ipse Hugo unum vini sextarium*. Alia notione, vide supra in *Banagium*.

* **BANNALIS**, *Banno* interdictus, prohibitus, idem quod *Defensa*, 3. Charta com-

mun. Clarimont. in Bassign. ann. 1248. tom. 5. Ordinat. reg. Franc. pag. 600. art. 13 : *Retinemus eciam nobis quod currus, qui in nemore Bannali inventus fuerit, persolvet dix sols.* Et pag. 601. art. 16 : *In nemore vero non Bannali, homines Clarimontis usuarium suum habebunt.* Charta ann. 1301. inter Instr. Gall. Christ. col. 80 : *Quæ riparia Bannalis est et extitit ab antiquo, nec in ea quis piscari potest vel debet, nec de cætero poterit. Bois baynauble*, in Libert. Castrivill. ann. 1286. apud D. *Bouquet* tom. 1. Jur. publ. Franc. pag. 411. *Bagnaut*, ibid. pag. 413. Pro homine vero, qui intra *bannum* alicujus jurisdictionis commanet, vide in *Bannum*, 3. Qui banno domini sui subditus, est *Bannaule* dicitur, in Ch. Joan. comit. *de Roucy* ann. 1338. ex Chartul. S. Vincent. Laudun. : *Item s'il advenoit que auccun Baunaule desdis molins estoit trouvé alant moulre à autres molins, etc.* Vide supra in *Bandius* et *Banearius*.

¶ **BANNALIS**, Bannaria, etc. Vide in *Bannum*

* **BANNALITER**, Jure *banni*, *Bannalment*, nostris olim. Pariag. inter reg. et monast. de Crista ann. 1240. in Chartul. Campan. fol. 365. col. 2 : *In furno vero sive in furnis, et in molendino sive in molendinis, ... homines villæ illius molere et coquere, sicare Bannaliter tenebuntur.* Libert. villæ *de Perruoses* ann. 1347. tom. 7. Ordinat. reg. Franc. pag. 33. art. 17 : *Je ou mi hoir pourront vendre vin Bannalment en ladicte ville de Perrices par six sepmaines continuelz, par chascun an.* Vide infra *Bannia* 2.

¶ **BANNARATI**. Vide *Bannereti*.

* **BANNARIA**, Banneria, Jus cogendi tenentes suos ad molendinum suum deferre sua frumenta molenda; vel Præstatio, quæ ea ratione ab iis exigitur, nostris etiam *Bannerie*. Vide supra *Banagium*. Charta ann. 1265. in Chartul. Guillel. abbat. S. Germ. Prat. fol. 242. v° col. 2 : *Corveias, talliam, et avenam, et Banneriam molendinorum, et præstationes alias qualescumque, reales et personales,..... quitto.* Alia ann. 1266. ex parvo Reg. ejusd. loci : *Corveias, allias, avenam, redditus ac Bannariam molendinorum habeat.* Aliis notionibus, vide in *Bannum* 1. et 3.

* **BANNATUM**, Idem quod jam *Bannaria*. Charta Henr. reg. Angl. ex Tabul. B. M. de Lonleio : *Molendina de Condeto constructa et construenda, cum jure Bannati et leugæ, etc.*

¶ **BANNEARIUM**. Vide *Banera*.

¶ **BANNEIARE**. Vide in *Bannum* 2.

* 1. **BANNEJARE**, In *bannum* mittere, edicto publico proscribere, relegare, Gall. *Bannir*. Inquisit. ann. 1268. ex schedis Pr. *de Mazaugues* : *Quod curia prædicta Arelatis est et fuit in possessione vel quasi omnia infrascripta faciendi, per tempora supradicta exercendo plenam jurisdictionem, habendo merum et mixtum imperium, condemnando et Bannejando et puniendo personaliter et pecunialiter homines delinquentes.* Vide *Bannire* in *Bannum* 1.

* 2. **BANNEJARE**, Agrum vel pascua sub *banno* tenere, ita ut iis uti nulli liceat, ob idque *bannerios* seu custodes instituere, simul et *bannerii*, qui Provincialibus *Bagnié* dicitur, officio fungi. Charta ann. 1234. ex Cod. reg. 4659 : *Afferebant etiam quod commune Avinionis Bannejaverat et custodiverat, tenuerat et tenebat, et possidebat, vel quasi possidebat dictum tenementum per bannerios et homines suos.* Inquisit. jam laudata ann. 1268 : *Item quod..... Bannejabant in territorio supra confrontato, et prohibebant totam vallem de Moreriis, ita quod nullus audebat in eam intrare.* Ibidem : *Quia dictum territorium Bannejavit pro domino Barrali.* Vide supra *Bandeiare* 2. et in *Bannum* 2.

* **BANNENSE** Jus, Quo quis *bannum* promulgare potest. Bulla Alex. PP. III. in Chartul. Bosonis-villæ : *Jus Bannense.... in pascuis et silvis, ... abbati et fratribus.... concessit.*

BANNERETI, Milites, quos vulgo *Chevaliers Bannerets* appellamus, viri inter nobiles primarii, qui cum plura ac majora prædia possiderent, vasallos suos in prælium sub vexillo suo conducebant, cum a Rege vel Principe submonebantur, et ut ait Rigordus in Vita Philippi Aug. ann. 1214. *qui tantæ erant nobilitatis, ut eorum quilibet vexilli gauderet insignibus.* Hinc *Milites vexilla ferentes, et vexilliferi*, apud Matth. Paris pag. 396. 403. 516. dicuntur, *Bannerarii seu vexillarii*, in Charta ann. 1274. tom. 5. Hist. Franc. et in Charta Philippi Pulcri Regis Franc. in 12. Regesto Chartophylacii Regii n. 12. [*Banerici* apud Rymer. tom. 2. pag. 236.] Monasticum Angl. tom. 2. pag. 846 : *Aliquando in guerra Scotiæ habuit de sua familia 26. vexillarios, et communiter de sua secta 140. Milites.* Henricus Knyghton pag. 2452 : *Peremptis ergo multis de communi populo, ceperunt circa 15. vexillarios electos et spolia multa. Milites Bannarii*, in Regest. Parlam. B. fol. 86. [*Milites vexillati* in Arresto Paris. ann. 1585. 23. Februarii. *Bannareti* in Hist. Dalph. tom. 1. pag. 217. et tom. 2. pag. 309.] *Rici homines de Señera*, apud Hispanos, appellantur. De *Banneretis* multa congessit Seldenus in libro de Titulis honorar. part. 2. cap. 1. § 26. nos etiam integram Dissertationem dedimus ad Joinvillam, quæ est nona, quam consule, si lubet.

☞ *Bannereti* vero medium *Brones* inter et *Baccalarios* locum obtinebant, ut perspicuum fit ex Instrum. conventus trium Ordinum Britanniæ ann. 1485. ex Archivis Castri Nannet. : *Ad quod Concilium celebrandum omnes et singuli Episcopi, abbates, capitula, clericus, et comites, barones, Banerii, baccalarii, domini, milites et alii nobiles, etc.* Quod egregie confirmatur ex antiquo ceremoniali MS. cujus hæc verba refert D. *de Lauriere* in Glossario juris Gallici : *Quand un chevalier ou écuier a la terre de quatre bacelles, le Roy lui peut bailler banniere, à la premiere bataille où il se trouve; à la deuxieme il est Banneret, et à la tierce il est Baron.* Et infra : *Quand un chevalier a longuement servi, et suivi les guerres, et qu'il a terre assez tant qu'il peut tenir cinquante gentilshommes pour accompagner sa banniere, il peut licitement lever banniere et non autrement; car nul autre homme ne peut porter banniere en bataille, s'il n'a cinquante hommes d'armes, et les archiers et les abalestriers qui y appartiennent, et s'il les a, il doit à la premiere bataille où il est apporter un pennon de ses armes, et doit venir au Connetable, ou aux Mareschaux requerir qu'il soit Banderet, et se il lui octroyent, doivent faire sonner les trompettes pour tesmoigner*, et doit-on couper les queues du pennon, *et lors le doit lever et porter avec les autres au dessous des Barons.* Memoratus hic usus succidendi caudam seu apicem vexilli hinc invaluerat, quod nobilius haberetur vexillum quadratum quam cuspidatum. Rastallus in libro, cui titulus : *Les termes de la loi*, sic habet : *Banneret est un chivaler fait en le campe ove le ceremony del amputer le point de son standart : et feasant ceo si comme un Banner. Et tiels sont allouves pur display leur armes en un Banner en le army le Roy, comme Barons font, etc.* Confer *Banderarius* et *Banniria* in *Bandum*, 1.

¶ 1. **BANNERIA**, Bannerii, etc. Vide *Bannum* 1.

¶ 2. **BANNERIA**, Vexillum. Gall. *Banniere*. Locum vide in *Bannevelius*, post *Bandum*.

* **BANNERIA**. Vide supra *Bannaria*.

* **BANNERIALIS**, Pertinens ad milites, quos *Banneretos* appellamus. Epist. Amed. ducis Sabaud. ad Conc. Bassil. ann. 1435. in Amed. Pacif. pag. 218 : *Habeo enim per Dei gratiam vassallos et subditos insignes in bono numero, ducali, marchionali, principali, comitali, baronali et Banneriali dignitatibus insignitos.*

* **BANNESE**, *Banno* prohibitus, idem quod *Defensa* 3. Inquisit. ann. 1196. apud Cencium inter Cens. eccl. Rom. : *Item si quis paret laqueum vel trappulas in silva vel campis, iij. sol. dabit curiæ, nisi esset sepe Bannese vetitorum.* Vide supra *Bannalis*.

¶ **BANNEVELIUS**, Vexillifer. Vide in *Bandum*.

* **BANNEURA**, Jus *Bannalitatis*. Vide in *Bannum* 1.

¶ **BANNEYARE**, Exsilio multare, Gall. *Bannir*. Vide post *Bannire* in *Bannum* 1.

* 1. **BANNIA**, Districtus, jurisdictio, justitia, idem quod *Bannum* 3. Charta Willel. comit. Pontiv. ann. 1210. in lib. 1. nigro S. Vulfr. Abbavil. fol. 5. v°. : *Concessi.... quatuor bolengarios de Bannia mea ab omni consuetudine liberos et quietos, prout alii bolengarii banniti mei.*

* 2. **BANNIA**, *Bannalitas*, servitus, qua subditi molere ad molendinum et coquere ad furnum domini sui tenentur. Charta S. Ludov. ann. 1258. ex Chartul. S. Petri Carnot. : *Homines dictarum trium villarum de cetero non molent, nec tenebuntur molere per Banniam ad molendinum dictorum abbatis et conventus.... Non coquent nec tenebuntur coquere per Banniam ad furnum dictorum abbatis et conventus.* Pluries ibi. *Banée*, eadem notione, in Charta Roberti comit. Drocens. ann. 1321. ex Reg. 61. Chartoph. reg. ch. 170 : *Li religieus* (de S. Valery) *disoient que à aus appartenoit la Banée d'ichaus* (moulins) *seul et pour le tout, et que à leur molins devoient estre bannier leur dit homme. Bannée de four ou de moulin*, in vet. Consuet. Ambian. art. 101. et Pontiv. art. 82. Vide supra *Bannaliter* et *Bannaria*.

¶ **BANNIARE**. Vide in *Bannum* 2.

BANNIATIO, Banniator, Bannileuga, Bannilocus, Bannilia, Bannire, Bannitus, etc. Vide in *Bannum* 1. et 3.

* **BANNIGARE**, *Bannerii* officio fungi.

Pactum inter commune de Competro et loci de Paulhe ann. 1376. tom. 7. Ordinat. reg. Franc. pag. 69. art. 7 : *Quod dictus bannerius de Paulhe Banniget et banna levet per totum mandamentum de Competro, et eciam bannerii de Competro per totum districtum de Paulhe.* Vide supra *Banerius* 3.

¶ **BANNILIA**, vel prædium *Banilii*, vel f. pro *Ballivia*, Districtus *Ballivi*. Præceptum Caroli V. Regis Franc. ann. 1368. ex Chartul. Æduensi : *Item quod non habebunt partem in venditionibus Banniliarum, præpositurarum aut aliorum redditiuum ad jus regium spectantium, vel etiam in moneta.* Vide *Ballivia* in *Bajulus* 4.

* 1. **BANNIMENTUM**, Submonitio, requisitio juridica. Charta ann. 1266. inter Instr. tom. 6. Gall. Christ. col. 159 : *Quod si forte dicti abbates de dicta re recognitionem non fecerint, requisiti infra dictum tempus, vel servitium non fuerit prædictum solutum, dicta feuda non cadent ideo in commissum; sed post eorum Bannimentum ad dictum recognitionem infra annum, a requisitione facienda computandum, etc.* Vide *Bannire* in *Bannum* 1.

* 2. **BANNIMENTUM**, Mulcta pecuniaria. Vide in *Bannum* 2.

* 3. **BANNIMENTUM**, *Banni* promulgatio, proclamatio. *Bandiment*, in Consuet. municipalibus Solensi tit. 10. art. 8. tit. 29. art. 25. Turon. art. 45. etc. Lit. remiss. ann. 1459. in Reg. 188. Chartoph. reg. ch. 200 : *Et cependant failly au suppliant* (qui étoit sergent) *aler mettre Bandiment en une vigne des heritiers de feu Jehan Blanc.* Ubi *Bandiment* idem sonat, quod Juridica occupatio, vulgo *Saisie*. Charta ann. 1297. in Hist. Lugdun. pag. 100. col. 2 : *Post quæ magister Johannes Albi clericus, procurator seu syndicus universitatis civium Lugdunensium, coram nobis proposuerit dictum Bannimentum factum fuisse contra libertates et consuetudines civitatis Lugdunensis; quare petebat ipsum Bannimentum nomine universatis prædictæ revocari.* Vide supra *Bannagium*.

* 4. **BANNIMENTUM**, Proscriptio, Gall. *Bannissement*. Vide in *Bannum*, 1. Erat autem aliquando *bannimentum* centum annorum et unius diei, ut discimus ex Lit. remiss. ann. 1408. in Reg. 163. Chartoph. reg. ch. 181 : *Comme Guillaume le Mor eust esté bannis hors de la conté de Flandres cent ans et un jour, par la loy et eschevins jugans en la prevosté de Wourinhouc, etc.* Chartul. 2. Flandr. in Cam. Comput. Insul. : *Jehan dou Prey del Verdinghe fust bannis cent ans et un jour, par le loy des jurés de la wastine pour larenchin.*

** **BANNIRE**. Vide *Bannum*.

* **BANNIOLA**, Lectica. Glossar. Lat. ex Cod. reg. 7657 : *Liach, Prov. Lectus, lectulus, ut et Banniola, quia in itinere fertur.* Vide *Bajulona*.

** **BANNIRIUS**. Vide *Bandum*, 1.

* **BANNISARE**, Idem quod *Justitiare*, jurisdictionem exercere, pignora auferre, obsignare. Inquisit. ann. 1268. ex schedis Pr. de Mazaugues : *Dixit quia illi de Arelate Bannissant ibi quoscumque inveniunt avere habentes. Requisitus cujus avere vidit ibi Bannisari, etc.* Vide mox *Bannisator*. Alia notione extat in *Bannum* 1.

* **BANNISATIO**, Proscriptio. Sentent. arbitr. ann. 1327. in Reg. 65. Chartoph. reg. ch. 47 : *In casibus notoriis et manifestis, exigentibus mutilationem membrorum, et ultimum supplicium, mortem, exilium et Bannisationem.* Vide *Banniatio* in *Bannum* 1.

* **BANNISATOR**, Apparitor, idem qui supra *Banerius* 3. Inquisit. ann. 1268. jam laudata : *Et dixit quod nullus Bannisator pignoravit ipsum, nisi Bannisator domini Barrali. Requisitus si Bannisatores dom. Barrali vel dom. Bertrandi de Baucio unquam pignoraverunt eum, dixit quod non.* Vide supra *Bannisare*.

* **BANNITOR**, Præco publicus. Vide in *Bannum* 1.

* **BANNIUM**. Vide infra *Bennium*.

* **BANNIZARE**, Mulcta pecuniaria punire. Stat. Vercel. lib. 3. pag. 49. r° : *Et si potestas, vel rector, vel aliquis ejus judex, vel miles ipsum exactorem vel receptorem inde condemnaverit vel Bannizaverit, vel alio modo compulerit, ipsam condemnationem et bannum solvere non teneatur.* Alia notione occurrit in *Bannum* 1.

¶ **BANNOVIUM**, Tempus, quo licet pecora pasci per agros communes, apud Ludewig. tom. 7. Reliq. MSS. pag. 170. ex codice legum Normannic. cap. 8. sed legendum *Banonium*, quod vide in *Bano*.

BANNUM, Bannire, Bannitus, etc. [** Etymon vocis nondum satis liquet. Quidam deducunt a *Band*, vexillum, alii à *Ban*, Via, quod cæteris insulsius; Wachterus a nescio quonam *Bann*, Princeps. Vero simillimum videtur hanc vocem referendam esse ad verbum *Binden*, vincire, pro quo olim etiam dicebatur *Bannen*. Vide Frischium voce *Bann*. Adel. Antiqua German. lingua ut hodierna *Ban* generis mascul. est; Scandicis vero populis generis neutrius. Vide Graffii Thesaur. vol. 3. col. 124. *Fan* Gothis est Dominus, quod Francice *Ban* efficere potuit; conf. Grimm. Grammat. Germ. vol. 1. pag. 584.] Non una, sed multiplex apud Scriptores, et in veteribus Tabulis horum vocabulorum est notio : sed potissimum *Bannum* trino significatu ut plurimum accipitur : ac primo quidem pro edicto publico, rursum pro mulcta judiciaria, tertio denique pro districtu ac jurisdictione. Has notiones singillatim expendemus :

1. Bannum, Edictum publicum, proclamatio, statuti publicatio. Breviloq. : *Bannum, secundum vulgare Gallicorum et Longobardorum, videtur esse Edictum publicum.* Dudo lib. 2. de Actis Norm. : *In terra suæ ditionis Bannum, id est, interdictum, misit, quod est prohibitio, ut nullus; etc.* Ditmarus lib. 6 : *Interdicta est omnibus per Bannum regalem a Palatino Comite fuga. Banno interdicere*, lib. 7. pag. 91. Vita S. Gothardi cap. 22. apud Surium : *Femina autem Bannos vel proscriptiones negligens, jus ibi funditus perdidit.* Consuetudines Aquarum mortuarum ann. 1246 : *Concedimus quod Curia nostra.... non possit facere Bannum omni tempore vendere res suas libere, etc.* [Statuta Arelat. MSS. art. 113 : *Quilibet Notarius Arelatensis teneatur habere statuta suprascripta, et cizas et Bannos.* Ubi *Edicta* intelligo.] Vide Capitulare 1. Caroli M. ann. 802. [** Aquisgran. mens. mart. Pertzio vol. Leg. 1. pag. 96.] cap. 40. capitula Caroli Calvi pag. 145. 240. 255. 256. 270. 1. Edit. [** Synod. Carisiac. ann. 857. cap. 4. Pertz. vol. Leg. 1. pag. 452. Conventus apud Confluentes ann. 860. cap. 6. ibid. pag. 472. Edictum Carisiac. ann. 861. ibid. pag. 477. Synod. Pistens. ann. 862. cap. 3. ibid. pag. 480.] [Acta SS. Maii. tom. 6. pag. 176. et Julii tom. 1. pag. 752.] etc. Ita vocem *Ban* usurpant Consuetudines municipales Andegavensis art. 52. Burdegalensis art. 108. et aliæ passim. Vide *Bandum*, 2.

¶ Bannum Imperiale, vulgo, *Ban de l'empire*, Proscriptio sancita Imperatoris auctoritate et edicto. Marten. tom. 1. Thesauri Anecdot. col. 474. D. ex Epist. Frederici Imper. : *Universos Mediolanenses vitæ munere donavimus, a vinclo Imperialis Banni absolvimus, deputatis in exilium concessimus, etc.* [** Vide *Achta*, 2. et *Forbannus*. Specul. Saxon. Libr. 3. art. 24. 34. 63. Capitul. elector. Carol. V. Imper. art. 22. Bœhmer ad C.C.C. art. 155. § 1. Eichorn. Histor. Jur. Germ. § 384. Waizii Indicem ad Pertz. vol. Leg. 2. voce *Aht* et Haltaus. Glossar. Germ. col. 13. voce *Acht*, *Reichsacht*. Charta Frider. I. Imperat. ann. 1158. ap. Pertz. vol. Leg. 2. pag. 110 : *Dominus Imperator Mediolanenses Cremenses cum 120. marcarum emendatione recipiet, et eos et amicos eorum in plena curia publice a Banno absolvet.* Alia ann. 1183. ibid. pag. 170 : *Dominus Imperator restituet omnes possessiones.... quæ occasione sui Banni vel sue malevolentie, vel aliter malo ordine amiserunt.* Infra pag. 173 : *Alioquin* (Imperator) *ponet in Bannum illam civitatem, que noluerit predictum juramentum facere.* pag. 174. lin. 10. Constit. Frider. II. Imper. ann. 1220. ibid. pag. 235 : *Notum facimus vobis quod huic* (Cancellario) *legalem dedimus potestatem supponendi civitates, burgos, castra villas, marchiones, comites, capitaneos et valvasores seu quoslibet per universam Italiam et partes ejus constitutas, Banno nostro; et extrahendi.* Ejusdem, ibid. pag. 239 : *Confirmantes primum quod factum est contra eos de Banno et pena injuncta per Cancellarium memoratum, et ex nunc personas ipsorum ponimus sub Perpetuo Banno Imperii, et omnia bona eorum jubemus ubicumque fuerint confiscari, etc.* Ejusdem, ibid. pag. 245 : *Triplum refundant et nichilominus Banno Imperiali subjaceant, quod absque satisfactione debita nullatenus remittatur.* Alia ejusd. ann. 1224. ibid. pag. 253. lin. 12. Alia ann. 1236. ibid. pag. 321. lin. 23. Constit. Rudolfi I. Imper. ann. 1280. ibid. pag. 425. lin. 35. Alia Alberti I. ann. 1303. ibid. pag. 486. Charta Philipp. Rom. Reg. ann. 1205. art 9. ibid. pag. 209 : *Ut, quicunque excommunicatus fuerit a dom. apostolico, in Banno statim sit imperiali.* Ut Summi Pontificis excommunicationem Imperator, ita Episcopi quivis judex in Bannum convertebat. Frideric. 1. Constitutio ann. 1187. ibid. pag. 184 : *Quem episcopus legitimis induciis citatum justitia dictante excommunicaverit, et hoc judici insinuaverit, judex eum Banno proscriptionis condempnet, neque prius, etc.*]

Bannus Domni Imperatoris *vel Regis*, *quem per semetipsum consuetus est bannire, id est, de mundeburgio Ecclesiarum, vidua-*

rum, orphonorum, etc. in Capitulari 7. Caroli Magni ann. 803. cap. 1. Vide *Bannum*, 3.

Bannus Sacer, Limites intra quos Ecclesiæ immunitas definitur. Extat in Cluniacensi Bullario pag. 25. Designatio sacri banni, seu limitum districtus Monasterii Cluniacensis : *Placet etiam nobis vobisque placeat suademus, . . . huic loco. . . quosdam certos limites immunitatis ac securitatis circumcirca undique assignare, ipsosque limites Sacri Banni.* Infra : *Itaque termini Sacri Banni sunt hi, etc.*

¶ Bannus Exemptionis, eadem notione, in Constitutionibus MSS. Ordinis Cluniac. : *Nullus monachus infra Bannos Exemptionis nostræ comedat aut bibat, aut die ac nocte jaceat. . . et præcipue in villa Cluniaci seu aliis locis omnibus et locis circumvicinis infra Bannos.*

Bannum Mittere super rem, aut personam aliquam, dicebantur Principes, cum eam, publicato banno seu edicto, in suam protectionem suscipiebant. Notitia ann. 1047. apud Ughellum in Episcopis Asculanis : *Insuper Misit suum Bannum* (Imperator) *super prædictum Episcopum, et super jam supradicta curte, . . . ut nullus quilibet homo audeat jam dictum Episcopum, vel partem jam dicti Episcopi exinde divestire, molestare vel inquietare sine legali judicio.* Occurrit passim apud eumdem Ughellum tom. 1. pag. 849. 852. 960. Charta Caroli Magni apud Crantzium in Metrop. lib. 1. cap. 2 : *Si quisquam hoc idem nemus nostro Banno munitum, .. studio venandi. .. introierit, etc.* Versus in Vicelinum Archiepisc. Bremensem :

Chartas conscriptas, et res in scripta redactas,
Bullis firmavit, Bannoque suo stabilivit.

Charta Chunradi II. Imp. ann. 1025. in Privilegiis Eccles. Hamaburgensis : *Bannum autem nostrum super omnes hos illic venientes, ut illuc eundo et redeundo habeant pacem, facimus, eundemque Bannum nostrum prædicto Archiepiscopo ob suum fidele servitium ea ratione concedimus, etc.*

Forma autem *Mittendi Bannum* super aliqua re vel persona, quæ fuerit, docet vetus Notitia Judicati ann. 891. in Tabulario Casauriensi : *In eadem hora sic prendiderunt Missi sacri Palatii unum fustem in manus suas, et Bandum miserunt præposito, etc.* Alia Notitia ann. 1068. apud Franciscum Mariam in Mathilde Comitissa, lib. 3. pag. 140 : *Petivit... ut pro Deo et anima domini Regis suorumque mercede Mittere Bandum super jam dictas res et prædictum Advocatum in Byzantios bonos aureos duo millia, ut nullus quislibet homo, magna parvaque persona, prædictam Ecclesiam de jam dictis rebus sine legali judicio disvestire præsumat. Cumque ipse taliter quæsisset, tunc præfata D. Beatrix et Flaibertus Judex D. Regis ambo simul per fustem, quam in suis detinebant manibus, Miserunt Bannum super easdem res, et jam dictum Advocatum, ut nullus quilibet homo præfatam Ecclesiam de supradictis rebus disvestire præsumat sine legali judicio. Qui vero fecerit, duo millia bonos Byzantios aureos compositurum se agnoscat, medietatem parti Cameræ D. Imperatoris, et medietatem parti præfatæ Ecclesiæ.* Eadem habentur pag. 153. 161. in aliis Notitiis ann. 1073. et 1099.

Bannum Ponere super Caput alicujus, Eadem notione usurpatur in Notitia Judicati ann. 1028. in Tabulario Casauriensi : *Et investierunt præfatum Abbatem ex parte Imperatoris, . . . et posuerunt Bannum super caput ipsius Abbatis, ut si aliquis homo de ipsis rebus Monasterii aliquid injuste tollere vel contendere præsumit, . . . componat de auro libras centum.*

** Banno supponere aliquem, Eadem notione. Vide *Bannum imperiale.* Treuga Trasardi ann. 1194. ap. Pertz. vol. Leg. 2. pag. 197 : *De persona illius justitiam faciant, quam si habere non possent, Banno supponant.*

** Banno constringere aliquem, Eum retinere. Conventus Erford. ann. 932. ibid. pag. 18 : *Ut nullus christianus ecclesiam pro reverentia petendo, ibique manendo, indeque revertendo alicujus publicæ potestatis Banno ibidem constringatur, ne forte dum ad ecclesiam causa orationis properat per Bannum impediatur pro salute animæ devote insistere.* Vide infra *Banno constrictus.*

Bannum Ponere, Proclamare, edicere, *Mettre Ban*; in Consuetud. Lothar. tit. 8. art. 4. tit. 15. art. 10. in Charta Friderici I. ann. 1175. pro Ecclesia Bellicensi, apud Guichenonium in Episcopis Bellic. pag. 33 : *Nulla persona Bannum quod Episcopus in civitate posuerit, infringere præsumat.* In Charta Friderici. II. ann. 1238. apud Joann. Columbum lib. 1. de Episcopis Valentin. n. 54. : *Banna ponere, et a transgressoribus pœnas exigere.* Charta Communiæ Crespiacensis ann. 1223 : *Concessimus etiam quod Bannum facere non poterimus super Burgenses nec super eorum res, nisi de assensu eorum.* Stabilimenta S. Ludovici lib. 1. cap. 24 : *Bers si a toutes Justices en la terre : ne li Rois, ne puet Mettre Ban en la terre au Baron sans son assentement : ne li Bers ne puet mettre Ban en la terre au Vavassor.* Vide Legem Longobard. lib. 1. tit. 14. § 11. [** Carol. M. cap. 32. apud Ansegis, lib. 3. cap. 66. Pertz. ann. 811. de Exercit. cap. 4. vol. Leg. 1. pag. 170.] et Gallandum de Franco Alodio pag. 250.

In Bannum Mittere, Confiscare, in fisci potestatem edicto publico redigere, quo loco *mittere* idem valet ac *ponere;* unde nostri *Mettre.* Hincmarus Remensis in Quaternion. ad Regem Carolum pag. 381 : *Quidquid de rebus et facultatibus Ecclesiasticis ad gubernandum acceperat, jussione vestra per Vicecomitem ipsius pagi, in Bannum quod jus lingua Latina proscriptio confiscando vocatur, est Missum.* [Additiones ad Legem Salicam apud Eccardum pag. 186. n. xi. : *De proprio in Bannum Misso. Cujuscumque hominis proprietas ob crimen aliquod. . . in Bannum missa fuerit... Quod si non de alia re, sed de ipsa proprietate, quæ in Bannum missa fuit, ac per hoc in nostram potestatem redacta.*] *Bannir les heritages*, in Consuetud. Norman. art. 187. Vide Cap. Caroli Magni lib. 4. cap. 24. [** Ludov. I. Capit. legib. addenda ann. 817. cap. 11. conf. Carol. M. Capit. Ticinense ann. 801. cap. 13.] Legem Longobard. lib. 2. tit. 43. § 3. [** Ludov. I. cap. 20. idem.] Cap. Caroli Calvi tit. 29. § 3. tit. 31. § 6. [** Synod. Pistens. ann. 862. cap. 4. Edict. Pistens. ann. 864. cap. 6.] [Muratorium tom. 1. parte 2. pag. 130.] etc.

¶ Tollere vel Trahere de Banno, Rem confiscatam reddere primario possessori. Veteres Formulæ apud Murator. tom. 1. part. 2. pag. 130 : *Et post Comes dicit per istum fustem et istum wantum tollo omnes res ejus de Banno.* Et infra : *Ecce notitiam, quomodo res meæ fuerunt tractæ de Banno.*

Bannum Alicui Judicare, Gall. *Condamner au bannissement*, in Capitul. 2. ann. 813. cap. 13.

Inbannire, Inbannare, in bannum mittere, in fiscum redigere. Hincmar. Laudun. in Schedula Episcopis et Regi porecta pag. 433 : *Non latere vos scio.... res Episcopi Laudunensis Ecclesiæ mihi commissæ, imo quidquid habebam in isto regno, exceptis principali Ecclesia et Episcopi domo et claustro primum esse Imbannata, etc.* Charta Andreæ Episc. Atrebat. ann. 1170. in Tabul. Eccles. Ambian. : *Unde ipse excommunicatus, et terra sua antecessoris nostri Atrebatensis Episcopi sententia fuerat Inbannita.* S. Bernardus Epist. 252 : *Super omnia plangitis, quod Ecclesiam S. Foilliani, quæ de Ordine vestro est, Abbas noster de Villari fecerit Inbanniri*; id est, poni sub interdicto, uti mox diserte innuitur. Adde Chartam Communiæ Tornacensis ann. 1187. et Hemereum in Augusta Viromand. pag. 161. [Appellationem Episcopi Albiensis inter Instrum. tomi 1. novæ Gall. Christ. col. 9.] *Embannir*, in Consuetudine Lotharingiæ tit. 8. art. *Mettre en embannie*, in Consuetud. Barrensi art. 50.

Per Bannum ad Placitum Venire, id est, per submonitionem Regiam. Charta Lotharii Reg. Provinc. ann. 855. tom. 12. Spicilegii Acheriani pag. 133 : *Ad dictum itaque Palatium jam vocitatus Witgarius non solum venire contempsit, sed etiam Bannum nostrum pro nihilo duxit. Jussimus præterea illum denuo ad hoc præsens placitum per Bannum Venire : sed sicut primum, similiter et secundum et tertium sprevit, jussisque nostris in nullo obediens extitit, etc.* Vide *Mannire.*

Bannum Adimplere, in Lege Ripuar. tit. 65. dicitur is qui mandatum regium quod ei per *bannum* et submonitionem indictum est, exequitur : verbi gratia, *si banniatur*, aut submoneatur ad exercitum.

* Bannum Currere, Exsequi, ut videtur. Stat. Mantuæ lib. 2. cap. 8. ex Cod. reg. 4620 : *Non possint nisi semel vel bis exire de Banno non curso, nisi prius citato adversario ad videndum eum extrahi de banno.* Si tamen legendum non sit, de *banno incurso.*

¶ Bannum Frangere, in Charta Crodegandi Episc. Metensis apud Meurissium lib. 2. pag. 169.

* Id est Violare, Practicis nostris *Briser ban.* Inquisit. ann. 1268. ex sched. Pr. *de Mazaugues* : *Requisitus ubi fregerat Bannum, dixit quod sub Asperella.* Lit. ann. 1375. tom. 3. Ordinat. reg. Franc. pag. 207. art. 19 : *Quicumque Bannum dicti domini nostri vel baillivi sui fregerit, etc.*

* Bannum Minuere, Eodem significatu. Privil. capit. S. Barnardi de Rom. ann. 1358. tom. 3. Ordinat. reg. Franc. pag. 279. art. 26 : *Pertinet recipere prædictæ ecclesiæ*

de Romanis et capitulo et exigere a committentibus pro Banno minuto de die, commisso in locis vetitis circa villam Romanis certis locis, tres solidos et sex denarios, et septem solidos de nocte.

Bannus Rescisus. Vide *Scastlegi.*

¶ Bannum Violatum. Diploma Caroli M. pro Ecclesia Osnabrug. apud Miræum tom. 1. Edit. 1723. pag. 16 : *Quod si quisquam hoc idem nemus nostro Banno munitum, sine prædictæ Sedis Episcopi licentia, studio venandi, vel silvam exstirpandi, vel aliud agendi, unquam introierit, sciat se.... pro delicto* LX. *solidos nostri ponderis, quos nobis pro Banno Violato deberi statuimus, reddilurum.* Quod *Ban Brisié* vocatur in Literis Ducis Lotharingiæ ann. 1256. apud D. *Brussel* de Usu feud. tom. 2. pag. 1019.

Banna, *quæ in Ecclesiis secundum consuetudinem eduntur* ante matrimoniorum celebrationem, cap. 6. Extra, Qui matrimon. accus. poss. [Ibidem cap. 22. de Sponsalibus 4. 1. Episcopo Bellovacensi : *Bannis, ut tuis verbis utamur, in Ecclesiis editis.*] Provinciale Cantuariense Lindewodi lib. 4. tit. 1 : *In matrimonio quoque contrahendo semper tribus diebus dominicis vel festivis a se distantibus, quasi tribus edictis, per quirant Sacerdotes a populo de immunitate sponsi et sponsæ.* Ibidem tit. 3. *Solennis Bannorum editio* in matrimoniis. [Occurrit apud Acherium tom. 5. Spicileg. pag. 620. in Concil. Senon. 1485. Baluzium tom. 2. Hist. Arvern. pag. 855. in Statutis synodal. Bertrandi de Turre ann. 1359. art. XXIX. Martenium tom. 4. Anecdot. col. 391. col. 518. et alibi passim.] Vide *Edictum.*

Bannitum Jejunium. Vide *Jejunium.*

Bannum Pacis, quo *pax* indicta est edicto publico. Ekkehardus junior de Casib. S. Galli, cap. 1 : *Jubentur a Rege tunc quidem Arnolfo Episcopus et ipsi sub Banno pacis ad aulam Moguncicæ venire, causa publice peracta, rei majestatis lege pronunciati, ipsi in Ingelheim truduntur.* [** Chart. Scabinor. Traject. ann. 1230 : *Nos itaque scultetus, Scabini et consules ecclesiam S. Petri in suo jure stabilivimus et roboravimus per nostrum Fredhebannum.*]

Bannus, Idem quod *Biennum*, quod vide. [Operarum præbitio, Gall. *Corvée.*] Polypticus Floriacensis : *Et faciebat unum Bannum in vinea, alterum in prato, alium in messe.* Alibi : *Si ibi sunt cavaticarii, debent Kal. Octob. den. 4. et unum diem in Banno ; et ad 3. audientias venire cum suis eulogiis.* Rursum : *Debet... pro caropera den. 5. Bannos 3. unum in vinea, alterum in prato, tertium in messe.* [MS. cod. Irminonis Abb. German. fol. 59. col. 3. : *Habet ibi sex mansos, qui solvunt de argento omni anno solidos* VIIII. *pro caropera ad trecas den.* VIIII..... *Bannos* III.] [** Breve 9. cap. 304. Guerardo pag. 116. Ibid. Breve 21. cap. 78. pag. 225 : *Banna 3. in unaquaque satione.* Adde Polypt. Fossat. cap. 10. et 16. post Irminon. 285. 287. Polypt. S. Remig. Remens. cap. 5. ibid. pag. 290.

Bannum Augusti, in Charta apud Paradinum in Hist. Lugdun. lib. 2. cap. 73 : *Bans de Mars et d'Aoust*, in Consuetud. *de la Sale de Lile*, tit. 1. art. 13. et Bononiensi art. 40. Atrebat. veteri art. 48. Vide Hist. Tornacensem Cognati lib. 4. pag. 77.

* Quo scilicet messibus cavetur; interdum *Lex Augusti* appellatur. Vide infra in *Lex.* Charta Guidonis comit. Fland. ann. 1289. ex Chartul. Namurc. in Cam. Comput. Insul. fol. 6. r°. : *Et se bourgois ou fius de bourgois menroit biestes en damage d'autrui, contre le ban des seigneurs, u se fist aucune chose contre le Ban d'Aoust, on poroit les biestes arrester.* Accipi præterea interdum potest pro banno vini, quod eo mense particulatim divendere licet domino feudi. Charta ann. 1355. inter notas ad tom. 4. Ordinat. reg. Franc. pag. 384 : *Bannum et privilegium banni de vendendo vina ad tavernam, qua ante præsentium litterarum confectionem, perpetuo habemus et debebamus repetere, habere, percipere, ac edicta jubere seu juberi facere annis singulis perpetuo in dicta villa de Chaigny mense Augusti, in vigilia festi Assumptionis beatæ Mariæ virginis, et per septem dies tunc continue sequentes et complendos solummodo.* Vide in *Bannum vini.*

Bannum de Pascha, *Bannum de Pentecoste*, in Charta Theobaldi Comitis Blesensis ann. 1190. in Probat. Histor. Blesens. pag. 24.

* Quod de banno vini post Pascha vel Pentecostem usitato intelligendum est. Bulla Alex. PP. III. ann. 1178. ex Chartul. Latiniac. : *Per annum venditionis vini a Pasgua in xv. dies, vel a Pentecoste in xv. dies, etc.* Vide *Bannum vini.*

¶ Bannum Hortorum, in Statutis Arelatens MSS. art. 34 : *De Banno ortorum. Quicumque inventus fuerit in ortis... colligere ficus.... sine licentia vel ortolani vel banerii solvat Communi* XII. *den.*

* Bannum Nemoris, Quo silvæ usus prohibetur. Libert. Briancz. ann. 1343. tom. 7. Ordinat. reg. Franc. pag. 729. art. 21 : *Banna nemorum omnium, tam nigrorum quam aliorum dictæ baillíviæ, remisit universitatibus supradictis et singulis personis earumdem præsentibus et futuris; salvis domino dalphino et suis pensionibus quæ fuerunt.*

Bannum Vindemiarum, Edictum quo interdicitur vindemias peragere ante statutum a domino loci tempus in Charta Communiæ villæ Belnensis, apud Perardum in Chartis Burgund. Alia Roberti Ducis Burgund ann. 1232 : *Notum... me dedisse hominibus meis Belnensibus Bannum, quem tempore vindemiarum in vineis Belnensibus habebam.* Libertates villæ de Chableiis, in Tabular. Campan. : *In toto territorio de Chableiis, quod debet Bannum suum, non debet aliquis Vindemiare vineas suas usque ad festum S. Remigii, nisi per mandatum Comitis, et mandatum B. Martini, etc.* [Consuetudo Castellimellanii tit. XIII. apud Thomasserium Consuet. Bituric. pag. 193 : *Item mondit Seigneur a droit de Ban, en sorte que nul ne puit vendanger sans son congié.*] *Ban de vendanges*, in Consuetud. Andegav. art. 185. 186. Cenomam. art. 203. Bituricensi tit. 15. art. 5. et Burbon. art. 351.

¶ Bandium vel Bannium Vinearum, Eadem notione. Charta Bernardi de Turre anno 1308. apud Baluzium. tom. 2. Hist. Arvern. pag. 783 : *Item Bajulus S. Amantii ad requestam Consulum debet ponere Bandium Vinearum : et si post Bandium positum sit necessitas, debet dictus bajulus ad requestam dictorum Consulum dictum Bannium prolongare vel dimittere.*

* *Bannye de vignes*, in Libert. villæ *de Tannay* ann. 1352. tom. 6. Ordinat. reg. Franc. pag. 61. art. 11 : *Ne ont, ne auront lidit seigneur ou dames Bannye de vignes; c'est assavoir ès vignes soubz Tannay; .... esquelx vignobles lidit habitant et cil qui y auront vignes pourront venengier toustefoiz qu'il leur plaira.*

Bannum Vini, Jus quod domino feudi competit, cui licet vinum suum particulatim vendere certo dierum spatio, v. g. 40., tenentibus, seu hominibus suis a vini proprii venditione cessantibus. *Ban à vin*, et *ban-vin* dicitur in Consuetud. Turon. art. 102. 295. Andegav. art. 185. Cenoman. art. 201. 202. Marchensi cap. 23. et Juliodun. cap. 9. art. 1. cap. 28. art. 3. Charta Ebonis dom. Castrimeliandi de immunitatibus dicti Castri : *Non licebit mihi vel successoribus meis facere Bannum Vini, nisi per 40. dies per annum, et sic quilibet hominum meorum toto alio tempore libere ac sine aliqua contradictione vendere poterit vinum suum.* Charta Philippi Aug. ann. 1185. apud Morinum lib. 5. Hist. Vastinensis pag. 707 : *Eo die quo Bannum utrumque nuntiabitur, omnes tabernæ totius baliveæ cadent.* [Libert. Moirenci ann. 1164. tom. Hist. 1. Dalphin. pag. 16 : *Si Dominus vinum suum vendere voluerit cum bonæ vindemiæ fuerint, septem salmatæ erunt de vino puro, et octava erit de decocto : erit autem vinum illud de propriis vineis et de quartone, non empto, non de donato, non commodato. Et vindemiis factis considerabitur quis burgensium vinum suum plus vendiderit, et super illum uno denario vinum suum dominus vendere poterit. Si steriles vindemiæ fuerint, tertia pars erit de decocto; si vero mediocres, quarta pars erit de decocto.*] Vetus Inscriptio seu Charta Crestæ in Delphinat. apud V. C. Jacobum Sponium in Itinerario tom. 3. pag. 17 : *Hoc est testamentum de Banno Vini, quod dederunt suis hominibus Petrus Diensis Episcopus, et ejus nepotes Guillelmus Cresti cum suis infantibus, in omni tempore, nisi de 20. modiis vini puri inter omnes hoc bannum tali pacto facient. Quod si modius venditur duobus solidis, ipsi vendent suum tribus, et ita in omni pretio hoc bannum faciens quolibet tempore, nisi in Quadragesima et tempore messium : pro hoc dono dederunt ei homines Cresti 60. sol. Valentinenses in testimonium sempiternum.* Charta Henrici D. Solliaci pro libertatibus *d'Aiz en Berry* ann. 1301 : *Bannum autem meum habebo singulis annis per totum mensem Maii tantummodo ad vina mea vendenda... ita tamen quod non potero vendere vinum fecidum vel botatum.* Tabularium Vindocinense Thuani Charta 105 : *Præterea suo tempore nemo ausus erat infra banleviam vinum vendere, quandiu Comes suum vinum vendere faciebat, quo aut non emendasset, aut vinum non perdidisset.* Consuetudines Lorriaci : *Nullus Lorriaci vinum cum edicto vendat, excepto Rege qui proprium vinum in cellario suo cum edicto vendat.* [Charta ann. 1248. ex Archivo S. Germani a Pratis, cujus hoc fragmentum refert *de Lauriere* in Glossario: *Licebit nobis... habere Bannum singulis annis in dicta villa de Antogniaco de duabus tonis quæ ibi sunt, vel aliis tantumdem te-*

nentibus, cum duobus trossulis pro implagio. Ita quod unam earum poterimus exponere venalem in vigilia Paschæ, et durabit Bannum illius tonæ usque ad Pentecostem, nisi vinum tonæ citius totum venditum fuerit, et tenebitur quilibet dictorum hominum emere unum sextarium vini ad minus de dicta tona, pretio legali imposito mediante. Si vero de tona prædicta, ultra illud quod prædictum est, aliquid vini residuum fuerit, illud residuum non licebit nobis vendere in jure Banni.] [** Charta Sangermano-pratensis de manumissione hominum de Villa-Nova, ann. 1248. post Irminonem pag. 384 : *Item habemus Bannum in dicta Villa-Nova S. Georgii annuatim a die Pasche per unum mensem continuum et integrum ; et vendere poterimus in domo nostra vel extra, in dicta villa in uno loco, per servientes nostros proprios, vel per alios quoscunque de eadem villa in pluribus locis, vina qualia voluerimus seu Bannum, et quantum vendere poterimus, per totum dictum mensem : ita quod pro qualibet masura tenentur capere et recipere unum sextarium vini usque ad valorem octo denariorum ad minus, jure Banni, nec licebit alicui hospiti nostro vendere vinum in dicta villa quandiu duraverit bannum nostrum.*] [Charta ann. 1282. tom. 2. Histor. Ecclesiæ Melden. pag. 180 : *Item Bannum quod habent nomine Ecclesiæ suæ prædictæ in villa nostra de Nantholio; videlicet quod in mense Augusti singulis annis in villa de Nantholio prædicti Religiosi possunt et potuerunt usque nunc vinum vendere, et nullus alius nisi ipsi in dicto mense, nisi hoc faceret de dictorum Religiosorum voluntate.*] Adde Chartam Communiæ Atrebat. § 37. Historiam Ducum Burgund. Duchesnii pag. 12. Probat. Histor. Monmorenc. pag. 89. etc. Quale vero fuerit jus illud, pluribus definitur in Consuetud. municipali Turon. art. 102. 295. Andegav. art. 184. 186. Cenoman. art. 201. 202. 204. March. art. 818. Lodun. cap. 9. in Libertatibus MSS. villæ S. Desiderii ann. 1228. in Charta communiæ Nivern. ann. 1194. ect. De eo etiam copiose agunt Julianus Brodeus in Consuet. Paris. art. 7. n. 36. 37. et Dionys. Salvaingus in Tract. de Jurib. dominic. cap. 39., Marca in Hist. Beneharn. lib. 4. cap. 17. num. 8. Rocheflavinus lib. de Juribus dominicis cap. 14. etc. Vide præterea Concil. Pariense VI. lib. 1. can. 52. Hist. Monast. S. Nicolai Andegav. pag. 6. et 1. Regest. Parlamenti fol. 17. sub ann. 1259. etc. [** et Haltausii Glossar. Germ. col. 98. voce *Bann-wein.*]

* Quod a vini proprii venditione tunc cessarent tenentes, jus illud *Estanche de vin* dicitur in Ch. ann. 1454. ex Chartul. Latiniac. fol. 78 : *Ung droit seigneurial, nommé et appellé vulgairement le Ban, qui est Estanche de vin, que nul des manans et habitans, de quelque estat qu'ilz soient, ne pevent, ne doivent en icelle ville* (de Lagny) *vendre vin à destail, ne à feur de taverne.* Vide infra *Stagnum 4.*

* Bannum Vendagii vini, Eadem notione. Charta commun. Clarimont. in Bassign. ann. 1248. tom. 5. Ordinat. reg. Franc. pag. 600. art. 12 : *Retinemus autem nobis in dicta villa Bannum vendagii vini per sex septimanas.* Vide *Bannagium.*

* Ejusdem originis ac notionis est vox *Bennage*, in Charta Guill. de Veteri-ponte ann. 1289. in Chartul. S. Joan. de Valle : *Nous recognoissons, disons et affermons leaument que les demoranz en la terre doudit prieuré* (de S. Nicolas de Courbeville) *vendanz vins, au temps que nos Bennages cheent chacun an ; c'est assavoir à Paques, à Penthecouste et à Noel, etc.* Vide *Biennum.*

* Certo, ut plurimum in Chartis designato tempore, eo jure gaudebant domini feudales; interdum tamen in eorum arbitrio erat tempus illud assignare et eligere, ut colligitur ex Charta ann. 1272. in parvo Reg. S. Germ. Prat. : *Le ban de la vente de vin, que nous avons en toute la ville de Meudon par six sepmaines continuées une fois chacun an, en quel temps que nous voulions.*

¶ Banvinum, An idem quod *Bannum vini?* Potius videtur esse tributum, quod primo exactum ab iis, qui vendebant vinum. Fragm. Hist. MSS. Stephanot. tom. 5. ex Archivo cenobii Cornillon. : *Statuentes ne aliquis successorum nostrorum aut ministrorum a præfato monasterio, vel a propriis ipsius hominibus, ubicumque manserint, firmantias, vel Banvinum, vel expeditiones, vel tallias vel quæstas, vel condecimas ullatenus recipiant.* [** Chart. Concess. Henric. de Stalek Episc. Argentor. ann. 1252. apud Schilterum in Glossar. pag. 83 : *De vino Bannus dabatur omni anno a vesperis Paschæ, usque ad sex hebdomadas, de qualibet carrata vini una ama, quæ a cauponibus ibidem medio tempore vendebatur;* id est vectigal pro concessione vini banniti. Jus Argoratense lib. 1. cap. 18. ibid. : *Episcopi hactenus sumserunt theloneum de carbonibus et canabo de consuetudine non de jure ; sicut et Bannum in vino, den Ban von dem Wine.* Eadem ratione Germanis *Brodbann*, *Bierbann* est vectigal de pane et cerevisia vendenda etc. Adel. Vide Mittermaieri Princip. Jur. Germ. § 529. num. II.]

Interdum vox Gallica *Ban-vin*, non unice vini dominici venum exponendi jus spectavit, sed et interdum distrahendæ carnis. Charta Philippi II. Regis Romanor. ann. 1208. descripta in Magno Recordo Leodiensi pag. 11 : *En Liege doit estre fait li institution et li assiet de vin deux fois l'an par le Conseil des Églises et des Citains. Trois Banvins a li Evesques de droit : le premier est de vin; se c'est siens propres, à le Pasques : le second des chars devant Quarême : li tiers est a le S. Johan de ses bleits, o wyt jours devant le Noel, et o wyt jours après, etc.* Vide præterea Thomasserium in Consuetudinibus localibus Bituricens. cap. 31. 46. 69.

* Bannum Moltæ, Ambitus, intra quem habitantes tenentur molere frumenta sua ad molendinum domini. Scacar. S. Mich. ann. 1216. in Reg. S. Justi Cam. Comput. Paris. fol. 19. r°. col. 2 : *Judicatum est quod nullus potest nec debet facere molendinum venti vel aquæ infra Bannum moltæ, et quod nullus potest facere molendinum venti vel aquæ, nisi qui moltam habeat, vel habere debeat. Banmolin*, in Ch. Caroli comit. Valesii ann. 1314. ex Reg. 50. Chartoph. reg. ch. 56 : *La contée de Chartres o toutes ses honneurs et ses appartenances, senouches, molins et ronmolins.* Rectius infra, *Banmolins.* Vide *Bannire ad molendinum.*

Bannum Usuale, Vetatio Consueta. Charta Caroli Magni apud Crantzium in Metropoli lib. 1. cap. 2 : *Cum in omni integritate in porcis silvestribus, cervis, avibus, et piscibus, omnique venatione quæ sub Banno Usuali ad forestum deputatur.*

Bannire, Publico banno edicere, jubere, statuere. Decretio Childeberti Regis cap. 8 : *Similiter Kal. Mart. Coloniæ convenit, et ista Bannivimus, ut unusquisque judex, etc.* Capitulare 1. Caroli Magni ann. 802. cap. 39 : *Iterum Bannimus firmiter ut nemo amplius faciat.* Adde cap. 32. Capitul. 2. ejusdem anni cap. 20. Capitul. 7. ann. 803. cap. 1. [** Capit. Carol. II. supra laudata apud Confluent. cap. 6. Adnuntiat. post redit. cap. 6.] [Chronic. Siciliæ apud Marten. tom. 3. Anecd. col. 68 : *Sexto decimo die mensis Augusti XI. Indictionis preco Bannivit publice per Panormum ex parte dicti Regis Frederici qualiter dictus dominus Rex omnibus fidelibus suis notum faciebat, quod inter eum et dominum Calabriæ est guerra Bannita.*] Charta Caroli Comitis Valesii ann. 1315. in Tabulario Andegav. Cameræ Comput. Parisiens. pag. 11 : *Faisons sçavoir à tous, que comme ou temps passé notre Baillif d'Anjou ou terroir et en la Chastellenie de Saumur feist Banir et crier ban, que tous ceux qui nous devoient Sergents d'armes, les montrassent pardevant luy, ou à son Lieutenant, pour venir emprez nous et avec nous en la guerre de Flandres, etc.* Vide *Bannense jus.*

Bannire, Citare, submonere, banno seu edicto publico evocare. [** Edict. Pistense ann. 864. cap. 6. Convent. Carisiac. ann. 873. cap. 13. Capit. I. ann. 819. cap. 2.] *Bannire et locis congruis congregare*, in form. 39. apud Lindenbrog. [Leges Norman. cap. 25. apud Ludewig. tom. 7. Reliq. MSS. pag. 203 : *Retrobanivium dici solet, quando Princeps Normanniæ ad impetum hostium reppellendum, in expeditionem aliquam profectus per Normanniam Banniri faciebat.*] Vide *Bandegare, Bandeiare, 1. Banderare* et *Bannimentum.*

In Exercitum, vel Hostem Bannire. Lex Ripuar. cap. 65 : *Si quis legibus in utilitatem Regis sive in hoste, sive in reliquam utilitatem Bannitus fuerit ; et minime admpleverit, etc.* Adde cap. 67. § 2. Legem Longob. lib. 1. tit. 14. § 13. [** Carol. M. 35. idem] Capit. Caroli M. lib. 3. cap. 67. 69. [** e Capitul. Bononiens. ann 811. cap. 1. 3.] Capit. 2. ann. 813. cap. 9. *Hostem adnuntiare*, in Capitul. Car. Calvi tit. 31. cap. 3. [** Edictum Pistense ann. 864. cap. 3.] *Hostem denuntiare*, in Annal. Francor. Bertinianis ann. 867. *Hostem indicere*, infra. *Populum in hostem convocare*, apud Flodoard. lib. 3. Histor. Remens. cap. 18. [** Benedicti Chronic. ap. Pertzium: vol. Script. 3. pag. 705. lin. 34 : *Bandus missus ex ore regis in Francorum gens.... ut omnes hostiliter kalendas Maias, etc.*] Fredegarius cap. 73 : *Exercitum in auxilium Sisenandi de toto regno Burgundiæ Bannire præcepit.* Idem cap. 87 : *Jussu Sigeberti omnes Leudes Austrasiorum in exercitum gradiendum Banniti sunt.* Capitul. 3. ann. 813. cap. 32 : *Si quis cum armis Bannitus fuerit et non venerit, etc.* Adde cap. 41. *Hostis Bannitus*, exercitus submonitus, idem quod *herebannum*, in Capitul. 1. ann. 812. cap. 2. *Hostile Bannum*, in Capitul. 1. ann. 802. cap.

7 : *Ut hostile Bannum domni Imperatoris nemo prætermittere præsumat.* [** Formul. Marculf. Append. cap. 31 : *Taliter ei concessimus, ut de omnes hostes vel omnibus Bannis, seu et aribannus sit conservatus, ut neque vos, etc.* Vide *Herebannum.* ADEL.] *Le Roman de Vacces* MS :

Li Rois Loeis fit semondre et Bannir son oust.

Philippus *Mouskes* in Chlotario IV :

Si asist Roume à ost Bannie
Rois Alebrans de Lombardie.

Le Roman *de Garin* :

Li Rois s'en vet ô sa grant ost bannie.

Infra :

Fromond les a mandé à ost Bannie
Arrierban, dont il fist grant folie.

Chronicon Bertrandi *du Guesclin* :

Et li Quens de Montfort y vint a ost Bagnie,
A maint bon Chevalier et de bonne lignie.

Alibi :

Descendirent à pié, si con l'istoire crie,
Fors que le Prince de Galles, et sa grant ost Banie.

Balduinus de Condato MS :

Que nus contre li ne se drece,
Ne ne prende sur lui banie,
Que maintenant à ost Bannie,
Ne soit cil mefait amendez, etc.

Assisiæ Hierosolymit. cap. 265 : *Se il avenit que le Roy chevauchast à ost Bani contre les ennemis de la Crois, et il avenist par aventure que l'ost fut desconfit, etc.* Adde veterem Consuetudinem Normanniæ cap. 44. *Bandire hoste*, apud Joan. Villaneum lib. 6. cap. 77. et lib. 7. cap. 119. Idem lib. 8. cap. 58 : *Fece Bandire hoste generale per tutto 'l regno. Solenni more indicta expeditio*, apud Lambertum Schaffnaburg. ann. 1074. Infra : *Illico missis circunquaque nunciis Principes in expeditionem solemni indictione evocant.* Formulæ solennes cap. 10 : *Cognoscatis in nostram eleemosynam illi, dum et ipse senex esse videtur, taliter nos concessisse, ut de omni hoste, vel omnibus Bannis et aribannis sit conservatus, etc.* id est, *exempt de tout ban et arriereban*, seu exemtus sit ab omni *banno* et submonitione pro *hoste* et exercitu.

AD PLACITUM BANNIRE, in Capitulis ad Legem Salicam cap. 1. § 17. in Lege Longob. lib. 2. tit. 42. § 2. tit. 53. [** 52.] § 22. lib. 3. tit. 12. § 4. [** Carol. M. 116. Lothar. I. 61. 66. e Capit. ann. 829. quæ pro lege habenda cap. 5. et ann. 805. in Theod. villa cap. 16. ubi legitur *manniti.* Quid intersit inter *Bannire* et *Mannire* vide apud Grimmium in Antiqu. Jur. Germ. pag. 844. num. 2. Roggium de re judic. German. pag. 190. Eichhorn. Histor. Jur. German. § 207. Savin. Histor. Jur. Rom. med. temp. vol. 1. § 65.] in Capitul. Caroli M. lib. 3. cap. 40. 69. in Capitul. 3. ann. 803. cap. 20. [** Capitula minora Pertz. pag. 115.] in Concil. Erfordiensi ann. 932. cap. 2. [** Pertz. vol. Leg. 2. pag. 18. Charta Otton. II. Imper. ann. 980. in Lunig. Spicil. Eccles. Cont. III. pag. 108 : *Comes nullus.... publicum ad mallum eos Banniat.*]

BANNIRE HOMINES PER PLACITA, in Capitul. 4. Caroli Magni incerti anni cap. 12. etc. Vide *Corte Bandita* in *Bannum*, 2.

** BANNITIO, Citatio. Leg. Long. lib. 2. cap. 43. § 3. Lud. Pii cap. 20. ADEL. Vocem ibi non video, cap. 19. est *Ammonitio.* *Bannitio*, Proclamatio est in Constit. Henric. VII. Imper. apud Pertzium. vol. Leg. 2. pag. 521.

¶ BANNITOR, Italis *Banditore*, Præco, Qui proclamat *Banna.* Chron. Siciliæ apud Marten. tom. 3. Anecd. col. 48 : *Quod Bannitores et præcones in singulis terris et locis nostri dominii quotiens banna publicare contigerit, dicant et banniant : Audite bannum et mandatum illustris Domini nostri Friderici.* [** *Clerico Bannitori dicti domini Regis*, in Constit. Henr. VII. Imper. ann. 1311. apud Pertz. vol. Leg. 2. pag. 520. lin. 47. pag. 521. lin. 24.] Vide *Banderagium*, 3. *Banderia*, 3. et *Bannaria.*

BANNITUS, Ipsa proclamatio, seu banni publicatio. Charta Roberti Comitis Drocensis ann. 1225. et 1232 : *Homines de Bonolio, qui solebant ire per Bannitum ad molendina Regis. Bannie et commandement*, in Consuetud. Britan. art. 21. 52. 520. 522. Calvimotensi art. 104. *Bandiment*, in Solensi tit. 10. art. 8. tit. 29. art. 25. Turon. art. 45. Andegav. art. 442. Juliodun. cap. 1. art. 21. 22. cap. 2. art. 7. etc. [*Bannales ad molendinos et furnos*, in Charta ann. 1233. apud Thomasserium Consuet. Bituric. pag. 233.] *Bannée de four ou de molin*, in vetere Consuet. Ambianensi art. 101. et Pontivensi art. 82. *Ban de Molin*, in Perticensi, Normanica et Peronensi.

BANNIRE AD MOLENDINUM dicuntur domini, cum cogunt tenentes suos ad molendinum suum deferre sua frumenta molenda. Fulbertus Carnot. Epist. 14 : *Nostris hominibus novam angariam induxerit, Banniendo scilicet ut irent ad molendinum S. Audoëni, quinque leucis, ut fertur, ab eorum hospitiis remotum.* Ejusmodi molendina dominica, *bannalia* vocant passim Consuetudines municipales. Vide *Bannaliter.*

¶ BANITORES MOLENDINORUM, Tenentes qui debent uti molendino domini sui. Charta Theobaldi Blesensis Claromontis Comitis ann. 1215. in Tabulario Calensi pag. 170 : *Dedi etiam ei molendina mea de Alneto, cum omnibus Banitoribus eorum.*

BANARII, BANNERII, qui banno domini subditi, in illius molendino frumentum suum molere debent, in Regesto *Olim* fol. 28. *Banniers*, in Consuetudinibus municipalibus nostris passim. Charta Matthæi Comitis Bellimontis : *Concessit etiam saumarium unum ad opus molendini S. Leonori, ea scilicet conditione, quod Banerios aliorum molendinorum Monachi ad suum molendinum nullatenus recipiant.* [** Charta Sangerm. Prat. ann. 1248. post Irminon. pag. 385. Alia ann. 1250. ibid. 389 : *Item omnes hospites nostri dictarum villarum .... Bannarii ad molendina nostra per bannum molere et multuram solvere ; et idem ..... ad furna nostra per bannum coquere* etc.] V. *Banearius* et *Banerius*, 1.

☞ Eadem notione *Bannarii* et *Bannerii* dicuntur ii qui furno dominico et *bannali* uti debent, atque ob id certam præstationem exsolvere. Charta ann. 1185. ex Archivo Prioratus Domini-Martini : *Consuetudines quæ in aliis furnis Domini-Martini tenebuntur, in furno Canonicorum servabuntur ; nisi Prior et burgenses burgi B. Martini qui Bannarii sunt in furno B. Martini, de voluntate sua in furno Beati Martini consuetudines instituerint.* Alia Thomæ Abbat. Sangerman. ann. 1250. apud Lobinell. tom. 3. Hist. Paris. pag. 207 : *Homines de dict-Burgo S. Germani, Bannarii ad furnum nostrum... per bannum coquere et furnagia prout hactenus consueverunt, nobis solvere tenebuntur.* Alia Abbatis Beati Maglorii Parisiensis ann. 1277 : *Noverint universi.... quod nos convenerimus cum nobili viro Almarico Comite Montis-fortis super permutatione furni nostri de Monte-forti et Banneriorum nostrorum et omnium illorum, quæ accipiebamus quacumque ratione in aliis furnis de Monte-forti.* Charta Gallica scripta ann. 1295. ex Chartul. S. Vandreg. tom. 1. pag. 252 : *Il me demandoient et vouloient que je forniasse à leur fort heritablement comme Bannier.*

¶ BANNALIS FURNUS, in Charta ann. 1261. ex Hist. Mediani monasterii pag. 328. Nostris *Four bannal.* Vide *Banderius Furnus*, et *Bannia*, 1.

BANNEURA, Jus Bannalitatis. Tabular. Moriniacense ch. 19 : *Dicentibus quod ipsi Abbas, et Conventus ad dictos molendinos molere non tenebantur ratione alicujus Banneure.* Occurrit ibi pluries.

** De his juribus Bannalibus vide Ictos; Merlin. Repert. voce *Ban.* Loisell. Instit. Consuet. vol. 1. pag. 299. Bouhier. ad Consuet. Burgund. cap. 61. Oper. vol. 2. pag. 667. Mittermaier. Princip. Jur. Germ. § 528. 629. Eichhornii § 161. num. 4. et § 185. sqq. etc.

BANNIRE, *In bannum mittere*, edicto publico proscribere, relegare, nostris *Bannir.* [Chron. Parmense ad ann. 1303. apud Murat. tom. 9. col. 847 : *Domini de sancto Vitale et domini de la Porta, et alii omnes tam Banniti quam confinati de dicta parte Episcopi, cum ghirlandis in capitibus redierunt Parmam sani et salvi et absque aliquo rumore.* Ubi *Bannitus* is esse videtur qui toto solo, unde proscribitur, exulat; *confinatus* vero cui exilii locus attribuitur.] [** Constit. Frider. II. Imper. ap. Pertz. vol. Leg. 2. pag. 244. lin. 11. 16. 31. etc.]

* Nequaquam prætermittendus est mos in comitatu Atrebatensi receptus, quo ab occisione *banniti* seu proscripti immunis erat interfector, modo illius capiti, quem intra limites comitatus occiderat, denarium argenti supponeret. Lit. remiss. ann. 1378. in Reg. 114. Chartoph. reg. ch. 129 : *Par la coutume notoire de ladite conté d'Artois, cellui ou ceulz qu'il* (qui) *treuvent banniz ès mettes de laditte conté, et les mettent à mort, sont et doivent estre de ce quittes et tenuz paisibles, en mettant un denier d'argent soubz la teste du banni mort.* [** Conf. Grimmii Antiquit. Juris Germanic. pag. 677. sqq.]

¶ BANIRE, Proscribere Charta Ludovici II. Regis Siciliæ e Musæo D. *Brunet* : *Domos Clericorum... seu eorum bona quecunque Banire.* [** Vide *Forisbannire* et *Bannejare*, 1. Gemma Gemmar. : *Ebannire, uszbannen.*]

BANNIRE SILVAM dicitur, qui ejus ingressum prohibet. Innocentius III. PP. lib. 13. Epist. 95 : *Quod Bannierant silvam ipsam et facerent custodiri.* Vide *Defensa*, *Bandeiare*, 2. *Bannalis*, *Bannejare*, 2. et *Bannese.*

BANNIATIO, seu *Bannitio*, Proscriptio. Matth. Paris : *A regno Angliæ perpetua Bannitione proscriptum.* [Edictum Johannis

Regis Franc. ann. 1352. tom. 2. Ordinat. Reg. Franc. pag. 497 : *Vulnerantes autem alii suspendium, et alii Banniciones non immerito, pro dolor, incurrisse noscuntur.* Chron. Corn. *Zantfliet* apud Marten. tom. 5. Ampliss. Collect. col. 364 : *Hæc autem Bannitio sive proscriptio.... fuit roborata literis ac sigillis*].

¶ Banimentum, Bannimentum, Eadem notione, Gall. *Bannissement.* Johan. Barberius in Viatorio utriusque Juris parte 1. de violatoribus exilii : *Pœna violantis exilium seu Bannimentum est secundum quod crescit contumacia.* Rymer. tom. 5. pag. 61 : *Bannimenta quæcumque contra quosque promulgata revocandi, ipsosque bannitos ad statum pristinum restituendi.* Idem tom. 3. pag. 224 : *Quod... minus juste bannitus fuerit, volumus sibi Bannimentum remittere.* Ibidem bis repetitur. Charta Philippi V. Regis Franc. adversus Italos negotiatores in Francia : *Sub pena banniendi a regno prædicto, procedantque contra ipsos et quemlibet ipsorum ad Bannimentum, etc.* Vide suo loco.

Bandire, Edicere, publicare. Charta Rodulphi Regis ann. 924. apud Ughellum in Episcopis Veronensibus : *Insuper etiam et nostro bando Bandimus, ut si quis, etc.*

¶ Bannisare, Bannizare, Eadem notione. Bulla Pascalis II. ann. 1106. ex Archivo B. Mariæ de Caritate ad Ligerim : *Ego Apostolica auctoritate præcipio et Bannizo quatenus, etc.* Charta Bernardi de Turre ann. 1256. apud Baluzium tom. 2. Hist. Arvern. pag. 510 : *Item Ballivus debet Bannisare quæcumque fuerint Bannisanda, primo ex parte domini prædictæ villæ, et postea ex parte militum, sicut vindemias et gastina bladorum et aliarum rerum.*

Bannus Episcopi, Excommunicatio. Acta Murensis Monasterii pag. 13 : *Episcopi legitimo Banno confirmata, etc.* Fragmenta Capitularium edita a V. Cl. Steph. Baluzio cap. 11 : *Quisquis Bannum vel excommunicationem Episcopi vel Presbyteri superbiendo contempserit, etc.* Adde Reginon. lib. 2. cap. 419. Lambertus Schaffnaburg. ann. 1074 : *Qui cætera religionis jura ausu barbaro temerassent, Episcopali Banno ad satisfactionem vocavit.* Infra : *Ad pœnitentiam sub Episcopali Banno evocavit.* Charta Henrici I. Reg. Franc. ann. 1057. in Hist. Monasterii S. Mariæ Suession. pag. 437 : *Si vero in supradictis locis Bannus aliquando acciderit, Episcopus Ecclesias sine dilatione reconciliet, et nunquam pro aliquo forisfacto ministerium Dei ipsis Ecclesiis remaneat, etc.* Walramus Episc. Naumburgensis de Investitura Episcopor. : *Sequitur autem consecratio, ut Bannus Episcopalis banno regali conveniens in communem utilitatem operetur.* Charta Philippi Archiepiscopi Colon. ann. 1189. : *Ut si quis in posterum ausu temerario in contrarium moveretur, Banno se sciret obligatum esse, et subjectum maledicto excommunicationis.* Tidericus Langenius in Saxonia de Henrico Imp. excommunicato :

Summo notatus Banno fuit ipse notatus,
Non fuit humatus quinquennis post fuit tumulatus.

[Epistola S. Hildegardis Abbatissæ ad Christianum Archiep. Mogunt. in ejus Vita : *Coloniensis Archiepiscopus in Moguntiam venit, et quodam milite libero homine assistente, qui sufficientibus testibus probare voluit, quod ipse et prædictus mortuus adhuc in corpore vivens, cum pariter in eodem excessu fuissent, pariter etiam a Banno, eodem loco, eadem hora, ab eodem Sacerdote soluti essent.* Miræus tom. 1. Oper. Diplom. pag. 527. col. 2. edit. 1723 : *Si autem aliquo forefacto Principis provinciæ, sive aliorum quorumcumque terra in Banno teneatur, remotis excommunicatis, foribus clausis divinum in Ecclesia celebretur officium. Bannus Episcopi* pro Interdicto tom. 7. Spicil. pag. 411 : *Nostrum monasterium et parochia tandiu ab episcopo in Banno posita erat, ut in eis nemo cantaret, donec de cella Abbatis et de tota curia et atrio Herimannus exiret.*]

* Bannum, Anathema. Pontif. MS. eccl. Elnens. ubi de benedictione virginum : *Deinde episcopus publica voce Bannum, id est, anathema, ponat, ne quis eas a servicio divino, cui sub vexillo castitatis subjectæ sunt, abducat.* Vide *Bannus Episcopi, Interdictum* et *Excommunicatio.*

Banno Constrictus, Excommunicatus. Ditmarus lib. 2. [in Actis SS. Benedict. sæc. 5. pag. 501.:] *Hic quia Herimannum, dum vixit, Banno constrictum habuit, suppliciter rogatur a filio, ut et solutionem saltem defuncto impederet, et in Ecclesia eum sepeliri liceret.*

Banniti, Excommunicati. Vita Burchardi Episcopi Wormaciensis : *Bannitos seu a se anathematizatos clementer absolvit.* Raimundus in Summula :

Æger Bannitus cupiens sibi sumere corpus,
Hic absolvatur pro re quacunque ligatus
Extiterit.

ta alibi non semel vocem *Bannire*, pro *excommunicare* usurpat :

Nullus habet Bannos, nisi personæ speciales,
Ut sunt Pastores, vel eorum legitimati,
Quique suis locis Bannire solent, etc.

Vide Gregorium VII. PP. lib. 2. Epist. 46. et Inquisitiones Synodales cap. 70. apud Reginonem lib. 2. de Ecclesiast. disciplin. cap. 5. et *Bandius.*

Banneratus, Proscriptus, banditus, in Additamentis ad Matth. Paris pag. 107.

Bannizatus, Eadem notione. Charta Potestatis Parmensis apud Matthæum Westmonaster. pag. 341 : *Nostros quoque Bannizatos de suis Militibus et populo interficimus ultra mille, etc.* Bulla Paschalis II. PP. ann. 1106. pro Ecclesia S. Mariæ de Caritate : *Ego apostolica auctoritate præcipio et Bannizo, quatenus infra ambitum terminorum, qui hic inferius subscripti sunt,.... violentiam qualibet occasione inferre præsumat.* Id est, sub pœna banni, vel excommunicationis.

Bannerii, *scilicet custodes bladorum, vinearum, et fructuum et possessionum,* in Usaticis Aquarum mortuarum ann. 1246. alias *Messarii,* qui nimirum ut *banna* de non involandis bladis, vineis, aut fructibus serventur, invigilant. *Bannars*, in Consuetud. Comitatus Burgundiæ art. 56. et Lotharing. tit. 8. art. 3. tit. 15. art. 11. Charta Fulconis Comitis Andeg. ann. 1033 : *Si vinum cum banno vendidero, Bannerius meus torrentulum de barra non transibit causa capiendi vasa ementium Monachorum vinum.* [Instrum. ann. 1300. tom. 1. Hist. Dalphin. pag. 54 : *Bannerii sive custodes ab ipsis vel eorum locum tenente communiter deputentur.* Aliud ann. 1350. tom. 2. Ordinat. Reg. Franc. pag. 479 : *Item, quod Bajuli qui pro tempore fuerunt de Gleiolla habeant quolibet anno, instituere Bannerium seu Bannerios, vocatis Consulibus prædictis, et cum consilio eorumdem, et quod ille Bannerius, seu Bannerii habeant præstare juramentum.* Adde Chartam. ann. 1307. ex Archivis S. Victoris Massil. et Statuta Arelat. MSS. art. 34.] Vide *Bandairagium, Banderium* et *Banerius,* 2.

Bannerii, Apparitores, submonitores. Concilium Avenionense ann. 1279. cap. 4 : *Si officiales, vel locorum domini quilibet sæculares, seu eorum cursores aut Bannerii ceperint Clericum aliquem, etc.* [*Bannerio* Castellaniæ de Clusa in Charta ann. 1361. tom. 1. Hist. Dalphin. pag. 150. conceditur facultas *citandi, ajornandi, muletandi* (mulctandi) *arrestandi, banneyandi, banna levandi, et alias ipsum officium meyneriæ et Banneriæ, prout consuetum extitit... exercendi.* Hac in Charta bis legitur vox *Bannerii* cum voce *Meynerii* semper conjuncta, unde liquet eumdem hic fuisse *Meynerium* et *Bannerium.* Occurrit eadem notione tom. 2. pag. 161. col. 2. Vide *Maynerius.*]

¶ Banniatores, Iidem qui *Bannerii* alterutra vel etiam utraque notione : qui blada vineasque custodiebant, haud raro *Apparitorum* munere fungebantur. Chartularium S. Vincentii Cenoman. fol. 1. et seq. : *Hæc sunt caritates artocoparum, quæ redduntur in Natale Domini, in Pasca Domini, in festo B. Vincentii cum pane et vino, Episcopo* IIII. *Cantori* I.... *Hamelino de Marce* II..., *Barrario.* I. *Banniatoribus* II. Hæc ibidem, aliquot solummodo mutatis nominibus, quater repetuntur ipsissimis verbis, nisi quod fol. 1°. v°. sic legitur : *Hæc sunt xaritates artocrearum in Natale Domini, in festo S. Vincentii et in Pascha, quas debemus, Cantori Cenoman.* I. *Hugoni de Rivelon apud Ardentes* I... *Berrario* I. *Banniatoribus* II. *Villicis* II. *etc.* Vide *Banerius,* 3.

¶ Bannaria, Banneria, Officium *Bannerii,* quo sensu non semel sumitur in Charta ann. 1361. Hist. Dalphin. mox laudata; et in Statutis MSS. Augerii Episc. Conser. : *Nullus privilegio clericali gaudere volens, sergentariæ seu Bannariæ officio uti præsumat.*

¶ Banneare, Officium *Bannerii* exercere. Hist. Dalphin. tom. 2. pag. 591 : *Item quod maignerii seu Bannerii curiæ Dalphinatus Banneare non possint nec debeant in feudis, in quibus Babent banna et habere consueverunt valvassores seu alii nobiles Dalphinatus.*

2. **BANNUM**, Pœna et mulcta pecuniaria, qua quis banni seu legis infractor punitur, ut est in Præfat. ad Capitulare Saxonum ann. 797. [In hoc a *justitia* seu *Condemnatione* distinguitur, quod *Condemnatio* pœna sit a Judicibus inflicta; *Bannum* vero mulcta pecuniaria Statutis et Consuetudinibus locorum fixa et determinata.] Capitulatio Caroli M. de partibus Saxoniæ ann. 785. cap. 15 : *Undecumque census aliquid ad fiscum pervenerit, sive in frido, sive in qualicumque Banno, etc.* Additio 4. Ludovici Imp. cap. 28 : *Ut ex his singulis Bannus noster persolvatur, si a quoquam frustrata hæc fuerint,* quæ scilicet banno publico ve-

tantur. *Bannum solvere*, in Lege Saxon. tit. 2. § 9. [** 10] [Charta Friderici Imperat. pro Ecclesia S. Eugendi ann. 1175. inter Instrum. tom. 4. novæ Gall. Christ. col. 22. B: *Quod qui facere attemptaverit... Banno nostro subjaceat, et pro pœna satisfactionis quinquaginta libras persolvat.* Charta ann. 1244. ibid. col. 102. A.: *Assignamus in perpetuum monasterio dictæ Abbatiæ... viginti quinque solidos, et etiam Bannum dictæ villæ annuatim percipiendos in festo B. Bartholomæi*] Conradus Usperg. in Friderico I: *Et nequis contra illud attentet venire, Bannum, id est, pœnam pecuniariam constituit.* Infra: *Judices quoque præfecit singulis civitatibus Lombardiæ, qui ex parte Imperatoris Banna supradicta reciperent.* [** Sentent. Frideric. I. Imper. ann. 1172. ap. Pertz. vol. Leg. 2. pag. 143: *Pœna centum librorum auri et Banni nostri hujus sacræ legis violatores condempnantes.* Constit. Rudolfi. I. Imperat. ann. 1277. ibid. pag. 420: *Pro Banno centum libras Pragenses curiæ nostræ solverint.* Alia Frider. II. Imper. ann. 1220. ibid. pag. 243: *Banno mille marcarum præcipimus subjacere.*] Usatica Aquarum mortuarum ann. 1246: *Cohercio Banni, et ipsum Bannum sint curiæ nostræ,... Bannum autem tale sit, scilicet de ovibus et capris una pogesia, etc.* Adde Joan. de Collemedio in Vita B. Joannis Episcopi Morinens. n°. 21. [** Convent. Ratisp. ann. 1104. ap. Pertz. l. l. pag. 62. lin. 26.] Occurrit passim hac notione. [** De discrimine inter *Bannum*, *Witta* et *Fredum* in legibus antiquis vide Gærtner. ad leg. Saxon. tit. 2. § 10. Adel. Confer Grimmii Antiq. Jur. Germ. pag. 657. num. 11.]

¶ Bannimentum, Eadem notione. Hist. Dalphin. tom. 2. pag. 161. col. 2. init.: *Item quod possint.... bannerium ponere, Bannimenta accipere, levare, exigere a comitentibus eadem, a septem solidis sex denariis inclusive usque ad unum denarium.* Vide *Bandayragium.*

Bannum Componere, Mulctam exsolvere pro neglecto banno vel violato: *Payer l'amende.* Capitul. Caroli Calvi tit. 9. cap. 9. [** Capitul. missor. ann. 853. Pertz. pag. 419.]: *Sciam quia et Bannum nostrum component, et simul cum excommunicatione Ecclesiastica nostram harmiscaram durissimam sustinebunt.* Adde tit. 28. pag. 255. 1. Edit. [** Edict. Carisiac. ann. 861. Pertz. pag. 477. Adde Convent. Silvacens. ann. 853. cap. 7. et 9. Attiniac. cap. 6. Pertz. pag. 424. et 429.] [Charta Guillelmi Ducis Aquitani apud Baluz. tom. 2. Hist. Arvern. pag. 18: *Si autem hanc nostram definitionem aliquis tentando violare præsumpserit, quod nostrum est, Bannum componat.*]

Bannum Mittere, Mulctam imponere. Capitulatio Caroli M. de partibus Saxoniæ ann. 785. cap. 30: *Dedimus potestatem Comitibus Bannum mittere infra suo ministerio de faida vel majoribus causis in solid. 60. de minoribus vero causis Comitis Bannum in sol. 12. constituimus.*

* Bannum levare, Mulctam pecuniariam exigere. Pactum inter commune de Compeiro et loci *de Paulhe* ann. 1376. tom. 7. Ordinat. reg. Franc. pag. 69. art. 7: *Fuit actum et expresse conventum inter dictas partes, ut supra, quod unus banerius in dicto loco de Paulhe, qui Bannum levet, prout bannerii de Competro.*

¶ Banneiare, Idem quod *Bannum mittere.* Charta. ann. 1296. ex Armar. Massil. n°. 308: *Statutum Provinciæ Arelat. super hoc edictum contra Banneiantes personas Ecclesiasticas, animalia, et familiam eorum.*

¶ Banniare, Eadem notione. Charta ann. 1403. ex Archivo Massil.: *Quilibet homo possit et valeat Banniare et gayare pro banno avere quorumcumque exontium grossum vel minutum.*

Bannum Dominicum, Mulcta quæ Domino seu Principi exsolvebatur pro infracto banno dominico, eratque 60. solidorum. [** Antiquissimum circa ann. 772. editum de Banno capitulare, quod e cod. Babenberg. Leg. Salicæ dedit Pertzius vol. Leg. 1. pag. 34: *De illos octo Bannus unde domnus noster vult quod exeant sol. 60. 1. Dishonoratio sanctæ ecclesiæ. 2. Qui injuste agit contra viduas. 3. De orfanis. 4. Contra pauperinus qui se ipsus defendere non possunt qui dicuntur urvermagon. 5. Qui raptum facit, hoc est qui feminam ingenuam trahit contra voluntatem parentum suorum. 6. Qui incendium facit infra patriam, hoc est qui incendit alterius casam aut scuriam. 7. Qui harizhut facit, hoc est qui frangit alterius sepem aut portam aut casam cum virtute. 8. Qui in hoste non vadit. Isti sunt octo Banni domino regis unde exire debent de unoquisque solido 60.*] Capitulare 1. Caroli Magni incerti anni cap. 57: *Ut Bannus quem per semetipsum Dominus Imperator bannivit, sexaginta solidos solvatur.* Capitul. Caroli M. lib. 6. cap. 96. [** 97.]: *In triplo cui aliquid abstulit, legibus componat, et insuper bannum nostrum, id est, 60. solidos nobis persolvat.* Capit. Caroli. C. tit. 31. [** Edict. Pistense] cap. 15: *Bannum nostrum, id est, solidos 60. componat.* Infra: *Bannum 60. solidorum componat.* Adde cap. 20. 28. Lex Longob. lib. 2. tit. 6. § 3. [** Ludov. Pii, cap. 12. e Capit. Leg. add. ann. 817. cap. 4.]: *Bannum nostrum, scilicet 60. sol. id est, triplum componat.* [** Apud Pertz. vol. leg. 1. pag. 211. legitur: *Bannum nostrum, id est 60. solidos, in triplo componat.*] Notitia Judicati ann. 1024. in Tabulario Casauriensi: *Et prædictus Comes Bandum exinde misit, ut quicumque disvestire præsumpserit prædictum Monasterium sine legali judicio, sciat se compositurum Bandum, id est, solidos 60. medietatem Regi, et medietatem prædicto Monasterio.* [** Specul. Saxon. libr. 3. art. 64.] Occurrit hæc loquendi formula in Capitul. Ludovici Pii editis post Capitula ejusdem Imper. ann. 824. cap. 2. et alibi passim. Unde evincitur simplex bannum fuisse 20. solidorum. [** Simplex, regale scilicet, erat 60. solidorum; vide quæ mox laudantur e Capitul. et Eichhorn. Histor. Jur. Germ. § 164: A. Capit. de partib. Saxon. ann. 785. cap. 31: *Dedimus potestatem comitibus Bannum mittere infra suo ministerio de faida vel majoribus causis solid. 60. De minoribus vero causis comitis Bannum in solid. 15. constituimus.* Confer Jus Provinc. Alem. cap. 1. apud Scherz. Haltausii Glossar. col. 927. voce *Hæchste Besserung.*] Dominicum vero majus dicitur Wadiano, scribenti duplex Bannum fuisse, minus et majus, quod certa summa auri argentive solvebatur. Hinc

Bannum Dominicum Componere, Solvere, in Capitulis Caroli C. tit. 12. [** Synod. Silvac.] cap. 5. 7. 9. tit. 13. [** Attiniac.] cap. 6. Capitul. Carlomanni tit. 2. cap. 2. 4. in Lege Longob. lib. 1. tit. 9. § 20. [** 29.] tit. 14. § 9. 11. lib. 2. tit. 19. lib. 3. tit. 1. §. 31. [** Ludov. P. cap. 9. e Leg. add. ann. 817. cap. 1. Carol. M. cap. 30. 32. De exercit. ap. Ansegis. lib. 3. cap. 65. et 66. Lothar. I. cap. 30. Ludov. Pii cap. 25. e Leg. add. ann. 817. cap. 17.] Cap. Car. M. lib. 3. cap. 66. lib. 4. cap. 1. 17. 22. 32. et alibi passim.

Bannum Regis, Eadem notione, in Charta Balduini Comitis Flandriæ ann. 1066. apud Buzelinum: *Si quis autem in aliquo contraire aut contradicere voluerit, centum libras auri persolvat, et Bannum Regis, et quod tentavit, irritum fiat.* Ita in alia Eustachii Comitis Bononiensis ann. 1070. apud Miræum in Notit. Eccl. Belgii cap. 101. Vide Capit. ann. 791. cap. 31.

** *Bannum regium* est etiam pecunia multatitia fisco regio inferenda, indeque omne tributum fisco regis solvendum. Henrici II. Imper. Chart. Worm. ann. 1002. ap. Schannat. num. XL. pag. 34: *Quem regio fisco solvere debuit Regium Bannum et pacem... Episcopo... persolvat.* Alia Otton. II. Imper. ann. 973. ibid. num. XXVI. pag. 23: *Omne theloneum.... et alias utilitates omnes, quæ.... in dominicum fiscum redigi aliquomodo potuerant, in Banno, quod Penning-Ban vulgariter dicunt, aut ceteris solucionibus etc.* Alia ann. 985. ibid. num. XXX pag. 26: *Eadem Ecclesia tam in toletis, quam Bannis, duas tantum totius utilitatis partes tenuit, tertia.... regio et imperiali fisco fuit reservata.* Alia Otton. III. ann. 988. ap. Ludewig. Reliq. MSS. vol. 7. pag. 465: *Ut in eodem loco Halberstadensi dehinc teneat et faciat mercatum ac monetam, atque thelonium et Bannum ibi accipiat.* *Regius Bannus* dicitur in Chart. confirm. ann. 1295. ibid. pag. 438. Vide Haltaus. col. 1112. voce *Kœnigsbann* et col. 2195. ubi *Bann-Pfennige* interpretatur Denarios Bannales, qui a negotiatoribus, artificibus, eorumque mercibus cogebantur in fiscum regis sive imperatoris.

¶ Bannum Regis Imponere, Banno Regis seu mulctæ, ob infractum bannum Regis debitæ, obnoxium declarare. Charta Raynardi Episcopi Lingonensis ann. 1068. inter Instrum. tomi 4. novæ Gall. Christ. col. 146. D: *Sed ne aliquo tempore, quod absit, audax impietas et sacra fames habendi cogat aliquem, instigante diabolo, in fratres ecclesiæ hujus* (S. Michaelis Tornodor.) *insurgere, qui illam calumpniam ex hiis quæ data sunt inferat, Bannum Regis nostrumque cum vinculo anathematis imposuimus.*

Bannum (Dominicum) *dupliciter* vel *tripliciter componere*, duplici vel triplici mulcta damnari. Capitula Caroli C. tit. 29. [** Synod. Pistens.] cap. 3. tit. 41. [** Synod. Pontigon. ann. 876.] cap. 3. ibid. cap. 9 [** 6.]: *Quod qui temerare proterve præsumpserit, triplicem legem, et triplex Bannum nostrum persolvat.* Capitula Ludovici Pii in nova Conciliorum Editione sub ann. 824. c. 2: *Sanguinis effusio in Ecclesia facta cum fuste, si Presbyter fuerit, triplo com-*

ponatur, duas partes eidem Presbytero, tertiam pro fredo ad Ecclesiam : insuper Bannus noster. Occurrit ibi non semel. Concilium Triburiense ann. 895. cap. 7. de Sacrilegio : *Ut res Ecclesiæ tripliciter componantur, insuper vero Bannus Episcopalis exquiratur.*

¶ BANNUM ASSUETUM, vel CONSUETUM, Mulcta pecuniaria 60. solidorum, quæ præter bannum dominicum pro infracto banno in quibusdam saltem casibus, a dominis exigebatur. Libertates Moirenci ann. 1164. tom. 1. Hist. Dalphin. pag. 16 : *Si alicui membrum abstulerit vel fregerit domino et vicario sex solidos, et sexaginta solidos ad plus præstabit, si clamor inde factus fuerit, alioquin minime; tanti est Bannum Consuetum. Si membrum non fregerit, sed aliter percusserit, domino et vicario triginta solidos ad plus præstabit et Bannum Assuetum; si aliquis licator vel meretrix viro vel mulieri, qui non meruerint, convicia vel percussuram fecerit, domino et vicario quator solidos ad plus præstabit, sine Banno Assueto.*

¶ BANNUM DE NOCTE, Itidem mulcta ob violatum *Bannum*, puta *ignitegii* alteriusve consuetudinis per noctem observandæ, imposita. Instrum. ann. 1233. ex Archivo S. Victoris Massil. : *Quod relinquat omnes justitias et firmancias in omnibus casibus, exceptis tribus, adulterio, homicidio et capitali bello, excepto Banno de Nocte in quo percipiat duas partes dictus W.* Statuta MSS. Augerii Episc. Conseran. sec. 13 : *In locis in quibus post sonitum campanæ vel buccinæ de nocte laïci sine lumine ire prohibentur, Clericos hujus constitutionis auctoritate eamdem prohibitionem volumus observare, alioquin pœnæ propter hoc laïcis impositæ eos decernimus subjacere... Idemque de Banno fructuum præcipimus observari, ut per hoc laïcorum vitetur scandalum et Clerici ab illicitis arceantur.*

* BANNUM DE ANIMALIBUS, Mulcta, quæ pro animalium damno imponitur. Charta fundat. Belli-prati ann. 1228. inter Instr. tom. 5. Gall. Christ. col. 299 : *Specialiter tamen eis concedens, ut si forsitan Bannum fiat de animalibus, quæ fuerint ad damnum inventa in silvis aut pratis, ipsæ pro suis animalibus damnum tantummodo restituant, et ad nullum aliud forefactum vel Bannum propter hoc teneantur.* Vide *Bannum bestiarum.*

BANNA GROSSA ET MINUTA, Majores aut minores mulctæ pecuniariæ, [quæ, præter bannum dominicum, domino exsolvebantur; in quo cum *Banno assueto* conveniunt; in hoc vero ab eo differre videntur, quod ad nutum domini poterant minui vel augeri.] Charta Amedei Comitis Sabaudiæ ann. 1360. apud Guichenonum in Episcopis Bellicens. pag. 57.

¶ BANNA MAJORA, *minuta seu mediocria*, Eadem notione, in Instrum. ann. 1390. Locum vide infra in *Banneria.*

BANNUM PLENUM. Capitula Caroli C. tit. 31. [** Edict. Pistense] cap. 22 : *Qui in uno Comitatu alodem vel beneficia habent, et non tantum ibi habent, unde Plenum Bannum valeant solvere, etc.* Dominicum nempe, quod 60. solidorum erat, uti supra observatum. Vide *Herebannum.*

¶ BANNITUS DE 60. LIBRIS, Cui *Bannum* seu mulcta sexaginta librarum imposita est. Charta Philippi Augusti ann. 1194 : *Qui Bannitum de Sexaginta Libris hospitatus fuerit, sexaginta libras perdet.*

BANNUM VADIARE, REVADIARE, vel REWADIARE, Pro mulcta a judicibus indicta vadium dare. *Gager l'amende*, in Consuetud. Comitatus S. Pauli art. 32. alias 63. *Emendæ gagiatæ*, in Statuto S. Ludovici ann. 1259. apud Nangium pag. 363. Lex Longobard. lib. 3. tit. 1. § 43 [** Lothar. I. cap. 43.] : *Ut Bannum nostrum wadiare cogantur.* Vide Capit. Caroli M. lib. 4. cap. 70. [** Capit. Missor. ann. 817. cap. 27.] Hincmarus Laudunensis : *Et pro eo quod in ea mansa intraverat, ut Bannum Rewadiaret, interpellaretur.* Infra : *Coegerunt illum meum alium hominem, ad quem inde nihil pertinebat, ut Bannum pro his Rewadiaret. Et Rewadiato Banno, minati sunt, quod ad mortem illum judicarent pro infidelitate Regis, nisi præsentialiter talia vadimonia daret, ac pro vadimoniis tales fidejussores, qui die statuta easdem res Regis Misso, quasi revestiendo, reconsignaret.* Capitula Caroli Calvi tit. 31. § 21 : *Ut per tres jam annos Bannum... Rewadiatum persolvatur, et ubi rewadiatum non est, rewadietur et solvatur.* Vide *Herebannum*, *Lex*, circa finem.

BANNUS EPISCOPALIS, Mulcta quæ Episcopo exsolvitur. Erant enim mulctæ reorum quæ ad Episcopos spectabant, ut, quæ sacrilegis irrogabantur. Concilium apud Theodonis villam ann. 821. cap. 1 : *Si quis Subdiaconum calumniatus fuerit, vulneraverit, vel debilitaverit, et convaluerit, quinque quadragesimas sine subditis annis pœniteat, et 300. solidos cum sua compositione et Episcopalibus Bannis Episcopo componat. Si autem mortuus fuerit, ... Episcopalibus Bannis triplicibus componat.* Adde cap. 2. 3. Concilium Triburiense ann. 895. cap. 4 : *Si quis Presbyter... vulneratus fuerit,... et articulo mortis præventus abierit, pretium Weregeldi tripartita partiatur divisione, id est, altari cui ordinatus fuerat, pars una : Episcopo in cujus diœcesi erat, altera : tertia parentibus de quibus ortus fuerat.* Can. 7. de Sacrilegio : *Sancimus et unanimes judicamus, ut res Ecclesiæ tripliciter componantur, insuper vero Bannus Episcopalis exquiratur.* Can. 8 : *Nemo contemnat, neque transgrediatur Bannum ab Episcopis superpositum.* Infra : *Si quis post hanc hujus sancti Concilii diffinitionem inventus fuerit corrupisse Bannum ab Episcopis impositum, 40. dierum castigatione corripiatur, tantum in pane, sale, et aqua.* Can. 20 : *Jubeat eum dominus Episcopus per Bannum a se impositum ad se venire, ... et Comite agente persolvat Bannum Regibus debitum.* Vide præterea Decretum Imp. post petitionem Episcop. cap. 1. 2. 3. apud Burchard. lib. 6. cap. 6. et Ivonem part. 10. cap. 135. Capitulare Ingelenheimense ann. 826. can. 1. Vitam S. Henrici cap. 18. etc. S. Hilarius PP. Epist. ad Episcopos : *Sacrilegium in atrio factum altari et domino ejusdem loci persolvatur.* Joannes VIII. PP. 17. q. 4. et apud Ivonem part. 3. cap. 98 : *Quisquis inventus fuerit reus sacrilegii, istam leviorem compositionem emendet Episcopis ipsis, vel Abbatibus, sive personis ad quas querimonia sacrilegii juste pertinuerit.* Statutum Calixti II. PP. de Trevia Dei in Concilio Remensi ann. 1119 : *Quod si hoc non observaverint, sciant esse reos perjurii, ... et reddituros capitale, et satis facturos Episcopo de justitia sua.* Lex Familiæ Burchardi Wormacensis Episc. : *Si quis Fisgilinus homo exfamiliarem aliquam magnam vel parvam ad injustitiam patraverit, ad Bannum Episcopi 5. solidos ut Dagewardus vadetur.* Infra : *Et per singulas vestimentorum partes Bannum Episcopo componat.* Rursum : *Illi quem impugnaverit, pro pugna injuste illata, suam justitiam tripliciter componat, Bannum Episcopo persolvat, etc.* De mulctis aliis Episcopalibus, vide Concilium Coyacense ann. 1050. cap. 3. 12. Narbonense ann. 1054. can. 26. Heleneuse ann. 1165. can. 3. etc.

BANNUS FRANCILIS, Franci seu liberi hominis mulcta, quæ *Francorum compositio* dicitur in Lege Ripuar. tit. 18. cap. 3. *Bannus Francorum*, in Capitulari 1. Caroli Mag. ann. 802. cap. 16. apud V. Cl. Steph. Baluzium. Capitularia Caroli Calvi tit. 28 [** Edict. Carisiac.] : *Quilibet francus homo convictus, quia bonum denarium, id est, merum et bene pensantem, post hunc Bannum nostrum ejecerit, medietatem Francilis Banni componat.* Ibidem : *Missi autem nostri colonos et servos pauperes cujuslibet potestatis non mallent, nec Bannum Francilem solvere cogant, etc.*

BANNUS DEI. Capitula Caroli Cal. 26. pag. 240. [** Adnuntiat. Ludov. apud Confluentes cap. 6.] : *De Dei Banno, et de nostro verbo bannivimus, ut nemo hoc amplius præsumat.* Simeon Dunelmensis de Gest. Reg. Angl. ann. 1074 : *Iste Papa Synodo celebrata, ex decreto S. Petri Apostoli et S. Clementis aliorumque sanctorum Patrum et Banno, interdixit Clericis... uxores habere, etc.* Flodoardus lib. 3. hist. Remensis cap. 28 : *Ex verbo Dei et suo atque ex Banno Regis ad eandem Synodum convenire jubeant.* Vide Synodum Confluentin. can. 6. et *Bannum*, 1.

BANNUM CAPITIS, Mulcta quæ in pecoribus exsolvitur. Charta Otton. Imp. ann. 937. in Privilegiis Ecclesiæ Hamaburgensis pag. 149 : *Ut nullus Judex publicus vel quælibet judiciaria potestas aliquam sibi vindicet potestatem in supradictorum hominibus Monasteriorum, litis videlicet et colonis, vel eos aliquis Capitis Banno ob capitis furtum, vel quocumque banno constringat, aut aliquam justitiam facere cogat, nisi Advocatus Archiepiscopi, quandiu eos corrigere valuerit.* Eadem habentur pag. 151. Vide *Caput.* [** Fort. legend. *ob capitale furtum* et *Capitis Bannum* intelligendum de Banno Imperiali sive criminali. Vide infra pag. 565. col. 2. Haltaus. voce *Kœnigsbann* col. 1111. et *Bann.*]

BANNUM CHRISTIANITATIS. Concilium Agathense : *Si quis Presbyter negligens vitæ suæ, pravis exemplis mala de se suspicari permiserit, et populus ab Episcopo juramento sub Banno Christianitatis astrictus infamiam ejus patefecerit, etc.* Ubi Gloss. Decretal. *sub pœna fidei suæ.* Vide *Juramentum Christianitatis.*

3. **BANNUM**, Districtus, jurisdictio, justitia : ambitus intra quem potestas porrigitur mulctam et proscriptionem bonorum indicendi, vel bannum promulgandi. Charta Adalberonis Episcopi Metensis apud Meurissium pag. 308 : *Bannum vero eidem loco tali tradimus conditione, ut si quis super eandem terram fur vel sanguinis effusor*

deprehensus fuerit, per officiales loci discutiatur. Acta S. Forannani Abb. Walciodorensis num. 20 : *Pagum Florinensem cum integro suo Banno, et dominicatum beneficium ex eodem Banno liberaliter trado.* Chronicon Mosomense : *De mea mensula unam villam, Odontem nomine, cum omni Banno suo subtraho.* Charta Willelmi Lucemburgensis Comitis ann. 1081 : *Curtem quæ dicitur Pris, cum Banno et familia, et omnibus reditibus eis concedo.* Alia Henrici Comitis Lucemburg. ann. 1182. : *Si denique annale mercatum super Bannum ipsius loci stabilitum fuerit, teloneum, vel alios mercati reditus accipient.* [** Chart. ann. 1309. ap. Kopp. Origin. Confœder. Helvet. pag. 97 : *Bona nostra sita in villis et Bannis, sive districtibus, etc.* Aliam ann. 1263. ibid. pag. 17.] [Charta ann. 1256. apud Baluzium tom. 2. Hist. Arvern. pag. 510 : *Item si quis captus in gastina vel in Banno, vel in aliis jurisdictionibus dominorum fuerit, vel alias condempnatus.*] Versus antiqui de Vicelino Episcopo Bremensi :

Et dotes auxit, et honores accumulavit,
Villam cum decimis, Bannum cum parochianis
Pastori primo condonavit Vicelino.

Infra :

Bisborst cum Bannis, Bannos cum parochianis ;
Cum Wicstelensi decima Bannum dedit illi, etc.

Vita S. Ludani peregrini n. 4 : *Tandem ad quandam ulmum seu arborem pervenit in diœcesi Argentinensium in Banno villæ Northus, secus fluvium, etc.* Gobelinus Persona in Cosmodromio ætate 6. cap. 52. de Meinewerco Episcopo Paderbornensi : *Panem album in quotidiana distributione Canonicis consuetum dandum de Banno Ecclesiarum, hoc est, de jurisdictione, primus ibidem ordinavit.* Charta Milonis Abb. S. Remigii Rem. ann. 1206. in Tabul. Campan. : *Nobiscum partientur in eadem villa in omnibus modis et commodis, videlicet in Banno et justitia, et boscho, et plano, et assisia. Bannum et justitia de Sarmaise,* in alia Bernardi Abbat. S. Eugendi ann. 1187. ibid. *Bannum aquæ,* in Chron. Laurisham. pag. 87. : *Bannum et jurisdictio Archiepiscopi Remensis,* in Reg. *Olim* fol. 29. [Occurrit eod. sensu non semel apud Marten. tom. 3. Anecd. coll. 1131. 1132. et 1133. in Hist. Mediani Monasterii pag. 281. in Bulla Innocentii II. Papæ, et alibi. Charta Caroli Flandriarum Comitis : *Comitatus vero totius terræ S. Salvini ad Abbatem pertinet. Scilicet Ban, latro, trof.*] Vide Consuetud. Sedanensem art. 305. et Lotharing. tit. 15. art. 1. Ita *Bancage* sumitur in Consuetudine Lodunensi art. 7. 8. pro *Banno*, seu districtu domini Feudalis. [** Chronic. S. Martini Colon. ap. Pertz. vol. Script. 2. pag. 215. lin. 11 : *Condonavit curtes dominicatas..... cum piscatione Reni in tractibus et justicia, quæ dicitur Ban.* Chart. ann. 1121. ap. Haltaus. col. 93 : *Cum spirituali regimine, id est Banno.*] Vide *Bandia, Bandum,* 2. et *Bannia,* 1.

¶ Bannum Generale. Hist. Novientensis Monast. apud Marten. tom. 3. Anecd. col. 1131 : *In Oleswilre curtis dominica cum omnibus consequentiis suis, agris videlicet ac vineis, cum decima ipsius allodii, communionem vero Banni generalis usque Eggenbach et Yllam fluvium, usum vero lignorum et pascuam porcorum in Westerholz habere debet.* Similia leguntur col. sequenti.

¶ Baniorum Decimæ et Terragii, in Charta ann. 1238. pag. 316. Historiæ Mediani Monasterii.

Bannum Monetarum. Regestum Parlamenti Paris. sign. B. fol. 40. inter Aresta ann. 1277 : *Pronuntiatum fuit per judicium, quod dicti Templarii emendas pro transgressione Banni Monetarum ab hominibus sui in Normannia non haberent.*

Bannum Regale, vel *Bannus Regalis, Bannus Imperii,* in Speculo Saxon. lib. 1. art. 59. § 2. 3. 5. 6. lib. 3. art. 64. § 6. 7. 9. 13. jurisdictio Regia, Imperialis, judicium quod auctoritate Regia exercetur. *Sub Imperiali Banno cognoscere, judicare,* lib. 1. art. 59. lib. 2. art. 12. lib. 3. art. 69. 70. auctoritate Imperiali judicium exercere. *Investituram Banni a Rege impetrare, postulare,* lib. 1. art. 59. id est, facultatem judicandi, § 5. *Bannum confertur sine dominio,* lib. 3. art. 64. § 9. id est, facultas judicii exercendi. *Bannum a Regia manu habere,* vel *suscipere,* in Tabulis S. Maximini Trevirensis ann. 1065. apud Duchesnium in Hist. Luxemburg. et in Metropoli Salisburgensi tom. 2. pag. 277. et alibi non semel. [*Bannum de manu Imperatoris recipere,* in Histor. Mediani monast. pag. 260. ex Diplomate Henrici IV. Imp. ann. 1114.] Charta Ottonis M. pro Ecclesia Magdeburgensi ann. 965. apud Meibomium : *Bannum nostræ Regiæ vel Imperatoris dignitatis in urbe Magdeburg ..... opus construendæ urbi a circumjacentibus illarum partium incolis nostro Regio vel Imperatorio juri debitum Ecclesiæ in eadem civitate constructæ, sanctoque Mauricio in jus perpetuum liberaliter offerimus.* Albertus Stadensis ann. 1144 : *Investitus est ergo Hartwicus Præpositus et Fridericus Palatinus sororius suus suscepit pannum,* (leg. *Bannum*) *a Rege Conrado, et statutum est ut esset coadjutor suus, et judicaret pro eo in placitis principalibus.* [** Imperium merum, Jurisdictio superior et criminalis, Germanis *Halsgericht, Blutbann* et *Bann,* Bannum κατ' ἐξοχήν. Interdum tamen differunt *Halsgericht* et *Bann* ita, ut Halsgericht, i. e. cognitionem in causis criminalibus quis habeat, qui executionem in iisdem h. e. Bannum specialissime dictum, *Bannum regale, Bannum imperii,* Germ. *den Kœnigsbann* nondum habet, ut ostendit Schilter. ex Diplom. Ruperti Imp. in comm. ad Jus Feudal. Alemann. cap. 42. § 13. Jus Argentorat. lib. 1. cap. 2 : *Habet autem potestatem cogendi et constringendi judicatos, quod vocant Bannum, non ab Episcopo sed ab Advocato. Illa vero potestas spectat ad sanguinis effusionem, suspendendorum, decollandorum, truncandorum et hujusmodi, pro qualitate delictorum, quam ecclesiastica persona nec habere, nec dare debet. Unde postquam Episcopus Advocatum posuerit, Imperator ei Bannum, i. gladii vindictam in hujusmodi dampnandos et omnem potestatem stringendi dare debet.* Interdum autem et quidem sub imperio Regum Francorum *Bannus regis* ponitur pro causæ cognitione extraordinaria. Adel. De *Banno Regis* conf. Eichhornii Histor. Jur. German. §. 158. num. 2. Triplex præsertim erat : 1° Magistratus regii ut Missi, comites, advocati regales, etc. jus dicebant *sub Banno* regis. 2° *Herebannus.* 3°. Bannus *foresti* sive venatorius. Vide his voc. et mox *Bannum venarium.* Cognitionem criminalem, seu ut est in Chart. Otton. III Imp. ann. 985. *Capitis Bannum ob capitale factum,* semper a solo rege profectam esse, scribit Haltausius Glossar. col. 174. 1111. Jus provinc. Alem. cap. 74. § 2 : *Qui Bannum non habet a rege, ille non potest aliquem condemnare nisi ad Justigationem* (*ze hute und ze hare*). Carol. IV. Imperat. Chart. ann. 1358. in Schaten. Annal. Paderborn. vol. 2. pag. 341 : *Non potest in causis criminalibus, quæ capitis et membrorum plexionem exigunt, exercere judicia, nisi jurisdictio hujusmodi a Romana Imperatoria potestate suscipiatur.* Injussu regis Bannum exercenti horrendam pœnam denuntiat Jus Feud. Alem. cap. 42. § 2. Charta Frider. I. Imper. ann. 1166. in Lunig. Spicil. Sec. Tom. 1. pag. 1859 : *Comes.... Bannum et potestatem judicandi a manu Dom. Imperatoris accipiat.*

Bannum Synodale, [f. Jurisdictio temporalis per Synodos exercenda.] Walthramus Episcop. Naumburgensis de Investitura Episcopor. [** Apud Ludewig. Reliq. MSS. vol. 12. pag. 440.] : *Postquam autem a Silvestro per Christianos Reges et Imperatores dotatæ, ditatæ, et exaltatæ sunt Ecclesiæ in fundis et aliis mobilibus, et jura civitatum in teloneis, monetis, villicis et scabinis, Comitatibus, Advocatiis, Synodalibus Bannis per Reges delegata sunt Episcopis, etc.* [Vide infra *Banniti.*]

* De promulgatione statutorum synodalium, vel de synodi convocatione malim intelligere. [** De synodi convocatione intelligit Haltausius Glossar. German. col. 1678. qui vertit *Send-Bann.*]

Bannum Bestiarum, in Charta Henrici Imp. ann. 1008. apud Chapeavillum, [in Statutis Arelat. MSS. art. 37.] et Barthol. Fisenium in Hist. Leodiensi pag. 273. quem consule, si tanti est. [Vide etiam infra, *Feræ bannitæ* in *Fera, Apri femina.*]

* Bannum Venarium, Quo venatio interdicitur. Bulla Alex. PP. III. ann. 1179. in Chartul. Bosonis villæ : *Jus bannense.... in pascuis et silvis, in aquarum decursibus, ... excepto Banno venario, abbati et fratribus.... concessit.* Vide *Feræ bannitæ* in *Fera* 3. [** Vide supra *Bannum violatum* et Specul. Saxon. lib. 1. art. 61. Haltaus. Glossar. German. col. 2113. voce *Wildbann.* Eichhorn. hist. Jur. Germ. § 199 et infra *Foresta.* Constit. Frider. I. Imp. ann. 1156. ap. Pertz. vol. 2. Leg. pag. 100 : *Cuncta etiam secularia judicia, bannum silvestrium et ferinarum, piscinæ et nemora in ducatu Austriæ, debent jure feodali a duce Austriæ dependere.*]

Bannum Viæ Regiæ, Jurisdictio quæ in viis majoribus, quas *Regias* vocant, ad dominum superiorem spectat, in Charta Adalberonis Episcopi Metensis apud Meurissium pag. 307. et 308.

Bannum Scabinatus. Speculum Saxonicum lib. 3. art. 29 : *Liber, seu idoneus, Scabinis Bannum sui scabinatus, id est, locum ubi natus est Scabino dignus, ostendere, aut suos progenitores quatuor nominare non oportet, nisi suo æquali in generatione duel-*

lum fuerit injungendum. [** Vide Haltaus. Glossar. voce *Handgemal*, col. 805.]

** Bannus urbalis, Territorium civitatis et jurisdictionem municipalem ipsam significat. German. *Burgbann*, Saxon. *Weichbild*. Chart. Otton. II. Imp. pro Monasterio Gandersh. ann. 980. apud Meibom. tom. 2. pag. 469 : *Urbalem Bannum, quem vulgariter Burchbann vocant, confirmanus. Et insuper Urbales Bannos, unum in Seburg alterum in Grene ; in jus præfatæ ecclesiæ et abbatissæ... concessimus, ut præscriptorum locorum Bannos sub suo jure perpetim teneant etc.* Imp. Rupert. in Confirm. Privil. civit. Colon. ann. 1401 : *Cum Banno Urbis et Bannileuca, quæ vulgariter Burchban et Banmile nuncupantur.* Adel. V. *Bannileuca*.

¶ Bannum Obligare. Hist. Mediani Monast. pag. 289. in Excerptis e Johanne a Bayono de Abbatibus ejus Monast. : *Maherius autem certus de Sententia Bannum Bodonis cœnobii Duci Friderico fratri suo titulo pignoris Obligare simulavit, quod illo tempore ad jus pertinebat Episcopale.*

** Bannum confirmationis. Judicis auctoritas pro firmanda traditione interposita. Chart. Henrici Archiep. Mogunt. ann. 1144. ap. Scheid. de Nobil. pag. 307 : *His itaque Banno confirmatis.... Ekehardus una cum Abbate Heinrico et Dudone Advocato, ad legitimum placitum Herimanni comitis venit, et ut donationem suam ecclesiæ stabiliret, ut juris est, cunctis qui aderant audientibus, comitem rogavit. Accepto itaque Banno Confirmationis a comite Abbas*, etc. Judex enim qui dominium fundi legitime resignati transfert, novo domino pacem ac securitatem Banno i. e. interdicto interposito confirmat. Chart. Otton. I. Imp. ann. 961. in Lunig. Spicil. Eccles. Cont. III. pag. 107 : *Ut in tali Banno, talique justitia omnia protecta ac patrocinata... S. Emmerammo permaneant.* Chart. Alberti March. Aquilonalis ann. 1156. in Thuringia sacra pag. 330 : *Verum quia donaciones ipse ut rate sint voluntatis mee pendent ad nutum, ita manum eciam consensus mei porrigo, et ut perpetuo stabiles et inconvulse permaneant Bannis eas regalibus astringo et decreti presentis astipulacione communio.* Chart. Comit. de Regenstein ann. 1256. in Becmanni Histor. Anhalt. tom. 1. pag. 550 : *Sub Banno regio cum sentenciis, ut moris est, dicte proprietati firmam pacem indigitans.* Charta ann. 1342. in Johannis Rer. Mogunt. vol. 2. pag. 278 : *Firmans et stabiliens per Bannum suum judicialem et pacem, ut moris est, eosdem dominos, Conr. et Wilh... ut nullus omnino hominum ex nunc et deinceps ab ipsa Magunt. ecclesia evincere valeat etc.* Qui sub regis et imperatoris autoritate jus dicebant *regali Banno* traditiones firmabant; plura vide apud Haltaus. Glossar. German. col. 1111. voce *Kœnigsbann*. Adde Jus Vratislav. ann. 1261. § 23. ap. Gaupp.

Bannalis, qui intra *Bannum*, seu districtum alicujus jurisdictionis, justitiæ, vel dominii commanet. *Homines banni*, in veteri Stylo Parlamenti Parisiensis. *Cives qui sub banno sunt*, apud Ivonem Carnot. Epist. 133. Charta Willelmi Comitis Luxemb. ann. 1083 : *Dominus autem hujus castri nullum gravamen eis inferat, nec de placitis, vel de hominibus eorum se intromittat, nullamque pretii existimationem a Bannalibus eorum exigat, nec homines eorum hospitando vastet. Si Bannalis eorum pacem fregerit, vel latrocinium fecerit, extraneus quoque si super Bannum eorum fugerit, etc.*

¶ Bannales Cruces. Vide *Cruces Bannales*.

¶ Bannalem Facere est, uti conjicio, Rem alicujus *Banno*, jurisdictioni seu ditioni subjicere. Hist. Mediani monasterii pag. 269. in Excerptis e Joanne e Bayono de Abbatidus hujus Monasterii : *Duos quoque modios vini de redditu sylvæ eidem dedit cellæ. Rivulum Moherium eis Bannalem Fecit, in Mozella communem et æqualem piscationem secum concessit.*

Bannum Leugæ, *Bannileuca, Banleuca, Banleuga*, Modus agri, cujus finibus loci, seu oppidi, vel Monasterii alicujus immunitas, vel Jurisdictio terminatur; sic dictus, quod ut plurimum intra *leucæ* spatium, plus minus quaquaversus porrigatur. Bannum enim, ut supra annotatum, est jurisdictio seu districtus, intra quem jus *ponendi Bannum* protenditur. *Banlieue*, Gallis : vox frequens in plerisque Consuetudinibus Galliæ municipalibus. Siculus Flaccus de Condition. agrorum : *Compluribus locis certos dederunt fines, intra quos jurisdictionem habere deberent.* Mox : *Fines lege dati.* Charta Caroli Simplicis Regis Franc. apud Baldricum lib. 1. Chronici Camerac. cap. 67 : *Et circum ista loca quantum unius Leucæ tetenderit spatium, neque Comes, neque ulla judiciaria potestas freda exercendi potestatem habeat.* Alia Willelmi I. Regis Angl. apud Seldenum ad Eadmerum : *Volo itaque et firmiter præcipio, quatenus Ecclesia illa, cum Leuga circumquaque adjacente, libera sit ab omni dominatione et oppressione Episcoporum. Leuga civitatis*, in Charta Communiæ Bituricensis ann. 1201. *Leuca bannata*, in Libertatibus MSS. villæ S. Desiderii in Campania. [Locus refertur in voce *Clocria*.] Vita Balduini Lutzemb. Archiep. Trevir. lib. 2. cap. 4 : *Quam nundinarum libertatem Trevirenses saltem circumquaque proximam per Leucam, ut dicitur, eis Bannitam observare et defendere recusarunt. Bannum leugæ*, apud Ivonem Carnotens. Epist. 101. Gervasius Dorobern. ann. 1163 : *De Comite Clarensi homagium castelli de Tunebregge cum adjacenti Leuga petebat.* Monasticum Anglicanum tom. 1. pag. 316 : *Ecclesiam itaque suam de Bello... cum Leuga et omnibus maneriis suis vel possessionibus ad eam pertinentibus ab omni consuetudine terrenæ servitutis liberam et quietam in perpetuum esse constituit.* Adde pag. 313. col. 1. [** Vide *Wichbild*, et supra suo loco *Banlauca*.]

Bannileuga. Charta Friderici Archiep. Colon. ann. 1128. apud Chapeavillum in Notis ad Ægidium Aureæ Vallis Monachum cap. 2 : *Ad hoc etiam accedit quod omnia privilegia, tam Bannileugæ, quam electionis Abbatum, etc.* Tabularium Vindocinense Thuani Charta 349. ann. 1080 : *Duxit eum Hildradus Prior in Auditorium, rogans illum, ut Vicarium suum venire faceret in curiam S. Trinitatis, sicut est consuetudo, ad recipiendam emendationem de duobus hominibus Monachorum qui Bannileugam suam infregerant, quia habebant de cunctis hominibus suis districtum, ut vulgo dicitur.* [Charta Conradi II. pro Monasterio Stabulensi apud Miræum tom. 1. pag. 689. col. 1 : *Terminos Bannileugæ, sicut in antiquis privilegiis continentur, rata possessione confirmamus.*]

Banleuca. Vetus Charta de Ecclesia Ramesiensi : *Cui et fundum cum campis, nemoribus, aquis, paludibus copiosæ circumcinctum dedit,... Banleucam eam appellavit, cujus metæ et bundæ hæ sunt, etc.* [*Banleuca Lexoviensis*, apud Marten. tom. 1. Anecdot. col. 761. Chartul. Divion. pag. 1 : *Infra Banleucam Divionis alter alteri recte secundum suam opinionem auxiliabitur.*]

* Banleugium, Modus agri, cujus finibus loci alicujus jurisdictio terminatur, Gall. *Banlieu*. Charta ann. 1265. ex Chartul. S. Petri Carnot : *Quod dictæ quadrigæ habebant liberum conductum seu transitum, cum solo conductu eorumdem abbatis et conventus, per totam civitatem et Banleugium Carnot.*

Banlevia. In Tabulario Vindocin. Charta 105 : *Suo tempore nemo ausus fuerat infra Banleviam vinum vendere.*

Banlieva, in Charta Philippi Augusti ann. 1185. apud Morinum cap. 5. Hist. Vastinens.

Banleva, apud Arnulfum Lexoviensem Ep. 3. ex iis, quæ habentur tom. 13. Spicilegii Acheriani.

¶ Banleya, in Promptuario Ecclesiæ Tricassinæ Camusati fol. 178. verso, ex Charta Manassis Episcopi : *Notum facimus... quod de contentione habita inter nos et capitulum nostrum, scilicet de archidiaconatu Ecclesiæ Trecensis, de potestate interdicendi Ecclesias, in quibus in Banleya Trecensi stationes habet Ecclesia nostra.*

¶ Bauleuca. Edictum Philippi Augusti ann. 1207. tom. 2. Ordinat. Reg. Franc. pag. 412 : *Concedimus insuper quod ipsi* (Rotomagenses) *habeant Communiam et Banleucam suam ad metas quas Richardus quondam Rex Angliæ eis concessit.*

¶ Bauliva, Charta ejusdem Philippi apud Marten. tom. 1. Ampliss. Collect. col. 1103 : *De duellis quæ judicantur in curia Thesaurarii, si pugnaturos Baulivam exire contigerit pro duello faciendo, et pax inde facta fuerit, Comes inde habebit septem solidos et dimidium de præsenti.*

¶ Banliva, in Charta Ludovici VII. tom. 1. Ordinat. Reg. Franc. pag. 16. n. 9 : *Regratarii non emant victualia infra Banlivam, ut vendant Aureliis.* Et n. 10. *Pps* (i. e. Præpositus) *et forestarii non capiant quadrigas infra Banlivam.*

¶ Bannale Dominium, simili, ut videtur, notione. Hist. Mediani monasterii pag. 325. in Charta ann. 1258 : *Possidente nostro monasterio una cum Ecclesia in Hohenburg et viris nobilibus G. et E. dominis de Landesperc et B. milite dicto Oberenkirchen dominium Bannale, quod vulgariter dicitur Banwardum in inferiori Ehenheim, ex quo dominio nobis proportionaliter tertia pars manipulorum, qui percipi consueverant, ratione dicti dominii debebantur.*

¶ Bannalis Leuga, in Actis SS. Aprilis tom. 1. pag. 438.

Banleuga, pro mulcta quæ imponi solet iis qui infra *Banleugam* delictum aliquod perpetrant. Vetus Charta apud Beslium in Hist. Comit. Pictav. : *Si homo sanctæ Crucis... eventu hominem occiderit aut vulneraverit, si in castello, sive foris castellum, in toto meo honore Bannum non reddat, neque Banleugam, neque aliquam aliam consuetudinem, nisi solummodo S. Cruci et ejus Abbati.* Tabularium Vindocinense fol. 209. in Charta Gaufredi de Pruliaco Comitis Vindocin. ann. 1097 : *Quod si homines Monasterii S. Trinitatis in burgo Monachorum, et in terris ipsorum, et infra Banleugam se verberarent, vel sibi invicem aliquid forfacerent, Banleugam Comiti emendarent.* Goffridus Vindocin. lib. 2. Epist. 16 : *Ejus castello et castelli Banleugæ divinum Officium abstulistis.*

¶ **Banlia**, Eadem notione, in Charta an. circiter 984. inter Instrum. tomi 2. novæ Gall. Christ. col. 46 : *Concedimus igitur habere eos omnes consuetudines omnium satisfactionum hominum omnium ibidem morantium, v. g. si quislibet fecerit homicidium, adulterium, furtum... omnem emendationem forisfacti et Banliam habebunt monachi ibidem Deo et B. Martino servientes, atque omnia vadimonia legum.* Quæ omnia iis competunt, quos dicimus habere *Haute, moyenne et basse justice*, id est, quorum potestas in subditos et delinquentes plena est et integra. Vide *Barlia*.

Bannilocus, Idem quod *Banleuca*, in Chartis Philippi Alsatii et Balduini Comitum Flandriæ ann. 1183. et 1202. apud Miræum in Donat. Belgic. lib. 2. cap. 60. et 78. Qua voce redditur vernacula *Banlieu*, qua passim utuntur eadem notione Stylus Leodiensis cap. 18. 23. 26. 28. Consuetudo Cameracensis tit. 5. art. 2. tit. 25. art. 3. 4. 7. Valentianensis art. 8. 31. 33. 34. 40. 59. 65. 66. 69. 73. et Namurcensis art. 28. 86.

** **Bannitum-Miliare**, Idem quod Banleuca. Constit. Frider. II. Imp. ann. 1232. ap. Schilter. in Glossar. pag. 81 : *Item in civitatibus nostris novis Bannitum Miliare deponatur.* Adel. Est apud Pertz. vol. leg. 2. pag. 291. lin. 44. ibid. pag. 282 : lin. 30. De hoc districtu circa urbes, in quo artes urbanas exercere nemini licuit, vide Eichhorn. Histor. Jur. German. § 312. not. i. Mittermaier. Princip. Jur. German. § 140. not. 4.

¶ **Bannaria**, Districtus, jurisdictio. Exstat Charta ann. 1133. in Tabul. Abbat. Bonævallis, qua Ursio de Mellaio confirmat *omnia placita totius Bannariæ Bonævallis et aliarum villarum circumjacentium, etc.* Infra : *Concessi itaque ut omnia totius Bannariæ placita in Bonavalle fiant, nec alibi nisi in Bonavalle de quacunque submonitione pulsatus aliquo modo respondeat, excepta deductione belli vel ferri calidi, si forte emerserint : quæ duo tantum cum adjudicata fuerint in Bonavalle, inde Mellaicum ducentur, et in Mellaico illa tantum duo in mea curia finientur.* Vide hanc vocem suo loco.

¶ **Banneria**, Eadem notione. Instrum. ann. 1390. tom. 1. Hist. Dalphin. pag. 32 : *Nobilis Humbertus de Boczosello.... vendidit... Guillelmo Episcopo Gratianopol. . . quidquid juris... habebat et habere poterat... in parochiis de Murianeta... sive essent Banneriæ, banna majora, minuta sive mediocria, et aliæ servitutes.*

Banniri Judicium dicitur in Wichbild Magdeburgensi art. 16. § 1. et 3. cum illud peragitur. [** German. *Hegen.* Vide Grimmii Antiq. Juris pag. 851.] Hinc

¶ **Bannitum Judicium**, Congregatum judicium, apud Ludewig. tom. 6. Reliq. MSS. pag. 484 : *Notum facimus universis quod Petrus Polonus noster concivis, coram nobis in Bannito judicio presencialiter constitutus... curiam suam in platea quæ Czichenergasse dicitur situatam, eo jure quo ipse eam possidebat... Nicolao de Aureomonte Abbati Monasterii S. Bernhardi in Grissow necnon totius Conventus universitati ibidem dedit.*

Banniti, in Speculo Saxonico lib. 1. art. 2. § 2. 3. 4. art. 3. § 2. dicuntur liberi homines, qui jura sua ac lites disceptant in Episcoporum Synodis, et in Comitum Judiciis. *Libertas*, inquit illius auctor, *est etiam tripertita, quorum primi Episcoporum Synodum quærere solent, et hi Banniti dicuntur.* Et mox : *Simili modo et sæcularia judicia quærere solent, scilicet Banniti Comitum, etc.* Art. 6. § 3. agitur de eorum testimoniis, et lib. 3. art. 18. Judex non nisi in legitimo loco judiciali sub imperii banno de Bannitorum criminibus cognoscere potest, lib. 1. art. 59. § 1. Adde art. 63. § 1. art. 67. § 3. lib. 2. art. 3. § 2. art. 12. § 1. 4. et lib. 3. art. 45. § 73. ubi de *Bannitorum* prærogativa. *Banniti*, id est, *digni scabinatu*, lib. 2. art. 12. § 1. *Banniti seu scabini*, lib. 3. art. 26. § 2. *Banniti seu loco scabinali idonei*, 45. § 3. [** Textus German. Specul. Saxon habet lib. 1. artic. 2 : *Scepenbare lüde, die der biscope senet süken sollen....* § 2. *Tu geliker wies solen se wertlik gerichte süken. De scepenen des greven ding over achtein weken under koniges Banne.* Forte *banniti*, quia *banno*, i. e. jurisdictione, erant præditi. Adel. Quia neque judices, neque partes erant nisi in judiciis sub Banno Regis institutis. De his vide Eichhorn. Histor. Jur. Germ. 337. et Gauppii Miscellan. Jur. Germ. cap. 4. Dicuntur etiam *Synodales homines.*]

Bannitorium, *Locus causarum, alias Auditorium*, in Breviloquo.

¶ 4. **BANNUM**, Vexillum. Vide in *Bandum.*

* 5. **BANNUM**, Gall. *Ban*, vocabant nostri Vinum aliaque cibaria, seu eorumdem pretium, quæ sero nuptiarum a nubente dabantur junioribus ejusdem loci et artificii, ob cantilenam, quam vice epithalamii vel potius irridendi causa, decantabant. Lit. remiss. ann. 1390. in Reg. 139. Chartoph. reg. ch. 12 : *Quant l'espousée se deust coucher, vindrent pluseurs tisserans d'icelle ville de Dreux, lesquelz demanderent.... à l'exposant, comme administrateur du vin, leur droit du Ban qu'ilz disoient à eulx appartenir; c'est assavoir qu'ilz dient avoir de coustume au lieu et au pays d'environ, que, quant aucun se marie, ilz doivent avoir de l'espousé, ou de ses commis une carte ou deux de vin pour leur Ban, ou argent pour la valeur, et par especial ceulz qui sont du meme mestier ou office de l'espousé : et pour ce aussi qu'il est accoutumé de chanter par esbatement une chançon par ceulx qui font laditte demande, ledit exposant respondi amiablement que ilz n'en auroient point, se ilz ne chantoient la chançon accoustumée.* Aliæ ann. 1402. in Reg. 157. ch. 14 : *Au soir après souper que il estoit heure de requerir et demander à l'espousé desdites nopces certain droit de pain, de vin et de char, que les varlez de ladite parroisse* (de Noyers près Lorris en Gastinois) *qui sont de la valeterie de laditte parroisse, ont acoustumé de demander, avoir et prendre sur chacun marié en icelle le soir du jour des nopces, appellé le Ban, lequel droit de Ban, etc.* Rursum aliæ ann. 1425. in Reg. 173. ch. 287 : *Lesquelz compaignons alerent veoir se on chantoit le Ban du varlet chartier de l'abbaye de saint Pere de Chartres, lequel pour icellui jour avoit esté espousé, ..., et là trouverent autres compaignons, qui estoient assemblez pour avoir ledit Ban, et afin qu'ilz se departissent sans crier icellui Ban et sans faire ennuy audit espousé, icellui espousé leur donna six blans, une quarte de vin et trois pains.* Atque ita legendum censeo loco *Bast*, quod habent Lit. remiss. ann. 1424. ex Reg. 172. ch. 621 : *Icellui Robin dist au suppliant qu'il iroient chanter le Bast, que on a accoustumé chanter ou pays* (Normandie) *la premiere nuit des nopces.* Quæ iterum repetuntur ibid. ch. 624. Quod *bannum* qui solvere renuebat, pœna mulctabatur. Lit. remiss. ann. 1381. in Reg. 119. ch. 52 : *Pour ce que audit lieu* (de S. Pelerin) *est coustume que chascun qui ce est mariez en l'année, qui autrefois a esté mariez, doit auxdiz compaignons un pot de vin; et quant il en est refusant, les compaignons le mettent en une charete et le meine en certaine eaue ou riviere.* Vide infra *Cochetus* 3. et *Nuptiaticum.*

* 1. **BANNUS**, ut *Bannum* 1. et 2. Vide ibi.

* 2. **BANNUS**, f. pro *Bancus*, nisi sit ornamenti ecclesiastici genus. Codex reg. 7887. fol. 3. r°. : *Dutrannus jussit fieri Bannum, qui vocatur Gaiferius, et curciabaldum aureum et unum manipulum aureum cum chillis.* Vide *Gaiferius.*

BANO, [Melius *Banonium*, Agri libertas, sive communis agri depascendi liber usus.] Jura et Consuetudines Normanniæ cap. 8 : *Tempus quo terræ sunt communes, tempus Banonis* [alias *Banoni*] *vulgariter nuncupatur, quo tempore animalia sine pastore herbas depascunt per campos communiter ac decurrunt.* [*Quædam sunt animalia quæ nullum habent Banonium, sed omni tempore debent custodiri : ut capræ, etc. Nullus tempore Banonii terram suam potest defendere, nisi clausa fuerit ex antiquitate.*] *Temps de banon*, in Gallica editione, quo scilicet *bannum* indicitur pro communi agrorum usu. [Apud Hickesium Thes. Ling. Sept. tom. 1. pag. 163 : *Ban* (*unde Banon et Banonium*) *in veteri Gotho-Scandico sive Danico, pro agro et territorio frequenter accipitur.*]

¶ **BANOA**, Vestis species. Testamentum Beatricis Vicecom. Narbon. ann. 1376. apud Marten. tom. 1. Anecdot. col. 1525. C. : *Item plus legamus eidem hospitali tres Banoas, unam botonatam et duas albas.*

¶ **BANQUAGIUM.** Vide *Bangagium* et *Bancagium.*

* **BANQUARIUS**, **Banquerius**. Vide supra *Bancharius.*

* **BANQUARUPTA**, ab Ital. *Banco rotto*, Gall. *Banqueroute*, Argentariæ dissolutio. Satt. Avenion. lib. 1. rubr. 40. pag. 115 : *Statuimus quod si quis foro cesserit, seu, ut*

vulgo dicitur, Banquam-ruptam, vel fallitam fecerit, etc.

BANQUERIUM. Vide *Bancus.*

¶ 1. **BANQUERIUS,** Argentarius, Mensarius, Gall. *Banquier.* Commentaria Petri Foucherii Canonici Lemovic. inter Fragm. Hist. Stephanotii tom. 2 : *Anno Domini* 1520. *recepimus literas Apostolicas confirmatorias privilegiorum Lemovicensis Ecclesiæ, pro quibus solvimus Iheronymo Talannici Banquerio villæ Lugdunensis mille libras.*

¶ 2. **BANQUERIUS,** Bedellus. Vide in hac voce.

* 3. **BANQUERIUS,** Idem quod *Bannalis.* Arest. parlam. Paris. ann. 1536. ex Tabul. castri *de Chissé* in Turon. : *Plus molendina Banqueria dicti Montis-Ricardi supra pontes ejusdem loci sita, cum duabus bragis ab ipsis molendinis dependentibus. Moulins banquiers,* in Decreto ann. 1538. ibid. [** Vide Raguelli Glossar. Juris Gallici voce *Molin Banquier.*]

¶ **BANQUETUS,** Convivium, Gall. *Banquet.* Vincentius Cigalius Tract. de Bello Italico : *Advertatis Domini Burgenses civitatum in Banquetis Prelatorum, in eorum domibus mansiones multesunt, nam major familiaritas assumitur in cibo assumendo, quam in colloquiis.* Vide *Bancquettus* in *Bancus.*

* **BANQUS,** pro *Bancus,* Scamnum, in Mirac. MSS. Urbani PP. V. *Banque* etiam pro *Banc,* in Lit. Joan. Atrebat. comit. Augiens. ann. 1379. ex Reg. 115. Chartoph. reg. ch. 348 : *Late, eschaule et Banque de chesne ou de haistre.* Hinc *Banquette,* pro Sella, cui eques insidet, in Lit. remiss. ann. 1417. ex Reg. 170. ch. 109 : *Une celle* (selle) *que l'en appelle au pays* (de Languedoc) *Banquette.*

BANSA, Vitis species, de qua Petrus de Crescentiis lib. 4. cap. 4.

BANSATRICES. Epistola Childeberti Regis de abolendis reliquiis idololatriæ, post Concil. Arelat. V. : *Ad nos querimonia pervenit, noctes pervigiles cum ebrietate, scurrilitate, vel canticis, etiam in ipsis sacris diebus... Bansatrices per villas ambulare.* Ita Codex MS. teste Sirmondo et Baluzio. [Sirmondus vero in Gloss. ad calcem Supplem. Concil. antiq. Galliæ : *Bansatrices, vel forte dansatrices, ut volunt aliqui; est id genus mulierum vagantium atque mendicantium, quas vulgus appellat Ægyptias sive Bohemias, quæ latrociniis et saltationibus omnino deditæ sunt.* Verum nihil de iis in hac Childeberti epistola.] Quid si legendum *balatrices,* vel *dansatrices,* certe ita verborum sensus exigit, nam *Dansatrices* nostris sunt, *des Danseuses.* Unde vero vox *Danse,* pro saltatione ad Gallos pervenerit, nondum sum assecutus. Vide an arrideat conjectura Salmasii ad Hist. Aug. pag. 246. [Germanis *Dantz* saltatio est; hinc Gallicum *Danse.* Vide *Menagium.*] [* Vide *Bensozia.*]

* **BANSELLA,** Cista, corbis, Gallo-flandris *Banse,* quarum opifex *Bansellarius, Bencelier.* Comput. fabr. S. Petri Insul. MS. ann. 1482 : *Item Bansellario, pro una nova Bansella rotunda ad serviendum mundationi ecclesiæ per superius et alibi, xv. sol. j. den.* Hinc accersenda videtur vox *Bainchete,* qua nassæ species significatur, in Stat. ann. 1317. ex Reg. 65. Chartoph. reg. ch. 69 : *Item nous deffendons les nasses préellées, que l'en dit grantz Bainchetes.* Occurrit præterea tom. 6. Ordinat. reg. Franc. pag. 398. quomodo etiam legendum est tom. 2. earumd. Ordinat. pag. 12. art. 11. pro *Bainchere.*

BANSOLMORA, *Bansulusmora,* Marturinarum pensio, Hungaris, vel ipsa marturina pellis. Decretum Ludovici Regis Hungariæ ann. 1351. cap. 12 : *Nec ratione collectæ marturinarum, Bansulusmora vocatarum, amodo et in posterum inolescerent, etc.* Hanc pensionem a Calomano Rege primitus inductam docent Decreta Andreæ Regis ann. 1111. cap. 11 : *Marturinæ juxta consuetudinem a Calomano Rege constitutam solvantur.*

BANSTA. Adalardus in Statutis Antiq. Monasterii Corbeiensis lib. 2. cap. 1 : *Cætera autem vasa ad ipsum officium* (Camerarii) *pertinentia, sicut sunt vanni, Banstæ, vel alia quælibet hujusmodi.* Fustem trituræ aptum hic interpretatur vir doctus, *Fleau,* flagellum, tanquam *Bansta* idem sit quod *Baston* : sed vix est ut assentiar. Malim igitur legere *bastæ,* ut clitellæ intelligantur; nam cum vannis, perinde ex viminibus confectis junguntur.

* Eodem sensu quo *Bansella,* cujus diminut. esse videtur. Comput. MS. ejusd. fabr. ann. 1433 : *Pro quadam Bansta ad mundandum chorum, xv. sol.* Vide supra *Banastum.* [** Frischius in Glossar. German. voce *Banzen* locum modo laudatum ex Statut. Corb. sic legendum docet : *Sicut sunt vanni Banstæ, etc.* omisso commate inter utrumque, ita ut *vanni banstæ* sint Vanni, quibus utuntur in horreis, Germ. *Wannen, wurfschaufeln.* Bansta itaque idem esset ac Germanicum *Banze,* i. e. latus areæ in horreo in quo disponuntur mergites. Ulphilanum *Bansta* nil aliud est quam Horreum. Sed et Carpentarii interpretatio, retenta virgula, locum habere potest. Adel.]

¶ **BANSULUSMORA.** Vide *Bansolmora.*

¶ **BANTHALE,** f. pro *Bancale,* Tapes qua scamnum insternitur, apud Rymer. tom. 7. pag. 590. col. 1 : *Sex pannos et quinque virgas de diversis coloribus, quinque duodenas et dimidium de cappis et birettis, sex Banthalia, etc.* Vide *Bancale* in *Bancus.*

* **BANVERTSCHIN,** Sic lego pro *Bauverschin,* in Charta Frider. I. Imper. ann. 1156. inter Probat. jurium Domus elector. Bavar. ad regna Bohem. et Hungar. pag. 5 : *Et potest* (dux Austriæ) *in terris suis omnibus tenere Judæos et usurarios publicos, quos vulgus vocat Bauvertschin, sine imperii molestia et offensa.* Vide *Banwerc.*

* **BANVEYRTEL.** Charta ann. 1282. tom. 1. Hist. Trevir. Joan. Nic. ab *Hontheim* pag. 816. col. 2 : *Ipse scabinus installatus, propter hoc debebit eidem nobili solvere quoddam jus, quod Banveyrtel vini appellatur, vel loco ejus denariorum summam, quæ sex denarios usualis monetæ non excedet.*

¶ **BANVILLE,** Idem quod *Banleuca.* Vide *Burban.*

¶ **BANVINUM.** Vide in *Bannum* 1.

* **BANUM.** Mirac. S. Rufini tom. 6. Aug. pag. 819. col. 1 : *Quidam serviens sui patris ducens plaustrum Bano ponderatum per illam stratam, etc.* Ubi docti Editores supra hanc vocem *vino* eadem manu in MS. scriptum esse monent.

BANUS, Dignitas notissima apud Dalmatas et Hungaros, penes quos ita dictus provinciæ Gubernator : ipsis Hungaris hodie *Ispan.* Βοάνος, Constantino de Adm. Imp. cap. 30. et 31. Μπάνος Cinnamo. Non desunt qui putant ad hanc dignitatem referenda, quæ habet Hesychius : Βάννας, βασιλεὺς παρὰ Ἰταλιώταις, οἱ δὲ μέγιςος ἄρχων. Certe a *ban,* seu *banno,* vel *bando,* id est, vexillo, videntur Bani appellati, quod sub eorum vexillis ac signis provinciales militarent. Vide in voce *Hispanus;* præterea Joannem Seldenum de Titulis honorariis part. 2. cap. 2 n. 5. Jo. Lucium lib. 6. de Regno Dalmat. cap. 1. Raynaldum ann. 1200. n. 46. Decreta Andreæ Regis Hungar. ann. 1222. cap. 15. et Notas nostras ad Alexiadem pag. 347. et ad Cinnamum pag. 449. [** *Bolandus Banus* inter legatos regis Hungariæ ad Rodulph. I. Imperat. in Charta ann. 1277. apud Pertz. vol. Leg. 2. pag. 417. Glossar. med. Græcit. col. 875. D.]

* In vocis etymo errare Cangium scribit Carol. de Aquino in Glossar. milit. ubi docet vocem esse Illyricorum, apud quos *Ban* est dominus vel præfectus provinciæ. Hinc apud eos *Banitise* verbum, quod est magnifice se circumferre.

Banatus, Dignitas Bani, vel Comitatus, Principatus, Hungaris *Bansag.* Thwroczius in Carolo Rege Hungar. cap. 97 : *Dionysio tradidit omnia cum dignitate Banatus.* Idem in Maria Rege cap. 1 : *Stephanum... ad altum Banatus Regni Dalmatiæ elevans apicem.*

¶ **BANWARDIA,** Idem videtur quod *Bannum leugæ,* sic dictum a *Banno* et *Warda* Custodia; quia *Bannum leugæ* propter immunitatem annexam peculiarius custoditur. Hist. Mediani Monasterii pag. 525. et 526. in Charta Joannis Abb. ejusd. Monaster. pro Universitate inferioris Ehenheim ann. 1258 : *Nostro Monasterio reservantes ut custodes qui Banwardi vocantur ibidem de cætero ordinandi, Banwardiam sicut huc usque requirant a nobis, proportione superius memorata. Nos universitas villæ inferioris Ehenheim omnia prædicta vera esse præsentibus profitemur, et ad solutionem prædictæ pecuniæ sine diminutione persolvendæ, nec non et si quid deducta mercede custodum, et* LX. *solidis cæteris Banwardiæ dominis debitis, residuum fuerit in denariis, de agris singulis cujuscumque fuerint in banno universaliter colligendis pro portione Monasterii; et insuper ad observationem juris Banwardiæ quod ibidem hactenus habuit Medianum monasterium, nos cum nostris hæredibus et posteris dicto monasterio perpetualiter obligamus.* [** German. *Bannwart* sive *Bannwærter,* idem est ac Custos *banni,* seu custos agrorum et fructuum in banno seu districtu, qui alias *Messuarius, Camparius* audit. Vide *Banerius* et *Banderius.* Adel. Haltausio Glossar. German. col. 98. *Bannwart* est Banni custos juratus, saltuarius, cujus est videre, ne quis intra fines saltus lignetur, metat gramen aut pascat.]

¶ **BANWARDUM,** Eadem notione. Locum vide in *Bannale Dominium* post *Bannum* 3,

¶ **BANWARDUS,** Custos *Banwardiæ.* Vide *Banwardia.*

BANWERC, Submonitio ad operas, seu *corveias* faciendas : vox conflata ex Belgico *Werc*, opera, opus, et *ban*, bannum. Charta Roberti Comitis Flandriæ, in Tabulario S. Bertini ann. 1119 : *De terris vero quas S. Bertinus habet, quæ Banwerc debent, concessi, ut de unaquaque terra*, 2. *solidi singulis annis ab Abbate Comiti persolvantur.* Alia ejusdem Balduini : *Illi vero qui in prædicta villa ad Banwerc constituti sunt, debent Comiti tantum uthlandes, Banwerc, et landwerc, et placitum inde erit Abbatis.* Alia Theodorici Comitis ann. 1147. ibid. : *Homines etiam sancti de Comitatu suo in Broburg nullum opus quod Banwerc vocant, operari debent, nisi ubi homines mei ex communi indictu operantur.* Notitia ann. 1159. ibid. : *Dabit Waltero de Ekas et successoribus suis infra Pentecosten et FestumS. Joannis pro Banwerc* 4. *sol.*

¶ **BAOGANDÆ**, **Baogaudæ**. Vide *Bagaudæ*.

BAPHIUM, seu **Bafium**, locus in quo fucatur vel tingitur purpura. Ugutio : *Baphium, genus purpuræ, unde Baphius, vel Baphiarius, purpureus vel textor talis purpuræ, vel venditor, vel mercator hujus purpuræ : et invenitur simpliciter pro mercatore; et hoc Baphium, locus ubi talis purpura efficitur, vel texitur, vel venditur. Præpositus Baphiis*, apud Lamprid. in Alexandro. *Procuratores baphiorum* varios recenset Notitia Imperii sub dispositione Comitis sacrarum largitionum. *Bafia Fenicis*, in leg. 18. C. Th. de Murilegul. (10, 20.) [** Adde const. 3. de Indulgent. Debit. (11, 28.) et Justin. Cod. const. 2. et 14. de Murileg. (11, 7.)] *Tyrii textrini* meminit Firmicus lib. 3. ut et Ammianus lib. 14. qui et *Ministros fucandæ purpuræ* memorat. [** Inde *Baphii*, Ministri in Officina tinctoria constituti, const. 2. C. Just. de Murileg. (11, 7.) ubi alii leg. *Baphei; Baphiarii* in Not. Dign. Vide Forcellin.]

¶ **BAPHOMET**, pro *Mahomet*. Spicil. Acher. tom. 7. pag. 194 : *Altis vocibus Baphomet invocaverunt* (Turci) *et nos Deum nostrum in cordibus nostris deprecantes, impetum facientes in eos, de muris civitatis omnes expulimus.* Vide *Mahum*.

* **BAPOLI**. Benzo episc. Albens. in Henr. III. apud. Ludewig. tom. 9. Reliq. MSS. pag. 375 : *Bapoli homines nequam, filii mendacii, rapientes hunc de sinu materni solatii, obsistebant ne veniret ad coronam Latii.*

¶ **BAPTALERIUM**, **Baptentorium**, Molendinum ubi tunduntur panni. Statuta Monast. S. Claudii ann. 1448 : *Item et per Petrum Vandalo super uno molendino et Baptentorio, dimidium grossum.* Ibidem quater repetitur semper adjuncta voce *Molendinum*. Vide *Batatorium*.

¶ **BAPTIDERE**, **Baptire**, Batuere, verberare, leges Liutprandi apud Murator. tom. 1. part. 2. pag. 74 : *Aut turpiter Baptideriteam.* Ibid pag. 75 : *Et necasti eam per famem, aut turpiter Baptisti.* Vide *Battere*.

¶ **Baptire Monetam**, Nummos cudere, Nostris *Battre monnoye*. Vetus formula inter leges Ludovici Imp. apud Murat. tom. 1. part. 2. pag. 132 : *Petre, te appellat Martinus, qui est advocatus de parte publica, quod tu Baptisti falsam monetam.* [** Formul. ad cap. 17.]

* **BAPTILLUS**, Tudicula, clava campanæ, Gall. *Battant*, a verbo *Baptidere*. Mirac. S. Auctor. episc. Trevir. tom. 4. Aug. pag. 50. col. 1 : *Baptillis de universis campanis et nolis ejusdem ecclesiæ, ut confusionem præcaverent, ad cautelam demptis, etc.* Pag. 51. col. 1 : *Baptillos sparsim reperiunt, etc.* Vide *Batallum* et *Batellus* 2.

* **BAPTISAGIUM**, Præstatio, quæ ex *Baptismo* seu benedictione navium provenit. Privil. Rupellæ ann. 1483. inter Observat. ad Carol. VIII. pag. 384 : *Quæ privilegia et dona barragii, Baptisagii, balisagii, ... cæteraque contenta privilegiis, firma et inviolabilia esse per omnia perpetuo decernimus.*

* **BAPTISAMENTUM**, Baptismi apparatus, cæremonia. Bulla Innoc. PP. VIII. ann. 1484. in Contin. magn. Bullar. pag. 291. col. 1 : *Item, ut distinguantur clerici a laicis, ordinarunt, quod nulli ex dominis canonicis, seu de collegio habituati in Baptisamentis, sponsalibus, sepulturis, vel quibuscunque honoribus fiendis, vel aliter qualitercunque per civitatem ipsos contigerit ambulare, pileis seu capellis, vel cornatis, more laicorum, utantur. Baptistement* et *Bauptissement*, nostris, pro Baptismate ipso. Chron. S. Dion. lib. 1. cap. 18 : *En poi de tens après conçut la royne un fil : quant il fu nez, elle le fist bauptizier, ... mors fu en aubes assez tost après le Bauptiszament.* Bestiarius MS. :

Saint Esperit en sa samblanche (*d'une colombe*)
Descendi au Baptissement
De Jhesu Crist veraiement.

* Pro ædificatione vero eadem vox occurrit in Lit. remiss. ann. 1415. ex Reg. 168. Chartoph. reg. ch. 332 : *Comme le suppliant, qui venoit de la riviere de Loire de querir du sablon.... pour faire du mortier pour le Baptissement de sa maison, etc.* Hinc *Baptisié*, Confectus, fabricatus. Lit. remiss. ann. 1473. in Reg. 195. ch. 984 : *Le suppliant embastonné d'une grosse hante Baptisié sans ferreure.* Nisi sit pro Nominatus, appellatus, quo sensu etiamnum *Baptiser* usurpamus. Vide infra *Baptizare* 2. *Bautesme*, pro *Baptême*, baptismus, in Vita J. C. MS. :

La Preescha (*S. Jean*) par conscience
Le Bautesme de pascience. (*Pénitence*)

* **BAPTISARE Imaginem ceream**, hoc est, eam appellare nomine illius, cui nocere propositum erat, solebant præstigiatores, ut discimus ex Aresto ann. 1354. 30. Maii in vol. 4. arest. parlam. Paris. : *Inter cetera quandam imaginem ceream fieri et Baptisari fecerat ipsa Margareta, cum quibusdam aliis sortilegis, nominatione non dignis.* Authent. processus Roberti Atrebat. ex Cam. Comput. Paris. fol. 185. v° : *Je en vouldroye avoir un autre* (image de cire) *que je vouldroye que il fut Baptisié... Si vous prie que vous le me Baptisiez, quar il est tout fait, il n'y fault que le Baptesme; je ay tout prest les parrains et les maraines, et quant que il y a mestier, fors le Baptisement.... Il n'y fault à faire fors aussi comme à un enfant baptiser et dire les nons qui y appartiennent.* Vide infra *Imaginatio* 2. et *Vultivoli*. [** Vide Grimmii Mytholog. pag. 619. 620.] *Baptoier*, pro *Baptiser*, in Cod. S. Vict. Paris. sæc. 14. exarato serm. 15 : *Se hi a de tex par mon esciant, qui puis qu'il furent* Gregorii Turon. epitomata n. 20. ubi Chlodoveus I. Rex Francorum Chlotildi Reginæ primogeniti sui mortem exprobrans ait : *Si in nomine deorum meorum puer fuisset Baptoié, ont offendu mout et correcié nostre Seigneur.*

¶ **BAPTISATIO**, Quælibet corporis ablutio, in itinere Jerosol. Bernardi *de Breydenbach* pag. 211.

¶ **BAPTISATUS**, Dicatus, quia Deo dicamur in Baptismo. Fredegarius in Hist. *Baptizatus, vixisset.* Et apud Gregorium ipsum lib. 2. num. 29 : *Si in nomine deorum meorum puer fuisset Dicatus, vixisset.*

BAPTISMUS. *Baptismus Paschalis et Pentecostes*, quia olim, et ab ipsis Christianismi initiis, hæ duæ potissimum solennitates ad Baptismum Catechumenorum delectæ leguntur, quod Tertullianus lib. de Baptismo testatur, ut et Siricius PP. in Epistola cap. 2. Gelasius I. Epist. 9. S. Leo Epist. 4. et 8. Gregorius M. et alii passim, præter Concilia et Synodos, in quibus Baptismus celebrari vetatur aliis diebus, nisi mortis periculum immineat. [Hinc *baptisterium* per Quadragesimam potissimum claudebatur, ut legitur in expositione brevi antiquæ Liturgiæ apud Marten. tom. 5. Anecd. col. 97.] Cur autem eæ potissimum solennitates ad id delectæ fuerint, pluribus tradunt iidem Leo PP. Epist. 4. ad Siciliæ Episc. cap. 3. Tertullianus, et alii.

Certe hanc consuetudinem suo ævo, hoc est, circa ann. 1100. abrogatam fuisse testatur Theophylactus in Comment. in Lucam ad cap. 10. Cujus quidem antiquandæ legis ea præ cæteris causa extitit quam adfert Rupertus lib. 4. de Divin. off. cap. 18. quod cum Christianitas crevisset, *periculosum erat tantam multitudinem differri, propter occasiones mortis, ac maxime propter turbam infantium e fidelibus parentibus nascentium, quorum tenera adhuc vita persæpe levi occasione succiditur.* Verum pristinum celebrandi Baptismum in Paschate et Pentecoste obtinuisse etiamnum longe post annum 1100. extremis sæculis, colligi potest ex Conciliis et Synodis.

Legimus tamen in aliis etiam festivitatibus celebratum Baptismum. Nam Siculi et nostri in Epiphania baptizabant, quod tandem prohibuit Leo M. Epist. 80. Concilium Matisconense II. can. 3. et Concilium Rotomagense anni 1072. Id etiam obtinuisse in Africa Victor Vitensis lib. 2. de Persecut. Vandalica, in Hibernia Canones S. Patricii cap. 19. apud Græcos, Theophanes ann. 1. Justiniani pag. 149. et Ratherius Veronensis serm. 1. de Quadragesima cap. 5. apud Æthiopes et Coptos Josephus Scaliger lib. 7. de Emendat. temp. pag. 683. 705. testantur. Chlodovæum M. in Natali Domini baptizatum, auctor est Avitus Viennensis Episcopus Epist. 41. licet Fredegarius, Hincmarus, et alii quidam baptizatum in solennitate Paschali scribant. Fiebant porro baptismi ab ipso Episcopo, ut est apud Eustathium in Vita S. Eutychii Patr. Constantinop. num. 91.

* Sed et in natali S. Joannis conferebatur baptismus, ut colligitur ex Gregorio Turon. lib. 8. Hist. Franc. cap. 9 : *Petierunt ut eum* (puerum) *de sancto lavacro in Dominici Natalis sollemnitate deberem exci-*

pere : et non venerunt. Rogaverunt deinceps ut ad sanctum Pascha baptizaretur; sed nec tunc allatus est infans. Deprecati sunt autem tertio, ut ad festivitatem S. Johannis exhiberetur : sed nec tunc venit. Imo et in natalitiis martyrum, solemni ritu collatum fuisse baptismum in aliquibus ecclesiis, observat D. *Bouquet* ad hunc locum tom. 2. Collect. Histor. Franc. pag. 316.

* Trina immersione, ut notum est, peragebatur baptismus, nisi aliud exposceret necessitas : quem morem ad usque ultima tempora obtinuisse, sequentia aliaque monumenta testantur; ubi et nonnulla quæ notentur digna sunt. Rituale MS. S. M. Crassensis ex Cod. reg. 933 : *Tunc sacerdos baptizet eum sub trina mersione dicens :* Et ego te baptizo in nomine Patris, *hic mergat semel*, et Filii, *hic secundo*, et Spiritus Sancti, *hic tertio*, ut habeas vitam æternam. Amen. *Postea tradat eum patrinis, et liniat illum chrismate in vertice..... Et induat eum alba veste.... Et communicet illum sub utraque specie. Sic communicandus est per septem dies.* Stat. synod. eccl. Atrebat. 15. sæc. edita cap. 5. ex Cod. reg. 1610 : *Instruant* (parochi) *matronas et obstetrices qualiter, impellente necessitate, pueros habeant baptizare, videlicet sub hac forma et non alia, sive lingua Laycali sive Latina :* Ego baptizo te, etc. *Hoc faciant cum trina mersione in aqua.* Alia Guil. *Duprat* episc. Claromont. ann. 1537 : *Prima immersio fiat cum dicetur :* In nomine Patris; *secunda cum dicetur :* et Filii; *tertia cum dicetur :* et Spiritus Sancti.

☞ Extant inter Statuta MSS. Augerii de *Montfaucon* Episc. Conseran. sec. 13. quædam observatu dignissima, quæ ad baptismum cum spectant hic collegisse, ne pereant, fortassis haud pigebit : *Frequenter plebibus vestris baptizandi formam, et ut eam diligenter cum necessitatis articulus ingruerit observent insinuate, ut baptisans infantem imposito prius nomine producto signo Crucis super aquam, ter in modum Crucis immergat illum in aqua calida vel frigida dicens sic : Petre, vel S. ego baptizo te in nomine Patris, et filii et Spiritus Sancti, Amen. Et si nescit literas, hæc vulgariter dicat : verumtamen licet tantum semel immerserit, et licet infanti nomen impositum non fuerit, et, ego, non dixerit, nihilominus baptizatus est, dum tamen præmissa verba in mergendo dicantur. Erit etiam Baptizatus quo ad Deum, si dixerit Baptizo te in nomine Christi. Hæc tamen laicis innotescenda non sunt, ne facile a forma per ecclesiam statuta recedant. Ubi vero tanta aqua vel temporis copia, vel vas ad hoc aptum haberi non potest, ut totaliter in aqua mergi non possit, cum scutella vel alio vase aliqua aquæ quantitas super caput et corpus infantis dicendo præmissa verba fundatur.*

* Eadem leguntur in Stat. synod. eccl. Carcass. ann. 1270. ex Cod. reg. 1613. et S. Flori MSS.

* Quæ autem erant patrini et matrinæ partes in hac cæremonia, docent nos Acta dissolutionis matrimonii Ludovici XII. fol. 150. r° : *Ludovicus XI. in dictis fontibus tenebat unum de pedibus dicti domini nostri regis, et domina comitissa Vindocinensis, nunc deffuncta, tanquam matrina tenebat alium pedem, et dominus comes Cenomaniæ de mandato dicti Ludovici XI. et tanquam alius patrinus tenebat eum per corpus sub brachiis, et imposuit sibi nomen dictus Ludovicus XI.* Ibid. fol. 134 : *Cum rex Ludovicus XI. reversus fuisset de baptismo ad cameram dominæ ducissæ, ipse rex Ludovicus loquens eidem ducissæ dixit :* Madame ma commere, cet enfant qui ne fait que naître, m'a pissé en la manche, quand je le tenois sur les fonts, quel signe est-ce? *Et cum vellet recedere ab hujusmodi camera, calcar suum accepit linteamen lecti sic, quod fere cecidit; tunc dixit :* Et deux, *de his duobus casibus male contentus, ut videbatur.* Hinc nosse viri ingenium.

* Notandum vero prorsus est quod legitur in Reg. D. Cam. Comput. Paris. fol. 130. ubi de baptismo Ludovici filii Caroli V. : *Die Lunæ xv. Martii 1371. baptisatus fuit in ecclesia S. Pauli hora xij. et tenuit eum super fontes D. Ludovicus comes Stampensis; et sic est nomen ejus, dominus Ludovicus de Francia; et tenuit cum eo super fontes D. constabularius Franciæ D. Bertrandus de Gueselin, qui post baptismum ipsius D. Ludovici, supra fontes ei nudo tradidit ensem nudum, dicendo sic Gallice :* Monseigneur, je vous doint ceste espée et la met en vostre main et prie Dieu qu'il vous doint autel et si bon cur, que vous soyez encor aussi preuz et aussi bon chevalier, comme fut oncques roy de France, qui porta espée. *Amen, amen, amen.*

* In Hybernia, loco aquæ, lac adhibitum fuisse ad baptisandos divitum filios, qui domi baptisabantur, testis est Bened. abbas Petroburg. in Gestis Henr. II. ad ann. 1171. edit. Hearn. tom. 1. pag. 30 : *In quo concilio* (Casselensis civitatis Hyberniæ) *statuerunt.... parvos baptisari in ecclesia in nomine Patris et Filii et Spiritus Sancti : et hoc a sacerdotibus fieri præceperunt. Mos enim prius erat per diversa loca Hyberniæ, quod statim cum puer nasceretur, pater ipsius, vel quilibet alius, eum ter mergeret in aqua, et si divitis filius fuit, ter mergeretur in lacte. Postea vero solebant aquam illam, vel lac illud in cloacis suis, vel in aliis locis immundis projicere.*

* Ex Concilio Neocesariensi in vet. Pœnitentiali ex Cod. reg. 3878. fol. 82. discimus infantem posse baptisari inclusum in utero materno. Hujus hæc sunt verba : *Prægnans mulier baptizetur, et postea infans.*

* Vinum parvulis baptisatis porrigebatur; quod inter abolendas consuetudines, quas exigebant parochi, annumeratur in Aresto ann. 1401. 11. Mart. ex vol. 9. arest. parlam. Paris. : *Insuper ratione vini proprii ipsorum curatorum, quod parvulis post baptismi susceptionem bibendum dare consueverant, etc.*

Baptisma Generale, Paschatis et Pentecostes. Concilium Rotomagense ann. 1072 : *Ne Generale Baptisma nisi Sabbato Paschæ et Pentecostes fiat. Hoc quidem servato, quod parvulis quocunque tempore, quacumque die petierint, regenerationis lavacrum non negetur.* Honorius III. PP. in Bulla ann. 1217. pro Episcopo Papiensi : *Præter matricem Ecclesiam Baptismum Generalem fieri penitus prohibemus.*

* Baptismus ad Succurrendum dictus, qui in extremis confertur, in Lib. sacram. eccl. Rem. Vide in *Clinici.*

* Baptisma Manuale, Quod quolibet die confertur. Sentent. ann. circ. 1322. apud Lam. in Delic. erudit. inter not. ad Hodoepor. Charit. part. 2. pag. 429 : *Ex parte dicti domini plebani occasione Baptismatis tam solemnis, quam manualis seu quotidiani, etc.*

Baptismum Perdere, id est, gratiam Baptismi et innocentiam, ut aiunt, baptismalem. Fortunatus lib. 2. de Vita S. Martini :

Qui male polluerint lavacri venerabilis undam,
Et sua perdiderint Baptismata crimine mersi.

Baptismus Campanarum. Vide *Campana.*

Baptismus Crucis, apud Armenos describitur a Willebrando ab *Oldenborg* in Itinerario, apud Allatium in Symmictis pag. 139. et ab Adamo Oleario in Itinerario Moscovitico tom. 1.

¶ Lapis Baptismi. Acta SS. Junii tom. 3. pag. 118 : *Casulas quatuor albas, quatuor Lapides Baptismi, imaginem B. Virginis.* An fons baptismalis, quadratus et compactus e lapidibus quatuor? [** Germani etiamnum dicunt *Taufstein* pro omni Baptisterio.]

¶ Baptismus, Eadem notione qua Baptisterium infra Chronicon Parmense ad ann. 1307. apud Murator. tom. 9. col. 866 : *Item eo tempore duo turizelli primo facti et levati fuerunt super Baptismo Ecclesiæ majoris cum colonellis, et cum pomis deauratis versus palatium Episcopatus Parmæ.*

* Baptismatis nomine nuncupabatur in ecclesia Tullensi immersio in aquam, quæ pœna erat instituta in monachos servitio ecclesiæ cathedrali, debito certis diebus, deficientes. Stat. eccl. Tullens. ann. 1497. ex Cod. reg. 4333. fol. 78 : r°. : *Olim de quolibet cœnobio existente in diocesi* (Tullensi) *veniebat unus illis diebus* (tribus scilicet festis immediate post Pascha) *ad serviendum ecclesiæ ad laudem resurrectionis, et cathedralis ecclesiæ honorem et reverentiam. Si autem aliquis ex prætactis, vel contumaci animo, aut torpencia defecerit, projiciendus est in aquam, non periculose tamen, in signum baptismatis Christi, quod Apostoli post resurrectionem Christi ferventi animo prædicaverunt : tamen si ex prænominatis aliquæ fuerint honestæ personæ, admittuntur ad gratiosam redemptionem, non excedentem duos solidos cursibiles.* [** Nonnulla notatu digna de Baptismo vide apud Antonium Matthæum ad Alciati Epistolam contra vitam Monasticam, pag. 42. Confer etiam Nostrum Glossar. med. Græcit. voce Σφραγίς, col. 1500. et Τελείωσις, col. 1539.]

¶ **BAPTISSIO**, Baptismus. Index MS. beneficior. Eccl. et Diœc. Const. fol. 45. e Musæo D. *de Cangé* : *Percipiunt equis portionibus in ipsa parochia omnes grossas decimas et leguminum et totum altalagium, excepta pecunia oblata in Quadragesima et alias, et debita in confessionibus audiendis, visitatione infirmorum, et pro Baptissione.*

1. **BAPTISTERIUM**, Græcis idem quod *Piscina*, ut est apud Sidon. lib. 2. Epist. 2. [** Vide Forcellin. H. Stephan. Thesaur. Gr. ed. Didot. vol. 2. col. 111.] Recentioribus vero ædes vel locus in Ecclesia seu ædi sacræ adjunctus, in cujus medio erat fons, ubi baptizabantur Catechumeni. Eu-

cherius [et Glossar. MS. S. Germani a Pratis num. 501] : *Baptisterium*, *tinctorium*. *Baptisterii Basilica*, apud S. Ambros. Epist. 13. *Aula Baptismatis*, apud Fortunatum lib. 1. Poem. 15 :

Instaurata etiam sacri est Baptismatis aula,
Quo maculas veteres fons lavat unus aquis.

Adde lib. 2. Poem. 11.

Baptisteria vero non nisi in majoribus Ecclesiis et Parochialibus constituere fas erat, nedum vero in oratoriis privatis, ut est in Epistola Zachariæ PP. ad Pipinum cap. 15. Sed ea fere semper extructa erant seorsim a templis, iisque adjuncta, ut observare est ex Paulino Epist. 12. et Natali 10. Gregorio Turon. lib. 10. [Diurno Romano cap. 5. tit. 19. 20. 21.] et aliis sine numero.

Oratoria et altaria in Baptisteriis interdum extitisse, docemur ex iis quæ tradit Anastasius in S. Hilario PP. eumdem nempe Pontificem tria fecisse oratoria in Baptisterio Basilicæ Constantinianæ, S. Joannis Bapt. S. Joannis Evang. et S. Crucis; prætera in Baptisterio Lateranensi oratorium S. Stephani. Idem in S. Symmacho : *Ad fontem in Basilica B. Petri Apostoli oratorium S. Crucis ex argento*, *Confessionem et crucem ex auro, etc.* Quem quidem morem indicat etiam Paulinus Natali 10. ubi Baptisterium describit :

... Medio pietatis
Fonte nitet, mireque simul novat atque novatur.
Namque hodie bis eam geminata novatio comit,
Dum gemina Antistes gerit illic munera Christi,
In geminos adytum venerabile dedicat usus,
Castifico socians pia sacramenta lavacro.

Picturis variis adornata Baptisteria testatur idem Paulinus Epist. 12. Anastasius in Leone III. pag. 134 : *Ipsum vero baptisterium diversis in circuitu decoravit picturis.* Quibus autem adornari picturis solerent Baptisteria, belle describit Ægidius Monachus Aureæ vallis in Oberto Episc. Leod. cap. 18 :

Fontes fecit opere fabrili,
Arte vix comparabili,
Duodecim qui sustinent
Boves, typum gratiæ continent.
Materia est de mysterio,
Quod tractatur in baptisterio.
Hic baptizat Joannes Dominum,
Hic gentilem Petrus Cornelium,
Baptizatur Craton Philosophus,
Ad Joannem confluit populus.
Hoc quod fontes desuper operit,
Apostolos et Prophetas exerit.

Vide Sansovinum et Stringam in Venetia lib. 1. cap. 106. et quæ de Baptisterio Sophiano diximus in Descript. ædis Sophianæ n. 82. 83. [** Gloss. med. Græcit. col. 174. et voce Κολυμβήθρα, col. 687.]

Illud denique observatione dignum existimo : Florentiæ (ut et Pisis, Bononiæ, Parmæ, Urbe veteri, et alibi) in Italia e regione maximi templi Ecclesia est rotunda S. Joanni Baptistæ sacra; hanc *Baptisterium* appellant, tota et hæc marmorea, habens januas, quas æneæ valvæ operis egregii occludunt. In medio illius Ecclesiæ Baptisterium e marmore lucidissimo positum visitur, in quo Florentini omnes Baptismi lavacrum percipiunt, neque alibi quisquam præterquam in hoc Baptisterio aquis salutaribus tingitur. Quæ quidem adnotare libuit, tanquam veteris moris institutum, cùm olim in civitatibus in Ecclesiis tantum Cathedralibus, aut iis adjunctis Baptisteriis baptismus conferretur, in quibus etiamnum supersunt ejusmodi Baptisteria, tametsi nulli fere usui. Vide in hanc rem Panvinium de septem urbis Romæ basilicis, ubi de Baptisterio Lateranensi pag. 188. Nota sunt quæ de Baptisterio Sophiano observant Scriptores.

In Baptisteriis mortui sepeliri vetantur in Concilio Altisiodor. cap. 14.

Baptisterium, Ecclesia baptismalis, parochialis. Sidonius lib. 4. Epist. 15 : *Nam Baptisterium, quod olim fabricabamini, scribitis posse jam consecrari.* Synodus Romana ann. 853. cap. 40 : *Presbyteri vero qui in diversis locis, Baptisteriis, vel quibuscunque aliis sacris oratoriis ordinantur, etc.* Vita Garnerii Prepositi sancti Stephani Divionensis apud Perardum pag. 131 : *Est alia basilica...... de qua in prædicta B. Gregorii (Lingonensis Episcopi) Vita scriptum est, quod domus ejus Baptisterio adhærebat, ab officio baptizandi sic nominata, quod ibidem sæpius fiebat.* Occurrit sæpe in Charta Longobardica ann. 745. apud Ughellum in Episcopis Aretinis. *Ecclesia Baptisterii*, in Vita S. Aviti Episc. Viennensis n. 5 : *Hujus labore et industria Baptisterii Ecclesia musivo et marmore mirabiliter ornata, et pavimento venusti operis constructa, ipsumque Baptisterium cum aquæductu et ornatu suo, ad honorem Patriarcharum et Prophetarum, sanctique Joannis Baptistæ, quanta celeritate a fundamentis reædificata sit, etc.* Vide *Ecclesia Baptismalis. Domus Baptismalis*, apud Herimannum de Restaurat. S. Martini Tornacensis cap. 43 : *Domum illic Baptismatis in honore ipsius ædificavit, quo ad laudes divinas sacramentorum ministris celebrantibus populus Deo dignus posset confluere, et charismata divina percipere.*

Baptisterium, Aqua baptismatis, fontes ipsi. Liber Sacramentor. Gregorii M. : *Hic mittantur duo cerei intus in Baptisterio.* Ubi Ordo Romanus : *Hic deponitur benedictus cereus in fontem.*

Baptisterium, Baptismus ipse. Jo. de Janua : *Baptisterium..... dicitur tam pro baptismate, quam pro loco.* Ebo Remensis de Ministris : *Chorepiscopi ministerium est, in conficiendis divinis sacramentis, et Baptisterio, omnium intellectum aperiens excitare.* Vita Eusebii Episcopi Vercellensis : *Dum sacrum in mense Martio celebraretur Pascha, in cujus vigilia Papa memoratus sacra perageret, et sacratissimum celebraret Baptisterium, etc.* Capitul. Caroli C. tit. 40. cap. 1. [** Convent. Attiniacens. Pertz. vol. Leg. 1. pag. 622.] : *Sine illius licentia Missas et Baptisteria in eadem civitate præsumit celebrare.* Dudo libro 2. Actor Norman. de Rollone recens baptizato : *Dedit itaque Robertus prima die Baptisterii..... terram, etc.* Adde Epistolam Livonis Regis Armeniæ in Gestis Innoc. PP. III. pag. 127. et Bractonum lib. 3. tit. 2. cap. 21. § 2. etc. Le Roman *de la Prise de Hierusalem* MS. :

Sire, je croi mult bien la sainte Annoncion,
Et le saint Baptestire, et l'Incarnation.

Le Roman *de Rou et des Dus de Normandie* MS. :

Se Rou vouloit pour nous Chrestien devenir,
Bautestire recboivre, paiennime guerpir, etc.

Baptisterium. Ita Armeni festum Epiphaniæ appellant, quo die Christi Baptismus colitur, ut auctor est Willebrandus ab *Oldenborg* in Itinerario Terræ Sanctæ, ubi pluribus quomodo hanc festivitatem celebrarent, commemorat, pag. 137.

Baptisterium, Liber in quo ritus baptismi et orationes describuntur, vel certe Ordo ad baptizandum. Capitula Caroli M. de diversis rebus ann. 789. cap. 7. [** Pertz. vol. Leg. 1. pag. 68.] : *Ut audiant Episcopi Baptisterium Presbyterorum, ut secundum Romanum morem baptizent.* Capitula ejusdem apud *Saltz*, [** Capit. data Presbyt. ann. 803. cap. 3. Pertzio. pag. 124.] : *Ut* (Sacerdos) *signaculum et Baptisterium memoriter teneat.* Capitula Guilleberti Episcopi cap. 3 : *Ut unusquisque Baptisterium suum habeat, ut recte baptizare possit.* S. Bonifacius Mogunt. in capitul. cap. 16 : *Ut unusquisque Episcopus in sua parochia diligenter discutiat suos Presbyteros, et faciat ut illorum signacula et Baptisteria bene faciant, et edoceant Presbyteros quid in illo Baptisterio unumquodque verbum vel sententia per se significet.* Burchardus lib. 19. cap. 8 : *Discat.. . Psalterium, Lectionarium cum Evangeliis, sacramentorum librum, Baptisterium et computum cum Ciclo.* Ita etiam in Capitulis Ahytonis Episcopi Basiliensis cap. 6. In Pœnitentiali Egberti Archiep. Eborac. pag. 12. Vide Concil. Remense II. cap. 7. Bedam de Remediis peccator. cap. 1. etc. [** Melber. Vocabul. Prædicant.]

Baptisterium, Obventiones et reditus Sacerdotum ex Baptismis. Ch. Teotolonis Archiep. Turonensis ann. 93? : *De parochia scilicet ipsius Ecclesiæ seu Monasterii, de redditibusque ejus, hoc est, censu, Baptisterio, sepultura, etc.* Tabularium Conchense in Ruthenis Ch. 15 : *Et quartam partem de sepulturam et Baptisterium, et pœnitentiam, et sepulturam de ipsos homines et illas feminas, quæ de aliis parochiis pro amore Domini et sanctæ Fidis, ad istam Ecclesiam venerint.* Adde Ch. 83. [et Chartularium S. Sulpitii Bituric. fol. 22. ubi Evrardus concedit Eudoni Abb. S. Sulpitii, *Omne fevum Presbyterale intra et extra ecclesiam Nobiliacensem, hoc est, offerendam, sepulturam, Baptisterium, etc.* Vide Instrum. tomi 4. novæ Gall. Christ. col. 229.]

* 2. **BAPTISTERIUM.** Addit. ad Hist. Rolandini apud Murator. tom. 8. Script. Ital. pag. 377 : *Hoc anno 1260. in vigilia sancti Martini incepit Baptisterium in Padua.* Sed legendum, emendante ipso Muratorio tom. 6. Antiq. Ital. med. ævi col. 472 : *Batisterium* vel *Batimentum*, hoc est, flagellantium novitas. Sed et *Bactisterium* Itali dixerunt, ut videre est supra in hac voce. Vide infra *Battimentum.*

¶ **BAPTISTORIUM**, [* pro *Baptitorium*, Molendinum, quo panni tunduntur. Charta ann. 1427. tom. 1. Cod. Ital. diplom. col. 692 : *Cum piscariis, furnis, molendinis, Baptistoriis, aquis, etc.*] Vide *Batatorium.*

BAPTITURA. Vide *Martisia.*

1. **BAPTIZARE**, pro *Enuntiare, describere*, apud Masnerum, tit. 35. art. 29. Joan. Gallum quæst. 151. et alios nostri ævi Practicos. *Baptizer*, hac notione occurrit in Consuetud. Labourtensi tit. 9. art. 19. tit. 12. art. 10. et Solensi tit. 27. art. 26.

* 2. **BAPTIZARE**, Nominare, vocare,

nostris etiam *Baptiser*, eadem notione, quia in baptismo nomen inditur. Convent. civit. Saonæ pag. 54 : *Et ulterius compellunt dictos homines ad solvendum denarios sex pro singulo barrile toninarum : et hoc Baptizant pro pondere, licet nullum pondus fiat, nec solvi soleat, nec debeat.*

* **BAPTIZATI** dicti potissimum, qui a Judaica vel Mahumetana superstitione ad fidem Christi convertebantur. Arest. ann. 1260. in Reg. *Olim* parlam. Paris. : *Placuit domino regi, quod major Silvanectensis,.... ac alii majores bonarum villarum, habeant justitiam de Baptizatis in villis suis manentibus, quando delinquunt.* Lit. remiss. ann. 1350. in Reg. 80. Chartoph. reg. ch. 590 : *Raymundus Amffocii de Bellicadro, de stipite Baptizatorum, adductorum jam dudum de partibus Ultramarinis per sanctæ memoriæ dominum nostrum Ludovicum, quondam regem Francorum.* Vide in *Conversio*. Confer *Alba*, 4. *Illuminare*, 1. et *Clinici*.

¶ **BAPTIZATOR**, Qui baptizat, tingit. S. Bern. Epist. 403. Edit. 1690. et Acta SS. Julii tom. 2. pag. 625.

BAPTIZATORIUM, *Baptisterium*, Ugutioni.

* **BAPTIZATUS**, Filiolus, e fonte baptismatis susceptus; nisi eo sensu intelligas, quo jam in *Baptizati*. Testam. Guillelmi monetarii ann. 1213. ex Cod. reg. 5255 : *Denique affranquischo et penitus liberum ab omni servitute facio ad quinque annos post finem meum, videlicet Petrum de Molino Baptizatum meum.*

* Haud scio an huc spectet vox *Baptizoere*, vestemque albam baptisatorum aut chrismale significet, in Lit. remiss. ann. 1452. ex Reg. 181. Chartoph. reg. ch. 166 : *Une piece de toille contenant trois aulnes, pour faire Baptizoeres.*

* **BAQUALARIUS**, pro *Baccalarius*, in Annal. Victor. MSS. ad ann. 1305. Vide *Baccalarii* 2.

* **BAQUELARIUS**. Vide supra in *Baccalarii* 1.

¶ **BAQUELLARIUS**, pro *Baccalaureus*. *Baquellarius in Legibus*, in Maceriis Insulæ Barbaræ tom. 2. pag. 673.

* **BAQUERIUS**, Qui *baccum* curat et regit. Locus est in *Baccus*. *Basquier*, eadem notione, in Lit. remiss. ann. 1398. ex Reg. 153. Chartoph. reg. ch. 431 : *Blanchet osta audit varlet du Basquier ses advirons, etc.* Vide infra *Barquerius*.

* **BAQUETUS**, a vulgari *Baquet*, Cupa, labrum. Charta ann. 1392. ex Tabul. Massil. : *Alia instrumenta in quodam Baqueto, in quo sunt plura, etc. Baquet* vero, pro Exiguus, exilis, Gall. *Petit, menu*, vox contemptus, in Lit. remiss. ann. 1404. ex Reg. 158. Chartoph. reg. ch. 421 : *Ainsy comme le suppliant et son compagnon se jouoient l'un avecques l'autre, et que chascun d'eulx avoit son arc en sa main, ledit Toulifault cria, Baquet, audit Jehannin de Villiers; sur quoy icellui de Villiers par maniere d'esbatement lui tray une saiette defferrée.*

¶ 1. **BARA**, Mola olearia. Papias MS. : *Beth sive Bara, Mola olearia.*

¶ 2. **BARA**, Lectica, Feretrum, Italis *Barra*. Vita S. Bernardini Senensis tom. 5. Maii pag. 285 : *Tribus annis jacuerat paralytica, infirmitate obsessa adeo, quod modo aliquo surgere non valens, delata fuit in quadam capsa seu Bara equo.* Memoriale Potestatum Regiensium ad ann. 1275. apud Murator. tom. 8. col. 1138. B. : *Et portati fuerunt quilibet in una capsa; et primi duo scilicet dominus Johannes et Prinzivallus sepulti fuerunt ad locum Fratrum prædicatorum, quilibet in sepultura sua; et positi fuerunt in Bara, quilibet in sua, ad Ecclesiam S. Barnabei extra portam S. Petri.* [** A Germ. *Bâra*, hodie *Bahre*. Vide Graff. Thes. vol. 3. col. 150.]

* Stat. confratriæ S. Affrodisii ann. 1393. in Reg. 145. Chartoph. reg. ch. 313 : *Ponantur duo cerei juxta tumulum sive Baram, supra quam ponatur pannus aureus dictæ confratriæ..... Fiat absolutio juxta dictum tumulum sive Betam.* Ubi leg. *Baram*. Vide infra in *Barra* et *Bera* 3.

¶ 3. **BARA**, Fluctus, unda. Index onomast. tomi 1. SS. Aprilis.

¶ 4. **BARA**, Qui fidem datam non servat. Sic in Usaticis Barcinon. dicitur a quodam *Bera* seu *Bara* Comite Barcinonensi, qui fidem datam Ludovico Pio Imp. violaverat. Vide Marc. Hispan. lib. 3.

* **BARACA**, Casula, tuguriolum, Hispan. *Barraca*, nostris *Baraque*. Charta ann. 1381. ex Tabul. Massil. : *Pro equitibus missis per nos pridie ad castrum de Pennis, pro comburendo Baracas..... illic sistentes.* [** Est vox Arabica, quæ denotat Tentorium. Adel. Vide Muratorii Antiq. Ital. vol. 2. col. 1148.]

* **BARACHA**, Eadem notione. Assignat. dotalit. Joan. reginæ Franc. ann. 1319. in Reg. 60. Chartoph. reg. ch. 69 : *Item pro Barachis novis ejusdem forestæ* (de Vernone) *quinquaginta solidos.*

¶ **BARAGINES**. Vide *Barginna*.

* **BARAGNUS**, *Peregrino, e forestero*, in Glossar. Lat. Ital. MS. Vide *Barginna*. *Baregnon*, Pera viatoria, in Chron. MS. Bertrandi Guesclini :

> A l'escuier revint, si lui donna grant don,
> Et lui chargea un brief dedans son Baregnon,
> Et puis le renvoia au roy de Montlaon.

BARAHU. Tabularium Prioratus de Paredo in Ducatu Burgundiæ pag. 8 : *Accepitque unum equum, et 30. solid. et unam vanam, et unum Barahu.*

* f. Pugio : vox Germanicæ originis, ut notant Academ. Hispan. in Diction. ad v. *Barahustador*.

* **BARALCATA**, Præstationis species, quæ in cera exsolvitur. Inventar. bonor. Raym. de Villanova MS. ann. 1449 : *Sequuntur Baralcatæ, quæ tenentur facere dicti homines quolibet in festo Paschatis, videlicet libras ceræ v.* Vide *Cerarius*.

* **BARALIA**, Repagulum, clathrus, Comput. MS. fabr. S. Petri Insul. ann. 1493 : *Item pro reparatione unius Baraliæ antiquæ, vij. sol.* Vide in *Barra*.

BARALIO, Calcei species, qua Hispani rustici olim utebantur. Lucas Tudensis æra 1065 : *Fecit sibi et suis militibus de coriis crudis, et ligneis viminibus, rusticorum more, calceamenta quæ vulgariter Avarcas et Baraliones vocant.*

¶ **BARALLUS** Vini. Regestum *Probus* fol. 35 : *Johannes Bassius tenet de Comite 12. fossor. vineæ, et debet inde tres Barallos Vini et talliam.* Ibidem passim occurrit. In quibusdam Neustriæ partibus major quædam cadi species dicitur *Baraut*, Gall. *Gros Baril*. Belli-joci *Baralis vini* valet semiasinatam; asinata autem octo *quartas* seu 96. *potos*.

* Cadus, mensuræ species, Provincialibus *Baral* vel *Barau*. Charta ann. 1270. in Hist. Lugdun. pag. 13. col. 1 : *Item Petrus Fabri de S. Cirico posuit in domo Johannis de Rhodano xiiij. asinatas vini puri et unum Barallum. Barail*, in Lit. remiss. ann. 1455. ex Reg. 183. Chartoph. reg. ch. 53 : *Icelle femme vendit ladite guesde moyennant la somme de xvj. solz chacun Barail, mesure de S. Quentin.* Vide *Barrale*.

¶ **BARANCA**, Idem quod mox *Baratum* vel *Baratiria*, Fraus in contractibus, f. mendose; mendis enim scatet exemplar unde editum est Testamentum Bernardi Comitis Armaniaci ann. 1302. apud Marten. tom. 1. Collect. Ampliss. col. 1408 : *Et si qui sint, cum quibus notum sit, quod fieri habuerimus Barancas aliquas, et dicant nos in aliquo debito obligatos esse, volumus quod eis simplici juramento credatur, si forte alias probationes habere non possint.*

* **BARANGII** milites, Qui fuerint in aula imperatorum Constantinopolitanorum, vide in Βάραγγοι Glossar. med. Græcit.

¶ **BARARE**, Decipere. Vita B. Sibyllinæ tom. 3. Martii pag. 68 : *Ergone sic, B. Dominice, Barasti me? numquid non illusisti mihi?* Apud Borellum *Barater, Tromper :*

> Et loix apprennent tricherie,
> Baratent le siecle, et engignent,
> Ils ne compassent pas ne lignent
> Leur vivre si comme ils devroient,
> Et com ils és escrits le voyent.

Vide mox *Baratria* in *Baratum*.

* **BARATA**, Baratta, Permutatio, Gall. *Echange, emprunt*. Charta ann. 1286. ex Tabul. Flamar. : *Ipse Geraldus de Sentis, retroactis temporibus, eisdem mutuaverat.... cclviij. solidos Morlenses in pecunia numerata, ad persolvendum debita et Baratas, quæ et quas ipsi debebant Judeis et aliis personis.* Statuta Montis-reg. pag. 119 : *Quilibet filius familias..... teneatur et debeat solvere sibi mutuantibus, et tenere firmas, et adimplere emptiones, venditiones, permutationes sive Baratas, et quoscunque alios contractus.* Stat. civit. Astæ, ubi de reva bestiar. : *Si contingat fieri aliquas permutationes, Barattas sive cambia, etc.* Vide in *Baratum*.

¶ 1. **BARATARE**, Permutare. Statuta Massil. pag. 143 : *Teneantur dicti corraterii sui officii sacramento non vendere, nec vendi facere, nec Baratare aliqua avera incamerata, et si alicubi in Massilia talia avera sic incamerata sciverint, teneantur hæc manifestare illis duobus probis hominibus, qui erunt constituti a Communi Massiliæ super averis incameratis.* Vide *Baratum*.

* Stat. Montis-reg. pag. 302 : *Quod si aliqua persona de Monte-regali vel posse vendiderit vel Barataverit aliquam seu aliquas de suprascriptis bestiis alicui extraneo, etc.* Nostris *Bareter*, eadem notione. Lit. remiss. ann. 1453. in Reg. 184. Chartoph. reg. ch. 385 : *Jehan Coffrier demanda au suppliant s'il avoit que vendre ou Bareter à lui.* Et *Barter*, in aliis ann. 1446. ex Reg. 178. ch. 38 : *Le suppliant print une macque escantellée qu'il Barta et eschanga à ung arc.* Sed leg. forte est, *Bareta*

* 2. **BARATARE**, Fallere, decipere, Italis *Barattare*. Stat. crimin. Saonæ cap. 37. pag. 79 : *Quia interdum in civitate Saonæ et districtu se reducunt personæ malæ et suspectæ, ut puta ludentes cum falsis dariis* (deciis) *et aliis malis ludis Baratantes, etc.* Vide *Barataria* in *Baratum* et *Barrare* 3.

* 3. **BARATARE**, Disperdere, dissipare, dilapidare, quo etiam sensu Itali *Barattare* vel *Sbaratare* usurpant. Statuta Pallav. lib. 1. cap. 25. pag. 29 : *Item de fructibus et frugibus atque fetibus rerum, de quibus quæstio in judicio fiat, et juret actor se baratatione vel dilapidatione timere,.... seu saximentum fiat de re conservanda et non Baratanda, et de stando juri et judicato solvendo, etc.*

¶ 1. **BARATARIA**, Baraterius, etc. Vide in *Baratum*.

* 2. **BARATARIA**, Barratabia, Consessus, societas ludentium, aleatorium; sic dictum quod ibi fraus sæpissime exercetur. Stat. crimin. Cumanæ cap. 187. ex Cod. reg. 4622. fol. 105. v°. : *Non fiat nec teneatur aliqua Barataria ludi taxillorum..... in aliquibus contratis, nec parochiis, nec domibus civitatis et confiniorum Cumarum per aliquos stipendiarios, baraterios, arnoldos, etc.* Occurrit præterea in Stat. Placent. lib. 5. fol. 55. v°. Stat. Mantuæ lib. 1. cap. 113. ex Cod reg. 4620 : *Extra quæ loca non possit conductor Barratariæ, nec aliquis ejus officialis alicui dare licentiam ludendi ad azarum, seu ad alium ludum prohibitum.* Vide infra *Basclacia*.

* 3. **BARATARIA**, Vox maxime inter negotiatores marinos usurpata, qua fraus, dolus, fallacia quæ in mercibus fieri potest, designatur, *Baratterie*, in Ordinat. marit. ann. 1681. *Baretée*, in Reg. visitat. Odonis archiep. Rotomag. ex Cod. reg. 1245. fol. 11. r°. : *Presbyter de Bellavilla habetuaves in mari, et est infamatus de Baretee.* Stat. Genuens. lib. 4. cap. 17. pag. 123 : *Assecuratores non teneantur de Barataria patroni navigii, nisi aliter factum fuisset.* Vide infra *Barattaria* 1.

* **BARATATIO**, Dissipatio, dilapidatio. Vide supra *Baratare* 3.

* **BARATERII**, Calones, ganeones; vox generica, qua, apud Italos præcipue, vilissimi quique homines, ut *Ribaldi* voce apud nos, significantur. Hist. Cortus. lib. 2. apud Murator. tom. 12. Script. Ital. col. 795 : *Continue eos insequentes lanciferi, Baraterii, et aliqui in acie non erant compositi, prosternatos confundentes et exspoliantes, etc.* Stat. Cadubrii lib. 3. cap. 25 : *Intelligantur Baraterii seu ribaldi, qui tribus vicibus, vel ab inde supra, super tavolerium in terrula se spoliaverant.* Vide in *Baratum*.

¶ **BARATICUS**, pro *Barathricus*, Ex barathro, seu abysso. Concil. Mexicanum ann. 1585. tom. 4. Concil. Hispan pag. 382 : *In quibus ab incognitis sæculis Astaroth, Bel, Baal, Dagon et reliquæ Baraticæ ferinæ spurcitiæ colebantur.*

* **BARATOR**, pro *Baratator*, ut vult Cangius in *Baratum*, rursum tamen occurrit hæc vox apud Theod. a *Niem* in vita Joan. PP. XXIII : *Certe a scortis etiam et Baratoribus, scilicet lusoribus taxillorum, neonon fœneratoribus, etc.*

* 1. **BARATTARIA**, ut *Barataria* 2. Fraus, dolus, qui fit in contractibus vel venditionibus. Chron. Pet. Azarii ad ann. 1357. apud Murator. tom. 16. Script. Ital. col. 338 : *Quum homines non auderent conqueri de infinitis extorsionibus et Barattariis factis per universos de familia ipsius domini Johannis, etc.* Vide in *Baratum*.

* 2. **BARATTARIA**, f. Locus, ubi merces fraudis suspectæ, aut permutandæ reponuntur, vel Mensa nummularia. Inquisit. ann. 1371. in Access. ad Hist. Cassin. part. 1. pag. 428. col. 1 : *Item dictum officium* (cellararii) *habet in dicto castro* (Aquæfundatæ) *plateam et Barattariam.* Pag. 431. col. 1 : *Officium supradictum debet habere in dicto foro logiam unam, in qua sunt pondera et Barattaria. Baraterie*, Permutatio, Gall. *Echange*, in Lit. remiss. ann. 1405. ex Reg. 160. Chartoph. reg. ch. 201 : *On n'auroit mie en un an une pinte de vin davantage de vos changes, ne de vos Barateries.* Haud scio an inde accersenda cujusdam festi S. Firmini apud Ambianenses appellatio, quia in ea nimirum habebantur nundinæ, in quibus permutationes fieri solent. Lit. remiss. ann. 1406. ibid. ch. 432 : *Environ la saint Fremin, que on dit à Amiens la S. Fremin au Barat.* An deducenda a *Baratum*, 2?

1. **BARATUM**, Italis *Baratto*, Permutatio, unde *Barattare*, *Cambiar una cosa ad un' altra*, permutare, Hispanis *Baratar*, Vasconibus *Barataze*. Charta ann. 1247. in Regesto Comitum Tolosæ fol. 48 : *Vel pro aliquibus debitis, vel Baratis vel firmantiis, de quibus ipsi tenentur.* Alia ann. 1235. ibid. : *Durandus de S. Borcio et Durandus ejus filius solverunt Raimundum Comitem Tolosæ de omni hoc quod ipsi ei poterant petere vel acquirere, pro debitis et Baratis Vicariæ Tolosæ, vel pro aliis debitis et Baratis.* Curia Generalis Catalaniæ sub Petro II. Rege Arag. ann. 1283. MS. : *Quod nos nec Officiales nostri non compellamus Christianum solvere usuras Christiano, ... ita tamen quod de Baratis hoc non intelligatur.* [** Constit. lib. 4. tit. 20. const. 2.] Alia Curia Jacobi II. Regis ann. 1291 : *Judæus non possit mutuare nec audeat facere aliquem contractum vel Baratam de blado vel oleo vel safrano, etc.* [** Constit. superfl. lib. 4. tit. 6. const. 3. Permutationem fingebant ut hoc nomine usuræ darentur, quod liquide patet ex constit. Petri II. supra laudata, ubi in Catalon. additur. *perço quels Barons e los cavallers pugan trobar a manllevar ; o encara a prestar.* Usuræ enim ibi sunt usuræ nimiæ et non legitimæ. Vide Raynouard. Glossar. Rom. vol. 1. pag. 183. voce *Barataria*, 4.]

¶ Barata, Eadem notione. Instrum ann. 1254. ex Cod. MS. Musæi D. *Brunet* fol. 61. recto : *Item pro Instrumento Barate, mutui depositi, confessionis alicujus summe a 100. sol. et infra ponendo in Cartulario* 3. *den.*

Barataria, Fraus, dolus, qui fit in contractibus vel venditionibus; *Baratario*, Occitanis; *Baratteria*, Italis, et Joanni Villaneo lib. 7. cap. 147. lib. 8. cap. 95. lib. 9. cap. 303. lib. 12. cap. 57. Gloss. Lat. Gall. : *Dolus, Baraz, Tricherie. Dolosus, Bareterres.* [Armoricis *Barat* vel *Barad*, Fraus, proditio; *Barater*, Proditor.] Occurrit in Statutis Romæ lib. 1. cap. 16. 44. 46. 97. lib. 2. cap. 87. [*Baras* eodem sensu in Chartulario S. Vandreg. tom. 1. pag. 1022 : *Faites, Baras, dilations, etc.* et apud Marten. de Divinis Officiis antiquæ Ecclesiæ, ex quadam confessione generali Gallice scripta : *J'ai péché en avarice, en rapine.... en meconter, en acquerir trop ardenment richesses et faulses marchandises, par Baral, par fallaces, par subtilitez et deloyautez, en disant mensonges.*] Vide *Barataria*, 3.

¶ Barata, Eadem notione. Statuta Ecclesiæ Cadurcensis, etc. apud Marten. tom. 4. Anecd. col. 697 : *Circa burgenses et mercatores et ministrales interroget Sacerdos de rapinis, de usura, de pignoribus in fraudem usurarum factis, de Baratis, de falsis venditionibus et mendosis.* Statuta Augerii Episc. Conseran. MSS. sec. 13 : *Nullus Baratas ac lucra inhonesta, ad cujuslibet generis fœnus exerceat.* Infra : *Usurarii et Baratas ac alia inhonesta lucra prohibita exercentes ad restitutionem teneantur.*

Barateria, apud Hortensium Cavalcanum in tract. de Brachio Regio, parte 5. num. 6. *dicitur, quando judex aliquid petit indebitum, ut justitiam faciat.* Apud eumdem

Baraterii sunt *qui prætorium nimis frequentant*, nostris, *Chicaneurs*, vitilitigatores; unde elicimus *Barati* etymon accersi posse a *barris*, de quibus suo loco, seu litium judiciariis instructionibus et præparationibus; in quibus ut plurimum dolus et artificiosæ fraudes miscentur. Italis *Barattieri* dicuntur, qui ex sordido lucro vitam agunt, vel qui judices pecunia corrumpunt, atque adeo ipsi judices corrupti.

¶ Baraterii, Notione nonnihil diversa Errones, mendici, pauperes vagi. Hist. Dalphin. tom. 2. pag. 406. col. 1 : *Et quod in dandis elemosynis non solum quantitas consideranda est, sed etiam qualitas et indigentia personarum, declarando præcipimus, ut semper pauperes magis indigentes, et minime trutani et Baraterii ad ipsam elemosynam admittantur.*

Baratator, Impostor, deceptor; Italis *Baratiere, che fa baratteria.* Apud Matthæum Paris ann. 1239. legimus Fridericum Imperat. accusatum, quod diceret *tres Baratatores fuisse in mundo, Moysem, Christum, et Mahometem.* Ex quo reponendum in M. Chron Belgico, ubi eam rem ex Alberico refert, *Baratatores* pro *Baratores*. [** Apud Albericum Leibnit. pag. 568. est *Baratores*. Vide supra hanc vocem suo loco.] Ut πλάνον, Christum insimulatum a Gentilibus, notum ex Eusebio lib. 3. de Præparat. Evangel. cap. 3. pag. 67. Edit. Rob. Steph. quos ille pluribus et validis argumentis refellit. Vita Clementis VI. PP. : *Fuit quidam rusticus Baratator in Marchia Brandeburgensi, qui aliquandiu se asseruit et simulavit Valdemarum Marchionem dictæ Marchiæ, qui diu ante mortuus fuerat. Barateur*, in Chron. Flandr. cap. 18. Rob. Gaguinus in Poem. *le Passetemps de l'oisiveté*, scripto ann. 1489. de dæmone :

Car il est menteur et parjure,
Grant Barateur, et non creable.

Baratadores *e engañadores*, in Legibus Alfonsinis part. 7. tit. 16. leg. 9.

Barretores, apud Littletonem sect. 701. Angl. *a Barretour* appellantur vitilitigatores, litium querelarumque communium fautores; *Barectatores*, Jo. Cowello lib. 4. Instit. tit. 18. § 52. Vide Guid. Papæ quæst. 210. *Bareter*, Fallere in Consuetud. Hannoniensi pag. 98. art. 2. *Barratare*, Italis. Hinc etiam vox

DEBARETER, pro Fallere, vel in prælio devincere, superare. Chron. Monspeliense MS. ann. 1250 : *Prés lo Rei de fransa, et en quel an me en fou Debaratas a Massora.* Idem ann. 1285 : *Et en aquel an meteis il meis de Setembre foron Desbaratadas 25. galeas del Rei de Fransa, etc.* Et anno 1287 : *Et foron tug Desbaratat en un loc, que s'apela la Gostare.* Guillelmus *Guiart:*

Més tousiours sont de champ gettez,
Desconfis et Desbaretez.

Idem ann. 1270 :

Un jour pour les Desbareter
Vindrent Sarazins paleter.

Et ann. 1304 :

Pensent au traire et au geter,
Pour les François Desbareter.

Raimundus Montanerius in Chron. Regum Aragon. cap. 135 : *L'almirall en Roger de Luria los bach tots Desbarats, etc.* [** Vide Raynouard. Glossar. Roman. vol. 1. pag. 184. num. 9. et 10.]

* 2. **BARATUM,** *Fossatum*, vallum, fossa, quod *barris* seu repagulis muniatur sic dictum. Charta ann. 1275. in Reg. feud. Aquit. sign. JJ. rubr. ex Cam. Comput. Paris. fol. 50. v. : *Concessit... totam illam plateam et solum, quod est in capite ruæ orbæ,..... exceptis duabus ulnis a dicto muro exterius ex parte Barati seu fossati, pro camino seu via faciendum.* [** f. *Barathrum*.]

* 3. **BARATUM,** Scheda accepti et expensi, Gall. *Arrété*, ut videtur. Charta ann. 1438. inter Probat. tom. 3. Hist. Nem. pag. 260. col. 1 : *Fuerunt restituta dictis poteriis sequentia. Primo duæ pitalfæ... summa istius Barati xiij. poti.* Hisp. *Barato*, Merx, quæ parvo vel minimo pretio prostat, quod ad rem pertinet.

¶ **BARATUS** ARGENTO, Tæniis argenteis distinctus, Gall. *Barré*. Capitulum General. S. Victoris Massil. ann. 1294 : *Statuimus ut nullus monachus zonam de cerico audeat portare, nec corio Barato Argento, nec alio metallo inhonesto.* Vide *Barratus*.

* **BARAYRERIUS.** Monstra ann. 1339. inter Probat. tom. 4. Hist. Occit. col. 182 : *D. Augerius de Malavicina miles Barayrerius cum equo liardo, etc.* Occurrit ibi non semel; attamen legendum opinor *Banayrerius*. Vide in *Bannereti*.

1. **BARBA**, *Barbam tangere*, seu primam lanuginem incidere, de quo more apud paganos et Christianos copiose egimus ad Joinvillam Dissert. 22. pag. 273. Collectio historica quam H. Canisius Anonymi nomine publicavit tom. 2. Antiq. lect. lib. 3. cap. 10 : *Ut Alaricus Barbam tangeret Clodovei effectus patrinus, etc.* [Roricon. lib. 4. apud Duchesnium tom. 1. pag. 812 : *Ut in tondenda Barba Clodovei patrinus ejus efficeretur Alaricus.*] Adde Aimoin. lib. 1. cap. 20. et vide Frisclinum et Henricum Stephanum ad Callimachum Hymno in Dianam versu 298. Turneb. lib. 7. Advers. cap. 14. Lipsium ad 14. Annalium Taciti pag. 454. Commentatores Petronii et Martialis lib. 1. Epigr. 32. lib. 9. Epigr. 17. 18. Adrianum Valesium ad Paneg. Berengar. et alios Criticorum filios. [** Confer Grimm. Antiq. Juris pag. 147.]

* Monachi in radendo barbam, aqua herbis aromaticis imbuta utebantur. Consuet. monast. S. Crucis Burdegal. MSS. ante ann. 1305 : *Hortum, qui est juxta infirmitorium et refectorium juxta dictum claustrum, debent gubernare monachi parvi seu juveniles, et debent tenere garnitum de romaris, de salvia, de majoracis, de bazalis, de menta et de ruta, ut monachi, tam sani quam infirmi, possint exinde recipere pro ponendo in aqua, quando vult radi.*

HONESTA BARBA, sic appellatus Balduinus IV. Comes Flandriæ in Charta Roberti Regis Franc. ann. 1023. quam subscribit, in Probat. Hist. Monmorenc. pag. 13.

BARBA FALSA. Curia Generalis Catalaniæ celebrata ann. 1351. sub Petro III Rege Aragon. : *Ne quis Barbam falsam, seu fictam audeat deferre vel fabricare.* [** Constit. lib. 9. tit. 7. const. 2.]

PER BARBAM AUT CAPILLOS TRAHERE, in Lege Longobard. lib. 1. tit. 6. § 4. [** Rothar. 386.] et lib. 2. Feud. tit. 27. injuriæ majoris species.

BARBÆ BENEDICTIO. Ademarus Cabanensis apud Beslium, pag. 328. de Jordano Episcopo Lemovicensi : *Inde ad tumulum S. Martialis Missam audivit, et juxta Monasterium eo die regulariter hospitatus est. Crastino Barbam Benedici jubet et detondi, et sic ad sedem S. Martialis in aula S. Stephani Jordanum duxerunt, et cum baculo pastorali ibi cum gratis honore Pontificatus vestivit.* Editio Labbei paulo differt : *Die crastino Barbam Electo Benedici jubet ac detondi, etc.* quia scilicet

BARBAM radere, Sacerdotibus ac Clericis Latinis solemne, contra quam Græcis. Gregorius VII. PP. lib. 8. Epist. 10 : *Scilicet, ut quemadmodum totius Occidentalis Ecclesiæ Clerus ab ipsis fidei Christianæ primordiis Barbam radendi morem tenuit, ita et ipse frater vester Archiepiscopus raderet.* Vide Æneam Parisiensem lib. adversus Græcos quæst. 5. et quæ adnotamus ad Alexiadem pag. 283.

☞ Ita et apud Monachos solemnis barbæ tonsio, cum habitum scilicet Monachicum induebant, *Benedictio Barbæ* vocabatur. Vide Bernardum Mon. in Ord. Cluniac. part. 1. cap. 59.

BARBAM DEO CONSECRABANT, qui eam ponebant Monachi effecti. Vide Vitam S. Willelmi Ducis cap. 23. Edit. Mabillonii.

¶ BARBÆ PILOS Chartis cum sigillo apponebant, quo eas sacratiores firmioresque redderent. Charta ann. 1121. apud Stephanot. tom. 16. Fragm. Hist. pag. 337 : *Quod ut ratum et stabile perseveret in posterum, præsenti scripto sigilli mei robur apposui cum tribus pilis barbæ meæ.* Vide *Pillum*.

BARBÆ RASIO, præcipua apud Francos injuria habebatur. Vide Gesta Dagoberti Regis Franc. cap. 6. 35. Reginonem ann. 546. etc. Ita apud Græcos Byzantinos. Willelmus Tyrius lib. 11. cap. 11 : *Mos est Orientalibus, tam Græcis quam aliis nationibus, barbam tota cura et omni sollicitudine nutrire, pro summoque probro et majori quæ unquam irrogari possit ignominia, reputare, si vel unus pilus quocunque sibi casu de Barba cum injuria detrahatur.* Vide Paulum Jovium in Elogio Francisci Philelphi, et Gobelinum Personam in Cosmodromio pag. 266.

BARBAM HYPOTHECARE. Vide Ibidem Tyrium.

* BARBA, pro Gena, vel mentum ubi crescit barba. Acta S. Parid. tom. 2. Aug. pag. 77. col. 1 : *Cum autem ad aures cujusdam mulieris,.... quæ in ore simul et Barba morbum patiebatur, etc.* Hinc *Barbouchet*, *Barbouquet* et *Barbuquet* nostris, dicitur alapa seu actio, qua alicui mentum in contumeliam extollitur et agitatur, ita ut dentes concrepent ; f. a Gall. *Barbe* et *Hocher*. Lit. remiss. ann. 1398. in Reg. 154. Chartoph. reg. ch. 7 : *Icellui Louvigny haussa le menton audit Regnaud, et lui fist le Barbouchet, en lui disant qu'ilz estoient mauvais garçons.* Aliæ ann. 1406. ex Reg. 161. ch. 68 : *Lui donna un Barbouquet.* Taxat. emendar. in Scacar. Rotomag. ann. 1406. ubi de div. injur. modis : *D'un Barbuquet est deu cinq solz, trois deniers. Parbouquet*, eadem notione, in Lit. remiss. ann. 1359. ex Reg. 90. ch. 330 : *Icellui Pierre feri ledit Robert un petit cop de la main souz le menton, lequel cop est appellé au païs Parbouquet.* Aliæ ann. 1406. in Reg. 160. ch. 398 : *Comme icelle femme eust donné par maniere d'esbatement sur le visaige dudit Rotro une buffe, ditte selon le langaige du païs un Parbouquet.* Eodem sensu, sed alia origine *Croisbet* et *Soubzbriquet* usurparunt etiam nostri. Lit. remiss. ann. 1398. in Reg. 154. ch. 62 : *Machery fery le suppliant par le menton et lui fist le Croisbet.* Aliæ ann. 1416. ex Reg. 169. ch. 455 : *Jehan Breteau frappa le suppliant une fois ou deux de la main parmi le visage, en lui faisant le Croisbet moult rudement.* Lit. remiss. ann. 1355. in Reg. 84. ch. 390 : *Idem barbitonsor præfatum exponentem percussit super mentonem, faciendo dictum le Soubriquet.* Aliæ ann 1398. in Reg. 153. ch. 445 : *Le suppliant donna audit Michiel deux petits coups, appellez Soubzbriquez, des dois de la main soubz le menton.* Alia rursus origine id contumeliæ genus dictum *Cireau*, *Sireau*, *Sisiau* et *Sizeau*. Lit. remiss. ann. 1399. in Reg. 154. ch. 506 : *Icellui Despaigne.... dist au suppliant.... qu'il lui faisoit Sireau et ne le doubtoit de riens.* Aliæ ann. 1409. in Reg. 163. ch. 379 : *Icellui Hoquemare dist au suppliant, vela pour tout ce que tu en pourras faire, en lui faisant le Sisiau. Ciriau*, in aliis ann. 1406. ex Reg. 160. ch. 13. Aliæ ann. 1401. in Reg. 161. ch. 31 : *Icellui Jehan... fist au suppliant le Cireau ou visage par plusieurs foiz.* Denique aliæ ann. 1415. in Reg. 169. ch. 200 : *Lequel Lenfant vint donner à icellui Henryot soubz le menton de sa main par maniere de Sizeau.*

* *Barbe Joulle*, Lanugo, vulgo *Poil follet*, in Glossar. Gall. Lat. ex Cod. reg. 7684. *En barbe*, pro Coram, vulgo *En face*; quo sensu *Barba à barba* dicunt Hispani. Lit. remiss. ann. 1475. in Reg. 195. ch. 1350 : *Icellui Estienne dist au suppliant : Tu m'as appellé gaudisseur, avant qu'il soit une heure je te verrai en Barbe.*

BARBA, in falcone, sunt *plumæ inferiores, quæ videntur quasi pili, et sunt inter locum rostri, qui cera dicitur, et oculos*, apud Fridericum II. Imp. lib. 2. de Venat. cap. 48.

2. **BARBA**, Patruus. Vide *Barbanus*.

* 3. **BARBA**. *Caballus de Barba*, nostris *Cheval barbe*, Equus Punicus. Charta ann. 1076. ex Tabul. Aquens. : *Suscepimus de ipsa terra sexaginta solidatas in caballo de Barba*. Vide infra *Barbanus* 3.

* **BARBACA**, Navis mercatoria. Charta Phil. VI. reg. Franc. ann. 1337, ex Bibl. reg. cot. 15 : *In dicto portu nostro plura ligna, Barbacas, et alia navigia mercaturis pluribus onerata ceperant.* Sed legendum opinor *Barcas*. Vide in hac voce.

BARBACANA, Propugnaculum exterius, quo oppidum aut castrum, præsertim vero eorum portæ aut muri muniuntur : unde *Antemurale, promurale, et murus exterior*, non semel appellatur, cujus vocis originem plerique ab Arabibus accersendam putant. Academici Cruscani : *Barbacane, parte di muraglia che si fa da bassà o scarpa per sicurezza è fortezza*. [Charta ann. 1163. ex libro viridi Episc. Massil. pag. 11 : *Rocham barbaram claudere poterit vallis et Barbacanis de lapidibus cum calse et arena.* Chron. Pisanum apud Murator. tom. 6. col. 104 : *Juxta quod erant Barbacanæ magnæ latitudinis et profundæ altitudinis, quas lignis impleverunt et castella superduxerunt.* Charta ann. 1494. ex Arch. S. Victoris Massil. : *Valatum sive fossatum, cum Barbacana sive avantbariis civitatis, etc.*] Monachus Altisiod. ann. 1201 : *Murique tam alti quam solidi, præter antemuralia quædam, quæ Barbacanas vocant, ... sunt dejecti.* Guillelmus Armoricus de Gestis Philippi ann. 1203 : *In partes Rotomagicas est reversus, et cepit per vim fortericiam, quam vulgus Barbam canam vocat, quæ erat firmata in capite pontis Rotomagicæ civitatis.* Monachus Vallis Sarn. cap. 62 : *Abstulerunt eis in unius horæ spatio tres fortissimas Barbacanas.* Adde cap. 63. 79. Charta Petri Regni Majoricarum Domini ann. 1232 : *Qui affrontat... a meridie cum antemurali, qui dicitur Barbacana, qui est murus brevis ante murum nostri orti.* Raimundus Montanerius in Chron. Regum Aragon. cap. 227 : *E fo estar obers les postichs de la Barbacana, que eren totes les barbacanes enverdescades, etc.* Le Roman *de Garin* MS. :

> Haut sont li mur, et parfont li fossé,
> Les Barbacanes de fin marbre listé,
> Hautes et droites, ja greignors ne verrés.

[Instrum. ann. 1453. apud Marten. tom. 2. Anecd. col. 1820 : *Les principaux murs sont haults de vingt à vingt-deux braches, et gros en cyme, et en aucuns lieux de six, en autres de huit braches, et de hors y a Barbequennes, desquelles le derraint est hault de douze braches et le mur de dessus hault de quatorze braches, et gros de trois braches; les fossez longs de vingt-six braches, et perfons de dix braches.*] [** *Le jouvencel introduit aux armes*, apud Jalium Antiquit. naval. vol. 2. pag. 291 : *Ès graigneurs vaisseaulx de guerre fait-on tours et Barbacanes adfin que de haut ils puissent jetter contre val et navrer et occire.* Vide Raynouardi Glossar. Roman. vol. 1. pag. 186. voce *Barbacana*. Glossar. med. Græcit. voce Ἐξώχαςρον, col. 603.]

* Vallum est etiam seu locus palis munitus et circumseptus. Lit. remiss. ann. 1362. pro consul. de Fanojove in Reg. 93. Chartoph. reg. ch. 164 : *Pontem levaverunt, dicto magistro Cervino inter dictum pontem et Barbacanam fusteam sive palliceam, quæ tunc clausa erat, per aliquod temporis spatium incluso remanente.* Stat. Saluciar. collat. 3 cap. 95 : *Statutum quod si quis ceperit aliquid de Barbacanis, quæ sint circum circa civitatem Saluciarum, etc.*

* Barbacanus, Barbachanus, ut *Barbacana*. Chron. Tarvis. apud Murator. tom. 19. Script. Ital. col. 857 : *Juxta Barbacanum cittadellæ novæ, etc.* Annal. Estens. ad ann. 1393. apud eumd. tom. 18. col. 908 : *Portæ de novo provisæ fieri pro Barbachano et claustro introitus burgi S. Antonii.*

¶ Barbacanis. Breviarium Hist. Pisanæ ad annum 1156. apud Murator. tom. 6. col. 172 : *Eodem anno in consulatu Cocchi in mense Julio et Augusto Pisani fecerunt Barbacanes circa civitatem.*

¶ Barbacenus. Chron. Siciliæ apud Marten. tom. 2. Anecdot. col. 10. E : *Et hic est ille Rex* (Tremkedus ann. 1189 coronatus) *qui fecit Barbacenos ante mœnia Panormitanæ, et regnavit in dicto regno annis tribus et dimidio.*

¶ Barbachanna. Charta ann. 1204. apud Andream Duchesnium Hist. Norman. Script. pag. 1058 : *Nos etiam tradimus eidem Regi Franciæ Barbachannam quæ est in capite pontis.*

Barbicana. Albertus Aquensis lib. 4. cap. 22 : *Inter muros et antemurale, quod vulgo Barbicanas vocant.* Lib. 6. cap. 10 : *Barbicanas, exteriores scilicet muros oppositos, æquato vallo urbis... dejecit.* Radulfus de Diceto ann. 1188 : *Fontem etiam duplici muro circundatum, habentem Barbicanam novem turribus circumseptam.* Willebrandus ab *Oldenborg*, de Tripoli : *Quarum portas et introitus speciales quædam sinuosæ Barbicanæ intricant et observant.* Idem de Tyro : *In quibus* (muris) *dispositæ et transpositæ sunt quinque portæ quæ introitum civitatis adeo intricant et observant, ut qui eas introeunt, in domo Dædali errare et laborare videantur. Barbacana*, vel *Barbicana*, vox occurrit præterea apud eumdem Albertum Aq. lib. 11. cap. 2. 47. et alios Scriptores a nobis laudatos ad Willharduinum num. 89. [Vide Marten. tom. 3. Anecd. col. 187.]

¶ Barbicanum, apud Th. *Blount* in Nomolexico : *Mandatum est Johanni de Kilmyngton custodi castri Regis et honoris de Pickering, quoddam Barbicanum ante portum Castri Regis prædicti muro lapideo, et in eodem Barbicano quandam portam cum ponte versatili... de novo facere.*

Barbicanagium, Tributum quod pro barbicanis exstruendis, vel reficiendis pensitabatur. Monasticum Anglicanum tom. 1. pag. 976 : *De kaagio, muragio, paagio, Barbicanagio, et de operationibus castrorum, etc.* Vide *Muragium*.

¶ **BARBAMENTUM**, Γένειον. Vetus Glossar. Lat. Græc.

¶ **BARBANIS**, Eadem notione qua *Barbanus*, quod vide.

1. **BARBANUS**, *Patruus*, Joanni de Janua; *Barba* Italis. Lex Longobard. lib. 2. tit. 55. § 1 [** Rothar. 164.] : *Si quis ex parentibus, id est, Barbanus, quod est patruus.* Ubi Editio Heroldi tit. 59. habet *barba, quod est patruus.* Tit. 69. § 2. *Barbanes*, [** Rothar. 186. al. *Barbanum*.] Adde lib. 1. tit. 10. § 1. [** Rothar. 163.] lib. 2. tit. 14. § 26. [** Liutpr. 145. (6, 92). In Glossar. Longob. cod. Cavensis est *Barbanus*.] Chronicon Benevent. S. Sophiæ pag. 599. 603. etc. [** Charta Longob. ann. 770. ap. Brunett. in Cod. Dipl. vol. 1. pag. 614 : *Ego Vadipert Barbas et donator vester; quod vos supradicti Bonipert et Leopert nepotibus meis, etc.* Adde Chron. Andreæ Bergomat. ap. Pertz. vol. Script. 3. pag. 238. lin. 15.] Tabularium Casauriense ann. 14. Ludov. Imp. Lotharii F. : *Vel quod nobis exinde advenit de quondam Petro Episcopo Barbane nostro.* Charta Adelaidis Comitissæ Sabaud. pro fundat. Abbatiæ Pinarolensis apud Episcop. Salut. in Chronol. Hist. Pedem. et Guichenonum in Probat. Hist. Sabaud. : *Offero pro anima D. Marchionis genitoris mei et Adalrici Episcopi* (*Astensis*) *Barbani mei.* Et infra : *Pro animarum prædictorum Marchionum, et Barbani mei, et filii mei, etc.* De vocis etymo vide V. Cl. Ægidii Menagii Origines Italicas.

* Glossar. Provinc. Lat. ex Cod. reg. 7657 : *Barbanus, avunculus, patruus, oncle, Prov.* Eodem nomine appellabantur rectores Valdensium, ut videre est apud *Leger* in Hist. Valdens. eccl. cap. 32. ubi pro Senex, antiquus.

* 2. **BARBANUS**. Stat. Avenion. MSS. ann. 1243. ex Cod. reg. 4659 : *Item statuimus quod tempore pacis portanerii portus Rodani et Durentiæ, Barbani, roguacii, toto tempore quo ibi transitur, singulis diebus sint ad ipsos portus, per sacramentum super hoc faciendum per se vel per alios, in aurora vel ante, et ibi teneantur stare per totam diem assidue.* Vectigalis cujusdam exactores videntur. Vide infra *Barcagium*.

* 3. **BARBANUS**. *Equus Barbanus*, Punicus, Gall. *Cheval barbe*, in Charta ann. 913. laudata a Murator. tom. 3. Antiq. Ital. med. ævi col. 191. Vide supra *Barba* 3.

¶ 1. **BARBARA**, *Inverecunda*. Glossar. MS. San-Germ. num. 501.

* 2. **BARBARA**, Nomen tetrioris cujusdam carceris Castelleti. Arest. ann. 1398. 14. Aug. in vol. 9. arest. parlam. Paris. : *Quem in quadam prisione* (Castelleti) *nuncupata Barbara, posuerunt.*

* **BARBARALENSIS**, Improprius loquendi modus, quem a *Barbarismo* distinguit Donatus; quod *barbarismus* nempe fit in lingua Latina, *Barbaralensis* in peregrina; cum *barbarismo* confundit Alex. de Villa Dei in Doctrinali :

> Si tamen eloquiis commisces verba Latinis
> Barbara, doctores hunc dicunt Barbaralensim.

[** Leg. *Barbarolexim*. Locus Donati est lib. 3. segm. 1. § 1 : *In nostra loquela Barbarismus, in peregrina Barbarolexis* (al. Barbaros lexis) *dicitur.* Minime vero cum barbarismo confundit Alex. de Villa Dei, qui verbotenus exprimit Isidor. Origin. lib. 1. cap. 31. sect. 2. Cum Donato conspirat Charis. init. lib. 4. Claudius Sacerdos lib. 1. sect. 90 : *Hæc vitia, cum dicuntur Barbarismi sunt, cum scribuntur Barbarolexis.* Vide ibi Endlicher.]

* **BARBARASCHUS**, Ex Barbaria, Ital. *Barbaresco*, Gall. *Barbaresque*. Modus exigendi gabellam Saonæ ann. 1526 : *Item pro*

coreis Barbaraschis et Hispaniæ, soldum et denarios sex pro cantario.

BARBARATOR. Vide *Barbator.*

* **BARBAREATUM**, BARBARIATUM, Hordeum, ni fallor; ab aristis, vulgo *Barbes*, sic dictum. Stat. Astens. collat. 7. cap. 17. pag. 25 : *Teneatur potestas sine tenore facere jurare omnes pistores et pistorissas de Ast et burgis cohærentibus civitati, quod non immiscebunt legumina, neque siliginem, neque mundiliam vel Barbareatum cum furmento.* Et collat. 15. cap. 9. pag. 44 : *Blava vero intelligatur furmentum, Barbariatum, siligo, et omne genus blavæ grossæ et minutæ.*

¶ **BARBARELLUM**, Locus multis arborum generibus inordinate consitus, Columellæ *Barbarica sylva.* Pancarta MS. titulorum Abbatiæ S. Stephani de Vallibus apud Xantones in Charta 39 : *Concedo Stephano Abbati de Vallibus et ejus successoribus in perpetuum calefagium et expletum in forestam meam de Corles, ad opus Prioratus S. Augustini juxta Barbarellum meum et forestam meam constitui, nullo servitio retento.*

* Idem quod Ternodoro *Borbereau* dicitur. Vide infra *Barbaritani.*

¶ 1. **BARBARI**, Nummorum species. Vide *Barbarini.*

* 2. **BARBARI**, Barba indui, genus pœnæ; nisi sit a vulgari Gallico *Torcher sa barbe*, quod dicitur de eo, qui re aliqua privatur. Stat. collegii Fuxens. Tolos. ann. 1457, ex Cod. reg. 4223. fol. 219. v°. : *Si non venerit hora prandii, nisi causa legitima ipsum excuset, nihil de companagio sibi ministretur; sed Barbatur juxta vulgare aliorum collegiorum.*

¶ 1. **BARBARIA**, Vide *Barbarus*, Alienigena.

¶ 2. **BARBARIA**, Barbitonsoris officina. Instrum. ann. 1450. ex Archivis S. Victoris Massil. : *Actum Aquis in apotheca Barbariæ Joannis Tibotoli barberii.* Vide infra *Barbitonstrix.*

* **BARBARIATUM.** Vide supra *Barbareatum.*

¶ **BARBARICA** LINGUA. Vide *Barbarus.*

¶ **BARBARICARII.** Vide in *Barbaricum.*

BARBARICINI, Βαρβαρικῖνοι, Procopio lib. 2. de Bello Vandalico cap. 13. qui ita appellatos a Sardiniæ incolis, auctor est, Mauros quosdam, ad Aurasium montem positos, quos Vandali devicta Africa, ne eos paterentur infestos, in Sardiniam cum uxoribus et liberis ablegarant, ubi eos clausos aliquandiu continuere. Progrediente tempore elapsi illi vicinos Carali montes occuparunt : deinde cum ad tria millia excrevissent, renuntiarunt latebris, et aperte in locis omnibus grassati sunt. Hos conatus est Gregorius Magn. ad Christianam fidem convertere, quod testantur illius Epistolæ lib. 3. Epist. 23. 25. 27. 29. 33. lib. 9. Epist. 17. 18. Horum etiam meminit Justinianus in leg. 2. C. de Offic. Prætoris Afric. (1, 27). Hinc forte *Barbagiam* Sardiniam appellavit Dantes in Purgat. cap. 23.

1. **BARBARICUM**, *Clamor exercitus, videlicet quod eo genere barbari utantur*, Festo; at recentioribus ita appellatur solum Barbarorum, quod *Barbaria* Rufo Festo in Breviario, Æthico in Cosmograph. A. Gellio lib. 19. cap. 12. Lampridio in Alexandro Severo, et aliis dicitur. *Barbaries*, Gregorio Turonensi lib. 3. cap. 15. Ammianus lib. 18 : *Visus est in Barbarico miles*, id est, in finibus Barbarorum. Canones Eccles. universæ can. 206 : Τοὺς ἐν τοῖς βαρβαρικοῖς ἐπισκόπους. Chronicon Alexandrinum : Τούτοις τοῖς ὑπάτοις, ἐτελεύθησε Σεβῆρος εἰς τὸ βαρβαρικόν. Ita Theophylactus Simocatta lib. 5. cap. 13. hanc vocem usurpat, non pro armamentario, uti censent Meursius et Jacobus Gothofredus. Concilia Afric. can. 19 : *De provincia Mauritania, propterea quod in finibus Africæ sit, nihil statuimus, siquidem vicinæ sunt Barbarico.* Græc. Codex, can. 52 : Ὅτι ἐν τῷ βαρβαρικῷ παράκεινται. Ex quo quidem loco colligi videtur posse *Barbariæ* nomenclaturam datam Africanis regionibus quæ Impp. Rom. non parebant, quæ hodie etiamnum manet. Pentapolim Ægyptiacam βαρβαρικὴν vocat Anastasius Sinaita in Anagogis sex dierum. *Barbariæ* vocabulo Ægyptum videtur intelligere S. Hieronym. Epist. 57. ad Damasum : *Et quia pro meis facinoribus ad eam solitudinem commigravi, quæ Syriam juncto Barbariæ fine disterminat.* Et Epist. 58. ad eundem Damasum : *Nunc Barbaro Syriæ limite tenеor.* Sed et idem in Tradit. Hebraic. ait Alexandrum Polyhistorem, et Cleodemum, cognomento Malchum, Græco sermone *Barbaram Historiam* scripsisse, in qua res Africanas retexuisse innuit. Marcianus etiam Heracleotes in Periplo pag. mihi 42. in Ægypto vel Africa exstare auctor est τὸ ἔθνος τὸ λεγόμενον βαρβαρικὸν, καὶ τὸ βαρβαρικὸν καλούμενον πέλαγος, ἐν ᾧ κόλποιτε πλείους οὖσι. [** Vide Forcellinum hac voce et H. Stephani Thesaur. Ling. Gr. voce Βάρβαρικός, ed. Didot. vol. 2. col. 117.]

2. BARBARICUM, præterea dicitur bellum quod in *Barbaros* agitur, suscipitur, expeditio bellica quævis, bellum quodvis. Ammianus lib. 17 : *His in Barbarico* (in Pannonia) *gestis, etc.* Capitulare Sicardi Principis Beneventani ann. 836. § 16 : *Hoc promittimus, ut non pro quovis excessu Barbaricum facere, aut cursas mittere ante primam, secundam, tertiam et quartam contestationem.* Capitula Radelchisi Principis Benev. ann. 851 : *Quousque ad ipsum tempus, quo Barbaricum exortum est inter nos et vos.* Charta Sergii IV. PP. pro Monast. S. Vincentii de Vulturno : *Tam pacis, quam Barbarici temporis, etc.* [** Vide Marini Pap. Diplom. pag. 285. not. 7.]

** *Barbarica Sors.* Vide in *Sors*, 4.

3. BARBARICUM. Gloss. MSS. Reg. et Isidori : *Barbarica, opera de auro. Barbarica, opera subtiliter ornata.* Gloss. MS. Eccl. Paris. : *Barbarica, auro ornata.* Gloss. MSS. Reg. *Barbarico auro, pretioso.* Coripp. lib. de Laudib. Justini :

> Ipse triumphorum per singula vasa suorum
> Barbarico historiam fieri mandaverat auro, etc.

Ex quibus patet *barbaricum opus* dictum, ex *auro pretioso* confectum, quod *Barbaricum* appellabatur, vel certe quod Barbari hanc artem exornandi arma militaria adinvenissent. [** Vide Forcellinum. Barbarum, scribit Servius ad Æneid. lib. 2. vers. 504. pro Phrygio positum esse, ita ut ab Homero receptus sit usus loquendi, qui Phrygas barbaros dicit.] Nam inde BARBARICARII nuncupati, *qui ex auro coloratis filis exprimebant hominum formas, animalium, et aliarum specierum imitabantur subtilitate veritatem*, ut ait Donatus ad 7. Æneid. seu ut est in leg. 1. C. Th. de Fabricensib. (10, 22.) *qui cassides et bucculas tegebant argento, et deaurabant.* Horum mentio præterea in leg. 2. eodem Cod. de Excusat. artif. (13, 4.) in Novella Theodosii junioris de Scholar. et in Notitia Imperii, in qua *Præpositi Brambaricariorum*, seu potius, uti legendum quidam volunt, *Barbaricariorum*, sub Comite sacrarum largitionum, interdum sub Magistro officiorum statuuntur. Unde satis patet Resendium lib. 1. Antiquit. Lusitan. *Barbaricarios* perperam existimasse fuisse vestium purpura, cocco, aut vermiculo, quæ a *Barbaris* terris, id est, peregrinis allatæ erant, infectores, cujusmodi sunt *Barbaricæ vestes*, apud Lucretium lib. 2. et in libro Anniversariorum Basilicæ Vaticanæ apud Joan. Rubeum in Vita Bonifacii VIII. PP. pag. 345 : *Duo pluvialia de diaspro et panno Barbarico.* Vide Turneb. lib. 10. Advers. cap. 18. Browerum in Annalibus Trevirensibus lib. 4. pap. 251. ult. Edit. [Pitiscum in Lexico Antiquit. Rom.] [** et Forcellinum. Iidem Phrygiones dicuntur.]

4. BARBARICUM, sic appellatum quoddam medicamentum *ad omnes oculorum causas vel impetus*, apud Marcellum Empiricum cap. 8. Meminit Celsus emplastri *Barbari* dicti lib. 5. cap. 19. quod βάρβαρον Galeno, qui scribit a recentioribus appellari βάρβαρα emplastra, quæ bitumine constant, forte quod iis Barbari uterentur. [** Conf. H. Stephani Thes. Ling. Græc. edit. Didot. vol. 2. col. 120. C. et voce Βαρβάρα. Forcellin. vocibus *Barbara* et *Barbarum.*]

¶ **BARBARIES.** Prologus ad Legem Salicam : *Gens Francorum inclyta... nuper ad Catholicam fidem conversa, immunis ab hæresi, dum adhuc teneretur Barbarie*, id est, *Gentilismo*, juxta Eccardum. Alia notione supra in *Barbaricum.*

BARBARINI, BARBARI, Nummi a Vicecomitibus Lemovicensibus cusi. Chronicon S. Martialis Lemovicensis : *Ann. 1211. Hugo li Bruns Comes Marchiæ fecit novos Marchiones fieri : eodem anno Guido Vicecomes Lemovicensis novos Barbarinos fecit apud Axiam.* Chron. S. Stephani Lemovicens. ann. 1263 : *Burgenses castri Lemovicensis fecerunt pactum cum Margareta filia Ducis Burgundiæ relicta Vicecomitis Lemovicensis, ut moneta quæ vocatur Lemona*, (al. *Lemocia*) *ubi erat nomen Vicecomitis, omnino cassaretur licet esset legalis.* Litteræ Eustorgii Episcopi Lemovic. ann. 1127. in Tabul. S. Steph. Lemovic. : *Dijudicaverunt, quod Episcopus Bosoni 40. sol. monetæ Barbarinorum dedisset.* Tabularium Montismorilionis in Pictonibus fol. 81 : *Donarunt pauperibus Domus Dei totum quod habebant in nemore et in terra feodi, cum 2. solidis Barbarinis reddendis in Natali Domini, etc.* et fol. 100 : *Octo denarios Barbarinos.* [Chartularium S. Illidii Claromont. tom. 2. fol. 56. verso Charta IV. ann. 1207 : *Lego et dono. . . monasterio S. Illidii* VII. *solidos de Barbaris, etc.*] TabulariumDalonensis Abbatiæ in Lemovicibus, fol. 32 : *Retentis nobis quinque solidis de Barbaris, vel monetæ ejusdem pretii.* Ita fol.

70. et alibi passim. *Solidi et denarii Barbacini* habentur fol. 40. 51. 102. 112. 113. Goffrid. Abbas Vindoc. lib. 1. Ep. 21 : *Carassensem Abbatem non regulariter electum, sed violenter, ut dicitur, intrusum, pro mille solidis Barbarinorum, Barbarica nimis auctoritate consecrari... fecistis.* Ubi loci nescio an bene viri eruditi, Sirmondus et Altaserra, *Barbarinos*, pro Arabicis et Barbaris interpretati sint, ut qui post stabilitum in Hispania Saracenorum imperium, rerum potiente altera Regum nostrorum familia, ex commercio ad nos fluxerint, (licet *Barbarinos* Saracenos Africanos appellet non semel Anonymus de Miracul. S. Fidis cap. 13.); nam hac appellatione a Vicecomitibus Lemovicensibus, ut *Marchenses* a Comitibus Marchiæ cusos satis docemur ex Chronicis supra citatis, tametsi nominis ratio mihi hactenus incomperta sit.

* Nominis rationem prodit, ni fallor, Charta Stephani de Magnaco ann. 1106. ex Tabul. Novi-monast. Pictav. : *Donant mihi abbas et monachi super hac re supradicti loci, charitatis causa, pro hoc beneficio, et pro aliis a me semper impendendis, mille solidos Lemovicensis Barbatæ monetæ.* Quæ moneta *Barbillé* appellatur, in Lit. remiss. ann. 1410. ex Reg. 164. Chartoph. reg. ch. 276 : *Vint pieces de gros Tournois et de Barbillez.* A mustellis Ponticis, quæ utcumque barbam referunt, in moneta vicecomitum Lemovicensium expressis, ut videre est inter Monetas Baronum, ita forte est nuncupata. [** Vide Raynouardi Glossar. Rom. vol. 1. pag. 185. num. 10.]

¶ **BARBARISMATICE**, Barbarorum idiomate hoc est, Theutonice, in Actis SS. Junii tom. 2. pag. 302 : *Helizo, Barbarismatice vero ab eo quod Heliseus est, credimus mutatum.*

BARBARISMUS. Charta R. Cardinalis tit. S. Stephani in monte Cœlio ann. 1215. pro Reformatione Universitatis Paris. : *Non legant in festivis diebus nisi Philosophos, et Rhetoricas, et Quadrivialia, et Barbarismum, et Ethicam, si placet, et quartum Rhetoricorum.* Alia ann. 1254. apud Stephanum Paschasium in Disquisitionibus Francicis lib. 9. cap. 13 : *Ethicorum libros quinque, tres parvos libros, videlicet principia Barbarismi, Prisciani de accentu, qui simul legantur, etc.* Exstat liber Donati, *de Barbarismo* et octo partibus orationis, vet. Edit.

BARBARITANI. Charta Ottonis III. Imper. ann. 936. in Bullario Casinensi tom. 2. pag. 57 : *Nec non et campum juxta eandem Ecclesiam regiæ potestati hactenus pertinentem, atque Barbaritanos similiter juris regni nostri pertinentes, cum omnibus eorum pertinentiis, etc.* Alia Henrici Imp. ann. 1022. ibid. pag. 74 : *Necnon et campum juxta eandem Ecclesiam Regiæ potestati hactenus pertinentem atque Barbaritanos et Martinenses similiter juris regni nostri pertinentes, etc.*

* A loco habitationis, cujus nomen huic proximum est, effluxit forte hæc appellatio non secus ac illa, quæ occurrit in Ch. ann. 1333. ex Reg. 73. Chartoph. reg. ch. 287 : *Item et quatre livres de monnoie courant de annuau et perpétuel rente, lesquelles me font..... les Barbins de la Barbiniere parroisiens de S. Savenien.* Vide supra *Barbareldum.*

** **BARBARIUM**, Idem quod *Barbuta.* Charta ann. 1329. in Guden. Cod. Diplom. vol. 2. pag. 1365 : *Acceperunt... mitram ferream et Barbarium et collarium.*

¶ 1. **BARBARIUS**, Chirurgus, sic dictus a tondenda barba, Gall. *Barbier*, Acta SS. Junii tom. 2. pag. 382. E. in Miraculis B. Henricis Baucenensis : *In sanatione sensit dolorem. Testes Antonia mater ejus, Hendreghetus Barbarius ejus.* Vide *Barberius.*

* Barbitonsor, Gall. *Barbier.* Charta episc. et capit. Paris. ann. 1222. in Reg. A. Chartoph. reg. : *Dominus rex vult et concedit, ut nos Parisiensis episcopus et successores nostri.... habeamus apud Parisius unum draparium,..... unum Barbarium et unum sellarium.* Occurrit etiam in Chartul. Campan. fol. 280. col. 1.

* 2. **BARBARIUS**, Piscis species. Tract. de piscibus ex Cod. reg. 6838. C. cap. 106 : *Mullus..... a Venetis barboni, a Burdegalensibus barbeau, a Gallis surmulet, a nonnullis Barbarius,.... dicitur. Cicero barbatulum, Varro barbatum vocant.*

* **BARBARIZARE**, More barbaro agere, loqui. Mirac. S. Audoeni tom. 4. Aug. pag. 828. col. 2 : *Cum Romanam linguam Barbarizando potius quam formando balbutiret.* Vide in *Barbarus.* [** *Barbarisare, ut barbarus agere vel loqui.* Gemma Gemmarum.]

* **BARBARIZARI**, Barbarus fieri, vel ut barbarus haberi. Liber apologet. Agobardi archiep. Lugdun. tom. 2. Oper. ejusd. pag. 62 : *Orat* (Ecclesia) *ut Christianissimo imperatori barbari subjiciantur, non ut subjecti conturbentur et Barbarizentur.*

¶ **BARBAROSTOMUS**, *Qui verba barbarismis plena profert.* Glossar. MS. Montis S. Eligii Atrebat.

* Ita legendum unica voce in Glossar. vet. S. Germ. Prat. non *Barbaris tomos*, distinctis vocibus, ut legerunt Auctores novi Tract. diplom. tom. 3. pag. 290. ubi inconsiderate addunt nullibi vocem *Tomos* eo intellectu sibi occurrisse. Credo equidem; hujus enim parentes sunt.

¶ **BARBARRA**, ἄφρων, ἀνόητος, *Morio.* Supplem. Antiquarii : mendose pro *Baburra.* Vide in *Baburrus.*

BARBARUS. Strabo lib. 14. fictitium nomen hoc existimavit, quod vocabuli origo et etymologia Græcis incomperta fuerit. At Abraham Ecchellensis in Hist. Arabum cap. 1. vocem Syrorum esse contendit, apud quos qui eidem Straboni Scenitæ dicuntur, *Barbroie*, vocantur, id est, *filii deserti.* [** Vide Forcellin.]

Quemadmodum autem Græci, ac postmodum Romani, cæteros populos, præter seipsos, Barbaros appellavere, ita eodem donati vocabulo Burgundiæ ac Franciæ incolæ, qui post Galliarum clades et vastationes, a Constantio e vicina Germania et Septentrione acciti, et *ab ultimis Barbariæ littoribus avulsi, arva jacentia*, ut ait auctor Panegyrici Diocletiano et Maximiano dicti, et destinatas sibi terras coluere.

Quinetiam exinde Burgundiones, postquam in Galliis sedes fixere, regnumque formavere, *Barbaros*, sese appellasse constat, ex Lege Gundobada, in qua paris conditionis habentur tam *Barbari*, quam *Romani*, ut est in tit. 10. § 1. et tit. 15. § 1. Id præterea colligitur, ex eo quod Barbari Romanis in ea Lege semper præponantur. Verbi gratia in Præfat. : *Si quis judicum tam Barbarus, quam Romanus... non ea quæ leges continent, judicavit, etc.* Ubi supra : *Tam Burgundiones, quam Romani, etc.* ut tit. 4. 6. 7. 9. et alibi passim. Contra in tit. 44. § 1. tit. 47. § 1. etc. *tam Barbarus quam Romanus.* Sed et tit. 55. Barbarorum hospites Romani dicuntur, quod, ut alibi docemus, in partem prædiorum quæ a Romanis possidebantur, adsciti essent Barbari, seu novi incolæ. Præterea observare est ex Fulgentio lib. 1. de Mysterio mediatoris, etc. Trasimundum Regem Vandalorum in Africa, ad quem scribebat, tanquam haud invidioso nomine, *Barbarum*, appellari : *Sed quam rarum hactenus habeatur Barbari Regis animum numerosis regni curis jugiter occupatum tam ferventi cognoscendæ sapientiæ delectatione flammari, etc.* Mox ejus subditos, *Barbaricam gentem* appellat, cui *Romanos* opponit, veteres nempe Africæ incolas.

Apud Francos *Barbari*, quos eosdem reor cum Burgundionibus, eadem prærogativa gaudebant, qua Franci, et qui Lege Salica vivebant, cum Romani longe inferioris conditionis haberentur. Id colligitur ex Pacto Legis Salicæ tit. 44. ubi, *Si qui ingenus Francum, aut Barbarum, aut hominem qui Lege Salica vivit, occiderit*, 200. *solidis culpabilis judicatur. Si vero quis Romanum hominem possessorem occiderit*, 100. *solidis*, (ita Edit. Pith.) *si Romanum tributarium, solidis* 45. *tantum culpabilis judicatur.* Quo loco Editio Tilliana habet : *Si quis ingenuus Francum aut hominem Barbarum occiderit qui Lege Salica vivit, etc.*

☞ Hic non satis intellexisse videtur Cangius noster, ut observat Valesius in *Valesiana*, qui *Barbari*, qui *Romani* dicerentur. Quotquot non ex provinciis Romanorum imperio subditis erant oriundi *Barbari* vocabantur : *Romani* vero qui ex iisdem erant provinciis. Nihil ergo mirum si *Barbari* apud Francos eadem prærogativa gauderent, qua Franci, cum et ipsi Barbari essent et seipsos ad instar Burgundionum, Visigothorum, Gothorum, Hunnorum, Vandalorum aliarumve qui varias imperii Romani regiones invaserant, *Barbaros* nuncuparent. Neque Francos Occidentales dixere *Francos Romanos*, aut Occidentalem Franciam *Romanam Latinamve*, nisi desinente Regum nostrorum stirpe altera, hocque confundendo duo nomina primum longe diversa, ut ex dictis satis liquet.

Paris denique conditionis *Barbari* et *Romani* censebantur in Regno Gothorum Italico, ut ex Edicto Theoderici colligitur in Præfat. et cap. 32. 34. 44. 145. 154. ubi et *Barbari reipublicæ militantes*, interdum etiam *potentes* fuisse dicuntur, ita ut non fuerint ex infima rusticorum conditione, quod velle quidam videntur. Vide Senatorem lib. 5. Epist. 14.

Barbaros porro posterior ætas appellavit, populos omnes, qui Latina seu potius Romana lingua non loquebantur, seu quorum linguam non noverant. Nam, ut observatum a viris doctis, Græci veteres τὸ βάρβαρον, ἐπὶ φωνῆς tantum, non ἐπὶ ἔθνους usurparunt. Ovidius lib. 5. Trist. El. 11. :

Barbarus hic ego sum, quia non intelligor ulli,
Et rident stolidi verba Latina Getæ.

Præsertim vero Franci nostri Romani, seu qui Romano idiomate utebantur, Transrhenanas gentes omnes, penes quas Theutonicum vigebat, ita appellarunt. [Non solum penes Transrhenanas gentes omnes, sed et penes Francos nostros, qui Gallias invaserant, vigebat Theutonicum primis temporibus : soli Romani seu antiqui Galliarum incolæ Romano vel Latino utebantur idiomate, corrupto tamen; atque ex corrupta hac Latinate Theutonico mixta Francicam linguam sensim factam esse norunt omnes.] Ammianus lib. 18 : *Sermonis Barbarici* (Alemannici) *perquam gnarus*. Fortunatus lib. 4. Poem. 26 :

> Sanguine nobilium genita, Parisius urbe,
> Romana studio, Barbara prole fuit.

Idem lib. 6. Poem. 4 :

> Hinc cui Barbaries, illinc Romania plaudit,
> Diversis linguis laus sonat una viri.

Et lib. 9. Poem. 1 :

> Chilperice potens, si interpres Barbarus adsit,
> Adjutor fortis, hoc quoque nomen habens.

Walafridus Strabo lib. 1. de Vita S. Galli in Prologo : *Priori nomine nos appellant circumscriptæ gentes quæ Latinum habent sermonem, sequenti usus nos nuncupat Barbarorum*. Et cap. 6. de B. Gallo : *Hanc a Domino gratiam meruit, ut non solum Latinæ, sed etiam Barbaricæ locutionis cognitionem non parum haberet*, id est, Alemannicæ linguæ. Idem cap. 25 : *Ad utilitatem Barbarorum prolata interpretando transfunderet*; id est, Alemannorum. Testamentum Bertichrammi Episcopi Cenom. : *Similiter et famulos meos, qui inibi deservire videntur, tam natione Romana, quam et Barbara*. Sic denique *Barboros* Alemannos vocant idem Strabo lib. de Reb. Eccles. cap. 33. et Baldricus Noviom. lib. 1. cap. 79. ut regiones ultra Rhenum respectu Galliæ, *Barbaras*, Flodoardus lib. 14. Carm. 18 :

> Inde fluenta legens Rheni, loca Barbara visit,
> Sarmatica sævos adiens regione Suevos.

Barbaris denique inscitiam propriam fuisse innuit loco citato Fulgentius : *Per te, inquam, disciplinæ studia moliantur jura Barbaricæ gentis invadere, quæ sibi velut vernacula proprietate solet inscitiam vindicare*. Hinc igitur

Barbarica et Barbara Lingua, pro Theutonica, de cujus barbarie, sic Otfridus in Epistola præfixa Evangeliis Theotisc. : *Hujus linguæ Barbaries, ut est inculta et indisciplinabilis atque insueta capi regulari freno Grammaticæ artis, sic etiam in multis dictis scriptu est propter literarum aut congeriem, aut incognitam sonoritatem difficilis*. Paschasius Corbeiensis Abb. in Vita S. Adalardi cap. 50 : *Quis sine mentis scrupulo poterit epistolarum ejus nitorem eloquentiæ recitare? quem si vulgo audisses, dulcifluus emanabat. Si vero idem Barbara, quam Theudiscam vocant, lingua loqueretur, præeminebat claritatis eloquio*. Walafridus Strabo de Reb. Eccles. cap. 7 : *Dicant tamen secundum etiam nostram Barbariem, quæ est Theotisca, quo nomine domus Dei appellatur*. Acta S. Mainbodi Martyr. in territorio Bisonticensi n. 8 : *Fontem invadunt eum, qui vulgari nomine vocatur Calebrunnia, hoc est, Theutonica Barbarie, frigida aqua*. Poeta Saxonicus de Gestis Caroli M. lib. 1 :

> . . . Quod Barbara lingua
> Nominat Eresburg.

Eodem libro :

> Nomen Heristalli dederat cui Barbara lingua.

Lib. 5 :

> Nec non quæ veterum depromunt prælia Regum,
> Barbara mandavit carmina litterulis.

De re eadem Eginhartus in Carolo M. : *Item Barbara et antiquissima carmina, quibus veterum actus ac bella canebantur, scripsit*. Adelmannus Scholasticus :

> Raginbaldus Agrippinas, vir potens ingenio,
> Barbaras aures Latino temperans eloquio.

Neque alius videtur *Barbarismus*, quam *lingua Barbara*, seu Theutonica, apud Sidonium lib. 4. Epist. 17. lib. 5. Epist. 5. *Barbarice*, id est, Theutonice, in Capitulis Ahytonis Episcopi Basil. cap. 2. *Babarica facundia*, in Vita S. Deicoli Abb. Lutrensis cap. 2. *Vulgare Barbarum*, apud Pilichdorffium contra Valdenses cap. 35. Ita passim Scriptores, Joannes VIII. PP. Epist. 195. Glaber Rodulphus in Vita S. Guillelmi Abbatis Divionensis n. 27. Theodoricus Mon. lib. de Inventione S. Celsi Episcop. Trevirens. cap. 2. n. 16. Vita S. Præfecti Episc. cap. 2. n. 8. Vita S. Adelberti Episc. Pragens. n. 5. Willelm. Brito lib. 9. Philipp. pag. 210. etc. Sed et ita Latini Barbarum vocabant quodcumque idioma, quod Romanum non esset. Silius Italicus lib. 3 :

> . . . . Misit Gallicia pubem,
> Barbara nunc patriis ululantem carmina linguis.

[** Vide Indices ad Pertzii Script. rer. Germ. vol. 1. 2. et. 3.]

Barbarus, Alienigena, extraneus, vel potius hostis. Canones Hibernienses lib. 57. cap. 2 : *Synodus Hiberniensis ait : Qui prœbet ducatum Barbaris, 14. annis pœniteat. Barbarus, id est, alienus. Quis est alienus, nisi qui morte crudeli et immani cunctos prosternit?* Vide *Barbaricum*. Hinc *Barbarias*, vulgo *Barbaries*, vocant Leges nostræ maris, quidquid alienarum regionum in mari perditarum expiscari licet.

* *Barbarin*, eodem sensu, in Chron. S. Dion. lib. 2. cap. 8 : *Attalus uns nobles enfés et estrais de grant lignage, fu vendus à un Barbarin en la cité de Treves. Langue Barbarine*, ibid. cap. 10. Huc etiam spectat vox *Barbarime*, ibid. lib. 3. cap. 22 : *Yronie, si est une figure ausi comme de Barbarime, si est faite, quant on dist aucunes paroles en desdaing, qui sont contraires à ce que l'on entent.*

Barbaros denique appellatos, quotquot religionem Romanam non profiterentur, non desunt qui putant, ex Salviano lib. 4. de Providentia. Vide quæ in hanc rem congessit Chiffletius in Anastasi Childerici pag. 82. [** Append. ad Glossar. med. Græcit. col. 35 : Barbaros Judæos et Christianos non modo a gentilibus appellatos fuisse, sed et ipsos Judæos et Christianos eo se nomine donasse, ex veteribus scriptoribus docte, ut solet, observat Cotelerius ad Homil. 3. ex Clementinis.]

** **BARBAROLEXIS**, Vide *Barbaralensis*.

BARBASTERII, *Duribuccius*, in Glossis Isidori, cui scilicet *buccæ* adeo *duræ* sunt, ut pili in iis enasci vix queant. Vide *Maliberbis*. [Cerda legit, *Nudibuccius* pro *Duribuccius* : quod eodem redit; utrumque enim virum imberbem significat.]

* **BARBATA** Moneta. Vide supra *Barbarini*.

* **BARBATA** Sagitta. Vide *Sagitta* 2.

BARBATOR. Petrus Blesensis Epist. 14 : *Regis curiam sequuntur assidue histriones, candidatrices, aleatores, dulcorarii, caupones, nebulatores, mimi, Barbatores, balatrones, et hoc genus omne*. Quo loco Lud. de la Cerda et Gussanvilla *Barbatores*, barbitonsores innui censent. Verum cum adjungantur mimis et balatronibus, nescio an non probabilius videatur, hocce vocabulo describi mimos et scurras, qui larvati in theatris ludunt, quomodo in Bacchanalibus fieri potissimum solet, in quibus larvæ ipsæ prolixioribus, et formæ insolentis, barbis instructæ sunt, cujusmodi describuntur in Historia Turpini cap. 18 : *Habentes larvas barbatas, cornutas, dæmonibus consimiles*. Et longe ante a Tertulliano lib. de Idololatr. cap. 14 : *Quibus nobis sub barba extranea sunt et neomeniæ, et feriæ aliquando adeo dilectæ, etc.* Unde etiamnum *Barboires* vocantur Belgis nostris, *Barbadouires* Gabalitanis, *Barbauts* Avernis, [nostris hodie *Masques* a voce *Talamascas* qua, ut observat Sirmondus in Gloss. ad calcem Supplem. Concil. antiq. Galliæ, ejusmodi larvas tempore Hincmari Remensis Archiep. designabat vulgus.] Nam nihil aliud est

Barbatoria, apud Gregorium Turonensem lib. 10. Hist. cap. 6. quam ipsa ludicra *Barbatorum* festivitas, ut et *Barbatoriam celebrare*, larvatum incedere, ludere, nugari : quo loco ait accusatam Abbatissam Pictavensem, *quod vittam de auro exornatam nepti suæ superflue dederit, Barbatorias intus eo* (Monasterio) *quod celebraverit*. Scio πωγωνοκουρίαν in Gloss. Græco-Lat. et Gloss. S. Benedicti, *Barbatoriam* reddi, id est, barbæ tonsionem. Unde viri docti censuere Abbatissam accusatam, quod in suo Monasterio artem tonsoriam exerceri passa sit. Fragmentum Petronii : *Servus meus Barbatoriam fecit*. Alii quod in eo primam lanuginem adolescentes ponerent. Adolescentes enim radendi a parentibus et amicis in Ecclesiam adducebantur, et per Sacerdotis vel Episcopi ministerium prima eorum lanugo ponebatur, et tamquam *primitiæ juventutis*, ut est in Ordine Romano, Deo offerebatur, recitata in eum finem oratione, quæ extat in libro Sacramentorum Gregorii M. in eodem Ordine Romano, et in Euchologio Græcorum : de quo more plura congessimus in Dissert. 22. ad Joinvillam. Sed an *Barbatoria* in Glossariis, eadem sit quæ apud Gregorium Turon. viri eruditi decernant : mihi interim non omnino hæc sententia arridet, cum multo vero similius videatur id esse, quod *Mascarade* nostri vocant. Philippus *Mouskes* in Ludovico VIII. ubi de Pseudo-Balduini supplicio :

> I ot d'apriès lui une Barboire,
> Com diable cornu et noire.

Salmasius ad Lampridium *Barbatoriam*, in Glossis *officinam tonsorum* esse existimat, legendumque πωγωνοκουρεῖα.

* **BARBATTA**, *Qui palmas dat*, in Glossar. vet. ex Cod. reg. 7641. Perperam pro *Brabeta*. Vide in hac voce.

** **BARBATULA**, Piscis genus, forte idem

ac Barbatulus Ciceroni. Gassarus tom. 1. Script. Saxon. Mencken. pag. 1740 : *In maxima omnium piscium abundantia vendiderunt Augustæ Vindelicarum ann.* 1515. *libralem mensuram cobitum Barbatularum* 10. *batzis*. Vide *Barbarius*, 2. Adel.

1. **BARBATUS**, Gloss. Isid. *Barbatus, operarius, intimidus*. [Ad quod Grævius : Forte legendum *Barbatus, vas aquarium*. In conjecturæ confirmationem laudat Varronem lib. 6. de Lingua Lat. et Festum in *Nanum* et in utroque loco Scaligerum : quos consule si tanti est. Papias MS. Bituric. *Barbatus, Major, vetus, princeps*.]

Fratres Barbati, sic appellati ut plurimum *Fratres conversi* in Monasteriis, quod contra quam Monachi voto astricti, barbam nutrirent, uti etiamnum observare est apud Carthusienses. Exordium Ordinis Cisterciensis cap. 15 : *Tuncque definierunt Conversos laicos Barbatos ex licentia Episcopi sui suscepturos, eosque in vita sua et in morte excepto Monachatu, ut semetipsos tractaturos*. Cæsarius Heisterbac. lib. 4. cap. 62 : *Die quadam Conversum ad se vocans, ait, Nosti, Barbate, quare venerim ad Ordinem?* et lib. 6. cap. 20 : *Tales sunt multi ex his Barbatis, qui in habitu et tonsura religionis terras circumeunt, et plurimos decipiunt*. Vita S. Erminoldi Abb. lib. 2. cap. 2 : *Frater quidam, ex his quos Barbatos dicimus, etc.* In Edit. Canisii *Conversus* dicitur. [Charta Eberhardi pro Monasterio S. Petri de Silva nigra, Vindem. Litter. Fred. *Schannat* pag. 164. *de Fratribus Barbatis : Panis tribuatur Barbatis ejusdem quantitatis et qualitatis sicut Monachis*.] Chronicon Montis-Sereni pag. 170 : *Quidam Fratrum laicorum, quos Barbatos vocari usus obtinuit, etc.* De iis ita Chronicon Laurishamense :

> Nunc quoque Barbati qui sint, attentius audi.
> Sunt ergo laici Miliensibus(*Monachis*) associati,
> Quos risus populi dedit hoc agnomine fungi,
> Sunt quia prolixis barbis ad pectora pexis
> Deformes, hirti, revera moribus hirci,
> Barbis hircorum similes, larvis tragicorum.
> Quos quia vulgaris circumfert aura favoris,
> Austera facie sunt, et tonsi caput alte,
> Cautius incisis certoque tenore capillis,
> Et sunt immensis induti calceamentis,
> Amphibalis longis utentes et spatiosis.
> Quos quid habere putant, submissa fronte salutant,
> Gratia, Pax vobis, Benedicite, Credite nobis,
> Mille Pater noster, demandat grex tibi noster,
> Per venias centum verrunt barbis pavimentum,
> Ut Domini servos plebs mobilis æstimet ipsos.
> Verum fallaces fore se produnt et inanes, etc.

Barbatos Grandimontenses sic exagitat Stephanus Tornacensis Epist. 152 : *Luctuosum in Ecclesia Dei spectaculum fideli ac flebili compassione prosequimur : Grandimontenses Conversos miserabilem cœtum Clericorum exultantium barbis prolixis, tanquam cornibus ventilantes, etc.* Exstant de hac Barbatorum Grandimontensium insolentia Diplomata Joannis Regis Angl. apud Guil. Prynneum in Libertatib. Eccles. Angl. tom. 3. pag. 23. Statuta Ord. Præmonstrat. dist. 4. cap. 11 : *In Ecclesiis vero, in quibus Conversi sunt adeo rebelles, quod nolunt cappas griseas et barbas ordinatas habere, de cætero non recipiantur Conversi, donec recepti cappas griseas receperint, et barbas habuerint ordinatas*. Vide Miracula S. Wilfridi cap. 8.

Barbati præterea appellati Monachi Ordinis cujusdam Monastici, cujus meminit Albericus ann. 1113 : *Scripsit quædam de Ordine Fratrum Templi et Barbatorum*. Idem Albericus, et ex eo auctor M. Chronici Belgici ann. 1240 : *Ordo Fratrum Barbatorum, qui etiam circa hoc tempus cœpit, habebat domos* 160. [** Hæc in Leibnitii edit. ad ann. 1113. pag. 224. in Magn. Chron. Belg. ed. Pistor. pag. 141. lin. 4.]

¶ 2. **BARBATUS**, *Epilepticus*. Papias ad vocem *Epilepsia . . . . Hos etiam Lunaticos vulgus vocat. . . iidem et Barbati* dicuntur.

* **BARBAZATUS**, idem quod *Baptizatus*, in Chron. Will. Godelli ad an. 1010. tom. 10. Collect. Histor. Franc. pag. 262 : *Judæi multi eo anno præ timore Barbazati sunt*. An quia fidem Christianam profitendo barbam radebant? Vide supra *Baptizati* et mox in *Barbescere*.

¶ **BARBECANUS**, Munitionis species, eadem quæ *Barbacana*, quod vide. Locus est in *Sbaralium*.

* **BARBELATUS**, a Gall. *Barbelé*, Dentibus seu aculeis, nostris *Barbeaulx*, munitus. Charta ann. 1312. in Reg. 48. Chartoph. reg. ch. 116 : *Duodecim sagittas ferris Barbelatis et pennis de pavone munitas nobis.... reddere et solvere tenenantur*. Lit. remiss. ann. 1448. in Reg. 176. ch. 584 : *Les Barbeaulx ou pointtes du plançon s'en atacherent à ung juppel, que avoit vestu icellui Pierre*. Vide *Sagitta* 2.

BARBERIUS, Barbitonsor, ex Gall. *Barbier*. Occurrit in Miraculis S. Goslini Abbat. n. 22. [tom. 2. SS. Februarii pag. 634. Et in miraculis B. Henrici Baucenens. inter Acta SS. Junii tom. 2. pag. 386. ubi pro Chirurgo sumitur, quod Chirurgi soleant tondere barbam : *Supervenit in brachio sinistro tumor, de quo incisa fuit per quemdam Barberium*. Hist. Dalphin. tom. 2. pag. 274. col. 1 : *Perotto Barberio pro emendo sapone Domino gran.* x.]

* **BARBESCERE**, *Commencer à estre barbu*, in Glossar. Gall. Lat. ex Cod. reg. 7684. Glossæ Lat. Gr. *Barbesco*, γενειάζω. *Barbé*, pro eo cui barba pullulat, adolescens, in Vita J. C. MS. :

> Puis s'en issent de la cbité
> Et li viel homme et li Barbé.

* *Barbier* vero nostri dixerunt, pro Barbam radere, Gall. *Raser*. Lit. remiss. ann. 1386. in Reg. 128. Chartoph. reg. ch. 238 : *Comme l'exposant estant en la ville de Pontoise fust alé pour se Barbier en l'ostel de Jehan Tuart barbier, et là eust fait rere ses cheveux et sa barbe, etc.* *Barboier*, eodem sensu, in aliis ann. 1394. ex Reg. 146. ch. 355 : *Lesquelx Thomas et Pierre entrerent en la taverne pour faire Barboier ledit Pierre par un barbier, qui lors estoit en la dite taverne*. Occurrit præterea in Reg. 156. ad ann. 1401. ch. 252. et in Reg. 182. ch. 9. ad ann. 1449. *Barbieré*, ad artem barbitonsoris pertinens, in aliis Lit. ann. 1388. ex Reg. 132. ch. 234 : *De fait ledit sergent print le bassin Barbierez du suppliant, dont il se aidoit à user de son mestier* (de barbier). Vide infra *Barbula* 2.

¶ **BARBESIO**, Γενειάζω. Vetus Glossar. Græc. i. Barbam gesto. [** leg. *Barbesco*.]

* **BARBETUS**, Panni species; f. quia villosus sic appellabatur. Testam. Vedasti epic. Silvanect. ann. 1335. inter Instr. tom. 10. Gall. Christ. col. 492 : *Item, legamus Agneti sorori nostræ.... unam garnachiam de Barbeto cum fourraturis*. Aliud est *Barbette*, fascia nempe pectoralis, qua utuntur moniales, sic dicta, quod a mento supra pectus descendat, Hispan. *Barbicacho*. Stat. Mss. monial. Congreg. Casal. Bened. cap. 12 : *Les sœurs professes du chœur porteront robbe noire et cotte blanche par dessoubs, audessus de la robbe auront un scapulaire large de serge et long à demy pied de terre, et audessus dudit scapulaire porteront un grand froc de serge noire avec manches larges et par dessus leurs couvre-chefs un voille noir avec frontelet et Barbettes*. Nota quoque hæc vox in collegio nobilium virginum Romarici montis. Ejusdem originis est vox *Barbiere*, quod mentum servet, pars scilicet cassidis, quam *Mentonniere* dicimus. Processus duelli ann. 1385. tom. 2. Probat. Hist. Brit. col. 508 : *Item un camail de fer. . . garni de Barbiere de fer, etc.* Vide *Barbuta*.

* **BARBIARIUS**, Desecator, Gall. *Scieur*; a *Barbatoria* seu linteo subtili, quod larvæ species est, qua vultum obtegunt, ne scobis oculos offendat, sic dictus. Reg. actor. capit. S. Petri Insul. ex Tabul. ejusd. eccl. : *Anno Domini* 1566. *mensis Julii die* 15. *domini mei decanus et capitulum injunxerunt ostiario capituli, quatenus dicat Barbiariis et carpentario ecclesiæ se nolle quod deinceps, videlicet Barbiarii Gallice du sawyn exsciccent, et carpentarius ligna super cemiterium hujus ecclesiæ advehat*. Insulensibus *Sawin*, scobis est, Gall. *Scieure de bois*.

BARBICALIS, Machinæ seu λιθοβόλου species. Albertus Aquensis lib. 3. cap. 41 : *Sequenti die instrumenta trium mangenarum* (*Franci Barbicales vocant*) *opponunt ponti, quæ portam et turrim portæ ejusque mœnia crebro jactu et impetu saxorum quaterent et impeterent*.

BARBICANA. Vide *Barbacana*.

* **BARBICANAGIUM**. Vide in *Barbacana*.

* **BARBIGER**, *Bubo, avis onusta plumis*; *Barbajoha*, *Prov*. Glossar. Provinc. Lat. ex Cod. reg. 7657.

* **BARBIOLUS**, diminut. ab Ital. *Barbio*, Barbus minor, Gall. *Barbillon*, alias *Barbeil*, in Stat. Placent. lib. 6. fol. 79. v°.

* **BARBIPETA**, *Che percute lo instrumento da sonare*. Glossar. Lat. Ital. MS. Vide *Barbitista*.

BARBIRASIUM, Barbæ tonsio. Petrus Damiani lib. 1. Epist. 15 : *Ecclesiarum quoque rectores, ... tanto mundanæ vertiginis quotidie rotantur impulsu, ut eos a sæcularibus Barbirasium quidem dividat, sed actio non discernat*. Occurrit iterum Epist. 20. Idem lib. 8. Epist. 11 : *Presbyterum vel Episcopum abire prospiciunt, Barbirasos se videre fatentur*. Quippe Presbyteri ac Clerici barbam radebant. Willel. Malmesbur. lib. 3. de Gest. Regum. Angl. scribit *speculatores ab Haraldo Anglorum Rege in Willelmi Nothi castra submissos, retulisse pæne omnes in exercitu illo Presbyteros videri, quod totam faciem cum utroque labro rasam haberent*. [Petri Diac. Discipl. Casin. in veteri Discipl. Monast. pag. 3 : *Nullus tonsuram vel Barbirasium faciat absque Decani imperio*.]

¶ BARBIRASUS. Vide *Barbirasium.*

¶ BARBITA, *Fistula pastoralis.* Papias MS. [** *Barbitium, est instrumentum musicum.* Gemma Gemmarum.] Hinc *Barbitista.*

* BARBITARIUS, Barbitonsor. Chron. abbat. Corb. MS. fol. 8. v°. ubi inter ministeriales numerantur *Barbitarii duo.*

¶ BARBITISTA, in Glossario MS. Montis S. Eligii Atrebat. : *Qui vel quæ cantat cum Barbito.*

BARBITONDIUM, *Tonstrina*, Papiæ. Joanni de Janua [et Glossar. MS. Montis S. Eligii Atreb.] : *Tonsura barbæ, vel locus ubi tondetur.*

* Glossar. Gall. Lat. ex Cod. reg. 7684 : *Barbitondium, Barberie.*

¶ BARBITONSOR passim occurrit apud Scriptores inferioris ævi. Vide si vis Lobinellum Hist. Britan. tom. 2. pag. 560. Josephum *de Aguirre* tom. 3. Concil. Hispan. pag. 681. ann. 1473. Limborch. lib. Sent. Inquisit. Tolos. pag. 70. Hist. Dalphin. tom. 2. pag. 524. Ludewig. tom. 6. Reliq. MSS. pag. 127. etc.

* BARBITONSORIA, Eadem notione, qua *Barbitondium.* Stat. Avenion. lib. 1. pag. 79. art. 3 : *Item quod nullus audeat officinam, aut apothecam, quam vocant Barbitonsoriam, apertam tenere, etc.*

* BARBITONSTRIX, *Barbaria, Barbiere*, in eod. Glossar. 7684. *Barbitontrix*, in Aresto ann. 1395. 23. Dec. ex vol. 8. arest. parlam. Paris. : *Omnes barbitonsores et barbitontrices operatorium in villa et banleuca Parisiensi tenentes, etc.*

BARBIZELLUM. Otto Morena in Hist. Rerum Laudensium pag. 53 : *Erat autem in ipso Gatto* (vinea militari) *quædam trabes ferrata, quam Barbizellum appellabant, quam trahentes hi qui intra ipsum Gattum erant, foras plus 20. brachiis projicientes, in murum ipsius castri mirabiliter feriebant.* [Vide *Bercellum.*]

* Aries, vel quid simile, ut auctor est Carol. de Aquino in Glossar. milit.

1. BARBO, [Stultus, mobilis, mulierosus.] Vide *Barosus.*

¶ 2. BARBO, *Barunculus*, apud Papiam. Excerpta Pithœi : *Barbo, Barbunculus*, Gloss. Isid. *Barvo, Barunculus.* B. in V. mutato, ut alibi sæpe : quæ omnia non videntur aliud quam *Barbo* vel *Barbus*, piscis, Gall. *Barbeau;* de quo Auson. Mosella v. 134 :

Prospexique jubas imitatus gobio Barbi.

* BARBONI. Vide supra *Barbarius* 2.

* BARBOS, Teli genus, ut videtur. Stat. Massil. lib. 5. cap. 19. pag. 521 : *Item quicumque non equitando, sed pedester, cum balista, vel cum Barbos, vel aliter venando, vel non venando, transibit, vel ibit per alienam vineam, etc.* Vide infra *Barbulnius* et *Barbuta.*

BARBOTA, [et BARBOTTA,] Navis species. Oliverius Scholastic. de Captione Damiatæ : *Accidit ut una navis Templariorum, vi torrentis rapta, prope ripam civitatis præcipitaretur ad hostes, qui cum Barbotis et uncis ferreis ipsam impugnaverunt diutius.* Item : *Proximo etiam sabbato cum galeis, Barbotis, per flumen cum mangenellis,... nos impetierunt.* Ab Oliverio mutuati sunt quæ habent in eamdem sententiam Godefridus Monach. S. Pantaleonis, et Matthæus Paris ann. 1218. et 1219. Sed perperam apud Godefridum *Barbulis* pro *Barbutis* irrepsit. [Jacobi de Vitriaco Hist. Orient. apud Marten. tom. 3. Anecd. col. 296 : *Post hæc vero Barbotam meam cum viginti hominibus in flumine amisi, quorum sex captivi ducti sunt, reliqui vero pugnando viriliter interfecti sunt.* Jacobi Auriæ Annal. Genuen. lib. 10. ad ann. 1228. apud Murator. tom. 6. col. 584 : *Paraverunt Barbottas, et de scalis nostrarum galearum junctis insimul fecerunt pontes in mari, ut eis melius appropinquare valerent.* Albertinus Mussatus de Gestis Henrici VII. lib. 13. rubr. 8. apud eumdem tom. 10. col. 534 : *Testudines, cataphractas, onerarias barquas, quas Barbottas nuncupabant... instruxere* (Pisani.)] Historia Belli sacri vernacula MS. : *Donc se conseillierent ensemble k'il feroient ce di cent 4. Barbotes, et seront toutes couvertes de cuirs biens et joins sierés, et iront aussi bien desous aigues, comme dessus.* Ejusmodi navium tectarum meminit Chronicon Petri IV. Regis Arag. lib. 3. cap. 10 : *E eren ne les set uxers grosses cui portaven cavalls, et vint naus grosses appellades naus de covent qui son de dues cubertes*, ubi Codex MSS. *qui son de* 3. *et de* 2. *cubertes.* Schefferus putat eas esse naves quas Sturlesonius in Chronico *jeernbarden* vocat, quasi dicas *barbam ferream.* Certe superne tectas fuisse par est credere : nam

BARBOTATA NAVIGIA, Ea quæ in modum *Barbotarum* tecta sunt, videntur appellari a Sanuto lib. 2. part. 4. cap. 7 : *Indiget præterea dictus exercitus, quod ex istis navigiis antedictis aliqua sint incamatata, seu Barbotata, tali modo quod homines prædictorum non timeant lapides machinarum.* Vide *Barbuta.*

* Quod ejusmodi naves superne tectæ fuerint, aperte docet Petr. Cyrnæus de Bello Ferrar. apud Murator. tom. 21. Script. Ital. col. 1202 : *Noctu navigiis coopertis (Barbottas appellant) pontem ruinæ adfixerunt Veneti.* Unde *Galippe Barbotarde*, in Lit. remiss. ann. 1460. ex Reg. 192. Chartoph. reg. ch. 71 : *Iceulx pillarts estoient sur la riviere de Dordogne dedans une galippe Barbotarde, en laquelle il pensoit estre la plus grant partye du pillaige.* Hoc est, ad modum *Barbotæ* formata seu cooperta. [** Confer *Jal, Archéologie Navale*, tom. 2. pag. 258.]

* BARBUALDUS, Græcis μορμολύκειον, Idem quod mox *Barbuda.* Guil. Paris. episc. lib. de Morib. cap. 5. ex Naud. Mascurat. pag. 189 : *Hic est Barbualdus, qui pueris ad terrorem ostenditur, et de quo matres et nutrices parvulis minabantur : Barbualdus enim dicitur figura et pictura terribilis.* Vide mox

* BARBUDA, *Prov. Larva, quæ ponitur in facie ad terrendum pueros. Cassis ferri et militum dicitur.* Glossar. Provinc. Lat. ex Cod. reg. 7657. Vide *Barbator* et *Barbuta.*

¶ 1. BARBULA, Barbæ species, Gall. *Barbillon*, pili qui in utraque oris parte quorumdam piscium nascuntur. Charta Goiberti ann. 839. apud Folquium Levitam Sithiensem lib. 2. pag. 109. MS. Sithiensis : *Anno eodem, post hæc in mense Novembris, cum infirmatus sensisset appropinquare obitus sui diem, descripsit ipse propria manu in tabulis ceratis, quæ exterius cœlatæ erant Barbulis crassi piscis, et subtus deauratæ erant, qualiter suas res manutercii sui disponerent.*

* 2. BARBULA, Adolescens, juvenis, nostris etiam *Jeune barbe.* Flettvood. in Sylloge antiq. inscript. part. 2. pag. 364 :

Qui bene cum ingenio florebas Barbula grato.

Vide supra *Barbescere.*

¶ 3. BARBULA, Mendose pro *Barbotâ*, ut dictum est in hac voce.

¶ BARBULATUS, Barbatus. Locum vide in *Cateia.*

* BARBULNIUS, inter arma, quibus offendi potest, recensetur, in Stat. Perus. pag. 46 : *Statutum est quod si aliquis..... malitiose cum gravi gladio, ense, falcastro, jusarma, Barbulnio, lancea, vel alio consimili percusserit, taliter quod sanguis exeat, solvat pro banno libras decem.* Vide supra *Barbos* et infra *Bario.*

¶ BARBUNCULUS. Vide *Barbo* 2.

¶ BARBURRA, Ἄφρον, ἀνόητος. Glossar. Vet. Lat. Græc. i. Insanus. Vide *Baburrus.* [* Leg. *Baburra.*]

BARBUSTINUS, *Homo qui fert barbam plenam prorisinis*, in Glossis Isidori : ubi Vulcanius *prurignis* emendat, hoc est *furfurum*, vel potius *porriginis.* Gloss. Græc. Lat. Πίτυρα, *furfures.* Πίτυρον, ἡ ἐν τῇ κεφαλῇ ῥυπάρια, *porrigium.*

BARBUTA, Tegminis species, qua caput tegebant milites, seu equites in præliis. Joan. Hocsemius in Engelberto Episcopo Leod. cap. 35 : *Erant omnes armati cum Barbutis in capite : et ultimo Rex cum multa gente supra parvum roncinum, armatus sicut alii cum Barbuta.* [Epist. Innocentii PP. VI. apud Marten. tom. 2. Anecd. col. 898. E : *Idem marchio, guerra hujusmodi et dicti vicariatus perdurante, de trecentis equitibus seu Barbutis, vivis, ut tuo utamur vocabulo, et ultra, illas bona fide, quantum se sua facultas extenderit, servire nobis et præfatæ Ecclesiæ teneatur.* Chron. Veronense ad ann. 1354. apud Murat. tom. 8. col. 654 : *Et ab alia parte civitatis Veronæ versus portam S. Maximi jam equitaverat D. Bernabous de Vicecomitibus de Mediolano, cum octingentis Barbutis.*] Acta confœderationis inter Galeacium, Mediolani Dominum et Amedeum Comitem Sabaudiæ ann. 1362. apud Guichenon. in Histor. Sabaud pag. 206 : *Habere et tenere tenetur ad offensam prædictam Barbutas mille quibus per Dom. Comitem satisfiat.* Et mox : *Habere tenetur suis expensis solum Barbutas trecentum*, hoc est, milites *Barbutis* armatos, quos postmodum Itali *Lances*, seu *Lanciarios* appellarunt, ut auctor est Matthæus Villaneus lib. 2. cap. 81. lib. 6. cap. 56. Utuntur eadem notione Thwroczius in Ludov. Reg. Hung. cap. 16. 21. 23. et Cortusii in Hist. lib. 7. cap. 20. Ariostus in Furioso :

Si pose in capo una Barbuta nuova.

Joannes Villaneus lib. 2. cap. 77 : *I tutti armati di corrazze et Barbute, come Cavalieri.* Statuta MSS. Ordinis Militaris *du Saint-Esprit au droit désir*, instituti die Pentecostes ann. 1352. a Ludovico Rege Neapolitano seu Siciliæ, cap. 24 : *Se aucuns des compagnons de l'Ordre se trouvera en aucun fait d'armes, là où le nombre de ses ennemis seront 50 Barbues, ou autres, et la part du Chevalier de l'ordre n'en s'étendit plus que le nombre de ses adversaires, etc.* Adde cap. 25. Vide *Barbaricum* et *Barbetus*.

* *Barbuce*, in Ordinat. milit. Caroli ducis Burgund. ann. 1473 : *Salade a baviere, Barbuce ou armet de gorgent, etc.* Si tamen leg. non sit *Barbute*, ut apud Rabelais. lib. 2. cap. 7.

¶ Barbuta, apud Sublacenses Monachos Caputium magnum sine cauda. Cæremon. Sublac. cap. 49 : *Vestimenta autem novitiorum sint sicut Monachorum, excepto quod pro scapulari portent capucium magnum sine cauda, quod nos vocamus Barbutam, et loco cucullæ mantellum longum nigri aut grisei coloris.*

BARCA, Isidoro lib. 19. Orig. cap. 1. est *quæ cuncta navis commercia ad littus portat.* Mox addit : *Hanc navis in pelago propter nimias undas suo suscipit gremio : ubi autem appropinquaverit portui, reddit vicem Barca navi, quam accepit in pelago.* [** Vide Forcellin. hac voce. Not. Tiron. : *Barca, Barcula, Barcella.*] Papias : *Barca a bajulando dicta, quæ cuncta commercia majoris navis ad littus portat.* Ugutio : *Barca, navis mercatorum, et quæ merces exportat.* Gloss. Sax. Ælfrici : *Barca* flotscip, id est, fluctus navis. [** Vide Bosworthi Lexic. Anglosaxon. 26, g. Anglice *A floatship.*] Paulinus Poem. 13 :

Ut mea salubri Barca perfugio foret,
Puppis superstes obrutæ.

Idem paulo ante *scapham sequacem* vocat. Abbo lib. 1. de Bello Parisiaco :

Quamplures numero naves numerante carentes
Extat, eas moris vulgo Barcas nominare.

Et lib. 2 :

... Barcas per flumina raptant.

Idem :

.... Barcas agitantque per omnes
Gallia queis amnes fruitur.

Althelmus de 8. vitiis :

Anchora fluctivagam nunc sistat anchora Barcham.

Capitulare Sicardi Principis Beneventani ann. 836. cap. 13 : *Barcas enim quæ ibidem ad oram advenerint, vel pro tempestate subduxerint; aut applicaverint per totam istam plagiam, etc.* Occurrit præterea apud Metellum in Quirinal. pag. 79. Arnoldum Lubec. lib. 2. cap. 8. Alcuinum Poem. 3. in Actis S. Thyrsi ex MS. Tolos. num. 34. in Passione SS. Hilariæ, Dignæ, etc. apud Velserum, in libro Miracul. S. Wlfranni Episc. n. 8. apud Monachum Florentinum de Expugnata Accone pag. 229. etc. Vide infra *Barga*. [Gallis olim *Bargotte*. Guillelmus *Guiard* in Hist. :

Li Rois est en une Bargotte,
Nul pointet ne se deconforte,
Le Cardinal devant lui porte
De la vraye Croix la semblance,
Un autre vaissel les devance.]

Vocem a Βάρις voce Græca, quæ genus ædificii rotundi, ut est turris, sonat, accersit Salmasius in Kercoetium. Jul. Scaliger Exercit. 51. in Cardanum, a Βάρος, ab oneribus gerendis : alii a *Barca* urbe Africæ. Rodericus Toletanus lib. 1. de Rebus Hispan. cap. 5. a *Barca*, Barcinonem, celeberrimam Hispaniæ urbem nominatam auctor est. Βάρκαν, dixere etiam Scriptores Græci recentiores aliquot, Βάλκαν Nicetas in Alexio lib. 1. num. 7. et Harmenopulus lib. 2. tit. 11. § 9. [** Vide Glossar. med. Græcit. Raynouard. Glossar. Roman. vol. 1. pag. 186. et Diezii Grammat. Roman. pag. 26.]

¶ Barcha, [** Annal. Vedastini ap. Pertz. vol. Script. 1. pag. 530. lin. 13.] in Statutis Massil. pag. 437 : *Ordinamus quod nulla navis vel lignum caupulusve, vel Barcha aliqua teneatur deinceps plena aqua in aliqua parte portus Massiliæ.* [** Chart. ann. 1246. ap. Jalium Antiq. Naval. vol. 2. pag. 393 : *Spazina una nova pro Barcha cantherii, scandalio uno furnito; Barcha una de canterio dicte navis cum remis 52. spaca et una, et cum sarcia sua necessaria ipsi Barche. ..... Barcha una de parescalmo dicte navis cum remis 32., arganello uno, spaca una et rampegolo uno; Barcha alia de parescalmo dicte navis cum remis 34. et spaca una.* Vide Jalium pag. 406. 407. *Barcha duorum thimonorum*, vide infra in *Tarrita.*]

¶ Barka, in Chron. Corn. *Zantfliet* apud Marten. tom. 5. Ampliss. Collect. col. 71 : *Verum Fratres de Accon cum Barka venerunt, etc.*

¶ Barchia, Idem quod *Barca*. Arrestum Comitatus Massil. : *Quantum ad bladum Barchiarum quod ipsi teneant cavalletum per totam diem.*

Barcia. Historia Fundat. Monasterii S. Vincentii ad Lisbonam : *Habuitque in Comitatu suo electam virorum fortium manum ... in 160. navibus, quas Barcias nominamus.*

Barcella, quæ alias *Navicula* dicitur, vas Ecclesiæ, in qua thus reponitur ad incensum, Acerra. Charta ann. 1197. apud Ughellum tom. 7. Ital. sacr. pag. 1274 : *Barcellam unam æneam et superauratam pro incenso immittendo, etc.*

Barketta, Minor barca, seu navicula, apud Petrum de Vineis lib. 2. Ep. 36. lib. 5. Ep. 78.

¶ Barchetta, Eadem notione. Bartholomæi Scribæ Annal. Genuen. lib. 6. ad ann. 1226. apud Murator. tom. 6. col. 444 : *Quare prædictus Potestas galeas quatuor et duas sagitteas et bucium magnum et Barchettas et alia ligna armavit.* Vide *Barchalina*.

Barcare, Navim inscendere, vela facere, Gall. *s'Embarquer*. Chronicon. Anonymi Barensis ann. 1025 : *Bugiano cum Barenses Barcavit Messinum.* Ann. 1038 : *Descendit Michail Patricio,... et Barcavit cum Maniaki in Sicilia.* Ann. 1060 : *Et Robertus Dux Barcavit Sicilia.*

Barcarius, *qui barcas facit, vel ducit*, Ugutioni et Joanni de Janua. *Barcarii*, in Notitia Imperii, a *Barca* dicti, ut censet Guichenonus in Historia Sabaud. pag. 8. *Præfectus classi Barcariorum Ebreduni Sabaudiæ*, id est, remigum. [** Gemma Gemmar. : *Barcharius, qui Barcha utitur aut eam facit.*]

* Barcagium, Hispan. *Barcage*, quod pro *Barca* transvectoria exigitur. Charta ann. 1343. in Reg. 74. Chartoph. reg. ch. 514 : *Cum vectigalibus, Barcagiis, aspagiis, costumis, etc.* Vide infra *Barchatinus*.

* Barcata, Onus *barcæ*, Hispan. *Barcada*, Gall. *La charge d'une barque.* Charta Joan. regin. comit. Provinc. ann. 1379. ex Cam. Comput. Aquens. : *Quod pro qualibet Barcata annonæ, necnon et alterius bladi, et pro qualibet Barcata rusquæ, quæ extrahebantur de Provincia, et ibant ad alias partes maritimas, solvebantur et consuetum erat solvi pro qualibet Barcata quinque solidi monetæ currentis..*

BARCALA. Fragm. Petronii : *Videtis, inquit, mulieres, compedes : sic nos Barcalæ despoliamur.* [Vide *Baburrus*.]

¶ BARCALABÆ. Vide *Baburrus*.

¶ BARCALAUREUS, pro *Baccalaureus* academicus, in Vita S. Thomæ Aquinat. cap. 3. n. 15. inter Acta SS. Martii tom. 1. pag. 663.

BARCANDA, *Conca ærea*, in Gloss. Isid.

BARCANIARE, Barganniare, Barguinare, Tricari, tergiversari; Italis *Barganare*, nostris *Barguigner*, quod proprie est licitando cunctari, *Marchander*. [** Vide Raynouard. Glossar. Rom. vol. 1. pag. 187. voce *Barganh*. Murator. Antiq. vol. 2. col. 1149.] Ebrardus Betuniensis in Græcismo cap. 9 :

Institor est, instat qui pro precio minuendo :
Mercator vendit, institor illud emit.

Capitula Caroli Calvi tit. 28. [** Edict. Carisiac. Pertz. vol. Leg. 1. pag. 477.] : *Missus Reip. provideat, ut si non invenerit illum denarium merum, et bene pensantem, ut cambiare illum mercanti jubeat. Si autem illum denarium bonum invenerit, consideret ætatem, et infirmitatem, et sexum hominis, quia et feminæ Barcaniare solent, et aut ictibus, prout videbit competere, aut minutis virgis... castiget.*

Barganniare. Leges Ethelredi Regis apud Wanetingum editæ cap. 26 : *Mercatores qui bonam pecuniam portant ad falsarios, ab ipsis emunt, ut impurum et minus appendens, et inde mangonant, et Bargan-niant, etc.* Leges Edw. Confess. : *Nemo Barganniet extra portum,... quod si quis extra portum Barganniet, Owerhinessæ Regis culpa sit.*

¶ Barganizare, Bargannizare, apud Rymer. tom. 8. pag. 162. col. 1 : *Ad tot equos Barganizandum, emendum, et providendum, et eos, cum sic Barganizati, empti et provisi fuerint, etc.* Et tom. 13. pag. 164. col. 1 : *Emere, vendere, mercandizare, deliberare, recipere, Bargannizare et commutare, cambiare, excambiare, recambiare, etc.* *Madox* Formulare Anglic. pag. 288 : *Dedi, concessi, Barganizavi, vendidi et hac præsenti charta mea confirmavi.*

Barguinare Eodem significatu ac *Barcaniare*. Charta S. Bernardi Abbatis Clarevall. ann. 1145. in Tabulario Episcopat. Altisiod. : *De illis qui pisces vendunt, Comes habet 4. creditarios, in quibus Episcopus nihil accipit. Si ad alios Thelonearius Episcopi primus advenerit, et primus Barguinaverit, tantum accipiet, quantum Curia Episcopi necesse habebit, et Thelonearius Comitis faciet, si pariter venerint, pariter accipient quod invenient. Similiter in aliis victualibus facient. Barguigner*, nostris. Joinvilla in S. Ludovico : *Quant le Souldan entendit la bonne volonté du Roy, il dist, Par ma foy, franc et liberal est le François, qui n'a voulu Barguigner sur si grant somme de deniers.* Vetus Statutum de Mercatorib. Parisiens. apud Brodeum in Cons. Paris. art. 89 : *Si une personne Barguine denrée à l'estail, ou à l'ouvroer d'un marchand où il veut acheter, etc.* Statutum pro Megiceriis Parisiensibus : *Nul ne puisse Berguigner peaux de boucherie au Dimenche, ne aux Festes solennelles, etc.* Occurrit rursum infra. Libertates villæ de Perusa ann. 1260. apud Thomasserium pag. 99 : *Si hom estranges Bargine aver à la Paerose, etc.* Le Roman *d'Aubery* MS. :

Je suis pucelle, jonette et escLavie,
Si dois bien i estre des homes Bargingnie.

Balduinus de Condato MS. :

N'est pas tele pane au marchié prise,
Ou on Bargaigne, ou on prise,
Vair et gris et tout autre avoir.

Anglis *to Bargaine*, est Paciscor, stipulor, contraho, a *bargain*, Stipulatio, contractus; unde *Bargain et sale*, contractus vicissim compensativus apud Rastallum in Explic. vocum obscurar. Cambrobritannis apud Boxhornium, *Bargen*, est etiam conventus, contractus, sponsio. A *Bargena*, deducit Scaliger ad Festum.

¶ Bargania, apud Rymer. tom. 7. pag. 378 : *Postquam emptor rationabiliter monetam pro iisdem vinis semel vel bis venditori eorumdem vinorum optulerit, liberationem eorumdem vinorum in Bargania existentium dictis emptoribus faciendi, et ea quam cito inde requisiti fuerint liberandi pro pretio superius ordinato.* Et tom. 13. pag. 161 : *Omnimodas usuras, contractus usurarum, Barganias corruptas, etc.* Et pag. 165 : *Venditionis, Barganiæ, emptionis, etc.*

¶ Bargannea, apud eumd. Rymer. tom. 13. pag. 164 : *Barganeas et conventiones facere et tractare.*

¶ Barganizatio. *Madox* Formulare Anglic. pag. 215 : *In complementum executionis et performationis quarumdam Barganizationis et conventionis.*

Barganizator. *Controversiarum Barganizatores*, in Statuto Bervicensi Edw. III. Reg. Angl. ann. 20. qui aliis lites suscitant : *Faiseurs de complots, pour susciter des procéz à autruy.* A voce Anglica *Bargaine*, paciscor, stipulor. Vide *Conspirator.* Occurrit præterea vox *Bargaine* in veteri Poëmate MS. cui titulus, *le Roman de la Prise de Hierusalem :*

Dedans Jerusalem ot un temps molt estrange,
Mult i ot de vitail delirose Bargainne.
Ou i prant un dernier d'une sole chastaigne,
Morte est la povre gent, ni a cel ne se plaigne,
Mult on fait en cest an doloirose Bargainne.

Vetus Poema vernaculum MS. dictum, *les Enseignemens Trebor de vivre saigement :*

Més quant elle est à Barquenoier,
Ki donques li vodra aider,
Il li saura gré de l'ouraigne;
S'il est prodom cil qui Barquenne,

* **BARCARIUM.** Vide *Bercarium.*

* **BARCATA.** Vide in *Barca.*

BARCELLA, Barcha, Navicula. Vide *Barca.*

¶ **BARCHALCUS.** Vide *Barscalcus.*

¶ **BARCHALINA**, Navicula. Spicil. Acher. tom. 6. pag. 277 : *Dispositus erat ire in una Barchalina.* Vide *Barca.*

BARCHANEUM, Charta Ecclesiæ Deiparæ Scardonensis in Dalmatia ann. 1307. apud Joan. Lucium pag. 202 : *Se obligaverunt solvere pro arboragio porti, et pro transitu Barchanei lib.* 600. f. *barcarum.*

* Idem quod mox *Barchatinus.*

* **BARCHATINUS**, *Barguetin*, Moneta Veneta, pretium trajectus aquæ, ut putat Robert. Cenal. de Ponder. et mensur. fol. 66. r°. edit. Paris. ann. 1547.

* **BARCHERIA**, Ovile, Gall. *Bergerie.* Tabul. archiep. Bituric. fol. 129. v°. : *Dehinc secundum quod protenduntur fossata, quæ claudunt Barcheriam et grangiam ipsius dominæ.* Vide in *Berbix*, 1.

* **BARCHEROLUS**, Nauta, in Addit. ad vitam S. Antonini tom. 1. Maii pag. 345. col. 1.

¶ **BARCHETA**, vel Barchetus, Idem videtur qui Noctivagus vigil, quem dicimus Gallice, *Soldat du guet*, nisi forte malueris intelligendam esse naviculam, qua tempore noctis vigiles egrederentur Verona per Athesim fluvium ad perlustranda hujus urbis suburbia, de quibus agi videtur in loco citato ad vocem *Baroselli*, ubi locum illum legito.

¶ **BARCHIGLIA**, *Mensura frumentaria in regno Valentino.* Acta. SS. Maii tom. 4. pag. 92. B.

* Academ. Hispan. in Diction. *Barcella*, Mensuræ genus capiens duos modios.

¶ **BARCHIN**, Monetæ species. Contractus Matrimonii, Spicil. Acher. tom. 8. pag. 259 : *Dono et constituo vobis eidem marito meo in dotem quatuor millia librarum de Barchin de Terno, de qua moneta sexaginta quinque solidi valent unam marcham argenti fini, recti, pensi, Perpiniani.* [* Abbreviatio est pro *Barchinona.*]

* **BARCHONUS**, Barconus, Italis *Balcone*, Fenestra. Stat. civit. Astæ collat. 11. cap. 126. pag. 37. v°. : *Statutum est quod non sit aliqua persona, quæ audeat.... trahere seu projicere vel sturminare aliquos lapides ad aliquam fenestram seu Barchonum, vel hostium alicujus domus.* Stat. crimin. Saonæ cap. 35. pag. 75 : *Non possit etiam vel præsumat aliqua persona.... frangere hostium, Barconum, vel fenestram, vel portam alicujus civis.* Vide *Balcones* 1.

* **BARCHUS**, ab Ital. *Barco*, Vivarium, Gall. *Parc.* Annal. Placent. ad ann. 1445. apud Murator. tom. 20. Script. Ital. col. 980 : *Die 14. Julii tanta fuit tempestas in civitate et districtu Papiæ, et tam grossæ grandines, quod.... quamplures belluas, cervos, damas, capriolos et aves, et maxime in Barcho Papiæ interfecit.* Vide *Parcus.*

¶ **BARCIA**, Navicula. Vide in *Barca.*

BARCIÆ, *barbari.* Gloss. Isid. [ad quas Grævius : in aliis Glossis legitur *Barchiæ.* Scribo, inquit, *Barcei* ex Virgilio, *lateque furentes Barcei*, seu *Barcæi.* Sunt populi in Marmarica.]

¶ **BARCIOLUM**, Cunæ, Gall. *Berceau.* Vide *Berciolum.*

* **BARCONUS.** Vide supra *Barchonus.*

BARCUS. Vide *Bargus.*

BARCUSSIUS, Navis species, a *Barca*, ut videtur, vox deducta. Thomas Archidiaconus in Historia Salonitana cap. 36 : *Invaserunt 4. Barcussios Spalatensium, qui erant missi ab exercitu ad aliud insulæ caput.* Paulus de Paulo sub ann. 1402 : *Armigeris Regis Ladislavi in uno Barcusio supervenientibus.* Joan. Villaneus lib. 6. cap. 70 : *Armarono in Genova galeæ, uscieri, batti, e Barcosi.* [** Arabibus etiam hæc vox nota. Vide Jal. Antiq. naval. vol. 1. pag. 466. not.]

1. **BARDA**, Gall. *Barde.* Charta Ildefonsi Comitis Tolosæ ann. 1144 apud Catellum in Hist. Occitan. pag. 324 : *De Crusellis quos extranei attulerint et vendiderint, præbeant domino quatuor denarios, et de Barda duos.* Academicis Cruscanis, *Barda*, est *armadura di cuoio cotto, o di ferro, con laquel s'armava la groppa, il collo, e'l petto dei cavalli, che perciò si diceau bardati.* Sed vix putem idem valere quod in hac Charta. Vide Cl. Menagii Origines Italicas. [*Barda* genus est ephippii in Occitania usitati. Capitul. General. MS. S. Victoris, Massil : *Item dicimus de cellis, Bardis et frenis irregularibus, etc.* Gallis, *Barder*, est equum ornamentis instruere.]

* Charta hic laudata, ut et apud Occitanos, Provincialesque *Barda*, ephippii genus est, seu potius clitella, Gall. *Bast;* quo sensu etiam legitur in Constit. Feder. reg. Sicil. cap. 36 : *Quia olim aliqui officiales, curiales, potentes et aliæ personæ sub ratione eorumdem, causa equitandi ipsi, vel eorum familiæ, vel deferendi eorum arnesia, animalia nostrorum fidelium ad sellam et ad Bardam, absque voluntate dominorum, illicite capiebant.* Vide infra *Bardo. Barde* vero nostri vocabant armaturam equi, qua ejus latera et pectus tegebantur. Andr. *de la Vigne* in Hist. Caroli VIII. pag. 162 : *Lequel* (cheval) *estoit bardé au possible et sur ladite Barde estoient les couleurs devantdites blanche et violette, à croisettes de Hierusalem fort riches.* Quod genus tegumenti, facile fluxisse a militibus ipsis ad equos, observat Carolus de Aquino in Glossar. milit. ubi de vocis etymo sic disserit : *Appellatum vero est Barda illud tegumen, non a Bardæis, Dalmatiæ populis, ut adversus Casaubonum contendit Salmasius; sed a Bardis, populis Galliæ, ut opinatur Vossius in Etymol. Id plane evincunt testimonia veterum de bardocucullo, quod est vestimenti genus, ex quo natas existimamus equorum bardas. Equorum stragula ad usum bellicum ex corio instituisse, vel eorum usum renovasse potius, apud Italos Albericum Babianum, narrat Jovius in Historia Sfortiæ :* Imposuit et indumenta equis, quæ *Bardæ* vocantur, recocto e corio : *Aliam originem vocis* Bardæ *et* Bardati equi *trahit Ferrarius a dictionibus* Cataphracto *vel* cooperto, *vulgo corruptis. Longe melius alii a* Bardocucullo, *sive* Bardaico *cucullo veterum, ut supra indicavimus. Habemus hinc vocem* Bardella, *qua indicamus rudem sellam equorum vel asinorum pullis injici solitam. Et quoniam qui ejusmodi equis vel asinis insident, crebro succussu agitari, motusque parum compositos solent edere, hinc sessores illi proprie dicuntur Italis* Sbardellati; *et per quandam analogiam* Sbardellati *etiam vulgo eos dicimus, qui præter decori leges et communem consuetudinem aliquid agunt.* Vide *Bardatus* 1. et *Equus vestitus.* [** Confer, Raynouard. Glossar. Roman. voce *Bardel*, vol. 1. pag. 187. Murator. Antiq. Ital. vol. 2. col. 1149.]

* 2. **BARDA**, Bipennis, securis. Vide supra *Alabarda.*

BARDÆA, vel Bardala, apud Gallos, *alauda* dicitur nominata in veteri Lexico apud Turnebum lib. 13. Adv. cap. 25. lib. 20. cap. 37. Glossar. Lat. Græc : *Bardala*, κορυδαλλός, εἶδος ὀρνέου. [Aliud Glossar. Lat. Græc. *Bardalia*, κορυδαλλός, ὄρνεον.] Excerpta ex vet. Gloss. cap. de Avibus : *Bardea*, (infra *Bardaia*) κορυδαλλός. [Bardæa, quia canoræ vocis est, derivari videtur a *Bardo* filio Druidis, qui musicæ et carminum inventor habebatur apud Gallos. Vide *Bardus* 1.]

¶ **BARDAIA**, *Bardala*. Vide *Bardæa*.

* **BARDANA**, *Lapago major, personatia, vel personaria, idem secundum expositiones antiquas*. Gloss. medic. Simonis Januens. ex Cod. reg. 6959. vulgo *Bardane*. Vide Diction. Trevolt. in hac voce.

* **BARDARII**, Sicarii, scelerati. Vide *Berroerii*.

¶ **BARDARIOTA**. Vide *Primicerius Bardariotarum*, [** et Glossar. med. Græcit. col. 176.]

* **BARDATUM**, Locus ubi varia supellex servatur, Gall. *Garde-meuble*. Inventar. MS. bonor. Raym. de Villanova ann. 1449 : *Sequuntur res repertæ in Bardato; primo una magna arca ad tenendum farinam. Item quædam raupa de viride, foderata tella rubea, etc.*

¶ 1. **BARDATUS** Equus, id est, cataphractus a *Barda*, Ephippium, apud Murator. tom. 3. pag. 649. col. 2. ubi de coronatione Bonifacii VIII. Papæ : *Isti quinque Vexilliferi habebunt equos cataphractos sive Bardatos et coopertos tela sericea usque ad talos equorum*. Idem habent Acta SS. Maii tom. 4. pag. 468. B. nisi quod pro *sericea* magis Latine legitur *serica*.

* *Barda* scilicet tectus, coopertus; nostris quippe olim *Barder*, pro Operire, *Couvrir* : unde *Barder* dixerunt pro *Paver*, terram, viam lapidibus tegere seu sternere. Charta ann. 1427. inter Probat. tom. 3. Hist. Nem. pag. 222. col. 2 : *Les euvres et réparacions de Bardement ou pavement cy après designées :.... premierement de Barder et paver de bonnes pierres, etc.*

¶ 2. **BARDATUS**, νάννος, τὸ σκεῦος. Nasiterna, nanus. Supplem. Antiquarii.

¶ **BARDEA**. Vide *Bardæa*.

¶ **BARDEI**, Ἰλλυριοὶ δοῦλοι, οἱ καὶ ἀγωνισάμενοι ὑπὲρ τῆς Ἰταλίας κατὰ Κίννου καὶ Μαρίου στρατευσάμενοι, καὶ ἐκ τούτου τυραννῆσαι κατὰ τῶν δεσποτῶν, τούτους Σερτώριος δόλῳ περικυκλώσας ἀναιρεῖ. Supplem. Antiquarii. [** Vide Stephan. Thesaur. Ling. Gr. voce Βαρδιαῖοι, ed. Didot. vol. 2. col. 124. et mox *Bardes*.]

* **BARDENA**, Idem videtur quod *Defensa*, 3. Ager nempe, pratum vel silva sepimentis cincta, ab Hisp. *Barda*, sepes, ubi aut pascua seu animalia immittere, aut aliud quidpiam facere, quod iis noceat, non licet. Ordinat. pro reformat. regni Navar. ann. 1322. in Reg. A. Cam. Comput. Paris. fol. 159. v°. : *Item cum castellanus castri de Sancheravarca teneatur custodire Bardenam regis, et sit valde dampnificata et destructa propter defectum custodiæ, quia pauci erant custodes; ordinatum est quod castellanus dicti castri habeat decem homines, etc.* Fol. 160. r°. : *Item dicti decem homines de novo positi in custodia dictæ Bardenæ solvantur de emolumentis dictarum ferrariarum, et recipiantur in castro una cum aliis, et juvabunt remanentes in castro, et illi de castro eos in Bardena, si necesse fuerit.* Rursum fol. 162. r°. : *Item concilium de Caparroso emit terminum de Coscoilleta, quem tenere non potest sine pecta.... Ordinatum est quod prædictum concilium compellatur solvere pectam de roturis, quas fecit in Bardena, una cum dampno nemoris facto.* [** Vide *Barta*.]

¶ **BARDERIUS**. Vide *Berroerii*.

¶ **BARDES**, Ἰλλυριὸς δοῦλος, δορύκτητος : *Calo*. Suppl. Antiquarii. Vide *Bardei*.

¶ **BARDESANISTÆ**, *Heretici simili dementia ut Valentiniani aberrant, qui inter cætera exsecranda mysteria, Christum cæleste corpus habuisse confirmant, nec adsumpsisse carnem de Virgine, sed per eam, quasi aquam per fistulam transisse deliberant.* Gloss. Sangerm. [** In Gloss. cod. reg. 7644. ut ex Isidor. qui de Valentinianis Orig. lib. 8. cap. 5. sect. 11.]

* Vide Baron. ad ann. 175. num. 16. et seq.

¶ **BARDIA**, f. pro *Bargia*, navicula. Locum vide in *Galedellus*.

¶ **BARDICATIO**. Libellus de Remediis peccatorum apud Marten. tom. 4. Anecd. col 27 : *Pœnitentia Bardicationis glandellæ post obitum laici vel laicæ*, L. *dies in pane et aqua. Si post glandellam morientem in partu, vel cohabitatorem, vel cohabitatricem fidem habentem* XL. *dies in pane et aqua*. Notum est quantis cum ululatibus olim funus curabant; his vero cum varias superstitiones, decantatis quibusdam cantilenis, adjecissent, ejusmodi ululatus constanter prohibuere Episcopi, statuentes pro mortuis jejunia et oblationes commodius offerri. [** Concil. III. Tolet. can. 22. et 23.] Capitul. lib 6. cap. 197 : *Et quando eos* (mortuos) *ad sepulturam portaverint, illum ululatum excelsum non faciant*. Et cap. 198 : *Fideles pro defunctis amicorum et parentibus eorum jejunia et oblationes triginta dies adimplere faciant*. Capitula Herardi Archiep. Turon. num. 56. tom. 1. Capitul. col. 1291 : *Ut exequiæ mortuorum cum luctu secreto et cordis gemitu fiant. Et psalmos ignorantes*, Kyrie eleison *ibi canant, et ut triginta diebus amici et parentes pro eis agant*. Statuta MSS. Augerii Episc. Conseran. vetant *carmina diabolica quæ super mortuos nocturnis horis vulgo fieri solent*. Porro cum de *clamore dolore excitato* hic agatur, recte *Bardicationis* voce ejusmodi ululatus intelligitur proscriptus, cujus loco jejunium subrogatur defuncto profuturum. *Bardicatio* vero a veteri Gallico seu Britannico *Bardic* vel *Barzic*, quo significatur aulædus seu plebeius cantor in choris popularibus et cœtibus rusticanis; unde *Bardicare* instar rustici cantoris clamare; et *Bardicatio*, clamor ineptus.

[* Haud dubie a *Bardus*. Vide in hac voce.]

BARDIGIOSUS, Bardus, stultus. Felix Girwensis Monachus in Vita S. Guthlaci num. 9 : *Non vanas vulgi fabulas, non rusticolarum Bardigiosos vagitus, non falsidica parasitorum frivola*. Gloss. Græc. Lat. Ἀφυής, *Bardus, sine genio*.

¶ **BARDIRE**, clamare instar cervi. Vetus Glossar. Lat. Græc : *Bardit, rugit*, Ἔλαφος κράζει. *Bardire, rugire* cervorum est. Amalthea. Supplem. Antiquarii : *Bardit*, ἔλεφας κράζει, *Elephas vocem edit*. [** A veteri verbo *baren*, Clamare, de quo in Glossar. German. linguæ. Vide etiam *Bardus*, *Barrire* et *Baulare*. Adel.]

* **BARDO**, Ephippii seu clitellæ genus. Stat. Avenion. ann. 1243. cap. 135. ex Cod. reg. 4659 : *Statuimus quod sellerii et coopertorii..... non apponant in bardis, Bardonibus, sellis et coopertoriis, nisi borram vel cotonum*. Vide supra *Barda* 1.

¶ **BARDONATA**, *Qui palmas dat*. Gloss in Amalthea. [* Vide supra *Barbatta*.]

* **BARDONUS**, ut supra *Bardo*. Inventar. ann. 1218. inter Probat. tom. 1. Hist. Nem. pag. 67. col. 2 : *Inveni etiam in solario primo ejusdem staris quandam sellam cum Bardono*.

¶ **BARDUCIUM**, *Hastile jaculum, securicula levis*. Amalth. *Basilius eum insecutus imperatorio Barducio petiit*. Dominicus Macer ex Cedreno. [** A *Barda*, German. *Barthe*, Securis. Adel.]

¶ 1. **BARDUS**, inquit Festus, *Gallice cantor appellatur, qui virorum fortium laudes canit : a gente Bardorum, de quibus Lucanus canit :*

Plurima securi fudistis carmina Bardi.

De his plurima Martinius in Lexico : quod consule. [** Adde Glossaria Schilteri, Wachteri, Frischii et aliorum ubi etymon vocis ab antiquo *baren*, Clamare, canere probant. Adel.]

¶ 2. **BARDUS**, f. pro *Barbus*, Piscis, Gall. *Barbeau*. Spicil. Acher. tom. 7. pag. 509 : *Pisces qui afferebantur de Mosa, quos Poëtica licentia vocare possumus roceas et Bardos*.

¶ 3. Bardorum Societas. Vide *Caorcini*.

** 4. **BARDUS**. Conradi de Fabaria Casus S. Galli apud Pertz. vol. Script. 2. pag. 178 : *Celum astronomicum aureum gemmis stellatum, habens philosophicum intra se cursum planetarum, elephantes eciam et Bardos, ceteraque quam plura*. Vide *Barrus*.

* **BAREA**, *Una linea*, in Glossar. Lat. Ital. MS. [** Vide *Baria*, 1.]

¶ **BARECA**, An ædicula, tugurium? Gall. *Baraque*, Hisp. *Baraca*. Græcis recentioribus μπαράκα. Testamentum Tellonis Episc. Curiensis apud Mabill. Annal. Benedict. tom. 2. pag. 708. col. 1 : *Item ad vicum curtem meam cum tabulatu, cum Bareca, cum omnibus quæ ad ipsam curtem pertinent*

BARECTATORES. Vide *Baratator* in *Baratum*.

¶ **BAREFACTUS**. Vide *Bacerus*.

* **BAREGUM**, Septum ex cratibus, quo per noctem grex includitur, idem quod *Parcus*. Stat. Vallis Serianæ cap. 66. ex Cod. reg. 4619. fol. 117. v°. : *Debeant mutare Baregum et Barega, super omnibus montibus suprascripti communis, omnibus quindecim diebus*.

¶ 1. **BARELLUS**, Obex, clathri, vectis, Gall. *Barre*. *Barreau*. Charta Matth. Abb. S. Dion. arbitri inter Erardum Episc. Autiss. et Joan. *de Challon* Comitem Autiss. : *Item super hoc quod dictus Comes... per vim suam amoverat seu amoveri fecerat contra prohibitionem dicti Episcopi vel ejus mandati Barellum et serram cujusdam alterius portæ, quæ vocatur porta pendens*.

¶ 2. **BARELLUS**, Vas ligneum, cadus, Nostris *Baril*, Italis *Barile*, vel etiam Corbis. Chron. Henr. Knyghton. pag. 2627 : *Et miserunt* (aurum) *in Barellos ferratos ad* *adducendum in Franciam.* Apud Rymer. tom. 8. pag. 634. col. 2 : *De quolibet Barello ceparum venalium, unum quandrantem.* Ibid. infra : *De quolibet Barello allecum venalium, unum obolum.* Et pag. seq. col. 1 : *De quolibet Barello de pice, etc.* Et pag. 501. col. 1 : *Mandamus vobis quod certos libros in sex Barillis contentos, etc.* Et tom. 7. pag. 357. col. 2 : *Quinque paria caligarum, et duo magna paria cultellorum trancheours; in uno Barello ejusdem collectoris, ac ea omnia in quadam navi.* [** Charta Flandr. ann. 1262. ap. Lappenb. in Docum. Init. Hanseat. pag. 83 : *Barellus calibis venditus debet in exitu 4. den.*]

* 3. **BARELLUS**, Plaustri genus, idem quod infra *Barocia.* Vide infra *Barillerius.*

BARELUS. Monasticum Anglicum tom. 2. pag. 370 : *In Claustro habeat quilibet Frater Capellanus et litteratus, certam sedem et distinctam, et Barelum, vel descam.* [Videtur esse Mensa, Gall. *Bureau.*]

BAREOCIUM, perperam editum pro *Carrocium :* quod vide.

¶ **BARERIA**, Vectis, Gall. *Barre.* Vide *Barreria*, in *Barra.*

* **BARESCEP**, vox Belgica. Charta ann. 1286. in Chartul. Namurc. ex Cam. Comput. Insul. fol. 42. v°. : *Esqueils virscare et eskevinage devant dis je avoie le tierch des amendes,.... les kauweleries, les soumeleries et Barescep, dont je avoie les reliés, etc.*

BARGA, Bargia, Idem quod *Barca*, navicula, scapha oneraria, Gall. *Barque*, Ital. *Barca.* [** Hincmari Remens. Annal. ad ann. 876. ap. Pertz. vol. Script. 1. pag. 501. lin. 16 : *Nortmanni cum 100. circiter navibus magnis, quas nostrates Bargas vocant, etc.*] Epist. Comitis S. Pauli apud Godefridum Mon. ann. 1203 : *Vasa navigio apta 200. numero fuerunt, præter naviculas et Bargas.* Charta anni 1080. apud Miræum in Diplom. Belg. pag. 295 : *Navem unam magnam, quam Bargam vocant, ad opus transeuntium habebat Ecclesia Walciodorensis.* Epistola I. Episcopi Acconensis ad Honorium III. PP : *In Bargis et galionibus multitudinem pugnatorum... posuerat.* [Spicil. Acher. tom. 2. pag. 560 : *Multi vero illorum in stagno prædicto sese submerserunt, æstimantes se colligere in Bargis suis, etc.* Charta ann. 1245. ex Archivo S. Martini Vertavensis : *Cum Bargis, cymbis et naviculis ascendentes et descendentes.* Occurrit præterea apud Martenium tom. 1. Anecdot. col. 786. et alibi.] Le Roman *d'Alexandre :*

Fait appareiller et querre
Nefs et dromons, buces, et Barges.

[Et alibi :

Gardez, m'laissiez Barge, ne chalant ne bastel.]

Will. *Guiart.* ann. 1395 :

Se vont entrer eus el port ferir,
Qui mult orent lors nés et Barges.

Le Songecreux :

Comme un villain on le fait charier
Ou on le met en Barge marinier.

Villharduinus num. 83 : *Cil qui de Constantinople leur venoient aidier en Barges.* Utitur et n. 108. et 114. Vide Nicol. Trivettum in Chron. ann. 1191.

¶ Bargea, Eadem significatione, apud Rymer. tom. 5. pag. 232 : *Omnes naves, Bargeas et fluvos hujusmodi de guerra parari et muniri faciant.... de numero navium, Bargearum et fluvorum hujusmodi.* Ibidem occurrit frequenter. Videsis etiam tom. 6. pag. 167. et tom. 8. pag. 28. et supra in voce *Balingera.*

* Glossar. Gall. Lat. ex Cod. reg. 7684 : *Barge, nef d'escumeur de mer, paro. Bargot,* eadem notione, in Lit. remiss. ann. 1393. ex Reg. 145. Chartoph. reg. ch. 490 : *Comme l'exposant feust marinier en une barge ou Bargot d'armée à lance sur la mer, etc. Bergue,* in Stat. ann. 1398. tom. 8. Ordinat. reg. Franc. pag. 304.

Bargia, Eadem notione. Henric. de *Knyghton.* lib. 3. de Event. Angl. cap. 2 : *Angli vero per brachium maris venire fecerunt Bargias, batellos, naviculas, etc.* Et mox : *Pondus eorum suppressit Bargias in profundo.* Observat Spelmannus differre apud Anglos *barcam*, et *bargam*, Anglice *a barcke*, et *a barge* : hac enim (minori) in fluviis tantum utuntur; illa vero (navicula majori) mare trajiciunt. Quo sensu vocem *Barge* usurpat Villharduinus noster num. 83. 108. 114. Vide Appendicem ad Historiam Scoticam Hectoris Boethii, ann. 1466. [** Jal. Antiq. naval. vol. 1. pag. 359. Adde eundem vol. 1. pag 219. 434. vol. 2. pag. 246. 404.] [supra *Balanearium*] et mox *Bargiola.*

BARGANATICUM. Chr. Virdunense ann. 755 : *Carolus Magnus contulit Deo et S. Petro... ut nullis hominum Flaviniacensis Ecclesia in omni regno suo teloneum daret in civitatibus, mercatis, vicis, villis, pontibus, portibus, nec de rotatico, Barganatico, pulveratico, mutatico, salutatico, etc.* Occurrit pluries in Chartis Caroli Magni apud Doubletum in Hist. Sandionys. pag. 708. 709. Incertum vocis etymon, etsi a *barcaniare*, vel *barganiare*, ortum videatur, ita ut pro tributo accipi debeat, quod pro mercibus quæ in foris ac mercatibus venduntur et emuntur, præstatur. [Potius derivarim *Barganaticum* a *Barga*, quam a *Barcaniare*, ita ut sit, Tributum ex *Bargis* exsolutum : Alium intellectum pati non videtur locus seq. ex Præcepto Pippini Regis Franc. pro Monasterio Prumiensi apud Marten. tom. 1. Ampliss. Collect. col. 30 : *Nullo teloneo vel Barganatico, neque ex navali remigio, neque saumariis, vel de carrali evectione solvere nec reddere debeant. Teloneum* ad merces curru, *Barganaticum* ad merces *Bargis* vectas referendum puto.] Capitul. ann. 821. cap. 1 : *Volumus... ut nullus teloneum exigat nisi in mercatibus, ubi communia commercia emuntur ac venundantur.* Adde Capitulare 2. ann. 805. cap. 13. et lib. 3. Capitul. cap. 12. Vide *Barcaniare* et *Varcinaticum*

¶ Barganaticus, Eodem intellectu. Charta Caroli Regis Franc. apud Doubletum in Hist. Sandionys. pag. 709 : *Barganiare, Wultaticos, pontaticos, portaticos et cæteros teloneos ac Barganaticos.*

BARGANISATIO, etc. Vide *Barcaniare*,

BARGEA, Bargia. Vide *Barga.*

* **BARGELLUS**, Italis *Bargello*, Lictor, ipsorum lictorum dux. Stat. ant. Florent. lib. 1. cap. 33. ex Cod. reg. 4621. fol. 23. v°. : *Nullus de civitate... Florentiæ... possit.... concedere.... etiam in ultima voluntate potestati, capitaneo populi seu capitaneo guerræ... vel Bargello.... rem quamcumque.* Ibid. cap. 63. fol. 34. r°. : *Domini priores artium et vexillifer justitiæ.... possint.... deputare Bargellos et defensores.... ad persequendum et capiendum malefactores.* Vide *Barigildus.*

¶ **BARGELLA.** Vide *Bargilla.*

¶ **BARGENA**, Bargenna. Vide *Barginna.*

BARGIA, Vide in *Barga.*

BARGILLA. Papias : *Mantica, pera viatoria, sportella, Bargilla, bisaccia vulgo.* Alibi : *Bargella, bissiccia.* Ita Cod. MS.

BARGINA. Gloss. Anglosax. Ælfrici : *Bargina*, bocfel. Est autem bocfel Anglosaxonibus *pergamenum*, vel papyrus : qua notione usus videtur hac voce Althelmus de Laude Virginum cap. 29. de sancto Hieronymo :

Nam rudis et priscæ legis patefecit abyssum,
Septuaginta duos recludens Barginæ biblos.

Ubi frustra restituit Canisius *pagina.*

* **BARGINHARE**, Pacisci, stipulari, a *Bargen*, conventus, contractus, stipulatio. Vide in *Barcaniare.* Charta Aymerici de Rupe-cavardi ann. 1296. in Reg. 77. Chartoph. reg. ch. 311 : *De foro seu precio conveniatur et Barginhetur, et precium solvamus. Barguignement, licitatio,* in Glossar. Gall. Lat. ex Cod. reg. 7684.

BARGINNA, Bargenna, Barginus, BarGines, Barigena. Ita varie hæ voces efferuntur, apud Scriptores, quarum notio non omnino obvia ac perspicua. Gloss. Lat. Græc. : *Barginna*, νεκροφόρος. Βάρβαρος, προσφώνησις βαρβάρου. Kirkmannus lib. 2. de Funerib Roman. cap. 8. ita hæc capienda censet, ut vox *Barginna*, et Vespillonem, et Barbarum, significaverit, prætereaque fuerit Barbarorum acclamatio, quod vix putem. Quin potius malim cum Cujacio ad Novell. 43. Justin. existimare *bargenas*, fuisse *barbaros funerum elatores*, vocemque *Barginna*, esse barbaram non Latinam, quam a *Baar* videtur accersere Bignonius, et in veteri Glossario Saxonico *feretrum* dici observat; unde forte, inquit, *Bargina*, pro *funerum elatore.* Flavius Caper lib. de Orthographia : *Bargina, non Barginna, i. homo vitiosæ gentis, quia barbarus interpretatur vitiosus, unde et barbarismus dicitur vitium.* Bargenos, Troglodytidis regionis populos memorat Plinius lib. 5. Denique in Glossis Isidori *Bargines*, sunt *fortes in bello.* His adjungenda, quæ habent Grammatici recentiores. Glossæ MSS : *Bargina, peregrina.* Alibi : *Barginiæ, alienæ et alienigenæ.* Ugutio : *Barginus, et Barginis et hoc Bargine, i. alienigena, peregrinus, a Barus, et genus, vel genitivus, vel Baragines dicuntur fortes in bello, a Baro et genitus : Baronum namque ad modum se agunt, vel sunt fortes, quasi essent geniti a Baronibus.* Eadem ferme Joan. de Janua. [Glossar. MS. Montis S. Eligii Atrebat. : *Barginus, Alienigena, peregrinus a Barbaris et Gens.*] Qui vero *Barginus* istis Auctoribus, *Barrigena* dicitur Papiæ. *Barrigena, peregrinus.* Glossar. Lat. MS. Reg. *Barigenæ, Peregrinæ.* [Gloss. Isid. *Barrigenæ, Peregrinæ.* Ad quod Grævius ait credere se intelligendas illas mulieres, quæ Senæ in insula Gallica habitabant, de quibus Mela 3. 6 : *Sena in Britannico mari, etc. Cujus antistites perpetua virginitate sanctæ numero novem esse traduntur : Barigenas vocant, putantque ingeniis singularibus præditas,* *maria ac ventos concitare carminibus, sese in quæ velint animalia vertere, sanare quæ apud alios insanabilia sunt, scire ventura et prædicare.* Hæc Grævius post Vossium, ad quem mittit lectores.] Vide præterea Savaronem ad Sidon. lib. 6. Epist. 4. Occitanis *debargina* est *Brouiller, Mettre en desordre.* [** Voces Barginus, bargina, etc. corruptæ sunt a Peregrinus, peregrina, peregrinator, viator religionis causa. Vide Gronov. Observ. Script. Eccl. cap. 2. Adel. Vide *Vargus*, quod cognatum videri haud inepte monetur apud Forcell. h. v.]

* Hinc origo accersenda mihi videtur vocis *Barragouin*, cujus interpretatio aperta est ex Lit. remiss. ann. 1391. in Reg. 141. Chartoph. reg. ch. 191 : *Lesquelx appellerent l'exposant sanglant Barragouyn;.... icellui leur dist : Beaux seigneurs, je ne suis point Barragouyn : mais aussi bon chrestian, d'aussi bonnes gens, et aussi bon François que vous estes.*

¶ **BARGIOLA**, Scapha, Gall. *Equif.* Epistola Petri de Condeto Spicil. Acher. tom. 2. pag. 565. : *Episcopus Lingonensis solus a nave sua evasit solo contentus armigero, in sua receptus Bargiola recinctus tunica, paratus ad natandum, imo potius ad naufragandum, si dominus permisisset.* Vide *Barga*.

BARGOMA. Inscriptio Epist. 5. S. Columbani ad S. Gregorium Pap. : *Domino Sancto ... ego Bargoma vilis columba in Christo mitto salutem.* Ubi forte legendum *Barginna*, id est peregrinus. Vide in hac voce.

BARGUINARE, Vide *Barcaniare*.

1. **BARGUS**, Barcus, Ramus, truncus arboris, de quo suspenduntur facinorosi. Lex Salica tit. 69. § 3 : *Si quis hominem de Bargo, vel furca, sine voluntate judicis dimiserit,* DCCC. *den. qui faciunt sol.* XLV. *culpabilis judicetur.* Gloss. apud Pith. *De Bargo, de ramo.* Tacitus de Moribus Germ. : *Proditores et transfugas arboribus suspendunt.* S. Audoenus lib. 2. Vitæ S. Eligii cap. 31 : *Hoc apud Regem obtinuerat, ut omnia humana corpora, quæ vel Regis severitate, vel judicum censura... perimebantur, sive per civitates, sive per villas, licentiam haberet, et de Bargis, et ex rotis, et de laqueis sepelire.* *Barcus* in Pacto legis Salicæ tit. 44. § 9 : *Si quis hominem ingenuum de Barco abbatiderit, sine voluntate, etc.* Hinc ortam Gallicam vocem *Branche* opinatur Wendelinus; quam a *brachium* deducit Salmasius. Vide eumdem Salmasium ad Vopiscum pag. 446.

2. **BARGUS**, Senatori lib. de Orthogr. cap. 5. est ἀφυής, *barba*. Gloss. Gr. Lat. Ἄφρων, *Bargus, sine genio.* [** f. *Bardus*.]

1. **BARIA**, Barria. Gloss. Isid. *Barria, regula, norma, rubrica.* Jo. de Janua : *Baria a* βαρύ, *Græce, quod est grave vel forte. Dicitur hæc Baria, bariæ, i. gravis linea summo sinistre deposita in dextram et est una de decem figuris accentuum, quæ pro verborum distinctionibus a Græcis apponuntur.* [** Ex Isidor. Orig. lib. 1. cap. 18. sect. 2. et 1.]

¶ 2. **BARIA.** An idem quod *Barra*, Vectis, Gall. *Barre, Barreau?* Murator. tom. 2. pag. 366. col. 1. in Chronicis Casinensibus ab Anastasio seniore : *Et fundatos duplices octo, et Bariam unam in anaglyphis, et scattorem Constantinopolitanum argenteum deauratum. Item tertio tulit in coronis, Bariis, annulis, coralibus et codeariis argenti libras* CCCC. *et aureos quatuordecim mille.*

BARIBLINUS. Historia Episcoporum Frisingensium edita a Gewoldo in Metropoli Salisburgensi : *Item brachium Bariblinum, et calicem unum magnum, et tabulam summi altaris comparavit* 1300. *Floren. Remensib.*

* **BARICELLUS**, ut supra *Bargellus*. Leges reipubl. Genuens. ann. 1576. part. 2. cap. 8. tom. 2. Cod. Ital. diplom. col. 2194 : *Eliget sibi prætor Baricellum unum practicum et virilem, cum octoginta strenuis satellitibus qui ei præsto sint, ejusque jussa diligenter et fideliter observent et exequantur.*

-* **BARIDUS**, *Superbo*, in Glossar. Lat. Ital. MS. Vide *Barridus* 2.

* **BARIENIS** *dicitur gravis, quod est fortis : cui contrarius est levis, i. infirmus.* Glossar. vet. ex Cod. reg. 7646. Ubi emendandum ex Papia : βαρὺς *enim dicitur, etc.* Vide in *Baro*, pag. 597. col. 1.

** **BARIGALLUS**, Persona loquax, a Germ. *baren*, Clamare et Lat. Gallus, aut a *gellen*, Tinnire, clamare. Sttaut. Famil. S. Petri apud Schannat in Hist. Wormat. Cod. Dipl. prg. 44. Adel. *Persona loquax* i. e. Qui causas dicit, est initio Statuti laudati, unde vero vox Barigallus, ejusque originatio Adelungo venerit, non video. Confer *Bargildus* et Schilterum.

¶ **BARIGELLUS**, Apparitor, Primus apparitorum. Concil. Hisp. tom. 4. ann. 1512 : *Mandamusque nostris Barigellis, ut exsequantur pœnas solitas contra illos, qui ea non observaverint, usque ad valorem unius regalis pro qualibet vice.* Joann. Burchardus in Vita Alexandri VI. edita per Godefr. *Leibnitz* ann. 1697 : *Mandavit Barigello prædicto, ut Cusentinum Privatum prædictum ex castro non elevaret.* Acta SS. Maii tom. 3. pag. 251. B. in Vita S. Gerardi : *Eodem loco præfectus publici satellitii (Barigellum vocant) ex gravi morbo desperatus, etc.* [** Derivari potest a Barra, septum curiæ. Adel. Vide Murator. Antiq. Ital. vol. 2. col. 1149. et *Barigildus*.]

BARIGENA. Vide *Barginna*.

BARIGILDUS. Capitula Caroli C. tit. 31. [** Edict. Pistense ann. 864.] cap. 32 : *Et ipse (Comes) sic mallum suum teneat, ut Barigildi ejus et advocati, qui in aliis Comitatibus rationes habent, ad suum mallum occurrere possint.* Ubi Sirmondus : *Barigildi*, apparitores. Unde nunc etiam apud Italos *Barigelli* vocantur principes apparitorum. Academici Cruscani : *Bargellé, Capitan de birri, Circitor.* [*Barisel, Capitaine des Sergens*, apud Borellum.] A voce *Barus*, vel *Baro* deducit Innoc. Cironus, aitque esse *Barigildum*, liberum hominem, qui nunquam fuit servilis conditionis : unde, inquit, Advocati dicuntur *Barigildi*, quod e nobilioribus et potentioribus assumerentur, in quorum fidem et patrocinium, quasi conspiratione quadam et consensu mutuo Ecclesiæ recurrebant, a *gildo*, seu pretio, quod Advocatis præstabatur; quasi dicantur Advocati stipendiarii. [** Certe initio cap. 32. qui mox Barigildi, Franci homines dicuntur, quod monuit Schilterus. De his et an iidem sint qui in Specul. Saxon. *Biergelden* audiunt, multa auctores Germanici, Grimm. Antiquit. Jur. pag. 314. Gaupp. Jus Silesiac. pag. 142. not. et Miscellan. Jur. German. pag. 29. alii.] Vide *Barigellus*.

* **BARIGLE**, pro *Barile*, Cadus, dolium. Steph. de Infestura MS. ubi de Innoc. PP. VIII : *Dixit eidem cardinali, quod præpararet in tentorio suo multa Bariglia vini.*

BARILE, Barillus, Italis *Barile*, Gallis *Baril*, ex Cambro-Britannico *Baril*, cadus, dolium, amphora. Joan. de Janua : *Cadus, vas quod vulgo dicitur Barile.* Edictum Philippi Pulcri pro Nobilibus Campaniæ, apud Pithœum cap. 30 : *Item non poterunt* (Baillivi) *recipere vinum nisi in Barillis, potis, seu botellis.* Vitæ Abbat. S. Albani : *Misit Barillos lapidibus et sabulone repletos.* [Hist. Beccensis MS. pag. 615. n. 4 : *Septem Barillos vini albi annui redditus super quasdam vineas, etc.* Charta ann. 1429. ex Archivis Piscatorum Massil. : *De qualibet jarra seu Barili sardinarum salatarum obolum unum.*] Gobelinus Persona in Cosmodromio ætate 6. cap. 80 : *Lagumcula una, quæ vulgo Barile dicitur.* Adde cap. 76. 81. Vita S. Andreæ Corsini n. 17 : *Qui ejecit de ore ejus unum Barile aquæ, et senatus est.* Philippus *Mouskes*, ubi de Ricardo Rege Angliæ a Duce Austriæ capto :

> Et puis si ont al vin tramis
> Deus Barjus que d'Acre aportoient,
> A la taverne le envoient.

Mox :

> S'a li Cevaliers demandé,
> Qui li Baril estaient tel.

Vide Meursium in Βαρέλη, Glossar. mediæ Græcitatis; infra in *Barridus* 1, *Barrila*, *Barrile*, et supra *Barellus*, 2. [** Raynouard. Glossar. Rom. voce *Barril*, pag. 189.]

Barillarius, Officium in *Scancionaria Regia*, in Ordinat. Hospitii S. Ludovici Reg. ann. 1261. cui cadorum vinariorum cura incumbebat. Statutum pro Hospitio Philippi Magni ann. 1317 : *Il y aura devers la bouche 3. Barilliers, et mangeront à court.* Aliud Statut. pro Hospitio Reginæ Joannæ ann. 1316 : *Deux Barilliers, qui merront les deux sommiers de l'Eschançonnerie.*

Barillagium, Tributum, quod pro iis vasis vinariis præstabatur. Regest. Constabulariæ Burdegal. fol. 38 : *Omnes mercatores navis oneratæ de vinis, dent pro Barillagio de tota nave* 12. *den.* Apud Hemereum in Augusta Viromand. ann. 1095. *Barillagium* solvi annotatur, *par le raison du vaissel, c'est assavoir un denier de chascun acat, ou de chascune vente.* Vide *Barrilagium*.

Barillatum, Minus barile, doliolum, nostris *Barillet*. Fleta lib. 2. cap. 5. § 6 : *Militi vero quotidie liberetur a Cellario Regis Barillatum vini, ad minus continens unum jalonem.*

Bariola, Lagumcula, *Barillet*. Magn. Chron. Belgicum ann. 1487 : *Quidam vir Januæ habitavit, qui licet absque manibus natus erat, et cum hoc pedibus ambobus a nativitate caruit, lagunculas tamen novas, quæ Bariola vulgo vocantur, opere mechanico tam bonas fecit, ac si ambas manus haberet.* Vide an non legendum sit *batiola*. Itali veteres *Barlione*, vas vinarium minusculum vocant. Vide *Barisellus, Barlettum, Barletus, Barloterius*.

BARILION, Barilon. Vide *Parilion*.

¶ **BARILLAGIUM**, BARILLARIUS, BARIOLA, etc. Vide in *Barile*.

* **BARILLOTUS**, Pallii seu tunicæ speciesa forma vel ornamentis sic dicta, quod nempe fimbriis, veluti dolium circulis, ambiretur. *Barilotto* Italis, doliolum. Joan. Demussis Chron. Placent. ad ann. 1388. apud Murator. tom. 16. Script. Ital. col. 580 : *Similiter juvenes homines portant cabanos, Barillotos et pellardas longos et largos, longas et largas per totum usque in terram, et cum pulchris foraturis pellarum*

* **BARIO**, inter arma, quibus offendi potest, recensetur, in Stat. Pistor. ann. 1107. apud Murator. tom. 4. Antiq. Ital. med. ævi col. 560 : *Si aliquis Pistorensis civis detulerit.... spedum vel lanceam vel Barionem, vel malatayam, etc.*Vide supra *Barbulnius*.

¶ **BARIPTOS**, *Gemma nigra est cum sanguineis et albis notis*. Vetus Gloss. San-German. num 501. ex Isidoro lib. 16. Orig. cap. 11.

BARISA, Genus Poculi, εἶδος ποτηρίου, in Gloss. Lat. Græc.

* **BARISELLUS**, Minus *barile*, doliolum, Gall. *Barillet*. Arest. ann. 1321. 9. maii in Reg. *Olim* parlam. paris. : *Item duos Barisellos de cypresso, pretii quadraginta solidorum*. Vide in *Barile*. Nisi diminut. sit a *Barisa*, Genus poculi.

¶ **BARIUM**. Vide *Barrium*.

¶ **BARKA**, BARKETTA. Vide in *Barca*.

¶ **BARLANT**. Necrologium Abbatiæ S. Petri de Casis : 8. *Maii obiit Geneves de Chantelgoul qui dedit nobis librum, qui vocatur Barlant*. [** Barlaami et Josaphatis Historia.]

¶ **BARLESCHUS**, Satyricus. Acta SS. Aprilis tom. 1. in Onomastico.

¶ **BARLETTARE**. *Qui nescit Barlettare, nescit prædicare*. Adagium quod ferebatur de Gabriele Barleta Ordinis Prædicatorum concionatore, qui florebat exeunte sæc. XV. Consule Bibliothecam R. P. Jacobi Eschardi ejusdem Ordinis.

¶ **BARLETTUM**, Doliolum, Gall. *Barillet*. Vita S. Bonæ Virg. tom. 7. Maii pag. 151 : *Argentum et aurum non habeo, sed hoc vasculum vini (Barlettum suæ peregrinationis ostenderis) quod Dei possum gratia et virtute, hoc tibi eum imitando concedo. In nomine Jesu Christi surge et bibe, etc.* Vide *Bartle*.

* **BARLETUS**, ab Ital. *Barletto*, diminut. a *Barile*, doliolum, amphora, in Stat. Vercel. lib. 3. pag. 102. r°.

BARLIA. Vetus Glossar. a Spelmanno laudatum : *Barlia, vel banlia, orbata*. Eidem Spelmanno videtur idem esse quod *Banleuca*. [Et bene quidem, uti videre potes in *Banlia* post *Bannum* 3.] [** Vide *Bania*.]

* **BARLINA**, Italis *Berlina*, *Sorta di gastigo*, Academicis Cruscanis, *che si da à malfattori, con esporli al pubblico scherno in un luogo, che pur si chiama Berlina*; idem quod *Collistrigium* et *Pilorium*. Vide in his vocibus. Correct. stat. Cadubrii cap. 85 : *Et ultra hoc arbitrio vicarii et consulum* (leno) *ponatur in Barlina*. Et cap. 105 : *Quam pœnam si non solverit* (fur) *infra decem dies, ponatur et stet in Barlina per unum diem*. Vide infra *Berlina*.

BARLOTERIUS. Statuta Veronensia lib. 2. cap. 187 : *Ars Barloteriorum*. Italis, *Barilotto*, idem est quod Gallis, *Barillet*, doliolum.

* **BARLOYS**. Glossæ Cæsar. Heisterbac. in Reg. Prum. tom. 1. Hist. Trevir. Joan. Nic. ab *Hontheim* pag. 683. col. 1 : *Notandum est quod quandocumque aliquis, sive vir sive mulier, de familia ecclesiæ obierit absque hærede, quos nos appellamus vulgariter Barloys*, (*forte Varloys*) *quod dominus abbas ad opus suæ ecclesiæ omnia bona sua debet confiscare et sibi colligere*. Vide *Manus mortua*. [** Nudus et vacuus, omnino sine hæredibus, *bar* et *los*. De compositionibus *tautologicis* confer Grimmii Grammat. German. vol. 2. pag. 665. num. 2.]

BARMBRACCUS. Lex Frison. tit. 4. § 3 : *Qui occiderit canem acceptoricium, vel bracconem parvum, quem Barmbraccum vocant, etc. Bracco*, canis dicitur, uti suo loco : ergo *barm*, inquit Lindenbrogius, *parvum* significat. At mavult Spelmannus a Saxonico B a r m e, deductum vocabulum, quod *gremium* significat, ut *Barmbraccus*, sit *canis gremialis*, quales etiam hodie nobiles feminæ, voluptatis gratia, in gremiis fovent. [** Potius qui adhuc a sinu matris pendet; sed fortasse est *Barn*, Filius, progenies. Vide Graffii Thesaur. vol. 3. col. 154. 156. Gall. *Braque*, German. *Brack* etiam nunc canem venaticum significat.]

¶ **BARMUS**, Ventrale, Gall. *Tablier*, a Saxonico B a r m e quod idem significat. Codex MS. Consuetud. Ecclesiæ Coloniensis : *Octo officiis de duobus Canonicis de loco cuilibet datur* 1. *Barmus; Magistro coquinæ* 1. *Barmus; cellario vini* 1. *Barmus*. Stephanotius tom. 2. Antiquit. Benedict. Occitan. MSS. pag. 485. ex Charta Garsendis pro Gellonensi Cœnobio : *Relinquerunt videlicet palleos* II. *albas* IX. *capas palleas* II. *libros* XVII. *aldorras* II. *brosellos* III. *Barmos* II. *crucem* I. *casullas* III. *stolas, manipulos, cinctas simul* XXIIII.

BARNACES, Hibernis, aves sunt aucis silvestribus similes, de lignis abietinis quasi contra naturam productæ, quibus viri religiosi tempore jejuniorum vescuntur, eo quod de coitu vel de carne minime procreentur. Brompton. pag. 1072. Vide Giraldum Cambrensem.

1. **BARNAGIUM**, [Vectigalis genus Regi dominove solvendum a subditis omnibus præter viros nobiles et ecclesiasticos. Charta S. Juliani Cenoman. fol. 15 : *Guillermus Dei gratia Rex Anglorum, etc. Notum sit omnibus me concessisse... Deo et S. Juliano... omnem terram S. Juliani, quæ est ultra Sartham omni tempore quietam de Vicaria et de Barnagio et de marecalcia et de omnibus aliis consuetudinibus*. Vide Glossarium Juris Gallici in voce *Barnage*, quod mihi non aliud videtur quam *Brennagium*, *Bernagium*, de quibus plura Cangius noster in voce *Bren*.] Charta Guillelmi de Rupibus Senescalli Andegav. ann. 1219. apud Sammarthanos in Abbatibus Boni-Loci : *Præterea concessi dictis Sanctimonialibus et in perpetuum per totum nemus de Burçay chauffagium et Barnagium suum, et dictum nemus ad usus earum*. Ubi videtur legendum *Pannagium*, [quod hic esset Jus pascuorum.]

* Idem esse tributum pro canum venaticorum pastu a tenentibus exsolutum, quod *Brenagium* et vulgo *Brenage* vel *Barnage* vocabant, ex sequentibus rursum patet. Charta Phil. Pulcri ann. 1297. in Lib. rub. Cam. Comput. Paris. fol. 17. v°. col. 1 : *Item le Barnage deu en pluseurs villes environ Gisors*. Reg. ejusd. Cam. sign. *Bel* fol. 4. v°. ex Arest. ann. 1320 : *Les avoynes et autres choses deues par cause de Barnage en plusieurs villes*. Charta ann. 1359. in Reg. 87. Chartoph. reg. ch. 339 : *Lesquelles avenages, Barnaiges, vicontaige et gelines furent lors prisées par le bailli de Caen*. [** Vide *Bren*. Adelungius in Charta G. de Rupibus idem esse scribit ac *chauffagium*, ab Anglos. B e r n a n sive b y r n a n, urere, comburere.]

* Sed et pro nobilium ordine vel comitatu, aliove quovis conventu, aut etiam pro egregio facinore, occurrit hæc vox *Barnage* et *Barnel*. Lit. remiss. ann. 1400. in Reg. 155. Chartoph. reg. ch. 138 : *Lequel bastart, demonstrant qu'il eust fait grant Barnage, commença de nouvel à chanter, et en après tantost dist qu'il avait fait ses voulentez d'une jeusne fille de douze ou treize ans*. Le Roman *de Robert le Diable* MS :

Et vavasour de haut parage
Ainc homme vit si grant Barnage;
L'Apostoles y fu meismes
Li glorieux et li santismes.

Sermo Roberti *de Sainceriaux* de morte S. Ludovici :

De traison gart Dex le Roi et son Barnel.

Vide in *Baro*.

2. **BARNAGIUM**, BARNATUS. Vide *Baronagium*, *Baronatus* in *Baro*.

* **BARNETA**, idem quod *Bernaca*, vulgo *Barnacle*, vel *Barnaque*, apud Gervas. Tilber. in Otiis imper. Vide *Bernacæ*.

BARO. Cornutus ad Persii sat. 5. ait *Gallorum lingua Barones, vel Varones, dici servos militum, qui utique stultissimi sunt, servos videlicet stultorum*. Sed et Tullius lib. 2. de Finib. [de Divinat. lib. 2. num. 70.] lib. 5. ad Attic. Epist. 11. et lib. 9. Epist. famil. ult. *Baronem* pro stolido usurpat, ubi non desunt, qui *varonem* legendum censent, uti apud Lucilium, qui ita rupices et rusticos vocat. Apud Cæsarem lib. 1. de Bello Alexandrino cap. 9. *Baronis* vocem occurrere quidam putant, licet MSS. Codices fere omnes *Berones* habeant. [Legitur etiam apud Tertullianum ex emendatione Pithœi lib. de Anima cap. 6 : *Quid autem facient tot ac tantæ animæ rupicum et Baronum, quibus alimentas apientiæ desunt*; alias *Barbarorum*. Ubi quod hac voce significatum voluerit, haud obscurum est.] Nescio an feliciori conjectura alii *Barones*, pro *Breones*, apud Senatorem lib. 1. Epist. 11. restituant, tametsi posterioris hujus vocabuli significatus perinde incertus sit.

☞ Valesius in Valesiana hic legendum censet apud Cæsarem *Betones* pro *Vettones*, populi scilicet Citerioris Hispaniæ; apud Senatorem vero retinendum vult *Breones* qui sunt Vindeliciæ populi omnibus, ut scribit ille, præterquam Cangio notissimi, quos *Brennos* vocat Horatius aliique. Verum non æque felicior Valesius ubi vocem *Baro* Cæsaris ætate, ea de qua nunc agitur notione, prorsus incognitam fuisse scribit, certum quippe est locis a D. Cangio ex Cicerone laudatis commode restitutam esse ab eruditis viris.

[* Pro Stolido, lixa et calone usurpatam fuisse hanc vocem *Baro* docet Cangius cui addo et nostros, eodem sensu, vel pro homine, cujus uxor mœchatur, vulgo *Cocu, cornard, Baron* adhibuisse. Lit. remiss.ann. 1395. in Reg. 147. Chartoph. reg. ch. 283 : *Je les deslongerai bien de la où ilz sont avec leur Baron de pere et leur putain de mere.*] [** Vide Murator. Antiq. Ital. vol. 2. col. 1150.]

Certe eadem qua apud Cornutum notione *Barones* appellasse videtur Isidorus lib. 9. Orig. cap. 4. præterquam quod Cornutus quosvis lixas ac calones, seu *militum servos* nuncupatos dixit, is vero, quosvis ministros : *Mercenarii*, inquit, *sunt qui serviunt accepta mercede, iidem et Barones Græco nomine, quod sint fortes in laboribus : Βαρὺς enim dicitur gravis, quod sit fortis.* Ab Isidoro hausit Papias : *Barones Græce dicti, quod sint fortes in laboribus, i. mercenarii.* Et Ebrardus Bethuniensis in Græcismo cap. 8:

Est bares fortis, Baroque monstrat idem.

Et cap. 9. ubi vocis *Baro* notiones omnes enucleat :

A gravitate Baro fertur, quod monstrat imago
Ejus; nam Græce Bares id quod grave signat.
Ac proceres vere dicas sic a probitate,
Sunt proceres procul a carie virtute cluentes;
Ut plures firmant, vireant quod pluribus est vir,
Dicitur, ut credo, magis a virtute virendo.

Joannes de Garlandia in Synonymis :

Baro, baronis, gravis aut authenticus est vir.

Denique Glossæ MSS. : *Baro Gr., Lat. vir fortis, unde Barones.* [** Vide Graffii Thesaur. Ling. Franc. vol. 3. col. 153.]

Barones igitur Ministri appellati, non modo Persii et Isidori ævis, sed etiam longe postea : siquidem *Barones Regis* vocatos infra ostendemus regios *ministros*, et qui ex Regis familia erant. Unde non mirum, si traductam hanc vocem ad viros magnates passim legamus, qui principibus ipsis obsequia et ministeria sua præstabant, seu ex officii ratione seu ex beneficiis ac feudis, quæ ad ejusmodi obsequia impendenda iis indidem conferri solebant. Quin etiam jam inde ab ipsa Augustini tempestate, *Barones* dicti videntur viri nobiles Principum obsequiis et servitio addicti, vel certe viri militares, et qui primas tenebant in aulis Regum. Is enim Serm. 48. ad Fratres in eremo : *Ubinam est Cæsaris corpus præclarum, ubi apparatus deliciarum, ubi multitudo dominorum, ubi caterva Baronum, ubi acies militum?* Et Serm. 68. ad eosdem : *Dic ubi Imperatores et Reges, ubi Principes aut Barones, ubi aurum et argentum ac ornamenta eorum?* [Hæc recentioris cujusdam impostoris, non Augustini, verba sunt.] Quibus in locis *Barones* ii forte fuerint, qui in obsequiis Principum versabantur, ita ut numerosum eorum ac nobilem famulatum indicare voluerit Augustinus. Quemadmodum autem famulos, *homines* vulgo etiam appellabant, ita Franci ac cæteri Boreales populi, postquam Galliam invasere, vel Italiam, *Barones* quosvis viros nominarunt. Ita enim in eorum Legibus

Baro vel Barus, pro Viro quovis, non semel usurpatur. Gloss. Philoxeni : *Baro*, ἀνήρ. Lex Sal. tit. 33. § 1 : *Si quis Baroni viam obstaverit, aut eum impinxerit 600. den. qui faciunt sol. 15. culpabilis judicetur.* Lex Ripuar. tit. 58. § 12 : *Si quis hominem regium tabularium, tam Baronem quam feminam, de mundeburde Ecclesiæ abstulerit, etc.* Lex Aleman. tit. 76 : *Si quis mortaudit Barum vel feminam, etc.* Tit. 95 : *Si Barus fuerit qui feminam percusserit.* Ita etiam Lex Longob. lib. 1. tit. 9. § 3 : *Si quis homicidium perpetraverit in Barone, libero vel servo, vel ancilla, etc.* [** Rothar. 14. ubi Glossa innuere videtur virgulam post *barone* tollendam esse.] Et tit. 13 [** Rothar. 17.] : *Si quis ex Baronibus nostris ad nos venire voluerit, securus veniat;* id est hominibus. Vide V. Cl. Steph. Baluzium in Notis ad Capitul. pag. 999. 1000. [** Annal. Saugall. Baluzii ap. Pertz. vol. Scriptor. 1. pag. 63 : *Anno 805. perrexit domnus Karolus in Saxonia ad Holdistede et multis Barones et mulieres inde adduxit.*] Sed et etiamnum Hispani *Varones*, quosvis viros seu homines vocant. Vetus Poema de Alexandro, apud Bivarium :

Entendio Alexandro luego las volentades,
Dixoles : ya Varones quiero, que me oyades.

[** Vide Diezii Grammat. Ling. Roman. vol. 1. pag. 26. Eichhorn. Histor. jur. Germ. § 48. not. a.]

* Charta ann. 1218. inter Probat. tom. 1. Hist. Nem. pag. 60. col. 2 : *Ponit Stephanus Chautardus, quod quando Bertrandus venit ad ipsum, in loco ubi fuit rixa, ipse dixit, Barones, illam erbam collegistis in eo, quod est domini episcopi, et non asportabitis eam.* Qua acceptione, *Baron* dixerunt nostri, de viris etiam supremæ dignitatis potiorisque ordinis. Pactum matrim. inter Hugon. ducem Burg. et Beatricem sororem Theobaldi Navar. reg. et comit. Camp. ann. 1258. in Chartul. Camp. ex Cam. Comput. Paris. ubi prædictus Theobaldus inscribitur *noble Baron par la grace de Dieu roi de Navarre, conte de Champagne et de Brie palatin, etc.* Charta ann. 1263. ibid. fol. 209. col. 1 : *Nos Guiz, par la grace de Dieu evesques de Langres, faisons savoir à touz cels, qui verront ces présentes Lettres, que nos avons faite tele compaignie antre nous et honorable Baron Thiebaut, par la grace de Dieu roi de Navarre.* Alia Guil. episc. Metens. ann. 1267. ibid. fol. 218. v° : *Faisons savoir... que de toutes querelles.... antre noble Barron Ferri duc de Lorraigne et margis, et nos, etc.* Ch. Margar. Tornod. comit. ann. 1292. in Chartul. Pontiniac. pag. 166 : *Pour raison d'une composition eu et faite entre nous et lidiz religieux, ou non de leur église, par très noble Baron Robert duc de Bourgoigne, nostre chier oncle; etc.* Quæ Latine sic redduntur ibid. pag. 169 : *Per nobilem virum Robertum, etc.*

Atque inde forsitan vox *Baro* pro marito apud nostros usurpata legitur, quem vulgo *Homme* vocant. Nisi *Baronum* appellationem viris ac maritis suis dederint uxores, quomodo *Dominorum*, ita ut et *Barones* et *Dominos*, eos appellaverint honoris causa, tanquam rerum suarum atque adeo corporis sui dominos. Sic enim uxor maritum suum compellat apud Marculf. lib. 2. form. 17. cum ipsa ejus se *ancillam* profiteatur : *Itemque ego illa ancilla tua, domine et jugalis meus ille, in hoc testamentum promptissima voluntate scribere atque perpetua conservatione rogavi, ut si tu domne et jugalis meus mihi superstes fueris, etc.* Phillippus de *Beaumanoir* cap. 63 : *Se feme appele qui ait Baron, li apiax est de nule valeur, sans l'autorité de son Baron ne se pot mettre en tel cas en cort por appeler.* Assisiæ Hierosolymitanæ MSS. cap. 74 : *Feme qui ait Baron, ne peut faire apeau dou murtre, que par l'ottroi de son Baron.* Cap. 98 : *Se l'on appelle aucune chose feme qui aura Baron, et il la veut deffendre, il la peut deffendre de son cors; et se il ne la veaut deffendre, elle s'en peut deffendre par un autre Champion, etc.* [* Le Roman *de Robert le Diable* MS. :

L'empèrere à sa fille vient,
Le senescal par le main tient :
Fille, dit-il, soiés haitié,
Et courtoise, et bien affaitié,
Que vostre Baron vos amain,
Je le vous doins en vostre main.]

Ita apud Littletonem Sect. 14. 15. 291. et alios passim. In Chron. Flandriæ vernaculo cap. 3. 8. 16. 28. 48. 69. 85. 113. etc. Vide Glossarium Saxonicum Somneri in *Beorn.*

Jam vero cum *Barones* æque dicerentur, et famuli et mariti, quod utrosque, ut supra observatum, *homines* vulgo appellarent etiam majores nostri : factum etiam inde, ut et vassallos, qui nullo medio sibi obnoxii erant, *Barones* vocarent Reges ipsi ac Principes : nam et ipsi vassalli *homines* perinde passim dicuntur, uti suo loco docemus, utpote peculiari Principum obsequio addicti ex beneficiorum et feudorum ratione, quæ ad id ab iis conferebantur, ut servitia sua impenderent, non modo in rebus militaribus, sed etiam civilibus, verbi gratia, in placitis. Inde igitur

Barones dicti Vassalli qui tenent terras suas immediate de Rege per servitium Militare et alia feudorum consueta servitia : quo significatu vocem hanc usurpatam passim constat. Statuta Roberti III. Regis Scotiæ cap. 1. § 6 : *Statutum est etiam quod quilibet Baro, vel alius tenens de Rege etc.* Constit. Sicul. lib. 1. tit. 44 : *Per Comites, Barones, et eos qui a nobis tantum feuda in capite tenent, non qui Comitibus et Baronibus aliis teneantur, etc.* Matthæus Paris ann. 1110 : *Si quis Baronum meorum, Comitum, vel aliorum qui de me tenent, mortuus fuerit.* Matth. Westmonast. ann. 1244. pag. 317 : *Fecit notificari per totam Angliam, ut Baro quisque terram tenens a Rege in capite, haberet prompta regali præcepto omnia servitia militaria, quæ ei debebantur, tam Episcopi et Abbates, quam laici Barones.* Charta Guillelmi Ducis Aquitaniæ in Tabulario Vindocinensi Ch. 83 : *Tunc Barones mei, qui me juvare debuissent, a fidelitate mea recedentes mihi graviter nocere cœperunt, etc.* Ex obsequii scilicet ratione, ac feudorum natura. Vide Beslium in Comitib. Pictav. pag. 516. 561. [Guillelmus *Guiart, dans la branche aux Royaux lignages :*

Mil deux cens soissante trois ans
Sans plus d'incarnation querre
Fist venir li Rois d'Engletterre
Des fiefs qui à luy appartiendrent
Tous les Barons qui terres tindrent.]

Cum ergo nobiles qui Regum servitio

ascripti sunt, cæteris nobilibus præmineant, inde

Barones, dici cœperunt proceres ac magnates. Capitularia Caroli Calvi tit. 15 [** Procer. Consil. apud Bonoil. ann. 856: Pertz. vol. leg. 1. pag. 447.]: *Ea etiam quæ in Sparnaco de Episcopalibus Capitulis cum inlustribus viris et sapientibus Baronibus vestris observanda delegistis*. Hincmarus Epist. 1. cap. 6: *Nam si illi boni Barones post mortem Pipini cum duobus fratribus sic sano consilio egerunt, ut pax inter fratres Reges, et inter Regni primores ac populum esset*. Ubi *Barones* et *primores* iidem sunt: quomodo *Farones Burgundiæ* appellat non uno loco Fredegarius Scholasticus regni istius proceres, siquidem iidem sunt cum Baronibus, quod censent viri eruditi. [* Aimoin. lib. 5. epist. 4: *Episcopos, abbates quoque, plures etiam optimates et Barones sui regni gregarios fecit*. Hinc marchio Montisferrati *Baro Italiæ* nuncupatur ab Ottone Frising. lib. 2. cap. 12.] Magnates istos *Bers*, vulgo nostri appellant; eos vero qui et natalium prærogativa, prædiis ac possessionibus et vassallorum numero alios præcellebant, *Hauts Bers*, ut est apud Villharduinum n. 23. 51. id est, *altos* et majoris dignitatis *Barones*. Guillelmus *Guiart* ann. 1214:

Fust Prince, un Ber, ou Eschancon.

Le Roman *de Garin*:

Amauris point li gentis et li Ber.

[* Neque aliam ob causam celebriores sancti eo nomine decorabantur. Froissart. vol. 3. cap. 30: *Or eurent ils affection et devotion d'aller en pélérinage au Baron saint Jacques*. Fabul. tom. 2. pag. 182:

Dame, dist il, et je me veu
A Dieu et au Baron saint Leu,
Et s'irai au Baron saint Jacques.]

De ejusmodi supremis Baronibus, sed iis dumtaxat qui nulla Ducis aut Comitis dignitate gaudebant, ita Christina Pisana lib. *du Tresor de la Cité des Dames*, 2. part. cap. 9: *Nous parlerons premierement icy ausdites Baronesses dont y a en France, en Bretaigne, et autre part, qui passeront en honneur et puissance moult de Comtesses est-il, quoy-que le nom de Baron ne soit si haut que de Comte. Mais moult est la puissance grande de aucuns Barons, à la cause de leurs Terres, et Seigneurie, et la Noblesse y est, dont leurs femmes tiennent moult grand estat*. Talis fuit Codiciacensis Dominus.

¶ Barones, Itidem appellati, atque etiamnum appellantur in quibusdam Galliæ provinciis magnatum primogeniti. Vide Loisellum Tract. *des Seigneuries* cap. 7. n. 43. Qui usus etiam in Catalaunia obtinet, teste Fontanella Tract. de Pactis nuptialibus tom. 1. claus. 4. gloss. 10. Atque hinc est quod Besoldus in Thesauro ad v. *Freiherren* pag. 269. n. 52. vocis *Baro* ab Alemannico *Baren*, quod sumitur pro liberis seu filiis, etymon ducit. Vide Gloss. Juris Gall. tom. 1. pag. 138.

Barones præterea iidem qui *Pares* Curiæ. Chronicon Andrense pag. 389. et 580: *Barones omnes, qui Pares Castelli vocantur*. Vide Duchesnium in Hist. Monmorenciaca pag. 39. 40. et in voce *Pares*.

Barones, Quivis vassalli. Ordericus Vital lib. 3. pag. 465: *Hoc libenter confirmaverunt... et alii Barones eorum*.

Barones Castellenses, apud Radulphum de Diceto ann. 1040: qui castella possident, *qui ont chasteaux*. [** Vide Murator. Antiq. Ital. vol. 1. col. 624, D.]

Barones, in regno Aragoniæ, ut auctor est Vitalis Episcopus Oscensis, iidem sunt qui *Rici homines*, qui *scilicet pluralitate vassallorum decorantur*, cum quibus in exercitum pergunt, cum a Rege evocantur. Quo sensu etiam Franci *Barones* appellant, qui vexilla in præliis educunt, et cum vassallis suis, præeuntibus iisdem vexillis in præliis pro Rege pugnant, uti pluribus docuimus in Dissertat. 9. ad Joinvillam pag. 190. 191. Exstat Charta Caroli Pulcri Regis Franciæ et Navarræ, qua Alphonsum de Hispania *Baronem et Ricum hominem* Navarræ creat: et ut Baronis et Rici hominis statum manutenere possit, eidem de gratia speciali 60. militias in regno suo Navarræ concedit, modo consueto tenendas et possidendas. *Varones Majores*, in Testamento Ranimiri Regis Aragonum æræ 1099. apud Martinezium lib. 2. cap. 38. *Gasse* vetus Poëta, de Theobaldo I. Comite Carnotensi:

Thibaut fut né de France un dés plus haus Barons,
Moult avoit par la terre chasteaux et fors maisons.

Alio loco:

Moult i ot riches hom, grant fu la Baronie.

Barones interdum accipiuntur pro quibuslibet dominis rerum immobilium, ut observat Skenæus ad Leges Malcolmi II. Regis Scotiæ.

Barones in Alemannia sunt in duplici differentia. Alii enim dicuntur simpliciter *Barones*, alii *Semper-Barones*. *Semper-Baro*, is esse fertur, qui a nullo horum feudum habet, sed alii ab ipso; adeoque liber est, ut nulli ad fidelitatis adstringatur juramentum, ut proprie Barones de *Limpurg* esse dicuntur. Est autem Alemannis inveteratus usus, et longe observata consuetudo, non magna, quantum conjicere possum, ratione suffulta, ut Baro copulando sibi militaris et inferioris generis conjugem, prolem inde creatam degeneret atque *debaronizet*, filiique de cætero *Barones* minime vocitentur. Comites vero per connubium cum simplicis Militaris generis feminis, natos filios non *decomitant*; sed si eorum filii itidem in Militarium genus nubant, extunc illorum demum proles decomitatur, Militariumque generis ordini deinceps connumeratur, quæ profecto observantia haud satis honesta esse videtur. Verba sunt Petri de Andlo lib. 2. de Imperio German. cap. 12. Vide *Princeps*. [** Mittermaier. Element. Juris German. § 378. not. 11. et 12.]

Barones Regis, Magnates qui de domo et familia Regis sunt, vel certe majores Regis vassalli, qui de illo prædia sua nude tenent. Henricus Hutindonensis lib. 5. Histor. pag. 352. Adelwaldum, qui in acie occubuit ann. 3. Edw. Confessoris *Baronem Regis* vocat, quem *Ministrum Regis*, Florentius Wigorniensis. Liber Ramesiensis Ecclesiæ sect. 171: *Unus ex Baronibus Edwardi Regis, Tostius nomine. Barones Regis Franciæ*, apud Westmonast. ann. 1140. Idem. ann. 1264: *Falco filius Warini Baro Regis occisorum in numero* fuit.

Barones Parlamentarii, in Anglia et Scotia, qui vulgo *Lords of Parlement* vocantur, ii sunt ex majoribus, qui a Rege nude pendent, et ad Parlamentum, sive Consilium publicum diplomatibus Regiis evocantur: nam constat in Anglia ut et in Francia, non omnes qui a Rege prædia sua immediate tenebant, ad Parlamenta admissos, cum nimius esset eorum numerus; sed illos tantum qui proximi essent a Rege, et dignitate, et vassallorum numero cæteros anteirent: prout etiam in ipsis Baronum feudis factitatum suo loco ostendimus. Vide *Pares*.

Barones Scacarii, vel de *Scacario*, apud Anglos, appellantur Magnates, qui in Scacario judicum vice funguntur, quorum præcipuus, *Capitalis Baro Scacarii* appellatur. *Mylords* vulgo ii vocantur, id est, ad verbum, *meus Dominus*, seu, ut Galli efferunt, *Messires*, sicut hi qui sunt de majori nobilitate, quandiu scilicet hac dignitate gaudent: nam primitus ex Baronibus Curiæ deligebantur, hoc est, ex magnatibus, qui ratione feodorum a Rege nude pendebant, et ei hominium præstabant. Ut enim apud nos Pares ipsi non dijudicabantur, nisi a Paribus suis, hoc est, Baronibus; ita apud Anglos ut auctor est Bracton. *Comites vel Barones non amerciabantur nisi per Pares suos, et secundum modum delicti, et hoc per Barones de Scacario, vel coram ipso Rege*. Horum prærogativam et auctoritatem sic prædicat Niger liber Scacarii parte 1. cap. 4: *Illic* (in Scacario) *residet Capitalis Domini Regis justitia, primus post Regem in Regno ratione fori: et majores quique de Regno qui familiarius Regis secretis assistunt: ut quod fuerit sub tantorum præsentia constitutum, vel terminatum, inviolabili jure subsistat. Verum quidam ex officio, quidam ex sola jussione Principis resident. Ex officio principaliter residet, immo præsidet primus in Regno, Capitalis scilicet Justitia. Huic autem assident ex sola jussione Principis, momentanea scilicet et mobili auctoritate, quidam qui majores et discretiores videntur in Regno, sive de Clero sint, sive de Curia; assident, inquam, ad dicenda jura, et dubia determinanda, quæ frequenter ex incidentibus quæstionibus oriuntur. Non enim in ratiociniis, sed in multiplicibus judiciis excellens Scacarii scientia consistit*. Ex quibus conficitur *Barones Scacarii* desumptos *ex Curia*, hoc est, majori nobilitate, delectosque arbitrio Principis; uti factitatum constat in Gallia, in Parlamentis, in quibus non considebant omnes qui nude a Rege pendebant, sed ex iis delecti, tam ex Baronibus quam ex Clero, seu ex Prælatis, qui ratione Regalium Regi nude erant obnoxii. Qui autem primitus ad nutum Barones Scacarii erant, ii postmodum facti sunt perpetui, et ascripti eidem Curiæ, quod sub Henrico III. vel Edwardo I. factitatum putat Spelmannus. Atque ii titulum hunc honorificum non diutius retinent, nisi quandiu in suo officio permanent. Unde autem *Barones Scacarii* dici cœperint, ita scribit Fleta lib. 2. cap. 26: *Justitiarii ibidem* (in Scacario) *commorantes Barones esse dicimus, eo quod suis locis Barones sedere solebant, dum Comes Nortfolciæ et Marescallus Angliæ locum habuit in sedili, tanquam Capitalis Justitiarius Re-*

gis Angliæ, Rege in Regno suo non existente, cujus locum occupat hodie Thesaurarius, sed officium tamen occupare non potest. In lineaque ejus sedet Cancellarius de Scacario, juxta quem Barones, de quibus intuitu provectioris ætatis venerabilior esse videtur, propter quod sub ejus testimonio fieri debent brevia, etc. Scribit Matthæus Paris ann. 1244. pag. 433. statuisse eumdem Henricum Regem, ut duo Justitiarii eligerentur in Banco, et duo ibidem Barones in Scacario constituerentur. Vide Matth. Westmon. pag. 385. 408. 429. Nicolaum Trivettum ann. 1264. Will. Thorn. pag. 1957. 2006. Cowellum. etc. Capitalium vero Baronum Scacarii catalogum contexuit Henricus Spelmannus, ex quo cuivis haurire licet.

Barones Terrarii, apud Will. de Podio Laurentii cap. 43. *terris* et prædiis divites, qui multa prædia possident. Vide *Terrarii.*

Barones majores aliquot in Francia recensentur, quorum jura et privilegia ferme eadem erant quæ Parium Franciæ et Comitum, quos Majores perinde vocabant, ut qui in suis Baroniis *amortizandi* et *eleemosynandi* facultatem haberent, *ita tamen quod tenutæ non emembrentur, seu etiam deformentur,* ut est in Statuto Philippi Regis ann. 1275. tom. 2. Ordinationum fol. 322. in quo qui hoc jure gaudere dicuntur, recensentur, *Pares Franciæ primum, scilicet Comes Flandriæ, Duces Aquitaniæ, Burgundiæ, Britanniæ; Comites Nivernensis, Atrebatensis, Andegavensis, et Marchiæ; Comites alii, Blesensis, Autisiodorensis, Tornodorensis, Drocensis, Claromontensis et S. Pauli,* quibus accensentur deinde *Domini de Narbona, de Bellojoco, et de Coucy.* His tribus majoribus Baronibus duos alios *Soliacensem* et *Credonensem* addit Charta quæ describitur in Probat. Historiæ Guinensis pag. 67 : *Item vrai est qu'en ce Royaume, ainsi que on dit communément, a 4. Baronies notables et principales du Royaume, lesquelles sont Coucy, Craon, Sully, et Beaujeu. Item qu'entre les autres la Baronnie de Coucy qui est composée de trois Chastellenies, Coucy, la Fere, et Marle, est une des plus anciennes et des plus notables Baronnies de ce Royaume.* [*Le Grand Coutumier de France* pag. 182. Edit. 1598. lib. 2 cap. 27. *de Saisine en fief* habet : *Nota qu'au Royaume de France ne souloit avoir que trois Baronies; c'est à sçavoir Bourbon, Coucy, et Beaujeu.* Deinde addit : *Montpeiller est Baronie, et fût par acquisition qu'elle vint au Roy.* Denique adjungit : *Et veulent dire aucuns, que tout homme qui a haulte justice et ressort, se peut nommer Baron.* Quod hic de Borbonio dicitur, intelligendum est, quamdiu ad Archembaldi familiam pertinuit : et antequam Robertus S. Ludovici filius ea donaretur Baronia : de qua consulere potes Tillium in suo *Recueil des Rois de France* pag. 153.] Montmorenciaci Dominos, *Primos Franciæ Barones* vocitatos, pluribus probat Duchesnius lib. 1. Hist. hujus Familiæ cap. 5. [Hinc factum est ut Joannes *le Coq* quæst. 214. initio scripserit unicam fuisse in Gallia Baroniam, nempe Montmorenciacam.]

☞ Sed plures alias fuisse, easque numero 59. a temporibus Philippi Augusti nos docet ejusdem Regis Chartularium, cujus excerptum refertur in Glossario Juris Gallici, in quo sequentes

Barones.

1. *Delphinus in Alvernia.*
2. *Guido de Donna Petra.*
3. *Guillelmus de Belli Joco.*
4. *Iterus de Tociaco.*
5. *Archembaldus de Soliaco.*
6. *Odo de Dolis.*
7. *Dominus Castri Radulphi*
8. *Dominus Montis Falconis.*
9. *Dominus Virsonis.*
10. *Dominus S. Aniani.*
11. *Dominus Exoldunensis.*
12. *Vicecomes S. Susannæ.*
13. *Guillelmus de Rupibus.*
14. *Robertus de Perenaio.*
15. *Jubellus de Meduana.*
16. *Amalricus de Credone.*
17. *Guido de Laval.*
18. *Vicecomes Thoarcensis.*
19. *Guillelmus de Malleon.*
20. *Gaufredus de Lezignen.*
21. *Gaufredus de Castro Eraudi.*
22. *Dominus Castelli.*
23. *Dominus Montis fortis Amalrici.*
24. *Dominus Montis Morenciaci.*
25. *Dominus de Rupe.*
26. *Dominus Liviati et Novi Mercati.*
27. *Dominus Nigellæ.*
28. *Dominus Cociaci.*
29. *Dominus S. Walerici.*
30. *Dominus Piquiniensis.*
31. *Petrus Ambianensis.*
32. *Rogerus de Roseto.*
33. *Advocatus Betunæ.*
34. *Buticularius Silvanect.*
35. *Balduinus de Albing.*
36. *Aymardus de Pict.*
37. *Bernardus de Anduisia.*
38. *Vicecomes Turenæ.*
39. *Guillelm. de Montepessul.*
40. *Fulco Paganellus Constab. Norm.*
41. *Radulphus Tesson.*
42. *Dominus de Orbec, et Longevil.*
43. *Dominus Oliaci.*
44. *Vicecomes Castriduni.*
45. *Vicecomes Lemovic.*
46. *Vicecomes Broc.*
47. *Archembaldus de Combort.*
48. *Nevilon de Vantador.*
49. *Gaufridus Martians.*
50. *Renaudus de Pontibus.*
51. *Gifardus de Diderone.*
52. *Gaufredus de Ranco.*
53. *Gaufredus de Tonaio.*
54. *Haymericus de Rocaforte.*
55. *Guillermus Mainguot.*
56. *Guillermus de Mauscio.*
57. *Vicecomes de Cona.*
58. *Pontius de Mirabel.*
59. *Dominus de Altoforti.*

Verum, ut rite monet V. Cl. *de Laurière*, quamvis ii omnes Baronis nomine decorati fuerint, non tamen eadem prorsus ratione: Alii abs Rege quatenus Rege, alii ab eodem quidem Rege, sed quatenus Duce vel Comite provinciarum, quas acquisierat, nullo medio pendebant. Hinc autem factum est ut Pragmatici veteres dicerent, in Francia tres duntaxat quatuorve esse Baronias, quod totidem solum essent beneficiario jure obstrictæ Regno, aliæ vero Ducatibus vel Comitatibus, a Rege tamen possessis, solum essent obligatæ.

* *Baronum* index ex Glossario juris Gallici descriptus, sic emendari licet ex Reg. Phil. Aug. in Chartoph. reg. 34. bis :

3. *Guichardus de Bellojoco.*
9. *Dominus Virsonii.*
14. *Robertus de Petronaio.*
16. *Mauricius de Crone.*
21. *Vicecomes castri Eraut.*
30. *Vicedominus Pinquingniaci.*
35. *Balduinus de Albiniaco.*
40. *Fulco Paganellus distinguitur a Constabulario Normanniæ.*
43. *Dominus Osiaci.*
49. *Galfredus Marciaus.*
51. *Gifardus de Didonne.*
52. *Galfredus de Rancore.*
53. *Galfredus de Tanaio.*
55. *Guillelmus Mencot.*
56. *Guillelmus de Manseio.*
59. *Dominus de Altoforti* desideratur in Reg. laudato.

Baronum etiam appellatione donantur majores vassalli, qui non a Rege, sed a majoribus Baronibus nude pendebant. Liber Ramesiensis sect. 277 : *Concesserunt ante Barones Ramesiensis Ecclesiæ... quidquid fecerunt in Capitulo apud Ramsey.* Ita ibi non semel. Constitut. Siculæ lib. 3. tit. 22 : *Post mortem Baronis, vel Militis qui a Comite vel Barone alio Baroniam aliquam vel feudum tenuerit, etc.* Gervasius Dorobernensis ann. 1183 : *Protestatum est etiam... quod Electus Rofensis ante consecrationem suam homagium D. Cantuariensi Archiepiscopo debeat facere statim post electionem suam super Baronia quam tenet de eo.* Charta Willelmi Talemontensis castri Domini : *Et convocans omnes Barones meos, quos de diversis regionibus adduxeram, quosque in honore meo placitaveram, etc.* Infra, *Optimates* dicuntur.

* Barones appellati quoque *Baillivi*, ut pote præcipui dominorum feudalium ministri. Inquisit. ann. 1268. ex schedis Pr. de *Mazaugues : Audivit quod dominus Barralis dixit :..... Barones, ego præcipio vobis tanquam baillonos terræ meæ, quod si aliquis homo impediret vel faceret constrastum Artiguæ in herbis, etc.* [** De Baronibus in Germania vide Waitzii Indic. ad Pert. Leg. vol. 2. Eichh. Histor. Jur. Germ. § 445. Hullmanni Hist. Ordin. etc.]

Barones Comitatus, apud Anglos, majores vassalli in singulis Comitatibus degentes, qui terras suas nude et libere de Rege tenent, unde et *libere tenentes* dicuntur, et Comitum judiciis ac comitiis intersunt, et cum iis jus dicunt. Leges Edw. Confess. cap. 15 : *Quod per hundredum colligerentur, et sigillis Baronum Comitatus sigillarentur, etc.* Leges Henrici I. cap. 30 : *Regis judices sunt Barones Comitatus, qui liberas in eis terras habent, per quos debent causæ singulorum alterna prosecutione tractari.* Hinc *brevia* Regia ad ejusmodi Barones perinde ac ad Justitiarios et Vicecomites diriguntur.

Barones qui Socham et Sacham Habent, in Legibus Henrici I. cap. 10. id est, *qui habent Curiam de suis hominibus*, ut est in Legibus Edw. Confess. cap. 35. seu omnimodam justitiam et jurisdictionem altam, mediam et inferiorem super vassallis suis. Vide *Curia Baronum.*

Barones civitatis Londinensis, id est, *cives* seu *homines de London*, sed præsertim primarii istius civitatis. Matthæus Westmonast. ann. 1253 : *Talliantur cives Londinenses, quos Barones consuevimus appellare, quasi servi ultimæ conditionis.* Matth. Paris eodem anno, de iisdem : *Quos propter civitatis dignitatem et civium antiquam libertatem Barones consuevimus appellare.* Ann. 1258 : *Londinum destinati convocarunt totius civitatis cives, quos Barones vocant.* Charta Henrici III. de Libertatib. London. : *Barones civitatis London eligant sibi singulis annis de seipsis Majorem.* Eorum istud erat privilegium ut de nulla re responderent extra civitatem, præterquam de tenutis et contractibus forinsecis, ut auctor est Bracton. lib. 5. Tr. 5. cap. 14. Atque inde forte *Baroniarum* nomen datum domibus quas Barones Londinenses incolebant, in Placito ann. 14. Edw. I apud Spelmannum : nec scio etiam an eadem de causa *Heroes* Londonienses dicantur apud Ingulphum pag. 877. Id Porro privilegium *magnarum civitatum et villarum exemptarum Burgensibus* adscribit etiam auctor Fletæ lib. 2. cap. 54. § 8. lib. 6. cap. 37. § 15. quarum perinde incolæ *Baronum* titulo gaudebant. Nam *Eboraci, Cestriæ, Warvici, Fevershami*, et aliarum civitatum regiis privilegiis insignium cives, eadem *Baronum* appellatione donatos observat Spelmannus.

Quod etiam in aliquod Franciæ nostræ urbibus videtur obtinuisse : nam *Barones* cives Bituricenses et Aurelianenses vulgo quidam appellant. De Bituricensibus exstat Charta Ludov. VII. ann. 1145. in qua hæc habentur : *Quod si infra urbem* (Bituricensem) *aliquid forifecerint, pro laude Baronum ipsius civitatis emendabunt.* [Vide Thomasserium Consuet. Bituric. part. 1. cap. 46. pag. 63. et Loisellum Tract. *des Seigneuries* cap. 7. num. 44.] Scribit præterea Henr. Lebretus in Histor. Montalbanensi pag. 225. Consules, ejusdem urbis Barones se inscribere.

* Flavius Blond. lib. 5. decad. 2 : *Nam primarii urbis, quos nunc Barones, tunc capitaneos appellabant.*

Barones de Quinque Protubus, seu *Quinque portuum*, vulgo appellantur in Anglia, qui degunt in quinque præcipuis Angliæ portubus, vicinæ Galliæ objectis, *Hasting, Dover, Hith, Rumney, et Sandwich*, villisque aliis ad easdem pertinentibus, *Rye* præsertim et *Winchelsey*. Hi propter antiquam nobilitatem summamque gloriam quam in regni defensione, in maritimis præliis reportarunt, non solum (quod hodie nullis præterea in omni Anglia contingit) *Baronum* appellatione honestantur; sed amplissima illustrissimaque privilegia a priscis Regibus obtinuere. Quippe in Regis coronatione quatuor ex se electos mittunt, qui umbraculum supra ipsius caput deferunt, eademque die solemnibus epulis coram ipso a dextris accumbunt. Indicto etiam Parlamento non burgenses ut burgi, non cives ut civitates (ipsumque Londinum), nec Milites ut singuli Comitatus, *sed duos peritos idoneos Barones e qualibet portu* per breve regium jubentur mittere, qui et in Parlamentariis submonitionibus locum proximum obtinent a Baronibus Regni. Hodie tamen cum iis non consident, sed Communibus, uti vocant, immiscentur; quod fieri cœptum anno 4. Jacobi Regis, uti pluribus refert Spelmannus, a quo quædam ex præallatis sumus mutuati. Porro præter recensita privilegia, illud erat potissimum, ut de nullo placito responderent, nisi apud *Shypwey*, ut est apud Bractonum lib. 5. Tr. 5. cap. 14. et in Fleta lib. 2. cap. 54. § 8. cap. 55. § 1. lib. 6. cap. 37. § 15. Baronum Quinque portuum meminerunt præterea Matthæus Westmonast. ann. 1293. pag. 419. Willelmus Thorn. ann. 1368. *Baronum de Sandwic*, Willelmus Thorn. ann. 1227. *Baronum de libertate Dovoriæ*, idem Scriptor ann. 1364. Vide *Custodes Quinque portuum.*

Ejusmodi privilegiorum auctorem Guillelm. Nothum facit Camdenus in Cantio : Guillelmus, inquit, Victor, ut Cantium, quæ tanquam Angliæ clavis habetur, sibi firmius retineret, Connestabilem Castro Doverensi, eumdemque Limenarcham quinque portubus ex veteri Romanorum instituto præfecit. Hi sunt *Hasting, Dover, Hith, Rumney, et Sandwich*, quibus *Winchelsey* et *Rie*, ut præcipua et alia oppidula ut membra adjunguntur : quæ quia bello maritimo operam navare tenentur, immunitatibus gaudent magnis et multis, ipseque Limenarcha, qui semper est e proceribus fidei spectatissimæ, in sua jurisdictione Admiralli auctoritatem in plurimis aliaque jura habet.

At primum Joannem Angliæ Regem hasce immunitates sub hisce conditionibus quinque Portubus Anglicanis concessisse, scribit Henricus de *Knyghton* ann. 1207 : *Iste quoque Joannes fuit primus Rex Angliæ, qui unquam dotavit 5. portus Angliæ de libertatibus et consuetudinibus, quas usque ad moderna tempora clamant tenere pro sequela navigii, ad quod eodem tempore se perpetuo Regi Joanni obligaverunt, et hæredes suos invenire, quando et quo tempore guerræ Rex habeat necessitatem de eis, videlicet 5. portus antedicti rationaliter præmuniti, quoties Rex mandaverit eis, octoginta naves defensabiles propriis suis expensis per 40. dies, et capient deinceps stipendia a Rege; et hæc fuit causa principalis hujus dotationis propter magnam necessitatem quam habuit de navigio ad passagium suum in Normanniam, quam illo tempore perdidit; ut ante dictum est, causa cujus dotationis adhuc clamant liberiores esse præ cæteris partibus omnibus Regni Angliæ.*

Servitia autem quæ Regi debent, ea sunt, ex Willelm. Thorn : *Hastingus debet invenire 21. naves, in qualibet navi 21. homines, cum sarcone qui dicitur, ad quem pertinent tanquam membra unus vicus in Seford, Peveneselle, Hedneye, Wincheleye, Rye, Hamme, Wekesborne, Crenethe, et Forthelype.*

Romene debet invenire 5. naves in qualibet navi 24. homines, cum sarcone, ut supra. Ad quem pertinent Bromhelle, Lyde, Ofmarstone, Dengemares, et vicus Romenhale.

Hethe debet invenire 5. naves, in qualibet navi 21. homines, cum sarcone, ut supra. Ad quem pertinent Westmethe.

Dovoria debet invenire 21. naves, in qualibet navi 21. homines, cum sarcone, ut supra. Ad quem pertinet Folkstan, Feversham, Mergate.

Sandwicus debet invenire 5. naves in qualibet navi 21. Homines, cum sarcone, ut supra. Ad quem pertinet Fordwicus, Recolver, Serre et Dale.

Summa navium 57. hominum in eisdem 1188. Summa sarconum in eisdem 57.

Servitium quod Barones quinque portuum præscriptorum recognoscunt facere ad submonitionem Regis per annum, si contigerit per 15. dies ad custum eorum proprium : ita quod primus dies computatur a die quo velæ navium erexerunt, usque partes ad quas tendere debent, vel ulterius, quando Rex voluerit ad custum ejus. Vide Auctorem Fletæ lib. 1. cap. 22. § 8.

Qui vero hisce portubus præficiuntur, *Custodes portuum maris*, dicuntur apud Hovedenum in Ricardo. I. pag. 784. et Matth. Paris ann. 1211. pag. 161. *Custodes quinque portuum*, apud eumdem Paris ann. 1236. pag. 288. ann. 1243. pag. 406. et alios. De his pluribus agit Seldenus lib. 2. de Dominio maris cap. 14. Diversi porro ab iis, quos *Capitaneos et Custodes maris* dictos annotat, qui Thalassiarcarum seu Amiraliorum munus obibant. In Chron. Alexandrino ann. 8. Phocæ occurrit nescio quis φρούξ λιμένος.

¶ Barolanus, An idem qui infra *Baronulus, baronettus?* Sallas Malespinæ apud Baluz. Miscell. tom. 6. pag. 276 : *Inter quos* (regnicolas) *quidam Barolanus præcipue nomine Gezolinus de Marra, cujus progenitores de montibus Amalfiæ traxerunt originem, ad tractatus rerum domesticarum regalium familiaris admittitur.* [** F. idem quod *Barensis*.]

Baronettos, pro *Banneretis*, de quibus egimus, et scribi et usurpari apud Scriptores Anglicos observat Spelmannus. Thomas de *la More* in Vita Edwardi II. sub ann. 1321 : *Capitur Comes Lancastriæ, Barones, et Baronetti Commilitones ejus, et Milites* 95. Walsinghamus eod. ann : *Capti sunt et in custodia detenti Barones et Baronetti 22. Milites* 68. etc. Statutum Ricard, II. ann. 5 : *Soit-il Erchevesque, Evesque, Abbé, Prior, Duc, Counte, Baron. Baronet, Chivaler de Countée, Cittizien de Citté, etc.* Ita apud Henricum Knyghton. ann. 1296. At Spelmannus in Rotulis Parlamentariis MSS. iis locis, ubi *Baronettos* habent libri impressi, *Banneretos* scribi et ex MSS. restituendum monet. Sed vix cum illo censuerim *Baronnettos*, Barones seu magnates esse qui de aliis quam de Rege, terras suas tenent. Ut ut sit, constat ann. 1611. Jacobum Magnæ Britanniæ Regem novum *Baronettorum* Ordinem creasse, quem inter Barones Regni et Equestres classes constituit, diplomate quod descripsit Spelmannus. [Hi jus non habent sedendi inter Proceres in superiori Camera Parlamenti, sed tantum in inferiori.]

Baronissa, *Uxor Baronis, vel virago, scilicet Baronis habens animum.* Jo. de Janua, [et Glossar. MS. Montis S. Eligii Atrebat. Hist. Dalphin. tom. 2. pag. 313. col. 2. A. in Ordinatione Humberti II. super numero et ordine mensarum : *Item volumus et ordinamus quod dominæ de Anton. et Dominæ Burguæ et aliis Baronissis in* hospitio cum domina Dalphina pro se solum comedentibus serviatur singulis diebus, tam in prandio, quam in cœna, per omnia sicut de Baronibus, etc.]

* *Baronesse*, in Glossar. Gall. Lat. ex Cod. reg. 7684. Italis, *Baronessa*.

Baronia, Prædium a Rege nude pendens, vel majus prædium, aut feudum. Gervasius Dorobernicnsis in Henrico II. ann. 1163 : *Archiepiscopi et Episcopi... habent possessiones suas de domino Rege, sicut Baroniam, et inde respondent ministris et Justitiis Regis.* Constit. Siculæ lib. 1. tit. 39. § 2 : *De Comitatibus, videlicet Baroniis, civitatibus, castris et magnis feudis, quæ in quaternionibus doanæ nostræ Baronum inveniuntur inscripta.* Adde tit. 41. lib. 3. tit. 4. Baroniæ vero a castro quod intra illius fines constructum est, nomen assumunt, ut est in Constit. Sicul. lib. 3. tit. 14. § 1.

Tenere in Baronia, dicitur in Stabilimentis S. Ludovici lib. 2. cap. 46. qui jus nundinarum, castellaniam, peagium, et ligium estagium in suo feodo habet : *Qui a marchié, Chastellerie ou paage, et lige estage, il tient en Baronnie, etc.* Hominium Joannis Avennensis Comitis Hannoniensis præstitum Philippo Pulcro ann. 1290. mense Sept. : *Et sciendum est quod prædictam terram tenebimus ab eodem et successoribus suis in Baronia, et eidem faciemus servitium cum quinque Militibus pro eadem, sicut alii Barones dicti Regni.* Charta ejusdem Regis pro Ludovico fratre : *Teneremur eidem fratri nostro assidere in terra cum nobilitate et Baronia 15. millia librarum parvorum Turonensium annui reditus,.... quæ omnia sibi in Comitatu et Baronia assignamus et assidemus.* In alia Joannis Regis ann. 1342. dicitur Comes Rociacensis tenere *à une foy et hommage et en Baronnie les terres de Blazon, de Chimelier, et de Mirebeau en Anjou.*

Tenere in Baronia et Comitatu. Charta Philippi Regis Fr. ann. 1279. laudata a Duchesnio in Probat. Hist Ducum Burgund. pag. 93 : *Tenebunt in feodum ligium a dicto Duce, et ejus hæredibus in Baronia et Comitatu ad unum feodum et unum homagium... dictos Baroniam et Comitatum Cabilonensem,... ita tamen quod in prædictis quæ dicto Duci remanent, dicti Comes et Comitissa, et eorum hæredes nihil juris et Baroniæ vel dominii de cætero poterunt reclamare.* Testamentum Hugonis Ducis Burgund. ann. 1272. ibid. pag. 78 : *Civitatem Cabilonensem cum pertinentiis.... Baroniam Comitatus Cabilonensis, etc.*

* Tenere per Baroniam, Jure Baronum, hoc est, supremo dominio, quamvis cum servitio feudali. Reg. Phil. Aug. ex Cod. reg. 4653. A. fol. 195 : *Dominus Robertus Bertran tenet feudum a domino rege per Baroniam ; et debet domino regi servicium suum, scilicet quinque militum.* Et fol. 197 : *Henricus de Bellafago tenet feudum suum a domino rege per Baroniam, scilicet per servicium duorum militum.*

Baronia Integra, apud Anglos dicitur constare 13. *feodis et tertia parte unius feodi Militis, quolibet feodo computato ad 20. libratas, quæ faciunt in toto 400. marcas*, in Modo tenendi Parliamentum, cap. de Laicis; uti *Comitatus 20. feodis unius Militis, quolibet perinde feodo computato ad 20. libratas, quæ faciunt 400. : libratas in toto.* Apud Normannos videtur constitisse servitio quinque Militum. Regestum Philippi Aug. Herouvallianum fol. 167 : *Ricardus de Harcourt tenet honorem S. Salvatoris de Domino Rege per servitium 4. Militum : sed debebat quinque, quando Baronia erat integra.* Fol. seq. : *Guillelmus de Hommet Constabularius Normanniæ tenet de domino Rege honorem de Hommeto per servitium 5. Militum, et habet in eadem Baronia 22. feoda Militum ad servitium suum proprium, etc.*

Baronias præterea appellarunt nostri, quatuor principatus in quos divisum fuit regnum Hierosolomitanum, quorum primus fuit regnum Hierusalem, *quod propter sui brevitatem Principatum, seu Baroniam appellabant;* altera *Baronia* fuit Comitatus Tripolitanus ; tertia, Antiochiæ Principatus ; quarta, Comitatus Rohes. Ita Will. Tyrius lib. 16. cap. 29. Jacobus de Vitriaco lib. 1. cap. 30. 31. etc. Gesta Lud. VII. Regis Fr. cap. 17. Sanutus lib. 3. part. 7. cap. 1. Assisiæ Hierosol. Odoricus Rainaldus ann. 1291. n. 16. 17. etc.

Baroniæ, Regalia, seu majora dominia Episcoporum ac Prælatorum, quæ a Regibus in feudum tenentur. Matth. Westmonaster. ann. 1245. pag. 320. de Episcopo Cicestriensi : *Baronia ad Episcopatum pertinente privari meruit multo tempore.* Idem ann. 1253. pag. 352 : *Conventus tam de Baronia, quam de possessionibus Ecclesiæ, etc.* Pag. 275. de Electo Dunelmensi : *Susceptus a Rege, homagium ei de Baronia perficiens, etc.* Adde pag. 430. Matthæus Paris ann. 1240 : *Rex precibus amicabilibus mitigatus D. Episcopo Cestrensi Rogero..... Baroniam suam in pace benigne restituit.* Item ann. 1257 : *Ut Episcopi et Abbates decimam suam darent de baroniis suis plenarie.* Articuli Episcoporum Angliæ in Addit. ad eumdem Paris pag. 131 : *Distringuntur Episcopi per Baronias suas, etc.* Monasticum Anglic. tom. 1. pag. 280 : *Dicunt quod dictus Abbas et prædecessores sui nunquam tenuerunt in Baronia, sed per servitium unius Militis, et tenuerunt Abbatiam illam de domino Rege in Capite.* Adde pag. 299. Ea vero Regalia non unica, sed pluribus Baroniis constabant : tot enim erant Baroniæ, quot majora prædia. Thomas Stubbs in Episcopis Eboracensibus : *Rex iratus tres Baronias Archiepiscopatui Eboracensi ex antiquo collatas, et eidem annexas... seisiri fecit.* Monasticum Anglic. tom 1. pag. 210 : *Pro Abbatte Baroniam unam, et pro singulis Monachis qui cum Abbate contra dictum Regem processerant, singula feoda Militum arripuit.* [** Chart. Frider. II. Imper. ann. 1215. apud Pertz. vol. Leg. 2. pag. 226 : *Omne jus quod habemus in civitate Sorana cum rocca Sorelle etc.... in Baronias sacrosancte Romane ecclesie,... imperpetuum concedimus et donamus.*]

Id etiam obtinuit in Francia, ut Regalia Episcoporum et Ecclesiarum *Baroniæ* dicerentur. Joannes II. Lugdunensis Episcop. : *Sedes illa Archiepiscopalis, in qua nunc Pontificalis honoris consecrationem recepistis,... plenissimam habet jurisdictionem, quam vos Baroniam vocatis, tam infra terminos Imperii, quam Regni Francorum.* Regestum Parlamenti B. continens Aresta ann. 1282. S. Martini fol. 63 : *Cum Episcopus Constanticus nobis conquestus fuisset, quod cum in villa sua de S. Laudo, quam tenet a nobis per Baroniam, tempore mortis prædecessoris sui essent pilloricum, scala et pala, quæ consumptæ sunt, etc.* Et fol. 79. fit mentio *Baroniæ et jurisdictionis* Episcopi Dolensis, et *Baroniæ* Archiepiscopi Remensis ; in 1. Regesto fol. 146. *Baroniæ* Episcopi Belvacensis, et in Charta Ludovici Reg. mens. Decemb. 1233. in Charta ann. 1307. *Baroniæ Ecclesiæ Lugdunensis ;* in Regesto Chartophylacii Regii 17. *Baroniæ et temporalitatis episcopatus Lingonensis, etc.* Ratione igitur harum Baroniarum, *Barones* interdum Episcopi appellantur. Appendix ad Gregorii Tur. Histor : *Burgundiæ Barones, tam Episcopi, quam cæteri Leudes, etc.* Nam non modo propter Regalia, ut alii Barones, servitiis omnibus feudalibus obnoxii erant, sed etiam in Comitiis publicis seu Parlamentis sedere iis jus erat, cujus apud nostros usus infinita prostant exempla apud Tillium et alios. In Anglia vero Episcopos in Parlamentis publicis, eo nomine locum et sedem habere constat. Concilium Clarendoniæ habitum ann. 1164. art. 11. apud Gervasium Dorobern. : *Archiepiscopi, Episcopi, et universæ personæ regni, qui de Rege tenent in capite, habent possessiones suas de Rege, sicut Baroniam, et inde respondent Justitiariis et ministris Regis : et sequuntur et faciunt omnes rectitudines et consuetudines regias, et sicut cæteri debent interesse judiciis Curiæ Regis cum Baronibus, quousque perveniatur in judicio ad diminutionem membrorum vel mortem.*

* Judicium ann. 1267. in Reg. *Olim* parlam. Paris : *Dictus episcopus* (Catalaunensis) *cum sit Baro et par Franciæ, et homo ligius domini Regis, etc.* Ita et Abbas S. Michaelis in periculo maris *Baro* dicitur, in Scacar. apud Cadom. ann. 1234. ex Reg. S. Justi Cam. Comput. Paris. fol. 27. r°. col. 2.

Barones in Aragon. qui dicantur, vide in *Rici homines.*

Baronali Jure possidere, id est, quemadmodum Barones, vel supremo jure ac dominio in Bulla Paschalis II. PP. apud休ghel. tom. 1. pag. 996.

Barones Eleemosynarii, apud Stanfordium, et in Jure Anglicano, dicuntur iidem Archiepiscopi, Abbates, et Priores qui prædia sua Ecclesiæ a Rege tenent per *Baroniam.* Baronias enim suas ex *Eleemosyna* Regum perhibentur accepisse, licet ipsa prædia aliorum sæpe munificentia consecuti fuerint. Quomodo etiam apud nos *Regalia* Ecclesiarum censentur esse ex sola regia liberalitate iis olim concessa.

Baronum jura varia recensentur, quorum aliquot descripsit Philippus Bellomanerius in Consuetud Belvacensi MS. cap. 58. qui eorum præcipuum fuisse, ait, quod castris ac forteritiis vassallorum suorum in propriis bellis ac negotiis uti iis fas esset, de quo more uberrimam Disputationem instituimus ad Joinvillam, quæ est trigesima.

Aliud præterea Baronibus privilegium adscribit, ut vassallorum tenementa ac prædia possint sibi asserere, si ea aut domibus vel munitionibus suis, vel baroniæ suæ communi utilitati noceant, facta rationabili aliorum prædiorum compensatione : *Més voirs est qu'il ne doit pas estre contraint au vendre, s'il ne li plaist, més l'escange soffisant ne pot il refuser.*

Barones omnem justitiam habent in suis Baroniis. Stabilimenta S. Ludovici lib. 1. cap. 24 : *Bers si a toutes justices en sa terre, ne li Rois ne puet mettre ban en la terre au Baron sans son assentement.* Et cap. seq. dicitur Baro habere justitiam murtri, raptus, et incisionis, seu mulieris gravidæ vulneratæ : *Bers si a en sa terre murtre et rat et encis.* Et cap. 4. quod inscribitur, *des cas de haute justice de Baronie*, hi casus recensentur, *traison, rat, arson, murtre, encis, et tous crimes où il i a peril de perdre vie ou membre, la ou l'en fesoit bataille.* Id est, proditio, raptus, incendium, murtrum, incisio, et crimina omnia in quibus mors aut membrorum mutilatio indicuntur, et quorum probatio per duellum decernitur.

Baroniæ divisionem inter hæredes non admittunt. Statuta S. Ludovici lib. 1. cap. 24 : *Baronnie ne part mie entre freres se leur pere ne leur a fait partie, més li ainznez doit faire avenant bienfet au puisné, et si doit les filles marier.* Charta Willelmi Comitis Forcalquerii ann. 1211 : *Fuitque arbitrium Curiæ* (Regis Franciæ) *ad usus et consuetudines Franciæ hactenus approbatas : tale scilicet quod non audierant neque viderant, quod Baronia aliqua esset divisa pro hærede femina, in qua hæres masculus haberetur : sed hæres femina maritagium accipiebat a patre vel matre sua, vel fratribus suis, etc.* Petrus de Vineis lib. 6. Ep. 25. de Concessione castri : *Quod castrum ipsum a nobis et hæredibus nostris in Capitaniam teneat, et immedietate a nostra Curia recognoscat : vivens jure Francorum, in eo videlicet, quod major natu exclusis minoribus fratribus et cohæredibus in castro ipso succedat.* [Inquisitio facta anno circiter 1340. quam post Menagium integram exhibet V. Cl. *de Lauriere* tom. 1. Glossarii pag. 143. et seqq. : *Car li usage de Toraine et d'Anjou et del Maine sont tel que nule Baronie ne se démembre, ains revient tout temps à l'ainzné à tenir et à exploiter par raison d'ainzneesse, et ainsi par toutes les terres et par toutes les appartenances de cestes trois Baillies :* quod pluribus exemplis in eadem charta relatis comprobatur. Atque hinc est etiam quod Ingelrannus Codiciacensis dominus, ut refert Guillelmus de Nangiaco in Vita S. Ludovici, coram rege respondere coactus fuerit licet *petens per Pares Franciæ si posset, secundum consuetudinem Baroniæ judicari,... quod* nimirum *terram in Baronia non tenebat, quia terra de Bovis, et de Gorneyo, quæ a terra de Couciaco per fraternitatis partitionem decisa fuerat, illud dominium Baroniæ importabat.*] His consona habent Consuetudines nostræ municipales a nobis laudatæ ad eadem Stabilimenta S. Ludovici. Vide *Curia Baronum.*

* Inter Baronum privilegia illud potissimum erat ut, quemadmodum par tantum a paribus, ita baro non nisi a baronibus judicari poterat; cui edendo judicio tres aut quatuor sufficere pronuntiatum est in Scacario laudato apud Cadom. ann. 1234. ex Reg. S. Justi Cam. Comput. Paris. fol. 27. r°. col. 2. : *Item judicatum fuit tres aut quatuor barones sufficere ad judicandum de placito ipsius abbatis* (S. Michaelis) *qui Baro est.*

* Observatum est in v. *Atturnatus* per procuratores causas suas agere, citra regis prescriptum, nemini olim licuisse : at vero procuratores per literas constituere, et quidem ex regis consensu, solis Baronibus, atque inter eos supremis, erat concessum, ut colligitur ex eodem Scacario ibid. fol. 28. r°. col. 1 : *Attornatus non potest fieri per litteras, nisi magnus Baro hoc faciat de voluntate regis, et per litteras ipsius regis.*

* *Baronum* quoque in Normannia hæc fuit prærogativa, ut septem homines suos immunes facerent a *foagio*, seu censu, qui, pro non mutanda moneta, regi exsolvebatur. Judicium ann. 1262. in Reg. *Olim* parlam. Paris. fol. 125. v°. : *Dominus Oliverius Paganelli miles petebat septem homines liberos et quittos de foagio; ratione cujusdam terræ, quam habuit a rege Angliæ, super quo exhibebat cartam : baillivo dicente e contrario, quod tres debet habere tantummodo, cum non sit Baro. Audita carta sua et confessione sua, quod non tenebat tanquam baro; determinatum est quod non habebit septem homines liberos de foagio, sed tres tantummodo.*

* Nil itaque mirum est, quod ratione ejusmodi privilegiorum, Baronum prædia pluris æstimarentur, quam aliorum nobilium. Id innuere mihi videtur Charta Theobaldi comit. Campan. ann. 1223. in Chartul. Camp. fol. 152 : *Quam terram debent assignare ad pretium factum rationabiliter, quantum valere potest ad Baronem, non ad assisiam terræ.*

Baroniæ, titulus quibusdam præterea majoribus prædiis attributus ex privilegio Regum speciali : sed hoc serius in Anglia obtinuit. Observant enim Spelmannus et Edwardus Cokus ad Littletonem sect. 1. et 9. Ricardum II. anno regni sui 8. Christi 1387. Joannem *de Beauchampe de Holt* Senescallum Hospitii Regii, *in unum Parium et Baronum Regni* præfecisse, statuisseque, ut *idem Johannes et hæredes masculi de corpore suo exeuntes statum Baronis obtineant, ac Domini de Beauchampe, et Barones de Kidesminster nuncupentur.*

Baronia, Ordo nobilium, Baronum, *Baronatus.* Epistola Ludovici VII. Reg. tom. 4. Hist. Franc. pag. 583 : *Postulationibus Cleri, et assensu Baroniæ, toti regno pacem constituimus.* Infra : *In pacem istam juraverunt Dux Burgundiæ,... et reliqua Baronia quæ aderat.* Henricus de *Knyghton* : *Et obsederunt Athelstanum cum Baronia sua in civitate. Vacce,* Vetus Poëta Gallicus :

Moult i ot riches hom, grant fu la Baronnie.

Jo. Villaneus lib. 6. cap. 37 : *Con tutta la Baronia d Francia.* lib. 7. cap. 21 : *I Re Carlo con tutta sua Baronia entro in Florenza.* Cap. 26 : *Col fiore di sua Baronia.*

Baronagium, Baronum seu magnatum ordo, ἀρχοντικόν Annæ Comnenæ Lib. 1. Alexiad. pag. 11. Matth. Paris ann. 1239 : *Illustris Rex et totum Francorum Baronagium.* Adde pag. 605. 634. Matth. Westmonaster. ann. 1238 : *Rex Henricus sine consilio Baronagii sui maritum Richardum de Clare, etc.* Walsinghamus in Edw. I : *Hoc anno Rex de consilio Baronagii Walliam intravit.* Apud Joannem Villaneum lib. 7. cap. 10. *Baronnaggio*, idem sonat ac Baronis dignitas.

Barnagium, vox abbreviata ex *Baronagium*, seu potius conficta ex Gallica *Barnage.* Matth. Paris ann. 1242 : *Dominus Rex de consilio Barnagii sui, etc.* Ann. 1244 : *Supposuit se dispositioni et censuræ Regum Francorum et Anglorum, ac Barnagii regnorum eorumdem.* Adde pag. 501. 445. 659. et Guil. Prinneum in Libertatib. Angl. tom. 2. pag. 618. Le Roman *de Vacce.* MS :

Mout fu grant le Barnage qne Rou out amené.

Le Roman *de Garin* MS :

Li jors approche, et li Barnage vint,
Haute est la feste que l'Empereur tint.

[Le Roman de *Guillaume au Court-nez* MS ;

De l'ost de France ameuray tel Barnage.]

Guillelmus *Guiart.* MS. ann. 1179 :

Fist assembler tout son Barnage.

Alibi :

A grant ost et à grant Barnage
La refu par lui le veage
De S. Jaques si aquités,
Qu'il i prist cent et sis cités.

Et anno 1248 :

Le Roi monte et tout son Barnage,
Et se rengent és sablonieres.

Sed et sæpe vox *Barnage*, pro nobilitate generis et natalium usurpatur. Le Roman *de Garin* :

Moult fu pruz et Chevalier gentil,
De haut Barnage, et de moult riche pris.

Le Lucidaire MS :

S'a grant joie, et ses grans Barnages.
Verra-on tourner à hontage.

Interdum pro ipsa animi magnitudine. Vetus Poëta MS :

Que conquis ot li Berpar son Barnage grant.

ita *ber* pro *generosus*, *magnanimus.* Le Roman *de Garin* :

Sor le chancel monta Hunaut le Ber.

Infra :

Hé Hunaut sire, franc Chevalier et Ber.

Le Roman *de Florimon* MS :

Florimons fu gentis et Ber.

Vide supra *Barnagium*, 1.

¶ Baronatus, Baronis dignitas. Ludewig. Reliq. MSS. tom. 6. pag. 82. ex Literis Joduci Marchionis Brandeburg. de nobilitate avita Tettaviorum : *Omnes ut ei concedamus coram nobis et consiliariis nostris vetustatem suæ stirpis, et similiter Baronatus sui originem ab antecessoribus suis probare.*

Barnatus, quasi Baronatus, Ordo Baronum. Capitula Caroli Calvi tit. 21. [** Apud S. Quintin. ann. 857. Pertz. vol. Leg. 1. pag. 456.] : *Deus omnipotens nobis donet, ut vestram fidelitatem et vestrum adjutorium, quæ semper contra nos cum omni Barnatu demonstrastis, vobis sic merere possimus, sicut antecessores nostri vestris antecessoribus in bene meruerunt, etc.* Ubi vir magnus [** Sirmondus ad Capitul. pag. 43.] *Barnatum* hoc loco interpretatur *fidem et observantiam*, *quæ Barones et Regis vassallos in primis decet.* Sed vix est ut assentiar, cum potius videantur, *cum omnibus Baronibus*, hæc verba sonare : nam ita *Barné* usurparunt nostri. Philippus *Mouskes* ex Bibl. Regia :

Cilderis fut lues couronnés,
Car loet la tout li Barnés.

Vetus Poëma MS. de Vulpe Rege coronato :

Par son maintiens, dont li renons
Estoit ja par tont si alés,
Que meismes tout li Barnés
Prisent del tout si sa maniere.

Le Roman *d'Aubery* MS :

Le sert li Cuens o molt riche Barné.

Le Roman *de Garin* MS :

Et commanda à son riche Barné;
Communément fussent trestuit armé.

Alibi :

Nul le regarde de France li Barné.

Rursum :

Lors si irai à mon riche Barné.

* Baronalis Dignitas. Vide supra *Bannerialis*.

* Baronicalis, Baronitalis, Ad baronium pertinens. Charta Ludov. VI. reg. Franc. ann. 1121. in Append. ad tom. 6. Annal. Bened. pag. 636. col. 1 : *Ad honorem autem et exaltationem ipsius monasterii* (Tironensis) *ipsum regia nostra munificentia omnibus, tam aliis castellanicis quam Baronicalibus insigniis, juribus et prærogativis in perpetuum dotamus et insignimus.* Alia Yvonis episc. ann. 1114. ex Tabul. episc. Carnot. : *Ipsi monachi Tironenses.... acquisitum sive dono, sive emptione, vel alias, in manu mortua libere in perpetuum teneant et possideant a...., dominio et superioritate, tam castellanicis, Baronitalibus, quam aliis quibusvis... liberum et quittum.*

¶ Baronuli, Iidem qui supra Baronetti seu *Banneretti*, apud Rymer. tom. 13. pag. 349 : *Damus autem universis Vicecapitaneis, Locatenentibus, Baronibus, Baronulis, Dominis, Nobilibus, Militibus, Magistris, Marinariis, Hominibus ad arma, etc.* Et pag. 364 : *Baronum, Baronulorum, Dominorum, etc.* Similiter infra pluribus in locis.

*Barones, Astrologi nuncupantur, apud Martin. del Rio in Disquisit. magic. part. 1. quæst. 4. sect. 6.

* **BAROARIUS**, Barroarius, Accensus, apparitor, Italis *Berrouiere*. Stat. Mutin. rubr. 385. pag. 82. r°. : *Ad reprimendam immensam temeritatem et audaciam Baroariorum communis Mutinæ, qui multoties mittebantur ubi non erat necesse,... providerant quod de cætero nullus Baroarius mittatur ad aliquem pignorandum per aliquem officialem communis Mutinæ, nec aliquis alius stipendiarius;.... quod locum non habeat in reditibus et gabelis, et in condemnationibus communis Mutinæ........ Et si alius Baroarius vel stipendiarius mitteretur ad aliquem pignorandum, ad petitionem alicujus vel sine petitione alicujus, ex præcepto alicujus officialis, quod tunc dicto Baroario sive Baroariis solvatur eodem modo merces, quo solveretur et solvi deberet secundum formam statutorum communis Mutinæ nuntio, qui mitteretur cum eo;.... nec aliquis Baroarius possit mitti sine nuntio et sine præcepto pignorandi vel detinendi, quod appareat per scripturam alicujus officialis. Barroarii*, in Stat. crimin. Riperiæ cap. 6. et 19. Vide *Berroerii*.

* **BAROCHUM**, Usuræ species, lucrum illicitum, ab Ital *Barocco*, eadem notione. Barelet, in serm. fer. 4. hebd. 1. Quadrag. : *Ille petit filium a Deo, et propter ipsum dabit usuras sarastochi et Barochi.*

* **BAROCIA**, Plaustri genus, idem quod *Barrotum*; item, Onus hujusce plaustri. Stat. Vercell. lib. 3. pag. 100. r° : *Insuper amittat, si in carro duceret, vel Barocia, vel bestiis seu bestia, boves, carrum et Barociam et alias bestias, cum quibus portaretur aliquid de prædictis contra formam prædictam.* Et lib. 7. pag. 191. r°. : *Item de Barocia assium et gambezarum undecumque ducatur intus, Papienses quatuor.* Vide infra *Barrota*.

¶ **BARODERII**, *Barii* seu surburbii incolæ. Regimina Paduæ ad ann. 1325. apud Murator. tom. 8. col. 466 : *Et eo anno mortuus fuit gladio D. Polionus de Bicaëlis de Bononia Potestas Paduæ, et capitaneus suorum Baroderiorum super domo Communis.* Vide *Barriani* in *Barrium*.

* Vel potius iidem qui *Berroerii*, apparitores. Vide in hac voce.

* **BAROLHAGIUM**, Tributum seu vectigal, quod ex curribus, nomine huic proximo designatis, exigitur. Charta pro civit. Agen. ann. 1369. in Reg. 198. Chartoph. reg. ch. 545 : *Ceterum concedentes eisdem baragium, et Barolhagium, et pontagium, modo quo ipsi consules recipere consueverunt, pro operibus pontis Agenni.* Vide supra *Barocia*.

* **BARONIA**. Vim vocis expositam habes in Laud. Papiæ apud Murator. tom. 11. Script. Ital. col. 27 : *Milites habent in insigniis suis ex transverso zonas æqualiter distantes, albo nigrove colore distinctas, quas Baroniam vocant.* Alia notione, vide in *Baro*.

* **BARONICALIS**, Baronitalis, Baronissa. Vide supra in *Baro*.

* **BARONUS**, Baro, princeps, in Mirac. S. Nicetæ tom. 4. Sept. pag. 9. col. 1.

BAROSELI, [Eadem notione ac *Baroderii*.] Statuta Veronensia lib. 3. cap. 23 : *Milites Rectorum facere debent bona fide et diligentia custodias noctis per omnes contratas in corpore civitatis, et similiter Caput Baroselorum, cum suis barchetis in Burgo S. Zenonis.* Vide *Barigildus*.

* Eo sensu quo *Baroderios* supra exposuimus, accipiendum nisi tamen de vectigalium exactoribus intelligatur. Verum haud scio an huc spetet vox *Barrolle* ex Lit. remiss. ann. 1397. in Reg. 151. Chartoph. reg. ch. 348 : *Jehan Faugier soy disant sergent,.... hayneux pour lors dudit Bourrel, lui dist : Sanglant villain boitteux, je t'en paieray bien; car toujours mais me m'envoyes la Barrolle.* Ita ut apparitorum jurisdictio seu societas, vel eorum, qui tributa ad *barras* urbium exigunt, significetur. Vide *Barrarius* in *Barra*.

BAROSUS, Βάκηλος, σοβαρός, in vet. Gloss. Lat. Gr. *Barbo*, βάκηλος. [Stultus, mollierosus, mobilis.] [** Vide Furnal. apud Forcell.]

* **BARQUA**, ut *Barca*, Navis oneraria. Mirac. MSS. Urbani PP. V : *Cum esset in quadam navicula sive gondola ipsius Barquæ, etc.*

¶ **BARQUELIUS**, Aquæ receptaculum, Massilienses *Barquiau* vocant quod nos *Bassin, Reservoir d'eau* dicimus. Usurpatur iterum pro fovea aquis aliisque ruderibus continendis apta. Instrum. anni 1328. ex Schedis D. *le Fournier* : *Supplicatio facta domino vicario Massiliensi per Guillelmum Codoliti magistrum lapitidem deputatum ad curam Barqueliorum prope pontem Fratrum Minorum ad eumdem curam faciendam.*

* **BARQUERIUS**, Nauclerus, qui *barquam* ducit. Stat. Massil. lib. 4. cap. 28 : *Statuimus ut domini, vel ductores navium, et marinarii, et cargatores, et scriptores, et Barquerii omnes teneantur speciali sacramento nihil petere, ...? et similiter quod domini navium sive Barquerii nullatenus petant, vel exigant, vel habeant, vel accipiant de mortuis peregrinis,.... qui in ipsis navibus morientur.* Charta ann. 1370. ex Tabul. Massil. : *Solvit Joanni Arnaudi Barquerio pro portu mille lapidum in sua barca aportatarum, etc.* Vide *Barcarius* in *Barca* et supra *Baquerius*.

¶ **BARQUILE**, Idem quod *Barquelius*. Statuta Massil. pag. 439 : *De Barquilibus faciendis in transversiis Massiliæ de porta. Ordinamus, quod... Consules.... debeant fieri facere in portu, in extremitate scilicet viarum transversarum, quæ descendunt ad portum in singulis unum Barquile, in quo tota terra et rumenta omnia, quæ per dictas vias transversias adducuntur ab aquis pluvialibus ad dictum portum possit vel possint remanere, scilicet in Barquili dicto seu fovea, ut ita per prædicta Barquilia dictus fimus dictaque omnia rumenta retineantur, ne portum intrare possint, sed et postmodum transacta dicta pluvia inde extrahantur, et alibi exportentur.* De constructione castri Saphet apud Baluzium tom. 6. Miscell. pag. 263 : *Et cum esset ibi defectus aquæ et cum multis somariis, laboribus et expensis afferretur a remotis, et Episcopus singulis diebus quæreret fonticulos ad facienda Barquilia ubi colligerentur* (aquæ).

BARRA, Fustis, vectis, nostris *Barre*, Hispanis *Barra*, Italis *Sbarra*. Glossæ MSS : *Clater, tri, Barra ostii.* Honorius III. PP. ad Episcopum Engolismensem : *Quædam Barra ferrea super dextræ suæ pollicem fortuito casu cadens, ungulam avulsit ab eo.* De vocis origine quædam habet V. Cl. Ægid. Menag. in Orig. Italic. [Plura in Gallicis, ubi docet *Barra* a *Vara* derivari. Est autem *Vara* Isidoro in Glossis *Perticæ duæ inter se colligatæ quæ asserem sustinent.* Unde Proverbium : *Vibia varram sequitur.* Juxta Turnebum : *Varronum nomen a varris fluxit, unde et vernaculum nostrum Barra manavit.* Boxhorn. in Originibus Gall. *Barr* interpretatur, *Vectis, repagulum, pessulum* : unde vocis origo Gallica seu Celtica dici posset, si non magis placeret a *Vara Barram* deduci.]

1. Barræ dicuntur præsertim repagula ac septa quæ ad munimenta oppidorum et castrorum, vel ad eorum introitus ac portas ponuntur, ne inconsultis custodibus in eas aditus quibusvis pateat. Will. Brito lib. 3. Philipp. [ubi de Marchione *de Barris* ad cujus nomen alludit :]

Stabat enim firmus ut Barra repagula firmans.

Infra :

Tunc Comes exclamat : Barras, gaudete Quirites,
Fregimus, in manibus sunt Barræ denique nostris,
Nulla potest nobis jam barrula tollere Barras.

Charta Philippi Aug. ann. 1195. pro Communia sancti Quintini apud Hemeræum :

Servientes villæ et ii qui Barras et portas villæ servant, nulli habeant respondere Justitiæ de catallo, nisi coram Majore et juratis. Alia ann. 1306. apud Loysellum in Hist. Bellovac. : *Super eo etiam quod nos Barras licias feceramus fieri ad portas villæ prædictæ.* Chronicon S. Michaelis Virdun. : *Hic Fridericus propter frequentes Campanorum in Lotharingiam incursiones, in confinio Lotharingiæ et Campaniæ castrum extruxit, quod Barrum, quasi Barram nominavit.* [Statuta Brageriaci art. 2 : *Medietas vero dictorum duodecim qui in Consules nominabuntur erit de corpore dictæ villæ, et alia medietas de Barris, burgis, et suburbiis.* Vide ibidem num. 8. et 74. Charta anni 1219. inter Instrum. tomi 4. novæ Gall. Christ. col. 245. E : *Cum discordia verteretur,.. super fractione catenarum et Barrarum Episcopi apud Cabilonem.*] Adde Albertum Argentin. pag. 146.

* Glossar. Gall. Lat. ex Cod. reg. 7684 : *Barre de bois, que l'en boute et reboute pour clorre huys, Pessulum.*

¶ Barra, pro *Ponte* sumi videtur in antiqua Charta Tabularii Corbeiensis : *Sciant omnes libertates Ecclesiæ nostræ et hominum nostrorum in pace Corbeiæ Folliaco usque ad Barram Burdini*, hodie *Pont Bourdin.*

* Nihil est cur eo sensu accipiatur; repagulum fuisse opinor, quod ad pontem Burdini positum erat.

* 2. Barra, idem quod *Barrium*, Suburbana domorum congeries, nostris *Faubourg.* Lit. remiss. pro civibus Albiens. ann. 1363 : *Alia agmina sive gentes armorum nostræ sequelæ alotgeari faceremus in conventibus et Barris, dictæ civitati propinquis.*

3. Barra, Septum Curiæ, cancelli, auditorium, ubi causæ coram judicibus ab Advocatis perorantur; nostris, *Barreau.* Henricus de *Knyghton* pag. 2547 : *Dominus Hugo de Spencer ductus coram Domino Willelmo Trussel Justitiario, areniatus est coram eo ad Barram.* Sic lego, pro *Barrum.* Willel. Thorn. : *Coram quibus vocatus est abbas, et coram eis stans ante Barras, pœnam excessus Monachi sui recepturus, condemnatus est, etc.*

* Stat. Montis-reg. pag. 111 : *Ubi stat dom. judex pro tribunali, videlicet a parte dextra, ubi aperitur Barra banchi civilium; sed ipse locus expeditus remaneat pro aliis personis ibidem acturis.*

4. Barræ, interdum etiam dicuntur Exceptiones rei, vel generatim primæ litium instructiones, quæ ad *Barras* fori simplici ac nuda formula peraguntur. Sic porro appellatæ, quod exceptionibus contra actorem vice repagulorum utatur reus. [Hist. Dalphin. tom. 2. pag. 173. col. 1. ex Testamento Joannis Dalphini ann. 1318 : *Sublatis omnibus impedimentis, Barris, cavillationibus per competentes judices confirmentur.*] Philippus *de Beaumanoir* MS. cap. 61 : *Se gage sunt por aucunes Barres de querelle, non pas du principal du fet, li vainqueres ne gaigne fors que le Bare, porquoi li gages furent donné. Et por ce est-il a entendre, se le Barre estoit dilatoire, etc.* Et infra : *A briément parler, toutes Barres et exceptions sont dilatoires, par lesquelles besoignes de quoi on plede, ne font fors à alongier. Et celes qu'on appelle peremptoires, sont les resons qu'on met avant, par lesquelles, ou par aucune desquelles, selon le preuve, querele est gaigné.* Et cap. 67 : *La û il jugié soit du principal de le querelle, soit de Barres.* [** Inde pro dilatione in Cartul. Monspel. fol. 79. ap. Raynouard. Glossar. Rom. pag. 188 : *Li senhors reys de Fransa e de Malhorgas auctreyeran Barra a tres ans.*] [Edictum S. Ludovici ann. 1270. tom. 1. Ordinat. Reg. Franc. pag 261 : *Quand aucuns a bonne deffense et loyaux, li avocas et li avantparlier doit mettre avant et proposer en jugement ses deffenses et ses Barres, et toutes les choses qu'ils cuident, qui valoir leur doient et puissent loyaument.* Charta ann. 1320. tom. 2. Hist. Meldens. inter Instrum. pag. 207 : *Renonçons pour nous, nos hoirs et pour nos successeurs a toutes decevances, circonventions, raisons, Barres, allegations de droit et de fait.* Simili notione etiamnum dicimus : *Avoir Barres sur quelqu'un*, hoc est, habere ansam ad reprehendendum aliquem, seu esse aliqua in re superiorem contra alterum. Vide infra *Barrare, Barroyer.*] Exinde primis Curiis, a quibus appellare licet, id nominis attributum. Charta ann. 1391. 26. Jan. in Chartophylacio Regio, Scrinio *Bretagne*, num. 74 : *Et quod de defectu vel denegatione juris in dicta patria Britanniæ, ac etiam de malo judicio subditi sui poterant appellare ad Regem, et suam Parlamenti Curiam, salvis tamen dicto Duci Barris et gradibus suis de ressorto, sicut prædecessores sui Britanniæ Duces uti consueverant.* Charta alia ann. 1394. de eodem Duce Britanniæ, ibidem : *Dit ledit Duc que par la Coustume de son pays, tous les ressorts des Cours et Sieges de ses sujets dudit Duché, et aussi des siens, viennent par contredits de degré en degré à sa Cour et Barre de Rennes, et de Rennes vont par appellation à son Parlement de Bretagne, excepté la Barre et Siege de Nantes.*

* *Barroier*, eodem sensu, usurpat idem Bellomanerius MS. cap. 6. art. 1 : *Et nous apelons Barroier, les raisons que li deffenderes met encontre les deffences au deffendeur.* Rursum cap. 7. art. 15 : *Nous appelons Barroier, les raisons que l'une partie dit encontre l'autre.*

¶ 5. Barra, Tænia in pannis telisve colore distinctis. Sæpius occurrit in Chartis Ecclesiæ Aniciensis sæc. xiv. ex quibus pauca subjicio : *Item alia mappa de albo satis cum* xvi. *Barris in capitibus de Persico seminata de crucibus de Pers. Item alia mappa de lino operis Franciæ, in quolibet capite cum octo parvis Barris de coto Pers. Item alia parva mappa de canapi ad modum telæ cum tribus Barris in uno capite, etc.*

¶ Barula, Eadem notione, in iisdem Chartis : *Item quatuor mappæ de cirico in quodam escri fusteo rotundo, quæ sunt collitatæ in Barulis, quarum una est alba, alia nigra, et aliæ duæ virides.*

¶ 6. Barra, Feretrum, Gall. *Bière.* Chron. Parmense ad ann. 1264. apud Murator. tom. 9. col. 780 : *Et quum defunctus portabatur ad ecclesiam, ibat* (canis) *sub Barra.*

* Chron Estense ad ann. 1352. apud eumd. Murator. tom. 15 : *De cujus obitu* (marchionis Estensis) *cives Ferrariæ et forenses strictissime demonstraverunt dolorem et caritatem dilectionis; ad cujus corpus honorandum circa Barram statuerunt ccc. duplerios.* Vide supra *Bara* 2.

* 7. Barra, Armorum genus. Charta ann. 1319. in Reg. 61. Chartoph. reg. ch. 117 : *Banderii de Limoso.... depopulaverunt planssones fructiferas et non fructiferas,..... ad faciendum Barras usque ad numerum cc. cum ferris longis acutis, usque ad tres palmos vel circa, quos portaverunt et portant, quando volunt, pro custodia agrorum, licet sint arma prohibita.*

* 8. Barra, Mensura agraria apud Arvernos. Lit. remiss. ann. 1416. in Reg. 169. Chartoph. reg. ch. 353 : *Lesquelz apporterent un Barres, qui est la mesure selon le langage du pais* (d'Auvergne) *pour mesurer icellui pré.* Vide Diction. Commerc. v. *Barre.*

* 9. Barra, Massa linea certi ponderis. Stat. Vercell. lib. 3. pag. 101. v°. : *Item licitum sit cuilibet de districtu Vercellarum trahere de civitate.... duas Barras lini, pro quolibet sine fraude, die Sabbati tantum et una vice.* Vide *Petra.*

* 10. Barræ, Decursio palæstrica, sic dicta quod palæstra *barris* seu repagulis clauderetur. Lit. remiss. ann. 1400. in Reg. 155. Chartoph. reg. ch. 64 : *En laquelle place devoit avoir unes Barres, dont ledit Jaquot estoit roy pour le jour; et pour ce avoit lors assemblé pluseurs gens et de pluseurs villes pour veoir lesdittes Barres.*

11. Barræ, præterea dicuntur Tributa quævis, præsertim quæ ad urbium et oppidorum *Barras* et portas præstantur. Charta ann. 1236. in Regesto Comitum Tolosæ fol. 51 : *Agros et condaminas, introitus et exitus, prata et pascua, nec non et Barras, et albe-retas, et ramerios et devesios, et adempriva, et expletivos, etc.* Charta Geraldi Episcopi Cadurcensis ann. 1248. in Historia Episc. Cadurc. n. 104 : *Item contra voluntatem nostram super pontem Caturcensem quemdam soccum, et quamdam Barram posuerunt, in quo denarii, qui exacti erant a prætereuntibus per pontem prædictum, reponerentur.* Curia Generalis Catalaniæ in villa Montissoni ann. 1363 : *Eidem Barras, pedagia, vel alia nova vectigalia concessimus.*

Barragium, Eadem notione, vulgo *Barrage.* Charta ann. 1309. in 2. Regesto Philippi Pulcri n. 85 : *Nec pedagium seu Barragium in honorio castri et castellaniæ de Burdelia solvere compellentur.* [Charta Philippi Pulcri Franc. Regis ex Tabulario Regio num. xiii : *Volumus præterea, quod omnia bona ad victum et vestitum dictarum sororum* (sanctæ Claræ Ordinis Franciscani) *pertinentia necnon alia earum propriis usibus deputata, sibique et familiæ suæ undecumque et per quamcumque partem regni nostri ad locum seu loca dicti monasterii devehantur, sint quita et libera ab omni teloneo, passagio, Barragio seu costuma, vel de novo editis, vel in posterum edendis, etc.*]

* Lit. ann. 1368. tom. 5. Ordinat. reg. Franc. pag. 409 : *Quascunque imposiciones redibencias, leudas, peagia, Barragia, aut alia quæcunque debita subsidia, etc.* Aliæ ann. 1363. tom. 4. earumd. Ordinat. pag. 729 : *Nous.... avons donné et octroyé..... un Barraige pour la sustentacion d'icelle chaucie; c'est assavoir que oudit lieu de la chaucie ledit Barraige soit cueillis, levés et exploittiés*

sur les passans par la maniere acoustumée. Sic etiam leg. loco *Beirage* ibid. tom. 3. pag. 364. Vide infra *Barralagium*.

BARRAGIUM, Barræ ipsæ. Chronicon incerti Auctoris editum a Catello, ann. 1226: *Trepidantes de Barragio, si permitteretur per villam incedere multitudo, portas civitatis perclaudunt.* [Cave ne legendum sit *Banigium*: quod vide suo loco.]

BARRARIUS, Telonarius, qui tributa *ad barras* exigit. Litteræ Philippi Augusti ann 1207. pro Rotomagensibus in Normannicis Duchesnii: *Nullus civium Rothomagi debet accipere intersignia a Vicecomite ad Barrarium: sed affidet Barrario, quod consuetudinem non debet, si aliter ei crediderit, etc.* [Alterum locum vide in *Banniatores* post *Bannum*.] Usatiça MSS. Vicecomitatus Aquæ Rotomagi: *Se aucun des Sergens de la Vicomté de l'Eauë et la garde des portes que l'en appelle Barrieres, prent aucun marchant qui s'en voit sans le commandement et le congé des Vicomtes de l'Eauë, etc.* [** Chart. Sanctii 1. Port. Regis ann. 1199: *Venarii et Barrari de Penamacor habeant unum forum, exceptis domibus regis et episcopi.* Vide S. Rosa de Viterbo voce *Barrarios* pag. 181.]

¶ BERRARIUS, Eadem notione, in Chartulario S. Vincentii Cenoman. cujus locum videre potes in *Banniatores* post *Bannum*.

* Nostris *Barrier*, qui repagulis urbium aperiendis et claudendis adest. Lit. remiss. ann. 1406. in Reg. 161. Chartoph. reg. ch. 112: *Quant icelles barrieres de la ville furent ouvertes, le suppliant ala querir ses buefs,.... auquel le Barrier ou portier dist que il estoit matin levé.*

¶ BARRARII, Idem, ut videtur, quod *Barræ*, Repagula, Cancelli. *Madox* Formulare Anglic. pag. 429. in Testamento Johannis *de Nevill*: *Et volo quod cista corporis mei cooperiatur cum panno laneo de russeto et una cruce rubea, et quod Barrarii circa corpus meum die sepulturæ meæ ordinentur de eadem setta.* Et paulo post: *Cooperiatur de russeto secta* (setta) *cistæ et Barrariorum.*

BARRARE, *Barroyer*, apud Butilerium lib. 1. tit. 34. Statutum Henrici VI. Regis Angl. ann. 33. cap. 2. apud Will. Stanford. lib. 2. de Placit. Coronæ cap. 27: *Non essent Barratæ, neque inhabilitatæ ad prosequendum quamcumque actionem, etc.* [Rymer. tom. XI. pag. 339. col. B: *Exhæreditatus, exclusus, neque Barratus existit, neque existet. Barroyer*, inquit V. Cl. *de Lauriere* in Gloss. Gallici Juris, idem mihi videtur quod *debatre, contester*, disceptare, litigare; et *Baroyemens*, quod *Contestations, debats*, Contentiones, litigia, disceptationes; quam in rem adducit hunc *Summæ Ruralis* locum: *Aprés declinatoires et dilatoires sur ce mises en œuvres, s'aucune en peut avoir qui vaille, doit estre demande faite sur ce, et commission ramenée a fait avoir par escrit, et en libelle la demande à certain jour, et ce appelle-on libelle... et doit estre ainsi demandé par plusieurs raisons; l'une est que difficile chose est de faire, et former tel demandé par escrit, comme dit est, et pour ce souvent on y trouve avantage à fort Barroyer la matiere. L'autre raison si est qu'au jour rapporté est le libelle, encore peut avoir autre jour d'avis sur le libelle; encore sur ce jour au retourner si rien ne trouve à Barroyer au libelle, et qu'il contienne tout ce qu'il doit contenir, si peut le demandeur demander jour de veue du lieu, qui est aussi estroite et difficile chose, et precise à faire, si comme si aprés diray. Aprés jour de veue si rien n'y peut estre Barroyé; peut encore le defendeur demander garand, qui est aussi chose moult difficile, là où il appartient moult de induces et moult de Barroyemens, et peut derechef avoir veue lieu, etc.* Vide *Barræ*, 4, Exceptiones.]

* *Barrer*, in Consil. Petri de Fontan. cap. 15. art. 69: *Barrer peut on selonc le loi, quant aucunes coses sunt vendues par force, et on les calenge après, kant li acateres veut ke li venderres li warandisse.*

BARRERIA, BARRERA, Idem quod *Barra*, Gallis, *Barriere*, repagulum, transversarium lignum inter duo alia arrectaria et extantia positum; Græcis βαλβίς. Chronic. incerti Auctoris apud Catellum ann. 1217: *Aggressionibus et discursibus qui fiebant circa villam (quos et cives impediebant Barreriis et fossatis) adversarios infestabat.* [Pro *Barreriis* Muratorius tom. 3. pag. 568. col. 2. B. legit *Barcriis*.] Adde Guill. de Podiolaurentii cap. 30.

* Comput. ann. 1334. inter Probat. tom. 2. Hist. Nem. pag. 85. col. 1: *Item custodibus xviij. Barreriarum dedi ipsa die vj. sol. viij. den..... Item decem servientibus, qui decem Barrerias custodierant, etc.*

BARRERA, Eadem notione, apud Will. Thorn ann. 1285.

* **BARRACANA**, Stragulum, Gall. *Courtepointe*, forte a panno, quem *Barracan* vel *Bouracan* dicimus, sic dictum. Inventar. ann. 1218. inter Probat. tom. 1. Hist. Nem. pag. 67. col. 1: *Item in stari sacristiæ..... inveni octo culcitras plumeas, sex coopertoria, quatuor serica et duo linea, et duas Barracanas, et quatuor flaciatas, etc.* Atque eo sensu accipienda videtur vox *Barracanus* ex S. Bernardo ibi laudato.

BARRACANUS, Panni, seu, ut vocant, *Cameloti* species, vulgo *Barracan*, forte quod licia *Barrarum* formam efficiant. Petrus Venerab. in Statut. Cluniacens. cap. 18: *Statutum est etiam ut nullus scarlatas, aut Barracanos, vel pretiosos burellos,... sive picta quolibet modo stamina habeat.* S. Bernardus de Vita et morib. Relig. cap. 9: *Putasne cujuspiam ibi lectuli opertorium cattinum, aut discolor Barracanus operiebat?* [Mabillonius legit *Barricanus*, mappasque intelligit diversi coloris a *Barria* sic dictas.] [** De etymo Muratorius Antiq. Ital. vol. 2. col. 1151.] Vide *Barracana*.

* **BARRACHA**. Charta Isabellæ comit. Carnot. pro loco B. M. ann. 1247. inter Instr. tom. 8. Gall. Christ. col. 534: *Dedi etiam dictis monialibus usagium suum in nemoribus meis de Briodo, tam in nemore mortuo quam in Barrachis, etc.* Sed legendum videtur *in branchiis*.

* **BARRADELA**, Amica, concubina, Hisp. *Barragana*. Sermo Joan. Parvi ex Cod. MS. apud Carmelit. discalceat. Paris.: *Quicumque scit vere et sine dubio suum curatum, vel alium sacerdotem habere concubinam vel Barradelam notorie et publice, debet ejus missam et divina vitare.*

* **BARRADUS**, *Barris* seu lineis distinctus. Testam. regin. Mafaldæ ann. 1256. tom. 1. Probat. Hist. geneal. domus reg. Portugal. pag. 33: *Unum supercaput ad filiam suam Barrado cum auro.* Vide *Barratus*.

BARRAGAN, Idem quod *Barracanus*. Locum vide in *Alchaz*.

¶ 1. **BARRAGIUM**. Vide in *Barra*.

* 2. **BARRAGIUM**, Jus mensuræ, ad quam exiguntur dolia vinaria, quæ *Barralia* nuncupabantur, unde vocis origo; simul et Præstatio, quæ ea ratione domino feudali pensitabatur; nostris etiam *Barrage*, idem proinde quod *Jalagium*. Vide in *Galo*. Charta ann. 1150. ex Tabul. Major. monast.: *Omnes consuetudines in burgo S. Martini de la valle, ... a quolibet mercatore indigena vel extraneo, quocumque modo factas, præter Barragium, ubicumque mercator jaceat, ... concessit.* Arest. ann. 1372. ex Tabul. S. Joan. Laudun.: *Inhibuerant etiam ne quis in terminis dictæ pacis vasa vinum continentia, quod ibidem vendebatur, absque eorum licentia barrare, aut ad ducendum extra dictam pacem parare seu fortificare, vel supra currus sive quadrigas onerare præsumeret: sed emolumentum Barragii et oneragii hujusmodi, in qualibet villarum prædictarum, singulis annis vendiderant et vendebant.... Barragia et oneragia vinorum anno quolibet vendita vel ad firmam tradita, etc. Officium Barragii et vergaii vinorum*, in Memor. D. Cam. Comput. Paris. fol. 57. v°. Charta ann. 1306. ex Lib. rub. ejusd. Cam. fol. 304. r°. col. 2: *Item nous li baillons et asseons les Barrages, qui sont prisiez à douze muys et trois jalois de vin.* Vide *Barrale* 1. Extat alia notione in *Barra*.

* **BARRALAGIUM**, Tributum, quod ad urbium *barras* seu portas exigitur. Libert. villæ de Alavardo concessæ per Humbert. dalph. ann. 1337: *Item statuimus et ordinamus, quod nullus de dicta universitate francorum et franchesiæ, ... aliquatenus teneatur.... ad solvendum aliqua pedagia, gabellas, Barralagia, ... ubilibet statuta et statuenda.* Vide supra *Barragium* in *Barra*.

¶ 1. **BARRALE**, Cadus, Mensura liquidorum, quæ duos et septuaginta sextarios Gallicos seu triginta sex *pintas* capere solet. Regestum Computorum Dalphinatus ann. 1309. 17. Novembris: *Cellerarius Cornelionis computavit de censibus... Item de Barralibus* (Baraux), *de banastis non computat, quia sunt ad manum Mistralis.* Hist. Dalphin. tom. 1. pag. 78: *Ubicumque vult vinum suum reponere in dicto mandamento cum asino suo, basto et Barralibus.* Et pag. 132. col. 2: *Item pro duobus paribus Barralium, etc.* Statuta Arelat. MSS. art. 98: *Tabernarii habeant Barralia in sufficienti quantitate signata ferro communi.* Et art. 99: *Commune habeat mensuram cupream qua legittimentur Barralia.*

* Glossar. Provinc. Lat. ex Cod. reg. 7657: *Barral, Prov. cadus, cadulus, cadiolus.*

¶ BARRALIUM. Ibidem: *Item Bosoni Pastardi pro quatuor pariis Barraliorum amissorum apud Varey, pro provisione ibidem ducenda, etc.*

¶ BARRALEUM, Idem, in Statutis reformationis S. Claudii. pag. 55. *Barralea olei*, etc.

¶ BARRALIS, Eadem notione, apud Baluzium tom. 2. Hist. Avern. pag. 489. in Donatione ann. 1138 : *Et fogacias et Barrales vini et gallos et civatam, etc.*

¶ Barrelium, in Statutis Arelat. MSS. art. 98. e Musæo D. *Brunet* : *Et pro singulis Barreliis habeant dicti tabernarii singulos obolos tantum.* Vide *Barrarelius.*

¶ 2. **BARRALE**, Repagulum, in Archivo B. Mariæ Piperacensis : *Barraverunt dictum molendinum per vim et potentiam dicti domini Comitis... petit Barralia removeri et bladum reddi.* Vide *Barra.*

* **BARRALUS**, ut *Barrale.* Inventar. MS. ann. 1379 : *Item aliud vas vacuum castanherii, capacitate viginti trium Barralorum cum dimidio. Item aliud vas de castanherio vacuum, capacitate viginti Barralorum.*

¶ **BARRALUS**, Judex primarius, qui præsidet *Barræ*, id est, Auditorio. Fantoni Hist. Avenion. tom. 2. pag. 112. in Charta conventionis inter Anfonsum Comitem Tolosæ et Carolum Comitem Andegaviæ ann. 1251 : *Quorum etiam relinquetur arbitrio de bannis et condemnationibus revocandis, quibus per Barralum vel ejus curiam vel consulatum præcedentem sunt compulsi.* Vide *Barræ*, 3, Septum Curiæ, etc.

* Nequaquam titulus est dignitatis apud Fantonem, cum sit nomen proprium domini de Baucio; quod ex ead. Charta ibid. pag. 110. videre licet.

BARRANCUS, vox Hispanica, *Barranco*, Locus cavus, iter tortuosum, impeditum. Occurrit in Charta Sanctii Regis Aragonum æræ 1132. apud Martinezium in Hist. Pinnatensi lib. 3. cap. 9.

* **BARRANETUM**, Idem quod *Barrancus*, Locus cavus, iter tortuosum, impeditum. Lit. remiss. ann. 1340. in Reg. 73. Chartoph. reg. ch. 49 : *Petrus Toufox quandam mulierem, ... animo occidendi eandem, in quodam Barraneto de Marmoreriis projesserat, etc.*

¶ **BARRANUS**, Judex idem, et eadem ratione, qua *Barralus*. [* Vel potius apparitor. Vide supra *Barralus.*] Charta Ministrorum Regis Angliæ anni 1230. ex Chartulario Monasterii Pontileviens. : *Adjecerunt quod tempore quo fuit ablata pecunia... nullus fuerit visus apud villam de Regula Barranus, sed quod prior a dicto Stephano requisitus non potuit de dictis burgensibus exhibere justitiam, etc.*

¶ 1. **BARRARE**, Repagula ponere, concludere, obstruere. Miracula S. Angeli. Carm. n. 18. inter Acta SS. Maii pag. 68. B : *Antonella dicit, scire qualiter domi suæ Barrata fuerit ipsa cum marito a filiis, etc.* Vetus Diploma Monasterii Aceiensis : *Si dominus de Ternay pro timore werræ viam illam aliquando Barraverit, alia utentur monachi, quam dominus C. monachis pro excambio dedit, et guarantiam promisit.* Alius locus est in *Barrale*, Repagulum. Vide *Barra.*

¶ 2. **BARRARE**, Alia notione. *Barrarius.* Vide in *Barra.*

* 3. **BARRARE**, Fallere, decipere, Gall. *Tromper, duper.* Stat. crimin. Riperiæ cap. 168. fol. 23. v°. : *Si vero fuerit barrus, qui aliquem Barraverit in communitate Riperiæ, vendendo dolose æs pro auro, vel gemmas seu jocalia falsa, vel aliquam aliam rem falsam vel contrafactam, etc.* Vide supra *Abbarrare* et *Baratare* 2.

* 4. **BARRARE**, Dolia ad mensuram exigere, legitimare, Gall. *Jauger.* Vide supra *Barragium.*

* **BARRARELIUS**, *Barralium* seu doliorum artifex, Gall. *Tonnelier*, Massiliensibus *Barilat.* Majus Chartul. S. Vict. Massil. : *Et habet consortes vineam de Ebrardo Barrarelio, etc. Barronnier*, Instrumentum fabrorum lignariorum, f. idem quod *Barroir*, terebræ species, in Lit. remiss. ann. 1391. ex Reg. 142. Chartoph. reg. ch. 151 : *Une assiete, une queux et un Barronnier à usage de charpentier.*

1. **BARRATA**. Synodicon Nicosiense cap. 29. *de Contractibus usurariis*, ubi Notarii et alii Scriptores vetantur eos scribere, et iis interesse : *Ne in contractibus prædictis, quos, ut vulgariter loquamur, Barratas appellant, fidejussores se constituant, aut debitores pro aliis.* Vide *Barra.*

* 2. **BARRATA**, *Barræ* seu fustis ictus, Gall. *Coup de bâton.* Vide *Barra.* Lit. remiss. ann. 1396. in Reg. 150. Chartoph. reg. ch. 231 : *Dictus supplicans dixit uxori suæ qualiter fecerent, quod a cætero dictus presbiter præmissa facere dubitaret; et si esset bonum, quod ipse sibi daret duas Barratas; quæ uxor dixit quod nesciebat, quia si ipsum percuteret, ipsum forte posset occidere.*

* **BARRATARIA**, Fraus, dolus, qui fit in contractibus vel venditionibus, *Baratteria* Italis. Stat. crimin. Riperiæ cap. 160. fol. 23. r° : *De pœna officialis communitatis committentis fraudem, vel furtum, seu Barratariam. Barreteressement*, Fallacitei, in Cons. Pet. de Font. cap. 16. art. 1. Vide supra *Barattaria* 1. et *Baratum*. Alia notione extat supra in *Barataria* 1.

BARRATI Fratres, dicti Carmelitæ, quod pallia ex albo et nigro alternatim distincta deferrent. Chronicon MS. Monspeliense sub ann. 1297 : *Feron fraires del Carme lur Capital general en Montpelier et muderon lur habits, quar portavan davan mantels Barrats de brun et de blanc, et preseron per habiz capas blancas.* [Testamentum Thomæ Mercatoris ann. 1275. ex Archivo Fiscamnensi : *In primis lego ecclesiæ Fiscamnensi centum solidos.... Barratis decem solidos, Crucesignatis 10. solidos.*] Vide quæ in hanc rem congessit vir doctissimus Daniel Papebrochius tom. 1. SS. April. pag. 799.

* Chron. abbat. Corbeiens. MS. ad ann. 1286. fol. 63. v° : *Quum fratres ordinis Carmelitarum deferrent habitum, qui minus convenire videbatur viris religiosis, scilicet capam circulatam largis virgis albis et griseis; quem habitum asserebant fuisse Heliæ prophetæ, ... Papa Honorius IV. propter honestatem mandavit habitum illum dimittere, et desuper cappas ex toto albas et tunicas subtus griseas cum scapularibus assumere.* Vide *Birrati* in *Birrus*. Eodem etiam nomine designati olim Cœlestini, quod tunica alba et cuculla nigra vestirentur. Inventar. Chart. reg. ann. 1482. fol. 91. v° : *Declaratio facta per regem, quod certa domus prope les Barrez seu Celestinos, denuo applicetur locationi lignorum regiis ædificiis necessariorum. De anno* 1392. Nisi ita appellatos malis a loco, ubi exstructum fuit illorum monasterium; quod innuere videntur Lit. remiss. ann. 1360. in Reg. 90. Chartoph. reg. ch. 620 : *Oye l'umble supplication des pouvres religieux du couvent des Celestins n'a pas lonc temps fondez hors des murs de Paris ou lieu, que l'en dit les Barrez.* Occurrit rursum in aliis ann. 1362. ex Reg. 91. ch. 359.

¶ **BARRATUS**, Tæniis, lineis filisve diversi coloris contextus. Inventarium ornamentorum et Reliquiarum Ecclesiæ Noviom. ann. 1419. ex Archivo ejusd. : *Item unus coffretus de serico Barratus de albeo et nigro.* Ibid. : *Item duo alii panni aurei... filo consuti, et sunt Barrati de viridi et rubeo.* Statutum ann. 1294. ex Archivis S. Victoris Massil. : *Nullus monachus zonam de cerico audeat portare, nec de corio Barrato argento nec aliquo metallo inhonesto.* Ejusmodi zonis utuntur etiamnum Turci. Vide *Barra*, Tænia.

¶ **BARRATZ**. Statuta MSS. Arelat. art. 184 : *Scorta lignorum omnium et Barratz prohiciatur juxta murum novum burgi.*

* Purgamenta quævis, Gall. *Immondices.*

** **BARRAZA**, Baraza, Laqueus, tendicula. Privil. Ceæ ann. 1136 : De fera interfecta *in madeiro, aut in Barraza det 1. lumbum costal.* Al. ann. 1126 : *De venado, qui mortuo fuerit in peia, aut in Baraza uno lombo; de porco 4. costas; de urso una manu.* Inde *Embaraço, Embarras* derivandum suadet S. Rosa de Viterbo pag. 181.

¶ **BARREIARE**, Barreiamentum, Barreiator. Statuta MSS. Arelat. art. 141 : *De albergis Barreiatis. Item statuimus, quod si aliquod albergum sit* (l. sive) *infra Arelatem, vel ejus tenemento fuerit Barreiatum, nisi de mandato curiæ Arelatis, totum illud quod ex eo extrahetur in illo Barreiamento, de bonis Communis restituatur dampnum passis, addentes quod credatur sacramento passi dampnum de eis quæ amiserit in Barreiamento; et Barreiatores puniantur corporaliter, si capi poterint per Consules Arelatis, et nihilominus bona illorum Barreiatorum discipentur. Si tamen capi non poterint, imperpetuum bannum Arelatis, et ejus districtus ponantur. Verum si Barreiamenta non fecerint, sed facere attemptaverint, puniantur arbitrio Consulum Arelatis.* Quæ vernacule sic redduntur in eorumdem Statutorum versione ann. 1617. exarata ex Archivis Arelat. : *Si ung estranger hoste d'ung habitant de la ville d'Arles a esté trompé et deceu, la lezion et domage seront reparés et la restitution faite du mandement de la Cour, pour raison de quoy sera crue au serement de celui qui aura esté trompé, et le trompeur sera puni au corps par les Consuls s'il peut estre apprehendé, et ne le pouvant estre, sera banny à perpétuité.* Quidquid sit de illa versione, vix tamen adduci possum, ut credam Statutorum sensum hic attigisse; præterquam quod enim de graviori crimine quam de fraude aut fallacia loqui videantur, quis credat *de mandato curiæ Arelatensis* ejusmodi *Barreiamentum* sive fallaciam posse fieri? Hæc itaque, nisi me fallit animus, aliquam respiciunt consuetudinem, de qua, licet hactenus nihil mihi occurrerit, conjecturam tamen meam proponere non gravabor. Erat fortassis in usu cum aliquis ejusque bona proscribebantur, ut illius domus quibusdam signis, (forte an *barris*) notaretur, quibus indicaretur proscripti bannum, ejusque bona direptioni permitterentur; quæ cum imitari poterant prædatores, domum sic ab eis notatam nihilominus dilapidabant ac si revera proscripta fuisset. Occitanis etiam *Annoter* proscribere sonat.

* Idem quod *Plancare*. Vide in hac voce, ubi conjectura hic proposita emendatur. A variis modis, quibus aliqua domus proscribebatur, ipsam proscriptionem nuncupabant : hinc *Plancare domum* dicebant, cum *plancis* seu tabulis illa obstruebatur; *Barreiare* vero, cum *barris* sive repagulis prohibebatur illius introitus. Aliam rationem illud idem præstandi exhibent Statuta Fulcraudi archiep. Bituric. ad calcem Stat. S. Flori MSS. fol. 70 : *Interdum etiam personas ecclesiasticas ad contribuendum talliis compellunt; et nichilominus ipsarum personarum ecclesiasticarum domos claudunt, vel hostia aperta ipsarum domorum ad parietem seu murum in fraudem sigillant, aut filum ex transverso hostii ipsarum domorum cum sigillo in utroque capite fili apponunt, ne domos valeant intrare, ut sic fatigati respondeant coram ipsis, aut suæ satisfaciant voluntati*. Vide infra *Clavare* 2.

¶ 1. **BARRERA**, Barreria. Vide in *Barra*.

* 2. **BARRERA**, Septum curiæ, cancelli, ut *Barra*. Vide in hac voce. Chron. Joan. Whethamsted. pag. 537 : *Cogeret eum ad Barreramaccedere, faterique coram judicibus, etc*. Pro repagulo occurrit ibid. pag. 532. ut in voce *Barra*.

* **BARRERII**, Inspectores pannorum sic vocantur, in Stat. MSS. Avenion. ann. 1244. ex museo meo fol. 50. v° : *Ne aliqua fraus fiat in pannis, eligantur per curiam duo viri legales jurati Barrerii, qui de hoc curam habeant*.

¶ **BARRETI**, Carmelitæ. Vide *Barrati Fratres* et infra *Birrus*.

¶ **BARRETORS**. Vide in *Baratum*.

¶ **BARRETUM**, Pilei genus, tegumen capitis. Nomen adhuc usitatum inter rusticos Occitaniæ, Vasconiæ, etc. Lugdunense Concilium ann. 1449 apud Marten. tom. 4. Anecd. col. 380 : *Decimus septimus articulus : Sancti Doctores de Universitatibus et alii ad quos spectat, moneant et cogant suos scholasticos, ut abstineant ab effrenatis et inhonestis habitibus eorum, puta Barretis rubeis, vestibus fronsatis et camisiis, necnon caligis veloto ubicumque circumdatis; itaque vestes suas talares portent, et caputia deferant secundum quod honestius et decentius fieri poterit*. Vide *Birretum*.

¶ **BARREUM**, Gallis *Bureau*, Mensa Nummulariorum, etc. Instrum. ann. 1415. apud Marten. tom. 2. Anecdot. col. 1622 : *Bullæ non expediebantur in Cancellaria apostolica, sed in Barreo nummulariorum et usurariorum*.

* **BARREYRÆ**, Repagula ac septa, quæ ad munimenta oppidorum et castrorum ponuntur. Reg. homag. Aquit. sign. JJ. rub. ex Cam. Comput. Paris. fol. 32. v° : *Item tenentur* (habitatores Millani castri) *claudere ipsum locum palo et creno congruo, videlicet lissas, et barbacanas, et Barreyras de guerra vicina*. Vide *Barræ*, 1. in *Barra*.

* **BARRIA**, Ex objectis repagulis munitio, Gall. *Barricade*. Charta Guill. de Naiaco in Reg. 30. Chartoph. reg. ch. 198 : *Notum facimus..... quod nos et milites, exceptis G. et W. de Cadolla, et aliis qui prodicionem fecerunt atque Barriam de Naiaco, sumus parati ad vestram in omnibus et per omnia facere voluntatem*.

¶ **BARRIANI**, Barrica. Vide *Barrium*.

¶ **BARRICANUS**. Vide *Barracanus*.

1. **BARRIDUS**, Cadus, *Barillus*. Capitulare de Villis cap. 68 : *Volumus ut bonos Barridos ferro ligatos, quos in hostem et ad palatium mittere possint judices, singuli præparatos semper habeant, et utres ex coriis non faciant*. Vide *Barillus*.

2. **BARRIDUS**, *Superbus, a barrus dicitur*. Joan de Janua [et Glossar. MS. Montis S. Eligii Atrebat.]

¶ **BARRIERA**, Prothyrum, Porta repagulis et cancellis præmunita, Gall. *Barriere*. Lobinellus tom. 2. Hist. Britan. pag. 272 : *Et ante suum introitum fecit idem novus Dux juramentum in introitu Barriere portus illius urbis*. Vide *Barra*.

BARRIGENA. Vide *Barginna*.

* **BARRILA**, Doliolum vel amphora. Stat. Montis-reg. pag. 312 : *Item pro media dozena Barrilarum, solvit unum den*. Vide *Barile*.

* **BARRILAGIUM**, Tributum, quod pro *barilibus* seu vasis vinariis præstabatur; nisi idem sit quod supra *Barralagium*. Charta ann. 1336. in Reg. 71. Chartoph. reg. ch. 218 : *In qua quarta parte etiam dictus domicellus dicitur habere... duo dolia vini, vel circa de Barrilagio*. Vide *Barillagium* in *Barile*.

* **BARRILE**, Barrillus, ut *Barile* et *Barillus*, Cadus, Gall. *Baril*. Ordinar. capellæ reg. MS : *Festum S. Martini cum prælato de præcepto regis Johannis. Qui quidem rex dedit capellanis, quolibet anno in nocte hujus festi, unum Barrile melioris vini*. Charta Joan. comit. Carnot. ann. 1229. in Tabul. S. Petri Carnot. : *Donavimus eidem Nicholao et ejus successoribus in perpetuum octo Barrillos terceolagii annui redditus, qui Barrilli vulgariter appellantur costerez, tales de quibus sex faciunt modium Carnotensem*. *Barrilis*, in Stat. Vercel. lib. 3. pag. 101.

* **BARRILLERIUS**, Qui plaustrum, quod *Barellum* vocabant, ducit, Gall. *Charretier*. Lit. remiss. ann. 1373 in Reg. 105. Chartoph. reg. ch. 227 : *Quæ pastrix per quosdam vinorum, cum barellis et animalibus, conductores .... infestabatur...... Quidam unum ex dictis Barrilleriis percussit taliter, quod ex hujusmodi ictu in brevi post expiravit*. *Barrillier* vero in Ordinat. ann. 1355. tom. 3. Ordinat. reg. Franc. pag. 33. art. 24. officium est in *scancionaria regia*. Vide *Barillarius* in *Barile*.

BARRINI, Hæretici, Valdensium, seu Catharorum asseclæ, in Constitut. Frider. Imp. forsan, inquit Gretzerus, a *Barro* monte circa lacum Larium nomen hoc sortiti, aut a *Barrian* in agro Cremensi.

* **BARRIQUA**, a Gall. *Barique*, Cadus, dolium. Inventar. ann. 1476. ex Tabul. Flamar. : *Item plus quinque Barriquas vino rubeo plenas. Item plus unam Barriquam vino albo plenam*. [** Vide Raynouard. Glossar. Rom. vol. 1. pag. 189.]

* **BARRIRE**, *Elefantorum est. Barritus, vox elefantis*, in vet. Glossar. ex Cod. reg. 7646. Festus : *Barrire elephanti dicuntur*. Glossæ Lat. Gr. *Barrit*, τρίζει, ἐλέφας βοᾷ. Vide *Baulare* et *Bardire*.

¶ **BARRITANICI**, *Flores qui in silva nascuntur*. Glossar. MS. San-Germ. n. 501.

* **BARRITUS**, Clamor militaris, ab inituris prælia edi solitus; a Germ. *Beren* aut *Bæren*, clamare : alii ab incondita voce elephantum, qui *barrire* dicuntur, arcessunt; sunt et qui *Barditum*, pro *Baritum* legunt apud Tacit. de Morib. Germ. lib. 3. cap. 1. quasi hujus carminis seu clamoris auctores fuerint *Bardi*, sacerdotes Galli. Consule Veget. lib. 3. de Re milit. cap. 18. Ammian. de Germ. lib. 16. 26. et 31. Cluver. et Carol. de Aquino in Lex. milit. ad hanc vocem. [** Murator. Antiq. Ital. vol. 2. col. 533. C. Grimmii Antiq. Juris pag. 876.]

BARRIUM, Hispanis *Barrio*, Arvernis *Barri*, quibus ita appellatur ædium ac domorum extra urbem et ad suburbana quædam congeries : unde ea domorum series intra sancti Illidii in urbe Claromontensi suburbium, *les Barri de S. Alire* dicitur. In Provinciæ vero Comitatu *Barrium* vocant eum ædium numerum qui muris includitur. Vetus Scheda apud Sandovallium de Prælio *de Clavijo*, pag. 224 : *Era 987. flamma exivit de mari, et incendit plurimas urbes et villas, et homines, et vestias, et in ipso mare primas incendit, et in Zamora unum Barrium, et in Carrione, et in castro Xeriz, et in Burgos centum casas, etc*. Charta Hispanica æræ 1140. apud Anton. de *Yepez*, in Chron. Ord. S. Bened. tom. 6 : *Et damus vobis illum Barrium ante illa porta quæ respicit ad illum flumen in parte sinistra, ut populetis illum pro parte vestra : et fiat integrum Barrium illum ad domum S. Mariæ, et vestrum vestrisque successoribus*. [Charta ann. 1236. ex Archivis Massil. : *In redditibus hospitiorum bladariæ civitatis Massiliæ sitis in utrumque Barium*.] Charta Philippi Pulchri Reg. Franc. pro Pariagio villæ Sarlatensis ann. 1299. in Regesto ejusdem Regis incip. ann. prædicto, ex Chartophylacio Regio, num. 6 : *Omnibus habitatoribus dictæ villæ, et Barriorum et ipsius parochiæ, et aliis extra dictam villam et parochiam commorantibus, etc*. Alia ann. 1300. ibid. num. 48 : *Illas 9. domos seu operatoria quæ sunt in Barrio prope portam Arnaldi Bernardi, etc*. Alia ann. 1309. in 2. Regesto ejusdem Regis num. 75 : *Item duo casalia et dimidium in Barrio ejusdem castri*. Charta Libertatum Bastidæ in Petragoricis ann. 1310 : *Quicumque voluerit habere furnum, poterit facere in dicta bastida et Barriis ejusdem bastidæ ad decoquendum panem suum, etc*. Consuetudines Tolosæ rubrica de Homagiis : *Intus muros, seu portas Tolosæ, seu Barria*. Adde eumdem Sandovallium in Episcopis Pampillon. pag. 40. Chron. Petri IV. Reg. Arag. lib. 3. cap. 26. et alibi. [** Vide S. Rosa de Viterbo Elucidar. vol. 1. pag. 186.]

¶ Birrium et Barium, Sæpius pro muris civitatis usurpatur. Statuta Arelat. MSS. art. 107 : *De muro seu Barrio Communis. Idem statuimus, quod in muro quem Commune facit vel faciet, etc*. Art. 145 : *Planum sicut protenditur a Barrio Communis usque ad ortum Jacaris*. Charta ann. 1212. ex parvo Chartul. S. Victoris Massil. : *Tota curtis usque ad Barium ejusdem castri.* Alia ann. 1226. in Hist. Archiep. Lugdun. : *Apud Coindrieu in presidio turrium, Barrium et cortinam erexit.* Instrum. ann. 1447. ex Archivis S. Victoris Massil. : *Donavit ortum suum confrontantem cum Bario civitatis et cum violo quo itur super mœnia.* Consuetudines Tolosæ mox citatæ rubr. de Homagiis, et alio in loco : *Quod si aliquis vel aliqua manens extra villam vel Barria Tolosæ, etc.*

* Glossar. Provinc. Lat. ex Cod. reg. 7657 : *Barri, Prov. menia, quod muniatur muribus.* Instr. ann. 1381. inter Probat. tom. 3. Hist. Nem. pag. 47. col. 2 : *Item ordinavit commissarius prædictus quod fiat retromurus sive Barri, etc.* Libert. Villænovæ in Ruthen. ann. 1368. tom. 5. Ordinat. reg. Fr. pag. 396. art. 9 : *Pour ce que la dicte ville et les Barriz d'icelle, ont besoing de réparation et fortification, etc.* Vide mox *Barrius.*

Varrium, Eadem notione qua *Barrium* supra, in Charta Hispanica æræ 1010. apud *Yepez* in Chronico Ord. S. Benedicti tom. 1. pag. 21. Appendicis : *De ipsa via qui exiit de Varrio sanctæ Eugeniæ.* Infra : *Ad Varrio de S. Johannis, etc.* In alia Alphonsi VI. Regis æræ 1128. apud eumdem tom. 6 : *Et illo forno, qui est in Varrio sancti Laurentii, etc.*

¶ Barrica, Eodem intellectu, in Consuetud. Lemovic. artic. 77 : *Item consuetudo est quia in burgis, vicis seu Barricis castri Lemovicensis, nec etiam infra castrum non debet cooperiri domus de glodiis sive palea.*

Barriani, Castri incolæ, qui in castri vel oppidi *barris* mansionem habent. Charta Isarni de S. Paulo in Regesto Carcasson. pag. 54 : *Consules et universi Milites et Barriani ejusdem castri.* Alia ibidem : *Nos et Milites atque Barriani de Najaco.*

* *Barrians*, eadem acceptione, in. Ch. Occitan. ann. 1224. ex Reg. 30. Chartoph. reg. ch. 401 : *Les autres senors, et cavalers, et Barrians de castel de Corbarin, etc.*

* **BARRIUS**, ut *Barrium.* Pactum inter reg. Carol. II. comit. Prov. et capit. S. Salvat. Aquens. ann. 1292. ex schedis Pr. *de Mazaugues : In hominibus vero et aliis personis dicti burgi delinquentibus extra dictum burgum, et muros seu Barrios ipsius burgi..... et ædificia quæ junguntur cum barrio dicti burgi, licet extra Barrios sint.... Hugo Teronus servit.... pro perforatione Barrii xij. denarios .... Infra parietem seu Barrium dicti burgi.* Libert. villæ Montisalb. ann. 1322. in reg. 61. Chartoph. reg. ch. 247 : *Quod vina extranea nunquam possint infra dictam villam vel ejus Barrios poni vel apportari.*

BARRIZARE. Joan. de Janua, *Scurrilitas, leccacitas, turpitudo, luxuriosa verba, quæ vulgariter Barrizare dicuntur, et dicitur a stultis curialitas.* f. *Barrizatæ.*

* A voce *Barrium*, ut videtur ; quod ad *barria* scurræ, lenones hominesque infimæ plebis, ut plurimum, habitant. Unde *Barroise*, pro lena, meretrix, in Lit. remiss. ann. 1407. in Reg. 162. Chartoph. reg. 41 : *Jehannin de Lamote dist à icelle Maroie, ... quelle Barroise est ce cy, n'aurons nous jamais paix à une telle Barroise?*

* **BARROARIUS.** Vide supra *Baroarius.*

¶ **BARROCHIA**, mendose, ut videtur, pro *Parrochia.* Charta Emmonis Episc. Senon. ann. 3. regni Clotharii Regis apud Mabill. sæc. 3. part. 2. pag. 614. [** ann. 659. Brequin. num. 144.] : *At quodcumque de eodem monasterio sicut* (l. sive) *de Barrochiis aut cœteris maneriis causa audeat donare vel auferre.*

* **BARROCHIANUS**, pro *Parrochianus*, ut *Barrochia* pro *Parrochia*, Parochus, rector. Obituar. eccl. Lingon. ex Cod. reg. 5191. fol. 111. v° : *Dom. Ancelmus de Duysino canonicus et cancellarius in ecclesia Lingonensi, ac Barrochianus S. Petri Lingonensis.*

BARROI, *id est, Liber*, Papiæ. Vide *Baro.*

* **BARROTA**, Carri seu plaustri genus, ejusdemque onus ; nostris *Barrete* et *Barrote.* Terrear. Bellijoc. MS. fol. 77. r° : *Super una massodata feni prati..... continentis in universo sedem duarum Barrotarum feni vel circa.* Lit. remiss. ann. 1391. in Reg. 140. Chartoph. reg. ch. 279 : *Les liens ou cordes, nommez circues, ausquelz estoient atachiez lesdiz buefs au tymon de bois de laditte Barrete ou charrete, etc. Barrete* et *Barrote* ibidem non semel. Vocabul. Lat. Gall. ann. 1352. ex Cod. reg. 4120 : *Epiredium, Barouestes.* Nunc *Brouette.* Vide supra *Barocia.*

* **BARROTIUM**, ut *Barrota.* Stat. Placent. lib. 4. fol. 37. v° : *Officialis ad hoc deputatus teneatur auferre a quolibet bubulco, qui steterit vel sederit super carro, vel Barrotio, seu carreta in civitate Placentiæ, vel suburbiis, pro banno qualibet vice tres solidos. Barruyer*, idem esse videtur, in Lit. remiss. ann. 1413. ex Reg. 167. Chartoph. reg. ch. 206 : *Icellui Siretier acheta de Pierre de la Chaulme un Barruyer le pris et somme de quatre escus d'or.* Vide *Barrotum.*

¶ **BARROTUM**, Plaustrum, *Barrot* vel *Barreau*, plerisque Galliæ Provinciis, aliis *Tombereau.* Computa Dalphin. Graisivod. fol. 56 : *Item computat quod deliberavit pro 17. Barrotis factis in Castellania sua mandato litteratorio domini nostri Dalphini quondam, et ductis ut dicit in cavalgatis domini pro ingeniis et aliis præparamentis guerræ portandis... 25. libras.*

¶ 1. **BARRUM.** Vide *Barra*, Septum Curiæ.

* 2. **BARRUM**, ut *Barrium.* Charta ann. 1370. ex Tabul. Massil. : *Pro faciendo et ædificando unum murum, cum duobus viseriis, super Barrum veius.* Galli diceremus, *sur le viel rempart* : nam Provincialibus *Barri* id sæpe sonat.

* 3. **BARRUM**, apud veteres Gallos, Portum significasse, quod portus *barris* seu repagulis claudi solet, auctor est Valesius in Notit. Gall. pag. 75. col. 1.

* 4. **BARRUS**, Deceptor, impostor, Italis *Baro*, Gall. *Trompeur.* Locus est supra in *Barrare* 3. Vide *Baratator* in *Baratum.*

¶ 1. **BARRUS**, f. pro *Barra*, Cancelli, Repagula, apud Rymer. tom. 13. pag. 334 : *Quandam placeam sive peciam terræ... jacentem... extra Barros novi Templi Londiniæ, etc.* Carmen de varia fortuna Ernesti Bavariæ Ducis apud Marten. tom. 3. Anecd. col. 341 :

Ut Dux intento pertransit omnia visu,
Cernit in obryzo spingis ludentibus auro :
Ecce thoreuma nitens, cujus cadens ametystus
Sedit ad effigies, pluteo fulgente berillo,
Pulvilli super hanc gemini, raræque Minervæ
Sternebant, et pelliciæ vestis Magalinæ,
Cujus sesquipedem cingebat bractea limbum ;
Ante pedes Barro lucens orchestra vetusto
Stabat, etc.

2. **BARRUS**, Papiæ, *Rufus, niger.* [Gloss. MS. San-Germ. n. 501 : *Barus, Rufus, niger.*] Legendum *Burrus.* Gloss. Lat. Græc. *Burrum*, ξανθόν, πυῤῥόν.

3. **BARRUS**, *Qui et elephas dicitur*, apud Petrum Damian. lib. 1. Epist. 15. Vide Festum in *Barrire.* [Eadem notione occurrit *Barrus* apud Horatium Epod. 12. 1 :

Quid tibi vis mulier, nigris dignissima Barris?

Hinc vox illa a Glossario mediæ Latinitatis prorsus amandanda videtur.]

¶ **BARRUUM**, Tributi genus, haud scio an idem quod ad *barras* seu portas urbium præstatur. Charta Rainardi Senonensis Comitis ann. 1164. ex Tabular. Sangerm. : *Nullus judex publicus... ad freda aut tributa exigenda,... aut mansiones vel paratas faciendas, vel teloneos tollendos, aut rotaticum, vel pedaticum,... aut Barruum, aut raptum vel incendium, seu aliquam retributionem, etc.*

* **BARSA**, *Rete*, in Gloss. Antiq. Argent. Vide *Bersa.*

BARSCALCUS. Annotatio Arnonis Episcopi apud Canis. tom. 1. Antiq. lect. pag. 486 : *Tradidit memoratus Dux in pago Opingor villam nuncupatam Opinga ; in qua sunt mansi 20. inter Barscalcos et servos, et inter vestitos et apsos, cum campis, pratis, silvis, etc.* Ibid. pag. 491 : *Item de Ecclesiis parrochialibus, quas in beneficium pertinent, et de Barscalcis una cum servis, sive de eorum territorio dotatæ sint.* Alibi : *Et in ea mansos 60. inter vestitos et apsos, et inter exercitales et Barscalcos cum omnibus appenditiis.* Charta Ludovici Regis ann. 892. in Metropoli Salisburg. tom. 1. pag. 130 : *Cum curtibus et casis aliisque ædificiis, familiis, utriusque sexus mancipiis, Parschalcis, sindmannis, herigistnotis, censibus, etc.* Charta Ottonis Mag. ann. 950. pro Ecclesia Ratisbon. apud Meibomium : *Cum... silvis, aquis, piscationibus, mansionariis, Baschalkis, aurеariis, brunеariis, etc.* Charta ann. 1107. in Metropoli Salisburg. tom. 2. pag. 131 : *Notificamus qualiter duæ sorores couterinæ,... sub libera Parschalcorum conditione constitutæ, prædium suum... delegaverunt, etc.* Ita promiscue *Barschalci* et *Parschalci* dicuntur in Chartis Germanicis in eadem Metropoli. Vide tom. 2. pag. 179. *Mansi* vero *Barschalci*, videntur esse *colonorum liberorum*, diversi a *mansis servorum*, seu qui a servis coluntur. Vox deducta a *Bar*, vel *Baro*, id est, homo liber, et *Schalk*, servus : quasi *Barscalci* fuerint homines mediæ conditionis inter liberos et servos, vel Baronum servi.

* Horum conditio aperte declaratur in Charta ann. 1825. apud Meichelb. tom. 2. Hist. Frising. pag. 255 : *Isti sunt liberi homines, qui dicuntur Barscalci, qui..... ecclesiasticam acceperunt terram ; de ipsa terra condixerunt facere servitium, ... arant dies tres tribus temporibus in anno, et secant tres dies, etc.* Erant ergo coloni liberi, certis nihilominus addicti servitiis, sed ex con-

ventione : quod apte respondet vocis etymo. [** Confer Grimmii Antiq. Juris German. pag. 310. num. 13.] Vide infra *Parscalcus*.

* **BARSCOASAN**, *Arabice*, *Capillus Veneris* : *et dicit Avicenna quod est coriandrum putei*. Glossar. medic. Simonis Januens. ex Cod. reg. 6959.

* **BART**, vox vulgaris, Cæmentarius lapis vel sternendo solo aptus, *Pavé*, *Moellon*, Charta ann. 1324. ex Tabul. monast. Montisol. : *Quod ipse Albertus faceret de suo proprio mejanum sive parietem de petra et de Bart*. Reparat. castri Bellicad. ann. 1427. inter Probat. tom. 3. Hist. Nem. pag. 222. col. 2 : *Paver de bonnes pierres, appellées Bars*.

· **BARTA**, Silvæ species. Charta ann. 1238. in Regesto Tolosano Cameræ Comput. Paris. fol. 43 : *Terras cultas et incultas, videlicet et boscos et Bartas, domos et casales, ædificia et bastimenta, etc*. Occurrit ibi non semel fol. 46. 53. etc. simili verborum tenore. Charta alia anni 1300 : *Habebat dictus Rex in loco vocato Ad Nemus Mavis 72. Cartonatas Bartæ, seu brugassæ, quæ fuit æstimata valere annui reditus, etc*. [Charta Augerii de Marsa Rotunda facta Verano Abbati Floriacensi ann. 1080 : *Concedo a die præsenti... ipsi Patri monachorum et fratribus sibi deservientibus in loco Regulæ... quidquid visus sum habere de guilleragas cum terris et Barta, hoc est, silva, etc*.]

* Idem quod nostri *Buisson* vocant, silvula; ea certe notione *Barte* occurrit in Charta ann. 1316. ex Reg. 66. Chartoph. reg. ch. 957 : *Une tasse de bois ou buisson, appelé Barte, de Barbelam, ... li diz boiz ou Barte, etc*. Lit. remiss. ann. 1409. in Reg. 164. ch. 162 : *Iceulx Gerault et Anthoine pour mettre leur male voulenté à effet se transporterent en certain bois ou Bartes etc*. [** *Barta* est a German. voce *Bar*, Nudus, apparens; et silvulam denotat, seu terram arbustis sed non arboribus consitam. Adel. Anglosax. Bearo, Scand. *Barri*, Germ. ant. *Baro* est Lucus et arbor. Vide Grimm. Mythol. pag. 41. et confer Raynouard. Glossar. Rom. hac voce vol. 1. pag. 189. et voce *Batta* pag. 200.]

* **BARTASSA**, Eadem, ut videtur, notione ac *Barta*. Charta ann. 1361. in Reg. 103. Chartoph. reg. ch. 78 : *Stephanus Martini Tholosanus servire tenetur tres denarios Tolosanos pro quadam petia Bartassæ*.

* **BARTAVELLA**, ut *Vertevella*, Pessuli caudati annulus, Gall. *Vertevelle*. Vide *Vertibella*. Consuet. MSS. monast. S. Crucis Burdegal. ante ann. 1305 : *Item habet* (sacrista) *tenere..... armaria et portas ecclesiæ decenter integras et reparatus, de portis, de vectibus, cardinibus, Bartavellis, clavibus et aliis necessariis*.

* **BARTERIUM**, Instrumenti sonori genus. Chron. Bergom. ad ann. 1399. apud Murator. tom. 16. Script. Ital. col. 917 : *Richardona filia Quarismæ de Bracha, et uxor Beteræ Philiparii conducta fuit ad lupanar... cum tamburris et Barteriis dicti domini potestatis*. Vide *Barto*.

* **BARTHOLOMISTÆ**, Ita appellati fautores Urbani PP. VI. qui *Bartholomeus Prignani* vocabatur. Lit. remiss. ann. 1389. in Reg. 138. Chartoph. reg. ch. 98 : *Eustace de Maudestour, pour lors curé de Oingneville, avoit esté deux foiz à Rome, et estoit vray Bartholomiste, et avoit apporté une antibulle, ... avoit mis en papier les armes de Barthelemi ès portes de l'église de Rouen, ... et avoit escript dessoubz que c'estoient les armes de nostre saint pere Urbain*. Nostri olim *Berthouli* et *Bertremer* dixerunt, pro *Barthelemi*, Bartholomeus. Lit. remiss. ann. 1409. in Reg. 164. ch. 91 : *Berthouli de Gramont, etc*. Ubi ad marginem legitur : *Remissio pro Bartholomeo de Grandimonte*. *Saint Bertremer l'apôstre*, in Ch. ann. 1263. ex Chartul. Campan. Cam. Comput. Paris. fol. 349. r°.

BARTO, *Genus organi*, in Gloss. Isidori, f. *Barbiton*. [** Ab antiquo *Baren*, Sonare, clamare. Vide *Barritus*. *Pardawe oder Schallmey*, *Parda*, in vet. Vocabul. ann. 1482. Adel.]

BARTON, *Prædium Dominicum*, vel *terræ* quas vocant *Dominicales*, hoc est, quas in distributione manerii dominus non elocavit hæreditarie, sed alendæ familiæ suæ causa propriis manibus reservavit : *Dominicum*, Gall. *Domaine*. Vox in Devonia, inquit Spelmannus, et plaga Angliæ Occidentali bene nota.

* **BARUDERIUS**, Sicarius, sceleratus, prædo. Stat. Vercell. lib. 4. pag. 115. v°. : *Item quod quilibet Baruderius et robator, vel alius armatus qui videretur ire vel stare pro maleficiendo, qui inventus fuerit pedester vel equester in districtu Vercellarum cum armis, sit in banno communis Vercellarum*. Vide *Berroerii*.

* **BARVERIUS**, Apparitor, accensus. Eadem stat. lib. 2. pag. 47. r° : *Servitores possint solutiones illarum singularum personarum, quas pignoraverint ad petitionem alicujus sui creditoris vel petitoris recipere in hunc modum et non ultra; videlicet si pignoraverint in civitate et in burgetis pro solidis xx. Pap. et ab inde infra habeant simul cum Barverio solidum unum Pap*. Vide *Berroerii*.

¶ **BARULA**, Parva tænia. Vide *Barra* eadem notione.

BARULAS. Glossæ Isonis Magistri ad Prudentium : *Infans, Barulas*.

BARULI, vel *Carbunculi*, Morbus equorum, in eorum tergo, ex superfluitate sanguinis vel humoris, de quo Jordanus Risus Calaber MS. lib. 2. de Medicaminibus equorum.

* Hominum quoque morbus est. Glossar. medic. Simonis Januens. ex Cod. reg. 6959 : *Baruli vocantur pustulæ, quæ apparent in facie maxime juvenum, quæ yontes dicuntur*.

¶ **BARUNCULUS**, *Parvus baro*. Glossar. MS. Montis S. Eligii Atrebat.

¶ **BARVO**. Vide *Barbo*.

BARUS. Gloss. Lat. Græc. *Barus, burrus*, πυῤῥός. Vide *Baro*, et *Barrus*.

* **BARUTELUM**, Cribrum, quo excernitur farina, Gall. *Bluteau*, Occitanis *Barutelliere*. Glossar. Lat. Gall. ex Cod. reg. 7692 : *Barutelum*, *Belutel*. Vide *Bultellus*. [** Raynouard. Glossar. Rom. vol. 1. pag. 189. voce *Barutel*.] Hinc

* Barutellare, *Barutelo* seu cribro farinam excernere, Gall. *Bluter*. Comput. ann. 1482. inter Probat. tom. 4. Hist. Nem. pag. 17. col. 1 : *Solverunt prædicto Stephano de Cam fornerio, pro Barutellando et faciendo dictum panem civitatis, etc*.

¶ **BARUTELLUS**, Dolium Massiliensibus *Barucheaulx*. Statuta MSS. Card. Trivultii ann. 1531. ex Archivis S. Victoris Massil. : *Item Conventui et cellerariæ de Barutellis quoties opus fuerit, etc*.

¶ **BARYPYCNUS**, Mesopycnus, et Oxupycnus, Voces Græcæ originis quæ in *Breviariis* Paris. Lexov. aliisque occurrunt ad designandas varias cantus modulationes. *Barypycnus* autem est species cantus minoris, apud musicos præsertim cantus plani, qui scilicet desinit per tertiam minorem inversam; *Mesopycnus* contra per tertiam minorem rectam. Atque hæc quidem musicis.

* **BASA**, Sagma fascis, mendose pro *Bala*. Vide in hac voce. Lit. Phil. VI. ann. 1334. in Reg. 69. Chartoph. reg. ch. 7 : *Georgeus de Massa, qui marcham habet, vice et nomine dicti Bernardi, pro decem et septem Basis lanæ*. Vide infra *Baula*.

¶ **BASACHIA**, Culcitra straminea, Gall. *Paillasse*. Informationes Massil. pro *passagio* transmarino ex Cod. MS. Sangerm. : *Item pro tribus equis unam Basachiam de v. cannis plenam paleis*. Vide *Bassacha*.

* **BASALARDUS**, Baselardus, Ensis brevis species, genus pugionis vel sicæ, Gall. *Coutelas*, olim *Bazelaire*. Vide supra *Badelare*. Lit. remiss. ann 1386. in Reg. 133. Chartoph. reg. ch. 52 : *Ipse Chabertus..... a vagina traxit quemdam magnum Basalardum seu cutelhum, cum quo percussit dictum exponentem*. Aliæ ann. 1399. in Reg. 154. ch. 739 : *Petrus Dominici obviavit retro conventum fratrum Minorum Tholosæ Suncio de podio, portanti.... quendam Baselardum in zona*. Vide infra *Bazalardus*.

* Basellarius, Basillardus, Eadem notione. Lit. remiss. ann. 1397. in Reg. 152. Chartoph. reg. ch. 204 : *Ipsum Johannem Dagonne dictus reus et complices sui.... cum ensibus, Basellariis, hastis et aliis armis percusserunt*. Joan. Blakman. de Virtut. Henr. VI. reg. Angl. pag. 291 : *Item in ecclesia nullatenus accipites* (l. ancipites) *gladios, Basillardos, contractus, confabulationes fieri sinebat*.

* Basolardus, Eodem significatu, in Lit. remiss. ann. 1387. ex Reg. 131. Chartoph. reg. ch. 225 : *Armandus de Borna quemdam modicum Basolardum, quem cotidie portabat, evaginavit*.

* **BASALARIA**, ut supra *Basalardus*. Lit. remiss. ann. 1380. in Reg. 118. Chartoph. reg. ch. 244 : *Ingerraninus nisus fuerat ipsum Johannem interficere, ac ipsum interfecisset cum cutello sive Basalaria, nisi fuisset armatus*. *Base* et *Baze*, eadem acceptione, in Lit. remiss. ann. 1385. ex Reg. 128. ch. 166 : *Ledit escuier d'une Base, qu'il tenoit toute nue, en vint ferir icellui Michiel parmi le corps*. Aliæ ann. 1389. in Reg. 135. ch. 218 : *Ledit de Lestre aiant une grant Baze,... et ledit Guillaume son cousin une autre grant Baze etc*. Rursum ch. 252 : *En ce débat sacherent tous deux leurs Bases ou baselaires l'un contre l'autre*.

¶ **BASANITES**, *Genus marmoris ferrei coloris, sive duritia, unde et nomen ei datum est. Invenitur in Ægypto et Æthiopia*, Isidoro lib. 16. Orig. cap. 5. Idem quod

Basaltes Plinio, cui *Basanites* lapis est unde fiunt cotes. [** Vide Lud. Dindorf. in H. Stephani Thesaur. Didot. ed. vol. 2. col. 159. voce Βασανίτης.]

BASANIUM, [Aluta, Gall. *Basane.*] Charta Petri Parisiorum Episcopi ann. 1218. apud Sammarthanos : *Capam virtaem et duo tapeta parva de Hispania, quæ sunt in capella nostra, et tres quarellos, unum de corio deauratum, et duos opratos ad Basanium nostrum.* [Nostris olim *Basanniers* qui calceolos vendebant. Regestum Johannis *Sarrasin* Parisiensis *Viarii* ann. 1207. apud D. *Brussel* de Usu feud. tom. 2. pag. 746 : *De rechief il appartient au Voyer de faire cueillir de chascun Basannier qui vendent petits solliers devers le dégré de la Mercerie, chascun an xii. deniers la veille de Noël.*]

* *Basaniers et vendeurs de petiz soulés*, in Stat. ann. 1278. tom. 5. Ordinat. Reg. Franc. pag. 106.

** **BASANUS**, Princeps apud Sicambros, teste Trithemio : Sicambri regem suum Basan sive Basanum solent appellare. Forte a *bas*, Optimus. Adel.

* **BASARE**, pro *Bassare*, in Glossar. Lat. Gall. ex Cod. reg. 7692 : *Basare, Delesser.* Vide in *Bassus* 1.

¶ **BASARIDES**, *Baccæ uberes.* Gloss. vet. MS. San-Germ. n. 501.

* **BASCANIA**, *Fascinatio. Item ridicularia a fabris ferrariis ante fornaculam appendi solita, invidiæ avertendæ gratia*, apud Laurent. in Amalth. ex Cæl. Rhodig.

BASCAUDÆ, veteri Interpreti Juvenalis Sat. 12. v. 46 : *Vasa ubi calices lavabantur, cacabus.* Papias : *Bascaudæ, conchæ æreæ, genera vasorum.* Vox vetus Gallica, quam etiamnum retinent Cambro-Britanni, qui prisca Gallorum lingua loqui creduntur : est enim iis *Basgawd* et *Basged*, sporta, cophinus, corbis, canistrum; nam vocem Britannicam esse testatur Martialis Ep. 14. v. 99 :

Barbara de pictis venit Bascauda Britannis.

Mascauda, in MSS. Codd. Juvenalis legi scribit Petrus Pithœus, pro *Bascauda.* Vetus Gloss. *Macusta*, βρόχη. Ubi recte *Mascauda* emendat Salmasius.

* **BASCHEA**, Basilica, ecclesia. Charta ann. 845. in Append. ad Marcam Hispan. col. 781 : *Et in pago Redense, in locum ubi dicitur Saltum, vindo tu ibidem villa Donacanum cum ipsa Baschea, qui ibidem fundata est in honore S. Felicis.* Vide *Basilica.*

* **BASCLACERIUS**, Aleator. Vide mox *Basclacia.*

* **BASCLACIA**, Aleatorium, Academicis Cruscanis : *Bisca, luogo, dove si tien giuoco publico.* Stat. Vercell lib. 3. pag. 83. v°. : *Quod accusatores ludorum et Basclaciarum, et illi qui ostenderent Basclacias et ludos rectoribus, habeant medietatem bannorum et condemnationum.* Et pag. 84 r° : *Nec teneant in domo sua Basclacias seu lusores ludentes ad taxillos, neque scienter hospitentur glotones, averitatores, Basclacerios, etc.* Vide supra *Barataria* 1. et infra *Biscianzia.*

* **BASCLARIUS**, Pugio, sica. Stat. Mantuæ lib. 1. cap. 112. ex Cod. reg. 4620 : *Arma autem ab offensione sint et intelligantur..... Basclarius, daga, etc.* Vide supra *Basalardus.*

BASCLI, Basculi, prædones, Ruptarii, ex Vasconia, cujus incolæ *Basques*, id est, *Vascones*, appellantur, *Basculi*, apud Turpinum cap. 7. Silvester Giraldus lib. 2. de Expugnat. Hibern. cap. 7 : *Urbs Baonensis, quam hodie nostra continet Gasconia, Basclonia caput est, unde Hibernenses provenerant.* Add. Topogr. Hibern. dist. 3. cap. 8. Nicolaus Trivettus ann. 1239 : *Terra Basclorum, cujus caput est civitas Baiona.* Rob. de Monte ann. 1179 : *Quidam Bascli, et Navarrenses, et Brebenzones, venerunt ad urbem Burdegalensem, et illam vastaverunt.* Chronicon S. Stephani Lemovic. ann. 1204 : *Joannes Episcopus Lemovicensis... obsedit Nobiliacum in quo se incluserant quamplures Bascli et ruptarii, qui populum et terram vastabant.* [Eadem refert Chronicon breve S. Martialis Lemov. sed ad ann. 1202. inter fragmenta Histor. MSS. Stephanon tom. 1.] [** *Basclos* Provincialibus Homo nihili. Vide Raynouardi Glossar. Roman. vol. 1. pag. 191.]

Basculi, in Chronicon Vosiensi cap. 69. et 73. ut et apud Stephanum Tornacensem Epist. 90. [Rymer. tom. 5. pag. 429. col. A : *In partibus Vasconiæ quædam invaluit periculosa dissentio, inter homines et habitatores civitatis nostræ Baionæ ex una parte, et subditos nostros Basculos de Labourde et partium adjacentium ex alia. Qui quidem Basculi homines dictæ civitatis hostiliter persecuntur quosdam bonis suis spoliando, et redemtiones ab eis capiendo.*] Vide Varronem lib. 2. de Re rustica cap. 10.

Basculones, apud Catellum in Hist. Comitum Tolosæ pag. 246. et

Basclones dicuntur in Concilio Avenionensi ann. 1209. cap. 7. ubi perinde ac hæretici, cum Aragonibus, Brabanzonibus, cæterisque ruptariis et raptoribus excommunicantur; quod antea etiam statuerat Alexander III. PP. in Lateranensi Concilio ann. 27.

¶ **BASCUUM**, pro *Pascuum*, *Paturage.* Locus est in *Aysiamentum.*

* **BASELARDUS**, Basellarius. Vide supra *Basalardus.*

BASELEUS, *Baselum.* Papias : *Basceleus dicitur corrupte, is est enim faselus, i. genus navis.* [Papias MS. Ecclesiæ Bituric. *Baselus.* Alter Papias : *Fascelus, Navicula, quam corrupte dicimus.*] Gloss. MS. Eccl. Paris. [nunc S. Germani n. 501.] habet : *Baselum,* [*corrupte dicimus, ipse est faselum, genus navigii, de quo Vergilius, pigtisque faselis.* Tullius habet, *Faselus* : quod navigii genus nos Gallice dicimus, *Felouque, Galiote, Brigantin.*]

* Isidor. Orig. lib. 19. cap. 1 : *Phaselus, navigium quod nos corrupte Baselum dicimus.* [** Hisp. *Bajel.* Vide Diezii Grammat. ling. roman. vol. 1. pag. 26.]

BASELLA, Parva *basis.* Palladius lib. 1. de Re rust. cap. 18. de cella vinaria : *Medium sphatium cupis deputabitur, quas ne ambulacra prohibeant, Basellis altioribus impositas... possumus collocare.*

* **BASET**, Vox Occitana, quæ idem videtur esse quod Inferior. Reparat. factæ in senescal. Carcass. ann. 1435 : *Pro faciendo et ponendo in dicto molendino.... unum Baset asseratum.* Vide supra *Anssadour.*

BASIA Juvenum. Charta Communiæ S. Joannis Angeriacensis ann. 1204 : *Concedimus etiam hæredibusque eorum, ut ad libitum suum puellas et viduas suas nuptui tradere, et juvenes uxorare, et Basia juvenum et puellarum semper habere sine aliqua contradictione libere liceat.* [* Hæc facile emendatur ex Charta Alienoræ reginæ Angl. ann. 1199. pro Libert. urbis Santon. ab ipso Cangio laudata in voce *Maritagium* ubi pro *Basia*, legitur *Ballia* aperto sensu, nempe pro Tutela seu administratione rerum et bonorum juvenum et puellarum.] [Versiculi antiqui qui ad finem Officii Tenebrarum ab 800. saltem annis in Ecclesiis Gallicanis decantantur *Agno miti Basia lupus dedit venenosa.*] Vide *Osculum.*

BASIANI, Hæretici, de quibus Facundus Hermianensis lib. 8. cap. 7. ubi videndus Sirmondus.

¶ **BASIARE** Regum Genu, Osculari. Hic quidem olim obtinuerat mos, ut proceres Regem allocuturi ejus pedes prius deoscularentur; genu autem iis osculandum fortasse concessum est qui præstantioris erant dignitatis; quemadmodum nunc Cardinales qui genu, alii vero pedes Romani Pontificis deosculantur. Ermoldi Nigelli Carmen elegiacum pro Ludovico Imper. Lib. 3. apud Murator. tom. 2. part. 2. col. 48 :

Insuper ad nostros quæ sit salvatio fines;
Ordine cuncta suo dic, volo, France, mihi.
Olli respondit fido de pectore Lantpreth,
Cæsareum Adelinis Basiat ore genu.

* Quæ fuerit, etiam regum, in episcopos reverentia, efficitur ex epist. Hincm. archiep. Rom. ad Ludov. III. reg. ann. 881. tom. 9. Collect. Histor. Franc. pag. 261 : *Nam iste frater noster a vobis ad me rediens ambasciavit mihi ex vestra parte, ut pedem meum Basiaret, etc.*

BASIDEM, pro *basim*, dixit Fortunatus lib. 8. Poëm. 14. [*Baside* pro *Basi.* Vita S. Maxentii Abbatis tom. 5. Junii pag. 173. F : *Rediviva hominis membra quæ nuper emortua fuerant, effugato languore, naturali subito adstiterant in Baside.*] [** Claud. Sacerd. Ars Gramm. lib. 2. sect. 47 *Basis, hujus basis vel basidis.* Eadem in Prob. Instit. Grammat. lib. 2. segm. 1. cap. 51. pag. 1473. Lindem. 130. Conf. Priscian. lib. 6. cap. 12. sect. 66.]

¶ **BASILECUS**, Sanctus sub cujus invocatione *Basilica* dicata est. Mabill. tom. 4. veterum Analect. pag. 247. ex formulis Andegav. : *Nec nullum obsequiuin heredum ac proheredum meorum te quicquam redebere cognuscas, nisi sub defensioni sancti Basileci domni illius præbeas obsequium non requiratur.* Antiquit. San-Dionysianæ apud Doubletum pag. 687 : *Basileci sui domni Dionysii.*

* Forsan, ut conjicit vir eruditus D. *Falconet*, pro *Basilæcus*, ex voce fictitia Græca βασίλοικος, quasi rex domus, pro οἰκοδεσπότης.

BASILEUS, Rex, ex Græc. βασιλεύς. Gloss. Ælfrici Saxonicum *Basileus*, Kyning, i. Rex. Ingulfus : *Totius Occidui climatis orbis terræ Basileus.* Fortunatus in Vita S. Medardi cap. 9 : *Hæret Basileus eventu tantæ rei attonitus.* Hanc porro *Basilei* appellationem videntur sibi præ cæteris arrogasse veteres Angliæ Reges; nam Edgarus, qui in Chartæ initio, quæ habetur tom. 1. Monastici Anglic. pag. 65. se *Magnæ Britanniæ præsidere* ait, hanc vero sic claudit : *Ego Edgar totius Albionis Basileus... confirmavi.* Ita passim ipse et alii, ibidem pag. 84. 93. 102. 140. 218. 236. tom. 2 pag. 838. 840. 841. 1054. apud Florentium Wigorn. pag. 617. Ingulphum pag. 884. Will. Malmesburiens. pag. 58. Rogerum Hoveden. pag. 426. 435. in Addit. ad Matth. Paris pag. 156. 157. etc. Commeneus Albus in Vita S. Columbæ Abb. Hyensis cap. 25 : *Totius Britanniæ Imperator ordinatur.*

.Basilei, seu Βασιλέως titulum Imperatores Byzantini nulli alii Principi præterquam sibi competere persuasum habebant, cæteros Ῥῆγας seu Reges appellantes. [** Vide Glossar. med. Græcit. vocibus Βασιλεύς et Ῥήξ, col. 180. et 1293.] Gesta Innocentii III. PP. pag. 117. de Joannicio Rege Bulgariæ : *Ipse præterea coronam regni legitime receperat a summo Pontifice : sed ipse qui se appellabat Constantinopolitanum Basilea, coronam Imperii temere usurpaverat a seipso, etc.* [** *Basilei Nicaphoris*, apud Thietmar. Chron. lib. 3. cap. 13.] Hunc tamen Bulgarorum Regi detulere, quem Βασιλέα dicebant, cujus etiam Legatos, cæterarum gentium Legatis præponebant, ut est apud Luitprandum in Legatione, ubi meminit *Petri Bulgarorum Vasilei.* Vide Scylitzem pag. 623. Eumdem etiam titulum Carolo M. tribuere Legati Nicephori Imperatoris ann. 812. Annales Franc. : *More suo Laudes ei dixerunt, Imperatorem eum et Basileum appellantes.* [** Pertz. vol. Script. 1. pag. 199. lin. 32. pag. 355. lin. 35.] Quo loco Eginhardus habet Βασιλέα. Hanc postmodum appellationem invidere Caroli successoribus iidem Imperatores ; qua de re lepidam instituit expostulationem Ludovicus II. Imp. adversus Basilium Macedonem, in ejus Epistola, quam descripsit Baronius ann. 871. n. 67. [** Chron. Salernitan. ap. Pertz. vol. Scriptor. 3. pag. 521. lin. 54. pag. 522. lin. 11. pag. 524. lin. 50.] Vide quæ in hanc sententiam adnotavimus ad Alexiadem pag. 236, et ad Joinvillam pag. 316.

¶ **BASILIÆON**, Libri seu collectio Imperialium Constitutionum ab Imperatoris Justiniani temporibus, cujus collectionis authores Basilius Macedo, Constantinus filius et Leo Philosophus. Vide Cujacium lib. 18. Observat. cap. 36.

* Legenda præsertim quæ hac de re disserit Greg. Grimaldi lib. 3. cap. 28. Hist. leg. et Magistr. regni Neapolit.

1. **BASILICA**, Ædes sacra, templum, Ecclesia. Gloss. MS. Eccles. Paris. ex Isidoro lib. 15. cap. 4. sect. 11 : *Basilicæ prius vocabantur Regum habitacula, unde et nomen habent... Nunc autem ideo divina templa Basilicæ nominantur, quia ibi Regi omnium Deo cultus et sacrificia offeruntur.* Adde Amalarium lib. 3. de Eccles. offic. cap. 2. Honorium Augustod. lib. 1. cap. 127. Canones Hibern. lib. 42. cap. 26. Joachimum Vadianum lib. 2. de Colleg. et Monaster. pag. 92. Stephanum Durantum de Ritibus Eccles. lib. 1. cap. 1. num 9. et seqq. Baron. ad Martyrol. Rom. 5. Augusti, Adr. Valesium lib. de Basilicis, etc. Cæterum non assentior viris doctis, qui *basilicas* appellari ædes nondum consecratas volunt.

☞ Altera lis fuit inter eruditos viros Valesium, et Launoium, de qua hæc habet Mabillonius tom. 2. Operum posthumorum pag. 355. de Antiquitatibus S. Dionysii : *Optime probatum fuit*, inquit, *a D. Valesio in sua contra D. de Launoy de Basilicis dissertatione, Basilicam sexto et septimo sæculo apud Gallos semper significasse Monachorum Ecclesiam ; cathedrales et parrochiales Ecclesias appellatas fuisse Ecclesias.* Hæc Mabillonius qui pag. 357. hunc addit locum vitæ S. Bathildis ab auctore coævo scriptæ : *Clothildis quoque in honorem S. Petri Basilicam, ubi religio monastici ordinis vigeret, Parisius fecit.* Quæ Basilica nunc S. Genovefæ nuncupatur.

¶ Basilica Ecclesiæ, in Annal. Bened. tom. 4. pag. 248 : *Rex itaque* (Robertus) *gaudens Ecclesiæ Basilicam intrat.* Acta SS. Bened. sæc. 5. pag. 98 : *Domum propriam... omnipotenti Deo in Basilicam Ecclesiæ consecrari studuerunt.*

Basilica aurea, dicta Basilica Lateranensis, seu Salvatoris, Romæ, quæ a conditore dicta est *Constantiniana*, et propter excellentem illius structuram et ornamenta, *Aurea.* Vide Gregor. M. Lib. 2. Epist. in Præfat. Anastasium in S. Silvestro, Panvinium, etc.

¶ Basilicam Scindere, Mortuum in Basilica sepelire, humare. Spicil. Acher. tom. 9. pag. 40. in Canon. Hibern. cap. xxvi. de nomine Basilicæ et ejus scissura. *Synodus Hibernensis : Basilion Græce, Rex Latine : hinc et Basilica, Regalis, quia in primis temporibus Reges tantum sepeliebantur in ea, nomen sortita est ; nam cæteri homines sive igni, sive acervo lapidum conditi sunt. Item nemo alienus fuerit in libertatem* (id est ausus fuerit) *scindendi Basilicam sine principis permissione.*

Basilicülæ Privatæ, apud Avitum Viennensem Epist. 6. Sacella et Oratoria.

Basilicæ appellatæ ædiculæ quædam, quas Franci nostri veteres magnatum tumulis imponebant, quod formam basilicarum seu ædium sacrarum referrent. Nam aliorum inferioris conditionis hominum sepulcris aut *tumba*, aut *porticulus* tantum superponebatur. Id colligitur potissimum ex Lege Salica tit. 58. § 3. 4. et 5. ubi, qui *tumbam* aut *porticulum super hominem mortuum expoliaverit... solidos 15. Si quis vero Basilicam super hominem mortuum expoliaverit, 30. solidis culpabilis judicatur.* Ex quibus satis patet *Basilicas* tumulos magnatum spectasse, quarum etiam mentio est in tit. 71. ubi agitur de mulcta illius qui *Basilicam voluntario ordine aut fortasse per negligentiam incenderit.* Unde erant viri docti ejusmodi basilicas ligneas fuisse, proindeque incendiis obnoxias.

* 2. **BASILICA**, Altare. Charta Caroli V. ann. 1370. in Reg. 85. Chartoph. reg. ch. 38 : *Unum cereum ardens die noctuque continuo coram altari seu Basilica ipsius S. Anthonii apponatur.* [** Forcellin. monet Hieronymum Ep. ad Heliodorum 60. n. 12. appellare *Basilicas Ecclesiæ* minora sacella, seu ædiculas in ipsa ecclesia positas.]

* **BASILIENSIS** Moneta, vulgo *Basle.* Liber censuum eccl. Rom. : *In archiepiscopatu Bisuntinensi, monasterium de Lustra x. solidos Basiliensis monetæ.*

BASILICANUS, *Palatinus vel etiam Ecclesiasticus*, Joanni de Janua [et Glossar. MS. Montis S. Eligii Atrebat.] Ugutio : *Basilicani, proprie dicuntur qui habitant juxta basilicam, et sub alis ejus.* Gloss. Lat. Gall. : *Basilicanus, Ecclesiastic.*

BASILICARIS, dicta olim una ex portis urbis Remensis, *quæ Collectitia* [melius *Collatitia*] *antea vocabatur, scilicet a conferendis mercibus ; nunc autem Basilicaris dicitur, eo quod circa se basilicis dudum præ cæteris portis abundasse feratur : sive quod eunt bus ad Basilicas in vico almi Remigii consistentes pervia fuerit.* Ita Vita S. Guntberti Mart. n. 3. Hodie appellatur *la Porte Bazée.* [quæ primum *Baseille* dicta est.]

BASILICARII, Clerici qui in *Basilica* seu æde sacra, Papæ, Episcopo, aut Sacerdoti sacra facienti ministrant. Isidorus Hispal. Epistola ad Ludefredum Episcopum Cordubensem : *Basilicarios ipse* (Primicerius) *constituat, et matriculas ipse disponat.* Ceremoniale Cencii Camerarii apud Baron. ann. 1191 : *Statimque ipse Archidiaconus cum Priore Basilicario aptat pallium prædictum super Pontificem.* Clemens IV. PP. apud Rainaldum ann. 1311. num. 13 : *Consuevit autem Imperator larga Presbyteria omnibus exhibere... Cardinalibus, Primicerio et Cantoribus, Subdiaconis Basilicariis, et regionariis, etc.* [Act. SS. Julii tom. 3. pag. 540. A. in Vita S. Stephani Sabait : *Idem ille pater Eustratius... nunc autem sanctæ Christi Dei nostri Resurrectionis Basilicarius :* ubi *Basilicarius* idem videtur, qui Æditimus, Sacrista.]

BASILICARIUS, vel Basiliciarius, μαλακός, ἀγοραῖος, in Gloss. Lat. Græc. vitilitigator, litigator, qui fora frequentat. [Suplem. vero Antiquarii : *Sordidus, vilis, forensis.*] Vide Casaubonum ad Theophr. Characteres pag. 176.

BASILICUS. In Concilio VIII. Actione 1. ex versione Anastasii ita quidam subscribit : *Ego ille Basilicus... subscripsi.* Ubi idem Anastasius : *Basilicos Græce dicitur Imperialis natura, aut Exspatharii Imperialis, aut alterius dignitatis. Imperiales homines fuerunt, qui rogati testimonii sui scripto et adstipulatione chirographa sigillatim roboraverunt.* Sed errat toto cælo ; sunt enim Græcis Βασιλικοί, iidem qui *Mandatores*, qui Imperatorum mandata perferebant. Βασιλικὸς ἄνθρωπος, in VII. Synodo, Act. 1 : Βασιλικὸς ἄνθρωπος πρὸ τῶν πυλῶν τοῦ σεπτοῦ ναοῦ ἔστηκεν, qui mox βασιλικὸς μανδάτωρ dicitur. Theodorus Studita in Catech. : Μήπως βασιλικὸς ἀθρόως ἐλεύσεσθαι. Constant. de Adm. Imp. cap. 7 : Ἡνίκα περάσῃ Βασιλικὸς εἰς Χερσῶνα ἕνεκα τῆς τοιαύτης διακονίας. Ita cap. 47. et alibi non semel. In Vita S. Nili junioris pag. 91. Βασιλικός idem est, qui κριτής seu judex. [** Vide Glossar. med. Græc. voc. Βασιλικὸς col. 181. et Append. col. 36.]

BASILIDES, *Palatinus homo*, ἀνὴρ τῆς βασιλίδος, *i. de aula regia*, in Gloss. Isidori.

* **BASILIGERONTICON**, *id est*, *Ludus senioris regis.* Ita inscribitur Codex MS. Cœlestin. Ambian. nunc editus sub titulo, *Compendium in Job*, auctore Petro Blesensi, ut ibidem recentiori manu adnotatur.

* **BASILIOUNIUM**, Ædicula tumulo imposita. Vide *Basilica.* Vet inscript ex museo quondam Jac. *de Bary* : Isidi puell..... jussu deini..... Fabia L. F. Faviana

AVIA IN HONOREM AVITÆ NEPTIS PIISSIMÆ EX ARG. P. CX. Hs. — ITEM ORNAMENTA IN BASILIOUNIO ET MARGARITA N. VI. ZMARAGDI DUO, CYLINDRI N. VII. GEMMA, CARBUNCULUS, *etc.*

BASILISCUS. Guillelmus Bibliothecarius in Stephano VI. pag. 237 : *Fecit in Ecclesia Domini Salvatoris... vela serica de blattin Bisantea quatuor in circuitu altaris majoris, duo ex his aquilata, et duo de Basilisci, ornata in circuitu de olovero.* Id est, serpentium vel potius Regulorum, (avium, quas Græci βασιλίσκους dicunt) figuris exornata.

BASILISSA, Gloss. MS. San-German. : *Basilissa, Imperatrix.* Gloss. Lat. MS. Regium : *Basilla, Regina. Basilissam* Angliæ Reginam vocat quidam Monachus in Epistola præfixa Glossario Ælfrici, quia Reges *Angliæ. Basileos* sese vulgo inscribebant, uti supra observatum.

¶ **BASILIUS**, *Primus.* Vetus Glossarium San-German. n° 501.

* **BASILLARDUS.** Vide supra in *Basalardus.*

¶ **BASILLA**, *Regina.* Papias et Glossarium San-German. n° 501. Vide *Basilissa.*

BASINDUCA. Charta Rogerii I. Regis Siciliæ apud Ughellum tom. 9. pag. 675 : *Licentia et potestate recipere aquam libere a flumine Sleti pro faciendis molendinis Basinducis, et casale corio, cum tenementis suis, etc.*

* Leg. forte *Batindutis*, vel quid simile. Vide infra *Bastitorium.*

BASINETUM, Cassis in modum *Bacini.* Vide *Bacinetum.*

¶ **BASKETTUM**, ab Anglico *Basket*, Corbis, calathus, apud Rymerum tom. 11. pag. 453 : *Cum bonis, jocalibus, auro, argento monetato et non monetato, bogeis, Baskettis, manticis, fardellis, etc.* Vide *Bascaudæ.*

¶ **BASMETTUM**, apud eumdem Rymer. tom. 5. pag. 384. col. A. ubi de nave capta cum mercimoniis, *Triginta paribus platarum, Basmettorum, pisanorum, etc.*

* Mendum est; leg. enim ibi *Basinettorum.* Vide *Bacinetum.*

* **BASOLARDUS.** Vide supra in *Basalardus.*

¶ 1. **BASSA**, Nomen dignitatis apud Turcas notissimæ, Præfectus urbis vel provinciæ, Nostris *Bacha*, melius tamen *Bassa.* Ludewig. Reliq. MSS. tom. 6. pag. 302. ex Historia pacificationis inter Rodulphum II. Imper. et Turcas : *Ubi Bassa Budensis famigerarius animum Turcarum explicavit.* Et pag. 304 : *Commissarii Vezirus supremus, quartus honore ordine ab imperatore Turcarum, Amurales, Bassa Budensis, et Cadiam, juris apud Turcas summus præses et interpres.* Bernhardi *de Breydenbrach* Iter Hierosol. pag. 259 : *Quemdam Bassam Græculum ex nobili Paliologorum familia natum ad nephandum facinus allexit.* Et pag. 260 : *Instigat Bassam ut properet et rem memoratu dignam aggrediatur.* Vide Briot. Hist. Imperii Otoman. lib. 1. cap. 4. [** et Glossar. med. Græcit. col. 970. voce Μπασίας.]

* Suprema etiam dignitas; neque enim alio sensu accipienda videtur vox *Baysat*, in Lit. remiss. ann. 1399. ex Reg. 154. Chartoph. reg. ch. 498 : *De la partye de Jehan de Savoye tailleur de robes nous a esté exposé que comme ja pieca pour la grant perte qu'il a eue en la desconfiture que le Baysat empereur des Turcz ont contre les Chrestiens en Turquie, en laquelle moururent plusieurs grans seigneurs, chevaliers et escuiers de nostre royaume, qui devoient audit exposant grans sommes de deniers.* Ubi de prælio apud Nicopolim ann. 1396. commisso sermo est.

2. **BASSA**, Ovis pinguis. Vide *Bassus* 1.

¶ 3. **BASSA-CURTIS**, Chors vel Cohors, Gall. *Basse-cour.* Acta SS. Aprilis tom. 1. pag. 151. F : *In Bassa-curte Plessiaci parci prope Turones.* Vide *Curtis* in *Cortis.*

¶ **BASSACHA**, Culcitra straminea, Massiliensibus *Bassague*, Gall. *Paillasse.* Instrum. ann. 1342. ex Archivis S. Victoris Massil. : *Apud cameram capellani lectum unum de Bassacha.* Vide *Basachia.*

** Vel potius *Bassaquo*, ut habet *Pellas* in Diction. Prov. quæ vox non Massiliensibus tantum, sed et aliis Provincialibus in usu est, et alibi.

* **BASSAGHIA**, Eadem notione. Charta ann. 1500. inter Probat. tom. 3. Hist. Lothar. col. 331 : *Quatuor lectorum munitorum sive garnitorum..... pulvinaribus Bassaghiis, linteaminibus, etc.*

BASSALLUS, pro *Vasallus.* Diploma Ludovici Imp. apud Ignotum Casinensem cap. 6 : *Si Comes aut bassi nostri aliqua infirmitate remanserint, aut aliquem excusatum retinuerint, aut Abbates vel Abbatissæ, si plenissime homines suos non direxerint, ipsi suos honores perdant, et eorum Bassalli, et proprium et beneficium amittant. De Episcopis autem, cujuscumque Basallus remanserit, et proprium et beneficium perdant.* [Spicil. Acher. tom. 5. in Chronico Piscariensi : *Rainaldus qui illud possidebat fuit noster Bassallus.*] Vide *Vassus.*

¶ **BASSARE**, Deprimere. Vide in *Bassus* 1.

¶ **BASSARIS**, *idis, a Bassan, Pinguedo, ovis pinguis, et sunt bassarides vaccæ mulsariæ uberes ; Bassarides etiam sacerdotissæ Bachi.* Glossar. MS. Montis S. Eligii Atrebat. [** Glossar. in cod. Reg. 7644 : *Basa, pinguedo..... Basarides, Bacce uberes.* Vide *Bassus* 1. et Forcellin. in *Bassareus.*

BASSATUM, *Terræ hiatus*, in Gloss. Isid. [Excerpta Pithœi corrupte, *Bastana*, pro *Bassatum.*] Vide *Bassus.*

¶ 1. **BASSE**, Kennett. in Glossario ad calcem Antiquit. Ambrosden. vocem hanc sic reddit : *A collar for cart-horses made of flags*, hoc est, Collare curilium equorum ex gladiosis seu xiphiis contextum : potius crediderim esse genus ephippii vilioris, cui insident aurigæ, quod alii *Bastam* vel *Bastum* vocant. Compotus Richardi *Parentyn* Prioris *de Burcester* in Antiquit. Ambrosden. pag. 574 : *Et in tribus coleris, uno Basse, cum tribus capistris emptis apud Sterisbrugge hoc anno* v. *sol.* x. *den. ob.* Quod in opinionis suæ confirmationem affert Kennettus, nostram adstruit. Pulvinus, inquit, e gladiolis, quo in flectendis genibus utuntur in Ecclesiis appellant *Basse ;* Quis enim non videat majorem esse pulvini cum ephippio, quam cum collari cognationem ?

¶ 2. **BASSE**, adverb. Submissa voce, in antiquo Ceremoniali B. Mariæ Deauratæ. Vide *Bassus* 1.

* BASSE SEDERE, In infimis gradibus considere. Ant. de Butrio in cap. solit. de majorit. ab obedient. : *Sedere alte, superioritatem significat; sedere vero Basse, subjectionem.*

¶ **BASSERE**, *Deponere.* Glossar. MS. Monast. S. Andreæ Avenionensis. Vide *Bassus* 1.

¶ **BASSETUM**, a *Bassus*, ut videtur, humilis mensa. Acta SS. Maii tom. 4. pag. 554. in Processu de vita S. Yvonis : *Et plures alios pauperes, quos ad terram sedere faciebat, et super unum Bassetum mappam ponebat seu extendebat.*

* *Basset*, eodem sensu. in Lit. remiss. ann. 1399. ex Reg. 154. Chartoph. reg. ch. 713 : *Ledit Richart se appoya à une petite table, appellée Basset.*

¶ **BASSIA**, Latrina. Vide *Bacia.*

* **BASSIARE**, a Gall. *Baisser*, Demittere, deponere. Lit. remiss. ann. 1396. in Reg. 150. Chartoph. reg. ch. 231 : *Presbiter Bassiavit incontinenti femoralia sua usque ad genua, et cepit dictam uxorem dicti supplicantis ad capud volens eam osculari, etc. Bassiere* dixerunt nostri de eo, quod attolli et demitti potest, maxime ubi de *exclusis* agitur. Charta ann. 1281. in Chartul. Mont. S. Mart part. 7. fol. 124. r°. col. 1 : *Consent ke li abbés et li couvens..... pussent..... faire.... ventaus, Bassieres, etc.* Vide *Bassare* in *Bassus* 1.

* **BASSIATOR**, *Bastorum* seu clitellarum opifex, Gall. *Bâtier.* Charta ann. 1469. ex Tabul. S. Vict. Massil. : *Magister Robeti Bassiator, etc.*

¶ **BASSIGNETUM**, Cassis quæ figuram refert *Bassini.* Locus est in *Armatura.* Vide *Bacinetum.*

¶ **BASSILE**, Pelvis, Gall. *Bassin.* Charta ann. 1336. ex Tabular. Episc. Massil. : *In octo platellis duarum formarum quatuor Bassilibus cum ismaltis in aliqua eorum parte deauratis.*

¶ **BASSILITAS**, παχύτης. Vetus Glossar. Lat. Gr. i. *Crassities.* Vide *Bassus* 1.

BASSILLARDUS, Pugio, vel sica. Catholicon : *Baselard, clunabulum.* Ita recte reponit, pro *clinabulum*, Somnerus ex Isidoro et Turnebo lib. 19. Adv. cap. 32. Henr. Knyghton. lib. 5 : *Arrepto Basillardo, transfixit Jack Straw in gutture.* Et mox : *Cum alio Basillardo penetravit latera ejus.* Item pag. 2731 : *Les Vicomtes, ... aient pouare d'arester tous les contravenants, et les Baselardes, d'aggers, et espées.*

* Vide supra *Basalardus* et *Basalaria.*

* 1. **BASSINA**, Pelvis, Gall. *Bassin.* Inventar. MS. ann. 1379 : *Item una magna Bassina cuprea.* Aliud bonorum Joan. de Madalhano ann. 1450 : *Item unam Bassinam cupri cum una auricula. Item unam Bassinam letonis*, in altero ann. 1476. ex Tabul. Flamar.

* 2. **BASSINA**, Jus percipiendi tantum salis, frumenti, alteriusve cujusvis rei, quantum *Bassino* continetur, idem quod *Bacinagium*, et *Droit de Bassin* dicitur, in Ch. ann. 1581. Vide in *Bacca* 2. Charta ann. 1311. in Reg. 46. Chartoph. reg. ch. 111 : *Concedimus quod habitatores ejusdem castri mensuras legitimas in suis hospitiis, more solito, tamen absque distractione Bassinarum et lesione juris regii, ... habere poterunt.*

* **BASSINARIUS**, BASSINERIUS, Qui oblationes fidelium cum *bassino* corrogat, iisque administrandis præest. Inventar. ann. 1459. inter Probat. tom. 3. Hist. Nem. pag. 308. col. 2 : *Quæ* (domus) *fuit acquisita per dictum Radulphi a Bassinariis animarum purgatorii.* Comput. ann. 1399. ibid. pag. 149. col. 2 : *Pro collatione facta per dominos consules in domo consulatus Nemausi, cum aliis dominis eis associatis, et Bassineriis candelæ B. Mariæ, qui cum eis erant, et juvaverunt portare de domo dictorum Bassineriorum intorticias ceræ et candelas ceræ ad Nostram Dominam, ut est moris, quæ fiunt de questis Bassineriorum dictæ candelæ B. M.*

* **BASSINETUS**, Cassis, galea. Inventar. MS. an. 1379 : *Item unus Bassinetus minutus.* Vide *Bacinetum.*

¶ **1. BASSINUS**, Pelvis, Gall. *Bassin.* Limborch. Sent. Inquisit. Tolos. pag. 359 : *Videbatur esse barbitonsor, quia secum portabat Bassinum.* Occurrit in Actis SS. Junii tom. 3. pag. LXXV. et apud Marten. tom. 1. Anecd. col. 1523. Vide *Bacinus* in *Bacca.*

* **2. BASSINUS**, Mensa *Bassinariorum*, Gall. *Bureau.* Testam. Guill. Parici presbyt. Narbon. ann. 1370. ex Bibl. reg. cot. 15 : *Inprimis lego omnibus Bassinis in ecclesia prædicta B. M. majoris, cuique ipsorum duos solidos Turonensium.* Inventar. ann. 1459. inter Probat. tom. 3. Hist. Nem. pag. 308. col. 2 : *Servit dicta domus Bassino animarum purgatorii ij. denarios cum obolo Turon. Bassin* vero, pro Gallico *Branche, fourchon*, Dens, cornu, in Lit. remiss. ann. 1403. ex Reg. 157. Chartoph. reg. ch. 391 : *Ledit Martin bailla audit Godier une fourche à trois Bassins de fer pour soy apuier.*

* **1. BASSIS**, Pelvis, lanx, Gall. *Bassin.* Charta ann. 1352. ex Tabul. Monast. Montisol. : *Guillelmus abbas recognovit se habuisse et recepisse... quatuor platellos sive Bassis.*

* **2. BASSIS**, pro Basis, Gall. *Base, pied.* Pontific. antiquiss. MS : *Tunc accedat pontifex, et fundat aquam ad Bassem altaris cantans, etc.*

¶ **BASSITUDO** CORDIS, id est, Pusillanimitas, apud S. Bernardum Serm. 36 : *De altitudine et Bassitudine cordis.*

¶ **BASSIUS**, Submissiori voce, apud Leibnitium tom. 1. Scriptor. Brunsvic. pag. 870. de reformatione Monasteriorum : *In ferialibus diebus simplicius et Bassius cantare deberent.*

BASSUARIA JUMENTA, apud Petrum de Crescentiis lib. 9. de Agricult. pag. 79. ubi vetus ejus Gallicus Interpres, *Jumens a bast*, Clitellaria, sagmaria, aliis. Vide *Basta* et *Bastum.*

* **1. BASSUM**, pro *Bastum*, Clitella. Charta ann. 1325. in Reg. 64. Chartoph. reg. ch. 86 : *In quodam Basso inter asseres et panellum dicti Bassi, quod quædam mula portabat, etc.* Alia Geraldi abbat. Trenorch. ann. 1334. inter Probat. ult. Hist. ejusd. monast. pag. 246 : *Item debet habere idem marescallus et successores sui, ratione sui officii, equos nostros.... una cum veteribus cellis* (sellis), *Bassis, frenis, etc. Basse*, eadem notione, in Lit. remiss. ann. 1449. ex Reg. 180. Chartoph. reg. ch. 80 : *Le suppliant mist l'enfant incontinent après l'enfantement soubz une Basse ou celier de l'ostel.* [** Vide *Bassia.*]

* **2. BASSUM**, Inferior pars. Ordinat. MS. S. Petri Aureævallis ubi de processione S. Marci : *Omnes ordinate exeant prædictam ecclesiam, signis præcedentibus, et arripiant iter..... versus gachetum per Bassum villæ.* Galli diceremus *par le bas de la ville.*

* **BASSURA**, Depressio, Gall. *Abbaissement*, Italis *Basso.* Addit. ad Stat. Mutinæ pag. 48. r°. : *Canalia etiam dictæ civitatis, burgorum, ac districtus Mutinæ volumus cavari per dominos seu conductores molendinorum et secundum Bassuram vel altitudinem moræ et signi marmorei.*

¶ **1. BASSUS**. Gloss. Isid. : *Bassus, crassus. Bassus, pinguis, obesus.* Papias : *Bassus, curtus, humilis.* [Acta SS. Aprilis tom. 2. pag. 313 : *Domus ejus erat Bassa et humilis.* Gloss. Gr. Lat. : Παχύς, *Bassus, grossus, grassus*, Παχύς, ὑποκοριστικῶς *Bassulus.* Παχύτης, *Bassilitas.* Gloss. Lat. Gr. : *Bassus*, ἔγχυλος. Joan. de Janua : *Bassan interpretatur pinguedo : unde bassus, i. non altus, quia pinguedo non sinit multum in altum crescere. Unde Bassare, deponere, et inde hæc Bassa, ovis pinguis.* Italis *Basso*, nostris, *Bas*, depressus, imus. [** Vide Diezii Grammat. Ling. Roman. vol. 1. pag. 26. Furnal. apud Forcellinum, Murator. Antiq. Ital. vol. 2. col. 1151. Raynouard. Glossar. Roman. vol. 1. pag. 190.] Statuta Hospitalis S. Juliani in Additam. ad Matth. Paris pag. 164 : *Sotularibus Bassis, pro calceamentis utantur.* Chron. Montis S. Agnetis cap. 1 : *Locus Bassus complexioni humanæ nequaquam convenit.* Chron. Windes. lib. 2. cap. 26 : *Ita Bassus fuit in se ipso, et altus in Deo.* Regiam Majest. lib. 4. cap. 36. § 4 : *Omnes Bassiores in parentela, sunt rustici*, id est, infimi ordinis. [*Bassi homines*, iidem apud Lobinellum tom. 2. Hist. Brit. pag. 1623.] [** *Jurisdictionibus altis et Bassis*, in Chart. ann. 1410. ap. Guden. Cod. Diplom. vol. 4. pag. 70. Vide *Altus.*]

BASSARI, pro deprimi dixit Joannes Gersen lib. 3. de Imitatione Christi cap. 46. num. 2. Contractum initum circ. ann. 1241. cum Thoma Abb. S. Trudonis lib. 7. Hist. Lossensis pag. 188 : *Omnes munitiones et domus, quæ habent pontes ad levandum et Bassandum in alodio S. Trudonis, et in Comitatu et dominio ipsius Comitis, etc.*

BASSÆ MARCHIÆ HOMINES. Sic dicuntur homines inferioris ordinis, quod in cœtibus publicis in infimis gradibus, quos *marchias* vocabant, considerent. Vide *Marchia* 2.

* ESSE AD BASSUM, Gall. *Etre au bas*, Ad imum. Charta ann. 1422. ex tabul. S. Vict. Massil. : *Quidam monachus effudit parvum brocum vini, qui erat ad Bassum, mixtum et acetosum, generativum morborum, etc.*

* BASSUS COLOR. Vide infra in *Color.*

* BASSA HORA. Vide infra *Hora.*

* BASSA MANUS, Sinistra, *Basse main*, apud Joan. *de Saintré* cap. 40. pag. mihi 266.

* BASSA MENSURA. Vide infra in *Mensura* 1.

2. BASSUS, pro *Vassus.* Vide *Vassus.*

** **3. BASSUS.** Substant. quartæ Declin. Grammat. Vatican. De Nomine apud Maium Collect. formæ octon. vol. 5. pag. 234 : *Hoc monemus, quod si Bassus nomen proprium esse repperitur, ad forman Docti per omnes casus declinetur, sin vero Bassus nomen appellativum esse invenitur ad exemplum Fluctus per omnes casus flectatur.* Eadem apud Endlicher. Probi Ars Minor. sect. 422. Vide ibid. Append. ad Probum sect. 98. Glossar. in cod. Reg. 7644 : *Bassos et Bassus hoc inter se differunt, Bassos nomina propria sunt, Bassus vero appellativa.*

¶ **BAST**, Idem quod mox *Basta*, Acta SS. Junii tom. 3. pag. LXXXII. D. in legibus Palatinis Jacobi II. Regis Majoric. : *Ordinamus igitur, quod cuilibet personæ, quæ cum animali sive de sella, sive de Bast fuerit, etc.* In Consuetudinibus et Juribus MSS. Ecclesiæ Audomarensis : *Cartea de Bast* II. den. *Summarius de Bast, etc.*

1. BASTA, BASTUM, Citellæ, Gallis *Bast*, Italis *Basto.* Gloss. vetus : *Sagma, sella quam vulgus Bastum vocat, super quo componuntur sarcinæ.* Gaufredus in Chronico Vosiensi cap. 3 : *Asinum stravit, et, ut rustice loquar, superposuit Bastas, in quarum una lipsanum Sancti posuit*, [*in alia Gausbertum puerum suum recondidit.* Hic intellige non clitellas, sed canistra e clitellis pendentia,] a Græco βαστός, Fustis quo onera portantur : unde βαστάζειν, pro *ferre* et *portare*, deducit Salmasius. Alii vocem effictam ex βασταγή, de qua mox, putant. [** Vide Raynouard Glossar. Roman. vol. 1. pag. 192. voce *Bast.*]

* Olim etiam *Bastays.* Lit. remiss. ann. 1459. in Reg. 188. Chartoph. reg. ch. 200 : *Le suppliant lui avait bien dit qu'il lui tourneroit ladite selle comme un Bastays.* Fictitia est originatio a voce Græcâ Βαστός, quam finxisse Salmasium auctor est vir erudit. D. *Falconet.*

BASTURÆ ASINORUM, in Charta Guillelmi Episcopi Carnotensis ann. 1166. in Histor. Perticensi pag. 195. Hinc *Bastage*, βασταγή, in Consuetud. Aquensi tit. 12. art. 5. 6. S. Severi tit. 10. art. 5. 6. pro pensitatione quæ domino præstatur pro equo clitellato, seu clitellis instructo.

¶ BASTATUS, Clitellis instructus. Acta SS. Maii tom. 4. pag. 604. C : *Equo Bastato positus, etc. Salma Bastata* in voce *Quartagium.*

¶ **2. BASTA**, in Vicecomitatu Turennensi *Baste*, in Arvernensi tractu *Bachole*, in Bituricensi *Tine*, in Aniciensi *Balaste.* Vas est ligneum circulis et duabus ansis instructum. Hinc *Jumentum deferre dicitur duas Bastas vindemiæ, vini, aquæ, etc.* Vide *Banastum.*

* **3. BASTA**, Vallum, septum, Italis *Bastia* ; unde nostris *Baste*, interclausura, pala, Gall. *Chaton, enchassure*, quod aliquid ambiat et includat. Stat. aurifabr. Paris. ann. 1355. tom. 3. Ordinat. reg. Franc. pag. 12. art. 15 : *Que toutes pieces qui auront Bastes soudées, soit pour mettre sur soye, ou ailleurs, ne puissent être clouées, mais couzues à l'aiguille.* Stat. Mantuæ lib. 1. cap. 41. ex Cod. reg. 4620 : *Quia jam pluries est compertum per officiales et custodes carcerum ipsorum, in damnum et jacturam creditorum ad quorum postulationem sunt carcerati, vel in detrimentum et offensam reipublicæ carceratos inter Bastas non*

detineri,.... licet intra ostia, sive foris dictorum carcerum, et ex hoc creditores læduntur et respublica offenditur; ideo statuimus et ordinamus, quod dicti custodes teneantur et debeant dictos carceratos inclusos tenere inter Bastum vel stellatam, et non alibi. Vide *Bastia.*

BASTAGA, Onus ipsum, vel oneris transvectio : a βαςάζειν, *ferre.* Hesychius : Βαςαγή, Βάρος. Publicola Epist. 153. inter Augustinianas : *In Arzugibus, ut audivi jurantes per dæmones suos, qui ad deducendas Bastagas pacti fuerint, etc.* Proprie autem usurpatur pro onere trasferendi res publicas aut privatas Principis, in leg. 11. Cod. Theod. de Cohortalib. (8, 4.) *Bastaga privata*, id est, onus transvehendi res privatas Principis, erat sub dispositione Comitis rerum privatarum : *Præpositi Bastagarum*, sub dispositione Comitis Sacrar. largit. in Notitia Imperii et in Vita S. Parthenii Episcopi Lampsaceni n° 11.

Bastangarii, Qui equis aut mulis res Principis aut publicas ad destinata loca deducebant, in L. 3. et 11. Cod. Th. de Murilegulis. (10, 20) [** Leg. *Bastagarii*, vide Forcell. hac voce.] Breviloq. : *Bastangarii secundum quosdam dicuntur quasi bestiæ angariæ, eo quod rusticos angariabant ad quintam bestiam præstandam.* Italis *Bastagio*, est bajulus. Matth. Villaneus. lib. 11. cap. 42 : *Il corpo suo con due Bastagi et un famiglio fu portato alla Chiesa.*

* 1. **BASTAGIUM**, Oneris transvectio, quæ *bastis* seu clitellis fit, Hispan. *Bastage.* Charta Humberti dalph. pro Libert. villæ de Pineto ann. 1343 : *Franchi sint, liberi et immunes ab omni touta, tayllia, corvata pro se et animalibus suis,.... et gabella de hiis, quæ portabunt vel adducent ad ipsum locum pro proprio usu, eorum Bastagio, etc.* Vide infra *Bastaxia.*

* 2. **BASTAGIUM**, Vectigal seu tributum, quod pro equo *bastato* seu clitellato præstatur. *Bastage*, in Consuet. Aquensi tit. 12. art. 5. 6. S. Severi tit. 10. art. 5. et in Charta Phil. VI. ann. 1340. ex Reg. 82. Chartoph. reg. ch. 632 : *Nostre lendit, ou paiage et Bastage de S. Julien en Minerbois, en la sénéschaussée de Carcassone.* Charta Yvonis episc. Carnot. ann. 1114. in Tabul. episcopat. ejusd. : *Confirmamus etiam eis annuale modium avenæ, in festo S. Joannis Evangelistæ, eis per majorem de Garzeia super vaaria et territorio, nomine de Vastina, de Bastagio et parte augusti annuatim exsolvendum.* Libert. villæ de Buxeria ann. 1325. concessæ per Guid. dalph. in Reg. 151. ch. 355 : *Volumus ipsos* (burgenses) *immunes esse a solutione et præstatione omnium pedagiorum, gabellarum,.... impositionum, Bastagiorum, et aliorum quorumcumque tributorum. Basteagium*, in iisd. Libert. ex Reg. 208. ch. 153.

* **BASTAGUM**, ut supra *Bastagium* 2. Stat Perusiæ pag. 59 : *Si quis furatus fuerit pedagium, gabellam, Bastagum, leydam,... solvat pro banno solidos sexaginta, si pedagium, Bastagum,.... ascenderit ad solidos duos vel ultra.*

* **BASTAISSUS**, Bajulus, Italis *Bastagio*, Gall. *Portefaix.* Comput. ann. 1399. inter Probat. tom. 3. Hist. Nem. pag. 149. col. 1 : *Die ultima Martii, vigilia ramis palmorum, solvi duobus Bastaissis, qui portaverunt trabes, jaynas, et alia necessaria ad palmum, etc.*

¶ **BASTANA**, mendose pro *Bassatum*, quod vide.

* **BASTANCIUM**, Controversia, contentio, lis, Gall. *Contestation, procès.* Charta ann. 1227. in Reg. 3. feud. episcop. Metens. fol. 3. r°. ex Bibl. reg. : *Cum quæstio et Bastancium esset inter nos Jacobum Dei gratia Metensem episcopum ex una parte, et nos abbatem et conventum Novillarum ex altera, etc. Battens et querelles*, ibid. in Charta ann. 1277. fol. 17. Vide infra *Bastancium.*

* **BASTANDA**, *La conca de ramo*, in Glossar. Lat. Ital. MS.

* **BASTARDA**, Lignum, Gall. *Piece de bois.* Reparat. factæ in senescal. Carcass. an. 1435 : *Item pro una pecia, vocata Bastarde, xiij. sol.* Quod aliis superaddatur forte sic dicta, vel quod majora inter et minora ligna media sit.

* **BASTARDAGIUM**, Jus domini in bona decedentium *Bastardorum.* Charta ann. 1312. in Reg. 52. Chartoph. reg. ch. 94 : *Cum medietas omnium rerum et bonorum mobilium et immobilium Vincentii, dicti Brandon, bastardi,.... ratione successionis dicti defuncti, Bastardagii et dominii dicti loci, et de consuetudine patriæ, ad dominum regem pertineat, etc. Bastardage* vero, est ipsa illegitima nativitas, in Lit. remiss. ann. 1397. ex Reg. 151. ch. 284 : *Ledit bastart par injure et villenie appella ladite femme sa suer, disant que elle estoit aussi bastarde; et elle lui respondi que elle n'estoit pas sa seur en Bastardage.* Vide *Bastardia* et *Bastardus.*

* **BASTARDELLUS**, Charta fugitiva, deletilis, Gall. *Feuille volante*, Hispan. *Bastardelo.* Stat. ant. Florent. lib. 3. cap. 8. ex Cod. reg. 4621 : *Dictus testis dum deponit, non scriba t in astardello, vel stracciafoglio, sed illud scribere debeat in dicto libro.*

* **BASTARDIA**, ut supra *Bastardagium.* Lit. Joan. reg. Franc. ann. 1350. in Reg. 80. Chartoph. reg. ch. 47 : *Hereditagia, quæ per Bastardiam Godeffredi Regis, quondam morantis apud Floriacum super Andellam, in baillivia Rothomagensi, aut aliter quo quo modo nobis obvenerunt, auctoritate regia donamus Andreæ barbitonsori nostro.* Pro illegitimo ortu, vide in *Bastardus.*

BASTARDUS, Nothus, spurius, illegitimus. Vetus Charta in Tabular. Casauriensi : *Trado vobis Giso et Gerardo germanis meis Bastardis quartam port onem de omnibus rebus proprietatis meæ.* Adam Bremensis cap. 168 : *Ecce Willelmus, cui pro obliquo sanguine cognomen est Bastardus.* Quo spectant ista Eustathii in Odiss. Δ [** Iliad. Θ, pag. 713. lin. 23.] : Δῆλον ὅτι οὐδ' ἦν ἐν ὀνείδει τοῖς παλαιοῖς ἡ νοθεία. Ἐπεὶ γὰρ νενόμιστο παλλακὰς ἔχειν, διὰ τοῦτο καὶ οἱ ἐξ αὐτῶν Νόθοι μὲν ἐκαλοῦντο, ἀκαταγνώστῳ καὶ ἀνεμεσήτῳ κλήσει· οὐδὲν δὲ ἧττον ἐτιμῶντο τῶν γνησίων οἱ ἐν νόθοις ἀγαθοί, ἐπεὶ οὐδὲ ἡ παλλακὴ ἐφύβριστον ἦν ὄνομα. Quæ quidem aptari recte possunt iis sæculis, quibus Guillelmus Nothus vixit, de quibus egimus in Voce *Concubina.* Ipse Guillelmus Anglorum Rex in Epist. ad Alanum Britanniæ Comitem : *Ego Willelmus cognomento Bastardus.*

☞ *Bastardi* nomine significantur quicumque extra matrimonium nascuntur sive *nothos*, sive *spurios* dixeris. Quod nomen nihil turpe olim sonabat, ut modo observabat D. Cangius; nam si Germanos excipias quibus invisum semper fuit, [** vide tamen Guden. Cod. Dipl. vol. 2. pag. 149.] apud Italos, Hispanos et Francos nostros vix aliquod discrimen erat legitimum inter et *Bastardum.* Notum est quippe *Bastardos* parentibus suis in bonis hæreditariis successisse, non secus ac qui in legitimo matrimonio nati; unde etiam cum de regni successione actum est, a portione sua minime exclusi sunt. Ex Nobilibus orti Nobiles reputabantur, *nomen et arma patris portabant cum aliqua tamen differentia*, (cum tænia scilicet diagonali) inquit Boerius quem consule in Decis. 227. num. 12. Observandum autem id solos Principum et Nobilium *Bastardos*, modo agniti fuissent, spectasse. Qui usus perseveravit usque ad ann. 1600. quo anno Edicto vetitum est, ne etiam ii qui ex Nobilibus nati essent, sibi nobilitatis titulum arrogarent, nisi prius nobilitatis obtinuissent literas. Leodiensibus statutis aliisque ab officiis Judicum et Consiliariorum excluduntur. Testamenti faciendi rebusque suis hæredem instituendi jus non habebant, utpote servi; ad summum testamento legare poterant quinque solidos. Eorum ergo hæreditas, de iis quoque intelligendum qui intestati moriebantur, ubi liberorum jure gaudebant, ad Dominum loci jure *manuum-mortuarum* pertinebat. Quod usurpatum jus postea Ludovicus X. ann. 1315. edicto sibi attribuit, atque exinde sæpius est confirmatum; adeo ut nunc nemini dubium sit jus, quod vocant, *Bastardiæ* ad Regem ipso jure Regni pertinere, hoc tantum casu excepto, si *Bastardi* in alicujus Domini jurisdictione nati, ibi vitam egere atque ibidem defuncti sunt. Qui plura voluerit adeat V. Cl. *de Lauriere* cum in Præfat. tom. 1. Ordinat. Regum Franc. n° 104. et seqq. tum in Glossario juris Gallici ad voces, *Bastard* et *Bastardise.* Adde D. *Brussel* de Usu feud. lib. 3. cap. 17. [** Inde apud Germanos vocati sunt *Pueri Regis.* Vide Haltaus. Glossar. col. 1113. voce *Kœnigs-Kinder.*]

Boxhornius a Cambro-Britannicis etymon accersit, qui vetere etiamnum, ut asserit, Gallorum et Britannorum lingua utuntur; *Bastard* enim spurium et nothum vocant, voce composita a *Bas*, non profundus, depressus, et *Tardol*, germinare et pullulare, salire, oriri, ut fontes; quasi dicas, qui non a profunda et antiqua nobilitate ortum deducat, sed qui nuper enatus est et germinavit. Atque inde forte bastardos nostri appellarunt *Fils de bas*, quasi ex infimæ et humilis sortis femina genitos, et ex *inferiori contubernio* (vide in *Disparagare*) cujusmodi sunt ut plurimum meretrices ac concubinæ, in Literis Philippi Ducis Burgundiæ ann. 1391. Philippus *Mouskes* MS. :

Fille le Roi Henris de bas,
Juliane fu apielée.

Infra :

Si ot de bas li Rois sis fius.

Historia Francica vernacula MS. ex Bibliotheca Memmiana fol. 268 : *Si ala en Puille à Mainfroi son fils de bas.*

De aliis vocis hujusce originibus consulendi præterea Cujacius ad Novell. 18. Justin Spelmannus, Bisciola tom. 2. Horar. subcesiv. cap. 9. Besoldus in Thesauro Practico, Cobarruvias in Thesauro linguæ Castil. Menagius in Orig. Ital. [et Gall.] Kilianus, etc. [** Raynouard. Glossar. Roman. voce *Bastard* vol. 1. pag. 192.]

* *Bertart*, eadem notione, apud Joinvil. edit. reg. pag. 86. *Bestard*, in vett. Chron. laudatis in Glossar. ibid. Glossar. Provinc. Lat.: *Bastard, Prov. Naturalis, quem natura genuit, non honestas conjugii.* Nostris olim, ut jam observatum est a Cangio, *Fils de bas* vel *de bast*; quia ex humili, hoc est, illegitimo concubitu prognati, quod *Venir de bas* dicebant. Vide infra in *Venire*. Lit. remiss. ann. 1375. in Reg. 107. Chartoph. reg. ch. 65 : *Pourquoy il le avoit appellé Jehan de Bas, qui estoit à dire Bastart et filz de putain. Frere de bas*, frater illegitimus, ibid. ex ch. 328. Aliæ ann. 1378. in Reg. 114. ch. 62 : *Perrette fille de Bast.* Rursum aliæ ann. 1395. in Reg. 148. ch. 128 : *Comme Guillaume d'Orbec chevalier eust trouvé une jenne fillette, qu'il tient estre sa fille de Bast, pour ce que, pour le temps qu'elle fu engendrée, sa mere demouroit avec lui.* Denique Lit. ann. 1400. ex Reg. 156. ch. 19 : *Bauderon de la Viesville, fils de Bas, de feu le seigneur de la Viesville, etc.*

Bastardia, Illegitima nativitas. Aresta Pentecost. ann. 1290. in Reg. Parlam. fol. 86 : *Quantum illa quæ Ballivus Turon. tenebat in manu Regis, et saisiverat super dictum Hardoinetum et fratres suos, propter Bastardiam sibi impositam, etc.* Matth. Paris ann. 1247 : *De novo præscribit Rex certam formulam Episcopis de Bastardia, utrum scilicet ante matrimonium contractum, vel post nati sint* Observat Regiam Majestatem lib. 2. cap. 50. et 51. *de bastardia*, coram judice Ecclesiastico litigari, quod tradunt etiam Bracton. lib. 4. Tract. 3. cap. 19. lib. 5. Tr. 5. cap. 19. Fleta lib. 5. cap. 5. §7. lib. 6. cap. 39. et Christophorus de S. Germano in Dialogo de fundamentis Legum Angliæ cap. 6. *Bastardie*, in Consuet. Normann. cap. 27. *Basturdage*, in Burbonensi art. 194. *Bastardia*, Hispanis. Le Roman *de Rou* MS. :

> De Guillaume avait grant envie,
> Que sur lui alioit seignoirie,
> Reproché lui sa Bastardie.

Abastardare, Bastardum, seu nothum, aut illegitimum pronuntiare. Fragmentum de Episcop. Petragoric. apud Labbeum tom. 2. Bibl. pag. 739 : *Quem* (Heliam Rudellum Comitem) *mater sua Comitissa... coram eodem Episcopo in Conventum publice Abastardavit, dicens quod non erat filius Heliæ Comitis.*

* Iis, quæ de statu et conditione *Bastardorum* supra breviter sunt exposita, hæc, quæ nobis notatu digna occurrerunt, addenda judicavimus; ac primo quidem : *Bastardi* ex nobilibus orti, non modo nobiles reputabantur, sed et nobilitatis privilegia cum uxore, etiam servilis antea conditionis, liberisque ex ea natis communicabant, modo tamen maternam hi successionem abdicarent : quod in Campana nostra saltem obtinuisse testis est Charta ann. 1405. ex Reg. 160. Chartoph. reg. ch. 25 : *Icelle Ysabel demourant à Colomiers, en la prévosté de Vitry, femme de corps et de taille haut et bas de damoiselle Katherine de Foucaucourt dame de Waurey, avoit espousé par mariage Jehan Thiebaut, qui estoit et est nobles et Bastart de noble lignée; et par ce par la coustume et usage de Champaigne, et dudit lieu où sont demourans iceulx Jehan Thiebaut et saditte femme, icelle femme n'a peue et n'est tenue de paier aucune chose de ladite taille, constant leurdit mariage, et aussi ne seroit, tant comme elle se tenroit à remarier, se ledit Jehan Thiebaut aloit de vie à trespassement; et combien qu'ilz aient plusieurs enfans,.... toutes voyes par ladite coustume ilz* (les enfans) *se pourroient tenir au cousté et ligné de leur dit pere et joir de leur noblesse, se il leur plaist, en renonçant à la succession de leur ditte mere, laquelle au dit cas, venroit à ses plus prouchains autres parens et amis de lignage, etc.* Quod ab usu passim recepto prorsus alienum esse probamus infra in voce *Nobilitatio.*

* *Bastardis* duodecimam partem bonorum suorum testamento legare poterat pater; quæ, si intestatus et sine prole legitima decedebat, æquabiliter *bastardos* inter et hæredes collaterales dividebantur; solidam vero hæreditatem, deficiente hærede legitimo, obtinebant. Stat. Cadubrii cap. 112. lib. 2 : *Ex aliqua defuncta persona, si superit filius legitimus et naturalis, et filius naturalis tantum, qui Bastardus appellatur, aut filii legitimi et naturales, et filii naturales sive Bastardi, possit pater in testamento relinquere dicto suo filio vel filiis Bastardis in testamento tantum duodecimam partem bonorum, quæ tempore mortis habuerit. Si vero decesserit, relicto filio vel filiis naturalibus sive Bastardis tantum, et fratre vel fratribus ipsius decedentis, possit ipse relinquere dicto filio vel filiis suis naturalibus sive Bastardis tantum medietatem bonorum suorum; et hoc idem intelligatur, si is de cujus successione tractabitur, ab intestato decesserit, ut naturalis, vel naturales sive Bastardi tantum in medietate bonorum defuncti succedant et non ultra; cessantibus vero filiis, fratribus, et matre defunctæ personæ et ex eis descendentibus, ipsi naturales tantum sive Bastardi in solidum ad successionem defunctæ personæ admittantur ex testamento vel ab intestato.*

* Quod legibus Longobardicis acceptum referri debet, ut discimus ex lege Rotharis 154 : *Si quis dereliquerit filium unum.... et filios naturales, unum aut plures, filius legitimus tollat duas portiones de patris substantia, naturales vero tertiam. Et si sunt duo legitimi, habeant quatuor partes, naturales quintam quanticumque fuerint. Et si tres fuerint legitimi, habeant naturales septimam partem. Si quatuor fuerint legitimi, habeant naturales duodecimam partem. Si autem plures fuerint, per hunc numerum dividant patris substantiam.*

* Longe vero iniquior erat filiarum conditio ex iisdem legibus; si quidem inter eas et *bastardos* æqua portione patris bona dividebantur. Ejusdem Rotharis lex 159 : *Si quis dereliquerit filiam legitimam unam, et filium naturalem unum aut plures, et alios parentes proximos; æqualiter dividant substantiam defuncti, id est, in tres partes. Filia legitima accipiat uncias quatuor, quod est tertia pars; naturales filii uncias quatuor, et parentes proximi aut hæredes uncias quatuor, quod est tertia pars.*

* Quin etiam nobilium *bastardi* eodem ordine, quo eorumdem filii legitimi, habentur in Stat. Orviet. ann. 1357. apud Cl. V. Garamp. in Dissert. 8. ad Hist. B. Chiaræ pag. 251 : *Quod nullus nobilis, vel natus de nobilibus legitimis vel Bastardis ex parte patris, vel familiaris alicujus ipsorum, possit eligi consul vel consiliarius de numero 40. popularium aut de anterioribus civitatis.* Aliud Stat. ann. circ. 1371. ibid. : *Descendentes ex eis* (nobilibus) *per directam lineam masculinam, tam legitimam quam naturalem, quam etiam Bastardos, et omnes milites militari cingulo decoratos, etc.*

* *Bastardis clericis* testamenta condere licitum erat, ex Sententia arbitr. inter episc. capitulumque Cabilon. et Robert. ducem Burgund. ann. 1280. inter Probat. tom. 2. Hist. Burg. pag. 48. col. 2 : *Item alium articulum de Bastardis clericis diffinimus in hunc modum : videlicet quod Bastardi clerici de bonis suis, sicut alii christiani, poterunt condere testamentum; si vero Bastardi clerici intestati obierint, bona ipsorum mobilia ad ordinationem episcopi pertinebunt; bona vero immobilia, absque alia contradictione dicti episcopi, pertinebunt ad dominum temporalem : si autem beneficiati fuerint aut curati, bona acquisita tempore curæ vel beneficii, ecclesiæ, cujus curam vel beneficium percipiebant, pacifice permanebunt, salvo jure domini temporalis.* Quo jure potiti quoque aliquando *Bastardi* laici, ex Aresto ann. 1327. in Reg. arest. parlam. Paris. ex Cod. reg. 9822. 2. fol. 6. r° : *Nostro procuratore.... proponente, quod bona prædicta dictis executoribus tradi et liberari non debebant, pro eo quod dictus Thomas erat Bastardus, eo quod ipse decesserat sine liberis de corpore suo non susceptis; propter quod ipsius bona, quia Bastardus fuerat, secundum patriæ consuetudinem notoriam jure nostro regio pertinebant, ut asserebat procurator prædictus, dicens et proponens quod idem deffunctus de bonis suis non potuit nec poterat ordinare.... Quia curiæ nostræ non constitit de consuetudine pro jure regis allegata, et etiam quia curia nostra extitit sufficienter informata, quod idem deffunctus de bonis suis ordinaverat, tam in vita sua quam in suo testamento, et quod secundum patriæ consuetudinem sibi licebat ordinare de bonis suis pro libito voluntatis ac facere testamentum, propter quod per arrestum curiæ nostræ dictum fuit, quod bona omnia ipsius testatoris, quæ ad requestam procuratoris nostri ad manum nostram propter causam supradictam posita fuerant, dictis executoribus deliberabuntur et tradentur, amota manu nostra ibidem apposita ex causa prædicta.* Sed de bonis mobilibus tantum, testamento statuere poterant. Libert. castri Theodorici ann. 1301. in Reg. 38. Chartoph. reg. ch. 77 : *Omnes illi, qui in dictis villa et castellania morantur,.... possint in dicta villa.... vivere et mori tanquam liberi, necnon homines in dictis villis nostris commorantes, vocati vulgaliter Vastardi et aubenæ, salvis hoc quod Vastardi de bonis suis mobilibus possint libere testari : bona vero immobilia eorum ad nos venient, vel ad illos,*

ad quos debebunt de jure et consuetudine patriæ devenire.

* Ubi ex consuetudine, *bastardorum* decedentium bona ad dominos minime pertinebant, parentibus maternis adjudicabantur. Charta Phil. comit. Fland. pro libert. Brug. ex Cam. Comput. Insul. : *Quidquid homo dat filio suo fornicario sine conditione; hoc post mortem ejusdem filii devenire potest in parentes matris pueri.* Liber rub. fol. parvo domus publicæ Abbavil. fol. 45. r°. : *Il est jugié par conseil de bone gent ke quant bastars muert, nus hom de par pere ne puet nient clamer en s'escaanche; se de le mere, non : car chou est certe cose de le mere : mais bastars n'a point de pere.*

* *Bastardi*, ut pote pro servis habiti, in jus vocare, et juri stare non poterant; qua tamen infamia interdum liberati fuere. Idem liber rub. ad ann. 1270. fol. 32. r° : *Il avint ke Rogerons li seliers apela Jehan Au-costé d'aseurement froissié et de pais brisié. Jehans dist qu'il n'estoit mie tenus a respondre, pour che k'il n'estoit mie du linage, ains estoit se anchestres issus de Bastardie.* Rursum. fol. 66. r°. : *Li visconte disoit et proposoit que Jaque d'Auxi, fil de feu sire Vinchent d'Auxi prestre, ne devoit estre rechus à le loy, pour che que il estoit Batart fil de prestre, et que Batart ne devoit estre rechus à loy.... Veu tout che qui pooit et doit mouvoir, le court dit, fit et pour droit que lidiz Jaque seroit rechus à le loy, consideré qu'il n'estoit mie proposé que il fust infame.* Vide in *Servus.*

* Inter potiora ecclesiæ Ambianensis privilegia illud recensetur, quod nemo nisi legitimus, inter canonicos hujus ecclesiæ admitti debeat, in charta ann. 1470. ex Reg. 196. Chartoph. reg. ch. 309 : *Jasoit ce que l'église d'Amiens soit douée de plusieurs grans et beaux priviléges,...... et par especial que en icelle église, pour honneur d'icelle très glorieuse Vierge, ne soient receuz chanoines, qui ne soit néez et procréez en leal mariage, mesmes que par statut et ordonnance de ladite église, chacun chanoine à sa nouvelle réception, auparavant qu'il puisse ou doye estre receu en icelle, doit premierement de ce faire apparoir par serment solemnel, ou autrement deuement,... voulons et ordonnons.... ledit privilége estre entretenu et observé.*

* *Bastardi* quibusdam in locis inter agnatos cognatosve, qui sibi invicem sacramento, vel coram judice pacem asserebant, non annumerabantur, nisi eam ipsi jurassent, ut discimus ex Lit. remiss. ann. 1358. in Reg. 86. Chartoph. reg. ch. 43 : *Per consuetudinem patriæ* (Insulensis et Tornacensis) *Bastardi minime comprehenduntur in pace facta inter suos parentes, nisi eandem pacem de se ipsis fecerint.* Quæ sic Gallice occurrunt in aliis Lit. ann. 1363. ex Reg. 101. ch. 44 : *Lesquelz Bastars par la coustume du pais* (de Lille) *ne pueent estre compris de tenir aucunes asseurances, triuwes, ne autres quelconques seurestats, se ilz de leurs personnes ne les créantent.*

* Pœna mulctave, quam quis pro occisione *bastardi* incurrerat, a domino feudali poterat remitti, absque pace seu compositione inter partes facienda. Lit. remiss. ann. 1375. in Reg. 107. Chartoph. reg. ch. 308 : *Selon la coustume du pays de Haynau que l'en dit estre telle, que se un Bastart est tuez et occiz pour quelque fait que ce soit, son seigneur puet quitter et remettre sa mort, senz ce qu'il en conviengne faire aucune paix entre parties.*

* Multiplici acceptione vox *Bastart* occurrit apud nostros. *Charrette bastarde*, quæ a forma consueta differt, vel quæ inter majorem et minorem media est, inter Reditus comit. Hannon. ann. 1265. ex Cam. Comput. Insul. : *Li karette s'elle est fierée, et s'elle est Bastarde, ij. den.* Reg. S. Justi ex Cam. Comput. Paris. fol. 199. r° : *Item quadrigam Batarde cum hernesio. Coustel Bastart,* eodem sensu, in Lit. remiss. ann. 1416. ex Reg. 169. Chartoph. reg. ch. 447 : *Icellui prestre tira un coustel Bastart, qu'il avoit en sa sainture. Bastardeau*, eadem acceptione, in aliis Lit. ann. 1386. ex Reg. 129. ch. 36 : *Un petit coustel Bastardeau*, etc. Aliæ ann. 1405. in Reg. 159. ch. 317 : *Il tira un petit coustel, appellé Bastardeau*, etc. *Icellui Jaquet tira le Bastardeau de sa dague, et vint contre le suppliant*, in aliis ann. 1456. ex Reg. 183. ch. 205. Vinum *bastardum*, *Vin batart*, idem forte quod mixtum, in Lit. remiss. ann. 1460. ex Reg. 190. ch. 102 : *Une chopine de vin Batart.* Molendinum *bastardum, Moulin bastart,* idem videtur quod *bannalet*, in Charta ann. 1417. ex Reg. 170. ch. 125 : *Ottroyons audit Bureau de Dicy.... que son moulin soit bastart, banier et privilégié, comme les autres moulins Bastars et banniers, et qu'il puisse avoir deux fermiers et deux boulengiers, ou deux fermiers et un boulengier, comme les autres moulins Bastars ont. Bastart* præterea vocant, qui lanam operantur, partem lanæ excedentem, quam resecant, ut alteri exæquetur, *Jart* vulgo dicitur. Stat. ann. 1407. tom. 9. Ordinat. reg. Franc. pag. 210. art. 5 : *Que nul dudit mestier* (de Megissiers) *ne face depuis Pasques jusques à la mi-aoust que une laine nouvelle et le Bastart.* Denique *Bastard*, pro *Bastardeau*, agger, quo aqua continetur, in Lit. ann. 1399. tom. 3. Hist. Burgund. inter Probat. pag. 112. col. 2 : *Pour la réparation du Bastard, qui est rompu ez fossez de la ville de Beaune.*

¶ 1. **BASTARE**, f. Acu pingere, Gall. *Broder*, Hispanis *Bastidor, Métier de Brodeur.* Statuta Arelat. MSS. art. 53 : *Et si dominus voluerit Bastari mantellum, habeat sartor pro mantello* IX. *den.* Ibidem : *Si dominus voluerit Bastari facere super totum, habeat sartor* IX. *den.*

2. **BASTARE**, Italis *Bastare*, *esser a bastanza*, sufficere, quasi *bene stare*. Uguccio : *Sufficere, quod vulgo dicitur Bastare.* Vide Origines Italicas V. Cl. Ægid. Menagii.

* Quod etymon improbat *La Monoye*, qui a Gr. βαστάζειν, portare, ferre, deducendum arbitratur. Ipsum consule in Diction. Burgund. ad calcem. Natal. [** Vide Murator. Antiq. Ital. vol. 2. col. 1151. Raynouard. Glossar. Roman. vol. 1. pag. 192.]

Bastus, Sufficiens. Charta Hispanica æræ 1153. apud *Yepez* in Chronico Ord. S. Benedicti tom. 4. pag. 437 : *Tunc quidem dejecto ab Episcopatu Didaco Priori, cumque Adulfus Abbas, sanctus vir et bonus videret augeri sub se servos Dei, et in illo minimo habitaculo non posse congregari, penitus diruit, et majus satisque congruum et Bastum condere cœpit.*

* **BASTARIUS.** Si opificis nomen est, vel Acupictor, vel Bajulus designatur, in Mirac. S. Rosæ tom. 2. Sept. pag. 450. col. 1. Vide *Bastare* 1. et *Bastasius.*

* **BASTASIA**, Naviculæ apud Dalmatas species. Lit. pro Pisanis apud Lam. in Delic. erudit. inter not. ad Hist. Sicul. Bonincont. part. 1. pag. 219 : *Et de Bastasiis et vasulis comparatis de quibus conquisiti fuistis, hoc vobis donavimus. Bastasus*, in aliis ibid. pag. 226. Vide *Bastassiza.*

¶ **BASTASIUS**, Bajulus, a Βαστάζω, Porto, bajulo, Italis *Bastagio*. Hist. Dalphin. tom. 2. pag. 278 : *Item, Aimoneto quæ debebat Bastasiis qui portaverunt robum Domini ad galeam gr.* x. Ibidem infra : *Item, Bastasiis qui portaverunt Dalphinos ad galeam gr.* x. *Item, cuidam Bastasio, qui portavit scrineos, etc.*

BASTASSIZA, Naviculæ apud Dalmatas species. Charta Capituli Scardonen. ann. 1284. apud Joannem Lucium lib. 4. de Regno Dalmatiæ cap. 13 : *Obligaverunt se in perpetuum facere conducere... de lignis... quatuor barchas, vulgariter dictas Bastassizas.* Vide *Bastasia.*

¶ **BASTASSUS**, Hospes, alienigena, *Etranger.* Statuta Arelat. MSS. art. 98 : *Et quod tempore vindemiarum non possint tabernarii locare barralia Bastassis.* Antiqua versio ex Archivis Arelat. habet : *Et ne les pourront* (leurs Barrals) *loüer en temps de vendanges à aulcun estranger.*

* **BASTATORIUM**, in Reg. sign. *Probus*, idem quod *Battatorium.* Vide in hac voce.

* **BASTAXARE**, Portare, bajulare, ab Ital. *Bastagio*, bajulus, nostris *Portefaix.* Chron. Tarvis. apud Murator. tom. 19. Script. Ital. col. 820 : *Ad plateam sum reversus pro inveniendo portitores et manuales plures, quorum opera lectos et supellectiles meas ruinis injectas eximerem; quemdam sclavum magnum Albanensem, jam diu solitum Tarvisi Bastaxare, poposci ut mercede sumta me juvaret.* Vide *Bastasius* et *Bastaxius.*

* **BASTAXIA**, Quidquid equis vel mulis cum *basto* transvehitur. Pactum inter reg. Tunet. et Pisanos ann. 1398. tom. 1. Cod. Ital. diplomat. col. 1122 : *Item quod mercatores Pisani non teneantur, nec debeant solvere pro eorum roba seu mercibus, Bastaxiis,.... nisi sicut ab antiquo solvere consueverunt.* Vide supra *Bastagium* 1.

¶ **BASTAXIUS**, Idem qui *Bastasius*, Hispanis *Bastaje*, [** Catal. *Bastax*, Prov. *Bastays*.] Gall. *Crocheteur.* Concil. Terracon. ann. 1314. apud Marten tom. 7. Ampliss. Collect. : *Bastaxii, mimi, histriones, lenones, carbonerii, fornerii, cursarii, seu piratæ nisi forte contra infideles vel sagiones curiæ sæcularis non existant Clerici.*

* De histrione seu ludio, nostris *Bateleur, Joueur de gobelets*, olim *Joueur de basteaulx*, intelligendum opinor Concilium Terracon. laudatum ann. 1317. ex Marten. tom. 7. col. 307. quod confirmant Constit. MSS. reg. Aragon. ubi legitur : *Bastaxi sive juglars, mimi, etc.* Lit. remiss. ann. 1392. in Reg. 143. Chartoph. reg. ch. 278 : *Ledit Mery dist a icellui Regnault, Tu fais les Basteaulx, me cuides tu espouenter?* Aliæ ann. 1408. in Reg. 162. ch. 175 : *Comme Perrinet*

Sanson joueur de Bateaus,.... en sa compagnie sa femme, enffans, un ours, un cheval et une chievre, a trompes et tabours eust assemblé le peuple après disner pour le veoir jouer de son mestier et de ses dites bestes,.... en fesant sondit mestier et jouant de ses bateaux, etc. Aliæ ann. 1409. in Reg. 164. ch. 195: *Tous lesquelx bastelleurs fussent venuz en la ville de Saint Moris sur Vigenne pour jouer des Basteaulx.* Rursus aliæ ann. 1415. ex Reg. 119. ch. 48 : *Jongleurs ou faiseurs de Basteaulx.* Pro mensura, nisi mendum sit pro *Boisseau*, occurrit hæc eadem vox in Lit. remiss. ann. 1456. ex Reg. 183. ch. 213 : *Illec prindrent a diverses fois quatre mencaulx et trois Basteaulx de navete.*

* **BASTEAGIUM.** Vide *Bastagium* 2.

* **BASTECANA**, *La careta delle donne.* Glossar. Lat. Ital. MS. Vide *Basterna.*

* **BASTEIARE**, Portare, bajulare : de equo vel mulo maxime dicitur, qui *basto* onus portat. Stat. ann. 1329. inter Probat. tom 2. Hist. Nem. pag. 66. col. 2 : *Item quod nullus audeat locare...... melius animal ad Basteiandum,* (nisi) *quatuor solidos.* Vide supra *Bastaxare.*

* *Bastiere* vero, Peræ seu sacci species, in quo penus defertur, quique alligatur carro, in Lit. remiss. ann. 1403. ex Reg. 158. Chartoph. reg. ch. 127 : *Les supplians coupperent d'un coustel la Bastiere dudit char, et trouverent dedens icelle grant quantité de fromaiges.*

¶ **BASTELLUS**, Campanæ clava ferrea, Gallis *Batail* vel *Battant*, Picardis *Batel.* Hist. Abbatiæ S. Germani a Pratis pag. CXLVI. col. 2 : *Ex tunc debent chordæ campanarum ligari et Bastelli amoveri a scalis sive campanis refectorii et a tympano, et loco Bastellorum debet cellerarius tradere tabulas et malleos.* Vide *Batallum.*

***BASTENERIUS**, ut *Bastonerius*, Apparitor, quia *bastonum* seu virgam defert. Stat. MSS. eccl. Tullens. collecta ann. 1497 fol. 46. r° : *Chori magister et duo primates scholarum, duo Bastenerii custodientes capitulum et chorum.* Et fol. 97. v° : *Consuevimus assumere alium,... qui dicitur Bastenerius seu apparitor, cui competit servare ostium capituli.*

¶ **BASTERIUS**, a Gallico, *Bas*, Tibialia, Qui facit tibialia, in Antiquo catalogo MS. B. M. Deauratæ, in quo recensentur nomina Sodalium Nativitatis B. Mariæ Virginis.

* Minus recte; *Bastorum* enim seu clitellarum est opifex, *Bastier* vulgo: multis in locis, Italis *Bastiere.* Stat. Montis-reg. pag. 575 : *Item statutum est, quod quolibet Basterius teneatur facere formam basti asinorum pro denariis quindecim, de rebus illius cujus fuerit bastum.* Occurrit præterea in Ch. ann. 1319. ex Reg. 61. Chartoph. reg. ch. 80. et inter Probat. tom. 3. Hist. Nem. pag. 188. col. 2.

BASTERNA, Vehiculum tectum, et feminarum : lectica, gestatoria sella. [Papias MS : *Basterna, Vehiculum itineris mollibus stramentis compositum, quasi vesterna;* quibus verbis additur in Glossario MS. Montis S. Eligii Atrebat. *quæ mollibus vestibus sternuntur et a duobus animalibus trahuntur. Ibi nobiles feminæ deferuntur.*] Servius ad 8. Æneid. vers. 666 : *Pilenta sunt vehicula, sicut nunc Basternas videmus.* Gloss. Isidori : *Basterna, tecta manualis.* Infra : *Bortanea*, (leg. *Basterna*) *tecta manualis.* Ubi emendant viri docti *tecta mannalis*, quæ scilicet a *mannis* ducitur. Pro *tecta*, Gloss. MS. Ecclesiæ Paris. literis Longobardicis exaratum, Ugutio, et Joannes de Janua *theca* habent. Certe a *duobus animalibus deportari* basternam scribit idem Isidorus lib. 20. Orig. cap. 12. Unde etiam S. Augustinus Epist. 116. *Basterna vehi* dixit. Nam lectica veterum ab hominibus gestabatur : proinde male quidam apud Isidorum emendarunt, *lectica manualis*, quasi manibus deferretur. Sed quod addit idem Isidorus, appellatam, quasi *viæ sternam*, nihil prorsus sonat. Vetus Epigr. lib. 4. Epigrammatum veterum Pithœi pag. 157. basternam a binis burdonibus deferri pariter testatur (Anthol. Lat. 3, 183) :

Hanc geminis portat duplici sub robore burdo :

Omnino etiam tectam, et matronarum propriam fuisse scribit :

Aurea matronas claudit Basterna pudicas.

Et infra :

Provisum est caute ne per loca publica pergens
Fucetur visis casta marita viris.

Ita Ammianus lib. 14. cap. 6 : *Matronæ complures opertis capitatibus et Basternis per latera civitatis cuncta discurrunt.* Interiora Basternarum undique tecta *caveas* appellarunt. Acta S. Susannæ : *Eadem hora Præpedigna ascendit caveam Basternæ, et venit ad domum Gabinii.* Et S. Hieronymus Epist. 22 : *Præcedit caveas Basternarum ordo semivirorum. Mollibus* illa instrata erant *stramentis*, ut auctor est idem Isidorus, quæ *lectos* videtur appellare Metellus in Quirin. Ecl. 10 :

Basterna vectus, qua stratus erat sibi lectus.

Uti recte emendant viri docti. Capitulare de Villis cap. 64 : *Ut carra nostra qua in hostem pergunt, et Basternæ bene factæ sint, et opercula bene sint cum coriis cooperta, etc.* Basternæ meminerunt præterea Scholiastes Juvenalis ad. Sat. 6. vers. 21. Palladius de Re rustica. lib. 7. sect. 2. S. Hieronymus ad cap. 66. Isaiæ. Lampridius in Heliogabalo, Gregorius Turon. lib. 3. Hist. cap. 16. 24. Althelmus de Laude virg. cap. 35. 44. Vita S. Rusticulæ Abbatissæ Arelat. cap. 24. Passio SS. Seraphiæ et Rusticæ n. 1. Vetus Interpres Moschionis cap. 126. etc. Adde Ughellum tom. 1. part. 2. pag. 200. Βαςέρνιον eadem notione habent Scriptores aliquot inferioris ævi, auctor Vitæ S. Auxentii Archimandritæ, Harmenopulus, Libri Basilic. etc. Vocis originem quidam a Basternis Sarmatiæ populis, alii a Græc. βαςάζειν, deducunt. Vide [Cujacium lib. 13. Observat. cap. 30.] Juretum ad Symmach. lib. 6. Epist. 15. Salmasium ad Lamprid. et Rosweidum ad Vitas Patrum. ubi multa de Basternis. [** Suringar. Histor. Scholiast. Latinor. vol. 2. pag. 78. not. 1. Glossar. med. Græcit. voce Βαςέρνια, col. 183. Βαςέρνια sunt etiam Protecta in ædibus, ut apud Latinos *Basterniæ* sive *Basternæ.* Vide Forcellinum.]

* **BASTERNUS**, ut *Basterna*, Vehiculum tectum. Stat. datiaria Riperiæ cap. 12. fol. 5. v°. : *De quolibet plaustro Basternorum, soldi quinque.*

BASTIA, Bastita, Bastile, Castrum, turris, propugnaculum, vulgo, *Bastie, Bastide*, [*Bastille*, quæ postrema vox ab antiquis Scriptoribus Gallis pro turribus ligneis, quas in obsidione urbium exstruebant, sumebatur. *Alain Chartier* Hist. Caroli VII. pag. 64 : *L'an 1428. fut mis le siège à Orleans par le Comte de Sallebery, et y mis les Bastilles du costé de la Beausse.*]

Bastia, ex Italico *Bastia, steccato.* Charta Friderici II. Imp. ann. 1238 : *Interdicimus ne..... castellum novum, Bastiam sive munitionem aliquam facere præsumat.* Occurrit in Historia Cortusiorum lib. 6. cap. 2. lib. 7. cap. 7. 10. 12. lib. 9. cap. 6. lib. 10. cap. 11. apud Joannem Villaneum passim, et apud Petrum Gerardum Patavinum liber 7. de Ezelino tyranno, etc. Academici Cruscani : *Bastia, longo riparo, composto di legnami, sessi, terra, e simil materia per fortezza de luoghi, e degli eserciti, oggi trencea, o trinciera*, Lat. vallum, septum, agger, [qua notione legitur in Chron. Parmensi ad ann. 1289. apud Murator. tom. 9. col. 817 : *Et fecerunt circumcirca ipsum exercitum unam Bastiam, ne aliquis posset exire de ipso castro, vel illuc aliunde venire, qui ipsum exercitum offendere posset.*]

* Vocis hujus origo, quam ab Italico *Bastia* Cangius, et a *Bastum* Menagius accersunt, non placet Muratorio, qui tom. 2. Antiq. Ital. med. ævi col 508. potiori jure a voce Gallica *Bâtir*, ædificare, construere, eam deducere videtur; ut pote quæ longe antiquior sit nomine *Bastita* vel *Bastia*, quod sæculo tantum xiij. emersit. Nec ipsi magis arridet vocis *Bastiæ* definitio ab Academicis Cruscanis proposita; cum nihil aliud fuerint *Bastiæ*, quam species quædam castelli e tabulis et tignis affabre compaginatis fabricatæ, plerumque circum aliquam domum, aut circa turrim locatæ, quas fossa ambiebat, vallum et propugnacula prominentia in angulis muniebant. Sed et aliud in re militari fuit *Steccato*, aliud *Bastia*, ut ibidem monet vir eruditus ex Hist. Patav. tom. 17. Script. Ital. col. 186. Ipsum adito, si plura cupis.

Bastida. Charta ann. 1204. in Regesto Carcasson. : *Licentiam damus ut in locis idoneis quos elegeritis infra terminum prædicti pignoris, possitis novas Bastidas sive munitiones ædificare.* Aresta ann. 1286. in 2. Regesto *Olim*, fol. 18 : *Super justitia illorum qui sunt jurati de Bastidis Dom. Regis Franciæ, levantes et cubantes sub Rege Angliæ, scietur consuetudo Bastidarum vicinarum.* Froissart. 1. vol. cap. 111 : *Et meit Bastides sur les champs et sur les chemins, en telle maniere que nulles pourveances, ne les vivres ne pouvoient venir dedans la Ville.* Vide tom. 9. Spicilegii Acheriani pag. 248. et supra in *Andamentum.*

¶ Bastida, Prædium rusticum cum mansione, Massiliensibus etiamnum *Bastide.* Instrum. ann. 1223. ex cod MS. D. Brunet fol. 67. recto : *Item statuerunt, quod apud Bastidam Bertrandi de Clareto sit quædam via publica.* Rymer. tom. 5. pag. 620 : *Et omnia devoria et proficua ad nos infra Bastidam de S. Edwardo et parochiam de Baix pertinentia.* Charta ann. 1494. ex Archivis Massil.: *Super duabus Bastidis ac earum juribus et pertinentiis.* [** Vide Raynouard. Glossar. Roman. vol. 1. pag. 194. num. 4.]

* Bastida, nude, pro Domus, ædificium. Charta Alfonsi comit. Pictav. ann. 1256. in Reg. 30. Chartoph. reg. ch. 140: *Volumus quod novæ Bastidæ seu populationes fiant in terra ecclesiæ extra muros civitatis in diocesi Conseranensi.*

* Bastidare, *Bastidas* exstruere, ædificare. Lit. ejusd. comit. ann. 1269. in Reg. 11. Chartoph. reg. fol. 89. v°.: *An etiam sine cujusquam injuria.... possimus bastidam construere seu construi facere, et utrum nostri et patriæ esset utilitas, si in loco eodem nos contingeret Bastidare.* Vide mox *Bastire*.

* Bastidens, *Bastidæ* seu castri incola. Pariag. inter reg. et abbat. Scalæ Dei Tarn. diœces. ann. 1328. in Reg. 65. 2. Chartoph. reg. ch. 234: *Quod in dicto orto fiat cimiterium pro sepultura Bastidencium.*

Bastita, Florentinis *Bastita.* Chronicon Guill. de Podiolaurentii cap. 34: *In transitu ceperunt Bastitam Deodati Alamanni, et munitionem quæ ibi erat.* [Charta Bonifacii PP. IX. ann. 1396. apud V. Cl. Fontaninum in Antiquit. Hortæ pag. 434: *Sed semper ero adjutor ad conservandum... rocchas et Bastitas, etc.*] Occurrit in Hist. Obsid. Jadrens. lib. 1. cap. 24. apud Joann. Villaneum lib. 5. cap. 2. lib. 6. cap. 4. Raphanum de Caresinis in Chronico Veneto pag. 243. MS. Reg. etc.

Vide *Bastigia, Bastildia, Bastillus, Bastimentum, Bastionus.*

Bastile, [Bastillæ.] Henr. de *Knyghton* lib. 5: *Dux Britanniæ fecerat unum Bastile de meremio a parte maris ad retrahendum eis subsidium ex parte aquæ.* Utitur pluries pag. 2677. [Johannis Iperii contin. Chron. apud Marten. tom. 6. Ampliss. Collect. col. 622: *Cujus in tempore Bastilla, ad Anglicos in Valesia expugnandos, etc.*] Hinc inditum arci Parisiensi nomen *Bastille*: [Roberto *Goulet, Bastilla*, in Compendio jurium et consuetud. Universitat. Paris. fol. 13: *Tunc Universitas ipsi corpori obviam ibit usque ad Crucem, quæ est quasi media inter dictam Ecclesiam S. Anthonii et castrum quod Bastilla nuncupatur.* Et Vincentio Cigaltio de Bello Italico: *Transeuntes ante Bastillam B. Antonii.*]

Bastire, Ædificare, proprie *bastias*, seu *bastitas* exstruere, Gallis, *Bastir.* Epitaph. Joann. Archiep. Viennens. ann. 1265. apud Joannem a Bosco in Vienna: *Qui castrum bastide Bastivit.* [Instrum. tomi 2. novæ Gall. Christ. col. 433: *Pro eo quod Bastidam de Grandi Castro in feudo ecclesiæ Agennensis construi fecerat et Bastiri.* Hist. Dalphin. tom. 1. pag. 130. col. 2: *Tempore quo Bastita de Ambroniaco Bastiebatur.*]

* **BASTICIUM**, Silva cædua, Gall. *Taillis*, cujus pars quotannis cæditur et prosternitur, a vet. Gall. *Bateys*, eadem acceptione, idem quod *Brolium.* Vide in hac voce. Charta Phil. Pulcri ann. 1301. ex Lib. rub. Cam. Comput. Paris. fol. 121. v°. col. 2: *Domino Castellionis concessimus in escambium et recompensationem chacia, quam habebat in foresta de Ria et in Basticiis de Villaribus.* Quæ Gallice sic leguntur in Ch. Galcherii de Castell. ejusd. ann. ibid. fol. 120. v°. col. 2: *Nous avons baillié à nostre seigneur le roy de susdit, pur eschange et en non d'eschange, toute la chace que nous avions..... ès bois, que nous avons en grarie en la forest de Rie et ès bois que nous avons ès Bateys de Vilers,.... sans ce que nous ne baillons, ne avons baillé nus des treffons, des grarycs, des Bateys,.... retenons les gardes desdites graryes, des Bateys et des usaiges.* Vide *Batcicium.*

* **BASTIDARE**, bastidens. Vide in *Bastia.*

* **BASTIGIA**, ut *Bastia*, ni fallor. Comment. Jac. Picinini lib. 5. apud Murator. tom. 20. Script. Ital. col. 112: *Conserunt manus; tandem Scipio vi fossas, et vallum ad Bastigias usque, et Leni vineas præterit.*

* 1. **BASTILDIA**, Eadem notione atque *Bastia.* Joan. Germ. Cabilon. episc. in vita Phil. Boni apud Ludewig. tom. 11. Reliq. MSS. pag. 25: *Nostri Bastildias erigunt; pro vice murorum ligna compagibus ligant; amplum vallum construunt.* Occurrit rursum ibid. pag. 77.

* 2. **BASTILDIA**, Cymba, navicula, Gall. *Bateau.* Idem Joan. Germ. ibid. pag. 27: *Nova sinistra audiuntur, quod de multis provinciis Francorum coierat ad Compendium exercitus, Bastildiis transvadunt, et nostris insultant.*

* **BASTILLUS**, Turris, propugnaculum, munitio, idem quod *Bastia.* Elmham. in vita Henr. V. reg. Angl. edit. Hearn. cap. 59. pag. 160: *Municiones quædam, quas Bastillos appellant, ante sua mœnia intentis curis eriguntur constructa.* Cum ejusmodi vero turribus et propugnaculis ad oppugnandas urbes uterentur, obsidionem *Bastille* dixerunt. Lit. remiss. ann. 1451. in Reg. 185. Chartoph. reg. ch. 184: *Paravant la Bastille ou siege mis ung an a, ou environ, devant la place de Chalés, occuppée par les Anglois,.... ledit siege ou Bastille, etc.* Unde *Bastiller*, pro Obsidere, oppugnare, apud Joan. Juvenal. de Ursinis ad ann. 1409: *Le duc Philippes de Bourgogne, et depuis le duc Jean aussi, avoient fait faire plusieurs grands engiens de bois pour Bastiller Calais.*

1. **BASTIMENTUM**, ex Gallico *Bastiment.* Tabularium Brivatense ch. 409: *Ut mittam Bastimentum ipsius mansionis centum sol.* [Chartular. Aurel. fol. 48. verso: *Luco dedit Deo et S. Johanni de Aurel. pro anima sua terram illam in qua Bastimentum est quod ædificavit Geraldus.* Charta ann. 1216. ex Archivis Massil.: *Concedimus vobis quasdam domos optimas apud Bellicadrum cum omnibus ædificiis et Bastimentis.* Alia ann. 1223. ex Tabul S. Victoris Massil.: *Nec fieri permittat aliquam munitionem vel Bastimentum in insula S. Genesii.*] Occurrit præterea in Charta ann. 1181. apud Catellum in Comitib. Tolosan. pag. 215. [Apud Marten. tom. 1. Anecdot. col. 1411. et in Maceriis insulæ Barbaræ tom. 1. pag. 136. ex Charta ann. 1224. et tom. 2. pag. 528. in Charta ann. 1215.]

* 2. **BASTIMENTUM**, Eadem notione qua *Bastia*, Castrum, propugnaculum. Sentent. arbitr. inter Bereng. comit Prov. et civit. Massil. ann. 1225. ex schedis. Pr. de Mazaugues: *Aliquam munitionem vel Bastimentum, etc.*

* Dare ad medium Bastimentum dicitur, cum locus ædificationi aptus ad medietatem impensarum et redituum conceditur. Privil. novæ Bastidæ de Trya ann. 1325. ex Reg. 64. Chartoph. reg. ch. 54: *Quod si aliquæ plaviæ concederentur ad medium Bastimentum,.... quod inde vendæ... non solvantur.*

¶ **BASTINUM**, Servitutis genus, fl cum quis equos *bastis* seu sellis instructos præbere domino tenetur. Charta S. Ludovici ann. 1267. inter Privilegia Ord. S. Johannis Jeros. pag. 32: *Sint liberi et quieti, de exercitu et equitatu... de Bastinis equorum, et de omnibus venutionibus, etc.*

* **BASTIONARIUS**, Apparitor, virgarius, *Bedellus.* Stat. eccl. colleg. S. Dion. Leod. ann. 1330. tom. 2. Monum. sacr. antiq. pag. 446: *Item novi canonici solvent.... tres solidos Bastionario in grossis antiquis vel æquivalentibus eorum; Chorales, matricularius, Bastionarius, organista, etc.* in Ch. ann. 1462. apud Cornel. *Van Gestel* tom. 2. Hist. archiepisc. Mechlin. pag. 312. Ubi *Bastonarius* editum in Suppl. ad Miræum pag. 624. col. 1. quomodo etiam legitur in Charta ann. 1401. inter Instr. tom. 12. Gall. Christ. col. 194. Vide *Bastonerius* et *Bastenerius.*

* **BASTIONUS**, Propugnaculum, Ital. *Bastione*, nostris *Bastion.* Annal. Placent. ad ann. 1447. apud Murator. tom. 20. Script. Ital. col. 893: *Riccius centurio prædictus clam venit ad portam Fadistæ, et ibi quamplures combusit casas, et Bastionum non completum destruxit.* Et col. 895: *Campana centurio noster.... vallum sive Bastionum, super ripa fovearum per inimicos factum igni supposuit.*

* **BASTIRE**, Ædificare, a Gall. *Bâtir*, Vide in *Bastia.*

* **BASTITA**, ut *Bastia.* Vide in hac voce.

¶ **BASTITORIUM**, Molendinum in quo quernei cortices conteruntur, etc. Hist. Dalphin. tom. 1. pag. 98. col. 2. in Charta ann. 1309: *Item cortex sive ruchia cum qua coria aptantur, quæ portantur per aquam, quatuor denarios, et est unum jornale quantum unum Bastitorium potest terere per diem.* Vide *Batatorium.*

* Charta Dalph. ann. 1256: *Molendinum et Bastitorium, quod tenet Jacobus Beroux, etc.* Occurrit præterea passim in Reg. sign. *Probus.* Vide infra *Batistorium.* At vero vox *Bastoer* vel *Bastouoir*, pro Officina, ubi aliquid tunditur, in Lit. remiss. ann. 1459. ex Reg. 190. Chartoph. reg. ch. 7: *Icellui Boyn getta de son heritaige, joignant du Bastouoir de la poterie du suppliant, environ trois ou quatre palées de boue ou fanje; et quant le suppliant viint en sondit Bastouoir..... en voulant besongner de son mestier, etc. Bastoer*, ibidem.

* **BASTITUM**, Eadem significatione atque *Bastitorium.* Charta ann. 1352. in Reg. 82. Chartoph. reg. ch. 424: *Item hæredes Andreæ Chaucelli pro (censu) Bastitorum et gouchetorum de Ornone, xij. gallinas.*

* **BASTIUS**, Monetæ Alemannicæ species, f. pro *Batzius.* Cencius de Censibus eccl. Rom. Venet. edit. ann. 1631. Decis.

304. pag. 244 : *Sententias, quæ declararunt abbatem et conventum Erbacensem non teneri nisi ad annuam pensionem solvendam per 40. florenos, 15. Bastiorum.* Vide *Baciones, Bacius*, et *Batzius*.

* **BASTO**, Baculus, fustis, Gall. *Bâton*. Vox generica, qua quodvis armorum genus significatur. *Embastonnement*, eodem sensu in Lit. remiss. ann. 1310. ex Reg. 164. Chartoph. reg. ch. 241 : *Iceulx compaignons garniz de gros leviers de charretes, de grosses reboules et autres Embastonnemens.* Charta ann. 1070. in Append. ad Marcam Hispan. col. 1159 : *Qui nunquam fecisset bataliam juratam cum scuto et Bastone, se non fecisse ipsum malum. Cum quodam Bastone seu Baculo ligneo*, in Mirac. S. Rosæ tom. 2. Sept. pag. 450. col. 1. *Bastoncel*, Virgula, in Chron. S. Dion. lib. 3. cap. 19. Lit. remiss. ann. 1440. in Reg. 176. ch. 3 : *Lesquelz prindrent chacun un Bastoné de guerre.* Hinc nostris *Abastonné*, *Bastonné* et *Embastonné* dicitur is, qui ejusmodi *bastone* est instructus et armatus. Lit. remiss. ann. 1383. in Reg. 122. ch. 369 : *Les amis dudit Gobert et les complices, jusques au nombre de cent ou environ, armez et Abastonnez vindrent.* Aliæ ann. 1397. in Reg. 152. ch. 190 : *Ledit bastart vint à eulx armé et Abastonné d'armes invasibles.* Aliæ ejusd. ann. ibid. ch. 270 : *Jehan Moulin alait parmi laditte feste un grant baston à son col, appellé espieu à tuer sangliers, auquel ledit exposant dist.... que ce n'estoit pas la coustume d'aler parmi une feste et esbatement ainsi Bastonné.* Rursum aliæ ejusd. ann. ex Reg. 153. ch. 206 : *Lesquelz estoient Bastonnez d'espiez, demilances et autres bastons.* Chart. denique ann. 1465. ex Chartul. S. Petri Carnot. : *Lesquelz Embastonnez d'espées, et autres armes invasibles et défendues, etc.* Unde *Desbastonné*, Exarmatus, armis nudatus. Lit. remiss. ann. 1409. in Reg. 163. ch. 337 : *Icellui varlet regarda que ledit prieur estoit Desbastonné d'une espée qu'il avoit,.. et vint frapper ledit Prieur sur la teste.* Aliæ ann. 1449. ex Reg. 176. ch. 706 : *Icellui Huart fut Desbastonnez de son baston plonmé.* *Bastonner* præterea usurparunt, pro Baculis ludendo pugnare. Lit. remiss. ann. 1449. in Reg. 180. ch. 50 : *Alons jouer ensemble et Bastonner l'un contre l'autre.* Qua ratione vero hæc ludicra pugna peragebatur, docent nos aliæ Lit. ann. 1424. ex Reg. 173. ch. 35 : *Un jeu, que on nomme le jeu du baston ; c'est assavoir l'un à tapper ou frapper, et rompre le baston de son compaignon.* Vide *Bastonus* [** et Raynouardi Glossar. Roman. voce *Baston*, vol. 1. pag. 194.]

* **BASTONAGIUM**. Reg. 24. seu Terrear. castell. *d'Ibois* ex Chartoph. reg. fol. 25 v°. : *Item unam cappam et dimidiam frumenti cum Bastonagio, pro quodam prato.* An de mensura, quæ *bastone* seu baculo æquatur? an de servitio, quod equo vel mulo clitellis instructo redditur ?

* **BASTONAGO**, Piscis genus. Vide infra *Pastinaca*.

* **BASTONARIUS**. Vide supra *Bastionarius*.

* **BASTONATA**, Vox Italica, Gall. *Bastonnade*, Fustuarium. Theoder. de Niem lib. 3. de Schism. cap. 49 : *Sed cum unus eorum renovaret Bastonatas seu ictus super eum, sensit quamdam reparationem, etc.*

BASTONERIUS, Ῥαβδοφόρος, Apparitor, *bedellus*; Italis *Bastoniere*, virgifer. Petrus I. Rex Aragonum in Charta MS. confirmationis Libertatum et Consuetudinum Catalaniæ : *Ordinamus quod Vicarii, Procuratores, aut Officiales quicumque, Sagiones, aut Bastonerii nostri, non intrent amodo civitates, etc.* Vide *Basteneirus* et *Bastionarius*.

* Pactum inter Phil. Pulcr. eccl. Lugd. ann. 1307. inter Instr. Hist. ejusd. urbis pag. 42. col. 1 : *Infra civitatem, terram et baroniam ecclesiæ Lugdunensis nullos tenebimus Bastonerios, servientes vel officiales quoscumque, qui pignorare seu sergentare valeant. Bastonnier* vero, qui et regis nomine decoratur, nostris dicitur ille, qui baculum alicujus confratriæ curat et illum in processionibus defert. Lit. remiss. ann. 1378. in Reg. 112. Chartoph. reg. ch. 266 : *Le jour de S. Eloy, ledit Jehan Prieur, qui estoit roy ou Bastonnier de la feste, etc.*

BASTONICUM, Arctissima custodia. Capitulare Engilenheimense [** ann. 826.] cap. 1. Capitula Caroli Mag. lib. 6. cap. 96. [** 97.] et Caroli Calvi tit. 20. 27. 29. [** Synod. Caris. ann. 857. Pertz. pag. 454. vol. 1. Leg. Post redit. a Confluent. ann. 860. ibid. pag. 475. Edict. Pistense ann 862. cap. 4. ibid. pag. 481.] : *A Comite adducatur, ut in Bastonicum retrusus, usquedum nobis placuerit, pœnas luat.* Regino lib. 2. de Ecclesiast. disciplinis cap. 274. citans hoc caput, habet *bastiniaco*. A Gallico *Baston* dictum putat Spelmannus, forte quod custodes carcerum baculis insignes essent, cum ad muneris indicium, tum ad coercendos incarceratos. Sic ministri Fletæ, antiqui apud Anglos carceris, pictis hodie dignoscentur baculis, a quibus et ipsimet *Bastones* nuncupati sunt. [** Vide Haltausii Glossar. German. col. 1746. voce *Stock*.]

* Aut de *Bastonia*, vulgo *Bastoigne*, sita in saltu Arduennæ hic agi; aut, quod arctissima hac ætate esset custodia, quosvis carceres ab ea sic nuncupatos fuisse facile crediderim. Gesta episc. Autiss. tom. 5 Collect. Histor. Franc. pag. 434 : *Qua de causa evocatus* (Hainmarus) *ab eodem rege apud Bastoniam villam, quæ est sita in saltu Arduennæ, custodiæ carcerali est mancipatus.*

¶ **BASTONUS**, Baculus, fustis, Gall. *Bâton*. Chron. Parmense ad ann. 1242. apud Murator. tom. 9. col. 768 : *Dominus Bentolus tabernerius fecit percuti cum Bastonis D. Senatiam de Henzola in strata publica.*

* **BASTORIA**, Baculi genus, clava, Gall. *Massue*. Lit. remiss. ann. 1411. in Reg. 165. Chartoph. reg. ch. 211 : *Cum magno baculo grosso in capite et longo, vulgaliter dicto Bastoria.* Neque aliud forte sonat *Batraie*, in Testam. Caroli comit. Vales. ann. 1320 : *Item je laisse à Philippe mon aisné fils..... toutes mes armeures de guerre, de tournoy et de jouste, et tous mes coutiaus, toutes mes espées, et toute maniere de hernois à armer, fers de lance, Batraies, hyaumes et chapiaus a visiere. Bistorie* vero, cultelli genus seu pugio in Lit. remiss. ann. 1468. ex Reg. 194. ch. 335 : *Guillaume Ression garni d'un voulge de guerre et d'un Bistorie ou panart.* Aliæ ann. 1469. in Reg. 197. ch. 83 : *Une Bistorie ou grant cousteau. Ung coustel poignant, nommé Bistorit*, in aliis Lit. ann. 1464. ex Reg. 199. ch. 599.

¶ 1. **BASTUM**, Clitellæ, Sagma, Gall. *Bast*. Vetus Lexicon a Salmasio laudatum : *Sagma, sella, quam vulgus Bastum vocat, super quo componuntur sarcinæ : clitellas alii vocant.* Vocem effictam putat idem Salmasius ex ἀνάβαζος, fustis aut pertica qua onera portabantur. Charta ann. 1294. ex Archivis S. Victoris Massil. : *Quædam sauma vendita cum Basto suo et ornamentis.* Hist. Dalphin. tom. 1. pag. 78 : *Cum asino suo, Basto et barralibus.* Pag. 82. col. 2. *Animalia tenentes ad Bastum.* Ibidem pag. 217. col. 1 : *Ab animali vero vacuo et non onerato cum Basto seu clitella, duos denarios.* Et pag. 90. in Charta Gallice scripta ann. 1445 : *Tant sur bestes à Bast, que avec chevaulx menans ledit sel sur char et charettes, etc.* Vide *Basta*.

¶ Bastura, Eadem notione. Vide in *Basta*.

¶ Bastus, Eadem significatione. Hist. Dalphin. tom. 2. pag. 176. col. 2 : *Lectos et alia, coffros, Bastos et malas, etc.*

¶ 2. **BASTUM**, pro *Vastum*, Depopulatio, vastatio, Gall. *Degat.* Charta Henrici II. Regis Angliæ et Normanniæ Ducis circiter ann. 1155. apud D. *Brussel* de Usu feud. tom. 2. pag. 11 : *Et si nos dederimus alicui custodiam alicujus terræ, et ille inde destructionem fecerit, vel Bastum, amittat custodiam.* ibidem non semel occurrit. Vide *Vastum*.

** 3. **BASTUM**, Liber. Chart. Margar. Comit. Flandr. ann. 1252. ap. Lappenb. in Docum. Init. Hanseat. pag. 63 : *Centenum cordarum de Basto 4. den.* Germ. *Bast*.

¶ **BASTUS**, Sufficiens. Vide in *Bastare* 2.

¶ **BASUM**, *Porrum*. Glossar. Isid. in *Porrum* : ubi Grævius recte monet legendum esse, *Porrum*, *Prasum*, πράσον. Vide *Batum*.

¶ **BASURARE**, f. mendum pro *Sabarrare*, Arrabone uxorem sibi despondere, in Spicil. Acher. tom. 7. pag. 248 : *Ipsa domina Catharina permittendo se sponte matrimonialis consensus et veri matrimonii Basurrari.*

BATA. Vide *Batus*.

* **BATA**. Lit. remiss. ann. 1342. in Reg. 74. Chartoph. reg. ch. 497 : *Cum dudum Ysarnis de Monte-alto fuisset accusatus de et super omicidio perpetrato in personam Guillelmi Raymondi, Bata et receptatione inimicorum dicti domini nostri regis, etc.* Quod de rerum necessariarum suppeditatione, vel nocentium occultatione intelligi posse videtur. Hispanis *Bata*, vestis cubicularia.

* **BATAFALUYA**, Hispanis *Batafalua* vel *Batafaluga*, Anisum, vox Arabicæ originis. Arest. ann. 1330. 28. April. in Reg. *Olim* parlam. Paris. : *Unam tunicam pictam, plenam diversis mercibus et jocalibus,... unum poutem de Batafaluya, alias vocatum Anys.*

* **BATAGLIOLA**, diminut. ab Ital. *Battaglia*, Pugna, prælium. Stat. Taurin. ann. 1360. cap. 228. ex Cod. reg. 4622. A. : *De non faciendo Batagliolam per pueros. Item quod Batagliolæ puerorum per pueros, in ci-*

vitate Taurini, vel extra civitatem, de cetero non fiant. Bataglola, in Stat. Avellæ cap. 154. Vide infra *Battaliola.*

* **BATAGLORIA,** Eadem, ut arbitror, notione et origine, *hastiludium, torneamentum.* Stat. Montis-reg. pag. 199 : *Item statutum est, quod aliqua persona non audeat vel præsumat ire ad aliquam Bataglorium, seu paglorios in toto fine et posse civitatis Montis-regalis, etc.*

¶ **BATAIA.** Vide *Duellum.*

BATAILLIÆ, Munimenta urbium aut castrorum, ad quæ *Batalliæ* seu prælia fieri solent, cum portarum repagula perrumpere hostes conantur; vulgo *Bailles.* Charta Hugonis D. Burgund. ann. 1184. apud Perard. et in Regesto Feodor. Burgund. 1. part. fol. 93 : *Muro quoque permisi idem castrum claudi, cujus altitudo a ripa interiori sit unius lanceæ, absque Bataillis, et muro antepectorali, ita quod non liceat ulterius extendi.* Chron. Flandr. cap. 43 : *Et ouïrent que les Flamens avoient Batallé une Eglise.* Et cap. 36 : *En leur chemin trouverent une Eglise, qui estoit bien Bataillée, ou les ennemis s'estoient traits.*

¶ **BATAILLIATUS,** Munitus. Ludewig. Reliq. MSS. tom. 7. pag. 230. ex codice Legum Norman. cap. 32 : *Habere debet etiam omnium eorum custodias qui Baronias, Comitatus, vel mercatum, vel serjanteriam liberam feodatam, que nullam inter fratres divisionem debent sustinere, vel domum vel turrem Bataillatam de Duce tenent per homagium.*

* Ubi Memor. H. Cam. Comput. Paris. fol. 80. v° habet : *Turrim batallatam.* Hinc origo nominis Grangiæ, quæ Parisiis *Batelliere* perperam vulgo dicitur, pro *Bataillée,* uti legitur in Lit. ann. 1377. ex Reg. 112. Chartoph. reg. ch. 211. nisi forte accersenda sit ab hastiludiis seu præliis ludicris, quæ prope locum hunc exercebantur : unde *Granchia præliata* vocatur, in Inventar. ann. circ. 1450. ut monet D. *Le Beuf* tom. 1. part. 1. Hist. urbis et diœc. Paris. pag. 119.

¶ **BATALA.** Vide *Batalia* 1.

BATALARE Arma, *Arma tractare,* Senecæ; *Arma movere,* Manilio, et in veteri Epigrammate; *Manier les armes.* Lex Bajuvar. tit. 2. cap. 10 : *Dum potest... equum viriliter ascendere, arma sua velociter Batalare.* Tit. 3. cap 1. § 14 : *Mancus digitus impedimentum est ad arma Batalare.* Galli *Batailler,* Itali *Batagliare* dicunt, armis congredi, arma viriliter stringere, vibrare. Vide Salmasium ad Spartianum pag. 58.

BATALARIA. Vetus Interpres Juvenalis in Satyra 7. vers. 134 : *Stlataria purpura : Illecebrosa. Ennius :*

Et melior navis, quam quæ stlataria portat;

Id est, multisonalis, quæ vulgo dicitur Batalaria. Est igitur *Batalaria,* navis, quæ remis suis mare tundit, etiam cum sonitu; sed an inde formata vox *Batel,* pro navicula, non ausim affirmare.

¶ 1. **BATALEA,** Idem quod mox *Batalia.* Regimina Paduæ ad ann. 1315. apud Murator. 8. col. 429 : *Et die Veneris tertio exeunte Augusto, fuit Batalea facta et ordinata inter dominum... Principem fratrem Regis Roberti ex una parte, et dominum Uguzonem de la Fraxola ex alia parte... Et dictus D. Princeps cum suo exercitu succubuit et fuit sconfittus.*

* 2. **BATALEA,** Munimentum, repagulum. Annal. Estenses ad ann. 1309. apud Murator. tom. 18. Script. Ital. col. 936 : *Fortuito accenso igne in ædificiis ligneis, intra infimum turris Asinellorum Bononiæ, omnia solaria, Batalneamque ad summum, et reliqua ædificia lignea combussit.* Vide *Batailliæ.*

1. **BATALIA,** Pugna, prælium; Italis, *Bataglia,* Gall. *Bataille.* Senator. lib. de Orthograph. cap. 5 : *Bat, in uno tantum repperi generis neutri, pluraliter enuntiato, id est, Battualia, quæ vulgo Batalia dicuntur, quæ B. mutam habere cognovimus. Exercitationes autem militum vel gladiatorum significant.* Additio 1. ad legem Burgund. tit. 5. § 2 : *Si ad Batalias mulier foras curte sua exierit, et vulnera acceperit, etc.* Helmoldus lib. 1. Chronic. Slavor. cap. 93 : *Juniores de exercitu, quos præliandi stulta cupido incitabat hostem provocare, et suscitare Batalias.* Vide Foros Aragon. lib. 4. tit. de Probationib.

¶ Battalia, Eadem notione. Oberti Cancellarii Annal. Genuens. lib. 2. apud Murator. tom. 6. col. 304 : *Clamavit voce Pisana : Filii de male putte, vos fugitis Battaliam.* [** Regum Catal. e cod. Cavensi ap. Pertz. vol. Scriptor. 3. pag. 216 : *Otto fecit Battalia cum Agarenis in Apulea.*]

Batalia, Batala, Duellum, judicium duelli, Gallis *Bataille.* Charta Ludovici Comitis Sacricæsaris ann. 1219. ex Tabul. S. Satyri : *Et permitto Batalias omnes quas Grammatici duella vocant. etc.* Libertates Regni Majoric. correctæ per Jacobum Reg. Aragon. ann. 1248 : *Pro aliquo crimine, vel delicto, vel demanda, non facietis nobiscum vel cum Bajulo aut Curia civitatis, nec inter vos ipsos Batalam per ferrum calidum, per hominem, nec per aquam, vel aliam ullam rem.* Tabularium Levitanum apud Marcam lib. 9. Historiæ Beneharn. cap. 2 : *Si qua pecunia pro placitis aut Batallis de prædicto Monasterio nobis evenerit.* Charta Roberti Abbatis de *Burton,* tom. 2. Monast. Angl. pag. 870 : *Ad Abbatem venire debent causa judicandi latronem, si sit captus, vel causa judicandi Bataille.* Vide *Battere.*

¶ Batallia, Eadem notione. Locus est in *Bausia.* Vide *Bathalia.*

¶ Batallum, Eadem significatione. Annal. Benedict. tom. 3. pag. 478. Raimundus Comes *Eidem Monasterio tribuit... quidquid pecuniæ pro Batallis, id est, duellis, sibi aut vicario suo contingeret.*

¶ 2. **BATALIA,** Superius navis tabulatum. Acta SS. Junii pag. 465. A. de S. Raynerio : *Sicque fluctus mittebatur de super in agyalim, ut usque ad genua marinus fluctus esset in solario, quod Batalia dicitur.* [** An *Battayolle?* Vide Jal. Antiq. Naval. vol. 1. pag. 297.]

* **BATALIARE,** Oppugnare, Gall. *Attaquer, donner un assaut.* Tract. MS. de Re milit. et mach. bellicis cap. 42 : *Notandum est sicut oppidum est focatum et ejus intus domus ardens, statim oportet ipsum oppidum Bataliari, quia totum oppidum est sub armis, et non possunt oppidanei stringere ignem et defendere oppidorum mœnia.* Italis *Battagliare,* Hisp. *Batallar,* nostris *Bateiller* et *Batiller,* Præliari, pugnare. Reg. sign. *Noster* Cam. Comput. Paris fol. 290. v°. : *Item ce meisme à ceus qui, selonc la qualité et faculté de leurs biens, y envoieront* (à la Terre sainte) *convenables pour combattre et Bateiller contre les ennemis.* Lit. remiss. ann. 1364. in Reg. 94. Chartoph. reg. ch. 55 : *Le suppliant..... et ledit bastard se entreassamblerent et Batillerent ensamble, telement que ledit bastard demoura mort en la place.* Aliæ ann. 1475. in Reg. 195. ch. 1530 : *Lesquelz compaignons se prindrent à Batiller et eulz combatre,... et comme ilz Batilloient et combatoient, etc.*

* **BATALLA,** Prælium, vel duellum. Charta ann. 1059. inter Probat. tom. 2. Hist. Occit. col. 231 : *De ipsos castellos, quæ tollere me voluisses, aut tollisses aut recreditum per Batalla.* Vide *Batalia* 1.

* **BATALLATUS.** Vide supra *Bataillatus.*

* **BATALLERIUS,** *Batalliarum* seu munitionum extructor. Sentent. vicecom. Carcass. ann. 1080 : *Bernardus de Aviciano.... debet mittere in batallia mille quingentas solidatas ad pretium vicecomitis, et centum quinquaginta solidos de dampno de Batallerio; et Batallerii debent esse discumbatud, de qua terra ipsi velint.* Vide *Batailliæ.*

* 1. **BATALLIA,** Munimentum. Vide supra *Batallerius.*

* 2. **BATALLIA,** Judicium et emolumentum duelli. Charta ann. 1050. inter Probat. tom. 2. Hist. Occit. col. 216 : *Ego Raymundus suprascriptus dono ad Petro suprascripto ista omnia suprascripta pro fevo in vita sua, excepto ipsas Batallias juratas, quem Raymundus retinet ipsum medietatem quem comes habere debet.* Vide in *Batalia* 1. *Grosse bataille,* Acies, vulgo *Corps de bataille,* in vita Phil. Boni apud Ludewig. tom. 11. Reliq. MSS. pag. 117 : *Collectam nostrorum aciem in tres partes condividit princeps, primam expeditionem, quam grosse Bataille appellant vic. lanceis communit.... Ad antegardiam, quam primorem nominant cohortem, etc. Bataille nommée,* in Ch. ann. 1371. tom. 5. Ordinat. reg. Franc. pag. 713. Expeditio bellica *nominata* et *indicta,* ut videre est in *Bellum* et *Hostis* col. 1221. *Faire bataille,* Gall. *Faire du bruit, se plaindre de quelque chose,* Queri, expostulare. Vita J. C. MS. :

Chel jour li fali sa vitaille;
Mais n'en fist mie grant Bataille.

Nostris *Batailleur,* Ital. *Battagliere,* Hispan. *Batallador,* Bellator, pugnax, rixator. Glossar. Gall. Lat. ex Cod. reg. 7684 : *Batailleur, bellax, bellator.* Quo nomine appellatus Alfonsus I. rex Aragon. teste Helyoto tom. 8. pag. 273. Lit. remiss. ann. 1395. in Reg. 147. Chartoph. reg. ch. 298 : *Ledit de Poittiers, qui estoit un homme riotteux, Batailleux et hayneux de pluseurs.* Gesta Britonum in Italia apud Marten. tom. 3. Anecd. col. 1459 :

Et après fit des armes tant,
De ce checun en est garant,
Qu'onques Rollant ne Olivier
Ne furent plus fiers Bataillier.

Bateillous et *Bateillerous,* Bellicosi, in Chron. S. Dion. lib. 1. cap. 2. et lib. 3. cap. 2. Reg. sign. *Noster* Cam. Comput. Paris. fol. 291. r°. : *Item le pape a voulu et ottroi.*

que ceus soient participans à ladite indulgence, qui envoieront en aide de la Terre sainte aucun ou aucuns convenables Batilleurs. Glossar. Provinc. Lat. ex Cod. reg. 7657 : *Batador, Prov. verbero, alium verberans. Batement,* Rixa, pugna, vulgo *Batterie, querelle,* in Lit. remiss. ann. 1409. ex Reg. 163. ch. 452 : *Ouquel contempt ou Batement survindrent la femme dudit exposant, etc.*

BATALLUM, Batallium, Tudicula, ropalum cymbali, campanæ, ex Gall. *Batail, Batant;* Italis *Bataglio*, vel *Batacchio :* sic dictum quod æs verberet. Chronicon Valciodorense : *Absconditis omnium campanarum Batallis.* Vetus Charta apud Guesnaium in Annalib. Massiliensib. ann. 1266. n. 41 : *Batallia campanarum etiam ab aliquibus Ecclesiis auferebat.* [Statuta Synodi Biterrens. ann. 1369 apud Marten. tom. 5. Anecdot. col. 660 : *Item, simili modo ordinatur, quod de cetero in aurora diei pulsetur tribus ictibus cum Batallo majoris campanæ, etc.*]

¶ **BATANDERIUM.** Vide *Batatorium.*

¶ **BATANDUS,** Officina vel Molendinum, ubi cortices tunduntur, et in pulverem rediguntur. Charta ann. 1171. inter Instr. tom. 4. novæ Gall. Christ. col. 21 : *Eo quoque tenore et sub ea conditione concessa est Fratribus Cisterciensibus ipsa possessio ut... neque molendinum, vel fullonium, vel etiam furnum, vel Batandos ad corticem pulverisandum ibi construant.* Vide *Batatorium.*

* **BATANNUM**, Molendinum, ubi panni tunduntur, idem quod *Batatorium*, Hispanis et nostris *Batan.* Pariag. inter reg. et abbat. Scalæ Dei Tarn. diœc. ann. 1328. in Reg. 65. 2. Chartoph. reg. ch. 234 : *Viridarias, vineas, prata, Batanna, et alia molendina jam facta..... Molendina insuper et Batanna in dicto pariagio noviter facienda, cum comunredditibus,..... domino nostro regi et nobis abbati prædicto.... pertinebunt.* Charta Joan. ducis Bitur. ann. 1385. in Reg. 130. ch. 172 : *Molendinum bladi roderium et etiam Batannum pannorum sive batemis inibi construi potest; illudque molendinum et Batannum, ... videlicet molendinum cum duabus rotis, et duabus molis, et Batannum pannorum cum una rota.* Chartul. eccl. Lingon. ann. 1263. fol. 205. v°. : *Pro refectione domorum, molendinorum, et des Batanz dictæ villæ de Ormanceio, pro portione ipsos Regnerum et Johannem in prædictis molendinis et Batanz, et domibus contingente.*

* **BATARE**, a Gall. *Battre*, Percutere, verberare. Instr. ann. 1270. inter Probat. Hist. Lugdun. pag. 12. col. 2 : *Guillelmus, dictus Correarius, civis Lugduni dictum Stephanum d'Aigueneus clericum impegit, Batavit violenter, et verberavit pro libito voluntatis.* Vide *Battere.* Ejusdem originis est vox Gallica *Batant*, qua pars capitis, ubi pulsat arteria, vulgo *Temple*, designatur. Lit. remiss. ann. 1454. in Reg. 191. Chartoph. reg. ch. 73 : *Le suppliant d'icelle coignié frappa son oncle par le front ou Batant de la teste.* Aliud vero sonat *Batant*, in Continuat. Guil. Tyrii apud Marten. tom. 5. Ampl. Collect. col. 600. : *Lors envoyerent un message Batant au roy.* Et in Chron. Sandion. tom. 8. Collect. Histor. Franc. pag. 343 : *En son retor encontra li rois un message, qui à lui venoit Batant.* Hoc est, Celeriter, expedite, vulgo *En diligence, tout courant.*

¶ **BATARIUM**, Idem quod mox *Batatorium.* Bulla Alexandri Papæ e Chartulario Monasterii S. Quintini in Insula pag. 106 : *Molendinum de Bekerel cum vivario et aqua tota supra et infra, excepto bero Comitis a Roveroit usque Rovecourt, et Batariis super eandem aquam existentibus.*

* **BATARUM**, *Arabice, Eminentia quædam carnea in vulva quarumdam mulierum, quæ aliquando in tantum magnificatur, ut sit velut virga virorum : landicam Musico vocat.* Glossar. medic. Simonis Januens. ex Cod. reg. 6959. Vide infra *Landica.*

* **BATATOR**, a Gall. *Batteur*, Qui frumentum flagello excutit. Charta Fulcon. abbat. Corb. ann. 1199. in magn. Chartul. nig. Corb. fol. 199. r°. : *Batatores in horreo nostro ponere, cariagium bladi nostri, quotienscumque Ariæ vel alibi voluerimus ipsum ducere.* Lib. privil. eccl. Carnot. ch. 257 : *Ponendo in granchia duos Batatores, etc.* Vide infra *Batitor.*

* Hinc fortasse *Vate*, pro *Bate*, Baculus flagelli excussorius, in Lit. remiss. ann. 1471. ex Reg. 195. Chartoph. reg. ch. 592 : *Janinet frappa dudit fleau sur icellui Robin deux ou troys cops, en quoy faisant la Vate dudit fleau rompit.*

BATATORIUM, Baptitorium, Batanderium, Baptalerium; voces unius ejusdem originis et notionis, Battuarium, *Batan de Pannos*, Hispanis, ubi panni tunduntur, *Moulin à draps*, nostris. Charta Hugonis Comitis Trecensis ann. 1101. apud Chiffletium in S. Bernardi genere asserto : *Et quod in finagio prædicti castri nullus unquam molendina, Batatoria, vel alia usitaria faciat.*

Baptitorium. Libertates Jasseronis oppidi in Bressia apud Guichenonum : *Furnos, torcularia, molendina, Baptitoria, et fullonos in dicta villa nobis retinemus.*

Batitorium, Battitorium, in Charta Amedei Comitis Sabaudiæ ann. 1360. apud Guichenonum in Episcopis Bellicens. pag. 57. [et in Histor. Dalphin. tom. 1. pag. 94. et 195.]

Battorium. Tabularium Ecclesiæ Gratianopolitanæ sub Hugone Episcopo fol. 50 : *In quibus aquis accipio de placitamento in unumquodque molendinum, quando ædificatur, 5. sol. et in Battorium similiter, quando ædificatur.*

Batentorium, Batenterium. Tabularium Ecclesiæ Viennensis fol. 72 : *Concedunt et guerpiunt sine omni retinimento Ecclesiæ S. Mauritii quicquid juris habebant in Batentoriis de Exauraur, et in appendiciis circumjacentibus, scilicet aquis, clausuris, et terris.* Tabularium Prioratus de Domina Ord. Cluniac. in Delphinatu : *Et pratum juxta Isaram, et in Dominam fluvium molendinum et Batenterium, etc.* Fol. 9 : *De campo Baptenterii.* Fol. 15 : *Bantenterium.* Fol. 45 : *Dedit Petro Raschat unum Batenterium in tali convenientia, ut annuatim redderet supradictis Monachis 6. sestarios salis, et per vindemias unum asinum per totum diem : et si noluerint suum cannavum batere, faciat sine mercede.* [Hic locus paulo aliter refertur infra in *Batentearium.*] Fol. 120 : *Petrus et socii ejus debent de Batenterio 5. sestarios de sale in festivitate S. Martini.* Fol. 122 : *Boso Walterius dedit nobis dimidium Batenterium, quem tenet Andreas Raynaldus, unde debet 1. agnum de 7. denar. in Pascha.* Ex quibus videtur hic *Batenterium* sumi pro loco in flumine ubi cannabis tunditur et maceratur. Vide *Aroagium.*

Bathedorium. Tabularium Monasterii S. Andreæ Viennensis : *Constituo ut de Obedientia de Modiaco... nihil de placitis, nihil de mansis mutandis, vel Ministris, nihil de offerendis altaris et decimis dandis, nihil de molendinis seu Bathedoriis, et thelonariis, et cæteris hujusmodi aliquis Obedientiarius in propriis usibus deinceps quicquam habere præsumat.*

Buttorium, Butitorium. Charta Edw. III. Reg. Angl. tom. 2. Monastici Anglic. pag. 832 : *Usque ad stagnum molendini ipsius Willelmi cum Buttorio, et agardino suo ubique usque ad divisas inter Berefod et Wasperton, cum spurte, et quolibet genere Butitorii in perpetuum.* Videtur legendum *buttorio* (Battoir) et *batitorii.*

Batanderium. Fundatio Abbatiæ Pinarolensis ann. 1064. in Probat. Histor. Sabaud : *Cum molendinis et Batanderiis.* Charta Galeacii Comitis Virtutum ann. 1386 : *Furnis, molendinis, paratoriis, Batanderiis.* Adde Ughellum tom. 4. pag. 1454. Charta Rogerii Siciliæ Comitis Græce exarata apud eumdem in Episcopis Melphensibus : Ἐτὶ ἐπιδίδομεν ἄδειαν ἔχειν... κατασῆσαι μύλους (leg. μύλους) καὶ Βαντιδέρια. ἵνα ἔχει τὸ νερὸν ἐλεύθερον εἰς τό τινος ὀχλήσεως ἄτελον. Vide *Batenderius, Batentearium.*

Baptalerium. Charta alia pro eadem Abbat. Pinarolensi ann. 1078 : *Cum areis, terris, ... paludibus, molendinis, Baptaleriis, fullatoriis, etc.*

¶ **BATAYA.** Vide *Duellum.*

BATEICIUM. Charta Galcherii Comitis S. Pauli ann. 1289. apud Duchesn. Hist. Castilion. pag. 36 : *Concessi etiam eidem Capellano et successoribus ejus usuarium suum in Bateicio de Brogny... quandiu manserint apud Brogny.* Forte *Pateicio*, pascuo; *Patis*, nostris.

* Idem quod supra *Basticium.* Vide in hac voce.

* **BATELAGIUM**, quod pro *batello* seu nave solvitur. Arest. ann. 1401. 14. Jan. in vol. 6. arestor. parlam. Paris. : *Quæ præfati mercatores in æstimationem quanti plurimi ac pro Batelagio, in xv. denariis.... condemnarentur.... Pro dicto batello seu nave in xv. denariis archiepiscopo tenetur.* Vide *Batillagium.*

¶ **BATELLA**, Cymba, Vide *Batus.*

¶ **BATELLARIUS**, Navicularius, nostris *Batelier.* Edictum Philippi Pulcri ann. 1309. tom. 2. Ordinat. Reg. Franc. pag. 159 : *Mercaturas quas dicti mercatores tradent et liberabunt per compotum Batellariis alleiaendo naves.* Rymer. tom. 5. pag. 693. col. 6 : *Item, quod sellarii, peletarii, alutarii, sutores, cissores, fabri, carpentarii, cementarii, tegularii, Batellarii et quicumque alii artifices, etc.* Eadem vox occurrit in Chartulario S. Vandregesili tom. 1. pag. 1032.

* 1. **BATELLUS**, *Batelli* ductor, naviclarius, Gall. *Batelier.* Charta Henr. reg.

Angl. et ducis Norman. in Reg. 62. Chartoph. reg. ch. 368 : *Si panis adducitur per aquam, Batellus habebit sex denarios in itinere.* Pro cymba vide in *Batus*, 2.

¶ 2. **BATELLUS**, Clava campanæ. Tabularium S. Bartholomæi Bethun. fol. XIII : *Item tenetur custos campanas pulsare et cordas campanarum de suo proprio emere : Batellos cum fiunt novi ad campanas nullo modo ministrare tenetur.*

* **BATEMIS.** Vide supra *Batannum*.

* **BATENDERIUS**, Locus, ubi cannabis tunditur et maceratur. Stat. Montis-reg. pag. 272 : *Item statutum est, quod omnes illi, qui habent Batenderios capiant de quolibet malleo, de quo erit una gombata canabi, solidos duos, et non plus.* Vide in *Batatorium*, et infra *Battanderius*.

¶ **BATENERIUS**, Gall. *Batonnier, Bedeau.* Apparitor, Virgifer. Statuta Capituli Tullensis ann. 1497. cap. 9. de Capitulis : *Et in ostio debet semper adesse Batenerius ordinatus ad chorum.* Vide *Bastenerius*.

¶ **BATENTEARIUM**, Officina terendæ cannabi. Chartular. S. Petri de Domina fol. 131 : *Dedit Petro unum Batentearium tali conventione ut... si voluerint suum cannabum batere, faciat sine mercede.* Vide *Batentorium* in *Batatorium*.

¶ **BATENTERIUM**, BATENTORIUM. Vide in *Batatorium*.

* **BATEOR**, vox Gallica ejusdem notionis atque *Batatorium*, Battuarium, ubi panni, vel quernei cortices, aliave id genus tunduntur. Charta Joan. Matisc. episc. ann. 1264. ex Chartul. Cluniac. : *Jocerandus de Baxeria domicellus..... accepit in feodum...., garennam, molendinum et les Bateors, broeillium et prata.* Vide supra *Bastitorium* et infra *Botoerum*.

BATERA, *Genus pateræ, a Batus dictæ.* Joan. de Janua.

¶ **BATERE**, pro *Batuere*, Gall. *Battre.* Tundere, verberare. Locus est in *Batentearium*. Leges Rotharis apud Murator. tom. 1. part. 2. pag. 45 : *Si duo parcarii inter se Batiderint, aut scandalum commiserint.* Vide *Battere*.

* Stat. Taurin. ann. 1360. cap. 327. ex Cod. reg. 4622. A. : *Quilibet verberans lanam, ... debeat præstare juramentum.... de non Batendo sive verberando aliquam lanam pravam seu insufficientem.*

¶ **BATERIA**, f. Ars tundendi pannos, terendi cortices et alia similia faciendi, quæ in *Batatoriis* peraguntur. Rymer. tom. 11. pag. 729. col. B : *In dicto oppido de Middelburg commorantes et habitantes sive mecanico officio Bateriæ vulgariter appellato insudent, sive aliis artibus vivendi et negotiationibus intendant quibuscumque.* Similia paulo post leguntur repetito *Bateriæ* vocabulo.

* Vox generica, ut videtur, qua vasa coquinaria ex cupro ferrove fabrefacta, quæ *Batterie de cuisine* dicimus, significatur. Unde emendanda proposita supra interpretatio. Charta Phil. Pulcri pro locatione præposit. Ambian. ann. 1292. in Reg. donorum Carol. Pulcr. et Phil. de Vales ex Cam. Comput. Par. fol. 149. r°. : *Omne jus nobis competens.... in theloneo bladi et aliorum granorum, ... Bateriæ, piscis, allectis, etc.* Doman. præposit. Paris. in Reg. ejusd. Cam. ex Cod. reg. 8406. fol. 181. r° : *De oleo, melle, ferro et Bateria, pro xlviij. lib.* Pedag. Divion. MSS. : *Li trousseaux de la Baterie paiera xj. deniers de paaige.* Poema cui titulus : *Le dit du Lendit* apud D. *Le Beuf*, tom. 3. Hist. urb. et diœc. Paris. pag. 269 :

M'en ving par la Feronnerie
Après trouvé la Batterie.

* **BATGIUM**, Idem videtur quod *Basticium*, Silva cædua, vel Ager dumis consitus. Inventar. ann. 1476. ex Tabul. Flamar. : *Item plus.... infinitas possessiones, tam cultas quam incultas, atque territoria et nemora in pluribus et diversis partibus,.... cum suis pascuis et Batgiorum, et aliis heremis.* Vide infra *Baugium* 2.

¶ **BATH**, Mensuræ species. Vide *Batus*, *Batta*.

¶ **BATHA.** Anglis *Bath*, Balneum. Locus est in *Trencatum*.

** **BATHALIA**, Idem ac *Batalia*, Pugna apud Helmold. in Histor. Slavor. lib. 1. cap. 92. ADEL.

¶ **BATHEDORIUM**, Vide *Batatorium*.

* **BATHEFREDUM**, Eadem notione qua *Belfredus*. Vide in hac voce. Gualvan. de la Flamma apud Murator. tom. 12. Script. Ital. 1001 : *Unde super ripam Ticinelli fecit construi stomdegardas magnas et Bathefreda xl. et plus.*

BATHINODIUM. Acta S. Forannani Abbatis Walciodorensis num. 21. et Chronicon Walciodorense MS : *Constituit præterea quatenus ex his duabus partibus et potestatibus quasi gens una et populus unus, sibi invicem familiæ hærerent, et sine exactione contraria, et Bathinodii quæstu, Florinensis homo ex Walciodorensi potestate mulierem sumens, legitime sicut sibi parem ducat : sicut versa vice similiter Walciodorensis de Florinensi potestate mulierem sumendo, faciet.* Ubi vir doctissimus Daniel Papebrochius existimat *Bathinodium* dictum esse quasi *Bednood*, id est, *lecti necessitas*, ita ut jus illud fuerit quod prædiorum domini in ascriptitios suos *primæ noctis* habent, de quo pluribus agimus in voce *Marcheta*. [** Schilterus in Glossar. voce *Batin*, per Bathinodium intelligit Precariam, exactionem necessariam, German. *Nothbeete*, *Betfrohne*. ADEL.]

BATHOICA, BATHOICA. Vide in *Bacca*.

¶ **BATHUS.** Vide *Batus*, *Batta*.

** **BATIA**, BAZIA, VATIA, in Chron. Casin. cap. 10. ap. Pertz. vol. Scriptor. 3. Vide *Bauca*.

* **BATIBULUM**, Pro Patibulum, in Lit. remiss. ann. 1354. ex Reg. reg. Chartoph. reg. ch. 225 : *Fulchæ sive Batibulum.* Occurrit præterea non semel ibid. in Lit. ann. 1353. ch. 239.

* **BATICIUM**, a vet. Gall. *Bateys*, Jurisdictio, districtus : an quod baculus seu virga jurisdictionis sit insigne? Charta pro monast. Fusniac. 12. sæc. : *Homines de Fontaines, quia ipsa terra eorum Baticium est, habent in ea pasturas et boscum ad omnes usus.* Alia ann. 1188. ex Chartul. S. Vincent. Laudun. ch. 228 : *Et sciendum est, quod Baticia de Erluns et de Dormicort, propria sunt S. Vincentii, nec in eis aliquid juris habeo.* Nisi *Baticium* hic idem sit quod supra *Basticium*. Lit. Guil. episc. Lingon. ann. 1348. tom. 3. Ordinat. reg. Franc. pag. 250 : *Ostons du tout perpetuellement de la garde, du ressort, du Bateys et de l'obéissance du siege de Gurgé, etc.* Hinc

* **BATICIUS**, VILLA BATICIA, *ville Bateice*, in Lit. ann. 1325. tom. 1. Ordinat. Franc. pag. 788. Quæ jure communiæ non politur, ut definit Belloman. MS. cap. 4. art. 35 : *Entendons nous pour villes Bateilleisses, hors de quemmune.* Et cap. 21. art. 18 : *Es villes ou il n'a pas commune, que on appele villes Batelieresches* ; atque adeo quæ suis legibus non regitur sed sub alterius dominio et potestate est, in quo *villæ legis* opponitur. Vide in *Villa*. Charta ann. 1240. in Suppl. ad Miræum pag. 404. col. 2 : *Si autem servi dictorum comitis et comitissæ... in dictis villis..... venerint ad manendum, præfati comes et comitissa..... taliter se habebunt de eisdem contra nostrum capitulum, qualiter se haberent in villis Baticiis nobilium de comitatu Haynoniensi. Et nostrum capitulum sic se haberet, et tantum dictis comiti et comitissæ faceret de eisdem, quantum ipsis facerent nobiles de Haynoniensi comitatu, si in villis suis Baticiis servi dictorum comitis et comitissæ venirent ad manendum.* Reg. sign. *Pater* Cam. Comput. Paris. fol. 154. r° : *En chascune villa Bateisse, hors citez, chastiaus et bours, là ou grosses marchandises courent communément, etc.*

1. **BATIFOLLUM**, Propugnaculi species, Italis *Batifolle*, nostris *Bastion*, seu ut quibusdam placet turris illa lignea, quam *Berfredum* vocabant. Albertinus Mussatus lib. 5. de Gestis Italicor. post Henricum VII. Rubr. 4 : *Ad propugnaculum, quod Tusci Batifolem vocant, se conferentes, etc.* Hist. Obsid. Jadrensis ann. 1345. lib. 2. cap. 16 : *Ipsoque die quoddam Batifollum cum monos* (id est, una) *machina ultra portum, ubi primitus extitit sticatum, reædificaverunt.* Utitur passim Joan. Willaneus lib. 3. cap. 1. 2. lib. 6. cap. 4. et alibi.

BACIFOLLUM, seu BATIFOLLUM. Tabularium S. Flori in Arvern : *Medietatem molendinorum, Bacifollorum, graneriarum, pratorum, alveorum, etc.* Ubi bacifollum forte usurpatur pro molendino ventario, cujus ædificium in modum turris seu berfredi extructum est. Vide Octav. Ferrar. in *Bastone*. Vide *Batifollum*, 2.

¶ BATIFFOL, apud Baluzium tom. 2. Hist. Arvern. pag. 134. in Charta ann. 1284 : *Nec permittemus a nobis seu ab aliquo alio aliquod molendinum Batiffol seu laus seu malleos infra confines superius nominatos.*

* Haud merito Cangium carpit Muratorius tom. 2. Antiq. Ital. med. ævi. col. 511. quasi *Batifollum*, idem esse atque *Belfredum*, nihil hæsitans dixisset; præter quam quod enim id quibusdam placere scribit, aliam, quæ ipsi probabilior videtur, proponit interpretationem. Et certe non unius formæ fuit ejusmodi propugnaculum; in urbium vel castrorum obsidionibus, machinis a *Belfredis* parum dissimilibus utebantur, quas *Batfolla* appellabant. Inventar. MS. ann. 1366 : *Ante dictum castrum* (S. Germini) *machinas seu Batifolla pro expugnando tenere non verebantur.* Eodem nomine donabant illa propugnacula, etsi non ejusdem formæ, quibus urbs vel castrum muniebatur. Ea quippe tantæ interdum

erant latitudinis, ut equites etiam et equos continerent, uti discimus ex Charta ann. 1326. apud laudatum Murator. ibid. : *Considerantes, quod utile et necessarium erat habere legales, probos, et in factis guerræ expertos viros, et bonos homines in dicto Battifollo, ... providerunt..... quod nobilis miles dom. Rodulfus de Garsonibus sit et esse debeat stipendiarius communis Bononiæ in dicto Battifollo, et habebat..... quatuor equos armigeros, quatuor equitatores, et duos roncenos.* Quod *Batifollum*, vix a *Bastita* diversum fuisse, recte observat Muratorius. Neque aliud esse videtur *Bateffon* vel *Bateffou*, in Lit. Ant. dom. de Bellojoco ann. 1361. ex Memor. D. Cam. Comput. Paris. fol 27. r° : *Pour plusieurs engins, bricoles, hourdis de paliz, chaz, Bateffons et mines, etc.*

* Battifollus, in Annal. Cæsenat. ad ann. 1328. apud Murator. tom. 14. Script. Ital. col. 1165 : *Relevati fuerunt dicti Battifolli Foroliviensis.*

* 2. **BATIFOLLUM**, *Battuarium*, ubi panni, vel quernei cortices, aliave id genus tunduntur, idem quod *Batatorium*. Pariag. inter reg, et prior. *de Paulhaguet* ann. 1316. in Reg. 56. Chartoph. reg. ch. 273 : *Item retinemus molendina facta et facienda, et Batifolla cum eorum decursibus aquarum, alveis, reclausis, etc.* Quo sensu intelligendum quoque supra est *Bacifollum*. Vide *Bateor*.

* **BATIFREDUM**, Battifredum, Propugnaculum, idem quod *Belfredus*, Ital. *Battifredo*. Annal. Mediol. ad ann. 1324. apud Murator. tom. 16. Script. Ital. col. 701 : *Super portas Batifreda erigit. Battifreda erexit*, apud eumd. tom. 12. col. 1016.

¶ **BATILARDUS**, Gladii seu cultelli species. Idem qui supra Basilardus, Pugio; apud Rymer. tom. 7. pag. 242 : *Item, quod nullus dictorum scolarium, infra Universitatem prædictam, in dies vel consuetudinarie, Batilardum portet, seu aliquem alium cultellum statui clericorum indecentem.*

* **BATILICIUM**, Pactum inter Bonon. et Ferrar. ann. 1193. apud Murator. tom. 2. Antiq. Ital. med. ævi col. 894 : *Scilicet de omnibus drappis de Batilicio, de lane zucarina, etc.* Ubi in Cod. Bonon. monente editore, legitur, *de bambacio*; quod magis placet. Vide *Bombax* 1.

¶ **BATILLAGIUM**, Naulum, pretium pro navali vectura solutum, Gall. *Le Fret*, apud eumd. Rymer. tom. 9. pag. 542 : *Necnon ad tot carectas, batellas et naves, una cum marinariis et laboratoribus, quot pro cariagio, Batillagio, seu frectagio.*

BATILLUM, [vel Batilus,] Papiæ, *Thuribulum, pala, ferrum quo colliguntur carbones.* [Glossa. MS. Montis S. Eligii Atrebat : *Batillum, Thuribulum, pala, instrumentum quo carbones colliguntur, unde Horatius :*

Prætextam, et latum clavum, prunæque Batillum.

Ubi *Batilli* nomine foculus intelligendus est, in quo suaves odores incendebantur ad hospites et convivas recreandos. *Batilli* vocabulo etiam usus est Plinius 33. 8. Illud igitur a Cangio prætermitti potuisset in Glossario infimæ Latinitatis.] Vide *Batulus*.

1. **BATILLUS**, Idem quod *Batallum*. Herimannus de Restaurat. S. Martini Tornacensis cap. 98 : *Quidam vero illusores, eo veniente, omnes Batillos campanarum furati sunt.* Vita B. Roberti I. Abbatis Casæ-Dei lib. 2. cap. 16 : *Duo majora signa pulsari cœperunt, ac Batillus illorum unius dilapsus frontem equi vibrando attigit.* Charta Joannis Episcopi Ambian. ann. 1345. in Tabular. Episcopat. : *Post primam pulsationem incontinenti Batellus grossæ campanæ ter vel quater tignietur, ad designandum, quod sit obitus duplex.*

* 2. **BATILLUS** Molendini, *Gallice Batel, unde descendit farina in alveum*, in Glossar. ex Cod. reg. 7679. Glossar. Lat. Gall. ann. 1348. ex Cod. 4120 : *Batillus, Gall. Batans. Batail*, in Ch. ann. 1323. ex Chartul. S. Maglot. Paris. ch. 181 : *Faire clorre ledit moulin, et de oster ou faire oster par eus ou par leurs gens et en leur nom le Batail dudit moulin.*

* **BATIMENTUM**. Vide infra *Battimentum*.

BATINUS, *Rusticus*, Ugutioni. *Batinius* habent Glossæ Isid. Papias, *Bucunus*.

¶ **BATIOCA**, *Pater* (l. patera) *argenti ad sacrificandum*. Vetus Glossar. MS. San-German. n. 501. Papias MS. Bitur. : *Batioca, Patena* (Patera) *argenti ad sacrificandum, liquidis apta*. Vide mox *Batiola* et supra *Bathoica* in *Bacca* 2.

BATIOLA, Vatiola. diminutivum a *Batus* vel *Bata*, aut *Batta*, Vasculum, poculum. Gloss. vetus : *Batiola*, ποτήριον. Glossæ aliæ Græc. Lat. : Ποτήριον φιαλοειδές, *vatiola*. Plautus Colace : *Batiolam octo pondo habebat, accipere voluit.* Gregorius Mag. lib. 1. Epist. 42 : *Cui etiam Batiolam patris sui restitui volumus.* Vide *Batus*.

¶ **BATIS**, ξανθός. Vetus Glossar. Lat. Gr. i. *flavus*. Isidoro *Batis* est *nomen serpentis*. Plinius l. 32. cap. ult. refert inter pisces. *Bates* Græcis dicitur et Latinis, inquit Grævius ad Glossar. Isid. ubi idem scriptor subdit ex Glossario : Βατίς, εἶδος ἰχθύος, *Raia*. Vide *Batus* 3.

BATISCHA. Annales Rerum Pisanarum ann. 1156 : *Circuierunt undique civitatem castellis et turribus ligneis, Batischis, pro timore Friderici Regis Romani venientis.* Ubi legendum videtur *bretischis*, vel *breteschis*. Vide *Bretachiæ*.

***BATISMAL**, Torcular, *pressorium*. Glossar. Lat. Gall. ex Cod. reg. 7679 : *Batismal, presouer.*

* **BATISSAMENTA**, Ædificia, Gall. *Bâtimens*. Litteræ Guillelmi Catelli pro subsidio Terræ Sanctæ ann. 1223. apud Marten. tom. 1. Ampliss. Collect. col. 1177. B : *De quinquaginta millibus marcarum argenti, quas piæ recordationis Philippus quondam Rex Francorum illustris legavit expendendas in subsidio Terræ Sanctæ per manum Templi, non expendetur aliquid citra mare, nec ultra mare aliquid de eis ponetur in emtionibus nec in aliquibus Batissamentis cujuscunque laboris.* Vide *Bastimentum*.

***BATISSICARE**, Bene agere. Glossar. Lat. Gall. ex Cod. reg. 7679 : *Batissicare, Faire bien.*

¶ **BATISTERIUM**, batizare, pro Baptisterium et Baptisare. Chron. Parmense ad ann 1216. apud Murator. tom 9. col. 764 : *Et illo anno die Sabbati* IX. *intrantis Aprilis incœptum fuit Batizari primo in Batisterio Parmæ de novo incœpto, qui dies Sabbati erat dies Sabbati Sancti ipso anno.*

* **BATISTORIUM**, Molendinum seu *battuarium*, ubi panni vel quernei cortices aliave id genus tunduntur, idem quod *Batatorium*. Charta Henr. Dalph. Metens. episc. regent. Dalph. ann. 1322. in Reg. 101. Chartoph. reg. 105 : *Nullomodo possint in dicto loco* (Regalis montis) *construi facere molendinum aliquod seu Batistorium, etc.* Vide supra *Bastitorium*.

* **BATITOR**, Qui flagello frumenta excutit. Charta ann. 1170. ex Chartul. A. eccl. Camerac. ch. 88 : *Ecclesia nostra Batitores quot et quando volet, assignabit, quorum unusquisque præfato majori duodecim denarios et anserem dabit.* Rursum occurrit in Charta ann. 1187. ibid. ch. 100. *Triturator* dicitur, in alia ann. 1212. in Chartul. C. ch. 60. Vide supra *Barator*.

¶ **BATITORES** Clericorum, Ita se nuncupabant quidam facinorosi homines, qui Clericos cum obvios haberent verberabant. Arrestum contra Archiep. Lugdun. ann. 1333. tom. 2. Ordinat. Reg. Franc. inter Notas pag. 103 : *Quod cum pridem ex parte defuncti Petri tunc Archiep. Lugdunensis requisitus fuisset, quod cum in suo Comitatu, sive terra, quidam publici malefactores habitarent, nullas tamen personas eidem nominando, qui Batitores et Correctores Cappellanorum et Clericorum literarum curiæ Ecclesiæ Lugdunensis portitorum, se faciebant nuncupari, qui etiam per mercatos, villas et itinera publica Comitatus prædicti, armati publice incedentes, dictos Clericos, Cappellanos, ac etiam portitores Ecclesiasticarum literarum inhumaniter verberabant.* Vide *Battere*.

* *Bateurs à loyer*, qui operam suam ad alterius inimicum verberandum locant, in Lit. remiss. ann. 1396. ex Reg. 149. Chartoph. reg. ch. 240 : *Ledit Estienne accompaigné de quatre autres compaignons Bateurs à loyer.*

¶ **BATITORIUM**. Vide *Batatorium*.

¶ 1. **BATITURA**, Tritura. Instrum. ann. 1292 : *Super Batituris et secaturis eorumdem bladorum.* Ibidem : *Pro segaturis et Batituris dicti bladi.*

¶ 2. **BATITURA**, Verberatio, percussio. Vide in *Battere*.

¶ **BATIZARE**. Vide *Batisterium*.

BATLINIA. Capitulare de Villis cap. 42 : *Unaquæque villa intra cameram lectaria, culcitas, plumatias, Batlinias, drappos,... habeat.* Etiamnum Lemovices *Balinges* vocant, quod Franci *Couches*, seu fascias lineas quibus involvuntur infantes : proinde in hac voce, literæ *ja*, consonantem efficiunt. Vide *Balinia*. [** Panni lintei Lectorum, Germ. Bettlake a *bett*, Lectum et *linnen*, Pannus linteus. Adel.]

¶ **BATON**, Prestationis consuetæ species. Vide *Cosdupna* in *Consuetudo* 4.

* **BATONNUS**, Baculus, fustis, Gall. *Baton*. Lit. remiss. ann. 1364. in Reg. 94. Chartoph. reg. ch. 40 : *Percussit de quodam magno et atroci Batonno seu baculo in capite.* Vide supra *Basto*.

* **BATORIUM**, ut supra *Batistorium*. Charta Dalph. ann. 1315 : *Concedentes..... omnibus habitantibus, ... quod in ripperiis*

et rippagiis fluentibus per villam et vallem de Alavardo possint facere, construere, seu fieri vel construi facere molendinum vel molendina, Batorium vel batoria. Vide *Batatorium. Batoire* vero, Postis, vulgo *Battant* vel *Ventail*, in Chartul. Corb. sign. *Cæsar* fol. 100. r° : *A esté donné congié..... de faire deux Batoires de gretz à son collier.*

¶ **BATRACHUS**, Rana, a Græco Βάτραχος. Acta SS. Aprilis tom. 3. pag. 216 : *Cum palus illa innumerabilibus scateret Batrachis.*

¶ **BATRESCHÆ.** Vide *Bretachiæ*.

* **BATRIX**, *une mesure*, in Glossar. ex Cod. reg. 7692. Vide *Batus* 1.

BATSUEINS, in Domesdei, *Nautæ* : sed proprie qui in scafulis et minoribus navigiis operam navant, remigantes potius quam velificantes : ut sic dignoscantur a *Bascarlis*, qui grandioribus inserviunt; a *Bath*, cymba, scapha, et *Suant*, operarius. Selmannus.

¶ **BATTA.** Vide *Batus*, 1. et 3.

* **BATTAJA**, Prælium, pugna, acies. Chron. Tarvis. apud Murator. tom. 19. Scrip. Ital. col. 761 : *Galeæ ipsæ solventes Famagostam attigerunt, et portum clausum invenerunt tribus cum chochis Januensium positis in Battajam.*

* **BATTALIERÆ**, Munimenta urbium aut castrorum, idem quod *Batailliæ*. Instr. pacis inter Joan. Galeat. ducem Mediol. et Bergom. ann. 1493. tom. 3. Cod. Ital. diplom. col. 379 : *Item promiserunt.... quod ipsi destruent omnes Battalieras, balestras, rastellos, et fortalitias constructas et fabricatas sine licentia speciali præfati domini.*

* **BATTALIOLA**, Ital. *Battagliuola*, diminut. a *Battaglia*, maxime vero dicitur de simulata pugna. Laudes Papiæ apud Murator. tom. 11. Script. Ital. col. 22 : *Ut autem a pueritia melius doceantur ad bellum, ... singulis diebus Dominicis atque festis.... quædam spectacula faciunt, quæ vulgo Battaliolæ, sed latine convenientius Bellicula nuncupantur.* Vide supra *Batagliola*.

* **BATTANDERIUS**, Locus, ubi cannabis tunditur et maceratur, idem quod supra *Battenderius*. Stat. civit. Saluciar. collat. 5. cap. 138 : *Statutum est quod quælibet persona, quæ tenuerit ad fictum vel alio modo Battanderium, teneatur bene et sufficienter adaptare et battere quandocunque canapum sibi portatum ad battendum.* Pro *battuario* seu molendino, rursum occurrit ibid. cap. 136. Vide *Batatorium* et supra *Batistorium*.

* **BATTARE**, Battire, Triturare, flagello excutere, Ital. *Battere*, nostris *Battre*. Glossæ Cæsar. Heisterbac. in Reg. Prum. apud Joan. Nic. ab *Hontheim* tom. 1. Hist. Trevir. pag. 696. col. 1 : *Vadit ad scaram dominicam, et Battit de avena modios x.... Debet tres dies in ebdomada post meridiem in scaram dominicam Battare. Bateillier* vero dixerunt, pro Terere, extenuare, vulgo *Broier, piler*. Lit. remis. ann. 1370. in Reg. 102. Chartoph. reg. ch. 73 : *Une maison, nommée le Noir chevalier, là u l'en Bateille les guesdes assez prés de l'église S. Martin a Amiens. Batues*, Triticum excussum, ut videtur; sed palea nondum purgatum, in aliis ann. 1371. ex Reg. 100. ch. 885 : *Lesquelx supplians ont pris un porcel, une brebis,... certaine lame de gerbes, et le Batues, et en ont eu le grain.* Vide mox in *Battere* 2.

¶ **BATTATUM.** Vide *Batus* 3.

¶ **BATTENTES**, Sic appellati sunt homines cujusdam *Societatis S. Antonii de Monteciano*, quod frequenter se flagellarent. Vide Acta SS. Aprilis tom. 3. pag. 835. ubi præter cætera docetur, hujus Sodalitatis institutionem ad initia sæculi XIV. esse referendam.

1. **BATTERE**, Verberare, plagas inferre, Gallis *Battre*, ex Latino *Battuere*. Pactus legis Salicæ tit. 38. § 4 : *Si quis servum alienum Battiderit*. Edit. Pithœana habet *flagellaverit*. Lex Langob. lib. 1. tit. 6. § 1 : *Si... turpiter eum tenuerit aut Battiderit*. Tit. 8. § 24 : *Si battiderit, aut percusserit, pro una ferita, etc.* Occurrit præterea § 29. et 30. 31. tit. 9. § 16. 26. tit. 16. § 4. tit. 25. § 47. lib. 2. tit. 11. § 4. [** Rothar. 41. 125. 357. 358. Liutpr. 124. (6, 71.) Roth. 377. Rachis 3. Liutpr. 123. (6. 70.) Roth. 356. Liutpr. 120. (6. 67.) Vide *Batere*.] Capitulare Sicardi Principis Beneventani cap. 9 : *Si quispiam militem vel quamlibet aliam personam simpliciter ambulantem ligare aut Battere præsumpserit tempore pacis, etc. Linum Battere*, in Capit. Carol. M. lib. 1. cap. 81. [** 75. ex Capit. Eccles. ann. 789. cap. 80. ubi Pertz. vol. leg. 1. pag. 66. lin. 20. scripsit *Battare*.] [et in Capit. Rodulphi Bituricensis Archiep. cap. 26.] *Battere in scuria*, Gall. *Battre en grange* in Capit. Caroli Calvi tit. 31. [** Edict. Pistense. ann. 864.] cap. 29. [** Vide *Battare*. Quoad etymon conf. vocem *Battuere* et Diez. Gramm. Ling. Rom. vol. 1. pag. 8.]

¶ Battitus, Verberatus. Leges Rotharis apud Murator. tom. 1. part. 2. pag. 47. col. 1 : *Et si Battitus fuerit, aut si ligatus, similiter componatur.* [** 377. in var. lect. Vide *Battutus* in *Battuere*.]

Battitura, alias *ferita*, Percussio, Italis etiam *Battitura*, in Lege Longobard. lib. 1. tit. 8. § 31. [** Idem apud] [Murator. tom. 1. part. 2. pag. 76. col. A. in Legibus Luitprandi : *Si quis aldium aut aldiam, servum aut ancillam batiderit, et per ipsam Batituram ponderose facti sunt, etc.*] [** cap. 124.] Matth. Silvaticus : *Tubel, id est, Battitura seu squama metallorum cadens ab incude.*

* Nostris olim *Basture* et *Bature*. Charta ann. 1445. ex Chartul. Latiniac. fol. 43 : *En concluant contre icellui de Sasseville, que s'il confessoit les injures, Bastures, navreures et sang fait, etc.* Chartul. 23. Corb. ad ann. 1348 : *Le procureur desdits religieux les a accusé ou denoncié d'une Bature et navreure.* Charta ann. 1465. ex Chartul. S. Petri Carnot. : *A l'occasion desquelles Batures et sanc espandu, etc.* Consuet. Castell. ad Sequanam ex Cod. reg. 9898. 2 : *Se la Bature n'est si esnorme qu'il n'en git ou lit, le blessé aura son recours; et c'est ce que l'en dit, Bien batu, mal batu, vij. solz payera. Batison*, Percussio ad mortem, ictus mortiferus, in Lit. remiss. ann. 1388. in Reg. 133. Chartoph. reg ch. 170 : *Par la coustume de Laon, les bouchiers dudit lieu peuent vendre et exposer en vente toute chars, jusques à deux jours et demi ensuiant et aprés la Batison ou tuoison d'icelle char.* Nisi forte legendum sit *l'Abatison*, Actio qua aliquid ad terram prosternitur; qua ratione boves mactant. *Bastouer, percussorium*, in Glossar. Gall. Lat. ex Cod. reg. 7684. *Bateure*, Clades, detrimentum, vulgo *Malheur, échec*, apud Christ. Pisan. in vita Caroli V. part. 1. cap. 8 : *Par les Bateures infortunées ja longtems receues en son royaume, etc. Bature*, Certus tubarum concentus, pugnæ signum, vulgo *Charge*. Math. de Couc. in vita Caroli VII. pag. 669 : *Au milieu de laquelle* (salle à manger) *ils jouerent de leurs trompettes une Batture.*

Batteria, Conflictus, pugna in jurgio, ex Gallico *Batterie*, in Fleta l. 2. cap. 1. § 25 : *Placita Batteriæ, sanguinis fusi, debiti, transgressionis, etc.* apud Will. Thorn, quæ vulgo *Mesleiæ* dicuntur.

* 2. **BATTERE**, Tundere, macerare. Stat. Montis-reg. pag. 273 : *Talis persona de civitate Montis-regalis et posse ibi Battere seu parare possit, et debeat pannum seu canabum extranei ejicere.* Vide *Battere* 1. et infra *Battitor*.

* 3. **BATTERE** Palmas, Gall. *Battre des mains*, Manibus plaudere. Stat. Vercel lib. 3. pag. 97. r° : *Item quod nullus audeat vel præsumat clamare vel palmas Battere post aliquod cadaver, etc.*

¶ **BATTICUM.** Murator. tom. 3. pag. 193. col. 2. E. ex Anastasio Bibl. de Vitis Rom. Pontif. : *Evangelium ex auro mundissimo cum gemmis* : ubi pro *gemmis* alias legebatur *Batticis*; quod idem esse videtur. Vide *Battatum* in *Batus* 3.

* **BATTIFOLLUM**, Battifollus, Vide supra *Batifollum* 1.

* **BATTIFREDUM.** Vide supra *Batifredum*.

* **BATTIMENTUM**, Flagellatio, verberatio, Italis *Battimento*. Chron. Astense cap. 1. apud Murator. tom. 11. Script. Ital. col. 135 : *Anno 1260. admirabilis Lombardorum facta est commotio, quæ Battimentum vocata est. Tunc eremitæ exeuntes de sepulcris suis ad civitates venerunt, Evangelium prædicantes, sicut prædicavit in Ninive. Jonas propheta, et dicebant : Pœnitentiam agite, quia appropinquavit regnum cœlorum. Tunc viros, a majori usque ad minorem, pergentes vidi per civitates et loca, suos humeros fortiter flagellantes flagellis, taliter ut inde sanguis exiret. Quidam autem Vercellenses venerunt Ast induti saccis, et humeri eorum nudi erant, quos fortiter flagellabant. Tunc Astenses pro majori parte euntes nudi post eos per civitatem et burgos, ibant flagellantes se. Episcopus Astensis, et omnis clerus, tam religiosi quam præbendarii, præcedebant eos, cruces portantes, psalmos et hymnos cantantes, portantes nova vexilla cum figuris sanctorum; et in viis publicis omnes flexis genibus alta voce clamabant dicentes : Misericordia et pax nobis fiat. Et istud Battimentum incæptum fuit mense Decembris.* Stat. contra Flagellantes ann. 1269. apud eumd. Murator. tom. 6. Antiq. Ital. med. ævi col. 471 : *Quia per inimicos sanctæ matris Ecclesiæ, cum magna cautela, tractatum fuit et inventum fuit Batimentum annis præteritis, in offensionem et periculum partis Ecclesiæ, et in aliquibus partibus opportunum fuit, quod amici Ecclesiæ sibi in tali periculo providerent. Quia etiam dicitur quod tractatur simili*

modo Batimentum de novo. Vide *Battentes*, *Battitores* et *Flagellatores*

* **BATTIRE.** Vide supra *Battare.*

¶ **BATTISMUS**, pro *Baptismus.* Vide in *Batisare.*

* **BATTITOR**, Battitrix, Qui vel quæ cannabim tundit et macerat. Stat. Montisreg. pag. 272 : *Persona, cujus fuerit canabum, possit et debeat, si sibi placuerit, tenere nuncium suum ad batendum seu aptandum et custodiendum pro prædicto pretio, sine eo quod solvatur eidem Battitrici vel Battitori.* Vide supra *Battere* 2.

* **BATTITORES**, Iidem qui *Flagellatores.* Stat. ant. Florent. lib. 3. cap. 42. ex Cod. reg. 4621 :*Aliquam congregationem frustratorum seu Battitorum, quæ in civitate Florentiæ vulgariter appellatur la Compagnia de Battitori, omnemque aliam talem congregationem fieri prohibemus,.... nullusque audeat se congregare in loco aliquo; .... nec ire præsumat se battendo, vel verberando, vel flagellando per civitatem prædictam, nisi vultu et facie taliter discoperti, quod ab hominibus in facie videri possit.* Vide supra *Battimentum* et mox *Battuti.*

¶ **BATTITORIUM.** Vide in *Batatorium.*

¶ **BATTITURA**, Battitus. Vide *Battere.*

¶ **BATTIZARE**, De sacro fonte infantem suscipere : *Estre parrein.* Histor. Dalphin. tom. 2. pag. 278 : *Item solvit de mandato pro Battismo cujusdam puelli, quem Dominus* (Dalphinus) *Battizavit.*

BATTORIUM. Vide *Battatorium.*

¶ **BATTUALIA.** Vide *Battuatores* post *Battuere.*

BATTUERE. Papias : *Battuit, concidit, periclitatur.* Gloss. Isid. : *Cancellat, concidit, Batuit.* Gloss. Lat. : *Battuit*, κατακόπτει. Vetus Charta apud Beslium in Regib. Aquitanis : *Ipse Agnaldus venisset super homines in sua forcia ex villa Cavadado, et exforciasset, et eos Batuisset injuste.* Marcellus de Medicam. cap. 36 : *Mittes in pilam ligneam, atque illic tandiu Batues, donec sit subactissimum.* Apitius lib. 4. cap. 2 : *Soleas Battues, et curatas compones in patinam.* Utuntur Plautus in Casina Act. 2. Nævius, Sueton. Plinius, etc. [** Vide Forcell. voce *Batuo.*]

Battuarium. Gloss. Lat. Græc. *Battuarium*, κόπανον. Gloss. Græco-Lat. : Κοπανιστήριον, *batuarium.* Κόπανον, *bactulum.* [Mortarium, Gall. *Mortier*, id est, Vas in quo aliquid contunditur.]

Battutilis, de metallo dicitur in laminas diducto, atque malleo contuso, *Metail battu.* Anastasius in S. Silvestro : *Bassilicam Constantinianam, ubi posuit ista dona : fastigium argenteum Battutile, quod habet in fronte Salvatorem sedentem in sella in pedibus,.. pens. lib.* 120. In Leone III : *Ceceostati Batutiles.*

¶ Battulis, Eadem notione, apud Murator. tom. 3. pag. 106. col. 1.

Battutus, Battudus, Verberatus. Gloss. Lat. Græc. : *Battutum*, τυπτηθέν. *Battutum*, κοπτωτόν : sic enim legendum pro *battatum*, κοκκωτόν. Lex Alaman. cap. 98. § 2 : *Si porcarius ligatus de via ostatus, et vel Battutus fuerit. Ferrum Batteudum*, vel *Battutum*, in Formula 119. inter Lindenbrogianas. Italis *Battuto*, est pavimentum, seu solum loci operti : *Terracio, luogo mattonato, scoperto.* Vide *Battere*, 1.

Battuatores, Βασανισταί, Senatori l. de Orthograph. cap. 5. qui ab eodem fonte, quo *battalia*, deducit. Vide Salmasium ad Spartianum pag. 59. [** Vide Forcell. noviss. edit. voce *Battualia*, ubi jam addendus Incert. Auct. de arte Gramm. apud Endlicher. pag. 100. cap. 143 : *Hæc Battualia*, αἱ γυμνασίαι τῶν μονομάχων.]

BATTUS. Vide *Battus.*

* **BATTUTI**, Pœnitentes, qui flagellis corpus suum castigant. Chron. Foroliv. apud Murator. tom. 19. Scrip. Ital. col. 874. : *Et cincti erant cingulis, sicut consueverunt facere Battuti; et ibant percutiendo se cum strititis.* Vita B. Nevoloni tom. 6. Jul. pag. 497. col. 2 : *Faventiam reversus* (Nevolonus) *instituit societatem, quam vocant Italice de Battuti, quæ usque ad præsentem diem ordinationes ab eo relictas servat.* Vide supra *Battitores.*

¶ **BATTUTILIS**, Battutus. Vide *Battuere.*

1. **BATUDA**, Species piscationis, cum pisces scilicet in aqua exagitantur, coguntur que diverberata, seu *batuta*, aqua in unum locum confugere, quo facilius capiantur. Charta Occitanica ann. 1311. ex 47. Regesto Tabularii Regii num. 130 : *Quod quicunque de cætero piscabitur in aquis stagnorum Lunelli et Melgorii cum artibus piscandi, videlicet Batuda, vel fichorra, vel avus, vel seze, vel retibus subtilibus, vel rezailh, possint applicare ubi voluerint cum piscibus quos cum dictis artibus ceperint, etc.* Infra : *Et quod de cætero in aliquo prædictorum stagnorum... non piscentur cum Batuda, prout prohiberi dicitur, extitit consuetum. Item ordinavit, quod quicunque de cætero piscabuntur in aquis dictorum stagnorum cum bruguia, sive cum bologio, sive cum quibusdam aliis artibus, cum quibus usque nunc piscari extitit consuetum, exceptis artibus in proximo capitulo expressatis, teneantur solvere drecuram sive pulmentum consuetum domino, in cujus aquis cum dictis artibus piscabuntur, etc.*

* Charta ann. 1397. in Reg. 155. Chartoph. reg. ch. 117 : *Piscantes cum pluribus et diversis rethibus, filatis, thesuris, etiam cum Batudis et vergatz; per ordinationes regias prohibitis. Battizon* dicitur in Privil. Macer. ad Mosam : *Il peut pescher à tous autres harnas et manieres quelzconques, resques, les rois, perrieres, les trayneaulx, Battizons, et perser le fond de ladite rivière. Bas*, Retis species, in Stat. Phil. Pulcr. ann. 1288. inter Consuet. MSS. Genovef. fol. 35. v° : *Le Bas, la seime espesse, la truble espesse, ... rebours, etc.* Distinguendæ ergo nec lineæ ductu jungendæ voces *Bas* et *Rebours* vel *Robouoir*, quasi unica sit vox, ut editum est tom. 8. Ordinat. reg. Franc. pag. 535. art. 72.

* 2. **BATUDA**, Ager, ut videtur, dumis consitus idem quod *Brolium.* Vide supra *Basticium.* Charta Phil. Pulcri ann. 1300. in Lib. rub. Cam. Comput. Paris. fol. 80. r°. col. 2 : *Cum terris arabilibus et albergis, terris incultis, Batudis, nemoribus et bartis, cæterisque terris.* Hinc

* 3. **BATUDA**, Servitii genus, quod vassalli domino faciunt diverberando dulneta, ut inde feras facilius exigant, Galli diceremus, *Faire la batue.* Constit. MSS. Ferdinandi reg. Aragon. ann. 1413 : *Et cum non deceat dominos, qui cavalcatas vel alias servitutes reales vel personales, ut puta jovas, Batudas, et alia servitia recipere habent ab hominibus, qui de sacramentali existunt, etc.*

* 4. **BATUDA**, ab Ital. *Battuto*, Academicis Cruscanis, *o Pavimento di terrazo, o di luogo scoperto. Lat. Solarium, solum, tabulatum, pavimentum.* Charta 1324. ex Tabul. monast. Montisol. : *Osilius abbas de consensu et voluntate conventus. . . . assignavit fratri Alberto de Lissaco, ejusdem monasterii monacho, quamdam cameram subtus dormitorium faciendam, ... sub hac conditione, videlicet quod ipse Albertus faceret de suo proprio mejanum sive parietem de petra et de bart, et Batudam de morterio inter ipsam cameram et aliam juxta eam faciendam.*

¶ **BATUDUS**, Verberatus, apud Muratorium tom. 1. part. 2. pag. 47. col. 1. in Legibus Rotharis. Vide *Battutus* in *Battuere.*

** **BATULA**, *orum, sunt vascula ad portandum carbones apta.* Gemma Gemmarum. Vide *Batus* 1.

BATULUS. Ado Vienn. in Martyr. 4. Id. August. : *Allata sunt omnia genera tormentorum, plumbatæ fustes, laminæ, ungues, lecti, Batuli.* Qua voce, *batillos*, vel *batilla*, innui censet Rosweidus, de quibus Plin. lib. 33. cap. 8. lib. 34. cap. 11. et Treb. Pollio in Claudio. Sunt autem *batilli*, ferrea instrumenta, palæ similitudine, quibus prunæ in fornacibus colliguntur. Vide Casaubonum ad eumdem Pollionem, et supra in *Batillus.*

¶ **BATUM**, Πράσον. Vetus Glossar. Lat. Gr. *i. Porrum.* Vide *Batus*, 3.

¶ **BATURA** Aquæ. Charta Calomontis in Dumbis anni 1397 : *Baturam sive restagnationem aquæ stagni de Pagnis, quæ aqua tungit vel tangere potest calceatam stagni de Furcis.* Secundum usum stagnorum Bressiæ, stagnum inferius non debet restagnare usque ad calceatam stagni superioris; quia calceata stagni superioris dirui posset ab aquis inferioribus : dum enim flat ventus aquæ restagnantes insurgunt in calceatam stagni superioris, et eam quodammodo *Batuunt*, (hinc *Batura*) sicque calceata diruitur.

1. **BATUS**, Batta, Mensuræ species. Vetus agrimensor : *Batus constat modiis 2. totidem sextariis. Duo Bati metretam faciunt, qui sunt sextarii* 100. Isidor. lib. 14. Orig. cap. 25. [** lib. 16. cap. 26. sect. 12] : *Batus vocatur Hebraica lingua ab olearia mola, quæ Bath apud eos, vel Batho nominatur, capiens 50. sextaria, quæ mensura una vice molæ proteritur.* [Papias MS. : *Batus sive Badus, decima pars chori 50. sextaria capit.*] Ebrardus in Græcismo :

Est mensura Batus, proprium quoque dicito Battus.

Gloss. Ælfrici, *Batus*, Amber, i. amphora. [** Redditur etiam vocibus Sester et Mitta, in Bibl. Anglosax. Vide Bosworthum.] Gloss. Lat. Gr.: *Batta*, βάτος. Jo. Brompton. in Ricardo I : *Similiter et de Batis vel amphoris, seu metretis, quas vulgo galones dicimus, legitimas statuit mensuras.* Apud Hebræos βάτος fuit mensura liquid. 72. sextarios Atticos continens, de qua copiose egit Georg. Agricola lib. I. de Externis mensuris, quam æqualem amphoræ Atticæ, quæ Græce μετρητής et βάδος dicitur, ſuisse ait. [** Lucas 16, 6, ubi in antiq. versionibus est *Battos*, Vulgata habet *Cados*, aliis vero locis *Battus*. Utitur hac voce Hieron. in Isaiam 2, 5, 10. Confer Martin. Lex. Philol. Isidorus sua hausit ex Epiphan. de Ponderibus pag. 178. Locum vide in Stephan. Thesaur. Ling. Græcæ, Didot. edit. vol. 2. col. 17. ubi Lud. Dindorf. monet vocem βάδος ab interpolatore Hesychio inlatam esse.] At sequioribus sæculis, *batus* vas etiam fuit, quo avenam ad equorum pabulum dimetiri solebant. Gloss. Lat. Gall. *Batus, Mesure, Provenchier, id est,* mensura præbendaria. Hinc qui avenam equis distribuebat, *Abatis* dictus. Vide supra in hac voce.

2. **BATUS**, Battus, Batellus, Scapha, cymba, Gallis *Bateau*, forte quod in modum *Bati*, de quo mox, confecta esset. A *Bat* Saxonico, quod scapham et cymbam significat, deducit Spelmannus. Gloss. Ælfrici, *Linter*, Bat. [** Angl. *Boat.* Vide supra *Batsveins*.] [Macloviensès etiamnum dicunt *Bat* pro cymba.]

Batus. Leges Ethelredi Regis cap. 23. [** De institut. London. cap. 2.] : *Qui ad pontem veniet cum Bato, ubi piscis inest, unus obolus dabatur in thelonium.* Monast. Anglic. tom. 3. pag. 97 : *Et ex domo patris mei unum Batum in piscatura Cestriæ, ubicunque voluerint ad piscandum, etc.*

Battus. Diploma Philippi M. seu Longi, Regis Franciæ, pro Abbatia S. Wandregisili in Normannia, in Monastico Angl. tom. 2. pag. 1005 : *Liberum quoque transitum Battorum eorum, sive navium, per Sequanam ascendentium, etc. Batti*, apud Joan. Villaneum lib. 6. cap. 70. 71.

Batellus, Italis *Batello*, Picardis *Batel*, Francis *Bateau*, Godefridus Monachus S. Pantaleonis ann. 1218 : *Orta maxima tempestas, et naves separatæ sunt ab invicem, et quædam ex eis Batellos suos vi tempestatis amiserunt.* Matth. Paris ann. 1245 : *Misimus ultra aquam per Batellos* 300. *Wallenses.* Charta Ricardi Regis Angl. tom. I. Monast. Angl. pag. 47 : *Cum applicatione, oneratione, et exoneratione navium, Batellorum, et aliorum vasorum in dictis aquis, etc.* Tom. 2. pag. 1021 : *Unum Batellum et unum rete libera ad piscationem.* Adde Chron. Nangii ann. 1296. [Rymer. tom. 2. pag. 636. Instrum. tom. 3. novæ Gall. Christ. col. 69. D. Anecd. Marten. tom. I. col. 649. etc.]

Batella. Leges Burgorum Scoticorum tit. 125. § 2 : *Naves, Naviculæ, Batellæ.* V. Fletam lib. I. cap. 25. § 9. cap. 44. § I.

¶ 3. **BATUS**, *Genus holeris.* Gloss. Isid. In Excerptis Pithœanis legitur *Batis.* Ad quæ Grævius ait : Utraque lectio potest ferri. Nam, ut prosequitur hic auctor, apud Plinium 26. 8. *Species est batis hortensiæ.* Est et marina, de qua idem 21. 50 : *In Italia paucissimas novimus, fraga, tamnum, ruscum, batin marinam, batin hortensiam, quam aliqui asparagum Gallicum vocant.* Ad priorem locum Harduinus observat, crethmon non esse bacillas, sed portulacam marinam, quæ apud Matthiolum in Dioscoridem pag. 16. conspiciatur; Batin vero hortensem, de qua ad ultimum locum agit idem Harduinus, censet esse sativam portulacam, crethmon vero marinam; cujus rationes videntur mihi vero similes. Batum vero genus herbæ, seu oleris esse, Festus etiam auctor est. In Glossario Lat. Gr. pro *Batus* scribitur etiam *Batis : Batis*, εἶδος ἀκάνθας, Βοτάνης. Sed legendum censeo, *Batus.* Glossar. Gr. Lat. Βάτος, *hic rubus, ruscus, batta, sintex.* Legitur quoque *Batta* in Lat. Gr. : *Batta*, Βάτος. *Battatum*, κοκκωτόν, hoc est monile ex unionibus consertum. Nam *Battus* Papias exponit *gemma* : *Batus, Gemma.* Sic vero margaritæ videntur dictæ ſuisse a similitudine capitum porri. Nam si Glossis credimus, *Batum* est porrum : *Batum*, πράσον. Aliæ Gloss. Gr. Lat. πράσον, *Porrus, porrum, Batum.* Posses etiam credere κοκκωτόν esse purpureum, quia in Glossis Βάτος exponitur *Sandix;* sic enim legendum pro *sintex.* Nam σάνδυξ est et herba tincturæ apta et pigmentum. Vide Salmasium ad Vopiscum pag. 369. Sed ut verum fatear, pro *Battatum* scribendum puto *Baccatum*, quod Virgilio idem est quod unionibus ornatum, Isidoro *Margaritatum.* Fere huc usque Grævius : post quem voces Plinio quidem notas, sed obscuras atque prætermissas in vulgaribus Dictionariis hic referre pretium duximus. [** *Batus, Genus herbæ*, apud Festum. Vide Forcellin.]

* 4. **BATUS**, adject. Humilis, Gall. *Bas.* Charta ann. 1391. in Reg. 148. Chartoph. reg. ch. 59 : *Item quod in dictis nemoribus.... sunt arbores modicæ et Batæ, et nullomodo abiles pro hedifficiis construendis vel reparandis.*

¶ **BATUTILIS.** Vide in *Batuere.*

¶ **BATUTA**, Lac pressum. Vide *Balducta.*

* **BATUTUS**, Tusus, fabricatus, *Battu* nostris eadem notione. Stat. civit. Astæ ubi de Intrat. portar. : *Folia argenti Batuta, quæ fertur de Janua, solvant pro qualibet libra ponderis lib. xxxvj.*

* **BATZIO**, Batzius, Monetæ genus, simul duos solidos nostrates, salvo justo, conficiens, vel aliquid ultra, ut notatum legitur, monente Editore, ad marginem Latinæ interpretationis Mirac. S. Gebhardi tom. 6 Aug. pag. 127. col. I : *Quibus* (pueris) *dedit sex Batzios, ut ibidem sacrum diceretur, et tres candelulæ accenderentur.* Marquard. Freher. de Re monet. vett. Rom. etc. tom. II. Antiq. Roman. Græv. : *Batziones a Bernensibus cum ursi signo introducti; quorum tota in Germania jam plurimus usus, cum quinta decima sit pars floreni.* Vide *Baciones* et *Bacius.*

BAVA, Saliva, fluor salivæ, Gallis *Bave*, Hispanis *Bava.* Academicis Cruscanis : *Bava, schiuma che da se stessa esce dalla bocca de gli animali.* [Cambro-Britannis ex Johan. Davies *Baw, Lutum, etc.*] *Bavæ in ore*, apud Michaelem Scotum de Physionomia cap. 12. [** Vide Murator. Antiquit. Ital. vol. 2. col. 1152.]

¶ **BAVARA**, Gall. *Bavette*, Hisp. *Bavadero*, Pectorale linteum est ab aure ad aurem mento subtensum ad excipiendam in infantibus *bavam*, et ad colli ac pectoris nuda in virginibus præsertim Deo sacris decenter obtegenda. Acta SS. Martii tom. 2. pag. 41 : *Sibi quam sacræ virgines Bavaram vocant, depoposcit.*

* **BAVARII**, Servorum genus. Charta Henr. III. ann. 1056. apud Joan. Nic. ab *Hontheim* tom. I. Hist. Trevir. pag. 400. col. 2 : *Servientes vero, ... sive qui foris vel intus dagescalzci, vel pistores, Bavarii, aut piscatores, coci, aut lavatores.*

* **BAVARUM**, ut *Bavara*, Gall. *Bavette*, Hisp. *Babador*, Ital. *Bavaglio.* Chron. Tarvis. apud Murator. tom. 19. Script. Ital. col. 798 : *Qui discumbens Bavarum a famulo petiit, et ad collum posito, comedens fercula per Bavarum spargebat.*

* **BAVASSORES**, in Charta ann. 1126. intr. tom. 6. Annal. Bened. pag 650. col. 2. pro *Vavassores.* Vide in hac voce.

¶ **BAUBA.** Limborch. Hist. Inquisit. Tolos. pag. 24 : *Item semel accommodavit asinum suum ad portandum Baubam Hereticorum;* f. *Rauba.*

¶ **BAUBAYNA** de Bonbasse, Tela gossypina, Gall. *Toile de coton.* Informationes pro *passagio* transmarino ex Cod. MS. Sangerm. : *Vult hoc velum seu requirit continere* XXX. *quinque pecias Baubaynarum de bonbasse qui sunt* CLX. *canne cum tribus velonibus arboris.* Vide *Billeus*, [** et Murator. loco laudato in *Bava.*]

BAUBELLA, numero multitudinis, Res pretiosæ, veluti gemmæ, uniones, et alia ejusmodi, quæ vulgo *Babioles* appellamus, alias *Joyaux.* Rogerus Hovedenus in Ricardo I : *Tres partes thesauri sui, et omnia Baubella sua divisit Othoni nepoti suo Regi Alamannorum. Bambola*, Italis est vitrum speculi, fortassis etiam ipsum speculum. Specula vero sunt in mundo muliebri, unde forte etiam nostri hauserunt suum *Babiole.* Vide *Bacibullum.*

1. **BAUCA**, Vasis species. Gloss. Lat. Græc. : *Bauca*, εἶδος ἀγγείου. Perperam editum *bavar.* Alibi *Mascusta*, βαύκη. Ubi *Mascauda* legendum monet Salmasius. Gloss. Gr. Lat. Βαυκίς, *hoc viniferum*, vas scilicet vinarium, Græcis οἰνοφόρον. Sed et pro *hoc*, forte legendum *vas.* Anastas. in Leone IV. pag. 167 : *Sed et in Ecclesiis multa dona obtulit........ Cantharam exauratam unam, Baucas exauratas* 3. *fibulatoria* 5. Idem in Benedicto III. pag. 206 : *Coronam ex auro pens. libr.* 4. *Baucas ex auro paratissimo duas pens. lib. sparam cum auro purissimo ligatam.* [** Conf. *Bacca*, 2. et Forcellin. An huc spectat vox *Bauc*, apud Raynouardum in Glossar. Rom. pag. 200.]

Vauca, scribitur in Historia Ignoti Casinensis de Rebus Langobard. cap. 10 [** Pertz. pag. 226.] : *Siconolfus Princeps... de B. Benedicti Cœnobio thesaurum abstulit plurimum : siquidem vice prima baziam argenteam unam, Vaucas par unum in gemmis et smaragdis, spara par unum, etc.* Vide *Bauga.*

Boca. Leo Ostiensis lib. I. cap. 28 : *Tulit in calicibus, et patenis,... phialis quoque et hamulis, Bocis, ac fibulis auri libr.* 130. Ubi quidam Codd. habent *bocis*, alii *baucis.*

Boccola, Εἶδος ἀγγείου, in Gloss. Lat. Gr.

Boclaris, Idem quod *baucalis.* Necrologium Viennensis Eccles. apud Petr. Chifflet. in Tornutio 3 : *Id. Jan. obiit Boso Rex... qui dedit.... casulas* 12. *pallia* 11. *et vestimenta sua aurea regalia, et Boclares argenteos.*

Boculaeis. Chronicon Centulense Hariulfi lib. 2. cap. 10 : *Hanappi argentei superaurati 13. concha argentea major,... Bocularis argenteus unus, urcei argentei cum aquamanilibus suis.* Lib. 3. cap. 3 : *Fanones 14. Boculares 2. conchæ. 2.*

¶ Baucus. Testamentum Dadilæ ann. 813. tom. 1. Hist. Occitan. inter Instr. col. 39 : *Baucos vero meos aureos, quos a domino ac piissimo D. Carolo Imperatore accepi, vel ipse mihi donare jussit, ipse cui ego eleemosynam meam injunxero pro remedio in sacerdotibus ac pauperibus erogare faciat.*

Bucculare, Eadem, ut videtur, origine. Marcellus Empiricus cap. 8 : *Deinde agitabis diu, et colabis linteo tenui, et mittes in Bucculare rude, vel diligenter nitidatum, deinde lento igne decoques.* Cap. 23 : *Æris florem... in Bucculari decoques.*

¶ Baucale, Idem quod mox *Baucalis*, Gall. *Bocal.* Vita S. Oswaldi Archiep. Acta SS. Benedict. sæc. 5. pag. 754 : *Deinde insuper eadem mulier casulam unam et albam, et cetera omnia sacerdotalia... duas quoque pelves argenteas, duas cortinas et unum Baucale, et sellam suam cum omni equestri apparatu.*

Baucalis, Idem quod *bauca*, a qua vôce deducitur. Gloss. Lat. MSS. Regium, et Isidori : *Gellonem, Baucalem.* Gloss. MS. Eccl. Paris. : *Baucalem, gellonem ubi infusio fit.* Papias : *Gelonis, Baucalis, vas.* Alibi : *Baucalius, gello, ubi infusio fit, vas.* Gloss. Lat. Gr. : *Gillo,* βαυκάλιον. Gloss. Cambero-nense : *Gillo, vas fictile, id est, Baucalis.* Charta Hugonis Ducis Burgund. ann. 1077. pro Ecclesia Avalonensi : *Tersoria tria, Baucales tres, cortinæ lineæ sex, etc.* Ex his emendanda Charta alia apud Perardum in Burgund. pag. 27 : *Etdardo, Baucale 1. et brachiaria aurea una.* Ubi perperam *Braucale* habetur. Alexandrinorum et Ægyptiorum vox fuit; si Philostorgium audimus lib. 1. cap. 4. qui Alexandrum quemdam Presbyterum βαυκάλιν nuncupatum ait, διὰ τὸ σαρκὸς ὑπερτραφοῦς ὄγκον ὑπὸ τῶν μεταφρένων αὐτοῦ σεσωρευμένον, ἄγγους ὀστρακίνου ἐκμεμιμῆσθαι σχῆμα, ἅπερ οὖν βαυκάλας ἐπιχωρίως Ἀλεξανδρεῖς εἰώθασιν ὀνομάζειν : *propter carnis videlicet quæ supercreverat in dorso ejus, molem, collectam ad modum et imitationem vasis testacei, quod Alexandrini vernacula voce Baucalas appellare solent.* A Philostorgio hausit quæ in eam rem habet Nicephorus Callisti lib. 5. cap. 5. Id etiam observat Cassianus lib. 4. de Cœnob. Instit. cap. 16. ubi de Ægyptiis Monachis : *Si quis gillonem fictilem, quem Baucalem nuncupant, casu fregerit.* Quæ totidem verbis habentur in Pachomii Instit. § 5. Βαυκάλιαν et βαυκάλιον eadem notione usurpat Achmes cap. 177. ubi perperam καυκαλίῳ habetur, et cap. 198. Βαυκάλιον, Johan. Moschus cap. 19. Prati spirit. Alexander Aphrod. lib. 1. Problem. 94. Vita S. Macharii Abb. Ægypt. cap. 5. Gregorius in Vita S. Basilii junioris n. 33. 34. et βαυκάλιν Nicarchus in Epigr. lib. 2. Anthol. pag. 161. Edit H. Steph. [** Vide Cangii Glossar. med. Græcit. voce Βαυκαλία et H. Stephan. Thesaur. Ling. Gr. Edit. Didot. vocibus Βαυκάλιον et Βαύκαλις, ubi G. Dindorf. καυκάλιον præferre videtur.]

¶ 2. BAUCA, Armilla. Vide *Bauga.*

¶ 3. BAUCA, Tegula lignea. Acta SS. Junii tom. 5. pag. 602. in Miraculis S. Theobaldi : *Joannes Pauli.... quorumdam stabulorum parietes tegulis ligneis, quas hic appellant Baucas tegens, de scalis decidit in vicinum hortum.*

BAUCAGIUM, Præstationis species. Statutum Philippi Pulcri Regis Franciæ ann. 1303. in 12. Regesto Chartophylacii Regii ch. 133 : *Item ordinamus quod Pedagiarii seu Leudarii nova pedagia, Baucagia seu leudas non exigant seu levent in locis ubi non est fieri consuetum.*

¶ BAUCATEM, *Gellonem.* Glossar. Isid. Rectius in Pithœanis : *Baucalem.* Vide *Baucalis.*

BAUCENS, Bauceant, [Baucennus,] Albo et nigro interstinctus, vel bipartitus. Jac. de Vitriaco pag. 1084 : *Vexillum bipartitum ex albo et nigro, quod nominant Bauceant, prævium habentes.* [apud Marten. tom. 3. Anecd. col. 276. legitur, *Baucant.*] Hoc vocabulum præsertim usurpant Scriptores vernaculi de equis, quorum pelles nigro et albo interstinctæ sunt. [*Madox* Formulare Anglic. pag. 423 : *Legavit runcinum Baucennum, qui fuit Burdel.*] Le Roman *de Garin :*

Li Rois sarra sor Bauçens le flori.

Alibi :

Et emmenerent de sor Bauçens destrier.

Alibi :

L'en li ameine son auferrand destrier,
Ce fu Bauçens, qui tant fist à proisier.

Le Roman *de Roncevaux* MS :

Les chevax brochent bruns et Bauçens, et sors.

Infra :

Ni a celi n'ait auferrant corsier,
Bausant ou brun, por son cors aaisier.

Le Roman *de Gaydon :*

Li brun Bausans estoit si volentis,
N'ot plus courant en cinquante pais.

Will. Guiartus ann. 1268 :

Et destriers de pris henissans
Blans, noirs, bruns, bais, Bauçens et bailles.

[** Plura vide ap. Raynouard. Gloss. Roman. vol. 1. pag. 201. voce *Bausan.*]

* Baucendus, Equus albo et nigro interstinctus, Gall. *Baucent.* Comput. ann. 1244 : *De quodam chaçatore bruno Baucendo pro domino comite, xiiij. lib..... De quodam chaçatore Baucendo, xij. lib.*

* Bauchantus, Eadem notione. Matric. official. reg. Franc. apud Ludewig. tom. 12. Reliq. MSS. pag. 49. col. 1 : *Comes de Vaudemonte. Equum.... bayum Bauchantum, xxvj. lib.* Col. 2 : *Rogerius comes Convenarum. Equum.... favum Bauchantum.* Occurrit rursum ibid. pag. 50. et 51.

* *Baucent*, Vexillum, signum, Gall. *Pavillon.* Æstimatio rerum necessar. pro exercitu Scotiæ in Reg. sign. *Croix* Cam. Comput. Paris. fol. 186. v° : *Un grant Baucent vermeil, qui sera au boust du mast en enseigne nuit et jour..... v. Baucens batuz à or pour les trois grans nefs le roy et pour deux galées. Baucrolle,* minus vexillum, apud Joan. *de Saintré* cap. 6.

* BAUCHORIUM, pro *Gauchorium.* Vide infra *Gauchatorium.*

BAUCIA. Constantinus African. lib. 7. Pantechn. cap. 16 : *Est et cibus de quo feces egrediuntur plus quam accipiatur, sicut Baucia sunt et rapula.* Vide *Bausia.*

* BAUCIS, Vetula, Gall. *Vieille.* Lit. remiss. ann. 1349. in Reg. 179. Chartoph. reg. ch. 338 : *Qui de la Porta Raymondo de Bouello interrogando petiit, qua de causa matrem suam appellaverat Baucem seu vetulam.* Pro quavis paupere muliercula utitur Pers. Sat. 4. 21. ab anu paupercula hujus nominis, apud Ovid. lib. 8. Metam. v. 631.

¶ BAUCULUS, Radicis medicinalis genus, vel emplastrum ex illa radice compositum. Acta SS. Junii tom. 3. pag. 461 : *Apposuit autem super apostema mater radicem evisci tritam, quæ vulgo dicitur Bauculus.*

¶ BAUCUS. Vide in *Bauca* 1.

BAUDATOR, Proditor. Vide *Bausia.*

* BAUDATUM, Tegulæ vel lateris species, Gal. *Brique, tuille;* nisi sit Tabula sectilis tegendis domibus apta. Inquisit. super destruct. bastidæ Sabran. ann. 1361. ex Cod. reg. 5956. A. fol. 81. v° : *Item dictum furnum copertum de Baudato, dirruptum in duobus cannis. Bauche* certe ultima, ut videtur, notione, occurrit, in Chron. S. Dion. lib. 5. cap. 17 : *L'eglise nostre Dame et de touz Sainz, qui jadis fu apelée Pantheon, fit couvrir de Bauche. Bauke,* eodem intellectu, in Charta Goberti abbat. Montis S. Mart. ann. 1301. ex Chartul. ejusd. abbat. part. 4. fol. 88 : *Nous li devons livrer et amener tout mairien seur le liu,.... hors mis pel, late, verge et Bauke; et il doit mettre en ouevre.* Vide *Scindula.*

BAUDEKINUS. Vide *Baldakinus.*

* BAUDEQUINUS, Idem quod *Baldakinus*, Panni species. Vide in hac voce.

* BAUDERAGIUM, Vide supra *Banderagium* 1.

* BAUDERIA, Ita omnino scriptum in Charta ann. 1388. ex Bibl. reg. quod moneo, ne quis legendum aut restituendum esse *Banderia* existimet, præsertim cum sit ejusdem notionis : *Item pro sex Bauderiis, et una magna Bauderia, vocata Estendart, de armis dicti domini regis, xlvj. floreni currentes.* Vide *Bandum* 1. et supra *Baucendus.*

* 1. BAUDERIUS, pro *Banderius.* Vide supra in hac voce.

* 2. BAUDERIUS. *Porta Bauderii Parisiensis*, in Lit. ann. 1360. tom. 3. Ordinat. reg. Franc. pag. 449. Regio urbis Parisiorum varie scripta in veteribus Chartis; quod observare placet ad historiam illius illustrandum. *Porta Baudaier,* in Ch. ann. 1219. ex Tabul. S. Magl. *Porta Balderii*, in Ch. Phil. V. ann. 1321. in Reg. 60. Chartoph. reg. ch. 205. *Porta Baldoardi*, in Ch. ann. 1351. ex Reg. 81. ch. 99. *La porte Baudeoir*, in Lit. ann. 1358. ex Reg. 86. ch. 537. *La porte Baudet*, in Lit. ann. 1397. ex Reg. 153. ch. 89. *La porte Baudéer*, in Necrol. MS. eccl. Paris. ad. vj. Kal. April. Vide novam edit. Glossar. Menag. v. *Baudais.* Hist. urbis et diœc. Paris. D. *Le Beuf* tom. 1. part. 1. pag. 127. tom. 5. pag. 100. et 101. ubi a *Baudachario* quodam, qui ann. circ. 700. vivebat, nomen illud accersendum putat. [** Conf. Geraldi librum *Paris sous Phil.-le-Bel*, pag. 284.] Quod vero trito fert ur proverbio ex Consuet. Lauriac. : *En la coutume de Lorris, les battus payent l'amende*, id em de Jure *Portæ Bauderii* dictum reperit ur in

Lit. remiss. ann. 1374. ex Reg. 105. Chartoph. reg. ch. 270 : *Ce seroit grief* (que le blessé fisse les frais de l'écot pour la réconciliation) *et le droit de la Porte Baudoyer, qui est batu, si l'amende.* Quo spectet, et unde orta hæc consuetudo, haud satis perspicio. Consule Diction. Trevolt. v. *Coustume.* Vide supra *Battitura* in *Battere* 1.

BAUDIA. Vide *Bausia.*

* **BAUDOPHORUS**, Vexillifer, apud. P. Daniel. tom. 1. Milit. Franc. lib 6. cap. 8. pag. 493. Vide supra *Baucendus* et *Bauderia.*

BAUDOSA, Instrumenti musici species. Aimericus de Peyrato Abbas Moisiacensis, in Vita Caroli M. in Cod. MS. 1343. Bibl. Regiæ :

Quidam Baudosam concordabant,
Plurimos cordas cumulantes.
Quidam triplices cornu tonabant,
Quædam foramina inclaudentes.
Quidam choros consonantes,
Duplicem cordam perstridentes.
Quidam taborellis rusticabant,
Gressum sonum præmittentes.
Quidam cabreta vasconizabant,
Levis pedibus persaltantes.
Quidam liram et tibiam properabant,
Alios tactu præcedentes.
Quidam harpam alte pulsabant,
Prolixas virgulas sic gerentes.
Quidam rebecam arcuabant,
Muliebrem vocem confingentes, etc.

¶ **BAUDRA**, Baudrea, Baltheus. Vide *Baldrellus.*

¶ **BAUDRARIUS**, et Baudrbus, Qui coria quævis parat, Gall. *Baudroyer* et *Baudroyeur.* Charta Ludovici Junioris Regis Franc. ann. 1160. apud D. *Brussel* de Usu feud. tom. 1. pag. 536 : *Concessimus ex nunc in posterum Theci uxori Yvoni laChoe et ejus heredibus magisterium canatorum, Baudreorum, etc.* Vide *Baldrellus.*

* **BAUDREIUS**, ut *Baudrarius*, Qui coria quævis parat, *Baudroier et couroieur,* in Lit. ann. 1384. tom. 7. Ordinat. reg. Franc. pag. 104. Inventar. Chart. reg. ann. 1482. fol. 93 : *Littera acquisitionis magisterii tanneriorum, Baudreiorum, pellipariorum. etc.* Quorum ars *Baudroierie* nuncupatur, in Lit. remiss. ann. 1377. ex Reg. 112. Chartoph. reg. ch. 105 : *Jehan Chemier poure varlet aprentis au mestier de Baudroierie.* Reg. sign. *Pater* Cam. Comput. Paris. fol. 252. r° : *Marchans et vendeurs de toutes choses appartenans à la Baudroierie, soient Baudroiers ou autres, etc.* Quæ voces a Gallico *Baudre*, pro *Baudrier*, Baltuus, usurparunt. Chron. S. Dion. lib. 3. cap. 23 : *Elle* (Frédégédonde) *li deschaint le Baudre.* Et lib. 4. cap. 4 : *Il li baillast le Baudre d'or, que il avoit çaint.* [** Statuta Baudreiorum Paris. sunt ap. Steph. *Boileau* ed. Depping. pag. 224.]

* **BAUDRERIUM**, Amentum, lorum, Gall. *Courroie, bande de cuir.* Lit. remiss. ann. 1358. in Reg. 86. Chartoph. reg. ch. 263 : *Symon Patroullardi dixit Johanni ipsius famulo, quod dictam balistam tenderet cum manibus, ... qui nequivit hoc facere, sed Baudrerium accepit, et eam tetendit.* Charta ann. 1345. inter Probat. tom. 4. Hist. Occit. col. 201 : *Ramundus Arquerii, athilator Tolosæ dom. nostri Franciæ regis, recognosco habuisse.... pro xij. Baudreriis unius pedis, etc. Baudre*, eadem notione, in Lit. remiss. ann. 1388. ex Reg. 132. ch. 294 : *Lesdiz arbalestriers aians leurs arbalestes, Baudres, cartas et viretons, etc. Baudrée* vero, pro Detritum corium, vilis lacinia coriacea Lit. remiss. ann. 1412. in Reg. 166. ch. 190 : *Icellui Mahiet trouva une Baudrée ou vieulx drapper pour nettoier le four, dont par esbatement il se prist à jouer aux supplians, et à leur faire baiser icelle Baudrée.*

* **BAUDROY**, Piscis species, vox vernacula. Tract. MS. de Piscibus ex Cod. reg. 6838 C. cap. 46 : *Rana piscatrix, hodie quoque a Neapolitanis sic dicitur, ab aliis Italis martino pescatore, vel diavolo di maro, a Massiliensibus Baudroy, a lato et amplo oris rictu, quo marsupium refert, quod baudrier vernacula lingua nominatur, a Burdegalensibus peschetau, Monspoli gallanga.*

¶ **BAUDUM**, f. *Bandum* pro *Bannum.* Edictum publicum. Hist. Dalphin. tom. 2. pag. 431. col. 2. ex Charta anni 1341 : *Statuta seu Bauda sive præconisationes facere non verentur, seu directe, vel indirecte violentias aut molestias irrogare, etc.*

* **BAVERIA**, *Baviera*, Academicis Cruscanis, *Visiera, buffa, Lat. Galeæ pars antica :* hic pro Cassis, galea ipsa. Testam. Guillelmi milit. de castro Barco ann. 1319. tom. 3. Cod. Ital. diplom. col. 1938 : *Item relinquo dictis fratribus Prædicatoribus de Verona meliorem destrerium seu equum; .... cum Baveria mea et scuto meo tempore funeris mei. Salade a baviere*, id est, *a visiere*, in Ordinat. milit. Caroli ducis Burgund. ann. 1473.

* **BAUFUALIUM**, Suppellex quædam ad lectum pertinens, f. Auriculare, Gall. *Oreiller, traversin;* unde legendum fortassis *Bausualium* vel *Baissualium :* nam *Baisé*, eadem notione, occurrit inter Probat. Hist. Brit. tom. 1. col. 1205 : *Quittance... pour un cuvertor, dous linceus, une courtepoiente, e dous Baisez portez à Pontquelec, à l'usage du Duc.* Inventar. MS. ann. 1320 : *Unum coopertorium de pellibus dorsori cuniculorum, item unum bonum trislicium, item unum Baufualium barratum.* Vide supra *Bassacha.*

1. **BAUGA**, Bauca, Boga. Papias : *Bauca, armilla.* Idem : *Armillæ proprie virorum sunt, eædem et circuli, et brachiales, rotundæ, id est, Bogæ, armispathæ.* Gloss. Latino-Theotiscum, apud Lindenbrogium : *Dextralia, latæ armillæ, Bougin.* Capitul. 3. ann. 803. cap. 7. et Capitula Caroli Mag. lib. 4. Add. 2. § 1. al. 4. [** Pith. et Baluz. 5.] : *Ut Bauga et brunia non dentur negotiatoribus.* Lib. 6. cap. 212. [** 223.] : *Ut armillæ et Bruniæ non dentur negotiatoribus.* Epist. synodalis Concilii Duziacensis I : *Et multis ac variis ornamentis ex auro et gemmis compositis,... inde umgas ad spatas et balteos, et calcaria atque ligaturas hosarum... fieri jussit.* Ubi legendum censuerim *Baugas.* [** *Boga* in Ruodlieb, Fragm. 3. vers. 356.] Inde dubio procul accersi debet etymon vocabulorum apud nos in re militari receptorum, *Bague, Bagage, Bagues sauves ; Armes et Bagagé.* Rob. *Gaguin* in Poëm. *le Passetemps d'oisiveté :*

Ils ont perdu Bagues et tentes,
Dependus harnois et chevaus.

Vide Consuetud. Hannoniensem cap. 109. art. 2. Sed an inde annulis apud nos id etiam nominis inditum, etsi mihi indubium, addubitant tamen viri docti, qui a *baccis* accersunt, hoc est, monilibus et unionibus. Ausonius in mosella,... *Concharum germina baccas.* Atque inde etiam *Bagatelles*, appellamus non tam nugas, quam mundum muliebrem, cujusmodi sunt *Baugæ*, monilia, dextralia, et alia ejus generis. Goldasto *Bauga*, est tympanum, *bauck.* Olaus Wormius in Lexico Runico, ait veteribus Danis *Baugur* et *Baugs*, annulum sonare. [** Vide Graffii Thesaur. Linguæ Francicæ vol. 3. col. 37. sqq. Grimm. ad Walthar. pag. 73.]

* 2. **BAUGA**, perperam pro *Braga*, Gall. *Braye*, Femoralia. Libert. Montisfalc. ann. 1373. tom. 8. Ordinat. reg. Franc. pag. 54. art. 17 : *Quod si aliquis uxoratus reperiatur in dicto loco aut ejus pertinenciis, cum muliere conjugata, Baugis astractis, aut nudus cum nuda, etc.* Id est, femoralibus demissis. Vide *Bracæ*, et supra *Baissiare.*

¶ **BAUGAREDI.** Vide *Bagaudæ.*

BAUGARUS, Bavarus, ex Bavaria oriundus, Leoni Ost. lib. 2. cap. 65.

¶ 1. **BAUGIUM**, Baugum, Bauguum, Idem, ut videtur, quod *Baleuca*, Districtus. Hist. Harcur. tom. 3. pag. 667. ex Regestis Tabularii regii : *Dicta castrum villamque Rualmevivum et destentum seu Baugium Spinalense cum omnibus et singulis eorum juribus et pertinentiis universis.* Et pag. 668 : *Præfatasque villas, castrum Rualmenicum, distractum et Baugum cum suis pertinentiis universis in dominium suum retinuit.* Et iterum pag. 667 : *In dictis villis, castro Spinalensi, Rualmevivo et distractu seu Bauguo habitantium bona, cum omni subjectione et fidelitatis recognitione.* [* Vide supra *Baticium.*]

* 2. **BAUGIUM**, Silva cædua, Gall. *Taillis*, vel Locus dumis consitus, idem quod *Brolium.* Charta ann. 1341. in Reg. 72. Chartoph. reg. ch. 250 : *Cum contra sindicos universitatis et singulares castri et bajuliæ de Angulis.... denuntiatum fuisset.... animalia sua.... grossa et minuta per plures et diversos annos.... in his Baugiis et nemoribus regiis ipsius bajuliæ.... immisisse, etc.* Vide supra *Basticium.*

* 3. **BAUGIUM**, Ædicula, Gall. *Bouge.* Vide *Bugia* 1. Charta feud. nobil. Castill. : *Domus una cum Baugiis, grangia, et aliis ædificiis, etc. Bauge*, Falcula, in Lit. remiss. ann. 1425. ex Reg. 173. Chartoph. reg. ch. 165 : *Icellui Coupper dévesti sa robe, et print sa heuque, et en sa main une Bauge ou sarpe.*

* **BAVIARDUS**, Monetæ species. Charta official. Bituric. ann. 1227. ex Chartul. S. Petri Puellar. fol. 88 r° : *Noveritis quod Guido Trosselli in nostra præsentia constitutus recognovit quod ipse debebat ecclesiæ S. Petri Puellaris quatuor solidos Baviardorum de censa, et quatuor solidos Baviardorum ecclesiæ S. Joannis de Campis reddendos in festo S. Joannis Baptistæ. Bauviardus*, in Ch. Henr. de Suliaco ann. 1203. ex Chartul. Massiac. : *Pro qua quitatione abbas Massiacensis dedit dicto fratri lx. solidos Bauviardorum et Virsionensium.* Vide supra *Baliardus.*

¶ **BAVILIA**, Officium, administratio. Limbroch. lib. Sent. Inquisit. Tolos. ad calcem Hist. Inquisit. ann. 1309 : *Ego Senescallus Tholosæ... non committam Bavilias vel administrationes nec officia publica alicui* *de prædictis.* Hæc vox occurrit pag. 1. 7. 36. et 38. Mallem ubique *Balivia;* quod videsis post *Bajulus* 4. [** F. *Bajulia.* Ita etiam legendum ap. S. Rosa de Viterbo pro *Bavilio* et *Bavilia*, Eluc. vol. 1. pag. 185.]

* **BAVILUS**, ex puncti transpositione pro *Bajulus*, ut notat doctiss. Editor ad Lit. ann. 1345. inter Ordinat. reg. Franc. tom. 3. pag. 159. art. 10 : *Concedimus quod Bavilus seu alii curiales dicti castri et ipsius mandamenti, non possint nec debeant procedere contra aliquam personam dicti mandamenti ad inquestam, nisi prius facta de crimine legitima informatione.*

BAVINÆ, Aves quædam maritimæ, in Vita S. Porcarii Abb. Lerin. in Chronolog. Lerin. pag. 223.

* **BAULA**, Sagma, fascis, onus, sarcina, Gall. *Balle.* Charta Phil. Pulcri ann. 1308. in Reg. 41. Chartoph. reg. ch. 77 : *Baula seu carga quælibet pondus quatuor quintellorum tantummodo continente, dummodo nobis pro Baula seu carga qualibet lxx. Turon. parvorum fortis monetæ solvendos, etc.* Infra : *In ballis seu cargis prædictis, etc.* Sed pluries *Baula* ibi recurrit. Alia ejusd. reg. ann. 1310. in Reg. A. Cam. Comput. Paris. fol. 7. v°. : *Præcipimus per præsentes quatenus omnes et singulas Baulas lanarum vel aignelinorum.... arrestetis.* Vide *Bala.*

BAULARE, Ugutioni, *Latrare*, et est proprie *Canum.* Mox hæc addit : *Sidonius in libro de Naturis rerum ponit propria verba animalium secundum vocem, quæ in parte ponemus. Leonum est Rugire : Tigridum Rechanare : Pardorum Felire : Pantherarum Caurire : Ursorum Uncare, vel Sevire : Aprorum Frendere : Lyncum Urcare : Luporum Ululare : Serpentum Sibilare : Onagrorum Mugilare : Cervorum Rugire : Boum Mugire : Equorum Hinnire : Asinorum Rudere : Porcorum Grunnire : Verris Quirritare : Arietum Lorettare : Ovium Balare : Hircorum Miccire : Edorum Vehare : Canum Latrare, seu Baulare : Vulpium Gannire : Catulorum Glattire : Leporum et Parvorum Vagire : Mustellarum Drivorare : Murium Pipitare : Soricum Desticare : Elephantum Barrire : Ranarum Coaxare : Corvorum Crocitare : Aquilarum Glangere : Accipitrum Pipitare : Vulturum Pulpare : Milvorum Bulpare : Olorum Drensare : Gruum Gruere : Ciconiarum Gloitolare : Anserum Sclingere : Anatum Recrissare : Pavonum Paupulare : Gabriarum Fringulare : Noctuarum Caccubire : Cucularum Cucusare : Mulorum Zurgiare : Turdorum Trucilare, vel Soccitare : Sturnorum Passitare : Hirundinum Fintinire, vel Minurrire : dicunt tamen quod Minurrire est omnium minutissimarum avicularum : Gallinæ Crispire : Passerum Cinciare : Apum Bobire, vel Bombilare : Cicadarum Frintinnire.* Similia habet Gloss. MS. S. Germani Paris.

* Ab Ugutione in multis differt Papias MS. ex Bibl. reg. unde varia quæ sequuntur, exscripsi : *Leonum est fremere : Tigidum rachare : ... Onagrorum magillare : Cervorum surgire : ... Arietum orectare : .... Edorum vebare : .... Catulorum clatire : .... Mustellarum drinorare : Murium mintarre : Soricum destallare : ..... Ranarum ranire vel coaxare : Corvorum cruxare vel crocitare : Aquilarum clangere : Accipitrum piplitare :... Milvorum lupire :... Ciconiarum crotolare : Anserum griare vel sclingere : Gallorum cucurrire, vel caxitare, vel cantare : Anatum tetrisitare : Turturum gemere : Palumborum paucitare : Perdicum cacabare : Graculorum fringulirre : Noctuarum cucubire : Merularum frindire, vel tintiare : Passerum riciare : Apum bouire.*

¶ **BAULEUCA** et Bauliva. Vide in *Bannum* 3.

* **BAULMA.** Vide supra *Balma* 1.

* **BAULUM**, Administratio rerum et bonorum pupilli, Gall. *Bail, tutelle;* unde *Baux*, Tutor, in Ch. ann. 1384 : *Chest le dénombrement que je Jehan de Faid escuier fais et baille comme maris et Baux de Gille de Genveri, fille de feu Jehan de Genveri escuier.* Emendandæ ergo Litteræ ann. 1371. tom. 5. Ordinat. reg. Franc. pag. 418. ubi *Bauz*, pro *Bauz*, perperam editum est. Charta ann. 1251. ex Chartar. B. M. Maidun. : *Ego Petronilla de Curtiniaco domina Maiduni. Notum facio universis præsentes litteras inspecturis, quod ego dedi et concessi canonicis B. M. de Maiduno quadraginta solidos Turon. quamdiu Baulum filiæ meæ Amiciæ tenebo.* Vide in *Bajulus* 3.

* **BAULUS**, Idem qui *Baillivus*, nostris *Bailli*, Judex. Charta ann. 1270. in Reg. Cam. Comput. Paris. sign. *Vienne* fol. 61. r°. : *Quod ipsi et antecessores eorum posuerunt in prædicto castro Baulum, seu etiam jugerium vel consules.* Vide *Bajulus.* 4.

¶ **BAVOSUS**, Stultus, a *Bava*, saliva ex ore fluens, ut stultis sæpius accidit : quod speciatim narratur 1. Reg. 21. 13. de Davide, cum apud Achis Regem Geth dementiam præ timore simulavit. Pelagius Diaconus de Perfectione SS. Patrum tom. 3. Bibl. Ascet. pag. 347 : *Bavose, canem fatuum adduxisti mihi.* Hinc forte nostrum *Bavard*, Homo inepte et insulse loquax : quod tamen alii a βαβάζειν deducunt, Inarticulate loqui.

BAURUS. Albertus Argentin. pag. 133 : *Ipsos contra Principem animavit, quem nominavit Baurum. Interpretans nomen* Baurus, *id est, nesciens tegere Barbam, quia tantam dixit esse fœditatem oris sui, quod ipsam abjicere non valebat. Baur* Germanis, rusticus, agrestis; Belgis *Boër.*

¶ **BAUSA.** Vide *Felgaria.*

¶ **BAUSENGIUS**, f. Proditor, a voce *Bausia.* Oberti Cancellarii Annal. Genuens. lib. 2. apud Murator. tom. 6. col. 308 : *Ipsis morantibus solverunt pacem militibus et Bausengiis, quia Januensibus auxilium et consilium amicabiliter præstarent.*

* **BAUSATOR**, Bauzator, Felo, proditor, a voce *Bausia*, felonia, proditio. Constit. Jacobi I. reg. Aragon. ann. 1214. in Append. ad Marcam Hispan. col. 1404 : *Volumus præterea ut nullus violatores pacis manuteneat, nec raptores, nec aliquem qui sit Bausator appellatus.* Alia ejusd. reg. ann. 1228. ibid. col. 1413. art. 14 : *Sub hac eadem pace constituimus milites et omnes illos, qui iverint cum domina uxore militis; nisi fuerint Bauzatores vel proditores manifesti. Bauzador*, Catalanis. Vide in *Bausia.*

* **BAUSATURA**, Macula alba in fronte equina, nostris vulgo *Etoile.* Charta ann. 1319. ex Tabul. dom. Veneiæ : *Alter equus erat pili maurelli, cum modica Bausatura in fronte.*

BAUSIA, Baucia, Baudia, Felonia, proditio, crimen capitale. [** Etymon vocis procul dubio est a voce Germ. *Bœs*, apud antiquos Gothos *Baud*, Anglis *Bad*, Quævis res mala, corrupta, improba. Vide Schilter. in Gloss. voce *Bosa.* Adel. *Baud* Gothis est Hebes, stupefactus. Origo vocis *Bausia* repetenda videtur à Goth. *Balus*, Malus. Vide Glossar. Goth. Massmanni ad Interpr. Ev. Joh., Schmelleri Saxon. et supra *Ballomer.*] Tabularium Abbatiæ Conchensis in Ruthenis chart. 291 : *Excepto furto et Bauzia.* Curia Generalis Regis Aragon. in Catalania 19. Kal. Septemb. ann. 1321. MS : *Item quod nullus reptatus de Bausia teneatur, etc. de Bausiatoribus et traditoribus qui fidem suam noluerunt escondire.* Infra : *Si aliquis fuerit reptatus in Curia de Bausia, sive de proditione aut traditione, vel de fractione treugarum, quod possit fidem suam escondire per batalliam.* Perperam *Bansia*, pro *Bausia* non semel editum apud Belugam Editionis Ascensianæ. Consuetudines Cataloniæ MSS. [** Petri Alberti Canon. Barcinon. in Constit. Catalaniæ vol. 1. pag. 350. lib. 4. tit. 27.] cap. 1 : *Si a quest cas lo vassal no deu esser hoït en neguna manera : car en ço que requer fieltat, e per contradic se sequeys Bauzia, no es presa neguna defensio.* Cap. seq. : *En altra manera quant lo vassal seria remazut en lo terme del castel, no seria entes que aques donada postat, ans seria reputad bauzador, ço es que auria feyra Bauzia, segons Costuma de Catalunya.* [** Adde cap. 27. pag. 360. inscriptum : *Si ans que haja fet homenatge, lo vassal pot esser tingut de crim de Bausia.* et Recogn. Procer. cap. 43. Omnis tit. 12. libr. 9. Constit. Catalan. et tit. 5. ejusdem libri in Superfl. agit *de reptats de Bausia e traytio.* Curiæ supra laudatæ sunt ibi cap. 4. et 5.]

Baucia. Charta Adefonsi Regis Aragon. æræ 1172. apud Martinezium in Hist. Pinnatensi lib. 5. cap. 28 : *Et si aliquis eorum qui modo habet istos honores, vel habebit in futuro, voluerit se erigere in superbiam, et noluerit recognoscere istis Sanctis, sicut et mihi mei homines, et mei fideles; appellant de traditione et de Baucia, sicut facerent, si ego essem vivus et præsens, et adjuvent eum per fidem sine fraude.*

Baudia. Usatici Barcinonenses MSS. cap. 34 : *Quia maxima Baudia est.* Cap. 35 : *De aliis namque Baudiis et malefactis, etc.* Cap. 36 : *Quandiu contradixerit, Baudator suus erit. Boidie*, vel *Boisdie*, nostris Gallis, [Dolus malus, fallacia.] Statuta MSS. Caroli I. Reg. Siciliæ cap. 142 : *Barat ne Boidie ne doit aler avant en jugement, ne autre part.* [Stephanotius Antiquit. Benedict. Pictav. MSS. tom. 3. pag. 973. ex Charta anni 1294 : *Renonciants à tote exception de deception, de fraude, de Boisdie, de tricherie, de paor, de machination, de circumvention, etc.* Charta S. Ludovici tom. 1. Ordinat. Reg. Franc. pag. 81 : *Sans nulle suspicion de fraude ne de Boidie.*] Gualterus Metensis in Mappamundi MS :

Qui semblant font de maladie,
Par fausse œuvre et par leur Boidie, etc.

Le Roman *de Gaydon* MS :

Qui tos jours font traison et Boisdie.

Le Roman *de Garin* MS :

Et sembla bien traison et Boisdie.

Philippus *Mouskes* MS. in Philippo I :

Ensi par guerre et par Boisdie,
Ot li Rois Henry Normandie.

Idem in Philippo Aug. :

Li Quens Renaus s'en fu grevez
De toutes pars, et accusez
De traison et de Boisdie.

Auctor *des Instituts en Roman* MS. diabolum vocat *li pere de le felonie et de Boidie.* Occurit passim apud Poëtas nostrates. Adde veterem Consuetud. Campaniæ art. 38.

* Dolus, fallacia; quod sicut per *Boisdie* reddiderunt nostri, ita et *B* mutato in *V*, *Voisdie* dixerunt, ut in Cons. Petri de Font. cap. 5. art. 4. qui et *Bosdie* usurpat cap. 16. art. 1. Le Roman *de Garin :*

Li rois Girar fu pleins de graut Voidie.

Boidie, pro *Bordre*, legendum in Lit. ann. 1269. tom. 4. Ordinat. reg. Franc. pag. 534.

¶ Baudator, Proditor, malefactor, criminis capitalis reus. Spicil. Acher. tom. 8. pag. 386. ex Edicto pacis Jacobi Regis Aragoniæ : *Volumus præterea et mandamus, ut nullus violatores pacis manuteneat, nec raptores : nec aliquis qui sit Baudator appellatus, sit sub hac pace, nisi voluerit se purgare ad cognitionem curiæ nostræ.* Alterum exemplum vide in *Baudia.*

Bausiare, Bosiare, In dominum insurgere, forisfacere, [fallere, decipere.] Ratherius Veronensis Episcopus in Qualitatis conjectura etc. : *Illum cui unam libram argenti pro trabibus emendandis commiseram anno preterito, immaniter mihi Bausiasse percepi.* Charta Fulconis Nerræ Comit. Andegav. in Tabulario Abbatiæ Vindocin. n. 63 : *Illo quoque mortuo habuit eam de Goffrido Comite filio ejus, donec ille in ostagium intravit pro Comite Cenomanico contra illum. Cum vero Comes Cenomanicus Bosiavit Comiti Goffrido, et forostagiavit obsides suos, perjuravit se Herbannus de ostagio, sicut alii ostagii contra Comitem Goffridum, et tenuit se in guerra cum Comite Cenomanico, similiter et duo nepotes ejus Guillielmus de Saliaco et Hubertus frater ejus in eadem guerra Cenomanorum perjuraverunt contra Gaufridum Comitem, et ei Bosiaverunt, pro qua re accepit Comes fevum suum, quod ille foris fecerat, etc.* Iterum Charta 197 : *Quo mortuo sine hærede legitimo, eo quod ipse Clericus fuisset, et frater illius Roscelinus qui ei supervixit Comiti Fulconi Bosians in guerra Plastulfi adversus eum fecit, unde et ab illo de tota terra sua exhæredatus et ejectus est.* Et Chart. 207. fol. 85. *Comes Goffrido Comiti Bosiavit, bellumque intulit.* [*Boisiare*, apud Rymer. tom. 1. pag. 2. n. 7. pag. 4. col. 2. n. 7. et pag. 24. n. 11 : *Et si aliquis Comes Angliæ, vel alii homines illius terræ, Regi vel Henrico, filio suo Boisiaverint*, alias *Bosiaverint*, non male.] Ita *Boiser*, Poëtæ nostrates dicunt. Le Roman *de Garin :*

Del vieil Fromond le vieillart tretor,
Qui a Boisié son droiturier Seigoor.

Alio loco :

Il li escrie, Torne à moi renoiez,
Par meinte fois as envers moi Boisié.

Le Roman *d'Aubery* MS :

Par traison vuelent le Duc Boisier.

Le Roman *de Jordain de Blaye* MS :

Con li cuivert otil lor Seignor Boisié.

Le Roman *de la Prise de Hierusalem* MS :

Pilate son Prevost, qui tant jor l'a Boisé.

Le Roman *de Vacces* MS :

Ne li Boiserai-je de petit ne de grant.

Infra :

Més si li Rois m'aloit de queque soit Boisant, etc.

Theobaldus d'*Argies*, Can. 5 :

Qui n'a talent du trichier, ne du Boisier.

Guill. *Guiart.* ann. 1207 :

Chrestiens qui mie ne Boisent,
Cà et là par France se croisent.

Idem anno 1296 :

En celui termine meismes,
Où faus devise li aprandres,
Se Boisa si li Quens de Flandres,
Comme deceus et gabez,
Qu'à Paris tramist deus Abez,
Et manda au Roy là endroit,
Que mais rien de lui ne tendroit;
Et sans autrement suplier,
Le fist adonques deffier.

Chron. MS. Bertrandi *du Guesclin :*

Si se sont assentis à rendre au derrein jour,
A venir à mercy bellement par loy seur,
Chascun la hart au col, a loy de Boiseur.

Bausiator, Felo, qui in dominum insurgit, in Chartis supra laudatis. [Ratherius Veron. de contemptu Canonum tom. 2. Spicil. Acher. pag. 180 : *Si grandi quidem, sed torto est naso, id est si discernendi subtilitate nullatenus pollet ut fraudulentus adeo sit, ut Bausiator vulgo dicatur.*] *Gasces Bruslez*, Cant. 20 :

Et amerai celle que j'aim tant,
Et se sui tronmi cuer Boiseor,
Qui soit soudains pur faus lausengeor.

Perrinus *d'Angecourt*, Cant. 5 :

N'estra mes cuers Boissieres ne faintis.

Le Roman *du Renard* MS :

Ne envers vous estre Boisierre.

[** Confer Raynouardi Gloss. Rom. radice *Bauzar*, vol. 1. pag. 202.]

Bausitæ, Bona mobilia vel immobilia, quæ ex *Bausia* ac felonia reorum in fiscum cadunt, *Escaëtas* alii vocant. Charta Ottonis Episcopi Vapincensis ann. 1281. apud Sammarthanos : *Omnes proventus et Bausitæ, quæ ex prædictis jurisdictione et consolatu exiverint, pro medietate pertineant ad Regem, etc.*

Butia, Idem quod *Bausia.* Charta Alfonsi Imp. Leonensis seu Hispaniæ æræ 1172. apud Michaëlem *del Molino* in Repertorio Fororum Aragon. pag. 226 : *Et non habet super illos aliam causam, nisi cum benefacto de Senyore, et habuerunt fueros et usaticos de suos honores quos habuerunt, et inantea accaptabat, quod non perdidissent illas, nisi per tres Butias comprobatas, videlicet unam pro morte de suo Senyore : aliam pro mulierem de suo Senyore adulterare : tertium, qui cum honore de suo Senyore ad alium Senyorem cum illa attenderit. Et si aliquis de illas tres Butias de nulla de illis inde reptatus fuerit, etc.*

* **BAUSSIUM**, Rupes præerupta, a Provinc. *Bau*, eadem notione. Charta. ann. 1197. ex Tabul. S. Victor. Massil. : *Versus occasum sequendo terram gastam usque ad Baussium de balma de Mazel... Versus meridiem confrontat cum rocassio sive Baussio, etc.* Chartar. notar. Massil. : *Domum confrontatam ab alia parte cum Baussio.*

* **BAUSSUM**, Eadem notione, in Charta ann. 1438. ex schedis. Pr. *de Mazaugues : Supra crossum de Montonnés... usque supra Baussum.*

* **BAUSUALIUM.** Vide supra *Bausualium.*

¶ **BAUTAGIUM**, Præstatio, pro vino, uti fusius docetur in *Botagium :* quod vide post *Butta* 3.

* **BAUTERIA**, Semita, Gall. *Sentier*, ut videtur; etsi Menardo idem sit quod *Bouteria*, Limes, terminus, finis, Gall. *Bout.* Stat. ann. 1363. inter Probat. tom. 2. Hist. Nem. pag. 279. col. 1 : *Item quod nulla persona... sit ausa itinera, nec iter novum facere in alienis possessionibus cum animali nec cadriga, nec apperire Bauterias, nec facere ipsas de novo, sine voluntate et scientia illius et etiam licentia, cujus erit ipsa possessio, si comode transire possit per itinera.*

* **BAUVERTSCHIN.** Vide supra *Banvertschin.*

* **BAUVIARDUS.** Vide supra *Baviardus.*

* **BAUZA**, ut *Bausia*, Felonia, proditio, dolus, fallacia. Charta ann. 1107. inter Probat. tom. 2. Hist. Occit. col. 371 : *Adjutor ero tibi per directam fidem, sine inganno et sine Bauza.* Hinc

* **BAUZATOR.** Vide supra *Bausator.*

¶ **BAUZIA.** Vide *Bausia.*

* **BAXATOR**, Baxiator, Fullo, Gall. *Foulon*, inter Probat. Hist. Nem. tom. 2. pag. 303. col. 1. et tom. 3. pag. 335. col. 1. Charta ann. 1407. in Reg. 161. Chartoph. reg. ch. 337 : *Jacobus de Podio Baxiator, etc.* Mirac. MSS. Urbani PP. V : *Quidam residens in civitate Mimatensi Baxiator pannorum, etc.* Vide infra *Bayssatera.*

¶ **BAXEÆ**, *Calciamenta. Baxea, Calciamenta mulierum sunt. Baxe, Calcei mulieris alte. Baxe, Calciamentum comedorum erat, sicut tragœdiorum coturni, quos quidem etiam calones appellant, eo quod ex salice fierent; nam Græci lignum cala vocabant. Baxem, Calciamenti genus.* Ita Glossar. MS. San-German. uum. 501. Vide *Braxeæ.* [** Exscripta hæc sunt ex Isidori Origin. lib. 19. cap. 34. sect. 13. et 6; ubi olim male *Braxeæ* legebatur. Confer Martinium, qui monet apud Hesychium esse βαυκίδες, speciem calceamenti muliebris. Vide Stephan. Thes. voce βαυκίς. Gloss. Ælfr. : *Baxeæ*, W i f e s s c e o s i. e. calcei muliebres. Antiquis *Baxeæ* sunt Calcei Philosophorum. Vide Forcellinum.]

¶ **BAXELLA**, pro *Vaxella*, Vasa, Gall. *Vaisselle.* Vide *Vaxella.*

¶ **BAXILICA**, pro *Basilica.* Ottonis Morenæ Rer. Laudens. Hist. apud Murator. tom. 6. col. 1057 : *Et nullum alium in Baxilica Beati Petri... fuisse inmitriatum.*

BAXIO. Vetus Notitia sub Rogerio Reg. Sicil. ann. 1144. apud Rocchum Pirrum in Archiep. Messan. : *Et pervenit usque Sallidam per viam, ubi est magnus Baxio, etc.* [An non Arenarius cumulus? *Baxios*, Hispanis est arenaria moles maris.]

¶ **BAYARDUS**, Equus Phœnicus seu badius, Gall. *Cheval Bay*, vel *Bayard.* Hist. Dalphin. tom. 2. pag. 176. col. 2 : *Humberto marescallo roncinus suus Bayardus.* Et pag.

225. col. 2. lin. ult. : *Item, legavit Dominabus dicti monasterii de Saletis, et donavit duos equos suos, videlicet Lyardum et Bayardum, etc.* Vide *Bagus*.

¶ **BAYETA**, Speculator, Custos, Excubitor, a veteri Gallico, quod etiamnum Picardis familiare est, *Bayer*, Aspicere. Hist. Dalphin. tom. 2. pag. 415. col. 1. ex Charta anni 1340 : *Ut autem in dicto officio de sario et custodia dicti castri sit opportune provisum, constituimus vobis salarium pro persona vestra viginti quinque solidos grossos, et triginta solidos grossos pro duobus clientibus una gayeta et Bayeta per annum.* Ejusd. Hist. tom. 1. pag. 66. col. 2. ex Charta ann. 1347 : *Interrogatus fuit quam familiam ipse tenebat, dixit quod unum scutifferum, unum clientem, unam gaytam, et unam Bayetam.* Computa Vienn. in Delphin. ann. 1318 : *Item, pro expensis unius Bayetæ et unius clientis spatio novem hebdomadarum ad custodiendum castrum c. solidos.* Occurrit ibidem ad ann. 1322. et in aliis pluribus Instrumentis, ubi fere semper conjungitur cum *Gayta* vel *Gayeta*, a quo vix differre videtur. Vide *Wactæ*.

* *Abaiete*, eadem notione, in Reg. B. Cam. Comput. Paris. fol. 171. ad ann. 1343 : *A Mortaingne n'est ordené que le chastellain et v. hommes d'armes, xxv. arbalestriers, iij. portiers, et j. gaite et j. Abaiete.* Et fol. 171. v° : *j. Abaiete, et j. gaite, et j. artilleur.* Ubi *Abaiete* a *Gaite* distinguitur, forte ille edito clamore rem significandam nuntiet, a vet. Gall. *Abai* et *Abaier*, pro *Abboy* et *Abboyer*, clamor, clamare; hic vero alia ratione, puta campanæ tinnitu.

* **BAYHARDUS**, Badius. Gall. *Bay*. Inventar. ann. 1476. ex Tabul. Flamar. : *Et primo unum rousinum pili Bayhardi obscuri, valoris triginta scutorum auri.* Rursum : *Item plus unum alium equum sive rousinum pili Bayhard.* Vide *Bayardus*.

* **BAYLA**, Modus agri apud Lemovices. Charta official. Lemovic. ann. 1340. in Reg. 72. Chartoph. reg. ch. 556 : *Item dictus Baronet tres eminas frumenti censualis cum accaptamento, et unam eminam de decima ratione cujusdam Baylæ sitæ inter terram Petri Vigier ex una parte et terram Vincentii Picart ex alia.* Alia ann. 1374. in Reg. 106. ch. 113 : *Quos redditus assedit super quadam vinea, sita inter duas Baylas terræ ipsius venditoris ex una parte, et terram Petri de Nongato..... Item acquisivit quatuor sextarios frumenti, ... quos assignavit in et super sex Baylis, sitis in territorio civitatis Lemovicensis.*

¶ **BAYLES**, An idem quod inter navigantes *Baille*, hoc est, semidolium vel dolium in duas cupas divisum? Rymer. tom. 7. pag. 745 : *Sex patellas de auricalco, duas lebetes, quatuordecim Bayles.* Vide *Baylus*.

¶ **BAYLIA**, Potestas, auctoritas, Armoricanis *Baili*. Rymer. tom. 6. pag. 673 : *Habentes notitiam plenam, quando peripsum Dominum Ducem et Concilium et Commune Januensium transmissus fuit Ambaxiator et Nuncius..: cum plena potestate et Baylia, etc.* Vide *Baylia* post *Bajulus* 4.

* Passim occurrit apud Scriptores Italicos. Vide supra *Bailia* 4. *Bayerie* vero, pro Jurisdictio, jus, in Charta ann. 1293. apud Stephanot. in Antiq. Pictav. MSS. tom. 3. pag. 946 : *Item la Bayerie, quant au depiés de membre, esmutiler, espiecer, essoreiller, etc.*

¶ **BAYLIVIA**, Districtus *Baillivi*, apud Baluzium tom. 2. Hist. Arvern. pag. 657. in Charta anni 1456. Vide in *Bajulus*, 4.

¶ **BAYLIUM**, Tutela, ibidem pag. 734. in Charta anni 1445. Vide *Bajulus*, 3.

* **BAYLO**, Qui rebus cujusquam administrandis præest. Charta Ludov. II. reg. Jerus. et Sicil. : *Pro parte Baylonum universitatis Judæorum prædictæ civitatis* (Massil.) *fuit majestati nostræ noviter expositum, etc.* Vide supra *Baillio*.

* **BAYLUS**, Instrumentum rusticum. Stat. Vercell. lib. 3. pag. 101. v°. : *Sapas, Baylos, tridentes, furchas, rastellos, astonos, clavos, etc.* Qua notione intelligenda quoque est vox *Bayles*. [** Forte idem ac Germ. *Beil*, securis. Adel.]

* **BAYONESTUS**. Charta Massil. ann. 1368 : *Item quælibet barchia de pallela aut de tymono Bayonesto pro quolibet viagio, tres grossos.* An Bayonensis?

¶ **BAYRUM**, Pelles partim albi, partim cœrulei coloris, Gallis qui de scutis gentilitiis agunt *Vair*. Has vestibus olim intus assuebant. Rymer. tom. 7. pag. 356 : *Aliud indumentum absque manicis foderatum cum Bayro. Unam furreram de Bayro pro una supertunica. Unum mantellum mixti coloris foderatum cum Bayro.* Vide *Veyrum*.

* **BAYSAMENTUM**, Diminutio, Gall. *Baissement*. Charta ann 1370. ex Tabul. Massil. : *Pro Baysamento terrarum, etc.* Vide *Baissamentum*.

* **BAYSSARE**, Demittere, deponere, Gall. *Abaisser*. Stat. ann. 1357. inter Probat. tom. 2. Hist. Nem. pag. 194. col. 1 : *Fiat desuper portale unus turnus ad levandum et Bayssandum dictam novam trappam, cum corda canapis opportuna.* Vide supra *Baissiare*.

* **BAYSSATERA**, Bayssateria, Actio, qua panni a *Bayssatore* seu fullone poliuntur et dealbantur, ars fullonica. Comput. ann. 1334 inter Probat. tom. 2. Hist. Nem. pag. 89. col. 2 : *Item Francisco Arnaldi bayssatori, pro Bayssateris raubæ dicti domini Bernardi, et pro Bayssateris folraturæ raubæ suæ, solvi ij. solidos Turon.* Et pag. 87. col. 2 : *Item Francisco Arnaudi bayssatori, pro Bayssateriis raubarum dictorum dominorum Petri Raphi et Petri Derro, iij. solidos, vj. denarios.* Vide supra *Baxator*.

* **BAYSSATOR**, Fullo. Vide supra in *Bassatera*.

* **BAYVELLUS**. Vide supra *Baivarius*.

¶ **BAYUS** Equus, id est, Badius, Gall. *Bay*. Hist. Dalphin. tom. 1. pag. 65. col. 1. ex Charta anni 1339 : *Ducebat secum unum Equum Bayum clarum.* Vide *Bagus*.

* Comput. MS. ann. 1244 : *Pro duobus palefredis emptis apud Latiniacum, uno Bayo, altero ferrando, l. lib. viij. sol.* Vide supra *Bayhardus*.

* **BAZALA**, Herbæ aromaticæ genus. Constit. MSS. monast. S. Crucis Burdeg. ante ann. 1305 : *Hortum.... monachi parvi et juveniles debent tenere garnitum de romaris, de salvia, de majoracis, de Bazalis, de menta, et de ruta.*

* **BAZALARDUS**, Ensis brevis species, pugio, vel sica, Gall. *Coutelas*. Lit. remiss. ann. 1383. in Reg. 123. Chartoph. reg. ch. 55 : *Exponens portans in zona sua unum Bazalardum, etc.* Aliæ ann. 1399. in Reg. 154. ch. 294 : *Dictus exponens eosdem aspiciens dictumque Deodatum quemdam magnum Bazalardum..... defferentem.* Vide supra *Basalardus*.

¶ **BAZALARIUS**, pro *Baccalaureus*. Rolandinus Patavinus de Factis in Marchia Tarvisina lib. 12. cap. 19. apud Murator. tom. 8. col. 360 : *Perlectus est hic liber et recitatus coram infrascriptis doctoribus et magistris, præsente etiam societate laudabili Bazalariorum et scholarium liberalium artium de Studio Paduano.*

BAZAN, nostris *Basane*. Ita vitulinum vel ovinum corium appellant. Vitæ Abbatum S. Albani : *Ocreis de cute, quam vulgo Bazan appellant.* Alibi : *Conventus calceamenta quæ de vili corio, quod vulgariter Bazan dicitur, in alutam, id est cordewan, civiliter commutavit.*

¶ Bazanna, Eadem notione. Hist. Dalphin. tom. 1. pag. 98. col. 1. ex Charta anni 1309 : *Filo, cordis, cera, corduano, Bazannis, mercimoniis, etc.*

¶ Bazana. Ibidem pag. 87. col. 1. ex alia Charta ejusdem anni : *De bestia onerata Bazanis levantur quindecim denarii.*

¶ Bazenna, in MS. anni circiter 1290. ubi de Redditibus Episcopi Autissiodorensis : *Bazenna sic tela, pelliparia merces... debent paagium.*

BAZANA, *Sacculus*, in Gloss. Arabico-Lat. quia forte ex corio, seu *Bazano* confectus.

* **BAZELARE**, ut *Bazalardus*, nostris tiam *Bazelaire*. Lit. remiss. ann. 1373. ine Reg. 104. Chartoph. reg. ch. 376 : *Qu Guionetus metu mortis quendam cutellum seu Bazelare, quem secum habebat, evaginavit, ... et eodem cutello seu Bazelare dictum Miletum vulneravit.* Aliæ ann. 1388. in Reg. 137. ch. 6 : *Le suppliant saicha un coustel ou Bazelaire, que il avoit pendu à sa sainture.* Vide supra *Badelare*.

* **BAZELARIUS**, Bazellarius, Eodem intellectu. Lit. remiss. ann. 1384. ex Reg. 125. ch. 115 : *In dicta camera reperiit et cognovit vestem et Bazelarium dicti adulteri.* Aliæ ann. 1400. in Reg. 155. ch. 288 : *Dedit de quodam cutello sive Bazellario quatuor vel quinque ictibus supra caput prædicti Jacobi, plano dicti cutelli sive Bazellarii.*

* **BAZENA**, Vitulinum vel ovinum corium subactum, nostris etiam *Bazenne*. Charta ann. 1277. tom. 4. Ordinat. reg. Franc. pag. 670 : *De qualibet duodena Bazenæ, duos denarios.* Stat. ann. 1372. tom. 6. earumd. Ordinat. pag. 120. art. 8 : *Les Bazennes seront en pelain; ...... et que lesdictes Bazennes seront couroyées, de sain et d'uille.* Vide *Bazan*.

BAZIA, Bacia. Leo Ostiensis lib. 1. cap. 26 : *Tulit* (Siconolfus) *in coronis, Baziis, et hamulis, garalibus, et cochleariis argenti libras simul quingentas.* Item paulo post : *In anaglyfis Baziam unam.* Ignotus Casinensis in Hist. Langob. cap. 10. de eodem Siconolfo : *Abstulit vice prima Baziam argenteam unam, vaucas par unum, etc.* Infra, *Baciam* habet : *Et post hæc Agrifis* (anaglyphis) *Baciam unam, et scaptonem unum Constantinopolitano deaurata fabrefacta vasa* *opere*. Videtur idem quod *bacile*, et *bacinus*. Alii idem esse *Baziam* quod *Bauca* existimant, vas nempe, aut pateram.

* Charta ann. 975. in Append. ad Marcam Hispan. col. 912 : *Audientes prædicationem sanctorum patrum, quod eleemosyna a morte liberat animam, propterea donamus atque concedimus ad domum sanctæ Mariæ Riopullensis cœnobii alodem nostrum...... per ipsam Baziam*. Ubi vas, quod in signum translatæ possessionis datum est, significatur.

¶ **BAZILI**, Idem quod *Bacile*, Pelvis, in *Bacca*. Locus est in *Par litterarum*.

* **BAZILLUS**, diminut. a *Bazia*, in Chron. Bergom. ad ann. 1386. apud Murator. tom. 16. Script. Ital. col. 856 : *Scatulas quatuor confectionum, unum Bazillum, unum bozinum, seu bocale; et cuppas duas*.

* **BAZOCARE**, In re monetaria dicitur, cum de justo monetæ pondere detrahitur, quod *Trabucare* interdum vocant. Vide in hac voce et *Rechaciare*. Charta Phil. Pulcri ann. 1309. in Reg. 41. Chartoph. reg. ch. 54 : *Monetam nostram argenteam seu quamcumque aliam falso fabricare, cudere, Bazocare, fundere, affinare, et fortem de debili separare, et de ea billionem facere præsumpserunt*.

* **BAZOCHIA**, Clericorum seu scribarum palatii collegium, cujus præpositus regis nomine illustratur. Collecta hujus societatis statuta, una cum iis quæ ad illius antiquitatem et privilegia spectant Parisiis edita fuere ann. 1654. Vide præterea tom. 2. Hist. Theatri Franc. De vocis origine, consule novam edit. Diction. Menag. voc. *Basoche* et *Bazoche*.

BAZONAYA. Petrus I. Rex Aragon. in Constitut. edita apud Podium Cerdanum ann. 1225 : *Item statuimus quod si quis monetam Barcinonensem vel Jaccensem falsaverit, vel ad fundendum alicubi portaverit, vel aliquam Bazonayam de Catalonia extraxerit, tanquam monetæ falsarius puniatur*. [** Constit. hæc Jacobi I Tortosæ ann. 1225. data extat vernacula lingua in Constit. Catal. vol. 3. pag. 65. libr. 10. tit. 30. cap. 28, ubi pro *Bazonaya* est *Billonalla*.]

* Monetæ Catalonicæ species, quæ *Bazonaylla* nuncupatur, in Charta pacis Petr. cardinalis sub Jacobo I. reg. Aragon. et *Bussonoya* in Constit. ejusd. reg. ex Cod. reg. 4671. fol. 42. r°. col. 1. Vide supra *Balssonaya*.

* **BAZULIA**, Tutela, protectio, idem quod *Bajulia*, quomodo etiam forte legendum est. Vide in *Bajulus* 4. Charta ann. 1235. ex schedis Peiresc. : *Concesserunt... quidquid habent vel habebant in Cravo, sive sint pedagia, usatica, menstrualia, Bazulia, sive alia quæcumque sint, et hoc pretio 54000. solidorum et 460. Raymundensium*.

** **BDELLA**, Germ. *Ellritzen*. Thamius in Chron. Coldic. ap. Mencken. scriptor. tom. 2. pag. 688. Pisciculi species alias Phoxinus varius seu levis. Adel.

* **BEA**, Palorum series, quæ ad continendam aquam, quo validius rotam torquat, solet supra molendinum infigi. Charta Rob. comit. Alenc. ann. 1211. in Reg. Cam. Comput. Paris. ubi de forest. comitat. Alenc. etc. fol. 13. v°. : *Faciendo inde pro omni servicio magistratum molendinorum meorum et Bearum mearum, ita quod prædictus Salomon, vel suus hæres, in quolibet die ut sit in servicio meo, pro expensis vj. den. Turon. Cenoman. habebit; et si ferramenta sua laniata fuerint in servicio meo, de meo proprio reficientur*. Vide *Bedum*.

BEACITA. Gloss. Saxon. Ælfrici, de Nominibus avium. *Beacita, vel sturnus :* stearn. Videtur avis, quam *Becace*, aut ea quam *Becacine* vocamus.

* **BEALE**, Rivi alveus, vel fossa per quam aquæ decurrunt, Gall. *Canal*. Stat. civit. Astæ fol. 10. r°. : *Item statutum est et ordinatum, quod Beale Burburis et ejus ripatus amodo vendi, alienari, vel obligari alicui non possit..... Et insuper potestas teneatur manutenere abeveratoria, quæ sunt ad portam turris et ad portam vivarii in ipso Beale*. Et fol. 33. v°. : *Qui in dictum Beale aliquid projecerit, teneatur dictum Beale scurare*. Vide *Bedale* et infra *Biale*.

* **BEALERA**, Bealeria, Eadem notione. Stat. Taurin. ann. 1360. cap. 153. ex Cod. reg. 4622. A : *Nullus de cetero audeat vel præsumat deviare vel deviari facere per se vel per alium aquam Bealeræ*. *Bealeria* ibid. cap. 301. et 302. Stat. Montis-reg. pag. 246 : *Item statutum est, quod aliqua persona non audeat vel præsumat projicere in dicta Bealeria seu Bealeriis aliquos lapides, fraschas, vel aliud quod impediat dictam Bealeriam seu Bealerias*. Occurrit rursum pag. 248. Stat. civit. Saluciar. collat. 3. pag. 99 : *Et fieri facere Bealerias et aquæductus sufficientes*. *Bealaige* eodem sensu, vulgo *le lit d'une riviere*, in Lit. remiss. ann. 1476. ex Reg. 204. Chartoph. reg. ch. 130 : *Criée fust faicte au lieu de Dommaine de par le courrier d'icellui lieu, que ung chacun alast curer et nettoyer le Bealaige de la riviere dudit lieu*. Vide infra *Bialeria*.

* **BEALIS**, ut supra *Beale*, in laudatis jam Taurin. stat. cap. 124 : *Item si bos, vel equus, vel mulus, vel asinus inventus fuerit in Beali vel ejus ripa...... Et hoc locum habeat in causa abrevandi vel transeundi dictum Bealem*.

¶ **BEALITAS**, Beatitudo. S. Augustinus Epist. 104. n°. 13 : *Nonne ab illa patria veritatis et Bealitatis nos longe exsules mittere?* [* Sed leg. forte *Beatitas*.]

¶ **BEAMEN**, Felicitas, beatitudo, apud Leibnitium Scriptor. Brunswic. tom. 1. pag. 236. in Panegyrico Berengarii :

> Ille virum cernens belli sub imagine lætum,
> Et ratione pium, regnique Beamine dignum.

BEANUS, Novellus Studiosus, qui ad Academiam nuper accessit. Statuta Academiæ Viennensis in Austria : *Item quod nullus præsumat supervenientes novos, quos Beanos vocant, indebitis quibuscumque exactionibus gravare, aut aliis injuriis aut contumeliis molestare*. Ubi Lambecius : *Beani* definitio latitat in ipsa nominis sui acrostichide, *Beanus Est Animal Nesciens Vitam Studiosorum*. [Epistolæ obscurorum virorum :

> Venit Mosellanus, dicens ille Beanus
> Deberet ad patibulum suspendi per suum collum.

Et infra :

> Tunc dixit crocus Rubianus : unde venit iste Beanus
> Qui non est nobis notus, etc.]

Vox Gallica *Bejaune*, quasi *Bec-jaune*, ut sunt aviculæ quæ nondum e nido evolarunt. *Bejaune* Picardi nostri etiamnum efferunt, itaque rudes et novellos appellitant. Sed et in Academia Parisiensi *Bejaunium* [et *Bejannum*] appellant, quod Scholastici de novo venientes pro jucundo adventu sodalibus solvunt. Vide Hist. Academiæ Paris. tom. 4. pag. 249. 266. 274. 674. 957. Ut porro etiam apud Athenienses, sua tempestate, exciperentur, initiarentur, vel potius ludificarentur, qui eo literas addiscendi gratia primum venirent, pulcre describit Gregorius Nazianzen. orat. 20. pag. mihi 327. ejusmodi vero ludi juris Studiosis et auditoribus interdicuntur a Justiniano in secunda constitut. de Pandectis. Adde Synod. Trullan. can. 71.

☞ Qua ratione vero Scholastici de novo venientes recipiebant pluribus docent Statuta Collegii S. Bernardi Paris. ann. 1493. tom. 3. Hist. Paris. pag. 170. col. 2. Ex quibus etiam discere est inter Scholasticos unum eligi solitum quem *Abbatem Bejanorum* vocabant. *Omnes receptiones noviter venientium*, inquiunt Statuta laudata, *quos voluntaria opinione Bejanos nuncupare solent, cum suis consequentiis, necnon bajulationes, fibrationes, reliquasque omnes insolentias et levitates circa quoscumque noviter venientes, tam in capitulo, in dormitorio, in parvis scholis, in jardinis, quam ubiubi, et tam de die quam de nocte, deinceps a quoquam studentium sub pœna emissionis perpetuæ a collegio fieri prohibemus : Omnes consuetudines seu constitutiones quacumque authoritate in contrarium editas penitus cassando et irritando, et Abbatis Bejanorum nomen penitus delendo, ac deinceps nominari prohibendo: Omnia vasa, munimenta, et instrumenta hujusmodi levitatibus, insolentiis et dissolutionibus dicata provisori infra tres dies a lectura et publicatione præsentium afferri, præsentari et relinqui jubentes*.

** Beanus, Homo rudis et indoctus. Notitia ann. 1452. in Codice Ordin. Canonic. Regul. ap. Guden. Cod. Diplom. vol. 2. pag. 575 : *Quod in ordine mendicantium pauci essent docti, sed quam plures ydiote et Beani*.

¶ Beani, quibusdam in locis vocitantur homines *manus-mortuæ*, si fides Antonio Colombeto in libro cui titulus : Colonia Celtica lucrosa tom. 7. § 4. et § 6. Consule Menagium in suis Origin. ad vocem *Niais*. Vide infra *Bejannare* et *Bejaunium*.

* **BEARDOR**. Comput. MS. ann. 1239 : *Pro batellis Bellimontis et Pontissari usque Parisius in redeundo a Crespiaco septimana ante nativitatem Beatæ Mariæ virginis, et pro Beardoribus abbatiæ Pontissari, et elemosyna per viam pro dominis, et tunica cujusdam stulti, lj. sol. Turon*. An leg. *Burdonibus*? Vide in *Burdones*.

* **BEARE**, a Gall. *Béer*, Ore biante et patulo esse. Extract. ex solemni conventu Turone habito ann. 1483. in Cod. S. Germ. Prat. 173. fol. 62. v°. : *Sed quid hæsitamus in plano, et quasi Beantes teneamus ramos, capita dejicimus?* Unde *Bée-gueulle*, pro Fatuus, hebes, in Lit. remiss. ann. 1470. ex Reg. 195. Chartoph. reg. ch. 428 : *Le suppliant soy voyant injurié sans cause, respondit à icellui compaignon, que vaulx-tu Bée-gueulle*. Sed et quævis apertura, *Bée* dicta est. Lit. remiss. ann. 1380. in Reg. 117. ch. 175 : *Ledit Guiennois ouvrit sa fe-*

nestre, et parmi la Bée d'icelle fu assené d'une pierre au visage. Aliæ ann. 1389. in Reg. 138. ch. 15 : *Pierrot Vellier entra de nuit audit hostel dudit Pierre par la Bée d'une fenestre.* Recte ergo D. *Secousse* legendum esse monuit *Baée*, pro *Bate*, in Lit. ann. 1369. tom. 3. Ordinat. reg. Franc. pag. 386, art. 32 : *Que nuls ne puisse...... saillir oultre carrefour ou Baée. Entrebée*, eodem sensu, in Lit. remiss. ann. 1427. ex Reg. 173. ch. 751 : *Icellui Cotele se efforça de frapper le suppliant d'icelle dague par l'Entrebée ou ouverture de l'huis.* Hinc *Geule Baée*, Ore hiante, in Bestiario. MS. :

Mais quant la mort vers lui s'adreche,
Qui le gete geule Baée,
Dont est remese sa posnée, etc.

* *Baër* et *Béer* præterea dixerunt nostri, pro Meditari, appetere, consilium habere. Gesta Ludov. Pii cap. 21 : *Après ce li manda que il fist apareillier les trespas et garnir de quanque mestier seroit jusques à Rome : car il Baoit à aler pour visiter les Apostres.* Robert. Bour. in Merlino MS. : *Il me semble que tu ne deusse pas Baer à si haute chose comme est chevalerie.* Contin Guil. Tyrii apud. Marten. tom. 5. Ampl. Collect. col. 697 : *Li Espagnol, qui avoit la terre en baillie, n'osait pas laissier ce qu'il gardoit que li Soudan n'i entrast, qui son neveu Beoit à deseriter.* Unde *Béance*, pro Desiderium, consilium, propositum, Gall. *Intention, desir, espérance.* Guill. Guiartus :

Par ceux avoit Richard Béance
De mettre à mort le Roi de France,
Dont il fut forment esjoi.

* *Baerie*, Ipse stolidi habitus, stupiditas ineptiæ. Le Miroir MS. :

Fole Baerie, c'on apele abusion.

* **BEASSA**, Exactio, quæ a molitoribus, ut videtur, fiebat in ponderando farinam. Charta ann. 1331. in Reg. 66. Chartoph. reg. ch. 527 : *Quod exactiones, quæ vulgariter appellantur in eadem* (villa Montispessuli) *los meliors, las tacidas, e las Beassas amodo cessare deberent..... Quamplures rationes proponentes ad finem quod impositiones, quæ fiebant pro molegiis, tacidis et Beassis in dicta villa remanere deberent.... Ad reportandum concordiam.... dictum nostrum seu pronunciationem super præmissis in modum, qui sequitur, pronunciamus..... Ad quæ pondera dicti molinerii seu dicta molendina gubernantes blada molenda, et farinam multam apparere et ponderà reħaberent.* :

* Olim vero *Beasse*, Ancilla, famula. Arest. Parlam. Paris. ann. 1287. in Chartul. eccl. Lingon. ex Cod. reg. 5188. fol. 149. v° : *Item il est assavoir que cil qui n'a fame, ou celle qui n'a mary, qui voudra entrer en la bourgeoisie,..... doit avoir continuelement au lieu de sa bourgoisie un propre vallet ou Beasse demorant au leu, dès la veille de la Touzsains jusques à la veille de la S. Jehan.* Charta ann. 1325. in Reg. 62. ch. 519 : *Marguerite fame Pierres de Mauray... fust traictié par devers nous..... pour la bateure Adeline, jadis Beasse de ladite Marguerite.* In lemmate hujus chartæ legitur : *Adelina condam ancilla ejusdem Margaretæ.* Alia ann. 1338. in Reg. 71. ch. 183 : *Ladite fame avoit si pressé et chargié outraigeusement Marguerite de Viceri le Croussic se Beasse d'aler querir eau et faire pluseurs autres grans, énormes et grevables services, etc.* Vide supra *Baila* et infra *Vassus* 2.

¶ **BEATÆ**, Mulieres in Hispania præ cæteris religiosæ, quales fere sunt *Beguinæ* in Flandria. Concil. Hispan. tom. 4. pag. 352. col. 2. ex Concilio Mexicano : *Ne sub devotionis specie prædictæ mulieres licentiose huc illucque vagantes discurrant, et ob similitudinem habitus sanctimonialibus ignominiam inferant; statuit ac præcepit sub pœna excommunicationis latæ sententiæ, ut nulla prædictarum mulierum, quas Beatas vocant, habitum alicujus religionis approbatæ deferat.* Ibidem ex Concilio Toletano anni 1582 : *Synodus eam* (Constitutionem Pii V.) *in iis etiam mulieribus observari mandat, quæ per totam hanc provinciam cum Beatæ vocentur, in Congregatione et sub obedientia vivunt.*

¶ **BEATICUM**, Viaticum, Sacrum Christi corpus quod datur moribundis. Murator. tom. 3. pag. 114. col. 2. E. ex Anastasio Biblioth. de Vitis Rom. Pontificum : *Usque ad ultimum diem transitus sui, et ob humanitatem Ecclesiæ viaticum* (al. *Beaticum*) *eis largiretur.*

¶ **BEATIFICA** Benedictio, in Concil. Barcinon. tom. 2. Concil. Hisp. pag. 279 : *Jubemus vero in infirmitate positis, Beatificam Benedictionem percipiant.* Alii legunt haud male, *Viaticam* pro *Beatificam.*

* **BEATIFICABILIS**, Beatitudinis capax. Bareleta serm. in Nativit. Dom. : *Homo est creatus ad beatitudinem consequandam; et est Beatificabilis in utroque, et quoad corpus et quoad animam.*

* **BEATIFICARE**, Beatum seu felicem reddere, in Epist. Joan. VIII. PP. ann. 878. tom. 9. Collect. Histor. Franc. pag. 160. Vide mox *Beatizare.*

¶ **BEATILLÆ**, Ornamenta vilioris quidem materiæ vel pretii; sed magni laboris et artis eximiæ. Vox ducta a Gallico *Beatilles*, Trunculi, Cupedia : quæ metaphorice ad multas res alias transferri solet. Acta SS. Junii tom. 5. pag. 241. de S. Anthelmo : *Loculamentum interim novum apparatur, quod Bellicenses Religiosæ Visitationis tam subtiliter aptarant, totque Beatillis... ornarant, ut de eo dici potuerit : Materiam superabat opus.*

* **BEATISSIME** Pater, Eo titulo compellatur Hugo Cluniacensis abbas a Simone comite, in Charta ann. 1076. inter Instr. tom. 10. Gall. Christ. col. 207 : *Venerando abbati Hugoni et omni congregationi Cluniacensis cœnobii, Simon comes vestræ sanctitatis servulus, salutem. Notum sit vestræ celsitudini, Beatissime Pater, etc.*

* **BEATITAS**, *Fortitudo*, in vet. Glossar. ex Cod. reg. 7641.

BEATITUDO, Titulus honorarius quo compellantur Episcopi, apud S. Augustin. Epist. 11. 76. 139. Senatorem, lib. 3. Epist. 37. Avitum Viennens. Epist. 6. 8. 11. 37. Ludovicum Pium Imp. in Epist. ad Sicharium Archiep. Burdegalens. Nicolaum I. PP. Epist. 28. et alios passim. Præsertim vero summo Pontifici delatus legitur. Anastasius in S. Hadriano PP : *In ipso exordio consecrationis ejus direxit ad ejus Beatitudinem suos missos Desiderius Longobardorum Rex.* Occurrit ibi non semel. Adde Diurnum Romanum cap. 5. tit. 3. Notum etiamnum Pontifici Romano soli hunc titulum adscribi, qui olim cæteris Episcopis communis erat. Sed et aliis quam Episcopis, atque adeo Laicis tribuitur non semel a S. Anselmo in Epistolis. Vide Brissonium in Formulis pag. 361. [** et Glossar. med. Græcit. voce Μακαριώτης. Adde Chart. Donat. ann. 441. vers. 7. ap. Marin. in Pap. Dipl. pag. 131. Alia ann. 553. vers 18. ibid. pag. 133. Confer. editor. pag. 303. not. 2.]

* **BEATIZARE**, Beare, inter Beatos referre, adscribere, Ital. *Beatificare*, nostris *Béatifier.* Stat. Pallavic. lib. 2. cap. 11. pag. pag. 84 : *Statutum et ordinatum est, quod si aliqua persona maledicat aliquem sanctum vel sanctam, vel blasphemet Beatizatum, vel veneratum per sanctam Dei ecclesiam, puniatur pro qualibet vice in solidis quinquaginta imperialibus.* Nostris *Beneuré* et *Benuré*, Beatus, felix. Charta ann. 1300. in Lib. rub. Cam. Comput. Paris fol. 146. r°. col. 2 : *Pour les gracious volunté et commandement emprés faiz du Beneuré et recordable mémoire monsieur Philippe, jadis roy de France. Il est Benuré, qui en terre mene vie céleste*, in Cod. MS. xiij. sæc. Bibl. Genevef. Unde *Beneurtie*, Beatitudo, ex eod. Cod. : *Les huit Beneurties.*

¶ **BEBDUNI**. Vide *Beduini.*

BEBORANIA, Præstationis species. Præceptum Caroli Mag. pro Hispanis editum a V. Cl. Steph. Baluzio : *Dicunt etiam quod aliquas villas quas ipsi laboraverunt, laboratas illis eis abstractas habeatis, et Beboranias illis superponatis, et sajones qui per forcia super eos exactant.*

BEBRA, Missilis aut teli species. Vegetius lib. 1. cap. 20 : *Barbari autem scutati pedites his præcipue utuntur, quas Bebras vocant, et binas etiam ac ternas in prœliis portant.* Bartholinus lib. 4. Austriad. :

Quinquaginta Bebras, ccutum delecta juventus,
Pila gerunt humeris, etc.

BEBRINUS, [Berbus.] Vide *Bever.*

¶ **BECA**, Hispanis Amiculum quod Doctores et *Præbendarii* gestant et ii, qui gradum aliquem adepti sunt in Academiis. Concilium Limanum anni 1582. inter Hispan. tom. 4. pag. 248 : *Nullus vero ignotus et peregre veniens clericus insigne illud assumat aut gestet, quod nostri Beca appellant, neque supra pileum clericalem, galerum amplum vel sericum ferant, prout Episcopis et Præbendatis vel graduatis moris est.* Ibidem pag. 275 : *Nec possint clerici gestare stolas vulgo Becas, si non fuerint... licentiati vel doctores, etc.* De *Beca* sic disseritur in Actis SS. Junii tom. 2. pag. 631. ubi de sancto Joanne a S. Facundo : *Idem Vergeta proponit expressionem veteris habitus Collegialis* (Salmanticæ) *veluti Capellanis quoque competentis, adeoque et a S. Joanne gestati, eumque ait fuisse et esse coloris rufi. Becam autem cujus nomen dicit sumptum esse ab Italis* (*vittam significare docent Academici Cruscani*) *Becam, inquam, sic describit, ut non solum ex humeris ad pectus profluat, sed fere instar Græcanici episcopalis pallii, per tergum ad talos; olim vero supra caput in formam coronæ revolveretur, cum defluentibus ad tempora laciniis. Nunc pro parte illa superiori assumptus est pileus clericalis quadratus, sic ut prædicta Beca solos jam tangat hume-*

ros, sinum ante pectus eumdem formans, ex humero autem sinistro ad terram defluat. Hæc ibi. Sobrinus in Dictionario Hisp. Gall. ait, *Beca Præbendam* designari, quod indicet eum, qui gestat ornamentum hoc, esse *Præbendarium*.

* **BECALERIUS**, Ensis rostratus, vel culter lanionius, ab Ital. *Beccaio*, lanius. Stat. Vallis Serianæ rubr. 44. ex Cod. reg. 4619. fol. 88. r°. : *Arma vetita..... sunt hæc, videlicet cultellus punctosus,..... spata, clipeus, tavolatius, Becalerius, etc.* Sic nostris *Bec de corbin, bec de faucon, becquoysel* dictum est omne armorum genus, quod corvi, falconis aut avis rostrum referebat. Lit. remiss. ann. 1453. in Reg. 185. Chartoph. reg. ch. 301 : *Le suppliant print une hache, nommée Bec de corbin, alias de faulcon.* Aliæ ann. 1397. in Reg. 152. ch. 231 : *Icellui de Grebeval commença à ruer d'un grant baston ferré, que on dit Bec de faucon.* Rursum aliæ ann. 1476. in Reg. 206. ch. 1055 : *Ung viel coustel, nommé Becquoysel.* Vide infra *Beccazenerius*.

¶ **BECARIO**, *Urceoli genus*, ex veteri Onomastico. Sic Turnebus Adversar. lib. 28. cap. 5. Vide *Bacca*, 2.

BECCA, Besca, Bessa, Bessus, nostris *Beche*, aut *Besche*; forte quod *Becci* seu rostri formam præferat.

Becca, Gloss. Ælfrici : *Ligo, Becca, vel palus, vel fustis.* [** Becca, *Ligo, marra*, ex eod. Gloss. apud Bosworthum. Angl. *Beck*, Germ. infer. *Bikke*.]

Besca. Custumar. de *Hecham* : *In communi pastura turbas... cum una sola Besca fodient, et nihil dabunt.* Vide Leges Willel. Regis Angl. vernaculas cap. 4.

Bescata Terræ. Charta Joannis Regis Angliæ tom. 2. Monastici Anglic. pag. 642 : *De dono Radulfi.... duas acras Flandrenses in novo marisco de Iclesham, et unam Bescatam Terræ inclusam, cum expensis prædictorum mariscorum in eodem marisco.* Est autem *Bescata*, ni fallor, tantum terræ, quantum quis ligone uno die fodere potest.

Bessa. Lethaldus de Miracul. S. Maximini Abb. Miciac. num. 34 : *Operante eo, suffossorium, quod Bessam dicunt, sumit.* Vide suo loco.

Bessus, Ligo. Adalardus in Statutis antiquis Corbeiensis Monasterii lib. 2 : *Unusquisque habeat ad hortum excolendum, sive ad alias necessitates explendas, fussorios 6. Bessos 2. delatoriam, etc.* Arverni etiamnum *Beisse* dicunt.

Bechare, Fodere, nostris *Becher*. Occurrit in Statutis Synodalib. Nicolai Episcopi Andegavens. ann. 1274.

* Ex qua voce et altera *Cleu*, pro *Clou*, clavus, efficta est vox *Beschecleu*, qua fabrum ferrarium, cujus est ligones et clavos fabricare, designarunt. Lit. remis. ann. 1379. in Reg. 115. Chartoph. reg. ch. 142 : *Les Beschecleux ou feures de Truancourt, qui est une autre ville des religieux de Beaulieu en Argonne.* Hinc orta formula, *Bannir sur la besche*, vel, quod idem est, *sur le pic et sur la pelle*, ubi de puniendis feminis agitur : quippe cum eas suspendere in usu non esset, capitis damnatæ fossa immergebantur, quæ *Becca* seu ligone excavari solet. Consuet. S. Genov. MSS. fol. 26. r° : *L'an de grace 1383. Marote la Flamenge, Mehalot de Gisors...... furent banies de la terre sus la Besche, pour ce que elles estoient foles de leurs cors.* Lib. rub. fol. parvo domus publ. Abbavil. fol. 53. r°. ad ann. 1322 : *Maroie la Turkoise fu banie à trois clokes à toujours seur le pic et seur le pele, etc.* Vide *Fossa* 1. *Besque*, pro *Besche*, in Reg. feud. comitat. Clarimont. ex Cam. Comput. Paris. fol. 12 : *Chascun marchant de ferronnerie,.... qui vent Besques, doit ou mois de Mars une Besque. Besote*, diminut. a *Besche*, in Lit. remiss. ann. 1369. ex Reg. 100. ch. 25 : *Dezja en grant quantité en avoit deffoui et esracé* (des navets) *d'une Besote, qui est instrument manuel convenable pour ce faire.*

* **BECCARINI**. Theodericus de *Niem* lib. 2. de Schism. cap. 15 : *In eadem civitate Perusina sunt tres ordines seu status civium. Nam quidam sunt nobiles, qui dicuntur Beccarini.* Num a forma cujusdam ornamenti, quod nobilitatis insigne erat?

* **BECCARIUS**, Lanius. Vide in *Beccharia*.

* **BECCAZENERIUS**, ut supra *Becalerius*. Stat. Mantuæ lib. 1. cap 112. ex Cod. reg. 4620 : *Arma autem ab offensione sint et intelligantur ..... spontonus sive stoccus, manavesius, Beccazenerius, etc.*

BECCHARIA, Macellum, laniena, Italis *Beccaria*; nostris *Boucherie* : *Beccaio, Beccaro*, lanio Italis. Charta Ogerii Iporicensis Episc. apud Guichenonum in Bibl. Sebusiana cent. 2. cap. 6 : *Parochialem quoque Ecclesiam, cum decimatione omnium tabernarum, Becchariarum, mercati, et omnium mercimoniorum quæ infra civitatem fiunt.* Alia ann. 1345 : *Carnes quæ venduntur ad Becchariam.* Vide Albertum Acharisium in Vocabulario Italico, et V. Cl. Ægid. Menagium in Orig. Ital. in *Beccaio*, et Oct. Ferrarium in *Becco*.

¶ Beccaria et Becharia, Eadem notione. Regimina Paduæ ad ann. 1271. apud Murator. tom. 8. col. 461 : *Hoc anno... factæ fuerunt Beccariæ magnæ Communis Paduæ.* Chron. Parmense apud eumdem tom. 9. col. 763 : *Et tunc* (ann. 1208.) *Commune Parmæ fecit fieri moram quæ est juxta Becchariam de capite pontis a mane.*

Beccarii, Carnifices, [Macellarii,] apud Andream Dandulum in Chron. MS. ann. 1175. [Acta SS. April. tom. 3. pag. 609. in Vita B. Luchesii : *Dum in civitate Bononiæ carnes publice venderet, erat enim macellarius seu Beccarius.* Occurrit iterum in Actis SS. Junii tom. 3. pag. 936. D. Chron. Parmense ad ann. 1291. apud Murator. tom. 9. col. 821 : *Et sic quatuor mesteria, scilicet Beccariorum, ferrariorum, etc.*]

* **BECCHARIUS**, Lanius, Ital. *Beccaio*, Gall. *Boucher*. Stat. antiqua Florent. lib. 3. cap. 191. ex Cod. reg. 4621 : *Duo custodes deputati in foro veteri pro arte Becchariorum.* Vide in *Beccharia*.

* **BECCHETUS**, Academicis Cruscanis : *Becchetto, fascia del cappuccio*; Pars tegumenti capitis in rostrum, Italis *Becco*, desinens. Vide *Becha*. Stat. jamjam laudata lib. 3. cap. 52 : *Nullus deferat habitum Pinçocherum, scilicet clamidem nigram ad Becchetum.* Unde nostris *Bescheron*, dicitur quidquid ejus formæ est. Lit. remiss. ann. 1450. in Reg. 185. Chartoph. reg. ch. 41 : *Le suppliant rua ladite sarpe contre ledit Rousseau, et l'ataigny sur le chief de la teste du Bescheron de ladite sarpe. Bechet* vero, in Lit. ann. 1346. tom. 2. Ordinat. reg. Franc. pag. 350. art. 29. est piscis species, lucius scilicet, Gall. *Brochet*, qui etiam *Becquet*, *Beque* et *Bequet* nuncupatur. Lit. remiss. ann. 1380 in Reg. 118. ch. 375 : *En laquele fosse..... lesdiz Jesson et exposant ont pris nuitantré environ 13. ou 14. carpes et un Bequet.* Aliæ ann. 1413. in Reg. 167. ch. 146 : *Esquelx fossez le suppliant prist furtivement des poissons, c'est assavoir Becquez et carpes.* Adde tom. 7. Ordinat. pag. 182. Lit. remiss. ann. 1393. in Reg. 145. ch. 213 : *Lesquelx prindrent en icelle bouticle deux saulmons et un Beque.* Aliæ ann. 1403. in Reg. 158. ch. 225 : *Lesdiz compaignons rompirent les huches à poisson dudit prieur, et prindrent de poisson certaine quantité, comme Beques, roches et anguilles.*

** **BECHARIUM**, Instrumentum ad formam calicis. Vide *Bacca*, 2. Ordinat. Præposit. S. Sever. Erford ann. 1121. ap. Guden. in cod. dipl. pag. 50 : *In jejunio unicuique Becharium unum de pisis ad duos dies, et cotidie duo allecia et quinque ratices.*

BECCO, Beccum, Rostrum, vox Gallica vetus, unde nostris et Belgis *Bec*, Italis *Becco*. Sueton. in Vitellio cap. 18 : *Cui Tolosæ nato cognomen in pueritia Becco fuerat : id valet gallinacei rostrum.* Quasi *Bec de coc*, ut quidam volunt. Perperam a *bucca* etymon accersit Acharisius.

Beccum, Bracton. lib. 3. Tract. 2. cap. 28. § 1 : *Si habuerit accipitrem, perdat Beccum, et ungues pedum, et caudam.*

Abbecare, Vox falconariorum, *Becco*, seu rostro impetere, seu crebrius rostrum infigere, mordicare. Fridericus II. Imp. lib. 2. de Arte venandi cap. 49 : *Per hujusmodi scilicet mordicationes, sive, ut ita dicam, Abbecationes sæpius iteratas, etc.* Occurrit ibi rursum, et cap. 53.

* **BECCUNUS** Vide infra *Becuna*.

¶ **BECCUS**, Prisca Danorum seu Gallorum lingua dicitur aquæ cursus alteri fluvio se committens : hinc *Beccum* sive *Beccum* Helluini, adjecto fundatoris nomine, celeberrimum in Normannia cœnobium ab urbe Rotomago decimo octavo versus Occasum milliari in Rotomagensi tractu situm. Hist. ejusdem Monasterii MS. pag. 1. n. 1. ex Archivo ejusdem loci. Vide *Beconagium*, [** et Bosworthi Gloss. Anglos. voce Becc. Schmelleri Gloss. Saxon voce Beke. German. hodie *Bach*.]

¶ **BECHA**, Habitus proprius Clarenorum. Acta SS. Junii tom. 2. pag. 1099. de B. Angelo Clareno : *Habitum autem deferebant fratres distinctum a veste Franciscana, quem Becham vocabant; habitum scilicet brevem cum capucio ante et retro, ac chordam usque pyramidali forma* (unde procul dubio Becha dicebatur) *cui a tergo pannea lingua hærebat.*

¶ Becha, Beccha Capuccii, Pars ejus extrema quæ desinit in *Beccum* seu acumen. Acta SS. Junii tom. 3. pag. 547. A. de B. Petro Gambacurta : *Et dimittitur Beccha Capuccii, et novæ acceptantur Constitutiones.* Capitul. gener. S. Vict. Massil. ann. 1378 : *Nullus portet caputium cum Becha, cum cauda longa seu almucias.*

* **BECCUSFREDUS**, Pertica ferro præacuto et recurvo munita. Tractat. MS. de Re milit. et mach. bell. cap. 111 : *Beccusfredus, alias aculium, marinas frangens naves.* Occurrit rursum cap. 108.

¶ **BECHARE**, Fodere. Vide *Becca.*

¶ **BECHARIA**. Vide in *Beccharia.*

* **BECHARIUS**, Lanius. Occurrit passim in Stat. urbium Ital. Vide supra *Beccharius.*

BECHIN, Germ. *ein Bechin*, Pelvis, nostris *Bassin.* Tradit. Fuld. lib. 1. pag. 472 : *Tradidit.... hoc est, mappæ* 2. *manutergia* 1. *Bechin.* 1. *pelvis* 1. *lilahan.* 1. Et infra Tradit. 39 : *Sed et iste breviarius ad ornamentum Ecclesiæ pertinet, id est, turibula deaurata* 2. *cortinæ* 12. *orciarii* 4. *manile* 1. *conchæ* 4. *Bechin* 2. [** Vide *Bacinus*, in *Bacca*, 2. et Graffii Glossar. Ling. Franc. vol. 3. col. 30.]

* **BECHINUS**, Hircinus. Convent. civit. Saonæ ann. 1526 : *Item pro singulo pecio Bechinorum, denarium unum.* Vide mox *Bechus* 1. et infra *Becuna.*

* 1. **BECHUS**, Hircus, Gall. *Bouc*, ab Ital. *Becco*, eadem notione. Stat. civit. Astæ collat. 7. cap. 1. pag. 23. r° : *Et quod aliquis ipsorum non apportabit nec apportari faciet, nec vendet vel vendi faciet aliquam troyam, vel Bechum, ovem, nec arietem sub becharia, etc.*

*2. **BECHUS**, Idem quod supra *Becchetus.* Chron. Placent. ad ann. 1388. apud Murator. tom. 16. Script. Ital. col. 581 : *Qui capucii sunt parvissimi cum Becho longo, quasi usque in terram.*

BECIARIA, Bezaria. Tabularium Conchense in Ruthenis Ch. 203 : *Et unum mansum, et unum caput mansum in illa Beciaria, cum campos et hortos, etc.* Ch. 219 : *Donamus illo manso nostro de Paillaredo ubi Rainaldus manet, cum ipsa Bezaria, cum quantum ad ipso manso aspicit, etc.* Ch. 237 : *Cum boscos, cum trolio, cum mansione, cum vernias, cum albaretas, cum pratas, cum Beciarias, cum terras cultas et incultas, etc.* Adde Ch. 266. 429.

* Modus agri f. tantum terræ, quantum quis *becca* seu ligone uno die fodere potest; idem proinde quod *Bescata.* Vide in *Becca.* Eo etiam spectare videtur vox *Bechole*, Lemovicibus nota. Lit. remiss. ann. 1478. in Reg. 205. Chartoph. reg. ch. 42 : *Laquelle jument s'en estoit saillie et estoit allée en une petite Bechole illecques auprès dudit pré, et après qu'il eut trouvé sa dite jument en ladite Bechole, etc.*

BECIUM, Becius. Vide *Bedum.*

BECONAGIUM, Tributum quod in sustentationem Phari, vel maritimi luminis, quo populus subito excitetur ad repellendum hostem, confertur. Hæc Spelmannus qui a Saxonico, Beacn, i. signum accersit, quod in signum ejusmodi faces accendantur, seu contra hostes, seu ad dirigendas naves. Quid si a *Becco*, de qua voce supra. Nam nostri promontoria seu terræ lingulas in mare, aut in fluvios procurrentes, *Becs*, i. rostra, appellant, ubi ut plurimum Phari, seu turres, eriguntur. Vestigium manet in *Bec d'Alier*, ubi coeunt *Elaveris* et *Ligeris* fluvii, et in *Bec d'Ambez*, ubi confluunt *Garonna* et *Dordonia.* Potuit etiam conflari id vocabuli ex Belgico *Bake*, specula, pharus, pro nocturno navium accessu. [** Vox Belgica et Anglosax. ejusdem sunt originis. Confer Ibrii Gloss. Suio-Goth. voce *Baok*, vol. 1. col. 153.] Vide *Baccha.*

¶ **BECUNA**, Aluta, Gall. *Basane.* Statuta Massil. pag. 389. ubi exstat capitulum integrum, *De coriis et Becunis pro talibus quales emptæ sunt vendendis, et de affollatis non immiscendis.* Ibid. pag. 465 : *Si quis alterius avere in nave, vel ligno aliquo positum sive oneratum, puta coria vel Becunas, seu stannum, vel aliquas alias merces sine voluntate domini illarum mercium dissolvit, etc.* Rursum occurrit pag. 380.

* Neque aliter hanc vocem interpretatur Editor in notis ad hæc statuta pag. 390. Attamen vox *Becunes*, quæ eadem prorsus est, aliud significare videtur in Charta Phil. III. ann. 1277. tom. 4. Ordinat. reg. Franc. pag. 670. ubi *Beccunes* et *Bazena*, tanquam res diversæ occurrunt : *De qualibet centena pellium arietum, et de Beccunes, octo denarios,..... de qualibet duodena Bazenæ, duos denarios.* Pelles itaque hircinas indicari facile crediderim. Vide supra *Bechinus* et *Bechus* 1.

¶ **BEDA**, Armilla, ab Anglico *Bed* vel *Bead*, Gall. *Brasselet. Madox* Formul. Anglic. pag. 427. ex Testamento anni 1386 : *Dominæ Eufemiæ de Heslarton sorori meæ lego unum sciphum deauratum et duo paria de Bedis de auro.*

BEDALE, Bedalis, [Idem quod *Bedum.*] Tabularium Prioratus de Domina in Delphinatu fol. 40 : *Et a Septentrione ad quemdam Bedalem.* Charta G. Vicecomitis Massiliensis apud Guesnaium ann. 1016 : *Ubi Gerrenus fluvius cadit in Bedale de supradicto molendino ad gadium Huvelnæ, etc.* Alia ann. 1250. apud Joffridum in Niciensibus Episcopis pag. 184 : *Ad ædificandum in dicta terra domum... cum conductu aquæ a Bedali dicti Augerii.* [Acta SS. Julii tom. 1. pag. 568. in Processu de B. Petro de Luxemburgo : *Filia quondam Joannis de Lovan... a casu cecidit in Bedali molendini... et præ violentia aquæ transducta fuit usque ad rotam ipsius molendini, molendino molente.* Charta ann. 1229. ex minori Chartul. S. Victoris Massil. pag. 94 : *Petebat homines prohiberi quicquam Bedalibus suorum molendinorum substrahunt* (sic) *in lesionem monasterii.* Testamentum Anglici Episc. Alban. Card. ann. 1388. apud Stephanotium in Fragmentis Hist. tom. 10. pag. 335 : *Patua, pascua et obedimenta, exitus et introitus quoscumque, aquarum decursus, derivationes earumdem, et Bedalia quæcunque, etc.* Massilienses vocant etiamnum *le Beal* ipsum rivi alveum.] Vide *Bedum.*

* **BEDALIUM**, Rivi alveus, idem quod *Bedale.* Chartar. notar. *Daubayne* Aquens. : *Terram confrotatam cum Bedalio molendini.* Vide supra *Beale.*

* **BEDANAS**, Corium vitulinum, ovinum vel hircinum Arest. Parlam. Paris. ann. 1330. 28. Apr. ex Reg. *Olim* : *Tres costals de corduano albo,... et unum costallum de Bedanas.* Vide supra *Becuna* et infra *Besana* 2.

¶ **BEDATUM**, Pascuum commune. Occitanis *Lou Bedat.* Stephanotius Antiq. Benedict. in Vasconia MSS. tom. 1. pag. 685 : *Concedimus ad agrarium venientibus ibidem omnes terras cultas et incultas, excepto Bedato, salvo jure feodatorum nostrorum, etc.*

* Haud dubie dictione Vasconica, pro *Vetatum*, Pratum pascuis prohibitum, ubi animalia depascere nemini licet; male ergo Pascuum commune exponitur, ut ex ipso loco colligere est.

¶ **BEDDE**, Lectus, ab Anglo-Saxonico *Bedd* : quod idem significat. *Madox* Formulare Anglican. pag. 428. in Testam. Johannis de *Nevill* ann. 1388 : *Item Elcanoræ de Lomley filiæ meæ duo banerett Beddis de Norfolk cum curtinis, etc.*

¶ **BEDE**, Collectæ genus, apud Ludewig. tom. 2. Reliq. MSS. pag. 415 : *Adjunctum est in serie nostræ Constitutionis, quod mansus duos solidos ad censum et unum ad collectam, quæ vulgo Bede dicitur, et insuper decimam persolvet, etc.* [** Germ. infer. *Beede*, a *bitten*, Petere, quia olim blande et per rogationes et suasiones exigebatur. Adel. Confer Haltaus. Gloss. German. voce *Bede.* Latine dicitur *Petitio*, ap. Guden. in Cod. Diplom. vol. 1. pag 419; sæpius *Precaria.* Vide Eichhorn. Hist. Jur. Germ. in Indic.]

* **BEDEGAR** *dicitur Gallice Esglantier.* in Glossar. Lat. Gall. ann. 1348. ex Cod. reg. 4120. Aliud : *Bodegar, indeclinabile. Gall. Aiglantier.*

BEDELLI. Apparitores minores, qui ad judicia citabant, et Baillivorum et judicum pedaneorum sententias, eaque officia, quæ minus videbantur honesta, exsequebantur. Vetus Consuetudo Normanniæ 1. part. sect. 1. cap. 11 : *Li Bedel sont li mineur Serjant, qui doivent prendre les nans, et les offices faire, que ne sont pas si honestes, et les meneures semonces.* [** In Lat. ap. Ludewig cap. 7. § 6.] Edictum S. Ludovici ann. 1254. ad coercendos Baillivorum defectus : *Senescalli autem nostri et inferiores baillivi caveant sibi a multitudine Bedellorum, et quanto paucioribus poterunt, sint contenti ad curiarum exequenda præcepta, et illos nominent in assisia publica, aut vero pro Bedellis minime habeantur.* Nec injuria Ludovicus bedellorum numerum inhibuit, qui graves semper populo habiti sunt. Unde Ordericus Vitalis lib. 12. pag. 876 : *Officiales mali prædonibus pejores sunt. Pagenses nempe latrunculos, fugiendo seu divertendo, devitare possunt : versipelles vero Bedellos nullatenus sine damno declinare queunt. Hinc Bedellos* Willelmus Brito in Vocab. *Angarios, compulsores injustos esse* ait. Exactorum et publicanorum præterea officium egisse bedellos colligimus ex Matthæo Paris ann. 1257. dum Fratres Minores et Prædicatores *Papæ telonarios et Bedellos* factos scribit. Et alibi : *Nullus forestarius vel Bedellus faciat de cætero scotallum, vel colligat garbas.* Apud Scotos etiam bedellorum officium fuit citare. Leges Burgor. Scoticor. cap. 112 : *Citatio facta in burgo super burgensem per servientem domini Regis, sine Bedello ejusdem burgi non est valida.* Eorum præterea erat *nanna* seu pignora capere, ex laudata Normannica Consuetudine, et iisdem Legibus cap. 47. et ex Fleta lib. 1. cap. 18. § 2. Adde easdem Leges Burgor. cap. 62. Iter Camerarii Scotici cap. 3. Concilium Lambethense ann. 1261.

cap. *de apparitoribus sive Bedellis*, et Baronium ann. 1164. etc. De vocabuli etymo varii varia tradunt. Skeneus a *pedo* hoc est, a baculo, deducit, *propterea quod hujusmodi servientes virga aut baculo uterentur*. Quam-sententiam improbant Spelmannus, Watsius, et Somnerus, qui a Saxonica voce, Bidele, quæ præconem significat, deducunt. Vide Edwardum Cokum ad Littleton. [et Menagium in Etym. Gall.] Vide *Budallus*, 2 [** Plura apud Haltaus. Gloss. German. voce *Buttel*. De etymo confer Graffii Thesaur. Ling. Franc. vol. 3. col. 56. et 82. vocibus *Bitel* et *Butil*.]

¶ Bedelli Ecclesiarum. Concil. Hisp. tom. 4. pag. 667. col. 2. ex Regula consueta Toribii Archiep. Limæ : *In antecessum ibi Bedellus, post hunc sacrista cum thuribulo, et post eum acoluthi cum candelabris, etc.* Hos Ecclesiarum ut et Universitatum Bedellos etiamnum appellamus *Bedeaux*.

* Bedellus Provinciæ, sub hoc titulo Chartam Ottonis march. Brandeburg. ann. 1196. subscribit *Wasmodus de Heckelinge*, apud Ludewig. tom. 9. Reliq. MSS. pag. 541.

Bedelli Universitatum. [Literæ Johannis Regis Franc. ann. 1350. pro Universitate Montispessulana tom. 2. Ordinat Reg. Franc. pag. 514 : *Cumque in dicta Universitate habeant esse et consueverint hactenus plures Bedelli, videlicet Bedellus generalis, et Bedellus Universitatis, nec non etiam Bedellus collegii, et pro quolibet Doctore actu legente in utroque jure, prædictorum unus Bedellus, qui ibidem Banquerii communiter nuncupantur*.] Leges Alfonsi IX. Castellæ Regis 2. part. tit. 31. leg. 10 : *La Universidad de los Escolares deve aver su mensajero, que llamen en Latin Bidellus, etc.*

Subbedellus, in Provinciali Ecclesiæ Cantuarensis p. 316. 2. Edit. et in Concilio Lambethensi ann. 1261.

¶ Bedellatus, Officium Bedelli, apud Gomerium lib. 8. de Rebus gestis Francisci Ximenii, p. 1148.

¶ **BEDERIPES**, Bedrepium, Bedrepe, Bedrip, *Precaria* seu servitium quod domino suo tenentes præstare debent in rebus ad agros pertinentibus, ut in demetendis messibus, secandis fœnis, etc. a Saxonico Biddan, Rogare, precari, et Rippan, Falcare, metere; Anglis *Bederone* vel *Bidrepe*. Kennett. in Glossario ad calcem Antiquit. Ambrosden. : *Tenentes de Ewel debent venire in autumpno ad precariam, quæ vocatur a la Bedripe*. Ibidem ex Placito 10. Henr. III : *Ernaldus carrectator tenet unum messuagium et duas acras terræ in duobus campis, et reddit per annum duos solidos et alias consuetudines ad Bedrepium in autumpno*.

¶ Bedreripes, Eadem significatione. Chartularium SS. Trinitatis Cadomensis fol. 46. verso : *Halwardus 12. den. pro 2. acris cum suis Bederipes et aliis servitiis*. Ibidem fol. 48. recto : *Bederipes et denarios pro pasciis* Eodem fol. verso : *Et super hæc Bederipes et wifirip et summeare quaque hebdommada*. Repetitur ibidem fol. 55. recto et verso, et fol. 60. recto.

¶ Wedbedripa, Wedbedrip, Ejusdem quidem notionis, sed originationis forsitan partim diversæ, scil. a Weddian Saxonice, Pacisci, ita ut *Wedbedripa* sit quasi Pactum seu conventio dominum inter et tenentem, de falcandis fœnis, metendis messibus, etc. Kennett. Antiquit. Ambrosden. pag. 402. ex Terrario ann. 1325 : *Alicia quæ fuit uxor Ricardi le Grey coterelli et nativi dominæ tenet unum messuagium, duas acras terræ et dimidium acram prati, et faciet unum sarculaturam et unum Wedbedripam et levationem fœni, etc.* Ibid. pag. 401., lin. 7 : *Redditus et servitia Custumariorum. Robertus filius Nicholai Germeyn tenet unum messuagium et dimidiam virgatam terræ in bondagio ad voluntatem dominæ, et debet unam arruram in yeme, et unam sarculaturam, et debet unam Wedbedrip pro voluntate dominæ; et habebit unum repastum, et debet unam falcaturam per dimidiam diem.*

BEDEWERI, Banditi, proscripti. Matth. Paris ann. 1258 : *Sicque facta est pax* (inter nobiles Romanos) *et tranquillitas liberrima, dispersis prædonibus, quos Bedeweros vocant, et Romanis maleficis.* Sed legendum *Berroëros*. Vide in hac voce.

¶ **BEDIUM**. Polyptych. Fiscamnensis ann. 1236 : *Et debet facere et retinere septem perticas exclusarum molendini et curare Bedia.* Vide *Bedum*.

* **BEDOCCUS**, Forensis, extraneus. Inquisit. ann. 1322. inter Probat. tom. 2. Hist. Nem. pag. 32. col. 2 : *Et quia plures veniunt ad dicta loca ad habitandum, nichil habentes vel possidentes immobilia, qui vocantur Bedocci, id est, forenses, etc.*

¶ **BEDOGIUS**, Equus junior, rusticis Dumbensibus etiamnum *Bedon*. Vide *Vedogius*.

BEDUINI, Populi qui Arabiam incoluere, Halapiam et Crachum versus, nullis certis sedibus, nec in urbibus aut pagis, sed in tabernaculis degentes, unde ita appellati. Nam auctor est Abrahamus Ecchellensis in Hist. Arabum cap. 1. quos *Scenitas* Strabo appellat, *Baduinos* a *badia*, deserto dictos. Sed ab harum partium Consule Francico accepi, etiamnum Arabes *Beduinos* quosvis rusticos appellare. Horum frequens mentio occurrit apud Scriptores Rerum Hierosolymit. Auctor Historiæ Expeditionis Friderici I. Imp. apud Canisium tom. 5. Antiq. lect. : *Est autem consuetudo incolarum illius terræ qui silvestres Turci, sive Bedewini dicuntur, carere domibus, et omni tempore degendo in tabernaculis, de pascuis ad pascua se transferre cum gregibus et armentis.* [Et apud Jacobum de Vitriaco Hist. Orient. lib. 3. inter Anecdota Marten. tom. 3. col. 281 : *Alii sunt Beduini homines agrestes, quos vulgo silvestres Turcos appellant, semper in campestribus habitantes, nullam habitantes patriam neque domum : pecoribus vero et cunctis animalibus abundant, quæ nunc in terra Sarracenorum, nunc in terra Christianorum, accepta licentia, pascuntur. Isti plurimi sunt et per provinciam turmatim divisi, carnibus et lacte vescuntur, et ovinis pellibus et caprinis vestiuntur. Semper sub nudo aëre cubant, nisi nimia pluvia eos gravaverit. Tentoria habent de pellibus animalium. Amici fortunæ sunt; quem vident prævalere viribus adjuvant. Proditores maximi sunt, latrones insignes. Pileos rubeos portant, et peplum circa pileum circinnatum. Quando nos prævalemus adversus Sarracenos, tunc fratres et amici nostri sunt : si vero Sarraceni prævalent adversus nos, ad ipsos declinant, etc. Biduinos* eosdem vocat Radulphus *Coggeshale* in Chron. Terræ Sanctæ apud eumdem Marten. tom. 5. Ampliss. Collect. col. 548. et 560.] Le Roman *d'Auberi* MS :

Auque paien ne Torc ne Beduin
Ne me forfirent vallant un Angevin.

[* Fabul. tom. 1. pag. 117.

Il at pis fait c'un Beduyn,
Qu'il at son asne Bauduyn
Mis en la terre beneoite.]

In Epistola Episcopi Acconensis ad Honorium PP. tom. 8. Spicilegii Acheriani, *Bebduni* perperam vocantur. Agunt vero de Beduinis Albertus Aq. lib. 12. cap. 31. Aithonus cap. 35. 51. 55. Sanutus lib. 2. part. 4. cap. 38. lib. 3. part. 14. cap. 2. Arnoldus Lubec. lib. 7. cap. 10. Brocardus in Descript. Terræ sanctæ, etc. Perperam *Beduinos* cum *Assasinis* confundit Joinvilla pag. 48. uti monuimus in Notis ad hunc Scriptorem.

¶ Beduvii, Iidem qui *Beduini*. Vide Jacobum de Vitriaco lib. 3. Historiæ Orientalis apud Marten. tom. 3. Anecdot. col. 273.

¶ Bolduini, Eadem notione. Epistola Episcopi Acconensis Spicileg. Acher. tom. 8. pag. 375 : *Nostris autem pariter redeuntibus, Bolduini eorum habentes equos agiles, posteriores a longe sequebantur.*

BEDUM, seu *Palitium* molendini, in Tabulario majore S. Sergii Andeg. Ch. 29. palorum scilicet series, quæ ad continendam aquam, quo validius rotam torqueat, solet supra molendinum infigi. Hodie id *Bonde* vocant. At in Tabulario Conchensis Monasterii fol. 96. videtur significare ipsum rivi alveum : ibi enim Stephanus Miles *de Retuchon* assensum præbet, ut *cum curabunt Bedum projiciant in utramque ripam pratorum suorum cœnum.* [Tabularium Aptense fol. 134 : *Cedo omnes res meas... cum omne earum* (aquarum) *introitu vel regressu, cum terminis et Bedis earum.*]

☞ Viget apud Lugdunenses et Sebusianos consuetudo, ut qui habet *Becium*, lingua patria *Bief*, seu *echudium* molendini, possit eum restaurare et mundare, atque lutum projicere in utramque partem *becii* seu *echudii* ad septem pedes dumtaxat : qui becium possidet id juris habere censetur.

Becium, aliis dicitur. Mag. Pastorale Eccl. Parisiens. lib. 2. Ch. 12. 14 : *Super curatione alvei, sive Becii molendini*. Id est, *le Bec*, seu ostium alvei. [Tabul. S. Dionysii de Novigento Rotrodi fol. 103 : *Poterit utraque pars ductum aquæ suæ liberare, mundationem autem Beciorum et retrociorum unius partis sustinebit pars altera.*]

¶ Becius, apud Marten. tom. 3. Anecd. col. 1694. in Vita S. Joannis Valentin. Episc : *Illo namque in loco trium ramorum Becius fuerat, in quorum medio miræ magnitudinis serpens recubans, horrifico flatu et sibilo plusquam vicina terrebat.* Vocis hujus origo Anglo-Saxonica Becc, Rivus : vocis vero *Bedum* Anglo-Saxonica Bed, Lectus, quod vocabulum ad rivos facile transfertur. Sic Galli dicimus, *Le lit d'une Rivière* pro ejus alveo. Johannes *Owen* in Epigrammatibus :

Angli Bed lectum vocitant, Cambrique sepulchrum;
Lectus enim tumulus, mortis imago sopor.

¶ Byesium in Litteris Officialis Cenoman. pro Monasterio S. Vincentii ann. 1209. ex Archivo ejusdem loci : *Præterea ipse Galterius habebit de quolibet mansionario villæ annuatim per manum Prioris auxilium unius diei ad Byezia molendinorum ad bladum reparanda.*

* **BEELENGHE**, male pro *Reelenghe.* Vide infra *Relanga.* Charta ann. 1303. in lib. rub. Cam. Comput. Paris fol. 314. v°. col. 2 : *Sis cenz livres de Parisis.... à prendre sur le Beelenghe de Berghes.*

¶ **BEEMOTH**, Hebræis בהמות, Elephas seu quævis major bestia : qua voce dæmonem intelligunt Interpretes. Murator. tom. 2. pag. 455. col. 2. C. in Hist. Luitprandi :

.... Fallax, impie, crudelis, inique,
Impie Leviathan Beemoth paras
Antiquum renovare tua jam fraude duellum.
Crimine pro cuncto pœnas lues.

¶ **BEFACUS**, *Mendicus.* Vetus Gloss. San-German. n. 501. Mallem *Mendax*, nisi mendicus eo dicatur *Befacus*, quod plerumque mentiatur. Vide *Bifax.* [** Glossar. in cod. Reg. 7644 : *Befacis, Mendacis.*]

¶ **BEFARIUS**, *Bilinguis.* Papias MS. cum Glossis San-German. 501. Vide in *Bifax.*

BEFAX. Vide *Bifax.*

BEFEHT. Charta Ludovici Regis Franc. ann. 1124. in Tabulario S. Genovefæ Paris. : *Nostram Serenitatem adierunt humiliter deprecando, quandam consuetudinem inter nostros homines trium tantum villarum, scilicet Villæ novæ, Moncii, Caloili, et homines S. Genovefæ olim habitam quæsierunt in futurum servari, et æterna stabilitate inviolabiliter confirmari. Et talis est consuetudo Befeht appellata vulgo, quod mulieres utriuslibet præfatæ villæ nuptu viris mutuo datæ remaneant in maritorum hinc et hinc servitute, a naturali ancillatione penitus destitutæ, et non solum ipsæ, sed etiam quotquot sunt utriusque sexus infantes parituræ, quam consuetudinem præsentis cartæ præcepto firmavimus.*

* **BEFFA**, Italis et Hispanis Fraus, nequitia, illusio, jocus; unde Hisp. *Befar* et nostris *Beffer*, et *Beffler*, Illudere, decipere, ludificari. Hist. belli Forojul. in Append. ad Monum. eccl. Aquilej. pag. 48. col. 2 : *Videntes nostri de maniaco sic fecisse Beffas de nobis; et quod iste procedebat plus ad damna nostra quam primo, etc.* Vide *Bifax.*

* **BEFREDUS**, ut *Belfredus.* Locus est in *Toragium* v. *Turris.*

¶ **BEFFREDUS**, Campanile, Turris ubi campanæ. Hist. Harcuriana tom. 3. pag. 327 : *Multa bona contulit dicto Prioratui, et inter cætera fecit extrui Beffredum magnificæ extructionis cum tribus campanis ibi extantibus.* Vide *Belfredus.*

BEFULCI, Wenedorum Sclavorum epitheton, quos ita vocatos a Chunis scribit Fredegarius in Chron. cap. 48. *eo quod duplici in congressione certaminis vestita prælia facientes ante Chunos præcederent.*

* **BEFULCUS**, Bifulcus, Bubulcus, Ital. *Bifolco.* Charta ann. 867. apud Murator. tom. 5. Antiq. Ital. med. ævi col. 513 : *Waleprando Befulcus ..... cum uxore sua..... et Ursa filia sua : Lupari Befulcus cum Waleperga uxore sua : .... Donatulo Bifulcus cum Raneperga uxore sua, etc. Bifulcus* rursum in Ch. an. 1092. ibid. col. 217.

BEGACIUM, Catholicon Armoricum : *Queffelec, Gallice Begace, ou Assée. Latine hoc Begacium. Inde Begaciolum, et secundum aliquos Castrimarginarius.*

* **BEGARDI.** Iidem qui *Beghardi.* Vide in hac voce.

¶ **BEGARIA**, f. pro *Bercaria*, de qua in *Berbix.* Chartarium Ecclesiæ Auxitanæ cap. 85 : *Firmaverunt et gorpiverunt bailiam et Begariam domumque confraternariam, quod injuste et tortuose quærebant.*

* **BEGETUM**, Repagulum, agger, quo aqua continetur ne in agros excurrat. Stat. Montis-reg. pag. 247 : *Item Statutum est, quod aliqua persona non audeat vel præsumat frangere seu frangi facere aliquod ghigetum seu Begetum in toto, vel in parte, sub pœna solidorum viginti, et totidem pro emenda.*

BEGHARDI, Begehardi, Beguini, Beguinæ, Hæretici exorti primum in Alemannia, *qui vulgariter Begehardi, quoad viros, et Beginæ quoad feminas nominantur*, inquit Conradus de Monte puellarum lib. de Erroribus Begehardorum editus a Gretzero, in quo illorum errores recensentur. Quomodo vero, et ut non semel a Pontificibus damnata fuerit eorum hæresis, pluribus agunt Odoricus Raynald. ann. 1247. n. 56. 1306. n. 18. 1312. n. 17. 57. Waddingus ann. 1308. n. 12. 1317. n. 28. et sqq. 1318. Bzovius, et alii. *Beghardorum* etiam meminere Pilichdorffius lib. contra Valdenses cap. 12. Henricus Rebdorff. ann. 1306. Continuator Nangii ann. 1330. etc. Viri doctissimi ad Vitam S. Catharinæ Senensis n. 79. dictos putant a Saxonico, Beggen, Mendicare.

☞ Hanc doctissimorum virorum conjecturam uti aliis omnibus longe probabiliorem admittet quisquis noverit id præcipuum fuisse Begehardorum statutum, ut scilicet necessaria mendicarent, quo facilius possint sua deliria divulgare. Concilium Trevirense ann. 1310. apud Marten. tom. 4. Anecd. col. 250 : *Item cum quidam sint laici in civitate, diocesi et provincia Trevirensi, qui sub prætextu cujusdam religionis fictæ Begardos se appellant, cum tabardis, et tunicis longis, et longis capuciis cum ocio intendentes* (f. incedentes) *ac labores manuum detestantes, conventicula inter se aliquibus temporibus faciunt et conservant, seque fingunt coram personis simplicibus expositores sacrarum Scripturarum; nos vitam eorum, qui extra religionem approbatam validam mendicantes discurrunt, etc.* Atque hinc est haud dubie quod

Begihardi, etiam appellati Fratres Conversi in Ordd. Prædicatorum et Minorum. Annales Colmarienses ann. 1302 : *In hoc Capitulo* (FF. Prædicatorum) *fuerant Conversi seu Begihardi, hoc est, Fratres non habentes domicilia*, 80. *mendicantes cibaria* Et ann. 1302. : *Capitulum Fratrum Minorum fuit in Columbaria solemniter celebratum. Comparuere illic.* 150. *Fratres, Conversi seu Begihardi* 30. *bini et terni in processione per Columbariam transeuntes eleemosynam mendicabant..* [** Consule de *Beghardis* Frischium in Lexico German. voce *Beghart.* Vocab. Lat. Germ. ann. 1482 : *Beghart, gleyschner* (simulator) *Beghardus, Phariseus, Conversus.* Adel.]

Beguini, Iidem qui *Beghardi* : tametsi *Begardos*, viros; *Beguinas*, mulieres potissimum, et ut plurimum dictas, evincat Clementina *Ad nostrum*, de Hæreticis. Quod etiam observatum supra. Auctor Breviloqui : *Beghardus, et Beguina, et Begutta, sunt viri et mulieres tertii Ordinis.* Bernardus Guidonis in Vita Joannis XXII. PP. : *Secta quædam pestifera illorum qui Beguini vulgariter appellantur, qui se Fratres pauperes de tertio Ordine S. Francisci communiter nominabant, ex quibus plures fuerunt tanquam hæretici condemnati et combusti.* Non erant tamen revera ex tertio Ordine S. Francisci, sed falso id asserebant, quo pravas suas opiniones recepti Ordinis auctoritate tuerentur, uti pluribus probat Waddingus. Alvarus Pelagius de Planctu Eccles. lib. 2. cap. 51 : *Istis ultimis temporibus hypocritalibus plurimi, maxime in Italia et Alemannia, et provincia Provinciæ, ubi tales Begardi et Beguini vocantur, nolentes jugum subire veræ obedientiæ, sed libertate noxia potiri, nec servare regulam aliquam ab Ecclesia approbatam sub manu præceptoris et ducis legitimi, vocati Fratricelli, alii de Paupere vita, alii Apostolici, aliqui Begardi, qui ortum in Alemannia habuerunt, etc.* Matth. Paris et Matthæus Westmon. ann. 1243 : *Eisdem temporibus, quidam in Alemannia præcipue, se asserentes Religiosos, in utroque sexu, sed maxime in muliebri, habitum religionis sed levem susceperunt, continentiam et vitæ simplicitatem privato voto profitentes, sub nullius tamen regula coarctati, nec adhuc ullo claustro contenti.* Et paulo ante ex Epistola Yvonis Narbonensis meminit idem Paris *novorum Religiosorum* in Vienna Austriæ, *qui Beguini* vocabantur. *Errores* porro *Beguinorum et Beguinarum, quorum secta detecta fuit circa an. Dom.* 1315. *et multi ex eis inventi sunt et indicati qui se dicunt Fratres et Sorores de Pœnitentia de tertio Ordine S. Francisci et fuerunt combusti*, pluribus recenset Guido Carmelita in Summa de Hæresibus fol. 108.

☞ Verum non modo Franciscanos se mentiebantur fanatici illi, sed et Apostolorum nomenclatura sese decorabant. Concil. Trevir. ann. 1310. apud Marten. tom. 4. Anecd. col. 250 : *Item, inhibemus sub pœna excommunicationis, ne quis in nostra civitate, diocesi et provincia Trevirensi aliquem vel aliquos de illis rusticis, qui se Apostolos appellant, in domum suam recipiat, aut eis eleemosynam eroget.*

Beguinos ut viros fictæ Religionis ac pietatis non semel perstringit M. Robertus de Sorbonâ in Serm. de Conscientia : *Vidi quemdam, qui cum erat coram magnis Beguinis, habebat magnam supertunicale rotundum cum magnis et latis manicis de camelino, et coram mundanis habebat de bruneta, scissum ante et retro, strictum sine manicis, de vario foderatum.* Infra : *Ergo Beguini sive in sæculo, sive in religione, et libro isto conscientiæ sunt sapientiores, quia frequentius et pluries confitentur.*

Begginorum etiam appellatione Valdenses non semel donat Godefridus Monachus

S. Pantaleonis ann. 1209. 1210. 1211. 1212. 1213.

¶ Begini, Iidem qui *Fratres, Gaudentes*, de quibus in voce *Fratres*.

Beghinæ, Mulieres ejusdem sectæ ac instituti, quo *Begardi* et *Beguini*, quæ una cum iis pariter damnatæ sunt in Viennensi Concilio, præsertim eæ quæ in Alemannia degebant, ut patet ex lib. 3. Clementinar. tit. 11. cap. 1. lib. 5. tit. 3. cap. 3. ubi plura de earum hæresi. Matth. Paris anno 1251 : *In Alemannia mulierum continentium, quæ se Beguinas volunt appellari, multitudo surrexit innumerabilis, adeo ut solam Coloniam mille vel plures inhabitarent*. In Alemannia, *Kuherin*, [** Büsserin ?] *id est, Pœnitentes* appellatas istas Beguinas tradit Chronicon Senoniense lib. 5. cap. 1. de quibus agit etiam lib. 4. cap. 18. *Fratres et Sorores de Pœnitentia* itidem Beguini et Beguinæ dicuntur in Bulla Joannis XXII. PP. data 7. Kl. Mart. ann. 3. [** Testam. ann. 1292. ap. Matthæum ad calcem Alciati contra vit. monast. : *Volo quod devotæ matronæ quæ Baghine vocantur continenter ibi maneant, tantum sub obedientia in veste religiosa, de quibus si aliqua infamiam incurrit publicam, in ecclesiis et in plateis a consortio altarum est amovenda, salvis sibi rebus suis*. Vide ibi edit. not.]

Sed quia passim, præcipue in Belgio, sub *Beghinarum* nomine virgines Deo vere et sancte famulabantur, ne nocentium damnatione innocentes involverentur Joannes XXII. Extravagant. *Ratio recta*, et alia Bulla quam descripsit Aub. Miræus in Diplomat. Belg. l. 1. cap. 91. paterne providit. De *Beguinarum* Belgicarum hodierno instituto, ac vivendi ratione, sic Lindanus : *Hæ medium vitæ genus agunt inter monasticum et sæculare. Certis legibus omnes vivunt: de suo victitant, a votis liberæ sunt. Si nubere visum, migrant et nubunt, non inutili vitæ instituto, cum sint in illo et in altero sexu, qui neque libertatem ferre possunt, neque arctum imperium, quibus medium hoc vitæ genus saluti esse queat*. [Statuta Eccl. Leodiensis ann. 1287. apud Marten. tom. 4. Anecd. col. 879 : *Præcipimus quod omnes Beghinæ privilegio Beghinali gaudere volentes, intrent curiam Beghinarum et præcipimus commorantibus extra curiam Beghinarum, quod distinguant habitum suum ab habitu Beghinarum, et si aliqua Beghina extra curiam accesserit moratura, vel ejecta fuerit propter incontinentiam, vel aliud delictum, habitum non deferat Beghinarum*. Beguinarum vitæ genus describunt etiam Rythmi veteres de Origine et fundatione Monasterii Pratensis in Flandria :

Beginæ namque fuerunt a prima sui ætate.

Mox :

Habebant enim famulam quæ omnibus ministrabat,
Et de juvantibus vitam eis auxilium dabat.
Ibant enim illæ mane ad Albini sanctum templum,
Deum orant, nec inane deforis dabant exemplum,
Tunc non habebant in loco ubi manebant, capellam,
Nec quid sacratum in illo, sed habebant solum [cellam,
Inde casam repetebant, et accipiebant colum,
Otiosum tempus spernebant, nullum cogitantes do- [lum,
Sæpe veniebant probi qui eos confortabant,
Et munimen consilii illis pro Jesu donabant, etc.

Vide eumdem Miræum in Donationib. Belgic. cap. 112. Quasdam tamen votum emisisse testatur Summa Raimundi Fratr. Ord. Prædicat. :

Si Beguina Deum sponsum præelegerit, atque
In signum crines præsciderit, ista marito
Si nubit, nupta maneat : sed pœniteat quod
Infregit votum.

Vide Cantiprat. lib. 2. de Apib. cap. 38. num. 2. cap. 51. num. 12. [** Adde Haltaus. Glossar. German. vocibus *Seelen-nonnen* et *Seelweiber*; Raynouard. Gloss. Roman. voce *Bechina*; Guden. Cod. Diplom. vol. 3. pag. 126. 329. 887.]

At in Gallia Beguinarum institutum cum comtemptui haberetur, sensim desiit, et in earum locum successere Sorores tertii Ord. S. Francisci, quibus indidem traditæ in urbibus Galliæ earum ædes. Nam in Beguinarum Parisiensium Monasterium translatæ Sorores Ordinis istius tertii S. Francisci, quæ de *Ave Maria* cognominantur, Diplomatibus Ludovici XI. mensis Martii ann. 1471. et 6. Martii 1479. quæ habentur in tom. 2. Ordinationum ejusdem Regis fol. 326. Quod etiam in urbe Bellovacensi factitatum ab eodem Principe refert Louvetus in Historia Bellov. tom. 1. pag. 747. 752.

¶ Beguttæ, in Epistolis obscurorum virorum : *Utrum Lolhardi et Beguttæ in Colonia sunt seculares vel spirituales personæ, utrum teneantur facere professionem, et an possint accipere mulieres et viros*. *Begutta* apud Auctorem Breviloqui.

Bigrinæ, pro *Beghinæ*, perperam editum apud Matth. Westmonaster. ann. 1243.

¶ Beggina, pro *Beguina*, apud Mantelium Hist. Lossensis parte 2. pag. 27 : *Ex primaria fundatione curiæ Begginarum de Grathem*. Vide *Beguini, Beguta*, 1. *Beguyna, Biguinæ, Bigini, Biguttæ*.

Beguinagium, Conventus, vel institutum Beguinarum, in Clementina 1. tit. de Religiosis domibus, et in Vita S. Gertrudis cap. 4. num. 15. etc. *Beghinæ et habitus Beghinagii*, in Bulla Joannis XXII. ann. 1320. apud Waddingum. Vide Continuatorem Nangii ann. 1317. Joann. de Condato in Dominicanos MS :

Et encor retenois de mi,
K'a Beginage
Ont-il mult volentiers visnage,
Tout aussi enuis com froumage
Cas mangeroit.

[** Provinc. *Beguinatje*. Vide Raynouard. Glossar. pag. 205.]

¶ Begginasium, in Hist. Lossensi auctore Mantelio part. 2. pag. 26 : *Ad conventum nostrum Begginasii Grathem quod attinet*.

A Begga Pipini Landensis filia, S. Gertrudis Nivellensis sorore, *Beguinarum* nomen et institutum sumpsisse constans est apud Belgas opinio, nullo alio licet nixa fundamento, quam nominis Beggæ. Alii a velo capitis appellatas volunt; et si vela ista ab iis, quæ *Beguinæ* ipsæ deferebant, dicta longe probabilius sit. Willelmus Heda ann. 1484 : *Quo tempore Ordo divæ Brigitæ institutur ex religiosis feminis, solutæ tamen vitæ, quas Beginas vocant, a velo capitis quo involvi consueverunt, sic dictæ*. Joachimus Hopperus a *Be-ghinnen*, i. incipere, deducit, *quod principium sive initium quoddam rei monasticæ ponant*. Alii denique a *Bego* quodam istius instituti auctore, *Beguinos* et *Beguinas* nomen hausisse volunt. Ægidius Aureæ vallis Monachus in Radulpho Episcopo Leod. cap. 52. sub ann. 1180 : *Suscitavit Deus spiritum sancti cujusdam Sacerdotis viri religiosi, qui Lambertus le Begue, quia balbus erat, de S. Christophoro dicebatur, a cujus cognomine mulieres et puellæ quæ caste vivere proponunt, Beguines Gallice cognominantur, quia ipse primus exstitit, qui eis præmium castitatis verbo et exemplo prædicavit*. Quæ quidem hausit ex Vita S. Odiliæ, et ex Joanne Abbatulo lib. 1. cap. 4. totidem habet etiam Chronicum M. Belgicum pag. 193. Vide *Picardia*.

Beghina, Monetæ minutioris species, in Pacto Tongrensi ann. 1403. descripto in Magno Recordo Leod. pag. 45.

* **BEGNINUS**, pro Benignus, in Lit. ann. 1361. tom. 3. Ordinat. reg. Franc. pag. 505.

* **BEGNIVOLENTIA**, pro Benevolentia. Charta Ludov. VII. ann. 1144. inter Instr. tom. 7. Gall. Christ. col. 62 : *Eo etiam quo ei antecessores nostri Begnivolentia et familiaritate confederati sunt, etc. Benivolence*, in Ch. ann. 1442. ex Chartul. 21. Corb. fol. 145 : *Et si demourra ledit Damp Charles en la Benivolence et grace desdits abbé et couvent*.

¶ **BEGRA**, Piscis species. Charta anni 1366. de Aquariatu Monasterii S. Crucis de Talmundo : *Item tenebitur dictus Aquarius in vigiliis festorum principalium... duo ferculaira plena ministrare, videlicet in quolibet ferculo tres pecias marlucii recentisaut canceris, et de radis vel de Begris quinque pecias aut de aliis piscibus ad valorem, etc.*

¶ **BEGUINÆ**, Beguini, Beguinagium, Vide *Beghardi*.

* **BEGUINI**, Beguinæ, Viri pii, Sanctimoniales, nostris alias *Beguins* et *Beguines*. Joinvil. in S. Ludov. edit. reg. pag. 7 : *Or me dites les raisons pourquoy preudomme vaut miex que Beguin*. Ibid. pag. 151 : *Le bon roy.... fist en plusieurs liex de son royaume mesons de Beguines*. Vide *Beghardi*.

¶ 1. **BEGUTA** Vocabularium utriusque juris : Idem quod *Beguina*, Gall. *Bigotte*, quam vocem in pravum hodie sensum detortam pro muliere superstitiosa fere solent accipere. Vocis origo Germanicum *By Gott*, i. e. *in Deo* vel *per Deum :* qua de re vide Menagium in Dictionario Etymol. Gall. Res Moguntiacæ tom. 1. pag. 81. col. 2 : *Super receptione Begutarum, ne ultra numerum ternarium ibi habitent per decanum S. Petri benedicendæ*. Acta SS. Aprilis tom. 2. pag. 722. D. : *Tribus virginibus seu Beguttis ante mane Ecclesiam visitantibus*. Ludewig. Reliq. MSS. tom. 6. pag. 195 : *Nostræ Sorores Pragenses, quæ Beguttæ sunt vocatæ, etc*. [** Chart. Moguntiac. ann. 1518. ap. Guden. in Cod. diplom. vol. 4. pag. 595 : *Capellamque seu clusam hujusmodi, censibus et redditibus pro septem personis religiosis, Beguttis videlicet ordinis S. Augustini, ac pro earundem familia dotarint, etc.*]

* 2. **BEGUTA**, Provincialibus *Begudo*, Locus stationis pro viatoribus, hospitium, diversorium, nostris olim *Begude*, nunc *Hôtellerie*. Codicil. 2. Caroli Andeg. ult. Prov. comit. ann. 1481 : *Item dom. noster rex legavit dom. Basco de Aroya jurisdictionem altam et bassam, eidem dom. Basco per dictum dom. nostrum regem novissimis diebus donatam et concessam, in loco sive Beguta de Septemes, cum mero et mixto imperio.* Extat autem etiamnum hujus nominis locus media circiter via Massiliam inter et Aquas Sextias. Le Roman *du Chevalier Deliberé* MS. :

Le portier me fut ung peu rude,
Et me dist : Aiez pacience;
Ce n'est pas cy une Begude;
C'est le lieu qui s'appelle Estude.

* Haud scio an inde *Enbeguiné*, pro Ebrius. Lit. remiss. ann. 1456. in Reg. 183. Chartoph. reg. ch. 145 : *Gillet Crasset commença à dire.... que le suppliant estoit Enbeguiné, qui estoit à dire qu'il estoit yvre.* An *Enbeguiner* dixerunt, quomodo nunc *Coeffer*, pro inebriari, usurpamus. Vide infra *Bevriotus*.

¶ **BEGUYNA**, Stipis collectrix, Gall. *Queteuse*, f. sic dicta, quod ipsa vitæ instituto *Beguina* vulgo esset, ab Anglico *Begging*, Mendicus. Inventarium Ecclesiæ Noviom. ann. 1419. ex Archivo ejusdem : *Item una Gallice* Gibeciere *broderata pro ministerio Beguinæ faciendo.*

¶ **BEHORDEIS**, Hastiludium. Vide *Bohordicum*.

* **BEJANNARE**, BEJANNIZARE, Novellum scholasticum quem *Bejanum* vocabant, recipere, in socium admittere. Constit. Carmelit. MSS. part 1. rubr. 15 : *Inhibemus..... ne aliquis studens Parisius aut graduatus ibidem, audeat vel præsumat aliquem studentem novum, quem Bejanum appellant Parisius, de cetero Bejannare per quemcumque modum ludi, vel per quemcumque tactum mediatum vel immediatum aquæ, straminis, vel alterius rei; sed tantummodo ab illis de sua natione unam moderatam refectionem suscipere.* Infra part. 4. rubr. 2 : *Qui Parisius scolarum novum Bejannizaverit, etc.*

BEJANUS, BEJANIA, BEJAUNIUM. Vide in *Beanus*.

* **BEJAUNIUM**, BEJAUNUM, a Gall. *Bejaune*, Quod a novis scholaribus, nomine jucundi adventus, a condiscipulis exigebatur. Stat. Universit. Aurel. ann. 1365. fol. 64. r°. : *Item quod nullus..... hic de novo venientes ad solvendum suum Bejaunium, vel suum novum aut jocundum adventum...... compellere audeat.* Stat. Universit. Tolos. ann. 1401. fol. 187. r°. : *Ordinamus quod amodo, cum continget aliquem de novo intrare ac recipi in collegio prædicto, pro suo novo ingressu, sive nomine Bejauni, aut pro suo principio lecturæ, aut disputationis, aut alio quæsito colore, non tallietur.* Stat. colleg. Fuxens. Tolos. ann. 1457. fol. 237. v°. : *Ordinamus quod nulla exactio fiat ab intro-euntc collegium.... nomine Bejaunii.* Besiat, Avicula junior, quæ e nido nondum aut parum avolavit; unde vocis *Bejaune* origo, in Novel. *de Periers* edit. Paris. pag. 223. Vide *Beanus*.

* **BEILARBEIDÆ**. Epist. Lauri Quirini de Turcarum potentia ad Pium PP. II. ex Bibl. reg. : *Cui* (exercitui) *duo duces præsunt, quos illi Beilarbeidas, id est, Ducum duces, appellant.* Vide infra *Bellerbechi*

¶ **BEIN-BERGÆ**, Arma quibus teguntur crura. Glossæ Florentinæ apud Eccardum : *Ocreæ, arma crurum, Benberga.* Lex Ripuaria tit. 36. n. XI : *Bainbergas bonas pro sex solidis tribuat.* Cod. Goth. *Baimbergas*. Menagius in Etymol. Gall. ad vocem *Hauberg*, ex eadem lege : *Beinbergas bonas.* Testamentum Everhardi Comitis in Spicil. Acher. tom. 12. pag. 493 : *Bruniam unam et helmum cum halsberga, et manicam unam, Brimbergas duas.* Ubi merito monet Eccardus legendum *Beinbergas* : quæ vox Germanica componitur ex *Bein*, Crus, et *Bergen*, Operire, munire. Vide *Bainbergæ*.

BEINELLUS. Tabular. Fossatense : *Emit etiam omnes Beinellos qui sunt in magna foresta, quos vendiderat Joannes Abbas tempore suo cum dicta foresta.*

* Legendum omnino est *Beivellus*, vel *Baivellus*, a Gall. *Baillivean*. Vide supra *Baivarius*.

BEKA. Tabularium Abbatiæ Clarimarisci [inter Opera Miræi tom. 1. pag. 192.] : *Terminus autem maresci Walcheri est, sicut utraque Beka ex una parte, et rivus aquæ ex altera parte dividunt.* Germanis *Beke*, est rivus, torrens.

* **BELA-CARA**, Quod præter victum et potum cauponi exsolvitur, vulgo *Bonne-chere*. Comput. ann. 1380. inter Probat. tom. 3. Hist. Nem. pag. 27. col. 2 : *Item pro..... Bela-cara hospitis, et lectis, et in-seniis vayletorum hospitis, etc.*

* Nostris olim *Faire par beau*, pro Lubenter, ex animo agere, vulgo *Volontiers, de bon cœur*. Lit. remiss. ann. 1474. in Reg. 195. Chartoph. reg. ch. 1336 : *Le suppliant lui dist qu'elle s'en repentiroit, et se elle ne le faisoit par Beau, il lui feroit faire par lait.* *Dire bau*, Ratio aliquem resalutendi. Lit. remiss. ann. 1403. in Reg. 158. ch. 112 : *Lequel Boulengier en passant pardevant le suppliant, salua icellui suppliant : mais le dit suppliant.... se teust sans rien dire; et lors Clarin Loste dist celles paroles, Au moins deus t-il dire Bau.* *Belfait*, Bene et juste actum, in Lit. ann. 1370. tom. 5. Ordinat. reg. Franc. pag. 378. art. 26 : *En eulx ostant et deffendant moderéement, ou encontrevengnant* (contrevengeant) *de Belfait.* *Belle-œuvre*, appellantur Pelles præparatæ, in Lit. remiss. ann. 1391. ex Reg. 140. ch. 238 : *Deux milliers de Belle-euvre.* *Belle*, nude, pro Noverca, in aliis Lit. ann. 1454. ex. Reg. 191. ch. 21 : *Tantost après vint la Belle ou marrastre de la femme du suppliant.* Vide *Cara* 1.

BELAMIA. Regula data a B. Roberto de Arbressello Monialibus Fontis-Evraldi cap. 12 : *Ut non habeant vestimenta fimbriata, neque in dorso, neque in lecto, præter Belamiam, sed incisa consuantur, ut tunicæ et chlamydes, et cætera omnia.* Vestis species sic dicta ex Gallico *Belle amie*, quasi *Bella amica*.

* **BELARE**, *Belar*, *Prov.* in Glossar. Provinc. Lat. ex Cod. reg. 7657. Balare, Gall. *Béeler*, Ital *Belare*. [** Utitur hac voce Varro de R. R. lib. 2. cap. 1. Vide Forcell. voce *Balo*.]

BELBUS, *Hyæna*, apud Capitolinum in Cordiano III.

* **BELENCUS**, Ludus aleatorius, vulgo *Berland* vel *Breland*. Arest. ann. 1371. 29. Nov. in vol. 5. arestor. parlam. Paris. : *Emolumentum ex sicca tabula seu ludo ad Belencum proveniens, ordinavimus converti in solutionem redditium ad vitam.* Nostris olim *Bellent*, eadem notione. Lit. remiss. ann. 1366 in Reg. 97. Chartoph. reg. ch. 15 : *Comme icellui exposant se fust enbatuz à un jeu ou Bellent en la ville de Douay.....; et illec eust requis à cellui à qui ledit Bellent estoit, ou qui le gardoit, etc.* Aliæ ann. 1381. in Reg. 119. ch. 188 : *Icellui Tassin fu à Creilg ou seoit la foire, et là trouva feu Pierre Hannetel bellengier, qui avoit mis et drecié son Bellent, pour ceulx qui y voudroient jouer et esbatre.* Ubi *Bellengier*, ejusmodi ludi magister nuncupatur. Hinc *Ballendier*, Aleator, in Lit. remiss. ann. 1386. ex Reg. 128. ch. 278 : *Lequel Messaigier dist, que se vueult cilz Bellandiers, qui tient compaignie à ceulz qui ont gettées pierres à mon pere.* Sed etiamnunc male sonat vox *Brelandier*. Vide infra *Berlenghum*.

* **BELENEA**, BELENUS. Vide infra *Bellenea*.

¶ **BELENEAS**. Vide *Bajulona*.

¶ **BELEUTERION**. Spicil. Acher. tom. 3. pag. 239. ex Chronico Fontanellensi : *Jussit præter aliam condere domum juxta absidam basilicæ S. Petri ad plagam Septentrionalem, quam conventus sive curiæ, quæ Grece Beleuterion dicitur, appellari placuit : propterea quod consilium in ea de qualibet re perquirentes convenire fratres soliti sint.* Legendum est Βουλευτήριον, quod curiam reipsa significat apud Græcos recentiores, Vide Glossarium mediæ Græcitatis ad vocem Βουλευταί.

* **BELFAGUE**. Reparat. factæ in senescal. Carcasson. ann. 1435 : *Pro faciendo et ponendo in dicto molendino unum Belfague.* [** Forte idem ac Germanis *Fachbaum*, lignea scilicet trabs prope ripam posita, ut certa portio aquæ ad declinatum molendinorum fluat et superfluum alio deducat. ADEL.]

1. **BELFREDUS**, *Berfredus*, *Verfredus*, *Berefridus*, *Bilfredus*, *Balfredus*, *Berfreit*, *Belfragium*. Hæc omnia unum sonant, Gall. *Beffroy*. Sic vero appellata machina bellica lignea in modum excelsioris turris exstructa, variis tabulatis, cœnaculis seu *stationibus* constans, rotisque quatuor vecta; tantæ proceritatis, ut ejus fastigium, oppidorum et castrorum obsessorum muros æquaret : cujus parietes, vel tabulis vel cratibus colligati, coriis taurinis et equinis, operti erant, ut ab ignium inextinguibilium ejaculationibus damnum non paterentur. In cœnaculis autem collocabantur milites qui in hostes continuo tela vibrabant, aut sagittas emittebant : infra vero viri robore præstantes magnis impulsibus muris machinam admovebant. Describitur non semel ejusmodi machina a Scriptoribus, tacito licet *Berfredi* nomine : a Leone Imp. in Tacticis cap. 15. num 30. Alberto Aqu. lib 6. cap. 11. lib. 7. cap. 3. Guiberto de Gestis Dei lib. 6. cap. 18. lib. 7. cap. 7. Ægidio Monacho Aureæ vallis in Alberone II. cap. 35. Tudebodo lib. 5. pag. 805. Froissart. 1. vol. cap. 111. præter-

ea a Poeta vernaculo in Poemate, cui titulus, le Roman *de Garin :*

Un engin fet, de tel parler n'oi,
Qui ot de haut cent piez tos enterins.
Pres de la porte fist venir tel engin,
A sept estages tot droit de fust chesmin,
Arbalestriers i a mis jusqu'à vint,
Bien fu clocz, couvert de cuir boli.

Modum vero construendorum *Berfredorum*, vel saltem ejusmodi turrium, quas ad urbium et castrorum muros admovere solebant, describit Sanutus lib. 2. part. 4. cap. 22. Πυργοκάστελλοι dicuntur in Chronico Alexandr. pag. 900. 906.

* Hist. Cortus. lib. 2. apud Murator. tom. 12. Script. Ital. col. 816 : *In paucis vero diebus suburbia civitatis fuerunt munita spaldis, foveis et Belfredis.* Occurrit præterea col. 823. et tom. 19. col. 774. *Baffrai*, apud Joinvil. in Hist. S. Ludov. edit. Cang. pag. 37 : *Et pour garder ceulx qui feroient ladite chaussee, il fit faire deux Baffraiz, que on appelle chas chateilz. Beffrois que l'en appelle chas-chastiaus,* in edit. reg. pag. 42.

* Belfredum. in Annal. Mediol. ad ann. 1330. apud eumd. Murator. tom. 16. col. 705 : *Unde in ripa fluminis Ticinelli scondegardas et Belfreda xl. erexerunt.*

Berfredus. Ordericus Vital. lib. 8 : *Ingentem machinam, quam Berfredum vocitant, contra munitionem erexit, et copiose bellicis apparatibus instruxit.* Et mox : *Insecutores armigerum quemdam fecerunt in Berfredum ascendere, et a boreali plaga ignem immittere.* Lib. 12 : *Carpentarios Berfredum facientes docebat.* [Epist. Friderici Imper. apud Marten. tom. 1. Ampliss. Collect. col. 909. E : *Robur scilicet ac munimentum totius Bulgariæ in Berfredis ac propugnaculis contra honorem Dei et vivificæ Crucis, in nostrum ac totius Christianitatis excidium præcepit communiri.*]

Berfreit, et Berefreid. Willelmus Malmesb. l. 4. Hist. pag. 141 : *Alterum* (machinamentum) *fuit pro lignorum penuria turris non magna, in modum ædificiorum facta, Berefreid* (al. *Berfreit*) *appellant, quod fastigium murorum æquaret.* Simeon Dunelm. de Gestis Angl. ann. 1123 : *Videns autem Rex se non ac disposuerat proficere, ligneam turrim, quam Berfreit vocant, erexit.*

Belfragium. Wil. Armoricus lib. 2. Philipp. pag. 119 :

Cratibus et lignis rudibus Belfragia surgunt,
Turribus alta magis et mœnibus, unde valerent
Agmina missilibus, telisque quibuslibet uti,
Devexosque hostes facili prosternere jactu.

Bertefredus, in Charta Innocentii II. PP. apud Ughellum in Episcopis Bergomensibus.

Bilfredus, apud Rolandinum in Chron. lib. 1. cap. 8. lib. 4. cap. 2. lib. 6. cap. 6. lib. 12. cap. 6. Jacobus Hemricurtius in Speculo Hasbanico pag. 180 : *Fist faire à Flemale... un Belfroit environneit de fosseis, et le nommat le Heis.*

Verfredus, in Epistola Friderici I. apud Willelm. Hedam ann. 1190. pag. 320. 1. Edit.

Baltefredus, in Charta Blanchæ de Sabaudia uxoris Galeacii Comitis Virtutum.

Balfridus, in Charta Communiæ Suession. *Belfroy*, in Consuetud. Atrebatensi antiq. art 98. nova art. 145.

¶ Batifredus, in Chron. Antonii Godi apud Murator. tom. 8. col. 72 : *Valles.... spaldatæ et munitæ Betifredis ac foveis amplissimis undique circumdatæ.*

¶ Bitefredus, et Bitifredus, in Chron. Parmensi ad ann. 1308. apud Murator. tom. 9. col. 872 : *Munivit de Bitefredis et beltreschis et aliis necessariis ad defensionem.* Ibidem col. 773 : *Construxit... Bitifredos et batreschas et pontes levatores.* Occurrit etiam apud Albertinum Mussatum de Gestis Henrici VII. lib. 6. rubr. 6. apud eumdem Murator. tom. 10. col. 423.

¶ Butifredus. Memoriale Potestatum Regiens. ann. 1288. apud Murator. tom. 8. col. 1172 : *Intraverunt locum S. Stephani, et ibi castrum reædificaverunt, ducentes de Mantua et Verona Butifredos, et machinas et palancatum.* Regimina Paduæ ad ann. 1320. ibidem col. 433 : *Multi ex eis ascendentes super Butifredum et spaldum, et interficientes custodes.*

2. Belfredi nomen a similitudine ejusmodi machinæ bellicæ, postea inditum altioribus turribus, quæ in urbibus aut castris eriguntur, in quarum fastigio excubant vigiles, qui eminus adventantes hostes pulsata, quæ in eum finem appensa est, campana cives admonent, quo sint ad arma parati.

Nec in eum tantum finem statutæ in berfredis campanæ, ut adventantes nuncient hostes, sed etiam ad convocandos cives, et ad alios usus, prout rei politicæ curatoribus visum fuerit. Unde *Campana bannalis* dicitur Hocsemio, quod cum pulsatur, quicumque intra *bannum* seu districtum urbis commorantur, ad conventus publicos ire teneantur. [In quibusdam Consuetud. municipalibus, *la Ban-clocque*, quod ad *bannum* convocandum pulsetur.] Statuta Gildæ Scoticæ cap. 28 : *Nullus regratarius emat pisces, fœnum, avenas,... ante pulsationem campanæ in Berefrido, etc.* Atque inde *Berfredus* inter privilegia *Communiæ* vulgo accensetur : idque colligitur ex Aresto, seu Statuto Caroli Pulcri dato Paris. ann. 1322. quo cives Laudunenses, propter nescio quod commissum in Laudunensem Ecclesiam sacrilegium, jure Communiæ privantur, nempe *jure Scabinatus, Collegii, Majoratus, Sigilli, Campanæ, Berfredi, et Jurisdictionis. Berfredi Brugensis* meminit Chronicon Flandr. cap. 61. 63. quod *Beaufroy et Bellefroy* vocat. [Idem probat Charta Johannis Comitis Atrebat. ann. 1376. pro libertate et immunitate S. Vallarici : *Item nous avons donné et accordé échevinage, Ban-cloque grande et petite.*] Sed et *Belfredi* vox, a Saxon. et German. *bell*, campana, et *freid*, pax, videtur deducta, quod in hisce turribus appenderetur ad convocandos homines in tumultibus bellicis, vel aliis occasionibus, maxime in urbibus, quarum Communiæ *Pacis* nomine non semel donatæ leguntur. Vide *Campana.*

Denique etiamnum *berfredum* appellant nostri ligneam fabricam in campanariis, in quibus pendent campanæ. Charta ann. 1282. in Magno Pastorali Eccl. Paris lib. 20. cap. 220. ubi de campanis : *Berfredum autem tenetur fabrica Ecclesiæ facere et sustentare suis sumptibus.* Vide *Tristegum.* [** De origine vocis nil certi consat. Schilteri conjectura qui a voce *Bal*, Male, et *Frid*, Pax deducit, frigidior videtur. *Frid*, quod pacem vel securitatem proprie denotat, etiam pro Turri, securitatis loco usurpatur. Prius si a *Bæra*, Portare, deducatur, *Berfrid* erit Turris portatilis; sin vero a *Bærja*, Pugnare erit Turris bellica. Adel. Confer Graffii Glossar. Francic. vol. 3. col. 213. voce *Berfrit.*]

¶ **BELGICAT.** Vide *B. Littera.* [** Fortasse ex imitatione vocis ovium confictum verbum. Vide H. Stephan. Thesaur. Ling. Gr. voce Βήλγω, edit. Didot. vol. 2. col. 228.]

* **BELICIES**, cium, *Li sorzire spesi de fonte.* Glossar. Lat. Ital. MS.

* **BELIORDUM**, perperam pro *Behordum*, Hastiludii species. Vide infra *Bohordicum.* Stat. eccl. Leod. ann. 1360. apud Hugon. tom. 2. Monum. sac. antiq. pag. 451 : *Item nullus sine causa justa et legitima arma deferat, aut se torneamentis, Beliordis, seu hastiludiis, vel aliis bellicis actibus senis* (sævis) *seu enormibus immisceat.*

BELKINUS. Vide in *Baldakinus.*

¶ 1. **BELLA**, Acus, a Græco βελόνη quod a βέλος formatur, unde facile *bela* vel *bella.* Computum ann. 1318 : *Item pro rauba brunetæ nigræ Dominæ et pluribus aliis necessariis in dicta rauba; et pro espinglis et Bellis* xxiv. *l.* vi. *s.* viii. *den.*

* 2. **BELLA**, male pro *Bolla*, Cyathus. Inventar. ann. 1420. inter Probat. tom. 2. Annal. Præmonst. col. 591 : *Quatuor Bellas argenti pedatas, cum cooperculis.* Vide *Bolla* 1.

* 3. **BELLA**, femin. gen. pro *Bellum*, Pugna, prælium. Codex reg. 76 : *Versus de Bella, quæ fuit acta Fontaneto.*

** 4. **BELLA**, *i. e. Campanella quæ ovibus vel vaccis appenditur.* Gemma Gemmarum. Anglosax. Bell, Campana, tintinnabulum.

BELLAGINES, Jura municipalia Gothorum. Jornandes de Rebus Get. cap. 11. de Diceneo : *Physicam tradens, naturaliter propriis legibus vivere fecit, quas usque nunc conscriptas, Bellagines nuncupant.* Andreas Gravius Suecus accersit vocabuli etymon a Saxonico seu Danico by, habitatio; et laga, Lex : ita ut Bellagines fuerint urbium et oppidorum leges. Vide *Laga* et *Bilage*, et Loccenium lib. 2. Antiquit. Suecic. cap. 5. [** Adde Ihrii Glossar. Suio-Goth. voce *Lag*, ubi fuse de *Bellaginibus* agitur. Adel.]

* **BELLA-MATER**, a Gallico *Belle-mere*, Noverca. Charta ann. 1400 : *Bella-mater Michaelis Regis possidet* (molendina). Vide supra in *Bela-cara.*

¶ 1. **BELLATOR** Monasterii, An idem qui Advocatus seu Defensor, hinc *Bellator* dictus, quod pro tuitione monasterii sibi commissi non nunquam *Bellare* cogeretur? Chartularium S. Vincentii Cenoman. fol. 60. in subscriptionibus : *S. Herveii Bellatoris. S. Petri Culture. S. Belinandi de Cathedris. S. Elinandi filii Alardi.*

[* Cognomen esse videtur, non officii appellatio.]

¶ 2. **BELLATOR**, Castrorum præfectus. Vita S. Aldegundis tom. 2. Act. SS. Benedict. pag. 807 : *Duorum quoque avunculo-*

rum ejus Gundalandi et Landrici nomina *præfiximus, qui primatum pugnæ istius regionis tenuisse memorantur, quod Græci Scholares, nos quoque Bellatores vocamus.*

BELLATORIUM, Pars navis, illa forte in qua milites pugnare solent. Vide tom. 5. Histor. Francorum pag. 436. 437.

* Ea scilicet quæ olim *Belle*, nunc *Passavant* nuncupatur, et quæ inter summa utraque tabulata, *Gaillards* dicta, interjacet. Contractus navigii Regis cum Venetis ann. 1268. in Reg. Cam. Comput. Paris. ex Cod. reg 8406. fol. 199. v°. : *Navis, quæ vocatur Sancta Maria,..... habet..... duos pontes, et unum suprapontem, et unum Bellatorium amplum de quatuor vel quinque pedibus.*

¶ **BELLAX**, Bellicosus. Duchesnius Hist. Script. Norman. pag. 956. ex Gestis Stephani Ducis Norman. : *Viri Bellaces, nullisque militari industria, vel quavis probitate secundi.* Acta S. Cassiani apud V. Cl. Fontaninum de Antiq. Hortæ. pag. 343 :

Romanus celeber, nec non Bellaxque Sicamber.

[** Lucan. lib. 4. vers. 466 :

Illic bellaci confisus gente Curetum.]

** **BELLECHINUM.** Idem quod *Baldakinus.* Testam. ann. 1367. ap. Guden. in Cod. diplom. vol. 3. pag. 477 : *Vult similiter quod dicti sui manufideles sibi unum Bellechinum vulgariter ein Bellikin tempore obitus sui... emant, etc.*

* **BELLE**, Anglosaxonibus, Tintinnabulum, teste Eccardo in notis ad Leg. Salic. tit. 3. art. 9. Glossæ : *Clocca, Belle.* Vide *Bella*, 4.

* **BELLENEA**, Belenea, Onus plaustri seu vehiculi, *Belenum* dicti, vulgo *Beneau*, vel *Belneau*, vulgatius *Tombereau.* Comput. ann. 1450. ex Tabul. S. Vulfr. Abbavil. : *Item pro duabus Beleneis sabulonis, ad ponendum de sub dictis plumbis grangiæ, et propter tres viaturas Beleni, ad deferendum antiqum plumbum terratiarum grangiæ,...... iiij. sol.* Alius ann. 1441. ejusd. eccl. : *Item pro una Bellenea sabulonis, xij. den.* Vide infra *Belneria* et *Benna*, 1.

BELLENGUM. Vide in *Berlengum.*

* **BELLERBECHI**, vulgo *Beglierbei*, Præfecti militares apud Turcas, de quibus Jovius Hist. lib. 14 : *Universis duo magistri equitum præsunt, qui Bellerbechi, hoc est, domini dominorum superba appellatione vocitantur.* Ita Car. de Aquino in Glossar. milit. Vide supra *Beilarbeidæ.*

* **BELLERIA**, Annulus, a quo tudicula campanæ dependet, Gall. *Belliere.* Sentent. ann. 1282. ad calcem Necrol. Paris. MS : *Ordinamus pro bono pacis, quod episcopus Parisiensis suis sumptibus et expensis ministret cordas,..... batellos ferreos, Bellerias, etc.* Index benef. eccl. Constant. fol. 86. v. : *A la charge dudit chapitre de fournir en l'acquit de l'évesque..... les chordes, Bellieres, batailz, etc.* Vide infra *Berleria.*

* **BELLETUM**, Fucus, pigmentum, Ital. *Belletto*, Gall. *Fard.* Barelet. in serm. Domin. 1. Quadrag. : *Cur ponis Belletum in facie, vitellum ovi, aquam vitis, unguenta, cerusam?*

* **BELLICA**, orum. Auctores ævi deterioris hoc nomine indicarunt arma, sagum et quidquid armorum et vestium ad tegendum militem et exornandum pertinet. Gauther. Antioch. : *Libetque præconari voce propatula, ut universi audito primo sonitu gracilis, festinent Bellicis indui.* Hæc post Car. de Aquino in Glossar. milit. *Bellicum canere* dixit Cicero pro Muræn. cap. 14.

¶ **BELLICARE**, Belligerare, præliari, impugnare. Murator. tom. 2. pag. 265. col. D. in Camilli Peregrini Hist. Princip. Langob. : *Et ecce congreditur cum Saracenis trophæum primitus Bellicans sumpsit ex eis victoriæ.* Hist. Dalphin. tom. 2. pag. 104. col. 1. ex Instrumento anni 1300 : *Fortalicium cum suis gentilibus Bellicaret.* Vide *Decludere.*

* **BELLICOSE**, Cum armis rebusque aliis militaribus. Lit. Casimiri III. ann. 1462. inter Leg. Polon. tom. 1. pag. 201 : *Quandocunque terra nostra Leopoliensis ad bellicam expeditionem se moverit..... tenebuntur..... proficisci Bellicose.* Vide infra *Exercitaliter.*

* **BELLICOSITAS**, Virtus bellica. Chron. Besuense ad ann. 898. tom. 1. Spicil. Acher. pag. 528 : *Ad Divionem tamen eos aspirare, nec loci firmitas, nec ducis nominatissimi permisit metuenda Bellicositas.*

* **BELLICOSUS.** Bellicosa Patria, Qua bellum frequenter geritur. Charta Caroli VI. ann. 1422. ex Reg. olim Cam. Comput. Bitur. nunc Paris. fol. 19. r°. : *Considerato quod ille locus et baronia situati sunt in patria Bellicosa, et inter comites baronesque potentes, etc.* Nostris *Bellicoseux* et *Bellicatif*, pro *Querelleur*, Rixosus, jurgiosus. Lit. remiss. ann. 1424. in Reg. 173. Chartoph. reg. ch. 129 : *Le suppliant voyans ses biens troussez, et que sa femme, qui n'est pas Bellicoseuse ne jurgieuse, etc.* Aliæ ann 1472. in Reg. 195. ch. 773 : *Icellui Petit, qui souventeffoiz s'enyvroit et estoit fort Bellicatif, et plein de arrogantes paroles. Belliqueux*, eodem sensu, in aliis ann. 1380. ex Reg. 118. ch. 10. [** Provinc. *Bellicos* et *Sobrebellicos.* Vide Raynouard. Gloss. vol. 1. pag. 207.]

¶ **BELLICREPA**, *Quoddam genus ludorum cum armatis.* Glossar. Isid. in Pithœanis : *Bellicrepa Saltatio.* Quæ, teste Festo, *dicebatur, quando cum armis saltabant : quod a Romulo institutum est, ne simile pateretur, quod fecerat ipse, cum a ludis Sabinorum virgines rapuit.*

* Eadem ferme saltatio, quæ Cretensibus *Pyrrhicha.* Vide notas Dacer. ad Fest. et Lexic. Pitisci v. *Saltatio.*

* **BELLICULUM**, dimin. a *Bellum*, Simulatum prælium, ludicra pugna. Laudes Papiæ apud Murator. tom. 11. Script. Ital. col. 35 : *In nativitate Domini offert illic cereum societas vicinornm S. Syri, habentem cignos depictos albos in superficie rubea, quod illorum insigne in Belliculis.* Vide supra *Battaliola.*

¶ **BELLICUM** Facere, pro Hostilia facere, *Faire des actes d'hostilité*, apud Rymer. tom. 1. pag. 768 : *Detis firmiter in mandatis ne, donec sciverimus, utrum possimus in ipso tractatu proficere, Bellicum faciat in Barones, vel (in) aliquem eorumdem insultum.* [** Bellicum insultum facere.]

BELLIDUCTOR, Bellidux, Pugnæ instructor, idem, ut videtur, qui *Sergent de Bataille.* Lit. Mathiæ reg. Hungar. ann. 1468. tom. 6. Anecd. Pezii part. 3. col. 222 : *Mathias..... fidelibus nostris capitaneis, Belliducibus, levatoribusque et sollicitatoribus præsentis exercitus nostri, etc.* Et col. 223 : *Universis et singulis capitaneis Belliductoribus præsentis exercitus nostri, etc.*

¶ **BELLIONES**, Bellicosi, Belligeratores. Glab. Rodulfus lib. 1. Hist. cap. 1 : *Hi denique prudenti consilio et virtute, quosque in giro Belliones ita proprio subjugavere dominio, etc.*

¶ **BELLIPARIUS**, pro *Pelliparius*, qui parat pelles, apud Ludewig. tom. 4. Reliq. MSS. pag. 449 : *Nobili ut veste trabeatus incederet, Belliparium accersiri jussit, etc.*

1. **BELLIS**, Bellicosus. *In campo Marthis erant Belles*, ex Cod. MS. ecc. cath. Camerac. ubi de Laud. pueror. in med. Quadrag.

** 2. **BELLIS**, *Mens*, in Gloss. Jæck. In Glossar. cod. reg. 6744 : *Bellem Græci mentem nuncupabant*, ut ex Isidoro. An βουλή;

¶ **BELLONARII.** οἱ θεοφορούμενοι, lib. de Offic. procons. Fanatici. Supplem. Antiquarii. [** Sacerdotes Bellonæ. Vide Forcellinum.]

* **BELLOSUS**, Bellicosus. Cæcil. apud Nonium : *Tantum bellum suscitare conari adversarios contra Bellosum genus.*

* *Belloye* vero, Fustis species, in Lit. remiss. ann. 1370. ex Reg. 102. Chartoph. reg. ch. 68 : *Scurvindrent audit lieu..... environ vingt personnes, qui portoient Belloyes et bastons, lequel batirent forment les beufs.*

¶ **BELLUILE**, θηριώδες, Belluinum, ferinum. Supplem. Antiquarii.

BELLUM, Prælium, qua notione πόλεμος usurpatur apud Leonem Imp. in Tacticis cap. 12. 13. 14. et alibi passim. [** Confer Drakenb. ad Liv. 3, 61, 2, et Forcellin. voce *Bellum.* Gloss. in Cod. Reg. 7644 : *Bellum, pugna. Bellum gerere, prælium facere. Bellum civile, pugna domestica.*] Historia Miscella : *Tyrannide vero destructa, fit Persarum atque Romanorum circa Martyropolim maximum Bellum.* Ubi Theophanes pag. 220. habet πόλεμος μέγιστος. Theodorus Campedonensis de Vita S. Magni cap. 6 : *Ea vero hora qua apud Tolbiacum Bellum istud commissum est, etc.* Sampirus Episcopus Astoricens. in Adefonso IV. Rege Hispan. : *Et bello inito, occidit ibidem ex Agarenis 12. millia.* Dudo de Moribus Normann. pag. 96 : *Locus autem in quo Bellum memorabile fuit, dicitur usque in præsentem diem, Ad pratum Belli.* Charta Fundationis Monast. de Bello in Angl. a Willelmo Notho, apud Guillemum Prynneum in Libertatib. Angl. tom. 1. pag. 1192 : *Et quia in hoc loco, ubi sic constructa est Ecclesia, mihi victoriam præstitit in Bello, ob victoriæ memoriam ipsum locum appellare volui.* Willelm. Brito lib. 10. Philipp. :

In plano plane Bello confligat aperto.

Infra :

Donec lux Bello licitam se crastina præstet.

Utuntur præterea Ordericus Vitalis pag. 501. Rigordus, [** Petr. d'Ebulo carm. de mot. sicul. vers. 367.] et alii.

Bellum Publicum, quod *pugna publica*, et *publicus conflictus* dicitur Vegetio lib. 2. cap. 18. lib. 3. cap. 9. 26. *Mars publicus*, lib. 5. cap. ult. *Prælium publicum*, Venerico in Apologetico Henrici IV. Imp. Δημοσία μάχη, apud Leonem in Tract. cap. 20. § 42. et Mauricium in Strateg. lib. 9.

cap. 2. lib. 10. cap. 4. Δημόσιος πόλεμος, apud Theophanem ann. 4. Leonis Chazati. Auctor incertus de Limitibus agrorum : *Quando milites occidebantur in Bello publico.* Vetus Inscriptio 161 : *Post victoriam Gothicam, ipsis eorum Regibus celeritate mirabili conflictu publico superatis atque prostratis, etc.* Catwlphus in Epistola ad Carolum Magnum : *Longobardorum exercitus ante faciem tuam sine publico Bello in fugam conversus.* Charta Hugonis Archiepiscopi Lugdunensis ann. 1094 : *Ut cum a vinculis anathematis, quo innodatus erat pro captione fratris sui Gaufredi, quem in Bello publico ceperat, absolveremus.* Alia Goffredi Comitis Andegavensis ann. 1048 : *De submonitione pro prælio publico, etc. Bellum publice denunciatum*, in alia ejusdem Goffredi in Historia Monasterii S. Nicolai Andegavensis. Ita apud Cumeanum de mensura pœnitent. cap. 6. Bedam de Remediis peccatorum cap. 3. Silvestrum Giraldum lib. 1. Itiner. Cambr. c. 9. c. 2. Ericum Upsalensem lib. 2. Hist. Suecor. pag. 43. etc. [** Adde Glossar. med. Græc. voce Δημοπόλεμος.]

* Bellum, nude, pro Bello publico, denunciato et indicto, in Charta Ludov. VII. tom. 6. Ordinat. reg. Franc. pag. 619 : *In exercitum et equitacionem non ibunt, unde non possint eodem die reverti ad domum suam, nisi nomine Belli submoneantur.* Eadem habentur in Ch. Henr. reg. Angl. pro fundat. abb. Montisburg. ex Reg. 52. Chartoph. reg. ch. 127 : *Præcipio ut homines de villa Montisburgi, liberi et quieti sint ab omni exercitu et expeditione, excepta illa quæ sub nomine Belli summonetur. Bellum denominatum* dicitur in Chartul. S. Albini Andeg. : *Pergant in exercitu meo ad Bellum denominatum.* Vide *Bellum publicum* et in *Hostis.*

Bellum Campale, Prælium publicum : folcgefeoht, in Chronico Saxonico. Leges Henrici I. Regis Angl. cap. 10 : *Qui in Bello campali vel navali, fugerit, etc.* Et cap. 43 : *Qui proditor domini sui fuerit, quicunque ab eo in obviatione hostili, vel Bello campali fugerit, vel victus fuerit, vel feloniam fecerit, terram suam foris fecit.* [** Feud. lib. 2. cap. 57. constit. quam Henric. VI. Imp. et ann. 1196. inscribit Pertzius vol. leg. 2. pag. 200 : *Si vassallus... in Campestri Bello suum dominum dereliquerit, feudo privabitur.* Mandat. Conrad. IV. Imper. ann. 1241. ibid. pag. 339 : *Principes non ineant Campestre Bellum cum Tartaris, sed terminos suos defendant.*] Adde cap. 13. Eximinus Petri Salanova de Privileg. Baronum Aragon. : *Non tamen tenentur Regi facere exercitum vel cavalcatam, nisi forte Rex iret ad campale prælium.* [Ogerii Panis Annal. Genuens. lib. 4. ad ann. 1204. apud Murator. tom. 6. col. 389 : *Navis Carrocia de qua erat dominus vir strenuus Alamannus de Costa, navem Pisanorum de cursu, quæ Leopardus vocabatur, et quæ exierat ad ipsam inquirendam cum quingentis bellatoribus Campali Bello devicit, et eam cepit.* Ubi observandum *Campale Bellum* etiam dici de navali prælio. Instrum. ann. 1235. ex Archivis S. Victoris Massil. : *Quod si dominus Comes obsidere vellet aliquod castrum, vel ei faceret inimicus Bellum Campale, etc.*] *Campale certamen*, apud Aimoinum lib. 3. de Mirac. sancti Benedicti cap. 7. *Campalis congressus*, in Actis Innocentii III. PP. pag. 15. *Lis campalis*, in Charta Aldefonsi Regis Aragon., apud Hieron. Blancam pag. 640; *Bellum campestre*, apud Rogerum Hoved. ann. 1187 : *Disposuit acies suas ad Bellum campestre.* Matth. Paris ann. 1121 : *Actum est campestre prælium inter Ludov. Regem Franc. et Henr. Regem Angl. Conflictus campestris*, in Gestis Innocent. III. PP. pag. 86. Passim apud Scriptores, Guillel. de Podiolaurent. cap. 23. 30. Leon. Ost. lib. 2. Chron. Cas. cap. 38. Florent. Wigorn. pag. 656. Galfridum Monumuth. lib. 1. cap. 5. Petr. de Vineis lib. 1. Epist. 21. 33. lib. 2. Epist 45. lib. 3. Epist. 82. etc. Hist. Cortusior. lib. 6. cap. 8. [** Adde Ægid. Roman. de R. M. cap. 16.] Sed et ita usurparunt Scriptores nostri. Le Roman *de Vacce* MS :

Mainte Bataille fist, et mainte estour champal.

Philippus *Mouskes* in Philippo Aug.

Si envoia son fil Henri,
A moult grant gent, si qu'entre aus deus
Dut estre Bataille campeus.

Robertus de Bourrono, in Hist. MS. Merlini et Arthuri : *Ne remanra preudome qui ne rechoive mort en une Bataille Campal.* Et infra : *Li Roi Arthus et li home li Roi Rion assemblerent or endroit en Bataille Campal, en une plaine chi devant. Bataglia Campal*, apud Joannem Villaneum lib. 7. cap. 111. lib. 11. cap. 8. 13. *Bataille Roiale*, apud Petrum de Fontanis cap. 13. § 11. Tabular. Burguliense ch. 97 : *Curtis vero ipsa libera est ab omni hominum extraneorum consuetudine, corvata, biduanno, ab aliis hujuscemodi, ab ipsius etiam Comitis, nisi in hostem vadat, et hoc sub nomine belli.*

Casus in bello campestri recensetur inter *magna forefacta*, quorum cognitio ad superiorem dominum spectat, in Charta Odonis Ducis Burgundiæ ann. 1206. apud Perardum pag. 297. *Bellum campale*, nude dicitur in alia anni 1220. apud eumdem pag. 323.

Bellum Nominatum. Vide *Hostis*; [ubi legitur : *Interdum etiam tenebantur dominos sequi, etc.*]

¶ Bellum Primum, Prima acies in prælio, Hispanis *Delantera*, Gallis *Avantgarde.* Rymer. tom. 6. pag. 532. col. A. : *Damus et concedimus pro nobis, hæredibus et successoribus nostris Regibus Castellæ per præsentes dicto illustrissimo Regi Angliæ, et Edwardo ejus primogenito... ad guerram, quam nos habebimus, aut hæredes nostri Reges Castellæ habebunt, contra Regem Granatæ, aut alios Fidei inimicos, quod iidem Reges et eorum primogeniti, habeant primum bellum sive Delanterre, ante omnes mundi Christianos et omni tempore; ita tamen quod nos possumus et hæredes nostri Reges Castellæ, si voluerimus, ponere vexilla nostra in dicto bello pariter cum vexillis Regis Angliæ vel ipsius primogeniti. Item quod si contingeret dictos Reges, aut eorum primogenitos, ad guerram, quam nos aut hæredes nostri habebimus contra Regem Granatæ, aut alios Fidei inimicos, non venire aut nolle, aut non posse venire, volumus et concedimus quod unum vexillum, de armis Regis Angliæ, sit omni tempore in dicta guerra, in primo bello, sive en la Delenterre, etc.*

Bellum, *Duellum*, Monomachia, etiam legibus decreta. Guillelmus Carnotensis de Vita S. Ludovici : *Monomachiam, quæ Bellum dicitur, vel Duellum, etc.* Leo III. PP. Epist. 4 : *Tunc ipse Leo Imperator... petiit cum Constantino Bellum committere, ne pro duobus viris tantorum Christianorum sanguis effunderetur, etc.* Tabularium Vindocin. Charta 122 : *Si forte incolarum aliquis in aliquo excedit, unde aut Bellum faciendum sit, aut solitum candentis ferri judicium sit deportandum. Bellum vadiare*, in Leg. Henr. I. Reg. Angl. cap. 59. § 16. Scacarium S. Michael. apud Cadomum ann. 1225 : *Judicatum est quod Bellum vadiatum nullum sit, ex quo nullus Miles fuit ad visionem.* Regestum 1. Sanjusti in Camera Comp. Paris. : *Quæritur utrum mortuo illo qui gagiavit Bellum, incipiat causa de novo, etc.* Statuta Willelmi Regis Scotiæ tit. 15. § 3 : *Nulli liceat redemptionem capere de aliquo, post aquæ, vel belli de eo judicium factum.* [Notitia de placito Petri *Samuel* cum Veberto Abbate S. Juniani inter Antiquit. Bened. Pictav. MSS. Stephanotii part. 3. pag. 577 : *Et judicaverunt Bellum ut esset, et remansit in Petrone et fratre ejus Woscelino.*] *Bellum pugile* apud Guibertum Abbat. Novigenti lib. 2. de Vita sua cap. 5. sub finem. *Bellum armatum*; Charta Fulconis Comitis Andegavorum pro fundatione Abbatiæ Belliloci juxta Lochas : *Et si in aliquo loco terræ meæ Abbas loci illius pro qualicumque re Bellum fecerit, si homo suus victus fuerit, liberum eum reducat, nec aliquam forfacturam Præposito vel Vicario emendet. Bellum quod ante Abbatem vel præpositum loci armatum fuerit, ibi perficietur, vel ubi Abbas illud ducere voluerit. Si vero cum homine meo, aut alicujus mei Militis armatum fuerit, Lucæ fiet, etc.* Ita *bellum* pro duello passim usurpatur, in Foro Morlanensi art. 8. in Legibus Willelmi Nothi cap. 68. 69. 70. 71. in Legibus Henrici I. cap. 45. 49. 59. apud Galbertum in Vita Caroli Comitis Flandriæ num. 12. 94. 162. 137. etc.

¶ Bellum Campionum, Eadem notione, inter dominica jura recensetur in Charta Ebrardi Vicecomitis Carnotensis anni 1073. ex Tabulario Dunensi : *Non absurde autem videtur hic inserere, quod prædicta villa* (de Puteolo Castro, Gallice *du Puiset*) *non solum ipsa ab omni prorsus exactione liberrima huc usque perseveraverit, verum etiam in tantum hujusmodi privilegio omnes ceteras antecellit, ut de proximis circumquaque villis ad judicium calidi ferri portandum et ad Bellum Campionum clipeo et baculo faciendum, ex antiquitate sæpe illic accusatores et accusati conveniant, totaque causa ad ipsius villæ Domini deferatur audientiam.*

* Bellum Baronum, in Lit. ann. 1341. ex Reg. 72. Chartoph. reg. ch. 274 : *Quia dudum Bernardus de Romuhano, dominus castri Talherii, in guerris Baronum viam domini de Labreto, nunc inimici et rebellis domini nostri regis, sequi consuevit, etc.* An bellum indicatur, quod ratione successionis ad ducatum Britanniæ hoc ipso anno ortum est?

¶ Bellum Capitale. An *Murdrum* seu

Homicidium furtim factum? Ita videtur ex eo, quod *Murdrum* in Chartis adulterio jungi soleat et homicidio. Charta ann. 1233. ex parvo Chartulario S. Victoris Massil. fol. 135. et Armario Vapiscens. diœces. n. 2 : *Relinquat omnes justitias et firmancias in omnibus casibus, exceptis tribus, adulterio, homicidio et Capitali Bello.*

¶ Bellum Privatum, illud olim dicebatur, quod inter privatos nobiles, cum alter alterum læserat, gerebatur. Hac de re vide D. *de Lauriere* in Præfat. tom. 1. Ordinat. Regum. Franc. et ipsius tomi pag. 58. in notis, maximeque Cangium nostrum in Dissert. ad Joinvillam.

* Quem barbarum morem cum sæpius abolere frustra tentassent aliquot ex regibus nostris, tandem Carolus V. anno 1367. solemni edicto, quacumque ex causa, penitus sustulit. Unde, ut a pœna indicta absolveretur, qui id bellum gesserat, illi Literæ remissionis a rege concedebantur. Ejusmodi sunt Lit. ann. 1382. ex Reg. 121. Chartoph. reg. ch. 4 : *Supplie (Heus de Sapignies chevalier) que attendu..... que ou pais où il demeure* (Vermandois) *les nobles ont usé et accoustumé de procéder l'un contre l'autre par voie de guerre, lequel usage il cuidoit estre loisible et tollerable,..... il nous plaise lui impartir nostre grace, etc.* Memorati vero privilegii rursus mentio fit in Lit. ann. 1347. ex Reg. 77. ch. 172 : *Le suppliant, qui avoit juste cause de guerre contre ledit Gillet, et li loissoit par les privileges ottroyés aus nobles de Vermandois, etc.* Eadem leguntur pro nobilibus ex Campania nostra, in aliis Lit. ibid. ch. 220.

* Bellum Canum memorant Annales Victor. MSS. ad ann. 1230 : *Hoc anno Bellum canum occidentium se se fuit circa pedem montis Wismerii in Campania.*

* Bellum Caninum, Quo scilicet canes morsibus equos fugant. Tract MS. de Re milit. et mach. bellicis cap. 113 : *Ad faciendum fugam equis ac equitibus, oportet quod canes magni, qui vulgari sermone dicuntur Canes alani, nutriti ab eorum dominis feroces ac mordaces esse, quando animantur a dominis suis contra suos inimicos sive hostes.... Et est Bellum caninum contra equites.*

Bellum, Manipulus, seu Globus militum, nostris, *Escadron.* Gesta S. Ludovici : *Tradidit ei Rex 500. balistarios equites et pedites, quatuorque Bella militum exteræ nationis.* Alibi : *Rex ipse cum suo Bello armatus egreditur, et mox cuncti Barones aciebus dispositis exemit extra castra.* Epistola Petri de Condeto tom. 2. Spicilegii Acheriani : *Die Jovis sequentis redierunt parati, et tradidit eis D. Rex quatuor Bella, scilicet Carcassonense, Catalaunense, Petragoricense, et Bellicadrense, et servientes peditum. Et idem D. Rex et alii Barones, sicuti erant ordinati per Bella, usque ad 17. Bella exierunt circa exercitum contra Saracenos.* Hic vero bellum Carcassonense, etc. dicitur, manipulus militum Balliviæ Carcassonensis, etc.

* Bellum, Machinæ bellicæ. Annal. Placent. ad ann. 1443. apud Murator. tom. 20. Script. Ital. col. 881 : *Eodem anno die 13. mensis Januarii Bellum publice paratum fuit ad expugnandum conventum S. Johannis de Canalibus, munitum fratribus conventualibus.*

¶ **BELLUTUS.** Vide *Belluus.*

BELLUUS, *Moribus bestiarum*, in Glossis Isidori : perperam infra *biluus*, *morbus bestiarum*, [vel *moribus bestiarum*, uti legit Grævius, ex quo hic addam sequentia : Glossar. Gr. Lat. θηριάδης, *Efferus, belluus.* Sed rectius Lat. Gr. *Belluinus*, θηρίου ὅμοιος. Et sic puto, inquit ille, ubique legendum, nisi forte posteriorum temporum Scriptores dixerunt *Belluus* pro *Belluinus*, ut Commodianus a Rigaltio editus in Instructionibus pag. 53 :

Gratiam quam misit Dominus in terra legendam,
Non requiris eam, sed sic quasi Bestius errans.

Festo, *Bellutus, bestiæ similis;* ubi malebat Dacierius legere *Belluatus*, quod tamen tantum de tapetibus, in quibus belluæ acupictæ sunt, legitur, quod nec ipse ignoravit. Hinc in Glossis : *Belluata*, ζωωτά. C. Sicinii primi Tribuni plebis fuisse cognomen, *Bellutus*, constat ex Dionysio et Pædiano, ut inde pateat, veteres dixisse *Bellutus* pro *belluinus.*]

* **BELNERIA**, Benella, ut supra *Bellenea*, Onus vehiculi, quod *Belneau* vocant. Comput. MS. fabr. S. Petri Insul. ann. 1519 : *Item pro duodecim Belneriis calcis,..... et pro viginti Belneriis sabulonis, xij. lib. j. sol.* Ibidem : *Pro tribus Benellis sabolonis, etc.* Infra : *Banelée de sablon.* Vide infra *Benellus.*

* **BELNEUM**, Eadem notione. Comput. MS. alter ann. 1469 : *Item.... pro xxviij. Belneis calcis,.... pro quolibet Belneo, xij. sol.* Rursum Comput. ann. 1482. ejusd. fabr. : *Pro uno Belneo terræ tenacis, etc.*

BELOCULUS, *Gemma est albicans, et pupillam cingit nigram in medio aureo fulgore lucentem, et propter speciem asinorum* [** Assyriorum] *Regi Belo dicata est, unde et dicitur Beloculus, quasi Beli oculus.* Isidor. lib. 16. Orig. cap. 10. Ugutio, et Joan. de Janua.

¶ **BELONARDUS**, pro *Belowardus*, vel *Bolovardus*, Germanis *Bolwerd* et *Bollwerct*, Gallis *Boulevart.* Propugnaculum, Aggeres quibus urbes muniuntur. Ludewig. Reliq. MSS. tom. 5. pag. 291. ex epist. ann. 1480. ad Papam missa de obsidione Rhodi a Turcis : *Civitatem quoque omni ex parte diruere proponunt, et quod mente concipiunt opere demonstrant; ad id quoque exequendum bombardiis et mortariis muros circumdant, verberant, diruunt turres novem et Belonardos, magistratusque palatia concurrunt* (f. concutiunt) *et prosternunt.*

* **BELOSIUS**, Vide supra *Balosius.*

BELOTHYRUM. Vide *Velothyrum.*

* **BELS**, Vox excitatoria apud Albienses. Charta ann. 1312 : *Cum dictis armis et magna vociferatione more hostili clamando à Bels, à Bels, à mort, à foc, dictum castrum sive bastidam expugnaverunt.* Vide supra *Allot*, et mox

* **BELSA**, Sagitta. Lit. remiss. ann. 1395. in Reg. 148. Chartoph. reg. ch. 4 : *Cum sagitta sive Belsa præfatum exponentem repente in crure a parte retro atrociter vulneravit.*

¶ **BELSTONNUS.** Tabularium Rothon. : *Factum est hoc in die Veneris* VIII. *Kal. Novembris in tempore Caroli Regis, Salomone Dux in Britannia, Paschueten Belstonno.*

¶ **BELTHALLA**, Nomen cujusdam templi Jerosolymitani. Chronicon Terræ Sanctæ Radulfi *Coggeshale* apud Marten. tom. 5. Ampliss. Collect. col. 572 : *Primi templi Domini quod Belthalla vocant, etc.* [** leg. *Bethallah*, Domus Dei.]

BELTIS. Synodus Celichytensis ann. 816. cap. 10. de Episcoporum exequiis celebrandis : *Singuli servorum Dei diem jejunent, et 30. diebus canonicis horis expleto Synaxeos, et septem Beltidum Pater noster pro eo cantetur, et hoc expleto tricesimo item die obitus sui, etc.* Quo loco *Beltidem*, Rosarium interpretatur Spelmannus, deducitque a Saxon. belt, id est, cingulum. Verum an Rosarii usus ea tempestate extiterit, Jure addubitari potest. [** Schiltero in Glossario voce *Betlid* videtur, *Pater noster* non jungi cum *Beltidum*, sed interpunctionem ita debere ordinari : *Expleto synaxeos et septem Beltidum*, scil. *officio*, tunc *Pater noster pro eo cantetur. Beltidum* transpositione litterarum pro *Betlidum* scriptum esse censet, h. e. precum carminicarum sive Psalmorum, ex *Bet*, Preces, et *Lidum*, (Germ. *Lied*) Cantio. Adel.

* **BELTRECCA**, Beltresca, Castellum ligneum ad defensionem vel oppugnationem urbium et castrorum, Vide *Bretachiæ.* Acta pacis ann. 1199. apud Murator. tom. 4. Antiq. Ital. med. ævi col. 368 : *Mediolanenses destruent belfredos, Beltreccas, aspaldos S. Colombani et Coguzi, et aliorum castrorum.* Chron. Placent. ad ann. 1373. apud eumd. tom. 16. Script. Ital. col. 519 : *Recepit per unam Beltrescam tot de inimicis, qui potuerunt superare et occidere dictum castellanum et alios suos socios.* Hinc

* Beltrescatus, *Beltresca* munitus, defensus, in Chron. Andr. Danduli ibid. tom. 12. col. 437 : *Cum probis Venetis nobilibus et marinariis Beltrescatis aggressus fuit turrim Curani fortissimam et quasi inexpugnabilem.*

¶ **BELTRESCHA.** Vide *Bretachiæ.*

* **BELVERIA**, Amictus pars, qua canonici in hyeme caput tegebant, ejusque ornatus. Stat. capit. gener. ann. 1448. eccl. Carnot. ex Tabul. ejusd. : *A vigilia Omnium Sanctorum usque ad Pascha matricularius intrans in septimanam debet habere pellicium cum Belveria de griso.* Quæ ultima verba sic Gallice redduntur in veteri versione : *Et son Cahuet de petit gris.* Vide *Almucium* et infra *Cahouetus.*

BELUES, *Egestas, quæ solet contingere per vastationem.* Ita Glossæ Isidori. Joan. de Janua : *Belues, egestas quæ solet contingere per vastationem belluæ, et dicitur a bellua.* Sed videtur scripsisse Isidorus nude, *lues*, vel *hæc lues.* [Verum sicut a Barbaris barbaries, sic a Beluis, Belues, quæ sic dicitur a beluis quæ pauperiem faciunt, ut Barthio videtur in Adversariis, Grævio teste. Hic illud addit ex Papia : *Belues, Mendacitas*, procul dubio pro *Mendicitas*, Egestas.]

* Hinc haud dubie vox *Bellue*, ejusdem significationis est atque *Habitant*, habitator, incola, in Charta vendit. justitiæ loci *de Vertrieu* in Dalphinatu, silvis undique proximi, ann. 1596 : *Dans lesquels confins sont 55. Bellues ou habitans, qui peuvent aussi.*

gmenter ou diminuer, qui valent au fur de xv. livres Tournois, pour chaque Belluc 825. Atque inde forte est vox *Belugue*, pro Machina bellica belluam referens, vel pro Domorum rusticarum collectio, Gall. *Hameau*, in Lit. remiss. ann. 1442. ex Reg. 179. Chartoph. reg. ch. 126 : *Pour faire* (lequel siege) *fut promis* (au comte d'Armagnac) *par les gens des trois estatz d'icellui païs* (d'Agenois) *pour chacune Belugue, ung mouton d'or.* [** Reinardus Vulpes, lib. 4. vers. 289 :

Et cum divideret, cur non sibi novit id ipsum?
Propter Beluacos non fuit ausus idem.

Roqueforto *Belhues* sive *Bellues* sunt *contes en l'air, faussetés.*]

BELUNDINTA, [Mulcta pro effuso sanguine.] Leges Henrici I. Regis Angl. cap. ult. : *Qui vulnus alicui faciet... in cooperto : in nudo pro singulis unciis* 10. *den. et remaneat de ceteris ictibus et Belundintis, et wita domini decidat, si sanguis decidat, etc.* Videtur legendum ut infra, *Blodwita.* [** Al. *de cæcis ictibus et Blindintis;* al. *Belindentibus;* Blind Anglosaxonibus est Cæcus, Bosworthο Blind slite, *a blin dor inward wound.*]

* **BELURIA**, Ferarum venatio, a Lat. Bellua. Charta ann. 1381. ex schedis Pr. a S. Vincent. : *Exponit coram dom. judice castri Caderiæ Andreas Roubaudi, quod vellet et intenderet facere artem Beluriæ, quæ est venare bestias feras, etc.*

BEMA, Festum Manichæorum, sic appellatum : dies nempe quo Manes occisus est, quem Manichæi quinque gradibus instructo tribunali, et pretiosis linteis adornato, ac in promptu posito et objecto adorantibus, magnis honoribus prosequebantur, ut est apud S. Augustinum contra Epistol. Manichæi cap. 8. Vide eumdem lib. 18. contra Faustum cap. 4. et Anselmum Episc. Havelbergensem lib. 3. Dialog. cap. 12. Eckbertus Schonaviensis contra Catharos Serm. 1. ait idem festum a Catharis sui temporis *Malisola* appellatum. [** Vide Glossar. med. Græc. voce Βῆμα, col. 196.]

BEMBERGA. Vide *Bainbergæ.*

¶ **BEMIVERGA**, pro *Bamberga* vel *Bainberga*, Ferrea feminum tegumenta, Gall. *Cuissars.* Miræus tom. 1. pag. 21. col. 2. ex Testamento Everardi Comitis : *Bruniam unam et helmum cum halsberga et manicam unam, Bemivergas duas.* Vide *Bainbergæ.*

BEMOLLIS, Una e clavibus, uti vocant, Musicæ; vulgo *Bemol*, cui opponitur *bedurum*, seu B. quadratum. Joann. Brompton. in Henric. II. : *Hibernici in duobus musici generis instrumentis quamvis præcipitem et velocem, suavem tamen et jucundam.... efficiunt Musicam. A Bemolli incipiunt, et sub obtuso grossioris cordæ sonitu, latenter ludentes, in idem redeunt.* Ubi Silvester Giraldus in Topogr. Hibern. dist. 3. cap. 11 : *Semper tamen a molli incipiunt, et in idem redeunt, ut cuncta sub jucundæ sonoritatis dulcedine compleantur.* Idem Giraldus in itiner. Cambriæ cap. 13 : *Quot videas capita, tot audias carmina discriminaque vocum, varia in unam denique sub B. mollis dulcedine blanda consonantiam et organicam convenientia melodiam.*

¶ **BENA**, Species aratri, quo solent uti ad iterandum agrum, Picardis *Binot.* Chartularium SS. Trinit. Cadom. fol. 59 : *Quaque ebdomada semel arare et herciare et a quocumque aratro tres acras arare ad Benas, etc.* Occurrit ibid. fol. 55.

* Ubi *arare ad benas*, iterum fodere, seu secundo terram proscindere intelligo. Vide *Binare.*

¶ **BENAGIUM.** Vide *Jallagium* in *Galo.*

¶ **BENALIA**, *Benigna.* Gloss. S. Germani a Pratis num. 501.

* **BENATIA**, Retis species. Stat. Pallav. lib. 2. cap. 70. pag. 129 : *Statutum et ordinatum est, quod nulla persona terrigena vel forensis audeat neque præsumat de die, vel de nocte piscari, vel piscari facere in fossis.... cum retibus, bertavelis, nassis, Benatiis, vel aliquo alio instrumento apto ad piscandum, etc.*

* **BENAVESA**, Eadem notione, qua superius *Aisamenta*, Ea nempe omnia, quæ cuique pro suo statu et arte sua exercenda necessaria sunt. Libert. Montisfalc. ann. 1369. tom. 8. Ordinat. reg. Franc. pag. 53. art. 13 : *Quod aliquis vel aliqui de habitatoribus dicti loci et pertinenciarum suarum, pro aliquo seu aliquibus debitis nullathenus pignorentur, nec fiat executio in et super eorum Benavesis, cum quibus lucrantur panem.*

¶ **BENAURAT**, Beatus. Acta SS. Julii tom. 1. pag. 600. E. in Processu de B. Petro de Luxemburgo : *Voverunt eum domino Cardinali dicentes : O Benaurat Cardinalis, supplicamus tibi.* Ital. *Benaurare*, Beatum reddere.

¶ 1. **BENDA**, Lamina, Gall. *Lame.* Inventarium Ecclesiæ Noviom. ann. 1419. ex Archivo ejusdem : *Item unum altare benedictum, de marmore, bordatum de cupro, habens duas Bendas argenteas.*

¶ 2. **BENDA**, Fascia, Limbus, instita, Gall. *Bande.* Acta SS. Junii tom. 4. pag. 579. E. de S. Etheldreda : *Est etiam ibi quædam Benda, quæ in collo morientis fuit circumligata, celerem patientibus hanc infirmitatem meritis Sanctæ Virginis conferens sanitatem.* Alium locum vide in *Arcedo*, ubi *Benda* sumitur pro Tænia, qua vena incisa ligatur. Vide *Binda.*

* *Banquele*, eadem, ut videtur, notione, in Lit. remiss. ann. 1391. ex Reg. 141. Chartoph. reg. ch. 228 : *Une sainture d'argent sur un tissu de soye à clos rons dorée, et entre deux à blans Banqueles.* Vide infra *Bendatus.* Pro Limbo acupicto, nostris vulgo *Orfroy*, in Comput. MS. fabr. S. Petri Insul. ann. 1523 : *Item pro duobus capuciis et Bendis, Gallice Orfrois, factis pro duabus cappis albis aureis, iij. c. lib.*

* 3. **BENDA**, Fibula ferrea, nostris *Bende* vel *Patte.* Comput. eccl. S. Vulfr. Abbavil. MS. ann. 1450 : *Item dicto Petro pro quadam serrura nova cum cramponibus ad Bendas, flagello dictæ portæ apposita cum clavi, vij. sol.* Hinc *Entrebende*, dici videtur quodvis vinculum, in Lit. remiss. ann. 1405. ex Reg. 160. Chartoph. reg. ch. 130 : *On trouva icellui deffunt pendu et estranglé par le moien d'une corde mise et tenant à un bauch ou Entrebende dudit hostel.*

** 4. **BENDA**, Sodalitium, turma hominum, Gall. *Bande.* Anton. de Musica de reb. a Car. V. gestis ap. Mencken. tom. 1. Script. pag. 1296 : *Turmis, vulgo Bendis.* Ibid. pag. 1201 : *Cum equitibus diversarum turmarum, vulgo Bendis.* Adel.

* 1. **BENDARE**, a Gall. *Bander, tendre,* Intendere. Lit. remiss. ann. 1474. in Reg. 195. Chartoph. reg. ch. 1167 : *Supplicans cum sua balista Bendata, uno quoque rillono desuper posito, disbendavit dictam balistam.* A Gallico *Bander, Bandrey* appellarunt Instrumentum ferreum, quo *balistam* tendebant. Aliæ Lit. ann. 1447. in Reg. 179. ch. 88 : *Icelluy Barthelemy bailla au suppliant d'un Bandrey à bander arbalestres sur la teste, etc.*

* 2. **BENDARE**, Vincire, alligare, Gall. *Lier, garroter.* Inquisit. ann. 1268. ex schedis Pr. *de Mazaugues* : *Item dixit, quod Petrus Evesque de Monte-pavono habuit rem cum sorore uxoris suæ per violentiam, in curtibus Vallis Majoris; propter quod fuit captus : et ipse vidit eum captum apud Montem-pavonum, et Bendatum vidit eum adduci ad furcas, ut suspenderetur.*

* **BENDATUS**, Tæniis, Gall. *Bandes*, interstinctus. Stat. ordin. S. Joan. Jerosol. ann. 1584. tom. 2. Cod. Ital. diplom. col. 1838 : *Nullus fratrum nostrorum audeat seu præsumat in conventu extra exercitium armorum ferre, more secularium,.... sayos, quos Bendatos et bigarratos appellant, ex variis coloribus inhonestis.* Vide supra *Benda* 2. et *Barratus.*

* **BENDELLATUS**, Sacrum chrisma suscepturus, a fascia seu *Bendellus*, quo frontem sacro chrismate illinitum cingunt. Stat. synod. Tornac. ann. 1366. pag. 6 : *Bendellati autem duodecim annorum et amplius, confiteantur prius suis sacerdotibus, quam confirmentur.*

* **BENDELLUM**, Bendellus, Fascia, vitta, Gall. *Bandeau.* Stat. synod. Tornac. ann. 1366. pag. 5 : *Presbyter lavet eorum* (confirmatorum) *frontes, et comburat Bendella, etc.* Alia ann. 1537. Guill. *Duprat* episc. Claroin. : *Confirmati vittas seu Bendellos per duos dies ad minus gerant.* Vide in *Binda.*

BENDELLUS, [Eadem notione]. Vide *Binda.*

¶ **BENDERIA**, Vexillum, Gall. *Banniere.* Hist. Tullen. pag. 500 : *De licentia Papæ turrim civibus tradiderunt, qua cum magna exultatione occupata, Benderias suas in summitate erexerunt.* Vide *Bandum.*

BENDIDIOS, *Aprilis mensis*, Papiæ.

* A Gr. Βενδιδαῖος, quo nomine hunc mensem appellant Bithynienses. Vide Steph. *Le Moyne* in Not. ad varia sacra pag. 456. apud Girald. tom. 2. pag. 785. Βαρδιαῖος, Alberto Fabricio in Menolog. Hamburgi edito ann. 1712. pag. 61. *Bendigæos*, in Not. ad Bedam tom. 2. pag. 64. [** Adde G. Dindorf. in H. Stephan. Thes. ling. Gr. edit. Didot. col. 2. col. 222. voce Βενδιαῖος.]

BENE, Circiter. Historia Cortusiorum lib. 7. cap. 12 : *De Theutonicis... Bene quadringinti venerunt ad exercitum Venetorum.* Lib. 11. cap. 5 : *Bene centum fuerunt interfecti.* Phrasis Italica et Gallica. Vide observata a Bernardo Aldreto lib. 2. de Orig. Linguæ Castellanæ pag. 194.

¶ Bene. *In bene et in pace.* Formula usitata in quibusdam veteribus Instrumentis.

Tabularium S. Victoris Massil. : *Abbas Ricardus fecit a Gousfredus laxa in Bene et in pace.*

* **BENE-CLARE.** Arest. ann. 1361. 4. Sept. in vol. 10. arestor. parlam. Paris. : *Cum ipsa terra de Baseque valeat Bene-clare octingentas libratas terræ Paris. annui et perpetui redditus, etc.* Phrasis Gallica, *Bien clairement, clair et net*, Liquido, deductis quibuslibet expensis.

BENECUPIENS, unica voce, Qui alicui bene cupit. Vetus Instrumentum ann. 1152. apud Georgium Pilonum in Hist. Bellunensi pag. 77 : *Tibi Macillo misso Dianæ dilectæ amicæ meæ atque sponsæ, ego Ogolinus de Baldeniga amicus ac Benecupiens tuus, atque donator perpetuus dixi, etc.*

¶ **BENEDICERE**, pro *Maledicere*. Vide infra *Benedictio contraria appellatione.*

[** Vocabul. Prædicant. : *Item, Benedici (gerecht sprechen), sicut : In carnisprivio omnia vana Benedicuntur, tanquam justa sint.*]

* **BENEDICITE**, Vox salutationis apud monachos præsertim, qua inferior superiorem salutat et adit. Vita S. Walth. tom. 1. Aug. pag. 264. col. 2 : *Assurgens abbas, dicto Benedicite, venientem salutavit et quis esset humiliter interrogavit.* Vide *Benedictio regularis.* [** Reinardus Vulpes, lb. 4. vers. 1491 :

Continuo jussus Blandinia claustra subire,
Vadit ad usque aurem tonsus ab aure senex;
Et facile est intrare datum, sed triste reverti.
Omnibus intrando dat recipitque Vale.
Dat commune Vale, nondum Benedicite doctus
Dicere fraterne, discere cœpit ibi.]

* Sed et apud laicos in usu fuit hæc formula. Hinc *Rebenir*, pro Salutem reddere, apud Guill. Guiart. ad ann. 1270 :

Contre lui vont barons et princes,
Et souspirant et à voix quasses
Le saluent, les chieres basses ;
Et cil sa raison desliant,
Les rebenist en riant.

¶ **BENEDICITUS**, pro *Benedictus*, in Menoti sermonibus fol. 17. recto col. 1.

¶ **BENEDICTA.** Sic vocabatur apud Bayonenses devota mulier, quæ ecclesiæ linteamina lavare, aliaque minutiora hujusmodi officia exercere solebat. Testament. Dominici Bayonensis Episcopi ann. 1302 : *Missa Defunctorum Conventualis et solemnis in altari majori ecclesiæ Bayonensis, in qua Missa dentur Benedictæ Bayonensi, quæ pro tempore fuerit, de ipsa pecunia duo solidi Morlani annuatim, de quibus emat unam candelam sex denariorum, quinque placentas, videlicet tres singulorum denariorum et duas obolares, quas offerat in ipsa Missa, de quibus placentis dentur singulæ denariales Capellano, qui Missam ipsam celebraverit, et Diacono et Subdiacono ministrantibus, et duæ residuæ obolares duobus subsacristis assistentibus ipsi Missæ, et residuum dictorum duorum solidorum legamus ipsi Benedictæ pro eleemosyna annuatim.*

* **BENEDICTARIUM**, Gall. *Bénitier*, Vas aquæ benedictæ. Ordinat. MS. S. Petri Aureæ-val. : *Prædictus capellanus accipiat de aqua fontium cum vase mundo et honesto, et eam habeat commixere cum alia aqua in Benedictario, et aqua sic mixta aspergatur communiter super populum. Ung Bénoistier garny de guypillon*, in Inventar. ann. 1492. ad calcem Necrol. eccl. Paris. MS. Vide *Benedictorium.*

1. **BENEDICTIO**, apud Hebræos, elevatis manibus tradebatur; nam legimus Levit. cap. 9. Aaronem manum ad populum extendentem ei benedictionem impertitum esse. Qua quidem benedictione divini auxilii imprecatio significabatur, ut ex cap. 8. Exodi colligitur. Et Christus ipse ascensurus in cælum, *Elevatis manibus suis*, inquit Lucas cap. 24. *benedixit* Apostolis. Neque aliter benedictionem dedere primi Christiani, quam elevatis manibus, seu potius manuum impositione. S. Ambrosius lib. 1. de Pœnitentia cap. 7 : *Cum ergo manus imponitis, et benedictionis opus creditis.* Et S. Hieronymus Epist. ad Eustochium : *Extenta manu, ut benedicere eos putes, si nescias, pretia accipiunt salutandi.* Usus etiam obtinuit, ut eadem, quam extendebant manu, signum Crucis deducerent, quod ex traditione Apostolorum acceptum plerique censent.

* Nostris *Beneisson, Beneichon* et *Bonoizon*. Glossar. Gall. Lat. ex Cod. reg. 7684 : *Beneistre, Benedicere. Beneisson, Benedictio.* Lit. remiss. ann. 1386. in Reg. 129. Chartoph. reg. ch. 280 : *Ainsi comme le curé vouloit Benistre le lit desdiz mariez, etc.* Epist. ann. 1282. tom. 1. Probat. Hist. Brit. col. 1065 : *Alianor par la grace de Dieu roine d'Engleterre au roy nostre filz ; salus et notre Bonoizon.* Vita J. C. MS :

Puis s'aprocha vers Lazaron,
Si li donna la Beneichon.

Benedictio super Plebem, quæ solius erat Episcopi. Hanc tamen impertiebat in Missa, post Dominicam orationem, et ante Communionem. Finita enim oratione Dominica, Diaconus, annuente Episcopo, dicebat : *Humiliate vos ad benedictionem*, et populus respondebat : *Deo gratias.* Tum Episcopus hanc benedictionem dicebat : *Benedicat vos omnipotens Dominus, etc.* Inde accipiens partem Corporis Domini, dicebat : *Pax Domini sit semper vobiscum.* Vide Concil. Agath. can. 44. Regiense can. 5. Epaon. can. 35. Toletan. IV. cap. 17. Micrologum cap. 21. et quæ eruditus Menardus notavit ad Librum Sacrament. Gregorii Mag. pag. 27.

☞ Solemnem hanc populi benedictionem Presbyteri olim, quemodmodum et Episcopi, usurparunt, quamdiu apud nostros in usu fuit antiqua liturgia, quam Gallicanam vocant. [** Vide Glossar. med. Græc. voce Εὐλογία, in Append. col. 75.] Verum ut aliquod interponeretur discrimen Episcopum inter et Presbyterum, longior erat benedictionis Episcopalis formula, utpote tribus constans orationibus, qualem etiamnum, teste Martenio, adhibent Episcopi in quibusdam Ecclesiis; brevior quæ ad usum Presbyteri, unica quippe eaque brevi concludebatur oratione : *Pax, fides et caritas, et communicatio corporis et sanguinis Domini sit semper vobiscum.* Consule Expositionem brevem antiquæ liturgiæ Gallicanæ apud eumdem Marten. tom. 5. Anecd. col. 96. Quam exinde *benedictionem in publica Missa populis tribuere* non Presbyteris modo, sed et Chorepiscopis prôhibuit Capitul. Aquisgran. ann. 803.

☞ Hanc autem non in Missa tantum impertiebant quibus ex dignitate vel ex concessione id licebat, sed et in Vesperarum et Matutinarum solemniis, ut discimus ex Bulla Benedicti ann. 1396. tom. 2. Hist. Meldens. inter Instr. pag. 252 : *Benedictionem solemnem super populum ad Missarum, Vesperarum et Matutinarum solemnia... elargiri possitis.* Idem occurrit in alia Bulla Sixti PP. IV. ann. 1475. ibid. pag. 260.

Benedictio præterea alia fuit, quæ datur in fine Missæ a quovis Sacerdote sacra faciente, ante quam populus a Missa discedere vetatur in can. 47. Concilii Agath. in Capitul. Aquisgran. ann. 789. cap. 69. et lib. 1. Capit. c. 67. de qua etiam Cæsarius Arelat. Homil. 12. Valafridus Strabo lib. de Reb. Eccl. cap. 22. Amalarius lib. 3. cap. 36. et Rabanus lib. 1. de Instit. Cleric. cap. 33. Vide *Oratio ad complendum.*

¶ Benedictio Magna et Parva, inter Sacerdotales functiones, a quibus abstenere debent Diaconi et laici recensetur lib. 3. cap. 10. et lib. 8. cap. 46. Constitut. Apostolicarum. *Benedictionem parvam* interpretantur eruditi viri eam quæ a Presbyteris datur, *magnam* vero quæ ab Episcopis : melius, ut opinor, *magnam* de publica *parvam* de privata, accipies.

Benedictione Privari, apud Monachos pœnæ species fuit, minor tamen excommunicatione; ii vero quibus hæc pœna indicta erat, recedere tenebantur, antequam illam Monachis ex more solito impertiret Abbas. Vide Anonymum περὶ ἐπιτιμιῶν apud Basilium Mag. num. 5. 37. ubi qui hac pœna mulctabatur, ἀπευλογίας dicitur.

Benedictio Abbatum, quæ fit ab Episcopo, cum ii Abbates constituuntur. Synodus Anglicana, apud Florentium Wigorn. pag. 661 : *In consecrationibus Episcoporum, et Abbatum Benedictionibus... nihil exigatur.* Ordericus Vitalis lib. 11 : *Benedictionem Abbatis super illum peregit.* Adde pag. 835. Chronic. Vindocinense : *Electus vero* (Abbas) *cum ab Episcopo Carnotensi pro consuetudine Benedictionem postularet, ipse autem e contra pro Benedictione ab eo professionem exigeret, etc.* Habetur in Pontificali MS. Eccl. Senonensis : *Benedictio ad Abbatem faciendum, vel Abbatissam*, quæ unica oratione concluditur. [Alias cæremonias in Benedictione Abbatum adhibitas videsis in Guidonis discipl. Farfens. cap. 3.]

¶ Benedictio *ambulandi et revertendi*, quæ Monachis *non reversuris diebus duobus aut tribus* impertiebatur, in Guidonis Discipl. Farfens. cap. 6.

¶ Benedictio Barbæ. Vide in *Barba* 1.

Benedictio Capillorum. Vide *Capillus*.

Benedictio Clericorum, in Concilio Aurel. 3. cap. 7. Aurel. 5. cap. 4. etc. Habetur in laudato Pontificali Senon. : *Oratio ad Clericum faciendum :* sed spectat Monachos qui etiam *Clerici* dicebantur.

Benedictio Calicis. Monasticum Anglic. tom. 2. pag. 372 : *Et Missam hanc ibidem cum Benedictione calicis celebrare, ac post Missam illam panem et aquam sanctificare, et inter populum Missam illam audientem dividere et spargere huc usque usitati fuissent.*

¶ Benedictio Cerei Paschalis, quæ

aliis *Laus cerei*, *Præconium cerei*, *Consecratio cerei* dicitur. Vide *Cereus Paschalis*.

Benedictio Cereorum, apud Anastasium Bibl. in S. Damaso.

Benedictiones Coemeteriorum, apud Monachum Pegaviensem ann. 1091.

Benedictio Coronæ, [Prima Tonsura.] Vide in *Corona*.

Benedictio Diaconalis, aut *Diaconatus*, Ordinatio Diaconi, in Concilio Arab. Nicæno Edit. Pisani cap. 17. in Concilio Aurelian. II. cap. 17. 18. Arelat. II. cap. 44. Agath. cap. 16. Capit. Car. M. lib. 7. cap. 27. etc. Descripsit V. Cl. Jacobus Petitus *Benedictionem in ordinatione Diaconi*, ex Cod. Ecclesiæ Rotomag. post Pœnitentiale Theodori pag. 284.

Benedictio Episcoporum, seu Consecratio. [Indiculus Dagoberti Regis ad Sulpitium Archiep. tom. 1. Capitul. col. 144 : *Petentes ut ad eum* (Desiderium) *Benedicendum properare debeatis, et litteras ad comprovinciales fratres vestros dirigatis ut ei illi adesse debeant, ut canonice et juxta Apostolicam institutionem sub nostri præsentia in sancta Paschali solemnitate Pontificali Benedictione debeat confirmari.*] [** apud Breq. num. 71.] Gregorius Turon. lib. 8. Hist. cap. 20 : *Ea conditione removetur, ut eum Berchtrannus, Orestesque, seu Palladius qui eum Benedixerant, vicibus pascerent.* Lib. 4. cap. 6. : *Veni, consenti nobis, et Benedicentes consecremus te ad Episcopum.* Adde eumdem de Vitis Patrum cap. 6. Florentius Wigorniensis pag. 651 : *Sed Gulielmus causa justitiæ illud et Benedictionem Archiepiscopi Gerardi sprevit.* Pag. 657 : *Hic Electus cum ab ipso Pontifice moneretur, ut... Benedictionem suam Ecclesiastico more susciperet, etc.* Vide Marculfum lib. 1. form. 6. [et Bignonii notas ad eumdem,] Hincmarum tom. 2. pag. 641. etc. Benedictionem in Ordinatione Episcopi ex laudato Cod. Ecclesiæ Rotomagensis descripsit V. Cl. Jacobus Petitus pag. 283.

Benedictiones Evangelicæ, inter quas ea est, quæ a Sacerdote, sacra faciente, Diacono Evangelium lecturo impertitur. Vide Statuta antiqua Ordinis Cartusiensis, cap. 42. § 4.

Benedictiones Judiciorum, inter obventiones Ecclesiasticas recensetur in Charta ann. 1226. apud Roverium in Reomao pag. 253. quod de *judiciis divinis*, seu *purgationibus vulgaribus* intelligendum, in quibus, verbi gratia, Ferrum candens, Aquæ ferventes, etc. a Sacerdote benedicebantur, priusquam accusati ac rei ad ejusmodi judicia descenderent. Fulcherius Carnot. lib. 1. Hist. Hieros. cap. 10 : *Benedictione judiciali super ignem ab Episcopis facta, inventor lanceæ per medium rogi flammantis ultro celeriter transmeavit.* Vide *Aquæ et ferri judicia*.

Benedictio Mensæ, *seu ciborum*, in usu fuit non modo apud Monachos et Clericos, ut patet ex Regula S. Benedicti cap. 43. Regula Magistri cap. 73. Regula S. Fructuosi cap. 5. etc. et Capitulis Ludov. Imp. addit. 4. § 48. [** 69.] sed etiam apud omnes Christianos. S. Hieronym. Epist. 85. de Diaconis : *Etiam in Ecclesia Romæ Presbyteri sedent, et stant Diaconi : licet paulatim increbrescentibus vitiis, inter Presbyteros, absente Episcopo sedere Diaconum viderim, et in domesticis conviviis Benedictiones coram Presbyteris dare.* Theodulfus officium Archicapellani Regii describens :

Stet Benedicturus Regis potumque cibumque.

Leo IV. PP. in Epist. quæ habetur post Chronicon Reichersperg. pag. 11. ad quæsitum, *si Dominica oratio in Benedictione ciborum debeat usitari*, negative respondet, *quia in sanctificatione Corporis et Sanguinis D. N. J. C. hanc solummodo orationem sancti Apostoli decantabant, etc.* Leges Hoeli Boni Regis Walliæ cap. 29 ; *Tria sunt sine quibus res esse non potest, scilicet Sacerdos ad Missam celebrandam, et ad escas Regis et potus Benedicendos, etc.* Pœnitentiale Theodori cap. 2 : *Diaconi possunt baptizare, et cibum et potum Benedicere, non tamen dare.* Gillebertus Lunicensis Episcopus de Usu Ecclesiastico, ait Sacerdotem præsente Episcopo *benedicere* posse *prandium, etc.* Exstat apud Alcuinum Poem. 146 formula benedictionis mensæ, seu ciborum, ut et apud Bernardum Mon. in Consuetud. Cluniac. MSS. cap. 37. Paganos etiam priusquam mensæ accumberent, deos invocasse, testatur Quintilianus Decl. 301. Vide Francisc. Turrianum lib. 3. pro Epist. Pontific. cap. 9. Guilielmum Stuckium lib. 2. antiquit. convivial. cap. 36.

Benedici dicuntur *Novitii* in Monasteriis, cum expleto *Novitiatus*, ut aiunt, tempore, vota emittunt, in Regula S. Fructuosi cap. 21. apud Udalricum in Consuetud. Cluniac. lib. 2. cap. 27. in Statutis Hugonis V. Abbatis Cluniac. pag. 1460. in Bibl. Cluniac. apud Ægidium Aureæ vallis Monachum cap. 2. in Statutis Ordinis S. Benedicti quæ habentur tom. 6. Spicilegii Acher. cap. 7. apud Chilienum in Vita S. Brigidæ num. 13. etc. Nilus Mon. lib. 2. Epist. 96. ad Inclusum : Ποίας δὲ ἀββᾶς τὴν χεῖρα τῆς εὐλογίας ἐπέθηκεν. [** Vide Glossar. med. Græc. voce Εὐχή.] Hinc

¶ Benedictio, nude pro Professione monastica sæpius occurrit in Statutis Ordinis Cisterc. apud Marten. tom. 4. Anecd. ac 1°. quidem ann. 1189. col. 1263 : *Novitii semper ad Missam benedicentur, et Abbas eam cantet.* 2°. Ann. 1296. col. 1492 : *Quod in Benedictionibus monachorum et monialium, quas numquam extra monasteria nostri Ordinis fieri licet, dum eis habitus traditur regularis, ille hymnus* Veni Creator *cantetur.* 3°. ann. 1472. col. 1635 : *Benedictionem monachicam ab alio, quam a Prælato ad hoc specialiter deputato subiierint.* Statuta Ord. Vallis-Caulium ibid. col. 1654 : *Monachus peregrinus in aliquo nostri Ordinis receptus monasterio, eo ordine quo novitius Benedicatur, si prius Benedictus non fuerit.* Ubi observandum novam professionem non exigi a Monacho qui monasterium ordinemve mutat. Vide Mabillonium in Notis ad Epist. S. Bernardi tom. 1. col. 4. Edit. ann. 1690.

Benedictio Nuptialis, seu matrimonii in Ecclesia, cujus institutionem perantiquam constat ex Tertulliano lib. 2. ad Uxorem, Epistola [supposita] Soteris PP. cap. 5. Hist. Hormisdæ PP. cap. 6. Concilio Valentino apud Burchard. lib. 9. cap. 5. Hilario Diac. in cap. 4. Epist. 1. ad Timoth. S. Isid. lib. 2. de Eccles. Off. cap. 19. et aliis ; [præsertim Siricio PP. Epist. 1. ad Himerium Tarracon. n. 5. Ambrosio Epist. 19. ad Vigilium num. 17. Huc etiam referri possunt quæ Ignatius martyr ait in Epist. ad Polycarpum n. 5 : *Decet vero ut sponsi et sponsæ de sententia Episcopi conjugium faciant; quo nuptiæ sint secundum Dominum, et non secundum cupiditatem.* Vide Tractatum Galicum D. Giberti ann. 1724. editum in quo Benedictionis nuptialis usus a Christo ad nostram usque ætatem semper viguisse comprobatur.] Adde Legem Wisigoth. lib. 12. tit. 3. § 8. Legem Longob. lib. 1. tit. 30. § 15. [** Ludov. II. cap. 3.] Capit. Caroli M. lib. 7. cap. 363. [** 463.] Capitulare 1. ejusdem Imp. ann. 802. cap. 35. et quæ congessit Franciscus Turrianus lib. 5. pro Epistol. Pontific. cap. 3. Cyprianus in Vita S. Cæsarii Arelat. : *Statuit etiam regulariter ut nubentes ob reverentiam benedictionis ante triduum conjunctionis eorum eis in basilica Benedictio daretur.* Leo IV. PP. Homil. ad Episcopo cap. 3 : *Ad nuptias nisi forte ad eas benedicendas nullus vestrum eat.* Anastasius in S. Silvestro : *Unius uxoris virum, uxorem a Sacerdote Benedictam etc.* Habetur in Pontificali Senonensi MS. *Missa ad sponsam Benedicendam.* In Appendice Menardi ad Librum Sacramentorum pag. 286 : *Benedictio nuptiarum*, seu *Actio nuptialis*, ubi consulendus idem Menardus. In Officio τοῦ στεφανώματος, seu nuptiarum, in Euchologio Græcorum, crebræ leguntur benedictiones sponsorum, [de quibus etiam Leo Grammat. pag. 495. et 503.] [** Confer Glossar. med. Græcit. voc. Εὐλογεῖν et Εὐλογητός, col. 446 et 447. Ἱερολογεῖν col. 510.] Alexander III. PP. in Appendice ad Concilium Lateranense III. part. 9. cap. 1 : *Vir aut mulier ad bigamiam transiens, non debet a Presbytero Benedici : quia cum alia vice benedicti sint, eorum Benedictio non debet iterari.* [Ex quo loco patet bigamos benedictione nuptiali fuisse privatos; quod etiam ad eos qui publico delicto virginitatem amiserant, debet extendi. Cæsarius Arelat. Serm. inter Augustianos 289 : *Qui uxorem optat accipere, sicut illam virginem invenire desiderat, ita ipse usque ad nuptias virgo sit, quia si non fuerit, Benedictionem cum sponsa accipere non merebitur.*] [** Lex Wisig. supra laudata : *Quod si vel sine Benedictione sacerdotum quisque Hebræorum noviter conjugium duxerit.* Benedict. Capit. lib. 2. cap. 130 : *Neque sine Benedictione sacerdotis, qui ante innupti erant nubere audeant.* Adde cap. 408. et Decretal. Greg. IX. lib. 4. tit. 21. cap. 1. et 3. Alexandri III. et Urbani III. PP. Græci primitus Bigamos non coronabant sed successu temporis id immutatum ex quo Copronymus Eudociam in tertiam uxorem sibi adscivit. Vide Gloss. med. Græc. col. 1444.] Ad Benedictionem nuptialem pertinere videntur, quæ habentur in Foris Alcanaçanensibu : *Mulier quæ leixaverit maritum suum de Benedictione, pectet 300. sol. a Palatio Episcopi. Et qui leixaverit mulieri suam, pectet unum denarium ad judicem.*

☞ Nihil frequentius occurrit in Statutis Synodalibus secul. 13. et 14. quam ejusmodi prohibitio, ne benedictio nuptialis iteretur, cum una contrahentium pars eam in primis nuptiis jam acceperit. Quam vero subdunt Statuti rationem, *quia nimi-*

rum non est iterabile sacramentum, eam viris Theologis examinandam ultro permittimus. Ad nostrum institutum propius accedit quod in Statutis Oliverii Episc. Nannet. apud Marten. tom. 4. Anecd. col. 960 : *Item præcipimus, ne conjuges ante Benedictionem Nuptialem evangelizentur*. Quæ quidem subobscura interpretari licet ex Statutis Eccl. Nemausensis apud eumdem ibid. col. 1054 : *Verum quia plura inutilia et inconvenientia multoties ab aliquibus præferuntur dum datur Benedictio Nuptialis, præcepimus quod in fine Missæ arræ benedicantur, et detur Benedictio Nuptialis*.

Benedictio Olei ad Infirmum. [Capitula Herardi Archiep. Turon. tom. 1. Capitul. col. 1289: *Ut et infirmitate positi... Benedictione sacrati Olei non careant*.] Vide *Oleum infirmorum*, et *Oleum benedictum*.

Benedictio Peræ Peregrinorum. Tabul. Vindocinense Ch. 146 : *Benedictionem quoque Peræ, si quempiam de parochianis suis peregre proficisci contigerit, totam habebit*. [Hoc est, oblationem pro pera peregrinorum benedicenda. Usus enim erat ut peræ peregrinorum benedicerentur, ac pro hujusmodi benedictione Sacerdoti fierent oblationes.] Vide *Pera*.

¶ Benedictio Peralis, Eadem notione. Charta Roberti Lingonensis Episc. in gratiam abbatis Molismensis data ann. 1101. inter Instrum. tomi 4. novæ Gall. Christ. col. 151. C. : *Mediam Sacerdos partem habebit in Perali peregrinorum Benedictione, eorumque oblatione, et in testamentis eorum tertiam Sacerdos, vosque* (Abbas et Monachi) *duas habetis partes*.

Benedictio Pœnitentiæ, in Concilio Barcinonens. ann. 599. cap. 4. Toletan. VI. cap. 8. Agath. cap. 44. Epaon. cap. 21. Aurel. III. cap. 24. 25.

Benedictio super Populum, in lib. 3. Sacramentor. Eccles. Rom. pag. 200. quæ *Benedictio Populi* dicitur in Missali Gotthico pag. 264.

Benedictio Presbyteratus. Gregor. III. PP. Epist. 5. Concil. Arvern. cap. 13. Vide V. Cl. Jacob. Petitum post. Pœnitent. Theodori pag. 284.

Benedictio Regis, Coronatio, *Sacre du Roy*. Epistola Silvestri II. PP. ad Arnulfum Remensem Archiepiscopum : *Pallio in solennitatibus utaris, Benedictionem Regum Francorum et tibi subjectorum Episcoporum obtineas, etc.* Conventus Remensis ann. 1059 : *Deinde accipiens Archiepiscopus baculum sancti Remigii, disseruit quiete et pacifice, quomodo ad eum pertineret electio Regis et consecratio, ex quo S. Remigius Ludovicum Regem baptizavit et consecravit*. Fulbertus Carnot. Epist. 59 : *Ad Benedictionem Henrici, regiæ prolis, voto quidem rapior, sed adversa me corporis valetudo retardat*. Charta Roberti Regis Franc. ex Tabulario Monast. Dervensis : *Ostendimus eam* (reclamationem) *fidelium nostrorum clarissimæ congregationi, scilicet Archiepiscoporum, Episcoporum, Abbatum, Monachorum, Clericorum, Comitum, cæterorumque Militum qui ad Benedictionem meæ prolis Henrici futuram in die sancto Pentecosten convenerant, etc.* Infra : *Dicentes non esse voluntatis nostræ quemquam illa die maledici, qua filium meum statueramus Benedici*. Vide Coronationes Regias tom. 2. Operum Hincmari pag. 741. et seqq. etc. apud V. Cl. Steph. Baluzium in nupera Capitular. Editione.

Benedictio Sacerdotalis, in Capitul Caroli Mag. lib. 1. cap. 67. et lib. 6. cap. 377. [** ex Capit. I. ann. 789. cap. 69.]

* Benedictio Sollemnis quæ episcoporum erat nonnunquam et abbatum fuit, ex concessione summorum Pontificum. Bulla Innoc. PP. IV. in Chartul. Campan. fol. 34. r°. col. 1 : *Faciendi Benedictionem sollempnem, quam pontifices post missarum et aliorum officiorum sollempnia faciunt, plenam tibi, fili abbas, et successoribus tuis in perpetuum concedimus auctoritate præsentium facultatem*.

* Benedictio Virginum in festis solemnioribus peragi solita, ut discimus ex vet. Ritual. unde multa, quæ notatu digna sunt, excripsit Muratorius, quem consuluisse non pigebit, tom. 5. Antiq. Ital. med. ævi col. 573. et seq.

Benedictio Virginum Devotarum, in Concilio Venet. cap. 4. Καθιέρωσις τῶν κορῶν, in Cod. Canon. Ecclesiæ Afric. [** can. 6. ubi Zonaras et Balsamon Διακονισσῶν Χειροτονίαν interpretantur. Gl. med. Gr.] Epistola S. Remigii Episcopi ad Chlodovæum Regem, de Alboflede Regis sorore : *Vivit vestræ fidei, et si est conspectus desiderio recepta, Christus implevit, ut Benedictionem Virginitatis acciperet, quæ sacrata non est lugenda, quæ fragrat in conspectu Domini flore virgineo, etc.* Pœnitentiale Theodori Cantuar. cap. 5 : *Græci simul Benedicunt viduam et virginem, et utramque semper habent consecrare*. [** De Benedictione nuptiali hic agitur.] Vide Durandum lib. 2. Ration. cap. 1. n. 39. et seqq. Habetur in Pontificali MS. Senonensi *Benedictio virginis ab Episcopo dicenda*. [Virgines ab Episcopo velari jubent Codex African. can. 5. et Concil. Carthag. IV. can. 11.]

☞ Duplicem Monacharum Benedictionem distinguunt Statuta Ordinis Cisterc. ann. 1241. apud Marten. tom. 4. Anecd. col. 1375. unam quæ ad Episcopos, alteram quæ ad Abbates ejusdem Ordinis pertinet : *Verbum illud quod ponitur distinctione 2. ult. cap. quod Abbates monacham non benedicant, intelligendum est de Benedictione illa solemni, seu consecratione, et pertinet ad solos Episcopos. Benedictionem autem illam, quæ fit super novitias Ordinis, elapso anno probationis, et mutationem habitus, facient super moniales patres Abbates, vel Visitatores ipsarum, vel alii Abbates nostri Ordinis de ipsorum licentia speciali*.

Benedictio Velaminis Capitis Monacharum. Vide Anastas. Bibl. in S. Leone.

Describuntur complures aliæ *Benedictiones* in libris Benedictionalibus : maxime in Pontificali MS. Eccles. Senon. ut

Benedictio Palmarum et Florum. *Bedictio palmarum, florum, frondium*, in Dominica Passionis apud Lanfrancum pro Ord. S. Bened. pag. 260.; in lib. 1. de Miracul. S. Victoris et in Ordinario Præmonstrat. cap. 15. pag. 904.

Benedictio Fontis cujusvis.

Benedictio Crucis.

Benedictio Calicis.

Benedictio Putei Novi.

¶ Benedictio Cinerum. Vide *Cinis*.

¶ Benedictio post Completorium, in Capitul. Aquisgran. ann. 817. num. 48. tom. 1. Capitul. col. 585 : *Ut Benedictio post Completorium a Sacerdote dicatur*.

Benedictio Uvæ sive Fabæ, de qua etiam Sacram. Greg. et ibi Menardus pag. 173. Bernardus Mon. in Consuet. Cluniac. MSS. cap. 80. [in Edito cap. 34. part. 2.] Anastasius in S. Eutychiano et Card. Bona lib. 2. cap. 14. n. 5.

Benedictio super Fruges novas. Greg. M. Sacr. pag. 250. Anastasius Bibl. in S. Eutychiano : *Hic constituit ut fruges super altare tantum, fabæ et uvæ Benedicerentur*. Vide Cardin. Bona lib. 2. Rerum Liturg. cap. 14. num. 5.

Benedictio Panis. Sacrament. Greg. pag. 250.

Benedictio Domus Novæ. Sacram. Greg. pag. 250.

Benedictio *quando ad bellum contra hostes proficiscitur*.

Benedictio *quando contra paganos pugnandum est*.

Benedictio *pro qualibet tribulatione*.

Benedictiones *de singulis Dominicis et Festis*.

Benedictio *pro iter agentibus*.

Benedictio *in die Ordinationis Episcopi*.

Benedictio *in expletione Synodi*.

Benedictio *in Sabbato, quando albas deponunt*.

Benedictiones *et exorcismi salis et aquæ*.

Benedictiones Fabæ Novæ, apud Bernardum Mon. in Consuetud. Cluniac. cap. 80. [in Edito cap. 34. part. 2.]

Benedictio Lactis et Mellis, pro Catechumenis, de qua Card. Bona loco laudato. Alias *Benedictiones* ex Codice Ecclesiæ Rotomag. descripsit V. Cl. Jacob. Petitus post Pœnitentiale Theodori Cantuariensis Archiep. scilicet *in Ordinatione Episcopi, Presbyteri, Diaconi, post Confirmationem, sponsi et sponsæ, Pro defunctis, Abbatis, Monachorum, Vestium virginis, Virginis, Vestis viduæ, et Viduæ*.

¶ Benedictio Magnæ Aquæ, in antiquo Pontificali MS. ad usum Ecclesiæ Anglicanæ, de quo Martenius in secundo Itinere Litterario pag. 92. Hæc benedictio fiebat a septem presbyteris alba indutis, vel saltem tribus et quatuor diaconis, si facile non reperirentur septem presbyteri. Docemur autem ex alio Codice MS. Uticensis Monasterii, quem edidit laudatus auctor lib. 3. de Antiquis Ecclesiæ Ritibus pag. 522. *Magnam Aquam esse aquam benedictam tempore mortalitatis, seu etiam furoris hominum, vel rabiei bestiarum; ut quicumque ex ea gustaverit, mentis et corporis recipiat sanitatem*. Hujus aquæ *a septem presbyteris albis, stola et manipulo indutis* benedicendæ ritus fusius exponitur loco citato : quem consule.

¶ Benedictio *omni creaturæ pomorum*, apud Mabill. in Sacrament. Gallic. ad calcem Musæi Italici pag. 390.

Hisce omnibus addo quæ de benedictionibus quæ ab Episcopis fiunt, habet Gillebertus Lunicensis Episcopus de Usu Ecclesiastico : *Benedicere autem dico, Præsulem ea quæ non sunt utensilia Ecclesiæ, consecrare vero ipsa utensilia. Benedicit ergo*

Pontifex Reginam, et virginem cum velatur, et quemlibet fidelem benedici postulantem, et totum populum ante pacem. Benedicit etiam supra memorata, quæ non licet Sacerdoti in ejus præsentia. Quæ autem benedicuntur a Sacerdote præsente Episcopo, ita paulo ante recenset : *Benedicere potest, præsente Episcopo, aquam et sal in Dominicis Sacerdos, et prandium, et sponsum, et aquam judicii, vel panem, et cætera. In absentia vero Episcopi potest benedicere coronam Clerici, et velum viduæ, novos fructus, candelas in Purificatione S. Mariæ, cineres in capite jejunii, ramos in Dominica Palmarum, et peregrinaturos, et lecturum Evangelium, et populum cum dimittitur, aquam Benedictam aspergit ad benedicendas novas domos, et cætera nova.*

* Quibus hæc iterum addenda judicavimus ex Pontificali MS. eccl. Elnensis, Cod. reg. 967 :

* Benedictio *Agni et aliarum carnium in Pascha.*

* Benedictio *Casei, lactis et mellis in Pascha.*

* Benedictio *Uvarum in festo Transfigurationis Domini.*

* Benedictio *et impositio cilicii, si infirmus inunctus, vel etiam quilibet alius sanus illud recipere voluerit.*

* Benedictio *Navis.*

* Benedictio *Areæ novæ.*

* Benedictio *in peste animalium.*

* Benedictio *Salis, quod datur animalibus ipsis.*

* Benedictio *Armorum.*

* Benedictio *Vexilli bellici.*

* Benedictio Cimiterii, in vet. Notitia lib. 5. Hist. Sabol. pag. 135 : *Antequam episcopus Benedicere Cimiterium inciperet, inquisivit a dom. Rainaldo Allobroge, utrum essent aliqui habentes* (habitantes) *circa nos in foresta, qui possent libere esse parochiani hujus cimiterii, quod Benedicere volebat.... Benedixit ergo episcopus cimiterium nostrum et consecravit altare.*

* Benedictio Ensis. Cæremon. Rom. MS. fol. 36. v°. : *In nocte nativitatis Domini nostri Jhesu Christi consueverunt Romani Pontifices ensem benedictum, cum quodam capello ducali, ornatum candidis margaritis in formam columbæ, alicui magno principi, si præsens est, dare; vel, si non est præsens, ad aliquem regem, vel ad aliquem principem per aliquem ex suis transmittere. Sed quamvis ensis benedictus vocatur, non tamen reperi ejus Benedictionem. Sixtus Papa IV. aliqua verba ordinavit, cum ensis datur, dicenda, quæ subjiciam.* Post orationes sequuntur hujus instituti rationes, quarum hæc præcipua, nempe ut significetur eximia et infinita Christi potentia. Deinde hæc leguntur : *Princeps, qui ense donatus est, ut primum illum de manu Pontificis accepit pedem et manum ejus osculatur, et pro tempore gratias agit. Deinde discedens associatur in domum suæ habitationis a familiaribus et prælatis domesticis Papæ, et ab amicis, oratoribus et nobilibus, qui voluerint illum honorare. Servientes armorum præcedunt illum, qui ensem cum pileo ante principem præfert, et in hoc actu ipsi debent habere præcipuam strenam, sicut cursores in rosa.* Eadem habentur in Cæremon. edito Venetiis ann. 1516. lib. 1. pag. 36.

* Benedictio Gladii, in vit. Pontif. MS. eccl. Elnensis.

* Benedictio Ignis, peragebatur in ecclesia Rotomagensi feriis quinta in Cœna Domini, sexta et sabbato sancto, ex Ordinar. MS. ejusd. eccl.

* Benedictio Indicti, seu Nundinarum Sandionysiensium, Gall. *Lendit.* Charta ann. 1261. in Chartul. S. Dion. pag. 252. col. 2 : *Centum solidi Paris. annui redditus, quos ego percipiebam singulis annis in bursa dicti dom. abbatis apud S. Dionysium, die Benedictionis indicti. Ou mois de Juyn le Diemenche après la Beneiçon*, in Ch. ann. 1280. ibid. pag. 397. col. 2. Alia ann. 1314. in Reg. 50. Chartoph. reg. ch. 9 : *Le Dimanche prochain aprés la Beniçon du Landit.* Consule D. *Le Beuf*, tom. 3. Hist. urb. et diœc. Paris. pag. 246.

Benedictio Pomorum. Ordinar. MS. eccl. Camerac. fol. 107. v°. ad 25. Julii : *Finita missa, Benedicuntur poma a celebratore missæ..... Finita collecta, asperguntur poma aquâ benedicta a sacerdote. Deinde distribuuntur poma in choro, primo majoribus personis et canonicis, deinde sociis.*

* Benedictio Sponsarum, Ea videtur intelligi, quæ, post primam nuptiarum noctem, mulieribus ecclesiam ingredientibus dabatur, ob quam sacerdoti oblatio fiebat. Charta Innoc. PP. II. in Chartul. episc. Paris. fol. 32 : *Qui* (presbyter) *etiam Benedictiones sponsarum, purificationes de partu surgentium, publicas pœnitentias non assumebat sibi, nisi de mandato episcopi.*

¶ Benedictio, Sacrum chrisma effusum in caput Episcopi consecrandi. Mabill. Liturg. Gallic. pag. 301. ex Missali Francorum : *Episcopus cum ordinatur, duo Episcopi manus eorum super caput ejus ponant, et teneant Evangeliorum codicem supra cervicem ejus, et uno super eum infundente Benedictionem. Reliqui omnes Episcopi qui adsunt manibus suis* (manus suas) *super caput ejus teneant.*

Benedictioni occurrentium Episcoporum, vel Sacerdotum capita submisisse Christianos, multis probat ad Theodoriti Hist. lib. 4. cap. 5. et Evagrii lib. 4. cap. 34. Henricus Valesius, quem non exscribo.

Benedictio Regularis. Chronicon Abb. S. Michaelis Virdunensis : *Sumptis itaque stipendiis tanto itineri necessariis, valedicens Fratribus, cum Benedictione regulari juxta morem exeuntium novus proficiscitur peregrinus.* Sumpta scilicet ab Abbate benedictione. Capitula Monachorum S. Galli ann. 817. cap. 29. edita a V. Cl. Steph. Baluzio: *Ut ubicunque sibi obviaverint Fratres, junior Benedictionem petens stet in imo loco inclinatus, usquedum tribuens Benedictionem Prior pertranseat.* Petrus Venerabilis lib. 1. Epist. 28. ad S. Bernardum : *Ubicunque obviant Fratres, junior a Priore Benedictionem petere præcipitur, nec apud vos tenetur.*

Benedictiones Lectionum *Lectoribus imponere*, apud Ezelonem in Vita S. Hugonis Abbatis Cluniacensis n. 11.

¶ Benedictio, Copia, Abundantia 2. Cor. 9. 6 : *Qui seminat in Benedictionibus de Benedictionibus et metet.*

2. Benedictiones, Eulogiæ, munera, Gen. cap. 33. 11. maxime ea xenia, quæ a Sacerdotibus et Clericis mitti solebant, ab iis benedictione sua sanctificata. *Eulogiarum Benedictiones*, apud Desiderium Episcopum Cadurcensem tom. 1. Hist. Franc. pag. 875. Petrus Damiani lib. 2. Epist. 14. de Presbytero : *Nunquam Benedictionem mulierculæ, vel ex his quæ de tulerat, porrigebat.* Lib. 5. Epist. 19. de vino a quodam Anachoreta consecrato : *A maximis et venerabilibus viris pro Benedictione expectabatur.* Lib. 6. Epist. 31 : *Donum pro Benedictione transmitte.* Ordericus Vitalis, lib. 5. pag. 580 : *Pro quo eulogias Benedictionis 30. marcos argenti... erogavit.* Ita et lib. 5. pag. 611. Utuntur præterea S. Hieronymus, Epist. 132. S. Gregorius lib. 2. Epist. 33. 47. lib. 7. Epist. 34. 54. 128. lib. 2. Dialog. cap. 31. Avitus Viennens. Epist. 65. S. Fulgentius Epist. 5. Liber Epistolarum S. Bonifacii Archiepiscopi Mogunt. Epist. 103. 146. 148. 149. etc. Marbodus in Vita S. Roberti Abbatis Casæ Dei num. 13. Lib. 1. Miraculorum S. Richarii cap. 4. Gregorius Turonens. lib. 8. cap. 7. Diurnus Romanus cap. 5. tit. 12. Codex Carolinus Epist. 15. Leo IV. PP. Epist. ad Episcop. Britan. cap. 3. Adventius Metensis Episcop. apud Baron. ann. 865. num. 59. Sulpitius Sever. Dial. 2. de S. Martino, Monachus Sangal. lib. 1. cap. 13. Vide *Eulogia*, [** et Gloss. med. Græc. col. 446. et Append. col. 75.]

Benedictiuncula, Eadem notione, apud Hincmarum tom. 2. pag. 825.

Benedictiones Orationum, εὐλογίαι τῶν εὐχῶν, apud Anonymum Combefisianum in Romano Lacapeno num. 27. Vide Gloss. med. Græcit.

Benedictio Panis ac Vini. Vita Ludovici Pii ann. 816 : *Et Benedictione Panis ac Vini simul* (cum PP. Stephano) *participata Imperator ad civitatem rediit.* Hist. Translat. S. Gregorii [Gorgonii] cap. 21. [inter Acta SS. Bened. sæc 3. parte 2. pag. 215.] : *Mox enim ut Benedictio missa est, panis videlicet, casei ac vini, confestim sumpto cibo,..... in pristinum robur convaluit.* Adhelelmus Sagiensis de Miracul. S. Opportunæ cap. 5 : *Sumptoque Benedictionis pane ad hospitium perrexit.* Vide Concil. Regiense ann. 439. can. 4. [** Vita ant. S. Galli ap. Pertz. vol. Script. 2. pag. 11 : *Qui panes azymos et lagunculam vini oleumve et butyrum cum melle et piscibus assis pro Benedictione ei obtulit.*]

Benedictio in Auro, Munus in pecunia numerata erogatum, *Roga.* Anastasius in Conone PP. : *Hic dimisit omni Clero et Monasteriis Benedictionem in auro, sicuti prædecessor ejus Benedictus PP.* Idem in Benedicto II : *Hic dimisit omni Clero, Monasteriis, Diaconiæ, et mansionariis auri libras triginta.* Eadem notione, εὐλογίαι χρυσαῖ, apud Theophanem anno 40. Theodosii junioris.

3. Benedictiones, Pastus extraordinarii Monachis exhibiti, certis ac solennioribus diebus, quos etiam *Caritates* appellabant. Charta ann. 864. pro Monasterio S. Germani Autisiod. tom. 2. Spicil. Acher. pag. 590 : *Ita et nos concedimus, ut intra annum per 40. dies certas ex collatione recenti bonorum hominum in festivitatibus Sanctorum*

Benedictiones Fratribus a præposito vel Decano solenniter procurentur. [Carolus Calvus in Charta anni 859. pro eodem Monasterio : *Eo videlicet pacto, ut eædem res in manus Decani ejusdem cœnobii sint, qui fideliter luminaria quidem Ecclesiæ præpararet, et Benedictiones Fratrum, prout melius potuerit, subministret.* Hoc in loco *Benedictio* pro pastu quotidiano videtur accipienda.] Vide *Caritas.* [** et Gloss. med. Græc. voce Εὐλογία in Append. col. 75.]

¶ 4. BENEDICTIO, Contraria appellatione, Maledictio. Acta SS. Benedict. sæc. 4. parte 1. pag. 149. in Vita B. Alcuini Abb. : *Ac post juxta exemplum B. Job, ne forte filii ejus in Benedictionis laberentur foveam, sanctificabat eos, offerens corpus Christi et sanguinem pro omnibus.* Vide Job. cap. 1. ℣℣. 5. 11. cap. 2. ℣℣. 5. 9. et 3. Reg. cap. 20. ℣℣. 10. 13. quibus in locis *Benedicere* simili appellatione sumitur pro *Maledicere.*

* 5. BENEDICTIONES, Ordines, quos vulgo vocamus minores, quod simplici benedictione conferantur, uti notant docti Hagiographi ad Acta S. Frider. tom. 4. Jul. pag. 460. col. 2 : *Bis binis etenim Benedictionibus, dum adolescens sanctissimus adhuc sub scholis degens, forte auctus, etc.*

6. BENEDICTIONES dicuntur Canticum trium puerorum, quod incipit ab his verbis : *Benedicite omnia opera Domini Domino*, quod ante *Laudes* in Ecclesia decantatur, ex veteri instituto : nam et illud recitari die illucescente jubet S. Athanasius in Tract. de Virginitate. Ita porro usurpant Regula S. Benedicti cap. 12. S. Cæsarius in Reg. ad Monach. cap. 21. Aurelianus in Ordine psallendi, Regula Magistri cap. 39. 41. 45. et Gregorius Turon. de Vitis Patrum cap. 6. Hoc sensu Græci εὐλογητάρια vocant certos modulos, quos decantant in exequiis mortuorum, quod hæc verba sæpius repetant, εὐλογητὸς εἶ κύριε, ut auctor est Goarus ad Euchology.

BENEDICTIONALIS LIBER, Liber Ecclesiasticus in quo *Benedictiones* quæ ab Episcopis et Sacerdotibus fiunt, continentur : cujusmodi est *Benedictionalis Gregorii Mag.* quem ex Codice Cæsareo descripsit Petrus Lambecius lib. 2. Commentarior. de Bibliotheca Cæsarea cap. 5. Ordo Romanus : *Accipiat Benedictionalem Librum, et conversus ad populum, dicat : Humiliate vos ad Benedictionem, etc.* Chronicon Moguntinum Conradi Episc. : *Erant libri, qui pro ornatu super altare ponebantur, ut Evangeliorum, Epistolæ, sive Lectionarii, Benedictionales, Collectarii.* Acta Murensia : *Sunt et duo Carsionarii, et très Benedictionales Libri.*

¶ 1. **BENEDICTORIUM**, Vas aquæ benedictæ, Gall. *Benitier.* Severtius in Episc. Lugdun. pag. 343 : *Dedit Benedictorium suum argenteum.*

* 2. **BENEDICTORIUM**, Mensa, in qua necessaria ad benedictionem aquæ præparantur. Consuet. MSS. monast. S. Crucis Burdegal. ante ann. 1305 : *Refectorarius.... habet portare quolibet die Dominico salem super Benedictorio ad benedicendam aquam.*

¶ **BENEDICTUM**, Benedictio. S. Paulinus Epist. 43. n. 4 : *Quod ipse Dominus ab illa ficu, ad quam esuriens accessit, et sine fructu inventam percussit verbo oris sui, ut, quæ sterilis fuerat Benedicto Domini, fieret arida maledicto.* [** f. dat. masc. gen.]

¶ **BENEDICTUS**, Epitheton, quo Christianos plerique Patrum ornabant. Vide Sirmondum ad lib. 7. Sidonii Epist. 9.

¶ **BENEDICUS**, Qui bene de proximo loquitur. Anonym. lib. de Puritate Tabernaculi sive Ecclesiæ Christianæ : *Feliciter deducitur ad nihilum qui ex maledico fit Benedicus, ex vituperatore laudator, ex invido candidus.*

¶ **BENEFACERE**, Prædium, agrum in beneficium dare. Diploma Caroli III. Imperat. inter Instrum. tomi 3. novæ Gall. Christ. col. 145. C. : *Nullusque ejusdem Ecclesiæ Episcopus deinceps Benefaciendi eas terras habeat potestatem.* Annal. Benedict. tom. 3. pag. 712. col. 2 : *Illam etiam vineam et aliquid de prato, quæ nobis in villa Libertis per cartulæ testamentum tradidisti, similiter tibi Benefacimus, ea scilicet ratione, ut, etc.* Præstaria Segrefridi Abb. Saviniacensis ann. XII. ab obitu Caroli Imperat. inter Fragm. Hist. Stephanotii tom. 7 : *Tua ad nos fuit petitio, et nostra pariter decrevit voluntas, ut res quas ad nostrum monasterium condonasti, tibi Benefaceremus, quod et fecimus... Igitur quidquid ibi visi sumus habere, tibi Benefecimus et filio tuo, qui primus tibi natus fuerit de matrimonio.* Vide *Beneficiare* in *Beneficium.*

** **BENEFACTORES** *Ædium sacrarum vel Monasteriorum.* Vide Glossar. med. Græcit. voce Καρποφοροῦντες.

¶ **BENEFACTORIA**, Prædium minus nobile titulo *Beneficii* concessum. Concil. Hispan. tom. 3. pag. 190. ex Concilio Legion. anni 1012 : *Præcipimus etiam ut nullus nobilis vel aliquis de Benefactoria emat solare aut hortum alicujus junioris.* Et pag. seq. : *Præcipimus adhuc ut homo, qui est de Benefactoria, cum omnibus et hæreditatibus suis eat liber quocumque voluerit.* [** Vide S. Rosa de Viterbo voce *Bemfeitorios* et *Benefactorias.*]

1. **BENEFACTUM**, Pars hæredii, tertia scilicet bonorum paternorum aut maternorum, quæ secundogenitis, apud Andegavenses, obvenit, quaque ii gaudent usufructuario jure; iis enim exstinctis ad primogenitos illius proprietas redit, ut est in Consuet. Andeg. art. 97. 222. 226. 228. 232. Gallice : *Bienfait.* Charta Petri Comitis Vindocinensis, Goffredi Vicecom. Castriduni et aliorum Nobilium Andegavensis et Cenomanensis Comitatuum, de usu recepto in tutelis et rachetis, ann. 1246. in Tabul. Rer. Andegav. in Camera Computor. Paris. fol. 32. 48 : *Ille autem qui tenet ballum, si terra debet ad ipsum devenire, non habet custodiam puerorum, sed propinquus post ipsum : et habent pueri Benefactum de terra patris et matris suæ, secundum valorem terræ, et secundum statum suum.*

2. **BENEFACTUM**. Societas Monachica, [qua quis particeps fit orationum et bonorum operum monasterii,] *Beneficium.* Chronicon Turonense, ubi de Comite Ingelgerio : *Societatem et Beneficium Ecclesiæ largiti sunt.* Tabularium Vindocinense Thuani Charta 55 : *Venit itaque in Capitulum nostrum, acceptoque a nobis societatis nostræ Benefacto, etc.* Charta 56 : *Datis ei pro hoc 50. solidis; et Benefacto nostro.* Charta 67 : *Dedit campum unum terræ arabilis ex alodo suo, pro animæ suæ remedio, nec non et pro Beneficio venerabilis loci.* Adde Ch. 70. 101. 104. etc. Charta alia in Hist. Monaster. S. Nicolai Andegav. : *Ob hoc.... dederunt communionem orationis, et Benefactorum suorum.* Perardi Burgundica pag. 116 : *Canonici eos in Benefactis et fraternitate sua susceperunt, etc.* [Annal. Benedict. tom. 4. pag. 521. ad ann. 1050 : *Quæ Episcopus Majoris Monasterii Monachis, ob insignem eorum religionem ac fervorem, donavit, ut sui gregisque sibi commissi in suis Benefactis essent memores.* Hist. Britan. tom. 2. pag. 253 : *Acceperunt a Monachis Benefactum loci S. Sergii. Madox* Formulare Anglic. pag. 221 A. : *Et prædictus Abbas recepit eumdem Ricardum filium Ricardi in singulis Benefactis et orationibus, quæ de cætero fient in Ecclesia sua.*] Vide *Beneficium*, 2.

¶ **BENEFICARI**, Piis alicujus exemplis et colloquiis ad pietatem excitari. Acta SS. Aprilis tom. 2. pag. 224. C. de B. Ægidio : *Et multum Beneficati discedentes ab eo, de ipsius visione et allocutione vix aut nunquam poterant satiari.*

BENEFICIA, Reliquiæ. Gregorius M. lib. 2. Ind. 11. Epist. 33 : *Transmisimus autem B. Petri Apostoli benedictionem crucem parvulam, cui de Catenis ejus Beneficia sunt inserta.* Ita usurpat Diurnus Romanus cap. 5. tit. 6.

* **BENEFICIALIS**, In *beneficium* datus, ad *beneficium* pertinens. Charta Caroli C. ann. 869. tom. 8. Collect. Histor. Franc. pag. 621 : *Ex Brueniaco vero in monte Barro vel Barricino, tam de dominicis vineis quam de Beneficialibus, monasterio decimæ dentur.* Alia Rob. reg. ann. 1005. tom. 10. ejusd. Collect. pag. 585 : *Terram,...... quam comes Otto ex nobis tenet Beneficiali dono, etc. Beneficiali more*, in synodo Raven. ann. 877. cap. 17. Vide infra *Beneficiose* et in *Beneficium*, 1.

¶ 1. **BENEFICIARE**, Prædium in *Beneficium* conferre. Vide in *Beneficium.*

* 2. **BENEFICIARE**, Præbenda seu beneficio ecclesiastico aliquem donare, nostris *Bénéficier*, eadem notione. Testam. Robert. II. ducis Burgund. ann. 1497. inter Probat. tom. 2. Hist. Burg. pag. 94. col. 1 : *Je doin à maistre Renaut de Thalant, se je ne le Bénéficie, vint livrés de terre à sa vie.* Vide in *Beneficium* 1.

¶ **BENEFICIARIA**, Vide *Beneficium.*

BENEFICIARII, Apparitores, satellites, ministri Magistratuum. Gloss. Basil : Βενεφικιάλιοι, οἱ στρατιῶται ἐπὶ θεραπείᾳ τῶν μαγιστράτων τεταγμένοι. Ita emendant viri docti pro μεταράνων. Tertullianus de Fuga cap. 13 : *Nescio dolendum an erubescendum sit, cum in matricibus Beneficiariorum et Curiosorum inter tabernarios et lanios, ... Christiani quoque vectigales continentur.* Acta SS. Fructuosi et sociorum : *Reposito autem Fructuoso in cubiculo suo, direxerunt Beneficiarii in domum ejus.* Infra : *Observantibus ex officio Beneficiariis.* Vide S. Augustinum Collat. 3. cap. 13. 15. et 18. Casaubonum ad Sueton. et Spartianum, etc. [Henricum Valesium ad Eusebii lib. 9. Hist. Eccles. cap. 9.] et JC. [** Adde Gloss.

med. Græc. voce Βενεφικιάλιος col. 188, et Forcellinum.]

* **BENEFICIARIUS**, Jure beneficii possessus. Charta Ottonis II. imper. ann. 973. tom. 1. Hist. Trevir. Joan. Nic. ab *Hontheim* pag. 309. col. 1 : *Postulans quasdam proprietates.... jure quidem præbendarias, sed multis retro temporibus injuste Beneficiarias, ejusdem loci cœnobio restitui. Ordine Beneficiario possidere*, in Ch. Lothar. imper. ann. 842. inter Probat. ult. Hist. Trenorch. pag. 90. [** Ch. Bavonis ann. 959. ap. Guden. in cod. dipl. vol. 3. pag. 1026. Vide *Beneficiario jure possidere* in *Beneficium*, 1.]

** **Beneficiarius servus**, Qui ad Beneficium aliquod spectat. Capitul. leg. addit. ann. 817. cap. 1 : *De ecclesiastico et fiscalino et Beneficiario servo volumus etc.*

¶ **BENEFICIATRIX**, Bene merita, gratificans, quæ alicui benigne facit, Gall. *Bienfaictrice*. Epistola Johannis Comitis Spanheim. ann. 1223. apud Marten. Collect. Ampliss. tom. 1. col. 1180 : *Ecclesiam vestram tanquam matrem et Beneficiatricem nostram miro affectu diligimus.*

¶ **BENEFICIATUM**, Datum in Beneficium. Nova Gallia Christ. tom. 3. inter Instrum. col. 145 : *De quocumque fisco nostro sint, sive ex dominicato, sive ex Beneficiato.*

¶ **BENEFICIATURA**, Officium Beneficiati. Notitiæ Ecclesiæ Diniensis per Gassendum in Statutis ejusd. Eccl. ann. 1479 : *Ordinaverunt quod dicti Beneficiati vel Vicarii non possint dictos clericatum et Beneficiaturam ac vicariam permutare seu renuntiare alicui sine consensu ac licentia DD. Episcopi et Capituli prædictorum.*

¶ **BENEFICIATUS**, Gall. *Beneficier*, Præditus beneficio Ecclesiastico. Passim occurrit.

BENEFICIO, Propter, causa, χάριν. Passio SS. Perpetuæ et Felicitatis : *O diem asperum! æstus validus turbarum Beneficio.* Hoc est, propter turbas et multitudinem hominum, τοῦ ὄχλου χάριν. Infra : *Tabescam ideo quod illos tabescere viderem mei Beneficio.* Id est, mei causa, propter me. [** Vide Dirksen. voce *Beneficium*, § 4.]

* **BENEFICIOSE**, Ex beneficio, vel *beneficii* seu *feudi* nomine. Charta Henr. I. reg. Franc. ann. 1248. inter Instr. tom. 12. Gall. Christ. col. 252 : *Comes Theobaldus..... obnixe postulans ut sibi in quamdam ecclesiam S. videlicet Aigulphi sub Pruvinensi oppido sitam, quam de nobis Beneficiose tenebat, liceret monachos..... ponere.* Vide supra *Beneficialis*.

1\. **BENEFICIUM**, Scriptoribus mediæ ætatis, dicitur prædium fiscale, quod a Rege vel Principe, vel ab alio quolibet ad vitam viro nobili utendum conceditur. Ita autem appellatum est, quod is ex mera dantis *Beneficio* ac liberalitate illud possideat. Unde hæc loquendi formula in Testam. Hadoindi Ep. Cenoman. [** Breq. n. 114. ann. 642.] : *Villa. . . quam Lupus quondam per Beneficium nostrum tenere visus fuit.* Infra : *Quam fidelis noster per nostrum Beneficium habere videtur.* Rursum : *Similiter villa... quam ex munificentia nostra ipsi fideli nostro Caddono Defensori nostro concessimus.* Supra : *Quam fidelis noster per nostrum Beneficium habere videtur.* Ubi observandum de iis villis disponere ac decernere, quas *in Beneficium*, id est, ad usumfructum concesserat. Charta Guillelmi Ducis Aquitan. apud Beslium pag. 255 : *De quadam silvula, quam præfatus Bego habere videbatur de nostro Beneficio, etc.* Et in Tabular. Burguliensi Ch. 31. apud eumdem pag. 277 : *Cum consensu et voluntate Comitis Odonis eam* (curtim) *ex nostro Beneficio tenere. Ex munere regio*, dixit Marculfus lib. 1. form. 12.

Eodem pæne sensu Latini hanc vocem usurparunt, et prædia quæ Principes militibus, aut aliis largiebantur, *Beneficia* appellarunt, et librum in quo ea describebantur, *Librum Beneficiorum*. Hygenus de Limitib. agror. [** pag. 193. Gœs.] : *Si qua Beneficia concessa aut assignata coloniæ fuerint, in libro Beneficiorum ascribemus.* Dolobella : *Quæris si in libro Beneficiorum regionis illius Beneficium alicui Augustus dedit.* Atque hic liber erat penes *Primiscrinium Beneficiorum*, sub dispotione Comitis Rerum privatarum domus divinæ, de quo Notitia Imp.; vel penes eum qui *a commentariis Beneficiorum* appellatur in veteri Inscriptione. [** Grut. 578, 1.] Ad ejusmodi beneficia spectavit S. Augustinus Serm. 1. in Vigilia Pentecost. : *Notum est... quod milites sæculi Beneficia temporalia a temporalibus dominis accepturi, prius militaribus sacramentis obligantur, et dominis suis fidem se servaturos profitentur.*

Certe ea fuit apud nostros *Beneficiorum* conditio, ut qui ea impetrabant, aut quibus conferebantur, et fidem præstarent, seu, ut tunc loquebantur, *se in Vassaticos commendarent*, et servitium militare facerent iis qui ea conferebant. [** Ludov. Pii Capitul. pro Hispan. cap. 6.] Hinc *Beneficiarii honores*, prædia in *Beneficium*, seu *feudum* concessa. Annales Franc. Bertiniani ann. 839 : *Suorum quoque complures non solum proprietatibus, verum etiam Beneficiariis donavit honoribus.* [** Reginon. Chronic. ad ann. 903. Pertzio vol. Script. 1. pag. 610. lin 19. et 20.] *Beneficia publica*, quæ et *Regia*, nempe quæ ex regalibus prædiis conferebantur, apud Monachum Sangallensem in Carolo Mag. lib. 1. cap. 32. *Beneficia regalia*, in Capitul. 2. ann. 813. cap. 4. *Accipere Beneficium a seniore suo*, in Concilio Compendiensi ann. 757. can. 6.

Ad id autem Principes conferebant beneficia, ut fortiori vinculo fide præstita, et fidelitatis interposito sacramento, suis partibus vassallos addicarent. Annales Fr. Fuldenses ann. 881. [** Pertz. vol. Script. 1. pag. 394.] : *Et ei Abbatias et Comitatus in Beneficium dedit, ut ei fidem servaret.* Præterea conferebantur *Beneficia*, ut qui iis donati erant, servitium militare præstarent, si bella ingruerent. Unde *Beneficia Militaria* dicuntur in Charta Ragenfredi Episcopi Carnotensis ann. 954. Vide Leges Longobard. lib. 3. tit. 9. § 9. [** Lothar. II. ann. 1136.] et Capitulare ann. 807. cap. 1. et in voce *Militia*. [** Adde Eichhorn. Histor. Jur. German. § 167. 201. 344. not. s.]

Erant autem *Beneficia ad vitam*. Tabular. Angeriacense apud Beslium pag. 257 : *Præfatam Ecclesiam cum omni integritate, quandiu advixerit, teneat.* Unde *proprietatibus* passim opponuntur. Codex Carolinus Epist. 62 : *Tam de propriis, quam de Beneficiis per testamentum... concessis.* Charta Conradi Burgundiæ Regis pro Monasterio Grandis-Vallis ann. 957 : *Cuidam Luitfredo nomine prædictum Monasterium concessum est in Beneficium : sed non post longa tempora, non per Beneficium, sed per proprietatem in posteram ejus progeniem divisum, etc.* Charta Odonis Regis in Tabular. S. Cyrici Nivernens. : *Si ea quæ inter se fideles loci temporis e commoda opportunitate ex rebus propriis, aut jure Beneficii sibi commissis, causa augmenti vel meliorationis juste ac legaliter agendum deliberaverint, nostris confirmamus edictis.* Ditmarus lib. 5 : *Hujus vitæ cursum quam probabiliter egit, hoc etiam testificatur, quod apud dominum suimet Beneficii maximam partem acquisivit in proprietatem.* Capitul. Caroli Calvi tit. 6. § 20 [** Convent. in villa Sparnaco ann. 846. Pertz. vol. Leg. 1. pag. 389.] : *In Beneficiario jure, aut in alode adsumptum habetur.* Ita tit. 31. cap. 22. [** Edict. Pistense ann. 864. ibid. pag. 490.] in Capitul. Carlomanni tit. 2. cap. 6. [** ap. Vernis Palat. ann. 884. ibid. pag. 552.] in Lege Longobard. lib. 3. tit. 8. § 3. [** Ludov. Pii cap. 32. ex Capit. quæ per se scribend. Baluz. ann. 819. Pertz. ann. 817. ibid. pag. 214.] 4. [** Conrad. II. Imper. ann. 1037. Pertz. vol. Leg. 2. pag. 39.] in Annalibus Francor. Bertinianis ann. 836. 839. et in Capit. Caroli Mag. lib. 1. cap. 132. [** 126. ex Capit. II. Niumag. ann. 806. cap. 8. adde I. cap. 9. Pertz. vol. 1. pag. 145.] lib. 3. cap. 19. 20. [** ex Capit. I. Niumag. cap. 6 et 7. Adde Prudent. Trecens. annal. ad ann. 836. ap. Pertz. vol. Script. 1. pag. 430. lin. 6.] Qui porro hac conditione tenebant ejusmodi beneficia, dicebantur ea

Beneficiario Jure Possidere, id est, per usumfructum. Charta Caroli Calvi ann. 865. in Tabulario Bellilocensi in Lemovic. num. 4 : *Quandam nostri juris villam, quam ipse hactenus jure Beneficiario per nostram largitionem obtinuisse visus est.* Alia ejusdem Caroli ann. 877. ibidem : *Quidam fidelis noster Hildebertus culminis nostri adiens serenitatem, deprecatus est, ut quasdam villas, ... quæ sitæ sunt in Comitatu Lemovicensi, jure usufructuario et Beneficiario omnibus diebus vitæ suæ, et filio suo post eum, per hoc præceptum nostræ auctoritatis concederemus, etc.* Alia ejusdem Principis : *Ut eis quandam villam. . . usufructuario et jure Beneficii omnibus diebus vitæ suæ concederemus.* Marculfus lib. 2. form. 5 : *Nobis ad Beneficium usufructuario ordine excolendum tenere permisistis.* [Cod. MS. Irminonis Abb. San-German. fol. 2. verso col. 1 (** Br. 1. c. 39.) : *Ratgis habet in Beneficio mansos ingenuiles* III. *habentes de terra arabili bun.* XXXVIII. Ibid. fol. 107. verso col. 2 (** Br. 21. c. 93.) : *Sunt mansi ingenuiles* XLVIII. *et duo dati in Beneficio.* Vide Acta SS. Benedict. sæc. 1. pag. 413. sæc. 3. part. 1. pag. 124. sæc. 4. part. 1. pag. 602.] *In Beneficio tenere et precario more*, in Pancharta nigra Turon. cap. 97. *Beneficiali more*, in Synodo Ravennensi ann. 877. cap. 17. Baldricus Noviomensis lib. 1. cap. 85 : *Villam... quam Hasbunienses more Beneficiali tenebant. Jure Beneficii tenere*, in Annalib. Franc. Fuld. ann. 850. et apud Aimoin. lib. 1. Hist.

cap. 14. Adde Capitula Caroli Calvi tit. 10. cap. ult. [** ap. Vermeriam. ann. 853. cap. 2. Pertz. pag. 420.] tit. 43. cap. 5. [** ap. Carisiac. ann. 877. ibid. pag. 538.] Aimoinum lib. 2. Mirac. S. Benedicti cap. 5. et Petrum Damian. lib. 4. Epist. 12.

[** Chart. ann. 1097. apud Schœpflin. in Alsat. Diplom. tom. 1. num. 230. pag. 178 : *Liutfrit..... quicquid predii habuit in Eichhohe marchia.... monasterio S. Cyriaci ad Aldorph... tradidit.... ea videlicet ratione, ut ipse et ejus uxor idem prædium in sua potestate et utilitate Jure Beneficiali retinerent et annuatim quatuor denarios inde ad prefatum monasterium persolverent, quandiu viverent, post obitum vero illorum in potestatem et utilitatem fratrum nullo contra dicente rediret. Idem autem Liutfrit a domno... abbate...., viniferos agros duos lege precaria recepit.* Adverte Beneficium oblatum, precariam concessam.]

Nec tantum erant ad vitam, sed ea pro libitu auferebantur. [** Charta ann. 794. ap. Lacomblet. Rhen. infer. 4 : *Agrum quem H. liber homo in meo Beneficio ante habuit.*] Epistola Episcoporum Galliæ ad Ludovicum Regem cap. 15 : *Ecclesiæ siquidem nobis a Deo commissæ non talia sunt Beneficia, et hujusmodi Regis proprietas, ut pro libitu suo inconsulte illas possit dare, vel tollere.* Non temere tamen, nec sine legali judicio auferebantur. Synodus Ticinensis ann. 855 : *Denique quia Christi custodiente clementia neminem injuste privavimus, sed neque privari absque legali sanctione aliquem nostrorum fidelium voluimus Beneficio : jubemus ne quis suum depravet ullo modo, sed instauret securiter, etc.*

Transibant etiam interdum ad posteros, sed Principis interveniente consensu. Nithardus lib. 3. de Bernardo Duce Septimaniæ : *Victoriam ut Caroli esse didicit, filium suum Willelmum ad illum direxit, et si honores quos idem in Burgundia habuit, eidem donare vellet, ut se illi commendaret, præcepit.* Regino ann. 940 : *Uto Comes obiit, qui permissu Regis quidquid beneficii aut Præfecturarum habuit, quasi hæreditatem inter filios divisit.* [** Continuat. Reginon. ad ann. 949. ap. Pertz. vol. Script. 1. pag. 620. Annal. Fuldens. ad ann. 883. ibid. pag. 398 : *Imperator... in Italia.... nonnullos exauctoravit, et Beneficia, quæ illi et patres et avi et atavi illorum tenuerant, multo vilioribus dedit personis.* Consule Eichhorn. Hist. Jur. Germ. § 141.] Atque inde origo consensus dominorum in feudis vassallorum adhibiti, cum ea ad posteros transeunt, qui vulgo *laudimii*, interdum *consensus* et *consilii* nomine donatus legitur. [V. *Feudum.*]

Hac porro conditione dabantur beneficia, ut ea sarta tecta servarentur et integra, nec ea distrahi possent : quod si aliter evenisset, iis privabantur possessores, ex Lege Longobard. lib. 3. tit. 8. § 1. [** Carol. Magn. 119. ex Capit. per se scribend. ann. 817. cap. 3.] et Capit. Caroli Mag. lib. 3. cap. 19.

Atque primitus ad vitam dabantur beneficia, et usufructuario jure possidenda : postmodum ad filios, et ex filiis nepotes, atque adeo ad fratres ex parte patris transiere, Constitutione Conradi Imperat. quæ in Legib. Longob. lib. 3. tit. 8. § 4. descripta legitur. [Vide *Feudum.*]

Qui vero ejusmodi beneficia Militaria a Rege consequebantur, *Vassi* aut *Vassalli dominici* dicebantur. Annales Franc. Bertin. ann. 837 : *Episcopi, Abbates, Comites, et Vassalli dominici in memoratis locis Beneficia habentes.* Ita ann. 869. pag. 234. et in Capit. Caroli M. lib. 3. cap. 73. [** e Capit. Bonon. ann. 811. cap. 7. Pertz. vol. Leg. 1. pag. 173.] in Capit Caroli C. pag. 49, [** In villa Sparnac. ann. 846. cap. 20.] etc. Interdum *Milites*, ut in Legib. Longob. lib. 3. tit. 8. § 4. Sed de horum vocabulorum notionibus agetur suis locis. [** Vide Murator. Antiq. Italic. Diss. XI.]

Cum igitur ea *Beneficia*, seu prædia, beneficii jure Nobilibus darentur a Rege vel Principe, *Regalia* appellata sunt. Capitula Caroli M. lib. 1. cap. 132 : *Ut omnes Episcopi, Abbates, Abbatissæ, Optimates et Comites seu Domestici, et cuncti fideles qui Beneficia Regalia, tam de rebus Ecclesiasticis, quam quæ et de reliquis habere videntur unusquisque suo beneficio suam familiam nutricare faciat, et de sua proprietate propriam familiam nutriat.* Ex quibus patet *Beneficia Regalia*, non modo dicta fiscalia Regum prædia quæ concedebantur, sed etiam Ecclesiastica, quæ viris militaribus, ita invalescente hacce tempestate usu, vel potius abusu, ab ipsis Regibus dabantur in *Beneficium*, ratione quorum militia et servitium militare Regi præstabatur. Rursum ex his eruitur *Beneficia Regalia* Episcopis et Abbatibus concessa fuisse : unde cum postmodum ea in proprietatem transisent, *Regalia* appellari cœpere quævis Ecclesiarum prædia ac dominia, utpote a Regibus primitus *in beneficium* concessa, ac temporis successu proprietatis jure retenta. Id firmat Radulfus de Diceto ann. 1093. ubi ait Willelmum II. Regem Angl. *præcepisse ut investiretur Anselmus omnibus ad Archiepiscopatum Cantuaricensem pertinentibus, atque ut civitas Cantuariæ, quam Lanfrancus suo tempore a Rege in beneficio tenebat, et Abbatia S. Albani, quam non solum Lanfrancus, sed et antecessores ejus habuerant, in alodium Ecclesiæ Cantuariensis pro remedio animæ suæ perpetuo jure transirent.*

Quemadmodum autem *Beneficia* morientibus possessoribus ad regem redibant; ita Beneficia, quæ Episcopis et Abbatibus dabantur, iis perinde decedentibus, ad Regem revertebantur, qui iis gaudebat, quousque successores eorum iisdem beneficiis investirentur. Atque hæc fuit, ni fallor, *Regalium* Ecclesiasticorum origo, quibus vacante sede Episcopali Reges gaudere solent. Beneficiorum regalium occurrit præterea mentio in iisdem Capitulis Caroli Mag. lib. 3. cap. 19. 20. 71. [** e Capit. Bonon. ann. 811. cap. 5.] 81 [** e Capit. Aquens. ann. 812. cap. 6.] Beneficiorum vero quæ Episcopis et Abbatibus concedebantur, lib. 3. cap. 82. [** ibid. cap. 7. Adde Formulas Beneficiorum describendorum ap. Pertz. vol. leg. 1. pag. 175. inter Capitul. ann. 812.]

Quod autem *Beneficium* primitus appellatum est, postmodum *feudi* nomen accepit. Charta Ottonis Comitis Viromandensis apud Hemereum in Augusta Viromand. ann. 1025 : *Tenebat, inquam, aquam illam ex me loco Beneficii, sub nomine feodi.* Charta Balduini Hierosol. Comitis Hannoniæ ann. 1078. apud Miræum in Donat. Belg. lib. 2. cap. 28 : *Excepto quod Abbas vel successor suus pro molendino suo unoquoque anno solvat Militibus quibus contingit Beneficium, quod vulgo dicitur Feodum, 5. modios... annonæ, etc.* Hadrianus PP. apud Radevicum lib. 3. cap. 32 : *Licet enim hoc nomen quod est Beneficium, apud quosdam in alia significatione, quam ex impositione habeat, assumatur; tunc tamen in ea significatione accipiendum fuerat, quam nos ipsi posuimus : hoc enim nomen ex bono et facto est editum, et dicitur Beneficium apud nos, non feudum sed bonum factum.* Ita *Beneficium* et *feudum* promiscue usurpantur in libris feudorum. [** Eadem *Honores* dicuntur. Vide supra.]

Beneficium Castrense. Vide *Feudum Castrense.*

Beneficiolum. Charta Caroli III. Imp. et alia Ludovici Regis ann. 892. ex Tabulario Ecclesiæ Gratianopol. : *Videlicet foris murum ipsius civitatis* (Lugdunensis) *Ecclesiam S. Laurentii* (cum) *Beneficiolo ad illam pertinente.*

Beneficium, Precaria, Præstaria. Tabularium Monasterii S. Andreæ Viennensis : *Itaque prædictas res sub Beneficio præstariæ cum omni integritate eo tenore concedimus, ut quamdiu præfatus Artoldus et Adalaia futura ejus uxor, et nascituri ex eis hæredes vixerint, usumfructum exinde percipiant, etc.* [** Gesta Abbat. Fontanell. cap. 17. ap. Pertz. vol. Script. 2. pag. 293 : *Ansigisus Flaviacum monasterium... a domno rege Carolo in precarium accepit anno 807.... Dum prædictum Flaviacense cœnobium jure precarii ac Beneficii teneret etc.* Formul. Goldastin. 78 : *In Beneficium et in censum concessimus.* Conf. Eichhorn. Hist. Jur. Germ. § 194. Bignon. ad Marculf. lib. 2. cap. 5]

* Beneficium, Charta, qua quid in *beneficium* datur, ut monent post Maffeum Istor. Diplom. pag. 84. Auctores novi Tract. de Re diplom. tom. 1. pag. 353. Rescript. Constant. imper. in Cod. lib. 1. tit. 23. lib. 4 : *Si qua Beneficia personalia, sine die et consule fuerint deprehensa, auctoritate careant.* Adde Cod. Theodos. lib. 6. tit. 2. leg. 15. Vide mox *Beneficiaria.*

Beneficiare, Prædia in *beneficium* dare. Arno Salisburgensis Episcopus : *Quod fuit eis ex causa dominica Beneficiatum.* Formulæ veteres cap. 38 : *Ad tuam petitionem nostra decrevit voluntas, ut tibi res nostras vel Sancti illius in pago illo Beneficiare usufructuario ordine deberemus, etc.* Concil. Rotomagense ann. 1050. cap. 10 : *Ut Episcopus Clericorum Ecclesiæ stipendia, aut terras laïcis Beneficiare minime præsumat. Res Beneficiatæ*, in Capitulis Caroli M. lib. 5. cap. 3. [** Est in Epist. Episcop. ad Ludov. Reg. ann. 858. ap. Sirmond. inter Capit. Car. Calvi pag. 183. Editor margini adscripsit locum Benedicti, ubi de eadem re, aliis tamen verbis, agitur.] Tabul. Abb. Bellilocensis in Lemovicibus Ch. 43 : *Pro qualicunque occasione seu donandi, seu Beneficiandi ipsas res.* Ch. 135... *Quas uxori meæ quandiu vivet, ego Galfredus Beneficiavi.* Wolfardus Hasenrietanus de S. Walpurga : *Cæteri omnes Beneficiati sunt ex hujus Abbatiæ bonis.* Vide formulas secundum Legem Roman. cap. 38. Chronicon Laurisham. pag. 89. Hincmarum tom. 2. pag. 603. Concil. Dusiac. I. pag. 268. Burchardum de Casib. S. Galli cap.

3. pag. 115. Chronicon S. Benigni pag. 422. Sigebertum ann. 1007. tom. 2. Hist. Franc. pag. 665. Doubletum in Hist. Sandionys. pag. 712. Bibliothecam Sebusian. lib. 1. cap. 1. Chiffletium in Probat. Hist. Tornut. pag. 285. Flodoard. lib. 3. cap. 4. Baldricum lib. 1. Chron. Camerac. cap. 8. 92. 112. 114. 115. lib. 2. cap. 10. lib. 3. cap. 2. Harigerum in Vita Landoaldi num. 14. Wolfardum de Miracul. S. Walpurgæ, Leonem III. PP. Epist. 9. etc.

Beneficiaria, Charta, qua quid in beneficium seu feudum datur. Tabularium Conchensis Abb. in Ruthenis Ch. 35 : *Facta est Beneficiaria ista in mense Januar... anno 12. quod Lodoicus Rex cœpit regnare.*

Beneficiati, Feudati, vassalli, apud Ottonem Frisingensem de Gest. Friderici I. lib. 1. cap. 11. 12. [** Ejusd. Imper. Curia ann. 1154. ap. Pertz. vol. Leg. 2. pag. 96. lin. 19. Plura in indice ejusd. volum. hacce, et voce *Inbeneficiati.*]

Inbeneficiare, Idem quod *in beneficium dare*, in Charta Ludovici Pii apud Beslium in Regibus Aquitan. pag. 19. Burchardus de Casib. S. Galli cap. 3 : *Simoniace Ecclesias vendidit, res Ecclesiæ Inbeneficiavit, etc.* Cap. 4 : *Omnia antiquitus Inbeneficiata exosus plurima de sua diligentia ad se retraxit.* Charta Hattonis Episcopi Moguntini ann. 910. apud Browerum lib. 3. Antiquitat. Fuldens. : *Deprecor... ut nunquam alicui hominum Inbeneficientur, sed ad generales usus Fratrum perpetuo conserventur.* Alia Eberardi Episcopi Bambergensis in Chronico Reichersperg. ann. 1151 : *Ita ut alveus ejus per terram prænotatam prædicto Marchioni Inbeneficiatam transeat.* Alia ejusdem Episc. ann. 1160 : *Eumdem locum laicis Inbeneficiando.* Adde Monachum Pegaviensem ann. 1040. 1112. Bertholdum Constantiensem ann. 1077. Acta Murensis Monast. pag. 65. Arnold. Lubecens. lib. 3. cap. 12. Chronicon Constantiense pag. 624. 625. Librum de fundatione Monasterii Gozecensis pag. 225. 229. Libr. de fundat. Cœnobii Bigaugiensis pag. 251. etc.

¶ Beneficium, Commodatum, datum mutuo. Leges Rotharis apud Murator. tom. 1. part. 2. pag. 42. [** Roth. 332.] : *Si quis præstitum aut conductum habuerit caballum, vel bovem, aut canem, vel quodlibet peculium, et dum in ipso Beneficio et conductura est, homicidium fecerit, etc.*

Beneficia Ecclesiastica, dicebantur universim res Ecclesiæ in beneficium datæ, sive a Principibus, sive ab ipsis Ecclesiis, et earum *Prælatis* in *Beneficium* datæ essent, ut in Synodo Suessionensi sub Carolo C. cap. 11. et in Lege Longob. lib. 2. tit. 44. § 2. [** Car. M. cap. 100. Baluz. ann. 801. cap. 2. Pertz. ann. 803. cap. 16. pag. 110.] in Capitul. Car. M. lib. 5. cap. 92. [** 158. ex excerpt Canon. post Capit. Aquens ann. 813. cap. 24.] *Beneficia Ecclesiarum*, lib. 1. cap. 163. [** 157. ann. 809. Capit. de Presb. cap. 18.] *Capellæ et Casæ Dei in Beneficium datæ*, in eadem Synodo. *Monasterium in Beneficium concessum*, in Charta Conradi Regis Burgund. ann. 957. tom. 7. Spicileg. Acheriani pag. 187. *Res Ecclesiæ in Beneficium retinere, habere*, in Capitulis Caroli M. lib. 5. cap. 146. [** 277. ex Capit. Wormac. ann. 829. Gener. cap. 8. Pertz. pag. 351.] in Capit. Caroli Clavi tit. 6. [** ann. 846. in villa Sparnaco.] cap. 55. Petrus Damian. lib. 4. Epist. 12. ubi de alienationibus rerum Ecclesiæ : *Sed quid de venditione loquimur? cum non modo ea quæ emphyteoseos sunt locata contractu, vel jure proveniant, sive etiam quæ libellario nomine pensitantur : sed illa quoque quæ sub nudo Beneficii vocabulo sæculares accipiunt, revocari de cætero atque restitui Ecclesiis nullo modo possunt.* [** Ratpert. Casus S. Galli, cap. 2. ap. Pertz. vol. Script. 2. pag. 63. lin. 13. Chartæ ann. 1104. et 1152. ap. Guden. in Syllog. pag. 454. 456. 461.] Quod quidem toleratum, *id exigente reipublicæ necessitate*, a Concilio Aquisgranensi II. ann. 836. cap. 3. can. 19. *quo usque opportunitas id permitteret plenius emendari.* Horum vero beneficiorum Ecclesiasticorum possessores tenebantur *nonas et decimas* iisdem Ecclesiis quotannis persolvere, *et restaurationes earum facere*, ut ex Capitulis Caroli M. colligitur lib. 5. cap. 145. 146. [** 276. 277.] 192. [** leg. 92. rec. 158.] et Capitul. Caroli C. tit. 6. cap. 55.

Atque hic mos res Ecclesiæ Laicis ad beneficium dandi adeo invaluerat, ut in donationibus Ecclesiæ factis, quo eæ ab omni alienatione deinceps tutæ essent, id potissimum caveretur, ne in *beneficium* darentur. Charta Hildegardæ Francorum Reginæ apud Meurissium : *Ideo interdicimus omnibus Abbatibus seu Custodibus ejusdem venerabilis loci,... ut jam dictas res nunquam præsumant alicui Beneficio tribuere, nec per precariam, ut fieri assolet, præbere.* Tradit. Fuld. lib. 1 : *Ut nulli Clericorum aut Laicorum quæ tradidi in Beneficium præstentur, etc.* Adde Chron. S. Benigni pag. 422. Chron. Mindense pag. 745. Bibliothecam Sebusianam lib. 1. cap. 1. pag. 5. Chiffletium in Probat. Hist. Tornut. pag. 285. Catellum in Hist. Tolosanorum Comitum pag. 69. etc. [** Chart. ann. 1123. ap. Guden. in Cod. Diplom. vol. 1. pag. 58 : *Si quod Beneficium Archiep. sive Abbas cuidam prestiterint omnino irritum sit, nisi solis ministerialibus.*]

Neque tantum Laicis, sed et ipsis Clericis prædia Ecclesiastica in beneficium dabantur ab Episcopis et Prælatis. Exstat Symmachi PP. ad Cæsarium Arelatensem Episcopum Epistola tom. 1. Epistolarum Summorum Pontificum, qua in primis vetat possessiones Ecclesiæ distrahi, nisi forte Clericis, ac Monachis, aut peregrinis concedantur reversuræ ad Ecclesiam. Meminit etiam Hincmarus Opus. 29. *Clericorum habentium Beneficia.* Quæ quidem possessiones Ecclesiarum ita ad vitam Clericis concessæ, *Beneficia* dici cœperunt, inquit Baronius ann. 502. n. 36. eo quod, ut habet Symmachus in hac Epistola, bene meritis tantummodo concedi liceret : ea quippe tempestate, *in Galliæ provincia ab aliquibus personis Ecclesiastica prædia diversis titulis alienabantur*, ut ait idem Pontifex in alia Epistola, quam descripsit idem Baronius. Ex quibus patet morem inbeneficiandi prædia Ecclesiastica viguisse, stante etiam prima Regum nostrum stirpe : quod præterea colligitur ex Testamento Hadoindi Episcopi Cenomanensis sub ann. 652. quod descripsit Brissonius lib. 7. Form. Verum etsi id caverit Symmachus, aut ab eo Cæsarius obtinuerit, ut prædia Ecclesiarum non aliis distraherentur quam Clericis ad vitam ; mos tamen is invaluit, ut Laicis perinde ac Clericis distraherentur, ex seculi labentis abusu. At cum in beneficium Laicis data Ecclesiarum prædia temporum successu ad easdem Ecclesias redirent, sive ex beneficii usufructuaria conditione, sive ex possessorum voluntaria restitutione, eadem postmodum Clericis ad vitam perinde concessa sub servitii Ecclesiastici onere, *Beneficii* nomen retinuere. Unde etiamnum videmus prædia quædam ex Ecclesiasticis, certis et denominatis beneficiis seu personatibus attributa, quia videlicet primitus ejusmodi beneficiariis ad vitam utenda concessa fuerant, quod postmodum in successores transiit. Charta anni 1031. apud Barthol. Fizen in Hist. Leod. pag. 318 : *Additis ad supradictum numerum Canonicorum, quinque Clericis, præter beneficium Præpositi, Decani, et Scholastici.* Et pag. 319 : ... *Quibus viverent* 10. *Fratres cum cæteris* 20. *qui ibidem ad explenda Ecclesiastica beneficia fuerunt ordinati.* [** Vide Eichhorn. Histor. Jur. German. § 187.] Nec scio an huc pertineant

Beneficia Presbyterata, in veteri Charta apud Sanjulianum in Matiscone pag. 236 : *Ad ultimum decreverunt ut has Ecclesias cum rebus et decimis, cum Beneficiis Presbyteratis, et omnibus ibi adjacentibus, in usus prænominatorum Fratrum... condonare deberent.* Vide *Feudum Presbyterale.*

¶ Beneficium Curatum, Cui annexa est cura animarum, Gall. *Benefice à charge d'ames.* Vox nota, ut et

¶ Beneficium Simplex, Cui non est annexa animarum cura, Gall. *Benefice simple.*

¶ Beneficium Simplex Servitorium. Synodus Oriolana ann. 1600. inter Hisp. tom. 4. pag. 740. col. 1 : *In his Ecclesiis in quibus instituta sunt Beneficia Simplicia, Servitoria nuncupata, et cura animarum per tot Vicarios administrari solet, quot in eo loco Beneficia simplicia Servitoria existunt, quorum Beneficiati vel per se, si volunt, vel per interpositam personam Sacramenta administrare debent, ne animarum cura, ut plerumque in nostris visitationibus consistit, negligatur, aut ob tenuitatem redditūum obsequia et functiones Sacramentorum per parum aptos et idoneos Sacerdotes, ut sæpe accidit, administrentur : propterea ipsismet Vicariis, qui nunc sunt, et futuris temporibus curæ animarum præerunt, decimam partem omnium fructuum decimarum et primitiarum prædictorum Beneficiorum Simplicium Servitoriorum in quota pecuniæ, pro congruæ portionis assignatione deputamus, designamus, applicamus, et ipsismet Vicariis jus exigendi hujusmodi decimæ partis fructus pro congrua portione concedimus.*

Præbendæ generali *Beneficiorum* nomine continentur, cap. 32. de Reg. Jur. Guibertus lib. 1. de Vita sua cap. 7 : *Contendebat denique mater mea Ecclesiasticis me beneficiis quoquo pacto inserere.* Synodus Beneventana ann. 1091. cap. 2. de Capellanis : *Ab officio et Beneficio interdicimus.* Alexander II. PP. apud Ughellum tom. 1. part. 1. pag. 864 : *Beneficium Ecclesiæ, quod qui* dam Canonicam, vel Præbendas, vel etiam Ordines vocant. Vide *Præbenda*. Cæterum Clericatus et dignitates Ecclesiasticas tanquam *terrenæ militiæ officia*, indignis ab Episcopis olim concessas queritur S. Hieronym. adversus Jovinianum lib. 1. cap. 19: *Dicam aliquid, quod forsitan cum multorum offensa dicturus sum; sed boni mihi non irascentur, quia eos peccati conscientia non remordebit. Interdum hoc et Pontificum vitio accidit, qui non meliores, sed argutiores in Clerum allegunt, et simpliciores quosque, atque innocentes inhabiles putant, et affinibus vel cognatis quasi terrenæ militiæ officia largiuntur, sive divitum obediunt jussioni; quodque his pejus est, illis Clericatus donant gradum, quorum sunt obsequiis deliniti.* [** Vide Glossar. med. Græcit. voce Ἰδιάριον, col. 506.]

☞ Eodem *Beneficii* nomine, regnante secunda Regum nostrorum stirpe, viris Ecclesiasticis attributa sunt ab ipsismet Regibus prædia monastica, concessæ etiam Abbatiæ: testis hac de re locuples Charta Caroli Simplicis ann. 907. tom. 2. Hist. Meldens. inter Instr. pag. 6. qua Resbacensem Abbatiam, quam Episcopus Parisiensis *in Beneficium* hactenus habuisse dicitur, ipsi Episcopo ejusque successoribus sub eodem *Beneficii* titulo confirmat, quo facilius possit debita Regi servitia explere; cujus quidem rei an antiquius exstet exemplum nescio: neque enim vox *Beneficium* occurrit in Chartis sive Ludovici qui Abbatiam Anianam Ecclesiæ Arelatensi, sive Karlomanni qui Abbatiam S. Laurentii Ecclesiæ Narbonensi concedunt: *Abbatiam S. Petri Resbacis nomine dictam, et quondam Hierusalem cognominatam in Comitatu *** sitam, quam isdem Episcopus* (Parisiensis) *in Beneficium hactenus habuisse dinoscitur, per nostræ auctoritatis Præceptum concedere dignaremur, quatenus eidem Præsuli, suisque foret augmentum successoribus, quo nostræ liberius possint servitutis explere negotia.*

* Id autem discriminis erat inter beneficia ecclesiastica, quæ a principibus, vel prælatis concedebantur, ut illa ad ecclesias revocare, nisi interveniente principis consensu, non liceret; hæc vero pro libitu prælatorum ad partes ecclesiæ reverterentur. Capitul. Caroli M. apud Marten. tom. 7. Ampl. Collect. col. 7: *De rebus vero ecclesiarum, quæ usque nunc per verbum domni regis homines sæculares in beneficium habuerunt, ut inantea sic habeant, nisi per verbum domini regis ad ipsas ecclesias fuerint revocatæ: et si inde usque nunc a parte ecclesiæ decima et nona exivit, et nunc inantea faciat. Et insuper illas ecclesias de quinquaginta casatos solido uno reddat: de triginta medio solido uno reddat; de viginti tremisse, et quisque nunc alium censum dedit, inantea, sicut prius fecit, ita faciat: et usque nunc nullum censum exivit, et ipsæ res ecclesiæ ubi sunt censentur, et ubi non sunt scribantur: et sit discretio inter precarias de verbo dominico factas, et inter eas quas episcopi, et abbates, et abbatissæ eorum arbitrio vel dispositione faciunt: ut liceat eis, quando quidem eis placuerit, res quas beneficiaverint, ad partes ipsius ecclesiæ recipere, facientes ut unusquisque homo ad causam Dei in honore fideliter et firmiter deserviat.* [** Conf. Capit. Franc. ann. 779. cap. 13.]

Beneficia Manualia *seu victualia*, quorum distributiones quotidianæ tantum residentibus tribuuntur, c. unic. de Præbend. in Sexto.

* Beneficium Manuale, Quod ad libitum dantis committitur. Glossar. jurid. Anonymi ex Cod. reg. 4611: *Qui* (Itali) *cum talia Beneficia manualia committunt, quod eis liceat nuda voluntate revocare.*

¶ Beneficium Quadragesimale. Litteræ Mauricii Episc. Parisiensis pro Canonicis S. Clodoaldi in ejusd. Ecclesiæ Tabulario: *Decanus et Canonici S. Clodoaldi quoddam Beneficium Quadragesimale in pane et vino et nummis consistens et de corpore præbendarum antiquitus institutum habebant, quod in tempore Quadragesimæ juxta ordinem suum inter se, pauperibus exclusis, distribuebant. Nos vero considerantes... quia dignus est operarius cibo suo, ab ipsis postulavimus ut cujusdam partis prædicti Beneficii panis et vini videlicet, et quorumdam minutorum redditum, quos stationes vocant, caritatum etiam deffunctorum pauperes Clericos ejusd. Ecclesiæ participes facerent... Et nos cum ipsis instituimus, quod de jam dicto Beneficio Decanus in duplo, Canonici et Canonicus in duplo pauperis Clerici acciperet, et nullus de eo aliquid habebit, nisi qui in tempore distributionis hiis tribus horis, Matutinis videlicet et Prime et magne Misse, aut saltem duabus istarum intererit.... Ad hoc autem Beneficium ampliandum Abbas S. Victoris et totus illius Ecclesiæ Conventus manum suam extendentes, quoddam sextarium annone et unum modium vini, quo duo pro sua parte Quadragesimalis Beneficii eis annuatim reddebantur.* Ibidem aliæ sunt Litteræ Petri Episc. Paris. de eadem re, anni scilicet 1216. In litteris Odonis Episc. Paris ann. 1203. legitur: *Residuum vero totius magnæ decimæ ad Quadragesimale Beneficium devolvetur.* Exstat quoque Decretum Capituli S. Clodoaldi ann. 1236. in quo nonnulla statuuntur Beneficium Quadragesimale spectantia.

* Beneficium Personale, Idem quod *Personatus*. Vide in *Persona*. Charta ann. 1268. ex Tabul. S. Vict. Massil.: *Guillelmus sola Dei patientia monasterii S. Victoris Massiliensis abbas, de consilio et consensu devoti conventus dicti monasterii, ... confert Beneficium personale, scilicet ecclesiam de Salagrifon, Glandensis diœcesis, tibi Guillelmo Grasseto clerico accipienti, etc.*

¶ Beneficium Caducum, Idem quod Vacans, in Compendiosa beneficiorum Expositione fol. 36.

¶ Beneficium Patronatum, ibidem fol. 30. dicitur illud, ad quod *Patronus* præsentat.

¶ Beneficium Sacerdotale, Idem quod *Curatum*, ibid. fol. 30. verso.

Beneficiare, Beneficium Ecclesiasticum conferre, apud Petrum Blesens. Epist. 70.

Beneficia, Oblationes quæ a Christianis fiunt Ecclesiis, in Concilio Autisiodor. ann. 578. cap. 1.

Beneficium, Merces. Lex Wisigoth. lib. 9. tit. 5. § 5: *Si compulsores exercitus beneficio accepto, aliquem sine ægritudine domi stare permiserint.* In ipsa Lege *merces* exponitur.

Beneficiati Chori in Ecclesia S. Petri Romæ, Clerici diversi a Canonicis, de quibus consule Bullam Nicolai PP. III. apud Bzovium ann. 1280. num. 5.

2. **BENEFICIUM**, Idem quod *Benefactum*, 2. de quo supra. Chronicon Mauriniac. lib. 1: *In Capitulum nostrum venit, participium Beneficiorum nostrorum humiliter petiit, et accepit. Beneficia orationum*, apud Messanum in vita S. Cæsarii Arelat. pag. 258. Ordericum Vitalem lib. 3. 5. pag. 461. 479. 577. 590. 596. ad quæ admittebantur in Monasteriis *eorum Benefactores*. In Statutis Ordinis de' *Sempringham*, est caput, *de Beneficiis pro parentibus mortuis faciendis*. Gesta Consulum Andegav. cap. 13. num. 11: *Fratrem et participem Beneficii rogat effici.* Tabular. Priorat. Neronisvillæ: *Unde suscepti sunt in Beneficio et in orationibus nostris.* Alibi: *Monachi vero susceperunt eos in societate sua, et in beneficio totius Ecclesiæ ut orationum eorum participes esse mererentur.* Tabular. Absiense fol. 166: *Tali pacto ut ipse haberet sepulturam simul et Beneficium.* [S. Bernard. Epist. 424: *Pro his omnibus vos participem facimus omnium Beneficiorum quæ in domo nostra fiunt et fient*, etc. Idem Epist. 437. de morte Eugenii III. Papæ: *Constituite perpetua Beneficia, ut Deus sibi indulgeat, etc.*] Occurrit hac notione passim in Chartis editis Monasterii S. Nicolai Andegav. pag. 12. 13. 23. 37. 39. 42. 60. 61. 93. tom. 1. Monast. Anglic. pag. 246. 308. 327. 572. in Probat Hist. Guinensis pag. 278. Hist. Monmorenciacæ pag. 13. Adde Statuta antiqua Ordinis Cartusiensis part. 2. cap. 8. § 15. Chronicon Prioratus S. Launomari de Magenciaco num. 5. Stephanum Tornacensem Epist. 169. 170. 223. Willelm. Thorn. pag. 1942. etc. Hisce addere placet quod habet Chronicon Besuense pag. 623: *Pro hac quoque eleemosyna dedit D. Abbas Stephanus et viro et mulieri societatem et omne bonum quod factum fuerit in Besuensi Ecclesia usque ad finem mundi, pro remedio animarum suarum, suorumque antecessorum fidelium.*

Aliud tamen erat in *Fraternitatem*, aliud in *Beneficia orationum* recipi. Monasticum Anglic. tom. 1. pag. 331: *Pro qua re Abbas et Monachi S. Albani susceperunt Radulfum in Fratrem et Monachum, et uxorem suam similiter in Sororem, filium vero eorum in Beneficio Ecclesiæ.* Tabularium Prioratus S. Nicasii Mellenti fol. 35: *Concessit præterea Prior, annuente Conventu, prædicto Roberto fraternitatem domus et ad vitam et ad mortem, et Beneficium, quotiescunque voluerit accipere.* [Chartularium S. Vandregisili tom. 2. pag. 1615: *Osberinus hanc oblationem et dimissionem in Capitulo S. Vandregisilli fecit et super altare, facta oblatione, deposuit, fraternitatem et commune Beneficium ejusdem Ecclesiæ sibi et uxori suæ in perpetuum accepit.*]

* Haud injuria aliud esse *in fraternitatem* recipi, aliud *in Beneficium* observat Cangius: et quidem ad spiritualia primum, alterum ad temporalia spectare non absurde colligi posse videtur ex his verbis secundo loco laudatis: *Et beneficium, quo-*

tiescumque voluerit accipere; quod de iis, quæ ad victum et vestitum pertinent, intelligo.

Beneficium Spiritale, Eadem notione. Tabular. Absiense fol. 4 : *Dono etiam illis nullo mihi jure vel cuiquam retento, excepto Beneficio Spiritali et sepultura, quidquid juris in ipsa terra habeo.* Et fol. 36 : *Nec aliquid sibi vel hæredibus suis in eisdem decimis, nisi Spiritale Beneficium retinuerunt.* Occurrit præterea hæc formula in libro Chirographorum ejusdem Monasterii fol. 7. 46. et alibi. Rursum fol. 67 : *Nihil mihi vel successoribus meis retinens, nisi Beneficium animæ.* Et fol. 111. *Rogans ut Spiritalium Beneficiorum, orationum et eleemosynarum Monasterii me meosque participem faciat.* Tabular. Dalonensis Abbatiæ ann. 1190. fol. 43 : *In manu Archembaldi Prioris, qui mihi concessit participium totius Spiritualis Beneficii.*

* **BENELLA.** Vide supra *Belneria.*

* **BENELLUS**, Genus vehiculi, idem quod *Benna* 1. Picardis *Benel* et *Beniaus.* Lit. remiss. ann. 1364. in Reg. 94. Chartoph. reg. ch. 41 : *Sterquilinium cum equis suis in quodam Benello apud campos ducebat.* Charta ann. 1452. in Lib. nig. priorat. S. Petri Abbavil. fol. 215. v° : *Andreas, ... dum viveret, cothidie ductor terræ cum equo in Benello suo, ... implere nitebatur suum Benellum, etc.* Alia ann. 1313. ex Chartul. 21. Corb. fol. 241. v° : *Avoit fait prendre et arrester le Benel dudit Jehan et harnas appartenant à icellui Benel, ... et icellui Benel et harnas transporté là u il lui avoit pleu,... et que ledit Beniaus et harnas qui baillié leur avoient esté par le main du roy par récréance, etc. Blenel,* apud Tornacenses, in Lit. remiss. ann. 1469. ex Reg. 195. ch. 234 : *Le suppliant qui tenoit ung palich ferré, dont il chargeoit icelle terre en ung Blenel, etc.*

* **BENEMERENTIA**, ab Ital. *Benemerenza*, Meritum, dotes, Gall. *Mérite.* Stat. ordin. S. Joan. Jerosol. ann. 1584. tom. 2. Cod. Ital. diplom. col. 1845 : *Statuimus quod thesaurarius generalis ... eligatur, ... habito prius respectu ad Benemerentiam et sufficientiam, quam antianitatem.*

BENENATI, Εὐγενεῖς [Εὐγαγονότες, Zonaræ in Alexio,] Ingenui, viri nobiles, Italis *Ben nati.* Vetus Interpres Juvenalis sat. 11 : *Ingenui vultus, Modesti, Benenati.* Messianus lib. 2. Vitæ S. Cæsarii Arelat. Archiep. : *Si crastino panis defuerit, omnes jejunemus, dummodo hodie Benenati homines seu reliqui captivi nobis euntibus et bibentibus non eant per plateas mendicare.* Eckehardus junior de Casib. S. Galli cap. 2 : *Iso quidem non solum Benenatorum, sed et sanctorum filius fuit parentum.* Cap. 16 : *Insiliensque in hominem Bene quidem natum, sed et admodum litteratum, grandem ei manu alapam dedit.* Ennodius lib. 3. Ep. 16 : *Et perlatorem Benenatum hominem propter fugaces suos venientem commendo.* Ep. 17 : *Benenatum hominem Gallias pro certis negotiis expetentem.* Charta Lusitan. æræ 1067. apud Rodericum *da Cunha* in Episc. Portensibus 1. parte : *Et aliorum multorum filii omnium Benenadorum quæ erant in Palencia, etc.* Cæsarius lib. 1. cap. 12 : *Adolescens Benenatus et divitum filius.* Utitur et lib. 4. cap. 4. 22. lib. 9. cap. 48. lib. 10. cap. 54. ut et Guillelmus Abb. S. Theodorici in vita S. Bernardi lib. 1. cap. 3. Justinian. Nov. 22. de Nupt. cap. 8. et Nov. 78. Auctor Vitæ S. Hadelogæ Virg. cap. 2. n. 9. Marsilius Patavinus in Defensore pacis 1. part. cap. 16. pag. 80. etc. *Homines boni generis* dicuntur in Capitul. Caroli M. ex Lege Salica Romana et Gombata [** Aquens. ann. 813.] cap. 12. *Pectora Benenata,* apud Flaccum lib. 4. Od. 4. id est, generosa, ingenua : contra, *male nati*, servile genus apud eumdem lib. 2. Epist. :

> Gratus Alexandro Regi Magno fuit ille
> Cherilus, incultis qui versibus et male natis
> Retulit acceptos regale numisma Philippos.

* Viri regionis primarii; quo sensu intelligenda videtur vox *Bienavans*, vel forte *Bienanans*, quæ uno tenore legenda, pluries occurrit in Lit. ann. 1372. tom. 5. Ordinat. reg. Franc. pag. 565 : *Lesdiz habitans et Bienavans pour eschever toute guerre, et le peril, qui pour raison de la guerre leur povoit ensuir, se sont mis et renduz en l'obéissance du Roy .... Et que nous ferons lesdiz habitans et Bienavans estre tenuz et traictiez par le roy, etc.*

¶ **BENEPLACENTIA**, Permissio, venia, consensus, Gall. *Bon plaisir.* Charta Petri Abbatis S. Crucis de Talmundo anni 1366. de officio Aquarii : *Sub confidentia Beneplacentiæ R. ac D. D. Guillelmi Dei et Apostolicæ Sedis gratia Lucionensis Episcopi statuimus, etc.*

¶ **BENEPLACERE**, pro Placere, vel multum placere, haud semel in Script. sacris, ut Rom. 12. 2. 1. Cor. 10. 5. et 16. 2.

¶ 1. **BENEPLACITUM**, pro Venia et consensu passim occurrit. Item pro Benevolentia, favor. Concil. Hisp. tom. 3. pag. 124. in Translatione S. Jacobi : *Ut dum memineris nostri in Beneplactoi tuo, etc.* Apud Ludewig. Reliq. MSS. tom. 5. pag. 525. et alibi non semel.

* 2. **BENEPLACITUM**, Desiderium, optatum, vel etiam decretum. Charta ann. 1323. ex Tabul. Hospit. S. Jacobi Paris. : *Divini cultus desiderantes augmentum suosque Beneplacitis Apostolicis in hac parte conformare volentes affectus.* V. in *Placitum.*

¶ **BENE QUASI**, Fere, Gall. *Presque, environ.* Chron. Parmense ad ann. 1303. apud Murator. tom. 9. pag. 849 : *Tempore æstatatis, ante postea, Bene Quasi per unum annum non pluit.*

* **BENERINGHA.** Comp. MS. ann. 1302 : *Ad conservandam Beneringham, ij. lib.*

¶ **BENERIUM**, Modus agri, idem ac *Bonnarium*, quod vide. Charta Nicolai Episc. Cameracencis ann. 1140. ex Tabulario S. Nicasii Remensis : *Ernulphus et Nicholaus tradiderunt 24. Beneria terræ.*

BENERTH. Lambardi Itinerar. pag 212. ex vett. membranis, de tenentibus Eccles. Christi Cantuar. extra Waldum habitantibus : *De Redditu 7. sol. 6. den. de 20. ovsi 1. den. de gallinis et Benerth. 16. den.* Ubi idem Lambardus in margine notat *Benerth* servitium esse, quod tenens præstat curru suo et aratro. Respexit forte vocem *Benna.*

* **BENESEDENTIA**, a Gall. *Bienséance*, Commodum, utilitas. Charta ann. 1304. in Lib. rub. Cam. Comput. Paris. fol. 272. r°. col. 2 : *Dominus Raymundus commissarius volens se informare ubi dictum redditum ad Benesedentiam dicti domini Galdi, et ad minus incommodum domini regis eidem poterit assignare, etc.* Alia ann. 1324. in Reg. 67. Chartoph. reg. ch. 70 : *Fuimus requisiti ut ad nostri Benesedentiam et bonum placitum faceremus..... dictos redditus assideri.* Rursum alia ann. 1327. in Reg. 64. ch. 631 : *Prior et conventus monasterii beati Thomæ martyris de monte leprosorum supra Rothomagum, ... attenta utilitate et Benesedentia sui monasterii, etc.*

* **BENESTALIS**, Acceptus, gratus, Ital. *Benestante.* Lit. pro Pisanis apud Lam. in Delic. erudit. inter not. ad Hist. Sicul. Bonincont. part. 1. pag. 210 : *De hoc quod dixisti, quod misistis legatum vestrum ad dirigendam vestras negocii omnes vestri negocii sunt erga nos Benestales, et fortiter isti honorati et custoditi.* Sed hæc parum sana.

BENESUASOR, Ἀγαθοσύμβουλος, in Gloss. Græc. Lat. Apud Æschylum in Prometheo ὀρθόβουλος Θέμις dicitur pag. 104.

BENEVALETE, Formula adscribi solita in Monogrammatis speciem Pontificum Epistolis.

[** Monagrammata ad quatuor partibus minorem modum redacta exscripsimus ex Bullis PP. Paschalis II. ann. 1107. et Innocent. II. ann. 1142. quæ in Bibl. Reg. asservantur.]

Papias in voce *Formata : Privilegia summorum Episcoporum* (in MSS. *Sacerdotum*) *sunt cujuslibet Ecclesiæ concessiones Pontificum, quorum materia hæc est, ut dicat Pontifex erogatum cujuslibet dignæ personæ, vel alia qualicunque ratione Ecclesiæ illi, illa, seu illa Pontificali concedere et roborare dignitate. Anathema ponatur in calce Epistolæ. Habent autem et Privilegia prologos, sicut et cæteræ Epistolæ, et monogrammata hujuscemodi in fine,*  *quod est Benevalete. Signum autem in Privilegii exordio vel crismon, vel Crux Dominica, cum crismon erit. Crismon autem ejusmodi effigiabatur specie* 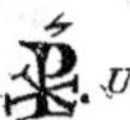 *Ut autem plenius in hoc Monogrammate nomen Christi appareat, tali mea sententia effigiabitur specie,*  *vel sic,*  *. Consueverunt præterea in extremo margine privilegii quosdam insignire orbiculos, Antistitis nomen, et paucula quæ-*

libet verba continentes in hunc modum :

Benevale, in Capitul. Gregorii II. pro Bavaris, in Ep.II. Hadr. II. PP. etc. Ita etiam interdum hæc formula concipi solebat, ut est in Epist. 104. et aliis Joannis VIII. PP. : *Optamus sanctitatem tuam in Christo Bene valere.* Vide Catellum lib. 5. Rerum Occitan. pag. 774. Plautus in Truculento :

Spectatores Bene valete, plaudite atque exurgite.

☞ Similes formulas, aut saltem integrum *Benevalete* literis omnibus expressis, scilicet majusculis Romanis inter formulas *Scripti et dati* primum exhibebant Romani Pontifices. Veterem ritum primus immutavit Leo IX. *Benevalete* in monogramma contrahendo, præmisso circulo majori, exhibente in medio crucem cum nomine Pontificis; et in ambitu ejusdem sententiam seu dictum, *Misericordia Domini plena est terra* : horum specimen videre potes apud Mabillonium lib. 5. de Re Diplom. Tabella quinquagesima. [** Exstat. liber singularis *Jo. Car. Conr. Oelrichs*, *De signo pontificali Bene Valete.* Stettini ann. 1773. form. max. cum figg.]

BENEVALETUDO, pro *Bona valetudo.* Acta S. Cypriani Mart. : *Ibidem Galerius Maximus Proconsul Benevaletudinis recuperandæ gratia secesserat. Malam valetudinem dixit* Capitolinus in Antonino Pio.

** **BENEVENTANA LITTERA.** Vide in *Literæ.*

BENEVENTANUM, Pellis species, ita appellata a *Benevento* urbe Italiæ. Gloss. Lat. Græc. : *Beneventanum*, Βαβυλωνικοῦ δέρματος εἶδος. Glossæ Isidori : *Flamineum, Babylonicum.* Le Roman *de du Guesclin* :

Et getta-on sur lui un drap de Bonnivent.

Vide Dissertat. 1. ad Joinvillam pag. 132.

* **BENEVENUTA**, Felix adventus, simul et id quod ab eo, qui in officio primum instituitur, exsolvendum est, Gall. *Bienvenue;* cui opponitur *Bienalée* ex Lit. remiss. ann. 1409. in Reg. 163. Chartoph. reg. ch. 292 : *Ainsi que le suppliant vouloit paier aux compaignons de la ville sa Bienalée, etc.* Charta Hugon. ducis Burg. ann. 1247. inter Probat. tom. 2. Hist. Burg. pag. 18. col. 1 : *Taxata unaquaque Benevenuta cujuslibet abbatis* (Flavigniacensis) *de novo instituendi in centum marchis argenti.* Hinc nostris *Bienviengner*, Felicem adventum gratulari. Monstrel. vol. 2. ad ann. 1440. fol. 180. r°. : *Quand le duc de Bourgogne fut descendu à son hostel* (à Bruges) *ceux de la loy allerent devers lui pour le Bienviengnier.* Infra : *Bienviengner. Bienvignier*, in Lit. remiss. ann. 1384. ex Reg. 125. ch. 26 : *Et pour eulx Bienvignier et faire honneur, ledit Jacob se mist au chemin pour les aller querir. Faire Bienveignant*, Bene, amice accipere, Gall. *Faire Bon accueil.* Lit. remiss. ann. 1409. in Reg. 164. ch. 39 : *Quant iceulx Durant et Guillaume furent arrivez à Vichy, ilz trouverent Pierre Buisson, lequel fist Bienvengnant audit Guillaume.* Vide *Bonventus.*

* **BENEVERSUS**, Gall. *Bien-tourné.* Testam. Petri de Longolio episcopi Autiss. ann. 1473. inter Probat. Hist. Autiss. pag. 182. col. 1 : *Item fabricæ ecclesiæ beati Benedicti Beneversi Paris. in qua sacramentum baptismi suscepi, do et lego centum solidos Turon.* Vide *Bestornatus.*

* **BENEVISA**, Datio ad censum, emphiteusis, Gall. *Benevis.* Charta ann. circ. 1176. inter Instr. tom. 2. Hist. Lothar. col. 373 : *Et est census constitutus, duodecim videlicet denarii super Benevisas, et duodecim super decimationes, quæ in festo S. Remigii, seu infra octavas ejusdem persolvendi sunt.* Vide *Abenevisare* et *Benevisum.*

* **BENEVISATIO**, Charta, qua quid in *Benevisam* conceditur. Charta ann. 1472. ex Terrear. castell. S. Maurit. in Foresio fol. 31 : *Joannes.... confitetur se teneri solvere in et super fundis noviter eidem abenevisatis per dominos Cameræ Compotorum Forensium, ut Benevisatione constat, etc.*

* **BENEVISIUM**, ut supra *Benevisa*, in ead. Charta ibid. fol. 23 : *Confitetur debere.... propter quoddam Benevisium, etc.*

BENEVISUM, BENEVISER, Beneficium, Beneficiarius. Libertates concessæ villæ Montisbrusonis a Guigone Comite Forensi mense Novemb. ann. 1223 : *Si Benevisers obligaverit Benevisum suum alicui, det 1. den. de solido : sed si Benevisum obligatum vendatur illi qui habebat obligatum, antequam redimatur, det venditiones usitatas pro rebus venditis.* Occurrit ibi pluries. [Vide *Abenevisare.*]

¶ **BENEVISUS**, Acceptus, gratus, Acta SS. Aprilis tom. 1. pag. 173. B. Franciscus de Paula *pro tali miraculo adeo Romæ Benevisus fuit, quod res mira esset dictu.*

¶ **BENIGNARE**, Mitigare, sedare, Gall. *Apaiser.* Vita B. Giraldi de Salis ann. circ. 1300. apud Marten. tom. 6. Ampliss. Collect. col. 1008 : *Muti loquuntur, dæmoniaci serenantur, guttosi mitigantur, frenetici et epileptici reducuntur, blasphemi Benignantur, tumidi desiccantur.*

¶ **BENIGNIVOLUS**, Benevolus, spontaneus. Charta Milonis Domini Noveriorum pro fundatione Marciliaci ann. 1239. inter Instrum. tomi 4. novæ Gall. Christ. col. 101. B. : *Donationem et concessionem prædictas laudamus, auctoritatem præstitimus, consensum Benignivolum et assensum.*

¶ **BENIGNOLUS**, Idem. Chartularium S. Vandregisili tom. 1. pag. 26 : *Ego dictus Thomas volens, spontaneus et Benignolus, non coactus præsentem cartam sigilli mei munimine roboravi.*

¶ **BENITUS**, pro *Benedictus*, Gall. *Beni*, in Bulla Eugenii III. Papæ pro monasterio Gemmetic. ex Chartulario ejusdem loci tom. 1. pag. 85.

* Olim *Benoit.* Lit. remiss. ann. 1380. in Reg. 117. Chartoph. reg. ch. 47. : *Le Lundy Benoit. Le Jeudy Benoit..... Le Vendredy Benoit*, in aliis ann. 1366. ex Reg. 97. ch. 612. *Le Samedi Benoit*, in aliis ann. 1315. ex Reg. 53. ch. 100.

¶ **BENIUM**, Idem quod *Benna*, Vivarium, vel *Bedum* : de quo supra. Ludewig. Reliq. MSS. tom. 7. pag. 208. ex Codice Legum Norman. cap. 26 : *Liberum autem dicimus feodum, quod serviciorum inhonestorum obtinet libertatem, ut de prædicti* (sic) *servitio, et de curatione Benii, molendinorum, vel compostorum extramittendorum.* Vide *Venna.*

¶ **BENIZAZI.** Jos. Moretus Antiquit. Navarræ lib. 2. pag. 484. apud Sebastian. Salm. in Ordonium 1 : *Muza quidam nomine, natione Getulus, sed ritui Mahometano, cum omni gentis suæ deceptus, quod Chaldæi vocant Benizazi, contra Cordubensem rebellavit.*

1. **BENNA**, Genus vehiculi, lingua Gallica veteri, quod vulgo *Beneau* appellamus, seu *Benneau*, ut Monstrelletus lib. 1. cap. 43. quo materiæ quævis efferuntur. Festus: *Benna, lingua Gallica, genus vehiculi appellatur, unde vocantur Conbennones, in eadem Benna, sedentes.* Flodoardus lib. 1. Hist. Rem. cap. 19 : *Hæc omnia vehiculo, quod vulgo Benna dicitur, imposuit.* Chron. Flandriæ cap. 86 : *Et Henry de Maletrait fut mené par les quarrefours de Paris en un Venel ou tombereau.* Goropius Bekanus lib. 1. Gallic. pag. 14. et Kilianus in Etymol. a Sicambrico, *Benne*, deducunt, *cista plana, corbis planus.* Vide Rhenanum lib. 2. Rer. Germanic. pag. 97. [** Rusticis Germanicis etiamnum *Benne* est carrus cum corbe in qua aliquid commodius vehi potest. ADEL. Vide Graffium Thesaur. Ling. Franc. vol. 3. col. 126.]

2. **BENNA**, Vasis species. Vita S. Remigii apud Surium 13. Januar. : *Coxit panes et carnes, et accepit cervisiam in vasculis, prout potuit, quæ omnia in vase, quod vulgo Benna dicitur, collocavit.* [Transactio anni 1493. in Archivo S. Justi Lugdun. : *De decem biscornutis seu Bennis debent unam biscornutam seu Bennam pro decima.* Hic *Benna* sumitur pro vase quo vindemiæ colliguntur et feruntur racemi.]

At unde cruci Moguntinensi *Bennæ* appellatio indita, incertum. Conradus Episcopus in Chronico Moguntino : *Nec silendum quod pro speciali hujus auri examinatissimi valore, crux ipsa proprio nomine censebatur; vocabatur enim Benna.* [Pro *Benna* legitur *Bonna* in nova Gall. Christ. tom. 3. col. 875 : *Et brachium Crucis aureæ, quæ Bonna dicebatur, avulsit.* An non legi posset *Bona*, vel forte dici eam crucem tantæ molis fuisse, ut non nisi in plaustro, quod Germanis Gallisque *Benna* dicitur, tanquam in triumphali curru ferri soleret. Pari ratione appellata olim *Blancardus* crux non minoris magnitudinis et pretii in Ecclesia Turonensi, quod in *Blancardo* seu *Brancardo*, Gallis *Brancard* humeris portaretur.]

3. **BENNA**, Vivarium, piscatorium. Vide *Venna.*

* Unde nostris *Benade*, pro ea vivarii parte, ubi aqua continetur, quam *Bonde* vulgo dicimus, in Lit. remiss. ann. 1461. Chartoph. reg. ch. 25 : *Guillaume Coussoniere et ses enfans se parforcoient prendre l'eaue de dessus de la Benade, où est l'ousure dudit molin à farine du suppliant.* Vide *Venna.*

4. **BENNA**, Alia notione, in veteri formula Pœnitentialis edita a V. Cl. Jacobo Petito post Pœnitentiale Theodori pag. 350 : *Item qualiter bergarii et vinearii, et alii tales juramenta sua fecerint, et si affuerint Benna et pignora.* Ubi forte legendum

nanna. Vide in *Namium* ad vocem *Nannum*.

¶ 5. **BENNA**, Idem quod mox *Bennata*, Mensura scilicet aridorum quæ tantum fere continuisse videtur, quantum capit Bichetum, cum utriusque eadem sit præstatio. Extenta Jurium Comitis Sabaudiæ ann. 3109. Hist. Dalphin. tom. 1. pag. 86 : *Item de duobus bichetis bladi capitur una cazeola bladi, et de Bicheto dispari nihil capitur. Item de singulis duabus Bennis bladi venditi ad Bennam, levatur una cazeola, de Benna dispari nihil capitur.*

* Consuet. Lugdun. ann. 1206. in Hist. Lugdun. pag. 97. col. 1 : *Civibus, qui bichetum, vel quintallum, vel Bennam non habuerint, vel si habuerint et requisierint, archiepiscopus debet eis commodare sine sumptu*. Vide infra *Bannus*.

¶ 1. **BENNAGIUM**, Jus cogendi subditos molere in molendino Domini. Ex Chartulario S. Martini Pontisarensis : *Homines de Capella debent esse bennarii ad molendinum S. Martini Pontisarensis. Pretendunt esse quitti a Bennagio*. Melius legeretur *Bannagium*.

* 2. **BENNAGIUM** Præstatio, quæ pro vino vendito ex consuetudine domino solvitur. Charta ann. 1265. ex Chartul. S. Petri Carnot. : *Excepta costuma vini venditi in bennagio comitis, quæ Bennagium nuncupatur*. Ubi et *Bennagium* idem quoque est quod Districtus, jurisdictio, ambitus intra quem potestas porrigitur *bannum* indicendi. Vide *Bannum* 3. *Bennage* vero priori notione, vide supra in *Bannum vendagii vini*.

¶ **BENNARIUS**, Qui debent uti molendino Domini sui. Gall. *Banniers*. Locus est in *Bennagium*. Vide *Bannitores* et *Bannerii* in *Bannum* 1.

* Charta ann. 1228. inter Instr. tom. 10. Gall. Christ. col. 455 : *Quod idem Gaufridus apud Sorvilliers, in feodo episcopatus Silvanectensis, non poterat construere molendinum propter Bennarios* (male Bermarios) *quos iidem canonici in eadem villa habebant*. *Bennier*, eadem significatione, in Ch. ann. 1314. ex Chartul. S. Mart. Pontisar. fol. 154. v°.

BENNATA, Mensura aridorum. Acta Capitularia Ecclesiæ Lugdun. ann. 1347. fol. 129 : *Item duas Bennatas avenæ, quas debet Guigo de Verlleu*. Nisi hoc loco idem valeat quod *carrucata*, ex *benna*, vehiculum.

* Vehiculi genus est, quod *Binot* vocant Lugdunenses. Vide supra *Benellus*.

* **BENNIUM**, Servitium, ut videtur, cum *benna* seu vehiculo. Charta Yvon. episc. ex Tabul. ejusd. : *Concessimus.... quod ipsi* (monachi Tironenses) *et sui conversi..... à quadrigagiis, ... et aliis quibuscumque Bannii virorum* (al. *Benniis vicorum*) *itinerum, pontium, villarum et castrorum reparationibus, ... in perpetuum liberi sint et immunes*.

¶ **BENSOZIA**, Præstigiarum genus; sed quæ sit illa *Bensozia* penitus ignoro. Statuta MSS. Augerii Episc. Conseran. : *Nulla mulier se nocturnis equitare cum Diana Dea paganorum, vel cum Herodiade seu Bensozia, et innumeram mulierum multitudinem profiteatur*. Vide *Diana*.

* Eadem habentur in Stat. synod. S. Flori MSS. fol. 60. ubi pro *Bensozia* legitur *Bezezia*. Fictum videtur esse nomen filiæ Herodiadis, quam una cum matre suis saltationibus præesse somniabant mulierculæ. [** Bensoziæ i. e. *Bonæ sociæ* nomen ominis avertendi causa inditum putat Grimmius Mythol. pag. 174; apud quem multa de hac superstitione. Decret. part. 2. c. 26. q. 5. cap. 12. § 1. ut ex Concil. Anquirensi : *Mulieres... profitentur, se nocturnis horis cum Diana dea paganorum, vel cum Herodiade et innumera multitudine mulierum equitere super quasdam bestias, etc.* ubi correctores monent fere eadem haberi apud S. Augustinum in libro de Sp. et A. cap. 28. et in vita MS. Damasæ I. PP. Adde locos in voce *Diana* laudatos, Burchardi Decret. 10, 1. Reginon. de Discipl. Eccles. 2, 364. Rather. Veronens. in Præloquiis ap. Marten. et Dur. vol. 9. col. 798. in opp. ed. Ballerin. pag. 20. et 21. et Reinard. Vulp. libr. 1. vers. 1139. sqq. ubi *Pharaildis* dicitur *Herodias*, al. *Pharahildis*. An ex *Fraw Hulda* effictum nomen?]

* **BENTUM** inter equinos instructus recensetur, in Charta ann. 1321. ex Reg. 75. Chartoph. reg. ch. 303 : *Item dictus marescallus et sui heredes habere consueverunt fimum omnium stabulorum prioratus prædicti* (de Paredo) *sellas, bastum, maulam, Bentum dicti prioris veteres*. Vide infra *Bera* 2.

BEODUM. Vide *Beudum*.

¶ **BEOLLONA**. Vide *Bolonæ*.

¶ **BEPHOTRANUS...** *Est idem quod gubernator infantium, pauperum et orphanorum*. Vocabul. utriusque Juris. Lege *Brephotranus*, a Gr. Βρέφος, Infans.

* Corrupte, ut videtur D. *Falconet*, pro *Trephorphanus*, vox fictitia a Gr. τρέφω, nutrio; idem qui *Orphanotrophus*. Vide *Brephotrophium*.

** In Vocab. utr. Jur. impr. ann. 1517. hæc ita se habent : *Bephotrophus, secundum Azo, in Summa cap. de episc. et cler. § nunc de Orphanotrophis, est idem quod Gubernator infantium pauperum et orphanorum. Bephotrophum est domus, etc.* Scribendum omnino Brephothrophus, Græc. Βρεφοτρόφος. Vide Boissonad. in Henric. Stephan. Thesaur. Ling. Gr. ed. Didot. col. 414. vol. 2.]

* **BEQUEREAULX**, apud Caletenses, Agni unius anni recens expleti. Lit. remiss. ann. 1397. in Reg. 152. Chartoph reg. ch. 59 : *Lequel prestre dist audit exposant qu'il avoit xxiiij. ou xv. Bequereaulx ou aigneaulx, ... lesquelles bestes, appellées Bequereaulx oudit païs de Caux, sont bestes à laine, qui de nouvel ont acompli leur premier an*.

¶ **BEQUETUS**, Rivulus, a Saxonico Becc, quod idem significat. Charta venditionis anni 1261. ex Tabulario Monasterii B. Mariæ de Bono Nuntio Rotomag. : *Juxta terram meam ex una parte et Bequetum de Oriant ex altera*. Altera Charta anni 1303. ex eodem Tabulario : *Aboutante Riccardi vavasoris et ad Bequetum de Fangacya*. Vide *Beccus*.

¶ 1. **BER**, Monetæ species. Instrum. ann. 1207. apud Marten. tom. 1. Anecdot. col. 807 : *Cum autem præfatus Hugo Rex Cypri sibi majorem vel minorem filiam Comitis Henrici matrimonio copulaverit, prædicta Comitissa Campaniæ præfato Johanni de Ibelino, et aliis sæpe nominatis debet donare* CL. *marchas auri*, LVI. *Ber pro una marcha*.

* Notissima certe monetæ species si pro *Ber*, legas *Par*, hoc est, *lvj. Paris. pro una marcha*; quomodo ibi restituendum esse arbitror.

* 2. Nostris vero *Ber* vel *Bers* promiscue cum Barone confunditur, ut in Stabilim. S. Ludov. lib. 1. cap. 69. Vide in *Baro*. Pro Magnanimus, cordatus, animosus, ut Baronem decet, in Poemate MS. Alex. part. 1 :

Poures estoit d'avoir : mes de cuer estoit Ber.

[** Hispanis *Barnax*, Actio viri fortis, virtute præditi. Poema *del Cid*, vers. 3336 :

Delant Mio Cid, è delante todos oviste de alabar,
Que mataras el Moro, è que ficieras Barnax.]

* 3. *Ber* Saxonibus, teste Eccardo in not. ad leg. Sal. verrem sonat.

¶ 1. **BERA**, Locus planus et campestris. Charta ann. 1172. apud Marten. tom. 1. Anecdot. col. 573. B. : *Et totum dominicum nemus... cum fundo et Bera... ita quod in prædictis, scilicet minagio, nemore et Bera nullam justitiam, nec aliquod dominium... retinemus*. Vide *Beria*.

* 2. **BERA**, f. Capistrum, Gall. *Têtiere*, vel Habenæ, Gall. *Rênes*. Charta Geraldi abbat. Trenorch. ann. 1334. inter Probat. ult. Hist. ejusd. monast. pag. 246 : *Item debet habere idem marescallus et successores sui ratione sui officii equos nostros, ... una cum veteribus cellis* (sellis), *bastis, frenis, Beris, et aliis equorum nostrorum instrumentis, quotiescumque ea mutare contigerit*. Vide supra *Bentum*.

* 3. **BERA**, Feretrum, Gall. *Biere*, Angl. *Beer*. Vocis originem indicat Glossar. Ælfrici : *Feretrum*, Bære. Charta Phil. Pulc. ann. 1314. in Reg. 50. Chartoph. reg. ch. 16 : *Per projectionem lapidum et portationem feretri seu Beræ ante domos ipsorum excommunicatorum*. Vide supra *Bara* 2. [** An inde *Beranula*, *ein Spannbette*, in Gemma Gemmarum?]

* 4. **BERA**, *Mesure*, in Glossar. Lat. Gall. ann. 1352. ex Cod. reg. 4120. Vide *Benna* 5.

* **BERBANNUM**, Bannum molendini, cum dominus cogit tenentes suos ad molendinum suum deferre frumenta molenda. Charta Balduini Fland. comit. ann. 1198. in Suppl. ad Miræum pag. 67. col. 1 : *Rogerus Curtracensis castellanus accessit ad me, instanter petens quatenus viginti solidos, quos apud Curtracum de Berbanno a me in feodo tenuit, ... ecclesiæ Harlebeccensi... conferre posset*. Ubi in margine : Vernacule, *Banmolen*. Vide supra *Bannum moltæ*. [** De *Banno cerevisiæ* malim intelligere, sed fortasse legendum *Herbannum*.]

¶ **BERBECINA**, **BERBEX**, **BERBIAGIUM**, etc. Vide in *Berbix*.

¶ **BERBICA**, Ovis. Folquinus Sithiensis Levita lib. 2. de Abbatibus Sithiensibus pag. 107. e Codice MS. : *Vaccas* 10. *Berbicas* L. *porcos* XV. *boves* IV. Vide *Berbix*.

BERBIGENES, Vitis species, apud Petrum de Crescentiis, lib. 4. cap. 4.

1. **BERBIX**. Detortum ex *Vervex*, Gallis *Berbis*, vel *Brebis*, Italis *Berbice*, Gloss. *Berbix, aries, Berbix*, πρόβατον. Gloss. Græc. Lat. Πρόβατον, ἀρνίον, *Verbella, ovis, Berbix*. Ugutio et Joan. de Janua : *Berbex, et Berbicus, aries castratus, et hæc Berbica, ovis*.

Lex. Salica tit. 4. § 2 : *Si quis anniculum vel bimum Berbicem furaverit, etc.* Adalardus in Statutis antiq. Corbeiensis monasterii cap. 5 : *Quintam decimæ de pecudibus, id est in vitulis, in Berbicibus, etc.* Paulus Warnefridus de Gestis Longobard. lib. 5. cap. 40 : *Habebantur in Palatio Berbices miræ magnitudinis, quos ille supra dorsum eorum lanam apprehendens extenso brachio a terra levabat.* Occurrit passim in Legg. antiq. Wisigoth. lib. 7. tit. 2. § 11. lib. 8. tit. 4. § 20. Burgund. tit. 38. § 3. tit. 70 § 3. Aleman. cap. 98. in Collat. Legis Mosaicæ tit. 11. apud Gregor. Magn. lib. 8. Epist. 61. etc. Ita etiam apud Vopiscum legi monet Salmasius. [Statuta Scabinorum Maceriarum ad Mosam : *Et tous pourceaulx, Bergines et chievres doient la piece une obole. Bezaines*, apud Thomasserium Consuetud. Bituric. pag. 332 : *Qui a deux Bezaines une, qui a onze agneaux un.* Vetus Poeta MS. e Bibl. Coislin. :

D'un leu raconte qui jadis
Vit un corbel qui fu assis
De sor le dos d'une Brebis.]

VERVICES, Ulpiano in leg. 2. § 2. D. de Abigeis (47, 14). et in veteri Charta apud Buzelinum in Gallo-Flandr. pag. 359.

BERBECINA CARO, in lege 6. Cod. Th. de Erogat. milit. annonæ. (7, 4.) *Berbicinum pellicium*, apud Monachum Sangall. lib. 2. cap. 27. [*Berbicinæ pelles*, tom. 3. Spicilegii Acher. pag. 246.]

* BERBIARIUS, Pastor *berbicum* seu ovium. Stat. Montis-reg. pag. 227 : *Item statutum est, quod aliquis Berbiarius non debeat tenere aliquas suas bestias cum bestiis domini sui, etc.*

BERBICARIUS, Pastor berbicum, ovium, vulgo *Berger*, apud Adalardum lib. 1. Statutor. antiq. Corbeiensis Abb. cap. 1. et alibi.

¶ BREVICARIUS, Idem, apud Marten. Collect. Ampliss. tom. 1. col. 9. ex Testamento S. Irminæ Abbatissæ : *Una cum pastoribus, vaccariis, porcariis, Brevicariis, cum gregibus eorum, etc.*

VERBECARIUS. Charta Abbonis pro fundatione Monasterii Novalicensis ex Tabulario Ecclesiæ Gratianopolit. : *Ubi Morverius noster Verbecarius in ipsa colonia manet.* Infra : *Rodis, ubi Verbicarius noster nomine Laurentius manet. Virvicarius servus*, apud Papianum lib. Respons. tit. 3.

BERCARIUS, Abbreviatum ex *Berbicarius. Major Bercarius*, Officium monasticum. Statuta B. Gilberti Fundator. Ordinis de *Sempringham* cap. 8 : *Procurator, Grangiarius Abbatiæ, Major Bercarius, etc.* Alibi : *Magister Bercariorum* dicitur, qui nempe bercariis, seu pastoribus invigilat.

BERGARIUS, Eadem notione, in veteri formula Pœnitentialis edita a V. Cl. Jacobo Petito.

BERQUARIUS, Dominus Bercariæ, ad quem prædium *Bercariæ* nomine spectat. Charta Balduini Comitis Flandriæ, ann. 1114. in Tabul. S. Bertini : *Dinoscitur dedisse tantum terræ eidem Sancto in Furnensi territorio de Berquaria, videlicet unde Erembaldus Musolf, utpote Berquarius ante id temporis censum solvit.* Alia Theodorici Comitis ann. 1151. ibidem : *Tradidi eidem Sancto in Furnensi territorio tantum terræ, de Berquaria videlicet, unde... utpote Berquarii id temporis censum solverunt.*

BERBICARIA, *Bergerie*, ovile, in iisdem Statutis Corbeiens. cap. 5. et in Capitulari de Villis cap. 23. [** Apud Pertzium

* BERBICARITIA, Ovile, Gall. *Bergerie*, in Capitul. de Villis cap. 23. apud Baluz. tom. 1. Capitul. col. 334 : *In unaquaque villa nostra habeant judices..... Berbicaritias,..... quantum plus potuerint.*

¶ BERGERIA. Gesta Abbatum S. Germani Autissiodorensis cap. 19. ubi de Gaucherio Abbate : *Fecit unam magnam Bergeriam versus vineas... quæ millæ oves potest capere.* Nicolaus de Clemengis apud Baluzium tom. 6. Miscell. pag. 544. Epistola *ad Simonem de Bergeriis... quasi de exigua, ut ita dicam, caula sive Bergeria ad fœcundiorem vocatus, fœtuque opulentiore, jure optimo de Bergeriis cognominari mereatur.*

¶ BERQUERIA, in Charta Philippi Regis Francorum ann. 1066. inter Instrum. tomi 4. novæ Gall. Christ. col. 374. E. Vide Miræum tom. 1. Operum Diplom. pag. 67. et 69.

BERCARIA et BERQUARIA, Locus *berbicibus* alendis idoneus, alius tamen ab *ovili*; prædii species etiam cum certa agri quantitate. Vetus Charta apud Somnerum in Tractatu de *Gavelkind* pag. 18 : *Noverit universitas vestra nos concessisse... Bercchariam nostram ducentarum ovium, scilicet medietatem de Osmundeseie in terra et marisco cum una salina, etc.* Charta Balduini Comitis Flandriæ ann. 1119. in Tabul. Monasterii S. Bertini : *Sic tamen ut ubi hospites Comitis, qui super vaccarias et Berquarias ejus manent, per Kerkebode ierint, ibi quoque hospites S. Bertini eant.* Alia Theodorici Comitis ann. 1159. ibidem : *Justitia itaque et juramento dictante, Berquaria cum fundo et dunis sine diminutione in possessionem rediit Monachorum.* Chartæ Philippi et Balduini Comitum Flandriæ ann. 1183. et 1202. in Donat. Belg. Miræi lib. 2. cap. 60. et 78 : *Bercaria, quæ erat Leonii... per Philippum Comitem de jure feodi et de omni exactione libera facta.* Et mox : *Bercaria de Hasnon, quæ censualis ac perennis possessio est, etc.* Vide Probat. Hist. Guinensis pag. 20. Guil. Prynneum in Libertatib. Angl. tom. 1. pag. 1103. [Kennetti Glossarium ad calcem Antiquit. Ambrosden. et *Madox* Formulare Anglic. pag. 154.] Vide *Bergaria*.

¶ BERGUARIA, Eadem notione. Lamberti Hist. Comitum Ardensium apud Ludewig. Reliq. MSS. tom. 8. pag. 552 : *Ut ad instaurationem Berguariæ per terram Ardensis potestatis, agros rogare fecisset et congregare.*

BERQUARIA, et BERCHERIA, in Monastico Angl. tom. 1. pag 308. [Formulari Anglic. pag. 299. Oper. Diplomat. Miræi tom. 2. pag. 1137. col. 1. pag. 1162. col. 1. et pag. 1312. col. 1. Edit. ann. 1723.]

VERCARIA, in Charta Caroli Regis Burgundiæ ann. 861. tom. 12. Spicilegii Acheriani pag. 122 : *In coronæ... villa colonica una vestita, et altera absa, cum Vercaria. Simili modo in Aureliano Vercaria una, ... in Luciaco Vercaria una absa, in Anderno Vercaria una absa. Vericharicæ*, in alio ejusdem Regis Diplomate ibid. Alia ann. 994. in Tabulario Ecclesiæ Viennensis fol. 17 : *Sunt autem mansiones, orti, Vircariæ, vineæ, campi, etc.*

VERCHERIA, in Tabulario Prioratus de Paredo fol. 7 : *Et mansum de Villena, cum Vercheria quæ debet 2. sextarios avenæ, et 2. capones, et 1. den. et 1. mussal de canavo.* Fol. 11 : *In villa Lucina, unam Vercheriam cum prato.* Fol. 16 : *Quidam francus homo nomine Bernardus dedit Deo et huic loco quandam Vercheriam quæ sita est in villa Chalzingis, proprie ad opus eleemosynæ ut fructus hujus terræ erogetur omnibus : terminant in circuitu terræ S. Salvatoris, quas tenent Aimo, Jetcendus, etc.* Fol. 44 : *Extra Vercheriam ubi est domus ejus.* Fol. 44 : *Dedit... unam Vercheriam quæ conjacet inter 2. vias in summitate ejusdem villæ, etc.* Fol. 53 : *Vercheriam unam ubi Constantius stetit, etc.* Fol. 91 : *Et Vercheriam ubi residet domus cum curtili, etc.*

¶ VERQUERIA, in Chartis indicatis num. 89. regni Joannis Boni tit. 318 : *Damnum quod cognitum esset per bonos viros expertos in talibus, sicut sunt molinerii vel qui faciunt Verquerias.*

BERBIAGIUM, Gallis, *Brebiage*, Tributum ex *Berbicibus*, seu ovibus. Charta Goffredi Comitis Andegavensis pro Monasterio sancti Sergii Andegavens. apud Sammarthanos : *Berbiagium etiam de toto atractu in omnia Ovilia illorum dominica, per universas terras suas.* Charta Philippi Regis Francorum ann. 1310. ex 47. Regesto Tabularii Regii num. 36 : *Item il a esdites fermes Brebiage de tiers an en tiers an, services de seonnéeurs en Aoust, services de herce et de charue, etc.*

* Charta ann. 1317. in Reg. 56. Chartoph. reg. ch. 132 : *Assignamus in villa de Villechien, tam in denariis, avenis, Berbiagiis, vendis, etc.* Alia ann. 1329. in Reg. 66. ch. 127 : *Avecques ce lesdiz religieux prennent Brebiage, qui vaut de trois ans en trois ans quatre brebiz.* Unde et *Brebiail*, Ovium grex, in Lit. remiss. ann. 1482. ex Reg. 208. ch. 209 : *En une maison où le suppliant tient son bestail et Brebiail.*

BERBICES, Arietes, machinæ bellicæ sat notæ. Anonymus Barensis in Chron. ann. 1042 : *Fecit ibi turrem excelsam ligneam, et tractareas, manculas, et Berbices, ut comprehenderet eam.*

¶ 2. **BERBIX**, Piscis in Mosa frequens; Belgice, *Barbeel.* Miræus tom. 1. Oper. Diplom. pag. 12. col. 1. ex Testamento S. Willibardi : *Et Heribaldus clericus mihi condonabat et tradidit Ecclesiam aliam in pago Marsum, ubi Mosa intrat in mare cum appendiciis suis et mariscum unde Berbices nascuntur.*

* **BERBOVACA**, Herbæ genus acutissimi saporis. Opuscul. Petri Azarii apud Murator. tom. 16. Script. Ital. col. 428 : *Non labitur in campo quin ipsum non destruat; et si in prato, deterius facit, quoniam herbam repertam urit, et deinde nascuntur Berbovacæ, quæ acutissimæ sunt, et a nullis bestiis comeduntur.*

¶ **BERCA**, Ligo, pala ferrea, Gall. *Beche*, *Pelle à remuer la terre*, Dumbensibus, *Berce.* Actus notorietatis stagnorum Bressiæ apud Guichenonum in Probat. pag. 170. et in Usibus Bressiæ Revelli pag. 266 : *Unaquæque calciata stagni debet habere de remansa de retro unum iactum Bercæ, qui jactus so-*

let æstimari de largitudine septem pedum cum dimidio.

¶ **BERCARIA**, Bercharia, Bercarius, etc. Vide in *Berbix* 1.

* **BERCARIUS**, Apparitor, famulus, pro *Berourius*. Vide infra in *Berroerii*. Stat. pro castro Castil. ann. 1371. ex Cod. reg. 5376. fol. 85. v°. : *Habere debeat dictus Potestas..... duos domicellos indutos de vestibus partitis, duodecim famulos sive Bercarios.* Alia notione, vide in *Berbix* 1.

* **BERCEARE**, Alveos, vel alvearia, quæ dicuntur *Berceola*, construere. Inquisit. forestæ Britolii ex Reg. 34. bis Chartoph. reg. part. 2. fol. 129. v°. col. 1 : *Monachi de Lira habent...... tres tilias ad scutellas, et tres fagos ad Berceandum.* Ubi Chartar. Norman. ex Cod. reg. 4653. A. fol. 88. habet, *ad braceandum;* minus bene, ut colligitur ex Ch. Roberti comit. Leicest. pro iisdem monachis de Lira in Reg. S. Justi Cam. Comput. Paris. fol. 127. v°. col. 1 : *Recognitum fuit, quod debent habere per liberationem duos fagos contra natale, ad faciendum alveos.*

¶ **BERCELLUM**, Machina bellica muris diruendis, quemadmodum apud antiquos aries, aptata; *Bercellum* forte dicta quod velut *berciolum* funibus suspensa agitaretur, quo validius murum percutere posset. Ottonis Morenæ Histor. Rer. Laudens. apud Murator. tom. 6. col. 1041 : *In ipso enim gato quædam trabs ferrata, quam Bercellum appellabant, constabat, quam ipsi, qui infra ipsum gatum fuerant foras plus de viginti brachiis projicientes, in murum ipsius castri mirabiliter feriebant, ac tantundem jam ferierant, quod de ipso muro plus de viginti brachiis in terra projecerant.* Locum denuo exscribendum duximus, licet jam citatus sit a D. Cangio in voce *Barbizellum*, quod egregie emendatus nobis visus fuerit.

¶ **BERCEOLUM**. Auctor Gestorum S. Lamberti apud Baluzium Miscell. tom. 5 : *In sacrario, in locello aureo, qui vulgo dicitur Berceolum.* f. quod instar *Bercioli* de quo mox, fuerit fabricatum.

* Alveus, Gall. *Auge, ruche;* hic vero pro Capsa seu minori feretro usurpatur. Vide supra *Berceare.*

* **BERCERIUS**, Faber ferrarius, Gall. *Taillandier*, interprete Menardo, inter Probat. tom. 1. Hist. Nem. pag. 98. col. 2.

* **BERCHERIA**, Prædium rusticum *berbicibus* alendis idoneum. Charta Phil. V. ann. 1318. in Reg. 56. Chartoph. reg. ch. 394 : *Domum seu Bercheriam nostram de Gelunnes, cum suis pertinentiis universis, concedimus.* Pro Ovile seu quovis stabulo, in Necrolog. eccl. Paris. MS. : *Quandam peciam terræ, in qua ædificavit unam granchiam, cum quibusdam Bercheriis.* Vide in *Berbix* 1. *Berchiere* vero, idem quod *Vercheria*, Fundus scilicet in dotem feminis assignatus. Charta admort. ann. 1412. in Reg. 166. ch. 272 : *Item Blanche tient une terre contenant sept meyterées de terre, desquelles les cinq sont ortives, sans nulle décime, et les autres deux sont de Berchiere devans décime.*

BERCIOLUM, Cunæ, et Gall. *Berceau*. Vita S. Pardulfi : *Et in agitario, quod vulgo Berciolum vocant, pannis constrictum imposuit.* Infra : *Berciolum, quod honesto sermone Philosophi cunabulum vocant.* Cod. Compendiensis habet *barciolum*, uti monet eruditus Mabillonius. Vide *Bersa.*

* Olim *Berçuel, Barseul, Berch, Bercelet* et *Bressollet*. Chron. S. Dion. tom. 7. Collect. Histor. Franc. pag. 151 : *Après li uns des Innocens, que li rois Hérodes fist décoler, en un Bercelet de paumes.* Et tom. 8. ibid. pag. 336 : *Un petit-fil lessa, qui encor estoit alaitanz en Berçuel.* Lit. remiss. ann. 1372. in Reg. 103. Chartoph. reg. ch. 63 : *Lesquelz avoient laissié en leur hostel sans aucune garde un leur petit enfant, qui estoit au Barseul.* Aliæ ann. 1395. in Reg. 147. ch. 247 : *Comme Jehanne Marchande, qui avoit prins à nourrir...... une bien jeune fille, ... eust couché icelle fille en un Berch, pour reposer et dormir, etc.* Denique aliæ ann. 1457. in Reg. 185. ch. 327 : *Une petite fille, qui berçoit ung petit enfant aagé d'un an ou environ ou Bressollet, auprès du fouyer.*

* **BERCRETH**. Vide *Bergrecht.*

¶ **BERDARE** Lanam, Caput et collum velleris abscindere, Anglis *to Beard* vel *Bard wool.* Charta ann. 1472. apud Rymer. tom. 11. pag. 735. col. 1 : *Lanas quascumque Berdare, claccare et mundare possint vel possit, quodque ipsi seu eorum aliquis quinquaginta saccos hujusmodi lanarum Berdatarum, claccatarum et mundatarum, etc.* Et tom. 12. pag. 7. col. 1 : *Lanas quascumque Berdare, claccare et mundare possint..... tot et tantos saccos et clavos hujusmodi lanarum Berdatarum, claccatarum et mundatarum, sive non Berdatarum, etc.* Similia habes pag. 9. et alibi.

¶ Bordata Lana, pro *Berdata*, apud eumdem Rymer. tom. 11. pag. 466. col. 2 : *Summam duorum millium saccorum lanæ Bordatæ, forsatæ et claccatæ, aut non Bordatæ.*

BEREBRECTUS, *Horderarius*. Ita Glossarium Saxon. sub Edw. III. exaratum : sed videtur legendum *Hordearius*, nam Saxonibus, Bere, est hordeum.

* **BERDELING**, Mensura frumentaria. Charta Lamb. episc. Morin. ann. 1197. inter Instr. tom. 10. Gall. Christ. col. 128 : *Fulbertus sæpefato dedit monasterio* (Cartovorensi) *quinque hodos avenæ et tres cartellos, et quinque cartellos frumenti et unum Berdeling.* Vide supra *Bera* 4.

* **BERDESCA**, Castellum ligneum ad munitionem castri et oppidi. Chron. Domin. de Gravina apud Murator. tom. 12. Script. Ital. col. 674 : *Erat autem terra ipsa Caurati magnis fossatis duobus circuita circumquaque, multisque defensionibus seu Berdescis.* Pluries ibi. Vide *Bretachiæ.*

BEREFELLARII. Charta Thomæ Archiepiscopi Eboracensis, in Monastico Anglic. tom. 3. part. 2. pag. 5 : *Scilicet Præcentoris, Cancellarii, et Sacristæ, ac 7. Personarum, qui olim Berefellarii fuerant nuncupati, etc.* Infra : *Præsentatio autem sive collatio prædictorum ministrorum, videlicet Præcentoris, Cancellarii et Sacristæ, ac etiam Personarum dudum vocatarum Berefellarii : quos quidem Berefellarios recolendæ memoriæ D. Joan. de Thoresby, dudum Eborum Archiepiscopus* (obiit ille ann. 1373.) *ad honorem dictæ Eccles æ Beverlaci, et majorem decentiam ministrantium in eadem provincia ordinabat, Personis in Ecclesia nostra Cathedrali et Metropolitica Eborum officiando Ecclesiæ in divinis in habitu conformari. Sed quia eorum turpe nomen Berefellariorum patens risui remanebat, dictos 7. de cætero non Berefellarios, sed Personas volumus nuncupari.* Dicti autem isti *Berefellarii;* quasi *concagati*, seu *Breneux;* ex Anglicano *Berayed*, conforiatus, permerdatus. Cur autem ita obscœna hujusmodi iis indita appellatio, dicant Angli ipsi. [** Compositum videtur ex Bera, Ursus et Fell, Pellis; fortasse ab habitu, quem Archiepiscopus immutavisse dicitur, ita vocitati.]

¶ **BEREFREDUS**, Berefreid. Vide *Belfredus.*

BEREGAFOL, Tributum hordeaceum, ex Saxon. Bere, hordeum, et gafol, tributum, census. Sic restituit Somnerus in Legibus Inæ Regis cap. 64. apud Bromptonum.

¶ **BERELAIS**, Berelasis. Vide *Berolasis.*

* **BERELLUS**. Tract. de Piscibus ex Cod. reg. 6838. C. cap. 130 : *Delphinus ab accolis oceani Marsouin vel Moerschouin, quasi maris sus, Gallis bec-d'oye, quod prominentiore sit rostro, dicitur. Nonnulli Berellos, delphinos, vocant, eo quod, ut Albertus Magnus ait, ante naves aquas evomant.*

* Aliud sonat vox *Berele* et *Berelle;* Contentio, rixa, jurgium, ut videtur, apud Guill. Guiart. ad ann. 1293 :

> En la saison de ces Bereles,
> Desquelles lonc est li comprandres.

Idem ad ann. 1304 :

> Tant que l'en maintint les Bereles
> Des serjans aus noires gonneles.

Et Infra :

> Que maus y refont tiex Bereles.

Poema ann. 1489. *de l'Ainsnée fille de fortune* num. 53 :

> Que veulent dire tous ces fols,
> Qui murmurent toujours sur elle;
> Ils saillent bien hors de propos
> De se mettre en celte Berelle.

* **BERENGUERO**, Constit. Jacobi II. reg. Aragon. ann. 1301 : *Et in hoc non intendimus quoad infamiam Berengueronum de fenestris Barchinon. Cendra et Petrum de S. Petro si convenerint cum eorum creditoribus, etc.* An idem quod infra *Berlina?* Academ. Hispan. in Diction. *Berreguetar*, est Aleatoria quadam fraude uti; quod voci *Berenguero* tametsi proximum, ab ejus nihilominus sensu alienum videtur.

¶ **BERETA**, Capitis tegmen Pontificibus proprium. Instrum ann. 1199. Annal. Bened. tom. 4. pag. 691. col. 1 : *Cum Bereta quam in sua tenebat manu, investivit dominum Bonifacium Marchionem Montisferati de suo recto feudo.* Vide *Birretum.*

* **BERETINUS**, Cinereus, leucophæus. Chron. Tarvis. ad ann. 1380. apud Murator. tom. 19. Script. Ital. col. 777 : *Caligas ferebat panni Beretini vel bruni.* Vide *Berretinus*, et Origin. Ital. Menag. v. *Berettino. Baien*, eodem sensu, dixerunt nostri : unde *Pois baien*, pisum quoddam a colore appellarunt. Mirac. B. M. V. MSS. lib. 1 :

> Ne les prise ele un pois Baien,
> Car il sont tout demi paien.

Hinc emendanda vita Isabellis sororis S. Ludov. pag. 171. ubi *Pois baiens*, pro *Pois baiens.*

BERETUM. Vide *Birretum.*

¶ **BEREVAGIUM**, Vide *Biberagium.*

* **BERFREIUM**, Turris, Gall. *Beffroy.* Arest. ann. 1364. 9. Mart. in vol. 5. arestor. parlam. Paris : *Dictum Forest fecerunt capi, incarcerari, ac in fossa de Berfreio..... projici.* Vide *Belfredus.*

BEREWICK, Berewica, Berewichus, Berewita, Manerium, vel potius membrum manerii a corpore dissitum, villula, hamleta manerii, manerium ad majus pertinens, quasi berier-vic, Saxonice, *manerii vicus.* Charta Edwardi Confessoris Regis Angl. tom. 1. Monastici pag. 237 : *Kingeston, cum Baffleia et Byri, Berewicis suis.* Charta Alani Comitis Britan. fol. 572 : *Donavit etiam totas decimas suas de omnibus rebus in Swavezey, et in Berewichis ad eam pertinentibus, scilicet Bercham, etc.* Vide tom. 2. pag. 910. [** Dicitur etiam Bæretun, a Bere, Frumentum et Wic, Villa aut Tun, Septum; i. e. Villa frumentaria, Angl. *a corn-farm*, Gall. *Ferme.* Vide Bosworthum, 15, v.]

BERFREDUS. Vide *Belfredus.*

* **BERGA**, Teutonice, Custodia. Translat. S. Amalbergæ ex Cod. reg. 5506 : *Nomen hujus sanctissimæ virginis ex duabus linguis, Latina videlicet atque Thiudisca compositum esse gemina verba declarant. Prior enim pars a malo : posterior Berga meritum ejus felicissimum fuisse alterna voce proclamant; Amalberga quippe a malo custodia, sive a malo cautela exprimitur.* [** Conf. Graffii Glossar. Franc. vol. 1. col. 252. et vol. 3. col. 173.] Germanis et Gallo-Belgis *Berg*, Mons : unde Mons S. Winnoci, *Bergues, S. Vinoc. Berche* vero, pro *Berge*, Moles, agger, in Lit. remiss. ann. 1380. ex Reg. 116. Chartoph. reg. ch. 182 : *Lequel* (navel) *il menerent aux Berches de la forteresse de ladite ville de Corbie, et par là y entrerent dedenz, et s'en alerent couchier.* Unde *Barche* et *Barge*, Feni vel paleæ cumulus, strues, vulgo *Meule.* Lit. remiss. ann. 1453. in Reg. 184. ch. 344 : *Perrin Adam descendit de dessus le pailler ou Barge des pailles d'icellui lieu où il estoit tenant en sa main une fourche.* Aliæ ann. 1460. ex Reg. 192. ch. 83 : *Le suppliant avoit amassé ledit foing et mis en une Barche ou mulon.* Haud scio an inde Sura, vulgo *Le gras de jambe*, *Bargault* appellatur, in Lit. remiss. ann. 1455. ex Reg. 187. ch. 255 : *Ledit Valete en tumbant se va attaindre de la coignié qu'il tenoit, en la rabe ou mol de l'une de ses jambes en lieu mortel, que l'en appelle le Bargault.*

* **BERGAMASCHA**, Bergaminus, Bergomas, nostris *Bergamasque.* Chron. Estense ad ann. 1302. apud Murator. tom. 15. Script. Ital. col. 349 : *Cum Bergamaschis et centum militibus de Parma..... equitaverunt.* Stat. Pallav. lib. 2. cap. 73. pag. 132 : *Et si talis persona, quæ ut supra damnum dederit, fuerit Bergaminus, etc.*

* **BERGANTINA**, Armorum species, vulgo *Brigandine.* Comput. ann. 1488. inter Probat. tom. 4. Hist. Nem. pag. 47. col. 1 : *Alia expensa facta per dictos dominos consules, tam pro reparatione undecim Bergantinarum veterum existentium in archiviis, quam emptione sagitarum, etc.* Vide *Armaserius* et *Bregantina.*

* **BERGARIA**, Ovile, Gall. *Bergerie.* Charta Roberti comit. Moretonii ann. 1082. in Reg. 66. Chartoph. reg. ch. 1158 : *Dedit decimam totius parrochiæ, et feriæ, et vaccariarum, et Bergariarum.* Alia ann. 1353. in Reg. 82. ch. 219 : *Equos suos in Bergaria, sita ante portam ipsius monasterii* (Regalis montis) *ponere et tenere conantur. Beric*, eadem notione, in Lit. remiss. ann. 1470. ex Reg. 196. ch. 321 : *Le suppliant s'aproucha petit à petit, et vit ung homme qui couppoit et gastoit du bois quarré à lui appartenant, qui estoit pour faire ung Beric ou bergerie. Berquier*, Ovium custos, in aliis ann. 1393. ex Reg. 144. Vide in *Berbix* 1.

¶ **BERGARIUS.** Vide in *Berbix* 1.

¶ **BERGGRAFIUS**, Dignitas apud Germanos notissima, Gall. *Bergrave.* Epist. Martini V. Papæ ad Uladislaum Poloniæ Regem ann. 1420. apud Ludewig. Reliq. MSS. tom. 5. pag. 409 : *Nostra de Columna Romana et præsentium Berggrafiorum Neurenburgensium domus, que etiam Romana fuisse dicitur, ab eodem stipite derivate sunt.* [** Pro *Burggrafius.*]

* **BERGERETTA**, A pastoritia cantilena, ad cujus modulationem hymnos cantando, choreas ducebant die sancto Paschæ in claustro, aut, si per tempus non liceret, in ipsa ecclesia, canonici Vesontienses, nomen inditum esse huic choreæ, egregie probat Auctor epistolæ, quæ legitur in Mercur. Franc. mensis Sept. ann. 1742. pag. 1930. Rituale Vesont. ann. 1582. ad diem Paschæ : *Finito prandio, post sermonem, finita Nona, fiunt choreæ in claustro, vel in medio navis ecclesiæ, si tempus fuerit pluviosum, cantando aliqua carmina, ut in processionariis continetur. Finita chorea.... fit collatio in capitulo cum vino rubeo et claro, et pomis, vulgo nominatis des Carpendus.* Aliud ann. circ. 80 : *Sumpto prandio et finito sermone, domini canonici et capellani manibus se tenentes choream agunt in claustro, vel in medio navis ecclesiæ, si tempus sit pluviosum. Postea itur in capitulo, et ibi fit collatio. Bibitur trina vice, etiam distribuuntur poma Carpandorum.* Hæc quidem, tametsi proscripta a Conciliis, Viennensi scilicet, cui præfuit Clemens PP. V. et Basileensi ann. 1431. sess. 21. non in desuetudinem continuo abiere, ut colligitur ex Rituali Gall. circa initium sæculi xvj. edito : *Tous messieurs avec les chantres vont à la chapelle de S. Martin, et là font la collation en buvant de la Bergerette par trois fois et du vin par deux fois.* Ex quibus ultimis verbis non pigmentatam aliquam potionem tantum significari putandum est, cum ea omnia, quæ ad hanc ludicram cæremoniam spectabant, eodem nomine appellarentur. Qui ritus damnatus et prohibitus decreto synodali ann. 1601. perseveravit tamen, quibusdam tantum immutatis, usque ad ann. 1738. quo penitus desiit.

* **BERGERIUS**, Ovium custos, Gall. *Berger*, in Charta ann. 1258. ex Chartul. Campan. fol. 479. col. 1. *Bregier*, in Ch ann. 1270. ex Tabul. S. Mich. in Heremo. *Baston Bergerez*, Pastorale pedum, vulgo *Houlette*, in Lit. remiss. ann. 1398. ex Reg. 153. Chartoph. reg. ch. 276. Vide *Berbix* 1.

BERGKEESE. Vetus Charta apud Browerum in Antiquit. Fuldens. lib. 3. cap. 11 : *Singulis annis caseos grandes Bergkeese vocatos Fuldensibus Fratribus in oblationem transmittebat.* [*Berg*, Germanis Mons, *Keese*, Caseus Anglicanis, Duæ voces originis Saxonicæ.] [** *Kæse*, Germ. Caseus.]

* **BERGMEISTER.** Charta Wladislai IV. reg. Bohem. ann. 1515. inter Probat. tom. 2. Annal. Præmonstr. col. 569 : *Informati sumus, quod vinearum præses seu Bergmeister..... fundos eorum, tam vinearum quam pomariorum, in jura, vulgo bergrecht, aliorum more trahentes, etc.* A Germ. *Berg*, mons, et *Meister*, magister; quia vineæ in montibus vel collibus coluntur.

* **BERGOLINI**, Factionis nomen, ab Ital. *Bergolo*, levis, credulus. Poggii Bracol. Hist. apud Murator. tom. 20. Script. Ital. col. 298 : *Erant in civitate factiones duæ, Gibellinorum et Guelphorum; capita vero Agnelli, Raspantes dicti; et Gambacurtæ, qui Bergolini cognominabantur.*

BERGRECHT, Charta Henrici Imp. ann. 1189. in Metropoli Salisburg. part. 3. pag. 359 : *Cum piscaturis et molendinis, alpibus, et venis ferri, quod vulgo Bergrecht, Bercreth, dicitur, etc.*

* Vide supra *Bergmeister* et infra *Perchrecht.*

BERIA, Locus planus, campestris. Sanutus lib. 2. part. 4. cap. 28 : *In quo habitant Arabes, qui Beduini vocantur, in Beria continue habitantes, seu in locis campestribus, sub tentoriis mansiones suas omni tempore facientes.* [Charta Fulconis Episc. Andegav. de decimis Valleyæ ex Tabulario S. Albini Andegav. ann. 1337 : *Quæ quidem Ballivia protenditur in longitudine a Beria de la Marsaulaye usque ad charreriam novam, et in latitudine a portu ripæ Ligeris usque ad Beriam de Beraut : et in circuitu prout itur a Beria nova usque ad Beriam dou Roux, et exinde ad Beriam de Consoude, et ab inde ad Beriam de Beraut, et ab hinc usque ad Beriam de Spina usque ad locum seu Beriam de la Marsaulaye.*] Joinvilla in S. Ludovico : *Et disoient qu'ils estoient venus, nez, et concreez d'une grant Berrie de sablon, là où il ne croissoit nul bien.*

Bieria, Eadem notione, apud Willelm. Britonem lib. 11. Philipp. :

> Ac velut in saltus scopulosa Bieria saltu
> Præcipiti mittit ingenti corpore cervum.

Beriam cum *burgo* confundere videtur Spelmannus, ita ut urbium Anglicarum nomina, quæ in *Bery* desinunt, inde accersat. Cui sententiæ nescio an faveat vetus Charta apud Beslium, pag. 391 : *Et captum habebat burgum et Berrium, et habebat omnia incensa.* Quo loco forte legendum *barrium*, de qua voce supra egimus. Utcumque sit, malim ita ejusmodi appellata oppida, quod in locis campestribus et planis ædificata sint : et *Beriam S. Edmundi* apud Matth. Paris ann. 1174. non pro burgo, sed pro *campania*, ut vocant quæ ad Edmundanum Monasterium pertinebat, sumendam.

¶ **BERICLUS**, An lapis pretiosus, Plinio *Beryllus?* Inventarium ornamentorum et Reliquiarum Ecclesiæ Noviom. ann. 1419. ex Archivo ejusdem : *Item quædam crux argentea... in dicta cruce sunt quinque esmailli... et in summo deest unus Biriclus.*

* Non lapis pretiosus, sed crystallus, nostris olim *Bericle.* Inventar. jocal. ann.

4103. inter Probat. tom. 3. Hist. Burgund. pag. 217. col. 1 : *Une croix d'argent doré et un Bericle ou pié pour mettre reliques.* Lit. remiss. ann. 1449. in Reg. 179. Chartoph. reg. ch. 349 : *Demanda icellui Vincent quelle pierre c'estoit,...... et le suppliant dist que c'estoit cristail ou Bericle.* Occurrit præterea tom. 3. Ordinat reg. Franc. pag. 12. art. 10.

* **BERILLUM**, *Officium muliebre.* Glossar. vet. ex Cod. reg. 7613. [** Papias reg. 7609.]

BERILLUS, Conspicilium, Gallis *Besicle*, Belgis *Brill.* Fridegodus in Vita S. Wilfridi Episcopi Eborac. num. 46 :

Protinus admisso micuit syntagma Berillo.

Tabularium Monast. Longipontis in diœcesi Paris. : *Præscripti beneficii donum Deo et S. Mariæ, ejusque Ecclesiæ, cum quodam frusto Berilli concessit, atque illud prior Henricus ex ejus manu accepit.* Joan. Buschius in Chronic. Windesem. lib. 2. cap. 42 : *Non per unum solum, sed per duos simul, aut per Berillum duplicem in communi legere consueverat.* In Onomastico rustico Paracelsi : *Berillus, speculum cristallinum consecratum.* Ibid. : *Berillistica, est ars ipsa visiones in Berillis et cristallis videndi.*

¶ **BERINGAUDUM**, Poculi species, Gall. *Coupe.* Hist. Dalphin. tom. 2. pag. 555. col. 1. ex Inventario *vassellæ* Dalphini ann. 1347 : *Exhibuerunt et ostenderunt modo quo supra, unum Beringaudum argenteum deauratum sine esmalto, cum uno coopertorio argenteo deaurato, cum uno saphiro magno in summitate ipsius posito.*

¶ **BERLATIO**, pro *Balatio*, Saltatio. Statuta Eccles. Æduensis apud Marten. tom. 4. Anecd. col. 470 : *Quam grave peccatum sit in loco sacro choreas et Berlationes ducere, perpendi ex pœnitentia secundum canonum rigorem injungenda potest.* Vide *Balare.*

BERLENGHUM. In veteri Regesto Parlamenti ann. 1300. est *Inquesta inter Ballivum et Episcopum Ambianensem super bonis intestatorum : item super Berlengho et castitiis, item super aperturis et fornellis.* In alio Aresto ann. 1289. in Tabul. Eccles. Ambian. fol. 80. *Bellengum* scribitur : *Gentes nostræ in præjudicium juris sui et Ecclesiæ suæ justiciando ceperunt in dicto campo quoddam Bellengum, de quo petebat Dom. Episcopus resaisiri.* Hodie *Berlengs, Berland* vel *Breland* dicimus alearum ludos, quæ vox occurrit apud Guillelmum *Guiart* ann. 1304 :

Ribaus qui portent les Berlens,
Ne resont pas de jouer lens.

Infra :

L'un met sus le Berlens son gage,
Et l'autre met argent encontre,
L'un dit de set, l'autre rencontre,
Cil qui gaaingnent, à eus traient,
Et li perdant crient et braient.

* Et forum ipsum aleatorium, *Breleng* diximus olim. Jura reg. Ribald. apud Cameracum ex Cod. MS. eccl. Camer. : *Item doit avoir une table et Breleng à par lui sur un des fiefs du palais, ou en tel place que au bailli plaira ordonner.* Sed et ipsa mensa lusoria eodem nomine designatur. in Lit. remiss. ann. 1409. ex Reg. 163. Chartoph. reg. ch. 295 : *Pluseurs compaignons jouans aus dez sur une table ou Brelenc, etc. Verlenc,* ex mutatione *b* in *v*, in aliis ann. 1426. ex Reg. 173. ch. 461 : *Le suppliant trouva pluseurs compaignons jouans au jeu de Verlenc.* Vide supra *Belencus.*

* **BERLERIA**, Annulus coriaceus, a quo tudicula campanæ dependet. Comput. MS. fabr. S. Petri Insul. ann. 1469 : *Item ad reparandas duas Berlerias, Gallice Berliere, et una nova pro campana capituli, xxviij. sol.* Occurrit rursum in alio Comput. ejusd. fabr. ann. 1518. Vide supra *Belleria.*

BERLIA, Modus agri. Charta Ludov. de *Laval* Gubernat. Delphinatium, apud V. Cl. Dion. Salvaingum : *Plus vel minus exigatur pro dicto transitu habita consideratione ad dictos 8. grossos pro singula Berlia, sive matata, et pro qualibet leuca, salvo quod ubi per dicta loca sive territoria transirent plures matatæ sive Berliæ, etc.* Ubi consulendus idem vir doctissimus lib. de Usu Feudorum cap. 34. pag. 145.

☞ In hunc locum observat V. Cl. D. *Aubret* Dumbensis Historiographus voce *Berliæ* non significari modum agri, sed gregem trium millium animalium, et *matatam* cum *Berlia* unum et idem esse. Et certe *Berliam* non esse modum agri satis patet ipso contextu; ager enim non *transit per dicta loca sive territoria.*

BERLINA, ex Ital. *Ferro rotondo nel quale si mette il collo de malfattor.* Jus Vicentin. lib. 3 : *Fustigetur, vel ad Berlinam ponatur.*

* Academici Cruscani : *Sorta di gastigo, che si da a' malfattori, con esporli al pubblico scherno in un luogo, che pur si chiama Berlina.* Idem quod nostris *Pilori.* Stat. Mantuæ lib. 1. cap. 42. ex Cod. reg. 4620 : *Ordinamus quod si quis de cætero Deum et B. V. M. blasphemaverit,..... puniatur pœna decem librarum parvorum; et nihilominus lingua ejus ponatur in giova, et sic per unam diem stet super Berlinam.* Occurrit passim in Statutis municipalibus Italiæ. Vide supra *Barlina.* [** De etymo Murator. vol. 2. Antiquit. col. 1154.]

¶ **BERLINGACCIUM**, Feria quinta ante diem Cinerum, Italis *Berlingaccio*, Gall. *Jeudi gras.* Acta SS. Maii tom. 6. pag. 197. C. in Vita S. M. Magdalenæ *de Pazzis* : *Die Jovis præcedente carnisprivium, quem vulgus Berlingaccium appellat.* [** Vide eumdem ibidem]

¶ **BERLINGOTIUS**, Scriblitæ species, Italis *Berlingozzo.* Academici *della Crusca* interpretentur Spiram dulciariam ex ovis et farina. Acta SS. Maii tom. 5. pag. 337. E. in vita B. Columbæ Reatinæ : *Ut primo sex magnos imo majores panes formaverint, demum tres placentas, postmodum quos Berlingotios dicunt multos; plurimas itidem paniceas differentias, etc.*

¶ **BERLOTA**, Idem quod *Barbota*, Navis species. Memoriale Potestatum Regiens. ad ann. 1218. apud Murator. tom. 8. col. 1097 : *In illo die venerunt xxx. galeæ et Berlotæ Saracenorum per flumen, et credebant cremare pontem; una quarum combusta est a Christianis.*

* **BERMARIUS**, male pro *Bennarius.* Vide supra in hac voce. Nostris vero *Berman, Bermen* et *Bresmen*, Pararius, proxeneta, vulgo *Courtier, commissionaire.* Lit. ann. 1340. pro mercator. Longobard. in Reg. 71. Chartoph. reg. ch. 349 : *Voulons que se par aventure il feroient de la main un de leurs vallez ou Bermans, il n'en paient autre amende que feroit un des bourgois de ladite ville en cas semblable.* Hinc emendandæ Literæ tom. 2. Ordinat. reg. Franc. pag. 136. art. 5. editæ ex Reg. 72. ch. 508. ubi rectius cum nota abbreviationis vox *Berms* scripta legitur. Exstant aliæ iis similes Literæ in Reg. 73. et 80. ch. 247. et 95. Lit. remiss. ann. 1374. ex Reg. 106. ch. 214 : *Ledit Courtoysie dist audit Colin que il avoit veu une femme, appelée Jehanne la Crasse, qui parloit à un Bermen, et creoit que elle eust acheté une queue de vin.* Aliæ ann. 1393. in Reg. 145. ch. 286 : *Thoumassin Gruel, chargeur et Bermen de vins, demourant à Saint Sever lez Rouen.* Rursum aliæ ann. 1358. ex Reg. 87. ch. 130 : *Guillaume Davarieux, Bresmen de vins et deschargeur de darrées* (danrées) *en la ville de Dieppe.*

1. **BERNA.** Vox Bohemica, Tributum, collatio publica. Chronicon Aulæ Regiæ cap. 27 : *Generalem steuram, quæ Berna dicitur, ab omnibus accepit.* Æneas Silv. in Hist. Bohem. cap. 58 : *Nisi populares in sumptus regios pecuniam conferant, quam vocant Bernam, aut rapere unde vivat Regem oportet.* [Ludewig. Reliq. MSS. tom. 1. pag. 509. in Privilegio Monasterii Dobrilucensis indulto a Matthia Rege Bohemiæ et Hungariæ : *Ab omnibus Stewris, exactionibus, collectis, precariis, Bernis... eximere dignaremur.* Et tom. 6. pag 392. ex Charta Boleonis Ducis Silesiæ pro cœnobio Grissoviensi ann. 1367 : *Censibus, redditibus, solucionibus, contributionibus speciali nomine et Berna, precariis, etc.* Et pag. 393 : *Perpetuis temporibus possidendam, omnibus serviciis, gravaminibus, stationibus, Bernis, angariis et parangariis. Bern,* Armoricanis Collectio, cumulus præsertim tritici.] [** Vox Germanica a *Bæren*, Portare, ferre. Apud Mencken. Scriptor. tom. 1. pag. 659. est Contignatio superior. Adde Glossar. Haltaus. col. 103. Adel. Post exempla plurima hæc apud Haltausium : Sunt qui origine Bohemicum esse autumant. Sunt qui ex invidia plebis, quæ cuilibet exactioni obmurmurat, *ursum* (Germ. Bær), *murmurantem*, appellatum existimant. Sed recte æstimantibus Germanica videtur esse origo vocis, a *Bæren, bæren, upbæren,* Levare reditus, ut coincidat cum *Orbar, Urbar.*]

* 2. **BERNA**, *Suuinbache.* Twinger. in Glossar. Lat. Germ. MS. Hoc est, venter porci; f. pro Perna. [** *Bache, Perna*, est in Glossar. Vindobon. num. 460. apud Graff. in Thesaur. Ling. Franc. vol. 3. col. 29. Statut. Friburg. ann. 1120. ap. Schœpflin. Hist. Zaring. vol. 5. n. 25 : *De porco obol. de Berna obol.*]

BERNABOS. Thwroczius in Ludovico Rege Hungar. in Præfat. : *Fata in Reges altos dominosque mundi sic fulminant, et habenas Principum Bernabos ille omnipotens sic temperat.* Ita haberi in MS. monet Editor.

☞ *Bernabos*, Nomen est proprium cujusdam Militis Mediolanensis in Epistolis Innocentii PP. VI. notissimi, qui Romanam Ecclesiam multum divexavit, dum Avenione sedebant summi Pontifices; quem ut ad pacem adduceret Ludovicus Hungariæ Rex literis Innocentii PP. sæpe est sollicitatus. Consule Epist. ejusdem Innocentii apud Marten. tom. 2. Anecd.

* Fuit et nostris huic similis, sed originis mihi ignotæ, vox excitatoria, de qua mentio fit in Lit. remiss. ann. 1376. ex Reg. 199. Chartoph. reg. ch. 89 : *En faisant leur pouvoir de les tuer, et en criant : Bernabo et Galiache, à haulte voix.* Vide supra *Allot* et *Bels.*

BERNACÆ, Aves aucis palustribus similes, sed minores, ex abiete in aquas demisso enascentes. Vide Silvestrum Girald. in Topogr. Hibern. dist. 1. cap. 11. *Bernaculæ*, hodie, Stanihursto teste, ubi male *ancis* legit, pro *aucis*; *Bernecelæ*, dicuntur Friderico II. Imp. lib. 1. de Arte venandi cap. 6. *Berniclæ* et *Bernichæ* cap. 19. 21.

* Apud Franc Fern. Cordubens. Didascal. cap. 7. *Bernestæ, Bernechæ* pag. 96. *Rotgansen* Hollandis. Vide *Barnaces*, et novam edit. Diction. Menag. v. *Bernache.*

1. **BERNAGIUM.** Vide in *Bren.*

* 2. **BERNAGIUM**, pro *Hybernagium*, ni fallor, Miscellum frumentum. Charta Phil. Pulc. ann. 1313. in Reg. 49. Chartoph. reg. ch. 163 : *Item vigenti tres minas Bernagii, debitas apud Pavelliacum.*

¶ **BERNARDIANI.** Sic appellantur in Polonia Franciscani fratres de Observantia a S. Bernardino ejusdem Ordinis. Vide Acta SS. Julii tom. 4. pag. 534. in Miraculis B. Simonis de Lipnica.

* **BERNARDINI**, Monetæ species. Vide infra in *Moneta Baronum.*

* **BERNARIA.** Charta Frider. I. ann. 1157. inter Probat. tom. 1. Hist. Sequan. pag. 95 : *Et quidquid possidet in burgo Lædonis, Bernarias scilicet, et furnos, et alia plurima.* Ubi legendum opinor *Bercarias.* Vide in *Berbix* 1.

BERNARII. Vide *Berroerii.*

¶ **BERNARIUS.** Ordinatio Domus regiæ sub Henrico II. Angl. Reg. in lib. nigro Scaccarii pag. 357 : *Bernarius* III. *den. in die.* Ubi Hearnius in notis : *Bernarius*, Minister ad quem ursi canesque in ursis venandis usurpati, spectabant. *Bern*, ursa. *Berne* autem est pro *Beren* vel *Bear.*

* Hinc olim apud nostros male acceptum videtur nomen *Bernart*, quibus idem sonabat quod Stultus, hebes, ineptus; unde *Etre tout Bernart de quelqu'un* dicebant, pro Alicujus amore insanire, hebescere. Lit. remiss. ann. 1397. in Reg. 153. Chartoph. reg. ch. 305 : *Lambert, Lambert tu as enchanté ou ensorcelé mon frere, il est tout Bernart de toy, et te monstre plus grant amour qu'il ne fait à moy.* Aliæ ann. 1391. in Reg. 142. ch. 20 : *Lequel Duchesne respondit audit Bernart qu'il n'estoit point coquart; mais que ledit Bernart estoit bien coquart, Bernart, et tous sos : car il n'estoit si mauvaise cornardie que sotie.* Vide novam edit. Diction. Menag. v. *Bernard. Serrure Bernarde*, quæ *Bénarde* appellatur in Diction. Trevolt. dicitur Sera, cujus clavis perforata non est, quæque ab utraque parte aperitur. Lit. remiss. ann. 1442. in Reg. 176. ch. 191 : *Icelle Marion s'en coury à l'uis, qui fermait à serrure Bernarde, et l'ouvry.*

¶ **BERNECELÆ.** Vide *Bernacæ.*

* **BERNECHÆ**, BERNESTÆ. Vide supra *Bernacæ.*

BERNET, Incendium, a Saxonico Byrnan, incendium facere, comburere, Leges Canuti Regis cap. 90. apud Bromptonum : *Bernet, quod est domus incendium.* Ponitur etiam inter criminalia et capitalia in Legibus Henrici. I. cap. 12. 47.

¶ **BERNICHÆ**, BERNICLÆ, Vide *Bernacæ.*

BERNISCRIST. Charta Deodati Clerici ann. 799 apud Malbrancum lib. 5. de Morinis cap. 38 : *Ad emendos drappos, et kamisias ultramarinas, quæ vulgo Berniscrist vocitantur.* Cujacius in Tract. 8. ad Africanum observat *Berne*, Gallorum antiqua lingua, esse sagum, atque inde vocem *Berner* a nostris usurpari, pro ea lascivia, qua delectatum Othonem narrat Suetonius cap. 2. qua scilicet distento sago impositus in sublime jactatur : cujus etiam meminit Martialis lib. 1. Epigr. 4 :

Ibis ab excusso missus in astra sago.

ut et Ulpianus tit. 1. Collat. Legis Mosaicæ, ubi Pithœus primus advertit hanc lasciviam *sagationem* appellari, et παλμὸν reddi in Gloss. Lat. Gr. quo proinde loco *salissationem* legi debere frustra contendit Josias Mercerus ad Aristænetum. Casaubonus vero ad Suetonium vocem *Berner*, a βάρνασθαι accersit : ita enim Dores pro πάλλειν dixisse ex Hesychio vult. *Bernia*, ut ait Covarruvias in Thes. linguæ Castellanæ, *es una capa larga à modo de manto, grossera come manta fraçada.* Nicotius : *Bernie est une sorte de drap velu, grossier et rude, dont les Irlandois s'emmentelent.* Atque inde vocis originem accersunt, ab *Ibernia* scilicet. Sed cur *Berniscrist* dicantur eæ camisiæ, non plane video : neque enim quod instar Christi tunicæ fuerint, quam *Capam Christi* vocat Radulphus de Diceto ann. 1156. appellatas ausim affirmare.

☞ Haud absurde fortassis ultimam vocis partem a Saxonico Scrit, Vestis, quod a Scryddan, Vestire, tegere deducere licet; adeo ut *Berniscrist* sit vestis ex sago *Berne* confecta. Vide Somnerum ad vocem *Scryddan. Berniscrit* Armoricanis est etiam hodie Sagum, in quo colligitur triticum expurgandum.

* Vocis originem non ab Hibernia, sed ab Africa accersendam esse recte monet *Duchat* in notis ad Rabelais. tom. 1. pag. 324. ex Leone Afric. lib. 2 : *Neque hic* (Tefzæ) *desiderabis exterorum copiosam affluentiam, qui inde chlamydes cum cucullis auferunt inconsutas et nigras, Ilbernus vulgo nominant : harum non tam in Italia, quam in Hispania copiosus est numerus.* Ab Arabico *Bornos*, sagum cucullatum : unde Hispan. *Albornoz*, lacerna. Vide Lexic. Arab. Golii pag. 265. et *Sbernia.*

* **BEROARIUS.** Vide infra *Beroerii.*

¶ **BEROCATA**, Vehiculum duabus portatum rotis, Gall. *Brouette*; a binis rotis dictum est *Birotum* et *birota.* Nostra birota unica jam vehitur rota, ut pabo de quo Isidorus in Glossario : *Pabo, vehiculum unius rotæ.* Charta ann. circ. 1060. apud Marten. Anecd. tom. 1. col. 187 : *Dedit vendas salis de mercato Pictav.... tres denarios, si quatuor boves ibi habentur : si duo unum et dimidium de Berocata, cum asinis unum denarium.*

* Legendum videtur *Berotata.* Vide *Berrotata.*

BERODERIUS, in Jure Vicentino, passim : idem qui aliis *Berroarius.* Vide in hac voce.

¶ **BEROF**, Seditio, ut videtur, a Belgico *Berocken*, Machinari, moliri. Consuetudines Arkenses ann. 1231. in Tabul. S. Bertini : *Majores causæ, ut sunt raptus mulierum, Berof, mordad, daghbrant, etc.* [** Hodie *Beroofd*, Rapina, latrocinium a *Berooven*, Rapere.]

BEROLASIS. De hac voce sic Ughellus in Episcopis Capuanis : Exstat, inquit, Epistola Joan. VIII. PP. * 170. scripta quidem anno 881. cum hujusmodi præfixo titulo : *Omnibus Episcopis Caietani, Neapolim, Capuam, Berolasim, et Amalfim, Beneventum, et Salernum incolentibus.* Est Berolasis locus in Capua veteri ad sanctum Stephanum, vulgari nuncupatione dictus etiam hodie, *li Vorlasci*, Anonymo Casinensi *Berelais*, Heremperto *Berelasis*, Latine loquentibus *Amphitheatrum.* Neque mirum, si Episcopus in veteri Capua constitutus *Suricorum*, vel *Berelasis*, nuncupabatur, cum illis in vicis insigniores essent Ecclesiæ. Vide eumd. Joann. VIII. PP. Epist. 265. nam indicata ab Ughello non succurrit, falso notata numero.

☞ Nec dubium est quin vox *Berolasis* Amphitheatrum significet, cum passim apud laudatum Herempertum promiscue occurrat *Berelias, arena, colossus, amphitheatrum*, ut unum idemque indicetur; significantius cap. 41. scribit : *Adveniens* (Gulaferius) *Berelais, hoc est, Amphitheatrum.* Jam vero quid hac voce denotatum voluerint scriptores, et quæ hujus vocis origo, merito ambigitur. Vocem Langobardicam censet Mazochius Commentar. in Campani Amphiteatri titulum pag. 134. et seqq. quæ idem quod vetus civitas, Græce παλαίπολις, sonat. Rem, præeunte D. Cangio, attigit Commentator; certum enim est, ut multis probat Mazochius, Capuam veterem ita vocitatam fuisse, ut a nova distingueretur; sed vocis vis et origo utrique perinde ignota. Utcumque tamen etymon indicare pertentat Mazochius : a Germanicis scilicet vocibus *Var*, sive *Bar*, Arx, civitas, et *Olt*, Vetus, vocabulum *Berolazis* conflari potuisse opinatur. Nihil hac conjectura felicius jam nobis succurrit.

BERQUARIUS. Vide in *Bercarius.*

¶ **BEROVARII.** Vide *Beroerii.*

BERRA, [Locus Campestris.] Charta Ricardi Regis Angliæ apud Sammarthanos in Archiepisc. Turonens. : *Et totum nemus cum alio nemore displante* (deplantato) *et Berra, et pratis, etc.* Alia apud Spelmannum in voce *Foresta : Et quod Rex in foresta sua prædicta potest villas suas ædificare, Ecclesias instituere, Berras assartare, et Ecclesias illas cum decimis... cuicumque confere.* [Vide *Beria* et Kennetti Glossarium ad calcem Antiquit. Ambrosden.]

* Locus dumis vepribusque refertus; ibi enim de dumetis succidendis et de agro in culturam redigendo agitur. [** *Berra* idem est ac *Barta* et *Beria*, locus scilicet arboribus destitutus, dumetis vero et arbustis plenus, ab obsoleta voce Germ. *Bar*, Nu-

dus, unde *eine Bure*, Locus calvus, calvitium. ADEL.]

* **BERRETA**, BERRETUM, Capitium, capitis tegmen, idem quod *Birretum*. Execut. testam. ann. 1402. inter Probat. tom. 3. Hist. Nem. pag. 169. col. 2 : *Pro uno Berreto de sanguine, xiij. sol. Turon..... Pro una Berreta rubea, viij. sol. Turon.* Italis etiam *Berretta*.

¶ **BERRETINUS**, BERRETTINUS, Cinereus, Leucophæus. Acta SS. Maii tom. 5. pag. 102. B. in Vita B. Joannis Bonvisii : *Vestes quoque panni vilis, modici valoris et colore Berretino induebat.* Bullarium Carmelit. pag. 296. col. 2 : *Clerici dicti Ordinis tunicas nigras de lana tinctas cum ejusdem coloris capucio et scapulari, non Berrettinas aut griseas, et ad nigredinem tendentes.* Eadem repetuntur pag. 300. col. 2. n. 4.

* **BERRIATA**, Fasciculus. Formulæ Mss. ex Cod. reg. 7657. fol. 29. v° : *Occurrit.... ducenti..... unum mulum oneratum una Berriata feni, ... atque a parte dicti vallati cum Berriata dicti feni projecit.* Vide *Trossa* 3.

* **BERRINIA**, Instrumentum rusticum, in Charta ex Tabul. Cassin. : *ij. ascias, e vj. Berrinias, e x. sarclos etc.* Nostris *Bouhoche*, Sarculus. Lit. remiss. ann. 1416. in Reg. 164. Chartoph. reg. ch. 255 : *Lequel Mulot garni d'une Bouhoche à sacler feves, frappa icellui Larchier plusieurs cops.*

¶ **BERRIUM**. Vide in *Beria*.

BERROERII, Italis *Berrovieri* quæ vox interdum sicarios, sceleratos et ruptuarios sonat, interdum Apparitores. Vide Joan. Villan. lib. 7. cap. 79. *Birri* vulgo dicuntur, seu *Sbirri*. Occurrit non semel hæc vox apud Rollandinum lib. 8. cap. 1. 2. 3. lib. 10. cap. 6. [et cap 8. ubi Codex Estensis habet, *Barderium*.] *Berroarii sive Zaffones quidam*, lib. 11. c. 5. Aliud Chron. post Rollandin. ann. 1325 : *In suo regimine mortuus fuit gladio capitaneus suorum Beroeriorum* Potestatis Patavii.)

* Sed et a *Ribaldis*, ut ex Rollandino lib. 11. cap. 3. et 5. colligit Murator. tom. 2. Antiq. Ital. med. ævi col. 530. parum diversi fuisse videntur *Berroerrii*, gens nempe audacissima, sine ordine in prælia ruens, et præcurrens acies ad bellum compositas, non secus atque *Ussari* ævi nostri, ad omne nefas prona, atque in prædam potissimum intenta, cujus cupidine omnia audebat.

* BERROARIUS. Accensus, apparitor. Stat. Mutin. apud Murator. tom. 4. Antiq. Ital. med. ævi col. 78 : *Teneb it* (Potestas) *decem Beroarios armigeros, vestitos de eodem panno, etc.* Stat. Pallav. lib. 2. cap. 44. pag. 110 : *Si vero miles correrius, Beroarius, vel alia persona, cui per jus dicentem commissum fuerit ut capiat aliquem, etc.*

* BERROUARIUS. Eadem notione, in Stat. Mantuæ lib. 1. cap. 6. ex Cod. reg. 4620 : *Habeat etiam* (Potestas) *viginti Berrouarios, quorum medietas sit armata coratiis, etc.*

¶ BERRUARII, Eadem notione. Instrum. ann. 1324. tom. 1. Hist. Dalphin. pag 131 : *Unacum pluribus aliis hominibus cum armis, Berruariis et clientibus.* Aliud ann. 1359. apud V. Cl. Fontaninum de Antiquit. Hortæ pag. 416 : *Duos Domicellos, octo bonos et sufficientes Berruarios, bonos et actos ad arma portanda.* Adde Rymer. tom. 2. pag. 191.

¶ BERVERII, apud Petrum de Vineis lib. 2. Epist. 41 : *Berverios quosdam, ut ad eorum persecutionem gentem nostram adverterent, callide præmiserunt.* Ex quo emendandus Joannes Presbyter in Hugone de Cabilone Episcopo Leod. : *Habebat Episcopus suis stipendiis Bernarios et bidavros duo tela portantes.* Legendum enim putem *Bervarios*, ut in vita B. Andreæ de Galeranno num. 10 : *Potestatem non latuit, quæ statim ad ejus comprehensionem Bervarios misit.* Ubi perperam editum *Bertarios*. *Berovarii*, apud Petrum de Crescentiis lib. 1. de Agricult. cap. 6. et Ughellum tom 4. pag. 864. De vocis origine, consule quæ habent VV. Cl. Ægidius Menagius et Octav. Ferrarius in Origin. Italic.

* Inde vero, an a Gallico *Berruyer*, Bituricus, accersenda sit vox *Berruyer*, qua armorum genus significatur, haud satis scio. Charta ann. 1412. in Reg. 166. Chartoph. reg. ch. 206 : *Espées, Berruyers et autres armeures, etc.*

¶ **BERROTATA**, Vehes, plaustri onus, a voce *Barot*, Plaustrum apud Lugdunenses. Adversar. MSS. D. *Aubret* non semel laudati : *Pratum continens quatuor Berrotatas feni.* Vide *Berocata*.

¶ **BERRUARII**. Vide *Berroerii*.

1. **BERSA**, BERSARE, BIRSARE, BERSARII. *Bersæ*, Crates vimineæ, seu sepes ex palis vel ramis grandioribus contextæ, quibus silvæ, vel parci undique incinguntur, ut nullus cervis, cæterisque feris ad egressum pateat aditus. Charta laudata a Spelmanno : *Intra Bersas forestæ.* Alia Henrici III. Regis Anglic. in Monast. Angl. tom. 2. pag. 210 : *Pasturam 40. vaccarum,... per totam Bersam in foresta nostra.* Ejusmodi *Bersas* silvarum sic describit Herimannus de Restaurat. S. Martini Tornacensis cap. 25 : *Exclamansque juvenis, Etsi inquit, nihil aliud possum facere, saltem cervos istos de claustris eripiam, et liberos reddam. Dixit, statimque cum militibus currens, gladiis evaginatis, fortissimam sepem illam, quæ de stipitibus facta cervos reclusos tenebat, abscidit, cervosque per agros dispersit.* Ab ejusmodi cratibus mansit infantium cunis nomen, quas *Bers* et *Berceaux* vocamus, quod ex viminibus invicem contextis confectæ sint. Neque vocis origo a Græco repetenda, uti vult Casaubonus ad lib. 1. Strabon. pag. mihi. 32. [Armoricanis Britonibus *Bers* est Prohibitio, *Bersa*, Prohibere. *Gwel berset*, Dies festus, quo prohibentur opera servilia : crates autem vimineæ prohibent feras egredi locis iis cratibus circumseptis.] Vide *Berciolum* et *Brolium*.

BERSARE, BIRSARE, Venari, intra *bersas* forestæ venationem exercere. Charta Henrici II. Reg. Angl. in Monastico Angl. tom. 1. pag. 768. qua confirmat donationem factam a Rogero *de Quincy* Comite Wintoniæ Monachis Gerondonensis Abbatiæ, *de tota sauvagina, et omnibus bestiis silvestribus, quas habent in clauso de Kitt. ad Bersandum, venandum, capiendum, etc.* Inquisitio de Forisfacturis super forestis Regis in Addit. ad Math. Paris. : *Inquiratur de illis qui suspecti habiti sunt, vel soliti, ad intrandum boscos, parcos, vel forestas, causa Bersandi, vel alia damna faciendi.* [** Constit. Frider. I. Imper. ann. 1158. ex Radevico I, 26. apud Pertz. vol. Leg. 2. pag. 107 : *Art. 22. Si quis venatus fuerit cum canibus venaticis, etc. Art. 23. Si quis per canes leporarios feram fugaverit, etc. Art. 24. Si quis lancea vel gladio feram percusserit, etc. Art. 25. Si quis Birsando feram balista vel arcu occiderit, ejus erit.*] Adde Fletam lib. 2. cap. 41. § 21. *Berser*, nostris idem sonat. Le Roman *de Vacces* MS. :

En bois sont cointement et Berser et vener.

Alibi :

Ars et saetes fist porter,
Et chien asant, s'ala Berser,
As veneors et as valiez
Fist mener chiens et brachez.

Rursum :

Por soi deduire et par besoignes
Ala sejourner à Valoignes,
Ne sai quant jours i a esté,
Par les bois cachié et Bersé.

Le Roman *de Garin* MS :

Et en riviere ô les faucons aler,
Et en forest por chacier et Berser.

Alibi :

Chascun convint en son pays r'aler,
Li Empereres en vet el bors Berser,
Droit à Senlis, où il seut demorer.

Alius Poeta :

Or sont mis quatre fil en la forés Berser.

Alius rursum :

N'afiert pas à danzel, n'a joine poigneour,
Qu'il laisse le besoing où sont li ameour,
Pour aler Berseiller, et estre veneour.

Le Roman *de Girard de Vienne* MS :

Et la forest ou li Rois dut Berser.

Infra :

Par la sajete dont li Rois dut Berser.

Occurrit non semel.

BERSARII, BIRSARII, Venatores, vel parcorum et silvarum custodes. Recensentur ii ab Hincmaro de Ordine Palatii cap. 17. inter Palatii ministeriales. Gesta Consulum Andegav. cap. 1 : *Ex copia silvestri et venatico victitans : hujusmodi homines, ut aliqui dicunt, Britones Brigrios vocant, nos autem Franci Birsarios, sive Pedicarios dicimus.*

Putat Watsius vocem *bersare*, a Germanico *birsen* deducendam, quod est telo configere, quod venatores in silvis damas, et cervos telis configant, et perimant. [* Nostri etiam *Berser* dixerunt, pro Telis configere. Vitæ SS. MSS. ex. Cod. 28. S. Victor. Paris fol. 228. v°. col. 1 : *Li rois commanda que l'on loiast* (S. Sennen) *en un fust et le Bersast ou de saietes.*] Cui sententiæ favere videtur Radevicus, qui *Birsare* vocabulo utitur duobus locis, in quibus præterea telo aut sagitta usos, qui bersabant, innuit, lib. 3. de Gestis Frider. cap. 26 : *Si quis Birsando, etc.* [** Vide supra locum integrum.] Et lib. 4. cap. ult. : *In Birsando ipsemet arcum tendit, spicula capit, implet, expellit : elegis quod ferat, quod elegeris ferit.* Spelmannus mavult a Bers Saxonico quod *lupum* significat, originem vocabuli desumendam ut, *bersare*, sit lupos insequi. Sed videtur *bersare* esse proprie venatorum, qui in silvis clausis seu parcis cervos et damas sectantur. Quæ quidem venationis species dicitur *venatio infra metas forestæ* in Charta Henr. III. Reg. Angl. apud Edw. *Cocke* in Littlet. sect. 1.

[** Wachterus credit vocem *Bersare* a Gallico *Percer* esse ortam. Ihrius in Glossar. Suio-Goth. vocem, si Gothica fuerit, a *Beria*, Ferire, derivandam censet. Adel.]

Neque aliunde, ni fallor, accersenda vocis Italicæ, *Bersaglio*, origo, quæ *album*, seu *scopum*, ad quem sagittatores sagittas suas dirigunt, significat, apud Dantem in Parad. Cant. 26. et Matthæum Villaneum lib. 6. cap. 72. metaphora nempe ducta a venatoribus, qui *bersando* spicula sua in feras contorquent ac dirigunt. Inde postmodum *mettere a Bersaglio* Itali iidem dixerunt, pro *periculo exponere*, uti voces has usurpat idem Villaneus lib. 8. cap. 3. lib. 9. cap. 54. in fine, quod feræ, quæ in *bersis*, ac parcis inclusæ sunt, venatorum spicula ac proinde mortem vitare vix queant. Sed et in libro MS. cui titulus *le Voyage d'Outremer du Comte de Pontieu*, hanc loquendi formulam reperio, *Mettre au bersel*, pro, *vitæ discrimini vel supplicio aliquem exponere : Aprés vint un jour que li Soudans fist une grant feste du jor de sa naisence; li cours fu grande. Aprés le mangier, Arcier et Turcoples vinrent au Soudant de Aumarie, et disent, Sire nos requerrons no droit. Il demanda Coi ; et il disent, Sire un cetif por mettre au Bersel. Il leur dist, Alez a le cartre, si prendez celi ki mains puet vivre, etc.* Et infra : *Livrez fu à son martire.* Instructio pro carcere seu *geola* Castelleti Parisiensis ann. 1372. ex libro rubeo ejusdem Castelleti : *Et s'il est mis au puis et al gourdaine ou Berseiul, ou en oubliete, il doit autant que s'il estoit en la fosse.* In Catholico Armorico, *Bresel, Hæc guerra*, exponitur. Vide Cl. V. Ægidii Menagii Origines Italicas pag. 152. et Oct. Ferrarium in *Bersaglio*.

* Inde etiam arcessenda origo vocis Gallicæ, *Bersail* vel *Berseil*, quæ ejusdem est significationis. Lit. remiss. ann. 1376. in Reg. 109. Chartoph. reg. ch. 281 : *Richart sudite arbalestre garnie d'un vireton tenoit et vouloit mettre à point pour prendre visée vers la bute ou Bersail, là où il tendoit à traire.* Rursum ibid. : *Butes ou Bersaux, lieu publique et ordené pour traire de l'arbalestre.* Aliæ ann. 1398. in Reg. 153. ch. 220 : *Ils* (les arbalestriers *avoient mis un blanc de papier ou autre chose au hault d'un Berseil de terre, qui est en ladite place.*

Bersura, Jus *bersandi* in forestis domini. Regestum Castri Lidi in Andibus fol. 47 : *Habet quoque in longo alueto Bersuram omnibus diebus, cum uno Milite, et suis Acinctoribus.*

* 2. **BERSA**, *Corium.* Glossar. vet. ex Cod. reg. 7613. [** et Papia 7609. Glossar. in cod. reg. 7614. habet *Bersam.* Genes. 14, 2.]

* 3. **BERSA**, f. Cella vinaria, Gall. *Cellier.* Charta ann. 1080. ex magno Chartul. S. Vict. Massil. : *Dedit ei de puro vino in Bersa xij. collaredos.*

* **BERSURA**, pro *Fersura*, Mensuræ species, in vetust. Notitia apud Crescimb. lib. 2. Hist. S. M. in Cosmed. cap. 7. Vide alia notione in *Bersa*.

¶ 1. **BERTA**, Splendida. Acta SS. Benedict. sæc. 3. part. 1. pag. 451. de sancta Berta : *Nata est eis filia, cui nomen imposuerunt Bertam, quæ interpretatur fulgida seu splendida. Bert* Germanis clarus, fulgens, illustris. Hadrian. Vales. lib. 8. Hist. Franc. pag. 482. relatis his Fortunati versibus :

Charibertus adest, qui publica jura gubernans,
Tempore præsenti gaudia prisca refert.
Qui Childeberti retinens dulcedine nomen, etc.

Subjicit : *Quibus ex verbis judicari potest Lenem Francos Bertum appellavisse. Si quidem Fortunatus ait, Charibertum Regem Childeberti patrui sui, ut regnum obtinuisse, sic lenitatem, dulcedinemve morum, re et nomine referre.* [** Scriptio antiqua nominis est *Perahta*. Vide Graffium Thesaur. Franc. vol. 3. col. 209. voce *Berht*.]

* 2. **BERTA**, Cremonensibus nuncupabatur *Carrocium*, seu currus, in quo vexillum totius exercitus præcipuum imponebatur. Chron. Estense apud Murator. tom. 15. Script. Ital. ad ann. 1281 ubi narratur a Parmensibus redditum fuisse Cremonensibus eorum carrocium, *cum tribus pariis boum, coopertis scarlato et syndone; qui carrocius vocabatur Berta.* Vide *Carrocium*

* Berteciola, Eadem notione. Franc. Carpesani Comment. apud Marten. tom. 5. Ampl. Collect. col. 1334 : *Cremonensium, qui urbem novam servabant, multi trucidati, plurimi capti cum suo curru, carrocium dixere, quibus eo sæculo, sub nomine Berteciolæ, pro vexillo utebantur.*

* 3. **BERTA**, Ovis fetibus jam inutilis, in magno Chartul. S. Vict. Massil. fol. 26. Nostris olim *Bertauder*, Crines, more monachorum, inæquali tonsu desecare Contin. Guill. Tyrii apud Marten. tom. 5. Ampl. Collect. col. 591 : *Si l'en fist faire une corone et coroner com roi, puis le fist Bertauder et tondre en crois.* Mirac. B. M. V. MSS. lib. 1 :

Moines devint, chen est la soume,
Par le conseil du bon preudoume,
Pour le siecle plus eslongier,
Bertauder fist et rouoignier
Son chief c'avoit blont et poli.

Ibidem :

Tout Bertodé et tout tondu.

BERTARIUS. Vide *Berroerii*.

* **BERTAVELLUS**, Bertavelus, Instrumentum piscatorium, nassa, Ital. *Bertavello*. Charta Bonæ princip. Sabaud. ann. 1424. inter Stat. Perus. pag. 31 : *Eis licitum sit die noctuque, ac libere et impune piscari et piscari facere ad rette, navissam, ... Bertavellos, etc.* Stat. Vercell. lib. 3. pag. 75. r° : *Quod non debeant* (pisces) *vendi in baccis, Bertavellis, etc.* Stat. Pallav. lib. 2. cap. 70. pag. 129 : *Quod nulla persona terrigena vel forensis audeat ..... piscari, vel piscari facere in fossis..... cum retibus, Bertavelis, nassis, etc.* Haud scio an idem sit instrumentum, quod *Berroiche* appellantur, in Ch. Phil. Pulc. ann. 1289. inter Consuet. MSS. S. Genovefæ fol. 35. v°. et *Bourroiche*, in Stat. ballivi Senon. ann. 1327. ex Reg. 65. Chartoph. reg. ch. 69 : *Item li courgnon des clices, que l'en dit Bourroiche, ne corra point en nulles saisons.* Atque ita leg. tom. 2. Ordinat. reg. Franc. pag. 12. art. 3. uti emendatum est tom. 6. earumd. Ordinat. pag. 398. non autem *Bourrache*, ut editum est. ibid. tom. 1. pag. 794. vel *Burache*, in Reg. B. 2. Cam. Comput. Paris. fol. 32. r°. *Boueresche* et *Bouresche*, eadem notione, sed minus bene, occurrit, in Stat. ann. 1388. tom. 7. earumd. Ordinat. pag. 779. art. 47. et in alio ann. 1402. tom. 8. pag. 536. art. 72. Quod a *Borroche*, quæ cistæ species est, ita dictum videtur. Lit. remiss. ann. 1415. in Reg. 169. ch. 33 : *Une Borroche de jonc plaine de poupées de lin, et du lin filé.* Aliæ ann. 1459. ex Reg. 188. ch. 177 : *Le suppliant print une plaine Borroche de prunes, laquelle il getta à l'encontre de son frere.*

* **BERTECIOLA**. Vide supra in *Berta* 2.

¶ **BERTEFREDUS**. Vide post *Belfredus*.

¶ **BERTELLUS**, Genus ludi, forte cum ærumnulis, quas Galli *Bretelles* vocant. Statuta Capituli Autissiod. 2. Maii ann. 1401 : *Item quod nullus ludat in Ecclesia cum Bertellis, seu alio quocunque ludo.* Hujus vocis originem ignorare se fatetur Menagius. A Βρίθω onero, deducit Trippaltius, quod utantur ærumnis bajuli ad onera portanda.

¶ **BERTHESCA**, Species podii, ab antiquo Gallico *Bretesche*, quod primum significat castella lignea, quibus oppida muniebantur, ut dicetur infra in *Bretachiæ*; deinde locum in foris prominentem, unde denuntiationes edictave publica promulgabantur. Origo vocis ex Menagio Italic. *Bertesca*, Repagulum, quod ante fores palatiorum solet exstrui. Enumeratio jurium Abbatis et Castellani Corbeiens. ex Cod. MS. ejusdem Monast. n. 125 : *In rectis vicis qui de porta ad portam transeunt, si fiat fenestra vel Berthesca, vel avantsolier de novo, partem suam habet* (Castellanus); *in aliis vicis qui orbi dicuntur, nihil habet, sed totum est Abbatis.* Butellerius in summa Rurali lib. 1. tit. 3. pag 13 : *Et si c'estoit à adjourner une Communauté, peu advient, il faudroit que ce fust fait à Bretesche.* Charondas in hunc locum : *Bretesche, terme ancien qui se trouve en quelques vielles Chroniques et Coustumes, et mesme de Flandre, signifie le lieu publique, où se font les cris, publications et proclamations de justice.* Et in caput 5. lib. 3. magni Coustumarii pag. 332. antiquæ edit. addit his posterioribus verbis : *d'où vient le mot, Bretequer.* Vide *Bretachiæ*.

¶ **BERTHONA**. Vide *Bertonia*.

* **BERTOGNANUS**, Avis palustris species, ut suspicor. Stat. Vercell. lib. 3. pag. 75. r° : *Item teneatur potestas providere ne pisces de lacu S. Martini et Bertognani portentur ad vendendum extra districtum Vercellarum.* Nisi sit nomen loci.

BERTOLATA. Albertin. Mussatus lib. 6. de Gestis Henrici VII. Rubr. 13 : *In exercitu Paduano fuisse constat ex conscriptis civibus Paduanis equites 1200.... scutiferos 600. equas ruralium* (al. *ruralium hastatorum*) *quas Bertolatas Longobardi vocant, circiter mille, mercenarios milites 300. al. Bertoaltas.*

¶ **BERTOLOTA**, Eadem notione. Chron. Parmense ad ann. 1282. apud Murator. tom. 9. col. 800 : *Militia vero Brixiæ cum Bertolotis suis equitavit ad castrum Urtii... deinde venit Cremonam.*

* **BERTONCELLA**, Ejusdem originis et notionis videtur atque *Bertonia*, Villa vel prædium frumentarium. Charta ann. 1230. in Chartul. Campan. Cam. Comput. Paris. fol. 445. r°. col. 2 : *In prima parte ponimus*

sincere cum præpositura, cum tallia, cum villicatione, cum Bertoncellis, cum residuo pratorum et vinearum, etc.

* **BERTONESSA**, Castellum, propugnaculum, Ital. *Bertescone*. Hist. belli Forojul apud Murator. tom. 3. Antiq. Ital. med. ævi col. 1195 : *Fortificando roccam Mizzæ. et foveas cum Bertonessis faciendo*. Vide *Betachiæ*.

BERTONIA, Berthona, Berton, Villa vel prædium frumentarium, a Bere Saxonico, hordeum, et ton, villa, prædium, proinde ejusdem originis et notione qua *Berewic*. Monasticum Anglican. tom. 2. pag. 887 : *Et in Bertonia mea de Cadeham unum locum ad construendam aliam grangiam*. Occurrit non semel apud Will. Thorn. ann. 1287. et 1313. et apud Guillelm. Prynneum in Libertatib. Eccles. Angl. tom. 3 pag. 108.

¶ **BERTRESCA**. Vide *Bretachiæ*.

BERUA, pro *Bellua*. Althelmus de Laude virgin. ubi de Daniele :

Denique non trepidat fretus cælestibus armis
Sævos Beruarum rictus, morsusque leonum.

¶ **BERVAGIUM**. Vide *Biberagium*.

* **BERUALDI**, Iidem qui *Berroerii*, Apparitores, qui ad urbium portas stabant, ne fraus in vectigalibus publicis fieret. Stat. civit. Astæ ubi de Intratis portarum : *Berualdi ponantur et solvant pro qualibet petia de raxo clxxx. et si plus vel minus pro rata, lib. lx.*

¶ **BERVERETI**, Judicium, disquisitio. Decretum Waldemari Danorum Regis apud Hickes. Dissert. pag. 38 : *De Bervereti quod fit in rapta fœminarum istud decrevimus, quod reus juramento duodecim cognatorum se purget.* [** Leg. *Herwirki*, i. e. *Vis illata*. Ita enim textus Danicus Constit. de abolat. ferri candentis, post leg. Scanicam ed. Hadorphii pag. 68 : *For Herwirke ther gœrs a qwinæ, skipæ wi theszæ lundh, ath then der sæctheder vordher, ther foræskœre sigh mz tolf nefudæ mæn a sine kyni.*]

BERUERIUS. Vide *Berroerii*.

* **BERVICARIUS**, Berbicum seu ovium pastor. Charta ann. 698. inter Instr. tom. 1. Hist. Lothar. col. 261 : *Omnia ista cum adjacentiis eorum, una cum pastoribus, vaccariis, porcariis, Bervicariis cum gregibus eorum, vel cum omni peculio promiscuo, ad sæpefata loca sanctorum....... volo esse donatum.* [** Breq. num. 247, ubi *Brevicariis*.] Vide in *Berbix* 1.

¶ **BERUM**, An pro *Bedum*? Locus est in *Batavium*. [** German. *Bær*, est Agger seu moles ad arcendam aquam. Adel.]

¶ **BERUS**, apud Labbeum tom. 2. Concil. col. 420. et Concilio Gangrensi can. 12. Johanne Herveto interprete : *Si quis vir propter eam quæ existimatur exercitationem amiculo utitur, et tanquam habens ex ea justitiam, eos condemnet qui cum pietate Beros ferunt, et alia communi et consueta veste utuntur, sit anathema.* Textus Græcus habet, καταψηφίσοιτο τῶν μετ' εὐλαβείας τοὺς βήρους φορούντων, quæ vertuntur a Dionysio Exiguo sic : *et despicit eos qui cum reverentia Birris... utuntur.* Balsamon hunc locum interpretans, *Beros* vocare videtur vestes ex serico contextas. Vide *Birrus*.

BERWITA. Vide *Berewick*.

¶ **BESACCIA**, Besacia, Mantica duas habens peras, Gall. *Besace*. Comput. Vienn. ann. 1322 : *Recepit Bayllivus et accepit in Besacciis suis xx. libras* Rymer. tom. 5. pag. 259 : *Quasque monetas auri sic receptas, dictus argentarius in quadam Besacia coriacea recludens, etc.* Vide *Bisaccia*.

* *Bessache*, in Lit. remiss. ann. 1479. ex Reg. 206. Chartoph. reg. ch 350. Pro Sacco ad reponendum frumentum, in Stat. ann. 1352. inter Probat. tom. 2 Hist. Nem. pag. 151. col. 1 : *Et de aliis saumatis* (bladi) *vel Besaciis minoribus, etc.*

* **BESALE**, Palorum series, quæ ad continendam aquam, quo validius rotam torqueat, solet supra molendinum infigi; interdum et ipse rivi alveus, canalis, nostris etiam *Besal*. Charta pro hominibus de Stagello ann. 1331. in Reg. 69. Chartoph. reg. ch. 174 : *Possint facere per dicta loca Besalia, paxeriam et paxerias, resclausam seu resclausas congruentes seu idoneas ad irrigandum possessiones suas, et suos fundos, et ad molendum molendina sua.* Lit. remiss. ann. 1461. in Reg. 191. ch. 25 : *Le suppliant déboutant icellui Largier le fist tomber dans dans le Besal ou rase dudit molin.* Aliæ ann. 1466. in Reg. 194. ch. 186 : *Icellui Guillaume se prist à foir ledit pré pour y faire une raize ou Besal, pour conduire l'eaue au pré dudit Guillaume.* Vide *Bedum*, infra *Bessa* 1. et *Bezale*.

1. **BESANA**. Charta Mariæ Comitissæ Trecensis ann. 1196. in Adversariis Duchesnianis : *Si homo de Fay in dictis nemoribus Besanas apium invenerit, Ecclesiæ B. Mariæ erunt.* Id est, *vasa apium*.

* Vel earumdem examen, *Besaine*, in Charta Theobaldi reg. Nav. ann. 1245. in Chartul. Campan. Cam. Comput. Paris. : *Ausinc prenoient il (li sires de Monreal et le priex de Cort Anoul) par metié lou miel et le cire des Besaines, quant estoient trouvées en ces bois.* Consuet. Bituric. in Reg. Joan. ducis Bitur. ex ead. Cam. : *Item quiconques amaine Besaines à vendre à Bourges, il doit une Besaine. Besanne, Bezanne, Bezeine* et *Bezenne*, eadem notione. Lit. remiss. ann. 1407. in Reg. 161. Chartoph. reg. ch. 297 : *Le suppliant avoit emblé environ six Bezennes ou paniers de mouchettes, qui bien povoient valoir chacune de six à sept solz.* Aliæ ann. 1460. in Reg. 190. ch. 69 : *Le suppliant et Colin Vallée trouverent une Bezanne d'abeulles, la leverent, et en prirent tout le couppeau et miel de dedans.* Ch. pro piscator. Bitur. ann. 1403. in Reg. 207. ch. 138 : *Item sont quittes et exemps de tout eschanguet,... aigneaulx, trousses et Besannes.* Ovidius de Arte amandi MS :

Ou il vait veoir ses Bezeines,
Qui sont de cire et de miel plaines.

* 2. **BESANA**, Vitulinum vel ovinum corium subactum. Leudæ major. Carcass. MSS. : *Item pro cargua de Besanis vermellis, iij. sol. Turon. D'une charge de Basanes rouges, etc.* in versione Gall. ann. 1544. Vide *Bazan* et supra *Bedanas*.

¶ **BESANS**, Nummus aureus, idem qui *Bysantius* ; quod vide suo loco. Charta Gisleberti *de Aotot* ex Tabulario monasterii B. M. de Bono Nuncio Rotomag. : *De his autem fecit mihi homagium et pro concessione dedit unum Besantem auri.*

¶ **BESANTUS**, Eadem notione. Chartular. S. Vandreg. tom. 2. pag. 2016 : *Item ex dono Johannis de Ballolio militis unus Besantus valens septem libras Turron.*

* **BESAVUS**, Proavus, Ital. *Bisavo*, Gall. *Bisayeul, Beséel*, in Ch. ann. 1300. inter Probat. Hist. Brit. tom. 1. col. 894. Inquisit. ann. 715. apud Murator. tom. 6. Antiq. Ital. med. ævi col. 378 : *Avus et Besavus meus tenuerunt ecclesia sanctæ Restitutæ. Besoncle* et *Besante*, in Consuet. Brit. art. 562. Proavunculus, proamita. Vide *Bisavus*.

1. **BESCA**. Vide *Becca*.

2. **BESCA** Lingua. Itinerarium Jerosolymitan. Antonini Monachi : *Monasterium, in quo tres sunt Abbates scientes linguas Siram, Græcam, Ægyptiacam, et Bescam.* Vide *Becca*.

BESCALMUM, vel Bescalmus, Vestibulum, atrium, porticus species in plateam prosiliens. Charta Raym. VI. comit. Tolos. ann. 1220. inter Probat. tom. 3. Hist. Occit. col. 270 : *Anno quo supra, videlicet v. Id. Aprilis in Bescalmo staris quondam Guarsi Garnerii, dom. comes prædictus præcepit Aldelberto de Novis ut hanc cartam bulla ipsius dom. comitis confirmaret.* Ch. ann. 1221. inter Privil. Avenion. ex Cod. reg. 4659 : *Factum fuit hoc in Bescalmo consulum, in præsentia omnium consulum.* Ch. eccl. Arausion. ann. 1228 : *Factum hoc in stari dom. episcopi in Bescalmo, in præsentia, etc.* Alia ejusd. eccl. ann. 1233 : *Factum hoc in stari dom. episcopi in Bescalmo ante salam.* Concordia inter abbat. et habitatores Anianæ ann. 1332. in Reg. 69. Chartoph. reg. ch. 175 : *Determinamus quod dicti tres proceres... plenam potestatem habeant... eligendi tres probos et sufficientes homines, qui videbunt et diligentiam habebunt de ædificiis, hospitiis, aquisversibus, parietibus, viis, Bescalmis et carreriis villæ prædictæ.* Ex his facile est emendare quæ leguntur in voce *Bestalinus*; sicque ruunt conjecturæ ibidem propositæ.

¶ **BESCATA**. Vide *Becca*.

BESCAZARIA, [Ludus aleatorius, Gall. *Breland*.] Statutum Communis Bononiensis ann. 1288. apud Ghirardaccum lib. 9. Hist. Bonon pag. 279 : *Quod lusores azardi et Bescazariæ et incisores casei in ipsis scalis.... morari non possint, etc.* [Vide *Biscazia*.]

* **BESCOLUMUS**, Besculmus, Alternatim cumulatus, supereminente cumulo alterna vice plenus, Gall. *Comble*. Stat. Avellæ ann. 1496. cap. 96. ex Cod. reg. 4624 : *Quælibet persona teneatur et debeat mensurare castaneas siccas, pistatas et albas ...... ad Bescolumum dando et mensurando unam eminam ipsarum castanearum Besculmam per unam eminam, et unam culmam et unam rasam pro uno festario castanearum earumdem.*

BESENAGIUM, [Præstationis species.] Charta Willelmi Comitis Cabilonensis ann. 1180. in Bibliotheca Clun. pag. 1441. et apud Gallandum de Franco alodio, et Chifflettium in Beatrice Cabil. pag. 40 : *Quod in villa Paredi, et universa terra ejus, non habeo talliam, vel porcellagium, vel messionagium, seu annonagium, vel carredum.* Vide *Bisene*.

* Ea, ut videtur, quæ ex apum alveariis, *Besanæ* dictis, percipitur, nostris etiam

Besenage. Charta Phil. Pulc. ann. 1298. in Lib. rub. Cam. Comput. Paris. fol. 41 : *La vile de Oyson et de Chinon ,..... le fouage d'ilec, les cens, la hale, la paneterie, les Besenages , les blez de Coulon , etc.* Vide supra *Besana* 1.

¶ **BESENE.** Vide *Bisene.*

¶ **BESILAMENTUM**, Detractio, detruncatio, a veteri Gallico *Besiller*, Mutilare, sauciare, *Estropier, mutiler.* Rymer. tom. 8. pag. 27. col. B. : *Acaliorum quorumcumque procurationis falsorum indictamentorum, rasuris sive Besilamentis rotulorum, etc.* Vide *Besilium.*

BESILIUM. S. Audoenus lib 2. de Vita S. Eligii cap. 37 : *Cum corpus ejus delatum esset ad sepulturam, remansit fortuitu in loco quo jacuerat, rachina caprina ex Episcopio valde optima, quæ nimirum in Besilio fuerat pridie supposita feretro etc.* Quo loco *Besilium*, scamnum significat, duplex, cui feretrum impositum erat. Vide *Bisellium.*

Quæ porro fuerit vocis obsoletæ, *Besil*, apud nostros, notio, non omnino planum est assequi; nisi idem sit quod *Bersel*, de qua voce diximus in *Bersa.* Occurrit illa, ut et *Besiller*, non semel apud Guill. Guiartum in Histor. Francor. MS :

Que pais fut si outreement,
Qu'il n'i ot Besil ni maçacre.

Infra :

Mainte bonne ville Besillent,
En allant la contrée essillent.

Ann. 1274 :

Grant duel en maine la Reine,
A peu qu'elle ne s'en Besille.

Ann. 1284 :

Car huis et portes en refraignent,
Besilent tous ceus qu'il staignent.

☞ Ex his locis conjicere est, mea quidem sententia, *Besiller* idem esse quod mutilare, alicujus membra debilitare, Gallis hodie *Mutiler, Estropier, Blesser* : non arridet ergo Cangii conjectura, qui vocem *Besiller* cum voce *Berser* idem esse opinatur. Vide *Besilamentum.*

* Ex quibus *Besiller* potius Vexare, molestare, depravari quam mutilare, sonat, quod ex sequentibus rursum patet. Contin. Guill. Tyrii apud Marten. tom. 5. Ampl. Collect. col. 729 : *Porce qu'il sont estrange, et sans recet, il ne poront durer, ains se Besilleront.* Lit. remiss. ann. 1395. in Reg. 149. Chartoph. reg. ch. 126 : *Le suppliant veant que on avoit ostée l'espée de son serourge, et que on le lioit et Besilloit, etc. Faire besistre*, fune, quæ nautis *Issas* vel *Drisse* dicitur, uti, apud Guill. Guiart. ad ann. 1304 :

Cil des galies font Besistre,
Qui és haus mas pas ne messiéent.

* **BESOGIUM**, Securis duplicem habens aciem, in Consuet. monast. de Regula laudatis in voce *Bisacuta*, ubi frustra Cangius putat legendum *Besagium* : nam *Besog*, unde *Besogium*, nostris usitatum fuit, pro ligone, Gall. *Béche, pioche, houë, serpe.* Lit. remiss. ann. 1398. in Reg. 153. Chartoph. reg. ch. 187 : *L'un des varlés du suppliant eust feru ledit Carphas d'un cop de Besog, jusques à grant efusion de sang, etc.* Aliæ ann. 1411. in Reg. 165. ch. 211 : *Unum instrumentum ferreum, vulgaliter vocatum Besog, cum quo dumos et vepres..... stirpare Bernardus intendebat.* Rursum aliæ ann. 1452. in Reg. 181. ch. 75 : *Icellui Raymont print ung Besog sur son col, etc.* Hinc mutata litera *b* in *v*, *Vesoch*, eodem intellectu, in Lit. remiss. ann. 1458. ex Reg. 188. ch. 46 : *Icellui Anthoine tenant en sa main ung Vesoch, autrement Trinquebusson, etc. Besolz* et *Besoutz*, in Lit. ann. 1469. ex Reg. 197. ch. 88 : *Ung harnois, dit Besolz* (infra pluries *Besoutz*) *selon l'usaige du pais,* (Agennois) *qui est ung harnois de fer invasible, très-fort, à ung grant manche, et fait pour coupper les buissons.* Sed et huic proxima est vox *Besouch*, in Lit. ann. 1453. ex Reg. 182. ch. 146 : *Ung baston ferré, appellé Besouch.* Varie rursum effertur. *Besay*, in Lit. ann. 1474. ex Reg. 195. ch. 1244 : *Le suppliant trouva à l'entrée de l'ostel derriere la porte ung Besay,..... et dudit Besoy* (sic) *cuida donner sur la teste d'icellui Fortamer. Besaye*, in aliis ann. 1481. ex Reg. 209. ch. 118 : *Le suppliant assist d'une Besaye sur la teste d'icellui Thogon, dont il cheut à terre. Besoche* præterea, *Bezoche* et *Besoiche.* Lit. remiss. ann. 1378. in Reg. 113. ch. 112 : Le *suppliant fery icellui Colin d'un hoieu ou Besoiche entre deux espaules.* Aliæ ann. 1387. in Reg. 132. ch. 112 : *L'exposant getta contre ledit Mathe Aubereau sa Besoche ou besche, de laquelle il avoit ouvré* (ès vignes) *la journée. Une Bezoche ou pioche à labourer vignes*, in Lit. ann. 1462. ex Reg. 198. ch. 532. *Bosoche, dont l'en provigne les vignes*, in Lit. ann. 1380. ex Reg. 118. ch. 18. Vide *Bessa* 2.

¶ **BESOND**, Nummi genus, forte idem qui *Byzantius.* Acta SS. Maii tom. 1. pag. 64. E. ex vetustissimo Instrumento [** recens esse scribitur in *Tastart.*] : *Et promittuntur pro pretio viginti tria scuta in Saluts, Tastarts et Besonds solvenda.*

* 1. **BESSA**, Rivi vel fluminis alveus, canalis per quem aquæ decurrunt. Charta Ysemb. de castro Allionis ann. 1190. in Chartul. S. Joan. Angeriac. fol. 187. v°. : *Dederunt insuper omnem piscationem, quæ veniet ad eorum* (monachorum) *molendina,.... hoc solo retento, quod si balena, aut marsupa, vel spiculus in ipsa Bessa capti fuerint, ipsius* (Ysemberti) *erunt.* Vide supra *Besale. Besse*, Instrumentum piscatorium, in Lit. remiss. ann. 1455. ex Reg. 189. Chartoph. reg. ch. 58 : *Le suppliant prist une Besse à quoy on pesche, etc.* Si tamen leg. non sit, *on besche*, pro *on pesche*; quo casu idem esset, quod mox in *Bessa* 2.

2. **BESSA**, [* Ligo, nostris etiam *Besse, Bayche*, et *Beysse.* Charta ann. 1284. in Chartul. Thenol. fol. 14. v°. : *Dicebamus quod quotienscumque terræ....... excolebantur ab habitantibus in dicta villa de sancti Petri monte,..... cum carrucis, seu equis vel animalibus ipsorum habitantium, seu cum Bessa, etc.* Alia ann. 1310. ex Chartul. S. Vinc. Laudun. : *Qualitercumque colantur terræ, sive cum equis, sive cum Bessa, etc.* Lit. remiss. ann. 1402. in Reg. 157. Chartoph. reg. ch. 190 : *Pierrat dépouilla son mantel,.... et prist une Besse qu'il avoit à deux mains, etc.* Aliæ ann. 1417. in Reg. 169. ch. 507 : *Guillaume Leupson poure homme serrurier.... ala à Crespy en Lannoïs, pour vendre Besses, et autres denrées de son mestier.* Aliæ ann. 1443. in Reg. 176. ch. 274 : *Icellui Gerault, qui avoit en sa main une Bayche ou Beysse,... donna à icellui Anthoine Garnier de ladite Baysse ou Beysse un coup ou deux sur la teste. Une marre ou Beysse ferrée*, in aliis Lit. ann. 1468. ex Reg. 194. ch. 321. Unde *Besser*, pro *Bécher*, ligone fodere. Lit. remiss. ann. 1478. in Reg. 206. ch. 1031 : *Pierre Guynebert envoya deux compaignons Bessans ou pionniers, pour faire ung fossé.* Et *Besson*, fossor, cujus opus *Bessonnerie* nuncupatur. Lit. remiss. ann. 1415. in Reg. 168. ch. 259 : *Blaise Helouin Besson ou pionnier, etc.* Aliæ ann. 1454. in Reg. 191. ch. 71 : *Le suppliant et Jehan Camyn Besson estoient et besongnoient de leur mestier de Besonnerie en ung certain pré.* Vide *Becca* [* et supra *Besogium.*]

¶ **BESSÆ**, Arvernis Lemovicisque *Besses*, idem quod *Pascua.*

* **BESSAGUM** *scripsit Stephanus pro Bisbeigi, quod est polipodium.* Glossar. medic. Simon. Januens. ex Cod. reg. 6959.

¶ **BESSATUM**, An eadem notione qua *Bessæ* ? Inventarium Recognit. de *Vouta* in Diœcesi Vivar. tom. 2. fol. 351 : *Confrontat cum terra Johannis Fano, et Antonii Chonneti quodam Bessato medio.* Iisdem fere verbis iterum ibidem occurrit.

* Locus humilis, paludosus, dumetis et vepribus plenus; idem quod supra *Baissa.* Vide in hac voce. Neque aliter intelligenda vox *Bessæ.*

¶ **BESSIM**, δίμοιρον : *Bimembre.* Suppl. Antiq.

* Castigat. in utrumque Glossar : *Bes, indeclinabile quidem est, sed antiqui besses conscripserunt, et Besses et Bessem dicunt.*

¶ **BESSUM**, *Genus vehiculi.* Papias.

** **BESSUS.** Mar. Vergilii Epitom. IV. ap. Maium. Classic. Auctor. tom. 5. pag. 120 : *Bestia dicitur de Bessu, hoc est more feritatis.* Confer *Bibuscus. Bessus*, Ligo, vide in *Becca.*

* **BESTAGIUM**, a Gall. *Bétail*, Pecus. Lit. remiss. ann. 1364. in Reg. 94. Chartoph. reg. ch. 43 : *Ab eisdem* (Britonibus) *emebat et emit animalia seu Bestagium, quod deinde occisum, tam ipsis Britonibus, quam aliis emere volentibus, vendebat.*

* **BESTALE**, Eadem notione. Lit. remiss. ann. 1352. in Reg. 81. Chartoph. reg. ch. 274 : *Cum.... dictus Symonetus Bestale seu prædam dictæ villæ in pabula seu pasturagio ejusdem villæ, causa pabulandi, duxisset. etc.* Vide *Bestiale.*

¶ **BESTALINUS**, Iter tortuosum, ut videtur. Nostris olim *Bestors* vel *Bestorte* idem omnino sonabat quod jam *Chemin oblique et tortueux. Ovide MS.* apud Borellum :

Et tant fist les chemins Bestors, etc.

Unde pro *Bestalinus* legendum puto *Bestorinus*, in Edicto Johannis Regis Franc. ann. 1357 : *Quod possint et valeant... mundare, et auferre femoraria, sucos, et alias orduras, prout indigebant, reparareque gradaria, thes et Bestalinos, passus, pontes et itinera ipsius castri.* Hinc etiam emendare licet aliud ejusdem Regis Edictum ann. 1351. tom. 2. Ordinat. Reg. Franc. pag. 480 : *Habeant potestatem cognoscendi de viis publicis et itineribus reparandis, de clertis, edificiis et tabulariis Bescalinis, in dicto ca-*

stro. Nisi forte alicui magis arriderit vox *Bestalinus* pro stabulum, Gall. *Etable.* [* Vide supra *Bescalmum.*]

* **BESTALLUM**, Idem quod *Bestale.* Lit. remiss. ann. 1364. in Reg. 94. Chartoph. reg. ch. 42 : *Cepit in domo liberorum Faverelli unum bovem, et certa alia bona, et Bestallum in aliis locis.*

* **BESTANCIUM**, Controversia, contentio, lis, Gall. *Contestation, procès,* olim *Bestant*, unde *Bestancier,* Contendere, litigare. Charta Raynaldi episc. Tullens. ann. 1179. inter Probat. tom. 1. Annal. Præmonstr. col. 555 : *Præterea idem Guiardus quoddam carruagium, quod erat in Bestancio, et quod hactenus crantare noluerat, in præsentia nostra crantavit.* Charta Guill. episc. Metens. ann. 1267. in Chartul. Campan. fol. 414. col. 2 : *Faisons savoir à toz.... que de totes quereles et de touz Bestans, qui sont et peuent eistre antre nos et noble homme Ferri duc de Loraingne et marchis, etc.* Eadem leguntur in Charta Ferrici ejusd. ann. ibid. Pactum inter Henr. comit. Luxemb. et Trevirenses ann. 1302. tom. 2. Hist. Trevir. Joan. Nic. ab *Hontheim* pag. 15. col. 2 : *Et après de dettes et des Bestans, que nostre sougis ont eu az diz citains jusques aujourd'hui, nous en serons bons moyens.* Charta ann. 1239. in Chartul. S. Petri de monte : *Et se nostres freires li clers en voloient Bestancier, nes chalangier, nos ne leur en seriens ne en awue, ne en consoil, ains nos peneriens en bone foit que li aumone ceist* (i. e. cessât). Vide supra *Bastancium.*

* At vero *Bestance*, apud Villehard. paragr. 75 : *Bestance i ot assez d'unes choses et d'autres,* Italicum est *Bastanza*, Gall. *Suffisance, abondance,* copia. *Bestens* autem, Tempestas incongruens, incommoda, Gall. *Mauvais temps*, in Lib. 1. ordinat. super artif. Paris. ex Cam. Comput. fol. 5. v°. : *Se Bestens n'estoit, c'est assavoir des grans gelées et des grans eaues, etc.* Stat. pro molendinariis Paris. ibid. fol. 20. v° : *Ly musnier de grant pont.... ne peuent prendre aux bourgois, ne en Bestens, ne hors Bestens, ne en esté, ne en yver, que de ung septier ung rez boessel.*

* Vox igitur *Bes*, apud nostros olim alteri adjuncta, ejus significationem in malam aut etiam pejorem partem detorquebat, quod et in *Bestornatus* advertere etiam licet. Hinc *Besivre* eum dicebant, qui vino obrutus erat. Lit. remiss. ann. 1416. in Reg. 169. Chartoph. reg. ch. 447 : *Quant le suppliant et austre de sa compaignie virent qu'il estoit ainsi Besivre, et qu'il ne savoit qu'il disoit, commencerent à rire, etc.* Et *Mener à Besloy*, pro A lege seu a recto abducere, usurpabant. Mirac. B. M. V. MSS. lib. 1 :

> Lues qu'en bouche ont décré et loy,
> Tout le mont mainent à Besloy.

L'Ordene *de Chevalerie* MS. :

> D'autre gent de mauvaise loy,
> Qui nous mettroient à Besloy.

* Hinc, ut opinor, *Besucher*, Parcere, vulgo *Epargner, ménager.* Guill. Guiartus :

> Li chapples commence Lydeus;
> Car cil des Frans pas ne Besuchent
> Soudoiers d'armes, qui trébuchent.

* **BESTARCHA**, Dignitas ex illustrioribus in aula Constantinopolitina. Vide Βεςάρχης in Glossario mediæ Græcitatis.

* **BESTEHOOFD**, Præstantior supellex, quæ post obitum vassalli domino debetur, idem quod *Melius catallum*, Anglis *Heriotum* dicitur. Vide in his vocibus. Charta Ferrandi et Joannæ comit. Fland. ann. 1234. in Suppl. ad Miræum pag. 96. col. 1 : *Omnes illi de octo virscarniis manentes infra officium Brugense, qui ad scabinagium pertinent,.... quiti sunt et liberi in perpetuum de servitute quadam, quæ vocatur Bestehoofd, quamdiu infra dictum officium Brugense manserint ad dictum scabinagium pertinentes.* [** Germ. *Besthaupt.*]

* **BESTELETA**, diminut. a Bestia. Arest. parlam. Paris. ann. 1321. 9. Maii ex Reg. *Olim* : *Item unum cyphum... esmaldatum de armis Franciæ et de Besteletis, pretio lx. librarum.*

¶ **BESTEMIÆ**, *Trojæ*. Glossar. Isid. Ubi Grævius inter varias, quas refert, lectiones hanc præfert : *Bestiæ majæ, Trojæ*, ut *Bestia maja* dicta pro *majali.* Est autem Majalis bestia porcus sic dictus, eodem Isidoro teste, quod Deæ Majæ sacrificaretur. Vide *Majalis* et Grævium loco citato.

¶ **BESTEONEM**, Vide *Boteonem.*

BESTIA, Equus vel jumentum quo quis vehitur : quomodo *Beste* etiamnum usurpamus, *Equitatura.* Hugo Flaviniac. in Chron. pag. 245 : *Quid enim referam... fulmen ante conspectus nostros cecidisse, ita ut Bestia cui sedebam igne ipso ustulata, etc.* Utitur ibi semel ac iterum.

* Hinc *Marcheant de Bestes*, Equorum negotiator, in Charta ann. 1296. ex Lib. rub. Cam. Comput. Paris. fol. 247. v°. col. 1.

* Bestia Bisa, Fera venatica cinerei coloris, ut aper, etc. Charta anni 1350. in Reg. 103. Chartoph. reg. ch. 316 : *Excipiendo captionem grossorum animalium seu ferarum, quæ communiter Bestiæ bises vocantur.* Vide *Bisus.*

* Bestia Blancha, Lanigera, ut ovis, agnus. Chartul. Corb. sign. *Cæsar* fol, 101. r° : *A esté donné congié.... pour mener pasturer leurs blanches Bestes à laynes en prez de messieurs de Corbie.*

* Bestia Bovina, in Charta ann. 1299 : *Pro qualibet Bestia bovina de die solvat denarios duos, et de nocte quatuor.*

* Bestia Ferri, *Beste de fer*, dicitur quæ domino non perit. Belloman. MS. cap. 68 : *Mes se je baille ma vaque ou mes brebis en cel maniere, que tout li fruits fussent mien, pour prest de deniers ou d'autres chozes, et les bestes moroient sous le coupes de chelui, qui de par moi les avoit en warde, et je les voloie ravoir par che que il fu convenanchié, che seroit usure; et de celes usures appele on Bestes de fer, pour che que elles ne pueent morir à leur seigneur.* [** Dicitur etiam *Socida ad salvum capitale* vel *ad caput salvum.* Vide in *Socida* Andr. Sunes. Leg. Scan. lib. 16. cap. 7. Confer Rosenwing. Histor. Jur. Dan. § 60. et Mittermaier. Princip. Jur. Germ. § 293. Germ. *Eisernviehvertrag.*]

¶ Bestia Grossa, in Historia Arvern. tom. 2. pag. 86 : *De qualibet Grossa Bestia, quæ portabit trussellum vel mercaturam levabuntur xv. Claromontenses.*

* Jumentum. Occurrit præterea in Stat. crimin. Saonæ cap. 42. pag 91.

¶ Bestia Maja. Vide *Bestemiæ.*

¶ Bestiæ Tragini, Veterina, ab Hispano *Tragin*, Vectura, Gall. *Bête de Voiture.* Concil. Hisp. tom. 3. pag. 382. ex Epistola Alexandri III. PP. ad Episcopos Hispaniæ.

* Bestia Trahens, Aratoria præcipue, quæ et *Animal de labore* nuncupatur; tametsi potest intelligi de ea, quæ currum trahit. Charta ann. 1240. in Chartul. Campan. fol. 365. col. 1 : *Præterea statuimus, quod si de singulis Bestiis trahentibus nobis et domino regi xij. denarios annuatim in festo S. Remigii persolventur : homo vero qui pecudem trahentem non habuerit, xij. denarios eadem die similiter persolvet.* Comput. de bladis comitat. Campan. ann. 1348 : *Des cornages de Bestes traihens de Montigny, 10. razeaux, 2. bichots.* Vide in *Cornagium.*

Venari ad magnam Bestiam, nempe cervos, damas, apros, etc. Vetus Inquisitio de foresta, in Regest. Philippi Aug. f. 114 : *Viderat dictum Robertum venari in eadem foresta ad Magnam Bestiam.* [** Vide *Feræ forestæ* in *Fera*, 3. et Mittermaier. Princip. Jur. Germ. § 216.]

Bestia Mortua. Charta Will. de Calviniaco ann. 1212. in Regest. Philippi Aug. f. 74 : *Præterea eidem Domino Regi et hæredibus ejus quito in perpetuum omnem chaceiam ejusdem forestæ, et Bestiam mortuam.*

BESTIALE, Bestialia, Gall. *Bestail*, Pecudes, apud Michaëlem Madium de Barbezanis in Hist. cap. 20. 21. [Et in Appellatione B. Episcopi Albiensis ad Regem relata inter Instrum. tomi 4. novæ Gall. Christ. col. 1. A.]

* **BESTIALIS**, Rusticus, stolidus. Bareleta serm. in Domin. 4. Advent : *Quidam Bestialis misit quendam famulum cum uno barileto satis magno, ut daret ei de vino pretioso. Quod videns dominus rusticitatem illius civis, etc.* Nostris *Abestir*, aliquem quasi *bestiam* alloqui, pro stolido habere. Lit. remiss. ann. 1479. in Reg. 206. Chartoph. reg. ch. 340 : *Vous me Abestisez fort, et vous mocquez trop de moi.* Vide mox *Bestialitas.*

¶ **BESTIALITER**, Bestiarum more. Martenii Itinerarium litterarium tom. 2. edit. 1724. pag. 362. ex Itinere Indico Balthazaris *Spinger.*

* **BESTIALITAS**, *Besterie*, in Glossar. Gall. Lat. ex Cod. reg. 7684. Utitur Rabelais. lib. 1. cap. 9. pro Stupiditas, Gall. *Bêtise.* Vide supra *Bestialis.*

* **BESTIAMEN**, ab Ital. *Bestiame*, Pecus, Gall. *Bétail.* Chron. Bergom. ad ann. 1406. apud Murator. tom. 16. Script. Ital. col. 979 : *Facinus Canis capitaneus.... ivit versus partes Brixienses, et reliquit quasi totum planum Bergomi consumtum victualium et Bestiaminum a laborerio.* Stat. Mantuæ lib. 1. cap. 139. ex Cod. reg. 4620 : *Ordinamus quod..... blada, legumina, Bestiamina.... extrahi non possint de territorio Mantuano.* Stat. Vallis Ser. cap. 67. ex Cod. reg. 4619. fol. 117. v° : *Possint ire per totum montem.... cum suo Bestiamine ad pascullandum.* Adde Statuta castri Redaldi lib. 1. pag. 22. v°. Cadubrii cap. 95. etc.

* **BESTIAR**, Idem quod *Bestiare*, Pecus. Charta Amalr. dom. Montisf. ann. 1224.

inter Probat. tom. 3. Hist. Occit. col. 286 : *Ita tamen quod de cetero vestra animalia et vestrum Bestiar in dicta pascua pascant, et.... nulla alia animalia vel aliud Bestiar in dictis pascuis pascere possint.*

BESTIARE, Pecus. Fori Oscæ ann. 1247. fol. 31 : *Si vero Bestiare extraneum, sive oves, transitum fecerit per terminos alicujus Infantionis, etc.* Vide *Bestagium* et *Bestale.*

1. **BESTIARIUM**, *Liber de bestiis compositus, vel locus ubi bestiæ morantur*, Ugutioni et Joanni de Janua.

2. **BESTIARIUM**, Pecus, *Bestail.* Libertates Regni Majoricar. ann. 1248 : *Non donetis carnaticum de vestro Bestiario omni tempore, etc.* [Charta Berardi et Raimundi Consulum Tholosæ ann. 1192. in lib. MS. Consuetud. et Privileg. urbis Tholosæ f. 29. v°. e Biblioth. *D. de Crozat* : *Causa spaciandi et trepandi et pascendi ab omni Bestiario et ab omnibus animalibus.* Haud semel occurrit in Chartis Archivi B. Mariæ Piperacensis.] Vide *Adularius.*

¶ 1. **BESTIARIUS**, *Venator bestiarum.* Glossar. Isid. et Vetus Gloss. San-German. MS. n. 501. [** Vide Forcellin.]

* 2. **BESTIARIUS**, ut *Bestiarium* 2, Pecus. Charta Jacobi reg. Aragon. ann. 1232. in Chartul. Campan. fol. 549. col. 2 : *Ubique sui Bestiarii et ganati franche et libere et salve ac secure pascantur.*

BESTIONES, *Tiraces.* Ita Glossæ Isidori. Italis *Bestione*, est bestia grandior.

¶ **BESTIRIUM**, Mendose pro *Bestiarum*, in Glossis Isid. in voce *Belluus*, ad quam si lubet Grævium consule.

BESTIUS, *Instar bestiæ*, Joanni de Janua. Commodianus Instr. 34 :

Non requiris eam, sed sic quasi Bestius errans.

[Epistola Henrici Clerici Pomposiani XI. sæc. scripta in Diario Italico B. *de Montfaucon* pag. 82 : *Quis igitur tam ferreus, quis tam immitis, tamve Bestius excors, etc.* Eadem habes tom. 5. Annal. Bened. pag. 323. et apud Marten. tom. 3. Anecd. col. 370. D. de varia fortuna Ernesti Bavariæ Ducis :

Bestius ille gygas terræ jumenta virosque
Prosternit, etc.

Utitur etiam Persius Satyra 6. Vide *Belluus.*

¶ **BESTORNATUS**, Male versus, Gall. olim *Bestourné.* Litteræ Joannis Abbatis S. Genovefæ Paris. ann. 1350. pro capella S. Yvonis. Paris. : *In quadam magna platea sita in parrochia S. Benedicti Bestornati in quadrivio vicorum Nucum, et Fera et dicti magni vici S. Jacobi. Bestornata* olim dicebatur hæc parochialis Ecclesia, quod ejus majus altare tunc temporis spectaret Occidentem, cum ex ecclesiastica consuetudine Orientem spectare debuisset. Nunc contraria ratione dicitur *S. Benoît le Bien tourné*, quod ad Orientem translatum sit majus altare, cum instaurata est Ecclesia. Dicta etiam fuit *Bistornata* propter hanc majoris altaris in duobus locis collocationem. Vide Sauval. tom. 10. Antiquitat. Paris. pag. 410. et Borellum in Thesauro Antiquit. Gallic. ad vocem *Bestourner.* Confer supra *Bestancium.*

* *Mestourné*, pro Plus æquo parvus, in Consuet. Genovef. MSS. ex Stat. ann. 1300. fol. 8. v°. : *Pain mestourné, c'est-à-dire, pain trop petit.*

* ¶ **BESTUM**, f. Jus pascendarum bestiarium in silvis. Hist. Harcur. tom. 4. pag. 1928 : *De feodo de Pewerel Henricus tenet in eodem tres virgatas terræ et habet Bestum in foresta de Leicester.* [* Mendum pro *Pastum.* Vide *Pastio.*]

1. **BETA**, Pellis lanata. Gloss. S. Bened. cap. de Vestimentis : *Pellis lanata*, Βαίτη. Glossæ Regiæ MSS. : Βαίτα, *Pellicea.* Gloss. Græc. Lat. : Ἀρνακίς, τὸ προβάτειον δέρμα, *Pellis lanata.* Zacharias Calliergus in Schol. ad Theocr. Id. 5 : Βαίταν λέγουσι τὰ ἐκ κωδίων συνεῤῥαμένα περιβόλαια. Ubi βαίταν, τὴν διφθέραν, τὴν σισύραν interpretatur. Tabularium S. Martini de Campis : *Agnina pellicia, et nocturnales, qui vulgo Betæ dicuntur.* Hodie etiamnum *Betas* vocant Bellovacenses, cuculliones nigri coloris, quibus caput in mortuorum obsequiis viri operiunt; de quo more agit Gregorius Turon. de Vitis Patrum cap. 6 : *Similiter et viri obtecto capite, ut in exequiis uxorum mos est.* Vide *Nocturnales.*

* 2. **BETA**, Rivi alveus, canalis, ut videtur, idem quod supra *Besale.* Charta ann. 1219. in Reg. feud. Aquit. sign. JJ. rub. fol. 46. r°. ex Cam. Comput. Paris. : *Quadraginta solidos super Betam de la Bersada annualiter assignavit, ita quod ecclesia S. Macharii illos xl. solidos de prima piscatione, quæ in Beta de la Bersada piscabitur, sine contradictione aliqua percipiet. Beta*, pro *Bara*, vide supra in hac voce. Nostri vero *Beter*, dixerunt, pro *Emmuseler*, Capistrare, os obstringere. Mirac. B. M. V. MSS. lib. 1 :

Quant batu l'orent et Beté,
En la fournaise l'ont jeté....
Et comme un ours batre et Beter.

* 3. **BETA**, *æquivocum est ad herbam et ad litteram et ad panem, Gall. Tortre.* Glossar. Lat. Gall. ann. 1348. ex Cod. reg. 4120.

¶ **BETACIUS**, Insulsus. Papias MS : *Beta oleris genus. Betacius derivatur inde, Insulsus.* [** Vide Forcellin, in *Beta* et *Betaceus.* Adde Priscian. lib. 3. in fine, Papiæ auctorem.]

BETAGII, apud Hibernos, dicuntur Laici ascripti glebæ Ecclesiasticæ. Charta pro Prioratu S. Andreæ in Hybernia, tom. 2. Monastici Anglic. pag. 1019 : *Terras et tenementa nostra in Ultonia, cum dominiis, dominicis servitiis, redditibus, tam liberorum, tenentium, firmarum, quam nativorum, et Betagiorum cum Nativis, Betagiis, cum eorum sectis, etc.* Liber niger Eccles. Lismorens. apud Jacob. Waræum in Antiquit. Hibernicis. cap. 30 : *Memorandum, quod quælibet caruca de Betagiis, quolibet anno debet arare Domino* (Episcopo) *unam acram ad seisinam avenarum, etc Item Betagii debent trahere blada Domini.* In Charta Edw. II. Regis ann. 1316. distinguuntur a Tenentibus. Unde vero sic dicti, videtur ignorasse idem Waræus, contentus annotasse vocem esse labii Hibernici.

* **BETAGIUM**. Vide infra *Binnum.*

BETALIS. Fragmentum Petronii cap. 58 : *Curabo longe tibi sit comula ista Betalis, et dominus dupondiarius.* [ubi *Betalis* idem videtur quod Mollis instar betæ. Quidam legunt *Bessalis.*]

¶ **BETATUM** Vinum, f. idem quod *fecatum.* Vide in *Vinum.* [* Legendum, *Botatum.* Vide in *Vinum.*] [** sive *Vetatum.*]

* **BETFRERIUS**, Turris altior in urbibus, vulgo *Beffroi.* Charta ann. 1223. inter Instr. tom. 10. Gall. Christ. col. 231 : *Apud Silvanectum quadraginta solidos censuales de duabus domibus, sitis juxta Betfrerium civitatis Silvanectensis.* Cum autem in ea turri pendere solet campana, cujus pulsu cives convocantur, aut nunciantur adventantes hostes; hinc *Beffroy* usurparunt pro eo, quod nunc *Tocsin* vocatur. Lit. remiss. ann. 1479. in Reg. 205. Chartoph. reg. ch. 294 : *Aucuns du village de Monthelye se prindrent à sonner les cloches de l'église par maniere de Beffroy, pour assembler le peuple dudit lieu.* Vide *Belfredus.*

¶ 1. **BETH**, *sive Bara, mola olearia.* Papias MS. [** *Bata* in cod. reg. 7609. Vide *Batus.*]

* 2. **BETH.** Stat. pellipar. Berolin. ann. 1280. apud Ludewig. tom. 11. Reliq. MSS. pag. 633 : *Tercio, quod nullus ponat dolium Rosine, quod Beth est interpretatum.* [** In German. : *Dat nymant sal setten ein Bethbat, etc.* In margine *Bethboth.* Saxon. ant. *Beth*, Balneum, lavacrum.]

* **BETHLEEM.** Charta Philippi I. reg. Franc. ann. 1070. inter Instr. tom. 12. Gall. Christ. col. 13 : *Gualtherus abbas loci qui vocatur ab antiquis Bethleem sive Ferrarias, etc. Bethleemitense monasterium*, in Bulla Paschalis II. ann. 1103. ibid. col. 15.

BETHLEEMITÆ, Monachorum secta, de qua sic Matth. Paris ann. 1257 : *Concessa est mansio Fratribus Bethleemitis in Cantabrigia,... quorum habitus similis est habitui Prædicatorum. Signatur autem capa eorum in pectore quadam stella rubra, 5. radiis crinita, in cujus medio quædam rotunditas est aërei coloris, propter stellam, quæ apparuit in Bethleem nato Domino.*

* **BETHPHANIA**. Bareleta serm. in Epiph. : *Hodierna solemnitas.... tribus vocabulis decoratur : 1°. Epiphania, 2°. Theophania, 3°. Bethphania.... Bethphania, a beth, quod est domus, et phanos, apparitio; quia revolutis xxx. et uno anno ad nuptias fuit invitatus* (Jesus).

* **BETINUS**, Venter. Barel. serm. in fer. 5. hebd. 1. Quadrag. : *Si vis a principe gratiam petere, stomacho prius confortato, quando confortavit Betinum, sine vino nihil fit.*

BETIU, Petiu, sic enim varie scriptum reperitur in Traditionibus Fuldensibus, ubi inter vestes Ecclesiasticas vel certe ministeria sacra recensetur, lib. 1. pag. 459 : *Duæ capsæ,... patena 1. et 6. velamina, casula cum alba, 3. Petiu cum tribus capitalibus, 2. vasa ad ministrandum, etc.* Pag. 472 : *Betiu 3. pulvilli 5. sedalare 3. mappæ 2. manutergia 1. bechin. 1. pelvis 1. etc.* [** Bed, Lectus, secundum Graff. Thesaur. Franc. vol. 3. col. 53. In Harm. Evang. Saxon. pag. 166. lin. 17. Peda est *tunicam*, Ev. Ioh. 19, 23. Germ. Superior. *Pheit*, Camisa, indusium, ap. eund. Graff. vol. 3. col. 327.]

* **BETO**. Comput. MS. fabr. S. Petri Insul. : *Datum. Item Nicolao le Rogier pro Betone, iiij. sol.* Semel atque iterum ibid. legitur.

BETOLA. Contract. datior. Bergom. lib. 4. c. 41 : *Quod Betolæ et tabernæ possint teneri ubique in locis consuetis.* [* Italis *Bettola*, Cauponula.] [** Vide Murat. Antiq. vol. 2. col. 1155.]

¶ **BETORACES**, ἄκανθαι, *Spinæ*. Suppl. Antiquarii. [** In Gloss. Lat. Gr. est *Betoraes*, Vulcan. legend. censet *Bepres* pro *Vepres*.]

¶ **BETRESCHA**. Vide *Bretachiæ*.

* **BETRICUM** Vini, Jus vinum divendendi, cessantibus aliis quibuscumque, idem quod *Bannum vini*. Vide supra in hac voce. Charta ann. 1327. in reg. 74. Chartoph. reg. ch. 492 : *Item invenit dictus commissarius, quod habemus ibidem betricum vini seu bannum quolibet anno, una cum nobilibus pariariis dicti castri*. Sed forte leg. *Betatum*, pro *Vetatum*.

* **BETTA**. Vocabul. Lat. Germ. Twing. MS. : *Bette der geburen*, *Betta vel præcaria*. Charta ann. 1396 : *Districtu, banno, ... molendinis, stura, Betta, ungelta, exactione, etc.* Vide *Bettvoita* [** et *Bede*, ubi addend. Grimm. Antiq. Jur. pag. 297.]

¶ **BETTVOITA**, Advocatia precaria, German. *Bittvogtey*. Christophori Mulleri Introductio in Hist. Canoniæ Sand-Hip. apud Raim. Duellium Miscellan. lib. 1. pag. 385 : *Eas vero, quæ Bettvoitas vulgariter appellantur, occasione quarum Ecclesiæ destituuntur, penitus amoventes*.

** **BETUM**, Pars agri elatior inter duos sulcos, Germ. *Ackerbeet*. Cod. Leg. Normann. ap. Ludew. Reliq. tom. 7. pag. 318. Vide *Bedum*. Adel. Ita se habet locus : *Precipe Tycio, quod juste et sine mora ressaisiat Betum de terra apud Betum etc.* In ant. cons. Norm. Gall. cap. 93 : *Commande a R. que à droict et sans delay il resaisisse L. d'une terre qui est assise en la paroisse de Marboeuf*. Unde patet per *Betum* designari quodvis nomen proprium.

* **BETUNIUM**, Res vilioris pretii, a vet. Gall. *Betun*, quo purgamenta quævis significabant. Lit. remiss. ann. 1360. in Reg. 90. Chartoph. reg. 540 : *Dictos equos cum aliis bonis dictorum burgensium captos apud Verdunum conducentes, ipsos inter se ad invicem, tanquam putatos pro Betunio, publice diviserunt*. Lit. ann. 1389. inter probat. tom. 3. Hist. Burg. pag. 132. col. 2 : *Que tous manieres des gens de quelqu'estat qu'ilz soient, qui ont mis aucuns fumiers, terres, et autres Betuns ez places de la ville de Dijon, etc.* Lit. remiss. ann. 1401. in Reg. 156 ch. 98 : *Un tombereau chargié de gravois et autre Betun, etc.* Unde *Betumier*, locus immundus, sordidus, in Mirac. B. M. V. MSS. lib. 3 :

Issons, issons du Betumier,
Laissons la boe et le fumier.

¶ **BETUS**, πάλαιος : *Priscus*. Supplem. Antiquarii. [** *Vetus*.]

BEVARIA Pellis. Vide *Bever*.

BEUDUM, Beodum, Mensa. Vetus Glossarium apud Pithœum : *Mensa, Beod. Refectorium, Beodden*. Anglo-Saxonibus, beodern est mensa : Flandris *Bodem*, mensa rotunda instar fundi doliaris, quod apud tenuiores et in castris plerumque mensæ vicem fungitur, inquit Wendelinus. Lex Salica tit. 48 : *Ille in cujus laisum festucam jactavit, ibidem mansisset, et hospites tres vel amplius collegisset, et pavisset, et ei ibidem gratias egisset, et in Beudo suo pultes manducassent*. Alii Cod. habent *beodo*. Nescio an ab hac voce Hispani suum *Beodo* hauserint, pro ebrio, a dolio scilicet vinario. Vide Sebast. Cobarruviam. Cambro-Britannis *Beudy* est Bostar, bubila, stabulum boum. [** Vide Graffii Thesaur. Ling. Franc. vol. 3. col. 76. voce *Biut*; Schmeller. Gloss. Saxon. voce *Biod*.]

* **BEVELANDIA**, Altera Zelandiæ insula, uti observant docti Editores, a Flandr. *Beven*, tremere, et *land*, terra. Mirac. S. Arnulfi tom. 3. Aug. pag. 256. col. 2 : *In insula, quæ nuncupatur Bevelandia, hoc est, tremula terra, etc.*

BEVER, Beuvrum, Fiber, Castor; Anglis et Germanis *Bever*, Gallis *Biévre* : *Bibris*, Plinio lib. 32. cap. 3. *Bebrus*, veteri Interpreti Juvenalis ad Sat. 12 : *Castorem Bebrum dicit*. Claudian. in Epigr. :

Nominis umbra manet veteris, nam dicere Bebrum,
Si castor niteat, Castoreum nequeo.

Papias : *Fiber, qui et Bever, Ponticus canis et Castor*. Alibi : *Bever, Beveri, mascul. est quoddam animal*; [** ut ex Prisciano. Locus est lib. 5. cap. 3. sect. 14. ubi hanc lectionem ex ant. ed. restituit novissimus editor.] Gloss. Ælfrici : *Fiber, Castor, Ponticus*, Befer. Joan. de Garlandia in Synonymis :

Fiber idem Castorque, Bever, castoria cujus
Fiunt testiculi, castratus dicimus inde.

Bernardus Silvester, egregius versificator, inquit Gervasius Tilleber. decis. 3. de Otiis Imp. cap. 46 :

Cisimus obrepsit, et vestitura potentes
Marturis, et spolio non leviore Bever.

Silvester Giraldus in Itiner. Cambriæ lib. 2. cap. 3 : *In Germania, Arctoisque regionibus, ubi abundant Bever, etc.* Vide Petrum Damiani lib. 1. Ep. 16. lib. 2. Ep. 18. Durandus lib. 6. Rational. c. 7. n. 22 : *Biverus in jejuniis potest comedi ex parte quæ piscis videtur*. *Bevero*, Itali dicunt. Dantes in Inferno cant. 17 :

Lo Bevero s'asseta à far sua guerra.

Le Roman *de Garin* MS :

Mantel ot riche de Bievre Sarazine.

Bevarum. *Galerus de Bevaro*, in Ceremon. Rom. lib. 2. sect. 1. nostris *Chapeau de bievre*.

Beuvrum. Chronic. Fontanellense cap. 16 : *Alteram (cappam) ex cane Pontico, quem vulgus Beuvrum nuncupat*.

¶ Bevyr, apud Rymer. tom. 7. p. 356 : *Et unum par chirotecarum de Bevyr*.

Bober. Ditmarus lib. 6. pag. 65 : *Fixerunt tentoria juxta amnem, qui Bober dicitur Sclavonice, Castor Latine*.

Beverarii, Quibus Castorum cura et custodia incumbit, recensentur cum *Bersariis* et *Veltrariis*, inter Ministeriales, seu Palatii Officiales ab Hincmaro de Ord. Palatii c. 17. Vide Nicol. Uptonum pag. 158. et infra in *Porci suales*.

Beverina Pellis, Gall : *Peau de bievre ou de castor*. Chronicon Reichersperg. pag. 268 : *Et misit ei... duos scyphos aureos, et duas vestes imperiales, et trecentas Beverinas pelles*. Ricardus Prior Hugustald. de Gestis Stephani Regis Angl. : *Prohibemus etiam Apostolica auctoritate sanctimoniales variis, seu grisiis, sabellinis, marterinis, hereminis, Beverianis pellibus uti*.

Bebrinum Vestimentum, in Regula S. Cæsarii ad Virgines cap. 7 : *Vestimenta lucida, vel nigra, vel cum purpura, vel Bebrina nunquam in usu habeant*. Gloss. Isid. : *Castorium, vebrinum, Bebrinum*.

Bevariæ pelles, pro *Beverariæ*, in Charta ann. 1117. apud Ughellum tom. 7. Ital. sacr. pag. 868. Perperam *Bivaria materia*, editum in Concilio Budensi cap. 3. apud Rainaldum ann. 1279. pro *Beveraria*, vel *Bevraria*.

¶ **BEVERAGIUM**. Vide *Beberagium*.

¶ **BEVERARII**, Beverina Pellis. Vide in *Bever*.

¶ **BEUFREDUM**, Gall. *Befroy*. Chronicon Beccense MS. pag. 26 : *Eodem anno fecit incipere quoddam Beufredum.... ad campanas suspendas*. Vide *Belfredus*.

¶ **BEVIUM**, Idem quod *Bedum*. Charta Thossiac. ann. 1462 : *Debet sex denarios pro licentia sibi data de capiendo aquam labentem a Bevio vocato de la Glene et esclaveidorum labentum ab itinere de Thossiaco ad Castellionem Dumbarum*.

* **BEVRAGIUM**, Fons. [** Proprie Aquarium. Vide *Abeuvragium*. Adel.] Sent. arbitr. ann. 1303 : *Item quemdam alium terminum* (posuerunt) *juxta Bevragium seu fontem Teulerii*. Pro bibitione seu compotatione occurrit in *Biberagium*. *Beverie* vero et *Beuverie*, pro Ebriositas, vulgo *Yvrognerie*, Ital. *Beveria*, in Lit. remiss. ann. 1463. ex Reg. 199. Chartoph. reg. ch. 312 : *Lequel Charret en sa viellesse se inclina à Beuverie, et à suivre tavernes*. Bestiarius MS :

Le laron, qui les fols déchoit
Se trait en sus des Beveries,
Des yvreches, des lycheries.

BEVRAGIUM Coriorum, in Charta G. Comitis Mellenti in Tabul. Leprosariæ S. Egidii Pontis Audomari. Usatica MSS. Vicecomitatus Aquæ Rotom. : *La coustume des cuirs frés et tannés, Beurages, et les tourteaulx de toutes les portes de Rouën, etc.*

* Census vel præstationis species. Charta Ludov. X. ann. 1314. in Reg. 50. Chartoph. reg. ch. 111 : *Richardo dicto Carbonel... sex sextaria avenæ, et viginti duas gallinas,.... et pro Beuragio cujuslibet gallinæ duos denarios Paris. concedimus*. Quæ Gallice sic leguntur in Reg. Cam. Comput. Paris. sign. *Bel* fol. 32. r° : *Loys roy de France et de Navarre... l'an 1314. donna à Richart Carbonnel et ottroia vj. sextiers d'avaine et xxij. gelines, ... chascune geline prisée vij. den. et pour le Beurage de chascune geline, ij. den. Paris.* Acta capitul. eccl. Lugdun. ad ann. 1347. fol. 136. r° col. 2. ex eadem Camera : *Item Beuragium navigii Guiorgii*.

¶ **BEVRALES** Porci, id est, non castrati a Saxonico *Beer*, Verres, Nostris *Verrat*, Italis *Verro*, Hispanis *Berraco*. Polyptycus monasterii S. Remigii Remensis : *Somma porcorum sualium* xxv. *Bevralium* cxliv. [** Ita numerus non castratorum multo major est quam castratorum, cum contraria semper ratione agant quibus porcorum greges sunt. Cangius *Porcos suales* interpretatur *Masculos sues*, sunt Ad coitum apti. Vocem *Bevralis* laudat supra in *Bever*, Castor, unde formata idem significat quod *Castratus*.]

¶ **BEVRATORIUM**, Gall. *Abbrevoir*, ubi adaquantur animalia; in Statut. Veronensib. lib. 5. cap. 23.

¶ **BEUVENDA**, Potatio, seu vini distributio pro assistentia in choro, in Cathedralibus et Collegiatis olim usitata. Epist. Clementis IV. PP. ann. 1267. apud Marten. Anecdot. tom. 2. col. 479 : *Item, quod po-*

tationes et archa Clericorum chori servitio deputentur, prout alias cum fiebant distributiones hujusmodi factum fuit : ita quod Capitulum ipsius Ecclesiæ faciat valere dictas potationes seu Beuvendas quinquaginta libras Viennenses.

* *Bevratge*, Potus species a vino distincta, in Charta ann. 1493. ex Tabul. S. Petri de Regula : *Capellanus se contentabit.... duabus pipis vini et et una pipa de boisson seu de Bevratge*. Vide infra *Bibende*.

* **BEVRIOTUS**, Ebriosus, bibax, Ital. *Bevone*, Gall. *Yvrogne*. Charta Otonis abbat. S. Benig. Divion. ann. 1335. ex Cod. reg. 5190. fol. 100. v° : *Stephanus tenens ensem unum nudum et evaginatum Johannem Gastellarii.... sæpius vocavit, volens dicto Johanni injuriari dicendo ei, Exi ribalde Bevriote*. Nostris alias, *Embeu*, *Esbeu*, *Esbeuvré* et *Emboieté*, pro Ebrius, vino obrutus. Lit. remiss. ann. 1382. in Reg. 120. Chartoph. reg. ch. 195 : *Aalips la Maucuverte vint toute yvre et Embeue en l'ostel d'iceux mariez, etc.* Aliæ ann. 1432. in Reg. 175. ch. 218 : *Lesquelz estans yvres et Esbeux, en tele maniere qu'ilz faisoient. Lesquelz tous esmeuz et Esbeuvrez de vin*, in Lit. ann. 1483. ex Reg. 109. ch. 262. Denique aliæ ann. 1468. in Reg. 197. ch. 48 : *Peu de temps après icelle femme, qui estoit Emboietée et plaine de vin, etc. Estre en boite*, eodem significatu, occurrit in Lit. remiss. ann. 1450. ex. Reg. 185. ch. 42 : *Le suppliant, qui estoit si fort en Boite ou yvre, que à peine scavoit qu'il faisoit, etc.* Hinc nata vox superior *Emboité*. Vide supra in *Beguta* 2.

* 1. **BEUS**, Beatus. Ethelwolf. de Abbat. Lindisfarn. sæc. 4. Bened. part. 2. pag. 317 :

. . . . pia castra Beorum
Ingreditur felix, lætatus sorte superna.

* 2. **BEUS**, Badius, Gallis *Bay*. Charta ann. 1347. ex Tabul. S. Vict. Massil. : *Permutatio facta inter Johannam de Grassa, in cariera S. Catharinæ morantem, de quodam ejus mulo pili Bei, appretiato xxv. lib. regalibus*. Vide *Bagus*.

¶ **BEUVRUM**, BEUVRUS, BEVYR. Vide *Bever*.

¶ 1. **BEX**, BECIS, Vicia, leguminis species satis nota, Gall. *Vesce*. Occurrit in Charta anni circiter 1100. ex libro incatenato Ecclesiæ Matisconensis fol. 183.

* 2. **BEX**, Locus humilis, paludosus, idem quod supra *Baissa*; vel Rivi alveus, canalis. Vide supra *Bessa* 1. Charta ann. 1299. in Lib. rub. Cam. Comput. Paris. fol. 110. r°. col. 1 : *Item omnia alia, Beces, feoda de Cerces* (vel *Certes*) *pascua, etc.* Vide infra *Biezium*.

* **BEYUM**, Idem quod *Bedum*, Palorum series, quæ ad continendam aquam, quo validius rotam torqueat, solet supra molendinum infigi; interdum et ipse rivi alveus, canalis. Charta ann. 1224. in Reg. 3 . Chartoph. reg. fol. 55. r°. col. 2 : *Quittamus eidem domino regi illud terræ nostræ, quod sumptum fuit pro Beyo, et releseyo, et exclusis molendinorum de novo castro faciendis*. Vide *Bevium*.

* **BEZAGINA**, Pellis ovina; nam ovis *Bezaine* dicta est. Vide in *Berbix* 7. Convent. Saonæ ann. 1526 : *Pro pannis quibuscumque jactis de saia, vel de serico, cujuscumque generis existentibus, vel anginis, Bezaginis, etc.* Vide supra *Besana* 2.

* **BEZALE**, ut supra *Besale*. Charta ann. 1341. in Reg. 72. Chartoph. reg. 360 : *Cum, introitibus, exitibus, arboribus fructiferis, aquis, Bezalibus, passeriis, molendinis, etc.*

¶ **BEZANTIUS**. Vide *Byzantius*.

BEZARIA. Vide *Beciaria*.

* **BEZATUS**, ut supra *Besale*. Pariag. inter reg. Carol. VI. et dom. Mirapisc. ann. 1390. in Memor. E. Cam. Comput. Paris. fol. 225. v°. art. 7 : *Homines compellentur ad reficiendum, curandum, et retinendum ductus et mentus* (l. meatus) *aquarum, et Bezatos molendinorum suorum*. Vide *Bedum*.

* **BEZEZIA**. Vide supra *Bensozia*.

* **BEZOGO**, Hispanis, Piscis genus. Vide infra *Pagrus*.

* **BEZOZA**, Pia et religiosa mulier, alicui addita societati. Acta S. Domin. tom. 1. Aug. pag. 906. col. 1 : *Vos, quæ estis Bezozæ fratrum ejus* (Dominici) *festa colite sancti vestri*. Vide infra *Biczocara*.

¶ **BIA**, pro Via. Murator. tom. 2. pag. 309. col. 2. in Præcepto Pandulphi IV. Principis Capuæ : *Montibus et collibus, territoriis cultis, et incultis, Biis et anditis et semitis*. [** Similia e. g. *Binditor*, *Bice*, *Bibere* pro *Vivere* etc. in nulla charta Longobardica non sunt.]

* **BIACENSES**. Vide infra *Bracenses*.

* **BIACHA**, Cerussa, Ital. *Biacca*. Stat. Astæ ubi de Intratis portar. : *Biacha ponetur et solvat pro quolibet rubo; et si plus vel minus fuerit, solvat pro rata lib. v.*

BIAFORA, Bannum seu clamor publicus, quo edito, Communiæ, burgenses, aliique vicorum aut urbium incolæ cum armis, *domo egredi*, et Principem, aut ejus Vicarium sequi tenebantur, quæ est vis vocabuli Vasconici. Regestum Constabulariæ Burdegalensis f. 92 : *Et tenentur venire ad Mandatum Præpositi in primo adventu suo cum arma, et jurare pacem, et tenentur venire ad clamorem* BIAFORA, *cum armis, et sequi Præpositum vel Locumtenentem suum, et hoc quotiescunque mandatum receperint, vel ad eorum notitiam pervenerit*. Occurrit iterum fol. 96. et in Foris Beneharn. Rubr. *de Probations d'instruments*, art. 9. Petro Goudelino, Occitanis, *Biaforo est, crida à mort : Biaforo, Crier aux alarmes, au meurtre*. Consuetudo Aquensis tit. 16. art. 6 : *Est défendu d'user d'oresenavant d'aucuns seels, ou Bia horras; mais chacun viendra par action. Via fora*, et *via fors*, apud Raimundum Montanerium in Chronico Regum Arag. c. 122. 165. 206. 207. 222. et Petrum Regum Aragon. in Chron. lib. 4 cap. 3. cum *ad arma* conclamatur. Vide Marcam in Hist. Beneharn. lib. 5. cap. 16. [et D. *de Lauriere* in Glossario Juris Gallici.]

* Inclamatur præterea ab eo, cui vis infertur, cum auxilium implorat. Lit. remiss. ann. 1398. in Reg. 153. Chartoph. reg. ch. 421 : *Ladite Marie en ce faisant, fist semblant que c'estoit malgré sien, et cria, Biafore, Biafore*. Aliæ ann. 1480. in Reg. 207. ch. 66 : *Lequel Galabert s'escrya à haulte voix à Biaffora, qui est un mot du langaige du païs* (Gascogne) *disant qu'il estoit mort*. Neque aliud sonat vox *Bihore*, in aliis Lit. ann. 1451. ex Reg. 185. ch. 281 : *Le suppliant soy sentant ainsi navré et blecé dudit cop, cria à haulte voix, Bihore, Bihore, audit Martin son maistre, disant qu'il estoit mort. Biore*, in aliis ann. 1458. ex Reg. 188. ch. 5. Vide *Haro*.

* **BIALDUM**, Vestis species, idem quod *Bliaudus*. Stat. Vercel. lib. 2. pag 27. v° : *Camisiæ duæ, Bialdum unum et pellicea una... Et de lineis intelliguntur linteamina duo, fustaneum unum, Bialdum unum et camisiæ duæ. Byaut*, eadem notione, in Lit. remiss. ann. 1384. ex Reg. 126. Chartoph. reg. ch. 29 : *Jehan Gobin couvert d'un petit Byaut, ainsi comme touz nuz, etc.*

* **BIALE**, Rivi alveus, vel fossa per quam aquæ decurrunt, Gall. *Canal*. Charta Dalphin. ann. 1256 : *Item rivagium, juxta Biale molendini de Cuchifata, sunt de feodo prædicti Rodulphi. Juxta Biale Joannis, etc.* in Ch. ann. 1472. ex Terrear. S. Maurit. in Foresio fol. 42. Vide supra *Beale*.

* **BIALERIA**, Eadem notione. Recognit. feud. ann. 1343 : *Item tenet tria molendina sub uno tecto, cum suis domibus, alveis, Bialeris, rippagiis et juribus*. Ch. Dalph. ann. 1390 : *Item ductum et decursum aquæ seu Bialeriam molendinorum, etc.* Alia ejusd. ann. : *Quæ Bialeria dictorum molendinorum incipit et durat recipiendo aquam molendinorum dom. Franc. de Altovilaris militis, etc.* Sent. arbitr. ann. 1500 : *Unam arcam nemoris, quæ fecit divertere aquam a suo fillo, taliter quod non potest ipsa aqua ire per Bialeriam dicti Galudii Lamberti*. Vide supra *Bealera*.

* **BIANCHI**, vox Italica, Albi. Sic appellabatur pia quædam societas, cujus institutionem rationemque nominis docet nos Jacob. Delayto in Annal. Estens. ad ann. 1399. apud Murator. tom. 18. Script. Ital. col. 956 : *Fuit in Italia et aliis quasi omnibus nationibus Christianis quidam mirabilis motus ceremoniarum et religionis, quæ dicebantur i Bianchi. Quæ primum habuit initium in regno Granatæ Hispaniensis, sicut ab ipsius religionis auctoribus et primitivis referebatur. Fuerunt enim in regno illo Granatæ nonnulli viri, nonnullæque mulieres, qui cerimoniase jusmodi incœperunt, circumponentes singuli linteamen lineum album in modum clamidis crispatum ad collum; et ibant per civitates et oppida in formam processionis, canentes cantilenas vulgares deprecatorias ad Deum, pro salute humani generis, et per crebra gressus sui intervalla genuflexu alte vociferantes, Misericordia Dio, Misericordia. Hi ad tales cerimonias allicuerunt totas Hispanias in civitatibus et oppidis quibuslibet, cum omnium concursu admirabili sic se induentium linteaminibus albis et in processiones prodeuntium. Quidam ex ipsis deinde in Gallias, in Angliam, in Germaniam, et alias longinquas Christianorum regiones pergentes, ultra quam credi potuit, universos populos ad easdem cerimonias inducebant. Aliqui in Liguriam et Lombardiam declinarunt similiter facientes. Nonnulli Bononiam et Ferrariam venerunt. Vocabatur enim religio illa la Compagnia de Bianchi, ut prædicitur.*

¶ **BIANDUS**, Albus, Italis *Bianco*. Acta SS. Junii tom. 2. pag. 738. in Miraculis S. Antonii de Padua : *Sic quod* (lingua) *videbatur intuenti Bianda et rugeta*.

** **BIANGULUS**, Biangularis, *Duos angulos habens.* Gemma Gemmarum.

BIANIUM, Biannium. Vide *Biennum.*

¶ **BIANTI**, Sic appellantur in Constitutionibus FF. Prædicatorum per Vincentium Mariam pag. 101. Clerici quidam, qui quæstus ergo prædicabant indulgentias. Alio nomine vocabantur *Cerretani.*

BIARCHUS, Annonæ, seu militum commeatus, præfectus: βίος enim Græcis *annona* seu *victus* dicitur. Erant autem ex Schola Agentium in rebus, leg. 3. C. de Agent. in reb. (12, 20.) et leg. ult. C. de Offic. Præt. Afric. (1, 27.) Sanctus Hieronymus Epistola 61. ad Pammachium: *Sed ante Primicerius, deinde Senator, Ducenarius, Biarchus, Circitor, Eques, deinde Tyro.* Glossar. Lat. Græc.: *Apparitores,* ἀποδικται, [** al. ἀποδεκται. ἀποδικνταί. Onomast.: Ἀποδέκται, *Aerarii tribuni.*] εἰσὶν δὲ ὑπηρέται τοῖς ἄρχουσιν προσεδρεύσαντες, ἐκβιβασταί. *Apparitor,* ἐκβιβαστής. [** Vide Forcellin. H. Steph. Thesaur. edit. Didot. voce Βίαρχος, et Glossar. med. Græcit. col. 202.]

Biarchia, Eorum munus, leg. 1. C. de Offic. Magistr. offic. (1, 31.) [** Theod. cod. 1, 9. const. 1.]

BIARCIUM. Charta fundationis Abbatiæ Vabrensis in Occitania, apud Catellum lib. 1. Hist. Comitum Tolosæ pag. 69: *Cedimus... villam cujus vocabulum est Vaber, cum omni integritate et vedotio, similiter Biarcio, similiter nogareda, similiter et intarnescu in villa quæ dicitur Betianus.*

* **BIARICIUS**, pro *Viaricius*, viaticus. Vide supra *Altare Biaricium.*

* **BIARRETA**, pro *Birreta*, Capitis tegmen. Inventar. MS. ann. 1379: *Item una Biarreta rubra.* Vide *Birretum* et *Birrus.*

¶ **BIAS.** Vide in *Biennum.*

BIASTI, [f. Qui per vim sibi aliquid arrogant, vel ii quibus vis summum est jus, a Græco βιάζω; de iis quippe agitur qui Ecclesiastica beneficia quasi laica feoda sibi attribuebant.] Bracton. lib. 5. Tract. 5. cap. 12. § 3: *Incipit tale tenementum esse laïcum feodum... et hæc vera sunt secundum Biastos.* [** Vide H. Steph. Thes. nov. edit. voce Βιαστής.]

BIBARHUNT. Vide *Canis.*

¶ **BIBARIUM**, Potio, Gall. *Breuvage*, apud Rymer. tom. 9. pag. 850: *Occasione vinorum, bladorum, ciserarum, cervisiarum, potuum, Bibariorum seu aliarum rerum et provisionum... Proviso quod vina, blada, cisaræ, cervisiæ, potus, Bibaria seu aliæ res et provisiones, etc.* Similia occurrunt in Chartulario Gemmeticensi tom. 3. pag. 17. Vide *Biberagium.*

** **BIBELLUS**, *Bipennis, ein byhel.* Gemma Gemmarum. Vide *Biblia*, 1.

* **BIBENDE**, Item quod *Buvande* apud Menotum, Lora, posca, vulgo *Piquette*, vinum scilicet quotidiani potus in usus domesticorum. Privil. capit. S. Barnardi de Rom. ann. 1348. tom. 3. Ordinat. reg. Franc. pag. 275. art. 10: *Cessant vendere vina sua per se et alios infra villam et extra in ejus pertinenciis; nisi forte foret vinum conventus vocati Bibende, facti in vindemia.* Ubi doctissimus Editor monitum se dicit, apud Dalphinales hanc potionem etiam *Couvin* vel *Couven* appellari. Vide supra *Bevragium.*

¶ **BIBER.** Vide in *Biberis.*

¶ **BIBERA**, *Bisacuta.* Papias MS. San-German. num. 501. Vide *Biberus.* [** f. Bipera.]

BIBERAGIUM, Gall. *Vin du marché*, *Breuvage*, Ital. *Beveraggio*, quod præter pretium corollarii vice in emptionibus conceditur. Tabularium Majoris Monaster. seu Vindocinense Thuani Ch. 15.: *Pretio constante solidis 12. et de Biberagio totidem denariis.* Tabular. S. Albini Andegav.: *De qua emptione habuit filius suus pro auctoritamento sex denarios, et duos calcearios, et Bibragium.*

Beveragium, Eadem notione. Chronicon Senoniense lib. 3. cap. 5: *Bibamus ergo læti Beveragium (attulerant enim vinum secum) ad hoc mercatum confirmandum.* Et infra: *Et quod vineam cum eo emit, et quod Beveragium ibi bibitum fuit.* Perperam Edit. *boveragium*, ut et in Statutis Gildæ Berwicensis cap. 38. *Berevagium* et *Bervagium*, pro *Beveragium*, nisi expressum sit nostrum *Breuvage*, pro potione. Idem sumitur pro quavis bibitione seu compotatione, in Regesto censuum Carnotensis civitatis ex Camera Computor. Parisiens. fol. 20: *Le mestre des Pelletiers doit chascun an le Roy des Dimenches un Bevrage à toutes les personnes nommées par devant, qui sunt de ladite mestrise: et commencent à boivre dés lors que Bourgois ont mangié duques au cop de Nonne chiés ledit mestre: lequel bevrage couste bien cent sols, ou plus ou moins segont le marchié de vin, et segont les personnes qui i viennent. Et se ledit Bevrage n'est souffisant ausdits mestres, il peuvent porter le pot tout plein de vin devant la justice, pour le faire amender.* Pactum Tongrense ann. 1403. in Magno Recordo Leodiensi pag. 32: *Sans prendre ne avoir ausdits Brasseurs, ne autre part, aucun bien, Beuverage, ne autres bienfaits, ne autres droitures quelconques.* Adde pag. 61, 65.

¶ **Bevragium.** Concilium Terracon. ann. 1329. apud Marten. Anecdot. tom. 4. col. 301. C: *Certa prandia, comestiones, pastus, potationes seu Bevragia exigere quasi ex debito non formidant.* Vide ibidem col. 302. D. et tom. 4. Concil. Hispan. pag. 606. col. 2. ubi eadem repetuntur. Rymer. tom. 10. pag. 48. col. 6: *Poterat aut debebat vendere in eadem villa ad detallium vel alias aleca seu Bevragia quæcumque, etc.*

BIBERE, Compotationi vacare, quomodo *Aller boire* vulgari vocabulo dicunt nostri, pro *in popinas pergere.* Capitula Caroli Mag. lib. 3. cap. 72. [** e Capit. Bonon. ann. 811. cap. 6.]: *Ut in hoste nemo parem suum, vel quemlibet alterum hominem Bibere roget: et quicunque in exercitu ebrius inventus fuerit, excommunicetur, etc.*

Bibitio, Compotatio. S. Audoënus in Vita S. Eligii Episc. Noviom. lib. 2. cap. 15: *Neque strenas aut Bibitiones superfluas exerceat.* Gloss. Isid.: *Bibitor, potator.* De ejusmodi compotationibus vide Savaronem ad Sidon. lib. 5. Epist. 7.

Bibere in Honorem, vel *in sanitatem alicujus.* Paulus Warnefridus lib. 5. de Gestis Longobard. cap. 2: *Cumque ii qui diversi generis potiones ei a Rege deferebant, de verbo Regis eum rogarent, ut totam fialam biberent, ille in honorem Regis se totam bibere promittens, parum aquæ libabat de argenteo calice.* Priscus Rhetor: Ἕκαστος τὴν ἐπιδιδομένην αὐτῷ οἴνου πλήρη ἐξέπιε κύλικα, τὸν Ἀττήλαν σῶον εἶναι ἐπευξάμενος. Cinnamus lib. 6. n. 7: Θάρσους ὑποπλησθεὶς, σὺν εἰρωνείᾳ πολλῇ, ἀκρατίζεσθαι Οὔννους ἐκέλευεν, εἰς ὑγίαν τὴν Ῥωμαίων προσιεμένους τὸ ἔκπωμα. Scholiastes Theocriti ad Idyll. 2: Εἰώθασι οἱ ἐρῶντες ὑπὲρ τῶν ἀγαπωμένων πλείονες κυάθους ἐπιπλεῖσθαι. Et ad Idyll. 14: Οὕτω γὰρ εἰώθασι ποιεῖν ἐν τοῖς συμποσίοις, ἄκρατον λαμβάνειν καὶ ὀνομάζειν τινὰς ἐρωμένους ἢ φίλους, ἐπιχεῖν τῇ γῇ, καὶ φθέγγεσθαι τῶν φιλτάτων τὰ ὀνόματα. Vide Martialem lib. 1. Epigr. 72 lib. 8. Epigr. 51. etc. Huc etiam forte referenda verba Fortunati in Epistola præfixa ad lib. 1. Poëmat.: *Quo residentes auditores inter acernea pocula salute bibentes insana, Baccho judice debaccharent.*

* Inter bibendum quorumcumque nomina appellare in Normannia licitum erat; alibi vero honestæ mulieri propinare nefas, ut colligitur ex Lit. remiss. ann. 1415. in Reg. 169. Chartoph. reg. ch. 57: *En souppant icellui suppliant, sans penser à nul mal ne villenie, mais comme c'est la coustume de Normandie, but à une jeune femme qui là estoit.* Quod autem vulgari usu receptum est, ut compotatione inimicitiæ finiantur, in jure confirmatum reperio in aliis Lit. ann. 1411. ex Reg. 165. ch. 265: *Par le stile gardé au pays (Orléanois) quant aucun dit ou fait aucunes injures à aucunes personnes, et que depuis ilz boivent ensemble, cellui à qui ont esté lesdittes injures dites, n'est plus recevable à faire d'icelles action ou poursuite, contre cellui qui les a dites.*

Bibere in Amore Sanctorum, vel *animæ defuncti*, vetitum in Concilio Nannetensi, apud Hincmarum Remensem in Capitulis ad Presbyteros cap. 14. Reginonem in iisdem Capit. cap. 39. et Riculfum Suessionensem in Constit. ann. 889. Luitprandus in Legatione: *Non proderit tibi balneum, quo te assidue potas in amore B. Joannis Baptistæ.* Vetus Scriptor laudatus ab erudito Mabillonio in Præfat. ad Sæcul. 6. Benedictinum: *Quondam in terra Bulgarorum quidam nobilis potensque Paganus bibere me suppliciter petivit, ut in illius Dei amore, qui de vino sanguinem suum facit.* Anonymus de Miraculis S. Georgii Mart. in Captivo num. 30: Πίνοντες οὖν εἰς τὴν τοῦ ἁγίου πρέσβειαν, etc. Ducas Histor. cap. 36. de Constantinopolitanis: Κρατοῦντες ἐν χερσὶ τὰς φιάλας πλήρεις ἀκράτου, ἀνεθεμάτιζεν τοὺς ἑνωτικοὺς, πίνοντες εἰς πρέσβειαν τῆς εἰκόνος τῆς θεομήτορος, καὶ παρακαλοῦντες αὐτὴν τοῦ γενέσθαι προστάτην καὶ ἀρρωγὸν τῆς πόλεως. Tradit Janus Delmerus ad Jus Aulicum Norvegicum vetus pag. 534. Danos olim et Norvegos bibere solitos in Christi Natalitio in memoria S. Olai, qui religionem Christianam in regnum induxerat: eumque morem inductum postquam Christianam religionem amplexi sunt, ut paganas superstitiones abolerent, cum solerent antea bibere in honorem vel memoriam Odini, Thori, Niordi, et Trejæ deorum paganorum. Sed et addit etiamnum apud Islandos in more esse non solum in Christi Natalitiis, sed etiam in nuptiis et conviviis in memoriam Dei Patris et J. C. bibere, ideoque multa illorum cornua reperiri argento deaurato decora, in quibus illi bibunt. Scribit denique Luitprandus lib. 6. cap. 17. objectum Joanni summo Pontifici in Concilio Romano, quod *Diaboli in amorem vinum bibisset.* Formula porro ejusmodi Bibitionis habetur apud Christianum de Scala in Vita S. Wenceslai pag. 56 : *Rursum locum convivii petens, calice accepto, pocula coram omnibus portans, alta præfatur voce, in nomine Beati Archangeli Michaëlis bibamus hunc calicem, orantes et deprecantes, quo animas nostras introducere nunc dignetur in pacem exultationis perpetuæ. Cui cum quique fideles respondissent : Amen, hausto potu, universos exosculans, hospitium repetit.* [** Scripsit librum Thomasius de poculo S. Johannis, impressum Lipsiæ ann. 1675. Hujus enim evangelistæ et S. Gertrudis imprimis potabant amorem. Confer Grimmii Mythologiam Germ. pag. 36. sqq.]

* Bibere *ad potus æquales*, Poculis provocare, decertare, Gall. *Boire à l'envi*; vel Cyathos plenos sorbere, vulgo *Boire à rasade.* Stat. synod. Guill. *Du Prat* episc. Clarom. ann. 1537 : *Prohibemus etiam consuetudinem Bibendi ad potus æquales, dudum a jure improbatam.* Nisi malis intelligere, symbolis adæquatis, quod nunc diceremus, *Boire à pique-nique.* At minus mihi compertum est quid sit *Boire à la seigle*, in Lit. ann. 1473. ex Reg. 195. Chartoph. reg. ch. 998 : *Mace Louau entra en l'ostel de Jehan Braquier, ... et demanda à boire; ouquel la femme dudit Braquier respondy, que on ne buvoit point leans que à la seigle;* nisi quod satis placet, *Seigle*, vulgo *Seau*, situla, hic intelligatur. Vide *Sellus.*

* Bibere Dare, Potionem veneficam præbere. Chron. Bavar. ad ann. 1347. apud Oefel. tom. 1. Script. rer. Boicar. pag. 365. col. 2 : *Ludwicus imperator obiit. . . . Ducissa de Austria sibi Bibere dedit, et mortuus est.*

BIBERIS, vel Biber, Potio, liquoris haustus, sive sorbitio, Gallis *Breuvage*, vel *Boisson.* Gloss. Keronis : *Biberis, Trinchan.* Concilium Nannetense cap. 15. et Hincmarus Remensis in Capitulis ad Presbyteros cap. 15. et 16. : *Panem tantum frangentes, singulos accipient Biberes.* Id est, semel singuli bibent. Ordo officii in domo S. Benedicti ante Pascha : *Ita intrantes in refectorio accipiant singulas Biberes et panem, et quicquid eis appositum fuerit.* Ita usurpant Regula S. Benedicti cap. 35. Regula S. Cæsarii cap. 22. Regula S. Aureliani cap. 53. sub finem, Liber Usuum Cisterciensium cap. 80. 81. 88. 90. 108. 112. 114. 118. Nomasticon Cisterciense pag. 240. 265. 278. 313. Vita S. Popponis cap. 13. n. 51. etc. [Antiquæ Consuetudines Canonicorum Regularium cap. 21. *De bibere post Nonam*, et cap. 26. apud Martenium tom. 4. Anecdot. col. 1225. et 1226.] [** Charta Archiep. Mogunt. ann. circ. 1088. in Guden. Cod. Diplom. vol. 1. pag. 385.]

Bibituria, Idem quod *biber* vel *biberis.* Regula S. Aureliani sub finem : *Ordinem convivii huic regulæ inseruimus. Fercula quotidie ad refectionem tria, ad prandium duo, ad cœnam duæ Bibituriæ.*

Quod vero *Biber*, vel *Biberis* dicitur, *Potio* appellatur in Regula S. Fructuosi cap. 5. et in Regula Magistri cap. 27. 53. ut et apud Ardonem Monachum in Vita S. Benedicti Abbatis Anianensis num. 30 : *Vascula... in quibus modicum erat vini, ex quo vel Missas cantarent, vel dominicis diebus singulas Potiones perciperent.* Tradit Possidius in Vita S. Augustini cap. 25 : *Ecclesiæ Clericos una domo et mensa, sumptibusque communibus nutritos et vestitos, numerumque iis poculorum fuisse præfixum.* Sed et non omnino id vocabuli insolens videri debet : nam et *Biber* dixerunt veteres. Fannius lib. 8. Annal. : *Domina ejus ubi villam venerat, jubebat Biber dari.* Cato in Orig. et Titinnius in Prælia : *Date illi Biber, iracunda est.* Ubi tamen viri docti censent *Biber* accipi pro *Bibere*, ultima litera elisa : quod firmat Sosipater lib. 1. Instit. Gramm. cap. 21. sect. 46. qui *Biber*, τὸ πίειν vertit. Utut sit, satis constat errasse Cardinalem Turrecrematum et Bernardum Abbatem Casinensem, qui *Biberes* in Regula S. Benedicti, *scyphos* nude intelligi debere censuerunt; tametsi ita habeatur in Gloss. MSS. *Biberes, Calices.*

Biberes Nonales, Pocula quæ Monachis post *Nonas* exactas et decantatas propinantur in æstate, qua *æstus provocat sitim*, ut est in Regula Magistri cap. 13. et 27. Eckehardus junior de Casibus S. Galli cap. 11 : *Sonatur ad Nonam, qua peracta invitat tandem Abbas omnes* (Episcopos) *pariter ad Nonales Fratrum, quibus conscripti essent, Biberes.* Statuta Ordinis de *Sempringham* pag. 763 : *Quæ vero Collectam tenet, non ministrabit ad Biberes post Nonam. Junior serviat per Præpositos ad Biberes ante Cœnam : post Biberes semel licet bibere, accepta licentia.* Adde pag. 773. Idem Eckehardus cap. 9 : *Hebdomadam septem quotidie victualium statuit cum pane abundo, et quinque mensuris de cervisia, quarum quintam Nonalem quidem vino comparari voluit. Refectio Nonæ* dicitur in Regula S. Benenedicti cap. 29. ubi duplicem statuit refectionem quotidianam, *Sextæ* et *Nonæ.* Capitula Monachorum S. Galli ann. 817. cap. 27 : *Ut in æstivo tempore post Nonam bibant fratres, et postea ad Capitulum pergant.* Statuta Cluniacensia Petri Venerab. cap. 27 : *Statutum est ut non vasis illis vineariis, quæ justitiæ vocantur, ... sed propriis scyphis unusquisque bibat eo tempore, quo post Nonam ad potum Fratres pergere solent.* Consuetudines Evershamensis Cœnobii in Anglia : *Et quandocunque est potus post Nonam, percipiet Refectorarius duas justas de cellario, et ad mixtum unam.* In libro Usuum Cisterciensium caput 83. inscribitur, *de Bibere post Nonam.* Ebrardus Betuniensis in Græcismo cap. 15 :

Tertia prandere postulat, ut solitum est,
Vescitur ac Nona merenda messor in hora.

Catholicon parvum : *Merenda, le Menger de l'heure de None.*

* **BIBERNA**, Joan. Simoneta apud Murator. tom. 21. Script. Ital. col. 184 : *Orthona per simulatam cum regina amicitiam occupata, nullo adversari ausa, in Biberna profectus est.* Sed leg. *Hiberna.*

BIBERUS, *Bisacutus*, in Glossis Arabico-Lat. *Bibera, Bisacuta*, apud Papiam. [Vide *Bisacutus* post *Bisaccia.*] [** et *Bibera.*]

* **BIBETE**, nostris Scintilla. Lit. remiss. ann. 1455. in Reg. 187. Chartoph. reg. ch. 112 : *Par une Bibete de feu qui monta au plus haut de la grange, le feu se y print, etc.*

¶ **BIBIBILE**, πότιμον. Gloss. Lat. Græc. i. Potabile.

* **BIBILIONARE**, in vet. Glossar. ex Cod. reg. 7646. pro *Bibionare*, quod vide.

¶ **BIBILLES**, δίμαλλοι, δίκροσσοι, *Amphitapæ.* Supplem. Antiquarii.

* Leg. *Bivilles* ex Vulcan. Vide Salmas. ad Hist. Aug. pag. 128.

¶ **BIBINARIUM**, Bibinum. Vide *Bibionare.*

BIBIONARE, *Sanguine inquinari. Bibinarium autem est sanguis menstruus mulierum. Bibinum menstruum, id est, fluor sanguinis.* Papias. [** In cod. reg. Papiæ 7609. ut ex Isidoro, melius in Glossar. cod. reg. 7644. ut ex Placido. Est in Maii classic. auctor. vol. 4. pag. 436. et 437. Vide *Bubinare* et *Buvinare.*]

¶ **BIBIONES**, *qui in vino nascuntur.* Isid. lib. 12. cap. 8. sect. 16. Additur : *id est, Musciones, a Bibendo*, apud Papiam MS. Gallis *Moucherons.* [** apud Isidor. *quos vulgo mustiones a musto appellant, etc.*] Vide *Musciones* et *Bibones.* [** Consul. Forcellin. Gemm. Gemm. : *Bibio, ein trincker.*]

¶ **BIBITIO**, Bibitor. Vide *Bibitio* in *Bibere.*

¶ **BIBITORIUM**. Vide *Maçanum.*

¶ **BIBITURIA**. Vide in *Biberis.*

BIBIX, *Pugna.* Papias. [** Vide Forcell. in *Vibex.*]

¶ **BIBLA**, Biblia, Sacri Codices, Gall. *Bible.* Hist. Dalphin. tom. 2. pag. 275 : *Pro emptione unius Biblæ in Roma, florenos aur. 27. qui sunt unc. 7. taren. 12.* In cod. MS. V. Cl. D. *Lancelot* habetur, *Biblea.*

¶ **BIBLEIS**, *Duplicibus linteis.* Glossar. Isid. ad quod Grævius : Lege *Bilicibus*, *Duplicibus Linteis.* Papias et vetus Gloss. San-German. num. 501 : *Bilices, Duplices.* Sic et infra scribendum, *Bilex, Duplex*, pro *Biplex.* Pro *Bibleis* tamen mallet Reinesius *Biplex.* Janssonius autem in suis ad Isidori Glossas Collectaneis pro *Bibleis*, *duplicibus linteis* restituit propria auctoritate : *Bilabis, duplicibus linguis.*

* **BIBLETUM**. Glossar. Provinc. Lat. ex Cod. reg. 7657 : *Junquiera, Prov. juncetum, Bibletum.* Vide *Bibleus*, 2.

1. **BIBLEUS**. Ugutio : *Biblei et Biblii dicuntur instabiles, et qui reparant libros.* Vide *Billeus.*

* 2. **BIBLEUS**, Junceus, a Gr. βίβλος, interprete Mabillonio ad vit. Petri Damiani sæc. 6. Bened. part. 2. pag. 262 : *Nec prætereundum quod.... super Bibleum cratem nudam somni quietem caperet.* Vide *Bibletum, Billeus* et mox *Biblosus.*

1. **BIBLIA**, Machina bellica jaculatoria. Albericus in Chron. MS. ann. 1238 : *Adducens secum Bibliam, Petrariam, et cætera bellica instrumenta.* Chron. Leodiense laudatum ab Isaaco Pontano lib. 1. Orig. Francic. ann. 1313 : *Episcopus misit Leodium Mangonalia, seu fructibula*, (fundibula) *sive Tribuceta, vel Arietes, aut Sues, Vineas, Biblias, Petrarias, sive Cattos versatiles.* Vide Catellum in Hist. Occitan. pag. 599. Origines Constantinopol. MSS. part. 2 : Ὁ μέγας Κωνσταντῖνος ἔκτισε τὰ μάγγανα, ὅπου ἐν-

ἀπόκειντο αἵ τε βίβλοι, καὶ τὰ πολεμικὰ ὄργανα. Sed an *bibliæ* istæ intelligantur non ausim affirmare. Certe libros cum machinis bellicis eodem in loco depositos vix quis credat.

* Nostris quoque *Bible*. Joinvil. in S. Ludov. edit. reg. pag. 122 : *Il* (le comte d'Eu) *qui moult estoit soutilz, fist une petite Bible que il getoit ens.* Le Roman *de Claris* ibid. in Glossar. :

> Li rois fet ses engins drecier,
> Et vers les haus murs charroier,
> Bibles et mangoniaux geter.

Biblieta, diminut. a *Biblia*. Hist. MS. Excidii Acconis ann. 1191 : *Secum ducens machinarum multitudinem fundibularium, sicut sunt Petrariæ, Biblietæ, Perdicetæ, et Mangonelli.* [Martenius noster, qui hanc historiam edidit tom. 5. Ampliss. Collect. legit col. 769 : *Secum ducens machinarum multitudinem, fundibularium lapidum, sicut sunt Petrariæ, Biblictæ, Perdissetæ et Mangonelli;* observatque in Cod. Navarr. haberi, *Babictæ*. Præstat *Biblieta*.]

¶ 2. **BIBLIA**, æ, pro *Biblia*, *orum*, occurrit lib. 1. de Imitatione Christi cap. 1. n. 3. in Diario belli Hussitici apud Ludewig. Reliq. MSS. tom. 6. pag. 191. et in Spicil. Acher. tom. 8. pag. 577. ex Chronico Trivetti, ubi hæc notatu digna leguntur ad annum 1228 : *Obiit Stephanus Cantuariensis Archiepiscopus. Hic super totam Bibliam postillas fecit, et eam per capitula, quibus nunc utuntur moderni, distinxit : qui dum Parisius in Theologia regeret, factus tituli Sancti Chrysogoni Presbyter Cardinalis, demum factus Archiepiscopus, inter alia bona quæ fecit, etc.*

BIBLIATOR, *Bibliopola*, Ugutioni, et Joanni de Janua. [*Venditor et ornator librorum* in Glossario MS. Montis S. Eligii Atrebat.]

¶ **BIBLICATUS**, *Biblici* gradus, dignitas. Constitutiones Dominicanorum col. 52 : *Propter utilitatem, et singularem instructionem studentium promovendorum ad studia nostri Ordinis pro forma et gradu Magisterii sive Biblicatum, sive Baccalaureatum, etc.* Vide *Biblistatus*.

¶ **BIBLICTA**. Vide *Biblieta* in *Biblia* 1.

¶ **BIBLICUS**, Theologus ex ordine *Baccalaureorum Cursorum* in Academia Parisiensi, qui discipulis Sacras Scripturas interpretatur. Hist. Dalphin. tom. 2. pag. 614. col. 1. ex Charta Humberti II. ann. 1349 : *Infra tamen prædictum numerum ducentorum studentium non intendit Dom. Dalphinus præfatus computari Magistrum aliquem in Theologia, Baccalaureum, Biblicum vel dispositum, etc.* Vide Constitutiones Dominicanorum, per Vincentium Mariam part. 1. col. 53. et infra *Biblista*.

* Nostris *Biblien*, eadem notione. Charta ann. 1317 : *Fr. Bertran Esger bachelier en théologie et Fr. Jean Platel Biblien, etc.*

¶ **BIBLIETA**. Vide in *Biblia* 1.

¶ **BIBLII**, *Artifices qui faciunt trapezitas.* Papias MS. Lege cum edito *tapetas*, hoc est, tapetes, seu tapetia. Acta SS. Julii tom. 2. pag. 131. D. in Translatione corporis S. Udalrici : *Clausis Ecclesiæ januis, inducti sunt Biblii et cœmentari. . . per totum igitur diem laboraverunt, ut locum mundarent, et lapides quadros admodum magnos de illa magna profunditate ejicerent.* Vide *Billeus*.

* **BIBLIOTA**, *Libradoyra*, *Prov.* in Glossar. Provinc. Lat. ex Cod. reg. 7657. [** Gemma Gemmarum : *Bibliota, idem Bibliotheca.*]

BIBLIOTHECA, Bibliorum liber, seu utrumque Testamentum, Vetus et Novum. Beletus cap. 60. et ex eo Durandus lib. 6. Rational. cap. 1. n. 27 : *Bibliotheca a Græco nomen accepit, et est nomen æquivocum, scilicet locus in quo libri reponuntur, et volumen ex omnibus libris Veteris et Novi Testamenti a Hieronymo compositum.* Ipse Hieronymus Epist. 6 : *Et quoniam, largiente domino, multis Sacræ Bibliothecæ codicibus abundantes, etc.* Versus in fronte Bibliorum Metensis Ecclesiæ :

> Rex benedicte, tibi hæc placeat Bibliotheca, Carle,
> Testamenta duo quæ relegenda gerit.

Necrologium Victorinum 10. Kl. Octob. : *Qui Bibliothecam, quam sibi magna diligentia paraverat, libros scilicet Veteris et Novi Testamenti nobis reliquit.* Charta ann. 843. ex Tabulario S. Mauri ad Ligerim : *Donum autem confirmat Bibliotheca Veteris ac Novi Testamenti.* Chronicon Mauriniacense lib. 1. pag. 360 : *Totam Bibliothecam hanc a Genesi usque ad ultimam Pauli Epistolam . . . . emendavit.* Atque ita Avitus Viennensis et alii e vetustioribus vocem hanc usurparunt. Is enim Epist. 2 : *Poscunt igitur alii destructores de utriusque Testamenti corpore exemplorum similitudinem, quibus proposita tueantur, negotio huic annisus, Bibliothecæ utriusque constat, ut si confirmare quod loquimur testimonio astipulante velimus, cuncta videantur in unum corpus canonicorum voluminum oracula congerenda.* Etherius et Beatus lib. 2. contra Elinandum Toletanum : *Quilibet carnalis potest omnem Bibliothecam legere et recitare.* Paulus Emeritensis lib. de Gestis Episcopor. Emeritensium, in S. Paulo cap. 3 : *Infra paucorum curricula annorum omne officium Ecclesiasticum, omnemque Bibliothecam scripturarum divinarum perfectissime docuit.* Vide eumdem in Vita S. Fidelis. Ado Viennensis in Chron. : *Eusebius Cæsareæ Palæstinæ in Scripturis divinis studiosissimus, ac Bibliothecæ divinæ cum Pamphilo Martyre diligentissimus pervestigator.* Eddius Stephanus in Vita S. Wilfridi cap. 16 : *Bibliothecam librorum eorum* (leg. forte *sacrorum*) *de auro purissimo compaginare inclusores gemmarum præcepit.* [Retineri potest : *Librorum eorum*, ut patet ex integro contextu, qui sic se habet : *Quatuor evangelia de auro purissimo in membranis depurpuratis coloratis, pro animæ suæ* (remedio) *scribere jussit, necnon et Bibliothecam librorum eorum*, hoc est, quatuor Evangeliorum, etc. ubi etiam per *Bibliothecam* intelligenda potius videtur ipsa librorum theca seu tegumentum, quam libri ipsi : quod attentus lector, quolibet tacente, facile potest deprehendere.] Utuntur passim Scriptores, Althelmus Abbas Malmesburiensis in Epist. ad Eahfridum, S. Rambertus Archiep. Bremensis in Vita S. Anscharii n. 22. Joannes Abbas S. Arnulfi in Vita B. Joannis Abb. Gorziensis n. 18. Eldefonsus Episcopus de Pane Eucharistico, Alcuinus apud Baron. ann. 778. n. 27. Petrus Damiani lib. 7. Epist. 13. Sugerius de Administr. sua cap. 20. Chronicon Fontanellense cap. 16. Chronicon Mauriniacense lib. 3. pag. 360. Auctor Vitæ S. Gertrudis n. 4. 5. Winwaloei Abbat. n. 3. Radulfus in Vita S. Richardi Cicestrensis Episc. n. 18. Vita MS. S. Montanæ, Chartæ veteres apud Browerum in Annalib. Trevir. pag. 504. 1. Edit. Adde Hondium in Metrop. Salisb. tom. 2. pag. 573. tom. 3. pag. 392. Buzelinum in Gallo-Flandr. pag. 359. Duchesnium in Hist. Drocensi pag. 245. Sammarthanos in Episcopis Parisiensib. n. 70. etc.

Bibliothecæ Sanctorum, pro thecis reliquiariis sumi videntur in Vita S. Wenceslai, apud Bohuslaum Balbinum in Histor. Bohemiæ pag. 55.

BIBLIOTHECARIUS. Dignitas in Palatio Regum Franciæ, quam sub Carolo M. obtinuisse Gervardum auctor est Einhardus Abbas lib. de Translatione SS. Martyrum Marcellini et Petri, ubi eum fuisse ait *Palatii Bibliothecarium*, et *Palatinorum operum ac structurarum* Præfectum. Carolus C. in Epistola ad Nicolaum PP. de causa Ebonis Archiepiscopi Remensis, ait eumdem Ebonem a Ludovico Pio parente, dum adhuc Aquitanicum regnum Carolo M. superstite regeret, *Bibliothecarium* fuisse constitutum. In Synodo Ticinensi ann. 886. subscribit *Hilduinus Abbas* (S. Dionisii) *et Bibliothecarius*, scilicet Caroli Calvi. *Bibliotheca* vero regia ista, *Armarium Palatii* dicitur in Epist. Ludov. Pii ad Magnum Archiepiscopum Senonensem edita cum Concilio Aquisgranensi.

Bibliothecarius Ecclesiæ Romanæ, cui Bibliothecæ Pontificiæ cura incumbit, quæ fortean illa fuit quæ *Bibliotheca cubiculi* dicitur in Sacramentario Gregorii M. quod ex ea descriptum dicitur. Anastasius Biblioth. in Gregorio II. PP. : *Hic a parva ætate in Patriarchio nutritus sub S. M. Sergio PP. Subdiaconus atque Sacellarius factus, Bibliothecæ illi est cura commissa.* Annales Francorum Bertin. ann. 868. de eodem Anastasio, quem *Bibliothecarium Romanæ Ecclesiæ in exordio ordinationis suæ Adrianus constituerat.* Exstat Bulla Bonifacii IX. ann. 1033. apud Ughellum tom. 1. pag. 125. in qua hæc habentur in Episcoporum Silvæ candidæ favorem : *Bibliothecarios sedis nostræ esse perpetuo Apostolica auctoritate censemus, et merito, qui in Apostolica ecclesia desudatis, et in Apostolicis scriptis fideles testes semper existitis.*

Observat Onuphrius Panvinius libro de Rebus Lateranensibus Vicecancellarium Ecclesiæ Romanæ, ejusdem semper fuisse Bibliothecarium, et postremum qui functus est utroque officio sub Bonifacio VIII, Benedicto II. et Clemente V. fuisse Papinianum Episcopum Parmensem. Additque post hunc nullum Vicecancellarium præfuisse Ecclesiæ Lateranensi, sed Romana Curia trans Alpes in Gallias a Clemente traducta, novaque Bibliotheca Pontificia Avenione constituta, Vicecancellarii munus a Bibliothecario distinctum esse, factumque esse novum Vicecancellarium qui Vicecancellarius non esset. Demum Sixtus IV. PP. nova in Vaticano Bibliotheca constructa, officium Bibliothecarii a Sacristæ munere, cui adjunctum fuerat, distinxit. Vide eumdem Panvinium.

* Horum Bibliothecariorum ecclesiæ Romanæ amplissimum indicem collegit Ciampini ad calcem operis, quod inscripsit ann. 1689 : *Examen libri pontificalis sive vitarum Romanorum Pontificum, etc.* [** Consul. Murat. Antiq. tom. 1. col. 120.]

Bibliothecarii, in Ecclesiis Cathedralibus, dicti quibus librorum Ecclesiasticorum cura commissa erat. Atque ii Litteras et Diplomata Episcopi describebant, quod postmodum, Bibliothecarii abolita appellatione, *Cancellariorum* munus fuit. Vide Michaelem Monachum in Sanctuario Capuano pag. 579.

¶ Bibliothecarius, in Glossis Isidori, *qui libros secat*. Lege *servat*. [** *Qui codices recensat*, in Glossar. cod. reg. 7644; *librorum repositor* Papiæ; ex Frontone laudat Furnal. ap. Forcellin.]

* **BIBLIOTHECULA**, diminut. a *Bibliotheca*, Liber, libellus. Annal. Estens. apud Murator. tom. 20. Script. Ital. col. 469 : *Velum quod super Justitiæ caput extendebatur, quatuor angelis cum depictis Bibliotheculis, in extremitatibus ornabatur.*

¶ **BIBLISTA**, Qui Bibliam auditoribus suis explicat. Bullar. Carmelit. pag. 252. col. 2. in Bulla anni 1458 : *Et similiter Baccalaurei, Lectores, Biblistæ sive alii Officiales pro tempore in domibus civitatum et locorum, in quibus studia hujusmodi vigere noscuntur.* Vide *Biblicus*.

¶ **BIBLISTATUS**, Officium, gradus, dignitas *Biblistæ*. Ibidem : *Tamdiu excommunicatos ac omnibus magisterii, baccalaureatus, lectoratus, Biblistatus officiis aliisque dignitatibus et honoribus dictorum Ordinum exutos.* Vide *Biblicatus*.

¶ **BIBLIUS**. Vide *Biblii*.

* **BIBLOSUS**, Juncosus. Charta ann. 909. tom. 9. Collect. Histor. Franc. pag. 507 : *Usque ad Consoam Altam sive præfatam Bosoennam suis inundationibus seu aluvionibus semper reliquerit terrenum, arenosum, nemorosum, arbustiferum, virgunculosum, Biblosum, palustricum.* Vide supra *Bibleus* 2.

¶ **BIBLUS**, Liber, *a Græco* Βίβλος. Hucbaldi Epist. metrica ad Carolum C. ann. circ. 876. apud Marten. Anecdot. tom. 1. col. 46 :

> . . . . . . Legis congesta nitescunt
> Famina, quæ Biblo scripsit in hoc modico.

Papiæ MS. *Biblus, Juncus, codex, liber, vel duplex funis de nave, vel buda facta.* Joanni de Janua : *Biblus a Bibo bis. Dicitur hic Biblus, bli, i, juncus, quia aquarum est bibulus. Et aliquando dicitur pro libro : quia antiqui de juncis solebant contexere pergamenum, et ibi scribere antequam esset usus chartæ.*

¶ Biblus, Papyrus bibula. Vide *Bobla*.

¶ Biblus Indiculorum, f. sic dictus liber seu codex legum et statutorum in monasteriis, quod in eo quæ facienda essent, indicarentur. Annal. Bened. tom. 4. pag. 220. et Analect. Mabillonii tom. 3. pag. 440. ex Epistola Alberti Abbatis ad Joannem XVII. Papam : *Dignum est. . . ut. . . in monasteriis novos indiculorum Biblos corroboretis, quibus ipsæ Congregationes ab omni strepitu quiete Deo servire possint.*

¶ **BIBOLNES**, δίτρωτοι, *Bifidi*. Supplem. Antiq.

* Δίδρωτοι, pro *Bivolnes*, qui duplici vulnere sauciati, ut emendat Vulcan.

¶ **BIBONES**, Culices nascentes in vino. Petrus Blesensis Serm. 23. in Hierolexico Macri : *Novit enim unusquisque nostrum, et in libro experientiæ didicit, quam veneniferas potiones serat in alveolo mentis nostræ serpens antiquus, quam varias et inutiles rerum imagines in thalamo cordis nostri depingat, quæ tamquam minutissimi Bibones in oculos ipsius mentis involant, imo et ministros Dei usque ad altare Domini virtutum prosequuntur, ut brevem ibi memoriam Christi in cruce pendentis abjiciant vel conturbent.* Jul. Firmicus hac voce usus est 5. 4. sub finem ad homines bibaces designandos : *Epulones et Bibones.* Vide *Bibiones* et *Bibrones*.

¶ **BIBONIUS**, πολυπότης. Gloss. Lat. Gr. Qui multum bibit.

¶ **BIBRAGIUM**, Vide *Biberagium*.

* **BIBRARE**, pro Vibrare. Glossar. vet. ex Cod. reg. 7646 : *Bibrare, minitando mittere hastam.*

¶ **BIBRONES**, pro *Bibones*. Leibnitius Scriptor. Brunsvic. tom. 1. pag. 890. ex Gervasii Tilberiens. Otiis Imperial. : *Quæ vero ex exhalationibus* (orta sunt) *ut Bibrones ex vino, papiliones ex aqua, etc.* Homines vino deditos et bibaces *Biberons* Galli solent appellare.

¶ **BIBULA** Apostolica, f. mendum pro *Bulla*. Marten. tom. 2. Anecdot. col. 561. C. ex Epistola Archiepiscopi Narbon. ad Clementem IV. Papam : *Si Apostolicam Bibulam* (Colbertin. cod. *Epistolam*) *invenirem et lucernam veritatis, etc.*

* **BIBULUS**, Propitius, facilis, Gall. *Favorable*. Charta Car. VI. reg. Franc. ann. 1390. in Reg. Chart. Joan. ducis Bitur. ex Cam. Comput. Paris. fol. 174. r°. : *Si regalis magnificentiæ plenitudo cunctis pie poscentibus, tam ex debito, quam ex innata sibi liberalitate, Bibulas aures accommodet, etc.* [** Pers. Sat. 4. 50.]

* **BIBURNA**, *Genus est ligni minutissimi. Biburna, humilia virgulta et genere et forma, a cupresso remota. Biburnus, genera virgultorum humilium.* Glossar. vet. ex Cod. reg. 7646. [** Vide Forcellin. in *Viburnum*.]

BIBUSCUS, *Morsus bestiarum*, in Glossis Isidori.

¶ **BICA**, Vicus, seu Castellum, a Saxonico *Wic* : quod idem est. Charta Ecgbearthi Regis de qua Hickes. Dissert. pag. 81 : *Scripta est hæc Chartula in Bica regali, quæ dicitur Frericburna, etc.*

* **BICALLIS**, Bifidus, Gall. *Fourchu*. Vita metr. S. Germ. Autiss. tom. 7. Jul. pag. 226. col. 2 :

> Cumque iter ambiguum ramosa ad compita vexit,
> Proposuitque viam, Samio præeunte, Bicallem.

* Notum est Pythagoram Samium qualitatem vitæ humanæ Y literæ conformasse, ut observant docti Editores. Vide *Canonicus*.

¶ **BICALLIS** Via. Vide *Canonicus* initio.

BICAMERATUS, Duplici camera constans. Annales Francorum Fuld. ann. 858 : *Terræ motus magnus factus est. . . ut murus de fastigio cadens, Oratorium S. Michaëlis ad Occidentem Basilicæ Bicameratum, cum tecto et laquearibus ruina sua confringens terræ coæquaret.* Leo Ostiensis lib. 3. cap. 28 : *Juxta cujus absidam, Bicameratam domum ad thesaurum Ecclesiastici ministerii recondendum extruxit.* Gervasius Tillebериensis in Otiis Imperial. Decis. 1 : *Arca Bicamerata Ecclesia indissolubili fidei constantia glutinata est. Qui Bicamerata est et tricamerata, quasi per cœnacula et tristega, etc.* Sic in MS. [** Adde Hieron. adv. Jovin. 1, 17.]

* **BICAPITI**, *Bifarii*, in Glossar. vet. ex Cod. reg. 7646. [** Vide Furnal. apud Forcellin. in *Bicaps*, quem nominativum statuit ex inscriptione, ubi *cum basi bicapiti*; Glossar. vero in cod. reg. 7644 : *Biceps, Bicapitis, duo capita habens.*]

¶ **BICAPUT**, Διχέφαλος. Glossar. Lat. Gr. i. *Biceps*.

BICARIUM, Vas, calix, cyathus, vel mensura potoria. *Bicchier*, Boccacio Novella 28. 83. 92. et alibi non semel. Etymon vocabuli a *Bacchar*, et *Baccharium*, non insulse omnino deducit Albertus Acharisius. Alii a Βίκος, voce Græca, quæ Hesychio ἀγγεῖον, seu *vas* exponitur. [** Murat. Antiq. vol. 2. col. 1156. a German. *Becher*, quod iterum a *Bacchar* derivandum videtur.] Liber Chimicus Orphei et Cleopatræ MS. : Τρίφας χαλῶς, θὲς ὁμοῦ ἐν βικίῳ ὑαλίνῳ. Rursum : Καὶ τρίβων αὐτὴν ποτίζη τὸν ἐν τῷ βικίῳ κατ' ὀλίγον. Arnoldus Lubec. lib. 4. cap. 14 : *Quam dum Sacerdos ex more visitaret, dans ei viaticum, ablutionem digitorum fecit in Bicario mundo, ipsam aquam ad bibendum ei tradens.* Infra : *Interea ipsum Bicarium cum vivifico Corpore et Sanguine opertum corporali super altari ponitur, et videntibus cunctis qui aderant, columba venit super labium Bicarii, et sedit, etc.* [Epistola Conradi Mogunt. Archiep. apud Marten. tom. 1. Ampliss. Collect. pag. 997. C : *Sacerdos juxta consuetudinem generalem fecit ablutionem et Bicarium deforme quidem, et ut rem usquequaque exprimamus, nigredine sordidum, sordibus nigrum, etc.*] [** *Bykarium* in Testam. ann. 1333. ap. Guden. in Cod. Diplom. vol. 2. pag. 344.]

Bicarеum. Ditmarus lib. 7. pag. 109 : *Collectariumque cum impensis propriis et etiam nostris decoratum, cum duobus thuribulis, ac argenteo Bicareo larga manu Cæsar nostræ dedit Ecclesiæ.* Vide *Bacchar*, præterea Ægid. Menagium et Oct. Ferrarium in Origin. Ital. in *Bicchiere*.

Peccarium, Idem quod *Bicarium*. Baldricus lib. 3. Chron. Camerac. cap. 22 : *Dicens malle sibi Peccarium plenum cervisiæ, quam illud cœlestis epulum mensæ.*

Picarium, Picarius, Eadem notione. Reinerus libro contra Valdens. cap. 5 : *Idem conficiunt* (sacramentum) *in Picario, pro calice.* Illyricus interpretatur poculum domesticum. Charta ann. 1124. apud Miræum in Diplomat. Belg. lib. 2. cap. 43 : *Octo panes, cum totidem cerevisiæ Picariis.* Charta Theodorici Episcopi Metensis ann. 1059. apud Meurissium : *Et de singulis cerevisiis quæ brascicarentur in oppido nostro, sex Picarios ad opus Fratrum suscipere, etc.* Usatica MSS. Vicecomitatus Aquæ Rotomagi : *Des escuelles, Pichiers, boissiaulx, et scilles.* Mox : *Pour une 12. de Pichiers clois 8. den.* Infra : *Et si doit le dimenche après la S. Oüen à chascun barrier un Pi-*

chier de vin, *etc.* Charta Philippi II. Imp. pro Leodiensibus in Magno Recordo descripta pag. 10 : *Aussi ne doit-on vendre cervoise plus chiere que quatre Bichiers pour un denier.*

PICHERIUM. Charta Nogelli Vice-Comitis pro fundatione Abbat. S. Salvatoris in Normannia, sub Guillelmo Notho, ex Regesto ann. 1382. Caroli VI. Reg. in Tabul. Reg. ch. 88 : *Et in molendino S. Salvatoris, ut molant monachi annonam suam sine loco, et sine moltura, et de omnibus Picheriis meis dedi eis decimas, etc.* Charta Jacobi Regis Majoricarum ann. 1349 : *Quasdam res, bona, et vasa argentea in pignore posita, videlicet unum Picherium auri, et unum gobellum auri, et unam copam auri, etc.* Petrus Rex Aragon. in Chron. lib. 2. cap. 11. de solenni convivii Regii apparatu : *Perico de Moncada quens servis de Pitxer; Gombau de Tramacet quens servis del bacins.*

¶ PICHEL, Eadem notione, non semel in Charta Lusitan. ann. 1313. in Monarchia Lusitan. tom. 5. pag. 304.

PICUS, Idem quod *Picarium*, Vas potorium. Fleta lib. 2. cap. 14. § 2 : *Clericum eorundem officiorum, qui de expensis dietæ, videlicet panis, vini, et cervisiæ, Piciorum, cyphorum, salis, et hujusmodi respondebit.*

¶ **BICASSA**, In Diariis Cæremoniarum Præceptorum, Canistrum est seu corbis corio intecta, quæ pro abaculo inservit, et in ea panis, fructus et similia reponuntur, et intromittitur in Conclave Cardinalium cibatus tempore. *Bicassa* forte ideo appellata, vel quia bipartita erat, vel quia primitus ad modum bulgarum, Italice *Bisaccie*, erat. Forte etiam tædio affecti Conclavistæ machinam hanc ita vocaverunt significatione detorta a turpi voce *Bagassia* quæ scortum venale indicat. Hierolex. Macri.

* **BICATUS**, Mensura granorum, eadem atque *Bichetus*. Bulla Eugenii III. PP. ann. 1147. inter Probat. tom. 2. Annal. Præmonstr. col. 544 : *Illi de Mosteriolo nummum, et panem unum, et Bicatum avenæ persolvere debent.*

¶ **BICELLARIUS**, Armatus *bicellis* seu hastulis amentatis. Johan. Berberius in Viatorio utriusque Juris part. 1. Rubric. de Vi publica : *Si aliquis homines armatos, uti Bicellarios, penes se aggregatos ad vim publicam inferendam habuerit, etc.* Vide *Bicellus.*

* **BICELLIUM**, *Domus habens duas mansiones, Gallice deux estages.* Glossar. Lat. Gall. ex Cod. reg. 521. Vide *Bicellum.*

BICELLUM, *quod et Biclinium dicitur est domus sub se habens duas cellas, sicut domus mercatoris in urbe, et dicitur a Bis et Cella.* Ugutio et Jo. de Janua. Vox hibrida, ex *bis*, et κλίνη, lectus. Papias MS : *Biclinium, quasi Bicellum*, [** cod. reg. 7609 : *Bicellium*] *duæ cellæ.* Perperam Editus habet *Blinichium.* Gloss. Lat. MS. Regium : *Biclinium, quasi Bicellium.* Ex his emendandæ Notæ Tyronis pag. 164. ubi de sellis, *Bidinium* et *Tridinium* : legendum enim *Biclinium*, et *Triclinium.* Proclive mendum, cum *c* et *l* coalitæ literæ, *d* conficiant. Occurrit apud Quintilianum lib. 1. cap. 9. [** et Plautum. Vide Forcellin.]

BICELLUS, Hastula amentata, Sambuco; pugio, Bonfinio, *Bickel*, Cambro-Britannis, *Piccell*, jaculum, telum, pilum, [vel ut alii scribunt, *Pighell*, quibus Instrumentum rusticum est quo runcantur herbæ.] Decreta Sigismundi Regis Hungar. ann. 1435 : *Arcus, pharetras, et Biccellos habentes.* Thwrocz. in Carolo Rege Hungar. cap. 96 : *In ipsum... irruit, et cum Bicello inter collum et scapulam fortiter feriendo transfixit.* Cap. 97 : *Uno Biccello valente* 200. *marcas argenti.* Vide *Bisseni.*

* Iis proxima est vox *Bicheron*, quæ furcæ dentem sonat, Gall. *Fourchon*, in Lit. remiss. ann. 1394. ex Reg. 146. Chartoph. reg. ch. 378 : *Gillot Gode ala querir un baston, que l'en dit une fourchefiere, où il n'avoit que un Bicheron. Beusail*, eadem notione, in aliis Lit. ann. 1476. ex Reg. 204. ch. 29 : *Embastonnez d'une fourche ferrée à deux Beusailz.*

¶ **BICERNA**, BICERRA, BICERRES. Vide *Bigera.*

* **BICHA**, a Gall. *Biche*, Cerva. Vide *Bissa*, 1. Charta Roberti de Poissiaco ann. 1226. in Reg. 31. Chartoph. reg. fol. 96. col. 1 : *Quitavi..... Ludovico regi Francorum illustri chacium, quam tenebam in foresta Cruiæ,... ad magnam bestiam, videlicet cervum, Bicham, porcum, capreolum et damam.* Libert. villæ de Revello ann. 1357. tom. 4. Ordinat. reg. Franc. pag. 449 : *De quolibet cervo sive Bicha medietatem unius carterii ultimi, in qua pes teneat.* Unde diminut. *Bichat* et *Bichetat*, pro Pullus cervæ, vulgo *Faon.* Lit. remiss. ann. 1413. in Reg. 167. ch. 319 : *Lesquels chiens estoient après un grant cerf, une bische, et un petit Bichat.* Aliæ ann. 1460. in Reg. 190. ch. 127 : *Le suppliant dist à icellui Gillart, qu'il pensoit qui queroit les Bichetaz de la forest.* Vide *Bichia. Biche* vero aliis notionibus, vide supra in *Bache* et infra in *Glaucus.*

¶ **BICHENAGIUM**, BICHERATA, BICHENATA. Vide in *Bichetus.*

BICHERIA. Chartæ Philippi Augusti Regis Franc. ann. 1185. et 1186. in Tabulario Compendiensi : *Concedimus Communiæ præposituram nostram Compendii, teloneum, concambium, furnum, Bicheriam, duas areas molendinarias, etc.* Ubi alias *Bichria* semel ac iterum scribitur. Eadem Charta descripta manu Andr. Duchesnii *Biheriam* præfert. [*Bicheriam* legere qui nuper eam nobis descripserunt.] Quidam hanc vocem pro *Camba* [i. e. Officina, ubi cerevisia conficitur,] usurpari volunt : [quod nobis est verisimile.]

* BICHENATA, Tantum terræ, quantum ad seminandum unum *bichetum* sufficit. Charta feud. Castil. ann. 1463 : *Super quatuordecim Bichenatis terræ franchis et sine taillia, quæ debent xv. den. de servitio, etc.*

* Chartam Phil. Aug. ita emendare mihi licuit ex Chartul. ipso fol. 67. v°. col. 1 : *Bicheriam Venetæ* (vicus est prope Compendium) *duas arcas molendinarias ad pontem Compendii.* Quod interpretari haud difficile est ex alia Ch. Ludov. VII. ann. 1179. in eod. Chartul. fol. 67. r°. col. 2. ubi legitur, *Charetum Venetæ;* est ergo *Bicheria* idem quod *Carretum*, Vecturæ scilicet onus, quod *carro* vel *biga* vassalli *Venetæ* debebant. Vide *Carreda.*

* **BICHETA**, ut *Bichetus*, Mensura granorum. Libert. villæ de Pineto ann. 1343 : *Qui signabunt mensuras in dicto loco et mandamento ejusdem, exigere non teneantur a dictis burgensibus, nisi..... de Bicheta sex denarios, de cuppa tres den.*

BICHETUS, Mensura granorum apud Burgundos, *Bichot* et *Bichet*, in Consuetud. Divionensi, quorum duo *eminam* conficiunt; *Bichetus* autem constat 2. quartallis, *Quartauts.* [Bichetus Lugdunensis est 60. librarum, minor est Dumbensis. In aliis locis modo minor, modo major.] Regestum Feodor. Campaniæ fol. 110 : *Fecit homagium de* 50. *Bichetis avenæ.* Occurrit prætera in Libertatibus villæ *de Villereys*, [Charta Alani Episcopi Autissiod. circa ann. 1160. Charta Guillelmi Episcopi ejusdem urbis ann. 1215. pro Canonicis SS. Trinit. Hist. Mediani Monasterii pag. 387. Hist. Dalphin. tom. 1. pag. 28. Maceriis Insulæ-Barbaræ tom. 1. pag. 184. in Instrum. anni 1272.] et alibi.

¶ BICHETUM. Charta Guillelmi de Melloto pro Ecclesia Crisennonis ann. 1248 : *Dedit quolibet anno novem Bicheta.* Et alibi non semel.

BICHENAGIUM, Tributum, seu quantitas speciei frumentariæ, quæ præstatur in singulos bichetos apud Sanjulian. in Antiquit. Tornutii pag. 533. *Bichonagium* habet Chiffletius in Tornutio pag. 455 : *Un denombrement fait au Roy en l'an* 1522. *de la terre de Bussy en Bourgogne : Le droit de Bichenage de tous grains et de toutes autres choses qui se vendent au boisseau au marché dudit lieu, et non à autre jour, est tel; c'est à savoir que d'un boisseau l'on ne doit rien. De deux boisseaux l'on doit pour le Bichenage une escuelle, de trois boisseaux l'on ne paie qu'une escuelle, de quatre boisseaux* 2. *escuelles. de* 5. *boisseaux l'on ne paye que* 2. *escuelles, de* 6. *boisseaux l'on ne paie que trois escuelles, et ainsi de plus le plus, et du moins le moins, sans rien paier du non pair. Et est assavoir que les* 20. *escuelles font le boisseau, qui contient trois couppons : et les* 2. *boisseaux font la quarte, et les* 2. *quartes font le bichot, qui est la plus grande mesure de Bussy. Item est à savoir que ledit Bichenage se prend et leve audit marché, des noix, des oignons, et de toute autre chose qui se mesure audit boisseau, en la forme et maniere que dessus. Item, et est encore asavoir que ceux qui paient ledit Bichenage, ne doivent rien de vente ny de peage, à cause de ce dont ils auront paié le Bichenage.*

BICHERATA TERRÆ, non semel occurrit in Actis capitularibus Ecclesiæ Lugdun. ann. 1337. ex Camera Computor. Paris. [Est autem ager in quo seminatur tantum frumenti vel siliginis, quantum uno *Bicheto* continetur. Sed quia granum frumenti crassius est grano siliginis, in Dumbensi pago *Bicherata* siliginis juxta chartas et *terraria* fere trium est, quandoque quatuor millium passuum; *Bicherata* vero frumenti duorum dumtaxat triumve millium. *Bicherata* Lugdunensis est tantum 1764. passuum, quamvis *Bichetus* hujus urbis major sit Dumbensi, ut jam dictum est. Hinc liquet non admodum certas esse mensuras ex semine deductas : certiores sunt Agrimensorum.] Vide *Bichonataterræ* in *Bichonus.*

¶ Bichonata, Eadem notione, in Charta ann. 1486. Vide *Bichonus.*

Bichotus, in Charta Philippi Aug. ann. 1221. in Hist. S. Aniani Aurelianensis pag. 111.

¶ **BICHIA**, Cerva, Gall. *Biche.* Charta ann. 1252. ex Archivo Monasterii S. Gildasii de Nemore : *Jocelinus dominus Rochæ Bernardi, super contentionibus quæ sunt inter me et Eudonem de Ponte militem, super feris cervorum et Bichiarum, aprorum et apraruın, etc.* Vide *Bicha.*

* **BICHIERUM**, Calix, cyathus. Bareleta serm. 2. in Dom. 1. Quadrag. : *Teneo Bichierum, et non mihi tremat brachium.* Vide *Bicarium.*

BICHINI, Fraticellorum, seu Minoritarum secta, de qua infra in *Bizochi.* Videntur autem ita appellati, quod vestes coloris *bigii*, seu *grisei*, deferrent, quod faciunt etiamnum Minoritæ omnes. Nam *Bigio*, ut vult Albertus Acharisius, *è specie di panno grosso.* Dantes in Purgat. cap. 20 : *Fuor ch'uno renduto in panni bigi.* Petrarcha : *E i neri fraticelli, e i bigi, e i bianchi.* Id est, qui vestiebantur panno griseo, ut Minoritæ. Ex *bigii* autem *Bighini*, et *Bichini* voces formatæ videntur, dictique Fraticelli isti panno *Bighino* induti. Nec scio an nostrum *Bis*, pro subfusco, vel griseo inde ortum habeat. Fieri denique potest, ut *Bichini* iidem sint qui *Beghini*, et ita per contemptum appellati fuerint Fraticelli isti hæreseos perinde insimulati.

* **BICHOCHA**, Bicoca, Bicocha, Academicis Cruscanis : *Bicocca, Piccola rocca o castello in cima di monti*, Lat. *Castellum rupibus inditum*; iis vero quæ sequuntur, magis convenit interpretatio Academ. Hispan. in Diction. *Bicoca*, Specula, vigilis cellula, nostris *Guérite.* Stat. Pallav. lib. 2. cap. 66. pag. 126 : *Ordinatum est, quod nulla persona audeat nec præsumat accipere nec exportare scalas seu de scalis positis et deputatis ad Bichochas, vel ad turres castri Buxeti.* Stat. Vercel. lib. 7. pag. 153. r°. : *Inantea non teneantur ad onera custodiæ aliarum Bichocharum, quæ fiunt per districtum Vercellarum.* Sed et pro aquarum ductu, ex tabulis ligneis compacto, accipi videtur, in Stat. Montis-reg. pag. 204 : *Item statutum est, quod aliqua persona non audeat vel præsumat capere aliquod alienum banchum, causa..... faciendi Bicocham,..... et qui.... Bichocham, seu aliud simile de alieno bancho fecerit, etc.* Stat. Taurin. ann. 1360. cap. 153. ex Cod reg. 4622. A. : *Nullus de cetero audeat vel præsumat deviare vel deviari facere, per se vel per alium, aquam bealeræ, cloacheæ decurrentem in ficha seu Bicoca magnæ Duriæ.*

BICHONAGIUM. Vide *Bichenagium* in *Bichetus.*

¶ **BICHONATA**, Bichotus. Vide in *Bichetus.*

* **BICHONUS**, ut *Bichetus*, Mensura granorum. Acta MSS. capituli Lugdun. ad ann. 1347. fol. 136. r°. col. 2 : *Petrus Bourdas* (tenet) *quandam muram, sitam ibidem sub servitio unius Bichoni avenæ... Petrus Servos quandam muram sub servitio unius Bichoni avenæ.* Hinc

* Bichonata Terræ, Tantum terræ, quantum ad seminandum granum, quod uno *bichono* continetur, sufficit. Codex censual. Castel. in pago Dumb. ann. 1391 : *Confitetur tenere ad censam, tantum quantum placuerit dicto domino, quinque Bichonatas terræ.* Iis vero, quæ de illius capacitate dicta sunt in *Bichetus*, addere placet quod legitur inter Redit. balliv. Petræfont. ann. 1300. ex Bibl. reg. : *Item ilz tiennent un Pichet de pré, qui vaut environ le tiers d'un arpent.* Unde *Bichonage* vocatur Præstatio pro mensura, in Charta ann. 1328. inter Probat. ult. Hist. Trenorch. pag. 243 : *Item la tierce partie de tout le Bichonage de Tournus des blés yvernaiges.... Item tout le Bichonage de tous blez, quelz qu'ils soient.* Vide supra *Bichenata* et *Bichonata* in *Bichetus.*

BICHRIA. Vide *Bicheria.*

BICINIUM, Cantus duorum in Ecclesia, ut *Monodia*, unius, scilicet cum duo alternatim, aut simul canunt. Ita Isidorus lib. 6. Orig. cap. 19. Glossæ Arabicæ, et Durandus lib. 1. Ration. cap. 1. n. 18. Gloss. Ælfrici Saxonicum : *Bicinium*, t v e g a s a n g. Ex t v a, duo et s a n g, cantus. Vide *Latersicinium.*

* **BICIPITIUM**, a Biceps. Alciat. emblem. 18. pag. 141. ubi de Jano, quem bicipitem finxerunt Poetæ : *Memineram alias jam Bicipitium corelatum, etc.*

BICIRRES. Vide *Bigera.*

BICLINIUM. Vide *Bicellum.*

¶ **BICLUS**, φώκη. Glossar. Lat. Gr. ubi *Biclus* forte mendose scriptum est pro *Vitulus* vel *Bitulus*, cum φώκη, vitulum marinum significet.

¶ **BICOARE**, Duplicare, Gall. *Doubler.* Papias MS : *Bicoatur, Duplicatur.*

BICOCA. Gloss. Angloss. Ælfrici : *Bicoca*, H æ f e r b l e t a, vel P u n. Ubi Somnerus, *forte, capri balatus.* H æ f e r, Saxonibus est *Caper.*

* Diversa notione, vide supra in *Bichocha* et infra in *Ficha* 1.

BICOCARIA. Charta ann. 1306. pro Vicecomitatu Lautricensi in Regesto Philippi Pulcri Regis Francor. ann. 1306. ex Chartophyl. Regio n. 165 : *Omnesque et singulas albergas, corregia, oblyas, census, et usatica, bladatas, Bicocarias, et mairchieus, leudas et pedagia, quæcunque sint, et ubicunque sint in Baronia et Vicecomitatu prædictis, molendina, herbergia, pascua, devesa, adempriva, aquas, fargas, nemora, herbas, hermecaces, caschas, et alias portiones, servitia, et pensiones, et omnes et singulos redditus, etc.* Infra : *Redditus, proventus, et obventiones, oblyas, census, et usatica, albergia, corregia, manaeuhs,* (sic) *cascas, porciones, leudas, et pedagia, etc.*

* F. Præstatio ex *bicoretis.* Vide *Bicoreta.*

** **BICOLORARE**, *Bicolorem facere.* Gemma Gemmarum.

* **BICORETA**, Modus agri, eadem notione qua *Bichonata.* Pactum inter Guichard. dom. Bellijoc. et Guichard. de Marziaco ann. 1317. in Reg. 56. Chartoph. reg. ch. 474 : *Pro quadam Bicoreta terræ, sita in capite Bernart.*

¶ **BICORIUS**, Cui duplex corium est. Hirci *Bicorii* apud Rainhardum Abb. in Reinhardi Episc. Halberstadensis stirpe, tom. 1. Histor. Brunsvic. pag. 705.

* **BICORNA**, Gall. *Bicorne*, Cupa bicornis. Charta ann. 1436. in Tabul. monast. Loci reg. : *Joannes Gauchi habuit, percepit et levavit tresdecim thinas seu Bicornas racemorum excretorum in pecia vineæ.* Consuet. Bituric. in Reg. Joan. ducis Bitur. ex Cam. Comput. Paris. fol. 118. r°. : *Item quiconques fait Bicornes à Bourges, mes qu'elles soient neuves, il doit deux Bicornes.* Vide *Biscornuta* et *Bicornix*, 2.

¶ **BICORNATUS**, Insulsus, insanus, vox derisionis et contemtus. Meisterlinus in Hist. Rer. Noriberg. apud Ludewig. tom. 8. Reliq. MSS. pag. 75 : *Num tu stolide, Bicornate, æstimas oppidulum parvum hos conclusisse.*

¶ 1. **BICORNIX**, Bini cornicines seu tubicines, apud Murator. tom. 3. pag. 650. col. 2. de Coronatione Bonifacii VIII. :

Ilicet assequitur, scandens mantilibus albis
Tectos undiqne equos legio ; sed juncta Bicornix,
Ut festo clarere die possetque triumphis,
Fecerat, etc.

¶ 2. **BICORNIX**, Vas bicorne. Transactio inter Abbatem et Monachos Crassenses ann. 1351. ex lib. viridi fol. 53 : *Et in die Jovis Sancta pro pecunia quæ datur pro Mandato pauperibus, qua die fit charitas generalis in dicto Monasterio semper annuatim, octo solidos, quatuor denarios Turon., unum Bicornicem vini, et satis de fabis pro pauperibus, qui mandatum recipiunt.*

¶ Bicornus, Eadem notione. Vita S. Philippi Archiep. Bituric. apud Marten. tom. 3. Anecdot. col. 1937 : *In quoddam vas Bicornius nomine plenum aqua, etc.*

BICORS, Qui duplici corde est, vafer. Commodianus Instr. 11 :

Officio vervecis potuit scire Bicordem.

¶ **BICOXUM** δίμοιρον, *Bimembre.* Suppl. Antiq. [** Δίμηρον.]

BICULA, *Biche*, Cerva. In Concilio Autisiodorensi, *Biculam vel cervum facere*, restituit Salmasius, pro *vetulam.* Vide *Vetula.*

¶ **BICURTUS**, Ex utraque parte curtus. Locus est in *Tesserini.*

* **BICZOCARA**, Mulier alicui piæ societati vel tertio ordini dicata. Stat. capit. gen. Eremit. S. Aug. ann. 1300. apud Cl. V. Garamp. in Dissert. 3. ad Hist. B. Chiaræ inter not. pag. 154 : *Mandamus quod nullus frater nostri ordinis, sive subditus, sive prior, aliquam Biczocaram vel bighinam ad ordinem nostrum, vel ad ordinis curam, aliquod monasterium vel quascumque religiosas recipiat.* Vide *Bizochi.*

¶ **BIDAEM**, Quod Gallice *Biez* dicitur, alveus aquæ circumagentis rotam molendini, aut ipsa quæ Domini habebant in eumdem alveum jura piscandi vel concedendi, ut aquæ alio deducerentur; quo sensu etiam sumuntur *Biandum*, *biennium*, etc. Lobinellus in Glossario ad calcem Historiæ Britan. Vide *Bedum.*

¶ **BIDAERA**, Eadem notione.

BIDALDI, Militum et peditum species, extremis sæculis in Gallia nota. Continuator Nangii ann. 1326 : *Post aliqualem paletationem factam cum Bidaldis prope Cassellum, etc.* Ægidius de Roya ann. 1328 : *Commissum est prælium, incipientibus Bi-*

daldis..... et Balistariis Regis, etc. [Similia legere est tom. 3. Anecd. Martenii col. 431. et 432.] *Bidaldorum* frequens habetur mentio apud Guill. *Guiart*, Potissimum ann. 1298. 1302. et 1304. ubi *dardis*, seu spiculis dimicare solitos scribit :

Bidaus retraient, et dars ruent.

Infra, ubi eorum originem ab Hispania videtur accersere :

De Navarre et devers Espagne,
Reviennent Bidaus à grans routes,
Desquiex les Compaignies toutes
En guerre par accoustumance
Portent deus dars, et une lance,
Et un coutel à la ceinture,
D'autres armeures n'ont cure.

Rursum :

Bidaus menacier et huer,
Et dars menuement ruer,
Qu'il font entre les Flamens bruire.

Horum etiam meminit non semel Froissartes 1. vol. cap. 51. 55. 61. 72. 103. 104. 121. 130. etc. *Bidali*, dicuntur Joanni Villaneo lib. 8. cap. 78. et lib. 12. cap. 95. Vide *Bidardus* et *Bidaudi*.

¶ **BIDAMIUM**, Bidannum. Vide in *Biennium*.

¶ **BIDARDUS**, Levis armaturæ miles, veles. Chronicon Corn. *Zantfliet* apud Marten. tom. 5. Ampliss. Collect. col. 140: *Conduxit quoque quosdam Bidardos, qui duo missilia sive jacula semper ferre solebant, qui etiam juxta Orosium et Vegetium Renatum velites sive levis armaturæ vocabantur, quibus capitaneum præfecit Bonifacium, qui per patriam discurrentes, mercatores victualia Leodium deferentes frequenter spoliabant.* Vide *Bidaldi*.

BIDARIUS, Satelles, minister. Joan. Presbyter in Hugone Episc. Leod. : *Habebat Episcopus suis stipendiis Bernarios et Bidarios duo tela portantes.* Sed videtur legendum *bervarios et Bidaldos* : nam, ut in hac voce observavimus, tela ac spicula, arma erant Bidaldis propria.

* **BIDAUDA**, Ferculum ex leguminibus. Liber usuum Sublac. MS. ubi de qualitate et quantitate ferculorum : *Aliis diebus datur alia Bidauda de fabis, aut pisis aut caulibus.*

* **BIDAUDI**, Iidem qui *Bidaldi*, Militum et peditum species, a duobus *dardis* seu spiculis, quibus dimicare solebant, sic dicti. Annal. Victor. MSS. ad ann. 1304 : *Rex misit comitem sancti Domini Martini Reginaldum, juvenem strenuum in bellis et fortem, cum Bidaudorum et aliorum multitudine copiosa.* Et ad ann. 1312 : *Eodem anno Bidaudi de Francia revertentes, stipendiis non solutis, per proprias prædas exercebant multosque spoliabant, et usque Bituris venientes fuerunt arrestati, et fere* 500. *sunt in patibulis suspensi.* Ex quibus *Bidaudi* videntur iis præivisse societatibus, quæ tanto tempore sub nomine *Compagniæ* provincias devastarunt.

BIDDA. Vide *Blida*.

¶ 1. **BIDELLA**, Jus in supellectilem defunti ratione cognationis. Diploma Friderici I. Imperat. ann. 1180. apud Tolnerum Hist. Palat. inter Instrum. pag. 55: *Quod si alteruter conjugum sine hærede præmoriatur, superstes omnem præmortui hæreditatem, quoad vixerit, libere possidebit; defunctis autem ambobus sine prole conjugibus, ad proximos eorum hæreditas relicta ab illis substantia devolvetur. Et viri quidem hæreditas ad hæredes viri; mulieris autem hæreditas ad mulieris transibit hæredes, ita ut nemo dicat sibi aliquod jus in bonis mortuorum ratione suppellectilis, quæ vulgo Bidella* (*Butel* in veteri lib.) *dicitur. Nos... indulsimus, ut sic uti ab actione juris, quod Bidel dicitur, indulgentia privilegii antiqui sunt immunes.* Vide *Budteil*.

* 2. **BIDELLA**. Bulla Innoc. PP. VIII. ann. 1484. in Contin. magn. Bullar. pag. 290. col. 2 : *Item ordinarunt quod omnes processiones generales dom. cantor ex ejus officio habeat ordinare, et per suam Bidellam illas dirigere et conduci facere.* Sed leg. *per suum Bidellum*; Ital. *Bidello*, eadem notione. Vide *Bedelli* et *Bidellus*.

* 3. **BIDELLA**, *sæpe pro bdelio in antiquis libris invenitur.* Glossar. medic. Simon. Januens. ex Cod. reg. 6959. [** Ita in omnibus Glossar. MSS. et ante Arevallum apud Isidor. lib. 17. cap. 8. sect. 6. Græci dicunt Βδέλλιον et Βδέλλα. Vide H. Steph. Thes. L. Gr. vol. 2. col. 202.]

BIDELLIUM, *Aqua ex vesicis de ulmo confecta, et proficit ad vulnera in corpore medenda.* Ita Glossæ Isidori; [** Papias reg. 7609. et Glossar. cod. reg. 7644 : *Aqua quæ colligitur de vesicis, quæ nascuntur in ulmo, quæ faciunt ad vulnera in corpore*; ut ex Galeno.] idem est quod Græcis βδέλλιον, Latinis *Bdellium*. Vide Gorræum, [* Hofman. de Medicam. officinal. P. Hermann. Cynosur. mater. medic. et annotat. J. G. Grævii in Isidori Glossas.]

¶ **BIDELLUS**, ut *Bedellus*, Apparitor, Gall. *Bedeau*. Lobinellus Paris. Hist. tom. 3. in Glossario : *Nullus alius Bidellum seu quemcumque officiarum alium eligere præsumat.* Vide Roberti *Goulet* Compendium Jurium et Consuetud. Universit. Paris. fol. 6. et Concil. Hisp. tom. 4. pag. 178.

¶ **BIDELUS**, Exactor, publicanus. Charta Henrici II. Regis Angliæ ann. circ. 1155. apud D. *Brussel* de Usu feud. tom. 2. pag. v : *Omnes Bideli de cetero deponantur per Tamesiam et Medeweiam et per totam Angliam, nisi per costeriam maris.* Vide *Bedellus*.

* Leg. *Kidelus*, ut videre est infra voce *Kidellus*.

* **BIDEMIUM**, pro *Bidennium*, in Charta Bernardi de Rupe tom. 1. Probat. Hist. Brit. col. 494. Vide *Biennium*.

* **BIDENDARE**, Fodere. Glossar. Prov. Lat. ex Cod. reg. 7657 : *Foyre, Prov. fodere, Bidendare.* Vide *Bidentare*.

BIDENS, *Anchora*. Gloss. Isid. [** Vide Forcellin.]

1. **BIDENTAL**, Fulmen bifidum. Miracula S. Walarici Abbatis n. 7 : *Et cœpit firmamentum mugire, tonitrua resonare,..... subito Bidental juxta eum cecidit, adeo ut froccum ejus lingens minime exusserit, etc.* [*Bidental*, Horatio de Arte Poët. sub finem, est locus de cœlo tactus, in quem fulmen decidit.] [** Gloss. Lat. Gr. : *Bidentale*, κεραυνόβλητον.]

* 2. **BIDENTAL**, *Sacrificium*, in vet. Glossar. ex Cod. reg. 7646. [** Vide Forcellin.]

¶ **BIDENTARE**, Versare terram bidente. Papias MS. et Vetus Glossarium San-German. n. 501 : *Bidentare, fodere.*

¶ **BIDENTATIO**, Eadem notione. Gloss. Lat. Gr. : *Bidentatio*; *Fossura, occatio*; σκαφετός.

¶ **BIDENTINUS**, Laneus. Index Onomast. tom. 4. Act. SS. Maii. [** a Bidens, ovis.]

BIDINIUM. Vide *Bicellum*.

* **BIDRIA**, Brivia, Idem videtur quod *Bever*, fiber, Ital. *Bivaro*. Gualvan. de la Flamma apud Murator. tom. 12. Script. Ital. col. 1016 : *Cum autem ei castra aut magnas pecunias elargiri voluisset, ipse Bruzius omnia respuit; sed posse coronam auream super caput Bidriæ sive Briviæ deferre ex maxima gratia postulavit : quod ipsi duces Austriæ cum magna difficultate concesserunt, etc.* In Charta concessionis ibid. legitur, *super caput Biveræ, etc.* Ubi *Caput*, pileum, Gall. *Bonnet*, interpretor.

BIDRIPA. Vetus Charta ann. 7. Ricardi I. laudata a Spelmanno : *Dabunt 2. sol. annuatim Abbatissæ et Conventui,... pro tribus araturis et una Bidripa, quæ vocatur hinghidripe, quæ ab eo exigebatur, salvis 2. Bidripis quibus idem Willelmus faciet ad cibum Abbatissæ, prima vice cum omnibus hominibus de hospitio suo, et terræ suæ operantibus, secunda cum uno solo homine.*

* Ejusdem notionis et originis atque *Bederipes*. Vide in hac voce.

* **BIDUALES** Nundinæ, Quæ per biduum habentur. Charta ann. 1195. inter Instr. tom. 11. Gall. Christ. col. 141 : *Simon quoque comes Ebroicensis dedit Deo et S. Taurino Biduales nundinas, quæ sunt in secunda Dominica post Pentecosten et die Lunæ sequenti.*

BIDUANA, Bidui jejunium, ut *Triduana*, tridui. Capitula Caroli M. lib. 5. cap. 136. [** 207. e Capit. Episc. ann. 779.] : *Et Biduanas omnes faciant tam Episcopi, Monachi, et Monachæ, quam Canonici, etc.* Decretale precum Episcopor. ann. 779 : *Et faciunt Biduanas, atque eorum homines in eorum casatis, etc.* Rabanus Maurus lib. 2. de Instit. Cleric. cap. 26. *de origine Biduanæ, sive Triduanæ : Biduanum morem jejunii unde sumptum, quod Apostoli jejunaverunt illo biduo, quo Dominus passus et sepultus est.* Vide Cumeanum de mensura pœnitentiarum cap. 11. Bedam de Remedio peccat. cap. 15. Novatum Catholicum in Homil. ad Fratres, Capitula Theodori Cantuarensis cap. 10. Edit. V. Cl. Jacobi Petiti, Grimlaicum in Regula Solitar. cap. 54. Cassian. Collat. 2. cap. 24. S. Augustin. lib. 1. de Morib. Eccl. cap. 33. Reginonem lib. 2. de Ecclesiast. disciplin. cap. 442. 446. Ratbodum Noviom. in Vita S. Godebertæ num 5. Vitam S. Samsonis Episc. Dolensis lib. 1. cap. 10. lib. 2. cap. 12. Vitam S. Winwaloei Abb. n. 20. Chronicon S. Vincentii de Vulturno pag. 673. Petrum Damian. in Vita S. Romualdi cap. 3. lib. 6. Epist. 27. Matth. Wesmonast. pag. 135. Florentium Wigorn. pag. 631. Ratherium Veronensem serm. 1. de Quadragesima cap. 8.

Biduana, [Biduum ante Pascha] in Missali Gothico pag. 329 : *Incipiunt orationes in Biduana.* Pag. 324 : *Item orationes in Biduana in die Sabbati ad Se.* [f. Sextam.] et in Missali Gallicano veteri pag. 461 : *Item orationes in Cœna Domini, sive in Biduana.* Mox : *Item orationes in Biduana.*

BIDUBIUM. Vita S. Leufredi cap. 21 : *Illud autem ferramentum vocant rustici Bidubium, quod a quibusdam Falcastrum vocatur, quod in falcis similitudine curvum sit.* [Canones Hibern. apud Marten. tom. 4. Anecd. col. 13 : *Si quis... aut de fuste, aut de securi Bidubioque cultello interfectus fuerit.*] Vide *Falcastrum.*

¶ **BIDUINI.** Vide *Beduini.*

¶ **BIDULLANEUS**, An pro *Betulaneus*, seu *Betulaceus*, a Betula? Acta SS. Julii tom. 2. pag. 126. in Vita S. Uldarici : *Qui ambulans inde concidit sibi baculum de ligno Bidullaneo.*

* **BIEGNIUM**, ut *Biennium*. Vide in hac voce.

* **BIEIUM**, Gall. *Biez*, idem quod supra *Beyum*, molendini alveus. Consuet. Norman. cap. 26. part. 1. ex Cod. reg. 4651 : *Liberum autem dicimus feodum, quod servitiorum inhonestorum obtinet libertatem, ut de prati servitio et de curatione Bieii molendinorum.* Vide *Bedum.*

¶ **BIEN**, Idem quod mox *Biennium*. Charta Theobaldi Comitis Blesens. de Conventionibus factis inter Raherium Vicecomitem S. Florentini et Gervasium Abbatem S. Germani Autissiod. ann. 1147 : *Omnes homines S. Germani, qui sunt de potestate de Villari debent Vicecomiti semel in anno per tres dies Bien, et illi qui boves habent carretum et per tres dies corvadam, etc.*

¶ **BIENNABILES**, Biennarii. Vide post *Biennum.*

¶ **BIENNIUM**, pro alveo molendini. Vide *Bidaem.*

BIENNUM, Biannum, Biennium, Bidannum, etc.

Bienna definiuntur in Consuetudine Pictavensi art. 99. *Corvées tant d'hommes que de bestes*, [*Corvatæ* tam hominum, quam jumentorum.] *Bianis*, in Consuetud. Andegav. art. 499. Santonensi art. 131. 132. Inculismensi art. 22. *Bians*, in Pictav. art. 102. 190. Angeriacensi art. 131. 132. et Castelletensi art. 4. 5. [*Bans-Arbans*, in Marchensi art. 499.] *Le bien*, in Charta Mauritii de Bellavilla Dom. Ganaschiæ ann. 1265 : *Habent etiam le Bien ad vindemias faciendas quamdiu duraverint.* Infra : *Biennium ad ligna ad portandum in Natali Domini; et hoc semel.* Charta Archembaldi D. Soliaci ann. 1150 : *Pacem inter se ea lege fecerunt, quod Milites facient ei per homines suos octo dies de Bienno in anno, 4. in Februario in aiis* (hayes) *faciendis, et 4. in Maio in fossetis. Etsi in his duobus terminis de Bieno requisitio facta non fuerit, usque ad alterum annum non respondebunt ei.* Charta Theobaldi Blesensis Comitis et Franciæ Senescalli ann. 1181. ex Tabulario Ecclesiæ Carnotensis num. 47 : *Mille libras mihi dederunt cum tali conditione, quod si deinceps quoquo modo murum cadere aut dirui, vel fossatos impleri contigerit, non teneantur amplius vel in muris vel in fossatis aliquid mittere, sed ad omni Bienno quod in eis habebam ipsi et omnis terra Capituli quiti in perpetuum remaneant et absoluti.* [Charta Vicecomitis S. Florentini de Donatione quam fecit monasterio S. Germani Autissiod. ann. 1189 : *Dedi etiam eis novem denarios, quos ab unoquoque de hominibus eorum causa Bieni mei singulis annis accipiebam.* Quo ex loco patet *Biennium*, ut et alias servitutes omnes, interdum pecunia redemptum fuisse.]

* Charta Thomæ abb. S. Germ. Prat. ann. 1249. in Reg. 30. Chartoph. reg. ch. 467. [** apud Guerard. post Irminon. pag. 385.] : *Homines de dicta Villanova et de Valentone tenentur nobis et ecclesiæ nostræ in 75. modiis vini annui redditus, pro redditu, qui dicitur Bien.* Charta ann. 1325. in Reg. 64. ch. 360 : *Et ainsi demourant quite en paiant ledit blé chascun an dudit Biain de bois pour ardoir, reservé au roy et à la royne, se il venoient audit chastel de Lezignen, que il pourroient prendre ledit Bian, se il leur plaisoit; et en celi cas que il prenroient ledit Biain, ne paieront riens dondit blé de celle année; et reservé au roy le Biain desdiz habitans, que il doivent et ont acoustumé ancienement à faire aus refections et appareillemens dudit chastel. Item les corvées ou Biains de Venours des personnes, bestes et charretes, sont estimé à cent sols*, in Charta ann. 1326. ex eod. Reg. ch. 713. Quod servitii genus, ut ex his aliisque abunde patet, crebro non tantum pecunia, sed etiam specie frumentaria vel vinaria redimebatur. Vide *Bien* [** et Glossar. Irminon.]

¶ Bianium, apud Stephanot. Antiq. Pictav. MSS. tom. 3. pag. 484 : *Retinuit Bianium rusticorum ad castrum Luciacum et ad conducendas suas annonas, inde sui antecessores conduxerunt.*

Biannum. Charta Hugonis Comitis Marchiæ ann. 1270. in Tabul S. Hilarii Pictav. : *Exigat* (Comes) *Biannum ab hominibus mansionariis prædictorum locorum, nisi ter in anno in terminis infra scriptis, etc. Et tunc habebunt nec exigent ad faciendum Biannum, nisi de singulis bordariis unum bovem vel aliud animal arans, etc.* In Tabulario Burguliensi Ch. 60 : *Biannum ad reficiendum fossata castri de Maravento.* Liber Chirographorum Absiæ fol. 21 : *Adjutoriam boum et quadrigarium suarum, quod Biannum vocatur, sicut alii homines nostri nobis facient.* [Stephanot. Antiq. Pictav. MSS. tom. 4. pag. 408. ex Charta anni 1232 : *Expeditionem quoque et exercitum, Biannum, bosquetallum, in quibus teneri mihi eosdem homines proponebam.*]

¶ Bianum, in Charta ann. 1192. apud Marten. tom. 1. Anecd. col. 649 : *Sint liberi et immunes per totam terram nostram, tam per terram quam per mare conductio facta absque venda... navagio, monagio, Biano, etc.* Idem occurrit in Charta ann. 1277. apud Stephanot. tom. 3. Antiquit. Benedict. Pictav. MSS. pag. 927.

* Biannium, Eadem notione. Charta ann. 1098. inter Probat. Hist. Sabol. pag. 359 : *Cum Biannio et corvea hominum meorum ad reparandum et faciendum fossata, et exclusas, et calciatas, et ad ducendum ligna, et mollas.*

* Biannus, in Charta Guill. *de Bellesme* episc. Catalaun. ann. 1228 : *Quittavit eis...... tallias, corveias, Biannos, etc.*

Bias. Tabular. S. Eparchii Inculism. fol. 37. 38 : *Similiter facient eis quinque Bias, unum ad frumentum faciendum, alium ad avenam, tertium a proffendra, quartum in nemore, quintum in vindemiis, et hoc faciant, sive habeant bovem, sive non habeant.* Infra : *Omnia autem servitia de Bias, de avena, de gallinis, etc.*

¶ Bidamium. Chartular. S. Cypriani Pictav. fol. 110 : *Cadelo Vicecomes in tempore Gisleberti Abbatis omne Bidamium et prœhensionem arietum et de porcis..... condonavit Monachis.*

Bidannum, in Literis fundationis Abb. Omn. SS. Andegav. ann. 1408 : *Istas consuetudines perdonat Goffridus Comes in perpetuum Deo et S. Mauritio, etc. In curte Spinacii totum vinagium et totum carragium boum et asinorum, et Bidannum villanorum ad 15. dies in anno.* Alia ejusdem Comitis pro Abbat. SS. Sergii et Bacchi : *Similiter de tota terra Thoriniaci vicaria in totam, Bidannum et universas consuetudines, excepto avenagio et fodrio.* [Alia charta Tabularii ejusdem monasterii, qua Aimericus filius Judicaliæ donat Monachis *omne Bidannum de illorum hominibus manentibus apud Chamariacum in omni terra illorum.*]

* Bidannium, in Charta Alani III. ducis Brit. tom. 1. Probat. Hist. Brit. col. 373 : *Bidannium sancto Martino infra Veterem vicum Albani reddant.*

¶ Biegnium. Charta ann. 1258. apud Thomasserium Consuetud. Bituric. pag. 156 : *Nullus eorum reddet nobis vel hæredibus seu successoribus nostris dominis Castri-novi Biegnium seu corvatam.*

Biennium. Tabularium S. Hilarii M. Pictavens. : *Ad castrum Rofiacum claudendum, Biennium, si vocati fuerint, tenentur homines nostri, non impediti necessitate panem suum coquendi, vel ad furnum, vel ad molendinum eundi, vel vocationis biannii B. Hilario ante factæ.* Vide Probat. Hist. Castillionensis pag. 53. Thomasserium in Consuet. Bituric. lib. 1. c. 61. 68. etc.

¶ Biennus. Charta Ludovici Comitis Blesens. et Claromont. pro Monasterio Bonæ-vallis ann. 1198. ex Archivo ejusdem loci : *Homines Bonævallis ad defensionem eorum cum aliis hominibus ibant et faciebant Biennos suos in Episcopatu Carnotensi, etc.*

¶ Bienum. Charta Archembaldi domini de Soliaco apud Thomasserium Consuetud. Bitur. pag. 714 : *Quod milites facient ei per homines suos octo dies de Bieno in anno.*

¶ Bihennium, in Charta ann. 1283. ex Tabul. San-Dion. : *Octo libras pro uno mengerio......charteium seu Bihennium, vinagium, harpagium.*

Biennarii, Qui *biennium* præstant. Charta laudata ann. 1265 : *Sed a Castellania de Machecolis vavasserii dabunt comedere omnibus Biennariis suis, exceptis illis qui fœnabunt fœnum, etc.* Hujusmodi sunt quos describit Froissartes 2. vol. c. 74.

* *Biannaux* et *Biennaux*, in Lit. remiss. ann. 1475. ex Reg. 204. Chartoph. reg. ch. 67 : *Le village de Martinet est tenu et chargé envers le seigneur de S. Mesmin de plusieurs biains de beufz, mesmement d'aler querir ou pays de Thouarçois les vins dudit seigneur de S. Mesmin par chacun an, à sa semonce..... Le suppliant et plusieurs autres Biannaux dudit seigneur de S. Mesmin furent semons, etc.* Infra pluries *Biennaux.* [** Vide supra pag. 570. col. 2.]

Biennabiles, Bienniis obnoxii, *Biennables*, in Consuetudine locali Castelli novi in Biturigib. art. 4.

Has porro voces omnes efficlas esse constat a *Bannum*, quod qui tenerentur ad ejusmodi *corvatas* et *manoperas*, proclamatione et *banno* solenni ad eas præstandas evocarentur.

☞ Quod quidem etymon quamvis a vero minime aberrare existimet D. *de Laurierre*, conjecturam nihilominus D. Hevini eadem hac de re haud prætermittendam idem censet; ejusmodi scilicet *corvatam* sic dici, quod a subditis in colligendis terræ fructibus (quod Gallice dicimus, *les biens de la terre*) potissimum debeatur. *Biennia* vero seu *Bibennia* apellata opinatur Gallandus *quod bis in anno præstarentur, nisi aliud convenisset*.

* **BIERA**, Potionis genus, quæ a cervisia distingui videtur, in Arest. parlam. Paris. ann. 1532. ex Lib. rub. eccl. S. Vulfr. Abbavil. fol. 215. r° : *Cum camberiis et brassatoribus præceptum fieri fecissent sex lottos, Gallice lots, Bieræ, cervisiæ, biermardi* (infra *briemardi*) *aut alterius bruvagii, Gallice Biere, cervoise ou aultre bruvage, pro quo brassino bruvagiorum prædictorum..... solvendi, etc.* Haud scio an idem sit, quod *Bier* masculino genere effertur, in Lit. remiss. ann. 1455. ex Reg. 184. Chartoph. reg. ch. 571 : *Comme le suppliant se fust transporté en la maison de Robin de Tadiguehen..... pour boir du Bier, pour ce qu'il en faisoit cabaret, etc.* Aliud vero sonat *Biere*, in Lit. remiss. ann. 1385. ex Reg. 127. ch. 160 : *Haussa icellui Cabert une late, appellée Biere de Charete, que il portoit, et d'icelle feri sur ledit Pasquier.* Ubi lignum est transverse in carro positum.

BIERBANNUM, Bannum cerevisiæ, *Ban de biere*, tributum quod pro cerevisiæ venditione præstatur : vel pro taberna, *potaria* quam *Bierbank* vocant Germani et Belgæ. Confirmatio Consuetudinum S. Audemari in Atrebatibus, in Hist. Guinensi pag. 195 : *Dabuntque singulæ mansiones denarios 12. in festo S. Michaëlis, et de Broethan den. 12. et de Bierban 12. denarios; vacuæ autem nihil dabunt.* De vocis *Bieræ* etymis variis consule Cluverium lib. 1. Germ. antiq. cap. 17. Vossium, et V. Cl. Ægidii Menagii Orig. Gall. et Italicas, etc.

BIERES, *Biremes*, apud Anastasium in Hist. Eccl. pag. 111. ubi Theophanes διήρεις habet.

BIERIA, Vide *Beria*.

* **BIERMARDUM**, Potionis species. Vide supra *Biera* et infra *Briemardum*.

* **BIERTIA**, Locus humilis, paludosus, idem quod supra *Baissa*. Charta ann. 1308. inter Instr. tom. 10. Gall. Christ. col. 143 : *Item quoddam pratum situm in Biertia, sive in cisternis.* Vide supra *Bex*, 2.

¶ **BIERUM**, seu *Bietum*, Alveus aquæ, cujus impulsu versatur rota molendini, Gall. *Bié*. Charta Communiæ S. Quintini Viromand. ann. 1233. e Chartulario Monasterii S. Quintini in Insula pag. 157 : *Aquas illas exire permittent et effluere ventaliis elevatis.... super dictum vivarium... sive super Bierum per excretionem aquarum istarum.* Ibidem pag. seq. : *Quod dictæ Kaheriæ, omnibus sublevatis ventaliis, non sufficerent ad egerendum dictas aquas, et per exundationem aquarum manentibus super dictum vivarium sive super Bietum.* Vide *Bedum*. [* Vide *Vierus* in *Vieria* 2.]

¶ **BIEZIUM**, Eadem notione. Litteræ Odonis primogeniti Ducis Burgundiæ ann. 1265. in Chartulario urbis Autissiod. fol. 39 : *In dicto Biezio de Brichol piscari valeant quicumque voluerint et cum omnibus ingeniis : ita tamen quod non impediant aliquatenus cursum aquæ, hoc excepto quod dicti piscatores vel alii habere vel facere non poterunt in memorato Biezio vel in aliqua parte ipsius noas vel boichetas.* Vide *Becium* in *Bedum*.

* *Biez* apud Belgas, Locus paludosus, ubi arundines aliæque palustres herbæ facile crescunt, Lugdunensibus vero est silvula betulacea. Lit. remiss. ann. 1447. in Reg. 178. Chartoph. reg. ch. 243 : *Ung petit bocquet de boulaye, que on appelle au pais* (Lyonnois) *Biéz.* Vide supra *Bex* 2. et *Biburna*.

* **BIFACIARE** Missas, Duas missas sub uno canone celebrare. Conc. Paris. ann. 1212. apud Marten. tom. 7. Ampl. Collect. col. 98. art. 10 : *Item statuimus sub pœna suspensionis, ne aliquis sacerdos aut in nundinis, aut alibi Bifaciet missas, contra canonicas sanctiones.* Phib. *de Greve* serm. 304 : *Platea dicitur Pantere, ubi est circuitus parochiarum, ubi non cessant celebrare et missas Bifaciare, ut lucrentur.* Vide eumd. Marten. lib. 1. de Ant. eccl. Rit. cap. 3. art. 2. n. 20. Hinc

* Biphatæ Missæ, apud eumd. Phib. serm. 91. in Psalter. : *Qui pro lucro corpus Domini conficiunt et missas Biphatas, et in hypothecatas et prævenditas faciunt, etc.* Vide *Missæ Bifaciatæ*.

¶ **BIFACIATUS**, Qui binas pluresve facies habet. Vide *Missæ Bifaciatæ* in *Missa*, Sacrificium.

* **BIFACIES**, Dissimulandi artificium, Gall. *Déguisement*. Epist. Joan. de Varen. ad Bened. PP. XIII. apud. eumd. Marten. ibid. col. 563 : *Secure enim, sancte pater, in servulo vestro et in quibusvis aliis vestra confidere non formidet beatitudo, quoniam Bifaciem novi nusquam.*

BIFANG, Bifangum, Ambitus, septum. Traditiones Fuld. lib. 1. pag. 455 : *Præter unam aridem, et 1. huobam, et unum ambitum, quem nos Bifang appellamus.* Et lib. 2. trad. 43 : *Extra illum cæptum, id est, Bifang.* [Præceptum Lotharii Regis ann. 856. apud Martenium Ampliss. Collect. tom. 1. col. 146. D. : *Necnon et mancipia utriusque sexus idem pertinentia* (trado,) *necnon et Bifangum, qui vocatur Abucheschcit et Astarnascheit, etc.* Ibidem col. 178. A. in altero ejusdem Lotharii Præcepto : *In commarca ipsius villæ Bifangum unum, ubi possint ædificare mansa centum.*] [** Vide *Bivank*, *Bivangium*, *Captura* et *Comprehensio*. Charta ann. 881. apud Kindlingerum, *Gesch. der deutschen Hörigkeit*, num. 1. lit. c : *Bifangum unum ad 36. jurndles.* Ibidem lit. a. et b. Confer Mittermaieri Princip. Jur. Germ.[f] § 81: not. 10. Grimm. Antiq. Jur. pag. 538. *Bifahan*, est Capere, cingere, ambire, secundum Graffium Thes. Ling. Franc. vol. 3. col. 403.]

¶ **BIFARICALIS** Scriptura, Genus Scripturæ. Vide *Scriptura*.

* **BIFARIUS.** Glossar. vet. ex Cod. reg. 7646 : *Bifarii, id est, eloquentes. Bifarius, biformis.* Vide *Bifax*.

BIFAX. Glossæ Isidori : *Bifax, duos habens obtutus.* Gloss. Lat. Gr. : *Bifax*, δίκρομος, διπρόσωπος, διττός. [* Vulcan. emendat, δίχρωμος.] Cummianus Hibernus de Controversia Paschali : *Sed si quid forte impolitum vel vitiosum per immunda labia dixi, bicipiti labii vestri forcipe per igniferum Esaianum altaris Dei carbonem tangite, et præputium inculti logii Bifacis ter quaternis cultris Ben-Nun quinis denis digitulis humatis cum plebis præcidite prioris præputiis.*

Befax, Befarius, Bifacius. Papias : *Befax, mendax, Befarius, bilinguis.* Idem *Bilinguis, fallax, Bifarius, vel duas linguas habens.* [Vet. Gloss. San-German. n. 501 : *Bifarius, Bilinguis.*] Commodianus Instr. 24 :

Quid in synagoga decurris ad Bifarios.

Isidorus Pacensis Episcopus in Chron. æra 772 : *Arabas sine effectu ad propugnacula Maurorum mittens, navibus præstolabiliter adventatis, maria transnatat : si quos ex eis contradictores vel Bifarios, seu male machinatores aut hæreticos, quos illi augeres vocant, reperit, gladio jugulat.* [** In edit. ann. 1729. hæc ad æram 775. Deinde *mali machinatores... quos illi Asures vocant* etc.] Ex eo Rodericus Toletanus in Hist. Arabum cap. 15 : *Contradictores, Bifarios, et rebelles interfecit.* Hinc forte *Beffa*, Italis pro ludificatione, et *Beffare* iisdem, nostris *Beffer*, illudere, verbis fallere, ludificare. Perperam enim a βάπτειν, etymon harum vocum accersit Acharisius. Vide Ægid. Menagium in Orig. Italic. in *Beffa*, et Ferrarium in *Buffa*.

BIFERA, Papiæ, *Secunda conjux.* [Sic etiam in vet. Gloss. San-German. n. 501.] Rectius in Gloss. Isid. *bivira*. Idem Papias : *Bivira, secunda conjux. Biviram* vocat Hieronymus, quæ bis nupsit, vel multinubam. [** Nonius, cap. 2. art. 83 : *Biviras, quas usus viduas appellat. Varro Lege Menia etc.*]

BIFESTUS. Utitur Prudentius.

* 1. **BIFFA**, Panni species, nostris etiam *Bife* et *Biffe*. Comput. Ms. ann. 1239 : *Giloto de Bria pro Biffis emptis per Odonem de Cornallio, ad vestiendas feminas reginæ, xxiij. lib. iiij. sol. viij. den.* Costum. Paris. in Reg. sign. *Noster* Cam. Comput. fol. 34. v° : *Les Biffes royés de Prouvins xij. den.* Lit. ann. 1293. apud Marten. tom. 1. Anecd. col. 1259 : *De cascun grant drap qu'il* (les drapiers) *feront, trois deniers ; de une Bife, trois deniers, d'un petit drap, deux deniers.* Sed et pro Lacerna, seu vestis specie occurrit. Glossar. Lat. Gall. ann. 1348. ex Cod. reg. 4120 : *Lacerna, est pallium leve et tenue, Gallice Bife.* Unde Mirac. B. M. V. Mss. lib. 2 :

Bien li keurt sus, bien le rebiffe,
N'el prise pas une viés Biffe.

* 2. **BIFFA**, Machina jaculatoria et lithobola, cujus meminit Ægid. Roman. de Regim. Princip. lib. 3. cap. 18 : *Aliud genus machinarum habet contrapondus mobiliter adhærens circa flagellam, vel circa virgam ipsius machinæ, vertens se circa hujusmodi virgam. Et hoc genus machinæ Romani oppugnatores appellaverunt Biffam.* Hæc ex Lexico milit. Car. de Aquino.

* **BIFFRONS**, pro Bifrons. Vide infra *Effrons*.

BIFINIUM, *Locus vel divisio inter duos fines*, Joanni de Janua.

* Glossar. Gall. Lat. ex Cod. reg. 7684 : *Bifinium, Département de deux terres, ou de deux païs.*

¶ **BIFLE**, pro *Buffle*, Corium feri bovis, apud *Madox* in Formulari Anglic. pag. 423: *Supertunicam de Bifle dominæ Luciæ.*

* Legendum videtur *Biffe*. Vide supra *Biffa* 1.

* **BIFULCUS**. Vide supra *Befulcus*.

* **BIFURCARI**, In duas partes dividi. Charta Thomæ dom. de Fontanis ann. 1222. in Chartul. Mont. S. Mart. part. 1. ch. 65 : *Prope locum, ubi illa semita Bifurcatur.*

BIFURCATI Canonici. Ita Canonicos appellabat Wicleffus hæreticus in Trialogo art. 10. ex eorum pileis, quos *Bonnets carrez* dicimus de quorum origine agimus alibi.

BIFURCUM. Fragm. Petronii : *Pæne animam ebullivi; sudor mihi per Bifurcum volabat : oculi mortui, etc.* Frons. [** Vide Forcellin. in *Bifurcus*.]

1. **BIGA**, Vehiculum duabus constans rotis : nostris, *Charette*. Beda lib. de Orthogr. : *Bigæ et trigæ et quadrigæ pluraliter efferuntur. Sed in nostrorum literis scriptorum Bigam invenimus et quadrigam.* Stephanus Tornacensis Epist. 228 : *Bigam autem seu birotum mittere noluimus, quia fortassis oneri non sufficeret.* Conradus Marburg. de S. Elizabeth : *Et statim Bigæ supposita est, et dum in itinere esset, Biga confracta est.* Charta Henrici III. Reg. tom. 2. Monastici Angl. pag. 181 : *Et unam Bigam cum unico equo semel in die in bosco suo errantem ad focale.... portandum.* [Chartular. monasterii Aquicinct. fol. 76 : *Quod si furnus ejus ceciderit et alium construere voluerit debet ei monachus Bigam unam duorum jumentorum accommodare, ea scilicet conditione, ut eodem die monacho Bigam suam reddat.*] Occurrit in Chronico Andrensi pag. 340. apud Vincent. Belvac. lib. 31. cap. 150. in Histor. Drocensi pag. 235. 237. etc. [** Vide Forcellinum, cui est Currus duorum animalium, et Duo animalia ad currum juncta sub uno jugo. Ita etiam Papias : *Bige, pro bijuge, sicut quadrige pro quadrijuge, duabus bovibus in unam longam. Bige, duo equi juncti.* Isidor. Orig. lib. 18. cap. 36. sect. 1 : *Quadrigæ et Bigæ.... a numero equorum et jugo dictæ.* Gloss. Lat. Græc. : *Biga*, ξυνωρίς δίιππον. *Bigæ, singulare non habet*, δίπωλα, ζεύγη. *Biga* Provinciales dixerunt Jugum. Vide Raynouardi Glossar, vol. 1. pag. 220.]

Bigata Vini, in Charta ann. 1210. apud Hemereum in Augusta Virom. pag. 196. vulgo *Charetée de vin.*

¶ Bigata Arborum, in Sententia P. Abbatis Basoli ann. 1304 : *Item sententiavimus decem Bigatas arborum.... predicte Ecclesie restitui debere.* Occurrit ibidem iterum.

¶ Bigata Lignorum. Chartularium Aquicinctense fol. 60 : *Godefridus de Strumel dedit Ecclesiæ Aquicinensi.... ante Natale Domini ad focum faciendum duas Bigatas lignorum.*

* Bigata Foeni, Tantum fœni, quantum una *biga* vehi potest. Charta ann. 1182. inter Instr. tom. 10. Gall. Christ. col. 221 : *In prato Percebot unam carratam vel duas Bigatas fœni ibidem, tempore quo fœnum colligitur, annuatim habendas. Carratæ* ergo onus duplo majus est, quam *bigæ.*

2. **BIGA**. [Vox Hispan. Trabs, Tignum.] Fori Oscæ ann. 1247 : *Si per homines servitii, sive signi Regis, in murum villæ tigna sint immissa ,..... quæ tigna Bigæ apud Aragones appellantur, etc.* Alibi : *Villana debet habere per suas dotes unam domum coopertam, in quia sint 12. Bigæ.* [Charta ann. 1242. apud Baluzium in Notis ad Concilia Narbonensia : *Item 80. filas quas habuerunt homines de Villanova de mandato ejusdem. Item 9. Bigas grossas, quas habuerunt homines Petri de Villanva, ... item 378. inter filas et Bigas, quas habuit D. Amalricus, etc.*]

* Annal. Victor. Mss. ad ann. 1337: *Fuit positum cadaver in campis, in loco ubi ponuntur malifici, inclusum in una tega lignea, inter duas Bigas appensa, in timorem aliorum.* [** Vide Raynouardum modo laudatum.]

* 3. **BIGA**, Mensa, in qua pisces vendendi exponuntur. Pactum inter Roger. episc. et cives Camerac. ann. 1185. ex Tabul. Camerac. : *Stalli in foro et Bigæ piscium per judicem et scabinos et præpositos et juratos statui debent et locari. .. Ceterum si memorati stalli vel Bigæ suo pro forefacto capiantur, ad domum justitiæ deferentur; sed nisi per præpositos non reddentur.*

* **BIGACIA**, Vestis ornamentum, et præcipue manicarum. Stat. capit. Benedict. apud Compend. habiti ann. 1379. ex schedis Mabill. : *Item quod nullus monachus.... capucia cum cornetis, manicas cum Bigaciis, vel nodis, aut boutonnis..... portare præsumat.* Vide *Manica* 2. *Bicoquet* vero et *Biquoquet*, ornamentum est capitis, *capitii* species, in Addit. ad Monstrel. ann. 1465. fol. 10. v° : *Un Breton, archier de corps du duc de Berry, accoustré d'une brigandines couvertes de veloux noir à cloux dorez, et un Bicoquet sur son chief garni de boutons d'argent doré.* Testam. Th. *Failly* ann. 1473. ex Bibl. reg. : *Item à son dit frere Henry son Biquoquet fourni d'argent, sa collerette, etc.*

BIGAMI, Digami : ii in jure Canonico ad sacros ordines promoveri non possunt, et, ut est in Concilio Lugdunensi, *omni privilegio Clericali privati, et coercitioni fori sæcularis addicti sunt.* Sed et ipsis *sub anathemate prohibitum est deferre tonsuram, vel habitum Clericalem.* Qui autem proprie dicantur *Bigami*, et ex eo irregularitatem contrahant, pluribus expediunt Gratianus et Gregorius IX. PP. in Decreto et Decretalibus, Concilium Londoniense ann. 1371. cap. 15. Willelmus Stanfordius lib. 2. Placitor. Coronæ cap. 46. Joannes de Janua in verbo *Bigamus*, etc. [** Vide supra in *Benedicere* pag. 646. col. 3. Glossar. med. Græcit. voc. Στεφανεῦν, col. 1444. et Ἱερολογεῖν, col. 510. Murator. Antiq. Ital. vol. 2. col. 142. et 338. infra *Charivarium*.]

Bigami, Qui eodem tempore plures habent uxores, in Statutis Willelmi Regis Scotiæ cap. 11. § 6. ubi recensetur inter infames, et eos qui ad accusationem vel testimonium non admittuntur. [Adde Statuta Eduardi III. cap. 2. et Edu. VI. cap. 62.]

* Martini Vocabul. jur. canon. MS : *Bigamus dicitur, qui contrahit sive de facto, sive de jure cum vidua vel corrupta. Item Bigamus dicitur religiosus vel monachus, qui castitatem promissam violat.* [** Vocab. Jur. utriusque: *Bigamia triplex est, una videlicet, quando quis duas vel plures habet uxores, alia est cum quis contrahit cum corrupta, tertia est quando quis castitatem promissam per votum solemne violat.*]

* *Bigamus* autem non censebatur ille, qui uxorem, quam duxerat viduam, virginem a priori viro relictam esse demonstrabat, atque adeo clericorum privilegiis minime privabatur. [** Secundum Epist. Innocent. III. in decret. Greg. IX. lib. 1. tit. 21. cap. 5. et Decr. Grat. P. 1. Dist. 34. c. 20.] Ita judicatum ann. 1318. discimus ex Reg. arest. in Bibl. reg. asservato Cod. 9822. 2. fol. 59. v° : *Maistre Pierre de Fresnes espousa la fille Estienne d'Argiz, après ce que son premier mary fut mort ; et pour ce que les amys de la fille lui dirent qu'elle estoit encores pucelle, et que aussi il la trouva telle, il se refraingny de toucher à elle : mais fait adjourner le procureur de S. Magloire, en quelle terre il demouroit, et aussi le procureur du roy par devant l'official, pour oyr certaine requeste qu'il entendoit faire sur le privilege de sa tonsure, si sua crediderint interesse ; et à la journée dist comme sa femme, nonobstant qu'elle avoit esté mariée, feust pucelle, comme par l'inspection de son corps, lequel il offroit exhiber, que le privilege de sa tonsure lui feust gardé et sauvé. Le procureur du roy demanda advis pour en parler au procureur général du roy en parlement. Au jour d'advis il se constitua partie et nya les faits du mary, lequel exhiba sa femme pour visiter, et fut visitée par les jurez du roy et aussi de l'evesque. Veu leur rapport sur ce, le procureur du roy se désista, et le mary eust sa requeste accomplie par jugement l'an* 1318.

* Qui libertate donatus fuerat ut clericus fieret, si deinceps bigamus probaretur, in pristinam revertebatur servitutem, ut pote clericali privilegio privatus, nisi id præcavisset charta manumissionis. Charta Injoran. abb. Resbac. ann. 1318. in Reg. 58. Chartoph. reg. fol. 61 v° : *Symon quondam abbas monasterii S. Petri Resbacensis.... Johannem Brieren, hominem de corpore monasterii nostri, quoad tonsuram clericalem manumisit : ..... verum quia dictus Johannes Brieren per Bigamiam, vel alias in pristinam potest recidere servitutem, nos...... in illo eventu, ubi recideret in pristinam servitutem per Bigamiam vel alias, manumittimus* (illum) *et liberum esse ab omni jugo et onere servitutis ex nunc detegimus.* Charta Phil. V. ann. 1319. ex Reg. 59. ch. 66 : *Egidium de Cruce,..... hominem nostrum de corpore...... manumittimus,....... ad hoc ut clericus fiat ;.... si vero clericus esse noluerit, vel Bigamiam incurrerit, aut senis* (lib. scenis) *se immiscuerit, volumus ac etiam decernimus, quod..... in servitutem pristinam redigatur.* [** *Bigamia*, fem. gen. in Gemma Gemmar.]

* **BIGARE**, Biga seu carro vehere. *Jus bigandi*, id est, ducendi decimam ad horreum *decimatoris*. Vide *Cario*. Charta ann. 1255. ex Tabul. S. Autberti Camerac. : *Vendiderunt et werpiverunt bene et legitime ecclesiæ sancti Autberti jus Bigandi, quod vulgariter appellatur Karions, quod proveniebat dictæ Margaretæ jure hereditario de morte Joannis fratris sui, et a nobis tenebat in feodum..... Volentes ut ipsa ecclesia prædictum feodum*

sive jus Bigandi in perpetuum possideat et habeat.

* **BIGARIA**, Pannus villosus et vilis, idem quod *Bigera*. Charta Joan. comit. Carnot. : *Volo et concedo, quod burgenses de riparia Carnotenses portent pannos suos de Bigaria, salvo omni jure meo.* Vide *Balonæ*.

¶ **BIGARIUS**, qui *bigas* regit, apud Rymer. tom. 9. pag. 261 : *Scias quod assignavimus te ad sexaginta Bigarios, etc.* Vide *Belonæ*, [** et Forcellin.]

BIGARRATUS, a Gall. *Bigarré*, Variegatus, diversis coloribus interstinctus. Vide supra *Bendatus*.

* **BIGARRIUS.** REDDITUS BIGARRIUS, Qui a *bigaris* præstatur, quorum officium *Biguarrie* dicitur, in Ch. ann. 1370. ex Reg. 102. Chartoph. reg. ch. 51 : *Comme Guillaume Maugier..... nous eust fait exposer que eust esté donné aux ancesseurs dudit Guillaume un office de sergenterie fieffé en la forest de Lyons, appellé la Biguarrye, parmi lequel office il est tenu de garder nos pors, querre et garder les essains de mouches franches; ... pour et à cause duquel office il est frans de pasturage, ardoir, herbage, panage, herbegage, ... peut chasser toute beste à pié pelu à tout un arc et deux boujons, un levrier et deux petits chiens, etc.* Charta Phil. V. pro monast. Piss. ann. 1317. in Reg. 61. ch. 92 : *Super redditu Bigarrio pro toto ad S. Michaelem viginti quatuor solidos.* Vide *Bigarus* et *Bigrus*.

BIGARUS. Regestum Phillippi Aug. Herouvallianum f. 173 : *Dominus Rex potest ponere in foresta Bigaros suos, cum voluerit, et quot voluerit. Et cum D. Rex ponet suos Bigaros, Abbas Liræ ponet tres, et Heremitæ deserti unum, etc.* Supra *Bigres* dicuntur, ut est in Regesto Normanniæ sign. P. in Camera Comput. Paris. : *Sanctus Laurentius de Lyons furcam* (habet) *ad hospitandum, et brancas ad ardendum, et festum ad hospitandum; et ideo servare debet porcos Regis, vel reddere 4. solidos, et quærere les Bigres.* In Gestis Consulum Andegavensium cap. 1. legimus Britones nostros Armoricos *Bigrios* appellasse, quos Franci *Birsarios* seu Venatores. [Vide *Bigrus*.]

¶ **BIGATA**, Onus *Bigæ*. Vide in *Biga*. 1.

* **BIGATA FOENI.** Vide supra in *Biga* 1.

BIGEMMEUS ANNULUS, in Epist. Valeriani, apud Trebellium in Claudio, Duabus gemmis insignis. [** Vide Forcellin. in *Bigemmis*.]

BIGENS, Papiæ, *duabus gentibus natus.* Addit Ugutio, *sicut ex patre Tusco et matre Franca. Bigenera animalia* dixit Varro.

** BIGENES, *De duobus generibus natus;* idem Papias.

BIGERA, BIGERRIGA, BIGERRICA, BIHERRICA. Papias MS. : *Bigera vestis ruffa, id est, valua, quæ et bilis dicitur.* Alius MS. : *Bigera vestis suffa, id est, valua, etc.* Editus, *vestis suffa, id est, valua, etc.* [** Cod. reg: 7609 : *Vestis suffa, i. valla, quæ et bilis;* ubi *bilis* f. pro *bilix*. Gloss. in cod. reg. 7644 : *Vestis cuffa, i. vellata.* Alibi : *Bestis fusta vel guffa.*] Alibi : *Bicerna, vestis fulva.* Gloss. Isid. : *Bigera vestis, gufa, villata.* Vetus Gloss. S. Benigni : *Bigeria, vestigia rufa, villata.* [Gloss. San-German. MSS. n. 501 : *Bicerra, Bestis guffa.*] Denique Ugutio : *Bigera, est vestis villosa. Bilis* autem apud Papiam, dicitur pro *Vilis*. Gloss. Lat. Gr. *Bilis*, εὐτελής. Bigerricam enim vilioris pretii fuisse innuit Paulinus lib. 3. de Vita S. Martini :

> Tum vestem octava solidi vix parte coemptam
> Nodosis textam fœtoso vellere filis
> Ante pedes Sancti stomachatus projicit ille.

Valua apud eundem Papiam idem sonat quod *villosa*, ex Gallico *Velue*. Pro *gufa* et *suffa*, legendum indubie *rufa*. [Grævius ad Glossas Isid. monet esse retinendum *Gufa* et *Suffa*, *vel Sufa*, voces origine German. non minus quam *Roccus*. *Gufa*, *Supa*, inquit, etiam nunc hodie vocatur *Schuba, eene Schaube*, pallium sive brevius sive longius pro diversitate temporum seu hominum.] Ex quibus conficitur *Bigeram* fuisse vestem rufam, villosam et vilem. At Salmasius ad Capitolinum, *Bigeram* hisce locis perperam appellari putat, pro *bicerram*. Sunt autem *bicirres*, vel *bicerres*, vestes quæ ab utraque parte cirros habent, δίμαλλοι, δίκροσσοι, uti habent Glossæ veteres. Eædem Glossæ. Μαλλός, *cirra*, *villus*. Sulpitius Severus de Vita S. Martini lib. 3. Dial. 2. *Bigerrigam* appellat, quæ Papiæ *Bigera* nuncupatur : *Artatus demum Clericus necessitate compulsus, jamque felle commoto, e proximis tabernis Bigerrigam vestem brevem, atque hispidam, quinque comparatam argenteis rapit, atque ante Martini pedes iratus exponit.* Fortun. lib. 3. cap. 1. de eodem S. Martino :

> Induitur Sancto hirsuta Bigerrica palla.

Quod vero apud Sulpitium et Fortunatum *Bigerrica* dicitur, *Roccus* vocatur a Monacho Sangalensi in Carolo lib. 2. cap. 27. palliolum scilicet brevius, quo humeri conteguntur. Vide in *Roccus*.

Isaacus Pontanus *Biherricam* legi in MSS. Codd. Sulpitii, contendit, aut fingit, ut a Germanis vocabuli etymon accersat, apud quos *herich* et *beharich*, hispidum, pilosumque significat. Verum alii probabilius, a *Bigerris*, [seu *Bigerronibus*, Galliæ ad Pyreneos celeberrimis populis, quorum non semel Cæsar et Plinius meminere, *Bigerricas* vestes dictas censent; cum et ii etiamnum ejusmodi *capas breves*, villosas et hispidas, ex crassiori lana confectas, adversus æris intemperiem deferant. Indigenæ *Marlotas*, quasi *Melotas*, interdum *Capas Beharnenses*, appellant. Sed et Paulinus Carm. 12. ad Auson. *Bigerros* pellibus, seu villosis vestibus amiciri consuevisse annotat :

> Dignaque pellitis habitas deserta Bigerris.

Nec desunt qui *pallia Aquitanica* dici apud Gregorium Magnum censent lib. 6. Epist. 6. [Jansonius in suis ad Isidori Glossarium Collectaneis aliud suspicatur esse nostræ vocis etymon nempe Gallicum *Bigarrer*, Variegare, diversis coloribus interstinguere, quasi *bis variare*. Equidem dicimus etiamnum hocce sensu *Habit Bigarré*, sed non ea videtur esse nostri *Bigarrer* antiquitas, ut *Bigeræ* antiquiori dare potuerit originem.] Quidam denique ab hac voce deducunt nostrum *Haire*, cilicium, quasi ex *Biherre*, atque in iis idem Potanus, et V. Cl. Ægidius Menagius. [** Vide Forcellin. in *Bigerriga*.]

* Eo spectare videtur vox Gallica, *Bege*, Rufus, cineraceus, Ital. *Bigio*, vulgo *Tirant sur le roux, roussatre.* Mirac. B. M. V. Mss. lib. 1 :

> Lors serai moines blans ou noirs,
> Grivelés, bruns, ou bis, ou Beges.

¶ **BIGERMEN**. *Seges vel legumen ex duobus germinibus commixtum.* Joh. de Janua.

* **BIGHINA.** Vide supra *Biczocara*.

* **BIGINI**, Iidem qui *Biguini*. Chron. Jordan. cap. 236. apud Murator. tom. 4. Antiq. Ital. med. ævi col. 1021 : *In ecclesia sancti Petri per quinque Biginos et tredecim mulieres in Papam electus est* (frater Matthæus de Bosicis). Vide *Beghardi*.

* **BIGLÆ**, Ludi genus, Italis *Billi*. Stat. Montis-reg. pag. 178 : *Item statutum est, quod nulla persona..... præsumat ludere infra domos conventus fratrum Minorum..... ad aliquem ludum taxillorum, Biglarum, pilotæ, etc.* Aliud ludi genus est, *Bicques* dictum, in Lit. remiss. ann. 1377. ex Reg. 110. Chartoph. reg. ch. 322 : *Comme.... Ector de l'arbre..... avec Gosset le Lonc... jouassent amiablement et paisiblement l'un à l'autre pour mites de Flandres à un jeu, appelle Bicques.* Haud scio an non sit hastiludii species; *Bicque* quippe, pro *Pique*, hasta, occurrit in aliis Lit. ann. 1404. ex Reg. 158. ch. 381 : *Les complices garnis d'espées, ou cousteaux, ou Bicques, et autres bastons ferrez, ... ledit Thomas baissa un Bicque de Flandres ferrée, etc.*

BIGLOSUS, — BIGLOSSUS, Βίγλωσσος, qui duas linguas callet. Lotsaldus in Vita S. Odilonis Abbatis Cluniacensis cap. 16 : *Qui potens in litteris ac Biglossus Græce noverat et Latine.* Hinc emendandus Petrus Damiani in Vita ejusdem S. Odilonis cap. 32. ubi *Bilosus* habet.

* **BIGO**, Instrumentum ferreum, ligo, aut quodvis aliud huic simile, quo rustici utuntur, nostris etiam *Bigot*. Inquisit. ann. 1210. inter probat. tom. 1. Hist. Nem. pag. 49. col. 2 : *Qui duo rupturi erant cum Bigonibus seras portalis.* Lit. remiss. ann. 1370. in Reg. 100. Chartoph. reg. ch. 866 : *Petrus de Brolio fugiendo de dicta vinea, a quodam homine ibidem stante amovit unum instrumentum ferreum, dictum Bigot.* Aliæ ann 1474. in Reg. 195. ch. 1047 : *Mesart Chaluet tenant ung Bigotz ou pale, etc.* Et ch. 1147 : *Le mary d'icelle femme curoit et nettoyoit l'estable de ses vaches à ung engin, appellé Bigot. Bignot*, apud Arvernos, eadem notione. Lit. remiss. ann. 1466. in Reg. 194. ch. 165 : *Le suppliant pauvre laboureur, qui tenoit ung Bignot en sa main, d'icellui Bignot bouta icellui Simonnet. Bignon* vero, Piscatorium instrumentum est, in Lit. remiss. ann. 1458. ex Reg. 188. ch. 42 : *Le suppliant qui aucunefoiz s'entremect de pescher en une riviere, appellée Brumes, passant auprès du lieu de Solignac avec aucuns engins ou habillemens, nommez Bignons ou venuges, etc.*

* *Binguendos*, Ictus super dorsum, ex Vasconico *Bingu*, Molestatus, vexatus, et Gallico *En dos*, pro *Sur le dos*; unde leg. *Bingu-en-dos*. Lit. remiss. ann. 1388. in Reg. 132. ch. 250 : *Le mary prist un baston, et vous en donna un Binguendos sur les espaules.* Vide *Dando* in Glossar. Gall. ad calcem hujus operis.

BIGONCIUM, Mensuræ liquidorum species, apud Italos, *Bigoncio*, vel *Bigonzo*. *Bigoncia*, dixit Dantes in Parad. Cant. 9. Sanutus lib. 2. part. 4. cap. 10 : *Datur etiam stipendiorum cuilibet, omni die, men-*

suro una vini, quæ est quarta pars unius libræ, quæ libra multiplicata in septuagenarium numerum, perficit mensuram quæ vulgariter *Bigoncium* appellatur. Occurrit ibi non semel. Vide Acharisium, Academicos Cruscanos, Pergaminum, Ægid. Menagium et Oct. Ferrarium in Orig. Ital.

¶ **BIGORRA.** Informationes Massil. pro passagio transmarino ex MS. Sangerman. ubi de apparatibus navium : *Item tres trossas munitas et octo capita de Bigorra, et quædam illa minuta oportuna.* Haud scio an legendum *Bigotta*, quæ apud Italos significat funem anterioris mali, lignumve instar trochleæ fabricatum, quo ducuntur funes, quodque nautæ vocant *Cap de mouton.* [** Contract. inter Petrum Auriæ et Ludov. IX. pro passagio transmarino apud Jal. Antiq. naval. vol. 2. pag. 392 : *Troca una cum manteletis et Bigota.* Vide pag. 399.]

BIGOTHI. Vetus Chronicon tom. 3. Hist. Franc. de Rollone primo Normannorum Duce : *Hic non est dignatus pedem Caroli osculari, nisi ad os suum levaret. Cumque sui comites illum amnionerent, ut pedem Regis in acceptione tanti muneris* (Neustriæ Provinciæ) *oscularetur, lingua Anglica respondit, Ne se Bigot, quod interpretatur, Ne per Deum. Rex vero et sui illum deridentes, et sermonem ejus corrupte referentes, illum vocaverunt Bigoth, unde Normanni adhuc Bigothi vocantur.* Le Roman *de Vacces ou de Rou* MS. :

Moult ont Franchois Normans laidis
Et de meffais et de mesdis.
Souvent lor dient reproviers,
Et claiment Bigos et Draschiers.
Souvent les ont meslez au Roi,
Souvent dieut, Sire, pourquoi
Ne tollez la terre as Bigos, etc.

Vide Steph. Paschasium, lib. 8. Disquisit. Francic. cap. 2. et Octav. Ferrar. in *Becca.*

* Lit. remiss. ann. 1425. in Reg. 173. Chartoph. reg. ch. 199 : *Icellui Rebours en appellant l'abbé de Creste Bigot, qui est un mot tres injurieux, selon le langage du pays* (Bassigny).

BIGRADUM, Δίβαθμον, *Bipes*, in Gloss. Græco Latino.

¶ **BIGRAIGUS.** Computus anni 1202. apud D. *Brussel* de Usu feud. tom. 2. pag. CLXI : *Pro Bigraigis* VIII. *S. Andeg.*

* Vel *Bigraigæ*, f. Gall. *Graigues* vel *Gregues, Haut-de-chausses*, Femoralia, braccæ, quia solito ampliores, *Bigraigæ* dictæ.

BIGRINÆ, pro *Bechinæ*, apud Matth. Westmonast. ann. 1248. in utraque Editione. Vide *Beghinæ* in *Beghardi.*

BIGRII. Vide *Bigarus.*

¶ **BIGRUS.** Non una hujus vocis notio; sumitur pro *Forestario*, qui *forestas* seu silvas servat, ac præsertim pro eo cui apum cura incumbit, ut earum scilicet examina et mel colligat. Tabular. S. Salvatoris Ebroicens. : *Et habebit domina Abbatissa sancti Salvatoris duos Bigros in foresta domini Regis, etc.* Charta ann. 1462 : *Item, avons droit d'avoir et tenir en ladite forêt* (de Conches) *ung Bigre, lequel peut prendre mousches, miel et cire pour le luminaire de nôtre dite Eglise, mercher,* (marquer) *couper et abatre les arbres, ou elles seront sans aucun danger ne reprinse.* Alia ann. 1479 : *Item, ai droit de trois ans en trois ans, quand on met les mouches en ladite forêt,* (de Breteuil) *d'envoyer mon Bigre avec les Bigres du Roi, lequel doit être juré devant le Chastelain de Breteuil, de bien et fidelement querre les Abeilles et le miel pour en faire mon besoing.* Alia notione dici videtur de loco ubi apes servantur. Charta Rogerii *de Tony* Comitis Conchensis : *Dedi et concessi religiosis viris Abbati et Monachis Abbatiæ de Strata Ordinis Cisterc. diœcesis Ebroicensis unum Bigrum, id est, acquisitiones apum in foresta mea de Conchis in ministerio de Champignoles.* Alia Richardi II. Regis Angliæ pro fundatione Abbatiæ Boni-portus : *In foresta de Bord. unum Bigrum ad luminare Ecclesiæ.* Hinc vox *Bigrerie* in Charta ann. 1465 : *Et dudit fief d'Auvergny depend ung hostel appellé la Bigrerie, ou l'hostel aux mouches.* Hæc Chartarum excerpta nobis suppeditavit Mercurius Gallicus mens. Sept. anni 1728. et mensis Februarii anni 1729. ubi *Bigri* etymon docte satis si vere a voce Latina *Apiger* vel *Apicurus* deducitur; quam tamen utrum Latini usquam dixerint prorsus nescio. *Apifer* pro *Magistro apum* dixit Ugutio. Vide *Apicularii, Bigarus* et *Bersarii* in *Bersa, Berciolum; Variétés hist.* tom. 2. pag. 407.

** TERRA BIGRAGII, Terra quam inhabitant *Bigri.* Charta Johannis Domini de Argentonio ann. 1257 : *Concessi... abbati et conventui B. Mariæ de Silleio, quod omnes homines suos, qui vulgariter dicuntur Bigres et heredes eorum Bigrorum, commorantes in Terra Bigragii, teneant et habeant et in perpetuum possideant omnes usus suos et consuetudines suas in foresta de Goufer etc.... sicut antecessores dictorum hominum tenuerunt etc.* Confer Geraldum in *Biblioth. de l'école des Chartes*, vol. 1. pag. 548.

¶ **BIGUINÆ**, pro *Beguinæ*, Gall. *Beguines.* Hist. Dalphin. tom. 1. pag. 6. col. 1. ex Testamento ann. 1236 : *Beguinis Lugdunensibus sexaginta solidos.* Vide in *Beghardi.*

¶ **BIGUS**, Species trabis, nostris nautis *Bigue, Bigot.* Hist. Harcur. tom. 3. pag. 125. ex Regestis Cameræ Computorum : *Et quia debent habere pasturam animalibus et porcis per totam forestam, et porcos suos quietos de pasnagio recognitum, et sive quia debent habere centum Bigos in foresta, et unum tornatorem liberum et quietum.* Vide *Biga*, 2.

* Leg. *Bigrus.* Locum emendo ex Reg. S. Justi Cam. Comput. Paris. fol. 127. v°. col. 1 : *Recognitum etiam fuit, quod debent habere tres Bigros in foresta, et unum tornatorem liberum et quietum.* Vide supra *Bigarrius.*

* **BIGUTTÆ**, Eædem quæ *Beguinæ*, mulieres Deo vere et sancte famulantes. Charta Petri episc. Tornac. ann. 1499. in Suppl. ad Miræum pag. 454. col. 1 : *Nonnullæ mulieres sive sorores, Biguttæ apud vulgares nuncupatæ, absque votorum religionis emissione, etc.* Vide in *Beghardi.* [** Plurima de earum in Lusitania fatis leguntur apud S. Rosa, Elucidarii vol. 1. pag. 193.]

** **BIHERES**, *Habens hereditates*; Papias.

¶ **BIHERIA.** Vide *Bicheria.*

¶ **BIHERRICA.** Vide *Bigera.*

¶ **BIHORIUM**, Binæ horæ. Res Moguntiacæ tom. 2. pag. 448. edit. 1722 : *Ubi somno placidissimo non amplius Bihorio recreatus esset, ecce tibi, etc.*

¶ **BIKENES.** Charta Henrici IV. Regis Angliæ ann. 1409. apud Rymer. tom. 8. pag. 592. col. 1 : *Quandam turrim et quandam capellam B. Mariæ, una cum aliis domibus et substantiis de petra, ut puta Bikenes, ac alias res, etc.*

¶ **BILABRUM**, δίχειλος. Glossar. Lat. Gr. Cui sunt bina labra.

BILAGE. Will. Thorn. in Chron. ann. 1303 : *Ad sextum articulum petitur, quid intelligitur per hanc dictionem Bilage. Dicunt quod quidam usus vel consuetudo, qui Bilage in partibus Kantiæ vulgariter appellatur, sic se habere consuevit : quod cum contentio vel controversia aliqua suborta fuerit inter aliquos de finibus, seu limitibus, debent Senescalli seu Baillivi partium, vel aliæ personæ fide dignæ, ad hoc per partes specialiter deputatæ, in loco, de quo est contentio, convenire, remque oculis subjicere, informationeque per viros fide dignos habita, absque strepitu judiciali, et figura judicii, mox totam dirimere quæstionem.* Meminit præterea hujus legis ann. 1283. Etymon accersunt ex Saxonico, Laga, lex, et By, habitatio, villa; quasi lex villæ : sunt enim *bylages*, leges quas villarum incolæ sibi constituerunt observandas : hodie *Bilawes* Angli vocant. Joannes Stiernhookus lib. de Jure Sueonum vetusto lib. 1. cap. 1. ait pariter *Bilagines* ita appellari, quasi *oppidanas leges, Bylag*, vel *appendices seu additamenta ad leges.* Vide *Bellagines.*

BILAMNA. Vitalis Gromaticus : *Constituimus in Bilamnis et olivastellum, in ipsis Bilamnis fossatum fecimus, in aliis locis congeries lapidum fecimus.* Vide *Lamna.*

¶ **BILANDE.** Vide *Werwagium.*

* **BILANTIA**, BILLANTIA, Bilanx, trutina, libra, Ital. *Bilancia*, Gall. *Balance.* Stat. Pallav. lib. 2. cap. 61. pag. 123 : *Et intelligatur in Buxeto et in districtu Bilantias, stateras atque mensuras, etc.* Stat. crimin. Riperiæ cap. 216. fol. 29. r° : *Qui erunt deputati ad penses bullandum, teneantur et debeant quoscumque penses, Billantias et stateras, gratis et sine aliqua solutione, justare.*

¶ **BILBERE**, et BILBIRE, *Sonitum edere.* Gloss. MSS. Montis S. Eligii Atrebat. Glossar. Lat. Gr. : *Bilbit*, Βομβύζει, Bombum edit. [** Festus P. Diaconi ex Nævio : *Bilbit amphora.* Lindem. pag. 28.]

** **BILBINUS**, εἶδος ἀγγείου. Gloss. Lat. Gr.

BILE. Gesta Regum Francor. cap. 41 : *Cumque discoopertus a galea apparuisset caput Regis, cognovit Berthoaldus esse Regem, et ait, Tune hic eras Bile jumentis?* Cod. alii habent *Blare jumentum*, et *Bale jumenti.* Sed legendum videtur *Bile*, seu *Vile jumentum.* Ita *bilitas* pro *vilitas* scribitur in Glossis Lat. Gr. Ibidem : *Bilis*, εὐτελής. Vide infra *Billa.*

* Vide supra *Bale-jumentum* et *Ballomer.*

¶ **BILETTUM**, Species annonæ. Charta Eduardi III. Regis Angliæ ann 1361. apud Rymer. tom. 6. pag. 316. col. 1 : *Præcipimus quod triginta quarteria frumenti, centum et viginti et quatuor quarteria avenarum et quatuor milia Biletorum in Balliva* *tua... sine dilatione emi et provideri, et frumentum illud moli, et floram inde in doliis poni, et dictam floram, sic in doliis positam, necnon et avenas et Biletta prædicta, usque portum de Sandwico duci, et ibidem in navibus carcari... pretium cujuslibet quarterii bladorum prædictorum, ac cujuslibet miliaris dictorum Bilettorum continentes, liberari facias.*

* Nimius est numerus, ut de annona possit intelligi : quamobrem idem mihi videtur quod *Billia*, ab Angl. *Billet*, ramus crassior, truncus, Gall. *Bille, buche.* Vide *Billus*.

¶ 1. **BILEX**, δίμιτος, *Duplex ligamen habens.* Suppl. Antiquarii. Vide *Biplex*, [* et Lexic. Martin. voce *Bilix*.]

¶ 2. **BILEX**, ἄνεμος : *Ventus*. Ibidem.

BILFREDUS. Vide *Belfredus*.

¶ **BILIBRIS**, *Sextarius bis assumptus*. Papias MS. [** Ex Isidor. Origin. lib. 16. cap. 26. sect. 6.]

BILINGUIS, Fallax. Pœnitentiale S. Columbani cap. 11 : *Si fuerit aliquis Bilinguis, et conturbet corda fratrum, etc.* [Occurrit pluries in Scripturis.] [** Vide Forcellin. Papias : *Bilingue, ex utraque parte duas habens rationes, adverbium discretivum.*]

Bilinguitas, Fallacia. Regula Sanctimonialium canonice viventium, in Concil. Aquisgran. cap. 14 : *Murmurationem, scurrilitates, Bilinguitates, dissensiones, etc.* Occurrit rursum cap. 18. [et in Epistola panegyrica Dudonis Decani S. Quintini ad Alberonem Episc. Laudun. præmissa Historiæ Normannorum.]

¶ **BILIOR**, *Irascor*, χολῶ. Gloss. Lat. Græc.

¶ **BILIS**, pro *Vilis; Bilitas* pro *Vilitas*. Vide in *Bile*.

BILITAS. Papias : *Bilis, humor fellis, tristitia, virus, iracundia. Bilitas, amaritudo.*

BILIVIC, *Adumbratio vocis aquæ scaturientis*. Papias. [*Bilivit* in MS. Ecclesiæ Bituric. necnon in vet. Gloss. San-Germanensi num. 501.] [** et in Papiæ cod. reg. 7609. Vide *Bilbere*. Huc spectat etiam in Gloss. Philoxen. : *Bilibit*, ἐπισκιασμὸς φωνῆς.]

1. **BILLA**, Scedula, libellus, syngraphum; Anglis *Bill*, vel *Bille*, ut apud Knyghtonum pag. 2721. Nos vulgo *Billet* dicimus. Willelm. Thorn. cap. 41 : *Habito consilio cum dominis prædictis, porrectæ fuerunt Billæ et petitiones Domino Regi.* H. Knyghtonus ann. 1272 : *Decanus Lincolniensis proposuit unam Billam excusatoriam, quod terra Angliæ in tantum fuerat depauperata, etc.* Spelmannus a Saxonico Bille, deducit, Somnerus ex *Libellus*, corruptum putat, alii a Græco Βιβλίον, Epistola. Hesychius : Βιβλία, ἐπιστολαί. Lexic. Græc. MS. Reg. Cod. 2062 : Βιβλίον, ἡ ἐπιστολή.

* Elmham. in vita Henr. V. edit. Hearn. cap. 47. pag. 118 : *Rex quoque ad hujusmodi admittendos, viros justos, notabiles, prudentes suos commissarios constituit, qui in regis obedientiam jurandos admitterent, et eis Billas testimoniales de fide præstita liberarent.* *Bilheté*, pro Syngrapha, Gall. *Obligation*, in Lit. remiss. ann. 1415. ex Reg. 168. Chartoph. reg. ch. 312 : *Deux Bilhetez ou brevez.* Vide infra *Bulleta*.

Billeta, Diminutivum a *billa* : *Billete* in Cons. Tur. art. 82. Andegavens. art. 52. Cenoman. art. 67. Juliodun. cap. 7. art. 2. *Billet*, in Trecensi art. 126. etc. Monasticum Anglic. tom. 1. pag. 654 : *Secundum quod continetur in quadam Billeta inter sigillum et scriptum ante consignationem affixa.*

¶ Billetus, Eadem notione. Menoti Sermones Quadragesim. fol. 188. recto col. 1 : *Et ideo volui me subtrahere a vobis, et intendebam hodie venire ad vos, ut Deum rogaretis pro me, et diceret quilibet unum Ave Maria pro me : Et cum essem sic in pede Crucis et sic desolatus, quod ego eram in fine Billeti mei.* Hoc est, tam anxio animo esse, ut quid agendum dicendumve sit, ignoretur. Galli dicimus hoc sensu : *Etre au bout de son rollet.*

2. **BILLA**, *Jumentum, asinus*, in Gloss. Isid. Vide *Bile*.

* 3. **BILLA**, Globus, pila, Gall. *Boule* et *Bille*; unde *Biller*, Pilis ludere, *Billouer*, Pilaria tudicula, et diminut. *Billete* et *Billote*. Lit. remiss. ann. 1353. in Reg. 81. Chartoph. reg. ch. 706 : *Cum idem Jaquetus post prandium..... ad Billas ivisset spaciatum seu lusum ,.... accidit quod cum dictus Jaquetus Billam cum quodam billardo percutere vellet, dictus billardus a manibus ejus evasit.* Aliæ ann. 1375. in Reg. 108. ch. 248 : *Alons faire ceste carte de vin au jeu des Billes, et de l'autre beaucoup si burons très bien, quant nous arons beaucoup Billé; et Billerent tant que le suppliant et son compaignon perdirent ladite quarte.* Aliæ ann. 1389. in Reg. 138. ch. 131 : *Quant Felix voulut Biller son coup, il prit sa Bille, et la cuidant ferir elle echeut à terre, et en ce faisant dit, tirez-vous arriere, je doubte que mon Billouer, appellé en aucuns lieux quinque, ne m'échappe.... Et ainsi comme il estendit son bras cuidant ferir sa Bille, ledit Billouer ou quinque lui eschapa et encontra ledit Picard par la teste près de la temple.* Aliæ ann. 1376. in Reg. 108. ch. 371 : *Guiot..... avec plusieurs autres compaignons illec assemblez pour eux esbatre et jouer à la Billote, etc.* Aliæ ann. 1375. in Reg. 107. ch. 283 : *Plusieurs compaignons illecques assemblez...... pour jouer à la Bilote, autrement aus boules, etc.* Aliæ ann. 1391. in Reg. 140. ch. 223 : *Ainsi que les compaignons s'esbatoient à un jeu, appellé la Billete, etc. Les aucuns se prindrent à dancer et les autres à jouer au jeu de Billon*, in Lit. ann. 1470. ex Reg. 196. ch. 334. Sed et eodem nomine metulas, Gall. *Quilles*, dixerunt. Lit. remiss. ann. 1372. in Reg. 104. ch. 151 : *Cum dictus Thomas et deffunctus Martinus..... luderent ad quillias, quæ in partibus illis* (Bapalmis) *vocantur Gallicé Billes, etc.*

* **BILLANTIA**. Vide supra *Bilantia*.

* **BILLANUS**, perperam pro *Billonus*, Massa monetaria, Gall. *Billon*. Charta Carol. IV. imper. ann. 1363. tom. 1. Cod. Italic. diplom. col. 2445 : *Concedentes dicto Rudolpho plenariam auctoritatem...... Billanos et metalla prædictis monetis providendi.*

* **BILLARDUS**, Pilaria tudicula, Gall. *Billard*. Vide supra *Billa*, 3.

* **BILLATARIUS**, Qui *billias* cædit, lignator, Gall. *Bucheron*. Charta Odonis archiep. Rotomag. ann. 1255. ex Cod. reg. 1245. fol. 166. v° : *Tradidimus ad firmum.... manerium nostrum de Alacri-monte et de Craudale, cum omnibus pertinentiis suis, tam in dominico quam in decimis, tegularia et foresta,..... exceptis carbonariis et Billatariis, prout hactenus fieri et servari consuevit; dum tamen in ea sine nostra licentia carbonarios vel Billatarios non reponat.* Vide supra *Bilettum* et mox *Billia*.

* **BILLETUM**, Palus, stipes, Gall. *Poteau*, idem quod *Billia*. Charta ann. 1473. ex schedis Pr. *de Mazaugues* : *Facta divisione ipsorum territorii et paludis, fuit positum Billetum sive lot.* Vide infra *Billonus* 2.

BILLEUS. S. Audoenus lib. 2. Vitæ S. Eligii cap. 34 : *Fortuitu unda sanguinis ex naribus jacentis profluens cœpit ubertim genas Sancti rigare, quod conspicientes.... suppositis hinc inde Billeis linteis summa cum diligentia sanguinem collegerunt.* Legendum indubie *Bibleis*, aut *Bibliis linteis*. Glossæ Isidori : *Bibleis, duplicibus linteis.* Joannes Laudensis Episc. in Vita S. Petri Damiani Card. num. 40 : *Nec prætereundum, quod... super Bibleam cratem nudam somni quietem caperet.* Est autem *Byblium linteum*, cannabinum, vel potius ex gossipio, seu, ut tunc vocabant, *bombace* confectum. Auctor est enim Theophrastus ex byblo vela, tegetes, vestes, storeas, et funes confici solere : Καὶ ἐκ τῆς βύβλου ἱστία τε πλέκουσι, καὶ ψιάθους, καὶ ἐσθῆτάς τινας, καὶ στρωμνὰς, καὶ σχοινία, καὶ ἕτερα πλείω. Horum operum artifices, *Biblii* dicebantur. Papias : *Biblii, artifices qui faciunt tapetas.* Vide *Bombax*, et Salmasium de Modo usurarum pag. 401. 402. [et supra *Biblus*.]

BILLIA, ex Gallico, *Bille*, Ramus crassior, vel truncus. Libertates Jasseronis in Bressia ann. 1283. apud Guichenonum. : *Concedentes hominibus antedictis in dictis nemoribus, ... pro calefaciendo, de quolibet nemore mortuo, exceptis Billiis competentibus... ad circulos faciendos.* [Charta Ludovici Comitis Blesensis et Claromont. pro Monasterio Bonævallis ann. 1198 : *Ipse comestiones et hospitia, quæ in terra eorum habere se dicebat, dimisit, et ipsi ei de unoquoque hospite quam extra banleugam habebant in Billia vel in ramo silvæ longæ.*] Vide *Billus*.

* **BILLICARE**, Librare, Italis *Bilicare*, Gall. *Mettre en équilibre.* Tract. MS. de Re milit. et mach. bell. cap. 78 : *Rota girans Billicata super duas thrabes aut tiggillos, homo ad manus gravans ipsam ac ad se trahit, ut pondera in vasis altius levatis, et semper unum eorum est altum levatum, alium ad infimum.*

BILLICUS. Anastasius Biblioth. in Benedicto III. PP. pag. 205 : *In Ecclesia B. Petri... ad cooperiendum Billicum Confessionis fecit cooperculum ex auro purissimo, pens. lib.* 3. Ubi Bulengerus legendum putat *umbilicum*, ut fuerit illius thecæ, in qua S. Petri corpus reconditum erat umbilicus. Certe *Billico*, etiamnum Itali medium, seu centrum vocant, voce formata ex *umbilicus*. Ita Joan. Villaneus lib. 5. cap. 7. et lib. 7. cap. 36. Proinde *Billicus* idem erit quod *centrum Ciborii*, quemadmodum appellatur *centrum cameræ*, a Nicolao I. PP. Epist. 2. Conchæ altaris pars superior, uti observavimus ad Paulum Silentiarium pag. 573.

BILLIO, Gall. *Billon*, Hispanis *Vellon*, Nummus æreus, vel ex ære et argento conflatus : interdum massa monetaria. Statut. Philippi Pulcri Regis Franc. ann. 1305. in Reg. 36. Tabul. Regii : *Ne quis aurum, argentum, vel Billionem extra regnum nostrum deferre præsumat.* [Charta ejusdem Regis ann. 1295. tom. 1. Ordinat. Regum Francor. pag. 326. in Notis col. 2 : *Contractus auri, argenti in massa, vel Billionis, aut alterius metalli.* Occurrit ibid. pag. 451. 529. 814.] Molinæo in Tract. de Contract. quæst. 100. n. 783. et Covarruviæ de Vet. numismat. collat. cap. 1. n. 1. moneta *de Vellon*, seu *de Billon*, dicitur non tantum ea quæ ex ære percuditur, admista parte aliqua argenti; sed et illa quæ cuditur ex argento, cui mista sit tertia vel quarta aut sane quinta pars æris. Neubrissensis vocem *Vellon*, et *Billon* a *vilis* deducit, ita ut vilior moneta intelligatur. Malim sic dictum aurum vel argentum in massam seu *Billam*, i. e. baculum, conflatum, necdum purgatum. Vide *Billus*.

¶ **BILLO**, Eadem notione, apud Rymer. tom. 6. pag. 553. col. 1 : *Decem marcas auri in Billone.*

¶ 1. **BILLONUS**. Hist. Dalphin. tom. 1. pag. 96. : *Quod si contingeret D. Regem Franciæ plus dare mercatoribus portantibus Billonum ad monetas regias pro marcha argenti, quam modo dat, ipsi Siardellus et socii eodem modo et tantum plus dare mercatoribus portantibus Billonum ad monetas nostras.* Legitur eodem sensu ejusd. Hist. tom. 2. pag. 159. 415. 416. et 417.

* 2. **BILLONUS**, ut *Billus*, Clava oblonga, nostris *Billot, poteau*. Comput. ann. 1321. tom. 2. Hist. Dalph. pag. 159. col. 1 : *Libraverunt gabellatores in pretio triginta novem duodenarum fileriarum magnarum et duodecim duodenarum Billonorum et traborum reyssiatorum.* Chartul. Corb. sign. *Cæsar*. fol. 59. v°. : *Fut donné congié..... à Jehan le Febvre carbartier...... de pendre le Billot au pont de Thasnes, pour receuiller le travers mons. de Heilly.* Ubi *Billot*, est ipsa *pedagii* pancharta, a palo cui affigitur, sic dicta; qui palus *Branchiere* nuncupatur, in Consuet. Andegav. art. 52. ubi consulendus Chopin. lib. 1. cap. 43. art. 6. *Biloter* nostris, in *billos* cædere. Lit. remiss. ann. 1481. in Reg. 207. Chartoph. reg. ch. 245 : *Les supplians sioient de leur bois... à Biloter comme à faire chaules.* Unde *Billoteaux* dixerunt calceos, quorum solea ex ligno est. Lit. remiss. ann. 1474. in Reg. 195. ch. 1177 : *Deux pairres de Billoteaux, autrement appellez petits souliers.* Vide supra *Billatarius*.

* **BILLULA**, pro Pilula, Gall. *Pillule*, Medicamenti genus. Otto præpos. Raittenbuch. epist. 9. tom. 6. Anecd. Pezii pag. 25. col. 2 : *Potiones acriores hoc tempore non sumatis. Billulas, quas misi, secure potestis accipere.*

BILLUS, Baculus, Anglis *Billet*, nostris *Billot*, clava oblonga. Leges Henrici I. Reg. Angl. cap. 70 : *Si liber servum occidat, reddat parentibus 42. muflas, et unum Billum mutilatum domino servi pro manbota.* [** § 3. ubi rec. legunt *pullum*.] Et cap. 78. § 1. quod est *de liberatione servi* : *Si quis in servum transeat... in signum vero transitionis hujus Billum, vel strublum, vel deinceps ad hunc modum servitutis arma suscipiat, in manum Domini mittat et caput.* Nam baculi arma sunt servorum. Vide *Billia*, *Campio*. [** Raynouard. Gloss. Rom. vol. 1. pag. 220. voce *Bilho*.]

¶ **BILNETA**, Commeatus, Gall. *Passeport, sauf-conduit*, apud Rymer. tom. 9. pag. 504. col. 1 : *Dedimus vobis plenam, tenore præsentium, potestatem ad Bilnetas (sigillo vestro signatas) ... qui pro hujusmodi Bilnetis habendis penes vos prosequi voluerint... pro Bilnetis suis... sub pœna quod, si eorum aliquis Bilnetam suam hujusmodi non habens post octo dies prædictos, per aliquem ligeorum nostrorum de exercitu nostro capiatur, prisonarius capienti remaneat.* Vide *Billa* 1. [* Sed leg. videtur *Bilheta* vel *Billeta*.]

BILOCHIUS. *Bilochii regales*, in Decretis Andreæ Regis Hungariæ ann. 1222. § 5.

* **BILOSUS**, Biliosus, Gall. *Bilieux*. Comœd. sine nomine act. 3. sc. 5. ex Cod. reg. 8163 : *Homo intemperatus, rancidus, immodestus, soli sibi credens, nimium iracundus, Bilosus, etc.*

* **BILOTUS**, pro *Bilochius*, quod vide in Charta ejusd. Andreæ reg. Hungar. ann. 1231. apud Cencium inter Cens. eccl. Rom. : *Curiales comites parrochiani nullum penitus discutiant, nisi populos castri sui; fures, latrones per Bilotos regales discutiantur, ante pedes tamen comitis.* Utrumvis elige : cæterum *Bilochii* vel *Biloti*, iidem videntur atque *Baillivi*. Vide *Bajulus* 4.

¶ **BILUUS**, *Morbus bestiarum*, in Glossis Isid. sed mendose, ut jam dictum est in *Beluus*.

¶ **BILYCHNIS** Lucerna, Cujus duplex est ellychnium. Vide *Myxa*.

BIMANIS. Ermenricus in Vita S. Soli cap. 4 : *Flumen... piscibus copiosum, et maxime Bimanes cancros ebulliens, navalique mercimonio aptum.* Malim *Bimares*, *Escrevisses*. [** f. *bimanis* est Gall. *qui a deux pattes*.]

* Nostris *Bime* est Juvenca, vacca junior, Gall. *Genisse*. Charta ann. 1443. inter Probat. tom. 4. Hist. Occit. col. 470 : *Sur chacune Bime ou petite vache, vij. solz, vj. den.*

¶ **BIMARE**, *Duplicare*, *Disputare*. Papias MS. Vide *Bimatus*.

¶ **BIMAREUS**, *Secundus maritus*. Idem Papias MS. cum Glossario itidem MS. Montis S. Eligii Atrebat. Vide *Bimaritus*.

BIMARITUS Qui bis conjugium iniit, apud S. Hieronymum lib. 1. in Ruffinum sub finem. [In Glossis Isid. *Bimaritus*, *Iterum maritus*, in vet. Gloss. San-German. num. 501 : *Bimaritus, secundus maritus*, mallem *secundo*.]

¶ **BIMATUS**, *Duplicatus*. Vet. Gloss. San-Germ. MS. num. 501. Vide *Bimare*.

¶ **BIMIXTÆ** Lucernæ, apud Muratorium tom. 3. pag. 245. col. 2. ex Anastasio de Vitis Roman. Pontif : *Fecit et cerostata de argento majora.... in quibus sedent lucernæ Bimixtæ de argento purissimo, lucentes juxta altare majus.* Sed legendum *Bimixæ*, quod idem est ac *Bilychnis*. Vide *Myxa*.

¶ **BIMIXYS**, Eadem notione. Vide in *Myxa*.

1. **BINA**, *Binorum et ternorum illatio*, Tributi species, apud Senatorem lib. 3. Epist. 8. lib. 7. Epist. 20. 21. 22. de qua plene in voce *Tertia*, 3. [** Adde Marin. ad Papyr. pag. 375. not. 23.]

* 2. **BINA**, Locus contectus, ubi mercatores merces suas venum exponunt. Pactum ann. 1198. apud Murator. tom. 2. Antiq. Ital. med. ævi col. 889 : *Binam, mercatoribus Mutinæ in foro Ferrariæ assignatam pro drappis grossis, eis conservabo.* Aliud ann. 1208. ibid. col. 873 : *Item debeant dare et designare stationes... draperiis, qui vendant pannum coloris in Bina Lombardorum apud Mediolanenses.* Charta ann. 1212. ibid. tom. 4. col. 711 : *Piliparios Mutinæ ponam in rectitudine Binæ pilipariorum Ferrariæ, et tenebo de soto. Et merzarios Mutinæ ponam et tenebo in Bina merzariorum Ferrariæ.*

BINÆ, Ternæ, nempe denuntiationes, admonitiones; voces crebræ in donationibus ad *complantum*, seu *ad medium plantum*. Charta ann. 1003. in Tabulario Ecclesiæ Viennensis fol. 49 : *Tali conditione præfatas res quæ hic memorantur, Domnus Pontifex* (Burchardus Archiepisc.) *fratresque præfati Bertranni et uxori ejus concedunt, ut si ipsi vendere voluerint, prædictos rectores S. Mauricii per Binas et ternas ammoneant. Quod si ipsi tunc emere noluerint, faciant de ipsas res quicquid facere voluerint.* Alia ex Tabul. S. Andreæ Viennensis : *Alteram vero medietatem* (vineæ ad medium plantum datæ) *teneant et possideant. Si autem eis necessitas evenerit, ut partem suam aliquo modo vendere aut impignorare voluerint, per Binas et ternas habitatores supradictæ Ecclesiæ ammoneant. Quod si tunc illi redimere noluerint, tunc faciant deinceps ex ea quidquid facere voluerint.* Alia ibidem : *Aliam vero medietatem taliter vobis dono, ut si eam vendere, vel pignorare volueritis, mihi vel hæredibus meis tres vices ammoneatis, etc.*

* **BINAGIUM**, Præstationis species, sic forte dicta, quod præstaretur vice servitii, quo subditi terras dominorum suorum secundo proscindere tenebantur. Charta ann. 1311. in Reg. 47. Chartoph. reg. ch. 129 : *Derrechief dis muis de Binage pris et receus chascun an en ladite ville de Borges* (infra *Vorges*) *et ès villes de Brueres, Préele, Croissi et Laval.* Vide *Binalia*.

¶ **BINAILLIA**, Eadem notione qua *Binalia*. Charta ann. 1200. ex Tabul. B. M. de Argentolio : *In jascheriis, in marcio, in Binailliis.*

BINALIA, Cum terra rursum proscinditur, aratur. Tabular. Fossatense : *Habet corveias 8. diebus per annum; videlicet de quolibet animali trahenti, cujuscumque sit generis, in jacheriis duobus diebus, in Binalibus totidem, et in seminalibus totidem, in marteschiis uno die, et in vindemiis uno die.* Polypticus Fossatensis : *Facit ad hibernaticum corbadas 3. ad vinalia 3. ad tramisium 3.*

¶ **BINALIS**, Geminus. Vita S. Columbæ Abb. tom. 2. Junii pag. 215 : *Nec ignis ausus est attingere Binales, in quibus pendebat salis petra, sudes.*

¶ 1. **BINARE**, Agrum secundo proscindere, Vineam iterum fodere, Gall. *Biner*. Hugo Victorinus Serm. xv : *Habemus, fratres, agrum, cor nostrum; dominicam vitem* *bonam voluntatem; palmites, bonas cogitationes. Fodiamus, Binemus, tertiemus eam, sicut scriptum est, per triplicem compunctionem.* Et Serm. XVI : *Debemus arare per compunctionem... Binare per compunctionem... tertiare per compunctionem.* Chartul. Ecclesiæ Autissiod. fol. 108. ad ann. 1270 : *Quam vineam circumfodient, taillabunt, paisselabunt, fodient et Binabunt.* [** Papias : *Bini dicuntur quasi biuni; Bino, as, avi, inde derivatur.*]

* 2. **BINARE**, Societatem cum aliquo inire, socium sibi adjungere. Dialog. creatur. dial. 10 : *Nullus debet se Binare cum contrario neque stare. Ita nec bonus sociare se debet nec habitare cum malo et perverso, qui est suus contrarius.* Occurrit rursum dialog. 17.

¶ **BINATIM**, Bini, duo simul. Murator. tom. 3. pag. 143. col. 1. ex Anastasio in Vitis Paparum : *Ut etiam parentes cum filiis, atque fratres atque sorores Binatim per lectos ad sepulcra deducerentur.*

BINCINA. Vide *Burina.*

BINDÆ, Gall. *Bendes*, Institæ, limbi, fasciæ. Gloss. Saxon. Ælfrici : *Lunula*, Bend. Saxonibus bindan, est *ligare*. S. Franciscus in Regula Tertiarior. cap. 3. de Sororibus : *Bindis et ligaturis sericis non utantur.* Regula Ordinis S. Marci de Mantua apud Alexandrum IV. PP. in Regesto anni 7. Epist. 24. ex Bibl. Regia : *Sufficiat etiam cuilibet Sororum una clamis, duæ Bindæ, tunica una superior cum capucio, etc.* Urbanus IV. PP. in Regula Militiæ S. Mariæ Bononiens. apud Ghirardaccum tom. 1 : *Pellibus utantur agninis, et habeant Bindas aut ligaturas simplices, etc.* [Acta SS. Junii tom. 2. pag. 733. E. in Miraculis S. Antonii de Padua : *Et Bindam sanguine tinctam super oculos unius sociorum ligantes.*] Vide *Hosobindæ* in *Osa.*

Bendellus, Fascia, ex Gallico, *Bendeau.* Synodus Bajocensis anni 1300. cap. 5 : *Adulti autem qui debent confiteri, et qui confirmandi fuerint... deferant secum Bendellos latos, mundos et satis longos*, quibus scilicet frontem, ubi chrismate linita est, cingant. [Vide *Bendellus* suo loco.]

* **BINDARE Oculos**, Velo tegere, obnubere, Ital. *Bendare*, Gall. *Bander.* Bareleta serm. in die Parascev. : *Tunc ceperunt eum* (Jesum) *et expoliaverunt, et ejus oculos Bindaverunt, etc. Bender*, in Bestiar. MS. ubi de J. C. :

> Et por nostre salvation
> Souffrir tourment et passion,
> Prendre se laissa et tenir,
> Bender, liier et escopir.

* **BINDEN**, Belgis *Bind*, Trabs transversa. Teloneum S. Bertini : *Carteia Binden, quæ huc ducuntur ad vendendum, ij. den.* Aliud vero sonat *Binde*, in Lit. remiss. ann. 1452. ex Reg. 181. Chartoph. reg. ch. 274 : *Unes Bindes ou Tresbuchet, etc.* Nunc *Biquet.*

¶ **BINEA**, pro Vinea, in veteri Epigraphe apud Muratorium tom. 3. pag. 87 : *Cum casis et Bineis, silbis, terris et in ipso Casali.*

BINEARIUM. Charta Roberti Regis Franc. ann. 1028. in Hist. Castrovillan. pag. 5 : *In suburbio etiam Novigenti 7. areæ hospitum cum suis arpennis, et decem arpenni, et dimidium Binearii.* Forte *bunnarii*, vel *vinearii.*

* *Vincarium* ex authentico restituendum esse monent Auctores Tract. novi de Re dipl. tom. 5. pag. 771. Vide *Vinearium* 2.

* **BINEMIA**, Vindemia. Charta ann. 1621. tom. 1. Hist. Cassin. pag. 317. col. 1 : *Per unumquemque mensem duos dies de persona, et in tempore messis et Binemiæ* (infra *Vinemiæ*) *unum diem de persona per unamquamquam* (sic) *edomatam.*

¶ **BINGANA**, *id est Jugera.* Papias MS.

¶ **BINIES**, pro Bis, apud Nicolaum Lanckmannum *de Valckenstein* in Hist. Desponsationis Friderici III. Imper. cum Leonora Portugalliæ Infantissa : *In uno et eodem anno crescit Binies in uno agro frumentum.*

BINIO, Nummus duplex, *Dinummium*, nummus duplicis formæ ac æstimationis. Gloss. Lat. Græc. : *Binio*, δίνουμμα. *Biniones*, διγνάρια. Occurrit apud Hegesippum l. 3. Ita *formas binarias et ternarias*, dixit Lampridius in Alexandro, nummos binis et trinis aureis valentes. [** Vide Forcellin. edit. Germ.]

BINNA, Præsepe, ex Saxonico Binne; quæ quidem vox Anglis, ut *Benne* Germanis, mactram et arcam panariam sonat. At aliud videtur in Monastico Angl. tom. 2. pag. 158 : *Illud quod sursum inventum fuerit in Binna, in molendinis meis.* Will. Thorn. ann. 1263 : *Ad granarium dicti manerii dictum bladum portabunt, et extra Binnam, super eorum tenentium proprium, pannum mensurabunt, et totidem mensuras... persolvent.* Vide *Venna.* [** Laquear, tabulatum supremum, Germ. *Boden*, *Bühne*, Saxon. *Bön.* Adel.]

* **BINNUM**, Tributi species, idem quod *Bina*, 1. ut videtur. Charta ann. 1086. in Append. ad Marcam Hispan. col. 1179 : *Concedimus.... vobis præscriptis omnibus omne Binnum, quod censualiter juste et injuste habemus et habere debemus de villa Aniano, videlicet quod plebeico more vocatur Betage.* Quod si hujus ultimæ vocis vim attendas, servitium est, quod cum carro et equis exhibebatur. Vide supra *Bestagium.*

BINOMIUS, [Bynomius,] *Cui geminum est nomen*, Festo. Vide Goclenium in Lexico Philosoph. pag. 292. Herigerus Lobiensis de Vita S. Ursmari abbatis : *Fertur enim quia post baptisma Binomius esset.* Adde Silvestrum Girald. in Typogr. Hibern. dist. 3. cap. 38. [Ludewig. tom. 8. Reliq. MSS. pag. 150. ex vestutis membranis : *Fuit Princeps unus in Bawaria, qui fuit Bynomius, cujus nomen erat Ericus, vocabatur etiam Werpo.*] Lambertus Ardensis : *Robertum videlicet, qui ut tunc temporis erat consuetudo et adhuc plerumque tenetur, Binomius erat, sed suppressa vocationis proprietate, inolescente usus assuetudine dictus est Manasses, postea Ghisnensis Comes.* Ubi Duchesnius recte conjectat, *Manassem* a parentibus post nativitatem, *Robertum* vero a Roberto Flandriæ Comite in baptismate appellatum. Mos quippe olim invaluit, ut nascentibus a parentibus nomina imponerentur, alia vero interdum adderentur in baptismate. Gregorius Turon. lib. 8. Hist. cap. 22 : *Accersito Waldone Diacono, qui et ipse in baptismo Bertheramnus vocitatus est.* Florentius Tricastinus Presbyter de Vita S. Rusticulæ, ad Celsam : *Quam genitrix ad sacri baptismatis undam Christo obtulit sanciendam, eamque in regenerationis fonte ex suo genere Rusticulam vocitavit : ab omni vero domus familia Martia nuncupabatur.* Ægidius Aureævallis cap. 97 : *Quorum mater dicta fuit Clementia, seu Agatha, fuit enim Binomia, etc.* Hinc factum ut alterum horum nominum cognominis vice haberetur. Idem Gregor. Turon. lib. 4. cap. 26 : *Austrigildem cognomento Bobilam;* lib. 7. cap. 3 : *Vedastem, cognomento Avonem;* lib. 8. cap. 22 : *Gundegisilum cognomento Dodonem*, memorat. Charta Henrici Comitis Blesensis et Carnotensis in Tabulario Ecclesiæ Carnotensis num. 67 : *Ego Henricus Comes, cognomine Stephanus, et Adela uxor mea, etc.*

Sed et mos iste ab antiquo tenuit, ut in baptismo de novo nomen imponeretur : quod ex Theophane et aliis colligitur, qui Athenaidem, Theodosii junioris conjugem in baptismate *Eudociæ* nomen accepisse ab Attico Patriarcha narrant. Qua in re Hebræos imitati videntur Christiani, qui, ut e Genesi constat cap. 21. statim post circumcisionem peractam nomen infantibus imponebant, quanquam et peculiaris quædam ratio Christianis fuit, cur id observarent; nempe ut significarent non avitos modo patriosque ritus, per baptismum exuere sese, verum et ipsius pristini nominis oblivisci, nova indita nuncupatione, quæ singularis collatæ gratiæ indicium esset, ut Abrahamo, Saræ, Jacobo, in veteri Testamento, S. Petro, nonnullisque Apostolis, in Evangelica lege, contigit. Patrini autem sua nomina baptizatis imponebant, quod iis a diabolica servitute in libertatem assertis, patronos sese quodammodo præstarent. Unde Tertullianus lib. de Resurr. carn. ubi de servo manumisso : *Et vestis albæ nitore, et aurei annuli honore, et patroni nomine, et tribu, mensaque honoratur.*

Neque mirum tamen Christianos, adultos præsertim, binomios fuisse; cum ante baptismum, siquidem a paganismo ad Christianismum transirent, gentilitiis nominibus appellarentur. Unde baptizandorum, etiam infantium, nomina in matriculam relata, suo loco observamus, pluribusque docuit Menardus ad librum Sacramentor. Gregorii. At quando Christianis nova nomina imponerentur, in ipsone baptismo, an vero octavo post baptismum die, ut apud Græcos, quod ex eorum Euchologio patet, haud omnino constat. Veteres Francos infantibus nono die nomina imposuisse, colligitur ex Lege Salica tit. 26. § 5. Romanos nono ab ipso natali die maribus, octavo feminis nomina dedisse, scribunt Macrobius lib. 1. Saturn. cap. 16. et Festus verbo *Lustrici dies;* Græcos decimo die, Hesychius et aliquot alii. Glaber Rodulphus in Vita S. Guillelmi Abb. Divion. num. 4. videtur indicare ante baptismum inditum nomen baptizato; in ipso baptismo, Vita S. Genovefæ num. 31. et Historia Abbendonensis Monasterii tom. 1. Monastici Angl. pag. 98. Vide *Paganus.*

* **BINOTA**, Ligo, marra, instrumentum rusticum quo terra secundo pastinatur,

Menolo *Binoir*. Lit. remiss. ann. 1354. in Reg. 84. Chartoph. reg. ch. 322 : *De quadam Binota, de qua dicta pisa fodebat, aliquantulum in capite lesit.* Unde *Binoter*, Terram iterare, vulgo *Biner*. Chartul. Corb. sign. *Ezechiel* ad ann. 1415. fol. 11. r°. : *Trente journeux de terre Binotés et gasquerés.* Reg. 13. sign. *Habacuc* ejusd. monast. ad ann. 1510. fol. 30 : *xxij. mencaudées de terres qu'il doibt Binotter,... iij. mencaudées qu'il doibt pareillement Binotter.* Ibid. ad ann. 1513. fol. 184. v°. : *Item six journeaux prestz à semenchier de mars, et xxiij. journeaux de Binotich.*

* Aliud vero sonat vox *Bineoir*, in Consuet. Camerac. MSS. : *S'il* (le bourgeois) *fait Bineoirs, si en donist un, s'est cuites tout l'an.* Idem forte est quod *Bingue*, Placentæ species, vulgo *Gâteau*, *galette*, ex Stat. pistorum Abbavil. art. 5 : *Que tous boulenguiers que ilz cuissent leurs Bingues aveuc le fournée de l'autre pain tout ensamble ;..... que ilz fournient lesdis Bingues aveuc aultre pain.*

* **BIOCHUS**, Truncus, ramus crassior, idem quod *Billia*. Stat. Montis-reg. pag. 319 : *Statutum est, quod quilibet reseator possit et valeat capere..... a facientibus resiare Biochos sive truncos, ut infra continetur.* Stat. Genuens. : *Nec possit incidere seu incidi facere aliquod Biochum sive lignum, pro conducendo ad reseandum.*

¶ **BIOCOLYTÆ**, Vox mediæ Græcitatis, uti videre potes apud Cangium nostrum in suo hujus linguæ Glossar. Qui in Provinciis vim et proterviam militum compescebant. Vide *Latrunculator*. [** Julian. epit. nov. cap. 15. § 60.]

¶ **BIOGRAPHUS**, Vitarum Scriptor, a Græco βιογράφος. Christophori Mulleri Introduct. in Hist. Canoniæ Sand-Hippolyt. apud Raimund. Duellium Miscellan. lib. 1. pag. 305 : *Itaque Patroni nostri martyrium nonnihil accuratius describere lubet, idque tum ex monumentis nostris, tum ex aliis SS. Biographis lectori B. quasi per lancem saturam offerre.*

* **BIOLLA**, Arboris species, Delphinatibus *Bioule*. Stat. Montis-Reg. pag. 232 : *Statutum est, quod aliqua persona, quæ custodit capras, non possit.... incidere aliquod lignum viride in aliqua parte de ruvore, sapo, castanea, Biolla, etc.*

BIORDARE. Vide *Bohordicum*.

¶ **BIOTENATUS**, ut mox *Biothanatus*. Paulus Diac. in Vitis Patrum Emeritensium cap. 12 : *Cui ille ait : Et in quo loco Deus non est, Biotenate ? Et vir Dei respondit* [: *Si nosti quod in omni loco Deus est, cur mihi exilium minaris ?*

BIOTHANATI, Græc. βιοθάνατοι, vulgo dicuntur qui mortem sibi ipsis consciscunt, aut qui violenta morte pereunt, ut apud Firmicum passim, Lampridium in Heliogabalo, Tertullianum lib. de Anima, Lucianum in Philopseud. Theophanem pag. 353. Orderic. Vitalem lib. 18. pag. 911. etc. [** Vide Forcellinum, H. Stephani Thes. Ling. Gr. voce Βιαιοθανατέω, edit. Didot. vol. 2. col. 240. Isidor. Origin. lib. X. sect. 31.]

Præsertim vero ab ethnicis Christiani ita appellati, quod ultro et sponte se morti exponerent, et violenta morte e vita excederent, dum martyrium ambiebant : quod docent Acta Getulii et socior. Martyrum, Acta S. Babylæ Mart. num. 2. Acta S. Nestoris Episc. Martyr. cap. 2. Acta SS. Martyrum Tharaci et socior. apud Baron. ann. 290. num. 11. [Passio SS. Seraphicæ et Salinæ num. 9. apud Baluzium,] Paulus Diaconus Emeritensis in S. Masona Episcopo Emerit. cap. 9. Martyrologium Bedæ ubi de S. Getulio, etc.

Biothanatos etiam appellarunt recentiores damnatos ac furciferos, et qui violenta morte perire merebantur. Charta Silonis Regis Oveti et Praviæ ann. Ch. 777. apud Sandovallium : *Dolet me quod hic sic miserabiliter vitam transeatis, et habeo magnam de vos compassionem, quod tanta mala sufferatis inter istos Biothanatos Saracenos, etc.* Belascus, vetus Scriptor, apud Suritam in Indice Rer. Aragon. æra 964. de Sancio Abarca Rege Navarræ : *Dehinc expulsis omnibus Biotenatis vicesimo regni sui anno migravit a seculo.* Ubi Surita hac voce *hostes* intelligi putat, *Mauros* nempe, cum quibus bellum gesserat, qui spreta vita ad violentam mortem præliando ultro currebant. Ordericus Vitalis lib. 11. pag. 822 : *Ad hoc ipsum maxima necessitas compulit, et supplicatio religiosorum, qui miserabiliter a Biothanatis conculcabantur.* Et lib. 10. pag. 782. ait Guillelmum Rufum Angliæ Regem inter venandum a Galterio Tirello venabulo confossum, Anglicanæ Ecclesiæ Præsules, *sordidam ejus vitam et tetrum finem considerantes, Ecclesiastica, veluti Biothanatum, absolutione indignum* censuisse.

De *Biothanatis* hic addendum videtur quod habet Concilium Budense ann. 1279. can. 46. in quo narratur inolevisse in Hungaria *consuetudinem, secundum quam Archidiaconi pro occisis gladio sive fuste, vel alio armorum genere, seu veneno aut quocunque alio damnabili aut reprobato modo, consueverant recipere unam marcham argenti, antequam sic occisi traderentur Ecclesiasticæ sepulturæ : quæ quidem consuetudo ad eos qui fulmine percussi, fluminibus suffocati, exusti incendio, arboribus oppressi, aut de equo cadentes, vel aliis similibus seu fortuitis casibus diem clauserunt extremum, seu interiisse noscuntur, extendi vetatur : sed sic defuncti, dummodo pœnitentes decesserint, vel in morte pœnitentiæ signa apparuerint manifesta, sicut alii Christiani Ecclesiasticæ sepulturæ tradi jubentur.*

* Horum corpora igne damnabantur, atque ecclesiastica sepultura privabantur ; nisi legum severitatem temperaret auctoritas regia. Lit. remis. ann. 1381. in Reg. 119. Chartoph. reg. ch. 369 : *Pour la desplaisance que ladite damoiselle* (Jehanne Oisellete, femme de feu Jehan le Rique, demeurant à Corbie) *eust de ce que elle, qui estoit de si grant lignaige, avoit espousé ledit phisicien* (en secondes noces) *et que à sesdiz amis desplaisoit, par la temptacion de l'ennemi se pendi par son col et estrangla, ainsi que iceulx amis le disent ; supplians que considéré ce que dessus est dit et le lignaige dont elle estoit, il nous plaise ottroier que son corps ne soit ars ou autrement exécuté pour la cause dessusdite. Pourquoy nous, eu regart à ces choses,...... ottroions par ces presentes.... que le corps d'icelle défunte ne soit ars, ne mis à exécution quelconque pour la cause dessus ditte, ainçois puist estre enterré, comme il appartiendra et sera à faire.* Vide infra in *Sepultura*.

BIPEDILE, Machinæ jaculatoriæ species duobus pedibus innixa. Hist. MS. de Excidio Acconis : *Et ipsis sic dispersis cum Bipedilibus et communibus baleis quarellorum multitudinem emittentes.*

* Hæc satis esse non videntur Car. de Aquino in Lex. milit. ut *Bipedile* machinam esse putet : unde legendum suspicatur *bipedalibus*, adeo ut intelligantur *baleæ* jaculatoriæ, de quibus ibi agitur, fuisse bipedales. Judicent peritiores.

BIPENNUM, Bisacutum, Jano Ulitio ad Gratii Cynegeticum. *Bipennis* substantive et adjective sumi a Latinis et eadem notione nemo est qui nesciat.

¶ **BIPERT**, *in duas partes dividit.* Vetus Gloss. San-Germ. num. 501. Latini dicunt *Bipartiri*. [** *Bipertitus, in duas partes divisus*, Papias; neque vero *bipertiri* minus latine quam *bipartiri*.]

¶ **BIPERTATOR**, simili notione, apud Rymer. tom. 1 : *Cum dominus dicat per Malachiam prophetam se non habere decimare antequam messores vel Bipertatores vel terragitores partes suas non decimatas receperint.*

BIPERTIJOCUS. Vide *Jocus partitus*.

¶ **BIPES**, Forceps, Gall. *Ciseaux*. Boncompagnus de Obsidione Anconæ cap. 4. apud Murator. tom. 6. col. 931 : *Intravit quidem repente mare, veniensque natando cum quadam Bipede in manu, cœpit abscindere maximum canapum, qui ex una parte ligatus erat in prora navis Romani Marani, et ex altera in anchora, quam nautæ miserant in portu.*

¶ **BIPHARIA**, i. e. bis nupta. Vocabul. Juris utriusque ; est pro *Bivira* vel *Bivira*. quæ duos viros habuit, vel habet. [** In edit. ann. 1518. et 1538. est *Bifaria*.] Vide *Bifera*.

* **BIPHATÆ** Missæ. Vide supra *Bifaciare*.

BIPLEX. Gloss. Græc. Lat. Διπλοῦς, *Biplex, duplex.* Glossæ Isidori : *Biplex, duplex. Biplicitas, Alterplicitas.* Gloss. MS. Regium : *Bilices, duplices.* At aliud est *bilex* in Glossis Lat. Græc. ubi exponitur δίμιτος. Infra : *Bilices*, δίπτυχοι. *Bilex*, δίπτυκτον. Vide *Trilices*.

¶ **BIRALL**, Lapidis genus. Testamentum Rotherami Eborac. Episcopi ann. 1498. in Lib. nigro Scaccarii pag. 673 : *Item unum paxbred deauratum cum uno Birall in medio .... Item dedi eis unam crucem deauratam, stantem super magnum lapidem de Birall.*

* Vide an non idem sit quod supra *Bericlus*. Vide infra *Birreta*.

¶ **BIRCUS**, *Voluntas vitalis.* Papias. [** Glossar. in cod. reg. 7644 : *Byrcus, voluntas vitalis, his similia, quæ Afri scribendo viciant, omnimodo reicienda sunt et per a scribenda;* unde lego *Birtus, boluntas, bitalis, his similia...... per v scribenda.*]

¶ **BIRETINUS.** Vide post *Birrus*.

¶ **BIRETTUM.** Vide in *Birretum*.

** **BIREX** *est rex habens duo regna.* Gemma Gemmarum.

¶ **BIRLA**, Ecclesia. Chartular. Matiscon. fol. 96. ann. circiter 1000 : *Concedo ad supradictam Birlam Dei.* Qui potest dicat originem hujus vocis. An per abbreviationem *Birla* scribi aut legi potuit pro *Basilica?*

BIRLAW. Vide *Bilage* et *Burlawa*.

BIRMANDUS, Monetæ minutioris species apud Leodienses. Vide Magnum Recordum Leodiense pag. 38. 126.

* Vulgo *Birmanne*. Stat. ann. 1403. tom. 2. Hist. Leod. pag. 437 : *Ly procureurs ne soyent si hardis de plus prendre pour leurs salaires que le taxe,... assavoir pour chascun lieu ung Birmanne.*

¶ **BIRONATUS,** Terebratus, foratus. Statuta Massil. pag. 395 : *Quod omnes bodii botarum sive vegetum, quæ vendentur de cætero in Massilia a dictis boteriis sint Bironati, et quod gargaillus sit cairatus.* Hisp. *Barrenar,* German. *Bohren,* Terebrare.

¶ **BIRONERIUS,** Vox Occitana, qui facit aut vendit terebras. Legitur in Catalogo MS. Sodalium Confraternitatis Nativitatis B. M. Virginis anno 1328. institutæ in Ecclesia B. M. Deauratæ Tolosanæ.

BIROTUM, Vehiculum duabus rotis constans. *Birotum Carpentum,* in Miracul. S. Waldeberti Abbat. Luxoviensis num. 20. Chronicon Mauriniacense lib. 1 : *Cum nimio tibiarum dolore laboraret . . . eo vehiculo quod vulgo Birotum dicitur circumferri . . . non erubuit.* Stephanus Tornacensis Epist. 228 : *Bigam autem seu Birotum mittere noluimus, quia fortassis aut oneri non sufficeret, aut in paludibus clivosis declinando in alteram partem se se cum sarcina inversaret.* Guibertus lib. 2. Hist. Hieros. capite sexto : *Videres mirum quiddam et plane joco aptissimum, pauperes videlicet quosdam bobus Biroto applicitis, eisdemque in modum equorum ferratis substantiolas cum parvulis in carruca convehere.* Occurrit præterea apud Adon. et Usuard. 11. Mart. et in Cod. Theod. leg. 2. et 5. de Curiosis, (6, 29. const. 2. § 2.) leg. 8. et 9. de Cursu publ. (8, 5.) *Brouëte,* nostris. [** Vide Forcellinum in *Birotus*. Dicitur *Birota* et *Birotum*, scil. rheda vel vehiculum.] Philippus *Mouskes*, in Philippo Augusto :

Karaites ont quises, et cars.
Bourouaites, ribaus, sommiers,
Roncis, et jument, et coliers, etc.

Poëma MS. cui titulus, *le Honeste fortune* :

Car pour repos, j'ay enfollure,
Pour le beautemps, j'ai engreslure,
Pour provision, des pouetes,
Pour chariots branslans, Brouetes.

Will. *Guiart* ann. 1304 :

Viandes mettre sur Brouettes,
Et il oist bruire charettes.

Vide Chron. Flandr. cap. 79.

* Neque vero leviter hic prætereundum est, quod ex Chron. Mauriniac. laudatur, non erubuisse scilicet militem *eo vehiculo, quod vulgo Birotum dicitur, circumferri.* Pœnæ quippe gravioris genus summumque dedecus erat viris militaribus circumduci ejusmodi vehiculo, ut observatur in Theat. honor. part. 2. pag. 563. et seq.

¶ Birota, Eadem notione. Annal. Benedict. tom. 5. pag. 505 : *In itinere onerariam Birotam reperit victualibus refertam.*

¶ Birotora, Onus Biroti, Gall. *Brouettée*. Charta ann. 1205. apud Lobinell. tom. 2. Hist. Britan. col. 389 : *Concedo dictæ Abbatiæ unam Birotœam brandæ seu bruerix ad usum furni sui singulis septimanis capiendam.*

* **BIRRA,** Instrumentum piscandi, nassæ species, Gall. *Bire*. Charta ann. 1267. ex Chartul. Buxer. part. 12. ch. 11 : *Ego Guido dominus de Choun....... confiteor religiosos Buxeriæ habere in dictis aquis usuagium plenum piscariæ seu piscationis ad navem, filettum, Birram, etc.*

¶ **BIRRATUS,** Birreta. Vide post *Birrus*.

* **BIRRECTUM,** ut *Birretum*, in Convent. Saonæ ann. 1526.

* **BIRRETA,**, Lapidis genus, f. idem quod supra *Bericlus*. Inventar. S. Capellæ Paris. ann. 1376. ex Bibl. reg. : *Item quoddam sanctuarium, in quo deficit una Birreta, videlicet in pignaculo ejusdem.* Aliud Gall. : *Et y faut une Birrete ou pignon.* Vide supra *Birall*.

* **BIRRETATIO,** Cæremonia, qua *licentiatus* birreto doctorali donatur. *Jus Birretationis,* apud Boulæum Hist. Univers. Paris. tom. 2. pag. 685. et tom. 5. pag. 858.

BIRRETUM, Capitium, capitis tegmen, lineum, tenue, strictum forma ipsius capitis, Pontificum proprium fuit. Bulla Bonifacii VIII. PP : *Illudque* (Beneficium Ecclesiast.) *eidem Thomæ contulimus, nec non de ipso per nostrum Birretum præsentialiter investimus.* Eadem verba habentur in Diplomate Roberti Cantuariensis Archiepiscopi apud Will. Thorn. pag. 1969. Tradunt Chron. S. Martialis ann. 1317. et apendix ad Bernardum Guidonem, degradatum fuisse a Joanne XXII. PP. Hugonem Cadurcensem Episcopum, ablatis Pontificalibus insignibus, *videlicet annulo atque mitra, et cappa, cum Romana camisia et Birreto.* Vita S. Henrici Episc. Upsaliensis num. 5 : *Tollens de capite S. Pontificis Birretum, quod gestare consueverat, imposuit capiti suo.* Adde Geminianum in Vita B. Finæ Virg. n. 15. [Acta SS. Maii tom. 1. pag. 779.]

Birretum fuit etiam Doctorum. Nicolaus de Clemengis lib. de Studio Theologico : *Non cappa quippe doctorem facit, non Birreti magistralis impositio, non cathedra sublimior, aut locus superior.* At Italis commune fuit omnibus capitis tegmen. Academicis Cruscanis *Berreta* sic definitur : *Copertura del capo, diversa dal cappello, che si fa in varie foggie, e di diversi drappi.* A *birrus*, deducenda vox videtur ; nam ut *birrus* vel *birrum* vestem qua corpus tegitur, ita *birretum*, eam vestis partem quæ caput tegit, significat : est enim diminutivum a *birrus*. Vide Jo. Villaneum lib. 6. cap. 71.

☞ Erat vero *Birretum* interius capitis tegmen, ita subter capitium *cappæ* dispositum ut nonnihil super humeros deflueret. Statuta Eccles. Aquensis MSS. ann. 1260 : *Cum chorum intraverint Canonici clerici, et alii chorum frequentantes amoto caputio cappæ, almusia sive metlino et Birreto toto, etc.* Ibid. : *Tempore autem illo quo cappam portabunt, poterunt portare de subtus Biretum, aut almussiam de panno.*

* *Birette*, in Lit. ann. 1366. tom. 4. Ordinat. reg. Franc. pag. 703.

* Birretum, Ducum insigne. Chron. Bergom. ad ann. 1395. apud Murator. tom. 16. Script. Ital. col. 890 : *Qui Miles posuit in capite ipsius dom. comitis Virtutum unum Biretum valde valorosum, creando ipsum ducham cum dicto Bireto.* Fuit etiam Præfecti Romæ. Cæremon. Rom. MS. fol. 35. v°. : *Imponit* (pontifex) *ei genuflexo* (præfecto) *infulam sive Birretum præfecturæ, dicens : Accipe insigne præfecturæ præeminentiæ, quod per nos capiti tuo imponimus.*

* *Birretis* quoque usi sunt Clerici Cameræ Computorum, quæ pro pileis commutaverunt, ex Ordinat. Caroli VI. ann. 1388. in Memor. E. fol. 196. r°. : *Item que lesdiz douze clers et chascun d'eulx, pour l'onneur du roy et de la chambre, soient soigneux et diligens de aler en ladite chambre et par tout avau Paris, vestus bien et honnorablement de habis honestes, et que chascun porte mantel ou houce fourrez, et laissent les Barrettes et praignent chapiaux honestes, sur peines de privation de leurs offices.*

* Birretum Floccatum, Amplum et superfluitate panni redundans, quod doctorum proprium est. Stat. Universit. Aquens. ann. 1489. pag. 57 : *Petat cathedram, librum, Birretum floccatum, zonam auream, osculum et benedictionem a doctore suo, ut est moris.* Vide *Flocus*.

* Birretum Retroplicatum, in Stat. synod. Tornac. ann. 1481. cap. 8. art. 1. pag. 99 : *Ne vestes nimium breves aut in spatulis alatas, comam seu Bireta retroplicata, etc.*

Beretum. Michas Madius cap. 25 : *Ordinavit . . . quod Canonici cum Beretis in capitibus vadant ad divina.*

¶ Birettum, apud Rymer. tom. 8. pag. 117. col. 1 : *Et quatuor duodenas Birettorum. Qui quidem mitra, ciphi, ewer, cultelli et Birreta, valorem centum et quinque librarum non excedunt.* An hic capitia possint intelligi, an non potius intelligenda sint vascula, Gall. *Burettes,* judicet prudens lector. Agitur in laudato loco de jocalibus Episcopi.

BIRRIA. Archithrenius lib. 3. cap. 4 :

Nudus in annoso tunicæ squalore ministrat
Geta dapes, dum vile meri libamen in urbe
Birria venatur, pretio vestitus eodem
Muricis ejusdem, etc.

Idem lib. 4. cap. 14.

. . . . Nunquam
Birria sufficeret, ubi defecisset Homerus.

* Glossar. vet. ex Cod. reg. 7613 : *Birria, viriliter agens, b in v conversa.*

* **BIRROSUS,** *Birro* vestitus. Glossar. Gall. Lat. ex Cod. reg. 7684 : *Bureau, grous drap, birrum. Birratus, Birrosus, qui est vestu de Bureau.* Vide in *Birrus*.

BIRRUS. Hujus vocis variæ et prorsus diversæ recensentur notiones. Olim vero et priscis Latinis *Birrus*, seu *Burrus*, color fuit rufus. Festus : *Burrum antiqui, quod nunc dicimus Rufum.* Glossæ veteres : Βυῤῥόν, ξανθὸν καὶ πυῤῥόν. Scholiastes Juvenal. sat. 1 : *Quod Græci coccum, Latini veteres Birrum appellant.* Glossæ Isidori : *Birrus, rufus. Lacerna burra,* in Actis S. Cypriani Mart.

Birrus præterea sumitur pro quavis veste, tunica, chlamyde. Papias : *Birrus, a Græco fit, vestis, amphiballus villosus.* [Acta SS. Benedict. Sæc. 2. pag. 105. in Vita S. Deicoli : *Ipse vero utpote de itinere lassus, antequam sessum pergeret, Birrum suum, quem Græci amphiballum vocant, deponere voluit causa refrigerandi.*] Martianus Capella lib. 4 : *Univocum est, quando duarum aut plurium rerum unum nomen est, et definitio, et vestis. Nam et Birrus et tunica nomen vestis habent.* S. Augustinus de Verbis Apost. serm. 18. cap. 10. de femina : *Si illi dixerit* (amatori) *nolo te habere tale Birrum, non habet : si per hiemem illi dicat, in lacerna te amo, eligit tremere, quam displicere.* S. Fulgentius lib. 3. ad Monimum, initio : *Accepto cujusdam Birro et manibus retento. Birrus albus*, quo induebantur recens baptizati, apud Greg. M. lib. 7. Ind. 2. Ep. 5. Fulcherius Carnotensis lib. 1. cap. 1 : *Cruces quas in chlamydibus suis, aut Birris, sive tunicis peregrini consuebant.* Guibertus de Gestis Dei lib. 2. cap. 5 : *Crucis figuram ex cujuslibet materia panni tunicis, Birris, et palliis iturorum assui mandavit.* Liber de Disciplina Scholarium cap. 4 : *Latenter sub Byrro amphoram quandam detulit.* [Passio S. Thomæ Martyris apud Marten. tom. 3. Anecdot. col. 1739 : *Quia interiorem hominem veste Sacerdotali juxta hoc quod dicitur, Sacerdotes induam salutari, jam pridem induerat, nunc exteriorem indumento superficiario sub Birro secretius munivit.* Acta SS. Benedict. Sæc. 5. pag. 167. in Vita S. Odonis : *Et Birrum quo tegebatur more cappæ, per extremitatem apprehendentes osculabantur.*] Artemidorus lib. 2. cap. 3 : Χλαμὺς δὲ, ἣν ἔνιοι μανδύην, οἱ δὲ ἐφεστρίδα, οἱ δὲ βηρίον καλοῦσι. Glossæ MSS : Ἐφεστρίδας, Ῥωμαϊκὰ ἱμάτια. λέγεται δὲ καὶ ὁ μανδύας, καὶ βίῤῥον.

Neque vero *Birrus* generatim tantum pro quavis veste, sed interdum pro lauta ac sumptuosa, quandoque pro vili etiam et crassiori usurpatur : ac pro sumptuosa quidem, quomodo *planeticarum atque birrorum* pretia simul ambitionemque declinasse veteres Monachos Ægyptios scribit Cassianus lib. 1. de Institut. Cœnob. cap. 7. Et in Concilio Gangrensi can. 12. jubentur ii qui religiosam vitam sectantur, τοὺς βήρους φοροῦντας Monachos a se abjicere : ubi Zonaras βήρους, τὰ σηρικὰ ὑφάσματα interpretatur : *birros* scilicet illos, quos *rigentes* et *fluentes* vocat Sulpitius Severus Dial. 3. cap. 14. *pretiosos* D. Augustinus Serm. 50. de Diversis, quibus *Atrebaticos* et *Canusinos* accenset Vopiscus in Carino. Regula S. Isidori cap. 13 : *Linteo non oportet Monachum indui, orarium, Birros, planetas, non est fas uti.* Statuta Joannis Archiep. Cantuar. ann. 1279 : *Inhibemus ne* (Moniales Ord. S. Benedicti) *de bruneto in posterum unquam induantur, nec rugatas habeant tunicas, nec etiam Birrorum immoderantia vestes sibi faciant latitudine fluctuantes.*

Birrum fuisse antiquum Episcoporum habitum, censet Baronius ann. 261. ut primo vesti communi superinduerent lineam, sive lineum indumentum, quod vulgo *Rochetum* vocant, deinde vero solutam tunicam manicatam vel Dalmaticam, ac denique palliolum breve, seu *birrum*, humeros tantum et brachia tegentem. Id certe vix credam, cum *birrus* nihil aliud fuisse videatur quam vestis, qua cæteri æque ac Episcopi utebantur, ex Scriptoribus qui *Birros* Episcopis tribuunt : in quibus sunt S. Augustinus Serm. 2. de Vita Cleric. et Serm. 50. de Divers. Palladius in Hist. Laus. cap. 135. Vita S. Pelagiæ cap. 12. Gregorius Turon. lib. 2. Hist. cap. 1. Messianus Presbyter de Vita S. Cæsarii Arelat. pag. 251. ipseque Cæsarius in Testamento suo, ubi *amicularis birri sui* meminit, Turpinus in Carolo M. cap. 13. etc. Sed et Anonymus de Miraculis S. Thomæ Cantuariensis, editus a Stapletono, *Rochetum* et *Birrum* unum idemque esse vestimentum, indicat non uno loco. [** *Monachorum birri* in Reinard. Vulp. lib. 3. vers. 1928.]

Cum igitur *birrus* vestis quævis fuerit, in viris majoris dignitatis, pro sumptuosa, in viris vero inferioris conditionis pro vili et crassiori habitus est. Joannes de Janua : *Birrum, grossum vestimentum.* Gloss. Saxonic. Ælfrici : *Birrus*, Unsmeðe hrægel, i. vestis aspera. Atque ita accipi debet in Epigram. *de Birro et castoreo* :

Nominis umbra manet veteris, nam dicere Birrum,
Si castor niteat, Castoreum nequeo.
Sex emptus solidis, quid sit jam scire potestis :
Si mihi nulla fides, credite jam pretio.

Ejusmodi igitur erant pretio viles *Birri*, quos servis adscribit lex 1. Cod. Th. de Habitu quo uti oport. (14, 10.) *Birri et Communes vestes*, apud Attonem Episcop. in Capitulis cap. 82. et *Birri* qui Monachis tribuuntur apud Joan. Monachum lib. 2. Vitæ S. Odonis Abb. Clun. pag. 33. et apud Guibertum lib. 2. de Vita sua cap. 5. et in Gestis Dei lib. 2. cap. 8. Glossæ MSS. Reg. : Βηρίον, ἔνδυμα μοναχικόν. Atque inde ortum, ut nostri viles et grossiores pannos *Bures* etiamnum dicant. Catholicon parvum : *Birrum, gros drap comme Bureau. Birratus, vestu de Bureau.* Quam quidem Gallicam vocem hac notione videtur usurpasse Eucheria, apud Pithœum lib. 1. Epigrammat. veter. :

Nobilis horribili jungatur purpura Burræ,
Nectatur plumbo fulgida gemma gravi.

Ubi Editio viri doctissimi Jo. Mabillonii tom. 1. Analector. habet *byrræ*. Sed *de Birris* vide quæ congessere Salmasius ad Tertulliani Pallium, Menardus ad Concordiam Regularum, Henschenius ad Vitam S. Martiniani Anachoretæ cap. 5. 13. Febr. Jacobus Gothofredus ad Cod. Theod. Octav. Ferrarius lib. de Vestib. [** Forcellin. h. v.] etc.

¶ Byrrus, apud S. Augustinum Serm. 356 : *Nemo det Byrrhum vel lineam tunicam seu aliquid, nisi in commune.*

Burellus, Panni spissioris ac vilioris species, nostris *Bureau.* Catholicon Armoricum, *Burell, Gall. Bureau, gros drap. Lat. Burum, unde buriatus, vestu en Bureau.* Petrus Venerabil. in Statut. Cluniac. cap. 18 : *Statutum est ut nullus scarlatas, aut barracanos, vel pretiosos Burellos, qui Ratisponi . . . fiunt, habeat.* Regula Templariorum cap. 20 : *Vestimenta unius coloris semper esse jubemus, v. g. alba, nigra, vel etiam Burella.* Cap. 21 : *Habeant igitur nigra, . . . aut quod vilius unius coloris comparari potest, videlicet Burella.* [Literæ ann. 1319. tom. 2. Ordinat. Reg. Franc. pag. 258 : *Item, de lanis, de quibus conqueruntur cives, quod gentes regiæ non permittunt eas extrahi de Lugduno, cum tamen sint lanæ grossæ ad faciendum Burellos.* Charta Petri Abbatis S. Crucis de Talmundo ann. 1366. de officio Aquarii : *Anno quolibet tenebitur facere et ministrare omnibus et singulis Religiosis . . . pro vestiario tres alnas cum dimidia boni panni et sufficientis rousseti seu Burelli, etc.*] Vide Histor. S. Martini de Campis pag. 33. Le Roman *de Garin* :

Je n'ai que faire ne de ver, ne de gris,
Trop a Buriaux li miens pere Heruis.

[Testamentum Philippi III. Franc. Regis tom. 9. Spicileg. Acher. pag. 270 : *Por Buriaux et sollers acheter à departir à povres en nos demaines.* Codex MS. reddituum Episcopatus Autissid. anno. circiter 1290. exaratus : *Quilibet draperius, qui tenuerit mulierem annum et diem, debet quatuor ulnas de Buriau.*] In Chronico W. Thorn. pag. 1915. leg. *burau*, pro *buran.* Et apud Pontanum lib. 7. Hist. Dan. pag. 416 : *Panni burelli*, pro *borelli.*

Birratus, *Birro indutus*, Joanni de Janua. Gloss. Lat. Gall : *Birratus, vestu de Bureau.* Vide Matth. Villaneum lib. 9. cap. 30.

Birratus. Provinciale Cantuariensis Eccles. lib. 3. tit. 1 : *Ut quilibet Clericus constitutus in sacris ordinibus vestem exteriorem gerat dissimilem militari vel laicali, ut pote anterius vel posterius non Birratam, vel saltem ex forma sua militari vel laicali congrua honestate dissimilem.* Ubi Lindwodus *vestes Birratas scissas sive divisas aut complicatas*, interpretatur : Hinc forte nostri dicunt *Birbaré*, pro *variegatus.*

¶ Birreta, vestis *Birrata.* Capitulum Cisterc. ann. 1427. apud Marten. tom. 4. Anecd. col. 1577 : *Omnibus et singulis tam Abbatibus quam Monachis ac etiam Conversis... inhibet generale Capitulum... ne de cetero per villas et loca judicum... sine cucullis vel cappis incedant, quodque Birretas postquam vel itinerando tunicas curtas et fœderatas atque scissas ante et retro, gipones et cetera indumenta seu etiam calciamenta, quæ ordinis honestatem deformant, studeant penitus amovere, atque se deferant magis religiose.*

¶ Biretinus. Constitut. Cardinalis de Mendosa cap. x. tom. 4. Concil. Hisp. pag. 28 : *Audivimus quod plures Ecclesiastici... incedunt inhoneste et indecenter, gestantes parvas coronas juxta suum ordinem, cum capillis effusis et barba promissa, ac palliis brevibus et apertis, et sine Biretinis, ac quod pejus est, aliquando cum vestibus sæcularibus, etc.* Dubitari potest an pro *Birrus*, vel pro *Birretum* hic accipienda sit vox *Beretinus.*

Birrati, dicti Monachi Carmelitæ, vulgo *les Freres Barrez.* Tractatus de Ordinib. relig. in tom. 1. Monastici Anglic. : *Albertus Patriarcha fecit regulam Fratribus qui Stragulati, Radiati, et Birrati vocabantur.* Walsinghamus pag. 49. et Henr. Knyghton. lib. 3. cap. 1 : *Honorius IV. PP. 4°. Papatus sui anno mutavit capas Fratrum de Carmelo in purum album, quæ prius erant stragulatæ, radiatæ, et Birratæ.* Ordericus Vitalis lib. 8. pag. 711. de similibus suæ ætatis Monachis : *Inusitata quoque pannorum sectione suorum ab aliis discrepare appetunt.* Carmelitarum *birrata* vel *barrata*, seu radiata pallia habes apud virum doctissimum Danielem Papebrochium ad 8. April. pag. 799. Vide *Radiati*, et *Barrati Fratres.*

¶ **BIRRUARIUS**, Apparitor. Concil.

Hispal. ann. 1512 : *Mandamus ut ab illis qui stabunt in plateis et cæmeteriis, vel ludendo in suis domibus vel cauponis... tempore quo celebratur Missa major diebus Dominicis et Festivis, nostri barigelli et executores seu Birruarii nostrorum Judicum Ecclesiasticorum... solvi faciant ab unoquoque pœnam dimidii regalis.*

* Stat. Montis-reg. pag. 3 : *Item famulos et Birruarios sex, etiam de alia partita vestitos sic, quod Birrarii curiæ ab aliis cognoscantur.* Vide *Berroerii.*

BIRSA. [*Corium bobis* id est, bovis. Vet. Gloss. San-Germ. num. 501.] Vide *Byrsa.*

BIRSARE. Vide *Bersare.*

¶ **BIRSARIUS**, Venator. Vide *Bersarii* in *Bersa.*

* **BIRSUS**, *Nigro*, in Glossar. Lat. Ital. MS.

* **BIRUS**, *Geron*, in Glossar. Lat. Gall. ann. 1352. ex Cod. reg. 4120.

¶ **BISA**, Septentrio, Aquilo, Gall. *Bize.* Modo dicitur de Aquilonari vento, modo de ipsa orbis parte Aquiloni subjecta, ut apud Vivarienses et Valentinenses. Denominatio nobilis Ludovici *de Veras* de Rupesalva ann. 1523. in Inventario 18. cap. 41. de Vouta fol. 31. verso : *Et confrontat a Bisa cum pratis nobilis Nohe de Ruppesalva etc.* Ibidem : *Confrontat ab Oriente cum domo ipsius de Veras, et a Bisa cum pratis nobilis Nohe de Ruppesalva et a vento cum terris dicti Ludovici de Veras, et a solis occasu cum terris nobilis Nohe de Ruppesalva.* Ubi liquet per *Bisam* Septentrionem, per *Ventum* Austrum aut meridianam mundi partem semel atque iterum designari.

☞ Pontanus cap. ult. libri 4. Origin. Gall. ubi de ventis, hæc habet de originatione vocis *Bise* : Denique Septentrionalis, quem Angli, aliique omnes, et ipse Magnus Carolus *Noort*, et *Noorden*, nominat, Gallis est *Vent de Bise.* Quo uno abire a nobis videntur, et usitatam Latinis *Boreæ* vocem quodammodo æmulari. Sed ita res neutiquam se habet. Immo verum, vetusque Teutonicum idem est : et fortasse inter ea ventorum nomina, quæ, ut barbara, reformasse Carolum dicit Eginhardus, reponendum. Nam *Biesen* et *Biisen*, æstu agitari, Belgis significat. Scarabeum quoque alis strepitantem, et cum impetu se motitantem *Biesbout* Flandri hodieque dici, Glossaria ejus Linguæ indicant. Est et Latinum Psalterium cum interpretatione Germanica vetustissima, ut pote Ludovici Pii, aut illis temporibus concinnata, in quo *Bisa* pro *Turbine* positum diserte legitur. Unde et Lipsii Glossariolum ex eo collectum : *Bisa, Turbo;* ut Gallis, *Vent de bise.* Huc usque Pontanus, cui Menagius non assentitur. Huic magis placet opinio Huetii, qui *Bisam* a Gallico *Bis*, Niger, deducit. Hæc sunt Huetii verba : Septentrionem Veteres caliginosum, et densis tenebris obsitum censuerunt. Ideo ζόφον apud Homerum, Strabo Septentrionem interpretatur. Tibullus Panegyrico ad Messalam, de Septentrione : *Illic et densa tellus absconditur umbra.* Arabes quoque mare Septentrionale, *tenebrosum* appellant. Ita Geographus Nubiensis. Hinc et Aquiloni vento nomen : Aquilus enim color niger est. Glossarium : *Aquilum*, μέλαν, ὡς ὁ Λουκίλλιος. Suetonius opponit candido. Festus, *fuscum* et *subnigrum* interpretatur. Eodem sensu dixit Plautus, *Corpus aquilum.* Eidem dicitur et *aquilo.* Nos Galli dicimus *la Bise*, pari significatu : nam Gallice, *Bis*, nigrum sonat. *Les Rebours de* Mathiolus :

> Se les femmes blanches et Bises,
> Hantent voulentiers les Eglises.

Le Roman *de la Rose :*

> Après tous deux se tint franchise,
> Qui ne fu brune ne Bise.

Denique in quibusdam Galliæ nostræ regionibus ventus Thrascias, *niger* vocantur.

* *Boire*, apud Villehard. paragr. 127 : *Nostre Sires lor fist lever un vent, que on appelle Boire.* [** Conf. Raynouard. Glossar. roman. voc. *Bis* et *Bisa.*]

* **BISABIUS**, pro *Bisavius* vel *Bisavus* ex mutatione *v* in *b*, Proavus, Gall. *Bisayeul.* Notit. judic. ann. 874. in Append. ad Marcam Hispan. col. 797 : *Non debeo esse servus fiscalis, nec parentes mei ex nascendo de Bisabios vel Bisabias ex paterno vel ex materno.* Vide supra *Besavus.*

BISACCIA, Bisacia, Mantica duas peras, seu duos saccos habens, Italis *Bisaccia*, Gallis *Besace. Saccia* quippe pro *Saccus*, interdum etiam usurpatur. Gloss. Græco-Lat. : Σάκκος, *saccia, saccus.* Gloss. MS. Regium, et Papias : *Bisaccia, sarcina, mantica.* Regula Magistri cap. 1 : *Mox et ipse reconsignare Bisacias cogitur.* Cap. 58 : *De componendis sarcinis animalium, vel de constrictione oneris Bisaciarum, suarum reddantur solliciti.* Adde cap. 79. *Bisacium* dixit etiam Petronius, ut δισάκιον Nicetas Choniates. [*Bisaccus* in Actis SS. Junii tom. 2. pag. 1101.]

* **BISACIOLA**, diminut. a *Bisacia*, Mantica parva. Chron. Domin. de Gravina apud Murator. tom. 12. Script. Ital. col. 613 : *Et quandocumque Terram exibat per portam civitatis habens zappam in collo, et panem illum in Bisaciolis.*

BISACUTA, Securis duplicem habens aciem, vel telum, quod utrimque acutum erat. Glossarium Cambronense : *Bisacuta, ferramentum quoddam utrinque incidens.* Willelmus Brito lib. 2. Philippid. pag. 115 :

> Ascia dum dextris, Bisacuta, securis, et ensis
> Fulminat.

Et infra :

> ... Nunc clava caput, nunc vero bipennis
> Excerebrat, sed nec Bisacuta, sudisve vel hasta
> Otia vel gladius ducit.

Bracton. lib. 4 : *Arma moluta plagam faciunt, sicut gladius, Bisacuta, et alia hujusmodi.* Fleta lib. 1. cap. 33. § 7 : *Fecit eidem unam plagam mortalem... de quadam Bisacuta.* [Passio S. Thomæ Mart. Cantuar. Archiep. apud Marten. Anecd. tom. 3. col. 1743. D : *Nec mora redeunt in loricis evaginatis gladiis quatuor canes aulici, quos prædiximus, necnon et bucellarii cum Bisacutis et utensilibus ceteris commodis ad scelus, quod animo conceperant, pariendum.* Ibidem col. 1744. C : *Accelerans igitur quidam præ ceteris plenus scelere, Bisacutam sacro pectori imposuit.*] *Securis Scotica*, quæ et *securis bisacuta*, apud Walsinghmaum pag. 105. Πέλεκυς δίστομος, in Gloss. Gr. Lat. Τζικούριον δίστομον, apud Leonem Imp. in Tacticis cap. 6. § 11. Δίστομος ἀξίνη, aliis, quod ex utraque parte habeat aciem. Ῥομφαία δίστομος, in Apocal. cap. 1. exponitur *gladius bis acutus* a S. Hieron. Epist. 1. *Gladius bifrons sermo Dei*, in Actis S. Saturnini et socior. num. 3. Tradit Joannes Villaneus lib. 5. c. 36. Comiti Guidoni, a quo *Conti Guidi* Italici originem ducunt, *Bisacuti* cognomen inditum, propter crebra maleficia ab ipso et suis perpetrata : *Fu sopronominato Besanguë per so maleficio è de suoi.* Le Roman *de Rou MS.* :

> Li Carpentiers qui emprés vendrent,
> Grans coignies en leur couls tindrent,
> Doloueres et Besagues,
> Orent à lour costez pendues.

Vetus Poeta Gallicus qui vivebat ann. 1376 :

> Trop bien fesoit la Besague,
> Qui est par les deux bees ague.

Alter :

> A la graut Besague que le vieillart porta,
> Le comment maintenant, cele part aprocha.

* Glossar. Gall. Lat. ex Cod. reg. 7684 : *Besague, bipennis, hache.* Sed et mallei species eodem nomine signficatur, in Lit. remiss. ann. 1380. ex Reg. 118. Chartoph. reg. ch. 476 : *Ledit Hue.... d'un grant martel qu'il portait, appellé Besague, getta audit Colart, et l'en cuida ferir.*

Bizachius Eadem notione. Hormannus Cæsaresburg. tit. de Bellicis : *Bizachius est atrox telum apud Turcas.* Nescio an illud, quod βυζομάχαιρον vocat Nicetas Choniates in Notis Wolphianis pag. 377. 2. Edit.

Besogium. Consuetudines Monasterii de Regula, seu *de la Reole*, in Aquitania, tom. 2. Bibl. Labbei : *Nemo cultellum, ensem, lanceam, spiculum, securim, Besogium, neque gladium in contentione trahat.* Ubi legendum *besagium*, ut sit quod nos dicimus *Besagu.*

Bisacutus, Sarculi species. Vita S. Antonii num. 67 : *Rogavit unum de advenientibus, ut sarculum sibi cum Bisacuto et frumento deferret.* Ubi Græc. δίκελλαν καὶ πελέκυν, καὶ σῖτον ὀλίγον. Vita S. Frontonis Abb. num. 2 : *Deferentesque ad eremum secum parva olerum semina, et Bisacutos parvulosque sarculos, unde humum defoderent, projecti sunt, etc.*

¶ **BISÆNUS**, χοῖρος ἑξάμηνος : *Porcus Semestris.* Supplementum Antiquarii.

* Leg. *Bisetus* ex Vulcan.

* **BISANDUS**, pro *Byzantius*, apud Christ. Schlegel. in Dissert. de Nummis ant. Goth. etc. pag. 19.

* **BISANTEUM** Artificium, idem quod *Musivum*, illud nempe quod tessellatum est lapillis variorum colorum ; *Byzanteum* dictum, quod a Græcis Byzantinis in cæteras Europæ provincias transierat. Leo Marsic. lib. 3. Chron. Casin. sæc. 6. Bened. part. 2. pag. 606 : *Lapideis pavimentis Bisantei artificii stravit, et picturis pulcherrimis comsit.* Vide *Musivum opus.*

¶ **BISALUS**, Lapis cui duo sunt anguli. Agnellus lib. Pontif. apud Murator. tom. 2. pag. 106. col. 2. A : *Nocte una tanta allata sunt omnia paramenta, calces et latercula, petras et Bisalos, lapides et ligna, columnas et lastras, arenam et sabulos in una nocte, ut dixi, præparaverunt vectores, quanta vix in undecim lucinis laborare potuerant.* Ibidem pag. 123. col. 2. A : *In aspectu* *ipsorum pyramis tetragonis lapidibus et Bisalis in altitudinem quasi cubitorum sex.*

BISAMUM. Vita S. Eulogii : *Unxi pretiosum corpus nardipistico pretioso, ac diverso thymiamatum genere, amomo, balsamo, Bisamoque commiscens.* Incertum quid sit hoc loco *bisamum*. Codex alter habet *visamo*. In Gloss. Græc. Lat. lego ὑποβάλσαμον, *asamo opopalsamum*. Ita etiam præfert MS. Codex, nisi quod *opupalsamum*, habet.

BISANTIUS. Vide *Byzantius*.

¶ **BISAVIUS**, Proavus. Commemoratorium anni circiter 780. ex Archivo S. Victoris apud Marten. Ampliss. Collect. tom. 1. col. 41 : *Quando Provincia revellavit contra Bisavio vestro Pipino.* Vide *Bisavus*.

BISAVUS, Proavus, Italis *Bisavo*, nostris *Bisayeul*. Occurrit in Charta Ludovici II. Imp. in Chronico Farfensi pag. 665. in Charta Garsiæ Regis Navarræ æræ 1083. apud Anton. *Yepez* in Chronico Ordinis S. Benedicti tom. 3. et in alia Longobardica apud Ughellum tom. 3. Italiæ sacræ pag. 29. Vide Ambrosium Moralem lib. 13. c. 46. et Oyhenartum in Notitia Vasconiæ pag. 293. et seqq.

* **BISAZA**, Pera, sacculus, ex ovina pelle. Tract. MS. de Re milit. et mach. bellicis cap. 144 : *Et in sella habeat (eques scoppettarius) peras sive Bisazas, in quibus sint pulver et pillulæ plombeæ scoppetti.* Vide supra *Bezagina*.

* **BISBEIGI.** Vide supra *Bessagum*.

BISCAMBIUM, Idem quod *Cambium*, Permutatio.

BISCAMBIARE, Permutare, in Consuetud. Tolosæ 4. part. tit. de Feudis, art. 27.

* Charta ann. 970. inter Probat. tom. 2. Hist. Occit. col. 122 : *Ob hoc igitur in Dei nomine ego Rodgarius comes et uxor mea, nomen Aladaices, Biscambiamus ad alios homines, etc.* Alia ann. 1318. in Reg. 59. Chartoph. reg. ch. 229 : *Dictum feudum in toto seu in parte nequeat..... impignorari, Biscambiari, nec aliter alienari.*

* **BISCATIA**, BISCAZARIA, Ludus aleatorius, aleatorium, ab Ital. *Bisca*, taberna aleatoria. Stat. Mantuæ lib. 1. cap. 17. ex Cod. reg. 4620 : *Ludentes ad taxillos vel ad aliquam Biscatiam, et tenentes ludum vel Biscatiam.... denuntiabunt et prohibebunt etiam ne ludus taxillorum vel aliqua Biscatia teneatur.* Et. cap. 113 : *Nulla persona audeat.... ludere ad ludum azari, neque ad taxillos, neque ad aliam Biscazariam, in aliquo loco publico vel privato.* Fuit et nostris ludus aleatorius, astragalorum nempe seu deciorum, quam *Jeu des bibelots* vocabant. Lit. remiss. ann. 1454. in Reg. 184. Chartoph. reg. ch. 480 : *Jehan Crousel et Jehan Doulches dirent qu'ilz avoient des Bibelotz; et lesdiz Jacotin et suppliant dirent qu'ilz estoient contens de y jouer.* Aliæ ann. 1469. in Reg. 195. ch. 243 : *Lesquelz compaignons jouoient l'un contre l'autre à ung jeu, nommé aux Bibelos.* [** De etymo vide Muratorium Antiq. Ital. vol. 2. col. 1158. Cave credas.]

* Hinc forte *Bescochier*, Subripere, suffurari, Gall. *Escamoter*, quod in ejusmodi ludis sæpe fit. Mirac. B. M. V. MSS. lib. 1 :

Que tant comme on torne sa main,
Nous a une ame Bescochié.

Le Roman *de la Rose*, ubi de Concupiscentia :

C'est cele qui l'autrui fet prendre,
Rober, tolir et bareter,
Et Bescochier et mesconter.

Vide supra *Basclacia*.

¶ **BISCAZIA**, Ludus aleatorius, Gall. *Breland*, Italis *Biscazza* et *Bischenca*. Synodus provincialis Pergami ann. 1311. apud Murator. tom. 9. col. 548 : *Statuimus et firmamus quod nullus Clericus seu persona ecclesiastica in domibus ecclesiæ vel alibi ludum vel Biscaziam retineat taxillorum, aut patiatur per aliquem retineri.*

* **BISCHA**, Cerva, Gall. *Biche*. Lit. remiss. ann. 1355. in Reg. 84. Chartoph. reg. ch. 330 : *Certæ personæ de villa de Augeyo ceperant unam Bischam silvestrem in bancobanco et justitia loci de Feritate super Amantam.* Vide supra *Bicha*.

* **BISCHALISIA**, Aleatorium, ut supra *Biscatia*. Stat. ant. Cumanæ cap. 93. ex Cod. reg. 4622 : *Hospites, caupones, seu tabernarii.... teneantur facere unam securitatem.... de non tenendo Bischalitiam. Blistatia* minus bene infra cap. 99. Vide *Bischatia*.

BISCHATIA, [Idem quod *Biscazia*.] Statuta Veron. lib. 4. c. 12 : *Quæcunque dicta sunt de ludo taxillorum, eadem intelligantur de ludo Bischatiæ, et quocunque ludo alio fortunæ.*

* **BISCHIA**, Cerva, Gall. *Biche*. Chartul. Floriac. fol. 197. r° : *Rex Ludovicus concessit monasterio Floriacensi et concessa firmavit perpetualiter possidenda universa in villa de Maseriis, tam in bosco quam in plano, præter cervum, et Bischiam, et capreolum.* Vide supra *Bischa*.

* **BISCHIZARIA**, Ludus aleatorius, idem quod supra *Biscatia*. Stat. castri Redaldi lib. 2. pag. 39. r° : *Ordinatum est quod nullus de cætero audeat vel præsumat ludere ad ludum azari, nec aliquem ludum Bischizariæ.*

BISCIALIS VERMIS. Sanutus lib. 2. part. 4. c. 12 : *Navigium in aqua dulci melius conservatur quam in salita : nec a vermibus Biscialibus suscipit læsionem.* Italis, *biscia*, est coluber, anguis, serpens, sic dictus a sibilo, quem emittit, cum celerius repit, ac excedit, inquit Landinus. Aliter censet Cl. Menagius in Orig. Italicis, quem consule. Proinde *Biscialis vermis*, est vermiculus, qui naves perforat. [** Vide Murator. Antiq. Ital. vol. 2. col. 1158.]

* **BISCLANZIA**, BISCLATIA, Eadem notione, Aleatorium. Stat. Vallis-Serian. rubr. 17. ex Cod. reg. 4619. fol. 82. r° : *Non sit aliqua persona, quæ.... præsumat ludere ad azarrum, nec ad aliquem ludum taxillorum vel Bisclanziæ.* Stat. crimin. nova Cumanæ cap. 89. ex Cod. reg. 4622. fol. 86. r° : *Nulla persona de cætero teneat.... per se nec per submissam personam Bisclatiam in aliqua domo.* Occurrit etiam in Stat. Placent. lib. 5. fol. 55. v°. Vide supra *Basclacia*.

* **BISCOCCUM**, Coccum. Charta ann. 1324 : *Magistro Guillelmo de Dulzano de Janua, ... vel suo pro eo procuratore aut nuncio* (receptis) *contrariam Biscocci quadraginta, ad cantarium Massiliæ, de Biscocco curiæ nostræ per manus vestras sistenter computanda.... Mandantes vicario et officiariis aliis Massiliæ, quod dictum Biscoccum extrahi permittant libere.*

BISCOCTUS, [Panis nauticus, Gall. *Biscuit*.] Vide *Panis*.

¶ **BISCOETUS**, pro *Biscoctus*, ut puto. Statuta Massil. pag. 475 : *Illud etiam adjungimus, quod nullus cargator* (navis) *Biscoetum faciat, vel fieri faciat, vel patiatur in domo sua, vel per suos, et si contra venerit in x. lib. Reg. puniatur.*

* **BISCONTERIA**, pro Ital. *Visconteria*, Vicecomitatus, Gall. *Vicomté*. Stat. ant. Florent. lib. 3. cap. 175. ex Cod. reg. 4621 : *Nullus de civitate, comitatu vel districtu Florentiæ audeat vel præsumat ire in aliquam potestariam, capitanertam, ... Bisconteriam, ... aliquam aliam rectoriam vel officium quod haberet..... exercere.*

* **BISCOPHESHEIM**, Villa episcopi. Testam. S. Remig. : *Villas duas, quas Clodov[illegible] a me sacro baptismatis fonte susceptus, amore nominis mei, Biscopheshem sua lingua vocatas, mihi tradidit.*

* **BISCORNA**, Fustis ferro armata, clavæ species, Gall. *Massue*, nostris olim *Biscorne*. Judic. ann. 1471. ex Reg. *Olim* parlam. Paris. : *Populares Katalaunenses contra dominos suos insurgentes confœderationem fecerunt contra eosdem, ferentes quosdam baculos, qui dicebantur Biscornes.* Infra : *Pro facto Biscornarum, etc.* Neque aliud sonat vox *Bigorgne*, in Lit. remiss. ann. 1386. ex Reg. 129. Chartoph. reg. ch. 186 : *Ledit François fery l'exposant d'un baston ferré gros au bout, que on appelle Bigorgne.*

¶ **BISCORNUTA.** Vasis species, qua vindemiæ colliguntur et feruntur racemi. Transactio inter Capitulum S. Justi Lugdunensis et habitantes parochiæ S. Petri in Dumbis ann. 1493. ex Archivo ejusd. Capit. : *De decem Biscornutis seu bennis debent unam Biscornutam seu bennam pro decima.* [* Vide supra *Bicorna*.]

* **BISCOSSE.** Lit. pro Pisanis apud Lam. in Delic. erudit. inter not. ad Hist. Sicul. Benincont. part. 1. pag. 199 : *Aliquando faciebant ut damnum haberent, aliquando ut merces eorum minuisse de pretio; ista faciunt, post habent guardata et viduta, et sic faciunt ista Biscosse.* Italis *Biscazzo*, Irrisio, injuria, contumelia.

BISCOTA. Statuta Veronensia lib. 4. c. 33 : *Nec aliquod vas calcinatorium, seu moltirorum, nec Biscotarum ponere, etc.*

* Vel potius BISCOTTUS, adject. Recoctus, Ital. *Biscottato*. Stat. Placent. lib. 6. fol. 67. v° : *Teneantur* (fornasarii) *separare cuppos quadrellos et tavellas cottas a Biscottis, et Biscottas non vendant pro cottis, etc.* Hist. Fr. Sfortiæ ad ann. 1455. apud Murator. tom. 21. Scrip. Ital. col. 680 : *Quamquam Alphonsus ex Neapoli triremibus pane Biscotto, quem vocant, et hordeo...... Picinium ipsum juvare non desistebat.*

¶ **BISCOTELLUS**, Crustulum, Gall. *Biscuit*. Acta SS. Aprilis tom. 1. pag. 190. in Vita S. Francisci de Paula : *Qui pomo et Biscotello a B. Patre missis convaluit.*

¶ **BISCOTH**, Panis nauticus, sic dictus, quod bis coquatur. Bernardi *de Breydenbach* Iter Hierosol. pag. 197 : *Nec alia nobis erat aqua nisi in utribus corrupta, nec panes alii nisi paximates sive Biscoth.* Vide *Biscoctus*.

¶ **BISCOTTUM**, Eadem notione. Epistola Senescalli Provinciæ ann. 1326 : *Ipsi pro viginti diebus se muniant de Biscotto* *cum cotta.* Memoriale Potestatum Regiens. ad ann. 1218. apud Murator. tom 8 col. 1091 : *Et invenerunt Christiani in dicto campo papiliones... boves et asinos, Biscottum, etc.*

* **BISCUM**, *Vinum*, in Glossar. vet. ex Cod. reg. 7646.

* **BISCUS**, *vel Ruscus*, *Gallice Houset*, Glossar. Lat. Gall. ann. 1348. ex Cod. reg. 4120. Haud scio an idem sit *Bessault*, in Lit. remiss. ann. 1454. ex Reg. 191. Chartoph. reg. ch. 58 : *Le suppliant se transporta en son bois, ... et y trouva Mathieu de Chapal, auquel il vit copper ung arbre, appelé Bessault.*

BISELLIUM, Sella amplior quæ duabus sellis constat, ut apud Varronem lib. 4. de ingua Lat. vel quæ tam ampla est, ut uos sessores capere possit. In Gloss. Lat. Græc. διέδριον, seu δίεδρον, dicitur; δίεδρον vero in Gloss. S. Benedicti *Subsellium* exponitur. Notæ Tyronis pag. 164 : *Sellisternium. Bisellium, Subsellium.* Eustathius ad Iliad. λ. δίφρον et διόχην apud Pausaniam dici, auctor est, ἀπὸ τοῦ δύο φέρειν, et ἀπὸ τοῦ δύο ἔχειν. Postea pro quacumque sella hæ voces usurpari cœptæ : nam apud Hesychium διέδρα exponitur καθέδρα : apud Suidam διέδριον, καθέδριον, ubi Anonymi locum hunc profert : Αὐτὸν διεδρίῳ κατὰ τοὺς οἴκους τῶν λεγομένων σχολῶν εἰσεκόμιζον. Nuper reperta est in Italia vetus Inscriptio, qua innuitur Q. Largennium Reip. Pisanæ certam pecuniæ summam contulisse *ob honorem Bisellii.* Similem aliam, quæ Suessæ exstat, descripsit Ughellus tom. 6. Ital. sacr. pag. 670. ubi *honor Bisellii* quibusdam videtur idem esse qui olim *sellæ curulis* apud Romanos. Alii existimant *honorem Bisellii* referri debere ad facultatem sedendi in theatris et spectaculis in ampliori sella. Nam, ut est in leg. un. Cod. Theod. de Usu sellarum, exceptis aliquot vilioribus personis, *usus sellarum, et sedendi ac conveniendi in publicum facultas*, omnibus data erat. Quarum quidem sellarum in theatris meminerunt Martialis lib. 5. Epigram. 14. Tertullian. de Spectac. et alii. Inde vero qui hoc honore donabantur, *Biselliarii* dicti videntur in veteri Inscript. apud Gruter. pag. 1099. 2 : CN. PLÆTORIO VI. VIRO. AUGUSTALI. BISSELLIARIO. HONORATO. ORNAMENTIS. DECURIONAL. Exstat alia pag. 1003. 6. ubi alterius *Biselliarii* æque mentio occurrit.

* Vide Chimentel. lib. de Honore *Bisellii* Bonon. edit. ann. 1666. [** Exstat etiam vox *Biselliatus;* de his vide Furnalett. in Forcell. Lexic.]

BISENE, [Præstatio quæ ob facultatem juncos cædendi domino persolvitur. Belgis *Bisen* vel *Biesen*, Gall. *Jonc.*] Charta Eustachii Comitis Boloniæ ann. 1122 : *Necnon ab omni prorsus exactione liberam fecimus, præter decimam et fossatum, sic tamen ut de eodem fossato demonstratio illa quæ Bisene vocatur, nullatenus exigatur.* [Apud Miræum tom. 1. pag. 84. Edit. 1723. legitur *Besene* pro *Bisene.* Vide *Besenagium.*]

* **BISETUS**, panni species, a colore cinericio sic dicta, Gall. *Bis.* Stat. Placent. lib. 6. fol. 81. r° : *Item de aliquo guernimento de Biseto, etc.* Aliud vero sonat *Bisete*, in Comput. Roberti de Seris ex Reg. 5. Chartoph. reg. fol. 3. r° : *Lesdiz chaperons orfrazés de Bisete, couponnez de paon et de tuyaux.* Comput. Steph. *de la Fontaine* argent. reg. ann. 1350 : *Pour une Bisete d'or à orfroisier ledit double, etc.* Ubi limbum denticulatum intelligo, vulgo *Dentelle.*

BISEXTIALIS Olla, apud Marcellum Empiricum cap. 15. pag. 108 : *Manipulum tenerum corticæ unipetiæ in ollam rudem Bisextialem cum aqua mittes, etc.* Vas forte 12. unciarum capax, vel duos sextarios continens.

¶ **BISEXTILIS**, Bisextus. Vide *Bissextus.*

** **BISILTIS**. Vide *Bissiltes.*

¶ **BISIUS**. Vide *Bisus.*

BISLONGUS, *Oblongus, qui in medio dilatatur*, Ugutioni, Gall. *Berlong.*

* Glossar. Gall. Lat. ex Cod. reg. 7684 : *Beslonc, Bislongus.* Hinc, ni fallor, *Berlongue*, cupæ seu vasis species, quo utuntur in vindemiis, appellatur, in Lit. remiss. ann. 1387. ex Reg. 131. Chartoph. reg. ch. 15 : *Certains vielz cuvenulx et Berlongues appareilloient pour vendanges.*

BISMALVA. Herbæ species, [Gall. *Guimauve.*] Capitulare de Villis cap. 70 : [*Bismalvas, id est, alteas.* Robertus Stephanus *Bismalva* putat dici pro *Viscomalva*, quia ex ejus radice viscus parabatur. Rectius asserit Salmasius ab *Ibisco-malva* factum *Bismalva* : qua de re Menagium consule in Origin. Gall. ad vocem *Guimauve.*] [** Bruns. habet *Mismalvas*; ita etiam Pertzius, qui secunda manu adjectum scribit *ibischa, id est alteas.* Vide Reuss. post Hortul. Walafr. Strab. pag. 70. not. 50. Athæa officinalis.]

BISMO. Chronicon Fontanellense cap. 15 : *Hic dedit in Ecclesia B. Petri cruciculam auream 1. inaures 6. fibulam 1. annulum aureum 1. Bismonem 1... calices argenteos* 3. Forte *bacinonem*, seu *bacinum.*

BISNEPTIS, Abneptis, in Charta Hispanica æræ 1111. apud *Yepez* in Chronico Ordinis S. Benedicti tom. 6. pag. 450.

BISOMUM, Sepulcrum quod duo corpora, σώματα, capiebat : antiquis enim etsi plura simul eodem tumulo corpora inferendi mos esset, ita tamen ponere consueverant, ut alterum alteri non substerneretur, sed sibi invicem ordine succederent, responderentque, loco tamen discreta essent, ut observat auctor Romæ subterraneæ lib. 1. cap. 26. quod scilicet mortuorum quietem interturbari minime debere existimarent. Ammonius de sanctis Monachis Sinaitis pag. 129 : Ὅντινα πάλιν βασάζαντες ἔθαψαν, οὐ μετὰ τῶν ἁγίων, ἀλλὰ χωρὶς εἰς ἕνα τόπον πλησίον αὐτῶν, ἵνα μὴ πάλιν ἀνοίξωμεν τὸν τάφον αὐτῶν, καὶ ὄχλησιν ποιήσωμεν τοῖς ἁγίοις καὶ μάρτυσιν τοῦ Χριστοῦ. Concilium Autisiod. can. 15 : *Non licet mortuum super mortuum poni.* Id etiam vetatur in Concilio Matiscon. II. can. 17. in Statutis S. Bonifacii Archiep. Mogunt. cap. 19. in Capitul. Caroli Mag. lib. 6. cap. 195. [** 198.] etc. Vetus Inscriptio Beneventi : PP. ÆLIUS VENERIANUS. HOC VAS DISOMUM SIBI ET FELICITATI SUÆ POSUIT ET TRIBUNAL EX PERMISSU PONTIF. PERF. Epitaph. in Cœmeterio Callisti Romæ : BONIFACIUS QUI VIXIT ANNIS XXIII. ETII.... ES. POSITUS. IN BISOMUM IN PACE. SIBI. ET. PATR. SUO. Laudatur Epitaphium aliud, quod Romæ exstat ad S. Laurentium extra muros, a V. C. Jacobo Sponio in Itinerario tom. 3. pag. 13. hisce verbis conceptum : THEODORA VIXIT ANNOS XXI. M. VII. D. XXIV. IN PACE EST BISOMV. etc. Ejusmodi sepulcrorum meminit Gregorius M. lib. 3. Dialog. cap. 23. Vide *Trisomum*, et *Quadrisomum*, et Salmasium ad Solin. pag. 1207. *Duplex tumulus*, in veteri Inscriptione Lugduni videtur appellari, quod alii Bisomum vocant : *Et memoriæ æternæ Latinæ Galatiæ N. Græc. femin. sanctissimæ, quæ vixit annis* 30. *sine ulla animi læsione Q. Julius Hylas conjugi piissimæ, quem tumulum duplicem posuit, et sibi vivus posterisque suis et sub ascia dedicavit.* Σῶμα vero pro reliquiis corporis, et cineribus, usurpari colligitur ex titulo Chyndonactis : Μίθρης ἐν ὀργάδι τὸ σῶμα καλύπτει Χυνδώνακτος ἱερέων ἀρχηγοῦ. Nam in eo sepulcro ossa tantum et cineres in olla vitrea reperta. Vide *Soma.* [** Forcellin. in *Bisomus* et *Disomus.*]

* **BISONIUM**, ab Ital. *Bisogno*, Negotium, res, usus, commoditas. Charta ann. 1115. apud Murator. tom. 3. Antiq. Ital. med. ævi col. 1117 : *Ipsum etiam castellum dabimus prædicto domno archiepiscopo, et suis successoribus, et Pisano populo ad illorum proprium Bisonium, et propriam litem contra omnes homines.* Hinc *Besonhe* vel *Besogne* legendum suspicor, pro *Beronhe*, in Lit. Phil. Pulc. ann. 1302. inter Probat. tom. 1. Hist. Nem. pag. 144. col. 2 : *En armes et en chivaus apareliés de nos servir en nostre Beronhe de Flandres.* Ita et nostris *Besoignable*, idem est quod necessarius, a verbo *Besoigner*, Necesse esse. Sermo Mauritii episc. Paris. : *Si nos Besoigne avoir trois coses : la premeraine chose, si est sainte vie; la secunde, est la sciense, qui est Besoignable al prévoire a soi et a autrui conseillier.* Vita J. C. MS :

Failli vous onques fornesture,
Ne Besoignable vesteure?

Unde *Besoigneus*, Qui rebus necessariis indiget, in Sacram. ballivor. reg. ex Reg. sign. *Pater* in Cam. Comput. Paris. fol. 44. r° : *Il feront et rendront droit, ... tant auz petiz, comme aus estranges; tant aus Besoigneus, comme aus sougés, sans acceptation de nacions ou de personnes.* Ita etiam *Embesoingnier* et *Enbesongner*, Occupare, opus faciendum alicui mandare. Lit. remiss. ann. 1404. in Reg. 159. Chartoph. reg. ch. 99 : *Pour ce que le suppliant ne trouvoit personne qui en son mestier le voulsist Enbesongner, etc.* Aliæ ann. 1427. in Reg. 173. ch. 81 : *La suppliante fréquentoit souvent avec un nommé Simon tisserant de toilles.... faignant de le vouloir Embesoingnier de son mestier.*

¶ **BISONTES**, Boves feri, Bubali, Gall. *Buffle*, et *Bison* ii qui agunt de scutis gentilitiis. Locus est in *Urus.* [* Vide infra *Bissonus.*]

* **BISPARTIRE**, In duas partes dividere. Lit. remiss. ann. 1358. in Reg. 90. Chartoph. reg. ch. 70 : *In crumena unius ipsarum* (mulierum) *summam octodecim florenorum ad mutonem invenerunt, quam eidem amoverunt, et eam Bispertierunt seu in duas partes diviserunt.*

* **BISPATEFACERE**, *Januas aperire*, in vet. Glossar. ex Cod. reg. 7646. Vide *Bispatentia*.

BISPATENTIA, *Duas valvas apertas habentia*. Papias. Gloss. Lat. Græc. : *Bipatens*, διχάνοικτος. Ita emendant viri docti.

¶ **BISPELLIO**, pro *Vespillo*. Vide *Copiatæ*.

¶ **BISPELLO**, Idem νεκροφόρος. Gloss. Lat. Gr.

¶ **BISPIA**, Episcopatus, lingua veteri Occitana, seu Palatium Episcopi. *In Bispia*, in Charta Raymundi Comitis. Tolos. ann. 1194. ut refert Deyronus Antiq. Nemaus. pag. 132. in 4°. Sic *Bispe de Nesmes* dicitur pro Episcopus Nemausensis in Homagio anni 1174. Occitane exarato inter Schedas Cl. D. *de Mazaugues*. [* Ab Hispanico *Bispe*, episcopus.]

* **BISPILUS**, Glossar. Provinc. Lat. ex Cod. reg. 7657 : *Liach*, *Prov. Lectus*, *lectulus*, *ut et.... Bispilus*.

* **BISPIUM**, Falculæ genus, Gall. *Faucille*. Charta ann. 1212. in Hist. MS. Montis-major. : *A sannaderiis singulos* (obolos) *colligentibus singulis pabelum cum Bispio aut olamine*.

1. **BISSA**, ex Gallico, *Biche*, vel *Bisse*, Cerva major. Inquisitiones de statu forestarum Edw. III. : *Ceperant unam Bissam in foresta*. Mox : *Et duos vitulos Bissarum*. Aliæ Inquisitiones ann. 1170. apud Gervasium Dorobernensem : *Et de his qui in forestis suis forisfecerunt de cervis et Bissis, et aliis bestiis salvagiis*. Monasticum Anglican. tom. 2. pag. 592 : *Omnes decimas de piscariis meis*, *et de cervis*, *Bissis*, *et porcis quos canes mei capient de motu meo*. [Rymer. tom. 5. pag. 828. col. A. : *In foresta nostra... decem et novem cervos*, *quatuordecim Bissas*, *decem et septem vitulos... cepit*.] Philippus *Mouskes*, in Hist. Francor. MS. de Guillelmo Rufo Rege Angliæ :

Et quant vint al cief de sept ans,
Si fu le bos crus et grans;
Ciers i mit, et Bisses, et dains,
Puis connins, lievres, et ferains, etc.

2. **BISSA**, *Corrigia*, in Gloss. Arabico-Lat. Flagellum. Cyrillus in Lexico : Φραγέλλιον, βίτζα. Scholiast. Oppiani : Μάστιγος, βίτζας. Vide Meursii Gloss.

* 3. **BISSA**, Rivi alveus, canalis, per quem aquæ decurrunt, idem quod supra *Bessa* 1. Charta Guill. dom. Salionis ann. 1281. in Chartul. eccl. Lingon. ex Cod reg. 5188. fol. 17. v° : *Molendinum de Venebert cum sedibus*, *Bissis*, *mansis et pertinentiis prædictorum*.

¶ **BISSACIA**, Mantica duas habens peras. Statuta Equitum Theutonicorum cap. XIV. apud Raimundum Duellium Miscellan. lib. 2. pag. 27. Vide *Bisaccia*.

¶ **BISSACULUS**, Qui gestat peram. Menoti Serm. fol. 124. v°. : *Visi sunt ibi Bissaculi S. Francisci*, *etc*.

* **BISSANTIA**, Comput. MS. ann. 1239 : *Guillelmo de Braia pro sex Bissantiis oblatis ad S. Dionysium*, *xxxvij. sol. Turon*. Leg. forte *Bissaciis*. Vide *Bissaccia*. *Besanche* vero, Pars rei alicujus, frustum, in Arest, 20. Jul. ann. 1468. ex Reg. parlam. Tolos. Cod. reg. 9879. B. : *Et une Besanche de lart ou chair salée de la longueur dours*, *et de la largeur d'un dour*.

¶ **BISSANTIUS**, Nummus aureus ab urbe Byzantio sic dictus. Spicil. Acher. tom. 2. pag. 511 : *Septem millia Bissantiorum*, *etc*. Vide *Byzantius*.

¶ **BISSE**, *qui et Bes dicitur quasi bis triens*, *vel triente demptus*; *nam novem unciis constat*, *quique sic scribitur* ♄. Papias MS. qui male supputat. Duæ tertiæ partes assis non efficiunt novem, sed octo tantum.

BISSELLUS. Vide *Bussellus* post *Butta*.

BISSENI. Innocentius III. PP. lib. 15. Epist. 7 : *Cogent insuper Regis* (Hungariæ) *sagittarios et Bissenos ad decimas integre persolvendas*. Ubi vir doctus Bissenos a *biccellis*, id est, hastulis amentatis deducit. At malim hoc loco intelligi *Bissenos*, populos ita dictos, Istri accolas, Ungaricæ gentis hostes olim acerrimos, ut auctor est Bonfinius dec. 2. lib. 1. quorum præcipua arma fuere arcus et sagittæ toxicatæ, teste Thwroczio lib. 1. cap. 43.

* *Bessin*, pro Alienigena, extraneus, ut videtur, in Lit. remiss. ann. 1473. ex Reg. 195. Chartoph. reg. ch. 866 : *Icellui Robinet commença a injurier treffort le suppliant en disant*, *tu as menty*, *Bessin*, *avole*. Neque alii fortasse sunt, nisi de Cantabris, Gall. *Biscaïens*, intelligas, qui *Bisquins* nuncupantur, in aliis Lit. ann. 1474. ex eod. Reg. ch. 1324 : *Ung homme de guerre*, *qui se disoit fourrier de gens d'armes*, *estoit venu en la compaignie d'aucus Bisquins*, *ou autres manieres de gens incogneuz*. Aliæ ejusd. ann. in Reg. 206. ch. 1039 : *Plusieurs Bisquins*, *ou autres gens incogneuz*, *lesquelz se disoient genz de guerre*, *etc*.

¶ **BISSETUS**, Vide *Bussellus* post *Butta*.

¶ **BISSEXTILIS**. Vide in *Bissextus*.

1. **BISSEXTUS**, Infortunium, malum superveniens, vulgo etiam nostris hac notione. Ordericus Vitalis lib. 12. pag. 882 : *Tunc Bissextilis erat annus*, *ac sicut vulgo audivimus*, *super proditores revera corruit Bissextus*. Lib. 13. pag. 905 : *Hic tumultuosus annus vere Bissextilis fuit*, *et tunc ultimus in ordine concurrentium Bissextus cucurrit*, *at ut vulgo dicitur*, *Bissextus super Regem et populum ejus in Normannia et Anglia cecidit*. Vulgaris etiamnum loquendi formula, *le Bissexte est tombé sur une telle affaire*, cum res illa male cessit. Joannes Molinetus in Calendario fol. 101 :

Pour ce que Bissextre eschiet,
L'an en sera tout debauschiet, etc.

Notum autem ex Macrobio lib. 1. Saturn. cap. 13. infaustum Bissextum sæpius Romanæ Reip. fuisse. Ammianus lib. 26 : *Vel videri die secundo*, *nec prodire in medium voluit*, *Bissextum vitans Februarii mensis tunc illucescens*, *quod aliquoties rei Romanæ fuisse cognorat infaustum*.

* Hinc procul dubio corrupta loquendi formula inter plebeios Normannos usitata, *Porter Besot* vel *Bisieutre*, Infausti ominis esse : facile enim ibi agnoscitur vox *Bissestre*, pro *Bissexte*, Vide *de Brieux* in Origin. Consuet. ant. et var. loquendi formul.

¶ **BISSEXTILIS ANNUS**, Eadem notione, apud Marten. Anecdot. tom. 4. col. 247. A. in Concilio Trevir. ann. 1310 : *Fructus præbendarum suarum per annum unum et post eorum obitum sibi retinere et appropriare contendunt*, *annum talem*, *qui juxta hoc pro successoribus et Ecclesiis Bissextilis*, (id est infelix, infructuosus) *dici debet*, *annum gratiæ nuncupantes*, *etc*.

2. **BISSEXTUS**, Exactio, nescio quæ ab Episcopis fieri solita. Synodus Pictavensis ann. 1280. cap. 111 : *Monemus in generali quod de Bissexto et aliis juribus Episcopalibus reddant nobis*, *vel mandato nostro*, *item de synodo*, *parata*, *et aliis juribus Archidiaconorum*, *Capicerii*, *et aliorum Prioratuum Ecclesiæ nostræ sibi* (sic) *ab his qui ad ea tenentur satisfactum*, *antequam recedant* (e Synodo). [** Litter. Fundat. Monast. *Schwabenheim*, ann. 1130. in Guden. cod. Diplom. vol. 1. pag. 90 : *Et tam a servicio nostro*, *quam ab Archidiaconi*, *quod Bissextili anno persolvitur*, *quod vulgariter Girlose dicitur*,... *libera permaneat*. Chart. ann. 1170. ibid. pag. 260 : *Heinrico*, *Preposito in Aschaffinburg*.... *justitiam Bissextilis anni*, *que ad nos pertinet*, *que latine Cathedraticum vulgariter vero Kirclose appellatur in beneficium concessimus*. Chart. Burchardi Ep. Wormat. ann. 1142. ap. Schannat. Ep. Wormat. probat. num. 80. et in Guden. Syllog. pag. 4 : *Inbeneficiavi ei*... *censum illum de Ecclesia Steinahe*, *qui respicit ad manum Episcopi in anno Bissextili*, *qui vulgariter dicitur Kirchlose*. Vide Haltaus. Glossar. German. col. 1088. voce *Kirchlose* et infra *Cathedraticum*.]

¶ **BISSICCIA**, Mantica, Gall. *Besace*. Vide *Bargilla*.

¶ **BISSILABUS**, pro *Dissylabus*, apud Acherium tom. 6. Spicil. pag. 135.

¶ **BISSILTES**, *Porcus fissis ungulis*. Papias MS.

** Bisiltis. Reïnard. Vulpes. libr. 4. vers. 843. Isengrimus sues alloquitur :

Illepidam rabiem stulti frænate Bisiltes.

Pro *Bisulcus* Pacuvius dicit *Bisulcis*. Vide Forcellinum.

¶ **BISSINACHA**, *Vestis est candida*, *confecta ex quodam genere lini grossioris*. Vetus Gloss. MS. San-German. num 501.

* **BISSINICA**, *Vestis candida*, in vet. Glossar. ex Cod. reg. 7613. Vide *Bissinacha*.

* **BISSINARE**, in vet. Glossar. ex Cod. reg. 7646. pro *Bissumare*, quod vide.

* **BISSONUS**, vox heraldica, vulgo *Bison*, Bos ferus, Gall. *Bufle*. Vide *Bisontes*. Funus Joan. *Galeaz* vicecom. ducis Mediol. ann. 1402. apud Murator. tom. 16. Script. Ital. col. 1035 : *Erant prima duo scuta cum sola aquila nigra in auro*, ... *alia duo cum Bissono solo*, *etc*. Nostris vero *Bissonnier*, Erro, vagabundus, itinerum insidiator. Lit. remiss. ann. 1449. in Reg. 180. Chartoph. reg. ch. 30 : *Icellui Gastebois se alia de plusieurs larrons*, *brigans et Bissonniers*, ... *qui avoient acoustumé de piller*, *rober et vivre*. [** Buissonnier.]

¶ **BISSULCUM**, *Utraque parte sulcatum*. Papias MS.

BISSUMARE, *Bis transire*, *a bis*, *et sumo*. Ita Ugutio MS.

BISSUS, [f. pro *Byssus*, seu Ornamenta byssina.] Monasticum Anglic. tom. 2. pag. 430 : *Supertunica vel toga ampla sit et rotunda*, *undique clausa*, *cum cruce de nigro signata*, *sine Bissis et decenti longitudine*. Vide *Byssus*.

* Glossar. Gall. Lat. ex Cod. reg. 7684 :

Blanc, *Bissus*, *et est très deslié.* Glossar. Provinc. Lat. ex Cod. reg. 7657 : *Bissus*, *corporals*, *Prov*. Pro *byssus*, quia *corporalia* linea esse jubentur. Vide *Corporale.*

¶ **BISTAPIA**, STAPIA, STAPHA, STAPHIA, STAPEDA, STAPES, STAPEDIUM, Gall. *Etrier.* Voces a veteribus et melioris notæ Scriptoribus nunquam usurpatæ, ne ab ipso quidem S. Hieronymo. Hac de re audiendus est Philibertus *de la Mare* Senator Divionensis in Vita Claudii Salmasii nondum edita : Fulcra illa ferrea equis inscendendis et pedibus equitum sustinendis reperta, in usu fuisse D. Hieronymi temporibus opinabatur (Salmasius) atque ita scripsit ad Spartiani Caracallam, errore non novo, quem primus in rempublicam Litterarum invexit Hieronymus Magius Miscellaneorum suorum lib. 2. cap. 14. ubi sic loquitur : *Quamquam autem verum est, Antiquos Stapias nullas habuisse, non est tamen negandum, adeo non vetustis, nec etiam nobis vicinis temporibus, harum usum agnosci. Memini enim me in D. Hieronymi epistolis non* Stapiæ, *sed* Bistapiæ *invenire mentionem : inquit enim, si memoria non labat, se cum quasdam accepit litteras*, jumentum consensurum, jam pedem habuisse in *Bistapia.* Quasi *bistapia* nomen tunc fuerit equestris illius adminiculi. At hæc quæ pro Hieronymianis verba obstrusit, non immerito memoriæ diffidens Magius, in toto Hieronymo nusquam occurrunt : quia tamen Hieronymi epistolas laudans, epistolarum locum non laudaverat, consecuti Magium Scriptores fidem ei habere quam rei veritatem operosius indagare maluerunt. Sic illa de *bistapiæ*, *stapiæ* vel *stapedis* apud Hieronymum mentione datatim recepta opinio inolevit, cum revera scansi illius instrumenti antiquior nullus Mauricio, cujus Strategica habemus, Scriptor meminerit. Taceo supposititiam quoque et novitiam inscriptionem, ceu legitimam et veterem ab eodem Magio, et innumeris deinceps aliis nimium credulis hic allatam, ac ne Vossio quidem ipsi suspectam, qui eam nescivit Francisci Columnæ cognomento Polyphili commentum esse. Taceo et multa alia, quæ singulari de *Stapedibus* dissertationi prudens reservo, superiora cursim adnotasse contentus, ne firmatus in dies, auctoritate præsertim Salmasii, latius error propagetur. Hæc laudatus Senator in observatione ad D. *Martianay* Operum D. Hieronymi editorem olim directa per Cl. V. D. *de la Monnoye.*

Scriptores post Magium qui in eamdem abiere sententiam, hi sunt : Rob. Constantinus in Supplem. linguæ Latinæ, Hadrianus Junius in Nomencl. Marcellus Donatus, Ponzanus Comes in Dilucid. ad Latinos Hist. Rom. Scriptores, Jul. Cæsar Bulengerus Opusc. tom. 2. pag. 200. Cl. Salmasius ad Hist. Augustæ Scriptores pag. 163. Martinius in Lexico, Cl. Morisotus 2. epist. 74. Vossius in Etymol. Herm. Hugo in Militia equestri, *Caseneuve*, in Orig. Gallicis ad vocem *Etrier*, Gaudinus Societ. Jesu Dict. Fr. Lat., Hierolex. Macri, Gisb. Cuperus in Lactantium, Menagius Orig. Linguæ Franc. Cangius noster, Thesaurus Fabri, etc. inter quos Vossius, Gaudinus Magio dubiam quidem videntur fidem habuisse, at nondum ullus asseruit falso laudatum fuisse Hieronymum.

BISTARDA, Avis quæ degit in aqua, Latinis, avis tarda. Ita Matthæus Silvaticus. Vide Fridericum II. Imperator. lib. 1. de Arte venandi cap. 2. 9. 17. 23. etc.

* Campanis nostratibus, *Bitarde*, vulgatius *Outarde.* Vide supra *Avistarda* et infra *Buitarda.*

BISTERIA. Contract. Datior. Bergom. lib. 6. cap. 48 : *Desigillaverint aliquem cochonum, vel aliquam spinam, vel moverint aliquam Bisteriam, existentem super vegetibus, etc*,

¶ **BISTERNI** MENSES. Chronicon Romualdi II. Archiep. Salernitani apud Murator. tom. 7. col. 24 : *Sed Eusebius inter regnum ejus et Joachim alium de suo addidit annum propter Menses Bisternos, quibus Joachaz et Joachim regnaverunt*; id est, propter sex menses quibus uterque regnavit : Joachaz quidem tribus mensibus, totidemque Joachim, quibus expletis Babyloniam captivus ductus est.

¶ **BISTIMIÆ.** Vide *Bestemiæ.*

BISTORNIA. Contract. Datior. Bergom. lib. 2. cap. 8 : *De Bistorniis Burgi, et de aliis Bistorniis, etc.* Vide *Bisturris.*

¶ **BISTRANDE.** Vide *Wervagium.*

BISTURRIS, Propugnaculi species. Charta Libertatum villæ S. Germani in Foresio ann. 1249 : *Item communitas vel aliquis hominum villæ non debet facere turrim vel fortalitiam infra villam, nisi de licentia et voluntate nostra, muros tamen et portalia poterunt facere, munitiones et Bisturres in illis ad villam defendendam, prout eis ad hoc videbitur expedire.* Charta *Pariagii* Villæ-Sarlatensis ann. 1299. in Regesto Philippi Pulcri Regis Franc. incipiente anno prædicto num. 6. ex Chartophylacio Regio : *Item poterunt dicti Consules muros, portas, et antemuralia, et foussata, et portalia, et Bisturres dictæ villæ reparare, reficere, et prædicta facere altiora, et dicta foussata emendare, reficere et profundare, et muros, portas, portalia et Bisturres et alias munitiones facere ad defensionem dictæ villæ, etc.*

* Stat. ann. 1357. inter Probat. tom. 2. Hist. Nem. pag. 194. col. 2 : *Et adsolayretur Bisturris, quæ est ante ipsam turrim.* Unde apparet nominis ratio.

¶ **BISTUS.** Computus ann. 1202. apud. D. *Brussel* de Usu feud. tom. 2. pag. CXL : *Pro* XX. *millibus quarellorum a estris*, LXX *lib. Et pro Bistis, et pro ducendo Parisius*, XLVIII. *s.*

BISUS, BISIUS, Cinericius, ex Gallico, *Bis*, ut *bisium panem* dicimus. Silvester Giraldus in Topogr. Hiberniæ dist. 1. cap. 18 : *Aucæ minores albæ.... in has terrarum fines rarius adveniunt. Majores autem, quæ vulgari vocabulo Bysiæ vel etiam Grisiæ vocantur cum bruma.... advectantur.* Fridericus II Imp. lib. 1. de Venat. cap. 46 : *Ut cinni* (cygni) *qui primo anno sunt Bisi, seu cinericii, etc.* Infra : *Quibus tempore coitus florescunt suæ plumæ et pennæ quodam flore pulveroso et Biso.* Le Roman *de Vacce, ou de Rou* MS. :

Maint escu Bis et rouges, maint healme luisant.

Le Roman *de Garin* MS. :

Girbert se sist sor le cheval de pris,
L'escu ou col qui fut fet à Paris,
El milieu ot un grand lioncel Bis,
Tel escu ot li Loherans Garin.

Vide *Bizochi*, *Panis bisus*, *Bisa*, et Origines Linguæ Italiæ VV. CC. Ægid. Menagii et Octav. Ferrarii in *Bigio*, [et illius Dictionar. Etymol. Linguæ Gallicæ, ubi explosis aliorum opinionibus nostri *Bis* originem se fatetur ignorare.]

* Arest. parlam. Paris. ann. 1368. in Lib. 1. ordinat. super artif. Paris fol. 308 : r°. ex Cam. Comput. : *Dicta manubria, quæ erant de albo bosco, depingi faciebant in colorem brisiaci, aut alterius boni ligni.... Inde vulgaliter dicebatur in diversis regionibus, tam in regno quam extra regnum, quod dicti pravi cutelli erant de Bisis Parisiensibus, in illusionem et vituperium dictæ villæ Paris. et fabrorum prædictorum.* Ubi facetiæ vim non satis perspicio, tametsi aperta videatur. Vide supra *Bisseni.*

¶ **BITALASSUS**, Peninsula, Vide *Bithalassium.*

** **BITATUS.** Chart. Vendit. ann. 849. in De Blasio Series princip. Salernit. Append. n. 11. pag. X : *Bindidi tibi... terra mea, qui est arbustu Bitatu in eodem loco, abentes finis, etc.* Schœnemann. in indic. lat. Cod. Diplom. interpretatur Arbustum vitatum, locum arboribus consitum, ad quas applicantur *vites*; malim intelligere de silva *vetita* seu defensa. Vide *Vetatum.*

BITELLUS, [Fibulæ uncus, Ab Anglico *Bite*, mordere.] Visitatio Thesauriæ S. Pauli Londoniensis ann. 1295. in Monastico Anglic. pag. 309 : *Morsus Galfridi de Lucy argenteus,.... cum imaginibus Salvatoris coronantis matrem suam, et Petri et Pauli lateralibus, et datoris morsus inferius, cum duobus Bitellis, et continet in circuitu circulum de albis perlis.*

* **BITERE**, Vide infra *Bitire.*

¶ **BITERJA**, Guttus, aqualis ad aquam lavantium manibus effundendam, pelvi suppositus. Acta SS. Junii tom. 3. pag. LIX. ex Legibus Palatinis Jacobi II. Regis Majoric. : *Et cibaria eis in plateis argenteis deferantur, et habeant pelvim et Biterjam argenteam ad lavandum.* Ibidem paulo inferius habetur *Petreria* loco *Biterja : Cum pelvi et petreria argenteis in fine mensæ prœbeatur lavandi facultas.*

BITERLOGH. Sueno Aggo in Historia Danica pag. 144 : *Hinc potentissimi Daniæ Reges, ut improborum refrænarent audacium, ab ultima memoria legem promulgandam sanciverunt, quam suo idiomate Biterlogh nuncuparunt, nobis vero Latino sermone, licet vocabulo minus proprio, Legem castrensem sive militarem, vel Legem Curiæ appellare licebit.* Inter Leges vero Danicas, binæ potissimum exstant, altera sub nomine *Hird-skraa*, id est, lex aulica, ex *Hird*, aula, et *skraa*, lex, edita et Latine versa, notisque illustrata a Jano Dolmero : altera sub titulo *Bitherlags Raett*, quæ est Canuti II. cognomento Magni, Daniæ, Norvegiæ et Angliæ Regis, condita circa ann. Chr. 1035. edita a Petro Johanne Resenio Hafniæ ann. 1673. De vocis etymo variæ sunt sententiæ, quas expendit idem Resenius ad caput 1. qui in eam videtur sententiam ire, ut *Biterlagh* sit, *Lex noxarum*, *vel mulctarum* seu *witarum*, ex *Bithe*, noxa, mulcta, et *Lagh*, Lex. [** Vide Ancheri Histor. Jur. Danic. vol. 1. pag. 25, ibique notam Schlegelii. Primam vocabuli partem *vite* noxam et mulctam significare omnes consentiunt, *Lagh* vero quæ Schlegelio est Societas, gilda, Kolderup-Rosenwinge Histor. Jur. Danic. § 30. interpretatur Lex, ultimam particulam *rætt*, quæ idem sonat, ab insciis additam judicans.]

¶ **BITERNI**, Sex. Abbo de Obsidione Lutetiæ a Norman. apud Duschen. Hist. Normann. pag. 44 :

Mox Ebolus senos equites dimisit ab arce :
Quatuor Biternosque necant certamine diro.

[** lib. 2. vers. 181. Pertzius legit *Quattuor hi ternosque etc.* neque habet glossam *sex*, quæ est apud Breulium.]

¶ **BITERRENSIS** Solidus, Vide *Moneta Baronum*.

BITHALASSIUM, Bithalassus. Ugutio MS : *Bithalassium, vestigium in luto impressum, vel concursus duorum marium.* Græcis διθάλασσος, est qui mari utrimque alluitur, quo sensu bimarem Corinthum appellavit Horatius. Acta Apostolor. cap. 27 : *Et cum incidissemus in locum Bithalassum, impegerunt in navem.* Aliæ Edit. habent *dithalassum.* Epistola Clementis I. PP. ad Jacobum fratrem Domini : *Bithalassa vero loca, quæ duplicibus undæ fallacis æstibus verberantur, dubiis mente et de repromissionum veritate nutantibus conferantur.* Ubi Græca Edit. § 14. διθάλασσοι δὲ καὶ θηριώδεις τόποι, etc. Autor Historiæ. de imagine dicta Antiphonetes pag. 685 : Ἦλθεν ἐπί τινα τόπον διθάλασσον, καὶ βιαίων ἀνέμων ἀνάγκαις περιπεσὼν, etc. Fulbertus Epist. 27 : *Noli ergo tute ipse tibi Bithalassum dubietatis in corde tuo miscere.* [*Bitalassus* in Actis SS. Benedict. sæc. 3. part. 1. pag. 361. in Vita S. Wlframni : *Ducti namque sunt ad quemdam locum Bitalassi more aqua inclusum, ut dum rheuma maris eumdem cooperiret locum miserabiliter fluctibus absorberentur.*] [** Rhytmi de S. Othmaro in Pertz. Script. tom. 2. pag. 55 :

Canto dolis nectum, Bithalasso cespite tectum.

ubi glossa : *bimarino.*]

BITIDUS, *Biformis, vel quantum ad corpus, vel quantum ad animam, et componitur a bis, et idea, quod est forma.* Joan. de Janua.

* **BITIFREDUM**, Idem quod *Belfredus*, propugnaculi species. Contin. chron. Andr. Danduli apud Murator. tom. 12. Script. Ital. col. 447 : *Murus quoque fortissimus erat a mari usque ad mare claudens monasterium, habensque tres foveas, successive Bitifreda, etc.*

BITION. Testamentum Riculfi Episcopi Helenensis ann. 915 : *Capus duas, una purpurea, et alia Bition, toalias olicias duas, etc.* Videtur legendum *Blattion*, vel *blattea*, vel *ex blattio.*

* **BITIRE**. Glossar. vetus ex Cod. reg. 7641 : *Biti, proficisci. Bitit, ambulat. Bitire, ire : ubi detur, quæritur. Bitere, ambulare*, in alio ex Cod. reg. 7646. [** Vide Forcellin. in *Beto.*]

BITORIUS. Gloss. Ælfrici : *Bitorius, vel Pintorus*, Werna, Saxonibus Werna, est Regulus avis. Forte *Ardea*, quam nostri *Butor* vocant.

¶ **BITRISCUS**. Acta SS. Junii tom. 3. pag. 356. col. 1. in Vita S. Aviti : *Interim dum intendit labori, avicula perexigua, quæ Vitriscus vocatur, vestimento sese abdidit, atque inde recens ovum enixum reliquit.* In quem locum sic Continuatores Bollandi : *Bitriscus*, alias scriptum *Britiscus*, fortassis contracte pro *Bitoriscus*; sed *Bitorius* Cangio aliisque est *Ardea*. Francis *Butor*, avis sane non parva. [** Papias : *Bitriscus, genus avis.*]

¶ **BITTATUS**, pro *Vittatus.* Murator. tom. 3. pag. 68. ex vetusto Epitaphio marmoreo : *Et ex sacrificio epulati sunt, sumptisque prætextis et coronis spiceis Bittatis lucum Deæ Diæ summoto ascenderunt.*

* **BITTERIUS**, Mensura liquidorum. Charta Phil. II. Rom. reg. ann. 1208. tom. 2. Hist. Leod. pag. 389 : *Cerevisia non debet aliter vendi, quam pro denario quatuor Bitterii, nisi sit tam carum tempus, quod pro quadraginta denariis et obolo ematur brasii modius.* Sed leg. *Biccarii*, ut patet ex alia Ch. ann. 1287. ibid. pag. 398 : *On ne peut brasser que a quatre deniers le Bichier.* Vide *Bicarium.*

¶ **BITTIT**, *Biit*, *Ambulat.* Vet. Gloss. San-Germ. MS. num. 501.

BITULIGO, *Vimen minutum, quod in bitumine crescit.* Joan. de Janua.

* **BITUMINARE**, Compingere, glutinare. Comput. MS. fabr. S. Petri Insul. ann. 1475 : *Pro religando et Bituminando missale capellæ S. Michaelis juxta chorum cum novis clausuris, xlviij. sol.* Vide *Bitumitus.*

¶ **BITUMITUS**, Compactus vel ferruminatus ex Continuatore Bollandi. Leander *Bituminatus*, Albertus *Bituminosus.* Acta SS. Maii tom. 5. pag. 352. D. in Vita B. Columbæ Reatinæ, auctore Sebastiano Perusino : *Habuit quidem renes accinctos duobus circulis ferreis latitudinis quatuor digitorum, quorum interior erat quasi in squammas Bitumitas resolutus, præ erugine et humido quod virgineum corpus diuturnitate insudaverat.*

¶ **BITURIA**, Provincia Bituricensis, *Le Berri.* Rymer. tom. 8. pag. 743. col. 1 : *Johannis Ducis Bituriæ et Arverniæ.*

¶ **BITURICENSIS** Moneta. Vide *Moneta Baronum.*

¶ **BIVANC**, Septum. Gall. *Enclos*, Belgis *Bivanck.* Charta ann. 1058. Tradit. Fuldens. pag. 255 : *In Hilteriches* III. *hubas et unum Bivanc, qui dicitur Blancstruth... In Drasenrode Nangoldes-Bivanc, et juxta eum Folcholdes-Bivanc. Ad Sigefridesrode illum Bivanc, qui ibi captus est, cum omnibus rebus, facultatibus atque substantiis ad prænominata loca jure pertinentibus.* [** Vide *Bifang.*]

BIVANGIUM, Spatium, intervallum, ex Theutonico *Bevangk.* Charta Ottonis Imp. ann. 983. apud Baldricum in Chron. Camerac. lib. 1. cap. 108 : *Ea videlicet ratione, ut nulla majorum minorumque persona in Bivangio prædicti forasti, nisi cum licentia præfati Episcopi... venari liceat.* [** Ch. ann. 837. ap. Lacomblet. Rhen. infer. num. 52 : *Tradidi unum Bivang in saltu Wanes-walde inter duo flumina,... cum omnibus appenditiis suis, id est terris, silvis, pascuis, aquis aquarumve decursibus.* Vide *Bifang.*]

BIVARIUM, Modus agri. Charta anni 1283. in Tabular. Episcopat. Ambian. fol. 106 : *Quatuor Bivarios terræ in territorio de Folies.* In alia Gallica ann. 1263. ibid. : *Ils accaterent quatre Beviers à Monseigneur Regnier de Cais.* Occurrit ibi pluries. Vide *Bonnarium.*

BIVARIUS. Vide *Bever* ad *Bevariæ Pelles.*

¶ **BIVATIO**, in Narratione mortis Gervasii Archiep. Remensis ann. 1067 : *De omnibus forisfactis, Bivationibus et injustitiis, quas in terris et villis nostris præceperat fieri, justificavit.* Vox, ut videtur, a *Bivium* ficta, quod is qui male agit, non unam et simplicem viam incedat.

* **BIVERA**, ut *Bever*, fiber. Vide supra *Bidria.*

* **BIVERUS**, Bevera, Gall. *la Bievre.* Charta ann. 1145. in parvo Reg. S. Germ. Prat. fol. 66. r°. col. 1 : *Petiit a nobis quatinus molendinum quendam, quem inter Caticantum et Lai in Bivero nostro ex suo proprio, nostro assensu, ædificaverat, sibi in feodum concederemus.*

* **BIVIA**, Fossa. Charta admort. bonorum a Cardin. Alban. emptorum ann. 1375. in Reg. 109. Chartoph. reg. ch. 401 : *Item in quadam petia terræ campi...... confrontante ex una parte cum honore Johanis Vesiani floquerii, et ex alia parte cum honore Berengarii de furno, vallato sive Bivia in medio.*

¶ **BIVIATOR**, Qui ambulat duabus viis. Gesta Tancredi apud Marten. Anecdot. tom. 3. col. 126 : *Nam redintegrato, sicut soliti erant, quotidiano, vel, ut ita dicam, quotinocturno calle, secta est in bivium via, et exercitus Christi factus est Biviator.*

¶ **BIVIDA**, *Fortis.* Papias MS. f. pro *Vivida.*

¶ **BIVIRIA**, Bivera, pro *Bivira. Secunda conjux, Quæ secundum habet virum*, Papias MS. et Vetus Gloss. San-German. num. 501. Vide *Bifera.*

BIVIUS. S. Audoenus lib. 2. Vitæ S. Eligii c. 15 : *Quoties aliqua infirmitas supervenerit, non quærentur præcantores, non divini, non sortilegi, nec per fontes, aut arbores, vel Bivios diabolica philacteria exerceantur;* id est, in *Biviis*, nisi legendum sit *lucos.*

* **BIUMA**, f. Ovis, Gall. *Brebis.* Stat. Placent. lib. 6. fol. 80. r°. : *Carnes de Biuma de dente, pro libra iiij. den.*

BIUMBRES, ἀμφίσκιοι. Gloss. Isidori : *Amfiscii, Biumbres.*

BIUNDA. Tabularium Laureshamense apud Freherum in Orig. Palatin : *... Bubo ex duobus mansis et prato quod dicitur Rutbrechtesbruel, et de una Biunda* 30. *denar. et de molendino in Furden* 5. *uncias solvere debet.* [** Germanis olim *Beund*, *Peunt*, *Bünd*, *Bende*, Locus septus, cinctus, fundus quivis. Vide Lexicon Frischii voce *Beund.* Adel. Graff. in Thesaur. Ling. Franc. vol. 3. col. 342. vocem *Bunnaria* ad hanc *Biunda* fortasse pertinere scribit. Glossæ Sangall. ap. eundem : *Piunte, clausura.* Vide ibi plura.]

¶ **BIUNX** Lapillus, id est, ponderis duarum unciarum. Locus est in *Cervellerium.*

* **BIXANINUM**, Bixellum, Bixetum, Voces unius ejusdemque notionis, quam nobis suppeditat Murator. tom. 2. Antiq. Ital. med. ævi col. 897. ad Stat. Mutin. ann.

1327 : *Nullus, qui sit scriptus in arte Bixellorum, audeat immiscere aliquod pilum de bove, vel de capra, vel de asina, vel de yrco, de capreto, vel de cane, etc.* Est autem, inquit ille, *Bixellum*, nunc *Bisello*, genus panni vulgaris, e crasso filo contexti, et præcipue in Mutinensium montibus usitati. Charta ann. 1281. ibid. col. 901 : *Item de soma pannorum de colore laboratorum citra montes, exceptis Bixaninis..... Item de soma lanæ citramontanæ grossæ : de soma Bixetorum, etc.* Stat. Ferrar. ann. 1279. apud Cl. V. Garamp. in Ind. ad Hist. B. Chiaræ pag. 501 : *De vestito Bixelli, id est, mezzalanæ, etc.* Vide *Birrus*.

¶ **BIXANTIUS.** Vide in *Byzantius*.

¶ **BIXIDA**, pro *Pyxis*. Statuta Eccles. Trecorensis ann. 1372. apud Marten. Anecdot. tom. 4. col. 1123 : *Item statuimus et ordinamus, quod pro operibus fabricæ Ecclesiæ Trecorensis in qualibet Ecclesia parochiali sit Bixida, et quod Rectores seu Curati, antequam alius in dicta Ecclesia quæstet, etc.*

* **BIYUM**, Molendini alveus, canalis, per quem aquæ ad molendinum decurrunt, idem quod supra *Beyum*. Charta ann. 1266. in Chartul. Buxer. part. 1. ch. 18 : *Querela, quæ vertebatur inter ipsos, videlicet de quadam scitura prati, sita in prateria de Vivex,... inter pratum prioratus de Antolio et Biyum ipsorum.* In præcedenti Charta, quæ est de eadem re : *Quæ pecia prati sita est inter pratum meum ex una parte, et lou Biert molendini dictorum abbatis et conventus ex altera.* Vide *Bedum*.

BIZACHIUS. Vide *Bisacuta*.

¶ **BIZANTEUS**, et Bizantius. Vide *Byzantius*.

* **BIZANTIA.** Vide infra *Byzantia*.

* **BIZIA**, Septemtrio, Aquilo, Gall. *Bize*. Charta Dalphin. ann. 1445 : *Quæ omnia sita sunt extra villam Allavardi foris posterlam alborum, et cohærent esyamentæ dicti nobilis Joannis Girbergii, a partibus Biziæ et Occidentis.* Vide *Bisa*.

BIZOCHI, qui et *Fratricelli*, Secta religiosorum Minoritarum damnata a Bonifacio VIII. Joannes XXII. ann. 6. Epistolar. Communium 1189 : *Nonnulli viri pestiferi, qui vulgariter Fratricelli, seu Fratres de paupere vita, aut Bizochi sive Bichini, vel aliis fucatis nominibus nuncupantur.* De his multa habent Odoricus Raynaldus ann. 1297. n. 55. 1321. n. 18. 1331. n. 4. et Waddingus in Annal. Minor. ann. 1297. 1317. n. 24. et seq. 1318. 1322. n. 66. *Bizocos* et *Binzoccheros* vel *Pinzocaros* vocat Bocacius Novella 24. et 27 : *Essendo tutto dato à lo spirito, si fece Pinzocaro di quelli di sancto Francesco.* Ubi vetus Codex habet *Bizoco*, uti monet Acharisius.

Bizochos porro dictos quidam putant a *bisacco*, Gallis *Bezace*, quod ostiatim panem et victum emendicantes, *bisaccum* humeris deferrent. Ego vero eadem ratione *Bizocchos*, qua *Bicchinos* dictos censuerim, a vestibus scilicet *bigii*, seu grisei coloris. Nam a *bigio* Italorum, nostrum *Bis*, pro griseo, aut cinericio colore, ortum supra observatum in *Bichini*, ita ut ejusmodi Fratricellos nostri appellarint, *Les petits Freres Bis*, vel *Bisets*. *Bizzochos* etiamnum habet Burgum S. Sepulcri in Italia.

* **BIZOCII**, Iidem qui *Bizochii*. Excerpta ex Chron. Jordani ad ann. 1294. apud Murator. tom. 4. Antiq. Ital. med. ævi col. 1020 : *Petrus de Macerata et Petrus de Forosempronio apostatæ fuerunt ordinis Minorum et hæretici ;.... et vocabant se Fratres S. Francisci. Seculares autem vocarunt Bizocios, vel Fraticellos, vel Bocasotos.*

BIZUMA, Sepimentum : vox Germanica. Tradit. Fuldens. lib. 1. pag. 468 : *Unam aream... cum omni ædificio, et unam Bizumam, cujus longitudo est, etc.*

* **BLACCASIUS.** Vide mox in *Blacha*.

** **BLACCATUS**, Niger, ab antiq. Suec. *Blac*, Angl. *Black*. Testament. Absolon. Archiep. Lundin. circ. ann. 1200 : *Equus Blaccatus.* Vide Ihrii Glossar. Suio-Goth. voce *Black*, vol. 1. col. 197. Adel.

BLACHA, [Idem quod mox *Blachia*.] Charta Ademari Comitis Valentini apud Petr. Chiffletium : *A via molendinaria quæ venit desuper condominam Guidonis de Montemayrano, quæ ferit ad nemus Willelmi Liautaud, et vadit directe ad Blacham Petri de Ayra, etc.*

* Quod Delphinatibus sonat hæc vox, idem quoque apud Provinciales, quibus quercus junior *Blacas* dicitur. Charta ann. 1334 : *Item quòd nulla persona privata vel extranea, cujuscumque conditionis existat, scindat, neque eximat aliquem Blaccasium in suo nec alieno, etc.* Alia ann. 1316. ex schedis Pr. *de Mazaugues* : *Item convenerunt.... quod tantum detur de banno pro novis Blachis et deffensionibus, quantum dari consuevit pro deffensionibus antiquis.* Hinc

* Blaquerium, Locus ubi juniores quercus crescunt. Charta jam laudata ann. 1334 : *Item quod nulla persona privata vel extranea scindat aliquam arborem viridam nec sequam in deffensis nec Blaqueriis dominæ prædictæ.*

¶ **BLACHIA**, Delphinatibus *Blache*, Ager est consitus quercubus vel castaneis, adeo tamen distantibus, ut arari possit. Inventarium Recognitionum ex Archivo Principis *de Rohan* n. 18. cap. 41. de *Vouta* fol. 333. verso : *Pro vinea et Blachia scitis en fosse malo.* Ibidem fol. 327 : *Item pro quadam Blachia scita Auchier confrontante, etc.* Regestum Cameræ Computorum Gratianop. *Probus* fol. 318 : *Pontius Fouchez tenet de Comite* III. *sext.* I. *emin. terræ in Blachia, et debet etiam* 20. *denar. de placito ad miserationem suam.* D. Salvaingus, a quo post V. Cl. *de Lauriere* mutuati sumus *Blachiæ* vocis explicationem, ait in suo Tractatu de usu feodorum eam esse provinciæ Dalphinatus propriam, nullamque posse illius originem assignari.

* **BLACHIATA.** Pariag. inter reg. et abbat. Gemondi ann. 1322. in Reg. 65. Chartoph. reg. ch. 53 : *Dent pro quolibet locali domus seu plateæ, continente quinque Blachiatas in amplitudine, et quatuordecim in longitudine, quinque denarios Tholosanos.* Sed leg. *Brachiata*, mensuræ agrariæ species. Vide in hac voce.

* **BLACHOWNICE**, Lorica, qua pectus tegitur, vox Polonica. Lit. Casimiri III. ann. 1475. inter Leg. Polon. tom. 1. pag. 228 : *Quilibet peditum habeat..... scutum et pectorale, alias Blachownice.*

* **BLACTÆ** Bizantiæ, *sunt coopertoria ostracorum marinorum similium limaciis, et sunt similes unguibus.* Glossar. medic. Simon. Januens. ex Cod. reg. 6959.

BLACTULA. Historia mortis S. Leonis IX. PP. n. 15 : *Quidam vir.... audita fama B. viri,.... a dæmonio vexatus, venit ad tumulum ejus, et duas Blactulas cum multo sanguine evomuit, cum quibus et dæmonium abscessit.* Ubi *Blactulas*, quasi *Blattulas* pro vermibus accipi censet vir doctissimus.

¶ **BLADA**, Bladada, etc. Vide in *Bladum*.

* **BLADATA**, Præstatio ex *blado*. Charta ann. 1342. in Reg. 74. Chartoph. reg. ch. 238 : *In honore castri de Caslucio et ejus pertinentiis et ressorto sunt inter cetera certæ pensiones seu præstationes bladorum et denariorum, quæ communiter vocantur seu nuncupantur boatæ sive Bladatæ, etc.* Alia pro civit. Agennensi ann. 1369. in Reg. 198. ch. 545 : *Concedimus quod dicti cives.... sint quitti.... a solutione cujuscumque leudæ, ... decimæ, retrodecimæ, Bladatæ, vinatæ, etc.* Vide *Bladada* in *Bladum*.

* **BLADATURUS**, Ad *bladum* pertinens. *Molendinum bladaturum*, ubi *bladum* molitur. Charta ann. 1274. ex Tabul. Carnot. : *Episcopus jure hereditario dictas l. libras annuatim, pro tempore donationis prædictæ factæ in molendinis Carnotensibus, tam Bladaturis quam fullatoriis, habebat vel possidebat.* Vide mox *Bladerius*.

* **BLADERIA**, Præstatio ex *blado*, ut supra *Bladata*. Reg. episcopat. Nivern. ann. 1287 : *Episcopus habet terciam partem Bladeriæ et vineritiæ.* Nostris *Blaaterie* et *Bladerie*, præstatio quæ ex mensuratione *bladi* percipitur. Charta ann. 1295. in Lib. rub. Cam. Comput. Paris. fol. 242. v°. col. 2 : *Avons baillié la Blaaterie de ladite ville* (d'Argenteuil) *pour quarente livres l'an.* Alia ann. 1341. in Reg. 74. Chartoph. reg. ch. 599 : *Comme les jurez et université de nostre ville de la Ryole nous aient humblement supplié que..... nous leur vousissions donner et ottroyer la Bladerie de ladite ville, c'est assavoir le devoir du mesuraige du blé, etc.* Vide alia notione in *Bladum*.

* **BLADERIUS**, Bladiarius, Ad *bladum* pertinens, ut supra *Bladaturus*. Charta ann. 1212. ex Bibl. reg. col. 19 : *Damus...... unum molinum Bladerium, quem habemus in casale molinorum de prato, illum scilicet qui est juxta molinum ostii in terminio Montis-olivi.* Alia Juelli dom. de Meduana ex Tabul. Major. monast. : *Ad petitionem monachorum Majoris monasterii dedi..... x. solidos Cenomanensis monetæ annuatim persolvendos..... de molendinis meis folereis, et si forte defecerint, de aliis molendinis meis Bladiariis Meduanæ. Bladerius*, bladi venditor, *Marchant Bladier*, in Ch. ann. 1430. ex Chartul. Latiniac. fol. 148. *Blavetier*, in Lit. remiss. ann. 1422. ex Reg. 172. Chartoph. reg. ch. 122 : *Une sachée d'environ cinq moitons ou boisseaulx de froment, que le suppliant porta à Chaalons à la femme de Jehan Petit Blavetier pour vendre. Blatrier*, Bladum minutim divendere. Stat. pro pistoribus in Lib. 1. ordinat. super artif. Paris. ex Cam. Comput. fol. 6. r°. : *Se estagier de Paris achettoit blé pour revendre et Blatrier au talemellier haubannier, etc.* Sed et pro Bladorum, aliorumve fructuum custode, *Bladier* occurrit in Libert. villæ

d'Aigue-perse ann. 1374. ex Reg. 198. ch. 360 : *Item que lesdiz consoulz puissent mettre et oster chacun an..... gardes et Bladiers..... pour les vignes et champs garder.* Vide *Bladarius* in *Bladum* et infra *Blaerius.*

* **BLADIS**, Bladum, ager frumentarius. Charta ann. 1295. ex schedis Pr. *de Mazaugues : Quod si familia laica..... damnum daret in dicto territorio.... in Bladibus, pratis et aliis consimilibus, etc.*

BLADUM, Gall. *Blé* : sic autem appellabant quodvis triticum, etsi differet a frumento, quod *Blé froment* vulgo dicimus, puriori scilicet, nec aliis granis mixto tritico. Dantes in Convivio amor. : *Si pon pane di biado, e non di formento. Frumentum* tamen et *Bladum* pro eodem ponuntur apud Petrum de Vineis lib. 5. Epist. 91. Interdum pro farre omnis generis, quando est in herba ante messem. Matth. Paris pag. 376 : *Blados et vineas vastare non cessavit.* [Murator. tom. 3. pag. 610. col. 1. B. in Vitis PP. a Bernardo Guidone collectis : *Romani... circa Cornetum, eo vidente, vineas, hortos et Bladas vastaverunt.*] Utuntur utraque notione idem Matthæus Paris, Vita S. Kentigerni Episc. Glascuens. n. 23. Marsilius Patavin. in Defensore Pacis 1. part. cap. 5. Chron. Windeshem. lib. 1. cap. 32. lib. 2. cap. 7. 60. Chron. Montis S. Agnet. cap. 27. et Chartæ veteres, etc. [Pro quovis granorum genere, frumento, siligine, hordeo, avena, etc. Tabularium 2. S. Vincentii Cenoman. : *Reddemus Monachis S. Vincentii singulis annis undecim sextaria Bladi legitimi juxta genus terræ illius. Erunt autem IV. sextaria et mina de frumento, sex et mina dimidiatim de hordeo et avena.* Charta anni 1233. ex Archivo Ecclesiæ Macloviensis : *Gaufridus de Roca miles dedit quatuor minas Bladi; ita quod tertia pars erit frumenti, tertia siliginis, tertia avenæ.* Tabularium Portus Regii : *Hos redditus Bladii habemus... tres sextarios hibernagii et tres hordei.... unum modium hibernagii et unum modium avenæ.* Kennett. in Antiquit. Ambrosden. pag. 291. ex Charta anni 1278 : *Tria quarteria frumenti, tria quarteria avenarum, et unum quarterium fabarum... post mortem utriusque... hæredes sui erunt quieti de solutione prædicti Bladi in perpetuum.*] [** Adde Chart. ann. 1285. in Guden. Cod. Dipl. vol. 3. pag. 1164. *Decimæ vini et bladorum*, ibid. pag. 379. 794. vol. 4. pag. 453. *Caristia Bladi*, in Charta ann. 1282. ap. Lappenb. in Probat. Init. Hanseat. pag. 124.] Vide *Blava.*

* Pro quovis tritico in Arest. ann. 1276. in Reg. 2. *Olim* parlam. Paris. fol. 32. r°. : *Baillivo ad sui defensionem dicente, quod frumentum ad dictam granchiam non veniebat; sed de meliori Blado, quod ad dictam granchiam et ad dictum molendinum veniret, dictos decem modios paratus erat solvere, nec ad alium bladum solvendum tenebatur..... Pronuntiatum fuit quod dictus capellanus frumentum habere debebat vel valorem; etiamsi ad dictam granchiam et monlendinum non veniret frumentum.* Est ergo *Bladum* ex vulgatiori usu vox generica, cujus species ex addito determinatur. Unde *Bailler blealment*, est Locare ea conditione, qua blada locari solent, vel sub nomine bladi aut præstatione ex blado, in Ch. ann. 1317. ex Reg. 53. Chartoph. reg. ch. 356 : *Item nous leur baillames et adjoinximes avecques les blez et les autres choses baillées Blealment et par coustume, etc.* Ab hac etiam voce accersenda videtur appellatio *La Blée*, qua nundinæ quædam nuncupabantur, de quibus in Lit. remiss. ann. 1408. ex Reg. 163. ch. 131 : *Comme le Dimenche d'après l'Ascension, le suppliant feust alé en la ville de Briz assez près de Forges, ou certaine feste, appellée la Blée, se faisoit, etc.*

* BLADUM ALBERGALE, Idem quod *Censuale*, quod ex *arberga* seu censu debetur. Charta ann. 1336. in Reg. 70. Chartoph. reg. ch. 211 : *Si forte dictum Bladum annuale Albergale seu pro alberga plus modo valet, etc.*

* BLADUM ALBUM, Frumentum purius, quod *biso* seu mixto tritico opponitur. Charta Phil. Pulc. ann. 1313. in Reg. 49. Chartoph. reg. ch. 193 : *Duos modios Bladi renduales, unum albi et alterum bisi, etc.*

* BLADUM BAONNOIS, in Charta ann. 1326. ex Reg. 64. Chartoph. reg. ch. 655 : *Un quartier de froment Baonnois, ... un quartier d'avoine Baonnois, ... un boisseau d'orge Baonnois.* An ad mensuram spectat, adeo ut regionis nomen sit?

* BLADUM BISUM. Vide supra *Bladum album.*

¶ BLADUM BRUNUM, Delphinatibus idem est quod *mixtura*, seu *annona mixta.* Iisdem *Mescla, Mescalia*, aliis *Mesliure.* et *Mixture.* Constat autem *Bladum brunum* frumento, hordeo et avena simul mixtis. Transactio inter Priorem et infirmarium S. Roberti de Cornilione ann. 1224. in Archivis ejusdem : *Quinque sextaria Bladi Bruni seu mescaliarum.* Vide *Mixtura.*

* BLADUM COSSEGALLINUM. Vide infra *Cossegalhum.*

¶ BLADUM DECIMALE, Ex decima collectum. Charta ann. 1225. tom. 2. Hist. Melden. inter Instr. pag. 118 : *Sane ordinamus quod dicta Abbatissa* (Jotrensis) *et Conventus decem et octo modios Bladi Decimalis ad mensuram Meldensem.... in perpetuum persolvent.*

BLADUM DURUM, [Frumentum, ut opinor, et siligo per oppositionem ad hordeum et avenam, quæ Blada dici possent, si conjectura vera est, *molliora.* Charta Aleidis Dominæ *de Boular* de Fundatione monasterii Belliprati ann. 1228. inter Instrum. tomi 4. novæ Gall. Christ. col. 299. E : *Superaddidi etiam redditum sex modiorum Duri Bladi et decem modiorum avenæ.*] Vide *Mina.*

* Siccum, sanum; neque enim species est bladi hordeo vel avenæ opposita, ut colligitur ex Charta ann. 1244. in Chartul. S. Germ. Autiss. : *Octo assini duri Bladi, et quatuor assini avenæ ejusdem grani, etc.*

* BLADUM AB EQUIS, Quod proprium est equorum, avena. Correct. stat. Cadubrii cap. 75 : *Quod ex Blado ab equis fieri debeant decem mensuræ ex quaque calvea.*

¶ BLADUM FORENSE, Quod in foro venditur. Chartular. S. Vandregesili tom. 1. pag. 3 : *Per novem minas Bladi novi et Forensis duobus denariis minus, quam melius in foro de Caudebec.*

* BLADUM GROSSUM, Per oppositionem ad minuta blada, quæ *Petits bleds* dicimus. Vide infra *Bladum minutum.* Charta Ludov. VII. reg. Franc. ann. 1150. in Chartul. episc. Paris. ex Bibl. reg. fol. 20. r°. : *Theobaldus Parisiorum episcopus..... cum Burchardo de Maci.... contractum facere ceperat super sex modiis annonæ, tres de frumento et tres de grosso Blado in decima de Maci, pro xxxiiij. lib. et x. solidis, etc.* Alia ann. 1239. ex Chartul. S. Ymer. fol. 13. v°. : *Pro septem sextariis frumenti et sex sextariis grossi Bladi. Annona grossa*, in Ch. ann. 1155. ibid. fol. 67. Alia ann. 1272. in Reg. S. Ludov. ex Chartoph. reg. fol. 94. v°. : *Quatuor sextaria frumenti et viginti octo sextaria Bladi grossi, valentis ordeum.* Sent. official. Lugdun. ann. 1373. ex Cod. reg. 5187. fol. 89. r°. : *Solvere consueverunt..... decimam tantummodo de grossis Bladis,... scilicet de frumento, siligine, de ordeis, de ungianis et de avenis.*

¶ BLADUM HYEMALE et YMBERNAGIUM. Charta ann. 1248. ex Chartul. Nantol. fol. 34 : *Et duodecim sextarios Bladi hyemalis percipiendos in graneriis meis.* Alia ann. 1229. ibid. fol. 23 : *Unum modium Bladi ymbernagii ad mensuram de Nantholio.* Vide *Hybernagium.*

* BLADUM MEDIASTINUM, ut *Meditaneum*, quod et *Mediocre* dicitur, Miscellum, Gall. *Bled méteil.* Charta ann. 1198. in Chartul. S. Vincent. Laudun. ch. 121 : *De eadem decima recipiet, tam ipse quam uxor ejus, singulis annis, tres modios Bladi mediastini, quamdiu vixerint, ad mensuram Laudunensem.* Occurrit rursum ibid. in Charta ann. 1212. In alia vero, quæ sequitur, eadem de re, *frumentum mediocre* nuncupatur. Chartul. Compend. ad ann. 1218. fol. 177. v°. col. 2 : *Singulis annis percipiet tres modios Bladi meditanei, nec de cariori nec de viliori.* Et fol. 178. r°. col. 1 : *Singulis annis percipiet tres modios Bladi mediocris, nec de viliori. Blé moitéen*, eadem notione, in Ch. ann. 1257. ibid. fol. 182. r°. *Bladum mitadenc*, in alia ann. 1307. ex Reg. 44 Chartoph. reg. ch. 171. Vide infra *Mitadenquum.*

¶ BLADUM MEDIATUM, Gall. *Blé meteil*, Computus ann. 1202. apud D. *Brussel* de Usu feud. tom. 2. pag. CLXVII : *Magister Willelmus Brito, pro II. modiis et dimid. Bladi mediati VII. lib. et dim.*

BLADUM MEDITANEUM, in Charta anni 1246. in Tabulario Foisniacensi; *Bled Mesteil*, in Consuet. tit. 6. art. 22.

* BLADUM MINUTUM, Quodnam sit aperte declarat Charta ann. 1283. in Chartul. Cluniac. ch. 348 : *Decima fabarum, pisorum, racemorum, milleti, canabi et totius alterius minuti Bladi.*

* BLADUM QUARTANEUM, Quatuor granis mixtum. Charta ann. 1275. in Chartul. Thenol. fol. 19. v°. ex Cod. reg. 5649 : *Quinque modia, tam bladi quam avenæ, videlicet medietatis Bladi sani et quartanei, et medietatis avenæ sanæ et mercabilis.*

* BLADUM *dictum Raon*, et *Regon.* Vide supra *Rao.*

* BLADUM TERTIANUM, Tribus granis mixtum, quo sensu intelligendum quoque est *Bladum tercionarium Blé tierceren*, in Ch. ann. 1257. ex Chartul. Compend. fol. 182. r°. Charta Phil. Pulc. ann. 1296. in Lib. rub. Comput. Paris. fol. 417. r°. col.

2 : *Item tradidimus et concessimus eisdem undecim modios bladi et avenæ annui redditus, de quibus duæ partes sunt Bladi tertiani et tertia avenæ, ad mensuram Petræfontis.* Vide *Tertionarium Blatum.*

¶ Bladum Tercionarium, Sic dictum quod pro jure decimæ tertia pars exigeretur. Polyptych. Fiscamnensis ann 1235 : *Septem sexteria Bladi Tercionarii ad mensuram ville.*

* Bladum, Manipulus frumentarius, Gall. *Botte de paille de bled.* Charta Henr. reg. Angl. pro monachis Montisburgi in Reg. 119. Chartoph. reg. ch. 42 : *Et stramen unius Bladi ad focum monachi ibi servientis. Sis chens de fuere fourmental*, in Ch. ann. 1257. ex Chartul. Compend. fol. 182. r°. *Blazas*, Spicarum manipulus, Gall. *Gerbe.* Libert. villæ *de Poilly* ann. 1341. in Reg. 74. ch. 68 : *Les habitans de la ville de Poilly.... ont et auront droit et usage de prendre en tous nos bois du finage, de Poilly.... les liens pour lier leur Blazas chascun an en la moisson.*

** Bladum, Messio, Polypt. Irminon. Br. 24. cap. 168 : *Solvit pullos* 3. *et ova* 15; *et in Blado unaquaque ebdomada diem* 1. Breve 9. cap. 6 : *Faciunt diem* 1. *in unaquaque ebdomada et per Blada* 2. eod. cap. 304 : *Fatiunt in unaquæque ebdomada dies* 6. *per Bladum ;* ap. Guerard. pag. 267. 77. 116.

¶ Bladium, pro *Bladum.* Charta ann. 1185. tom. 2. Hist. Melden. inter Instr. pag. 73 : *Notandum iterum est quod non licet in burgo S. Martini Bladium alicui mensurare nisi mensura Prioris.* Oratio Ferdinandi Vacecapitis Regis Castellæ Legati ad Ludovicum Ducem Andegav. ann. 1378. apud Martenium Ampliss. Collect. tom. 1. col. 1504. A : *Omnia circumjacentia loca erant jam combusta et dilapidata, ac Bladia, victualia et alia universa distracta et devastata.* Alterum locum vide in *Bossellagium.*

Blaium, ex Gallico *Blai*, aut *blé*, non semel occurrit in Tabul. Absiensi.

Blatum, pro *Bladum*, in Tabulario Angeriacensi apud Beslium pag. 367.

Vocabuli etymon hauriunt Spelmannus et Somnerus a Saxonico b l a d a, seu b l æ d a, quod omnem fructum significat, etiam arborum et vitis. Quo sensu *biade*, Hetruscis dicuntur quævis legumina, segetes, frugesque omnes, tritico excepto, ut auctor est Nicol. Villanus Pistoriensis, qui a Græco βλαδά, quod Hesychio ἀωρὰ, μωρὰ, ὠμά, i. *ruda* sonat, deducit : unde colligit *blada*, esse fruges immaturas, neque adhuc demessas; postea per abusum ad maturas, demessasque traductum vocabulum. Academici Cruscani : *Biada, nome generico di la semente, come grano, orzo, vena, spelta, e simili. Ma propriamente per frutto de tutte le biade, fuor che del grano, e spetialmente per quella sorte di, biade che si da a cavalli, e altre bestie di somma.* Vide Oct. Ferrarium, [et Menagium in Dictionario Etymol. Linguæ Gall. ad vocem *Blé.*]

Bladagia, *Blada* demessa, eaque potissimum quæ ex campipartibus (*Champarts*) et agrariis colligebantur. Charta Guillelmi Comitis Forcalcarii ann. 1206. pro Manuascensibus : *Nec teneantur solvere.... Bladagium, sive albergam, nec contalagium, sive civatam, nec cossias, sive medias cossias, de eorum bladis et rebus quæ ad mensuram sestarii venduntur et mensurantur.* Hist. Episcop. Petragor. tom. 2. Biblioth. Labbei : *Cujus tempore domus Bladagii S. Frontonis, quæ erat in claustro, ab Helia Rudello Comite et a burgensibus confracta est.* [Vide *Bletneda.*]

Bladarius, [Bladerius,] Bladi venditor. Monasticum Angl. tom. 2. pag. 542 : *Alanus Gyll Civis et Bladarius Londinesis plura bona dedit Hospitali.* [Statuta Massil. pag. 158 : *Quod omnes Bladerii jurent, etc.* Occurrit rursus in Charta anni 1329. ex Archivis S. Victoris Massil.] Vide *Bladarius. Blatriers, Regratiers de grains, Venderres de bled*, in Statutis MSS. Panificum Paris. *Blatiers* Picardis, bladi venditores.

Bladada, Præstatio ex blado, *Bladado*, Occitanis. Charta ann. 1232 in Regesto Comitum Tolosæ fol. 28 : *Habeatis singulis annis in messibus quarterium unum frumenti et alteram civatæ pro alberga et Bladada.* Alia ann. 1231. ibidem : *Conquerebatur etiam de eodem Comite, quod recipiebat albergam, Bladadam, et quasdam alias exactiones illicitas in villa de Montilio.* Charta ann. 1312. de Pariagio Castri de Venescio in Occitania, in 48. Regesto Philippi Pulcri Reg. Franc. ex Tabulario Regio, n. 29 : *Scilicet quod homines dictorum locorum possent situare Bladatam et civadagium in aliquibus redditibus æquipollentibus, etc.* [Saisimentum Comitatus Tolos. apud G. *la Faille* Annal. Tolos. tom. 1. Instrum. pag. 34 : *Communitas dicti loci debet dicto domino Regi fidelitatem et centum solidos Tolosanos pro annua alberga in festo omnium Sanctorum, et Bladadam pro amparantia; videlicet de quolibet foco arante cum bobus unam eminam frumenti, et totidem avenæ, et de arante cum asinis unam quarteriam frumenti et aliam avenæ.* Ibid. non semel occurrit. In Vicecomitatu Lautrecensi *Droit de Bladade*, idem est ac quod alibi *Bovagium* dicitur, tributum scilicet quod ratione boum conceditur, seu pro pari boum aratorum vel pro aratro.]

¶ Bladearea, Idem quod infra *Blaeria.* Charta Sadonis de Patengiis ann. 1200. ex Tabulario B. Mariæ de Charitate : *Donat Ecclesiæ de Charitate omnimodam Justitiam et Bladeariam, quam habebat apud montem Perret.*

Bladare, Agrum segete conserere, instruere. Charta Petri Episcopi Meldensis in Tabul. Eccl. Meld. pag. 25 : *Si vero terra Bladata excadat, in prædictis villis et territoriis, Bladata ad propinquiorem heredem deveniet.* Stabilimenta S. Ludovici : *Quiconques demande seisine d'iretage, il doit dire en tele maniere : Mes peres, ma mere, mes freres ou mes parens prochains à cui je suis hoirs, morut saisis et vestus tenans et prenans, Blaans et desblaans, et les biens despoullans et tenans de Seigneur qu'il ala de vie à mort.* [Hæc paulo aliter habentur apud D. *de Lauriere* tom. 1. Ordinat. Reg. Franc. pag. 249 : *Mon pere, ou mon frere, mon cousin ou mon parent, mourut sesis et vestus, tenans, et prenans ploians et desploians tenant de Seigneur, et à itel temps, que il ala de vie à mort.* Sic in codice MS. D. *Joubert.* In altero Illustriss. D. D. Cancellarii legitur, *Prenans, desbleans;* et in tertio qui fuit Baluzii clarius, *Tenans et prenans des blez.*] Nescio an huc spectet præstatio quædam, *Deablage* dicta, in Regesto censuum Carnoti fol. 1. et 2.

Imbladare, Idem quod *Bladare, Imbiadare*, Italis. Charta de forestis apud Rogerum Hovedenum pag. 785 : *Et videnda sunt in reguardo nova essarta, et vetera Imbladata post ultimum reguardum, et quo blado vel legumine Imbladata sint.* Charta ann. 1331. in Tabul. Ecclesiæ Autisiodor. fol. 434 : *Volentes quod res prædictas saisire possint, et ad manum suam tenere et ponere,... ac etiam dictas res obligatas Imbladare, et debladiare, fructusque suos facere.* Alia ann. 1327. fol. 459 : *Res prædictas tenendas et possidendas, Imbladiandas, debladiandas ab ipsis, etc.* Consuetudo municipalis Altisiod. art. 117. dixit *emblaver ou deblaver heritages. Emblaver*, eadem notione in Consuetud. Senonensi art. 193. de *Vallençay* in Biturigibus art. 2. et de *Vastan*, art. 4. 6. *Terres emblavées, Emblaveures, Emblures*, in Senonensi art. 193. Altisiod. art. 64. Meldensi art. 70.] Vide Bractonum l. 4. Tract. 1. c. 14. Fletam l. 2. cap. 41. § 1. Hinc *Embleer* nostris olim usurpatum, pro *impedire*; sic ut quis dicatur *Emblée*, qui re aliqua difficili ita occupatur, ac distinetur, ut aliis animum adjicere non liceat : ut sunt *terræ imbladatæ*, quæ semen aliud non admittunt, ut quippe jam occupatæ. *Le Voyage d'Outremer du Comte de Pontieu* MS. : *Sire, n'en doutez mie que dou meneur Esquier que vous avez, serés vous plus Emblaez, que de moi.* Charta ann. 1282. in Hist. S. Mariæ Suession. pag. 466 : *Et se ces maisons estoient Emblaées d'autres gens, etc*

Debladare et Debladiare, in Chartis supra laudatis, *blada metere, secare, Deblaver*, in Consuetud. Altisiodorensi artic. 117. Consuetudo Dunensis art. 53 : *En saison que les fruits et Desblées sont en terre, etc.* Adde Consuet. Aurelian. art. 74. 141. 156. 445. et *de Menethou sur Cher* art. 4. *Desbleure*, in Altisiodorensi art. 22. et Nivernensi cap. 3. art. 3. Charta ann. 1300. in Regesto Philippi Pulcri ann. 1300. Tabularii Regii n. 54 : *Derechef que li bourgeois puissent bleer et Desbleer leurs heritages toutes fois qu'il leur plaira, etc.* Gesta Episcoporum Cenoman. pag. 298 : *Et diablagium quod inde accipiebat... dimisit.*

¶ Bladaria, Bladeria : *Bladerie, Annonerie*, Massiliensibus, Forum in quo blada venduntur. Charta Bartholomæi Episc. Caturcensis pro Consuetudinibus Communiæ ejusdem urbis : *Et super eo quod nos dicebamus, quod ipsi Consules accipiebant certum quiddam de qualibet mensura bladi, quod apportabatur apud Caturcum ad vendendum in Bladeria.* Literæ Friderici Imper. ann. 1236. ex Archivis Massil. : *In redditibus hospitiorum Bladariæ civitatis Massiliæ sitis in utrumque barium.* Aliæ Johannæ Reginæ ann. 1364. ex iisdem Archivis : *Super censibus et pensionibus operariorum Bladariæ et annonariæ, ipsius civitatis Massiliæ.* Statuta ejusd. urbis pag. 158 : *Omnes Bladerii Massiliæ, et singuli, et eorum uxores tenentes operatoria in Bladaria communis Massiliæ, jurent... quod non immisceant... fraudulenter in bladis allatis in operatoriis suis, sive sua sint sive aliena.*

BLADATARIA, Ædes in qua reponuntur *Blada*, seu segetes demessæ. Charta Radulfi Abbatis Fiscanensis in Tabular. Fiscan. fol. 33 : *Bladatariam nostram de Argent cum masura quæ fuit Hugonis... dedit Ecclesiæ Fiscanensi. Domus bladarii*, in Charta supra laudata. In Monastico Angl. tom. 3. pag. 14. hæc habentur : *Salva Capella S. Nicolai de Abbendon, seu Bladataria, sive investitura 4. acrarum, duarum videlicet de frumento, et duarum de avena, quas eadem Capella S. Nicolai de Abbandon nomine decimationis de dicto dominio annuatim percipere consuevit.*

BLADATA. Vide *Bicocaria.*

¶ BLADIFER, Ager blado satus et instructus. Hist. MS. Monast. Beccensis pag. 384. n. 12. ex Archivis ejusdem loci : *Super decimis wesdorum in terris Bladiferis crescentium responsurus.*

¶ BLADONICUM MOLENDINUM, in quo moluntur blada. Locus est in *Criblus.*

¶ BLADATIM SOLVERE, Pro solutione bladum dare Gall. : *Payer en espece, en blé*, in Charta ann. 1289. apud Baluz. tom. 2. Hist. Arvern. pag. 293.

BLAE et BLUDIE. Leges Burg. Scoticorum cap. 87 : *Si quis verberando aliquem fecerit Blae et Bludie, ipse qui fuerit Blae et Bludie, prius debet exaudiri, si prius venerit ad querimoniam suam faciendam, etc.*

☞ Saxonibus *Blac*, Niger, Ater; *Blod*, Sanguis : a quibus vocabulis *Blæ* et *Bludie* derivata fuisse docemur ipsa vocum vicinitate. *Blæ* igitur idem est quod niger ex acceptis plagis, sive ut magis Latine dicam, Lividus, *Bludie* vero Sanguinolentus. [** *Blae*, non idem quod *blac*, sed Danic. *Blå*, Anglos. *Bleo*, hodie Angli dicunt *blue*, Germ. *blau*, Cæruleus; unde formula *Blau und blutig*, Lividus et sanguinolentus, Frisonibus *Blaw jeftha blôdich*. Vide Grimmii Antiq. Jur. Germ. pag. 10. et 11. Ita etiam interpretatur Adelungius.]

BLAERIA, Gallis, *Droit de Blairie*, [Occitanis *Bladade*,] jus pascendi pascua in *Bladaris*, seu agris, in quibus *Bladum* vel triticum demessum est, quod soli feudi domino, qui *Seigneur Blayer* dicitur, intra suam jurisdictionem, et illius vassallis et subditis competit, ita ut vicinis alterius jurisdictionis ea facultas interdicta sit. Vide Consuetud. Nivernensem cap. 3. art. 1. et seq. et ibi Coquillium quæst. 263. Legi præterea in Adversariis MSS. Augusti Gallandi Patroni Parisiensis celeberrimi et doctissimi, vocem *Blairie*, in Episcopatu Matisconensi interdum sumi pro præstatione aliquot *garbarum bladi* tempore messis, a tenentibus, verbi gratia sex *garbarum sicalæ*, et in agris pinguioribus sex *garbarum frumenti* : et de familiis, quæ non tenent *boves aratorios*, 3. *garbarum*, et de singulis familiis sex ovorum in festo Paschatis. Cujus quidem præstationis gratia dominus tenetur nominare in media Quadragesima duos *Messarios* qui messes et vineas recte custodiant, et in forefacto deprehensos in loci carceres adducant. Charta ann. 1248. in Bibliotheca Cluniacensi pag. 1515 : *Inventum est nos in tota terra dicta Cluniacensis Ecclesiæ, infra terminos antedictos, nullam Justitiam altam vel bassam, Blaeriam, aut Praeriam, aut usagium... aut aliquod jus habere.* Alia ann. 1278. ibid pag. 1533 : *In quibus (terris) ego et heredes mei nullam habebimus Blaeriam, seu jurisdictionem.* Aresta ann. 1266. in 1. Regesto Parlamenti fol. 45 : *Dicebat quod... esset in saisina justitiæ et Blaeriæ totius terræ suæ, etc.* Est autem proprie *Blaeria*, ager cum ipsa messe. Consuet. *de Resai* in Biturigib. art. 12. apud Thomasserium : *Bleds en Bleerie, et vignes en vignobles sont gardables et defensables, etc.*

* *Blarie*, Ipsa bladorum, quæ ratione *terragii* debentur, collectio, in Charta Will. comit. Pontiv. ann. 1202. ex Lib. albo domus publ. Abbavil. fol. 176. v°. : *Et se la Blarie de mon terrage faloit en tele maniere qu'ilz n'aient leurs mesures ou muison, je leur parferay à mon molin. Blaverie* vero, Tributum quod ex blado venum adducto exigitur, in Charta Margar. comit. Fland. ann. 1274. ex Chartul. 1. Fland. in Cam. Comput. Insul. ch. 266 : *Nous avons donné à loyal cense..... no tonliu dou blei, ... no Blaverie de Bynch, etc.* Chartul. Hannoniæ fol. 72. r°. ex ead. Cam. : *Et si a li quens à Binch se Blaverie. Si prent on de chescun car ki amaine bleit, avaine u autre grain pour vendre iiij. den. dele carete, ij den. dele kevalée j. den. et dou fais à col j. den.* Haud scio an eo referendum sit quod legitur in Ch. ann. 1347. ex Reg. 76. Chartoph. reg. ch. 368 : *Item le paage et la boiste de Blesance, et les proffis et émolumens venanz à laditte boiste.*

* BLAERIUS, BLAIERIARIUS, Bladorum seu messium, aliorumve fructuum custos, *messarius*, nostris *Blaier, Bleer* et *Bleier*, cujus officium *Blarie* et *Blerie* dicitur; *Blaierie* vero, tempus ipsum, quo messes servantur. Charta ann. 1281. inter Probat. ult. Hist. Trenorch. pag. 218 : *Item super eo quod castellanus Cuysiriaci posuerat Blaerium in terris moventibus a domo Pristiaci, et de novo.* Ubi pag. 219. leg. *Blaeriam*, pro *Blaerium.* Alia Joan. dom. Castrivil. et Luziaci ann. 1279. in Chartul. Cluniac. ch. 307 : *Vendidit dicto Hugoni..... blaeriam in terris bugeriis, in sexta parte ad dictum prioratum pertinente, volens et concedens quod dicti Hugonis Blaieriarius...... currat pro sexta parte et omni juridictione utatur.* Libert. villæ *de Tannay* ann. 1352. tom. 6. Ordinat. reg. Franc. pag. 61. art. 13 : *Lidiz sergenz aura pour lui aidier, à ses fraiz, coux et missions un vallet.... comme vingneur ou Blaier, ou temps de Blaierie, que l'en garde les vingnes.* Lit. remiss. ann. 1373. in Reg. 104. Chartoph. reg. ch. 306 : *Perrin Coton Bléer ou garde des blez, gaaignages et pasturages du seigneur de Vendat, etc.* Aliæ ann. 1381. in Reg 119. ch. 412 : *Guillaume Bertrant, qui estoit Bleier du seigneur et de la dame dudit lieu de Laval* (en Charolois) *trouva en un pré en la juridiction de sa Berie* (leg. Blerie) *deux beufs pasturans.* Aliæ ann. 1397. in Reg. 152. ch. 3 : *Lequel Lambert avoit esté fait nouvel Bleyer, si comme l'en dit, et garde des blez pour lesdiz religieux de la Ferté; lequel Bleyer, etc.* Aliæ denique ann. 1406. in Reg. 161. ch. 122 : *Le suppliant et Jehan Oudet estoient Blaiers de Villers le Nois;...... ilz alerent ès mettes de leur Blarie pour espier les bestes des marchans, qui passoient par les mettes de leur ditte Blarie.* Vide supra *Bladerius.*

¶ 1. BLAFEMARE, pro Blasphemare. Constitutio Ludovici Regis Siciliæ et Jerusalem ann. 1352. e cod. MS. D. *Brunet* fol. 99. sic inscribitur : *Constitutio contra illos, qui nomen Dei et Virginis matris suæ Blafemant.*

* 2. BLAFEMARE, pro *Blasphemare*, Infamare. Vide in hac voce. Lit. remiss. ann. 1348. in Reg. 77. Chartoph. reg. ch. 250 : *Fuit et est idem reus de et super præmissis omnibus et singulis apud bonos et graves, palam et publice diffamatus, Blafematus, divulgatus, increpatus multipliciter.*

** BLAFFABILITAS, Vis latrandi, satis ridicule in Vocab. Theuton. ap. Richeium in Idiot. Hamburg. pag. 435. a voce Germ. infer. *Blaffen*, Latrare. ADEL.

¶ BLAFFARDUS, Monetæ species. Adrianus de Veteri-busco de Rebus Leodiensibus apud Marten. tom. 4. Ampliss. Collect. col. 1231 : *Electum petivit subsidium a Clero quod concessum fuit ad duos terminos, scilicet pro modio speltæ unum Blaffardum.* Regestum Parlamenti ann. 1450. apud Baluz. tom. 2. Hist. Arvern. pag. 390 : *Quoniam dicta dos ad minus tam magna et in tanta summa soluta non fuerat; aut si soluta fuerat, hoc in Moneta Blafardorum et parvi valoris extiterat. Et esto quod dicta summa in moneta forti soluta fuisset, attamen, etc.* Cum hic moneta fortis, seu moneta purior minusque adultera, monetæ *Blafardorum* opponatur, hanc materiæ mixtæ magisque adulteratæ monetam fuisse, manifestum est. Gallis *Blafard*, Pallens, pallidus; item Aurum necdum a fece separatum. Vide *Balgart.* [** Germ. Rhenanis *Blaffert* etiamnum est semissis, seu moneta sex teruunciorum, eim *Sechser.* ADEL.]

* Eadem quæ *Albus* vel *Blancus* alibi dicitur.

¶ BLAGUM, pro *Bladum.* Locus est in *Seria* sub finem.

* BLAITHMAICUS, Pulcher filius, ex *Brah* vel *Braa*, Pulcher, et *Mac*, filius, Hibernis. Walafr. Strabo in vita S. Blaithmaici sæc. 3. Bened. part. 2. pag. 439. :

Cujus honorandum nomen sermone Latino
Pulcher natus adest; etc.

¶ BLAIUM, Eadem notione, qua *Bladum;* quod videas.

BLAKMALE, Tributum quod Angli vel Scoti invicem limitanei potenti alicui limitaneo pendebant, ut a prædonibus ultro citroque incurrentibus tuti essent. Ita vero appellatur, quod juxta pendentium tenuitatem ære vel obsoniis plerumque præstaretur, non argento; vel quod tenue esset, ac æreum numisma, quod etiam nostri *Blanque*, seu *Blanche maille* dicunt. Saxonibus et Angl. quippe *Blac* et *Black*, est niger; *maille*, minutior moneta ita appellata. Hinc frequens Picardis nostris loquendi formula, de eo qui ne unum quidem denarium habet aut possidet : *Il n'a pas une blanque maille.*

¶ 1. BLANCA, Vidua, a vestitus colore sic dicta. Severtius in Guidone II. Archiep. Lugd. : *quippe sic mos est Reginas viduas olim candido superindutas*, *Blancas passim ac semper ideo appellari*, (*teste nuper Lotharingiana Henrici tertii vidua ad Molinenses Galliæ*) *niveum fere velum libere ad faciem gerentes ritu Monialium*. Ubi idem Severtius monet Historicos perperam matri S. Ludovici *Blanchæ* nomen uti proprium tribuisse, quæ *Clementia* vere nuncupabatur, cum *Blancha* vocitata tantum fuerit ob longam ejus viduitatem.

* Sententiam Severtii, quam facile esset pluribus argumentis demonstrare, inter cætera firmant Lit. Caroli VI. reg. Franc. ann. 1398. in Reg. *Olim* parlam. Paris. fol. 150. ubi reginam matrem suam, quæ Joanna Borbonia cognominabatur, *Blancham*, appellat. Sic et altera Joannis regis uxor Joanna, eodem *Blanchæ* nomine designatur, in Chron. MS. Bertrandi Guesclini :

Et lors la royne Blanche, une dame gentis.

* Alteram ejusdem appellationis rationem docet nos Will. Godellus in Chron. tom. 10. Collect. Histor. Franc. pag. 262 : *Robertus rex Constantiam, cognomento ob suæ pulchritudinis immensitatem Candidam, puellam accepit uxorem*. Eadem rursum occurrunt ibid. pag. 277. Quæ vernacule in Compend. Hist. Franc. ibid. pag. 279. sic redduntur : *Cestui rois Robert..... prist une autre pucele a moulier, qui ot non Coustance, qui estoit de si tres grant biauté, que ele avoit le sornon de Blanche.*

2. **BLANCA**, Monetæ species. Vide *Blancus.*

¶ 1. **BLANCARDUS**, Lignum S. Crucis in Ecclesia Turonensi, forte sic olim dictum, quod in cruce tantæ molis includeretur, ut nonnisi in *Blanchardo* seu *Brancardo*, Gallis *Brancard* humeris gestaretur. Marten. tom. 1. col. 188 : *Tunc adstantibus quamplurimis et Clericis et Laicis in Choro S. Mauritii ipse Gaufridus... super lignum Domini, quod vocatur Blancardus, manu propria juravit*. Vide *Benna* et

* 2. **BLANCARDUS**, Parmensibus nuncupabatur *Carrocium*, seu currus, in quo vexillum totius exercitus præcipuum imponebatur. Chron. Estense apud Murator. tom. 15. Script. Ital. ad ann. 1281 : *Ipsi fecerunt valde bene præparare carrocium Parmæ, et pingere de novo : et fecit fieri vexillum de novo : qui carrocius vocabatur Blancardus*. Vide *Carrocium*. Neque fortassis aliunde accersenda est nominis *Blancardi* origo, particulæ S. Crucis, quæ in ecclesia Turonensi asservabatur, inditi; Crux quippe præcipuum est Christianorum vexillum.

¶ **BLANCARIA**, Officina coriaria, ubi aptantur et subiguntur coria, vel ars ipsa coria subigendi. Statuta Massil. pag. 139 : *De statuendis tribus probis viris super ministerio Blancariæ. Statuimus ut eligantur.... tres discreti viri et fideles, et idonei in officio Blancariæ, qui debeant curare et inquirere, ut adobum Blancariæ bene et fideliter peragatur, et qui etiam habeant curam, quod nullus audeat afferre in Massiliam herbas incameratas seu mixtas, imo illæ quæ apportabuntur, apportentur in Massilia mundæ*. Ibid. pag. 175: *Teneantur adducere aquam Jarreni versus Massiliam ad ortos et Blancarias adaquandas*. Et pag. 306 : *Constituimus ut omnes illi, qui erunt constituti a curia tam super ministerio curateriæ quam Blancariæ, teneantur speciali sacramento quod ipsi bona fide et sine dolo faciant jurare omnes Blancarios, qui faciunt aptari, et operarios suos qui pelles aptandas accipiunt, et omnes operarios suos, qui cum eis, vel eorum loquerio, in dictis operatoriis operabuntur, ne perturbent, vel misceant, vel tribulent suas calquerias, vel torcularia, quando eas vel ea curabunt.*

¶ **BLANCARIUS**, Coriarius, Gall. *Corroyeur, Tanneur*. Vide *Blancaria* et *Blanquerius.*

¶ **BLANCHA** Micha, vulgo *Miche Blanche*, Parvus panis triticeus, in Necrol. gio MS. Abbatiæ S. Petri de Casis ad 25. Martii.

* **BLANCHA**. Pariag. inter. reg. et monachos Grandis silvæ ann. 1290. in Reg. 152. Chartoph. reg. ch. 25 : *Item in furnis, Blanchis, tabulis, leudis, salinis, portibus, etc.* Sed leg. *Banchis*, stallum scilicet seu mensa, ubi mercatores merces suas venum exponunt; vel *Blancheriis*. Vide in hac voce.

BLANCHARDUS, Color equi. Le Roman *de Gaydon* MS. :

Tint un espié, si ot brochié Blanchart.

¶ **BLANCHERIA**, Officina ceræ, vel telæ candefaciendæ, Gall. *Blancherie*. Charta anni 1315. Hist. Delphin. tom. 1. pag. 30 : *Nos Johannes Dalphinus... ex causa permutationis tradimus... pro castro de Perogiis villas... cum aliis juribus omnibus, molendinis, Blancheriis, venationibus, stagnis, etc.* Ibidem pag. 97. in Charta anni 1309 : *Et solet ibidem esse Blancheria telarum quæ valebat, ut dicitur, 30. libras per annum.*

¶ **BLANCHETUM**, Indusium laneum seu thorax interior lanea, apud Lobinellum Hist. Britan. tom. 2. pag. 550 : *Et se ponebat supra pannum laneum vocatum Langueul Gallice, seu super sergiam, sine lintheaminibus lineis, et ibi jacebat in Blancheto suo.* Ibidem pag. 561 : *Dicit quod D. Carolus Blancheto absque camisio primo utebatur, et postea assumpsit cilicium*. Spicil. Fontanell. MS. pag. 235 : *Duo paria caligarum, tria pellicia, unum Blanchetum vel una gunella pro tercio, etc.* Statuta reformationis Monasterii S. Claudii ann. 1448 : *Item de capuciis et vestibus inferioribus, sive Blanchetis atque aliis regularibus vestimentis*. Maclovii thoraces interiores etiamnum *Blanchets* appellantur.

* *Blanchet*, eadem notione, in Lit. remiss. ann. 1400. ex Reg. 155. Chartoph. reg. ch. 30 : *Quatre aulnes de drap Turquois, retrait et retondu, un nuef Blanchet doublé de toille, à poingnées rouges, etc.*

¶ **BLANCHETUS**, Panni genus, opinor, albi, a Gallico *Blanc*. Hist. Dalphin. tom. 2. pag. 236. col. 2. ex Charta anni 1333 : *Item, pauperibus Christi fiant MM. tunicæ ad induendos eos de Blancheto*. Nova Gall. Christ. tom. 4. col. 1152. A : *Statuit Abbas, ut deinceps caligæ de tela, et totidem ac antea solebant dari de Blancheto cum iisdem de Blancheto ex peculio Abbatis Fratribus dentur*. Vide *Blanketus.*

* Nostris etiam *Blanchet*. Lit. remiss. ann. 1377. in Reg. 111. Chartoph. reg. ch. 352 : *Trois paires de drap de lit, une paire de chauces de Blanchet*. Stat. MSS. monial. Congregat. Casal. Bened. cap. 8 : *Le lit garny de couette et de paille, traversier et oreillier de plume et Blanchet pour linceulx, etc.* In usu est etiamnunc sub eodem nomine apud monachos Congregat. S. Mauri. Aliud vero sonat, in Lit. remiss. ann. 1476. ex Reg. 195. ch. 1592 : *Le suppliant joua et tira d'un arc..... par deux ou trois cops auprès du Blanchet, qui estoit opposé esdites butes, ainsi qu'il est acoustumé*. Ubi Album seu scopus est, vulgo *Blanc*. Vide infra *Blanquetus* et in *Pannus.*

* **BLANCHIA**, Locus alnis vel populis albis consitus, idem quod supra *Alberia*. Charta ann. 1316. ex schedis Pr. *de Mazaugues* : *Item convenerunt..... quod nemo audeat Blanchiam scindere*. Nisi legendum putes *Blachiam*. Vide in hac voce et supra *Blacha.*

BLANCHIATURA. Patent. Edwardi II. Regis Angliæ memb. 12. part. 2 : *Thomas Comes Lancastr.... concessit 10. sol. 4. denar. reditus, exeuntes de quibusdam jumentis in villa de C. etc. et cum Blanchiatura redditus prædicti, recipiendum per pondus, sic ut dictus Comes eum recipere solebat*. [* Album, seu tributorum et consuetudinum programma. Vide supra *Albus* 3.] ** Conf. *Arsura*, 1.

¶ **BLANCHUS** seu **Blancus**, Albus, Candidus, Gall. *Blanc*, unde, ut censent quidam, nomen proprium *Blancha*, nostris *Blanche*. Vide Spicil. Acher. tom. 2. pag. 805. 807. et 815. Chr. Parmense ad ann. 1281. Statuta Massil. pag. 303. et *Blanca*, 1.

* **BLANCIARE**, Inepte et stulte loqui. Glossar. Lat. Gall. ex Cod. reg. 7679 : *Blanciare, follement parler*. Leg. *Blaterare*. Vide *Blas.*

¶ 1. **BLANCUS**, pro panno, fortassis candido, nude sumitur in Notitia Ecclesiæ Diniensis per Gassendum edit. Paris. 1654. pag. 120. ad annum 1420 : *Catharina vidua Rostagni Noverii promisit raupam de Blanco pretii trium florenorum.*

2. **BLANCUS**, Monetæ minutioris argenteæ, vel ære et argento mixtæ species, vulgo *Blanc*. *Solidi blanci*, in Charta Joannis Angl. in tom. 1. Monastici Angl. pag. 352.

* Charta ann. 1198. in Chartul. Clarifont. ch. 52 : *Prædicti fratres ad solutionem duodecim Blancorum singulis annis in perpetuum ecclesiæ sacerdoti tenebuntur*. Alia ann. 1205. ex Chartul. Montis S. Martini ch. 53 : *Novem libræ et dimidia Blancorum, etc.* Unde *Blanchée*, Valor unius *blanci*, in Lit. remiss. ann. 1351. ex Reg. 185. Chartoph. reg. ch. 188 : *Icellui Page dist qu'il vouloit avoir deux Blanchées de son pain.*

Blanca, Eadem notione, in Domesdei tit. Norfolc. : *Totum valebat tunc 7. et dimid. Blancas, cum consuetudine 30. solidor.* Vide *Albus*. De vocis *Blancus*, pro *Albus* etymo, vide Octav. Ferrarium in Orig. Ital. [et Menagium in Gallicis.]

1. **BLANDA**. Fleta lib. 2. cap. 41. § 2 : *In bosco,... in blandis, brueriis, masiscis, turbariis*. Sed legendum videtur *landis*. Vide *Landa*. Alias in Comitatu Forensi, *Blande*, pro *Joagio* accipitur : unde proverbium, *Feu mort, Blande cesse*. Vetus Charta : *Pour blande, avoine deux rai, deux gelines*

rendables avec lots et ventes, etc. Rursum : *Pour blande, taille baptizée, avoine, etc.*

* Pro *Branda*, ex mutatione haud infrequenti *r* in *l*. Est autem *Blanda*, ut et *Branda*, Locus dumetis et vepribus consitus. Vide mox *Blandeium*.

¶ 2. **BLANDA**, Munus, donum, f. a *Blandus* sic dictum, quod munus ei, cui offertur, *Blandum* sit et gratum. Antiqua Statuta Arelat. tit. 130 : *Speciatores non faciant societatem cum medicis nec accipiant ab eis servitium nec Blandas, nisi essent de cibo et potu.* Vide *Blandum*.

* **BLANDECTUS**, Albus, candidus, Gall. *Blanc*. Charta ann. 1266. ex Tabul. S. Vict. Massil. : *Alia planeta de sendato, Blandecto camisio, amicto et manipulo.* Nisi pars sit vestis ecclesiasticæ.

* *Blandurel*, Pomi species, *Blandureau* Rabelais. lib. 3. cap. 43. Pictonibus *Blandilalie*. Lit. remiss. ann. 1369. in Reg. 100. Chartoph. reg. ch. 52 : *Icellui rendu apporta audit Eloy une pomme de mainnet, en lui disant, tient Eloy, Gillette le t'envoye : auquel ledit Eloy respondy, je l'amasse mieux de Blandurel.*

* **BLANDEIUM**, pro *Brandeium*, ut supra *Blanda* 1. Charta ann. 1328. in Reg. 65. bis Chartoph. reg. ch. 323 : *Item acquisiverunt..... in parrochia de Champanhaco unum Blandeium, etc.*

¶ **BLANDELLA**, *Clavis, vestis purpurata.* Papias MS.

* Legendum forte *Clamis*, pro Chlamys. [** Leg. *Bandella*, *Clavus, etc.* Glossema hoc non est in Papiæ cod. reg. 7609.]

* **BLANDERIA** pro *Banderia*, vexillum, in Annal. Victor. MSS. ad ann. 1334.

BLANDICELLUS, Ugutio : *Blandulus, aliquantulum blandus : unde blandicellus dicitur, unde Blandicella dicuntur verba diminutiva.* [** Ex Festo Paul. Diac. Lindemann. pag. 29.]

1. **BLANDIMENTUM**, Consensus. Vetus Notitia exarata sub Lothario Imp. ann. 840. [844] apud Sammarthanos in Episcopis Massiliensibus n. 17 : *Et dixerunt per illud sacramentum, quod ipsi juratum habebant, quod diebus vitæ eorum, et temporibus Lethulfi Comitis, qualiter in ipsis præceptis continebatur, taliter ad ipsam casam Dei prætatum de ipso teloneo semper viderant, qualiter Vicedominus, vel ejus ministerialis S. Victoris cum suos participes in omnibus ordinassent absque Blandimento de Comitibus vel Vicariis Arelatensibus.* [Annal. Bened. tom. 4. pag. 156. n. 16 : *Monasterio donat... locum eremum, qui vocatur Podio-alto : ut ipse Abbas et Monachi faciant ibi mansiones et curtes ad jumenta sua et pecora alenda, absque ullius hominis Blandimento seu exactione.* Vide *Ballia*.]

BLANDITIA, Consensus, laudamentum. Tabularium Ecclesiæ Gratianopolitanæ sub Hugone Episcopo fol. 48 : *Qui debet apprehendere de prædicta roveria quidquid necessarium illi fuerit, tamen cum licentia vel Blanditia de ipsis Dominis qui ipsam roveriam possident atque defendunt.* Vide Raguellum in voce *Reblandir*.

* 2. **BLANDIMENTUM**, Præstatio, quæ pro *laudamento* seu consensu domino solvitur ex jure vel ex consuetudine. Charta ann. 1163. inter Probat. tom. 2. Hist. Occit. col. 591 : *Tali vero pacto concedo vobis..... prædictam fortiam et munitionem habendam, tenendam et possidendam in perpetuum, ut numquam pro prædicta fortia mihi vel successoribus meis, aut alicui hominum aliquod servitium vel Blandimentum faciatis.*

BLANDIOSUS. Gloss. MS. Regiæ Bibl. : *Affabilis, magni favoris, Blandiosus.* Infra : *Blandiosus, Affabilis.* [Papias MS. : *Blandiosus, Affabilis, communis*, f. legendum, *Comis*.]

* Hinc nostris *Blandicieux* et *Blandissant*. Lit. remiss. ann. 1459. in Reg. 188. Chartoph. reg. ch. 129 : *Jaques du Plesseys charga tant de parolles Blandicieuses le suppliant, que, etc.* Liber inscriptus *la Pénitence d'Adam* MS. cap. 3 : *Le dyable Sathan..... prist la semblance d'ung serpent, qui lors estoit beste amyable et Blandissant. Blancheur*, non diversa notione, in Lit. remiss. ann. 1446. ex Reg. 176. ch. 489 : *Jehan Ocquier dist au suppliant qu'il n'estoit qu'ung Blancheur, flateur, et autres parolles malgracieuses.* Unde *Blandes paroles*, Blanda verba, in aliis Lit. ann. 1359. ex Reg. 87. ch. 251 : *Lesquels eussent enduit par Blandes paroles et fausses inductions le suppliant d'aler avecques eulx.* Ita et a Lat. Blandiri, *Blandir* dixerunt. Gesta Ludov. Pii cap. 22 : *Après le Blandi et assouaja par douces paroles.*

¶ **BLANDIRI**, Ambire, cupere, affectare, Concil. Hispan. tom. 3. pag. 43. col. 1. in Indice veterum Canonum : *De iis qui sibi regnum Blandiuntur spe, Rege superstite.*

¶ **BLANDITIA**. Vide post *Blandimentum*.

BLANDITIUM, Κολάκευμα, in Gloss. Græc. Lat. Blanditiæ, Gallis *Blandices*.

* **BLANDO**, **BLANDONUS**, pro *Brando*, *Brandonus*, Fax, tæda, funale. Constit. Feder. reg. Sicil. cap. 98 : *Item quod licitum sit de die facere in nuptiis sollemnitates ad libitum; de nocte autem nullus vadat ad nuptias, vel moretur in eis cum Blandonibus, vel sine Blandonibus, nisi nubentes sint viduæ; ..... et deinde redire ad domos suas cum Blandonibus usque ad sex, qui sint sponsi, et sex sponsæ. Itaque numerus Blandonorum duodecim nullatenus excedatur, ... videlicet si sint comites et magnates, cum Blandonibus usque ad sex; et si sint alterius inferioris gradus, usque ad Blandonos quatuor tantum. Ita quod cum pervenerint ad domos nuptiarum, Blandoni ipsi statim extinguantur, sub pœna unciarum sex.* Vide *Brando* 1.

¶ **BLANDOR**, *Ambitiosus*, γόης, κόλαξ. Gloss. Lat. Gr. Vide *Blandiri*.

BLANDUM. Observantiæ Regni Aragon. lib. 5. tit. de Jure dotium § 29 : *Item, si certum possit esse et probari, quod maritus pecuniam, quam mutuo recipit, vel Blandum, vel aliam rem expendit in necessariis domus, in comedendo vel bibendo, etc.* [Vide *Blanda*, 2.]

BLANHORNUM. Leges Adelstani de Hundredis cap. 8 : *Pecoris ticimium, et canis oppa, et Blanhornum, horum trium singulum est unum solidum valens, et unumquodque reputatur melda, id est manifestatio.* Saxonibus blan est *cessatio*, horn, cornu quod inflatur. Pro voce *ticimium*, Somnerus reponendum putat *tintinnum*, i. tintinnabulum. [** Rubrica habet : *De precio ticimii pecoris et ope canis Blanhorn.* Prima vocis pars f. formata a Blawan, Flare.]

¶ **BLANIUM SATHANÆ**, Pannus, ut opinor, bombycinus, et f. candidus, quem vulgo appellamus *Satin*. Rymer. tom. 8. pag. 76. col. 1. ex Testamento Richardi II. Regis Anglorum : *Item volumus et ordinamus, quod corpus nostrum in velveto vel sathanœ Blanio, more Regio, vestiatur, vel etiam interretur, una cum corona et sceptro regiis deauratis, absque tamen quibuscumque lapidibus, etc.*

¶ **BLANKETUS**, Genus panni fortassis candidi, a Gallico, *Blanc*, apud Rymer. tom. 7. pag. 356. col. 1 : *Unam peciam de Blanketo continentem sex alas.* Idem tom. 8. pag. 51. col. 1 : *Cum quatuor pannis de russeto et sex pannis de Blanketto integris... pro vestura sua.* Vide *Blanchetum*, et *Blanquetum*.

¶ **BLANKETUS**, ab Anglico *Blanket*, nostris, *Blanchet*, Lodix lanea, Stragula, apud eumdem Rymer. tom. 7. pag. 356. col. 1 : *Quinque paria linthiaminum, et duos Blanketos pro uno lecto.* Vide *Blanchetum*.

BLANPUM, Papiæ, *Genus navis*. Sic duo MSS. Editus habet *Blandum*.

* **BLANQUERIA**, Officina telæ candefaciendæ, vel ubi panni parantur, Gall. *Blancherie; Blanquerie*, in Lit. remiss. ann. 1451. ex Reg. 185. Chartoph. reg. ch. 177 : *Devant les boutiques de la leuderie et Blanquerie de Beseirs, etc.* Charta ann. 1350. in Reg. 78. ch. 282 : *Cum ad quandam Blanqueriam.... accessissent, et de operario dictæ Blanqueriæ.... quandam quantitatem telarum accepissent, etc.* Ch. 287. in Reg. 138 : *Item a Petro Bedocii paratore Narbonensi quoddam hospitium, in quo est operatorium Blanqueriæ, situm in Bellovidere.* Vide *Blancheria*.

* Charta ann. 1319. in Reg. 61. Chartoph.

¶ **BLANQUERIUS**, Coriarius, Gall. *Corroyeur, Tanneur.* Statuta Massil. pag. 139 : *Nullus Blanquerius audeat de cætero emere herbas incameratas seu mixtas vel de eis operari, et quisque qui cordoanum apportaverit seu adobaverit, etc.* Vide *Blancaria*.

* Charta ann. 1319. in Reg. 61. Chartoph. reg. ch. 80 : *Bernardus Camboni Blanquerius de Carcassona, etc.*

¶ **BLANQUETUS**, Idem quod *Blanketus*. Notitia Ecclesiæ Diniensis per Gassendum edit. Paris. 1654. pag. 120. ad annum 1420 : *Teneatur Pater induere et calceare. Promisit dare unum lectum et unum raupam de Blanqueto.* Occurrit iterum in Capitulis generalibus MSS. S. Victoris Massiliensis, pro veste candidâ quam deferebant olim Monachi ejusdem Monasterii.

* Stat. ann. 1317. in Reg. A. Cam. Comput. Paris. fol. 196. r°. : *Item quod panni minores albi et in albo parati more solito et perfecti, qui Blanqueti dicuntur, etc.* Vide supra *Blanchetus*.

BLANX, *Scabellum*. Glossæ MS.

* Leg. *Blax*. Vide Scaliger. ad Festum in *Blaterare*.

* **BLAQUERIUM**. Vide supra in *Blacha*.

¶ **BLAS**, *Stultus, unde Blaterare, Stulte loqui.* Papias MS. *Blas, atis, Stultus et insipiens, hinc Blatus, idem.* Glossar. MS. Montis S. Eligii Atrebat.: *Blax, Stultus, unde Blaterari.* In Auctario Janssonii ad Glossarium Isid. Græcis βλὰξ est Hebes, socors, ignavus, iners, unde Latinæ vocis origo.

BLASERIUS, Incendiarius, vox Saxonica, a Blase, vel Blæse, Fax, tæda, torris, unde Anglis *blaze*, ustulare. Leges Athelstani Regis Angl. apud Bromptonum [** Concil. Greatlag. cap. 7.]: *Dictum est de Blaseriis et murdritoribus, ut augeatur hujus abnegationis tripliciter, et majoretur judiciale ferrum, ut appendat* 60. *sol.* Hinc forte nostris *blesser.*

* **BLASFEMUS**, pro Blasphemus. Acta S. Cassiani in Antiq. Hortæ pag. 346:

Blasfemus tenebras postquam properavit avernas.

* **BLASIMARE**, ab Italico *Biasimare*, Vituperare, ut mox *Blasphemare.* Lit. pro Pisanis apud Lam. in Delic. erudit. inter not. ad Hist. Sicul. Bonincont. part. 1. pag. 199: *Ut nullus Christianus tortum patiatur, ... ut curia nostra Blasimata non fiat.*

** Blasimus. Erchempert. Histor. Longob. cap. 12. ap. Pertz. vol. Script. 3. pag. 245: *Multa sacrilega ac Blasima patrabat.*

¶ **BLASIUS**, An pro *Blæsus?* locum vide in *Ponticus.*

BLASMA, Reprehensio, Gallis *Blasme.* Constitutiones Catalaniæ inter dominos et vassallos MSS. cap. 51: *Si Miles qui emit castrum, est ita honoratus homo, ex quo Castlanus possit esse suus homo sine verecundia et reprehensione seu Blasma, etc.* [** Vernacule in Constit. Catalon. lib. 4. tit. 27. § 7. Usus Catal.: *Sens vergonya, o reprehensio, o blasme.*] Vide *Blasphemia.*

¶ **BLASMARE**, Idem quod infra *Blasphemare.* Chron. Parmense ad ann. 1247. apud Murator. tom. 9. col. 771: *Reddit ipsum in fortiam domini Imperatoris, eo quod Commune Parmæ noluit ipsum D. Abertum recipere apud Burgum Sancti Domini ad standum cum bannitis; quod quidem fuit valde Blasmatum.*

BLASPHEMARE, Vituperare, damnare, culpare, infamare, nostris *Blasmer*, Italis *Biasimare.* S. Cyprianus Espist. ad Pompeium: *Quem Marcion secutus, additis ad crimen augmentis, impudentius cæteris et abruptius in Deum Patrem Creatorem Blasphemare instituit.* Anonymi Epist. 7. tom. 9. Operum S. Hieronymi: *Quod nobis etiam ut non in Dei Martyres accidat, præcavendum est, si eos quos prior ætas insecuta est, nostra Blasphemet.* Gregorius Turon. lib. 5. Hist. cap. 46: *Sacerdotes Domini assidue Blasphemabat.* Adalardus in Statutis Corbeiensis Monasterii lib. 1. cap. 1: *Ne propter aliquam turpitudinem illarum religio Monasterii Blasphemetur.* Constantin. Africanus lib. 5. Comm. locor. medic. cap. 15: *Quicunque ergo comesturus est azymos panes, vel alios superius Blasphematos, comedat eum cum calidis atque diureticis.* Matthæus Vindocin. in Thobia:

Nubat honos oneri, nec onus Blasphemet honoris
Præsidium, nec honor diffiteatur onus.

Utuntur passim Scriptores, Fredegarius cap. 42. 80. Gesta Dagoberti Regis cap. 46. S. Columbanus in Pœnitent. sub fin. et lib. de Mensura Pœnitentiar. cap. 11. Dugalus adversus Claudium Taurinensem pag. 8. Aimoinus de Vita S. Abbonis cap. 9. lib. 4. Hist. cap. 35. Dudo lib. 1. et 2. de Gestis Normann. pag. 77. 81. Capitula Legis Salicæ cap. 3. § 6. Leges Langob. lib. 2. tit. 52. § 23. [** Lothar. I. cap. 54.] Chilienus in Vita S. Brigidæ cap. 7. Ordericus Vital. pag. 471. 806. Leo III. PP. Epist. 1. etc. Vide Henric. Valesium ad Histor. Eccles. Eusebii lib. 4. cap. 11.

☞ Occurrit etiam passim in Scripturis sacris et apud Scriptores Ecclesiasticos pro Maledicere Deo, impie loqui, Gallis *Blasphemer.* Quo sensu accipiendus est locus S. Cypriani a Cangio supra relatus. Utraque etiam notione, pro vituperare scilicet et impie in Deum vel Sanctos loqui suum βλασφημεῖν sumunt Græci. Ejusmodi autem erat blasphemorum pœnitentia quam post Gregorium PP. IX. præscribunt Statuta MSS. Eccl. Conseran. ann. 1337: *Ut in septem diebus Dominicis pro foribus ecclesiæ manifeste dum aguntur vel celebrantur Missarum solemnia blasphemus existens, ultimo illorum die Dominico pallium et calceamenta non habeat, ligatus corrigia circa collum, septemque præcedentibus certis feriis in pane jejunet et aqua, ecclesiam nullatenus ingressurus quolibet prædictorum dierum: tres si poterit, alioquin duos reficiat pauperes, sive unum.*

* *Ablasmer*, in Lit. remiss. ann. 1453. ex Reg. 184. Chartoph. reg. ch. 394: *Pour laquelle chose.....: le suppliant, son frere, et leurs parens et amis furent grandement ahontez et Ablasmez. Desblamer*, sensu opposito, pro *Disculper, justifier*, culpa purgare, crimen amovere, in aliis Lit. ann. 1372. ex Reg. 103. ch. 76: *Le suppliant se Desblama, monstra et représenta incoulpable.* Rursum aliæ ann. 1389. ex Reg. 136. ch. 268: *Pour eulx purger, Desblamer et oster de le souppechon, fait et fame, dont dessus est fait mention.* Nostris olim *Blanger, Blastenger* et *Blatenger*, eadem notione atque *Blasphemare*; unde *Blange*, vituperium, criminatio. Le Roman *de Robert le Diable* MS.:

Sire, ne sui pas homs estraignes,
Ne ne vos sai servir de Blanges,
Ne de losenges, ne de fables.

Philippus *Mouskes* in vita S. Ludov.:

L'empereris de rien ne Blange.

Idem in vita Ludov. VIII.:

Tant que li rois nel croi,
Le Bastengea, et mescroi

Le Roman *de Garin*:

De traison ne vos pui Blastengier.

Charta Phil. Aug. pro communia. Tornac. ann. 1187. ex Cod. reg. 10196. 2. 2. fol. 93. v°.: *Se aucuns homs laidenge et Blastenge autruy, s'il est convaincus par loyals tiesmoins, il payera l'amende de xl. solz, au Blastengiet xviij.* Doctrinale MS.:

Ne se venge pas bien
Qui le mauvais Blatenge.

Infra:

Que nus homs ne l'en puist.
Blatenger, ne blasmer.

* Varia fuit legibus statuta in blasphemos pœna. Nota est illa, quam S. Ludovicus regesque illius successores decreverunt, ut iis nimirum lingua ferro candente transfigeretur, vel tota etiam eradicaretur; dehinc ut labra finderentur prima et altera vice, tertia vero ut totus oris circuitus absinderetur, quod videre est supra in *Banlauca.* Capite damnantur, si ex proposito blasphemaverint, leviori pœna, si ira vel casu, in Constit. MSS. Petri III. reg. Aragon. ann. 1363: *Qui verba nefandissima Deum omnipotentem, B. Virginem M. et ejus virginitatem tangentia, et Sanctos et Sanctas Dei protulerit, si ex proposito dixerit, sive spe aliqua veniæ, moriatur. Si in ludo. rixa, vel ira, vel casu protulerit, portando per medium linguæ unam virgam ferream, fustigetur.* Longe mitior est, quam sanxit Steph. card. sub Urbano PP. VI. in Stat. MSS. ex Cod. reg. 4203: *Item volumus et ordinamus, quod nullus audeat vel præsumat linguam in blasfemiam relaxare contra Deum et matrem ejus B. V. gloriosam M. et Sanctos suos, sub pœna decem libr. et decem dierum standi in carceribus pro qualibet vice.* Stat. Avenion. ann. 1243. cap. 65: *Ordinamus quod si quis major xiiij. annis blasphemaverit Deum, vel ejus genitricem gloriosam V. M. solvat v. sol. Si vero Sanctos Dei blasphemaverit, iij. sol. nomine pœnæ solvat...:. Si autem dictam pœnam solvere noluerit, vel non poterit, projiciatur vestitus et calciatus in fossato, ubi fuerit profunda, habita cautela ne submergatur.* Stat. Mantuæ lib. 1. cap. 42. ex Cod. reg. 4620: *Ordinamus quod si quis de cætero Deum et B. M. V. blasphemaverit, vel maledixerit, seu turpiter de ipsis locutus fuerit, puniatur pœna decem librarum parvorum: et nihilominus lingua ejus ponatur in giova, et sic per unam diem stet super berlinam. Qui vero blasphemaverit aliquem Sanctorum, puniatur pœna centum solidorum, quos si non solverit infra tertiam diem, submergatur in lacu cum corbula. Blasmer*, pro *Blasphémer*, in Vita J. C. MS.:

Uns des larrons qu'ilucc estoit,
Blasmoit Dieu, et l'escarnissoit.

Blasphemare Judicium, Idem quod *Falsare sententiam*, hanc scilicet tanquam falsam impugnare, et ab ea appellare: formula etiam recepta apud practicos nostros, *Blasmer une sentence.* Olim autem qui ante judices litigaverat, dato judicio stare, aut ab eo statim appellare tenebatur, et interim dum alterum e duobus elegisset, custodiæ mandabatur: qui si appellasset ad palatium cum *apostolis* in libera custodia deducebatur, donec ejus causa discuteretur. Capitulare 2. et 4. ann. 805. cap. 8. et lib. 3. Capit. cap. 7 [** Adde Leg. Longob. Lothar. I supra laudatam.]: *De clamatoribus vel causidicis, qui nec judicium scabinorum acquiescere, nec Blasphemare volunt, antiqua consuetudo servetur, id est, ut in custodia recludantur, donec unum e duobus faciant, etc.* [** Vide Grimmii Antiq. Jur. German. pag. 865.]

¶ Blasphemator. Ludewig. Reliq. MSS. tom. 6. pag. 144 ex Diario belli Hussitici: *Unde multi et præcipue veritatis Blasphematores periculum mortis sibi timentes imminere de civitate fugierunt.*

Blasphemia, Criminatio, insimulatio, Gall. *Blasme.* S. Augustin. lib. 2. de Moribus Manichæor. cap. 11: *Est Blasphemia, cum aliqua mala dicuntur de bonis. Itaque jam vulgo Blasphemia non accipitur, nisi mala verba de Deo dicere, de hominibus namque dubitari potest.* Appendix ad. Gregor. Turon. cap. 51 : *Liberare poteras de Blasphemia hanc causam.* Capitulare 1. ann. 810. cap. 10. et ex iis Capitula Caroli C. tit. 39 [** Apud Carisiac. ann. 873. cap. 3.] : *De latronibus qui magnam habent Blasphemiam*, id est, infamiam. Adde Capitulare 1. Caroli M. ann. 802. cap. 13. 35.

* *Blasphême*, eadem acceptione, in Lit. remiss. ann. 1367. ex Reg. 97. Chartoph. reg. ch. 425 : *Pour diffamer l'estat d'icellui suppliant et donner Blasphême deshonnorable, le clama pour wilps ou coup, en reputant la femme dudit suppliant.... pour ribaude.*

¶ Blasphematio. Tertul. de Cultu femin. cap. 12 : *Optemus, ne juste Blasphemationis caussa simus.* Hoc est, ne propter nos Deus in Gentibus blasphemetur.

Blasphemium, Italis *Biasimo*. Eadem notione occurrit apud Commodianum instr. 31. Gregorium Turon. lib. 8. cap. 30. 41. lib. 9. cap. 40. lib. 10. cap. 9. Fredegarium cap. 51. Germanum Episc. in Epistola quæ habetur tom. 1. Hist. Franc. pag. 856. Leonem III. PP. Epist. 1. etc.

¶ Blasphemabilis. Tertul. de Cultu femin. : *Quanto Blasphemabile est, si quæ sacerdotes pudicitiæ dicimini, impudicarum ritu procedatis cultæ aut expictæ?*

Blasphemus, Infamis, in Capitul. Caroli Cal. tit. 39. § 2. [** 3.] pag. 393.

¶ Blasphemissima Hæresis *Priscillianorum*, in Concil. Hisp. tom. 2. pag. 172.

¶ **BLASTA**, *Purpura.* Vetus Gloss. San-German. MS. num. 501. Legendum *Blatta* : quod vide.

BLASTO. Papias : *Blasto, cubicularius.* [Sic etiam in Glossario Aniciensi MS. Glossarium vero Montis S. Eligii Atrebat. : *Blasto, onis, Cubicularius sive Hospitalarius.*] Isid. in Gloss. : *Blato, cubicularius, hospitalis.* Eadem occurrunt apud Joan. de Janua, et in Breviloquo, in *Blasto.* Ugutio habet, *Blaso, cubicularius, hospitarius.* Vide *Blato.*

¶ **BLASVEMARE**, pro *Blasphemare.* Ludewig. Reliq. MSS. tom. 2. pag. 193. ex Codicillo Frederici Imperatoris ann. 1156 : *Si quis intra terminum hujus pacis aliquem Blasvemavit, Blasvemato satisfaciens juramento se expurget.*

¶ **BLASUM.** Codex MS. Irminonis Abbatis San-German. fol. 72. v° [** Br. XIII. cap. 102. pag. 149.] : *Aitoinus persolvit medietatem mansi de sex Blasis.* [** Br. IX. cap. 150. pag. 97 : *Tenet dimidium mansum, habentem de terra arabili bunuaria VI. Facit inde Blasos VI.*]

[* Vide infra *Blida* 2.] [** Doctissimus Irminon. editor in Glossar. pecul. : Blasus, Instrumentum bellicum, telum, unde, quod inferebat vulnus, nobis videtur a nostratibus dictum *blessure.*]

¶ **BLAT**, pro *Blatum*, Frumentum, Gallice *Blé*, Vasconice *Blat.* Chartular. S. Johannis de Aurel. Diœc. Lemovic : *Qui campus dat unam cartam de Blat.* Vide *Bladum.*

* **BLATA**, ut *Blatta.* Vide in hac voce. Charta ann. circ. 761. apud Murator. tom. 2. Antiq. Ital. med. ævi col. 407 : *Pallio uno de Blata melella.*

* **BLATE**, *Lo barbastelo, e morbo de pecore.* Glossar. Lat. Ital. MS.

1. **BLATEA**, *Id quod de calceamentorum solis eraditur, seu lutum ex itinere in calceamentis collectum.* Ugutio. [Vide *Gersa.*]

* Glossar. Lat. Ital. MS. : *Blatea, lo strazo de calze.*

* 2. **BLATEA.** Lambert. *Nerden* in Tract. de Variolis, etc. ex Cod. reg. 6983. fol. 194. r° : *Est enim quædam species* (variolarum et morbillorum) *quæ a quibusdam ravallis nominatur, et a quibusdam pasticus, et a quibusdam Blatea. Verum Blateæ.... sunt morbilli, etc.* [** Germ. *Blatter* est pustula, pupula, tuberculum in summa cute protuberans et *Blattern*, Variolæ, morbilli. Adel.]

BLATERARE. Vide *Blas.*

* **BLATEREA**, *Lo sono de le rane*, in Glossar. Lat. Ital. MS.

¶ **BLATHON**, Petro Damiano, Pallium. Locus est in *Triblatton.*

1. **BLATO**, onis, *Cubicularius, Hospitalarius.* Ugutio, qui vocem deducit a *Blatero, as.* Vide *Blasto.*

¶ 2. **BLATO**, *Blæsus*, τραυλός. Gloss. Lat. Gr.

** 3. **BLATO.** *Blatit, Præcipue loquitur*, in Glossar. reg. cod. 7644. Confer Forcell. voce *Blato, as.*

BLATTA, Vermiculus, qui e *Chermes*, ut Arabes vocant, et e cocco sanguinei coloris erumpit. Paulus Diacon. in Gloss. : *Blatta, genus purpureum vermis. Blattam*, *bestiolam* esse etiam ait Marcellus Empir. cap. 34. pag. 233. *Glis sive Blatta*, apud eumdem cap. 9. pag. 82. Postea pro ipsa purpura, seu purpureo colore usurpata vox. Lex 1. Cod. Quæ res venund. non poss. : *Purpuræ, quæ Blattæ, vel oxyblatta, atque janthina dicitur.* Lampridius *Funes Blatta, et serico, et cocco intortos* dixit. Sed hæc jam nota ex his quæ pridem adnotarunt Turnebus lib. 18. Adversar. cap. 17. Cujacius, Casaubonus, Salmasius, Savaro, Jacobus Gothofredus, et alii passim. Nos etiam quædam observavimus ad Alexiadem pag. 275. [** Vide Forcellin. et Isidor. Orig. lib. 12. cap. 8. sect. 7.]

Blattam Tyriam, quam *Tyrium vellus* vocat Solinus cap. 29., commendant Sidonius Carm. 5. Senator lib. 1. Epist. 1. Anastasius, et alii. *Byzanteam*, idem Anastasius pag. 150. 151. 152. 153. *Neapolitanam*, idem in Leone III. Serapion lib. Aggregat. : *Blattæ Byzantiæ sunt ex ungulis Ostracorum, et sunt coopercula quibus teguntur in foramine suo, et meliores sunt quæ vergunt ad albedinem, et sunt odoriferæ, quorum odor trahit aliquantulum ad odorem Castorei.* Actuario, βλάττιν Βυζάντιον, ὀζοῦν τῆς ῥινὸς τῆς φορφύρας, os nempe anterius purpuræ, cujus appellationis rationem exponit Leonhardus Fuchsius lib. 1. de Compositione medicamentor. Adde eumdem ad Myrepsum sect. 1. cap. 1. 21. et 451. Ruellium lib. 1. de Natura Stirpium cap. 7.

Interdum et sæpe *Blatta*, pro ipso serico *blatta* tincto usurpant Scriptores, quam *sericoblattam* vocat Lex 10. Cod. de Murileg. quo sensu βλάττιον usurpavit Anna Commena pag. 93. Fortunatus lib. 2. de Vita S. Martini :

Inlita Blatta toris, aurumque intermicat ostro.

Blattum dixit Anastasius in Gregor. III : *Vela serica ornata blatto.*

Blattin, Idem non semel usurpat, pag. 143 : *Vela de Blattin, cortina de Blattin*, et alibi passim.

¶ Blattinium, Idem Anastasius apud Muratorium tom. 3. pag. 134. col. 2.

Blatteus, Purpureus apud Senatorem lib. 5. Epist. 34. Anastas. in Vit. PP. pag. 34. Vopiscum in Aureliano et alios. [Acta SS. Februarii tom. 1. pag. 142. B. in Vita S. Brigidæ :

Quam Blattea flamma
Texerat emisso radio flagrante superno.]

Blattea, pro *Blatta.* Fortun. lib. 2. Poem. 3 :

Serica cui niveis agnata est Blattea telis.

¶ Blattosericus. Vide *Orthoplumus.*

¶ **BLATTEARIUS**, πεταλουργός. Glossarium Latino-Græc. Est pro *Bractearius*, Gall. *Batteur d'or.*

¶ **BLATTELA**, θρόμβος αἵματος τῶν κογχυλίων. Gloss. Lat. Gr. Grumus sanguinis conchyliorum. Sunt autem Conchylia pisces seu vermes, unde purpura extrahitur.

¶ **BLATTERE**, *Blatto*, φλυαρῶ, Nugor. Glossarium Lat. Græc. Latinis est Blaterare. Vide *Blas.*

¶ **BLATTEUM**, *Lamina*, πέταλον. Gloss. Lat. Gr. Virgilius dicit *Bractea.*

¶ **BLATTIARIUS**, Idem qui *Blattearius*, nisi forte mavis a *Blatta* dictum *Blattiarius* pro eo qui sericum tingit purpura. Cod. Theod. lib. 13. tit. 4. c. 2 : *Ferrarii, marmorarii, deauratores, fusores, Blattiarii, tesselarii, artifices.*

¶ **BLATTUM.** Vide *Blatta.*

¶ **BLATUM.** Vide *Bladum.*

¶ **BLATUS**, Stultus. Vide *Blas.*

1. **BLAVA**, Blavium, Italis *Biava*, Idem quod *Bladum*, et si Pergaminus observet scribi *Biada*, non *Biava.* Charta Papiensis ann. 1179. MS : *Utrum commune et homines Portinaghi . . . ducere tenerentur Blavam eis impositam in Papiam, vel non, . . . quod non duxerunt et præsentaverunt in Papia Blavam eis primo anno impositam.* [** Tregua Trasardi ann. 1194. ap. Pertz. vol. Leg. 2. pag. 197. lin. 5. et 6.] Alia Charta ann. 1345 : *Potestas teneatur facere jurare omnes molendinarios . . . et custodire granum et Blavam, quod et quæ ad manus pervenerint, et accipere suam rationem tantum, et non ultra.* Ibidem : *Si collegerit herbam in alienis Blavis, vel leguminibus, solvat, etc.* Bulla Innocentii IV. pro Ecclesia Ferrariensi : *Vel ipsarum decimarum, tam in frumento, hordeo, faba, melica, et alia Blava et leguminibus, quam in vino, etc.* [Ogerii Panis Annal. Genuens. ad ann. 1200. apud Murator. tom. 6. col. 383 : *Et per plures dies ibi stetit vastando Blavas, vineas, et arbores per totam vallem ipsam.* Ad ann. 1211. col. 401 : *Pro custodiendis multis innumerabilibus lignis, quæ in maritima pro grano et Blava iverant, quæ cum maxima multitudine et abundantia frumenti Januam venerunt.* Unde colligere est vocem *Blava* non minus generatim accipi quam *Bladum.*] Vide Hist. Eccles. Placentinam lib. 15. pag. 77. et Statuta Veronens. lib. 8. cap. 78.

Blavium, Eadem notione, in Tabulario Absiensis Monasterii : *Dederunt . . . . . quarteria 7. Blavii, quæ habebant de arbanno in terris de Peloella, etc. A Blava*, et *Blavium*, dictus *Blavier* in Statutis Leodiens. art. 21. *Sergeant Blavier*, in Consuetud.

Altisiodor. art. 270. *Messarius* qui messium, seu frugum custodiæ invigilat.

¶ 2. **BLAVA**, Lapis cæruleus tegendis ædificiis aptus, quem Galli vocant *Ardoise*. Acta SS. April. tom. 3. pag. 393. D. de S. Franca : *Cum una scalia Blavarum oculum unum sibi perforasset.* Vide *Blavus*.

* **BLAVATUS**, Color Cæruleus, idem qud *Blavus*. Chron. Bergom. ad ann. 1406. apud Murator. tom. 16. Scrip. Ital. col. 982 : *In eo stallo acceperunt unam gonellam panni Blavati cum pomellis argenteis. Bleiu*, in Bestiario MS. ubi de Panthera :

Car si est Blanche, et inde, et Bleiue,
Et gaune, et verde, et rouse, et bise,
Coulourée est en mainte guise.

Vide infra *Bloius* et *Paludati*.

¶ **BLAVEOLUS**, Blavetum, Blaveus, Blavineus. Vide *Blavus*.

¶ **BLAVIUM**. Vide *Blava*, 1. et *Blavus*.

BLAVOTINI, Bloetini, Militaris factio in castris Flandriæ Comitis, Philippo Augusto regnante. Rigordus ann. 1213. *Bloetinos* vocat, ut et Willelmus Armoricus lib. 2. et 9. Philippidos, qui videtur innuere gentem fuisse hac appellatione, eam Flandriæ partem, quæ Furnas spectat, incolentem, ubi *Ysangrinos* collocat :

Inde movens iterum, classis legit æquoris undas,
Quod Bloetinorum candentia littora lambit,
Quaque marescosos extendit Flandria campos,
Et qua bellipotens media inter prælia terram
Sulcat Ysangrinus, gladio munitus et hasta,
Qua sola Furnus arat finibus vicina marinis.

Et lib. 9.

Jam sua per speculas Bloetinus signa levavit,
Omnis Ysangrinus, Furnites, Belga sub uno
Cœtu, Ferrando Comiti se consociarunt.

Versus Furnas illos pariter statuit Lambertus Ardensis pag. 258. dum enarrat bellum a Mathilde Lusitana Philippi Comitis Flandriæ vidua Furnensibus illatum : *Eo maxime quod Blavotinos nunquam domare vel subjugare potuit.* Alio loco, bellica virtute, et animi magnitudine præstitisse Blavotinos scripsit : *Aliique parentes ejus amici, utpote viri fortes, ausim dicere Blavotinorum patres et auctores.* Vide Chronicon Andrense ann. 1281. Meierus ann. 1206. et Malbrancus lib. 11. de Morinis cap. 7 a *Blavotorum* familia appellatos volunt. Certe in Charta Philippi Alsatii Flandriæ Comitis ann. 1181. apud Miræum in Diplom. Belg. lib. 2. cap. 44 : *Riquardus Blavort de Furnis* subscribit.

BLAVUS, Blaveus, Blavius, Bloius. Color cæruleus, ex Germanico *Blaw*, nostri *Bleu* dicunt. Salmasius ad Tertulliani Pallium, vocis etymon a Latino accersit, censetque *blutum*, seu *bleu*, dictum quasi *ablutum* et *dilutum* : quomodo *butum* pro *imbutum* habetur in Glossis Isidori. Joannes Ruellius lib. 1. de Natura stirpium cap. 7 : *Quod hactenus Galli nomen Blavei pro Blatteo retinuerunt, coloris genus satis dilutæ purpureæ, nec quovis modo saturatæ, ad cœruleum aliquatenus accedentis, etc.* Cap. 134 : *Trivialis, ut creditur, flos est, in frumentario nascens agro, et hortis quoque rusticorum et puellarum corollis, calyce rosarum, sed squaroso atque tristi, plurimis stipantibus cœruleis barbulis, unde partim a summa cœrulei coloris gratia Blaveolos, lingua nostra blaveum appellante cœruleum.* Matthæus Silvaticus : *Isatis.... est herba qua tingitur blavetum, et dicitur Blavum.* Alibi : *Sandarax, est herba de qua tingitur Blavus color.*

Blavus. Joannes Monachus in Vita S. Odonis lib. 3 : *Non induebantur similia* (vestimenta), *sed colorata, quæ nos vulgo vocamus Blava.* [Statuta Eccl. Meldensis apud Marten. tom. 4. Anecdot. col. 900 : *Et ne (Sacerdotes) cendalum habeant in pallis, nisi Blavi vel nigri coloris.*]

Blaveus. Albertus Argentin. pag. 121 : *Ipsemet autem Ludovicus duodecimus in armis Blaveis cum albis crucibus, ne cognosceretur, absque signis regiis apparebat.* M. Chronic. Belg. pag. 319 : *Clypeum Blavei coloris cui literæ aureæ per obliquum declinantes inerant. Blaveæ purpuræ*, apud Vincentium Belvac. lib. 32. cap. 30. *Clypeus Blavei coloris*, apud Gobelinum Personam ætate 6. cap. 73. Vide *Bloius*.

¶ Blavineus. Annal. Benedict. tom. 3. pag. 357. n. 14 : *Propter Blavineam cucullam, qua indutus erat.*

Blavius. Chronicon Sclawicum editum ab Erpoldo Lindenbrog. cap. 30 : *Sub parvo Blavio lapide... ossa ejus quiescunt.* Occurrit etiam in Chronic. Windesh. lib. 1. cap. 31. lib. 2. cap. 44. [et apud Martenium Anecdot. tom. 3. col. 1675.] [** Notit. ann. 1527. ap. Guden. Cod. Diplom. vol. 4. pag. 619 : *Missa celebrata per canonicos ..... in ornatu antiquo blavio samathino.*].

** Gemma Gemmarum : *Blavus, blavius, blavidus, Blawfarb. Blavidare, Blaw machen. Inde Blavidator, trix, Blawferber. Blavipes est talis avis, ein Blawfusz.*

¶ **BLAX**, Βλάκηλος, μῶρος : Supplem. Antiq. Vide *Blas*.

¶ **BLAZONARE**, Delineare figuras in scutis gentilitiis. Menoti sermones fol. 44. recto col. 1 : *O quod thema poterat tunc capere B. Antonius, qui habebat Blazonare arma hujus miseri. Blason*, *Blasonner* Gallis, ut Latinis Elogium, modo in bonam modo in malam partem sumuntur ; unde Carolus, *Fonteine*, *Art poëtique chap.* 10 : *Le Blason est une perpetuelle louange, ou continu vitupere de ce qu'on s'est proposé de Blasonner.* De vocis origine nihil certi. Vide Menagii Diction. Etymol. Linguæ Gallicæ.

* *Blason* nostris, pro ipso scuto, in quo gentilitium insigne exprimitur ; unde *Blasonnier*, scutorum opifex. Lib. 1. ordinat. super artif. Paris. ex Cam. Comput. fol. 346. v° [** Liber Steph. *Boileau*, ap. Depping. pag. 219. cap. 80.] : *Quiconques veultestre Blasonnier a Paris, c'est assavoir ouvreur et cuireur de selles et de Blason, estre le peut.* Aliud vero est vox *Blasonnement*, Irrisio nempe vel contumelia, Gall. *Dérision, outrage*, a verbo *Blasonner*, quod nostri dixerunt pro Maledicere, vituperare, Lit. remiss. ann. 1387. ex Reg. 130. Chartoph. reg. ch. 268 : *Lesquelx par maniere de Blasonnement, de injure ou autrement mistrent le suppliant en une moyau ou cuve, ... et lui getterent grant quantité d'eaue.* Vide in *Buccula* 1.

¶ **BLAZZA**, An tributum ex *Blado* venali percipiendum? Annal. Benedict. tom. 5. pag. 668. col. 1. in Charta Unfredi Comitis pro monasterio S. Michaelis : *Scilicet dimidiam Blazzam ejusdem civitatis, et dimidium portaticum, et medietatem legum et totius reditus.*

* **BLECKWLLE**, vox Germanica. Privil. textorum Berlin. ann. 1295. apud Ludewig. tom. 11. Reliq. MSS. pag. 626 : *Item prohibemus quod nulla lana in cupa fieri debeat, quæ vocatur Bleckwlle.* [** In Germ. *Bletwulle.*]

* **BLECOVEDA**. Vide infra *Bletneda*.

¶ **BLENCHUS**, a Gallico *Blanc*, Hispanis *Blanco*, Albus, argenteus. Spicil. Acher. tom. 8. pag. 386. ex Jacobi Aragoniæ Regis Edicto pacis et treugæ : *Præstantes insuper centum viginti solidos de Blencha moneta.*

BLENECTA, Species quædam anserum parvarum, apud Fridericum lib. 1. de Arte venandi cap. 6.

¶ **BLENENIA**, Stultitia. Vide *Blenones*.

¶ **BLENNI**. Vide *Blini* et mox *Blenones*.

BLENONES, Papiæ, *Impudici, hircones*. Ugutio : *Blennus, stultus, hircosus, impudicus, et hæc blenenia, stultitia.* [Glossar. Isid. *Blenones, Puditi hircorius*, mendose. Rectius Excerpta, Cerda probante, *Blenones, Putidi, hircosi.* Constantiensis, *Blennones, Impudici, hircones.* Turneb. Adversar. lib. 28. cap. 5. ex Odomastico veteri : *Blennones pudenda sunt hircorum.*]

¶ **BLENUUS**, Teter. Vide *Blini*.

¶ **BLESENSIS** Mallia, Denarius. Vide *Moneta Baronum*.

BLESSAGHA. Charta Henrici Regis Angliæ pro abbatia de Cormeliis in Normannia, tom. 2. Monastici Anglic. pag. 963. 964 : *Et ad prædictum manerium unam Blessagham, et carbonem in nemus suum*, (alias *in nemore suo*) *ad Blessagham sustinendam.*

¶ **BLESTA**, Lemovicensibus *Bleite* vel *Bleste*, Cirrus, Gall. *Toupet.* Chartular. S. Joannis de Aurel. fol. 51. v°. : *Ne injuriam ulterius facere præsumeret, pro emendatione injuriarum quas fecerat, cincinnum vel Blestam barbæ suæ tradidit in manu Domini Gaucherii* : Tabularium Vosiense fol. 40. v°. : *Omnibus hominibus notum sit, quoniam Rainaldus Ugo et uxor ejus Alaidis, et frater ejus Petrus Ugo venerunt ad Monasterium Vosiense, et in Capitulo condonaverunt se ad sepulturam in eodem Monasterio et ad monachilem habitum, quando eis voluntas fuerit, et propter hoc, ut firma esset promissio, accepit Dominus Abbas Rainaldus de capite Rainaldi Blestam, et concesserunt et dederunt, etc.* De hujusmodi donationibus per *Blestam* seu *Capillos* fusius dicetur in voce *Capilli*.

* Eo nomine videtur appellata quævis fascis ex pluribus partibus composita, unde glebam, *Bleste* et *Blaistre* dixerunt. Lit. remiss. ann. 1475. in Reg. 195. Chartoph. reg. ch. 1438 : *Icellui de l'Espine se baissa contre terre cuidant prandre une pierre, et il print une Bleste de terre.* Aliæ ann. 1479. in Reg. 206. ch. 145 : *Lesquelz enfans getterent contre icellui Engignart et le cheval plusieurs Blaistres ou poignées de terre. Bloche*, eadem notione, in Campania nostra. Lit. remiss. ann. 1400. in Reg. 155. ch. 57 : *Thomas Godin ala en une piece de terre ou champ d'avoine, ... pour icelle piece de terre rouiller à une grosse piece de bois, appellée rondeau, pour casser les Bloches, comme l'en a acoustumé de faire*

audit pays (Champagne). *Bloustre*, in aliis Lit. ann. 1416. ex Reg. 169. ch. 151 : *Lesquelz se getterent et ferirent... de deux Bloustres ou roques de terre. Bloute* vero, in Lit. ann. 1378. ex Reg. 114. ch. 36 : *Pierre Martin prist Bloutes, et commença à getter ycelles Bloutes à l'encontre dudit Thomas.* Hinc forte *Ablochier* et *Ablocquier* Picardis, pro Parietes cratitios seu ligneos muro solidare. Lit. remiss. ann. 1428. in Reg. 174. ch. 132 : *Comme le suppliant ait fait faire et édifier tout de neuf une petite granchette, ... laquelle il convenoit Ablochier de pierres de taille, etc.* Charta ann. 1426. in Chartul. sign. *Daniel* Corb. fol. 48. r° : *Sera tenus de ycelle maison Abloquier, solliver, etc.* Vide Glossar. Jur. Gall. v. *Edifices abloquiez.* Sic et ellychnium, Gall. *Méche*, ex pluribus filis compactum, Provincialibus *Blese* vel *Blé* vulgo dicitur. Glossar. Provinc. Lat. ex Cod. reg. 7657 : *Blese, Prov. funale ad candelam faciendam.* Hinc *Blestreus*, Veste laciniosa et detrita vestitus. Mirac. B. MS. V. MSS. lib. 2 :

De toutes pars est tous Blestreus,
De toutes pars est plains de treus.

¶ **BLETNEDA**, *Blada* demessa, eaque potissimum quæ ex campipartibus et agrariis colligebantur. Charta ann. circ. 1063. ex majori Chartul. S. Victoris Massil. pag. 91 : *Guillelmus Plautinus donavit altari S. Mariæ et S. Victoris Massiliensis monasterio medietatem decimi de pane, et vino, et carne, et totam Bletnedam ipsam contra S. Christoforum.* Vide *Bladagia.*

* Et vocem ipsam et propositam illius interpretationem emendo ex Charta ipsa, quam penes se habuit vir illust. memor. Pr. *de Mazaugues*, ubi sic legitur : *Item prænominati nos Guillelmus Plautinus et filii nostri dedimus eidem ecclesiæ in augmentum ipsius totam decimam, quæ ad dominium nostrum pertinebat, vel visa erat pertinere, tam in pane quam in vino, quam in carne, quam in fructibus omnibus dicti castri, et totam Blecovedam, quæ est contra S. Christoforum in cousta; quæ cousta tenet se cum prato, sicut vadit via du Mairanaguetas subtus et superius et inferius; et est sciendum quod tota Blecoveda, sicut est subtus et supra, et de dicta donatione, et tenet sicut vadit via de Mairanaguetas, tam superius quam inferius, usque ad flumen aquæ et usque ad vallonem.* Quibus certe aptari nequaquam potest proposita explicatio. Quid vero sit, *Blecoveda*, vel forte *Bletoneda*, facile est suspicari ex eo quod loca hic designata, monente Præside, arboribus et maxime quercubus sint consita; idem ergo est *Blecoveda*, quod *Blachia* et *Bletonata.* Vide supra *Blacha.*

¶ **BLETONATA**, Silva novellis arboribus et maxime quercubus consita. Expletum ann. 1540. in Bressia : *Saisivi unam Bletonatam quercuum existentem ante carroveriam de Bon-champt, etc.*

¶ **BLEUETUS**, sive *Bluetus*, ut legitur in MS. D. *Lancelot*, Cæruleus, Gall. *Bleu.* Hist. Dalphin. tom. 2. pag. 278. : *Item, pro Palmis quatuor cum dimidio de Panno Bleueto, etc.* Occurrit semel et iterum ibidem pag. 80. Monast. Anglic. tom. 3. pag. 90 : *Tunicas clausas de nigro brunetto vel Bluetto.* Vide *Blavus.*

BLIAUDUS, Bliaus, Blialdus, Vestis species. Tabular. Abbatiæ S. Amantii Inculism. : *Dedit pro placito isto 20. sol. et unum Bliaudum canabinum.* Tabular. Divion. apud Perardum : *Dederunt Cappam et Bliaudum. Bliaudus fustaneus*, in Tabulario S. Albini Andegavens. Gaufredus Vosiensis part. 1. cap. 72 : *Mulier, cui brachia manusque natura negavit, pedibus camisias et Bliaus, ac quaslibet vestes forcipibus inscindebat.* Le Roman *de Garin* :

Onques la maille del blanc haubert treillis,
Ne li valut un Bliaut de samis.

Alibi :

Ens en lor Chambres s'en entrent por vestir,
Vestent Bliaus et peliçons ermins,
Et afublerent les mantiax sabelins.

Idem de Pipino Rege :

En une garderobe li Rois en vint,
Vest un Bliaut, gentement li aviot,
Et affubla un mantel sabelin.

Le Roman *de Thibaud de Mailly* MS. :

Bourgeois n'i auron pas
Robe vaire ne bure,
Dames n'i auront pas
Bliaus à forreure.

Le Roman *d'Alexandre* MS.

Et est li Bliaus et la chemise
Dont la pucelle estoit vestue, etc.

Le Roman *d'Aubery*, MS.

Ist de la tente par mal grant atie,
Tous deffublés en Bliaut de Sulie.

Le Roman *de Parise la Duchesse* MS. :

Frere, qui vos a si vos Bliaut desirrer.

Infra :

De molt riche Bliaut fut la Dame parée.

Le Roman *de Guillaume au Court nez.* MS :

Puis vestit drap de lin et Bliaut teint en graine.

[Perceval le Galois :

Ses manteaux fu et ses Bliaux,
D'une porpre d'or estelée.

Rustici Dumbenses et Sebusiani etiamnum dicunt *une Blaude* pro Veste superiori; Occitani *Brisaut.*] Cambro-Britannis, *Bliand* est sindon.

Blialdus. Tabularium Prioratus de Paredo fol. 32 : *Dedit ipsi Widoni 20. sol. et uxori ejus caligas, et filio ejus unum Blialdum de fustanio.* Fol. 75 : *Et unusquisque de filiis suis habuit unam tunicam de fustanea.* Quibus extremis verbis subscriptum legitur ex minio unum *blidalem.* Tabularium Prioratus de Domina in Delphinatu fol. 59 : *Accepi autem pro ista gurpitione.... unam mulam, et 136. solidos, et unum Blialdum de fustanio.*

Blisaudus, in Statutis Massiliensibus MSS. lib. 2. [edit. pag. 302.] : *De Blisaudo sendati cum frezio, etc. de Blisaudo dominæ consuto cum serico.*

* **BLIBARE**, *Sirpare, Enjucar. Prov.* Glossar. Provinc. Lat. ex Cod. reg. 7657.

¶ **BLICEA**, *Stultitia.* Papias MS. Ecclesiæ Bitur. [** Ita etiam Glossar. in cod. reg. 7644. Gemma Gemm. *Blesia.*] Est pro *Blitea* : quod vide.

** **BLICTRUM**, *Schum von bier. Unde : Vinum bibullit, aqua ebullit, cervisia Blictrit.* Gemma Gemmarum.

1. **BLIDA**, Machina bellica. Rolandinus in Chronico lib. 5. cap. 15 : *Dum autem Eccelinus cum Blidis et aliis instrumentis impugnaret Anoale fortissime.* Cambro-Britannis *Blif*, est catapulta : *Blic*, Danis, ut est apud Pontanum in Chorographia Daniæ pag. 799. Loccenius pariter lib. 3. Antiq. Suecic. cap. 2. observat in veteri Glossario Teutonico-Latino *Bliide* verti machinas ac tormenta. Certe *Blida*, pro *Bidda*, legendum videtur in Chronico Richardi de S. Germano ann. 1239 : *Ingenia quæ Biddæ, Dominæ, et Mangonelli fiunt, Imperatore mandante.* Vide V. Cl. Andream Felibianum lib. 1. de Architectura pag. 103. Christophor. Hartknocum ad Chronic. Prussiæ Petri de Dusburg. part. 3. cap. 114. etc. [** Adde Grupenii Observat. pag. 457. Frischii Lexic. German. voce *Blide* et Ihrii Glossar. Suio-Gothic. voce *Blida.* Adel.]

* 2. **BLIDA**, Monetæ species; modo mendum non sit. Hugonis Metelli canon. epist. 8. tom. 2. Monum. sacr. antiq. pag. 339 : *Ea propter nolo te ignorare me vendidisse centum Blidis mulam, quam mihi dedisti; sicut enim mandasti, mulam traxi a præsipio, et collocavi in marsupio.*

BLIDALIS. Vide *Bliaudus.*

* **BLIMARDUS**, an Locus ad ferarum custodiam palis, cratibus, muris aut fossis circumseptus? Charta Theob. comit. Bles. ann. 1186. inter Probat. Hist. Bles. pag. 7 : *Dedi et concessi in perpetuum monachis ejusdem ecclesiæ* (S. Launomari) *calfagium suum ad novem summarios, et universum usuarium suum, quantum eis opus fuerit ad reparationem ecclesiæ suæ et domorum in tota porprisa abbatiæ : in toto Blimardo et in omni foresta Blesensi.* Infra : *Tunc etiam in defenso per totam forestam, et per totum Blimardum caperent; excepta solummodo cauda.* An malles de loco in foresta novellis quercubus consito intelligere? Vide supra *Bletneda.*

¶ **BLINI**, *Tetri*, Isid. Glossar. Ad quod Grævius notat in Excerptis haberi, *Blimi, Tetri*, sed retinendum esse *Blini*, quod est pro *Bleni*, *i* in *e* mutato, ut alibi non semel. Apud Constantiensem, *Blenni, Tetri.* Turnebum Adversar. lib. 28. cap. 5. *Blenui, Tetri.* Plautus Bacch. 5. 1. 2. *Blennus* accipit pro stulto, stolido. Est a Græco Βλέννος, Mucosus. Βλέννα enim Mucum significat : unde vox ad stultum metaphorice translata. Vide *Blenones.*

¶ **BLINICHIUM**, Mendose pro *Biclinium.* Vide *Bicellum.*

¶ **BLINTRES.** Leges Inæ cap. 79 : *Duodecim mambræ cervisiæ, wyglisiæ, triginta Blintres.* [** In Anglos. cap. 70 : Twelf ambra wylisces ealod prittig hluttres, i. e. 12. ambræ cerevisiæ Cambricæ, 30 albæ.] Hæc ex Glossario Spelmani; qui sic corrigit juxta Saxonicum, *Hlutres*, *h* pro *b*, *u* pro *n.* Est autem Hluttre, Simplex, purum, lucidum. Sensus ergo legis : *Duodecim amphoræ cervisiæ wylisiæ*, hoc est, *potentioris*, *triginta tenuioris.* Idem Spelman. in voce *Ambra* legit *lutres* pro *Blintres.* Utraque lectio ferri potest.

BLISAUDUS. Vide *Bliaudus.*

BLISSARE, Balbutire, inarticulate loqui, quod faciunt *Blæsi.* Anonymus de Mirac. S. Bertini cap. 4 : *Ipsa eadem verba quia aliud loqui nescivit, Blissando respondere tentabat.*

* **BLISTATIA.** Vide supra *Bischalitia.*

1. **BLITEA**, *Stultitia*. Papias. [Vide *Blicea.*] [** et Forcellin. in *Bliteus.*]

** 2. **BLITEA**, *Herba saporis evanidi. Hippocrat.* Glossar. in cod. reg. 7644. Papias in cod. 7609. addit, *quasi vilis.* Vide Isidor. Orig. lib. 17. cap. 10. sect. 15. et Forcellin. voce *Blitum.*

BLITTEN. Papias : *Gluten,.... confectio quædam, qua glutinatur aliquid, vulgo Blitten.* Ita MS. Editus vero habet *Blittens.*

¶ **BLIZAUDUS.** Vide *Bliaudus.*

BLOCUS, [Truncus, Gall. *Tronc*, Belgis *Block.*] Aresta ann. 1294. in Regest. Parlam. B. pag. 110 : *Quintus articulus talis est, videlicet de Bloco, qui erat apud Atrebatum apud Pontem S. Vedasti, in quadam platea, in qua lavantur tentoria : qui Blocus ibi fuit a tempore a quo non extat memoria, etc.* Vide *Imblocatus.*

* Charta 1282. ex Tabul. S. Petri Insul. : *Statutuum est alias oblationes et obventiones omnes..... ponendas esse in cippo sive Bloco, et per medium dividendas. Bloqueau*, eadem notione, in Lit. remiss. ann. 1409. ex Reg. 164. Chartoph. reg. ch. 134 : *Le suppliant emporta ledit Bloqueau de bois en son hostel et le rompi, et trouva qu'il y avoit oudit Bloqueau la somme de trente sept escus escus d'or et trois moutons.* Occurrit præterea pro Gall. *Billot*, Brevior ligni truncus. Lit. remiss. ann. 1415. in Reg. 168 : *Comme le suppliant.... eust trouvé deux ou trois compaignons qui s'esbattoient et gettoient un Bloqueau ou tronchet de bois, etc.* Hinc ludi genus *aux Bloquelets* dictum, de quo in Lit. remiss. ann. 1381. ex Reg. 120. ch. 110 : *Et après ce qu'il eurent beu, eussent ledit Perrin le Maistre et le suppliant joué l'un à l'autre à un jeu, que l'en appelle les Bloquelez, et tant que ledit suppliant gaaigna le premier Bloquelet.* Neque aliunde repetenda videtur hæc eadem vox, pro *Billete*, Heraldicis scheda, in Comput. Rob. de Seris ad ann. 1332. ad 1344. ex Reg. 5. Chartoph. reg. fol. 4. r° : *Une selle de guerre,.... la couverture de veluel vert bordée de corbetes, toute la garnison de soye semée de Bloquelez dorez. Esblocher* vero pro Dolare, in Lit. remiss. ann. 1476. ex Reg. 195. ch. 1647 : *Iceulx charpentiers estans sur une piece de bois pour Esblocher, doller et escarrir, etc.* Vide infra *Blotus.*

¶ **BLODEUS**, Color sanguineus, a Saxonico Blod, Sanguis. Kennett. in Antiquit. Ambrosden. pag. 576 : *Et in Blodeo panno empto pro armigeris et valectis.* Rymer. tom. 10. pag. 346 : *Duos pannos Blodei coloris.... unum pannum aureum Blodei coloris.* Et iterum paulo post : *Unum pannum Blodei coloris cum foliis aureis.*

* Neglecta originea Saxonico *Blod*, sanguis; colorem cæruleum hic intelligo. Vide mox *Bloius.*

¶ **BLODIUS**, Eadem notione, apud Rymer. tom. 7. pag. 745 : *Unum lectum de Blodio et viridi cum octo tapetis et curtinis ad eumdem lectum pertinentibus.* Idem tom. 10. pag. 391 . *Unam peciam de Sangwyn tinctam in grano; duas pecias de Blodio.* Et tom. 8. pag. 277 : *Et unum lectum de Worstede nigro et Blodio cum curtinis.*

BLODSTODIA, Cruentatio, sanguinis emissio. Ex Anglico, *Blood shotten*, cruentatus, et Blod Saxonico, *sanguis.* Vide Leges Henrici I. cap. 78. [** § 4. ubi *Blodstotis.*]

¶ **BLODUS.** Vide post *Bloius.*

BLODWITA, Pœna, mulcta effusi sanguinis Ex Saxon. Blod, sanguis, et vite, seu wita, mulcta emendatio. Leges Henric. I. Regis Angl. cap 39 : *Qui Blodwytam, id est, forisfacturam sanguinis fecit, reus est.* Occurrit etiam cap. 23. 37. 70. 81. [Vide Kennettum in Gloss. ad calcem Antiq. Ambrosd.]

Blodwita, Fletæ lib. 1. cap. 47. § 15. *Est quietantia misericordiæ pro sanguinis effusione.* Ita etiam Rastallus : *Bloodwit, est quietum esse de amerciamentis de sanguine fuso,.... quia wit en Anglois, est misericordia en Latin.* Charta Ranulfi Comitis Cestriæ in Monastico Anglic. tom. 1. pag. 767 : *Concedo etiam dictis Monachis.... quod habeant liberam curiam, et tholneum, et assisam panis et cervisiæ, et uthesium, et Blodwit, et catalla felonum.*

* Leges Danicæ cap. 15. apud Ludewig. tom. 12. Reliq. MSS. pag. 170. [** Thordon. Parvi Artic. cap. 15.] : *Item si aliquis clericum leserit, et convictus fuerit, solvat regi jus suum; pro Blodwide licz episcopo solvat jus suum. Licz*, alias *Lyde*, Danis, interprete Ludewigo, est cicatrix. [** f. *licet.*]

BLOETINI. Vide *Blavotini.*

¶ **BLOETRESET**, Sanguinem trahere, a Belgico *Bloet*, Sanguis, et *Trecken*, vel Germanico *Trecten*, Trahere. Leges et Consuetudines Furnenses ex Archivo S. Audomari : *Qui aliquem Bloetreset sine canipulo aut sanguinem traxerit, emendabit Comiti tres libras et læso viginti solidos.* [** Vulneratus ut sanguis fluat, Germ. *blutrünstig.* Adel.]

¶ **BLOGMUS**, Genus, ut videtur, placentæ, vel potius carnis crusta inclusæ et incoctæ, Gall. *Pâté*, vel minutalis, *Pâté en pot.* Codex MS. Consuetudinum Ecclesiæ Coloniensis ex Chartulario Ecclesiæ Atrebat. : *In quatuor diebus Nativitatis dantur quolibet die quatuor Blogmus tantum præsentibus, qui sic dividuntur. Primo die ab una parte chori dantur duo Blogmus. Unum Blogmus datur majori officio.... Dividuntur Blogmus.... pro carnibus pro quibus emendis ad Blogmus.... Dantur duo Blogmus.* Et alibi : *Magister coquinæ dat quolibet die tria salsucia et totidem belstè... et ligna et alia ad Blogmus necessaria ministrabit; et villicus de Pafferode dat quatuor denarios ad emendas ollas in quibus Blogmus reponitur.* Et iterum : *Magister coquinæ providebit sal pistrino et budele, et carbones in hyeme et sagimen ad Blogmus.*

** **BLOIDA.** Diploma ap. S. Rosa de Viterbo in Append. ad Elucidar. pag. 17 : Regi solvenda *Homicidium vel rausum, vel Bloidam in ore, vel furtum, si eum fecerint.* Quid sit patet ex alia charta ann. 1219. ibid. vol. 2. pag. 96 : *Si aliquis homicidium fecerit, aut domum vicini sui disruperit, vel stercus in os miserit, etc.* Alia ann. 1217 : *Homicidium, furtum, rauxum et illud aliud nefandum.* Alia ann. 1175 : *Rausum et homicidium et stercus in ore.*

BLOIRE, De avibus rapacibus dicitur, cum earum oculi conteguntur, ex Gallico *Eblouïr*, oculis caliginem affundere : quod quibus oculorum acies perstringitur, omnia *bloia*, seu cærulea videantur. Fridericus lib. 2. de Arte venandi cap. 37. de Falconibus : *Postquam vero capti sunt,... sunt oculi eorum contegendi et claudendi, ne hominem videant : et hujusmodi actus appellatur ciliare, seu Bloire.* Vide Guillelmum Tardivum Podiensem in libro Gallico de Aucupio cap. 11. et infra in *Ciliare.*

BLOIUS, Idem forte quod *Blavius*, color cæruleus, vel certe quivis color, ut *blaveus*, apud Joan. Monachum in Vita. S. Odon. ex Saxonico Bleo, et Bleoh, color quivis Somnero, etsi Bleo eidem sit etiam cæruleus; anesbleos, unicolor. Bulla Gregorii IX. PP. pro Benedictinis : *Monachi non incedant sine cuculla et flocco : licet sine cuculla et capa regulari, non Bloia et sumptuosa.* Statuta Hugonis Abbatis Cluniac. : *Honeste se habeant, nec sine cuculla et frocco, vel sine cuculla et cappa, quam præcipimus esse regularem, non sumptuosam, non Bloyam, vel sine postella, etc.* [Constitutiones ejusd. Ordinis MS. : *Nec incedant sine cuculla vel froco; vel sine cuculla et cappa regulari, non Floya, non sumptuosa, etc.*] Vide *Bloire.* Apud Vaceum Canonicum Bajocensem in Historia Ducum Normanniæ scripta ann. 1160. de Richardo I. *Bloie*, videtur esse *Blondus*, seu flavus :

Chevelure ont Bloie, mais à rousset troubla.

Infra :

Chevelure Bloie auques recbercelée.

Ita le Roman *de la Violette* MS. :

Vairs ot les ieux, et les crins Blois.

Li Chastellains *de Coussi* :

Tout tans m'est li cuers en joie,
Quant ja sa biauté devis,
Sa chevelure Bloie
Ses blans dois lons et traitis,
Son gent cors, et son clair vis, etc.

Le Roman *de Guillaume au Court-nez* MS :

Puis s'assient ensemble desor el paile Bloi.

* Nostris alias *Bloe, Bloi* et *Blou.* Vita S. Ludov. edit. reg. pag. 361 : *Il vesti puis tousjors robes de Blou ou de pers tant seulement.* Mirac. ejusd. ibid. pag. 443 : *Et estoit la char dudit enfant de cele partie Bloie et perse.* Imago Mundi in Glossar. ibid. :

Le ciel est cil qui nous rend
La Bloe coleur qui s'estend
Amont en l'air, que nous veons,
Quant airs est purs environs.

Unde *Bloete* dicitur pannus hujusce coloris, in Costum. Paris. ex Reg. sign. *Noster* Cam. Comput. fol. 34. v° : *Les petiz royez et les Bloetes de celle ville, vj. den. Bloie* vero, ut Cangio, ita et mihi videtur esse *Blondus* seu flavus. Le Roman *de Robert le Diable* MS. :

Mais sa bielle fille la Bloie
Ne fait de nul déduit semblant.

Vide supra *Blavatus.*

Blodus, in Monastico Anglic. tom. 3. pag. 170. et infra non semel.

* **BLONDINUS**, Color flavus. Glossar. Lat. Gall. ex Cod. reg. 7679 : *Pannarii.... vendunt pannos albos et nigros, camelinos, Blondinos, burnetos, virides, etc.* Vide *Blundus.*

¶ **BLONDUS**, Vide *Blundus.*

* **BLOQUERIUS**, Clypeus, Gall. *Bouclier*, olim *Bloquier* et *Blouquier.* Charta ann. 1333. in Reg. 66. Chartoph. reg. ch. 1339 : *Bernardus de Bragayraco ad suspendendum*

condempnatus et eductus de carcere; fuit per dictum bajulum et ejus complices, qui muniti erant Bloqueriis, ensibus, capellinis, et aliis diversis armorum generibus..., ad suspendendum ductus. Lit. remiss. ann. 1335. in Reg. 69. ch. 254 : *Johannes de Pime... armatus cum ense et Bloquerio, et spaleriis, etc.* Aliæ ann. 1380. in Reg. 118. ch. 315 : *Johanne Bigorre tenente ensem suum evaginatum et Bloquerium contra dictum exponentem, etc.* Aliæ ann. 1388. in Reg. 133. ch. 24 : *Icellui Hugonin print un grant coustel appellé basalart et un Bloquier.* Aliæ ann. 1400. in Reg. 155. ch. 45 : *Comme ilz eussent prins jeu par esbatement a jouer au jeu du Bloquir et de la taloche.... à un certain jour de Dimenche environ heure de minuit, ... tant y jouerent que ledit Colin.... fist plusieurs playes, aus mains de Jehan Lenglois et Brotonne de l'espée de quoy il jouait à eulx. Plusieurs autres compaignons dont les aucuns avoient joué au Blouquier, etc.* in Lit. ann. 1381. ex Reg. 119. ch. 204. *Plouquer* et *Ploquier*, eadem acceptione. Lit. remiss. ann. 1398. in Reg. 154 ch. 32 : *Ycellui esbatement, nommé le jeu du Plouquer, etc.* Aliæ ann. 1472. in Reg. 197. ch. 289 : *Embastonné d'espée, Ploquier, javeline et poignart, etc.* Vide *Buccula*, 1.

* **BLOTUS**, pro *Blocus*, ni fallor; nam *Bloc*, non *Blot*, eadem acceptione dicimus; Summa, Gall. *Total.* Chron. ad ann. 1490. inter Probat. tom. 3. Hist. Nem. pag. 8. col. 2: *Linguæ Occitanenses dicebant quod villæ francæ et liberæ,.... ac eciam gentes ecclesiasticæ, nobiles ruralia possidentes, et alii privilegiati debebant comprehendi et universum Blotum, sive universitatem* (universalem) *summam augere, sicuti comprehenduntur in patria linguæ; quod alii detestabile reputabant. Tandem obtinuerunt quod... dictæ personæ Blotum universale non augmentabunt.*

¶ **BLOYHORN**, Mendose apud Spelmannum in voce *Cenitus* pro *Blanhornum*, quod vide.

¶ **BLOYUS**, Vide *Bloius*.

¶ **BLUDEWICA**, An jus imponendi et percipiendi mulctas effusi sanguinis? Rymer. tom. 13. pag. 63. col. 1. fin. : *Cum... brueriis et genestis, cum herezeldis, Bludewicis et marchetis, etc.* Eadem totidem verbis habentur pag. 5. ejusd. tomi. Vide *Blodwita.*

BLUDIE. Vide *Blae.*

* **BLUDWELF**, Idem videtur quod *Blodwita*, Pœna, mulcta effusi sanguinis. Charta Jac. reg. Scot. ann. 1450. in Chartul. eccl. Glasg. ex Cod. reg. 5540. fol. 96 : *Episcopi Glasguenses teneant de nobis dictas terras.... cum libero introitu et exitu, Bludwelf, herizeldis, et marchetis mulierum.* Vide *Bludewica.*

BLUET, [Cæruleus, Gall. *Bleu*, Angl. *Blue.*] Monasticum Anglic. tom. 1. pag. 831 : *Vestimenta autem dabunt mihi de griseng, vel halberget, et pellibus agninis : uxori autem meæ, ad carius Bluet, et (ex) pellibus similiter agninis.* Tom. 3. pag. 90 : *Supertunicas clausas de nigro brunetto vel Bluetto, cum mantello de nigro panno, etc.* [Formulare Anglic. pag. 426 : *Item, lego robam meam de albo Blueto pro expensis faciendis circa sepulturam meam.* Rymer. tom. 7 : *Curtinas pro lectis Blueti coloris.* Vide *Blavus.*]

¶ **BLUETTUM**, Bluettus. Vide *Bluet.*

¶ **BLULARDI**, Minutioris monetæ genus, f. a colore sic dicta, Belgis enim *Blosaert* idem ac Subruber, Gall. *Rougeatre*, quod monetæ cupreæ convenit. Adrianus de Veteri-Busco de Reb. Leodiens. apud Marten. tom. 4. Ampliss. Collect. 1231 : *Electus etiam, nescitur quo consilio usus, cœpit facere monetam cupream de Blulardis, faciens proclamari suos Blulardos ad* VI. *denarios, et domini de Heinsbergh ad* IV. *denarios, unde communis populus fecit derisionem, et noluit recipere aliquos nisi ad* IV. *denarios tantum.*

BLUNDUS, Blondus, Color capillorum flavus, qui nostris *Blond*, Græcis ξανθός, luteus dilutior : a Saxonico Blonde, mixtus, Blonden, tinctus, intinctus, imbutus, fucatus. Nam rutilus color fiebat arte quadam, et specierum mixtione, verbi gratia lixivio et sapone, ut pluribus probat Cluverius lib. 1. Germ. Antiq. cap. 16. Ugutio et Joannes de Janua : *Flavus, est qui vulgo dicitur Blundus.* Hist. Rerum Laudensium Ottonis Morenæ pag. 125 : *Erat spissus corpore, mediocris staturæ, capillis Blondis, etc. Capilli Blundi*, apud Michaelem Scotum de Physion. cap. 44. 47. 59.

Blondus, In veteri Charta a Spelmanno laudata : *Sicut Rogerus de Garneio pater suus, tenuit tempore Regis Willelmi Blundi avunculi sui.* Loquitur de Willelmo Rufo Rege Angliæ. Rufus quippe est rutilus color, quem *Blondum* dicimus. De vocis etymo vide conjecturam Octavii Ferrarii in Orig. Ling. Ital. voce *Biondo.*

* Hinc nostris *Blondir*, Certa specierum mixtione corpus abluere, ut candidior appareat. Guignevil. in Peregrin. hum. gen. MS. ubi de nimia corporis sollicitudine et cura :

> Un jour tu li caufes le bain,
> Puis si l'estuves lendemain,
> Tu le pignes et le Bloudis,
> Et aplanies et polis.

[** Confer librum inscriptum *Theâtre français au moyen-âge par MM. L. J. N. Monmerqué et Francisque Michel*, pag. 58. nota.]

* **BLUSO**, Contusio, Gall. *Contusion, meurtrissure.* Lit. remiss. ann. 1386. in Reg. 130. Chartoph. reg. ch. 163 : *Cirurgici retulerunt ipsum Johannem nullas plagas seu vulnera, vel intersignia, seu Blusones habuisse. Blessement*, Vulnus, plaga, in aliis ann. 1394. ex Reg. 146. ch. 438 : *Pour cause dudit Blessement, l'enfant ala de vie à trespassement.* Vide *Bluthura.*

BLUTARE. Lex Langob. lib. 1. tit. 18. § 1 [** Liutpr. 35. (5. 6).] : *Si casam cujuscunque Blutaverint, aut res eorum tulerint.* Ubi Gloss. *Blutaverit, evacuaverit.* Item : *Blutare, expoliare, Bloten.* Editio Heroldi habet, *Bluttaverint*, [Muratorii, *Brutaverint*, Boheriana *Brunctaverint.* Observat idem Murator. tom. 1. part. 2. pag. 59. D. Italos uti verbo *Bruttare* pro *Conspurcare, fœdare*; unde colligit fortassis eadem significatione usurpatum esse *Brutaverint* : nam, inquit, quod sequitur, *aut res eorum tulerint* satis indicat *Brutare* diversum quid ab exspoliatione significasse.] [** Formul. ad hoc caput : *Tu spoliasti casam suam.*] Nostris, *Blutter*, est *farinam incernere.* [** *Blutare* est a Germ. antiq. *Blutt*, German. infer. etiam *Blot*, Suecis *Blott*, Belgis *Blott*, Nudus inde *Blotten*, Nudare, exspoliare. Recentiores ab hac voce inserto *n* formarunt *Plündern*, Spoliare. Adel.]

BLUTHURA, Leve vulnus, quod Galli *Blesseure* dicunt, a quibus forte orta vox, nisi banca Germanis ii acceperint. Burchardus Episcopus Wormaciensis in Lege Familiæ : *Si autem cum pugno, aut aliquo levi flagello, quod Bluthuram vocant, aliquem percusserit, etc.* [** cap. 27. ubi Schannat. *Blutthiram.* Patet esse *Leve flagellum.* Vide Graffii thes. ling. Franc. radice *Bliuwan*, Flagellare, vol. 3. col. 257.]

¶ **BLUTRES.** Vide *Blintres.*

¶ **BLUTTARE.** Vide *Blutare.*

1\. **BOA.** S. Hieronym. in S. Hilarione : *Draco miræ magnitudinis, quem gentili sermone Boas vocant* (Dalmatæ) *ab eo, quod tam grandes sint, ut boves glutire soleant.* [Plinio 8. 14. *Boa.* Serpentis genus est a bubulo lacte, quo alitur, sic dictum.] [** Vide Forcellin.]

* 2\. **BOA**, Morbi genus. Bestiar. MS. cap. 96 : *Ydrus dicitur aquatilis serpens, a quo icti obturgescunt; cujusmodi morbum quidam Boam dicunt, eo quod fimo bovis remedetur.* [**Plin. 24. 8, 35.]

* 3\. **BOA**, *La infratione de li gambe.* Glossar. Lat Ital. MS. : *Tumor crurum e labore viæ collectus*, apud Festum. Vide Lexic. Martin. in hac voce.

* 4\. **BOA**, Si mendum non sit, pro *Broca*, Armorum genus. Stat. synod. Tornac. ann. 1366. pag. 49 : *Inhibemus ne clerici arma quibusvis indifferenter deferant, cultellos cum punctis, Boas ferreas, ligneas, seu quascumque alias clausas, sive baculos ferreos cum brocis.*

BOACHIERS, Machinæ bellicæ species. Sanutus lib. 3. part. 12. cap. 21 : *Et postea fecit approximare orificio fossarum Boachiers multos, multumque sibi vicinos, a turri S. Nicolai, usque ad Sbaralium Dom. Odoardi, et post le Boauchiers, fecit erigi plures carabagas projicientes magnos lapides.*

* Ex Sanuto mihi videntur potius esse sportæ vimineæ terra oppletæ, nostris *Gabions*, quibus machinæ jaculatoriæ proteguntur; sic fortassis dictæ, quod cratibus haud multum absimilibus, boum stabula claudantur.

¶ 1\. **BOADA**, Corveia cum bovibus præstanda. Saisimentum Comitatus Tolos. ann. 1271. in Annal. Toloss. G. *la Faille* tom. 1. inter Instr. pag. 17 : *Communitas dicti loci debet Domino Regi exercitum et triginta solidos pro alberga annua... et Boadam, videlicet unam dietam de quolibet aratro boum, salvo prandio bubulci, et de qualibet bestia carregii unum jornale, salvo prandio ductoris.*

* 2\. **BOADA**, Præstatio ex blado, quæ ratione boum, seu pari boum aratorum, vel pro aratro pendebatur. Charta ann. 1230. in Chartul. Raym. VII. comit. Tolos. : *Nos R. Dei gratia monasterii S. Martialis Lemovicensis humilis abbas, de consensu et voluntate totius capituli nostri, donamus et concedimus in perpetuum vobis dom. Raymundo comiti Tholosæ.... in villa de Aspre-*

riis.... medietatem justitiarum, fidejussionum, quistarum, albergarum, totaliter Boadæ sive bladadæ. Charta ann. 1350. in Reg. 84. Chartoph. reg. ch. 611 : *Item in et pro Boada villæ de Bellopodio, æstimata ad totum quindecim solidos Turonenses.* Vide *Bladada* in *Bladum* et *Bovagium*.

¶ 1. **BOAGIUM**. Vide *Bovagium*.

* 2. **BOAGIUM**. *Terre en boage*, idem quod *en Jachere*, Ager proscindendus. Lit. remiss. ann. 1444. in Reg. 176. Chartoph. reg. ch. 221 : *Comme le suppliant accompaigné d'un varlet de son pere estoit en une piece de terre en Boage, ... pour icelle labourer, etc.*

* **BOAIRIA**, Boayria, Servitium cum bobus domino a vassallis exhibendum. Charta ann. 1251. ex Tabular. capit. Carcass. : *Usaticos, Boairias, asiniairias, adempramenta, foriscapia, dominationes et dominium eidem capitulo constituimus.* Charta ann. 1257. in Reg. S. Ludov. ex Chartoph. reg. fol. 29. v° : *Item pro Boairia et carragio animalium, xx. solidos. Boeria* infra fol. 42. Pactum inter Aymer. de Narbon. et abbat. de Quadr. ann. 1317. in Reg. 61. ch. 433 : *Super omnibus universis et singulis censibus, usaticis, agreriis et terræ meritis, aserairiis, Boayriis et servitutibus ac redditibus quibuscumque.* Occurrit præterea in Lit. ann. 1343. ex Reg. 74. ch. 84. Vide infra *Boata* 2.

* **BOALA**, *La sententia*, Glossar. Ital. MS.

BOALAGE. Jacobus I. Rex Aragon. in Foris apud Exeam ann. 1265. et Observantiæ Regni Aragon. lib. 6. tit. de Privilegiis Militum § 13 : *Richi homines, Milites, nec non etiam Infantiones Aragonum teneantur dare sibi vel successoribus suis Boalage, nec herbage.* Vide *Bovagium*.

* Academ. Hispan. in Diction. Tributum quoddam ex bobus. Vide supra *Boada* 2.

BOALARE, in Foris Aragonensibus, *idem est quod Vetatum, et non potest fieri sine licentia domini Regis per homines alicujus villæ vel loci, nisi quantum continet una ballistata : quia alias per indirectum defraudarentur homines locorum convicinorum in suis pascuis foralibus, quia non possent pascere ibi de sole ad solem, et de area ad aream. In Boalari suo si quis invenit oves pascentes, potest de die occidere unam ovem. Si vero de nocte, potest occidere duas oves, etc.* Michael *del Molino* in Repertorio Fororum Aragon. Vide *Defensum*, et *Vetatum*. Observantiæ Regni Aragon. lib. 6. tit. de General. privileg. § 35 : *Possunt alteri in altero termino de area ad aream pascere bestias ad alios greges suos, excepto loco, qui dicitur Boalar, in quo non possunt pascere, quando illi de villa, cujus est, pascuntur.* Et lib. 7. tit. de Pascuis § 1 : *Nota quod Boalar non potest fieri sine licentia Regis : tamen bene possunt homines loci facere aliquod vetatum, seu Boalare modicum, quantum unam balistatam, vel quasi, in quo non possint depascere animalia vicinarum, etc.* Vide Foros Arragon. lib. 3. tit. de Pascuis.

* **BOALE**, Prædium rusticum, idem quod infra *Bovaria* 1. *Boaterius*, qui ejusmodi prædium curat. Formulæ MSS. ex Cod. reg. 7657. fol. 28. v° : *Licet talis delatus moraretur pro Boaterio cum ipso domino tali, comedendo panem suum et vinum suum bibendo, ... volens aliena furari, tam de Boali, quam bastita ipsius domini, etc.*

* **BOANATOR**, Cui, ut videtur, boum cura commissa est. Charta Guil. Bellism. comit. ann. circ. 1025. ex Tabul. B. M. de Lonleio : *Quod autem dono ad præsens, vel, permittente Deo concessurus sum, ita sit deliberatum, quod nec vicarius, nec forestarius, vel Boanator, vel venator unquam terram illam penetret.*

BOANOSA. Monachus Egolismensis in Vita Caroli M. ann. 798 : *Adefonsus Rex Galliciæ et Asturiæ prædata Olisippona, ultima Hispaniæ civitate, insignia victoriæ suæ Boanosas, mulos, captivosque Mauros Domno Regi Carolo per Legatos suos Frojam et Basiliscum hiemis tempore misit.* Ubi loci incertus auctor Vitæ ejusdem Caroli et Annales Francor. habent, *insignia victoriæ suæ, loricas, mulos, etc.* Eginhardus vero in Annalib. : *Mauros videlicet septem, cum totidem mulis atque loricis, quæ licet pro dono mitterentur, magis tamen insignia victoriæ videbantur.* Ex quibus conficit Meursius σωσανίας, vel σουσανίας, pro βοανόσας, legendum apud Monachum Egolismensem. Moschopulo lib. περὶ σχεδῶν, Σουσανίον Latinis idem sonat quod Græcis φολιδωτὸν ὅπλον, seu *lorica*; σωσάνιον, habetur apud Joannem Diaconum ad Scutum Hesiodi. Σοῦσον, pro vestis specie, occurrit apud Jo. Tzetzem Chil. 1. cap. 29 :

Τοιοῦτον τὸ ἱμάτιον ὑπῆρχεν Ἀντισθένους,
Ἦν σοῦσον ἁλουργὲς πεντεκαιδεκαπηχυαῖον,
Ἔχον μὲν ζῶδα, καὶ θεοὺς, καὶ Περσικὰ, καὶ σοῦσα, etc.

Sic autem fortean dicta ejusmodi vestis a Susis, Persidis Metropoli. [** Vide Glossar. med. Græcit. in Σοῦσον.]

* **BOARCIATA**, Modus agri, idem atque *Bovata*: Vide in hac voce. Charta ann. 1356. inter Probat. tom. 3. Hist. Nem. pag. 184. col. 1 : *Item unam Boarciatam terræ a clapier Bermelli, pro qua servit de censu priori S. Baudilii unum sextarium frumenti, avaluatam hic quatuor libras.*

¶ **BOARIA**, Boarium. Vide *Bovaria*.

BOARIUS, Pastor boum. Jus Vicentin. lib. 1 : *Non teneatur emendare aliquid Boariis, bestiariis, vel tenentibus agnos et boves in domo, etc.*

* **BOASTAR**, *La stalla*, in Glossar. Lat. Ital. Ms.

* 1. **BOATA**, ut supra *Boada* 2. Reg. Cam. Comput. Paris. sign. *Bel* fol 97. r°. : *Boatam du lieu de Marinh deuz chascun an par les hommes dudit lieu.... Item Boatam du blé deu chascun an ou lieu de Salis.* Charta Phil. Pulc. ann. 1301. in Lib. rub. ejusd. Cam. fol. 163. r°. col. 1 : *Boatam quam idem comes* (Petragoric.) *recipiebat ab hominibus bastidarum Leomanniæ.* Alia ann. 1318. in Reg. 56. Chartoph. reg. ch. 337 : *Item (vendidit Baudoynus de Maoritania) Boatam bladi, seu captinium annuatim dicto militi debitum. Boatam alberguatam et captinium loci de Aspreriis,* in ch. 340. ibid. Vide supra *Bladata* et *Bovagium*.

* 2. **BOATA**, Servitium cum bobus ex pacto debitum. Charta comitat. Marchiæ ann. 1406 : *Item dictus assensatarius et sui hæredes successores debebunt et tenebuntur reddere et solvere annuatim et anno quolibet præfatis conjugibus assensatoribus et suis successoribus unam vinatam sive Boatam, cum quadam quadrigua cum duobus bobus.* Vide supra *Boairia*.

* 1. **BOATERIA**, *Talliæ* species, vectigal quod ab universis subditis penditur. Charta ann. 1183. apud Murator. tom. 4. Antiq. Ital. med. ævi col. 170 : *Et si contingeret, quod consules, vel potestas si fuerit, fecerint collectam vel Boateriam extra civitatem super rusticos, illud idem volumus quod nostri rustici, qui sunt a Liquentia hucusque debeant facere mandato consulum vel potestatis, si fuerit.* Alia ann. 1199. ibid. col. 177 : *Et collectam et Boateriam dabimus ad voluntatem potestatis vel consulum, qui pro tempore erunt in regimine civitatis Tarvisii, quando collectam vel Boateriam colligent extra civitatem.* Quod a *Bobatteriis* seu agricolis exigeretur, sic dicta. Vide infra *Bobatterius*.

* 2. **BOATERIA**, Forum, ubi venduntur boves, Bellijoci vulgo *la Buerie*. Charta ann. 1452 : *In villa Bellijoci in Boateria dictæ villæ.... Carreria publica tendens a Boateria ad pontem de petra, etc. Boreote*, Boum stabulum, in Lit. remiss. ann. 1382. ex Reg. 121. Chartoph. reg. ch. 40 : *Ledit Regnault. .... portant un gros baston..... qu'il prinst en une Boreote à buefs, etc.*

* 1. **BOATERIUS**, Qui prædium rusticum, *Bovaria* dictum, curat. Vide supra *Boale*.

* 2. **BOATERIUS**, Ital. *Boattiere*, Boum mercator, vel qui eorum carnes vendit. Stat. Mutin. rub. 261. pag. 50. r°. : *Ipse pons interrari et inglarari debeat ab utraque parte, expensis omnium eorum, qui sunt artis Boateriorum et becariorum. Bauhier*, Porcorum mercator, in Charta ann. 1443. inter Probat. tom. 4. Hist. Occit. col. 470 : *Le boucher ou mazellier, tant des beufs que des moutons, toutes les bestes qu'il tuera ou fera tuer, et le Bauhier ou marchand de porcs, tous les porcs qu'il tuera.*

* **BOATIA**, Tributum, quod pro pari boum penditur, idem quod *Bovagium*. Charta ann. 1173. apud Murator. tom. 2. Antiq. Ital. med. ævi col. 99 : *Ego juro.... omni anno dare Boatiam Mutinæ sex denarios Lucanos, pro unoquoque pari boum quos habebo.* Vide supra *Boata* 1.

* **BOAYRIA**. Vide supra *Boairia*.

¶ **BOATA**. Vide *Bohada* post *Bovagium*.

¶ **BOB**, Βοῦδια, *Bulbitum*. Supplem. Antiquarii.

* Leg. *Bobuli*, βοΐδια, ex Vulcan.

* 1. **BOBA**, *Vehemens robur : interdum, genus serpentis.* Glossar. vet. ex Cod. reg. 7646. Vide *Boa* 1.

* 2. **BOBA**, Las Bobas, Lues venerea, a *bubonibus* sic dicta. Deliber. ann. 1490. apud Pitton. Hist. Aquens. pag. 246. Petrus Durés sequestratus est, *quia patitur infirmitatem de las Bobas, quam duxerunt certi armigeri a loco de Romania anno elapso existente, in servitio regio et illust. dom. ducis Orleani apud presentem patriam Provinciæ sanam, pro tunc, existentem, infirmitate prædicta, quæ adhuc non vigebat in Provincia.* Hispan. *Bubas*, eadem notione. Vide infra *Buba*.

* **BOBATTERIUS**, Agricola, ad agriculturam pertinens. *Statuta nobilis artis Bobatteriorum urbis Romæ* 1526. in Giornal. de

Letterati d'Italia, Venet. 1719. tom. 31. pag. 454. Vide supra *Boateria* 1. et infra *Bobulcus*.

* An inde vox Gallica *Bobaiche*, vulgo *Galoche*, quod id calceamenti genus ad rusticos potissime pertineat, vel quod a luto, Gall. *Boue*, defendat. Lit. remiss. ann. 1415. in Reg. 169. Chartoph. reg. ch. 144 : *Le suppliant se baissa pour prendre ses Bobaiches, qu'il avoit acoustumez de lier a sa jambe par dessus ses soliers, pour resister à la boue.*

BOBELLUM, Bovile, Bubile. Gloss. Saxon. Ælfrici : *Bobellum* : fald, i. stabulum. Vide *Bocar*.

¶ **BOBER**. Vide *Bover*.

* **BOBIA**, Forum publicum, ut videtur. Charta ann. 1314. in Reg. 141. Chartoph. reg. ch. 95 : *Apud Briantzonum in Bobia castri ipsius loci, præsentibus hiis testibus, etc.*

¶ **BOBICINATOR**, pro *Bobinator*, in *Bobinare*.

¶ **1. BOBINARE**, *Conviciare, clamare.* Vet. Gloss. San-Germ. num. 501. Papias MS. : *Bobinare, Conritiari, clamare. Per mulieris menstruæ sanguinem inquinare.* Glossar. MS. Montis S. Eligii Atrebat. : *Bobino, as, Convitiari, dampnare, clamare; unde Bobicinator, conviciator vel tricosus et inconstans. Bobinare* pro *Bovinare.* Vox Festo Nonio aliisque paucis nota. Hanc fusius exponit Martinius in Lexico. Quod autem additur a Papia : *Per mulieris menstruæ, etc.* aliis est, *Bubinare*.

* 2. **BOBINARE**, Jactare, ostentare, Gall. *Faire parade.* Chron. Joan. Whethamsted. pag. 516 : *Nam in principio belli, dum isti Bobinantes boreales intendebant et immittebant suos arcus, etc.* Hinc

¶ **BOBINATOR**, *Tricosus et inconstans*, Papias MS. Isid. Gloss. : *Bobinatores, Inconstantes.* Ad quod, si tanti est, Grævium consule.

* BOBINATOR, Jactabundus, ostentator, vaniloquus, superbus, arrogans, Gall. *Fanfaron, vain, hautain.* Andr. Floriac. MS. lib. 3. Miracul. S. Bened. : *At ille prætesus Bobinator, fraudis fidens commento, quamquam invitus locum properat; etsi invitus, tamen serio honorem dat Christo.* Nostris *Biaubert* et *Bobers*, eadem notione. Mirac. B. M. V. MSS. lib. 2 :

Li fax vilains, li faus Bobers,
Li faus bouviers, li quoquebers.

Philippus *Mouskes*, ubi de Roberto rege :

En cel tans li rois Robers,
Ki ne fu estous, ne Bobers,
Henry son fil porter couronne.

Guill. Guiart. in vita Phil. Aug :

Puis retournent faisant Biaubert;
L'un de ces quatre ot nom Gaubert.

* *Beubenchier*, eodem sensu, a voce *Beubant*, Superbia, arrogantia. Lit. remiss. ann. 1407. in Reg. 161. Chartoph. reg. ch. 339 : *Le Vasseur dist publiquement... que ce n'estoit que orgueil et Beubant d'icelui feu chevalier.* Le Roman *de Cleomades* MS :

Cor deux millours dames n'avoit
Si lonc com li mondes duroit,
N'ierent outrageuses, ne fieres,
N'orgilleuses, ne Beubenchieres....
Tel capel sont plus avenant
Que chil qui sont fait de Beubant.

Vitæ Patrum MS :

Il ot un fil d'entor xv. ans,
Moult fu cortois et dépendans,
Ne fu Beubenchiers, ne estous :
Ains fu sevichables à tous.

* *Paroles Bobencieres*, in Chron. S. Dion. lib. 3. cap. 7. Lit. remiss. ann. 1383. in Reg. 123. ch. 257 : *Perrin Reverdi appella ledit Boullart, qui est bien né et de bonnes gens et souffisans, garçon Bobencier et orgueilleux.* Quomodo etiam leg. in Continuat. Guil. Tyrii apud Marten. tom. 5. Ampl. Collect. col. 707. pro *Bobauchier*. *Boban*, pro Pompa, apparatus, *Les pompes et Bobans d'abillemens*, apud Joinvil. edit. Cang. pag. 5 : *A tel Boban parti de France*, in Chron. jam laudatis ibid. cap. 18. Le Roman *d'Alexandre* part. 2. MS :

Cinq jours y séjourna, avec lui ses Bobans.

¶ **BOBINATUS**, *Tricosus et inconstans*, in Veteri Glossario San-German. num. 501. Vide *Bobinator*.

BOBLA. Gloss. Ælfrici : *Bobla*, flod. Ubi Somnerus, *forte biblus, vel byblus, papyrus bibula* : Belgis, *Vloed papier.* [** Vide *Bobellum*.]

BOBONES. Vide *Bubii*.

* **BOBROWNICI**, vox Polonica, quæ *corveias* seu operas, vel iis subditos significare videtur. Charta Casimiri ducis Opoliens. ann. 1228. inter Probat. tom. 1. Annal. Præmonstr. col. 480 : *Item excipimus sæpe nominatos homines ipsorum ab omni servitute juris Polonici, ... qualitercumque Bobrownici, psare, ad castra etiam ædificanda sive reparanda, seu alias munitiones construendas ire non tenebuntur.*

¶ **BOBULCA**. Vide *Bovata terræ*.

* **BOBULCUS**, Bubulcus, Ital. *Bobolco.* Stat. Pallav. lib. 1. cap. 18. pag. 21 : *Et idem habeat locum in Bobulcis vecturalibus, et nautis forensibus de suis vecturis et mercedibus.* Nostris *Bobelin*, eadem, ni fallor, notione, Mirac. B. M. V. MSS. lib. 1 :

Uns vilains, Bobelins, campestres,
Qui de Dieu n'oi parler onques,
Par quel raison l'ounerra donques?

Vide supra *Bobatterius*.

1. **BOCA**. Vide *Bauca*.

* 2. **BOCA**, Pisciculus marinus ex genere halecum, de quo Aldrov. de Pisc. lib. 2. cap. 39. Glor. posth. S. Rosæ tom. 5. Aug. pag. 999. col. 2 : *Jecit, ac subito Bocarum.. tantam vim traxit, ut pondus impleti retis vix potuerit sustinere.* Tract. de Piscibus cap 65. ex Cod. reg. 6838. C : *Box vel Boca Plinio, Venetiis dicitur booba, in reliqua Italia, Liguria, Hispania, Gallia Narbonensi bogue nominatur. Alium piscem nostri boguerarel appellant, quia scilicet capiatur et vendatur cum piscibus, vulgo ravaille appellatis, id est, minutis.* Vide *Bocharius*.

¶ **BOCAFORT**, a Gallico, *Fort en bouche*, dicitur de equo qui durioris est oris, et quem freno vix licet flectere. Consuetudo Brageriacensis art. 102 : *Sine culpa autem dicitur dominus fore... cum evidenter dicta animalia apparent Bocafort.*

* **BOCAGIUM**, Silva, nemus, idem quod *Boscagium.* Charta Caroli C. ann. 869. pro monast. S. Vedasti : *Villas, prædia, mancipia cum omnibus suis appenditiis indidit, ... Herlincurtem, mansos decem cum longo Bocagio.* Perperam vero *Bocage*, pro *Botage*, in Lit. ann. 1400. tom. 8. Ordinat. reg. Franc. pag. 378. Vide *Botagium* in *Butta* 3.

* **BOCAIRIA**, Macellum, laniena, Gall. *Boucherie.* Homag. præstitum Aymer. vicecom. Narbon. ann. 1273. inter Probat. tom. 4. Hist. Occit. col. 59 : *Tenetis pro ipsa vicaria.... usaticum carnis de Bocairia.* Vide *Beccharia* et *Bocaria*.

* **BOCALARIUM**, Scutum, clypeus, Gall. *Bouclier.* Chron. Mutin. apud Murator. tom. 15. Script. Ital. col. 612 : *Ecce proditores, qui erant ad custodiam cameræ deputati, ... existentes in camera incœperunt ensibus percutere Bocalaria sua, falso fingentes se mutuo interficere velle.* Vide supra *Bloquerius*.

* **BOCALE**, Vasis species, Ital. *Boccale*, Gall. *Bocal.* Inventar. ann. 1389. tom. 3. Cod. Ital. diplom. col. 366 : *Bocalia duo argenti deaurata cum floronis et esmaillis et aliis pluribus operagiis.* Annal. Mediolan. apud Murator. tom. 16. Script. Ital. col. 758 : *Fuit homo quidam, ... qui comedit panes xxxij. quorum quilibet constabat quatuor imperiales, bibens etiam unum Bocale aquæ unciarum l.* Vide *Bauca* 1.

* Insignis alterius bibacis exemplum profert ex Lamberto Ardensi Cangius in voce *Tappus*.

BOÇALIS PULLUS, in Foris Aragon. lib. 8. tit. : *Ut emissarii, sive guaranyones, vel Pulli Boçales, occasione aliquarum executionum nequeant pignorari.* Hispanis *boçal*, *novitium* sonat.

¶ **BOCALUS**, Lagena vitrea, Gall. *Bocal.* Catalogus Episc. Regiensium, ubi de Fulcone Episcop. ann. 1269. inter ea quæ Monasterio S. Catharinæ de Sorpo concedit, recenset *Quinque Scyphos cum suis pedibus, et duos Bocalos.* Vide *Bauca*, 1.

* **BOCAR**, Stabulum boum, bovile. Glossar. Lat. Gall. ann. 1352. ex Cod. reg. 4120 : *Bocar, aris, Bouverie.* Vide *Bostar*.

* **BOCARAMUM**, Telæ species, eadem quæ *Boquerannus*. Stat. civit Astæ ubi de Intrat. portar. : *Bocaramum ponatur et solvat pro qualibet petia.... lib. vj.* Vide infra *Boccaramen*.

BOCARIA, ex Gallico *Boucherie*, Macellum, in Charta ann. 1246. apud Sammarthanos in Episcopis Aptensibus pag. 177; *Bocaria casa*, in Chronico Beneventano S. Sophiæ pag. 584. Vide *Boccaria*, *Boccharia* et *Boczaria*.

¶ **BOCARONUS**, Idem quod *Boquerannus*, Gall. *Bougran.* Testamentum ann. 1237. ex Archivis S. Victoris Massil. : *Quod corpus meum portetur ad sepulturam cum uno Bocarono sex librarum.*

¶ **BOCARTICA** MATERIA, *dicitur quæ es. contrariarum opinionum rationibus involuta.* Vocabul. utriusque Juris. [** Leg. ex ant. edit. : *Brocardica.* Vide *Brocardicum*.]

* **BOCASOTI**, Iidem qui supra *Bizocii.* Vide ibi.

¶ **BOCASSINUS**, Telæ species ex gossypio vel lino. Statuta Eccl. Aquensis MSS. ann. 1259 : *Cæteri vero cappam habeant forratam de tela livida ac nigri coloris sive Bocassino.* Charta ann. 1433 : *Pluviale nostrum de serico albo foderatum de Bocassino albo.* Vide *Boccasinus*.

* **BOCATA**, Munimenti species. Charta ann. 1212. apud Murator. tom. 2. Antiq. Ital. med. ævi col. 279 : *Cum omni jure et jurisdictione curtis et castri, et specialiter guaritæ et sceleraguatæ, Bocatæ et phalangatæ, etc.*

* **BOCATORIUM**, f. Macellum, laniena, Gall. *Boucherie*. Inventar. Chartar. reg. ann. 1482. fol. 109. v° : *Littera officialis Senonensis de venditione, quam fecit dom. regi Renauldus de Tigraco et uxor ejus de tribus partibus, quas se habere dicebant in quodam Bocatorio, sito apud Villamnovam regis. De anno* 1263. Vide supra *Bocairia*. Nisi stabulum boum seu bovile malis intelligere. *Botatorium* legit Cangius ex Reg. 31. Chartoph. reg. Vide in hac voce.

¶ **BOCCA**, Vox Italica, Bucca, os ulceris. Acta SS. Aprilis tom. 2. pag. 823. in Miraculis B. Simonis Eremit. Augustin. : *Et habebat cancrum in tibia habentem quatuor Boccas.* Vide *Bucca*, 1.

* Os alterius cujusvis rei, puta fluminis, rivi, etc. Stat. Mutin. rubr. 329. pag. 65. v°. : *Homines de Carlo possint tantam aquam accipere de canali Situlæ, quanta poterit exire per unam Boccam de Rota.*

* **BOCCAGIVUM**, f. Præstatio ex vino in *bocalis* vendito. Charta ann. 1165. inter Probat. tom. 2. Hist. Occit. col. 555 : *Ego Raymundus Trincavellus.... impignoro per bonam fidem et sine inganno tibi Berengario de Biterris.... totum ipsum Boccagivum et cridas, quos habeo in villa de Biterris, et omnes leudas, quas ibi habeo, scilicet de porros et caulibus, etc.* Vide supra *Bocale*.

* **BOCCARAMEN**, ut supra *Bocaramum*. Inventar. MS. thes. Sedis Apost. ann. 1295 : *Item duos falsetos de Boccaramine. Item quinque petias de Boccaramine.* Vide *Boquerannus*.

BOCCARAN, Idem quod *Boquerannus* et *Bocaronus*. Statuta antiq. Cartusiens. part. 2. cap. 32. § 2 : *Casulas de Boccaran, et de serico albo sustinemus.* Adde Statuta ann. 1368. ejusdem Ord. 2. part. c. 1. § 8.

¶ **BOCCARIA**, Laniarium, Gall. *Boucherie*, Ital. *Beccaria*. Statuta Massil. pag. 158 : *Exceptis carnibus prohibitis, quas licet vendere in Boccaria.* Vide *Bocharia*.

¶ **BOCCASINUS**, Idem quod *Bocassinus*. Murator. tom. 3. pag. 649. ex Pontificali Rom. ubi de ordine processionis a Vaticano ad Lateranum : *Et singuli vexilliferi habebunt quatuor pedites cum lacernis Boccasinis cum insignibus Dominorum suorum.* Ibidem col. 2. D. : *Post Sacramentum equitat immediate Sacrista (qui ut cæteri Prælati habet equum totum coopertum Boccasino.* Ubi Muratorius hæc annotat : Minus notæ significationis vocabulum barbarum *Boccasinus*, de quo interrogati Romani respondent, linei panni speciem esse subtilitate præstantis, quemadmodum Belgis est, quem Cameracensem appellant, ideoque laternis formandis servire, adferri autem ex Oriente. Vide *Boucassinus*.

¶ **BOCCOLA**. Vide in *Bauca*.

* **BOCCOLA**, εἶδος ἀγγείου, forte ex *bocalis*, ut notat Cangius in Castigat. ad utrumque Glossar. nisi legendum sit *Bottola*, ex *bottis* vel *buttis*. Vide *Butta* 3, [** et *Bacar* in *Bacca*, 2.]

¶ **BOCCONE**, Vox Italica, *Buccea*, Bolus, Gall. *Bouchée*, Hisp. *Bocado*. Vincent. Cigaltius de Bello Italico : *Sed conclusive teneatis, quod Lombardi, Veneti et omnis Natio suspecta a veneno potest cogi rigide, ut prægustent et comedant primitus de dicto Boccone forte du venou per Glos. Singularem in c. Si quis, Dist. xxx. super verbo, Prægustet.*

¶ **BOCCUS**, pro *Boscus*, Silva. Charta Henrici II. Regis Angliæ : *Sciatis me concessisse Monachis S. MariæBecci, quod habeant in terris et Boccis suis ubicumque sint, sive in foresta sive extra, omnes libertates et liberas consuetudines.*

* **BOCELATUS**, Nodis, ut videtur, distinctus, Gall. *Noueux*. Reg. visitat. Odon. archiep. Rotomag. ex Cod. reg. 1245. fol. 12. v°. : *Item de fago Bocelata quam petebat, diximus quod nullum jus habet in percipiendo, nisi sicut alii costumarii nostri.*

¶ 1. **BOCELLA**, Lagena, Gall. *Bouteille*. Edictum Philippi Regis Franc. pro reformatione regni ann. 1302 : *Item non poterunt recipere vinum, nisi in barillis, Bocellis seu potis, sine fraude et sorde qualibet.*

* 2. **BOCELLA**, Nassæ species, quæ *Boissel* vel *Boussel* nuncupatur, in Stat. ann. 1388. tom. 7. Ordinat reg. Franc. pag. 779. art. 48 : *Et y pourront adjoindre Boussel d'osier. Boissel* apud Fontan. Stat. ann. 1402. ibid. tom. 8. pag. 536. art. 73 : *Pourront adjoindre Boussel d'osier, du moule que entre deux verges l'en puisse partout bouter le petit doy, tant comme l'ongle se porte. Bousseau*, in Lit. remiss. ann. 1420. ex Reg. 171. Chartoph. reg. ch. 241 : *Un bateau d'osier, nommé Bousseau, ouquel avoit certaine quantité de poisson.* Charta ann. 1243 : *Homines de Lavardino piscabuntur ibidem, prout piscantur in aliis aquis nostris de Lavardino, videlicet cum triblis seu banastis, fessinis, seu juncheriis, vel Bocellis tantummodo.* Tabular. Major. monast. : *Dederunt piscariam in Lido ad Bocellas et juncatas.* Vide infra *Boicheta*.

¶ **BOCELLAGIUM**, Præstatio pro vino. Hist. Abbatiæ S. Albini Cisterc. Ordinis MS. a Guillelmo *Gauthier* cap. 6 : *Gervasia domina Dinanni exemit Guillelmum filium Radulfi... ab omni exactione et tallia, coustumis, Bocellagio, forciagio.* Vide *Botagium* in *Butta* 3.

¶ **BOCELLUS**, ut *Bocella*. Codex MS. Bibliothecæ D. de *Chalvet* Senescalli Tolos. de Hæret. Albig. : *Dictus Poncius ministravit ipsis Hæreticis et ipsi unam placentam et Bocellum vini et nuces : et tunc dictus R. Delboc Hæreticus benedixit panem secundum ritum suum et distribuit eis; et tunc dicti Hæretici, ipse Poncius et idem comederunt et biberunt ibi stantes pedes, et ipse Poncius ministrabat seu propinabat eis vinum de dicto Bocello.*

¶ **BOCERAS**, Regius Scriba. Apud Anglo-Saxones, inquit Hickesius Dissert. pag. 46. qui Cancellarii postea dicti erant apud Anglo-Normannos *Boceras* appellati sunt : id est, *Scribæ, Notarii*, qui Regibus dumtaxat ab epistolis et chartis fuere. [** B o c e r e, Scriptor, a B o c Liber, codex. B o c e r a s est accus. plur. num.]

¶ **BOCETA**, *Pascua*. Papias MS. et Janssonius in Auctario Glossarum Isidori.

BOCETUM, Bubile. Vita S. Comgalli Abbat. : *Ad Bocetum, ut lac inde asportaret missus est.* [Acta SS. Junii tom. 2. pag. 234. C. in Vita S. Columbæ Abb. : *Obediens servitor, qui scilicet lactaria Bocetum inter et Monasterium vascula gestare consueverat.* Per *Bocetum*, potius intelligenda crediderim pascua a *Bosco Bocetum* dicta, quam Bubile, ut exponit D. Cangius. Vide *Boceta*,] et *Bocar*.

* **BOCGLARIUM**, Clypeus, Gall. *Bouclier*. Privil. villæ Brager. ann. 1334. in Reg. 70. Chartoph. reg. ch. 330 : *Item armaturæ, ut pote enses, lanceæ, scuta, Bocglaria, etc.* Vide supra *Bocalarium*.

¶ **BOCHA**, Ital. *Bocca*, Hisp. *Boca*, Nostris *Bouche*, Bucca, os. Hist. Dalphin. tom. 2. pag. 313. col. 2. ex Ordinatione super numero et ordine mensarum domus Dalphini : *Item, volumus et ordinamus, quod singulis diebus in prandio serviatur nobis pro persona nostra de quatuor panibus albis de Bocha*, id est, quales comedere solemus. Ideo enim *de Bocha* dicebantur illi panes, quia solebat Princeps iis vesci : sic etiam hodie dicimus : *Vin de la bouche du Roy*, pro vino, quo Rex utitur. In articulis seqq. recensentur nobiliores Aulici, quibus *Albi panes de Bocha*, id est, similes iis, qui Dalphino, ministrabantur. [** Germ. *Mundsemmeln*. Adel.]

BOCHALUS, Vas vinarium, in Statut. Veron. l. 4. cap. 116. *Bochale*, in Contract. datior. Bergom. lib. 8. cap. 32. Vide *Bauca* 1.

* **BOCHARDUS**, Cinericius, vulgo *Griscendré*, Provincialibus *Bouchar*. Chartar. notar. *Daubagne* ex schedis Pr. a S. Vincent. : *Mullæ pilli Bochardi.*

¶ **BOCHARIA**, Laniena, Gall. *Boucherie*. Statuta Massil. pag. 284 : *Quod carnes dictæ prohibitæ vendantur tantummodo in Bocharia.* Occurrit rursus pag. 510. Vide *Boccaria*.

* Charta ann. 1311. in Reg. 46. Chartoph. reg. ch. 111 : *Insuper quod certus locus macelli sive Bochariæ inferius expressus deputetur, ut ibi carnes vendibiles vendantur et emantur, et non alibi.*

BOCHARIUS. Ælfricus in Glossar. Anglo-Saxon. cap. de Piscibus : *Delphin, vel Bocharius, vel Simones*, m e r e s v i n. Ubi Somnerus, f. *Boca*, vel *Phoca*.

* Vide supra *Boca*.

* **BOCHEARE**, Bochiare, Lignari, ligna ad usus suos cædere. Inquisit. ann. 1480. in Bressia : *Illi de Molone, in illis brotellis..... Bochiaverunt, tanquam in eorum brotellis.* Arest. senat. Chamber. ann. 1492 : *Una cum ipsius communitatis usu et præcursu* (percursu) *pasquerandi et Bocheandi in dictis brotellis, et sine contradictione poterunt Bocheare et de nemoribus capere.* Vide infra *Boscairare*.

BOCHELLUM, Ostium fluvii. Charta S. Bernardi Abbat. Clareval. anni 1145. in Tabulario Episcopatus Autisiod. [nunc Epist. 426. inter ejus Opera col. 375. F. edit. 1690.] : *Ad molendinos Episcopi de Regio amne tale debet esse Bochellum, quod navibus ascendentibus et descendentibus pervium sit.*

* **BOCHELLUS**, diminut a *Bocca*, Ital. *Bocchino*, Ostiolum, collum lagenæ seu *bocalis*. Inventar. ann. 1389. tom. 3. Cod.

Ital. diplom. col. 367 : *Item bocale unum deauratum ad quadros viij. cum Bochello, ad modum serpæ et aliis operagiis.*

* **BOCHERA.** Stat. datiaria Riperiæ cap. 12. fol. 5. v°.: *De quolibet penseBocheræ pro introitu, soldus unus.* Vide supra *Bocharius.*

¶ **BOCHERAGIA.** Hist. Dalphin. tom. 2. pag. 145. col. 2 A. ex Charta anni 1309 : *Census, feuda, usagia, tenementa, Bocheragia, montes, pasquayragia... nullo unquam tempore, alienare... sive sint homines, vel hominum homagia, nemora, montes, nemomorum vel montium pasquayria, etc. Bocharagia* initio textus idem est, quod sub finem, *Nemora;* vox procul dubio a *Boscus* ducta.

¶ **BOCHERIA**, BOUCHERIA, Laniarium, Macellum carnarium, Gall. *Boucherie.* Chartular. B. M. Magdalenæ de Castroduno fol. 48 : *Viginti quinque sol. Dunensis monetæ de pensione cujusdam stalli, quod idem Guillelmus habebat in Bocheria Castrodun.* Et fol. 79 : *In foro Castroduni juxta Boucheriam.* Vide *Bocharia.*

¶ 1. **BOCHERIUS**, Macellarius, *Boucher.* Tabular. Dunense in Subscriptionibus Chartæ 23 : *Herveus Talamerarius. Vitalis Bocherius, etc.*

* 2. **BOCHERIUS**, Officium circa mensam regiam, Gall. *Officier de la bouche.* Charta ann. 1401. inter Probat. tom. 3. Hist. Nem. pag. 159. col. 1 : *Commissarii ex parte nonnullorum, qui habent officia in domo dom. nostri regis, veluti Bocherii, eschansoni, marescallus dom. nostri regis, etc.*

BOCHETA. Tabularium Monast. Reigniacensis Ordinis Cisterciens. ann. 1208 : *Dedi... 5. Bochetas juxta ripam clausuræ domus Cellarii de Vallibus, usque ad duas tessatas in latitudinem aquæ capiendas.* In alia Charta : *In aqua nostra de Autissiodoro 60. Bochetas in ripa, scilicet, juxta Cellarium de Vallibus ad duas tesas ripæ ex parte Cellarii faciendas.* [Vide *Boicheta.*]

* Idem videtur quod supra *Bocella* 2. Vide in hac voce

* **BOCHETUS**, diminut, a *Boscus*, Nemus, silvula. Charta ann. 1292. in Chartul. Thenol. fol. 113. r° : *Item pro uno Bocheto, sito in loco ubi dicitur en Bruier. Boschet,* ibid. in Ch. Gall. ann. 1310. fol. 114. r°.

* *Bochet,* vero, *Boischet, Boschet,* et *Bouchet,* Potionis species, in Lit. remiss. ann. 1348. ex Reg. 79. Chartoph. reg. ch. 25 : *Ledit Alian comme tout esbahi, bouta arriere de li ledit Gieffroy, et en cest boutement açapa ledit Gieffroy, s'il qu'il chei en un cuvée de Bochet, qui mise y estoit pour reffroidier.* Aliæ ann. 1385. in Reg. 126. ch. 168 : *Après vespres dictes, ilz alerent par compaignie boire du Boischet..... et depuis encore alerent boire de la cervoise..... Tant de vin comme de Boschet* (sic) *et de cervoise, etc.* Aliæ ann. 1404. in Reg. 159. ch. 262 : *Le suppliant feust boire en une taverne en la ville de Coustances en l'ostel d'une femme, qui lors vendoit Boschet et servoise.* Diar. regni Caroli VI. reg. Franc. ad ann. 1428. pag. 510 : *Cervoise, ou Bochet, ou biere, ou cidre, ou peré, ou telles manieres de bruvaiges.* Poema Bertrandi Guesclini :

Des vins de la cité aporter vous fera,
Et du Bouchet aussi; car assés en y a.

Chronicon ejusdem :

De vin et de Bouchet y avoit grant marée,
Dont la commune fut forment reconfortée.

Cujus potionis venditor, vel qui eam conficit, *Boschier* nuncupatur, in Lit. ann. 1330. tom. 2. Ordinat. reg. Franc. pag. 56. art. 4. Vide supra *Bocagium.*

* **BOCHEYRAGIUM**, ut et *Bocheragium*, Præstatio ab iis solvenda, qui ligna ad usus suos in *boscis* cædere possunt. Libertat. Bellivisus ann. 1313. tom. 8. Ordinat. reg. Franc. pag. 162. art. 21 : *Ipsi sint immunes ab omnibus toltis,....... polvoragiis, de somey, de charre, galignagiis, Bocheyragiis, et generaliter omnibus et singulis exactionibus in personis et rebus.* Vide infra *Boscairare.*

* **BOCHIARE.** Vide supra *Bocheare.*

BOCHIUM, Idem videtur, quod *Bochellum*, de quo supra. Tabularium S. Victoris Parisiensis ch. 13 : *Jus perpetuum dedimus Ecclesiæ S. Victoris Salmonem, qui in Bochio de Copepie primo capitur.*

* **BOCHONFATGHA**, Lignum, ut suspicor, domibus ædificandis vel reparandis aptum. Charta Aymer. in Tabul. S. Eparchii Engolism.: *Concessit etiam Bochonfatgha in lempnis suis ad opus monachi S. Michaelis de Marsillac.* Vide *Lemnia.*

* **BOCHONUS**, f. Bubulcus. Stat. Placent. lib. 6. fol. 77. v° : *Et si habuerint carnes per Bochonos, vendant ipsas tanquam pecudinas carnes.*

* **BOCHUS**, Ager, in quo est *boscus* seu silva. Charta Henr. I. reg. Angl. ann. 1130. inter Instr. tom. 11. Gall. Christ. col. 129 : *Do etiam... decimam de meis dominiis, tam de planis quam de Bochis.* Vide in *Boscus.*

1. **BOCIA.** In Vincent. lib. 1 : *Pro una Bocia a molendino denarios sex.* [Computus ann. 1202 : *De venditionibus ulmi truncatæ* XXV. *s. de Bociis* L. *s.*]

¶ 2. **BOCIA.** Genus vasis. Murator. tom. 2. pag. 366. col. 1. C. ex Chronic. Casinensi ab Anastasio Seniore : *Abstulit in calicibus et patenis, crucibus, phialis, annulis, Bociis ac fibulis, auri purissimi libras* CXXX. Vide *Bauca* 1.

* 3. **BOCIA.** Stat. Universit. Aurel. ann. 1365. ex Cod. reg. 4223. A. fol. 64. r° : *Postquam scolares audiverint per biennium vel triennium leges, cum sic se approximent ad lecturam, loco tabardi vel Bociæ, capam cum manicis deferre teneantur.* Leg. *Hociæ.* Vide *Osa.*

* 4. **BOCIA**, Ulcus pestilens, Ital. *Bozza*, nostris *Bosse* vel *Boce.* Lit. remiss. ann. 1350. in Reg. 81. Chartoph. reg. ch. 20 : *Ipse Joannes peste epidimiæ affectus et percussus, duo ulcera seu apostemata, vel Bocias in inguinibus habebat.* Aliæ ann. 1377. in Reg. 111. ch. 214 : *Il vint à ladite Colette deux Boces, l'une soubz l'esselle du bras et l'autre en l'aingne,.... et avait alors..... si grant mortalité au païs et à Troyes, que plusieurs se mouroient de la Boce.* Vide *Bossa.*

* **BOCIGIA**, pro *Botigia*, officina, Gall. *Boutique.* Charta ann. 1416. tom. 10. Ordinat. reg. Franc. pag. 401 : *Debeant compensare et alterare utilitates et commoda bonorum, hospiciorum, eorumque Bocigiarum et camerarum.*

* **BOCILETTA**, Ital. *Boccetta*, diminut. a *Boccia*, Vasis species. Inventar. ann. 1389. tom. 3. Cod. Ital. diplom. col. 365 : *Bociletta una ab ultari argenti deaurati cum rosa et orlo, intaliata ad animalia.* Vide *Bauca* 1.

* 1. **BOCIUS**, Dumetum. Chron. Placent. ad ann. 1385. apud Murator. tom. 16. Script. Ital. col. 524 : *Cum maximis pœnis per cepes et Bocios tota nocte veniendo solus huc illuc, tantum fecit, etc.*

* 2. **BOCIUS**, Pestilens, purulentus, a veteri Gallico *Boë*, pro *Pus*, ut legitur in Mirac. S. Ludov. edit. reg. pag. 439 et in Glossar. ad calcem ex Galter. *de Coinsi :*

Etant saut venin et Boe,
Que tout sen lit soille et enboe.

Hinc *Enbourroumer*, Suppurare, in Lit. remiss. ann. 1455. ex Reg. 187. Chartoph. reg. ch. 153 : *Laquelle plaie s'Enbourrouma ou apostuma.* Lit. remiss. ann. 1415. in Reg. 168. ch. 324 : *Dictus Jacobus vulneratus, Bocio carbunculo.... tactus fuit, etc.* Vide supra *Bocia* 4.

* **BOCLA**, perperam pro *Bocia*, in Inquisit. ann. 1270. apud Murator. tom. 5. Antiq. Ital. med. ævi col. 102 : *Et proprio juramento firmavit quod ipsa, jam est unus annus et plus, quod habuit et habebat duas gumbas sive Boclas, unam in pectore et alteram in spatulis.* Vide supra *Bocia* 4.

BOCLAND. Vide *Liber.*

* **BOCLARE.** Arest. ann. 1403. 1. Jun. in vol. 9. arestor. parlam. Paris. : *Pro quodam solemni servitio in dicta ecclesia* (Aniciensi) *in die Circumcisionis Domini, dicto Boclari, fieri consueto singulis annis.* Hæc sapiunt ludicras illas festivitates, quas Kalendis Januarii agere tunc temporis solebant, in quibus verisimiliter scutis decertabant; unde nomen. Vide supra *Bloquerius* et infra *Kalendæ.*

BOCLARIS. Vide *Bauca* 1.

* **BOCLEARIA**, Nomen vici apud Parisios, vulgo *Bouclerie*, ab opificibus scutorum seu clypeorum sic dicta. Liber piteut. abbat. S. Germ. Prat. IV. Non. Mart. : *Anniversarium Clementis, quondam archidiaconi Laudun. deiiij. lib. Paris. sitis Parisiis super duabus domibus, videlicet super domo Hugonis Lirois in veteri Boclearia.* Infra : *In vico de la bouclerie percipimus super domo Hugonis Lirois, etc.* Vide infra *Bouclaria.*

BOCLERIUS, Vide *Buccula.*

* **BOCLERUS**, Clypeus, scutum, Gall. *Bouclier.* Lit. remiss. ann. 1359. Reg. 111. Chartoph. reg. ch. 110 : *Ipsi layci deferentes enses, magnos gladios, Bocleros et venabula..... in ipsos clericos irruerunt. Une espée et un Boucler pour la tuicion de son corps,* ibid. in Lit. ann. 1377. ch. 175. Vide supra *Bocalarium* et infra *Bouclarius.*

* **BOCO**, f. Clivus, Gall. *Colline, penchant,* ab Ital. *Boccone*, pronus. Confirm. pariag. villar. de Casluc. et S. Affric. ann. 1320. in Reg. 60. Chartoph. reg. ch. 117 : *Proprietas ruppis cum Bocone dicti castri, cum libero adhitu, in solidum pertineat ad eumdem pro ædificando, seu alia pro voluntate facienda.*

BOCONES, Papiæ, *Stulti, rustici.* [Ubi MS. Bituric. habet *Bocomes.*]

* **BOCTEGA**, Officina, Gall. *Boutique.* Charta ann. 1171. inter Probat. tom. 1. domus *de Gondi* pag. 42 : *Item de duodecim e nariis de turre majori, si Boctega in ea*

facta fuerit, vel tabulæ juxta ipsam turrem. Vide *Botiga.*

* **BOCTONUS**, Globulus, Gall. *Bouton.* Inventar. MS. thes. Sedis Apost. ann. 1295 : *Item duodecim Boctoni auri musculati ponderis quatuor unciarum.* Vide *Botones.*

¶ **BOCULA**, pro *Bucula.* Acta SS. Junii tom. 2. pag. 217. in Vita S. Columbæ : *Sanctus ab eo requirit, cujus Boculas numeri haberet.*

* **BOCXS**, a Provinciali, *Boc, Caper, capreolus, hyrcus,* ut habetur in Glossar. Prov. Lat. ex Cod. reg. 7657. Charta ann. 1307. in Reg. 13. Chartoph. reg. ch. 4 : *Concedimus quod si in alio loco dicti castri* (de Naiaco) *carnes venderentur ad taillium per dictos macellarios et per alios obligatos ad censum prædictum, ut pote capras, yrcos seu Bocxs, oves, etc.* Vide infra *Box* et *Buccus.*

* Huc spectat quod legitur in Hist. Ratispon. apud Oefel. tom. 2. Script. rer. Boicar. pag. 512. ad ann. 1428 : *Hoc anno vel circa inter milites et nobiles oritur societas eorum, qui deferunt unicornu; et ob hoc vulgus societatem illorum Bœkler solebat appellare.* [** German. etiam *Bock*, Hircus.]

* **BOCZARIA**, Laniarium, locus ubi mactantur boves, Gall. *Tuerie*, Inquisit. ann. 1288. in Access. ad Hist. Cassin. part. 1. pag. 388. col. 1 : *Quilibet macellarius pro qualibet vocca, seu pro quolibet bove, quem occidunt in Boczaria, etc.* Vide *Bocaria.*

¶ **BOCULARIS.** Vide in *Bauca* 1.

BODA, Bodium, Habitatio, mansio, ex Theutonico et Cambro-Britannico *Bod;* Flandris vero et Theutonibus *Boden* est fundus, latifundium. Charta Waldemari Regis Daniæ ann. 1326. apud Isaacum Pontanum lib. 7. Hist. Dan. pag. 443 : *Omnia quæ sub pondere vendi solent, possunt* (nautæ et aurigæ) *in ipsorum Bodis, sive vicœn, vendere et alienare, et cum statera Coloniensi et pondere debito trutinare.* Infra : *Nullus ipsos super eorumdem vicæn in ipsis Bodis, sine eorum voluntate destruendo, aut ab ipsis aliquid abstrahendo, ab iis impediat aliqualiter, vel molestet.* [** Vide Graffii Thesaur. ling. Franc. vol. 3. col. 68.]

Bodium, Idem quod *Boda.* Charta Eustachii Comit. Bononiæ ann. 1070. pro Lensensi Eccles. apud Miræum in Diplom. Belg. lib. 1. cap. 38 : *Ecclesiæ quoque de Betay, et de Durgis, et Bodii et ejus partem dimidiam concedi et corroborari impetravimus a D. Lietberto, necnon Bodium de Werchin.* Et infra : *Niaule* (habet) *dimidium Bodium, et unum curtile cum terra arabili.* [Item pag. 44. col. 1. edit. 1723 : *Bodium de Thicabusca, Bodium de Formesela, Bodium de Ipris, Ecclesia de Esna cum capellis suis.* Nova Gall. Christ. tom. 5. inter Instrum. col. 325. C. : *Similiter omnis decimatio novæ terræ et veteris totius parrochiæ Landenghemensis Ecclesiæ cum omnibus suis oblationibus, et Bodium Reslensis parrochiæ novæ et veteris terræ.*] Charta Balduini Comitis Flandr. ann. 1066. apud Buzelin. lib. 2. Gallo-Fl. cap. 13 : *Dedit præterea Bodium Ecclesiæ de Doulesmons Thesaurario, ut ex eo unoquoque anno Canonici 12. solidos recipiant in die solemni Apost. Petri et Pauli, etc.*

¶ **BODDIFERUS**, Monetæ species. Chronic. Cornelii *Zantfliet* apud Marten. tom. 5. Ampliss. Collect. col. 445 : *Omnium frugum terræ, vinorum et bladorum per totam pene Europam ingens penuria, adeo ut modius speltæ mensuræ Leodiensis venderetur pretio 45. Boddiferorum, quorum 36. valebant florenum Rhenensem, cum præcedentibus annis vix 18. Boddiferis vendi solebat.*

* **BODEGAR.** Vide supra *Bedegar.*

BODELLUM, diminut. a *Bodium*, Habitatio, mansio. Charta Renaudi episc. Tull. ann. 1211 : *Quicquid Hodiardis et Orricus filius ejus habebant in Bainvilla,.... et in ecclesia de Masnilo, cum medietate Bodelli, etc.* Occurrit præterea in Ch. Joannis Trevir. archiepisc. ann. 1210. Vide *Boda.*

* **BODELLUS**, Umbilicus, Gall. *Nombril.* Stat. synodal. eccl. Lingon. ann. 1404. apud *Thiers* tom. 1. Superst. pag. 79 : *Doceantur obstetrices...... ne baptizare præsumant infantem, sicut aliqui faciunt, dum apparet extra ventrem quidam Bodellus, quem appellant umbilicum infantis. Boulet* eadem notione, in Lit. remiss. ann. 1481. in Reg. 206. Chartoph. reg. ch. 742 : *Laquelle fille..... lya à son enfant le Boulet de fil au mieulx qu'elle peult.* Et *Bonde*, in aliis ann. 1392. ex Reg. 143. ch. 97 : *Icellui Charles le feri un cop seulement d'un dart en la pance, au dessoubz de la Bonde. Budine*, in Lit. remiss. ann. 1475. ex Reg. 195. ch. 1524 : *Le suppliant frappa sa bisague ou ventre d'icellui prestre, entre l'aine et la Budine.*

¶ **BODENA.** Vide *Bonna* 2.

* **BODERIUM**, Domus, tugurium. Charta ann. 1303. in Reg. 74. Chartoph. reg. ch. 308 : *Acquisiverunt* (canonicæ S. Saturnini Tolos.) *quendam ortum cum putheo, Boderio, et orto bordis ibidem contiguis.* Arest. parlam. Paris. ann. 1319. in Reg. 62. ch. 1 : *Item census et aliæ dominationes in terris, vocatis Casurat, prope Boderium.* Vide *Boda.*

BODIA. Vide *Boia.*

¶ **BODII**, Compedes, Annal. Benedict. tom. 4. pag. 215 : *In his, ait auctor, tot carceratos meritis S. Fidis absolutos, ut ferreorum compedum, quos pagensi lingua Bodios vocant, ut immensitas occupationem in Monasterio faceret.* Vide *Bodia* in *Boia.*

BODINA, Bodinare, Bodones, Bodula, Bodulatus. Vide *Bonna* 2.

BODIUM Vide *Boda* 2.

* 1. **BODIUM**, Præstationis species, quæ thesaurario S. Petri Insul. etiamnum, teste Cl. V. D. *Valory* ejusdem eccl. olim Præposito, sex manipulis persolvitur. Charta Balduini comit. Fland. ann. 1066. ex Chartul. ejusd. eccl. ch. 1 : *Dedit quoque præterea* (Adela) *Bodium ecclesiæ de Deuslemont thesaurario.* Pluries occurrit ibidem. Cui interpretationi haud ægre aptari possunt, quæ in *Boda* laudantur; et maxime quidem locus ex tom. 5. Gall. Christ. excerptus.

* 2. **BODIUM**, Crypta, sacellum subterraneum, Gall. *Caveau;* locum cavum, *Bove* dixerunt nostri. Vide infra *Bova* 4. Charta ann. 1218. in Chartul. sign. *Decanus* eccl. S. Petri Insul. ch. 57 : *Duos instituimus capellanos, qui in Bodio ecclesiæ missam celebrent summo mane.* Haud scio an inde, quia locus humilis et profundus; an a *Bosco* seu nemore, dictus sit in Provincia pagus, *Gran-bois* vulgo appellatus, qui *Garan-Bodium* et *Caran-Bodium* nuncupatur, in Charta Joan. reginæ comit. Prov. ann. 1362. ex Archiv. reg. Aquens. *Garan-Bodium* rursus dicitur, in Transact. ann. 1394. et *Gran-Bodium*, in Ch. ann. 1442.

¶ **BODIUS**, Extremum, Gall. *Bout.* Locus in *Bironatus.*

** **BODIVO.** Vide *Votivum.*

* **BODOARII**, Bajoarii, Bavari. Vita S. Agili tom. 6. Aug. pag. 580. col. 1 : *Deinde directo calle ad Boias, quos terræ illius incolæ Bodoarios vocant, pervenerunt.* Vide quæ ibi notant docti Editores.

* **BODOLARE**, *Bodulas*, seu limites figere, Gall. *Borner.* Charta ann. 1197. ex Bibl. reg. cot. 17 : *Unam peciam terræ, cum omni sua riparia, et cum omni suo complanto,..... sicut illa pecia terræ nunc assignata et Bodolata est vobis.* Vide infra *Bodula.*

* **BODREIARE**, Calcibus percutere, ut videtur. Charta ann. 1333. in Reg. 66. Chartoph. reg. ch. 1339 : *Dictus Andreas, tunc bajulus castri de villa Vayraco, in contemptum et vituperium domini nostri regis et appellationis prædictæ, ipsum Johannem Salast male tractavit, cum pugnis verberando eumdem graviter, et Bodreiando viliter, et impingendo eumdem Johannem appellantem, ipsumque Joannem sic male tractatum, verberatum et burlatum posuit in carceribus.*

* **BODRO.** Vide infra *Brodo.*

* **BODULA**, Bodulla, Terminus, limes, meta, Gall. *Borne; Bodulare, Bodulas* seu limites figere; *Bodulatio* ipsa *Bodularum* positio, Gall. *Bornage.* Charta ann. 1295. inter Probat. tom. 4. Histor. Occit. col. 105 : *Ordinamus quod locus Salva-guardæ, divisus per nos dictum Arnaldum de Podio, et per Guilhermum Cathalani Bodulatus et limitatus, sic remaneat divisus, Bodulatus et terminatus;..... cujus loci quædam pars erit dom. comitis Fuxi, prout est ultra Bodulas et terminos versus terram dicti dom. comitis; et alia pars dom. Mirapiscis, prout est citra Bodulas et terminos versus terram dicti dom. Mirapiscis.* Pactum inter dominos de Lisigniaco et de Pedenacio ann. 1331. in Reg. 69. Chartoph. reg. ch. 180 : *Et tunc dictus procurator regius.... interrogavit a dictis consulibus et consiliariis, quod ante omnia sibi dicerent et revelarent, si qua dubia vel quovis modo dampnosa erant vel sciebant in facto Bodulationis, et limitationis, de quo in præsenti tractabatur....... Processus factus et habitus super facto dictæ limitationis et Bodulationis, et an expediret juri dom. nostri regis, et castri de Pedenacio et universitatis ipsius facere ipsam Bodulationem et limitationem..... Deinde....... eundo, Bodulando et terminando, et sequendo juxta Bodulas, terminationes seu limitationes factas hactenus positas inter gentes de Pedenacio ex parte una, et gentes de Lesigniaco..... Eundo a supra proxime dicta Bosula* (sic) *usque ad quamdam aliam Bosulam sive terminum, etc.* Reg. *Olim* parlam. Paris. ad ann. 1315 : *Plures malefactores...... Bodullas sive metas in terra et justitia religiosorum situatas evulserunt.* Vide infra *Bonna*, 2, *Bondula* et *Bosula.*

* **BOEDENARIUS**, an Qui *bodio* subditus est? Vide supra *Bodium* 1. an Qui *Boderium* habitat? Vide supra in hac voce. Charta

ann. 1353. in Reg. 82. Chartoph. reg. ch. 46 : *Tres sextarios siliginis,..... quos debent Boedenarii* (hospitalis) *S. Christofori*. Vide *Boeria*, 1.

¶ **BOEDUS**, f. Piscis genus, ut mænæ, etc. Cambro-Britannis *Boed*, est cibus. Rymer. tom. 8. pag. 634. col. 1 : *De quolibet Barello allecum venalium unum obol. de qualibet centene Boedorum venalium duos denarios*. [* Vide supra *Boca*.]

BOEL. Andreas Suenonis Archiep. Lundensis l. 4. Legum Scaniæ cap. 1 : *Cujus dimensione tota villa in æquales redigitur portiones, quas materna lingua vulgariter Boel appellant, et nos in Latino sermone mansos possumus appellare, earum fundis inter se, prædiisque inter se, fundis ipsis adjacentibus adæquandis*. [** Danis *boe*, Habitare. Confer Ihrii Glossar. Suio-Goth. vol. 1. col. 220.]

* **BOELEA**, f. Idem quod *Brolium*. Vide in hac voce. Chartul. vet. Casal. fol. 32 : *Quidam miles de Castronovo, nomine Emeno de Bellovidere, dedit monachis de Casali Benedicto, quos plus aliis monachis dilexerat, Boeleam quæ ejus fuerat allodium*. Idem significare videtur *Boille*, in Ch. ann. 1451. ex Tabul. Carnot.: *Par ledit contract eschoit audit Loys de Vieuxpont le chastel, bassecourt, fossez, le Boille, la garenne, etc.*

¶ 1. **BOELLI**, Intestina, a veteri Gall. *Boële, Boyaux*. Charta Hugonis Abbatis S. Dionysii ex Archivis B. Mariæ de Argentolio, ubi de Controversia inter Conventum de Argentolio, et Stephanum coquum : *Si Anser fuerit domesticus, idem Stephanus plumam tantum et Boellos percipiet*. Si Borello credimus, *Boël* vel *Boële*, dicitur a voce *Voie*, via, quod intestina sint via, qua permeant cibi et exeruntur excrementa. *Ovide* MS. apud eumdem Borellum :

Par les flans la si porfendu :
Que la Boele li chei.

* *Boueau*, pro *Boyau*, in Glossar. Gall. Lat. ex Cod. reg. 7684 : *Boueau cuilier, lien hominis*.

** 2. **BOELLI**, *Herba albi coloris*, Papias MS. in cod. reg. 7609.

* **BOENNA**, *Lo strepito*, in Glossar. Lat. Ital. MS.

* **BOERA**. Vide supra *Bovera* 2.

* 1. **BOERIA**, Prædium rusticum, idem quod *Mansus* certa nimirum agri portio quæ colitur, et in qua colonus habitat. Reg. Cam. Comput. Paris. sign. JJ. rub. fol. 1. v°. ad ann. 1273 : *Poncius d'Arbenaz miles..... recognovit se tenere in feudum a dom. rege Angliæ et duce prædicto quasdam Boerias, quas habet in parochia de Porteto*. Et fol. 19. r°. ad ann. 1274 : *Tenent a dom. rege Angliæ et duce Aquitaniæ omnia jura, deveria et servitia, quæ ipsi debent pro Boeria Marquæ-malæ, et domo sita desuper dicta Boeria Guillelmi Bos*. Ch. ann. 1299. in Lit. rub. ejusd. Cam. fol. 110. v° : *Item Boeria, quæ est in dicta parrochia, cum terris vineæ et viridarii, et aliis terris eidem Boeriæ spectantibus*. Alia ann. 1308. in Reg. 44. Chartoph. reg. ch. 140 : *Cum forefactura seu Boeria quondam mag. Guillelmi Buneti, una cum domibus, terris, pratis,...... damus et concedimus*. Alia ann. 1318. in Reg. 56. ch. 465 : *Quilibet bordalarius seu habitans in borda seu Boeria sua, etc.* Lit. ann. 1361. ex Bibl. reg. : *Quod cum habeat quandam Boeriam sive mansum,..... quæ Boeria sive mansus confrontatur, etc.* Nostris *Boerie* eadem acceptione. Lit. remiss. ann. 1442. ex Reg. 176. ch. 182 : *Icellui Bernard et ung varlet du suppliant alerent au lieu de S. Feliz en une Boerie ou metaerie du lieu de Valieres*. Vide *Bovaria*.

* 2. **BOERIA**, Servitium cum bobus domino vassallis exhibendum. Vide supra *Boairia*.

BOERIUM. Charta Isli Præpositi Ecclesiæ Tolosanæ apud Catellum in Hist. Occitan. pag. 855. et Sammarthanos : *Et in hoc servo dedit illis totam siglicem, et totum milium, et bolagium, et decimum de sextaratis, Boërium, et retrodecimum, etc.* Vide *Boarium* in *Bovaria*.

* Idem quod supra *Bodium* 1.

* **BOESSONNIUM**. Vide infra *Boissonium*.

¶ **BOESSONUS**, a Gallico *Buisson*, Minor Silva. Charta anni 1239. inter Instrum. tom. 4. novæ Gall. Christ. col. 100 : *Dant etiam et concedunt dicti Buretus et Maria ejus uxor quicquid jurium habent vel habituri sunt, et quicquid advenire debet et potest eisdem de dicto Boessono* (apud Thoriacum sito) *post decessum dictæ Alaïdis*. Vide *Boissonus*.

¶ **BOESTA**, Capsula, Pyxis, a Gallico *Boëte*. Spicil. Acher. tom. 10. pag. 279 : *Restituit nobis pissides seu Boestas, quas Andegavis habebamus*. Vide *Boetia* et *Boistia*.

¶ 1. **BOETA**, Idem. Usus monasterii Culturæ Cenoman. : *Quando incœperint*, Laudate, *Segrestarius abscondet ignem in Boeta in secreto, ne videatur, et extinguet omnes lampades Ecclesiæ*. Vide *Lucerna boeta*.

* 2. **BOETA**, Pondus, idem quod *Pensa*. Vide in hac voce. Arest. ann. 1330. 28. Apr. in Reg. *Olim* parlam. Paris. : *Quindecim torchas de coriis bovinis, duas Boetas de caseis de Majoricis*.

** 3. **BOETA**, Germ. infer. *Bœte* vel *Bute*, Emenda. Privil. Lubec. dat. a Guillelmo, Comite Hollandiæ, ann. 1357. ap. Lappenb. Docum. ad Init. Fœder. Hanseat. pag. 441 : *Pro excessibus suis nobis suas Boetas secundum ritum et consuetudinem terre nostre debitas exsolvent*.

** 4. **BOETA**, *i. e. riscus, ein loch oder rytz in einer wandt oder fenster*. Gemma Gemmarum.

¶ **BOETENTES**, *id est*, *Aminiculati*. Papias MS. Græce Βοηθέντες, Adjuti.

¶ **BOETER**, *Verum*, *Veranum*. Glossar. Isid. ad quod Grævius : Rectius Excerpta, *Boeter*, *Vernum*, *Veranum*. Sed hoc quoque est obscurius solio Sibyllæ.

* **BOETIA**, Pyxis, arcula, Gall. *Boete*. Charta ann. 1318. in Reg. 56. Chartoph. reg. ch. 295 : *Undecim libræ Boetiæ piscium; et novem libræ Boetiæ bladi, singulis annis solvendæ*. Vide *Boesta* et *Buxis*.

¶ **BOETUS**, a Græco Βοηθός, Auxiliator, adjutor. Minister, famulus, domesticus, apud Ludewig. Reliq. MSS. tom. 4. pag. 515. in Chronic. Merseburg. ad ann. 1611 : *Hic enim Dominica* xi. *post festum Trinitatis Boetis suis injungit, ut pira decerpant, ne furtim aufferantur aut vento dejiciantur. Uxor dissuadet. Boeti procrastinationem frustra petentes, inviti decerpunt.*

¶ **BOFETADA**. Vide *Buffa*.

BOFORDUM, et Bofforduм. Vide *Bohordicum*.

* **BOFFORUM**, *Lo mare*. in Glossar. Lat. Ital. MS. pro *Bosphorus*.

* **BOFIZARI**, Uti, frui, vel Coli, arari, ut videtur. Inquisit. ann. 1195. apud Murator. tom. 1. Antiq. Ital. med. ævi col. 878 : *Johannes Leonus testatur quod vidit hanc terram, de qua quæstio est inter canonicos et Robatum, ... teneri et Bofizari cum alia pro curia*.

1. **BOGA**, Bogia. Fori Oscæ Jacobi I. Regis Aragon. ann. 1247. fol. 18 : *Et secundum forum non tenetur ibi aliquid pediare, aut per Bogas sive sitas aliquid demonstrare, quia non sunt talia loca quæ aliter possent dividi. Bogæ terminorum*, in Observantiar. lib. 8. tit. de Pascuis § 10. Vide *Bauca*, *Boia*.

* Terminus; limes, ut videtur. Vide supra *Bodula* et infra *Bogna*.

* 2. **BOGA**, Compes aut torques vinctorum. Vide in *Boia* et infra *Imbogare*.

¶ **BOGEA**, Bulga, Gall. *Bougette*, apud Rymer. tom. 10. pag. 206. col. 2 : *Cum armaturis, libris, literis, jocalibus, bonis, manticis, Bogeis, baggagiis et aliis rebus suis quibuscumque*. Alter locus est in *Busketto*. Vide *Bagea*.

** **BOGENARIUS**. Henricum comitem Oldeburgensem Henricum Bogenarium appellat Albert. Stadens. quem Hamelmannus *Heinrich den Bogener* appellat ab humili et curvata corporis statura. Adel.

¶ **BOGERRA**, apud Grævium in notis ad Glossarium Isid. idem est quod *Bigera* suo loco.

¶ 1. **BOGIA** *Torques damnatorum, quasi jugum bovis*. Papias MS. Bituricensis. Vide *Boia*.

* 2. **BOGIA**, Candela cerea, Gall. *Bougie*. Reg. eccl. Andegav. ad ann. 1443. in vita Math. Menag. pag. 92 : *Centum libræ ceræ operatæ in torchiis, flambellis et Bogia*. Vide infra *Bougia* 2.

* **BOGINA**, Pellis hircina. Leudæ major. Carcass. MSS : *Item pro cargua Boginarum, iij. sol. Turon*. Ubi versio Gallica ann. 1544. habet : *D'une charge de cuirs de boucs, etc.* Vide supra *Bocxs*.

BOGIS, Simus. Guillelm. Armoricus in Phil. Aug. ann. 1202 : *Petrus Bogis, quem a brevitate nasi, lusorie tali nomine vocabamus*.

¶ 1. **BOGIUM**, Idem, ut videtur, quod *Boda* et *Bodium*. Charta Roberti I. Domini Bethuniæ de fundatione collegii Canonicorum in Ecclesia S. Bartholomæi apud Miræum Oper. Diplom. tom. 2. pag. 945. col. 1 : *Helvinus autem venerabilis Episcopus precibus ipsius annuens, Ecclesiam S. Bartholomæi Apostoli, scilicet altare cum tota alia parte, quam vulgus Bogium solet appellare, liberum ab omni redditione personatus fecit*.

* Idem videtur quod supra *Bodium* 1. [** An a German. *Boge*, Arcus, fornix?]

¶ 2. **BOGIUM**, Signum diversitatis in officio divino. Breviarium Trecens. ann. 1509. fol. LXVIII : *Notandum est quoties fit Bogium de uno martyre feria 2. aut 3. ℟. de 1. Noct. ℣. 2. Sacerd. de 2.*

* Designatio est gradus officii; ex or-

namento quo utebantur eo die, sic dicti. Occurrit etiam Calendario eccl. Lingon. ann. 1404.

¶ **BOGLARIUM**, f. Clypeus, Gall. *Bouclier*. Consuetudines Brageraci XXVIII : *Item armaturæ, utpote enses, lanceæ, scuta, Boglaria, loricæ, platæ, pileus ferreus, sive capellus*.

* Vide supra *Boclerus*.

* **BOGLETA**, Bulga, Gall. *Bougette*, Ital. *Bolgia*. Stat. Astæ, ubi de Intrat. portar. : *Fibretæ sive Bogletæ subtellariorum ponantur et solvant pro miliari libras v*.

* **BOGNA**, Meta, limes, terminus; *Bognare*, limites figere. Pactum inter comit. Sabaud. et dalphin. Vienn. ann. 1314. in Chartul. Sabaud. fol. 3. v°. : *Prædicta dubia limitentur, terminentur, Bognentur et declarentur per terminos, Bognas et metas, qui et quæ ponentur et designabuntur per duos, vel plures probos viros*. Nisi leg. sit *Boyna* et *Boynare*. Vide infra *Boyna*. et *Bonna*, 2.

¶ **BOGNAGIUM**, pro *Bonagium* : quod vide in *Bonna* 2. Charta Ricardi Abbatis Compendiensis ann. 1198. ex Chartulario S. Cornelii : *Nos autem concessimus eidem... terragium totius illius territorii; et investituras, et Bognagia, et justitiam* 30. *denariorum et minoris pretii*.

¶ **BOGRANUM**, Gall. *Bougran*, Telæ species. Locus est in *Bombax*. Vide *Boquerannus*.

¶ **BOGRI**, Hæretici, Idem qui *Bulgari*. Chron. Lobiense ad ann. 1235. apud Marten. tom. 3. Anecdot. col. 1427 : *Hoc anno inventi sunt Bogri apud Cameracum et Duacum, et combusti sunt*. Vide *Bulgari*.

BOGRISIA. Vide *Bulgari*, ad lineam, *Denique Bulgari, etc*.

¶ 1. **BOGUA**, Piscis genus, Italis *Boghe, Boggie*, Gallis *Boope*, sic dictus quod bovinos oculos habeat, a Græco βοῦς, Bos, et ὤψ, Aspectus. Statuta Massil. pag. 587 : *Nisi essent tunni, locustæ... sardini, jarreti, sercleti, Boguæ, etc.* Hic piscis sale conditur et scinditur in frusta ad instar *tunni*, Gall. *Ton*, cui fere similis est.

* Vide supra *Boca*.

* 2. **BOGUA**, f. Pascuum, pratum. Charta ann. 1295. inter Probat. tom. 4. Hist. Occit. col. 105 : *Primus terminus positus in salva-guarda est in medio loco Boguæ d'el Stanier, ... et de dicta Bogua ascendendo per serram ; etc.*

* **BOH**, Deus. Chron. Bohem. ad ann. 1300. apud Ludewig. tom. 11. Reliq. MSS. pag. 129 : *Dicitur enim Bohemia a Boh, quod est Deus interpretatum in lingua Slawonica*.

* **BOHORDAMENTUM**, ut *Bohordicum*, Hastiludii genus. Reg. visitat. Odon. archiep. Rotomag. ex Cod. reg. 1245. fol. 11. r°. : *Presbiter de Baudibosco..... gerit se tanquam armiger, et solet ministrare lanceas ad Bohordamenta*.

BOHORDICUM, nostris *Bohourt* vel *Behourt*, Hastiludii species, vel certe quodvis hastiludii genus, in quo nobiles adolescentes vires suas experiebantur. Lambertus Ardensis : *In robur adolescere cœpit virile, ut illic Bohordica frequentaret et torniamenta*. Hinc *Bordiare*, et *Burdare* in Mandato Regis Angl. super juratis ad arma : *Ad turniandum et Burdiandum*. [*Burdeare*, apud Rymer. tom. 5. pag. 223 : *Ne quis... turneare, Burdeare, justas facere, seu alia facta armorum exercere præsumat*.] Concilium Albiense cap. 15. tom. 2. Spicilegii Acheriani : *Trepidare quoque, quod vulgariter Biordare dicitur, cum scuto et lancea aliquis Clericus publice non attentet. Trepidare*, porro proprie de equo dicitur, seu de eo qui equo *trepidanti* vehitur, vel *trepedario*, uti appellatur a Vegetio lib. 1. de Re veterin. cap. 56. *qui va le trot. Behourder, Bohorder*, et *Border*, Scriptoribus Gallicis passim. Le Roman *d'Aubery* MS. :

Emmi le pré ot quintaine levée,
Li jouvencel Behordent par la prée.

Le Roman *de Garin* MS. :

Aprés mengier se sont as chevax pris,
Por Bohorder isent hors de Paris.

Le Roman *d'Alexandre* MS. :

Seignor, fait-il, tallant m'est pris,
Que de la lance et de l'escu
Aaille a coux faire une acointance
Qui davant vous Boorder vint,
Bien voy que par maluais istiencent,
Et pour vos presens ce me suis,
Quant Boorder devant vous viennent.

Behordeis, et *Bohordeis*, ipsum hastiludium. Historia MS. Belli sacri : *Et nommerent le jour de lor mouvoir au premier Behordeis, à Diex les amenroit*. In Tabulario Pinconiensi, *le jour du bouhordeis*, redditur *dies hastiludii*. Ubi *bouhordeis*, idem est quod *Bohordicum*, apud Lambertum Ardensem. Sic autem in eo Tabulario appellantur ludicra certamina paganorum et *burgensium*, quæ illi cum baculis et fustibus in campo obire solebant certis ac statis diebus, atque adeo 1. et 2. dominica Quadragesimæ, quæ inde *Bouhordis* appellantur in quibusdam Galliæ provinciis, ut habet Monetus in Inventario utriusque linguæ.

* Quod haud temere adnotasse Monetum in Inventario utriusque linguæ Gallicæ et Latinæ, probat Charta ann. 1420. ex Chartul. S. Gaugerici Camerac. fol. 200 : *Le Dimence premier Behourdy*. Lit. remiss. ann. 1393. in Reg. 145. Chartoph. reg. ch. 398 : *Le premier Dimanche de quaresme, appellé les brandons ou Behourdiz, etc.* Ab hac Dominica, dies præcedentes sequentesve Chartis adnotabantur. Chartul. 21. Corb. fol. 96. v°. : *Ce fu fait en l'an de l'incarnation Jhesu Christ* 1283. *ou mois de Mars le Samedi prochain devant le Behourdich. Le Juesdi devant le Bouhourdiich*, in Lib. rub. fol. parvo domus publ. Abbavil. fol. 25. v°. ad ann. 1290. Lit. remiss. ann. 1390. in Reg. 138. ch. 290 : *Le lendemain du Bouhourdis l'an* 1383. *etc.* Ch. Guidonis comit. Fland. ex Chartul. Namurc. in Cam. Comput. Insul. fol. 5. r°. : *Fait l'an del incarnation Nostre Seigneur* 1282. *le Venredi aprés le Bourdich el moys de March*.

* A virgulis sive baculis, *Bouhours* nuncupatis, quibus in ludicris ejusmodi certaminibus uti solebant, vocem *Bouhourder* manasse haud improbabile est. Lit. remiss. ann. 1424. in Reg. 172. Chartoph reg. ch. 509 : *Comme le jour des brandons iceulx compaignons tenant Bouhours en leurs mains, desquelz ilz s'esbatoient l'un contre l'autre, etc.* Neque aliud esse videtur *Behou*, in aliis Lit ann. 1476. ex Reg. 195. ch. 1584 : *Le suppliant print une perche de bois, nommée Behou, et frappa ung cop seulement Jehannin Mousnier*. Nisi a cratibus, quibus locus certaminis muniebant, accersere malis. Unde *Dominica de lignis orditis* appellatur, in Lib. censuum S. Valerici : *Debet Alermus de Gand duos capones et unam gallinam Dominica de lignis orditis*. Consuet. localis villæ *de Long* MS. art. 2 : *Il doit y avoir audit Long six ekevins, qui se renouvellent chascun an, au jour du Bois hourdy*. Vide *Hurdicium*. [** Confer. Haltausii Calendar. med. ævi, edit. German. pag. 212. et 216. infra *Bordæ* et *Brando*, 1.]

* Cujus vero ligni interdum fuerint istæ virgulæ, discimus ex aliis Lit. remiss. ann. 1375. in Reg. 107. ch. 50 : *Iceulx Jehan et Girart prinrent chascun d'eulx un blanc petit tilleul pelé, pour en Behourder l'un a l'autre, et en eulx ainsi esbatant et Bouhourdant, briserent pluseurs tilleux l'un contre l'autre*.

* Locus, ubi ejusmodi certamina fiebant *Place bourdoire* nuncupatur, in Lit. remiss. ann. 1394. ex Reg. 147. ch. 178 : *Icellui Gilot s'estoit joués et esbatus en luitant....... en praiel ou place Bourdoire de la ville de Buischi*. Est autem et *Behourder* nude, pro Contendere, decertare, ut in Lit. remiss. ann. 1387. ex Reg. 131. ch. 5 : *Ledit Colin, qui estoit plus puissans de corps que ledit bergier, tiroit et Behourdoit contre lui pour lui oster son baston ou houllette*. Vide infra *Bordæ*.

Eodem fere sensu Florentini *Bagordare* dicunt, nempe pro *Giostrare*, ut *Bagordo, l'atto del far festa*. Ita etiam arma ipsa offensiva vocant, quibus in hastiludiis proprie sic dictis utuntur : quæ quidem videntur fuisse baculi ac virgulæ innocuæ, uti probavimus in Dissertat. 7. ad Joinvillam pag. 182. ubi plura de hocce ludicro certamine intexuimus. Letaldus Monachus lib. de Miraculis S. Maximini Abbatis Miciacensis n. 23 : *Hinc pastiones canum, hinc cum scuto et virgula ludebant juvenes*. Unde forte a voce *bohordo*, vel *boffordo*, uti vocem hanc effert Michael *del Molino* in v. *Ludus*, quæ Hispanis et Vasconibus, genus quoddam junci majoris, bulla ac capitello instructi, significat, hastiludii istius species nomen sumpsit, quod primitus iis juncis, virgularum vice, decertaretur, aut quod eædem virgulæ juncorum istorum formam referrent. Jacobus I. Rex Aragon. in Foris Oscæ ann. 1247. fol. 16. ubi de hastiludiis : *Ille qui jactaverit ad tabulatum, quodcunque damnum fortuito fecerint, non teneatur respondere : ita tamen quod non ponat in Boffordo ferrum azconæ, dardi, vel lanceæ, nec acutum, nec truncatum, etc.* Charta Edw. I. apud Prynneum in Libertat. Eccles. Anglic. tom. 3. pag. 1152 : *Torneamenta, justas, Burdeicias sive alia hastiludia, etc.* Vel a *Borda*, quæ in Glossis Isidori *clava* exponitur, quod ejusmodi baculi clavarum instar essent. [** Vide *Borda*, 1.] Vel a *burdis*, i. jocis ludicris, ut *bohordare*, fuerit ludere, ludicrum exercere. [Vel denique a *Burdo* medii ævi Scriptoribus idem ac Baculus, qui et Gallice dicebatur *Bourde*. *Daubigni* de Barone Fenest. lib. 2. cap. 5 : *Les boiteux y ont laissé un amas de Bourdes plus haut que le planché de cette Salle*.] Vide *Burda*, et prædictam Dissertationem, in qua etiam *behorda*, pro imaginariis castrorum oppugnationibus interdum sumpta ostendimus.

BUFURDIUM, Eadem notione, vel certe pro velitatione militari, in Chronico Gothorum, seu potius Lusitanico, æra 1178. apud Brandaonem tom. 3. Monarch. Lusitan. : *Sed Rex Portugal Dom. Alfonsus occurrit ei cum exercitu suo, et obsedit iter, per quod ille venire volebat, fixitque tentoria sua, isti ex hac parte, et illi altera parte, cumque veniret aliquis ex parte Imperatoris ad ludendum, quod populares Bufurdium dicunt, statim egrediebantur ex parte Regis Portugalis occurrentes eis et ludentes cum eis, qui in exercitu comprehenderunt Ferrandum Furtado fratrem Imperatoris, etc.* [** Vide S. Rosa de Viterbo voce *Bufurdio*, Elucid. vol. 1. pag. 210.]

¶ BUHURDICIUM, Idem quod *Bohordicum*, apud Rymer. tom. 1. pag. 332 : *Quia datum est nobis intelligi, quod quoddam Buhurdicium captum est inter Armigeros... qui pro Buhurdicio illo prædictis die et loco convenerint, ex parte nostra inhibens et injungens, ne.... Buhurdare vel torneare præsumant.*

BOIA, Compes, aut torques vinctorum. Festus : *Boiæ, genus vinculorum, tam ferreæ quam ligneæ dicuntur.* [Gloss. Isid. : *Boiæ, Torques damnatorum* ; ad quas videre potes Janssonii Collectanea.] Gloss. Lat. Gr. : Κλοιός, *Boia, Eculeum.* Gloss. Anglo-Sax. Ælfrici : *Nervi, Boia*, fotcopsa, *vel* sveorscacul, id est, compes, vel numella. [** German. olim *Bog, Böge*, Annulus quivis, German. infer *Boje.* ADEL.] Plautus in Asinaria : *Carceres, numellas, pedicas, Boias, tortoresque acerrimos.* S. Hieron. lib. 5. in Hierem. cap. 27. in hæc verba, *Fac tibi vincula et catenas*, addit, *sive* κλοιός, *qui Hebraice appellantur mototh, et sermone vulgari Boias vocant.* [Diploma Caroli M. ann. 797. apud Torrigium de Sacr. Cryp. Vatic. pag. 504 : *Et Boiam de collo Alexandri V. Papæ, et de capillis ejus quantum pugillo capere potest.*] Occurrit passim hac notione, apud Scriptores recentioris ævi, Isidor. lib. 5. Orig. cap. 27. Prudentium, Metellum in Quirinalib. pag. 105. 107. Orderic. lib. 6. pag. 630. in Actis S. Quirini Mart. n. 7. 8. S. Babylæ Mart. n. 10. 12. in Actis ejusdem Sancti posteriorib. n. 6. in Vita S. Eparchii Abb. Inculism. cap. 15. in Passion. S. Lupercii Mart. apud Bosquetum pag. 164. in Hist. Translat. S. Honorinæ n. 5. in lib. Miracul. S. Wlfranni n. 24. in Chronico Senoniensi lib. 2. cap. 23. in Chron. Casinensi lib. 4. cap. 58. in Gestis Guillelmi Ducis Norman. pag. 182. apud Arnoldum Lubec. lib. 2. cap. 26. Sugerium lib. de Administr. sua pag. 348. tom. 2. Monastici Anglic. pag. 890. in Martyrol. Notkeri et Usuardi 3. Kl. April. Anastasium in S. Theodoro, etc. Vide præterea Fullerum lib. 5. Miscellan. sacr. cap. 8. Salmasium de Modo usurarum pag. 812. et seqq. et quæ observavimus in Dissertat. 9. ad Joinvillam, ubi *Boias*, nostris *Buies* dictas ostendimus, easque descripsimus. De iis etiam le Roman *de Rou* MS. :

Fu trouvé mort en la gaole
Grimont, si en fit grant parole,
Si come il est enchaanez,
O les Buies fut enterrez.

Alibi :

Au derrain le prist Rou, et en Buies le mist.

Rursum :

En aneaus et en Buies les fist enchaainer.

Le Roman *d'Aubery* MS. :

Lambert les fait en Buies enserrer.

Le Roman *de la prise de Hierusalem par Titus* MS. :

Dedens un puis parfont, hoscur et non voiant,
Firent un sege faire destros par dedevant,
Pilate i avalerent, qui forment vout plorant,
Au deus pertuis li botent les dous piez maintenant,
Une Buis li ferment, et el col un chargant,
Tost adés li seront tot contreval pendant,
Desus firent un huis merveillos et tenans,
A bonne seroure et à verroil courant.

Infra :

Fu Pilate deux ans dedans le puis parfont,
Li maus et li geimers le destraint et confont,
Droit à chief de deux ans l'en ont trait contremont;
Trestot avoit perdu le visage et le front,
Des piez est si baillis des Buis ou il sont,
Qu'il n'estent desore por tot l'avoir del mont.

Ad bojas etiam referenda quæ habet Gotselinus de Miracul. S. Augustini Cantuar. cap. 16 : *In arctissimum cippum omni compede durius constrinxere. Addunt ferreas manicas manibus, et collaria ferrea in cervicibus, ita ut per medium maceriæ lapidei cubiculi transducta vincula obdurantur.* Et mox : *Juvenem... atrocioribus tormentis aggrediuntur. Stringuntur suræ, et ossa arctiori ligno incussis sudibus coacto, etc.* Quæ quidem illustrant quæ de *Berniculis* dixit Joinvilla. *Bove* dicuntur Jo. Villaneo lib. 6. cap. 37. *Buovo*, Matt. Villaneo lib. 9. cap. 97. Vide Wenceslaum Bohemiæ Regem in carcere depictum apud Petrum Lambecium lib. 2. Comment. de Bibl. Cæsar. pag. 752.

BOGA, Eadem notione. Passio S. Thyemonis Archiepiscopi Juvanensis : *Capitur, trahitur, nec repugnavit, sed indignos pedes ferrea Boga religatus subigitur.* Udalricus lib. 3. Consuetud. Cluniac. cap. 3. de Correctione Fratrum : *Et cum fuerit comprehensus, faciunt quod visum fuerit, mittentes eum in carcerem, vel Bogas. Carcer est talis in quem cum scala descenditur, nec ostenditur ostium, nec fenestram habet. De Bogis quoque sunt quædam leviores, quædam graviores, ita ut inclusus nec in dormitorium ascendere possit, et tunc alias in custodia dormit.* Editor monet *boiias* etiam legi. *Bogia* habet Papias. Mammotrectus 2. Reg. cap. 3 : *Catena, Boga qua pedes tenentur ligati.*

BAGA. Isonis Magistri Glossæ : *Boia et Baga unum sunt. Bacæ, plural. sunt catenæ.* Alibi : *Baga ferrum dicitur, quo captiva sæpe mancipia strictis collis et manibus aguntur.*

BODIA. Anonymus de Miraculis S. Fidis cap. 14 : *Dimissis cæteris illum unum jubet compedibus constringi, quos rustica lingua Bodias vocat, quorum clavi, martello duriter obtusi, ut inextricabilis illa fieret connexio, ultro franguntur, ipsis etiam frustratim compedibus conquassatis.*

INBOIARE, Κλοιὸν περιτίθεσθαι, in Gloss. Græc. Lat. MS. Editum habet, Κλοιὸν περιτίθημι, *Imboia*, sed legendum *Imboio. Imboiatus*, apud Anastasium in Theodoro PP. pag. 48.

Porro videntur inde Itali vocem *boia* pro carnifice, seu tortore, accepisse, quasi is fuerit qui in *boias* reos mittit ac conjicit. Scio aliter viris doctis videri de hujus vocis origine.

¶ **BOIAC**, Vox vernacula, Jus *gisti.* Charta ann. 1156. ex minori Chartul. S. Victoris Massil. pag. 119 : *Arbergum sive Boiac quod habebant in castello S. Victoris villæ de Nantis.*

¶ **BOJARI**, Nobiles inferioris ordinis apud Polonos. Acta SS. Aprilis tom. 2. pag. 836. D. in Passione Alberti pueri : *Id solum cognovere ab Adamo et Matthæo Bojaris Calecciis.*

* Iidem qui alibi *Armigeri* Homag. præstitum Casimiro III. ann. 1470. inter Leg. Polon. tom. 1. pag. 237 : *Stephanus palatinus Moldaviæ conductus cum omnibus suis armigeris, Boiaris vulgari eorum dictis, eques venit.*

¶ **BOICELATA**, vel BOISELATA TERRÆ, Modus agri in quo tantum frumenti seritur, quantum contineri potest in *Boicello.* Pancarta MS. Titulorum Abbatiæ S. Stephani de Vallibus apud Xantones in Charta 27 : *Dedit Bernardo... quinque Boicelatas terræ.* Ibid. in Charta 24 : *Dedimus pro salute atque redemptione animarum nostrarum novem Boiselatas terræ.* Ita etiam

* **BOICELLATA**, Modus agri, non semper quod *boicello* seratur, sed nonnunquam quia *boicellus* censualis ex eo colligitur, sic dictus. Charta ann. 1405. in Reg. feud. comit. Pictav. ex Cam. Comput. Paris. fol. 66. r°. : *Item unam Boicellatam terræ, ... et potest michi bene vallere quolibet anno unum boicellum bladi. Boitelée* et *Boittellée* non semel, in Reg. Corb. 13. sign. *Habacuc* fol. 134. 300. et alibi. *Boesserée*, eadem notione, in Lit. admort. ann. 1458. ex Reg. 188. Chartoph. reg. ch. 10 : *Item une piece de terre contenant huit Boesserées.* Vide *Boicelata.*

¶ **BOICELLUS**, Modius, Gall. *Boisseau*, apud Stephanotium nostrum in Antiq. Benedict. Pictav. MSS. tom. 4. pag. 402. ex Charta anni 1275. et in Chartulario S. Vandregesili tom. 1. pag. 3. Vide *Boissellus.*

¶ **BOICHERIA**, Laniena, Gall. *Boucherie.* Chartularium Æduense in Instrumento restitutionis ann. 1366 : *Apud Æduam in Barreriis fortalium ejusdem villæ ante et prope Boicheriam.* Vide *Bocheria.*

¶ **BOICHETA.** Litteræ Odonis primogeniti Ducis Burgundiæ ann. 1265. in Chartulario urbis Autissiod. fol. 39 : *In dicto biezio de Brichol piscari valeant quicumque voluerint, et cum omnibus ingeniis; ita tamen quod non impediant aliquatenus cursum aquæ : hoc excepto quod dicti piscatores, vel alii habere, vel facere non poterunt in memorato biezio vel in aliqua parte ipsius noas vel Boichetas*; hoc est, ni fallor, figere palos vel quid simile, quo pisces quidem facilius caperentur, sed quo biezii aqua seu fluens posset impediri. Vide *Bocheta.*

* Nassæ species, ut videtur, idem quod supra *Bocella* 2. *Boichée*, in Libert. villæ *de Poilly* ann. 1341. ex Reg. 74. Chartoph. reg. ch. 68 : *Item lesdiz habitans ont et auront usage en la riviere, ... de prendre toutes manieres de poissons par la maniere qui s'ensuit. C'est assavoir à la truble, à la ligne, à la main, à jonchées sans ancheures,*

à nasses sans ancheure, faire Boichées en ladite riviere chascun en son héritage. Haud scio an inde accersenda sit vox *Boichier*, ac proinde de eo opifice intelligenda, qui nassas texit. Charta ann. 1310. in Chartul. Pontin. pag. 229 : *Ce fu fait presenz Jaquin le coyfier, ... Jehannin le fil à l'usurier Boichier, Gilet araingier, etc.*

* **BOICHETUS**, dimin. a *Boscus*, Nemus, silvula. Charta Guidonis comit. Nivern. ann. 1238. ex Chartul. Regniac. fol. 12 : *Requisivi abbatem et conventum Regniacensem, ut permitterent construere pontem super aquam de Cora, prope Boichetum de Vermentone.* Vide infra *Bochetus.*

¶ **BOIDIE**, Vox Gallica, Fraus, fallacia, dolus malus. Vide *Baudia* post *Bausia*.

* **BOIETA**, Capsula, arcula. Comput. MS. ann. 1239 : *Pro duabus Boietis eboris ferratis de argento, etc. Devenir Boiette*, dicitur de oculis caligantibus, in Poem. *du Chevalier Deliberé* MS. ubi de moriente loquitur. :

Premier seront les annonceurs
Les yeulx, qui Boiettes deviendront.

* **BOIMATA**, *Ascensiones.* Glossar. vet. ex Cod. reg. 7613.

¶ **BOINA**, Dumetum, minor Boscus vel illius pars densior, rusticis Lugdunensibus etiamnum *Boignia*, Gall. *Le fort d'un buisson.* Charta ann. 1481. ex Archivis pauperum Charitatis Lugdun. civitatis : *Ad trivium vocatum Boina de Villon, et a dicta Boina de Villon ad justitiam seu furcas dou Palain.*

* **BOIOUM**, Adeps suillus, Gall. *Saindoux*, ut opinor. Reg. A. 2. Cam. Comput. Paris. ad ann. 1321. fol. 52. v°. : *Magistro Johanni renovatur officium Boioui et sagiminis pannorum et draperiæ villæ Cadomensis.*

¶ **BOIRADA**, Dicitur in Chartulario Camalariensis Monasterii Diœcesis Anic. de *Corveia*, qua vassalus debet arare binis bobus terram Domini sui. Arverni *Boirade* et *Bouhade* vocant. *Boirat*, *boy* in Foresio est Arator curam habens boum.

* **BOIRETA**, Amphora, Gall. *Burette.* Lib. nig. S. Vulfran. Abbavil fol. 29. v°. : *Item duæ Boiretæ argenteæ.* Vide *Bureta*.

¶ **BOIS**, Retis genus. Locus in voce *Boutoirs.*

¶ **BOISELLADA**, Idem quod *Boicelata.* Obituarium S. Geraldi Lemovic. : *Qui campus continet tres Boisalladas.* Vide *Boicelata.*

* **BOISELLINUM**, Præstatio ex mensuratione, quæ *boissello* fit. Test. Gaufr. dom. Castribrient. ann. 1262. tom. 1. Probat. Hist. Brit. col. 985 : *Lego etiam...... decimam Boisellini omnium avenarum mearum.* Vide *Bossellagium.*

¶ **BOISEOR**, BOISIRE. Vide in *Bausia*.

* **BOISIA**, Fustis, baculus, a Gall. *Boise*, eodem sensu. Lit. remiss. ann. 1358. in Reg. 95. Chartoph. reg. ch. 184 : *Dictum Thomam de quadam Boisia, seu de quodam baculo, quem tenebat, percussit.* Aliæ ann. 1366. in Reg. 97. ch. 220 : *Lesquels prindrent chascun un gros baston appareillié, que l'en appelle Boise de motette. Moyette* nude appellatur, in Lit. remiss. ann. 1395. ex Reg. 147. ch. 261 : *Le suppliant prist une Moyette, qui estoit enmi la place, de laquelle il feri icellui Enguerran.* Aliæ ann. 1394. in Reg. 145. ch. 541 : *Symonnet haussa une Boise afaitée qu'il tenoit, et en fery ledit Hennin.* Rursum aliæ ann. 1403. ex Reg. 157. ch. 388 : *Ledit Cordier entra en une court, où il prinst une Boise ou busche, de laquelle il frappa ledit Jehan.*

* **BOISONUS**, Dumetum, minor boscus, ut videtur, idem quod supra *Bocius* 1. Charta dom. de S. Verano ann. 1258 : *Tam in redditibus bladi, census, tailiarum, costumarum, vinearum, Boisonorum, pratorum, etc.* Hinc, ni fallor, *Boisses*, pro Dumetis, vel ramis arborum, in Ch. ann. 1308. ex Reg. 40. Chartoph. reg. ch. 29 : *Domini de Fontesio possint depascere animalia sua, et ibidem ligna, videlicet motzes et Boisses..... colligere ad voluntatem suam ad opus furni sui.* Vide *Boissonus* et *Branca* 2.

¶ 1. **BOISSEL**, BOISSELLUS, BOISSELLINUS. Archivum Veteris Villæ in Charta anni 1198 : *Willelmus Spina dedi Abbatiæ veteris Villæ unum Boissel frumenti.* Tabularium S. Vincentii Cenoman.. *Non volumus latere, Monachos S. Vincentii unum Boissellum annonæ de molendino Garengodi Rogerio de S. Vincentio unaquaque septimana tantummodo in vita sua concessisse.* Chartular. S. Vandregesili tom. 1. pag. 22 : *Pechiam terræ... possidendam per sex Boisellos ordei redditus boni et opportuni.* [* Lit. ann. 1202. in Reg. A. domus publ. Paris. fol. 39 : *Unum Boissellum salis, cujus tres faciunt dimidiam eminam.* Versio Gall. ibid. fol. 40. r°. : *Un boissel de sel, dont les trois font demie mine.*] Occurrit pluries in Charta Petronillæ relictæ Jugan ex Tabulario S. Fromondi, Charta Andreæ Abb. Nobiliacensis inter Antiquit. Benedict. Pictav. MSS. tom. 3. pag. 1027. Charta Libert. S. Palladii ex Cod. MS. Biblioth. Coisl. num. 522. pag. 2. Aresto Parlamenti anni 1264. in Tabul. S. Richarii, Chartul. SS. Trinit. Cadom. fol. 63. Hist. domus Harcuriæ tom. 4. pag. 1352. Act. SS. Maii tom. 4. pag. 556. etc.

* 2. **BOISSELLUS**, Situla, Gall. *Seau de cuir*, quod ad modii formam accederet, sic dictus. Lit. remiss. ann. 1400. in Reg. 155. Chartoph. reg. ch. 86 : *Puero, Bernardi nomine, ad quandam fontem aquam a quodam Boissello seu vase corei hauriente per eos reperto...... Ipsi importaut Boissellum meum, quem mihi abstulerunt. Boisseau*, Ampulla, vas vinarium, in aliis Lit. ann. 1459. ex Reg. 188. ch. 56 : *Le suppliant print ung Boisseau de vin et son foussouer, et en parti de son hostel.* Undenam vero *Boisseau* dictus est locus, ubi sero congregantur rustici fabulandi causa, non satis perspicio. Lit. remiss. ann. 1408. in Reg. 162. ch. 274 : *Après souper icellui Loys estant au Boisseau, commença à dire à aucuns qui là estoient, qu'il y avoit un compaignon, qui l'avoit menacié de battre, etc.* An quia scamnis ligneis sedent? Vide supra *Boisia.*

* 3. **BOISSELLUS** POSTNATORUM, Præstationis species. Arest. scacar. Paschæ ann. 1284. in Reg. S. Justi Cam. Comput. Paris. fol. 42. r°. col. 1 : *De nobilibus hominibus et aliis tenentibus per membrum loricæ et libera feoda in Normannia, levantibus et percipientibus Boissellos postnatorum ad tria festa annualia, contra mandatum in scacario factum. Concordatum fuit, quod abbas de Bernayo, cum quo mota fuit specialiter ista quæstio, habeat sesinam habendi et levandi dictos Boissellos de primogenitis liberis ad dicta tria festa, dum tamen primogeniti et postnati remaneant in una et in eadem masura. De reliquis vero nobilibus, ballivi scient qualiter usi sunt et specialiter de dicto abbate in hoc casu.*

¶ **BOISSELINUS**, Apud Lobinellum Hist. Britan. tom. 2. pag. 399.

* **BOISSERIA**, Nemus, silvula, nostris *Buisson.* Charta ann. 1258. in Chartul. eccl. Lingon. ex Cod. reg. 5188. fol. 234. v°. : *Robelinus (debet) vj. denarios de lamina Boisseriæ...... Simon li tannierres iij. den. de lamina et iij. den. et obolum de Boisseria.* Vide infra *Boysseria.*

¶ **BOISSONNIUM**, ut mox *Boissonus.* Charta Milonis Domini Noyeriorum pro fundatione Marciliaci ann. 1239. inter Instrum. tom. 4. novæ Gall. Christ. col. 100. B. : *Pratum de Noes, duo Boissonnia cum fundo terræ... apud Marciliacum.*

* Boessonium ter legitur in ead. Ch. Milonis, ubi Codex reg. 9484. 2. habet *Bossonum* et *Bossonium. Boisson*, eadem notione, in Reg. Cam. Comput. Paris. sign. *Bel* ad ann. 1316. fol. 84. v°. : *Vergiers, hoches, chasaus, maisons, auberoies, bois, Boissons, eaues, pescheries, etc.*

BOISSONUS, ex Gallico *Buisson*, Minor boscus. Aresta Candelosæ ann. 1266. pag. 47 : *Asserebat quod ipsa vendere poterat suum Boissonum, qui est retro domum suam de Bellocampo, sine grueria et sine licentia Regis, etc.* [** Ap. Beugnot inter Inquestas vol. 1. pag. 247. num. 7.]

* **BOISSOTUS**, Modius, mensura frumentaria, Gall. *Boisseau.* Chartul. Floriac. fol. 163. v°. : *Noveritis quod cum prior et conventus acquisivissent plures hereditates in justitia domni abbatis a Guillelmo Chesnard, duodecim minas una cum quinque Boissotis siliginis ad mensuram de Jargolio, etc.*

¶ **BOISTA**, Jus decimam minutorum granorum percipiendi; sic dictum forte quod *boissello* mensurarentur, cum alia in *garbis* seu manipulis colligerentur. Index MS. Beneficiorum Ecclesiæ et Diœcesis Constantiens. fol. 27 : *Abbas percipit per totam parochiam duas partes garbarum decime, et duas partes attalagii, exceptis aliquibus minutis, quæ vocantur la Boiste.*

* **BOISTELLA**, Operculum, Gall. *Couvercle*; quia loco est capsæ, Gall. *Boete.* Comput. MS. fabr. S. Petri Insul. ann. 1433 : *Item pro duabus Boistellis ad custodiendum vas aquæ benedictæ contra canes, viij. sol.*

¶ **BOISTELLATA**, Idem quod *Boicelata.* Littera Capituli Atrebat. pro excambio pratelli *de Chinchi* ex Chartulario Montis S. Eligii Atrebat. : *Concessimus in excambium pratellum continens tres Boistellatas terræ una virga minus.*

¶ 1. **BOISTELLUS**, Idem quod *Boissellus.* Tabularium Capituli Ambianensis : *In molendino ejusdem villæ talis Boistellus debet esse, quod novem sextarium integrum et non plus faciat, molendarii autem in hebdomada octo Boistellos habere debent de mottura communi, etc.* Ibidem : *Talis etiam debet esse mottura quod ab initio messis usque ad Nativitatem de tribus sextariis dantur duo Bo-*

stelli: a Nativitate usque ad aliam messem pro duobus sextariis unus Boistellus.

* Nostris olim *Boitiau* et *Boittel*. Pactum inter castellam. et monachos de Britolio: *Nous payerons ou fairons payer deux boitiaus de blé au Bottiau du moulin.* Reg. 13. sign. *Habacuc* Corb. ad ann. 1511. fol. 77. v°. : *Et si seront banniers aux molins et fours de l'eglise, en païant pour droit de motture de xij. boitteaux, ung Boittel.* Aliud vero est *Boitteau*, modiolus scilicet molæ pistrinensis, vulgo *Boite*, *boitillon*, ibid. ad ann. 1510. fol. 60. v°. : *La reulle, le molinet, le corbillon, le Boitteau, languette, etc. Boistart* appellatur, in alio Reg. sign. *Ezechiel* ejusd. monast. fol. 22. v°.

2. BOISTELLUS. Charta Anselli Episcopi Belvacensis ann. 1099 : *Donamus quoque Ecclesiæ B. Petri omnem omnino justitiam de molendinis quos Canonici habent in Belvaco et extra, infra duo milliaria, de faciendo Boistello, de banno, de latrocinio, et de cæteris omnibus forisfacturis.* Forte jus mensuræ faciendæ: est enim Picardis *Boistel*, mensura frumentaria, aliis *Boisseau*. Vide *Bussellus* in *Butta* 3.

* **BOISTIA**, Pyxis, arcula, Gall. *Boiste* vel *Boete;* unde *Boitier* dicitur, qui pecuniam pyxidis colligit, in Consuet. Castell. ad Sequanam ex Cod. reg. 9898. 2 : *Chacun mestiers est tenuz de mettre la sepmaine ung denier (dans la boitte) et le varlet une maille; et iceulx sergens quierrent et recillent celle boitte, et pour ce sont appellez Boitiers.* Charta ann. 1315. in Reg. 52. Chartoph. reg. ch. 154 : *Triginta quatuor libræ Paris. quas super Boistiam piscium halarum Parisius percipiebat annuatim Jacobus Penoche.* Reg. 58. sub Phil. V. ad ann. 1319. fol. 27. v°. : *Item super draperiam quatuor corretarii solum erunt, qui super parvos pannos quatuor denarios habebunt, et Bostia* (sic) *duos; super extraneos pannos octo, et Boistia quatuor. Boiste* vero, Vectigal quoddam appellatur, in Ch. Phil. Pulcri ann. 1298. ex Lib. rub. Cam. Comput Paris. fol. 41 : *La coustume du cuir à poil, la Boiste, c'est assavoir la coustume et le travers S. Martin de la Champaigne. Boisselle* autem diminut. a *Boiste*, in Stat. ann. 1403. tom. 8. Ordinat. reg. Franc. pag. 599. art. 3 : *Mettant ycelle chandelle à leur estal en petiz Boisselles.* Vide *Boesta*.

* **BOITA.** Charta ann. 1361. in Reg. 103. Chartoph. reg. ch. 78 : *Raimundus Seguini servit unum sextarium frumenti census, pro quadam petia Boitæ.* Sed. leg. *Bartæ*, silvæ species. Vide in hac voce.

* **BOITELLERIUS**, Idem qui *Buticularius*, qui est a *buticulis* seu potu, Gall. *Bouteiller*. Chartam ann. 1158. apud Cencium inter Cens. eccl. Rom. subscribit *Petrus Buttilgerius*, qui in alia ejusd. ann. ibid. dicitur *Petrus Butticularius*, et infra, *Petrus Boitellerius*. Vide in *Butta* 3.

¶ **BOKERAM**. Rymer. tom. 10. pag. 471. col. 1 : *Pannum lineum.... vel naperii, sive Bokeram* (f. Bokerani.) Vide *Boquerannus*.

* **BOKETUS**, Clavus ligneus, fibula, Gall. *Fiche*, in qua cerei infiguntur. Ordinar. Ambian. MS. sub Guill. episc. fol. 312 : *In duplis.... duodecim cerei super trabem rotundam, et duodecim Boketi, sex in dextra et sex in sinistra.* Sed legendum forte *Broketi:* nam Picardi *Broque*, pro *Broche*, ea notione dicunt.

¶ 1. **BOLA**, Meta, Gall. *Borne*. Epist. Prioris S. Victoris Massil. ad Archiepiscopum Arelat. Papæ Legatum ann. circiter 1129. apud Marten. Collect. Ampliss. tom. 1. col. 694 : *Nos itaque tanta injuria et damno* (ab Episcopo Massil. illatis) *permoti, cum adeuntes conquesti sumus, sæpius replicantes injuriam domni Apostolici de invasione Bolarum, pacis et treuvæ Dei violatione.* Instrum. ann. 1350. tom. 2. Ordinat. Reg. Fr. pag. 479 : *Item, quod dicti Consules possint et valeant metas seu Bolas plantare in devisiis et terris dictæ universitatis.*

* Sent. arbitr. inter Aymar. de Pictav. comit. Valent. et Jacob. abb. de Lioncellis ann. 1303 : *Domini arbitri...... volentes reipsa et de facto prædictos limites sive Bolas in eorum mandamentis superius expressatis ponere et plantare.* Hinc

* BOLÆ VILLÆ, Districtus, intra quem jurisdictio alicujus loci protenditur, idem quod *Banleuca*, *Banlieue*. Vide in *Bannum*, 3. Charta ann. 1164. inter Probat. tom. 2. Hist. Occit. col. 603 : *Et ita sane villa ipsa..... ab omni vi mea et meorum, et usaticis deinceps libera permanebit, ut nec ego, nec ullus unquam de meis aliquid infra villam, vel infra Bolas villæ aliquid injuriare vel arcere possit, etc.* Vide infra *Bolla* 4.

2. **BOLA**, *Palma manus. Bolita, honor manus.* Ita Papias. Ubi Codex MS. habet, *Bolida, honor magnus.* [Sic etiam vet. Gloss. San-German. MS. n. 501.]

* 3. **BOLA**, Globus, pila, Gall. *Boule*, olim *Boulaye*. Lit. remiss. ann. 1416. in Reg. 169. Chartoph. reg. ch. 450 : *Unus consociorum cepit mailhetum ac billardum cum quo luserant, et volens ludere, dedit ictum de dicto mailheto Bolæ et chuquæ, etc.* Aliæ ann. 1387. in Reg. 132. ch. 121 : *Comme ilz jouoient à un certain jeu, appellé choler de la crosse;..... la Boulaye dudit jeu feust envoyée par l'un des compaignons en hault en l'air.* Comput. Roberti de Seris ad ann. 1336. ex Reg. 5. fol. 5. v°. : *Item pour xvj. Boulaies de cuir, deux sols piece. Boulonoire*, in Lit. ann. 1395. ex Reg. 72. ch. 111. Unde nostris *Bouler*, Globis ludere, et *Boulloire* vel *Boulouere*, Locus ubi sic ludebant. Lit. remiss. ann. 1402. in Reg. 157. ch. 158 : *Lesdiz compaignons Bouloient aux Boules;...... et ainsi qu'ilz Bouloient, Regnaudin du Prayel se seoit joignant desdites Boulouers et avoit ses piez en icelles.* Chartul. sign. *Cæsar* Corb. fol. 58. v°. : *Fut donné congié...... aux habitans de le rue des prez lez Corbie pour picquer et heuher et prendre terre pour faire des Boulloires dedens ladite rue.* Aliud vero sonat *Bouler*, nimirum Cadere, vulgo *Tomber*, in Lit. remiss. ann. 1357. ex Reg. 86. ch. 22 : *Gilaut Norbelin... feri ledit tavernier d'une voiture ou billart sur le bras, tant que l'espée qu'il tenoit, li Boula du poing.* Vide supra *Billa* 3.

* Hinc clava, cujus extrema pars, qua percutitur, crassior est et in globum desinit, *Bolade*, *Boulade*, *Boule* et *Boulaye*, nostris dicta est. Lit. remiss. ann. 1409. in Reg. 163. ch. 316 : *Requerant que le suppliant leur baillast à chascun un baston; lequel leur bailla deux Bolades ou massues.* Aliæ ann. 1469. in Reg. 196. ch. 158 : *Lesquelz embastonnez de massues ou Bollades, etc.* Aliæ ann. 1444. in Reg. 176. ch. 238 : *Jehan Barnton embastonné d'une grosse massue ou Boulade de bois, etc.* Aliæ ann. 1412. in Reg. 166. ch. 291 : *La femme d'icellui Philibert garnie d'une grosse Bouloye ou massue de bois, etc. Boulaye*, infra in ch. 358. *Boule, Boulete* et *Boullete*, eadem notione. Lit. remiss. ann. 1408. in Reg. 163. ch. 215 : *Un baston appellé Boule ou massue, etc.* Aliæ ann. 1386. ex Reg. 130. ch. 148 : *Icelle femme feri ledit Godart d'un bâton appellé Boullete, sur la teste, etc. Un baston appellé Boulette*, in Lit. ann. 1396. ex Reg. 151. ch. 192.

* **BOLAGIUM**, Locus fluminis, ut opinor, ubi capiuntur anguillæ, vel servantur. Homag. præstitum Aymer. vicecom. Narbon. ann. 1273. inter Probat. tom. 4. Hist. Occit. col. 59 : *Tenetis pro ipsa vicaria usaticum anguillarum, videlicet.... xx. anguillas de quolibet Bolagio, et de quolibet savarret, duas vices septimana.* Vide *Bolhagium*.

¶ **BOLAGIUM**. Vide *Boerium* et *Bolhagium*.

¶ **BOLANÆ**, Μεταπρᾶται, παλιγκάπηλοι : *Propolæ.* Supplem. Antiquar. Vide *Bolonæ*.

* **BOLARE**, BOLLARE, Signare, Ital. *Bollare*, Gall. *Marquer*. Stat. Vallis-ser. cap. 46. ex Cod. reg. 4619. fol. 113. v°. : *Conductor dicti datii panis teneatur et debeat ire die ac nocte, quando fuerit requisitus, ad Bolandum panem.* Stat. Montis-reg. pag. 198 : *Nisi prius notificaverit emptori dictæ gabellæ, et dictum vinum eidem per ipsum emptorem Bolatum fuerit.... Dictus gabellator in dicta domo non possit Bolare.* Pluries occurrit ibidem. Vide infra *Bolletinum*. Hinc

* **BOLARIUS**, Signator, notator. Stat. Vercell. lib. 3. pag. 51. r°. : *Pensatores panis,.... solutores servientium, Bolarii præsidentes alicui labori, et alii officiales, etc.* Vide infra *Bollarius*.

¶ **BOLBITUM**, Βόλβιτον, *Fimum bubulum*. Suppl. Antiquar.

* **BOLCRESTARE**, Terreis aggeribus munire. Comput. senescal. Bellicadri MS. ann. 1360 : *Dominus Guiraudus Amici miles, dominus Ruppefortis, capitaneus electus ad custodiam turris capitis pontis Avinionensis, qui de ordinatione senescalli Bellicadri, seu ejus locumtenentis et consilii ejus præ timore inimicorum, qui tunc occupaverant locum S. Spiritus, fecit enrunare seu Bolcrestare turrim prædictam, nec non et parvam turrim, quæ est in introitu pontis pro deffensione ejusdem.* Nostris *Bourlarder*, Palis munire, vulgo *Pallissader*. Charta Caroli VII. reg. Franc. ann. 1431. in Chartul. Latiniac. fol. 31 : *Et ont iceulz gens d'armes pour Bourlarder et fortiffier ladite ville* (de Lagny) *prins et fait prandre en leurs boys* (des religieux) *qui sont près de ladite ville, jusques à quatre cens chesnes, ou environ.* Vide *Bolevardus*.

¶ **BOLDRONUS**, Italis *Boldrone*, Hippopera, vidulus, Gall. *Valise, bougette*. Charta ann. 1338. ex Archivo Massil. : *Quidam super una barcha derrobavit de sachis sex lanæ faxis, sex Boldroni et pellis xx. una agnili, et duodenis septem agninarum.* Notione nonnihil diversa occurrit apud Jacobum Auriam lib. 10. Annal. Genuens. ad. ann.

1293. apud Murator. tom. 6. col. 608 : *Armabantur etiam in Janua quolibet anno galeæ et galeoni in maxima quantitate per homines Januæ pro lana, Boldronis, et aliis mercibus deferendis apud Motronum.* An ejusmodi merces sic vocatæ quod *Boldronis* involvebantur?

¶ **BOLDUINI.** Vide *Beduini.*

* **BOLEA**, Meta, terminus, Gall. *Borne.* Inquisit. ex Tabul. Massil. : *Quod nomine omnium et singulorum piscatorum Massiliæ ponantur seu designentur Boleæ seu termini, infra quas Boleas seu terminos possint piscatores Massiliæ piscari vel piscare facere.* Vide supra *Bola* 1.

** **BOLEDRUS**, ut Poledrus. Charta ann. 1418. ap. Guden. Cod. Diplom. vol. 3. pag. 786 : *Habent in animalibus* 15. *equos laborantes,* 19. *equos silvestres,* 5. *Boledros sugentes.*

* **BOLENA**, *Lo tabernario*, in Glossar. Lat. Ital. MS. Vide *Bolona.*

BOLENDEGARII, Bolengarii, Pistores, nostris *Boulengers.* Charta Hugonis de Castellonovo ann. 1212. ex Tabul. S. Vincentii de Nemore : *Ammonitione Bolendegariorum de Castellonovo, qui in præfato molendino de jure tenentur molere. Panifices seu Bolengarii, Panetaria seu Bolengaria*, in aliquot Chartis quæ habentur in Statutis MSS. *Bolengariorum et talemelariorum* Parisiensium. Vide Probat. Histor. Monmorenc. pag. 75. *Bulengarii*, in Charta ann. 1120. apud Sammarthanos in Abbatibus Vallis secretæ. *Boulens* dicuntur in Charta Peagiorum urbis Ambianensis, quæ est Philippi Comitis Flandriæ : *Quiconques fache pain à vendre ou vent en la chité, il doit* 2. *sols l'an, ou* 28. *denrées de pain, ou cascune semaine une ob. pour la loi de Boulens, de la Coustume de Bouleas, etc.* Occurrit ibi non semel Videntur pistores ita appellati, quod panes in formam globorum, quos *Boules* dicimus, conficiant. At Ruellius lib. 2. de Natur. stirp. cap. 20 sic dictos putat, quasi *Polentarios.* [Sic et Menagius remota omni dubitatione. Kennetus a *Bolting*, Anglis farinam succernere, seu actio, qua succernitur.]

¶ Bolengeria, Officina pistoria, pistrinum, Gall. *Boulengerie.* Index redituum Monasterii S. Petri Corbeiens. e MS. ejusd. Monast. : *Vicus Calcere, et de Machaere, et de Catheria, et vicus S. Albini hac et illac, et de Bolengerii et retro Bolengeriam debent lectos, cum rex venerit . . . . et Bolengarii debent corbellas ad vindemiandum vineam.*

¶ Bolengria, Eadem notione. Acta SS. Junii tom. 4. pag. 606. B. de S. Lietberto : *Et in vico de Paschiertrau cambam unam et in Bolengria furnum unum, etc.*

* **BOLENDINUS**, Nummus signatus, ab Ital. *Bollare* sic dictus, idem quod apud nos *Merallus*, symbolum nempe seu tessera, quæ canonicis aliisve præbendariis in præsentiæ signum datur. Stat. MSS. eccl. S. Laurent. Rom. : *Illi vero, qui missam cantabit tres, et in ultimis vesperis unum, Bolendinos solvere teneantur...... Et tunc præsentibus solvat camerarius unum Bolendinum, si canonici capitulum fecerint, et aliter non.*

* **BOLENGARIA**, Ars pistoria. Charta ann. 1226. in Tabul. S. Petri Carnot. : *Supplicantes.... ut concederem duos bolengarios in villa de Traione; quos prior de Traione, qui pro tempore fuerit, magis duxerit eligendos de bolengariis in terra prioratus de Traione commorantibus, ab omnibus exactionibus, redeventiis, coustumis, quas ab eis ratione Bolengariæ solitus eram percipere et diu perceperam, liberos penitus et immunes.* Vide *Bolendegarii.*

* **BÔLENGIARI**, Artem pistoriam exercere, nostris etiam *Boulenger.* Charta ann. 1161. in Chartul. S. Joan. Laudun. : *Si autem Bolengiari voluerit* (Ernaldus) *et panem venalem facere, dabit furnagia, sicut et alii.*

* **BOLENGIUM**, Aquarium, rivus. Stat. Avellæ ann. 1496. cap. 185. ex Cod. reg. 4624 : *Si aliqua persona posuerit.... in aliquibus fossatis, Bolengiis, seu abrevationibus.... aliquas balchas seu paleas, etc.*

* **BOLERIA**, Bolleria, Locus, ut videtur, Betulis, Gall. *Bouleaux*, consitus. Vide infra *Bolum* et *Boulaya.* Charta Phil. V. reg. Franc. ann. 1317. pro monast. Pissiaci in Lib. rub. Cam. Comput. Paris. fol. 444. r°. col. 2 : *Item super exitum Boleriæ et huaneriæ, pro toto ad S. Michaelem, xv. solidos. Bolleria*, ibid. fol. 433. v°. col. 1. Hinc emendanda eadem Charta ex Reg. 71. Chartoph. reg. ch. 69. ubi *Roberia* pro *Boleria.*

* **BOLETA**, Pilula, Gall. *Petite boule.* Stat. crimin. nova Cumanæ cap. 80. ex Cod. reg. 4622. fol. 84. r°. : *Nullus homo nec puer habens a decem annis supra ludat, nec ludere debeat in civitate Cumarum,.... nec in plateis publicis.... ad Boletam.* Vide supra *Bola* 3.

¶ **BOLETARIUS**, f. Spiculator, ab Anglico *Bolt*, Spiculum. Rymer. tom. 12. pag. 210. col. 1: *Ancianis, Gubernatoribus, Præsidibus, Judicibus, Theolonеariis, Tributariis, Boletariis, pastuum Custodibus, etc.*

* Vel potius *Bolarum* seu limitum custos vel judex. Vide supra *Bola* 1.

* **BOLETINUS**, Schedula Ital. *Bullettino*, Gall. *Bulletin.* Stat. Montis-reg. pag. 43 : *Et pro majori dicti ordinamenti declaratione hoc modo in hujusmodi mutatione procedetur, videlicet primum mutetur tertia pars dicti consilii per sortes Boletinorum.* Vide infra *Bolletinus.*

* **BOLETTA**, Sigillum, ab Ital. *Bolla*, eadem notione. Annal. vett. Mutin. ad ann. 1497. apud Murator. tom. 11. Script. Ital. col. 86 : *Et dicto anno Hercules dux* (Ferrariæ) *dissolvit officium Bolettarum Mutinæ, propter quod fuit lætitia Mutinæ.* Vide *Bolleta* 1.

¶ **BOLETUM**, f. Ager incultus, nostris vulgo *Bruieres.* Charta ann. 1209. ex Archivis Castri Vitrei : *Dono eis etiam et concedo plateas quas in castello meo vacuas poterunt invenire, et si quas etiam extra medietatem consilio et auxilio meo, in Boleto scilicet aut Veteri burgo poterunt adipisci.* In alia Charta, cujus excerptum habes in *Apratare*, legitur, *Booletum* quod idem esse videtur.

* Idem videtur quod infra *Booleyum.*

¶ **BOLEVARDUS**, Agger urbem vel castrum muniens et circumcingens, Gall. *Boulevart. Breydenbach* Iter Hierosol. pag. 270 : *Respondetur ut illic ad ripam fosse nuncium mittat, aderitque in Bolevardo qui nomine Magistri respondeat.* Vide *Burgwardus.*

* **BOLGRI**, pro Bulgari, in vita Caroli M. apud Pithœum : *Commisso cum Bolgris prœlio, etc.* Vide *Bulgari.*

BOLHAGIUM. Charta Henrici III. Regis Angl. tom. 2. Monastici Angl. pag. 281 : *Et alnetum inter duo inferiora molendina sua, et inter Bolhagium et aquæductum.* An *Boldagium?* Bolde, Saxonibus est villa, Bold domicilium.

* Idem quod *Bolagium.* Vide in hac voce.

* **BOLHETUS**, Apex, Gall. *Houppe.* Comput. ann. 1412 inter Probat. tom. 3. Hist. Nem. pag. 205. col. 1 : *Item solverunt Claræ Bernatæ ,...... pro faciendo dictas agulhetas, et labore per ipsam impenso in faciendo duodecim Bolhetos, et reparando dictum pavalhonum.*

* **BOLHILTORIUS**, Dicitur de cupa, in qua vinum coquitur, Gall. *où le vin bout.* Lit. ann. 1375. in Reg. 108. Chartoph. Reg. ch. 68 : *Retulerunt.... se invenisse bona et res mobiles quæ secuntur,.... unam tinam Bolhiltoriam et unam trolhaltoriam.*

¶ **BOLHITUM** Corium, Corium decoctum, Gall. *Cuir bouilli.* Inventarium ornamentorum Abbatis S. Massil. ann. 1338 : *Item estugium dictæ mitræ de corio Bolhito.*

* **BOLIARIUS**, Signator, inter ministros archiepiscopi Mediolanensis recensetur, in Charta ann. 1221. apud Murator. tom. 1. Antiq. Ital. med. ævi col. 637. Vide supra *Bolarius.*

¶ **BOLIDA.** Vide *Bola* 2.

BOLIDUS, [Fungi species, quæ nascitur in arboribus.] Vide *Lemiga.*

¶ **BOLIET**, Retis genus. Statuta MSS. Piscatorum Massil. ex Archivis eorumdem : *Piscatores inter se convenerunt et concordarunt quod non possint nec debeant diebus Dominicis de vespere exire cathenam portus dictæ civitatis causa calandi eorum retia de Boliet.* Vide *Broginus.*

¶ **BOLINGERIUS**, Pistor. Gall. *Boulanger.* Locus est in *Focapa.* Vide *Bolendegarii.*

* **BOLINUS.** Ad Bolinum, dici videtur de opere anaglyptico, Gall. *Relevé en bosse, ciselé.* Inventar. MS. thes. Sedis Apost. ann. 1295 : *Item unum alium urceum planum cum manico laborato ad Bolinum. Item unum alium urceum,.... sine Bolino.* Neque, ut videtur, aliud sonat vox Gallica *Boellon*, in Lit. remiss. ann. 1394. ex Reg. 147. Chartoph. reg. ch. 88 : *Un hanap de madre à Boellon d'argent.* Et *Boillon*, in aliis Lit. ann. 1474. ex Reg. 195. ch. 1199 : *Boillons d'argent de ma salade.* Quod *Bosse* appellatur, in Lit. remiss. ann. 1400. ex Reg. 155. ch. 78 : *Avec ce avoit pris audit saint Eloy une Bosse d'argent à hanap.*

** **BOLIS**, Cataprorates, Gall. *Sonde*, a Gr. Βολίς. Gemma Gemm. : *Bolis, idis*,

Per Bolidem plumbi dic massam significari,
Per quam nauta solet maris explanare profundum.

Bolis, Sund-gyrd in Gloss. Anglos. ap. Jal. Ant. Nav. vol. 1. pag. 166.

* **BOLISMUS.** Alex Iatrosoph. MS. lib. 2. Passion. cap. 18 : *Bolismus, passio quæ vocatur, sicut ipso nomine declaratur, magna est fames : fit autem, ut sermo ipse ostendit, de nimio calore et imbecillitate stomachi.* Glossar. Gr. Lat. βούλιμος, *famelicus.* Hinc

* Bolismalis Appetitus, apud Elmham. in vita Henr. V. reg. Angl. edit. Hearn. cap. 70. pag. 202 : *Cum tamen non mox sa-*

tis affluens victualium copia posset adduci, quæ totidem Bolismales appetitus extinguerint, non desinunt miserimi in dies tumultuosis clamoribus occidere mortui per plateas.

¶ **BOLITA**. Vide *Bola* 2.

¶ **BOLITER**, Μερφαὶ εἰς θυσίαν, *Spectacula ad sacrificium pertinentia*. Supplem. Antiquarii [** *Bolitis* in Cyril Gloss. ed. Angl.]

1. **BOLLA**, Vox Saxonica, Cyathus, vel hemina, seu mensura continens tres partes *Pintæ*, inquit Somnerus : *a Bole*, Anglis. Assisa de Ponderibus et mensuris, in Statutis Roberti III. Regis Scotiæ cap. 22 : *Bolla debet continere sextarium, videlicet* 12. *lagenas, et debet esse in profunditate* 9. *pollicum, cum spissitudine ligni utriusque partis. Et in rotunditate superiore continebit* 72. *pollices, in medio ligni superioris. In rotunditate inferiori* 71. *pollices*. Eadem habentur in Assisa Regis Davidis de Pond. et mensur. cap. 2. Monasticum Angl. tom. 1. pag. 104 : *Quem cifum antiqui Bollam Athelwoldi vocabant*. [** Vide Wachter. in Glossar. voce *Boll*, et Ihrium in Glossar. Suio-Goth. voce *Bolle*. Adel.]

¶ 2. **BOLLA**, Mensura aridorum. Charta Roberti II. Scotorum Regis apud Mabillonium in Supplemento Diplom. pag. 108 : *Una cum octodecim Bollis farinæ de sicca multura de dicta terra percipi consueta.*

¶ 3. **BOLLA**, Sigillum. Vide *Bulla*.

* 4. **BOLLA**, Meta, limes, terminus, Gall. *Borne*. Charta Rain. comit. S. Egid. ann. 1164. inter Instr. tom. 6. Gall. Christ. col. 300 : *In omnibus vero usaticis, quæ per terram accipiuntur, tam infra villam, quam infra Bollas ipsius villæ, medietas erit mea et medietas illorum*. Vide supra *Bola* 1.

¶ **BOLLANUS**, seu Bullanus, Secundus Curio, seu Sacerdos Ecclesiæ Parochialis B. M. de Lorriaco, in qua duo vicissim presbyteri curionis seu pastoris officio fungebantur; unus ad collationem Archiepiscopi Senonensis, alter nempe *Bullanus* ad præsentationem Abbatis Floriacensis. Charta Capituli Senonensis ann. 1171 : *Præsentatio Bollani et successorum ejus ad Ecclesiam B. Benedicti spectabit*.

* **BOLLARE**, Signare. Vide supra *Bolare*.

* **BOLLATURA**, Signatura, sigilli appositio, ab Ital. *Bolla*, sigillum. Stat. Vercell. lib. 7. pag. 179. r° : *Et quod nihil aliud recipiam pro signatura et Bollatura, nisi id quod mihi ordinatum est vel fuerit per commune Vercellarum*. Vide mox *Bolletinum*.

¶ **BOLLE**, Cyathus. *Madox* Formulare Anglic. pag. 427. ex Testamento anni 1386 : *Unum Bolle cum cooperculo argenteo, et sex schipos coopertos, etc.* Vide *Bolla* 1.

* **BOLLERIA**. Vide supra *Boleria*.

¶ 1. **BOLLETA**, Scheda, Hisp. et Ital. *Bolleta*, Gall. *Buletin*. Acta SS. Maii tom. 6. pag. 173. in Instrum. immunitatis Faventinorum : *Congregati spectabiles viri cives Faventini... juxta plateam et officium Bolletarum* : Hoc est, Ædilitia domus in qua *Bolletæ* seu Schedæ hospitandis militibus expediuntur.

* Malim de sigillo interpretari. Vide supra *Boletta*, et mox *Bolletinum*.

¶ 2. **BOLLETA**, Bulla quæ Chartis appenditur. Acta SS. Maii tom. 1. pag. 401. de S. Juvenale : *Mandavit eamdem capsulam clavis ferreis et circumcirca ligari, videlicet a pede et a capite fettuciis sericis rubeis, et extremis ipsarum fettuciarum invicem suppositis Bolletis firmari et suo sigillo in cera rubea.... muniri*. Vide *Bulla*.

* **BOLLETINUM**, Sigillum, Ital. *Bolla*. Stat. Placent. lib. 6. fol. 85. r° : *Item statutum est, quod moduli lapidum, cupporum et tavellarum de terra ferrentur et bollentur Bolletino communis Placentiæ*. Vide supra *Boletta* et infra *Buletinum*.

* **BOLLETINUS**, Scheda, literæ quæ alicui misso dantur. Stat. Cadubrii correct. cap. 137 : *Neque aliquis electus orator et nuntius, et destinatus pro aliquo negotio, communis, tam extra quam per Cadubrium, discedat, nisi prius habet Bolletinum de ipsius recessu cum millesimo et die. Item reversus in eodem Bolletino annotari faciat diem reditus sui, aliter amittat omnem suam mercedem*. Vide supra *Boletinus* et infra *Bulletinus*.

** **BOLLETUS**, pro Boletus, Genus fungi. Ecbasis v. 545 :

Pinguibus et ficis, Bolletis, nec sine mergis.

BOLLICIA, Tumultus, seditio, Hispanis *Bollicio*. Vide Michaelem *del Molino*, in Repertorio Foror. Aragon. pag. 167.

BOLLIS. Monastic. Anglic. tom. 2. pag. 666 : *Unum baculum processionale cum uno Bolle argenteo, pro magna cruce imponendo*. Ubi *Bollis* videtur esse nostrum *Boule*, sphæra, pila, globus.

¶ **BOLLUCA**, Sylvestrium ac parvulorum pomorum species. Acta SS. Benedict. sæc. 2. pag. 12. in Vita S. Columbani : *Nec aliunde penitus quam agrestium herbarum exigua mensura, vel parvulorum pomorum quæ eremus illa ferebat, quæ etiam Bollucas vulgo appellant, vescebatur*. Sic ibi, sed infra Cangius noster legit *Bulluga*.

BOLOGIUM. Vide *Batuda*.

* **BOLOGNANA**, Compes, vel torques vinctorum, idem quod *Boia*. Stat. ant. Florent. lib. 1. cap. 35. ex Cod. reg. 4621. fol. 23. v° : *Nullus ex rectoribus seu officialibus communis Florentiæ..... audeat.... exigere..... aliquam pecuniæ quantitatem, vel aliquid aliud ab aliquo, qui missus esset.... in aliquam Bolognanam seu carcerem officialis prædicti*.

* **BOLOGNINUS**, Moneta Bononiensis, Academicis Cruscanis : *Bolognino, nome di moneta Bolognese, di valuta di sei quattrini*. Steph. de Infestura MS. ubi de Innoc. VIII. PP. *Vinum non habetur nisi per paucos, et id sex aut septem Bologninis pro quolibet metreto*.

BOLONÆ. Gloss. Isid. : *Bolonæ, ipsi cetarii, qui diversa genera piscium emunt*. Gloss. Lat. Græc. : *Bolonæ*, μεταπράται, παλινκάπηλοι. Papias : *Bolona, redemptor cetariorum tabernarum, in quibus salsamenta conduntur, quas tabernas vulgo cetarias vocant*. [** In cod. reg. 7609. *Bollona*.] [MS. Ecclesiæ Bituric. : *Beollona, Redemptor cetariorum*. in Supplem. Antiquarii, *Bolanæ* pro *Bolonæ*.] Arnobius lib. 2 : *Quid bigarias, salinatores, Bolonas, unguentarios*. Occurrit etiam apud Terentium in Eunuch.

☞ Memoria falsus, uti notat Grævius ad Glossar. Isid. hoc ultimum asserit Cangius. Apud Terentii antiquos interpretes Donatum et Eugraphium in notis ad Eunuchum occurrit. Eugraph. in Act. II. Scen. 2 : *Cetarii sunt, qui salsamenta vendunt : nam cetariæ dicuntur Bolonæ*. Donatus : *Cetarii, qui cete, id est, magnos pisces, venditant, et Bolonas exercent*. Sic tamen et ipsi Cetarii dicebantur, ut eruditi viri ex locis a Cangio relatis probant. V. Turneb. Advers. 13. 14.

¶ **BOLTA**, ab Anglico *Bolt*, Pilum, spiculum, Gall. *Javelot*. Rymer. tom. 6. pag. 417. col. 2 : *Quod quilibet... arcubus et sagittis, vel pilettis aut Boltis, in jocis suis utatur, artemque sagittandi discat et exerceat*.

* **BOLVETUS**, Agger, Fland. *Bolwerk*, Gall. *Boulevart*. Comput. fabr. S. Petri Insul. MS. ann. 1477 : *Ad ædificationem novi Bolveti extra portam S. Petri antemurale... lx. lib.* Recept. Duaci facta ducis Burg. ann. 1470. ex Reg. sign. R. ejusd. urbis fol. 106. v° : *Au Boulverch de la porte S. Eloy avoit alumeries de petits flambeaux de chire*. Vide *Bolevardus*.

* **BOLUM**, Betula, Gall. *Bouleau*, olim *Bolaic*, *Bool* et *Boul*. Charta Thomæ comit. Pertic. ann. 1217. in Reg. forest. comitat. Alencon. ex Cam. Comput. Paris. fol. 50. r° : *Confirmamus quod prior et monachi* (Bellismenses) *in prædicta foresta nostra percipiant pacifice et quiete quercum et fagum sitas, stantes, et Bolum et salicem, etc.* Ch. Phil. V. reg. Franc. ann. 1319. in Reg. 56. Chartoph. reg. ch. 603 : *Nomine bosci mortui accipiuntur salices, marsalices, tremble, arable, charme, tilium, Bolum et alnæ*. Chartar. Norman. ex Cod. reg. 4653. A. fol. 85 : *Habet ad ignem suum fagum, Bolaie, et furcum, et frondes, sine defectione arboris*. Ch. Phil. Aug. ann. 1215. in Reg. 34. bis part. 2. fol. 125. v°. col. 1 : *Concessimus monachis Loci restaurati... 700. circulos de Bool ad magna dolia*. Alia ann. 1310. in Reg. 45. ch. 120 : *Sauz, marsauz, Boous, coudre, etc. Boul*, in Ch. ann. 1348. ex Reg. 84. ch. 754. V. *Boula* 1. et *Boulus*.

BOLUNDUM. Gloss. Gr. Lat. MS. Ὄλυνθος, *Bolundum, hoc Grusum*. Edit. *Bolunda*. Ficus silvestris. [Glossar. Lat. Græc. : *Bolunda*, ὄλυνθος, *Ficus immatura*.]

1. **BOLUS**, [Frustulum panis, placentæ, etc. Medicina Saler. edit. 1622. pag. 210.] Vide *Panis Natalitius*.

* Gall. *Bouchée*. Mirac. MSS. Urban PP. V. : *Existens in mensa cœnando accidit, quod in secundo Bolo quoddam os intravit in gutture suo*. Josleni episc. Suession. exposit. symb. apud Marten. tom. 9. Ampl. Collect. col. 1102 : *Bolus, bucata est, id est quantum panis vel cibi bucca simul capit*. [** *Bolus*, penult. longa, Offa. Vide Forcellin. edit. German. Adde Discipl. cleric. c. 28. § 8.]

* 2. **BOLUS**, Caput, articulus, Gall. *Article*. Stat. eccl. Corisopit. MSS. : *Sunt.... duodecim articuli fidei juxta numerum duodecim Apostolorum, quorum quilibet unum Bolum scripsit, ideo vocatur symbolum Apostolorum; nam quilibet posuit unum Bolum, id est, unum articulum*. Ab Italico *Bollettino*, schedula. Vide supra *Boletinus*.

* **BOLZONUS**, Jaculator, ab Ital. *Bolzonare*, Sagittas emittere. Annal. Mediolan. ad ann. 1372. apud Murator. tom. 16. Script. Ital. col. 749 : *Fracto ponte, Bolzoni, qui sustinebant pontem, tunc fuerunt exonerati a parte de extra, et incontinenti se levaverunt a dicta parte de extra,.... et*

incontinenti se vallavit cum dictis Bolzonis. Occurrit præterea col. 513. *Bougon* et *Boujon* nostris, Spiculi genus, matara. Charta ann. 1391. in Reg. 141. Chartoph. reg. ch. 109 : *Octroyons audit d'Estouteville et à ses hoirs successeurs qu'il leur loise avoir et tenir ces haies et censes... en nous païant une sayete peinte en vert et un Bougon blanc.* Lit. remiss. ann. 1391. in Reg. 142. ch. 24 : *Ainsi que ledit Jaquot avoit laissié sa vire ou Bougon issir de son arc, etc.* Aliæ ann. 1400. ex Reg. 155. ch. 450 : *Ledit Arnoul qui avoit un arc, lequel tray audit Baudet qui s'enfuioit, d'un Bougon à grosse teste. Icellui Buret tira dudit arc ung festu, nommé Bougon*, in aliis Lit. ann. 1459. ex Reg. 189. ch. 397. Aliæ denique ann. 1396. in Reg. 151. ch. 12 : *La vire ou Boujon, dont ledit du Quesnoy jouoit,..... feri ledit Duhoc ou col, etc.* Hinc *Bougenier*, ejusmodi spiculorum artifex, in Lit. remiss. ann. 1446. ex Reg. 178. ch. 38 : *Le suppliant osta en l'ostel d'un Bougenier...... six fleches. Bouson* et *Bouzon*, eadem acceptione, in Reg. Ludov. ducis Andegav. et reg. Sicil. fol. 73 : *Le feage de Bossart en Anjou estoit tenu du duc au devoir d'un Bouson empenné d'une plume d'aigle, ferrée et coché d'argent aux deux bouts, à muance de seigneur.* Et fol. 81 : *Jean de Sepeaux chevalier tient en foy et hommage simple du duc d'Anjou la justice de Vielleville, au devoir d'un Bouson empenné de plume d'aigle, encornouaillé d'argent, à muance de Seigneur.* Le Roman de *Garin* :

Il tret à aus, et li coulons s'en vont,
Li Bouzon volent deci as paveillons.

Le Roman *d'Alexandre* MS part. 2 :

La lance porte droite, com ce fust un Bouzons.

* Aliud vero est *Bougon*, Virga scilicet ferrea, pessulus, in Stat. MSS. S. Petri insul. ann. 1364 : *Item que ly Bougons soit boutés assez tost après wingnron, del heure que on poroit venir du pont de Fius jusques à le maison.* Inventar. ann. 1511. ex Reg. Corb. 13. sign. *Habacuc* fol. 39. v°. : *Deux grands salloirs à couverçaulx, dont l'un se ferme à le clef, à deux Bougons ou vergues de fer.* Ita et *Boujon* aliud sonat, in Lit. remiss. ann. 1425. ex Reg. 173. ch. 374 : *Un Boujon ou eschaillon d'une charrette, etc.*

* **BOLZSO**, Massa monetaria, nostris *Billon*. Lit. Phil. VI. ann. 1328. tom 7. Ordinat. reg. Franc. pag. 127 : *De qualibet libra contractus emptionis, venditionis, vel cambii auri vel argenti in massa, sive non cudati, seu Bolzsone, quæ venderentur vel emerentur ad pondus.* Semel et iterum ibid. occurrit. Vide *Bossonaya* et *Billio*.

¶ **BOMBACENUM**. Papyrus e *Bombace* seu gossipio confecta. Annal. Benedict. tom. 2. pag. 168. ex vet. Codice Bibl. Ottoboniánæ de ritu creandorum Patriciorum : *Hinc induat ei manum et ponat ei in dextro indice anulum, et det ei Bombacenum propria manu scriptum.* Vide *Bombax*.

* **BOMBACINIUM**, *Pourpoin vel aqueton*, in Glossar. Lat. Gall. ann. 1352. ex Cod. reg. 4120. Aliud ex Cod. 7684 : *Bombacinium, Pourpoint fait de coton.* V. *Bombax* 1.

¶ **BOMBACYNA** Papyrus, Bombacina charta. Vide in *Bombax*.

BOMBARDA, Petrariæ, seu λιθοβόλου speciès, quatiendis urbium aut castrorum mœnibus, a fremitu et sono quem edit, qui Græc. βόμβος, Lat. *Bombus*, dicta : [et ab *Ardeo*, inquit Fabri Thesaurus, quod fereos globos emittat cum flamma.] Ita enim describuntur Bombardæ a Gerbrando a Leydis lib. 31. cap. 24 et 25. et Froissarte 2. vol. cap. 103. his verbis : *Ils firent ouvrer une Bombarde merveilleusement grande, laquelle avoit cinquante pieds de long, et jettoit pierres grandes, grosses, et pesans merveilleusement : et quand celle Bombarde decliquoit, on l'oioit bien de cinq lieues loing par jour, et dix par nuit, et menoit si grand noise au decliquer, qu'il sembloit que tous les diables d'enfer fussent au chemin.* Ex quibus certe videtur colligi bombardam istam nimiæ extitisse longitudinis, ut ænea fuerit, nec vi pulveris tormentarii, sed nervis ac certis machinis lapides vibrasse. Idem cap. 115. meminit bombardarum, quas *portativas* vocat, seu quæ manu geri possent, quibus emittebantur *quadrelli* crassiores pennati ac ferrei, cujusmodi sunt *Arcobusæ* nostræ. [*Bombardas manuarias* vocant Leges municipales Mechliniensium tit. 11. art. xx : *Nemini fas est intra mœnia Bombardas manuarias aut colubrinas secum ferre, nisi vel in ingressu civitatis, vel regressu; nec permissum est iis ad jaculationem intra mœnia uti, nisi in gymnasiis bombardariorum.*] Sed quidquid fuerit de bombarda Froissartis, constat invento pulvere tormentario, eum perinde adhibitum tormentis bellicis, quæ bombardas appellarunt. Bombardis vero emittebantur lapides ingentis molis, ut ex Froissarte et aliis constat. Raphanus de Caresinis in Chron. MS. ann. 1379 : *Terribilissimi bombardarum lapides copiose et sine intermissione exibant.* Sed et bombardis istis ferreos globulos in nostros emisisse Anglos in prælio Creciacensi auctor est sub ann. 1346. Joann. Villaneus lib. 12. cap. 65 : *Con Bonbarde che saettavano pallottole di ferro con fuoco, per impaurire, e disertare i cavalli de' Francesi, etc.* Præterea legimus in Chron. Salvico ab Erpoldo Lindenbrogio edito, sub ann. 1360 : *Consistorium urbis Lubecensis in toto comburstum per negligentiam eorum qui pulveres pro Bombardis parabant.* Sed et Ducas cap. 35. sub ann. 1452. celeberrimum tormentorum æneorum artificem memorat natione Hungarum, cui *Urbani* nomen tribuit Laonicus lib. 8. qui a Græcis ad Mahumetem factus transfuga, ingens tormentum æneum fudit, cujuslibet magnitudinis lapidis capax, quo muros Constantinopolitanos evertit Sultanus. Idem Scriptor. cap 30. sclopetos æneos et pulverem bombardarium pluribus describit. Bombardarum meminere Petrus IV. Rex Aragon. in Chron. lib. 6. cap. 4. extremo, Froissart. 1. vol. cap 144. 145. Monstrellet. 1. vol. cap. 29. 3. vol. pag. 56. Hist. Bucicaldi pag. 125. Chronicum Bertrandi Guesclini MS. Diarium obsidionis Aurelian. pag. 2. 7. 34. etc. Βομβάρδαν etiam dixit Joan. Cananus pag. 189. [** Vide Glossar. med. Græcit. voce Σκευή, col. 1386. et Φολέα, col. 1688.]

Pulveris vero tormentarii, quem βοτάνην Græcis recentioribus appellari auctor est Joannes Ducas cap. 30. pag. 255. auctorem ferunt Chymistam quendam nomine Bertholdum *Schwarts*, seu Nigrum, Monachum; dum enim is in mortario pulverem sulphureum, Medicinæ aut Chymiæ, ut ferunt, causa, texisset lapide, scintilla ex silice excussa forte intro delapsa lapidem cum fragore ac vi in altum tulit, quod quidem experimentum Monacho ansam præbuit inveniendi pulveris tormentarii. Illius ab ann. 1338. in Gallia usum fuisse docet Computum Bartholomæi *du Drach* Thesaurarii guerrarum istius anni : *A Henri de Faumechon pour avoir poudres et autres choses necessaires aux canons, qui estoient devant Puy-Guillaume.* Hoc etiam usos ann. 1354. in mari Balthico Regis Danorum classiarios tradit Munsterus. Hujus pulveris tormentarii meminere præterea aliquot ex nostris, Thomas Walsingham. pag. 323. Froissartes 2. vol. cap. 87. Monstrelletus 1. vol. cap. 13. 2. vol. cap. 5. pag. 2. cap. 11. pag. 9. 3. vol. pag. 32. Berrius in Carolo VII pag. 211. Chronic. Flandr. cap. 112. etc. His adde quæ habet Ducas pag. 118. 138. 140. 145. 150. 154. 265. Vide in voce *Canones*.

* Egregius plane est circa tempus, quo pulvis tormentarius in usu esse cœpit, Fr. Petrarchæ locus, qui hac de re scriptores omnes hactenus effugerat, a Muratorio tandem feliciter animadversus in Lib. 1. de Remed. utriusque fortunæ dialog. 99. quem procul dubio scripsit Petrarcha ante annum 1344. uti probat idem Murator. tom. 2. Antiq. Ital. med. ævi col. 514 : *G. Habeo machinas et balistas. R. Mirum, nisi et glandes æneas, quæ flammis injectis horrisono sonitu jaciuntur... Erat hæc pestis nuper rara, ut cum ingenti miraculo cerneretur; nunc, ut rerum pessimarum dociles sunt animi, ita communis est, ut quodlibet genus armorum.* Script. rer. Danic. lib. 1. ad ann. 1364. apud Ludwig. tom. 9. Reliq. MSS. pag. 110 : *Congrediuntur navili pugna fortiter certantes. Durasset in longius pugna, nisi regis filius Christophorus ictu Bombardæ, quod bellicum tormentum tunc nuper inventum erat, graviter vulneraretur.* Hist. Ratispon. ad ann. 1404. apud Oefelium tom. 2. Script. rer. Boicar. pag. 521. col. 1 : *Tormentis minacissimis, quas a sono Bombardas nuncupant, adeo conquassavit, ut muris solo æquatis, etc.*

Sed de bombardæ et pulveris tormentarii inventione plura habent Gobelinus lib. 4. Comment. Pii II. PP. pag. 105. Irenicus lib. 4. German. Exeges. cap. 9. Aventinus lib. 7. Hist. Boior. Polydorus Virg. lib. 2. de Invent. rer. cap. 10. Pancirolus in Novis repertis lib. 2. tit. 18. et ibi Henricus Salmutus, Forcatulus lib. 4. de Gallor. Imp. Christoph. Bæleoduct. in Tract. de Bombardis, Philippus Pigafetta in Not. ad Leonis Tactica pag. 68. Pontanus lib. 8. Rer. Danicarum, Petrus Matthæus in Constit. PP. pag. 462. Miræus in Chron. Belg. ann. 1380. Petrus Divæus lib. 15. Rer. Brabantic. pag. 170. Cleiracus de Legibus maris pag. 495. et alii.

* *Bombarda* inter arma peditum recensetur, in Lit. Casimiri III. ann. 1475. inter Leg. Polon. tom. 1. pag. 228 : *Quilibet peditum habeat balistam vel Bombardam, etc. Bombardæ uncales, quas Hakenbuchs vocant*, in Tract. pacis ann. 1525. ibid. pag. 432. Eædem quæ nostris *Arquebuses à croc* dicebantur.

¶ Bomparda, apud Ludewig. Reliq. MSS. tom. 4. pag. 444. in Chronico Episcoporum Merseburg.

Bombardare. Raphanus de Caresinis in Chr. MS. ann. 1379 : *Comparentibus* 39. *galeis cum aliquibus galedellis, et nobiscum Bombardantibus, etc.* Nostri hodie *Canoner* dicunt.

* Chron. Andr. Danduli apud Murator. tom. 12. Script. Ital. col. 456 : *Sed viso vigore et ordine galearum nostrarum ad defensionem strenuissime paratarum, aliquandiu hinc inde Bombardato, proras libentissime vertebant in puppim.*

¶ Bombardarius, nostris *Bombardier.* Acta SS. Maii tom. 5. pag. 217. E. de B. Humilitate : *Ut eodem die V. ad S. Salvii adduci fecerit sexcentos mortariolos, quibus ex communi Bombardariorum munitione, absque monasterii impendio, sæpius explosis, aucta lætitia fuit plaususque popularis.*

¶ Bombarderius, in Actis SS. Julii tom. 3. pag. 454 : *Ballistarii quos vulgo Bombarderios vocant.*

¶ Bombardiator, apud Rymer. tom. 15. pag. 161. col. 1 : *Vibrellatores sive Bombardiatores.*

Bombardella, Minor bombarda. Octavianus de *S. Gelais* in Viridario honoris : *La puissance des faucons, bombardes, canons, serpentines, et Bombardelles y firent si horrible deluge, etc.*

*Chron. Tarvisin. ad ann. 1376. apud Murator. tom. 19. col. 753 : *Illa hora Bombardella parva, quæ prima fuit visa et audita in partibus Italiæ, conducta per gentes Venetorum, casu percussit Rizolinum de Azonibus.*

* Bombardula, Eadem notione. Tract. MS. de Re milit. et mach. bellicis cap. 144 : *Eques scoppettarius, oportet quod ipse sit totus armatus, et equus ejus sit totus bardatus, ne a funiculo ardente lædatur, nec a pulvere Bombardulæ sive scoppetti.*

* Aliis notionibus eamdem vocem *Bombarde* usurparunt nostri. Pro instrumento musico occurrit, in Lit. remiss. ann. 1432. ex Reg. 175. Chartoph. reg. ch. 184 : *Lesquelz deux menestriers le suppliant appella en leur disant, Donnez-nous une dance;.... l'un desquelz ne voult demourer;..... le suppliant ala le querre, et lui dist, Baillez-nous vostre Bombarde, et nous la porterons, puisque vous n'y voulez venir.* Vestis muliebris, ac præsertim manicarum ornamentum est, in Lit. remiss. ann. 1473. ex Reg. 197. ch. 413 : *Icellui Jehan bailla au suppliant à doubler la robbe de sa chamberiere, c'est assavoir le corps, de bougran, et les Bombardes des manches et collet d'icelle robe, de satin noir.*

** **BOMBASIUM.** *Thorax*, Germanis *Wamms*, in vet. Vocabul. ann. 1482. et Gemma Gemmar. Adel. Vide *Bombax*, 1.

* **BOMBATUS**, Curvatus, Gall. *Bombé.* Stat. Avellæ cap. 93. ex Cod. reg. 4624 : *Mensuræ ut supra rationatæ et signatæ,....... justæ et rationabiles reputentur; dum tamen fractæ, ruptæ, cassatæ vel Bombatæ, seu in aliqua sui parte machinatæ non sint.*

1. **BOMBAX**, et Bombix, Gossipium, lana vel lanugo xyli, id est, gossipii fruticis, de quo Plinius lib. 19. cap. 1. ἐριόξυλον Ulpiano, in leg. Si cui lana legetur, D. de Legat. 3. (32, 70, § 9.) ubi *ligneam lanam* reddit [** interpolator; *lanam de ligno* habent recentiores ex correctione, ubi in cod. Pisan. *dilignorum.*] Itali *Bombace* appellant, quod nos *Cotton* dicimus : unde *Bombazin* vocamus telas bombacinas, aut lintea ex *bombace* confecta. *Bombycem* dixit Plinius loco laudato : *Superior pars Ægypti in Arabiam vergens gignit fruticem, quem aliqui gossipium vocant, plures xylon : et ideo lina inde facta, xylina. Parvus est, similemque barbatæ nucis defert fructum, cujus ex interiore bombyce lanugo netur : nec ulla sunt eis in candore, mollitiave præferenda. Vestes inde Sacerdotibus Ægypti gratissimæ.* Sed de gossapinis arboribus, lanigerisque, plura idem Plinius lib. 12. cap. 10. et 11. Theophrast. lib. 9. de Plantis cap. 4. Pollux lib. 7. cap. 17. Dioscorid. lib. 3. Williomarus seu Josephus Scaliger in Animadvers. in Rob. Titium pag. 48. et Salmasius ad Solinum. Hist. Translat. S. Severini Noricor. Episc. n. 6 : *O Episcope, quia caput tuum multo salito Bombyce abundat, etc.* Virum alloquitur duræ, ut aiunt, cervicis, alluditque ad nostros *Gambezones*, ex bombyce, aceto et Sale condito confectos, quo duriores ac spissiores essent. Will. Tyrius lib. 8. cap. 13. *Culcitas refectas Bombyce* dixit.

Bombax. Jacobus de Vitriaco lib. 1. cap. 84 : *Sunt ibi præterea arbusta quædam, ex quibus colligunt Bombacem, quæ Francigenæ Cotonem, seu Coton appellant : est quasi medium inter lanam et linum, ex quo subtilia vestimenta contexuntur.* Necrolog. Ambian. Ecclesiæ : *Insuper una est casula de Bombace.* Petrus Damian. lib. 7. Epist. 17 : *Saccum, qui Bombacis involucro plenus erat, arripuit.* Philippus Mazerius Cancellar. Cypri in Statutis Novæ Militiæ J. C. pro recuperatione Terræ Sanctæ MSS. quæ exstant in Bibl Cælestin. Parisiens. : *Portabunt juponem apertum ante cum pilulis, compositum de tela linea, sargia, Bombace, bograno, aut panno laneo.*

Bombacyna papyrus, in lib. 3. Constitut. Neapolit. tit. 36. § 1. Ellychnion, Gall. *Meche.* Vide Petr. de Vineis lib. 3. Epist. 66. [** Græci Συλοχάρτιον vocant chartam bombycinam. Vide Gloss. med. Gr. hac voce col. 1027.] [*Bombagina charta*, in Actis. SS. Julii tom. 3. pag. 112. E. *Charta de bombyce, bombycinæ* in Computo quod refertur pag. 271. et seqq. tomi 2. Hist. Dalphin.]

Bambax, Eadem notione, Βαμπάκιον Nicolao Myrepso, sect. 1. cap. 425. βαμβάκιον, Suidæ, sic enim ille : Βάμβαξ, ἢ Πάμβαξ, καὶ Παμβακίς, τὸ παρὰ πολλοῖς λεγόμενον Βαμβάκιον. Et alibi : Πάμβαξ, καὶ Παμβακίς, τὸ παρὰ πολλοῖς λεγόμενον Βαμβάκιον. Corona pretiosa, Βάμπατζι, *bombyx*, βάμβυξ. Vita S. Eudociæ Martyr. cap. 8 : Βῆλα διὰ βάμβακος λιθρῶν ό. Ex his emendandæ Glossæ Arabicæ : *Bambax, bombyx, gossipium.* Perperam enim editum *Mambax.* Chronicon Casin. lib. 3. cap. 57 : *Albas de matassa Bambacii octo.* Adde Chronicon Richardi de S. Germano ann. 1232. Acad. Cruscani : *Bambagia e Bambagio, lanugine bianca che esse dal frutto de una pianta cosi chiamata, Lat. lana, gossipium.* Vide *Bambaxium.*

Bambacinum, Tela gossypina, facta ex bambace, Italis *bambagino.* Constantinus Afric. lib. de Chirurgia cap. 11 : *Bambacinum butyro infusum.* Joan. Villaneus lib. 10. cap. 168 : *Palio di bucherane bambagino.* Βαβάκινον, eadem notione semel ac iterum in Synaxariis et Menæis Gr. 11. Augusti.

Bambasium. [Chronicon Mellic. pag. 359. col. 2. in Regula Reformationis Monasterii Mellicensis : *Oportebit ut non utantur camisea linea, sed lanea tantum, nec bambasio vel ioppa, neque pileo foderato cum pellibus.*] Raimundus de *Agiles* pag. 178 : *Erant autem culcitræ de Gambasio,* ubi legendum reor de *bambasio*, nisi *gambasium* idem fuerit cum coactili. Vide *Gambeso* ad vocem *Gambiso.*

Bambucinum. Liber Ordinis S. Victoris Parisiensis MS. cap. 17 : *Lectos etiam in domo hospitali... præparatos habere debet, videlicet cum Bambucinis, id est, panellis laneis suppositis.* Cap. 18 : *Lectualia sunt hæc, Culcitra Bambucina, id est, panellum.*

Pambicium, Eadem notione in Ordine Inclusorum : *Pambicium habeat et minanimum pulvinar.* Legendum videtur *Bambicinum.*

* Bombaxina, Eadem notione. Modus exigendi gabell. pedagii apud Saon. ann. 1526 : *Item pro qualibet salmata... ballarum... Bombaxinarum, seu fustaneorum, etc.*

* Bumbacium, Eodem significatu, in Actis S. Domin. tom. 1. Aug. pag. 620. col. 1 : *Accipe hæc, et cum succo porri conficias, et super Bumbacium pone, colloque filii tui adhibe et sanabitur.*

¶ Bombasum, in Actis SS. Junii tom. 3. pag. 128. in Processu de SS. Virginibus Eischellen. : *Fuitque in hujusmodi spatula et adhuc est caro dictæ sanctæ Virginis; licet propter ejus antiquitatem hujusmodi caro facta sit quasi Bombasum fusci coloris.*

¶ Bombicinium, Bombicinum. Epistola Johannis de Monasteriolo ad Carolum VI. Regem Franciæ apud Marten. tom. 2. Ampliss. Collect. col. 1446 : *Vidi caligas hujus Principis, et ad nauseam usque squalidum Bombicinium.* Menotus Serm. fol. 119. recto col. 1 : *Opus est quod habeat ung pourpoint de velours : unum Bombicinium velusinum.* Ibid. fol. 120. r°. col. 2 : *Et quoniam sensit ce damaz voller sur le dos, caligas coccineas bene tractas, pulchram camisiam rugis plenam supra collum Bombicinum elegans velusinum.*

* Vestis gossipio farta. Acta dissolut. matrim. Ludov. XII. fol. 149. r°. ex Bibl. reg. : *Servieta, quæ extrahebatur ab ore suo, erat rubeior quam Bombicinum suum, quod erat de satinio rubeo.* Glossar. Gall. Lat. ex Cod. reg. 7684 : *Bourre, laine de saye, Bombicinum.* Vide supra *Bombacinium.*

* Bombicum, Eodem sensu. Testam. Guislæ comit. Ceritan. ann. 1020. apud Marcam Hispan. in Append. col. 1020 : *Mobilem vero meum quem habeo, id est, meum Bombicum et meas pellicias.... vendite, ut melius potueritis.* Et col. 1021 : *Jussit vendere suum Bombicum et pellicias.*

* Bonbucinium, Bumbucinium, ut *Bombax.* Lit. official. Paris. ann. 1380. in Reg. 118. Chartoph. reg. ch. 428 : *Item quod idem reus emerat semel quandam balam Bonbucinii, Gallice une bale de coton, et quando sacus, in quo ejusmodi Bumbucinium positum fuerat, etc.*

Bambacarius, Qui *bambacem* vendit.

Charta ann. 1208. apud Ughell. tom. 7. Ital. sacr. pag. 278 : *Et alia domo in platea Bambacariorum Amalphiæ.*

¶ 2. **BOMBAX**, f. Linteorum aut aliæ quævis quisquiliæ. De excidio urbis Aconis lib. 2. apud Marten. tom. 5. Ampliss. Collect. col. 770 : *Defensores apparere, accurrentes undique, portantes ligna et lapides, terram et Bombacem, equorum mortuorum et similium cadavera, fossatum ex eis in medio tempore... implentes.*

¶ **BOMBERE**, Bombicare, Bombicus, Bombire, Bombizare. Vide *Bombus.*

* **BOMBILARE**, De apibus dicitur, in carmine de Philomela ad calcem Cod. reg. 6816 :

Et cuculi cuculant, et rauca cicada fritinnit,
Bombilat ore ferens munera mellis apes.

Vide in *Bombus*, 1. [** Sonum edere. Reinardus Vulpes libr. 3. vers. 1917 :

Te deum rapitur, clanga illico Bombilat ingens.

Ibidem vers. 2124 :

Bombilat hic grossum ventre lagena cavo.]

BOMBINARE, *Conviciari.* Papias. Vide *Bobinare.*

¶ **BOMBITES**, Μύρμηκες. Gloss. Gr. Lat. Formicæ.

¶ **BOMBIX**, *Aranea.* Vet. Gloss. San-German. num. 501. ubi aranea est pro bombyce seu vermiculo qui net lanuginem sericam, quæ etiam Bombyx appellatur.

¶ **BOMBOSUS**, Bombulum, in *Bombus* 1.

* **BOMBOSUS**, *Furibundus*, in Glossar. vet. ex Cod. reg. 7641. Vide in *Bombus*, 1.

¶ **BOMBUM**, *Sorbellum.* Gloss. Isid. Ad quod Grævius : Sorbellum est jusculum, aut quodvis liquidum, quod sorbetur : dicitur etiam a Scriptoribus inferioris ætatis *sorbitium.* Nihil igitur ad *bombum.* Divinent alii acutiores, quid hoc sibi velit.

1. **BOMBUS**, Bombulus, Crepitus. Joan. de Janua : *Bombus, sonus, ... invenitur etiam pro sono culi.* Alibi : *Trulla, Bombus vel sibilus ani.* Gloss. Lat. MS. Regium : *Bombus, sonus*, Gloss. Lat. Gr. : *Bombus*, βόμβος. Ita scribendum pro *Bomuis.* Vetus Charta homini, apud Camdenum in Britannia, et Spelmannum, de quodam Baldino, qui tenuit terras in Hemingston in Comitatu Suffolciensi per serjanciam, pro qua *debuit facere die Natali Domini singulis annis coram domino Rege unum saltum, unum suffletum, et unum Bombulum.* Id est, ut, idem Camdenus interpretatur, *ut saltaret, buccas inflaret, et ventris crepitum ederet.* Spelmannus habet, *saltum, sufflum, et pettum.* Atque inde eidem Baldino cognomen inditum *le Pettour.* Charta 27. Sept. ann. 1398. pro loco *de Breuil* in Burbon. ex Camera Comput. Paris : *Item in et super qualibet uxore maritum suum verberante unum tripodem. Item in super qualibet filia communis sexus videlicet viriles quoscunque cognoscente de novo in villa Montis Lucii eveniente 4. den. semel aut unum Bombum, sive vulgariter* Pet, *super pontem de Castro Montis Lucii solvendum.*

Bombicus, Superbus, inflatus, apud Fortunatum lib. 4. de Vita S. Martini :

Intolerabilium per inania Bombica jactans.

Bombosa vox, apud Aldhelmum de Virginitate capite 10.

¶ Bombere. Medicina Salern. pag. 231. edit. 1622 :

Radix rapa bona est, comedenti dat tria dona;
Visum clarificat, ventrem mollit, bene Bombit.

¶ Bombicans Harpa. Vide in hac voce.

¶ Bombire vel Bombilare, dicitur de apibus bombum edentibus. Vide *Baulare, Bombilare* suo loco, [** et Forcellin. in *Bombus.*]

Bombizare, apud Papiam, [et in Epist. obscurorum virorum : *Ipsa multum bibit et comedit, ac bis nuper Bombizavit, quando sedit apud me in mensa, et dixit quod fecit cum scamno.*]

* Bombinare, Bombizare, Crepitum edere. Glossar. Lat. Gall. ex Cod. reg. 7679 : *Bombinare, Sonner, peter.* Aliud ex Cod. 7684 : *Bombizare, bombos facere, Peter.*

* Bombiziare, Eadem notione. Lit. remiss. ann. 1357. in Reg. 85. Chartoph. reg. ch. 180 : *Idem presbyter coram omni populo, qui astabat ibidem, bis Bombiziavit dicendo, Ecce unum bombum pro rege tuo, et alium pro capitulo Lugdunensi.*

** Gemma Gemmarum : *Bombus est gravis et turpis sonus. Inde Bombisare.*

Bombulum. Epistola incerti 28. de diversis generibus Musicorum, tom. 9 Operum S. Hieronymi, de fistula : *Et per singula latera 12. Bombula ærea 12. fistulis in medio positis in catena fixis dependent : ita tria Bombula in uno latere per circuitum utique figuntur, et concitato primo Bombulo, et concitatis 12. bombulorum fistulis in medio positis, clamorem magnum, fragoremque nimium supra modum simul proferunt.*

* 2. **BOMBUS**, Pila incendiaria, Gall. *Bombe.* Comment. Jac. Picinini ad ann. circ. 1452. apud Murator. tom. 20. Script. Ital. col. 75 : *Hic Tibertus dux Bombi fulmine in ulna sauciatur.*

¶ **BOMBYCINÆ** Cartæ. Vide in *Bombax*, 1.

BOMBYCINARE, in Glossis Isidori, *Purpuram facere. Bombycinatores, purpuram facientes.* Ita Joan. de Janua. De *Bombyce*, multa habet Salmasius ad Tertull. de Pallio. [Vide Grævium ad Glossar. Isid. ubi docet per Bombycinatores non esse proprie intelligendos eos, qui purpura tingebant vestes bombycinas, sed eos qui illas texebant.]

* **BOMESTER.** Gloss. Cæsar. Heisterbac. in Reg. Prum. tom. 1. Hist. Trevir. Joan. Nic. ab *Hontheim* pag. 685. col. 1 : *Minister noster ibidem, qui Bomester appellatur, tenetur de officio suo eamdem vineam plantare, quod nos appellamus proffen.*

¶ **BOMINATORES**, θορυβοποιοί, θρυλλὸν ποιοῦντες, ἢ ταραχήν : *Tumultuatores.* Supplem. Antiquarii.

* Cangius in Castigat. ad utrumque Glossar. forte *Bombinatores*, a *bombus.* Vulcanius *Bovinatores* legit ex Isid. Glossar. ut et Cujac. et Heraldus lib. 1. cap. 4.

** **BOMOLOCHUS**, *Scurra; Bomolochia, Scurrilitas.* Gemma Gemmarum. Vide Lexica Græca in Βωμολόχος, etc.

* **BONA**, Meta, limes, terminus, Gall. *Borne.* Arest. parlam. Paris. ann. 1372. ex Tabul. S. Joan. Laudun. : *Cognitio fundi terræ, mensurasque ordinandi et tradendi ac metas sive Bonas ponendi et amovendi, etc.* Vide *Bonna* 2.

* **BONA** Feudalia a patrimonialibus distinguntur, in Charta Conradini ann. 1266. inter Probat. jur. domus elector. Bavar. ad regna Hungar. et Bohem. pag. 10 : *Universa Bona nostra, sive patrimonialia, sive feudalia, cum omnibus hominibus nostris utriusque sexus, etc.* Ubi *Bona feudalia* ea vocat, quæ Conradini pater in feudum acceperat ab ecclesia Bambergensi.

* **BONA** Hora, Mature, Gallici dicimus *de bonne heure.* Charta Petri cardin. ann. 1402. pro fundat. collegii S. Cathar. Tolos. ex Cod. reg. 4223. fol. 154. v°. : *Statuimus quod scolares ejusdem domus extra domum ipsam non audeant pernoctare; sed Bona hora debeant se recludere infra ipsam domum, et quod porta ipsius domus claudatur Bona hora.*

* **BONA** Quinta Feria, Dies Jovis sancta, feria quinta ante Pascha, in Chron. Magdeburg. *Bona quinta feria in Cœna Domini*, in Bulla Bonif. PP. IX. [** Germani dicebant *den guten Donnerstag.* Ita etiam dies Veneris ante Pascha, *Bona sexta feria, der gute Freytag* vocatus. Vide Haltausii Calend. med. ævi, edit. Germ. pag. 230. et 234.]

* **BONÆ** Filiæ, vulgo *Bonnes filles*, Meretrices olim appellatæ apud Guisiam, ex Lit. remiss. ann. 1366. in Reg. 97. Chartoph. reg. ch. 309.

¶ **BONA** Fides, loco juramenti ab Episcopo interposita. Vide *Fides.*

¶ **BONA** Fiscalia, patrimonialibus opposita. Vide in *Fiscus.*

BONA-Gratia, in Gloss. Basilic., βόνα γράτζια, χάριτι καλῇ, ἄνευ μέμψεως, καὶ αἰτίας εὐλόγου. Formula usitata in divortiis quæ ex *mutuo consensu* inter conjuges invicem dissidentes interveniebant fierique dicebantur *bona gratia*, (nos diceremus, *de bonne grace*) nullo facto *repudio* : quæ quidem verba ut formalia Latinis verbis, non semel leguntur in Novellis Græc. Justiniani 22. et Justini 2. Adde Julianum Antecess. cap. 132. et Constitutionem Justiniani ad Julianum P. V. *Ut possit ex consensu dissolvi matrimonium.* [** Confer Dirksen. voce *Gratia*, § 3.] Huc pertinent Capitula ad Legem Alamannor. cap. 29 : *Si voluntaria se partire volunt, tollant quod eam per legem obtinget.*

BONÆ Indolis. Vide *Indoles.*

BONA Persona. Capitular. Caroli M. lib. 5. c. 10 : *De Ecclesiasticis vero qui supradicta facinora commiserint, si Bona Persona fuerit, perdat honorem suum; minores vero, etc.* id est, in dignitate constituta. [** ed. Pith. cap. 8. Omnes legunt *Honorabilis persona*, at in Capit. Pipin. incerti anni cap. 2. Pertz. vol. leg. 1. quod Benedictus exscripsit, est *Bona persona.*]

¶ **BONACIA**, Malacia, Gall. *Bonace.* Boncompagnus de Obsidione Anconæ cap. 13. apud Murator. tom. 6. col. 939 : *Unde cum Spartanis bonæ spei ponatis anchoram constantiæ fortioris, donec mare tribulationum in Bonaciam convertatur.* Vide *Bonatza.*

BONAGIUM. Vide *Bonna*, 2.

** **BONA** Particularia, Communia, Mensalia. Vide Eichhorn. Histor. Jur. German. § 326. et Auctores de Jure Canon.

** **BONA** Socia, Bona Domina, Bona Mulier. Vide *Bensozia* et Grimmii Mythol. pag. 179. et 596.

* **BONAGIUM**, Præstationis species, distincta, ut videtur, a *Bonagio*, de quo in *Bonna* 2. Libert. MSS. concessæ Barcin. a Petro II. rege Aragon. ann. 1283 : *De Bonagio non petendo. Item concedimus capitulum Bonagii, quod de cetero per nos, vel nostros successores in Barchinona non accipiatur Bonagium, nec petatur.* Ubi *Bonagium*, idem forte est quod *Abonagium*. Vide in *Abonare* 2. [** leg. *Bovagium*.] *Bonaige* vero, pro jure quod in defigendis metis competit, in Ch. Phil. V. reg. Franc. ann. 1328. ex Reg. donorum Car. IV. in Cam. Comput. Paris. fol. 29. v°. : *Item le Bonaige, un muy et xij. mines de froment.*

¶ **BONANNUM**, Species carbunculi, seu tumor malæ, maxillæ. Acta. SS. Junii tom. 3. de S. Raynerio : *Et sæpe cum cultello aperiebantur ei dentes, ut cibum vel potum sumeret; et dicebant eam pati infirmitatem, quæ dicitur Bonannum, per contrarium, id est, mal, malannus.* Vide *Bonum*, 2. et *Malannus*, 2.

¶ **BONARE**, Bonaria. Vide in *Bonna*, 1.

* 1. **BONARIA**, Modus agri, idem quod *Bonnarium*. Charta Milon. episc. Tarvan. ann. 1142. inter Instr. tom. 5. Gall. Christ. col. 378 : *Bonariam prati, quam Alardus dedit, etc.*

* 2. **BONARIA**, perperam, ut opinor, pro *Bovaria*. Vide in *Bonna* 2.

¶ **BONARIUM**, Bonarius. Vide *Bonnarium*.

BONAS, Bona fortuna, thesaurus, seu potius thesauri inventio. Usat. Barcinonens. MSS. c. 106 : *De Rustico si invenerit Bonas. Rusticus vero si invenerit aurum vel argentum, quod vulgo dicitur Bonas, aut equum aut mulum,... statim denuntiet domino suo, etc.*

¶ **BONATA** Terræ. Vide in *Bonnarium*.

BONATUS, Bonus, commodus, idoneus, Gallis *Bonasse*. Fragm. Petronii : *Dum Bonatus ego, et volo videri lenis.*

¶ **BONATZA**, Malacia, tranquillitas maris, Gall. *Bonace*. *Breydenbach* Iter Hierosol. pag. 239 : *Die quinta Decembris, facta tranquillitate classem solvimus et tractu remorum naves passim educebantur, quia non erat tunc ventus, sed Bonatza, id est tranquillum.* Vide *Bonacia*.

¶ **BONATZUS**, Eadem notione, apud eumd. *Breydenbach* pag. 33 : *Quam tranquillitatem naute Bonatzum appellant.*

* **BONBICINIUM**, *Bacinet*, in Glossar. Lat. Gall. ann. 1352. ex Cod. reg. 4120. Quia gossipio cassis munitur. Vide supra *Bombax* 1.

* **BONBUCINIUM**. Vide supra in *Bombax* 1.

¶ **BONCALE**, pro *Bancale*, Tapes quo scamnum insternitur. Annal. Bened. tom. 4. pag. 208 : *In festivitatibus magnis sit ipsa domus ornata cum cortinis et palliis et Boncalibus in sedilibus ipsorum.*

¶ **BONCHA**, ab Anglico *Bunch*, Fasciculus v. g. ceparum, vel, ut hic, alliorum circa paleas colligatorum ad instar oblongi racemi. Kennet. Antiquit. Ambrosden. pag. 575 : *Et in duabus Bonchis allei sex denarios, etc.*

¶ **BONCHALLUS**, Idem quod *Boncale*. Locus est in *Capa Romana*.

¶ **BOND**, Bondagium. Vide *Bondus*.

BONDA, Vox Saxonica, Paterfamilias, maritus; quibusdam, Habitator. Leges Kanuti Regis cap. 98. Editionis Bromptoni : *Ubi Bonda et paterfamilias manserit sine compellatione et calumnia, sint uxor et pueri in eodem sine querela.* Totidem habentur in Legibus Henrici I. cap. 14. Occurrit etiam apud Olaum Wormium in Monument. Danic. lib. 3. pag. 233.

Bondo, Bondones, Eadem notione, Viri probi, honorati, apud Andream Suenonis lib. 1. Legum Scanicarum c. 5. 8. lib. 4. c. 4. 12. 17. [** Vide Ihrii Glossar. Suio-Gothic. vol. 1. col. 234. *Bonde* est participium præs. act. verbi *Bo*, Habitare, colere. Confer mox *Bondus*, eandem plane vocem; Habitatorem significat et liberum, et obnoxiæ conditionis, ubi libertatem pessum dederant.]

** Bundo. Recessus Hanseat. ann. 1369. Jul. ap. Lappenb. Init. Hanseat. pag. 661 : *Piscatores, Burgenses et Bundones debeant pro nobis et nostris viceversa esse tuti et securi.*

¶ **BONDELLUS**, Perperam editum pro *Boudellus*. Vide *Botellus*.

* **BONDINGE**, Navis species. Charta ann. 1312. apud Ludewig. tom. 9. Reliq. MSS. pag. 585 : *Cæterum sex naves, quæ Bondinge vocantur, in captura halecum habebunt.* [** Vide Ihrii Glossar. Suio-Goth. vol. 1. col. 237. voce *Bonde*.] Nostris *Boudier*, Vas, in quo pisces servantur. Privil. Maceriar. MSS. : *Chascun bourgeois puelt avoir sa nasselle au rivage de Maisieres, sa huge, bannois, Bondiers et autres vaisseaux à mettre poissons.* Quo etiam spectare videtur vox *Bonceron*, in Lit. remiss. ann. 1378. ex Reg. 112. Chartoph. reg. ch. 192 : *Il print certaine quantité de poisson;..... lequel poisson il trouva en un Bonceron, ainsi qu'il s'aloit esbatant sur une riviere.*

* **BONDONIA**, Familia. Stat. Vercell. lib. 6. pag. 132. r°. : *Item quod potestates seu rectores communis Vercellarum teneantur observare et adimplere concordiam factam inter ipsum commune ex una parte, et communitatem Cabaliace et dom. Petrum Bicherium, et alios de domo sua et Bondonia.* Vide *Bonda* et *Bondus*. [** Leg. *Bandora*.]

¶ **BONDONUS**, Dolii obturamentum, Gall. *Bondon*. Statuta Massil. pag. 395 : *Quod omnes botæ circa unum palmum ad Bondonum sint investitæ circulis.*

* *Bondonnal*, in Lit. remiss. ann. 1374. ex Reg. 105. Chartoph. reg. ch. 408.

* **BONDULA**, ut supra *Bodula*, Meta, terminus, nostris olim *Bonde*, nunc *Borne*. Charta ann. 1326. in Reg. 64. Chartoph. reg. ch. 420. : *Qui jurati potestatem habeant...... decidendi et declarandi contrastus quoscumque, qui inter privatos evenerint ratione Bondularum et terminorum.* Alia ann. 1240. in Chartul. S. Joan. Laudun. : *Et je otroie que li abbés et li couvens devant dit fassent fossez entour leur bos, de Bonde en Bonde, toutes les fois que ils vourront.* Chartul. S. Vincent. Laudun. ann. 1323 : *Item d'une autre Bonde seant sur le bord de la riviere d'alez le lieu, qu'on dit ès closiaus, en allant de Bonde en Bonde en tour les curtius des closiaus, jusques à la Bonde seant à la pointe.* Stat. MSS. Maceriar. ad Mosam : *Pareillement pour chacune Bonde mise entre terres arables, pretz, jardinages, ou autres heritaiges, iij. solz Par.* Vide in *Bonna* 2.

* Sed et nostri *Jouer à la bonde* dixerunt, pro Pila ludere, Gall. *Jouer à la paume*. Lit. remiss. ann. 1395. in Reg. 148. Chartoph. reg. ch. 235 : *Comme l'exposant et pluseurs autres eussent joué au jeu de la paume, que on appelle ou païs* (Lisieux) *à la Bonde, etc.*

BONDUS, Servus obnoxiæ conditionis, qui alias *nativus* ex Saxon. Bond, ligatus, obligatus. [** Vide *Bonda*.] Thom. Walsingh. in Richardo II. pag. 247 : *Rustici namque, quos Nativos, vel Bondos, vocamus.* Quoniam Attach. cap. 56. § 7 : *Reddit seipsum illi domino suum nativum, sive Bondum. Nativi et Bondi*, in Stat. Roberti I. Regis Scotiæ c. 34. *Servitia Bondorum*, in Monast. Angl. tom. 1. pag. 556. *Bondi Regis* in Legib. Forestarum Scoticarum cap. 4. Danis, *Bonde*, est rusticus, colonus, unde *fribunder*, liberi coloni, ut auctor est Isaac. Pontanus in Chorogr. Daniæ. [*Bond* in Testamento Joannis *de Nevill* apud *Madox* Formul. Anglican. pag. 428 : *Item dum contingat me obire, volo quod tota firma mea unius termini tunc ultimo elapsi condonetur omnibus tenentibus meis, videlicet Husbaudis, Cotiers et Bond; nec volo quod legacio hæc se extendat ad liberos tenentes meos aut ingenuos, qui habent terras de suo proprio vel aliorum et tenent aliquid de me.*] *Bundones*, in Charta ann. 1387. apud Pontanum lib. 9. Hist. Dan. pag. 514 : *Milites, Militares, Bundones, villani, etc.* Ericus Upsalensis lib. 3. Histor. Suecor. ann. 1188 : *Eodem anno erat guerra in Gothlandia inter cives de Visby, et Bondones terræ.* Vide Janum Dolmerum ad juris Aulici Norvegici veteris capita 9. et 34.

Bondagium, Conditio ipsa servilis, vel colonica. Leges Baronum Scotic. tit. 56. § 3 : *Si autem nativi domino suo negent nativitatem suam, sive Bondagium, tunc attachiabuntur per Ministros Domini Regis.* Iisdem autem modis *bondi* fiunt, quibus servi alii. Eædem Leges § 5 : *Diversus est modus nativitatis, sive Bondagii, nam alii sunt nativi de avo et proavo, etc.* § 6. *Alius modus Bondagii est ubi aliquis extraneus aliquam terram servilem de aliquo domino accepit, faciendo pro eadem terra servile servitium, etc.* § 7. *Est tertius modus nativitatis et Bondagii, cum aliquis liber homo, pro domino habendo vel manutenentia alicujus magnatis, reddit seipsum illi domino suum nativum, sive Bondum, in curia sua, per crines anteriores capitis sui, etc.* Charta Ricardi II. Regis Angl. apud Thom. Walsingh. pag. 254 : *Sciatis quod de gratia nostra speciali manumisimus universos, ligeos et singulos subditos nostros, et alios Comitatus Herefordiæ, et ipsos, et eorum quemlibet ab omni Bondagio exuimus, et quietos facimus.* Idem Walsingh. pag. 628 : *Rustici quidem fuistis et estis, et in Bondagio permanebitis.* Vetus Inquesta apud W. Dugdalum in Antiquit. Warwici pag. 665 : *Et etiamsi aliqui de hujusmodi Custumariis exierint de dominio et noluerint plus trahere moram ibidem, solebant venire in Curiam, et sursum reddere in manum domini tenuram suam Bondagii cum omnibus equis suis masculis, et pullis masculis, et carrectam ferro ligatam, porcis ma-*

seulis, pannia sua integra lanea non formata, et meliorem suam ollam æneam, et exire, et trahere moram ubicumque voluerit, sine calumnia domini, et ipse cum omni sequela esse liber in perpetuum. Vide Edw. Bisseum in Notis ad Uptonum pag. 86. [et supra *Bedrepium*.]

Tenere in Bondagio, idem valet quod *tenere in villenagium*. Charta Walteri de *Clifford* in Monast. Anglic. tom. 1. pag. 864 : *Illam videlicet acram terræ quam Robertus... nuper de nobis tenuit in Bondagio jacentem inter terram nostram, etc.* Thom. Walsinghamus in Ricardo II. pag. 270 : *Quod nulla acra terræ quæ in Bondagio vel servitio tenens, altius quam ad 4. denarios haberetur.*

* **BONECTA**, Boneta, Equestris sarcina, pera viatoria, Gall. *Malle*. Inventar. MS. thes. Sedis Apost. ann. 1295 : *Item quinque Bonectas magnas de licio.* Instr. ann. 1257. ad calcem Stat. Massil. MSS. cap. 70 : *Item in eodem parlamento concessit dictus dominus comes, nomine suo et dictæ dom. comitissæ et hæredum suorum, civibus Massiliæ omnibus et singulis franquesiam, libertatem et immunitatem perpetuo per totam terram suam comitatus Provinciæ et Forqualquerii, de omnibus Bonetis, seu trosseriis, seu de pedagio, quod solvebatur, seu consuetum erat solvi occasione Bonetarum seu trosseriarum.* Stat. Astæ ubi de Intrat. portar. cap. 5 : *Quod omnes mercatores..... portantes Bonetas seu maletas super equis, vel alio modo,..... teneantur dictas Bonetas sive maletas aperire, etc. Bonette* et *Bonnete*, eadem acceptione, in Lit. remiss. ann. 1482. ex Reg. 206. Chartoph. reg. ch. 813 : *Le suppliant print... une Bonnete et du cordail.* Aliæ ejusd. ann. ibid. ch. 866 : *Le suppliant print sa Bonete, qui estoit à l'arçon de sa selle, de laquelle il recueilly les cops qu'icellui chevaucheur gettoit sur lui.*

¶ **BONELLUS**, Diminutivum *Bonnæ*, Meta, limes, terminus. Charta Chassaniæ anni 1399 : *Juxta Bonellum seu metam dividentem jurisdictionem.... Domini Bellijoci et Dominorum Chassaniæ ex solis ortu, etc.* Vide *Bonna*, 2.

¶ **BONENDENUS**, Nummus, monetæ species. Bullar. Carmelit. pag. 272. col. 2. ex Bulla anni 1463 : *Neque cogi possit aliquis, etiamsi plura beneficia obtineret, ad solvendum pro quitancia, si eam habere voluerit, ultra unum Bonendenum pro litera et sigillo. Et ne de moneta, de qua fiet et fieri debet solutio d. decimæ, valeat hæsitari... volumus, quod... ipsa decima ad monetam in præfatis terris et locis communiter currentem levetur, etc.*

BONETA, Bonetta, Capitis tegumentum, Gallis *Bonet*, Italis *Berreto*. Chronicon Vosiense parte 1. cap. 74. de vestibus virorum sui temporis : *Mitras gestabant juvenes utriusque sexus, quas vocabant Bonetas; post, capellos de lino, vel coffias, etc.* [Hist. Dalphin. tom. 2. pag. 275 : *Pro unâ Bonetta pro Domino, taren* IV.] alia notione vide in *Bonnarium*.

* Focalis instar, cui superponebatur pileus, uti colligitur ex Lit. remiss. ann. 1459. in Reg. 190. Chartoph. reg. ch. 28 : *Laurens Petit, nostre sergent en la seneschaucié de Perrigort, dist illec* (à l'auditoire) *judiciellement que iceulx consulz, manans et habitans avoient bien cause raisonnable de eulx plaindre; et pour ce que ledit Laurens, qui a presque la teste toute pellée, pour aucune maladie qu'il a eue, n'avoit point mis la main au Bonnet; mais seulement avoit osté son chappeau de sa teste, etc.*

¶ **BONETUM**, Bonnetum. Nova Gall. Christ. tom. 3. Instrum. col. 160. ubi de Clericorum indumentis : *Non pileos, deferant, sed Boneta sive Bonneta nigri coloris, serico vel deauratis laminis aliisque imaginibus non insignita.* Leibnitius Scriptor. Brunswic. tom. 2. pag. 423. ex Chronico S. Godehardi in Hildesheim : *Cingulo nigrante ac lato veste sæpe communi; Bonneto nec pretioso nec vili.*

¶ **BONETUS**, in Statutis S. Victoris ann. 1531 : *Statuerunt, quod omnes Monachi totius Religionis Bonetos nigros deferant, rotundos et profundos, non cornutos seu largos, nec bassos sed mediocres.*

☞ Dom. de *Caseneuve*, applaudente Menagio, vocis hujus originem ad sua usque tempora incognitam adinvenit, cum eam duxit a quadam specie panni *Bonnet* appellati. Illius scriptoris hæc sunt verba prout ea refert Menagius : *C'était certain drap dont on faisait des chapeaux, ou habilemens soit de teste, qui en ont retenu le nom, et qui ont été appellés* Bonnets, *de même que nous appellons d'ordinaire Castors les chapeaux, qui sont faits du poil de cet animal.* Le Roman *de Guillaume au Court nez, dans le charroy de Nismes :*

Un Chappelet de Bonnet en sa teste.

Guil. de Nangiaco in Vita S. Ludovici : *Ab illo tempore nunquam indutus est squarleto, vel panno viridi, seu Bonneta.*

* **BONGIA**, Fasciculus, *Botte*, vulgo apud Insulas *Bonge*. Comput. MS. fabr. S. Petri Insul. ann. 1469 : *Item pro novem Bongiis latarum ad relatandum dictum parietem, pro Bongia, iij. solidos.* Vide alia notione infra in *Brugia*.

BONI Homines, dicuntur sæpe qui in placitis publicis cum Comitibus et judicibus judicia exercebant, quibus justitiæ studium curæ erat, *in quâ*, ut ait Cicero lib. 1. de Offic. *virtutis est splendor maximus, ex qua viri Boni nominantur.* Ita passim in Noticiis judiciorum, quorum formula ejusmodi erat : *Ibique residebat in placito N. Comes, et ibi sedebant de judicibus N. N. itique residebant cum eis de Bonis Hominibus N. N.* Pronuntiationis autem formula fuit : *Et nos qui superius N. Comes, cum memoratis judicibus et Bonis Hominibus... judicavimus.*

Probi Homines, (*preud-hommes*, nostris) in Usaticis Regni Majoricar. MSS. ex quibus sequentia deprompsimus : *Nos Jacobus Rex Majoricar. statuimus et etiam ordinamus, quod judices curiarum nostrarum, seu ipsi Curiæ Bajuli et Vicarii, vel etiam locum nostrum tenentes... ad ferendas sententias sic procedant : Videlicet quod vocent, vel vocari faciant, quilibet prout eis incumbet, octo Probos viros idoneos, et sufficientes, et omni suspicione carentes civitatis Majoric. inter quos 2. sint jurisperiti, si commode possint haberi, a quibus recipiant juramentum quod bonum, legale, et justum consilium dabunt dictæ curiæ sive judici secundum bonam suam conscientiam, servatis consuetudinibus et libertatibus civitatis et insulæ... et illis consuetudinibus et usaticis deficientibus, secundum jus commune : et quod teneant secretum super iis quæ eis in prædicto consilio revelabuntur : et quod per se nec per alium dictis, seu factis, aut signis non faciant aliquid propter quod impediatur justitia in prædictos. Quibus peractis partibus, ubi partes fuerint, vel eorum procuratoribus præsentibus procedere voluerint cum suis advocatis, vel sine, prout partibus placuerit, negotium super quo ferenda erit sententia, seriatim et plenarie dictis Probis Hominibus exponatur, rationes etiam et allegationes vel aliter exponantur. Et consequenter partibus exclusis, dicti judices seu curiæ conferant cum prædictis octo Probis viris, et consilium eorum requirant, et diligenter audiant et intelligant quod sibi duxerint consulendum. Ipsi vero judices conferendo eis suam intentionem, exprimant prius ante datum sibi consilium ab eisdem, et quid secundum jus et rationem sibi visum fuerit faciendum. Et si omnes concordaverint, ad definitionem negotii procedere non morentur, sententiam suam in personam judicum seu curiarum proferendo. Si vero octo Probi viri in unam sententiam concordarent, et judices seu curiæ in aliam, et sic in suis opinionibus et consiliis essent penitus discordantes, volumus et statuimus, quod dicti judices seu curiæ iterato cum aliis octo Probis hominibus, ante sententiæ prolationem, eodem modo et forma consilium habeant et tractatum : quo secundo consilio habito, non differant dicti judices seu curiæ sententiam promulgare secundum consuetudines et privilegia civitatis, etc.* De *Bonis* vero *hominibus*, vide Marculfum lib. 2. form. 9. Formulas Regales apud Bignonium cap. 8. Capit. Car. M. lib. 1. cap. 140. Sammarthanos in Archiep. Narbon. n. 15. Testamentum Hadoindi Episc. Cenoman. apud Brisson. lib. 7. Formul. etc. [** Adde Haltausii Glossar. Germ. voce *Erbar*, pag. 354. Eichhorn. Histor. Jur. German. § 48. Savinii Histor. Jur. Roman. med. tempor. cap. 4. § 70. cap. 5. § 128. 129. cap. 19. § 49.]

¶ Boni, Nude dicuntur Consiliarii seu Judices, Judicis principalis Assessores, in S. Ludovici Præcepto ann. 1254. tom. 1. Ordinat. Regum Franc. pag. 72 : *Emendas autem pro maleficiis seu delictis a Baillivis nostris, nisi in foro judiciario publice de Bonorum consilio fuerint judicatæ, vel estimate, quamquam antea fuerint gagiate.* Illi autem *Boni*, quos tunc temporis *Judices* seu *Homines judicantes, Jugeurs, Hommes jugeans*, appellabant, neutrius partis esse debebant *Amici*, ut idem S. Ludovicus præcipit lib. 1. Stabilimentorum cap. 105 : *Appeller Gens souffisans, qui ne soient de l'une partie ne de l'autre.* Vel ut habetur lib. 2. cap. 15 : *Qui ne seront mie de parties.*

Boni homines de Communia, Viri probi. Gesta Innocentii III. PP. pag. 148 : *Eligantur quatuor boni viri super discordia et divisione quæ vertitur inter ipsos, et illos qui se nominant Bonos homines de Communia, et Richardum, etc.*

** Annales Benevent. ap. Pertz. vol. Script. 3. pag. 179. ad ann. 1051 : *Reversi* *sunt Romam cum* 20. *nobiles et Boni homines in obsidatum.*

Boni Homines, vocantur apud Anglos villici aliique rustici, quibus est familia. Ordinatio domus regiæ sub Henrico II. Angl. Reg. in lib. nigro Scaccarii pag. 355 : *Gilebertus Bonus homo et Ranulfus in domo comedent, et* III. *ob. hominibus suis.*

* Eadem acceptione nostri dixerunt *Les bonnes gens.* Registr. Corb. 21. fol. 68. v°. : *Et se ly seigneurs le veult recevoir à Wally, les Bonnes gens lui portent.*

* Tametsi veteres, honoris causa, probos viros appellaverint *Bonos homines*, jam diu est nihilominus, quod apud nos male audit *Boni hominis* appellatio, ut discere est ex Lit. remiss. ann. 1392. in Reg. 142. Chartoph. reg. ch. 293 : *Laquelle Jaquete dist audit Lorens en lui presentant à boire, Tenez, Bon homme, buvez. Lors ledit Lorens se prinst à courroucier, Tu as menti, comme fausse ribaude, je ne suis pas Bon homme; car ma femme est plus prudefemme que tu n'es.* Aliæ ann. 1478. in Reg. 205. ch. 92 : *Le suppliant sans penser à aucun mal dist à icellui Belue : ...... Bon homme.... A quoy respondit icellui Beluè telles paroles : Comment Bon homme, suis-je coqu?*

¶ Boni Homines appellati viri duodecim apud Florentinos qui duobus mensibus urbi administrandæ præerant. Consule Jac. Wilhel. *Imhoff* in Genealogiis viginti illustrium in Italia familiarum.

* Boni Homines nuncupati etiam Minimi seu Discipuli S. Francisci de Paula, qui hanc appellationem a fundatore suo, qui *le Bon homme* vocitabatur, acceperunt.

Boni Homines, Albigenses hæretici, qui ita se se appellitant, ut auctor est Monachus Vallis Sarnensis in Hist. Albig. cap. 4. sub fin. Concilium Lumbariense ann. 1176. : *Quam* (fidem Catholicam) *expugnare nitebantur quidam qui faciebant se appellari Boni homines, etc.* Concilium Narbonense ann. 1235. cap. 29. *De credentibus* Valdensium : *Si reverentiam fecerint hæreticis, ubi credentes, orationes ipsorum implorantes, et Bonos homines profitentes, quasi adorant illos.* Acta Concilii Terraconensis ann. 1242 : *Suspectus de hæresi potest dici.... qui credit ipsos Inzabatatos esse Bonos homines, etc.* Fridericus II. Imp. de Albigensib. : *Hi serpentes qui latenter videntur inserpere, et sub mellis dulcedine virus evomere.* Rogerus Hovedenus in Henr. II : *Erant in Provincia Tolosana quidam hæretici, qui se appellari faciebant Bonos homines.* Reinerus contra Vald. cap. 6. ait illos qui *Consolati* (Albigensium sectarii) vocantur in Lombardia, *Bonos homines* in Theutonia appellari. Huc etiam spectat responsum Hæretici illius Albigensis, apud Guill. de Podio Laurentii cap. 3. qui rogatus ab Episcopo ubi vellet sepeliri, respondit, *se velle ad Bononios sive Bonosios, hoc est, hæreticos deportari.* Quo vocabulo forte Gallicum, *Bonnes gens*, expressit ille.

Boni Homines, præterea dicti Fratres Ordinis Grandimontensis. Stephanus Tornacensis Episcopus Epist. 1. de iis : *Hominibus placent, et servi Christi sunt, Boni homines appellantur. Nam bonitatis illorum testis est et exclusa cupiditas, et inclusa paupertas.* Et mox : *Si ab eis quæsieris, cujus ordinis sunt, respondent : Peccatores sumus. Si ab aliis, Bonos homines esse dicunt. Nam et in provincia illa, unde originem habent, ubi est caput et sedes eorum, cellulæ ipsorum Bono homine appellantur.* Jo. Brompton. ann. 1170 : *Boni homines Grandimontis.* De Grandimontensium Ordine consulendi omnino Joannes Sarisber. lib. 7. Policr. cap. 23. Jacob. de Vitriaco in Hist. Occid. cap. 19. et Jo. Bollandus ad 8. Febr. [Martenius Anecdot. tom. 1. col. 645. et seqq.]

Boni Generis homines, Εὐγενεῖς, in Capitulari 2. ann. 813. cap. 12. Vide *Benenati.*

¶ Boni Pueri, Pauperes Scholares. Vide *Pueri* et *Boninfanti.*

¶ Boni cum Massa Aurei. Vide *Moneta aurea* in *Moneta regia.*

BONIFACIES, Εὐπρόσωπος, in Gloss. Gr. Lat. Occitanis, *Bounifaci*, est *un bon enfant, un benet*, ut auctor est Petrus Goudelinus.

BONIFATUS, Εὔμοιρος, in Gloss. Gr. Lat.

* **BONIFICARE**, Melius reddere, restaurare, augere, Ital. *Bonificare*, *Bonifier.* Bulla Nicolai PP. IV. ann. 1289. in Reg. sign. *Pater* Cam. Comput. Paris. fol. 276. r°. : *Illæ quoque expensæ, quæ fiunt pro fossatis et aliis, etiam pro terris Bonificandis, ut uberiores fructus producant, ... de decima hujusmodi minime deducentur.* Stat. Pallav. lib. 1. cap. 12 : *Teneatur et debeat bona mobilia ipsius pupilli ad incantum ponere, ... et eam pecuniam impendere vel traficare per modum, quod ipsius pupilli bona augeantur et Bonificentur.*

¶ **BONIMORIS**, Καλότροπος, *bene moratus.* Supplement. Antiquarii.

BONINFANTI, quasi *boni pueri*, nostris, *Bons enfans*, dicti in Bohemia nescio qui religiosi. Histor. MS. Rosensis, laudata a Bohuslao Balbino in Histor. Bohem. pag. 273 : *Eodem anno* (1259.) *Eberhardus Canonicus Pragensis Institutor Boninfantorum in Ecclesia Pragensi obiit nonis Augusti.* De eorum institutione ita idem Balbinus : *Numero* 12. *fuere, iisque alendis attributa villa; nemo annis* 10. *junior admittebatur, ætatis anno* 15. *e contubernio dimittebatur.*

¶ **BONISCULA**, Modica bona, Exiguæ facultates. *Quod eos Boniscudis parentum, sicut asserit, reliquit extorres.* Can. *Irreligiosum.* Dist. 87. ex Hierolexico Macri. Vide *Bonuscula* in *Bonum* 1.

* **BONISSERIUS**, Officium in scancionaria regia. Offic. hospit. reg. sub. Phil. V. apud Marten. tom. 1. Anecd. col. 1361 : *Item devers le commun aura deux Bonissiers, c'est asavoir Guillot de Montbeliart et Yon le Breton, et mangeront à cour, et aura chacun trois deniers de gaiges pour toutes choses.* Mendum est pro *Boutilliers* vel *Boutiers.* Vide *Bontarius* et *Buttarius* in *Butta.* 3.

* **BONISSIMUS**, ab Ital. *Bonissimo*, Optimus. Acta S. Hercul. tom. 1. Mart. pag. 54 : *Spiritus Sanctus etiam, ut Bonissimus, corda nostra visitat.*

* **BONITA**, ut *Bonitas*, exactio, in Leg. comit. Montis-fort. ann. 1212. ex Cod. reg. 8542. 6. fol. 26. r°. ubi loco *Bonitatis*, ut habetur infra in *Bonitas*, 1. legitur : *sive nomine Bonitarum.* *Bonté* vero, idem quod Caducum, seu quidquid domino feudi quasi fortuito obvenit, vulgatius practicis nostris *Aventure.* Charta Phil. Pulc. ann. 1298. in Lib. rub. Com. Comput. Paris. fol. 41 : *Les cens des tanneurs, les Bontez, le deanne, c'est assavoir cens, aventures et autres deniers de rente*

1. **BONITAS**, Exactio sub specioso *Bonitatis* nomine, tanquam gratuito a subditis dominis præstaretur. [Charta S. Ludovici Regis Franc. apud Marten. Collect. Ampliss. tom. 1. col. 1267. B : *Super eo quod Præpositi nostri Meloduni in ingressu Præposituræ quasdam exactiones, quas vulgariter Bonitates appellabant, ab iis nomine servitii extorquebant, etc.*] Leges Comitis de Monteforti ann. 1212. pro Albiensibus : *Nullus Baro, Miles, aut quilibet alius dominus, cui Comes dederit terram in partibus istis, poterit exigere ultra mensuram talliæ statutam, et confirmatam, litteris eorundem dominorum, et Comitis, sive nomine talliæ, aut Quæstæ sive Bonitatis, vel cujuscumque alterius causæ.* Chartular. Abbat. Majoris Monasterii, seu Vindocinense Thuani, n. 11 : *Cœpit dicere quod ille Odo habuerat ei conventionem, ut omni anno faceret ei aliquam Bonitatem. Quam cum nollemus ei facere, quia falsum erat quod dicebat, saisivit decimas, quas olim nobis ipse auctorisaverat.* Charta Bertæ Comitissæ Blesensis anni 1001. in Tabulario Abbatiæ Burguliensis fol. 101. *Ut simul Bonitatis et eleemosynæ efficeremur participes.* [Charta anni 1240. ex Archivo Castri Vitreii : *Gaufridus de Poenceio dominus Guilchiæ, dedi in maritagium Andreæ domino Vitreii cum Thomasia filia mea... quatuor libras de Bonitate de Restiers, et quidquid habebam in milite exercitus de Restiers.*] Vide Consuetud. localem *de Soesmes* art. 2.

Bonitas. Leges Luitprandi Regis Longob. tit. 108. § 1 : *Quidam homo diabolo instigante dixisset ad servum alienum : Veni, et occide dominum tuum, et ego tibi facere habeo Bonitatem quam volueris.* [** 138. (6, 85.) in Lombard. 1, 9, 25.]

2. **BONITAS**, Felicitas, beatitudo, apud Alypium Antiochenum in Descript. orbis capit. 2. Vide *Malitia.*

* 3. **BONITAS**, Officium, obsequium, Gall. *Bon-office*, Charta Theob. comit. Campan. in Chartul. Campan. ann. 1229. fol. 353. r°. : *Attendens Bonitates et servicia, quæ michi fideliter exhibuit dilectus et fidelis Hanricus de Bordis, concessi, etc.*

* 4. **BONITAS**, Valor, pretium, Gall. *Valeur.* Charta ann. 1342. in Reg. 74. Chartoph. reg. ch. 62 : *Quod prædictam molneriam, sive partem prædictam, cum omnibus juribus suis, Bonitate seu valencia, ... faciemus prædictam universitatem et suos semper habere.*

* **BONITON**, Piscis genus. Vide infra *Byza.*

¶ 1. **BONNA**. Vide *Benna*, ad lineam : *At unde cruci Moguntinæ.*

2. **BONNA**, Bunda, Bodina, Bodula, Terminus, limes.

Bonna. Glaber Rodulfus lib. 2. cap. 10 : *Multi ibi limites quos alii Bonnas vocant, suorum recognoverunt agrorum.* Tabularium Prioratus de Paredo fol. 69 : *Fecerunt domum et finem ac pacem de terra de Vivent Deo et hujus loci Fratribus, sicut post ostensa et limitibus sive indiciis est manifestata, quas vulgus Bonnas appellat.* Charta Radulfi

Comit. Suession. ann. 1209. in Chron. Abbatiæ Longipontis, pag. 124 : *Sicut Bonnis et intersignis disterminatum est(nemus.)* [Tabular. Monasterii Calensis pag. 41 : *Infra metas vel Bonnas.*] *Bonne* Gallis nostris. Gloss. Lat. Gall. : *Meta, termes, Boonne.* Guill. *Guiart* :

Et refait mettre hors des Bonnes,
Bien plus de douze cens personnes.

Hinc *Bonneer*, pro *Borner*, limitem figere. Gloss. Lat. Gall. : *Metari, Boonner.* Assisiæ Hieros. cap. 257 : *Ils le doivent suivre et pourchasser la devise, et Bonneer là. Terres abonnées* dicimus vulgo possessiones definita ac determinata pensione annua, ab cæteris præstationibus immunes.

Bonagium, Jus quod Majoribus villarum maxime competit in defigendis metis in terris vassallorum. *Bornage*, in Consuetudine Peronensi, ubi dicitur jus istud spectare ad Majorem et Scabinos ejusdem oppidi. Terrarium insulæ Adami : *Le fief de Hardivillers a droit de voirie, forage, rouage, Bornage, 12. paires de gand de chevrotin, un estuef, un chapeau de roses, etc.* Tabularium S. Dionysii ann. 1208. et 1235. de Majore *de Sorbais : Habebit Bonagia, investituras, homagia, etc.* Alia ann. 1240 : *Et habere debet præter Bonagia et saisinas, etc.* Aliæ ejusdem anni : Manasserus de Gornaco vendit *quicquid habet in Majoria de Balliolo, exceptis Bonagiis, saisinis, et foragio.* Alia ann. 1237. ibid. : *Bonnagia S. Dionysii spectant ad Majorem ad usus et consuetudines de Ulliaco.* Charta ann. 1263. in Tabul. S. Mauri Fossatensis : *Notum... quod nos dedimus Joanni dicto juveni de Nongento ad vitam ipsius... Majoriam nostram de Nongento cum duobus arpentis prati, necnon rotagium, foragium, et Bonagium, investituras, districta, et alia omnia ad nostram Majoriam de Nongento pertinentia.* [Litteræ Officialis Andegav. ann. 1269. ex Archivo S. Albini ejusdem urbis : *Fulco de Torallo minor miles... vendidit et concessit... omnes fructus quos habere poterat... anonagiis, avenis, avenagiis... Bonagiis, etc.*] Charta Matthæi Comitis Bellimontis ann. 1184 : *Ubicumque vero prædicti hospites terras juxta vias appendentes habuerint, Majorem meum requirent, ut terris suis metas imponat, etc.* In eodem Tabulario sæpe *Bonagia* et *metæ* confunduntur. Hinc

Fixio metarum, pro *Bonagio.* Charta ann. 1220. ex eodem Tabulario S. Dionysii, de Majore de Cormeliis : *Saisinas recipit, figit metas, cum figendæ sunt, de singulis saisinis seu investituris habet 2. sextarios vini mediocris, et de fixione metarum habet unum sextarium vini, scilicet mediocris.* Alia ann. 1214. ibid. : *Habebit Prior Rulliaci pro metis figendis 4. den. etc.*

Abonagium, Idem quod *Bonagium.* Charta Ludov. Regis Fr. ann. 1225. in Tabulario S. Dionysii, de Majore de Grandi-puteo : *Habet... omnimodam justitiam in hominibus et hospitibus S. Dionysii, citationes, arraminas, districta, Abonagia, denarios, etc.* In alia ann. 1244. Girardi de Dilugio : *Foragia, Abonagia, Botagia, etc.*

Esbonagium, Eadem notione. Tabularium S. Dionysii, ann. 1216 : *Saisinæ et Esbonagia cum advenerint.* Charta ann. 1250. in Tabulario Capituli Paris. lib. 2. Ch. 35 : *Et de omnibus pertinentibus ad Majoriam antedictam* (de Civiliaco) *videlicet messariam, investituras, Esbonagia, cossatum, et pissatum grangiæ de Civiliaco.* Regestum Parlamenti sign. B. fol. 119. inter Aresta ann. 1298 : *Item quod quoddam Esbonagium a terra ipsorum Abbatis et Conventus S. Vedasti* (Atrebatensis,) *a terra et vivario Abbatis et Conventus de Monte S. Eligii faciendi idem Comes* (Atrebat.) *nitebatur multis rationibus per se fieri debere, etc.*

¶ Bonare, Metas figere, mensurare. Charta anni 1214. ex Archivo Castri Vitreii : *Petrus Dux Britanniæ de assensu Aelidis uxoris meæ, dedi Simoni fideli servienti meo les restuuz de Torigné, prata et terras, sicut ei Foucaudus serviens meus Bonavit.*

Esbonare, Mensurare, *Esbonner.* Tabular. Fossatense fol. 136 : *Centum et decem arpenta nemorum... mensurata seu Esbonata fideliter, etc.*

Debonatio. Tabularium Conchensis Abbat. in Ruthenis Ch. 481 : *Et hæc omnia intra ista Debonatione, cum cæteris terris, pratis, silvis, etc.*

Bunda, pro *Bonna*, Anglis *Bound. Metes et bounds*, in Littletone sect. 36. 44. etc. Inquisit. de forisfacturis forestarum Regis Angl. cap. 16 : *Inquiratur per quas metas et Bundas singuli forestarii de feodo teneant... forestas suas.* Monasticum Angl. tom. 1. pag. 2 : *De bundis 12. hidarum.* Pag. 3 : *Hæc omnia infra Bundas 12. hidarum contenta.* Charta Bartholomæi Episcopi Laudunensis ann. 1147 : *Sicut divisum est fossatis et Bundis*, in Hist. Guinensi. Adde Bractonum lib. 4. Tract 1. cap. 8. § 2. et Fletam lib. 2. cap. 41. § 30. lib. 4. cap. 2. § 17. etc. præterea Guillelm. Prynneum in Libertatib. Angl. tom. 3. pag. 358. [*Madox* Formulare Anglic. pag. 264. Res Mogunt. tom. 2. pag. 544. edit. 1722.]

Bundare, Metas figere, in Monastico Anglic. tom. 3. pag. 236.

Bodina, Idem quod *Bonda*, Meta, limes. Charta vetus sub Roberto Rege Franc. in Tabulario Monasterii Nobiliacensis in Pictonibus : *Alodus sic est circumcinctus et divisus per Bodinas fixas et loca designata.* Occurrunt eadem verba in Diplomate Caroli Calvi in Tabular. S. Hilarii Pictav. et in alia Charta Monasterii S. Maxentii Ch. 132. apud Beslium in Comitib. Pictav. pag. 177. et 222. et in Tabular. Abbat. Belliloci in Lemovicib. n. 24. in Tabular. Brivatensi Ch. 18. 35. etc.

Bodena. Tabularium Conchense in Ruthenis Ch. 120 : *Et in ipsa riparia, prato dominicario per Bodenas fictas totum et ab integrum vobis cedo, etc.* Charta S. Willelmi Gellonensis edita a V. Cl. Joan. Mabillonio tom. 5. Vitar. SS. Ordin. S. Benedicti pag. 89 : *Ab Occidente infrontat in ipso Aviso* (rivo) *qui discurrit per concava montium in Bodena antiqua, quæ est in supercilio montis, etc.*

Bodinare, Bodinatus, Debodinare. Tabularium Belliloci n. 54 : *Sunt ipsi mansi terminati vel Bodinati.* N. 168 : *Cum sint determinatæ vel Debodinatæ.* Tabularium Conchense Ch. 221 : *Et habet fines ipsa vinea de tres partes ab ipso venditore, et de quarto vero latus terram Roberti, quantumcunque infra istos fines mea juxta est possessio, aut postea Debodinata erit, etc.* [Hinc emendenda Charta ex Tabulario Vosiensi fol. 15. verso, ubi habetur de mansis, *Quemadmodum sunt determinati et Debinati*; legendum enim *Debodinati.* Ibidem fol. 7. legitur, *Sicut sunt terminatæ vel debornatæ.*]

Bodula, Eadem notione habetur in eodem Tabulario Bellilocensi n. 33 : *Quæ Bodulæ faciunt divisionem, etc.*

¶ Bodulatus, in Archivo Prioratus S. Joannis Tolosani : *Et salvo jure hospitalis de portu et vinea sive campi et orti, sicut Bodulatum est et terminatum.*

Butina, Idem quod *Bodina.* Lex Ripuar. tit. 60. de traditionibus vel testibus adhibendis § 4 : *Si autem ibidem infra terminationem aliqua indicia sua arte, vel Butinæ vel mutuli facta extiterint, etc.*

Existimat Rigaltius voces *Bonna* et *Bunda*, ab Agrimensoribus et Gromaticis nostros mutuatos esse, effictasque ex iis quas passim usurpant, *botones, botontini*, et *botontones*, quæ tumores, sive monticellos et colliculos, qui aliquando terminorum vicem funguntur, significant. *Aggeres terræ* dicuntur in Lege Bajoariorum tit. 11. § 3. *Terrarum tumores*, Julio Frontino de Coloniis, βουνοί, Græcis.

Botontinorum vero figuram repræsentat Hygenus de Limitib. constit. pag. 222. Vocis mentio occurrit apud Innocentium, Vitalem et alios Gromaticos pag. 230. 267. 272. 312. *Botontones finales* pag. 243. 274. *Bottones* pag. 288. Denique *Bodones* legit Cujacius ex MS. apud Paulum lib. 5. Sentent. : *Qui arbores terminales evertunt vel qui convellunt Bodones.* [** tit. 22. Voces *vel qui convellunt Bodones* ex Pithœi codice inseruit Cujacius, quæ cum in ullo alio non habeantur, omissit eas editor Bonnensis, Visigothos addidisse putat Schulting. Conf. Forcellin. h. v.] Vide Velserum lib. 5. Rerum August. Somnerus in Gloss. Anglo-Sax. aliter censet de harum vocum origine, putatque effictas ex Saxonico Bindan, ligare, nodare, vincire, et Bindela, vinculis constrictio : unde Angli *bundle* pro fasciculo dicunt. Hinc etiam, inquit ille, agrorum fines, termini, limites, metæ, Latinobarbaris *bundæ*, Anglis *bounds* dicta : quod domino fundi sint in vinculum, ne eadem transgrediendo proximo injuriam inferret. Sed potior mihi est Rigaltii sententia.

¶ Bonaria, Idem quod *Bonna* 2. Consuetudines MSS. urbis Tolosæ ex Biblioth. Cl. D. *de Crozat* fol. 19 : *Termini decorum, mesegariæ, sive dex villæ Tholosæ protenduntur et sunt, scilicet a villa Tholosæ usque ad Ecclesiam S. Michaelis ad castellum.... et exinde usque ad crucem de Cangno, et exinde usque ad Bonariam seu curtem Guillelmi Arnaldi... et inde ad Bonariam vocatam de Fontanis.*

* 3. **BONNA**, Scopus, Gall. *But.* Lit. remiss. ann. 1353. in Reg. 81. Chartoph. reg. ch. 727 : *Ludendo de quadam balista pro jocale, quod dari debebat illi, qui melius traheret ad quandam Bonnam seu staguetam. Bonne*, pro *Ecluse*, Locus ubi concluduntur aquæ, in aliis Lit. ann. 1389. ex Reg. 138 : *Nos gens, estans au voyage par nous fait dernierement en Alemaigne, avaient esté*

en grant peril, et en y avoit eu plusieurs noiez, parce que une Bonne estant en la riviere du Rin avoit esté levée.

¶ **BONNALIUM**, Idem quod mox *Bonnarium*. Privilegium Alexandri Papæ III. de immunitate Ecclesiæ de Marsna, ex Tabulario S. Remigii Rem. ann. 1180 : *Prebenda autem Sacerdotis... constituta hæc est, decima de Houten magna et minuta, et in eadem villa quatuor Bonnalia terræ*. Eadem ad verbum habentur in Privilegio Lucii Papæ de libertate ejusdem Ecclesiæ ann. 1182. Sic etiam in Privilegio Adolphi Coloniensis Archiepisc. ann. 1195.

BONNARIUM, Bonarii, Bonarium. Bonnuarium, Bonneta, etc. Modus agri certis limitibus seu bonnis definitus. *Bonnier de terre*, apud Jacob. Hemricurtium in Speculo Hasbanico pag. 6. Certe *Bonarios* ipsos limites dictos, docet Charta Theodorici Episcopi Virdunensis ex Tabulario S. Vitoni : *Fines et metæ quos vulgo Bonarios vocant*. Proinde vocem perperam Columbus a *bobus* deducit. Formulæ veteres Pithœi cap. 25 : *Hoc est, ad illa villæ Bunnaria tanta, manso cum superposito de vinea arpennos tantos, etc.* Adde cap. 35. 67. Charta Ludovici Imp. apud Chapeavillum in Walcando Episcopo Leodiensi cap. 34 : *De terra arabili 2. partes de Bonnario.* Charta Agii Episcopi Aurelian. ann. 854 : *De terra arabili Bunn.* 13. Vide Baldricum Noviom. lib. 1. cap. 52. Buzelin. in Gallo-Fl. pag. 396. [Angelbertum Abbatem Bonæ-Spei Ord. Præmonst. in Chronico pag. 196. 201. 211. 219. 227. et 257. Miræi Opera Diplom. tom. 1. pag. 832. edit. 1723. Baluz. Hist. Arvern. tom. 2. pag. 208. Gall. Christ. tom. 3. col. 109. D. 490. D. et inter Instrum. col. 15. E. 31. C. 88. A. Marten. tom. 3. Anecd. col. 522. 525. 1273. etc.]

Bonuarium, perperam, ni fallor, pro *Bonnarium*, habetur in Statutis antiquis Corbeiensis Monasterii lib. 1. cap. 7 : *Ut unicuique Molinario mansus, et 6. Bonuaria de terra dentur.* Mox : *De illa terra, quæ ad illum mansum pertinet, id est, Bonuaria 4.* Ita etiam legendum pro *Bunuarium*, apud Hariulfum lib. 3. Chronici Centul. cap. 16. in Chronico Affligbem. cap. 13. in Lege Langob. lib. 3. tit. 1. § 46. [** Lothar. I. cap. 63. Vide quæ ibi notat. Murator. Est e Constit. Pap. ann. 832. ap. Pertz. vol. Leg. 1. pag. 360.] et in aliquot formulis. *Bunnuarium* etiam legitur apud Hincmarum in Capitulis Synodal. cap. 2 : *Si habeat mansum habentem Bunnuaria 12.* Perperam vero *Bovarium* et *Bouvarium*, pro *Bonnarium*, apud Hemereum in Augusta Viromand. pag. 35. 228. et in Regesto pag. 33. et 36. scriptum legitur, ut et in Scheda veteri Luxoviensi edita in operibus S. Columbani pag. 335. in Chronico S. Trudonis lib. 9. pag. 458. et in Chronico Valciodorensi pag. 564. Dicitur et

¶ Bunnarium, in Codice MS. Irminonis Abb. San-Germ. fol. 23 : *Ermbertus. . . habet de terra arabili Bunnaria* 11 Occurrit ibid. non semel. [** *De silva*, Br. 9. cap. 84. *de concidis*, ib. cap. 88. *de pastura*, ib. cap. 90. ap. Guerard. pag. 88. et 89.]

Bunarius. Papias MS. ex Isidoro : *Bunarii, mensura quædam terræ, sicut jugera.* [MS. alter habet *Bunuarii*.] Charta ann. 1167. apud Miræum in Donat. Belg. lib. 2 cap. 54 : *Quatuor Bunarii terræ, et dimidius silvæ. Bonnerius terræ*, in Hist. S. Martini de Campis pag. 342. *Bonarium*, in Vita Caroli Abbatis Villar. cap. 3. num. 17. *Bonarius*, apud Herimanum de Restaurat. S. Martini Tornacensis cap. 96. [In Charta Theodorici Flandrensium Comitis ann. 1151. Charta Johannis de Cysonio ann. 1225. utraque ex Tabulario S. Nicasii Rem. et passim in Charta Carlomanni Regis ex Tabulario S. Germani Autissiod.]

Bonneta, pro modo agri, ejusdem videtur originis, qua *Bonnarium*, in Charta ann. 1284. in Duchesnii Hist. Drocensi pag. 320.

¶ Bonata, Eadem notione. Charta MS. Roberti Comitis Castriæ apud Stephanot. in Fragm. Hist. tom. 13. pag. 115 : *Et duas Donatas* (l. Bonatas) *terræ et dimidiam Wermundi coci, et unam Bonatam terræ Willelmi pincernæ.*

Bonnarii, Bunatarii. Constitutio Caroli Crassi de feudis, apud Freherum et Goldastum : *Mansionarius 5. solidos, Absarius 30. denarios, Bunatarius 15. quorumlibet larium possessores 6. suppleant.* [** Carol. M. decret. de exped. Romana sec. XII. confectum ap. Pertz. inter capit. spuria pag. 4. Alter cod. Monac. habet *Bunaiarius*.] Quo loco legendum censent Lindenbrogius *Bunnariarius*, id est, qui *Bunnarium* agri possidet. Huic emendationi favent quæ habentur in Legib. Normannicis vernaculis Willelmi Nothi a Seldeno editis capite 18 : *Le Seignur pur 4. den. que il donrad, si erunt quites ses Bordiers et ses Boner, et ses serjans.* [** Al. cod. *Boverz*.] Id est, *pro 4. denariis quos donaverit dominus, quieti erunt Bordarii ejus, et ejus Bonnarii, et ejus servientes.* Quo loco *Boner* seu *Bonnarii*, sunt qui *Bonnaria* possident, ut *Bordarii* qui, *bordas*.

¶ Bonoarius, in Præcepto Lotharii Regis pro Otberto ann. 856. apud Marten. Collect. Ampliss. tom. 1. col. 146 : *In istis jam supra nominatis locis habet curtes et terras dominicatas* IV. *et capellas* II. *et alios mansos* XVII. *et ad unumquemque mansum Bonoarios* XXX.

* **BONNATON**, Animalis species. Bestiarius MS. cap. 13 : *In Asia animal nascitur, quod Bonnaton dicunt, cui taurinum caput, ac deinceps corpus omne, tantum juba equina.* [** Hortus sanit. in Tract. de Animal. cap. 13. *Bonnacon* ut e Solino. Vide Forcellin. voce *Bonasus*.]

* **BONNERIUS**, Modus agri certis limitibus seu *bonnis* definitur, idem quod *Bonnarium*, nostris *Bonnier*. Charta Phil. V. ann. 1318. in Reg. 56. Chartoph. reg. ch. 225 : *Quoddam feodum, situm in parrochia de Hellesmes, continens decem et septem Bonnerios terræ sementis.*

¶ **BONNETA**, Bonnetum, Species pilei, nostris *Bonnet*. Vide *Boneta*.

BONONES. Historia Balduini Luxemburg. Archiep. Trevirens. lib. 2. cap. 10. de seditione mota Mediolani contra Henricum Imp. a Guidone de Turre : *Aurum et argentum, omnisque cultus pretiosus a Bononibus distrahitur.* Infra : *Tot ibi sunt Bonones rapina ditati repatriantes, quod ultra mensem plusquam Bonorum duo millia in exercitu* (Imperatoris) *deficere videbantur.* [** Leg. *Bononienses*. Confer chart. ann. 1311. ap. Murat. Antiq. Ital. vol. 4. col. 617.]

* **BONNETERIUS**, *Bonetarum* opifex, Gall. *Bonnetier*. Arest. parlam. Paris ann. 1321. ex Cod. reg. 9822. 2. fol. 164 : *Inter espinglerios et Bonneterios villæ Paris. fuit facta quædam ordinatio, etc.*

* **BONO MANE**, a Gall. *Bon matin*, Bene mane. Epist. ann. 1380. inter Probat. tom. 3. Hist. Nem. pag. 44. col. 2 : *Dominus Guillelmus de Gaudiaco et ego fuimus in palacio, Bono mane, antequam venissent.*

BONONII, Bonosii. Vide *Boni homines*, [Albigenses Hæretici, etc.]

¶ **BONOSIACI**, *Hæretici sunt a Bonosio dicti, qui dicunt Christum Filium Dei adoptivum, non proprium esse.* Papias MS. Iidem sunt qui aliis Bonosiani : de quibus vide Isidorum Orig. lib. 8. cap. 5. et de Scriptoribus Ecclesiasticis cap. 20. Macrum in Hierolexico, etc.

* **BONSNAGIUM**, Metarum positio, idem quod *Bonagium*. Vide in *Bonna* 2. Lit. procurat. ann. 1348. in Chartul. 21. Corb. fol. 193 v°. : *Dantes dictis procuratoribus nostris....... potestatem....... ostensionem et Bonsnagia faciendi.*

¶ **BONUARIUM**. Vide *Bonnarium*.

* **BONVENTUS**, Convivium, idem quod *Procuratio* 1. Vide in hac voce. Charta Elisabethæ *de Steinfort* ann. 1237. in Suppl. ad Miræum pag. 587. col. 2 : *Nos in domo sua Bonventum tenemur accipere, quem nobis* (abbatissa Marquettana) *concesserit liberaliter et benigne.* Vide supra *Benevenuta*.

* **BONULUM**, Carnium elixarum jus, ut videtur; idem quod *Brodium*. Charta ann. 1271. in Access. ad Hist. Cassin. part. 1. pag. 328. col. 2 : *Debent habere quatuor panes tornatos dandos bubulcis, et de Bonulis caldariam unam.*

1. **BONUM**, Id quod Latini *Bona* vocant, Facultates, nostris vulgo *Bien*. Baldricus Noviom. lib. 3. cap. 72 : *Et ipse Bonum suum recipere debebat.* Chronicon Abbatiæ S. Trudonis lib. 10. pag. 465 : *Bonum de Provin ad id modicum defluxerat, ut vix solveret 7. marcas.* Vulgaris loquendi modus, *le Bien d'un tel lieu*. Charta Hilderici Comitis ex Tabulario S. Vitoni Virdunensis : *Hoc timore perterritus, trado tibi, sancte Vitone, Bonum meum, quod est temporale, sed indeficiens in perpetuum, etc.* Alia ibid. : *Bonum nostrum quod habebamus ad Luniacum, etc.* [** Charta ann. 1257. ap. Kopp. Docum. Hist. Fœder. Helvet. num. 5 : *Mota querimonia super quodam Bono in Burgon sito.* Ibidem pluries.]

* *Biens*, pro Pecunia, nummi. Gall. *Argent, monnoie*, in Lit. remiss. ann. 1447. ex Reg. 179. Chartoph. reg. ch. 91 : *Voyant ...... que difficile chose leur seroit de partir et paier entre eulx cinq lesdiz deniers, qui estoient mauvais..... Le suppliant dist* (à ceux qui le suivoient) *que ses Biens lui estoient cheuz, qu'ilz arrestassent et il les amasseroit, ce qu'ilz firent. Et adoncques ledit suppliant se baissa pour amasser sesdiz Biens : mais il ne les trouva pas.*

Bonuscula, diminutivum a *Bona*, Facultates, apud Sidon. lib. 9. Epist. 6. et in leg. 29. C. Th. de Petit. et ultr. dat. (10, 10.)

BONUM S. MARIÆ, Superstitionis et paganiæ species, in Capitul. Karlomanni ann. 743. cap. 19. [** Indicul. Superstit.]: *De petendo quod Boni vocant S. Mariæ.* [** Scandic. antiq. *Bón* et Anglo-Saxon. *Bén* est Precatio, imprecatio. Conf. Grimm. Mythol. Germ. pag. 20. et 656. Præf. pag. XX.]

2. **BONUM**, Morbi species. Vita S. Anselmi Episc. Lucensis n. 39 : *Fuit Presbyter... cui malum id, quod per antiphrasim homines Bonum appellant, unius oculi lumen abstulerat.* [Vide *Malannus* 2.]

* 3. **BONUM**, Donum, ipsa donationis Charta. Martyrolog. prioratus S. Montis MS. : *Et ut prædictum donum firmum et ratum teneatur, etc. Hoc autem factum est in præsentia domini Guidonis Pictaviensis comitis, totiusque Vasconiæ, qui propria manu Bonum suum tribuit, et signari in archivis nostris non negligenter jussit.*

* **BONUM** DICERE, Pacifice loqui. Inquisit. ann. 1268. ex schedis Pr. *de Mazaugues : Pascebat et custodiebat per totam vallem, ... et non invenit unquam aliquem, qui cum deviaret, nec diceret nisi Bonum.*

* **BONUM** LATUS, Dextrum, Gall. *Le côté droit.* Lit. remiss. ann. 1399. in Reg. 154. Chartoph. reg. ch. 684 : *Le suppliant fery sa femme un cop du bout dudit baston parmi le Bon costé, soubz l'esselle.* Sic et apud nos manum dextram *La belle main* vocant nutrices : nostri enim bonum et pulchrum promiscue olim usurpabant. Hinc loquendi formula, *A mon bel et à mon bon*, id est, cum commodum et opportunum videbitur. in Lit. remiss. ann. 1408. ex Reg. 163. ch, 3 : *Je te battray à mon bel et à mon bon.* Unde etiam ludum quemdam, qui foliis lusoriis peragitur, *Bon-hommel* videntur appellasse, quod in eo pulchrius folium vinceret. Lit. remis. ann. 1452. in Reg. 184. ch. 263 : *Un jeu des quartes, que l'en appelle le Bon-hommel, ouquel jeu fault avoir trois personnes; et celui qui a la plus belle quarte, gaigne le jeu.*

** **BONUM** PACIS ET CONCORDIÆ. Vide Haltaus. Glossar. German. voce *das Beste*, pag. 151.

* **BONUS.** AD BONOS SUOS, id est, Ad suam utilitatem, Gall. *A son profit.* Lit. remiss. ann. 1376. in Reg. 108. Chartoph. reg. ch. 335 : *Lapides dictæ muræ ad Bonos suos, ad domum suam charreyare fecit.*

* AD BONUM FINEM, Gall. *A bonne fin* Tessera seu signum factionis Parisinæ, cujus auctor et dux fuit Marcellus urbis præfectus. Præcipua hujus facinora produnt Literæ remiss. 10. Aug. ann. 1358. ex Reg. 86. Chartoph. reg. ch. 240. quas idcirco hic exscribendas duximus : *Charles ainsné fils du roi de France, regent le royaume, etc. Scavoir faisons à touz presens et a venir, que comme a l'instigation, ennortement et promotion de feu Estienne Marcel, n'agaires prevost des marchans de la ville de Paris, et de plusieurs autres ses alliez, adherens, collatteraulx et complices, disans et maintenans en touz leurs faiz pour le temps qu'il ont de fait gouverné la bonne ville de Paris et le plait pays d'environ, que tout quanques il faisoient, estoit a bonne fin et pour la redemption et delivrance de nostre-dit seigneur et le bien publique : plusieurs et grant quantité de bon peuple et loyal commun de ladite ville de Paris, sur l'esperance dessus dite, sans l'auctorité, volenté ou consentement de nostredit seigneur ou de nous, ignorans les grans traïsons et malefices que lesdiz prevost et ses complices secretement faisoient, pourpensoient et a faire entendoient contre nostredit seigneur, nous et sa majesté royal, se soient consenti de eslever et prendre a gouverneur, deffenseur et capitaine, le roy de Navarre, de faire aliances avecques lui et ses complices, aidans et adherens, tant par lettres comme par sermens, de porter fermellez d'argent, miz partiz d'esmail vermeil et asure, ou dessoubz avoit escript :* A bonne fin, *et chaperons de drap desdites couleurs, en signe d'aliance de vivre et mourir avec ledit prevost, contre toute personne; d'aler aus assemblées et congregations dudit prævost, de eulx armer contre nous, de nous usurper aucuns droits royaulx, d'estre rebelles contre nostredit seigneur, de dire paroles et reprouches de nostre personne, de mettre a mort et occire en nostre presence et en nostre chambre messires Robert de Clermont et le mareschal de Champaigne et maistre Regnaut d'Acy ailleurs en ladite ville; de prendre et occuper de fait nostre chastel de Louvre, et aussi de arrester et prendre nostre artillerie, que nous faisons amener par la riviere de Saine en certains lieux et d'icelle oster de la puissance de noz gens qui l'amenoient et l'apliquer par devers eulx, de nous envoyer a Meaulx lettres contenans plusieurs paroles rudes, laides et malgratieuses, de estre alez ou estre consentenz de l'alée des genz d'armes que feu Pierre Giles mena a Meaulx contre nous et nostre très-chiere compaigne, de faire par maniere de monopole une grant compaignie, appellé la Confrerie Nostre Dame, en laquelle il avoient et faisoient plusieurs sermens, convenances et aliances, sanz l'auctorité ou licence de nous, de avoir souz umbre et couleur de justice mis ou fait mettre a mort, sanz cause raisonnable, Jehan Perret et Thomas Focaut, de prendre, arrester et faire emprisonner et questionner et maltractier plusieurs de noz genz et officiers, leurs femmes et leurs familiers et mesnies, de prendre plusieurs des biens de noz dites genz et officiers et iceulx biens appliquiez au proufit de la ville ou a leur singulier proufit, de refuser et contredire la monnoie pour le cours que nous li avons ordené en l'assemblée de Compiegne, et de faire monnoie et contraindre noz monnoiers a ouvrer et monnoier, et le proufit de noz monnoies apliquier a leur proufit, de abatre et ardoir et faire abatre et destruire plusieurs chasteaux, forteresses et autres maisons des nobles, de piller et faire piller leurs biens, et de plusieurs autres crimes, délits et malefices faire contre la majesté royal et autrement, pour ce que audit peuple donnoient a entendre que nous les voulions destruire et faire piller par noz genz d'armes, que abandonné avions ladite ville avecques les autres citez et plait pays du royaume a yceulx genz d'armes, et que en riens du monde n'avions volenté d'entendre à la délivrance, ne redemption de nostredit seigneur, combien que le contraire des choses dessusdites feust vray et appert notoirement de present. Et pour ce que les dessusdiz ou plusieurs d'eulx ne se pourroient excuser, se par rigueur de droit voulions proceder, que leurs biens et corps ne feussent forfaiz a nostredit seigneur et a nous, ou au moins que de ce les peussions poursuir et approchier, traire à grans punicions ou amendes, Nous a il esté supplié humblement par noz bien amez Gentien Tristan apresent prevost des marchanz, les eschevins, bourgoys et habitans de ladite ville de Paris que sur ce leur vueillons estre piteables et misericors, ou autrement pourveoir de remede gratieux. Pourquoy nous considerons la bonne amour et loyalté que lesdiz prevost, bourgois et habitans de ladite ville ont eu touz jours a nostredit seigneur et a nous, et comme de fait l'ont bien démonstré en la prinse et destruction des traistres, rebelles et ennemis de la couronne de France, inclinans a leur supplication : A touz ceulx de ladite ville, habitans et aians leur domicille ou leur demourance plus continuelle en icelle que ailleurs, ou temps desdiz deliz, qui ont esté consentens d'iceulx crimes, deliz et malefices, excepté ceulx qui estoient ou aueroient esté du conseil secret sur le fait de la grant traïson dudit prevost et ses complices; c'est assavoir de vouloir empescher et de faire et pourchacier la délivrance de nostredit seigneur, de vouloir occire mon seigneur ou nous, ou mettre et tenir en prison perpétuelle, et de faire le roy de Navarre roy de France; et ainsi interpretons nous et déclarons par ces présentes le fait de ladite grant traïson; Avons pardonné, etc. Donné a Paris le x*[e]. *jour d'Aoust* 1358.

¶ **BONUS** DOMINUS, Arbiter, sic dictus, quod partibus litigantibus, tanquam bonus Dominus utrique consulebat, remque inter eos componebat. Litteræ Officialis Vabrensis de arbitrio dicto per Guillelmum de Canilliaco Priori de Roserio et Rectori Ecclesiæ de Balmis ann. 1342 : *Compromiserunt se concorditer et amicabiliter in venerabilem ac religiosum virum D. Guillelmum de Caniliaco Camerarium Anianæ tanquam in arbitrum, arbitratorem et amicabilem compositorem et Bonum Dominum ab ipsis partibus communiter electum.*

¶ **BONUSCULA.** Vide in *Bonum*, 1.

* **BONZINUM**, Vasis species. Chron. Bergom. ad ann. 1386. apud Murator. tom. 16. Script. Ital. col. 856 : *Unum Bonzinum seu bocale, et cuppas duas, quæ omnia erant argenti puri.*

* **BOOBA.** Vide supra *Boca.*

BOOGDIE. Arestum ann. 1411. in Hist. Betuniensi pag. 116 : *Una cum servis seu gentibus suis servilis conditionis, esclavis, advenis, et Boogdie ad dictam terram de Kalkene* (in Flandria) *pertinentibus, etc.*

BOOLETUM. Vide in *Apratare*, [et *Boletum.*]

* **BOOLEYUM**, Locus betulis consitus, ut videtur : nam *Bool*, betulam dixerunt nostri. Vide supra *Bolum.* Sent. arbitr. ann. 1266. in Tabul. S. Satyri : *Ego magister Joannes de Ursiaco, electus arbiter a partibus supradictis, pronuncio, ordino seu statuo, quod tota tertia pars, quam habebat dictus comes* (Sacricæsaris) *in villa Savigniaci et in toto territorio dicti loci, et de allodio cum..... Booleyo, et quidquid habebat in locis prædictis, cum omni justitia et jure in quibuscumque rebus, remaneant abbati et conventui S. Satyri et eorum successoribus.*

* **BOORIA**, ut *Boria* 2. Prædium rusticum, Gall. *Ferme, métairie.* Charta Phil.

Pulc. ann. 1309. in Reg. 45. Chartoph. reg. ch. 20 : *Notum facimus... quod nos omnes et singulas possessiones immobiles infrascriptas, ... Booriam de podio Cabas, etc.* Alia ejusd. ann. in Reg. 50. ch. 7 : *Idem Bertrandus et ejus fratres. .... cum armis prohibitis, ... venerant ad Booriam de sancto Hugone, quondam ordinis Templariorum, prope Podium Ruppis, et Booriam prædictam, et illos qui intus erant, invaserant, posse suum facientes de capiendo dictam Booriam violenter.* Vide *Bovaria.*

* **BOOSLOTH.** Leges Danicæ paragr. 10. apud Ludewig. tom. 12. Reliq. MSS. pag. 169 : *In qualibet villa forensi sint veridici et neffningi, quilibet illorum pro suo Boosloth solvat sex marcas* Ubi Editor :*Boosloth,* est portio rerum mobilium ex communione quadam, præterquam ex hæreditate paterna vel materna. Judicent hujus linguæ peritiores. [** Ap. Westphal. Monum. tom. 4. col. 1878. ubi articuli Tordon. Parvi lingua Germ. infer. exstant, art. 9. : *Sien Boszlett, dat iss sien erffdehl an fahrende have.* Confer tamen Kolderup-Rosewinge Hist. Jur. Dan. § 113. not. d. edit. German.]

BOOTHEMATA, *Adjutoria*, Ugutioni : ex Græc. Βοηθήματα.

* **BOQUARIA**, Laniena, Gall. *Tuerie, écorcherie.* Lit. ann. 1408. tom. 9. Ordinat. reg. Franc. pag. 356 : *Carnes comestibiles, grossæ et minutæ, quæ venduntur...... in villa Biterris,..... occidi et excoriari seu mactari consueverant...... in quodam loco, diucius ad hoc destinato, vocato lo escoriador, aliter la Boquaria.* Vide *Bocaria.*

* **BOQUELLARIUS**, Clypeus, scutum, Gall. *Bouclier; Bouqueller,* in Lit. remiss. ann. 1398. ex Reg. 154. Chartoph. reg. ch. 32. Stat. eccl. Atrebat. xv. sæc. edita cap. 18. ex Cod. reg. 1610 : *Presbyteris necnon et religiosis firmiter inhibemus, ne arma deferant, videlicet cutellum magnum cuspidatum, misericordiam, gladium, ensem, Boquellarium aut alias armaturas.* Vide supra *Bocleus.*

* **BOQUENA**, ab Hispan. *Boque,* hircus, Pellis hircina, idem quod supra *Bogina.* Charta Phil. Pulc. ann. 1288. in Reg. S. Ludov. ex Chartoph. reg. fol. 106. v°. : *Arrestata fuerunt....., quadraginta quinque faisia Boquenarum, viginti tres pontes cordoani, etc.* Vide supra *Bocxs* et infra *Boquinus.*

BOQUERANNUS, Bucaranum, Buchiranum, Telæ subtilis species, Gall. *Bougran.* Gloss. Lat. Gall. : *Bissus, Bouquerant.* Vincentius Belvac. lib. 30. Spec. Hist. cap. 85 : *Aliæ mulieres Boqueranno stricto sub cingulo multis plicis sumptuosis operato et insuto... vestiuntur.* Idem lib. 32. cap. 4 : *Tunicas miro modo formatas portant de Buccarano.* Et cap. 7. *Bucaranum* habet, Paulus Venetus lib. 3. cap. 45. *Buchiranum.* Joan. Villaneus lib. 10. cap. 168 : *Palio di Bucherame bambagino.* Bocacius : *Una coltre di Bucherame Cypriana bianchissima.* Vide Gesta Guillelmi Majoris Episc. Andegav. cap. 22. Le Roman *de Jordain* MS. :

Tyres et pailes, Bouquerans et cendez..

Le Roman *d'Aubery* MS. :

Et le hauberc vait après desmaillant,
Ausis le cope come fit un Bouguerant.

* **BOQUERIUM**, Locus *boquetis* seu palis circumseptus. Pariag. inter regem et domicel. de Astariaco ann. 1307. in Reg. 44. Chartoph. reg. ch. 55 : *Retinuit dictus domicellus, quod molendina...... remaneant sibi et successoribus suis in solidum, ita quod ea teneant et tenere possint cum tribus molis, sicut nunc sunt, et ea mutare cum paxeriis infra Boquerium seu vallatum, in quo sunt, auctoritate sua tantum; ita quod dictus rex sine voluntate sua in dicto Boquerio non possit facere molendinum seu etiam molendina.* Charta senescal. Tolos. ann. 1393. in Reg. 144. ch. 366 : *Per artifices in talibus expertos fecerunt extimare...... dictum molendinum cum suis paxeriis, Boqueriis, domo forti, etc.* Vide infra *Boquetus.*

* **BOQUERIUS**, Idem quid *Bocherius*, macellarius, Gall. *Boucher;* in Ch. ann. 1272. inter Probat tom. 1. Hist. Nem. pag. 98. col. 2. Vide supra *Boquaria.*

¶ **BOQUESPAN.** Vide *Boquetallum.*

* **BOQUESTALLIUM**, ut *Boquetallum* et *Boquespan*, Servitii genus, quod subditi debent, sive in deferendis aut vehendis, sive etiam exscindendis tignis vel palis, *Boqueti* nuncupatis. Charta Caroli comit. Augi in Reg. A. Chartoph. reg. ch. 35 : *Cum contentio seu controversia esset inter nos ex una parte, et...... abbatem et conventum monasterii novi Pictav. ex altera,.... super..... tallia alta et bassa, et bianno ad faciendum Boquestallia in nemoribus nostris, etc.* Vide mox

BOQUETALLUM. Exstat Charta Gaufridi de Liziniano D. de *Vouvent et de Mervent,* data Spoleti ann. 1232. qua Abbati Malleacensi dimittit *Expeditionem et exercitum, Bannum, Boquetallum,* quæ quidem ab hominibus Abbatis sibi deberi contendebat. [In Charta Hugonis militis anni 1263 : *Dominus Partiniaci, Volventi et Marcuenti petit plures angarias, pangarias et costumas ab hominibus virorum Religiosorum Abbatis et Conventus de Burgolio... biennum ad reficiendum fossata castri novi de Marcvento, et Boquespan et plesses ad animalia silvestria capienda, etc.* Cum in utraque laudata Charta de iisdem fere petitionibus, a diversis licet monasteriis, agatur, nullus dubito, quin idem sit vocum *Boquetalli* et *Boquespan* intellectus; sed quis ille? An Jus *procurationis,* seu modici pastus, quem etiamnum *Boquelle* vocant rustici Dumbenses? Certe *Boquelle* a *Boquetallum* posset proficisci. Eumdem sensum patitur *Bosquetallum* in Charta anni 1232. apud Stephanotium in Antiquit. Benedict. Pictav. MSS. tom. 4. pag. 408 : *Expeditionem quoque, biannum, Bosquetallum, in quibus teneri mihi eosdem homines proponebant.*]

* **BOQUETUS**, Tignum, palus, Gall. *Pieu, soliveau.* Comput. ann. 1351. inter Probat. tom. 2. Hist. Nem. pag. 143. col. 1 : *Quæ reparatio sane fieri non poterat, nisi fierent duo pilaria cum Boquetis, ad sustentationem tecti dictæ plateæ.* Charta ann. 1386. ex Tabul. S. Vict. Massil. : *Item barbacana dictæ turris, computando a primo Boqueto usque ad altius de merleto, habet de alto duas cannas et unum palmum.* Reparat. factæ in senescal. Carcass. ann. 1435 : *Pro faciendo unum estaut cum uno Boqueto, pro pizando seu tenendo sommerium dicti molendini.* Vide supra *Boquerium* et *Bordlode.*

* **BOQUINUS**, Caprinus, hircinus, a Provinc. *Boc*, Caper, hircus. Pedag. Pennar. ex Reg. Cam. Comput. Aquens. art. 13 : *Tres cargæ de Boquinis pelosis, etc.* Vide supra *Boquena.* Huc fortean pertinet vox opprobrii *Bousquemat*, in Lit. remiss. ann. 1417. ex Reg. 170. Chartoph. reg. ch. 85 : *Laquelle femme dist teles paroles ou semblables à son mari : Orde, vil, villain, touchien, Bouquesmat, etc.* Idem quippe videtur quod Hircosus, Gall. *Puant.*

¶ **BOR**, ὁ τοὺς πόδας φλεγμαίνων, *Pedes inflammans.* Supplem. Antiquarii.

* *Boa* rescribendum putat Scaliger. ad Festum in *Boa.*

* **BORA**, Cella reconditoria, ut videtur. Stat Placent. lib. 4. fol. 40. v°. : *Omnes habentes Boras, juxta stratas publicas civitatis Placentiæ, teneantur in ea parte, in qua occupaverint seu occupant de via publica, occasione hostiorum et fenestrarum ipsius Boræ, ponere inter ipsam Boram vel fenestras et stratam...... assidem ita largam et longam, quæ corripiat tantum quantum protendit extra murum.* Et lib. 6. fol. 81. v°. : *Item provisum est quod portatores,...... videlicet si discargaverit desuper terram et non in Bora, etc.* Chron. Placent. ad ann. 1388. apud Murator. tom. 16. Scrip. Ital. col. 582 : *In dictis eorum domibus sunt pulchræ cameræ et caminatæ, Bora, curtaricia, putei, hortuli, jardini, et solaria.*

¶ **BORACANUS**, a Gallico *Barracan* vel *Bouracan*, Pannus e pilis caprinis contextus. Thuanus lib. 21. Historiarum pag. 795 : *Palliis, quæ Boracanos vulgo vocant, ex illa lana opere sericeo fimbriatis viri teguntur.* Pallia *Boracani dicta* quod ex *Boracano* conficerentur.

* **BORACIUM**, Tomentum, Ital. *Borra*, Gall. *Bourre.* Charta ann. 1306. apud Murator. tom. 4. Antiq. Ital. med. ævi col. 743 : *Nicolaus filius quondam dom. Montecli spoliatus et derobatus in civitate Cremonæ.... de decem et octo feldis faltri : item tantumdem Boracium.* Vide infra *Borra* 3.

¶ **BORACUM**, Borax, species metalli. *Breydenbach* Iter Hierosolym. pag. 277 : *Mane quoque balneum ingrediatur, et corpus ejus fricatione valida mundetur, caputque cum carasablito et Boraco lavetur.* *Borac* et *Baurach* apud Matth. Silvaticum est Spuma nitri.

* **BORAGINUS**, ab. Ital. *Borraggine*, Buglossum, Gall. *Buglose.* Inventar. ann. 1389. tom. 3. Cod. Ital. diplom. col. 363 : *Cotardita una scarlatæ granæ, laborata ad fichetos cum floribus Boraginis, perlarum ubique seminata, cum caputio pari.* Nisi sit genit. *Borago, Bourache.* [** Gemma Gemmarum : *Borago vel Boris, est quædam herba, Germ. Burrich.*]

* **BORAGIUM**, Culcitrarum exactio, quæ fiebat a vassallis et tenentibus ad dominorum exceptiones, cum peregre ibant, sic dicta quod culcitræ *borra* seu tomento farciuntur. Judic. ann. 1270. in Reg. *Olim* parlam. Paris. : *Cum ab hujusmodi quitti sint per cartam suam regiam, quæ eos a tolta, tallia, Boragio et culcitrarum exactione omnino liberat..... Tolta, tallia, Bo-*

ragium sive culcitrarum exactio, etc. Vide *Borrat* in *Ballinus.*

BORAN, [Deprædatio mansionis] Vide *Ran.*

¶ **BORARIUM**, f. Ostium fluminis, vel ora, Gall. *Bord.* Charta ann. 1097. tom. 5. Annal. Benedict. pag. 385 : *Altera* (controversia) *de piscatione in fluvio Segonæ seu Araris et in Borario fluminis, quod vocatur Sallia.*

* **BORAX**, *Capistrum auri.* Glossar. medic. Simon. Januens. ex Cod. reg. 6959.

* **BORAZIUS**, Tela linea aut canapina, ex qua conficiuntur mappæ crassiores, seu lintea ad abstergendas manus, interprete Muratorio ad Chartam ann. 1281. tom. 2. Antiq. Ital. med. ævi col. 900 : *De soma pilizariæ domesticæ : de soma Boraziorum et pannorum de lino, etc. Borras*, eadem notione, in Lit. remiss. ann. 1392. ex Reg. 143. Chartoph. reg. ch. 69 : *Le suppliant prist une touaille ou Borras de toile, qui estoit sur le banc dudit trippier. Borrasse, c'est-à-dire gros linge*, in Comment. Condæan. tom. 3. pag. 659. ult. edit.

¶ **BORBA**, Gall. *Boue* vel *Bourbe*, a Græco Βόρβορος, Lutum, limus, cœnum. Charta Girardi Hamens. Domini ann. 1145. ex Tabulario Corbeiensi : *Si contigerit dictos fratres de Margellis fossatum facere subtus bonnas prædictas, ipsi debebunt terram et Borbam de fossato suo projicere ver sclusam prædictam, et super bonnas sclusæ prædictæ.*

* **BORBONIENSIS**, Capitii munimen vel ornamentum apud Borbinienses; unde nomen. Lit. remiss. ann 1449. in Reg. 176. Chartoph. reg. ch. 711 : *Se icellui Robicquet n'eust eu en son chapperon ung bourrelet, que on dit Bourbonnoys, etc.*

¶ **BORBOR**, Eadem origine et notione. S. Ambros. lib. 9. in Lucam num 25 : *Hæc enim erant jam torcularia Judæorum, non vino repleta, sed Borbore.* In Cod. MS. S. Vedasti Atrebat. habetur, *Non vino repleta, sed mirrha.*

BORBORIANI, Hæretici, qui, inquit Philastrius, *vitiis implicati sæculi et malis concupiscentiis servientes, non sperant judicium futurum, sed potius carnalem sæculi concupiscentiam laudant. Hi itaque in cœnum euntes, et inde obliti de cœno facies et membra sua deformantes, eadem re cunctis velut culpandam Dei creaturam demonstrant.* Ex Græco Βόρβορος, *Cœnum.*

¶ **BORBORICINI** *et Gnostici, Hæretici sunt qui animæ substantiam partem Dei esse æstimant.* Papias MS. Eadem fere leguntur in veteri Gloss. San-German. num. 501.

* **BORCANIA**, *Arctophylax, arctus.* Glossar. vet. ex Cod. reg. 7613. Vide *Borcoma.*

* **BORCERIUS**, pro *Bochertus*, Gall. *Boucher.* Vide in hac voce. Charta. ann. 1449. in Reg. 3. Armor. gener. part. 2. pag. xxxvj : *Testibus...... Petro Novelli barberio, Anthonio Roberti Borcerio dicti loci.*

¶ **BORCOMA**, *Artophilax.* Papias MS. Editus, *Borcama.* [** cod. reg. 7609 : *Borcama, Arctophilax, arctus.* Vide *Bortoma.*]

BORD. Concilium Budense ann. 1279. cap. 11 : *Districte præcipimus, ne Sacerdotes vel Clerici, in quovis ordine constituti, gladium vel cultellum, quod vulgariter dicitur Bord, portent.*

1. **BORDA**, *Clava*, in Gloss. Isid. Vide *Bohordicum*, [sub finem, ubi *Borda* per *Clavam* explicatur ex Glossis Isidorianis; sed in tribus, quibus usus sum, editionibus Glossarum Isid. solum legi *Clavia*, *Borda*, pro quo Grævius legendum monet, *Cloaca*, *Borda* : cui lectioni favet ipse Cangius in voce *Burca.* Hæc ergo, ut videtur, tenenda, prior repudianda] [** Vide *Blandella.*]

* An emendatione hic opus sit, nonnihil dubito; est enim nostris *Borde*, clavæ species, seu baculus, quo et se defendere, et alios aggredi poterant. Lit. remiss. ann. 1450. in Reg. 185. Chartoph. reg. ch. 18 : *Lesquelx portoient chacun ung baston ou Borde en leur main, de bois de cornaillier.* Aliæ ann. 1456. in Reg. 189. ch. 129 : *Ung grant baston appellé* (en Limousin) *Borde ou sote.* Unde *Bourdeau* vocabant pilam seu globum, Gall. *Boule*, quem ludendo ejusmodi clava propelliebant. Lit. remiss. ann. 1414. in Reg. 167. ch. 356 : *Lesquelx compaignons jouans par esbatement à getter la boule ou le Bourdeau parmi la ville de Trucy, etc.* Vide supra *Bola*, 3. et infra *Bordæ.*

¶ 2. **BORDA**, Axis, tabula, Saxon. Bord, Mensa, tabula, Angl. *Board.* Rymer. tom. 4. pag. 730 : *Vobis mandamus quod quinque milia ferri et ducentas Bordas de Estland, ac centum quarteria carbonum maritimorum, pro dictis anchoris et aliis operationibus in turri nostra Londoniæ faciendis, emi et provideri.*

¶ 3. **BORDA**, Genus vestis apud Arabes. Vide *Burda.*

4. **BORDA**, Ora, margo, Gallis *Bord. Borda navis*, in Statutis Gildæ Scoticæ cap. 22. § 3. C. 44. *Ora navis.* [Semel et iterum occurrit apud Rymer. tom. 5. pag. 6.] Vide *Bordaria*, 2. *Borderes* et *Bordus*, 2.

5. **BORDA**, Domus, ædes, tugurium, ex Saxon. Bord, domus, hospitium. Charta Eadgari Regis Anglic. in Monastico Angl. tom. 1. pag. 37 : *Quinque videlicet mansas cum 15. carucis terræ, cum 18. servis, et 16. villanis, et 10. Bordis, cum 60. acris prati, etc.* Charta Pontii de Montelauro ann. 1219. in Regesto Carcassonensi pag. 59 : *Et ibidem scilicet instrata fiet Borda communis ad levandum pedagium.* Charta ann. 1257. in Tabulario Ecclesiæ Meldensis fol. 64 : *Asseruit se habere... apud Villanolum duas masuras et unam Bordam contiguas, sitas ad locum ubi dicitur ad Crucem, etc.* Fori Morlaenses art. 36 : *Si quis Burgensis alicui vicino suo.... vel domos suas, vel Bordas, vel molendinos combusserit, etc.* Regestum Philippi August. fol. 166 : *Et Bordas cum 2. hostisiis, etc.* [Instrum. anni 1292 : *Item dixerunt et pronuntiarunt quod dicti dominus Abbas et Conventus teneantur concedere libere unum arpentum terræ cuilibet habitatori dictæ villæ in sua propria terra ad faciendum ibi Bordam.... satisfacto tamen de oblitis dicto Monasterio ab illis qui Bordas tenuerint.*] Le Roman *d'Aubery* MS. :

> Ni trouvissiez ne Borde ne maison.

Le Roman *de Garin le Loherans* MS. ;

> Ni a meson ne Borde ne mesnil.

[*Nicod* en ses cantiques apud Borellum :

> N'es tu plus or recors, de la Borde araigneuse
> Dont jadis te mit hors ? une bien plus poudreuse
> T'attend encor ingrat, de son bien des adonc
> Tu lui as fait un rapt, de lui ne l'obtins onc.

Lancelot du Lac apud eumdem :

> Ne trouverez meshuy, ne Bourde, ne maison.]

Bordaria, Idem quod *Borda*, seu potius prædium rusticum, Occitanis *Bordo*, nostris *Metairie*, *Ferme. Borderie*, in Consuetud. Pictavensi art. 173. 174. 175. Charta Narbonensis anni 1066 : *Queritur Guiffredus Archiepiscopus, quod aufert ei ipsas Bordarias quæ sunt ultra pontem in Parochia S. Pauli.* Tabularium Prioratus de Domina in Delphinatu : *In villa Fordgas Bordariam unam, etc.* [Tabular. S. Petri Solemniac. : *Dono unam Bordariam, quæ dicitur ad Teills, in qua habebant Monachi cc. solidos de pigno.* Non semel occurrit tom. 2. novæ Gall. Christ. et alibi.] Vide *Bordaria*, 1. suo loco.

* Testam. Gars. comit. Tolos. ann. 974. inter Probat. tom. 2. Hist. Occit. col. 128 : *Duas Bordarias, quas adquisivi de episcopo Deusde, cum ipso caput manso, dono sancto Africano.* Ch. ann. 1028. ex Tabul. S. Martial. Lemov. : *Ad Boscetum vij. mansos et duas Bordarias.* Est et *Bordaria* idem quod *Mansus*, certa scilicet agri portio quæ colitur, et in qua colonus habitat; quod ex allatis supra patet, et maxime ex Charta ann. 1341. in Tabul. Flamar. : *Item quod dicti advunculus et nepos in præjudicium mei dicti domicelli,..... detinent indebite et injuste medietatem mansi seu Bordariæ dens Clopz,..... de qua medietate mansi seu Bordariæ consuevit solvere...... tria sextaria frumenti. Borderie*, eadem notione, in Ch. ann. 1409. ex Reg. feudor. comitat. Pictav. Cam. Comput. Paris. fol. 150. r°. : *Je Guillaume des Francs escuyer cognois et confesse et advoue a tenir....... une Borderie, qui contient en soy six sexterées de terre.* Vide supra *Boeria* 1.

Borderia terræ, in Tabulario Absiensis Abbat. pag. 31. Tabularium S. Crucis Talemondensis fol. 8 : *Dedi etiam unam Bordariam terræ in foresta, et minutam decimam duarum parochiarum, etc.* Liber Chirogr. Absiensis Monasterii fol. 111 : *Medietatem trium Borderiarum terræ.* [Charta ann. 1117. tom. 2. novæ Gall. Christ. inter Instr. col. 374 : *Eadem die dederunt et concesserunt Ecclesiæ S. Launi quamdam Borderiam terræ inter Toarcium et Monasterium S. Virganæ.*]

Borderiata. Tabularium Absiense pag. 31 : *Dono talleam et quidquid habebam scilicet in tribus Borderiatis Botecheurerie, quæ sunt de feodo Mantrola.* Liber Chirographorum ejusd. Monasterii fol. 39 : *Deditque pariter fratribus Absiæ unam Borderiatam terræ, quæ vocatur Cosseia.* [Hist. Monast. S. Florentii Salmur. apud Mart. tom. 4. Ampliss. Collect. col. 1121 : *Ab eo terræ Borderiatam loco muneris recipiunt.*]

Bordia, in Tabul. Absiensi. fol. 10 : *Medietatem Bordiæ terræ, quæ vocatur Berauderia,..... concesserunt.*

Bordagium, *Tenuturæ* species, ratione cujus *Bordarius*, seu qui in *Bordam* tenet, vilioribus servitiis domino obnoxius est, ita ut nec *Bordam* vendere aut alienare ei liceat inconsulto et invito domino; cujus quidem Bordagii nullum præstatur hominium. Vetus Consuetudo Normanniæ MS. 1. part. sect. 3. cap. 15 : *Tenure par Bordage, si est comme aucune borde est baillie à aucun pour fere les vils services son Seignor : ne poet lomme cel fiement ne vendre, ne engagier, ne donner, et de ç'en n'est pas homage fet.* Tabularium Abb. Vindocin. Ch. 302 : *De duobus autem Bordagiis, quæ super nos clamabant, infra terram meam in respectu remansit, donec opportune idem placitaremus.* Tabul. Fiscanense fol. 39 : *Reliquit etiam et abjuravit quoddam Bordagium, quod erat dominicum Ecclesiæ Fiscanensis.* Charta alia in Hist. S. Nicolai Andegavens. pag. 20 : *Donavi quoque tria Bordagia terræ in Bigotaria.* Regestum Castri Lidi in Andibus fol. 24. v°. : *Et in nemore S. Martini Bordagium terræ, quod tenet Helie Brullou.* Alia Charta ex Tabular. S. Vincentii de Laboratorio : *Notum sit,.... quod Dom. Avesgaudus S. Vincentii Abbas emit de Sucherio unum Bordagium terræ de beneficio Helmanni, annuente Dom. Gervasio Archipræsule, etc.* [Occurrit in Instrum. tomi 2. novæ Gall. Christ. col. 182. D. Tabulario S. Vincentii Cenoman. Indice MS. Beneficiorum Ecclesiæ et Diœcesis Constantiensis fol. 28. verso, etc.]

* Inter feuda recensetur, sed inferioris ordinis, in Reg. S. Justi ex Cam. Comput. Paris. fol. 198. r°. : *Pro feodo, quod vocatur Bordagium, novem solidi.* Ch. ann. 1319. in Reg. 59. Chartoph. reg. ch. 243 : *Item les resseans des dites vavassories et les receans des Bordages dessusdiz et des fieffemens, etc.*

BORDELAGIUM, [Eodem sensu. Charta anni 1364. ex Archivo B. M. de Charitate : *Stephanus Gimardus dedit B. M. de Charitate quinque boissellos frumenti pro annuo et perpetuo Bordelagio.* Baluz. Hist. Arvern. tom. 2. pag. 467. in Charta anni 1346 : *Feoda, retrofeoda, censivæ, costumæ, Bordelagia, garennæ.*] *Bourdelage*, in Consuetudine Burbonensi art. 498. et seq. ubi dicitur *Bordelagium* ejusdem esse conditionis et qualitatis, qua tallia, nec posse distrahi aut alienari invito domino. Adde art. 257. 498. Consuetud. Nivernens. cap. 4. art. 28. cap. 6. quod inscribitur *des Bourdelages*, ubi natura et genus istius Bordelagii pluribus exponuntur.

* Reg. episcopat. Nivern. ann. 1287 : *Item episcopus percipit........ mobile in Bordelagiis prioris, si homines ibidem episcopi morantur, et Bordelagia prioris remanent priori.* Ibidem : *Bordelegia valent circa ij. modios avenæ.*

* BORDELAGIUM, Districtus domini *bordarum.* Judic. ann. 1310. in Reg. *Olim* parlam. Paris. : *Homines habitantes in villis et villagiis existentibus in potestate et Bordelagio dicti prioratus, etc.* *Bourdelage*, eadem notione, in Lit. ann. 1376. ex Reg. 110. Chartoph. reg. ch. 234 : *Laquelle acquisition est de la censive et Bourdelage de nostre église* (de S. Lynart de Corbigny).

¶ BORGAGIUM, ut *Bordagium.* Hist. Harcur. tom. 3. pag. 196 : *Anno 1242. judicatum est, quod homines de Bataillis nunc debent auxilium hæredi de Harcourt maritandi sororem suam, quia tenent per Borgagium tenementa sua de Taillut.* Charta ann. 1260. ex Archivis B. M. de Bononuntio Rotomag. : *Ego prædictus Robertus dictus Belet dedi et concessi in perpetuam hæreditatem prædictis viris Religiosis in puram eleemosynam... Borgagium, quod habebam apud Bures, sicut se porportat de longo in latum, situm inter Borgagium Johannis Auduin clerici,... et totaliter illud omne, quod per prædictum Borgagium poteram reclamare.* [** Vide *Burgagium*, ad hanc vocem enim spectant quæ hic posuerunt Cangii continuatores.]

* BORGAGIUM inter et *Bordelagium* illud erat discriminis, quod nos docet vetus Consuet. Norman. part. 1. cap. 29. ex Cod. reg. 4651 : *Per Borgagium tenentur alodia et masuræ in burgis constitutæ, burgorum consuetudines continentes...... Est teneuræ maneries, qua tenentur dominis tenementa........ Quædam autem præter hæc in diversis partibus tenentur feoda per Bordagium, cum aliqua borda traditur alicui ad servilia opera et vilia servicia facienda, quam non potest vendere, nec dare, nec invadiare, qui eam recipit in hereditatem sub tali teneura, et hoc non facit homagium.* Vide infra *Borgagium.*

¶ BORGARIUM, Idem quod *Bordagium.* Chartular. S. Vandregisili tom. 2. pag. 2062 : *Ego Osbertus... ecclesiam de Calliaco S. Vandregisilo sibique famulantibus concedo cum omnibus ad eam pertinentibus, et terram unius carrucæ et uno Borgario. Do etiam decimam de Rua S. Andreæ, et unum Borgarium... unam acram terræ cum bordario et totam decimam de Leoncort, etc.*

BORDARIUS, et BORDELLARIUS, Qui *Bordam* aut domum sub *Bordagii* vel *Bordelagii* onere possidet. Domesdei in Censu Hanton. provinc. : *Terra est 4. carucatarum. In dominio sunt 2. carucatæ, et 20. Bordarii, et 4. servi cum 1. carucata, et 80. acræ prati.* Alibi : *Terra est dimidium carucatæ, et ibi est cum uno villano et 2. Bordariis, et 10. acris prati.* Ibi passim, et in Chartis Angl. [*Bordarum hospes*, in Cod. MS. redituum Episcopat. Autissiodor. : *Quilibet hospes Bordarum debet duos bichetos et dimidium avenæ, sex denarios et unum caponem.*] Vide Monast. Anglic. tom. 3. pag. 181. ubi plura ex eodem libro censuali. Adde prætera tom. 1. ejusdem Monastici pag. 111. 265. tom. 2. pag. 951. Leges Guill. I. Reg. Angliæ vernac. cap. 18. et Ingulphum pag. 908. 909. 611. Ubi Bordarii a villanis et servis distinguuntur, cum alia species fuerit servitutis *Bordariorum* servitus, seu, uti vocabant, *Bordagium.* Vide *Bordanus* suo loco.

☞ Et quidem reipsa *Bordarios* a villanis et servis distinctos fuisse, vix dubitare licet ex locis quæ ad hanc vocem congessit Spelmannus; unde vir doctissimus in assignanda genuina hujus vocis notione haud parum hæsitavit : in eam tamen descendit sententiam ut *Bordarios* servos esse honoratiores existimaret qui domestica navarent servitia, a Saxon. scilicet Bord, domus, hospitium. Verum cum *Bord* Anglis mensam quoque significet, *Bordarios* mensæ ministerio addictos fuisse existimat Hearnius : quo sensu vocem *Bordarius* in Ordinat. Domus Regiæ sub Henrico II. Angl. Reg. in libro nigro Scaccarii pag. 346. accipiendam opinatur.

BONDI, etiam appellantur in Domesdei in Monastico Anglic. tom. 3. pag. 306 : *Semper una caruca, et 2. Bordi.* Infra : *Et modo in ista terra 12. homines, modo 3. Bordi, semper 4. carucæ.* Ibid. : *Semper duo Bordarii, tunc una caruca.*

* BORDELAGIUS, Qui sub *bordelagii* onere possidet. Reg. episcop. Nivern. ann. 1287 : *Forchagium, in quo prior nichil percipit, est quod quilibet Bordelagius existens in villa de Albigniaco debet in vigilia Nativitatis Domini duos denarios episcopo.* Vide *Bordarius.*

BORDELARIUS. Charta Ludovici D. Bellijoci pro libertatibus villæ Bellijoc. ann. 1274 : *Quicunque habet domum in villa Bellijoc. et facit usagia villæ, immunis est a leydis villæ et pedagiis in terra Bellijoc. et etiam Bordelarius ab istis leydis et pedagiis immunis villæ usagia faciendo. Vassal Bordelier*, in Consuetud. Nivern. cap. 2. art. 6. *Detempteur Bourdelier*, cap. 6. art. 4. 11. 15. etc. *Bourdelagier*, in Burbon. art. 501.

BORDIMANNI, BORDMANNI, Iidem qui *Bordarii*, et *Bordellarii*, apud Anglos, ex *Bord*, domus, et *Man*, homo. Rentale *de Hawering*, apud Spelmannum : *Ibidem vocantur Bordimanni, qui omnes tunc fuerunt bassæ tenuræ.* Domesdei : *In dominio est una carucata, et 25. villani et 33. Bordmanni, cum 4. carucatis.*

BORDELLUM, Ædicula, tuguriolum, diminutivum a *Borda.* Willelmus Gemetic. lib. 7. cap. 14 : *Domunculam circumdedit cum familia : Sorengus vero expergefactus de Bordello exiit, et fugiens in vivarium exire voluit.* Monast. Anglic. tom. 2. pag. 206 : *Et ortum ante portam atrii cum Bordello.* [Computus ann. 1202. apud D. Brussel de Usu feud. tom. 2. pag. CLIII : *Ad Bordellum Clariaci* XVI. *s.* II. *d. minus... Pro* II. *Bordellis, et pro cheves, etc.*] Le Roman *de Vacce* MS. :

A pié est et sans armes en un Bordel entrez,
Ou un felon manoit, dedans s'est resconsez.

Alibi :

Ne laissent en Chartrain ne en Dive Bordel,
Ne maison en estant qui soit fors du chastel.

Le Roman *de Garin :*

N'i ot Bordel que tant par fu petis,
Mien escient Chevalier ni gesit.

[*Ovide* MS. apud Borellum :

Et tout fu mis à dampnement,
Fors la Bourdete seulement.]

Le Roman *d'Amile et d'Amy* MS. :

Quand j'estoie poacre et non puissant,
Un Bordelet me feistes errant.

Charta ann. 1277. in Tabulario Ecclesiæ Meldensis f. 80 : *Et la voie, puis la maison Biauvez jusques au Bordel de Chanu.* Hinc nostros vocem *Bordel* usurpasse pro lupanari, docuimus ad Joinvillam pag. 63. quod meretrices ut plurimum in domunculis, ac nullius momenti ædibus habitent. [Hist. Dalphin. tom. 1. pag. 126 : *Non permittant, neque sustineant morari mulierem uxoratam publice in prostibulo seu Bordello... si aliquis causa adulterii cum ea capiatur, etc.*] Monasticum Anglic. tom. 1. pag. 380 : *Inquiratur qualiter dicti Canonici Capellam sive Eremitorium de Bordelbi primitus obtinuerint, et utrum ante conquestum dictum Bordelbi pro lupanari habebatur. Femme bordeliere*, pro meretrice, in Consilio Petri *de Fontaines* cap. 4. § 2. Vide Menagium et Octavium Ferrarium in Origin. Ital.

* Nominis rationem indicat Lit. remiss. ann. 1385. in Reg. 126. Chartoph. reg. ch. 273 : *Femme de Bordel, ou, seant aux hayes, ou es yssues des villages.* Unde *Bordeler*, Lupanar frequentare, et *Bordelier*, Scortator. Lit. remiss. ann. 1407. in Reg. 161. ch. 260 : *Jehan le Picart, qui ne servoit* (scavoit) *d'autre bien que de hazarder, taverner et Bordeler, etc.* Aliæ ann. 1453. in Reg. 184. ch. 370 : *Lequel chappelain estoit ung homme ribleux; Bordelier, tavernier et de mauvaise vie.* Hinc *Bourdellerie*, Lenocinium, in Stat. ann. 1371. tom. 5. Ordinat. reg. Franc. pag. 441. art 3.

¶ Bordellus, Idem quod *Bordellum*, in Charta Johannis Reg. Angliæ lib. nig. Scaccarii pag. 382 : *Ipse nobis malum fecit quod potuit, et unum molendinum et tres Bordellos combussit.*

¶ Bordariolum, Eadem notione. Tabular. S. Florentii : *Hingannus filius Gosberti dedit censum de aqua quæ vocatur Rensia et unum Bordariolum.*

¶ Bordile, Idem. Consuetud. Brageriaci art. 93. apud *Richebourg* Coustum. general, tom. 4. part. 2. pag. 1027 : *Si quis... boves, vaccas, oves, porcos... de campis, seu domibus quibuscumque furatus fuerit, furca suspendatur.* Versio Gall. : *Des champs ou Bourdils, ou autres maisons quelconques.*

* Inventar. ann. 1476. in Tabul. Flamar. : *Item plus quoddam debitum..... ex vera resta emptionis cujusdam Bordilis, cum possessionibus eidem Bordili pertinentibus. Bourdil*, in Lit. remiss. ann. 1481. ex Reg. 209. Chartoph. reg. ch. 37 : *Le suppliant partit de la ville de Bourdeaulx, pour aller veoir ung sien Bourdil et héritage.*

* Bordillum, Ædicula, tuguriolum. Lit. ann. 1351. tom. 4. Ordinat. reg. Franc. pag. 96 : *Una cum eorum officialibus,...... ac etiam hominibus de corpore, bonis, rebus, juribus, domibus, maneriis, Bordillis, etc.*

Bordelaria, Idem quod *Bordaria*. Tabularium Prioratus de Paredo in Ducatu Burgundiæ fol. 48 : *Duas Bordelarias, quas olchias vocant, quæ debent 7. panes et 1. caponem, etc.* Fol. 7 : *Præter mansum Aviti, et Bordelariam Escacherii, etc.* Fol. 31 : *Duas Bordelarias cum omnibus ad se pertinentibus et debitis servitiis.*

* 6. **BORDA**, Panni species, nostris *Borde*, Inventar. S. Capellæ Paris. ann. 1363. ex Bibl. reg. : *Item quatuor quarrelli de plumis, cooperti de Borda.* Aliud ann. 1376 : *Item quatuor quarrelli de pluma, cooperti de Bourda antiquitus; sed modo de boucacin rubeo noviter cooperti.* Inventar. Gall. : *Item iiij. carreaux de plume, couvers de Borde jadis, et depuis couvers de bouquacin vermeil de nouvel.* Lit. ann. 1407. tom. 9. Ordinat. reg. Franc. pag. 304. art. 4 : *Boucassins, fustaines, bouguerans, draps de Borde;.... que les fustaines, boucassins et Bordes soient des longueurs qui s'ensuivent,.... faustaines rayées, Bordes doubles et sangles, etc.* Vide infra *Bordum*.

* 7. **BORDA**, Limbus, fimbria. Gall. *Frange*, Necrolog. eccl. Paris. MS. viij. Kal. Febr. : *Insuper præfata Haildis sanctæ Mariæ dedit tapetum salacianum, et duo mantilia cum Bordis.*

¶ **BORDÆ**, Bourdæ, Sic olim dicta prima Dominica Quadragesimæ nonnullis in locis, in aliis Dominica *Brandonum* appellata. Statuta S. Claudii ann. 1448 : *Pittanciarius ministrare debet die Lunæ post Bordas, seu post Dominicam, qua cantatur,* Invocabitme, *collationem de vino et speciebus confectis.* In nova Gall. Christ. tom. 4. pag. 835. D. memorantur Litteræ Chartular. Lingon. die Dominica post *Bordas* exaratæ. Occurrit eodem sensu in Rit. Luxov.

* Acta capit. eccl. Lugdun. ex Cam. Comput. Paris. ad ann. 1345. fol. 116. r°. col. 1 : *Die Lunæ post Dominicam Bordarum vj. die Martii.* Ch. Anselli episc. Æduens. ex Chartul. Campan. fol. 222. col. 2 : *Datum anno Domini 1249 : die Veneris post Bordas apud la Perriere.* Chartul. Lingon. eccl. fol. 23. v°. : *Ce fu donné à Trichastel, lou Lundi après les Bordes, en l'an de grâce 1394.* A virgulis seu baculis, quorum usus erat in ludicris certaminibus, quæ ea Dominica peragere solebant, nomen habuit; in iis saltem locis ubi ejusmodi virgulæ *Bordes* nuncupabantur; quemadmodum *le Bouhourdich* dicta est, ubi vocabantur *Bouhours*, ut videre est supra in voce *Bohordicum*; sic et *Dominica brandonum* vel *burarum* appellata, ubi pueri aliive *brandonibus* seu facibus accensis ludere amabant. Quod tamen de usitatiori usu intelligi debet : nam interdum *Dominica brandonum* dicitur, ubi *Bouhour* vel *Borde* virgam et baculum significat. Nomen vero *Bordes* pro ejusmodi baculis exhibent Libert. villæ *de Poilly* ann. 1341. ex Reg. 74. Chartoph. reg. ch. 68 : *Item lidit habitant.... auront esdiz bois usage de prendre et coper desdiz bois, pour faire les Bordes le jour des brandons.* Vide supra *Borda* 1. et *Bohordicum*.

* **BORDANUS**, Qui sub *bordagii* onere possidet. Reg. S. Justi ex Cam. Comput. Paris. fol. 213. r°. : *Item duo Bordani, qui debent ducere pecudes domini de uno manerio in aliud.* Vide supra *Bordelagius* in *Borda* 5.

* 1. **BORDARIA**, Servitium, quod ab eo qui *bordarium* tenet, debetur. Vide supra in *Borda* 5. Charta senescal. Tolos. ann. 1323. in Reg. 62. Chartoph. reg. ch. 252 : *Item in deverio consueto linguarum boum,...... cum aliquibus serviciis, quæ vocantur Bordariæ, triginta tres solidos, duos denarios Turon.*

* 2. **BORDARIA**, Ora, margo, Gall. *Bord.* Pactum inter Humbert. dalph. et episc. Gratianopol. ann. 1343. in Reg. 134. Chartoph. reg. ch. 34 : *A quodam lapide albo, in summitate dicti molarii de Colletto existente, recte descendendo per pedem Bordariæ prati mollis.* Infra : *Borderiæ.* Vide *Borda*, 4. Verum si *Bordaria* hic, a *prato molli* denominatur, idem est quod in *Borda* 5.

* **BORDARIUS**, Opifex forte ligularum; nam *Bordeilles*, ligulas quasdam appellarunt nostri. Comput. redit. comitat. Pontiv. ann. 1554 : *En esguilletes, dites Bordeilles, desquelles esdiz comptes percedants est faict mention de cent esguillettes.* Constit. Petri I. Aragon. reg. ann. 1200 : *Exaterios et Bordarios, pelliparios, sutores, textores, et omnes ministeriales sub hac pace et securitate constituimus.* Alia notione, vide in *Borda* 5. [** *Bordar* Hispan. est Acu pingere, Gall. *Broder.*]

¶ **BORDATURA**, Gall. *Bord*, Margo, vel limbus. Acta SS. Julii tom. 1. pag. 593. A. in Processu de B. Petro de Luxemburgo : *Et ipse loquens dum respiceret de Bordatura pontis aquam.* Spicil. Acher. tom. 7. pag. 222 : *Videlicet quadam cruce de ligno vivificæ Crucis et tentorio de scarleto, cui affixæ sunt Bordaturæ, in quibus ea quæ Dominus J. C. gessit pro nobis in corpore suo honestissime exarata.*

¶ **BORDATUS**, Gall. *Bordé.* Ora, margine vel limbo cinctus, circumdatus. Inventarium Ornamentorum et Reliquiarum Ecclesiæ Noviom. ann. 1419. ex Archivo ejusdem : *Item unum altare benedictum de marmore, Bordatum de cupro, habens duas bendas argenteas. Item quædam pata de panno aureo Bordata de sandalo nigro, duplicata etiam de eodem sandalo. Panni quorum duo sunt Bordati de tela Inda, alter Bordatus ad lilia, et alius non Bordatus ad aquilas modici valoris.* Vide *Bordata lana*, in *Berdare.*

* Lit. ann. 1386. in Reg. Joan. ducis Bitur. ex Cam. Comput. Paris. fol. 85. r°. : *In qua quidem capella continentur peciæ quæ secuntur : videlicet dosserium et frontale, ac etiam toallia Bordata pro altari magno. Bourdé*, in Inventar. bonor. ducis Bitur. ann. 1416. ex ead. Cam. : *Item un dousselet...... Bourdé tout entour de veloux cramoisy.*

* 2. **BORDATUS**, Dicitur de nave, cujus margines tabulis crassioribus sunt instructi, vulgo *Bordé.* Charta Phil. comit. Fland. ann. 1163. in Chartul. 1. Fland. ch. 325. ex Cam. Comput. Insul. : *De nave, quæ vocatur scuta, si non est Bordata, unum denarium.* Vide *Bordus*, 2.

* 3. **BORDATUS**. Moneta Bordata, quæ non est perfecte rotunda; quo sensu *Border* usurparunt nostri. Stat. Avenion. lib. 1. rubr. 30. art. 4. pag. 104 : *Statuimus quod licet dicta scuta non sint justi ponderis, tamen quilibet ea, dummodo non sint, ut vulgo dicitur Bordata, recipere teneatur.* Lit. remiss. ann. 1451. in Reg. 185. Chartoph. reg. ch. 109 : *Le suppliant monnoyer d'estoc et ligne...... apparceut que quatre ou cinq deniers n'estoient pas assez monnoyez, et Bordoient en aucunes des rives plus que ès autres.*

¶ **BORDE.** Vide *Bort.*

* **BORDEA**, Burdigala, Gall. *Bourdeaux.* Annal. Bonincont. ad ann. 1452. apud Murator. tom. 21. Script. Ital. col. 156 : *Eo tempore Bordea Guasconiæ civitas a rege Galliæ defecit, et ad Anglos se convertit.*

¶ **BORDELARIA**, Bordelarius, Bordellum. Vide *Borda* 5.

* **BORDELEGIUM.** Vide supra in *Borda* 5.

* **BORDELLÆ**, Vicus Parisiis, vulgo *Bordet.* Necrolog. eccl. Paris. MS. : *Item 48. solidos Paris. perpetui redditus super domo, sita ante parvum hostium Navarræ in vico Bordellarum.*

* **BORDELUM**, Tuguriolum, Gall. *Cabane.* Charta ann. 1209. in Chartul. Buxer. part. 11. ch. 6 : *Girardus dominus de Ar-*

neto...... dedit...... usuaria pastoribus in rameis et Bordelis construendis, et foco faciendo. Testam. Petri comit. Alencon. ann. 1282 : *A chascun Bordiau, où il habite malades en nostre demaine,... douze deniers.* Vide supra in *Borda* 5.

* **BORDENALE**, Palus, tignum, Gall. *Pieu, soliveau; Merrien de Bourdillande*, dici videtur lignum iis conficiendis aptum; nisi lignum sit ex arbore, quam *Bourdenam* appellabant. Vide infra in hac voce. Costum. Paris. ex Reg. sign. *Pater* Cam. Comput. fol. 248. r°. : *Merrien de Bourdillande, le cent ij. solz. Merrien aligné, le cent iij. solz.* Stat. Pallav. lib. 2. cap. 77. pag. 136 : *Ordinatum est quod nullus camparius nemorum præfati domini audeat nec præsumat incidere, neque incidi facere aliqua Bordenalia, stachas, neque douas in buschis ipsius domini nostri,..... sub pœna et banno florenorum quatuor, pro quolibet Bordenali et quolibet pede ligni incisi.*

BORDERES. Annales Francor. veteres ann. 784 : *Eodem anno...... obsedit Dom. Rex Karolus Herisburgo, et Franci sederunt in gyrum per Borderes*, id est, in locis limitaneis; Galli enim *bords* et *bordieres*, Angli *borders*, limites vocant. [** Pertzius vol. Scriptor. 1. pag. 17. hæc scribit : *Bord, Bordaria, Borderia* est Domus, casa; rex igitur Eresburgi residens exercitum per domos Saxonum circumcirca habitantium in hibernis collocavit. Conf. Graffii Thesaur. Ling. Franc. vol. 3. col. 213. et *Bortren*.]

☞ Grævius vero in notis ad Glossas Isid. per *Borderes* intelligit tentoria : quæ notio si genuina, *Borderes* diminutivum est vocis *Bordæ*, Domus, ædes, casa, unde militum tentoria *Bordes* dicta; et hic *Borderes* : qua posteriori voce interdum etiam appellati sunt ex eodem Grævio, qui in casis habitabant.

¶ **BORDERIA**, BORDERIATA. Vide *Borda* 5.

* **BORDERIA.** Vide supra *Bordaria* 2.

* **BORDERIUS**, Qui *bordariam* seu prædium rusticum tenet, Gall. *Métayer*. Charta *Porteclie* dom. Mauseaci ann. 1218 : *Nec dictos religiosos, nec ipsorum Borderios, saunerios...... cogere (possit) ad faciendum in terris vel fortilaciis Mauseaci.... guait, reparationes, etc.* Tabul. archiep. Auxit. ann. 1288 : *Ac si Borderius quis non laboraret nisi per medium anni, quod non solvat nisi sex denarios.* Vide *Borda* 5.

BORDHALPENY, Nummus qui in foro et nundinis solvitur pro erectione mensarum et tabularum ad exponendas merces. Ex Saxonico b o r d, et b r e d, tabula, et h a l p e n y, obolus. Idem videtur quod *Boreghalpani*, in Monastico Anglic. tom. 2. pag. 14. *Borghalpani*, pag. 16. *Burghalpenni*, pag. 827. *Borthalpeny*, tom. 1. pag. 976.

¶ **BORDI**, BORDIA, BORDIMANNUS. Vide *Borda*, 5.

¶ **BORDIARE**, proprie est, quod aiunt, ad *barros* pugnare, *Torniare*, gladiis concurrere, *justas facere*; hastiludium exercere. Sunt autem qui *Bordiare* dicunt de omnibus : quæreanа Gallico *Bourder*, quod est ludere, nugari. Ita Spelman. ad hanc vocem. Vide *Bohordicum*. [** Suecis *Bæria* est Ferire, Islandis *Beria*, et *Beriast*, Pugna. ADEL.]

¶ **BORDIGALA**, et BURDICALA, Arcæ majoris genus, in qua pisces servantur in stagnis vel fluviis, ut et vivere possint, et facile capi. Charta ann. 1225. ex Archivis Massil. : *De omnibus gausidis et obventionibus seu redditibus quæ Commune Massiliæ perceperit in dicto castro in rippagiis, gabellis vel piscariis, vel Bordigalis, sive portu, sive lucris aliquibus ex dictis juribus.* Vide *Burdiculum*.

* BORDIGOLUM, BURDIGALUM, vulgo *Bourdigue*, Locus arundinibus seu cannis circumseptus, quo pisces capiuntur et servantur, quasi in *borda* seu tuguriolo, unde nomen; vel a *borda*, virgula, baculus. Vide supra *Borda* 1. et *Bordæ*. Charta ann. 1235. ex schedis Pr. *de Mazaugues* : *Concesserunt...... quidquid habent apud pontem S. Genesii in Burdigalis. Bordigalum*, in Ch. ann. 1479. *Bordigolum de Venroz*, in alia ann. 1271.

* BURDIGOLUS, Eadem notione. Sent. arbit. ann. 1414. inter dom. de Castro novo prope Martiguas et priorem ejusd. loci : *Dicimus dominum dicti loci pro se et suis successoribus teneri ad dandum...... vicesimam partem, loco spiritualis decimæ, dicto domino priori ac suis in eodem beneficio successoribus, de piscibus captis seu piscatis in stagno de Volmon, robina seu Burdigolo, et aliis passibus aquarum in tenemento dicti loci existentibus,.... quocumque nomine intitulentur, sive sint Burdigoli, etc. Brougidour*, eadem acceptione, vide infra in *Robina*.

* **BORDIGALARIUS**, Qui in pisces ex *bordigalis* adductos jus habet. Charta ann. 1331. ex schedis Pr. de S. Vincentio : *Denique quando pisces incipiunt redire de Martico, gabelletus regius ad provisionem suam incipit claudere, et omnes alii Bordigalarii debent claudere pontes, juxta morem solitum.*

¶ **BORDILE.** Vide post *Borda* 5.

* **BORDILERIUS**, Qui *bordariam* seu prædium rusticum tenet, idem qui supra *Borderius*. Charta ann. 1347. in Chartul. Henr. V. et VI. reg. Angl. ex Cod. reg. 8387. 4. fol. 51. r°. : *Item voluerunt..... quod quocumque modo burgenses vel habitatores villæ Burdegalæ, aut eorum familiæ, vel Bordilerii, etiamsi bordilia hujusmodi in feodo dictorum decani et capituli existere contingat, etc.* Vide *Borda* 5.

BORDLANDES, Anglis dicitur *Dominicum quod quis habet ad mensam suam et proprie*, ut est apud Bractonum lib. 4. Tract. 3. cap. 9. § 5. lib. 5. Tract. 1. cap. 13. § 5. ex voce *bord* mensa, et *land*, terra.

BORDLODE, Servitium a quibusdam usufructuariis obitum, qui lege prædiorum asseres, vel tabulas sectiles de silva in domum vel curtem domini deferre tenerentur : a Saxon. b o r d e, tabella, asser, et l o d e, onus, sarcina. Occurrit non semel in Chron. Will. Thorn. ann. 1364. [* Vide supra *Boquetallum*.]

¶ **BORDMANNI.** Vide *Bordimanni* in *Borda* 5.

¶ 1. **BORDO**, a Gall. *Bourdon*, vel Ital. *Bordone*. Baculus Cantoris. Vetus Ceremoniale MS. B. Mariæ Deauratæ Tolosanæ, ubi de tribus Rogationum processionibus : *Interim congregabuntur Presbyteri ac etiam Propheta* (hoc est *Cantor*)... *qui portat Reliquias et Bordonem.* Regulæ seu Statuta S. Martialis Lemovic. : *Die Ascensionis Domini deferantur quatuor Bordones in processione.* Vide *Burdo* post *Burdones* et *Bordonus*, 1. [** Conf. Raynouardi Glossar. Roman. voce *Bordo*, vol. 1. pag. 239.]

* 2. **BORDO** inter arma prohibita recensetur, in Stat. Ferrar. ann. 1268. apud Murator. tom. 2. Antiq. Ital. med. ævi col. 515 : *Arma vetita in civitate Ferrariæ et districtu intelligimus Bordonem, lanzonem, etc.*

¶ **BORDONAGIUM.** Computus ann. 1202. apud D. *Brussel* de Usu feud. tom. 2. pag. CLXII : *Pro quatuor modiis (vini) Gastinesii Reclosarum et* XII. *sestariis* VI. *l.* II. *s. et dim. minus. De Bordonagio* XL. *s.* An de circulis qui doliis firmandis in extremitatibus adduntur, cum alio exportatur vinum, hic sermo sit, necne, subdubito.

* **BORDONNAGIUM.** Vide infra *Bourdonagium*.

BORDONARII. Vide *Burdonarii*, in *Burdones*.

¶ **BORDONATUS**, In modum baculi religiose peregrinantium tornatus et terminatus, Gall. *Bourdonné.* Notitia Ecclesiæ Diniensis per Gassendum edit. Paris. ann. 1654. pag. 104. ex Inventario anni 1340 : *Item, in altari B. Mariæ sunt duæ magnæ caxiæ cum duobus scabellis pictis, Bordonatæ in superiori parte, in quarum una versus partem Præpositurœ sunt Reliquiæ completæ Marcellini et Petri Martyrum.*

¶ 1. **BORDONUS**, Baculus peregrinantium. Acta SS. Junii tom. 2. pag. 1077. in Vita S. Bernardi Menthonensis : *Montes avidius turbæ decimus ascendit, detinens manu Bordonum præsidentis victoriæ.* Et SS. Julii tom. 1. pag. 586. C. in Processu de B. Petro de Luxemburgo : *Dum cum Bordono suo accederet se appodiando.* Instrumentum anni 1332. ex Archivo S. Victoris Massil. : *Item tres Bordonos de crystallo*, hoc est, si bene conjicio, Columellas crystallinas, sic dictas, quod ad instar *Bordonum* tornatæ essent et terminatæ. [* Baculi cantoris, Gall. *Bâton de Chantre.*]

* 2. **BORDONUS**, Hasta, qua sustentatur umbella, quæ principibus viris in solemnibus cæremoniis aut urbium ingressibus prætenditur, Gall. *Bâton de dais.* Consil. Massil. ann. 1328. ex Tabul. ejusd. : *Consuluit quod in introitu dominæ Blanchæ filiæ domini principis Tarentæ, quod palium ematur et portetur supra ipsam dominam, et quod eligantur probi viri ad dextrandum dictam dominam, et ad portandum pallium; pro primo Bordono Guillelmus Imberti, etc.*

* **BORDUA**, Limbus in arte heraldica, Gall. *Bordure.* Lit. quibus Carolus VI. Joanni *Galeaz* ejusque successoribus concedit ut insignia Franciæ cum suis simul deferant ann. 1393. in Reg. 145. Chartoph. reg. ch. 433 : *Concedimus quatinus insignia seu arma nostra liliosa in duabus quarteriis armorum suorum,..... cum differentia duarum orarum seu Borduarum, una videlicet argentea a parte liliorum intrinsecus, et alia coccinea sive rubea a parte forinseca.... deferant.*

* **BORDUM**, Panni species, Ital. *Bordo*, Acad. Cruscanis, pannus virgatus, virgis variegatus, nostris *Borde*. Vide supra *Borda* 6. Stat. civit. Astæ ubi de Intrat. portar.

Bordum ponatur et solvat pro qualibet petia lib. viginti.

¶ **BORDURA**, Margo, vel limbus si de vestimentis similibusque ornamentis agitur, Gall. *Bordure*. Acta SS. Maii tom. 7. pag. 549. E. de S. Germano : *In uno brachio argenteo cum Bordura infra concavum clausum sive firmatum aranea argentea, fuit repertus sacculus quidam.* Vide *Borda* 4.

1. **BORDUS**, Ora, margo, Gall. *Bord*. Necrolog. Eccles. Paris. 18. Kl. Maii : *Eodem die obiit Agnes Castellana Belvacensis, quæ dedit nobis 2. cortinas, et 2. Bordos cum cortinis.* Charta Philippi Episcopi Belvacensis ann. 1217. in Probat. Hist. Drocensis pag. 244 : *Et duo paria chirothecarum de melioribus, et Bordos ad parandum chorum, etc.* [* De limbo seu fimbria intellige.] Vide *Borda*, 7.

** 2. **BORDUS** vel Bordum, ut *Borda*, 4. Pars navis. Gloss. Anglos. de nave et partib. ejus. ap. Jal. Antiq. Naval. tom. 1. pag. 167 : *Tabula*, Bord. Vide eundem pag. 164. et vol. 2. pag. 389. not. et Schmelleri Glossar. Saxon. voce *Bord*. Privileg. Margar. Flandriæ Comitiss. ap. Lappenb. Init. Fœd. Hanseat. pag. 55 : *Scuta que Bordum habet, debet comiti 2. den. si vero Bordo careat debet comiti 1. den.* Anglos. vox est gen. masc. Vide *Bordatus*, 2. [* Hispan. *Bordo*, Mirac. S. Jacobi tom. 6. Jul. pag. 51. col. 2 : *Cum quidam antistes a Jerosolymis rediens et in navi residens juxta Bordum, etc.* Occurrit rursum pag. 52. col. 1.]

* **BOREA**, Leguminis species videtur, in Charta ann. 1249. inter Monum. eccl. Aquil. col. 747. ubi quamplures voces Latino-barbaras extricandas offert eruditus Editor; sed quo extricari possint, abnuit, Chartam scilicet integram non exhibendo : *Pissonale de Boreis.*

¶ **BOREALES** Insulæ, mendose pro *Baleares*, apud Ughellum in Chron. Pisanæ urbis.

¶ **BOREGHALPANI.** Vide *Bordhalpeny*.

¶ 1. **BORELLUS**, Carnifex, Gall. *Boureau*. *La Faille* Annal. Tholos. tom. 1. pag. 87. Instrum. ex Arresto Parlamenti Paris. ann. 1335 : *Proponebat etiam quod Borellus ad executionem dictæ sententiæ deputatus, corruptus per eos manum et caput dicti Aymerici multiplicatis ictibus amputaverat, ut ipsum gravius affligerent.* Vocis etymon a Gallico *Bourrée* accersit Borellus, quæ fasciculum virgarum quibus uti solent carnifices significat. [** Conf. Raynouardi Gloss. Roman. vol. 1. pag. 239. voce *Borel*.]

* 2. **BORELLUS** inter arma prohibita enumeratur, in Stat. Astæ collat. 11. cap. 92. pag. 34. v°. : *Plombatæ, Borelli, lanzoni, dardi,.... et omnia alia arma offensibilia.* Vide supra *Bordo*, 2.

* **BOREUM**, Dumetum, vel Silva cædua. Stat. Vladisl. Jagel. ann. 1420. inter Leg. Polon. pag. 80 : *Frequenter solet evenire, quod nobiles seu plebei Borea, silvam aut gajum.... ex industria intrantes aut casu, etc.* Vide infra *Borra* 1.

¶ **BORGA**, pro *Burgus* vel *Burgum*, Gall. *Bourg*. Locus est in *Burghard*.

¶ **BORGAGIUM**, pro *Bordaria*, vel *Bordagio*. Vide in *Borda* 5. Pro *Burgagio*. Vide in hac voce.

* Quid hac voce significatum voluerint Normanni, aperte docet Scacar. Paschæ ann. 1214. in Reg. S. Justi fol. 18. v°. col. 1 : *Judicatum est quod mensura cum terra rationabili, quæ se acquitat per unum redditum nominatum, est Borgagium : terra vero, quæ se acquitat per redditum per se et per servicia deorsum masuras, non est Borgagium.* In quo autem *Borgagiam* a *Bordelagio* differat, vide supra in *Borda* 5. [** Vide *Burgagium*.]

** **BORGARE**, Cavere de evictione præstanda, a Germ. *Bürgen*, olim *Borgén*. Vide Graff. Thesaur. Ling. Franc. vol. 3. col. 176. Chart. ann. 1300. ap. Guden. Cod. Dipl. tom. 2. pag. 448 : *Ad majorem quoque premissorum certitudinem et cautelam dicta Gundradis Borgavit, id est sub cautione judiciaria, quæ Borgen vulgariter dicitur, se astrinxit quod predictam legacionem et donacionem rite factam, ratam inviolabiliter teneat et observet.* Alia ann. 1307. ibid. pag. 450 : *Dictæ quoque beginæ Borgaverunt, id est sub cautione judiciaria, quæ Borgen vulgariter dicitur, se singulæ astrinxerunt, quod warandiam præstent et faciant, quousque per bannos suos se super eadem stabiliverunt, prout Maguntie consuetudinis est et juris.* Vide chart. ann. 1311. ibid. pag. 452. aliam ann. 1306. vol. 4. pag. 994.

¶ **BORGARIUM**, pro *Bordaria*. Vide in *Borda* 5.

* **BORGECHINUS**, Ocrea levior, calceorum species. Stat. Saluciar. collat. 5. cap. 143 : *Statutum est quod quilibet caligarius seu affaitator faciens, vel fieri faciens subtalares, stivallos seu Borgechinos, quos vendiderit, etc.*

BORGELLA, Conspiratio, seditio. Hist. Obsidionis Jadrensis ann. 1345. lib. 2. cap. 14 : *Generosi cives contra quos erat facta Borgella, etc.* Forte *Brigella*. Vide *Briga*.

BORGELOTE. Vide *Burghbote*.

¶ **BORGENSES.** Vide *Burgenses*.

¶ **BORGERALFRUM**, alias *Orgerafro*, Potionis dulcissimæ species. Bernardi Monachi Ordo Cluniac. part. 1. cap. 8 : *In Quadragesima vero in omni die Dominica, et omni die Jovis facere per consuetudinem charitatem de Borgeralfro facto de betonica, et aliis bonis herbis, admixto melle.* Vide *Borgerasa*.

BORGERASA, [Idem quod *Borgeralfrum*.] Bernardus Mon. in Consuetud. Cluniac. part. 2. cap. 13 : *Ipso die habemus ad refectionem et panem solito meliorem et calidum, et generale piscium, si quoquo modo inveniri possit, et potum dulcissimum, qui vulgo dicitur Borgerasa, quam per omnes quintas ferias Quadragesimæ et Dominicas habemus exceptis tribus, id est, prima Dominica, et media, et illa de Ramis Palm. in quibus habemus Pigmentum : ad cujus tamen Borgerasæ propinationem in diebus privatis non pulsatur scilla.* Ita etiam

* **BORGERASTRE**, Potionis species apud monachos usitatæ et a *Pigmento* distinctæ, eadem quæ *Borgerasa*. Charta Dion. abbat. S. Karauni ann. 1241. ex Tabul. capit. Carnot. : *Cum ecclesia nostra consuevisset et teneretur canonicis ecclesiæ Carnotensis, ut etiam clericis de choro non canonicis.... in die Martis Rogationum* (exhibere) *potum, qui dicitur Borgerastre, etc.* Vide *Borgera frum.*

¶ **BORGESALDRUS.** Vide in *Borgha*.

* **BORGESIA**, Telæ species, quam nostri *Borge* nuncupabant, cujus textor aut venditor *Borgier* dicebatur. Inventar. ann. 1476. ex Tabul. Flamar. : *Item plus tria linteamina telæ Borgesiæ.... Item plus duo linteamina semiusa ejusdem telæ Borgesiæ.* Consuet. Castell. ad Sequanam ex Cod. reg. 9898. 2 : *Chacun qui vend draps, estamines, bureaulx, tireteines, Borge ou toille à l'aune, etc.* Ibidem : *Drappiers, tireteniers, Borgiers, marchans de plume et frappiers, etc.* Eadem forte quæ *Boqueranus*. Vide in hac voce.

BORGHA, et Burgha, Anglis dicitur ea Comitatus sive provinciæ portio, quam olim *Decaniam*, *Decennam*, *Decuriam*, *Decimam*, et *Friburgam*, vocabant, inhabitata a Decemviris, qui in solidum fidejussores erant erga Regem de iis quæ in *decenna* perpetrarentur. Quippe Alvredus Rex, qui vixit ann. 880. Angliam totam in Comitatus, Comitatus in Centurias, atque has in Decennas seu Decurias divisit. Decuria, ut infra docemus, constabat decem familiis, seu viris, quorum singuli fidejussores erant erga Regem de se bene gerendo, ita scilicet ut delinquentem quemlibet ceteri novem in judicio sisterent, fugientemque intra 31. dies redderent, vel ipsimet lege tenerentur. Atque vox, *Borgha*, occurrit non semel hac notione apud W. Thorn. pag. 2021. 2053. *Burgha* vero pag. 2033.

Borghealdir, dictus primarius istius sodalitii decem viralis, apud eumdem W. Thorn. pag. 2021. ex borh, fidejussor, et alder, senior, princeps, capitalis, quasi primarius fidejussor, et *capitalis plegius*.

Burghessaldus, et Borgesaldrus appellatur eidem pag. 2033. 2034. 2053. *Bosholder*, *Bursholder*, et *Borowholder* dicitur præterea Spelmanno.

¶ **BORGHALPANI.** Vide *Bordhalpeny*.

¶ **BORGHBRECH.** Vide *Burgum* et *Burghbrech*.

¶ **BORGHEALDIR.** Vide *Borgha*.

¶ **BORGIOSIA**, Jus civitatis, Gall. *Bourgeoisie*. Charta anni 1335. in Hist. Lossensi part. 2. pag. 37 : *Nec debemus aut nostri etiam successores Comites Lossenses, vel alii nostro nomine homines dictæ villæ de Zourle per Borgiosiam, francisiam, vel dominia aut privilegia defendere vel warandizare, neque liberos quomodolibet obtinere.* V. *Borjoisia*.

¶ **BORGNUS**, a Gallico *Borgne*, Cocles, altero captus oculo. Cod. MS. Redituum Episcopatus Autissiod. : *Census Comitis absque stallis... Domus quæ fuit defuncti Odonis Borgni* xxxii. *den.*

* Nequaquam vitii nomen esse auctor est D. *Le Beuf*, qui Autissiodori etiamnum per *Borne* reddi me monuit. Est autem *Borgne* vel *Borgnon* apud Pictavenses, Instrumentum piscatorium, corbis nempe viminea. Lit. remiss. ann. 1447. in Reg. 178. Chartoph. reg. ch. 236 : *Certains instrumens et engins pour pescher poissons, nommez et appellez Borgnes ou Borgnons.*

¶ **BORGUERANTUS**, Telæ subtilis species, Gall. *Bougran*. Mabill. Vet. Analect. tom. 3. pag. 390. in Actis Episcoporum Cenoman. : *Dedit etiam quinque paria vestimentorum pontificalium... quintum de candido Borguerantο.* Vide *Boqueranus*.

BORGUM, Borghum, Vadimonium, ex Saxonico Borgh, quod idem sonat, in

Legibus Edwardi Senioris apud Bromptonum, cap. 3.

Borgi Fractura, Plegii fractio, in Legibus Inæ Regis Westsaxiæ cap. 49. apud eumdem Bromptonum, ubi Editio Saxonica Lambardi cap. 46. Burhbryce habet, quod et alias Borhbryce, et Borgbryce, scribitur in Legibus Alvredi Saxonicis cap. 3. a Borgh scilicet, *fidejussio, plegium*; et Bryce, fractio. Angli omnes, ait Spelmannus, decemvirali olim fidejussione pacem regiam stipulati sunt. Quod autem in hanc commissum est, *Borgbrech* dicitur in Legibus Henrici I. cap. 10. Monet idem Spelmannus *Borghbrech* et *Burghbrech* promiscue scribi, quod improbat Somnerus, scribens *Borghbrech* esse vadimonii fractionem; *Burghbrech*, burgi seu castri effractionem. Certe quidquid dicat Somnerus, *Burhbryce* habent Leges Inæ Saxonicæ, ut et Ranulfus Cestrensis, apud Spelmannum: *Burghbrich*, i. læsio *libertatis aut septi: Gallice, blesmeure de courte ou de close.* Sed et Germanis *Burg*, vas dicitur, sponsor; *verburgen*, *vadari; burgschafft*, *vadimonium.*

¶ 1. **BORIA**, pro *Boreas*, Septentrio. Rymer. tom. 3. pag. 585: *Magnificentiæ vestræ litteras, in remotis partibus regni nostri versus Boriam existentes nuper recepimus.*

2. **BORIA**, Prædium rusticum, *Borderia*, vox Occitanica; Arvernis *Borie.* Guill. de Podiolaurentii cap. 6: *Cum... guerras gerendo cum Raimundoforti de Bellopodio vassallo suo inutiliter fere triennio consumpsisset, et Borias suas et fortias creditoribus obligasset, etc.* Charta Guillelmi de Gordonio pro Monasterio Obasinensi ann. 1241. apud Sammarthanos: *Ego dedi et concessi... et Boriam de las Prevairias, et terram de Gros Cayro, etc.* Alia Geraldi Episcopi Tolosani apud Catellum in Hist. Occitana pag. 886: *Non possim vendere... aut alienare prætaxatos honores, scilicet Boriam quæ fuit Geraldi de Lombers cum omnibus suis pertinentiis quam ab eodem Geraldo acquisivi, etc.* [Cod. MS. Biblioth. Dom. *de Chalvet* Senescal. Tolos. de Hær. Albig.: *Duo probi homines erant in Cambrinshesio prope Boriam Domini Philippi.* Archivum Prioratus S. Johannis Tolosani Ord. Equitum Melitensium: *Boria de Ruthena Petro de Moncalin, etc.*]

* Lit. remiss. ann. 1456. in Reg. 189. Chartoph. reg. ch. 113: *Le suppliant et son oncle partans de la ville de Florance ou conté de Gaure, où ils avoient beu,.... pour aler devers leurs Bories ou maisons, etc.* [** Conf. Raynouardi Glossar. Roman. voce *Boria*, 2. vol. 1. pag. 236.]

* **BORICA.** Libert. villæ Brager. ann. 1334. in Reg. 70. Chartoph. reg. ch. 330: *Item armaturæ, ut pote enses, lanceæ, scuta, bocglaria, Boricæ, platæ, etc.* Sed leg. *Loricæ.*

** **BORIENTALIS**, Septentrionalis. Magni reg. Suec. Privileg. ann. 1341. ap. Lappenb. Doc. ad Init. Fœder. Hanseat. pag. 367: *A meriodionali usque ad Borientalem, etc.*

BORIN. Charta vetus apud Ægid. Gelenium in Colonia pag. 69: *Colorem, qui vocatur Borin, jure dare debent omnes servientes illic habitantes.*

* **BORJOISIA.** Jus civitatis, Gall. *Bourgeoisie; Borgisie*, in Ch. Auberti abb. Castricii ann. 1247. ex Chartul. Campan. fol. 343. col. 2: *Chascuns borjois de la vile paiera ij. solz de Borgisie.* Ubi idem est quod *Burgagium.* Charta ann. 1284. in Chartul. Arremar. ch. 33: *Renunciantes..... omni franchisiæ et Borjoisiæ regis Franciæ.* Vide *Borgiosia.*

¶ **BORITH**, Herba saponaria, quæ saponis instar rebus lavandis inservit; de hac Jerem. 2. 22: *Si laveris te nitro, et multiplicaveris tibi herbam Borith, maculata es in iniquitate tua coram me, dicit Dominus.* Radix Hebraicum ברר *Barar*, Mundare, purgare. Vide *Panis herbaticus.* [** Adde Isid. Orig. lib. 16. cap. 2. in fine, edit. Gothofr. et Forcellin. h. v.]

* Consulendi, monente D. *Falconet*, Jo. Mich. Langius lib. de Herba *Borith*, et Ola. Rudbeck. fil. qui contendit nec herbam nec saponem esse, sed sanguinem conchylii, purpuram scilicet, in Act. liter. Suecic. ann. 1700. et 1722.

1. **BORLA**, Spicarum manipulus, fascis, vel manipulorum certa collectio Stat. Avellæ ann. 1496. cap. 41. ex Cod. reg. 4624: *Quæcumque alia persona, quæ... habuerit, perceperit et recoligerit* (sic)..... *decem Borlas,.... debeat similiter...... solvere pro ipsis decem Borlis bladi...... unam gerbam ejusdem bladi.* Vide infra *Burla* 1.

* 2. **BORLA**, Pastorale pedum, Gall. *Houlette.* Lit. remiss. ann. 1386. in Reg. 130. Charoph. reg. ch. 57: *De quodam magno baculo, dicto communniter Borla, ad usum pastorum destinato,... ipsum percussit.*

* **BORLHE.** Mirac. MSS. Urbani PP. V: *Videbatur ipsi quod videret oculo ad oculum, dom. Papam Urbanum sedentem, respicientem ipsum cum hilari vultu, et cum oculo suo Borlhe, sicut visus erat habere, dum erat in humanis.*

¶ **BORMATA**, *Ascensiones.* Papias. f. legendum *Bæmata*, Græc. βήματα, Gressus, passus, a βαίνω, Incedo, ascendo. [* Vide supra *Boimata.*]

BORMIS. Albertus Argentinensis in Chronico pag. 102: *Henricus quoque... habens equum indomitum pressuram Bormis seu aciei exercitus Regis sufferre non valens, tacto equo cum calcaribus, primus Bohemos invasit.* Ubi videtur legendum *Stormis.* Vide *Stormus.* [Malim *Hormis* a Græc. ὁρμή, Impetus. Sensus loco convenit, et librarius *b* pro *h* scribere potuit quam facillime.]

¶ **BORNA**, Meta, terminus, limes, Gall. *Borne.* Lobinellus Hist. Paris. tom. 3. in Glossario: *Metæ seu Bornæ apponuntur.* Homag. D. de Rancurello ann. 1237. ex Hist. Dalphin. tom. 1. pag. 19: *Concessit eisdem ut primo animal captum habeant præcipuum ad opus gaitæ suæ de præda capta pro primo insultu, et Dominus Comitatus eisdem centum solidatas, vel centum solidos dare tunc teneatur in reversu suo citra Bornam.* Vide *Bonna*, 2.

¶ **BORNAGIUM**, Jus defigendi metas in terris vassallorum, atque pensitatio quam ob eam rem domino persolvunt vassalli. Charta ann. 1226. ex Chartul. Nantol.: *Defunctus Philippus de Nantholio dedit dictæ domui Bornagium de Nantholio, et circa sexdecim arpenta nemoris apud Troncei.*

* *Desreng, séparation et Bournage*, in Ch. ann. 1448. ex Chartul. 23. Corb. *Bournerie*, in Lit. ann. 1291. tom. 3. Ordinat. reg. Franc. pag. 294: *Et reconnois encores que lidit maires et eskevin ont et doivent avoir par dedens ches bournes semonses, ajournemens, Bourneries, ect.* Vide *Bonagium* in *Bonna* 2.

¶ **BORNATURA**, Idem quod *Bordatura*, Margo, ora. Instrum. ann. 1332. ex Archivo S. Victor. Massil.: *In Inventario sacristiæ Visitatores invenerunt deficere... Bornaturam brachii S. Blasii.*

¶ **BORNATUS**, Limbo circumdatus, Gall. *Bordé.* Baluz. Hist. Arvern. tom. 2. pag. 716: *Duo panni aurei, quorum unus sit Bornatus de sandali nigro cum scutis etc.* Vide *Bordatus.*

* **BORNELLUS**, Canalis, Gall. *Tuyau, Bourneau.* Transact. ann. 1501. ex schedis Pr. *de Mazaugues*: *Non audeant accipere aquam.... pro aliis possessionibus rigandis, nec aliis diebus, nisi dictis duabus diebus, nec aliis nisi cum Bornellis, minusque Bornellos ipsos apertos dimittere. Bortrole*, pro *Tuyau*, in Lit. remiss. ann. 1409. ex Reg. 163. Chartoph. reg. ch. 289: *Un chandellier de cuivre à deux thuyaux ou Bortroles.* Sed *Tuyau* vel *Bortrole*, hic scapum, Gall. *Branche, tige*, significat.

BORNEWING, Borthnenligh, Tributi aut servitii species apud Anglos. Monasticum Anglic. tom. 2. pag. 812: *Sint quieti... de scutagiis et assisis, et summonitionibus, et tallagiis, et franco plegio, et Bornewing, et de omnibus occasionibus et consuetudinibus.* At pag. 807. aliter scribitur hæc vox: *Summonitionibus et tallagiis, franciplegiis et de Borthnenligh.*

¶ **BORNNA**, Idem quod *Borna.* Codex censualis Calomontis: *Juxta Bornnam per quam itur in vineam.*

BOROWGH. Vide *Burgus.*

BOROWHEAD, [Capitalis plegius, primarius.] Vide *Headborow* et *Borghealdir.*

BOROW English. Vide *Burgh English.*

BOROWHOLDER, Borsholder. Vide *Burghessaldus* in *Borgha.*

¶ 1. **BORRA**, Cavus dumetis plenus, ubi stagnat aqua, Italis *Borro.* Chronicon Parmense ad ann. 1233. apud Murator. tom. 9. col. 766: *Et milites et populus et dominæ et aliæ mulieres portabant terram de glarea ad implendum Borram, quæ erat valde magna juxta ecclesiam Fratrum Prædicatorum.*

* Stat. Mutin. rubr. 292. pag. 57. r°.: *Statutum est quod cisterna sive putea, quæ dicitur Borra de Monte, posita in villa Foliani,..... singulis annis debeat cavari....... Quod nulla persona audeat nec debeat aliquas bestias conducere ad bibendum in dicta Borra, nec ipsas in ea abeverare.* Pro dumeto vel silva cædua usurpari videtur, in Stat. Casimiri ann. 1347. inter Leg. Polon. pag. 46: *De incidentibus silvas, vel gaja, vel Borras alienas.* Vide supra *Boreum.*

2. **BORRA**, Tomentum, *Bourre.* Charta Guillelmi Episc. Cartonensis ann. 1166. in Hist. Perticensi pag. 195: *Ad basturas asinorum et equorum... in domibus fullonum S. Sepulcri... Borram capient.*

* Stat. Montis-reg. pag. 274 : *Item statutum est quod nemo possit vel debeat battere Borram in platea civitatis Montis-regalis.*

* Borra, Tomentum laneum, vulgo *Bourre lanisse.* Stat. pro lanificio et pannif. ann. 1317. in Reg. A. Cam. Comput. Paris. fol. 196. r° : *Borra vero, id est illud, quod de panno extrahitur dum cum cardonibus adaptatur, de regno poterit extrahi.*

* 3. **BORRA.** Inventar. Chart. reg. ann. 1482. fol. 59 : *Littera per quam constat Gerardum de Terro tenere a domino rege in feudum francum et liberum Borram, vocatam vulgariter la Borgada. De anno* 1284. Sed legendum videtur *Boria,* prædium rusticum. Vide in hac voce.

* 4. **BORRA**, Pecuniaria mulcta minor. Stat. pro reformat. regni Navar. ann. 1322. ex Reg. Cam. Comput. asservato in Bibl. reg. Cod. 8406. fol. 302. v°. : *Habebit idem castellanus de calumpniis sexaginta solidorum, decem solidos; et decimam partem de omnibus, quæ vocantur Borræ.* Nisi *Borra* hic idem sit quod *Mesleia*, rixa, quæ non tantum verbis, sed et facto committitur; quæque mulcta pecuniaria emendabatur. Hisp. *Borra*, Vectigal ex pecudum capitibus.

* **BORRACHIA**, Pannus e pilis prinisca contextus, Gall. *Bouracan.* Reg. visitat. Odonis archiep. Rotomag. ex Cod. reg. 1245. fol. 105. r°. : *Inhibuimus eis* (monachis S. Gaudeburgis) *ne Borrachiam de cetero haberent propter infamian.* Vide *Boracanus.*

* **BORRAQUIA**, Borrago, Gall. *Bourrache.* Leudæ major. Carcass. MSS. : *Item pro cargua de floribus Borraquiarum, xviij. den.* Ubi versio Gall. ann. 1544 : *D'une charge de fleurs de Bourrache, etc.*

BORRASSERIUS, Helciarius, Gall. *Bourrelier;* nisi mavis esse Textorem stuparum netarum, quod rustici Dumbenses telam stupeam *Bourras* appellant. Charta D. *Aubel* civis Matiscon. ann. 1460. data in pago Bellijocensi : *Juxta terram Petri Estivan Borrasserii.*

¶ **BORRAT**, Culcita tomento farta. Locus est in *Ballinus.*

* **BORRATELA**, Tela crassior, ut videtur. Comput. MS. ann. 1239 : *Pro Borratela cingulis, capistris et corrigiis ad cofr. et aliis minutis, xix. lib. v. sol.*

BORRATIUM, Vestis ex *Borra* seu tomento confecta, coactilis, Gambeso. Hist. Episc. et Comitum Engolismensium cap. 19 : *Arnaldus* (Comes Petracoricensis) *cognomento Borratio, pro eo, quia cum ipsa veste lupum diabolicum homines devorantem appetiit, et manibus gestans militibus occidendum, præbuit.*

¶ **BORRATURA**, Artificium seu confectio ephippiorum et aliorum ornatuum ad equos pertinentium, sic dicta, opinor, quod ephippia præsertim et juga seu collaria partim ex *borra* seu tomento conficiantur. Computus J. Humb. de exitu sigilli D. Guig. Dalphini ann. 1328. ex Schedis Cl. D. *Lancelot : Solvit dictus Johannes apud Gratianopolim tam pro fabrica et Borratura equorum D. Dalphini, quam pro vadiis et expensis gentium in armis, videlicet, Artaudi, Henrici, etc.* xiv. *lib.* x. *den.* Hist. Dalphin. tom. 2. pag. 310. col. 2. ex Instrumento anni 1336 : *Pro Borratura et faleria usque ad summam* cxx. *florenorum.*

* **BORREFIA**, Prædium rusticum, idem quod *Boria,* 2. Charta Phil. abb. de Cultura ann. 1224. ex Cod. reg. 9612 : *Præterea Borrefia de Borneio, quam dictus Philippus et Agnes mater ejus tenebant, cum omnibus pertinentiis suis, dicto Pagano et hæredibus suis remanebit in perpetuum libera et immunis.* Vide *Boria.*

* **BORRELARIUS**, Borrelerius, Helciorum opifex, Gall. *Bourrelier.* Comput. fabr. S. Lazari Æduens. ann. 1295. ex Cod. reg. 5529. B. : *Benedicto Borrelario per annum in sellis, borrellis, forrellis, capistris et aliis de corio pertinentibus ad equos quadrigæ, l. solidos. Borrelerius,* in Ch. ann. 1476. inter Probat. tom. 3. Hist. Nem. pag. 334. col. 2. Vide infra *Bourelarius.*

¶ **BORRELETUS**, in Statutis reformationis S. Claudii pag. 38. Pars tegminis capitis qua usi sunt veteres nostri etiam cum in desuetudinem abiissent capitia; Gall. *Bourlet. Sillon* apud Borellum :

Chausses, pourpoints, et Bourrelets,
Robes, et toutes vos drapilles.

* *Borreau,* eadem notione, in Lit. remiss. ann. 1399. ex Reg. 154. Chartoph. reg. ch. 324 : *Et pour ce que la justice dudit lieu trouva la coiffe et le Borreau de ladite Guillemette, etc. Bourreau*, in Diar. regni Caroli VI. ad ann. 1429 : *Les femmes* (ardoient) *les atours de leurs testes, comme Bourreaux, truffe, etc.* Neque aliud esse videtur *Bourrée*, in Lit. remiss. ann. 1410. ex Reg. 165. ch. 363 : *Deux chapperons doubles, une Bourrée, deux verges d'or ou argent, etc.* Piscis vero genus est, in aliis Lit. ann. 1401. ex Reg. 156. ch. 397 : *Ledit Gilet suppliant avisa un vaissel, nommé seille, où il avoit certains poissons, nommez Bourrées, qui n'estoient pas appareillées.*

* **BORRELIO**, Borrilio, Borrellinus, Voces unius ejusdemque notionis, vulgo *Bourre tontisse* vel *Tonture de draps*, Tomentum. Stat. pro lanif. et pannif. ann. 1317. in Reg. A. Cam. Comput. Paris. fol. 196. r°. : *Item quod Borrellinos, id est, quod in mundando panno de eo cum forficibus elevatur, etc.* Infra : *Item ut boni panni minus sufficientibus possint evidentius apparere, nullus audeat pannum venalem facere, vel quomodolibet adaptare de borra, seu de pessollis, aut de roboilliis, vel de Borrilionibus quibuscumque, nec prænissa taxendo cum lana alia, vel alias quoquo modo.* Aliud ejusd. ann. ibid. fol. 202. v°. : *Super emolumentis,..... maxime pessoilliorum, reboillionum, et Borrelionum, etc.* Vide infra *Borrethus.*

* 1. **BORRELLUS**, a Gall. *Bourrelet*, Collare, helcium, vulgo *Collier.* Vide supra in *Borrelarius.*

* 2. **BORRELLUS**, Carnifex, tortor, Gall. *Bourreau.* Arest. ann. 1320. in Reg. *Olim* parlam. Paris. : *Dictum fuit quod idem præpositus per Borrellum corpus seu cadaver dicti clerici suspensi, si extat, de dictis furcis faciet amoveri.* Vadia official. reg. ann. 1328. in Reg. sign. *Noster* Cam. Comput. Paris. fol. 407. v°. : *Rex ribaldorum seu Borrellus Tholosæ tunc per annum, xxvij. lib. vij. sol. vj. den.* Vide *Borellus.*

¶ **BORRELUS**, Tomentarius, Gall. *Bourrelier.* Charta ann. 1128. tom. 1. Hist. Dalphin. pag. 129 : *Ademarus Cabiscolus S. Donati, Atenulfus Gaaniola, Borrellus Episcopalis, ... Petrus de S. Andrea marescallus Episcopi.*

¶ **BORRETA**, Fascis virgeus seu minutioris ligni, Gall. *Bourrée.* Spicil. MS. Fontanel. pag. 437 : *Pro fratribus infirmis facit Borretas afferri in infirmariam, ut infirmi habeant, unde de facili focum accendere possint.*

* **BORRETHUS**, Idem quod supra *Borrelio*, f. pro *Borrelhus.* Stat. pro arte parat. pannor. Carcass. renovata ann. 1466. in Reg. 201. Chartoph. reg. ch. 121 : *Item quod nullus parator..... poterit in pannis..... apponere seu immiscere pessols sive Borrethos, nec borram sive gratus quoquo modo.*

* **BORREUS.** Globus Borreus, Tomento fartus, qui in die Cinerum pœnitentibus dabatur, ab iisdem reportandus feria v. in Cœna Domini. Vide infra in *Pœnitentes.*

* **BORRIANÆ**, Lusoriæ tesseræ. Stat. civit. Astæ cap. 1 : *Aliqua persona de Ast... vel burgis non possit vel debeat ludere ad aliquem ludum taxillorum vel Borrianarum.*

* **BORROLHIS**, Dissentio, discordia, contentio, Gall. *Brouillerie, différend.* Comput. ann. 1494. inter Probat. tom. 4. Hist. Nem. pag. 59. col. 2 : *Item quia fuit et erat magna differencia et Borrolhis super facto monetæ, dicti domini consules, pro utilitate reipublicæ, ut habere possent aliquam provisionem super cursu dictæ monetæ, miserunt unum nuncium ad dominum senescallum, etc.* [** Conf. Raynouardi Glossar. Roman. voce *Boral.* vol. 1. pag. 236. et *Borllei,* ibid. pag. 239.]

¶ **BORSEGUES**, Hispanis *Borseguies*, Nobis *Brodequins*, Cothurni, species calceamenti. Concil. Hisp. tom. 3. pag. 675. ann. 1473 : *Virides vestes induere, aut caligas ejusdem coloris, seu sotulares albos, vel Borsegues albos vel rubeos, nisi cum nigris desuper sotularibus dumtaxat calciare, . . . prohibemus.*

¶ **BORSERIUS**, in Collectaneis Cl. D. *Aubret* ad nos missis, idem qui *Bursarius : Joannes Regis Borserius Calomontis;* at *Borsserius* in Catalogo MS. Sodalium Nativitatis B. Mariæ deauratæ Tolos. sumitur pro eo qui facit aut vendit *bursas.*

BORT, vel Borde, ut Hispani efferunt, pro filio notho : unde Sebastianus Cobarruvias Francicam vocem *Bordel* accersit, pro lupanari. Priorem vero a *Burdo*, mulus, quod ex equo et asina nascatur. *Le Bort de Rabestens*, pro notho ejusce cognominis, in Charta laudata in Notis nostris ad Joinvillam pag. 63. *En Jaume de Aragon fill Bort del rey En Jaume*, in Chronico Petri IV. Regis Arag. cap. 25. Adde lib. 4. cap. 5. lib. 5. cap. 1. Raimundum Montanerium in Chron. Regum Aragon. cap. 250. et 261. etc. Jacobus I. Rex Aragon. in Foris Oscensib. ann. 1247. fol 16 : *Si quis furatus fuerit arborem plantatam in vinea, aut horto alicujus, quæ sit fructifera, est ibi calonia* 60. *solid.... et si fuerit filius Bort, aut ramus abscissus, qui exeat de illa arbore, de die habet calonam* 5. *solid. et de nocte* 60. *sol. etc.* Ubi *filius Bort* appellari videtur ramus in arbore non legitimus, id est, qui a radice vel trunco exeat. [** Plura ap. Raynouardum Glossar. Roman. vol. 1. pag. 238. voce *Bort*, 9. quæ apud eum pertinet ad radicem *Borda*, Parva domus, tuguriolum. Lusitanis *Bordegão* olim significabat Vilis, rusticus. Vide S. Rosa de Viterbo Elucid. tom. 1. pag. 203.]

¶ **BORTAMA**, *Tecta manualis*. Papias MS. Mendose pro *Basterna* : quod vide. [** Vide *Borcoma* et *Borcania*. Glossar. in cod. reg. 7644 : *Borcama, tecte manualis, qui etiam ab antiquis artofilax dicitur sive minor arctus.*]

* **BORTAMIA**, Vox varie et mendose scripta pro *Basterna*, quod vide. Glossar. vet. ex Cod. reg. 7613 : *Bortamia, theca manualis.*

¶ **BORTANEA**, *Tecta manualis*. Gloss. Isid. Perperam iterum, ut existimo. Vide *Basterna*.

¶ **BORTATUS**, pro *Bordatus*, Gall. *Brodé*. Inventarium Ornamentorum et Reliquiarum Ecclesiæ Noviom. ann. 1419. ex Archivis ejusdem : *Item, tres cortinæ de samito paleatæ de rubro et albo Bortatæ desuper ad arma Franciæ*. Vide *Bordatus*.

BORTHALPENY. Vide *Bordhalpeny*.

BORTHNENLIG. Vide *Bornewing*.

BORTMAGAD. Lex Frisionum tit. 12 : *Qui cum ancilla alterius, quæ nec mulgere, nec molere solet, quam Bortmagad vocant, mœchatus fuerit, etc.* Germani *Magt* et *Maget*, ancillam dicunt; *bord* veteri lingua Saxonica est *domus*. Est igitur *Bortmagad*, ancilla ex honorationibus, quæ vilibus officiis non inserviunt, quales sunt eæ quas *Abras* vocant. Sicama *Hertmagad* legendum censet, ut sit, quæ interiori domo pro domino et familia focum et stratum procurabat. [** Conf. Graffii Thesaur. Ling. Franc. vol. 3. col. 212.]

¶ **BORTO**, Species lanceæ, qua utuntur ii, qui decurrunt ad annulum trajiciendum. Acta SS. Maii tom. 1. pag. 396 : *Et posito annulo in loco solito debeant currere seriatim cum hasta seu Bortone.... ei currenti, qui currendo suam hastam miserit in annulum... dari et assignari debeat ipse annulus in signum victoriæ*. Vox, ut arbitror, ejusdem originis, cujus *Burdo* : quod vide post *Burdones*.

* Unde Gallicum *Borter*, *Bortone* pugnare. Le Roman *d'Alexandre* MS. part. 2 :

> Hardis et de fin cuer pour grant fés endurer,
> Et plus que nus des autres ce savoit bien Porter,
> Couvrir de son escu, de son espie jeter.

Nisi idem sit quod *Boorder*. V. *Bohordicum*.

BORTREN, Annonæ species. Capitulare Caroli M. ann. 797. apud Holstenium in Collect. Rom. § 11 : *De annona vero Bortrinis pro sol. 1. scapilos 40. donant, et de sigale 20.* Infra : *Mel vero pro solido Bortrensi siglæ 1. et medio donant.* [** Gærtnerus pag. 168. Leg. Saxon. se judice prævalere scribit opinionem Meindersii interpretantis *Bortrinos*, Incolas *Bordæ Rheni*. Adel. Opponuntur *Septemtrionalibus*. Vide Gaupp. Leg. Saxon pag. 226. Capit. ann. 797. est apud Pertz. vol. Leg. 1. pag. 76. Conf. *Borderes*. Cogitandum fotasse de *Bructeris*, qui *Borthari* in Vita S. Bonifacii nominantur. Inde pagus *Borahtra*. Vide Zeussium de populis German. pag. 352.]

¶ **BORTUM**, a Germanico et Gallico *Bord*, Limbus. Statuta Ecclesiæ Argentinensis ann. 1435. apud Marten. Anecdot. tom. 4. col. 588 : *Singulos clericos... qui clamydes aut alias suas vestes geminis aurifrigiis, quæ vulgariter Bortum dicuntur, nodulis aut aliis superfluitatibus auri vel argenti ornaverint.*

¶ **BORUGHENGLISCH**. V. *Burghenglisch*.

BOS. *Boves aratores, aratris dediti*, in leg. 1. Cod Th. de Cursu publ. (8, 5.) Βόες ἀροτῆρες apud Hesiod. in Oper. et Dieb. βόες ἐργάται, apud Artemidor. lib. 2. Onirocrotic. cap. 12. γεωργοὶ βόες, apud Harmenopul. lib. 5. cap. 10. § 11. *Animalia aratoria*, in Constitutionibus Cataloniæ MSS. ubi dicuntur esse in securitate publica : *Boves vero aratores et cætera animalia aratoria cum instrumentis aratoriis et suis bubulcis, et cum eis qui eos custodierint, postquam exierint a domo causa arandi, vel seminandi, sive custodiendi, donec ipsi homines redierint in domos, sub eadem mittimus defensione et pace, et Boves aratores, et cætera animalia aratoria sub eadem ponimus pace*. Lucianus Presb. de Invent. corporis S. Stephani : *Oportet me colligere de possessione illa Bovem illum maximum aratorem, qui et carro et aratro aptus est. Boves aratorii*, in Aresto ann. 1267. in Regesto Parlamenti f. 51. *Bœufs aratoires*, in Consuet. Bayonensi tit. 13. art. 2. Labourtensi tit. 3. art. 18. tit. 14. art. 3. S. Severi tit. 3. art. 4. *Lo Bœu tiradoi*, in Consuet. Solensi tit. 15. art. 7. tit. 16. art. 7. *Bœuf d'arée*, in Consuetud. Santonensi art. 16. de Bobus aratoribus vide Fletam lib. 2. cap. 73. § 2. 3. Leg. 7. Cod. Quæ res pignori obligari possunt, (8, 16.) et Cujac. lib. 4. Obser. cap. 20.

Bos Aquensis. Tabularium S. Remigii Remensis : *Exeunt inde fœtas 16. cum agnis, et anniculi 15.... scendulæ 650. pro Bove Aquensi denarii 16.* Alibi : *Ad macerias monasterii, seu alterius loci, faciunt manopera, pro Bove Aquensi annis singulis dant den. 1.* Ibidem : *Excutit annonam dominicam, facit et servitium aquense dans pro ipso Aquensi Bove den. 1.* Occurrit ibi pluries. Vide *Hostilicium solvere*, in *Hostis*.

* Sic forte nuncupabatur bos, cujus opera rota molendini versabatur.

* Bos Decani, Præstatio quædam, cujus meminit Charta Steph. abb. ann. 1202. inter Probat. ult. Hist. Trenorch. pag. 182 : *Consuetudinem de Bove Decani ad macellum vendendo, nec non et vinearum custodiam eis liberaliter dedimus.*

Bos Domitus, in Lege Bajuvar. tit. 8. § 6. Gregor. M. lib. 10. Epist. 12 : *Boves domitos parium unum, vaccas duas, etc.* Adde Chron. Benevent. S. Sophiæ pag. 607. 611.

Bos Medianus, in Lege Aleman. tit. 87 : *un bœuf de moyenne grandeur*, vel medii pretii, inter *bovem optimum*, et *minorem* ibid.

Boves Junctorii, in Lege Longob. Edit. Herold. tit. 100. § 13. [** Roth. 256. ubi Murator. : *Caballos aut Boves domitos sive vaccas junctorias*. Herold. : *Cavallos domitos aut Boves junctorios seu vaccas*. Conf. Herold. tit. 100. § 12. Murat. Roth. 254.] tit. 101. § 50. ubi perperam editum *bove vinitorio*, pro *junctorio*. [** *Junctorio* est apud Murat. Rothar. 296.]

Bovem et Leonem foris in fronte Ecclesiæ olim depingi solitos, ait Durandus lib. 1. Rational. cap. 3. num. 5.

* Ut in anserem ludendo baculos torquere in usu fuit, ita et in bovem, uti colligitur ex Lit. remiss. ann. 1382. in Reg. 122. Chartoph. reg. ch. 151 : *Au dehors de la ville d'Esplechin, assez près de la ville de Camphaing, avoit une assemblée de gens, qui estoient venuz pour veoir jetter à un beuf.*

¶ Boum Linguæ inter exactiones numerantur in Charta anni 1216. ex minori Chartulario S. Victoris Massil. pag. 157 : *Exactiones quascumque facere poterant videlicet comtalius, cavalcatas, lesdas, tasquas, linguas Boum et lumbos porcorum, etc.*

* **BOSA**, Stercus, cœnum, lutum, Gall. *Bouse*. Stat. Perus. pag. 57 : *Quod nulla persona præsumat ponere seu projicere aliquam bestiam mortuam, vel Bosam* (in burgo Perusiæ) *sub pœna solid. quinque. Bouson*, in Comput. MS. ann. 1391 : *Item a iiij. hommes de guet, qui furent chascun viij. jours à faire une fouce pour meytre le Bouson dudit coullart.* Vide infra *Busasum*.

* **BOSACIA**. Comput. ann. 1358. ex Tabul. S. Petri Insul. : *Item pro duabus Bosaciis, v. sol.* Facile restitueretur *Besaciis*, nisi distincte scriptum esset *Bosaciis*.

* **BOSCADERIUS**, Lignator, Gall. *Bucheron*, Provincial. *Bousquetié; Bosqueillon*, in Lit. remiss. ann. 1389. ex Reg. 138. Chartoph. reg. ch. 158 : *La nuit le prisonnier fut mis hors desdites prisons par force, par gens qui n'y furent point veus, et dit l'en que ce estoient Bosqueillons, qui apporterent eschielles. Botilhons, Bosci* seu forestæ custos, in Ch. ann. 1403. tom. 2. Hist. Leod. pag. 439 : *Ly Botilhons, sergeans et varlets delle justice, etc. Botilhons ou forestier*, ibid. Vide infra *Boscairare*.

¶ 1. **BOSCAGIUM**, Silva, silvula, Gall. *Bocage*. Index MS. beneficiorum Ecclesiæ et Diœcesis Constantiens. fol. 19. verso : *Episcopus est patronus Ecclesiæ S. Crucis in Boscagio*. Rymer. tom. 10. pag. 111. col. 1 : *Si hospitale sive domus Dei de Villaribus in Boscagio Bajocensis diœcesis, etc.* Madox Formulare Anglic. pag. 45 : *Quatuor solidatas terræ in Boscagio*. Vide *Buscagium* in *Boscus*.

* Lit. remiss. ann. 1398. in Reg. 153. Chartoph. reg. ch. 404 : *La parroisse de Villiers ou Boscage, ou baillage de Caen.* Le Roman *de Robert le Diable* MS :

> Mais tant vous pri par vos franquise
> En guerredon de mon servise,
> Que vous me fachiez au Bosquage
> Porter au lieu de l'iermitage.

* 2. **BOSCAGIUM**, Bosquatgium, Jus *boscum* seu ligna exscindendi in silva aliena, et Præstatio, quæ ea de causa solvitur. Pariag. inter regem et monachos de Candolio ann. 1306. in Reg. 40. Chartoph. reg. ch. 61 : *Damus per modum pariagii.... medietatem, videlicet pro indiviso, omnium justitiarum altarum et bassarum, necnon.... Boscagii, herbagii, venationum ferarum, etc.* Charta ann. 1357. in Reg. 89. ch. 328 : *Cum vineis, pratis, pasturagiis, Boscagiis, etc.* Alia ann. 1358. in Reg. 86. ch. 138 : *Cum vineis, pratis, pasturagiis, Bosquatgiis, rameragiis, rivagiis, et aliis in summa prædicta comprehensis. Bokaige*, Præstatio, quæ a pistoribus pro lignis ab ipsis consumendis pensitatur. Redit. comit. Namurc. ann. 1289. ex Reg. sign. *Le papier aux ayssellès* in Cam. Comput. Insul. fol. 79. v°. : *Encor*

a li cuens à Namur les Bokaiges,..... c'est asavoir de chascun four de bolengier, iiij. den. à le Paske. Buscaige vero dicitur servitium, quo subditus tenetur lignum ad opus domini sui cædere, in Charta ann. 1385. ex Reg. 128. ch. 51 : *Environ Noel une journée, pour copper bois pour la nécessité du seigneur dudit lieu* (de Buffaloise) *ou de ses aians cause, et est appellé Buscaige.* Vide in *Boscus* et mox

* **BOSCAIRARE**, Boscare, Bosquerare, etc. Ligna cædere, Gall. *Buscher*, Provinc. *Bouscairar.* Inquisit. ann. 1268. ex schedis Pr. *de Mazaugues : Interrogatus qualiter scit, quod homines Arelatis visi fuerint Boscairare in dicto territorio, dixit quod vidit ibi Stephanum Gaillardum, qui faciebat inscidi ligna in deffenseto..... Dixit quia vidit homines Castillonis lignerare sive Boscairare, et laborare, et pascere animalia sua, et ejicere avere de Arelate, et Boscaderios.* Charta ann. 1263. ex iisd. schedis : *Et juris Bosquerandi seu etiam lignerandi per totam terram nostram, ad opus ædificiorum vestrorum, et domorum, et etiam cremandi.* Ch. Raym. Bereng. ann. 1206. apud Pitton. Hist. Aquens. lib. 2. pag. 114 : *Libertatem..... Bosqueirandi seu ligna scindendi, pro vestro beneplacito, tradimus.* Cujus confirmatio per Renat. reg. ann. 1477. ibid. pag. 118. habet : *Facultate depascendi, Bosqueirandi.... per quinque leucas decoraverant.* Alia denique ann. 1270. ibid. pag. 117 : *Jus pascendi et Boscandi in terris ecclesiæ, etc.* Lit. remiss. ann. 1449. in Reg. 186. Chartoph. reg. ch. 78 : *Le suppliant estoit à ung bois, appellé le bois Chamaillart, situé près la ville de Nyort, où il Buschoit et abatoit du bois.* Ex quibus omnibus manifestum est *Bosquerare*, Pecora in silvas immittere, minus recte a Cangio esse explicatum. Vide supra *Boscagium* 2. et in *Boscus.*

* **BOSCAIRARIA**, Boscararia, Jus utendi *bosco* seu silva. Charta ann. 1203. ex Tabul. S. Andr. Avenion. : *Pro Boscararia duas partes duarum campresarum, bladi quartam partem et decimam. Boscairaria*, ibidem in alia ann. 1243. Vide supra *Boscagium* 2.

* **BOSCALIÆ**, Dumeta, ligna quævis, Ital. *Boscaglia*, nemus, silva. Stat. Taurini ann. 1360. cap. 130. ex Cod. reg. 4622. A : *Item quod nulla persona de Taurino vel districtu, parva vel magna, portet de ultra Padum palos integros virides vel siccos, nec vites, vel sarmentas, vel alias Boscalias, nisi de sua vinea, vel de suo boscho.*

* **BOSCALIVUS**, Nemorosus, dumetis consitus, Ital. *Boscato.* Charta ann. 1174. apud Murator. in Antiq. Estens. pag. 372 : *Quandam peciam de terra arabili, et ex parte Boscaliva, in confinibus de Baone, prænominatæ ecclesiæ, perpetuæ locationis titulo, dederat.* Vide infra *Boschatus* et *Buscaleus.*

¶ **BOSCAR**, *Boscaris, Præsepe boum*, in in Gloss. MSS. Monasterii S. Anderæ Avenion. sæc. XIII. exaratis. Legendum *Bostar ;* quod vide.

* **BOSCARARIA.** Vide supra *Boscairaria.*

* **BOSCARE**, Ligna cædere. Vide supra in *Boscairare.*

¶ **BOSCATICUM**, Tributum pro lignis in urbem vel oppidum inferendis. Chartular. Camalariensis Monast. Diœces. Aniciens. : *Durantus de Artigas unum boscum et Boscaticum totum in villa de Malabrocia.* Vide *Buscagium* in *Boscus.*

¶ **BOSCATOR**, Lignarius, qui ligna cædit, Gall. *Bucheron.* Jacobi Auriæ Annal. Genuens. lib. 10. apud Murator. tom. 6. col. 580 : *Ordinatum fuit quod per Commune Januæ fierent galeæ L. Quare missi fuerunt Boscatores quamplures in riperia Occidentis ad boscum Bajardi, et inde extractum fuit totum lignamen necessarium pro faciendis galeis Communis.*

* **BOSCHADUM**, Præstationis species, f. quæ pro jure utendi *bosco* pensitabatur, vel pro lignis in urbem inferendis. Charta Hugon. comit. Vaudimont. ann. 1215. in Chartul. Arremar. ch. 81 : *Habet ecclesia Arremarensis.... in omnibus aliis consuetudinibus modis omnibus, excepta quadam consuetudine, quæ Boschadum vocatur, quæ in villa de Sephons colligitur,...... medietatem.* Vide supra *Boscagium* 2. et *Boscaticum.*

* **BOSCHARE**, Cædere, secare, Gall. *Couper.* Stat. Vercel. lib. 4. pag. 117. v°. : *Item quod nullus de jurisdictione et justitia Vercellarum debeat dare vel concedere ad fictum,...... vel alio aliquo jure ad laborandum, vel secandum, vel ad Boschandum terras aliquas vel possessiones, sitas in jurisdictione Vercellarum.* Vide supra *Boscairare.*

* **BOSCHATUS**, ab Ital. *Boscato*, Nemorosus, silvosus. Acta MSS. notar. Senens. ad ann. 1285. ex Cod. reg. 4725. fol. 36. r°. : *Item alia petia terræ pro parte Boschata, quæ est posita in dicta contrata.* Et fol. 55. r°. : *Item unius petiæ terræ silvatæ, etc.* Vide supra *Boscalivus*, et *Buscale* in *Boscus.*

¶ **BOSCHERO**, Boschettus. Vide post *Boscus.*

* **BOSCHETTUM**, diminut. a *Boscus*, Silvula, Ital. *Boschetto.* Chron. Modoet. apud Murator. tom. 12. Script. Ital. col. 1137 : *Fugi nescio quo; sed in quoddam Boschettum per totam noctem eundo territus, etc.* Vide in *Boscus.*

* **BOSCHITUM**, Eadem notione, apud Labb. tom. 2. Bibl. MSS. pag. 541 : *Municipium, quod Boschitum rustici vocant.* Haud dubie a *bosco* seu silva ibi existente.

* **BOSCHUS**, pro *Boscus*, silva, passim in vett. Chartis apud Marcam Hispan. col. 854. 956. 1048. etc.

* **BOSCIA**, Pyxis, arcula, Gall. *Boete.* Charta Phil. V. ann. 1317. in Reg. 56. Chartoph. reg. ch. 116 : *Item super pisside seu Boscia regia de halis, xv. lib. et v. sol. Par. per annum.* Forte pro *Bostia.* Vide supra *Boistia.*

1. **BOSCIDA**, *Qui cedit boves, macellarius*, Ugutioni; *Boviscida*, Joanni de Janua. *Bucædas* habet Plautus in Mostellaria, [non pro iis qui boves cædunt, ut innuit Cangius, sed pro iis qui cæduntur loris bubulis : *Illi Bucedæ erunt potius, quam ego sim restio.*]

¶ 2. **BOSCIDA**, Pyxis, Gall. *Boiste.* Hist. Dalphin. tom. 2. pag. 275. ex quodam Computo : *Pro pectinibus sex... et duobus filis de pater nostris de vitro, et una cona de plumbo, Boscidis duobus ebore et sex parvis etc. unc. 1. taren. VIII. gran XVIII.* Vide *Buxis.*

¶ **BOSCLERIUM**, a Gall. *Bouclier*, Clypeus. Lobinellus Hist. Paris. tom. 3. in Glossario : *Ordinatum fuit, quod nullus portaret cultellum ad cuspidem, nec Bosclerium, nec ensem.*

¶ **BOSCLIUS**, pro *Boscus*, Silva, nemus. Diploma ann. circiter 1000. apud Marten. Collect. Ampliss. tom. 1. col. 356 : *Donamus Deo et S. Victori Martyri Monasterii Massiliensis Ecclesiam..... cum terris cultis et incultis, et cum vineis, cum pratis, cum arboribus et hortis, cum suis garricis et pascuis, cum ermis et Bosclis ipsis.*

* **BOSCLIUS**, pro *Boscaliæ*, ut opinor. Vide supra in hac voce et *Buscale* in *Boscus.*

* **BOSCOLLUM**, Fustis, lignum lanceæ. Lit. remiss. ann. 1334. in Reg. 69. Chartoph. reg. ch. 236 : *Petrum de la Balma cum dicta lancea, videlicet cum cuspide, atrociter vulneravit, et cum Boscollo dictæ lanceæ totiens et ita inhumaniter super corpus suum percussit et male tractavit, quod occasione hujusmodi vulnerum et verberum, idem Petrus infra paucos dies expiravit.*

BOSCUS, [vel *Boscum* non raro,] Silva, foresta; Franco-Belgis, *Bos*, aliis *Bois*, Italis, *Bosco.* Testamentum Ramnulfi, qui vixit sub Lothario Rege, in Tabulario S. Mariæ de Fontibus apud Cadurcos : *Et illas terras de monte Nebutiano, quas Rigaldus tenet in fevo, et Boscum de Arla, quantum ad meam partem pertinet, etc.* Vide Leges Eduardi Confess. cap. 8. § 2. Occurrit passim. Quidam a βοσκή, *pastio* animalium, quod in silvis pascantur, vocem deducunt. Exstat in Basilicis titulus περὶ νομῶν, ἤτοι βοσκῶν. Alii a Germanico accersunt. [** Vide Raynouard. Glossar. Rom. vol. 1. pag. 240. radice *Bosc;* neque vero *Busch* dicitur Gothis, uti scripsit vir summus, sed Germanis hodiernis, antiquis *Busc.* Conf. Graffii Thesaur. Ling. Franc. vol. 3. col. 218. Gothice hæc vox non exstat sed Islandi et populi scandici omnes eam agnoscunt.] Porro *boscus* pars est etiam forestæ. Vide Aresta Parlamenti S. Martini ann. 1289. in Reg. B. Capitula Placitorum Coronæ Regis apud Hovedenum pag. 784 : *Item præcipit quod nullus adgistet Boscos suos intra metas forestæ suæ, antequam Bosci eorum adgistentur. Dominici Bosci Regis*, ibidem.

¶ Boschettus, Diminutiv. a *Boscus.* Acta SS. Junii tom. 4. pag. 765. de saguine Joannis Baptistæ : *Sed in quodam Boschetto per totam noctem eundo territus, nesciebam exire.*

Boschero, Lignator, in Charta ann. 1270. in Probat. Hist. Drocensis pag. 280.

¶ Boskillo, Eadem notione. Charta Balduini Abbat. ann. 1223. in Hist. Aug. Viromand. pag. 214 : *Similiter et omnes servientes Ecclesiæ nostræ, puta Boskillones, bubulci qui de villa Humolariis non sunt nati, etc.*

¶ Buscalator, in Statutis Arelat. MSS. fol. 25 : *Item statuimus, quod nullus Buscalator vel alius transiens per aquam vel per terram, audeat de nemoribus, vineis vel cepibus evellere, seu etiam scindere socam vel radicem vivam vel mortuam.*

Bosquerare. Pactum inter Thomam Comitem Sabaudiæ et Abbatem Pinarolensem ann. 1246 : *Hoc etiam addito, quod Abbas et*

Conventus ad opus dicti Monasterii in perpetuum possint Bosquerare, et pascuis uti, quantam eis necesse fuerit, per totam terram dicti Comitis. Italis *Boscheggiare*, est in silvas crebro ire. At hic *Bosquerare*, idem valet, quod pecora in silvas immittere. [* Quod minus recte dictum esse monuimus supra in *Boscairare.*] [Charta Barrali de Baucio pro Monasterio S. Pontii ann. 1263 : *Confirmamus vobis donationes... terrarum de Paludo, et etiam pasqueriorum et juris Bosquerandi, seu etiam lignerandi per totam terram nostram, etc.*]

¶ Buschus, pro *Boscus*, in nova Gall. Christ. tom. 2. Instrum. col. 477. E : *Cum subjacenti palude et landis et Buschis.*

Buscus, Idem quod *Boscus*, in Charta Lotharii III. Imp. ann. 1125. in Bullario Casinensi tom. 2. pag. 149. Auctor Mamotrecti in 3. Reg. 14 : *Lucos*, i. *buscos*. [Occurrit apud Marten. tom. 3. Anecd. col. 422. et in Tabulario S. Bartholomæi Bethun. fol. 38. vers. cujus locus exstant in *Custare* post vocem *Custus.*]

¶ Busketus, Parvus boscus, Gall. *Bosquet*, in Chartulario S. Vandregesili tom. 1. pag. 395 : *Aboutat Busketo Esvaruel ex uno buto et bosco qui fuit Arnulfi Hose ex alio bouto.*

¶ Busquetus, Idem, in Charta anni 1304. Archivo B. Mariæ de Bono-Nuncio Rotomag. : *Sita est inter... Busquetum ex uno latere, etc.*

* Boscus Arduus. Charta Ingerrani dom. de Marign. pro fundat. eccl. colleg. Escoyarum, vulgo *d'Escoüis*, ann. 1310 : *Insuper de prædictis canonicis, videlicet cuilibet xij. quadrigatas bosci seu buschiæ pro ardere, videlicet quamlibet quadrigatam ad tres equos, percipiendum anno quolibet in foresta de Basquevilla, juxta Boscum arduum sive layam.* Quod de silva ardua, Gall. *Haute futaie* pronum est intelligere; at ex versione Gallica, quæ habet : *dans la forest de Basqueville au Bois de coupe ou ventes*, restituendum videtur *cæduum*, loco *arduum.*

* Boscus Plenus, Silva incædua, Gall. *Futaie*; nam cæduæ, vulgo *Taillis*, opponitur, in Charta Phil. V. ann. 1318. ex Reg. 56. Chartoph. reg. ch. 547 : *Quæ omnia nemora sexcentas nonaginta octo acras vel circiter, tam in pleno Bosco quam tallicиis,... continere dicuntur.*

Boscus Mortuus, Vivus. Practici nostri *Boscum vivum*, seu *Bois vif* appellant, arbores et virgulta nemorum infructifera, ob idque mortuum boscum, *Mort bois* dicunt, quod fructus non ferant : Boscum vero mortuum, seu *Bois mort* appellant, qui revera mortuus, id est, siccus est. Hoc discrimen observare est in Consuetudinibus Municipalibus ac præsertim in Nivernensi cap. 17. art. 12 : *Mort bois est tenu et réputé bois non portant fruit; et Bois mort est cheu, abatu, ou sec debout, qui ne peut servir qu'à brusler.* Vivi igitur bosci usus est ad ædificandum, mortui vero ad ardendum. Ita passim Chartæ veteres. Charta Mauritii Episc. Parisiensis ann. 1189. in Tabular. S. Maglorii : *Convenit ut domus S. Juliani Boscum habeat etiam in foresta absque omni consuetudine, tam Vivum, quam Mortuum, tam ad ardendum, quam ad ædificandum.* Infra : *Vivum nemus ad ædificandum, Mortuum ad comburendum.* Regestum Philippi Aug. fol. 72 : *Heremitæ deserti habent herbergamentum ad Vivum nemus per liureiam, et Mortuum nemus ad ardendum sine liureia.* Charta ann. 1225. in Notis ad Vitam S. Bernardi Tironensis Abbatis : *Videlicet nemus Vivum ad herbagium, et nemus Mortuum ad calefaciendum.* Tabularium Campaniæ : *Habent usuarium in prædicto boscho, Vivum ad hospitandum, et Mortuum ad ardendum.* Vetus Charta in Hist. Monast. S. Nicolai Andegav. : *Omnem boscum meum Vivum ad domos ipsorum, et ad omnes necessitudines domorum faciendas, et Mortuum ad omni tempore calefaciendum.* Vetus Notitia apud Louvetum in Bellovaco pag. 531. 1. Edit. : *Et concessit quod in prædicta silva B. Petri et hospites sui habebunt Vivum ad ædificandum, et Mortuum ad comburendum, etc. Nemora mortua*, in Charta Ludovici Hutini ann. 1315. pro Normannis.

☞ Quænam vero sint ligna quæ inter *mortuum boscum* recenseantur haud ita facile est definire, cum non idem ubique hac de re vigeat usus; quapropter ea tantum subjiciemus quæ hactenus in Chartis nobis occurrerunt. Literæ Ludovici X. Regis. Fr. ann. 1314. tom. 1. Ordinat. Reg. Franc. pag. 552 : *De cætero nemoribus mortuis, videlicet Gallice, sauz, marsauz, pine, espine, aune, genest, genievre et ronches.* Charta ann. 1213. ex Tabular. Crisenonensi : *Usuarium suum habent... ad corveam et ad vinculum bladi.... ad tramulum et ad charmum et corilum et acrum et genestam et ad omne nemus mortuum.* Alia ann. 1215. ex eodem Tabul. : *Dedi et concessi... in nemore meo de Freteio, ad unam quadrigam in charmis, aceribus, et alio genere nemoris mortui.*

* Cum non contemnendæ utilitatis sit intelligere, quid per *mortuum Boscum* significatum voluerint nostri, operæ pretium duxi iterum subjicere, quæ hac de re notanda reperi. Charta ann. 1310. in Reg. 45. Chartoph. reg. ch. 120 : *Lesdis hommes aront des-ores-en-avant usage èsdiz bois au Mort-bois, comme de sauz, marsauz, boous, coudre, espine, genestes, trembles et fresnes.* Alia ann. 1319. in Reg. 56. ch. 603 : *Nomine Bosci mortui accipiuntur salices, marsalices, tremble, arable, charme, tilium, bolum et alnæ.* Alia ann. 1348. in Reg. 84. ch. 754 : *Déclarrons par ces présentes que lesdiz habitans* (de la franche ville lez Compiegne) *pueent bien user du bois vif pour clorre et edifier; quar entre vif bois et bois vif nous ne faisons aucune différence; et quant au bois mort, nous déclarrons aussi qu'il en puissent bien user : quar il a grant difference entre Bois mort et Mort bois; quar bois mort, est bois sec sanz verdure, comme chene et autres arbres plusieurs; et Mort bois est puyne, boul, fresne, erable, tranble, et plusieurs autres.* In foresta vero de Vernone, betula, Gall. *Bouleau, boscus vivus* censetur. Vide infra *Boulus.* Stat. ann. 1376. tom. 6. Ordinat. reg. Franc. pag. 234. art. 4 : *Comme de tousjours ait esté mise difference entre les coustumiers entendans la signification des paroles de Mort bois à Bois mort, en prendant Bois mort pour celuy qui est sec, soit abbatu ou en estant; et en entendant le Mort bois de certain bois vert en estant : afin que plus n'en soit débattu, l'en desclaire que ainsi doit-il estre entendu que dit est, et le Mort bois tel, non autre, comme il est dit et declairié en la Chartre aux Normans, qui en fu faite par le roy Loys, l'an mil ccc. quatorze, sur l'interpretation et nomination dudit Mort bois; et ainsi sera interpreté et prins és cas, qui se offrent et offerront, espécialement quant au païs de Normendie.*

Buscale, Idem quod *Boscus, Bois*, seu potius *Broussailles*, dumeta. Tabularium S. Remigii Remensis : *Habet ibi Buscalia map.* 1. Charta Conradi Imp. ann. 1038. in Bibl. Sebus. pag. 208 : *Piscationes, foresta, silvas, pascua, Buscalia, etc. concedimus.* Charta Guillelmi Episcopi Mantuani ann. 981. in Bullario Casinensi tom. 2. pag. 54 : *Cum silva et Buscaliis etc.* Pag. 56 : *De terra arabile juges 4. silvis et Buscalibus juges 96.* Tabularium Ecclesiæ Gratianopolitanæ sub Hugone Episcopo fol. 54 : *Et ea quæ habent in Marselina, cultum et heremum, prata et Boscalia.*

Buscagium, Præstatio pro *buscis*, seu lignis quæ in urbem inferuntur. Liber censuum et feodor. Comitatus Carnotensis fol. 1 : *Les Coustumes des portes de Chartres appartiennent à la Prevousté, quand elle est vendue; c'est à savoir le deaublage, le tonli, et le Buscage.* Et. fol. 18 : *La Coustume du Buchaige et du laignage*, (lignagium)... *Marchant qui ameine à Chartres merrien esquarré,... qui ameine en charettes charnier, tan, peles, fourches, etc. doit etc.* [Vide *Boscagium.*]

Buscaria, Boscus, vel dumetum. Vetus Charta apud Ughellum tom. 3. pag. 455 : *Cum.... silvis, Buscariis, stirpetis, pratis, etc.*

Busciva Terra, in qua *Busci* seu *Bosci* sunt vel silvæ, apud Rollandinum in Summa Notariæ. Vide *Busca.*

Nescio an quis probet eorum conjecturam, qui *Boscum* a *Pascuum* effictum volunt, illud vero a Græco βοσκεῖν, quod in silvis pecora pascantur. Vide Octav. Ferrarium in Orig. linguæ Italicæ in V. *Bosco.*

* **BOSDARIA**, pro *Bordaria.* Vide supra in *Borda* 5. Chartul. eccl. Vienn. : *Boso de Arsiceos et Grotalenda uxor ejus..... dederunt Deo et S. Andreæ, pro sepultura ipsius Bosoni, in villa de Gemelas, unam Bosdariam et vineam, quæ conjuncta est ei.*

* **BOSEFIA** vel Bosesia, f. Laniena, locus ubi mactantur boves, Gall. *Tuerie.* Charta ann. 1264. in Chartul. Buxer. ch. 50 : *Concedimus imperpetuum penitus et præcise...., nostrum, ... sitam Belnæ desuper Bosefiam ante postellam domus Buxeriæ.* Nisi idem sit quod supra *Borrefia.* Vide in hac voce.

* **BOSETUM**, Plantarium, minor *boscus.* Charta ann. 975. tom. 6. Gall. Christ. inter Instr. col. 267 : *Bosetum vero vallis Pegarrensis, sive omnia plantaria, quæ quondam fuerunt in usum condaminarum, eadem exhibet voluntate ipse idem Fulcrannus pontifex ob animæ suæ redemptionem.* Vide supra *Boschettum.*

¶ **BOSHOLDER.** Vide *Burghessaldus* in *Borgha.*

BOSIA, Bosiare. Vide *Bausia.*

¶ **BOSINA**, pro *Bonna*, Meta, Limes, terminus, Gall. *Borne.* Chartular. Camaliensis Monasterii Diœcesis Aniciens.: *Terra per Bosinas et terminos constituta.* Charta anni 1246. ex parvo Chartulario S. Victoris Massil. fol. 188 : *Taliter territoria Piniani et castri regalis distinguimus ; ab Ecclesia S. Salvatoris usque ad Bosinam prati prope Ecclesiam protenditur, et de dicta Bosina et fraicino, etc.* Tabularium Corbeiense : *Et l'ay quitié à tous jours et quitas devant dits Abé et Couvent le droit ke jou avoie ou pooie avoir en herbage, en pasturage ou en quelconques autre maniere es lieus devant dits dedens les Bosnes devant dites, fors ke tant seulement la haute justiche deu rat et deu mourdre et d'arsin hors del clos de Margelles.* Bosme in Consuetudine Nivernensi cap. 8. art. 5.

¶ **BOSKILLO.** Vide in *Boscus.*

* **BOSQUATGIUM.** Vide supra *Boscagium* 2.

* **BOSQUEINRARE,** BOSQUEIRARE, BOSQUERARE. Vide supra in *Boscairare.*

¶ **BOSQUETALLUM.** Vide *Boquetallum.*

BOSSA, Tumor, tuber. Gall. *Bosse,* proprie de ulcere pestifero quod Itali *Bozzam* vocant. Vita Clementis VI. PP. pag. 87 : *Tantus timor omnes invaserat, quod statim dum ulcus, seu Bossa, qui vel quæ in pluribus in inguine, aut sub axella apparebat cujusque, dimitteretur ab assistentibus.* Vita Innocentii VI. PP. pag. 136 : *Mortuæque sunt personæ quamplurimæ de Bossis, antracis, et carbunculis, et similibus ulcerationibus.* Occurrit etiam apud Continuatorem Nangii. [** Provincial. *Bossa.* Vide Rayn. Glossar. vol. 1. pag. 242.]

BOSSANAYA, Monetæ Barcinonensis species. Chronicon Barcinonense : *Anno 1209. fuit aspersa moneta dicta Bossanaya, quæ duravit tribus annis, scilicet usque in anno 1212.* Vide *Balssonaya* et *Bolzso.*

* **BOSSELAGIUM,** Præstatio, quæ ex tabulis nummulariis, ut videtur, provenit. Charta ann. 1197. ex Tabul. S. Petri Carnot. : *Mei juris esse monachi concesserunt albanum et feuatorem* (l. feneratorem) *pecuniam suam nummo ad nummum et camgagio multiplicantem, retento eis illorum Bosselagium.* (sic)

BOSSELLAGIUM, Præstationis species, [ex *bladis* venditis opinor, et *Boissello* admensis exsolvenda.] Charta Willelmi Comitis Pontivi ann. 1145. pro fundatione Abbatiæ Perseniacensis, apud Ægidium *Bry* in Hist. Perticensi lib. 2. pag. 117 : *Sint quieti et liberi de teloneo, passagio, pontagio, pedagio, costumis, talleis, hallagio, havagio, Bosselagio, reparatione viarum, pontium, etc.* Regestum Castri Lidi in Andibus fol. 31 : *Illuc, ubi steterit in villa de honore Archiepiscopi Gervasii ad vendendum bladium suum, cum Bossellagio suo reddente liberabitur servo per totum honorem Archiepiscopi Gervasii.* [Charta anni 1199. ex Archivo Perseniæ : *Sciatis nos concessisse Abbatiæ de Persenia* XV. *libras Cenomanensis monetæ singulis annis percipiendas in Bossellagio Cenomanensi.*]

* *Boisselage,* in Lit. Phil. VI. ann. 1343. ex Reg. 74. Chartoph. reg. ch. 399 : *Il y avoit un office de Boisselage en ladite ville de Chierebourc, pour mesurer les blez.* Ubi indicatur officium illius, qui *boissello* bladum metiebatur.

¶ **BOSSELLUS,** Modius, Gall. *Boisseau.* Chartular. S. Vincentii Cenoman. fol. 110 : *Willelmus Chofier dedit Deo... omne jus mulneragii, quod ipse habebat in molendino de Vaugout in perpetuam eleemosynam possidendum, videlicet tertium Bossellum bladi... omnes farinas et herbergamentum cum appendiciis ejus.* Vide *Boissellus.*

* **BOSSEQUUS,** Bubulcus. Glossar. Provinc. Lat. ex Cod. reg. 7657 : *Bossequus, qui bovem sequitur, Boyer, Prov.* Aliud Gall. Lat. ex Cod. 7684 : *Bouvier, Bossequus.*

* **BOSSERIUS,** Menardo, *Boisselier, Bossellorum* faber ; mallem, Umbonum artifex; corrigiæ enim, propter fibulas quibus constringuntur, huic artifici magis conveniunt, Gall. *Bossetier.* Comput. ann. 1334. inter Probat. tom. 2. Hist. Nem. pag. 84. col. 2 : *Item pro sex corrigiis, quas emi a Stephano Gauterii, alias Canini, Bosserio,...... vj. denarios.*

¶ **BOSSEX,** Dolium. Charta anni 1338. Hist. Dalphin. tom. 2. pag. 363. col. 2 : *Sex magnas botas vitri ad portandum vinum, et unam duodenam de Bossex.*

* Vel potius Amphora minor : majores *Botæ* videntur appellari. [** Provinc. *Bossel* erat vini mensura. Vide Rayn. Glossar. vol. 1. pag. 242.]

* **BOSSIA,** Ulcus pestilens, nostris *Bosse.* Mirac. MSS. Urbani PP. V. : *Convalescere cœpit de febre, et post, illæ Bossiæ, quas habebat, crevaverunt. Bossa* semel et iterum ibid. : *In mortalitate maxima in loco de Montiliis, ipse filius domini dicti loci habens quatuor Bossas sive glandulas in inguine et in collo...... Patiens febrem continuam cum Bossa in axilla dextra, etc.* Germ. Cabilon. episc. in vita Phil. III. apud Ludewig. tom. 11. Reliq. MSS. pag. 37 : *Ceteri inguinaria, quam Bossiam appellant, simul cum hanelatu spiritum emittunt.* Lit. remiss. ann. 1381. in Reg. 121. Chartoph. reg. ch. 22 : *Une Bosse ou apostume le prist au bras.* Vide *Bossa.*

* A Gallico *Bosse,* pro quavis eminentia, *Bossil* appellarunt fossati aggerem. Lit. remiss. ann. 1457. in Reg. 157 : *Jehan Paynnot fist mettre et semer de l'orge sur les Bossilz et levées, qui sont à l'entour dudit pré.*

BOSSIDA, BOSTA. Vide *Buxis.*

BOSSONAGIUM. Charta Philippi II. Reg. Fr. ann. 1170. apud Perardum pag. 244 : *Et in universa terra ejus non habet talliam, vel porrelagium,* (f. *porcellagium*) *vel Bossonagium, seu annonagium.* Forte ex Gall. *Boisseau.* [Vide *Bossellagium.*]

* **BOSSONAYA,** ut *Bossanaya.* Locum vide supra in *Balssonaya.*

* **BOSSONIUM,** BOSSONUM. Vide supra *Boissonium.*

BOSTAR, BOSTARIUM, Stabulum boum, Bovile. Papias : *Bostar, locus ubi comburebantur corpora boum, vel statio boum.* [** Vide *Bostum.* Gemma Gemmar. : *Bostar, est locus ubi boves stant, vel est locus ubi corpora mortuorum cremantur.*] Gloss. Lat. Græc. : *Bustra,* Βουστάσιον, leg. *Bostar.* Gloss. Sax. Ælfrici : *Bostar, vel Boviale,* scipen. Ingulphus : *Fecit tum horrea, Bostaria, ovilia, et coquinas.* Kilienus Mon. in Vita S. Brigidæ num. 18 :

Nam mihi nulla modo servatur Bostare vacca.

Abbo lib. 2. de Bello Paris. :

Efficitur Bostar Germani Antistitis aula.

Occurrit præterea apud Matth. Paris ann. 1234. Bromptonum, et alios Scriptores. Vide Joan. de Janua.

* Glossar. Lat. Gall. ex Cod. reg. 521 : *Bostar, Créche Gallice, a bos et stare.* Glossar. Gall. Lat. ex Cod. 7684 : *Bouverie, Bostar, estable à buefs.* Aliud Provinc. Lat. ex Cod. 7657 : *Bostar, stabulum, quasi boves stantes, Boal, Prov.* Vide *Boscar.*

* **BOSTARASIUM,** Minor *boscus,* silvula. Charta ann. 1374. in Reg. 118. Chartoph. reg. ch. 246 : *Item quoddam nemus francum et alodiale, situatum in territorio,.... in loco dicto et vulgariter nominato Bostaras, confrontans cum Bostarasio et cum terra hæredum Petri Guirardi.* Nisi idem sit quod *Bovaria.* Vide in hac voce.

¶ **BOSTAZARIUM,** Jus lignum exscindendi in nemoribus. Charta ann. 1312. ex Arch. S. Vict. Massil. : *Dedit Bostazarium et pasquetum in territorio de Camporcino.*

¶ **BOSTELLUS,** Modius, Gall. *Boisseau.* Charta Matildis anni 1216. in Tabulario S. Bartholomæi Bethun. fol. 32 : *Quintum Bostellum molnariæ in molendino de Coisians eleemosynavi, etc.* Vide *Boistellus.*

¶ **BOSTEO,** *Juvenis.* Glossarium vetus MS San-German. n. 501. Gloss. Isid. : *Boteonem, juvenem.* Excerpta legunt, *Botonem.* Papias habet *Besteonem,* Ugutio, *Buteo,* uti videre potes in hac voce.

* **BOSTIA,** Pyxis. Vide supra *Boistia.*

¶ **BOSTILLATOR,** Qui fenum manipulatim componit, in fasces colligat. Vox ficta a Gallico *Bote,* Manipulus, fascis. Menoti Sermones Quadragesim. fol. 93. verso : *Regnat hodie maximus abusus in Ecclesia; postquam sunt Episcopi et Abbates, Papæ, Cardinales, oportet quod omnes nepotes sint provisi,* soyent pourveuz : *opus quod sint Episcopi, Abbates, et Archidiaconi et Canonici, dato quod traxerint originem ab uno sartore vel Bostillatore feni,* Voyre feust il filz d'ung savetier, ou sorti la maison d'ung Bostelier de foing.

¶ **BOSTUM,** *Ubi corpora comburuntur.* Papias MS pro *Bustum.* Vide *Bostar.*

¶ **BOSTUS,** pro *Boscus,* Silva, in Antiquit. Benedict. Pictav. MSS. Stephanotii tom. 3. pag. 229 : *Cedimus ad ipsa Casa Dei prædicta manso nostro.... cum casis, ædificiis seu cum Bosto et veredegario.* Charta ann. 1268. apud Thomasserium Consuetud. Bituric. pag. 196 : *Habeant usagium plenum et liberum, tam pro se quam pro animalibus in Bosto de Preveria et in Bosto Linieriis.* [** Inde *Bostello* Lusitani dicebant Parvum nemus. Vide S. Rosa de Viterbo Elucidarii tom. 1. pag. 203.]

* **BOSULA,** Meta, limes, terminus, Gall. *Borne; Bosulare, Bosulas* seu limites figere, Gall. *Borner.* Charta ann. 1302. ex Tabul. Caun. monast. : *De Bosula, qua terminalia villæ S. Fructuosi ad Caunense monasterium spectantis, a terminalibus villæ de Aquis vivis, et de Bosusa, qua dividuntur a terminalibus villæ de Rivis, etc.* Charta ann. 1313. in Reg. 52. Chartoph. reg. ch. 207 : *Loca prædicta, prout superius designantur, de novo Bosulentur, et appositis seu affixis patentibus Bosulis seu terminis, ab aliis distinguantur;.... novas Bosulas seu terminos lapideos affigi et apponi seu construi facient apparentes.* Alia ann. 1326. in Reg. 64. ch. 453 : *Exercitium*

Bosulæ et terminii dictæ villæ seu castri de podio Sciurano, etc. Pactum inter DD. de Lisign. et de Pedenac. ann. 1331. in Reg. 69. ch. 180 : *Eundo a supra proxime dicta Bosula usque ad quamdam aliam Bosulam sive terminum, etc.* Ubi et *Bodula* sæpius occurrit. Vide supra in hac voce.

* Bozola, Eadem notione, in Stat. Vercel. lib. 4. pag. 70. v° : *Qui habet terram, quæ intestet in illo fossato, plantet in loco ipsius fossati Bozolas seu spinas.* Vide *Bonna* 2.

* **BOSUS**, pro *Boscus*, Lignum. Libert. Luriaci ann. 1213. tom. 1. Jur. publ. Franc. pag. 419 : *Quandocumque ego vel uxor mea erimus apud Luriacum, homines de franchisia adducent Bosum ad calefaciendum nos; sed ego habeo tradere eis Bosum ad pontes villæ refficiendos.*

1. **BOT**, Bota, inquit Spelmannus, Anglo-Saxonibus est *Emendatio*, *refectio*, *restauratio*, *compensatio*. Sententia lata per Henricum Romanorum Regem in solenni Curia apud Aquisgranum ann. 1222. mense Maio, pro Henrico Duce Brabantiæ, in vet. MS. [** ap. Pertz. vol. Leg. 2. pag. 249.] : *Si citatus non comparet ad primam citationem, emendam solvere tenetur, quæ Bota vocatur.* Charta Roberti Comitis Flandr. in Tabul. S. Bertini : *Et nisi perrexerint*, (in expeditionem) *Comes super Abbatem placitando emendationem vel Bot accipiet ab ipso Abbate, quod remanserunt.* [** ap. Guerard. pag. 247. ubi scriptum est *Both.*] Occurrit crebro hæc vox in Legibus Anglicis antiquis, sed plerumque cum aliis verbis conjuncta, ut in *Circbota*, *Burgbota*, *Brugbota*, *etc.* i. Ecclesiæ, burgi, pontis restauratio. [** Conf. Graffii Thesaur. Ling. Franc. vol. 3. col. 227. voce *Bôza*. Lexic. Anglosax. voce Bót et Grimmii Antiq. Jur. Germ. pag. 649. Vide *Boeta*, 4.]

¶ 2. **BOT**, Alia notione, apud Britannos Armoricos, Ager seu tractus terræ. Tabularium Rothonense : *Alunoc venit ad Rothonum ut moderaretur tributum suæ tegrannæ nomine Bot Lovernoc.* Ibidem : *Gleumonoc dat S. Salvatori Bot Deurec cum massis, sine censu, sine tributo*, etc. Ibidem : *Conwoion Abbas requisitus a Judwalon Clerico de alode Bot Judwalon, quem avunculus ejus dederat S. Salvatori, ut censum pro alodo ipso recipere dignaretur.*

* 3. **BOT**, Votum, imago cerea votiva, Ital. *Boto*. Consuet. MSS. monast. S. Crucis Burdegal. ante ann. 1305 : *Item statutum est, quod tales facientes novenam, debent...... xj. denarios, unam imaginem ceræ, aliter Bot, quæ ponitur coram altari beati Mommoli, et debet esse unius libræ pro voto facto, quod dictus beatus Mommolus impetret facienti novenam sanitatem de infirmitate, quam patitur a domino Deo Patre omnipotenti.* Vide *Votivum.*

* *Bot-oislaux*, Convicium est apud Lotharingos. Lit. remiss. ann. 1452. in Reg. 181. Chartoph. reg. ch. 231 : *En l'appellant Bot-oislaux que tu es, qui sont paroles diffamatoires selon le langage du païs.* (Epinal).

1. **BOTA**, Botta, Ocrea, Gall. *Botte*, ex Cambro-Britannico, *Bottas*, sotulares. Vincentius Belvac. lib. 29. cap. 28 : *Botis nunquam usus est, nec etiam pedulibus nisi simplicibus.* Statuta pro Ecclesia S. Vulfranni Abbavillensi in Tabul. Episcop. Ambian. fol. 134 : *Et initio hiemis Botas.... percipiant.* Statuta Hospitalis S. Juliani in Additamentis ad Matthæum Paris pag. 62 : *Æstivalibus largis seu Botis pro calceamentis utuntur.* Pag. 164 : *Sacerdotes Botis, seu æstivalibus, aut caligis nigri coloris vel bruni, cum sotularibus bassis, pro calceamentis utantur.* Institutiones Capituli General. Cisterciensis distinct. 14. cap. 21 : *Conversi in grangiis Botas non habeant.* Radulphus in Vita S. Richardi Episc. Cicestrensis n. 86 : *Botas quasdam quibus uti solebat, transmisit eidem, quibus infirmus calceatus, etc.* Statuta Ord. Præmonstrat. dist. 1. cap. 9 : *Omni tempore lectionis Fratres in nocturnalibus Botis esse possunt.* Constitut. Ord. Prædicat. distinct. 1. cap. 10 : *Ocreas non habebimus, nec chirothecas. Botta extra septa Monasterii non portentur.* Adde Chartam Manassis Episcopi Aurelian. ann. 1210. in Probat. Histor. Blesensis pag. 11. [Odonis Abb. S. Dionysii ann. 1231. e Cod. MS. B. Mariæ de Argentolio, Anecdota Marten. tom. 1. col. 162. et tom. 4. col. 1311. Limborch. lib. Sent. Inquisit. pag. 86. Hist. S. Germani Paris. pag. cxxxiv.]

Botarum præstationes. Charta Ranulfi de Capricuria, in Monastico Anglic. tom. 1. pag. 669 : *Dederunt Monachi eidem sorori meæ 10. marcas argenti, et mihi tres, et annuatim pelliceam Monachorum, et Botas.* Alia ibidem : *Et annuatim dabunt pelliceam mihi et Botas Monachi, et unum Monachum pro me fecerunt, et me Monachum facient, quando voluero.* Et tom. 2. pag. 850 : *Jus et clamium quod dicebamus nobis competere in una pellicia, et uno pari Botarum nomine servitii.* Tabular. S. Dionysii : *Exigebat..... semel in anno sibi et 10. Militibus apud S. Dionysium hospitationem, et Botas, ut vulgo dicitur, atque peliciam.* Tabular. S. Bertini ann. 1226 : *Viginti sol. qui dati fuerant prædecessoribus meis pro stramine et Botis.* Et anno 1210 : *Et quod pellicium et Botæ annuatim, et 3. procurationes apud S. Bertinum nobis deberentur.* Denique ann. 1229 : *Et insuper ab Abbate pellicium et Botas in festo S. Martini accipiet, qualia dari Militibus est consuetum.* [** Charta ann. 1372. ap. Guden. cod. Diplom. vol. 3. pag. 506 : *Præpositus tamen... nobis ad nostram cameram singulis annis in festo B. Michaelis pro speciali dono, clenodio et munusculo centum crusilinos, valida et bona, in Siburg facta et duo paria Botorum bonorum* (sic) *porrigere et dare debebit.*]

Botta. Concilium Andegavense ann. 1365. can. 19 : *Et quod Bottis vel sotularibus corrigiatis utantur.* Regula Canonicorum Ordinis S. Marci de Mantua, apud Alexandrum IV. PP. in Regesto anni 7. ex Bibl. Regia : *Cottam tamen et Bottas non habeant, nisi pro aliqua rationabili causa Bottæ concedantur alicui a Priore.*

* Bottæ Conventuales, Quibus utuntur monachi in conventu. Charta ann. 1245. ex Chartul. S. Cornel. Compend. fol. 91. v°. col. 1 : *Dabunt etiam annis singulis abbati Compendiensis ecclesiæ, in signum pacis et mutuæ in Christo dilectionis perpetuo conservandæ, unum par Bottarum conventualium.*

* Botæ Moniales, Eadem notione. Tabul. Mont. S. Mich. : *Item unas Botas moniales recipiendas annuatim de manu monachi de monte Doli, in usus thesaurariæ.* Male de lagena expositum videtur in *Butta* 3.

Botus, in Vita B. Walteri de *Birbeke*, cap 5. n. 6. ubi paulo ante *solutaris* dicitur.

** Bottarius, Sutor, Gall. *Bottier.* Apud Guerard. in Chartulario S. Petri Carnotensis libr. 1. Cod. Argentei sect. 68. in Notitia ann. circiter 1100. nominantur inter testes : *Hernaldus Botarius, Odo pistor, etc.* Vide tamen *Butta*, 3. et *Boterius*.

¶ 2. **BOTA**, Lagena major, dolium. Testamentum anni 785. tom. 2. Annal. Benedict. pag. 712 : *Quando in Pictavensem urbem veniet, ipsi monachi præfati cœnobii afferant illi gantos unos et duos cereos cum duabus Botis nectare plenis.* Hist. Dalphin. tom. 2. pag. 363. col. 2 : *Sex magnas Botas vitri ad portandum vinum.* Informationes MSS. pro *passagio* transmarino : *Item novæ Bôte inter vinum et aquam. Bota* dictus etiam locus in navi ubi *Botæ* reponebantur. Informationes mox laudatæ : *Item aperiet ex Bota xx. palmos et medium.* Vide *Butta* 3.

* Provincial. etiamnum *Bouto* Chron. Petri Azarii ad ann. 1332. apud Murator. tom. 16. Script. Ital. col. 330 : *Et in Bottis miserunt de vino, quod in Vercellis datum fuerat illustri principi dom. Philippo de Valesio.* [** Conf. Graffii Thesaur. Ling. Franc. vol. 3. col. 85. voce *Botaha*, et infra *Bottus*, 1.]

3. **BOTA**. Vide *Bot*, 1.

* **BOTACIUS**, Ital. *Bottacio*, Lagena. Inventar. ann. 1389. tom 3. Cod. Ital. diplom. col. 366 : *Botacii duo argenti deaurati, cum esmaillis duobus in bottis, et cum literis Græcis et corrigiis sprangatis...... Botacii duo argenti deaurati, cum testis tribus relevatis.* Adde Stat. Vercel. lib. 3. pag. 102.

¶ **BOTAGIUM**, Botatus. V. post *Butta* 3.

* **BOTALLUS**, Dolium, vas vinarium. Stat. Astæ cap. 13 : *De dicto vino quod emerit, ut supra, solvere teneatur ad introitum portarum Ast. solidos xij. pro quolibet Botallo vini, cujuscumque mensuræ sit, si ductum fuerit in Botallo.* Vide infra *Boutellus* et *Butallus*.

* **BOTANOTHECA**, *Modus conficiendi herbarium vinum*, apud Guill. Lauremberg.

* **BOTARE**, Pellere, pulsare, Gall. *Pousser*, olim *Bouter*. Inquisit. ann. 1340. ex Cod. reg. 5190. fol. 73. v° : *Ipsum Nicholaum accepit per spatulas, ipsumque impulit et Botavit, ac etiam coegit ut dictam ecclesiam exiret....... Dixit dicto Petro, quod ipse Petrus male fecerat de ipsum Botando.* Lit. official. Lingon. ann. 1346. in Reg. 76. Chartoph. reg. ch. 323 : *Idem Stephanus clericus manus apposuit temere violentas in dictum Willelmum, ipsumque pluries..... Botavit animo irato.* Lit. remiss. ann. 1376. in Reg. 109. ch. 432 : *L'exposant.... fery ou Bouta des mains tant seulement icellui Obert.* Aliæ ann. 1389. in Reg. 137 : *Rabastes le feri ou Bouta tellement, qu'il le fist cheoir dessus un buisson.* Aliæ ann. 1408. in Reg. 163. ch. 230 : *La suppliante Bouta l'huis pour le cuider fermer : mais icelle Thevenote le Rebouta telement, qu'elle ne le pot clorre ne fermer.* Unde Bouteis, et Boutement, Impulsio, pulsatio, Gall. *Choc, l'action de pousser.* Lit. remiss. ann. 1363. in Reg. 92.

ch. 321 : *Lesdiz supplians commencierent à aler au lieu, où ledit descort avoit esté;...... et y ot des hurteis et Bouteis d'une partie et d'autre grant quantité.* Aliæ ann. 1348. in Reg. 79. ch. 25 : *Ledit Alain comme tout esbahi bouta arriere de li ledit Gieffroy, et en cest Boutement acopa ledit Gieffroy, s'il qu'il chei.* Denique aliæ ann. 1387. in Reg. 132. ch. 37 : *Le suppliant bouta de lui Pierre Benoit,..... duquel Boutement il chey....... ou fossé, qui estoit derrière lui.* Vide infra *Boutare.* [** De etymo confer Murat. Antiq. Ital. vol. 2. col. 1161. voce *Botta.* Adde Raynouard. Glossar. Roman. vol. 1. pag. 243. voce *Botar.*]

¶ **BOTAREA** Imago. Vide *Votarea.*

* **BOTARGIUM.** Vendit. vicecomit. Turen. ann. 1350. in Reg. 80. Chartoph. reg. ch. 156 : *Cum jure percipiendi et exigendi pontanagia et pedagia, Botargia, drallas, etc.* Ubi Justellus edidit *Botagia.* Vide in *Butta* 3.

¶ 1. **BOTARIA**, Districtus species seu jurisdictionis; an vero Buticularii a *Bota*, lagena, quemadmodum Ballivia a Ballivo, an ab Armorico *Bot*, Tractus terræ, haud mihi satis constat. Charta ann. 1313. apud P. *Menestrier* inter Probat. Hist. Lugdun. pag. 88 : *Cum nobis ex fide dignorum assertione constaret informatione facta super hoc diligenti, civitatem et diœcesim Aniciensem, Balliviam Vallaviæ et totam Botariam Bossen, item sicut est et in ea protenditur diœcesis Valentina, quæ Botaria est in Ballivia regia Vivaresii.*

* Rectius intelligitur, ni fallor, Via strata, agger, Gall. *Chaussée.* Vide infra *Buteria,* 1.

* 2. **BOTARIA**, Vas vinarium, nostris olim *Boux.* Lit. remiss. ann. 1350. in Reg. 80. Chartoph. reg. ch. 77 : *Johannes dictus Charlemainne, pauper sutor,..... plures Botarias, Gallice Boux, quas Rolandus ad se causa juris sui officii dicebat pertinere, recepit...... Quæ Botariæ ab ementibus recuperatæ fuerunt, et nostro Botario restitutæ.* Vide in *Butta* 3.

* **BOTATICUM**, Idem videtur quod *Botellagium.* Narrat. vexat. quas ab Aimer. vicecom. Narbon. passus est Richardus archiep. inter Instr. tom. 6. Gall. Christ. col. 29 : *Accrevi ei* (Aimerico) *ad fevum tertiam partem medietatis Botatici, etc.* Vide *Botaticus.*

¶ **BOTATICUS**, f. Idem quod *Botellagium.* Charta Bernardi Comitis ann. 1078. tom. 1. Gall. Christ. pag. 39. Instr. : *Insuper omnes malas consuetudines, Botaticos, albergas, atque traginas, et omnes torturas, quas ego hactenus vel omnes antecessores mei in ipsis honoribus prædictorum inquirere videbamur, funditus dimitto.*

BOTATORIUM. In Regesto 31. Chartophylacii Regii habetur Charta anni 1263. qua Renaldus de *Chigy* et ejus uxor vendunt Regi *tres partes quas se habere dicebant in quodam Botatorio sito apud villam novam Regis, ante Tiratoria ejusdem villæ, quæ sunt juxta viam, per quam itur de Villa nova Regis apud Senonis, in quo Botatorio dictus Rex habebat quartam partem, ut dicebat et plateam tenentem dicto Botatorio.* [f. pro *Batatorio*, quod vide.]

* Vide supra *Bocatorium.*

* **BOTELHERIA**, Cella vasaria, nostris *Office.* Inventar. ann. 1476. ex Tabul. Flamar. : *Et in pincernia sive Botelheria, quæ est prope dictam coquinam,.... primo unum quintalle sepi, etc.* Pro officio *botellarii*, vide in *Botelleria.*

BOTELLA. Vide *Botellus* [et *Butta,* 3.]

BOTELLAGIUM, Præstationis species, quam *Bouteillage* vocant, Præstatio scilicet unius vini lagenæ, quam *Bouteille* dicimus, pro singulis doliis vinariis quæ certo anni tempore distrahuntur. Charta Vitriacensis ann. 1157 : *Concessit burgum S. Martini cum cœmeterio, et omnes redditus eorum præter Botellagium et furnum.* [V. *Butta,* 3.]

¶ **BOTELLARIUS**, Cui *Botellarum* seu *Potus* cura demandata est. Charta ann. 1280. apud Marten. Anecdot. tom. 4. col. 606 : *Scilicet janitor inferior, pistor ministralis, dormitorarius, janitor et Botellarius, quamdiu ea tenuerint officia, etc.* Alia ann. 1281. ibid. col. 607 : *Quod quæcumque de cetero contingat vacare in Ecclesia nostrâ officia, quæ pistor, et administralis, et dormitorarius et Botellarius et portarius habent, etc.* Moret. Antiq. Navar. pag. 574. ex Tabul. S. Mellan. fol. 36 : *Lupus Sancii majordomus, Lupus Enneconis Botellarius.* Vide *Buticularius* in *Butta,* 3.

¶ **BOTELLERIA**, Officium *Botellarii.* Acta SS. Junii tom. 3. pag. VII. in Legibus Palatinis Jacobi II. Regis Majoric. : *De Botelleriis pro nostris familiaribus deputatis. De servitoribus sive aquæductoribus Botelleriæ.* Ibid. pag. XIII : *Ut ab omnibus officialibus Botelleriæ et coquinæ homagium juramento subnixum recipiant.* Hist. Dalphin. tom. 2. pag. 392. col. 2. ubi de diversis officiis *Panateriæ, Botelleriæ, coquinæ, fructuariæ, marescalciæ et forariæ.* Occurrit iterum ibid. pag. 308. col. 2. ubi etiam habetur eod. sensu *Botellieria*, et pag. 315. *Botelheria, Botelaria*, apud Rymer. tom. 3. pag. 717. Vide in *Butta*, 3.

1. **BOTELLUS**, Botulus, Tertulliano, intestinum, interaneum, Italis, *Budello*, [Armoricis, *Bouzell.*] Lex Angliorum tit. 5. § 14 : *Si intestina, vel Botelli perforati claudi non potuerunt.* Lex Frision. tit. 22. § 51. 52 : *Si ventrum vulneravit, 12. sol. componat : si Botellum vulneraverit, 12 sol. si perforaverit 24. sol. componat.* Addit. 3. ad easd. Leg. tit. 3. § 31 : *Si stomachus, vel Botellus perforatus fuerit, ita ut stercus per vulnus exierit.* [** Vide Forcellin. et *Botulus.*] Galli dicimus *Boyau*, olim, *Boël*, et *Bouële*, vocabulo magis ad *Botellus* accedente. Gloss. Lat. Gall. : *Exta, Bouëlle.* Le Roman *de Garin* :

> Parmi les portes entrerént li navré,
> Dont meint Boel fu fors des cors jetté.

Idem :

> Tant cop donner, tant Chevalier chair,
> Tante Boele entre chevax gesir.

Alibi :

> Et maint destrier mort et esboelé.

Guill. *Guiart* ann 1264.

> Destiers trinant leurs Boueles,
> S'en vont fuiant vuide les seles.

Et ann. 1304 :

> Trois ou quatre en percent tout outre,
> Qu'aux mortiex coléés sentir,
> Ne peuvent armes garantir.
> D'aucun voit-on bien les Beueles.

[** Conf. Graffii Thesaur. Ling. Fr. vol. 3. col. 87. voce *Budeming.*]

Budellus, in Consuetud. Ecclesiæ de Regula apud Labbeum tom. 2. Bibliothec. : *Si extraneus portaverit sturjonem, denarium habebit claviger, et si ibidem fractus fuerit sturjo, nerbilium et Budellum habebit. Budel,* Occitanis.

* Ob intestini similitudinem nostris, manus elephantis *Boel* est nuncupata. Bestiarius MS. :

> L'oliphant est moult corporu,
> Quant il vient en paistis herbu,
> Hors de sa bouche ist un Boel,
> A coi il paist par le prael.

* *Boteau* vero, dixerunt ensis capulum, Gall. *Pommeau.* Lit. remiss. ann. 1448. in Reg. 179. Chartoph. reg. ch. 219 : *Le suppliant frapa icellui Robraye du pommeau ou Boteau de sa dague sur la teste.* Forte pro *Bouteau*, quia una est pars ensis extrema. Et quidem *Boutille*, ea notione occurrit, in aliis Lit. ann. 1450. ex Reg. 186. ch. 44 : *Icellui Royer tira une dague qu'il avoit, et la picqua et fischa sur la table en la tenant de la main par la Boutille ou pommeau.* Vide infra *Bouteria* 1.

2. **BOTELLUS**, Lucanica, *Botulus* Festo, Gallis *Boudin*, Gloss. Lat. Græc. *Botulus*, φύσκος; sed legendum φύσκη, monet Salmasius. Suidas : φύσκη, τὸ παχὺ ἔντερον, εἰς ὃ ἐμβάλλεται ἄλευρα καὶ κρέα, καὶ μάττουσιν, ἐξ οὗ γίνεται ὁ ἀλλᾶς. Apitius lib. de Re culinaria cap. 5 : *Vulvuiæ, Botelli, et bulbuli hysiciata sic fiunt.* Infra : *Botellum sic facies ex ovi vitellis coctis, nucleis pineis concisis, etc.* Guarinus Ord. Fratr. Prædicat. in Vita B. Margaretæ Hungaricæ num. 20 : *Pro quadam infirma desiderante Boudellos, seu intestina porci, etc.* Perperam editum *boudellos.*

¶ 3. **BOTELLUS**, Idem quod *Bota*, ocrea. Chartula anni 1393. apud Rymer. tom. 7. pag. 745 : *Novem paria Botellorum, centum et triginta duas libras de zucurio, quinquaginta greylenges, quinquaginta lengys, tres Barellos de allece albo etc.*

* **BOTERIA**, Apertura per quam aqua in prata ex rivo deducitur, vulgo *Butiere* Provincialibus. Stat. ann. 1471. ex Reg. sign. *Columba* Cam. Comput. Aquens. fol. 282 : *Et primo videant si Boteriæ possessionum circumstantium secundum jussum et præceptum regium..... ordinatæ sint, et existant plus largæ sive longæ.*

¶ **BOTERIUS**, Qui *botas* seu dolia vendit, doliarius, Gall. *Tonnelier.* Statuta Massil. pag. 394 : *Ordinamus... quod omnes Boterii... vendant botas bonas et legales.* Pluries occurrit ibi et pag. seq. Vide *Bota* in *Butta*, 3.

* **BOTERONUS**, Fasciculus, Gall. *Botte.* Lit. remiss. ann. 1379. in Reg. 115. Chartoph. reg. ch. 319 : *Johannes Caquier subintravit et effregit quoddam molendinum, vocatum de venta, ubi subripuit quatuor Boteronos canapis.* Sic *Boute d'esteuble*, Picardis, est culmorum manipulus, Gall. *Botte de chaume.* Lit. remiss. ann. 1377. in Reg. 111. ch. 383 : *Comme l'esteuf eust esté envoié d'aventure sur certains jarbes de chaume, appellées Boute d'esteuble selon la langue Picarde.* Præterea *Bouche*, *Bouchon* et *Bouchot*, eadem notione, dixerunt. Pa-

ctum inter priorem et habitantes S. Belini ann. 1461. in Reg. 198. ch. 191 : *Confessent iceulx habitans devoir audit prieur, pour cause du disme de toutes leurs chanvres, qui est de dix Bouches, ung Bouchot.* Costum. Aurelian. ad calcem Assis. Hierosol. pag. 472 : *Le Bouchon de chanvre d'un cent, doit obol par terre.*

* Aliud sonat *Boteron*, vel *Bouteron*, Vas nempe servandis piscibus aptum, corbis species, Gall. *Panier*, in Lit. remiss. ann. 1390. ex Reg. 140. ch. 75 : *Comme icellui Perrin, qui s'esbatoit par la riviere, eust advisé un Boteron ouquel avait du poisson, etc.* Aliæ ann. 1464. in Reg. 199. ch. 486 : *André Guerreau, qui avoit des eufz en ung Boteron;..... que en sondit Bouteron avoit xv. eufz.* Rursum infra *Bouteron*. A voce Gallica *Bout*, sportæ dossuariæ species, in Lit. remiss. ann. 1453. ex Reg. 182. ch. 353 : *Icellui Monbliart, qui avoit une Bout ou hotte à son col, et ung baston pour soutenir sa hotte, etc.* Unde *Boutée*, Quantum sporta continetur, Gall. *Hottée*, in Charta ann. 1283. ex Chartul. Mont. S. Mart. part. 3 : *Et doivent aporter à leur coust au Mont S. Martin une Boutée de roisins bons et meurs, ou tans le on vendenge.* Lit. remiss. ann. 1364. in Reg. 98. ch. 229 : *Lesquelz prindrent aussi une Boutée de pain, etc.*

* **BOTGIA**, recensetur inter utensilia modici valoris, in Inventar. MS. ann. 1379 : *Item quædam Botgiæ. Item una targeta parva.*

* **BOTGIUM**, Compes, vel torques vinctorum. Inventar. ann. 1476. ex Tabul. Flamar. : *Et primo in intrata dicti castri, juxta portam principalem ejusdem castri, ante capellam et carceres dicti castri, videlicet unum Botgium ferri cum sua cauda.* Vide *Bogia* et *Boia*.

BOTGLARIA, Armorum species. Libertates Bergeraci in Vasconia : *Item armaturæ, utpote enses, lanceæ, scuta, Botglaria, loricæ, platæ, pilleus ferreus, etc.*

* Clypeus scilicet, scutum. Sed leg. forte *Bocglaria*. Vide supra *Bocglarium*.

BOTHA, Officina, ἀποθήκη, Italis *Potheca*, Gallis *Boutique*. Lex Burgorum Scoticorum cap. 40. : *Mercator qui habet stallum coopertum in die fori (nundinarum) vel Botham in die fori, dabit obolum pro consuetudine et custuma sua.* Cap. 71 : *Nullus carnifex occidat animalia de nocte, nec emat, sed clara diei luce, et in propria Botha sua.* Iter Camerarii Scotici cap. 1 : *Nomina fratrum Gildæ, et tenentium Bothas mercimonii.* Charta Ricardi I. Regis Angl. in tom. 2. Monastici Angl. pag. 132 : *Et duas mansuras liberas ad Bothas suas faciendas.*

BOTHENA, Bothyn, Baronia, aut territorium vel districtus domini, apud Scotos : nam, ut auctor est Buchananus, primi Reges Scotiæ, regno in Baronias diviso, cunctas opes agrosque Regios, meritorum habita ratione, magnatibus suis diviserant, quos *Barones* inde appellavere. Statuta Willelmi Regis Scotiæ cap. 9. § 6 : *Si aliquis emat bladum in aliqua Bothena, et transeat ad aliam Bothenam, et ibi moram faciat ad tabernam.* Et § 7 : *Si aliquis capiat terram ad firmam in aliqua Bothena.* Statuta Davidis II. Regis cap. 5 : *Si quis manens in una Bothyn, id est, Baronia, capiens namum in alia Bothyn seu Baronia absque licentia domini, etc.*

* **BOTHOCUS**. Charta ann. 1259. in Chartul. eccl. Lingon ex Cod. reg. 5188. fol. 202. v° : *Concedimus ipsi episcopo, quod ipse habeat medietatem dicti muri,..... et in signum vestituræ Bothocos faciat in eodem.* An Foramen, apertura?

* **BOTHOFLEMARE**, Inversis literis, pro *Flebothomare*, Venam secare. Lit. remiss. ann. 1358. in Reg. 86. Chartoph. reg. ch. 36 : *Qui Ancellus respondit sic, Si Deus adjuvet me, nichil a te peto, et statim faciam me Bothoflemare.*

* **BOTHONATUS**, Fibulatus, fibulis instructus, Gall. *Boutonné*. Stat. synod. eccl. Atrebat. xv. sæc. edita cap. 18. ex Cod. reg. 1610 : *Vestes curtas, strictas, a parte anteriori Bothonatas .... prohibentes.* Vide *Botones*.

BOTICA, [Officina, taberna, Italis *Bottega*, Gall. *Boutique*. Charta ann. 1352 : *Donatio cujusdam Boticæ pro valore quarumdam tassiarum.*] Vide *Botha* et *Apotheca*.

¶ **BOTICELLA**, Lagena, Gall. *Bouteille*. Acta SS. Martii tom. 1. pag. 565. F. in Vita B. Coletæ : *Tradidit quamdam Boticellam vini pro recreatione spirituum.* V. *Butta*, 3.

¶ **BOTICIO**, Βίωνω, *Mergo*. Supplem. Antiquarii.

* Ex Gloss. Gr. Lat. et Lat. Gr. lege, *Boticio*, βύνω. [** Vide H. Stephani Thes. Ling. Gr. voce Βυνέω, edit. Didot. vol. 2. col. 457.]

¶ **BOTIDA** Imago, Anaglypta, Gall. *en bosse*. Inventarium ornamentorum Abb. S. Victoris Massil. ann. 1438 : *Et in tabernaculo ut Imago Botida B. M. Virginis.* [** Conf. *Votiva*.]

¶ **BOTIGA**, Taberna, Gall. *Boutique*. Statuta Massil. pag. 68 : *Aut alias qualitercumque haberi sustinebunt Botigas aliquas extraneis.* Et pag. 158 : *Antequam illud* (bladum) *sit allatum in Botiga, possit illud vendere ubicumque voluerit.*

* **BOTIGIA**, Officina, taberna, Gall. *Boutique*. Charta ann. 1371. in Reg. 103. Chartoph. reg. ch. 37 : *Item quoddam aliud hospitium sive Botigiam, situm in carreria villæ novæ.* Stat. pro sabater. Carcass. ann. 1402. tom. 8. Ordinat. reg. Franc. pag. 561. art. 8 : *Eis sit licitum et permissum intrare domos, hospicia, Botigias et operatoria, etc.* Vide infra *Botigua*.

* Eo etiam nomine nostri lupanar designarunt. Stat. ann. 1395. in Cod. reg. 8312. 5. fol. 145. r° : *Item que toutes filles de vie, cloistrieres, ou femmes communes diffamées voisent tenir, tiennent et facent leurs Bouticles és lieux ad ce ordonnés d'ancienneté en ladite ville* (de Troyes).

***BOTIGLIUS**, Butiglionus, Lagena, Gall. *Bouteille*. Steph. de Infestura MS. ubi de Innoc. PP. VIII. : *Dixit eidem cardinali, quod præpararet in tentorio suo multa barilia vini et multos Botiglios plenos vino, ut possint ibi adstantes bene bibere; quod creditur dixisse ex eo quod D. viceccancellarius in consistorio proxime elapso dixerat ei, Butiglionum plenum vini et ebrium.*

* **BOTIGOLIUS**, Botigolus, Eadem notione. Acta B. Amadei tom. 2. Aug. pag. 589. col. 1 : *Cum..... habuisset idem frater Jacobus amore Dei Botigolum unum parvulum vino plenum, ... ipse frater Jacobus obtulit Botigolium, cum illo modico residuo vini, etc.*

* **BOTIGUA**, ut supra *Botigia*. Charta ann. 1406. ex Bibl. reg. : *Vendidit quamdam ipsius Mathei Botiguam, sitam infra castrum anticum.* Vide *Botiga*.

¶ **BOTIGUIA**, Eadem notione, in laudatis Statutis pag. 599 : *Botiguiis in quibus consuetum est blada, legumina et farinam discaricari.*

¶ **BOTILHEES**. Vide in *Butta* 3.

* **BOTILLAGIUM**, Præstationis species, quam *Bouteillage* vocant, idem quod *Botellagium*. Charta Conani ducis Brit. : *Notum sit.... me reddidisse et concessisse Lamberto Contedoer filio, homini meo, Botillagium suum, in quacumque domo manserit, quietum.* Eadem Charta ex Bibl. S. Germ. Prat. habet *Botoillagium*. Haud absimilis est præstatio, quam ecclesiæ S. Petri sponte exhibituros se deinceps promittunt cives Redonenses ex vet. Notit. tom. 1. Probat. Hist. Brit. col. 357 : *Cives prædictæ urbis..... constituerunt ...... de vino et medo, quæ venundantur in urbe Redonis aut in suburbio ejus, cujuscumque esset, seu comitis seu monachorum seu monacharum, de tonna quatuor modiorum vel quinque, lagenam unam dare ecclesiæ S. Petri Redonensis ad victum canonicorum.*

* **BOTINA**, diminut. a *Bota*, Levior ocrea, Gall. *Bottine*. Lit. Caroli V. reg. Fr. ann. 1367. pro Montispess. de forma vestium : *Item quod nullus vir vel mulier audeat portare in suis æstivalibus, sotularibus, vel Botinis punctas, dictas de polayna.*

* **BOTINUM**, Præda, Ital. *Bottino*, Gall. *Butin*. Chron. Petri Azarii ad ann. 1347. apud Murator. tom. 16. Script. Ital. col. 316 : *Habuerunt infinitam quantitatem, adeo ut numquam in Lombardia factum fuerit tantum Botinum, sic brevi dividendum, divisum et acquisitum.* Charta ann. 1357. ex Lib. virid. eccl. Massil. : *Totum Botinum, ... quod habebant intra domum episcopalem, sibi ipsis applicuerunt.* Nostri *Botiner* dixerunt pro Prædam dividere, partiri, Gall. *Partager le butin*. Lit. remiss. ann. 1363. in Reg. 101. Chartoph. reg. ch. 9 : *Les biens, prins par la maniere que dist est, furent là entre eulz Botiné et distribué à un chascun sa portion; et ainsi comme il Botinoient lesdis biens, etc.* *Bustiner* et *Butiner*, eodem sensu. Lit. remiss. ann. 1400. in Reg. 155. ch. 272 : *Lesquelz appliquerent à leur singulier prouffit tous les biens quelxconques dudit George et les Bustinerent entr'eulx.* Aliæ ann. 1414. in Reg. 168. ch. 129 : *Lesquelx supplians retournerent en la ville de Sens, en laquelle ilz Butinerent et partirent entre eulx les biens dessudiz.* *Butinier*, Prædæ sequester et qui illam ex æquo partitur. Lit. remiss. ann. 1433. in Reg. 175. ch. 241 : *Hostelin de Pacy homme d'armes, qui estoit Butinier, et avoit receu la finance de Huet Poitreault.* Aliæ ann. 1479. in Reg. 205. ch. 452 : *Jehan le Begue escuier homme d'armes soubz la charge de nostre amé et feal cousin et conseiller l'admiral de France, et Butinier de sadite compaignie de la destrousse, qui fut faite en Guyenne.* Hinc *Jouer à Butin*, Lucrum ex ludo cum alio participare. Lit. remiss. ann. 1410. in Reg. 164. ch. 258 : *Guillaume Baudin bailla dix blans à icellui*

Cailleu, disant qu'il en mist autant et jouast à Butin et à moitié a eulx deux, contre le supplitant. Aliæ ann. 1457. in Reg. 189. ch. 199 : *Regnier de Montigny a joué à Butin en ceste ville, de Paris, en l'ostel de la Mouffle.* Vide supra *Abotinare.*

BOTIS, [Cloaca, Gall. *Egout*] Jus Vicentin. lib. 1 : *Faciant, quod pontes, degoræ ac Botes in civitate constituantur, etc.*

* *Boier*, eadem notione, in Vita [J. C. MS. ubi de ligno Crucis, quod auctor ex loco cœnoso extractum fuisse fingit :

Le planche traient del Boier,
Deux pars en fisent à guissier, etc.

Infra *Fangier* appellat.

* **BOTISELLA**, Doliolum, Gall. *Barillet.* Stat. Montis-reg. pag. 318 : *Item pro qualibet barrile tuninæ, solvat octo den. Item pro qualibet Botisella tuninæ, etc.*

* **BOTIUS**, Tumor, Gall. *Bosse, goêtre.* Mirac. S. Fiacrii tom. 6. Aug. pag. 617. col. 1 : *In parochia B. M. de Divione erat quædam puella, quæ habebat magnum Botium per plures annos in collo;.... qui medicus Botium tetigit, in manu medici crepuit.* Vide supra *Bocius* 2.

¶ **BOTIZARE**, Gall. *Aboutir*, Terminare. Chartularium S. Vandregesili tom. 1. pag. 173 : *Acostantem ex una parte juxta terram Radulfi Tiebout et ex altera juxta meam, et Botizat ad terram Galterii le Moire.* Vide *Butum.*

* **BOTLARIUS**, Idem qui *Buticularius*, cui nempe *bottarum* seu potus cura demandata est. Charta ann. circ. 1034. inter Probat. tom. 2. Hist. Occit. col. 189 : *Retinet ibi Petrus episcopus suo senescalio, cum suo Botlario, etc.* Vide in *Butta* 3.

¶ **BOTO.** Vide *Bosteo*, et infra *Botones.*

* **BOTOERUM**, Idem quod *Batatorium*, Battuarium, ubi panni, vel quernei cortices, aliave id genus tunduntur. Reditus Villæ novæ ex Reg. 34. bis Chartoph. reg. part. 1. fol. 92. r°. col. 1 : *Unum Botoerum, l. solid.* Lit. ballivi de Curtenaio ann. 1334. in Reg. 69. ch. 61 : *Comme nous..... eussiens accensi...... à Jehan Bergerole le leu, ouquel le Botoer de Courtenay seant estre, aveuc le cours de la riviere du rerebiez courant parmi l'estanc dudit leu de Courtenay, et les places seanz au dessous de la chaucide dudit estanc, pour faire un Botoer à boier* (Infra, *à boer*, id est, *à broier*, tundere) *estoite, maison pour demorer, se mestier est, et hales et loiges pour mettre ladite estoite. Bouterez* et *Boutouoir*, eadem acceptione. Charta ann. 1313. ex Chartul. S. Maglor. Paris. ch. 169 : *Super uno vel duobus molendinis, vulgariter nuncupatis Bouterez, ibidem faciendis etc.* Lit. remiss. ann. 1400. in Reg. 155. ch. 90 : *Que les foulons n'en diront ja riens...... pour doubte de perte, et que nuls alast plus à leur Boutouoir.* Vide supra *Bastitorium*, *Bateor*, et infra *Botorium.*

* **BOTOILLAGIUM.** Vide supra *Botillagium.*

BOTOLOS. Ricardus Hagustaldensis cap. 14 : *Hujus tam flagitiosi sacrilegii emendatio sub nullo judicio erit, sub nullo pecuniæ numero claudetur sed apud Anglos Botolos, id est, sine emendatione vocatur.* Ubi Somnerus censet legendum *Botleas*, ut in Legibus Kanuti politicis cap. 61. [** et Eccles. cap. 2. § 2. Inexpiabilis.] ubi eodem sensu occurrit : a Saxonico b o t, mulcta, compensatio, et l e a s terminatione, quæ vim privationis habet.

BOTONES, Gallis *Boutons*, Fibulæ, globuli. Concilium Albiense cap. 15 : *Clericus Botones vel firmallos aureos... deferre in aliquibus vestibus non præsumat.* Occurrit etiam in Concilio Budensi cap. 4. in Andegavensi ann. 1365. cap. 12. etc. Le Roman *de Garin :*

Trois cens Boutons i avait fait d'or mier.

[** Vide Raynouard. Glossar. radice *Boton*, vol. 1. pag. 243. et Murator. Antiq. Ital. vol. 2. col. 1162. voce *Bozza.*]

¶ Botoni, Eadem notione. Statuta ann. 1230. ex lib. viridi Episc. Massil. pag. 10 : *Neque in indumentis Botonos argenteos vel christalinos, etc.* Concil. Aptense ann. 1365. apud Marten. tom. 4. Anecd. col. 334 : *Non ultra accedant capucini* (l. capuciati) *cum Botonis vel croquetis.* Vide *Cotardia.*

* Botonei, Eadem notione. Conc. Terracon. ann. 1282. apud Marten. tom. 7. Ampl. Collect. col. 279 : *Non portent* (clerici) *Botoneos aureos vel argenteos, vel alicujus alterius metalli.*

* Bottoni, in Constit. Feder. reg. Sicil. cap. 91 : *Item quod non audeant portare in vestibus, quas induerint, nisi septem Bottonos ad plus, quorum cujuslibet pretium non possit transcendere tarenos viginti duos, et quod nullus aurifex audeat facere Bottonos majoris pretii nec ponderis, et quilibet Bottonorum ipsorum sit ponderis unciæ unius ad plus.*

* Botonus, Glans, pilula. Annal. Mediolan. ad ann. 1389. apud Murator. tom. 16. Script. Ital. col. 812 : *Vitrioli duo deaurati pro altare, unus cum uno corallo, et alter cum uno Botono. Botoni lxxxiv. Januenses*, ibid. col. 808.

Botonatus, Fibulatus, vel fibulis instructus, *Boutonné.* Statuta Hospitalis S. Juliani in Anglia : *Tunica vero habeat manicas protensas ad pugnum, non consutitias, vel aliqualiter Botonatas.* Occurrit etiam in Constitut. Benedicti XI. PP. pro Beneditinis cap. 19. in Concilio Andegavensi ann. 1366. can. 12. 13. 20. etc.

* Stat. Leod. ann. 1360. tom. 2. Monum. sacr. antiquit. pag. 451 : *Alia quævis indumenta, auro, argento Botonata.... deferri omnibus prohibentes.* Lit. remiss. ann. 1387. in Reg. 131. Chartoph. reg. ch. 116 : *Un chapperon à femme, Boutonné de menuz boutons d'argent surorez.*

Botones vocat vetus Auctor de Limitibus agror. pag. 288. quos alii *Botontinos*, tumores scilicet aggesta terra excitatos ad agrorum fines; unde nostrum *Bout*, pro fine et extremitate videtur deductum, et *Bouton*, pro globulo seu fibula sphærica ad constringendas vestes : seu quod ad modum *Botontinorum* globi speciem referant, seu quod extrema vestis constringant. Vide *Butina* post *Bonna*, 2. [** et *Bodones.*]

¶ **BOTONTINI**, Vide in *Botones.*

* **BOTONZELLUS**, Bottoncellus, Ital. *Bottoncello*, diminut. a *Bottone*, Globulus Inventar. jocal. ann. 1389. tom. 3. Cod. Ital. diplom. col. 361 : *Collana cum Botonzellis xlvij. auri.* Inventar. MS. thes. Sedis Apost. ann. 1295 : *Tres castoncelli pro perlis et unus Bottoncellus.*

¶ **BOTORIUM.** An idem quod infra *Botarum Consuetudo* in *Butta*, 3. vel Præstatio pro vino in *Botis* distrahendo? Charta Mauritii Paris. Episcopi ann. 1182. super Controversia inter Monachos Regniacenses et Moniales de Crisennone Diœcesis Autissiod. : *Molendina communia deinceps erunt Monachorum et Monialium in omni emolumento et proventu molituræ et piscationis et Botorii et aliorum omnium.*

* Idem omnino videtur quod supra *Botoerum.* Vide in hac voce.

* **BOTORRIS**, Turricula, specula, Gall. *Guérite*, ut videtur ; vel Propugnaculi species. Charta ann. 1217. inter Probat. tom. 1. Hist. Nem. pag. 62. col. 2 : *Promiserunt sese hedificaturos iij. Botorres, singula quarum debet habere de foris ab uno angulari usque ad aliud duas cannas, et extra au pieg cannam unam se debet extendere : intus vero debet hedificari x. palmis et cum muro conjungi prope terram.* Vide supra *Bichocha* et *Bisturris.*

BOTOYRAY, Vasis species. Inventar. MS. ann. 1356 : *Item unum Botoyray album.*

* **BOTRIFER**, Qui *botros* fert, frugifer. Vita B. Altman. tom. 2. Aug. pag. 369. col. 1 : *Sterilia sarmenta amputando et Botriferos palmites propagando, etc.* Vide mox

* **BOTRIO**, Uva, racemus, a Gr. Βοτρυών. Mirac. S. Helenæ tom. 3. Aug. pag. 616. col. 1 : *Hinc vinearum abundant Botriones, quique turgentibus gemmis lucentibus rutilant in falernis.* [** Vide Forcellin. in *Botryo.* Papias in cod. reg. 7609 : *Botrio, Latex.* Adde Isidor. Origin. lib. 17. cap. 5. sect. 14.]

¶ **BOTRIONES**, *Qui aliena congregant.* Papias MS. [** f. *Boves, Triones, quia bene congregant.*]

¶ **BOTRONATUS**, Ornamentum muliebre, f. sic dictum, quod baccæ aliæ aliis adhæreant ut in botris. Tertull. de Cultu Femin. cap. 10 : *Nullam de conchylio vestem Esaias increpet, nullas lunulas reprobet, nullum Botronatum retundat.*

* **BOTROS**, *Summitas*, ex Gloss. in Alex. Iatrosoph. MS. lib. 2. Passion. cap. 129 : *Item aliud mirabile faciens ad multa, cardamomo ex interionis semine est j. amomi Botros.*

* **BOTRUS**, Fossa, via imbribus excavata, Ital. *Botro.* Inquisit. ann. 1297. apud Lam. in Delic. erudit. inter not. ad Hodœpor. Charit. part. 1. pag. 115. : *In primis a loco Ebulæ sursum versus Levantem sicut trahit et jacet quidam Botrus seu fossatellus.* Et pag. 116 : *Sicut..... jacet quædam vallis sita in dicto loco, quæ mittit aquam in fossato seu Botro, etc.*

1. **BOTTA**, Rubeta, bufo, Italis *Bota*, Vita S. Angelæ de Fulginio cap. 4 : *Remaneo tota contenta, tota Angelica, quod diligo Bottas, et bufones, et etiam dæmones.* [** Vide Grimmii Mythol. German. pag. 288. 289.] [Nostris olim *Botte* et *Boterel*, quod hodie *Crapaud* dicimus. *La bible Historiaux* ubi de reptilibus :

Lesardes et Botereaux
Qui se trayent de leurs piez.

Mehun au Codicille :

Botereaulx et couleuvres, visions de deables.]

¶ 2. **BOTTA**, Lugdunensi in agro idem quod Latinis, Lacuna, Gall. *Mare*. Codex censualis Calomontis : *Juxta Bottam quæ est in tanno Calomontis*. Ibidem : *Juxta Bottam in Beguerdas aberat sua animalia*. Liber Recognitionum servitiorum Domini Villæ-novæ in Dumbis : *Juxta fangiam de la Botta d'Ouraux*.

3. **BOTTA**, Ocrea, Vide *Bota*, 1.

* 4. **BOTTA**, vox Italica, Ictus, percussio, quo sensu etiam *Botte* dicimus. Chron. Petri Azarii ad ann. 1363. apud Murator. tom. 16. Script. Ital. col. 410 : *Intentio domini est quod de magistris proditoribus incipiatur paulatim. Prima die quinque Bottas de curlo*. Decreta Placent. ad calcem Stat. fol. 108. r°. : *Quas pœnas, si non solverint infra x. dies, dent ei quinque squassus sive Botte curli vel turture*.

¶ **BOTTAGIUM**. Vide *Botagium* in *Butta* 3.

¶ **BOTTAGLIA**, Phiala, lagena, Gall. *Bouteille*. Ital. *Bottiglia*. Acta SS. Aprilis tom. 2. pag. 828. A. in Miraculis B. Simonis Eremitæ Augustin. : *Et ideo nolens beneficio et gratiæ ingratus esse, hodie liberatum se præsentavit ad arcam B. Simonis cum una Bottaglia magna quam obtulit et dimisit super arcam B. Simonis*. Vide *Butta*, 3.

¶ **BOTTELLARIUS**, Qui *Botellarum* seu potus curam habet. Hist. Dalphin. tom. 2. pag. 314. col. 1. A : *Ibidem portent Bottellarii duodecim mensuras vini puri de Tenello*. Vide *Botellarius*.

¶ **BOTTERA**, Finis, terminus. Chartular. S. Vandreg. tom. 2. pag. 1469. ad ann. 1277 : *Noverint universi, quod ego Laurentius, dictus Pictor, et Guillelmus ejus filius vendidimus... Guillelmo dicto Travesein duas pechias terræ, quarum prima sita est à la Jarie... secunda au Corbeit intra terram Avicædæ Angierville ex una parte, et Botteras camporum de Corbet ex altera*. Vide *Butum*.

* Eo nomine videntur potius significari fossata, quibus aqua deducitur in agros. Vide supra *Boteria* et *Botrus*.

* **BOTTICELLUS**, Doliolum, Ital. *Botticello*. Acta notarii Senens. ad ann. 1285. ex Cod. reg. 4725. fol. 40. r°. : *Cum domibus, et cum quinque vegetibus, et cum uno Botticello, etc.*

** **BOTTINGUM**, Judicium a principe indictum, ex Germ. *Botding, Bodding*, quod idem valet ac *geboten Ding*. Ch. Otton. *IV*. March. Brandeb. civibus Stadensib. data ap. Frisch. in Lexic. Germ. voce *Botding* : *Addimus præterea ut cives Bottingis omnino sint liberi. Bottinche* appellatur in diplomate Ottonis Senioris apud eundem Frischium. Vide *Budingum*. ADEL. Conf. Grimmii Antiq. Jur. Germ. pag. 827. Haltaus. Glossar. Germ. col. 179. et infra *Placitum nominatum* in *Placitum*. Plane aliud est *Büding*.

¶ **BOTTINUS**, Præda, Italis *Bottino*, Gall. *Butin*. Chron. Veronense ad ann. 1333. apud Murator. tom. 8. col. 648 : *Et multi ex eis captivati et morti traditi sunt, inter quos fuit Comes de Armignaco; et ultra mille quingentos carceribus consignati, et in Bottino ultra duo millia equorum consignati fuerunt, et plurima alia spolia infinita vendita in* (f. ex) *Bottino ultra* XIV. *millia florenorum, exceptis donis factis pluribus nobilibus de communitate Bottini*.

¶ **BOTTO**, Globulus, fibula, in Actis SS. Maii. tom. 4. pag. 546. Vide *Botones*.

* **BOTTONATURA**, vox Italica, Fibularum seu globulorum supellex, Gall. *Garniture de boutons*, olim *Botonneure* et *Boutonneure*. Annal. Mediolan. ad ann. 1389. apud Murator. tom. 16. Script. Ital. col. 807 : *Centura una auri facta ad rotundinos pro una Bottonatura cum sapphiris xj. balassis xlvj. perlis xxxiv. grossis, etc.* Lit. remiss. ann. 1376. in Reg. 109. Chartoph. reg. ch. 186 : *Combien qu'il y eust èsdiz coffres plusieurs autres biens comme linges, henaps, robes, Botonneures d'argent, etc.* Aliæ ann. 1397. in Reg. 152. ch. 74 : *Une Boutonneure esmaillée à seze boutons. Trois Boutonneures, que blanches que dorées, à chapperons*, in aliis ann. 1406. ex Reg. 160. ch. 335. *Boutonneure*, pro Cauterii, Gall. *Bouton*; nota in equo. Stat. ann. 1351. tom. 4. Ordinat. reg. Franc. pag. 68. art. 2 : *Sera escript le nom et le surnom du chevetainne et de chascun de ses compaignons dessous lui, et le poil, et le merg* (merq, marque) *et Boutonneure, et le pris du cheval sur quoi il sera montez*.

* **BOTTONCELLUS**. Vide supra *Botonzellus*.

¶ **BOTTONES**. Vide *Butina* post *Bonna*, 2.

¶ 1. **BOTTUS**, Dolium, Hispanis *Bota*, Gall. *Tonneau*. De expugnatione urbis CP. apud Marten. tom. 5. Ampliss. Collect. col 797 : *Turci vero devastando submerserunt navem quamdam octoginta ducatorum; diripientes insuper circiter quatuordecim naves alias, quarum tres continebant sexcentos Bottos, reliquæ vero erant ducentorum Bottorum*. Vide *Butta* 3. [** Graffii Thesaur. Ling. Franc. vol. 3. col. 87. voce *Butin*. Murator. Antiq. Ital. vol. 2. col. 1162. et Raynouard. Glossar. Ling. Roman. vol. 1. pag. 242. voce *Bota*.]

* Charta ann. 1282. inter Probat. monast. S. Emmer. Ratisbon. pag. 236 : *In signum itaque hujus contractus magister operis ecclesiæ supradictæ..... duos Bottos tantum..... solvet*.

* 2. **BOTTUS**, Sonitus campanæ, qui repetitis ictibus fit; ab Ital. *Botto*, ictus, percussio. Stat. Mantuæ lib. 1. cap. 81. ex Cod. reg. 4620 : *Donec custos turris seu campanarius campanam pulsaverit pro Bottis, quam pulsare teneatur et debeat dictus custos, statim cum audiverit campanas aliquas in civitate alicujus parrochiæ, pro rumore vel rixa pulsare ad stormum seu martellum, ut ad signum Bottorum custodes portarum et aliorum locorum civitatis stent advisati*. Et cap. 82 : *Capitanei et custodes portarum et seralliorum civitatis Mantuæ, statim cum audierint pulsare Bottos,.... teneantur et debeant rastellos claudere, et neminem extra civitatem exire permittere, donec dicti Botti fuerint relaxati*. Vide infra *Botum* 3.

¶ 1. **BOTULUS**, Lucanica, Gall. *Boudin, Saucisson*, Ital. *Boldone*. Murator. tom. 2. pag. 144. col. 1. D. ex Agnelli libro Pontif. : *Conveniunt Presbyteri, Diacones... in secretarium, et dividunt inter se buccellampanis et Botulos singulos, cyathum vini*. [** Vide Forcellin. Gell. N. A. libr. 17. cap. 7. hanc vocem enumerat inter *verba obsoleta et maculantia ex sordidiore vulgi usu*.]

* 2. **BOTULUS**, Piscis genus. Stat. Placent. lib. 6. fol. 79. v°. : *Item pisces minutos, Botulos, varonos, gosengulas, quæ appellantur museti gambarutii, pro qualibet libra, vj. den.*

¶ 1. **BOTUM**, Finis, limes, Gall. *Bout*. Chartul. S. Vandreg. tom. 1. pag. 1022. ad ann. 1280 : *Aboutantem ad keminum domini Regis in uno Boto*. Vide *Butum*.

¶ 2. **BOTUM'**, vel BOTUS, f. Idem ac *Botagium*, quod vide in *Butta* 3. nisi *Botum* hic derivatum sit a Saxonico Bot, Compensatio, reparatio, emenda, quo posito idem esset, quod jus mulctas pro delicto impositas percipiendi. Transactio inter Abbatem et Crassenses monachos ann. 1351. ex lib. viridi fol. 53 : *Habet, tenet et possidet Botum, fortiam, redditus et proventus agrayrales cum medietate decimæ, etc.*

* 3. **BOTUM**, Tudicula, clava campanæ Gall. *Battant*, ut videtur. Apocha ann. 1435. inter Probat. tom. 3. Hist. Nem. pag. 248. col. 2 : *Pro aptando Botum campanæ curiæ regiæ ordinariæ Nemausi, etc.* Vide supra *Bottus* 2.

* 4. **BOTUM**, Lignum quodvis fractum, vel usu detritum. Charta ann. 1239. inter Probat. Hist. Sabol. pag. 349 : *Omnes transeuntes mercatores per cheminos forestæ supradictæ, qui costumas dicto Jacobo debuerint, poterunt capere in dicta foresta, pro unaquaque quadriga, duodecim hairas eisdem necessarias, et essolium novum, et banchart,..... si eis necesse fuerit in præsenti, dum tamen Bota illa, quæ transmutaverint, in nemore dimittant*. Leg. f. *Bosca*.

¶ 1. **BOTUS**, Idem ut videtur, quod *Butta*, Lagena. Fred. *Schannat* Vindem. Litter. pag. 126. ex Chartulario Reinhartsborn. : *Dominus Abbas vel successores ejus septem Isenacensia maldera avenæ, tritici et siliginis, et quatuor Botos mihi et uxori meæ Jutæ.. solvi faciet*. Vide *Botarum Consuetudo* in *Butta*, 3.

2. **BOTUS**, Ocrea. Vide *Bota*, 1.

* 3. **BOTUS**, Tela crassior. Inventar. ann. 1476. ex Tabul. Flamar. : *Item plus tres sacos Boti plenos farinæ*.

1. **BOVA**, sic appellata filia Regis Sigeberti, in Vita ejusdem S. Bovæ n. 4 : *Quasi multorum adjutrix*, voce nimirum Francica vetere. [** Schilterus in Glossar. hanc vocem refert ad verbum *Bauen*, Colere, ædificare. *Bova* enim est quæ cultu proximi celebris. ADEL. In antiq. vers. German. Mart. Capell. de nupt. Merc. et Philol. dicitur Ceres *allero lando Buwa*, omnium terrarum Cultrix. Vide Graff Thes. Ling. Franc. vol. 3. col. 18. radice *Bû*.]

2. **BOVA**, Νόσος βοῶν, Morbus boum, in Gloss. Lat. Gr. Vide Turneb. lib. 17. Advers. cap. 24. et Octav. Ferrar. in Orig. Ital. voce *Bua*.

3. **BOVA**, Venetis, Euripus, canalis, aquæductus, a fovea. Statuta Patav. : *Ut hoc facientes possint servare Bovas in molendinis*. Ex Octavio Ferrario in Orig. linguæ Italicæ. Jus Vincentin. lib. 4 : *Habere et tenere Bovas aptas et ordinatas levandi vel adjuvandi navigii causa, etc.*

* 4. **BOVA**, Cella vinaria, Gall. *Cave*; nostris olim *Bove*, locus omnis depressus,

cavus, subterraneus, Hispan. etiam *Boveda*. Lit. remiss. ann. 1368. in Reg. 99. Chartoph. reg. ch. 355 : *Johannes de Leval caveam seu Bovam religiosorum abbatis et conventus monasterii Fomaci adivit;.... et cepit causa potus tres caudas vini.* Aliæ ann. 1380. in Reg. 118. ch. 467 : *Comme Robert Fuscien.... eust d'aventure trouvé une Bove ou cave ouverte, etc.* Rursum aliæ ann. 1416. in Reg. 169. ch. 471 : *Le suppliant estant et ouvrant à saint Quentin en Vermandois en la cave ou Bove, etc. Bovel* et *Bovelet*, dimin. a *Bove, Caveau, petite cave.* Charta ann. 1324. in Chartul. S. Mart. Pontisar. fol. 39. v°. : *Sauf et reservey audit Pierre Potin et à ses hoirs le Bovel que il a en sa bove par dessous ledit courtil.* Lit. remiss. ann. 1470. in Reg. 201. ch. 107 : *Icelle chapelle.... a une retraicte en maniere de ung Bovelet ou muche, qui est maçonné.* Vide supra *Bodium* 2.

BOVAGIUM, Boagium, Bovaticum. Tributum quod ratione boum pendebatur, seu pro pari boum aratorum vel pro aratro, *Bobatico*, Hispanis. [Charta ann. 1234. ex minori Chartul. S. Victoris Massil. pag. 119 : *De his quæ habebant et possidebant jure Comitali seu consuetudine, seu quoquo alio modo, scilicet alberga seu Bovagio in castello de Nantis.*] Charta privilegiorum seu franchisiarum concessarum Aquarum Sextiarum incolis a Beatrice Comitissa Provinciæ ann. 1245. mense Septemb. : *Salvis justitiis et condemnationibus per curiam, et lesdis, et cossis, et pedagiis, et Boagiis consuetis, et farinariis, etc.* Fit mentio non semel tributi *de Bovatge* in aliquot Edictis et Chartis Regum Aragon. quod erat 12. denar. pro unoquoque pari boum, apud Suritam 1. part, lib. 3. cap. 15. lib. 2. cap. 69. Andream Bosch. de Titulis honoris Catalaniæ lib. 1. cap. 13. 26. lib. 2. cap. 23. lib. 4. cap. 5. etc. et Blancam de Rebus Aragon. pag. 732. ubi *Boalage* scribitur. Michaël Carbonellus in Chron. Hispan. fol. 97 : *Et specialment los enfranqui,... hon encara la Bovatge, rebovatge, et herbage, etc.* [*Boage* in Charta ann. 1136. ex parvo Chartulario S. Victoris Massil. fol. 27. verso. *Boaje* in altera ejusdem anni ibid. fol. 119.] Charta Jacobi Regis Majoricæ in Usaticis Regni Majoricæ MSS. : *Potestatem retinuimus...faciendi seu levandi Boagium,... nolentes aliquo modo habitatores civitatis et totius insulæ Majoric. præsentes nec futuros obligatos esse ad præstationem leudæ, pedagii, nec Bovatici.* In quibus porro occasionibus exigeretur *Boagium*, docet Charta Sancii Regis Majoric. Comitis Rossilionis prid. Non. August. ann. 1311 : *Quandam servitutem et exactionem vocatam vulgariter Bovaticum, quod adveniente Rege seu domino in comitatibus et terris prædictis levari et exigi et recipi consuevit.* Hanc sustulit Jacobus Rex Majoric. Sancii pater, ut in hac Charta continetur, cujus loco gabella salis imposita est. Exstat illa in Codice Thuano signato 93. fol. 89. data Barcinone pridie Id. Febr. ann. 1299. qua pro exsolvendis debitis quæ contraxerat pro variis bellis, Nobilibus Catalanis et civibus Barcinonensibus vendit, seu potius remittit pro pretio ducentorum millium librarum bonæ monetæ Barcinonensis, *Bovagium, Terragium et Herbagium, quæ asserebat se et successores suos habere debere in Catalonia, quotiescunque novus Rex, Dominus seu hæres in Catalonia noviter succedebat, licet assereretur per Nobiles, Milites, et cives et homines villarum et aliorum hominum Cataloniæ eum vel successores ejus non debere habere dictum Bovagium, Terragium, et Herbagium, nisi tantum de bobus et cæteris animalibus et pecudibus minutis, etc.* [** Decreta Catalon. de hac re vide in *Constitutions de Cathalunya*, lib. 10. tit. 4. qui est inscriptus *De Bovatge y remissio de aquell*, pag. 634. edit. ann. 1688.]

Bohada vero aliud est in Charta ann. 1247. apud Justellum in Comitibus Arvern. pag. 95 : *Tallias, manobras, Bohadas, servitutes, etc. La Bohade*, [vel *Vovade*,] in Consuetud. Arvernensi cap. 25. art. 21. et Marchiensi art. 139. cum scilicet subditus aut tenens unum par boum domino præstare tenetur ad illius vinum conducendum.

Vota, perperam, ni fallor, pro *Boata*, vel *Boada*, habet Innocentius III. PP. lib. 2. Epist. pag. 466. Edit. Venetæ, in Epist. ad Petrum Compostellanum Archiepisc. : *Illum etiam censum, qui Vota dicitur, quem Hispanorum Catholici Reges ex singulis boum paribus.... annuatim persolvendum pro salute totius terræ liberaliter statuerunt, eidem Ecclesiæ confirmamus.*

Bovaterius. Charta MS. Petri II. Regis Aragonum ann. 1283. pro Libertatibus Catalaniæ : *Item concedimus quod inquiramus contra vicarios, Bovaterios, et alios Officiales nostros, qui tempore nostro aliqua officia exercuerunt.* Ubi *Bovaterii* videntur esse ministri ii qui *Bovaticum* exigebant a subditis Regis.

* **BOVARE**, Modus agri, ejusdem notionis et originis atque mox *Bovata*. Charta Mat. de Roya ann. 1239. inter Instr. tom. 10. Gall. Christ. col. 268 : *Item, dedi et concessi dictæ ecclesiæ* (de Monchiaco-Petroso) *decem Bovaria terræ ad Bovare Royense, sita in territorio de Mareniaco.* Vide infra *Bovarium* 1.

BOVAREGIUS, Idem quod *Bucha*, Apertura fluvii, per quam derivantur aquæ, in Statutis Mediolanensibus part. 2. cap. 329.

1\. **BOVARIA**, Prædium rusticum, *Ferme, Metairie.* Concilium Tolos. ann. 1228. can. 41 : *Statuimus quod castra non ædificentur de novo occasione Bovariæ, vel contra eam alia ratione, nec munitiones dirutæ reædificentur.* Consuetud. Tolosæ part. 1 : *Eadem consuetudo est in castris, villis, forciis et Bovariis, quæ sunt infra Dex Tolosæ.* [*La Faille* Annal. Tolosæ tom. 1. Instrum. pag. 127. ex Testamento Raimundi Comitis Tolosæ : *Dispono ut omnes expletæ, quæ exierint in hoc anno de omnibus meis Bovariis de Tolosano mittantur in potestate domus hospitalis Hyerusalem, etc.*]

Boveria, Idem quod *Bovaria*, apud Marcam in Hist. Beneharn. lib. 4. cap. 19. num. 2. lib. 5. cap. 25. num. 8. ubi *boveriam*, medietariam, seu *Metairie*, vertit. Est etiam stabulum boum, in Charta Henrici III. Regis Angl. tom. 2. Monastici Angl. pag. 210 : *Et quendam locum qui vocatur... infra terminos ejusdem forestæ, ad faciendum Boverias suas, et alias domos usibus suis necessarias.* [In Formulari Anglicano pag. 121 : *Medietatem manerii de Bedworth cum una Boveria et uno Columbari infra situm manerii prædicti.* Occurrit eodem sensu ibidem pag. 313. et apud Kennettum in Glossario ad calcem Antiquit. Ambrosden.]

Boaria, Eadem notione, in Regesto Constabulariæ Burdegal. fol. 99 : *Occupat quandam Boariam, quæ fuit Joannis, etc.* [Charta Philippi Regis ann. 1303. pro Libertate civitatis Tolosæ in Cod. MS. Consuetud. Tolos. : *Concedimus et civibus et incolis supradictis de gratia speciali, ut pro terris, possessionibus, villis, Boariis, etc.* Cod. MS. Bibliothecæ D. *de Chalvet* Senescalli Tolosæ de Hæreticis Albigensibus : *Invenerunt prædictum Arnaudum infirmum in dicta Boaria.*]

Boarium, et Bovarium, *dicitur locus ubi venduntur boves*, apud Joan. de Janua, et Ugutionem.

* Nostris etiam olim *Boverie.* Lit. remiss. ann. 1378. in Reg. 114. Chartoph. reg. ch. 23 : *Lesdiz freres acompaignez d'un homme estrange vindrent en une Boverie ou hostel, appelée la freideyre.* Aliæ ann. 1457. in Reg. 187. ch. 159 : *Les supplians aloient besser avec une palle ferrée chacun en son coul en une leur Boverie ou mestaerie.* Ibidem *Bouherie.* Sed et *Boire*, eadem notione usurparunt. Charta ann. 1341. in Reg. 74. ch. 439 : *Item avons baillé..... une Boire, seant environ lesdites terres, et tant comme lesdites terres emportent de ladite Boire, pour cinq soulz d'annuele rente.* Lit. remiss. ann. 1463. in Reg. 199. ch. 354 : *Le suppliant laboureur natif et habitant d'une boire ou métairie, etc.*

* 2. **BOVARIA**, Bovile, stabulum boum. Placit. ann. 1158. inter Probat. tom. 2. Hist. Occit. col. 568 : *Tunc supradicti affectatores, pro se et pro cæteris affectatoribus urbis Tolosæ et suburbii, recognoverunt domino comiti vel suis bajulis dare iiij. solidos Tolos. pro unoquoque corio bovis, quod eis allatum fuerit de bobus suarum Bovariarum.*

¶ 1. **BOVARIUM**, pro *Bonnarium*, Modus agri. Charta Nicolai Episcopi Noviomensis ex Chartulario S. Eligii : *Vendidit Domino Odoni de Yveri militi duo Bovaria terræ et 80. virgas.* Vide *Bonnarium* post *Bonnarium.*

* Nequaquam pro *Bonnarium*; est enim *Bovarium*, ut et supra *Bovare*, idem quod mox *Bovata*. Charta ann. 1224. ex Tabul. Lehun. : *Dom. Petrus Bernerius miles... recognovit se invadiasse pro lxiij. lib. Paris. prioratui de Lehuns quandam decimam, quam habebat in xxiv. Bovariis terræ, sitis in territorio de Aubecourt.* Alia ann. 1228. ibid. : *Venditionem quinque Bovariorum terræ, quam Robertus de Porta et Agnes uxor ejus fecerunt ecclesiæ de Lehuns, gratam habeo.*

* 2. **BOVARIUM**, Bovile, vel forum, ubi venduntur boves. Glossar. Lat. Gall. ex Cod. reg. 7679 : *Bovarium, le lieu où l'en met les buefs. Le lieu où l'en vent les buefs*, in alio Gall. Lat. ex Cod. 7684. Vide *Boarium* sub *Bovaria.*

BOVARIUS, Cui boum cura commissa est, in Fleta lib. 2. cap. 85. etc. nostris *Bouvier.* [*Madox* Formulare Anglic. pag. 244 : *In terris Bordariorum et Bovariorum.*]

BOVATA Terræ, *Bove de Terre*, in Charta Gallica tom. 2. Monastici Angl.

pag. 645. Modus agri, sic dictus quod tantum terræ contineat, quantum bos unus (vel *par boum*) arare potest, [spatio unius scilicet anni; modo tamen de agro intelligas qui uno in anno aratur, seritur et metitur; cui quidem rei cum non attenderit Hearnius in notis ad Librum nigrum Scaccarii *acram* terræ ceu mensuram indefinitam atque longe ampliorem quam revera usquam exstiterit nobis exhibuit; quamvis enim hæc mensura alia atque alia pro diversis locis fuerit, certum tamen videtur numquam pro agro indefinite fuisse usurpatam.] [** Videas tamen an hæc vox et *Bovaria* pertineant ad radicem German. *Bû*, Colere.] Ex Skenei sententia, *Bovata* continet 13. acras. At in Monast. Angl. tom. 1. pag. 657. lego *datas in eleemosynam duas Bovatas terræ* 20. *acrarum*. In veteri Statuto ad compositionem mensurarum apud Spelmannum, *Bovata* continet 18. *acras. Octo Bovatæ terræ faciunt carucatam terræ.* 8. *carucatæ terræ faciunt unum feodum Militis.* 18. *acræ faciunt Bovatam terræ.* Angli *Oxgang*, et *Oxgate*, mensuram 4. jugerum vocant, voce signante *bovis iter.* [Charta ann. 1218. apud *Madox* Formul. Anglic. pag. 58 : *Ad tenendum de me et hæredibus meis tenementum suum de Belinton, scilicet novem Bovatas terræ et duo tofta, per servicium unius marcæ tantum annuatim reddendæ.*] Ingulphus pag. 857 : *Quatuor Bovatas terræ de juland, et* 10. *Bovatas in servitio, et* 24. *acras prati, etc.* Et infra pag. 860 : *Quatuor carucatas terræ arabilis et* 6. *Bovatas, et* 18. *acras prati.* Passim occurrit in Chartis Anglicis. Vide Guill. Prynneum in Libertatib. Angl. tom. 3. pag. 447. Charta ann. 1206. ex Tabul. Ecclesiæ Carnotensis num. 49 : *Ita quod in eadem Majoria duas Bovatas terræ et herbergamentum suum tenebit quinque solidos censuales.* Alia ann. 1179. num. 101 : *Pro unaquaque Bovata integra ad perticam B. Mariæ mensurata, etc.* Infra : *Additum est præterea quod si Bovatas et non agripennos vendi, vel forisfacti in ipsis Bovatis fieri contingeret, etc.* Mox : *Si vero versa vice non Bovata, sed agripennis venderetur, etc.* [Hist. Beccensis Monasterii MS. pag. 516. ex Archivo ejusdem : *Debet percipere singulis autumnis de qualibet Bovata duodecim garbas.*] Vide Fletam lib. 2. cap. 73. § 2. 3. *Boihedie*, in Charta Arnulfi Comitis Guinensis ann. 1264. in Hist. Guinensi pag. 290 : *A vendu.... 16. mesures de bois, peu plus, ou peu moins, appellez Boihedie, etc.* quasi *Bovada.*

* Qualis apud nos fuerit *Bovata* æstimari utcunque licet ex Charta ann. 1225. in Chartul. S. Joan. in Valle : *In perpetuum donavi elemosinam et concessi duas Bovatas terræ de patrimonio meo in territorio Orrevillæ sitas, cum campiparte, quam habebam in ipsis. Quæ Bovatæ consistunt in his locis, videlicet in campo qui dicitur Mes, capiente circa xv. sextarios seminis, et in campo..... circiter xx. sextarios seminis capiente, et in campo..... capiente circa unum modium seminis, et in campo.... circiter v. sextarios seminis capiente, et in duobus agripennis in introitu villæ constitutis.*

¶ **BOBULCA**, Eadem notione qua *Bovata.* Memoriale Potestatum Regiens. ad ann. 1281. apud Murator. tom. 8. col. 1149 : *Fuerunt emtæ quatuor Bobulcæ juxta campum de Brayda domini Episcopi Reginorum a domino Gulielmo Episcopo Regino pro quatuor centum libris Rexanis, et ibi factæ fuerunt duæ fornaces pro Communi, occasione murandi residuum muri dictæ civitatis.* Ibidem col. 1175 : *Commune Suzariæ habet* MMMCXXVI. *Bobulcas.*

BOVARIATA, Idem quod *Bovata.* Charta Gerardi Episc. Noviom. ann. 1223. in Tabulario Lehunensi n. 22 : *Dedit in excambium* 5. *Bovariatas terræ sitas in coutura sua, quas tenet de feodo D. Regis.*

¶ **BOVATERIUS.** Vide in *Bovagium.*

¶ **BOVATICUM.** Vide *Bovagium.*

* **BOVATICUM**, Protectio, tutela, quam princeps iis debebat, qui *bovaticum* illi persolvebant; vel Immunitas, qua boves aratorii ab omni captione qualibet ex causa, edicto publico, eximebantur, cujus ademtione mulctatur malefactor, de quo in Constit. Petri I. reg. Aragon. ann. 1207 : *Si quis de magnatibus regis, vel aliquis miles, vel alia quælibet persona convictus a domino rege, vel vicario suo, super restitutione pacis, et treugæ, et Bovatici, pignora ponere noluerit; si talis persona fuerit, quæ teneat castrum, vel castra, vel munitionem aliquam per dominum regem, statim det potestatem inde... Si vero talis fuerit persona malefactoris, quæ non teneat aliquid pro domino rege et noluerit pignora tornare, statim cum exierit de curia regis, teneat se pro suo acunydato, et omnia sua esse ejecta a pace, et treuga, et Bovatico, et nullus baronum terræ recipiat eum.* Vide *Bovagium.*

* **BOVATIM**, Instar bovis, in Onomast. Actor. SS. tom. 1. Jan. ubi error est in numeris paginam indicantibus. [** Vide Nonium Marcell. cap. 1. sect. 190.]

* **BOUCAGIUM**, Præstatio ex vineis, quæ feudi titulo non possidentur. Charta Phil. VI. ann. 1328. in Reg. donor. Carol. IV. et Phil. VI. ex Cam. Comput. Paris. fol. 30. r°. : *Item le Boucaige des vignes de Baugency; ..... c'est assavoir pour chascun arpent de vigne, se il n'est de fié, deux solz et six deniers.* Nisi quis forte legendum existimet *Boutaige*, atque idem proinde esse quod *Boutage.* Vide *Botagium* in *Butta* 3. Verum ut *Boutage*, a *botta* vel *butta* originem habet; ita *Boucaige*, a *Bocale* potest haud absurde accersiri. Vide *Bauca* 1.

¶ **BOUCASSINUS**, Pannus subtilior, e gossypio vel lino, idem qui *Boccassinus*, quod vide. Inventarium Ornamentorum et Reliquiarum Eccles. Noviom. ann. 1419. ex Archivo ejusd. : *Item, una magna copertura Boucassini interjecta et operata ad modum fustanæ. Item, quædam casula de Boucassino albo, duplicata de tela crocea. Boucassin* notissimus est apud Andegavos.

* Lit. remiss. ann. 1388. in Reg. 133. Chartoph. reg. ch. 119 : *Un pourpoint de blanc Boucassin, ... qui bien povoit valoir seze solz.* Inventar. MS. eccl. Camerac. ann. 1401 : *Un drap blanc de Boucassin à une croix de noir cendal, pour mettre sur corps.*

BOUCATORIUM, Porticus species, quæ sub dormitorio erat. Charta ann. 1330. ex Tabul. S. Victor. Massil. : *Camera confrontata cum camera et viridario subprioris, sita subtus Boucatorium.*

BOUCELLUS, BOUCHELLUS. Vide in *Butta* 3.

* **BOUCEYA.** Charta Willel. comit. Pontiv. in Reg. 116. Chartoph. reg. ch. 194 : *Pro annuo redditu quinque denariorum de Bouceya forestariorum ad pascha.* Vide mox

* **BOUCHELLUS**, Sepes, sepimentum ex virgultis confectum, quo locus aliquis circumcingitur ad ferarum custodiam, idem quod *Parcus; Bouchot* etiamnum vocant septum ex cratibus ad capiendos pisces. Pactum inter Margaret. Tornodor. comit. et monachos Pontiniac. ann. 1291. in Chartul. ejusd. monast. pag. 163 : *Nos aut successores nostri.... hayas aut Bouchellos in nemoribus dictorum religiosorum..... nullatenus faciemus.* Hinc nostri dixisse videntur *Boucher le blé*, pro Frumentum in manipulos alligare, Gall. *Mettre en gerbes.* Lit. remiss. ann 1473. in Reg. 195. Chartoph. reg. ch. 972 : *Icelle femme dist que son mary estoit en ung lieu, appelé les Arceiz, où il Bouchoit son blé.* At vero *Boucheter*, pro *Etriller, battre*, Male habere, plagis onerare, nisi sit verbum fictitium a nomine *Bouchart*, in Lit. remiss. ann. 1413. ex Reg. 167. ch. 80 : *Lequel Moreau menaça icellui Bouchart en lui disant qu'il le Bouchetroit, mutileroit ou navreroit.* Quid sit autem, *Se mettre à Boucheton*, intelligitur ex aliis Lit. ann. 1418. in Reg. 170. ch. 229 : *Icellui Pyocart regarda par une des fenestres de la chambre, et pour ce faire monta sur icellui Pommart qui se mist à Boucheton.* Hoc est, Manibus super genua incumbere, Gall. *S'appuyer des mains sur ses genoux.*

¶ **BOUCHERIA**, Gall. *Boucherie*, Macellum carnarium. Lobinellus Hist. Paris. tom. 3. in Glossario : *Eundo per vicum Simonis Franque et parvam Boucheriam.* Chartular. B. M. Magdalenæ de Castroduno fol. 48 : *Viginti quinque sol. Dunensis monetæ de pensione cujusdam stalli, quod idem Guillelmus habebat in Bocheria Castriduni.* Et fol. 79 : *In foro Castriduni juxta Boucheriam.* Vide *Bocheria.* [** Conf. Geraldi librum *Paris sous Philippe le Bel*, pag. 375.]

* Est etiam teterrimi carceris apud Parisios nomen, de quo in Lit. remiss. ann. 1389. ex Reg. 138. Chartoph. reg. ch. 98 : *Depuis fut transporté en une autre prison, appellée la Boucherie, qui est prison très orrible, et où plusieurs se sont désespérez et occis.* A vicinia majoris macelli prope magnum Castelletum, ita appellatus videtur.

¶ **BOUCHERIUS**, Macellarius. Locus est in *Sagimen.* Vide *Bocherius.*

* **BOUCLARIA**, Vicus apud Parisios, vulgo *Bouclerie*, ab opificibus scutorum seu clypeorum sic dicta. Charta ann. 1275. ex Tabul. S. Germ. Prat. : *Triginta sex solidos Paris. supra duabus domibus, sitis Parisiis in uno tenenti ultra parvum pontem, in vico veteris Bouclariæ contiguis. Bouclearia*, in alia ann. 1267. ex eod. Tabul. Vide supra *Boclearia.* [** Conf. Gerald. modo laudat. pag. 246 et 313.]

* **BOUCLARIUS**, BOUCLERIUS, a Gall. *Bouclier*, Scutum, clypeus. Lit. remiss. ann. 1380. in Reg. 118. Chartoph. reg. ch. 25 : *Pro custodia dictarum corearum..... spadas*

cum Bouclariis deferentibus, etc. Charta ann. 1337. ex Cod. reg. 5190. fol. 2. v°. : *Præpositi Lingonensis servientes munitos ensibus et Boucleriis et baculis vobiscum adduxeratis. Duos enses, duos cutellos et unum Boucleriüm*, in Sentent. ann. 1282. ad calcem Necrolog. MS. eccl. Paris. *Un Boucler ou taloche*, in Lit. remiss. ann. 1388. ex Reg. 137. ch. 6. *Bouglier*, in aliis ann. 1389. ex Reg. 135. ch. 218 Frequens in iis registris occurrit mentio ludicræ pugnæ, quam *le jeu du bouclier* vocabant, in qua exercitii causa gladiis hebetibus decertantes, ictus adversarii sursum aut deorsum directos scutis a se avertebant. Vide supra *Bloquerius*, *Boclerus*, et infra *Bouqueleirus*.

* **BOUCLEARIA.** Vide supra *Bouclaria*.

¶ **BOUCLETA**, Fibula, Gall. *Boucle*. Concil. Paris. ann. 1346. cap. 2. tom. 2. Hist. Meldens. inter Instr. pag. 242 : *Utentes palam per viam incedendo... sotularibus ad Boucletas argenteas.*

* Comput. MS. ann. 1245 : *Pro tribus paribus Boucletarum, vj. sol.* Alter ann. 1402. inter Probat. tom. 3. Hist. Nem. pag. 170. col. 1 : *Pro quadam Boucleta et duobus mordanis sotularibus, etc. Bouchete* vel *Bouclege*, eadem notione, in Lit. remiss. ann. 1386. ex Reg. 129. Chartoph. reg. ch. 218 : *Icellui Jehan en soy jouant frappa de son badelaire..... à l'endroit d'une fendace, qui estoit en laditte cote de fer près de la gorge, et n'estoit pas fermée aux Bouchetes qui y estoient, ne close ainsi qu'il appartenoit.* Ubi eædem Lit. infra num. 266. habent *Boucleges. Bougle*, in Lit. remiss. ann. 1391. ex Reg. 141. ch. 176 : *Raoulin Royer, qui portoit à sa sainture une Bougle d'argent, ainsi comme doivent porter noz sergens d'armes, etc.*

* **BOUCLETARIUS**, Eadem notione, in Comput. MS. ann. 1239 : *Pro xlvj. paribus Boucletariorum argenteorum, iiij. lib. xij. sol.*

¶ **BOUCLUM**, Vestitus ornamentum. Capitulum gener. S. Victoris Massil. ann. 1506. ex Archivis ejusdem loci : *Nec deferant Bouclum a retro longum dictum togua.*

¶ **BOUDELLUS.** Vide *Botellus*.

¶ **BOUDIE.** Vide *Baudia* post *Bausia*.

¶ **BOUDINUS**, a Gall. *Boudin*, Botulus, Botellus. MS. Ecclesiæ Belvac. annorum circiter 500. ubi de *Festo Asinorum : Hac die incensabitur cum Boudino et saucita.*

¶ **BOUDRONS.** Statuta Massil. pag. 463 : *Quælibet navis possit portare supra coopertam equos et alias bestias, et lanam, et Boudrons, si navis veniret de partibus Barbariæ.*

* **BOVEIA**, Ædicula, tuguriolum, f. locus in rupe excavatus, a *Bova*. Vide supra in hac voce. Charta Nivardi de Senantis ex Tabul. Colomb. : *Cum in prædicta villa habitaverit, de mea terra habebit aut masuram, aut Boveiam, aut arpentum.* Nisi idem sit quod mox *Bovera* 2.

BOVELLUM, Idem quod *Bovile*, in Canonibus Hibern. lib. 51. cap. 5.

* **BOVELLUS**, Bos junior, juvencus. Charta ann. 1251. in Chartul. Valcel. sign. E. ch. 47 : *Item xlvj. oves, ex quibus quindecim sunt castrati, item unum Bovellum, etc.* Vide infra *Bouvellus*. [** Gemma Gemmar. : *Bosculus diminut. a Bos.*]

1. **BOVERA.** In brevi Indice Regum Francorum, qui præfixus est Usaticis Barcinonensibus in Codice MS. Thuano, signato 93. hoc ordine recensentur Reges secundæ stirpis : *Carolus Magnus, Ludovicus filius ejus, Lotharius, Karolus frater ejus, Ludovicus ejus* (Lotharii) *filius, Karolus magnus, Karolus de Bovera*, qui dicitur regnasse *annis* 4. *Otho Karolus, etc.* Is autem est qui vulgo *Crassus* cognominatur, ita ut etiam *Bovera*, seu ut nostri efferunt, *le Bouvier*, dictus fuerit, quod pinguedine ac ventris mole bovis instar esset. Abbo lib. 1. de Bellis Parisiac. vers. 48.

Urbs mandata fuit Karolo nobis basileo,
Imperio cujus regitur totus pæne cosmus.

Ubi Glossa ipsius Abbonis : *Karolus de Baguerra, sive de Bovera, qui et Crassus, Rex Franciæ* [** Non auctoris glossa est, sed editoris adnotatio.] Verum alii *de Bovera* dictum volunt, pro *de Bavaria*, quod priusquam Imperator fuisset dictus, Rex esset Bavariæ. [Vide *Valesiana* pag. 221. ubi Valesius acriter invehitur in eos qui crederent hanc injuriam fuisse uni Regum nostrorum illatam, ut cognominaretur *le Bouvier* : quare totus est, ut Carolum probet *de Bovera* dictum quasi *de Bavaria*, quod nobis certum videtur.]

* 2. **BOVERA**, Modus agri, idem quod supra *Bovata*. Charta ann. 1209. ex Tabul. S. Germ. Prat. : *Statuerunt etiam ut sæpedictus sacerdos de unoquoque homine apud Vachereces, Boveram terræ vel amplius tenente, annuatim plenam minam avenæ habeat : de bordariis vero vel arpentariis, vel minus Boera tenentibus dimidium minæ avenæ.* At vero *Boverée, Corvatæ* species est seu servitium, quod cum bobus suis domino exhibet vassallus. Arest. ann. 1458. 10. Jun. in Reg. parlam. Tolos. ex Cod. reg. 9879. 6 : *La cour condamne André Mathieu à rendre et paier doresnavant à l'abbé de la Chaise-Dieu à cause du prieuré du lieu de Boschet S. Nicolas, tant que ledit André sera habitant, et fera feu et lieu audit lieu, et tendra deux bœufs ou plusieurs arables, trois Boverées ou corvées de bœufs chacun an.*

¶ **BOVERAGIUM**, *Vin du marché*, Idem ac *Biberagium*, quod vide. Spicil. Acher. tom. 3. pag. 335. ex Chronico Senon. : *Bibamus ergo læti Boveragium (attulerant enim vinum secum) ad hoc mercatum confirmandum.*

* Perperam pro *Beveragium*, ut videre est in *Biberagium*.

¶ **BOVERIA.** Vide *Bovaria*.

* **BOVERIUM**, ut supra *Bovera* 2. Arest. ann. 1369. 9. Mart. in vol. 6. arest. parlam. Paris. : *Johanna Malivernée petebat tria Boveria terræ, situata in territorio de Hollaing.* Vide supra *Bovarium* 1.

* **BOVERIUS**, Boverus, Agricola, bubulcus, Gall. *Bouvier. Bouher*, in Ch. ann. 1270. ex Tabul. S. Mich. in eremo. Stat. Montis-reg. pag. 223 : *Item statutum est quod quilibet Boverius laborans cum bobus, etc.* Stat. Taurin. ann. 1360. cap. 131. ex Cod reg. 4622. A : *Si bestiæ grossæ inventæ fuerint damnum dantes, ... si Boverus sive custos non habuerit unde solvat, etc.* Hinc *Bouveret* dicitur Ipsa agrorum cultura, quia bobus exercetur, in Charta Phil. dom. Jonvillæ ann. 1354. tom. 4. Ordinat. reg. Franc. pag. 297. art. 21. ubi male editum *Bonneret : Item, lidit habitant qui ont ou auront esplois de cherues en ladite ville, nous denront* (l. *devront*) *pour chascun esploit trois courvées de cherrue l'an, pour aidier à faire nostre Bouveret de Jonville; c'est assavoir au temps de sombrer, en vayng et en tramoix.* Pact. inter prior. et incolas S. Belini ann. 1461. in Reg. 198. Chartoph. reg. ch. 191 : *Chacun desdiz habitans doit faire doresnavant par chacun an, au proufit dudit prieur, cinq corvées de bras ès Bouverés d'icellui prieur.* Apud Lotharingos vero *Bouverot* appellatur fundus terræ, curionibus alendis assignatus. Vide Polypt. Tull. P. Bened. Capucini.

¶ 1. **BOVETA**, Idem quod *Bovata*, Modus agri, etc. Hist. Comit. Ebroic. inter Probat. pag. 12 : *Dedi in puram et perpetuam eleemosynam quinque acras terræ sitas juxta quandam Bovetam terræ..... Dedi etiam... quæ reddebantur et debebantur mihi... pro dicta Boveta.*

* 2. **BOVETA**, Crumena, vel bulga seu pera viatoria, Gall. *Bougete.* Charta ann. 1324. in Reg. 62. Chartoph. reg. ch. 110 : *Ternardus Trencaleonis domicellus, seu ejus gentes injuste dicebantur extorsisse quandam Bovetam, cum quadam pecuniæ summa, et quoddam animal, cum aliis rebus, etc.* Vide *Bogea*.

BOVETTA, Bucula, juvenca, Gall. *Bouveau, Bouvart.* Occurrit apud Wilh. Thorn in Chronico. [** Rador, *Bovecta, juvenca*, in Ælfr. Glossar. exemplar. Catton. ap. *Bosworth*, Gloss. Anglos. 53, Z.]

¶ **BOVETTUS**, Juvencus, in Computot anni 1277. pag. 287. Antiquit. Ambrosden. : xi. *vaccæ*, i. *Bovettus mas*, iv. *boviculæ feminæ*, v. *vituli*.

* **BOUGERIUS**, Bugerius. Terra Bougeria, f. Quæ ab incolis colitur, ab iis nempe qui *bougias* ibi possident, vel quæ a *bougia* dependet. Charta Joan. dom. Castrivil. ann. 1279. in Chartul. Cluniac. ch. 307 : *Vendidit dicto Hugoni..... blaeriam in terris Bugeriis, in sexta parte ad dictum prioratum pertinente...... Item sexta pars terrarum Bougeriarum, quæ sunt in stagnis dicti Petri, ipsi Petro quitte et libere manet. Item in terris, quas tenet dictus Petrus, et quas excolunt homines dicti Petri ad opus eorum vel ipsius Petri, videlicet in Bougeriis, blaeria et jurisdictio manet dicto Petro..... Item in terris Bougeriis, quas dictus Petrus et sui homines non excolunt, ... blaeria remaneat dicto priori.*

* 1. **BOUGIA**, Habitatio, domus, vel prædium rusticum. *Bougia sita in territorio, etc.* in Recognit. burgi S. Andeoli. Vide supra *Bovera* 2. et *Bugia* 1.

* 2. **BOUGIA**, a Gallico *Bougie*, Candela cerea. Chartul. eccl. Carnot. : *Subcoqus.... debet tradere bonam candelam de Bougia pro legendo in pulpito lectiones.* Vide supra *Bogia* 2.

¶ **BOUGIN.** Vide *Bauga*.

¶ **BOUGIS**, Bulga, sive sacculus quo viatores utuntur, Angl. *Budget*, Gall. *Bougette*. Charta Henrici VI. Reg. Angl. ann. 1432. apud Rymer. tom. 10. pag. 508 : *In* via et extra viam, redeundo, gladios, dagaria, Bouges et alia hernesia licita, etc.

¶ 1. **BOUGIUS**, Habitatio, domus. Paris. *Bouge*, est cellula. Litteræ Officialis Meldensis ann. 1292. in Tabulario Calensi pag. 232 : *Confessi sunt se accepisse a religiosis mulieribus Abbatissa... duas domos seu Bougios domus ad invicem contiguos et connexos, sitos apud Villares supra Mucram cum ortis retro domos ipsas seu Bougios situatis, prout se comportant.* Vide *Boda*.

* 2. **BOUGIUS**, Pars domus : nostris enim *Bouge*, pro Coquina vel cœnaculo. Necrolog. eccl. Paris. MS. : *Aliæ vero duæ* (fenestræ) *quarum una est in Bougio domus, et alia est in celario.* Lit. remiss. ann. 1390. in Reg. 138. Chartoph. reg. ch. 165 : *En la maison Drouin Brisebarre, dit Landernelle, où il y avoit gens qui beuvoient en une chambre derriere, et au Bouge devant où on faisoit la cuisine.* Aliæ ann. 1409. in Reg. 164. ch. 198 : *Lesdiz foulons disnerent tous ensemble ou Bouge ou sale de l'hostel.* Aliud vero est *Bouge*, Falcula scilicet, in Lit. remiss. ann. 1425. ex Reg. 173. ch. 286 : *Le suppliant print un baston ferré...... en maniere de Bouge, dont il coppoit les ronses. Un Bouge ou faucillon long emmanché*, in aliis ann. 1427. ex Reg. 174. ch. 67. Alibi *Vouge* appellatur.

¶ **BOUGRAN.** *De Bougran revestiti*, ut habetur in *Cucufa* post *Cuphia*. Vox Gallica, quæ significat genus telæ subtilis. Vide *Boquerannus*.

¶ **BOUGUERANNUS**, Eadem notione. Inventar. Ecclesiæ Noviom. ann. 1419. ex Archivo ejusdem : *Una casula, tunica, dalmatica de panno serico nigro duplicatæ de Bouguerannо asureo.... Item, tres infulæ, quarum una est de serico, aliæ de Bougueranno... una alba et altera nigra.*

* Lit. ann. 1277. tom. 4. Ordinat. reg. Franc. pag. 670 : *De pecia Bouguerani, unum denarium. Bougre*, in Ch. ann. 1332. ex Tabul. S. Germ. Prat. : *Unum supertunicale de marbrecco, fourratum de Bougre, cum capucio fourrato de eodem. Bougarassin*, in Stat. ann. 1400. tom. 8. earumd. Ordinat. pag. 387. art. 12. *Bougheran*, in Inventar. MS. eccl. Camerac. ann. 1371 : *Item un Bougheran blanc, bordé de noir cendal.* Vide *Boquerannus*.

¶ **BOVIA.** *Piscari in Bovia* dicitur cum piscatores e duabus naviculis simul, quasi boves, rete extrahunt. Litteræ Renati Regis ann. 1477. ex libro privileg. et statut. piscator. Massil. : *Periculosum multum est in perspna et Bovia piscari inibi arte ipsa de corre.*

BOVIALE, Bovile, Græcis βούςασις, Apollonio lib. 3. Argon. βόαυλα. Gloss. Ælfrici : *Bostar, sive Boviale.*

* **BOVICIDA**, Macellarius, qui boves mactat. Glossar. Gall. Lat. ex Cod. reg. 7684 : *Bouchier, Bovicida.* Vide *Boscida* 1.

¶ **BOVICULA**, Juvenca, in Charta anni 1363. apud Kennettum Antiquit. Ambrosden. pag. 495 : *Unus taurus cum Boviculis.* Vide *Bovetta*.

¶ **BOVILIUM**, Βοοςάσιον, *Bovile*. Supplem. Antiq.

* **BOVILLA**, βοοςασία, in Gloss. Lat. Gr. ubi frustra Cangius emendat *Bovile* : occurrit enim in Glossar. Provinc. Lat. ex Cod. reg. 7657 : *Bovilla, ubi boves venduntur, Boaria, Prov.*

¶ **BOVILLICARIA**, Idem quod *Bovolcaritia*. Charta Ludovici Pii et Lotharii I. Imper. ann. 829. apud Murator. tom. 2. part. 2. col. 383 : *Monasteriolum vero supra dictum cum omni integritate, cum ecclesiis... aldiariciis, Bovillicariis, vaccariciis, etc.*

¶ **BOVINARI**, Festo est *Conviciari*. Nusquam tamen, inquit Scaliger, reperiri potuit *Bovinari* pro *Conviciari*, sed pro *Tergiversari*. Unde *Bovinator* erit Tergiversator, *Bovinatio*, Tergiversatio. Plura vide apud Martinium in Lexico et alios. Vide etiam *Bobinare*. [** Suecis *Bof* et German. *Bub* est Nequam. Vide Ihrium et Wachterum in Glossariis. Adel.]

* **BOVINUS.** Animalia Bovina, Boves, vaccæ, nostris *Bétail bovin*. Inquisit. ann. 1268. ex schedis Pr. *de Mazaugues* : *Requisitus cujusmodi animalia custodiebat, ipse dixit quod bestias Bovinas.* Alia ann. 1351. ex Tabul. Villæfr. in pago Bellijoc. : *Bovina animalia capta, etc. Avere bovinum*, in Pacto inter Arn. de Villanova et homines de Transio ann. 1283. ex Tabul. D. Venciæ. Lit. remiss. ann. 1470. in Reg. 195. Chartoph. reg. ch. 493 : *Jehan Saulçois print..... la charge de garder le bestail Bovin.* Vide infra *Bovius*. [** *Medulla Bovina*, apud Theodor. Priscian. de Diæt. 15.]

* **BOUJONATOR**, Gall. *Bougonneur* et *Boujonneur*, inter pannorum opifices appellatur ille, qui iis quæ ad ejusmodi opificium spectant, invigilat, vulgo *Garde, juré*. Arest. ann. 1373. 10. Mart. in vol. 5. arestor. parlam. Paris. : *Boujonatores draperiæ villæ nostræ Rothomagensis, nomine suo et aliarum gentium ministerii ejusdem draperiæ, debatum ad hoc moverunt, etc.* Pluries ibi. Lit. Caroli V. reg. Franc. ann. 1372. in Reg. 119. Chartoph. reg. ch. 414 : *Le maire et le Bougonneurs de draperie de nostredite ville de Rouen, etc.* Stat. ann. 1376. tom. 6. Ordinat. reg. Franc. pag. 196 : *Nous leur vueillons octroyer qu'il aient visiteurs et Boujonneurs oudit mestier de drapperie.* Aliud ann. 1424. in Reg. 173. ch. 151 : *Ne pourra nul mouiller les draps, jusques à ce qu'ilz soient scellez tous esciuz, ou qu'ilz aient prins congié aux Boujonneurs de les esbrouer seulement.* Sed et ipsa hujus opificii Statuta, *Boujon* nuncupantur. Lit. ann. 1382. eod. tom. 6. pag. 660 : *Selon le Boujon et ordennance de ladicte drapperie, etc.* Stat. ann. 1421. in Reg. 173. ch. 113 : *Item que les jurez puissent arrester tous les draps, ... se iceulx draps ne sont du Boujon de la ville d'Evreux.* Vide Diction. Commer. voce *Boujon*.

* **BOVIRE**, Apum vox. Vide supra *Baulare*.

¶ **BOVISCIDA**, Qui cædit boves, Lanius. Vide *Boscida*.

¶ **BOVITILLUS**, Vitulus. Kennettus Antiquit. Ambrosden. pag. 288 : *XVI. boves, I. bovett. I. juvencus, II. Bovitil. masc. II. sues, XIV. porci, V. capones, I. gallus, IX. gallinæ, V. pullani.*

* **BOVIUS**, ut supra *Bovinus*. Inventar. ann. 1476. ex Tabul. Flamar. : *Et ultra prædicta animalia, ad præsens reperiebatur de lucro et profiguo ejusdem gasalhiæ, tria capita animalium Boviorum, videlicet duas vitulas et unum vitulum anni præsentis.*

* **BOUKET**, vox vulgaris, Canabis species. Inquisit. ann. circ. 1270. in Lib. I. nigr. S. Vulfr. Abbavil. fol. 23. r° : *De canabis autem dicit ipsum percipere debere medietatem illius, quod vocatur Bouket, alterius non; et ob hoc debet invenire vincula saccorum. Boutas*, eadem notione, in Lit. remiss. ann. 1475. ex Reg. 204. Chartoph. reg. ch. 37 : *Certaine grant quantité de chanvre, appellé vulgaument au pays* (Forest) *Boutas.*

* 1. **BOULA**, Betula, Gall. *Bouleau*, olim *Boul*. Vide supra *Bolum*. Charta ann. 1206. tom. 1. Probat. Hist. Brit. col. 805 : *Capiant arbores non fructificantes, neque ad ædificia competentes, ut sunt Boulæ, quæ a calfagio removentur.* Hinc forte nomen *Boulieux*, quo quidam habitatores de Annonayo designantur, in Lit. ann. 1373. tom. 5. Ordinat. reg. Franc. pag. 657 : *Nolumus tamen quod quidam, vocati les Boulieux de Annonayo, ... dilacione prædicta gaudeant vel utantur; sed cogantur ad solvendum financias per eos debitas pro acquisitionibus feodalibus per eos factis.* Vide infra *Boulaya*.

* 2. **BOULA**, Aleatorium, *tabularum* ludus, ut opinor. Vide *Tabula* 9. Neque enim pilæ seu globorum ludum laicis interdictum fuisse probabile est. Stat. synod. eccl. Atrebat. sæc. XV. edita cap. 18. ex Cod. reg. 1610 : *Nullus etiam laicus teneat in domo sua Boulam seu ludum taxillorum.* Vide infra *Bouleta*.

* An a ludo aleatorio sit accersenda, an ipsi ludo nomen dederit vox Gallica *Boule*, pro Calliditas, dolus, fallacia, unde *Bouler*, pro Decipere, et *Bouléeur*, Homo fraudulentus, haud satis scio. Mirac. B. M. V. Mss. lib. 1. ubi de astutia diaboli :

> Tant seit de Boule li boulerres,
> Et tant parest fors triboulerres.....
> Quant li Diables qui tout Boule
> Par son barat et par sa Boule,
> Eschec et mat li quida dire, etc.

Ibidem :

> Là deviennent tout Bouléeur,
> Fort avocat, fort plaidéeur.

Bestiarius Ms. ubi de vulpe :

> Li cuvers, qui tant seit de Boule,
> Trait le langhe hors de la goule, etc.

Poema Catonis Ms :

> Se tu veus avoir bon renom,
> Fui ches choses que je te nom;
> Chest larrechins, luxure et Boule,
> Dont li cors s'esjoit, et la goule.

* **BOULAYA**, Locus betulis consitus, olim *Bolaie*. Vide supra *Bolum*. Charta ann. 1318. in Reg. 56. Chartoph. reg. ch. 392 : *Item super Johannem de Vesinis pro Boulaya continente iij. virgatas terræ x. sol. Turon.* Vide supra *Boula* 1.

* **BOULENGARIUS**, Pistor, a Gall. *Boulanger*. [** Arest. parlam. Paris. ann. 1263. in Reg. *Olim* ap. Beugnot. pag. 559 : *Petebant Boulengarii Pontysare, etc.* Alia 1264. ibid. pag. 575 : *Cum quedam Boulengaria Pontisare, etc.*] Arest. parlam. Paris. ann. 1372 ex Tabul. S. Joan. Laudun : *Nullus Boulengarius seu pistor panem minus sufficientem, vel de malo seu minus justo pondere, juxta valorem et pretium bladi faceret.* Rur-

sum occurrit in Charta ann. 1338. ex Reg. 138. Chartoph. reg. ch. 161. *Boulenghier*, in Stat. ann. 1355. tom. 5. Ordinat. reg. Franc. pag. 509. ubi ars pistoria *Boulenghérie* appellatur.

¶ **BOULENGERIUS**, a Gallico *Boulanger*, Pistor. Charta Thomæ Abbatis S. Germani a Pratis pro manumissione hominum Villæ novæ S. Georgii in Tabulario ejusdem loci : *Boulengerii vero multuram et furnagia, prout hactenus consueverunt, nobis solvent.*

* **BOULETA**, Alea, *tabularum* ludus, idem quod supra *Boula* 2. Reg. visitat. Odonis archiep. Rotomag. ex Cod. reg. 1245. fol. 524 : *Invenimus dom. Laurentium curatum ecclesiæ* (de Gornaio) *de ludo talorum et Bouletæ, de potu tabernarum graviter diffamatum.* A ludo, quem *Trou-madame* appellamus, non multum differre videtur ille, de quo in Lit. remiss. ann. 1382. ex Reg. 121. Chartoph. reg. ch. 321 : *Hennequin de la Mote et Lotart Turpin Latour commencierent à jouer à un jeu de Boulettes de boys, à faire passer parmi une portelette, etc.*

* **BOULETUS**, Globus, pila, Gall. *Boule*. Artic. reformat. monast. S. Eligii Noviom. ann. 1370 : *Inhibentur tales ludi, tamen abbas ludum palmæ et Bouleti, tempore consueto, ... tolerabit.* Vide supra *Bola* 3.

¶ **BOULLETUS**, Globus tormentarius, Gall. *Boulet de canon*, Angl. *a cannon bullet.* Rymer. tom. 15. pag. 313. col. 2 : *Simul etiam omnia tormenta et omnes machinæ bellicæ cum omni suo apparatu; scilicet, pulverum, Boulletorum, mortariorum, etc.*

* **BOULUS**, Betula, Gall. *Bouleau*, olim *Boul.* Charta ann. 1352. in Reg. 81. Chartoph. reg. ch. 555 : *In ipsa foresta* (de Vernone) *Boulus vocatur vivus boscus, quamvis in aliis forestis vocetur mortuus.* Proces. de B. Pet. de Luxemb. tom. 1. Jul. pag. 537. col. 2 : *Vidit in quodam coffro secreto quasdam virgas de arbore quadam, vulgariter vocata Boulo.* Ch. ann. 1317. in Reg. 56. ch. 483 : *Et est à entendre mort bois Boulz, tramble, fou, marsaus, et genestres. Boust*, in Lit. remiss. ann. 1387. ex Reg. 131. ch. 155 : *Lesdites femmes garnies de verges de Boust, etc.* Vide supra *Bolum* et *Boula* 1.

¶ **BOUNCE**. Hist. Dalphin. tom. 2. pag. 276 : *Item, pro emenda Bounce stuppa et corda... taren. 1. et dimid.* In quem locum adnotat eruditus Editor *Bounce* esse pro *Bombyce*. V. Cl. *Lancelot* legebat, *Bomunce, scappa et cona.*

* **BOVO**, Bos. Charta Manassis episc. Lingon. ann. 1189. inter Probat. tom. 1. Hist. Burgund. pag. 64. col. 1 : *Dedit oves quoque trecentas et decem Bovones.*

BOVOLCARITIA, pro *Bubulcaritia*, Domus bubulci, vel prædium bobus nutriendis idoneum. Charta Desiderii Regis Longobard. in Bullario Casinensi tom. 2. pag. 12 : *Curtes massaricias et Bovolcaritias, et aldiaritias, etc.*

* **BOUQELERIUS**, Scutum, clypeus, nostris etiam *Bouqueler*, pro *Bouclier*. Lit. remiss. ann. 1355. in Reg. 84. Chartoph. reg. ch. 189 : *Nonnulli ad invicem ad ludum clipei seu Bouquelerii pacifice ludebant.* Aliæ ann. 1398. in Reg. 154. ch. 32 : *Ledit de Valledonne requist audit suppliant qu'il voulsist jouer à lui audit jeu de Bouqueler.* Vide supra *Bouclarius*.

* **BOUQUERIUM**, Pascuum commune. Charta ann. 1272. inter Probat. tom. 1. Hist. Nem. pag. 99. col. 1 : *Cetera vero ad consulatum pertinentia, sive pascua, seu media Bouqueria civitatis et castri, seu quæcumque alia, ad administrationem consulum, tam castri quam civitatis, ordinamus indifferenter et communiter pertinere.* Aliud vero est *Bouquier*, Fenestra nempe, vel spiraculum, in Lit. remiss. ann. 1468. ex Reg. 195. Chartoph. reg. ch. 196 : *Le suppliant emporta deux treilliz de fer, qui estaient atachez aux Bouquiers du celier de Jehan le Viseux.*

* **BOUQUETUS**, Calculus lusorius, scrupus, Gall. *Merelle*. Vide *Marella*. Lit. remiss. ann. 1361. in Reg. 89. Chartoph. reg. ch. 601 : *Ipsa supplicante et Maria le Charlier ad invicem amicabiliter ludentibus.... ludum videlicet ad Bouques seu marellos, acciderat quod dicta Maria dicebat se lucratam fuisse ludum, volens capere marellos; dicta vero supplicans dicens ipsam mentiri, cum manibus ipsam Mariam per scapulas a parte anteriori impulit, ad impediendum ipsam Mariam ne caperet dictos Bouquetos seu marellos.* Apud Normannos *Bouquet*, idem quod *Chenet*, fulmentum focarium. Lit. remiss. ann. 1463. in Reg. 199. ch. 1 : *Ung chenet, que on appelle Bouquet au pays* (de Normandie).

BOURATIUM, Vestis species. Chronicon Ademari Cabanensis pag. 167 : *Pro eo principati sunt Bernardus Comes Petragoricensis, deinde filii ejus Arnaldus, cognomento Bouratio, pro eo quod cum ipsa veste, lupum diabolicum homines devorantem appetiit in campo, loricatus, et galeatus.* Prostant Ambiani artifices lanei, quos *Bourrachers* vocant.

* Ex panno vel tela crassiori, Gall. *Bourras*, quæ ex stupis cannabinis conficitur. Lit. remiss. ann. 1387. in Reg. 131. Chartoph. reg. ch. 39 : *Uno ipsorum secum deferente quemdam sacum, et altero quoddam dictum Bourraz, pro pisces portando, etc.* Aliæ ann. 1415. in Reg. 169. ch. 47 : *Le suppliant demanda aux compaignons se ilz avoient point prins les penelles et Bourras, que leurs bestes avoient sur eulx.*

* **BOURDA**, Panni species. Vide supra *Borda* 6.

¶ **BOURDARIA**, pro *Bordaria*, Prædium rusticum. Stephanotius Antiquit. Benedict. Petragor. MSS. pag. 174 : *Insuper unam Bourdariam augmentati sunt, quæ vocata est Boeria.* Vide *Borda*.

* **BOURDENA**, Gall. *Bourdaine*, Arboris species, de qua Cotgrav. in Diction. Charta Thomæ comit. Pertic. ann. 1217. in Reg. forest. comitat. Alencon. ex Camer. Comput. Paris. fol. 50. r° : *Confirmamus quod prior et monachi* (de Bellismo) *in prædicta foresta nostra percipiant pacifice et quiete..... Bourdenam et omne genus mortui nemoris, etc.* Vide supra *Bordenale*.

* **BOURDENAGIUM**, Officium quoddam. Charta Henr. reg. Angl. in Chartul. Henr. V. et VI. ex Cod. reg. 8387. 4. fol. 70. v° : *Concessimus dilecto ligeo nostro Hugoni Spenser officium Bourdenagii civitatis nostræ Burdegalæ.* Vide infra *Burdana*.

* **BOURDONAGIUM**, Bordonnagium, An idem sit quod supra *Bordonagium* vix dubius hæreo : ut ut est, conjecturæ ibi propositæ non favet Charta Guil. *de Bourron* militis ann. 1266. in Reg. 30. Chartoph. reg. ch. 368 : *Vendidi illustrissimo regi Francorum Ludovico quadraginta solidos Paris. quos in præpositura de Moreto habebam et percipiebam annuatim, ratione Bourdonagii.* Cujus Chartæ mentio fit in Inventar. Chart. reg. ann. 1482. fol. 188 : *Acquisitio quadraginta solidorum Paris. reditus, quos Guillelmus de Bourron accipiebat supra præposituram Moreti, ratione Bordonagii. De anno* 1266. Ubi videtur esse *pedagium* seu vectigal, quod ab asinorum conductoribus exigebatur. Vide *Burdones*.

* **BOURELARIUS**, Bourrelarius, Helciorum opifex, Gall. *Bourrelier*, cujus ars *Bourelaria* dicitur, in Arest. ann. 1344. 23. Febr. in vol. 2. arestor. parlam. Paris. : *Bourelarii asserebant se esse et fuisse a longo tempore citra Bourelarios operantes in villa Parisiensi et facientes in domibus suis opera Bourelaria.* Testam. Guil. de Meleduno archiep. Senon. ann. 1376. in Reg. 108. Chartoph. reg. ch. 338 : *Item legamus jardinum....... contiguum...... ab alio latere domui, ubi moratur Petrus Bourrelarius reginæ Franciæ.* Vide supra *Borrelarius*.

¶ **BOURETA**, Anas, Avis aquatica, Rusticis Picardis etiamnum *Bour*. Litteræ ann. 1357. ex Tabulario Corbeiensi : *Nobis expositum exstitit, cum in die qua Veneris mercatum fore dicitur in dicta villa de Corbeia idem Johannes non est diu, ad eamdem accessisset, ut illuc certa volatilia vendenda, videlicet septem vel octo Bouretas seu anates, etc.*

* **BOURGAGIUM**, Certum et annuum vectigal, quod burgensis, aut burgi incola, pro domiciliis suis seu tenementis, quæ in burgo possidet, burgi domino præstat, idem quod *Burgagium*. Charta ann. 1313. in Lib. rub. Cam. Comput. Paris. fol. 391. r°. col. 2 : *Quicquid habemus....... in parrochiis de Longolio...... in piscariis, Bourgagiis, bladis, avenagiis, avibus, etc. Bourgaigneau*, eadem acceptione, in Charta Phil. comit. Ebroic. ann. 1320. ex Tabul. episc. Paris. : *Item sur les Bourgaigneaux de Claville xxxvij. soulz, sis deniers Tournois.* Vide supra *Borgagium*.

* Aliud vero sonat vox *Bourgage*, in Lit. remiss. ann. 1396. ex Reg. 150. Chartoph. reg. ch. 61 : *L'exposant fust boire à la taverne avec plusieurs autres pour despendre vint six deniers, que icellui exposant devoit de Bourgage auxdits compagnons.* Ubi designari videtur illud, quod a novo burgi habitatore, nomine boni adventus, Gall. *Bienvenue*, exigebatur. Vide supra *Benevenuta*.

* **BOURLETTA**, Clavæ species, Gall. *Massue*, olim *Bourlette*, *Bourlote* et *Bourelet*. Lit. remiss. ann. 1357. in Reg. 89. Chartoph. reg. ch. 177 : *Qui quidem Johannes..... prædictum Guyotum de quodam baculo, Gallice Bourlette, sive massue nuncupato...... in capite percussit.* Aliæ ann. 1368. in Reg. 99. ch. 326 : *L'exposant prist une Bourlette, autrement dit un planchon, et en feri ledit bastart un seul cop en la teste.* Aliæ ann. 1376. in Reg. 109. ch. 120 :

Fu en icellui conflict ledit Oudart..... feru d'un baston, nommé ou païs (Laonnois, *Bourlette ou maçue.* Aliæ ann. 1450. in Reg. 176. ch. 782 : *Un baston ferré de cloux de fer au travers, nommé Bourlette.* Rursum aliæ ann. 1386. in Reg. 129. ch. 100 : *Pierre de Gant prist une grant mache, appellée par de lay Bourlote. Icellui Rebours, qui tenoit un baston appellé Bourelet,* in Lit. remiss. ann. 1425. ex Reg. 173. ch. 199.

¶ **BOURRA**, Gall. *Bourre*, Tomentum. Locus est in *Gambeso.* Vide *Borra* 2.

* **BOURRELARIUS.** Vide supra *Bourelarius.*

¶ **BOUSSELLUS**, Modius, mensura siccorum, Gall. *Boisseau.* Charta Willelmi de Humeto Constabularii Norman. ex Chartulario S. Fromondi : *Præterea concedo et affirmo eisdem Monachis duos Boussellos frumenti.* Ibid. in Charta seq. : *Quinque Boussellos frumenti ad mensuram de Humeto.* Vide *Boissellus.*

* **BOUT**, Piscis genus, Hispanis. Vide infra *Luna.*

¶ **BOUTAGIUM**, BOUTARIUS, BOUTEILLA, BOUTELLA. Vide in *Butta* 3.

* **BOUTAILLIA**, Uter, Gall. *Outre.* Charta ann. 1332. ex Tabul. S. Germ. Prat. : *Unam Boutailliam de corio.* Vide *Butta* 3.

* *Boutailles* autem Bennam sonat, in Lit. remiss. ann. 1446. ex Reg. 178. Chartoph. reg. ch. 31 : *A laquelle terriere vint icellui Challant avec ung cheval et ungs paniers, appellez Boutailles, pour charier de la terre.* Vide *Alletes.*

* **BOUTARE**, Pellere, pulsare, offendere, Gall. *Heurter,* olim *Bouter;* et ipsa impulsio, *Boutura* vel *Boutatura,* vulgo *Bouteure.* Lit. remiss. ann. 1355. in Reg. 84. Chartoph. reg. ch. 341 : *Dictus reus pupigit* (sic) *equm suum cum calcaribus,.... et adeo fortiter cucurrit contra dictum defunctum, recta via eundo contra ipsum, et ipsum cum equo et pectore fortiter et hostiliter percussit et Boutavit, quod dictus defunctus desuper equm suum, quem equitabat, cecidit ad terram; adeo quod de dicta Boutura et ictu dictus defunctus statim vel satis cito post diem clausit extremum et decessit propter Boutaturam et casuram antedictas.* Aliæ ann. 1379. in Reg. 116. ch. 46 : *L'exposant Bouta ou hurta ledit Jehan une foiz ou deux de l'espaule, .,.. et combien que dudit hurt ou Bouteure...... ledit exposant ne fist onques aucun mal audit Jehan, etc. Bousser,* eadem notione, in Lit. remiss. ann. 1416. ex Reg. 169. ch. 441 : *Icellui Guillaume en cheant se senti feru et Boussé, ... et sembla audit Guillaume qu'un nommé Parisot estoit cellui qui l'avoit feru et Boussé. Abucher* et *Abuisser,* pro Offendere, Gall. *Heurter, chopper.* Lit. remiss. ann. 1396. in Reg. 151. ch. 222 : *Loys Lore passa par devant ledit Charlot, qui estoit assiz, comme dit est; et en passant icellui Charlot, par esbatement et sans ce qu'il pensast à aucun mal, mist la jambe audevant de celles dudit Loys, tant qu'il s'y Abucha, et qu'il ne tint à guaires, si comme il sembla, que il ne chey à terre.* Aliæ ann. 1397. in Reg. 152. ch. 225 : *Lesquelz trouverent emmy la court de l'ostel dudit tavernier ledit Vigor, qui se dormoit; auquel l'un d'iceulx exposant se hurta ou Abuissa, ou par l'un d'iceulx fu feru en soy hurtant ou Abuissant à lui.* Unde *Abuissesement* et *Abussal* dixerunt quodvis offendiculum. Mirac. Mss. B. M. V. lib. 1 :

> Ki au siecle sauver se puissent,
> A tant d'Abuissemens s'abuissent,
> Que lor ames dampnent et perdent.

Guignevil in Peregr. hum. gen. Ms. ubi de Concupiscentia :

> Je sui, dist elle, en belle voie
> Un achopail et Abussal
> A gent de pié et de cheval.

Vide supra *Botare* et *Butare* 1.

* Hinc *Vin bouté* dixerunt, pro *Vin poussé,* Vinum vitiatum. Stat. ann. 1411. in Reg. 166. ch. 201 : *Item que aucun dudit mestier ne mette en besogne lye puante, ne vin Bouté ou puant. Pain bouteis* vero nostris dictus, qui male formatus et præparatus. Stat. pro pistor. ann. 1300. inter Consuet. Genovef. Mss. fol. 8. v°. : *Se li talemeliers portent ès lieus devant diz pain bien conrée, qui ne soit Bouteis* (alibi *Boutiz*) *faire le pueent.* Lib. rub. fol. parvo domus publ. Abbavil. ad. ann. 1309 : *Li boulengiers devoient demie de pain, ou une obole chascune semaine, et il ne paioient que pain Botiis.* Stat. pro pistor. ex Lib. rub. fol. magno ejusd. domus art. 1 : *Que nulz ne Botisse pain à tavernier, ne à aultrui.*

* Sed et quia arando, aratrum ab agricola propellitur, vel quod aratro terra pulsatur et versatur, aratrum, *Boutée* Lemovicibus, dictum videtur. Lit. remiss. ann. 1462. in Reg. 198. ch. 410 : *Lesquelz Simon et ses filz arriverent avecques deux Boutées ou charrues, et grant quantité de beufs, pour labourer en ladite terre.* Neque aliunde repetenda origo ludi cujusdam, quem *Boutehors* vel *Bouter-hors* appellabant. Lit. remiss. ann. 1387. in Reg. 138. ch. 147 : *Ainsi qu'il jouoit avec plusieurs autres compagnons d'un esteuf à un jeu, qu'on appelle à Bouter-hors.* Aliæ ann. 1394. in Reg. 146. ch. 65 : *Comme le suppliant et autres jouassent ensemble au jeu de la pelote, appellé Boutehors sur une maison.* De eo enim, quod extra aliquem locum mittitur, *Boutehors* dicebant. Ch. scabinor. Duacens. ann. 1366. in Reg. 97. ch. 154 : *Des minages et foraiges des vins, et des yssues, estans et Boutehors d'icelle ville, etc.*

* **BOUTARIUS**, Qui *butarum* curam habet. Vide in *Butta* 3.

* **BOUTATURA**, Impulsio. Vide supra *Boutare. Bouterie de feu,* Incendium, actio apponendi ignem, in Lit. remiss. ann. 1371. ex Reg. 103. Chartoph. reg. ch. 6.

* **BOUTEILLA**, a Gall. *Bouteille,* Lagena. Lit. remiss. ann. 1399. in Reg. 154. Chartoph. reg. ch. 407 : *Invenerunt dictum clericum ense prædicto munitum, et quandam Bouteillam nectaris plenam deferentem.* Vide in *Butta* 3.

* **BOUTELLUS**, diminut. a *Boutus,* Cupa, dolium, vas vinarium. Comput. MS. ann. 1245 : *De duobus boutis, et duobus Boutellis, lxv. sol...... Pro boutis et Boutellis reparandis, vij. sol. Bouteris,* eadem notione, in Lit. remiss. ann. 1367. ex Reg. 97. Chartoph. reg. ch. 510 : *Lesdiz pages tournerent deux Bouteris de vin, que ladite femme avoit en sa maison, les bourdons dessoubs, par quoy le vin s'en estoit tout alé.* Vide *Butta* 3.

¶ **BOUTERIA**, Limes, terminus, finis, a Gallico *Bout.* Chartularium S. Vandregesili tom. 1. pag. 287 : *Unam pechiam terræ meæ sitæ.... intra terram Roberti Bartholomæi et terram... et Bouterias aliorum camporum.* Charta anni 1492. ex Archivo B. M. de Bono Nuntio Rotomag. : *Jungenti ex uno buto Johanni Amiart, ex alio latere et uno buto Domino de Bervilla, et de alio buto pluribus Bouteriis, etc.* Vide *Butum.*

* Charta Guill. *Mauconduit* milit. ann. 1306. in Reg. 45. Chartoph. reg. ch. 205 : *Item novem virgatas terræ,..... sitas...... super fines seu Bouterias de Pollebusc. Boutiere* appellarunt nostri id, quo pannus terminatur, ea parte qua largus est. Stat. ann. 1424. in Reg. 173. ch. 151 : *Se aucun veult faire drap entre drap et demi drap, il sera tenu mettre au bout du demi drap une Boutiere ou passe.* Unde *Bouterole* dixerunt, quidquid ornatus aut munimenti causa, ad extremas rei alicujus partes collocatur. Lit. remiss. ann. 1389. in Reg. 138. ch. 65 : *Pierre Passart...... le frappa un coup d'un baston qu'il portoit, où il y avoit une Bouterole de fer.* Aliæ ann. 1388. in Reg. 135. ch. 60 : *En laquele robe estoit pendue sa bourse et en icelle prinst xxxvj. solz Parisis et une Bouterole d'argent. Bouteure,* eadem notione, occurrit in Lit. remiss. ann. 1397. ex Reg. 153. ch. 53 : *Item une Bouteure ronde, qu'elle osta et coppa d'un chaperon de drap brun.* Vide supra *Botellus* 1.

* 2. **BOUTERIA**, Via strata, agger, Gall. *Chaussée.* Lit. remiss. ann. 1364. in Reg. 98. Chartoph. reg. ch. 78 : *Cum descendissent unus post alium unam Bouteriam ibidem positam, super unum rivale, etc.* Vide infra *Buteria* 1.

* **BOUTERIUS**, Qui *butarum* curam habet, officium in *scancionaria; Boutier,* in Ordinat. hospit. reg. ex Reg. sign. *Noster* Cam. Comput. Paris. fol. 119. r°. : *Eschançonnerie...... iiij. Boutiers, iiij. portebouz, etc.* Reg. 54. Chartoph. reg. ad ann. 1317. fol. 51. v°. : *Item* (dom. Rex) *concessit Adæ de Parisiis, Bouterio suo, intuitu servitiorum suorum duodecim denarios Paris. per diem.* Vide in *Butta* 3.

¶ **BOUTOIR**, Retis species. Literæ Philippi Reg. Franc. ex Chartul. 2°. S. Quintini in Insula pag. 79 : *Ad ingenia quæ sequuntur, videlicet a Bois et Boutoirs, ad communes vassas a foitre, ad vertilia rotunda... piscari poterunt.*

* Vel Modus tendendi retia, cum perticis scilicet, quas *Boutesacque* nuncupabant. Lit. remiss. ann. 1409. in Reg. 163. Chartoph. reg. ch. 321 : *Un baston, que l'en appelle Boutesacque, dont l'en tent harnois à prendre poisson en riviere.*

* **BOUTONNARIUS**, a Gall. *Boutonnier,* Globulorum opifex. Arest. parlam. ann. 1320. ex lib. 1. Ordinat. super artif. Paris in Cam. Comput. fol. 157. r°. : *Cum inter espinglarios Parisienses ex una parte, et Boutonnarios ejusdem villæ ex altera, certa judicata seu arresta.... prolata fuissent, etc.* Vide supra *Botones.*

¶ **BOUTONNI**, Fibulæ, Globuli, Gall. *Boutons,* in Inventario Ecclesiæ Noviom. ann. 1419. ex Archivo ejusdem : *Boutoni* infra in voce *Camahelus* post *Camaeus*. Vide *Botones*.

* **BOUTTUS** Lapis, a Gall. *Boutisse*, Lapis a positione sic dictus. Comput. MS. fabr. S. Petri Insul. ann. 1473 : *Item Bartholomeo le Grain scissori lapidum de grez, pro lapidibus scilicet Bouttis et quareaulx,... l. sol.*

¶ **BOUTUM**, a Gallico *Bout*, Finis, terminus, limes. Occurrit in Charta anni 1246. ex Archivo B. M. de Bono-Nuncio Rotomag. et in altera anni 1313. e Chartulario S. Martini Pontisar. Vide *Butum*.

* **BOUTURA**, Impulsio. Vide supra *Boutare*.

BOUTUS, Lagena. Vide *Butta* 3.

¶ **BOUVARIUM**, mendose pro *Bonnarium*, ut observatur in hac voce.

* **BOUVELLUS**, Juvencus, Gall. *Bouvillon*, et *Bouvet*. Charta Odonis archiep. Rotomag. ann. 1255. ex Cod. reg. 1245. fol. 167. r°. : *Item duæ vaccæ, duæ genitiæ, et unus Bouvellus... Item quatuor Bouvelli.* Lit. remiss. ann. 1460. in Reg. 190. Chartoph. reg. ch. 59 : *La suppliant print depuis ung jeune Bouvet de son oncle, qu'elle vendi vingt solz Tournois.* Vide supra *Bovellus*.

* **BOWGA**, Bulga, pera viatoria, Gall. *Bougette. Cum Bowgis et manticis*, apud Upton. de Stud. milit. pag. 85.

** **BOVUS**, *non nisi singularem numerum capit, nam pluralem nemo dixit.* Sosip. Charis. lib. 1. cap. 17. sect. 42.

* 1. **BOX**, Hircus, a provinc. *Boc.* Charta senescal. Ruthen. ann. 1310. in Reg. 49. Chartoph. reg. ch. 80 : *Capras, yrcos sive Box, oves, etc.* Vide supra *Bocxs* et *Buccus*.

** 2. **BOX**, Piscis genus. Vide *Boca*, 2. et Forcellin. in *Boras*.

¶ **BOXARDIUS**, Vox Hispanica, *Boxar* Hisp. est circuire, *per Boxardium* ergo dicunt quod Galli diceremus *à la tournée, tour à tour.* Concil. Hispan. tom. 4. pag. 135. col. 1 : *Nulli præter Rectorem vel Vicarium liceat se excusare a cappa vel a sceptro suo ordine tenendo, cum ei injunctum fuerit a Vicario, ordine tamen inter Presbyteros servato per Boxardium, ut dicitur.*

BOXIA, [f. Idem quod *Boureta*.] Tabularium Ecclesiæ Gratianopolitanæ sub Hugone Episcopo fol. 42 : *Est de ipso feudo mansus de Follis, qui debet 4. fogacias, et 7. capones, et 1. agnum, et 22. ss.* (sextarios) *de nucibus, et Boxia, et opera, etc.* Fol. 52 : *Chabanaria Petri de Vineis... quæ reddit 12. den. et 8. sextarios de vino, et 4. sextarios civatæ, et 1. sext. nucis, et 1. boxia, et 1. cap. et 1. pull.* Occurrit ibi pluries, ubi interdum *buxia*, scribitur. Tabularium Prioratus de Domina in Delphinatu pag. 107 : *De Manso in villa Navisia servitium per Kalendas 4. membra de carne, et 4. panes, et 4. denar. intrante Quadragesima unum caponem, et unam Boxiam : in Pascha tres agnos, etc.* Infra : *Et unum fassum de teda, et medietatem Boxiæ, et 1. cap. etc.* Occurrit pluries.

* Capra, hircus : ni malis de servitio cum bobus intelligere.

BOXTA. Vide *Buxis*.

** **BOYA**, *Torques damnatorum*, in Vocabul. Latin. Germ. ann. 1477. Vide *Boia*. Adel.

* **BOYARDUS**, pro *Bayardus*, Color equi, qui Latinis *badius* dicitur. Testam. Bertr. Cassinelli ann. 1397. inter Probat. Hist. Autiss. pag. 127. col. 1 : *Item legavit... duos equos suos, acquineiam et Boyardum.* Vide *Bagus*.

* **BOYCELLERIUS**, pro *Boutellerius*, Qui *butarum* curam habet. Privil. capit. S. Barn. de Roman. ann. 1348. tom. 3. Ordinat. reg. Franc. pag. 274. art. 7 : *Sacrista et capitulum...... habent in villa prædicta de Romanis in communi quamplures meynerios,...... inter cæteros cellararium, panaterium, Boycellerium, etc.*

* **BOYCHUS**, Silvula, nostris *Buisson*. Charta ann. 1341. in Reg. 74. Chartoph. reg. ch. 580 : *Item quod dicti religiosi* (Vallis magnæ) *tenere possint bartas sive Boychos, prout dom. rex tenet, devesos.* Vide supra *Barta*.

* **BOYGA**, Terra inculta. Pactum inter episc. S Flori et Rigald. *Tortolos* domicel. ann. 1326. in Reg. 66. Chartoph. reg. ch. 85 : *Item quamdam Boygam sive heremitatem suam dicti Rigaldi Tortolo,... confrontatur ex una parte dicta Boyga seu heremitas dan la costa de la Blanayria.* Vide *Eremus*.

* **BOYL**, Instrumentum vel modus piscandi. Gloss. Cæsar. Heisterbac. in Reg. Prum. tom. 1. Hist. Trevir. Joan. Nic ab *Hontheim* pag. 671. col. 1 : *In Merriche nullus potest piscari cum venna, vel rete, vel piscatione, quæ Boyl appellatur.* Est autem *Boyle*, Capra, Gall. *Chevre*, in Libert. *de Sommieres* ann. 1463. ex Reg. 199. Chartoph. reg. ch. 41 : *Lesquelles chevres, que communément l'en appelle Boyles, etc.*

* **BOYNA**, Meta, limes, terminus, Gall. *Borne.* Stat. Perus. pag. 57 : *Si quis terminum seu Boynam evulserit seu extraxerit,... solvat pro banno libras decem; et nihilominus terminus seu Boyna ad locum debitum et justum restituatur.* Vide supra *Bogna*.

¶ **BOYRANIUM**, An corveia boum seu opera cum bobus præstanda? Hispanis *Boyero*, idem est qui Latinis Bubulcus. Pactum inter Jacobum Aragoniæ Regem Montisque Pessulani Dominum et Berengarium Magalonæ Episcopum ann. 1272. de limitibus jurisdictionis utriusque : *Est etiam sciendum, quod de supradictis ab utraque parte excipiuntur usatica, laudimia, consilia, quarti, quinti, sexeni, septeni, octavi, feuda, feualia, albergæ, Boyrania et alia servitia, quæ ad jurisdictionem aliquam, seu merum mixtum imperium non pertinent.*

¶ **BOYSIA**, Pyxis, Gall. *Boëte*. Instrum. ann. 1342. ex Archivis S. Victoris Massil. : *Item unam Boysiam in qua ponitur corpus Christi... Item tres Boysias hostiarum.*

¶ **BOYSSAGIUM**, f. Tributum quod ex granis venditis et *boissello* mensis exigitur. Comput. Vienn. tom. 4. fol. xv. Cellararius Burgaudi computat *de denariis censualibus... pro banno Augusti accensato, pro Boyssagio accensato.*

¶ 1. **BOYSSERIA**, Modus agri tantum seminis capiens, quantum in *boisello* potest contineri. Inventar. Recognit. n. 18. cap. 41. de *Vouta* in Vivariensi Diœcesi fol. 327 : *Item pro quadam blachia scita Anchier confrontante cum terra Philippi Juliani et cum Boysseria heredum Stephani Chantardi, etc.* Ibidem fol. 329 : *Item, pro Boysseria scita ibidem, confrontante cum itinere... pro Boysseria scita prope mansum etc.* Et fol. 330 : *Item plus pro nemore et Boysseria scitis... Item quasdam terras, nemus et Boysserias, etc.*

[* Silvula est, ut opinor, nostris *Buisson.* Pro *Anchier*, divisis vocibus leg. *au chier.* Vide supra *Boisseria*.]

* 2. **BOYSSERIA**, Cloaca, Gall. *Voyrie.* Stat. ann. 1352. inter Probat. tom. 2. Hist. Nem. pag. 150. col. 2 : *Item quod nulla persona sit ausa escorgare sive prohicere animalia mortua, nisi in Boysseria Nemausi consueta.*

¶ **BOYTA**, a Gallico *Boëte*, Pyxis. Hist. Dalphin. tom. 2. pag. 417. col. 1 : *Et facta generali deliberatione de pixide vel Boyta.*

* **BOYTIA**, Pyxis, arcula, Gall. *Boete.* Charta pro institut. monetar. ann. 1368. ex Cod. reg. 5187. fol. 74. r. : *Qui essays reperirentur in insidiis seu Boytiis et pissidibus dictorum magistri et custodis.* Vide supra *Boistia*.

** **BOZA**. Bulla Clement. IV. PP. anni 1267. qua confirmat alteram ann. 969. ap. Marinium num. 31. pag. 32 : *Tu fili abbas inter quedam alia unum privilegium fe. re. Johannis PP. predecessoris nostri in materia de Boza conscriptum.... exhibere curasti.* Papyrum esse conjectat Marinius pag. 229. b. Confer *Buxus*.

¶ **BOZALIS**, ab Hispanico *Boçal*, Novus, recens. Locus est in *Waranio*. Vide *Boçalis*.

BOZANARIUS. Eckehardus junior de Casibus S. Galli cap. 5 : *Adjumenta necientes, Episcopo Bozanarium suum expectanti deferunt, et integra omnia et sana ostendunt.* Ubi Goldastus *bovem sagmarium*, aut legendum aut intelligendum putat, aut *bozagmarium*, i. aurigam, bubulcum. [** Pertz. vol. Script. 2. pag. 108. lin. 30. ubi editor *Bozanarium* interpretatur Vinum de Bozen in Tyroli.]

* **BOZARE**, f. idem quod *Bosiare*, In dominum insurgere, forisfacere. Vide in *Bausia*. Hisp. *Bozar* est attentius perspicere, indagare. Charta Seniofredi comit. Barcin. ann. 957. in Append. ad Marcam Hispan. col. 871 : *Et advenit mihi ipse alodes aliquid ex comparatione, aliquid per concamiatione, aliquid per cartas emptionis, aliquid per beneficium, quod ego habui per donum regis de Umfredo filio Guifredi, qui mihi Bozavit.*

BOZIGA, [f. Domus, mansio, habitatio.] Tabularium Ecclesiæ Ucetiensis fol. 7 : *Notandum tamen quod Ecclesiæ S. Nicolai, et Canonici, et hominibus et familiæ eorum retineo, ut ibi Bozigas et culta faciant quot et quæ voluerint, et ligna colligant, et venentur, et pascant, etc.*

* Quid si idem quod *Botiga*? Vide supra *Botigia*.

¶ **BOZINA**, Latrinarum forica, vel forinæ; tubam Galli veteres *Bozine* vocabant. Consuetud. Lemovic. art. LIX : *Consuetudo est in dicto Castro, quod latrinæ non debent ibi esse super terram, et si quis foderit Bozinam latrinæ super terram, debet hujusmodi facere de lapidibus et cimento vel mortario.* Textus Gallicus : *Et la coutume* qu'audit chateau qu'on ne fasse latrines à fleur de terre; et que si aucun fait la met ou lavage de ses chambres communes ou privées sur terre, il est tenu de faire ladite met de pierre cimentée de bon mortier.

1. **BOZOLA**, Terminus, meta, *bonda*. Charta ann. 1246. in Regesto Tolosæ Comitum : *In prædictis honoribus, de quibus erat quæstio a prædictis terminis, seu Bozolis superius designatis, etc.* Occurrit ibi semel ac iterum.

2. **BOZOLA**, Mensura liquidorum, in Jure Vicentino lib. 3. Vide *Butta* 3.

* Stat. Placent. lib. 6. fol. 77. v°. : *Omnes vendentes vinum ad minutum, teneantur habere rectam et justam Bozolam in pœna centum soldorum Placent. pro qualibet Bozola non recta.* Occurrit præterea in Stat. datiar. Riperiæ cap. 1. fol. 9. v°. Vide mox *Bozzola*.

* 1. **BOZOLUS**, Dumetum, Gall. *Broussailles*. Stat. Avellæ ann. 1496. cap. 163. ex Cod. reg. 4624 : *Quascumque spinas seu Bozolos sibi necessarios vel necessarias ibidem incidere possit.*

* 2. **BOZOLUS**, Pars molendini, vel *exclusæ*. Acta MSS. notarii Senensis ad ann. 1283. ex Cod. reg. 4725 : *Confiteor conduxisse a vobis.... unum molendinum, cum domo positum in flumine de Bocone,.... cum uno martello, et uno pirchone, et cum uno Bozolo, et cum una catena de rane.*

* **BOZOSUS**, f. Tuberosus, ab Ital. *Bozzoluto*, eadem notione, a *Bozzo*, tuber. Stat. Montis-reg. pag. 266 : *Item statutum est, quod aliquis macellarius de civitate Montis-regalis non audeat vel præsumat vendere seu vendi facere aliquas carnes morbosas, seu gramignosas, aut Bozosas, vel defectuosas, etc.*

* **BOZOVAGLIA**, Opus inchoatum, vas nondum perfecti operis, *Bozzo*, eadem significatione, dicunt Itali. Stat. civit. Astæ ubi de Intrat. portar. cap. 6 : *Quod unusquisque qui portaverit intus civitatem Ast Bozovagliam, sive in auro, sive in argento, de ipsis solvere debeat pedagium.*

* **BOZULA**, Meta, terminus, Gall *Borne*. Charta ann. 1318. ex Tabul. S. Maurin. : *Durat petia terræ de dicto molendino, usque ad Bozulam sitam in dicto prato, etc.* Vide supra *Bodula* et *Bozola* 1.

* **BOZZOLA**, Mensura liquidorum. Stat. Mantuæ lib. 1. cap. 114. ex Cod. reg. 4620 : *Quilibet vendens vinum ad minutum,..... teneatur habere et tenere Bozzolam vitream bullatam bullo Virgilii, etc.* Vide supra *Bozola* 2.

BRABANCIONES, Brebantiones, Prædones Brabantini, ex Brabantia. Will. Neubrigensis lib. 2. cap. 27 : *Stipendiarias Brebantionum copias, quas Rutas vocant, accersivit.* Jacobus de Vitriaco in Hist. Occid. cap. 7 : *Brabantios, viros sanguinum, incendiarios, Rutarios, et raptores.* Vita Lud. VII. Reg. Franc. : *Infinitos prædones, vulgo dictos Brabantiones, qui nec Deum diligunt, nec viam veritatis cognoscere volunt, colligens.* Epist. 279. inter eas quæ exstant tom. 4. Hist. Franc. : *Ad hæc mala Teutonicorum, quos Brabantiones vocant, immanissima pestis accessit, qui rabidarum more ferarum sanguinem sitientes, loca omnia pervagantur, a quibus quisquam vix tutus esse potest.* Vide Columbum in Episcopis Vasionensibus lib. 2. n. 24. 38.

Brebantini, apud Radulfum de Diceto, pag. 572. 576.

Brebantiones, in Epistola 323. tom. 4. Hist. Fr. in Epistola 45. Alexandri III. PP. apud Sirmondum, in Concilio Lateranensi III. ann. 1179. cap. 27. apud Innoc. III. PP. lib. 13. Ep. 93. et Petr. Blesens. Epist. 47. Monachus Altisiod. ann. 1181 : *Gentem nefariam, quos Brebantiones vocant, in suum auxilium accersivit.*

Brebiciones, apud Romualdum Salernitanum Archiepisc. in Chronico MS. ann. 1167 : *Collecta magna multitudine Brebicionum, et aliorum conductitiorum militum, Italiam potenter intravit.*

Brebenzones, apud Robertum de Monte ann. 1173 1174. 1179. 1182.

Brabanceni, Braibanceni, apud Rogerum Hovedenum pag. 534. 535. 550. 619. 770.

** Brabas. Reinardus vulpes libr. 1. vers. 49 :

Ha Reinarde, illa quam Brabas nocte fuisti!
Hic, nisi te Satanus glutiat, Anglus erit.

Ubi doctiss. editor : Idem populus memoratur libr. 3. vers. 609. Nostro loco exprobratur vulpi stuprum, quod uxori Isengrimi intulit, unde inimicitiarum aut origo aut præcipua causa. Brabas igitur est pro adultero. Mali ominis fuisse nomen istud testatur Waltherus de Coinsi, poeta francogallus, qui ineunte sec. xiii. scripsit. Nam adeo illis invectus est, quos vel diabolos appellaret. *Louanges de N. D.* (cod. Bruxell. 636.) libr. 2. cap. 11. sect. 2. vers 310 :

Trop est enfens et soteriaus
De Brebeçons, de coteriaus.

Ibid. vers. 314 :

Cil coterel, cil Brebançons,
Ce sunt deables. . . .

Ibid. cap. 18. vers. 1891. ubi de morte loquitur :

Ou il n'a point de réançon,
Ja n'i aura si Braibançon,
Qui pris ne soit à cel tornai.

Vide *Brachançonnes* suo loco.

BRABANTINI, Monetæ Ducum Brabantiæ, in aliquot Tabulis apud Freder. Sandium in Cousnet. feudal. pag. 35. 37. 48.

* **BRABECITA**, *Qui palmas* (dat) *vel Bravifer*. Glossar. vet. ex Cod. reg. 7641. Vide *Brabeta*.

¶ **BRABETA**, *Qui palmas dat.* Vetus Gloss. San-German. num. 501. His addit Papias MS. Bitur. *Vel Brasifer*, pro quo legendum censeo, *Brabifer*, a *Brabium* vel *Brabeium*, Palma, præmium. Simili modo ex *Bravium* fit *Bravita*, id est, inquit Papias, *Qui palmas dat vel accipit.* Græci dicunt βραβεύς et βραβευτής. [** Glossar. in cod. reg. 7644 : *Brabia, merita, munera, palme, dignitates. Brabium, præmium, genus palme, victorie. Brabium, victoria.*

* **BRABIREN**, Gloss. Cæsar. Heisterbac. in Reg. Prum. tom. 1. Hist. Trevir. Joan. Nic. ab *Hontheim* pag. 671. col. 2 : *Moras, Brabiren homines nostri tenentur colligere ad faciendum moratum, propter solennitates et infirmos fratres et magnos hospites.* Ubi Editor : Lege *Brambeeren*, prope accedunt ad vera mora. [** Conf. Graff. Thesaur. Ling. Franc. vol. 3. col. 304. radice *Beri*.]

¶ 1. **BRACA**, Bracca, Moles, Agger, Gall. *Braie* : qua notione dicimus *Fausse-braie.* Species munitionis seu propugnaculi muro prætexti. Instrumentum novæ Hist. Britan. tom. 2. pag. 184 : *Insuper eisdem Mon. scilicet Priori S. Johannis et S. Petri piscaturam, Bracam inter illam, quæ est monachis de Capoino. Prior vero S. Johannis medietatem illius Bracæ tali conditione possidebit, etc.* Charta Juliani anni 1148. ex Tabulario Floriac. : *Nemo infra terminos præfatos pro captura piscium, quos vulgo combras et Braccas vocant, construere, eis nolentibus, præsumat.* Eccardus in Probat. Hist. geneal. March. Misnensium col. 204 : *Is vero Braca suimet et quibuscumque potuit igni vires suggerit.* Vetus inscriptio apud Borellum;

Qui parfist en brieves saisons,
Tour, pons, Braies, fossez, maisons.

* Vel potius Gurges, locus in fluvio aggere quodam coarctatus piscium capiendorum gratia. Charta ann. circ. 1140. tom. 1. Probat. Hist. Brit. col. 580 : *Dedit S. Albino locum unius molendini in flumine Ligeris, et Brucam unam ad piscaturam solidam et quietam.* Vide infra *Braga*.

* 2. **BRACA**. Lit. remiss. ann. 1356. in Reg. 85. Chartoph. reg. ch. 183 : *Filius dicti Jacobi, qui cervesiam trahebat de quodam vase sive tonello, audito clamore dicti patris sui, dimissa classedra seu Braca dolii minime fixa, etc.* Sed leg. *Broca*, doliaris fistula. Vide in *Broccæ*.

* **BRAÇADA**, Senum pedum mensura, Gall *Brasse*, Hispan. *Braza*, Charta ann. 1151. in Chartul. monast. Caunens. : *Omnes alii fratres S. Petri de Caunis illum logal, qui Petri Maurel in villa de Caunis fuit, et duas Braçadas de apiario de ample, et alteras duas de long Bernardo Porcello...... tradunt.* Alia ann. 1170. ibid. : *Berengarius abbas Guillelmo Bonet et omni ejus posteritati tres in memorata villa Braçadas de solario... concedit.* Vide *Brachiata* 1.

BRACÆ, Braccæ, Femoralia, vestis species qua crura teguntur, ut ait S. Hieron. in cap. 3. Daniel. Glossæ Biblicæ MS : *Perizomata, Bracas.* Papias ex Isid. lib. 19. cap. 22 : *Bracæ, femoralia dictæ, quod sint breves, et verecunda corporis iis velantur.* Alibi : *Feminalia vel femoralia appellata, quod femora tegant; et Brachæ, quod breves sint.* Vocem Gallicam plerique censent, contra quam Salmasius, qui Græcam vult. Diodorus Siculus lib. 5. Bibl. Gallos uti ait ἀναξυρίσιν, ἃς ἐκεῖνοι Βράκας προςαγορεύουσι. Hesychius : Βράκεις, Ἀναξυρίδες. Alibi : Ἀναξυρίδες, Φημινάλια, Βρακία βαρβαρικά. Quidam ab Hebræo *Berec*, i. genu, deducunt, quod *Braccæ* genua tegant, et ad crura usque descendant. Agathias lib. 2. de Francis : Ἀναξυρίδας οἱ μὲν λινᾶς οἱ δὲ σκυτίνας διαζωννύμενοι τοῖς σκέλεσι περιαμπίσχονται. Usum *Braccarum* propter inclementiam aeris inductum videtur innuere Hyginus lib. 1. Poetic. Astronom. et Ovidius de Getis et Sarmatis Pontum accolentibus :

Pellibus et laxis arcent mala frigora Braccis.

Idem de Bessis :

Pellibus et sutis arcent mala frigora Braccis.

Braccas Persicas memorat idem Poeta lib. 5. Trist. Sed præcipue apud Gallos *Braccas* in usu fuisse, argumento est, quod pars quædam Galliæ *Braccata* dicta fuerit.

Alcuinus lib. de Offic. divin. ubi de femoralibus : *Hujusmodi habitus ita notus est in nostris regionibus, ut ex eo Gallia Braccata nominata sit. Braccæ Gallicæ*, apud Vopiscum in Aureliano. Warnerius MS. in Caprum Poetam, de Scotis :

Non Braccas portant, quia ventri semper adhærent.

[** Usum Bracarum intra urbem prohibuerunt Arcad. et Honor. ann. 397. Cod. Theodos. lib. 14. tit. 10. const. 2.] Occurrit apud Martialem, Propertium, Lamprid. Orderic. Vital. lib. 8. pag. 712. ib. 10. pag. 786. Aimoinum lib. 1. de Mirac. S. Bened. cap. 26. Ditmarum lib. 5. pag. 53. lib. 7. pag. 91. Guibertum de Vita sua lib. 3. cap. 17. Matth. Paris pag. 117. 216. 236. [** Murator. Antiq. Italic. vol. 2. col. 433.] Vide Brissonium in Formul. pag. 647. [** Pro *Bracas breves* uti Brisson. legit in Ch. plen. secur. col. 2. vers. 7. Marinius in *Pap. Dipl.* num. 80. pag. 125. et *Champollion-Figeac* in *Chartes latines sur Papyrus* fasc. 2. pag. 3. habent *Bracas lineas*. Ita distincte scriptum exhibet Champoll. tab. 9. lin. 21. Monet. Marin. pag. 296. numquam in usu fuisse *Bracas breves*.

* *Bracæ talgatæ*, incisæ, in Ch. ann. 855. ex Append. ad Marc. Hispan. col. 788.

* BRACHÆ, *Braes Gallice, quia solebant esse breves. Inde, Brachale, et Brachile, et Brachilum in eadem significatione, Gallice Brael*, in Glossar. Lat. Gall. ex Cod. reg. 521. Hinc *Braellier*, ut videtur, *bracarum* seu femoralium artifex, in lib. 1. Ordinat. super artif. Paris. ex Cam. Comput. fol. 146. v°. : *Quiconques veult estre Braellier de fil à Paris, estre le puet.*

☞ Ne quis vero errandi locus præbeatur, observandum apud plerosque Scriptores *Braccas*, quibus præcipue usi sunt Galli veteres, longe diversas fuisse a femoralibus, ea scilicet vestis specie qua crura teguntur; *Bracca* quippe sagum erat ad instar tunicæ manicatum, a Græco forte an Βραχύς, *Bracca* dictum, quod breve, et ad genua tantum usque descenderet. Vide *Sagum*. [** Forcellino in h. v. est Vestis barbarorum propria, nostris femoralibus valde similis, laxior tamen et longior, ut quæ non femora solum, sed et crura, immo et ventrem contegat. Adde G. Dindorf. in H. Stephan. Thesaur. Ling. Gr. vocibus Βράκες et Βρακίον. ed. Didot. vol. 2. col. 394.]

BRACARE, *braccas inducere; Debracare, bracas extrahere*, Ugutioni.

* Glossar. Gall. Lat. ex Cod. reg. 7684 : *Brayer, Bracale, i. lumbare. Bracarium, idem. Bracare, chaucer brayes.* Aliud Provinc. Lat. ex Cod. 7657 : *Bracare secundum aliquos, Embrayer, Prov.*

BRACCARII, Braccarum confectores, apud Lamprid. in Alexandro Severo. [** *Bonus, vir honestus, Bracarius, ejusque conjux Martyria*, in Ch. papyr. ann. 572. ap. Marin. num. 88. Conf. eundem pag. 290. b. Dioclet. edict. de pretiis rer. ven. ap. Maium Collect. nova vet. scriptor. vol. 5. pag. 311 : *Bracario pro excisura et urnatura* 100, *pro birro qualitatis primæ* 40, *pro birro qualitatis secundæ* 20, *pro caracalla majori* 20, *pro caracalla minori* 20, *pro bracibus* 20, *pro udonibus* 4. Unde recte colligit Furnal. ap. Forcell. *Bracarium* Diocletiano generaliter significare Vestificum, cum ei pretium pro quacumque veste assignetur.]

BRACALE, et BRACARIUM, *Lumbare, a braccis*. Joann. de Janua, Gloss. Lat. Gall. : *Bracale, Brayer*. [Acta SS. Junii tom. 3. pag. 661. B. in Miraculis B. Gerlandi : *Qui ob ipsam infirmitatem eidem Nicolao in femore et testibus Bracale imposuit*, hoc est, fasciam herniæ coercendæ, Gall. *Bandage*.] Charta scripta ann. 10. Edw. I. apud Guilielm. Prynneum tom. 3. Libertat. Eccles. Anglic. pag. 1244 : *Mittimus ad vos quandam cedulam.. cujus transcriptum.. inventum fuit in Bracali L. quondam Principis Walliæ, etc.*

** BRACES. Vide Furnal. ap. Forcell. voce *Brax*, et locum supra laud. ex edict. Diolect.

¶ BRACCHÆ. Concil. Tarracon. ann. 1242 : *Credentes autem hæreticorum erroribus solennem faciant pœnitentiam... discalceati in Bracchis, etc.*

BRAGÆ. Charta ann. 721. apud Puricellum in Monumentis Ambrosianæ Basilicæ pag. 13 : *Ut acceptet ipse Ursus pro ista donatione a Theoperto Cellerario S. Ambrosii camixiam unam, et Bragarum par unum, valentia solido uno, xemplare unum valens tremessibus duobus.* Ubi editor ad vocem *xemplare* : Quid hoc sit, penitus ignoro. *Brages*, nostris etiam. Ceremoniæ observatæ in Creatione Militum de Balneo, apud Edw. Bisseum : *Le plus gentil Chevalier donnera à l'Escuier sa chemise, un autre lui baillera ses Brages, un tiers luy donnera un pourpoint.* Libellus MS. Catalanicus de Batailla facienda : *Tot núu et descals en Bragues. Brais* eadem notione dixit Bertrandus Clericus in Poemate MS. de Girardo Viennensi :

Chemises et Brais et robes à lor gré,
A ces donzels por amité donez.

[** Vide Schilterum in Glossar. voce *Brichen* et Ihrium in Glossar. Suio-Gothic. voce *Brackor*. ADEL. Adde Graffii Thesaur. Ling. Franc. voce *Brôch*, vol. 3. col. 277. Raynouardi Lex. Rom. vol. 1. pag. 247. voce *Braia*]

* BRAÇAGIUM, vox monetariorum, nostris *Brassage*, Jus, quod monetario competit pro salario cusæ monetæ et decessione materiæ aliisque impensis. Inquisit. ann. 1260. in Reg. *Olim* parlam. Paris. [** Beugnot. pag. 131. num. 11.] : *Illi soli monetarii sunt quitti* (de tallia) *qui cudunt ad Braçagium*. Arest. S. Mart. hyemal. ibid. [** ann. 1270. ap. Beugnot. pag. 830. num. 37.] : *Proposuit Johannes Arrode civis Parisiensis, quod ad solutionem talliæ minime tenebatur, eo quod erat monetarius et ad Braçagium cudebat.* Vide *Brazeagium*.

BRACALÆ. Fridericus II. Imp. lib. 1. de Arte venandi cap. 53 : *Super has vero duodecim pennas caudæ, sunt et aliæ multo minores eis, desubtus vero similiter aliæ subalbidæ molliores et longiores illis quæ suprastant ipsis duodecim, et hæ inferiores a quibusdam dicuntur Bracalæ.* Lib. 2. cap. 19 : *Plumæ quæ sunt sub majoribus pennis caudæ, quæ vocantur Bracalæ, sunt densæ, etc.* Adde cap. 24.

BRACALE, BRACARE, BRACARIUM. Vide *Bracæ*.

* BRAÇALE, Fascis, quantum brachiis capi potest, Gall. *Brassée*. Vide *Braccagium*. Lit. remiss. ann. 1355. in Reg. 84. Chartoph. reg. ch. 391 : *Pro suspicione latrocinii,... unius custelli, cujusdam Braçalis fili, et cujusdam cucuffæ mulieris, etc.* Vide alia notione supra in *Bracæ*.

* BRACATA, *Gillea*, in Glossar. vet. ex Cod. reg. 7641.

¶ BRACATGE, Species grani, eadem, opinor, quæ infra *Brace*. Codex territorii Abbatiæ Piperacensis Diœcesis S. Flori ann. circiter 1090. fol. 25 : *Bernardus de Chanac quando factus est Canonicus cum consilio fratris sui dedit duas vineas ad Chanac : unam operantur Fratres, et alia dat tertium sextarium et unum de Bracatge et minam civade et unum prandium.*

[* Hordeum, ni fallor. Vide infra *Braciacum*.]

* BRACATUS, Signatus. Stat. Casimiri III. ann. 1447. inter Leg. Polon. tom. 1. pag. 154 : *De minuta pecunia Bracata statuimus, ut per universum regnum capiatur commode, quod pro medio lato grosso, novem denarii minutæ et Bracatæ pecuniæ recipiantur.* Vide mox *Braccator*.

* BRACBANÇONNES, Prædones Brabantini, ex Brabantia. Annal. Victor. MSS. ad ann. 1214 : *Solum remanserant Brachançonnes satellites fortissimi circiter 700. contra quos misit Philippus rex Thomam de Sancto Walerico, qui omnes illos post aliquantum temporis spacium devicit.* Erant et prædones alii, qui *Bourboignons*, forte pro *Bourgoignons*, Burgundiones, nuncupabantur. Lit. remiss. ann. 1359. in Reg. 90. Chartoph. reg. ch. 501 : *Le suppliant eut esté pris en la compaignie de certains Bourboignons, qui avoient pillié certaine quantité de chevaux.* Vide *Brabanciones*.

¶ BRACCAGIUM, Quantum brachiis capi potest, Gall. *une Brassée*. Cl. D. *Lancelot* in Adversariis MSS. Hist. Dalphin. : *Braccagium in taschiis Domini Comitis.* Taschiæ erant redditus qui non pecunia, sed frumento et aliis fructibus solvi solebant.

* BRACCATOR, Qui monetam signat et cudit. Leg. Polon. a Prilusio collectæ pag. 439 : *Braccatores constituemus in civitatibus et oppidis, qui illam* (monetam Suidnicensem) *signent et notam seu signum percussionis illi imponant, quo facilius cognosci ab omnibus et vitari possit.* Vide supra *Bracatus*.

* BRACCHIALE, Cingulum seu herniæ vinculum, Gall. *Brayer, Bandage*. Acta B. Jac. Mevanat. tom. 4. Aug. pag. 733. col. 1 : *Videtur a Deo habuisse gratiam hanc, ut suis meritis et intercessione fracturam in genitalibus passi liberarentur. Hujus rei testes sunt multi, tam fratres quam seculares,..... et in signum etiam apparent ad sepulcrum ipsius multi circuli et Bracchialia, quæ delata fuerunt et ibidem collocata ab his, qui gratiam acceperunt.* Vide *Bracale* in *Bracæ*, et *Bracheriolum*.

* BRACCIA, Mensuræ agrariæ species, eadem quæ *Brachiata* 2. Terrear. S. Maurit. in Fores. ad ann. 1472 : *Dictus confitens tenetur solvere in et super duabus Braccis terræ, etc.*

* BRACCIAIUOLA, vox Italica, Majoris ac spissioris clypei species, sic dictus, quod illo brachium armatur. Stat. ant. Florent. lib. 3. cap. 153. ex Cod. reg. 4621 : *Possit*

portare......quælibet arma defendibilia et etiam Bracciaiuolum.

* **BRACCIUOLUS**, Ital. *Bracciuolo*, Fulcrum, fulcimentum, in iisdem Stat. cap. 168 : *Si quis de die vel de nocte percusserit fenestras, columnas, vel Bracciuolos alicujus domus, ... condempnetur in libris xxv.*

BRACCO, Canis sagax, indagator, vulgo *Brac*, Gallis. Vetus Glossar. : *Licisca, Bracco.* Lex Frision. cap. 4. § 3. : *Bracconem parvum, quem Barmbraccum vocant.* Marculfus MS. laudatus a Lindenbrogio : *Latrat Bracco, sed non ut canis.* Infra : *Non movet Bracco talem Baronem, non latrat Bracco contra insontem, etc.* Vide Form. 14. ex Baluzianis. Le Roman *d'Aubery* MS. :

Maigre ot la teste entor et environ,
Petite oreille com un gentil Bracon.

Dantes in Convivio amoris : *Si come nel Bracco ben'odorare, e nel veltro ben correre.* Arvernis, *Brachio*, ursi catulum sonabat, ut auctor est Gregorius Turon. de Vitis Patrum cap. 12. Vide Origines Francicas et Italicas V. Cl. Ægidii Menagii. [** Graffii Thesaur. Ling. Franc. vol. 3. col. 277. voce *Bracho*, Raynouard. Glossar. Rom. vol. 1. pag. 246. voce *Brac*, et supra *Barmbraccus*.]

* **BRACCUS**, Ital. *Bracco*. Charta Honorii PP. III. apud Cenc. inter Cens. eccl. Rom. : *Recepit a nobis in feudum, unum asturem et duos Braccos pro eisdem castris, ecclesiæ Romanæ annis singulis redditurus.* Constit. Féder. reg. Sicil. cap. 115 : *Sancimus ut nullus plebæus vel nobilis præsumat canem, Braccum videlicet, vel leporarium....... alterius furto subtrahere.* Stat. Mantuæ lib. 1. cap. 117. ex Cod. reg. 4620 : *Falconem et asturem, leporarium vel Braccum qui invenerit vel ceperit, dom. capitaneo præsentare debeat.*

* **BRACHUS**, Eadem notione, in Stat. Cadubrii lib. 3. cap. 83 : *Si quis furatus fuerit alterius levrerium, Brachum, mastinum, vel alium quemvis canem, etc.*

BRACETUS, BRACHETUS, vulgo *Brachet*. Charta Henrici II. Regis Angl. tom. 2. Monastici Angl. pag. 283 : *Concedo eis 2. leporarios et 4. Bracetos ad leporem capiendum.* Alibi pag. 184 : *Quatuor Brachetos ad capiendum leporem et vulpem.* Joh. Villaneus lib. 12. cap. 8 : *Bracchetti, sparvieri, et astori.* Le Roman *d'Amile* et *d'Amy* MS. :

Là le menjevent Brachet et levrier.

Le Roman *d'Aubery* MS. :

Et li Brachet ont demené grant liu.

Le Roman *d'Alexandre* MS. :

A un matin prist Brachez et levriers.

¶ **BRACHETTUS**, Idem qui *Bracetus*. Anonymus de Gestis Manfredi et Conradi Regum apud Murator. tom. 8. col. 607 : *Jamjam omnino volens irruere denuo solicitus et attentus, sicut leporarius quem tenet venator, solicitatur Bracchetis et excubiis nemoris anxiatum fremebat.* Inde

BRACONARII, quibus Bracconum cura erat, in Charta laudata in v. *Putura*. *Brachers*, in Ordinatione Hospitii Regis ann. 1285. [et in Constitutione domus regiæ sub Henrico II. Reg Angl. in lib. nig. Scaccarii pag. 358.] *Braconiers*, in Poëmate, cui titulus, le Roman *de Garin* :

Braconier mestre en fist li Rois Pepin,
Les chiens li baille, cil volentiers les prist.

Le Roman *d'Aubery* :

Là chascun avoit un Braconnier,
Et les espiés pour panre le sainglier.

Le Roman *du Renard* MS. :

A tant estes vous Venors,
Et Braconiers, et Corneors, etc.

Jacobus Hemricurtius in Speculo Hasbanico pag. 7 : *Et avoit Brakeniers, fakeniers, chiens, et oisiaz à planteit.* Vide Monstreletum 3. vol. pag. 97. et Consuetudin. Hanoniæ cap. 99. et 100.

* Lit. remiss. ann. 1395. in Reg. 148. Chartoph. reg. ch. 187 : *Jehan des Chiens serviteur et Braconnier de nostre amé et feal, cousin et chambellan Guy seigneur de la Tremoille, etc.* Aliæ ann. 1409. in Reg. 164. ch. 82 : *Mahieu de la Vigne, soy disant Braconnier ou veneur de Ferry de Lorraine, etc.* *Bracquonnier*, in Lit. remiss. ann. 1449. ex Reg. 176. ch. 696 : *Guillotin Bracquonnier et garde des chiens de nostre bailli d'Amiens.* *Brachonnier*, in Vita J. C. MS. :

Il prist ses chiens et ses levriers,
Et si mena ses Brachonniers.

Hinc *Braconniere* dicta videtur Præstatio, quæ pro facultate habendi *braccones* pensitabatur. Charta ann. 1337. in Reg. donor. Car. IV. et Phil. VI. ex Cam. Comput. Paris. fol. 182. v°. : *Item la Braconniere de Chauny, xxx. solz.*

¶ **BRACONERII**, Iidem, in Chartulario S. Vincentii Cenoman. fol. 66 : *Ingelbaudo Alberici armigero, Wauterio Braconerio.*

BRACE, Grani species, ex quo cerevisia conficitur. Glossæ MS. : *Braces, unde fit cervisia.* Eginhardus Epist. 23 : *Volumus ut homines aliquos mittas, ... et ea quæ nobis ibi necessaria sunt ad habendum, id est, farinam, Bracem, vinum, formatem, ... venire facias.* Epist. 37 : *De illa annona, sive ad farinam, sive ad Bracem faciendam..., nihil misisti.* Vita S. Columbani cap. 24 : *Centum esse vini modios, frumenti ducentos, Bracis quoque centum.* Statuta Antiqua Corbeiensis Monasterii lib. 1. cap. 7. [** post Irminon. pag. 313.] : *Messes vel prata colligendo, nec Braces faciendo.* Et mox [** pag. 314.] : *Solvant... censum, sive de annona sive de Brace.* [** Ibid. lib. 2. cap. 8. pag. 323 : *De pane autem et cervisia ista erit consideratio, ut sicut ipsi portarii de decimis quæ eis dantur annonam et Braces de suo dant, etc.* Cap. 15. pag. 333 : *De cambis quoque et Bracibus, quæ de cambis fiunt etc.*] [MS. Folcuini in Archivo S. Audomari (** post Irminon. pag. 397.) : *Unusquisque parat de Brace mod. 10. de farina 6. pullos 3. ova 20.* Eadem aliquanto post repetuntur.] *Bracis* meminit præterea Plinius lib. 18. cap. 7 : *Galliæ quoque suum genus farris dedere, quod illic Brace vocant, nos sandalam, nitidissimi grani : et alia differentia est, quod feres quaternis libri, plus reddit panis, quam far aliud.* Sic enim legi in MSS. Codicibus, non *brance*, ut Editi præferunt, monet Turnebus lib. 30. Adv. cap. 18. [*Brais* in Charta Gallica anni 1282. ex Chartulario S. Vandregesili tom. 1. pag. 995 : *Et por chen feire les devant dis Religieux ont otroyé à nos et à nos hers manans en ladite mazure, que nous et les devant dis hoirs soion francs et quites de toute coustume de marchandise appartenante as devant dis Religieux en la ville de Caudebec et en la Prevosté, et porron avoir main mole à moudre nostre gru et nostre Brais en ladite masure, se nos volons, sans contredit desdis Religieux, et seront francs et quites de caiage, etc.* In plerisque Flandriæ locis *Brais* appellatur granum omne, quodcumque illud sit, conficiendæ cervisiæ destinatum et præparatum : quo sensu etiam accipitur in Chartulario SS. Trinit. Cadom. fol. 59 : *Debet emere nummatam cerevesiæ, et ad bracinum operarii invenient vasa et facient Brais, et in die quo siccant, erunt quieti ab alio opere.* Et apud Miræum Oper. Diplomat. tom. 2. pag. 946. col. 1 : *Unum medium de Brais ad domum Domini Salvage, et unum medium cervisiæ, etc.* In Charta Willelmi de Croismara militis in Chartulario A. Monasterii Gemmetic. : *Quinque minas de Brais ad Natale Domini annuatim reddendas.*]

At cujus generis grani fuerit *Brace*, non omnino constat. Dalechampius siliginis, quam Galliæ Rustici *blance* hodie vocant, Allobroges *Blancheen*, Pinetus *speltæ*, sive olyræ speciem esse putant.

Certe probabile est, ex *brace* confectam a Gallis veteribus *cerevisiam*, cum ii, ut auctor est Plinius loco citato, *frumento in potum resoluto* uterentur; quod et infert lib. 22. cap. 25. extremo, atque hinc *Bracium*, *Brasina*, et aliarum hujusmodi vocum, quæ labentibus sæculis crebrius reperiuntur, ut cæterarum ab ea derivatarum, origo petenda. [** Furnalett. apud Forcellin. in h. v. putat idem esse *genus hordei, quod alii distichum, galaticum nonnulli vocant*, uti scribit Columell. libr. 2. cap. 9.]

☞ Armoricani, maxime Leonenses *Braset* appellant frumentum cum hordeo mixtum : hæc autem vox *Braset* composita videtur ex *Bras*, Crassus, et *eit*, Triticum, quasi esset Crassum frumentum, Gall. *Gros blé*, quod hordeo vel mixturæ non male congruit. Adde cerevisiam ex hordeo sæpissime confici.

** Ex omnibus quæ sequuntur exemplis constat *Brace*, *Bracium etc.* mediis temporibus non genus grani significare, sed ut verbis utar Guerardi in Glossar. Irminonis, Hordeum aqua maceratum ex quo fit cerevisia, Anglis *Malt*, Germanis *Maltz*; hoc olim *Brasse* dixisse scribit Adelungius, quo auctore nescio. Conf. Graffii Thesaur. Ling. Franc. vol. 3. col. 316.

BRACIUM, Idem quod *Brace*. Papias : *Bracium, unde cervisia fit. Triticeum Bracium*, in Bulla Cælestini PP. ann. 1191. inter Privilegia Ecclesiæ Hamburg. pag. 194. Occurrit etiam in tom. 1. Monastici Anglic. pag. 823. et in Charta Ludovici Pii apud Doubletum pag. 740. et alia ann. 892. pag. 793. ubi hæc habentur : *Pro 360. modiis Bracii ad siceram componendam.* Vide aliam Caroli C. apud Mabillonium tom. 4. Vitar. SS. Ord. S. Benedicti pag. 119. [Codex MS. Irminonis Abb. San-German fol. 45. col. 1. e Biblioth. ejusdem monasterii (** Br. 9. cap. 2. Guer. pag. 76.) : *Habet farinarios* XXII. *qui reddunt de multura inter totos* MCCCCXC. *de viva annona, de Braciis modios* CLXXXVII.]

** **BRACEUM** in Chron. Bremens. ann. 1268. ADEL.

¶ **BRACIA**. Annal. Benedict. tom. 3. pag. 174. n. 32 : *Casei pensæ centum sexaginta... salis modii centum, Braciæ viginti per modia* *duodecim; vini bis mille modii in potum quotidianum.*

Bracilum. Formula Vetus Andegav. 53 : *Vestimento tanto, in turis de soledus tantus; Bracilo de soledus tantus, etc.*

Bracius. Capitulare de Villis cap. 34. *Butirum, Bracios, cervisias, medum, etc.* Adde cap. 61.

Braciacum. Tabular. Priorat. Dominæ in Delphinatu fol. 119 : *Et per messiones 4. focacias magnas et optimas, et 6. capones et de Braciaco 8. gerbas, et tascham, et quartam partem vini, etc.* Alibi : *Et debet unum multonem vestitum per messionem, de Braciaco unum sextarium frumenti, et tascham.*

¶ Brasia. Nova Gall. Christ. tom. 3. Instrum. col. 44 : *Ultra Scaldum Brasiam suam ad aliud quærunt molere, quam ad duo molina S. Mariæ.*

¶ Brasgia, in Tabulario S. Bartholomæi Bethun. fol. 55. verso : *In sartis sub Bethunia duos concessi modios tritici... unum modium Brasgie, et unum modium cerevisiæ.*

¶ Brascimum, in Tabulario Rothonensi : *Annonarum, molendinorum, pasnagiorum, venationum, Brascimorum,* hoc est, jurium in *Bracem.*

Brasium, Eadem notione. *Sextarius Brasii,* in Monastico Anglic. tom. 1. pag. 136. *Tres mensuræ de Brasio,* ibid. pag. 665. Adde tom. 2. pag. 42. Hariulfus lib. 4. Chronici Centulensis cap. 36 :

Rusticus hordea dat, multorum cœtus avenam,
Plures dant Brasium, vinum plerique dederunt.

[Et in vet. Diplomate Parthenonis SS. Trinit. Cadom. necnon in Actis SS. Junii tom. 2. pag. 868. etc.] [** Ordinat. circa ann. 1231. pro Mercat. Hanseat. Norgardiam peregrin. ap. Lappenb. Init. Fœder. Hanseat. Docum. pag. 36 : *Navis honerata gravibus, utpote carnibus, farina, siligine vel Brasio theloneabit dimidiam marcam Kunen.* Charta ann. 1354. ibid. pag. 434 : *Integram lastam Brasci aut dimidiam.*]

Braseum. *Braseum molere,* in Monastico Anglic. tom. 1. pag. 470. apud Matth. Paris. pag. 647. in Vitis Abbatum S. Albani pag. 63 *De hordeis Braseum facere,* in Fleta lib. 2. cap. 73. § 19. *Cistæ Brascorum,* in Wichbild Magdeburgensi art. 26. § 19. [*Quarteria Brasci,* apud Rymer. tom. 5. pag. 12. et 68.] Quomodo autem *brasium* curari et moli debeat a polentariis, antequam ex eo conficiatur cerevisia, pluribus docet Iter Camerarii Scotici cap. 26.

¶ Bratium, apud Eccardum de Orig. Saxon. lib. 2. ex Chron. Florentii Episc. col. 59 : *Habuit in redditibus magnæ mensuræ istius patriæ centum et triginta sex moldia tritici et siliginis, et centum et quadraginta moldia avenæ, et octoginta moldia Bratii.* [** Charta Ermenfr. Abb. Gorziens. post. Irminon. pag. 351 : *In croada quoque dabuntur ex nostra parte 2. modii parati ad panem et 6. ad Bratium.*]

¶ Bres, *Unam minam de Bres molutam,* in Tabular. B. M. de Bono Nuntio Rotomag.

¶ Braisis, in Polyptych. Fiscanensi ann. 1235 : *Reddit duo quarteria Braisis.*

¶ Brasum, in Chartulario SS. Trinit. Cadom. fol. 19 : *Decimam Brasi.*

¶ Braysium, in Chartulario S. Vandregesili tom. 1. pag. 667. ex Charta anni 1269.

* *Braie,* in Charta ann. 1448. ex Chartul. 23. Corb. : *Si n'avoit audit lieu* (Corbie) *que troys molins seulement, dont l'ung nommé le molin braseret, n'estoit que à molre Braie, grain à brasser cervoise ou goudalle.* Est et *Braie,* Instrumentum piscandi. Charta ann. 1326. in Reg. B. 2. Cam. Comput. Paris. fol. 32. r°. : *Et que Braie à chauce orbe ne queure.* Vide *Braesium* et *Braisum.*

¶ Brassare, in antiquis Consuetud. villæ Hasprensis apud Marten. Collect. Ampliss. tom. 1. col. 894.

Braciare, Cerevisiam conficere, Gall. *Brasser.* [in Chartular. SS. Trinit. Cadom. fol. 49. Et apud Miræum tom. 1. pag. 63. col. 1.]

* Brachare, Reg. forestæ de Broton. ex Cod. reg. 4653 : *Talis est usus forestæ Brotonniæ, quod nullus in terra costumaria potest..... Brachare.... sine assensu domini, vel sui forestarii.*

Brasiare, in Legibus Burgorum Scoticor. cap. 39. et 69. et apud Matth. Paris ann. 1258.

Braxare, apud Cæsarium Eysterbach. lib. 8. cap. 62. et lib. 10. cap. 31. [et Leibnit. tom. 2. Scriptor. Brunsvic. pag. 402. ex Chronico S. Michaelis in Hildesheim, et in Epist. obscurorum virorum.]

Praxare, in Charta Friderici II. Imper. ann. 1230. pro privilegiis urbis Ratisponensis in Metropoli Salisburgensi tom. 1. pag. 240. B.

Brassicare, in Charta Adalberonis Episcopi Metensis ann. 1059. apud Meurissium pag. 364. Vide *Scrutum.*

¶ Bratsare, in Cod. MS. Irminonis Abb. San-German. fol. 72 [** Br. 13. cap. 6. Guer. pag. 149] : *Solvant.... postquam tres vices ibidem in anno Bratsaverint, modium 1. de avena.*

** Bratsator. Statut. antiq. Corbeiens. lib. 2. cap. 15. post Irminon. pag. 334 : *Similiter debent omnes cervisas Bratsare Bratsatores dominici.*

Braciator, Cerevisiæ confector, *Brasseur,* apud Thomam Walsingham. pag. 386. et in tom. 2. Monastici Anglic. pag. 275. *Magistri qui cervisiam bonam facere debent,* in Capitulari de Villis cap. 61.

Brasiator, in Legibus Malcolmi II. Regis Scotiæ cap. 6. in Legibus Burgor. Scoticor. cap. 72. 130. et in Itinere Camerarii Scotici cap. 10.

¶ Brasserius, Administer in Monasteriis, is, opinor, qui præerat *Brasseriæ.* Lobinellus Hist. Paris. tom. 1. pag. 485. B : *Humbertus de Balma Camerarius, Andreas Baudet Infirmarius, Jacobus Piscatoris Brasserius.*

¶ Braxator, apud Leibnitium tom. 2. Scriptor. Brunsvic. pag. 482. ex Buschio de Reformatione Monasteriorum; et apud Marten. tom. 5. Ampliss. Collect. col. 212. ex Chron. *Zantfliet.*

Braxionarius, apud Joannem a Leydis lib. 21. Chron. Belg. cap. 11. et 12.

Brasiatrix, Confectrix cerevisiæ, in Legibus Burgorum Scoticor. cap. 39. et 69. quæ

Braxatrix, apud Cæsarium Eysterbach. lib. 8. cap. 62. Ex quibus observare est in Scotia et Germania *Braciatoriam* artem mulierum proprie fuisse; *une Brasseresse de miel,* in Chronico Flandriæ cap. 72. Ita etiam Britton in Legib. Anglic. pag. 76. 77. quasi mulierum duntaxat *brassandi,* seu cerevisiam conficiendi ars fuerit.

Bracenses Negotiatores, apud Bercarium in Hist. Episcopor. Virdunensium n. 15.

* Minus recte Cangius eos intelligit, qui cerevisiam conficiunt; Bercario quippe homines sunt cujusdam regionis in Lotharingia incolæ, quæ vulgo *Brac* nuncupatur : *Cujus* (Austranni episcopi) *industria Bracenses negotiatores isti ecclesiæ redacti sunt:* Ubi perperam Hugo Flaviniac. habet : *Biacenses negotiatores.* Valburgus mercatores interpretatur, qui apud Virdunum pontem *de Brachiene* habitant.

Bracina, Locus seu ædes, ubi cerevisia conficitur. Statuta Fratrum Hospitalariorum in tom. 2. Monastici Anglic. pag. 371. et 378. : *Ne quis Fratrum pistrinum vel Bracinam aliquo ingredi modo præsumat, nisi Frater cui cura committitur, qui cum ingressus fuerit, pani et cerevisiæ non appropinquet.*

Bracena, in Chron. S. Trudonis lib. 9. pag. 459. et 473. tom. 7. Spicil. Acher.

Bracinum, apud Will. Thorn. ann. 1267. et in tom. 1. Monast. Angl. pag. 815. *Domus Brasinii seu Pandoxatricis,* in lib. *Justice of peace* pag. 161. [Occurrit etiam in Chartulario SS. Trinit. Cadom. fol. 59.]

Brachinum, Ingulfo pag. 888 : *Fecit etiam novum Brachinum, et novum pistrinum.* Occurrit præterea pag. 898.

Bracinium. Charta Thomæ Regis Manniæ ann. 1055 : *Cum piscariis, Braciniis, consuetudinibus, et vertenariis.*

Brascina, in tom. 2. Monastici Anglic. pag. 1042.

¶ Braxatoria Domus, in Cod. MS. Ecclesiæ Coloniensis ex Bibliotheca Cathedralis Atrebat.

Braxatorium, in Chronico Afflighemensi pag. 612. [apud Acherium Spicil. tom. 10. et in Chronico Bonæ Spei pag. 468. necnon apud Leibnit. tom. 2. Script. Brunsvic. pag. 472.]

Braxina, apud Joannem Hocsemium in Hugone de Cabilone Episcopo Leodiensi cap. 23.

¶ Braciaria, in Charta anni 1032. et altera anni 1048. ex Archivo S. Victoris Massil.

Braciatorium, apud Magistrum in Regula cap. 12. § 5. [Acta SS. Benedictin. sec. 4. part. 1. pag. 262. in Vita Eigilis Abbatis.]

¶ Bracitorium, in MS. Folquini ex Archivo S. Audomari. [** post Irminon. pag. 403. cap. 21 : *Servit unaquaque die ad pistrinum et ad Bracitorium pro adducendis lignis.*]

Braciarium, in Libello supplici Monachorum porrecto Carolo M. § 16. apud Browerum lib. 3. Antiq. Fuld. pag. 214. [et in Actis SS. Benedict. sec. 4. part. 1. pag. 262.]

Bracionarium, in Gloss. Ælfrici, Mealdhus, i. domus brasii.

Brasseria, nostris vulgo *Brasserie,* apud

Matth. Paris ann. 1258. et in Vitis Abbatum S. Albani.

¶ Brasserium, apud *La Faille* tom. 1. Annal. Tolos. Instrum. pag. 17. ex Saisimento Comit. Tolosæ ann. 1271.

¶ Braxatura. Leibnit. Script. Brunsvic. tom. 2. pag. 445. ex Berntenii Chronico.

** Gemma Gemmarum : *Brasium, maltz zubier. Brasiatorium, ein maltzhusz. Braxatorium, ein bruhusz. Braxare, byer bruwen. Braxator, ein byer bruwer. Braxium, wurtz new byer.*

* **BRACEA**, Senum pedum mensura, Hispan. *Braza*, nostris *Brasse*, idem quod supra *Braçada*. Charta ann. 1308. in Reg. 40. Chartoph. reg. ch. 92 : *Dicti religiosi ad expensas suas poterunt, si voluerint, dicta molendina accensata et exclusas ipsorum de loco, in quo sunt, removere; ...... non tamen ultra centum Braceas seu braces.* Vide *Brachiata* 1.

** **BRACEARE**, pro *Berceare*. Vide supra in hac voce.

1. **BRACELLUS**, [Placentæ species.] Veteres Consuetudines Floriacensis Cœnobii cap. 2 : *Ad prandium debemus habere tria fercula, 1. ova farsa, 2. pisces, 3. sepias et porrettam ab hortulano, et pistrinario Bracellos.* [Et in libro, cui titulus : *Modus loquendi per signa*, ex iisd. Consuetud. : *Pro signo Bracellorum. Generali signo præmisso, adde ut de duobus brachiis facias unum ponendo super aliud.* Literæ Gerardi Præpositi S. Audomari ann. 1180. e Tabulario Audomar. : *Capellanum comitis de Ruhoc, Canonicum constituimus, et concessimus etiam ipsi omnes obventiones.... Bracellos qui ad talliam non pertinent.*] Vide *Brachiolum.*

¶ 2. **BRACELLUS**, Armilla, brachiale, nostris *Brasselet*. Hist. Dalphin. tom. 2. pag. 326. col. 1 : *Item, quatuor paria gantarum de ferro sine Bracellis ... Item, quatuor paria de gantis cum Bracellis.*

¶ **BRACENA**, Bracenses. Vide in *Brace.*

* **BRACENTUS**, Agricola, qui brachiis terram laborat, vel qui labore victum comparat. Stat. Placent. lib. 5. fol. 66. r° : *Quilibet Bracentus non laborans cum bestiis, possit tenere porcos duos tantum pro carnibus.* Vide infra *Braczalis.*

* **BRACERIUM**, Brachii armatura, Gall. *Brassart*. Mirac. MSS. Urbani PP. V : *Erat armatus de jupone, de tunica ferrea et jaque de veluto, et cum bacineto ligato et stachato, ut moris est, Braceriis et gantelletis, ense et cutello cinctis, etc.* Vide *Bracherium.*

BRACETUS. Vide *Bracco.*

BRACEUM, *Vadum, et dicitur a Brachys, quod est breve.* Jo. de Janua. Græci Βραχέα vocant, quæ Latini *Brevia*. Virgilius : *In Brevia et syrtes.* [** Vide Henr. Stephan. Thesaur. Ling. Gr. ed. Didot. vol. 2. col. 403. Alia notione vide in *Brace.*]

¶ **BRACHÆ**. Vide *Bracœ.*

* **BRACHALE**, Cingulum coriaceum, quo tudicula campanæ suspenditur, nostris *Brayer*. Comput. MS. offic. Tedecimæ S. Petri Insul. ann. 1429 : *Item pro duobus Brachalibus ad suspendendum batellos in campanili S. Michaelis, xviij. sol. Item pro uno Brachali pro magna campana, xvj. sol.* Vide supra in *Bracæ.*

** **BRACHARE**. Vide in *Brace.*

** **BRACHAREIDTERUS**, Opus vetereti proscindendi; a Germ. *Bracha*, Veteretum, novalis ager, et *Riutjan*, hodie *Reuten*, Succidere, proscindere. Conf. Graffii Thesaur. Ling. Franc. vol. 3. col. 268. et vol. 2. col. 489. Charta ann. 765. in Tradit. S. Galli pag. 23 : *Et in primum vir arata jurnalem unam, et in mense Junio Brachareidterum, et in autumno, etc.*

BRACHARIA. Charta Heccardi Comitis Augustod. apud Perardum in Burgundicis : *Et dardo baucale 1. et Bracharia aurea una, cum sella meliora, et sugios 4.* Ubi forte legendum *baccharia*. Vide *Brachiale* 2. et *Bracœ.*

* **BRACHBATENSES** cum Brabantinis perperam confundit Vredius in Hist. comit. Fland. pag. 4. Alia enim a provincia Brabantiæ regio est, quæ *Brachbant* vulgo appellatur, inter Hainam et Scaldim, ubi Condatum extructum est. *Bratuspant* etiam dicitur in quibusdam Chartis. *Tersterbantensis pagus* nuncupatur apud Miræum in Diplom. Belgic. fol. 809. [** Conf. Warnkœnig. Hist. Flandr. libr. 1. cap. 1. § 2. unde corrigendus Carpenterius.]

¶ **BRACHELLUS**, Idem, ut videtur, quod *Bracellus* 1. Litteræ Th. Decani Ecclesiæ S. Audomari ann. 1270. e Tabulario ejusdem Ecclesiæ : *Teneantur procurare anniversarium ... sub distributione unius Brachelli prout consuetum est fieri in Ecclesia S. Audomari.*

BRACHERIA, Bracca linea, nostris *Caleçon*. Capitulum gener. ann. 1506. S. Victoris Massil. : *Nec portet caligas alicujus coloris quam albas aut nigras et cum Bracheria sive Brayetta non larga, sed stricta juxta morem antiquum.*

BRACHERIOLUM, Cingulum seu fascia inguinalis : vox deducta a *Brak*, ruptura, voce Longobardica, unde *Brakea*, rupturæ vinculum, inquit Henschenius. Sed malim a *Brachis* seu *Braccis* etymon accersere, quod intra *Braccas* apponatur, vel eo loci ubi *Braccæ* constringuntur; nos vulgo *Braiers* appellamus ejusmodi fascias. Vita B. Justinæ de Aretio n. 6 : *Sic tumore magno in testiculis gravabatur, quod sine Bracheriolo manere non poterat.* [** Gemma Gemmarum : *Bracha, Germ. Bruch, Brachale Germ. bruchbendel. Bracharium, ein lendner.*]

¶ **BRACHERIUM**, Brachii armatura, Gall. *Brassar*. Hist. Delphin. tom. 2. pag. 278 : *Item, solvit pro gamberiis, cossalis, Bracheriis pro ante et retro, et guantis lattunatis etc.*

¶ **BRACHETUS**. Vide *Bracco.*

BRACHIALE, Manica, pars illa vestis seu tunicæ quæ ab humero usque ad manum brachia operit, vulgo, *Manche*. Eckeardus junior de Casib. S. Galli cap. 14 : *Capitium capiti imponens, Brachialeque rocci super caput revolvens.* [** ap. Pertz. vol. Script. 2. pag. 137. lin. 23. Conf. *Bracile, Brachile* et Isidor. Orig. lib. 19. cap. 34. sect. 5.]

Brachiale, Brachialis, Idem quod *Dextrale*, seu *armilla*, ornamentum scilicet brachiorum, largioris segmenti instar, auro gemmisque distinctum. Papias : *Dextralia, Brachialia, genus ornamenti commune viris et feminis : ante manicas portantur, et junguntur, cum clavo.* Joannes de Janua : *Brachiale, torques in brachio, sive brachii quoddam ornamentum, quod et dextrocherium.* Lexicon Græc. MS. Regium Cod. 2062 : Βραχιάλια, ἃ παρ' ἡμῖν χλιδόνες καλοῦνται. Gloss. Latino Græc. : Χλάνιον, ἤτοι βραχιάλιον γυναικός, *hæc Veriola*. Glossæ Græc. MSS. Regiæ Cod. 1673 : Χλιδῶνα, κόσμον περὶ τὸν τράχηλον, ἢ βραχιῶνα, ὃ καλεῖται βραχιόλη. Sunt autem proprie brachialia, *circuli ex auro quibus brachia artantur*, ut ait Tertullianus lib. de Muliebri habitu. Vopiscus in Aureliano de Militib. : *Torquem, Brachialem, annulum apponat.* Trebellius Pollio in Claudio : *Brachialem unum unciarum septem.* Epistola Concilii Aquileiensis ad Valentinianum et Theod. Impp. de Gothis : *Qui etiam torquem, ut asseritur, et Brachialem impietate Gothica profanatus, more indutus gentilium, ausus sit in prospectum exercitus prodire Romani.* Virgilius Tapsensis lib. 2. contra Palladium : *Qui etiam torque, ut asseritur, et Brachiali, impietate Gothica prophanatus, more indutus gentilium, ausus sit in prospectum exercitus prodire Romani.* Arculfus de Locis SS. : *Brachialia, dextroceria, murenæ, monilia, etc.* Quod vero *brachialia* Arculfus, *superbrachia* vocat Antoninus Monachus in Itinerario Hieros. : *Pendent superbrachia, dextrochiria, monilia et annuli, etc.* Flodoardus lib. 2. Hist. Rem. cap. 6 : *Turrim quoque auream... super altare posuit S. Mariæ, et patenas 3. ac Brachiale aureum.* De Brachialibus et armillis consule quæ adnotavimus ad Alexiadem, quibus addendum quod habet Pachymeres lib. 8. cap. 12. ubi inter vestes Imperatorias, seu Imperii symbola, recenset χειρίδας ἐμμαργάρους κοκκίνας. Vide præterea Olaum Borrichium lib. de Variis linguæ Lat. ætatib. pag. 52. [** et Forcellin.]

* Nostris *Bracheles* etiam, pro brachii armatura. Lit. remiss. ann. 1387. in Reg. 131. Chartoph. reg. ch. 122 : *Un petit viez chapel de fer couvert de drapt, uns Bracheles, un viez camail, etc.* Aliæ ann. 1405. in Reg. 160. ch. 210 : *Une cote de fer, ungs Bracheles, six couvrechiefs, etc.* Le Roman de *Cleomades* MS :

Espées, gisarmes, machues,
Miséricordes et fauchons,
Et Bracheles et bouclers reons.

* *Braçonniere*, et *Bragoniere*, eadem notione. Charta ann. 1309. tom. 1. Probat. Hist. Brit. col. 1222 : *Bragonieres de maille de haubert garnis de telles, etc.* Le Roman du *Chevalier Deliberé* MS. :

Cuissotz, Braçonniere de maille, etc.

[** Lusitan. *Braçal* et *Bracelloens*, eodem sensu. Vide S. Rosa Elucidar. tom. 1. pag. 203. et Append. pag. 17.]

* **BRACHIALIS**. Arbannum Brachiale, Brachiorum opera, *corvatæ* species. Vide infra *Herebannum.*

BRACHIALIUM, Propugnaculum, vulgo *Braye*, unde *Fausse-braye*; βραχιόλιον, Theodosio Monacho in Epist. de Excidio Syracusarum, apud Rocchum Pirrum in Episcopis Syracusanis, et aliis Byzantinis Scriptoribus uti pluribus diximus ad Alexiadem. Paulus Diac. lib. 19. Histor. Misc. : *A Brachialio Aureæ portæ, usque ad Cyclobium.* Ubi Theophanes pag. 294 : Ἀπὸ βραχιολίου τῆς χρυσῆς πόρτης, etc. quo loco *Aureæ* *portæ armillam*, perperam vertit Interpres. [Vide *Braca.*]

¶ 1. **BRACHIATA**, Orgyia, senum pedum mensura, Gall. *Brasse*, Hisp. *Braçada.* Charta Petri *de Roteys* Vicarii Tolos. ad Bajulos de conditione materiæ ann. 1272. in lib. MS. Consuetud. et Privileg. ejusdem urbis fol. 27. e Bibl. D. *de Crozat* : *Et quod per cariones de corde* IV. *Brachiatis* . . . *habeat medium pedem de amplo et unum durnum de spisso* . . . *Quod peytrales de cor et de abiete de* VI. *Brachiatis et de* V. *et de* IV. *quod illas habeant infra trancos, etc. Et quod filæ de cor et de abiete de* VI. *Brachiatis, etc.*

2. **BRACHIATA**, BRANCHIATA, Mensuræ agrariæ species, ex Gallico *Brassée.* Charta Philippi Regis Francor. ann. 1309. in ejusdem 2. Regesto num. 75. ex Tabulario Regio : *Item sexdecim Brachiatas vallati seu fossati dicti castri, in quo sunt tres domus ædificatæ.* Alia ejusdem Regis in Regesto 9. Ch. 11 : *Quoddam iter situatum inter duas vineas*, . . . *quod iter continet in longitudine quater viginti et decem Branchiatas vel circa, et in latitudine* 6. *pedes, etc.* In alia ejusdem anni ibid. Ch. 31. habetur *Brachiata.* Vide *Brachium.*

¶ 3. **BRACHIATA** ACTORUM, An Charta mensuræ unius cubitus seu brachii? [* Opera, scriptura actorum, pretium operæ, notarii merces.] Edictum Philippi Pulcri ann. 1303. tom. 1. Ordinat. Reg. Franc. pag. 397 : *Item, quod Notarii curiæ Tholose scribant acta bene et fideliter, et quod non detur eis, pro Brachiata Actorum, nisi secundum formam per Statuta regia noviter edita ordinatam.* Quæ ut manifestiora fiant addere placet Edictum ejusdem Regis ann. 1302. ibid. pag. 364 : *Volumus quod præfati Notarii* . . . *et alii Notarii seu scriptores in nostris officiis constituti accipiant salarium moderatum, videlicet de tribus lineis unum denarium, et de quatuor lineis usque ad sex, duos denarios usualis monetæ, et non amplius. Et si scripta excedant sex lineas, recipient pro tribus unum denarium, sicut dictum est. Et debet esse linea in longitudine unius palme, et continere septuaginta literas ad minus, et si plus protendatur linea plus poterit Notarius recipere, secundum longitudinem carte vel instrumenti venditionem, aut alios contractus perpetuos continentis, videlicet de duabus lineis unum denarium.*

BRACHIATUS, *Magna habens brachia*; Ugutioni.

* **BRACHIERA**, Tantum terræ, ut opinor, quantum uno die ab homine laborari potest, nostris etiam *Brache* : qua notione accipienda quoque est vox *Braciara* infra. Charta ann. 1063. ex schedis Pr. *de Mazaugues* : *Item Gumteldis* (dedit) *unam Brachieram de vinea erma, quæ est juxta ecclesiam S. Christophori.* Lit. remiss. ann. 4116. in Reg. 169. Chartoph. reg. ch. 353 : *Iceulx Rigaulx disoient que...... icellui Durant avoit fauchié une grant brassée ou Brache de leur pré.* Vide *Brachiata* 2.

1. **BRACHILE**, Idem quod *Brachiale.* Lex Salica tit. 29. §. 37 : *Si quis mulieri Brachile furaverit.* S. Audoenus in Vita S. Eligii lib. 1. cap. 10 : *Quotiens Brachile aureum, pungam quoque auro gemmisque comptam sibi subripuit, tantum ut miseris succurreret.* [** Conf. Glossar. med. Græcit. voce Βραχιάλιον, vol. 1. col. 225.]

¶ 2. **BRACHILE**, *Lineum quo femoralia succinguntur.* Spicil. Fontanel. MS. pag. 232. Papias vero MS : *Brachile, quod succintorium sive redimiculum dicimus, quod nunc non brachiorum, sed renum sit cingulum.* S. Wilhelmi Constitut. Hirsaug. lib. 1. cap. 44 : *Si priusquam sonitum audierit, caligam unam exuerit, vel saltem Brachile femoralibus inseruerit, hoc peragere non desistit; sicque si forte tres illas Orationes mane faciendas neglexerit, non illi imputandum erit.* Vide *Brachiolineum* et *Bracile.* [** Conf. Glossar. med. Græcit. voce Βρακιλώριον, Append. col. 43.]

* **BRACHILUM.** Vide supra in *Bracæ.*

BRACHINUM, Vide in *Brace.*

BRACHIOLÆ, Italis *Braccioli.* Rollandinus in Chronico lib. 9. cap. 2 : *Et vidit filius Carrocium Paduæ putridum et deforme, diruptum, et despectum, et inutile, et confractum; et ait : Pater, ecce nunc, Pater et Domine, quale hic ædificium video? Si hos radios inspicio, sive rotas, si noto Brachiolas, si considero artemonem, plaustri videtur habere speciem, etc.*

BRACHIOLINEUM, Bracca linea, nobis *Caleçon.* Udalricus lib. 3. Consuet. Clun. cap. 11. ubi de vestibus Monachicis, recenset *Brachiolineum, quo femoralia succinguntur.*

** **BRACHIOLIUM**, Opus quoddam muniendis oppidis. Vide Glossar. med. Græc. voce Βραχιόλιον, vol. 1. col. 225. et Append. col. 43. supra *Braca*, et *Brachialium.*

¶ **BRACHIOLOGIA**, *Brevis dictio.* Glossar. vet. San-German. n. 501. Vox Græca a Βραχύς et λόγος. [** *Brachylogia* Ciceroni idem et quod Asyndeton. Vide Forcellin. et H. Stephan. Thesaur. Ling. Gr. voce Βραχυλογία, edit. Didot. vol. 2. col. 400. Gemma Gemmarum : *Brachilogus, breviloquus. Brachilogia, breviloquium.* Corpus legum *Brachilogi* nomen, in manuscriptis codicibus non exstans, in editione Pesnotiana demum induit, quæ anno 1553. prodiit. Vide Bœckingii præfationem pag. 122.]

1. **BRACHIOLUM.** Chronicon Abb. S. Trudonis lib. 13. pag. 510 : *Quatuor diebus Nativitatis Domini, Paschæ et Pentecostes* habebant Fratres *ad prandium duas portiones piscis,... et ad cœnam prima die placentam cum Brachiolo, minorem tamen quam in diebus Rogationum.* Vide *Bracellus* 1.

2. BRACHIOLUM in equis, apud Vegetium lib. 4. Art. veterin. cap. 1. et 2.

BRACHIONARIUM, Ψέλιον ἀνδρός, in Gloss. Gr. Lat. Vide *Brachile* 1.

¶ **BRACHIROLUM**, Fascia continendæ ilium procidentiæ, Gall. *Bandage.* Acta SS. Aprilis tom. 2. pag. 828. in Miraculis B. Simonis Erem. Augustin. : *Juraverunt quod Cursius eorum filius, qui est ætatis quatuor ann. ortus fuit crepatus, et sic stetit usque ad mensem Januarii vel Februarii proxime præteriti, portando continuo unum Brachirolum.* Vide *Bracheriolum.*

¶ **BRACHIS**, *Operimentum tibiarum*, ut refertur ex Glossis MSS. in *Sarabara* post vocem *Saraballa.* Vide *Bracæ.*

1. **BRACHIUM**, Mensuræ species, cubitus. Charta Henrici Imp. ann. 1081. apud Ughellum tom. 3. pag. 420 : *Nec domum in prædictis terminis usque ad* 36. *Brachia interdici permittemus. Unum Brachium candelæ*, in Epist. Honorii III. PP. apud eumdem Ughellum tom. 4. pag. 1301. Bulla Nicolai IV. PP. ann. 3. de censibus Ecclesiarum in Regno, et Campania et maritima : *In episcopatu Anagniensi Episcopus ipse in unoquoque festo coronationis D. Papæ debet* 60. *Brachia panni, et* 200. *scutellas, etc.* 20. *sol.* Occurrit ibi pluries.

* Etiam terræ mensura. Charta ann. 1337. apud Lam. in Delic. erudit. inter not. ad Hodœpor. Charit. part. 3. pag. 1228 : *Cum centum Brachiis terreni, siti circumcirca dictam turrim, etc.* Vide *Brachiera* et *Brachiata*, 2.

BRACHIUM S. GEORGII, Bosporus, seu Fretum Hellespontiacum, sic dictum a Templo S. Georgii extra urbem Constantinopolitanam, quod ad littus istius freti exstructum erat. Vide Tyrium lib. 2. cap. 8. lib. 20. cap. 24. Interdum pro ipsa Propontide usurpatur, ut apud Villharduinum num. 65. et 162. ubi Abydenum castrum Brachio S. Georgii adjacuisse dicitur. Monachus sancti Mariani Altisiod. : *Veneti per medios fluctus strictioris maris, quod Bosporus, vel Brachium S. Georgii dicitur, intrepide navigant.* Conradus Ursperg. : *Usque ad paludem sive sinum maris, qui Brachium S. Georgii dicitur, devastantes.* Jacobus de Vitriaco : *Hellespontus, qui hodie Brachium S. Georgii dicitur.* Vide Leunclavium in Pand. Turc. n. 128.

BRACHIUM FLUVIALE, *Un bras d'eau*, apud Aimoinum lib. 3. Hist. Francor. cap. 62. : *Per ripam Brachii Fluvialis, quo civitas cingitur, ambulavit. Brachium marinum*, apud Matth. Paris pag. 460. [*Brachium maris* apud Acher. Spicil. tom. 8. pag. 645.]

BRACHIUM IN COLLUM PONERE, in signum susceptæ servitutis. Chartæ Parensales [** Bignonianæ] form. 26 : *Sed dum ipsos solidos minime habui unde transsolvere debeam, sic mihi aptificavit, ut Brachium in collum posui, et per comam capitis mei coram præsentibus hominibus tradere feci, in ea ratione, ut interim quod ipsos solidos vestros reddere potuero, et servitium vestrum et operam, qualemcunque vos vel juniores vestri injunxeritis, facere et adimplere debeam, etc.* [** Conf. Grimmii Antiq. Jur. Germ. pag. 147. qui monet supplendum esse *Brachium vestrum in collum meum posui.* Aimoinus lib. 3. cap. 4 : *Et* (Chrodinus) *Brachium ejus* (Gagonis) *collo superponens suo, signum futuræ dominationis dedit, etc.* Vide Fredeg. Scholast. in *Bracile.*]

AD BRACHIA, *Ad Brachia*, clamabantur in prælio : quia cum Milites seu equites cataphracti armis undique corpus tectum ac munitum haberent, telis, hastis, ac ensibus impervii erant, nisi qua caput humeris connectebatur, aut per *ocularia* cassidum, aut etiam cum brachia erigerent ad vibrandos ictus, et sursum enses attollerent; tum enim captata hujusmodi occasione, brevioribus ensibus ac verutis latera perfodiebantur; vel denique in id potissimum artem impendebant suam, ut captatis brachiis hostes de equis dejicerent :

cum lapsi rursum se se erigere ob grave armorum pondus non valerent. Ob duplicem igitur hanc causam in prælio vulgo inclamabatur, *Ab brachia.* Guillelmus de Nangiaco in Gestis S. Ludovici Regis Francor. pag. 381 : *Et quia tantis armorum utensilibus armari non consueverant, idcirco minus agiles et ruinæ promptiores concussi cum impetu : extiterunt : quod ut Francis animadversum est, communiter acclamantes, Ad Brachia, ad Brachia, per humeros eos cum manibus rapientes, ab equis ad terram præcipites impellebant.* Idem Scriptor pag. 377 : *Et cum densitas armorum, quibus hostes erant munitissimi, ictus Francorum vibratos in aere repelleret, Franci mucronibus gracilibus et acutis sub humeris ipsorum, ubi inermis patebat aditus, dum levarent brachia transforantes, per latebras viscerum gladios scapulo tenus immergebant.* Descriptio victoriæ obtentæ per Carolum Regem Siciliæ : *Sed nostri Gallici velut se agiliter infigentes,... ex brevibus spathis suis eorum latera perfodiebant, ut vitam demerent corde tacto.* Hinc ipse Carolus, dum milites suos hortaretur, clamabat : *Punctim infigite, milites Christi, punctim transfigite.* Will. Brito lib. 11. Philippid. :

> ..... Cultris subularibus alter
> Scrutatur thorace vias.

Infra :

> ..... Nunc corpora forti
> Prensa manu, quando spatium non invenit ictus,
> Hunnisonis depellit equis, nunc juxta peremptis
> Viva coacervans aliena tabe volutat.
> Nunc multos lapsis, et ferri pondere pressis,
> Inque ipso lapsu fracto quandoque cerebro,
> Aut collo, aut costis, vita sine vulnere privat.

Brachium Regis Invocare, nostris, *Invoquer le bras seculier.* [Σαρκὸς δεξιά, Βασιλέως δεξιά, apud Epiphanium Hæresi 73. n. 23.] Vitalis Oscensis Episcopus apud Blancam pag. 728 : *In villis Infancionum vel Ecclesiæ si propter debilitatem Curiæ, Brachium domini Regis vel Majordomus ejus, vel cujuscunque Officialis, ad exigendas pœnas hujusmodi invocetur : ipse cujus est brachium invocatum, tenetur compulsionem et auxilium impartiri.* Veteres Chartæ apud Seldenum ad Eadmerum pag. 168. et in Monastico Anglic. tom. 3. pag. 259. 308 : *Et si Episcopi judicio stare noluerit, si opus fuerit, ad vindicandum fortitudo et justitia Regis vel Vicecomes adhibeatur.* Huc pertinent Leges Edwardi Confess. cap. 3 : *Quod si aliquis ei forisfecerit, Episcopus inde justitiam faciat. Verumtamen si quis arrogans pro Episcopi justitia emendare noluerit, Episcopus Regi notum faciat ; Rex autem constringat malefactorem ut emendet cui forisfecit, scilicet primum Episcopo, deinde sibi ; et sic erunt duo gladii, et gladius gladium juvabit.* [Charta Abbatis S. Cornelii Indensis, qua vendit Guidoni Comiti Flandriæ oppidum Rothnacense, apud Miræum tom. 2. pag. 1009. col. 2 : *Per se vel per alium tantum capiant vel capi faciant sua auctoritate, invocato etiam, si voluerint, Brachio seculari.* Rymer. tom. 9. pag. 61. col. 1 : *Per censuras Ecclesiæ, una cum invocatione Brachii sæcularis.*] Vide Gregorium Mag. lib. 7. Indict. 1. Epist. 20.

Brachia, Ordines regni, quos vulgo *Status* dicimus. Leges Aragonum, apud Blancam pag. 771 : *Quod per nos et successores nostros eligantur 4. personæ idoneæ, una videlicet de quolibet Brachio, etc.*

¶ 2. **BRACHIUM** Capellæ, Latus, Gall. *Colateral.* Testament. Rotherami Eborac. Episc. ann. 1498. in Lib. nig. Scaccarii pag. 668 : *Volo quod caro mea, corpus meum putridum sepeliatur in Brachio boriali capellæ S. Mariæ in ecclesia mea Eboracensi, ubi feci tumulum marmoreum.*

* Charta ann. 1171. apud Murator. in Antiq. Estens. pag. 338 : *Actum est hoc in Padua in Brachio ecclesiæ S. Mariæ, ubi dicitur S. Joannes.* Nostris *Brachoier*, Brachia ambulando agitare, vulgo *Aller les bras ballans.* Paraphr. psal. *Miserere :*

> Orgeus va des bras Brachoiant,
> Des espaulles espaulloiant.

¶ **BRACHUS**, Canis, idem qui *Bracco*, quod vide. Locus est in voce *Canis*, ad fin. *Canes segutios.*

¶ **BRACIA**, Braciare, Braciaria, etc. Vide in *Brace.*

* **BRACIACUM**, Hordeum, apud Dalphinates. Locum vide ad hanc vocem in *Brace.*

¶ **BRACIARA**, Mensuræ agrariæ species, quantum scilicet brachia extendi possunt, Gall. *Brassée.* Charta ann. 1033. ex Archivis S. Victoris Massil. : *In Ornione castello habet ipsa ecclesia tres Braciaras de terra arabili.* Vide *Brachiata* 2.

* Eadem mensura quæ supra *Brachiera.* Vide in hac voce.

* **BRACIATICUM**, Præstatio frumentaria, forte ex hordeo. Charta ann. 1209. ex Bibl. reg. cot. 17 : *Dono totum quartum, et seniorivum, et gardiam, et Braciaticum, quæ habeo et habere debeo in campo, quem Constantinus lucratus fuit.* Vide supra *Braciacum.*

* **BRACIATRIX**, Mulier, quæ cerevisiam conficit. Vide in *Brace.*

BRACIATUS. Bernardus Monachus in Consuetudinibus Cluniacensibus MSS. cap. 8. de Granatario : *In omnibus præcipuis festis facit fieri Braciatos, et quisque habet unum cum pane suo.* Placentulæ forte, vel panes in prunis excocti, seu *en la braise.* Vide *Brachiolum* et *Bracellus*, 2.

BRACILE, Cassiano lib. 1. de veste Monach. cap. 6. quem exscripsit Isidorus lib. 19. Orig. cap. 33 : *Est redimiculum sive succinctorium, quod dividens per cervicem et a lateribus colli divisum (demissum) utrarumque alarum sinum ambit, atque hinc inde succingit, ut constringens latitudinem vestiat corpus atque conjungendo componat. Hoc vulgo Bracile, quasi braciale vocant, quamvis nunc non brachiorum, sed renum sit cingulum.* In Regula S. Benedicti cap. 2. e 55. *Bracile* recensetur in supellectili, et inter vestes Monachorum : sed quæ illa sit, non consentiunt Benedictini. Menardus zonam esse putat, cui assentitur Babolenus in Vita S. Germani Abb. et Mart. n. 15 : *Cingulum, quod vulgo Bracile vocatur, invenit.* Potior tamen eorum videtur sententia, qui non tam zonam, quam renum cingulum ac *succinctorium* esse volunt, proindeque *Bracile*, non a brachiis, sed a *bracciis* nuncupatum, ita ut braccarum in vicem fuerit, dictumque *Bracile*, quasi *braca*, aut *bracca*, brevior et levior, quomodo Monachi sub tunica deferunt. Joan. de Janua : *Bracile, a braccæ, arum, lumbare. Bracile etiam dicitur cingulum renum.* Atque ita S. Hildegardis *Brachile*, sive, ut legit, *Brachiale* manifeste distinguit a zona, *qua*, inquit, *super tunicam cingebantur Monachi, ut illa deflueret ; cum Bracile ad cutem esset, a quo caligæ dependebant.* Quod etiam firmatur ex Hist. Albigen. Monachi Vallis Sarn. cap. 72. etsi de Monachis sermo non sit : *Sed cum flecteret genua ante altare, Brachile ejus a quo dependebant caligæ ferreæ, ruptum est medium.* A Brachili igitur dependebant caligæ, uti habet S. Hildegardis. Neque huic sententiæ adversatur Magister in Regula c. 11. qui Monachum *Bracili* uti in nocte vetat, *ne dum se regirat per somnum oppressus exiens per thecam mucro cultelli, carni ejus figatur*, quam scilicet in pera defert, cum Bracili indutus est ; *in die* vero Bracili cingi statuit, *dicente* de S. Joanne Scriptura, *Et circa lumbos erat cinctus zona pellicea :* quo quidem loco zona pellicea intelligitur succinctorium largius, quo inferiora corporis tegebantur. Fibula porro annectebatur bracile. Vetus Charta plenariæ securitatis sub Justiniano exarata apud Brisson. lib. 6. Formul. pag. 647. [** col. 1. lin. 19.] : *Hoc est, cocliares num. 7. scotella una, fibula de Bracile, etc.* Nescio an huc pertineat quod legitur in Kerone : *Bracile, prualhac.* [Vide *Brachile* 1.] [** Conf. S. Rosa de Viterbo voce *Bragueiro*, vol. 1. pag. 205.]

Bracile. Fredegarius Scholasticus in Epit. cap. 59 : *Tunc Chrodini consilio nutritum suum... Gogonem Majorem domus eligunt. In crastino primus ad ejus mansionem perrexit Chrodinus, ad ministerium Bracile Gogoni in collo tenens.* An idem quod *Brachiale?* vel an zona, seu cingulum, magistratus symbolum? [** Aimoin. lib. 3. cap. 4 : *Brachium ejus collo superponens suo.* Vide supra in *Brachium.*]

¶ Bracile, Manica, qua coqui vel ministri mensæ tegunt brachia, ne vestes sordibus inficiantur. Guidonis Discipl. Farfensis cap. 16 : *Hebdomadarius coquinæ potest ministrare cum pelliculo sine manicis, vel cum manicis si desuper induerit Bracile.*

¶ **BRACILUM**, Bracina, Bracinium. Vide *Brace.*

BRACIOLUM Aquæ, Gallis *Bras d'Eau.* Charta Caroli Mag. apud Perardum : *A termino Bracioli Aquæ, vocabulo Orba.* Vide *Brachium* 1.

1. **BRACIS**, *Inferior pars circuli*, Joanni de Janua, [** et Papiæ. Exscripserunt Isidor. Orig. lib. 1. cap. 18. sect. 5. Est signum syllabæ brevis ◡.]

* 2. **BRACIS**, Mensuræ species. Vide supra *Bracea.*

* **BRACISA**, Species cerevisiæ. Mirac. S. Remacli tom. 1. Sept. pag. 706. col. 1 : *Potum autem nullum præter aquam et siceræ dulcoramen, quod Bracisam rustici nuncupant, sumebat.* Vide in *Brace.*

¶ **BRACITORIUM**, Bracius. Vide *Brace.*

BRACONAGIUM. Vide Brodæum in Consuetud. Paris. tom. 1. pag. 198. [* Pagina 273. 2æ. editionis, ubi voce *Braconage* significatur jus quoddam insolitum domini in puellas, quæ nubunt, ipsas nimirum deflorandi in prima nuptiarum suarum nocte, ex Comput. domanii Calniac. et comitat. Pontiv. quod etiam aperte declaratur in Recognit. feudali Joannis dom. *de Mareuil* ann. 1228 : *Et mi comme sire de Mareuil puet et loit avoir droit de Braconage sur filles et filletes en medite seigneurie : si se marient, et si ne les braconne, échent en deux solz enver ledite seigneurie.* Ubi *Braconner*, est eo jure uti. Hujus mentio præterea occurrit in Consuet. locali MS. Auxeii castelli; a qua homines Rugæ, uxoris suæ precibus, liberos jussit esse Guillelmus III. Pontivi comes. Vide *Marcheta*.]

¶ **BRACONARII**, Braconerii, Vide *Bracco*.

¶ **BRACRIUM**, Fascia continendis iliis, Gall. *Bandage*, *Brayer*. Acta SS. Maii tom. 5. pag. 190. in Miraculis S. Bobonis : *Filius apertus ab utroque latere.... Dei gratia statim liberatus est, dimisit Bracrium ante altare appensum.* Vide *Bracheriolum*.

BRACTAMENTUM, Humor, ex Græc. Βρέχειν. Fulgentius de Virgiliana continentia : *Nam ecce ad me etiam ipse Ascræi fontis Bractamento saturior advenit.* Vide Salmasium ad Vopiscum. [** Apud Forcellin. *Bracteamentum*, ea ratione qua *Bracteas eloquentiæ* dixit Solin. præfat. cap. 2. ep. ad Advent.]

* **BRACTEATI** Nummi, A *bractea*, quæ est tenuissima auri argentive lamina, ex qua conficiebantur, vel qua ii inducebantur, nuncupati. Horum amplissimam ex argento collectionem vidi in museo monasterii Gottwicensis ann. 1751. Consule disquisit. doctissimi viri D. *Schœpflin* de Bracteatis tom. 23. Comment. Acad. Inscript. pag. 212. Vide in *Nummus*.

BRACTEATOR, Bratteator, Bractearius, Bractearum confector, apud Jul. Firmic. lib. 4. cap. 15. lib. 8. cap. 16. 19. qui *Bractearius* in veteri Gloss. dicitur, et πεταλοποιός. Sic enim legendum pag. 273. pro *Bracharius*. Gloss. Lat. Gr. : *Brattea*, πέταλον. Gloss. Gr. Lat. : Πέταλον, *bratteum*, *lamina* : sic in Cod. MS. pro *blatteum*. Mox : Πεταλουργός, *Blattearius*, ubi perinde legendum *brattearius*. Nam *bratteum* et *bracteum* dicebant, ut observatum a Salmasio, quem consule ad Hist. Aug. *Bractearii*, id est, μεταλλουργοί, in leg. 1. Cod. de Excus. artif. (10, 66.) Fortunatus lib. 8. Poem. 4 :

Bractea geminatam cycladem fila catenant.

[** Vide Forcellin. his vocibus.]

** **BRACTEOLA**, Diminut. voc. *Bractea*, in Gemma Gemmarum : *Campanula aurea*.

** **BRACTIARE**, *Circumdare brachiis*, *Germ. helsen ader frunteln.* Gemma Gemmarum. Conf. Raynouard. Glossar. voce *Braissar*, vol. 1. pag. 253.

* **BRACTILETUM**, Brachiolum, sinus, fretum, Ital. *Bracciolino*. Stat. Mutinæ rubr. 259. pag. 49. v°. : *Et illi homines et personæ, quorum vel quarum est dicta insula et Bractiletum, teneantur vendere illam quantitatem insulæ et Bractileti necessariam ad dictum opus faciendum illis personis, quibus dictum flumen Situlæ quotidie damnum infert, et ipsi teneantur emere dictam insulam sive Bractiletum justo pretio.* Vide *Brachium* 1.

BRACUS, Vallis. Chronicon Fontanellense cap. 6 : *Et per loca designata, hoc est, de uno latere Bracus, sive vallis, quæ dicitur Dirginis.* Infra : *Ad Castellum luporum, qui super illum Bracum Dirginis, etc.* [** Pertz. vol. Script. 2. pag. 279.] De variis apud Theutones *Brak* vocis notionibus multa congerit Bollandus ad 21. Febr. pag. 251. [** Gloss. antiq. Germ. Lat. : *Bruoh*, *Palus. Brouc*, *Aquosa et lutulenta terra.* Conf. Graff. Thes. Ling. Franc. vol. 3. col. 271. Vide *Bragium* et *Bragus*.]

* **BRACZALIS**, Agricola, qui brachiis terram laborat, vel qui labore victum comparat, vulgo *Manouvrier*. Inquisit. ann. 1288. in Access. ad Hist. Cassin. part. 1. pag. 387. col. 1 : *Braczales et hortolani S. Germani debent servire omni anno in hortis curiæ duobus diebus.* Vide supra *Bracentus* et infra *Brasserius*.

¶ **BRADELLÆ**, Sedes quibus in ecclesiis utuntur mulieres. Acta Eccl. Mediolan. tom. 1. pag. 126 : *Ut et ecclesiarum nitori consulatur, et strepitibus et rixis, quæ ex sedium muliebrium, quas Bradellas vocant, in ecclesiis collocatarum situ existere sæpe solent, occurratur, etc.* Harum forma sic describitur ibid. pag. 585 : *Asseres igitur seu trabes parvulæ quierneæ tres, crassitudine unciarum quinque, longitudine cubitorum trium et unciarum sexdecim, altitudine unciarum octo, in ecclesiæ solo recte suppositæ, tribusque circiter cubitis singulæ inter se disjunctæ; tabulis sectilibus totidem, cujusmodi generis sint, iisque singulis latitudine unciarum octo, æquali inter se spatio distantibus constratæ, una scilicet in medio, reliquæ duæ in extremitatibus, etc.* In Cæremoniali monastico ad usum Congregat. S. Mauri pag. 591. *Bradella* sumitur pro scabello altaris, Gall. *Marchepied*.

* **BRADIA**, Campus, vel ager suburbanus, idem quod *Braida*. Vide in hac voce. Charta ann. 1141. apud Murator. tom. 5. Antiq. Ital. med. ævi col. 228 : *Præterea do vobis et jure proprio largior Bradiam Antinæ, cum decimis ejusdem Bradiæ........ et totam et integram Bradiam Fossæ-novæ, cum ecclesia S. Marci, et cum hominibus super eam sedentibus.* Annal. Estens. apud eumd. tom. 20. Script. Ital. col. 462 : *Is* (Albertus de Piis) *Lugi arcem Hirbervæque alta mœnia per Leonellum initiata absolvere curat; Belfori Bradiam muro cingere adortus est.* Vide *Bradium*.

BRADIFONUS, Βραδύφωνος Moyses dicitur apud Ethelwerdum lib. 4. cap. 9 :

Bradifonus Domino Moyses sacrarat amore.

BRADIUM. Vide *Braida* et *Bradia*, Campus. [Alia notione sumitur. scil. pro *Præmium*, *munus*, palma, in vet. Glossario San-German. MS. num. 501. Sed Mendum pro *Brabium*, vel *Bravium*.]

BRADO. Tabularium Priorat. de Domina in Delphinatu fol. 110 : *Et 4. pulzinos, et 2. focacias, et 2. membra, et 1. Bradonem, et 3. panes, etc.* Forte pro *fladonem*. Vide in voce *Flantones*. [Retinendum esse *Bradonem* suadent Isid. qui habet in Glossis : *Cartilagini, lardo Bradone*; et Chartular. S. Crucis Quemperleg. ubi sic : *Samam vini et duodecim formellas, vel unum lardi Bradonem pro ea det monachis.* Hoc est, si bene conjicio, Petasonem seu pernam. Hollandi etiamnum vocant *Brade* pulpam petasonis seu partem ejus magis carnulentam.]

* Retinendam esse hanc vocem recte dictum est quæ bene interpretari videtur de petasone, seu perna. Charta ann. 1108. apud Murator. tom. 2. Antiq. Ital. med. ævi col. 11 : *Bradones bonos in festo S. Thomæ* (reddant). *Brado*, Academ. Crusc. est Vitulus indomitus. [** Conf. Rayn. Gloss. Roman. voce *Brazon*, vol. 1. pag. 247. ubi de homine dicitur, Gall. *gras de fesse*.]

* **BRADUS**, pro Badius, ut opinor, Color equi, *Bragado* Hispan. Testam. Jac. de Pignatario ann. 1352. in Access. ad Hist. Cassin. part. 1. pag. 409. col. 1 : *Item relinquo D. Francisco de Monte-Agata equum Bradum sfresatum meum.* Vide *Bagus*.

* **BRAESIUM**, Grani species, ex quo cerevisia conficitur, apud Joan. *de Trokelowe* in Annal. Eduardi II. reg. Angl. pag. 38. Vide *Brace* et infra *Braisum*.

* **BRAGA**, Bragia, Gurges, locus in fluvio aggere quodam coarctus piscium capiendorum gratia. Arest. parlam. Paris. ann. 1536. ex Tabul. castri *de Chissé* in Turon. : *Plus molendina banqueria dicti Montis-Ricardi supra pontes ejusdem loci sita, cum duabus Bragis ab ipsis molendinis dependentibus..... Plus magnas Bragias, le deffegs nuncupatas, ... in quo deffegs duæ parvæ Bragæ in butto pontium dicti Montis-Ricardi extabant. Braye*, in Decreto ann. 1538. ibid. Vide supra *Braca* 1.

BRAGÆ. Vide *Bracæ*.

BRAGALIS, [Bragal.] Charta Lusitanica æræ 1168. in Historia Episcoporum Portensium 2. part. pag. 20 : *Scilicet ut Episcopus accipiat pro illo jantare omnem illam terram quam habebat Ecclesia S. Mariæ... tam in regalenga, quam in garancia, et insuper sex Bragales per unum quemque annum.* Versio Lusitanica : *Assi em reguengo como em ganancia, et alem disso seis Bragues em cadahun anno.* [Acta SS. Benedict. sæc. 4. part. 1. pag. 639. in Constitutione Ansegisi Abbatis : *Ceræ ad illam Ecclesiam libras cc. ad opus fratrum* c. *sevo lib.* cc. *ad Corialinse calcibus* XXIIII. *Bragal.* LX.][** S. Rosa de Viterbo Elucid. tom. 1. pag. 204. scribit *Bragal* fuisse Pannum lineum ita communem ut monetæ vice eo uterentur. Conf. eund. Append. pag. 17.]

* **BRAGAMARDUS**, Gladii species, acinaces, Gall. *Sabre*. Monstra facta apud Chassag. ann. 1511 : *Injunctum est quod habeat unum Bragamardum infra xv. dies. Bragamas*, in Lit. remiss. ann. 1392. ex Reg. 143. Chartoph. reg. ch. 126 : *Ledit Camus geta un grant coustel, que l'en dit Bragamas, contre la teste dudit Huchon.* Neque aliud sonat *Bergaman*, in aliis Lit. ann. 1398. ex Reg. 154. ch. 38 : *Perrot Lancel, dit Ogier, avoit pendu un bazelaire ou Bergaman à sa çainture, et tenoit un plansson en sa main.* Ubi leg. forte est *Bragaman* vel *Bragamart*, ut et apud Marten. in Gest. Briton. tom. 3. Anecd. col. 1496. pro *Bagamars* :

Qui tenoient tous entre leurs mains
Bragamars et grant gysarmes.

Vide infra *Braquemardus*.

BRAGANTES. Vide *Brigancii*.

¶ 1. **BRAGARE**, Ex mundiori cultu gloriolam aucupari. Ficta vox e Gallico *Brave*, Eximie ornatus. Menoti Sermones fol. 185. recto col. 1 : *Et ideo, o vos Domine, que vos ornatis ad Bragandum, rogo vos, ut videatis modum Ecclesie.*

* Dixerunt nostri *Braguer, faire bragues*, eadem notione : unde effictum a Menoto *Bragare*; a quo forsan hodiernum *Brave*, eximie et eleganter ornatus.

* 2. **BRAGARE**, Vagire, clamare, ex Regiam Majestat. inter notas tom. 1. Ordinat. reg. Franc. pag. 117. pro *Braiare*, uti edidit Cangius in hac voce. [** Ap. Houart. lib. 2. cap. 58. art. 1. *Brayantem*.]

¶ **BRAGATIO**, Gall. *Braverie*, Mundior cultus. Ejusdem Menoti Serm. fol. 119. col. 1. : *Ce sont les grandes pompes, les grandes Bragues; Hec sunt magne pompe et grande Bragationes; hec sunt pompe et magni vestium luxus.*

BRAGATOR. Iter Camerarii Scotici cap. 39. § 50 : *De omnibus Bragatoribus in Curia.* [An eandem notione, qua Menoti *Bragare*?] [** Saxon. Gebrac, Island. *Brak*, Crepitus, stridor, fragor. *Braka*, Insolenter se gerere. Vide *Bragare*.]

* **BRAGENTIA**, Familia, ut opinor : *bragis* enim seu vestibus donabantur familiares ab iis, quorum servitio addicti erant. Stat. synod. eccl. Camerac. apud Marten. tom. 7. Ampl. Collect. col. 1307 : *Item, excommunicamus omnes presbyteros et clericos in sacris ordinibus constitutos, qui Bragentias intrabunt sæcularum dominorum, et eos qui jam intraverunt easdem, nisi infra mensem exeant ab eisdem.*

¶ 1. **BRAGERIUM**, Femora, vel lumbi. Acta SS. Junii. tom. 2. pag. 390. in Miraculis B. Henrici Baucenens. : *Subito arreptus fuit a gravissima gutta a Bragerio inferius, ita quod de anchis, coxis et tibiis nullo modo poterat se juvare.* Vox ejusdem originis, cujus *Bragæ* vel *Bracæ* : de quibus supra.

* 2. **BRAGERIUM**, Femoralia, quæ virorum propria sunt, Gall. *Culotte*. Stat. MSS. S. Flori fol. 19 : *Aliquæ mulieres inveniuntur, de quibus dicitur vulgariter, quod lumbar sive Bragerium portant.* Galli dicimus, *Porter la culotte*; Hispani, *Calzarse las bragas* dicunt de mulieribus, quæ virilem in modum sese efferunt.

¶ **BRAGHERIUM**, Eadem notione. Chron. Parmense ad ann. 1287. apud Murator. tom. 9. col. 810 : *Eodem anno et tempore fuit nix valde magna usque ad Bragherium in campis, et incœpit venire in festo S. Antonii.*

* **BRAGIA**. Vide supra *Braga*.

* **BRAGIDA**, Campus, vel ager suburbanus, idem quod supra *Bradia*. Charta ann. 1106. inter Probat. tom. 1. Hist. Lothar. col. 520 : *Et de Caroli prato usque ad Bragidam, id est, croadam de Corioulz, etc.* Vide *Braida*.

* **BRAGIRE**, Hinnire. Chron. Mutin. apud Murator. tom. 15. Script. Ital. col. 606 : *Qui* (tassus) *habebat... vocem ut equus Bragiens, scilicet parvam. Bresdir*, eadem notione. Le Roman *de Garin* :

> Là veissiez meint panoncel flori,
> Meinte banniere, et meint destrier Bresdir.

Vide *Braiare*.

¶ **BRAGIUM**, Vallis. Charta Caroli Calvi ann. 870. apud Miræum tom. 1. pag. 32 : *Mansos decem cum longo Bragio.* Vide *Bracus* et *Bragus*.

* **BRAGUERIUM**, Procidentiæ ilium retinaculum, Hispan. *Braguero*, nostris *Brayer*. Mirac. MSS. Urbani PP. V : *Erat crepatus et ruptus, opportebat de necessitate quod puer portaret Braguerium furcatum..... Oblitus erat recipere suum Braguerium.* Vide supra *Bracchiale*.

¶ **BRAGUETA**, Femoralia, seu femoralium apertura, quam Hispani vocant hoc nomine. Concil. Hisp. tom. 4. pag. 615. col. 2. ann. 1591 : *Neque caligas, crocei, rubei viridisque colorum seu albas* (deferant Clerici;) *neque Braguetas ex aliquo serico vel panno, nec cum diversis rivetis seu fissuris.*

* *Braguste*, in Lit. remiss. ann. 1389. ex Reg. 136. Chartoph. reg. ch. 111 : *Icellui Girart cousturier commença à dire au religieux dessusdit par maniere de derrision et moquerie : Veça frere Jehan Autel, il aura les Braguestes.*

¶ **BRAGUILERIUS**, Qui facit *Braguetas* seu *Bracas*, in Catalogo Sodalium Confraternitatis Nativitatis B. Mariæ in Ecclesia B. M. Deauratæ Tolos.

BRAGUS, forte idem quod *Bracus*, Vallis. Charta Goffredi Comitis Andegavensis apud Sammarth. in Episcopis Andegavens. num. 45 : *Exarta quæ dicuntur ad illum Bragum.* Vide *Bracus*. [** *Bracha*, Germ. olim Prima aratio. Vide Graff. Thesaur. Ling. Franc. vol. 3. col. 268.]

* **BRAJA**, ut supra *Bragida*. Charta ann. 1183. apud Murator. tom. 1. Antiq. Ital. med. ævi col. 339 : *Et hoc totum, quod tenebat Petrus de Bruna, et etiam Brajam nostram super posse Pobleti, quæ est retro plantatum monacorum, etc.*

BRAIARE, Gall. *Braire*, Vagire, clamare prout infantes solent. Gloss. Græc. Lat. : Κλαυθμὸς παιδίου, *vagitus infantis*. Hesychius : Βραχυκανᾶσθαι, ἐπὶ τῶν κλαιόντων παιδίων λέγεται, ὡς μίμημα φωνῆς. Hac voce utitur Philostorgius lib. 11. cap. 6. Regiam Majest. lib. 2. cap. 58. § 1 : *Si ex eadem hæredem habuerit auditum, vel Braiantem inter quatuor parietes.* Hoc est, si ex quo ex matris alvo prodiit, vitæ signa aliqua prodidit. Speculum Saxonicum lib. 1. art. 33 : *Idque mulier cum quatuor viris qui eum plorantem audierunt, et cum duabus mulieribus, quæ ei in partu ministraverunt, poterit comprobare.* Bracton. lib. 4. tr. 1. cap. 34. § 4. lib. 5. tr. 5. cap. 30. § 7 : *Puer qui auditus fuit clamare inter 4. parietes.* Statuta S. Ludovici lib. 1. cap. 11 : *Gentishom tient sa vie tout ce que l'en li donne a porte de monstier en mariage après la mort sa feme; tout n'ait-il hoir, pour qu'il en ait eu hoir qui ait crié et Bret, se ainsi est que sa feme li ait esté donnée pucelle.* Quæ totidem habentur Latinis verbis loco supra citato ex Regiam Majestatem. Vide Leges Wisigoth. lib. 4. tit. 2. § 18. Leges Alemann. tit. 92. § 1. Jus Feudale Saxonum cap. 15. § 1. Fletam lib. 6. cap. 55. § 4. Leges Burgor. Scotic. cap. 44. § 4. et Miræum in Diplomat. Belg. pag. 352. Le Roman *de Girard de Vienne* MS. :

> Deus Dames voi en cel palais listé,
> Que par nous ont forment Brait et crié,
> Et Olivier forment ont regreté.

[** Vide Grimm. Antiq. jur. German. pag. 75. D, 1.]

¶ **BRAIBANCENI**. Vide *Brabantiones*.

BRAIDA, [BRAYDA,] Campus vel ager suburbanus, in Gallia Cisalpina, ubi *Breda* vulgo appellatur. Monachus Paduan. lib. 1. Chronici cap. 1 : *Factum est prœlium equestre maximum in Brayda Veronensi.* Charta Longobardica in Bullario Casinensi tom. 2. pag. 9 : *Similiter omnes Braidas meas ad ipsam curtem pertinentes, cum pratis, silvis, vinets, etc.* Alia Desiderii Regis ibid. : *Terram juges 40. de Braida curtis Ducalis, etc.* Statuta Patavina rubr. 70 : *Si quis habuerit plus quinque campos terræ, et aliqua puncta sit alicujus Bradii.* Infra : *Quicunque habet Braidam terræ, etc.* [Memoriale Potestatum Regiens. ad ann. 1217. apud Murator. tom. 8. col. 1084 : *Et eo anno primo facta fuit fera in Brayda domini Episcopi extra portam juxta burgum S. Petri. Et eo anno infirmi S. Lazari qui habitabant juxta dictum burgum prope dictam Braydam, iverunt ad habitandum ad pontem platum.*] *Bradio* etiam habet Joan. Villaneus lib. 9. Rufinus Monachus de Ædificat. Monasterii S. Sabini : *Unum campum in castello de Arda, Braidam insuper S. Thomæ, etc.* Infra : *In Plaivole Braidam unam*, apud Ughellum tom. 2. pag. 256. Charta ann. 813. apud eumdem in Episcopis Veronensibus : *Insuper concedimus Canonicis decimas Braidarum Episcopalium curtium; id est, vinum, granum, legumina, etc.* Adde vetus Monumentum ex Bibl. Vaticana, ibid. pag. 742. et tom. 4. pag. 492. 625. Bullarium Casinense tom. 1. pag. 18. etc. Vide Origin. linguæ Italicæ Octav. Ferrarii in *Breda*. [** Germ, *Breit*, Amplus, unde in Gloss. ant. : *Gebreite, area. Capreite, grumolus, ager.* Vide Graff. Thesaur. Ling. Fr. vol. 3. col. 298.]

* **BRAIHERI**, Incolæ pagi, vulgo *de Brai* dicti. Vide *Braium*.

¶ **BRAIS**, BRAISIUM, Grana ad conficiendam cerevisiam præparata. Vide *Brace*.

* **BRAISUM**, ut supra *Braesium*, Grani species, ex quo cerevisia conficitur. Charta ann. 1195. inter Instr. tom. 11. Gall. Christ. col. 140 : *Rogerus de Bellomonte..... dedit ecclesiæ S. Taurini..... unum modium frumenti et alterum modium Braisi.* Vide *Brace*.

BRAIUM, Limus terræ, Gallis *Bray*. [Auctor Miraculorum S. Bernardi scribens de Castro Braio supra Sequanam : *Castrum Braium, quod lutum interpretatur.*] Hariulfus lib. 4. Chronici Centulensis cap. 24 : *Ubi habentur 37. hospites, qui persolvunt annualiter unusquisque in Nativitate Domini 2. equos oneratos de Brais.* [Quod rectius intelliges de grano quod *Brais* vocabant. Vide *Brace*.] Tabular. Vicedomini Picconiensis, ann. 1268 : *Sur ce que nous disions ke nous pooions et devions faire fauquer l'erbe, et holdragier et retraire le Bray de l'yau de Somme.* Frater Renatus Macæus Vindocin. in Poem. de bono Principe :

> L'Empereur vient par la Constellerie,
> Jusqu'au carfour nommé la Vannerie,
> Ou fut jadis la planche de Mybray,
> Tel nom portoit pour la vague et le Bray
> Getté de Seine en une creuse tranche.

Hinc datum nomen pago Bellovacis et Normannis contermino, *le pays de Brai*, a loci situ pascuis opportunissimo, a quo *Braiheri* dicti ejus incolæ non semel a Willelmo Britone in Philippide, et ab Orderico Vitali lib. 12. pag. 844.

BRAMBARICARII. Vide *Barbaricum* in *Barbaricarii.*

BRAMOSUS. Vide *Bromosus.*

BRANA, Sterilis equa, sterile jumentum, Gallis *jument Brehaigne.* Catholicon Armoricum : *Brahaing, Gallice Brahaigne, non portant enfant, Lat. sterilis.* Charta Willelmi Ducis Aquitan. ex Tabulario Angeriacensi : *Dono ad locum B. M. omnia pecora mea, hoc est, vaccas, equos, Branas.* Charta Ferdinandi Imp. Hispan. æræ 1191. apud Anton. de *Yepez* in Chronic. Ord. S. Bened. tom. 7 : *Addo etiam his universis centum vacas Branas, exceptis fœtibus præteriti et præsentis anni, boves domitos* 10. *et in hæreditatibus vacas majores* 30. *etc.* [Charta ann. 1278. ex Cod. MS. D. *Brunet.* fol. 68. v°. : *Ille extraneus possit in tenemento Arelatis... alias bestias tenere sine banno superius expresso, sive sint domite vel Brane.* Alia itid. Aquisextana vernacule scripta ibidem fol. 118 : *Item tota bestia Brana* (donat) 1. *den.* Hinc puto legendum *Brana*, non *Brava*, in Transactione anni 1490. ex Archivo D. *de Mazaugues* : *Præfatus dominus et sui successores possint et valeant pro banno exigere pro singula bestia grossa Brava reperta in mala faca denarios quatuor e lo doble de nuech.*] Vide V. C. Ægid. Menagii Origines Italicas in *Bretto.*

* Vocis Gallicæ *Brehaigne* cum *Brana* affinitate, in errorem ductus est Cangius, quem non advertisse mirum est vel ex ipso Chron. Ord. S. Bened. loco, ubi fetus vaccarum, quæ *Branæ* ibidem dicuntur, excipiuntur a donatione. [** Non *branarum foetus* excipiuntur, sed *branas dandas bimis majores fore* dicitur. Aliter neque Carpenterii vocis *Brana* interpretatio stare posset, quæ quomodo discrepet a Cangiana non assequor; *sterile* enim *jumentum* Cangium pro *jumento virgine* scripsisse, quisque vel ex numero *centum vaccarum* videbit.] Eo duce in eodem errore lapsi sunt ipsius Continuatores, quibus in Charta ab ipsis prolata, *Branas* domitis opponi, observare facile erat. Est ergo *Brana*, Juvenca, vacca junior, vel quæ taurum nondum passa est; et *Branus*, Juvencus, junior bos et indomitus. Doujat. in Diction. Tolos. : *Brau, taureau, bouvillon.* Lit. remiss. ann. 1460. in Reg. 192. Chartoph. reg. ch. 80 : *Sequens unum thaurum sive Brau ipsius supplicantis, etc.* Unde rectius fortean *Brava* et *Bravus* legeretur; et quidem Itali et Hispani *Bravo*, pro Indomitus, immitis, ferox, dicunt; et rustici Dumbenses *Brave* juvencam appellant. Vide infra *Bravis* et *Bravus* 1. Attamen *Braine*, eo significatu, occurrit in Fabul. tom. 2. pag. 220 :

> Sire, mal vous est avenu,
> Li forestiers vos buez enmaine,
> Il dist que en l'autre semaine
> Li emblastes par nuit trois chesnes
> Qui vous cousteront quatre Braines.

Quod de specie monetæ minus bene interpretatus est D. *Barbazan.* Nihil itaque immutandum in Transact. ad hanc vocem laudata, nisi ann. 1501. pro 1490. et *Mala facha*, pro *Mala faca.* Cæterum *Brehaigne*, pro Sterili et infecunda muliere, ut et *Brehains*, pro Homine ad generationem inhabili, nostri passim usurpant. Glossar. Gall. Lat. ex Cod. reg. 7684 : *Brehaigne, sterilis. Brehaigneté, sterilitas.* Vita J. C. Ms. ubi de S. Josepho :

> Et hom Brehains ne doit entrer
> O chiaus qui pueent engenrer;
> Quant un enfans aueras,
> Au temple vien, si offerras.

Le Roman *de Robert le Diable* Ms :

> Et la Duçoise fu ma mere,
> Elle fu xvij. ans Brehaigne,
> Ains que de moy fust ensaigne.

¶ **BRANÆ.** Vide *Brancia.*

* **BRANAGIUM.** Vide *Bren.*

1. **BRANCA**, Pars extrema sive crurum sive brachiorum in feris et avibus rapacibus, si modo pars illa, manus vel pes proprie dici debet, inquit Octav. Ferrarius. Latinus Togatus, Gromaticus : *Terminus, sive petra naturalis, si Brancam lupi habuerit factam, arborem peregrinam significat.* Mox : *Si Brancam ursi habuerit, lucum significat.* Quibus locis effinguntur lapides quadrati, quibus insistunt pedes lupi et ursi, avulsi a tibiis. [Acta SS. Aprilis tom. 3. pag. 523. in Miraculis S. Zitæ : *Et cœpit ipse lupus multum clamare et vociferari, et percutiebat sibi coram eis ipse lupus de sua et cum sua Branca.*] Italis, *Branca* idem sonat, quod nostris *Griffe*, ungula. *Branche de Leone*, apud Joan. Villaneum lib. 6. cap. 71. Hinc appellatio tributa Acantho, herbæ, quæ vulgo Italis *Branca ursina*, quod, ut ait Philander, referat pedes ursi anteriores. Hujus meminit Constantinus Afric. lib. de Chirurgia cap. 13. et Myrepsus sect. 1. cap. 27. Sunt etiam herbæ aliæ *Branca leonis*, et *Branca caulis* dictæ. Fridericus II. lib. 1. de Venat. cap. 23 : *Tibiæ, pedes, digiti, dorsum, lumbi, Branchiæ, cauda, peruncium, et alia hujusmodi.* Salmasius [in Solinum tom. 1. pag. 225. novæ edit.] vocem hanc a *brachio* deducit, ita ut *branca ursi*, sit branchium ursi : sic nos Galli arborum brachia, *Branches* vocamus. Addit porro Romanensi Gallorum lingua *Branc*, pro brachio usurpari passim. Certe id mihi, qui ejusmodi quisquilias quamplures evolvi, nullibi mihi lectum, quod sciam. Sed *Branc* pro *spatha, gladius*, non semel occurrit : cujus quidem vocabuli origo videtur eadem quæ vocis *Branca*, quod *spatha*, vel gladius, *Brancæ* seu ungulæ vicem præstet militi, uti spathæ, *Branca* leoni, aut urso. L'Ordene *de Chevalerie* MS. :

> Aprés li a chainte l'espée :
> Salehadins a demandée
> La senefianche de un Branc.
> Sire, fait-il, chou est garant
> Contre l'assaut de l'ennemi, etc.

Le Reclus *de Moiliens* MS.

> N'est pas de l'ordre saint Martin,
> Qui en yver par la brune
> Parti de son Branc acherin
> Son mantel au poure u chemin.

Le Roman *de Guillaume au Court nez* :

> Li Brans trestorne, et la hache jus glace.

Infra :

> Li Turs trestorne, et l'espée jus glace,
> Li Brans descend contreval les espaules.

Philippus *Mouskes* in Ludovico VI :

> A tant saka de Bran divers,
> Si le feru en travers.

In S. Ludovico :

> En aus refiert, et crie Valence,
> Del Branc lor carge grief penence.

Le Roman *de Garin le Loheranz* :

> Mais ils n'avoient palefroy, ne roncin,
> Ne armeures, fors le Branc acerin.

Alibi :

> Pis coupe et teste ô le Branc de Pavie.

Idem :

> Il li bailla, puis trest le Branc lettré.

Le Roman *de Merlin : Et te monsterrai au Branc d'achier que je sui au mien espoir aussi bon Chevalier come tu i es.* Vide Origines Italicas Cl. V. Ægid. Menagii et Octavii Ferrarii.

BRANCARE dicuntur aves rapaces, quæ *branca* seu ungulis ramum cui insident, complectuntur. Fridericus II. Imp. lib. 1. de Venat. cap. 34 : *Replicatio autem digitorum in suis juncturis ad superiorem partem non fuit necessaria, ad subteriorem vero partem fuit, quatenus Brancarent convenientius ramos, ad quos confugiunt sæpe ut illic dormiant.* Infra : *Hic autem digitus habuit officium concludendi Brancationem ex altera parte, et in formam quasi sphæricam reducendi.* Dicuntur etiam *brancare*, cum aves ungulis suis impetunt. Idem cap. 55 : *Percutiendo, dilaniando, Branchando, etc.* Infra : *Aves rapaces Brancant et vulnerant compedibus, etc.*

* Unde *Branchiers* appellantur, in Lit. remiss. ann. 1446. ex Reg. 176. Chartoph. reg. ch. 455 : *Ouquel bois le suppliant avoit fait une loge de branches de chesne pour prendre des oyseaulx de praye, ramages ou Branchiers, comme lasniers, autours ou esparviers.*

* Est et *Branc*, Vestis ex crassiori tela species, forte quia alba, ab Hispan. *Branco*, albus; quæ ita describitur in Lit. remiss. ann. 1410. ex Reg. 164. Chartoph. reg. ch. 179 : *Icellui suppliant voulu faire certain charivari, ... eust prins et vestu un habit, nommé Branc ou roquet de toile, que femmes portent voulentiers par dessus leurs robes.* Vide infra *Rochetum.*

2. **BRANCA**, BRANCHA, seu BRANCHIA, Jus excidendi ramos arborum, quos *Branches* dicimus, in forestis pro foco seu igne suo. Aresta ann. 1257. in 1. Reg. Parlam. fol. 5 : *Inquesta facta, utrum Philippus de Horrico habeat costumam ad Brancham pro igne suo in foresta de Mercio, etc.* Ibid. f. 10. sub ann. 1258 : *Matthæus Danebus petit habere in foresta D. Regis de Andelliaco pro* 12. *den. annui reditus Brancas ad ardendum, quadraturam suæ domus, fulcos ad herbergagium, pasnagium suis porcis liberum, et quietum, etc.* Aresta ann. 1271. ibid. f. 187. verso : *In saisina habendi usagium suum subscriptum, videlicet percipiendi brueriam, fulgeriam, et folium quod cecidit de arboribus, pasnagium ad* 3. *denarios pro porco, pasturam ad animalia sua in vallibus, secandi herbam a festo S. Joannis usque ad Assumptionem B. Mariæ virginis in defensis etiam forestæ,... percipiendi etiam Branchas siccas cum crocco ligneo, sine ferro, etc.* Regestum Philippi Aug. Herouvallianum f. 69 : *Habent in foresta Andeliaci mortuum nemus et Branchias tam in alto quantum potest attingere, de quadriga.* Fol. 156 : *Capiebat in foresta prædicta extra defensum et landas Branchias et mortuum boscum ad ardendum.* [Charta Philippi Regis Franc. apud Mar-

ten. Collect. Ampliss. tom. I. col. 1009. C. : *Ad ædificandum de vivo bosco, ad comburendum de mortuo, vel de residuis sive Branchiis, excepta silva.* Charta Americi de Thoarcio pro Majori Monasterio apud Stephanotium Antiquit. Pictav. MSS. tom. 4. pag. 764 : *Concessi dilectis in Christo Monachis... calfagium in foresta nostra de Rocha in tala et Branchia ad usum domus suæ.* Sententia Compromissoria anni 1339. ex Schedis D. *de Mazaugues* : *Asserebat jus habere in perceptione frondium, ramorum seu Brancarum, pinuum, etc.*] Vide *Branchia*, 1.

* 3. **BRANCA.** Vide mox

* **BRANCANTA**, f. Rami arborum ad umbraculum collecti. Inquisit. ann. 1235. apud Cenc. inter Census eccl. Rom. : *Dicit quod vidit Hugolinum de Sancta Cruce tenere Brancantam pro curia.* Infra eadem rursus occurrunt; sed loco *Brancantam*, legitur *Brancam*. Vide infra *Branchia* 1.

¶ **BRANCARE.** Vide *Branca* 1.

* **BRANCATA**, vox Italica, Manipulus, quantum manu capi potest. Cæremon. eccl. Rom. ad calcem cod. Ms. eccl. Camerac. : *Quidam cubicularius tenet in capite asini bacilem cum xx. solidis denariorum, prædictus archipresbiter inclinans se retro tribus vicibus, quos potest, tribus Brancatis tollit et habet sibi.*

BRANCE. Vide *Brace.*

* **BRANCEA**, BRANCHYA, BRANCIA, Mala, maxilla, Gall. *Jouë.* Vita S. Amalbergæ ex Cod. reg. 5506 : *Virgo autem Domini, collati sibi divinitus beneficii jam conscia, vade, ait, et apprehende Branceam ejus, et trahe in siccum.* Ubi de pisce a flumine egresso agitur. Glossar. Lat. Gall. ex Cod. reg. 7692 : *Branchya, jouue. Brancia, joë de poisson*, in altero Gall. Lat. ex Cod. reg. 7684. Glossar. Lat. Ital. Ms. : *Brancia, la masela.*

** BRANCUS, *eim Kynbacken*, in Vocab. Lat. Germ. ann. 1477. ADEL. [Græcis τὸ Βράγχος et τὰ Βράγχια, Lat. Branchiæ, quibus pisces spirant. Gemma Gemmar. : *Brancia, in piscibus est locus juxta guttur vel inter corpus et caput piscium.*]

¶ **BRANCHADA**, Ferculum, quo sacrarum Reliquiarum capsæ portantur in processionibus Gall. *Brancard.* Acta SS. Maii tom. 1. pag. 65. de S. Africano Episcopo : *Branchadis seu ferculis deportandæ in Processionibus capsæ servituris.*

¶ **BRANCHARE**, BRANCHIA. Vide *Branca* 2.

* **BRANCHEA**, Pars crucis transversa, quam *Bras* vulgo dicimus. Gualt. Hemingford. de gest. Eduardi I. reg. Angl. ad ann. 1305. pag. 217 : *Reversusque novus patriarcha et episcopus in Angliam cum magna gloria, fecit deferri ante eum crucem argenteam et deauratam cum duabus Branchis ex transeverso, et imagine crucifixi in medio.* Unde scapus trutinæ, *Brash* dici videtur, in Poem. cui titulus *la Mapemonde* Ms. cap. 14 :

Aussi c'on voit de la balanche,
Quant li Brach ont ingal justanche;
S'en l'un plus qu'en l'autre metés,
La balanche son droit taurrés :
Car li Brach serront desingal,
Li uns amont, l'autres aval.

* 1. **BRANCHIA**, Ramus, Gall. *Branche.* Inventar. S. Capellæ Paris. ann. 1376. ex Bibl. reg : *Item una pulcherrima crux auri cooperta, ... in qua sunt duæ frondes sive Branchiæ argenti deaurati, super quas sedent, vel sunt duæ parvæ ymagines, scilicet B. M. et S. Joannis Evangelistæ, tenentes duos parvos libros in manibus, in quibus sunt reliquiæ certæ.* Aliud Gallicum : *Item une très belle croix d'or,... laquelle a deux Branches d'argent doré, etc.* Vide *Branca*, 2. et *Branchea.* Hinc *Branchiæ* Philipp. lib. 11. tom. 5. Chesn. pag. 233. dicuntur cornua seu rami ex balæna, qui cassidi comitis Bolon. supereminebant :

E costis assumpta nigris quas faucis in antro
Branchia balenæ Britici colit incola ponti.

[** Vide *Brancea.*]

* Quo etiam spectare videtur vox *Branquiart*, qua ramum crassiorem vel truncum intelligo, in Lit. remis. ann. 1451. ex Reg. 184. Chartoph. reg. ch. 104 : *Icellui Gerard qui tenait une fourquete en sa main, et ledit Olivier ung Branquiart, ... lequel s'aprocha dudit Gerard pour le frapper de sondit Branquiart.*

* 2. **BRANCHIA**, Mensuræ species, cubitus, ut *Brachium* 1. quomodo etiam forte legendum est, uti suspicantur Bollandistæ. Mirac. S. Domin. tom. 1. Aug. pag. 647. col. 1 : *Et caudam, quasi dimidiam Branchiam habentem, etc.* A Gallico *Branche*, Pars, rei alicujus portio, nostri *Brancher* dixerunt illum, qui rem aliquam cum alio participat. Lit. remiss. ann. 1363. in Reg. 101. Chartoph. reg. ch. 11 : *Comme le suppliant feust alés..... pour cueillir le tresiéme des cervoises, dont il estoit fermier en portion de ladite ville, comme Brancher de Jehan le Fevre, auquel estoit tout le tresiéme desdites cervoises en ladite ville.*

¶ **BRANCHIÆ.** Vide *Branca* 1.

¶ **BRANCHIAGIUM**, Rami in genealogiis, *Branche de genealogie*, vel *ligne collaterale.* Regestum Parlamenti ann. 1450. apud Baluz. tom. 2. Hist. Arvern. pag. 384 : *Dicebat dictus Robertus, quod licet partes adversæ ipsi Johannæ Daulphine, in aliquo gradu consanguinitatis attingerent, quod tamen ex ipsis partibus ex alio latere vel Branchiagio.... procedebant.*

¶ **BRANCHIATA.** Vide *Brachiata.*

* **BRANCHYA**, BRANCIA. Vide supra *Brancea.*

¶ 1. **BRANCIA**, BRANCIS. Isid. lib. 4. cap. 7 : *Branchos est præfocatio faucium a frigido humore. Græci guttur* βράγχος *dicunt, circa quod fauces sunt, quod nos corrupte Brancia dicimus.* Gloss. Sangerman. MSS. num 501 : *Brancis a raucedine pulmonum dicta, inde et thysis* (tussis) *fit.* Infra : *Brancis est præfocatio faucium a frigido humore.* Hinc emendandus Papias MS. : *Brancæ a raucedine pulmonum dictæ... inde fit tussis.*

* 2. **BRANCIA**, Ramus; unde dimin. *Branciola*, ramusculus. Glossar. Provinc. Lat. ex Cod. reg. 7657 : *Brancia, branciola, Guanuha, Prov.* Alia significatione vide in *Brancea.*

** **BRANCO**, Monetæ species apud Lusitanos. Vide S. Rosa de Viterbo Elucidar. in Append. pag. 55. voce *Preto.*

* 1. **BRANCUS**, *Gorge*, in Glossar. Lat. Gall. ex Cod. reg. 7692. Glossar. Lat. Ital. Ms : *Brancus, lo male de gola.* Vide *Brancia* 1. et *Brancea.* [** Conf. Raynouard. Gloss. Rom. voce *Brancos*, vol. 1. pag. 250. Papias in cod. reg. 7609 : *Brancus, fax* (leg. faux) *dicitur corrupte.*]

** **BRANCUS**, Ramus arboris, ut *Branchia*, 2. Reinardus Vulpes, libr. 4. vers. 19 :

Cum suo villani pacare salicta sinantur,
Cur requiem lucus regis habere nequit?
Tam cave ne exilem violaveris amodo Brancum,
Quam tecum ut redeat tuta securis amas.

BRAND, Incendium : vox Germanica. Lex Frisionum tit. 7. *de Brand : Si quis domum alterius incenderit.*

1. **BRANDA**, Titio, fax ardens. Gloss. Saxon. Ælfrici : *Titio vel Torris*, Brand. Durandus lib. 7. Ration. cap. 14 : *Ferunt etiam Brandas, sive faces, et cum illis circumeunt arva.* Infra : *Feruntur quoque Brandæ, seu faces ardentes.* [** Vide Grimmii Mythol. German. pag. 353. et infra *Brando*, 1.] *Feu esbrandi*, in Consuetud. Britann. art. 645.

2. **BRANDA**, Videtur aliud sonare in Charta Fundationis Monasterii Orbisterii, apud Beslium pag. 353 : *Habeant per totam forestam prædictam ad sua ædificia facienda... et calefagium plenarium de feodo forestarii, et de Branda.* Regestum Castri Lidi in Andibus 47 : *Brandam vero supradictæ forestæ ad necessaria suorum hominum quiete possidet.* Ubi *Branda* idem valet quod ramus, [vel potius myrica, Gall. *Bruiere*, ut liquet ex seq. loco Chartæ anni 1205. tom. 2. Hist. Britan. col. 389 : *Dono iterum et concedo dictæ abbatiæ unam birotæam Brandæ sive bruerïæ ad usum furni sui singulis septimanis capiendam.*] *Brando*, Italis, ensem sonat, de qua voce consulendus Octavius Ferrarius in Origin. Italic.

* Idem quod *Bruarium*; *Brande* nostris, eadem notione. Lit. remiss. ann. 1478. in Reg. 205. Chartoph. reg. ch. 145 : *Le suppliant.... s'en ala droit à certaines Brandes appartenant à son père, ... près autres Brandes appellées les Brandes communaulx, pour veoir s'il trouveroit point de repaire d'assées ou becaces pour illec y tendre lesdites ripoises; et quant il eut ung pou cheminé apperceut que ès Brandes de sondit pere avoit ung homme et une femme qui les cueilloient, ... et faisoient leur faiz desdites Brandes, qu'ilz chargerent à leur coul.*

* 3. **BRANDA**, *Solida*, in. Glossar. vet. ex Cod. reg. 7641. Vide *Brunda.*

* **BRANDALIS** PLATEA, TURRIS, Ubi *Brandeum* seu fascia in signum jurisditionis apponitur, Italis *Brandello*, frustum. Stat. crimin. Saonæ cap. 17. pag. 23 : *Et similiter pœnæ duplicentur in quovis casu prædictorum, si delictum factum fuerit de die in platea Brandali, vel ante palatium M. potestatis, ... pendens super viam inter ecclesiam S. Petri et turrim Brandalis, etc.*

* **BRANDANALE**, Fulcrum focarium, Gall. *Chenet.* Laudes Papiæ apud Murator. tom. 11. Script. Ital. col. 26 : *Habent etiam ab utroque latere ignis instrumenta ferrea, pluribus necessitatibus apta, quæ quia sub igne ponuntur, Græce ypopiria, vulgariter autem ibi Brandanalia vocantur.* Vide *Brander.*

¶ **BRANDATUS**, Acu pictus, Gall. *Brodé.* Rymer tom. 5. pag. 48 : *Unam capam chori de sanuto rubeo, Brandatam de ymaginibus de auro et serico.* Vide *Brusdus.*

* Leg. videtur *Braudatus* vel *Broudatus.*

¶ **BRANDEA.** Vide *Brandeum* 3.

* **BRANDELLICI**, Hæretici ab auctore *Brandello* monacho sic dicti; Valdensium sectarii. Benzo episc. Albens. in Comment. de reb. Henr. III. imper. apud Ludewig. tom. 9. Reliq. Mss. pag. 372 :

Ab inferno prodierunt noviter hæretici
Patarini, Buziani, necnon et Brandellici,
Non curantes quid loquantur, ut pote frenetici......
Falsus monachus Brandellus habet mille vitia,
Quem cognoscimus deformem carne leprositia,
Ab ecclesia tollendus hac sola malitia.

BRANDER, Andena, sustentaculum ferreum, fulcrum focarium : vox Saxonica, in Legibus Burgorum Scoticor. cap. 125. [** f. leg. *Brandred*.] Vide *Brandanale*.

¶ **BRANDERIA**, Eadem notione, in Hist. Dalphin. tom. 2. pag. 326. col. 2. ex Computo anni 1336 : *Item, tria cocupendia de ferro magna, et duo magna Branderia de ferro pro* III. *sol.* IIII. *den. gr.*

1. **BRANDEUM**, Velum, palla serica, vel lintea, qua Divorum reliquiæ vel corpora involvi a Christianis solebant. Hincmarus in Vita S. Remigii : *Ipsum corpus sanctissimum, sicut in anteriori translatione, ab Episcopis Remorum diœceseos integrum inventum est, et Brandeo rubro involutum.* Idem lib. 1. Hist. Rem. cap. 20. de eodem S. Remigio : *Corpus ejusdem rubeo constat Brandeo involutum.* Cap. 21 : *Integrumque illud cum Brandeo, quo prius repertum fuerat involutum, in argenteo locello transposuit.* Ex ejusmodi brandeis decerpebantur particulæ, quæ eodem quo reliquiæ ipsæ honore affectæ, sanctuarii loco habebantur. Idem de secunda Translat. S. Remigii : *Cum de ipso sepulcro in locello argenteo est transpositum, pars de ipso Brandeo cum sudario, quod fuerat super caput ejus, assumpta in scriniolo eburneo, secus altare S. Mariæ in civitate, debito honore veneratur.* In Catalogo Abbatum S. Bertini in Probat. Hist. Guinensis pag. 15 : *Brandeum sacrorum pignorum susceptivum contradit sancto Bertino.*

¶ **BRANDIUM**, Eadem notione, in Indice Onomast. ad calcem tomi 5. SS. Junii.

Sic præterea appellabantur panni particulæ, aut sericæ, quæ venerandis Divorum lipsanis applicatæ, ex ipso contactu, tanquam divorum ipsorum reliquiæ Christianis dispertiebantur : cum olim summis digitis eas attrectari, nedum quidpiam ex iis detrahi, aut abradi nefas putaretur. Gregorius M. lib. 3. Epist 30. ad Constantiam Augustam : *Cognoscat autem tranquillissima Domina, quia Romanis consuetudo non est, quando sanctorum reliquias dant, ut quidquam tangere præsumant de corpore, sed tantummodo in pixide Brandeum mittitur, atque ad sacratissima corpora ponitur : quod levatum in Ecclesia quæ est dedicanda, debita cum veneratione reconditur, et tantæ per hoc ibidem virtutes fiunt, ac si illuc specialiter eorum corpora deferantur. Unde contigit ut beatæ recordationis Leonis Papæ temporibus, sicut a majoribus traditur, dum quidam Græci de talibus reliquiis dubitarent, prædictus Pontifex hoc ipsum Brandeum allatis forcipibus incidit, et ex ipsa incisione sanguis effluxerit.* Leonis Historiam narrat Sigebertus ann. 441. cui similem de ipso Gregorio refert Joannes Diaconus in ejus Vita, lib. 2. cap. 42. Adde Theotfridum lib. 3. cap. 4. *Palliola* vocat Diurnus Romanus cap. 5. tit. 12. quod Gregorius *Brandea*. Atque brandea illa, sive velamina, sudaria, pallæ, et alia hujusmodi sacrosanctis Divorum pignoribus intra aras vel thecas occlusis, per fenestellas, quæ aris aut thecis aderant, admovebantur. De hisce fenestellis agunt Gregorius Turon. lib. 2. de Glor. Confess. cap. 37. Beda lib. 1. Hist. Angl. cap. 3. Evodius lib. 3. de Miraculis S. Stephani cap. 12. etc.

2. **BRANDEUM**, Species panni serici, aut alterius materiæ vestiariæ. Jo. Diacon. lib. 4. Vitæ S. Gregorii M. PP. cap. 83 : *Ferens in capite matronalem mitram candentis Brandei raritate niblatam.* Hariulfus in Chron. lib. 3. cap. 3 : *Fanones auro parati ad offerendum* 14. *ex Brandeo* 3. *ex pallio* 15. [Chronicon Waticense apud Marten. Anecd. tom. 3. col. 808. ubi de quibusdam serpentibus hocce in Monasterio frequentissimis : *Quia enim hæc reptilia, prout a referentibus qui talia noverunt, contigisse innotuit, apertis oribus dormientium solent insidiari, ut sicubi laxa, sicut fit, solutis sopore membris observaverint, corpora humana ingrediantur, vix satis tutum erat dormire, nisi mundioris alicujus Brandei glomus ora compilata, aut facies velamine obvolvisset.*]

3. **BRANDEUM**, seu *Brandea* accipitur etiam pro zona, fascia, cingulo, forte quia brandea illa quæ Divorum reliquiis admovebantur, in particulas dissecta, zonæ vel tæniæ speciem referebant. Monachus Sangall. lib. 2. cap. 7 [** ap. Pertz. vol. Script. 2. pag. 761. lin. 3.] : *Cumque tenuissimas illas pelliculas, vel tenuiores Brandeas extrahere cœpissent.* Apud Isidorum in Glossis, *Prandeum genus zonarum* fuisse dicitur, ubi quidam *Brandeum* reponunt. Nil tamen temere mutandum, cum *Prandeum* habet etiam Petrus Damiani. lib. 4. Epistola 14 : *Quid porro de conscissis ac putrescentibus sacrorum altarium Prandeis, etc.* Occurrit præterea apud auctorem Vitæ S. Petri Episcopi Policastrensis apud Ughellum tom. 7. Italiæ sacræ pag. 766. et apud Hugonem Rotomagensem Archiepisc. de Hæretic. lib. 2. cap. 4. Πράνδιος eadem pariter notione dixerunt Græci. Theophanes ann. Justiniani 31. de Avaribus pag. 202 : Εἶχον γὰρ τὰς κόμας ὄπισθεν μακρὰν πανὺ δεδεμένας πρανδίοις, καὶ πεπλεγμένας. Πράνδια eodem significatu habet Constantinus de Adm. Imp. cap. 6. [** Vide Glossar. med. Græcit. voce Πράνδιον, col. 1221.]

1. **BRANDO**, Fax, tæda, funale, a *Brand* voce Germanica, de qua supra. Gloss. Lat. Gall. : *Fax, Brandon.* Alibi : *Tæda, Brandon.* Statuta Massiliensia MSS. ann. 1274. lib. 2 : *Præterea decernimus amodo inviolabiliter observandum, quod nullus Massiliæ, sive sit masculus, sive femina, de cætero audeat vel possit portare, vel facere portari aliquos Brandones cereos ad vigilias sponsarum; hoc excepto, quod liceat patri vel matri sponsæ, vel illi in cujus potestate esset sponsa, vel etiam vice ipsius sponsæ, habere in domo sua luminaria, sicut decet, et Brandonibus et aliis luminaribus uti.* Bertramus in Vita S. Francæ Abbatissæ n. 62 : *Offerens altari illi cereum unum, quod et Brandonum vocatur.* [Hist. Monast. Viconiensis apud Marten. tom. 6. Ampliss. Collect. col. 203 : *O nefanda rabies in cordibus invidorum! nam scintilla corrodit Brandonem unum.* Instrum. ann. 1364. ex Archivis S. Victoris Massil. : *Quod corpus Beatæ Mariæ Hugonis d'Apajon quondam Episcopi Massil. recipiatur honorifice cum luminaribus Brandonum.*] [** Vide supra *Brand* et *Branda*, 1. Rayn. Glossar. Rom. voce *Brando*, vol. 1. pag. 251.]

¶ **BRANDONUS**, Eadem notione. Capitulum gener. S. Victoris Massil. ann. 1342 : *Sacrista teneatur dare Brandonos in omnibus capellis pro elevatione corporis Christi.* Charta ann. 1365. ex Archivis ejusdem S. Victoris : *Emantur et fiant* 100. *Brandoni expensis Massiliæ pro assossiando capite S. Victoris de novo facto per D. Papam Urbanum V.*

* Chron. Petri Azarii ad ann. 1362. apud Murator. tom. 16. Script. Ital. col. 395 : *Exibant noctis tempore cum infinitis lumeriis et Brandonis ceræ accensis et non accensis.* Occurrit rursum ibid. col. 583. et in Stat. crimin. Saonæ cap. 34. pag. 72.

BRANDONES, appellabant nostri primam Quadragesimalis jejunii hebdomadam, quod hujus prima die sub vesperum pueri *Brandonibus*, seu facibus accensis februare solerent. Dominica brandonum quæ Quadragesimam præcedit, *lo Dimane qui est apelet Dimane Brandonner*, in Libertatib. villæ de Perusa ann. 1260. apud Thomasserium pag. 101. In manuali Placitatorum in Parlamento S. Martini 1375 : *Hoc instanti anno* 1376. *erat bissextus. Dies Brandonum* 2. *die Martii. Dies Paschæ* 13. *die Aprilis.* Ubi *dies Brandonum est prima Dominica quadragesimæ.* Ita hæc vox passim usurpatur in Chartis, in Probat. Hist. Drocensis pag. 272. 288. apud Buzelinum pag. 395. etc. Vide *Bohordicum* et *Bordæ*.

*Præcipue ita appellant Dominicam hujus hebdomadæ. Charta Theob. comit. ann. 1222. in Chartul. Campan. fol. 312. r° : *Prædicta venditio adterminata est in hunc modum ad Dominicam primam quadragesimæ proximo venturæ, quæ appellatur Brandones.* Lit. remiss. ann. 1354. in Reg. 82. Chartoph. reg. ch. 164 : *Cum circa Dominicam, qua cantatur in officio missæ : Invocavit me, quæ vulgaliter dicitur ad Brandones.* Aliæ ann. 1367. in Reg. 97. ch. 484 : *Dominica prima quadragesimæ, quæ vocatur Dominica Brandonum.* Quod autem ab hac die, et per totam sequentem hebdomadam, facibus accensis discurrerent pueri, *Dies primorum Brandonum* nuncupatur, in Charta Phil. V. ann. 1316. ex Reg. 56. ch. 586. Lit. remiss. ann. 1416. in Reg. 169. ch. 231 : *Le Dimenche, que l'en dist des premiers Brandons etc.* Qua ratione vero id peragebatur, discimus ex Lit. remiss. ann. 1395. in Reg. 149. ch. 176 : *Comme il soit de coustume en la ville de Jauges et ou pais d'environ, de faire chacun an le jour des Brandons après soupper feux, ausquelz les bonnes gens ont acoustumé d'eulz assembler, dancier, et les jeunes vallés et enfans à sauter par dessus iceulx feux, quant il sont appetissiez.* Et ex aliis ann. 1414. in Reg. 168. ch. 119 : *Comme il est accoustumé chascun an le Dimenche des Brandons faire esbatemens et dances environ le soir et avoir des faloz à bouchons de feurre boutez en un baston, et mettre le feu deden, en les appel-*

lunt les Brandons, etc. Hinc *Faire les feulines*, in Lit. remiss. ann. 1424. ex Reg. 173. ch. 68 : *Le jour des Brandons, que les compaignons du lieu de Maraye faisoient les feulines audit lieu, ainsi qu'il est accoustumé, et près de la place où se faisoient lesdites feulines.* Quod apud Tornacenses *Escouvillons* appellabatur, quibus manipulus stramineus tortilis, dicitur Escouvillon. Lit. remiss. ann. 1368. in Reg. 99. ch. 334 : *Comme l'exposant feust alez par esbatement avec plusieurs autres veoir une assemblée d'enfens, qui faisoient certains gieux, appellez les Escouvillons, qui se font chascun le Dimenche des Brandons après vespres en notre dite ville de Tournay. Oupille* alibi nuncupatur ejusmodi fax straminea. Lit. remiss. ann. 1393. in Reg. 144. ch. 256 : *Comme le jour des Brandons plusieurs jeunes gens bouhourdoient les uns contre les autres, Jehannin de Douligier prist une Oupille alumée de feu, comme plusieurs autres gens et enfans avoient, etc.* [** Confer Grimm. Mythol. German. pag. 357. et Glossar. med. Græcit. voce Πυρκαϊῶν, col. 1277.]

* Qui mos etiamnum quibusdam in locis obtinet, religionique ducitur; et maxime in pago Virdunensi, ubi si quid mali fructibus terræ accidit, a damnum passis superstitiose quæritur, an februare non curaverint? quo casu totum locationis annuæ pretium solvere tenentur. Vide Menester. in Hist. Lugd. pag. 379. et infra *Dies Focorum* et *Flambellum*.

2. **BRANDO**, Velum, seu *Brandeum*, quod prædiis obsignatis apponitur. Charta venditionis Castri Meliandi in Biturig. ann. 1310 : *Et quotiescumque Brandonem seu Brandones aut impedimentum* (in re vendita) *a quibuscunque personis apponi contigerit, amovere, et facere penitus amoveri suis propriis sumptibus promiserunt.* Charta Fulconis junioris Comitis Andegav. : *Quam præpositi ipsius Comitis Abbati supradicto ac Monachis calumniabant, atque in ea Brandonem posuerant... Sed ipsius jussu Comitis, Brandone sublato, nunc in dominio Abbatis... remansit.* Vide Brodeum ad Cons. Par. art. 74. num. 43. et seqq.

* *Brand*, eadem notione, in Charta ann. 1411. ex Tabul. Carnot. : *Item de faire execusion ou de mettre un Brand sur chacune personne, pour le fet de monseigneur* (l'Évêque de Chartres) *6. den.*

Brandonare, Brandones apponere. Aresta O. SS. 1291. in Regesto Parlamenti B. fol. 90 : *Non licebit ei sigillare ostia Clericorum vel terras eorum Brandonare, etc. Brandonner et empescher*, in Consuet. Carnot. art. 32.

* Pactum inter ducem Burgund. et episc. August. ann. 1387. in Probat. tom. 3. Hist. Burg. pag. 109. col. 1 : *Nous* (duc) *avions tout droit de y saisir, Brandonner, seeller, etc.* Lit. remiss. ann. 1472. in Reg. 195. Chartoph. reg. ch. 739 : *Lequel sergent dist au suppliant qu'il avoit Brandonné ses vignes à la requête d'un nommé Acart. Brandonnement*, Obsignatio, impedimentum, vulgo *Saisie, arrêt*, in Ch. ann. 1443. ex Chartul. Latiniac. fol. 212. v° : *Discord et procès estoit meu..... pour raison de certain arrest et Brandonnement fait à la requeste dudit procureur en et sur les fruitz et deppouille d'une piece de vigne, ... laquel vigne ledit procureur avoit fait saizir et arrester.*

Debrandonare, Brandonem seu impedimentum tollere. Aresta ann. 1277. in eodem Regesto fol. 45 : *Decanus Nivernensis condemnatus fuit ad emendandum dicto Comiti, quod Debrandonavit domum suam in justitia Comitis sitam, quam Comes brandonaverat.*

☞ *Brandones* regii interdum appositi sunt *ratione gardiæ*, iis scilicet in locis, quæ Regum tutelæ ac custodiæ specialiter erant commendata. Loca vero, ubi appositi erant hujusmodi brandones, nullus audebat attingere. Quæ consuetudo cum incommoda Dominis locorum esset, utpote quæ illorum jurisdictionem minueret : eam tandem, conquerentibus Arverniæ Nobilibus, quod etiam in locis, in quibus altam haberent justitiam, obtineret, sustulit Philippus V. Edicto anni 1319. tom. 1. Ordinat. Regum Franc. pag. 688 : *Item, volumus et concedimus iisdem, quod de cetero, ad quorumvis instantiam panuncellus, paillo, Brando, baculus, vel quodvis aliud simile signum regale, in quibuscumque Abbatiis, Religiosis locis, aut aliis quibuscumque existentibus infra altam justitiam Baronum, vel nobilium aut habitantium prædictorum ratione gardie nullatenus apponantur, appositaque jubemus illico amoveri, esto quod illi ad quorum instantiam penuncelli, paillones, Brandones, baculi, vel alia similia signa regalia jam posita, vel forsitan in posterum apponi requirerentur, sint, vel esse se advocent, in et de nostra gardia speciali, reservato tamen nobis nostrisque successoribus, quod personis et locis in nostra speciali gardia existentibus, possimus per modum alium de opportuno remedio providere, sine prejudicio tamen justitiæ alterius cujuscumque.*

¶ **BRANDONUS**, Species panni serici. Jacobus Aurias Annal. Genuens. lib. 10. apud Murator. tom. 6. col. 589 : *In qua* (navi) *cepit quatuor Pisanos, et faxios duodecim Brandonorum et duos saccos lanæ qui erant dictorum Pisanorum.* Vide *Brandeum* 2.

* **BRANDRETUM**, Diaconorum vestis in modum largioris stolæ, qua in Quadragesima aliisque jejunii diebus pro dalmatica utuntur. Ordinar. Ms. eccl. Nivern. ann. circ. 400. in Dom. Septuag. : *Diaconus deponit casulam nigram et assumit Brandretum nigrum, in modum stolæ diaconi.* Vide infra *Casula* 3.

¶ **BRANDSCHATZUNG**, Vox Germanica, Compulsio ad redimendam deflagrationem, juxta vim nominis, quod generalius hic sumi videtur pro Compulsione ad resarcienda quælibet damna. Chronicon Mellicense pag. 576. ex Chartulario ejusdem loci : *Prope erat ut Abbati pariter et Conventui vim intulissent, per murum Religiosos projiciendo : quo comperto unaquæque domus nocentium et innocentium duos aureos exhibere debuit fisco principis, et vocabantur Brandschatzung, etc.*

¶ **BRANMASSI**, Turba prædatorum in Provincia Lemovic. Chronicon breve S. Martialis inter Fragm. Histor. Stephanotii tom. 1 : *Anno 1192. Scebrandus Episc. Lemovic. et Vicecomes Lemovic. et multi milites et populus Lemovic. pugnaverunt contra sex millia Branmassorum, qui Ecclesiam debacchantes et stragem hominum facientes, totam depopulabantur provinciam.*

* Iidem videntur qui *Brabanciones*, voce mutata et forte corrupta. Vide supra *Brabançones*.

* **BRANNIUM**. Charta ann. 1351. in Reg. 81. Chartoph. reg. ch. 58 : *Cum omnibus et singulis feudis, ... obliis, obligagiis, censibus, censivis, Brannis, etc.* Infra occurrit *Bienna;* unde leg. videtur *Biannis*. Vide *Biennum*.

¶ **BRANNUM**, ab Anglico *Bran*, Furfur, Gall. *Son*. Locus est in *Salina*.

¶ **BRANTIA**, vel Branzia, *Tenuis auri lamina*. Gloss. Isid. Vide *Brathea*.

¶ **BRANUM**, Locus altus et profundus, præcipitium, Hispan. *Breña*. Acta SS. Julii tom. 2. pag. 308. in Vita S. Moduennæ : *Dixit... melius, ut illi subtulares imponantur in profundissimum Branum, pro quibus nunc absentiam sentimus Angelorum... Ite et illos subtulares in aliquo profundo abscondite.*

* **BRANUS**, Attritus, ab. Ital. *Brano*, frustum. Vide hanc vocem apud Acad. Crusc. Charta ann. 1227. apud Murator. tom. 2. Antiq. Ital. med. ævi col. 903 : *Unum mantellum zendati zani, coopertum de stanforte Brano.* Nisi forte leg. sit *Bruno*.

¶ **BRAQUEMARDUS**, Acinaces, Gall. *Braquemart*, a Græco βραχύς, brevis et μάχαιρα, gladius. Statuta Ecclesiæ Meld. ann. 1493. inter Instrum. Hist. Meld. tom. 2. pag. 515 : *Neque portent enses, Braquemardos, venabula, javelinas, aut alios invasivos baculos, per villas aut quævis oppida.*

* Lit. remiss. ann. 1446. in Reg. 176. Chartoph. reg. ch. 496 : *Ung grant coustel d'Alemaigne, nommé Bracquemart.* Aliæ ann. 1398. in Reg. 153. ch. 222 : *Ledit Ogier aiant pendu un bazelaire ou Braquement à sa sainture, etc.* Vide supra *Bragamardus*.

¶ **BRAQUILE**, Aquarium, f. a Gallico *Baquet*. Baluz. Miscell. tom. 6. pag. 366 : *Irrigua fontium ac magna Braquilia ad aquanda animalia et ad plantaria irriganda.*

* Incerta non est hujus vocis origo : *Braquile* enim hic pro *Brachile*, Gall. *Bras d'eau*, alveus, canalis per quem aqua ducitur; a *Brachium*, quod vide.

* **BRARERIA**, Cingulum coriaceum, quo tudicula campanæ suspenditur, Gall. *Brayer;* f. pro *Braieria*. Comput. fabricæ S. Petri Insul. MS. ann. 1473 : *Item Petro Bernard, qui refecit unam Brareriam servientem alteri parvarum campanarum, viij. sol.* Vide supra *Brachale*.

¶ **BRASA**, Vox Hispanica, nostris *Braise*, Prunæ, carbones candentes. Marten. de Antiqua Ecclesiæ Discipl. pag. 395. ex Missali Mozar. : *Thuribulo cum Brasis.* [** Vide Raynouardi Glossar. Roman. vol. 1. pag. 251. voce *Brasa*.]

¶ **BRASARIUM** Molendinum, ubi *Brace* molitur. Vide *Molendinum*.

¶ **BRASBRAT**, *Lucubro*, in Glossis Isid. Nihil ineptius, inquit Janssonius in suis Collectan. Scriptum erat, *Lucubro, bras, brat :* ad indicandam verbi conjugationem, imperitus finxit, *Brasbrat*. [** Monendum in nullo unquam veterum Glossariorum ita duas personas primæ subjungi. In Glossar. cod. reg. 7644 : *Lucubrabat, vigililabat.*]

* **BRASCHETUS**, Canis sagax, indagator, Gall. *Brac.* Bened. abbas Petroburg. de gest. Henr. II. apud Hearn. tom. 2. pag. 664. ad ann. 1191 : *Eodem die rex Angliæ misit Saladino leporarios et Braschetos, id est, odorisequos et accipitres.* Vide supra *Braccus.*

¶ **BRASCIARE**, Brascimum. Vide *Brace.*

¶ **BRASIA**, Vepres, dumeta, Gall. *Broussailles.* Stephanot. Antiquit. Benedict. Aurelian. pag. 302 : *Boscum S. Agili et Brasias quasdam juxta silvam nostram, quæ dicitur etc.* Et pag. 303 : *Boscum etiam S. Marcelli et Brasias quasdam inter montem Belleni et viam publicam.* Vide *Brausia* et *Brauscus.*

¶ **BRASIARE**, Brasiator, Brasiatrix. Vide *Brace.*

¶ **BRASILE.** Vide *Bracile.*

* **BRASILE**, Brasilium, Bresillum, Brasilicum lignum, vel coccum infectorium, color ruber. Liber MS. ann. circ. 1400. de Distemperandis color. laudatus a P. Menest. in opere cui titulus *L'art du blason justifié*, cap. 2. pag. 44 : *Bresillum, est arbor quædam, e cujus succo optimus fit color rubeus. Medulla hujus arboris non est bona pictoribus, sed tinctoribus pannorum et scriptoribus, ex qua faciunt rosetam.* Charta ann. 1193. apud Murator. tom. 2. Antiq. Ital. med. ævi col. 894 : *Scilicet de omnibus drappis de batilicio, de lume zucarina, de grana de Brasile, etc.* Stat. datiar. Riper. cap. 12. fol. 5. v°. : *Item de quolibet pense... Brasilii, soldi decem.* Arest. ann. 1395. 13. Febr. in vol. 8. arestor. parlam. Pars. : *Ordinatum fuerat quod non venderentur panni..... tincti mala tinctura, et specialiter.. in Bresillo, quæ Gallico nomine en Bresil nuncupatur. Bresillé*, in Stat. sellar. Ababavil. MSS. art. 9 : *Que à selle neuve ne soit mis en œuvre basenne Bresillé.* Non ergo a *Brasilia*, vastissima regione hujus appellationis, quæ ab anno 1500. tantummodo cognita est, *Brasilis* nomen habemus; quod illi potius inditum videtur, quod ejusmodi ligno rubro abundaret. Unde autem hujus vocis origo? forte a *Brasa*, quia carbonum candentium colorem refert. Vide infra *Braxile* et *Brisiacum.* [** In Thelonar. Bruggens. ann. 1262. ap. Lappenb. Docum. Init. Fœder. Hanseat. pag. 89. *Brizilien;* vide eundem in Indice et *Capmany Memorias sobre la marina, etc. de Barcelona* vol. 3. pag. 165.]

¶ **BRASIUM.** Vide *Brace.*

* **BRASSA**, Mensura sex pedum, Gall. *Brasse.* Libert. villæ de Podio Mirol. ann. 1369. tom. 3. Ordinat. reg. Franc. pag. 312. art. 3 : *Tabulas et antetabulas quatuor Brassarum amplitudinis, etc.* Ch. ann. 1391. ex Tabul. Massil. : *Quod corderii in Massilia non... vendunt ad Brassam, sicut fieri debent.* Vide infra *Brassata, Brazata, Brassia* 1. [** et Raynouard. Gloss. Rom. vol. 1. pag. 253. eadem voce et *Brassada.*]

¶ **BRASSADELLUS**, Placentæ species in prunis excoctæ. Codex MS. Consuetudinum festorum Solemniacensis Monasterii : *In Resurrectione Domini... ad cenam tria ova et unum brastaden, duo Brassadelli sunt de uno parvo pane.* Vide *Bracellus*, et *Braciatus.*

* *Brassadeou* Provinciales vocant, quod nos *Echaudé* dicimus. Glossar. Provinc. Lat. ex Cod. reg. 7657 : *Brassadel, Prov. Colobia.*

* **BRASSAGIUM**, Grani species, ex quo cerevisia conficitur, idem quod *Brace.* Vide in hac voce. Pactum inter comit. Augi et abbat. *de Fourcamont* ann. 1376. in Reg. 109. Chartoph. reg. ch. 70 : *Lesquelx blés et Brais aient esté aprésagiez valoir en somme en revenue de terre la somme de xx. livres de terre par an.* Quæ in Lit. confirmat. Caroli V. ejusd. ann. ibid. sic Latine redduntur : *Concedentes ut dictorum bladorum et Brassagiorum reditum ad dictam summam xx. librarum apreciatum..... dimittere valeant.*

* **BRASSAMEN**, Cerevisiæ confectio. Charta ann. 1233. ex Tabul. Camerac. : *Gaufridus et Billebertus brassatores potus, qui vulgo dicitur goudale, pro se et pro communi brassatorum..... recognoverunt se teneri ecclesiæ B. Mariæ Cameracensis et ipsam ecclesiam jus habere et habuisse ab antiquo, pro primo Brassamine in duobus denariis Cameracensis monetæ; pro secundo Brassamine similiter in duobus denariis ejusdem monetæ; et pro tertio Brassamine in uno mencaldo de brais legitimo.* Vide infra *Brassinus.*

¶ **BRASSATA**, Mensura sex pedum, orgyia, Gall. *Brasse.* Statuta Edwardi I. Angl. Regis pro nova *Bastida* Valentiæ apud Rymer. tom. 2. pag. 261 : *Item, de quocumque solo de quatuor Brassatis de lato et amplitudine, et de duodecim de longitudine habebimus sex den. ob. Item, de quocumque solo de sex Brassatis, etc.* Vide *Brachiata* et *Glossare.*

¶ **BRASSELERES**, *Operturæ manicarum*, ut habetur infra ad vocem *Cultellare.*

* *Brasselet*, eadem notione, in Lit. remiss. ann. 1479. ex Reg. 206. Chartoph. reg. ch. 269 : *Le suppliant cuidant tirer droit à la butte, la corde de son arc se print à son gan ou Brasselet.*

¶ **BRASSERIA**, Brasserium, etc. Vide *Brace.*

* **BRASSERIUS**, Agricola, qui brachiis terram laborat, vel qui labore victum comparat, *Brassier*, apud Menard. tom. 4. Hist. Nem. cujus opus *Brasseria* appellatur. Charta ann. 1232. in Chartul. Raym. VII. comit. Tolos. pag. 62 : *Vos* (comes Tolos.) *et successores vestri habeatis singulis annis in messibus quarteriam unam frumenti, et alteram civatæ pro alberga et bladada, et in unoquoque bove quarteriam unam bladi, medium scilicet frumenti et medium civatæ, et in Brasserio unam quarteriam bladi, medium scilicet frumenti et medium civatæ.* Alia ann. 1310. in Reg. 47. Chartoph. reg. ch. 114 : *Item jornalia Brasseriorum* (*æstimata valere*) *decem octo solidos, octo den. Turon.* Pactum inter dom. S. Elzearis et homines de Podio Mich. ann. 1316 : *Convenerunt quod quælibet persona, quæ laboraverit cum uno aratro, teneatur plantare singulis annis xx. arbores, et quæ laboraverit cum dimidio aratro* (hoc est, ni fallor, cum uno tantum bove aut equo) *x. arbores, et quilibet Brasserius v. arbores.* Stat. ann. 1329. inter Probat. tom. 2. Hist. Nem. pag. 65. col. 2 : *Item omnis Brasserius, qui se ad diem vel ejus operas locat pro aliquo opere Brasseriæ, non accipiat nec se locet per diem nisi xij. den. Turon.* Aliud ann. 1352. ibid. pag. 151. col. 1 : *Item quod nullus Brasserius seu Brasseria sit ausus vel ausa, etc.* Vide supra *Braczalis.* [** Conf. ap. Raynouard. Gloss. Rom. vol. 1. pag. 252. vocem *Brassier* radice *Bratz.*]

* Brasserius, Officium monasticum, idem qui alibi *Magister operis* vel *operarum* appellatur. Locus est in *Brace*, ubi minus bene de eo, qui *Brasseriæ* seu cerevisiæ conficiendæ præerat, explicatur.

* 1. **BRASSIA**, Brassiata, Gall. *Brasse*, Mensura sex pedum, idem quod supra *Brassa.* Recognit. Forens. ann. 1473. ex Terrear. S. Maurit. pag. 79 : *In quadam domo continente circa unam Brassiam de latitudine, et tres Brassiatas de longitudine.* Vide *Brassata.*

* 2. **BRASSIA**, Mensura agraria, quæ Boerio Decis. 50. num. 5. tantum valet, quantum *jornale* vel arpentum. Vide infra *Bubulca.*

* **BRASSINUS**, ut supra *Brassamen*, Gall. *Brassin*, Charta ann. 1240. in Chartul. A. eccl. Camerac. ch. 19 : *Cum quilibet cambarius et goudalarius Cameracensis tenetur capitulo Cameracensi reddere de primo Brassino, tam cervisiæ quam goudaliæ, duos denarios Cameracenses, et de secundo similiter duos denarios Cameracenses, et de tertio Brassino unum mencaldum de brais, etc.* Arest. parlam. Paris. ann. 1532. in Lib. rub. eccl. S. Vulfr. Abbavil. fol. 215. r°. : *Cum camberiis et brassatoribus præceptum fieri fecissent sex lottos, Gallice lots,.... pro quolibet Brassino bruvagiorum prædictorum, etc.* Charta ann. 1510. in Reg. 13. sign. *Habacuc* Corb. fol. 27. v°. : *Le droit de tonnelieu et foraige des Brassins de chervoises et aultres brouwaiges de la ville et eschevinaige de Corbie.*

BRASSIUM. Charta Philippi Aug. ann. 1204. in ejus Regesto fol. 83 : *In pratis et in mari, in censu, in molendinis, in redditu, in frumento, et ordeo, in campiparte, in Brassio, et in dominico, etc.* [*Brasse* pro cerevisia dixere veteres nostri, ut in Statutis Scabinorum Maceriarum ad Mosam : *Et se l'on ameine larmes ou Brasses en queuë, ou en poinçons.... la queuë de larme ou de Brasse devra* xII. *d.* An vero *Brassium* ea notione accipiendum sit, judicet lector. Vide *Brace.*]

* F. Opera brachiorum, *corvata.* Vide supra *Brasserius.*

¶ **BRASUM.** Vide *Brace.*

** **BRASUMIUS**, *Nomen piscis*, *Germ. ein Brassen.* Vocabul. Lat. Germ. ann. 1477. Gemma Gemmarum : *Bresem.* Vide *Bresmia.* Adel.

¶ **BRATALE.** Hist. Dalphin. tom. 2. pag. 274 : *Pro uno Bratali de seta pro Domino, taren.* III. MS. cod. D. *Lancelot* : *Pro una Bratali;* sed censet legendum *Bracali* propter adjunctam vocem *Seta.* Est autem *Bracale* idem quod *Bracæ*, feminalia.

* Subligaculi genus, quod *Bretelles* dicimus.

¶ **BRATEA**, pro *Bractea.* Papias.

¶ **BRATES**, Τρίβολοι. Gloss. Gr. Lat. Est autem Τρίβολος herbæ genus tres habens βολὰς seu cuspides. Vide *Brutes.*

¶ **BRATHEA.** Vide in *Baltheus* [** Ekkehard. IV. Casus S. Galli cap. 3. Pertz. vol. Script. 2. pag. 98 : *Usque dum thro-*

num dei in Brathea altaris aurea cælaret. Vide Forcellin. in Bractea et supra Bracteator.]

BRATISARE, Bratium. Vide Brace.

* **BRATSINA**, Molendinum, ubi brace tunditur. Vide in hac voce. Gloss. Cæsar. Heisterbac. in Reg. Prum. tom. 1. Hist. Trevir. Joan. Nic. ab *Hontheim* pag. 679. col. 1 : *Sunt ibi molendina duo, quæ solvunt annonæ mixtæ modios xl. Bratsinæ tres, quæ reddunt avenæ modios ccc. Bressine*, eadem notione, in Charta pacis inter clerum et cives Leod. ann. 1287. tom. 2. Hist. Leod. pag. 403 : *Envoier polrons à nous mollins, fours et Bressinnes, à tel mesure que nous plairat.*

¶ **BRATTEA**, Bratteum. Vide *Bracteator.*

* **BRATXIA**, Balteus, cingulum, ut videtur, Gall. *Ceinturon.* Constit. MSS. Petri III. reg. Aragon. ann. 1359 : *Et si forsan contigerit quod aliquis baro, miles, vel homo de paratico, civis, burgensis, vel homo villæ honoratus ad pœnam mortis naturalis per nos vel nostrum generalem gubernatorem fuerit condempnatus; quod eo casu dictus algatzarius,.... pro jure sui officii, nequeat de bonis ipsius condempnati quiquam recipere vel habere, nisi... arma propria sui corporis, ensem videlicet, corrigiam, Bratxiam, vel cultellum, qui de argento essent muniti, et quos secum teneret tempore suæ captionis.* Vide Brandeum, 3.

¶ **BRATZARE.** Vide *Brace.*

¶ **BRAVA.** Vide *Brana.*

* **BRAVANTIONES**, dictione Occitanica, mutato *b* in *v*, pro *Brabanciones.* Vide in hac voce. Sentent. P. archiep. Narbon. ann. 1179. inter Probat. tom. 3. Hist. Occit. col. 148 : *Mandamus quatenus hæreticos et eorum fautores et deffensores, Bravantiones, Aragonenses.... publice excommunicetis.*

* **BRAVARIA**, Grex equorum, seu stabulum gregis equarum proletarii, Gall. *Haras.* Hist. monast. Userc. inter Probat. Hist. Tutel. col. 839 : *Habuit exinde vir iste prudentissimus greges ovium, armenta boum, et equitium, quod vulgo Bravaria dicitur, equorum et equarum, gregem etiam porcorum.* Quod et de grege vaccarum dicitur, in Stat. Placent. lib. 2. fol. 64. r°. : *Item statuerunt quod nulla persona, collegium vel universitas audeat tenere infra confinia civitatis Placentiæ, a calendis Aprilis usque ad medium mensem Octobris, castronos, vel capras aliquas, vacchas de Bravaria, vel montonos in pœnas librarum x.*

* **BRAVIS**, Bos junior, olim *Brau.* Vide supra in *Brana.* Testam. ann. 1469. ex Tabul. Flamar. : *Item plus tres porcos, unum Bravem sive bovem ætatis trium annorum.* Vide infra *Bravus* 1.

* 1. **BRAVIUM**, Victoriæ præmium, quod in publicis ludis dabatur, in Epist. 2. ad Cor. cap. 9. v. 24. et ad Phil. cap. 3. v. 14. Gloss. Lat. Gr. : *Brabium*, βραβεῖον. Laudes Papiæ apud Murator. tom. 11. Script. Ital. col. 35 : *In translatione vero B. Syri currunt summo mane pro Bravio ad pallium sericum, vel auro textum paulo procul ab urbe in stadio longissimo durante per plura stadia.* Annal. Estens. ad ann. 1397. apud eumd. tom. 18. col. 939 : *Fuerunt et die ipsa duo Bravia, unum videlicet panni scarlati cursu pedestri, et alterum panni viridis navali remigio dispensata.* [** Thomæ Capuani Dictator ap. Hahn. Monument. Inedit. tom. 1. pag. 287 : *Abbatibus quoque monachorum et heremitis dicimus Salutem et reverentiam, vel In oratione constantiam, vel De cursu Bravium, vel De labore denarium.* Chart. ann. 1349. in Guden. Cod. Dipl. tom. 3. pag. 341 : *Gerlacus D. G. S. Maguntinæ sedis Archiepiscopus, S. Imperii per Germaniam Archicancellarius, Dilectis sibi in XPo devotis, Abbati et conventui monasterii in Arnsburg Ord. Cist. salutem et per cursum in religionis studio, celeste Bravium adipisci.* Adde Pertz. Script. vol. 3. in Indice. Vide *Bradium.*]

* 2. **BRAVIUM**, Præstantia, excellentia; si tamen ibi mendum non est. Lit. ann. 1375. tom. 6. Ordinat. reg. Franc. pag. 183 : *Nolumus autem quod dicti habitantes* (in) *ipsa villa nunc vel imposterum gentes armorum recipiant vel recipere teneantur in tanta quantitate, quin nostra regia ac dictorum habitantium potencia dominacionis Bravio contra ipsas, si opus fuerit, patiatur.*

* **BRAVIUS.** Vide mox in *Bravus* 1.

¶ **BRAUSCUS**, Idem videtur quod mox *Brausia.* Armoric. *Brouss* et *Broust*, Vepres, dumeta. Chartular. Aptense fol. 72. verso : *Brauscus juxta condaminam, et faxas supra condaminam.*

BRAUSIA. Charta Monasterii Miniaceusis apud V. Cl. Hubertum in Hist. S. Aniani Aurelian. pag. 141 : *Sunt vero præfati mansi in pago Aurelianensi in Vicaria Petuarensi, in villa quæ vocatur Ulmetivilla; habet in ipsis prædictis 20. mansis vineas, Brausias, casuales*, (f. casales) *puteos, terras arabiles, cultas et incultas, etc.* Ubi *Brausia*, videtur esse nostrum *Brossailles*, vepres, dumeta. [Vide *Brasia.*]

1. **BRAVUS.** Fori Aragon. lib. 8. pag. 146. v. : *Qui pignorat boves, Bravos, equas, vaccas, vel oves, etc.* Forte *branas*, sterile jumentum. Vide in hac voce.

* Bos junior et indomitus, Ital. et Hispan. *Bravo*, nostris olim *Brau*; nihil ergo emendatione opus est in For. Aragon. hic laudatis, ut jam monui supra in *Brana.* Inventar. ann. 1476. ex Tabul. Flamar. : *Et primo duas magnas vaccas cum eorum sequelis, et duos Bravos sive boves, quemlibet ætatis duorum annorum et ultra..... Item plus sex Bravos, quemlibet ætatis trium annorum et ultra, etc.* Charta ann. 1291. ex Tabul. archiep. Auxit. : *Vitulum sive animal Bravium cum alio animali domestico domare et mitigare per tempus, sine omni augmento census.* [** Vide Raynouardi Glossar. voce *Brau*, vol. 1. pag. 253.]

* 2. **BRAVUS**, Sicarius, satelles, Ital. *Bravo*, nostris *Brave*, eadem acceptione. Leges Genuens. ann. 1576. tom. 2. Cod. Ital. diplom. col. 2179 : *Nullum est hominum genus, quod in republica.... sit adeo abominabile, quam gladiatores et sicarii, quos vulgus Bravos seu scavezzos appellat.* Stat. Veron. cap. 126. apud Murator. tom. 3. Antiq. Ital. med. ævi col. 647 : *Omnes camphiones Bravos et magistratos per me vel per judices communis Veronæ, sive consules bona fide coæquabo.* Ubi pugiles conductitii intelligendi sunt.

¶ **BRAXÆ**, Femoralia, in Hist. Dalphin. tom. 1. pag. 28. et tom. 2. pag. 442. Vide *Bracæ.*

¶ **BRAXARE**, Braxator, Braxatoria, etc. Vide *Brace.*

* **BRAXATIONIS** Officium, Jus conficiendi et vendendi cerevisiam, in Charta ann. 1325. apud Oefelium tom. 1. Script. rer. Boicar. pag. 749. col. 2. Vide in *Brace.*

¶ **BRAXEÆ**, *Calciamenta mulierum sunt*, Isidoro lib. 19. Orig. cap. ult. Vide *Baxeæ.*

* **BRAXILE**, Braxillum, ut supra *Brasile*, 2. Reg. Mutin. ann. 1306. apud Murator. tom. 2. Antiq. Ital. med. ævi col. 897 : *Soma zaffrani et Braxilis, etc.* Convent. Saonæ ann. 1526. pag. 10 : *Exceptis tamen setis, speciebus aromaticis, Braxillibus, etc.* Stat. civit. Astæ ubi de Intrat. portar. : *Braxillum de omnibus partibus ponatur et solvat pro centenario, et si aliter plus vel minus fuerit, solvat pro rata libras x.*

¶ **BRAXIUM**, Senum pedum mensura, Gall. *Brasse.* Stephanot. tom. 3. Antiquit. Pictav. MSS. pag. 402 : *Possunt extendere retia tria et unusquisque in longitudine Braxia triginta habet.* Vide *Brassata.*

¶ **BRAYDA.** Vide *Braida.*

* **BRAYDUM**, Campus, vel ager suburbanus, idem quod *Braida.* Testam. Tancredi march. Estens. ann. 1145. apud Murator. in Antiq. Estens. pag. 331 : *Sanctus igitur Fidentius habeat quantascumque terras habeo et teneo,... et Braydum meum, quod jacet prope casam de Malabroca, et Braydum meum de Gorgo, et omne allodium, quod habeo in finibus Salleti.* Vide supra *Braja.*

* Aliud est *Braydonne*, Meretrix scilicet, a *braccis*, quasi *braccarum* domina; vel *braium*, limus, sic fortassis dicta. Lit. remiss. ann. 1474. in Reg. 195. Chartoph. reg. ch. 1277 : *Le suppliant ramena icelle garse au curé et lui dist telles paroles : Monsieur le curé, veez cy la Braydonne, que je vous avoye promis rendre.*

¶ **BRAYETTA**, Bracca linea, nostris *Caleçon.* Locus in *Bracheria. Bible Historiaux* apud Borellum : *Et mit sang de bataille en son Brayel et en ses chausses.*

* **BRAYIA**, Grani species, idem quod *Brace.* Vide in hac voce. Charta fundat. S. Petri Abbavil. ann. 1100. tom. 10. Gall. Christ. col. 297. inter Instr. : *De redditu etiam cambarum in vico sancti Richarii octodecim sextarios de Brayis. Braye* vero, Retis species, in Lit. remiss. ann. 1409. ex Reg. 164. Chartoph. reg. ch. 57 : *Ils tandirent à une bonde une Braye à pescher poisson. Braye d'achier*, inter arma recensetur, in Ordinat. MS. Caroli ducis Burgund. ann. 1473. *Brayon* autem et *Breyon* dixerunt nostri Instrumentum, quo aliquid tunditur, teritur vel subigitur. Lit. remiss. ann. 1460. in Reg. 189. ch. 464 : *Ung Brayon à brayer chanvre;* quod Normannis *Brie*, Picardis *Brayoire*, alibi *Maque* vel *Macachoire* dicitur. Aliæ ann. 1449. in Reg. 180. ch. 37 : *Ung baston appellé Brayon à fouasse.* Rursum aliæ ann. 1451. in Reg. 181. ch. 73 : *Ung Breyon, autrement appellé une grant barre de boys, de quoy on braye la paste à faire le pain.* Unde et *Broie* nuncupatur, in Lit. remiss. ann. 1403. ex Reg. 158. ch. 251 : *Lequel Savote frappa ledit Mariac par la teste et tellement qu'il l'abaty sur une*

Broie à faire gasteaux. Ubi tamen Mactra intelligi potest.

¶ **BRAYSIUM.** Vide *Braçe.*

¶ 1. **BRAZA**, Hisp. *Brasa*, Gall. *Braise*, Carbones ardentes, prunæ. Hist. Dalphin. tom. 2. pag. 313. col. 1 : *Item, volumus quod in cœna die Sabatti, serviatur nobis de octo ovis in Braza coctis vel in aqua.*

* 2. **BRAZA**, Cerevisia, Gall. *Biere; Brazator*, qui illam conficit. Epist. Wigonis an. circ. 983. tom. 6. Anecd. Pezii part. 1. col. 119 : *Sutores, lautores, Brazatores, qui nunc cottidie vacant. Nullum enim hospitem possumus suscipere, aut potu reficere : quia non dederunt nobis Brazam, quibus jusseratis.* Vide infra *Brazia.*

* **BRAZALIS**, Brachiale, brachii armatura, Hispan. *Brazal.* Annal. Estens. ad ann. 1399. apud Murator. tom. 18. Script. Ital. col. 936 : *In adversarium duarum lancearum hastas confregit* (Gaspar de Perusio) *et una puncta Brazalem et aliam armaturam penetravit, sine tamen alia læsione.* Funus Joan. *Galeaz* ann. 1402. apud eumd. tom. 16. col. 1027 : *Armati panzeriis, Brazalibus et spatis, etc.* Vide *Brachiale*, et *Brazarolia.*

* **BRAZARE.** Vide infra *Brazia.*

* **BRAZAROLIA**, ut supra *Brazalis.* Stat. Vercel. lib. 3. pag. 102. r°. : *Targiæ, scuta, Brazaroliæ, etc.*

* **BRAZAROLUS**, Eadem notione. Stat. Mantuæ lib. 1. cap. 112. ex Cod. reg. 4620 : *Arma vero ad defensionem sint et intelligantur panceria,.... Brazaroli, collarium, scutum, etc.*

* 1. **BRAZATA**, Mensura sex pedum, Hispan. *Braza*, Gall. *Brasse.* Stat. Taurin. ann. 1360. cap. 136. ex Cod. reg. 4622. A. : *Qui clavaturam alienam in civitate Taurini, vel extra fregerit, solvat pro qualibet Brazata, si fuerit de die, solidos v. si vero de nocte, duplum.* Vide supra *Brassia.*

* 2. **BRAZATA**, Hispan. *Brazada*, Quantum ambabus ulnis ferri et amplecti potest, Gall. *Brassée*, in Stat. Avellæ ann. 1496. cap. 46. ex Cod. reg. 4624 : *Si aliqua persona extraxerit seu erradicaverit messuerit seu ceperit, aut exportaverit, aliena fresagia seu legumina, solvat de bampno..... pro qualibet Brazata solidos tres.* Infra : *Brazata seu faldata.*

BRAZEAGIUM, nostris, *Droit de Brassage*, Jus nempe quod Monetario competit pro salario cusæ monetæ, [et pro decessione materiæ aliisque impensis, cujus media pars monetario, altera operariis tribuitur;] de qua voce consulendus Buterous in libro de Monetis Francicis pag. 150. [Boisardus pag. 58. 59. et D. *de Lauriere* in Notis ad Edictum Philippi VI. ann. 1350.] Charta Henrici Imp. ann. 1311. pro Monetariis Cumarum, in Italia : *Pro monetis nostris de novo ordinatis fabricandis et cudendis in Italia ordinavimus cum operariis et monetariis nostri Imperii de Italia, tam super Brazeagio et labore suo, quam super libertatibus, et franchisis, etc.* [* Vide supra *Braçagium.*]

***BRAZIA**, Cerevisia. Gloss. Cæsar. Heisterbac. in Reg. Prum. tom. 1. Hist. Trevir. Joan. Nic. ab *Hontheim* n. 696. col. 2 : *Et facit Braziam, et brazat.* Vide *Brace* et *Braza.*

* **BRAZILE**, ut supra *Brasile.* Convent. Saonæ ann. 1526 : *Granæ cremexilis, verdeti, Brazilis, sinapis, etc.*

BRAZZADELLUS, in Charta ann. 1303. apud Petrum Mariam Campum in Regesto 3. part. Hist. Eccles. Placentinæ pag. 273. [Vide *Brassadellus.*]

¶ **BREATORIUS**, f. Idem qui *Brasserius* vel *Bractearius.* Locus est in *Misterium* 1. Vide *Brace.*

* **BREATUS.** Corium Breatum, Explicatum, ut videtur, nostris *Estiré.* Stat. Saluciar. collat. 5. cap. 146 : *Statutum est quod quilibet caligarius..... in subtularibus subtilibus debeat ponere soleas de corio Breato, cum vardonis corii Breati.*

BREBANTINI, Brebantiones, Brebenzones, Brebiciones. Vide *Brabantiones.*

* **BREBENDA.** Charta Phil. V. pro monast. Pissiaci ann. 1317. in Reg. 61. Chartoph. reg. ch. 92 : *Octo solidos, sex denarios super Brebendam cujusdam vineæ apud Vernolium.* An fructus vineæ annus, vel pro *Præbenda*, portio? Neque enim etiam nostris insolita est mutatio *p* in *b*; sic *Brebitaire*, pro *Presbytere*, curionis domus, in Charta ann. 1363. ex Reg. 92. Chartoph. reg. ch. 308 : *Comme à la dite église de Boetez soit et apparteigne un manoir pour le Brebitaire d'icelle, etc.*

* **BREBILEGIUM**, pro *Brevilegium*, Summi pontificis *breve*, epistola. Vide infra in hac voce. Concordia ann. 1020. apud Murator. tom. 1. Antiq. Ital. med. ævi col. 1013 : *Ostensimus ibidem in judicio duobus præceptis sigillatis, et unum Brebilegium pertinentibus supradictæ nostræ sedis, et dedimus ipsis in manibus prædicti judici...... Et tunc ipse judex in suis manibus depræhensit jam dictis præceptis et ipsum Brebilegium, et per ordinem eos relegi fecerat.* [** Privilegium?]

¶ **BREBIS**, pro *Brevis*, apud Muratorium tom. 2. pag. 338. col. 2. in Camilli Peregrini Hist. Princip. Langobar. : *Et quiscumque deinceps Brebis fuerint absque notarii subscriptione ostensus, nullam retineat firmitatem.* [**Capitul. Adelchis cap. 8.]

BREBITARIUS. Capitulare 1. Caroli Mag. anni 802. editum a V. Cl. Steph. Baluzio cap. 1. [** Pertz. vol. Leg. 1. pag. 91.] : *Et si tale aliquid esset, quod ipsi* (Episcopi) *per se cum Comitibus provincialibus emendare et ad justitiam reducere nequivissent, hoc absque ulla ambiguitate cum Brebitariis suis ad suum referrent judicium, etc.* An *Breviariis*, seu brevibus, indiculis, scriptis? Vide in *Brevis.*

¶ **BRECA.** Sic legebat V. Cl. *Lancelot* in MS. : *Item, pro Colino de Camera pro emendis ollis et Brecis de terra, gran.* x. pro quo in Hist. Dalphin. tom. 2. pag. 277. habetur, *Pro emendis ollis et urceis de terra* : Lubens legerem *Biecis*; est enim *Bie* ampulla testea apud Gallos plerosque.

* F. leg. *Bicariis*, est enim *Bicarium*, vas, calix, cyathus. Vide in hac voce. Quod vero subditur, *Bie*, Ampulla testea apud Gallos plerosque, unde acceptum sit nescio; nullibi quippe ea notione teste locupletissimo D. *Falconet*, occurrit. Sed et an aliquid emendandum sit subdubito; nam

* Brecha, Idem videtur quod *Breca*, in Consuet. Lugdun. ann. 1206. apud Menester. Hist. Lugd. pag. 77. col. 1 : *Asinata de Brechis debet j.*

BRECES. Monasticum Anglic. tom. 1. pag. 113 : *Dedit Ecclesiæ sancti Petri duos Breces in feodo suo, cum grava et pratellis eidem terræ adjacentibus.* [Saxon. Brec, Commodum, beneficium. An inde *Breces?*] [** Gloss. Ælfr. : Broc, *Grumus.*]

¶ **BRECHUN** Vide *Brethun.*

* **BRECILLUM**, Brasilicum lignum. Leudæ major. Carcass. MSS. : *Item pro cargua de Brecilli, iij. sol. Turon.* Ubi versio Gall. ann. 1544 : *D'une charge de Bresil, etc.* Vide supra *Brasile.*

BRECTAMENTUM. Fulgentius Placiades de Virgiliana continentia : *Nam ecce ad me ipse Ascræi fontis Brectamento saturior advenit.* Vox formata a Græco βρέχειν. Vide *Bractamentum* et *Embrocare.*

BREDE, Vox Saxonica, Dolus, fraus. Habetur in Legibus Kanuti Regis cap. 44.

¶ **BREDEWITE**, a Saxon. Breod, Panis, et Wite, Multa, emendatio, inquit Kennettus in Glossario ad calcem Antiquit. Ambrosden. Est ergo *Bredewite*, si Kennetto credimus, Multa seu emendatio fraudis in venditione panis factæ. Privilegium anni 1156. in Antiquit. Ambrosden. pag. 114 : *Concedo eis etiam quod ubicumque ierint cum mercationibus, emptionibus vel venditionibus suis... quieti sint de thelonio, pontagio, passagio... de auxilio Vicecomitum et servientium, de geldis et danegeldis, de hidagio et Blodewite et Bredewite et de murdredis et de variis ad murdredum pertinentibus, et de operationibus castellorum.* Hunc locum si attentus legeris forte addubitabis, an vera sit Kennetti interpretatio; quid enim *multa pro assisa panis* cum *Blodewite*, Multa effusi sanguinis et *Murdredum*, Homicidium seu Multa homicidii? Unde facile crediderim *Brede* hic, non a Breod, Panis, sed a Bred, seu Bræde, Fraus derivari, et *Bredewite*, esse multam pro quacumque fraude illatam. Conjecturam propono linguæ Saxonicæ peritis.

* **BREDOLA**, Fulcimentum, fulcrum, Gall. *Tréteau*, vel etiam Scamnellum, Gall. *Marchepied.* Glossar. Provinc. Lat. ex Cod. reg. 7657 : *Bredola, Prov. starium, quod altioribus lectis apponitur. Scamnellum.* Inventar. ann. 1218. inter Probat. tom. 1. Hist. Nem. pag. 67. col. 2 : *Inveni etiam........ in alio solario tres Bredolas, tres tabulas, etc.* Hinc

* **BREDOLATUS**, *Bredolis* seu fulcimentis munitus. Comput. ann. 1496. inter Probat. tom. 4. ejusd. Hist. pag. 65. col. 1 : *Item solverunt magistro Petro Grassi fusterio pro portis, sive Bredolatis, sive cledatis, factis in barreriis portalis Coronæ, et aliorum portalium, iiij. libras, x. sol. Turon.*

¶ **BREFOTROPHIUM.** Murator. tom. 2. pag. 352. col. 2. C. in Chronic. Casinens. ab Anastasio Seniore : *Ptochotrophiis, cacosomiis, Brefotrophiis, monasteriis, etc.* Vide *Brephotrophium*, quod idem est.

* **BREGANTINA**, ut supra *Bergantina*, Armorum species, vulgo *Brigandine.* Stat. ann. 1476. inter Probat. tom. 3. Hist. Nem. pag. 333. col. 2 : *In arnesiis, videlicet arbalestis, Bregantinis, colobrinis, etc.* Vide *Brigancii.*

* **BREGANTINUS**, Naviculæ species, scapha, vulgo *Brigantin.* Conclave Adriani VI. apud Struv. tom. 2. Act. Liter. pag. 82 :

Die 28. venit Hostiam ingressus Tyberim in Bregantino. Tract. MS. de Remilit. et mach. bell. cap. 109 : *Navigium ex parte anteriore copertum cum rampino, est valde utile ad accipiendum barcham et Bregantinum tuorum hostium.* Vide *Brigentinus.*

* **BREGNIATUS**, Dumetis et vepribus consitus, ab Hispan. *Breña*, Dumetum, vepretum, senticetum. Vide *Brena.* Stat. Vallis-Ser. rubr. 188. ex Cod. reg. 4619 : *Si vero iverit in aliquam petiam terræ non seminatam, prativam, vineatam, brolivam, nec ortivam; sed campivam, vel Bregniatam, seu guastivam, vel buschivam seu silvatam,...... sit ei pœna solidi unius.* Nostris *Bregie*, Grani species, in Lit. remiss. ann. 1374. in Reg. 106. Chartoph. reg. ch. 98 : *Ledit Roussel respondit au suppliant qu'il l'avoit fait cemondre pour une garbe de vesche ou de Bregie. Begée* appellatur, in aliis Lit. ann. 1387. ex Reg. 131. ch. 40 : *Pierre Lenglois qui cueilloit de la Begée en la terre Marguerite de Prenay, etc.*

BREIARE, Pinsere, Gall. *Broier le pain*, vel, ut alii efferunt, *Breier.* Bernardus Mon. in Consuetud. Cluniacens. MSS. : *Qui vero nesciunt tornare, postquam bene apparaverunt pastam, dant eam famulis ad tornandum. Similiter illi qui Breiant, non apponunt os ad psalmodiam, ne forte de saliva quid saliat in massam.*

* Ejusdem originis est *Breore*, quod de vento, qui vi sua arbores frangit, Gall. *Qui brise*, dicitur. Charta Phil. Pulc. ann. 1298. in Lib. rub. Cam. Comput. Paris. fol. 41 : *Tous les pourfiz des forés de Cloci, de Vievre, de forest, de tempeste et de Breore vant, sauf le droit aus usagiers.*

¶ **BREIL.** Vide *Brolium.*

BREISNA. Charta Hamelini Comitis Warennæ in Monastico Anglic. tom. 1. pag. 406 : *Concedo Deo et Monachis.... 30. Breisnas singulis annis habendas ad 3. terminos,..... et quod custos de Santoft debet mittere prædictas Breisnas ad Conventum ad prædictos terminos.* Alia Charta ibidem : 3. *lupos in Brademars, et* 12. *Breisnas.* An piscis qui *Brenna* dicitur Gervasio Dorobernensi pag. 1393. vel ovis sterilis et castrata, quæ *Breheigne* nostris dicitur.

* Piscis forte est; sed si de ove intelligitur, eo quo supra sensu in *Brana*, accipienda est hæc vox.

* **BREMAGIUM.** Charta Theob. comit. Bles. ann. 1188. tom. 8. Gall. Christ. inter Instr. col. 426 : *Bremagium etiam quod in eadem terra habebam præfatæ ecclesiæ S. Salvatoris in perpetuum dedi.* Sed legendum videtur *Brennagium.* Vide hanc vocem in *Bren.*

BREMTERIC. Vetus Codex continens Leges Hoëli Boni : *Tres solum sunt homines, Rex, Optimas, Villanus, et eorum membra. Membra Regia sunt ad Regiam dignitatem pertinentes, ea tamen carentes : quorum unus dignior est, scilicet qui in discumbendo collocatur in loco, ex quo Regia dignitas exspectatur. Hic vocatur Edling. Verum ex quo terram accepit illorum, Bremteric, juxta dignitatem terræ quam acceperit, dictus est.*

BREN, Brennium, Furfur : vox, ut videtur, formata ex *cantabrum*, quod idem sonat. [Vox est vetus Gallica, quæ nihil habet commune cum *Cantabrum*, nisi significationem.] [** Vide Raynouardi Glossar. hac voce vol. 1. pag. 254.] Papias : *Cantabrum, far caninum, quo canes pascuntur, purgamentum tritici.* Ugutio : *Furfur, Brennum.* Ex Cambro Britannico *Brann*, furfur. Catholicon Armoricum : *Bren, Gall. Bren, son, Lat. hoc cantabrum, furfur.* Ordericus Vitalis lib. 3. pag. 499 : *Idem vir Robertus vocabatur et Meslebren, id est, miscens furfurem.* Rogerus Hovedenus in Ricardo I. pag. 675 : *Si aliquis autem bladum emerit, et de eo panem fecerit, tenetur lucrari in salina unum teruncium et Bren.* Statutum Joannis Regis Anglor. apud Matthæum Paris pag. 145 : *Ita quod pistores poterant sic vendere, et in quolibet quartario lucrari tres denarios, exceptis Brennio et duobus panibus ad furnarium.* [Computus ann. 1202. apud D. *Brussel* de Usu feud. tom. 2. pag. cxc : *De* x. *carellorum et cista et Brenno*, xxx. *l. et* III. *s. minus.*] Guiotus Pruvinensis in Biblia MS. :

> Il parolent et bien et bel,
> Il resemblent le buretel
> Selonc l'Escriture devine,
> Qui giete la blanche farine
> Fors de lui, et retient le Bren.

Manger du Bren de quelqu'un, in veteribus Statutis MS. pro Talemellariis Parisiens. [** ap. Depping. pag. 6.] : *Li Tamellier qui sont Haubanier, sont quites du tonlieu des pors* [** *qu'il achetent*], *et de ceux qui revendent, pourtant quis aient une fois mengié de leur Bren.* Vide V. Cl. Menagium, in Orig. Francic. et infra *Brenum* suo loco.

* Brenacus, *Furfureus*, in Glossar. vet. ex Cod. reg. 7684. Hinc repetenda videtur origo vocis *Breneux* vel *Brenoux*, qua virum, cujus uxor mœchatur, significabant, quasi alienos canes venaticos furfure suo pasceret. Lit. remiss. ann. 1381. in Reg. 119. Chartoph. reg. ch. 122 : *Ledit Perrinet..... dist à icellui Henry* (de Monstruel) *plusieurs villaines et hautaines paroles, et le appella sanglant Brenoux, qui est à dire, coux au païs.* Aliæ ann. 1415. in Reg. 168. ch. 385 : *Lequel Dartel clamoit le suppliant Breneux, qui vaut autant à dire, selon le commun entendement du pais* (Champagne) *en matiere de injures dittes à homme marié, comme s'il l'eust clamé coux.*

Brenagium, Brennagium, Tributum quod pro *Brennio* præstatur, vel *Brennium* ipsum, quod tenentes dare tenentur dominis suis pro canum venaticorum pastu. Gesta Dominorum Ambasiensium cap. 2. n. 9 : *Consuetudinem quandam quæ Brennagium dicitur, etc.* In Regesto Philippi Aug. fol. 69 : *Festagium, Brenagium, Ramagium.* Charta ann. 1313. in Regesto 49. Chartophylacii Regii Ch. 191 : *Comme nostre Sire le Roy nous eust mandé par ses Lettres, que nous enformissions de la valuë des terres gaagnables, des champars, du Brenage, et des autres menües rentes que il avoit en la ville de Gisors.* Et infra : *Item le Brenaige vaut* 15. *muids d'avaine par an.* Alia Roberti Comitis Drocensis ann. 1184 : *Ut scilicet Canonici singulis annis nomine Brenagii prædicti vavassoribus nostris* 20. *sextarios avenæ... persolvant.* Tabulæ Gaufredi de Lisiniano D. *de Vouvent* et *de Mervent* ann. 1232 : *Procurationes, quas mihi deberi dicebam, et meis præpositis, Falconariis, Venatoribus, servientibus, ac cuilibet de familia mea, quandocumque diverteremus ad Monasterium memoratum,* (Malleacense) *simili modo concedo, remitto, et quitto necessaria quæ dicebam equis, mulis, canibus, et avibus meis, ac eorum custodibus, in eodem Monasterio seu membris ispius perendinantibus ex consuetudine ministrari.* Vide tom. 1. Monastici Anglic. pag. 98. Eo etiam spectant quæ habet Hincmarus ex Adalardo de Ordine Palatii cap. 24. ubi de Venatoribus et Falconariis regiis : *Admonere studebant quando tanti, vel quando toti more solito foris nutriendi usque ad tempus mitterentur, aut tempore congruo per denominata loca venandi causa pariter et nutriendi disponerentur.* [** Vide Grimm. Antiq. Jur. German. pag. 256. et 352. Capitul. de villis, cap. 58.]

* *Bernage* nostris utraque notione. Charta Phil. Pulc. ann. 1306. in Lib. rub. Cam. Comput. Paris. fol. 407. r°. : *Toutes les avenes que nous avons, poons et devons avoir pour raison des Bernages, etc.* Alia ejusd. reg. ann. 1311. in Reg. 46. Chartoph. reg. ch. 168 : *Un boissel d'aveine et demi boissel de Bernage, etc.*

¶ Branagium. in Charta Ludovici VII. ann. 1168. tom. 1. Ordinat. Regum. Franc. pag. 17. n. 15 : *A Branagio cadat, quod tempore nostro superappositum est, et ita sit sicut erat tempore Patris nostri.* Ibidem Gallice : *Chi ce doit Brenage, ce que en nostre temps, et par aessus à adjouté, et ensint soit comme il estoit ou tans nostre Pere.* Vide *Brennacum* suo loco.

Bernagium. Aresta ann. 1257. in eodem Reg. fol. 6 : *Marescallus habet ibi Bernagium suum per manum D. Regis.* Aresta Candelosæ ann. 1274. fol. 75 : *Probatum fuit confessionem Procuratoris Decani et Capituli sancti Aniani Aurelian. per inquestam super hoc factam, quod . . . est in possessione percipiendi et levandi Bernagium seu tensamentum ab hominibus manentibus in terra dicti Capituli apud, etc.* Monasticum Anglic. tom. 2. pag. 960 : *Ego Willermus Normanorum Comes concedo eam* (Ecclesiam) *liberam ab omnibus consuetudinibus granariorum et Bernagiorum.*

☞ *Bernage* dictum olim à veteribus Gallis, sed alia paululum notione, scilicet pro omni comitatu Regis seu alterius cujusvis potentioris domini. Vigiliæ Caroli VII. Regis Franc. de oppido Pontisara a Francis obsessa ann. 1441. tom. 4. Hist. Harcur. pag. 1479 :

> Le feu Roy avait siege lors
> Faisoit conduire grand Bernage,
> Et avoit autour de son corps,
> Plusieurs de son sang et lignage.

[** Vide *Barnage* in *Baro*, supra pag. 602.]

Brenaticum et Brennaticum, in Diplomate Ludovici Reg. ann. 1134. in Probat. Hist. Drocensis pag. 224. et in alio Regis Henrici I. ann. 1033. in Hist. Meledun. pag. 285. et 310. ubi fallitur Seb. Rouillardus, dum ait esse tributum quod pro venaticorum canum stramine præstabatur. *Furfuragium*, dicitur in Chronico Mauriniacensi pag. 360 : *Quidam viri impii videntes ita locum proficere, cœperunt lacessere et calumnias quasdam inferre facere : quorum alii minaciter expetebant Furfuragium, alii Gallinagium, alii Tutamentum.*

¶ Brennaria, in Charta Odonis Ducis Burgundiæ ann. 1102.

Brenneria, in Testamento Petri Comitis Sabaudiæ ann. 1278. et in Charta Odonis Ducis Burgund. ann. 1102. apud Perardum pag. 205.

Brennarii, Qui *Brennatico* cogendo præfecti sunt, vel penes quos canum pascendorum erat cura. Charta Hugonis Ducis Burgundiæ ann. 1255 : *Quia cum Brennarii et Venatores mei gistum cum canibus suis capere consueverint in terra et villis S. Benigni Divionensis, etc.* Tabularium Vindocinense Ch. 440 : *De comessationibus pœne quotidianis per omnes obedientias quas ipse et Brenarii ejus faciunt.* Atque ii canes venaticos ad venationem ducebant. Le Roman *de Garin* :

Sire en ce gaut a trouvé un Bernier,
Le plus bel homme qui onques fu sor ciel,
S'a un senglier retenu à trois chiens.

Et infra :

Pardevant vos a occis un Bernier.

Istiusmodi exactiones pro canibus venaticis, atque adeo ipsis venatoribus *Tenentium* impensis, pascendis, sæpe observare est. Charta Renardi II. Comitis Senonensis, in Tabul. S. Germani de Pratis : *Villam de Villers ab omni judiciali potestate liberam esse decernimus, ita ut nullus Judex publicus vel Venator, seu ministerialis noster ad freda, aut tributa exigenda, vel homines in ea commanentes, vel paratas faciendas, vel teloneos tollendos, aut rotaticum, vel pedaticum, seu stratum, vel pastum venatorum et canum accipiendum . . . in eam ingredi audeat.* Alia Roberti Ducis Burgund. ann. 1042. in eodem Tabul. : *Has omnes consuetudines guerpivi, scilicet mei hospitalitatem et canum pabulum, nec non caballorum meorum custodumque eorum receptum, atque vini captionem.* Litteræ Regis Roberti in Tabulario Abbatiæ S. Dionysii : *Venatorum hospitationes, Falconariorum diversiones.* In alia S. Ludovici ann. 1269. apud Doubletum pag. 911 : *Pastus sive procuratio canum nostrorum.* Necrologium Ecclesiæ Carnotensis 9. Kl. Octob. : *Basochas a Regia exactione, quæ Brennagium dicitur, non sine maximo sumptu liberavit.* In Arestis Candel. 1261. 1. Reg. Parl. f. 121 : *Judicatum fuit quod Brenagium levaretur per focos.* Aresta O. SS. ann. 1262. in eodem Reg. f. 37 : *Inquesta facta ... ad sciendum, utrum consuetum sit in Aurelianesio et territorio de Cuny, quod quando Capitula, Religiosi, aut Nobiles excolunt terras suas ad proprias carucas et proprias expensas suas, utrum inde reddant aliquod Brenagium Dom. Regi ... Milites, Capitula, Religiosi non tenentur solvere Brenagium de propriis terris suis quæ redeunt ad manus ipsorum.* Adde fol. 44.

¶ Brenerii. Hist. Dalphin. tom. 2. pag. 334. col. 2 : *Falconerios, Brenerios et Lavanderias habere voluit et ordinavit dictus Dom. Dalphinus consuetos.*

BRENA, Frutetum, fruticetum, Hispanis *Breña*. Charta Aldegastri, filii Sylonis Regis Ovetensis, ann. 781. apud Sandovallium : *Montes, fontes, molinarios, Brenas, totum ab integro damus, etc.*

¶ **BRENAGIUM**, Brenarii, Brenaticum. Vide *Bren.*

¶ **BRENDA**. Vide *Brunda*

¶ **BRENERII**. Vide *Bren.*

¶ **BRENEUTA**, *Domus ferens*. Papias MS. [* Mendum hic suspicor. Vide *Bernet.*] [** Glossar. in cod. reg. 7644 : *Breueuta*. Leg. : *Braveuta, dona ferens*. Græcis Βραβευτής.]

BRENEXELLUS, Petrus de Crescentiis lib. 10. de Agricult. cap. 28 : *Item* (aves) *capiuntur aliis quibusdam modis : uno modo ad Brenexellum cum gimecta*, (leg. *guvetta*) *quo parvæ capiuntur aviculæ*. Infra : *Item non solum cum Brenexello, qui ex duabus virgulis constat, verum etiam, etc.* Ubi vetus Interpres Gallicus : *On peut aussi prendre oiseaux par autres manieres, comme est au Brail à une guvette, à quoi l'on prend les petits oiseaux.*

¶ **BREN-GOEN**. Tabularium Rothonense : *Filii Oren.... vendiderunt Ivoni Abbati quidquid habebant in Ballac et in Bren Goen, quod alio nomine dicitur Nemus vallis.* Vide mox *Brena.*

1. **BRENNA**. Vide *Breisna.*

* 2. **BRENNA**. Vide infra *Breva.*

* **BRENNACUM**, Tributum, quod pro *Brennio* præstatur, idem quod *Brenagium*. Vide in *Bren.* Chartul. Celsinian. ch. 751 : *Dimittam S. Petro censum molendini de Mirabilia, qui michi omni anno persolvitur, et questum illum, quem ex Brennaco solebam requirere.* Nisi sit nomen loci.

¶ **BRENNAGIUM**, Brennaria, etc. Vide in *Bren.*

1. **BRENTA**, Vasis vinarii species. Statut. Veron. lib. 4. cap. 113. 117.

* Chron. Modoet. apud Murator. tom. 12. Script. Ital. col. 1138 : *Valuit Brenta una vini libras xxx. et aliquando plus.* Chron. Bergom. ad ann. 1398. apud eumdem. tom. 16. col. 895 : *Quistino de Roxiate Brentas xx. vini moscatelli, etc.*

2. **BRENTA**, Sporta, Italis, maxime vino deferendo idonea. Vide Statuta Mediolan. 2. part. cap. 493. ubi ejusmodi *Brentæ* ad extinguendum ignem, si incendium in urbe accidat, adhibentur. Hinc

* **BRENTARIUS**, Qui in quodam amplo vase ligneo, *Brenta* nuncupato, vinum defert, idem qui *Brentator*, Provincialibus *Brindaire*, qui *Brindo*, pro *Brenta*, dicunt. Charta Mathild. comit. apud Bacchin. in Append. ad Hist. monast. Podoliron. pag. 104 : *Omnia quæcumque habeo in Pigognaga mobilia et immobilia, et omnes vassallos meos, videlicet fabros, canevarios, Brentarios, etc.* Ubi Bacchinus, eos significari censet, quibus canum venaticorum pascendorum cura demandata erat. Vide in *Bren.*

BRENTATOR, Qui ejusmodi *Brentas* defert, [Italis *Brentadore*. Chron. Parmense ad ann. 1279. apud Murator. tom. 9. col. 791 : *Quidam bonus homo de Cremona, nomine Albertus, qui fuerat portator vini sive leonifer, obiit Cremonæ, et ad sepulturam ipsius apparuerunt magna mirabilia. . . Et Brentatores de Parma, qui Cremonam iverunt propterea, quum fuerunt Parmæ fecerunt depingi figuram ejus ad trosinam ecclesiæ S. Petri.*]

* **BRENUM**, Furfur, a vet. Gall. *Bren.* Vide in hac voce. Stat. Saluciar. collat. 4. cap. 117 : *Mensurando semper cum rasdoira quadrata, præterquam Brenium, castaneæ, nuces et glandes, quæ mensurantur ad culmen.*

BREPHOTROPHIUM, Græc. Βρεφοτρόφιον, Ædes in qua infantes, recentesque partus expositi, aut egentibus parentibus nati alebantur, in leg. 16. et 18. Cod. de Sacros. Eccl. (1, 2.) Vita MS. S. Magnebodi Episcopi Andegavensis cap. 5 : *Xenodochia ac Brephotrophia, diversaque mansionum habitacula ædificare procuravit.* [Ambrosius Camaldul. Epist. ad Eugenium PP. IV. apud Marten. tom. 3. Ampliss. Collect. col. 15 : *Locus intra Florentinæ urbis mœnia, Brephotrophion Græci appellant, ubi expositi incertis parentibus educantur infantes.*] Vide Capitula Caroli M. lib. 2. cap. 29. [** ex Julian. Novell. 7, 1.]

¶ **BRES**. Vide in *Brace.*

* **BRESCHIA**, Grani species, idem quod *Brace*. Vide in hac voce. Charta ann. 1324. in Reg. 62. Chartoph. reg. ch. 227 : *Item undecim sextaria, unam cartam et quinque copas Breschiæ, sive ordei censualis. Breiz* dicitur ibid. in ch. 223. *Bresche*, alia notione usurparunt nostri, nempe pro Debilis, nudatus, Gall. *Foible, dégarni.* Lit. remiss. ann. 1467. in Reg. 200. ch. 132 : *Pour ce que icellui Starin ne povoit retourner derriere, et que leur parti* (de paume) *estoit Bresche par cellui endroit, etc.* Vide mox *Bresium.*

¶ **BRESIA**, Gall. *Braise*, Hisp. *Brasa*, Pruna, carbo candens. Locus est in *Cineragium.*

* **BRESILLUM**. Vide supra *Brasile.*

BRESIUM, Grani species, idem quod *Brace*. Vide in hac voce. Reg. S. Justi Cam. Comput. Paris. fol. 193. r°. : *Item octo solidi pro Bresio ad natale.... Bresium valens x. sol.* Et fol. 222. v°. : *Item... unum resellum avenæ, duos boissellos frumenti et quatuor resellos Bresii. Brés*, in Ch. Phil. Pulc. ann. 1305. in Lib. rub. ejusd. Cam. fol. 168. v°. col. 2 : *Toutes les autres rentes,...... soient en deniers, en blez, en avaines,..... en Brès, en coustumes, etc.* Vide supra *Breschia.*

BRESMIA, Piscis, qui vulgo nostris *Bresme*, quibusdam *Cyprinus latus*. Fleta lib. 2. cap. 73. §. 20 : *Vivaria, stagna, lacus, servoria, et hujusmodi piscarias suas quisque discretus Bresmiis et perchiis faciat instaurari, etc.* Vide *Braximus.*

* *Bresmel*, in Lit. ann. 1387. tom. 7. Ordinat. reg. Franc. pag. 182.

* **BRESOLA**, Rotæ denticulus, ut videtur. Charta ann. 1342. in Reg. 74. Chartoph. reg. ch. 62 : *Item faciebamus et facere debebamus tertiam partem in pectinibus et Bresolis rotæ prædictæ necessariis.*

¶ **BRESSÆ**, Cunæ, Gall. *Berceau*. Statuta Eccles. Avenion. ann. 1365. apud Marten. Anecdot. tom. 4. col. 572 : *Infantes in cunabulis suis sive Bressis, maxime sic caute teneant.*

* *Brès* Provincialibus et Occitanis, eadem acceptione. Glossar. Provinc. Lat. ex Cod. reg. 7657 : *Bres, Prov. crocea, crepundium, rudimentum.* Vide *Pellas* in Diction. Prov. et Doujat. in Dict. Tolos. [** Raynouard, in Gloss. Rom. voce *Bres*, vol. 1. pag. 254.]

¶ **BRESSOLUM**, Eadem notione, in Actis SS. Julii tom. 1. pag. 585. B. ex Processu de B. Petro de Luxemburgo : *Nam Bressolum antedictum in minutis peciis invenerunt confractum et infantem in medio.*

* *Bressollet* nostris olim. Vide *Berciolum.*

* **BRESTACHIA.** Vide *Bretachiæ.*

¶ **BRESTESCHIA.** Vide in *Bretachiæ.*

BRETACHIÆ, Castella lignea, quibus castra et oppida muniebantur, Gallis *Bretesques*, *Breteques*, *Breteches.* Ita in Consuetud. Artesiensi, art. 37. Insulana art. 155. 160. 169. 185. Valentianensi, Tornacensi, etc. in Chron. Flandr. cap. 79. 113. *Bertesca*, apud Joan. Villaneum lib. 9. cap. 46. lib. 10. cap. 10. Guill. Armoricus de Gestis Philippi Aug. ann. 1202 : *Fabricavit Brestachias duplices per 7. loca, castella videlicet lignea munitissima, a se proportionaliter distantia, circumdata fossis duplicibus, quadrangulis, pontibus versatilibus interjectis, implevitque hominibus armatis non solum castella illa, immo interiorem omnem superficiem fossarum, et ita circumsepsit obsessos.* Le Roman *de Garin* :

La ville fit mult richement garnir,
Les fossés fere, et les murs enforcir,
Les Bretesches drecier, et esbaudir.

Philippus *Mouskes* :

Prisent galies et esnekes,
Bien batailliés à Breteskes.

Le Roman *de Vacces* :

As Breteches monterent, et au mur quernelé.

Infra :

Les Breteches garnir, et les pertus garder.

Rursum :

Entour ont Bretesches levées,
Bien planchiées et quernelés

Guillelmus *Guiart* ad ann. 1284. vers. 3475 :

Des haus creniaus, et des Breteches,
Retraient quarriaus, cours et lons.

Idem ann. 1304. vers. 8523 :

En l'estage ot une espringale,
Là ou la Bretesche est haucie,
Si joint au pont une chaucie.

[Le Roman *de la Rose* apud Borellum :

Quand en haut en croix seriez,
Pour prescher dessus la Bretesche.]

Joannes Abb. Laudun. in Speculo Historiali MS. lib. 11. cap. 55 : *Et avoient par devant eux mis Breteches qui avoient grans broches de fer, et estoient couvertes de toiles, afin que on ne les peut appercevoir.*

Bruteschæ. Matth. Paris ann. 1224 : *Cum a Regis bellatoribus duæ testudines, quas Gallice Bruteschès appellant, non sine multorum læsione subactæ essent, invaserunt castellum undique consequenter.*

¶ Bertescha, in Breviario Hist. Pisanæ ad ann. 1156. apud Murator. tom. 6. col. 172 : *In subsequenti vero anno, mensibus Februario et Martio et Aprile, circumierunt civitatem castellis et turribus ligneis et Berteschiis pro timore Frederici Regis Romani venientis.*

¶ Bertresca, in Annal. Genuens. Jacobi Auriæ ad ann. 1287. apud Murator. tom. 6. col. 593 : *Atque portum intrans incendio concremavit omnia quæ ibidem erant, scilicet naves tres et taridas quatuor, de quibus una erat onerata caseo et lana. Combusserunt etiam Bertrescas,* IX. [** Vide Jal. Antiq. naval. vol. 2. pag. 260. sqq.]

¶ Betrescha, in Annal. Genuens. Caffari ad ann. 1158. apud Murator. tom. 6. col. 270 : *Altissimis castris quæ fecerant de arboribus navium, et frequentibus Betreschis et spatiosis spaltis et robustissimis ita per triduum munierant.* Occurrit etiam in Chron. Parmensi ad ann. 1247. apud eumdem Murator. tom. 9. col. 773.

¶ Bresteschia. Literæ Mathildis Comitissæ Nivern. ann. 1245 : *Super hoc quod idem Episcopus* (Autissiodor.) *dicebat dictum armigerum fecisse in domo sua quandam Bresteschiam ligneam et quædam alia ad fortensiam pertinentia.*

Breteschia. Regestum Philippi Aug. fol. 10 : *Et Breteschiam quam Galtherus de Thoreta tenet de eodem Rege.*

Briteschia. Charta Roberti Comitis fratris Regis Franciæ in Tabulario Campan. : *De domo quadam . . . partem cujus firmaveram cum fossato duorum jactuum : hujus vero rei compositio tali pacto terminata est, ita videlicet quatenus illud quod jam firmatum fuerat cum fossato duorum jactuum remaneret, reliquum vero cum uno jactu fossati tantum, et sepe sine Briteschia firmetur.*

Baldreschæ, [et Baltrescha.] Eadem notione, ex Italico *Baltresche.* Charta Papiensis ann. 1179 : *Videlicet ad fossidandum et aspaldandum et faciendum Baldreschas.* [Occurrit etiam in Statutis Mediolan. part 2. pag. 348. Memoriale Potestatum Regiens. ad ann. 1218. apud Murator. tom. 8. col. 1096 : *Et plusquam v. millia usque ad temptoria eorum venerunt; et quinque Baltreschas diruerunt.*]

¶ Brisegæ. Willelmus Brito lib. 4. Philippidos vers. 186 :

Dein vallo munire student, fossisque profundis
Omnem circuitum castrorum, nec minus alte
Per loca Brisegæ Castellaque lignea surgunt.

☞ Erant et aliæ apud nostros vocis *Bretachiæ* acceptiones; Bretescham quippe, et eorum lingua *Bretesque*, *Bretesche*, etc. dixerunt, locum quemdam editum unde juridicæ promulgationes a præcone fiebant; quo sensu interpretandæ Consuetudines supra a D. Cangio laudatæ; *Bretecques* etiam appellarunt, ædificiorum eminentias et projecturas sive ligneæ, sive lapideæ essent; ita Consuetudo Scabinatus Atrebat. art. 15 : *Un possesseur d'un héritage, ou de plusieurs, ne peut faire Bretecques, boutures, saillies, ni autres choses sur la ruë à l'endroit desdits héritages, au préjudice de ses voisins.* Ab hac ultima notione non longe aberraverunt, cum eadem appellatione donarunt quod nos hodie *Angar* et *Apentis* vocamus, quo significatu occurrit in Gestis Abb. S. Germani Autissiod. tom. 1. Bibl. Labb. pag. 585 : *Juxta domos inferiores fecit logias, Bretanchiam* (MS. *Bretauchiam*) *et cameram juxta in augmentum curtis ejusdem loci.* Et in Literis Officialis Cenoman. pro Monast. S. Vincentii ann. 1209 : *Insuper ipse Galterius tenetur reddere annuatim sex denarios censuales de sua grangia et Bretescha.*

* Bretagiæ, ut *Bretachiæ*, Castella lignea, quibus castra et oppida defendebantur aut oppugnabantur, *Bretages* etiam a nostris nuncupata. Reg. Phil. Aug. de feudis Norman. ex Cod. reg. 4653. A. fol. 157 : *Homines sui debent reparare unam perticatam de fossatis, ... et facere hericiam supra illam perticatam, cum reparata fuerit, et auxiliari ad merennia Bretagiarum levanda, cum opus fuerit.* Robert. Avesbur. in vita Eduardi III. reg. Angl. pag. 126 : *Noz gentz del ost saunz assent et saunz arraie assaillerent le pount qe fust mult bien afforcé des Bretages et barrers, etc*

* Bretechiæ, Brethechiæ, Eadem notione. Pactum inter Margar. Tornod. comit. et monachos Pontin. ann. 1291. ex Chartul. ejusd. monast. pag. 164 : *Iterum Bretechiæ, vineæ S. Porchariæ ac exclusæ rippariæ de Senenna religiosis præfatis et eorum successoribus imperpetuum remanebunt....... Similes autem portas et Brethechias facere poterunt religiosi præfati in omnibus et singulis locis superius nominatis.* *Bretheche*, *propugnaculum*, in Glossar. Lat. Gall. ex Cod. reg. 7679. *Bretescher*, Pinnis instruere, munire, apud Froissart. vol. 1. cap. 144 : *Le roy d'Angleterre, qui ne pouvoit conquester la ville de Calais fors par famine, fit charpenter...... un chastel grand et haut de longs mesriens, tant fort et si bien Bretesché, qu'on ne l'eust peu grever.* Eadem appellatione nuncupatum fuisse locum editum; unde juridicæ promulgationes fiebant, jam observatum est supra, quod iterum probatur ex Lit. ann. 1390. in Reg. 138. Chartoph. reg. ch. 195 : *Les criées furent continuées par quatre Mercredis à la Bretesque à Lille.* Sed et pro tribunali seu olco, ubi judices sedent, occurrit in Lit. remiss. ann. 1389. ex Reg. 138. ch. 100 : *Comme pour le souspeçon de l'omicide commis...... eussions fait appeller icellui Jaqueme de Langle à la Bretesque de le maison de le pais; .... feust venu personelement par devant nous en ledite cambre lidis Jaquemes.* Vide *Berthesca.*

¶ **BRETELLUS.** Vide *Brotellus.*

BRETHUN Sepaldes. Leges Henrici I. Regis Angl. cap. 89 : *Et qui Brethun sepaldes, Betan sepaldes, et in quibus homo non potest legitime jurare, quod per eum non fuerit aliquis vitæ remotior, morti propinquior digne componat, sicut factum sit ex quibus sunt.* Alii Codd. habent : *Brechun yaldes bet Ange yealdes.* [** Wilkins cap. 90. § 10 : *Legis enim est qui inscienter peccat scienter emendet et qui* Brech ungewealdes, bote gewaldes, *et in quibus homo* etc. i. e. qui involuntarie peccat, voluntarie emendet. Conf. Leg. Canut. polit. cap. 66.]

¶ **BRETIA**, Idem quod *Muta*, pretium scilicet quod in mutationibus prædiorum domino exsolvitur; a voce fortean *Bré* in agro Dumbensi a rusticis usurpata, cum in aliquo anfractu viam mutant atque ab ea declinant quam prosequebantur. Charta ann. 1236. tom. 1. Hist. Dalph. pag. 204 : *In dictis castris et mandamentis tam in Bretiis vel mutationibus, quam aliis possessionibus, et eidem D. Dalphino idem homagium ligium fecit pro supra dictis castris et mandamentis et Bretiis seu mutationibus in dictis castris vel mandamentis factis, vel imposterum faciendis.*

¶ **BRETINUS**, Color equi, idem qui *Liardus.*

* Vide supra *Beretinus.*

¶ **BRETOYSE.** *Lex de Bretoyse*, Lex marchiarum, seu provinciarum limitanearum. Th. *Blount* in Nomolex. : *Sciant... quod ego Henricus de Penebrugge dedi... omnibus liberis burgensibus meis burgi mei de Pancbrugge omnes libertates et liberas consuetudisen secundum legem de Bretoyse nundinis et* *feriis appurtin. secundum tenorem chartæ domini Henrici Regis quam habeo.*

* **BREVA**, vox monetariorum, Gall. *Breve* et *Brieve;* dicitur de monetis, quæ monetariis perficiendæ traduntur, descripto prius earum *brevi* seu indice; unde vocis origo. Lit. remiss. ann. 1474. in Reg. 204. Chartoph. reg. ch. 58 : *Breve, est le nombre et quantité de deniers non monnoyez, qui est baillé par poix et nombre certain à chacun monnoier pour chacun jour qu'il monnoye.* Aliæ ann. 1342. in Reg. 74. ch. 107. quarum titulus est : *Confirmatio absolutionis Reginaldi de Senseurre, super eo quod sibi imponebatur emisse certam Brennam argenti, quæ furata fuerat in monetagio S. Porciani.* Ubi leg. *Brievam*, ut patet ex contextu earumd. Lit. : *L'en disoit encontre eulz qu'il avoient achapté de Jehan de la Bretonniere, qui avoit emblé en la monnoie de S. Pourcein une Brieve d'argent noir, certaine quantité de ladite Brieve jusque à la quantité de 40. soulz ou entour........ Ne leur monstra point toute la Brieve entiere, mais tant seulement en menues pieces.* Aliæ an. 1353. in Reg. 81. ch. 748 : *Furto cujusdam quantitas monetæ operatæ, vocatæ Gallice Breve.* Aliæ ejusd. ann. in Reg. 82. ch. 52 : *Insuper quædam Breva monetæ nigræ quindecim marcharum, quæ penes Perrotum de Claressac operarium tradita et debilis albeyo uno denario pro marcha,....... quodque Brevam monetæ prædictæ tanquam bonam et legalem....... acceperat.* Denique aliæ ann. 1400. in Reg. 155. ch. 232 : *Environ le mois d'Aoust l'an mil ccc. iiij^xx. et xix. une certaine délivrance fu faite audit de la Sauvagerie, maistre particulier de nostre-monnoye d'Angiers...... laquelle il garda jusques environ la my-caresme ensuivant,..... pendant lequel il fist monnoier et ouvrer pluseurs autres Breves d'or;....... desquelles les deniers n'estoient pas si bons, comme ceulx de la bonne délivrance.* Vide Pullan. pag. 331. et Boisard. pag. 136. etc. et infra *Brevia.*

* **BREVARII**, Milites conductitii, f. pro *Beruarii;* eadem saltem notione. Vide supra *Berroerii.* Chron. Astense ad ann. 1273. apud Murator. tom. 11. Script. Ital. col. 161 : *Tunc Astenses miserunt undique, et habuerunt ad eorum bursam milites, qui vocabantur Brevarii, 1500. et marchionem Montisferrati venire fecerunt Ast ad eorum expensas.*

BREUDATUS. Vide *Brusdus.*

¶ **BREVETARIUS**, Brevetum, Breviare, etc. Vide in *Brevis.*

¶ **BREVIAGIUM**, Breviator, etc. Vide in *Brevis.*

¶ **BREVICARIUS**, Ovium pastor. Vide in *Berbix.*

¶ **BREUIL.** Vide *Brolium.*

1. **BREVIS**, Breve, Inventarium, rotulus, chartula continens indicem, seu summariam rei cujuspiam descriptionem. Papias : *Schedæ, exemplaria, Brevia, etc.* Gloss. Lat. Græc. : Πιττάκιον, *Pittacium, Brevis.* Vetus interpres Juvenal. Sat. 7 : *Comites in fasce libelli : Breves significat.* Lampridius in Alexandro Severo : *Milites suos sic ubique scivit, ut in cubiculo haberet Breves, et numerum, et tempora militum.* Annales Franc. Bertiniani ann. 869 : *Ut Episcopi Abbates, et Abbatissæ, Breves de honoribus suis, quanta mansa quisque haberet.... deferre curarent.* Acta Murensis Monasterii : *Continentur in supradictis capsulis reliquiæ aliorum quorumdam Sanctorum, cum quibus Breves non inveniuntur.* Synodus Romana sub Bonifacio II. PP : *Factus est autem Brevis de sacris vasis atque rebus Ecclesiasticis.* Utuntur passim hac notione Scriptores. Vegetius lib. 2. cap. 19. [** Fragment. Vatican. § 310.] Codex Theod. leg. 24. de Erog. milit. ann. (7, 4.) leg. 18. de Cursu publ. (8, 5.) leg. 7. de Falsa moneta (9, 21, const. 8.) leg. 2. de Bonis vacant. (10, 8.) leg. 2. de Incorp. (10, 9.) leg. 3. de Fisci debit. (10, 16.) leg. 13. de Annon. et trib. (11, 1.) leg. 1. de Exact. (11, 7.) et alibi sæpe [** Add. lib. 1. tit. 10. const. 8. ib. tit. 16. const. 3.]; Senator. lib. 1. Ep. 6. lib. 2. Ep. 39. lib. 4. Epist. 21. Vopiscus in Aurel. et in Bonoso, S. Augustin. lib. 3. contra Crescon. cap. 29. S. Hieronym. Epist. 5. S. Benedict. in Reg. cap. 32. 41. Regula Magistri cap. 93. Gregor. Turon. lib. 4. Hist. cap. 41. Uldaric. lib. 1. Consuet. Cluniac. cap. 52. Lup. Ferrar. Epist. 80. Capit. Caroli Mag. lib. 3. cap. 82. [** Ex capit. Aquensi ann. 812. cap. 7. ap. Pertz. vol. Leg. 1. pag. 174. Neutro loco Pertzius exhibet voces *in breve*, neque Heroldus apud Ansegisum, ubi leguntur in edit. Pith. et Baluz.] Capit. Caroli Calvi tit. 9. cap. 6. tit. 31. cap. 19. [** Capitul. Missor. ann. 853. ap. Pertz. vol. Leg. 1. pag. 418. cap. 1. et 6. Jurament. Centenar. ejusd. ann. ibid. pag. 426. Edict. Pistense. ann. 864. ibid. pag. 492. cap. 19. Confer Hincmar. Remens. Annal. ad ann. 869. Pertz. vol. Script. 1. pag. 481.] Epist. Synodal. in Concilio Constantinop. I. Concil. Toletan. IX. can. 9. Lex Wisigoth. lib. 5. tit. 5. § 3. etc. Sic βρέβιον et βρεβεῖον, non semel usurpant Græci recentiores. Glossæ Juris : Βρεβεῖον, ἡ καταγραφή. Palladius in Vita Chrysostomi pag. 27. Edit. V. Cl. Emerici Bigoti et Anna Comn. lib. 6. pag. 156. [** Adde quæ Marinius habet in notis ad Papyr. pag. 269. not. 27. et 373. not. 3.]

[** Vide Forcell. in *Brevis.* Pro explorato non habetur utrum latini scriptores *neutrali Breve* absolute utantur, Gruterus enim et alii ubique *brevem* reponendum judicant, scilicet *libellum.* Ita semper scriptum est in novissima Cod. Theod. editione.]

Breves, feminino genere. Capitul. ann. 793. cap. 14 [** Pertzio ann. 783. Leg. vol. 1. pag. 47.] : *De rebus quæ Hildegardæ Reginæ traditæ fuerunt, volumus ut fiant descriptæ Breves, et ipsæ breves ad nos fiant adductæ.*

** Brevis capitulorum pluries in inscriptionibus Capitul. Caroli Magni, e. g. Aquensi ann. 811. ap Pertz. vol. Leg. 1. pag. 166. An rubricæ solæ designantur? Vide infra *Breviarium.*

2. Brevis, Acta Notariorum. Lampridius in Alexand. Severo : *Eum notarium qui falsum causæ Brevem in Consilio Imperatorio retulisset... deportavit.* Capitulare Adelchisi Principis Beneventani, apud Camillum Peregrinum cap. 8 [** ap. Cancian. vol. 1. pag. 275.] : *Inconveniens usque modo consuetudo extitit, ut jam quisquis voluisset, si nosset scribere, Brevem undecunque opportunitas exegisset : amodo autem decernimus, ut soli Notarii Brevem scribant, sicut cetera munimina : et quisquunque deinceps Brevis fuerit absque Notarii subscriptione ostensus, nullam tterinea firmitatem.*

3. Brevia Mortuorum, quæ a Monachis in ea Monasteria, cum quibus societatem, seu ut aiunt, *fraternitatem* inierant, mittebantur, quibus Monachorum suorum mortem et obitum nunciabant, quo pro iis statas et ordinarias preces et Missas exsolverent. *Litteræ currentes* dicuntur in Conc. apud Saponarias ann. 859. cap. 13. quarum formula ita concipitur in libro Usuum Ordinis Cisterciensis cap. 98. extremo : *Prima Augusti obiit in Monasterio N. Nonnus N. de N. Sacerdos et Sacrista ejusdem Monasterii : pro cujus anima vestras precamur orationes ex charitate, et orabimus pro vestris.* Alias formulas collegit Haeftenus lib. 8. Disquis. Monast. tr. 1. Disq. 4. § 3. Liber Ord. S. Victor. Paris. MS. cap. 14 : *Ad ejus* (Eleemosynarii) *officium pertinet Breves de defunctis foris ad deferendum dare, et allatos suscipere, et in loco constituto ponere.* Hugo Abbas Cluniac. in Statutis Cluniac. cap. *de Brevibus mortuorum : Statuimus, ut... ubicunque Frater decesserit, major deferendis Brevibus habeatur diligentia, et omnimode defunctis debita persolvantur.* [Antiquæ Consuet. Canon. Regul. de Monteforti in diœc. Maclov. apud Marten. tom. 4. Anecd. col. 1217 : *Quod si quod Breve pro defuncto ipso die legendum fuerit, statim subjungatur : quibus pronunciatis, si præbenda pro eis fuerit, dicat lector,* habet præbendam, *vel* habet præbendas, *quot scilicet annotatas viderit. Deinde dicat, qui tenet capitulum,* anima ejus, *vel* animæ eorum, *si plures fuerint,* et animæ omnium fidelium defunctorum requiescant in pace; *et responso ab omnibus,* Amen, *lector, etc.*] Vide Cæsarium Heisterbach. lib. 1. Mirac. cap. 40. et librum Epistolarum S. Bonifacii Archiepiscopi Moguntini Epist. 108. et alibi passim. Statuta Ordinis de *Sempringham* pag. 780. 781. Vitam S. Hildegundis num. 34. Histor. Monast. S. Barbaræ Lugdun. cap. 19. num. 4. 6. cap. 20. n. 4. cap. 25. n. 3. etc. Vide *Breviatus* suo loco.

¶ Brevetarius, Qui brevia defunctorum in varia monasteria deferebat. Constitut. Cluniac. MSS. ann. 1301. in Biblioth. B. M. Deauratæ : *Ut Brevetarium Cluniaci nomina defunctorum ad eorum loca portantem, recipiant, etc.*

¶ Breviarius, Eadem notione, in Charta Petri Abb. de Talmundo ann. 1366. ubi de officio Aquarii.

¶ 4. Breve dicitur Responsorium quod post singulas Nocturnorum lectiones cantatur, in Ordine Clunac. Bernardi Mon. part. 2. cap. 21.

5. Brevis Tabulæ, quæ in Capitulo recitatur de quolibet Officio, sive ad Matutinas, sive ad Missam, sive ad Capitulum, sive ad mensam sive ad collationem, cujus faciendi cura *Armario* incumbit : ita Liber MS. Ordinis S. Victoris Parisiensis cap. 19. Vide *Tabula Officialis*, [et *Matricula.*]

¶ Brevis, nude, eadem notione in Guidonis Discipl. Farfensi cap. 2. [** et Statut. antiq. Corbeiens. lib. 1. cap. 5. post Irmin. pag. 307.]

6. Breve Rememoratorium, *Breve Memorabile*, *Memorialis descriptio*, passim in Tabulario Cadurcensis Ecclesiæ, pro ea charta quam *Notitiam* vulgo vocant. [*Memoratorium*, in Chartulario Ecclesiæ Aptensis fol. 55. v°.]

Breve Recordationis, Eadem notione, apud Ughellum tom. 3. pag. 35. tom. 4. pag. 211. 908. Vide *Notitia*.

* Brevis Memoratorius, Idem quod *Notitia*, in Charta ann. 1131. inter Probat. tom. 2. Hist. Occit. col. 461.

¶ 7. Breve Minutum, f. Obventiones quotidianæ minores, in *Brevibus* annotatæ. Obituarium Eccl. Morinens. fol. 2 : *Primo videlicet in plenis obitibus, quos bursæ celarii, minutorum Brevium, cotidianæ, luqueti, fabricæ ac novarum acquestarum solvunt.* Et fol. 6. v° : *Hac die fit semper ad majus altare memoria fidelium animarum fraternitatis Ecclesiæ Morinensis. Minuta Brevia solvunt.* Et fol. 19. v° : *Kal. Septembris. Hic compotus Minutorum Brevium et loyestarum.*

8. Breve Divisionalis, Testamentum, ultima dispositio. Charta Hugonis Episcopi Tolosani apud Catellum pag. 858 : *Ideo Brevem divisionalem facio de omnibus rebus meis, etc.* Vide *Divisa*.

Breve Sacramenti, Instrumentum confectum de sacramento præstito, et testium subscriptionibus firmatum, in Form. solenn. cap. 128. Gregor. Turon. lib. 4. Hist. pag. 41 : *Factoque ex hoc sacramento, Breve Sacramentorum Regi illi protulit discedenti.*

¶ Breve Annuitatis, Vide *Annuitas*.

¶ Brevis *de annuntiatione et opere*, qui reparanda, itidem et reparata, continet, in Capitul. Caroli M. ann. 803. cap. 25. [** Pertz. vol. 1. Leg. pag. 115.]

¶ Breve *de excommunicando capiendo*, necnon et

¶ Breve *de excommunicato deliberando*. Vide in *Excommunicatio*.

¶ Breve Inquisitionis, Quo Inquisitiones juridicas fieri licet. Charta Henrici Regis Angliæ ann. 1155. apud D. *Brussel* de Usu feud. tom. 2. pag. v. : *Nichil detur de cetero pro Brevi inquisitionis ab eo qui inquisitionem petit de vita et membris, sed gratis concedantur et non negentur.* Alio sensu vide infra in *Breviarium rerum fiscalium*.

¶ Breve de Liberate. Vide in *Liberare*.

¶ Breve *pendens extra sigillum*, occurrit non semel in Libro nigro Scaccarii pro eo scripto quo servitia ratione feudorum suorum debita, Henrico Angliæ Regi significabant ipsius feudatarii.

* Breve *de nova escaeta*. Assisia Falesiæ ann. 1236. in Reg. S. Justi Cam. Comput. Paris. fol. 29. v°. col. 1 : *Amita petens Breve de nova escaeta, tanquam propinquior heres debebat habere sesinam de hereditate sororis suæ contra nepotem.* Vide *Escaeta*.

* Breve *de feodo laico et eleemosyna*, Quo quis jurisdictioni ecclesiasticæ subducitur. Lit. remiss. ann. 1388. in Reg. 132. Chartoph. reg. ch. 275 : *Ledit Guillaume par l'official fu requis et proceda tant en la court dudit évesque, que ledit bailli fu excommunié ; lequel bailli....... empetra hayneusement ou de sa volonté un Brief de fieu lay et d'aumosne, afin de mettre et tenir toujours ledit Guillaume prisonnier en court laye.*

* Brevis Investituræ, Quo quis in possessionem rei alicujus mittitur, apud Acher. tom 5. Spicil. pag. 376.

¶ Breve Principis, in Charta Henrici Regis Angliæ ann. 1155. apud D. *Brussel* de Usu feud. tom. 2. pag. v : *Breve quod vocatur Principis, de cetero non fiat alicui de aliquo tenemento, unde liber homo perdat curiam suam.*

* Perperam post *Brussel*, pro *Præcipe*, ut habent Reg. S. Justi ex Cam. Comput. Paris. fol. 35. v°. col. 1. et Codex reg. 4651.

* Breve *de propinquiore hærede*, in Assis. apud Bajocas ann. 1237. ex Cod. reg. 4654. A.

¶ Brevis pro Quæsta, seu pro stipe colligenda. Statuta Ecclesiæ Meldensis cap. 60. apud Marten. tom. 4. Anecd. col. 901 : *Præcipimus ne aliquis presbyter aliquos Breves pro aliqua quæsta facienda, nisi prius collatione facta cum brevi sigillato. Nec brevem non sigillatum admittant, si aliquid continetur in illo quod non sit in sigillato.*

* Breve Salvationis. Vide in *Brevetus*.

* Breve de Sordemanda, Gall. *Bref de surdemande*, Immoderatæ petitionis. Scacar. apud Cadomum ann. 1236. in Reg. S. Justi Cam. Comput. Paris. fol. 25. r°. col. 2 : *Guillermus de Reniers miles petiit ab hominibus suis quidam* (quædam) *servicia; ipsi dixerunt se fecisse illa servicia : sed nec* (per) *feodum, nec per costumam miles habuit saisinam illorum serviciorum : petebant homines estabilitatem : miles tanquam saisitus volebat se deffendere per duellum tantum. Judicatum est quod homines debebant et poterant habere Breve de sordemanda.*

9. Breve, apud Provinciales, dicitur Regio, seu potius dominium, *Seigneurie*, districtus in quo *Breve* domini currit. Charta Gaufsfredi Aptensis ann. 1246 : *Breve Episcopale de Bocaria civitatis Aptensis, et Breve quod quondam fuit dominorum de Vians.* Occurrit ibi non semel. Joannes de Racallero Archidiac. Vasionensis in Antiquitat. MSS. Vasion. : *Adjudicavit castrum Vasionense Comiti, divisa jurisdictione inter Comitem et Episcopum, distincta civitate per partes, quarum una vocatur Breve Comitis, altera Breve Episcopi, et hoc quoad jus directi dominii.* Charta ann. 1279 : *Vocari fecit coram ipsos dominos, et homines mediatatis dicti castri, de Brevi dominæ Jordanæ.* [Charta anni 1216. ex parvo Chartulario S. Victoris Massil fol. 157. verso : *Abbas S. Victoris asserebat quod Ecclesia B. M. habebat Breve suum.* Homagium anni 1480. ex Archivis D. *de Mazauges* : *Scilicet de ac in Brevi et juridictioni ipsius generosi Scutiferi Honorati de Castellana.* In eodem Archivo exstat *Cartularium commissionis officialium ac præconisationum curiæ Brevis nobilis viri Dom. Johannis de Masalgis Militis Condomini castri de Masalgis*, actum, 24. April. ann. 1348. Quo in loco voce *Brevis* intelligenda videtur Inferior jurisdictio : superiorem enim in eo castro jurisdictionem obtinebat Raymundus de Agouto, ut patet ex eodem instrumento.] Adde Columbum lib. 3. de Reb. gestis Vasionensium Episcop. n. 5. 6.

☞ Erat autem illud dominium veluti portio seu pars jurisdictionis communis, uni Dominorum speciatim concessa, in qua solus ipse jurisdictionem exercebat suam, nulla aliorum simul Dominorum habita ratione. Vassalli districtus communis quam volebant, eam eligebant regionem, in qua habitarent, tumque a solo pendebant Domino regionis quam incolebant. Vide Conventiones inter Hospitalarios et Principes Aurasiæ ann. 1284.

¶ Breviagium, Eadem notione. Chartularium commissionis mox laudatum : *Sub domino et juridictione Breviagii Nobilium prædictorum, etc.* Infra : *Mandamentum domini Johannis de Masalgis et ejus Bajuli, quod nulla persona ejus Breviagii, seu ejus jurisdictioni subjecta, audeat, etc.*

10. Breve, Annuus reditus qui ex prædiis aut rebus aliis provenit, qui in *brevibus* describi solet. Charta Joannæ Comitissæ Flandriæ pro Marquetano Monasterio, apud Buzelinum lib. 2. Gallo-Flandr. cap. 30. § 26 : *Ad opus quoque unius Hospitalis, quod infra ambitum ejusdem Monasterii inchoavimus, 200. librarum reditus in eleemosynam contulimus... sumendos annuatim de paratioribus proventibus, ad Brevia nostra Insulensia pertinentibus, etc.* Infra : *40. libr. reditus assignavimus solvendos ad nostra Brevia de Gandavo.* Alia Margaretæ Comitissæ apud eumd. : *Sexaginta solidos singulis annis de Brevibus, quæ Majus officium appellantur, Brugis in S. Christophoro recipiendos.* Adde Marchantium lib. 1. Flandriæ, [Novam Gall. Christ. Instr. tom. 4. col. 304. D. Miræum tom. 1. Diplom. Belg. pag. 556. col. 1. pag. 577. col. 2. et 1323. col. 1. edit. 1723.] Vide infra *Breviarium rerum fiscalium*.

Breves, Alia notione, in veteri Charta apud Puricellum in Ambrosiana Basilica pag. 369. 370.

11. Brevia, Characteres magici in *Brevibus* descripti, quos secum deferre solent, qui iis utuntur. Gloss. Græc. Lat. : φυλακτήριον, *Servatorium*, *Amolimentum*, *Amoletum*, *Brevia*, perperam *præmia* in Edit. Capitula Herardi Archiepisc. Turon. cap. 3 : *De maleficis, incantatoribus, et Brevibus pro frigoribus, etc.* Id est, pro curandis febribus, cujusmodi passim describit Marcellus Empiricus et Myrepsus sect. 37. cap. 66. 67. 97. [Statuta MSS. Augerii Episc. Conseran. sæculo 13. edita : *Nemo in herbarum collocationibus carmina, incantationes, aut alias observationes, præter Dominicam Orationem et symbolum adhibeat : nec in Brevibus suspendendis vel ligandis aliquid præter illa scribat.* Concil. Trevir. ann. 1310. apud Marten. tom. 4. Anecd. col. 257 : *Divinationes, sortilegia, auguria... sive in votis quas Brevia seu caracteres vocant.*] Usatica MSS. urbis Ambian. de Monomachia decertantibus : *Il doivent jurer k'il n'ont herbes, ne Brief, ne caraudes seur aus, ne fait sor, ne sorcherie, ne art, ne caraude.* Libellus Catalanicus MS. *de Batallia facienda* : *Ne fer metzines, ne conjurations, ne posar Breus, ne altres coses, per que neguns des bataylers fos embergat de son dret à menaro defendre.* Infra : *Ne y mettre armes que aien vertut,*

ne nomina, ne pera preciosa, ne Breu, ne portare sucre candi, etc. Vide *Character*, *Ligatura*, et *Phylacterium*. [** Conf. Grimmii Mythol. Germ. pag. 63o. Gloss. Bibl. sec. XI. ap. Graff. in Thes. Ling. Franc. vol. 3. col. 302 : *Brieuelvi, philacteria.*]

Brevium Conscriptio, Divinationis species. Vide *Sortes Sanctorum*.

12. Brevis, Epistola, mandatum. Balbus in Cathol. : *Breve, pro litteris, quod et Brevis invenitur.* Hesychius : Βαιόν, ὀλίγον, μικρὸν γράμμα. Leges Henrici I. Regis Angliæ cap. 13 : *Hæc mittunt hominem in misericordia Regis, infractio pacis, quam per manum suam dabat alicui, contemptus Brevium suorum, etc.* Vide cap. 41. 68. et 79. Quod vero hic *contemptus brevium* dicitur, *despectus literarum* Regiarum appellatur in Capitul. 5. ann. 819. cap. 12. et lib. 4. Capitular. cap. 55. [** Pertz. ann. 817. vol. Leg. 1. pag. 217. Confer capitul. legibus addenda ejusd. ann. cap. 16.] Charta Galeranni Comitis Mellenti, in Tabulario Prioratus S. Nicasii fol. 20 : *Sed et secundam decimam post primam decimationem de domestica carruca mea de Vallis, sive in manu mea sit, sive ad firmam vel censum eandem aliquis de manu mea receperit; videlicet pro Brevibus meis quæ Monachi B. Nigasii debent facere, ubi a Præposito meo vel ab aliis servientibus meis rogati fuerint, etc.* Forte quia soli fere Monachi scribere tunc noverant. Eckehardus Junior de Casibus S. Galli cap. 12 : *Dictante legationis suæ Brevem.* [** Adde Ruodlieb, fragm. 3. vers. 230. et 251.] [Acta SS. Benedict. sæc. 4. part. 1. pag. 114. in Vita S. Angilberti Abbatis : *Sed de his de quibus certi fuimus et a prædictis sanctissimis viris Breves recepimus.* Et pag. 271. in Visione Wetini monachi Augiensis : *Singulis quibusque se commendando, Brevibus ad diversos destinatis, pro absolutione peccatorum intercessores quærendo.* Ibid. pag. 290 :

Ad multosque Breves cogitans direxit amicos,
Ut sanctis precibus veniam implorare studerent.]

Le Roman *de la prise de Hierusalem* MS. :

Cil de Jerusalem ont fait lor assamblée,
Par Briet et par saiaux orent lor gent mandée.

Le Roman *de Garin* :

Là sont les tables au Chapelein Yvon,
Qui fet les Briez ou preuz Comte Fromont,
Que il envoie par mer et par Gascons,
Parmi la terre as Chevaliers Barons.

Alibi :

Més festes moi Briez et chartres escrire.

Le Roman *d'Auberi* MS. :

Ses chartres fait et ses Briez saieller.

Joan. de Condato MS. :

Messager le Roi fu li Martres,
Cil portait ses Briés et ses Chartres.

[** Provincialibus *Breu*, Epistola. Vide Raynouardi Glossar. Ling. Rom. vol. 1. pag. 258. *Breu-double* Giraldus Riquerius fortasse formavit ut vocem *Diptycha* vernacule redderet, quæ Papiæ est *Tabellæ quibus corruptores suum inscribunt amorem.* Germanis *Briev* eadem significatione acceptum erat. Inde apud Provinciales et Germanos carminum quodam generi hoc nomen inditum. Vide Raynouard. Collect. Poemat. Provinc. vol. 3. pag. 199. Diezium de poetic. Provinc. pag. 121. Gotefred. Strasburg. Tristand. vers. 8143. Ceterum Germani antiquitus omnem chartam, libellum et similia *Brief* dicebant. Vide Graffii Thesaur. Ling. Franc. vol. 3. col. 302. et Schœnemann. in Indic. cod. Diplom. h. v. Pro epistola vox omnibus fere Germanicis populis usu venit

¶ Brevicola, itidem Epistola, mandatum. Formulæ vett. Alsaticæ art. 13. apud Eccard. ad calcem Legis Salicæ pag. 239 : *Nam quando nobis eadem Domini Regis epistola præsentata est, numerosam synodum collectam habuimus, quibus cum ipsam Brevicolam legi fecissemus, maximo sunt omnes gaudio repleti.* Vide infra *Breviculus*.

¶ Brevia, Summorum Pontificum Epistolæ quæ in cera rubra sub annulo Piscatoris obsignantur. Vide *Annulus Piscatoris* in *Annulus*. [** Benedicti Chronicon ad ann. 956. ap. Pertz. vol. Script. 3. pag. 717. cap. 35 : *Pontifex.... Azzo protoscrinium manum abscidi præcepit, cum quo Brebe scribebat.* Vocabul. Prædicant. : *Breve, neut. gen. vel Brevis, masc. gen. Germ. ein brieff, quam papa sigillat cum anulo lato in manibus, qui habet in se figuram Petri navigantis; quicquid autem cum plumbo sigillatur, non dicitur Breve.*]

¶ Breve de Capella, Litteræ Cancellariæ regiæ. Conventio inter Angliæ et Scotiæ legatos ann. 1290. apud Rymer. tom. 2. pag. 483 : *Fidelitate facta, habeat seisinam terræ suæ sine dilatione per Breve de Capella.* Vide *Capella Cancellaria*.

¶ 13. [** Conf. num. 8.] Breve Refutationis, Charta cessionis, qua quis de jure suo cedit, Gall. *Bref de cession et de désistement.* Charta Berardi Abbatis Farfensis apud V. Cl. Fontaninum de Antiquit. Hortæ pag. 396 : *Si enim, quod absit, quoquo tempore venero... contra hoc Breve Refutationis agere, aut causare, etc.* Alia apud Mabill. tom. 4. Annal. Bened. pag. 701. col. 1 : *Tandem vero rogatu Grimoaldi presbyteri, ipse et uxor ejus confirmaverunt eamdem refutationem. Postea autem Crescentius firmavit ipsam Brevem Refutationis.*

Breve Testatum, apud Otbertum lib. 1. Feud. tit. 4. est publicum instrumentum, uti interpretatur Eguinarius Baro lib. 4. de feudis cap. 7. [Chron. Farfense apud Murator. tom. 2. part 2. col. 555 : *Deinde per judicium ipsorum judicum reinvestivit me de ipso castello, ac fecit Breve Testatum, et reversus est Romam.*]

¶ Brevis Testata, in Annalibus Benedict. tom. 4. pag. 700. col. 1. ex Hugonis Farfensis relatione de immunitione rerum monasterii sui : *Quorum territus pavore præfatus Comes quæsivit nobis pactum Imperatore ac Papa scientibus, et refutavit medietatem prædictæ curtis et Ecclesiam S. Gethulii cum duobus casalibus, unde Brevem Testatam habemus.*

¶ Breve Victoriale, Idem quod *Testatum*. Chron. Farfense apud Murator. tom. 2. part. 2. col. 592 : *Et refutavit quicquid ei pertinuit de castello Tribuco. Et confirmavit Breve Victoriale, quod domnus Nicolaus Papa exinde fieri præcepit.*

Breve, Cowello dicitur Citatio, vel decretum causam breviter continens, ob quam quis in jus vocatur, aut aliquid aliud facere jubetur. Ita autem appellatur, ut est in Fleta lib. 2. cap. 13. § 2 : *quia est formatum ad similitudinem regulæ juris, quod breviter et paucis verbis intentionem proferentis exponit et explanat, sicut regula juris rem quæ est, breviter enarrat.* Eadem habet Bracton. lib. 3. tract. 1. cap. 12. § 2. lib. 5. tract. 5. cap. 17. § 2. Concilium Rotomagense ann. 1299. cap. 5 : *Quominus de ipsis* (casibus) *cognoscere valeant,* (judices Ecclesiastici) *impediunt atque perturbant : eisque cedulas inhibitorias dirigentes, quæ Brevia nuncupantur, in casibus in quibus de sui natura Brevia nulla cadunt, etc.* [Chron. Parmense ad ann. 1244. apud Murator. tom. 9. col. 769 : *Et dictus dominus Ugo fuit condemnatus in quatuor libras Parmenses, quæ condemnatio fuit cassata et absoluta vi populi, et fuit constitutum quod Consules viciniarum et mesteriorum, qui ab inderetro non stabant ad Brevia ad consilia Communis, de cetero starent ad Brevia.* Tabularium B. M. de Bono nuntio Rotomag. : *Item dicit quod vidit Robertum Comitem placitantem in assisiis Becci contra Ricardum Florie et ejus uxorem per Brevem stabilire circa annos 20.*] Totidem porro sunt species *Brevium*, quot fere *Actionum*, quas hic leviter attingemus secundum ordinem literarum, postquam de generalibus *Brevibus* quædam dixerimus, indicatis dumtaxat Scriptorum locis, a quibus Lectori plura haurire liberum erit, cum hisce immorari pluribus Glossarii ratio non sinat.

Breve Patens *et apertum*, de quo Bracton. lib. 5. tr. 5. cap. 17. § 1. et 2. Fleta lib. 5. cap. 24. § 7.

Breve Clausum, de quo Bracton. lib. 5. tr. 5. cap. 17. § 2. Fleta lib. 5. cap. 24. § 7.

Breve Originale, quo quis primo citatur ad judicium. Cowell.

Brevia Judicialia, sunt ea quæ sæpius variantur secundum varietatem placitorum proponentis et respondentis, petentis et excipientis, secundum varietatem responsionum. Fiunt autem *Brevia judicialia* in Cancellaria ex recognitionibus et contractibus habitis, et in rotulis Cancellariæ rotulatis. Bracton. lib. 5. tr. 5. cap. 17. § 2. Fleta lib. 2. cap. 13. § 7.

Brevia Magistralia, ea dicuntur quæ sæpius variantur secundum diversitatem casuum, factorum, et querelarum : eorum quædam sunt personalia, quædam realia, et quædam mixta, secundum quod sunt actiones diversæ, vel variæ; quia tot sunt formulæ Brevium, quot sunt genera actionum. Bracton. lib. 5. tr. 5. cap. 7. § 2. Fleta lib. 2. cap. 13. § 4.

Brevia Remedialia. Fleta lib. 4. cap. 31. § 5.

Breve Placitabile, quod requirit formam ordinariam processus. Quoniam Attach. cap. 25. 49. § 1. prima Statuta Roberti I. Regis Scotiæ cap. 25.

Breve Cadere dicitur, cum non convenit actioni, nec in suo casu impetratum est. Cadit etiam in pluribus aliis casibus, de quibus Bracton. lib. 5. tr. 5. cap. 17. Fleta lib. 2. cap. 54. Adde Concilium Rotomagense ann. 1299. can. 5.

Brevia Cursoria, *currentia*, seu *de cursu* Fletæ lib. 2. cap. 12. § 2. et 15. dicuntur, quæ concilio totius regni sunt approbata, quæ quidem mutari non possunt absque eorumdem contraria voluntate. Ejusmodi sunt quæ recensentur in Legibus Baronum Scoticorum, seu Quon. Attach. cap. 49. et seqq. apud Bracton. Fletam, Rastallum, Cowellum et alios JC. Anglicos, a quibus Brevia sequentia excerpsimus, ut si Lector in ea inciderit, horum vim ab Auctoribus laudatis petere possit. [** De Brevibus in foro Anglicano antiquo vide Glanvillæ Tractatum de legibus, ubi quamplurium brevium formulæ enumerantur et Philippis. Histor. Jur. Anglic. vol. 2. Loci sunt in indice.]

Breve *de altiori natura*. Fleta lib. 4. cap. 3. § 19. cap. 10. § 1.

Breve *de admensuratione dotis*. Fleta lib. 5. cap. 23. § 13.

Breve *assisæ mortis antecessoris*. Bracton. lib. 4. tract. 3. § 2.

Breve *de avo et proavo*. Fleta l. 5. c. 5. § 1.

Breve *de assisa novæ disseisinæ*. Bracton. lib. 4. cap. 47.

Breve *accedas ad Curiam*. Rastallus.

Breve *ad quod damnum*. Rastallus.

Breve *de ætate probanda*. Rastallus.

Breve *annua pensione*. Rastallus.

Breve *apostata capiendo*. Rastallus.

Breve *amoveas manus*. Rastallus.

Breve *assumpsit*. Rastallus.

Breve *magnum cape*. Rastallus, etc. Matth. Paris pag. 72. Radulf. de *Hengham* in Magna c. 8.

Breve *parvum cape*. Rastallus, Radulf. de *Hengham*.

Breve *cui ante divortium*. Rastallus.

Breve *contributione facienda*. Rastallus.

Breve *contra formam collationis*. Rastall.

Breve *contra formam feoffamenti*. Rastall.

Breve *certiorari*. Rastallus.

Breve *de consanguinitate*. Bracton. lib. 4. tract. 4. cap. 1. Fleta lib. 5. cap. 2. § 1. 3.

Breve *de conventione*. Leg. Baron. Scotic. cap. 50. Fleta lib. 4. cap. 31. § 1.

Breve *de consuetudine*. Fleta l. 2. c. 62. § 16.

Breve *de Curia claudenda*. Cowellus.

Breve *cui in vita*. Rastallus verb. *Acceptance*, et in hoc verbo.

Breve *capias*. Rastallus. [** Phillips.]

Breve *cessavit*. Rastallus.

Breve *cessavit de Cantaria*. Rastallus.

Breve *diem clausit extremum*. Rastallus.

Breve *de dote*. Fleta l. 5. c. 25. § 2. 3. 5.

Breve *de districtione pro debito*. Leges Baron. Scotic. cap. 49.

Breve *de dissaisina, aut novæ disseisinæ*. Leges Baron. Scotic. cap. 53. Fleta lib. 4. cap. 5. § 11. 12. 14. cap. 17. § 17. [*Bries de novele dessesine*, in Chartulario S. Vandregesili tom. 1. pag. 968. ann. 1299. *Breve novæ dessesinæ*, in Tabular. B. M. de Bono-Nuntio Rotomag.]

Breve *decies tantum*. Rastallus.

Breve *dedimus potestatem*. Rastallus.

Breve *devastaverunt bona testatoris*. Rastallus.

Breve *de dote*. Rastallus.

Breve *dum non fuit compos mentis*. Rastallus.

Breve *elegit*. Cowellus in Indice dictionum, et Rastallus.

** Breve *facias stare* Phillips.

Breve *dum fuit infra ætatem*. Rastallus.

Breve *de feodo et eleemosyna*. Regest. Parlam. Paris. B. f. 51. Vetus Consuet. Normann. cap. 115.

Breve *de feodo et vadio*. Vetus Consuetudo Normann. cap. 111.

Breve *de feodo et firma*. Ibid. cap. 112.

Breve *de judicio*. Fleta lib. 5. cap. 4. § 1.

Breve *de ingressu*. Statut. 2. Westmon. cap. 53. Bracton. lib. 4. cap. 47. tract. 7. cap. 1. Fleta lib. 4. cap. 2. § 21. cap. 5. § 14. cap. 12. § 2. cap. 20. § 11. lib. 5. cap. 5. § 43. cap. 35. 36. 37.

Breve *de intrusione*. Fleta lib. 4. cap. 1. § 4. cap. 30. § 15.

Breve *indicavit*. Statutum de conjunctim feoffatis cap. 2. Rastallus, etc.

Breve *inquisitionis*. Statuta Roberti III. Reg. Scot. cap. 2. et ibi Skenæus.

Breve *de liberando hominem a plegiatione sua*. Leges Baron. Scotic. cap. 51.

Breve *de morte antecessoris*. Leg. Baron. Scotic. cap. 52. Statuta Davidis II. Regis Scotiæ cap. 19. Vet. Consuet. Normann. cap. 81. 88. 89.

Breve *de medio*. Bracton. lib. 2. cap. 7. § 3. Fleta lib. 2. cap. 50. § 3.

Breve *monstraverunt*. Rastallus.

Breve *moderata misericordia*. Rastallus,

Breve *de maritagio imcombrato*. Vetus Consuet. Normanniæ cap. 100.

Breve *de nativis*. Fleta lib. 2. cap. 51. § 1. lib. 4. cap. 5. § 14. Leg. Baron. Scotic. cap. 56.

Breve *ne vexes*. Fleta lib. 4. cap. 2. § 9. lib. 5. cap. 40. Radulf. de *Hengham* in Parva c. 8.

Breve *nuper obiit*. Fleta lib. 5. cap. 7. 1. 3. cap. 8. § 1.

Breve *ne admittas*. Rastallus.

Breve *non omittas propter libertatem*. Rastallus.

Breve *nihil dicit*. Rastallus.

Breve *nisi prius*. Rastallus.

Breve *nuper obiit*. Rastallus.

Breve *de nova dissaisina*. Statuta David. II. Reg. Scot. cap. 19. Vetus Consuet. Normann. cap. 81. 83.

Breve *de protectione Regis infracta*. Leg. Baron. Scot. cap. 54.

Breve *de pace*. Radulf. de *Hengham* in Summa magna cap. 4. [** Phillips.]

Breve *perambulationis*. Leg. Baronum Scotic. cap. 78. §. 2. Fleta lib. 4. cap. 15. §. 1. Cowellus et Rastallus.

Breve *de purparte*. Fleta lib. 5. cap. 5. §. 40. cap. 6. §. 57. cap. 9. §. 31. Bracton. lib. 4. tract. 3. cap. 13. §. 2. cap. 15.

Breve *perquisites*. Rastallus.

Breve *Pone*. Rad. de *Hengham* in Magna c. 4. [** Phillips.]

Breve *præmunire*. Rastallus.

Breve *præcipe in capite*. Rastallus. [** Vide supra *Breve Principis*.]

Breve *procedendo*. Rastallus.

Breve *protectionis*. Rastallus.

Breve *quo minus*. Rastallus.

Breve *quod permittat*. Rastallus.

Breve *quo jure*. Bracton. lib. 4. cap. 40. Fleta lib. 4. cap. 24. §. 1. 16. lib. 6. cap. 15. Rastallus.

Breve *quod ei deforciat*. Rastallus.

Breve *quo warento*. Bracton. lib. 4. tract. 4. cap. 6. Fleta lib. 6. cap. 15. Rastallus, Monast. Angl. tom. 1. pag. 72. tom. 2. pag. 2.

Breve *quare impedit*. Bracton. lib. 4. tract. 2. cap. 6. §. 2. 3. Fleta lib. 5. cap. 16. Rastallus.

Breve *quare ejecit*. Rastallus.

Breve *quare incumbravit*. Rastallus.

Breve *quare intrusit*. Rastallus.

Breve *quare non admisit*. Rastallus.

Breve *de recto*. Regiam Majest. lib. 2. cap. 16. §. 20. 21. Fleta lib. 5. cap. 8. §. 9. Bracton. lib. 5. cap. 1. 2. etc. lib. 5. tract. 3. cap. 5. §. 3. Littleton sect. 170. Radulfus de *Hengham* in Summa magna cap. 1. etc. [Kennettus in Glossario ad calcem Antiquit. Ambrosden.] [** Phillips.]

Breve *de rationabili parte de dote*. Fleta lib. 5. cap. 25. §. 4.

** Breve *seisias*. Phillips.

Breve *retraxit*. Rastallus.

Breve *de summovendo warentum*. Fleta lib. 6. cap. 24.

Breve *scire facias*. Rastallus.

Breve *de stabilia et recognitione*. Vetus Consuetudo Normanniæ cap. 113.

Breve *de superdemanda*. Ibid. cap. 114. [** Vide supra *Breve de sordemande*.]

Breve *ad videndum infirmum*. Rad. de *Hengham* in Magna c. 4.

** Breve *unde nihil*, Phillips.

Breve *utrum*. Rastallus.

Breve *de warento*. Leg. Baron. Scotic. cap. 55. Fleta lib. 4. cap. 5. § 11. et alii.

* 14. Breve, ut mox *Breviarium*. Cærem. vet. eccl. Carnot. : *Incipit Breve in festo sanctorum*. Chartul. ejusd. eccl.: *Unum missale, duo gradalia, tria psalteria, unum Breve*.

¶ Brevialis Tabula, in qua discipuli regulas a magistris acceptas scribebant. Bern. Mon. Ord. Cluniac. part. 1. cap. 27 : *Opus habentes codicem, vel ipsam Tabulam Brevialem accipere alio loco, quam ubi sedere solent, nunquam accipiunt sine licentia magistri*.

** Per Brevem *suscipere*, Recepta inbreviare. Statut. veter. Corbeiens. lib. 2. cap. 9. post. Irminon. pag. 325 : *Portarius inde nullam sollicitudinem, excepto ad suscipiendum, habeat. Per Brevem tamen de singulis locis omni anno semper omnia suscipiat, ut, si necesse fuerit etc.*

Breviare, In breves redigere, describere. Gloss. Gr. Lat. : Βραχύνω, *Brevio*. Wippo de Vita Conradi Salici pag. 409 : *Hæc de Regina interim Breviavi*. Eckehardus Jun. de Casib. S. Galli cap. 16 : *Has in cartis Breviatas a me clementer audi*. [Charta ann. 978. inter Instrum. tomi 4. novæ Gall. Christ. col. 5. E : *Namque cernens... memet nullo modo evadere posse casum mortis diræ conditionis, ante me Breviare omnia jussi, quod tribuere cupiebam Deo meo Conditori ac monachis B. Petri et Pauli Cluniacensis monasterii*. Ubi *Breviare* idem est quod agendorum chartulam seu conceptum animo testamentum perscribere, delineare, Gallice *Minuter*.] Utuntur etiam Latini Scriptores. [** Fiscorum describendorum Formulæ ann. 808. cap. Pertz. vol. Leg. 1. pag. 178 : *Et sic cetera Breviare debes*.]

** Adbreviare, Idem. Ibidem : *Et sic cetera de talibus rebus breviare debes. Item Adbreviandum de peculiis*. Infra : *Et sic de ceteris omnibus numerabis*.

Inbreviare, Eadem notione. Concilium Meldense ann. 845. cap. 42 : *Investigent ac diligenter Inbrevient res Ecclesiasticas, etc.* Hincmarus in Præfat. opusculi 55. Capitul. : *Habebus Imbreviatos, quot infantes sine baptismate, et quot homines sine communione obierint.* Historia Ignoti Casin. cap. 6. in Diplom. Ludovic. II. Imp. : *Ut cum nos hoc prospexerimus, et Inbreviare fecerimus, non negligentes appareant.* Annal. Fr. Bertiniani ann. 869 : *Comites vassallorum beneficia Imbreviarent.* Rogerus Hoved. in Ricardo I : *Imbreviabuntur et numerus carucatarum terræ, et valentiæ terrarum.* [Liber niger Scaccarii pag. 366 : *Inbreviare faciant omnia milliaria et centurias et libras, etc.*] Occurrit præterea apud Nitbardum lib. 4. pag. 379. in Capit. Caroli Mag. lib. 4. Append. 2. §. 28. [** 29. e Capit. Aquens. ann. 810. cap. 11. Pertz. vol. Leg. 1. pag. 163.] in Capit. Caroli C. tit. 6. cap. 11. [** in villa Sparnac ann. 846. cap. 20. ibid. pag. 389.] tit. 9. cap. 1. pag. 86. [** Synod. Suesson. ann. 853. Capitul. Missor. cap. 1. ibid. pag. 418.] tit. 27. cap. 5. 7. [** post. redit. a Confluent. ann. 860. ibid. pag. 473.] tit. 31. cap. 19. 22. [** Edict. Pistens. ann. 864. ibid. pag. 492.] in Capitulari ejusd. Caroli Compendiensi ann. 868. cap. 1. in Concilio Dusiacensi I. part. 2. cap. 29. in Concilio apud Sanctam Macram ann. 881. cap. 4. apud Lanfrancum in Decret. pro Ord. S. Bened. cap. 1. sect. 3. Udalricum lib. 3. Consuet. Cluniac. cap. 10. 18. Matth. Paris pag. 162. 179. etc.

Inbreviatura, in Statutis Venet. ann. 1242. lib. 1. cap. 36 : *Exigatur ab omnibus notariis sacramentum, ut quandoque rogati fuerint de aliqua charta, quam citius possint Inbreviaturam inde conficiant, in qua contineri debet quicquid dictum fuerit ab eis, vel ab eo, qui chartam rogaverint, vel rogavit. Item contineatur in ea dies factæ præcis, anni Domini et indictio. Et statim cum charta facta fuerit et completa Imbreviatura, circumducatur linea atramenti.* Vide in *Brolhardus. Registre ou Embreveure originelle*, in Consuetud. Cameracensi tit. 3. art. 8. Charta ann. 1181. apud Ughell. in Archiep. Mediolan. : *Illæ terræ quæ erant inbreviatæ in quadam Inbreviatura.* Libertates urbis Sacri Cæsaris in Biturigibus ann. 1327 : *Nullus eorum, qui quondam servientes erant, de propietate sua, quam vendet, aliquam dabit consuetudinem, vel Imbreviaturas.*

Breviatores, Qui brevia conficiebant, in Nov. Just. 105 : *Inbreviator sive descriptor stipendiorum regalium*, mox, *Descriptor et relator stipendiorum regalium*, apud Hincmarum Remensem. [Vide Miræum tom. 1. pag. 679. col. 2. edit. 1723.]

Abbreviator, Officium in Curia Romana. Carmen de Curia Romana v. 259 :

Aut male narrabis narranda, vel Abbreviator
Apponet factis plusve minusve tuis.

[Vide *Abbreviator* suo loco.]

** Breviarium *rerum fiscalium*, inscriptæ in antiq. edit. post Capitul. de Villis Formulæ de rebus conscribendis. Sed inscriptionem ex ingenio finxisse Eccardum putandum est, cum non legatur apud Pertz. vol. Leg. 1. pag. 176. Perscriptio talis post. ann. 800. per missos regios in Longobardia facta ap. Guerard. post Irminon. pag. 353. *Breve inquisitionis* et pag. 354. nude *Breve* dicitur in diplomate ipso. Fragment. amplior. Polypt. Sithiens. cap. 22. ibid. pag. 404 : *Brevis et de substantia et censu et dispensa etc.* Vide supra *Breve*, 10.

Breviarium, Instrumentum Notariorum. Passim in Statutis Venetorum ann. 1242. Vide *Brevis* 2. et *Inbreviatura.*

Breviarium, Joanni de Janua, Locus *ubi reponuntur vel reportantur Brevia, vel ubi aliquid continetur abbreviatum : unde quidam liber in quo est totum Officium diurnum et nocturnum, dicitur Breviarius*, liber Ecclesiasticum Officium compendio complectens. Charta Ludovici Pii in Vita Aldrici Episc. Cenom. n. 11 : *Sicut in plenariis et Breviariis ejusdem Ecclesiæ continentur.* Acta Murensis Monast. pag. 32 : *Sunt et 2. cursinarii, et. 3. benedictionales libri : ex his unus habet obsequium mortuorum, et unus Breviarius.* Epistola Hugonis Lugdunensis Archiepiscopi ad Robertum Lingonensem Episcopum in Hist. de Exordio Cisterciensis Ordinis cap. 7 : *Præter Breviarium quoddam quod usque ad festivitatem S. Joan. Baptistæ retinebunt, ut transcribant, etc.* [Ceremoniale vetus MS. B. Mariæ Deauratæ Tolosanæ : *Sequitur festum S. Georgii martyris, quod est in cappis propter Reliquias, quæ sunt in ista Ecclesia, et propter altare suum, et ideo licet sint plures insimul martires, de quibus secundum Breviarios deberent fieri insimul duodecim lectiones simplices; tamen propter supradicta, etc.* Capitulum gener. S. Victoris Massil. ann. 1198 : *Breviaria quæ proprie ad Abbates pertinent.* Aliud ann. 1340. ex Archivis ejusd. S. Victor. : *Moneta, capæ et Breviaria completa.*] Hocce titulo donatur Breviarium Chori ad usum Monasterii Casinensis, scriptum Alexio Comneno imperante, hoc est, circa ann. 1100 : *Incipit Breviarium, sive Ordo officiorum per totam anni decursionem.* Quod quidem breviarium totius Ecclesiastici Officii rubricas, ritus etiam et ceremonias continet tam Officii recitandi, quam Missæ celebrandæ, necnon peculiares præcipuarum solennitatum observantias. Ubi vir doctissimus Paschasius Quesnellus hinc colligi posse censet, primitus breviarii nomine solas rubricas, seu ordinem Officiorum olim innotuisse, quod postmodum toti officio quod sequebatur, adscriptum est.

* Charta ann. 1353. in Reg. 82. Chartoph. reg. ch. 140 : *Cum quodam calice, uno missali ac Breviariis notatis, etc.*

** Breviorium, Eadem significatione Charta Lusitan. ann. 1140. ap. S. Rosa de Viterbo Elucidarii tom. 1. pag. 207 : *De illo meo Breviorio, quem emi justo prætio ab ipsis ecclesiolæ canonicis.... do itaque ipsis canonicis illum, et concedo conditione tali, ut cum ego illum habere voluero ad exercendum officium ecclesiæ meæ, redam vobis in unoquoque anno duas libras ceræ, et post obitus mei clausulam, liberum illum habeant ipsi canonici. Sed, si priusquam mors me preoccupet, sub regimine alicujus ordinis vivere me decrevero, absque ullo impedimento recipiant illum ipsi canonici.*

** Breviarium de Carreira, Viaticum, quod iter faciens secum gerat. Charta Lusitan. ann. 1217. ap. S. Rosa de Viterbo Elucidarii tom. 1. pag. 207 : *Et pro rebora unum Breviarium de Carreira de dia et de nocte.* Vide *Carreria*, 1.

¶ Breviale, Eadem notione. Testament. Garini *Goujons* ann. 1314 : *Legavit Hoduyno capellano melius Breviale quod habebat.*

* Brevialle, Eadem notione. Testam. Isabellis dalph. ann. 1345. inter Probat. tom. 2. Hist. Burg. pag. 219. col. 2 : *Item do et lego meum Brevialle fratribus Minoribus Bisuntinensibus et conventui ipsorum pro infirmatoria.*

* Breviare, Eodem significatu. Charta ann. 1252. in Chartul. Thenol. fol. 110. v° : *Cum in ecclesia parrochiali dictæ villæ de Bouconvilla non essent Breviare et psalterium, etc.* Pluries ibi.

** Gemma Gemmarum : *Breviarium vel Breviarius, ein abgekurtz betbuch, das ist nitt ein genugsam betbuch.*

Breviarius, Idem quod *Brevis.* Tradit. Fuld. lib. 1. cap. 39 : *Sed et iste Breviarius ad ornamentum Ecclesiæ pertinet, id est, turibula deaurata. 2. cortinæ 12. etc.* [** *Breviarium divisionis thesaurorum Carol. M.* apud Baluz. post Capitular. 3. ann. 811.]

Brevigerulus, *Bajulus et portator brevium*, apud Joan. de Janua.

¶ Breviger, Idem qui *Brevigerulus.* Vide *Rotlifer.*

Breviculus, Indiculus, compendium, breviarium : diminutivum a *Breve.* Occurrit in Concilio Bracarensi II. cap. 9. apud S. Augustinum, Agobardum de Baptismo Judæor. et in Epist. ad Proceres Palatii, Flodoard. lib. 3. Hist. Rem. cap. 22. in Definitione Synodi Dusiacensis II. ann. 874. etc. Chr. Flandr. cap. 113 : *Lors commencerent ceux d'Ypre à murmurer, et feirent Brieveletes, et les jetterent secretement par toute la ville pour les gens discorder.*

Brevetus. Charta Philippi Regis Fr. ann. 1317. apud Argentreum lib. 5. Hist. Armor. cap. 34 : *Exceptis et retentis dicto Duci,.. peceio seu naufragio marino, forefacturis, emolumento ex fractura navium, et ratione pecell et naufragii ob defectum Brevetorum.* [Charta anni 1231. ex Archivo Castri Nannet. : *Ludovicus D. G. Francorum Rex, etc. Promisimus Petro de Drosco alias de Brenne Duci Britanniæ et ejus successoribus omnia sua jura illæsa servare .... salvas guardias dandi, portus marinos habendi, peceia seu naufragia marina, cum forefactis et emendis ex fractura navium et ratione præmissorum peceiorum ob defectum Brevetorum seu sigillorum marinorum, capiendi in havris, in portis sui Ducatus et in mari obvenient quoquomodo percipiendi : Brevetos seu sigillos Brevetorum, videlicet salvationis, salvi conductus et victualium pro navigantibus seu marcantibus per mare Britannicum, etc. Breve Salvationis*, in Hist. Britan. tom. 2. pag. 1009 : *Quod Episcopus Macloviensis nititur habere naufragia occurrentia in mari contiguo civitati Macloviensi, quæ competunt Domino Duci in navigantibus, qui non receperunt bulletas seu Brevia Salvationis.* Sunt autem *Brevia Salvationis seu Breveti*, si bene ex allatis locis conjicio, schedulæ seu litteræ navigantibus necessariæ, ut res suas e naufragio ereptas possent repetere. A Duce concedebantur in Britannia, resque omnes navibus impositas instar indiculi, ut probabile videtur, recensebant, ut fides esse posset eas res esse navigantium. Ubi deerant hujuscemodi *Brevia* seu *Breveti*, quidquid e naufragio eripiebatur, ad Ducem seu Dominos simili jure gaudentes pertinebat, jure scilicet naufragii. Gall. *Droit de Bris.*]

¶ BREVETUM, Summi Pontificis Epistola, Gall. *Bref*. Lobinellus Hist. Britan. tom. 2. pag. 1203 : *A SS. Domino nostro Papa scripta sub Piscatoris annulo in modum Breveti suscepisse clausa.* Vide *Annulus Piscatoris* in *Annulus*.

¶ BREVETUM, Schedula. Archivum Pontis-Levii : *Anno* 1473. *die solennitatis omnium Sanctorum R. in Christo pater Franciscus Aurelianensium Episcopus, Commendatarius hujus Monasterii de Pontelevio visitavit capsam super majus altare, in qua invenit plura ossa et tria Breveta, in quorum uno scriptum erat : Hic sunt Reliquiæ de S. Maria et de S. Petro Apostolo, etc.*

BREVIALIS, Brevis. Ruffinus Aquileiensis in Symbolo : *Sed videamus quid jam Brevialis hic sermo proponat.*

BREVICELLUM. Testam. Bertichramni Episc. Cenoman. : *Quos solidos per sucellos separatim cum Brevicellis sigillatis ad unumquemque locum ... commendavi.*

** **BREVELLUS**, Diminut. a *Brevis*. Vergil. Maro Epist. 3. ap. Maium Classic. Auctor. tom. 5. pag. 36. *Breviculus*, apud Forcellinum.

* **BREVERIA**. Pactum inter Robert. II. ducem Burg. et capit. eccl. Cabilon. ann. 1290. inter Probat. tom. 2. Hist. Burg. pag. 78. col. 2 : *Concedimus quod expensæ, quas fieri contigerit super homines dictorum decani et capituli ratione Breveriæ nostræ, cum moderamine fiant et imponantur.* Ubi *Breneria* legendum opinor. Vide in *Bren.*

* **BREVIA**, ut supra *Breva*. Vide in hac voce. Lit. remiss. ann. 1360. in Reg. 89. Chartoph. reg. 675 : *Qui insimul erga magistros tunc in dicta moneta existentes certam Brevium, Gall. Brieve nuncupatam, minoris allei, quam eisdem tradita extiterat, reportassent, etc.*

* **BREVIALIS**, f. pro *Brebialis*, ad *berbices* seu oves spectans. Stat. ann. 1356. apud Raim. Duell. tom. 1. Miscel. pag. 123 : *Omnes pulli autumnales, exceptis* 40....... *Omnes pulli carnis Breviales, quinque solidis pullorum exceptis.* Vide in *Berbix* 1. Alia notione, vide in *Brevis*.

* **BREVIALLE**, BREVIARE. Vide supra in *Breve*.

* **BREVIATUS**, In *brevi* inter defunctos conscriptus. Appendix ad Marcam Hispan. col. 777 : *Quosdam de prædictis supra prætermissis personis his* (hic) *Breviatos agnosce. Id sunt, Guillelmus, etc.* Vide in *Brevis*, 4.

* **BREVILEGIUM**, Summi pontificis *breve*, epistola, vulgo *Bref*, Ital. *Brivilegio*, Privilegium. Charta ann. 833. apud Murator. tom. 5. Antiq. Ital. med. ævi col. 926 : *Idcirco et ostendit Brevilegium bonæ memoriæ Stefani Papæ urbis Romæ ..... Quamobrem et ostendit Brevilegium quod Leoni Papæ, qualiter et ipse per suum Brevilegium et præceptum, etc.* Vide *Brebilegium*.

BREVISOCREA, Cognominatus Robertus Comes Normanniæ, Nothi filius, Gall. *Courte-heuse*, quod esset corpore pingui, brevique statura, ut ait Ordericus Vitalis lib. 4. et 8. pag. 545. 664.

¶ **BREVITUDO**, Brevitas. Constitutio Ludovici de Canossa Bajocensis Episcopi : *Cum habitibus decentibus, nimia longitudine vel Brevitudine minime notatis, sed honestis et suo statu congruis.*

¶ **BREZELLUM**, An brasilicum lignum, quo tinctores utuntur, Gall. *Bresil?* Charta pro Communia Balneoli ann. 1208. ex Schedis D. *Lancelot* : *Domini de Baln. in hominibus extraneis, qui in eadem villa ad vendendum veniunt vel emendum, accipiant de quintali piperis* 4. *denarios, de quintali Brezelli* 4. *denar. de quintali etc.*

1. **BRIA**, *Mensura*, Joan. de Janua. Gloss. Lat. Gr. : *Bria*, εἶδος ἀγγείου. Ita scribendum. Ebrardus Betun. in Græcismo cap. 12 :

Hæc Bria si dicas, modus est, vas Romipetarum :
Hic Bria, quo vinum sibi distribuunt quasi libra.

Radulphus in Vita S. Richardi Episc. Cicestrensis n. 31 : *Quippe sobrius dicitur, quasi sub Bria constitutus, id est, sub mensura.* Occurrit etiam apud Arnobium lib. 7. Inde quidam nostrum *Buire* accersunt. [** Vide Forcellin. et Lindemann. ad Charisium lib. 1. cap. 17. sect. 2. not. 2.]

* Glossar. Provinc. Lat. ex Cod. reg. 7657 : *Bria, mensura, metreta, mesura, Prov.*

¶ 2. **BRIA**, Pons, veteribus Gallis : hinc *Carobriæ* vicus in finibus Biturigum, qui duos habuit pontes Caro flumini impositos, Vide Valesium in Notitia Galliarum pag. 129. Buchananus lib. 2. Hist. Scotiæ hæc habet ad nostram rem pertinentia : *Briam Strabo lib.* 7. *et cum eo consentiens Stephanus, ait urbem significare : id ut confirment, hæc nomina inde facta proferunt, Pultobria, Brutobria, Mesimbria, et Selembria. Sed quæ illis Brutobria, aliis est Brutobrica; et quæ Ptolomæo finiuntur in Briga, Plinio exeunt in Brica, ut verisimile sit, Briam, Brigam et Bricam, idem significare. Verum originem omnibus e Gallia esse, vel hinc apparet, quod Galli antiquitus in Thraciam et Hispaniam, non autem illi in Galliam, colonos misisse dicuntur.* Quadraginta deinde nomina ex variis scriptoribus describit, quæ in *Briga* terminantur. Vide *Briga* 2. et *Briva*.

¶ **BRIBA**, Gall. *Bribe*, Frustum panis, Panis mendicatus. Hisp. *Bribar* vel *Brivar*, Mendicare. Versus Macaronici quos post *Rabelais* refert Menagius in Dictionar. Etymol. Linguæ Gallicæ :

Hic est de patria natus de gente belistra,
Qui solet antiquo Bribas portare bisacco.

* Unde nostris *Briberresse* de muliere mendica, quæ turpiter et dissolute vagatur, qua notione *Bribonear* dicunt Hispani. Lit. remiss. ann. 1425. in Reg. 173. Chartoph. reg. ch. 376 : *Le suppliant et sa femme estoient alez en la riviere d'Oise par une nasselle..... Icelle femme dist au suppliant qu'il n'estoit filz que d'une Briberesse.* Ita et *Brimbeur*, qui fragmenta panis, aliarumve rerum, *Brimbes* dicta, mendicando colligit. Ch. ann. 1461. in Suppl. ad Miræum pag. 203. col. 1 : *Pour éviter toute rudesse, charge et inconvéniens, qui adviennent....... par les vagabonds et Brimbeurs estrangers, etc.* Guignevil. in Peregr. hum. gen. Ms. :

C'est celle qui Brimbes repont
En son sachet, et tant y sont
Que moysies elles devienent,

* **BRIBAZONES**, Idem qui *Brabançiones*. Vide in hac voce. Conc. Lateran. sub Alex. PP. III. ann. 1179. in Gestis Henr. II. reg. Angl. apud Hearn. tom. 1. pag. 299 : *De Bribazonibus et Arrogonensibus...... qui tantam in Christianos immanitatem exercent, etc.*

* 1. **BRICA**, Pons. Vide *Bria* 2.

* 2. **BRICA**, Rixa, injuria. Vide in *Briga* 1.

* 3. **BRICA**, BRIQUA, Later, Gall. *Brique*; item, Lateraria, nostris *Briquerie* et *Briqueterie*. Comput. ann. 1450. ex Tabul. S. Vulfr. Abbavil : *Pro uno quarteronno cum dimidio Bricarum ad ponendum de sub plombis deambulatorii grangiæ ad latus nemoris, xv. den.* Comput. Ms. fabricæ S. Petri Insul. ann. 1367 : *Item datum brickariæ de Marquettu pro v. mil. Bricarum, pro milari xlv. sol.* Alius ann. 1369 : *Item pro deportando Briquas pro duabus dietis vj. sol.* Ubi *Brickaria* est lateraria opifex, vel quæ lateres vendit, Gall. *Briquetiere; Briqueteur*, de homine dicitur, in Lit. remiss. ann. 1470. ex Reg. 195. Chartoph. reg. ch. 459 : *Ung jeune homme Briqueteur, lors demourant en ung villaige nommé Waignies.* Obituar. Ms. S. Joan. Carnot. ad III. Ton. Jun. : *Obiit Hildeboldus, qui...... dedit fratribus S. Johannis... in valle petrosa duos agripennos et Bricam.*

BRIBETHUS. Vita S. Samsonis Episc. Dolensis lib. 1. cap. 26 : *Vidit ... vetulam anum suis vestimentis Bribetham, chrysulatamque venalem in manu tenentem, ac silvas veloci cursu volucritantem.* Quid si legatur *Birrhatam?*

¶ **BRICA**. Vide *Bria* 2. et *Briga* 1.

BRICHEMINUS, Idem quod *Cheminus*, Via, iter. Charta Henrici II. Regis Angl. pro Abbatia Saviniacensi : *In piscariis et mariscis, in Bricheminis et semitis, et omnibus aliis locis.*

* Illud præsertim iter, in quo propter aquas pontes sæpe occurrunt. Vide *Bria* 2.

BRICIA PANIS, Mica, frustum, apud Bertramum in Vita S. Francæ Abbatissæ num. 16. ex Italico *Bricia*, *Briciola*. Vide Octav. Ferrarium in Orig. linguæ Italicæ, [** et Raynouard. v. *Briza*, vol. 1. pag. 260.]

* **BRICIUM**, *Goutiere*, in Glossar. Lat. Gall. ex Cod. reg. 7692.

* **BRICIUS**. Vide infra *Brucius*.

BRICOLA, Machinæ λιθοβόλου species, Gallis *Bricolle*. In jure municipali Florentinorum lib. 3. vetantur cives privatim in turribus *Briccolas* habere. Chronicon Petri IV. Reg. Aragon. lib. 3. cap. 26 : *E los de la vila tiraven à la torre que hagueren en perduda ab un geny gran, e ab una Brigola, etc.* Adde lib. 6. cap. 4. Froissart. 4. vol. cap. 18 : *Pour ce jour ils ne monstrerent autre deffense que de Bricolles, qui gestoient gros carreaux.* Blondus lib. 3. Romæ triumphant. : *Calistam majores dixere prisci trabem validam, ita libratam, ut cum pars densior ponderibus attracta descenderet, elevata proceritas sua funiculis, quos haberet alligatos, funda saxum maximi ponderis longe emitteret. Eique maxime nunc machinæ Brichollæ est appellatio.* Hieronymus Magius lib. I. Miscell. cap. I : *Trabuchi, machinæ litholobolæ, (ejusdem fere generis sunt et Bricolæ vocatæ) quibus avorum nostrorum memoria vasti molares in hostes jaculabantur.* Helias Capreolus lib. 7. Hist. Brixiensis : *Sed conjicientibus in ipsa castra saxa e machinis, quas Bricolas appellant, civibus, etc.* [Bartholomæus Scriba lib. 6. Annal. Genuens. ad ann. 1241. apud Murator. tom. 6. col. 492 : *Tunc parata fuit in civitate quædam Bricola.*] *Bricolarum* meminit præterea Monstrelletus I. vol. cap. 29. 93. 121. 125. Vide Octav. Ferrarium in Origin. linguæ Italicæ in *Briccole.*

* *Brigole*, apud Monstrelet. I. vol. cap. 29. Glossar. Provinc. Lat. ex Cod. reg. 7657 : *Bricola, Prov. librilla. Briche*, eadem notione, apud Guiart. ad ann. 1304 :

Garnis de quarriaus et de Briches,
Pour geter à chace et à fuites.

* Est et ludi genus ejusdem appellationis. Lit. remiss. ann. 1408. in Reg. 162. Chartoph. reg. ch. 191 : *Aucunes jeunes bachelettes jouoient d'un jeu, appellé la Briche, et quant le suppliant et Mahieu Burnel approucherent près d'eulx Andrieu d'Azencourt print hors des mains d'une desdites bachelettes le baston, duquel bricher devoit, etc.* Aliæ ann. 1411. in Reg. 165. ch. 306 : *Pluseurs gens qui jouoient au geu de Brische et gesant à terre, etc. Bricque*, in Lit. remiss. ann. 1450. ex Reg. 184. ch. 48 : *Lesquelles filles jouoient à ung jeu, que l'en dit la Bricque ;..... lesdites filles assises audit jeu de la Bricque, etc.* Ignotæ vero significationis mihi est eadem vox *Briche*, in Charta compositionis inter Ingeran. Codic. et Nicol. Camerac. episc. ann. 1264 : *Reconnoist lidis évesques que en pain, s'il est menres qu'il ne doie, en raime, en Briche, en herbe, si la loivre n'est souffisans, en dras qui soient fourfais, et en autres coses samblant, nous aions tel droiture comme nous devons avoir, c'est-à-dire le siste de livrement, ou le tiert se deraisnier le poons par droit.* Nisi sit truncus, caudex.

¶ **BRICOSUS**, Jurgiosus. Vide *Briga* I.

¶ I. **BRIDA**, Frenum, a Gallico *Bride.* Acta SS. Julii tom. I. pag. 589. D. in Processu de B. Petro de Luxemburgo : *Tenendo equum suum per Bridam.*

* Comput. ann. 1334. inter Probat. tom. 1. Hist. Nem. pag. 86. col : *Item pro Bridis emptis ad opus dicti ronsini, etc.* Inventar. ann. 1476. ex Tabular. Flamar. : *Et primo unum rousinum pili baylhardi obscuri, valoris triginta scutorum auri, cum sua cella et Brida.* [** Etymon arcessendum videtur ab Anglosaxon. **Bridl**, cum eadem vox a Frisonibus usurpata sit.]

* 2. **BRIDA**, Machinæ jaculatoriæ species, eadem quæ *Bricola;* unde legendum videtur *Brica* vel *Bricha* : a nostris enim *Briche* nuncupatam fuisse hanc machinam, observavimus supra in *Bricola.* Charta pro habitatoribus Moissiaci ann. 1359. ex Bibl. reg. cot. 19 : *Prænominatis consulibus in adjutorium perficiendi opus....... dicti pontis de fusta, quæ nunc est in loco prædicto de Moisiaco de resta certæ summæ fustorum, quæ pro provisione in obsedio beati Anthonini portata fuerant, dempta tamen de fusta et resta prædicta...... fusta apta et dedita ad faciendum Bridas et manganellas usque ad valorem D. scutorum auri, dedimus.* Sed et fortassis restituendum *Bridca;* nam

* **BRIDCO**, Eadem notione, occurrit in charta ann. 1343. ex schedis D. *Vaissette : Johannes de Schadenchis magister Bridconum et ingeniorum domini regis in Lingua Occitana.*

BRIDGUMUM, Bridguma, Saxonib. *Sponsus*, uti hæc vox redditur in Legibus Edmundi de sponsalib. cap. 3. ubi perperam, ut et c. 2 *Brigdunia* scribitur. Caput 1. habet *Brigdumum.* Ex Saxon. bryde, sponsa, et guma, curare, ita ut sponsus sponsæ suæ dicatur curator, ut Gall. *Mari et Bail.* [** Goth. Gomo, Vir, Anglos. Guma. Conf. Graff. Thes. Ling. Fr. vol. 4. col. 200.]

* **BRIDOLEZA** Farina, Purior similago, vulgo *Bourdalese, Bourdeloise*, interprete D. *Vaissete.* Lit. ann. 1363. tom. 4. Ordinat. reg. Franc. pag. 238 : *Sex denarios pro libra de farina Bridoleza.*

* **BRIEMARDUM**, *Briemart*, apud Cotgrav. Potionis species ex furfure, fermento et aqua confecta in pauperum usus. Locus est supra in *Biera;* ubi tamen haud scio an ejusmodi potio intelligenda sit. Ut ut est, *Bremas, Briemas* et *Brumat*, cerevisiæ species videtur, in Lit. remiss. ann. 1420. ex Reg. 171. Chartoph. reg. ch. 99 : *Comme pluseurs compaignons feussent venuz en l'ostel de Martin Megnot brasseur de cervoise, et à icellui eussent requis avoir place pour eulz asseoir à boire du breuvage, que on dist Bremas, que icellui Martin vendoit.* Aliæ ann. 1402. in Reg. 157. ch. 114 : *Ilz avoient escrivé ensemble pour un lot de Briemas ou cervoise.* Rursum aliæ ann. 1447. in Reg. 176. ch. 527 : *Les suppliants et les autres de leur compaignie..... alerent boire du Brumat ou citollet en l'ostel d'un nommé Jehan Maillart, qui s'entremettoit de vendre ledit bruvage.* Unde Picardicum *Bromardier* potius accersendum opinor, quam a *Bruma*, ut suspicatur Cangius in hac voce. Aliud vero est *Bremas*, Armorum scilicet genus, in Lit. remiss. ann. 1463. ex Reg. 199. ch. 80 : *Le suppliant frapa dessus icellui Thevenot d'un baston appellé* (en Flandres) *Bremas.* An idem quod *Bragamardus?* Vide supra in hac voce.

* **BRIEVA.** Vide supra *Breva.*

I. **BRIGA**, Jurgium, rixa, pugna, Italis *Briga.* Catholicon Armoricum : *Brigus, Gall. Noiseux, Lat. Bricosus. Item Bricose, Gall. Tensement. Item hæc Briga, gæ, Brigue, Tenczon.* A *trica* Lat. deducit Acharisius. Continuator Nangii ann. 1348 : *Et per lites, Brigas, et rixas atque placita, etc.* Thom. Walsinghamus in Edw. III. pag. 190 : *Ferunt quidam quod per istam Brigam Rex per illos dominos in Parliamento constitutos noluit ulterius gubernari.* Vita Urbani V. PP. : *Ne fierent Brigæ, dissensiones, aut insultus.* Petrus de Cugneriis Advocatus Regius : *Si quis in Briga, ubi sanguinis effusio facta fuerit, captus fuerit, etc.* Occurrit non semel apud Albertum Argentinensem pag. 99. 102. 125. 128. 130. 164. Joannem Villaneum lib. 2. cap. 16. lib. 6. cap. 26. 87. lib. 7. cap. 56.

¶ Briga, Partes, Factio, Gall. *Brigue.* Chron. Siciliæ ad ann. 1318. apud Marten. tom. 3. Anecdot. col. 84 : *In ipsa Brigâ dicti Grimaldi prævaluerunt.*

* Chron. Domin. de Gravina apud Murator. tom. 12. Script. Ital. col. 552 : *Instantibus dictis dominis et persuadentibus dictum regem, prædictum Palatinum suosque sequaces fore capitali sententia puniendos, eo quod contra honorem regiæ majestatis hostiles Brigas in regno moverint.*

Briga, Lis. Charta ann. 1279. in Metropoli Salisburgensi tom. 2. pag. 342 : *Promiserunt, scilicet quod ad interesse Brigarum et evictionis spontanee teneantur.*

* Glossar. Provinc. Lat. ex Cod. reg. 7657 : *Brega, Prov. Lis.* Charta Phil. Pulc. ann. 1307. in Hist. Lugd. pag. 43. col. 2 : *Ne in posterum Briga super hoc, vel dubitatio oriatur etc.* Vide *Absbrigare.*

Brigosus, Intricatus, fastidiosus, Italis *Brigoso.* Chron. Aulæ Regiæ cap. 25 : *Multa Brigosa negotia sagaciter et efficaciter expedivit.* Statuta Academiæ Viennensis in Austria, apud Lambecium : *Scholares Brigosi, luxuriosi, ebriosi, etc.* [Pontificale Autissiodor. ann. circiter 200 : *Tunc Episcopus det eis,* (tonsuratis) *aquam benedictam, et moneat eos, ne sint Brigosi, ne dimittant scolas, libenter ad ecclesiam vadant, ipsique in cantu et lectura se exerceant, Horas B. M. Virginis addiscant, et dicant.*]

¶ Brigossus. Instrum. anni 1410. Ludewig. Reliq. MSS. tom. 6. pag. 68 : *Ipsi præfati non poterunt vendere hominibus Brigossis seu male conservatis vel reprobis, sed honestis et conservatis nobis.*

* Rixosus, ad rixam concitus nostris *Querelleur*, olim *Brigueur* et *Brigueux.* Glossar. Provinc. Lat. ex Cod. reg. 7657 : *Breguiol, Prov. rixosus.* Lit. remiss. ann. 1351. in Reg. 80. Chartoph. reg. ch. 637 : *Homo Brigosus, ac vita et moribus inhonestus. Quoad frequentantes tabernarum, et alios rixosos seu Brigosos, etc.* in Ch. ann. 1442. ex schedis Pr. *de Mazaugues.* Lit. remiss. ann. 1389. in Reg. 137. ch. 58 : *Bedoin estoit homme de très-mauvaise vie, renommée, Brigueux, noiseux, etc.* Aliæ ann. 1401. in Reg. 156. ch. 30 : *Ledit Ponsart, qui estoit un homme de mauvaise vie et gouvernement,.. Brigueur, joueur de dez. Bricart* vero dici videtur Verbosus, qui multa intricate loquitur. Mirac. B. M. V. Mss. lib. 2 :

Qui parleroit, ce est la some,
En bauboiant à un haut homme,
On le tenroit pour fol Bricart.

* Brigare, Rixari, contendere, negotium cum aliquo habere, quo sensu utuntur Itali. Chron. Domin. de Gravina apud Murator. tom. 12. Script. Ital. col. 694 : *Ubi cum applicuit tantus exercitus, velut sapientes, et nolentes Brigare cum eis, ad compositionem unciarum centum devenere cum exercitu memorato.* [** *Brigare, Germ. schelten.* Vocabul. Lat. Germ. ann. 1477. Adel. Gemma Gemmar. : *Brigari.*]

Brica, pro *Briga*, Rixa, injuria. Gloss. Gall. Lat. *Brica, Brigue, Tençon.* Observantiæ Regni Aragon. lib. 8. tit. de Homicidio, § 26 : *Quod si fuerint in una Brica et unus illorum ibi aliquem interfecerit, etc.* Hinc forte nostris *Bricon*, et Italis *Briccone*, pro *impudente*, et qui facile rixatur. Chr. MS. Bertrandi *du Guesclin :*

Coment, ce dit li Princes, estes-vous si Bricon.

Joan. Villaneus lib. 7. cap. 60 : *Non vi dissi io che Pierro d'Aragona era uno fellone Briccone.*

* At *Bricon*, pro Impostor, deceptor, in Vita Jesu-Christi Ms :

> Diex est entre la male gent,
> Qui l'accusoient durement.....
> Tuit le tenoient pour Bricon.

[** *Bric* et *Brico*, Homo nihili. Vide Raynouard. Glossar. Rom. vol. 1. pag. 258.]

Imbrigare, Lite involvere; *Mettere in briga et in pericolo*, apud Joan. Villaneum lib. 6. cap. 26; *Imbrigare*, Matthæo Villan. lib. 2. cap. 38. 45. Albertus Argentin. ann. 1264 : *Franciscus se nolens Imbrigare cum illo, a gravaminibus cessavit.* Chron. Aulæ Regiæ cap. 11 : *Joannes Rex hereditates ad eam spectantes plurimas abstulit, ipsas quoque nobilibus suis contulit, aut obligationibus Imbrigavit.* In Archivis Regii Tribun. sub Edw. III : *In Brigam ponere terras et tenementa.* Charta Rogerii Massæ Episcopi ann. 1257 : *Promittimus vobis... prædictam dationem et traditionem... non Imbrigare vel molestare, etc.* [** Inde Provincial. *Embregar*, Impedimento esse, officere, quod vocabulum Raynouardus radici *Bretz* adscripsit in Glossario suo vol. 1. pag. 256.]

Disbrigare, Vox Italica, *Cavar di briga*, Molestia vel lite liberare. Charta ann. 1275. in Metropoli Salisburgensi tom. 2. pag. 340 : *Briga seu quæstio mota fuerit,... et pro his per manum nostram sibi omnia quæ in Ruempting possidet, ut Disbrigare prædia sibi vendita debeat, libere obligavit, nunquam prædictam obligationem repetiturus, quandiu per aliquem in possessione pacifica perturbatur.* Charta Theodori March. Montisferrati ann. 1324 : *Sed omnia et singula supra scripta prædictis et cuilibet ipsorum ab omni persona, communi, et collegio... legitime auctorizare et Disbrigare.* Vox frequens in Contractibus Italicis, ut colligitur ex Rollandino in Summa Notariæ ab eo scripta ann. 1265. Vide Octavium Ferrarium in Orig. linguæ Italicæ in *Briga* et supra *Absbrigare.*

¶ 2. **BRIGA**, Vox Celtica quæ pontem significat, unde plurimæ civitates nomen sumserunt, *Augustobriga, Juliobriga, Samarobriga,* quæ et *Samarobriva.* Germani Superiores pontem vocant *Brucke*, Inferiores *Brugge*, Anglo-Britanni *Bridge* : de quibus consule Salvaingi Tractatum de Feudis pag. 2. et Valesii Notitiam Galliarum in *Litanobriga* : ubi ait forsitan fore aliquos, qui *Brigam* montem esse malint, quam pontem; cum apud Germanos Gallis confines mons etiamnum *Bergem* et *Berg* nuncupetur, nomine, ut videtur a *Briga* deducto. Nostri *Bergue*, interdum et *Berge* pronunciant. Vide *Bria* 2. *Brighbot* et *Briva.*

* 3. **BRIGA**, Difficultas, opera, negotium, Gall. *Peine, difficulté.* Guido de Vigev. de Modo acquir. et expugn. T. S. Ms : *Et ex ipsis fiat aspaldum pontis, taliter quod subito et sine Briga possit poni et amoveri.*

* **BRIGADA**, Turma, caterva, agmen, *Brigade*, eadem notione, dixerunt nostri. Comput. ann. 1405. inter Probat. tom. 3. Hist. Nem. pag. 182. col. 2 : *Qui* (comes Claromontensis) *se declinavit in præsenti villa Nemausi, et expost fecit Brigadam consulibus in castello arrestatis, et garnisiones gentium armorum in domibus dominorum Jacobi Nisse,..... et quorumdam aliorum ponendo, quousque peccunias debitas per universitatem Nemausi, etc.* Lit. remiss. ann. 1414. in Reg. 168. Chartoph. reg. ch. 63 : *Quant tu seras en ta maison et cuideras estre bien sauvement et seurement, je te y meneré tele Brigade, que tu ne oseras saillir, ne yssir.* Gesta Britonum in Ital. apud Marten. tom. 3. Anecd. col. 1480 :

> Et quant i vint à la journée,
> Que la Brigade assemblée
> Fut trestouste pour s'en aler, etc.

Et col. 1485 :

> De Cameri tantoust se part
> Monsour Selvestre et sa Brigade.

Vide infra *Brigata.*

BRIGANCII, Brigantini, vulgo Scriptoribus nostris *Brigans.* Gloss. Lat. Gall. : *Veles, Brigant, c'est une maniere de gens d'armes courant et apert, à pié.* Albertus Argentin. in Chron. ann. 1351 : *Cum 4. millibus peditum armatorum, duobus millibus Brigantum, et ducentis equitibus armatis, etc.* Ubi perperam editum *bragantum.* Joan. Thwroczius in Ludov. Hung. Rege cap. 20 : *Oppidum Sumpniam vocatum munitum, in quo multi erant Brigancii pedites, expugnavit.* Et cap. 37 : *Brigancii et Balestrariis Anglicis custodiam castri muniendo reservavit.* Ex peditum genere fuisse docent præterea non uno loco Froissartes 1. vol. cap. 128. 148. 160. etc. 4. vol. cap. 25. Joannes Villaneus lib. 10. cap. 173. et Monstreletus 1. vol. cap. 195. 224. 2. vol. pag. 64. in Computo Barthol. *du Drach* Thesaurarii Guerrarum ann. 1350 : *Pour Guill. Colet Archer à cheval, 3. autres Archers à cheval, et 4. Brigans à pied.* Vide Nostradamum in Hist. Provinc. pag. 404. 405.

Postmodum *prædatores* ita appellati nostris, ut in Consuetud. Andegav. art. 44. et Castellinovi in Biturigib. tit. 2. art. 20. quorum nomenclaturam a *Brigantibus* Britanniæ populis, vel a *Bagaudis*, vel denique a nescio quo *Brigando*, vel *Burgando*, de quo Canon, *de viro*, 14. q. frustra accersit Ludovicus *d'Orleans* ad 2. Annal. Taciti, et ex eo Innocent. Cironus in Paratit. ad Decret. lib. 5. Chronicon Flandr. cap. 45 : *Un Chevalier qui fut Chevetaine des Bruyers de France, et qu'on appelloit Burgant.* Ubi forte leg. *Brigans.* Certe malim a *briga*, *Brigandos* dictos, quod ejusmodi prædatores sibi invicem confœderati vias obsiderent, et quosvis transeuntium deprædarentur, rixandoque impeterent, postea in justorum militum numerum accensiti. Italis *Briganti*, sunt viri industrii, cujusmodi erant latrunculi isti, quorum cohors *Brigata* dicebatur, unde nostris *Brigade*, eadem notione, etc. Hossemivestitos, et cum brevibus sagittis pugnasse innuit Tho. Walsinghamus in Henrico V. pag. 388 : *Reductus est ergo, coramque Consilio demonstratus, non indumentis religiositatis redimitus, sed Brigantinorum more semivestitus, gestans sagittas breves, qualiter utuntur equites illarum partium, qui Malandrini dicuntur.* Neque dubium est, quin ab ejusmodi *Brigandis*, illa armorum species, quam *Brigandinam* appellabant, nomen duxerit. Catholicon Armoricum : *Brigandinou, Gall. Brigandine, Lat. hæc Squamma. Inde squammatus, Orné de Brigandne.* Ita etiam appellatur in Consuetud. Baionensi tit. 6. art. 1. Hinc *Brigandiniers* dicti milites qui *Brigandinas deferebant*, apud Froissartem 4. vol. cap. 2. et Monstrelletum lib. 2. pag. 41. Octavianus *de S. Gelais* in Viridario honoris :

> Ouvriers parfaits de forger Brigandines.

Infra :

> Avanturiers, et outrageus soubdars,
> Tant là qu'ailleurs, pour estre brigans dignes
> Fournis d'arnois, et riches Brigandines.

Alibi :

> Beaux gorgerins, dorées Brigandines.

Vide Steph. Paschasium in Disquisitionibus Francicis lib. 8. cap. 43. et

* **BRIGANDI**, Militiæ pedestris genus, iidem qui *Brigancii.* Lit. remiss. ann. 1353. in Reg. 82. Chartoph. reg. ch. 95 : *Quidam pedites seu Brigandi quamplures pillerias, roberias et extorsiones in dicta villa sancti Maxentii fecerant.* Comput. ann. 1356. inter Probat. tom. 2. Hist. Nem. pag. 172. col. 2 : *Propter multitudinem Brigandorum, qui aplicaverant in Nemauso;....... ad finem ne gentes civitatis cum Brigandis ad invicem rumorem haberent, etc.* Cum autem prædatorum more ii sæpissime agerent, *Brigander*, Prædari, diripere; et *Briganderie, Brigandise*, Rapina, expilatio, nostri dixerunt. Legenda D. Cl. *de Guyse* pag. 106. col. 1. edit. ann. 1743 : *Pour le moins Sainct Niquaise ne Briganderoit pas le pays comme il fait.* Lit. remiss. ann. 1427. in Reg. 174. ch. 80 : *Iceulx prestre et Colin distrent au suppliant qu'il avoit esté en Brigandise ès parties de Saint Lo. Briganderie*, ibid. in ch. 130. Vide infra *Brigantes.*

* **BRIGANDINA**, Brigantina, Sagi militaris species, vulgo *Brigandine*, qua potissime utebantur *Brigandi*, idem quod *Sclavina.* Vide in hac voce. Germ. episc. Cabilon. in vita Phil. III. ducis Burg. apud Ludewig. tom. 11. Reliq. Mss. pag. 118 : *Eis qui levis armaturæ inerant, in galeis, brachiolis, cruralibus, ac Sclavonia, quam Brigandinam vocant, etc.* Monstra facta apud Chassagniam ann. 1511 : *Alteri est injunctum quod habeat Brigantinas.* Lit. remiss. ann. 1453. in Reg. 185. Chartoph. reg. ch. 306 : *Quatre Brigandines couvertes de veloux.* Aliæ ann. 1456. in Reg. 183. ch. 149 : *Lequel l'Estourmy vestit icelles Brigandines, ... en disant que c'estoit une belle jaquette.* Quarum opifex, *Brigandinier* dicitur, in Lit. remiss. ann. 1457. ex Reg. 187. ch. 57 : *Le suppliant nous a servi ou fait et mestier de Brigandinier, soubz et en la compagnie de nostre bien amé André Courssan nostre Brigandinier et de nostre retenue, ... lequel avoit forgé de son mestier de Brigandinier en icelle maison.* Vide in *Brigancii.*

¶ **BRIGANTÆ**, ut *Brigancii*, in Schedis Cl. D. *Lancelot*, de Humberto II. Dalphino ad ann. 1345 : *Item die 9. Junii apud Avenionem recepit secum circa 20. Brigantas extraneos de Lombardia, quos nunquam magis viderat, associando secum per villam de qua gentes truffabantur, et promisit cuilibet per mensem 4. florenos ultra expensas.*

* **BRIGANTES**, ut supra *Brigandi.* Lit.

remiss. ann. 1361. in Reg. 91. Chartoph. reg. ch. 143 : *Demum castro prædicto* (Sancti Romani) *cum magnis laboribus et expensis recuperato ac stabilitato decenter bono capitaneo nobili domicello et bonis Brigantibus ac omnibus necessariis ad tuitionem ipsius castri.* Chron. Domin. de Gravina apud Murator. tom. 12. Script. Ital. col. 588 : *Quolibet die egrediebantur Brigantes castri et equites aliqui pugnaturi cum militibus et Brigantibus dicti exercitus Latinorum.*

* **BRIGANTINA.** Vide supra *Brigandina.*

¶ **BRIGANTINI.** Vide *Brigancii.*

¶ **BRIGANTINUS,** Idem qui mox *Brigentinus.* Charta ann. 1472. ex Archivis Massil. : *Renatus... Capitaneo generali, et aliis quibusvis patronis, vicepatronis ac nautis quarumvis navium balaneriorum, galeatiarum, triremium, biremium, Brigantinorum, et aliorum, etc.*

* Epist. Alfonsi reg. Aragon ann. 1432. apud Marten. tom. 8. Ampl. Collect. col. 192 : *Lintribus exploratoriisque navigiis, quæ Brigantinos vulgo appellamus, etc.*

¶ **BRIGATA,** Turma, Gall. *Brigade.* Acta SS. Maii tom. 1. pag. 396. ex Statutis Narniensibus : *Hoc addito quod primus currens sit primus unus ex potestatibus Brigatarum Mezalis.* Vide *Brigancii.*

* Italis etiam *Brigata,* agmen. Chron. Bergom. ad ann. 1391. apud Murator. tom. 16. Script. Ital. col. 858 : *Et postea die subsequenti capti fuerunt et ejus Brigata plusquam homines vj. mille.* Vida supra *Brigada.*

¶ **BRIGDUNIA.** Vide *Brigdumum.*

¶ **BRIGENDARIUS,** Militiæ seu *Brigatæ* præfectus, quem Galli et Angli vocant *Brigadier.* Rymer. tom. 14. pag. 581. col. 2 : *Concedimus dilecto Servienti nostro Erasmo Kyrkenar locum et officium Brigendarii nostri, ac eum Brigendarium nostrum facimus et constituimus per præsentes.*

BRIGENTINUS, Naviculæ species, in *galeæ* speciem, vulgo *Brigantin,* Italis *Brigantino.* Occurrit apud Paulum de Paulo in Memor. ann. 1391. Froissart. 4. vol. cap. 18 : *Une maniere de vaisseaux courans, lesquels on nomme Brigandins.* Ita forte dicta, quod propria *Brigandorum,* seu prædatorum esset.

BRIGHBOT, Brughbota, Pontis restauratio vel refectio. Vox Saxonica bricg, vel brycg, Anglis *Bridge,* pons, et bota, reparatio, restauratio, emendatio. Leges Kanuti Regis cap. 31. apud Brompton. et cap. 19 : *Si quis Burgbotam, vel Brigbotam, id est, burgi vel pontis refectionem... supersederit, emendet.* Eadem habentur in Legibus Henrici I. cap. 10. 13. 66. *Briggebote* in Fleta lib. 1. cap. 47. § 22. Sumitur ut plurimum hæc vox in Chartis pro *quietum esse de auxilio dando ad reficiendos pontes.* Ita Rastallus. *Brigam,* et *Brivam* pro ponte veteres Gallos usurpasse, pluribus docent Buchananus lib. 2. Hist. Scotor. et Cluverius in Germ. antiq. lib. 1. cap. 7. Vide *Briva* [et *Briga,* 2.]

* **BRIGERIA,** Santonicum, absinthio non absimilis herba. Leudæ major. Carcass. MSS : *Item pro cargua de centonica seu herba lou Brigeria, j. arpaudam.* Ubi versio Gallica ann. 1544 : *D'une charge de l'herbe, apellée la saint-tonica sive la Breguiere, une arpade.* Vide Martin. Lex. in *Santonicum.*

* **BRIGIARIUS,** Lebetum faber, Gall. *Chauderonnier.* Conc. Nannet. ann. 1431. can. 16. cap. de matrim. ubi de *Charivari* tom. 2. Hist. Turon. pag. 102 : *Deductus pulsatione patellarum, pelvium et canarum,..... instrumentoque Brigiariorum sive fabricentium*

* **BRIGIUM.** Ad Brigium comburere, Chron. Bergom. ad ann. 1406. apud Murator. tom. 16. Script. Ital. col. 967 : *Et ibidem, ut dicitur, ad Brigium combusserunt multas domos Guelphorum, et multas robarias fecerunt de bonis dictorum Guelphorum de Lemen superiori, etc.*

BRIGOSUS. Vide *Briga,* 1.

¶ **BRIGRII.** Vide *Bersarii* in *Bersa.*

* **BRILIA,** ab Ital. *Briglia,* Habena, Gall. *Bride.* Chron. Domin. de Gravina apud Murator. tom. 12. Script. Ital. col. 715 : *Quum autem pervenit exercitus in planitie Viridarii prope Acerras, suos ibi præfixit incessus, et equos, arreptis Briliis, pascua parata sumere permiserunt.*

¶ **BRILLUM,** Conspicillum, Aleman. *Brille,* Gall. *Lunette.* Epistolæ obscurorum virorum pag. mihi 134 : *Nec non quod Papa mandabit sub pœna latissimæ censuræ, quod Fratres Ordinis Prædicatorum debent propter suam protervitatem portare unum album Brillum sive perspicillum in sua nigra cappa in dorso, ad perpetuam memoriam et scandalum, quod fecerunt injuriam Speculo oculari domini Johannis Reuchlin.* [* Vide *Berillus.*]

* **BRILLEUS.** A Gallico *Briller,* nuncupati *Brilleus* in aula regia, qui nocte cum facibus accensis aucupantur. Ordinat. hospit. reg. ann. 1317. in Reg. Cam. Comput. Paris. sign. *Croix* fol. 80. r°. : *Item deux Brilleus mengeinz à court, et aura chascun dix deniers de gaiges par jour pour toutes choses, tant comme la saison durera.* Hinc emendandus Marten. tom. 1. Anecd. col. 1366. qui *Briseus* ex ead. Ordinat. edidit.

* **BRILOGIUM,** an ab Ital. *Brillatoio,* Instrumentum deglubendis frugibus. Inventar. MS. thes. Sed. Apost. ann. 1295 : *Item unum Brilogium. Item unum cultellum acutum cum manubrio albo.*

¶ **BRIMBERGA.** Vide *Bainberga.*

¶ **BRINA,** Brinare, Voces Italicæ, Pruina, gelascere, Gall. *Bruine, gelée blanche, se geler.* Memoriale Potestatum Regiens. ad ann. 1236. (l. 1235.) : *Et eo anno quodam die Martii* xx. *et in nocte exeunte mensis Aprilis venit Brina magna, ita quod vineæ exsiccatæ sunt. Et die* viii. *exeunte Aprili venit alia nix et Brina frigida, ita quod vineæ penitus Brinaverunt.*

* **BRINDATOR,** f. Proxeneta, pararius, Gall. *Courtier,* quia vina prægustat; *Brindare* dicunt Itali, pro Propinare. Stat. Avellæ ann. 1496. cap. 176. ex Cod. reg. 4624 : *Omnes tabernarii..... sint astricti totum vinum, quod emerint ad grossum, ... ad suas domos transportare facere per Brindatores communis Avillianiæ dumtaxat, qui tunc fuerint ad hoc deputati.*

¶ **BRINGANTINÆ,** pro *Brigandinæ,* Species armorum, Gall. *Brigandines.* Stephanotius Fragm. Hist. MSS. tom. 10. pag. 309 : *Lapides percusserunt eum ad latus dextrum sibi frangendo Brigantinas.* Vide *Brigancii.*

* **BRININUS.** Charta Roberti reg. Sicil. ann. 1310. ex Cod. reg. 4659 : *Propositionem nuper accepimus causas et lites, criminales videlicet et civiles, ipsorum hominum* (Avenion.) *in coa* (f. curia) *ejusdem civitatis Brinina examinandas fore.* An a *Brina,* pruina? ann. *Brivina,* ita a *Breve* sit dicta?

BRINUM, Navis species. Epistola Anselmi Archiepisc. Neapolitani, in Gestis Innoc. III. PP. pag. 15 : *Noverit itaque Sanctitas vestra me cum tribus galeis, et uno Brino Apuleorum.... feliciter applicuisse Panormum.* Vide *Lignum,* Phaselus.

¶ **BRIOLIUM.** Vide *Brolium.*

* **BRIQUA.** Vide supra *Brica* 3.

¶ **BRISA,** στέμφυλον, *Vinacia.* Supplem. Antiquarii.

* **BRISARE,** Frangere. Glossar. Lat. Gall. ex Cod. reg. 7679 : *Brisare, Briser. Faire bris,* eadem notione, in Lit. remiss. ann. 1413. ex Reg. 167. Chartoph. reg. ch. 179 : *Le suppliant disoit que en faisant ledit furt, il n'avoit fait point de Bris. Briser le marché,* Impedimento esse, quominus merces libere in foro publico vendantur. Ch. Auberti abb. Castricii ann. 1247. in Chartul. Campan. fol. 343. v°. col. 2 : *Se aucuns Brise le marchié de la vile, soit borjois, soit estranges, il paiera lx. solz, se il est prové.* Consule Chopin. ad Consuet. Andegav. lib. 1. cap. 79. pag. 601. [** Vide *Britare.* Gemma Gemmarum : *Brisare, Frangere, exprimere vel elicere.* Conf. *Brisca.*]

* **BRISATIO,** Infractio. Lit. remiss. ann. 1442. in Reg. 184. ch. 588. ex Chartoph. reg. : *De Brisatione salvægardiæ nostræ.*

¶ **BRISATUS,** Infractus, non observatus, a Gallico *Briser,* Frangere. Arrestum Parlamenti Paris. ann. 1331. pro Monasterio Bonævallis : *Videlicet cognoscendi et judicandi in et super casibus... treugarum infractarum, assecuramenti Brisati facti coram judice.* Vide Consuetud. Lemovic. art. 71.

BRISCA. Will. Brito in Vocabul. MS. : *Brisca, æ, favus unde mel elicitur, a Brisin quod est exprimere vel elicere.* Joan de Janua : *Favus, mel est in cera, scilicet Brisca.* Gloss. Lat. MS. Reg. : *Favus, mel cum Brisca.* Catholicon Armoricum : *Brusquenn mel, Gall. Bresché de miel, Lat. Favus, favillus.* Gloss. Lat. Gall. : *Favus, Miel en cire. Id est, Brisca, Bresche.* Occitanis *Bresco de mel,* nostris *Rayon de miel.* [*Brisca* sumitur adjective pro *mellea* in Annal. Benedict. tom. 4. pag. 699. col. 1 : *Hinc se convertens littera Brisca fruitur.*] [** Vide Raynouard. Glossar. Rom. vol. 1. pag. 256. voce *Bresca.*]

* **BRISCHIARE,** Frangere seu perforare: perforabantur enim monetæ, quarum cursus prohibebatur, vel quæ inveniebantur adulteræ; nunc earum ora forfice inciditur, quod *Cisailler* dicunt. Ordinat. super facto monet. ann. 1340. tom. 2. Hist. Dalph. pag. 416. col. 1 : *Fiant singuli grossi prædicti ad remedium ligæ unius grani magis vel minus, et ad remedium ponderis, ut non possit Brischiari, nec in billionum reduci.*

BRISIA. Vita S. Brigidæ Virg. lib. 2. num. 50 : *Viderunt rivulos supra undam* *illis oleribus plenos, id est, Brisia, et sampsia, et cæteris oleribus abundantes.* Ubi Colganus Editor *Brisiam* Nasturtium aquaticum, *sampsiam* vero aut Amaracum, vel sampsycum, vel potius herbam quam Latini *acetosam*, Hiberni *Samhadh* vocant, interpretatur.

* **BRISIACUM**, Brasilicum lignum, vulgo *Bresil*. Arest. ann. 1368. in Lib. 1. ordinat. super artif. Paris. ex Cam. Comput. fol. 308. r° : *Dicta manubria, quæ erant de albo bosco, depingi faciebant in colorem Brisiaci aut alterius boni ligni.*

* **BRISILLUM**, Eadem notione. Charta Phil. comit. Fland. ann. 1163. ex Chartul. 1. Fland. ch. 325. in Cam. Comput. Insul. : *De kerka Brisilli, iv. denarios.* Vide supra *Brasile.*

¶ **BRISIN.** Vide *Brisca.*

* **BRISOLIUM**, ut *Brisillum*. Lit. Caroli IV. ann. 1321. in Reg. L. Chartoph. reg. : *Grana insuper, gauda, gaydia, garancia, tintenetum, Brisolium et quodcumque pastellum, etc.*

BRISTEGA. Vide *Tristega.*

¶ **BRITANEUM**, *Deambulatorium marmoratorum.* Papias et vetus Glossar. San-German. MS. n. 501. Isid. habet in Glossis : *Britanicum, Marmoricum.* Vide *Brittaneum.* [** An *Prytaneum?*]

¶ **BRITANNII**, pro *Britanni*, apud Rymer. tom. 8. pag. 325. col. 1.

** **BRITARE**, Rumpere, Lusitan. olim *Britar*, Prov. *Brisar*, Gall. *Briser.* Charta Alfons. IX. reg. Castil. in Hispan. sacra tom. 38. pag. 180 : *Infra quos prædictos terminos sagio seu merinus non debet intrare sine mandato aut consensu abbatis ejusdem monasterii, nisi tantumodo ad istas quatuor veces, videlicet ad latronem publicum, ad caminum Britatum, ad aleyve, et ad mulierem forciatam.* S. Rosa de Viterbo Elucidarii tom. 1. pag. 209. dubitat quin *caminum britatum* intelligat de destructione viæ publicæ, potiusque ei videtur *caminum* ut *focum* pro Habitatione dictum esse; exempla tamen vocis ita usurpatæ nulla affert. Est Obstructio viæ publicæ; vide infra *Stretbreche* et leg. Wisigoth. lib. 8. tit. 4. cap. 24. et 25. ubi *camino* in *Fuero juzgo.* Quod ad vocis originem attinet populi Scandici plane eodem sensu *Briota* et *Bryta* dixerunt. An hic vocem deprehendimus quæ cum Gothis in Hispaniam immigravit? Sed vereor ne legendum sit *bitatum* pro *vetatum.*

¶ **BRITASCHIA.** Vide *Bretachiæ.*

BRITH. *Pactum interpretatur* Papias. Vox forte Longobardica. [Hebraica est בְּרִית Fœdus.]

¶ **BRITIGENA**, Brito, Armoricus. Britannia minor seu Armorica *Brit* vel *Brith* olim dicta est, hodie *Breis* effertur. Vita S. Wenwaloei e Chartular. Landevennec. fol. 128. verso : *Britigena mirabilis luminibus expers solis.*

¶ **BRITISCUS.** Vide *Bitriscus.*

* **BRITO** BRITONANS, BRITONISANS, vulgo *Breton Bretonnant*, Qui lingua in Britannia inferiori usitata loquitur, *Bas Breton*; a quo, qui superiorem Britanniam incolit, distinguitur appellatione *Breton Gallot*, qui lingua Gallica utitur. Arest ann. 1402. 22. Apr. in vol. 9. arestor. parlam. Paris. : *Ipsi scholares dicti collegii* (Corisopitensis) *erant Britones Britonantes, qui tales loquelas et sermones non intelligebant.* Processus Egid. *de Rays* ann. 1440. ex Bibl. reg. : *Ipse notitiam habuit cum quodam Britone Britonisante.* Lit. remiss. ann. 1396. in Reg. 151. Chartoph. reg. ch. 210 : *Yvon François estrangier, né du pais de Bretagne Bretonnant.* Froissart. 1. vol. cap. 314 : *Si chevaucha le connestable premierement Bretagne Bretonnant, pourtant qu'il la sentoit tousjours plus encline au duc Jehan de Montfort, que Bretagne Gallot. Bretonnerie* nude, dicitur Britannia inferior, in Lit. remiss. ann. 1385. ex Reg. 128. ch. 76 : *Symon le Nostre né de la Bretonnerie, etc.* Britanniæ ducum denarii, *Bretons* nuncupantur, in Hist. chronolog. Caroli VII. reg. Franc. pag. 434. : *Deux Bretons et une placque.* Occurrit eorumdem mentio tom. 1. Probat. Hist. Brit. col. 1202.

* Notandum vero est *Britones* appellari in Stat. Camerac super duellis, qui *Consiliarii* vocantur in Edicto Phil. Pulc. v. *Duellum* edito : *Et premiers quant on est venu ou camp, li prouvos et li eskievin mainnent les campions j. tour entour le parc pour faire prier à boinnes gens pour iaus, et doit aler cius ki a apelet devant et avec lui li prouvos et une partie des eskievins, et ses Bretons porte sen escu devant lui; et après cius ki est apelés et li autre partie des eskievins avec lui, et ses Bretons ki porte sen escu devant lui.*

¶ **BRITONES**, Satellites seu milites, forte sic dicti, quod essent e Britannia minori seu Armorica. Guibert. Abb. in Libro de Laude B. Mariæ cap. 10. ubi de quadam femina extremo supplicio punienda : *Inde ab executore citata petiit ab oratione supplicium. Ecclesia B. Justi paululum montis devexo posita, circumsitis illic Britonibus oratorium præstat, etc. Britones* pro Grassatoribus et prædonibus sumuntur in Charta anni 1395. ubi de depositione variorum testium coram Officiali Rotomag. ex Archivo B. M. de Bono Nuncio : *Per illas partes transierunt gentes armorum Britones et Pillardi et amoverunt ab ipso teste quatuor jumenta, etc.* Vide *Brigantii.*

* **BRITOSUS.** Sent. ann. 1363. inter Probat. tom. 2. Hist. Brit. pag. 286. col. 2 : *Item pervenit ut supra dictus Paschalis Balmas prædictus est homo Britosus; rixosus, etc.* Sed legendum omnino est *Bricosus.* Vide in *Briga* 1.

* **BRITTANEUM**, *Deambulatorium marmoreum*, in vet. Glossar. ex Cod. reg. 7646. Vide *Britaneum.*

BRIVA, Gallorum veterum lingua, *pontem* sonat. Hinc *Samarobriva*, Ambianorum urbs dicta, quod ad *Samaræ*, seu Somonæ pontes inædificata sit; *Briva Isaræ*, vulgo *Pontoise*, urbs ad Isaram, seu Esiam extructa; *Briva Curreria*, in Lemovicibus, apud Gregor. Turonens. lib. 7. Hist. cap. 10. et Aimoinum lib. 3. Hist. cap. 61. sic dicta, quod sit ad *Curreriam*, qui vulgo *la Correze*, vocitatur, et *Brivate* in Arvernis. Vide Cluver. lib. 1. Germ. antiq. cap. 7. [Valesium Notit. Gall. pag. 100. et 101.] et supra in *Brighbot.*

* **BRIVIA.** Vide supra *Bidria.*

BRIULUM. Vide *Brolium.*

* 1. **BROA**, Limes, terminus, f. maxime cum aliquo dumo indicatur. Charta Phil. V. ann. 1319. pro assignandis 50. libris terræ dom. Arnaldo de Triano milit. in Reg. 59. Chartoph. reg. ch. 315 : *Usque ad Broas, quæ sunt versus rivum de Stricone, sicut dicta Broa ascendit sursum usque ad stratam..... Dicta Broa redit et vadit recte apud fontem Gailhardum; ..... et de fonte Gailhardo ascendit usque ad Broam supradictam.* Lit. Caroli V. ann. 1375. in Reg. 109. ch. 401 : *Item in quadam petia terræ, ... quæ confrontat...... ex una parte cum honore dominæ Nicolaæ merceriæ fabreriæ, quadam Broa sive termino in medio.* Vide mox *Broale.*

* 2. **BROA**, Idem quod *Brolium*, silvula. Charta ann. 1165. ex Tabul. Bonæ Saniæ apud Stephanot. in Antiq. Lemov. Bened. MSS. part. 1. pag. 721 : *Mansum de Albar cum Broa et cum foreste.* Vide *Brua.*

* 3. **BROA**, Locus depressus, humidus, pascuus, ubi herbæ abundant, idem quod infra *Broil.* Charta ann. 1193. ex Tabul. S. Urbani : *Corvedas ter in anno sine occatione, furcum et rastellum in Brois habebit dominus Hugo pro se apud Andelou.*

* **BROALE**, Ejusdem notionis et originis atque *Broa* 1. Libert. Figiaci ann. 1318. tom. 7. Ordinat. reg. Franc. pag. 664. art. 16 : *Nec non in quæstionibus bolarum seu metarum, Broalium, finium et terminorum.* Ubi haud dubie sic legendum. Charta ann. 1319. in Reg. 59. Chartoph. reg. ch. 319 : *Dicta villa et ejus pertinentia...... protenditur usque ad Broale, quod est juxta ulmum de Marcola.* Alia ann. 1339. in Reg. 71. ch. 319 : *Dicta terra de Bornaco se extendit et includitur per hunc modum, videlicet de strata, quæ est juxta doas igas, ... prout designatur per quoddam Broale.*

* **BROBATURA**, pro *Brodatura.* Locus est in *Racamatura.* Vide in *Brusdus.*

¶ 1. **BROCA**, Doliaris fistula, Gall. *Broche.* Vide *Broccæ.*

¶ 2. **BROCA**, Pars nemoris. Vide *Fortiagium.*

* **BROÇA**, Ager incultus, dumetum, Gall. *Broussaille*, olim *Broce.* Charta ann. 1205. in Chartul. Autiss. capit. fol. 386 : *Ego W. decanus...... concessimus Willano capellano de Madriaco xv. arpenna de Broçis.* Tabular. S. Germ. Prat. ann. 1278. : *Dicti homines dictæ villæ et communitas ejusdem de cetero habebunt pasturagium et usuarium in omnibus Broçis et dominio, qui se extendunt a nemoribus dicti prioris usque ad dictam villam de Balneolis.* Charta ann. 1240. in Chartul. S. Joan. Laudun. : *Et est asavoir que des buissons et des haies, et des Broces, qui sont de fors le bos l'abé, etc. Broche*, eadem notione, in Stat. ann. 1376. tom. 6. Ordinat. reg. Franc. pag. 226. art. 2. Eodem fortassis sensu *Bresque*, in Lit. remiss. ann. 1397. ex Reg. 153. Chartoph. reg. ch. 197 : *Ainsi que icellui Macabre passoit une Bresque, qui estoit assez près de ladite taverne, etc.* Vide infra *Brossa* et *Bruscia.*

¶ 3. **BROCA**, *Labrosa, bellua maris.* Papias MS. Vide *Broccus.*

* 4. **BROCA**, Dens, cornu, aculeus, Gall. *Fourchon, pointe.* Stat. synod. Tornac. ann. 1366. cap. 10. pag. 49 : *Inhibemus ne clerici arma quibusvis indifferenter deferant, ... baculos ferreos cum brocis, etc.* Hinc *Brochonnu* et *Brossonneux* dicebant baculum nodis, quasi aculeis, munitum, Ital. *Broc-*

Joan. Firmani tom. 2. Aug. pag. 461. col. 1 : *Per quemdam parasitum, qui deserviebat coquinæ, quem Brodarium appellabant, custodi et guardiano Fratrum Minorum frequenter preces et litteras dirigebat.* Vide *Brodium.*

¶ **BRODARWES**, Sagittarum species, apud Rymer. tom. 6. pag. 749. col. 1 : *Necnon duodecim arcubus, viginti et quinque cornubus, et vinginti et quatuor sagittis vocatis Brodarwes.* Armoricis *Brouder-wez* est Pungens arborem, Gall. *Pique-arbre.*

¶ **BRODATOR**, BRODATUS, etc. Vide in *Brusdus.*

* **BRODEQUINUS**, Caliga, vulgo *Brodequin.* Conc. Senon. ann. 1485. tom. 5. Spicil. Acher. pag. 626 : *Ordinamus quod viri ecclesiastici, religiosi ac ecclesiarum ministri...... Brodequinos seu pantoflas, nisi forsan causa invaletudinis alicujus... quoquomodo deferant.*

* **BRODERIA**, a Gall. *Broderie*, Pictura textilis. Inventar. S. Capellæ Paris. ann. 1363. ex Bibl. reg : *Item pulcra mitra Broderiæ de nova factione ad perlas et gemmas facta de tempore dicti Buchet. Item una alia antiqua mitra Broderiæ de antiqua factione ad perlas.* Aliud Gall. : *Item une belle mittre de Broderie de nouvelle façon, etc.* Nostris *Brodeure*, eadem notione. Lit. remiss. ann. 1390. in Reg. 138. Chartoph. reg. ch. 281 : *Une boursete de soye ouvrée de Brodeure.* Inventar. ann. 1492. ad calcem Necrolog. eccl. Paris. MS. : *Item une mitre de Brodeure, garnye d'argent doré.*

BRODHALPENNY. Vide *Bordhalpenny.*

BRODIATORES, Antiquarii, qui in libris describendis, litteras ac elementa non accurate, sed more acupictorum et *brodiatorum* leviter effingunt, adeo ut visum pæne effugiant. Nicol. de Clemangis Epist. 109. pag. 306 : *Si quid igitur in iis libellis te delectaverit, tibique placuerit, cujus apud te velis exemplum remanere, oro ne per cursosorios istos, ut ita dicam Brodiatores id describi facias, sed per aliquem doctum, si quem talem doctum inveneris antiquarium, qui litteram soleat formatam tractim et studiosa attentione cum notis ac signis scribere.* Vide *Cursor.*

¶ **BRODINIUM**, Idem quod mox *Brodium.* Chron. Corn. *Zantfliet* apud Marten. tom. 5. Ampliss. Collect. col. 315 : *Fugatis prædonibus, cum Tungrenses lassi et famelici ad castrum de Petreshem pausandi causa divertissent, domina castri filia domini de Lyers laute satis et affluenter paratis offis in Brodinio carnium refocillat eosdem.*

BRODIUM, Carnium elixarum jus, vulgo nostris *Broët*, Italis, *Broda*, *Brodo.* Catholicon Armoricum : *Brouët*, *Brodium*, *jus.* Will. Brito in Vocab. : *Jus profanum dicitur Brodium, vel aqua in qua coquuntur carnes porcinæ, quæ profanæ sunt Judæis.* Isaiæ 65. Gaudentius Brixiensis Episcop. tract. 2. ad Neophytos : *Primum ut immaculatus Dei agnus hostiam mundam mundato populo traderet celebrandam, sine ustione, sine sanguine, sine Brodio, id est, jure carnium, et quæ omnibus ad offerendum prompta esset ac facilis.* Vincentius Bellov. lib. 32. cap. 32 : *Infra tentorium etiam dederunt carnes, ac Brodium, cum sale, pro salsa.* Vita S. Margaretæ Hungariæ n. 22 : *Frequenter Brodia infirmorum, quibus ministrabat, faciebat.* Matth. Silvaticus : *Almusosat, id est, Brodium cibabile, quod Latine vocatur Amorusia.* [*Brodium pisorum, Purée de pois*, in Medic. Salern. pag. mihi 197.] Adde Michaëlem Scotum de Physion. cap. 13. 52. lib. 1. Mensæ Philosophicæ cap. 20. Vitam B. Mauritii Ordinis Prædicat. num. 6. [Ludewig. Reliq. MSS. tom. 1. pag. 388. Marten. Anecdot. tom. 2. col. 1461. Hist. Dalphin. tom. 2. pag. 313. col. 1. et 317. cap. 1.] præterea Octavium Ferrarium in Originib. linguæ Italicæ in *Brodo*, Salmasium ad Hist. Aug. pag. 411. [et Menagium Etymolog. Franc. ad vocem *Brouet.*] [** Raynouard. Glossar. Roman. vol. 1. pag. 261. voce *Bro.*] Hesychio βροῦτος, est ἐξ κριθῶν πόμα.

* **BRODO**, f. Vellus, Gall. *Toison.* Lit. Caroli IV. ann. 1321. in Reg. L. Chartoph. reg. : *Lana, aignelini, Brodones, ac cætera, quæ sub lanæ nomine continentur, etc.* Ita quoque legendum puto in Convent. Saonæ ann. 1526 : *Item pro aludis sive pellibus et agninis non affaitatis, aut etiam Bodronibus agninis, mottoninis pillosis, ac etiam capretis, etc.*

¶ **BRODULA.** Vide in *Brusdus.*

* **BRODUM**, ut *Brodium*, Carnium elixarum jus. Tract. MS. de Re milit. et mach. bellic. cap. 9 : *Fingat (dux) aliquem casum habere, propter quem est sibi necesse accipere fugam, et dimittat in dicto loco caldarias et ollas cum Brodo;...... et Brodum bene salatum.* Mirac. MSS. Urbani PP. V. : *Cibum sumere non poterat nisi Brodum.* Nostri *Brouet* etiam dixerunt quod a recens nuptis ex usu dabatur junioribus viris ad comedendum et bibendum. [** Hodie Jusculum quod recens nuptæ datur ita dicunt.] Vide infra *Calenum.* Lit. remiss. ann. 1471. in Reg. 195. Chartoph. reg. ch. 588 : *Après sept heures du vespre, que l'en a acoustumé de faire et menger le Brouet de l'espousée.*

1. **BRODUS**, a Saxonico Bord, Domus, tugurium, qui tenet domum sub nomine *Bordagii.* Locus est in *Cotarius* post *Cota.* Vide *Bordarius* in *Borda.*

¶ 2. **BRODUS**, Opus acu pictum. Charta ann. 1029. apud Marten. Anecdot. tom. 1. col. 150 : *Videlicet pallios duos, albas quinque, cappas palleas duas, libros septemdecim, aldorras tres, Brodos tres, bannos duos, crucem unam, etc.* Vide *Brusdus.*

* Perperam pro *Brosdus*, ut legitur in ipsa Charta ex Tabul. Gellon.

* **BRODY.** Vide supra *Brod.*

* **BROEILLIUM**, Idem quod *Brolium.* Vide in hac voce. Charta Joan. Matiscon. episc. ann. 1264. in Chartul. Cluniac. : *Jocerandus de Buxeria domicellus..... accepit in feodum...... Broeillium et prata.*

¶ **BROELLA**, Genus panni. Arrestum Parlamenti Paris. ann. 1377. in Tabular. S. Germani a Pratis : *Secundum antiquos usus et observantias ipsius monasterii consueverint annis singulis et ad et per dies et terminos percipere et habere per manus Camerariorum dicti monasterii... pro Religiosis dicti monasterii frocos et cuculas de Broella, botas, ocreas, etc.* Eadem Gallice : *A un chacun froes et coules de Brouelle.*

¶ **BROETA**, pro *Birota*, Vehiculum duas habens rotas, Gall. *Brouette.* Charta anni 1357. ex Tabulario Corbeiensi : *Super quodam exado seu Broëta pro supportanda ejus necessitate...* Paulo post : *Accepit et super suam Broetam seu exadum, etc.*

* **BROETARIUS**, Gall. *Brouettier*, Qui *broetam* seu vehiculum ducit. Lit. remiss. ann. 1361. in Reg. 84. Chartoph. reg. ch. 176 : *Dictus Matheus invenit in via sua unum hominem, qui ducebat unam broetam,...... qui quidem Broetarius dormiebat.*

BROETBAN, Bannum *de Broët*, quod est potionis genus. Vide *Bierbannum.*

* **BROFIEL**, Domus, sive propria, sive conducta, interprete Ludewigo ad Leges Danicas tom. 12. Reliq. MSS. pag. 169 : *Et si ille non habet Brofiel, tunc debet citari in placito generali.* [** Apud Westphal. Monument. Cimbr. vol. 4. col. 1878. hæc ita Germanice redduntur : *Hefft he averst neene Wahninge, etc.* Eadem quæ Ludewigus habet Meierus in Compend. jur. Cimbr. ap. Westph. ibid. col. 1762. In codice Ostrogoth. Vinsortha B. cap. 7. § 2. novissimo editori *Broa fiol* est *Ponticulus ante portam* a *Broa*, Via, pons et *Fiol*, Asser, tabula. Vide Ihrii Glossar. voce *Fjæl*, vol. 1. pag. 470.]

BROGA, Gallis *ager*, unde *Allobroges* dicti, voce composita ex *Broga*, ager, et *allo*, quod est *aliud*, quia ex alio loco translati, ut ait Scholiastes Juvenal. Sat. 8. Hodie etiam apud Britannos Armoricos, quibus communis fuit lingua cum Gallis, *Bro*, regionem, vel agrum sonat. Catholicon Armoricum : *Bro, patria, pays.*

BROGALIA. Charta ann. 859. in Tabulario Ecclesiæ Viennensis fol. 20 : *In monte Petra concagata, terris, et Brogaliis; a cartanias, et ad strada cum bosco et omni acquisito, etc.* Videtur esse nostrum *Brossaille.*

¶ **BROGILUS.** Vide *Brolium.*

¶ **BROGINUS**, Retis genus, Massiliensibus *Bregin*, vel *Bourgin*, cujus duplex est species, unus majoribus piscibus capiendis destinatus, alter minoribus. Statuta Massil. pag. 159 : *Quod nullus revenditor possit emere pisces in Quadragesima usque ad meridiem, nisi essent pisces de Brogino.* Vide *Boliet*, et *Bruginus.*

* Idem esse videtur *Bourignon*, in Lit. remiss. ann. 1480. ex Reg. 207. Chartoph. reg. ch. 209 : *Le suppliant alloit pour lever certains Bourignons ou engins douzilz à prendre poissons, comme loches et vairons ou autre menuise, qu'il avoit tendus.* Vide infra *Bruginus.*

¶ 1. **BROIA**, *Ulva marina.* Glossar. Isid. ad quod Grævius : lege βρύα vel βρύον, quod est algæ seu ulvæ marinæ genus, ex Salmasio. His consentit Janssonius : hos si tanti est consule. [** *Broiaria* et *Brueria* inde venire putat Diezius Grammat. Roman. vol. 1. pag. 27. Sed vide *Broa*, 2. et *Brua.*]

¶ 2. **BROIA**, a Gallico *Broye*, Instrumentum terendæ cannabi, etc. Index utensilium de Ruminiaco in Chartulario S. Cornelii Compend. : *Quinque mensuræ ad bladum... et deus paeletis et deus wanbeisons et una Broia.*

¶ **BROIALUM.** Vide *Brolium.*

BROIARIA; BROIHERA. Vide *Bruarium.*

* **BROIL**, Locus depressus, humidus, pascuus, Germanis olim *Brül.* Glossæ Cæsar. Heisterbac. in Reg. Prum. tom. 1. Hist. Trevir. Joan. Nic. ab *Hontheim* pag.

670. col. 2 : *Est ibi Broil, ubi possunt colligi de fœna carradæ xx.* Vide supra *Broa* 3. et mox *Bralium.*

¶ **BROILUS.** Vide *Brolium.*

¶ **BROKETTUS**, Anglis *Brocket*, Cervus bimulus, cui enascuntur cornua. *Madox* Formulare Anglic. pag. 304 : *Et si ita contigerit, quod dictus H. filius Matthæi vel sui damam tempore pinguedinis ceperint, allocabitur ei pro damo ; et si damum vel Brokettum tempore firmationis ceperint, allocabitur ei pro dama.*

* Nostris *Brocart* vel *Broquart*, Cervus annotinus. [** Vox deducta a *Broca*, Cornu, aculeus. Adel.]

BROKUM, Rivulus, fluviolus, torrens, a saxonico Broc, Anglis *Brooke.* Occurrit apud Willelmum Thorn.

* **BROLETUM.** Vide in *Brolium.*

* **BROLHARDUS**, a Gall. *Brouillard* vel *Brouillon*, Charta, in qua quid primum scribitur, accuratius dehinc exscribendum. Protocol. Guill. Mutonis notar. ann. 1516. ex schedis Pr. de S. Vincentio : *Secunda imbreviatura sive Brolhardus scripturarum quondam magistri Guilhermi Mutonis notarii de Albarno, cum repertorio notarum ejus prothocollatarum in fine posito.*

* *Breullat* vero, Nebula, vulgo *Brouillard*, in Lit. remiss. ann. 1427. ex Reg. 174. Chartoph. reg. ch. 79 : *Le suppliant rencontra un homme à pié qui ne congnoissoit, et pour le Breullat qu'il faisoit lors, le pouoit à peine veoir. Broulliz*, Dissidium, rixa, in aliis Lit. ann. 1471. ex Reg. 195. ch. 588 : *Lesquelz compaignons s'estoient vantez que avant qu'ilz revissent* (f. revinssent) *il y auroit Broulliz.*

1. **BROLIUM**, Nemus, silva, aut saltus, in quo ferarum venatio exercetur : maxime vero silva muris aut sepibus cincta, unde nominis etymon, quod a Græco περιβόλιον effictum innuit Luithprandus in Legat. [** ap. Pertz. vol. Script. 3. pag. 355. lin. 10.] : *Nicephorus in eadem cœna me interrogavit, si vos Perivolia, id est, Briolia, vel si in Perivoliis onagros vel cætera animalia haberetis. Cui cum vos Briolia, et in Brioliis animalia, exceptis onagris habere affirmarem, Ducam te, inquit, in nostrum Perivolium, etc.* Moscopulus περὶ σχεδῶν : Κῆπος λαχάνων καὶ δένδρων, τὸ κοινῶς Περιβόλιον. Glossar. Gr. Lat. : *Conseptum*, Περίβολος. S. Hieronymus in cap. 3. Ezech. περίβολον, *quod nos vivarium, vel conclusum locum dicere possumus.* Vide Salmasium ad Inscript. Herodis Attici. Vocem hauserant Græci a Persis, qui ita *parcos* suos appellabant. Zosimus lib. 3. de Persis pag. 724 : Παραγίνεται δὲ καὶ εἰς περίβολον, ὃν βασιλέως θήραν ἐκάλουν. ἦν δέ τι τειχίον, χωρίον ἀπειληφὼς ἔνδον πολὺ, δένδρεσι πεφυτευμένον παντοδαποῖς. ἐν τούτῳ θηρίων παντοίων ἐναποκλειμένα γένη τροφῆς τέ οὐκ ἠπόρουντο, διὰ τὸ καὶ ταυτὴν ἐπεισάγεσθαι, καὶ παρεῖχον τῷ βασιλεῖ τοῦ θηρᾶν, ἡνίκα ἂν βουληθείη, ῥαςώνην. Athenienses hodiernos, hortos suos, *Perivolis* etiamnum appellare auctor est Guilleterius in Athenis hodiernis pag. 131.

Brolium. Idem Luithprandus lib. 3. Rerum in Europa gestar. cap. 4. [** Pertz. cap. 14. vol. Script. 3. pag. 306.] : *Sed et inter cætera.... concessit cervum, quem is in suo Brolio venaretur.* Tabularium Brivatense Ch. 270 : *Exceptis illis apsis et Brolio indominicato.* Vetus Charta in Appendice ad Flodoardum Colvenerii : *Cum silva et dimidio Brolio ad ipsum aspiciente.* [Charta Ludovici Junioris anni 1158 : *Dum in manu regia Episcopatus fuerit, Brolium nec vendere, nec donare, nec aliquo modo diminuere poterimus.* Ubi *Brolium* sumendum videtur pro excelsa silva, quam *de haute futaye* appellamus, non autem tonsili et cædua, *Bois taillis.* Ex hac enim cædi potuisset, Rege Episcopatus fructus annuos percipiente, quidquid cædendum illo tempore contigisset.] Occurrit præterea apud Rolandinum in Chronico lib. 5. cap. 5. in variis Chartis apud Perardum in Burgundicis pag. 29. Ughellum tom. 4. pag. 612. tom. 5. pag. 612. in Bibliotheca Cluniacensi pag. 542. in Historia Pergamensi tom. 3. pag. 191. 325. etc. *Brolo* dixit Dantes in Purgat. cant. 29.

Brolius. Capitul. ann. 821. cap. 4 [** Pertz. ann. 820. vol. Leg. 1. pag. 229.] : *Nolumus ut liber homo ad nostros Brolios* [** al. *Broilos.*] *operari cogatur.*

* Charta admort. Caroli VII. in Reg. Cam. Comput. olim Bitur. nunc Paris. fol. 149. r°. : *Item super una sextariata albaretæ sive Brolii ad rivale Andreæ,...... ip. den. Tholos.* Stat. Vercel. lib. 5. pag. 121. r°. : *Item quod quicumque intraverit hortum, vineam, plantatum, altinetum, Brolium, clausum, vel canevale alterius, etc.*

Broilus, Ferrariensibus *Broilo.* Annales Francor. Bertiniani ann. 864 [** Pertz. vol. Script. 1. pag. 466.] : *In quodam Broilo cervum venans, de caballo cadit* [MS. codex Irminonis Abb. San-German. fol. 108. col. 1. (** Br. 22. cap. 1. Guerardo pag. 227.) : *Habet ibi mansum dominicatum bene constructum... et Broilum muro petrino circumseptum.*] *Broilum ad Attiniacum palatium*, in Capitulari Caroli Magni ann. 808. cap. 10. [** Pertz. Leg. vol. 1. pag. 154.] *Broilum Compendii*, in Capitulari 1. Karlomanni Regis. [** ann. 883. Pertz. pag. 550.] Avesgaudus Episcopus in literis pro Monasterio S. Vincentii : *Cum silva quæ vocatur Broilus.* Hist. Cortusiorum lib. 11. cap. 9 : *Eo cœnante in quodam ejus Broilo.* Vide Malbrancum lib. 4. de Morinis cap. 10. et Puricellum in Ambrosiana Basilica pag. 367.

Brogilus. Capitulare de Villis cap. 46 : *Ut lucos nostros, quos vulgus Brogilos vocat...., ad tempus semper emendent et nullatenus exspectent ut necesse sit a novo reædificare.* Vetus Charta in Tabulario Heduensi : *Cum omni sua integritate, et adjacentiis universis, excepto Brogilo vallato, et prato ibidem adhærente.* Alia Ragenfredi Episcopi Carnotensis : *In Gondrivilla mansos 8. cum Brogilo et pratis.* Occurrit præterea in Actis Episcoporum Cenoman. apud Mabillon. tom. 3. Analect. pag. 146. Vide *Broil* suo loco.

¶ Brugilus. Testam. Bertichramni Ep. Cenoman. ann. 32. Clotharii R. apud Mabill. tom. 3. Analect. pag. 122. [** Brecquin. num. 56.] : *Cum Brugilo quem de fratre meo Leusio Abbate datos quadraginta solidos redemi.*

Broialum, in Vita Aldrici Episc. Cenoman. n. 7. et alibi.

¶ Broletum. Memoriale Potestatum Regiens. ad ann. 1217. apud Murat. tom. 8. col. 1142 : *Et populus in maxima quantitate erat armatus in Broleto dictæ civitatis.*

* Platea, locus publicus, qui arboribus est consitus; unde nomen. Chron. Modoet. apud Murator. tom. 12. Script. Ital. col. 1177 : *Parvo post tempore in Mediolanum ducti pater et filii, una die in Broleto dictæ civitatis sunt decapitati.* Stat. Vercel. lib. 1. pag. 1. r°. : *Quod sacramentale sive sacramentalia, et regimen jurare teneatur potestas aut rector in Broleto communis et civitatis Vercellarum, antequam ibidem descendat de equo, super libro statutorum.*

Briulum. Charta Balduini Hierosol. Comitis Flandr. ann. 1081. apud Miræum in Diplom. Belg. lib. 2. cap. 32 : *Briulum, hoc est, pratum eidem loco ab Occidente contiguum... liberum ei definimus.*

Broulum. Chron. Besuense : *Dederunt etiam 4. falces prati in suo Broulo S. Sequani.*

Brollum *quatuor secaturarum*, apud Perard. in Burgund. pag. 116. id est, *un bois de quatre coupes.*

¶ Broylus, in lib. 5. cap. 5. Rolandini Patavini de Factis in Marchia Tarvisina, apud Murator. tom. 8. col. 237 : *Vidit Notarium quemdam, nomine Oldericum, legentem in quodam Broylo secrete quasdam literas sigillatas cum sigillo uno.*

Bruillus. Charta Henr. III. Reg. Angl. in Monast. Angl. tom. 3. pag. 125 : *Bruillos nostros Cestriæ, videlicet Bruillum, qui vocatur Bruillus Regis, etc.*

¶ Bruillium, in Tabulario S. Sergii Andegavensis. Vide hanc vocem suo loco.

Brullium. Charta Henrici II. Reg. Angl. tom. 2. Monast. Angl. pag. 952 : *Sciatis nos dedisse licentiam... quatenus totam terram suam... quæ est sita infra metas forestæ de Roteland, et quantum ibi habent Brullii, possint excolere, et convertere ad terram arabilem.* [Nova Gall. Christ. tom. 3. col. 342. E. : *Muro cinxit lucum seu Bruillum domus Episcopalis.*]

☞ Ex prællatis superius nemo non videt *Brolium* aliasque ejusdem originis voces sæpissime accipi pro campo, eoque maxime quod arboribus consitum est, et muris aut sepibus cinctum; verum ne levissimus remaneat hac de re scrupulus, Scriptores appellandi quorum mens vel maxime aperta est. Ottonis Morenæ Hist. Rer. Laudensium apud Murator. tom. 6. col. 983 : *Apud Terdonam in Brolio Episcopi extra civitatem fere omnes castrametati fuerunt.* Landulphi Junioris Hist. Mediolan. apud eumdem tom. 5. pag. 480 : *Grossulanus... synodum suam in Ecclesia S. Mariæ, quæ dicitur Hyemalis, per duos dies tractavit, atque in tertia in prato, quod dicitur Brolium.* Ubi Muratorius recte monet legendum *Brolium*, additque ex Galvanei Flammæ Chron. Maj. cap. 68. et 73. *Brolium* fuisse pomœrium arboribus consitum in tanta densitate, ut nemoris speciem referret atque, in ea parte urbis positum, quæ intermedia est duabus insignibus Mediolani basilicis S. Nazarii et S. Stephani, quibus adhuc superstes nomen mansit *in Brolio.* Idem Flamma in Manip. Flor. MS. fol. 28 : *Extra muros civitatis erat Brolium magnum ubi juvenes in armis et pugnis diversis, exercitationis causa conveniebant.* Hinc Arverni pratum Anicio vicinum vocant, *le Breuil de M. du Puy*. [** Broila prope urbes Italiæ locos fuisse ubi populus conveniebat monet Savinius Hist. jur. rom. med. tempor. part. 2. cap. 38. not. 86. auctore Fumagallio in *Antichità Longobardico-Milanesi vol. 2. diss. 14*. Vide supra *Broletum*. Confer *Braida*.]

☞ Aliam itidem licet ejusdem vocis notionem adsignare; est enim aliquando *Brolium* idem quod *Corveia* quæ in *Brolio* domini, sive nemus sit sive pratum, a vassallis seu tenentibus debetur. Charta de servitio debito a rusticis de Romenaco in Bressia Ecclesiæ Matisconensi ann. circiter 800. ex ejusdem libro incat. fol. 67. verso : *Debent quoque duos Brolios unum ad S. Romanum, et ad Nicosam alium, secare, fenare, carricare, et intus mittere.* Hist. Calmosiacensis Monast. lib. 1. apud Marten. tom. 3. Anecd. col. 1197 : *Est regula, in festo S. Remigii duos nummos debet, etiam suo tempore croatam, Brullium et furcam.* Quibus iterum nostra sententia de *Brolio* firmatur.

Breil, Breuil et Breuille nostri dicunt. Consuetudo Andegavens art. 36 : *Est reputé Breil de forest, un grand bois marmenteau, ou taillis.* Genomanensis art. 40 : *Breuil de forest, qui est à entendre Buisson, tel que convenablement les grosses bestes s'y puissent retirer.* [Le Roman *d'Alexandre* MS. :

En un Breuil d'oliviers novellement feillus.]

Le Roman *de Garin* :

Se sont logés lès le ferré chemin,
Et pardeça lès le Bruel de sapin.

Alibi :

Sire, en ce Breuil arrier l'avons laissié.

Theobaldus Rex Navarræ :

Qu'il face amours, et serve bel acueil,
Et chant souvent, comme oiselet en Brueil.

Castellanus Codiciacensis :

Que ne chanter par Brueille
Oisiax n'au main, n'au soir.

Breuillet, [et Broillot,] Broliolum. Le Roman *de Garin* :

En un Breuillet les a fet embuschier.

Alibi :

Li aguet saut, qui del Bruillet s'en ist.

Le Roman *de Gaydon* MS. :

En un Broillet, là se sont arresté.

[*Merlin* apud Borellum : *Et demanda embuchement en un Broillot.*] Vide Octavium Ferrarium in Originibus linguæ Italicæ in *Brolio*, [et Menagium in Dicton. Etymol. Gall. ad vocem *Breuil*, ubi notat hanc vocem interdum etiam sumi pro loco paludoso in Barensi Ducatu.] [** German. hodie *Brühl*, Pratum palustre. Conf. Graffii Thesaur. Ling. Franc. vol. 3. col. 282. voce *Brógil*. Anglos. Broel, Vivarium. Vide Bosworthum h. v. Adde Murator. Antiq. Ital. vol. 2. col. 150. et Raynouard. Glossar. Rom. vol. 1. pag. 264. voce *Bruelh*.]

* 2. **BROLIUM**, pro *Brodium*, Carnium elixarum jus Stat. conlleg. Fuxens. Tolos. ann. 1457. ex Cod. reg 4223. fol. 236. r°. : *Non autem interdicimus quod si quis stomacho indispositus fuerit, possit intrare dictam coquinam et petere scintillam Brolii.*

* **BROLIVUS**, Arboribus consitus; quod de pomario præcipue dicitur, in Stat. Vallis-Ser. rubr. 188. ex Cod. reg. 4619 : *Si vero iverit in aliquam petiam terræ non seminatam, prativam, vineatam, Brolivam, nec ortivam,.... sit ei pœna solidi unius.* Vide *Brolium* et infra *Bubulca*.

BROMA. Vide *Bruma*.

* **BROMESTS**, vox vulgaris, Bumastus, botrus, Ital. *Brumasto* et *Brumesto*. Acta MSS. Inquisit. Carcass. ad ann. 1309. fol. 31. r°. : *Item alia vice* (misit dictis hæreticis) *racemos, vocatos Bromests.* Vide *Brots*.

BROMOSUS, Brumosus. Glossæ Isidori : *Bromosa, immunda. Brumosus, annosus, resinosus.* Ubi *resinosus* pro *reses* dicitur, quia aquæ resides, et quæ non fluunt, fœtidæ sunt. Eadem Glossæ : *Brumalia, Resinosa pluvia.* Ruffinus lib. 3. de Vitis Patrum. n. 39 : *Et cum fœteret Brumosa aqua odore, non permittebat, ut aliam aquam mutarent.* Cælius Aurelianus Siccensis lib. 3. Tardarum passion. cap. 2 : *Corruptio acceptorum cum acore vel in Bromosam vel fumosam transeuntium qualitatem, etc.* ubi *cœnosam, putidam*, recte vir doctus interpretatur. Gariopontus lib. 1. cap. 12 : *Unde eructant frequenter calidum, Brumosum, fumosum, ut est odor piscium crudorum.* Ex his emendandus S. Zeno Veronensis in Exodum Serm. 8 : *Quis non intelligit, Fratres, Pascha non esse, sed Bramosum latronis cruenti convivium?* Idem Serm. in Psal. 49 : *Sacrificium,.... quod non Bramosis pecudibus, sed suavissimis moribus comparatur.* Legendum enim *Brumosum*, vel *Bromosum convivium*. Vocis originem docent veteres Glossæ laudatæ a Turnebo lib. 28. Advers. cap. 5 : *Bramosa, immunda, quod Græcæ linguæ est*, ubi pariter legendum *Bromosa*, a voce scilicet, βρῶμος, graveolentia, fœtor, βρωμώδης, fœtidus. Vocem Græcam βρῶμος expressit vetus Interpres Palladii in Lausiacis in Appendice : *Fœtorem et Brumum sufferre non poteram.* Ex quibus patet perperam Filesacum lib. 1. Select. pag. 241. dixisse *bramosum convivium* illud esse *quod avium seu agnorum carnibus constat.* Forte quod βρώμη apud Hesychium βρῶσιν sonet, seu cibum.

* **BROMIDITAS**, Putredo, fœtor. Alex. Iatrosoph. MS. lib. 2. Passion. cap. 38 : *Qualitas ipsa vel substantia, quæ occupavit, aufertur ex stomacho. Hoc etiam in sordidis spongiis videmus fieri : nec enim ipsæ purgantur, nisi aqua ipsa lavatur ex eis Bromiditas.* Vide *Bromosus*.

* **BRONCHERIA**. Charta Bern. Bermondi et Raim. Guidonis ex Tabul. Flamar. : *Datum Sarlata ante festum Broncheriæ anno Domini 1370.* Ubi forte leg. *Brancheriæ*, et de Dominica Palmarum intelligendum.

¶ **BRONCHUM**, *Guttur, quem gurgulionem dicimus, id est eminentior pars gutturis.* Papias MS. Est pro Græco Βρόγχος.

* **BRONDA**, Virgultum, ramusculus, vulgo *Broutilles*. Stat. ann. 1352. inter Probat. tom. 2. Hist. Nem. pag. 151. col. 1 : *Item quod nullus brasserius seu brasseria sit ausus vel ausa...... accipere aliquas Brondas olivariorum, vel aliarum arborum... de alienis possessionibus.* Non multum dissimili notione *Brondis* usurpant Provinciales. Glossar. Prov. Lat. ex Cod. reg. 7657 : *Brondis, Prov. limbus, limbellus, dim. orarium.* Vide infra *Bropa*. [** et Raynouard. voce *Brondelh*, Glossar. vol. 1. pag. 263.]

¶ **BRONDATUS**, Acu pictus. Vide *Brusdus*.

BRONIA. Vide *Brunea*.

¶ **BRONSFORWEND**. Vide *Wendus*.

* **BRONZINA**, Tormentum bellicum, quod *Bombarda*, ab Ital. *Bronzo*, Hisp. *Bronce*, nostris *Bronze*, Æs, sic dictum. Comment. Jac. Picinini lib. 8. apud Murator. tom. 20. Script. Ital. col. 136 : *Trahebantur denique lanceis onerati currus quinque, et tormenta ænea sex, quas Bronzinas Itali vocant.* Vide mox *Bronzium*.

* **BRONZINUM**, vel Bronzinus, ejusdem originis, Vas, urceus, unde lavandis manibus aqua infunditur, Gall. *Aiguiere*. Chron. Placent. ad ann. 1388. apud Murator. tom. 16. Script. Ital. col. 582 : *Antequam dicti domini sint assetati ad tabulam, dant eis aquam cum bacido et Bronzino.*

¶ **BRONZINUS**, Species panni Lusitanici. Acta SS. Junii tom. 3. pag. 502. B. de B. Tarasia : *Deinde pannum alium viridem de Bronzino.*

* **BRONZIUM**, Æs, cuprum. Vide supra *Bronzina*. Stat. Vercel. lib. 3. pag. 86. r° : *Item quod non liceat alicui ex prædictis emendo et vendendo pensare ad pensam lapidis, plumbi, vel stagni; sed ad pensam ferri, lottoni, Bronzii, vel arami tantum.* Occurrit etiam in Chron. Placent. jam laudato col. 491. ad. ann. 1314.

* **BROPA**, Broppa, Virgultum, ramusculus, surculus, truncus, Ital. *Bronco*. Stat. Saluc. collat. 7. cap. 195 : *Operarii non poterunt a nemoribus alienis exportare Bropas, nec poterunt a vineis et alienis, in quibus accesserint ad operandum, exportare Bropas et Bropiglionos aridos et virides.* Stat. Montis-reg. pag. 225 : *Item statutum est, quod si aliquis caperet Bropas alienorum ottinorum vel vinearum, ... et quicunque acceperit aliena ligna viridica vel sicca, vel Bropas in nemoribus, vel campis, etc.* Stat. Perus. pag. 53 : *Si quis in nemore silvestri allevamentum alterius vastaverit, solvat pro banno de die pro qualibet planta silvestri, grossitudinis unius Bropæ vel infra den. iv.* Stat. Astæ collat. 20. cap. 44. pag. 69. v°. : *Statutum est, quod aliquis laborator...... non audeat aportare aliquas sarmentas, vel Bropas, vel alia ligna absque expressa licentia illius cujus laborat.* Ibid. cap. 13 : *Item de arzonis, cannis, Broppis, plantis, etc.* Vide supra *Broca* 5. et *Bronda*.

* **BROPIGLIONUS**, diminut. a *Bropa*. Vide supra in hac voce.

* 1. **BROQUERIUS**, Clypeus, scutum, Hispan. *Broquel*, Gall. *Bouclier*, pro *Bloquerius*. Vide supra in hac voce. Lit. remiss. ann. 1442. in Reg. 176. Chartoph. reg. ch. 152 : *Johannes Fabri vagabondus... armatus ense, præcincto clipeo seu Broquerio et uno punhali, etc.* *Bronquier*, eadem notione, in Lit. remiss. ann. 1454. ex Reg. 187. ch. 210 : *L'un tenoit une espée toute nue en sa main, avec un capel ou Bronquier.* Verbum vero *Brunquier*, pro *Broncher*, Labi, offendere, in aliis Lit. ann. 1395. ex Reg. 148. ch. 111 : *Jehan Thibaut fery de la hache, qu'il tenoit, sur les espaules de Colart si grant cop, qu'il le fist Brunquier sur le col de son cheval.*

* 2. **BROQUERIUS**, Inter artifices recensetur, in Charta ann. 1366. inter Probat. tom. 2. Hist. Nem. pag. 303. col. 1. Vide supra *Broca* 4. et *Brochia* 2.

¶ **BROQUETTA**, Clavus, fibula, quibusdam in locis Picardiæ et Campaniæ *Broquette*. Diminutivum est a voce Gallica *Broche*, Veru. Inventarium Ornament. et Reliq. Ecclesiæ Noviom. ann. 1419. ex ejusdem Archivis : *Item, quædam tabula argentea... in qua desunt duæ Broquettæ.*

* **BROQUETUS**, dimin. a *Brocus*, Amphora, lagena, vas vinarium. Inventar. Ms. ann. 1379 : *Item duo parvi Broqueti vinaterii.* Vide *Brochus* et *Broscus*.

BROSASTA, Fœni manipulus. P. Goudelinus in Lex. Tolos. : *Brosat*, [** *Brassat*] *Brassie, de quoi que ce soit, Botte de foin.* Vetus Charta apud Sammarthanos in Abbatib. S. Stephani de Vallibus : *Duas Brosastas fœni annuatim ad domum suam deportandas, dum vixerit, quoniam de inopia fœni conquerebatur, libenter permisit.*

¶ **BROSCA**, Avis species. Rumpleri Hist. Monast. Formbac. lib. 3. apud Bern. *Pez* tom. 1. Anecdot. part. 3. col. 468 : *Inter minutas, frequentiores sunt... turdi, merulæ et Broscæ.*

* **BROSCIA**, perperam pro *Boistia*, vel *Brustia*, Pyxis, arcula. Vide in his vocibus. Stat. sabater. Carcass. ann. 1402. tom. 8. Ordinat. reg. Franc. p. 569. art. 32 : *Fiet et tenebitur una Broscia, cum qua et in qua ponetur et includetur emolumentum dictæ luminariæ : quæ Broscia claudetur cum duabus clavibus, etc.*

BROSCUS, Lagenæ majoris species, vulgo nostris *Broc. Brosci, et Broschi vini*, in Tabulario sancti Dionysii ann. 1240. [Vide *Brochus*.]

BROSDUS. Vide *Brusdus*.

¶ **BROSELLUS**, recensetur inter ornamenta ecclesiastica in voce *Barmus*.

* **BROSSA**, Brossia, Silvula, dumetum, vepretum, Gall. *Buisson, broussaille*, olim *Broisse*, *Brosse* et *Brousse*. Charta ann. 1112. ex Tabul. Cluniac. : *Confiteor tenere in feudum....... domum et miottam meam de Cluniaco, ... Brossas et silvas.* Alia ann. 1343. in Reg. 74. Chartoph. reg. ch. 242 : *Terra et hæreditas de Merchorio, sive sint castra, villæ, mansi, montanæ, nemora sive Brossæ, etc. Dehinc usque ad tremulum in Brossia*, ex Tabul. archiep. Bituric. fol. 129. v°. Terrear. S. Maurit. in Foresio ad ann. 1473 : *Item et super duabus partibus quarumdam brueriarum et Brossiarum.* Chartul. Latiniac. fol. 260. v° : *Item au lieu dit les Broisses ung quartier et demi, tenant d'une part pardevers les bruyeres audit Chenart.* Ch. admort. ann. 1412. in Reg. 166. ch. 272 : *Item tient un boys ou une Brosse, etc. Une petite Brousse d'espines*, in Lit. remiss. ann. 1411. ex Reg. 165. ch. 158. *Bronche*, si mendum non est, eadem notione, in Ch. ann. 1341. ex laudato Reg. 74. ch. 439. Vide supra *Broça* 2. et *Bruscia* in Glossar.

BROSSIA. Vide *Bruscia*.

¶ **BROSSIÆ**. Vide in *Moneta Baronum Franc.*

* **BROSTAGIUM**, Præstatio, ut videtur, pro jure colligendi in nemoribus *Brossas*, seu dumos, vepres, et arborum ramos, idem quod *Ramagium*. Vide in hac voce. Charta ann. 1252. pro monast. Montisburg. in Reg. 173. Chartoph. reg. ch. 548 : *Concedo decimam pasnagii, herbagii, Brostagii et avenagii.* Alia Henr. reg. Angl. pro eod. monast. in Reg. 119. ch. 42 : *Cum decima pasnagii, herbagii et Brostagii, et omnium placitorum ad easdem forestas pertinentium.* Ch. Roberti milit. ann. 1255. ex Tabul. S. Audoen. Rotomag. : *Concedo quod dicti abbas et conventus* (S. Audoeni) *percipiant....... decimas...... Brostagii, etc.*

* **BROSUS**, Idem videtur quod supra *Brocius* 2. Stat. Montis-reg. pag. 286 : *Macellarii et revenditores casei, Brosi, carnium salsarum, candelarum et olei, etc.*

¶ 1. **BROTELLUS**, et Bretellus. Sic insulæ in Rhodano vocantur, forte a voce *Breuillet* vel *Broillot*, quod ejusmodi insulæ dumosæ admodum esse solent; Lugdunensibus etiamnum, *les Broteaux*, vel *les Breteaux du Rhosne*. Charta Ecclesiæ Lugdun. ann. 1298 : *Occasione cujusdam inhibitionis quam D. Archiepiscopus dicebatur fecisse de non solvendo censu cujusdam Bretelli de Rhodano prope pontem Lugduni... pronuntiavit quod pignora capta ratione inhibitionis factæ per D. Archiepisc. de censu Brotelli Rodani domino Bellijoci non solvendo seu reddendo a tenementario dicti Brotelli restituantur.* Vide

* 2. **BROTELLUS**, diminut. a *Brossa*. Vide supra in hac voce. Inquisit. ann. 1480. in Bressia et Bugeio ex schedis D. *Aubret* : *Illi de Molone in illis Brotellis....... bochiaverunt tanquam in eorum Brotellis.* Occurrit ibi pluries, ut in Arest. senat. Chamber. ann. 1492 : *In dictis Brotellis sine contradictione poterunt bocheare et de nemoribus capere....... Illi de communitate bochiaverunt, et nemus in ipsis Brotellis existens scinderunt.* Hinc insulæ Rhodani, ut jam observatum est supra *Broteaux* a Lugdunensibus nuncupatæ potius videntur, quam a *Broust*, licet communia sint pascua; quod vult D. *Falconet*. Reg. actor. capit. eccl. Lugdun. ad ann. 1342. fol. 79. r° : col. 2. ex Cam. Comput. Paris : *Hoc salvo et excepto, quod idem Lancelotus non possit per se vel per alium in dictis terra et Brotello facere aliquod arrivagium.* Vide supra *Brocellum*.

* **BROTONS**, Tonans, fulmen emittens, Jovis epithetum, a Gr. βροντή, fulmen. Inscript. capiti Jovis marmoreo affixa apud D. *de Montfaucon* in Diar. Ital. pag. 41 : *Bono Deo Brotonti.* [** ap. Gruter. 34, 5. et 17, 12. Græcis Βροντῶν, Tonans.]

¶ **BROTS**, Botrus, uva. Charta pro Communia de Balneolo ann. 1300 : *Aliqua persona non sit ausa accipere Brots vitium, nec agrestam, nec amarinas, nec malhols colligere in possessionibus alienis.* [* Vide supra *Bromests*.]

* **BROUCATUM**, ut supra *Broccatum*, Pannus auro intextus. Obituar. eccl. Gerbored. apud Besl. in Pictav. pag. 348 : *Obiit Henricus de Lilliaco hujus ecclesiæ canonicus, cui dedit nobis....... unum pulvinar Broucatum.*

* **BROUDATOR**, Phrygio, qui acu pingit, Gall. *Brodeur*; cujus opus *Broudatura* dicitur. Comput. ann. 1429. ex Tabul. S. Petri Insul. : *Datum item Stephano Broudatori pro reparatione unius orfroy, positi super novam cappam, ... xviij. sol.* Necrolog. Ms : eccl. Paris. ad Id. Jun. : *Dedit etiam* (Adela Franc. reg.) *albam, cujus paratura, cum stola et manipulo simili opere et laudabili auri Broudatura facta sunt.* Vide *Brusdus*.

¶ **BROUDATUS**, Brouderatus. Vide in *Brusdus*.

* **BROUETA**, a Gall. *Brouette*, Vehiculum, idem quod *Broeta*. Comput. Ms. fabr. S. Petri Insul. ann. 1402 : *Item pro una magna Broueta, xiij. sol. Broutée, Brouetæ* onus, in Reg. feud. comitat. Clarimont. ex Cam. Comput. Paris. fol. 11 : *Item le Dymanche, une Broutée de poissons doit pour estalage iiij. den. Broutier*, qui pisces marinos exportat, vulgo *Chasse-marée*. Lit. remiss. ann. 1391. in Reg. 142. Chartoph. reg. ch. 166 : *Va, va, villain Broutier vendre tes rayes.*

¶ **BROU-KETEL**, Belgis est cortina seu ahenum ad coquendam et conficiendam cervisiam, Gall. *Chaudiere*. Locus est in *Ketel*.

¶ **BROULUM**. Vide in *Brolium*.

* **BROURDARIUS**, Inter opifices et ministros ecclesiæ S. Petri Insul. recensetur, in Comput. Ms. fabr. ejusd. eccl. ann. 1519 : *Pro vestibus vitrarii, carpentarii, latomi, coopertoris tegularum, clientis ecclesiæ et Brourdarii, pro qualibet veste vj. lib.* Leg. forte *Brousdarii*. Vide in *Brusdus*.

* **BROUTARE**, Vehiculo, *broeta* dicto, transvehere, Gall. *Brouetter*; *Broutarius*, qui ejusmodi vehiculo transfert, Gall. *Brouettier*. Comput. Ms. eccl. S. Vulfr. Abbavil. ann. 1450 : *Item pro duobus Broutariis, qui a rivagio usque ad magnum scabinagium ad ponderationem, et a dicto scabinagio usque ad grangiam capituli Broutaverunt lxxiiij. libras novi plumbi, cuilibet Broutario xviij. den.* Vide supra *Abroutare* et *Broueta*.

BROXÆ. Martinus de *Arles*, Canonicus Ecclesiæ Pampilonensis, lib. de Superstitionibus : *Et primo de falsa opinione credentium illas maleficas et sortilegas mulierculas, quæ ut plurimum vigent in regione Basconica, ad Septentrionalem partem montium Pyrenæorum, quæ vulgariter Broxæ nuncupantur, posse transferri de loco in locum per realem mutationem, etc.* [** Hispan. *Bruja*. Vide Grimm. Mythol. Germ. pag. 595. et *Ant. de Torquemada, Jardin de Flores*, fol. 147. sqq.]

* *Bruesches*, ex Borello, in comitatu Fuxensi.

¶ **BROYDATUS**. Vide in *Brusdus*.

¶ **BROYLUS**. Vide in *Brolium*.

¶ **BROZIA**. Vide *Bruscia*.

BROZIUM, Mensura carbonum, in Contract. Datior. Bergom. lib. 5. cap. 4.

* **BROZIUS**. Vide supra *Brocius* 1.

* **BRUA**, Idem quod supra *Brossa*, Silvula, dumetum. Charta Henr. reg. Angl. in Reg. 118. Chartoph. reg. ch. 473 : *Præcipio quod permittatis habere monachis de Monteburgo tot arbores in Bruis ad focum suum, quot ebdomade habentur in anno.* Glossar. Lat. Gall. ex Cod. reg. 7679 : *Brua, Brue. Brucroi* perperam, pro *Brueroi*, vulgo *Bruiere*, in Hist. contin. Guill. Tyrii

Byrne et Byrnan, Eadem notione, in Legibus Athelstani Regis Anglo-Saxonicis cap. 26. et Kanuti cap. 69. [** Germanis olim *Brunia*, *Brunje*, *Brüne*, *Brün*, eodem significatu. Vide Glossar. Wachteri, Lexic. Germ. Frischii, et Glossar. Suio-Goth. Ihrii voce *Brynja*, vol. 1. col. 283. Adel.]
Gallicis mediæ ætatis Scriptoribus, *Broigne* vulgo appellatur. Le Roman *de Guillaume au Court-nez* :

Li Cuens le tint, qui sa force i amasse,
La riche Broigne li derront et deslace.

Le Roman *de Garin* :

Et mainte Broingne percier et estroer,
Et maint vassal trebuchier et verser.

Idem :

L'escu li perce, s'a la Broigne faussée.

Alio loco :

En son dos vest une Broigne treslice.

Le Roman *de Gaydon* MS. :

L'escu li perce, et la Broingne treslit.

Ubi illud Virgilii videntur expressisse :

Loricam consertam hamis, auroque trilicem.

Le Roman *de Rou* MS. :

Des haubers et des Broingnes, mainte male faussée.

Le Roman *de Roncevaux* :

Là veist-on tante Broingne saffrée.

Vide Loccenium lib. 3. Antiq. Suecic. cap. 2. [** et Raynouardi Glossar. voce *Bronha*, vol. 1. pag. 262.]

Brunearii. Charta Ottonis M. Imp. ann. 950. pro Ecclesia Ratispon. apud Meibomium, et in Metropoli Salisburg. tom. 1. pag. 227 : *Cum.... piscationibus, mansionariis, Barschalkis, Aureariis, Brueneariis, Cidelariis, molendinis, etc.* Ubi *Aurearii* iidem, qui *Aurarii; Brunearii* vero *Bruniarum* confectores videntur.

¶ **BRUNEDO.** Vide post *Brunus.*

¶ **BRUNELLUS,** Certa mensura salis. Charta anni 1181. ex Chartulario Crisenonensi : *Dedi in perpetuum et concessi Deo et Ecclesiæ B. Mariæ de Crisenone et Sanctimonialibus ibidem Deo servientibus* 80. *Brunellos salis apud Autissiodorum.* Bulla Celestini III. ann. 1196. de Bonis monasterii Crisenon. : *Molendina de pratis, clausum vinearum... octingenti Brunelli salis.* Cod. MS. ex Chartophylacio Episcopi Autissiod. ann. circiter 1290. de Redditibus ejusdem Episcopi : *De Brunellis. Episcopus Autissiod. habet medietatem in salagio et Brunellis.* Et infra : *Quoties mensuratur, similiter in Brunello et de sale chariato ad pelam absque Brunello. Brunel* in quibusdam Computis Gallicis Urbis Autissiod.

* Idem quod *Minotus,* qui centum librarum ponderis est, ut colligitur ex juribus episc. Autiss. quæ extant ad calcem Polypt. Bretel. : *Brunelli seu minoti, etc. Brunel de sel,* in Lit. ann. 1402. tom. 8. Ordinat. reg. Franc. pag. 572. Vide *Pela* 2.

BRUNETA, Brunetum, Pannus non ex nativi coloris lana confectus; sed quavis tinctura imbutus. Sebast. Cobarruvias : *Brunete, cierto paño basto de color negra non fina, de bruno, que en lengua Italiana vale obscuro.* Statuta Raimundi Comitis Tolosæ apud Catellum in Hist. Comit. Tolosæ pag. 350 : *Caligis de aliqua Bruneta etiam nigra... non utantur.* Bulla Gregorii IX. PP. pro Benedictinis Monachis : *Nec quisquam in quovis loco tunicis vel coopertoriis de Bruneto, aut pellibus silvaticis... uti præsumat.* Concil. Monspeliense ann. 1214. cap. 17 : *Non utantur cappis, tunicis, vel pallis de aliqua Bruneta clara, vel nigra, etc.* Adde Concil. apud Campinacum ann. 1238. cap. 25. Concil. Biterrense ann. 1246. cap. 23. [Litteras Official. Paris. e Chartulario Montis Martyrum, Macerias Insulæ-Barbaræ tom. 1. pag. 202. Marten. Anecdot. tom. 4. col. 249. D. *de Lauriere* Ordinat. Regum Franc. tom. 1. pag. 52.] Statuta Joannis Archiep. Cantuar. ann. 1279. et Will. de Nangiaco in Vita S. Ludovici, de quo Will. *Guiart* ann. 1248 :

Ne vesti il vert, ne Brunete,
Ne drap, ce nous conte l'Histoire,
Qui ne traisit à couleur noire.

[Le Roman *de la Rose* :

Et une cotte de Brunette.

Reglemens pour les Drapiers de Commercy e MS. Cod. ejusdem urbis pag. 18 : *Ceux dudit metier qui feront pers, Brunette, verdz et mandres marchans soient urdis, etc.*]

Burnetum, apud Matth. Paris : *Monachi camisiis lineis, vel Burnetis non utantur.* Vitæ Abbat. S. Albani : *Nullus utatur tunica de Burneto.* Provinciale Eccles. Cantuar. lib. 3. tit. 19. ex Concilio Oxoniensi ann. 1222. cap. 38 : *Monachi nec Canonici regulares... Burneto vel alio panno irregulari de cætero utantur.* Ubi Lindwodus : *Potest esse differentia inter brunum colorem et Burnetum : brunus enim color potest fieri ex lana ipsa absque tinctura, quale apud nos est russetum et nigrum : Burnetum vere requirit tincturam et artificium hominis quoad colorem.* [Occurrit apud Limborch. in Sentent. Inquisit. Tolos. pag. 161. in Hist. Dalphin. tom. 2. pag. 280. et 291.] Vide *Supertunicale*, et *Brunus.*

Buretum, Eadem notione. Gesta Consulum Andegavensium cap. 6. n. 8 : *Indutus tunica illius panni, quem Franci Grisetum vocant, nos Andegavi Buretum.* Forte *Burnetum.*

¶ **BRUNETI,** Monetæ species. Chron. Januens. Jacobi de Varagine apud Murator. tom. 9. col. 34 : *Hoc tempore* (ann. 1113.) *inventa est moneta denariorum qui Bruneti dicebantur, prius enim Januenses Papiensibus utebantur.* Et col. 37 : *Anno Domini* MCXXXIX. *moneta quæ dicebatur Brunetorum, quæ tunc Januæ fiebat, cessata fuit... Primo enim in Janua expendebantur Papienses, deinde Bruni, postea Bruneti, qui erant minores quam Bruni, ultimo dicuntur Janaini.*

¶ **BRUNIA.** Vide *Brunea.*

BRUNICUS. Isidorus lib. 12. Orig. cap. 1 : *Mannus vero equus brevior est, quem vulgo Brunitum, vel Brunitium vocant.* Rectius in glossis antiquis MSS. *Brunicum.* [** In codd. Isidori maxima lectionis varietas, Arevallus *Buricum,* edit. Antiq. *Brunicum,* ita etiam in Gloss. cod. reg. 7644. Papias in cod. reg. 7609 : *Burides.* Vide infra *Buricus.* Graff. Thes. Ling. Fr. vol. 3. col. 312. radici *Brûn,* Fuscus adscribit.] Nescio, an huc pertineat quod habet Bonitus Subdiac. in Actis S. Theodori Ducis Mart. n. 5 : *Equum optimum.... sibi sternere jussit, quem Græco eloquio Dardanum, quod Latine Brunum dicitur, nuncupabat.* Vide *Buricus.*

* Vel Brunitus, Equus tolutarius, Gall. *Qui va l'amble.* Bestiarius MS. cap. 44. ex Gloss. Isid. habet, *Brunium.*

¶ **BRUNITUS.** Vide *Buricus* et *Brunus.*

* **BRUNITUS,** Politus, levigatus, Ital. *Brunito,* Hisp. *Bruñido,* Gall. *Bruni, poli;* quo etiam sensu intelligenda vox *Burneis* sub voce *Brunus. Burnir,* pro *Brunir* et *Burnisserresse,* mulier quæ argentum polit, in Lit. remiss. ann. 1382. ex Reg. 121. Chartoph. reg. ch. 217 : *De la partie de Jehan Here orfevre, et Denisette sa femme Burnisserresse,... Jehan Pochart eust baillié à ladite femme xx. tasses d'argent à Burnir, etc.* [** Hodie *Brunisseuse.*] Inventar. ann. 1438. inter Probat. tom. 3. Hist. Nem. pag. 259. col. 1 : *Primoxix. platellos non Brunitos. Item ij. platellos Brunitos. Item xxiij. scutellas Brunitas.* Vide in *Brunicus* et *Brunus.*

* **BRUNIUS.** Vide supra *Brunicus.*

* **BRUNTISSAGIUM,** Politio, Ital. *Brunitura,* nostris *Brunissage.* Comput. MS. redecimæ S. Petri Insul. ann. 1420 : *Item aurifabro pro reparatione unius pixidis, ubi ponitur panis altaris; pro reparatione unius thuribuli, unius shiphi maderini, unius baculi ad tenendum chorum, et pro Bruntissagio consueto per totum annum, vij. lib. xix. sol.* Vide supra *Brunitus.*

* **BRUNTULARE,** ab Ital. *Brontolare,* Susurrare, murmurare, nostris *Gronder.* Bareleta serm. in fer. 6. hebdom. 4. Quadrag. : *Quod cum Erupides* (Euripides) *interrogaret Socratem cur Xantippem uxorem suam litigiosam, et quæ numquam cessabat Bruntulare per domum, non sineret?*

BRUNTUS. Gloss. Ælfrici cap. de Coloribus : *Bruntus,* vann : forte *Brunus,* seu potius *brunitus.* Saxonibus van, et vann, est lividus, pallidus. Palladius de Architectura : *Compositio Brundi : sume æraminis partes duas, plumbi unam, stanni unam.*

BRUNUS, Fuscus color, subniger, nigricans, Gall. *Brun,* Italis, *Bruno,* Germ. *Braun ;* [** Vide Graffii Thesaur. Ling. Fr. vol. 3. col. 311. voce *Brûn.*] sic forte dictus a *prunorum* colore, ut censet Octavius Ferrarius, vel quod *Bruniæ,* seu loricæ, colorem referat; unde nostri *Bronze,* pro ære, ex quo *Bruneæ* et statuæ conficiuntur, a cujus colore subfusco, *Bronzer* dicimus, Itali *Abbronzare,* fusco colore illinire, depingere. [** Vide Palladii locum in *Bruntus.*] Le Roman *d'Aubery* MS. :

Et si avoit des elmes Burneis.

[* Vide *Brunitus.*] Προύτζινες, æneus. *Bronze,* apud Anonymum de Locis Hierosol. cap. 8: ἔχει καὶ δύο πόρτας προύτζινες. Vetus esse verbum Gallicum, aut Germanicum, evincit *Brunechildis* Reginæ nomen, quod a Germanico accersunt quidam, dictamque volunt *Bruyne hilt,* quasi *fuscam heroida.* Rabanus Maurus Poem. 12. ad Brunuwardum Chorepiscopum :

Ultima quem clarum, hunc caussat prima nigellum
Syllaba.

Leges Ethelredi Regis cap. 23 : *Grisengos pannos et unum Brunum.* [Statuta Massil. pag. 303 : *Item de capa panni Bruni vel blanchi.... Item de caligis.... grossis de vario, vel Bruno, seu nigro 3. denar.*] Raymundus de *Agiles* : *Vidi illico ingredientem... quendam magnum et spissum, Bruno colore et subcalvo.* Guill. de *Baldenzeel* in Hodœporico, de

Arabibus : *Bruni homines sunt, fortes et veloces.* Utuntur præterea Turpinus in Carolo M. Constantinus African. lib. 1. Commun. locor. medic. cap. 24. Michaël Scotus de Physionom. cap. 13. Ordericus Vitalis lib. 12. pag. 851. Gaufridus Vosiensis 1. part. cap. 67. Regula Trinitariorum cap. 2, Thwroczius, et alii.

* Le Roman *de Robert le Diable* MS.

Viestue estoit moult ricement
D'un Brun sains menuement,
Toute d'or à œuvres menues.

Brunedo, Fuscus color. Fridericus II. Imp. lib. 2. de Venat. cap. 21 : *Habentes marginem, tendentem ad Brunedinem.* Infra : *Hujusmodi fuscos seu Brunos tendentes ad rubedinem vocamus illos, qui habent colorem Brunum, permixtum rubedini.* Vide Octav. Ferrarium in Orig. linguæ Ital. in *Bruno.*

Brunitus. Palladius de Architectura : *Crocus quoque Hispanicus cum lucidissimo glutine distemperatus, et stanno lucidissimo, id est, bene Brunito et claro superpositus, etc.* [** Vide *Brunitus* suo loco.]

* **BRUOLISELA**, Bruxella, principum Belgii sedes, *Bruxelles*, in Charta ann. 976. apud Miræum tom. 1. pag. 345. col. 2. Alicubi legi *Brusola;* sed ubinam, nescio. Vide infra *Bruxatæ.*

** **BRUPEO**, καταπλήττομαι, Onomast. An *stupeo?*

¶ **BRUSARE**, Ital. *Bruscare*, Navem calefacere, Gall. *Chauffer un vaisseau*, Ignem ex *Bruscis* accendere in navi, ut facilius purgari possit et sebo illiniri. Ogerii Panis Annal. Genuens. ad ann. 1213. apud Murator. tom. 6. col. 405 : *Accidit in portu nostro quoddam infortunium; scilicet quum calafati Brusarent quamdam maximam navem, quæ vocabatur Contessa, accenso in ea igne combusta fuit tota, et juxta illam duas alias naves.* Exstat in Statutis Massil. pag. 570. caput integrum *De modo Bruscandi*, in quo statuitur, *quod nemo audeat Bruscare, vel Bruscari facere in portu Massiliæ navem neque bucium, navem usque adorire; et in Bruscando in dicto portu, ille qui Bruscabit, hanc adhibeat cautelam, quod ignis ille non transcendat mediam coopertam, cum a prædicta media cooperta superius sit valde periculosa flamma illius ignis, cum transcendit.*

¶ Bruscava, Brusques. Statuta Massil. pag. 446 : *Item, quod omnis navis, et omne lignum, cooperta, vel coopertum, vel discooperta, vel discoopertum, quæ vel quod dabit latus in portu Massiliæ det tantumdem, quando raspabitur, seu torquebitur, seu quando si rasparia, o si torquaria que non Brusques, quantum daret si Bruscava*, MS. habet *Brusquava.* Voces sunt vernaculæ, quæ dicuntur de navi *Bruscaia* vel *Bruscanda.* [** Vide Jalii Antiq. Naval. vol. 2. pag. 257. et 384.]

* **BRUSCALE**, Dumetum, idem quod *Bruscia*, Gall. *Broussaille* Chartul. S. Ursini Bitur. ch. 87 : *Do alodum meum indominicatum, qui est in territorio Magdunensi in villa Bogiaco, ibi est mansum cum terra arabile, et pratis, sive aqua percurrente, et molendinum, sive Bruscalia omnia.* Sic *Bruaille*, Minutum lignum furno calefaciendo aptum dicitur, in Edict. ann. 1513. tom. 3. Probat. Hist. Brit. col. 912 : *Item, touchant la demande de four à ban,.... est ordonné qu'ils prendront à l'avenir pour cuyson et Buaille* (l. Bruaille) *six deniers par bouesseaux seulement.* Vide supra *Brugaria.*

BRUSCARE, Incendere, amburere, Italis *Brusciare*, et *Brucciare.* Utitur Sanutus Italus lib. 2. part. 4. cap. 12. Vide [*Brusare* et] Octav. Ferrarium in Origin. linguæ Italicæ in *Brucciare.*

* Falso Sanutum hic appellat Cangius, quippe qui *Brusciare*, non *Bruscare*, scripserit : neque enim Sanutus, aut quivis alius ex Italis *Bruscare*, pro Incendere seu amburere usurpavit, uti testatur Muratorius tom. 2. Antiq. Ital. med. ævi col. 1091. Ut ut est, nostri *Brouir*, ea notione, dixerunt. Lit. remiss. ann. 1374. in Reg. 105. Chartoph. reg. ch. 503 : *Là chey ledit feu de lez un cep,.... lequel cep fu un pou Broui ou ars.* Vide Orig. Gall. Menag. novæ edit. v. *Brouir* et *Bruir* et infra *Bruxare.*

* **BRUSCATUS**, Æris colore imbutus, nostris *Bronzé*, Hispan. *Bronceado.* Ordinar. Capellæ reg. MS. in die Palmarum : *Quando perveniunt ante crucem Bruscatam, chorus se dividit in duas partes.* Quo haud scio an spectet quod legitur in Lit. remiss. ann. 1387. ex Reg. 130. Chartoph. reg. ch. 232 : *Comme ledit Jehanin eust pris, ravi et emporté un hanap de Bruyere qu'il porta vendre chiez un orfevre, etc.*

BRUSCIA, Brozia, Dumetum, Gallis *Broussaille*, vel *Brosses*, aut *Broce*, [Armoricanis *Broust*]; *Brocelle*, in Consuetudine Carnotensi art. 12. Charta Henrici III. Regis Angl. tom. 2. Monastici Angl. : *Charta nostra confirmavimus centum acras tam de terra, quam de Bruscia, de manerio de Riveria.* Idem Monasticum tom. 1. pag. 773. 4 : *Toftas cum croftis et totam Brusuam, quæ ad Newold pertinet.* Leg. forte *Brusciam.* [*Madox* Formulare Anglic. pag. 187 : *Ego Thomas de Daccumbe dedi... Benedicto filio Walteri Personæ de Chele, pro homagio et servitio suo, unum mesuagium... cum pastura et Bruscia mea, etc.*] *Terra Bruscosa*, in Charta alia Henrici III. Monast. Anglic. tom. 1. pag. 805 : *Terras, quas dederunt eis in campis de Cotintuna, tam de terra Bruscosa, quam de terra arabili.* Habetur ibi pluries. [Cod. MS. in quo recensentur bona S. Vandregesili pag. 3 : *Item, une autre piece de bois dite la Fieffée de S. Louis, ou la grande et petite Quesnée, y compris une petite Brosse, etc.*] [** Vide Raynouardi Glossar. Roman. voce *Brusca*, vol. 1. pag. 167.]

Brocia. Regestum Philippi Aug. Herouvallianum fol. 9 : *Et nemus Petri de Avesnes, quod vocatur Brocia.*

¶ Brossia, in Charta D. *Aubel* civis Matiscon. ann. 1460 : *Juxta Brossiam seu terram, etc.*

Brozia, Eadem notione, in veteri Charta, ex Tabulario Persiacensi in Burg. apud Perard. : *Cirensis villæ medietatem cum medietate Broziarum et agrorum, etc.*

Brucia. Tabular. Dalonensis Abbat. fol. 39 : *Donamus... in perpetuam possessionem Bruciam de Julac, et quidquid in ea habebamus, etc.* Et fol. 54 : *Quartam partem Combæ planæ et quartam partem Bruciæ Comitalis.*

¶ **BRUSCIOLUS**, Italis *Brusciolo*, Carbunculus, species ulceris. Acta SS. Martii tom. 2. pag. 100. in Actis S. Franciscæ Romanæ : *Horribiliter patiebatur in facie in qua erant quidem pene nigri Bruscioli, qui totam ejus faciem rodebant continuo et inficiebant.*

¶ **BRUSCOSUS.** Vide *Bruscia.*

¶ 1. **BRUSCUS**, Ruscus, Gall. *Brusc.* Vita S. Humilianæ tom. 4. Maii pag. 494 : *Aculeatis Bruscis se sæpius verberabat.*

2. **BRUSCUS.** Papias : *Rubeta, ranæ genus, Bruscus dicitur vulgo.*

¶ 3. **BRUSCUS**, Provincialibus *Bruesc*, Alvus apum. Charta Autranni in Chartulario Aptensi fol. 34 : *Si in itinere quod agere dispono ad Jerusalem defunctus fuero, dabo per guadium ipsum vasculum plenum vino puro ad prædictum opus, et fœtas tres et capras duas et Bruscos duos de alveario meo.* Statuta Massil. pag. 523 : *Item, quicumque furabitur Bruscum sive Bruscos apium, vel apes de Brucs solvat nomine pœnæ bannifacti de die* LX. *sol. et de nocte.* C. *sol.*

* Glossar. Provinc. Lat. ex Cod. reg. 7657 : *Brusc, Prov. alveare, alvearium.* Forte quod ex rusco alvearia fiebant. Vide *Brisca* [** et Raynouard. Glossar. Roman. voce *Brusc*, vol. 1. pag. 267.]

BRUSDUS, Brustus, Brudatus, Brodatus, Voces unius ejusdemque notionis et originis, pro opere Phrygio, acupicto, plumario; nostris *Broderie.* [Britonibus *Brout* vel *Broud*, unde *Brouda*, Acu pingere. Britannis Insularibus juxta Johannem Davies, *Brwyd*, Instrumentum acu pingendi, *Brodio*, Acu pingere, intexere, etc.] Charta Heccardi Comitis Augustodunensis, ex Tabulario Prioratus Persiaci in Burgundia apud Perardum pag. 26 : *Uno fanono viridi, cum Brusdo uno de gliso, uno estuno cum sirico amnistrare, turibulum minore, etc.* Infra : *Bursa cum Brusdano, et simiama drape plumato super laitrino.*

Brosdus. Testamentum Riculfi Episcopi Helenensis : *Et alios palleos corporales 4. palleos 4. Brosdo unum, Dalmaticas tres, etc.*

** Brosto, *Brostati*, *Brostata.* Charta ann. 1212. in Histor. Patr. Monum. Chartar. tom. 1. col. 1192. et 1194.

Brustus. Leo Ost. lib. 2. cap. 43 : *Stolam unam optimam auro Brustam cum manipulo.* Lib. 3. cap. 32 : *Albam quoque... simulque et amictum Brusto.*

Brudatus. Monasticum Anglic. tom. 1. pag. 210 : *Casulam unam per totam Brudatam, et alias tres optimas de pauleo, seu pallio.* Will. Thorn : *Fecit duas capas pulcherrimas Brudatas.*

Brodatus. Vitæ Abbatum S. Albani : *Albas duas cum paraturis Brodatis.* [Codicillus Testamenti Guidonis de Melloto Episc. Autissiod. qui obiit ann. 1270 : *Capitulo Autiss. vestimenta Brodata alba cum capa.*]

Breudatus, Eadem notione, in Monastico Anglic. tom. 3. pag. 312. Et alibi non semel.

¶ Brodator, Phrygio, qui pingit acu, Gall. *Brodeur.* Vita S. Francisci de Paula tom. 1. Aprilis pag. 158 : *Quidam homo, quem Brodatorem Regis vulgo nuncupabant, accessit ad ipsum.*

Brodatura, Gall. *Brodure.* Vincentius Belvac. lib. 32. cap. 94 : *Fecit fieri... quosdam pannellos, habentes levem atque subtilem Brodaturam, etc.*

¶ Brodula, Idem quod *Brodatura*. Tabular. S. Victoris Massil. : *Domini Johannis Abbatis S. Victoris in camera paramenti ipsius Monasterii supra quandam Brodulam in lecto sedentis.*

¶ Brodericia, Pictura textilis, Gall. *Broderie*. Inventar. Ornam. et Reliq. Ecclesiæ Noviom. ann. 1419 : *Duæ albæ de serico albo cum Brodericia aurea.*

¶ Broderya, Ibidem : *Item, septem aliæ cum Broderya aurea.*

¶ Broderatus, Ibid. : *Item, una alia alba pro Presbytero cum paramentis panni serici Broderati per quarellos albos et virides.* Semel et iterum repetitur in eodem Inventario.

¶ Broudatus. Rymer. tom. 5. pag. 50 : *Unam capam chori Broudatam de auro et serico.* Iterum legitur pag. 51.

¶ Brondatus, pro *Brodatus*, apud *Madox* in Formulari Anglic. pag. 428 : *Item Domino Archiepiscopo Eborum fratri meo unum vestimentum rubeum de velvet cum le verouike in granis rosarum desuper Brondata.*

¶ Brouderatus. Rymer. tom. 8. pag. 277 : *Unum lectum et unum tapetum de rube. Wostede Brouderatum.*

¶ Broydatus. Charta ann. 1367. apud Marten. Anecdot. tom. 1. col. 1525 : *Unam raubam nostram panni de Pers, deauratam sive Broydadum.*

Brullatus, Bruslatus, perperam pro *Brusdatus*, apud Will. Thorn. : 3. *albas Brullatas*, 7. *capas Brullatas, etc.* Et in Monastico Anglic. tom. 1. pag. 300 : *Reddidit conspicue capas Bruslatas quilibet ad valentiam 60. marcarum.* Pag. 301 : *Quinque capas sericas auro Bruslatas, et unam casulam Bruslatam devote contulit.* Leg. *Brusdatam.*

Aurobrustus, Gall. *Brodé d'or.* Charta Benedicti VIII. PP. ann. 1023. in Bullario Casinensi tom. 1. pag. 7 : *Planetam optimam Veneti coloris, listis nihilominus decenter ornatam : stolam optimam Aurobrustam cum manipulo suo.* [Chron. Farfense apud Murator. tom. 2. part. 2. col. 470 : *Aliam vestem albam circumornatam Aurobrusto, et in medio crucem cum Aurobrusto.*] Utitur etiam Leo Ostiensis lib. 3. cap. 43.

* Nostris olim *Bordeure*, pro *Broderie.* Comput. Roberti de Seris ab ann. 1332. ad 1344. in Reg. 5. Chartoph. reg. fol. 3. r°. : *vj. selles de guerre garnies de cordouan vermeil à un escutel de Bordeure.... Dedenz la nef à trois dames de Bordeure d'or nue.*

* **BRUSOLA.** Vide supra *Bruolisela.*

¶ **BRUSQUAVA**, Brusques. Vide *Bruscava* in *Brusare.*

¶ **BRUSSURA.** Vide *Brusura.*

¶ 1. **BRUSTIA**, Arcula cogendæ stipis, Gall. *Tronc.* Statuta Sartorum Montispessul. ann. 1323. tom. 2. Ordinat. Reg. Franc. pag. 469 : *Item, Ordinaverunt et convenerunt, quod quilibet ex magistris operatoria tenentibus, de dicto misterio, teneat in suo operatorio unam Brustiam, in qua ponat quilibet ex dictis magistris, in qualibet septimania, unum denarium, et quilibet ex operariis dicti operatorii unum obolum ad opus caritatis prædictæ.* Vide *Buxis.*

* 2. **BRUSTIA**, Pectinis genus, instrumentum quo linum carminatur, vulgo *Serans*, alias *Brouesse.* Lit. remiss. ann. 1459. in Reg. 188. Chartoph. reg. ch. 127 : *Uns serens ou Brouesse valent trente sols Tournois.* Iuventar. ann. 1476. ex Tabul. Flamar. : *Item plus unum pectenferri, vulgariter vocatum Brustia, pro pectinando linum mulieribus.*

¶ **BRUSTIO**, Dumetum, minor boscus. Charta Caroli Franc. Regis de Dote Federinæ in Chartulario Compendiensi : *Quin etiam in pago Pratensi super fluvios saltum et Brustionem utrinque.* Vide *Bruscia.*

BRUSTUM, Pastio, cibatus, esca, pastio animalium ex *bruscis*, seu dumetis, *le Broust.* Hinc *Brouster*, pascere, depascere. Tabularium S. Crucis Talemond. fol. 3 : *Capreæ quoque ad sotularia Monachorum facienda Brustum habeant per totum boscum.*

* Charta ann. 1163. tom. 1. Probat. Hist. Britan. col. 651 : *Decimam de exartis, et de edera, et de Brusto. Broust*, Nucis putamen, in Stat. pannif. ex Lib. rubr. fol. magn. domus publ. Abbavil. art. 3 : *Que nulz ne taigne en saine de Broust.*

¶ Brustum, Isidoro in Glossis est *Materiæ genus*, Legendum *Bruscum*, Aceris species de quo Plinius 16, 16, 27 : *Pulcherrimum vero est Bruscum, multoque excellentius etiam molluscum.*

¶ **BRUSTUS.** Vide *Brusdus.*

¶ **BRUSUA.** Vide *Bruscia.*

BRUSURA, Brussura, Livor, qui ex percussione in carne enascitur, ex Gallico *Brisure* ut videtur. Anglis *to Bruise*, est confringere, collidere, a *Bruising*, collisio, confractio. [Armoric. *Brusuna*, Conterere, contundere.] Bracton. lib. 3. tract. 2. cap. 5. § 7 : *Si inveniantur plagæ apertæ, vel Brussuræ per ictus orbos.* Cap. 23. § 2 : *Arma vero moluta plagam faciunt, sicut gladius, bisacuta, et hujusmodi; ligna vero et lapides faciunt Brusuras, orbes et ictus, qui judicari non possunt ad plagam.* Adde cap. 24. § 2.

¶ 1. **BRUT.** Instrum. desinente 13. sæculo aut 14. ineunte scriptum ex Schedis D. *le Fournier : Item quod nullus homo.... amodo sit ausus facere fieri festum quod appellatur Brut, quia ibi Deus plurimum offenditur, et actus alii illiciti comitti possent. Brut* Massiliensibus quemadmodum *Brutto* Italis, immundum, spurcum, sordidum sonat; unde cum aliquid sordibus inquinatum designare volunt, aiunt illi, *es ben Brut;* sed quid hæc ad diem festum? haud quidem parum, si referas ad id quod Martigii olim factitatum se vidisse nobis testatus est, vir de Medicina æque ac de Literis bene meritus : die nimirum Pentecostes festa proxime excipienti pueros aliosque provectioris ætatis homines, post saltationes ceterave ejusmodi oblectamenta, se se in luto volutari per vicos et plateas, aliis vociferantibus et tumultuantibus; quod festum lingua sua *Destrau*, hoc est, securicula, vocabant, voce quidem ad nostrum *Brut* parum accommoda; sed quid de verbo curamus, cum de re ipsa, satis constat.

2. **BRUT.** Glossæ Isonis Magistri : *Pactam, conjunctam, sponsam, Brut.* Hinc nostris *Brû*, pro nuru. [** Vide Graff. Thesaur. Ling. Fr. vol. 3. col. 293. *Brût, nurus*, in Glossis Germ.-Lat. secul. VIII.]

¶ **BRUTA**, in Codice 1013. Biblioth. Reg. : *Nurus, uxor filii vel Bruta.*

* **BRUTALIS**, Ad brutum animal pertinens, belluinus, stolidus, stupidus, nostris *Brutal*, Ital. *Brutale.* Comœd. sine nomine act. 3. sc. 2. ex Cod. reg. 8163 : *Rem non humanam narras, sed Brutalem.* Glossar. Gall. Lat. ex Cod. reg. 7684 : *Brutalis, de sot, de foul.* Vide infra *Brutus.*

* **BRUTALITAS**, Stupiditas, stupor. Joan. de Cardalhaco serm. in Nativit. Dom. : *Sed nos prælati stamus alia ratione in medio animalium per stoliditatem, et Brutalitatem, et imperitiam, in tantum quod verificatum est illud Isaiæ 1. c. scriptum : Facti sumus canes muti latrare nonvalentes.* Vide *Brutitas.*

* **BRUTALITER**, More brutorum animalium. Bareleta serm. in festo S. Joan. Evang. : *Considerate vestram originem : creati non fuistis, ut Brutaliter viveretis.*

¶ **BRUTARE.** Vide *Blutare.*

* **BRUTERE**, Stolide agere. Glossar. Gall. Lat. ex Cod. reg. 7684 : *Brutere, Estre sot.* Vide *Brutire.*

¶ **BRUTES**, Τρίβολοι : *Tribuli.* Supplem. Antiquar. [** Conf. *Bruscia.*]

* **BRUTESCERE**, *Commencer à estre sot*, in eod. Glossar. Aliud ex Cod. 7641 : *Brutescit, sensu minor fit. Brutescunt, stulti fiunt. S'Abrutir*, eadem notione, usurpamus.

BRUTESCHIA Vide *Bretachiæ.*

* **BRUTIANI**, οἱ δουλικὰς τάξεις χρεωστοῦντες. Vide Petr. Fabrum libr. 1. Semestr. cap. 8. Hæc ex Castigat. in utrumque Glossar. [** χρεωστοῦντες. Vide Vulcanium ad hanc vocem.]

** **BRUTIDES.** Vide Glossar. med. Græcit. col. 229.c. et Append. col. 45. a.

¶ **BRUTININA** Melodia, *Brutorum*, multarumve bestiarum clamor, v. g. plurium canum collatratus, commugitus boum, etc. Epistola Johannis de Monsterolio apud Marten. tom. 2. Ampliss. Collect. col. 1392 : *Canes venationis multos habent, quos videre post feras currere, et audire latratibus suis melodiam facere Brutininam, quibus placet, oblectet.*

¶ **BRUTIRE**, More brutorum agere. Carmen de varia Ernesti fortuna apud Marten. Anecdot. tom. 3. col. 344 :

.... Ne quisque modo Brutiret inepto,
Lege Regi, Regisque metu didicere teneri.

¶ **BRUTITAS**, Stupiditas vel feritas, ut vox nostra Gall. *Brutalité*, quæ utroque hoc sensu sumitur. Spicil. Acher. tom. 7. pag. 502 : *Quis vidit unquam tantam... in rationalibus Brutitatem?*

* **BRUTTUS**, Arboris genus, ex iis quæ ædificandis domibus non sunt aptæ; forte mendum est pro *Boulus.* Vide supra *Bolum, Boula* 1. et *Boulus.* Libert. hominum de S. Paulo, etc. in Occit. ann. 1391. ex Reg. 148. Chartoph. reg. ch. 59 : *Item quod in dictis nemoribus.... sunt arbores modicæ et batæ, et nullomodo abiles pro hedifficiis construendis vel reparandis,.... videlicet buxi, eussini, Brutti, quercus, et dumi diversorum generum, et modici valoris, etc.*

* **BRUTUM**, *Materiæ genus*, in vet. Glossar. ex Cod. reg. 7641. *Brut* nostri vocant, quod arte nondum politum est. Vide *Brustum.*

* **BRUTURA**, Sordes, purgamenta quævis, Ital. *Brutteria* et *Bruttura.* Stat. Astæ collat. 3. cap. 48. pag. 15. r°. : *Item quod*

aliqua persona non audeat vel præsumat amassare, habere seu tenere letamen, terram, seu Bruturam aliquam in tribus mercatis de Sancto, vel in toto circuitu dictorum mercatorum.

¶ **BRUTUS**, Insanus, stultus, insulsus. Spicileg. Acher. tom. 8. pag. 111 : *Non tam facile justum habetur cor, ut etiam quibusdam simplicia atque Bruta referentibus tantummodo verba credere omnino festinetis.*

* Glossar. vet. ex Cod. reg. 7646 : *Brutus, stultus, hebes, indocilis, segnis, gravis, insensatus, stolidus.* Gloss. Lat. Gr. *Brutus,* βροῦτος. Ita enim leg. monet Cangius pro *Brucus, etc.* Vide Festum in *Brutus*, et supra *Brutalis.*

* **BRUVAGIUM**, Potus, potio, Gall. *Boisson*, olim *Brouvaige, Bruvage, etc.* Arest. parlam. Paris. ann. 1532. in Lib. rub. eccl. S. Vulfr. Abbavil. fol. 215. r°. : *Cum camberiis et brassatoribus præceptum fieri fecissent sex lottos, Gallice lots, bieræ, cervisiæ,..... aut alterius Bruvagii, Gallice biere, cervoise, ou aultre Bruvage, pro quolibet brassino Bruvagiorum prædictorum, etc.* Reg. Corb. 13. sign. *Habacuc* ad ann. 1510. fol. 27. v°. : *Le droit de tonnelieu et foraige des brassins de chervoises et aultres Brouvaiges, etc.*

BRUVINUS, in Glossario veteri Saxonico exponitur lytel... vicga. [** i. e. Parva blatta.]

* **BRUXARE**, Ustulare, incendere, amburere, ab. Ital. *Brusciare* et *Brustolare.* Stat. Vercel. lib. 5. pag. 125. v°. : *Item quod nemini licitum sit pascare in nemore, altineto,..... spinetis vel cesiis Bruxatis infra triennium, postquam fuerint Bruxata.* Chron. Jac. Malvecii apud Murator. tom. 14. Script. Ital. col. 821 : *Porro magnificos cives de Bruxatis a Fredericorum stirpe originem quidam traxisse fabulantur,..... superstite vix parvulo unico, qui ab amico de incendio raptus, sublatus et nutritus exstitit, fuitque sibi hoc nomen Bruxatus, ex eo quod igne ustus fuerat.* Nostris alias *Brulas*, Depopulatio, quæ ferro et igne fit. Le Roman *d'Alexandre* MS. part. 2 :

Onques mes gens de pié ne firent tel Brulas;
Car touz sont grant et fort, et de riche harnas.

Vide *Bruscare.*

* **BRUXATÆ**, Bruxellæ, *Bruxelles*, urbs Belgii præcipua. Vide supra *Bruolisela* et in *Bruxare.*

* **BRUXELLENSIS** Monetæ mentio fit, in Charta Lietberti episc. Camerac. ex Cod. reg. 10197. 2. 2. fol. 4. r°. : *Duo solidi Bruxellensis monetæ michi vel successoribus meis pro ipsa ecclesia solvantur. Brusselles* nude, pro panno, qui Bruxellis texebatur. Lit. remiss. ann. 1397. in Reg. 153. Chartoph. reg. ch. 136 : *Quatre aulnes de Brusselles, et deux estrenes d'autre drap, etc.*

¶ **BRUZIA.** Vide *Bruscia.*

BRYCAN, vel Bryccan, Teges, palliastrum, instratum, lodix, lectisternium, Boxhornio in Lexico Cambrico. Occurrit hac notione in Legibus Hoeli Boni Regis Walliæ cap. 15.

* **BRYO**, Fons eloquentiæ, a Gr. βρύειν, scaturire, ut notat Bollandus ad Acta S. Theod. tom. 2. Febr. pag. 28. col. 1 : *Qui* (Theodorus) *fuit defensor regius scholasticus, is autem vocabatur Bryo rhetor.*

BRYONIA. Reinerus in Catalogo hæreticorum pag. 92 : *Aliqui de Bryonia, quæ dicitur Stucwrk, imaginem sculpunt, quam mandragoram esse fingunt.* [** Vide Forcellin. Pro *Stucwrk* legendum *Sciswurz*, ut ap. Graff. Thes. Ling. Fr. vol. 3. col. 872.]

BRYTII, in Legibus Sueonum dicuntur servi glebæ, vel prædiis adscripti. Vide Joan. Stiernhookum de Jure Sueonum vetusto pag. 208. [** Vide Ihrii Glossar. Suio-Goth. voce *Bryttie*, vol. 1. col. 287. cui sunt Coloni, qui pro colendi agri labore certam redituum partem acciperent.]

BUACA. Charta Caroli Simplicis pro Monasterio S. Aniani in diœcesi Narbon. ann. 898. tom. 13. Spicilegii Acheriani pag. 265 : *Et in civitate Narbonensi casales absos cum Buaca, quæ sunt ante Ecclesiam S. Marcelli, etc.*

* F. idem quod Italis *Buca*, Cavernula, scrobs, locus subterraneus, concameratus. Vide mox *Buata.*

* **BUADA**, Bovile, stabulum boum, Provinc. *Buau, bos*, ut legitur in Glossar. Prov. Lat. ex Cod. reg. 7657. Charta ann. 1270. in Reg. S. Ludov. ex Chartoph. reg. fol. 75. v°. : *Item duas Buadas cum femorario, x. solidos.*

¶ **BUANDERIA**, Mulier quæ abluit, purgat, candefacit lintea; ab antiquo Gallico *Buer*, Lixiviam facere. Hist. Dalphin. tom. 2. pag. 405. col. 1 : *Item, pro servitio cameræ dictæ Dalphinæ unam servitricem camerariam et duas Buanderias esse jubemus.*

* Vulgo *Buandiere.* Vide infra *Bura* 1. et *Burraria.* Nostris *Buer* figurate usurpatum, pro Purgare, Gall. *Purifier.* Mirac. MSS. B. M. V. lib. 3 :

Confessions nous doit Buer,
Et puis penitance essuer.

¶ **BUATA.** Testamentum ann. 1173. apud Marten. tom. 1. Anecdot. col. 576 : *In quorum omnium præsentia suprascripti novem testes juraverunt suprascriptum testamentum verum esse, in Buata, quæ est subtus vetus palatium.* Vide *Buaca* et *Bubata.*

* Crypta, testudo subterranea, locus depressus, Hispan. *Boveda.* Charta ann. 1362. in Reg. 93. Chartoph. reg. ch. 241 : *Item super quodam operatorio et quadam Buata constructa super carreriam,...... viij. den. obol. Turon.* Vide supra *Bodium* 2. *Bova* 4. et *Buaca.* [** Vide Raynouard. Gloss. Roman. voce *Buada*, pag. 267.]

¶ **BUATUS**, Mensuræ species. Charta Curiæ Suession. ann. 1252. ex Tabulario S. Medardi : *Se vendidisse recognovit... redditus subnotatos... videlicet viginti essinos bladi hyemalis uno Buato minus.*

* **BUBA**, Bubo, tumor, Ital. *Bubbone;* Hisp. *Buba*, lues venerea. Vide supra *Boba* 2. Mirac. MSS. Urbani PP. V. : *Passus quamdam malam Bubam in axilla, etc.* Qui morbus *Mal bubins* appellatur, in Mirac. MSS. B. M. V. lib. 1 :

Qui le cors Diu manier doit,
Ne doit touchier ne main, ne doit,
Au mal Bubins, au mal malan.

* Nostris etiam *Bugne* et *Buigne*, Tumor, vulgo *Tumeur, contusion.* Lit. remiss. ann. 1378. in Reg. 114. Chartoph. reg. ch. 80 : *Ladite Colete ..... donna si grand coup sur l'ueil,.... que à pou que elle ne lui creva, et pour ce lui fist une grant Buyne ou boce sur ledit œil.* Aliæ ann. 1395. in Reg. 148. ch. 251 : *Duquel cop de baston Jehan Marchant fu un peu blecié sans sanc, mais se leva seulement en la place dudit cop une enflure et Buigne.* Vide *Bubo.*

¶ **BUBAL**, Βόειον, *Bubalum.* Supplem. Antiquarii.

* Leg. *Bubula*, βόειον κρέας, ex Vulcanio in Castigat. ad utrumque Glossar.

BUBALUS, Bufalus, Buflus, Gall. *Buffle.* Ebrardus in Græcismo cap. 9 :

Bos est camporum, Bubalus est nemorum.
Bubalus est magnus, Buculus est minimus.

Bubalus, in Lege Alaman. tit. 99. § 1. Bojoar. tit. 29. § 7. apud Gregor. Tur. lib. 10. cap. 10. etc. Ordericus Vital. lib. 4 : *Bubalina cornua fulvo metallo circa extremitates utrasque decorata laude attollebat.* [Vox *Bubalus* omitti poterat, utpote nota Plinio, et Martiali. Hic de Spectac. Epigr. 23 :

Illi cessit atrox Bubalus atque bison.]

Bufalus. Fortunatus lib. 7. Poem. 4 :

Seu validi Bufali ferit inter cornua campum.

* Nostris *Bugle.* Glossar. Gall. Lat. ex Cod. reg. 7684 : *Bugle, Bubalus, buef sauvage.* Pro bove domito, occurrit in Chron. Foroliv. apud Murator. tom. 19. Script. Ital. col. 884 : *Duxerunt multos Bubulos prædicti malatestæ.*

Buflus, apud Albertum Aquensem lib. 2. cap. 43. lib. 6. cap. 42. Vide Julium Scaligerum Exerc. 206. num. 3. 5. Lindenbrogium ad Ammiani lib. 22. et alios passim.

¶ **BUBATA**, f. Locus confornicatus, ab Hispano *Bobeda*, Fornix, camera. Marten. Tract. de Rit. pag. 452. ex Miss. Mozar. : *Et vadunt per Bubata ad chorum.* Vide *Buata.*

** **BUBIGUS**, Idem quod *Bubius*, in Vocab. ann. 1477. Vide *Bubii.* Adel.

BUBII, Bubones, Bobones, Lixæ, calones, nebulones, furciferi, Germ. *Buben.* Chronicon. Colmariense 2. part. ann. 1300 : *Rex autem habebat nimios, ita ut antiqui patres dicerent, numquam vidisse eos talem et tantam militiam congregatos : servorum autem pauperum, qui dicuntur Bubii, tanta fuit multitudo, etc.* Idem Chron. ann. 1287 : *Ordinatum enim sic fuerat, ut Regi dicebatur, quod pecuniæ quatuor Bobonibus datæ fuissent, ut tentoria, sive exercitus, in quatuor partibus incendissent.* Et ann. 1296 : *Venerunt nudi Bubunes, et agros bene seminatos everterunt, etc.* Et ann. 1298 : *Hospitium Advocati Imperii Bubones incenderunt.* [** Vide Graffii Thesaur. Ling. Franc. vol. 3. col. 22. et Grimmii Antiq. Jur. pag. 320.]

* **BUBILARE**, Bubonis vox. Carmen de Philomela ad calcem Cod. reg. 6816. *Bubulare* edidit Faber in suo Thesauro :

Bubilat horrendum ferali murmure bubo,
Humano generi tristia fata ferens.

BUBILUM. Anastasius in Leone III : *Fecit velum rubeum cum Bubilo.* [Murator. Scriptor. Ital. tom. 3. pag. 205. col. 1. legit, *Bubalum.*]

* **BUBINARE**, *Sanguine inquinari muliebri menstruo*, in vet. Glossar. ex Cod. reg. 7641. Hinc

* Bubinarium, *Lo sangue della femina.* Glossar. Lat. Ital. MS. Vide *Bobinare.*

Rigaltius et Meursius, quos non exscribo. [** Adde Append. ad Glossar. med. Græc. col. 42, a.]

¶ **BUCCELLATIO.** Vide *Buccellare.*

BUCCELLATUM, *Panis ad usus diuturnitatem excoctus*, inquit Marcellinus lib. 17. quo milites in castris pasci solent. Spartianus in Pescennio : *Pistores sequi expeditionem prohibuit, Buccellato jubens milites et omnes contentos esse.* Paulinus Epist. 36 : *De Buccellato Christianæ expeditionis, in cujus procinctu quotidie ad frugalitatis annonam militamus, panes* 5. *tibi misimus.* Vita S. Joannis Theristæ, num. 9 : *OEnophorum, mero plenum, ac panis Buccellatum sibi cepit.* Palladius in Historia Lausiaca cap. 20 : Κλάσας, τὸ βουκέλλατον, ὃ εἶχεν, κατήγαγεν εἰς κεράμια. Plinius lib. 1. Medic. cap. 6 : *Post hæc supermittis panicellos de Buccellatis, quos conficis ita : Buccellati optimi bene conditi, tunsi, et cribrati farinæ lib.* 4. *etc.* [** Vide Glossar. med. Græc. in Βουκελάτον, col. 213. et Append. 42.]

Putant quidam *Buccellatum* dici, quod milites, cum ciborum, aut panis penuria laborarent, confractum, et in minutiores dissectum partes, in lagenam aqua plenam, quam *buccellam* appellabant, mitterent, quo madefieret, et facilius manducaretur. Heraclides cap. 6 : *Confractum, atque in partes redactum modicas, Buccellatum in lagenas misit.* Sed a *Buccella* deductum vocabulum magis arridet. *Buccellatum* tenuem fuisse panem docet Lexicon Græc. MS. Reg. Cod. 2062 : Βουκελάτου, ἄρτου ἐλατοῦ, ὃς λέγεται κολλίκιον. Atque ita usurpatum ab Italis docet Ammiratus in Familiis Neapolitanis tom. 1. pag. 55 : *Nella patria mia, et ne luoghi vicini a lei, chiamasi hoggi Puccellato quella sorte di pane, che in Napoli ch amano Tortano di sancto Antimo, dall' essier in modo d'una ruota attorto, et aperto nel mezzo, che assomiglia à un cercino.* Vide leg. 1. Cod. de Erog. milit. ann. (12, 38) Mauricium, et alios a Rigaltio, Meursio, Cerda, Henr. Valesio, Rosweido, Jacobo Gothofredo, [** Forcellino.] etc. laudatos Scriptores. Vide *Bucellatus.*

BUCCELLUM, Insitionis species, de qua Petrus Crescentius lib. 2. de Agricult. cap. 22 : *Modus igitur,* (insitionis) *qui vulgariter dicitur ad Buccellum,... fiat hoc modo : Buccellum parvum grossitudine pollicis longum, cum gemma in medio. de novo surculo elevetur, in novo surculo ejusdem grossitudinis, suo cortice in tres vel quatuor partes scisso et denudato ponatur, etc.* Forte a voce Italica *buccia*, a *buccia*, quæ proprie florum cortex dicitur, vel theca sive siliqua leguminum ; etc. unde ad pellem humanam transiit.

BUCCELLUS. Vide *Boucellus* post *Butta* 3.

BUCCERIUS, Macellarius, nostris *Boucher*, in Statuto apud Richardum de S. Germano ann. 1022 : [*De jure Bucceriorum pro bove vel vacca remittuntur gr.* 3. *pro porco gr.* 3. *pro ariete gr.* 2. *pro agno gr.* 2.] *Bucceria*, Macellarium, in vet. Charta apud Ughellum tom. 3. pag. 487.

* **BUCCETUM**, Locus vaccis emulgendis destinatus. Vita S. Luani tom. 1. Aug. pag. 345. col. 6 : *Alio autem die Lugidius puer missus est, ut lac a Bucceto deferret, etc.* *Buissier*, eadem forte notione, in Lit. remiss. ann. 1391. ex Reg. 141. Chartoph. reg. ch. 295 : *Ledit Jehan prinst un baston qu'il trouva ou Buissier dudit Hossart.* Nisi sit cella lignaria, Gall. *Bucher.*

BUCCHA, Apertura fluvii, ex qua derivantur aquæ. Vide Statuta Mediolan. part. 2. cap. 329. [et infra vocem *Bugia.*]

* **BUCCHINUS**, f. Vestis superioris species, pallium. Chron. Domin. de Gravina apud Murator. tom. 12. Script. Ital. col. 632 : *Gregorius vero Judicis Laurentii videns tantum rumorem in populo, timuit in terra potius commorari, immo eodem die nostri exitus caute exiens civitatem eques, in quodam suo Bucchino portavit secum filium suum parvum, nomine Jacobum, etc. Bocchino* Italis est Osculum.

¶ **BUCCIA.** Vide *Bussa.*

BUCCINA, Spatium, intra quod *Buccinæ* clangor audiri potest. Cosmas Pragensis in Chron. Bohem. : *Plures insimul conglobati, non longius quam unius Buccinæ, in altera rupe inter arbusta urbem ædificant.* Leonis Tactica cap. 9. § 66. ex versione Joannis Checi : *Levibus etiam præcipies, ut longius ab acie quam Buccina exaudiri potest, ne discedant.* Absunt a Gr. Meursii. *Buccina porcilis*, in Lege Bojor. tit. 3. cap. 10. cornu, quo utuntur subulci. Editio Heroldi tit. 39. habet *Bucina*, quomodo recentiores Græci Βούκινον dicunt. Gloss. Lat. Gr. : *Bucinum, tuba*, σάλπιγξ. *Bucinum* etiam neutro genere dixit Plinius. [** Vide Glossar med. Græcit. radice Βούκινα, col. 213. Forcellin. et Raynouard. Glossar. Roman. vol. 1. pag. 268. ubi ex *Elucidar. de las propr.* fol. 282 : *Bucina es pauca trompa de corn o de fust o d'autra materia.*]

Buccinus, Bucinus, *Clamor buccinæ*, Ugutioni. Beda lib. de Orthograph. : *Buccina est, qua signum dat Bucinator. Bucinus, ipse canor ex hac editus.* [** Forcellin. voce *Bucinus*, hæc citat ex Capro Grammat. Papias in cod. reg. 7609. habet itidem gen. masc. expressius Glossar. in cod. reg. 7644 : *Bucinam et Bucinum hoc inter se differunt, Bucina est tuba, qua signum datur in hostem, Bucinus ipse clangor canorus est.*]

[** De *Buccinæ* usu in classibus vide Jalii Antiq. naval. vol. 1. pag. 233.]

Buccina auris, Pars auris, qua sonus immittitur, *le Tambour*, apud Fridericum II. Imp. lib. 1. de Venat. capite 25.

¶ **BUCCINÆ** Pelles. Vide *Buccus* et *Buckeshude.*

¶ **BUCCINARE**, Exstimulare, animos addere ; quod Buccinæ clangore milites ad pugnam excitari soleant et commoveri. Acta SS. Junii tom. 5. pag. 81. F. de S. Æmiliano Episcopo : *Quod videns consolator beatissimus suos Buccinavit, et istis consolatoriis affatur verbis, dicens, etc.*

¶ **BUCCINERIUS**, Buccinator, qui clangit buccina. Hist. Dalphin. tom. 1. pag. 64. col. 2 : *Quorum equi in numero mille et ducentorum... venales, per Buccinerios una cum armaturis in magna quantitate fuerunt expositi, venditique et liberati.*

¶ **BUCCINISTA**, Eadem notione, in Actis SS. Julii tom. 3. pag. 105.

* **BUCCINIUM**, Βουκάνη, Βυκάνη, ex Vulc. in Castigat. ad utrumque Glossar.

¶ **BUCCINUS**, Puerile crepitaculum, cymbalum, Gall. *Hochet, Grelot.* Histor. Dalphin. tom. 2. pag. 282 : *Item, pro factura* xxv. *Buccinorum de argento pro Domino Andrea,* (filio Domini Dalphini) *et pro reparatione unius candelabri, etc.* xviii. *gros.* et paulo post : *Pro factura* xxv. *Buccinorum pro eodem*, hoc est, unius crepitaculi *Hochet* constanti xxv. cimbalis *Grelot.*

* **BUCCKESHUDE**, vox Germanica. Glossæ Cæsar. Heisterbac. tom. 1. Hist. Trevir. Joan. Nic. ab *Hontheim* pag. 688. col. 1 : *Præterea solvet ei* (abbati)..... *duas pelles de corduano, quæ Buckeshude appellantur.* Vide *Buccus.* [** Pellis hircina.]

¶ **BUCCO**, *Garrulus, quod cæteros oris loquacitate, non sensu exsuperet.* Gloss. Isid. [** ex Isid. Orig. lib. 10. § 30.] Papias MS. : *Buco, Garrulus ceteros loquacitate vincens, vel stultus.* In Gloss. Aniciensi MS. : *Buco, Garrulus*; in San-German. n. 551. [** et reg. 7644.] : *Buccones, stulti, rustici.* Papias habet *Boccones*, ut in hac voce dictum est. Vetus Gloss. apud Turnebum Adversar. lib. 28. cap. 5 : *Bueo, stultus*, Gloss. Lat. Gr. : *Bucco*, παράσιτος. Hæc copiosius, cum *Bucco* legatur apud Plautum Bacch. 5. 1. et Apuleium Apol. pag. 325. Non omisimus, quod desideretur in omnibus fere vulgaribus Glossariis. [** Vide in Glossar. med. Græcit. Βουκκίων in Βούκκη col. 214.]

* Glossar. Lat. Gall. ex Cod. reg. 7692 : *Bucco, glenglour vel glouton. Unde versus :*

Qui multum comedit, vel plurima vocabula dicit,
Bucco dicatur ; sic nobis asserit usus.

* Glossar. Provinc. Lat. ex Cod. reg. 7657 : *Buco, oritus, loquax, loquaculus, contentiosus, Parlier, Prov.*

1. **BUCCULA**, pro pusilla bucca, osculo, labellis, usurpasse Suetonium et Apuleium pridem observatum : et in Architectura apud Vitruvium, quid eadem vox sonet, docuere pariter Bernardinus Ubaldus, Philander, et alii. At *Buccula*, seu *Bucula*, qualis fuerit armorum species apud cæteros Scriptores, non omnino planum ac exploratum, tametsi plerique in eam iere sententiam, post Turnebum lib. 9. Adversar. cap. 16. ut existimarent esse cassidis partem, quæ demissa *Buccam* tegit. Sed procul a vero, nisi ipse fallar, aberrant : nihil enim aliud est *Buccula*, quam *umbo* clypei, seu scuti pars eminentior, et media. Glossæ Isidori : *Angia, ferrum Buculæ scuti.* Eædem : *Ancile, scuti Bucula.* Gloss. Lat. Græc. : *Buccula*, παράγναθος, ὀμφαλός. Glossæ Græc. Lat. : Ὀμφαλὸς ἀσπίδος, *Ummo*, seu *Umbo.* Ugutio : *Buccula, umbo scuti.* Porro ut Latinis Scriptoribus *Umbo*, pro ipso clypeo usurpatur, ut apud Statium :

Jam clypeus clypeo, umbone repellitur umbo ;

ita et *Buccula*, apud Livium : *Galeas Bucculasque tegere.* Sed præ cæteris id firmat Juvenalis Sat. 10. vers. 133. ubi trophæi apparatum describit :

Bellorum exuviæ, truncis affixa tropæis
Lorica, et fracta de casside Buccula pendens,
Et curtum temone jugum, victæque triremis
Aplustre, et summo tristis captivus in arcu.

Nam inter *spolia, quæ tropeis solent affigi, bello erepta*, ut est apud Scholiastem, clypeus recenseri debuit, uti passim vetera monumenta et numismata satis convincunt, in quibus tropæa efficta conspiciuntur, ubi et scuta ac clypei a cassidibus dependent, vel certe iis subesse solent. Non igitur mirum, *Bucculas* a cassidibus non semel distingui, ut diversas, in leg. 1. Cod. Th. de Fabricens. (10, 22.) : *Octo apud Antiochiam cassides, totidemque Bucculas, etc.* Frustra enim *totidem* adjiceretur, si *Buccula* par fuisset cassidis. Neque aliter usurpat Capitolinus in Maximino juniore : *Fecit et spathas argenteas, fecit et aureas, fecit et galeas gemmatas, fecit et Bucculas*, id est, clypeos. Proinde *Buccularum structores*, apud Paternum in l. ult. D. de Jure immun. (50, 6, 6.) sunt clypeorum confectores. [** Vide Forcellin. qui utramque significationem admittit. Gloss. med. Græcit. voce Βούκολον, col. 215.]

Sed et *Bucculam*, pro ipso umbone clypei usurpavere Scriptores inferioris ævi, atque in iis Aimoinus lib. 4. de Miracul. S. Benedicti cap. 11 : *Buculam clypei, quo suus tegebatur adversarius, fortiter perculit, quæ claviculis, quibus affixa tenebatur, avulsis, longius resiluit, moxque manus adversarii nuda apparuit : quippe foramen in clypeo fuerat, quod Bucula protegebat, deintus semipedali affixa ligno : quo manu retento, gravem ille Roberti adversarius verteret clypeum.* Quin etiam nostri eam scuti partem *Boucle* vocabant. Le Roman *de Garin* MS :

> Desor l'escu qui est peint à azur bis,
> Desoz la Boucle li a fret et maumis.

Alibi :

> Rois Amadas vet ferir un Gascons,
> Desos la Bocle li perça le blaçons.

Hic enim *blaçon* et *blazon* idem valet quod scutum, vox fecialibus nostris hac notione familiaris. Le Roman *de Guillaume au Courtnez* MS. :

> Froissent ces hiaumes, depieçent li blason.

Infrà :

> Y vait, feri Guintrau devant sor le Blason.

Chronicon Bertr. Guesclini MS. :

> Les lances en leur poins, et au col le Blazon.

Cum vero hac parte aversa clypeus brachio militis innecteretur, inde quibusvis fibulis, *Boucle* nomen mansit. Sed et etiam ab hac clypei parte, toti clypeo, *Bouclier* apud nos appellatio indita. Aresta Pentec. ann. 1288. in Reg. B. fol. 79 : *Ordinatum fuit in præsenti Parlamento, quod nullus portaret Parisius cultellum ad cuspidem, nec Boclerium, nec ensem, etc. Buccula* porro, umbo clypei appellatur, quia in umbone effingebatur ut plurimum vultus, aut facies vel viri, vel animantis, cujus *Bucula*, seu os, medium obtinebat, uti passim vetera monumenta repræsentant.

* Hinc nostris *Boce* et *Bosse* nuncupata. Lit. remiss. ann. 1364. in Reg. 98 : Chartoph. reg. ch. 20 : *Ledit Jehan fu feru de la Boce d'un bouglier, ou d'autre chose, dont il se senti bien grevé.* Aliæ ann. 1382. in Reg. 120. ch. 203 : *Donna l'exposant audit Morelet un cop de la Bosse de son Bouclier en la poitrine, et lui osta s'espée qu'il tenoit toute nue.* Quibus certe rursum firmatur Cangii de hac scuti parte sententia. Unde *scutum clavatum*, quod clavi instar esset ejusmodi umbo, in Poem. Rob. Diaboli MS :

> Ses escus qui bien est Clavés,
> Ne fust il mie mieulx froés,
> Ne ses ielmes mieulx détrenchiés,
> Se il eust esté drechiés
> Sour peulx agus et sor estaces
> Pour assaier grans colz de haces.

¶ 2. **BUCCULA**, pro *Buccina*, in Carmine de varia fortuna Ernesti Bavariæ Ducis apud Marten. Anecdot. tom. 3. col. 321 :

> Haud mora concutitur lituis clangentibus aer,
> Raucaque terrificos emugit Buccula cantus.

* 3. **BUCCULA**, Fibula, Gall. *Boucle.* Judic. ann. 1304. in Reg. *Olim* parlam. Paris. fol. 64 : *Licet sellarii sui officii ratione..... non possint..... Bucculas, mordacia..... facere, etc.* Nostris *Blouquete*, dimin. a Gall. *Boucle*, minor fibula. *Le Riche homme et le Ladre* MS :

> Et si ont les longues cornetes,
> Et leurs solers fais à Blouquetes ;
> Par devant les font détrenchier ;
> Mais il vausissent mius entier.

¶ **BUCCULARE.** Vide *Bauca* 1.

* 1. **BUCCUM**, Os, ostium, ut videtur. Reg. S. Justi ex Cam. Comput. Paris. fol. 197. v°. : *Pro Bucco fossati ante molendinum juxta domum suam, quod continet sex perticas.* Vide supra *Buccale.*

* 2. **BUCCUM** vel Buccus, f. Locus, ubi in monasteriis pauperibus panis distribuebatur. Vide in *Buccellarius.* Charta ann. 1317. in Chartul. S. Maglor. Paris. ch. 109 : *Ad opus unius missæ perpetuæ de Requiem singulis diebus in capella S. Egidii, quæ in ingressu monasterii dicti S. Maglorii in Bucco a parte sinistra consistit,...... celebrandæ.* Vide *Eleemosyna* 3.

¶ **BUCCURIO**, f. Cella lignaria, Gall. *Bucher.* Computum Fr. Chaberti ann. 1347. tom. 1. Hist. Dalphin. pag. 85 : *Sicut protenditur murus de versus Buccurionem.*

BUCCUS, Hircus, Gallis *Bouc.* Lex Salica tit. 5. § 3 : *Si quis Buccum furaverit*, 600. *den. culp. jud.* Gregorius Turonensis lib. 9. Hist. cap. 23 : *Ferebant hunc esse superbum, et ob hoc a nonnullis Buccus validus vocitabatur.* Ubi quidam *olidus* legunt, quod magis placet, cum male oleant hirci. *Pelles buccinæ*, apud Chrodegangum Episcopum Metensem in Regul. Canon. cap. 41. Vide *Bocs.*

¶ **BUCEA.** Vide *Bussa.*

BUCECARLUS. Vide *Buscarla.*

¶ **BUCELLARII.** Vide *Buccellarii.*

* **BUCELLARIUS**, Erro, qui vagando panem corrogat. Libert. Villæ Montis-olivi ann. 1312. tom. 7. Ordinat. reg. Franc. pag. 505. art. 38 : *Latrones autem publici et fautores ipsorum, Bucellarii, yffantarii, et alii insignes latrones, quibuscunque nominibus censeantur, severitati legum subiciantur.* Vide *Buccellarius.* [** Gloss. ad Cod. lib. 9. tit. 12. const. 10 : *Bucellarii latrones sunt, qui a minimis inceperunt, puta a buccella panis ; vel verius quia ponunt in ore captorum lignum, ut non clament, ut de conversis S. Lazari factum fuit.*]

* **BUCELLATUS**, Panis delicatioris species, qui in die Natalis Domini præberi dominis solitus erat a prædiorum conductoribus. Vide *Panis Natalitius.* Inquisit. ann. 1270. in Access. ad Hist. Cassin. part. 1. pag. 315. col. 2 : *Homines castri* (S. Victoris) *tenentur præstare curiæ Cassinensi..... quatuor salutes annuatim, videlicet spallam unam de porco, et duos Bucellatos in Natale Domini.* Vide *Buccellatum.*

* 1. **BUCELLUS.** Chron. incerti Auctoris ad ann. 1388. apud Ludewig. tom. 9. Reliq. MSS. pag. 115 : *Fecit ei fieri caputium de Bucello xv. ulnarum.* Sed leg. videtur *de Burello.* Vide in *Birrus.*

* 2. **BUCELLUS**, Modius, mensura frumentaria, Gall. *Boisseau.* Acta MSS. eccl. Brioc. : *Episcopus existens in civitate lucratur panem capitularem, ... videlicet pro qualibet septimana unum Bucellum, cum dimidia parte unius Bucelli frumenti.* Vide *Bussellus* in *Butta* 3.

* **BUCENTAURUS**, Navis grandior Venetiis notissima. Chron. Andr. Danduli apud Murator. tom. 12. Script. Ital. col. 459 : *Cum uno artificioso et solemni Bucentauro, super quo venit usque S. Clementem, quo jam pervenerat principalior et solemnior Bucentaurus cum consiliariis, etc.* Vide Petr. Justin. Hist. Venet. lib. 14. et Itiner. Ital. Mabil. tom. 1. pag. 37. ubi vocis origo curiose indagatur. [** Conf. Jalii Antiq. Naval. vol. 1. pag. 417.]

¶ **BUCER**, *Pecus bubulum.* Janssonius in Auctario Glossarum Isidori.

* **BUCERIUM**, Bucerum. Glossar. vet. ex Cod. reg. 7613 : *Bucera, boum armenta, vel de cornibus quorum fit buccina. Buceria, armenta dicuntur. Bucerum, pecus bubalum, vel vox inepta.* Aliud ex cod. 7641 : *Buceria, armenta pecuaria. Bucerum, pecus bubulum*, in altero ex Cod. 7691. [** Glossar. cod. reg. 7644. ut ex Gloss. : *Bucea, armenta. Bucerum, pecus bubulum. Bucerum, vox inepta. Buceta, loca boum. Buccidine, armenta. Bucidæ, qui boves cedunt. Bucinariæ, voces.* Papias reg. 7609 : *Buteta, loca boum ; Buceria vero armenta dicuntur. Bucera* et reliqua ut in cod. 7613. Conf. Nonium sect. 94. et Festum.]

* **BUCETUM**, f. pro *Bucerum*, in vet. Glossar. ex Cod. reg. 7646 : *Buceta, loca boum.*

¶ **BUCEUS**, Navigii gandioris genus. Ogerii Panis Annal. Genuens. ad ann. 1206. apud Murator. tom. 6. col. 394 : *Dominus Johannes Potestas quatuor armavit galeas, quæ versus Provinciam proficiscentes duos magnos Pisanorum Buceos ceperunt, Januamque miserunt.* Vide *Bussa.*

¶ 1. **BUCHA**, Truncus, stipes, Gall. *Buche.* Pancarta MS. titulorum Abb. S. Stephani de Vallibus apud Xantones Charta 1 : *Non teneantur scindere illa die ex debito nisi quilibet duas salmatas et ad Bucham apportandum de nemore.* Vide *Culcitra.*

* 2. **BUCHA**, Os, ostium, Gall. *Bouche.* Stat. Astæ collat. 19. cap. 23. pag. 66 : *Si aliquis vel aliqua teneret clausam Bucham alicujus rivi, ita quod, sicut consuetus est, decurrere non possit, quod teneatur et debeat facere ipsam aperiri.* Vide *Bucca* 1.

* 3. **BUCHA.** Domesticus, familiaris, qui sumptibus patroni nutritur, quo etiam sensu *Bouche* dicimus. Testam. Joan. Franc. de Gonzaga Mantuæ march. ann. 1444. tom. 3. Cod. Ital. diplom. col. 1793 : *Fideicommissarii diligentem habeant informationem.... de expensa, quam facerem cum sexaginta Buchis in tribus mensibus, et etiam de expensa, quam facerem pro datio decem Bucharum in illis partibus ultramarinis.* Vide supra *Bucca* 2.

¶ **BUCHAGIUM**, Lignatio, Gall. *Chauf-*

fage. Ibidem : *Ad ligna scindenda ad opus chaufagii Abbatis et Conventus in illis locis, in quibus Abbatia chaufagium suum sive Buchagium percipere consuevit.*

¶ **BUCHAMEN**, Fontis apertura, a *Buccha* quod idem sonat. Vita MS. S. Winwaloei : *Et a quodam lucidissimi fontis Buchamine gemmatus, ex profundo terræ noviter erupto.*

BUCHARIUS, Lignator. Lambertus Ardensis pag. 117 : *Bossarii, ligonistæ, et pneratores, et Bucharii, aliique firmitatis operatores et magistri.* Charta Herimanni Episcopi Metensis apud Meurissium pag. 379 : *Provideat ne .... qui mercatorum maxime Buchariorum se subtrahant, etc.* Ubi videntur esse carnifices, *Bouchers.*

BUCHERIA, apud Innocent. III. PP. lib. 3. Epist. 55. sic appellatur in Monasteriis *Balia*, seu *Præpositura*, quæ circa lignationem ad Monachorum usus versatur, Gall. *Bucherie.*

* **BUCHIA**, a Gall. *Buche*, Truncus, stipes, caudex. Charta Ingeran. de Marigniaco pro fundat. canonic. in eccl. Escoiarum ann. 1310. ex Reg. 47. Chartoph. reg. ch. 64 : *Cuilibet* (canonico concedo) *undecim quadrigatas bosci seu Buchiæ pro ardere, videlicet quamlibet quadrigatam ad tres equos.* Hinc *Buchier*, Mercator lignarius, in Reg. sign. *Pater* Cam. Comput. Paris. fol. 249. v°. : *Marchans et vendeurs de buche et de merrien, soient Buchiers ou autres, paieront pour chascun quarteron de buche de mole vendu, viij. den. Buchatier* vero, pro Lignator, Gall. *Bucheron*, usurpari videtur, in Lit. remiss. ann. 1476. in Reg. 204. ch. 33 : *Ung nommé Henry Buchatier de la damoiselle d'Orval, etc.* Haud scio an ejusdem originis sint voces *Buchiere*, et *Bucheret*, quibus piscandi instrumentum significatur. Stat. pro piscator. Senon. ann. 1317. tom. 2. Ordinat. reg. Franc. pag. 12. art. 4 : *Les Buchieres, que l'en dit cramail à foullier, ne courra point my Mai et mi Avril.* Lit. remiss. ann. 1472. in Reg. 166. ch. 165 : *Lesquelx tirerent amont la nef au chable pour pescher au Bucheret.*

¶ **BUCHINA**, pro *Buccina.* Nicolaus Specialis de Reb. Siculis lib. 1. cap. 14. apud Murator. tom. 10. col. 933 : *Nonnulli tubis et tibiis, lichinis et Buchinis, aliisque similibus terribiliter intonabant.*

BUCHIRANUS. Vide *Boquerannus.*

¶ **BUCHSEN**, Vox Germanica, Sclopus, sclopetum. Ludewig. Reliq. MSS. tom. 4. pag. 444. ex Chronico Episcoporum Merseburgensium ad ann. 1431 : *Octo bombardas cum quibusdam darris Buchsen contra inimicorum insultus disposuit.* [** *Darrisbuchsen* ibi uno tenore scriptum. Infra in *Darrus* dicitur *darris* hic pro *dardis* positum esse.]

* **BUCHURVARE**, Hastis ludere, hastiludium agere. Constit. Feder. reg. Sicil. cap. 106 : *Item quod comites, magnates, barones et milites possint habere pro Buchurvando seu tenendo arma, duo guarnimenta, videlicet tunicam incordatam de scarlato et mantellum, qui sit de panno valoris tarenorum auri decem et octo pro canna tantum.* Vide *Bohordicum.*

¶ **BUCIA.** Vide *Bussa.*

BUCIDA, *Qui boves mactat*, in Gloss. Sax. Ælfrici. Vide *Boscida.*

¶ **BUCILLA**, ψωμός, *Buccella.* Supplem. Antiquarii.

¶ **BUCINARIA**, *Voces.* Gloss. Isid. Barthius Adversar. 14. 8. mallet *Buccinariæ voces* quasi a sonitu buccinatorum; Grævius vero *Bucina*, *Vocina*, quia hæ duæ voces unum sunt Isidoro lib. 18. Orig. cap. 4. [** Confer *Bucerum* in *Bucerium*, quod in Gloss. est *vox inepta.*]

¶ **BUCINUM**, Clangor buccinæ, Isidoro lib. 18. Orig. cap. 4. sect. 1. et in Vet. Gloss. San-German. num. 501. Vide in *Buccina.* [** et Forcellin. Vergil. Maro ap. Maium Classic. Auctor. tom. 5. epit. 10. pag. 140 : *Verbum igitur duobus ex modis constat,* ver *ex verbere quod lingua gutturi infligit,* bum *ex Bucino quod vox reboat, etc,* Dignus qui cum isto conferatur Smaragd. in Donat. lib. 1. cap. 5 : *Verbum a verberatione et bombo nomen accepit, bombus enim sonus dicitur; accepit a verberatione primam sillabam* ver, *et a bombo ultimam* bum, *et sic compositum est* verbum.]

¶ **BUCINUS.** Vide *Buccina.*

* **BUCITARE**, *Faire bouche*, in Glossar. Lat. Gall. ex Cod. reg. 7679.

* **BUCITUM.** Pascuum. Glossar. vet. ex Cod. reg. 7641 : *Bucita, pascua.* Vide supra *Bucerium.*

¶ **BUCIUS**, Idem qui *Buceus.* Ogerii Panis Annal. Genuens. ad. ann. 1204. apud Murator. tom. 6. col. 388 : *Contigit autem quod quadam die mensis Septembris sagittea una Pisanorum centum remorum cum Bucio uno octuaginta remorum venit de partibus de infra mare, et ceperunt Bucios qui per ripariam illam ibant.* Bartholomæi Scribæ Annal. Genuens. ad ann. 1226. ibidem col. 444 : *Quare prædictus Potestas galeas quatuor et duas sagitteas et Bucium magnum... armavit.* Statuta Massil. pag. 570 : *Nemo audeat bruscare..... in portu Massiliæ navem neque Bucium.*

BUCKSTALL, Servitii vel tributi species apud Anglos, de qua in Monast. Anglic. tom. 2. pag. 827.

☞ *Buckstall* Anglis est majoris retis species; est etiam servitium quod a vassallis seu tenentibus domino venanti debetur. Privileg. de *Sempringham* apud Th. *Blount* in Nomolex. Angl. : *Et sint quieti de chevagio, hondpeny, Buckstall et tristris, et de omnibus misericordiis, etc.* Addit autem idem *Blount* ibid. ex 4. Inst. fol. 306 : *Buckstals, i. ubi homines convenire tenentur, ibidem convenire ad stableiam faciendam circa feras et ad easdem congregandas quietum esse de hoc servitio, quando dominus chaseaverit.* Vide *Carno.*

BUCLEAMEN, saxonice heort-hama, in Gloss. Ælfrici : id est, cordis tegmen, vel cutis, clypeus forte seu *Buccula*, de qua egimus, qua pectus tegitur.

* **BUCLIAMEN**, Ebullitio, Gall. *Bouillonnement.* Vita MS. Winwaloei fol. 63. v°. ex Bibl. reg : *A quodam lucidissimi fontis Bucliamine gemmatus ex profundo terræ noviter erupto, etc.*

¶ **BUCO.** Vide *Bucco.*

* **BUCOLICI** Milites, Prædones erant Ægyptii de quibus multis agit Xiphilinus. Memorantur a Julio Capitol. in M. Antonin. : *Et cum per Ægyptum Bucolici milites gravia multa fecissent, per Avidium Cassium retusi sunt.* Eadem habet Vulcat. Gallican. in vita Avidii. Nomen huic militiæ a pago vel oppido Ægypti. Hieronym. in vita S. Hilar : *Qui cum revertisset, cupienti rursum ad Ægyptum navigare, hoc est, ad ea loca, quæ vocantur Bucolia, etc.* Hæc ex Carolo de Aquino in Lexic. milit.

* **BUCRANUS**, Telæ subtilis species, Gall. *Bougran.* Charta ann. 1447. in Suppl. ad Miræum pag. 700. col. 1 : *Omnium quoque funeralium undecumque et qualitercumque venientium, sive in cereis, sive in pannis de auro, serico, bisso, Bucrano, etc.* Vide supra *Bucarannum.*

BUCTUS, Finis, extremitas, ex Gallico *Bout.* Fridericus II. Imp. lib. 2. de Arte venandi cap. 49 : *Juncturam autem illam alarum, a qua incipiunt decem pennæ majores forinsecæ, quam quidam vocant humerum, et alii Buctum alæ dicunt, etc.* Gallis *le bout de l'aile.*

¶ 1. **BUCULA**, Umbo. Vide *Buccula.*

¶ **BUCULA**, *Pascua.* Gloss. Isid. f. *Bucalta*, inquit Barthius Adversar. 14. 8.

¶ 3. **BUCULA**, *Corveiæ* species cum pari boum. Codex MS. Irminonis Abb. Sangerm. fol. 53 [** Br. 9. cap. 244. Guerard. pag. 108] : *Winegaudus... habet de terra arabili bunnaria* III*.... et facit inde Buculas.* Ibidem : *Habentem de terra arabili bun.* III. *et facit inde Buculas.* [** Mallem, verba sunt Guerardi, intelligi de fibula, *boucle*, vel de umbone clypei, sive de clypeo. Certe in locis compluribus Polyptychi armorum fabricatio colonis pro censu indicitur; conf. 9, 150. pag. 97. 13, 102. pag. 149. etc.]

* **BUCULERIUS**, Clypeus, scutum, Gall. *Bouclier.* Constit. Feder. reg. Sicil. cap. 113 : *Servi prædictorum comitum, baronum, militum arma deferunt, et cultellos feritorios, et enses, et Bucalerios continuo portare aliquatenus non formidant.* Vide supra *Boucalrius.*

¶ 1. **BUCUS**, *est garrulus, qui ceteros oris loquacitate non sensu superat, secundum Isidorum.* Vocabul. utriusque juris. Vide *Bucco.*

* 2. **BUCUS**, Aditus, Gall. *Avenue, entrée.* Chron. Andr. Danduli apud Murator. tom. 12. Script. Ital. col. 488 : *Quod nos scientes cum consiliariis nostris et aliis nobilibus, et cum aliis, qui pro honore nostro et suo, et conservatione boni status terræ transierant ad nos, descendimus in plateam aliquantulum ante diem, et omnes Bucos plateæ fecimus præparari et armatis gentibus custodiri, etc.* Charta ann. 1295. in Chartul. S. Maglor. Paris. ch. 50 : *Domus Johannis Pinel, sita ante halas Parisius in Bucco coçonneriæ, in censiva domini regis.* Nisi hoc ultimo loco leg. forte sit *Buto*, id est, in fine seu extremitate, Gall. *au bout.* Vide Infra *Butus* 3.

1. **BUDA**, *Storea.* Gloss. Camberonense : *Buda, stramentum lecti de biblo, id est, papyro.* Gloss. Lat. MS. Regium Cod. 1013. et Papias : *Buda, storia,* ubi legendum *storea.* Servius ad 2. Æneid. : *Ulvam dicunt rem, quam vulgus Budam vocat.* Pelagius libello 10. n. 76 : *Videns autem Ægyptius vestitum mollibus rebus, et Budam de papyro, et pellem stratam sub ipso.* Perperam igitur inde nostrum *Boue*, id est, lutum, accersit vir doctus.

☞ In Glossis Isid. habetur *Buda, Historia*, pro quo legendum *Storia*, vel potius *Storea*, nisi forte magis arrideat correctio Barthii, qui Adversar. 14. 8. pro *Buda* censet scribendum esse *Buga* vel *Bugia*, quæ vox fabulam hodieque Italis notat. Historia autem etiam vere Latinis Scriptoribus mendacem fabulam denotat non raro. Alteram notionem eædem Glossæ Isid. subjiciunt voci *Budæ : Buda, Ornamenta regalia vel camelorum*. Sed pro *Buda* legendum *Bulla* jam annotarunt Martinius in Lexico ad vocem *Bulla*, et Grævius ad hunc ipsum locum Isidori. [** Vide Burmann. ad Antholog. Lat. vol. 2. pag. 462.]

* 2. **BUDA**, Idem quod alibi *Buta*, vulgo *But*, Scopus, ad quem sagittatores sagittas suas dirigunt. Lit. remiss. ann. 1395. in Reg. 148. Chartoph. reg. ch. 16 : *In qua platea sunt quædam Budæ, Gallice Budes, alias bersaux, in quibus et ad quas Budas aliqui balistarii tunc trahebant*. Vide supra *Bersa* 1.

¶ **BUDELE**, Germanis *Beutel*, Belgis *Budel*, seu *Buydel*, Saccus, Incerniculum, Cribrum farinarium, Gall. *Bluteau*. Codex MS. Ecclesiæ Coloniensis ex Bibliotheca Cathedralis Atrebat. : *Magister coquinæ providebat sal pistrino et Budele et carbones in hyeme, et sagimen ad blogmus, et barmus*.

* **BUDELLA**, Intestinum, Ital. *Budello*, Gall. *Boyau*. Stat. Taurini ann. 1360. cap. 87. ex Cod. reg. 4622. A. : *Ordinaverunt quod nulla persona, sive beccarius, sive quicumque alius, non præsumat expunciare seu evacuare aliquam panciam seu Budellas alicujus bestiæ in macello Taurini*. Vide *Budellus* 3. et infra *Buella*.

1. **BUDELLUS**, Calamus, vulgo *Boudelle*, quasi *bout d'aille*, alæ pars inferior. Joannes de Garlandia de Mineralibus pag. 155 : *Accipe de sale alkali, et eum in aliquo Budello solve, etc.* [*Budelli* voce potius hic intellexerim Lagenam, quam calamum. Quis non videat in Lagena facilius, quam in calamo salem dissolvi? Vide *Butta* 3.]

¶ 2. **BUDELLUS**, Idem qui *Bedellus*, Apparitor, de quo plura in voce *Bedelli*. Leibnitius Scriptor. Brunsvic. tom. 2. pag. 470. de Ecclesia S. Matthæi in Brunswic. : *Anno Domini* MCCXCIII. *Dux Albertus certam libertatem dedit clero per totam terram et ducatum Brunswick, ita quod nullus Advocatorum ceu Budellorum deberet se intromittere de bonis presbyteri defuncti neque exactiones seu exuvias tollere ceu postulare, prout in privilegiis suis liquide continetur*. [** Vide chart. ann. 1306. ap. Guden. Cod. Diplom. tom. 4. pag. 994. et S. Rosa de Viterbo Append. ad Elucidar. pag. 17. voce *Budel*.]

¶ 3. **BUDELLUS**, Intestinum. Acta SS. Julii tom. 1. pag. 585. C. in Processu de B. Petro de Luxemburgo : *Quod propellentis tussis impulsu quidam Budellus dislocatus circa latus se traxit*. Vide *Botellus*. [** et Raynouard. Glossar. Roman. vol. 1. pag. 268. voce *Budel*.]

* **BUDEN**, Vasis genus, Germ. *Bütten*. Glossæ Cæsar. Heisterbac. in Reg. Prum. tom. 1. Hist. Trevir. Joan. Nic. ab *Hontheim* pag. 671. col. 1 : *Tunnæ, de quibus hic mentio fit, non puto esse tunnas, per quas deducitur vinum; quædam autem vasa magis ad vindemiam valde necessaria, quæ appellantur Buden*. [** Conf. Graff. Thesaur. ling. Franc. voce *Butin*, vol. 3. col. 87.]

¶ **BUDIA**, Annonæ species. Charta MS. Caroli Flandriæ Comitis : *Appendicemque terram et de Budia unam garbam*. Vide *Bulzet* et *Buza* 3.

BUDINGUM, [BUDING.] Charta Henrici III. Imp. ann. 1056. pro Monast. S. Maximini Trevir. apud Nicol. Zillesium : *Si cujus bona vel prædia propter aliquam culpam vel querimoniam in placitis Abbatis, id est, Budingum, dominicata, vel publicata fuerint, omnia Abbatis erunt, nisi bonis eisdem, postquam villici Abbatis ea in custodiam susceperint, se quilibet temere intromiserit*. [Alia ejusdem Imperatoris apud Marten. Collect. Ampliss. tom. 1. col. 431 : *Quotiens vero Abbas vel suus villicus apud Brunwilre, vel quolibet in loco infra terminos Abbatiæ placitum habere voluerit, quod vulgariter Buding dicitur, id suæ sit potestatis*.]

* Judicii genus abbatibus proprium, in quo de fundis, agricolatione et re rustica, colonorumque, quos *Scaremannos* vocabant, obsequiis disceptabatur. Sic ex Chartis Ravingirsbug. monasterii colligitur, ut notat *Hontheim* ad Ch. Henr. III. imper. laudatam supra Histor. Trever. pag. 399. col. 2. [** Vide Haltaus. Glossar. Germ. in *Bauding*, col. 104.]

¶ **BUDOCUS**. Vide *Buzeucus*.

¶ **BUESUS**, Navis species. Jacobus de Vitriaco Hist. Orient. lib. 3. apud. Marten. Anecd. tom. 3. col. 287 : *Tempore Almerici Regis venit Comes Galterus de Montebeliart in terra Jerosolymitana, et armavit quinque galeas et duos Buesos, et ivit in terram Ægypti*. Vide *Bussa*.

BUDKAFLA, in priscis Sueonum Legibus, dicebatur citatio in jus in causis ordinariis per baculum, quem *Baculum notitiæ*, vel *Nuntiatorium* vocabant. Hunc judex nota utrimque inustulata emittebat singulum singulis territorii quadrantibus, ut per manus vicinorum extraditus, et facti notitiam simul et comparendi mandatum circumferret : quomodo non judicia tantum, sed et promiscue omnes conventus publici indicti fuerunt, ubi de casu aliquo extra ordinem deliberandum erat, aut judicandum. Erat autem hic baculus nunciatorius effectus ad modum rei, de qua in Conventu tractatio instituenda fuit, ut, si res sacra, crux lignea : si homicidium, ligneum telum, aut securis emitteretur. Ita Johann. Stiernhookus lib. 1. de Jure Sueonum vetusto cap. 6. [** Vide Grimm. Antiq. Jur. Germ. pag. 165. et Ihrii Glossar. Sueo-Gothic. voce *Budkafle*, vol. 1. col. 288.]

** **BUDLAFLA**. Error typographi in Glossarii editione prima pro *Budkafla*.

¶ **BUDTEIL**, Jus in supellectilem defuncti. Charta Friderici I. Imper. ann. 1182. apud Tolnerum Hist. Palat. inter Instr. pag. 56 : *Sicut enim præfatus Imperator omnes Spirensis civitatis inhabitatores, undecunque venerint, vel cujuscunque conditionis fuerint, a consuetudine nefanda et nequissima, quæ vulgo vocabatur Budteil, suos quoque hæredes prorsus exemit, et ne aliqua persona major vel minor, non advocatus, non eorum naturalis dominus, illis morientibus, de eorum suppellectibus quicquam auferre præsumeret, finaliter interdixit*. Vide *Bidella*, [** Grimmii Antiq. Jur. Germ. pag. 364. Haltaus. Glossar. German. voce *Butteil*, col. 203. et infra *Butel* et *Melius Catallum* in *Catallum*.]

* **BUECATICUM**. Vide supra *Buccaticum*.

BUELLA, Intestinum, Gall. *Boyau*. Stat. Perus. pag. 58 : *Quod nulla persona audeat effundere seu vacuare Buellas seu viscera...... bestiarum infra villam* Stat. Vercel. lib. 3. pag. 107. r° : *Item statutum est et ordinatum, quod nulla persona audeat vel præsumat de cetero facere... cordas de Buellis bestiarum*. Vide supra *Budella*.

* **BUFA**, Nugæ, gerræ, Ital. *Buffa*, eadem notione, Hisp. *Bufa*, Derisio. Instr. ann. 1317. inter Probat. tom. 4. Hist. Occit. col. 155 : *Domina Johanna de Atrabato est et semper fuit vita et moribus inordinata,.... quasi per totam noctem in trufis, Bacufis, et solatiis..... communiter vigilans*.

BUFALUS. Vide *Bubalus*.

BUFETAGIUM, BUFETARIA, Vectigal, quod præstatur pro *vini bibitione* in tabernis, dictum quasi *Buvetage, Buveterie*, unde nostri *Bufet* vocant *Abacum*, in quo pocula vinaria, et alia ad mensam reponuntur. Aresta Pentecost. ann. 1265. in 1. Regesto Parlamenti fol. 143. [** ap. Beugnot. vol. 1. pag. 600.] : *Cum Fratres Domus Dei Pontisarensis peterent quandam costumam, quæ dicitur Bufetagium, sibi solvi ab Abbatissa et Monialibus B. M. Regalis juxta Pontisaram, de vino ipsorum quod vendunt in taberna apud Pontisaram, ratione Bufetariæ sibi datæ a D. Rege apud Pontisaram, etc.* Tabularium S. Maglorii Parisiens. fol. 107 : *Erant in possessione habendi et percipiendi coustumiam, quæ vocatur Buffeteriæ, in domo sua sita Parisiis in vico S. Martini extra muros*. [Charta anni 1314. e Tabulario S. Martini Pontisar. : *Monachi S. Martini de Pontisera eximuntur a Bufetagio, liagio et triagio vinorum venditorum ad brochiam, Gal. ad broche, in cellario suo de Pontisera*.]

* Vel pro signo vini venalis appendendo; quo sensu accipienda vox *Bouffel* et *Bouffiel*, in Chartul. Corb. fol. 5. v° : *Nulz ne peult mettre ou pendre quelque enseigne ou aucune chose, comme ramons et Bouffiaulx, sans le congié du prevost*. Reg. 13. sign. *Habacuc* ejusd. monaster. ad ann. 1509. fol. 4 : *Ensemble les droits de tonnelieu et foraige, Bouffel, afforaige du vin qui y sera vendu*. Ubi *Bouffel* proprie est arboris ramus, quo vinum venale indicatur. Vide infra *Buffeteria*.

* **BUFETARIUS**, Tabernarius, caupo, Hisp. *Bufiador*, nostris *Buffetier*, qui vinum *de Buffet* nuncupatum vendebat. Reg. parvum S. Germ. Prat. fol. 29. v°. col. 1 : *Quinque denarios illos Parisius accipiat de domo quadam, quæ fuit Lamberti Bufetarii*. Stat. tabernar. ex Lib. rub. fol. magno domus publ. Abbavil. art. 9 : *Que nulz Buffetiers soit si hardis qu'il vende vin de Buffet à taverniers aucuns*. Lit. remiss. ann. 1364. in Reg. 96. Chartoph. reg. ch. 392 : *Estienne, dit le Bourgoignon, et Beatrix sa*

femme, Buffetiers demourans à Paris en la parroiche S. Germain l'Auxerrois...... Ledit Guillaume pour ce qu'il estoit plain et abuvré de vin et de buffet qu'il avoit bue en la maison desdiz exposans, etc. Extat in Reg. 166. ch. 201. Ordinatio ann. 1411 : *Sur le mestier de Buffetier..... Item que aucun dudit mestier ne mette en besongne lye puante, ne vin bouté ou puant.* Unde colligi potest *Buffet*, vel vinum *de buffet*, potionis speciem fuisse ex vino aliisque rebus confectam. Hinc

* **BUFETERIA**, Vicus *Bufetariorum*, in Necrolog. eccl. Paris. MS. : *Cum nobilis et potens domina Margareta de Rupeguidonis... nobis et ecclesiæ nostræ...... vendidisset pondus, vulgariter pondus regis nuncupatum, Parisius in vico de Bufeteria, vulgariter vicus Lombardorum nuncupato.*

¶ **BUFETUM**, a Gall. *Buffet*, Abacus. Chartularium S. Cornelii Compend. : *Hæc sunt nomina utensilia de Ruminiaco . . . . unum tapetum, tria scrinia ferrata, unum Bufetum.*

BUFFA, Alapa, Occitanis *Bufa*. Gloss. Lat. Gall. *Alapa, Buffe.* Catholicon Armoricum : *Avinac, Gall. Buffe, Lat. hæc cervica.* Item : *Buffeter, Alapizo.* Charta Philippi Reg. pro Ecclesia S. Mederici Parisiens. ann. 1273 : *Item super verbis contumeliosis, alapis, sive Buffis, melleis sine sanguine, etc.* Berrius in Hist. Caroli VII : *Boucicaut avoit donné une Buffe audit Gravile par jalousie d'une Damoiselle.* Le Roman *de Renard* MS. :

Del point li donne tel Buffet,
Del cul li fit saillir un pet.

Ex Italico *buffa*, quæ est ea pars cassidis, per quam mittitur spiritus, vox, ut videtur, formata. Qui enim alapam alicui infligit, dicitur ironice caput vel genas illius galea operire ac tegere, *Couvrir la joüe;* quæ est vulgaris apud nos loquendi formula. *Bofetada* dicitur trina illa colli percussio in Militaribus inaugurationibus, de qua in v. *Alapa*, in Chronico Roderici Campiatoris cap. 1 : *E mando lo llamar Ruy Diaz, et ciñola el espada, y le dio paz en la boca, e non le dio Bofetada, como era costumbre.*

* Glossar. Gall. Lat. ex Cod. reg. 7684 : *Buffe, Alapa. Buffeté, alapatus.* Nostris præterea *Bauffrée, Buffeau, Bouffeau*, et *Buffet*, eadem notione. Lit. remiss. ann. 1389. in Reg. 135. Chartoph. reg. ch. 166 : *Lequel exposant dist audit Biguet, je te pourai bien donner un Buffet.* Aliæ ann. 1404. in Reg. 159. ch. 4 : *Ledit Birart dist à icellui Chauvet que s'il le hâtoit, que il lui donroit un Bouffeau ou Buffe.* Infra : *Buffeau.* Aliæ ann. 1469. in Reg. 196. ch. 142 : *Le suppliant dist que si on faisoit son devoir, on bailleroit à icellui Julien une Baufrée au long des joues.* Occurrit rursum in Lit. ann. 1466. ex Reg. 201. ch. 70. ubi *Bauffrée*. *Babekin*, eodem significatu, dixerunt. Lit. remiss. ann. 1392. in Reg. 143. ch. 286 : *Adoncques leva ledit Julian sa dextre main au revers contre le visaige de ladite femme, en lui disant : Morveuse, je vous donrai tel Babekin, que je vous romprai les dens.* Eodem sensu, at unde nescio, *Etremplée* legitur in aliis Lit. ann. 1455. ex Reg. 191. ch. 154 : *Estienne Crosier ala à ladite fille et lui donna une Etremplée en la joue.* Nisi legendum sit *Ettemplée*, Percussio temporis. Nec minus varie alapam infligere reddiderunt; *Buffier* quippe, *Buffoier* et *Bufoier*, præter *Buffeter*, usurparunt promiscue. Lit. remiss. ann. 1395. in Reg. 148. ch. 244 : *Icellui Rifflart dist que ledit barbier seroit batus ou Buffetez.* Aliæ ann. 1419. in Reg. 172. ch. 19 : *Lequel Raoulin menaca icellui suppliant en disant qu'il le Buffieroit et batroit trop bien.* Chron. S. Dion. lib. 2. cap. 4 : *Devant l'empereour fu menez, là fu Bufoiez et escopis.* Paraphr. psal. *Miserere :*

Quant Dex souffri por nous poverte,
Au jor qui fu por nous laidis,
Quant la serve gent, la cuverte,
Le Buffoia fache couverte.

* Hinc *Buffeteiz*, pro Rixa, quæ non tantum alapis, sed et armis committitur. Lit. remiss. ann. 1383. in Reg. 124. ch. 181 : *Ledit maistre Pierre jura qu'il verroit ja le plus beau Buffeteiz que il veist pieça.... Ledit Jehan lui donna un coup de neron de la hache qu'il tenoit près de l'oreille senestre, etc.* Haud scio an inde accersendæ sint voces *Boffois, Boufois*, et *Buffois*, quibus sterpitus, inconditus clamor, tumultus significatur. Le Roman *de Garin :*

D'ambedeus pars fu si gran li Boffois,
Ne le poisent apaier quatre rois.

Doctrinale MS :

Et sont fol et mesliu et mainent grans Boufois.

Chron. MS. Bertr. Guescl. :

Je crois qu'il n'est nuls homs chevaliers ne Anglois,
Qui ne fust esbahis de veoir leur Buffois.

* *Buffe* a nostris quoque dictum, eodem sensu, quo ab Italis *Buffa*, ea nimirum pars cassidis, qua buccæ teguntur; quod non intellexit Editor Hist. Joan. *de Saintré*, pag. mihi 334 : *A la deuxieme course, le seigneur de Loiselench attaint Saintré à la Buffe, tellement que à bien peu ne l'endormit.* Unde *Buffet*, partem capitis anteriorem vocant Provinciales. Glossar. Provinc. Lat. ex Cod. reg. 7657 : *Buffet, Prov. sinciput.*

* **BUFFARE**, Inflare, nostris *Bouffer*, eadem notione. Stat. Vercel. lib. 3. pag. 75. v°. : *Et non possit aliquis Buffare vel inflare ore, vel alio modo carnes. Buffer*, pro *Bouffer*, Buccas inflare, in Lit. remiss. ann. 1395. in Reg. 148. Chartoph. reg. ch. 235 : *Icellui Taillefer dist à l'exposant qu'il Buffast, et qu'il lui donrroit une buffe; icelui exposant Buffast, et lors ledit Taillefer lui donna deux buffes. Esbouffer* vero, pro Resilire, vulgo *Rejaillir*. Lit. remiss. ann. 1389. in Reg. 138. ch. 114 : *Lequel frapa telement ledit pot sur la table, qu'il fu rompu, dont la servoise, qui dedens estoit, voula et Esbouffa sur le suppliant.*

* **BUFFARIA**, Ludificatio, ab Ital. *Buffare*, nugari. Epist. Bened. XIII. apud Marten. tom. 7. Ampl. Collect. col. 758 : *Ipse vero* (Angelus Corrario) *ad alia argumenta se convertens primo, deinde quorumdam oratorum suorum relatibus, conatus est suam apertam contumaciam atque Buffariam fucatis coloribus excusare.* Vide supra *Bufa*.

** BUFARIUS, *Est mendax, quasi venenum gestans sub lingua, id est mendacium.* Gemma Gemmarum. A *Bufo*, vide *Buffo*

* **BUFFETERIA**, idem quod supra *Bufetagium*. Chartul. eccl. Carnot. : *Sicut episcopus habet quædam jura apud se retenta ab initio sine comite; ita comes habet aliqua sine episcopo, sicut est deablagium et Buffeteriam, quæ non de antiquo jure, sed de nova impositione processerunt.* Nisi sit præstatio, quæ ob doliorum demissionem in cellam vinariam exsolvebatur; quo jure etiamnum potitur episcopus Bellovacensis sub nomine *Buffeterie*.

1. **BUFFETUS**, [vel BUFFECTUS] PANIS, in Statut. Veronens. lib. 4. cap. 109. Panis siligineus, Ital. *Pane Buffeto*. [Acta SS. Maii tom. 1. pag. 339. in additionibus ad vitam S. Antonini n. 14 : *Jussit afferri albissimum panem, quem vocant Buffectum.*]

* 2. **BUFFETUS**, Consessus hominum, qui de re aliqua statuere possunt, vulgo *Bureau, Chambre*, olim *Buffet;* qua etiam voce tabularium forense, Gall. *Greffe*, designatur, in Lit. ann. 1368. tom. 5. Ordinat. reg. Franc. pag. 134. art. 28 : *Seront au Buffet de la halle deux clers sermentez à pension; lesquelz soigneront des registres fere, et des depositions de tous tesmoings escripre.* Chron. abbat. Corb. MS. fol. 23. r° : *Tempore ipsius abbatis* (Roberti, hoc est, circa ann. 1125.) *ex matura deliberatione antiquiorum fratrum, ipso abbate instante, ordinata est camera Buffeti, id est, locus congregationis seniorum fratrum. Nam ante tempora ista, si quis petisset a dom. abbate, a priori, seu a ballivo ecclesiæ terras ad colendas, oportebat eum venire in capitulum coram abbate et conventu.* Reg. Corb. 13. sign. *Habacuc* ad ann. 1509. fol. 2 : *Il lui estoit convenable de retourner audit Buffet pardevers mesdits seigneurs* (les religieux de Corbie) *tant pour raison de ladite responce, comme pour besongnier aulx affaires de ladite église, ainsi qu'il est accoustumé faire audit Buffet chacun jour de Mercquedy et Samedy, et qu'il estoit Mercquedy, que mesdits seigneurs tenoient ledit Buffet.* Sed et *Buffet* nostri vocarunt limen, Gall. *Seuil*. Lit. remiss. ann. 1377. in Reg. 111. Chartoph. reg. 181 : *Ledit Bridoul couru sus audit Tassart l'espée nue mauvaisement et en traison sur le seuil ou Buffet de son huis, où il estoit paisiblement,.... et de ladite espée le feri et assena en la mamelle.* Cujus appellationis rationem, quia scilicet pars est domus anterior, vide supra in *Buffa*.

* **BUFFO**, Pro Buso, Gall. *Crapaud*, in Lit. absolut. officialis Atrebat. ann. 1349. in Reg. 77. Chartoph. reg. ch. 427.

* In patrandis veneficiis sæpius busone utebantur; quod successum aliquando habuisse opinati sunt, ut eruitur ex Lit. remiss. ann. 1379. in Reg. 116. ch. 147 : *Lesquelles femmes porterent secondement un gros crapot, comme dessus, pour deffaire ledit sort; et ce fait la fille tantost après fu aussi comme toute garie.*

BUFFONES, Scurræ, Gallis *Boufons*. Breviloq. : *Goliardi, Buffones, Joculatores.* Synodus Saltzburg. ann. 1310. cap. 3 : *Clerici ... qui se joculatores, seu goliardos faciunt, aut Buffones, etc.* Vide *Goliardus*. Jo. Villaneus lib. 7. cap. 88 : *Onde di Lombardia, e di tutta Italia vi trahavano Buffoni, e bigherai, e huomini di corte.* Salmasius ad Tertullianum de Pallio : *Scurras, mimarios, et scenicos, placentariosque*

Buffones hodie vocamus. Atque ita veteribus vocabantur, quod buccas inflarent in mimo, alapis accipiendis, ut validius sonarent. Adamantius Martyrius : *Bufo*, φυσίγνατος, etc. Malim a *Buffa*, quod mimi ac scurræ invicem sibi alapas ac *buffas* infligentes, risum spectantibus moveant. Vide Octavium Ferrarium in Origin. linguæ Ital. in *Buffone.*

¶ **BUFFONIA**, Scurrilis jocus, Gall. *Boufonnerie.* Vide locum in *Ribaldi.*

¶ **BUFFREDUS**, Major turris, Gall. *Beffroy*. Hist. Harcur. tom. 4 pag. 1099. ex Chronico MS. Beccensis Abbatiæ : *Congruit consilio et auxilio Baronum, Militum ac vicinorum eam fortificare ... et capellas circa chorum, et alias aperturas lapidibus obstruere, ipsamque Ecclesiam et Buffredum cum turribus Ecclesiæ, Capitulumque cingens propugnaculis ac fossatis circumdare.* Vide *Belfredus.*

BUFLUS. Vide *Bubalus.*

¶ **BUFONES**; apud Marten. Anecdot. tom. 4. col. 727. Iidem qui *Buffones.*

¶ **BUFURDIUM.** Vide *Bohordicum.*

* **BUGA**, Minutum lignum, Gall. *Buchette.* Lit. remiss. ann. 1349. in Reg. 78. Chartoph. reg. ch. 161 : *Cum Johannes de Jaynes... projecisset contra dictam gallinam quandam Bugam levem, seu parvum baculum, etc.*

* **BUGADA**, vox Hispanica, Lexivium, Gall. *Lessive.* Comput. ann. 1363 ex Tabul. S. Vict. Massil. : *Pro quatuor Bugadis albarum et maparum, florenos iiij.* Charta ann. 1414. in Reg. 3. Armor. gener. part. 2. pag. 14 : *Faciebant in fonte sive rivo de Finiels Bugadas suas.* [** Vide Raynouard. Glossar. Roman. voce *Bugada*, vol. 1. pag. 259. Murator. Antiq. Ital. tom. 2. col. 1171. voce *Bucato.*] Hinc

* **Bugaderius**, Ad lexivium pertinens, *Bugadein*, lexivio abluere, Venetis Brit. Inventar. ann. 1476. ex Tabul. Flamar. : *Item plus duos cubatos Bugaderios.*

* **Bugadieyra**, Mulier, quæ lexivio abluit, purgat, in Instr. ann. 1366. inter Probat. tom. 2. Hist. Nem. pag. 303. col. 1. *Bugaderes*, Venetis Britannis.

* Vasis species, idem ut videtur, quod Italis *Bugnola.* Hinc

* **Bugattatus**, In vase, *Bugata* dicto, positus. Chron. Bergom. ad ann. 1403. apud Murator. tom. 16. Script. Ital. col. 946 : *Emi ego Castellus sextaria iv. farinæ conducta a loco Martinengi in urbe Bergomi, ad computum librarum v. pro qualibet soma, et non dabantur nisi penses xiv. pro qualibet soma; et fuerunt quartaria xiij. farinæ Bugattatæ.*

BUGARI. Vide *Bulgari.*

BUGATA. Contract. Datior. Bergom. lib. 2. cap. 6 : *De omnibus vasis lapideis, de Bugatis, de brontio, etc.*

* **BUGATUS**, Panni species. Stat. Riper. cap. 12. fol. 4. r°. : *De qualibet petia Bugatorum et stagmeniarum brachiorum duodecim, soldi duo.*

* **BUGAZOLUS**, Alvus, alveare, Gall. *Ruche*, Ital. *Bugno*; vel apum examen, Gall. *Essaim.* Stat. Vallis-Ser. rubr. 129. ex Cod. reg. 4619 : *De quolibet aulco seu examine, seu Bugazolo apium, seu buso, etc.* Nostris *Bugnon*, eadem notione. Lit. remiss. ann. 1455. in Reg. 191. Chartoph. reg. ch. 172 : *Le suppliant embla ung Bugnon de mouches abueilles, où se fait le miel. Bournay* vero, est apum examen, in Lit. ann. 1465. ex Reg. 194. ch. 75 : *Le suppliant ala aider...... à mettre à point ung exain ou Bournay de mouches à miel, qui icellui jour estoit exainé ou vergier d'icellui charretier.*

BUGENS, *Spado*, Papiæ. [MS. Ecclesiæ Bituric. et vet. Glossarium MS. San-German. num. 501. : *Bugeus, Spado.* Arvernis, *Buge.*] Vide *Bigens* et *Buggeus.*

BUGERI. Vide *Bulgari.*

* **BUGERIUS.** Vide supra *Bougerius.*

* **BUGES.** Vide mox *Bugetus.*

* **BUGETUM**, Gall. *Bouge*, Ædicula. Reparat. factæ in senescal. Carcass. ann. 1435 : *In aptando et reparando Bugetum stabularum dicti castri, etc.* Vide *Bugia* 1.

* **BUGETUS**, Lapidis genus. Charta ann. 1384. ex Tabul. Massil. : *Item solvatis Johanni Arnaudi barquerio pro portu mille lapidum in sua barca, vocatorum Buges.* Infra : *Septem albi pro quolibet Bugeto.*

¶ **BUGEUS.** Vide *Bugens.*

* **BUGGEUS**, *Spado*, in vet. Glossar. ex Cod. reg. 7646. Vide *Bugens*; ubi dele, *Arvernis Buge* : quid enim apud ipsos sonet hæc vox, exponitur mox in *Bugia* 3.

1. **BUGIA**, Ædicula, Gallis *Bouge.* Libertates oppidi Jasseronis, apud Guichenonum in Histor. Bressensi pag. 106 : *Pro domibus, grangiis, Bugiis, etc.* [Vide supra *Bougia.*]

2. **BUGIA**, Italis est mendacium : de qua voce vide Octavium Ferrarium in Origin. linguæ Italicæ.

* 3. **BUGIA**, Pascuum, pratum, Arvernis. Terrear. Apchon. ann. 1511 : *Plus unam Bugiam, vocatam de la Fon, cum quodam nemore contiguo, scitis à la Feyde, confrontatam juxta Bugiam Ludovici Mazeirac..... Plus quasdam Bugias et campos contiguos....... Plus medietatem cujusdam Bugiæ, vocatæ de la Touleyre. Bughia* et vulgare *Bughe*, ibid. Lit. remiss. ann. 1464. in Reg. 199. Chartoph. reg. ch. 430 : *Sur ce que ung nommé Guillaume Peschaux gettoit leur bestail hors de la Bugia et battoit son frere, le suppliant lui dist : Pourquoy il battoit sondit frere; lequel Guillaume lui respondit, pour ce qu'il tenoit son bestail en son pasturel.* Quod in Arvernia actum est.

* 4. **BUGIA**, Butgia, Candela e cera candida, Hispan. *Bugia*, nostris *Bougie.* Testam. Guil. Arnaldi de Bellovidere civis Tolos. ann. 1472 : *Ordinavit dictus testator, quod die suæ sepulturæ..... habeantur duodecim intorticia ceræ,.... cum candelis Bugiæ necessariis et pertinentibus...... Cum candelis Butgiæ necessariis.* Vide supra *Bougia* 2.

* **BUGIS**, gis, *Queue de charue*, in Glossar. Lat. Gall. ex Cod. reg. 7679.

* **BUGLIRE**, *Bullire*, Aquis ferventibus occidere, Gall. *Bouillir.* Instr. ann. 1384. inter Probat. tom. 3. Hist. Nem. pag. 61. col. 2 : *Plura alia loca præsentis senescalliæ hostiliter debellarunt, homines interficiendo, concremando, Bugliendo, et alias inhumaniter tractando.* Vide infra *Bullire* 3.

* **BUGULUS**, Ornamentum muliebre. Chron. Placent. ad ann. 1388. apud Murator. tom. 16. Script. Ital. col. 580 : *Dominæ pro majori parte, loco terzarum de auro vel de serico, quas portare solebant contextas seu interzatas in capillis capitis earum, nunc portant Bugulos, qui sic nominantur, quos cooperiunt capillis capitis earum ligatis super dictos Bugulos, etc.* Vide supra *Borreletus* et *Baga*, 2.

* Aliud vero est mulierum itidem ornamentum, quod *Boullon* vocatur, in Lit. remiss. ann. 1442. ex Reg. 176. Chartoph. reg. ch. 239 : *La suppliante avoit prins en ung coffre trois bourses et ung bouton ou tabouret à usage de femme, estoffez de sonnettes et de Boullons d'argent.* Idem videtur quod etiamnunc *Bouillon* appellant, ut et in aliis Lit. ann. 1414. ex Reg. 168. ch. 162 : *Sept escus en or, huit escus en monnoye et trois petiz Bouillons, et deux anneaux d'argent.*

* **BUHETERIUS**, Gall. *Buhetier*, Urceorum, quos *Buée* et *Buhe* vocabant, opifex. Lit. remiss. ann. 1374. in Reg. 106. Chartoph. reg. ch. 222 : *Pro parte Theobaldi, dicti le Roucelet, Buheterii apud Cathalaunum commorantis, etc. Buhetier*, ibid. Glossar. Gall. Lat. ex Cod. reg. 7684 : *Buée, orca, i. amphora, quoddam vas, vel urceus.* Lit. remiss. ann. 1459. in Reg. 188. ch. 51 : *Six boisseaux de feves, et environ une Buée de vin.* Aliæ ann. 1448. in Reg. 179. ch. 130 : *Ung jeune homme, nommé Sorin, avoit rompu et cassé une Buhe ou cruche de terre.* Neque alio sensu *Buion* dictum puto, in Lit. remiss. ann. 1407. ex Reg. 162. ch. 89 : *Trois tronçons de culeuvre avec juz de fiens, tout ce estant en un Buion de terre, etc.* [*Byon*, eadem, ni fallor, acceptione, in aliis Lit. ann. 1361. ex Reg. 89. ch. 461 : *Quod idem Johannes a dicto Stephano habuerat quoddam vas, vocatum Byon, oleo plenum, et tenens quasi tres pintas olei.* Vide in *Butta* 3.

* Aliud vero sonat *Buhot*, Camini scilicet spiraculum, Gall. *Tuyau de cheminée*, in Lit. remiss. ann. 1418. ex Reg. 170. ch. 159 : *Icellui Jehannin monta sur la maison, et par le Buhot de la cheminée getta grant quantité de neige.* Qua etiam notione accipienda videtur hæc eadem vox ex Computo, quem v. *Buhors* laudat Cangius. Sed et pro quovis tubo seu canali : *Un Buhot d'argent à porter plume d'Autrice*, in aliis Lit. ann. 1388. ex Reg. 135. ch. 165.

BUHORS, in Tabulario Sandionysiano. Charta ann. 1230. Kal. Maii : *Guido dictus Caprosiæ vendit justitiam et Advocatiam Conude, et troffas fœni, et redditus, qui vocantur Hayes, et tensamenta, sita in avena et denariis, et quosdam redditus, qui vocantur Buhors, et corveias de rachiis et fossatis.* Ubi *Buhors* sumitur, ni fallor, pro præstatione, quæ fit pro facultate *bohordandi*, seu hastiludio decertandi. Vide *Bohordicum.* In Computo Domanii Comitatus Pontivi ann. 1405. hæc leguntur : *Des revenus des Buhos du Gard lés Ruë, neant cest an, pour ce qu'il n'y en a aucuns durant le temps de ce compte.*

* Quidni intelligeretur de præstatione, quæ fiebat pro facultate capiendi ardearum speciem, quas *Buhoriaux* vocabant, vulgo *Butors*? Lit remiss. ann. 1411. in Reg. 166. Chartoph. reg. ch. 107 : *Le suppliant garde*

des bois du seigneur de Bouberch et commis à garder les hairons, Buhoriaux, et autres oyseaulx, qui sont d'an en an dedenz les bois de Bouberch, affin qu'ilz ne fussent embele. Bruhier, pro *Brutier*, Avis rapacis species, apud Guignevil. in Peregr. hum. gener. MS. :

C'est la main du Bruhier qui hape
Les petits pouchins, et agrape.

¶ **BUHURDARE**, Buhurdicium. Vide *Bohordicum*.

BUIBLOTA, in Legibus Alfredi. [Vide *Outhron*.]

¶ **BUIEUS**, Buxeus, Gall. de *Buis*. Spicil. Fontanel. MS. pag. 232 : *Pecten Buieus cum vagina.*

* **BUILIO**, Massa monetaria, pro *Billio*. Vide in hac voce. Charta ann. 1328. in Reg. 65. Chartoph. reg. ch. 241 : *Builionem usque ad immensibilem quantitatem extra regnum nostrum portari fecisse dicebantur.* Nostris *Buillon*, Frustum, bolus, vulgo *Morceau, bouchée*. Le Roman *de Robert le Diable* MS. :

Del pain prent moques et rouillons,
En sa bouche en met grans Buillons.

* Idem sonat *Buignon*, in Mirac. MSS. B. M. V. lib. 1 :

Que tex mengue bone sausse,
Et bone char à grans Buignons.

Vide *Bullio* 3.

¶ **BUINARIUM**, Modus agri, idem ac *Bonnarium*, Gall. *Bonnier*. Charta Clodovei Reg. Franc. ann. 638. tom. 3. Hist. Paris. pag. 20 : *Habentem ab introitu suo usque ad alveum Maternæ fluvii Buinaria duodecim.*

* **BUIOLIUM**, Pondus. Stat. Vercel. lib. 3. pag. 86. v°. : *Item quod quilibet venditor et venditrix habeat Buiolium sive marchum de libra una ad minus, ... et divisum in mediam libram, quartam unziam usque ad diagmam.... Et si aliquis vult habere majus marchum vel Buiolium, vel de majori quantitate, possit habere.* Nostris *Buillot*, Corbis est, vulgo *Panier*. Lit. remiss. ann. 1391, in Reg. 142. Chartoph. reg. ch. 23 : *Un cheval chargié de deux penniers, au Builloz esquelz avoit certaine quantité de conins.* Vide infra *Bullionum*.

¶ **BUIRA**. Ita Cremonenses suum appellabant *Carrocium*. Vide in hac voce.

* **BUIRETA**, Urceolus, Gall. *Burette*, pars supellectilis ecclesiasticæ. Reg. episcop. Nivern. ann. 1287 : *Et in capella sunt calix argenteus, duæ Buiretæ argenteæ.* Vide *Bureta*. Est autem *Buiron*, instrumentum piscandi, de quo in Redit. comitat. Hannon. ann. 1265. ex Cam. Comput. Insul. : *Au blanch pisson c'on prent à ces seuwieres as Buirons et à nasses, etc.* Vide supra in *Buchia*.

* **BUISSELLUS**, Modius, mensura frumentaria, Gall. *Boisseau*. Charta Ludov. VII. reg. Franc. ann. 1164. in Chartul. Guil. abb. S. Germ. Prat. fol. 88. r°. col. 1 : *In quo* (molendino) *habeat ipse et hæres suus quartum Buissellum, et custodiam molendini non habebit Willelmus propriam.* Vide *Bussellus* in *Butta* 3.

¶ **BUISTA**. Vide post *Buxis*.

* **BUITARDA**, Otis, Gall. *Outarde*, Campanis nostris *Bitarde*. Vide *Bistarda*. Charta ann. 1463. in Lib. nig. S. Petri Abbavil. fol. 118. r°. : *Nonnulli, tam ecclesiastici quam seculares, parrochiani dictæ ecclesiæ sancti Sepulcri, de scitu et consensu ipsius magistri Mathæi* (parrochi) *fecerant...... fieri foveam in cimiterio ipsius* (ecclesiæ) ;....... *sed dumtaxat hoc derisione factum est pro quadam ave, quæ vulgariter dicitur Buitarde; .... dictus curatus....... affirmavit quod ea....... jocose dumtaxat et intentione dictam Buitardam comedendi.* Vide supra *Avistarda*.

* **BULBUCARIS**, pro *Bubulcaris*, ad bubulcum pertinens. Lit. remiss. 1416. in Reg. 169. Chartoph. reg. ch. 377 : *Qui Johannes et Guillermus insimul more Bulbucari in terra se volutantes, etc.*

* **BULBUS**, *Baculus pastoralis*, in vet. Glossar. ex Cod. reg. 7613.

* **BULCIA**, Sacculus instar *bursæ*, Gall. *Sachet*. Inventar. MS. thes. Sedis Apost. ann. 1295 : *Item xiiij. Bulcias de corio pro libris.* Vide *Bulga*.

* **BULCONIA**, Modus agri, idem quod *Bobulca*. Vide in *Bovata*. Stat. Vercel. lib. 7. pag. 147. r°. : *Item quod quilibet dominus, vel quasi, habens utile dominium, colonus vel massarius habitans in jurisdictione Vercellarum, qui tenet terras et possessiones ad non modicum tempus, tenens Buleoniam unam terræ vel plus, teneatur plantare et allevare Bulconiam unam terræ de vitibus.* Vide *Bulcus*.

¶ **BULCUS**, Certus agri modus, ab Anglico *Bulk*, Magnitudo. *Madox* Formulare Anglican. pag. 179 : *Ingeram de Dumard... Sciatis quod Ricardus filius Hugonis calumniavit in Otheselvia unam virgatam terræ et tredecim acras de dominio, et terram trium Bulcorum et dimid. et unam cotlandam.*

¶ **BULDIELLUS**, an *Balteus*, Gall. *Baudrier?* Tabularium Burguliense : *Ego Hubertus miles de castro Salmuro habebam vicariam de seniore meo Alano Caynone castro quam concessi monasterio Burguliensi. Accepi ab ipsis Monachis solidos mille et senior meus Alanus ducentos solidos. Fuit unus loricus in pretio valde bonus, et unus caballus. Filii vero ejus Alanus et Bernerius duos Buldiellos habuerunt. Mater vero Odonis senioris nostri habuit unam unciam de auro et sepias mille. Regnante Roberto Rege, imo dominante Jesu Christo Rege æterno.*

¶ **BULECTA**, Genus tributi, apud Rymer. tom. 12. pag. 283 : *Sine solutione alicujus dacii, pedagii, passagii, vectigalis, gabellæ, Bulectarum, etc.* Vide *Brevetus* in *Brevis*.

BULENGARIUS, Bulengoria. Vide *Bolendegarii*.

¶ **BULERGIS**, *Consiliarius*. Papias MS. Græcis Βουληγόρος, idem.

BULETARE, Farinam incernere, cribro secernere, Gall. *Bluter*, [ab Armorico *Bleut*, Farina purior, unde dictum, *Buletare*, pro *Bleutare*.] Lanfrancus in Decretis pro Ord. S. Bened. cap. 6 : *Vas et locum, quo farina Buletari debet.*

BULETELLUM, Cribrum farinarium, nostris *Bluteau*, apud Matth. Paris ann. 1202. pag. 145.

* **BULETELUS**, Pollinarium cribrum, nostris olim *Buleteil*, nunc *Bluteau*. Arest. ann. 1345. 6. Aug. in vol. 2. arest. parlam. Paris. : *Dicti officiales nostri jura et utilitates habent et consueverunt habere in die coronationis nostræ, necnon quandocumque et ubicumque nos contingit comedere coronam regiam portantes : panetarius videlicet panem coctum, ... telas albas ad reponendum panem oris, Buletelos, corbeliones, ... et omnes alias res residuas pertinentes ad servitium officii panetariæ.* Glossar. Lat. Gall. ann. 1352. ex Cod. reg. 4120 : *Politrudium, Gall. Buleteil.* Vide *Buletellum* et *Bultellus*.

* **BULETINUM**, Sigillum ; Ital. *Bullettino*, nostris *Bulette*. Stat. Palav. lib. 2. cap. 38. pag. 104 : *Si quis falsificaverit vel falsificari fecerit sigillum vel Buletinum Mag. domini nostri, puniatur et condemnetur in amputatione manus dextræ ; .... si vero sigillum vel Buletinum alterius personæ universitatis vel collegii, puniatur et condemnetur in libris decem imper. Bulleite*, et *Bullete*, Parvum sigillum, in Lit. ann. 1299. apud Marten. tom. 1. Anecd. col. 1311 : *Pour chou que jou n'avoie mies mon grant saiel avoec mi, jou ai mis men petite Bulleite.* Charta ann. 1335. in Chartul. Regalisloci part. 2. ch. 3 : *Un testament...... sellé du grant seel de la court de Suessons, et de pluseurs autres Bulletes.* Eodem nomine donatur jurisdictio, cui sigillum apponere competit. Charta ann. 1316. ex Chartul. 21. Corb. fol. 107 : *En tesmoing de chou nous avons ces lettres scellées du seel de le Bulette de le ville de Montdidier.* Vide supra *Bolletinum*.

BULGA. Papiæ : *Saccus tortus*. Sed legendum *scorteus*. Festus : *Bulgas Galli sacculos scorteos vocant.* Gloss. Saxon. Ælfrici : *Bulga*, Hydigfæt, i. vas ex corio confectum ; Galli *Bouge* vocant. Eadmerus lib. 2. Vitæ S. Anselmi cap. 27. apud Surium : *Bulgæ et manticæ reseratæ sunt.* Vocem retinent etiamnum Cambro Britanni, quibus *Bolgan*, est *Bulga*, [Armorici *Boulchet* appellant.] De vocis etymo consulendus præterea Goropius Bekanus lib. 1. Gallic. pag. 15. Adde præterea Steph. Paschasium in Disquisit. Francicis lib. 8. cap. 2.

Bulgia, Idem quod *Bulga*. Willelmus Malmesb. lib. 1. de Gestis Pontific. : *Bulgias et manticas eorum efferri et expilari jussit.* Alibi *Bulgas* habet, lib. 4. Hist. pag. 128 : *Manticis omnibus et Bulgis in medium prolatis.*

Bulgetarius, Bulgarum venditor. Gloss. Gr. Lat. : *Bulgetarius*, Βουλγιοπώλης. βουλγίδιν Græci recentiores dicunt, *Bulgetta*, nostris *Bougette*. Nicetas in Man. lib. 6. n. 5. Vide Meurs.

* Hinc *Embouger*, Sacculos, Gall. *Poches*, vesti assuere. Lit. remiss. ann. 1468. in Reg. 200. Chartoph. reg. ch. 117 : *Lequel Montigne respondit au suppliant, qui avoit donné un pourpoint et des chauses à faire, que la cousturiere avoit cousu toute matinée pour Embouger sa houppelande.*

BULGARI, Bugari, Bugeri, Hæretici, qui vulgo *Albigenses* in Francia, alibi *Paterini*, *Cathari*, *etc.* Manichæorum asseclæ. Matth. Paris ann. 1238. de quodam Roberto Dominicano scribens, qui in Flandriam missus est cum officio Inquisitoris : *Ipsos autem nomine vulgari Bugaros appellavit, sive essent Paterini, sive Joviniani, vel Albigenses, vel aliis hæresibus maculati.* Philippus *Mouskes*, de eodem Roberto :

Si estoient Bougre nommé,

De fausse loy pris et prouvé etc.

Vide Matth. Westmonast. ann. 1236. [Et infra in voce *Pifli*.] Monachus Altisiod. ann. 1201 : *Evraudus Miles*, *hæresis illius*, *quam Bulgarorum vocant*, *coram Legato arguitur*. Idem ann. 1206 : *Hæreticos*, *quos Bulgaros vocant*, *vehementer studuit insectari*, *ejusque instantia actum est*, *ut plerique rebus suis exinanirentur*, *exterminarentur alii*, *alii cremarentur*. Anno denique 1207. satis docet idem Scriptor, eosdem fuisse *Bulgaros* cum Albigensibus : *Per idem tempus Bulgarorum hæresis execranda*, *errorum omnium fæx extrema*, *multis serpebat in locis*, *tanto nocentius*, *quanto latentius* ; *sed invaluerat maxime in terra Comitis Tolosani*, *et Principum vicinorum*. Adde Nangium in Chron. eod. ann. 1027. Hist. Francorum MS. quæ exstat. in Bibl. Memmiana, ann. 1223. de Philippo Aug. : *Envoia son fils en Albigeois pour destruire l'heresie des Bougres du pays*. Alia, quæ desinit in ann. 1322. ad ann. 1225 : *En cest an fist ardoir les Bougres freres Jeans*, *qui estoit de l'Ordre des Freres Prescheurs*.

Bulgarorum hæresim à detestando Manichæo originem sumpsisse, auctor est Albericus in Chronico MS. ann. 1239. ubi ejusmodi hæreticos in Campania ignis supplicio damnatos refert : sic enim obtinuit S. Ludovico imperante. Stabilimenta ejusdem S. Ludovici lib. 1. cap. 83 : *Se aucuns est soupeçonné de Bouguerie*, *la Justice le doit prendre*, *et l'envoier à l'Evesque* ; *et se il en estoit prouvez*, *l'on le doit ardoir*.

Bulgaros vero Albigenses hæreticos appellarunt nostri, quod Bulgari eorum hæresi maxime infecti essent, qui eam ab Orientalibus et Græcis Manichæis hauserant, Basilio Macedone imperante, uti fusius narrat Petrus Siculus in Hist. Manichæorum statim initio : deinde quod eorum summus Pontifex, cui cæteri ejusdem sectæ ministri obnoxii erant, in Bulgaria sedem fixisset. Episcopus Portuensis in Epistola apud Matth. Paris ann. 1223 : *Ille homo perditus*, *qui extollitur supra omne quod colitur*, *aut quod dicitur Deus*, *jam habet perfidiæ suæ præambulum hæresiarchum*, *quem hæretici Albigenses Papam suum appellant*, *habitantem in finibus Bulgarorum*, *Croatiæ*, *et Dalmatiæ*, *juxta Hungarorum nationem*. *Ad eum confluunt hæretici Albigenses*, *ut ad eorum consulta respondeat*. Reinerus lib. contra Valdenses cap. 6. recensens Ecclesias, uti vocabant, Catharorum, qui iidem sunt cum Valdensibus et Bulgaris, *Ecclesiam Bulgarorum* nominat, a qua cæteras profluxisse ait pag. 71. et cui præfuisse subdit *Episcopum et Filium majorem Ecclesiæ Bulgariæ appellatum*, pag. 78. Vide Marcam lib. 8. Hist. Beneharn. n. 2. et seqq.

* Quorum hæresis *Borguezie* appellatur, in Chron. S. Dion. lib. 3. cap. 14 : *Quant li évesque ot la Borguezie entendu*, *etc.* Dicti præterea *Bulgari*, puerorum corruptores : unde *Bougeronner*, cum pueris rem habere, in Lit. remiss. ann. 1477. ex Reg. 206. Chartoph. reg. ch. 1115 : *Fut rapporté et estoit commune renommée*, *que icellui Lombart Bougeronnoit*, *ou s'efforçoit Bougeronner aucuns des enfans*, *qui gardoient avec lui aux champs le bestail*. Hispan. *Bujarron*, masculorum concubitor.

Interdum Bulgari, seu *Bougres*, dicti κτηνοβάται. Regestum Arestorum Parlamenti : *Bougrerie*, *si est habiter avec les bestes*. Vetus Franciæ Consuetudinarium : *Le haut Justicier a la punition de Bougerie*, *et là doit la Justice temporelle faire ardoir*.

* Haud scio an huc pertineat vox *Boullacre*, quæ grave convicium est apud Santones. Lit. remiss. ann. 1417. in Reg. 170. ch. 10 : *Lequel Noulin demanda à icellui Guillot*, *où estoit ce ribault Boullacre*, *en parlant de Jehan Girault* ; .... *lequel mot Boullacre estoit tenu et repueé moult injurieux au païs* (de Saintonge). Alia videtur prorsus a vulgari *Pouacre*, qua homo spurcus significatur.

Denique *Bulgaros* vocabant nostri usurarios omnes, quia ejusmodi hominum genus usurariis mercimoniis operam dabant. Matthæus Paris ann. 1255 : *Ipsi usurarii*, *quos Franci Bugeros vulgariter appellant*. Vetus Rotulus ann. 1233 : *Pro rebus saisiendis Caorsini capti propter Brogrisiam 7. libr. etc.*

* **BULGERIA**, f. Domus, mansio, habitatio, a Saxon. Bolk, domicilium. Charta Henr. reg. Angl. pro fratribus S. Egidii Pont. Audomar. in Reg. 62. Chartoph. reg. ch. 442 : *Ex dono Radulfi parvi mansuram unam terræ in Bulgeriam*. Vide supra *Bulconia*.

BULGETARIUS, Bulgia. Vide *Bulga*.

* **BULGRI**, iidem qui *Bulgari*, in Vita S. Ludmillæ tom. 5. Sept. pag. 355. col. 1. Vide supra *Bolgri*.

¶ **BULGULA**. Vide *Bolluca*.

¶ **BULIO**. Vide *Bullio*.

* **BULIRE**. Vide infra *Bullire* 3.

BULLA. Hujus vocis varias notiones complexus est Ebrardus Bethuniensis in Græcismo :

Bulla, tumor laticis, nola, sidus, gemma, sigillum,
Bulla notat gemmam, stellam, vestem puerorum,
Ornamenta sil... Bullas, et balthea signat.

Quid Latinis *Bulla* sit, hic non disquiro : observo tantum, Scriptoribus inferioris ævi ita appellari ornamenta quædam orbicularia, a quibus vox, *Boule*, apud nostros originem sumpsit. Jo. de Janua : *Ut generaliter dicatur*, *omnia ornamenta aurea vel argentea*, *quæ fiunt quasi inflata*, *Bullæ dicuntur*. Gloss. Isid. : *Bullæ*, *ornamenta regalia*, *vel camelorum*. Mox : *Bullæ*, *stramenta regalium camelorum* ; leg. *ornamenta*, quomodo apud Papiam : *Bullæ*, *Ornamenta regalium puerorum*, *vel equorum*, *dictæ*, *quod sint similes bullis*, *quæ in aqua inflantur*. Vetus interpres Juvenalis sat. 5 : *Antiquitus nobilium pueri Bullas aureas habebant* : *pauperum de loris*, *signum libertatis*. [** Confer Ascon. in Verrin. 2, 1, 58.] Hac igitur notione bullas accipiendas puto apud Apuleium lib. 6 : *Bullisque te multis inoculatum*, *veluti stellis relucentem*, ... *saginabo*. Anastasius in Sergio II : *Gabathas interrasiles deauratas cum Bullis duabus*. In Leone IV : *Cum... gemmis ac Bullis aureis* 33. Leo Ost. lib. 3. cap. 31. (al. 33.) : *Alteram quoque iconam rotundam argento* ... *vestitam*, *argenteis etiam Bullis extrinsecus in gyro circumdatam*, *transmisit*. Ubi, ut et apud Anastasium, *Bullæ* dicuntur, quas alii *Lunulas* vocant. S. Hieronym. in cap. 3. Isaiæ : *Habent mulieres in Lunæ similitudinem Bullulas dependentes*, *quas nos ad Ecclesiæ ornamenta transferimus*, *quæ illuminantur Sole justitiæ*. Dudo lib. 3. de Morib. Normann. : *Ensem ex auri sex libris in capulo*, *bratteolisque atque Bullis artificialiter sculptum*. Chron. Casauriense : *Unde receperunt ipsi venditores ab eadem clementissima Regina Bullas de auro duas*, *equum optimum cum argentea sella*, *in pretium mille ducentorum solidorum*. Charta vero, cujus hic mentio, sic concipitur : *Unde recepimus nos suprascripti venditores pretium a te Hermengarda*, *Bullas duas*, *et caballum unum cum una sella argentea*, *etc.* Gunther. Lib. 9. Ligur. :

Qui gentilis Arabs, tanquam munuscula Regi
Advexeret, frenos, calcaria, cingula, Bullas, etc.

Adde Luithprand. lib. 6. cap. 3. [** Grimm. ad. Walthar. pag. 76. et Ruodlieb. fragm. 13. vers. 100.]

* Charta ann. 1019. tom. 1. Hist. Cassin. pag. 80. col. 2 : *Feci autem scribere*...... *textum sancti Evangelii*..... *et manualem unum*, *quas* (sic) *vestivi ex sericis indumentis*, *et desuper cruces argenteas*, *et gammas*, *et Bullas*, *et fibulas similiter argenteas*. Hinc

* Bullæ dici videntur quædam ludi instrumenta, in Stat. MSS. eccl. S. Petri Insul. ann. 1388 : *Ne aliquis audeat ludere ad pilam*, *vel alios ludos*, *unde rixa possit oriri*, ... *nec etiam ad taxillos*, *aleas et Bullas*. Vide supra *Boula* 2.

2. Bulla, Sigillum, seu typus sigillarius, quo bullæ ipsæ imprimuntur. Glossæ. MSS : *Bulla*, *Emblema*, *i. varietas pavimenti*, *vel sigillum*. Gloss. Ælfrici Saxonicum : *Sigillum*, *vel Bulla*, Segel. Jo. de Janua : *Bulla*, *sigillum*, *quod ceræ imprimitur*. Hucbaldus in Vita S. Rictrudis cap. 15 : *Et ut clara editus prosapia*, *Regis quoque præclarus fulsit in aula*, *regia honoratus Bulla*, *utpote prudens Notarius regalium præceptorum conscribens edicta*. Hariulfus lib. 1. Chron. Centul. cap. 6. de Mauronto : *In aula ejusdem Regis militavit*, *et ut nobilis regiæ Bullæ vel sigilli bajulus*. [Testamentum Guillelmi Montispessulani tom. 9. Spicileg. Acher. pag. 157 : *Sacrista vero habeat partem sigilli*, *et Bullæ residuæ tres partes dentur in ornamentis Ecclesiæ* ; *de Bulla vero et sigillo fiat sicut erat temporibus patris mei*.] Nicetas Choniates in Codice Barbaro-Græco ejusmodi typum sigillarium Imperatoris CP. χρυσόβουλλον appellat, et μετὰ λίθων λαμπρῶν fuisse ait, hoc est, lapillis adornatum. Nicetæ Paphlagoni in Vita S. Ignatii Patr. CP. sub finem. Harmenopulo lib. 6. cap. 14. et in Menæis Græcor. 11. Nov. in S. Mena, βουλλωτήριον dicitur.

☞ Quando autem cœperit vel desierit *Bullæ* vocabulum pro *Sigillo* adhiberi, paucis docet Mabillonius lib. 2. de Re diplom. cap. 10. Ludovicus II. Francorum Rex *Bullæ* vocabulum sæpius usurpavit, ut constat ex Spicilegio Acher. tom. 5. pag. 370. 384. et 388 : *Ex Bulla nostra jussimus annotari* : tum, *Nostræque Bullæ impressione* ; ad hæc, *Bullis nostris roborari*. Ante Ludovici II. tempora in usu erat *Anulus*. Idem *Anuli* seu *Bullæ* usus perseveravit ad Ottonem primum Imperatorem, qui *sigilli* appellatione identidem usus est ex eodem Spiciegii tom. 5. pag. 407. 410. 414. Ottonem Magnum hac in re imitati sunt Reges nostri Capetiani, non tamen semper, ut patet cum ex aliorum, tum ex Philippi I. exemplo et verbis, *Bullis nostris subsigniri jussimus*, in Historia Trenorchiensi pag. 325. in qua Historia alia de *sigillo* Henrici I. ac Philippi, jam dicti exempla occurrunt, uti et alibi passim. [** Vide infra in *Bullare*. Chart. papyrac. incerti anni ap. Maium Classic. Auctor. vol. V. pag. 363 : *Hæc vero nostra auctoritas ut ab omnibus observetur et verius credatur, diligenciusque custodiatur, more nostro subscribi, et de Bulla nostra subter jussimus sigillari.* Chart. Caroli II. ann. 883. ap. Neugart. Cod. Dipl. Aleman. vol. 1. pag. 445 : *Hoc idem præceptum propria manu firmavimus, et de Bulla nostra subter insigniri præcepimus.* Hincmar. Remens. Annal. ad ann. 867. ap. Pertz. vol. 1. pag. 475 : *Hincmarus.... epistolam suo nomine ad Nicolaum Papam dictari in contrarietatem Hincmari fecit, quam et Bulla sui nominis sigillavit.* Vide *Burla*.]

Bulla, sumitur crebrius pro ipso sigillo quod Chartis appenditur. Synodus Romana sub Eugenio II. PP. ann. 826. cap. 18. apud Holstenium, de dimissoriis Epistolis : *Metropolitani Bulla eas muniri oportet.* Versus de Vicelino Episcopo Bremensi :

Chartas conscriptas, et res in scripta redactas.
Bullis firmavit, bannoque suo stabilivit.

Infra :

Scriptis firmavit hæc, et Bulla solidavit.

[Acta SS. Benedict. sæc. 6. part. 2. pag. 418. ex Epistola Gregorii VII. Papæ ad Ottonem Episc. Constantiensem : *Ob eandem causam speciales litteras cudere Bulla nostra impressas collibuit.* Mabill. Analect. tom. 3. pag. 302. in Charta Johannis Archiep. Arelat. pro Fratre Bonaventura ann. 1233 : *Et quoniam sigillum proprium nondum habemus, cum nondum pallium fuerimus assecuti, huic instrumento Bullam Arelatensis Capituli præcipimus apponendam.*]

Bolla, sigillum appellatur in Consuetudinibus MSS. Montispessulani art. 104. Vide *Bolletinum, Buletinum, Bullulam* suis l.

Bulla, ipsum Diploma *Bulla* munitum, quemadmodum *sigillum* pro ipsomet diplomate : quomodo appellamus hodie Diplomata ac Rescripta Pontificum Romanorum. Wildebrandus ab Oldenborg. in Itiner. T. S : *Ita ut hospes, si terram intraverit, absque Regia Bulla exire non possit.* Brompton : *Et super hoc ostendit Bullas et alia munimenta, quæ inde præ manibus habuit.*

* Vide *Sigillum* 1. Charta ann. 1241. inter Probat. tom. 2. Annal. Præmonstr. col. 388 : *Warandiam petens Herewicus comes ipsi Bullam, id est, sigillum, dedit, ut sibi ipsi cautelam in scripto exprimeret sufficientem.*

Bulla, Schedula, syngraphum, chirographum ad rei cujuspiam indicium, nostris vulgo *Bulete, Buletin*, Italis *Bolletta*, vel *Buletta*, et *Bulletino*. Anastasius in Nicolao I. PP. pag. 217 : *Hic Christi amicus omnium nomina claudorum, cæcorum atque ex toto debilium in urbe Roma consistentium scripta apud se retinens, quotidianum illis victum ministrare studebat. Nam reliquis pauperibus gressum aut vires habentibus hujuscemodi, ut vicissim eos pasceret, sapienter reperit modum, scilicet Bullas suo nomine titulatas fieri jussit, et has eis dari præcepit, ut quanti prima feria, quanti 2. quanti 3. et cæteris obliquis* (reliquis) *feriis prandere debuissent, per signum Bullarum facilius nosceretur. Et in iis quidem Bullis, quæ eis datæ sunt, qui 1. feria refici debebant, fecit per singulas 2. nodos, et sic per omnes usque in sabbatum, ut quot feriæ essent tot essent nodi per singulas Bullas, includens in eis nuces, ubi nodi fiebant, quatenus nullus pauper haberetur in urbe, qui vel uno die per hebdomadam de suis eleemosynis non esset refectus.*

Bullas Aureas qui Imperatorum Byzantinorum proprias fuisse putant, longe errant, cum et cæteri Principes iis sint usi. Sed et non plane hactenus constat, a Francisne nostris ii, an vero Franci a Byzantinis istiusmodi sigillorum usum acceperint, cum eadem ferme tempestate iis cœpisse uti legantur. Nam sub Theophilo, Michaelis filio, Imperatore CP. harum primum meminit Cedrenus, [** A Justiniano I. aurearum bullarum usum repetendum scribit Gatterer. Diplom. Theoret. § 135.] sub quo Ludovicum Pium Imperat. Francicum iis usum auctor est Agobardus Lugdunensis lib. de Insolentia Judæorum, ad eumdem Imperatorem scribens : *Ostendunt præcepta ex nomine vestro Aureis sigillis signata.* Neque tamen ii semper sigilla pendentia suis apposuere diplomatibus ; sed ut plurimum sigilla cerea, annulo signatorio impressa, Chartis ipsis affigebant cujusmodi nonnulla videre licuit in Archivo Sandionysiano, et quale exhibetur Caroli M. in Monumentis Paderbonensibus, et ejusd. Ludovici apud Chiffletium in Historia Tornutiensi pag. 262. in quo προτομὴ Imperatoris lusca et laureata conspicitur, cum hac inscriptione in circulo : XPE PROTEGE KAROLUM (HLUDOVICUM) IMPERATOREM. Cujusmodi etiam fuit sigillum, litteris Justini Junioris Imperatoris ad Aretham Ægyptiorum Regem appositum ; Arethas quippe, ut ait Theophanes pag. 270. δεξάμενος τὴν τοῦ Βασιλέως σάκραν, κατεφίλησε τὴν σφραγίδα τὴν ἔχουσαν τὸ στηθάριον τοῦ Βασιλέως : *Tum vero traditæ sibi Imperatoris sacræ, seu Epistolæ, sigillum ejusdem facie cum pectore insculptum exosculatus est.* Neque tamen hæc verba de bulla accipienda censuerim ; sed de cereo sigillo, litteris impresso. Certe bullas aureas Imperatores Francicos et Germanicos non appendisse constat, nisi iis tabulis, quæ et majoris essent momenti, et Privilegia Ecclesiarum continerent, cum cætera aut plumbeis, vel cereis munita conspiciantur. Ita Carolus Calvus, Ludovici filius, *Chartas Auro bullatas* Monasterio Sandionysiano indulsit ; ut habet Sugerius abbas apud Doubletum pag. 873 ; *Cum appenditiis sigillis Aureis*, ut ait lib. de Administratione sua. Profert Sanjulianus in Tornutio pag. 510. aliud Diploma ejusdem Caroli, nondum Imperatoris, quod ita clauditur : *Manu nostra propria eam firmavimus, et Bullis nostris subinsigniri jussimus.* Cui quidem Diplomati, ait idem Scriptor, appensum erat sigillum aureum, (*Byzantium* appellant veteres Tabulæ ejusdem Monasterii) in cujus antica Regis protome, in altera ejusdem Caroli monogramma conspiciuntur. Existit bulla alia aurea ejusdem Caroli Imperatoris appensa diplomati pro fundatione Monasterii S. Cornelii Compendiensis, quod descriptum legitur tom. 10. Spicilegii Acheriani pag. 157. sicque clauditur : *Manu propria subterfirmavimus, et Bullarum nostrarum impressionibus insigniri jussimus, etc.* Hanc vero Bullam aiunt fuisse 8. vel 10. Ducatorum, nam ab aliquot annis furto sublata est. Sed ejusdem Monasterii monumenta docent, in antica illius parte protomen Imperatoris fuisse descriptam, cum hisce characteribus, KAROLUS IMPERATOR FRA. TOP : (forte ROMANORUM) in postica, RENOVATIO IMPERII ROMANI ET FRA. Hujus quidem Bullæ mentio est in 1. Regesto Parlamenti Parisiensis fol. 185. inter Aresta Pentecost. ann. 1271. [** Beugnot. vol. 1. pag. 859. sect. 19.] : *Quoddam privilegium Monasterii Compendiensis Bulla aurea Caroli Calvi Franciæ Regis signatum arestatum fuerat, tanquam de falsitate suspectum per Curiam, eo quod filo, cui Bulla ipsa appendebatur, poni poterat Bulla, et de eo removeri. Postmodum considerato, quod hoc plus proveniebat ex antiquitate privilegii ipsius, quam ex aliqua falsitate, præcepit dominus Rex privilegium ipsum reddi Abbati et Conventui dicti loci.* Hanc Bullam se vidisse testatur Carolus Molinæus in Consuetud. Paris. tit. de Feud. § 39. Quin cæteri Francorum Reges Bullis perinde aureis usi sint, etsi vix dubitem, cum harum usus omnibus ferme Principibus familiaris fuerit, uti mox ostendam ; vix tamen earum mentionem fieri comperio. In primo Regesto Parlamenti Parisiensis exstat Arestum Oct. Candelosæ ann. 1262. fol. 127. ubi Canonici Ecclesiæ Bituricensis *dicebant, quod ad eos pertinebat justitia de homine per Chartam Regis Ludovici, quam super hoc prætendebant, in qua pendebant duo annuli aurei, per quam concessa erat eisdem justitia suorum hominum.* [** Beugnot. vol. 1. pag. 550. sect. 17. ibique not.] Certe in ejusdem Parlamenti Regesto, quod *Ordinationes Barbinas* vocant fol. 37. descriptum legitur Diploma Caroli VII. Regis Franciæ 7. Octob. ann. 1437. quo Diploma aliud Ludovici VII. pro *pareagio* Ecclesiæ Miматensis confirmat, quod *bulla aurea* munitum esse dicitur. Præterea in Chartophylacio Regis Christianissimi asservatur Epistola Leolini Nortwalliæ Principis, ad Regem Philippum VI. scripta, qua recepisse se agnoscit illius literas, aureo sigillo sigillatas, in quibus inita inter Franciæ Regnum et Walliæ Principatum fœdera continebantur. Denique Spelmannus scribit a se visam Bullam auream Francisci I. Regis Franciæ, appensam fœderi, quod cum Henrico VIII. Anglorum Rege pepigit, in cujus anticæ circulo versus hic describitur : PLURIMA SERVANTUR FOEDERE CUNCTA FIDE. Id ipsum de Bulla aurea Henrici istius pariter fœderis Diplomati appensa testatur Peirescius in Adversariis MSS. quam se vidisse testatur in Archivo Regio, et majoris esse formæ, ac pondo 10. aureorum Hispanicorum, in qua efficta sunt regni Anglici insignia, cum corona regia epanoclista, et periscelide.

Verum apud Imperatores Germanicos longe frequentior fuit aurearum Bullarum usus : quippe Arnulphi Imperatoris Bullæ aureæ recensentur apud Anonymum Hasenrietanum in Episcopis Eystetensibus. Henrici I. in Chronico Casinensi lib. 2. cap. 31. [** Otton. III. ann. 983. primum inter Imper. Germ. aurea bulla usum esse scribit Gatterer. Dipl. Theor. § 135.] Henrici III. cap. 81. eodem lib. et cap. 49. lib. 3. Conradi apud Buchelium in Notis ad Will. Hedam pag. 166. Guichenonum in Bibl. Sebusiana lib. 1. cap. 17. et Joan. a Bosco in Vienna. Henrici junioris, apud Ottonem Frising. lib. 1. de Gestis Friderici cap. 55. ejusdem Friderici I. apud Godefridum Monachum in Chronico ann. 1167. et alios. Henrici VI. apud eumdem Buchelium pag. 178. Frederici II. apud Joannem Villaneum lib. 6. cap. 25. Goldastum tom. 1. Constitut. Imper. pag. 289. 305. in Notis nostris ad Joinvillam pag. 57. apud Buchelium pag. 202. ubi Bullam ipsam exhibuit, Freherum in Appendice ad tom. 1. Scriptorum Germanic. pag. 2. [Ludewig. Reliq. MSS. tom. 4. pag. 257.] Caroli IV. apud Goldastum pag. 347. etc. [** De aurea Bulla ann. 1356. vide Olenschlag. in edit. ejusd. et Eichhorn. Histor. Jur. Germ. § 395. Omni subscriptione caret charta, quippe quam aurea bulla ei adpensa quod satis esse videretur authenticam redderet. Effigies hujus bullæ Carol. IV. Imper. est ap. Olenschlag. pag. 260.]

Neque Imperatoribus duntaxat propriæ fuere Bullæ aureæ : nam et cæteros Reges ac Principes iis usos passim legere est, *Reges Angliæ*, apud Matth. Paris pag. 172. Willelmum Thorn lib. 2. cap. 15. et tom. 5. Spicilegii Acheriani; *Reges Siciliæ*, apud Romualdum Salernitanum in Chronico MS. ann. 1166. Bromptonum pag. 1114. ubi earum ectypon descripsit, Nicolaum Trivettum in Chron. ann. 1178. Falconem Beneventanum ann. 1137. Baronium ann. 1156. Rocchum Pirrum tom. 1. Notit. Sicil. pag. 123. 125. 404. etc; *Reges Italiæ*, apud Puricellum in Ambrosiana Basilica pag. 282; *Reges Hispaniæ*, apud Matth. Paris pag. 584. 598. Florentium Wigorniensem pag. 357. et Marcam lib. 7. Hist. Benearn. cap. 8; [** *Regum Portugaliæ* bullas aureas multas adservari Ulissiponæ in Archivis Turris *do Tombo* auctor est S. Rosa de Viterbo Elucid. tom. 1. col. 211.] *Reges Hungariæ*, in Decretis Andreæ Regis, cap. 25. et apud Hieron. Rubeum lib. 6. Hist. Ravennat. pag. 405. [** Vide Schwartner Introduct. in rem diplom. Hungar. § 122. 123. Belam III. aureas bullas edidisse scribit.] *Reges Bulgariæ* in Actis Innocentii IV. PP. pag. 54. 55. et apud Leonem Grammaticum pag. 503 ; *Sultanos Iconienses*, apud Duchesnium in Probat. Hist. Ducum Burgund. pag. 136. denique *Duces Apuliæ*, in Chronico Casinensi lib. 3. cap. 57. lib. 5. cap. 10. [** *Gradonici Duc. Venet.* bulla aurea ap. *Buchon. Dominat. Franc. en Orient.* tab. 2. bis. num. 2. Vide Natal. *de Wailly* Palæogr. vol. 2. pag. 45. Gatterer Diplomat. Theoret. § 125.]

* Notanda omnino est hanc in rem Charta Caroli II. reg. Jerusalem et Sicil. ducatus Apul. et principatus Capuciæ, Provinc. et Forcalq. comit. ann. 1294. in Reg. 49. Chartoph. reg. ch. 4. ubi *Bullæ aureæ*, sigillum cereum ad majorem cautelam subjici dicitur. Quod eo lubentius animadverto, ne quis temere alicui impostori assignet diploma, in quo *bullæ aureæ* mentio haberetur, cujus loco, sigillum cereum conspiceret : *Præsens privilegium exinde fieri, et aurea Bulla majestatis nostræ impressa tipario jussimus communiri, alio consimili subpendenti ejusdem majestatis sigillo cereo concesso similiter ad cautelam.*

Sed et *Romani Pontifices* aurea Bulla interdum literas suas obsignarunt; quod tamen, ait Dominicus Rainaldus, nunquam observatur, nisi in confirmatione Romani Imperatoris. At Spelmannus refert, Clementis VII. diplomati, quo *Defensoris Fidei* titulum Henrico VIII. Regi Angliæ contulit, appensam esse Bullam auream.

Byzantini porro Scriptores χρυσόβουλλον pro Diplomate, cui appensa est Bulla aurea, usurpant passim, quod *literas cum aurea Bulla* vocant Willelmus Tyrius lib. 18. cap. 30. et Jacobus de Vitriaco lib. 3. extremo; *Præceptum aurea Bulla bullatum*, Leo Ostiensis lib. 3. cap. 87; *Præceptum aureo sigillo signatum*, Petrus Diaconus lib. 4. Chron. Casin. cap. 109; *Chartam sigillo aureo præmunitam*, vetus Diploma apud Marcam in Hist. Benearn. pag. 601; *Privilegium cum sigillo auri*, Godefridus Monachus S. Pantaleon. ann. 1167. σφραγίδα χρυσῆν; Synaxaria ad 13. Maii in S. Sergio, et Zonaras in Constantino Leonis filio pag. 150; *Auro signatas literas* dixit idem Tyrius lib. 18. cap. 32. Bullas denique *Literas aureas* videtur appellasse Wippo de Vita Conradi Salici pag. 438 : *Legationis tamen causam postea Imperator Græcorum aureis Literis Imperatori Conrado scripsit.* Et Anonymus Hasenrietanus apud Gretzerum in Episcopis Eystetensibus, de Arnulpho Imp. : *Regali donatione tradidit, et chirographo aureis literis inscripto stabilivit.* Albertus Stadensis ann. 1179 : *Hanc Epistolam* (Manuelis Imp.) *Imperator suscepit scriptam aureis literis.* Neque enim his locis χρυσογραφίαν intelligendam putem, ita ut ejusmodi Epistolæ et Chartæ characteribus aureis scriptæ fuerint : quod satis indicant verba Luithprandi in Legat. : *His dictis atque completis*, χρυσοβούλλιον, *id est, Epistolam auro scriptam et signatam mihi dederunt vobis deferendam.* Ita apud [Stylitzem pag. 709. χρυσᾶ γράμματα, et apud] Joannem Euchaitarum Metropolitanum, carmine εἰς χρυσόβουλλον τῆς Λαύρας :

> Χρυσοῖς γραφῆναι γραμμάτων ἔδει τύποις
> Τὸν ἐν λόγοις κάλλιστον ὡς χρυσοῦν ὅλον.

Et infra :

> Ὅθεν φυλάξει τὴν χάριν κεκρυμμένην
> Χρυσοῦς φύλαξ, κάτωθεν ἐμβεβλημένος.

[Anonymus Combefisianus in Leone Philosopho n. 26 : Διά κιννάβαρεως γράφας, καί βούλλῃ σφραγίσας χρυσῇ.] [** Vide Montfauc. Palæog. Gr. pag. 378. Glossar. med. Græcit. voce Βούλλα, col. 217. sqq. et Append col. 42. Balduin. II. bulla aurea ann. 1268. effigiata apud *Buchon*, *Histoire de la domination Française en Orient*, pag. 25. tab. 2. num. 3.]

Hisce de Bullis aureis observationibus, non possum quin subjiciam, quod habet Chronicon Petri Regis Aragon. editum a Mich. Carbonello lib. 1. cap. 13. ubi idem Rex ait, indultum Regibus Aragonum ejusmodi privilegium : *Lo qual nostre senyor Deu per la sua gran misericordia havia fet, e atorgat à la casa de Arago, lo qual era bullat ab Bulla de or; e era cler e net, et non corrumput, ne viciat en res, ço es que la bandera de la casa real de Arago null temps fo vençuda ne arrancada del camp, semblant que fo ver, que s'en perde una per sa folia : e volch ho dir per lo Rey En, Pere Rey d'Arago, et Senyor de Montpeller, qui per sa follia fon mort à Morell.* Sic nugantur interdum Scriptores.

Bullæ Argenteæ, meminit Luithprandus in Legat. : *Tulerunt et alias literas argento signatas.* Meminit pariter Phranzes lib. 2. cap. 10. Servatur etiam in Gazophylacio Sangenovefano Parisiensi Bulla argentea spissior Ludovici Pii, in cujus parte altera visitur ejus protome, cum Inscriptione solita, XPE PROTEGE HLUDOVICUM IMPERATOREM : in altera nihil effictum est. [Mabillon. Diplom. lib. 2. cap. 16. num. 16. Bullam hanc argenteam non sigillum, sed sigilli ectypum esse inde colligit, quod nulla fissura, per quam dependere sigillum ex Charta potuerit in ea appareat.] [** Vide Gatterer. l. l. § 136.]

Bulla Plumbea, usos interdum Reges nostros, atque adeo Carolum Mag. Imperatorem, testatur ejus Charta pro renovatione Chartæ fundationis Monasterii Novalicensis, lib. 1. cap. 17. quæ quidem Charta descripta legitur in Tabulario Ecclesiæ Gratianopolitanæ fol. 39. ubi sic clauditur : *Non enim ex consuetudine anteriorum Regum hoc facere decrevimus, sed solummodo propter necessitatem et mercedis augmentum transcribere præcepimus hoc modo, et super plumbum sigillari jussimus.* Exstat alia Ludovici II. Imp. ann. 875. pro Monasterio S. Clementis Insulæ Piscariæ, quæ *Bullæ Plumbeæ impressione sigillata* dicitur apud Ughellum tom. 6. pag. 1310. quas quidem tabulas, licet ab omni falsi suspicione immunes præstare nolim, certum tamen omnino priores secundæ stirpis Principes usos Bullis plumbeis, cum Gazophylacium Regium alteram servet Caroli Magni, vel Calvi, quam descripsit V. Cl. Steph. Baluzius in Notis ad Capitularia Regum nostrorum pag. 1284. alteram Gazophylacium Canonicorum Regularium S. Genovefæ Parisiensis in cujus parte antica efficta Principis imberbis et laureati lusca protome, cum hac Inscriptione, KAROLUS IMP AGS. in postica in medio circulo hi leguntur characteres, RENO... VATIO... REGNI... FRANCOR.

Bullas plumbeas jam olim in usu fuisse apud Constantinopolit. Imperatores docet in primis Bulla plumbea, quæ Gallæ Placidiæ, et effigiem et Inscriptionem, et in aversa parte Victoriolam cum cruce præfert, ejusdem magnitudinis, qua sunt ejus nummi. Hanc servat Gazophylacium Canonicorum S. Genovefæ Parisiensis. Id etiam astruit Amphilochius in Vita S. Basilii Cæsariensis cap. 10. et ex eo Ursus

Diaconus : *Novissime vero scripsit magnum, quod fecerat, pessimumque peccatum, et plumbo Bullavit chartam illam.* Codinus de Offic. cap. 5. num. 27. ait, Imperatorem Constantinop. cum ad matrem et uxorem, aut filium Imperatorem, scribebat, cerea; cum ad Despotas, Patriarchas, et reliquos honoratiores Principes, plumbea Bulla uti solitum. Paulo aliter Codex Regiæ Bibl. 2023. : Μολιβδόβουλα δὲ κεῖνται εἴς τε τά βασιλικὰ πιττάκια, καὶ τὰ δεσποινικά, καὶ τά πρὸς Δεσπότας, καὶ Σεβαςοκράτορας, καὶ Καίσαρας ὁποῖοί εἰσι, καὶ πρὸς Ῥῆγας πάντας, καὶ πρὸς τούς Πατριάρχας καὶ τοῦς καθολικοὺς ἀρχιεπισκόπους εἰς δὲ τοὺς ἄλλους πάντας Μητροπολίτας καὶ ἄρχοντας, κηρόβουλλα, εἰς μόνον δὲ τὸν Ῥωσίας πέμπουσι μολιβδόβουλλον. Meminit Petrus Diaconus lib. 4. Chron. Casin. cap. 109. præceptorum Imperatorum Constantinop. *plumbo* signatorum. Ad ejusmodi sigilla plumbea referenda sunt etiam, quæ habet Leontinus Episcop. Neapolit. in Apologia pro Christianis et SS. Imaginibus, Act. 4. VII. Synodi : Ὥσπερ ὁ κέλευσιν βασίλεως δεξάμενος, καὶ ἀσπασάμενος τὴν σφραγίδα, οὐ τὸν πηλὸν ἐτίμησεν, ἢ τὴν χάρτην, ἢ τὸν μόλιβδον, ἀλλά τῷ βασιλεῖ τὴν προσκύνησιν καὶ τὸ σέβας ἀπένειμεν, etc. [** Vide Glossar. med. Græcit. col. 218. voce Μολιβδόβουλλον.]

Neque soli duntaxat Imperatores Constantinopolitani; sed et alii proceres Palatii Bulla plumbea utebantur. Exstat, inquit Angelus a Nuce, in Regesto Petri Diaconi Casinensis n. 136. Præceptum Symbatii Protospatharii et ςρατηγοῦ Macedoniæ, Thraciæ, etc. bullatum cum Bulla plumbea, mense Junio, Indict. 10. hoc est, ann. 892. *Reges* etiam *Siciliæ* Bullis plumbeis usos advertere est apud Rocchum Pirrum tom. 1. pag. 129. 316. 414. 475. tom. 2. pag. 20. 279. 280. 283. ut *Reges Hispaniæ*, apud Ant. *Yepez* in Chron. Ord. S. Benedicti sub finem tom. 7. [et Franciscum de Pisa in Descriptione urbis Toletanæ fol. 55. et 56.] Tradit præterea Sabellicus ex privilegio Alexandri PP. *Duces Venetos* uti sigillis plumbeis : sed longe ante Alexandrum usos probat Sansovinus in Venetia lib. 11. [Bullæ plumbeæ Patriarchæ Constantinopolitani meminit Pachimeres lib. 8. cap. 22.]

* Ea quoque usi sunt, præter supra laudatos reges, *reges Aragon. Cypri et Portugal.* Charta Jacobi II. reg. Arag. ann. 1319. pro unione regnorum Arag. et Valent. Principatusque Catalon. : *Præsens scriptum nostrum mandavimus Bullæ nostræ plumbeæ munimine communitum, etc.* Lit. Henr. reg. Cypri ann. 1247. in Chartul. Campan. ex Cam. Comput. Paris.: *Je ai fait faire ce présent privilege et garnir le de mon Seel de plomb; par la garantie de mes homes dou royaume de Cypre.* Pactum inter reg. et prælat. Portugal. ann. 1330. apud Odor. Raynald. ad ann. 1289. § 17 : *Promiserunt.... regem Dionysium daturum literas suo plumbo regio Sigillo munitas, etc.* Hujus pariter mentio fit in Charta Hugonis *Revel* magistri Hospit. S. Joan. Jeros. ann. 1274. ex Chartul. Cluniac. ch. 178: *In cujus rei testimonium præsentes litteras Bulla nostra plumbea fecimus communiri.* Inter privilegia a Rom. Pontif. reipublicæ Lucensi concessa, illud veluti potissimum recenset Ptolomeus in Annal. brev. ad ann. 1064. ut *bulla plumbea* uteretur : *Primo tribuit ei Bullam plumbeam pro sigillo communitatis, ut habet dux Venetorum.* Nihilominus rarissima esse imperatorum, regum, principumve diplomata sigillo plumbeo munita, censet Muratorius; unde caute judicandum esse de his, quæ supersunt, monet vir eruditus, quem consule tom. 3. Antiq. Ital. med. ævi col. 91. et 135.

Bullis præterea *Plumbeis* usos constat Episcopos, atque adeo summos Pontifices : ac Episcopos quidem, ex Concilio Cabilonensi II. ann. 813. cap. 41 : *Literas etiam habebit, in quibus sint nomina Episcopi et civitatis Plumbo impressa.* Et ex Anastasio Bibl. in Præfat. ad octavam Synodum, de eadem Synodo : *Et omnia hæc in quinque Codicibus scripta sive compacta, et omnium subscriptionibus roborata; sed et ipsos Codices Plumbea Bulla munitos, atque sigillatim loci servatoribus traditos, patriarchalibus sedibus deferendos, etc.* [* In Cod. reg. 5187. fol. 67. v°. exscripta legitur Charta Rainaudi archiep. Lugdun. ann. 1215. qua fratribus leprosis Lugdun. quamdam decimam concedit; hæc autem Charta *bulla plumbea* ipsius archiepiscopi in filis sericis rubei croceique coloris sigillata erat, ut ibi observatur.] Scribit Bromptonus pag. 1458. *non solere cisalpinos Præsules vel Primates scriptis suis autenticis Bullas Plumbeas apponere, sed cereas.* De transalpinis certe id observare est ex Roccho Pirro tom. 1. pag. 320. etc. tom. 2. pag. 281. etc. [Quin et abbatis *Bulla Plumbea* memoratur a Mabillonio lib. 2. de Re Diplom. cap. 15. num. 3.]

De summorum Pontificum Bullis plumbeis hæc habet Luithprandus lib. 6. cap. 6 : *Hæc domnum Papam nullis narrantibus fecisse crederemus, nisi literæ fidem admitterent, quæ Plumbo signatæ ejus nominis characteres monstrant.* Carmen de Curia Romana v. 985 :

Non auro, non argento, sacra Bulla refulget,
Insignit chartas Plumbea forma sacras.

Et v. 1009 :

Ponitur incudi pars quædam parvula Plumbi,
Et redit argenti tempore forma brevi;
Malleus impositæ vix dat tria verbera massæ,
Et subito Plumbum se novat ære novo.

Notum vero in plumbeis Bullis Paparum describi eorum nomina in altera harum facie, quod etiam factitatum in Bullis Episcoporum : hinc Flodoardus lib. 3. Hist. Rem. cap. 17. de Actardo Episcopo : *Epistolam suo nomine ad Nicolaum PP. dictari ... fecit, quam et Bulla sui nominis sigillavit.* Polydorus Virgilius ait, Agathonem PP. in cera annullo impressisse sigilla : verum postea cum summus Pontifex multa irrogaret privilegia, ut diplomata diuturniora forent, placuisse Stephano III. et Adriano I. tabulas apostolicas plumbo obsignari, nec antiquius sigillum publicum reperiri opinatur. Sed vetustiora diplomata summorum Pontificum, inquit Dominicus Raynaldus Bibliothecæ Vaticanæ custos, non vidit Polydorus : nam tempore Silvestri, quo Ecclesia Romana, ab immanissimo tyranno diu oppressa, respirare cœpit, literæ apostolicæ plumbo obsignatæ fuerunt : quæ quidem Bulla plumbea Silvestri reperitur in Archivo Aretino. Asservantur præterea, eodem teste, in Archivo Castri S. Angeli vetustissima in papyro, ex frutice confecta diplomata, plumbo obsignata summorum Pontificum Leonis I. Gregorii Magni ac Sergii. [* Hæc somniasse Raynaldum testis est, hac in re locupletissimus, Muratorius tom. 3. Antiq. Ital. med. ævi col. 91. quippe qui primum ex laudatis a Raynaldo tabulariis diligenter perlustratis, nihil tale deprehenderit; quod et de Romanis archivis asserere non dubitat. Ipsum consule ibid. col. 129.] His consentanea habet Bromptonus pag. 1718 ubi ait a *tempore Gregorii Magni Bullas fuisse, et adhuc in Romana Ecclesia aliqua ipsius privilegia bullata servari.* Ita etiam Wil. Thorn. in Chron. cap. 1. § 10. [** Conf. Gatter. Dipl. Theoret. § 137. num. II, 1. Natal. *de Wailly* Palæogr. vol. 1. pag. 46.]

Idem Raynaldus observat in plumbo diplomatum vetustissimorum Pontificum non impressas fuisse imagines Petri et Pauli; sed tantum illius Pontificis nomen, cujus literæ obsignabantur : quod hodie observatur, a modernioribus Pontificibus introductum et in usu positum esse. Vetustiorem quippe usque adhuc Bullam cum imaginibus Petri et Pauli non se reperisse ait, quam sub Adriano IV. qui anno 1153. vixit, et sub Benedicto VII. Apostolorum plumbo non imprimi imagines. Verum sub Paschali II. hunc morem cœpisse, docet Doubletus pag. 475. At cur in Bullis summorum Pontificum sancti Pauli imago dextram, S. Petri sinistram partem occupent, quædam Matth. Paris ann. 1237. pluribus vero disserit Leo Allatius lib. 1. de Consens. utriusque Eccles. cap. 6. ut et Nicol. Alemannus lib. de læva et dextra. Vide Ughellum tom. 6. pag. 457. Ad Bullas etiam plumbeas PP. spectat querela ista Stephani Episcopi Tornacensis Epist. 164. 165 : *Plumbo Anglico teguntur Ecclesiæ, nudantur Romano.* Sed et ne quid intactum relinquatur, primus Clemens VI. domus insignia Bullis suis impressit. Albertus Argentin. ann. 1342 : *Hic Papa cum arma progeniei suæ haberent quinque rosas, contra morem antecessorum, totidem rosas poni fecit in Bullis.*

Porro in Bullis Summorum Pontificum electorum, et necdum consecratorum, eorum nomen non inscriptum docet Gregorius X. in Bulla ann. 1272. apud Petrum Mariam Campum in Regesto part. 2. Hist. Eccles. Placentinæ num 118. his verbis : *Nec mireris, quod Bulla non exprimens nomen nostrum est appensa præsentibus, quæ ante consecrationis et benedictionis nostræ solennia transmittuntur : quia alii, qui fuerunt hactenus in Romanos electi Pontifices, consueverunt in bullandis literis ante suæ consecrationis munus modum hujusmodi observare.* [Nicolaus III. in Bulla anni 1289. apud Rymer. tom. 2. pag. 427 : *Præfatus prædecessor nondum benedictus et consecratus... per litteras suas bullatas Bulla sua, quæ nomen suum nondum exprimebat, vobis concessit... Licet igitur eadem litteræ sic bullatæ plenissimam in se habeant potestatem, maxime cum Sedes Apostolica, ante consecrationem et benedictionem electi in Summum Pontificem, cum defectiva Bulla electi nomen nullatenus exprimente, bullare litteras suas consueverit ab initio.*]

* Idem docet bulla Clement. VII. ex Tabul. Massil. : *Datum Fundis sub Bulla capitibus apostolorum Petri et Pauli consignata, qua utuntur ad apostolatus apicem assumpti ante sui coronationem,* VIII. *Kal. Oct. assumptionis nostræ anno primo.* Adde Bullas Bened. XIII. ann. 1374. in Reg. I. Chart. ad ducat. Brit. spectantium in Bibl. reg. fol. 25. r°. et Gregor. XII. ann. 1406. ad calcem Stat. eccl. Reat. MSS.

* Quibus vero notis Bullæ genuinæ a falsis internoscantur, pluribus exponunt Stat. Synod. eccl. Castrensis ann. 1358. cap. 22. part. 2. ex Cod. reg. 1592. A : *Ut clarius hoc* (quando scilicet exequi debent mandata) *intelligant simplices capellani, aliqua exempla super hiis hic duximus inseri. Non debent exequi mandata auctoritate apostolicæ literæ, si falsa Bulla falsis literis sit appensa. Item si filum de vera Bulla sit extractum ex toto, et per aliud filum falsis literis eisdem literis de Bulla inseratur. Item si filum ab ea parte, in qua carta plicatur incisum cum vera Bulla filis literis immittatur sub eadem plicatura cum filo simul canapis restauratur. Item si a parte superiori Bullæ, altera pars fili sub plumbo resinditur* (sic) *et per idem filum literis falsis inserata reducitur infra plumbum. Item si habeant rasuram in loco suspecto, puta in nominibus citandorum, vel judicis, vel in data, vel ubi est vis quæstionis. Item cum scriptura literarum, quibus apposita fuerat vera* (Bulla) *cum aqua vel vino universaliter abolita seu deleta, eadem carta de novo rescribitur. Item cum cartæ totaliter abolitæ, cui apposita fuerat vera Bulla, alia subtilissima carta ejusdem cantitatis scripta cum tenasissimo glutino conjungitur. Item si Bulla non sit æqualis, sed alicubi magis tumida, alicubi magis depressa. Item in adjunctione filorum et in monitione Bullæ, vel in obtusione, et aliis modis poterit falsitas deprehendi. Item præsumuntur esse falsæ literæ apostolicæ, si falsam latinitatem contineant. Item dicuntur esse falsæ, si Papa vocat filium episcopum vel superiorem aliquem : hos enim vocat fratres. Item si vocat fratres regem, vel principem, vel quoscumque alios clericos vel laicos : hos enim omnes debet vocare filios et consimiles. Item si uni personæ scribit in plurali : non enim dicit uni personæ quantumcumque sit, episcopus, vel rex, vel alius, mandamus vobis, sed mandamus tibi. Per tales enim literas, si falsitas sit evidens et manifesta, capellanus non debet aliquatenus exequi quod mandatur.* Hæc, tametsi longiora, nemo, opinor, extra propositum esse judicabit. Vide Propylæum ad Acta SS. Maii et Paralipom. quibus adde tom. 5. novi Tract. de re diplom. pag. 82. etc. [** Confer Decretal. lib. 5. tit. 20. c. 5. Innocent. III. PP. unde exscriptum Statut. Synod. Castrens.]

Bullarum Plumbearum usus alios etiam spectavit : nam plures Dominorum Montispessulani in Camera Computorum Paris. asservantur. Vide ectypon Bullæ alterius plumbeæ in Adversariis Peirescianis, cum hac Inscriptione : *Bulla Girardi Amici*, et in altera parte, *Domini de Cavis montibus.* In Libertatibus concessis villæ Montisbrusonis a Guigone Comite Forensi mens. Novemb. ann. 1223. hæc habentur : *Si aliquis voluerit sigillum plumbeum Dom. Comitis super aliquo contractu vel negotio roborando, fiat inde petenti copia, et det* 3. *sol. et nil amplius ab eo inde exigatur. Si vero voluerit cereum sigillum, det* 12. *den. tantum.*

Bullæ Cereæ, quam κηρόβουλλον σφραγίδα vocat Novella Alexii Comneni, usus cœpit apud nostros, ex quo sigillis pendentibus uti cœpere, qui quidem mos ad Anglos serius transiit, postquam scilicet Normanni insula potiti sunt. Ingulphus : *Chirographorum confectionem Anglicanam, quæ antea usque ad Edwardi Regis tempora fidelium præsentium subscriptionibus cum crucibus aureis aliisque sacris signaculis firma fuerunt, Normanni condemnantes, chirographa chartas vocabant, et chartarum firmitatem per uniuscujusque speciale sigillum, sub installatione trium vel quatuor astantium conficere constituebant.* Vide *Sigillum.*

¶ Bulla Blanca, apud Rymer. tom. 2. pag. 297. est Bulla Papæ recens electi et necdum consecrati, qui nomen suum in Bullis, quas litteris suis appendit, exprimere non solet.

¶ Bulla Defectiva, Eadem notione. Vide paulo superius adnotata.

* Bulla Leonina, in Stat. Avenion. lib. 2. rubr. 26. pag. 315 : *Item quia per Bullam Leoninam concessum est auditoribus causarum commissionalium restituere et prorogare fatalia appellationum, cujus tenor sæpe in processibus per notarium frustra inseritur, etc.*

Bullare apud Cornelium Celsum, est *Bullas facere*, id est, tumores : *Sic urina Bullat. Bullantes aquas* dixit Plinius, quasi bullis tumentes et scaturientes. *Fontem affluentem bullis*, Apuleius lib. 4. [Papias MS. : *Bullare, Exundare.*]

¶ Bullare, Testari. Hist. Ordinis Chartus. apud Marten. tom. 6. Ampliss. Collect. col. 204 : *Fidem Christi Bullantes proprio sanguine.*

Bullare, Bullam, seu sigillum literis, epistolæ aut diplomati apponere. Joan. de Janua : *Bullare, sigillare.* Ratbodus Episcopus Trevirensis : *Hanc ergo epistolam annulo Ecclesiæ nostræ Bullare censuimus.* Anastasius Bibl. in Vita S. Joannis Eleemosyn. num 94 : *Non potes scribere et Bullare? mox abiens scripsit propria manu peccatum, et Bullans portavit beato.* Ursus Subdiaconus in Vita S. Basilii Cæsariensis cap. 10 : *Et plumbo Bullavit chartam illam.* Ubi Amphilochius, ἐβούλλωσεν. Fridegodus in S. Wilfrido cap. 28 :

Bullatas offert signato cortice chartas.

Chron. Casin. lib. 3. cap. 7 : *Præceptum aurea bulla Bullatum.* Cap. 57 : *Charta aurea bulla Bullata.* [** *Privilegium Bullatum bulla aurea*, in Epistol. Frider. II. Imperat. ad Honor. P. anno 1223. ap. Pertz. vol. Leg. 2. pag. 251. Nota Notarii ad ejusd. Privil. ann. 1232. ibid. pag. 298 : *Ex autentico... Bullato et corroborato bulla aurea.* Rudolf. I. charta ann. 1274. ibid. pag. 395 : *Litteras meas dabo, aurea bulla typario regie majestatis impressa Bullatas.*] [Testamentum Guillelmi Montispessulani tom. 9. Spicileg. Acher. pag. 157 : *Nemo cogatur Bullare nisi pro libito suo,* hoc est *Bullæ* appositionem requirere. Statuta Massil. lib. I. cap. 9. § 5 : *Item statuimus quod illi duo notarii qui statuti erunt in palatio, debeant habere et tenere quandiu erunt in illo officio Bullam et sigilla omnia, cum quibus hucusque consuetum est Bullari et sigillari Instrumenta.*] *Sigillo Bullatum*, in Charta Philippi Comitis Flandr. ann. 1163. Occurrit passim. Βουλλεύειν, dixit Nicetas in Man. lib. 7; βουλλοῦν, VI. Synodus Act. 3 : τὰ αὐθεντικὰ συνοδικὰ βεβουλλωμένα. Adde Acta S. Anastasii Persæ cap. 4. n. 26. [Anonymum Combefisii in Porphyrog, n. 4.] et Formul. 42. ex Baluzianis. [** Vide Glossar. med. Græcit. col. 219. et *Bullire* suo loco.]

Inbullare, apud Will. Thorn. pag. 1991. idem quod *Bullare.*

Ebullare. Epistola Nicolai I. PP. apud Crantz. lib. I. Saxon. cap. 38 : *Cujus delegationis et auctoritatis, et pallii acceptionis pagina nobis est destinata, juxta morem S. Romanæ Ecclesiæ Ebullata.*

Disbullare, Sigillum avellere, *dissigillare.* Vetus Interpres Sextæ Synodi Act. 15 : *Et Disbullata est hujusmodi charta.* Græca habent : Ὁ προσενεχθεὶς χάρτης ἀπὸ Πολυχρονίου.... ἀποβουλλωθήτω. Καὶ ἀποβουλλωθέντος τοῦ χάρτου, etc. Papias : *Dibullatio, dissignatio.*

* Charta ann. 1238. in Reg. I. Chartoph. reg. ch. 2 : *Habebis potestatem, ipso nostro nuntio præsente et præsentibus venerabilibus fratribus Minoribus et Prædicatoribus Venetiis commorantibus, eandem sacrosanctam Coronam Disbullandi et ostendendi domino Duci et aliis bonis hominibus Venetiarum, et iterum ipsam bullandi, præsentibus eodem nostro nuntio et dictis fratribus.*

Bullarii Curiæ Romanæ, *Bullarum* seu diplomatum confectores. Gesta Innocentii III. PP. pag. 28 : *Fecit edictum, ut nullus Officialis Curiæ suæ quidquam exigeret, præterquam solos Scriptores et Bullarios,* quibus certum modum præfixit, etc.

¶ Bullarium, Bullarum Romanorum Pontificum collectio, Gall. *Bullaire.* Synodus Valentina ann. 1590. tom. 4. Conc. Hispan. pag. 462 : *Ex Constitutione Pii V. quæ incipit* Licet omnibus notissimum sit, *quæ in Bullario Romano non reperitur Kalendata, nec expedita fuit, sed ejus solam signaturam sufficere voluit idem Pontifex.* Occurrit passim apud recentiores.

* 3. **BULLA**, Signum, quo vini venalis dolium notatur, ratione cujus certum quid exsolvitur, quod nuncupabatur etiam *Bulla.* Stat. Astæ pag. 107. v° : *Item quod omnes forenses et cives temporibus dictarum nundinarum vendentes carnes et vinum ad minutum in dicta civitate seu ejus burgis, teneantur et debeant solvere dacitum, revam seu Bullam.* Ibidem : *Quod vinum sive carrariam debeant habere et tenere bullatam Bulla dicti emptoris; ...... et dictum vinum teneatur bullari facere.* Annal. Placent. ad ann. 1447. apud. Murator. tom. 20. Script. Ital. col. 896 : *Communitas Mediolani ipsam civitatem Placentiam et ejus districtum...... fecit immunem et exemtam ab ordinariis* (oneribus) *per annum præsentem, exeptis dumtaxat mercantia, bulletis, pontibus, et Bulla vini quoad hospites.* Hinc

Bullatura, Charta, vel facultas bulla et sigillo concessa, ratione cujus certum quid exsolvitur. Charta Joannis Marchionis Montisferrati anno 1360 : *Et quod vinum suum possint in dicto loco Rochæ emere, vendere, sine Bullatura, dacito, vel aliquo onere.*

* Bullare, Eadem notione. Stat. Palav. lib. 2. cap. 62. pag. 123 : *Ordinatum est quod quicumque vendiderit vinum ad minutum, seu aliquam quantitatem vini ex vase non Bullato per officiales deputatos ad Bullandum vina, quæ minutim venduntur etc. Mensuræ justificatæ et Bullatæ*, in Stat. Cadubr. cap. 75. lib. 3.

* 4. **BULLA**, Ferrum, quo rei in fronte aliave corporis parte signantur. Stat. Cadubr. lib. 3. cap. 51 : *Tunc ipsi* (falso) *testi scindantur ambæ nares, et bulletur in fronte cum Bulla vicarii ferro igneo, et nunquam credatur ejus dicto.*

Bullare, Στιγματίζειν, Ferro candenti reos inurere, Italis *Bollare*. Habetur in Statutis Venetis lib. 6. cap. 78. et 79. et in Libro promissionis maleficii ibidem cap. 7. 9. etc.

* Stat. Cadubr. lib. 3. cap. 58 : *Si vero* (uxorem) *quam secundo desponsaverit carnaliter non cognoverit, tunc in l. libris Pap. curiæ condemnetur, quas si non solverit infra unum mensem, fustigetur, et Bulletur in tribus locis faciei.* Vide infra *Bullatio*.

* Bullatio, Jus ferro candenti reos signandi. Annal. Mediol. ad ann. circ. 1358. apud Murator. tom. 16. Script. Ital. col. 792 : *Delegationem et subdelegationem concedimus pleno jure,...... furum suspensionem, membrorum truncationem, Bullationem in facie, etc.* Vide supra in *Bulla*.

¶ **BULLANUS**. Vide *Bollanus*.

¶ **BULLETA**, Schedula, Gall. *Bullete*, *Bulletin*, Syngraphum ad rei cujuspiam indicium. Compendium Jurium et Consuetud. Universit. Paris. fol. 11. per Robertum *Goulet* : *Receptor Universitatis, cujus officium est bursas incorporandorum seu juratorum... recipere, registrumque de receptis facere, et quasdam Bulletas suo signo pro certificatione recepte ab incorporando burse per eumdem incorporandum domino Rectori mittere.* Vide *Brevetus* in *Brevis*.

* Annal. Estens. ad ann. 1403. apud Murator. tom. 18. Script. Ital. col. 990 : *Ghinus vero postquam novit inquiri, sic accepta Bulletta secessit. Officialis Bulletarum*, apud eumd. tom. 20. col. 887. Lit. ann. 1371. tom. 5. Ordinat. reg. Franc. pag. 405 : *Et bailleront les hardes desdits ports Bullete, autrement dite police à ceux qui auront passé ledit sel, etc. Bulette*, in Lit. ann. 1401. ibid. tom. 8. pag. 490. Hinc *Abulleter*, et *Embulletter*, bulletam seu schedulam dare vel accipere. Lit. remiss. ann. 1423. in Reg. 172. Chartoph. reg. ch. 340 : *Nous avions octroyé à tous les absens du pays de Normendie, Abulletez et non Abulletez, qui plus d'une fois n'auroient eu grace, peussent retourner en nostre obéissance.* Aliæ ann. 1425. ch. 328 : *Jasoit ce que autreffois le suppliant eust esté Abulleté, etc. Prendre bullette*, in aliis ibid. ch. 336. Denique aliæ ann. 1423. ibid. ch. 534 : *Comme dès longtemps a le suppliant ait esté en l'obéissance de nous et Enbulletté, esc.* Vide supra *Billa* 1.

¶ **BULLETARIUS**, f. Qui scribit et distribuit schedulas, quas vocant *Brevetos* seu *Bulletas salvationis*, apud Rymer. tom. 16. pag. 727 : *Gabellatoribus, custumaris, scrutatoribus, Bulletariis, theolonariis, etc.*

* **BULLETINUS**, Ital. *Bullettino*, Eadem notione, qua supra *Bulleta*. Stat. crimin. Riper. cap. 16. fol. 7. r° : *Et sic electi per omnes squadras scribantur super Bulletinis æqualis formæ, et postea ponantur omnes in uno sacculo, etc.* Transact. ann. 1501. ex schedis Pr. *de Mazaugues* : *Non audeant ullo umquam tempore facere nec fieri facere aliquam marcam seu signum pro marcando Bulletinos, qui fieri consueti sunt tempore pestifero.* Vide supra *Bolletinus*.

¶ **BULLI**, Χρυσοκάνθαροι : *Insectum*. Supplem. Antiquarii.

* Et in Gloss. Lat. Gr. Vide Salmas. ad Plinium pag. 438.

BULLICARE, Bullutare. Ugutio : *Bubinare, menstruo sanguine inquinare, sicut Bullicare, est puerili sanguine inquinare, et ponuntur quandoque absolute et passive, ut hic Bubinat et Bullutat, i. tali sanguine inquinatur.* Sic in MS.

BULLIGO. Saxo Grammaticus lib. 8. Hist. Daniæ :

> Nempe inter vernas ollæ vicinus obunctæ,
> Crustula spumantis patinæ Bulligine tingis,
> Crassi adipis macrum perfundens unguine panem.

Gallis, *Tremper son pain au bouillon du pot.*

* *Boulliseure*, pro *Décoction*, in Glossar. Gall. Lat. ex Cod. reg. 7684.

1. **BULLIO**, Joanni de Janua : *Tumor aquæ bullientis, Bulliculus, parvus bullio.* Gallis *Bouillon*.

** *Bulliculus*, *Germ. der Wall im Sieden.* Gemma Gemmarum.

2. **BULLIO**, Mensura salinaria. Charta Galcheri Do. Salinensis ann. 1218. in Biblioth. Sebusiana Cent. 1. cap. 2 : *Hoc tantum excepto, quod 3. Bulliones ad usum Domus Abundantiæ singulis annis percipiendos ... in manso Nicolai Vernel sibi retinuit.*

Bullo, Eadem notione, in Monastico Anglicano tom. 2. pag. 256 : *De 4. summis salis continentibus 40. Bullones pro dimidia salina sua.* [Vide *Cetarius*.]

Bulio, in Burgundicis Perardi pag. 97. eodem significatu.

* *Boullon*, eadem notione, in Lit. remiss. ann. 1383. ex Reg. 124. Chartoph. reg. ch. 9 : *Pour ce que l'exposant (poure vallet saunier faiseur de sel) lui avoit recous deux Boullons de sel, qu'il vouloit avoir de fait, et lesquelx Boullons de sel estoient au maistre dudit exposant, etc. Boulon* vero, Cœnum, Gall. *Bourbier*, vel Gurges, vorago, Gall. *Fondriere*, in aliis Lit. ann. 1471. ex Reg. 197. ch. 167 : *Icelles femmes prindrent le corps dudit Valé, et le porterent en ung Boulon ou bourbier, qui est en ung bois près la dite maison.*

¶ 3. **BULLIO**, Massa auri vel argenti, Gall. *Billon*, Anglis *Bullion*. Rymer. tom. 11. pag. 735. col. 1 : *Absque aliqua Bullione, seu aliqua Bullione auri, seu valore ejusdem de argento... ad reportandum sive reducendum a partibus exteris in regnum Angliæ, sive aliter, aliquam Bullionem, massam sive platam auri vel argenti, etc.* Idem tom. 5. pag. 813. col. 2 : *Volumus tamen et intentionis nostræ existit, quod unicuique liceat hujusmodi novam monetam ad nostrum valorem ejusdem emere, ita quod eam ad Bullionem nostram deferat, ibidem fundendam, etc.* Vide tom. 12. pag. 8. et 10. et supra vocem *Billio*.

¶ Bullion, Bulliona, Bullonia, Eadem notione. Rymer. tom. 13. pag. 137. col. 1 : *Mercatores et subditi Regis Angliæ deinceps quascumque massas auri vel argenti, vocatas Bullion, extra patrias dicti Domini... totiens quotiens voluerint traducere et transportare, poterunt et valebunt; proviso quod dicti Anglici seu eorum factores hujusmodi Bullionam, per se aut eorum factores emptam seu, ut præmittitur, acquisitam, una cum certificatione autentiqua villæ vel oppidi ubi ipsam Bulloniam emerunt vel aliter acquisierunt, et de emptione seu acquisitione ipsius Bullionæ.* Sic et alibi indifferenter scribitur *Bullio*, *Bulliona* et *Bullonia*

* **BULLIONUM**, Pondus quoddam. Charta Roberti reg. Sicil. primogeniti ann. 1306. ex Cod. reg. 4659 : *Libra, media libra, marca, Bullionum, et alia minora seu inferiora pondera.* Pedagium Peronæ ann. 1295. ex Chartul. 21. Corb. fol. 356. v° : *Item un Bouillon de vif argent, xxv. livres pesant, le Bouillon doit viij. den. Bouldure*, Marchasitis species, in Lit. remiss. ann. 1468. ex Reg. 197. Chartoph. reg. ch. 68 : *Des pierres de mines de fer, ... que on appelle Bouldures* (en Poitou). Vide supra *Buiolium* et infra *Bullus*.

¶ 1. **BULLIRE**, Vetus orbis descriptio cap. 17. § 7 : *Ascalon et Gaza civitates eminentes, et in negotio Bullientes.* Vide *Ebullire*.

* Negotium quodvis ferventer agere; quo sensu *Bullir* usurpant Hispani. *Bouyant* a nostris dictum puto de eo quod facile movetur. Lit. remiss. ann. 1423. in Reg. 172. Chartoph. reg. ch. 339 : *Pour ce que ledit batel estoit Bouyant et petit, icellui Houschey en la riviere.*

¶ 2. **BULLIRE**, Bulla seu sigillo firmare, apud Ludewig. Reliq. MSS. tom. 1. pag. 25 : *Hæc itaque ut rata et inconvulsa permaneant, sigillo nostro Bullivimus.* Vide *Bulla*.

* 3. **BULLIRE**, Supplicii genus, potissimum in monetarum falsarios et adulteratores decretum. Charta Caroli IV. ann. 1327. in Reg. 64. Chartoph. reg ch. 533 : *Martinum de ecclesia...... ad Bulliendum de consilio proborum et suspendendum pro crimine falsæ monetæ:...... condempnaverunt.* Lit. remiss. ann. 1354. in Reg. 82. ch. 429 : *Eosdem falsos monetarios...... ad mortem condempnaverunt, videlicet quod Buliri debebant.* Aliæ ann. 1380. in Reg. 118. ch. 381 : *Depuis icellui Mesnagier ait esté pris par nostre bailli de Coustentin, et par icellui pour ladite cause* (de fausse monnoie) *sa confession oye, condempné à mort et à estre Bouli...... Et quant ledit Mesnagier fu mis en la chaudiere, etc.* Bellom. Ms. cap. 30 : *Les faus monnoiers si doivent estre Boulis et puis pendus.* [** Vide Grimm. Antiq. Jur. Germ. pag. 700. et in *Caldaria*.]

* *Parbouilly*, pro Bene coctus, in Charta ann. 1450. ex Reg. 185. ch. 61 : *Une piece de lart peleis Parbouilly, etc.* Scio Trevoltiani dictionarii auctores *Parbouilli* leviter ebullitum interpretari : nostri nihilominus alias vocem *Par* verbis, eadem ratione qua

Latini *Per*, adiddisse mihi videntur, causa augendi vim verbi. Hinc *Paramer*, ut Latini *Peramare*, dixerunt. Vita Jesu-Christi Ms :

Che fu li arbres voirement
Que Dame Dieus Parama tant, etc.

Sic *Parabbatre*, Funditus evertere, supra in *Abatare*, et *Parassouvir*, pro Perficere, in Charta ann. 1445. ex Chartul. Latiniac. fol. 43 : *Et de faict, si n'eussent esté les bonnes gens qui là estoient présens, il eust Parassouvi de le tuer.* Unde *Parcharge*, pro *Charge complette.* Vide infra *Chargia* 1.

* BULLITUM CORIUM, Gall. *Cuir bouilli*, Corium decoctum, certa ratione præparatum. Stat. Præmonstr. Mss. dist. 4. cap. 8 : *Bellis quoque vernicatis, ... cutellis cum virolis argenteis, vel acutis, vaginis de corio Bullito...... non utemur.*

¶ BULLIRE IN AQUA FERVENTI. Vide *Caldaria.*

¶ **BULLO.** Vide in *Bullio* 2.

BULLUGA, Pomi species. Jonas in Vita S. Columbani cap. 19 : *Vel pomorum parvulorum, quæ eremus illa ferebat, quæ vulgo Bullugas appellant.* Hinc forte vox apud vulgum *Breluque*, quasi *Buluque*, pro re minutiori. [Superius legimus *Bolluca* cum Mabillonio.]

¶ **BULLULA**, Diminut. a *Bulla*, Sigillum. Spicil. Acher. tom. 7. pag. 403 : *In medio habentem gemmulam Bullula circumclusam.*

¶ **BULLUM**, *Baculum Pastoris.* Gloss. Isid. Papias : *Bulus, Baculus mali pastoris*; in MS. omittitur *mali*. Constantiensis : *Bulum, Bucolicum pastoris.* Martinius censet legendum esse *Bullatum*, quia pastorum baculi sint plerumque bullis ornati. Forte scripsit *Bacillum*, *Baculum pastoris.* Sil. Ital. *Pastorale bacellum.* Hæc post Grævium in notis ad Glossas Isidori.

* **BULLUS**, Ponderis species, ut videtur. Stat. Vallis-Ser. rubr. 28. ex Cod. reg. 4619 : *Vicarius dictæ Vallis teneatur et debeat in primo mense sui officii, vel semel in anno bullare,... quaslibet mensuras, stateres, Bullos, pensos, etc.* Vide supra *Bullionum.*

¶ **BULLUTARE.** Vide *Bullicare.*

¶ **BULONES**, *Cetarii qui diversa genera piscium vendunt.* Papias MS. Vide *Bolonæ.*

¶ **BULPARE**, Dicitur de clamore milvi, ut *Mugire* de bobus. Vide *Baulare.*

¶ **BULQUETTA**, Capra, Gallis *Chevre*, Arvernis *Bouquette.* Tabularium S. Illidii Claromontensis : *Bulquetta confiscabitur partim Domino loci, partim Domino vineæ in qua fecit domagium.*

¶ **BULSUS** EQUUS, Italis *Bulso*, nostris *Poussif*, in Statutis Mediolan. part. 2. cap. 487.

BULTELLUS, Cribrum, quo excernitur farina, Gallis *Bluteau*, Gallo-Belgis, *Bultel.* Fleta lib. 2. cap. 9. § 1 : *Panis de coket de eodem blado et eodem Bultello, ponderabit, etc.* Cap. 10. perperam *Buccellus* editum, pro *Bultellus.* Statuta Hospitalis S. Juliani, in Addit. ad Matth. Paris pag. 163 : *In die Martis in carnisprivio farinam Bultellatam ponderis unius albi panis eorum.* De vocis origine, vide conjecturas Octavii Ferrarii in Orig. linguæ Italicæ in *Biotto*, [Menagii in voce *Beluter.*] [** et Frisch. Lexic. Germ. voce *Beutel.* ADEL.]

* Quod pars cribri lignea non multum a scutella, in qua pulvis scripturæ siccandæ reponitur, differat, *Belutiaus* ejusmodi scutella dicta videtur, in Ch. ann. 1323. ex Reg. sign. *Noster* Cam. Comput. Paris. fol. 169. r° : *Jehan Remy receveur de Champaigne vouloit prendre sur le roy par son compte de la receverie de Champaigne, ... pour parchemins, papiers, rigle, ... chandeliers, aguilletes, Belutiaus, etc.* Vide supra *Buletelus.*

¶ **BULTER-CLOTH**, Eadem notione, ab Anglico *Bolter*, Cribrum seu cribri pars lignea et rotunda, et *Cloth*, Tela. Kennettus in Glossario ad calcem Antiquit. Ambrosden. : *In emendatione unius cribri pistrinæ hoc anno 1. den. ob. et in Bultercloth empto ad pistrinam... x. den.*

¶ **BULTRO**, Prædator. Meisterlini Hist. Rer. Noriberg. apud Ludewig. tom. 8. Reliq. MSS. pag. 108 : *Avarus denique spiritus immittens ignem cupiditatis, facit pene discordiam inter debacchantes Bultrones pro rebus, præripiumtque sibi singuli pretiosiora.*

¶ **BULUM**, BULUS. Vide *Bullum.*

* **BULUM**, f. Propugnaculum. Charta W. de Dampetra ann. 1223. in Chartul. Campan. Cam. Comput. Paris. fol. 286. v°. col. 1 : *Posui in manu sua terram meam cum Bulo de Dampetra, per custodes suos custodiendam in expensis meis, usque ad terminum vel terminos inferius assignatos.* Et fol. 287. r°. col. 2 : *Concessi quod turrim et Bulum de Dampetra teneat supradicto modo ab instanti festo Paschæ in duos annos, et tunc dominus comes reddet mihi ipsam turrim cum Bulo.*

¶ **BULZET**, f. idem quod *Fodrum*, Gall. *Feurre*, Stramentum scilicet, palea unde grana flagello excussa sunt, a Belgico *Bulsen*, tundere, quatere. Charta MS. Caroli Flandriæ Comitis : *Altare de Grenni totamque decimam de Bulzet... et unam garbam de Bulzet.* Occurrit ibidem semel et iterum. Vide *Budia* et *Buza* 3.

¶ **BULZO**, vel BALZO, Idem quod *Spingarda*, machinæ bellicæ seu balistæ species, sic dicta, ut videtur, ab Italico *Balzare*, quod muris evertendis sit apta ; *Balzare* enim dicunt Itali eadem notione qua nostri, *Faire sauter un mur.* Ottoboni Scribæ Annal. Genuens. ad. ann. 1194. apud Murator. tom. 6. col. 387 : *In turri Oberti de Grimaldo, et in nova turri Oberti Spinulæ lignum instruxerunt Bulzonem, (alter cod. Balzonum) cum quo vi, cunctis videntibus, turrim novam Bulbonosi, quæ est in directo carrubio S. Syri, perforando, maximam partem destruxerunt et corrui fecerunt.*

* Ital. *Bolcione* et *Bolzone*, Aries, machina diruendis castrorum muris apta.

* **BULZONUS**, Pars est asinini instructus. Charta ann. circ. 1080. ex Tabul. S. Albini Andegav. : *De Bulzono, de balteo, de tricia asini, de talibus et his similibus minutis rebus, si furatæ fuerint, furto non deputari præcipimus.*

* **BUMBACIUM**, BUMBUCINIUM, Gossipium, Gall. *Cotton.* Vide supra in *Bombax* 1.

** **BUMEDA**, A voce Germ. inferior. *Bumede*, Maritagium, tributum pro licentia nubendi dare solitum. Chart. Lothar. ann. 1135. ap. Rehtm. Chronic. Brunsw. pag. 288 : *Si qua mulier de familia ecclesiæ servo nostro .... nupserit, data justitia quæ Bumede dicitur in perpetuum cum marito juri nostro remaneat.* Vide Grupen. de uxore Theotisca pag. 30. ADEL. Adde quos laudat Haltaus. voce *Bumede*, Glossar. German. col. 153. Grimm. Antiq. jur. German. pag. 384. Graff. Thesaur. Ling. Franc. vol. 2. col. 703. voce *Mieta*, et Mittermaier. Element. Jur. German. § 93. f.]

* **BUNA**, Modus agri certis limitibus seu bonnis definitus, idem quod *Bonnarium.* Charta Caroli comit. Fland. ann. 1123. inter Instr. tom. 5. Gall. Christ. col. 375 : *Cuidam ecclesiæ in honore S. Mariæ dicatæ, in orientali parte Ipræ sitæ,... terram circa eandem ecclesiam jacentem duodecim Bunarum....... in perpetuum possidendam dedi. Bunier de terre*, in Ch. ann. 1295. ex Chartul. 21. Corb. fol. 81. v°. Occurrit ibi non semel. Vide supra *Bonnerius.*

* **BUNAJARIUS**, pro *Bunatarius*, Qui *Bonnarium* possidet, ex Constit. Caroli Crassi imperat. apud D. *Bouquet* tom. 1. Jur. publ. Franc. pag. 393. Vide in *Bonnarium.*

¶ **BUNARIUM**, BUNARIUS, Modus agri certis terminis comprehensus. Vide *Bonnarium.*

¶ **BUNATARII**, Eadem notione. Vide *Bonnarii* in *Bonnarium.*

* **BUNCHETTA**, Cibi cujusdam nomen apud Vivarienses. Lit. remiss. ann. 1474. in Reg. 195. Chartoph. reg. ch. 1426 : *Icellui prieur portoit en ses mains ung plain plat de Bunchettes.*

1. **BUNDA**, *Sonus tympani*, Ugutioni.

2. **BUNDA**, BUNDARE. Vide *Bonna*, 2. [** Chart. Schonaug. ann. 1277. ap. Guden. in Syllog. pag. 263 : *De duobus jugeribus agri campestris.... alter vero tendit super Bundam episcopi, consulcaneus, etc.*]

BUNDEBURDUM. Vide *Mundeburdus.*

¶ **BUNDELA**, BUNDELLA. Libellorum fasciculus Gall. *Liasse*, a Saxonico B u n d e n, Ligatus; unde Angl. *Bundle*, Belg. *Bundel*, Fascis, sarcina. Rymer. tom. 5. pag. 216 : *Memorandum quod die Sabbati, 20. die Decembris, omnia rotuli, Bundellæ et memoranda de Cancellaria... præfata Thomæ liberata fuerunt.* Ibidem ter quaterve occurrit. *Bundela* vero pag. 217. et alibi passim in Instrumentis Anglicis, in quibus frequenter, *Bundela Brevium in Turri London. Bundela litterarum et Brevium in Turri, etc.*

¶ **BUNDELLUS**, An etiam fascis seu fasciculus? Rymer. tom. 8. pag. 384. col. 1 : *Quadraginta arcus, centum et quatuor Bundellos de Bykeryngtakell, decem balistas, etc.*

¶ **BUNDO.** Vide *Bondus.*

BUNGELLUS. Will. Thorn. in Chr. : *Explorabant diligenter de loco, ubi Petrus inveniretur? Tandem invenerunt eum in Bungello canapis medio cautulose involutum.* Ubi *bundello* legendum censet Somnerus : est enim Anglis *Bundle*, fasciculus.

¶ **BUNISLEGI.** Lex Ripuar. tit. 19. art. 1 : *Si ingenuus servum ictu percusserit, ut sanguis non exeat usque ternos colpos, quod nos dicimus Bunislegi, singulos solidos componat.* Ad hunc locum Eccardus sic disserit de voce *Bunislegi* : *Schlag*, Ictus.

Pro *Buni* restituendum *Buli*, quod alibi *Puli* scribitur, et idem est ac nostrum *Beule*, Sax. *Bule*, Tumor ex percussione : hoc modo *Bulislag* est percussio sive ictus qui tumorem efficit, vel, qui facit ut cutis intumescat. [** Anglosax. Punian, Conterere.]

BUNNARIUM, Bunuarium, etc. Vide *Bonnarium*.

* **BUNOLI**, pro Benevoli, ut notat Editor ad Chron. Henr. *de Blancforde* pag. 76 : *Multis, tam de majoribus quam mediocribus, qui in conflictu cum baronibus nuper steterant, in vinculis carceralibus per diversa castella regni detentis, quidam dictorum Bunoli captivorum ad invicem conspirabant, etc.*

* **BUPÆDES**, *Pueri magni, obsoleti, qui crescendi finem fecerunt*, in Amalth., ex Festo. Gloss. Gr. Lat. : Βούπαιδες, *Puberes*.

1. **BURA**, Buria. Adalardus in Statutis Monasterii Corbeiens. lib. 2. cap. 1 [** Guerard. post. Irmin. pag. 315.] : *Carra vero accipiant hortolani de Bura omni anno, secundum consuetudinem.* Eodem cap. [** lib. 1. cap. 1. Guerard. pag. 307.] de laïcis, qui serviunt extra Monasterium : *Ad piscariam sex, ad stabulum 2. ad hortos 8. ad Buriam 7.* Quo loco, *Buriam*, locum, ubi lintea eluuntur, vulgo *Buerie*, interpretantur viri docti : an *curiam?* Idem enim error irrepsit apud Petrum de Vineis lib. 5. Ep. 80. [Vide *Buria*.]

* Locus ubi lintea eluuntur; nam *Bure*, pro Lixivio nostri dixerunt. Vocabul. Lat. Gall. ann. 1352. ex Cod. reg. 4120 : *Bure, Buresse, Lotium, lotrix.* Vide *Buanderia* et infra *Burraria*.

[** Guerard. in Glossar. pecul. Polypt. Irmin. : *Bura, Buria*, Locus sive ædes ubi plaustra, instrumentum plostrarium, omnia denique ad rem vehicularem spectantia asservantur; unde fluxerit apud nos vox *Bourrelier*. Adde Anglos. esse Bur, ap. Bosworth. 21. d. *a storehouse*, Suecis *Bur*, Apotheca vel locus ubi suppellex domestica servatur, ap. Ihrium, in Glossar. Suio-Gothic. vol. 1. col. 293.]

* 2. **BURA**, Pilus, vel tomentum, Ital. *Borra*, Gall. *Bourre*. Chron. Placent. ad ann. 1388. apud Murator. tom. 16. Script. Ital. col. 581 : *Omnes alii cives Placentiæ, tam feminæ quam masculi, ... nunc portant* (caligas) *cum puntis parvis, quæ puntæ, tam longæ quam parvæ, sunt plenæ pilorum sive Buræ bovis.* Vide infra *Burra* 1.

* **BURÆ**, Vox ejusdem notionis et originis atque *Brandones*, Dominica prima Quadragesimæ apud Lotharingos et Barrenses, quibus *Bure* idem sonat, quod alibi *Brandon*, fax, tæda, ignis. *Bules*, eodem sensu, usurpatur in pago Virdunensi; ubi *Bule* etiamnum vocant acervum ligneum, cui lætitiæ causa ignis subjicitur. Charta officialis Metens. ex Chartul. S. Petri de monte : *Datum anno Domini 1254. feria quinta post Buras.* Alia ibid. ann. 1290 : *Doneies lou Lundi devant les Bures.* Charta Radulphi abb. S. Apri ann. 294 : *Volumus etiam quod capellanus,.... teneatur solvere singulis annis, die crastina Burarum, pictantiario nostri monasterii...... xx. solidos Tullenses.* Alia ann. 1349. in Chartul. Godefridi dom. Asperim. fol. 3. r°. ex Bibl. reg. : *Lesqueilz quaitrevins escus d'or je ai promis et promes à paier ..... au jour des Bures prochainement venant. Le Dimenge des Buires*, in Charta ann. 1387. ex Chartul. priorat. Belleval. *Boure*, eodem significatu, dicunt Insulenses et Tornacenses. Vide *Brandones* supra in *Brando* 1.

* **BURALLUS**, Panni spissioris ac vilioris species, Gall. *Bureau*. Comput. Ms. ann. 1239 : *Pro Burallis ad houcias ad equos stabulorum, xxvij. lib.* Hinc, ni fallor, *Buretele*, hujus panni lacinia, in Lit. remiss. ann. 1400. ex Reg. 155. Chartoph. reg. ch. 311 : *xxxvj. solz Par. estans en une Buretele ou feure de son lit.* Nisi sit pro sacculo, ut *Burlete* infra in *Burla* 2. Vide *Burellus* in *Birrus*.

BURANEXA, Species vitis, de qua Petrus de Crescentiis lib. 4. cap. 4.

¶ **BURANITUM**. Vide *Butar*.

* **BURATARE**, Cribro, Ital. *Burattello*, farinam excernere. Stat. Vercel. lib. 7. pag. 190. v° : *Postea Buratari fecerunt farinam.* Bareleta serm. in festo S. Mart. : *Quadam vice* (doctor) *coactus amore illius* (famulæ) *vestivit se vestibus illius, et cum illa Buratabat, etc.* Vide *Buratellum*.

BURATELLUM, Cribrum farinarium. *Buretel*, Guioto Pruvinensi : locum vide in *Bren*. Gerardus Maurisius ad calcem Historiæ Eccelini :

Hic Buratus nomine vere nuncupatur;
Nam per ipsum cholera sæpius purgatur.
Ut farinæ furfures Buratellum cernit,
Sic per istum quilibet cuncta mala spernit.

¶ **BURBA**, Cœnum, limus, Gall. *Bourbe*. A voce *Burba* quidam dicta volunt Borbonium Archambaldi et Borbonium Anselmium, quod eæ urbes præ aquarum abundantia lutosæ sint ac cœnosæ. Vide Valesii Notitiam Galliarum pag. 104.

BURBALIA, *Intestina majora*, Papiæ : *Burbulia*, Ugutioni. Gloss. Isid. : *Burbalia, intestina.* Nostris *Brouailles*, et *Breuille*. Le Roman *de Garin* :

Puis fet le cors del chevalier ouvrir;
La Breuille a fet richement enfoir
Devant l'autel, el Mostier S. Bertin.
Le cors laverent et d'eve et de vin,
Si l'enbasma Fromondin le posteif, etc.

Infra utitur vocabulo *Entraille* :

De mon cher frere Buc, qui fu trai,
Et de l'Entraille que il fit enfoir, etc.

Vide Menagium in Orig. Gall. v. *Brouaille*.

BURBAN, Burchban, *Banleuca*, quasi *Burgi bannum*. [Notitia de jure Advocatorum Epternacensis Monasterii ann. 1095. apud Marten. Collect. Ampliss. tom. 1. col. 551 : *Si quis infregerit bannum, quod Theotonica lingua Burgban dicitur.*] Charta Friderici II. Imp. ann. 1242. pro Coloniensibus : *Infra Coloniam et terminos ipsius civitatis, qui dicuntur Burban*, apud Maximilianum Henricum in Apolog. part. 2. pag. 10. 16. Charta Caroli IV. Imp. ann. 1356. apud eumdem pag. 95 : *Et nihilominus eisdem civibus et civitati Coloniensi illam consuetudinem, qua quandam libertatem, quæ dicitur Burchban* (infra *Burgban*) *et Ban ville habuisse et habere, ut dicitur, confirmaverimus, etc.* [** Vide *Burgus*. Haltaus. Glossar. German. col. 193. *Burgbann* et Jurisdictionem in urbe, præcipue superiorem, et Territorium quousque urbana patet jurisdictio significare scribit. Chart. Otton. ann. 940. in Falck. Tradit. Corb. pag. 209 : *Nullus horum aut aliqua judiciaria potestas super præfatos homines potestatem ullius Banni, quam Burgban vocant, habeat nisi ipsius monasterii abba, etc.* Chart. Conrad. II. ann. 1147. ap. Ludew. Reliq. MS. tom. 7. pag 514 : *Præfectura urbis quæ vulgo dicitur Burgban.* Confer *Wichbild*.]

¶ **BURBURICARII**, *Qui auro, et variis filis, hominum et aliarum rerum effigies exprimunt.* Vocabularium Sussannæi. Vide *Barbaricarii*.

* **BURBURISMUS**. Alex. Iatrosoph. Ms. lib. 2. Passion. cap. 73 : *Deinde si incancrierint ulcera, deponunt stercora varia et nigra, cum aliquibus laminis putridarum carnium, ... et faciunt strophum cum Burburismo.* Ubi Glossæ : *i. e. cum rugitu.* Unde Glossar. medic. Simon. Januens. ex Cod. reg. 6959 : *Burburismus, Alexandro capitulo de Disenteria, est rugitus intestinorum; et est nomen fictitium.* [** Græc. Βορβορυγμός. Vide H. Steph. Thesaur. Ling. Gr. h. v. ed. Didot. vol. 2. col. 327.]

BURCA, Burga. Gloss. Lat. MS. Regium et Papias : *Burca, Clavaca.* Leg. *Cloaca*. Isid. Gloss. : *Burga, Cloaca.* [Alio in loco *Cloaca, Burca*. Papias MS. Bituric. : *Burca, Clavata*.] Hinc forte βούρκανος, Græcis sequioribus. Joan. Damascen. in Epist. ad Theophil. Imp. de Imaginib. pag. 119 : Ἀλλόν τινα βυρκανὸν τὸν ἀσεβείας καὶ τῆς αἱρέσεως, i. *aliam quandam impietatis et hæreseos voraginem ac cloacam.*

* **BURCEGNUS**, f. Communis, Gall. *Mitoien*. Libert. Mss. concessæ Barcin. a Petro II. reg. Aragon. ann. 1283 : *Item quod nemo potest habere atans in muris civitatis, nisi cum pariete Burcegna, nisi faciat cum voluntate illius, cujus murus est.*

¶ **BURCERIUS**, Navis præfectus, apud Rymer. tom. 11. pag. 843. col. 2 : *Burcerius ejusdem navis* : quæ quater repetuntur ante *Magister navis*.

* **BURCFDING** Vide infra *Burctbahn*.

¶ **BURCHGRAVIUS**, Idem qui infra *Burggravius*. *Burchardus Burchgravius Magdeburgensis, Johannes Burchgravius de Gevekensteyn*, apud Ludewig. tom. 5. pag. 25. *Burchgravius Bruxellæ*, apud Miræum tom. 2. pag. 1251. col. 1.

* **BURCHIA**, *Burchio* Academicis Cruscanis *Barca da remo coperta*, Scapha, biremis, navis onerariæ minoris species. Contin. Chron. Andr. Danduli apud Murator. tom. 12. Script. Ital. col. 453 : *Potestas quoque suus et ipsi Januenses certatim cum quibusdam barchiis, et Burchiis, et aliis navigiis fugerunt.* Vide *Bussa*.

* **BURCHIELLUS**, Ital. *Burchiello*, diminut. a *Burchio*, Phaselus, linter. Stat. Mantuæ lib. 1. cap. 97. ex Cod. reg. 4620 : *Statuimus quod nemo audeat, sive sit nauta, sive cujusvis alterius conditionis, ... post tertium sonum campanæ..... ire per Tayetum, nec ibi cum aliqua, nec in aliqua navi seu Burchiello arrivare; et qui contrafecerit, solvat vice qualibet xxv. libras, et navim sive Burchiellum amittat.*

¶ **BURCHWARDIUM**, Idem quod *Burgwardium*, apud Ludewig. tom. 5. pag. 3.

ex Diplomate Wichmanni Archiep. Magdeburg. : *De Burchwardio nostro Givekenstein.* Vide *Burgwardus.*

* **BURCHWERCH**, Jus arces condendi, interprete Meichelbecko ad Chartam Friderici imper. ann. 1189. tom. I. Hist. Frising. pag. 380 : *Cum dux Austriæ Leopoldus ejusque filius Fridericus omnem majestati nostræ resignassent justitiam, quam per dominicalia Frisingensis episcopi quondam ab imperio possederant in Austria, id est,....... Burchwerch, etc.* Vide *Burgwerk.* [** Est *Fossata.*]

BURCIA. Vide *Bussa*, Species navis.

BURCLA, Idem quod *Burcia.* Rafaïnus de Caresinis in Chron. ann. 1379 : *Cum barchis et Burclis per viam molendinorum, etc.*

¶ **BURCLAVIUS**, Idem, opinor, qui *Burchgravius.* Charta ann. 1274. in Dissert. Hist. de Comitatu Comacli edit. ann. 1709. App. pag. 9 : *Nos Henricus Treverensis, Guarnerus Moguntinus, Enguebertus Coloniensis Archiepiscopi... Fredericus Burclavius de Nuremborc, et Gotifredus Comes, etc.*

* **BURCLELLUS**, ut supra *Burchiellus*, dimin. a sequenti *Burclus.* Pactum ann. 1281. apud Murator. tom. 2. Antiq. Ital. med. ævi col. 900 : *Commune Finalis tempore, quo oportuerit, teneatur et debeat dare mercatoribus Lucæ pro eorum securitate tansam, ad petitionem ipsorum mercatorum a Finali usque ad Bondenum, cum Burclello uno et pluribus, secundum voluntatem mercatorum, et cum hominibus armatis, habendo a dictis mercatoribus pro Burclello tres solidos Mutinæ, et pro quolibet homine duos solidos Mutinæ.*

* **BURCLUS**, Eadem notione atque *Burchia* supra. Chron. Tarvis. apud eumd. tom. 19. Script. Ital. col. 861 : *Alius namque Burclus ab igne in contrarium raptus ventis, ad ripam lapsus applicuit. Alius utique Burclus adversus galionum Georgii de Corfuto vi navium Lombardorum perductus, etc.*

* **BURCTBAHN**, vox Germanica, cujus vis facile intelligitur ex Charta Conradi imper. ann. 1150. in Append. ad tom. 6. Annal. Bened. pag. 710. col. 2 : *Hac autem potestate præfatus Rabono (qui se Burcgrafium appellari faciebat) in tantum usus fuit, ut eum vulgari nomine appellarint Burctbahn, et secundum morem alicujus magnæ potestatis sæpe infra muros* (abbatiæ) *placitaret, et hujusmodi placita Burcfding appellabat.* Vide *Burgwardus.* [** f. legend. *ut eam vulgari... Burchbann... Burchding.*]

* **BURCUM**, pro *Burgum.* Vide in hac voce. Nostris etiam *Burc*, eodem sensu. Charta ann. 1203. in Chartul. Campan. fol. 301. v°. col. 1 : *Comes Theobaldus et hæredes sui habent et habebunt in perpetuum gistium suum in Burco S. Memmii.* Alia Blanchæ comit. Trecens. ann. 1206. ibid. : *Illud vero castellum de Juilliaco, juratum est mihi et hæredibus meis, in auxilium et reddibile contra omnes homines, qui possunt vivere vel mori. Et Burcum quod est deforis, et fortereciæ, et finagium adjacens est de feodo Clarembaudi de Cappis .... Prædictum siquidem Burcum et forterieiæ quæ ibi factæ sunt, ... juratum est reddibile mihi et hæredibus meis.* Charta abbat. et convent. *de Yaucourt* ann. 1260. in Reg. 30. Chartoph. reg. ch. 272 : *Avons escangié à monseigneur Guillaume, chevalier, seigneur de Longueval et de Framerville,.... le terre de no menair, que nous aviens à Longueval, si come il se comporte, à tout le seurfait, sauz le Burc et le grant maison, qui nous demeurent.*

BURCUS. Vide *Burgus.*

* **BURCWARDUM**, *Burgi* seu castellaniæ custodia. Vide *Burgwardus.* Charta Albert. archiep. Magdeburg. ann. 1217. apud Ludewig. tom. 11. Reliq. MSS. pag. 567 : *Et eos* (mansos) *dedimus cum advocatia et omni jure, omnique servitio, præcipue quod Burcwardum dicitur.*

BURDA, Amictus junceus : vox Africana. S. Augustinus Epist. 68 : *Presbyterum etiam quendam... Burda vestitum, etc.* Epist. 166 : *Raptus est de domo sua, cæsus, in aqua volutatus, Burda vestitus, et nescio quot dies in captivitate retentus est.* Idem lib. 3. contra Crescon. cap. 48. de eodem Presbytero, cujus mentio est in iis Epistolis : *Ad furentium arbitrium fustibus cæsus, in lacuna lutulenta volutatus, amictu junceo dehonestatus.* Ex quibus jure addubitari potest, an hæc vox ab Arabico *Bord, Borda*, etymon habeat, quæ definitur a Giggeio, *vestis variis lineis contexta, et variegata : nigra vestis flavo colore intexta, quam induunt Arabes.* Nam Burdæ Augustinianæ, juncis, non lana, intertextæ fuerunt. Sed et scribit Salmasius lib. de Modo usur. pag. 401. *Burdi*, apud Arabes, papyrum sive juncum Ægyptium significare. [Acta SS. Junii tom. 3. pag. 441. de S. Raynerio : *Burdas, operimenta scilicet capitum auferebat.*]

* **BURDANA**. Stat. Cisterc. ann. 1355. cap. 1. ex Cod. MS. Clareval. : *In nonnullis monasteriis monialium ordinis in SS. Innocentium et quibusdam aliis festivitatibus solent non innocenter fieri quædam festa sive spectacula, apud quosdam Burdana vulgariter nuncupata, in quibus spectaculis sive festis multa committuntur enormia, quæ virginalem lædunt pudicitiam et monasticam dedecent honestatem.* Haud dubie a sequenti verbo

BURDARE, Jocari, ludere, nugari, quemadmodum facere solent, qui ludendo mendacia confingunt. Gloss. Lat. Gall. : *Garrire, Jaugler, Bourder. Gerra, Bourde, Trufle.* Henricus Knyghton : *In tantum enim erat affabilis domino Regi, quod Burdando petebat a Rege nundinas sibi concedi pro leporariis et canibus... emendis.* A *burris* vocem effictam volunt, de quibus Ausonius :

> At nos illepidum rudem libellum,
> Burras, quisquilias, ineptiasque
> Credemus gremio cui fovendum.

Ubi Jos. Scaliger : *Usus est vocabulo Aquitanico, nam hodie major pars Aquitanicarum nationum, quisquilias vocat Burras.* Vide *Bohordicum.*

* *Border*, eodem sensu, in Annal. regni S. Ludov. edit. reg. pag. 284 : *Oy le service Dieu devotement, sans Border et sans regarder sà ne là.* Hinc *Bourdeurs* et *Bordeurs* dicti scurræ, qui dictis suis risum spectantibus movebant. Stat. MSS. Ord. Coronæ spineæ cap. 22 : *En cetuy saint disner soit bien gardé, que hiraux et Bordeurs ne fassent leur offices. Borderie*, Jocatio, vulgo *Badinage*, in Lit. remiss. ann. 1452. ex Reg. 181. Chartoph. reg. ch. 173 : *Criant par maniere d'esbatement et Borderie telles parolles, Qui vive, qui vive, saint Denis. Bourder*, pro Mentiri, in aliis Lit. ann. 1364. ex Reg. 96. ch. 176 : *Lequel gondalier respondi audit fermier moult arrogaument qu'il avoit menti et Bourdé.* Unde *Bourdeur* et *Bourderesse*, in Lit. remiss. ann. 1419. ex Reg. 171. ch. 27 : *Jehan de la Fontaine dist publiquement à haulte voix que il y avoit aucuns Bourdeurs et Bourderesses en la ville, qui avoient bourdé et rapporté aux gens d'armes, etc.* A vulgari *Bourde* etiamnunc in usu pro *Mensonge*, Mendacium.

BURDATIO, Pensio nummaria, quæ a rusticis pensitabatur, prædii nomine, quod *Burdam*, seu *Bordam* vocamus, inquit Altaserra. Gregorius M. lib. 1. Ep. 42 : *Cognovimus, quod prima illatio Burdationis rusticanos nostros vehementer angustat : ita ut priusquam labores suos vænundare valeant, compellantur tributa solvere.* Infra : *Cognovimus etiam rusticos Burdationem, quam jam ab eis exactam Theodosius minime persolverat, iterum dedisse; ita ut in duplo exacti sint.* Rodericus *da Cunha* refert in Hist. Episcopor. Portensium in Lusitania 1. parte cap. 12. Galliciæ et Legionis Reges, Maurorum in Hispania Regibus, tributi vice, quotannis mittere solitos centum puellas, 50. nobili, et 50. plebeio genere natas, idque tributum *Burdel* appellatum. Vide *Borda* 5.

* Epist. Abbon. abb. Floriac. tom. 10. Collect. Hist. Franc. pag. 441 : *Quid contra illa* (ecclesia) *dotis nomine data suis Burdationibus solvat, ibidem perpendit procuratoris diligentia.*

¶ **BURDEARE**. Hastiludio sese exercere. Vide *Bohordicum.*

BURDECANUS Coloniensis, in Charta ann. 1258. apud Maximilianum Henricum in Apolog. part. 2. pag. 30.

¶ **BURDEGALENSIS** Moneta. Vide *Moneta Baronum.*

¶ **BURDEGALIUM**, Idem, ut videtur quod *Borderia*, Prædium rusticum, Gall. *Metairie, ferme.* Charta Guillelmi Episc. Autissiod. ann. 1212. pro Canonicis S. Laurentii : *Separavimus ab ea decimas magnas omnes tam bladi, quam vini, et tres pecias terræ arabilis... et præterea Burdegalium, morum, etc.* Rymer. tom. 10. pag. 363. col. 1 : *Videlicet omnia bona, hæreditates, terras, dominia... hospitia, Burdegalia, vineas, molendina, etc.* Eadem repetuntur pag. seq. Vide *Borda* 5.

* Vel potius, Servitium, quod ratione *bordæ* redditur, vulgo *Bourdelage.* Vide *Bordelagium* in *Borda* 5.

* *Burdelois* vero, pro *Bourdelois*, Burdegalensis ager, in Ch. Richardi reg. Angl. ex Cod. reg. 8387. 4. fol. 66. v°. : *Concesserunt..... terras et hæreditates, quæ fuerunt Gailardi de Goot, domini de Roaillac,.... apud Pessac.... et alibi in Burdelois.*

¶ **BURDEICIA**, Hastiludii genus, de quo jam satis fuse dictum est in *Bohordicum.*

* **BURDELLUM**, Lupanar, Ital. *Bordello.* Decreta Placent. ad calcem Stat. fol. 107. r°. : *Quod nemo audeat nec præsumat aliquam mulierem cujusvis status, conditionis, vel ætatis fuerit, contra ipsius mulieris voluntatem ad prostibulum seu Burdellum, nec ad alium inhonestum locum ducere, nec duci facere.* Vide in *Borda* 5.

¶ **BURDESAGIUM**, Idem videtur ac *Burgagium*, quod vide. Charta Galneri de Langeio pro stallo cerariariæ in Chartulario B. Magdal. Castridun. fol. 19 : *Salvo jure meo et redibitione Burdesagii ad me pertinente.*

¶ **BURDIARE**, Hastis ludere. Vide *Bohordicum.*

* **BURDICE**, Hastiludium. Gualt. Hemingford. de Gestis Eduardi I. reg. Angl. ad ann. 1288. pag. 16 : *Conduxerunt ad invicem quidam armigeri ut in habitu religiosorum quoddam hastiludium, quod Burdice dicitur, juxta S. Botulfum durantibus nundinis celebrarent, ita quod una pars in habitu monachali veniret, et altera in habitu canonicali. Et præconizatum fuit quod monachi tenerent contra canonicos regulares.* Vide *Bohordicum.*

* **BURDICIUM**, Tomentum, seu ejus purgamenta. Stat. Taurini ann. 1360. cap. 94. ex Cod. reg. 4622. A : *Item quod nulla persona ponat leamen, paleam, vel Burdicium, sive scoualium domus, vel aliquid aliud sordium projiciat in mercatum, vel in vias publicas solatas.* Vide infra *Burra* 1.

¶ **BURDICULUM**, Provincialibus *Bourdique.* Species arcæ majoris, in qua pisces servantur in stagnis, vel fluviis, ut et vivere possint et facile capi. Tabularium S. Victoris Massil. : *Donamus tibi Isarno Abbati unum gurgustrum prope pontem, quod lingua rustica Burdiculum vocant.* Vide *Bordigala.*

* Lege *Bourdigue* pro *Bourdique;* vocisque interpretationem emendatam, vide supra in *Bordigala.*

* **BURDIGALUM**, Burdigolus. Vide supra in *Bordigala.*

¶ **BURDILLUS**, Fustis, virga. Acta SS. Maii tom. 6. pag. 31. de S. Canione Episc.: *Canionem sacrilegum qui se testatur in hac usque in finem confessione perseverare, jubemus exspoliari, et Burdillis cædi.* Diminutivum est a *Burdo*, quod vide mox in *Burdones.*

* Hinc forte nostratibus *Pourboudir*, Fuste cædere, verberare. Lit. remiss. ann. 1385. in Reg. 126. Chartoph. reg. ch. 196 : *Alain gravi oudit planchier et s'efforça de prendre ladite femme en costé sondit mary; et de fait la fist lever et dist audit mary que s'il sonnoit mot, il seroit Pourboudis à droit.* Aliæ ann. 1431. in Reg. 175. ch. 91 : *Comme le suppliant ait esté par pluseurs fois menacié d'estre batu, tué, pris et autrement durement traittié, et finablement telement Pourboudi et demené, qu'il ne se soit osé tenir en son hostel.* Gesta Briton. in Ital. apud Marten. tom. 3. Anecd. col. 1497 :

Nos gens estoient si aoursez
Du duel qu'avoint, qu'en les fossez
Estoint batus et Pourboudis.

¶ **BURDINGSAK.** Vide *Byrthinsak.*

¶ **BURDINUS**, Burdo, Burdonarii. Vide *Burdones.*

1. **BURDIRE**, Ludere, exsultare. Charta ann. 1329. in Reg. 67. Chartoph. reg. ch. 15 : *Si dictus canis fuerat occisus per aliquem, hoc fuerat propter asperitatem ipsius canis egredientis et mordentis alios canes Burdientes extra in campis.* Vide *Burdit.*

* 2. **BURDIRE**, Præstationi, seu servitio, quæ *Burdura* dicebatur, satisfacere. Vide mox *Burdura.*

¶ **BURDIT**, ψηριᾷ, γαυριᾷ : *Exultat, Superbit.* Supplem. Antiquarii.

1. **BURDO**, Attacus, fucus, Gallis, *Bourdon.* Gloss. Ælfrici : *Atticus* (leg. *Attacus*) *vel Burdo*, dora. [Papias MS. : *Atticus, Burdonus.*]

2. Burdo, *Milvus*, apud Matth. Silvaticum in Pandecte.

3. Burdones, Calami seu tubæ æneæ, quæ vere tubas referunt et earum sonum, ait Watsius : quin potius, calami majores organorum, qui graviorem sonum edunt, vel ipsa *organa.* A Burdonum, seu fucorum bombo ac sonitu, nostris *Bourdonnement*, vox efficta. Vitæ Abbatum S. Albani : *Et præsentetur Deo et S. Martyri Albano, pulsato classico, sonantibus calamis, quos Burdones appellamus, cum horologio.* In musico concentu sonum graviorem *Burdonem* vocat Dantes in Purgat. Cant. 28 :

Che tenean Burdone a le sue rime.

4. **BURDONES**, Asini, seu, ut alii censent, qui ex equo et asina nati, muli, e quibus genitos mares, hinnulos antiqui vocabant. Glossæ Gr. Lat. : Ἡμίονος, ἐξ ἵππου θηλείας καὶ ὄνου, *Mulus, Burdo.* Glossæ Biblicæ MSS. : *Burdo, brevis equus, asina et emissario conceptus.* Ebrardus Betuniensis in Græcismo :

Burdonem producit equus conjunctus asellæ,
Procreat et mulum junctus asellus equæ.

Vetus Epigramma :

Burdonem sonipes generat commixtus asellæ.

Utitur hac voce Ulpianus JC. de Legat. 3. in L. *Item legato*, (32, 49. pr.) et lib. 4. Reg. cap. 5. Sextus Platonic. lib. 1. de Medicina animal. lib. 1. cap. 15. etc. Vide Gujac. lib. 11. Obs. cap. 16. Victor Uticensis lib. 2 : *Super Burdonem vinctum quasi quemdam ligni truncum toto itinere portabamus.* Baldricus Dolensis lib. 2. Hist. Hieros. : *Eorum Burdones, quos multimodis onustos victualibus... adducebant, ad propria reduxerunt castra.* Et lib. 4 : *Et acceptis ab eo muneribus, auro et Burdonibus, etc.* Itinerarium Jerosol. Antonini Monachi : *Et in ipsis montibus, leo et pardus, et capreæ et Burdones simul pascunt.* Βουρδόνιον, in Vita S. Nili Junior. pag. 146. 120. Hist. seditionis Victoriatorum apud Alamann. in Notis ad Procopii Hist. Arcanam : Μίαν εἰς τὴν πόλιν προσέρχονται ὅταν εἰς βουρδώνην καθέζομαι. Hinc, ni fallor, apud Alexium Rharturum doctr. 14. βουρδουνίζειν, *Flagellare instar asini.* Vide Avitum Ep. 74. Florent. Wigorniens. pag. 114. Ordericum Vital. lib. 9. pag. 732. et 736. etc.

Burdinus, apud Hermannum Monach. lib. 3. de Mirac. S. Mar. Laudun. cap. 5.

5. Burdo, Baculus. A *Burdonibus*, seu asinis, aut semimulis, quos inequitabant et insidebant, qui peregre proficiscebantur, nomen mansit longiusculis baculis, quos gestare solebant peregrini nostri Hierosolymitani pedites, quibus equitaturæ loco quodammodo erant. Papias : *Verubus, virgis ferreis, Burdonibus.* Raimundus Montanerius in Chron. Reg. Aragon. cap. 159 : *E al llevar del Almiral, vaerets colps de daats, et de llances, et dels Francesos colps de Bordons.* Hubertus Sipuntinus apud Vincentium Belvacensem lib. 26. cap. 27 : *Burdonem habebat pro lancea, et sacculum pro parma, etc.* [Vita S. Nili Confessoris apud Marten. tom. 6. Ampliss. Collect. col. 937 : *Burdonem quem habebat Basilius Dux Calabriæ dans cuidam ad eam rem aptissimo, Panormum misit.*] Le Roman d'Aubery MS :

Le chapel prent, l'escharpe et le doublier,
Et le Bordon qui ni volt pas laissier.

Balduinus de Condato MS :

. . . Pris ai Bourdon,
Eschierpe, si come chil autre
Pelerin soi chapiel de fautre.

Chr. Bertrandi Gueselini MS :

A loi de pelerin de cors et de façon,
L'escharpe avoit au col, en la main le Bourdon.

Vetus Poeta Hispanus apud Bivarium ad Pseudo-Chron. Maximi pag. 337. ait, seu fingit, Alexandrum M. post subjugatam Ægyptum, Jovis Ammonis templum pietatis ergo adiisse, et sportellam sumpsisse et burdonem [** Sanchez, v. 1119.]:

Priso su esportiella, è priso su Bordon.

Alias de vocis origine conjecturas vide apud Octavium Ferrarium in Originib. linguæ Italicæ, [Menagium in Dictionario etymol. Gallic.] Adde quæ ad Joinvillam adnotavimus Dissertat. 15.

☞ Eccardus in notis ad legem Salic. tit. 37. art. 1. pag. 70. *Burdonis* etymon, rejectis aliorum opinationibus, arcessit a Saxonico *Bœren*, Portare, sustinere, inde, inquit, formatur *Bort, Bordo, Burdo*, quo proprie Portans, sustentaculum, fulcrum denotatur; atque ita et asino oneribus portandis aptissimo animali, et fulcro cuivis competit rectissime. Eruditissimo scriptore haud indigna opinio.

Burdonarii, a burdonibus seu baculis peregrinatoriis, per contemptum appellati Peregrini nostri olim ab Albigensibus, ut auctor est Monachus Vallis Sarnai cap. 62 : *Burdonarios autem vocabant Peregrinos, eo quod baculos deferre solerent, quos lingua communi Burdones vocamus.*

Burdonarii, vel *Bordonarii*, Asinorum curatores, agasones, in Constit. Sicul. lib. 3. tit. 38. § 1.

¶ **BURDONUS.** Vide *Burdo* prima notione.

BURDUBASTA. Fragm. Petronii : *Occidit de lucerna equites : putares eos gallos gallinaceos : alter Burdubasta, alter loripes, etc.*

* **BURDURA**, Præstationis seu servitii species, a Germ. *Bürden*, onus. Glossæ Cæsar. Heisterbac. in Reg. Prum. tom. 1. Hist. Trevir. Joan. Nic. ab *Hontheim* pag. 677. col. 2 : *Exit de una ina in unoquoque mense Burduræ xiij.:... In medio Aprili incipiunt Burdire usque intrante mense Decembrio.* Vide supra *Burdatio.*

1. **BURDUS.** Gloss. Ælfrici : *Burdus*, seamer, i. sutor vestiarius.

* 2. **BURDUS**, f. Baculus seu pedum

abbatis. Inventar. ann. 1419. ex Tabul. monast. Montisol. : *Unam crucem parvam argenti cum pede rotundo, armandatam de Burdo cum armis de Barra abbatis. Bourdon*, pro Gallico *Bondon*, Dolii umbilicus, in Lit. remiss. ann. 1367. ex Reg. 97. Chartoph. reg. ch. 510 : *Lesdiz pages tournerent deux bouteris de vin, que ladite femme avoit en sa maison, les Bourdons dessoubs, parquoy le vin s'en estoit tout alé.*

¶ **BURELLUM**, Mensa Gall. *Bureau.* Lobinellus Hist. Paris. tom. 1. pag. 312 : *Publicata et registrata ad Burellum in camera Computorum.* Instrum. ann. 1469. apud D. *Brussel* de Usu feud. tom. 2. pag. 747 : *Attulit in hac camera Compotorum ad Burellum, etc.*

1. **BURELLUS.** Vide *Birrus.* [** Gemm. Gemm. : *Burellum est pannus, Germ. dirdenteytuch von wullen und lynen.*]

* 2. **BURELLUS**, f. Tabula, index. Inventar. ann. 1420. inter Probat. tom. 2. Annal. Præmonstr. col. 591 : *Unum textum argenteum et deauratum cum uno Burello magno, et tabula mortuorum in eodem infixa.* Vide alia notione in *Birrus.* Nostris *Burelé*, Acervus, vulgo *Tas, monceau.* Lit. remiss. ann. 1412. in Reg. 166. Chartoph. reg. ch. 204 : *Laquelle herbe le suppliant fena et amassa en petiz Burelez.*

* **BURENGUS**, idem qui *Burgensis*, Constit. Caroli Crassi imper. de Feud. tom. 1. Jur. publ. Franc. pag. 393 : *Præcipimus ut singuli Burengi decem, cum duodecim funibus de canapo, solidos dominis suis impendant.* [** ap. Pertz. Capit. spuria pag. 4. *Buringi.* Vide in h. v.] Vide *Burgenses.*

BURETA, Amphora, ex Gall. *Burette*, quasi *Beuvrete*, qua bibitur. Necrologium Ecclesiæ Parisiensis prid. Id. Nov. : *Duas Buretas aureas ad ministrandum vinum et aquam in Missa.*

BURETUM. Vide *Bruneta.*

¶ 1. **BURGA**, Cloaca. Vide *Burca.* [** In Reinard. Vulp. cant. 4. vers. 695. *Burgissa*, nomen suis. Ludit fortasse poeta in similitudine vocum *Burga* et *Burgus.* Confer *Burgelissa.*]

¶ 2. **BURGA**, Idem quod *Burgagium.* Chartular. S. Vandregesili tom. 1. pag. 678 : *Quæ omnia prædicta jura dicti Abbas et Conventus petebant.... ratione Burgæ*, (f. *Burgesiæ*) *et ratione dominii sui.*

* 3. **BURGA**, Pars est instructus equini, vel rei rusticæ. Reg. forest. de Broton. ex Cod. reg. 4653 : *Robert Hose.... debet servitium rotarum et de roellis aratri, et jugorum, et Burgarum.*

¶ **BURGACEA.** Charta remissionis manus mortuæ data Burgensibus Capituli Autissiodor. ann. 1204. per Willelmum Decanum et Capitulum : *Propter hanc autem quittationem, ipsi* (homines) *quittaverunt nobis panem et Burgaceam, quam eis dare solebamus in festo B. Stephani de Augusto.* Vide *Burgerastrum.*

* Potionis species, idem quod supra *Borgerastre.* Vide in hac voce.

BURGAGIUM, Certum et annuum vectigal, quod Burgensis, aut burgi incola, pro domiciliis suis seu tenementis, quæ in burgo possidet, burgi domino præstat. Littleton sect. 162 : *Tenure en Burgage est lou antiennement Burgh est, de que le Roy est Seignior, et ceux, que ont tenements deins le Bourg, teignont del Roy lour tenemens, que chaçun tenant pur son tenement doit paier al Roy un certain rent par an. Et mesme le manner est lou un autre Seigniour espiritual ou temporall est Seignior de tel Burgh, et les tenans de tenements en tiel Burgh, teignont de lour Seignior à paier chacun de eux un annual rent.* Leges Burgorum Scoticorum cap. 1 : *Quilibet Burgensis debet Domino Regi de Burgagio, quod defendit, pro particata terræ 5. denarios annuatim.* Vide tom. 2. Monastici Anglic. pag. 332. [*Madox* Formulare Anglic. pag. 50. Kennetti Glossarium ad calcem Antiquit. Ambrosden. Chartular. S. Vandregesili tom. 1. pag. 409.]

Ejusmodi vero *tenetura*, ut vocant, *tenure en socage*, dicitur etiam eidem Littletoni. In Scacario S. Michael. ann. 1219. in Regesto Joannis de S. Justo Cameræ Computor. Parisiens. hæc habentur : *Accordatum est per Episcopos et Barones, quod si aliquis coronam habens vel habitum Clericalem, duxerit uxorem de feodo laico, quem tenet, faciat domino Regi et dominis aliis, quem feodum debet, et de Burgagio hoc, quod alii Burgenses faciunt, et in Burgagio fiet justitia, et in feodo laico pro omni eo, quod debent super omnia catalla, quæ ibi invenientur. Si vero postquam uxorem duxerit, coronam acceperit, et habitum Clerici, de Burgagio et feodo faciet tanquam laicus homo, et ad modum tractabitur.* Varias de Burgagiis leges proponunt Leges Burgorum Scotic. cap. 13. 17. 44. Charta Libertat. Angl. (cui concinit Regiam Majestatem lib. 2. cap. 44. § 4.) Consuetudines Municipales Normanniæ art. 103. 138. Vinemacens. art. 1. Insulensis art. 58. Seclinensis, et Guillelm. Prynneus in Libertatib. Angl. tom. 3. pag. 437. etc. Consule, si lubet, quæ de burgagiis prolixiori commentario diximus ad Cinnamum pag. 487. et seqq. Addo tantum, ut bonorum Curialium possessores et hæredes, vel donatarios, non ideo ad Curiam vocatos, ex leg. 107. Cod. Th. de Decurion. (12, 1.) ita burgagiorum possessores ac hæredes, qui nobiles essent, non ideo in ignobilium sortem descendisse. [** *Burgagium* idem esse videtur ac *Burgensalicum*, Prædium scilicet quod a burgensi possideri poterat. Vide *Buri*, *Erlæuter. des Lehnrechts*, part. IV. pag. 100. sqq. ADEL. Vide *Borgagium* in *Borda*, 5. et suo loco.]

BURGAGIUM LIBERUM dicitur, quod soluto vectigali annuo solito, ab omni alia liberum est servitute. Monasticum Anglic. tom. 2. pag. 361 : *Possessiones quæcunque, cujuscunque generis fuerint, vel naturæ, sive de nobis, seu de aliis in capite, sive in Liberum Burgagium, semper aliud quodcunque servitium, qualitercunque teneantur.* Tom. 3. pag. 91 : *Concedimus etiam eisdem... Liberum Burgagium, et omnibus hominibus eorum, etc.* Vetus Consuetudo Normanniæ cap. 28 : *Par Bourgaige sont tenus les fiefs, comme sont les masures, qui sont és bourgs, et gardent les coustumes des bourgs.* Adde cap. 31.

¶ BORGAGIUM, pro *Burgagium.* Cod. Leg. Norman. cap. 27. apud Ludewig. tom. 7. pag. 213 : *Firmarie feodales, censarie et libera tenementa, et etiam servilia, et bordagia, et Borgagia.* Charta ann. 1251. ex Archivo B. Mariæ de Bono-Nuntio Rotomag. : *Item, duos solidos annui redditus usualis monetæ, quos Rad. dictus Hardel et ejus uxor tenebantur nobis reddere annuatim ad festum S. Remigii de Borgagio suo. Item, duo Borgagia cum edificiis suppositis quæ sita sunt etc.*

BURGESIA, Idem quod *Burgagium*, seu quod a Burgensibus domino pensitatur. [Charta Petri de Gasnapia pro Monasterio S. Mariæ de Blancha ann. 1205. apud Lobinellum Hist. Britan. tom. 2. col. 389 : *Concedo dictæ Abbatiæ in perpetuum et confirmo quadraginta solidos annui redditus super Burgesiam Berengarii militis, et triginta solidos annui redditus super Burgesiam Petri Gand.*] Charta Joan. de Castilione Comitis Blesensis ann. 1277 : *Ay donné en perpetuel aumosne à l'Abbaye des Nonains de Nostre-Dame de Soissons à prendre... sur mes Bourgesies de Guyse, par la main de cely, qui pour tens recepvra les dites Bourgesies.* Vide *Burgesia* suo loco.

¶ BURGENSIA, Eadem notione. Practicis nostris, *Droit de jurée.* Charta Philippi Aug. ann. 1200 : *De servientibus laicis Scholarium qui non debent Burgensiam nobis vel residentiam, etc.*

¶ BURGOSIA, in Chartulario S. Vandregesili tom. 2. pag. 1504 : *Ego Symon de Busco dictus Presbyter dedi et concessi in liberum maritagium Radulpho dicto Richant et Gillæ uxori suæ, cum duxit eam in uxorem viginti solidos annui redditus, quos habebam in Burgosia de Conchis.*

* **BURGALAISIA**, nostris *Burgalaise* et *Burgalese*, Hastæ species. Lit. remiss. ann. 1386. in Reg. 129. Chartoph. reg. ch. 44 : *Lequel exposant fery ledit Moricet par la gorge d'une petite Burgalese qu'il avoit en sa main.* Aliæ ann. 1410. in Reg. 164. ch. 293 : *Survindrent Guillaume Treubleron et Perrot Hervé aiant chacun d'eulx une Burgalaise en sa main, ... lequel Treubleron frappa ou poussa de ladite Burgalaise icelle Boussuc.*

BURGARIA, BURGLARIA, Violenta in domum vel privatam, vel sacram, ut Ecclesiam, vel etiam in tentorium nocturna irruptio, cum intentione interficiendi et furandi. Ita Cowellus lib. 4. Instit. cap. 18. § 22. et Rastallus verbo *Burglarie.* W. Thorn. in Chron. : *Captus fuit infra civitatem istam pro Burgaria, granario hospitalis S. Laurentii Cant. et bladis suis inde furatis et asportatis... et suspensus fuit.*

BURGATOR, BURGLATOR, Fur nocturnus. Officium Coronatoris infra virgam Regis, cap. *de Burgatoribus domorum* : *Omnes Burgatores domorum, vel fractores Ecclesiarum, vel murorum, vel portarum civitatis Regis, vel burgorum, intrantes malitiose, et felonice, condemnentur morti.* Fleta lib. 1. cap. 16. § 6. : *Tempus discernit prædonem a fure et a Burgatore, furemque diurnum a nocturno.* Similia habet Joannes Britto cap. 10. cui *Burgessours* dicuntur. Adde Fletam. lib. 1. cap. 20. § 3. lib. 2. cap. 52. § 9. *Bourglatores* habet Bracton non semel lib. 3. tract. de Corona cap. 1. § 1. 3. Spelmannus dictos censet *Burgatores*, quod dum alii per campos latrocinantur eminus, hi burgos pertinacius effringunt, et deprædantur. Vide *Burgulator*.

1. **BURGARIUS**, Burgensis, vulgo *Hospes*. Vide in hac voce. Charta fundat. Monasterii S. Stephani de Fonteneto in Normannia sub Willelmo Notho, in Regesto 106. Tabul. Reg. Ch. 370 : *Do et decimam omnium redditionum mearum,... et unum Burgarium cum omnibus consuetudinibus suis : et si aliquis in domo ipsius Burgarii quodcumque mercatum fecerit, unde aliqua exeat consuetudo, concedo, ut totum habeant Monachi prædicti.* [Tabular. S. Florentii : *Quicumque ibi voluerit habitare, Monachis, sicut Burgarius, omne servitium sive debitum reddet.*]

¶ 2. **BURGARIUS**, Villicus. Vide post *Burgus*.

BURGASATICUM, BURGATICA. Vide *Burgensatica*.

* **BURGATA**, Suburbium, Ital. *Borgata*, Gall. *Faubourg*. Comput. ann. 1495. inter Probat. tom. 4. Hist. Nem. pag. 64. col. 2 : *Pro reparatione murorum, portalium, tam villæ quam Burgatarum, barreriarum,..... quam aliorum necessariorum pro tuitione villæ et Burgatarum.* Vide infra *Burgetus*.

¶ **BURGBAN**. Vide *Burban*.

¶ **BURGBOTA**. Vide *Burghbote*.

¶ **BURGBRECH**. Vide *Burghbrech*.

¶ **BURGBURGER**, Civis Castrensis. Vide *Ganerbii*.

¶ **BURGELLUS**, Burgus minor, Oppidulum. Charta donationis Jordani de Humeto in Chartulario S. Fromondi : *Quædam terra quæ est in Burgello d'Arel.* Vide *Burgus*.

* *Bourcaige*, eadem notione, in Lit. remiss. ann. 1458. in Reg. 188. Chartoph. reg. ch. 5 : *Icellui deffunct s'enfouit dedens une haye ou Bourcaige illec près, etc.* Vide infra *Burgeolus*.

BURGEMOTUS, BURGIMOTUS, BURGMOTUS, vox Saxonica B u r g e m o t e, Curia Burgensis, Conventus Burgi, vel civitatis, i. civium : B u r g h, enim oppidum, Burgus, m o t e, et g e m o t e, Conventus, mallum publicum. Leges Eadgari Regis cap. 10. apud Bromptonum : *Ut habeatur in anno Burgmotus ter, et scyremotus bis, et intersit Præsul Comitatus, et Aldermannus, utrique doceant Dei rectum et sæculi.* Leges Henrici I. Regis Angl. cap. 7 : *Debet autem scyresmote et Burgimotus, Hundreda, vel Wappentachia, duodecies in anno congregari.* Cap. 57 : *In Curia Domini, in Hundredo, in Comitatu, in Burgimoto, vel halimoto.* [** De *Burhgemote* vide Phillips. Histor. jur. Anglosax. § 51. num. 4.]

¶ 1. **BURGENCIA**. Idem quod *Burgagium*. Charta Abbatis Grassensis in Occitania in Regesto Carcassonensi fol. 34 : *Abbas vero et Conventus, qui supra sumus nominati, habebimus in castris et villis propriis nostris . . . Burgencias,*

* *Bourghesie* et *Bourgoisie* nostris, eadem acceptione. Charta Margar. comit. Fland. ann. 1274. ex Chartul. 1. Fland. ch. 266. in Cam. Comput. Insul. : *Nous avons donné à loyal cense.... nos Bourghesies de Bynch.* Charta Phil. Pulc. ann. 1298. qua Ludov. comit. Ebroic. feoda aliaque assignat, in Lib. rub. Cam. Comput. Paris. fol. 41 : *Les Bourjoisies des bourjois, demourans souz le seigneur de Senli ; les Bourjoisies forainnes, demourans souz autres seigneurs.* Lit. ann. 1363. tom. 4. Ordinat. reg. Franc. pag. 526 : *Une autre servitude, que l'en appelle Bourgoisie, de cent solz Tournois de annuel et perpetuel rente, etc.* Unde *faire Bourgoisie*, Burgensem alicujus domini se profiteri, in Libert. Jonvillæ ann. 1354. ibid. pag. 296. art. 12. Occurrit præterea tom. 6. pag. 60. art. 9.

¶ 2. **BURGENCIA**, Eadem notione qua mox *Burgensatica*. Regestum Magn. Dier. Trecens. fol. 37. apud D. *Brussel* de Usu feud. tom. 2. pag. 903 : *Abbas et Conventus S. Memerii Cathalan. curiæ Campaniæ supplicaverunt, quod cum iidem et prædecessores sui sint et fuerint in bona saisina et pacifica possessione a tempore a quo non extat memoria, utendi Burgenciis suis in terra Cathalan. et recipiendi Burgenses venientes in Burgenciis suis prædictis, et ratione dictarum Burgenciarum suarum domino Campaniæ in quadraginta libras Turon. teneantur annuatim.*

* Domicilia seu tenementa, quæ *burgensis* possidet. Charta Henr. I. reg. Angl. pro villa de Vernolio tom. 4. Ordinat. reg. Franc. pag. 643 : *Quilibet burgensis de Vernolio dat de sua Burgencia tantummodo duodecim Turonenses ad festum S. Remigii. Si autem habeat plures domos vel platea* (plateas) *dat pro qualibet duodecim denarios Turonenses ; et si aliquis burgensis vendit aliquam partem Burgenciæ suæ, et idem remanet burgensis de una parte, ille qui illam partem Burgenciæ emit, non dat censum, nisi pro illa parte.*

BURGENSATICA, Gall. *Rotures*, Prædia, quæ a *Burgensibus* possideri poterant ; unde Feudalibus, quæ Nobilium erant, opponuntur in Charta Roberti Regis Neapolit. ann. 1319. apud Wadding. in Regesto tom. 3 : *Annuum redditum unciarum auri 400. emendum . . : in Burgensaticis bonis, et non feudalibus.* Vide pag. 99. 100. et 307. Constit. Neapol. lib. 1. tit. 66. § 2. [Vide *Burgosatica*] [** et *Burgagium*, ADEL.]

* Constit. Feder. reg. Sicil. cap. 22 : *Volumus ut in subventionibus necessariis, licitis et permissis, clerici et ecclesiasticæ personæ pro bonis Burgensaticis, patrimonialibus, et quæ aliunde quam ab eclesiis habuerunt, etc.* Vide infra *Burgesia* 3.

** Commissio litis cum ecclesia Ludov. IX. facta a Freder. II. Imper. ann. 1245. ap. Pertz. vol. Leg. 2. pag. 355 : *Cognitiones causarum de rebus temporalibus, possessionibus feodalibus, seu Burgesaticis* (al. *burgensaticis*) *in ecclesiastico foro tractandas recipiunt.*

BURGATICA dicuntur Matth. Paris non semel, et in Constitut. Imperial. Goldasti pag. 79.

BURGENSES, Municipes, burgorum seu villarum clausarum incolæ, vel qui tenementa in iis possident, et ratione eorum *Burgagium* domino burgi pensitant. Tidericus Langenius in Saxonia :

Urbes muratæ per Saxoniam nominatæ,
In queis Burgenses famosi suntque potentes.

[** Chart. ann. 1223. in Orig. Guelf. tom. IV. num. 3. pag. 98 : *Rogantes universas ministeriales nostros..... similiter Burgense et ruricolas.*]

Atque ii diversi videntur ab Hospitibus, quos vulgo *Hostes* dicimus. Michael *del Molino* in Repertor. Foror. Aragon. in v. *Diffidamentum : Verbum, Burgenses, ibi positum, significat, cives : unde in Francia cives appellantur Burgenses.* Ordericus Vitalis lib. 6. pag. 605 : *Baldricus filius Nicolai ad Deppam dedit unum Burgensem, et Radulfus Anseredi filius unum Hospitem.* Diversi etiam a Rusticis. Idem Ordericus lib. 12. pag. 872 : *Milites autem et comprovinciales, tam rustici, quam Burgenses.* Constitut. Siculæ lib. 1. tit. 9 : *Si comes fuerit, 5. uncias, si Baro 4. si Miles simplex 3. si Burgensis 2. si Rusticus fuerit, unam unciam fisco nostro componat.* Erant igitur in commercio perinde ac hospites. Vetus Charta apud eumdem Ordericum lib. 5 : *Unum Burgensem in Britollio do, etc.* Adde lib. 6. pag. 605. [Archivum Castri Brienti : *Ego Gaufridus Castri Brientii Dominus militi meo Petro Eeillart donavi pro servitio suo medietatem meam de Arbrecio et tres Burgenses, quos emeram de Guillelmo filio Even in Maidon.*] [** Vide Guerard. Chartul. S. Petri Carnot. Proleg. § 26. num. 3.] Guillelmus Benedicti in cap. Rainut. in Verb. et uxor. nom. Adelas. dec. 2. num. 299. *Burgenses* dictos ait, *a bonis burgensibus, id est, franchis et liberis, quæ habent, et de quibus vivunt, et statum suum conservant.* Unde ex illius sententia, *soli illi proprie dicuntur Burgenses, quorum bona sunt allodialia, nemini subjecta.* Alii vero censent *Burgenses* efficere armatorum genus quoddam, Militibus inferius, ut videre est in Constit. Sicul. loco laudato, unde in veteribus Chartis *Milites* et *Burgenses* semper conjunguntur. Quomodo vero apud nostros Burgenses fierent, vide apud Thomasserium in Consuetudin. Bituricensibus pag. 249. 274. [et in Edictis Philippi Pulcri ann. 1287. et 1302. ubi post declaratum acquirendæ *Burgesiæ* modum, statuitur neminem posse in duabus civitatibus hocce privilegio gaudere.] [** Vide Waitz. in Glossar. ad Pertz. vol. Leg. 2. voce *Burgum*.]

¶ BORGENSES, in Charta anni 1068. e Tabulario S. Mellani Pontisarensis.

BURGENSES REGIS, qui licet in alterius domini jurisdictione maneat, ab illa tamen eximitur, et jurisdictioni Regiæ tantum subest, nisi dominus juribus regiis gaudeat, ut est in Consuet. Trecensi art. 2. et Senonensi art. 141. 142. 143. Leges Burgor. Scot. cap. 2 : *Quicumque factus fuerit de novo Burgensis Do. Regis, primo jurare debet fidelitatem Do. Regi, et Baillivis suis, et communitati illius Burgi, in quo factus novus Burgensis.* Cap. 53 : *Nullus potest esse Burgensis D. Regis de aliqua terra, nisi facit servitium Do. Regi, quantum pertinet ad unam particatam terræ.* Vide et perlege has Scoticorum Burgorum Leges, in quibus, quidquid ad Burgenses pertinet, describitur. *Bourgeois fieffez du Roy*, in Consuetud. Meledun. Quomodo vero apud nostros Burgesia regia acquireretur, docet præter Consuetudines municipales, Statutum Philippi Pulcri pro ordinatione Regni ann. 1302. cap. 52. 53. et seqq. apud Pithœum in Consuetud. Trecensem pag. 483. Adde Stephanum Paschasium in Disquisition. Francicis lib. 4. cap. 7. [et Glossarium Juris Gallici v. *Parcours.*]

¶ BURGEUS, Eadem notione in Ordinatione Philippi IV. Franc. Regis ex Chartulario S. Vandregisili : *Si contingeret quod... gentes nostræ requirant aliqua tanquam Burgensem nostrum, quoniam aliquis Prælatus, vel Baro aut quisvis alius nobis subjectus dicent hominem et justiciabilem suum... negantes ipsum esse Burgeum nostrum, etc.*

* Mendum est pro *Burgensis*, ut editum legitur tom. 1. Ordinat. reg. Franc. pag. 361. art. 24.

BURGENSES DE JURATA [Compulus Ballivarum Trecens. et Meldens. ann. 1320. apud D. *Brussel* de Usu feud. tom. 2. pag. 921 : *De la Jurée de Troyes et des villes appartenans, à la Saint Andrieu* CCC. XIX. M. LXVII. *libras.*] Charta Caroli VI. Regis Franc. ann. 1388. ex Archivo Regio : *Cui (militiæ Clericali) ascribi non potest, nostra super hoc licentia non obtenta, cum noster Burgensis existat de Jurata, oriundus de dicto loco Castri Theoderici et ibidem moram trahens, propter quam tamen Juratam nobis in aliquo non tenetur, etc.* [Erat autem *Jurata*, uti definit D. *Brussel* loco citato, Pensitatio annua quæ a singulis Burgensibus, pro ratione facultatum suarum, Regi aut alicui Domino, qui juribus regiis gauderet, persolvebatur.]

** CIVES BURGENSIS, in Chart. ann. 1296. ap. Harenberg. in Antiq. Gandersheim. pag. 1523.

BURGENSES FRANCI ET ABONNATI, in Consuet. Castelletensi in Biturigib. art. 26. 28. et in aliis Consuetud. *Francs bourgeois, grands bourgeois, et petits bourgeois*; in Consuet. locali *de Nançay* in Biturigib. art. 2. 3. 4. apud Thomasserium.

☞ Qui plura circa Burgenses nosse voluerit, adeat D. *Brussel* de Usu feud. lib. 3. cap. 15. ubi fuse et accurate de Burgensium origine, juribus, rebusque ceteris quæ ad eos spectant, disserit. [** Vide Haltausii Glossar. Germ. col. 197. v. *Bürger*, ubi monet in Chart. German. sæpe *Burger* appellari Scabinos vel senatores. Eichhorn. Hist. jur. German. § 224. scribit *Burgenses* dici et Habitatores Burgorum et Qui feodum castrense tenebant, Germ. *Bürger* et *Burgmannen*. Lusitanis inde a regni cunabulis vox nota. Vide S. Rosa de Viterbo Elucidar. tom. 1. pag. 216.]

* *Borpis* male lectum, pro *Borjois*, in Lit. ann. 1231. tom. 5. Ordinat. reg. Franc. pag. 550. Non eadem omnium burgensium erat conditio : id vel ex eo patet, quod burgensibus ascribi, regiæ munificentiæ donum existimabatur, etiam a nobilioribus viris, ut colligitur ex Charta Henr. reg. Angl. in Cod. reg. 8387. 4. fol. 84. r°. : *Cum ad supplicationem dilectæ nobis Johannæ Gorney, viduæ Aymeric de Duras, de patria nostra de Burdelais milites,.... de gratia nostra speciali fecerimus et constituerimus ipsam et heredes suos Burgenses in paragen* (alibi *in paragio*) *dictæ civitatis nostræ Burdegaliæ, eodem modo sicut alii burgenses existunt ibidem, prout in litteris nostris patentibus inde confectis plenius continetur, vobis mandamus quod ipsam Johannam, dum egerit in humanis, ac heredes suos post ejus obitum, Burgenses in paragen civitatis prædictæ recipiatis et admittatis, et ipsos omnibus libertatibus et liberis consuetudinibus, quibus alii burgenses ejusdem civitatis utuntur, uti et gaudere permittatis.* Lit. remiss. ann. 1474. in Reg. 195. Chartoph. reg. ch. 1126 : *Nostre amé Richard des Costes, escuier, Bourgeois et citoyen de Lyon, etc.*

* Verum ut quis *burgensium* privilegiis gauderet, burgum vel urbem habitare, aut saltem certis per annum diebus in iis manere tenebatur, nisi dispensaretur a rege. Charta Phil. V. ann. 1317. in Reg. 53. Chartoph. reg. ch. 312 : *Cum Bartholomeus Platzars Villæ-franchæ ac Matisconensis Burgensis apud villam Matisconensem, ratione burgesiæ villæ ejusdem, esse personaliter in festis SS. omnium, nativitatis Domini ac Penthecostes annis singulis teneatur; nos..... præfato Bartholomeo concedimus de gratia speciali, quod ipse ad villam Matisconensem prædictam in prædictis tribus festis accedere personaliter nequaquam teneatur, et nichilominus tanquam Burgensis dicti loci de cetero censeatur, ac privilegiis, franchisiis et libertatibus burgesiæ dictæ villæ, sicut ceteri burgenses loci ejusdem, gaudeat et utatur plenarie.* Quod et apud Italos obtinuit, ut videre est infra in *Citanaticum* et *Citanatus*.

* BURGENSIS REGNI, Idem qui *Regis*, vel pro regni incola, in Lib. rub. Cam. Comput. Paris. fol. 529. v°. : *Item concessit* (Philippus rex) *Bartholomeo Caritani et Jaquino Caritani ejus fratri, Jacobo Fava et Colino Usubardi Lombardis, commorantibus apud S. Marcellum, quod ipsi sint Burgenses regni. Anno* 1316. [** Vide Olenschlager. ad Bullam auream Carol. IV. Imper. pag. 303. sqq.]

* BURGENSIS AFFORANEUS, Extraneus, qui in alterius domini jurisdictione manet. Vide supra *Afforaneus*.

BURGENSIS, Moneta argentea minutior, in Gallia Philippo Pulcro regnante primum cusa. Vetus Regestum Cameræ Comput. Paris. : *Ad Candel.* 1310. *incœperunt Burgenses, et fuerunt ad Natale S. Mariæ.* [Edictum, quod est Januarii 27. habet : *Avons ordené à faire monnoye, c'est à savoir petitz deniers noirs, qui sont et seront appellé Bourgois.*] Nangius in Chron. ann. 1313 : *Philippus Rex Franciæ circa festum B. Virginis monetam Burgensium, quam fieri fecerat, et per biennium Parisiis cursum suum habuerat, quod alias in regno Franciæ fuerat inauditum, præsertim cum justi pretii et ponderis æquitate cæteris paribus æquipolleret, etc.* Cusos etiam *Burgenses* Leodii docet Radulphus de Rivo in Vita Engilberti a Marka Episc. Leod. cap. 2 : *Nam denarios, vulgo Burgenses dictos, valoris 2. solidorum mox cudit, qui non multis post annis 6. solidorum valorem superarunt.* Vide *Moneta argentea* in *Moneta Regia*.

* **BURGEOLUS**, diminut. a *Burgus*, Domorum congregatio. Charta ann. 1226. inter Instr. tom. 10. Gall. Christ. col. 235 : *Remanebunt eidem ecclesiæ in perpetuum omnes plateæ, quas habebat idem Hugo apud Bonamvallem, et Burgeolus in quo furnus est situs,... et omnes censivæ ejus, quas habebat, tam in dicto Burgeolo quam extra.* Vide supra *Burgellus*, et infra *Burgetus*.

¶ **BURGERASTRUM**, Placentæ species, non absimilis forte ab ea quæ etiamnum Fiscanensibus monachis in Cœna Domini ministratur. Est autem crustulum tesselatum cum aniso permistum, quod ad id quod nos Galli vocamus *Gaufre* proxime accedit. [* Minus recte; est enim Potio quædam, ut videre est supra in *Borgerastre*. Chronicon Fiscanense parte 2 : *Panetarius debet præparare per manum Cellararii Burgerastrum in Cœna Domini, et in prima die Quadragesimæ vinum in justiis.* Vide *Burgacca*.]

BURGEREICHT. Laudum, sive sententia lata ann. 1258. apud Maximilianum Henricum in Apolog. Archiep. Colon. pag. 29 : *Et judicant secundum ejus formam, quod Burgereicht vulgariter appellantur.* Id est, *jus* seu *rectum burgi*.

¶ **BURGER-MAGISTER**, quasi Burgi magister, qui *Burgo* præest. Acta SS. Aprilis tom. 1. pag. 600. in Processu canonizationis B. Notkeri : *E fratre suo Caspare Schlumpff nunc Burger-magistro dicti oppidi.* Vide *Burgi-magister*.

¶ 1. **BURGESIA**, Corpus vel jus civitatis, Gall. *Bourgeoisie*. Charta Philippi Pulcri ann. 1302. pro Ordinatione et Reformatione Regni : *Hæc est ordinatio facta per nos . . . super modo tenendi et faciendi Burgesias regni nostri, etc. Primo statutum est . . . quod si aliquis voluerit aliquam intrare de Burgesiis nostris debet venire ad locum, unde proponit seu requirit esse Burgensem, etc.* Pluries habetur ibidem. Occurrit etiam simili notione in hist. Dalphin. tom. 1. pag. 26. et seqq. apud Miræum Diplom. Belg. tom. 1. pag. 197. Marten. Anecdot. tom. 1. col. 1517. in Præscripto Caroli V. Franc. Regis ann. 1368. ubi eadem habentur, quæ in mox laudato Philippi Pulcri edicto; in Hist. Tullensi P. *Benoit* pag. CVII. Rymer. tom. 7. pag. 189. col. B. etc. Vide *Burgesia* in *Burgagium*.

* 2. **BURGESIA**, Districtus, jurisdictio, immunitas *burgi*. Charta Roberti ducis Burg. ann. 1284. ex Chartul. S. Mart. August. : *Si aliquis vel aliqui infra franchisiam seu Burgesiam villæ Anziaci de novo venire voluerint, etc.* Vide *Burguitas*.

* 3. **BURGESIA**, *Burgensis* tenementum, prædium. Composit. inter S. Ludov. reg. Franc. et abbat. Crassens. ann. 1253. inter Instr. tom. 6. Gall. Christ. col. 455 : *Abbas vero et conventus habebunt in castris et villis propriis suis vilanagia et Burgesias, quæ propter hæresim seu faidimentum cadent in commissum,...... et habebunt abbas et conventus mobilia, quæ erunt in villanagiis et Burgesiis suis, in castris et villis propriis, si propter hæresim vel faidimentum cadent in commissum.* Vide supra *Burgensatica*.

¶ **BURGETIA**, in Codice reddituum Episcop. Autissiod. e Chartophylacio Episcopi ejusd. urbis : *Stallagium sive Burgetia. L. S.* Vide *Burgagium*.

¶ **BURGETISSA**, Civis mulier, Gall. *Bourgeoise*. Necrolog. Franciscan. Silvanectensium : XIII. *Kal. Decemb. an. D.* 1595.

obiit venerabilis Burgetissa Jaquelina la Riche.

* **BURGETUS**, Burguetus, diminut. *Burgus*, Domorum congregatio, suburbium. Charta ann. 1230. ex Bibl. reg. : *Item petebant dicti bajuli Burgetum, in quo manet Johannes Laurentius, et Burguetum de Pennavaria.* Composit. inter Pontium episc. et curiam dom. reg. Biter. ann. 1290. ex Chartul. Biter. ch. 6 : *Ceterum cum super Burgeto, appellato de Sancto Johanne, qui olim excrevit extra muros et fossata civitatis Biterrensis, et jungitur burgo seu burgis ipsius episcopi Biterrensis, inter ipsum episcopum et procuratorem domini regis fuisset diutius litigatum : quia veritate inspecta, idem Burgetus cum burgo antiquo ipsius episcopi, idem burgus censeri debeat, etc.* Occurrit præterea in Stat. Vercell. lib. 2. pag. 47. Vide supra *Burgata* et *Burgeolus*.

* Burgotus, Eadem notione, in Charta ann. 1301. ex Tabul. Massil. : *Eligantur de quolibet Burgoto dictæ civitatis duo probi homines et unus notarius, et totidem dictæ civitatis sexeno, qui primum in suis burguis seu sexenis perquirant et recipiant a volentibus gratis contribuere in opere jam dicto.* Vide *Burgus*.

* Burguetum, Eodem significatu. Charta ann. 1409. ex schedis Pr. a S. Vincent. : *Et ab ista parte adjungitur totum Burguetum extra portale, usque ad quemdam terminum.*

¶ **BURGEUS**, pro *Burgensis*. Vide in hac voce.

BURGFRIDA, ex Germ. *Frid*, Pax burgi. Charta ann. 1391. apud Hieron. Vignerium in Hist. Alsatiensi pag. 172 : *Et doions nous Evesque de Mets, et Charles Duc de Loherenne dessusdits jureir une Bourgfride ensemble en ladite forteresse,* (d'Alberstoft) *et doions donner l'un l'autre bonnes lettres de ladite Bourgfride.* [** Adolph. Imp. Constitutio de *Borchorede* ann. 1296. ap. Pertz. vol. leg. 2. pag. 465 : *Si duo domini equo jure habeant unum castrum et jurant sive compromittunt societatem sive pacem que vulgariter Borchorede nuncupatur inter se in castro memorato servare,.... neuter eorum, altero invito partem suam sine custodia relinquere potest, etc.*

BURGGRAVIUS, Burgravius, Burgi Comes, ex Germanico *Burg*, burgum, castrum, et *Grave*, Comes. Ita autem appellantur apud Germanos perpetui Castellani, Præfecti, sive Judices alicujus præsidii atque arcis; cujusmodi sunt Burgraviatus Norimbergensis, qui pertinet ad Electores et March. Brandeburgenses, Magdeburgensis, qui est Saxoniæ Electoris, item Burgraviatus, qui est in urbe Imperiali *Fridberg und Seisenhausen*, certis nobilium familiis constitutus, et alii, quorum meminit Goldastus tom. 1. Constitut. Imperial. pag. 27. Præfat. et in Recessibus Imperii. Speculum Saxonic. lib. 3. art. 52. § 5 : *Burgravius, id est, perpetuus Castellanus, Judex est Marchionis.* Wichbild. Magdeb. art. 45. § 4 : *Si vero Castellanus seu Burggravius præsens esse non poterit*, art. 46. § 2. Hos inter, *Principum* dignitatem obtinent Norinbergensis, Magdeburgensis, Zorbeckensis, et Misnensis. Vide eumd. Goldastum tom. 1. pag. 371. [** et Waitz. Indic. ad Pertz. vol. leg. 2. voce *Burggravius*. Vide *Castellanus*.]

* Vide Epistolas *Leti* tom. 1. epist 12. 13. et 55. ubi de *Burggraviis*, *Landgraviis* et *Margraviis* pluribus disserit. [** Adde Eichhorn. Histor. Jur. German. § 290. not. g. De Anglosax. Burhgerefa, qui in Gloss. Ælfr. Reuben. est Prætor, præfectus, curialis, vide Phillips. Histor. Jur. Anglos. §. 51. num. 4.]

¶ Burgraffius, Eadem significatione, apud Ludewig. tom. 6. Reliq. MSS. pag. 11. [** De *Borchravio* Norgardiensi vide Pardessus. Collect. Leg. Marit. vol. 3. pag. 492.]

Burggraviatus, Præfectura, castellania, apud Willh. Hedam pag. 283. 1. Edit.

¶ **BURGHA**. Vide *Borgha*.

BURGHALPENNI. Vide *Bordhalpeni*.

BURGHARD, Burghyard. Vetus Charta apud Somnerum in Tract. de *Gavelkind* pag. 22 : *In borga de Wadeherst sunt 15. virgatæ, dimid. et 1. ferling terræ nativæ, quarum quælibet debet claudere unam perticatam sepis circa curiam de Malling, et debet pro pollis* (f. palis) *et claustura, quam facere solebat ad Natalem B. Joannis Bapt. annuatim reddere 1. ob. quod dicitur Gavelrod et Burghard, etc.* Alia ibidem pag. 187 : *Relaxaverunt tenentibus suis ... cariagium, impletionem, et sparsionem fimorum, facturam cratis, et Burghyard.* Alia pag. 189 : *Item pro clausura circa curiam, quæ dicitur Burghyard, 22. denar. et obulum, et quadr.* [*Yard* Anglis est Chors, unde *Burghyard* est *Burgi* Chors, clausura, seu tributum quod pro clausura exsolvitur, ut exemplis allatis satis patet.] [** Au Burhward? Vide Bosworth. in Additam. 21, d.] Vide Octav. Ferrarium in *Baloardo*.

* Vide *Bolevardus* et *Burgwardus*.

BURGHBOTE, Urbis, burgi, vel arcis restauratio, vox Saxonica composita ex Burg, Burgum, et Bota, emendatio, reparatio, restauratio. Præsertim vero Auxilium dicitur, quod ex Consuetudine debetur ad restaurationem urbium, burgorum, castrorum, a cujus pensitatione nemo fere immunis erat, ut est in Charta Ethelbaldi Regis Angl. apud Will. Malmesburiensem lib. 1. de Gest. Regum Angliæ. *Burgbota*, hac notione habetur in Legibus Kanuti Regis cap. 31. et 91. apud Bromptonum, et in Legibus Henrici I. cap. 10. 13. 66. Interdum hæc vox, et sæpe in Chartis, accipitur pro ipsa immunitate, seu *quietania reparationis murorum civitatis vel burgi*, ut habet Fleta lib. 1. cap. 47. § 21. Rastallus : *Burgbote, hoc est, quietum esse de auxilio dando ad faciendum burgum, castrum, civitatem, vel muros prostrata.* Apud Leonem in Tacticis cap. 20. § 71. si castellum aliquod, aut porta, aut pons conficiendus sit, vel via aliqua sternenda, aut aliud quid publicum est extruendum, neque publicis ærarii expensis absolvi potest, unusquisque tum ex æquo huic operi inservire debet, nemoque hac re excusatur, neque amicitia, neque donis, etc.

BURGHBRECH, Burgi, domus, septi, vel alterius cujuspiam loci effractio : Burg enim, burgh, et burh, lingua Saxonica, oppidum, portam, domum, septum, præterea fidejusionem significant. Titulus capitis 36. Legum Alvredi Saxonicarum, est de Burhbryce, agitque Lex ipsa contra violatores pacis in urbe, in villa, in domo, etc. *Burghbreche*, in Legibus Henrici I. Regis Angl. cap. 10. 12. *Borhbreche*, cap. 35. *Effractura*, apud JC. et *Infractio urbis* dicitur in Charta Communiæ Suessionensis ann. 1181 : *Omnia forisfacta, exceptis infractione urbis et veteri odio, 5. solidis emendabuntur castelli vel burgi infractura.* Libertates villæ de Graciaco in Biturigib. ann. 1246 : *Si vero aliquis eorum erga altum inimicitiam incurrerit, absque castelli vel burgi fractura et clamore Præposito non facto concordaverit, etc.* Charta Communiæ Meldensis ann. 1179 : *Infractio urbis 60. solidis emendabitur.* Charta Communiæ Belnensis ann. 1203. apud Perardum : *Infractio castri 65. solidis emendabitur.* Charta Hugonis, Decani Parisiens. ann. 1214. in Tabular. Campan. : *Super infractione villæ nostræ et domus nostræ, et mercati de Roseto, etc.* Ita in Consuetud. Lorriacensi apud Morinum in Hist. Vastinensi pag. 172. et Gallandum lib. de Franco alodio pag. 376. Interdum in Chartis, *Burghbrech est, quietum esse de transgressionibus, factis in civitate, vel burgo, contra pacem.* Ita Rastallus.

BURGHENGLISH, seu Borughenglish, Rastallo vetus est Consuetudo in Burgo veteri, in quo, si pater relictis pluribus filiis decedat, secundogenitus ei solummodo succedit in terris et tenementis, quibus saisitus erat in burgo, cum decessit, vi istius Consuetudinis; quam etiam locum habuisse in familia Hocstratana, auctor est Ludovicus Guicciardinus in Descr. Belgii. Ea autem Lex obtinet in Comitatu et urbe Nottinghamensi, ut habet Christophorus de S. Germano in Dialogo de Legibus Angliæ cap. 6. [** *Natu minimus domicilium principale habebit*, in Leg. Hoeli Boni ed. Wotton. pag. 346. Quem usum in pluribus locis viguisse testantur Mittermaier. Princip. Jur. Germ. § 468. not. 16. et Grimm. Antiq. Germ. pag. 475. unde ita etiam intelligere velim, quæ supra Cangius habet.]

BURGHERISTH. Domesdei tit. *Somerset.* Episcopus *Wentone. Tantone. Istæ consuetudines pertinent ad Tantone. Burgheristh, latrones, pacis infractio etc.* Charta Edmundi Reg. ann. 944. apud Willelmum Malmesb. lib. 2. de Gestis Regum Angl. : *Concedo Ecclesiæ S. Mariæ... jura, consuetudines, et forefacturas omnium terrarum suarum, id est, Burhgeritha, et hundred setena, athas, et ordelas, etc.* Somnerus emendandum censet, reponendumque *burgbrich*, nec abhorret Spelmannus a vocis significatione.

BURGHESSALDUS. Vide post *Borgha*.

BURGHWARE, Civis, burgensis, in Charta Willelmi Nothi apud Spelmannum, quasi *Burgi vir* : Ware enim Saxonibus est *vir*. [Charta apud Th. *Blount* in Nomolex. : *Willielmus Rex salutat Willielmum Episcopum et Goffredum Portgresium et omnem Burgware infra London.*]

¶ **BURGHYARD**. Vide *Burghard*.

¶ **BURGI**, Calepino ex Tit. C. de fund. rei privatæ. Qui collegio, vel curiæ, vel burgis, cæterisque corporibus servierit. [** Ex Calepino pro interpretatione exscripserunt, qui est locus ipse Cod. Theod. lib. 12. tit. 19 const. 2. Cod. Just. lib. 11. tit. 66. const. 6. Vide *Burgus.*] An inde, an non potius a *Burggravius* per contractionem *Bourgs* appellati sunt Castellani et Præfecti castrorum seu arcium apud Froissartem tom. 2. cap. 34 : *Si étoient de sa route les Capitaines des autres chateaux comme le Bourg Calart, le Bourg Anglois, le Bourg de Champagne, et Raymond de Force, etc.*

* A genuina vocis Gallicæ *Bourg* notione longe aberrari mihi videtur, cum ex Froissarte exponitur de Castellano seu burgi præfecto, *Bourg* enim eo loci, quemadmodum et in aliis ejusdem ævi Historicis, spurium, nothum sonat, Gall. *Bâtard;* quod apprime docet *Berry* in Hist. chronol. Caroli VII. ad ann. 1432. ubi quem *Bourg* dicit, paulo infra appellat *Bastard;* sic et ad ann. 1430 : *Le Bourg de Masquaren. Bourc*, in Lit. remiss. ann. 1411. ex Reg. 165. Chartoph. reg. ch. 219 : *Icellui Pierre appellast le suppliant arlot, tacain, Bourc; qui vault autant à dire en langaige du pays de par de là, garçon, truant, Bastart. Bort*, eodem sensu usurpant Hispani. Vide in hac voce.

¶ **BURGIA**, pluries legitur in Chartulario S. Vandregesili pag. 1858. ubi refertur Edictum Philippi Pulchri supra laudatum; sed abbreviatio est pro *Burgesia*, uti patet ex aliis ejusdem Edicti exemplis. Vide *Burgesia.*

** **BURGILOQUIUM**, Conventus civium et Edictum in tali conventu perlatum. Chart. Senat. Rostoch. ann. 1315. in Lunig. I. Arch. p. spec. cont. IV. p. 11. pag. 684 : *Quod iidem religiosi vel si etiam seculares aut laici ipsam curiam de favore.... monasterii inhabitaverint, ad conventus forenses, Burgiloquia vel quælibet nostræ civitatis edicta nequaquam possint evocari, etc.* Vide *Burkore* et *Civiloquium.*

BURGIMAGISTER, Ædilis, Consul, qui burgo præest; German. *Burgermeister.* [Henricus Aquilonipol. de Primordiis Lubecanæ Urbis lib. I. cap. 5 :

Schultetum hoc habuere usque hic, vel Burgimagister,
Jam cum Consulibus Burgimagister erat, [strum,
Seu Protoconsul, seu dicendus Burgimagister.]

Occurrit apud Cornelium *Zantfliet* in Hist. Leod. ann. 1343. et alios passim. [** Dicuntur etiam Magistri civium, Magistri consulum. Vide Eichorn. Hist. jur. Germ. § 243. Haltaus. in Glossar. Germ. voce *Burgermeister*, etiam in vicis imperio immediate subditis primum magistratum ita nuncupatum affirmat. Vide eund. voc. *Dorfgemeiner* et *Dorfmeister.*]

BURGIMOTUS. Vide *Burgemotus.*

¶ **BURGINUS.** Vidd *Bruginus.*

* **BURGIO**, Fidejussor. Charta ann. circ. 820. tom. 6. Anecd. Pezii part. 1. col. 51 : *Et isti sunt fidejussores et Burgiones et testes, Reginhelm, Ratolt, Reginhoh.* Vide *Burghbrech.* [** Vide *Burgare* et Graff. Thesaur. Ling. Fr. voce *Borgeo*, vol. 3. col. 177.]

* **BURGISIA**, pro *Burgesia*, ex Charta Phil. Pulc. ann. 1302. in Hist. Lugdun. pag. 84. col. 2. Vide *Burgesia.*

¶ **BURGIUM**, pro *Burgus.* Charta anni 961. inter Instr. tom. 2. novæ Gall. Christ. col. 409 : *Reliqua* (domus) *tangunt ex una parte ad forum venalium, ex altera brevem viam, quæ ducit a Burgio S. Viviani ad viam, quam Judæi Sanctonenses habitant.* Miræus Diplom. Belg. tom. 1. pag. 358. col. 2 : *Postremo cum universis consuetudinibus suis sive dictis sive subauditis, serviat uterque Burgium Marcigniacensi cœnobio.*

¶ **BURGKLEHEN**, Vox Germanica, feudum castrense. Vide mox *Burglehn* et *Ganerbii.*

BURGLARIA, Burglata. Vide *Burgaria.*

* **BURGLEHN**, Feudum castrense. Charta Theodor. archiep. Trevir. ann. 1235. tom. 1. Hist. Trevir. Joan. Nic. ab *Hontheim* pag. 716. col. 2 : *Eadem a nobis recipiens in feodo, quod Burglehn dicitur, ita ut pro tali feodo in castro Montabur residentiam faciat.* Vide *Ganerbii.* [** Conf. Eichhorn. Histor. Jur. Germ. § 224, a. 304. not. k. 374. not. f. *Feoda urbana* dicuntur Auctor. veter. de Benefic. cap. 3.]

BURGONES, Papiæ, *Castra, vel caulæ.* [Gloss. Sangerman. MS. n. 501 : *Burgones, Caulæ.* Isid. : *Burgones, Caulas.*]

¶ **BURGOSATICA**, Prædia quæ a *Burgensibus* possideri poterant, Gall. *Rotures.* Epistola Friderici II. Imper. apud Marten. tom. 2. Ampliss. Collect. col. 1184 : *Non permittas fratres prædictos contra privilegia ipsa et contra justitiam molestari, dum tamen feodalia et Burgosatica regni nostri non sint, nec usurpent auctoritate ipsorum privilegiorum, in quibus generali vocabulo acquisita cum justis acquirendis reconfirmentur eisdem, nulla de Constitutione prædecessorum nostrorum et nostra habita mentione; per quam loca religiosa, quocumque alienationis titulo per mansuetudinis nostræ sacrum oraculum acquirere sibi feodalia vel Burgosatica prohibentur.* Vide *Burgensatica.*

¶ **BURGOSIA.** Vide *Burgesia.*

* **BURGOTUS**, Burguetum, Burguetus. Vide supra in *Burgetus.*

¶ **BURGRAFFIUS.** Vide *Burggravius.*

BURGUITAS, [f. *Banleuca*, Burgi districtus.] Charta Caroli Calvi Imp. apud Sammarthanos in Episcopis Vivariensibus num. 34 : *Concedimus et confirmamus Abbatiam, quæ vocatur Dozera,... cum cellulis et pertinentiis suis, districtum quoque ex Burguitate, et portum ex utraque parte, etc.* [** In ead. Chart. in Histor. Franc. vol. 8. pag. 387. hæc verba, ex quibus interpolator redolere videtur, non leguntur.]

* Vide supra *Burgesia* 2.

¶ **BURGULATOR**, Fur nocturnus, apud Rymer. tom. 14. pag. 369 : *Proditorum, murdratorum, homicidarum, felonum, Burgulatorum et quorumcumque suspectorum proditionis, murdri, homicidii, roberiæ et feloniæ, etc.* Vide *Burgator* in *Burgaria.*

* 1. **BURGUM**, Repagulum : *Burguet* enim vocant Insulenses id, quo loca subterranea defenduntur, ne quis in ea cadat. Comput. MS. fabr. S. Petri Insul. ann. 1473 : *Item..... pro extrahendo antiquum Burgum putei claustri,..... xiij. sol.*

* 2. **BURGUM**, Teloneum S. Bertini : *Pensa Burgi, ij. den. Pensa ceræ, iiij. den.* f. Axungia vel sebum.

** 3. 4. Burgum. Vide *Burgus* et *Platus.*

¶ **BURGUNDIÆ** Moneta. Vide *Moneta Baronum.*

* **BURGUNDIONES.** Laudes Papiæ apud Murator. tom. 11. Script. Ital. col. 26 : *Omnes homines unius artis collegium faciunt, quod paraticum vocant, etiam usque ad curreros communis, quos missos vel servitores appellant; necnon Burgundiones, portatores bladi et vini paraticum faciunt.*

* Liceat hic aperire appellationis celeberrimæ, *Bourguignon salé*, qua Burgundiones irrideri solent, minus notam hactenus originem, quam vulgo ad Burgundionum cædem apud Aquas-mortuas ann. 1422. peractam falso adscribunt; quippe quæ occurrat in Lit. remiss. ann. 1410. ex Reg. 164. Chartoph. reg. ch. 294 : *Le suppliant dist qu'il avoit plus chier estre bastart, que estre Bourguignon salé.* Unde accepta referri debet hujus nominis origo ad oppositas ducis Aurelianensis et ducis Burgundiæ factiones, quæ eo reapse anno 1410. nominibus *d'Armagnacs* et *de Bourguignons* distingui et appellari cœperunt : cui posteriori vox *salés* addita videtur, a salinis quibus Burgundiæ comitatus abundat, ut manifestius designarentur Burgundiones.

* **BURGURII**, *a burgis dicti, quia crebra per limites habitacula constituta burgos vulgus vocat.* Glossar. vet. ex Cod. reg. 7646. Vide in *Burgus.* [** Ex Isidor. lib. 9. cap. 4. sect. 28. leg. *Burgarii.*]

BURGUS, Burgum, ita appellabant, *crebra habitacula constituta*, ut est apud Orosium lib. 7. cap. 22. et Isidorum lib. 9. cap. 2. sect. 99. seu *domorum congregationem, quæ muro non clauditur*, ut est apud Luithprandum lib. 3. cap. 12. atque inde *Burgundiones* appellatos iidem scribunt, populos scilicet, qui ripas Rheni insederunt, et postmodum in interiora Galliarum penetrarunt; de quibus præter cæteros Scriptores, qui horum meminere, sic scripsit auctor Vitæ S. Faronis Episc. Meld. cap. 8 : *Olim a Romanis devicta est Germania, quæ post Scythiam inferiorem a Danubio inter Rhenum fluvium Oceanumque conclusa cingitur : in qua fuit constitutum quoddam genus per limites castrorum a Tiberio Cæsare pro officio militari. Ubicunque enim castra Romanorum custodiam militarem spectabant, hoc genus circa se per limites ordinabant, audebantque illi animas atque corpora sua credere, curasque securitatis cum die nocteque partiri; atque in gentem coaluit magnam, et ex locis nomen sumpsit, quia pro limitibus crebra habitacula constituta, Burgos vulgo vocant : unde sunt Burgundiones vulgo dicti, facto nomine a nomine Burgi. Hi præterea rebelles Romanis effecti, plus quam octoginta millia armatorum ripæ Rheni fluminis insederunt, et nomen gentis obtinuerunt.*

[** Vide Massmann. voce *Baurgs*, in Glossar. ad Interpr. Goth. Evang. S. Iohannis. Graff. Thesaur. Ling. Franc. vol. 3. col. 179. et Schmeller. Glossar. Saxon. voce *Burg*, Ihrii Glossar. Suio-Goth. vol. 1. col. 242. voce *Borg*, et Glossar. Anglosax. vocibus *Burh* et *Byrig.* Omnibus est Urbs, civitas, nonnunquam castrum. Alia vox, cujus tamen origo ad hanc nostram proxime accedere videtur, est *Bur*, Habitatio; de qua vide Graff. l. l. col. 18. Schmeller. Ihrium l. l. col. 393. et Glossar. Anglos. Mediis temporibus plurimæ voces sine ulla significationis differentia promiscue cum Bur- et Burg- componuntur, ita scripserunt *Burgraf*, *Burrichter*, *Burmal*, *Burkore*, *Burmann*, *etc.* pro *Burggraf*, *Burgrichter*, *etc.* Vide Gaupp. de urbib. Germ. pag. 59. Quod scribit vir doctissimus G. literam primum in *Burggraf* ob eandem literam sequentem elisam, ad analogiam hujus vocis in ceteris etiam intercidisse, omnino ferri non potest. Hæsito tamen an dicam *Bur-* antiquam vocem esse, quæ Habitationem sonat, sive vocem medii ævi *Bur*, antiquius *Buari*, Habitator (hodie *Bauer*, Rusticus), quo sensu *Burscap* et *Bursprake* usurpata esse constat in Statut. Bremens. et aliorum oppidorum Germaniæ inferioris.]

At Vegetio lib. 4. cap. 10. *Burgus* est *Castellum parvulum*. Et in Glossis πύργος est *Turris*, *Burgus*. Unde Casaubonus ad Strabonem, cui concinit Sirmondus ad Sidonium, existimat, vocis istius originem petendam a Græcis, imo a Macedonibus et Thracibus, qui βύργον pro πύργον dixerunt. Hanc tamen sententiam improbat Cluverius, contenditque, vocem esse puram putam Gallorum ac Theutonum, penes quos *Burgus* semper fuit domorum complurium congregatio, etsi apud Latinos pro turre, vel turrito propugnaculo in limitibus constituto, *Burgos* dici præterea constet ex leg. 11. Cod. de Offic. Præf. Præt. Afr. Sed hæc ita concilianda existimo, ut *Burgos* Latini, vel etiam Galli ac Germani primitus appellarint domorum congregationes, cujusmodi majores *villas*, et vicos hodie appellamus; atque adeo non tam Græcorum, quam Gallorum et Theutonum vocem esse : postmodum vero exstructis ad *Burgos* militum Germanorum, qui per limites Rheni et Imperii Romani dispositi fuerant ad illorum custodiam turribus et præsidiis, iis etiam *Burgorum* appellationem inditam. [** Conf. Diez. Grammat. Ling. Roman. vol. 1. pag. 9. et Forcellin. voce *Burgus*. Papias MS. reg. 7609 : *Burgus*, *Habitaculum magnum hospitibus* (f. hostibus) *expositum*.] Id omnino firmant oppidorum plurium terminationes in *urg*, quod quidem nominis attributum, non ipsis domorum congregationibus, sed castris et castellis, quæ in burgis exstructa sunt. Exemplum præbet Freherus in Orig. Palat. cap. 7. in *Lobodo*, seu *Loboduna*, civitate, quæ postmodum *Lobdenburg* dicta est, quasi burgum et præsidium ipsius pagi. Sic *Batenburg*, Batavorum castrum, et ita de cæteris, quæ hanc terminationem habent. Cum vero *Burgus*, vel *Burgum*, nude ponitur, tunc non ipsum castrum ac prædium; sed villam, quæ castro subjacet, appellarunt nostri. Conradus de Fabaria de Casibus S. Galli cap. 14. pag. 142 : *Quo levius castrum potuisset obtinere cum Burgo Wille*. Hovedenus : *Erant quidem infra Vernolium tres Burgi præter castellum, etc.* [** Charta ann. 1180. ap. Gaupp. de urbib. Germ. pag. 54 : *Castrum Stadii et Burgum cum ministerialibus, etc.* Chart. ann. 1225. ap. Schannat. in Histor. Episcopat. Wormat. vol. 1. pag. 232 : *Concessimus castrum in Heidelberg eam Burgo ipsius castri et comeciam Stalbohel.*] [*Madox* Formulare Angl. pag. 36 : *Edwardus Rex... vobis notifico, quod volo Burgum de Wintuna, et quatuor hidas terræ insuper... Monachis apud Westmonasterium in hæreditatem cedere.* Vox *Burgum* ibidem Saxonice redditur Byrig, Urbs, civitas. Acta. SS. Benedict. sæc. 3. part. 1. pag. 373. in Miraculis S. Wlframni Episc. Senon. : *Gravissima fames... quæ per septem annos continuos orbem oppressit, frequenter urbes et castra multa populorum stipatione pridem referta, sive villas, sive Burgos, ita depopulata est, ut ædificiis passim dirutis rarus incola inveniretur.*]

** *Burgen* pro Habitatione in castro est in Chart. ann. 1252. ap. Guden. cod. Diplom. vol. 1. pag. 625 : *Ipse quoque dominus noster Archiepiscopus, tres mansiones que Burgen dicuntur vulgariter nobis... concessit in castro prædicto etc.*

Burgum, inquit Cowellus, *est oppidum omni civitate inferius, quod per Chartam Regis fit corpus politicum, et jurisdictionem talem qualem infra suos limites exercet.*

¶ Burgus, Suburbium, Gall. *Fauxbourg.* Barthii Glossar. ex Guiberti Hist. Palæst. lib. 4. cap. 3 : *Hospitatus est extra urbem, donec iniquus Imperator jussit eum hospitari in Burgo urbis. Burgus Forensis*, in Chronico S. Medardi Suession. apud Acherium Spicil. tom. 2. pag. 797 : Anno 1240. Albigenses *appropinquantes civitati Carcassonæ a Burgensibus et illis qui manebant in Burgo forensi, intus nocte per traditionem sunt intromissi.* Ibidem : *Ipsi vero Albigenses ab obsidione recedentes totum forensem Burgum inclytum Carcassonæ igne combusserunt. Burgus forensis*, id est, *Burgus* qui *foris* est seu extra urbem. [** Adde Annal. Beneventan. ad ann. 1073. Liudprand. Antapod. libr. 1. cap. 41. et libr. 3. cap. 46. Pertz. vol. Script. 3. pag. 181. 284. et 313.] Hinc nostrum *Fauxbourg* derivatum existimo. Primo *Forsbourg* et *Forbourg*, deinde *Fauxbourg*, dictum est.

* Alteram vocis Gallicæ *Foubourg* originem, cujus auctor est *Duchat*, videsis in nova edit. Diction. etymol. Menag.

* Burgus, Jus burgi. Charta W. reg. Scot. in Chartul. eccl. Glasg. ex Cod. reg. 5540. fol. 13. v°. : *Sciant præsentes et futuri me concessisse.... Jocelino episcopo Glasguensi et singulis ejus succesoribus in perpetuum, ut Burgum habeant apud Glasgu, cum foro diei Jovis.*

Burcus, pro *Burgus*. Willelmus Britto lib. 2. Phil. de Corbeia :

> Opposuit medium flumen natura fluentum,
> Qui Burcum vallo disterminat exteriori.
> Hic obstat Comiti, ne vires transferat ultra,
> Tam bona ne pereat sub eodem villa furore, etc.

Infra :

> Ut magnum turmis cingentibus undique Burcum
> Impiger obsideat.

Idem lib. 7 :

> Tam clarum Burcum, tam clara mœnia vidit.

Burgarii, qui *Custodes Burgorum* dicuntur in leg. 2. de His, qui condit. propr. [** Cod. Th. 12, 19. Vide *Burgi*.] quorum certa corpora erant, ejusmodi Burgorum custodiæ addicta, [ita ut *Burgos* deserere non possent; unde, non secus ac Muliones, servos publicos fuisse ejusmodi *Burgarios* non male conjeceris.] Vide hanc legem, et tit. *de Burgariis* in Cod. Th. [** lib. 7. tit. 14. ibique interpret.]

Burgarius, Villicus. Vita MS. S. Gaugerici Ep. Camerac. lib. 2. cap. 10 : *Hunc siquidem locum... a suo Burgario, qui eum possederat, numerata pecunia comparavit.*

BURGWARDUS, Burgwardium, quibusdam, Castellania, Burgi territorium, ager, dicitur; ex Teutonico *Burg*, Burgum, et *Ward*, custodia. Sed ex locis, quos hic describimus, *villa* dicitur et *munitio*, scilicet quæ *Burgis* adjacet, et quæ inde nostris *Boulvard*, pro *Bourgward* vocatur, unde et ipsi oppido, et agro circumjacenti nomen postea attributum. Nam quod Salmasius vocem a βῶλος, *cespes*, deducit, nihili est. Charta Ottonis M. Imp. ann. 965. pro Ecclesia Magdeburg. apud Meibomium : *Munitionem etiam, vel Burgwardium urbis Spuitineburg in pago Nudhice sitæ, cum omnibus pertinentiis, taleque prædium, quale Huodo in beneficio habet in pago, etc.* [** Adde Heinric. III. Imper. chart. ann. 1045. ap. Hoefer. Diar. rei Diplom. vol. 2. pag. 525.] Historia erectionis Archiepiscopatus Magdeburgensis per Joannem PP. in Concilio Ravennat. : *Cum omnibus pertinentiis, et villis, quas Burgwart vocant.* Ditmarus l. 6. pag. 59 : *Merseburgense Burgwardum.* Lib. 6. pag 72 : *Insuper Zurbizi Burgwardum, quem antecessores sui in beneficium possederunt sibi vendicavit.* Lib. 7. pag. 97 : *Ut parochiam in Orientali parte Mildæ fluminis jacentem, i. e. in Burgwardis Bichni et Wtein Eilbardo concederem.* Infra : *Ekkiardus... in Burgwardo suimet Rochelizi dicto 2. munitiones ad capiendas ibidem feras... parat.* [** Pertzio vol. Script. 3. pag. 803. 821. 853. et 867.]

¶ **BURGWERK**, Jus burgum muniendi, a Teutonico *Burg*, Burgum, et *Werck*, Opus; quomodo Gal. vocant *Ouvrages* castri sive urbis munitiones. Litteræ Wichmanni Archiep. Magdeb. apud Ludewig. Reliq. MSS. tom. 2. pag. 340 : *In his tribus mansis censum, decimam et Worrop, cum omnium reliqua justitia, quam in eis habemus, excepto jure quod Burgwerk appellatur, ipsi Ecclesiæ contradimus.* Vide *Burghbote*. [** Idem est quod *Fossata*. Chart. Henric. Duc. Saxon. ann. 1169 : *Prædicti coloni... expeditiones sequantur et Borgwerk operentur.* Ch. ejusd. ann. 1170 : *Castrorum munitiones, quas vulgariter Burgwerk vocamus.* Vide *Burchwerch* et Haltaus. Gloss. h. v. col. 196.]

* **BURGUUS**, Idem quod *Burgus*. Chartul. Roton. : *Quicumque in illo Burguo habitaverint, etc.* Vide supra *Burgotus* in *Burgetus*.

¶ **BURHBRYCE**. Vide *Burgbrech*.

BURHMANNUS, Idem qui *Burgensis*, Civis; vox ex Saxon. Burh, urbs, oppidum, et man, homo, effìcta : in Legibus Ethelredi Regis § 23.

¶ **BURIA**, Fons, scaturigo. Donatus Exiguus in Vita S. Trudonis : *Altera vero nocte pergebat ad villam quæ Septimburias dicitur.* Joannes Bapt. de Gramaye in Bruxella de encomio Rubeæ vallis meminit Prioratus Septem Fontium in Zonia prope Bruxellas siti in loco habitationi et quieti conveniente circa *Fontium septem scaturi-*

gines, et Miræus in Orig. Cononic. Regul. Ord. S. Aug. refert, Monasterium B. Mariæ ad *Septem-fontes* prope Bruxellas vulgo *Sevenbor* appellari. Et certe *Sevenbor*, Belgice idem sonat quod Septemfontes; est enim *Seven*, septem, et *Bor* seu *Borne* fons, Saxonice Burn, fons, torrens, unde *Buria* facile potuit derivari, non a Græco βρύω, scateo, ut vult Fr. Junius. Vide *Bura*.

¶ **BURIATUS**, Vestitus *Burello*. Vide in hac voce post *Birrus*.

BURICA. Lex Alaman. tit. 97 : *Si quis Buricas in silvis, tam porcorum, quam pecorum, incenderit*, 12. *sol. componat.* Stabulum forte, inquit Spelmannus, vel casula ex ramis confecta, quod Angli *Boure* dicunt, a Saxonico Burt, et Bur, i. cubiculum, conclave. [Nostri olim *Buron* pro casa dicebant, quod a Græco βόριον deducit Borellus.] Vide *Bura*.

¶ **BURICHALE**. Vide post *Buricus*.

¶ **BURICTARIUS**, Pincerna, sic dictus a Gallica voce *Bure*, Lagena major, unde nostrum *Burette*. Litteræ Philippi Regis Francorum ann. 1292. ex antiquo Chartulario Æduensi : *Astantibus in palatio nostro, quorum subscripta sunt signa et nomina : S. Theobaldi Comitis Dapiferi. S. Guidonis Purictarii nostri. S. Matthai Camerarii nostri, cum Stabulario nullo, etc.* Vide *Buticularius* in *Butta* 3.

BURICUS, Burricus, Gall. *Bourique.* Gloss. Lat. Græc. : *Mannus*, Βουρίχος. Isid. Gloss. : *Mannus, Buricus*. Glossæ antiquæ MSS. : *Mannus, equus brevior, quem vulgo Brunicum vocant.* [** Ex Isidor. Orig. Vide *Brunicus* et *Burdo*.] Papias MS.: *Burides, Animalia, Manni.* [MS. Bitur. : *Manni, qui et Burides dicti, mansuetudine manum sequantur.*] Editus habet *Burrides*, forte leg. *Burici*. Porphyrion in libr. Epod. Horatii : *Mannos equos, vulgo Burrichos appellant.* Paulinus Epistola 10. pag. 128 : *Macro et viliore asellis Burico sedentem.* [Eadem habet Petrus Venerab. Epist. ad S. Bernardum inter hujus opera tom. 1. col. 222. A. edit. 1690.] Hieron. in Eccles. cap. 10 : *Dignitate perflati vias publicas manibus* (i. mannis) *terant, quos vulgo Buricos appellant.* Et Epist. 26. cap. 3 : *Ubi* (videris) *ferventes Buricos, mannos, comatulos pueros, pretiosas vestes, etc.* Petrus Damiani lib. 7. Epist. 5 : *Is, cui insidebas, non dicam equus, sed potius burdo, vel Buricus, etc.* Vide Vegetium lib. 4. Art. veterin. cap. 2. et Cujacium lib. 11. Observ. cap. 16. Salmasius ad Vopiscum a πυῤῥίχος deducit, quæ vox Græcis idem est, quod πυῤῥός, *rufus* : sic enim omnes equos breviores a colore appellasse Latinos ævi inferioris ait, etsi alterius coloris essent, idque abusive. Adde Octavium Ferrarium in Originib. linguæ Italicæ voce *Borra*, [** et Forcellin. voce *Burrichus*.]

Burichale, Βουριχάλιον, in Chron. Alex. pag. 718. Vide Meursii Gloss. [ubi βουριχάλιον redditur per *Instrata equorum*. Sic etiam illam vocem interpretantur Macer in Hierolexico et Jos. Laurentius in Amalthea; Salmasius vero ad Histor. Aug. pag. 211. *Burichum* intelligit, sed perperam. Miror, nostrum Cangium Salmasii opinionem amplexum fuisse in suo Mediæ Græcitatis Glossario. Testament. S. Gregorii Nazianzeni : Ἐν ἐσθῆτι σηρικῇ, ἢ λινῇ ἢ ἐρέᾳ, ἢ βουριχαλίοις. quo in loco intelligi potest vestis stragula.]

* **BURIDA**, *Lo sono del timpano.* Glossar. Lat. Ital. MS.

** **BURIENSES**, An iidem qui *Burgenses*? Annal. Mosomagenses ad ann. 1248. ap. Pertz. Script. vol 3. pag. 164 : *In octaba B, Martini juxta vilarem Sarnoit convenierunt insimul Burienses de Mosomo et burgenses de Bullone, etc.*

BURINA, Seditio, proprie *Mesleia*. Charta Henrici Imp. ann. 932. apud Miræum in Cod. Don. piar. cap. 30. et Barthol. Fizenium in Hist. Leodiensi pag. 213 : *Et in his locis... concedimus et confirmamus eis bannum et justitiam, impetum et Burinam, ictum et sanguinem, etc.* Alia apud eumdem Miræum cap. 85 : *In his locis possidet Ecclesia bannum et justitiam, impetum et Burinam.* Charta Samsonis Archiepiscopi Remensis pro Cisoniensibus : *Si forte latro captus fuerit, sive aliqua Burina facta fuerit, aliquid justitiæ exercebit; sed tamen latro dimitti non debet, ... nisi Advocatus vel familia ejus rescierit.* Charta Henrici Imp. ann. 1107. apud Chapeavillum tom. 2. pag. 55 : *In seditionibus, quas vulgo Stuer et Burinne dicimus, judicandis.* Ex his emendanda Charta seu Epistola Fulcardi Abbatis Lobiensis, in Chr. Lobiensi pag 602 : *In placitis, præter Burinam et testeiam, non debet habere Advocatus, nisi tres denarios.* Perperam enim editum *bincinam*. [Antiquæ Consuetud. villæ Hasprensis apud Marten. Collect. Ampliss. tom. 1. col. 894 : *Si quis in villa sanguinem fluentem vel Burinam fecerit, et id legitimo probatum fuerit testimonio, forisfactum sanguinis per sexaginta, forisfactum Burinæ per triginta solidos emendabit : quorum duæ partes Ecclesiæ, tertia Comitis erat.*] [* Hæc sic Gallice redduntur in Ch. ann. 1197. ex Chartul. Hannon. in Cam. Comput. Insul. : *Se aucuns en le ville de Haspre fait sanc courant ou Burine, et il est prouvé par loyal tesmoingnage, le fourfait du sanc il amende par lx. sols, et de le Burine par xxx. sols. Mesleia* et *Burina* in hoc differunt, quod *Burina* sit animosa contentio, in qua rixantes mutuis sese lacessunt conviciis; in *Mesleia* vero mutuis conviciis etiam adjiciant verbera : utrumque sic optime vertitur Gallice, *Querelle de fait et Querelle de parole*, in veteri translatione Gallica Chartæ Guidonis Comitis Flandriæ ann. 1237.] [** Vox *Burina*, ejusdem originis esse videtur ac Germ. *Empœrung*, scilicet a verbo *Bœren*, Tollere, allevare. Vide etiam *Burma*. Adel. Germ. antiq. *Burjan*, ordiri, incipere. *Aneborende, Insurgentes in me; Ufpurit, suscitabit* (*omnes terminos terræ*) in vet. vers. Germ. Bibl. ap. Graff. Thes. Ling. Fr. vol. 3. col. 158. 163. 167.]

* **BURINÆ**, Ludi genus. Stat. Montisreg. pag. 178 : *Statutum est quod aliquis non ludat in civitate Montis-regalis vel districtu ad taxillos, vel ad Burinas, vel ad alium ludum vetitum.* Vide supra in *Bulla*.

¶ **BURINDIS**, *Sustentaculum*, in Glossis MSS.

BURINGI. Charta Caroli Crassi Imp. apud Goldastum tom. 1. Constit. Imper. pag. 208 : *Præcipimus, ut singuli Buringi* 10. *cum* 12. *funibus de canapo solidos dominis suis impendant, et insuper somarium cum capistro concedant.* In quam Constitutionem Freherus, *Buringos* esse putat colonos, qui justa prædia et villas, curtes integras et instructas exercent, non possessiones, quas Justinianus *fœneas* vocat, quos a colendo et ædificando *Bauren* Germani dicunt. Vide *Burs* et *Burengi*.

¶ **BURJOSIA**, Annuum vectigal, quod a Burgensibus Burgi Domino pensitatur. Engelb. *Maghe* in Chronico Bonæ Spei pag. 151 : *Participabit autem Dominus Dux cum Ecclesia Bonæ Spei in Justitia majori et minori, in banno et in omnibus forefactis, in Burjosia et teloneo, etc.* Et pag. 152 : *Singuli autem tam Burgenses quam alii, qui voluerint manere in libertate villæ, dabunt in festo S. Remigii duodecim denarios Lovanienses pro libertate et Burjosia.* Vide *Burgagium*.

BURIRE. Formulæ solennes [** Bignon. 8. Lindenbr.] cap. 125 : *Quod hominem suum... in via malo ordine adsalisset, et ipsum ibidem interfecisset, vel occidisset, vel rauba sua, caballos, aurum, et argentum, et drapalia exinde tulisset, vel deportasset, vel leodem contra legem ibi Burisset.* Ubi Spelmannus *leodem burire*, vassallum sepelire, a Saxonico, burian, sepelire, interpretatur. At Wendelinus in Gloss. voce *Leode*, *burisset* vertit *abstulisset*. *Leodem* vero pro bonis universis intelligit, seu potius pro compositione homicidii. Apud Papiam lego : *Burrit, vox belluæ.* [Sic etiam in vet. Glossar. San-German. n. 501.]

¶ **BURIS**. Vide *Buricus* et *Burs*.

¶ **BURISTA**. Vide *Burs*.

BURJURATUS. Tabularium S. Dionysii in Francia ex Bibl. Thuana : *Ebroinus et uxor sua Agnes, de cujus hæreditate feudus Buticulariæ erat, dederunt in eleemosynam B. Dionysio, vinum, panem, porros, pisa, lardum, claratum, Burjuratum, telonum, festa principalia, et mediocria festa. Testes Milites Odo de Malboisson, etc.*

*Idem videtur quod supra *Burgerastrum*, quomodo etiam forte legendum est.

** **BURKORE**, Statuta Burgensium autonomica de operis ac præstationibus communibus. Chart. Senat. Hanov. ann. 1293 : ap. Grupen. in Antiq. Hanov. pag. 298 : *Minuta statuta civilia quæ vulgariter Burkore, cujusmodi sunt mercedes fossorum et vigilum*, etc. Vide Haltaus. h. v. et *Bauersprache*, Glossar. Germ. col. 110. et 193.

* 1. **BURLA**, Spicarum manipulus, fascis, ut videtur Stat. Astæ pag. 80. v°. : *Nulla persona audeat intrare in aliqua possessione in qua sint messes, et manipulis seu covis, Burlis seu cavaglonis, etc.* Vide supra *Borla* 1.

* 2. **BURLA**, Res seu ornatus levis momenti, puta vietoria fibula, Gall. *Virole*; quo sensu *Burla* dicunt Hispani. Arest. parlam. ann. 1368. in Lib. 1. ordinat. super artif. Paris. ex Cam. Comput. fol. 306. r°. : *Consueverunt etiam dicti mercerii suas estaffas diversis artificibus villæ Parisiensis tradere, ad opus et ministerium cutellorum faciendum, convertendum, quorum aliqui Burlas, alii manubria faciunt...... Dicti manubriatores præfati mercerii manubria et virolas per alios prædictos facta, etc. Burlete*, Sacculus, ut videtur, in Lit. remiss. ann. 1457. ex Reg. 187. Chartoph. reg. ch. 33 :

Le suppliant trouva en unes Burletes quatre escus d'or, lesquelz il enterra au pié d'un chesne. Vide supra in *Burallus.*

* 3. **BURLA**, Burlare, pro *Bulla* et *Bullare*, in Sent. arbitr. Guill. archiep. Lugdun. ann. 1335. ex Reg. 72. Chartoph. reg. ch. 385 : *Litteræ fiant, Burla nostra et sigillo communi regio in baillivia Matisconensi constituto sigillandæ et Burlandæ.*

1. **BURLARE.** Vetus Charta apud Columbum in Manuasca lib. 1. n. 43 : *Prohibetur Burlare, nisi in Burlaria antiqua, videlicet a portali superiore ad portale clausum.* Hispanis *Burlar*, est jocari, ludere, Vasconibus *Burlaze*, Occitanis *Bourlos*, ludus, jocus, illusio. Est igitur *Burlaria* locus in urbe vel extra urbem, in quo ludere solent incolæ. In Pacto Tongrensi ann. 1403. in Magno Recordo Leodiensi pag. 38. *Burlatores*, (*Bourleurs*) ganeonibus accensentur; *Sodoiers, manecheurs, ou Bourleurs.* Adde pag. 225. Vide *Bohordicum, Campus Martius*, et Octavium Farrarium in Origin. linguæ Italicæ in hac voce.

* 2. **BURLARE**, vox Italica, Irridere, contemnere, ludificare, Hispan. *Burlar.* Charta ann. 1333. in Reg. 66. Chartoph. reg. ch. 1339 : *Dictus Andreas tunc bajulus castri de villa Vayraco, in contemptum et vituperium domini nostri regis et appellationis prædictæ, ipsum Johannem Salast male tractavit, cum pugnis verberando eumdem graviter et bodreiando viliter et impingendo eumdem Johannem appellantem, ipsumque Johannem sic male tractatum, verberatum, et Burlatum posuit in carceribus.* Vide *Burla*, 3.

BURLAWA, Lex rusticorum, seu de re rustica, a Burs, rusticus, et Law, lex. Regiam Majestatem lib. 4. cap. 39. § 8 : *Cætera omnia et singula, quæ currunt in Curiis dominorum, secundum auxilium et favorem terminantur : exceptis legibus de Burlawis, quæ per consensum vicinorum erunt.* Ubi Skenæus : *Apud Germanos aur Brusti cum significat, Lauch, vel Law, Lex : hinc Burlaw rusticorum Leges, de re rustica latæ. Nos hodie Bir law Courtis, et Bir lawmen dicimus.*

¶ **BURLESCHUS**, Satyricus, Gall. *Burlesque*, in Actis SS. Aprilis tom. 1. pag. 797.

¶ **BURMA**, f. pro *Burina.* Literæ Reginardi Leod. Ep. ann. 1034. apud Marten. tom. 4. Ampl. Coll. col. 1172 : *Nullum ibi obsonium, nullam ibi precaturam habebit; numquam nisi ab Abbate et ministris ejus, se intromittet de aliqua justitia ibi facienda, vel de sturma sive Burma, nisi evocatus pro hoc ipso fuerit, et tunc tertium accipiat denarium.* Alia Henrici itidem Leodiens. Episc. ann. 1081. ibid. col. 1175 : *Quicumque allodium ibi habeat, sit* (sic) *falsa mensura, et latro, et lex campalis, et sturma, et Burma, et cetera ad Comitatum appendentia.*

* Haud dubie legendum erat *Burina.* Vide in hac voce.

* **BURMAL.** Charta Conradi archiep. Magdeburg. ann. 1226. apud Ludewig. tom. 12. Reliq. MSS. pag. 322 : *Insuper sculteto civitatis,..... de eo quod Burmal nominatur, quatuor denarii* (dabuntur). Ubi mulctæ variis ex causis solvendæ statuuntur; unde *Burinal* legendum suspicor. Vide supra *Burma.* [** Nihil mutandum. Chart. Scabin. Hallens. ann. 1235. art. 32. ap. Gaupp. Jus Magdeb. pag. 227 : *Si alienus effici voluerit noster burgensis 3. solidos dabit, quod Burmal appellatur.* Plura ap. Haltaus. voce *Bauermal*, Glossar. Germ. col. 108. Est Jus civitatis et quod pro eo obtinendo datur.]

¶ **BURMEISTER**, Sculteti seu Prætoris Assessor, qui et Ecclesiæ *Nuncius*, ut puto, dictus est, quod ab Ecclesia electus esset atque institutus. Ludewig. Reliq. MSS. tom. 5. pag. 26 : *Dictus Scultetus in præfata villa ter in anno solemniter judicio præsidebit, cui assidebit Nuncius ipsius Ecclesiæ, qui Burmeister vulgariter nuncupatur; et quidquid lucri in dicto judicio percepit, tertia pars erit Sculteti, et duæ partes ad Ecclesiam pertinebunt. Per totum autem anni circulum residuum prætaxatus Ecclesiæ Nuntius de* XIV. *in* XIV. *diem judicio præsidebit, et duæ partes lucri nihilominus Ecclesiæ et tertia cedet Sculteto. Burmeister* per abbreviationem dictum existimo pro *Burgermeister*, quod vide in *Burgimagister.* [** Vide Haltaus. voce *Bauermeister*, Glossar. German. col. 109.]

* **BURNA**, Meta, terminus, Gall. *Borne.* Charta Florent. episc. Glasguens. in Chartul. ejusd. eccl. ex Cod. reg. 5540. fol. 40. r°. : *Et sicut sicus descendit ab illa via in prædictam Burnam ex orientali parte de Schotteschales, etc.* Vide *Borna.*

BURNETA, Burnetum, Pannus ex lana tincta confectus. Statuta S. Audoëni in Anecdot. Marten. tom. 4. col. 1208 : *Nullus in quocumque loco utatur tunicis vel coopertoriis de Burneta vel alio panno colorato.* Computus ann. 1202 : *Pro* 11. *ulnis de Burneta ad caligas* XVI. *s.* Vide *Bruneta.*

* **BURNEUM**, Ebur, Gall. *Yvoire.* Arest. parlam. ann. 1368. in Lib. 1. ordinat. super artif. Paris. ex Cam. Comput. fol. 306. r°. : *Consueverunt dicti mercerii..... a mercatoribus foraneis estaffas* (l. estoffas) *eboris, iwoor seu Burnei, et alias diversas denariatas ad dictum eorum ministerium cutellorum necessarias.... emere.*

* **BURO**, Sagitta, telum. Hist. fabul. necis Cresc. tom. 10. Collect. Histor. Franc. inter not. pag. 256 : *Fulco, convocatis archeriis suis, quos in hujusmodi exercitio peritos esse noverat, fecit eos exercere ante se ad foramen cujusdam portæ et sagittas jacere sive Burones, etc.*

¶ **BUROLA.** Vide in *Bussa.*

1. **BURRA**, Tomentum, Gall. *Bourre*, Glossæ Biblicæ MSS. : *Stipula, stypa, i. escaro. Stupa lini, Burra lanæ purgamentum est.* Vide *Burda*, et Octavium Ferrarium in Origin. linguæ Ital. in *Borra.*

* Stat. Astæ ubi de Intratis portar. : *Pillus de bobus et omnes alias Burras ponantur et solvant pro quolibet rubo solidos viij. Burre*, Vestis ex panno *Birrus* vel *Burrus* dicto. Lib. rub. fol. parvo domus publ. Abbavil. fol. 117. v°. ad ann. 1365 : *Un affuloir, un Burre, et un peu de fleur.* Vide supra *Bura* 2.

* 2. **BURRA**, Certa pellium quantitas, ut videtur, a Fland. *Burrie*, brachiata crates, Gall. *Civiere.* Charta Phil. comit. Fland. ann. 1163. in Chartul. 1. Fland. ch. 325. ex Cam. Comput. Insul. : *De Burra variarum pellium, iiij. den.*

* 3. **BURRA**, Pensitatio, ni fallor, quam a vassallis dominus exigit pro molitura frumenti in molendinis suis, idem quod *Molta* 2. Charta Theobaldi comit. Blesens. ann. 1182. ex Tabul. B. M. de Josaphat : *Ecclesiæ B. M. de Josaphat in elemosinam dedi Burram molendinorum meorum. Verum quoniam Burra aliquo anno minus, aliquo anno plus valebat; ego autem elemosinam meam certam esse volebam et determinatam, in eisdem molendinis c. sol. annui redditus eidem ecclesiæ reddendos ad festum S. Remigii in perpetuum dedi, et Burram mihi retinui.*

* 4. **BURRA**, Fustis, vectis, idem quod *Barra*, quomodo etiam forte legendum est. Lit. remiss. ann. 1379. in Reg. 115. Chartoph. reg. ch. 153 : *Hostia ipsius domus..... Burris ligneis, securibus et aliis instrumentis aptatis fregit dictus reus.*

* **BURRARIA**, Quæ *bura* seu lixivio linteas vestes abluit, purgat, Gall. *Blanchisseuse*, olim *Buresse.* Vide *Bura*, 1. Reg. 58. Chartoph. reg. ad ann. 1317. fol. 10. v°. : *Item concessit Perretæ de Creciaco, filiæ quondam Ysabellis de Hanonia, Burrariæ quondam domini Philippi regis quondam Franciæ, officium Burrariæ domini regis..... ad vadia xx. den. Paris. per diem.*

BURRENE. Charta Heccardi Comitis Augustodunensis ex Tabul. Persiacensi in Burgundia : *Cum spondale et tapete* 1. *et Burrene meliore* 1. *cum fasciunculo, etc.*

* F. Vestis ex *birro* vel *burro.* Vide *Birrus.*

¶ **BURRICHUS**, Burrides. Vide *Buricus.*

¶ **BURRINGSEK.** Vide *Byrthinsak.*

¶ **BURRIRE.** Vide *Burire.*

¶ **BURRITANICI**, *Flores qui in silva nascuntur.* Vet. Glossarium San-German. num. 501. [** Papias in cod. reg. 7609 : *Buritanici.* in Gloss. cod. reg. 7644 : *Burritanici.*]

* **BURRIUM**, f. Vivarium cuniculorum, Angl. *Burrow.* Charta Florent. episc. Glasguens. in Chartul. ejusd. eccl. ex Cod. reg. 5540. fol. 40. r°. : *Terra..... quæ vocatur Schotteschales per suas divisas, scilicet inter Burria de Scotteschales et viam per quam itur ad petariam* (f. petrariam).

¶ **BURRUM**, *Rufum et nigrum*, Papias MS. In veteri Glossar. San-German. : *Burrus, Rufus et niger.* Est a Græco πυῤῥός, Rufus.

BURS, Iidem qui *Buringi*, Coloni. Agardus : *Burs, i. colonus.* Ita forte dicti a *Buris, i.* Aratrum, vel *Curvatura aratri*, ut est apud Papiam. Idem mox : *Buris, dicta quasi Bos paris in similitudine caudæ bovis, i. ea pars aratri, qua inflexa stiva stimoni adjungitur.* [** Incerti Excerpta Grammat. ap Endlicher. Analect. pag. 211. num. 60 : *Buris, Curvamentum aratri, dicta quasi* βόος οὐρα. Editores conferri jubent Schol. ad Virgil. Georg. lib. 1. vers. 518. Vide Forcellinum in *Bura.*] Gloss. Lat. Gr. Buris, ῥυμὸς ἀρότρου. *Baur*, et *Bauren*, Germanis, est colonus, rusticus; [** vide Graff. Thes. Ling. Fr. vol. 3. col. 18.] cui scilicet *Buridis* cura est, quem *Buristam* vocat Olla Patella : *Mango, viticola, Burista, subulcus, agaso.* [** Gemm. Gemm. : *Burista, comm.*

gen., Germ. ein pflugheber, pflugheberin.] Domesdei : Sunt 4. hidæ, quæ pertinent huic manerio, ubi tempore Regis Edwardi erant 8. Burs, id est, Coliberti cum 4. carucis.

Buri, in eodem Domesdei, in Monastico Anglic. tom. 3. pag. 183 : In Uptune sunt 7. hidæ geldabiles. In dominio sunt duæ carucatæ, 18. villani, et 11. bordarii, et 2. Buri, et Presbyter. Infra : In dominio sunt 3. carucatæ, et 23. villani, et 3. bordarii, et 6. Buri, cum 28. carucatis. Vide Buringi.

* Hinc Frere Bourt appellari videtur laicus monachus, colendis agris potissimum addictus, in Lit. remiss. ann. 1393. ex Reg. 145. Chartoph. reg. ch. 202 : Fu commandé à l'exposant par dampt Josse Dumoustier religieux du moustier Nostre Dame du Veu et bailli de Valasse, que avec un frere Bourt dudit moustier, nommé frere Jehan Gascoing, il alast garder la pescherie du Mesnil près de Lislebonne.

* 2. **BURS.** Charta ann. 1390. in Reg. 141. Chartoph. reg. ch. 33 : Cum quodam glavioto, tam de plato quam de Burs cum cauda, pluribus et diversis ictibus atrociter.... percusserat. Hoc est, tam cæsim quam punctim, Gall. d'estoc et de taille.

1. **BURSA**, Crumena, Gall. Bourse, Ital. Borsa, ex Græco Βύρσα, corium, quod ex corio confecta sit. Jo. de Janua : Bursa, Marsupium, dicitur a Bursa, quod est corium bovis, quia de corio fiat. Hinc Bursella, parva Bursa. Bursare, Bursas facere, vel in Bursam reponere, Imbursare. Jo. de Garlandia in Synonymis :

Marsupium, Bursa, forulus, loculusque, crumena.

S. Audoenus lib. 2. Vitæ S. Eligii cap. 12 : Habebat quoque zonas ex auro comptas, nec non et Bursas eleganter gemmatas. Ordericus Vitalis lib. 9 : Rogerius cognomento Bursa, id est, Crumena. Guill. de Podio Laurentii cap. 21 : Quo dicto reposuit litteras in Bursa diligenter. Christianus Archiep. Moguntin. in Chr. : Dispersi sunt lapides sanctuarii, non quidem in capita platearum, sed in Bursas furantium. [Capitulum gener. S. Victoris Massil. ann. 1506 : Nec gibasserios (deferant) aut Bursas apparentes supra vestem.] Alanus de Insulis lib. 7. Anticlaudiani cap. 7 :

Nec Bursam satiat nummis, etc.

Utuntur præterea Petrus Blesensis Epist. 17. 74. Ebrardus Bethun. lib. contra Valdenses cap. 20. Thwroczius, [** Auctor Reinard. Vulp. libr. 4. vers. 224.] etc.

Bursa Papalis. Cencius Camerarius de inauguratione Celestini III. PP : Cingitur ab eodem Priore (Basilicæ S. Laurentii) zona rubea de serico, in qua dependet Bursa purpurea, in qua sunt duodecim sigilla pretiosorum lapidum, et muscus. Mox : In zona notatur continentia castitatis, in Bursa gazophylacium, quo pauperes Christi nutriantur et viduæ : in duodecim sigillis, duodecim Apostolorum potestas designatur : muscus includitur ad percipiendum odorem, ut ait Apostolus : Christi bonus odor sumus Deo.

* Bursa Cornuta Præmonstratensibus interdicitur, in Stat. eorumdem MSS. dist. 4. cap. 8 : Cutellis cum virolis argenteis, vel acutis, vaginis de corio bullito, Bursi cornutis,... non utemur. Ornatus pars non minima erat bursa, quam interdum tintinnabulis argenteis decorabant. Lit. remiss. ann. 1389. in Reg. 138. Chartoph. reg. : Une petite houpelande doublé de sarge, le petit pourpoint, la Bourse qui y pendoit, qui est garnie de sonnetes d'argent. Testam. ann. 1448. in Chartul. 21. Corb. fol. 277. v°. : Item je donne à Agnès femme Pierre Pouchin une bourse de velours vermeil et ung bourselot cloqueté d'argent. Bourse pipelotée, varie et exquisite ornata, apud Guignevil. in Peregr. hum. gen. MS. Boursieres Sarrasinoises, in Lib. 1. ordinat. super artif. Paris. ex Cam. Comput. fol. 168. v°.

2. Bursa, Arca, ταμεῖον, Gazophylacium, sed proprie ad certos usus. Compotus Baillivorum Franciæ anno 1285 : Expensæ : Pro Bursis Scholarum Regis, qui fuerunt de Curia,... pro Bursis baptizatorum,... pro Bursis Beghinarum. In his namque Bursis, seu Arcis, reponebantur, quæ ad Scholasticorum, verbi gratia, seu Baptizatorum, etc. alimoniam spectabant, et quæ in eum usum a viris piis erant legata. [Concil. Hisp. tom. 4. pag. 188. col. 2 : Quin et Bursa sive arcam communem, etc. In Obituario Ecclesiæ Morinensis MS. ex Decreto Capituli generalis ejusdem Ecclesiæ pag. 2. memorantur Bursæ celarii, cotidiana, minutorum brevium, luqueti, fabricæ, novarum acquestarum, obituum; quæ videntur esse totidem gazophylacia ad diversos usus destinata. v. g. Bursa celarii erat illa, quam servabat Cellarius, et unde depromebat ea quæ ad victum erant necessaria; Cotidiana, ex qua minutiores et quotidianæ necessitates exsolvebantur, etc. Sed an vera sit nostra conjectura judicet lector ex ipsis locis : In plenis obitibus quos Bursæ celarii, minutorum brevium, cotidianæ, luqueti, fabricæ ac novarum acquestarum solvunt, Canonici et magni Capellani lucrantur quilibet 2. sol. etc. Et infra : Item in omnibus obitibus tam Bursæ obituum, quam fabricæ, cotidianæ, celarii, minutorum brevium, luqueti ac novarum acquestarum, sive a remanet, sive plenis, sive semis, fabrica percipit in quolibet 2. sol. 6. den. Per obitum plenum intelligimus solemniorem, obitum semis, minus solemnem, per Aremanet alium, forte minimum. [** Vide Savin. Histor. Jur. Roman. med. tempor. part. 2. § 135.]

Bursarii dicti, quibus ex ejusmodi Bursis stipendia præstantur : quæ vox etiamnum obtinet in Academiarum publicarum Scholasticis, quibus ob rei domesticæ penuriam certa quædam stipendia exsolvuntur ex arca ad id destinata, ad peragendos studiorum cursus. Vide Nomasticon Cisterciense pag. 645.

* Vulgo Boursiers, qui idcirco demeurer en bourse dicuntur, in Lit. remiss. ann. 1399. ex Reg. 154. Chartoph. reg. ch. 644 : Lambert Oudinet estudiant en l'estude et l'université d'Orléans, et pour lors demourant en l'ostel de maistre Jehan de la Porte avecques autres escoliers, qui y demouroient en Bourse.

¶ 3. Bursa, Conventiculum, illicitus cœtus fortesic dictus ex arca communi ad illos conventus fovendos destinata. Statuta Radulphi Episcopi Trecor. ann. 1439. apud Marten. Anecdot. tom. 4. col. 1149 : Qui conventicula et Bursam, vel communem societatem, seu collegium illicitum fecerint, etc.

¶ 4. Bursa, f. Saccus instar bursæ lana, tomento aliave re simili plenus, quem taurorum cornibus illigabant, ne dum agitantur, ludentes possent lædere. Concil. Hisp. tom. 4. pag. 428 : Nullo festo die fiant torneamenta vel agitationes taurorum.... habentes curam ludorum qui aliis plus habent periculi taurorum cornua caute ligando vel Bursam illis imponendo.

* 5. Bursa, Corporalis theca, nostris Bourse. Annal. Mediol. ad ann. 1389. apud Murator. tom. 16. Script. Ital. col. 810 : Bursa una dicti drappi pro corporalibus.

* 6. Bursa, Sacculus in organis. Comput. MS. fabr. S. Petri Insul. ann. 1473 : Item,... pro reparando magna organa, in eis scilicet faciendo Bursas et patellos.

* 7. Bursa, Fiscus, ærarium regium. Consil. Petri de Font. cap. 32. art. 35. pag. 147 : Cil qui dist que li testamens, qui n'est pas à droit fais, et ne vainki pas le plait, doit perdre che k'il a du testament, et le Bourse l'empereour le doit avoir.

* 8. Bursa, Distributio, quæ fit ex arca communi. Lit. ann. 1372. tom. 5. Ordinat. reg. Franc. pag. 580 : Quia dictus magister Petrus de numero aliorum notariorum nostrorum vadia et pallia ac Bursas percipientium, non existit, etc. Stat. ann. 1389. ibid. tom. 7. pag. 274. art. 7 : Si non tradiderit cedulam hujusmodi, distributione sua illius mensis carebit, prout fit in distributione Bursarum. Etre d'une bourse ensamble, Sumptus cum altero participare. Lit. remiss. ann. 1389. in Reg. 136. Chartoph. reg. ch. 57 : Ernoul de la Barre et Eulart de Pouques estoient compaignons et d'une Bourse ensemble, ou pays d'Escoce.

* 9. Bursa, Commodum, quod præter præbendam canonicis obvenit. Stat. capituli Gandersheim. apud Leuckfeld. in Antiq. Gandersh. pag. 447 : Si aliquis absentium canonicorum de hac vita migraverit, præbenda integra (exceptis consolationibus et Bursa) anno integro post mortem illius dabitur eidem. Infra : Omnes obventiones et proventus, tam consolationum quam Bursarum, etc. [** Est arca ad communem usum canonicorum. Vide supra num. 2. et Chart. ann. 1296. ap. Guden. Codic. Diplom. vol. 3. pag. 881. Eodem sensu Bursaria est in chart. ann. 1294. ibid. pag. 1180.]

** Vide Forum et Mercatura Bursæ.

Revocationem per Bursam, vocant Jura et Consuetudines Normanniæ cap. 118. jus, quod proximiori consanguineo competit, tenementum seu feodum a consanguineo, extraneo, venditum, pretio convento numerato, intra annum a venditione, sibi revocare et asserere. Practicis nostris Clameur de bourse. [Vide Forum bursæ.]

¶ Revocare et recuperare ratione Bursæ, Eadem notione in Chartulario S. Vandregesili tom. 1. pag. 838.

* Charta ann. 1306. ex Chartul. 21. Corb. fol. 183 : S'il avenoit que aucuns de no lignage, ou de par nous par Bourse, ou par promeche eust les coses dessusdites par racat ou par Bourse, etc. Alia ann. 1380. in Reg. 117. Chartoph. reg. ch. 85 : Com-

me nostre procureur au baillage de Caux se feust ja pieça clamé ou nom de nous, pour avoir par retrait de marchié de Bourse, et par seignorie la terre du Bec de Mortemer, dit Crespin, etc. Desbourser, Eo jure uti, in Lit. remiss. ann. 1400. ex Reg. 155. ch. 254 : *Fut sur ce passé une lettre, moyennant ce que ou cas que laditte vendue seroit Desboursée par lignage, etc.*

Bursarius, Officium Monasticum, penes quem est *Bursa*, seu pecunia Monasterii. Monast. Anglic. tom. 1. pag. 184 :

John Tortoun quintus Bursarius officiatus.

Vide Novam Gall. Christ. tom. 3. col. 785. E. et col. 790. B.]

* Bursarius, Officium classicum, nostris etiam *Boursier*, idem qui nunc *Ecrivain*, ut opinor. Tract. pacis inter Carol. VIII. reg. Franc. et Henr VII. reg. Angl. ann. 1497. inter Observat. ad Hist. Car. VIII. pag. 741. art. 16 : *Ad quæ implenda et integre observanda dictus capitaneus, magister, submagister, Bursarii, socii et alii præeminentiam in navi habentes se obligabunt, etc.* Non semel ibidem occurrit. Lit. remiss. ann. 1457. in Reg. 189. Chartoph. reg. ch. 167 : *Le suppliant estant contremaistre et Boursier pour Jehan Dourdoigne de la Crenelle de Touque,..... print ung pescheur d'Engletterre, etc.*

* Bursarius, *Bursarum* opifex. Inventar. Chartar. reg. ann. 1482. fol. 93 : *Littera acquisitionis magisterii tanneriorum,..... Bursariorum urbis Parisiensis juriumque dicti magisterii anno quolibet debitorum. De anno 1405.*

* Burserius, Penes quem est *bursa*, Gall. *Boursier*, nunc *Trésorier*. Consuet. Mss. monast. S. Crucis Burdegal. ante ann. 1305 : *Quælibet confratria habet unum comitem, unum Burserium et unam mandam.* Stat. tonsor. Burdegal. ann. 1483. in Reg. 207. Chartoph. reg. ch. 305 : *Lesqueiz tondeurs s'assembleront en l'église de Ste. Coulombe et esliront leur compte et leur Boursier et autres officiers* (de leur confrairie) *pour l'année advenir.*

¶ Bursaria, Officina seu conclave Bursarii, ubi creditam servat pecuniam, recipit et solvit, apud Kennetum Antiquit. Ambrosden. pag. 288. et Martenium Anecdot. tom. 1. col. 1348.

* Bursaria, Locus, ubi asservantur Chartæ. Inventar. Chartar. Monast. fol. ult. : *Multa alia debentur nobis....... in denariis et rebus aliis pertinentibus; ..... de quibus procurator penes se scripta debet habere, vel in Bursaria reponuntur.*

* Bursaria, Officium apud moniales sumptuarium. Regula soror. Fontis-Ebraldi cap. 31 : *Bursaria recipiat a depositaria certam pecuniæ summam, quatenus opus est pro singulis impensis faciendis in monasterio, tam pro sororibus quam fratribus.* Charta ann. 1338. inter Instr. tom. 6. Gall. Christ. col. 461 : *Priorissa, subpriorissa, et Bursariæ omni sexta feria sint in pane et aqua, donec compleverint quod mandatur.*

¶ Bursellula, Parva bursa, in Vita B. Coletæ cap. 6. num 37 : *Sumens propria manu quandam Bursellulam.*

* Nostris *Bourselet*, *Bourselot*, et *Bourset*. Lit. remiss. ann. 1391. in Reg. 141. Chartoph. reg. ch. 42 : *Un petit Bourselet de rouge cuir.* Aliæ ann. 1409. in Reg. 163. ch. 301 : *En laquelle tasse avoit ou Bourset de devant xiij. solz, iiij. deniers Par. en monnoie, et en l'autre Bourset près d'illec un Parisis. Une bourse ou Bourselot*, in aliis ann. 1449. ex Reg. 176. ch. 701.

¶ Bursemagister, An non idem qui *Bursarius*, quem penes est bursa. Rymer. tom. 8. pag. 727. col. 1 : *Johannes Paslew Magister, Rogerus Orger Mercator, et Ricardus Bek Bursemagister... Mandans etiam firmiter et injungens Bursemagistro prænotato, et cæteris, ut præmittitur, incarceratis esculenta et poculenta custubus suis propriis ministraret.*

¶ Burserius. Qui facit bursas. Charta Ludovici Junioris ann. 1160. apud D. *Brussel* de Usu feud. tom. 1. pag. 536 : *Et concessimus ex nunc in posterum Theci uxori Yvoni la-Choe.... magisterium canatorum.... et Burseriorum in villa nostra Parisiensi.*

* Bursare, Nummos demittere in *bursam* seu crumenam. Glossar. Gall. Lat. ex Cod. reg. 7684 : *Bursare, Embourser.* [** Gemm. Gemm. : *Bursare est bursas facere. Imbursare, in bursam ponere.*]

¶ 10. **BURSA**, *Cloaca*, in Glossis Isid. et in vet. Glossario San-German. num. 501. Supra habetur *Burca.*

* **BURSCAP**, Jus burgi seu civitatis. Privil. sartor. ann. 1288. apud Ludewig. tom. 11. Reliq. Mss. pag. 637 : *Volumus etiam quod nullus sarcire debeat, nisi prius acquisierit concivium, id quod dicitur Burscap.* Vide *Burgereicht.*

¶ **BURSCATUM**, f. idem quod mox *Bursta.* Codex MS. Consuetud. Eccl. Colon. ex Archivis Cathedr. Atrebat. : *Magister coquinæ providebat sal pistrino... cum datur barmus datur ei unum Burscatum.*

¶ **BURSHOLDER.** Vide *Burghessaldus* in *Borgha.*

¶ **BURSTA**, Germanis *Bürste*, Scopula, Nostris *Brosse.* Statuta Teutonicorum Equitum apud Duellium tom. 2. Miscell. pag. 60. n. 79 : *Insuper strugulas, stramina et Burstas* (Vicemarschalcus) *dabit Fratribus, et ordeum bestiis juxta consuetudinem.*

BURTHUM, *Rufum et nigrum*, Papiæ. Sed legendum *Burrum.*

BURUM, [a Saxonico Bur, vel Bure, Conclave.] Charta Eustachii *de Fiennes*, in Chron. Andrensi pag. 396. [apud Acherium Spicil. tom. 9.] sic clauditur : *Actum an. 1117. super motam meam in Buro meo.* [Ibidem pag. 360. et 362 : *In Buro suo, in Buro meo.* Tabular. Monasterii SS. Trinitatis Cadomensis fol. 28 : *In Hostrede habemus... hircum et quinque capriculos... domum cum Buro, duas grantias, duos tassos garbarum.*]

* **BURURUM**, *Lo auro*, in Glossar. Lat. Ital. Ms.

BURUS, [* *Lo legno del arato*, ibid.] Vide *Burs.*

¶ 1. **BUSA**, Belgice *Busse* vel *Buyse*, Tubus, canalis. Chronicon B. Mariæ Bonæ Spei pag. 213 : *Restauravit etiam in Riurolle vaccariam, in Daignies Busas ventales*, hoc est, canales *exclusarum* seu aggerum ad continendas aquas, Gall. *Ecluse;* Ventaculum enim *exclusam* significat.

* Charta A. abbat. Fusniac. ann. 1261 : *Nos dicebamus eos....... fecisse etiam quasdam Busas in ripa aquæ fluentis ad molendinum de Laudousies. Buise*, eadem notione, in Chartul. sign. *Ezechiel* Corb. ad ann. 1415. fol. 18. r° : *Regeter le fossé de le Buise de Bonnay par dessoulx le riviere jusques au pont de le cauchié et vivier, aussi bas comme est le Buise afin qu'elle se puist essaver. Busete*, diminut. a *Buise*, in Sent. arbitr. ann. 1313. ex Reg. 53. Chartoph. reg. ch. 53 : *Li fossez dessous, qui est fossez de la ville, est abuvrés par une Busete, qui i est et a esté anchiennement, et sera lidite Busete tenue et mainteneue en le maniere que elle a esté ou temps passé.* Unde etiam nostris *Buse*, spiraculum, vulgo *Soupirail.*

* 2. **BUSA**, Navigii species, idem quod *Bussa.* Vide in hac voce. Charta Phil. comit. Fland. ann. 1163. in Chartul. 1. Fland. ch. 325. ex Cam. Comput. Insul. : *De Busa adducente recens allet, octo denarios.* - ** **BUSA**, *Corium bovis.* Gemm. Gemm. Vide *Bursa*, 1.

* **BUSASUM**, Stercus, cœnum, stabulorum purgamenta, Gall. *Bouse.* Stat. Taurini ann. 1360. cap. 81. ex Cod. reg. 4622. A : *Item quod nulla voleria, vel alia persona ponat Busasum, stercora in via publica.* Vide supra *Bosa.*

¶ **BUS-BAS**, Fragor Scloporum, et certaminis. Acta SS. Aprilis tom. 2. pag. 364. de B. Lidwina : *Effectus belli dubius detinebatur; Bus-bas ultro citroque ex eorum mortariolis sagittisve resonantibus in astris, ut quisque horripilationem consequi videretur.*

BUSCA, Ligni seu arboris stipes, caudex focarius, Gall. *Busche*, vox efficta ex *boscus.* Inquisitiones de forisfactura forestar. cap. 26 : *Inquiratur de extractoribus vel venditoribus Buscæ, maeremii, et carbonis de foresta.* Charta Regis Ricardi I. in Monastico Angl. tom. 1. pag. 527 : *Concedimus... 2. carretas errantes singulis diebus in bosco de Scotorum, ad deferendum Buscam ad opus eorum.* [Chartular. Monasterii SS. Trinit. Cadom. fol. 23. verso : *Potest ibi emere suum sal, et suum vinum et suam Buscam*, hoc est, ligna ad focum necessaria. Ibidem fol. 48. verso : *Ad brasium siccandum capere Buscam sine dampno.*] Adde Fletam lib. 2. cap. 10. 16. cap. 41. § 9. 19. Le Roman *de Florimond* MS :

Maintefois petite coignie
Abat de Busche grant carchie.

Jus Buscæ, nostris *droit de busche*, quod certis regiæ domus Officialibus seu commensalibus competit. Statutum ann. 1317. Lorriaci datum pro Hospitio Regis Philippi Magni : *Item le Roy aura trois Chambellans, c'est assavoir Mons. Adam Heron, Mons. Robert de Bonnesmares, et le Borgne de Ceris,... et auront livroison de Busche, et un moulle pour tout.* In Regesto Cameræ Comput. Paris. signato B. fol. 1. legitur, quod anno 1347. *present Mess. Guillaume Flote Chancelier de France, fut disputé des droits de Busches, accordez par le Roy aux Officiers; et fut dit que ce n'estoient droits d'Office, mais donnez à volonté.* Vide *Boscus*, et Octavium Ferrarium in Orig. linguæ Italicæ in *Buscare.*

* **BUSCADELLUM**, Apianum vinum, Gall. *Vin muscat.* Charta ann. 1360. inter Probat. tom. 2. Hist. Nem. pag. 236. col. 1 : *Item cum petatur per nonnullos eis fieri gratiam immittendi intus civitatem Buscadellum et alia vina, etc.* Vide *Muscatellum.*

¶ **BUSCAGIUM**, BUSCALATOR, BUSCALIÆ, etc. Videsis in *Boscus.*

* **BUSCALEUS**, Nemorosus, silvosus. Charta ann. 1033. apud Murator. tom. 1. Antiq. Ital. med. ævi col. 17 : *Inter sediminas et areis, ubi vitis estant, seu pratis atque terris arabilis, gerbidis et Buscaleis, seu silvis cum areis illorum, jugeras viginti.* Alia ann. 1091. ibid. col. 419 : *Cum sediminis et vineis cum areis suarum, seu terris arabilis adque gerbibus et Buscaleis, sive silvis majoribus, etc.* Vide supra *Boscalius.*

* **BUSCALHARE**, Arborum ramusculos cædere vel colligere. Stat. ann. 1352. inter Probat. tom. 2. Hist. Nem. pag. 151. col. 1 : *Item quod nullus brasserius seu brasseria sit ausus vel ausa Buscalhare, portare, nec accipere aliquas brondas olivariorum, vel aliarum arborum, etc.* Vide supra *Boscairare.*

* **BUSCAREUM**, BUSCARIUM, Dumetum, senticetum. Charta ann. 1038. apud Murator. tom. 1. Antiq. Ital. med. ævi col. 447 : *Una cum campis, vineis, pratis, pascuis, jerbis, silvis, frascariis, Buscariis, etc.* Alia ann. 1089. apud Lam. in Delic. erudit. inter. not. ad Hodœpor. Charit. pag. 3. pag. 1050 : *Cum casis et terris, vineis, silvis et Buscareis, etc. Busque*, eadem notione, in Ch. ann. 1347. ex Chartul. 21. Corb. fol. 192. v° : *Item des Busques estans entre le ville de Gentelle et les bos debout, lesquels Busques lesdits relligieux firent camper* (l. couper). Vide supra *Boscaliæ.*

BUSCARLA, BUTSECARLA. Domesdei tit. Wiltsh. Wilton. : *Quando Rex ibat in expeditionem, vel terra vel mari, habebat de hoc manerio aut 20. sol. ad pascendos suos Buzecarl, aut unum hominem ducebat secum pro honore 5. hidarum.* Annales Waverleienses : *Edwinus Consul venit cum exercitu per terram, et fugavit eum, et Bucecarli eum refutarunt. Ipse vero iniit Scotiam cum 12. puppibus.* Radulfus de Diceto ann. 1051 : *Allectis sibi in auxilium Butsecarlis, qui portus nauticos custodire debebant.* Roger Hoved. ann. 1052. pag. 442 : *Omnes Buthsecarlas de Hastinga, et ubique circa ripas maris, aliosque nonnullos in auxilium sui allexit.* Mox : *Et Buthsecarlas omnes, quos obvios invenerant sibi in adjutorium legentes.* Ann. 1064 : *Danicos Huscarlas, etc.* Ann. 1066. pag. 448 : *Tostius, de Butsecarlis quosdam volentes, et quosdam nolentes secum assumens recessit.* Idem pag. 449 : *Alderdus Episcopus... et iidem Comites cum civibus Londoniensibus et Buthsecarlis Clitonem Edgarum.... in Regem levare voluere.* Ann. 1071. pag. 454 : *Rex cum Buthsecarlis in Orientali plaga insulæ omnem illis excitum obstruxit.* Ann. 1101. pag. 468 : *Robertus Comes Norman.... naves coadunavit : quibus Rex Henricus cognitis, Buzsecarlis præcepit mare custodire.* Infra : *Quosdam de Regis Buzsecarlis adeo rerum diversarum promissionibus fregit, ut fidelitate, quam Regi debebant, postposita, ad se confugerent, et sibi ad Angliam duces existerent.* Bromptonus hanc historiam enarrans pag. 998 : *Præcepit Marinariis portuum mare cura diligentissima custodire.* His porro similia habent Simeon Dunelmensis pag. 186. 193. 226. et Florentius Wigorniensis pag. 628. 633. 634.

Ex prædictis colligimus, *Buscarlas* et *Buthsecarlas*, videri dictos *Marinarios*, vox plane composita, cujus pars posterior Carla, aut carlus, a ceorl venit, id est, mas, masculus, vir, seu, ut vult Spelmannus, minister; prior a bussa, navigii specie, de qua infra; ita ut *Butsecarlæ* dicti fuerint, quasi navium ministri. Ita Spelmannus et Somnerus augurantur.

¶ **BUSCELLUS**, BUSCHELLUS, Modius, Gall. *Boisseau.* Vide *Bussellus* post *Butta* 3.

¶ **BUSCHA**, *Busca*, Lignum. Locum vide in *Javella.*

* **BUSCHATIA**, Ludi aleatorii species, Ital. *Buschette*, sortes. Stat. crimin. Riper. cap. 164. fol. 23. r° : *Quod nullus audeat ludere ad taxillos et Buschatiam, quæ intelligatur omnis ludus taxillorum et cartarum, etc.* Vide supra *Biscatia.*

BUSCHERIO, BUSCHUS, BUSCIVA TERRA, Buscus. Vide *Boscus.*

* **BUSCHERIUM**, Præstatio, f. quæ pro jure utendi *bosco* pensitabatur, vel pro lignis in urbem inferendis. Charta Phil. III. ann. 1271. in Reg. 30. Chartoph. reg. ch. 44 : *Avenagium, Buscherium, fenestragium, moutonagium, ect.* Vide supra *Boschadum.*

* **BUSCHERIUS**, Lignator, Gall. *Bucheron.* Stat. Cadubrii pag. 52. r° : *Item quod nullus Buscherius et laborator lignaminis se obligare possit vel audeat modo aliquo vel ingenio de cætero alicui mercatori terrigenæ vel forensi, ad dandum et vendendum sibi indeterminate lignamen, quod faciet et laborabit, etc.* Vide in *Boscus.*

* **BUSCHETUS**, Parvus *boscus*, Ital. *Boschetto*, Gall. *Bosquet.* Acta B. Amad. tom. 2. Aug. pag. 592. col. 2 : *Et eum conduxit ad quemdam Buschetum existentem tamen inter confines hortorum ipsius conventus, et postea eidem Fachino imposuit, ut in ipso Buscheto quæreret, an ibi esset una cistella. Busquet d'orties*, Urticarum congeries, Gall. *Touffe*, in Lit. remiss. ann. 1426. ex Reg. 173. Chartoph. reg. ch. 600 : *La suppliante mist son enfant en un Busquet d'orties.* Vide supra *Boschettum.*

* **BUSCHIA**, Ligni seu arboris stipes, caudex focarius, Gall. *Bûche.* Charta Inger. dom. de Marign. pro fundat. eccl. Escoyarum ann. 1310 : *Insuper do prædictis canonicis, videlicet cuilibet xij. quadrigatas bosci seu Buschiæ pro ardere.* Memor. C. Cam. Comput. Paris. fol. 153. v° : *Johannes Rosselli valletus portarii palatii gagiavit emendam, quia ceperat vi et sine causa Buschiam moduli de quadriga Buschiam aportante ad cameram, et quia dixerat quod pro jure suo unam Buschiam debebat habere de qualibet quadrigata. Busche*, Retis species, Gall. *Filet*, esse videtur, in Poem. *du Chevalier Deliberé* Ms :

Autres faisoient par tromperies
Taindre leurs cheveux et perrucques,
Pour prandre connilz à leur Busche.

* **BUSCHIVUS**, Nemorosus, silvosus. Stat. Vallis-Ser. rubr. 188. ex Cod. reg. 4619 : *Si vero iverit in aliquam petiam terræ non seminatam, ... sed...... Buschivam vel silvatam, etc.* Occurrit præterea in Stat. castri Redaldi lib. 3. pag. 49. r°. Vide supra *Buscaleus.*

* **BUSCHUS**, Nemus, silva. Stat. Palavic. lib. 2. cap. 76. pag. 135 : *Quod nullus, tam terrigena quam forensis, audeat nec præsumat intrare Buschos præfati domini; etc.* Vide *Boscus.*

1. **BUSCIA.** Vide *Bussa.*

* 2. **BUSCIA**, Pyxis, arcula, Gall. *Boëte*, f. pro *Bustia.* Vide in *Buxis.* Arest. ann. 1384. in Memor. E. Cam. Comput. Paris. fol. 83. r° : *Quod nichilominus procurator noster et firmarius dictæ Busciæ decem stalla ad vendendum siccas levaverant, etc.*

* **BUSDUS**, pro *Burdunus*, ut opinor; diminut. a *burdo*, baculus; Radula, radius, quo mensuræ raduntur, vulgo *Racloire.* Charta xiij. sæc. exeuntis in Tabul. capit. Bellovac. : *Si minarius, postquam fuerit requisitus, moratur nimis ad asportandum minam cum Busduno, vendita poterit mensurare ad aliam minam.... Fiant duæ minæ ad avenam rasiles ad Busdunum, quæ valeant unam cumulatam; alioquin mina ad avenam cum Busduno esset nimis magna.* Vide *Burdillus.*

* **BUSELLUS**, pro *Burellus*, Panni spissioris ac vilioris species, Gall. *Bureau.* Comput. ann. 1403. inter Probat. tom. 3. Hist. Nem. pag. 175. col. 2 : *Pro duabus cannis et media Buselli, habiti ad opus reclusæ, pro faciendo sibi unum mantellum etc.* Vide in *Birrus.*

BUSHELES. Vide in *Butta* 3.

* **BUSIA**, ut supra *Busa* 1. Comput. Ms. fabr. S. Petri Insul. ann. 1469 : *Item.... pro mundando..... noquerias et Busias, etc.*

¶ 1. **BUSINUS**, Candela. Statuta S. Victoris per Cardinalem Trivultium Abbatem ann. 1531 : *Item tenetur facere ardere sex Businos in magno altari, quorum sex ponderent unam libram... Item et in refectorio in jejuniis et diebus quibus fit collatio de Businis sufficienter.*

* 2. **BUSINUS**, *Hache Danoise*, in Glossar. Lat. Gall. ann. 1352. ex Cod. reg. 4120. [** *Businus*, *Germ. ein busem;* in Gemm. Gemm.]

BUSIO, Percnopterus, Aquilæ species timidior, vel ineptior, nostris *Buse*, quo nomine lentioris, vel nullius mentis homines vulgo appellamus. Vetus Charta apud Perardum in Burgundicis pag. 201 : *Beraldus, quem cognominabant Busionem, et quem revera Busionem esse constaret.*

* Hinc, ut opinor, *Buisnart* et *Buisnardie*, Hebes, stolidus; stupiditas. Phil. *Mouskes* in Vita Pippini :

De la cace si s'en vint là,
Buisnart et fol si l'apela.

Mirac. Mss. B. M. V. lib. 1.

Grant Buisnardie cuidiés ore,
Se vous quidiez que j'aie encore
D'ourisons dire tel corage.

* Haud scio etiam an inde repetenda sit vox *Abuisonner* vel *Abussonner*, pro Fallere, in errorem inducere, quasi cum *busione* seu stolido agere. Lit. remiss. ann. 1391. in Reg. 140. Chartoph. reg. ch. 261 : *Je vous ay fait du mieulx que je ay peu à*

mon povoir : mais vous me Abuisonnèz de moult de teles choses et autres, de quoy il vous pourra bien mescheoir. Aliæ ann. 1395. in Reg. 148. ch. 133 : *Guillaume Cotton et sa femme distrent au suppliant : Sire, vous estes prévost de cette ville* (de Chelles) *moy et ma femme qui ici est, avons trouvé compaignons en ceste ville, qui nous veulent Abussonner, et pour cause d'eulx l'en ne nous veult logier.* Nisi forte *Abussonner* eo loco significet, ex urbe aliquem ejicere, adeo ut in campis sub dumo cubare debeat.

BUSIUS, Color, Saxonice dictus, f e a l u, in Gloss. Ælfrici, i. helvus, gilvus. Inde forte dicti *Busi*, populi, de quibus Adam Bremensis cap. 228. ubi de insulis Balthici maris : *Ibi sunt homines pallidi, virides et macrobii, id est, longi, quos Busos appellant*, a vultus nempe colore. Papiæ, *Busi*, appellantur *Pingues, obesi.* [Idem Papias MS. sicut et vetus Gloss. San-German. MS. num. 501 : *Bussus, Pinguis, obesus.*]

¶ **BUSKETUS.** Vide *Boscus.*

BUSNACHIA. Andreas Monachus Fontebraldensis de morte B. Roberti Arbrisselli pag. 39. de eod. Roberto, qui in Fonte-Evraldi sepeliri cupiebat : *Cui cum Andreas fidelis collega ejus diceret, Pulcher magister, quid est, quod dicis? si sentis hic finem esse, saltem fac quod tuum est; impera corpus tuum post obitum ad Fontem Euvraldi portari. Ille respondit : Et quare meum cadaver hinc portaretur? nam per omnes Busnachias (ut verbis illius utar,) ablatum esset a vobis.*

BUSONES. Bracton lib. 3. tract. 2. cap. 1. num. 1 : *Justitiarii, vocatis ad se 4. vel 6. vel pluribus de majoribus Comitatus, qui dicuntur Busones Comitatus, et ad quorum nutum dependent vota aliorum, etc.* Ubi Spelmannus monet desiderari in suo MS. hæc verba, *qui Busones Comitatus dicuntur.* Quid si *Barones* legatur?

* **BUSQUETA**, Portio ligni, Gall. *Buchette.* Inventar. ex Tabul. S. Vict. Massil. : *Duas Busquetas crucis boni latronis, etc.*

¶ **BUSQUETUS.** Vide *Boscus.*

BUSSA, BUZA, BUCCA, BUCIA, BURCIA, Navigii genus grandioris, a similitudine pyxidis, quæ Anglis *Busse* dicitur, appellatum, inquit Spelmannus; pandum alvo, et obtusum prora; seu potius, quod dolii vinarii formam referret : quod Græci recentiores βούτζον et βούτζιον vocant, ut alibi docemus. [** Vide Jal. Antiq. Naval. vol. 2. pag. 249. sqq.] Varie autem ejusmodi navigii nomen scriptum occurrit apud scriptores, nam promiscue *Bussa, Buza, Bucca, Bucia, Buccia, Bucea, Buscia et Burcia* dicitur. Et primum

BUSSA, quæ propria navigii ejusmodi videtur appellatio. Vetus Scriptor apud Spelmannum : 13. *naves pergrandes, quas vocant Bussas, triplici velorum expansione velificantes.* Philippus *Mouskes* in Philippo Augusto :

Al vent kil n'orent pas estroit,
Fit singler à la mue droit,
Galies et Barges et nés,
Esneques et Dormons fiers,
Roges, et Busses, et Vissiers,
Avoec quanque il fit mestiers.

Le Roman *d'Alexandre* MS :

Nefs et Dromons, Buscs et Barges.

* *Busche* in Poem. *d'Athis* MS :

Es Busches sont les chevaliers,
Et ès galées les archiers,
Et les esneques et les nez
Portent les tentes et les trez.

BUZA. Albertus Aquensis lib. 9. cap. 9 : *Rex ab Assur exiens, navem, quæ dicitur Buza, ascendit.* Occurrit etiam apud Nicolaum Trivettum in Chron. ann. 1191.

BUCCA. Radulfus de Diceto : *Ricardus Rex Anglorum, habens in comitatu suo 13. magnas naves, quas Buccas vocant, triplici velorum expansione, dum æquora sulcarent, notabiles, habens centum alias naves onerarias... se vento commisit.* Joan. Brompton. ann. 1189 : *Ad urbem Messanam... cum Buccis multis, et aliis magnis navibus et galeis... venit.* Utitur præterea Matth. Paris pag. 112. 107.

BUCIA. Brompton. pag. 1179 : *Tres autem Buciæ de navigio suo... ad insulam de Cypro venientes.. perierunt.* Infra : *Quandam magnam Buciam multis paganis onustam.... conspexit.* [Oberti Cancellarii Annal. Genuens. lib. 2. apud Murator. tom. 6. col. 338 : *Ecce duæ galeæ Pisanorum venientes obviam illis cum tribus Buciis.*]

BUCCIA, apud eumdem Brompton. pag. 1174.

BUCEA. Radulfus de Diceto : *Ascendit Rex Ricardus navim cum exercitu suo, cum 156. navibus, et Buceis 24. et galeis 29.*

BUSCIA. Brompton. in Ricardo I. : *Anno eodem applicuerunt ibi naves et Busciæ, plus quam quingentæ.*

BUTZ, apud Petrum de Vineis lib. 5. Epist. 78.

BURCIA. Rogerus Hoved. in Ricardo I. pag. 661 : *Applicuerunt ibi naves et Burciæ plus quam quingentæ, exceptis galeis et cursoriis.* Infra pag. 667 : *Conduxit 10. Burcias magnas, et 20. galeas bene armatas.* Idem pag. 673 : *Venit Messanam in Sicilia cum Burciis magnis.* Italis *Burchio*, dicitur navis onerariæ minoris species, vehendis lignis et id genus mercibus, qua voce utitur Dantes in Infer. 17. Vide *Butta, Buttis.*

¶ BUROLA. Raphanus de Caresinis in Chron. MS. ann. 1379 : *Cum barchis et Burolis per viam molendinorum, etc.*

BUSSELLUS, BUSSELLATA TERRÆ. Vide *Butta* 3.

¶ **BUSSULLUS**, Cista, pyxis, qua colliguntur suffragia. Acta SS. Martii tom. 3. pag. 244. de B. Ambrosio Senensi : *Missæ sunt in Bussullo albium del si, et in eodem Bussulo repertæ ducentæ viginti tres palloctæ. Scrutinio ad Bussulos* ibidem. Vide *Buxis.*

***BUSSIUM**, Buxum, Gall. *Buis.* Charta Phil. V. in Reg. 58. Chartoph. reg. fol. 56. v° : *Philippus Dei gratia Franciæ et Navarræ rex. Notum facimus universis, tam præsentibus quam futuris, quod nos contemplatione cultus ecclesiastici, cujus observationes sacras decet celebriter venerari, Rothomagensi ecclesiæ tenore præsentium gratiose concedimus, ut pro facienda ibidem annuatim die Dominica in Ramis palmarum solemnitate circa hoc solita, Bussii unam quadrigatam ad duos equos anno quolibet de cetero imperpetuum eadem ecclesia in foresta nostra de Rouvreyo percipere valeat et habere. Quocirca viridario dictæ forestæ moderno, et qui pro tempore fuerit, damus præsentibus in mandatis, ut a gentibus dictæ ecclesiæ dictum Bussium, modo præmisso annis singulis, in foresta prædicta capi, et ad dictam duci seu deferri ecclesiam permittant, absque difficultate quacumque; proviso tamen quod dictum Bussium in alium usum, quam ut prætangitur, nullatenus convertatur. Quod ut perpetuum sit et firmum, præsentes litteras sigilli nostri fecimus impressione muniri. Actum Parisiis anno Domini 1320. mense Octobris.*

* **BUSSO**, Dumus, Gall. *Buisson.* Charta ann. 1352. in Reg. 81. Chartoph. reg. ch. 776 : *Prædictus Robertus usum..... in dicto dumo seu Bussone sibi concessum pro chauffagio suo..... non percipiet.*

* **BUSSOLA**, Pyxis, arcula, Gall. *Boëte.* Inventar. ann. 1389. tom. 3. Cod. Ital. diplom. col. 366 : *Bussola una argenti deaurata pro tenendo intus ceram ad faciendum lumen de nocte..... Bussula una pro piperato argenti deaurata.* Stat. ant. Cumanæ cap. 24. ex Cod. reg. 4622. fol. 32. r° : *Si renovata Bussola, extrahi forte contigit de Bussola aliquem vel aliquos, qui fuerint in eodem proximo præcedenti officio, etc.* Stat. crimin. Riper. cap. 10. fol. 6. v° : *Subinde dictus sindicus det balotas dictis consiliariis, quæ per quemcunque ponantur secrete in Bussolis.* Vide *Bussulus.*

* BUSSULA, Eadem notione, in Stat. Vercel. lib. 3. pag. 55. r°. : *Sex sapientes super hoc eligendos ad Bussulas et ballotas, etc.*

* BUXOLA, eodem significatu, in iisd. Stat. Vercel. lib. 1. pag. 8. v°. : *Et si per ipsum dominum potestatem et familiam ipsa talis petitio fuerit approbata, facto partito inter ipsos octo ad Buxolas et ballotas.*

* BUSSOLETUS, diminut. a *Bussola*, pyxidicula. Steph. de Infestura MS. ad ann. 1491 : *Item in quodam Bussoleto parvo de vestimentis Christi insutilibus. Boetes et Botelles*, in Mandam. ann. 1312. tom. 1. Ordinat. reg. Franc. pag. 515.

* **BUSSONOYA.** Vide supra *Bazonaya.*

* **BUSSULA.** Vide supra in *Bussola.*

* **BUSSUM**, Buxum, Gall. *Buis*, Ital. *Busso.* Stat. Astæ ubi de Intrat. portar : *Lignum de Busso non laboratum, solvat pro quolibet rubo ad æstimationem officialium.* Vide supra *Bussium.*

¶ 1. **BUSSUS**, Pinguis, obesus. Vide *Busius* et *Busus.*

¶ 2. **BUSSUS**, pro *Byssus*, ut opinor. Rymer. tom. 7. pag. 233 : *Unam pipam pulveris salvistri, et quinque balas Bussi.*

1. **BUSTA.** Monasticum Anglic. tom. 1. pag. 473 : *Ex dono Alexandri... unam carectatam Bustæ singulis septimanis in bosco de Cowon.* Fleta lib. 2. cap. 7. § 1 : *Parata sibi debent esse, quæcunque pro corpore suo fuerint necessaria, videlicet cibus, potus, Busta et candela.* Idem videtur, quod *Busca*, caudex, stipes focarius. Vide in hac voce.

* *Buste*, eadem notione, in Lit. remiss. ann. 1365. ex Reg. 98. Chartoph. reg. ch. 738 : *Ledit Loubet aians sadite badelaire et boucliér à son chaint, et une grosse Buste de caure en sa main, etc.* Unde *Bustail*, Lecti

compages lignea vulgo *Bois de lit*, in aliis Lt. ann. 1409. ex Reg. 163. ch. 450 : *Le Bustail du lit.*

¶ 2. **BUSTA.** f. Fusio, Gall. *Fonte.* [* Minus apte; nam in re monetaria, de qua hic agitur, *Busta*, vulgo *Boëte*, dicitur arcula, in qua probatæ monetæ includuntur.] Computus ann. 1289. ubi de expensis pro moneta, apud D. *Brussel* de Usu feud. tom. 1. pag. 472 : *Pro Busta* VII. *lib.* VII. *sol.* III. *den. gross... Et erat Busta bona de pondere et tallia ; sed deficiebant duo grani cum dimidio.*

¶ 3. **BUSTA**, Arcula, pyxis in qua *emendas* aliaque minuta *expleta* congerebant. Computus ann. 1265. apud eumdem D. *Brussel* ibid. pag. 423 : *De Busta Castelleti pro ultimo tertio* IIe. *lib.*

* Memor. D. Cam. Comput. Paris. fol. 130. v°. : *Die* XV. *Julii* 1372. *Johannes Arragon de Cabilone affirmavit emolumentum Bustæ Italicorum, quod tenentur solvere Italici de omnibus mercaturis, quæ extrahi faciunt extra regnum.*

* 4. **BUSTA**, Virga, baculus, f. pro *Busca*. Lit. remiss. ann. 1357. in Reg. 89. Chartoph. reg. ch. 55 : *Quidam nuncius dicens se esse ad dominum Montismorenciaci, Bustam quandam de armis dicti domini secum deferens, etc.*

* 5. **BUSTA**, Si mendum non est pro *Cuista*, Præstatio esse videtur pro jure percipiendi *bustas* seu lignum in silva aliena. Charta ann. 1475. inter Probat. tom. 3. Hist. Lothar. col. 279 : *Cum ipsorum villæ, castri et villagiorum..... redditibus, censibus, servitiis, venationibus, piscationibus, casquis* (l. tasquis); *Bustis, etc.*

BUSTARE, Humo condere. [Papias MS. : *Bustare, sepelire, funestare.* Gloss. Isid. : *Bustantes, sepelientes.* Glossæ San-German. MSS. n. 501 : *Bustantes, Funes stantes.* Lege *Funestantes.*] Versus antiqui apud Bruschium :

Annis decursis octingentis octogintaque tribus,
Busto in hoc bustarii felicem Bustarunt Hildegardim,
Quæ variis claret signis, etc.

¶ **BUSTARIUS**, Qui condit humo. Vide *Bustare.*

¶ **BUSTEA**, Arcula, pyxis, Gall. *Boëte.* Miræus tom. 1. pag. 21. col. 2. ex Testamento Everardi Comitis : *Cochlearia tria, bruniam unam, manicas duas, de paramento capellæ nostræ Busteam cristallinam cum Reliquiis.* Vide *Buxis.*

BUSTELLUS, Modius, Gallice *Boisseau.* Vide in *Butta* 3.

BUSTIA, BUSTULA. Vide *Buxis.*

¶ **BUSTICETA**, *Sepulcra antiqua, ubi Antiqui mortuos incendebant.* Gloss. San-German. MSS. num. 501. Glossar. Isid. : *Sepulcra in agro.* Arnobius lib. 1. pag. 24 : *Herculem ipsi vos fertis vivum arsisse post pœnas, et concrematum in funestis Busticetis.* Et lib. 7. pag. 222 : *Aræ istæ, quas dicitis infelicissimi animalium generis ustrinæ, rogi sunt et Busticeta.* [** Vide Forcellin.]

* **BUSTILLA**, diminut. a *Busta*, Arcula. Mirac. S. Germ. Autiss. tom. 7. Jul. pag. 286. col. 2 : *Igitur dum segregant lapides a cæmento, reperiunt, quamdam Bustillam interius ligneam, exterius cornu cervino tectam,.... continentem in se medium digitum manus cujusdam sancti.* Vide *Buxis.*

¶ **BUSTINARE**, pro *Buccinare*, Buccina clangere, nostris olim *Buisiner*, et *Butsineour*, is qui buccinat. Statuta Arelat. MSS. art. 123 : (Guacha turris) *Bustinet, quando necesse fuerit, et quod detur pro loquerio turris ubi stabit* LX. *sol.*

¶ **BUSTRA**. Vide *Bostar.*

¶ **BUSTUALE**, pro *Bustum*, Rogus. Homilia S. Aviti de S. Mamerto inter Acta SS. Maii tom. 2. pag. 631 : *Terræ motus assidui, nocturni sonitus, cuidam totius orbis funeri prodigiosum quoddam Bustuale minitabantur.* Adjective sumserunt Prudent. Cathemer. 9. 52 : *Suetus antro Bustuali sub catenis frendere* ; et Sidonius lib. 3. Epist. 12 : *Refertus Bustualibus favillis.*

¶ **BUSTUARIUS**, *Qui corpora comburit humana*: Sic Glossar. Isid. et vet. Gloss. San-German. MS. num. 501. Ciceroni *Bustuarius gladiator*, Qui ante busta et sepulcra dimicabat : quod olim, inquit Grævius, fiebat tantum ad busta Imperatorum, ad quos captivi cogebantur concurrere, et mutuis cædibus se conficere, postea in artem fuit conversa hæc pugna gladiatoria. Ammianus Marcel. lib. 24. cap. 4. Bustuarium accipit pro Libitinario, qui accepta mercede funerum curam habet. Vide ibi Valesium.

¶ 1. **BUSTULA**, Conspicilla, duo circuli vitrei, *Bi-cycli*, Gall. *Besycles*, quibus utuntur ad juvandam aciem oculorum. Epist. Johan. Abb. apud Marten. Anecdot. tom. 1. col. 516 : *Statim ut litterarum vestrarum bajulum vidi, Bustulam arripiens, non solum avide legi et relegi, verum etiam a scribendo manum retinere non potui.*

* *Bustulam* hic intellige Arculam, in qua repositæ erant literæ, de quibus sermo est.

¶ 2. **BUSTULA**, pro *Pyxis*, vel *arcula*. Vide *Buxis.*

* **BUSTULLUM**, *Petit sepulcre, le lieu où l'en art les morts*, in Glossar. Lat. Gall. ex Cod. reg. 7679. Vide *Bustum* 1.

¶ 1. **BUSTUM**, Vox Latinis notissima pro loco ubi cadaver mortui hominis urebatur, ejusque condebantur ossa et cineres; hinc istud vocabulum ad sepulcra quævis significanda translatum fuit. Plura sunt hujus rei exempla ; unum dumtaxat, quod multis negotium fecit, referam :

¶ BUSTORUM COMITES, Eodem tumulo sepulti. Epitaphium ecclesiæ B. Mariæ Pisciaci :

Bustorum Comitum cujusdam nomen avitum ;
Gratia dat reliquo. Blanca nati et Ludovico.
Regibus hi nati, ne non reges habeantur,
Vitæ morte dati celesti sede locantur.

In explicando hoc epitaphio multum insudarunt eruditi plerique, quorum conjecturas videre potes in Mercurio Gallico mensium Junii, Augusti, Novembris anni 1725. Februarii et Junii 1726. necnon Diarii Trevoltiani mensis Martii ejusdem anni. Inter omnes convenit hic agi de duobus Ludovici VIII. et Blanchæ filiis Philippo et Johanne : quibus positis rem sic expedit, et quidem, ut mihi videtur, accuratissime Scriptor epistolæ relatæ in Mercurio jam laudato mensis Februarii 1726 : *Nomen cujusdam*, inquit, i. e. unius, horum *Comitum Busti est avitum*, seu est nomen avi ejus scil. Philippi II. *Gratia dat* nomen Johannis (quia juxta vim vocis, *Johannes* Hebraice idem est qui *Gratiosus*) *reliquo* i. e. alteri. *Nati* sunt ex *Ludovico et Blancha. Ne hi nati ex regibus non habeantur reges* (habebant fratres natu majores, quibus paternum regnum erat debitum) *dati* sunt *vitæ* æternæ *morte*, ac *locantur* in *sede cœlesti.*

2. **BUSTUM**. Charta Stephaniæ uxoris Garciæ Regis Aragon. apud Anton. de *Yepez* in Chron. Ord. S. Benedicti tom. 6 : *Dono illum unum Bustum de meas vacas ad sanctam Columbam, et illo alio Busto alias medias ad illa Eleemosynaria de Najara pro pauperibus, etc.*

* 3. **BUSTUM**, Corporis truncus, corpus sine capite, cadaver, Hispan. *Busto*, nostris *Bu*. Translat. SS. Vandreg. et aliorum ex Cod. reg. 5506 : *Pontifex autem et celestium exequiarum ministri, divino quod agebatur officio conjubilantes, sacra Busta divinarum medelarum plena piis ulnis levantes, cum magno psallentium choro.* Infra : *Qualiter loculi, quibus pretiosa sanctorum continebantur Busta, etc.* Annal. Mediol. ad ann. 1404. apud Murator. tom. 21. Script. Ital. col. 91 : *Cum quinque hominum Busta sine capite cæsa reperiissent, etc.* Vita J. C. MS. ubi de Innocentibus ab Herode occisis :

Tous les enfans fait décoler,
Can qu'il onques em puet trover
De deux ans et demi le plus,
Les chiés lor fait tolir des Bus,
Et les membres des cors sevrer.

Le Roman *de Garin* :

Il volt Hernaut le chief del Bu tolir.

Ibidem :

Ja li eust le chief del Bu sevré.

Chron. MS. Bertr. Guesclini :

Car ils ont bien armez et le chief et le Bu.

Robert. Burronus in Merl. MS. : *Li fait le chief volet plus d'une lanche loing del Bu.*

** 4. **BUSTUM**, Statio boum. Vide *Bostar*. Chart. ann. 1186. ap. S. Rosa de Viterbo Elucid. vol. 1. pag. 217 : *Qui voluerint pausare cum suo ganato in terminos Cavelianæ accipiant de illis montadigum ; scilicet a grege ovium* 4. *carneiros et de Busto de vacis, unam vacam ; iste montadigo est concilio.*

* **BUSTURA**, *La sepultura*, in Glossar. Lat. Ital. MS.

¶ **BUSTUS**, *Perflammatus* in veteri Glossario San-German. MS. num. 501. pro *Ustus* scilitet, ut *Bustum* pro *Ustum.*

1. **BUSUS**, *Pinguis, obesus.* Papias. Vide *Busius.*

* Haud scio an inde vox *Bussebran*, quæ pistori in derisionem dicitur, quasi ex furfure pinguis; *Bran* quippe vel *Bren*, est furfur. Lit. remiss. ann. 1397. in Reg. 151. Chartoph. reg. ch. 296 : *Ledit Richart dist et respondi audit varlet fournier : He! Bussebran, vous fault-il moquer des gens?*

* 2. **BUSUS**, Alveus, alveare. Vide *Burgazolus.*

* 3. **BUSUS**, f. Politus, levigatus. Annal. Mediol. ad ann. 1389. apud Murator. tom. 16. Script. Ital. col. 808 : *Cum uno botono perlarum et bononis iv. argenti Busis.*

¶ **BUT**, μῦθος: *Nugæ.* Supplem. Antiquarii.

¶ 1. **BUTA**, Pyxis, Gall. *Boëte*. Rituale S. Martini Turon. 13. sæculi apud Marten.

de antiq. Eccl. Rit. tom. I. pag. 569 : *Quo peracto juvenis redit per chorum cum Buta hostiarum.*

* Lit. ann. 1358. in Reg. 90. Chartoph. reg. ch. 285 : *Et quod nichilominus a malatota veteri quatuor denariorum pro libra, vocata Buta Lombardorum, etc.* Vide *Busta* 3.

2. **BUTA**, BUTINA, BUTICULA, BUTICULARIUS, etc. Vide in *Butta* 3.

** 3. **BUTA**, *est aliquis magnos habens oculos.* Gemm. Gemm. Græc. βοῶπις.

* **BUTAGIUM**, ut *Botagium.* Vide in *Butta* 3.

* **BUTALLUS**, Cupa, dolium, vas vinarium. Stat. Vercel. lib. 7. pag. 189. v°. : *Item quod de circulis carriariarum, Butallorum, tinarium et similium vasorum, qui ducerentur ad civitatem et curiam Vercellorum, non debeat solvi pedagium ad introitum.* Vide supra *Botallus.*

BUTANEUM, *Quidam liber Fysicæ, qui et Herbarium dicitur, quia ibi herbæ notentur.* Ugutio, qui Græce Βοτανικόν expressit.

¶ BUTANICUM, Idem, apud Papiam. [** Ex Isidor. lib. 4. cap. 10. sect. 4.]

BUTAR. Ugutio : *Buranitum, dicitur genus vasis, quod Butar dicitur.* V. *Butta* 3.

* Ejusdem notionis est *Buté*, in Lit. remiss. ann. 1380. in Reg. 118. Chartoph. reg. ch. 398 : *Auquel il requist qu'il lui voulsist faire aide et chevance de deux Butez plains de miel. Buteau* vero, Genus vehiculi est, in Charta ann. 1339. ex Reg. 72. ch. 39 : *Item trois Buteaux pour traire les fiens, et ceuls qui les espandront.* Vide *Butina* in *Butta* 3.

1. **BUTARE**, Ital. *Buttare*, Aliquem ad terram projicere. Charta ann. 1345 : *Si aliquis assaltum... fecerit sine armis, vel ipsum Butaverit, solvat pœnæ nomine, etc.* Galli etiam *Bouter* dicunt, pro pulsare : *Bouter à terre*, ad terram dejicere. *Bouter*, Picardi pro ponere usurpant. Fallitur porro Meursius, qui βουτίζειν Græcos recentiores pro *Butare*, seu ad terram dejicere, usurpasse dixit. Nam βουτίζειν, *immergere* sonat, ut docet Simon Portius, id est, εἰς βοῦττιν, seu in dolium injicere. Vide O. Ferrar. in Orig. Ital. v. *Buttare.*

* Stat. Perus. pag. 47 : *Si quis verberaverit aliquem cum palma, pugno vel pede, vel cum traxerit per capillos, aut Butaverit, solvat pro banno solidos xx.... Qui ribaldum percusserit vel Butaverit sine gladio, sit in pœna sol. ij. Busquer*, Pulsare fores, in Lit. remiss. ann. 1398. ex Reg. 153. Chartoph. reg. ch. 507 : *Commencerent à faire noise ensemble de paroles en Busquant pluseurs fois à l'uis de la chambre.* Aliæ ann. 1420. in Reg. 171. ch. 201 : *Le suppliant et son cousin retournerent en la maison de Robert, et Busquerent ou hurterent a l'uis, qui estoit cloz.* Vide supra *Boutare.*

¶ 2. **BUTARE**, Terminare. Vox Agrimensorum. In Chartulario S. Fromondi passim : *Una virgata terræ Butante ad terram Thomæ le Fort. Item una acra Butante ad cheminum, etc.* Vide *Butum.*

* 3. **BUTARE**, *Inflare, Botar, Prov.* in Glossar. Provinc. Lat. ex Cod. reg. 7657. Vide supra *Buffare.*

* **BUTARIA**, f. Præstatio *buttarum* vini. Charta Ludov. Crassi reg. Franc. ann. 1112. in Chartul. S. Maglor. Paris. ch. 6 : *Butarium de Parisius, magisterium, præconium vini, totam terram, quam tenet apud Montesvillam.* Vide *Botagium* in *Butta* 3.

¶ **BUTARIUS**, BUTELGIR, etc. Vide in *Butta* 3.

* **BUTE**, mulctæ species pro injuste instituta actione. Charta Conradi archiep. Magdeburg. ann. 1226. apud Ludewig. tom. 12. Reliq. MSS. pag. 322 : *Porro si quis equum, domum, aream, seu rem aliam in forma judicii impetierit, et in causa defecerit, suo tenetur adversario, quem frustra convenit, decem solidos nomine ejus, quod Büte vulgariter appellatur.* [** Vide *Boeta*, 3.]

¶ **BUTEL**. Vide *Bidella* et *Budteil.* [** Adde Hœfer. Diar. rei Diplom. vol. 2. pag. 359. Charta ann. 1225. ap. Guden. in Cod. Diplom. tom. 2. pag. 46. Alia ann. 1267. ibid. pag. 66.]

BUTEO, *Juvenis*, Ugutioni. Alibi : *Lecator, Ardelio, Gulo, Elluo, Epulo, Ambro, Lurco, Buteo, Ganeo, etc.* [* Vide infra *Butheo.*]

¶ 1. **BUTERIA**. An ab Hispano *Botilleria*, Anglicano ve *Buttery*, Promptuarium vinarium; an nomen proprium judicet lector eruditus. Marten. Anecdot. tom. 1. col. 316. ex Charta anni 1105 : *Dedi etiam in usus Canonicorum... juxta veterem Buteriam tantum terræ, quantum poterint quatuor Boves arare, etc.*

* Nihil horum, ni fallor; est enim *Buteria*, idem quod Gall. *Buttée*, Provincialibus *Butiero*, Moles saxea, seu id omne, quo pons vel agger fulcitur et retinetur, aut ipsamet via strata seu agger, Gall. *Chaussée.* Vide *Botaria* 1. et *Bouteria* 2.

* 2. **BUTERIA**, Modus agri seu agellus, nostris *Bout de terre.* Charta ann. 1320. in Reg. 59. Chartoph. reg. ch. 450 : *Item apud Danevillam duas* (virgatas) *subtus domum Ricardi Titon, duas Buterias, et unam virgatam juxta. Bouté*, eadem notione, in Lit. remiss. ann. 1464. ex Reg. 199. ch. 482 : *Icellui Jehan disoit que certain lieu ou Bouté d'avoyne assis audit chesal lui appartenoit,...... et qu'il semeroit lesdiz Boutez en payant ledit champart.* Vide *Butum.*

* *Buterie* vero artificium *buttas*, cupas scilicet vel lagenas, conficiendi videtur esse, in Lit. remiss. ann. 1424. ex Reg. 172. ch. 575 : *Le suppliant vint en la ville de Rouen, où il servit et fist mestier de Buterie.* Vide *Butta* 3.

* **BUTGIA**. Vide supra *Bugia* 4.

¶ **BUTHEO**, Idem quod *Buteo*, in Miraculis S. Germani Autissiodor. ex MS. Regio : *Quandam villam invadendo pervaserat, et suis Butheonibus distribuendo ad possidendum dederat.*

* *Buteonibus*, in Mirac. S. Germ. Autiss. tom. 7. Jul. pag. 286. col. 2. editis, ubi *Buteones* dictos, Emmæ proceres, fortassis a buteone, qui est avis rapax, notant docti Editores : quod loco laudato non male convenit.

BUTHSECARLA. Vide *Buscarla.*

BUTIA. Vide *Bausia.*

¶ 1. **BUTICA**, Cistæ genus. Acta SS. Martii tom 3. pag. 846. in Miraculis S. Veroni : *Quædam etiam cista, vulgo Butica dicta, quantitate magnitudinis ampla.* Britonibus Armoricanis *Boutec* est illud sportæ genus, quod vocamus *Hotte.*

2. **BUTICA**, BUTICELLA, etc. Lagena. Vide in *Butta* 3.

¶ 3. **BUTICA**, Gall. *Boutique*, in Instrum. ann. 1304. ex Archivis S. Victoris Massil. Vide *Butigia.*

* **BUTICULAGIUM**, BUTICULATIO, Præstatio *buttarum* vini. Judic. ann. 1250. tom. 1. Probat. Hist. Britan. col. 946 : *Mandamus quatenus tradatis eidem capitulo jus quod habet vel habere potest in Buticulagio Dolensi. De Buticulatione Doli*, in Inquisit. ann. 1181. ibid. col. 683. Vide in *Butta* 3.

BUTICUM. Hariulfus lib. 2. Chronici Centulens. cap. 7 : *Cum ergo columnæ in Butico erigerentur, etc.* Infra, ubi de Ecclesia : *Turris ergo Orientalis cum cancello et Butico sancto Richario dicata est, et turris Occidentalis in honore S. Salvatoris specialiter est dicata.* Ubi *Buticum* ædis sacræ pars videtur : at quæ incertum. [Mabillonius in Actis SS. Benedict. sæc. 4. part. 1. pag. 109. de his ipsis locis agens ait : Conjicio *Buticum* idem esse ac ciborium, quod columnis quatuor octove constans, super altaria Sanctorumque tumulos erigi mos erat. *Buticum* iterum occurrit in Actis SS. Benedict. sæc. 5. pag. 571. ubi de Miraculis S. Richarii : *Vidit fusam lucem totam turrem replesse, quæ se dilatans totum Buticum Basilicæ cœpit implere.*]

¶ **BUTICUS**. Vide *Butticus* in *Butta* 3.

¶ **BUTIFREDUS**. Vide in *Belfredus.*

¶ **BUTIGIA**, Officina Gall. *Boutique.* Instrum. ann. 1304. ex Archivis S. Victoris Massil. : *Quod civitas concederet Regi ad opus galearum Butigiam Planiformiguerii.* Aliud ann. 1394. ex iisdem Archivis : *Johannes Abbas erat obligatus in 300. florenorum auri causa emptionis pannorum diversorum colorum in Butigia drapariæ.*

¶ **BUTIGLARIUS**. Vide *Butta* 3.

* **BUTIGLIONUS**. Vide supra *Botiglius.*

* **BUTILAMEN**, *Enwyn*, Cambro-Britan. apud *Davies.* Lac butyraceum.

* **BUTILLA**, Vas vinarium, Gall. *Bouteillè.* Stat. synod. eccl. Castr. ann. 1358. ex Cod. reg. 1592. A. fol. 76. r°. : *Duas olas terreas et unum ferrat sive unam Butillam terream.* Vide *Butta* 3.

* **BUTILLIARIA**, Buticularii officium. Charta Joan. Noviom. et Thoretæ castellani ann. 1250. in Chartul. Campan. ex Cam. Comput. Paris. fol. 306. v°. col. 2 : *Theobaldus Dei gratia rex Navarræ, Campaniæ et Briæ comes palatinus michi ex mera gratia dedit et concessit Butilliariam Campaniæ, quamdiu vixero tenendam.* Vide *Butta* 3.

BUTINA. Lex Ripuariorum tit. 60. § 4 : *Si ibidem infra terminationem aliqua indicia sua arte, vel Butinæ, aut mutili facta extiterint, ad sacramentum non admittatur; sed in præsente cum legis beneficio cogatur restituere.* Codices alii habent, *Bucinas, Bucinæ*, et *Bucine.* [Omnes erronee, inquit Eccardus in hunc locum, ubi addit : *Butinam* hic ego idem esse reor ac Gall. *Butin* a Germanico *Beute*, Sax. *Büte*, Italis *Botino* et *Butino*, præda, derivatum.] Vide *Bonna* et *Buttis.* [** Vide Graff. Glossar. Germ. vol. 3. col. 87.]

* Alia notione, vide in *Butta* 3.

* **BUTINO**. Tract. MS. de Re milit. et mach. bellicis cap 102 : *Fiat caverna subterranea, si fodi potest,...... et facta caverna,*

quæ vulgari sermone dicitur Butino, in quo debet esse aquæductus confectus cannis plombeis.

¶ **BUTINUM**, Præda, Gall. *Butin*. Rymer. tom. 10. pag. 107. col. 1 : *Ratione Butinorum et lucrorum guerræ provenientium.*

* **BUTIRE**, Butionis vox. Carmen de Philom. ad calcem Cod. reg. 6816 :

Ac ululant ululæ lugubri voce canentes,
Inque paludiferis butio Butit aquis.

BUTIROSITAS Lactis, apud Jacob. de Dondis in Aggregationibus virtutum medicinarum, etc.

¶ **BUTIRUM** Glasum. Tabularium Majoris Monasterii : *Guillelmus filius Morelli et Haduisa uxor ejus concesserunt quidquid habebant de Herlando de Ponte Lahonum, de terra Juhel de Joffredia, de Butiro Glaso de terra nostra propria, de Butiro Glaso de Plehaco, etc.*

¶ 1. **BUTIS**, *Stella cometes, quæ quasi comas habet.* Gloss. Isid. Papias : *Butis, Stella cometes.* In excerptis additur Βολίς. Non inepte Reinesius conjicit juxta Grævium, duas Glossas male coaluisse, legendumque *Butes*, id est *Bootes, Stella. Cometes, quæ* (scil. Stella) *comas habet.* Βολὶς est inter faces, quæ videntur decidere ex aere, longiorem trahentes limitem. Vide Plin. 11. 26.

¶ 2. **BUTIS**, Lagenæ species. Vide *Buttis* in *Butta* 3.

* **BUTO**, *Lo verme de la lacte.* Glossar. Lat. Ital. MS.

BUTOR, Butorius, Ardea stellaris, nostris *Butor*, Anglis *Buteor*, Will. Thorn. pag. 2010 : *De perdicibus, mallardis, Butoris, alaudis, etc. Butorius*, Alberto Magno lib. 23. de Animalib. cap. 10. Thuanus : *Inter Accipitres, qui* Τριόρχης et κράτιςος τῶν ἱεράκων *Aristoteli est, is Plinio Buteo dicitur : unde palam est injuriam maximam fieri maximo et nobilissimo Accipitri ab iis, qui Buteonem interpretantur Buzart.* Vide Nicolaum Uptonum lib. 4. de Militari officio pag. 183.

BUTRISTA, Butro. Vide *Butta* 3.

¶ **BUTSECARLA**. Vide *Buscarla*.

1. **BUTTA**. Guillelmus de *Baldenzeel* in Hodœporico : *Hoc brachium vulgariter Butta Constantinopolitana dicitur, eo quod super ipsum in littore Europæ egregia civitas Constantinopolis situata sit.* Sed ibi videtur legendum *Bucca*, seu fretum Hellespontiacum, et Bosporus, quem etiamnum Turci *Bogasin* appellant, voce, ut videtur, a *Bucca* efformata : etsi *Butta Constantinop.* appellari potuerit, quo sensu *buttam* appellamus, quod prominet; nam Constantinopolis in collibus exstructa in mare procurrit. Vide *Bucceavia* in *Buccea*.

¶ 2. **BUTTA** Terræ, Buttare. Vide in *Butum*.

3. **BUTTA**, Buttis, Butta, Buza, etc. Cupa, dolium, vas vinarium, lagena major, nostris *Bous*, [Veteribus Septentrionalibus *Butte*, Saxonibus Butte et Bytte, Cimbris Bytta.]

Butta, in veteri Instrumento apud Cujacium lib. 9. Observ. cap. 26. ubi inter cætera mobilia recensentur *Buttæ*, et *Buticellæ granariæ.* Danis auctore Pontano, *Butte*, est *Cupa.* Vide Ceremon. Roman. lib. 1. sect. 2.

Buttis. Gloss. Lat. Græc. : *Vagna, seu cuppa*, βοῦττις μεγάλη, ἥν τινες γαῦλον καλοῦσιν. Gloss. Græc. Lat. : Βούττις, *cupa*. Βουττίον, *cupella*. Βούτζον, apud Pachymerem lib. 11. cap. 14. Βουτζίον, apud Nicetam in Alexio Ang. lib. 3. num. 1. et Joannem Cananum de Bello Constantinop. pag. 196. Βουττίον in Chronico Alexandr. pag. 642. et apud Leonem in Tactic. cap. 15. § 75. 76. Simon Portius : Βουτζὶ, πίθος, πύξις. *Botte*, Italis; *Bote*, Hispanis. Chartula plenariæ securitatis, scripta sub Justiniano, apud Brisson. lib. 6. Formul. pag. 647. [** ap. Marin. num. 80. col. 2. lin. 8.] : *Ferro fracto libras 12. Butte de cito valente semisse uno, Butte minore valente siliquas duas, etc.* [** Vide Marin. not. 40. et 52, a. pag. 269. et 270.] Marculfus in formula Parabolæ : *Lege, et perlecta in pectore repone : sin autem non vis, in Butte reconde;* id est, in pyxide. [** Baluz. Formul. 13.] Joannes Episcop. Laudensis in Vita S. Petri Damiani Card. num. 22 : *Aliquando vir Dei Buttem vini repositum apud quandam suam capellam habuerat.* Petrus de Crescentiis lib. 4. de Agricult. cap. 35 : *Ne aliqua transmutatio fiat circa fecem, gignentes cenopes, vel fangum album, quem facit subtus Butem.* [Chron. Farfense apud Murator. tom. 2. part. 2. col. 452 : *Item fundum Volusianum in integrum cum casis coloniciis* XVI. *et familiis et curte una, habent Buttes de vino* XI. *boum paria* X. *Fundum Nigitanum in integrum cum colonis quatuor et familiis et mola* 1. *et de vino Butte* 1.] Historia Belli sacri MS : *Et si portoient tiere en paniers et en Bous.* Raimundus Montanerius in Chron. reg. Aragon. cap. 227 : *E ordonne per tots los carres mijes Botes de vi be temprat ab vernigats, etc.* Adde cap. 238. Fallitur porro Cobarruvias, qui *Botecarios*, seu *apothecarios*, a *Bote* denominatos putat, quod in *Buttis* seu vasis unguenta sua asservent.

* *Bout*, in Fabul. tom. 3. pag. 212 :

Bon vin buront, et fort et roit,
Ce m'est avis d'Auçoirre estoit
Plaine une Bout de trois sistiers.

¶ Bota, Dolium. Statuta Massil. pag. 394 : *Cujusmodi Botæ fieri et vendi debeant a boteriis. Ordinamus præsenti capitulo, quod omnes boterii Massiliæ, qui vendiderint Botas, vendant... illas Botas bonas et legales... quod omnes Botæ circa unum palmum ad bondonum sint investitæ circulis... et quod omnes bodii Botarum, sive vegetum.. sint bironati.* Pluries occurrit pag. 395. et pag. 476. ut et in inventario anni 1341. ex Archivis S. Victoris Massil.

Buta, vel Butus. Computum Thesauri ann. 1312 : *Scancionarius pro Butis, boutellis, cadis, flasconibus, etc.* Gloss. Lat. Græc. : *Antelabra*, χείλη σκευῶν, ὡς καὶ βούτων.

Butica, Idem quod *Buta*. Papias : *Obba, vasis genus, Butica.* Capitulare de Villis cap. 62 : *Quid de Buticis et cofinis, id est, scriniis, etc.*

Butticus, Papias : *Cantharus, vas quoddam cum annis*, (leg. *ansis*, ut in MS.) *Græcum est, ut quidam dicunt : vulgo Butticus dicitur.* Ita in MS. pro *butribus*.

Buticella. Charta plenariæ securitatis, scripta sub Justiniano, apud Brisson. lib. 6. Formul : *Buticella granaria una valente siliqua una asprionis, etc.* [Rocchus Pirrus 485. Siciliæ Sacræ : *Anno Salvatoris* 1347. *N. Abbas ejusdem B. Mariæ de Pedali Ord. S. Bened. a Rege Frederico III. obtinuit pro Monasterio suo quasdam Buticellas tynninæ singulis annis ex Diplomate dato Cephalœdii 2. Febr. 4. Indict. an.* 1347.]

Buticula, diminut. a *Buta, Butta*, nostris *Bouteille*, Lagena. [Acta SS. Benedict. sæc. 4. part. 1. in Translatione S. Glodesindis : *Vasculum quod in modum flasconis parvi (Buticulam appellant) vacuum et siccum dependebat.*] Capitulare de Villis cap. 3 : *Non vervecem, non porcellum, non agnellum, nec aliam causam, nisi Buticulas et ortum, poma, pullos, et ova.* Chronicon Fontanell. cap. 14 : *Calices argenteos* 3. *Offertoria* 2. *Thuribulum argenteum* 1. *Buticulam argenteam* 1. *Fialas argenteas* 2. Hincmarus Remensis tom. 1. pag. 715 : *Si plus de vino voluerit in Butticula, vel canna, etc.* Anastasius in Greg. IV. PP. pag. 165 : *Item murenam trifilem auream, quæ habet gemmas diversas albas numero* 73. *et Buticulas* 33. Vetus Precaria : *Ad opus Canonicorum Buticulas duas plenas de optimo vino.* Acta Episcoporum Cenomanensium pag. 163 : *Et ad opus Canonicorum ibi degentium Buticulas duas paratas plenas de vino optimo, etc.* Adde pag. 85. 105. 235. edit. Mabillonii. [** *De melle Buticulas* 2, in Polypt. S. Remig. Rem. num. 16. post Irminonem pag. 292.]

* Sic nostris *Boutillete* diminut. a *Bouteille*. Lit. remiss. ann. 1406. in Reg. 161. Chartoph. reg. ch. 49 : *Une Boutillete de cuir, tenant environ une chopine.*

A Buticularum forma nomen sumpsisse videntur ejusmodi navigia majora, quæ *Buticles* appellant. Statuta *des Coustumes et du peage de Paris*, in veteri Regesto Cameræ Computor. Paris. : *Poissons d'eau douce : La Buticle, qui vendra de Chaalons,* 10. *s. Item de Chasteau Thiery en aval*, 5. *s. Item la nacelle de poissou d'estang*, 3. *s. La grant Buticle de Picardie et de Compigne en amont, et Nacelles à viviers, chacune payera* 8. *s. Item les Buticles de Rouen*, 10. *s. etc.*

Buticularius, penes quem *Buticularum*, vel *Potus* cura demandata erat, ut ait Hincmarus de Ordine Palatii cap. 23. idem, qui Pincerna. Capitulare de Villis cap. 16. *Ministeriales nostri Sinescalcus et Buticularius.* Adde cap. 47. Hariulfus lib. 4. Chronici Centul. cap. 22 : *Galterus Miles filius Hugonis Regii Buticularii.* Mox : *Quidam Miles, nomine Galterus, filius Hugonis Pincernæ Regis.* Ita porro Buticularius Regius invenitur apud Alcuinum Poëmat. 221 :

Et Nemias Græco infundit sua pocula Baccho,
Qui secum tunnam semper portare suescit.

Buttelarius, in Legibus Malcolmi II. Regis Scotiæ cap. 6. §. 5.

** Butellarius, in Charta ann. 1225. in Guden. Sylloge pag. 144.

Botilhées, in Foris Beneharn. rubrica deus *Botilhées.*

Butelgir, apud Galbertum in Vita Caroli Comitis Flandriæ num. 54. 56. 70.

Butiglarius, in Constitut. Henrici VII. Imp. apud Goldastum tom. 1. Const. Imper. pag. 318.

* Buttilgerius. Chartam ann. 1158.

apud Cencium inter Cens. eccl. Rom. subscribit *Petrus Buttilgerius*, qui in alia ejusdem anni ibid. dicitur *Butticularius*, et infra *Boitellerius*.

Buticularius Franciæ, unus e quatuor majoribus Palatii officialibus, qui literas et diplomata Regia subscribebant, vel certe eorum expeditioni intererant : de qua dignitate legendi Joannes Tillius, Vincentius Lupanus, Andreas Fauynus, [P. Anselmus,] et alii, qui de Officiis Palatinis nostratibus scripserunt. [Buticularii et Pincernæ officia non distinguit Tillius; non eadem tamen fuisse videntur. Nam, uti post Duchesnium observavit P. Anselmus tom. 2. pag. 1373. cum Remis inauguraretur Philippus V. ann. 1317. contentio mota est inter Dominum *de Sully* Buticularium et Dominum *de Soyecourt* Pincernam, ad utrum scilicet eorum ex officio pertineret vas quoddam, *le pot a cave*, quo Rex usus fuerat. Distincta ergo tunc erant hæc officia, quamvis, si nomen spectes, non multum inter se differant; atque eam ob causam in serie Chronologica Buticulariorum quam infra subdemus, ab iis Pincernas distinguere, maxime ab eo tempore quo eorum officia indistincta fuere, non curabimus.] Huic vero annexa dignitati jura ita recensentur in regesto Joannis de sancto Justo, in Camera Computorum Parisiensium : *C'est ce, que l'en trouve pour le Bouteiller de France és tables Maistre Jean de Saint Just.*

Premierement, la Justice entour les hostieux là, où il seroit.

2. *Item toute fois, que li Rois feroit feste sollempnel, il doit avoir la coupe et le hanap.*

3. *Item au Sacre de Reims il doit avoir les vins, qui seront dessous la barre, et doit avoir certain nombre de pain, de vin, de chars, de poulles, de cire, de poisson, et de fruit : et si est maistre des cervoisiers par tout le Royaume de France, et Souverains de la Chambre des Comptes, et doit avoir un nombre de jettoirs, de quoy nos Seigneurs des Comptes jettent chascun an; et doit avoir moult belle chose en Champaigne.*

Le droit des hostieux de la Bouteillerie. Premierement au bois la Conciergerie. Item à S. Germain en Laye, l'ostel de l'Archiere. Item l'ostel au gouge. Item l'ostel à la Jaiolle, et tousjours chambre par devers le Roy en tous lieux. Item à Poissy l'ostel aux Gaullars. Item l'ostel Hervy le Sergent, l'ostel Jean de Nanterre, et toute la Rue, ainsi que elle s'estend jusques au coin du Quarefour, et l'ostel Jean Fromage, ou cas qui li Comtes d'Artois n'y seroit, et sa chambre doit estre dessus la porte de l'Abbaye: Item à Fontainebliaut l'ostel Madame Marguerite Tassiere, et les ostieux environ. Item à Senlis l'ostel à l'Eschiquier. Item à Pont S. Maxence l'ostel Philippe le Sergent. Item à Creel l'Eschiquier.

Ce sont les droits, que le Bouteiller de France doit avoir en la ville de Paris en plusieurs celliers là, où l'en vent à brosche. Premierement il doit avoir la moitié de lies en la maniere, qui ensuit, etc.

[☞ Subdit P. Anselmus : *Ce sont les Droits que le Bouteiller de France doit avoir si comme l'en dit.*

L'en dit et pour certain, que ou temps Monseigneur Jean d'Acre, Bouteiller de France, il prenoit du vin tel comme pour la personne du Roy, et alloient ses gens traire au tonnel où l'on traioit pour le Roy, et n'estoit pas pris à l'Echansonnerie, et par devers le commun en prenoit, ou si comme mestier en estoit pour sa gent.

Item, pour la Cuisine prenoit aucunefois Mons. Jean d'Acre viande cuite et autrefois cruë.

Item, à la Fruiterie est à sçavoir que du temps du Roy Philippe qui mourut en Arragon, et puis du temps du Roy son fils, Mons. Jean d'Acre prenoit quand il gisoit en l'hostel ou le Roy gisoit, fut à Paris ou ailleurs, il prenoit tout ce que mestier luy estoit, fussent torches ou chandelles; et aussi on a veu que le Comte de S. Paul en prenoit.

Item, en l'Ecurie et Fouriere on ne sçait encore ce que le Bouteiller y prenoit, car il n'y a nul Official de ce temps.

Item, aux grandes Festes quand le Roy porte Couronne, le Bouteiller prent de son droit les pieces de vin, tonneaux, ou queuës qui sont entammées pour Feste, puisque où en a commencie à traire, et aussi en la guerre.

Item, prent ledit Bouteiller en la Chambre ès deniers chascun an pour ses manteaux aux deux termes vingt livres.

Ce sont les droits de la Bouteillerie en la Ville d'Orliens, sçeu et baillé par Jehan le Cordier.

Premierement, la Jurisdiction sur les Buffetiers, et l'amende jusques à six sols, et aussi sur tous les crieurs de Vins, et donne les criages dont il a quatre crieurs.

Item, tous ceux qui ont carerage, donnent vingt huit deniers au Bouteiller, et aussi du plus ou du moins.

Item deux petites Maisons assises vers S. Laurent, et peuvent valoir vingt sols par an.

Chaque Crieur doit treize deniers, et chacun Buffetier treize ou vingt six deniers, etc.]

[* Reg. sign. *Pater* Cam. Comput. Paris. fol. 156. v°. col. 1 : *Item dit Giles de Clamart que le droit du Bouteillier est qu'il a la couppe et l'aiguiere et le bacin, dont le roy est servi le jour de son couronnement, et que toutesfoiz qu'il vient au mandement du roy, il prent iiij. livres Par. en argent, de cire plus de xij. livres, et iij. sextiers de vin, et de chascun més de viande vj. pieces.* Vide præterea infra *Liagium*.]

Aliud Regestum : *Hi sunt Archiepiscopi, Episcopi, Abbates et Abbatissæ Regni Franciæ, qui solvunt domino Joanni d'Acre, Buticulario Franciæ, quilibet* 100. *sol. Paris. quotiescunque creati erant, ratione Buticulariæ Franciæ : unde arrestantur in receptu Compoti Buticulari* uncum asten CCCXVIII. quod Episcopus Laudunensis et cæteri Pares Franc. quotiescunque sunt creati, debent Regi* 110. *lib. Buticul. Franc.* 10. *l. et Cambellano* 100. *s. etc.* In 1. Regesto Parlam. fol. 147. inter Aresta omnium SS. 1265. dictum fuit, quod Archiepiscopus Bituricensis, Episcopus Tornacensis, et Abbas S. Sulpitii Bituric. *Buticulariam* solvere tenebantur Buticulario Franciæ, videlicet quilibet centum solidos Paris. sicut alii Prælati et Abbates regales. Idem pronuntiatum fuit contra Abbatem S. Dionysii in Francia, fol. 158. Vide *Monasteria Regalia*.

☞ Archiepiscoporum aliorumque nomina qui *buticulariam* debebant hic reperire cum fortassis non omnibus injucundum erit, hæc subjicimus eo ordine quo ea exhibet MS. Sangermanensis : *Archiepiscopi : Remensis, Senonensis, Bituricensis, Turonensis, Lugdunensis, Rotomagensis. Episcopi : Lingonensis, Laudunensis, Bellovacensis, Catalaunensis, Noviodunensis, Parisiensis, Suessionensis, Tornacensis, Silvanectensis, Tervannensis, Meldensis, Carnotensis, Aurelianensis, Autissiodorensis, Trecensis, Nivernensis, Matisconensis, Catalaunensis, Augustodunensis, Atrebatensis, Claromontensis, Lemovicensis, Ambianensis. Abbates : S Dionysii, S. Germani a Pratis, S. Genovefæ, S. Mauri Fossat. S. Maglorii, S. Cornelii Compend. S. Medardi Suess. S. Remigii Remens. S. Nicolai de Nemore, S. Johannis Laud. S. Crispini magni Suess. Corbeiensis, Monstroliensis ad mare, Macaiensis, S. Sulpitii Bitur. Trenorchiensis, S. Benedicti ad Ligerim, S. Mesmii, S. Richarii, Bonæ-Vallensis, S. Maxentii, Ferrariensis, S. Columbæ Senon. S. Valarici, Morigniacensis. Abbatissæ: Calensis, Suessionis, Montis-Martyrum, Faræ Monasterii.*

☞ Hic qualemcumque Buticulariorum seriem addendam credidimus, utpote qui cum præcipuis ac primariis Palatii Regii Officialibus litteris Regiis olim adscripti fuerint; quod extremis Henrici I. annis cœpisse scribit Mabillonius lib. 2. Diplom. cap. 12. n. 13. et post S. Ludovicum desiisse sibi videri significat ibid. n. 20.

* Genselinus *Silvanectensis Buticularius* subscribit Diploma Hugonis Capeti Franc. reg. sæculo x. exeunte inter Instr. tom. 7. Gall. Christ. col. 220.

Hugo Diplomati Regio pro fundatione S. Martini de Campis subscribit ann. 1060.

Adelardus ann. 1062.

Engenulfus ann. 1065. et 1067.

Rainaldus ann. 1067. et 1069.

Wido ann. 1071. et 1074.

Herveus Monmorenciacus ann. 1075. et 1079. obiit circa ann. 1094.

Adelardus an. 1085.

Lancelinus ann. 1086.

Paganus Aurelian. ann. 1106. et 1107. [* In Ch. ann. 1085. ex Reg. 125. Chartoph. reg. ch. 64.]

Wido II. Silvanectensis ann. 1108. et 1111.

Gilbertus de Garlanda ann. 1114. ad 1126.

Ludovicus Silvanectensis ann. 1130. [* Ann. 1128. in Chartul. S. Magl. Paris. ch. 9. ann. 1129. ex Tabul. Carnot. ann. 1131. in Chartul. B. M. Suess. et ann. 1132. in Chartul. S. Nigas. Mellet.]

Guillelmus Silvanect. ann. 1131. ad 1147.

Guido III. Silvanectensis ab obitu Guillelmi patris ad ann. 1188.

Guido IV. Silvanect. designatus paterni muneris successor ann. 1186. ob. ann. 1221.

Rotbertus de Cortenceio ann. 1223. ob. ann. 1239. [* *Robertus de Curtiniaco miles,*

Franciæ Buticularius, dominus Concharum, in Ch. ann. 1234. inter Instr. tom. 11. Gall. Christ. col. 150.]

Stephanus de Sancerre ante ann. 1248.

Johannes de Brienne, dictus *d'Acre* ann. 1258. ob. ann. 1296.

Guido de Chastillon III. ann. 1296. ob. ann. 1317.

Henricus de Sully ann. 1317. obiit post ann. 1334.

Miles Dominus de Noyers ann. 1336. ob. ann. 1350.

Johannes de Chalon Buticularii officio functus est in inauguratione Joannis Regis ann. 1350.

Johannes Dominus de Commercy ann. 1364. Buticularius et Primus Cameræ Computorum Præses creatur. ob. ann. 1381. Quod cum sub Henrico de Sully cœpisset, subinde ad successores manavit. Hinc Tillius pag. 406 : *Estoit à cause de son office, l'un des deux Presidens en la Chambre des Comptes à Paris. Et de ce y a ordonnance du Roy Charles VI. du 7. Janv.* 1400. *enregistrée au Parlement.*

* Memor. D. Cam. Comput. Paris. fol. 64. v°. : *Le Comte de Salebruche messire Jehan, fait et establi Boutillier de France à sa vie par lettres du roy données le vj. jour de May* 1364.

* *Dom. Comes Sarepontis Buticularius Franciæ habuit extracta de isto registro prædicta jura de præcepto dominorum* 28. *Nov.* 1380. *virtute litterarum regiarum*, in Reg. sign. *Pater*. Cam. Comput. fol. 156. v°. col. 2.

Enguerandus VII. Dominus de Coucy circa ann. 1384.

* *Dom. Couciaci Buticularius post dictum comitem, habuit dicta jura extracta de præsenti libro, ut supra virtute litterarum regiarum de præcepto dom. Computorum* 18. *die Sept.* 1391. Ibid. fol. 157. r°. Quo tempore distincta fuisse *Buticularii* et Pincernæ officia, colligitur ex Ordinat. hospit. reg. sub Carolo VI. ann. 1386. in Memor. E. ejusd. Cam. fol. 100. v°. : *Mons. Loys de Gyac Eschanson de France.*

Jacobus de Bourbon ann. 1397. ob. ann. 1417.

* *Dom. Jac. de Bourbon Miles, dom. de Preaux, cognatus dom. regis institutus magnus Buticularius Franciæ per litteras regis, datas Paris.* 26. *Jul. an. Dom.* 1397...... *Et* 16. *die Aug. seq. præstitit iu Camera Compot. Paris. solitum juramentum pro officio primi præsidentis layci in Camera prædicta : quod officium spectare dicebatur magno Buticulario Franciæ, quicumque sit, licet in litteris regis prædictis de hoc nulla fiat mentio*, in Memor. F. Cam. Comput. fol. 42. r°.

Guillelmus de Melun IV. ann. 1402. ob. ann. 1415.

Petrus des Essars ann. 1410. ob. capite minutus ann. 1413.

* *Dom. Petrus de Essartis Miles, consiliarius et magister hospitii regis, ordinatus et stabilitus in officio magni Buticularii Franciæ, et primi Cameræ Computorum dom. reg. Paris. præsidentis, loco dom. comitis de Tancarvilla, qui de dictis officiis seu officio se exoneravit in manibus præfati dom. regis, prout per ejus litteras constat datas Paris.* 21. *Jul.* 1410. in Memor. G. Cam. Comput. fol. 133. r°.

Walerannus de Luxemburgo ann. 1410.

* *Dom. Waleranus Comes de Lineo et S. Pauli...... stabilitus in officio magni Buticularii Franciæ Cameræque Computorum Paris. primi præsidentis, loco dom. Petri de Essartis,...... qui de dictis officiis se exoneravit in manibus dicti dom. regis, prout pater per litteras patentes ipsius datas* 29. *Octob. ann.* 1410. Ibidem fol. 138. r°.

Johannes Dominus de Croy ann. 1411. ob. ann. 1415.

Robertus de Bar ad sacramentum fidelitatis admissus 6. Oct. 1413. ob. ann. 1415.

Johannes Dominus d'Estouteville ann. 1415. ob. ann. circiter 1436.

Johannes de Neufchastel ann. 1418. ob. ann. 1433.

Jacobus de Dinan ann. 1427. ob. ann. 1444.

Ludovicus Dominus d'Estouteville ann. 1443. ob. ante ann. 1463.

Antonius de Chasteauneuf ann. 1463.

Johannes du Fou ann. 1469.

Carolus de Rohan ab ann. 1498. ad ann. 1516.

Franciscus de Baraton ad ann. 1519.

Adrianus de Hangest ab ann. 1520. ad ann. 1533.

Ludovicus de Bueil ann. 1533.

Johannes IV. Dominus de Bueil ob. ann. 1638.

Johannes V. Dominus de Bueil ob. ann. 1665.

Petrus de Perrien ob. ann. 1671.

Ludovicus de Beaupoil de S. Aulaire 1672.

Marcus-Antonius Ludovici filius 3. Sept. ann. 1702.

* Ne quis vero, cum legerit in Diplomatibus regiis, *Buticulario nullo, Constabulario nullo* vel *Dapifero nullo*, reapse tunc vacasse illa officia existimet, monendum est eam tum adhibitam fuisse formulam, cum absentes Chartas non subscribebant; quod certo concluditur ex iis Diplomatibus, quæ idem de tribus illis ministris efferunt : neque enim probabile est quod uno eodemque tempore, tria illa officia simul vacaverint.

¶ Buticularius Domini Abbatis Floriacensis memoratur in veteri fragmento de rebus Ludovici VII. apud Duchesnium tom. 4. pag. 424.

Buticularios præterea vocant Normanni, qui mercatorum vina degustant, an proba sint. Usatica MSS. Vicecomitatus Aquarum Rotomagi : *Les 2. Buteilliers en la Viconté de l'Eaue establis et jurés à boire des vins aux Marchans venans de Rouën, desquels moeson est deuë au Roy, etc.*

* Buticularius *Romaniæ*, Eo titulo donatur M. Brebanus, in Chartul. Campan. ex Bibl. reg. Cod. 5993. fol. 123. r°.

* Buticularius, Gall. *Boutiller*, apud monachos, Qui cellæ vinariæ, quam *Boutillerie* vocabant, præerat. Lit. remiss. ann. 1453. in Reg. 182. Chartoph. reg. ch. 46 : *Ung jeune prestre, nommé Guischart Palays, curé de S. Pol d'Yzovre, Boutiller des religieux du prieuré conventuel de Montverdun, ... fut trouvé en la Bouitillerie dudit prieuré.*

** Buticularia, Præfectura Buticularii. Chart. de hominib. de Theodos. post Irmin. pag. 388 : *Exceptis vineis sitis in censivas Buticularie Sanceline, etc.* Infra : *Exceptis commorantibus in censiva Buticularie.*]

¶ Botellaria, Butelleria, Butellaria, Officium Buticularii. Ordinatio domus regiæ sub Henrico II. Angl. Reg. in Lib. nigro Scaccarii pag. 349 : *Magister dispensator Butelleriæ sicut magister dispensator panis et vini. Dispensatores Botellariæ, qui per vicem serviunt, sicut dispensatores expensæ.* Infra : *Butellaria.* Occurrit *Buticularia* pro præstatione quæ buticulario exsolvebatur, uti supra videre est; itidem et pro eo omni quod ad Buticularii officium pertinet. Hist. Dalphin. tom. 2. pag. 272 : *Pro Buticularia per id tempus* LXXXIII *unc.* XVIII. *taren.* VI. *grana.* Vide *Butillaria* suo loco.

Butina, Idem quod *Butica*, Lagena. Hesych. ὠμαστράγῳ, βουτίνῳ, τρυβλίῳ. Joan. Damascen. de Condimentis : *Reponantur in Butinam, sic ut mel citria plurimum excedat.* [** Ruodlieb. fr. 3. vers. 105. 107. 116. et fr. 10. vers. 6.]

Butro, seu potius *Butto*. Ita enim interdum legi in quibusdam MSS. Anastasii Biblioth. monet Editor in Leone III. PP. : *In venerabili Monasterio S. Sabæ fecit Butronem argent. cum canistro suo pens. lib.* 12. Idem in Leone IV. pag. 187 : *In Ecclesia B. Petri... fecit Butronem ex argento purissimo, qui pendet in Presbyterio ante altare, pensantem libr.* 149. Id. pag. 177 : *Obtulit Butronem de argento purissimo, cum gabatis argenteis pendentibus in catenulis septem.*

Butrista, Eadem notione et origine, apud Alcuinum Poem. 165 :

Bis septena tibi direxi carmina vasco,
Tu quia misisti Butristas ut quoque binas,
Bis puto septena caliges jam forte tenentes.

Ubi legendum *septenos calices*, et forte *Buttistas.*

Boutus, Idem quod *Buta. Quadrigari. Boutorum*, in Ordin. Hospitii S. Ludovici ann. 1261.

Botus. Tabularium Caroffense : *Nec illud silentio tegimus, quod prædictus Domnus Carolus in præfato retinuit loco : istud scilicet, quod quando in Pictavensem urbem veniet, ipsi Monachi præfati Cœnobii afferant illi gantos unos, et duos cereos, cum duobus Botis nectare plenis, nec amplius ab eo, vel ab alio aliquo ab illis exigendum est.*

Boutarius, seu Butarius, qui *Butarum* curam habet, Officium in *Scancionaria*, in Ordinatione Hospitii S. Ludovici Regis Franciæ ann. 1261. *Boutier*, in alia anni 1285. [Ordinatio Domus regiæ sub Henrico II. Reg. Angl. in Lib. nigro Scaccarii pag. 350 : *Butarius consuetudinarium cibum, et* III. *d. hominibus suis, etc.*] Βουτιστής, Officium in Ecclesia Constantinopolitana, cujus munus sic describitur in Catalago offic. M. Ecclesiæ Medoniano : ὁ Βουτιστής, ὅταν εἴπῃ ὁ ἱερεὺς τὰς εὐχὰς τῆς Βαπτίσεως, λαμβάνει ὁ Βουτιστὴς τὸ παιδίον, καὶ βαπτίζει αὐτό.

Buttarius, qui *Buttas*, seu ejusmodi vasa onerat, implet. Lambertus Ardensis pag. 258 : *Oneratores etiam et Buttarii cum hoccis, et cespitarii cum cespitibus oblongis et mantellatis ad placitum magistrorum in pratis quibuscumque concisis et convulsis... operantur.*

Butella, Boutella, Botella, Lagena, nostris *Bouteille*, supra in *Buta*, et in Edicto Philippi Pulcri ann. 1302. apud Pithœum in Cons. Trec. [*Bouteilla*, apud D. *de Lauriere*. tom. 1. Ordin. Reg. Franc. pag. 364. num. 42.] Vide *Barillus*.

Buza, Idem quod *Butta*, vox formata ex Gallico *Bouts*, vel *Bouz*. Willelmus Tyrius lib. 12. cap. 25 : *Modios et Buzas ad vinum, oleum, vel mel mensurandum :* quæ Hugo *de Plagon* in versione Gallica Tyrii MS. hisce reddidit : *Mines à mensurer bled, Bous à mesurer vin.* Perperam igitur Ludovicus de Cerda *Buzam*, sacculum apud Tyrium interpretatur. Sunt autem *Bous*, seu *Bouts*, ut est apud Falcetum, proprie utres ex pellibus confecti, pice oblitis, in quibus vinum, aliusve liquor asservatur, deferturque, maxime per loca invia et montuosa, ubi curribus aditus non patet. In vetere Statuto pro Scancionaria Regis ann. 1261 : *le Barillier, et le Chartier des Bouts*, recensentur inter alios ejusd. Scancionariæ Officiales. In alia membrana hæc habentur : *L'on n'achetera ne Bouts, ne Boucians, ne barils, sans le congié du Maistre d'Hostel.* Est igitur *Bouceau* diminutivum a *Bous*.

* Nostris *Bussart* et *Busse*, dolium. Lit. remiss. ann. 1455. in Reg. 191. Chartoph. reg. ch. 120 : *Le suppliant et Michelet s'en alerent en l'ostel de une femme, où ilz estoient logiez, pour lui dire qu'elle leur gardast ung Bussart de vin, qu'ilz faisoient venir pour fener, et le mist en sa maison.* Aliæ ann. 1482. in Reg. 207. ch. 159 : *Jehan le Tourneux, qui vouloit vendre une Busse de vin à Jehan Martin, etc.* Vide notas *Duchat* ad Rabelais. tom. 1. pag. 19. et 81.

Boucellus dicitur in Charta Episcopi Ambian. ann. 1301 : *Commmunitas Tannatorum debet dare D. Episcopo, quando debet ire in exercitum Regis, duo paria Boucellorum de corio, quorum una pars teneat unum modium vini, reliqua vero 24. sestiers.* Ibidem Gallice redditur, *deux paires de Bouchiaus de cuir.* [*Bouchellus* alio in loco, quem videre est in voce *Sagimen.*] Vetus Poeta Gallicus MS :

Et emplent souvent leurs Bouciaus
De pain, de vin, de gras morciaux.

Le Roman *d'Aubery* MS :

Va, si m'apporte dou vin dou grant tonnel,
A mon Seigneur en donrai plein Boucel.

[Chartular. S. Vandregesili tom. 1. pag. 242 : *Supplions humblement les Religieux Abbé et Convent de S. Vandrille. Comme autrefois lesdiz Religieux fussent tenus de porter deux Botiaulx ou barils plains de vin au jour, que le pannage de la forest de Brotonne est tenu et reçu en la paroisse de Vateville, lesquels Botiaulx ou baris appartenoient au Roy nostre Sire, et le vin qui dedans estoit, appartenoit au Prevost dudit lieu de Vateville de son droit, et depuis nagueres par composition faite avec vous, Messieurs, par lesdits Religieux, iceux Religieux ne soient plus tenus à porter lesdits Botiaux, ni en lieu d'iceux soient tenus de payer dix sols tournois... par quoi nous vous mandons que d'iceux Boteaux à vin vous tenez quittes et paisibles lesdis Religieux ..... Donné à Paris...... l'an mil trois cent quatre-vingt et treize.*] Hinc *Busar*, in Consuetudine Lodunensi cap. 5. art. 5 : *Et seront faits les vaisseaux à vin, comme pipes, Busars, et quarts, de bon bois, etc.* Neque aliud sonat, ni fallor, *Buccellus*, in Legibus Adelstani Regis Angl. apud Bromptonum cap. 8. *A buzis et buccellis dicti Bouciers* Officiales Scancionariæ, quibus *Buzarum* cura erat demandata. Statutum pro Hospitio Philippi Magni ann. 1317 : *Devers le Cummun aura 2. Bouciers, et mangeront à court.*

Botagium, Præstatio pro vino, quod in *Botis*, seu vasis vinariis distrahitur. [Charta anni 1297. ex Archivo Piperacensis Abbatiæ : *Botagium sive lesda vini.*] Charta Communiæ Bituricensis ann. 1281. et Charta Philippi Pulcri Reg. Franç. ann. 1293. apud Chenutum in Hist. Bituricensi : *Ab omni tolta, tallia, et Botagio, et culcitrarum exactione liberi erunt.* [* Charta ann. 1150. ex Tabul. Major. monast. : *Omnes consuetudines in burgo S. Martini de la valle, ... et Botagium hominum suorum, ubicumque... vinum suum reposuerint, vel mansionem aut refugium qualibet ex causa habuerint, ... concessit.*] Charta Ricardi Regis Angl. ann. 1. regni, in Tabulario oppidi Dieppensis : *Habeant libertatem et quietantiam de consuetudine et exactione halecum,... de melagio, de Botagio, et galinagio, etc.* Charta Libertatum oppidi Carossensis in Biturigibus ann. 1191 : *Præpositus Caroffii non mittet nec aliquis serviens ad aliquem, qui vendet vinum mercatum suum, ut ei de vino tribuat Botagium.* Adde Chartam Libertatum villæ de Graciaco ann. 1246. apud Thomasserium pag. 87. 155. [Alteram Chartam Henrici VI. Regis Anglorum apud Kennetum Antiquit. Ambrosden. pag. 680. et ad calcem in Glossario.] Judicatum Parlamenti Candelosæ ann. 1276 : *Visa quadam Charta Regia... deliberata fuit per judicium Abbati et conventui S. Dionysii saisina Botagii in terra S. Mederici Parisiensis.* Charta ann. 1330. in Hist. Turenensi apud Justellum pag. 103 : *Percipiendi et exigendi pontonagia, pedagia, Botagia, drallias, guidagia, etc.* Alia Guillelmi Episc. Carnot. ann. 1166. apud Ægid. *Bry* in Hist. Comit. Perticens. : *Botagium et Cornesagium Vicecomitis est.* Occurrit non semel apud Doubletum in Hist. Sandionys. pag. 431. 432. 905. 907. Cujusmodi vero fuerit botagium pluribus docet Charta ann. 1553. pro prædio de *Linieres* in Biturigibus : *Item ledit Seigneur a un autre droit, qui se nomme droit de Boutage, qui est dit general et universel sur tous les hommes et femmes, bourgeois et bourgeoises de ladite terre et Baronnie, lesquels bourgeois et bourgeoises doivent audit Seigneur pour ledit droit de Boutage, quand ils ou l'un d'eux vendent en gros ou en détail un tonneau ou poinsson de vin, ou quand ils l'achetent pour le revendre et en faire leur profit, pour chascun d'iceux tonneaux tant grands que demy, cinq pintes de vin, mesure de Linieres, ou la somme pour chascune pinte au prix qu'il vaut en l'année en ladite ville de Linieres.* Adde consuetudinem localem Castelli novi in Biturigib. art. 4. Accipitur etiam *Botagium* pro quavis præstatione, in Regesto temporalitatum, ex Camera Comput. Paris. f. 48. 49. [Hinc etiam vox Gallica *Boutillerie* pro præstatione frumentaria in Declaratione temporalitatus Episcopatus Catalaun. ann. 1383. apud D. *Brussel* de Usu feud. tom. 2. pag. 757 : *La Boutillerie du marchié, qui peut valloir pour an à crois et à descrois v. muis et demi de grain.*]

¶ Bautagium, in Præcepto Philippi Pulcri tom. 1. Ordinat. Regum Franc. pag. 401. n. 28 : *Item, ordinamus quod pedagiarii seu leudarii nova pedagia, Bautagia seu leudas non exigant, seu levent in locis ubi non est consuetum.*

* *Baucagium* ibi legit Cangius. Vide in hac voce.

¶ Bottagium, apud Thomasserium in Consuetud. Bituric. pag. 697 : *Ut nemo illorum... Bottagium vini alicui reddat, neque aliquam quamlibet consuetudinem.*

¶ Boutelagium. Archivum Abbatiæ Belli loci : *Ego Rolandus de Dinanno Abbatiam fundavi de Ordine S. Augustini in loco qui dicitur Bellus locus, et dedi eidem Abbatiæ quidquid Canonici adipisci poterant in terra mea, liberum ab omni pedagio, costuma, panagio, Boutelagio et omni alia exactione.*

Butagium, in Inscrip. Blesensi : *Comes Stephanus et Adela Comitissa, suique hæredes perdonaverunt hominibus istius patriæ Butagium in perpetuum, etc.*

¶ Butellagium. in Charta anni 1086. ex Tabulario S. Florentii : *Herveus Butellarius dedit Butellagium suum villæ de Mezvoit Monachis.*

¶ Buticulatio, Eadem notione. Lobinellus Hist. Britan. tom. 2. pag. 132 : *Quod furni de Dolo, et molendinum Hale, et Buticulatio Doli, et prata, etc.*

Botarum Consuetudo, in Charta Philippi Aug. ann. 1185. pro oppido Ferrariensi, apud Morinum : *Consuetudinem Botarum reddent, qui eam reddere debent.* [Charta ann. 1107. tom. 2. Hist. Meldens. inter Instr. pag. 20 : *Botas etiam quas ex consuetudine meorum antecessorum ab Abbatia requirebam, illis remittimus.*] Tabular. Fiscanense fol. 85 : *Querela vertebatur inter Joannem de Brilleio, et Hugonem Eleemosynarium Fiscanensem super quibusdam Botis, et aliis rebus, quas ab ipso Eleemosynario feodaliter exigebat.* Fol. 89 : *In natali Domini pro bacone 5. sol. in vindemiis pro Botis 5. sol. in Pascha pro sotularibus et caligis 4. sol.*

¶ Botæ Nocturnales, f. sic dictæ quod majorum Festorum pervigilio solverentur. Mabillon. Diplom. lib. 6. in Charta anni 1197. pag. 604 : *Stephanus Dei gratia Noviom. Episcopus... notum facimus universis, quod cum inter dilectos nostros Abbatem et monachos S. Eligii Noviomensis et Johannem Bulg. Cantorem majoris Ecclesiæ nostræ super Botis Nocturnalibus querela diutius esset agitata... inter eos hoc modo compositimus. Abbas eidem Cantori suisque successoribus in perpetuum singulis annis in tribus solemnitatibus, Pascha scilicet, Pentecoste, in festo B. Eligii æstivali, duos flatones ac duos simecellos solvere tenetur.*

¶ Botæ Moniales. An *Modales*, hoc est unius modii? An *Moniales* dictæ quod vel a monachis, vel ad mensuram monachorum propriam persolverentur? Archivum Montis S. Michaelis : *Thesaurario Dolensi monachi S. Michaelis assignaverunt unam minam frumenti in feodo Hervei de Monte Doli. Item, unas Botas Moniales recipiendas annuatim de manu monachi de Monte Doli in usus thesaurariæ.*

Botatum Vinum, Gallis, *Qui sent le fust*, seu quod vas vinarium redolet; [* vel potius, *Vin bouté*, pro *Poussé*, vitiatum. Vide supra in *Boutare*.] Charta Libertatum villæ *des Ais*, in Biturigibus an 1301 : *Bannum autem meum habebo singulis annis per totum mensem Maii ad vina mea vendenda,... ita tamen, quod non potero vendere Vinum fœtidum vel Botatum.*

Bussellus, Bustellus, Bissellus, Modius, *Boisseau*, mensura frumentaria : diminutivum ex *buz*, *buza* Lambertus Ardensis pag. 153 : *Hic unum polkinum, vel Bussellum frumenti, hic duos vel plures... habebat.* Fleta lib. 2. cap. 12. § 1 : *Pondus 8. librarum frumenti faciant Bussellum, de quibus 8. consistit commune quarterium.* [Occurit passim passim in Instrumentis MSS.] Observat Spelmanus apud Anglos *Bussellum quatuor galones vini conficere.* Vide Probat. Hist. Drocensis pag. 258. et Will. Thorn pag. 2105: Charta Gallica in Monastico Angl. tom. 1. pag. 904 : *Un Bussel de farine d'aveine, et un Bussel de sel.* Apud Littletonem sect. 128. et 129. *Bushel* scribitur, ut et apud Matth. Paris : *Et mensuras tritici, quas Busheles dicimus.* Quo vocabulo hac notione etiamnum utuntur Angli.

Bustellus. Chron. Andrense ann. 1214: *Terram 3. Bustellos frumenti reddentem, etc.* Occurrit ibi pluries. [Charta Radulphi Comitis Clarimontensis ann. 1162. cap. 4. Tabularii Gemeticensis : *Ex meo proprio quotidie dabo vanum, Bustellum, juncturam, molendini molas, etc.*] In quibusdam Galliæ provinciis, *Boisteau*, pro *Boisseau*, dicitur. Vox efficta pariter a *Buttis*, dolium.

Bissellus. Notitia vetus in Probat. Hist. Sabaud. pag. 26 : *Novem Bissellos fabarum censuales.*

¶ Buscellus, in indice redditutum Monasterii Corbeiensis ex Archivis ejusdem : *Si Buscellus molendinorum perditus fuerit vel fractus aut falsus, alius fieri debet coram nobis et Scabinis juxta sextarium villæ, ita quod tredecim faciant sextarium.*

Buschellus, in Charta Anglica laudata in voce *Corngavel*.

¶ Bissetus. Tabularium Cartusiæ de Bellolarico : *Quadraginta octo Bissetos avenæ ad cumulum, bonæ et meabilis.*

Bussellata Terræ, in libro Chirographorum Absiæ, fol. 167. 225. 288. [Litteræ Officialis Bituric. in Gallicum versæ ann. 1583 : *Une pièce de pré contenant demi Boissellée de terre ou environ.* Codex MS. Coislinianus : *Un chezal situé au village de Breteche contenant demi Boisselée de terre ou environ.* Vide *Boicelata* et *Librata*.

Imbotare, Vox Italica, Vinum in *buttim*, seu lagenam, vel dolium immittere, Gall. *Entonner.* Charta ann. 1338 : *Ita quod liceat cuilibet habitanti et utenti seu qui utent ad ipsas Cassinas, ibi Imbotare, et gubernare, emere, vendere panem, vinum, et alia victualia ad minitulum.* Alia ann. 1360 : *In libro pactorum, incantuum, introituum Communis Vercellarum, et specialiter Imbotaturæ vini civitatis,... secundum quæ vendi solet Imbotatura prædicta, reperitur, etc.* Infra : *Non compelli possunt ad solutionem dictæ Imbotaturæ vini de eorum vino.*

BUTTORIUM, Butitorium. Vide *Batatorium*.

* **BUTTATIUM**, Lagena major, Ital. *Bottaccio.* Inquisit. ann. 1270. apud Murator. tom. 5. Antiq. Ital. med. ævi col. 125 : *Quod Punzilupus consuevit unum magnum panem et unum Buttatium vini accipere : et comedebat cum aliquibus, et postea dicebat : ...... Ecce nos comedimus tam magnum panem, et Buttatium vini.* Vide in *Butta* 3.

* **BUTTERICUS**, Vasis species, cantharus. Charta ann. 1011. apud Murator. in Antiq. Estens. pag. 195 : *Pro quibus a te pretium recipi, Butterico uno de auro in præfinito.* Vide *Butticus* in *Butta* 3.

* **BUTTIFREDUS**, Propugnaculum, turris lignea. Chron. Estense ad ann. 1307. apud Murator. tom. 15. Script. Ital. col. 359 : *Dominus marchio..... vidit totum navigium domini Bottixellæ, scilicet.......... unam maximam navim castellatam cum tribus magnis Buttifredis, cum duobus pontibus.* Vide *Belfredus*.

* **BUTTILGERIUS**. Vide supra in *Butta* 3.

* **BUTTUS**, Caput, Gall *Bout.* Charta ann. 1270. ex Tabul. S. Germ. Prat : *Decem solidos Paris. annui redditus seu census...... supra quadam domo, sita Parisius in Butto vici de l'Hirondelle. Brast*, eadem aceptione, si tamen legedum non est *Boust*, in Lit. remiss. ann. 1416. ex Reg. 169. Chartoph. reg. ch. 187 : *Ainsi que le suppliant entendoit à conduire son cheval limmonier en tournant au Brast d'une rue, etc.* Vide infra *Butus* 3.

* **BUTUARIUM**, pro *Batuarium*, Molendinum, in quo panni, vel quernei cortices, aliave id genus, tunduntur. Codex redit. episc. Autiss. ann. circ. 1290. inter Probat. Hist. Autiss. pag. 74. col. 2 : *Molendinum et Butuarium circa xv. lib.* Vide supra *Bastitorium*.

* **BUTULUS**, Umbo equini lupati, Gall. *Bossette.* Arest. parlam. ann. 1304. in Lib. 1. ordinat. super artif. Paris. fol. 344. v° : *Declarantes quod licet dicti selarii sui officii ratione, ... non possint strigiles seu estrivos, Butulos, mordaria, capos seu clavos facere aut fabricare, etc.* Sed. leg. forte *Buculos.* Vide supra *Buccula* 1.

BUTUM, ex Gall. *Bout*, Finis, limes, terminus, in charta ann. 1146. apud Duchesn. in Probat. Hist. Castil. pag. 25. [in Chartulario S. Vandregesili tom. 2. pag. 1359. in Indice MS. Beneficiorum Eclesiæ et Diœcesis Constantiensis fol. 55. v°. e Musæo D. *de Cangé.* Et in Charta anni 1304. ex Archivis Monasterii B. M. de Bono-Nuntio Rotomag. etc.] *Habouts*, in Consuet. Salæ Insulensis cap. *des purges*, art. 1. Vox videtur formata a *boton, botontinus, etc.* quæ quidem vocabula Agrimensoribus limitem sonant. Vide in *Bonna* 2. [** Ad hanc vocem *Butina* in leg. Ripuar. pertinere censet Graff. l. l.]

☞ Alii *Butum* derivant a Celtico *Bot* vel *Bod*, quod fundum, imam partem seu extremam significat. Plinius lib. 3 cap. 16. de Pado fluvio loquens ait, *Ligurum lingua amnem ipsum Bodincum vocari, quod significet fundo carentem : cui argumento est optdum juxta Industria, vetusto nomine Bodincomagum, ubi præcipua altitudo incipit.* Etiamnum fundus a Germanis *Boden* et *Bodem*, ab Anglis *Bottom*, a Suecis *Boten* appellatur. Vide Valesium Notit. Gall. pag. 185. col. 2. et Menagium in Etymol. Gall.

Butta Terræ, [f. Agellus, pro quo Gall. sæpe dicunt *un bout de terre.*] Monasticum Anglic. tom. 2. pag. 453 : *De quatuor viginti selionibus et duodecim Luttis terræ et de grano unius acræ.* Tom. 3. pag. 49 : *Quasdam Buttas Terræ, quas Hunyth vidua de Hope aliquando tenuit.* [Kennetus Antiquit. Ambrosden pag. 402 : *Quatuor Butta, quæ continent unam acram.* Et pag. 344 : *Sex Buttæ terræ quæ jacent, etc. Madox* Formul. Anglic. : *Ego Robertus Roaut de Langelée dedi... S. Ecclesie S. Marie de Bordeslee... unam acram Buttis subtus cheminum de Wardevic.*]

¶ Buttis, Eadem notione, Antiquit. Ambrosden. pag. 136 : *Viginti acras scilicet in Heslefurlung et Buttes apud Umbehlowesmer ad complendum numerum viginti acrarum.* Et pag. 187 : *Quatuor seilones terræ qui vocantur Buttes.* Ibidem pag. 534 : *Similiter aliquando quatuor Buttes, aliquando quinque, aliquando sex, aliquando septem, aliquando octo faciant unam acram, videlicet secundum quantitatem earumdem in longitudine et latitudine. Buttis* igitur non est modus agri determinatus, sed modo minor modo major, quod belle congruit agellis, quos *Bouts de terre* appellamus.

Abbutare, Abotare, Terminare, Gall. *Aboutir*, et *Abouter* : vox Agrimensoribus nostris familiaris, cum agri limites designant. *Abbutare* enim dicunt, prædiorum fines, qua scilicet parte angustiores sunt, prædio alteri : latera vero nunquam aiunt *Abbutare*, sed agro proxime adjacere. Charta Henrici I. Regis Angliæ, in Monastico Anglic. tom. 1. pag. 96 : *Aliud messuagium jacet in eadem villa,... et Abbutat super communem ripam.* Historia Fundat. Abbatiæ Norwicensis : *Quæ quidem venella Abbutabat super communem viam.* Vide tom. 2. pag. 275.

Abotare, Eadem notione, in Charta 1263. in Tabul. Prioratus Belliloci in diœcesi Rotomagensi pag. 25 : *Et Abotat ad keminum domini Regis.*

Buttare, pro *Abbutare.* Monasticum Anglic. tom. 2. pag. 389 : *Unum croftum,... quod Buttat super virgultum meum.* [*Madox* Formulare Anglic. pag. 106 : *Buttantes versus austrum super quandam clausuram dicti Prioris.* Kennettus in Antiquit. Ambrosden. pag. 533 : *Seliones Buttant totaliter in terram ipsius Prioris.* Occurrit iterum eadem pagina et sequenti, et alibi non semel.] Vide Origines linguæ Italicæ Octavii Ferrarii in hac voce.

* **BUTUR**, Butyrum, Germ. *Butter.* Carmen anonymum inter Dissert. D. *Le Beuf* tom. 2. pag. 423 :

Nam tibi Hadda prior nocte non amplius unum
In Traject mel, compultimque Buturque ministrat,
Ut pote non oleum nec vinum Fresia fundit.

* *Beurré*, Vas butyrarium, Gall. *Pot à*

beurre, in Lit. remiss. ann. 1460. ex Reg. 192. Chartoph. reg. ch. 52 : *Le suppliant ..... s'en entra dedans la cave; .... et y print....... ung Beurré pesant dix ou douze livres.*

1. **BUTUS.** Papias et Glossæ Isidori : *Butus, imbutus, ab imbuendo.*

¶ 2. **BUTUS**, Cupa. Vide in *Butta* 3.

* 3. **BUTUS**, Caput, extremum, Gall. *Bout.* Charta ann. 1422. inter Stat. colleg. de Marchia fol. 10 : *Domus sita Parisius in vico sine capite, sive sine Buto, vulgariter dicto d'Amboise prope plateam Mauberti.* Testam. ann. 1433. ex Tabul. eccl. Massil. : *Paramenta altaris de panno auri et de veluto rubeo circumcirca, cum armis nostris in quolibet Buto, in quibus sunt tres peciæ.* Hinc forte *Bouylle*, eadem notione, in Lit. remiss. ann. 1478. ex Reg. 206. Chartoph. reg. ch. 145 : *Jehan Noel marinier demourant à la Bouylle du kay de Rouen, etc.*

¶ **BUTYRATUS**, Illitus butyro. Leibnitius Scriptor. Brunswic. tom. 1. pag. 308. ex Annalibus Corbeiens. : MCLVIII. *in villa nostra Herbam rusticus phreneticus duos bufones assatos et bene Butyratos, ut delicatum quid voravit sine noxa.*

¶ **BUTZ.** Vide *Bussa.*

* **BUVERIUM**, Modus agri, idem quod supra *Bovare* et *Bovarium* 1. Charta ann. 1308. in Reg. 40. Chartoph. reg. ch. 36 : *Octodecim Buveria et tria jornalia terræ arabilis, etc.* Ejusdem forsan originis est vox *Buvraige, Buverii* nempe seu agri cultura, in Lit. remiss. ann. 1386. ex Reg. 129. ch. 217 : *Comme le suppliant fust aux champs ...... où il menoit deux chevaulx et deux herses; .... ainsi qu'il faisoit son Buvraige survint à lui un homme, etc.* Nisi merendam intelligas. *Buverie* vero compotationem sonat, in Charta majoris Rotomag. ann. 1360. ex Reg. 168. ch. 146 : *Avoit accoustumé à faire en la paroisse de S. Nigaise de Rouen pluseurs Buveries en pluseurs mestiers, etc.* Vide *Buverius.*

¶ **BUVERIUS**, Modus agri, idem quod *Bovagium.* Lobinellus Hist. Paris. tom. 3. in Glossario : *Buverios terræ viginti.* Vide *Bovaria.*

¶ **BUVETUM**, Eadem notione. Rymer. tom. 10. pag. 237. col. 2 : *Mansum unum et culturam, in qua sunt quinque Buveta terræ cum adjacentiis suis.* Vide *Bovata.*

¶ **BUVINARE**, *Sanguine inquinare mulieris menstruæ.* Gloss. Isid. Est pro *Bubinare*, ut apud Festum et Lucillum.

* **BUXA** vel Buxus, Idem videtur quod mox *Buxeria*, Buxetum forte, seu silva buxis consita. Charta ann. 1313. in Reg. 52. Chartoph. reg. ch. 207 : *Ascendendo ad quasdam ruppes elevatas, ubi sunt Buxæ sive Buxi.*

* **BUXAT.** Libert. Viennæ ann. 1361. tom. 7. Ordinat. reg. Franc. pag. 432. art. 24 : *Durante ipso banno nemo debeat vendere vinum, nisi Buxat et vinum corruptum.* Ubi legendum opinor *Botatum*, vitiatum, quod nostri *Vin bouté*, pro *Poussé*, dicebant. Vide supra *Boutare* et *Botatum vinum* in *Butta* 3. *Buyat*, in iisd. Libert. ex Reg. 101. Chartoph. reg. ch. 118. sed corruptius, ni fallor.

¶ **BUXEÆ**, *Calcei.* Glossar. vet. ex Cod. reg. 7613. Vide *Baxeæ.*

BUXERIA, Buxetum forte, seu silva buxis consita, nostris *Boissiere, Boessiere, Buissiere* et *Bouchiere.* Charta Henrici II. Regis Angl. tom. 2. Monast. Angl. pag. 1010 : *Et feodum, quod Fulco ... tenet in prædicto manerio, excepta Buxeria.* Infra : *Et prævarias de ipsa Buxeria.* Tabular. Nantoliense in Pictonibus ann. 1327 : *Buxeria, garenna, vindemiæ, etc.*

* Charta ann. 1406. in Reg. feud. Pictav. comitat. ex Cam. Comput. Paris fol. 88. r° : *Item Buxeriam de Podio Aynardi una cum quadam oscha dictæ Buxeriæ contiguans.* Vide supra *Buxa.*

* **BUXETUM**, Buxidum, Præstationis species. Charta ann. 1053. in Tabul. S. Petri Carnot. : *Monachis ibidem, Deo et Apostolo clavigero summo medietatem Buxeti, tam in silvis quam in agris cultis et incultis, concedo, medietatem quoque decimæ Loronis villæ, quam in guadio habeo.* Alia eadem de re ibidem habet, *Buxidum.*

BUXIS, Buxida, Bossida, Bustula, etc. Pyxis, arcula, Gallis, *Boiste* : nam a *Pyxis*, voces *Buxis*, et *Buxida*, videntur formatæ. [Menagius eas derivat a *Buxus*, quod pyxides, inquit, sæpius fuerint ex hoc ligno confectæ.]

Buxis. Paulus Diaconus in vita S. Gregorii Magni PP. cap. 19 : *Eosdem pannos consecratos... singulis singillatim Buxis imposuit.* Petrus Damiani lib. 6. Epist. 21 : *Dum Eucharistia reservata fuisset in Buxide.* [** Vide Thietmar. Chron. lib. 8. cap. 7. et 8. ibique notat. ap. Pertz. vol. Script. 5. pag. 864. et 865.]

Buxida. Ratherius Veronensis Episcopus in Synodica ad Presbyt. : *Super altare nihil ponatur, nisi Capsæ et Reliquiæ, aut forte quatuor Evangelia, et Buxida cum corpore Domini ad viaticum infirmis.*

Bossida. Charta Joannis Archiepisc. Capuani ann. 1301. in Sanctuario Capuano : *Vas unum, quod dicitur Tabernaculum de argento, cum cascia sua. Item Bossidam unam de ebure.*

Buxula. Fulbertus Epist. 116 : *Et in Buxula tuæ mentis hoc antidotum diligenter recondes.* Adde libr. Miraculor. S. Valburg. lib. 3. cap. 1. Hinc nostris *Bouxole*, vel *Boussole*, pro pyxide magnetica, cujus usus creber in navigatione.

Buxta. Synodus Atrebatensis ann. 1125. tom. 13. Spicilegii Acheriani pag. 19 : *Particulatim pannos, super quibus sancta celebraverat, divisit, et singulis singulatim Buxtis imposuit, etc.* Charta Heccardi Comitis Augustodun. ex Tabulario Persiacensi apud Perardum : *Una Buxta eburnea, quæ non est sculpta.* Infra : *Odouvico donate ille Buxte imparato.* [Annal. Benedict. tom. 3. pag. 163 : *Buxtæ argenteæ duæ seu acerræ duæ ad ferendum incensum, etc.* Itinerarium litterarium Martenii tom. 2. pag. 287. et 288. ex antiquo MS. S. Maximini Trevir. : *Buxtæ tres cum scrinio dimidii cubiti elephantini ossis plene reliquis authenticorum Sanctorum.*]

Boxta, apud eumdem Perardum pag. 111.

Buista, in Historia Monasterii sancti Nicolai Andegavens. pag. 53.

Bosta. Glossæ MSS. : *Pixis, Bosta.*

Bustia. Petr. Damiani lib. 4. Epist. ult. : *Sacras mundissimæ Bustiæ reliquias intulit.* Infra : *Sentit, quod intra Bustiam aliquid agitatur.* Charta Petri II. Regis Aragon. : *Mittantur nuncii,... qui portant Bustiam cum signo Vicarii.*

Bustula. Charta Hugonis Ducis Burgundiæ ann. 1077. pro Ecclesia Avalonensi tom. 6. Spicilegii Acheriani : *Tabula eburnea una, Bustulæ eburneæ 2. phylocteria aurea 22. etc.* Et mox : *Bustulæ eburneæ 9. etc.* Glaber Rodulfus lib. 5. cap. 1 : *Dum Bustulam vel pyxidem, in qua servabatur,* (sacra Eucharistia) *ut mos est, adtractare vellet.* [Hist. MS. Beccensis Monasterii, pag. 355. in Catalogo Reliquiarum ex Archivo ejusdem : *In duabus Bustulis argenteis, de Reliquiis quæ retro sunt descriptæ, ibi sunt positæ.* Occurrit apud Bollandistas tom. 6. Maii pag. 421. E. ubi de Translatione S. Augustini Cantuar. num. 33.]

Buxtula. Odo Cluniacensis de Translat. sancti Mauri cap. 4 : *Quæ* (reliquiæ)... *in Buxtula lignea reconditæ fuerunt.* Quidam Codd. habent *Buxula*, unde Brulius pyxidem conficit. Synodus Atrebatensis ann. 1125 : *Fractis sigillis, et apertis Buxtulis, nihil aliud nisi pannos contemplantur.* Vide Octavium Ferrarium in Origin. linguæ Italicæ in voce *Bosso.*

¶ **BUXIVULSOR**, Arculæ, thesauri dissipator. Vita S. Johannis Valent. Episc. apud Marten. Anecd. tom. 3. col. 1696 : *Alii convicia ingerunt, Buxivulsorem, honorum omnium exterminatorem, patriæ subversorem appellant.*

* **BUXOLA.** Vide supra in *Bussola.*

* **BUXTUM**, pro *Bustum*, Sepulcrum. Glossar. Lat. Gall. ann. 1352. ex Cod. reg. 4120 : *Buxtum, sepoure.* Id est, *sepulcre.* Vide *Bustum* 1 :

BUXULA. Vide *Buxis.*

* **BUXUM**, Tabula ex buxo levigato confecta. Prudent. lib. περὶ ςεφ. Hymn. 9. tom. 3. Aug. pag. 23. col. 1 :

Buxa crepant cerata, genis impacta cruentis,
Rubetque ab ictu curva tumens pagina.

* Ejusdem originis est vox Gallica *Buys*, pro calceorum forma, in Lit. remiss. ann. 1474. ex Reg. 195. Chartoph. reg. ch. 1362 : *Le suppliant lui getta ung Buys ou palete à enformer souliers.* Vide *Buxus* 1.

1. **BUXUS**, Diptychum. Regula S. Pachomii ex versione S. Hieronymi cap. 37 : *Numerabuntque funiculos, quos per singulas hebdomadas torserunt, et eorum summam describent in Buxis.* Vide *Uxus.* [** Papias in cod. reg. 7609 : *Buxus arbor est apicibus, i. e. litteris apta.* Ex Isidor. Orig. lib. 17. cap. 7. sect. 53. Locum respicit Isai. cap. 13. ℣ 8. Confer *Boza.*]

* 2. **BUXUS**, *Tibiolæ.* Glossar. vet. ex Cod. reg. 7641.

* **BUYAT.** Vide supra *Buxat.*

* **BUYRELLUS**, pro *Burellus*, Panni spissioris ac vilioris species, vulgo *Bureau.* Testam. Ludov. comit. Valent. ann. 1345. ex Cod. reg. 6008 : *Volumus....... quod nostrum artahut sit coopertum uno panno de Buyrello tantum.* Vide in *Birrus.*

¶ **BUYSALE**, Corporalium theca. Inventarium ann. 1342. ex Archivis S. Victoris Massil : *Item unum Buysale de tela linea.*

¶ **BUYSSA.** Charta Libert. Bellom. ex Cod. MS. Biblioth. Coislin. : *Absolventes....*

ab omni carnagio, festagio, banno, qualibet Buyssa vel Buyssis. An *Buyssa* idem est, quod *Buza*, Vas vinarium, ita ut hic accipiatur pro *Botagio* vel *Consuetudine Botarum*, de quibus in *Butta*. 3.

1. **BUZA.** Vas vinarium. Vide *Butta* 3.

¶ 2. **BUZA**, Navigii genus. Vide *Bussa*.

¶ 3. **BUZA**, Annonæ species. Charta MS. Caroli Flandriæ Comitis : *Et unam garbam de Buza.* Vide *Budia* et *Bulzet*.

¶ **BUZECARL.** Vide *Buscarla*.

* **BUZECCHÆ**, ab Ital. *Buzecchia*, Interanea, exta. Stat. datiar. Riper. cap. 25. fol. 16. v° : *Quod aliquis beccharius non debeat ullo modo tenere Buzecchas alicujus bestiæ super banchis vel viis extra stationes suas, nec ipsas Buzecchas in ipsis fontibus projicere.* Vide supra *Buella*.

BUZERIUS, ex Gall. *Boucher*, Carnifex, lanio, in Constitut. Neapolitanis lib. 3. tit. 36.

¶ **BUZERCUS**, In mari mersus, ab Armorico *Beuzi*, Mergi. Acta S. Budoci MS : *Azenor angelico et beatæ, ut asserunt, cui devote inserviebat, virginis Brigidæ ministerio cibata et consolata, filium in dolio peperit, quem Budocum multi, Buzeucum cæteri, Euducum vero nonnulli, nec ab re quidem, vocaverunt : Budocum, cui mala gens invideret, Buzeucum, mari mersum; Euducum, bonum ducem eventu rerum interpretantes.*

BUZI, *interpretatur despectus vel contemptus.* Papias. Idem forte quod *butia etc.* de qua voce in *Bausia*. [Ab Hebraico *Bus* vel *Bouz*, Sprevit.]

* **BUZIANI**, Hæretici, ab autore *Buzone* sic dicti, Valdensium sectarii. Benzo episc. Albens. in Comment. de reb. Henr. III. imper. apud Ludewig. tom. 9. Reliq. Mss. pag. 372 : *Ab inferno prodierunt noviter hæretici Patarini, Buziani...... non curantes quid loquantur, ut pote frenetici. Araldinus patariam primitus edocuit, Buzo filius, buziam consequenter vomuit.*

* **BUZINA**, pro Buccina, in Charta ann. 1223. ex Tabular. eccl. Massil.

¶ **BUZSECARLA.** Vide *Buscarla*.

** **BYBERIS.** Testament. ann. 1317. ap. Guden. Cod. Dipl. vol. 3. pag. 786 : *Lego... pelliceam meam, dictam Byberin.* Vide *Beverina pellis* in *Bever*.

¶ **BYEZIUM.** Vide in *Bedum*.

¶ **BYKERINGTAKEL.** Vide *Bundellus* in *Bundela*.

¶ **BYMIXUS**, dicitur de lucerna duplicis ellychnii apud Muratorium tom. 3. pag. 204. pro quo Cangius noster in eodem exemplo legit *Bimixus*. Vide *Myxa*.

BYNGHEYS. Bracton lib. 4. tract. 1. cap. 38. § 1 : *Qualia sunt blada, prata, ligna, Byngheys, sicut ad boves.*

¶ **BYNOMIUS.** Vide *Binomius*.

¶ **BYRDLYME**, ab Anglico *Bird*, Avis, Saxonice, Pullus et *Lime*, Island. *Lym*, Dan. *Lim*, Gluten : est ergo *Byrdlyme*, juxta vim nominis Gluten seu viscus ad capiendas aves; Gall. *glu*. Kennettus Antiquit. Ambrosden. pag. 574 : *Et in duabus seris magnis* II. *den. et in una lib. de Byrdo lyme empt. ibidem* III. *den.*

¶ **BYRETUM.** Vide *Birretum*.

BYRGUS, pro *Burgus*, ex πύργος, ut quidam volunt. Charta Caroli Magni apud Meurissium in Episcopis Metensib. pag. 185 : *Nec homines eorum per mallos, Byrgos publicos, nec per audientias mallus deberet admallare.* [** Leg. *mallobergos*.]

¶ **BYRNAN**, BYRNE. Vide post *Brunea*.

¶ **BYROTA**, Vehiculum constans duabus rotis. Baldricus Dolensis Archiep. ut se ipse nominabat, in Itinerario MS. Abbati et Monachis Fiscanensibus dedicato : *Cum forte in itinere repperi Byrotam onerariam victualibus domni Abbatis refertam.* Vide *Birota*.

* **BYRRUS.** Vide in *Birrus*.

BYRSA, Corium, βύρσα. Rabanus Maurus Poëm. 29 :

Cinxit eos velamine Byrsæ,
Et decentissime, etc.

Althelmus de Laude virg. v. 25 :

Exin tortores bnculam deglubere Byrsa
Mandant.

BYRSUM. Miracula S. Adelardi Abbatis Corbeiensis cap. 5. *Denique ipsum* (corpus S. Adelardi)... *in mundo pallio, postea in Byrso cervino involverunt.*

BYRSAGIUM, Hungaris *Birsag*, Mulcta judicialis, compositio publica, quæ fisco infertur. Decretum Sigismundi Regis Hungariæ ann. 1435 : *De Byrsagiis autem Comitum parochialium ad portionem judiciariam pertinentibus, Comites Parochiales et judices, æquam inter se divisionem facere tenentur.* Infra : *Partes tamen litigantes, quandocunque voluerint, absque requisitione Judicis, et onere solutionis Byrsagiorum, liberam concordandi habeant facultatem.* Occurrit ibi non semel. Vetus Constitutio de officio Comitis Palatini cap. 9. apud Goldastum tom. 3. Constitut. Imper. pag. 403 : *Cæterum, si qui jure coram Comite Palatino in Byrsagiis, aut aliorum judiciorum oneribus convincantur, etc. A Bursa* videtur manare, quod in Bursam publicam, seu in fiscum ejusmodi mulcta inferatur : unde Adagium :

Bursa oculos claudit, dicite Byrzagium.

BYRTHINSAK. In Regiam Majestat. lib. 3. cap. 16. inscribitur, *de lege Byrthinsak*, alias *Burdingsak*. Ubi Skenæus vocem effictam putat ex *Burding*, onus, et *sak*, saccus, q. d. *onus cibi in sacco.* Agitur ibi *de furto vituli vel arietis, vel quantum quis supra dorsum suum poterit portare de cibo :* de quo quidem furto curiam non tenendam esse statuitur. *Burringsek* hanc legem vocat etiam idem Skenæus.

¶ **BYRZAGIUM.** Vide *Byrsagium*.

BYSSINÆ LUCERNÆ. Anastasius in S. Silvestro pag. 17 : *Ante corpus B. Laurentii Martyris argento clusam ipsius passionem, sigillis ornatum, cum Lucernis Byssinis argenteis pensant. etc.* f. *bimixis*.

¶ **BYSSIS**, vel BYSSES NOCTIS, f. Duæ noctis Vigiliæ, seu bina spatia secundum antiquam consuetudinem noctium dividendarum, a Latino *Bis*. Gesta Tancredi apud Marten. Anecdot. tom. 3. col. 174 : *His perterritus, ubi somnum evasi, jam simul certior factus sum et sollicitior, adhuc ambigens clamne facerem an palam : in hac cura totum transegi diem et Byssem noctis, et orationi et jejunio vacans, postulansque a Deo vicem tertiam, si duæ ab eodem fuissent.*

¶ **BYSSUS** DIRECTORIUS, Mappa ex bysso quæ super *directorium* seu abacum explicari solet. Charta ann. 1474. apud Miræum tom. 2. pag. 1042. edit. 1723 : *Jusserunt ipsam petiam ligni de dicto vase extrahi, et super alba et munda sindone illiccine ad hoc, super quodam Bysso Directorio extenso et explicata nude poni fecerunt.*

* **BYZA**, Piscis genus. Tract. de Piscibus cap. 23. ex Cod. reg. 6838. C : *Quæ ἀμία a Græcis dicitur, Latino nomine caret. A nostris et Hispanis Byza, quasi Bysantia, ut opinor : amia enim Bysantia in pretio habebatur. Ab aliis Boniton vocabatur.*

* **BYZANTIA**, In ecclesia Autissiodorensi ita appellabatur annua quædam distributio, quæ fiebat in vigilia translationis S. Stephani ad Byzantium; unde vocis origo. Stat. capit. Autiss. inter Probat. Hist. Autiss. pag. 196. col. 1 : *Anno Domini 1461..... quia per depositionem antiquorum canonicorum ecclesiæ in capitulo existentium, compertum fuit quod Bizantia seu vacca varia antiquitus distribuebatur singulis annis canonicis et aliis eam lucrantibus, hora majoris missæ vigiliæ translationis beati prothomartyris Stephani ad Bizantium ...... Statuerunt et ordinaverunt, quod de cætero dicta distributio Bizantiæ lucrabitur hora prædicta.* Alia ann. 1553. ibid. pag. 219. col. 2 : *Qui comparuerit in missa, quæ celebratur in ecclesia in die S. Aniani, in vigilia translationis S. Stephani prothomartyris in mense Novembri, quæ dicitur Bizantia, percipit integram distributionem illius Bizantiæ, quæ fit in frumento et vino apud S. Germanum singulis annis.*

BYZANTIUS, Nummus aureus ab Impp. Constantinopolitanis cujus Constantinopoli, quæ olim *Byzantium*, unde monetæ nomen. Joan. de Garlandia in Synonymis :

Dragma Bisantius est, vel Aureus, atque Talentum.

Ugutio : *Bizantium olim dicta est Constantinopolis, unde Bizanticus et Bizantius, et hinc adhuc moneta illius loci dicitur Bizanteus et Bizantius.* Joannes VIII. PP. Epist. 133. primus videtur hanc vocem usurpasse : *Et nostram iram habebit, et mille Byzanteos palatio nostro componet.* Baldricus Dolensis lib. 1. Hist. Hieros. : *Direxerunt itaque legationem Constantinopolim, quæ vocabulo antiquiori Byzantium dicta fuit, unde et adhuc monetæ civitatis illius denarios, Byzanteos vocamus.* Willelm. Malmesbur. lib. 4. de Gestis Regum Angl. : *Constantinopolis primum Byzantium dicta : formam antiqui vocabuli præferunt Imperatorii nummi, Byzantini vocati.* Guntherus in Hist. Constantinopol. cap. 15. de Constantinopoli : *Græco nomine Byzantium vocabatur : unde et apud modernos nummi aurei, qui in illa formari consueverant, a nomine ipsius urbis Byzantii appellantur.* Perperam igitur Miræus, qui a *Vesuntione Sequanorum metropoli*, vulgo *Bezançon*, Byzantios dictos scripsit. Charta Henrici Imp. ann. 1075. pro Monasterio Hirsaugiensi apud Trithemium : *Ut unus aureus, quem Byzantium dicimus, singulis annis... persolvatur.* Charta Henrici Imp. ann. 1107. in Metropoli Salisburgensi tom. 3. pag. 310 : *Unus aureus, quem Byzantium dicimus.* Philippus *Mouskes* in Philippo Aug. :

Fu sa raençons aramie,
Et de Besans et d'Estrelins,
Et de Mansois et d'Angevins.

Vide V. Cl. Jacob. Petitum post Pœnitentiale Theodori pag. 680.

BYZANTEI, BYZANTI, apud Petrum Damiani lib. 5. Epist. 13. Tudebodum lib. 4. pag. 790. 793. et Ordericum Vitalem pag. 736. 740. 751. 760. 829. 830.

Visanti aurei, in Capitulari Radelchisi Princip. Beneventani cap. 20. et 27. et apud alios passim.

Auri optimi Bezantii, in Charta ann. 915 apud Ughellum tom. 1. pag. 853. 960. [** Ruodl. fr. 3. vers. 314 :

Quorum vasorum rex unum denariorum
Replet Byzantes quos dicunt aurificantes.]

¶ BISANTII, in nova Gall. Christ. tom. 4. col. 585 : *Dedit ad mensam Canonicorum ecclesiam de Noirot, et medietatem molendini de Faanai, et quatuor Bisantios, pro quibus debet bursa centum solidos.* Instrum. ann. 1222. apud Marten. tom. 1. Ampliss. Collect. 1170 : *Præterea volo et mando quod filius meus faciat ipsum militem, et det ei arnesium, et semper teneat eum, et dicti sexaginta Bisantii, quos lego, et quadraginta quos ei debeo, non computentur ei in militia.*

* Charta ann. 1215. ex Chartul. Fiscan. fol. 46. v° : *Reddendo inde nobis duos Bisantios vel quatuordecim solidos annuatim.* Modici valoris interdum fuisse ex eo colligi potest.

* BISANTUS, in Necrolog. Ms. eccl. Meld. fol. 75. v° : *Robertus de Pommesson canonicus Meldensis, qui dedit ecclesiæ beati Stephani sexaginta Bisantos ad emendos redditus.*

¶ BIXANTII, in Charta Guillelmi de Tociaco Autissiodor. Episc. ann. 1178. in Chartul. Crisenon. : *Cum eadem matrona prædictæ ecclesiæ multa beneficia contulisset in vita sua, in exitu etiam suo quaterviginti Bixantios, et decem et octo marchas argenti ibidem in eleemosyna dedit.*

¶ BIZANTEI, et BIZANTII. Charta Hugonis Autissiodor. Episc. ann. 1150 : *Inde habuit Bizantium unum.* Doubletus in Antiquit. San-dionys. pag. 726 : *Quatuor modo aureos tibi offero Bizantios. Bizantium auri boni et ponderis 3. denar.* in Charta Adriani PP. ex Chartul. Compend. Occurrit præterea apud *Madox* Formul. Angl. pag. 190. et alibi non semel. Chron. Farfense apud Murator. tom. 2. part. 2. col. 515 : *Pœnam interposuit Bizanteorum aureorum mille si amplius quæstionem rememoraret.*

BYZANTII ALBI, seu argentei. Constitutiones Odonis Legati Apost. in Cypro ann. 1248. cap. 4 : *Quibus etiam volumus, in Nicosiensi Ecclesia 40. et in aliis 25. Byzantios albos... exhiberi.* In Charta ann. 1399. in insula Cypro descripta, observo datos Conventui et Monasterio FF. Prædicatorum Nicosiæ, ubi humatus erat Hugo Princeps Galileæ, *Byzancios albos de Cypro mille*, pro anniversarii dicti Principis fundatione. Occurrunt etiam in Bulla Gregorii IX. apud Ughellum tom. 7. pag. 60. in Constitut. Joannis Archiepisc. Nicosiensis ann. 1321. cap. 8. etc.

BYZANTIUS DE PLATA, seu argenteus. Charta Bermundi de S. Martino nobilis Majoricensis ann. 1232 : *qua Nunoni Sancii vendit aliquot alquerias pro mille et quingentos Bisancios bonæ Platæ veteris Mirialmomemni quos omnes habuit et recepit.* Vide *Plata*.

BYZANTII MASSAMUTINI, in veteri Charta apud Ughellum tom. 3. pag. 486. Vide *Marabotinus*.

¶ BIZANTII MELECHINI, pro Mechlinienses, sic dicti quod Mechliniæ cudebantur. Charta pacis inter Leodienses duos Abbates Everlinum S. Laurentii et Marsilium S. Ægidii de Monte-publico : *In æternum memoriale et testimonium reformatæ pacis dedit : pro remissione autem decimæ suæ duos Bizantios Melechinos annuatim eidem ecclesiæ S. Laurentii in perpetuum solvit.*

* Fucum fecit vocis similitudo : ii quippe *Bizantii*, iidem sunt atque *Saracenici*. Vide præterea *Molachinus*.

* BISANCII ROMANITICI, in Charta apud Pezium tom. 6. Anecd. part. 1. col. 359 : *Septuaginta Bisancios Romaniticos, unam marcam argenti et dimidiam, etc.*

BYZANTII SARACENATI, SARACENICI, Nummi aurei Sultanorum Iconiensium, apud Innocent. III. PP. lib. 16. Ep. 175. Gauter. Cancell. pag. 463. Will. Tyr. lib. 12. cap. 25. Vincent. Bellovacens. lib. 32. cap. 56. 201. Nangium in Vita S. Lud. pag. 356. Joinvillam etc. *Saracenati*, nude apud Jacobum de Vitriaco lib. 3. pag. 1126. *Saraceni*, pag. 1125. Vide Dissertat. 20. ad Joinvillam, [et Tractatum Historicum Monetarum Francicarum D. *le Blanc* pag. 157. et seq. edit. 1692. ubi conjicit, bysantii nomen non fuisse cujusdam monetæ peculiaris proprium, sed potius omnium nummorum aureorum commune, ac proinde nullum illius fuisse valorem fixum, sed diversum pro vario pondere. Verum auctor ipse consulendus est, et Menagius in Dictionario Etymol. Gallico ad vocem *Besant.*]

* BISANTII SARRACONALLI, Iidem qui *Saracenati*. Charta ann. 1166. ex Tabul. Massil : *R. Dei gratia sanctissimæ Nativitatis D. N. J. C. quæ est in Bethlem devotus episcopus, cum assensu et voluntate totius capituli recepimus de mutuo a communi Massiliæ mille ccxj. Bisantios Sarraconallos, etc.*